परसाई रचनावली

लघु कथात्मक व्यंग्य रचनाएँ

राजकमल प्रकाशन

परसाई रचनावली

1

सम्पादक मण्डल

कमलाप्रसाद

धनंजय वर्मा

श्यामसुन्दर मिश्र

मलय

श्याम कश्यप

ISBN : 978-81-267-1011-9 (सम्पूर्ण सेट)

मूल्य : ₹ 7200
छह खंडों का सम्पूर्ण सेट

पहला संस्करण : जनवरी, 1985
आठवाँ संस्करण : 2023

प्रकाशक : राजकमल प्रकाशन प्रा.लि.
1-बी, नेताजी सुभाष मार्ग, दरियागंज
नई दिल्ली-110 002
शाखाएँ : अशोक राजपथ, साइंस कॉलेज के सामने, पटना-800 006
पहली मंजिल, दरबारी बिल्डिंग, महात्मा गांधी मार्ग, प्रयागराज-211 001
वेबसाइट : www.rajkamalprakashan.com
ई-मेल : info@rajkamalprakashan.com

मुद्रक : बी.के. ऑफसेट
नवीन शाहदरा, दिल्ली-110 032

PARSAI RACHANAVALI-1
Edited by Kamla Prasad, Dhananjay Verma, Shyamsunder Mishra, Malay, Shyam Kashyap

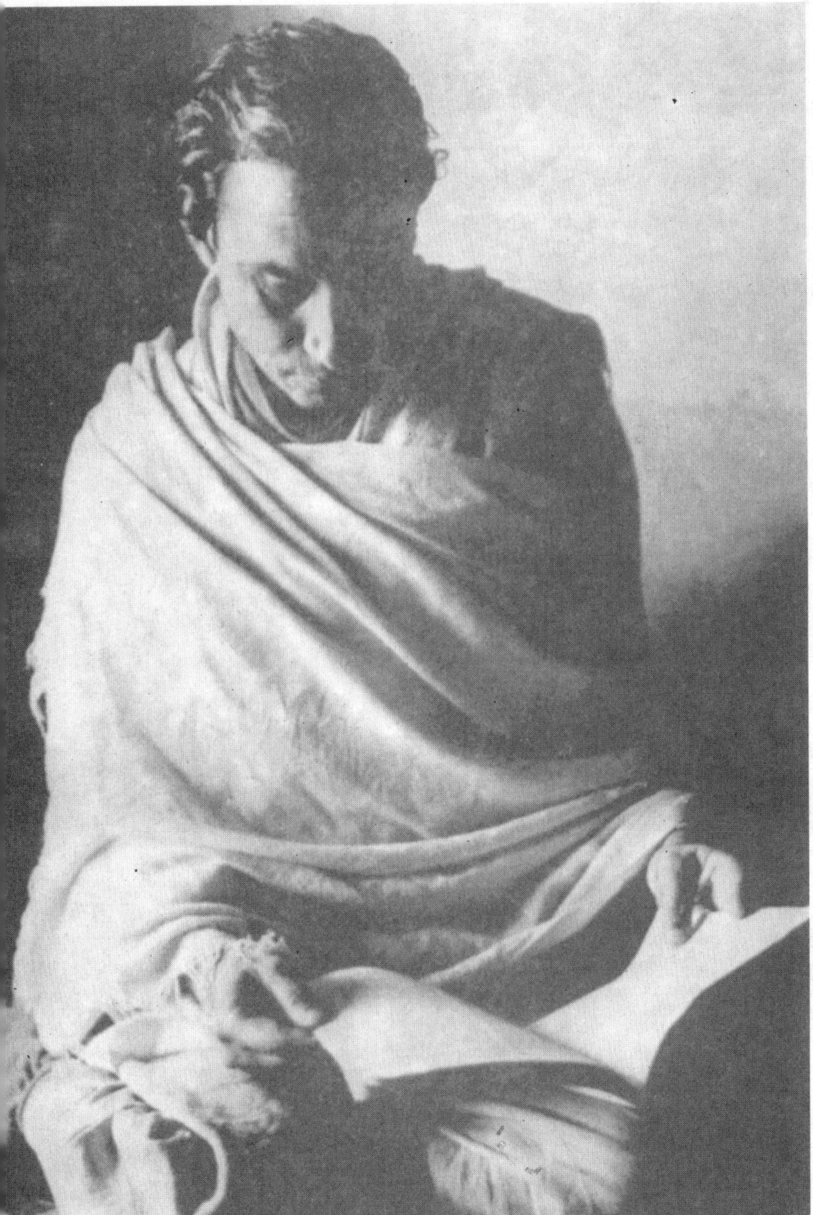

1965

1945

1952

1956

एक चेहरा
जो समय को
रच रहा है...

1963

और चेहरे
रच दिया
जिनको
समय ने

1965

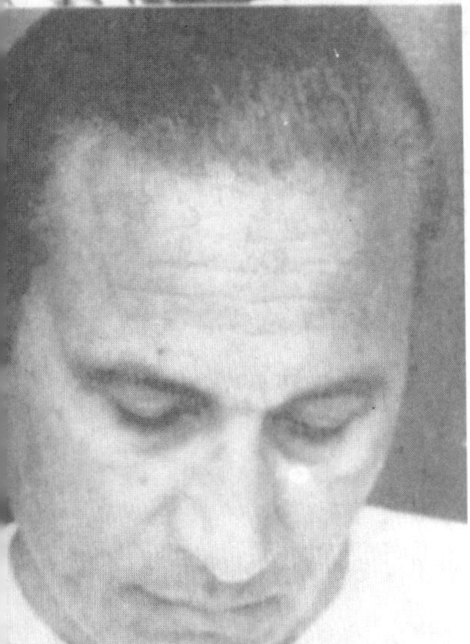

1966

1983

में ये कोई झंझटें नहीं। कोई बिचौलिया नहीं। दो आस्तीनें हैं जो साढ़े-चार फुटिये जवान से छै-छै फुटवाले तक के लिए एक साइज़ की। समता का सिद्धांत है यह। सर्वोदय भी यही है। आस्तीनों के अलावा एक लबादा है जो शरीर को आगे-पीछे लपेटे रहता है। बटनें भी ऐसी सर्वहारा कि एक हफ़्ते में धागा टूटने लगता है। बटनों को फिर लगवाना पड़ता है।

कुल मिलाकर यह सर्वहारा का ओवरकोट है। यह बात अलग है कि खादी-बोर्ड और खादी भंडारों की शोभा हो रही है। लोग कहते हैं—धपड़े हैं। मैं इसे दुबलों का कुर्ता-चार मानता हूँ। गांधी जी के जो भक्त हैं, वे क्या 'धपड़ा' कहेंगे? कभी नहीं।

हस्तलिपि का एक नमूना

लेखक का निवेदन

रचनावली का प्रकाशन लेखक की मृत्यु के बाद ही ठीक रहता है। एक तो लेखक हस्तक्षेप करने के लिए नहीं होता, वह रचनाओं का चुनाव नहीं कर सकता और वे बाध्यताएँ नहीं रहतीं जो 'मुँहदेखी' के कारण पैदा होती हैं। मृत लेखक के साथ सब तरह की स्वतन्त्रता (लिबर्टी) ली जा सकती है और जिसे वह स्वयं वर्जित कर गया है, उसे भी प्रकाशित किया जा सकता है। उसकी निजी चिट्ठियाँ और निजी नोट्स भी छापे जा सकते हैं। मरने के बाद लेखक को पूछनेवाले धनी-धौरी हों, तो उसका हर शब्द महान बनाया जा सकता है। जीवित लेखक इतना अधिकार देगा नहीं। वह स्वयं भी हर कुछ की **रचनावली** नहीं बनायेगा। वह अपना लिखा बहुत-सा खुद निरस्त कर देगा।

मगर लगभग डेढ़ साल पहले मेरे कुछ मित्रों ने अचानक यह प्रस्ताव किया कि मेरी **रचनावली** छप जाय। तब मेरी तबियत काफी खराब थी, तो मैंने आनाकानी की। अभिनन्दन में और **रचनावली** प्रकाशित करने में कभी-कभी इसलिए भी जल्दी की जाती है कि लेखक बीमार रहने लगा है—न जाने कब टें बोल जाय। इसलिए समय रहते, इसका कुछ कर डालो। ऐसा सोचना मेरे बारे में नहीं था। मेरे दूसरे प्रकार के लाभ जरूर मित्रों के ध्यान में थे।

मैं टालता गया। पर दूसरे क्षेत्रों से मेरे 'विपुल' और 'मूल्यवान' साहित्य के इकट्ठा हो जाने की बात कही जाने लगी। ये शब्द गम्भीरता से कहे गये होंगे, पर मुझे हँसी आयी।

राजकमल प्रकाशन की ओर से श्रीमती शीला सन्धू भी मेरे पीछे पड़ गयीं। अन्ततः मैं राजी हो गया। इतने सालों से, इतने तरह का, इतनी पत्र-पत्रिकाओं में लिखा है कि उसे खोजना, चुनना और संकलित करना भयावह काम है। पर यह काम उन्हीं मित्रों के माथे पर पड़ा, जिन्होंने **रचनावली** का प्रस्ताव किया था और पीछे पड़े थे। जो करेगा, सो भरेगा। तो इन मित्रों का सम्पादक मण्डल बन गया और चार-पाँच महीनों में यह काम पूरा हुआ है। मेरा निर्वाचन पर जोर था, इसलिए मुझे भी बेहद मेहनत करनी पड़ी है। बहुत-सा पुरातत्त्वीय काम भी हुआ। इस **रचनावली** में ऐसी बहुत रचनाएँ हैं, जो पुस्तक-रूप में पहले नहीं आयीं।

बहरहाल, ये 6 खण्ड तैयार हैं। इनके विषय में मुझे कुछ नहीं कहना है। जो कहना है, सम्पादक-मण्डल कहेगा। और वे मित्र कहेंगे, जिनके लेख इन संकलनों

में जायेंगे। मैं बरी हुआ।

35 साल अपने विश्वासों को मजबूती से पकड़कर, बिना समझौते के, मैंने जो सही समझा, लिखा है। जो कुछ मानव-विरोधी है, उस पर निर्मम प्रहार किया है। नतीजे भोगे हैं, अभी भोग रहा हूँ, आगे भी भोगता जाऊँगा। पर मैं लगातार उसी स्फूर्ति, शक्ति और विश्वास से लिखता जा रहा हूँ।

मेरा लिखा हुआ कुल इतना नहीं है, जो इस **रचनावली** में है। अभी बहुत शेष है जो आगे प्रकाशित होगा। फिर मैं मरा नहीं हूँ। जिन्दा हूँ और लिख रहा हूँ।

पुराने मित्रों में मैं 'स्वामीजी' कहलाता हूँ। परम्परा है कि संन्यासी अपना श्राद्ध स्वयं करके मरता है। तो **रचनावली** मेरा अपना श्राद्धकर्म है, जो कर दे रहा हूँ। वैसे मैं अभी जवान हूँ, मगर श्राद्ध अभी कर दे रहा हूँ।

आसन्नमृत्यु के कारण ये खण्ड नहीं छप रहे हैं, और न सम्पूर्ण साहित्य इकट्ठा होने के कारण। और खण्ड छपेंगे। अन्तिम मुक्ति का श्राद्ध तो गया में फल्गु नदी के किनारे होता है न! उसके लिए कई साल हैं।

मैं सम्पादक मित्रों का आभारी हूँ, जिन्होंने मेरे लेखन के सम्बन्ध में लेख लिखे हैं, उन्हें धन्यवाद देता हूँ। प्रो. मधुमास और प्रो. परिहार ने पाण्डुलिपि सुधारने में बड़ी मदद की।

मेरे भानजे राजकुमार, प्रकाश चन्द्र, विद्याभूषण तथा भानजी साधना और बहू रेखा ने सामग्री ढूँढ़ने, सिलसिले से जमाने, टाइप की भूल सुधारने, सूचियाँ बनाने में बहुत मेहनत की। बहिन सीता इन्हें काम के लिए प्रेरित करती रही है।

हरिशंकर परसाई

सम्पादकों की ओर से

श्री हरिशंकर परसाई की रचनाएँ 1947 से 1983 तक 36 वर्षों की लम्बी अवधि के दौरान लिखी गयी हैं, और विभिन्न पत्र-पत्रिकाओं में प्रकाशित हुई हैं। सन् 1960 से श्री परसाई लगातार मूलतः स्वतन्त्र लेखन के माध्यम से ही अपनी दिनचर्या प्रारम्भ करते रहे हैं, और देर रात दस-ग्यारह बजे तक लेखकों, मित्रों, पत्रकारों और अन्य बुद्धिजीवियों के बीच विभिन्न विषयों पर चर्चा करते हुए अपना दैनिक कार्य समाप्त करते रहे हैं। यह क्रम केवल तभी भंग हुआ है, जब वे अस्वस्थ हुए या सात वर्ष पहले बाथरूम में फिसलने के कारण उनके पैर की हड्डी टूटी और उन्हें कुछ महीनों के लम्बे समय तक जबलपुर मेडिकल कालेज अस्पताल और दिल्ली के सफदरजंग चिकित्सालय में भरती रहना पड़ा। इस बीच भी अवसर मिलते ही या थोड़ा स्वस्थ होते ही वे बराबर लिखते रहे हैं। वे आज भी लगातार रचनाशील हैं। कोई दिन ऐसा नहीं बीतता जब वे किसी ज्वलन्त समस्या या तत्काल उत्पन्न हुए किसी राजनैतिक, सामाजिक, सांस्कृतिक प्रश्न पर अपने विचार व्यक्त न कर रहे हों।

इस **रचनावली** के सम्पादक-मण्डल के समक्ष इस तरह निरन्तर रचनाशील रचनाकार की रचनाओं को संकलित करने और वर्गीकृत करने की समस्या इस लम्बे दौर में प्रकाशित रचनाओं को एकत्रित करने के अहम् प्रश्न के साथ जुड़ी रही है। प्रमुख समस्या सन् 1960 से पहले प्रकाशित रचनाओं को ढूँढ़ लेने की थी। इस अवधि में लिखी गयी रचनाएँ 'प्रहरी', 'परिवर्तन' और 'वसुधा' के सिवाय कई दूसरी पत्र-पत्रिकाओं में प्रकाशित हुई हैं, इनमें से लगभग सभी पत्र-पत्रिकाएँ बन्द हो चुकी हैं, और अब उनके पुराने अंक उपलब्ध कर पाना आसान नहीं है। रचनाकार के पास भी इन रचनाओं की प्रतियाँ उपलब्ध नहीं थीं। किसी तरह मित्रों के सहयोग और 'प्रहरी' और 'परिवर्तन' से सम्बन्धित सम्पादकों और उनके परिवारजनों की सक्रियता से इन्हें प्राप्त किया जा सका, और इनमें से लगभग सभी रचनाओं के साथ उनका प्रकाशन-काल दे दिया गया है।

श्री परसाई ने परम्परागत विधा-लेखन के चौखटों को निरन्तर तोड़ा है। उनकी रचनाओं में कहानी, रिपोर्ताज, संस्मरण, रेखाचित्र, पत्रलेखन, साक्षात्कार, आत्मपरक निबन्ध, ललित-निबन्ध, विचारप्रधान-विश्लेषणात्मक निबन्ध आदि विधाओं के कई मिले-जुले रूपान्तर प्रस्तुत हुए हैं। उनके उपन्यास उस प्रारम्भिक

दौर में लिखे गये हैं, जब रचनाकार अपनी युवावस्था में था, और सामाजिक जीवन के भीतर अन्तर्वस्तु के रूप में विभिन्न पारिवारिक, निजी और सामाजिक सरोकारों को प्रस्तुत करने की आकुलता के कारण समुचित माध्यम की तलाश कर रहा था। 'तट की खोज', 'ज्वाला और जल' तथा 'रानी नागफनी की कहानी' इसी दौर की रचनाएँ हैं। 'ज्वाला और जल' की पाण्डुलिपि उपलब्ध नहीं हो सकी, और 'तट की खोज' और 'रानी नागफनी की कहानी' कथाखण्ड-2 में जा रही हैं।

परम्परागत लेखन से अलग परसाई की रचनाओं में एक ताज़गी है, जहाँ वे रोजमर्रा के जीवन के भीतर से समस्याओं और सामाजिक आचरण से जुड़े प्रश्नों को उठाते हैं। इनमें हमारे सम्पर्क में आनेवाले कई तरह के व्यक्तित्व होते हैं। इनके सुनिश्चित तरह के आचरण हैं, और अपनी मानसिक आकांक्षाएँ हैं, कुण्ठाएँ हैं, नैतिक संकट हैं और तरह-तरह की बद्धमान संस्कारशीलताएँ हैं। मध्यवर्गीय संस्कारशीलता के सामाजिक, धार्मिक, आर्थिक और राजनैतिक रूपान्तरण कई तरह की जटिलताओं का निर्माण करते हैं। परसाईजी इन विषयों पर लिखते समय विधा की सीमा को अपने लेखन की सीमा नहीं बनाते। यहीं से वे आवश्यकतानुसार अपने माध्यम को तोड़ते हैं, और कहानी के अन्तर्गत संस्मरण, रेखाचित्र और रिपोर्ताज की मिली-जुली शैली का प्रयोग करते हैं। उनकी दूसरी विधाओं में भी सूत्र-निर्माण की प्रक्रिया उपलब्ध होती है। यही सूत्र-लेखन उनके साहित्य का मूल है, जो मन्त्र जैसा शक्तिशाली होता है, और वह सम्पूर्ण प्रस्तुत यथार्थ का तार्किक और एकमात्र वैज्ञानिक परिणाम भी होता है। उनकी प्रत्येक रचना में इस तरह के सूत्र वाक्य कई जगह मिल जाते हैं। विभिन्न विधाओं का पारस्परिक अन्तरावलम्बन ही उनकी लेखन क्षमता की सबसे बड़ी विशेषता है।

सामाजिक, सांस्कृतिक, राजनैतिक, आर्थिक स्थितियों के पारस्परिक अन्तर्निहित सन्तरण और उनका सही परिप्रेक्ष्य में प्रस्तुतीकरण सर्वथा भिन्न तरह की क्षमता की अपेक्षा रखता है, जहाँ उनकी परम्परागत बुनावट को तोड़ना जरूरी होता है। परसाई ने व्यंग्य के माध्यम से इन सभी क्षेत्रों में जारी संस्कारशीलता और रूढ़ि को तोड़ा है। इसे और किसी माध्यम से नहीं तोड़ा जा सकता था। यही कारण है कि परसाई की सभी रचनाओं में व्यंग्य की प्रधानता है। भारतीय आचार्यों ने वक्रोक्ति की क्षमता को पहचाना था, और परसाई ने व्यंग्य के सार्थक प्रयोग द्वारा उसे कलात्मक सृजन की सर्वोत्तम अभिव्यक्ति के स्तर तक पहुँचाया है। यहाँ व्यंग्योक्ति के माध्यम से जिस स्वच्छ मानस का निर्माण होता है, वहाँ रचनाकार ऐसी बोध-परम्परा की सृष्टि करता है, जो उपस्थित तात्विक यथार्थ को समझने में सहायक होती है। परसाई की रचनाओं में इस सम्पूर्ण कार्य-पद्धति का निर्माण उन यथार्थवादी सौन्दर्य विधानों के अनुसार होता है, जहाँ सम्पूर्ण वस्तु एक साथ अपनी क्षमता के साथ सीधे पाठक को सम्बोधित होती है।

परसाई के लेखन में प्रकाशनकाल का अत्यधिक महत्व है। उनकी प्रत्येक राजनैतिक रचना अपनी समवर्ती घटना और उससे जुड़े सन्दर्भों का उत्पादन होती

है। इन रचनाओं की समवर्तिता उनके साहित्यिक महत्त्व को कम नहीं करती, अपितु उन्हें अपने समवर्ती जीवन का विश्वसनीय दस्तावेज बनाती है। लेखनकाल उनकी उन रचनाओं की अन्तर्वस्तु को समझने के लिए भी आवश्यक है, जो सामाजिक, सांस्कृतिक सन्तरण के विकास की सुनिश्चित अवधि से सम्बन्धित हैं। रचनाकार किसी भी वस्तु को ठहरा हुआ नहीं मानता, और उसके परवर्ती विकास को पूर्ववर्ती रूप के सातत्य में देखता है। जहाँ यह वस्तुतत्व गतिशील नहीं है, वहाँ वह करारी चोट करता है। रूढ़ियाँ और अन्धविश्वास लगातार उनकी रचनाओं में आक्रमण का केन्द्र बिन्दु रहे हैं। किसी भी रचनाकार की रचना में रचनाकाल का महत्त्व रहता है, किन्तु परसाई पिछले छत्तीस वर्षों में निरन्तर लिखते रहे हैं, और इन्हीं छत्तीस वर्षों में हमारे देश के सामाजिक, सांस्कृतिक, आर्थिक और राजनैतिक जीवन में गुणात्मक परिवर्तन हुए हैं, और जनचेतना का विकास हुआ है। इन्हीं छत्तीस वर्षों में जीवन को व्यक्त करनेवाला यथार्थ निरन्तर व्यापक होता गया है। यह विकास और इसके साथ समवर्ती रूपों की सामाजिक उपादेयता एवं सामाजिक और राजनैतिक संघर्षों की प्रकृति मूलतः उनके लेखन की केन्द्रीय वस्तु है।

श्री परसाई सामाजिक और सांस्कृतिक जीवन में निरन्तर क्रियाशील रहे हैं। उनका व्यक्तित्व बहुमुखी है। अपने प्रारम्भिक लेखकीय जीवन में वे 'प्रहरी' नामक साप्ताहिक पत्र के लेखन-सम्पादन में योगदान देते रहे हैं। वे जबलपुर की केन्द्रीय साहित्यिक संस्था 'साहित्य-संघ' के महासचिव थे। जबलपुर माध्यमिक शिक्षक संघ के संस्थापक शिक्षकों में उनकी गणना की जाती है, और वे इस संगठन के सचिव थे। श्री परसाई 'वसुधा' नामक साहित्यिक मासिक पत्र के श्री रामेश्वरप्रसाद गुरु के साथ सम्पादक रहे हैं। इन गतिविधियों के सिवाय उनके कार्यक्षेत्र का विस्तार भी लेखन के साथ होता गया। श्री परसाई ने अखिल भारतीय शान्ति एवं एकता परिषद की गतिविधियों में भाग लिया है। मध्यप्रदेश में शान्ति आन्दोलन के निर्माण और विस्तार में उनका विशेष योगदान है। वे अखिल भारतीय विश्व शान्ति एवं एकता परिषद की राष्ट्रीय समिति के सदस्य थे। श्री परसाई मध्यप्रदेश प्रगतिशील लेखक संघ के संस्थापन काल से अध्यक्ष मण्डल के अध्यक्ष हैं। वे अखिल भारतीय प्रगतिशील लेखक महासंघ के अध्यक्ष मण्डल में हैं, और मध्यप्रदेश में इस संगठन की गतिविधियों के सूत्रधार हैं। ट्रेड यूनियन और अन्य संगठित क्षेत्रों में चलनेवाली गतिविधियों में उनका सहयोग निरन्तर मिलता रहा है। उन्होंने भारत-रूस मैत्री संघ और साम्प्रदायिकता के विरुद्ध कार्यशील संगठनों की गतिविधियों में भी महत्त्वपूर्ण भूमिका निभायी है। आज भी नगर की प्रत्येक सामाजिक, सांस्कृतिक और साहित्यिक गतिविधि में उनकी भागीदारी रहती है। 'साहित्य अकादमी' ने श्री परसाई को 'विकलांग श्रद्धा का दौर' नामक रचना संग्रह के लेखक के रूप में 1982 के अखिल अकादमी पुरस्कार से सम्मानित किया है। इसी वर्ष जबलपुर विश्वविद्यालय ने अपने रजत-जयन्ती समारोह के अवसर पर उन्हें डी. लिट्. की मानद उपाधि प्रदान की है।

श्री परसाई की सभी उपलब्ध रचनाओं को 6 खण्डों में वर्गीकृत किया गया है। पहले दो खण्डों में उनकी कथा-तत्व से युक्त अधिकांश रचनाओं को संकलित किया गया है। खण्ड एक में लघु कथात्मक रचनाएँ—कहानियाँ, रेखाचित्र, रिपोर्ताज, संस्मरण आदि हैं और दूसरे खण्ड में तट की खोज, रानी नागफनी की कहानी और शेष अन्य कहानियाँ हैं। इसी खण्ड में श्री परसाई की लघुकथाएँ भी सम्मिलित हैं जिन्हें पहली बार एक साथ प्रकाशित किया जा रहा है, इनमें से कई रचनाएँ सन् 1960 के पहले लिखी गयी थीं। खण्ड तीन और चार में आत्मपरक और विचारप्रधान लघु निबन्ध हैं। खण्ड पाँच में 'सुनो भई साधो' और 'ये माजरा क्या है' नामक स्तम्भों में प्रकाशित सामग्री संकलित है। यह सम्पूर्ण सामग्री यहाँ पहली बार एक साथ प्रकाशित हो रही है और इसे पहले कभी किसी दूसरे संकलन में प्रकाशित नहीं किया गया। छठवें खण्ड में प्रकाशित सम्पूर्ण सामग्री रचनाकार के विधात्मक वैविध्य को प्रस्तुत करती है, जहाँ पाठकों को विविधता के साथ ही 36 वर्षों की लम्बी अवधि के बीच लिखी गयी रचनाओं का संयोजित रूप पहली बार उपलब्ध होगा।

खण्ड पाँच में संकलित 'सुनो भई साधो' और 'ये माजरा क्या है' से सम्बन्धित सम्पूर्ण सामग्री यहाँ नहीं दी जा सकी। इन दोनों स्तम्भों की रचनाएँ पिछले 18-20 वर्षों की समयावधि में बिखरी हुई हैं। इन्हें चाहते हुए भी उपलब्ध नहीं किया जा सका, और अन्ततः सम्पादकों को प्राप्त सामग्री पर ही सन्तोष करना पड़ा। हमारा प्रयत्न रहेगा कि जब कभी यह सामग्री उपलब्ध होगी, उसे भी प्रस्तुत किया जायेगा। ये स्तम्भ क्रमश : 'नवीन दुनिया' (अब 'नयी दुनिया') और 'जनयुग' में अभी भी निरन्तर छप रहे हैं।

श्री परसाई ने स्तम्भ लेखन की शुरुआत 1947 में जबलपुर से प्रकाशित 'प्रहरी' नामक साप्ताहिक पत्र के माध्यम से की थी। इस स्तम्भ का शीर्षक 'नर्मदा के तट से' था, और रचनाकार उसमें 'अघोर भैरव' के नाम से लिखता था। यह स्तम्भ 1960 तक जारी रहा। इस पत्र के प्रधान सम्पादक स्व. भवानीप्रसाद तिवारी थे। इसके अलावा परिवर्तन में 'अरस्तू की चिट्ठी', सारिका में 'कबिरा खड़ा बाजार में', कल्पना में 'और अन्त में', करण्ट में 'माटी कहे कुम्हार से' जैसे स्तम्भ अत्यधिक लोकप्रिय रहे हैं।

'प्रहरी', 'वसुधा' और 'परिवर्तन' में प्रकाशित सम्पूर्ण सामग्री पहली बार **रचनावली** में जा रही है। इनमें कहानियाँ, लघु कहानियाँ, निबन्ध और स्तम्भों से सम्बन्धित रचनाएँ हैं। 'प्रहरी', 'परिवर्तन' और 'वसुधा' में छपी रचनाओं के साथ उनकी प्रकाशन तिथि दे दी गयी है। ग्रन्थ-रूप में पहले से प्रकाशित रचनाओं के पहले टिप्पणी में प्रकाशनकाल सम्बन्धी जानकारी अंकित है।

रचनावली में जा रही सामग्री के चयन और वर्गीकरण में श्री परसाई से सक्रिय सहयोग मिला है। उन्होंने लगभग पाँच माह की लम्बी अवधि तक हमें आवश्यक दिशा प्रदान की और लगातार उस अनुशासन का निर्वाह किया, जिसे सम्पादकों

ने उनकी रचनाओं की खोजबीन और वर्गीकरण के माध्यम से उन पर थोपा। इस दौरान उनके तीनों भानजों सर्वश्री राजकुमार, प्रकाश और विद्याभूषण दुबे, भानजी कु. साधना दुबे और उनकी बहिन श्रीमती सीता दुबे ने पाण्डुलिपियाँ तैयार कराने, सामग्री ढूँढ़ने, टाइप कराने और यथासम्भव भूलें सुधारने में रात-दिन परिश्रम किया है। यह सम्पादकों से अधिक इन परिवारजनों का योगदान है कि **रचनावली** के लिए आवश्यक अधिकांश सामग्री उपलब्ध हो सकी। हम इन सभी के प्रति अपना आभार व्यक्त करते हैं। हम स्व. श्री भवानीप्रसाद तिवारी की पत्नी श्रीमती प्रेम-कान्ता तिवारी के अत्यधिक आभारी हैं कि उन्होंने 'प्रहरी' में प्रकाशित सम्पूर्ण रचनाएँ सम्पादक मण्डल को प्रदान कीं।

सम्पादक मण्डल **रचनावली** के प्रकाशन के लिए राजकमल प्रकाशन की प्रबन्ध निदेशक श्रीमती शीला सन्धू के प्रति अपनी कृतज्ञता व्यक्त करता है, जिनकी सदाशयता के कारण यह **रचनावली** इस रूप में पाठकों के समक्ष आ रही है।

जबलपुर,
10 **अक्टूबर**, 1983

सम्पादक मण्डल

परसाई की कहानियाँ :
समकालीन हिन्दुस्तान का कैलिडोस्कोप

धनंजय वर्मा

सामान्यतः किसी भी समकालीन रचनाकार के विषय में प्राप्त और प्रदत्त भाषा से विचार किया जा सकता है, लेकिन हिन्दी में शायद मुक्तिबोध अकेले ऐसे कवि हैं जिनके बारे में चर्चा करते हुए प्राप्त और प्रदत्त भाषा से काम नहीं चलता··· कविता को नयी धारा और दिशा देनेवाले तो और भी कवि मिल जायेंगे, लेकिन काव्यचर्चा के लिए एक नयी भाषा की जरूरत का एहसास कितने कवि जगा पाते हैं···?

लगभग सत्रह-अठारह बरस पहले लिखी गयी अपनी ही ये पंक्तियाँ आज ज्यों-की-त्यों कौंध गयी हैं और हरिशंकर परसाई के प्रसंग में इन्हें याद करने की वजह यह है कि परसाई की कहानियाँ भी समकालीन आलोचना के लिए लगभग वही मुश्किल पैदा करती हैं जो मुक्तिबोध की कविताओं ने की थी। कहानी पर हमने कम नहीं लिखा है। लगभग तीन दशकों की कहानी-यात्रा के हम सहयात्री रहे हैं, लेकिन परसाई की कहानियों पर लिखना हमें अक्सर ही एक चुनौती लगा है। क्या इन कहानियों पर कथानक—चरित्र-चित्रण—देश-काल—वातावरण, संवाद और उद्देश्य के पंचमहाभूतोंवाली रूढ़ भाषा में बात की जा सकती है? क्या भोगे हुए यथार्थ और अनुभव की प्रामाणिकतावाली शब्दावली में इन पर चर्चा की जा सकती है?···अकहानी, सचेतन कहानी और समान्तर कहानी सरीखे आन्दोलनों की लफ़्फ़ाज़ी में क्या इन्हें समेटा जा सकता है?···वो हमारे इतने रू-ब-रू, तीखी चोट करनेवाली, तिलमिला देनेवाली, अपनी, आत्मीय, सीधी और सहज है कि सारी आलोचना उनके सामने निहत्थी और असहाय खड़ी रह जाती है। अपनी इसी बेचारगी के एहसास से भरकर ही शायद कुछ समकालीन आलोचकों ने पलटकर इन कहानियों पर वार किया था कि वो तो कहानियाँ ही नहीं हैं। उन्हें हल्के-फुल्के व्यंग्य-लेखन के खाते में डालकर, विधाओं के अपने बने-बनाये साँचों की पवित्रता और शुद्धता की रक्षा करते हुए चन्द आलोचकों ने उन्हें रचनात्मक साहित्य से ही

खारिज करना चाहा था। विधाओं की शुद्धता और पवित्रता की इन आलोचकों की माँग उतनी ही रचना और कला विरोधी है, जितना कि जातीय शुद्धता का नारा मानव विरोधी और संस्कृति विरोधी है और इतिहास में हम दोनों का हश्र देख चुके हैं।...आखिर कौन तय करेगा कि कहानी क्या है और क्या नहीं है? कहानी और कविता या किसी भी विधा के अपने साँचे शास्त्र बनाता है लेकिन कोई-एक कबीर, कोई-एक निराला, कोई-एक मुक्तिबोध और कोई-एक परसाई आकर उन सारे साँचों को छिन्न-भिन्न कर एक किनारे रख देता है और आलोचना के सारे प्रचलित और मौजूदा प्रतिमान नाकाफी, बल्कि फालतू हो जाते हैं और आपको नये सिरे से फिर एक रचना-शास्त्र की जरूरत महसूस होती है।...

सवाल तो एक हलके में यह भी किया गया कि आखिर परसाई का अवदान क्या है? उन्हें किस रचना के लिए आज से दस-बीस या पचास बरस बाद याद किया जा सकेगा?...अपनी सारी ईमानदारी के बावजूद यह सवाल क्या उतना ही मासूम है? क्या साहित्य—विश्व साहित्य—में ऐसे रचनाकार भी नहीं हुए हैं जिन्हें किसी रचना विशेष के लिए नहीं बल्कि उस समग्र लेखन के लिए याद किया जाता है, किया जाता रहेगा जिससे साहित्य की मौजूदा संस्कृति में एक क्रान्ति आयी और एक नयी संस्कृति की रचना हुई। परसाई की इन कहानियों ने भी कहानी के संस्कार, रुचि और संस्कृति को बदला है। भारतीय और विश्व-कहानी की समृद्ध परम्परा की सार्थक निरन्तरता कायम रखते हुए उसमें नयी और प्रासंगिक कड़ियाँ जोड़ी हैं।

परसाई कहते हैं: "जो अपने युग के प्रति ईमानदार नहीं होता, वह अनन्तकाल के प्रति कैसे हो लेता है, मेरी समझ से परे है..." अपने युग के प्रति ईमानदारी से ही परसाई की कहानियों ने वह कालजयी सार्थकता पायी है जो ऐन हमारी नजरों के सामने चरितार्थ हो रही है। परिवेश से यह तात्कालिक सम्पृक्ति, कहानी की ऐसी खासियत है जो उसकी आदिम स्थिति से लेकर आज तक बरकरार है और उसे मानव-जय-यात्रा की सामूहिक स्मृतियों की वाहक बनाती है। यह महज औपचारिक प्रशस्ति नहीं है, बकौल रवीन्द्रनाथ त्यागी, कि स्वतन्त्रतापूर्व साहित्य का जायजा लेना हो तो प्रेमचन्द का साहित्य और स्वातन्त्र्योत्तर भारत का सही जायजा लेने के लिए हरिशंकर परसाई का साहित्य हमारा सहायक हो सकता है।...परिवेश से मतलब बाहरी जीवन-जगत के ब्योरे-भर नहीं हैं, कहानियों में रूपायित स्थिति और समय के वो प्रतिबिम्ब हैं जिनसे कहानीकार की दृष्टि और संवेदना प्रतिकृत होती है और जो उसके समग्र अनुभव और सक्रिय चेतना से रूपान्तरित होते हैं। इन कहानियों के तात्कालिक परिवेश का जायजा लिया जाय तो हिन्दुस्तान के समकालीन इतिहास की लगभग आधी शताब्दी अपने सारे तवील और तफसीली ब्योरों के साथ मानव अनुभवों में रूपान्तरित होती हुई दिखायी देगी। उनके जरिए

समकालीन दुनिया का लगभग हर गोशः रौशन होता हुआ नज़र आयेगा। बात हम अपने देश और समाज की करें।

सत्ता के हस्तान्तरण के रूप में पायी गयी राजनीतिक आजादी और उसके बाद तीन-चार दशकों में भी मौजूदा पूँजीवादी आर्थिक और सामाजिक व्यवस्था में शोषण और दमन की शिकार भारतीय जनता आज भी अपनी मुक्ति के संघर्ष में लगी हुई है। इस परिवेश में दो पीढ़ियों के संक्रान्तिकालीन एहसास और चेतना की सक्रियता है। एक पीढ़ी वो है जिसने आजादी के लिए कुर्बानियाँ दीं, जिसके अपने कुछ नैतिक आदर्श थे और सामने था एक सुनहरा भविष्य, आशाएँ-आकांक्षाएँ थीं, सपने थे उसके, लेकिन आजादी मिलते ही शरणार्थियों के काफ़िले साम्प्रदायिक दंगे, खून-खराबा, विदेशी पूंजीपति की जगह देशी पूंजीपति, गोरी नौकरशाही की जगह काली नौकरशाही और सबके नतीजतन एक व्यापक स्वप्नभंग, मोहभंग, हैरानी और उदासीनता और राजनीतिक अवसरवादिता का माहौल···। और फिर एक ऐसी पीढ़ी है जिसे न कोई स्वप्न देखने का मौका मिला और न कोई मोह पालने की फुरसत। आँख खोलते ही उसे भ्रष्टाचार, आपाधापी, ले-लपक, विभीषिकाएँ, यन्त्रणाएँ, विसंगतियाँ और निरर्थकताएँ देखने को मिलीं। गरीबी, भुखमरी, अकाल और दमन के बीच पिसती हुई और हड़ताल और आन्दोलनों के जरिये अपना प्रतिरोध जताती हुई भारतीय जनता अवसरवादी नेताओं के झूठे वायदों और नारों और दल बदल-बदलकर सत्ता से चिपकने या उसे हथियाने की बेगैरत कोशिशों के बीच लुटी हुई है। चुनाँचे एक ओर पस्तहिम्मती है, बदहवासी है, खीझ और छटपटाहट है और दूसरी ओर गुस्सा है, आवेश और आक्रामकता है, आक्रोश और विद्रोह है। भ्रमभंग और दिग्भ्रान्ति के दोनों छोरों के बीच तना हुआ यह परिवेश ही परसाई की कहानियों का सन्दर्भ है।

लेकिन यही परिवेश तो पचास के आसपास शुरू हुई नयी कहानी और नये कहानीकारों का भी था, है। फिर अन्तर की रेखाएँ कहाँ हैं?···यह अन्तर है परिवेश के प्रति प्रतिक्रिया के स्वभाव और रचना-चेष्टा का। बेशक, सन् पचास के आसपास हिन्दी कहानी में जो नया उभार आया वह खासा अहम था कि कहानी सारी साहित्य-चर्चा के केन्द्र में आ गयी लेकिन उस नयी कहानी के भी अपने अन्तर्विरोध थे जो जल्द ही उभरकर सामने आ गये। जब अधिकांश नये कहानीकार मध्यवर्गीय कुण्ठाओं के दायरे में सरगोशियाँ कर रहे थे, बूढ़े माँ-बाप से विद्रोह और अतीत-मोह के सायों से लगभग आक्रान्त थे, प्रणय और परिणय की ग्रन्थियों में उलझे या तो टूटे पुरुष और बिखरी नारी के आँसू समेट रहे थे या फिर संवेदनहीनता की खोल में दुबके अनुभूतिवाद के नाम से एक नये रहस्यवाद की शरण चले गये थे, जब भोगे हुए यथार्थ और अनुभव की प्रामाणिकता के नारे पर उनमें अकेलेपन और अजनबीयत, सन्त्रास और मृत्युबोध का जाप हो रहा था तब परसाई ने अपने चौतरफा समाज की बनत और रंगत, तात्कालिक राजनीतिक साजिशों, प्रशासन की अमानवीयता और धर्म और अध्यात्म के पाखण्डों से छले जाते

समकालीन आदमी की रोजमर्रा तकलीफ को जबान दी। उन्होंने स्वप्नभंग और स्वप्न-हीनता के समकालीन परिवेश की महज तफसील पेश नहीं की, बल्कि उनके पीछे निहित शक्तियों के संघर्ष का भी खुलासा दिया। स्त्री-पुरुष सम्बन्धों के सीमित घेरे में कैद, मध्यवर्गीय मनोरतियों से ग्रस्त, शहरी और कस्बाई संवेदनाओं में विभक्त नयी कहानी-चेतना को उन्होंने उस ह्रासशील समाज की नैतिक संक्रान्ति और चारित्रिक पतन की पड़ताल की ओर मोड़ा और अपने समकालीन साहित्यिक और सामाजिक परिदृश्य में एक सक्रिय, नैतिक और रचनात्मक हस्तक्षेप किया। उनकी रचना-चेष्टा का केन्द्र है : "व्यापक सामाजिक, आर्थिक, राजनीतिक परिवेश की विसंगति, मिथ्याचार, असामंजस्य, अन्याय आदि की तह में जाना, कारणों का विश्लेषण करना, उन्हें सही परिप्रेक्ष्य में देखना···" इसीलिए उनकी कहानियाँ न केवल अपने समय की दस्तावेज बन जाती हैं बल्कि वो उस विकल्प की उत्तेजना, अगले विकास के दिशाबोध और उस मानवीय और नैतिक सरोकार से भी स्फूर्त हैं जो समकालीन कहानी-यात्रा में दुर्लभ रहा है। परसाई कहते हैं : "मैंने देखा कि दुखी और भी हैं, इससे मेरी संवेदना का विकास हुआ। मैंने देखा कि जीवन में बेहद विसंगतियाँ हैं; अन्याय, पाखण्ड, छल, दोमुँहापन, अवसरवाद, असामंजस्य आदि हैं। मैंने इनके विश्लेषण के लिए साहित्य, दर्शन, समाजशास्त्र, राजनीतिशास्त्र का अध्ययन किया।" ···इस सचेष्ट रचना-कर्म की वजह से ही अपने समकालीन कई कहानीकारों की तुलना में परसाई की कहानियों में परिवेश का उदासीन स्वीकार-भाव नहीं है, वहाँ वह उनके संवेदनात्मक ज्ञान और ज्ञानात्मक संवेदना की बारीक छलनी से छनकर आता है। वह उनकी चेतना के प्रिज्म में-से प्रत्यावर्तित होता है।

इसीलिए इन कहानियों का भावबोध भी अलहदा है। वह ऐसा आधुनिकवादी भावबोध नहीं है जिसमें मनुष्य का या तो पाशविक बिम्ब उभरता है या यान्त्रिक, न तो वह आत्मनिर्वासन भोगता हुआ शाश्वत निरर्थकता का शिकार है, न अन्तर्गुहावासी और आत्मलीन है। अस्तित्ववादी विसंगतिबोध के बरअक्स इनका भावबोध आधुनिकता की अनिवार्य प्रक्रिया से रूपायित है। आधुनिक भावबोध को संकटबोध और संक्रान्तिबोध भी कहा गया है, लेकिन इस संकट और संक्रान्ति के प्रति लेखक के दृष्टिकोणों और वृत्तियों में खासा अन्तर रहा है। आधुनिक जीवन के संकट, उसकी विसंगति, अन्तर्विरोध और विघटन की स्थितियों के बीच एक रवैया तो उस निस्सहाय नकारात्मकता का रहा है जिसमें मासूम ईमानदारी तो रही है, लेकिन वह निष्क्रिय रही है और दूसरी ओर एक ऐसी सक्रियता रही है जो खासी चालाकी और मक्कारी से भरी है। परसाई अपनी इन कहानियों में दोनों का स्वाँग खोलते हैं। अपने चौतरफा राजनीतिक और सामाजिक यथार्थ की अन्तर्निहित प्रक्रिया के सघन और रचनात्मक रूपान्तरण से इन कहानियों का भावबोध निर्मित हुआ है। इसीलिए न तो उसमें 'सबकुछ पतित है, चारों ओर भ्रष्टाचार है, सभी चोर हैं' वाली मसीहाई मुद्रा है और न वह निरावेग और ठण्डा रवैया जो सबकुछ

को मानवीय नियति मानकर अपने अँधेरे बन्द कमरों में आत्मालाप करता हुआ तथाकथित शाश्वत साहित्य रचने का दम्भ करता है। इन कहानियों के भावबोध में भावुकता के लिए कोई गुंजाइश नहीं है। इनका यथार्थबोध ब्रेख्त की याद दिलाता है जो अपने चरित्रों, स्थितियों और प्रसंगों के प्रति दर्शक की भावुकता को बड़ी बेरहमी से भंग करते हैं और उसके बौद्धिक और नैतिक विवेक को उत्तेजित करते हैं। परसाई न तो अपने प्रति भावुक हैं और न अपने सिरजे गये चरित्रों के प्रति। उनकी कहानियों का कोई भी पात्र अपने पाठकों से दया और करुणा की भीख नहीं माँगता। वो हमको-आपको किसी भी स्तर पर भावुक नहीं बनाता। चूँकि परसाई ने लेखन को एक सामाजिक कर्म के रूप में स्वीकार किया है इसलिए सामाजिक शक्तियों की अन्तर्क्रिया, द्वन्द्व और संघर्ष की उनकी समझ से ही उनका भावबोध रूपायित हुआ है। वह आलोचनात्मक यथार्थवाद की सक्रियता से समृद्ध है। वो कहते हैं: "विसंगतियों के भी स्तर और प्रकार होते हैं। आदमी कुत्ते की बोली बोले—यह एक विसंगति है और वन महोत्सव का आयोजन करने के लिए पेड़ काटकर साफ किये जायँ, जहाँ मन्त्री महोदय गुलाब के वृक्षों की कलम रोपें—यह भी एक विसंगति है। दोनों में भेद है। मेरा मतलब है—विसंगति की क्या अहमियत है, वह जीवन में किस हद तक महत्त्वपूर्ण है, वह कितनी व्यापक है, उसका कितना प्रभाव है—ये सब बातें विचारणीय हैं।"···और जो इन पर विचार नहीं करता उसके लिए यह पूरा अस्तित्व ही निरर्थक है और वह एक शाश्वत विसंगति-बोध से ग्रस्त रहा आता है। न उसका जीवन में विश्वास होता है, न आदमी की क्षमता में, न किसी मानवीय मूल्य में, उसके लिए समूची व्यवस्था और सभ्यता, पूरा समाज और मानवसत्ता एक अर्थहीनता में समा जाने के लिए हमेशा अभिशप्त होते हैं।

परिवेश और भावबोध की अन्तर्क्रिया से जो अनुभव-संसार इन कहानियों में-से उभरता है, उसमें व्यक्तिगत अनुभव और सामाजिक अनुभव का द्वित्व और द्वैत नहीं है। वहाँ तो परिवेश की संश्लिष्ट, विविध रूपात्मक, सघन और तीव्र अनुभूतियाँ ही अपनी अभिव्यक्ति पाती हैं। इन कहानियों का अनुभव-संसार उन सामाजिक अन्तःसम्बन्धों की पूरी बनत खोलता है जो समकालीनता की ऐतिहासिक दृष्टि से पड़ताल करने पर ही समझी जा सकती हैं। अनुभव की ईमानदारी और प्रामाणिकता की परस्पर क्रिया से इनका अनुभव-संसार वैयक्तिक सघनता और सामाजिक व्यापकता को एक ही साथ अर्जित करता है। उसमें व्यक्तिगत दुखों और पीड़ाओं का आत्मालाप नहीं है, बल्कि उसके दंश और खलिश से बाहर आकर अपने ही अनुभवों को एक दूसरी निगाह से देखने की कलात्मक दूरी अर्जित कर ली गयी है, इसीलिए स्वानुभववादी या स्वानुभूतिवादी संकुचित दायरे में कैद निजी मामलों की कहानियों से अलग इन कहानियों का एक सामाजिक सन्दर्भ, प्रसंग और आशय और असर है। यहाँ निजी अनुभव भी एक वृहत्तर सामाजिक यथार्थ और प्रक्रिया का अंग बन गये हैं। इसकी वजह यह भी है कि वे अनुभव का महज बयान

नहीं करतीं बल्कि उस अनुभव का विश्लेषण करती हैं, उसके अर्थ-संकेत खोलती हैं, उसके तार्किक निष्कर्ष उद्घाटित करती हैं और वह अनुभव एक पूरी रचनात्मक और सांस्कृतिक चेतना का अंग, प्रतिनिधि और प्रतीक बन जाता है। मामूली-से-मामूली आदमी के दुख-दर्द, मध्यवर्गीय चरित्र की विसंगतियों, निम्नमध्यवर्गीय मजबूरियों से ही यह अनुभव-संसार रूपायित हुआ है। इस अनुभव-संसार की प्रकृति भी हिन्दी कहानी के समकालीन परिदृश्य में अपनी सामाजिक संश्लिष्टता के कारण सबसे अलहदा है। यहाँ कहानीकार सामाजिक अनुभवों का केवल दर्शक या गवाह नहीं है, वह उनमें भागीदार और उनका भोक्ता भी है। अलावा इसके एक अन्वेषक की तरह अनुभव की उन सिम्तों और गोशों को भी देखता-परखता है, जाँचता-तौलता है जो सामान्य चेतना की गिरफ्त से अक्सर छूट जाते हैं। सामाजिक अनुभवों की छानबीन, और लेखा-जोखा, उनके कार्यकारण रिश्तों की पड़ताल, उनके निहित आशयों का उद्घाटन और उनकी संवेदनात्मक उत्तेजना और ऊर्जा की शिनाख्त—कुल मिलाकर अनुभव-संसार का यह रचनाविधान भी खासा जटिल है। कहानी के समकालीन परिदृश्य में यह दावा बड़े जोशो-खरोश से किया गया था कि "पहली बार हमने जीवन को उसके सम्पूर्ण और यथार्थ रूप में स्वीकार किया है।" लेकिन परसाई जीवन और समाज के अनुभव को उसकी इकहरी और एकांगी बनावट और बुनावट में नहीं, एक ऐसी संश्लिष्टता में पेश करते हैं कि उसमें आर्थिक और सामाजिक, राजनीतिक और ऐतिहासिक, राष्ट्रीय और अन्तर्राष्ट्रीय परिदृश्य अन्तर्क्रिया करता हुआ रौशन हो उठता है। परसाई का सवाल इसीलिए मौजूँ हो उठता है : "तूने भाई, किसका जीवन स्वीकार किया है? जीवन तो अर्थमन्त्री के बदलने से भी प्रभावित हो रहा है और अमरीकी चुनाव से भी···।"

परिवेश-चेतना और भावबोध, अनुभव-संसार और रचनादृष्टि की अभिव्यक्ति का सबसे प्रामाणिक और रचनात्मक माध्यम मानव-बिम्बों का वह विन्यास है जिसकी रचना की जाती है। रचनाओं में लेखक के अनुभव के रूपान्तरण की मानवीय शक्लों से ही उसकी परिवेश-चेतना और मूल्यबोध की सार्थकता सिद्ध होती है। इस बात में तो खैर शक की कोई गुंजाइश नहीं है कि रचना का केन्द्र वह मानवीय परिकल्पना है जो रचनाओं में-से रूपायित होती है। मानवबिम्बों के मूर्त रूप हैं व्यक्तित्व के वे प्रतिरूप जिनके माध्यम से मानवीय मूल्य संचरित होते हैं। बाहर की दुनिया और जिन्दगी से व्यक्ति की सघन अन्तर्क्रिया से जो अनुभव जन्म लेते हैं वही मानव-बिम्बों में रूपायित होते हैं और व्यक्ति-चरित्र के रूप में ढलकर लेखक की अनुभव-समृद्धि और विविधता के प्रतीक और प्रतिनिधि हो जाते हैं। कहानियों से उभरने-वाली ये मानवीय शक्लें ही उन्हें प्रासंगिकता और प्रामाणिकता प्रदान करती हैं। व्यक्ति की भीतरी और बाहरी प्रतिक्रियाएँ, उसकी मानसिक और चारित्रिक विशेषताओं की यथार्थवादी पहचान और प्रस्तुति ही लेखक की मानवीय परिकल्पना और अवधारणा की गहनता और व्यापकता का लक्षण है। इसीलिए कहानियों में-से उभरनेवाले मनुष्य के रूपों की विश्वसनीयता और यथार्थवादिता ही लेखक की

प्रासंगिकता की भी कसौटी हो जाती है। परिवेश और सामाजिक स्थिति, भावबोध और अनुभव-संसार मिलकर ही मानवीय चरित्रों को उनका अपना विशिष्ट रूप प्रदान करते हैं। इन्हीं से रचनाकार की मूल्यदृष्टि, जीवन-दर्शन और विश्वदृष्टि का पता चलता है। कहानियों में-से उभरनेवाले मानवबिम्बों की पारदर्शिता, सहजता, जीवन्तता और सघनता ही लेखक की मानव-स्थिति की समझ और विकल्प-चेतना को अभिव्यक्त करती है।

इस सन्दर्भ में परसाई की इन कहानियों का जायजा लें तो उनमें से समकालीन मनुष्य की इतनी विविध शक्लें उभरती हैं, उसके इतने मुख़्तलिफ़ चेहरे और उसके इतने सघन और व्यापक प्रतिरूप सामने आते हैं कि वो सब परसाई के अनुभव-संसार की गहनता और विविधता के ही प्रमाण हो जाते हैं। परसाई की कहानियाँ इस लिहाज से समकालीन भारत का एक सैरेबीन--कैलिडोस्कोप--है और यह बना है उन शबीहों से जो मुख़्तलिफ़ वर्गों और स्थितियों, प्रसंगों और घटनाओं में फँसे और जद्दोजहद करते मनुष्यों की हैं, जो अपने माध्यम से राजनीति, प्रशासनतन्त्र, शिक्षा, नौकरशाही, गर्ज कि समकालीन जीवन जगत के लगभग हर स्तर को रौशन करती हैं। ये कहानियाँ जिन व्यक्तियों को उभारती हैं उन्हें वो समाज की प्रतिनिधि और टाइप बना देती हैं। वो व्यक्ति की हालत, पहचान और होनी ही नहीं बल्कि सामाजिक स्थिति, मानवीय अस्मिता और नियति की कहानियाँ हो जाती हैं। वे व्यक्ति के अन्तर्मन और मानसिकता के माध्यम से सामाजिक जीवन की विसंगतियों की पड़ताल करनेवाले कहानीकार हैं। इन व्यक्ति-चरित्रों के जरिये वे व्यवस्था के रूप और उसके बहुरूपियेपन को भी उजागर करते हैं। उनमें समकालीन जीवन के उद्वेलन के शिकार मानवीय चेहरे, प्रशासन से पिटी हुई मानवीय शक्लें, मध्यवर्गीय सुविधा और समझौतों के जरिये केन्द्रीय जीवन-संघर्ष से किनाराकशी करनेवाले आदमी के रूप उभरते हैं। यहाँ चरित्रों का आत्म-व्यंग्य और आत्म-भर्त्सना, सामाजिक व्यंग्य, सामाजिक भर्त्सना और अभियोग हो जाता है। वे समकालीन सामाजिक और नैतिक अन्तर्विरोधों को आदमी के हालात और तकलीफ के सन्दर्भ में एक ऐसी विश्वसनीयता से पेश करते हैं कि हमारा समकालीन इतिहास उनमें-से बेसाख्ता उभरता हुआ दिखायी देता है।

जब नयी कहानी में नये व्यक्ति के नाम पर मध्यवर्गीय कुण्ठाओं को परोसा जा रहा था, तब परसाई ने अपनी कहानियों के माध्यम से समकालीन जीवन के केन्द्रीय मनुष्य के अनेकविध बिम्ब पेश किये। जब नयी कहानी में, बकौल मुक्तिबोध, 'आधुनिक मानव की विचित्र मनोदशा को उसके सारे सन्दर्भों से काटकर, उसके सारे बाह्य सामाजिक-पारिवारिक सम्बन्धों से काटकर, उस मनोदशा को अधर में लटकाकर चित्रित किया जा रहा था और कहानी में एक धुन्ध समा रही थी, भीतरी और बाहरी दोनों ओर, परिणामस्वरूप वस्तुसत्यों के संवेदनात्मक चित्रों का प्रायः लोप हो रहा था'···तब परसाई ने समकालीन मनुष्य के भरसक विविधता भरे, समग्र और सम्पूर्ण बिम्ब पेश किये।

उनकी कहानियों में से उभरती शबीहें किनकी हैं ?···व्यक्ति की, समकालीन समाज की, प्रवृत्तियों की, युगात्मा की—एक साथ सबकी।···उनके चरित्र एक ऐसे अनुभव को रूपायित करते हैं जो सामान्य दुनिया में असामान्य हैं। उनमें समकालीन रीतियों और रिवाजों का व्यापक विवरण और विश्लेषण है। वहाँ आत्मतुष्ट मध्यवर्ग है, आत्मदम्भी बुद्धिजीवी है, दर्द को कलेजे की भट्टी में गलाकर हँसनेवाले, उदासीन वृत्ति की विक्षिप्त-सी लगनेवाली निरपेक्षता को प्रतीकीकृत करते पात्र हैं, ईमानदारी की बीमारी से ग्रस्त लोग हैं जिनकी करकती-खँगालती वेदना का घुमड़ता हुआ निःशब्द शोर हमारी-आपकी आत्मा तक को कँपा देता है। निरुद्देश्य असहमतिवाले विशिष्ट बने रहने की कोशिश में हास्यास्पद लोग हैं, ऐसे ठण्डे शरीफ आदमी हैं जो भावात्मक रूप से निर्जीव पत्थर हैं और ठण्डी औपचारिकता में बिना आहट के सफलता की सीढ़ियाँ चढ़ते चले जा रहे हैं। आत्मा की पुकार का भरम खड़ा करके अवसरवाद को सिद्धान्त और नैतिकता का मुखौटा पहनाये पदलोलुप नेता हैं, ऐसे सत्यसाधक हैं जो अहं को गलाने का प्रवचन उतने ही अहंवादी अन्दाज में देते हैं। चुनावी राजनीति और प्रशासकीय जाँचतन्त्र की अन्दरूनी शक्लें उभारनेवाले देश-सेवी हैं, अफसर हैं, जेलयात्रा की झूठी सनद पर राजनीति का मेवा खानेवाले स्थानीय जनसेवी हैं, जाति, धर्म, सम्प्रदाय की भावनाओं को उभाड़कर अपना उल्लू सीधा करनेवाले राष्ट्र-सेवक हैं। सामाजिक और पारिवारिक सम्बन्धों में धन और पद की विकृतियाँ और सड़ाँध फैलानेवाले लोग हैं। अध्यात्म और दर्शन का धन्धा करनेवाले आचार्य और भगवान हैं, मुनाफाखोर, पूँजीवादी अर्थतन्त्र को पुख्ता करनेवाले ओव्हरसियर, इन्जीनियर, सेक्रेटरी, विशेषज्ञ हैं, शिक्षा का व्यवसाय करनेवाले सेठ हैं, उनके तलुवे चाटनेवाले अध्यापक और बुद्धिजीवी हैं, क्रान्तिकारी परिवर्तन और नयी व्यवस्था के खूबसूरत सपने बाँटनेवाले रँगे सियार हैं, शिक्षा में यथास्थिति के संरक्षक कुलपति, प्रोफेसर, शोधक और विद्यार्थी हैं, जनता के नाम पर खीर खानेवाले स्थानीय अफसर हैं, गर्ज़ यह कि समकालीन भारतीय जीवन का ऐसा कोई भी कोना और वर्ग, चरित्र और व्यक्ति नहीं है जो परसाई की इन कहानियों में मूर्त न हुआ हो। इसीलिए तो यह कहा गया है कि इन कहानियों में आज़ादी के बाद के हिन्दुस्तान की एक मुकम्मल तस्वीर उभरती है।

कहा जा सकता है कि परसाई की इन कहानियों में समकालीन समाज और मनुष्य का एक नकारात्मक और ऋणात्मक पहलू ही उभरता है। वे हर ओर एक छिद्रान्वेषी नजर से ही देखते हैं और उनका रवैया निषेधात्मक है।···आश्चर्य नहीं होना चाहिए कि क्यों कुछ आचार्य-आलोचकों ने उन्हें नकारात्मक योजना, पराजय का सूचक और अकलात्मक दृष्टिवाला घोषित किया था और नयी कहानी के कुछ नये प्रवक्ताओं ने उन्हें मूलतः दुखी प्राणी कहा था और उनके लेखन के पीछे उनकी व्यक्तिगत हीनता-ग्रन्थियों की सक्रियता देखी थी। गौर कीजिए तो ये वही आलोचक-प्रवक्ता हैं जो रचना के निहित आशयों की समझ और रचनाओं की आन्तरिक

कलात्मक सत्ता और एकान्विति के साथ यथार्थ के शिल्प और शिल्प के यथार्थ पर भी जोर देने की वकालत करते हैं। हमें यह भी याद रखना चाहिए कि प्रेमचन्द पर भी उनके कुछ समकालीन आलोचकों ने लगभग यही तोहमत लगायी थी। हमारी समझ से मनुष्य और समाज की मुक्ति के दो ही रास्ते हैं। एक तो उनकी कमजोरियों, गलतियों, विसंगतियों, अन्तर्विरोधों को उद्घाटित कर दिया जाय, ताकि वो उन पर विजय पा सकें और दूसरे उन्हें उनकी ताकत और माद्दा बता दिया जाय। मनुष्य और समाज के विकास की दिशा में बाधक और प्रतिगामी ताकतों, वृत्तियों और स्थितियों को उजागर करके ही तो आप उनकी अन्तर्निहित ताकत का संकेत कर सकते हैं और हमारे लेखे यह एक सकारात्मक, विधेयात्मक, सक्रिय और असरदार तरीका है। यह ठीक है कि परसाई की कहानियों में सामाजिक विघटन और विसंगतियों के चित्र बहुतायत से हैं लेकिन उनका निहित मंशा क्या है? वो सामाजिक और वैयक्तिक अन्तर्विरोधों के साथ उनके कारणों को उजागर कर उस ओर भी तो इशारा करते हैं जिनसे इन अन्तर्विरोधों और विसंगतियों का हल पाया जा सकता है और उनसे नजात मिल सकती है। यहीं उस परिप्रेक्ष्य की समझ और शिनाख़्त ज़रूरी और लाजिमी हो जाती है, जिसमें ये कहानियाँ लिखी गयी हैं। परसाई की कहानियाँ एक प्रतिवाद और प्रतिरोध की कहानियाँ हैं। वो मानवीय रिश्तों की हिफाजत की लड़ाई में मुब्तिला हैं इसीलिए हर उस सिम्त और गोशे को उघाड़ने की कोशिश में लगी हैं, जहाँ उन पर संकट है। वो उस सबके खिलाफ हैं जो मनुष्य, उसकी गरिमा, उसकी स्वतन्त्रता, उसकी अस्मिता, उसकी समग्रता और पूर्णता के खिलाफ हैं। उनमें आदमी की चौतरफा आजादी के लिए क्रान्तिकारी चेतना स्पन्दित है। समाज का क्रान्तिकारी परिवर्तन, मनुष्य की मुक्ति, एक बेहतर संसार की रचना—यही वो परिप्रेक्ष्य है जिसमें ये कहानियाँ लिखी गयी हैं। उनके पीछे एक जीवन-दर्शन और मूल्यदृष्टि है, एक विचारधारात्मक विवेक और विश्वदृष्टि है।

परसाई क़ुबूल करते हैं: "मैंने जाना कि जीवन की सबसे सही व्याख्या कार्ल मार्क्स ने की है। मनुष्य की नियति को बदलनेवाला सबसे श्रेष्ठ और अन्तिम दर्शन मार्क्सवाद है।"···लेकिन दर्शन और विचारधारा से बावस्ता लेखक तो और भी हैं जो दर्शन ही नहीं, मनोविज्ञान से, समाजशास्त्र से, राजनीतिक विचारधारा से आइडिया उठाते हैं और उसे प्रमेय की तरह सिद्ध करने के लिए उसकी काट और साँचे के पात्र, स्थितियाँ, घटनाएँ और प्रसंग घड़ लेते हैं। ऐसे आइडियावादी कहानीकारों में जैनेन्द्र से लेकर निर्मल वर्मा तक एक लम्बी फेहरिस्त है। लेकिन परसाई दर्शन से समाज, जीवन, अनुभव और संवेदना की ओर नहीं जाते। उनकी रचना-प्रक्रिया की यात्रा संवेदना से, अनुभव से, जीवन से, समाज और दर्शन या विचारधारा की ओर है। इसीलिए उनकी कहानियों के पात्र सजीव, स्थितियाँ वास्तविक, प्रसंग जलते हुए और घटनाएँ होती हुई हैं। वो अनुभव की सम्भावना से अधिक उसकी वास्तविकता की कहानियाँ हैं। भोगे हुए यथार्थ से अधिक वो

यथार्थ के भोग और अनुभव की प्रामाणिकता से अधिक प्रामाणिक अनुभव की कहानियाँ हैं। वहाँ सामाजिक अनुभव की सपाटता और इकहरापन व्यक्तिगत अनुभव की सघनता और तीव्रता से स्पन्दित है और व्यक्तिगत अनुभव का निजीपन और ऐकान्तिकता, सामाजिक अनुभव के विस्तार और व्यापकता से समृद्ध है। जिस दर्शन और मूल्यदृष्टि में उनकी आस्था है उसे वो कहानियों पर ज्यों-का-त्यों आरोपित नहीं करते बल्कि सवाल-दर-सवाल और वास्तविक अनुभवों की आँच में तपाकर ही वो उसे स्वीकार करते हैं और उस रौशनी में अनुभव और संवेदना का चरित्र ही गतिशील और यथार्थवादी नहीं होता, स्वयं वह रौशनी और दर्शन मानवीय अनुभव के संवेदनात्मक आघात और आशय से जीवन्त और प्रासंगिक हो उठता है। वो उस रौशनी में अनुभव का अर्थ खोजते हैं, उसकी पड़ताल करते हैं, उसके नतीजे निकालते हैं और इस तरह उसे एक परिप्रेक्ष्य प्रदान करते हैं।

परसाई की कहानियाँ जितनी सहज और सीधी हैं, उससे लोगों को यह गलतफ़हमी भी होती है कि उनका अनुभव-संसार भी उतना ही सरल, सीधा और सपाट होगा। लोग भूल जाते हैं कि सीधी और सहज लगनेवाली चीजें और आदमी अनुभव का कितना जटिल संसार और उसकी संश्लिष्ट बुनावट अपने भीतर समोये होते हैं। आमतौर पर कुछ धुन्ध और कुहासे, कुछ गोलमोल और रहस्यमय ऐन्द्रजालिकता में लिपटे लेखन को ही कलात्मक माननेवाले लोग यह भूल जाते हैं कि अभिव्यक्ति की सहजता एक लम्बी रचनाप्रक्रिया और अनुभव या अनुभूति के दीर्घ संघर्ष का नतीजा होती है। सीधी और सहज भाषा एक बेहद परिपक्व, वयस्क और गहरे चिन्तन-मनन का नतीजा होती है।

इन कहानियों के रूपविधान और संरचनात्मक विन्यास को इसी रौशनी में देखा-परखा जाना चाहिए। नयी कहानी के बाद से लगभग तीन-चार दशकों तक फैली कहानी-यात्रा में किसी एक ही कहानीकार ने कहानी के रूप और उसकी संरचना में इतने अधिक प्रयोग नहीं किये हैं, जितने अकेले हरिशंकर परसाई ने। निबन्ध और टिप्पणियाँ, साक्षात्कार और संस्मरण, रिपोर्ताज और रेखाचित्रों के विधागत मोटिफ़ उनकी कहानियों में घुल-मिल गये हैं। पुराणकथा, दन्तकथा और मिथक, बेतालकथा, तिलस्मी और ऐय्यारी कथाएँ, प्रेमाख्यान और लोककथा, लोकवार्ता और स्वाँग, कपोलकल्पना और कथामूलक फैन्टेसी, लघुकथाएँ और लम्बी कहानियाँ, औपन्यासिक और ऐतिहासिक दस्तावेज, नाटकीय विन्यास और कैरीकेचर, पैरोडी और अन्योक्ति, दृष्टान्त और प्रतीककथा, रूपक और सादृश्य— गर्ज यह कि आदिकाल से लेकर अब तक, कहानी की विकास-यात्रा का कौन-सा ऐसा रूप है जो उनमें नहीं है?···दरअसल इन सबके माध्यम से परसाई ने कहानी विधा की औपचारिक-रूपगत जकड़न को जिस तरह तोड़ा है उससे बरबस निराला की वह कलाचेष्टा याद आ जाती है, जिसे उन्होंने छन्द की मुक्ति कहा था और उसे कविता की मुक्ति के लिए अनिवार्य सौन्दर्यात्मक प्रयत्न माना था और अन्ततः उसे मनुष्य की मुक्ति से संयुक्त किया था। परसाई की कहानियों में भी कहानी की मुक्ति

देखी जा सकती है। ऊपर की सारी सरचनात्मक चेष्टाओं, तन्त्रगत संयोजन और शैल्पिक सन्निधियों के जरिए उन्होंने कहानी की सीमा का ही विस्तार किया है। मिथक और फैन्टेसी का इस्तेमाल करके आधुनिक कविता—और खासकर मुक्तिबोध—ने जिस तरह देश और काल, स्थिति और अवधि की दूरी को सन्तरित करते हुए अनुभव की सघन वर्तमानता अर्जित की, उसी तरह गद्य में मिथक और फैन्टेसी के माध्यम से परसाई ने समकालीन मानव-अनुभवों के आशय और आघात को एक कालातीत गूंज प्रदान की है। इसीलिए उनके अनुभव-स्पन्दन और संवेदनाघात छपे हुए शब्द की सीमा का अतिक्रमण कर उच्चरित शब्द की शक्ति और समग्र रंगकर्म के आघात का स्तर अनायास पा लेते हैं। उनकी कहानियों में स्थितियों का जो नाटकीय विन्यास और मोड़ होता है, जीवन-क्रियाओं का जो गहन संघर्ष होता है, पात्रों की बातचीत में जो विट् और विनोद, जो अर्थच्छटाएँ और अनुगूंजें होती हैं, प्रसंगों का जो आरोह-अवरोह होता है, मनोदशाओं की जो रंग-त्वरा होती है और परिणति की ओर बढ़ता हुआ जो दुर्द्धर्ष कथ्य होता है वह पढ़नेवाले को महज दर्शक ही नहीं, अपने जीवन्त अनुभवों में भागीदार भी बना देता है। रचना में पाठक की इतनी गहरी तल्लीनता और हिस्सेदारी कम ही रचनाकार ले पाते हैं। यही उनकी कहानियों के प्रभाव की समग्रता, तीव्रता और एकान्विति का कारण है। कहानी में रंग-आघातों का-सा संयोजन समकालीन हिन्दी-कहानी में दुर्लभ है। यह महज संयोग नहीं है कि परसाई के उपन्यास और कहानियों के रंग-रूपान्तरण मंच पर इतनी सफलता से प्रस्तुत हो सके हैं। उनके यहाँ प्रसंग और हैपनिंग्स, चरित्र-गतियाँ और यथार्थ स्थितियाँ जिस कलात्मक तनाव और रचनात्मक सन्तुलन में अनुस्यूत और संयोजित होती हैं, वो उसी तरह अभिधा और लक्षणा को लाँघकर कविता की तीसरी आवाज—थर्ड व्हायस—की मानिन्द व्यंजना की गूंज और अनुगूंज तक उठ जाती हैं, जैसे समग्र रंगकर्म में रंगस्वर। यह इन कहानियों की काव्यात्मक अन्विति का ही कमाल है कि वो लोगों के साथ इस तरह हो जाती, हो लेती हैं, रही आती हैं जैसे लोककथाएँ या कहावतें। लोग उन्हें उसी तरह याद रखते और उनका हवाला देते हैं जैसे कि ग़ालिब या मीर के अशआर या कबीर और तुलसी के दोहे और चौपाइयों का।

इसकी एक और वजह इन कहानियों की भाषिक संरचना है। जैसे कुछ आचार्य-आलोचकों को मुक्तिबोध की कविता की भाषा अनघड़, ऊबड़-खाबड़ और रूक्ष नज़र आयी थी उसी तरह कुछ लोगों को परसाई की भाषा में व्याकरणहीनता, ग्राम्यत्व-दोष और किसी-किसी को तो भदेसपन भी नजर आता है, लेकिन परसाई की कहानियों की अन्तर्वस्तु जिस समाज और आदमी से आती है, भाषा भी उसी की बोलचाल की, उसके रहन-सहन और रीति-रिवाजों की है। उसमें सड़कों-गलियों, आफिस-कारखानों, खेतों-खलिहानों के जनजीवन की खालिस देसी बोली के तेवर हैं, उसी के कहनात और मुहावरे हैं और उनकी इस भाषा ने न केवल हिन्दी-गद्य का मिजाज बदला है बल्कि पूरे तेवर और मुहावरे को ज़िन्दादिल और मर्दाना

बनाया है। हिन्दी-गद्य के देसी मिजाज और तेवर के लिए जिस तरह भारतेन्दु हरिश्चन्द्र और बालकृष्ण भट्ट, बालमुकुन्द गुप्त और प्रतापनारायण मिश्र, प्रेमचन्द और पदुमलाल पुन्नालाल बख्शी याद किये जाते हैं, उसी तरह परसाई का गद्य भी अपनी अनुगूंजों और आघातों के लिए याद किया जाता रहेगा। भाषा के इसी तात्कालिक असर की वजह से इन कहानियों के पाठकों का दायरा इतना बड़ा है और वो इतनी लोकप्रिय हैं। लेकिन उनकी लोकप्रियता सस्ती लोकप्रियता नहीं है। वह कबीर और प्रेमचन्द की-सी लोकप्रियता है।'''ये कहानियाँ पाठकों के दिलो-दिमाग में एक हलचल पैदा करती हैं। उनकी बातें और विचार पाठकों की चेतना और तमीज का हिस्सा बन जाते हैं और जिस प्रकार लोग लोक-कथाओं से अपने अनुभव और बात की पुष्टि करते हैं उसी तरह परसाई की कहानियों से काम लेते हैं। जनजीवन में किसी लेखक की कहानियों का इस हद तक प्रवेश और उनकी इस हद तक रसाई किसी के लिए भी काबिले-रश्क है।'''

रचना-क्रम

लघु कथात्मक व्यंग्य रचनाएँ

एक मध्यवर्गीय कुत्ता

मेरे मित्र की कार बँगले में घुसी तो उतरते हुए मैंने पूछा, "इनके यहाँ कुत्ता तो नहीं है?"

मित्र ने कहा, "तुम कुत्ते से बहुत डरते हो!"

मैंने कहा, "आदमी की शक्ल में कुत्ते से नहीं डरता। उनसे निपट लेता हूँ। पर सच्चे कुत्ते से बहुत डरता हूँ।"

कुत्तेवाले घर मुझे अच्छे नहीं लगते। वहाँ जाओ तो मेजबान के पहले कुत्ता भौंककर स्वागत करता है। अपने स्नेही से 'नमस्ते' हुई ही नहीं कि कुत्ते ने गाली दे दी—'क्यों यहाँ आया बे? तेरे बाप का घर है? भाग यहाँ से!'

फिर कुत्ते के काटने का डर नहीं लगता—चार बार काट ले। डर लगता है उन चौदह बड़े-बड़े इंजेक्शनों का जो डॉक्टर पेट में घुसेड़ता है। यूँ कुछ आदमी कुत्ते से अधिक जहरीले होते हैं। एक परिचित को कुत्ते ने काट लिया था। मैंने कहा, "इन्हें कुछ नहीं होगा। हालचाल उस कुत्ते के देखो और इंजेक्शन उसे लगाओ।"

एक नये परिचित ने मुझे घर पर चाय के लिए बुलाया। मैं उनके बँगले पर पहुँचा तो फाटक पर तख्ती टँगी दीखी—'कुत्ते से सावधान!' मैं फौरन लौट गया। कुछ दिनों बाद वे मिले तो शिकायत की, "आप उस दिन चाय पीने नहीं आये।"

मैंने कहा, "माफ करें। मैं बँगले तक गया था। वहाँ तख्ती लटकी थी—'कुत्ते से सावधान।' मेरा खयाल था, उस बँगले में आदमी रहते हैं। पर नेमप्लेट कुत्ते की टँगी दीखी।"

यूँ कोई-कोई आदमी कुत्ते से बदतर होता है। मार्क ट्वेन ने लिखा है—'यदि आप भूखे मरते कुत्ते को रोटी खिला दें, तो वह आपको नहीं काटेगा। कुत्ते में और आदमी में यही मूल अन्तर है।'

बँगले में हमारे स्नेही थे। हमें वहाँ तीन दिन ठहरना था। मेरे मित्र ने घण्टी बजायी तो जाली के अन्दर से वही 'भौं-भौं' की आवाज आयी। मैं दो कदम पीछे हट गया। हमारे मेजबान आये। कुत्ते को डाँटा—'टाइगर! टाइगर!' उनका मतलब था—'शेर, ये लोग कोई चोर-डाकू नहीं हैं। तू इतना वफादार मत बन।'

कुत्ता जंजीर से बँधा था। उसने देख भी लिया था कि हमें उसके मालिक खुद भीतर ला रहे हैं पर वह भौंके जा रहा था। मैं उससे काफी दूर से लगभग दौड़ता हुआ भीतर गया।

मैं समझा, यह उच्चवर्गीय कुत्ता है। लगता ऐसा ही है। मैं उच्चवर्गीय का बड़ा अदब करता हूँ। चाहे वह कुत्ता ही क्यों न हो। उस बँगले में मेरी अजब स्थिति थी। मैं हीनभावना से ग्रस्त था—इसी अहाते में एक उच्चवर्गीय कुत्ता और इसी में मैं ! वह मुझे हिकारत की नजर से देखता।

शाम को हम लोग लॉन में बैठे थे। नौकर कुत्ते को अहाते में घुमा रहा था।

मैंने देखा, फाटक पर आकर दो 'सड़किया' आवारा कुत्ते खड़े हो गये। वे सर्वहारा कुत्ते थे। वे इस कुत्ते को बड़े गौर से देखते। फिर यहाँ-वहाँ घूमकर लौट आते और इस कुत्ते को देखते रहते। पर यह बँगलेवाला उन पर भौंकता था। वे सहम जाते और यहाँ-वहाँ हो जाते। पर फिर आकर इस कुत्ते को देखने लगते।

मेजबान ने कहा, "यह हमेशा का सिलसिला है। जब भी यह अपना कुत्ता बाहर आता है, वे दोनों कुत्ते इसे देखते रहते हैं।"

मैंने कहा, "पर इसे उन पर भौंकना नहीं चाहिए। यह पट्टे और जंजीरवाला है। सुविधाभोगी है। वे कुत्ते भुखमरे और आवारा हैं। इसकी और उनकी बराबरी नहीं है। फिर यह क्यों चुनौती देता है !"

रात को हम बाहर ही सोये। जंजीर से बँधा कुत्ता भी पास ही अपने तखत पर सो रहा था। अब हुआ यह कि आसपास जब भी वे कुत्ते भौंकते, यह कुत्ता भी भौंकता। आखिर यह उनके साथ क्यों भौंकता है? यह तो उन पर भौंकता है। जब वे मुहल्ले में भौंकते हैं तो यह भी उनकी आवाज में आवाज मिलाने लगता है, जैसे उन्हें आश्वासन देता हो कि मैं यहाँ हूँ, तुम्हारे साथ हूँ।

मुझे इसके वर्ग पर शक होने लगा है। यह उच्चवर्गीय कुत्ता नहीं है। मेरे पड़ोस में ही एक साहब के पास थे दो कुत्ते। उनका रोब ही निराला ! मैंने उन्हें कभी भौंकते नहीं सुना। आसपास कुत्ते भौंकते रहते, पर वे ध्यान नहीं देते थे। लोग निकलते, पर वे झपटते भी नहीं थे। कभी मैंने उनकी एक धीमी गुर्राहट ही सुनी होगी। वे बैठे रहते या घूमते रहते। फाटक खुला होता, तो भी बाहर नहीं निकलते थे। बड़े रोबीले, अहंकारी और आत्मतुष्ट।

यह कुत्ता उन सर्वहारा कुत्तों पर भौंकता भी है और उनकी आवाज में आवाज भी मिलाता है। कहता है—'मैं तुममें शामिल हूँ।' उच्चवर्गीय झूठा रोब भी और संकट के आभास पर सर्वहारा के साथ भी—यह चरित्र है इस कुत्ते का। यह मध्यवर्गीय चरित्र है। यह मध्यवर्गीय कुत्ता है। उच्चवर्गीय होने का ढोंग भी करता है और सर्वहारा के साथ मिलकर भौंकता भी है।

तीसरे दिन रात को हम लौटे तो देखा, कुत्ता त्रस्त पड़ा है। हमारी आहट पर वह भौंका नहीं, थोड़ा-सा मरी आवाज में गुर्राया। आसपास वे आवारा कुत्ते भौंक रहे थे, पर यह उनके साथ भौंका नहीं। थोड़ा गुर्राया और फिर निढाल पड़ गया।

मैंने मेजबान से कहा, "आज तुम्हारा कुत्ता बहुत शान्त है।"

मेजबान ने बताया, "आज यह बुरी हालत में है। हुआ यह कि नौकर की

गफलत के कारण यह फाटक के बाहर निकल गया। वे दोनों कुत्ते तो घात में थे ही। दोनों ने इसे घेर लिया। इसे रगेदा। दोनों इस पर चढ़ बैठे। इसे काटा। हालत खराब हो गयी। नौकर इसे बचाकर लाया। तभी से यह सुस्त पड़ा है और घाव सहला रहा है। डॉक्टर श्रीवास्तव से कल इसे इंजेक्शन दिलाऊँगा।"

मैंने कुत्ते की तरफ देखा। दीन भाव से पड़ा था। मैंने अन्दाजा लगाया। हुआ यों होगा—

यह अकड़ से फाटक के बाहर निकला होगा। उन कुत्तों पर भौंका होगा। उन कुत्तों ने कहा होगा—'अबे, अपना वर्ग नहीं पहचानता। ढोंग रचता है। ये पट्टा और जंजीर लगाये है। मुफ्त का खाता है। लॉन पर टहलता है। हमें ठसक दिखाता है। पर रात को जब किसी आसन्न संकट पर हम भौंकते हैं, तो तू भी हमारे साथ हो जाता है। संकट में हमारे साथ है, मगर यों हम पर भौंकेगा। हममें से है तो निकल बाहर। छोड़ यह पट्टा और जंजीर। छोड़ यह आराम। घूरे पर पड़ा अन्न खा या चुराकर रोटी खा। धूल में लोट।'

यह फिर भौंका होगा। इस पर वे कुत्ते झपटे होंगे। यह कहकर—'अच्छा ढोंगी, दगाबाज, अभी तेरे झूठे वर्ग का अहंकार नष्ट किये देते हैं।'

इसे रगेदा, पटका, काटा और धूल खिलायी।

कुत्ता चुपचाप पड़ा अपने सही वर्ग के बारे में चिन्तन कर रहा है।

वह क्या था

सुबह उनकी मृत्यु हो गयी। वह इतवार को छुट्टी के दिन मरे। बरसात है, पर वह खुले दिन मरे। सुबह मर गये जिससे हमने तीन-चार घण्टों में उन्हें फूंक दिया। रात को मरते तो रतजगा होता और औरतों को ज्यादा विलाप करना पड़ता। हार्टफेल से एकदम मर गये, किसी को उनकी सेवा करने की तकलीफ नहीं हुई। शनिवार को वेतन लेकर क्रिया-कर्म का खर्च छोड़कर मरे। वसीयत लिखकर मरे, जिससे आगे परिवार में झगड़ा न हो।

जैसे जिये, वैसे ही मरे।

शाम को बरामदे में बैठा मैं उनके बारे में सोच रहा हूँ। कितनी ही बेसिलसिले बातें याद आती हैं।

मेरे बरामदे से उनकी सीढ़ियाँ दीखती हैं। मैं उन्हें सीढ़ियों से चढ़ते-उतरते देखता। वह बहुत हल्के पाँव रखकर धीरे-धीरे सीढ़ियाँ चढ़ते-उतरते। इस तरह कि सीढ़ियों पर दबाव न पड़े, उन्हें धक्का न लगे। आहट नहीं करते। लगता, जैसे

अपने ही घर में चोरी करने घुस रहे हों। वह सीढ़ी से माफी-सी माँगते थे— माफ करना, मुझे तुम्हारे ऊपर पाँव रखना पड़ रहा है। मेरी मजबूरी है। मुझे घर में तो जाना ही पड़ेगा।

जगह छोटी है। सीढ़ी के पास कभी तीन-चार साइकिलें रखी होतीं। वह कोई साइकिल हटाकर रास्ता नहीं बनाते। लहराते और लचीले होते साइकिलों के बीच से ऐसे निकल जाते कि किसी साइकिल को स्पर्श भी नहीं होता।

मैं बरामदे में बैठा होता तो वह नमस्ते करते। आहिस्ता से एक हाथ आधा उठाते और बहुत धीरे से 'नमस्ते' कहते। जब उनका हाथ नीचे गिर जाता तब मुझे सिर्फ '···ते' सुनायी पड़ता। वह पहली सीढ़ी पर पाँव रखते, तब मुझे उनका हाथ गिरता दीखता और 'ते' सुनायी पड़ता। वह फुर्ती से गर्मजोशी के साथ दोनों हाथ जोड़कर पूरा 'नमस्ते' नहीं कहते। उन्हें डर था, मैं हड़बड़ाकर झटके के साथ हाथ जोड़ूंगा। वह मुझे इस तकलीफ से बचाते थे। कभी मैं पहले जोर से नमस्ते कर लेता तो वह ठिठक जाते। क्षण-भर स्थिति को समझते और हाथ आधा उठाकर 'ते' करते हुए सीढ़ी पर पाँव रख देते।

कभी मेरे पास वह दो मिनट बैठ जाते। याद आता है। वे बैठे थे। मक्खियाँ बहुत थीं। मैं एक पत्रिका से जोर से मक्खियाँ उड़ा रहा था। मैंने देखा, उनकी नाक पर भी दो मक्खियाँ बैठी हैं। बड़ी देर बाद उन्होंने हाथ उठाया और आहिस्ता से मक्खियों को उड़ा दिया। वह जैसे क्षमा माँग रहे हों—'माफ करना, मेरा इरादा तुम्हें कतई तकलीफ देने का नहीं है। पर तुम मेरी नाक पर बैठी हो। जरा परे हट जाओ। चाहो तो दुबारा बैठ जाना, नाक तुम्हारी ही है।'

एक दिन शाम से बिजली चली गयी। मैं मोमबत्ती लगाये बैठा था। वह आकर बैठ गये। मैंने कहा—"बिजली चली गयी।"

वह बोले, "हाँ जी, बड़ा अँधेरा हो गया।"

मैंने कहा, "मेरी तो तबीयत ठीक नहीं है। आप उस सामने के मकान से फोन कर दीजिए। बिजली आ जायेगी।"

उन्होंने कहा, "आ जायेगी, जी ! सभी के यहाँ तो अँधेरा है।"

वह नहीं गये। मैंने दुबारा कहा तो उन्होंने वही जवाब दिया, "सभी के यहाँ तो अँधेरा है।"

मुझे समझ में नहीं आ रहा था कि सबके घर में अंधेरा है, इससे उनके घर में उजाला कैसे हो जाता है ! पर वह तो सन्तोष से बैठे थे।

बरसात में सामने पानी भर गया था। कीचड़ जमा हो गया था। वह अकसर कहते, "यहाँ कीचड़ हो गया है। तकलीफ होती है।"

मैंने कहा, "वहाँ थोड़े पत्थर और ईंटें डलवा दीजिए।"

उन्होंने कहा, "क्या करेंगे, जी। सभी को तकलीफ है।"

सभी को तकलीफ है, इस अहसास से वह वहाँ पत्थर और ईंटें नहीं डलवा रहे थे। पाँव, जूते और कपड़े खराब करके कीचड़ में से निकलते। एक पड़ोसी ने वहाँ

पत्थर वगैरह डलवाये तो इन्हें भी सुभीता हो गया।

कितनी ही छोटी-छोटी बातें हैं। अजब आदमी था। कोई प्रतिरोध करता ही नहीं था।

एक दिन बाहर से आये तो मेरे पास बैठ गये। कहने लगे, "मुझे तो पड़ोसी के कुत्ते ने काट लिया।"

मैंने कहा, "कहाँ पर ?"

उन्होंने कहा, "मैं चला जा रहा था कि कुत्ता झपटा। पाँव में उसने मुँह मारा। गनीमत यह हुई कि उसके दाँत पाँव में नहीं लगे। पैण्ट फट गयी। यह देखिए।"

मुझे गुस्सा आया। मैंने कहा, "उस कुत्ते की बहुत शिकायतें हैं। आप पुलिस में रिपोर्ट कीजिए।"

उन्होंने कहा, "क्या रिपोर्ट करें, जी। सभी कुत्ते काटते हैं।"

मैंने कहा, "आपकी पैण्ट फट गयी है। आप कुत्ते के मालिक से पैण्ट के पैसे लीजिए।"

उन्होंने शान्ति से कहा, "अजी, सभी को कुत्ते काटते हैं।"

एक दिन उनकी लड़की शाम को बड़ी देर तक घर वापस नहीं आयी। उसकी माँ परेशान थी। वह गम्भीर थे। उनकी पत्नी बार-बार उनसे कहती, "जाओ, तलाश करो ! बहुत अँधेरा हो गया है। ज़माना खराब लगा है।"

उन्होंने कहा, "ज़माना तो सभी के लिए खराब लगा है।"

थोड़ी देर बाद लड़की आ गयी। मैं सोच रहा था, ये उसे डाँटेंगे।

उन्होंने कहा, "बेबी, तू बहुत तंग करती है।" और झट-से जोड़ा, "सभी बेबियाँ तंग करती हैं।"

बात खत्म।

एक दिन मैंने कहा, "सुना है, सरकार महँगाई-भत्ते की यह किस्त नहीं दे रही है।"

उन्होंने कहा, "हाँ जी, सभी को नहीं दे रही है।"

मैंने कहा, "आप लोग कुछ कर नहीं रहे हैं ?"

उन्होंने कहा, "क्या करें, जी ? देनेवाली तो सरकार है। हम तो लेनेवाले हैं। जब सरकार देगी, तब ले लेंगे।"

कुछ दिन बाद हड़ताल की घोषणा हो गयी। मैंने उनसे कहा, "कल से आपके यहाँ हड़ताल है। आप तो कल काम पर नहीं जायेंगे।"

उन्होंने कहा, "मैं तो काम पर जाऊँगा।"

मैंने कहा, "क्यों ? आप हड़ताल नहीं करेंगे ?"

उनका जवाब था, "सभी तो हड़ताल कर रहे हैं, जी। मेरे नहीं करने से क्या बिगड़ता है ?"

मैंने कहा, "तो आप मँहगाई-भत्ता नहीं लेंगे ?"

उन्होंने कहा, "सबको मिलेगा तो मैं भी ले लूँगा।"

विचित्र आदमी थे। हर स्थिति में यों बरकाकर निकल जाते थे।

तटस्थ भाव वह हर स्थिति में बनाये रखते। चुनाव हो रहे थे। मेरे पास उनके सिवा दो आदमी और बैठे थे। हम लोग पार्टियों के बारे में, उम्मीदवारों के बारे में बातें कर रहे थे। उनके गुण-दोषों की चर्चा हो रही थी।

एक ने कहा, "इस बार जनता पार्टी जरूर जीतेगी।"

दूसरे ने कहा, "नही, कुछ भी हो, कांग्रेस के जीतने के आसार हैं।"

उन्होंने धीरे-से कहा, "देखिए जी, दो लड़ते हैं तो एक जीतता ही है।"

मैंने कहा, "पर आपको कौन-सी पार्टी पसन्द है।"

उन्होंने कहा, "अपने लिए दोनों ही अच्छी हैं।"

मैंने पूछा, "फिर भी आप किसे वोट देंगे?"

उन्होंने कहा, "मैं तो वोट देने ही नहीं जाऊँगा। सभी तो वोट डालेंगे। मेरी क्या जरूरत है?"

मैंने कहा, "यानी आपके लिए कोई भी सरकार हो!"

उन्होंने कहाँ, "हाँ जी, सभी सरकारें एक-सी होती हैं।"

कितनी ही बातें उनकी याद आती हैं। कैसे आदमी थे!

वह आज सुबह मर गये। मरने के पहले उन्हें ज़रा देर होश आया। उन्होंने आँखें खोलकर चारों तरफ देखा और धीरे-से बोले, "सभी मरते हैं, जी!"

और मर गये।

सोच रहा हूँ, कैसा आदमी था। कभी प्रतिरोध नहीं। कभी तनकर खड़ा हुआ नहीं। चींटी से भी बचकर चला। कोई अस्वीकार नहीं किया। कोई विरोध नहीं। उसे कुछ भी असहनीय नहीं लगा।

एक ऐसा आदमी था, जिसके पास जलती मशाल ले जाओ तो वह बुझ जाये।

मैं सोच रहा था। एक पड़ोसी मित्र आ गये। वह भी मरहूम के बारे में सोच रहे थे।

कहने लगे, "भाई, क्या आदमी था! मैं तो सोचता हूँ, वह सन्त था।"

मैं कुछ नहीं बोला।

मित्र ने फिर पूछा, "बताओ, क्या था वह?"

मैं बोला नहीं। सोच रहा था।

मित्र ने कहा, "बोलो न, क्या था वह?"

इसी समय मेरे पाँव को किसी लिजलिजी चीज ने स्पर्श किया। मैंने जोर से पाँव झटकारा। केंचुआ दूर जा पड़ा।

मित्र ने पूछा, "क्या था?"

मैंने जोर से कहा, "केंचुआ था।"

मनीषीजी

शहर के मध्य भाग में स्थित एक चाय का होटल है जो होटल से अधिक क्लब है। बाहर से बहुत भद्दा दिखनेवाले इस होटल में तीस-चालीस सदस्य रोज नियमित रूप से चाय पीते हैं। यहाँ असामान्य व्यक्ति ही मैंने देखे हैं। सीमान्तों पर स्थित मनुष्यों का जमघट यहाँ होता है—याने वे जिनके मुख से निरन्तर ज्ञान झरता है, और वे जिनके मुख से गालियों की अजस्र वर्षा होती है; वे जो बीड़ी तक नहीं छूते और वे जो गाँजे की चिलम फूंके बिना घर से बाहर नहीं निकलते; वे जो अखण्ड संयमी हैं, और वे जो वेश्या के यहाँ जाकर पड़े रहते हैं; वे जो गऊ-से सीधे हैं, और वे जो सियार-से धूर्त हैं। पण्डित, ज्ञानी, नेता, लेखक, कवि, शराबी, जुआड़ी, वेश्यागामी, गुण्डे—सब यहाँ आते हैं और अँधेरे कमरे की भारी-भरकम टेबिल के आसपास टूटी कुर्सियों पर बैठकर उपनिषद् की व्याख्या से लेकर 'बर्थ कण्ट्रोल' के विषयों पर चर्चा होती है।

मेरी असामान्यता की साधना जब पूरी हुई, तब मैं भी एक मित्र के द्वारा यहाँ लाया गया और मेरा प्रथम परिचय 'मनीषीजी' से कराया गया। प्रथम दृष्टि में ही जिस व्यक्ति को मैं ग्रहण कर सका, वह कुछ ऐसा था, अब भी ऐसा ही है—और शायद हमेशा ऐसा रहेगा।

घुटनों तक खादी की धोती, खादी की मिरजई, पाँव में फटी चप्पलें, ऐसी कि पाँवों की रक्षा कम करें, इज्जत की ज्यादा—आँखों पर चश्मा, काले धागे से जेब में लटकी घड़ी, बायें हाथ में छड़ी, कन्धों पर खद्दर-वसना कांग्रेसी भक्तिन की साड़ी की तरह बेलबूटेदार किनारी का चद्दर।

स्वस्थ तगड़ा शरीर, रंग खूब गोरा, बड़ा सिर जिस पर लम्बे-लम्बे घुँघराले चिकने केश, उन्नत मस्तक, प्रशस्त ललाट, नुकीली नाक, बड़ी-बड़ी पानीदार आँखें जिनमें एक क्षण में दार्शनिक-सी चिन्ता, और दूसरे क्षण मूढ़-सी शून्यता, चौड़ा चेहरा जिस पर पहाड़ी झरने-सी निर्मल हँसी तथा बड़प्पन और सद्भावना की झलक।

उम्र, अभिनेत्री की उम्र जैसी धोखेबाज और स्थिर।

वेश और शरीर को मिलाकर यह रूप 'मनीषी' के व्यक्तित्व की किताब की रंगीन 'जैकिट' है, जिसके भीतर जासूसी उपन्यास की तरह एक के बाद एक रहस्यमय अध्याय भरे हैं जिन्हें पढ़ते हुए मुझे दस साल हो गये, फिर भी जब अन्तिम अध्याय पर पहुँचता हूँ, तो देखता हूँ कि आगे कोई परिशिष्ट जुड़ गया है।

पदवियों सहित पूरा नाम "पण्डित महादेव प्रसाद शास्त्री, साहित्य-मनीषी, भूतपूर्व सम्पादक—हिमाचल, आयुर्वेदाचार्य, ज्योतिषरत्न" है। 'शास्त्री', 'साहित्य-मनीषी', 'आयुर्वेदाचार्य' और 'ज्योतिषरत्न' पदवियाँ उन्होंने बिना किसी परीक्षा पास किये अपने आपको प्रदान कर ली हैं। ये 'ऑनरेरी डिगरियाँ' हैं, जैसी अरब

के शाह को भारतीय विश्वविद्यालयों द्वारा दी गयी 'डॉक्टरेट'। 'हिमांचल' साप्ताहिक के कभी मनीषी स्वयं सम्पादक, व्यवस्थापक, कम्पोजिटर, मशीनमैन, हॉकर—सब एक साथ ही थे। यह साप्ताहिक जब उनका मन होता था, तब निकलता था। एक बार किसी अन्य पत्र के सम्पादक ने उनका नाम महादेव प्रसाद मनीषी की जगह 'महादेव प्रसाद मवेशी' छाप दिया। मनीषीजी को जब्त कहाँ? दूसरे ही अंक में उस सम्पादक के लिए माता और भगिनी से सम्बन्धित सब अश्लील गालियाँ छाप दीं। मुकदमा चला और वे शीघ्र ही 'भूतपूर्व सम्पादक' हो गये।

'ऐलोपेथी' और आयुर्वेद के वे समान रूप से पण्डित हैं—कुनैन और कड़ आ-चिरायता की सीमाओं को लाँघने की बदतमीजी उनके ज्ञान ने कभी नहीं की। वे अपने को गरीबों का वैद्य कहते हैं। रोगी की जाँच का दो पैसा और एक खुराक दवा का एक पैसा, जो उनका रेट है, अक्सर उधार ही रहता है।

उनके चिकित्सा-ज्ञान पर किसी ने आक्षेप किया तो उन्होंने समझाया—'देखो भाई, गरीब आदमी न तो ऐलोपेथी से अच्छा होता है, न होमियोपैथी से; उसे तो 'सिम्पेथी' (सहानुभूति) चाहिए। मैं 'सिम्पेथी' की सहस्रपुटी मात्रा देता जाता हूँ, रोगी अच्छा होता जाता है।' अपनी चिकित्सा की सफलता के सम्बन्ध में उन्होंने एक बार कहा—'सौ में पचास रोगी अपने आप अच्छे हो जाते हैं—दस डॉक्टर की दवा से अच्छे होते हैं। जो चालीस मरते हैं, उनमें पन्द्रह तो जीवनी-शक्ति की समाप्ति के कारण मरते हैं और पच्चीस को डॉक्टर की दवा मार डालती है। मैं इन पच्चीस लोगों को साफ बचा लेता हूँ, क्योंकि मेरी पुड़िया न अच्छा असर करती है न बुरा। पन्द्रह तो धन्वन्तरि के इलाज में भी मरेंगे ही। शेष को मैं अपनी 'सिम्पेथी' की डोज से बचा लेता हूँ। इस तरह मेरे इलाज में पचासी फीसदी रोगी अच्छे हो जाते हैं।'

मनीषी इसी होटल के ऊपरी हिस्से में न जाने कब से रह रहे हैं, और इस इमारत के गिरने तक शायद यहाँ रहेंगे। उनका धन्धा कुछ भी नहीं है। भोजन के आने का क्या जरिया है, किसी को नहीं मालूम। कपड़े कहाँ से मिल जाते हैं, और हमेशा इतने उजले कैसे रहते हैं, यह भी एक रहस्य है। परन्तु इस व्यक्ति के मुख पर मैंने कभी चिन्ता-रेखा नही देखी, कभी परेशानी की छाया नहीं देखी, कभी दुःख की मलिनता नही देखी, जिसके खाने का ठिकाना नहीं है, जो दो दिन भूखा पड़ा रहता है, एक फटा टाट जिसकी शय्या है, वर्षों पहले जिसके ईंट के चूल्हे पर अभी तक मिट्टी नहीं चढ़ पायी, एक मिट्टी का घड़ा, एक टीन का गिलास, एक तवा और डेगची जिसकी समस्त सम्पत्ति है; शरीर पर पहने हुए कपड़ों के सिवा जिसके पास एक अँगोछा और एक फटा कम्बल-मात्र है --बस चिर-यौवन से कैसे लदा है? वार्धक्य इससे क्यों डरता है? केश किस भय से श्वेत नहीं होते? झुर्रियाँ चेहरे को क्यों नहीं छूतीं? चिन्ताओं के दैत्य इससे क्यों दूर रहते हैं? दुःख इसके पास क्यों नहीं फटकता? यह किस स्रोत से जीवन-रस खींचता है कि सदा हरा-भरा रहता है? किस अमृत-घट से इसने घूंट पी लिया है कि संसार का जहर उस पर चढ़ता ही नहीं?

एक दिन मैं होटल में बैठा था। ऊपर से बाँसुरी की आवाज आयी। मैंने होटल-मालिक से पूछा, "बाँसुरी कौन बजा रहा है।" उन्होंने कहा, "वही होगा, मनीषी। खाना नहीं मिला होगा, तो बाँसुरी बजा रहा है।" उन्होंने उसे पुकारा और पूछा, "अरे, खाना खाया कि नहीं?" भूखे मनीषी के मुख पर मुस्कान आयी, जैसी भरे पेटवाले के मुख पर भी दुर्लभ है। वह बोला, "खाया तो था, लेकिन परसों।" होटल-मालिक ने उसे कुछ पैसे देकर कहा, "जा, कुछ खा ले और यह गाना-बजाना बन्द कर दे।" बाद में मुझे मालूम हुआ कि अगर मनीषी बाँसुरी बजाता हो तो इसका यह अर्थ है कि वह भूखा है। भरपेट वह कभी बाँसुरी नहीं बजाता। एक-दो रोज का भूखा होता है, तब टाट पर पड़ा-पड़ा बाँसुरी बजाया करता है। आगामी कल की जिसे चिन्ता न हो ऐसा आदमी दुर्लभ है, पर मनीषी को आज की भी चिन्ता नहीं है। कल कहीं से रोटी मिल गयी थी, तो आज भी कहीं से मिल जायेगी। आज न आयी तो झक मारकर कल आयेगी—ऐसा उसका विश्वास है।

उसके कमरे में एक मिट्टी का घड़ा है जिसमें ज्वार, बाजरा, गेहूँ—किसी का भी या सबका मिला हुआ आटा कभी-कभी रखा रहता है। एक छोटे-से बर्तन में नमक और मिर्च है। जब कहीं से खाना नहीं मिलता और घड़े में आटा हुआ तो मनीषी एक-दो रोटी सेंककर नमक-मिर्च से खा लेता है। यदि आटा नहीं हुआ तो पड़ा-पड़ा बाँसुरी बजाता है। भूख को इस प्रकार संगीत बनाकर आस-पास बिखेरता है। कोई सुन लेता है, और भोजन करा देता है।

अपने खाने का ठिकाना नहीं है पर उदारता में कर्ण हैं। बड़े शरणागत वत्सल हैं। कोई भी आफत का मारा आ जाय, मनीषी के गज-भर टाट पर और मक्के की दो रोटी पर उसका अधिकार है। जब तक घड़े में आटा है तब तक रोटी खिलायेगा और आप खायेगा। जब आटा चुक जायेगा, तब मनीषी बाँसुरी बजायेगा और अतिथि कुढ़ता हुआ सुनेगा। जिसे कहीं जगह नहीं मिलती, उसे मनीषी के यहाँ जरूर आश्रय मिल जायेगा। जिसे सब तिरस्कृत करें, वह अगर मनीषी के यहाँ पहुँच गया तो मनीषी अपना भाई बना लेंगे। कितने ही लोग उसका आश्रय पाते हैं। घर से निकले हुए लड़के, बेकार आदमी, तिरस्कृत नारियाँ—सब उसके औदार्य की छाया में आ बैठते हैं। कोई-कोई कृतघ्न जिस वृक्ष की छाया में बैठते हैं उसे एक-दो कुल्हाड़ी मार जाते हैं या कुछ शाखाएँ ही नोंच जाते हैं। सुनते हैं ये आश्रयहीन लोग जाते वक्त उसका फटा कम्बल या लोटा ही ले भागे हैं।

एक बार अनाथालय से भागी हुई तीन-चार तिरस्कृत और लांछित लड़कियाँ मनीषी के आश्रम में आयीं। मनीषी ने उन्हें 'धर्मपुत्री' मान लिया। दो-चार दिनों में उनके यहाँ 'धर्मपुत्र' भी आने लगे और जब इन 'धर्मपुत्रों' ने उसकी 'धर्मपुत्रियों' को 'धर्मपत्नियाँ' बनाने का उपक्रम किया तो मुहल्लेवालों ने बड़ा हल्ला-गुल्ला मचाया। वे लड़कियाँ 'धर्मपिता' को छोड़कर भागीं। अभी भी मनीषी बड़े दर्द से धर्मपुत्रियों को याद करते हैं। कहते हैं, "न जाने बेटियाँ कहाँ हैं? किस हालत में हैं?"

ऐसा नहीं है कि उसने श्रम करने का प्रयास नहीं किया हो। 'हिमालय' की सम्पादकी के सिवा वे अनेक कार्य करके छोड़ चुके हैं। अपने इन अनुभवों को मनीषी खाली समय में बड़े रोचक ढंग से सुनाते हैं। एक प्याले चाय में एक ही अनुभव सुनाते हैं। कहने लगे, "स्टण्ट पिक्चर में मुझे काम मिला। पूना में शूटिंग हो रही थी। मेरा काम था कि मैं पुल पर नाले के किनारे खड़ा रहूँ और जब 'हीरो' घोड़े पर वहाँ से निकले, तो तलवार का ऐसा वार करूँ कि तलवार उसे लगती हुई दिखे, पर लगे नहीं। मैं तैयार हो गया। 'हीरो' आया तो कम्बख्त ने मुझे ही कोड़ा घुमाकर कनपटी में मार दिया! मुझे गुस्सा आ गया। बस मैंने भोथरी तलवार का ऐसा वार किया कि बेटा नाले में गिर पड़े। हाथ की हड्डी टूट गयी पर मेरी नौकरी भी उसी वक्त खत्म हो गयी।"

फिल्म कम्पनी के अनुभव आगे बढ़ाते हुए वे बोले, "एक और फिल्म में काम मिला। मैं बनाया गया हीरो का नौकर। चार-छह दिन बाद 'हीरोइन' एक दिन एकान्त में बोली, 'मिस्टर मनीषी, आई लव यू।' मैंने कहा, 'लेडी, देन आइ शैल लीव दिस प्लेस एट वन्स!' बस मैं भाग आया।"

हमने पूछा, "वह तो तुम पर मोहित थी। तुम भाग क्यों आये?"

मनीषी बड़ी समझदारी से बोले, "अरे अरे, प्यार करनेवाली स्त्री बड़ी खतरनाक होती है। न जाने कब किससे प्यार करने लगे और तुम्हें पिटवा दे। उस अभिनेत्री से डायरेक्टर खुद प्यार करता था। अगर उसे मालूम हो जाता तो मुझे कहीं मरवाकर फिकवा देता। मनीषी की जान अभिनेत्रियों पर न्योछावर होने के लिए नहीं है।"

फिर मनीषी ने राजनीति का व्यवसाय अपनाया। नेता हो जाना बड़ा अच्छा धन्धा है! पर वे किसी भी दल के प्रति पक्षपात नहीं करते थे। वे एक साथ ही कांग्रेस, समाजवादी दल, साम्यवादी दल, जनसंघ, रामराज्य परिषद आदि सब में थे। हर मंच से भाषण देते—घण्टों बोलते और लोग ऊबते नहीं, क्योंकि वे कुछ बोलते ही नहीं हैं। एक बार वे एक सभा में बोलने खड़े हो गये। बड़े जोश में बोले, "कांग्रेसी चोर हैं। समाजवादी उचक्के हैं। साम्यवादी लुच्चे हैं।" आदि-आदि। आधा घण्टे तक सब दलों को गाली देते रहे। श्रोताओं ने हल्ला मचाया, "अपने शब्द वापिस लो।" मनीषीजी ने हँसते हुए कहा, "तुम शब्द वापिस लेने को कहते हो, मैं अपना पूरा भाषण वापिस लेता हूँ, और फिर नया भाषण आरम्भ करता हूँ। सुनो। भाइयो और बहनो!" फिर आधा घण्टे तक भाषण देते रहे।

एक दिन उनके निवास-स्थान के सामने के सभास्थल में रामराज्य परिषद की सभा हो रही थी। मनीषी बे-बुलाये पहुँच गये और सिंह की तरह मंच पर चढ़ गये। मंच पर बैठे नेता बोले, "आप कौन हैं? क्या चाहते हैं?" मनीषी ने कहा, "मैं नेता हूँ, भाषण देने आया हूँ।"

"आप किस दल के नेता हैं?"

"मैं सब दलों का नेता हूँ।"

मंच पर के नेताओं ने उन्हें भाषण नहीं देने दिया। पर जनता मनीषी को देखकर हर्षध्वनि करने लगी। लोग चिल्लाये, "मनीषीजी को बोलने दो।"

मनीषीजी लाउडस्पीकर लेकर खड़े हुए और धुआँधार भाषण आरम्भ कर दिया। आसपास के लोग निकट आ गये और सभास्थल खचाखच भर गया। भाषण क्या था—अनर्गल प्रलाप और गाली-गलौज, पर मनीषी से यही सुनकर मजा लेने की उम्मीद से लोग इकट्ठा हुए थे। बीच-बीच में ताली और हर्षध्वनि होने लगी। पूरे एक घण्टे तक मनीषी बोलते रहे और वे नेता भाग खड़े हुए। मनीषी मंच से उतरे और विजयी योद्धा की तरह झूमते हुए, आसपास देखते हुए, जाकर अपने जीने पर चढ़ गये। नीचे जनसमूह इकट्ठा हुआ। चिल्लाया, "मनीषीजी की जय! मनीषीजी दर्शन दो।" भक्तों की पुकार पर मनीषीजी खिड़की पर आये। हाथ जोड़-कर मुस्कराते हुए दर्शन दिये।

दो-चार भक्त ऊपर चढ़ गये और उन्हें नीचे उतार लाये। एक जुलूस बनाकर होटल में उन्हें ले गये, चाय पिलायी और छह पैसों की थैली भेंट की।

फिर मनीषी ने राजनीति का धन्धा भी छोड़ दिया।

सब काम कर देखे और जब कोई नहीं बना तब मनीषी ने सोचा कि कोई काम नहीं करना ही अच्छा है।

पर हौसले उनके बहुत ऊँचे हैं। मुझसे कभी-कभी बड़ी गम्भीरता से कहते हैं कि मैं शीघ्र ही 'अन्तर्राष्ट्रीय पत्रकार-संघ' खोलनेवाला हूँ। एक फिल्म-कम्पनी खोलने की भी उनकी योजना चल रही है, जिसमें मुझे खलनायक का काम देने का वादा वे कर चुके हैं।

नीचे वे मुझसे फिल्म-कम्पनी की योजना पर चर्चा करते रहे। थोड़ी देर बाद ऊपर उठकर गये तो बाँसुरी बजाने लगे। भूखे थे।

थोड़ी देर बाद नीचे उतरे तो चेहरे पर वही मस्ती, वही हँसी थी। मैं सोचता हूँ, क्या यह हँसी विक्षिप्त की हँसी है? क्या यह निरपेक्ष जीवन का हास्य है? क्या यह उस चरम विफलता की हँसी है, जब आदमी सोच लेता है कि हमसे अब कुछ नहीं बनेगा? क्या यह उस उदासीन वृत्ति का हास्य है कि हमारे बनने या बिगड़ने में कोई मतलब नहीं? अथवा दर्द को कलेजे की भट्ठी में गलाकर इसने हँसी के रूप में प्रवाहित कर दिया है?

रामदास

आँधी से उड़कर एक जगह का बीज दूसरी जगह जा पड़ता है, वहीं उसमें पीका फूटता है, वह पौधा बनता है, बढ़ता है, फूलता है, फलता है। यह रामदास भी

मुसीबत की आँधी से उड़कर कहीं से आ पड़ा है। लेकिन ऐसा कहाँ होता है कि हर पौधा जमीन में फले-फूले ? हमारे रामदास को भी यहाँ की जमीन कुछ अनुकूल नहीं पड़ी। यहाँ वह जी रहा है—बस वैसे तो 'गाँव का जोगी जोगिया आन गाँव में सिद्ध' हो जाता है; पर यह रामदास गाँव में भी जोगिया था और वहाँ भी जोगिया ही रह गया। जोगिया से सिद्ध तक का जो रास्ता है, वह छल, कपट, प्रपंच और पाखण्ड के बीहड़ वन में से गुजरता है और रामदास को इस वन से बड़ा भय लगता है। इसे तो ईमानदारी की बीमारी लग गयी है। तभी तो वह सूखा-सूखा, दुबला-पतला है।

बाजार के चौराहे पर, एक इमारत की दूसरी मंजिल पर एक अखबार का दफ्तर है। एक नाटे-से आदमी को हाफ पैण्ट पहने आप अगर इस दफ्तर की सीढ़ियों पर चढ़ते-उतरते देखें तो समझ लीजिए कि वह रामदास है। और अगर निश्चय करना हो, तो जब वह सीढ़ियों से नीचे उतरे तो उससे पूछिए, 'आनन्दजी हैं ?' अगर वह 'जरा ठहरिए, सोच लेने दीजिए' कहकर अपने सिर पर एक अँगुली से ठोका मारे और नीचे देखते हुए क्षण-भर सोचकर जवाब दे, 'हाँ, ठीक है' या 'हाँ, ठीक है, नहीं हैं', तो यह पक्का है कि वह रामदास ही है। हर बात को इतना सोच-कर बोलनवाला इस शहर में दूसरा आदमी नहीं है।

बड़ी खुरदरी खादी की कमीज और उसी का हाफ पैण्ट, यही रामदास की पोशाक है—हर मौसम में, हर जगह, हर समय। अब यह मोटी खादी समय से रगड़ खाते-खाते छनकर कबीर की 'झीनी चदरिया'-सी हो गयी है। कमीज और पैण्ट में जगह-जगह लटें लटकने लगी हैं, मानो गरीबी ने झालर डाल दी हो। हर दूसरे-तीसरे दिन वह दफ्तर के दरवाजे बन्द करके कपड़ों को धोकर सुखा लेता है।

अभी तक 35 पतझरों को परास्त कर चुका है। यौवन की कमजोरी देखकर बुढ़ापे ने अपने गुप्तचर, सफेद बाल, इसके यौवन के राज्य में भेज दिये हैं, जो एक-एक काले बाल को फुसलाकर विद्रोह करवा रहे हैं। लम्बी नुकीली नाक है। आँखें बड़ी-बड़ी, जिसमें दार्शनिक-सी गम्भीरता है। चेहरा लम्बा है और सुडौल, पर झुर्रियों से भरा हुआ। वर्ण कभी गोरा रहा होगा, पर अब तो उस पर मुसीबत का रंग चढ़ गया है। इसे देखकर बुलन्द इमारत का खण्डहर भी नहीं कह सकते। खण्डहर में कुछ ऐसी बात होती है, जो इमारत की बुलन्दी का संकेत कर सके। रामदास की जिन्दगी की इमारत ऐसी है जिसका ईंट, गारा, चूना बीच में ही समाप्त हो और वह अधबनी ही पड़ी हो। वह उस पौधे जैसा है जो थोड़ा बढ़ते ही ढाँक दिया जाय, जिसे खुली हवा और रोशनी न मिले। वह बढ़ता तो है, पर कैसा पीला-पीला मरियल-सा, मानो उसकी खुलकर बढ़ने की उमंग पूरी न हो पायी हो।

यह रामदास सोचता ही रहता है। न जाने क्या सोचता है ? खाते-खाते सोचता है, चलते-चलते सोचता है, बैठे-बैठे सोचता है। बाजार की चहल-पहल के बीच भी यह अपने आस-पास से बिल्कुल बेखबर जमीन देखता हुआ विचार में डूबा चला जाता है। इतने धीरे-धीरे चलता है, इतनी सावधानी से कदम रखता है कि लगता

है इसके पास यह हिसाब भी होगा कि अब तक वह कितने कदम चल चुका होगा। वह बिना सोचे-विचारे कुछ कहता ही नहीं; कुछ करता ही नहीं। मुझे कभी बाजार में मिल जाता है, और मैं कहता हूँ, 'रामदास, चाय पी लो।' वह माथा ऊँचा करके देखेगा। कहेगा, 'अयँ !' फिर क्षण-भर सोचकर बोलेगा—'अच्छा।' आप पूछिए, "रामदास कहाँ जा रहे हो ?" तो सिर ऊँचा करके यह कहेगा—'अयँ !' इसके बाद क्षण-भर सोचकर बोलेगा, "हाँ, याद आया, पोस्ट आफिस जा रहा हूँ।" वह सन्त की तरह हर शब्द सावधानी से सँभालकर बोलता है क्योंकि सन्त जानता है कि उसकी वाणी पर कितनी ही पीढ़ियों के बनने-बिगड़ने की जिम्मेदारी है।

कभी-कभी वह मुझे सदर की सूनी सड़क पर रात को दस-ग्यारह बजे घूमता मिल जाता है; निपट अकेला, धीरे-धीरे पास-पास कदम रखता हुआ। जमीन को देखता हुआ चला जाता है। न जाने कहाँ ? आसपास के वृक्ष, बगीचे, बँगले सब उसके लिए जैसे निरर्थक हों। सम्पूर्ण प्रकृति का मानो उसके लिए कोई अस्तित्व ही नहीं। वह अपने आपमें पूर्ण है। उस समय वह स्थित-प्रज्ञ-सा लगता है। मैं पूछता हूँ, "रामदास, कहाँ चल दिये ?" वह चौंककर ऊपर देखता है, फिर मुस्कराकर कहता है, "मास्टर साहब, नमस्ते !" मैं प्रश्न दुहराता हूँ तो वह जवाब देता है—"दोस्त-भाई के यहाँ जा रहा हूँ।" और चल देता है। प्रश्नोत्तर का यही बँधा क्रम वर्षों से चल रहा है। वह इससे अधिक नहीं बोलता। उसने मुझसे आज तक नहीं पूछा कि मैं कहाँ जा रहा हूँ। उसे किसी के आने-जाने से कोई मतलब नहीं। कौन उसका दोस्त-भाई है, यह मैं आज तक नहीं जान पाया। सोचकर सन्तोष कर लेता हूँ कि कोई प्राणी इस शहर में है जिसे वह अपना मानता है, जिससे नपी-तुली बात न करता होगा, जिसके सामने शायद हृदय खोलकर रख देता हो।

तीन सालों से जानता हूँ इस रामदास को। आनन्दजी मेरे मित्र हैं। वे एक अखबार के सम्पादक हैं। रामदास उन्हीं के दफ्तर में काम करता है। डाक लाता-ले जाता है, दफ्तर झाड़ता है, रखवाली करता है और दूसरे छोटे-मोटे काम करता है। इसे शायद 40) माहवार मिलता है। आनन्दजी का कहना है कि उन्हें वर्षों बाद यह ईमानदार आदमी मिला है। उनका ख्याल है कि ईमानदारी इसका गुण न होकर, असमर्थता है। बेईमानी के लिए आवश्यक चतुरता उसमें है ही नहीं।

रामदास भोजन नहीं करता, याने उस अर्थ में, जिसमें हम सामान्यतः भोजन करते हैं। फिर यह जीता कैसे है ? दफ्तर के नीचे एक होटल है जिसमें वह चाय पी लेता है और एक-दो आने का नमकीन खा लेता है। यही उसका भोजन है। आनन्दजी के दफ्तर से किसी आगन्तुक के लिए यदि चाय और नमकीन आता है, तो उसमें से भी कुछ पा जाता है। सप्ताह में एक-दो बार आनन्दजी के यहाँ खाना खा लेता है। वर्षों से वह इसी तरह जी रहा है। लेकिन रामदास अपने को किसी से हीन नहीं समझता। उसके आत्म-सम्मान का झण्डा कभी झुकता नहीं। मेरी दी हुई चाय पी लेता है, यह उसकी मेहरबानी है। वह मुझ पर अनुग्रह करता है, मुझे गौरवान्वित ही करता है। शहर में यदि फैला दूँ, तो इस खबर से यशवृद्धि हो सकती है कि

रामदास मेरी चाय पी लेता है। वरना वह कितने लोगों को 'नहीं' कहकर टाल देता है। वह किसी की कृपा स्वीकार नहीं करता। मुझे वह बदला देना नहीं भूलता। अगर आमना-सामना हो जाय, और संयोगवश मैं उसे न देख पाऊँ, तो कभी वही कह देता है, "मास्टर साहब, चाय पी लीजिए।" तब यदि मैं इस उलझन में पड़ जाऊँ कि इस गरीब से दो आने क्यों खर्च कराऊँ, तो उसे बुरा लगता है। इसलिए मुझे तुरन्त स्वीकार करना पड़ता है। इस स्थिति से बचने के लिए मैं दूर से ही उसे देखकर चिल्ला देता हूँ, "रामदास, चाय पी लो।" कोशिश करता हूँ कि मैं ही उसे पहले देखूं। वह मुझे पहले न देख पाये।

हम सब लोगों को वह अपनी बराबरी का मानता है, अपने से बड़ा नहीं। अपने मालिक आनन्दजी से भी बराबरी का व्यवहार करता है। हँसी की बात पर वह आनन्दजी के हाथ-पर-हाथ मारकर अट्टहास भी करता है।

पर रामदास अपने विचारों में ही इतना डूबा रहता है कि बाकी बहुत कुछ भूल-सा जाता है। कभी आनन्दजी मोहन बाबू को बुलाने भेजते हैं, तो वह सोहन बाबू को बुला लाता है और जब उसे भूल बतलायी जाती है, तो वह एकदम आँखें बन्द करके कहता है, "ठहरिए, जरा सोच लेने दीजिए।" फिर अँगुली से सिर पर ठोका मारकर सोचेगा, तब कहेगा, "हाँ याद आया, गलती हो गयी, खैर!" और तुरन्त मोहन बाबू को बुलाने चल देगा। कई बार वह बाजार से आलू के बदले करेला, पान के बदले सिगरेट, और लौंग के बदले इलायची ले आया है। एक दिन आनन्दजी ने उसे कुछ लिफाफे टिकिट लगाकर, डाक में छोड़कर आने के लिए दिये। वापिस आया तो आनन्दजी ने देखा कि रुपये में पैसे कुछ अधिक बच गये हैं। वे बोले, "कम टिकट लगा आये रामदास।" दरवाजे पर खड़े होकर उसने सिर पर ठोका मारकर विचार को जाग्रत किया। थोड़ी देर बाद सोचकर बोला, "नहीं, ठीक है। पहिले समझ लीजिए।" उसके मुख पर निश्चयात्मक दृढ़ता आ गयी थी। फिर वह समझाने लगा कि किस लिफाफे पर कितनी टिकटें लगायी थीं। समझाते-समझाते जब उसे खुद समझ में आ गया कि उसी की भूल है, तो झट बोला, "हाँ, याद आया। गलती हो गयी। खैर।" बस यह लम्बी 'खैर' उसकी हर गलती की क्षमा-याचना है। इससे अधिक वह कुछ नहीं कहता।

रामदास कहाँ से आया है? उसके बाल-बच्चे हैं या नहीं? वह अभी तक क्या करता था? कहाँ रहा? ये सब बातें बहुत कम लोग जानते हैं। वह अपनी जिन्दगी की किताब को बड़ी सावधानी से बन्द करके रखता है कि कहीं कोई पृष्ठ उलट न जाय और कोई पढ़ न ले।

एक दिन मैंने पूछा, "रामदास, तुम कहाँ के रहनेवाले हो?" उसने उत्तर दिया, "कानपुर का।" मैंने पूछा, "तुम्हारे बाल-बच्चे हैं?" उसने जवाब दिया, "हाँ, हैं। स्त्री है, तीन बच्चे हैं।" मैंने देखा उसकी आँखों की वेदना कुछ गहरी होती जाती थी। उसका मुख कुछ अधिक लटक गया था। गला भी उसका कुछ भर्रा गया। पर मेरी उत्सुकता का अन्त नहीं था। मैंने फिर उसकी पीड़ा को कुरेदा। पूछा, "उनकी गुजर

कैसे होती होगी ? कौन के पास रहते हैं वे ?" उसने उसी गम्भीर वेदना के साथ कहा, "पास तो कोई नहीं है। कुछ रुपये भेज देता हूँ, कुछ वहीं हो जाता है।"

मुझे लगा कि यह बड़ा अप्रिय प्रसंग छिड़ गया। वह एक अभाव-जनित पीड़ा को कहीं हृदय के किसी कोने में छिपाये था, वह अब उभर आयी थी। वह अन्य-मनस्क हो गया था। एक क्षण में ही जैसे वह वहाँ नहीं रहा, कानपुर चला गया। पर मुझ जैसे बकवादी लोग कहीं किसी को शान्त रहने देते हैं ! मैंने पूछा, "उन्हें यहाँ नहीं ले आओगे ?" उसका मुख आशा की दीप्ति से चमक उठा। वह उस समय दस वर्ष छोटा लगा। आँखों में अधिक उल्लास भरकर वह बोला, "अच्छा-सा मकान मिल जाय तो ले आऊँ।" पर यह वाक्य कहते ही उसके मुख पर उसी गम्भीर वेदना का रंग आ गया। मैं बहुधा उससे पूछ बैठता—"रामदास, अब बच्चों को कब लाओगे ?" और वह उसी प्रकार आशा से जगमगाकर बोलता, "अच्छा-सा मकान मिल जाय तो ले आऊँ।" वाक्य समाप्त करते ही वह फिर उदास हो जाता, जैसे उसका मिला-मिलाया मकान छूट गया हो।

तीन साल से यही पूछ रहा हूँ, और वह यही उत्तर दे रहा है। अच्छे से मकान तो शहर में बहुत हैं, पर इसके योग्य शायद उनमें कोई नहीं है और यदि उन स्त्री-बच्चों को वह ले भी आवे, तो खिलायेगा क्या। पर आशा के छोर को वह खूब कसकर पकड़े है। नये काम ढूँढ़ता है, आमदनी के नये जरिये खोजता है, पर हर जगह उसकी ईमानदारी और दार्शनिक बेखबरी बाधा देती है। तीन-चार सालों से वह घर नहीं गया है। उसके वे स्त्री-बच्चे समस्त अभावों और विपदाओं के बीच जिन्दगी को इसलिए घसीट रहे होंगे कि कभी परदेशी आवेगा, और बहुत-से पैसे लावेगा। गरीबी के विस्तार का पार नहीं। रामदास और उसके स्त्री-बच्चों के बीच जैसे गरीबी की गहरी नदी बह रही है और वे मिल नहीं सकते। स्त्री-बच्चों का इतने दिनों का बिछोह क्या होता है, यह स्वानुभव से नहीं जानता। पर मुझे ठीक याद है कि बचपन में जब छुट्टियों में माता-पिता के पास गाँव रहकर शहर पढ़ने आने लगता, तो माता-पिता की आँखों से आँसू झरने लगते। मैं साल में तीन बार घर हो आता था। यह चार साल में एक बार भी नहीं गया। कैसी मजबूरी है कि पिता बच्चों से न मिल सके, पत्नी पति से नहीं मिल सके। कुछ होते हैं जो दुख भी सुविधा से मानते हैं, जिनका विछोह भी अजब रंगीनियों से भरा होता है, जिनका दुख भी एक त्योहार हो जाता है। पर जैसा यह गरीब, वैसा इस गरीब का दुख।

एक दिन वह मुझे बहुत उदास दिखा। मैंने पूछा, "रामदास, आज बहुत उदास दिख रहे हो ? घर पर तो सब ठीक है न ?" उसने एक गहरी साँस छोड़ी और बोला, "बड़ा लड़का नहीं रहा। घर से चिट्ठी आयी है।" वह आसमान की ओर शून्य में देखने लगा। हृदय की वेदना मुख से चीख बनकर न निकल पड़े, इसलिए उसने ओठों को दाँतों से दबा लिया। पर पलकों में यह सामर्थ्य कहाँ कि आँसुओं को रोक सकें ! उसकी आँखों से आँसू झरकर नाक को भिगोते हुए ओठ तक बहने लगे और उसकी साँस जोरों से चलने लगी।

मैं बड़ी देर तक स्तब्ध बैठा रहा। मुझे उस समय लगा कि दुःख जाहिर करने के जितने उत्तम तरीके हैं, जितने सुन्दर वाक्य और शब्द हैं, वे झूठे हैं। वे सब दुःख के उत्सव के काम आनेवाले हैं। इस गरीब के सच्चे दुःख के सामने मेरी परिष्कृत समृद्ध वाणी व्यर्थ है। चुप नहीं रहा गया तो मैंने कहा, "तुम घर जाओगे न?" उसने आँसू पोंछते-पोंछते बड़े तटस्थ भाव से कहा, "अब जाने से क्या फायदा?" मैं समझ गया कि वह जानता है कि जाने से क्या फायदा है। वह जानता है जिस स्त्री का बेटा मर गया है, उसे पति का सहारा चाहिए। वह जानता है कि उसकी बिलखती पत्नी और चीखते बच्चों के बीच उसे होना चाहिए। पर वह मजबूर था।

मैं उठा। उठने से पहले कुछ और कहना जरूरी मालूम हुआ। मेरे पास तो अब कुल वही पूंजी बची थी। "तो बच्चों को ले आओ न रामदास?" उसका मुख एक क्षण में जैसे विद्युत-प्रभाव से चमक उठा। आँखों में आशा की किरण फूट पड़ी। वह उसी प्रकार विश्वास से बोला, "अच्छा-सा मकान मिल जाय तो ले आऊँ।" पर उसे कभी अच्छा-सा मकान नहीं मिलेगा। और वह यहीं बैठा-बैठा कानपुर से चिट्ठियाँ पाता रहेगा कि अब दूसरा लड़का नहीं रहा, अब लड़की भी नहीं रही, और अब स्त्री भी नहीं रही।

असहमत

यह सिर्फ दो आदमियों की बातचीत है—

"भारतीय सेना लाहौर की तरफ बढ़ गयी —अन्तर्राष्ट्रीय सीमा पार करके।"

"हाँ, सुना तो। छम्ब में पाकिस्तानी सेना को रोकने के लिए यह जरूरी है।"

"खाक जरूरी है! जहाँ वे लड़ें, वहाँ लड़ना चाहिए या हर कहीं घुसना चाहिए?"

"हाँ, उधर नहीं बढ़ना था।"

"मगर मैं कहता हूँ, क्यों नहीं बढ़ना था? उधर से दबाव पड़ेगा तो इधर तुम्हारे बाप रोक सकते हैं उन्हें?"

"फिर तो उधर बढ़ना ठीक ही हुआ।"

"ठीक हुआ! ठीक हुआ! कुछ समझते भी हो! इसका मतलब क्या होता है? इसका मतलब होता है—टोटल वार! पूर्ण युद्ध! हमला!"

"हाँ जी, यह तो हमला जैसा ही हो गया।"

"मगर मैं कहता हूँ, जो इसे हमला कहता है, वह बेवकूफ है। हम तो हमले

का मुकाबला करने के लिए बढ़े हैं।"

"इस दृष्टि से तो हमारा बढ़ना सुरक्षात्मक कार्रवाई हुआ।"

"मगर सुरक्षात्मक कार्रवाई कहकर तुम दुनिया की नजरों में धूल नहीं झोंक सकते! जो हुआ है, वह सबको दिख रहा है।"

"हाँ, विल्सन ने तो ऐसा कुछ कहा भी है।"

"तुम विल्सन के कहने की परवाह क्यों करते हो? जो तुम्हें सही दिखे, करो।"

"बिल्कुल ठीक है। जो देश के हित में हो, वही हमें करना चाहिए।"

"देश-हित की बात करते हो! देश-हित कोई समझता भी है? सिर्फ देश-हित देखोगे या अन्तर्राष्ट्रीय प्रतिक्रिया का भी ख्याल रखोगे?"

"ठीक कहते हो। आज की दुनिया में अन्तर्राष्ट्रीय प्रतिक्रिया देखना भी जरूरी है।"

"मगर मैं कहता हूँ, अन्तर्राष्ट्रीय रुख ही देखते रहोगे या देश के भले की भी कुछ सोचोगे? अन्तर्राष्ट्रीयता की धुन में ही तो तुम लोगों ने देश को गारत कर रखा है!"

इस बातचीत में जो लगातार सहमत होने की कोशिश करता रहा, वह मैं हूँ। मैं उससे बहस नहीं करता, मतभेद जाहिर नहीं करता, सिर्फ सहमत होना चाहता हूँ। पर वह सहमत नहीं होने देता। वह कभी किसी को सहमत नहीं होने देता। अगर कोई सहमत होने लगता है तो वह झट असहमति पर पहुँच जाता है। सहमति से भी वह नाराज होता है और असहमति से भी। पर असहमति का विस्फोट बड़ा भयंकर होता है। इसलिए मैं सहमत होते-होते निकल जाता हूँ, जैसे आँधी आने पर आदमी जमीन पर लेट जाये।

उसने मेरी तरफ देखा। मैं कुछ नहीं बोला। दूसरी तरफ देखने लगा। वह खिसियाया—कैसे बेवकूफ से पाला पड़ा है! खीजा—कैसे बेईमान लोग हैं। क्रोधित हुआ—सबको देखूंगा! तना—मैं किसी की परवाह नहीं करता! ढीला हुआ—कैसा दुर्भाग्य है! दुखी हुआ—ऐसों की चलती है, मेरी नहीं चलती! मन में फिर तनाव आया। वह अँगुलियों के कटाव गिनता हुआ जल्दी-जल्दी चला गया।

सारी दुनिया गलत है। सिर्फ मैं सही हूँ, यह अहसास बहुत दुःख देता है। इस अहसास में आगे अपेक्षा होती है कि मुझे सही होने का श्रेय मिले, मान्यता मिले, कीमत भी मिले। दुनिया को इतनी फुरसत होती नहीं है कि वह किसी कोने में बैठे उस आदमी को मान्यता देती जाये जो सिर्फ अपने को हमेशा सही मानता है। उसकी अवहेलना होती है। अब सही आदमी क्या करे। वह सबसे नफरत करता है। खीजा रहता है। दुःख-भरे तनाव में दिन गुजारता है।

इसकी दुनिया से इसी तरह की लड़ाई है। पर वह मुझसे ही क्यों उलझता है? हर बार मुझे गलत सिद्ध क्यों करता है? बात यह है कि पूरी दुनिया से एक साथ नहीं लड़ा जा सकता। दुनिया के हजारों मोर्चे हैं और करोड़ों लड़नेवाले हैं। मगर

दो देशों की लड़ाई में पूरे देश आपस में नहीं लड़ते। सिपाही से सिपाही लड़ता है। लड़ने के मामले में सिपाही देश का प्रतिनिधि होता है। उन कुछ लोगों को, जिनसे उसकी अक्सर भेंट होती है, उसने दुनिया का प्रतिनिधि मान लिया है। इनमें भी सबसे ज्यादा मुलाकात मुझसे होती है, इसलिए इन कुछ का प्रतिनिधि मैं हुआ। इस तरह दुनिया का प्रतिनिधि मैं बन गया। मुझे गलत बताता है तो दुनिया गलत होती है। मुझे गाली देता है तो दुनिया को गाली लगती है। मुझ पर नाराज होता है तो दुनिया पर नाराजगी जाहिर होती है। मैं दबता हूँ तो दुनिया को दबा देने का सुख उसे मिलता है। सारी दुनिया की तरफ से इस मोर्चे पर मैं खड़ा हूं और पिट रहा हूँ। वह मुझसे नफरत करता है। मगर मुझे ढूंढ़ता है। कुछ दिन नहीं मिलूं, तो वह परेशान होता है। जिससे नफरत है, उससे मिलने की इतनी ललक प्रेम-सम्बन्ध में भी नहीं होती। मुझसे मिलकर मुझे गलत बताकर, मुझ पर खीजकर और मुझे दबाकर जो सुख उसे मिलता है, उसके लिए वह मुझे तलाशता है। विश्व-विजय के गौरव और सन्तोष के लिए योद्धा दुनिया-भर की खाक छानते थे। वह कुल चार-पाँच मील सड़कों पर मुझे खोजता है तो दुनिया को जीतने के लिए कोई ज्यादा नहीं चलता।

अगर सारी दुनिया गलत और वह सही है तो मैं गलत हूँ और वह सही है। मैं पहले उससे असहमत भी हो जाता था। तब वह भयंकर रूप से फूट पड़ता था। उसे गलत माने जाने पर गुस्सा आता है। वह लड़ बैठता था। गाली-गलौज पर आ जाता था। मैंने सहमत होने की नीति अपनायी। मैं सहमत होता हूँ तो वह सोचता है, यह कैसे हो सकता है कि मैं और दुनिया, दोनों सही हों। दुनिया सही हो ही नहीं सकती। वह झट ठीक उल्टी बात कहकर असहमत हो जाता है। तब वह एक-मात्र सही आदमी और दुनिया गलत हो जाती है। मैं फिर सहमत हो जाता हूँ तो वह फिर उस बात पर आ जाता है जिसे खुद काट चुका है।

"बहुत भ्रष्टाचार फैला है।"

"हाँ, बहुत फैला है।"

"लोग हल्ला ज्यादा मचाते हैं। इतना भ्रष्टाचार नहीं है। यहाँ तो सब सियार हैं। एक ने कहा, भ्रष्टाचार तो सब कोरस में चिल्लाने लगे भ्रष्टाचार!"

"मुझे भी लगता है, लोग भ्रष्टाचार का हल्ला ज्यादा उड़ाते हैं।"

"मगर बिना कारण लोग हल्ला क्यों मचायेंगे जी? होगा तभी तो हल्ला करते हैं। लोग पागल थोड़े ही हैं।"

"हाँ, सरकारी कर्मचारी भ्रष्ट तो हैं।"

"सरकारी कर्मचारी को क्यों दोष देते हो? उन्हें तो हम-तुम ही भ्रष्ट करते हैं।"

"हाँ, जनता खुद घूस देती है तो वे लेते हैं।"

"जनता क्या जबरदस्ती उनके गले में नोट ठूंसती है? वे भ्रष्ट न हों तो जनता क्यों दे?"

कोई घटना होती है तो वह उसके बारे में एक दृष्टिकोण बना लेता है और उससे उसका उल्टा दृष्टिकोण पहले ही मन में हमारे ऊपर मढ़ देता है। फिर वह हमसे उस आरोपित दृष्टिकोण के लिए नफरत करता है। नफरत इतनी इकट्ठी हो जाती है कि वह उस घटना के लिए जिम्मेदार भी हमें मान लेता है। चीन ने भारत को तीन दिन का अल्टीमेटम दिया तो उसे लगा, जैसे अल्टीमेटम हमने दिया हो। बस्तर में आदिवासियों पर गोली हमने ही चलायी। रोडेशिया में गोरी तानाशाही कायम हो गयी तो उसे लगा, जैसे हमने ही इयान स्मिथ की सरकार बनवा दी हो। वियतनाम पर अमेरिकी बमबारी फिर शुरू हो गयी तो उसने मान लिया कि हमने ही बम-वर्षा का हुक्म दिया है। कुछ दिन वह खूब भन्नाता रहा। मिला नहीं। एक दिन वह मिल गया। ऐसे मिला, जैसे युद्ध-अपराधियों से मिल रहा हो। मिलते ही फूट पड़ा—

"तुम्हारे अमेरिका ने फिर बम बरसाना शुरू कर दिया।"

उसने ऐसे देखा, जैसे पुलिस हत्यारे को देखती है।

हमने कहा, "यह बहुत बुरा किया। इससे क्रान्ति की आशा फिर नष्ट हो गयी।"

वह एक क्षण को सहम गया। वह कई दिनों से हमें बमबारी का समर्थक मान-कर हमसे नफरत कर रहा था। मगर हम तो बमबारी की निन्दा कर रहे थे। अब वह क्या रुख अपनाये! उसे सँभलने में ज्यादा देर नहीं लगी। खीजकर बोला, "शान्ति? वॉट डु यू मीन बाइ शान्ति? यह शब्द झूठा है। सब साले शान्ति की बात करते हैं और लड़ाई की तैयारी करते हैं!"

हम चुप। उसे सन्तोष नहीं हुआ। उसने साफ रुख अपना लिया, "कह दिया, बुरा किया! क्या बुरा किया? उत्तर से दक्षिण में फौज आती है, चीनी हथियार आते हैं। उसके ठिकानों पर बम गिराये बिना कैसे काम चलेगा?"

"इस दृष्टि से तो बमबारी ठीक मालूम होती है।"

"क्यों ठीक है? नागरिक क्षेत्रों पर बम बरसाना ठीक है, यह कहते शर्म आनी चाहिए!"

"हाँ, नागरिक क्षेत्र पर अलबत्ता बम नहीं गिराना चाहिए।"

"मैं कहता हूँ, कहीं भी क्यों गिराना चाहिए? अमेरिका को क्या हक है इधर आने का? यह उसके राज्य का हिस्सा नहीं है।"

"ठीक कहते हो। एशिया में अमेरिका को हस्तक्षेप नहीं करना चाहिए।"

"मगर बहुत-से बेवकूफ इस नारे को बिना समझे लगाते हैं। वे भूल जाते हैं कि इधर चीन बैठा है जो सबको निगल जायेगा।"

हम चुप हो गये। वह कुछ भुनभुनाता रहा। फिर झटके से उठा और अँगुलियों के कटाव गिनता हुआ फुरती से चला गया।

गोरे और सुडौल इस जवान के कपाल पर तीन रेखाएँ खिंची रहती हैं। हमेशा तनाव में रहता है। नौकरी उसकी साधारण है। एक कॉलेज में पढ़ाता है। कॉलेज

से नफरत करता है। लौटता है तो जैसे पाप करके लौट रहा हो। प्रिन्सिपल से, साथियों से, विद्यार्थियों से नफरत करता है। बगीचे के खिले फूलों से भी उसे नफरत है। मकान मालिक से इसलिए नाराज है कि मकान उसका है। नगरपालिका से सड़क के लिए नाराज़ है। नाले से मच्छरों के लिए नाराज है। दुनिया से क्यों नाराज है, यह ठीक वही जानता होगा। मैं अन्दाज ही लगा सकता हूँ।

शुरू में ही उसने दुनिया से कुछ ज्यादा उम्मीद कर ली होगी। बहुत-से नौजवान मौजूदा हालातों के सन्दर्भ में महत्त्वाकांक्षा नहीं बनाते। वह अनुपात से ज्यादा हो जाती है। बहुत से तो अपने पिता के जमाने के सन्दर्भ में महत्त्वाकांक्षा बना लेते हैं—पिता के जमाने में हर एम. ए. पास प्रोफेसर हो जाता था, अब नहीं होता। मगर उस सन्दर्भ में जो एम. ए. होकर प्रोफेसर बनने का तय कर लेता है, वह अक्सर निराश होता है। महत्त्वाकांक्षा के कारण वह स्कूल की नौकरी भी नहीं करता, बेकार रहता है। घुटता है। इस आदमी ने भी जवानी के शुरू में तय कर लिया होगा कि मुझे दुनिया से इतना मिलना चाहिएं, यह मेरा हक है। इस हिसाब में कहीं वह गड़बड़ कर गया। उसने योग्यता के हिसाब से महत्त्वाकांक्षा नहीं बनायी। अपने मूल्य-निर्धारण में वह ज्यादा उदार हो गया। उसने शुरू में ही विशिष्टता से अपने को मण्डित कर लिया। साधारण से विशिष्ट बनने की जरूरत उसने नहीं समझी। उसने मौजूदा जमाने की स्पर्धा, पक्षपात और चतुरता को भी नजरअन्दाज कर दिया। कॉलेज में पढ़ाना चाहता था तब उसे स्कूल मास्टरी करनी पड़ी। विश्वविद्यालय में जाना चाहता था तब इस घटिया कॉलेज में नौकरी मिली। उसने मान लिया कि दुनिया ने उसकी कीमत नहीं दी। उसके साथ अन्याय किया और सिर्फ उसी के साथ। वह आसपास आगे बढ़ते हुए तुच्छ लोगों की भीड़ देखता है और सबसे नफरत करता है। उसका व्यक्तित्व टूटता है, वह उसे जैसे-तैसे समेटकर दुनिया के सामने चुनौती देकर खड़ा होता है। स्थायी असहमति उसका अपने-आपको जोड़ने का प्रयत्न है। इससे वह विशिष्ट बने रहने की कोशिश करता है क्योंकि विशिष्ट हुए बिना वह जी नहीं सकता।

एक बार ही मैंने उसे सहमत होते पाया है। उसने केन्द्रीय सरकार में किसी बड़ी नौकरी के लिए आवेदन किया था। वह उसे नहीं मिली। मुझे मिला तो मैंने पूछा।

उसने कहा, "नहीं मिली।"

मैं डर रहा था कि कहीं इसने इसके लिए मुझे ही जिम्मेदार न मान लिया हो। पर उसकी आँखों में ऐसा आरोप-भाव नहीं था। मेरी हिम्मत बढ़ी। मैंने कहा, "आजकल पक्षपात बहुत चलता है।"

वह सहमत हो गया। बोला, "ठीक कहते हो। ऊपर के लोग अपनों को अच्छी जगहों पर फिट करते हैं।"

"और योग्य आदमियों की अवहेलना होती है।"

"हाँ, और नालायक ऊँचे पदों पर बिठाये जाते हैं।"

"तभी तो सब जगह स्तर गिर रहा है।"

"अरे भाई, स्तर तो कुछ रहा नहीं !"

"पता नहीं कब तक यह अन्धेर चलेगा !"

"मैं भी यही सोचता हूँ कि आखिर ऐसा कब तक !"

सहमति के इस दुर्लभ क्षण को मैं बिगड़ने नहीं देना चाहता था। इसलिए इसके पहले कि वह किसी बात पर असहमत हो उठे, मैं चल दिया। वह भी मुड़ा। मगर वह अँगुलियों के कटाव नहीं गिन रहा था।

असुविधाभोगी

साहित्यज़ीवी की आमदनी जब 1500 रु. महीना हुई तो उसने पहली बार एक लेख में लिखा—इस देश के लेखक सुविधाभोगी हो गये हैं। वे अपने समाज की समस्याओं से कटे रहते हैं।

साहित्यजीवी जब परीक्षाजीवी, पेपरजीवी और कमेटीजीवी भी हो गया और आमदनी 2500 रु. पर पहुँच गयी, तब वह साल में चार बार कहने लगा कि इस देश के लेखक सुविधाभोगी हो गये हैं।

जब वह पाठ्य-पुस्तकजीवी, पुरस्कारजीवी और सम्पादकजीवी भी हो गया और आमदनी 4000 रु. पर पहुँच गयी, तब हर महीने कहने लगा — इस देश के लेखक सुविधाभोगी हो गये हैं। वे समाज की समस्याओं से कटे हुए हैं।

मुझ-जैसे छोटे लेखक को लगता कि वे बार-बार मुझे धिक्कार रहे हैं। मैं अपने को भी धिक्कारने लगा। धिक्कारते-धिक्कारते जब परेशान हो गया, तो सोचा, उन्हीं के पास जाऊँ और अपने पाप स्वीकार लूँ।

गर्मी की एक दोपहर में उनके बँगले पर पहुँचा। फाटक पर उनके कुत्ते ने मुझे धिक्कारा। उससे क्षमा माँगकर भीतर पहुँचा।

वे सोफे पर फैले हुए थे। पान चबा रहे थे। मैं बैठ गया।

मेरी तरफ गर्दन घुमाने के लिए उन्हें पाँच मिनट कोशिश करनी पड़ी। गर्दन घूम गयी, तब उन्होंने कहा, "इतनी गर्मी में चले आ रहे हो। काहे से आये ?"

मैंने कहा, "साइकिल से।"

उन्होंने उसाँस ली। बोले, "बड़े भाग्यवान हो। आज का लेखक बड़ा सुविधाभोगी हो गया है।"

थोड़ी देर बाद उन्होंने कहा, "ज़रा मेरा पीकदान उठाओ।"

मैंने पीकदान उठाया। वे पीक थूकने ही वाले थे कि मैंने कहा, "रुकिए। आपको थूकने में मेहनत करनी पड़ेगी। ऐसा करिए—अपना पीक मेरे मुँह में डाल

दीजिए। मैं आपकी तरफ से थूक दूंगा।"

उन्होंने पीक मेरे मुंह में भर दिया और मैंने उसे पीकदान में थूक दिया।

वे बोले, "कुछ ख्याल मत करना। मुझे पड़े रहने की तनख्वाह मिलती है। अगर उठूंगा तो रिपोर्ट हो जायेगी और पैसा कट जायेगा।"

दोपहर जब चढ़ी, तो वे बोले, "तुम यहीं बैठो, गर्मी बढ़ गयी है। मैं दो घण्टे फ्रिज में लेटूंगा।"

उन्होंने बड़ा-सा फ्रिज खोला। उसमें उनका बिस्तर लगा हुआ था। वे बिस्तर पर लेट गये। मैं बैठा रहा।

दो घण्टे बाद वे फ्रिज से निकले। बोले, "हाँ, अब हाल-चाल सुनाओ।"

मैंने कहा, "कुछ सुनाऊँगा तो आपके कानों को तकलीफ होगी।"

उन्होंने कहा, "हम थोड़ी तकलीफ उठाने की भी इच्छा रखते हैं। दिन-भर में अगर ज़रा-सी भी तक़लीफ नहीं हुई, तो जीवन नीरस मालूम होता है। मैं सिर्फ एक कान को तकलीफ दूंगा।"

उन्होंने एक कान बन्द कर लिया।

मैंने कहा, "हाल तो खराब है। अभी मैं बलिया की तरफ गया था। भयंकर अकाल पड़ा है। लोग सड़कों के किनारे मरे पड़े हैं। खिलानेवाला तो कोई था नहीं, लाश को उठानेवाला भी कोई नहीं है। आप जैसे बड़े आदमी एक सख्त वक्तव्य दे दें, तो सरकार कुछ चेते।"

उन्होंने कहा, "मुझे तुम इस मामले में मत डालो। मगर जो तुमने अकाल के बारे में कहा है, वह फिर से कहो। वह बहुत प्रभावशाली है।"

ऐसा कहकर उन्होंने टेपरिकार्डर चालू कर दिया। मैंने अकाल की दुर्दशा का वर्णन खत्म किया ही था कि वे खिलखिलाकर हँस पड़े। बोले, "इस रिकार्ड को दरख्वास्त के साथ भेज दूंगा, तो चेक आ जायेगा। तुम बहुत अच्छी बातें करते हो। कुछ और सुनाओ।"

उन्होंने रिकार्ड चालू कर दिया। मैंने कहा, "आन्ध्र में भुखमरी से त्रस्त एक माँ ने अपने चार बच्चों को अपने हाथ से मार डाला और फिर खुद मर गयी। कैसे त्रास में जी रहा है इस देश का आदमी!"

वे फिर जोर से हँस पड़े। बोले, "इस रिकार्ड को भी भेज दूंगा और पैसे आ जायेंगे। कैसी है मेरी हँसी?"

मैंने कहा, "बहुत बढ़िया। अन्तरात्मा के अतिशय उल्लास से निकली हुई हँसी है।"

वे बोले, "बहुत अभ्यास करना पड़ा है। जब मेरी तनख्वाह 1500 रु. हुई तभी से इसका अभ्यास कर रहा हूँ। पिछली बार वाराणसी में छात्रों पर गोली दागने के समाचार पर मैंने जो हँसी की टिप्पणी दी थी, वह सर्वश्रेष्ठ मानी गयी थी और मुझे बहुत रुपये मिले थे।"

मैंने पूछा, "इस तरह की हँसी से आपको रुपये क्यों मिल जाते हैं? इससे

किसका लाभ होता है ? कौन रुपये देता है ?"

उन्होंने कहा, "ऐसी हँसी से सत्ताएँ रक्षित होती हैं। समझे ? सत्ताएँ रक्षित होती हैं। तुम हँस सकते हो ?"

मैंने कहा, "मुझसे नहीं बनेगा।"

उन्होंने कहा, "सुविधाभोगी हो न ! हँसने तक की 'रिस्क' नहीं लेना चाहते।"

मैंने कहा, "अमुक पत्र का सम्पादक ऐसी सामग्री छाप रहा है जिससे साम्प्रदायिक दंगा भड़क सकता है। आप उसे रोकिए न !"

उन्होंने कहा, "मुझे तुम इस मामले में मत डालो। उस पत्र में मेरे जन्मदिवस पर मेरा पूरे पृष्ठ का रंगीन चित्र आनेवाला है।"

उन्होंने अँगड़ाई ली। बोले, "एक काम करो मेरा। पड़ोस के मकान में मेरी रखैल रहती है। ज़रा उसे बुला लाओ।"

मैं उनकी रखैल को बुला लाया।

उन्होंने मुझसे कहा, "तुम बैठो। कुछ चिन्तन करो। मैं ज़रा बेडरूम जा रहा हूँ।"

मैं चिन्तन करता रहा।

वे बेडरूम मे लौटकर फिर सोफे पर फैल गये।

मैंने कहा, "आप कहते हैं, लेखक सुविधाभोगी हो गया है। वे कौन लेखक हैं ?"

वे बोले, "तुम और तुम्हारे जैसे लेखक सुविधाभोगी हो गये हैं। तुम्हें धिक्कार है !"

मैंने पूछा, "और आप ?"

उन्होंने जवाब दिया, "हम तो सारी सुविधाओं से वंचित हैं। हमें पैदल चलने की सुविधा नहीं है। कष्ट उठाने की सुविधा नहीं है। दुखी होने की सुविधा नहीं है। ईमान की बात कहने की सुविधा नहीं है। सच बोलने की सुविधा नहीं है। किसी को नाराज करने की सुविधा नहीं है। संघर्ष करने की सुविधा नहीं है। खतरा उठाने की सुविधा नहीं है। अरे, हमें अपना पीक खुद थूकने तक की सुविधा नहीं है। ये सारी सुविधाएँ तुम जैसों ने हथिया ली हैं।"

मैं सचमुच अपने को अपराधी महसूस करने लगा।

मैंने कहा, "आप कहते हैं, लेखक समाज की समस्याओं से कटे हुए हैं। वे लेखक कौन हैं ?"

जवाब मिला, "तुम और तुम्हारे जैसे।"

मैंने पूछा, "और जुड़े हुए कौन हैं ?"

वे बोले, "हम। मैं समस्याओं से जुड़ा हुआ हूँ।"

मैंने पूछा, "आप कैसे जुड़े हुए हैं ?"

उन्होंने कहा, "यह तो तुमने अभी देख लिया। तुमने अकाल की दुर्दशा की बात की, तो मैं फौरन हँसा। कोई देर की मैंने ? कितनी निकटता से जुड़ा हुआ हूँ

मैं। तुमने उस माँ की बात की, तो मैं एकदम हँसा। एक सेकण्ड की भी देर की? तुम्हें रोने में कम-से-कम एक मिनट लग जाता और तुम समस्या से कट जाते। मुझे हँसने में एक सेकण्ड भी नहीं लगा। समस्या से तुम जुड़े हो कि मैं?"

मैंने स्वीकारा, "आप जुड़े हैं।"

आचार्यजी, एक्सटेंशन और बागीचा

क्लीन शेव के बाद भी आचार्यजी को एक्सटेंशन नहीं मिला।

आचार्यजी के पिता झर्राटेदार मूँछें रखते थे। वे अंग्रेज सरकार के नौकर थे। उनकी मूँछों की सिफत यह थी कि आदमी और मौका देखकर बर्ताव करती थीं। वे किसी के सामने 'आई डोण्ट केअर' के ठाठ की हो जातीं। फिर किसी और के सामने वे मूँछों पर इस तरह हाथ फेरते कि वे 'आई एम सॉरी सर' हो जातीं। मूँछों के इस दुहरे स्वभाव के कारण वे सफल और सुखी आदमी रहे। आचार्यजी जब जवान थे, और आचार्य नहीं सिर्फ लेक्चरर थे, तब उन्होंने पिताजी की तरह मूँछें रख ली थीं। वे इन मूँछों से रीडरी की तलाश करते थे, जैसे कोई-कोई कीड़े मूँछ के दो लम्बे बालों से राह खोजते हैं। पर मूँछों के ही कारण रीडरी दूर हटती जाती थी। तब आचार्यजी ने पिता और पौरुष दोनों से क्षमा माँगकर मूँछें आधी करवा लीं। उनका डंक चला गया और वे मात्र ब्रश रह गयीं। वे रीडर हो गये। आगे आधी मूँछें भी प्रोफेसर बनने में बाधा डालने लगीं तो उन्होंने उन्हें कतरवाकर नाक के दोनों तरफ मक्खी बिठा ली और प्रोफेसर हो गये। आगे रिटायर होने का वक्त आया और वे एक्सटेंशन की कोशिश में लग गये। अब उन्होंने मक्खी भी साफ करा ली और क्लीन शेव हो गये। उन्हें एक एक्सटेंसन मिल गया।

मगर अब मूँछों का कुछ नहीं बचा था, जो साफ किया जा सके। इसलिए उन्हें दूसरा एक्सटेंशन नहीं मिला।

आचार्यजी मेरे बड़े भाई के मित्र थे। बड़े भाई की मृत्यु हो चुकी थी। आचार्यजी इस नाते मुझे शुरू से ही स्नेह देने लगे। वे मुझे भुजाओं में जकड़ लेते और मुझे लगता, मेरे गाल पर साहित्य झाड़ू लगा रहा है। आगे मुझे लगता मेरे गाल पर आलोचना ब्रश कर रही है। फिर मुझे लगने लगा, मेरी रचनाओं पर समीक्षा की मक्खियाँ भिनभिना रही हैं। क्लीन शेव के बाद भी वे उसी तरह मुझे गले लगाकर गाल पर गाल रख देते और मुझे लगता, हजारों केंचुए मेरे शरीर से लिपटे हैं। मुझे अपने-आपसे घिन होने लगती।

गोल चेहरा। चेहरे पर बच्चे जैसी पवित्रता। आँखों में अपार स्नेह। नाक की

मुद्रा में निश्छलता। पूरे मुख पर यह भाव कि मैं तो इतना स्नेही, भला और परोपकारी हूँ, पर सारी दुनिया मुझ पर अन्याय कर रही है। वे जब भी मुझे मिलते, मुझे यही बोध होता कि भले आदमी दुनिया में कितने दुखी रहते हैं। कई सालों तक मैं उन्हें सामने से देखता रहा और उनका यही पावन रूप मुझे दिखता। एक दिन मैंने कोण से उनकी नाक को अनायास देख लिया और मेरे भीतर एक झटका-सा लगा। नाक सामने से कुछ और बताती थी और साइड से कुछ और। मुझे आज तक उनकी नाक का वह बाजू से देखना याद है। तब उनकी नाक बहुत कुटिल और क्रूर लगी थी। आदमी को समझने के लिए सामने से नहीं, कोण से देखना चाहिए। आदमी कोण से ही समझ में आता है। उनका वह सहज, स्नेहिल मुखड़ा मुझे भयानक लगा। मैंने उनकी आँखों को फिर देखा। उनमें स्नेह के पीछे न जाने क्या-क्या छिपा था।

उस दिन से मैं आचार्यजी से डरने लगा। वे मुझे गले लगाते, तो मेरा दम घुटता। मैं हृदय से चाहता कि वे मुझसे नफरत करें, पर वे स्नेह छोड़ते ही नहीं थे। और मुझे देखते ही भुजाओं में भर लेते। उनके स्नेह के अनुपात से मैं उनके स्वार्थ का अनुपात समझने लगा। तीस सेकण्ड गले लगाकर वे मेरी 4-6 किताबें ले गये। एक मिनट आलिंगन करके उन्होंने अपने प्रतिद्वन्द्वी के खिलाफ मुझसे अखबार में लिखवा लिया। डेढ़ मिनट के आलिंगन में उन्होंने मुझसे अपने बारे में लेख लिखवा लिया। दो मिनट मुझे हृदय से लगाया और मुझसे 3-4 सौ कापियाँ जँचवा लीं। लगातार एक सप्ताह तक मुझे तीन मिनट फी दिन के हिसाब से गले लगाकर उन्होंने अपने आवारा बेटे की शादी मेरी मारफत मेरे परिवार की एक लड़की से करा ली—और लड़की के माँ-बाप मुझे अभी तक गाली देते हैं। हृदय से लगाने पर भी उन्हें लगता कि ज़ोर कम पड़ेगा, तो वे मेरे बड़े भाई की याद करके आँखों में आँसू ले आते और मैं समझ जाता कि आज कोई बड़ा काम मुझसे करवायेंगे।

मैं सोचता कि क्या मेरे प्रति ही इनका इतना स्नेह है। क्या सिर्फ मुझे ही गले लगाते हैं। नहीं, वे बहुत सुलझे हुए विचार के आदमी थे। उनके विचारों में कोई दुविधा नहीं थी। किससे कितना लाभ उठाना है, इसका हिसाब उनके मन में होता था और वे इसी हिसाब से अपने हृदय का स्नेह उद्वेलित कर देते थे।

मैं उन्हें समझ गया था। एक बार वे एक शहर पन्द्रह दिन के लिए गये। उन्हें मुफ्त में ठहरने और खाने की सुविधा चाहिए थी। वे जानते थे, उस शहर में मेरा एक घनिष्ठ और सम्पन्न मित्र रहता है। जाने के 15 दिन पहले से उन्होंने मेरे ऊपर स्नेह उँड़ेलना शुरू कर दिया। मेरे तमाम कपड़े भीग गये। मैं इन्तजार कर रहा था स्नेह की परिणति का। आखिर जाते वक्त वे उस मित्र के लिए मेरी चिट्ठी ले गये। मित्र ने उनका बढ़िया इन्तजाम कर दिया। महीना-भर बाद वह मित्र मुझे मिला तो उसने कहा कि आचार्यजी का मैंने अच्छा इन्तजाम कर दिया था। उन्हें कोई तकलीफ नहीं हुई। मैंने पूछा, "पर उन्होंने तुमसे मेरी निन्दा की होगी न? सच बताओ।" उसने झिझककर कहा, "हाँ, की थी! पर तुमने कैसे जाना?" मैंने

कहा, "मैं जानता हूँ, वे बहुत सुलझे हुए विचारों के आदमी हैं। जिससे फायदा उठा रहे हैं, उसकी प्रशंसा और बाकी सबकी निन्दा—ऐसा क्लीअर थिंकिंग है उनका।"

बड़े सुलझे विचार! जिसे नष्ट करने की कोशिश में लगे हैं, वह अगर मर जाय तो रो पड़ेंगे। कविता सुनकर भाव-विह्वल हो जायेंगे, आँखें छलछला आयेंगी, पर आँसू पोंछकर जूनियर को सस्पेण्ड कराने की कार्रवाई करने लगेंगे। खुद कविता सुनायेंगे और मानवी करुणा से हम सबको पावन कर देंगे, पर कविता सुनाने के बाद किसी छात्र के नम्बर घटाकर उसे फेल कर देंगे। प्रेमिका को गले लगायेंगे तो हिसाब भी करते जायेंगे कि इसका नेकलेस चुराकर कैसे बेचा जा सकता है। बच्चे को चूमेंगे तो वात्सल्य के साथ यह हिसाब भी करते जायेंगे कि बड़ा होकर यह कितना कमायेगा और मुझे उसमें से कितना देगा।

बड़े सुलझे विचार! मैं 3-4 सालों के लिए दूसरे शहर चला गया। सोचा, अब उनके स्नेह से मुझे छुटकारा मिलेगा। पर उनकी जब-तब चिट्ठियाँ आ जातीं। नीचे लिखा होता—'तुम्हारा ही' या 'केवल तुम्हारा'। हर ऐसी चिट्ठी के बाद मैं इन्तजार करता कि अगली चिट्ठी में ये क्या काम बताते हैं। नये वर्ष की मंगल-कामना वे भेजते, तो मैं समझ जाता कि मेरे मारफत इस साल अपने मंगल का हिसाब उनके पास तैयार होगा।

'केवल तुम्हारा' की दो-तीन चिट्ठियों के बाद उन्होंने पाठ्य-पुस्तक में मेरी एक कहानी ले ली। प्रकाशक से उन्होंने कह दिया होगा कि इस लेखक से मेरे घनिष्ठ सम्बन्ध हैं। इसे कुछ देने की जरूरत नहीं है। संग्रह के हर लेखक के बारे में उन्होंने यही कह दिया होगा और प्रकाशक से रुपये लेकर पुस्तक को कोर्स में लगवा दिया। साहित्य में बन्धुत्व से अच्छा धन्धा हो जाता है।

मैं अपने-आपको अब धिक्कारने लगा था। सोचता—मैं कितना सत्त्वहीन हूँ। हर बार परास्त हो जाता हूँ। इस बार मैंने उनका सामना करने का तय किया। मैंने उन्हें लिखा कि आपने मुझे प्रकाशक से रुपये नहीं दिलवाये और कहानी ले ली। उनका जवाब आया—इतने वर्षों के स्नेह के बाद क्या मुझे इतना अधिकार भी नहीं है कि मैं तुम्हारी एक कहानी ले लूँ—केवल तुम्हारी। मैंने अब इन 'केवल मेरे' से निपटने की ठान ली। मैंने उन्हें लिखा—मेरे प्रति आपका स्नेह है इसलिए मैं नुकसान उठाऊँ और प्रकाशक के प्रति आपका स्नेह नहीं है, इसलिए वह फायदा उठाये। ऐसा स्नेह मानवजाति के इतिहास में पहली बार आपके द्वारा आविष्कृत हुआ है।

चिट्ठी का उन्होंने जवाब नहीं दिया। 15 दिन बाद मैंने वकील से प्रकाशक को नोटिस दिलवा दिया। अब मानवी सम्बन्धों का एक नया दौर शुरू हुआ। प्रकाशक को वे लिखकर दे चुके थे कि मेरी लिखित अनुमति उनके पास है। प्रकाशक ने उन्हें मेरा नोटिस बताया होगा और तब उन्होंने मुझे लिखा कि मैं संकट में पड़ गया हूँ और तुम मुझे अनुमति भेजकर उबार लो—तुम्हारा अपना। पर मैं 'मेरे अपने' से निपटने की ठान चुका था। मैंने एक नोटिस प्रकाशक को और

दिलवाया कि मुझे 15 दिन के भीतर हजार रुपया दो, वरना कापीराइट ऐक्ट के मुताबिक दीवानी और फौजदारी दोनों मुकदमें चलाये जायेंगे।

मुझे मालूम हुआ कि यह नोटिस पाकर प्रकाशक ने आचार्यजी पर धोखाधड़ी का मुकदमा दायर कर दिया। मेरा मन फिर कच्चा हुआ, पर मैंने मन को एक थप्पड़ लगाया और सख्त होकर बैठ गया। अब मुझे जो चिट्ठी मिली उसमें नीचे लिखा था—'आपका दासानुदास'। आग्रह वही था कि मैं अनुमति लिखकर भेज दूं।

मैंने अनुमति फिर भी नहीं भेजी। तब उनकी चिट्ठी आयी कि मैं अमुक तारीख को तुमसे मिलने ही आ रहा हूँ। एक अरसे से तुम्हें देखा नहीं है। तुम्हें देखने की ललक एकाएक मन में उठ आयी है।

मैं ललक को समझ गया। मन फिर फिसला तो मैंने उसे इस बार दो चाँटे लगाये।

नियत तारीख को वे आ गये। मैं उन्हें घर के बाहर ही मिल गया। वे एकदम विह्वल हो गये। आँखें बन्द कर लीं। उन्हें चक्कर आने लगे। बोले, "इतने दिनों बाद्र इस घर में आया हूँ, तो तुम्हारे भाई की याद से तड़प उठा हूँ। ओह, कितना नोबल था वह!" मुझे लगा, ये बेहोश होकर गिर पड़ेंगे। मैंने कहा, "चलिए, भीतर चलिए।" उन्होंने मेरा कन्धा पकड़ लिया। बोले, "ठहरो, ज़रा मुझे सँभल जाने दो भैया।"

मैं समझ गया, ये बड़े संकट में पड़ गये, वरना मेरे भाई की याद का इतना लम्बा उपयोग न करते। मैं उन्हें सहारा देकर भीतर ले गया। वे बैठे। पानी माँगा। कहने लगे, "भावुक हूँ न, एकदम विचलित हो जाता हूँ। किसी प्रिय की स्मृति से।"

अब उन्होंने संकटों का वर्णन किया। मेरे मन ने फिर कच्चापन दिखाया पर मैंने उसे फिर चाँटा मारा। मैंने तय किया कि आज मैं इन्हें नफरत करने के लिए मजबूर कर दूंगा। मैंने उनसे साफ कह दिया, "मैं स्नेह और संकोच में आपके और दूसरों के हाथों काफी पिट चुका। अब मैं यह काम बन्द कर रहा हूँ। स्नेह की दूकान मैंने बढ़ा दी। अब अनुमति तभी लिखकर दूंगा, जब मुझे रुपये मिलेंगे।"

मेरा ख्याल था अब इनके चेहरे पर क्रोध और नफरत आयेगी। पर, मैं निराश हुआ। वहाँ पहले जैसा ही स्नेह था। मैं इस आदमी के साथ कैसे करूँ? यह अभी भी स्नेह के हथियार को नहीं छोड़ रहा है। ज़रा देर के लिए यह हथियार डाल दे तो मैं इसे दबोच लूँ और रुपये वसूल कर लूँ। पर वह तो हथियार पर धार धर रहा था। मुझे इस हथियार का सामना करना ही पड़ेगा। मैंने कहा, "किसी तरह मैं समझौता नहीं करूँगा। मुझे रुपये चाहिए ही। भाई के लिए हम लोग बाद में रो लेंगे।"

उन्होंने बटुआ निकाला। मैंने चेहरा देखा। नफरत अब भी नहीं थी। क्लेश था। बटुआ खोलकर उन्होंने सौ का नोट निकाला। नफरत अब भी नहीं थी मुख

पर। बस, क्लेश गाढ़ा हो गया था, जैसे नोट नहीं प्राण निकालकर दे रहे हों। मैंने नोट ले लिया और अनुमति लिख दी। सोचा, अब स्नेह सम्बन्ध खत्म हो गये। मैं हल्का हो जाऊँगा। पर जाते वक्त उन्होंने मुझे फिर हृदय से लगा लिया। सोचा, इनके स्नेहिल चेहरे को ज़रा कोण से देख लूँ, पर हिम्मत नहीं हुई।

मैं लौटकर आचार्यजी के शहर आ गया। वे विभागाध्यक्ष थे। बड़े बँगले में रहते थे। मेरे आने की खबर पाते ही उन्होंने मुझे बुलवा लिया और फिर गले से लगा लिया। स्नेह की डोर मैं बार-बार काटता और वे जोड़ लेते। मेरा अन्दाज़ है, पहले वे लोभ के लिए स्नेह करते थे, अब शायद थोड़े डर के कारण।

विभाग में काम करने का उनका अपना तरीका था। वे शोध करवाते थे। शोध-छात्र लेने में वे एक सिद्धान्त का पालन करते थे। एक गल्ला व्यापारी का लड़का लेते, एक कपड़ा व्यापारी का, एक हौज़री के दूकानदार का। फिर कोई जगह खाली बचती तो सब्जी के व्यापारी के लड़के को ले लेते। कभी घी और किराना व्यापारी के लड़के को भी चान्स मिल जाता। हर साल विश्वविद्यालय में लड़के शोर मचाते—आवश्यकता है एक किराना व्यापारी के लड़के की जिसे डाक्टरेट चाहिए। शोध का निर्देश किराने की मात्रा और क्वालिटी पर निर्भर करेगा। किराने के 'सेम्पल' सहित दरख्वास्त दो।

इस हल्ले-गुल्ले से अविचलित आचार्यजी विद्या की साधना कराते जाते थे। वे सुलझे विचारों के आदमी थे!

रिटायर होने तक वे कुछ दार्शनिक हो गये। वीतराग लगने लगे। वे एक्सटेंशन की कोशिश में थे। एक्सटेंशन उन्हें मिल ही गया।

चपरासियों से काम लेकर उन्होंने बँगले के सामने बहुत अच्छा बागीचा लगवा लिया था। रंग-बिरंगे खूबसूरत फूल। एक्सटेंशन की अवधि में उनका प्रकृति-प्रेम बहुत बढ़ गया था। मैं उनके यहाँ कभी-कभी जाता। वे बागीचे में बैठे मिलते। कहते, "प्रकृति के सौन्दर्य में से ईश्वर झाँकता है।"

वे किसी भी कली के पास बैठ जाते। कहते, "तुम इस कली का स्पन्दन सुन रहे हो? नहीं न। मैं सुन रहा हूँ। और ज़रा इस फूल के जीवन का उत्स देखो। इस पत्ते को देखो। किस उल्लास से लहरा रहा है।"

वे फूल को बच्चे की तरह सहलाते। कहते, "ये भी मनुष्य हैं। प्रकृति में प्राण हैं। ये फूल, पत्ते, पौधे मेरी सन्तानें हैं। 'मैं' अपने बच्चों की तरह इन्हें प्यार करता हूँ। एक फूल कुम्हलाता है तो मुझे लगता है, मेरा जीवन कुम्हला रहा है। एक पत्ती सूखकर गिरती है, तो लगता है, मेरी एक भुजा टूट गयी। कोई कली झड़ जाती है, तो मुझे ऐसा क्लेश होता है जैसे मेरे प्राण का एक अंश विसर्जित हो रहा हो।"

वे मुग्ध हो जाते। आनन्द-विभोर हो जाते। फूल-पत्तों के लिए अपार ममता उनके नयनों में होती। तब वे मुझे भव्यतर मनुष्य लगते और पिछला सबकुछ भुलाकर मैं उन पर श्रद्धा करने लगता। कैसा दयालु, भावुक आदमी है, जो फूल और पत्ते के लिए रोता है!

बागीचा सँवरता जाता था। साथ ही दूसरे एक्सटेंशन की कोशिश चलती जाती। कविमन सुबह फूल-पत्तों को सँवारता और बाकी दिन एक्सटेंशन की कोशिश में लगा रहता।

एक दिन आचार्यजी को अन्तिम बार बता दिया गया कि दूसरा एक्सटेंशन नहीं मिलेगा और दो महीने बाद याने 31 जनवरी को उन्हें चले जाना है।

सुबह का वक्त था। मैं उनके घर पहुँचा। वे इस वक्त हमेशा बागीचे में मिलते थे। आज बरामदे में बैठे मिले।

बोले, "कल खबर मिल गयी। एक्सटेंशन नहीं मिलेगा।"

उन्होंने आँखें बन्द कर लीं।

खोलीं तो मैं उनकी आँखें देखकर काँप गया। बूढ़ी आँखों में से आग निकल रही थी। उन्होंने बागीचे को देखा। मुझे लगा, फूल-पत्ते झुलस गये होंगे।

साँस खींचकर बोले, "आखिर एक्सटेंशन नहीं मिला। यहाँ अब दो महीने बाद डॉ. दीनानाथ आ जायेगा। डॉ. दीनानाथ!"

उन्होंने उसी दिन नौकरों को हुक्म दिया कि बागीचे में पानी नहीं दिया जायेगा।

पानी के बिना पौधों ने, धरती से जितना प्राण-रस खींच सकते थे, खींचा। फिर सूखने लगे।

मैं उनके घर कभी-कभी जाता। वे बरामदे में बैठे होते और सूखते पौधों को देख रहे होते।

कहते, "उस गुलाब की हालत देख रहे हो। सूख रहे हैं बेटे!"

"एक्सटेंशन नहीं मिला।"

"उस मौलिसिरी की हालत भी पतली है।"

"एक्सटेंशन नहीं मिला।"

"ये गमले तो अभी से सूख गये।"

"एक्सटेंशन नहीं मिला।"

"यहाँ डॉ. दीनानाथ आयेगा।"

अपने बढ़ाये, पाले-पोसे पौधों को आचार्यजी सुखा रहे थे। बरामदे में बैठकर उनका सूखना देखते थे और बीच-बीच में उसाँस लेकर कहते—एक्सटेंशन नहीं मिला। अब यहाँ डॉक्टर दीनानाथ आयेगा।

दो महीने में बागीचा पूरा सूख गया। वे फूल नहीं थे, जिनका स्पन्दन वे सुनते थे। वह कली नहीं थी, जिसके जीवन का उत्स वे अनुभव करते थे। वे पत्ते झड़ गये थे, जिनका उल्लास देखकर वे मुग्ध होते थे। बागीचे में अब सूखे, नंगे पौधे खड़े थे क्योंकि जमीन उन्हें जकड़े थी।

30 तारीख को आचार्यजी ने सामान बँधवाया। दूसरे दिन उन्हें जाना था। दिन-भर वह व्यस्त रहे। शाम ढली। इसी समय गाँधीजी की हत्या हुई थी।

जनवरी की रात। कड़ाके की ठण्ड थी। आचार्यजी ने नौकरों से वे सूखे डण्ठल

कटवाकर बागीचे में इकट्ठे करवाये। एक ढेर लग गया। उसमें उन्होंने आग लगा दी और बड़ी रात तक अलाव तापते रहे।

दूसरे दिन आचार्यजी चले गये। इस सन्तोष से गये कि उन्होंने डॉ. दीनानाथ की आग ताप ली थी।

मैं उन्हें विदा करने गया था। वे घर से निकले। जले हुए बागीचे की तरफ देखा।

आखिरी बार बोले, "एक्सटेंशन नहीं मिला।"

और मुँह फेरकर स्टेशन चल दिये।

जिसकी छोड़ भागी

यह जो आदमी मेरे सामने बैठा है, जवान है और दुखी है। जवान आदमी को दुखी देखने से पाप लगता है। मगर मजबूरी में पाप भी हो जाता है। बेकारी से दुखी जवानों को सारा देश देख रहा है और सबको पाप लग रहा है। सबसे ज्यादा पाप उन भाग्यविधाताओं को लग रहा है, जिनके कर्म, अकर्म और कुकर्म के कारण वह बेकार है। इतना पाप और फिर भी ये ऐसे भले-चंगे! क्या पाप की भी क्वालिटी गिर गयी है? उसमें भी मिलावट होने लगी है?

नहीं, आप गलत समझे। यह जवान बेकारी के कारण दुखी नहीं है। नौकरी उसकी है। नौकरी बीवी की माँग करती है---तो शादी उसने कर ली थी। हाल में उसकी बीवी उसे छोड़कर एक पैसेवाले के घर में बैठ गयी है। वह दुखी है। मैं उसके दुख को महसूस करने की कोशिश करता हूँ। पर कैसे कर सकता हूँ? जिसकी न कभी हुई, न भागी, वह उसके दुख को महसूस नहीं कर सकता। वह गलत आदमी के पास सलाह लेने आ गया है। उसे ऐसे आदमी के पास जाना चाहिए था जिसकी भाग चुकी है और उससे पूछना था कि भैया, ऐसे मौके पर क्या किया जाता है। बहरहाल, मैं सुन रहा हूँ और समझने की कोशिश कर रहा हूँ। इसकी तनख्वाह कम है। इतने में पत्नी के पद पर बने रहना उस औरत को शोभा नहीं दिया। उसे ज्यादा रुपयों की बीवी बनना था। यह आदमी आमदनी नहीं बढ़ा सका। घूस लेना इससे बनता नहीं है। घूस से पारिवारिक जीवन सुखी होता है। मेरे एक पुराने पड़ौसी बिक्रीकर विभाग में थे और भरपेट घूस खाते थे। उनकी बीवी उन्हें इतना प्यार करती थी कि वे मर जाते तो वह उनकी चिता पर सती हो जाती। उसे यह कतई बरदाश्त न होता कि पति तो स्वर्ग में घूस खाये और वह यहाँ उसके लाभ से वंचित रह जाये। कितने सुखी लोग थे। शाम को सारा परिवार भगवान की आरती

गाता था—जय जगदीश हरे ! भगवान के सहयोग के बिना शुभ कार्य नहीं होते। आरती में आगे आता—सुख सम्पत्ति घर आवे ! शाम को यह बात कही जाती और सुबह बनियों के लाल वस्त्रों में बँधी सुख-सम्पत्ति चली आती। जिस दिन घूसखोरों की आस्था भगवान पर से उठ जायगी, उस दिन भगवान को पूछनेवाला कोई नहीं रहेगा। आरती में आता—तुम अन्तर्यामी ! भगवान तुम जानते हो, मेरे अन्तर में घूस लेने की इच्छा है और तुम दिलाते भी हो। आरती की एक पंक्ति से मुझे भी आशा बंधती– श्रद्धा-भक्ति बढ़ाओ सन्तन की सेवा ! मुझे लगता, जिस दिन इसे सन्त की सेवा करनी होगी, वह सन्त ढूंढ़ने दूर कहाँ जायेगा। मैं तो पड़ोस में ही रहता हूँ, पर उसने कभी मुझे सन्त के रूप में मान्यता नहीं दी।

यह आदमी भी अगर मेरे पड़ोसी जैसा भगवद्भक्त होता, तो इसकी बीवी नहीं भागती। उसकी तो बीवी छोड़ गयी है, मगर मेरे मन में दूसरी ही बातें उठने लगी हैं। मैं कहना चाहता हूँ– पगले, जमाने को समझ। यह जमाना ही किसी समर्थ के घर में बैठ जाने का है। वह तो औरत है। तू राजनीति के मर्दों को देख। वे उसी के घर में बैठ जाते हैं, जो मन्त्रिमण्डल बनाने में समर्थ हो। शादी इस पार्टी से हुई थी मगर मन्त्रिमण्डल दूसरी पार्टीवाला बनाने लगा, तो उसी की बहू बन गये। राजनीति के मर्दों ने वेश्याओं को मात कर दिया। किसी-किसी ने तो घण्टे-भर में तीन-तीन खसम बदल डाले। आदमी ही क्यों, समूचे राष्ट्र किसी समर्थ के घर में बैठ जाते हैं। इसी देश में कुछ लोग कहते हैं, कि स्वतन्त्र विदेश नीति बदल डालो—याने औरत बनाकर देश को किसी बड़े के घर में बिठा दो।

इन बातों से न उसे शान्ति मिलेगी न रास्ता मिलेगा। जिसकी बीवी छोड़ भागी है, उसका मन राजनीति में नहीं रम सकता।

वह कहता है— वह बूढ़ा है, उसके बाप की उम्र का।

वह जवान के घर बैठती, तो उसे शायद कम दुख होता। इस जवान को बूढ़े से हार जाने का विशेष दुःख है या अभी भी उस स्त्री के सुख का इसे ध्यान है।

इस अभागे को नहीं मालूम कि पैसे में बड़ी मर्दानगी होती है। आदमी मर्द नहीं होता है, पैसा मर्द होता है। अमरीका के अच्छे-अच्छे जवान टापते रह गये और जेकलिन को ले गया बूढ़ा अरबपति ओनासिस।

एक 60 साल के बूढ़े की तीन बीवियाँ मर चुकी थीं। बूढ़ा जायदादवाला। सन्तान कोई नहीं। उसे चौथी बीवी की जरूरत महसूस हुई। उसे बीवी तो चाहिए ही थी, जायदाद का वारिस भी चाहिए था। वारिस न हो तो जायदाद हाय-हाय करती रहती है कि मेरा क्या होगा। आदमी को आदमी नहीं चाहिए। जायदाद को आदमी चाहिए। बूढ़े की नजर गाँव की एक कन्या पर थी। पर उसके माँ-बाप राजी कैसे हों। बूढ़ा चतुर था। उसने लड़की के रिश्तेदारों से कहा - चलो भैया, तीरथ कर आयें। तीर्थ में उसने कुछ रुपये देकर साधु को मिला लिया। फिर लड़की के रिश्तेदारों के साथ उसके पास गया और हाथ दिखाया। साधु पहले से सधा हुआ था। उसने हाथ देखकर कहा—तुम्हारी एक और शादी होगी। लिखी है। बूढ़े ने

बनकर कहा—अरे नहीं महात्मा, इस उम्र में मायाजाल में मत फँसाओ। साधु ने कहा—तुम चाहो या नहीं, वह तो होगी। लिखी है। लिखी को कोई नहीं मिटा सकता। लड़का भी होगा। रिश्तेदारों ने गाँव पहुँचकर लड़की के माँ-बाप से कहा—उसके तो लिखी है। लड़का भी लिखा है। बहुत जायदाद है। लड़की दे दो। लिखी थी, तो बूढ़े की शादी हो गयी। सदियों से यह समाज लिखी पर चल रहा है। लिखा-कर लाये हैं तो पीढ़ियाँ मैला ढो रही हैं और लिखाकर लाये हैं तो पीढ़ियाँ ऐशो-आराम भोग रही हैं। लिखी को मिटाने की कभी कोशिश ही नहीं हुई। दुनिया के कई समाजों ने लिखी को मिटा दिया। लिखी मिटती है। आसानी से नहीं मिटती तो लात मारकर मिटा दी जाती है। इधर कुछ लिखी मिट रही है। भूतपूर्व राजा-रानी की लिखी मिट गयी। अछूतों के लड़के पढ़-लिखकर अफसर भी होने लगे हैं और जिन विप्र-परिवारों में उनका बाप सफाई करता है, उनके लड़के उसे झुककर सलाम करते हैं। जो लिखाकर लाये थे कि उनके हमेशा चरण छुए जायेंगे, उनकी भी लिखी मिट रही है।

यह जवान आदमी अगर यही मान ले कि वह औरत इसके नहीं लिखी थी उस पैसेवाले को लिखी थी, तो यह शान्त हो सकता है।

ऐसी घटनाएँ होना जरूरी है। इनसे फिल्मों में बेवफाई के गाने बनते हैं। पर फिल्म में जो बेवफाई करती है वह पत्नी नहीं, प्रेमिका होती है और बावफा प्रेमी का काम आसान हो जाता है। वह 'हाय बेवफा' कहकर रोता है और हृदय-परिवर्तन की राह देखता है।

प्रेमिका की बात अलग है, पत्नी की अलग। पश्चिम ने कम-से-कम इतना कर लिया है कि पति-पत्नी की न पटे तो तलाक ले लिया मगर इस देश में चोरी-छुपे का मामला है। यहाँ तलाक नहीं होता, औरत की नाक काट ली जाती है या उसकी हत्या कर दी जाती है। गाँववाला कुल्हाड़ी से मारता है, शहरवाला जहर देता है।

यह आदमी क्या इरादा रखता है? मैं कहता हूँ—तुम उस बूढ़े की औरत को भगा लाओ।

वह कहता है—उसकी तो मर गयी। और होती भी तो उस बुढ़िया को लाता!

मैं कहता हूँ– तो तुम दूसरी से शादी कर लो।

उसने कहा—मेरा तो जी होता है कि जाकर उस हरामजादी के कलेजे में छुरा घुसेड़ दूँ।

आखिर यह भी सच्चा भारतीय मर्द निकला। तलाक नहीं देगा, छुरा घुसेड़ेगा। यह समझता है कोई उसके घड़े को उठाकर ले गया है। यह उसे पत्थर से फोड़ना चाहता है—मैं इसमें पानी नहीं पीऊँगा, तो तू भी नहीं पियेगा।

मैं कहता हूँ—औरत प्रापर्टी नहीं है।

वह भर-आँख मुझे देखता है। कहता है—औरत प्रापर्टी नहीं है?

मैं कहता हूँ—नहीं।

वह नीचा सिर करके अपने-आप बार-बार कहता है—अच्छा, औरत प्रापर्टी

नहीं है। हूँ, औरत प्रापर्टी नहीं है !

8-10 बार ऐसा कहकर वह उठकर चला जाता है।

सोचता हूँ—क्या यह उसे छुरे से मार डालेगा? नहीं, वह कहता है—ऐसा जी होता है कि छुरा घुसेड़ दूँ। पर जिसको जी दिया उसे छुरा कैसे घुसेड़ूँ। मारनेवाला पहले छुरा घुसेड़ता है, बाद में अपने को।

मैं उसे भूल जाता हूँ। किसे फुरसत है कि पति को छोड़नेवाली का हिसाब रखे।

एक दिन वह मुझे बस स्टेशन पर मिल जाता है। खुश है। वह मुझसे 'नमस्ते' करता है। उसी क्षण उसकी औरत आ जाती है।

वह कहता है—यह मेरी बीवी है।

मैं पूछता हूँ—तुमने दूसरी शादी कर ली, यह अच्छा किया।

उसने कहा—नहीं, वही है।

अरे, औरत को राजनीति की बीमारी लग गयी। दो महीने में दो बार दल-बदल कर डाला।

वह मेरी तरफ अजब ढंग से देखता है। लगता है, कह रहा है—तुम तो कहते थे औरत प्रापर्टी नहीं है ! अब देखो।

मैं औरत को देखता हूँ। वह सचमुच प्रापर्टी की तरह ही खड़ी थी।

बुद्धिवादी

आशीर्वादों से बनी जिन्दगी है।

बचपन में एक बूढ़े अन्धे भिखारी को हाथ पकड़कर सड़क पार कर दिया था। अन्धे भिखारी ने आशीर्वाद दिया—बेटा, मेरे जैसा हो जाना। अन्धे भिखारी का मतलब लम्बी उम्र से रहा होगा पर उन्होंने दूसरा मतलब निकाला और अध्यापक हो गये।

अध्यापक थे, तब एक टिटहरी की प्राण-रक्षा की थी। टिटहरी ने आशीर्वाद दिया—भैया, मेरे जैसा होना। टिटहरी का चाहे जो मतलब रहा हो, पर वे 'इण्टलेक्चुअल' बुद्धिवादी हो गये। हवा में उड़ते हैं, पर जब जमीन पर सोते हैं तो टाँगें ऊपर करके—इस विश्वास और दम्भ के साथ कि आसमान गिरेगा तो पाँवों पर थाम लूंगा।

आशीर्वादों से बनी जिन्दगी का अब यह हाल है कि बँधी आमदनी दो-ढाई हजार की है। बँगला है, कार है। दोनों लड़के अच्छी नौकरी पा गये हैं। लड़की

रिसर्च कर रही है। ऐसे में शरीफ से शरीफ आदमी इण्टलेक्चुअल हो जायेगा—वे कोई खास शरीफ भी नहीं हैं। वे होने में ऐसे ही लेट हो गये।

दो साल विदेशों में रहकर वे लौटे तो परिचितों में हल्ला हो गया कि वे बुद्धिवादी हो गये हैं। तमाशा-प्रेमी लोग उन्हें देखने जाते और बताते कि वे सचमुच बुद्धिवादी हो गये। एक ने उन्हें खिड़की से झाँककर देखा और हमें बताया—वह तो सचमुच बुद्धिवादी हो गया। कमरे में बैठा छत को ऐसे देख रहा था जैसे यह हिसाब लगा रहा हो कि छत कितने सालों में गिर जायेगी। एक ने उन्हें बगीचे में घूमते देख लिया। कहने लगा—जब वह फूल की तरफ देखता, तो फूल काँपने लगता। वह भयंकर बुद्धिवादी हो गया है।

एक दिन हम उनसे मिलने पहुँचे—मैं और मेरा एक मित्र। फोन पर उन्होंने आधे घण्टे बाद आने को कहा था। हम उन दिनों पूर्वी बंगाल के तूफान-पीड़ितों के लिए चन्दा इकट्ठा कर रहे थे। सोचा, बुद्धिवादी को देख भी लेंगे और कुछ चन्दा भी ले लेंगे।

उनके कमरे में हम घुसे। सचमुच वे बदल गये थे। काली फ्रेम का चश्मा निकल गया था। उसकी जगह पतली सुनहरी फ्रेम का चश्मा वे लगाये थे। आँखों की चमक और फ्रेम की चमक एक-दूसरी को प्रतिबिम्बित करके चकाचौंध पैदा कर रही थीं। मुद्रा में स्थायी खिन्नता। खिन्नता दुखदायी होती है। मगर उनके चेहरे पर सुखदायी खिन्नता थी। खिन्नता दुनिया की दुर्दशा पर थी। उसमें सुख का भाव इस गर्व से मिला दिया था कि मैंने इस दुर्दशा को देख लिया। बायीं तरफ का नीचे का होंठ कान की तरफ थोड़ा खिंच गया था, जिससे दोनों होंठों के बीच थोड़ी जगह हो गयी थी। स्थायी खिन्नता व लगातार चिन्तन से ऐसा हो गया था। पूरे मुँह में वही एक छोटी-सी सेंध थी जिसमें से उनकी वाणी निकलती थी। बाकी मुँह बन्द रहता था। हम पूरे मुँह से बोलते हैं, मगर बुद्धिवादी मुँह के बायें कोने को ज़रा-सा खोलकर गिनकर शब्द वाहर निकालता है। हम पूरा मुँह खोलकर हँसते हैं, बुद्धिवादी बायीं तरफ के होंठों को थोड़ा खींचकर नाक की तरफ ले जाता है। होंठ के पास के नथुने में थोड़ी हलचल पैदा होती है और हम पर कृपा के साथ यह संकेत मिलता है कि—आई एम एम्यूज़्ड ! तुम हँस रहे हो, मगर मैं सिर्फ थोड़ा मनोरंजन अनुभव कर रहा हूँ। गँवार हँसता है, बुद्धिवादी सिर्फ रंजित हो जाता है।

टेबिल पर 5-6 किताबें खुली हुई उलटी इस तरह पड़ी हैं जैसे पढ़ते-पढ़ते लापरवाही से डाल दी हों। पर वे लापरवाही से ऐसे छोड़ी गयी हैं कि हर किताब का नाम साफ दिख रहा है। किताबों की समझदारी पर मैं न्यौछावर हो गया। लापरवाही से एक-दूसरी पर गिरेंगी तो भी इस सावधानी से कि हर किताब का नाम न दबे। मैं समझ गया कि वे किताबों को पढ़ नहीं रहे थे। हमें आधा घण्टा बाद उन्होंने बुलाया था। इस आधे घण्टे में उन्होंने बड़ी मेहनत से इन किताबों की बेतरतीबी साधी होगी। बुद्धिजीवी बार-बार किताबों की तरफ हमारा ध्यान खींचने की कोशिश करता है। वह चाहता है, हम चकित हों और कहें—कितनी

तरह की पुस्तकें पढ़ते हैं आप! इनके तो हमने नाम भी नहीं सुने। हम चकित होने में देर कर रहे है। बुद्धिवादी थोड़ा बेचैन होता है।

उन्होंने हमें इस तरह बिठाया है कि हमारी तरफ देखने में उन्हें सिर को 35 डिग्री घुमाना पड़े। 35 डिग्री सिर घुमाकर, सोफे पर कुहनी टिकाकर, हथेली पर ठुड्डी को साधकर वे जब भर-नजर हमें देखते हैं तो हम उनके बौद्धिक आतंक से दब जाते हैं। हम अपने को बहुत छोटा महसूस करते हैं। उनकी मुद्रा और दृष्टि में जादू पैदा हो जाता है। जब इस कोण से हमें देखकर वे पेट में से निकलती-सी धीमी गम्भीर आवाज में कहते हैं—टु माई माइण्ड—तो हमें लगता है, यह आवाज ऊपर बादलों से आ रही है। पर आसमान तो साफ है। बड़ी कोशिश से हम यह जान पाते कि यह आवाज बुद्धिवादी के होंठों के बायें बाजू की पतली संध में से निकली है। जब वे 'टु माई माइण्ड' कहते हैं, तब मुझे लगता है, मेरे पास दिमाग नहीं है। दुनिया में सिर्फ एक दिमाग है और वह इनके पास है। जब वे 35 डिग्री सिर को नहीं घुमाये होते और हथेली पर ठुड्डी नहीं होती, तब वे बहुत मामूली आदमी लगते हैं। कोण से बुद्धिवाद साधने की कला सीखने में कितना अभ्यास लगा होगा उनको।

बुद्धिवादी में लय है। सिर घुमाने में लय है, हथेली जमाने में लय है, उठने में लय है, कदम उठाने में लय है, अलमारी खोलने में लय है, किताब निकालने में लय है, किताब के पन्ने पलटने में लय है। हर हलचल धीमी है। हल्का व्यक्तित्व हड़-बड़ाता है। इनका व्यक्तित्व बुद्धि के बोझ से इतना भारी हो गया है कि विशेष हरकत नहीं कर सकता। उनका बुद्धिवाद मुझे एक थुलथुल मोटे आदमी की तरह लगा जो भारी कदम से धीरे-धीरे चलता है।

वे बोले, "मुझे यूरोप जाकर समझ में आया कि हम लोग बहुत पतित हैं।"

मैंने कहा, "अपने पतन को जानने के लिए आपको इतनी दूर जाना पड़ा?"

बुद्धिवादी ने जवाब दिया, "जो गिरनेवाला है वह नहीं देख सकता कि वह गिर रहा है। दूर से देखनेवाला ही उसके गिरने को देख सकता है।"

उस वक्त हमें लगा कि हम एक गड्ढे में गिरे हुए हैं और यह गड्ढे के ऊपर से हमें बता रहा है कि हम गिर गये हैं। उसने हमारा गिरना देख लिया है, इसलिए वह गिरनेवालों में नहीं है।

मेरे मित्र ने पूछा, "हमारे पतन का कारण क्या है?"

बुद्धिजीवी ने आँखें बन्द करके सोचा। फिर हमारी तरफ देखकर कहा, "टु माई माइण्ड, हममें करेक्टर नहीं है।"

अपने पतन की बात उन्होंने इस ढंग से कही कि लगा, उन्हें हमारे पतन से सन्तोष है। अगर हम पतित न होते तो उन्हें यह जानने और कहने का सुयोग कैसे मिलता कि हम गिरे हुए हैं और हमारा गिरना वे साफ देख रहे हैं।

साथी ने अब मुद्दे की बात कहना जरूरी समझा। बोला, "पूर्वी बंगाल में तूफान से बड़ी तबाही हो गयी है।"

उसने मृत्यु, बीमारी, भुखमरी की करुण गाथा सुना डाली।

बुद्धिवादी सुनता रहा। हम दोनों असर का इन्तजार कर रहे हैं। असर हुआ। बुद्धिवादी ने मुँह के कोने से शब्द निकाले, "हाँ, मैंने अखबार में पढ़ा है।"

उस वक्त हमें लगा कि पूर्वी बंगाल के लोग कृतार्थ हो गये कि उनकी दुर्दशा के बारे में इन्होंने पढ़ लिया। तूफान सार्थक हो गया। बीमारी और भुखमरी पर उन्होंने बड़ा अहसान कर डाला।

मैंने कहा, "हम लोग उन पीड़ितों के लिए धन-संग्रह करने निकले हैं।"

हम चन्दा लेने आये थे। वे समझे, हम ज्ञान लेने आये हैं।

उन्होंने हथेली पर ठुड्डी रखी और उसी मेघ-गम्भीर आवाज में बोले, "टु माई माइण्ड— प्रकृति सन्तुलन करती चलती है। पूर्वी बंगालस्तान की आबादी बहुत बढ़ गयी थी। उसे सन्तुलित करने के लिए प्रकृति ने तूफान भेजा था।"

इसी बीच पूर्वी बंगाल में उनकी सहायता के अभाव में एक आदमी और मर गया होगा।

अगर कोई आदमी डूब रहा हो, तो वे उसे बचायेंगे नहीं, बल्कि सापेक्षिक घनत्व के बारे में सोचेंगे।

कोई भूखा मर रहा हो, तो बुद्धिवादी उसे रोटी नहीं देगा। वह विभिन्न देशों के अन्न उत्पादन आँकड़े बताने लगेगा।

बीमार आदमी को देखकर वह दवा का इन्तजाम नहीं करेगा। वह विश्व स्वास्थ्य संगठन की रिपोर्ट उसे पढ़कर सुनायेगा।

कोई उसे अभी आकर खबर दे कि तुम्हारे पिताजी की मृत्यु हो गयी, तो बुद्धिवादी दुखी नहीं होगा। वह वंश-विज्ञान के बारे में बताने लगेगा।

हमने चन्दे की उम्मीद छोड़ दी। अगर हमने बुद्धिवादी से चन्दा माँगा, तो वह दुनिया की अर्थव्यवस्था बताने लगेगा।

अब हमने अपने-आपको बुद्धिवादी को सौंप दिया।

वह सोच रहा था, सोच रहा था। सोचकर बड़ी गहराई से वह खोजकर लाया वह सत्य, जिसे आज तक कोई नहीं पा सका था। बोला, "टु माई माइण्ड, अवर ग्रेटेस्ट एनिमी इज़ पावर्टी।" (मेरे विचार में, हमारा सबसे बड़ा शत्रु गरीबी है।)

एक वाक्य सूत्र रूप में कहकर बुद्धिवादी ने हमें सोचने के लिए वक्त दे दिया। हमने सोचा, खूब सोचा। मगर गरीबी की समस्या के हल के लिए फिर बुद्धिवादी की तरफ लौटना पड़ा। मैंने पूछा, "गरीबी दुनिया से कैसे मिट सकती है?"

बुद्धिवादी ने कहा, "मैंने सोचा है। पूंजीवाद और साम्यवाद दोनों मनुष्य-विरोधी हैं। ये दोनों गरीबी नहीं मिटा सकते। हमें आधुनिक तकनीकी साधनों का प्रयोग करके खूब उत्पादन बढ़ाना चाहिए।"

मैंने पूछा, "मगर वितरण के लिए क्या व्यवस्था होगी?"

बुद्धिवादी ने कहा, "वही मैं आजकल सोच रहा हूँ। एक थ्योरी बनाने में लगा हूँ।"

मनुष्य जाति की तरफ आशा की एक किरण बढ़ाकर बुद्धिवादी चुप हो गया।

मेरे साथी ने कहा, "हमें समाज का नव-निर्माण करना पड़ेगा।"

बुद्धिवादी ने फिर हम दोनों को घूरकर देखा। बोला, "समाज का पहला फर्ज़ यह है कि वह अपने को नष्ट कर ले। सोसाइटी मस्ट डेस्ट्राय इटसैल्फ ! यह जाति, वर्ण और रंग और ऊँच-नीच के भेदों से जर्जर समाज पहले मिटे, तब नया बने।"

सोचा, पूछूं—सारा समाज नष्ट हो जायेगा तो प्रकृति को मनुष्य बनाने में कितने लाख साल लग जायेंगे ? मैंने पूछा नहीं। यह सोचकर सन्तोष कर लिया कि सिर्फ मैं समझता हूँ, यह अहसास आदमी को नासमझ बना देता है।

बुद्धिवादी मार्क्सवाद की बात कर लेता है। फ्रॉयड और आइन्सटीन की बात कर लेता है। विवेकानन्द और कन्फूसियस की बात कर लेता है। हर बात कहकर हमें उसे समझने और पचाने का मौका देता है। वह जानता है, ये बातें हम पहली बार सुन रहे हैं।

हम पूछते हैं –फिर दुनिया की बीमारी के बारे में आपने क्या सोचा है ? किस तरह यह बीमारी मिटेगी ?

वह आँख बन्द कर लेता है। सोचता है ! हम बड़ी बात सुनने के लिए तैयार हो जाते हैं। बुद्धिवादी कहता है—अल्टीमेटली आई हेव टु रिटर्न टु गेण्डी। (आखिर मुझे गाँधी की तरफ लौटना पड़ता है।) 'लव्ह'—प्रेम।

बुद्धिवादी अब क्रान्तिकारिता पर आ गया है। कहता है—स्टुडेण्ट पावर ! यूथ पावर ! हमें अपने समाज के युवा वर्ग को आजादी देनी चाहिए। वही पलटेंगे इस दुनिया को। वही बदलेंगे। जो कौम अपने युवा वर्ग को दबाती है, वह कभी ऊपर नहीं उठ सकती। यह किताब देखिए प्रोफेसर मार्क्यूज़ की। यह कोहेन बेण्डी की किताब !

बुद्धिवादी गम्भीर हो गया। उसने अन्तिम सत्य कह दिया।

हम उठने की तैयारी करने लगे। इसी वक्त नौकर ने एक लिफाफा लाकर उन्हें दिया।

बुद्धिवादी चिट्ठी पढ़ने लगा। पढ़ते-पढ़ते उसमें परिवर्तन होने लगे। 35 डिग्री का कोण धीरे-धीरे कम होने लगा। बुद्धिवादी सीधा बैठ गया। होंठ की मरोड़ मिट गयी। आँखों में बैठी बुद्धि गायब हो गयी। उसकी जगह परेशानी आ गयी। चेहरा सपाट हो गया। साँस ज़ोर से चलने लगी। बुद्धिवादी निहायत बौड़म लगने लगा।

बुद्धिवादी ने चिट्ठी को मुट्ठी में कस लिया। चश्मा उतार लिया। हम नंगी आँखें देख रहे थे। वे बुझ गयी थीं। चमक चश्मे के साथ ही चली गयी थी। दम्भ शायद मुट्ठी में चिट्ठी के साथ दब गया था।

मैंने कहा, "आप परेशान हो गये। सब खैर तो है।"

बुद्धिवादी हतप्रभ था। वह हमारे सामने अब उस असहाय बच्चे की तरह हो गया जिसका खिलौना बाल्टी में गिर गया हो।

गहरी साँस लेकर बुद्धिवादी ने कहा, "यह जमाना आ गया !"

मैंने पूछा, "क्या हो गया ?"

बुद्धिवादी ने कहा, "लड़की अपनी मौसी के घर लखनऊ गयी थी। वहीं उसने शादी कर ली। हमें पता तक नहीं।"

मैंने पूछा, "लड़का क्या करता है?"

बोले, "इंजीनियर है।"

मैंने कहा, "फिर तो अच्छा है।"

बुद्धिवादी उखड़ पड़ा, "क्या अच्छा है ? मैं उसे जेल भिजवाकर रहूँगा।"

हमारे सामने एक महान क्षण उपस्थित था। मनुष्य जाति के आन्तरिक सम्बन्धों के बारे में कोई महान सत्य निकलनेवाला है उनके मुख से। अब उनका मुँह पूरा खुलने लगा है। चश्मा लगाये वे तब होंठों की सम्पुट के कोने से गुरु-गम्भीर आवाज निकालते थे। अब पूरा मुँह खोलकर बोलते हैं।

बुद्धिवादी इस स्थिति का क्या विश्लेषण देता है। यूथ पावर ? स्त्री-पुरुष-सम्बन्धों की बुनियाद ? विवाह की स्वतन्त्रता ?

हम उनके मुँह की तरफ देखते हैं। उनकी परेशानी बढ़ती जाती है। चिट्ठी को वे लगातार भींच रहे हैं। वे शायद पत्नी को यह खबर बताने को आतुर हैं। पर हम यह जानने को आतुर हैं कि इतनी अच्छी शादी को लेकर ये परेशान क्यों हैं ? जरूर इसमें कोई महान दार्शनिक तथ्य निहित है, जो सिर्फ बुद्धिवादी समझता है।

मैंने कहा, "लड़का-लड़की बड़े हैं। शादी मौसी के यहाँ हुई। वर अच्छा है। फिर आप दुखी और परेशान क्यों हैं ? हम जिज्ञासुओं को वह रहस्य बताइए ताकि हम जीवन के प्रति बुद्धिवादी दृष्टिकोण अपना सकें।"

उन्होंने नंगी-बुझी आँखों से हमारी तरफ देखा। फिर अत्यन्त भरी आवाज में कहा, "वह लड़का कायस्थ है न !"

पुराना खिलाड़ी

सरदारजी ज़बान से तन्दूर को गर्म करते हैं। ज़बान से बर्तन में गोश्त चलाते हैं। पास बैठे आदमी से भी इतने जोर से बोलते हैं, जैसे किसी सभा में बिना माइक बोल रहे हों। होटल के बोर्ड पर लिखा है—यहाँ चाय हर वक्त तैयार मिलती है। नासमझ आदमी चाय माँग बैठता है और सरदारजी कहते हैं—चाय ही बेचना होता तो उसे बोर्ड पर क्यूँ लिखता बाश्शाओ ! इधर नेक बच्चों के लिए कोई चाय नहीं है। समझदार 'चाय' का मतलब समझते हैं और बैठते ही कहते हैं—एक चवन्नी !

सरदारजी मुहल्ले के रखवाले हैं। इधर के हर आदमी का चरित्र वे जानते हैं।

अजनबी को ताड़ लेते हैं। तन्दूर में सलाख मारते हुए चिल्लाते हैं—

"वो दो बार ससुराल में रह आया है जी। ज़रा बच के।"

"उसके घर में दो हैं जी। किसी के गले में डालना चाहता है। ज़रा बच के बाश्शाओ!"

"दो जचगी उसके हो चुकी हैं। तीसरी के लिए बाप के नाम की तलाश जारी है। ज़रा बच के।"

"उसकी खादी पर मत जाणाजी। गाँधी को फुटकर बेचता है। ज़रा बच के।"

उस आदमी को मेरे साथ दो-तीन बार देखकर सरदारजी ने आगाह किया था—वह पुराना खिलाड़ी है। ज़रा बच के!

जिसे पुराना खिलाड़ी कहा था, वह 35-40 के बीच का सीधा आदमी लगता था। हमेशा परेशान। हमेशा तनाव में। कई आधुनिक कवि उससे तनाव उधार माँगने आते होंगे उससे बचने लायक कोई बात मुझे नहीं लगती थी।

एक दिन वह अचानक आ गया था। पहले से बिना बताये, बिना घण्टी बजाये, बिना पुकारे, वह दरवाजा खोलकर घुसा और कुर्सी पर बैठ गया। बदतमीजी पर मुझे गुस्सा आया था। बाद में समझ गया कि इसने बदतमीजी का अधिकार इसलिए हासिल कर लिया है कि वह अपने काम से मेरे पास नहीं आता। देश के काम से आता है। जो देश का काम करता है, उसे थोड़ी बदतमीजी का हक है। देश-सेवा थोड़ी बदतमीजी के बिना शोभा भी नहीं देती। थोड़ी बेवकूफी भी मिली हो, तो और चमक जाती है।

वह उत्तेजित था। उसने अपना बस्ता टेबिल पर पटका और सीधे मेरी तरफ घूरकर बोला, "तुम कहते हो कि बिना विदेशी मदद के योजना चला लोगे। मगर पैसा कहाँ से लाओगे? है तुम्हारे पास देश में ही साधन जुटाने की कोई योजना?"

वह जवाब के लिए मुझे घूर रहा था और मैं इस हमले से उखड़ गया था। योजना की बात मैंने नहीं, अर्थमन्त्री ने कही थी। वह अर्थमन्त्री से नाराज था। डाँट मुझे पड़ रही थी।

उत्तेजना में उसने तीन कुर्सियाँ बदलीं। बस्ते से पुलिन्दा निकाला। बोला, "जीभ उठाकर तालू से लगा देते हो। लो, आन्तरिक साधन जुटाने की यह स्कीम।"

घण्टा-भर अपनी योजना समझाता रहा। कुछ हल्का हुआ। पुलिन्दा बस्ते में रखा और चला गया।

हफ्ते-भर बाद वह फिर आया। वैसे ही तनाव में। भड़-से दरवाजा खोला। बस्ते को टेबिल पर पटका और अपने को कुर्सी पर। बोला, "तुम कहते हो रोड ट्रान्सपोर्ट के कारण रेलवे की आमदनी कम हो रही है। मगर कभी सोचा है, मोटर-ट्रकवाले माल भेजनेवालों को कितने सुभीते देते हैं? लो यह स्कीम। इसके मुताबिक काम करो।"

उसने रेलवे की आमदनी बढ़ाने के तरीके मुझे समझाये।

वह जब-तब आता। मुझे किसी विभाग का मन्त्री समझकर डाँटता और फिर अपनी योजना समझाता। उसने मुझे शिक्षामन्त्री, कृषिमन्त्री, विदेशमन्त्री सब बनाया। उसे लगता था, वह सब ठीक कर सकता है, लेकिन विवश है। सत्ता उसके हाथ में है नहीं। उससे जो बनता है, करता है। योजना और सुझाव भेजता रहता है।

देश के लिए इतना दुखी आदमी मैंने दूसरा नहीं देखा। सड़क पर चलता, तो दूर से ही दुखी दिखता। पास पहुँचते ही कहता—रिजर्व बैंक के गवर्नर का बयान पढ़ा? सारी इकॉनमी को नष्ट कर रहे हैं ये लोग। आखिर यह क्या हो रहा है? ज़रा प्रधानमन्त्री से कहो न!

सरदारजी ने फिर आगाह किया, "बहुत चिपकने लगा है। पुराना खिलाड़ी है। ज़रा बच के।"

मैंने कहा, "मालूम होता है, उसका दिमाग खराब है।"

सरदारजी हँसे। बोले, "दमाग? अजी दमाग तो हमारा-आपका खराब है जो दिन-भर काम करते हैं, तब खाते हैं। वह 10 सालों से बिना कुछ किये मजे से दिल्ली में रह रहा है। दमाग तो उसका आला दर्जे का है।"

मैंने कहा, "मगर वह दुखी है। रात-दिन उसे देश की चिन्ता सताती रहती है।"

सरदारजी ने कहा, "अजब मुल्क है ये। भगवान ने इसे सट्टा खेलते-खेलते बनाया होगा। इधर मुल्क की फिक्र में से भी रोटी निकलती है। फिर मैं आपसे पूछता हूँ, पिद्दी का कितना शोरबा बनता है? बताइए, कुछ अन्दाज दीजिए। मुल्क की फिक्र करते-करते गाँधी और नेहरू जैसे चले गये। अब यह पिद्दी क्या सुधार लेगा? इस मुल्क को भगवान ने खासतौर से बनाया है। भगवान की बनायी चीज में इन्सान सुधार क्यों करे? मुल्क सुधरेगा तो भगवान के हाथ से ही सुधरेगा। मगर इस इन्सान से ज़रा बच के। पुराना खिलाड़ी है।"

मैंने कहा, "पुराना खिलाड़ी होता तो ऐसी हालत में रहता?'

सरदारजी ने कहा, "उसका सबब है। वह छोटे खेल खेलता है। छोटे दाँव लगाता है। मैंने उसे समझाया कि एक-दो बड़े दाँव लगा और माल समेटकर चैन की बंसी बजा। मगर उसकी हिम्मत ही नहीं पड़ती।"

सरदारजी मुझे उससे बचने के लिए बार-बार आगाह करते, पर खुद उसे कभी नाश्ता करा देते, कभी रोटियाँ दे देते, कभी रुपये दे देते। मैंने पूछा, तो सरदारजी ने कहा, "आखिर इन्सान है। फिर उसके साथ बीवी भी है। उसने वह कमाल कर दिखाया है, जो दुनिया में किसी से नहीं हुआ—उसने बीवी को यह मनवा लिया है कि वह देश की किस्मत पलटने के लिए पैदा हुआ है। वह कोई मामूली काम करके जिन्दगी बरबाद नहीं कर सकता। उसका एक मिशन है। बीवी खुद भी भगवान से प्रार्थना करती है कि उसके घरवाले का मिशन पूरा हो जाये।"

वह दिन-पर-दिन ज्यादा परेशान होता गया। जब-तब मुझे मिल जाता और

किसी मन्त्रालय की शिकायत करता।

अचानक वह गायब हो गया। 8-10 दिन नहीं दिखा, तो मैंने सरदारजी से पूछा। उन्होंने कहा, "डिस्टर्ब मत करो। बड़े काम में लगा है।"

मैंने पूछा, "कौन काम ?"

सरदारजी ने कहा, "उसकी तफसील में मत जाओ। बम बना रहा है। इन्कलाबी काम कर रहा है। एक दिन वह सरकार के सिर पर बम पटकनेवाला है।"

मैंने कहा, "सच, वह बम बना रहा है ?"

सरदारजी ने कहा, "हाँ जी, वह नया कान्स्टीट्यूशन बना रहा है। उसे सरकार के सिर पर दे मारेगा। दुनिया पलट देगा, बाश्शाओ !"

एक दिन वह संविधान लेकर आ गया। और दुबला हो गया था। मगर चेहरा शान्त था। फरिश्ते की तरह बोला, "नथिंग विल चेंज अण्डर दिस कान्स्टीट्यूशन। संविधान बदलना ही पड़ेगा। इस देश को बुनियादी क्रान्ति चाहिए और बुनियादी क्रान्ति के लिए क्रान्तिकारी संविधान चाहिए। मैंने नया संविधान बना लिया है।"

बस्ते से उसने पुलिन्दा निकाला और मुझे संविधान समझाने लगा, "यह प्रीएम्बल है—यह फण्डामेण्टल राइट्स का खण्ड है। इस संविधान में एक बुनियादी क्रान्ति की बात है। देखो, मनुष्य ने अपने को राज्य के हाथों क्यों सौंपा था ? इसलिए कि राज्य उसका पालन करे। राज्य का यह कर्तव्य है। मगर राज्य आदमी से काम करवाना चाहता है। यह गलत है। बिना काम किये आदमी का पालन होना चाहिए। मैं जो पिछले 10 सालों से कुछ नहीं कर रहा हूँ, सो मेरा प्रोटेस्ट है। मैं राज्य पर नैतिक दबाव डालकर उसका कर्त्तव्य कराना चाहता हूँ। मैं जानता हूँ, लोग मेरे बारे में क्या कहते हैं। आई डोण्ट माइण्ड। छोटे लोग हैं। मेरे मिशन को नहीं समझ सकते।"

मैंने कहा, "कोई काम नहीं करेगा, तो उत्पादन नहीं होगा। तब राज्य पालन कैसे कर सकेगा ?"

उसने समझाया, "आप आदमी को नहीं जानते। वह मना करने पर भी काम करता है। यह उसकी मजबूरी है। मैन इज डूम्ड टु वर्क। अगर राज्य कह भी दे कि कोई काम मत करो, तुम्हारा पालन हम करेंगे, तब भी लोग काम माँगेंगे। साधारण आदमी ऐसा ही होता है। इने-गिने मुझ-आप जैसे लोग होंगे जो काम नहीं करेंगे। हमारा पालन उन घटिया बहुसंख्यकों के उत्पादन से होगा।"

वह अपने संविधान से बहुत सन्तुष्ट था। एक दिन वह एक फोटोग्राफ लेकर आया। फोटो में वह संविधान प्रधानमन्त्री को दे रहा है। बोला, "मैंने संविधान प्रधानमन्त्री को दे दिया। उन्होंने आश्वासन दिया है कि जल्दी ही इसे लागू किया जायेगा।"

सरदारजी ने कहा, "आजकल फोटो पर जिन्दा है। प्रधानमन्त्री से मिल आया है। उसकी बीवी घर से भाग रही थी, सो थम गयी है। इस फोटो को अच्छे धन्धे

में लगाये तो अच्छी कमाई कर सकता है। मगर वह जिन्दगी-भर, 'रिटेल' करता रहेगा।"

2-3 महीने उसने इन्तजार किया। संविधान लागू नहीं हुआ। वह अब फिर परेशान हो गया। कहता—यह सरकार झूठ पर जिन्दा है। मुझे प्रधानमन्त्री ने आश्वासन दिया था कि जल्दी ही वे मेरा संविधान लागू करेंगे, पर अभी तक संसद को सूचना नहीं दी। अन्धेर है। मगर मैं छोड़ूँगा नहीं।

एक दिन सरदारजी ने बताया, "पुराना खिलाड़ी संसद के सामने अनशन पर बैठ गया है। राम-धुन लग रही है। बीवी गा रही है—सबको सन्मति दे भगवान। इसे सबकी क्या पड़ी है? यही क्यों नहीं कहती कि मेरे घरवाले को सन्मति दे भगवान!"

तीसरे दिन उसे देखने गया। वह दरी पर बैठा था। उसका चेहरा सौम्य हो गया था। भूख से आदमी सौम्य हो जाता है। तमाशाइयों को वह बड़ी गम्भीरता से समझा रहा था, "देखो, इन्सान आजाद पैदा होता है, मगर वह हर जगह जंजीरों से जकड़ा रहता है। मनुष्य ने अपने को राज्य को क्यों सौंपा? इसलिए न, कि राज्य उसका पालन करेगा। मगर राज्य की गैर-जिम्मेदारी देखिए कि मुझ जैसे लोगों को राज्य ने लावारिस की तरह छोड़ रखा है। नथिंग विल चेंज अण्डर दिस कान्सटीट्यूशन, मेरा संविधान लागू करना ही होगा। लेकिन इसके पहले राज्य को फौरन मेरे पालन की व्यवस्था करनी होगी। यही मेरी माँगें हैं।"

सरदारजी ने उस दिन कहा था, "बिजली मँडरा रही है बाश्शाओ! देखो किसके सिर पर गिरती है। ज़रा बच के।"

सरकार की तरफ से उसे धमकी दी जा रही थी। घर जाने के लिए किराये का लोभ भी दिया जा रहा था। मगर वह अपना संविधान लागू करवाने पर तुला था।

सातवें दिन सुबह जब मैं बैठा अखबार पढ़ रहा था, वह अचानक अपनी बीवी के सहारे मेरे घर में घुस आया। पीछे कुली उसका सामान लिये थे। उसने मुझे मना करने का मौका ही नहीं दिया। वह अपने घर की तरह इत्मीनान से घुस आया था।

मेरे सामने वह बैठ गया। आँखें धँस गयी थीं। शरीर में हड्डियाँ रह गयी थीं। मैं भौंचक उसे देख रहा था। वह इस तरह मेरे घर में घुस आया था कि मुझसे कुछ कहते नहीं बन रहा था। मगर उसके चेहरे पर सहज भाव था।

धीरे-धीरे बोला, "प्रधानमन्त्री ने आश्वासन दे दिया है।"

मैं कुछ नहीं बोल सका।

वह बोला, "कमजोरी बहुत आ गयी है।"

कुछ ऐसा भाव था उसका जैसे मेरे लिए प्राण दे रहा हो। कमजोरी भी उसे मेरे लिए आयी हो।

उसने बीवी से कहा, "उस कमरे में कुछ दिन रहने का जमा लो।"

मेरी बोलती बन्द थी। उसने अचानक हमला कर दिया था। मुझे लगा, जैसे किसी ने पीछे से मेरी कनपटी पर ऐसा चाँटा जड़ दिया है कि मेरी आँखों में तितलियाँ उड़ने लगी हैं। उसने मना करने की हालत भी मेरी नहीं रहने दी। मैं मूढ़ की तरह बैठा था और वह बगल के कमरे में जम गया था।

थोड़ी देर बाद वह आया। बोला, "ज़रा एक-दो सेर अच्छी मुसम्मी मँगा दो।"

कहकर वह चला गया। मैं सोचता रहा—इसने मुझे किस कदर अपाहिज बना दिया है। इस तरह मुसम्मी मँगाने के लिए कहता है, जैसे मैं इसका नौकर हूँ और इसने मुझे पैसे दे रखे हैं।

मैंने मुसम्मी मँगा दीं।

वह मेरे नौकर को जब-तब पुकारता और हुक्म दे देता—शक्कर ले आओ! चाय ले आओ! उसने मुझे अपने ही घर में अजनबी बना दिया था।

वह दिन में दो बार मुझे दर्शन देने निकलता। कहता—वीकनेस अभी काफी है। 10-15 दिन में निकलेगी। ज़रा दो-तीन रुपये देना।

मैं रुपये दे देता। बाद में मुझे अपने पर खीझ आती। मैं किस कदर सत्वहीन हो गया हूँ। मैं मना क्यों नहीं कर देता?

चौथे दिन सरदारजी ने कहा, "घुस गया घर में बाश्शाओ! मैंने पहले कहा था—पुराना खिलाड़ी है, ज़रा बच के। छह महीने से पहले नहीं निकलेगा। यही उसकी तरकीब है। जब वह किसी मकान से निकाला जाता है, तो कोई 'इशू' लेकर अनशन पर बैठ जाता है और उसी गिरी हालत में किसी के घर में घुस जाता है।"

मैंने कहा, "उसकी हालत ज़रा ठीक हो जाये तो मैं उसे निकाल बाहर करूँगा।"

सरदारजी ने कहा, "नहीं निकाल सकतें। वह पूरा वक्त लेगा।"

जब वह चलने-फिरने लायक हो गया, तो सुबह-शाम खुले में वायु-सेवन के लिए जाने लगा। लौटकर मेरे पास दो घड़ी बैठ जाता। कहता—प्राइममिनिस्टर अब ज़रा सीरियस हुए हैं। एक कमेटी जल्दी ही बैठनेवाली है।

एक दिन मैंने कहा, "अब आप दूसरी जगह चले जाइए। मुझे बहुत तकलीफ है।"

उसने कहा, "हाँ, हाँ, प्रधानमन्त्री का पी. ए. मकान का इन्तज़ाम कर रहा है। होते ही चला जाऊँगा। मुझे खुद यहाँ बहुत तकलीफ है।"

उसमें न जाने कहाँ का नैतिक बल आ गया था कि मेरे घर में रहकर, मेरा सामान खाकर, वह यह बताता था कि मुझ पर एहसान कर रहा है। कहता है—मुझे खुद यहाँ बहुत तकलीफ है।

सरदारजी पूछते हैं, "निकला?"

मैं कहता हूँ, "अभी नहीं।"

सरदारजी कहते हैं, "नहीं निकलेगा। पुराना खिलाड़ी है।"

मैंने कहा, "सरदारजी, आपके यहाँ इतनी जगह है। उसे वहीं कुछ दिन रख लीजिए।"

सरदारजी ने कहा, "उसके साथ औरत है। अकेला होता, तो कहता, पड़ा रह। मगर औरत ! औरत के डर से तो पंजाब से भागकर आया और तुम इधर औरत ही यहाँ डालना चाहते हो।"

उसके रवैये में कोई फर्क नहीं पड़ा। सुबह स्नान-पूजा के बाद वह नाश्ता करता। फिर पोर्टफोलियो लेकर निकल जाता। जाते-जाते मुझसे कहता—ज़रा संसदीय मामलों के मन्त्री से मिल आऊँ।

आखिर मैंने सख्ती करना शुरू किया। सुबह-शाम उसे डाँटता। उसका अपमान करता। उसके चेहरे पर शिकन नहीं आती। कभी वह कह देता—मैं अपमान का बुरा नहीं मानता। मुझे इसकी आदत पड़ चुकी है। फिर जिस महान् 'मिशन' में मैं लगा हुआ हूँ, उसे देखते छोटे-छोटे अपमानों की अवहेलना ही करनी चाहिए।

कभी जब वह देखता कि मेरा 'मूड' बहुत खराब है, तो वह बात करना टाल जाता। कागज पर लिख देता—आज मेरा मौन व्रत है।

आखिर मैंने पुलिस की मदद लेने का तय किया। उसने कागज़ पर लिख दिया —आज मेरा मौन व्रत है।

मैंने कहा, "तुम मौन व्रत रखे रहो। कल पुलिस सामान बाहर फेंक देगी।"

उसने मौन व्रत फौरन त्याग दिया और मुझे मनाता रहा। कहा, "तीन-चार दिनों में कहीं रहने का इन्तज़ाम कर लूंगा।"

सुबह वह तैयार होकर निकला। मुझसे कहा, "एक जगह रहने का इन्तजाम कर रहा हूँ। ज़रा पाँच रुपये दीजिए।"

मैंने कहा, "पाँच रुपये किसलिए ?"

उसने कहा, "जगह तय करने जाना है न। स्कूटर से जाऊँगा।"

मैंने कहा, "बस में क्यों नहीं जाते ? मैं रुपया नहीं दूंगा।"

उसने कहा, "तो मैं नहीं जाता। यहीं रहे जाऊँगा।"

मैंने पस्त होकर उसे पाँच रुपये दे दिये।

शाम को वह लौटा और बोला, "मैं दूसरी जगह जा रहा हूँ। आपको एक महीने में ही छोड़ दिया। किसी का घर मैंने 6 महीने से पहले नहीं छोड़ा। एक तरह से आपके ऊपर मेरा अहसान ही है। ज़रा 25 रुपये दीजिए।"

मैंने कहा, "पच्चीस रुपये किसलिए ?"

वह बोला, "कुली को पैसे देने पड़ेंगे। फिर नयी जगह जा रहा हूँ। दो-चार दिनों का खाने का इन्तज़ाम तो होना चाहिए।"

मैंने कहा, "यह मेरी जिम्मेदारी नहीं है। मेरे पास रुपये नहीं हैं।"

उसने शान्ति से कहा, "तो फिर आज नहीं जाता। जिस दिन आपके पास पच्चीस रुपये हो जायेंगे, उस दिन चला जाऊँगा।"

मैंने पच्चीस रुपये उसे फौरन दे दिये। उसने सामान बाहर निकलवाया।

बीवी को बाहर निकाला। फिर मुझसे हाथ मिलाते हुए बोला, "कुछ ख्याल मत कीजिए। नो इल विल ! मैं जिस मिशन में लगा हूँ उसमें ऐसी स्थितियाँ आती ही रहती हैं। मैं बिल्कुल फील नहीं करता।"

मैं बाहर निकला, तो सरदारजी चिल्लाये—"चला गया ?"

मैंने कहा, "हाँ, चला गया।"

वे बोले, "कितने में गया ?"

मैंने कहा, "पच्चीस रुपये में।"

सरदारजी ने कहा, "सस्ते में चला गया। सौ रुपये से कम में नहीं जाता वह।"

पुराना खिलाड़ी अब भी कभी-कभी कहीं मिल जाता है। वैसा ही परेशान, वैसा ही तनाव। वह भूल गया है कि कभी मैंने उसे जबरदस्ती घर से निकाला था।

कहता है—प्रधानमन्त्री की अक्ल पर क्या पाला पड़ गया ? कहते हैं कि हम किसी भी स्थिति में रुपये को 'डिवैल्यू' नहीं करेंगे। मैं कहता हूँ, डिवैल्यू नहीं करोगे, तो दुनिया के बाजार से निकाल नहीं दिये जाओगे। ज़रा प्रधानमन्त्री को समझाइए न।

वह चिन्ता करता हुआ आगे बढ़ जाता है।

एक लड़की, पाँच दीवाने

गोर्की की कहानी है, '26 आदमी और एक लड़की'। इस लड़की की कहानी लिखते मुझे वह कहानी याद आ गयी। रोटी के एक पिंजड़ानुमा कारखाने में 26 मजदूर सुअर से भी बदतर हालत में रहते और काम करते हैं। मालिक की जवान लड़की जब निकलती है, वे सब सींखचों से उसे देखते हैं। जीवन के रेगिस्तान में थोड़ी हरियाली आती है। वे उसे देवी जैसी पूजते हैं। अलग-अलग और इकट्ठे उससे प्रेम करते हैं। एक दिन जब वह अपने उच्चवर्गीय प्रेमी के साथ बाहर निकलती है, वे आदतन उसे झांकते हैं। लड़की कहती है—सुअर कहीं के ! और प्रेमी के साथ चली जाती है।

पर जिस लड़की की कहानी मैं लिख रहा हूँ, वह बड़े आदमी की लड़की नहीं, गरीब मध्यवर्गीय परिवार की बड़ी लड़की है, पिता सरकारी नौकर है। पत्नी बच्चे पैदा करने में गान्धारी की स्पर्धा करती है। गान्धारी ने अन्धे पति से 100 बेटे पैदा कर दिये थे, इस औरत ने जवानी में ही आँखोंवाले पति से 4 पैदा कर लिये

हैं। पाँचवें का शिलान्यास हो गया है। मरियल है। पूरा खाने को नहीं मिलता। शरीर में खून नहीं। हड्डी-ही-हड्डी है।

बड़ी लड़की विशेष दुर्बल नहीं है। वही खाना बनाती है। माँ तो लगातार प्रसूती ही रहती है। लगता है, लड़की खाना बनाते-बनाते एकाध रोटी ज्यादा निगल लेती होगी। रोटी बड़े-बड़े क्रान्तिकारियों को कमजोर बनाती है। चे गुएवारा ने डायरी में लिखा है कि एक बहादुर गुरिल्ला साथी एक दिन चोरी से डबलरोटी के दो टुकड़े खा गया। दूसरे दिन उसे दण्ड में नाश्ता नहीं दिया गया।

लड़की छरहरी है। सुन्दरी है। और गरीब की लड़की है।

मोहल्ला ऐसा है कि लोग 12-13 साल की बच्ची को घूर-घूरकर जवान बना देते हैं। वह समझने लगती है कि कहाँ घूरा जा रहा है। वह उन अंगों पर ध्यान देने लगती है। ब्लाउज को ऊँचा करने लगती है। नीचे कपड़ा रख लेती है। कटाक्ष का अभ्यास करने लगती है। पल्लू कब खसकाना और कैसे खसकाना--यह अभ्यास करने लगती है। घूरने से शरीर बढ़ता है।

आँखें बड़ी ताकतवर होती हैं।

रहीम ने कहा है—

रहिमन मन महाराज के, दृग सों नहीं दिवान।
जाहि देख रीझे नयन, मन तेहि हाथ बिकान॥

मन के दीवानजी होते हैं, नयन। नयनों के उपयोग के ज्ञानी उनका असर जानते हैं। अगर आँखों का असर भीतर पड़ रहा है, तो स्त्री लॉकेट हाथ में लेकर उसे हिलाने लगती है। लॉकेट न हो तो साड़ी के पल्ले को अँगुली पर लपेटने लगती है। थोड़ी कठिनाई उसके साथ होती है, जो स्वेटर बुन रही है। पर ध्यान से देखो तो वह भी दो-चार खाने गलत बुन देती है और उन्हें उकेलकर फिर बुनने लगती है। बाकी चलतू साफ ही कह देती हैं—आज तो आपसे ही आइसक्रीम खायेंगे। चलिए।

लड़की को बाकी घूरनेवाले अब हताश होकर कहीं और घूर रहे हैं। अब कुल पाँच दीवाने बचे हैं, जो सामने बैठते या चक्कर लगाते हैं। चक्कर लगाता प्रेमी बैठे प्रेमी से सवाया पड़ता है, क्योंकि वह मेहनत करता है। फिर परम्परा से कूचे की खाक छानता चला आ रहा है। लड़की अठारह साल की हो रही है। उभार पर है। छज्जे पर आकर देखने लगती है, तो उपस्थित दीवाना समझता है कि मेरे ही लिए खड़ी है और मुझी को देख रही है। पाँचों दीवाने एक साथ सिर्फ शाम को होते हैं, क्योंकि वे दिन में काम पर जाते हैं। दिन में जो हाजिर होता है, वह छज्जा देखता रहता है, आँखें मिलाता है, हावभाव करता है।

सामने एक अधेड़ जनरल मर्चेण्ट की दूकान है। नीचे क्रॉकरी की। क्रॉकरीवाला जवान है, मगर उसकी मुसीबत यह है कि छज्जा सिर के ऊपर पड़ता है। जनरल मर्चेण्ट के बगल में किताबों की दूकान है, जिसका मालिक 40 साल का खूबसूरत आदमी है। ठीक सामने के दो कमरे के मकान में एक जवान आदमी रहता है, जो

बीमा कम्पनी में काम करता है और 5-6 सौ से ऊपर ही कमा लेता है। यह 3-4 घण्टे ही बाहर रहता है। बाकी समय घर में काटता है। क्वाँरा है। घर के सामने एक हलवाई की दूकान है। 50 पर पहुँचता होगा, पर वह भी दीवाना है।

दीवाना नम्बर-1

इसे कुल 3-4 घण्टे का काम है। माल यहाँ से वहाँ सप्लाई करके बरी हो जाता है और जनरल मर्चेण्ट की दूकान पर आकर बैठ जाता है। आर्थिक कठिनाई में रहता है। इसने दाढ़ी बढ़ा ली है। दाढ़ी अलग-अलग तरह की होती है—प्रेमी की दाढ़ी अलग, मुल्ला की अलग और मुफलिस की अलग। इसने प्रेमी की दाढ़ी बढ़ा ली है। 'ट्रिम' करवाता है। दाढ़ी दीन भी होती है और रोबदार भी। यह दाढ़ीवाले के व्यक्तित्व और आँखों के भाव से मालूम हो जाता है। कुछ दाढ़ियाँ क्षमा-याचना करती मालूम होती हैं। इस प्रेमी का विश्वास है कि दाढ़ी बढ़ाकर आँखों में भिखारीपन लेकर औरत का सामना करो तो वह आकर्षित हो जाती है। यह दाढ़ी और दीनता लिये कभी दूकान पर बैठकर छज्जा देखता रहता है या फिर सामने की सड़क पर टहलता है।

यह सही है कि कुछ औरतों को दाढ़ी पसन्द होती है। मैंने सुना है, कुछ औरतें पति की दाढ़ी को इतना पसन्द करती हैं कि सुबह दाढ़ी में टूथपेस्ट लगाकर उसी से ब्रश कर लेती हैं।

यह प्रेमी सिर्फ देखता है। वह छज्जे पर ऑक्सीजन लेने आती है, तो दाढ़ीवाला समझता है कि वह उसी को देखने आयी है और दीन हो जाता है। वह करुणा में से प्रेम निकालना चाहता है। करुणा में से प्रेम निकलता भी है। गाँव की चलतू औरत कहती है—इत्ते बड़े-बड़े आदमी के लड़के और मेरे गोड़ (पाँव) पड़ें। मेरा तो जी पसीज जाय है। नहीं करते नहीं बनै।

दाढ़ीवाले को कभी-कभी लड़की का सामीप्य प्राप्त होता है। नीचे के नल से लड़की का भाई बाल्टियाँ भरकर ऊपर ले जाता है। कभी वह नहीं होता, लड़की पानी भरने आती है। तब दाढ़ीवाला प्रेमी पानी की बाल्टियाँ उठाकर दरवाजे तक रख आता है। वह कहती है—बड़ी तकलीफ की तुमने भैया! दाढ़ीवाला 'भैया' सम्बोधन से बहुत डरता है। कहीं यह राखी न बाँधने लगे! दाढ़ीवाले प्रेमी को 7-8 घण्टे जनरल मर्चेण्ट की दूकान पर बैठने के लिए बहाना चाहिए। वह कहता है—बड़े भैया, मैं तो फुरसत में रहता हूँ। कुछ काम हो, तो बता दिया करिए। दुकानदार उसे पार्सल छुड़ाने और माल सप्लाई करने भेज देता है। सेठ ने बाहर का काम करनेवाले नौकर को निकाल दिया है।

दीवाना नम्बर-2

यह 30 साल के लगभग है। गोरा और साधारणत: देखने में अच्छा है। इसे दूसरों से कुछ ज्यादा सुभीते भी हैं और कुछ असुविधाएँ भी। सुभीता यह है कि वह रुपये

उधार दे देता है, पर उधार लेने लड़की का बाप आता है। वह चाहता है, लड़की आये। कहता है—तुम क्यों तकलीफ करते हो? बच्चों को भेज दिया करो। पर बाप खुद ही उधार लेने आता है, या लड़की की माँ आ जाती है। असुविधा इस दीवाने को यह है कि लड़की ऊपर रहती है। वह उसे देख नहीं सकता। पीछे की तरफ जाता है, तो वहाँ ऊपर लकड़ी की जाली लगी है। लड़की उसे दिखती नहीं है। मजबूरी में वह पुस्तक-प्रेमी हो गया है। वह सामने की किताब की दूकान पर बैठता है एकाध घण्टे और मुआवजे के रूप में गुलशन नन्दा की कोई किताब खरीद लाता है।

इधर एक तरीका उसने और निकाला। सब्जी का ठेलेवाला थोड़ी दूर पर, जहाँ रोज काफी सब्जी खरीदनेवाले परिवार रहते हैं, खड़ा होता है। क्रॉकरीवाले ने सोचा कि ठेलेवाला यहाँ भी खड़ा हो, तो वह सब्जी खरीदने नीचे आया करेगी। उसने ठेलेवाले से कहा—इधर भी खड़े रहा करो। उसने उम्मीद की कि भाव-ताव को लेकर बात होगी। कभी उसके पास पैसे न होंगे, तो मैं उधार में दिला दूंगा और बाद में चुकारा कर दूंगा।

ठेलेवाले ने कहा—यहाँ, भाई साब, खरीदनेवाले ही नहीं हैं।

दीवाने ने कहा—हैं क्यों नहीं? एक-दो रोज देखो।

ठेलेवाला दरवाजे के पास खड़ा होकर आवाज लगाने लगा। लड़की ऊपर से आयी। उसने पूछा—आलू क्या भाव दिये?

इतने में दीवाना क्रॉकरी के ग्राहक को छोड़कर ठेले के पास आ गया। प्रेम में बड़ा त्याग करना पड़ता है। ग्राहक खोना पड़ता है।

ठेलेवाले से कहा—ठीक भाव से देना। और लड़की से आँखें मिलाने लगा।

लड़की ने कहा—पाव किलो आलू दे दो। सब्जीवाला निराश हुआ। क्रॉकरी-वाला नैतिक संकट में आ गया।

उसने कहा—ए, एक किलो दे दो। बाकी पैसे कल ले जाना।

सब्जीवाले ने भरोसा कर लिया। उसने एक किलो तौल दिये। पर सब्जीवाले को रोज वहाँ रोकने के लिए इतनी खरीद काफी नहीं थी। क्रॉकरीवाले ने लड़की के बाकी पैसे दिये और घर के लिए दो-तीन किलो सब्जी और खरीद ली। उसे भरोसा हो गया कि सब्जीवाला अब रोज यहाँ खड़ा होगा और मेल-जोल बढ़ेगा।

पर प्रेम का रास्ता काँटों का रास्ता है। पता नहीं, इस सनातन मार्ग पर कब कांक्रीट की सड़कें बनेंगी। अभी भी प्रेम में काँटों भरी पगडण्डी पर से चलना पड़ता है। योजना आयोग को अगली योजना में प्रेम की कांक्रीट की सड़कों का प्रावधान करना चाहिए।

बात यह हुई कि जब क्रॉकरीवाला जवान दोपहर को सब्जी लेकर घर पहुँचा और उसके पिता ने सब्जी देखी, तो डाँटा—तुझसे किसने कहा था कि सब्जी ला? यह कचरा उठा लाया।

बात यह है कि पिता रिटायर्ड बेकार आदमी हैं। वह सुबह झोला लेकर सब्जी-

बाज़ार चल देते हैं। दस दूकानें देखते हैं और बढ़िया सब्जी खरीदते हैं।

नतीजा प्रेमी के लिए बुरा हुआ। दूसरे दिन से उसने सब्जी खरीदना बन्द कर दिया और ठेलेवाले ने वहाँ रुकना बन्द कर दिया। अब ऊपर के परिवार को सब्जी चाहिए, तो छोटी लड़की दूर खड़े ठेले से पाव किलो आलू खरीद लाती है। अब इस दीवाने को कुल इतना सहारा है कि सामने की किताब की दुकान पर बैठे, देखे और नजर बचाकर हल्का-सा इशारा कर दे।

दीवाने अपने बरताव से लड़की को चतुर बनाये दे रहे हैं। भोली लड़की सुविधा की होती है। उसे पटाना आसान होता है। पर ये दीवाने उसे काइयाँ बना रहे हैं। यह इन्हीं के हित के विरुद्ध जा रहा है। अब वह लड़की आसान नहीं रही।

दीवाना नम्बर-3

यह सामनेवाला हलवाई है। निहायत गन्दी चड्डी और मैल से काली बनियान पहनकर भट्ठी के सामने सवेरे बैठ जाता है। दाढ़ी खिचड़ी है और कई दिन बनाता नहीं है। दाँत पीले हैं, नाक को नाक नहीं, आलू-बण्डा कहा जा सकता है। जलेबी के बाद वह आलू-बण्डे और···और भजिये बनाता है।

यह विकट दीवाना है। छज्जे की तरफ देखते हुए कड़ाही में चमचा चलाता है। जलेबी जल भी जाती है। कभी कच्चे-कच्चे आलू-बण्डे निकाल लेता है। तेल खाली जलता रहता है और वह छज्जे पर लड़की को देखता रहता है। फिर उसे जलेबी दिखाकर अपने पीले दाँतों से हँसता है। समझता है, गरीब की लड़की है, आकर जलेबी ले जायेगी। पर वह नहीं आती। एक दिन छोटी लड़की को उसने जलेबी दे दी थी। कहने लगा—सब लोग बाँटकर खाना। उसका मतलब था, वह मेहबूबा भी खा ले। पर मेहबूबा ने छोटी को डाँट दिया—फिर उससे जलेबी लेगी, तो पिट जायेगी। इधर यह दीवाना पीले दाँत निकाले और नथुने फैलाये छज्जे की तरफ देख रहा था कि वह अब आयी, अब आयी, पर वह नहीं आयी। तब दीवाना दुकान के इस कोने, उस कोने खड़ा होकर देखने लगा कि भीतर ही दिख जाये। लड़की सबकुछ भीतर से देख रही थी। आखिर वह बाहर छज्जे पर आकर खड़ी हो गयी और हलवाई की तरफ देख लिया। वह कृतार्थ हो गया। उस वक्त वह आकर कहती कि मैं तुम्हारा तला हुआ हाथ खाऊँगी, तो वह पंजा तलकर उसे खिला देता।

लोग उससे पूछते—तुम्हारी उम्र कितनी है? 50 के पार तो होगी? वह कहता है—30 से ऊपर नहीं है। पाँच साल से भट्ठी के सामने बैठ रहा हूँ, इसलिए उमर ज्यादा लगती है। पाँच साल पहले देखते। अच्छे-अच्छे घरों की मरती थीं। दो-तीन तो जलकर मर गयी थीं मेरे प्रेम में।

जब वह छज्जे पर आती है, हलवाई पीले दाँत निकालकर, थुथने फैलाकर साँड की तरह दूर से सूँघता है कि तैयार हुई कि नहीं।

दीवाना नम्बर-4

यह खिलाड़ी है। कई जगह खेलता है। पैसेवाले का लड़का है। चेन सावधानी से कुरते के बाहर रखता है। यह अक्सर शाम को आता है। इसका विश्वास है, ट्यूबलाइट में आदमी ज्यादा खूबसूरत लगता है। इसका आना किसी को पसन्द नहीं—इसके अच्छे कपड़ों और चेन के कारण। पर तब लड़की चूल्हा फूँकती रहती है। आसपास के ट्यूबलाइट बेकार चले जाते हैं। एक-दो बार वह लड़की छज्जे पर आकर पसीना पोंछने लगती है। यह दीवाना समझता है कि चेन उसे दिख गयी। यह सोने की चेन से बाँधकर उसे खींचना चाहता है। यह प्रेमी बड़े जोर-जोर से शेखियाँ बघारता है, ठहाका लगाता है···वह सुन ले कि कोई मस्ताना उसके लिए बेताब है। पर लड़की तब भीतर चूल्हा फूंकती होती है। दीवाना वहाँ लोगों को चाय पिलाता है···वह देख ले कि मैं इतना उदार हूँ। पर वह चूल्हा फूँकती है। जोर से कहता है—अरे, हजारों रुपये फूंक दिये हैं, यहाँ तो पैसे को मिट्टी समझते हैं। जरूरतमन्द हो और माँगे, तो हजार-दो हजार दे देते हैं। और भूल जाते हैं।

पर लड़की इसकी यह दैवी उदारता सुन नहीं पाती, क्योंकि रोटी बनाती होती है।

इस दीवाने ने समय गलत चुना। इसे शाम के पहले, सवेरे या दोपहर को आना चाहिए।

पर इसकी भी मजबूरी है। इसके चेहरे पर चेचक के हल्के दाग हैं, इसलिए इसे ट्यूबलाइट में ही आना पड़ता है।

यह भी किताब की दुकान पर थोड़ी देर बैठता है। वहाँ से रसोई बनाने का कोना दिख जाता है। फिर यह याद लिये हुए घर चला जाता है।

दीवाना नम्बर-5

इसे सबके बाद इसलिए ले रहा हूँ कि यह 100 फीसदी दीवाना है। एकमात्र गम्भीर और समर्पित दीवाना। गोरा आदमी है। अकेले जिन्दगी काट रहा है। हर स्त्री पर मोहित हो जाता है। पर जबसे उस लड़की पर इसकी नजर पड़ी है, यह बिल्कुल उसी का हो गया है। रात-दिन उसी की याद में लिप्त रहता है। काम में मन नहीं लगता। लोगों से बात करता है, तो या तो उसी की बात करता है, या गुमसुम उसके बारे में सोचता रहता है। ठीक सामने रहने के कारण भीतर से भी उसे बैठकर या लेटे हुए देखता रहता है।

यों 'सेक्स' यहाँ-वहाँ जमाता रहा है। इसे हर 6 महीने में मकान बदलना पड़ता है।

एक दोपहर को घबराया मेरे पास आया, कहने लगा—मोहल्ले में पिटने की नौबत आ गयी है।

मैंने पूछा, तो उसने बताया—मकान मालकिन गरीब है। उसने एक कमरा मुझे किराये पर दे रखा है। वह खुद एक से फँसी है। लड़की को मैंने पटा लिया

था। एक लड़का भी है, जो मैट्रिक की परीक्षा में बैठनेवाला है। आज दोपहर को लड़की आ गयी, माँ ऊपर सो रही थी। हम दोनों बिस्तरे में थे कि माँ आ गयी। देखा तो चिल्लायी—अरे, इसे क्या चकलाघर समझ रखा है? भले आदमियों के मोहल्ले में ये कारनामे? मेरी लड़की को बिगाड़ रहे हो! मैं अभी मोहल्लेवालों को पुकारती हूँ और तुम्हारी बोटी-बोटी करवाती हूँ!

मैंने पूछा—फिर तुमने क्या किया?

उसने कहा—मैंने उसके पाँव पकड़ लिये और कहा, मुझे माफ कर दो।

मैंने पूछा—लड़की से उसने क्या किया?

कहने लगा—कुछ खास नहीं। एक हल्का-सा चाँटा मारा और कहा—चल, हरामजादी, ऊपर! लफंगों के चक्कर में फँसती है! मैं इस बदमाश को अभी पिटवाती हूँ। मैंने फौरन साइकिल उठायी और आपके पास भागा चला आ रहा हूँ। क्या करूँ? मेरा वहाँ सामान पड़ा है। एक पेटी में काफी रुपया भी है। मैं लौटने में डरता हूँ। क्या सचमुच वह मुझे पिटवा देगी?

मैंने कहा—हाँ।

उसने कहा—पर मोहल्लेवालों को क्या मतलब? वे जानते हैं, वह औरत एक से फँसी है। क्या वे लोग मेरी बात नहीं मानेंगे?

मैंने कहा—बिल्कुल नहीं मानेंगे। उसी की बात मानेंगे, हंगामा करेंगे। तुम्हें पीटेंगे। ऐसे हंगामे मोहल्ले की नीरसता भंग करते हैं। महीने में एकाध लड़की भगायी न जाये, या कोई बलात्कार न हो, तो मोहल्ले के निवासी बहुत बोर होते हैं।

वह काफी घबराया हुआ था।

मैंने पूछा—आज या कल लड़की की माँ से तुम्हारी कुछ बात हुई थी?

उसने कहा—हाँ, रात को और सवेरे मेरे पास बैठी रही। पैसे की तकलीफ़ बताती रही। कह रही थी—परसों मुन्ना की 50 रुपये परीक्षा-फीस भरनी है। बड़ी परेशानी है। कुछ समझ में नहीं आता। सुबह भी वही चिन्ता बताती रही कि मुन्ना की फीस भरनी है।

मैं मामला समझ गया। मैंने कहा—फौरन घर जाओ, पेटी से पचास रुपये निकालो, ऊपर उसके पास जाकर उसे रुपये दो और कहो—लो, मुन्ना की फीस भर दो। जैसा तुम्हारा लड़का, वैसा मेरा भाई। पैसा तो आता-जाता रहता है। लड़के का साल बरबाद नहीं होना चाहिए। इसके सिवा कोई और रास्ता पिटने से बचने का नहीं है।

यों ही उन्हें पसीना आ रहा था। पचास की बात सुनकर उन्होंने पीने को पानी माँगा।

कहने लगे—पर उसने पीटनेवाले इकट्ठे कर रखे हों, तो?

मैंने कहा—मैं निश्चित कहता हूँ, उसने अभी तक किसी से कुछ भी नहीं कहा होगा। वह तुम्हारी राह देख रही होगी।

वह बोले—पचास तो बहुत होते हैं। मेरा काम तो आधा भी नहीं हुआ था।

मैंने कहा—पचास दे दोगे, तो पिटने से तो बचोगे ही, रात को वह तुम्हारा पूरा काम करवा देगी। इस तरह डेवढ़ा काम हो जायेगा।

वह बड़ी घबराहट में गये।

दूसरे दिन मिले, तो मैंने पूछा—पिटे तो नहीं?

उन्होंने कहा—नहीं।

मैंने पूछा—उसने रुपये ले लिये?

वह बोले—हाँ, कहने लगी कि अरे भैया, तुम तो घर के ही हो। मुसीबत में तुम काम नहीं आओगे तो कौन आयेगा!

मैंने पूछा—और रात को उसने पूरा काम तुम्हारा करवा दिया न?

वह बोले—हाँ, करवा दिया, आपने ठीक कहा था कि डेवढ़ा हो जायेगा।

मैंने कहा—अब उस मकान को फौरन छोड़ो और बहुत ही तकलीफ 'उस' मामले में हो, सुभीते का मामला न जमे, तो गाँधीजी की शिक्षा के अनुसार चलो।

उन्होंने पूछा—गाँधीजी ने इस 'सेक्स' के मामले में क्या सिखाया है, सिवा ब्रह्मचर्य के?

मैंने कहा—नहीं, उन्होंने अछूतोद्धार भी सिखाया है। 1-2 रुपयों में अछूतोद्धार कर लिया करो।

वह गाँधीभक्त हो गये।

अछूतोद्धार पर अधिक ध्यान देने लगे।

ब्राह्मण 500-600 रुपये कमानेवाला, देखने में अच्छा—फिर भी शादी न हो, यह एक सवाल बहुत लोगों के मन में उठता है। परदेशी है यहाँ। एक समस्या तो यही है कि लड़कीवालों के सामने कौन सिद्ध करे कि यह ब्राह्मण ही है? उसकी वंशावली कौन बताये? परिवार के कोई बुजुर्ग दिलचस्पी लेते दिखते नहीं हैं।

ऐसा नहीं है कि लड़कीवाले आते नहीं हैं। वह खुद भी तलाश करके लड़कीवालों के यहाँ जाता है।

पर सुना है, एक विशेषता है उसमें। वह लड़की की अपेक्षा उसकी माँ पर ज्यादा ध्यान देने लगता है। इससे एक तो लड़की बिचकती है, दूसरे माँ उसे कुछ 'यों ही' समझने लगती है। कुछ लोगों ने समझाया कि माँ को जरूर खुश करो, पर उसे माँ समझकर खुश करो। वह जवाब देता है—मैं क्या करूँ? जिस परिवार में जाता हूँ, वहाँ माँ और लड़की दोनों मेरे ऊपर मरने लगती हैं।

यह समस्या बड़ी टेढ़ी है। माँ पर ध्यान देता है, तो लड़की बिचकती है और माँ लफंगा समझने लगती है, जहाँ माँ अनुकूल होने लगे, वहाँ वह लड़की को काटती है—तेरा यहाँ क्या काम है? जाकर पढ़ती क्यों नहीं? माँ और बेटी दोनों पर एक साथ डोरे डालना खतरनाक होता है। कुछ पुरुष सोचते हैं कि लड़की नहीं तो माँ ही हाथ लग जाय। लड़की से तो शादी भी करनी पड़ सकती है। पर इधर यह प्रेमी लोगों से कहता जरूर है कि माँ मेरे पीछे पड़ी है। उस आदमी की बड़ी आफत

है, जिसे दुनिया की हर स्त्री अच्छी लगती है और जो यह समझता है कि दुनिया की हर स्त्री मुझ पर जान देती है। ऐसे में एक भी स्त्री हाथ नहीं पड़ती।

यह प्रेमी नम्बर 5 लड़की के पीछे दीवाना है। वह उससे शादी करना चाहता है। बिल्कुल डूबा है। लड़की भी अनुकूल लगती है। वह इसी की तरफ ज्यादा ध्यान देती है।

दीवानों ने खुद एक सीधी लड़की को जो सहज ही फँसती, काँइयाँ बना दिया है और अपना ही नुकसान कर लिया है।

प्रेमी रोज एक-दो प्रेम-कविताएँ लिखता है। प्रेमानुभूति प्रसार माँगती है। वह लोगों को सुनाता भी है। कविताएँ अच्छी होती हैं। सीधी भी होती हैं—मेरे पास आओ तो—बैठो तो, मैं तुम्हारा हाथ सहलाऊँ और चूम लूँ— वगैरह।

देखा-देखी तो बहुत हो चुकी। निकटता कैसे हो? प्रेमी बड़ा आविष्कारक होता है। लड़की का बाप शराब-प्रेमी है। इतवार की एक शाम उसने उसे बुलाया—मिसिरजी, आइए न। यहीं बैठें। मिसिरजी आकर बैठ गये।

प्रेमी ने ठर्रे का अद्धा खोल लिया और चालू हो गया। मिसिरजी जब आधी से ज्यादा पी गये तो प्रेमी ने कहा—आपको लड़की की शादी भी तो करना है। मिसिरजी ने झोंकते हुए कहा—मुझे क्या चिन्ता? तुम जैसा दामाद किस···वाले को मिलेगा? तुम तो मेरे दामाद ही हो गये। दुनिया कुछ भी कहे। सबकी माँ की···

उसने प्रेमी को गले लगा लिया।

प्रेमी को रात-भर नींद नहीं आयी।

सुबह मिसिरजी घर से निकले तो प्रेमी ने पुकारा—मिसिरजी, जरा सुनिए तो।

मिसिरजी ने चलते-चलते कहा—ड्यूटी का टाइम हो रहा है, फिर मिलूंगा।

उनका नशा उतर गया था।

एक नैतिकतावादी

यह सीधा, खूबसूरत पुस्तक विक्रेता है। तीन बच्चे हैं। अच्छी पत्नी है। इसके लिए दुनिया में दूसरी और कोई औरत नहीं है।

मैं कभी-कभी उनके पास बैठता हूँ। वे पीड़ित हैं। कहते हैं—यह क्या चला है मोहल्ले में? बड़ी खराब बात है। तमाम हल्ला फैला हुआ है। यह बन्द होना चाहिए।

फिर कहने लगे—हमारी भी बदनामी हो रही है। वे तीन दीवाने हमारी दूकान पर आकर उससे आँखें लड़ाते हैं और इशारे करते हैं। इससे हमारे धन्धे पर असर पड़ेगा। मैंने उनमें से दो से तो साफ कह दिया कि यहाँ न बैठा करो।

मैंने थोड़े हल्के 'मूड' में कहा—तुम तो हो दुद्धू! मैंने देखा है कि वह लड़की तुम्हारी तरफ बहुत देखती है। वह तुमसे बहुत आकर्षित है। तुम एकाध बार उसकी तरफ देख तो लिया करो।

उन्होंने कहा—फालतू बात मत करो। हम इन झंझटों में नहीं पड़ते। हमारी 'वाइफ' है।

मैंने कहा—यार, एकमात्र 'वाइफ' से काम नहीं चलता। तुम बहुत अरसिक हो। ऐसी-ऐसी खूबसूरत लड़कियाँ किताबें खरीदने आती हैं और तुम उनसे 5-10 पैसे कमीशन के लिए झिकझिक करते हो। कल यह जो पी-एच. डी. वाली आयी थी, कैसे प्रेम से बातें कर रही थी। कहती थी—हम तो फर्स्ट इयर से आपके पास आ रही हैं। कहीं और जाती ही नहीं हैं और तुम उससे कहते थे, पाँच पैसे से ऊपर कमीशन हम नहीं देंगे। बेचारी कितनी निराश हुई! तुम्हें तो उसे किताबें यों ही दे देना था कि लो, ले जाओ, पढ़ो।

उनका जवाब था—जी हाँ, खूबसूरत औरतों को किताबें यों ही देता जाऊँ, तो तीन बच्चे मैंने पैदा कर रखे हैं, उनका पालन क्या वह पी-एच. डी. वाली करेगी?

फिर वे नैतिकता, सदाचार, एक-पत्नीव्रत और पतिव्रत धर्म की बातें करने लगे।

मैंने कहा—धर्मग्रन्थ इस मामले में बहुत छूट देते हैं। देखो, पत्नीव्रत से पतिव्रत धर्म बड़ा होता है। पर तुलसीदास ने कहा है, उत्तम नारी के बारे में—

उत्तम कर अस बस मन माहीं,
सपनेहु आन पुरुष जग नाहीं।

अर्थात् उत्तम स्त्री वह है जिसके लिए सपने में भी कोई पुरुष पराया नहीं है—सब अपने ही हैं।

इस पर उनका रिमार्क था—तुम्हारा दिमाग विकृत है! तुम उलटे और गलत अर्थ निकालते हो। अच्छा हुआ, जो तुमने पढ़ाने का धन्धा छोड़ दिया। हम इस सब को पसन्द नहीं करते। मैं उस तीसरे प्रेमी का भी आना बन्द करा दूँगा।

और वे मुहल्ले की अनैतिकता पर और ग़मगीन हो गये।

फिर प्रेमी नम्बर-5

इस प्रेमी की बात मैंने बीच में छोड़ दी थी। यह आदर्श प्रेमी है। जो होनेवाले ससुर को पहले से ही दारू पिलाये, वह आदर्श प्रेमी होता है। पर सुबह नशा उतरने के बाद वह यह जरूर सोचता होगा कि सम्भावित आदर्श दामाद शराब पीता है।

रात को लगभग डेढ़ पौआ पीकर जो गले लगाकर दामाद बना लेता है, वह सुबह यह कहकर बरका जाता है कि ड्यूटी पर जाना है। टाइम हो रहा है। दिन में उससे पक्की बात ही नहीं होती। घर में जाने का सिलसिला ही शुरू नहीं हो रहा।

लड़की की माँ चतुर है। वह सब समझ रही है।

एक दिन लड़की के घर में आटा नहीं था। चूल्हा ठण्डा पड़ा था। माँ ने छोटी लड़की को प्रेमी के पास भेजा। बोली—सामनेवाले बाबूजी से कहना कि हमें थोड़ा आटा दे दें। हमारे घर आने पर लौटा देंगे। लड़की गयी।

प्रेमी प्रेम में सिर से पाँव तक डूबा है।

कहता है—मैं उसके लिए प्राण भी दे सकता हूँ, प्रेमिका भूखी बैठी है!

प्रेमी ने झट से लगभग दो किलो आटा लड़की को दे दिया।

मगर उसके जाने के बाद डायरी निकालकर उसके नाम दो किलो आटा और उसकी कीमत लिख ली।

मुझे ऐसे आदर्श प्रेमी बड़े अच्छे लगते हैं जो प्राण देने को तैयार हैं, मगर भूखी प्रेमिका को जो आटा देते हैं, उसकी कीमत उसके खाते में लिख लेते हैं। प्राण की कोई कीमत है? बाजार में कौन खरीदता है प्राण? आटा फिर भी एक किलो डेढ़ रुपये का होता है। हिसाब प्रेम में जरूर होता है। कहीं प्रेम में फल नहीं आये या शादी न हुई तो कम-से-कम हिसाब तो रिकार्ड में रहेगा।

लड़की कभी दाल भी ले जाती है और प्रेमी उसकी कीमत प्रेमिका के खाते में डाल लेता है।

मिसिरजी कहते हैं—तिवारीजी, 'एरीअर्स' मिलनेवाले हैं। मिलते ही सब चुकता कर दूँगा।

पर प्रेमी सोचता है, आटा, दाल और नकद के 'एरीअर्स' छोड़ो। प्रेम के जो 'एरीअर्स' हो गये हैं, वे तो जल्दी चुक जायें।

आखिर एक दिन छोटी लड़की ने सुबह आकर कहा—भैया, अम्मा ने कहा है कि भोजन दोपहर को हमारे यहाँ करना।

प्रेमी थोड़ी देर तो सन्न बैठा रहा।

फिर विचलित हुआ। आखिर घर में जाने का सिलसिला बँधा।

दोपहर के खाने को तीन घण्टे थे। इतना समय कैसे काटे? क्या सिनेमा का मेटिनी शो देख आये? खुशी से अर्द्धविक्षिप्त हो गया। मन को लगाये रखने के लिए सामान सँभालने लगा। उसमें भी मन नहीं लगा। सड़क पर निकल पड़ा। चौराहे तक गया। बगल की दूकान से पान खाया। लौटा तो फिर पान खाया। फिर दूसरे चौराहे तक गया। इस बार इधर के पानवाले से पान खाया। फिर दूसरे चौराहे की तरफ गया और फिर पान खाया। पानवालों ने कहा—आज तिवारीजी, पन्द्रह-पन्द्रह मिनिट में पान खा रहे हैं। क्या बात है? वह दोनों चौराहों तक छः बार जा चुका था और 24 पान खा चुका था। पता नहीं पानों का हिसाब उसने प्रेमिका के खाते में लिखा या नहीं। फिर थककर बैठ गया और 'बच्चन' के गीत पढ़ने लगा—'आज न सोऊँगा, न सोने दूँगा तुमको हे मनभीने!' कई बार गाया।

फिर स्नान किया। झक-झक धोती और कुरता पहना। चेहरे पर स्नो लगाया और बिना आसपास देखे चोर की तरह सीढ़ियाँ चढ़ गया।

बड़े प्रेम से उन लोगों ने खाना खिलाया। खाने के बाद लड़की की माँ ने कहा—भैया, काहे को हाथ से रोटी बनाते हो? यहीं खा लिया करो।

सुनकर प्रेमी को थोड़ी देर तो होश नहीं रहा। फिर होश में आया तो बोला—आप लोगों की इच्छा है, तो खा लिया करूँगा। पर आप लोगों के भी खर्चे

लगे हैं। आपको साठ रुपये हर महीने लेने पड़ेंगे।

माँ ने कहा—आपस में पैसे की क्या बात है? आप तो शाम से ही खाना शुरू कर दो।

छः-सात आदमी का खाना वैसे ही बनता है। दाल में थोड़ा पानी ज्यादा डाल दो और सब्जी में भी, तो सिर्फ चार-पाँच रोटियों की ही जरूरत तो है। साठ रुपये गरीब परिवार को बहुत मदद है।

शाम को प्रेमी खाने गया तो पहले साठ रुपये माँ के हाथ में रखे।

इधर बाकी दीवानों की दुनिया में तहलका मच गया—साले ने वहाँ रोटी खाना शुरू कर दिया। इसे पीटकर मोहल्ले से भगाना पड़ेगा।

प्रेमी दोनों टाइम आसपास बिना देखे सीढ़ियाँ चढ़ जाता है।

एक दिन हलवाई कहने लगा—भैया, कोई दिन हमारी जलेबी भी चखा दो।

पहले खाना माँ और छोटी लड़की परोसती थी, फिर बड़ी परोसने लगी। वह खाना कम और हाव-भाव ज्यादा परोसती थी।

सब दीवानों ने मिलकर सीधी लड़की को चतुर बना दिया है।

पन्द्रह-बीस दिन बाद एक दोस्त ने कहा—तिवारीजी, कुछ दुबले लग रहे हो। भोजन तो वहाँ अच्छा मिलता है न?

प्रेमी ने कहा—भोजन तो अच्छा मिलता है, पर जरा भूख ही कम हो गयी है।

मित्र ने कहा—हाँ, भावातिरेक में खाया नहीं जाता।

प्रेमी ने कहा—हाँ, ऐसा ही है।

मित्र ने कहा—कुछ संकेत से आइडिया देती है।

प्रेमी ने कहा—हाँ, माँ की नजर बचाकर पल्ला लापरवाही से खिसकाकर ऊपर की चीज क्षण-भर को दिखा देती है।

और वह ध्यानमग्न हो गये।

मित्र सच्चा है। प्रेमी से सहानुभूति है। चाहता है, इसकी शादी उससे हो ही जाये।

पर माँ-बाप जाँच रहे हैं। भरोसा कर लेना चाहते हैं। इधर प्रेमी ने उस ऊपर-वाली चीज को क्षण-भर कभी दिखा देने के उपलक्ष्य में साठ रुपये के सत्तर रुपये कर दिये।

तीन महीने भोजन का सिलसिला चला, फिर एक दिन वह बन्द हो गया।

मित्र ने पूछा, तो बोला—वहाँ अब खाना नहीं खाऊँगा। होटल में खाऊँगा।

फिर उसने हिसाब की किताब निकाली और दाल-चावल, नकद का टोटल करके बोला—ढाई सौ रुपये खर्च हो गये। अब तो चाहे जो हो, मैं उसे लेकर भाग जाऊँगा। चाहे नौकरी चली जाय, चाहे भूखा मर जाऊँ, मैं उसके बिना रह नहीं सकता।

दोस्त ने पूछा—क्या वह भागने को तैयार है और कानूनी हिसाब से बालिग हो गयी है?

प्रेमी ने कहा --भागेगी क्यों नहीं ? जरूर भागेगी। बालिग-फालिग की मैं परवाह नहीं करता। मैं उसके लिए जेल जा सकता हूँ, प्राण दे सकता हूँ।

फिर उसने हिसाब की कापी देखी और कहा---ढाई सौ रुपये चले गये।

दोस्त ने पूछा---पर सम्बन्ध खराब कैसे हो गये ?

प्रेमी ने कहा-- अरे, वे आदमी और औरत ऐसे ही हैं।

दोस्त ने अन्दाज लगाया कि इसकी तुनकमिजाजी के कारण शायद सम्बन्ध बिगड़े हों, या यह उतावली में कुछ आगे बढ़ने लगा हो।

प्रेमी अब उस घर की तरफ देखता नहीं है।

बाकी दीवाने रिमार्क करते हैं उसे सुनाकर---कट गयी पत्ती ! कट गयी !

एक दिन प्रेमी अपने दोस्त से कहने लगा---लड़की के माँ-बाप अब मुझसे डरने लगे हैं। जानते हैं कि लड़की मुझ पर मोहित है। कहीं मैं कुछ कर न बैठूं। उसे लेकर भाग न जाऊँ।

दोस्त ने कहा---लड़की पहले चाहे जो कहे, अक्सर भागने के वक्त पीछे हट जाती है। कहती है---हृदय से तो मैं तुम्हारी हूँ और हमेशा रहूँगी। लड़कियों को ये मुहावरे रटे रहते हैं।

प्रेमी ने कहा---वह ऐसी नहीं है। साहसी है। इसी वक्त उसे घर से निकाल सकते हैं।

फिर कहने लगा---वे लोग चाहते हैं कि मैं यह मकान छोड़ दूं। छोड़ूंगा, तो पैसे लेकर छोड़ूंगा। यों ही नहीं छोड़ दूंगा। कहूँगा---पचास रुपये दो, तो मकान छोड़ देता हूँ।

आदर्श प्रेमी के यही लक्षण होते हैं।

वह उदास रहता है। चिढ़ता है। हर आदमी को अपना शत्रु समझता है।

दोस्त ने सलाह दी --पुराने खयालात के आदमी हैं। घर से किसी बुजुर्ग को बुला लो। वे बाकायदा सम्बन्ध की बात कर लेंगे।

प्रेमी ने कहा ---बुजुर्गों की ऐसी की तैसी ! जब सालों ने इस उम्र तक परवाह नहीं की, तो अब मैं उन्हें नहीं बुलाऊँगा। जो करना होगा, मैं करूँगा। मैं क्रान्तिकारी आदमी हूँ।

लड़की

गरीब आदमी की है। घर का सब काम करती है---रोटी बनाना, घर साफ करना, कपड़े धोना। सीधी, भोली लड़की। थोड़ी देर पढ़ने चली जाती थी। अभी-अभी उसने किसी तरह मैट्रिक पास किया है। उसे लगता था, यही उसकी जिन्दगी है।

पर दीवानों ने अपनी हरकतों से उसे भान करा दिया कि उसके पास रोटी बनाने, कपड़े धोने और घर साफ करने के सिवा कुछ और भी है, जो घर के नहीं, बाहरवालों के काम का है। यों उम्र पाकर हर लड़की को यह बोध हो ही जाता है, पर इसे थोड़ा पहले ही दीवानों ने करा दिया। इसीलिए वह छज्जे पर बार-

बार आकर घर के दमघोंट वातावरण से मुक्ति पाती रही और लगातार समझती रही कि वह क्या है, जो घर के नहीं, बाहर के काम का है।

17 साल तक पहुँचते-पहुँचते वह समझ गयी कि गरीबी के कारण उसकी शादी होना कठिन है। उसका दम यहीं घुट जायेगा। या किसी ऐसे के गले मढ़ दी जायेगी, जहाँ वह यहाँ से भी ज्यादा घुटे।

वह सोचने लगी कि प्रेमी नम्बर पाँच से ही शादी हो जाये, तो ठीक हो, बाकी दीवानों को वह जानने लगी थी। शादी करने का इच्छुक वही सिर्फ दीवाना नम्बर पाँच था। 18 पार कर रही थी। चाहती थी कि सस्ती मैली साड़ी, हल्के ब्लाउज और खोपरे के तेल सँवारे बाल किसी को गम्भीरता से अच्छे लगें। प्रेमी नम्बर पाँच उसकी इस सादी सुन्दरता पर मुग्ध होता, तो उसे अच्छा लगता कि गरीबी और भुखमरी के बाद भी मुझमें कुछ है, जो इसे अच्छा लगता है।

मगर लड़की को दीवानों ने खुद ही चतुर बना दिया था। तीन महीने घर में वह भोजन करने आता, तो माँ-बाप तो उसे जाँचते ही थे, लड़की भी जाँच रही थी।

सबको यह विश्वास हो गया था कि इसे दहेज वगैरह की चाह नहीं है। शादी सस्ते में निपट जायेगी।

पर सबको तीन महीने के अनुभव से यह समझ में आ गया था कि यह आदमी तुनकमिजाज, अस्थिर और कुछ भी कर उठनेवाला है। यह बारात में से भी लौट जा सकता है।

वे उसके प्रति ठण्डे होने लगे, पर लड़की उष्णता का अहसास उसे देती रही। यह उष्णता जो वापस लौटे, उसकी भी जरूरत थी।

लड़की को फुरसत ही नहीं मिलती कि वह कहीं जाये।

चार-पाँच मकान आगे एक परिवार रहता है। गृह-मालकिन अच्छी है। उसे वह 'मौसी' कहती है। लड़की कभी-कभी मौसी के घर जाती है। एक-दो घण्टे बैठती है। उसे वहाँ अच्छा लगता है। मौसी भी उसे चाहती है। सोचती है, कैसी सुन्दर लड़की, सुशील और भली। पर गरीबी तेरा बुरा हो। इसकी शादी नहीं हो रही है। जिस घर में भी पहुँच जायेगी, उजाला कर देगी।

नैतिकतावादी पुस्तक-विक्रेता कहता है—हम तो जानते थे कि एक दिन ऐसा होगा।

हम जानते थे

मोहल्ले के लोग कहते हैं—जो छज्जे पर खड़ी मर्दों को देखती है, वह ऐसा ही तो करेगी!

कुछ कहते हैं—ठीक ही हुआ।

दीवाने कहते हैं—साली छिनाल निकल गयी!

औरतें कहती हैं—किसे पता था कि यह लड़की ऐसा करेगी।

क्या हुआ ? पेट बढ़ गया ? गर्भ गिरा दिया गया ?

नहीं।

एक दिन लड़की ने माँ से कहा— माँ, मेरा मैट्रिक का सर्टिफिकेट पेटी में से निकाल दे। लड़कियों के स्कूल में नौकरी मिल जायेगी।

माँ खुश हुई। सौ-सवा सौ और घर में आयेंगे।

फिर वह एकाएक हलवाई के पास गयी और बोली —चाचाजी, आज तो जलेबी खायेंगे।

'चाचाजी' सुनकर हलवाई खिन्न तो हुआ, पर पीले दाँत निकालकर कहा— जितनी चाहो, खाओ, तुम्हारी ही तो दूकान है।

उसने एक पुड़े में जलेबी बाँध दी। लड़की घर ले आयी।

माँ ने कहा—ये क्यों ले आयी ?

लड़की ने कहा—माँ, आज मुझे नौकरी मिलेगी न, उसी खुशी में।

फिर दाढ़ीवाले प्रेमी को दो बाल्टियाँ देकर कहा— भैया, ज़रा ये भरकर ऊपर रख देना। मेरी तबयित ठीक नहीं है।

फिर क्रॉकरीवाले से कहा—मैं ज़रा एक काम से जा रही हूँ। भैया, ज़रा एक किलो आलू ऊपर भिजवा देना। अभी लौटकर पैसे दे दूँगी।

फिर प्रेमी नम्बर पाँच के पास गयी और बोली—मुझे पचास रुपये फौरन दे दो। बड़ी मुसीबत आ गयी है।

प्रेमी गद्‌गद हो गया। पहली बार घर आयी थी। उसने पचास रुपये फौरन दिये और उसका हाथ पकड़कर भीतर खींचते हुए बोला— एक बार तो पास आ जाओ।

लड़की ने कहा—नहीं, ये रुपये मैं माँ को देकर जल्दी आती हूँ। कहीं जाना मत। यहीं रहना।

वह घर गयी, प्रेमी नम्बर पाँच के दिये हुए साड़ी-ब्लाउज पहने। माँ से कहा —मौसी के घर जा रही हूँ। मौसियाजी के मारफत ही नौकरी लगनेवाली है।

मौसी का परिवार बड़ा प्रतिष्ठित और प्रभावशाली। उन लोगों ने एक लड़का तय कर रखा था। माँ विधवा थी। लड़का बैंक में काम करता था। लड़की उसे पसन्द थी। दिन तय कर रखा था। मैट्रिक का सर्टिफिकेट वह उम्र के सबूत के लिए ले गयी थी।

वैदिक रीति से विवाह घण्टे-भर में हो गया।

4 घण्टे बाद लड़की लौटी, तो बढ़िया साड़ी और गहने पहने थी। पीछे दो रिक्शों में सामान था। लड़की के साथ लड़का बैठा था। सास-ससुर के पाँव छूने आया था।

वे दोनों ऊपर गये। पिता ड्यूटी पर था। उसने लड़की की माँ के पाँव पर सिर रखा।

अचरज यह कि माँ को अचरज नहीं हुआ। लड़का लौट गया। विदाई बाद में

होने की थी।

लड़की छज्जे पर आयी, इतना लम्बा-चौड़ा और गहरा सिन्दूर माँग में भरा था कि मील-भर से दिखता था।

घर के सामने भीड़-सी लग गयी।

राहगीर पूछते---क्या बात है? कोई मौत हो गयी क्या?

दूसरे राहगीर ने कहा---हाँ, लगता है, कोई मौत हो गयी है।

तभी मोहल्ले के एक मसखरे ने कहा---एक नहीं, चार-पाँच मौतें हो गयी हैं।

साधना का फौजदारी अन्त

पहले वह ठीक था। अपर डिविज़न क्लर्क है। बीवी है, दो बच्चे हैं। कविता वगैरह का शौक है। तीसरा बच्चा होने तक यू. डी. सी. का काव्य-प्रेम बराबर रहता है। इसके बाद वह भजन पर आ जाता है---दया करो हे दयालु भगवन! और दयालु भगवन दया करके उसे परिवार-नियोजन केन्द्र को भेज देते हैं, जहाँ लाल तिकोन में उसे ईश्वर की छवि दिखती है।

वह मेरे पास कभी-कभी आता। कविता सुनाता। कोई पुस्तक पढ़ने को ले जाता, जिसे नहीं लौटाता।

दो-तीन महीने वह लगातार नहीं आया। फिर एक दिन टपक पड़ा। पहले जिज्ञासु की तरह आता था। अब कुछ इस ठाठ से आया जैसे जिज्ञासा शान्त करने आया हो। उसका कुर्सी पर बैठना, देखना, बोलना सब बदल गया था। उसने कविता की बात नहीं की। सुबह के अखबार की खबरों की बात भी नहीं की।

बड़ी देर तो चुप ही बैठा रहा। फिर गम्भीर स्वर में बोला, "मैं जीवन के सत्य की खोज कर रहा हूँ।"

मैं चौंका। सत्य की खोज करनेवालों से मैं छटकता हूँ। वे अक्सर सत्य की ही तरफ पीठ करके उसे खोजते रहते हैं।

मुझे उस पर सचमुच दया आयी। इन गरीब क्लर्कों को सत्य की खोज करने के लिए कौन बहकाता है? सत्य की खोज कई लोगों के लिए ऐयाशी है। यह गरीब आदमी की हैसियत के बाहर है।

मैं कुछ नहीं बोला। वही बोला, "जीवन-भर मैं जीवन के सत्य की खोज करूँगा। यही मेरा व्रत है।"

मैंने कहा, "रात-भर खटमल मारते रहोगे, तो सोओगे कब!"

वह समझा नहीं। पूछा, "क्या मतलब?"

मैंने कहा, "मतलब यह कि जीवन-भर जीवन के सत्य की खोज करते रहोगे, जिओगे क्या मरने के बाद ?"

उसने कहा, "जीना ? जीना कैसा ? पहले जीवन के उद्देश्य को तो मनुष्य जाने।"

उसे रटाया गया था। मैंने फिर उसे पटरी पर लाने की कोशिश की। कहा, "देख भाई, बहुत-से बेवकूफ जीवन का उद्देश्य खोजते हुए निरुद्देश्य जीवन जीते रहते हैं। तू क्या उन्हीं में शामिल होना चाहता है।"

उसे कुछ बुरा लगा। कहने लगा, "आप हमेशा इसी तरह की बातें करते हैं। फिर भी मैं आपके पास आता हूँ, क्योंकि मैं जानता हूँ कि आप भी सत्य की खोज करते हैं। आप जो लिखते हैं, उससे यही मालूम होता है।"

मैंने कहा, "यह तुम्हारा खयाल गलत है। मैं तो हमेशा झूठ की तलाश में रहता हूँ। कोने-कोने में झूठ को ढूँढ़ता फिरता हूँ। झूठ मिल जाता है, तो बहुत खुश होता हूँ।"

न वह समझा, न उसे विश्वास हुआ। वह मुझे अपनी तरह ही सत्यान्वेषी समझता रहा।

मैंने पूछा, "तुम एकदम से सत्यान्वेषी कैसे हो गये ? क्या दफ्तर में पैसों का कोई गोलमाल किया है ?"

उसने कहा, "नहीं, मुझे गुरु मिल गये हैं। उन्होंने मुझे सत्य की खोज में लगाया है।"

मैंने पूछा, "कौन गुरु हैं वे ?"

उसने नाम बताया। मैं उन्हें जानता था।

यू. डी. सी. बोला, "गुरुदेव की वाणी में अमृत है। हृदय तक उनकी बात पहुँच जाती है।"

मैंने पूछा, "दिमाग तक बात पहुँचती है या नहीं ?"

उन्होंने कहा, "दिमाग ! दिमाग को तो पलट देती है।"

इसका नमूना तो वह खुद था।

वह मेरे पास कभी-कभी आता। उसकी साधना लगातार बढ़ रही थी।

एक दिन आते ही पूछने लगा, "बताइये, मैं कौन हूँ ?"

मैंने कहा, "तुम बिहारीलाल हो, यू. डी. सी.।"

उसने कहा, "नहीं, यह भ्रम है। बिहारीलाल तो इस स्थूल चोले का नाम है। मैं शुद्ध-बुद्ध आत्मा हूँ।"

मैंने कहा, "यार, महीने-भर पहले ही तेरे यहाँ बच्चा हुआ है। क्या आत्मा बच्चा पैदा कर सकती है ?"

उसने कहा, "आपका यह तर्क गलत है। गुरुदेव ने कहा है, ऐसे प्रश्नों का उत्तर मत दिया करो। कोई भी मेरे इस प्रश्न का ठीक जवाब नहीं देता। पत्नी से मैंने पूछा—मैं कौन हूँ ? तो वह कहती है—तुम मेरे पति हो। बड़े लड़के से मैंने

पूछा—मैं कौन हूँ ? तो वह कहता है—तुम हमारे पापा हो। दफ्तर के साहब से पूछा—सर, मैं कौन हूँ ? तो उन्होंने जवाब दिया— तुम पागल हो। पर मैं निराश नहीं होता। गुरुदेव ने कहा है, लगातार इस प्रश्न का उच्चारण किया करो—'मैं कौन हूँ ? मैं कौन हूँ ?' एक दिन तुम इसका उत्तर पा जाओगे और अपने को जान जाओगे।"

वह दो-तीन महीने नहीं आया। उसके साथियों ने बताया कि वह पार्क में शाम को 'मैं कौन हूँ ? मैं कौन हूँ ?' कहता हुआ नाचता रहता है। दफ्तर में भी दिन-भर कहता रहता है—'मैं कौन हूँ ?' फाइलों पर लिख देता है—'मैं कौन हूँ ?' जहाँ उसे दस्तखत करने होते हैं वहाँ लिख देता है—'मैं कौन हूँ ?'

एक दिन वह फिर आया। वही जीवन के सत्य की बातें करता रहा। गुरुदेव के गुणगान जब कर चुका तब मैंने उससे पूछा, "तुम्हारे गुरु ने सत्य को पा लिया ?"

उसने कहा, "बहुत पहले।"

मैंने पूछा, "वे कहाँ रहते हैं ?"

उसने कहा, "उनका आलीशान आश्रम है। एयरकण्डीशन है पूरा।"

मैंने पूछा, "क्या गुरु की आत्मा को गर्मी लगती है।"

उसने कहा, "गुरुदेव ने ऐसे प्रश्नों का जवाब देने से मना किया है।"

मैंने पूछा, "तुम्हारे गुरुदेव के पास बढ़िया कार है न।"

उसने कहा, "हाँ, है।"

फिर पूछा, "वे बढ़िया भोजन भी करते होंगे ?"

उसने कहा, "हाँ, करते हैं।"

मैंने पूछा, "क्या आत्मा को पकवानों की इतनी भूख लगती है ?"

उसने कहा, "गुरुदेव ने ऐसे प्रश्नों का जवाब देने से मना किया है।"

तब मैंने उससे कहा, "तुम्हारे गुरु ने जीवन के सत्य को पा लिया है। इधर एअरकण्डीशण्ड मकान और कार वगैरह भी पा लिये हैं। उनके पास पैसा भी है। उन्होंने पैसा भी पा लिया है। याने गुरु की दृष्टि में सत्य वह है, जो अपने को बँगला, कार और पैसे के रूप में प्रकट करता है। अच्छा, यह तो बताओ कि तुम्हारे गुरु को इतना पैसा कहाँ से मिलता है ?"

उसने कहा, "गुरुदेव के बारे में यह प्रश्न उठता ही नहीं है। वे अलौकिक पुरुष हैं। वे तो भगवान की कोटि में आनेवाले हैं।"

मैंने उससे पूछा, "तुम यूनियन में हो ?"

उसने कहा, "नहीं, गुरुदेव का आदेश है कि भौतिक लाभ के इन संघर्षों में साधक को नहीं पड़ना चाहिए।"

मैंने कहा, "तो फिर गुरु का सत्य अलग है और तुम्हारा सत्य अलग है। दोनों के सत्य एक नहीं हैं। गुरु का सत्य वह है जिससे बँगला, कार और रुपया जैसी भौतिक प्राप्ति होती है। और तुम्हारे लिए वे कहते हैं कि भौतिक लाभ के संघर्ष में मत पड़ो। यह तुम्हारा सत्य है। इनमें कौन-सा सत्य अच्छा है ? तुम्हारा या

गुरु का ?"

वह मुश्किल में पड़ गया। जवाब उसे सूझा नहीं तो चिढ़ गया। कहने लगा, "आप अश्रद्धालु हैं। ऊटपटाँग बातें करते हैं। मैं आपके पास नहीं आऊँगा।"

वह नहीं आया। मगर मुझे समाचार मिलते रहते थे कि साधना उसकी लगातार बढ़ रही है। वह दफ्तर के काम में गफलत करता है। फाइलों पर नोट की जगह लिख देता है—'मैं कौन हूँ ?' साहब उसे बुलाते हैं तो चपरासी से कह देता है—मैं बिहारीलाल नहीं हूँ। मैं नहीं जानता, मैं कौन हूँ। मैं अपने को खोज रहा हूँ।

और एक दिन मुझे खबर मिली कि सस्पेण्ड कर दिया गया है।

एक दिन उसका एक साथी मुझे मिला। मैंने उसके बारे में पूछा तो उसने बताया कि अब वह गुमसुम रहता है और कुछ सोचता रहता है।

मैंने पूछा, " 'मैं कौन हूँ ?' प्रश्न करता है या नहीं ?"

उसने बताया, "अब 'मैं कौन हूँ ?' प्रश्न नहीं करता। शायद उसे उत्तर मिल गया है। साधना का मामला है।"

काफी दिन बीत गये।

एक दिन वह अचानक आया। वह बदल गया था। दुखी था पर उसमें एक खास किस्म की दृढ़ता भी आ गयी थी। उसने सस्पेण्ड होने और व्यक्तिगत मुसीबतों की बातें बतायीं। सत्य-चर्चा उसने बिल्कुल नहीं की।

उसने कहा, "मैं आपके पास इसलिए आया था कि कोई अच्छा फौजदारी वकील करा दीजिए। आप तो बहुत वकीलों को जानते हैं।"

मैंने कहा, "मामला क्या है ?"

उसने कहा, "मैंने फौजदारी की है। केस चलेगा।"

मैंने पूछा, "कैसी फौजदारी ?"

उसने तब मुझे बताया, "आप तो मुझे साल-भर से देख ही रहे हैं। मैं सत्य की खोज में लगा था। 'मैं कौन हूँ ?' के सिवा और कोई धुन मुझे नहीं थी। मैं इसमें बरबाद हो गया! जिन गुरुदेव ने मुझे इस रास्ते पर लगाया था, उनके पास मैं परसों गया। वे बोले—'आओ साधक, बैठो!' उस समय दो स्त्रियाँ उनके शरीर की मालिश कर रही थीं। मालिश निबटने के बाद उन्होंने मुझे अपनी पवित्र आँखों से देखा। पूछने लगे—'साधना कैसी चल रही है ?' मैंने कहा—'गुरुदेव, साधना तो सफल हो गयी।'

"वे चौंके। पूछा, 'मैं कौन हूँ ?' इस प्रश्न का उत्तर मिल गया ? मैंने कहा—'नहीं, पर इस प्रश्न का ठीक उत्तर मिल गया कि तुम कौन हो।"

"और साहब, मैं गुरु पर टूट पड़ा। खूब पिटाई की। अब मुझे एक अच्छा वकील दिला दीजिए।"

आना और न आना रामकुमार का

बदनामी अपनी कई तरह की है। एक यही है कि भाषण देने के, उद्घाटन करने के और मुख्य अतिथि होने के भी पैसे ले लेता हूँ।

मगर बदनामी इससे भी आगे बढ़ गयी है, यह मुझे उस दिन मालूम हुआ। मैं शहर एक व्यक्तिगत काम से गया था। दूसरे दिन शाम को स्थानीय कालेज के दो-तीन लड़के अपने अध्यापक के साथ आये। मैं खुद परेशान था कि इस शहर में कोई कालेज-वालेज या कोई संस्था है या नहीं ? है तो कोई आता क्यों नहीं ? छत्तीस घण्टे किसी छोटे शहर में लेखक को पड़े हो जायँ और कोई न आये, तो जी न जाने कैसा-कैसा करता है। खैर, वे आये तो तबीयत हरी हो गयी। उन्होंने कहा, "कल हम लोग कालेज में आपका सम्मान करना चाहते हैं।"

मैं झूठे संकोच नहीं पालता। मैंने कहा, "कर डालो। शुभ काम है। कितने बजे आ जाऊँ ?"

वे बोले, "चार बजे प्रोग्राम रखा है। हम आपको लेने आ जायेंगे।"

मैंने कहा, "ठीक है। मैं तैयार रहूँगा।"

बात खत्म होनी चाहिए थी। अब आगे कालेज के बारे में या मौसम के बारे में या साहित्य के बारे में बातें ही हो सकती थीं। पर वे गुमसुम बैठे थे।

आखिर एक लड़के ने निहायत भोलेपन से कहा, "कितना रुपया लेंगे ?"

मैं काफी बेहया हूँ। मगर इस बात ने मेरी भी चमड़ी उधेड़ दी। बदनामी इतनी आगे बढ़ गयी है कि सन्मान करनेवाला जानता है कि यह नीच सम्मान करवाने के भी रुपये लेगा। कैसा बेशर्म है।

यह सही है कि किसी समारोह में जाना स्वीकार करते वक्त ही 'पत्रं पुष्पं' कहनेवाली रकम का एक अन्दाज दोनों पार्टियों को रहता है।

मैं पहुँचते ही आयोजकों के चेहरों, व्यवहार और आवभगत से हिसाब लगाना शुरू कर देता हूँ कि ये अच्छे पैसे देंगे या नहीं ? कभी ऐसा भी हुआ है कि ज्यादा आवभगत करनेवालों ने रुपये मुझे कम दिये हैं। लेखक का शंकालु मन है। शंका न हो तो लेखक कैसा ? मगर वे भी लेखक हैं जिनके मन में न शंका उठती है, न सवाल। ज्यादा आवभगत होने लगे तो आशंका होती है कि ये पैसे कम देंगे। मैं मन-ही-मन कहता हूँ— भैया, ज्यादा कर रहे हो। नार्मल हो जाओ तो मैं भी हो जाऊँ। तुम्हारी आवभगत के हिसाब से मेरी घबराहट भी बढ़ रही है।

समारोह के बाद एक लिफाफा दिया जाता है। इस लिफाफे से मुझे सख्त चिढ़ है। हर लिफाफे से मुझे चिढ़ है। लिफाफा हमेशा अपने और दूसरे को धोखा देने के काम आता है। लिफाफा देखकर मैं बेचैन हो उठता हूँ। पता नहीं कितने हैं ? हैं भी कि नहीं ? चारों तरफ अन्धकार। कोई रोशनी देनेवाला नहीं। मैं विरागी की तरह लिफाफा लेकर जेब में रख लेता हूँ। जैसे तुच्छ माया है। पर मन बेचैन रहता है।

मैं बातें करते-करते हाथ जेब में डालकर नोटों को टटोलकर रकम का अन्दाज लगा लेता हूँ। यह अभ्यास मुझे हो गया है। अगर इसमें नाकामयाब हुआ तो बाथरूम तो कहीं गया नहीं है। मैं बाथरूम में जाकर गिन लेता हूँ।

रकम की अनिश्चितता की बेचैनी सबको होती है। जिन्हें नहीं होती वे आदमी नहीं हैं और हैं भी तो झूठे हैं। बहुतों में बाथरूम में घुसकर गिनने का नैतिक साहस नहीं होता और वे अशान्त मन लेकर औपचारिक सद्‌भावना और सन्तोष निभाते रहते हैं।

मैं ऐसा नहीं करता। गिनकर निकलता हूँ। और रकम सन्तोषप्रद होती है तो उन लोगों से कहता हूँ—आपका यह इलाका बहुत प्रगतिशील है! मैं बहुत जगह घूमा हूँ, पर ऐसा आगे बढ़ा हुआ क्षेत्र मुझे कम ही मिला है।

पर अगर रुपये कम हुए तो कहता हूँ—यह इलाका पिछड़ा हुआ है। इसे अभी बहुत प्रगति करनी है।

दस-पन्द्रह रुपये के हेरफेर में पूरे इलाके को प्रगतिशील या पिछड़ा हुआ घोषित कर देता हूँ।

समारोह खत्म हो गया था। मुझे पहली गाड़ी से ही लौटना था। सामान बँध चुका था। होटल के मेरे कमरे में स्थानीय प्रबुद्ध जन और बन्धु बैठे थे। और मेरे भाषण की तारीफ कर रहे थे। मुझे तारीफ बिल्कुल अच्छी नहीं लग रही थी। मैं बार-बार दरवाजे की तरफ देखता था—रामकुमार अभी तक नहीं आये।

रामकुमार वे सज्जन थे जिनके पास मेरे पैसे थे।

मैंने उन लोगों से कहा, "रामकुमार अभी तक नहीं आये।"

वे बोले, "आते होंगे।"

एक अध्यापक कहते हैं, "सोचने की नयी दिशा देते हैं आप।"

दिशा? दिशा तो सही वह है जिससे रामकुमार को आना है। नहीं बताना मुझे दिशा, और सोचने की भी कोई खास जरूरत नहीं है। मुझे तो यह बताओ कि रामकुमार अब तक क्यों नहीं आये।

वे बन्धु कहते हैं, "एक कप चाय हो जाय।"

चाय आती है। मुझे अच्छी नहीं लगती। रामकुमार ने मेरा स्वाद छीन लिया। एक-दो घूँट लेता हूँ और फिर कहता हूँ—रामकुमार नहीं आये।

वे नहीं जानते कि मैं बार-बार रामकुमार को क्यों पूछता हूँ।

अब मैं अपने को धिक्कारता हूँ—लोभी! तू भी कोई लेखक है? लेखक क्या ऐसा होता है? धिक्कार है!

थोड़ी देर इस धिक्कार से मन को सँभालता हूँ पर फिर पूछ उठता हूँ—रामकुमार नहीं आये?

अब उन लोगों को अच्छा नहीं लग रहा है। वे शायद सोचते हैं कि कुछ घण्टों में ही इन्हें रामकुमार इतने पसन्द आ गये और हम कुछ नहीं।

एक सुन्दरी आती है। कहती है, "बड़ा सुन्दर भाषण था आपका।" मुझे ऊष्मा

का अनुभव नहीं होता। इस वक्त विश्व-सुन्दरी भी रामकुमार से घटिया है। सुन्दरी मेरी 'हूँ-हाँ' से निरुत्साहित होती है। पर देवी, मैं क्या करूँ? रामकुमार तो नहीं आये! अगर वे आ गये होते तो मैं तुमसे बड़े रस से बातें करता।

मैं मन को फिर सँभालने की कोशिश करता हूँ—बेवकूफ, इतना परेशान क्यों होता है? पैसा ही तो सबकुछ नहीं है। दो हजार लड़कों ने तुम्हारा भाषण सुना। इनमें से अगर 50 भी बिगड़ गये तो जीवन सार्थक हो गया। जब तुम बोल रहे थे तब तुम उन लड़कों से चाहे जो तुड़वा सकते थे—परम्परा से लेकर भाग्य-विधाताओं के हाथ-पांव तक।

मेरा मन थोड़ा ऊँचा उठता है। मगर एक मिनट में ही फिर गिरता है और मैं कहता हूँ—रामकुमार अभी तक नहीं आये।

उनमें एक बुजुर्ग अध्यापक मेरी बेचैनी समझ गये। उन्होंने अलग ले जाकर कान में कहा, "रामकुमार शायद सीधे स्टेशन पैसे लेकर पहुँचें। चिन्ता मत करिए। अगर न भी आये तो हम भिजवा देंगे।"

इन्होंने ऐसा क्यों कहा? जरूर पहले से मुझे चरका देने की योजना बन चुकी है। मुझे याद आया लखनऊ का वह वाकया। तीन प्रोफेसर लोग मुझे आगरा की गाड़ी में बिठाने आये। मैं समझा, ये रुपये लाये होंगे। पर वे कहने लगे कि हम समझे, प्रिंसिपल साहब ने आपको दे दिये होंगे। आगरा की गाड़ी सामने खड़ी थी और मेरे पास किराये के पैसे भी नहीं थे। तब उन अध्यापकों ने चन्दा करके मेरे लिए टिकिट खरीदा। पैसे मेरे आज तक नहीं आये।

मैं ज्यादा बेचैन हो गया।

गाड़ी का वक्त हो गया। उन लोगों ने डिब्बे में मेरा सामान रखवाया। बैठते-बैठते मैंने फिर दोनों सड़कों पर नजर दौड़ायी और कहा—रामकुमार अभी तक नहीं आये।

स्टेशन पर दूर-दूर तक रामकुमार कहीं नहीं हैं।

मेरी घबराहट बढ़ती है।

मैं कहता हूँ—रामकुमार तो नहीं आये।

वे अब जवाब नहीं देते। परेशान हो गये हैं।

हम प्लेटफार्म पर चहलकदमी करते हैं। वे लोग साहित्य और राजनीति की बातें करते हैं। मेरा मन नहीं लगता। मेरे मन में रामकुमार की छवि समायी है।

दूसरे प्लेटफार्म पर एक गाड़ी रवाना होने को तैयार खड़ी है। तभी एक औरत सिर पर पोटली रखे भागती आती है और उसका पीछा एक साधु कर रहा है। औरत एक डिब्बे में घुस जाती है। साधु उसे बाहर घसीटकर प्लेटफार्म पर डाल देता है। औरत चीखती है—मैं तेरे साथ नहीं रहूँगी। साधु उसे एक लात मारकर कहता है—रहेगी कैसे नहीं। हंगामा मच जाता है। पुलिसवाला आता है। साधु को डराता है तो साधु कहता है—यह मेरी घरवाली है। मैं इसे ले जाऊँगा।

मेरे पास के डिब्बे में बैठी एक स्त्री दूसरी से कहती है—बाई, जब इन्द्री पै बस

नहीं है तो साधु क्यों होते हैं ?

बढ़िया प्लाट है कहानी का। पकड़ लूँ इसे। डायलाग दिमाग में जमा लूँ।

पर मेरा दिमाग प्लाट में भी नहीं लगता।

थोड़ी देर बाद फिर कह उठता हूँ—रामकुमार नहीं आये।

गाड़ी आधा घण्टा लेट है।

अब मेरे मन को थोड़ी राहत मिलती है। रामकुमार के आने की उम्मीद मैं छोड़ता नहीं हूँ। उन्हें आधा घण्टे का समय और मिल गया है।

मैं प्लेटफार्म पर दोनों तरफ देखता हुआ उन लोगों के साथ घूम रहा हूँ। वे ज्ञान-चर्चा करते हैं। हँसी-मजाक करते हैं। मेरा किसी में मन नहीं लगता।

इतने में रामकुमार आते दिखायी देते हैं। वे लोग एक साथ कहते हैं—लीजिए; आ गये आपके रामकुमार !

रामकुमार पसीने से लथपथ हैं। कहते हैं, साइकिल पंचर हो गयी थी। उसे सुधरने देकर लाइन-लाइन भागता हुआ आया हूँ।

मेरी बेचैनी कम होती है। मगर ये रामकुमार जेब में हाथ क्यों नहीं डालते ? लिफाफा क्यों नहीं निकालते ? गपशप में क्यों उझझे हैं ?

मैं इन्तजार कर रहा हूँ, यह कब जेब में हाथ डालते हैं।

वे जेब में हाथ नहीं डालते।

तरकीबें मुझे बहुत आती हैं। मैं अपनी जेब में हाथ डालते हुए कहता हूँ—रामकुमारजी, टिकिट ले लीजिए।

रामकुमार मुझे रोकते हैं—नहीं, नहीं, मैं टिकिट ले आता हूँ।

रामकुमार मुझे अलग ले जाकर लिफाफा देते हैं। कहते हैं—इतने रुपये हैं। ठीक है न।

अब बाथरूम में जाने की जरूरत नहीं। रामकुमार ने स्वयं राशि बता दी है।

टिकिट आ जाता है। मैं कहता हूँ—भई, चाय पी जायेगी।

चाय मुझे बहुत अच्छी लगती है।

कहता हूँ—यहाँ के लोग काफी प्रबुद्ध हैं। मैं देख रहा था, वे लोग बड़े ध्यान से मेरी बातें सुन रहे थे और समझ रहे थे। कई जगह तो मैंने अनुभव किया है कि मैं बोल रहा हूँ और कोई समझ नहीं रहा है। इस मामले में आपका यह क्षेत्र काफी आगे बढ़ा हुआ है।

रामकुमार आ गये थे न !

उखड़े खम्भे

एक दिन राजा ने खीझकर घोषणा कर दी कि मुनाफाखोरों को बिजली के खम्भे से लटका दिया जायेगा।*

सुबह होते ही लोग बिजली के खम्भों के पास जमा हो गये। उन्होंने खम्भों की पूजा की, आरती उतारी और उन्हें तिलक किया।

शाम तक वे इन्तजार करते रहे कि अब मुनाफाखोर टाँगे जायेंगे—और अब। पर कोई नहीं टाँगा गया।

लोग जुलूस बनाकर राजा के पास गये और कहा, "महाराज, आपने तो कहा था कि मुनाफाखोर बिजली के खम्भे से लटकाये जायेंगे, पर खम्भे तो वैसे ही खड़े हैं और मुनाफाखोर स्वस्थ और सानन्द हैं।"

राजा ने कहा, "कहा है तो उन्हें खम्भों से टाँगा ही जायेगा। थोड़ा समय लगेगा। टाँगने के लिए फन्दे चाहिए। मैंने फन्दे बनाने का ऑर्डर दे दिया है। उनके मिलते ही, सब मुनाफाखोरों को बिजली के खम्भों से टाँग दूँगा।"

भीड़ में से एक आदमी बोल उठा, "पर फन्दे बनाने का ठेका भी तो एक मुनाफाखोर ने ही ले लिया है।"

राजा ने कहा, "तो क्या हुआ? उसे उसके ही फन्दे से टाँगा जायेगा।"

तभी दूसरा बोला, "पर वह तो कह रहा था कि फाँसी लटकाने का ठेका भी मैं ही ले लूंगा।"

राजा ने जवाब दिया, "नहीं, ऐसा नहीं होगा। फाँसी देना निजी क्षेत्र का उद्योग अभी नहीं हुआ है।"

लोगों ने पूछा, "तो कितने दिन बाद वे लटकाये जायेंगे?"

राजा ने कहा, "आज से ठीक सोलहवें दिन वे तुम्हें बिजली के खम्भों से लटके दीखेंगे।"

लोग दिन गिनने लगे।

सोलहवें दिन सुबह उठकर लोगों ने देखा कि बिजली के सारे खम्भे उखड़े पड़े हैं। वे हैरान कि रात को न आँधी आयी न भूकम्प आया, फिर ये खम्भे कैसे उखड़ गये!

उन्हें एक खम्भे के पास एक मजदूर खड़ा मिला। उसने बतलाया कि मजदूरों से रात को ये खम्भे उखड़वाये गये हैं। लोग उसे पकड़कर राजा के पास ले गये।

उन्होंने शिकायत की, "महाराज, आप आज मुनाफाखोरों को बिजली के खम्भों से लटकानेवाले थे, पर रात में सब खम्भे उखाड़ दिये गये। हम इस मजदूर को पकड़ लाये हैं। यह कहता है कि रात को सब खम्भे उखड़वाये गये हैं।"

* सन्दर्भ : भूतपूर्व प्रधानमन्त्री स्वर्गीय पण्डित नेहरू की मशहूर घोषणा।

राजा ने मजदूर से पूछा, "क्यों रे, किसके हुक्म से तुम लोगों ने खम्भे उखाड़े ?"

उसने कहा, "सरकार, ओवरसियर साहब ने हुक्म दिया था।"

तब ओवरसियर बुलाया गया।

उससे राजा ने कहा, "क्यों जी, तुम्हें मालूम है, मैंने आज मुनाफाखोरों को बिजली के खम्भों से लटकाने की घोषणा की थी ?"

उसने कहा, "जी सरकार !"

"फिर तुमने रातों-रात खम्भे क्यों उखड़वा दिये ?"

"सरकार, इंजीनियर साहब ने कल शाम को हुक्म दिया था कि रात में खम्भे उखाड़ दिये जायें।"

अब इंजीनियर बुलाया गया। उसने कहा कि उसे बिजली इंजीनियर ने आदेश दिया था कि रात में सारे खम्भे उखाड़ देना चाहिए।

बिजली इंजीनियर से कैफियत तलब की गयी, तो उसने हाथ जोड़कर कहा, "सेक्रेटरी साहब का हुक्म मिला था।"

विभागीय सेक्रेटरी से राजा ने पूछा, "खम्भे उखाड़ने का हुक्म तुमने दिया था ?"

सेक्रेटरी ने स्वीकार किया, "जी सरकार !"

राजा ने कहा, "यह जानते हुए भी कि आज मैं इन खम्भों का उपयोग मुनाफाखोरों को लटकाने के लिए करनेवाला हूँ, तुमने ऐसा दुस्साहस क्यों किया ?"

सेक्रेटरी ने कहा, "साहब, पूरे शहर की सुरक्षा का सवाल था। अगर रात को खम्भे न हटा लिये जाते, तो आज सारा शहर नष्ट हो जाता ?"

राजा ने पूछा, "यह तुमने कैसे जाना ? किसने बताया तुम्हें ?"

सेक्रेटरी ने कहा, "मुझे विशेषज्ञ ने सलाह दी थी कि यदि शहर को बचाना चाहते हो तो सुबह होने के पहले खम्भों को उखड़वा दो।"

राजा ने पूछा, "कौन है यह विशेषज्ञ ? भरोसे का आदमी है ?"

सेक्रेटरी ने कहा, "बिल्कुल भरोसे का आदमी है सरकार ! घर का ही आदमी है। मेरा साला होता है। मैं उसे हुजूर के सामने पेश करता हूँ।"

विशेषज्ञ ने निवेदन किया, "सरकार, मैं विशेषज्ञ हूँ और भूमि तथा वातावरण की हलचल का अध्ययन करता हूँ। मैंने परीक्षण के द्वारा पता लगाया कि जमीन के नीचे एक भयंकर विद्युत-प्रवाह घूम रहा है। मुझे यह भी मालूम हुआ कि आज वह बिजली हमारे शहर के नीचे से निकलेगी। आपको मालूम नहीं हो रहा है, पर मैं जानता हूँ कि इस वक्त हमारे नीचे से भयंकर बिजली प्रवाहित हो रही है। यदि हमारे बिजली के खम्भे जमीन में गड़े रहते तो वह बिजली खम्भों के द्वारा ऊपर आती और उसकी टक्कर अपने पावरहाउस की बिजली से होती। तब भयंकर विस्फोट होता। शहर पर हजारों बिजलियाँ एक साथ गिरतीं। तब न एक प्राणी जीवित बचता, न एक इमारत खड़ी रहती। मैंने तुरन्त सेक्रेटरी साहब को यह बात

बतायी और उन्होंने ठीक समय पर उचित कदम उठाकर शहर को बचा लिया।"

लोग बड़ी देर तक सकते में खड़े रहे। वे मुनाफाखोरों को बिल्कुल भूल गये। वे सब उस संकट से अभिभूत थे, जिसकी कल्पना उन्हें दी गयी थी। जान बच जाने की अनुभूति से वे दबे हुए थे। चुपचाप लौट गये।

उसी सप्ताह बैंक में इन नामों से ये रकमें जमा हुईं—

सेक्रेटरी की पत्नी के नाम पर—2 लाख रुपये

श्रीमती बिजली इंजीनियर—1 लाख

श्रीमती इंजीनियर—1 लाख

श्रीमती विशेषज्ञ—25 हजार

श्रीमती ओवरसियर—5 हजार

उसी सप्ताह 'मुनाफाखोर संघ' के हिसाब में नीचे लिखी रकमें 'धर्मादा' खाते में डाली गयीं—

कोढ़ियों की सहायता के लिए दान—2 लाख रुपये

विधवाश्रम को—1 लाख

क्षय रोग के अस्पताल को—1 लाख

पागलखाने को—25 हजार

अनाथालय को—5 हजार।···

तटस्थ

कुल छः साल जेल में रहे थे। तब नारा लगता—गुलामी के घी से आजादी की घास अच्छी है। इस नारे पर बहुत लोग जेल जाते थे। वे भी चले गये थे। सन् '47 के बाद भी लोग जेल जाते रहे। वे नहीं गये। अब कुछ समझ में नहीं आता। देश में क्या हो रहा है, क्या होना चाहिए, क्या करना चाहिए—कुछ समझ में नहीं आता। अब आजादी की घास खाते हैं और किनारे बैठे हैं।

मोटे चश्मे में से वे मुझे देखते हैं। फिर दीवार को देखते हैं। दोनों देखने में कोई भेद नहीं है। खिड़की पर उड़कर बैठी चिड़िया को भी उसी तरह देखते हैं। देखते हैं, यह भी पक्का नहीं है। चेहरा घुमाकर आँखें किसी की तरफ कर देते हैं, इसी से लगता है कि देख रहे हैं वरना आँखों में देखने जैसा कुछ नहीं होता।

मेरे हाथ में अखबार है। वे पूछते हैं, "कौन-सा पेपर है?"

मैं नाम बताता हूँ। वे कहते हैं, "अच्छा!"

कोई और नाम बताता तो वे कहते—अच्छा!

वे पूछते हैं, "कहाँ से निकलता है ?"

मैं कहता हूँ, "बम्बई से ।"

वे कहते हैं, "बम्बई से भी बहुत पेपर निकलने लगे ।"

मैं कहता कि दिल्ली से निकलता है, तो भी वे कहते—दिल्ली से भी बहुत पेपर निकलने लगे ।

उन्होंने अखबार मेरे हाथ से ले लिया ।

जोर से खबरें पढ़ते हैं और टिप्पणी करते जाते हैं ।

—जबलपुर में छात्रों की हड़ताल !

"लड़के भी आजकल बड़ी ऊधम करने लगे हैं ।"

—विजयवाड़ा के पास दो रेलगाड़ियों की टक्कर । पन्द्रह आदमी मारे गये ।

"जिसकी आ गयी वह तो जायेगा ही ।"

—इन्दौर में साम्प्रदायिक दंगा । आठ आदमी मारे गये । कई घायल । कई मकान जला दिये गये ।

"दंगे भी आजकल बहुत होने लगे । लो आठ और मर गये ।"

—बंगाल में नक्सलपन्थियों द्वारा उपद्रव ।

"ये नक्सलपन्थी भी नये पैदा हो गये हैं ।"

—पति ने पत्नी की नाक काटी ।

"काट लो । तुम्हारी पत्नी है ।"

—इस वर्ष देश अन्न में आत्मनिर्भर हो जायेगा—जगजीवनराम ।

"हो जाये । अपने को दो रोटी तब भी मिलती थीं । दो आगे भी मिलेंगी ।"

—लो छोड़ दिया चीन ने सेटेलाइट !

इस खबर पर वे कोई टिप्पणी नहीं करते ।

—कलकत्ता में हड़ताली मजदूरों पर गोली चली ।

"मजदूर भी खूब हड़ताल करने लगे हैं और पुलिस भी खूब गोली चलाती है ।"

—तीसरा वेतन-आयोग बैठ गया ।

"आयोग तो बैठते ही रहते हैं ।"

—अमेरिका ने कम्बोडिया में फौज भेजी ।

"यह पट्ठा अमेरिका भी चाहे जहाँ फौज भेजता रहता है ।"

—अमेरिकी छात्रों द्वारा विरोध-प्रदर्शन ।

"अच्छा, यह हवा उधर भी फैल गयी ।"

—देश के धन को कुछ हाथों में नहीं रहने दिया जायेगा—इन्दिरा गाँधी ।

"मत रहने दो । सब अपने ही हाथों में ले लो ।"

—पटना में दो आदमियों का खून ।

"अच्छा फिर हत्या हो गयी ।"

वे पन्ने पलटते जाते हैं । खबर का शीर्षक पढ़ते हैं और टिप्पणी करते हैं । हम

सुन रहे हैं। बीच-बीच में आँखें हमारी तरफ कर देते हैं और हम समझते हैं, वे हमें देख रहे हैं। देख नहीं रहे हैं, तो भी उन्हें हमारे वहाँ हाजिर होने का एहसास तो है।

वे आखिरी पृष्ठ पर आ गये हैं।

"हुँ, प्लाजा टाकीज में 'प्रेम पुजारी'।···फिल्में भी आजकल बहुत बनने लगी हैं।"

—ओकासा मर्दों की जरूरतें पूरी करता है।

"कैसी-कैसी दवाइयाँ निकली हैं।"

अखबार वे पढ़ चुके। एक लम्बी जम्हाई लेते हैं। फिर हमारी तरफ देखते हैं। हमें जम्हाई नहीं आती। वे कुछ नाखुश होते हैं। मैं बनावटी जम्हाई लेता हूँ। वे खुश होते हैं।

पूछते हैं, "कब आये ?"

"आज ही।"

"अच्छा।"

मैं कहता—पन्द्रह दिन पहले आया, तब भी वे कहते—अच्छा !

पूछते हैं, "कब वापिस जाओगे?"

"कल।"

"अच्छा।"

मैं कहता कि अभी वापिस नहीं जाऊँगा तो भी वे कहते—अच्छा !

पूछते हैं, "उधर के क्या हाल हैं ?"

"सब ठीक हैं।"

"अच्छा।"

मैं कहता कि उधर महामारी में सब मर गये, तब भी वे कहते—अच्छा !

पूछते हैं, "सेवकजी कैसे हैं ?"

"अच्छे हैं।"

"अच्छा।"

मैं कहता, सेवकजी को लकवा लग गया, तब भी वे कहते—अच्छा !

पूछते हैं, "उधर भी मच्छर बहुत होंगे।"

मैं हैरत में हूँ कि अपने पुराने संग्राम-साथी सेवकजी से एकदम मच्छर पर ये कैसे आ गये !

कहता हूँ, "इस मौसम में सभी जगह मच्छर बहुत हैं।"

वे फिर दीवार को देखते हैं। उसी तरह हमें देखते हैं।

एकाएक उन्हें लगता है कि सक्रिय हो जाना चाहिए। वे झोले से तकली और पोनी निकाल लेते हैं और सूत कातने लगते हैं। कातते हैं और लपेटे में लपेटते हैं। कभी हमारी तरफ देख लेते हैं।

कातते-कातते बोलते जाते हैं, "लोग मेरे से पूछते हैं कि तुम सिण्डिकेट में कि

इण्डिकेट में। अरे बाबा, क्या सिण्डिकेट और क्या इण्डिकेट ? सिण्डिकेट में होने से क्या इण्डिकेट का नहीं रह जाऊँगा ? और इण्डिकेट में होने से क्या सिण्डिकेट का नहीं रहूँगा। बताओ ?"

हम कहते हैं, "जी हाँ।"

'जी हाँ' उन्हें ठीक जवाब लगता है। वे कातने लगते हैं।

कहते हैं, "क्या कम्युनिस्ट, क्या सोशलिस्ट और क्या कैपिटलिस्ट ? अरे बाबा, ये सब राजनीति के चोचले हैं। मेरे पास आओ न। मैं राजनीति बताता हूँ।"

वे कातते और लपेटते हैं।

कहते हैं, "लोग कहते हैं कि एटम बम बनाओ। बना लो। मैं क्या रोकता हूँ। पर एटम बनाने से भी क्या फायदा और नहीं बनाने से भी क्या फायदा।"

वे काफी कात चुके हैं। लपेट रहे हैं।

बोलते हैं, "लोग मेरे पास आते हैं। कहते हैं—क्रान्ति करेंगे। तो करो न क्रान्ति। मैं क्या रोकता हूँ। पर क्रान्ति कर लोगे, तो भी क्या होनेवाला है।"

एकाएक वे कातना बन्द कर देते हैं। कहते हैं, "चालीस साल हमें सूत कातते हो गये। पर सूत कातने से भी क्या होता है।"

वे थके-से तकली और पोनी झोले में रख देते हैं और दीवार को देखने लगते हैं। फिर हमारी तरफ देखते हैं और हमें लगता है, हम दीवार हो गये हैं।

सदाचार का तावीज

एक राज्य में हल्ला मचा कि भ्रष्टाचार बहुत फैल गया है।

राजा ने एक दिन दरबारियों से कहा, "प्रजा बहुत हल्ला मचा रही है कि सब जगह भ्रष्टाचार फैला हुआ है। हमें तो आज तक कहीं नहीं दिखा। तुम लोगों को कहीं दिखा हो तो बताओ।"

दरबारियों ने कहा, "जब हुजूर को नहीं दिखा तो हमें कैसे दिख सकता है ?"

राजा ने कहा, "नहीं, ऐसा नहीं है। कभी-कभी जो मुझे नहीं दिखता, वह तुम्हें दिखता होगा। जैसे मुझे बुरे सपने कभी नहीं दिखते पर तुम्हें तो दिखते होंगे !"

दरबारियों ने कहा, "जी, दिखते हैं। पर वह सपनों की बात है।"

राजा ने कहा, "फिर भी तुम लोग सारे राज्य में ढूँढ़कर देखो कि कहीं भ्रष्टाचार तो नहीं है। अगर कहीं मिल जाये तो हमारे देखने के लिए नमूना लेते आना। हम भी तो देखें कि कैसा होता है।"

एक दरबारी ने कहा, "हुजूर, वह हमें नहीं दिखेगा। सुना है, वह बहुत बारीक

होता है। हमारी आँखें आपकी विराटता देखने की इतनी आदी हो गयी हैं कि हमें बारीक चीज नहीं दिखती। हमें भ्रष्टाचार दिखा भी तो उसमें हमें आपकी ही छवि दिखेगी, क्योंकि हमारी आँखों में तो आपकी ही सूरत बसी है। पर अपने राज्य में एक जाति रहती है जिसे 'विशेषज्ञ' कहते हैं। इस जाति के पास कुछ ऐसा अंजन होता है कि उसे आँखों में आँजकर वे बारीक चीज भी देख लेते हैं। मेरा निवेदन है कि इन विशेषज्ञों को ही हुजूर भ्रष्टाचार ढूँढ़ने का काम सौंपें।"

राजा ने 'विशेषज्ञ' जाति के पाँच आदमी बुलाये और कहा, "सुना है, हमारे राज्य में भ्रष्टाचार है। पर वह कहाँ है, यह पता नहीं चलता। तुम लोग उसका पता लगाओ। अगर मिल जाये तो पकड़कर हमारे पास ले आना। अगर बहुत हो तो नमूने के लिए थोड़ा-सा ले आना।"

विशेषज्ञों ने उसी दिन से छान-बीन शुरू कर दी।

दो महीने बाद वे फिर से दरबार में हाजिर हुए।

राजा ने पूछा, "विशेषज्ञो, तुम्हारी जाँच पूरी हो गयी?"

"जी, सरकार।"

"क्या तुम्हें भ्रष्टाचार मिला?"

"जी, बहुत-सा मिला।"

राजा ने हाथ बढ़ाया, "लाओ, मुझे बताओ। देखूँ, कैसा होता है।"

विशेषज्ञों ने कहा, "हुजूर, वह हाथ की पकड़ में नहीं आता। वह स्थूल नहीं, सूक्ष्म है, अगोचर है। पर वह सर्वत्र व्याप्त है। उसे देखा नहीं जा सकता, अनुभव किया जा सकता है।"

राजा सोच में पड़ गये। बोले, "विशेषज्ञो, तुम कहते हो कि वह सूक्ष्म है, अगोचर है और सर्वव्यापी है। ये गुण तो ईश्वर के हैं। तो क्या भ्रष्टाचार ईश्वर है?"

विशेषज्ञों ने कहा, "हाँ, महाराज, अब भ्रष्टाचार ईश्वर हो गया है।"

एक दरबारी ने पूछा, "पर वह है कहाँ? कैसे अनुभव होता है?"

विशेषज्ञों ने जवाब दिया, "वह सर्वत्र है। वह इस भवन में है। वह महाराज के सिंहासन में है।"

"सिंहासन में है"···कहकर राजा साहब उछलकर दूर खड़े हो गये।

विशेषज्ञों ने कहा, "हाँ, सरकार, सिंहासन में है। पिछले माह इस सिंहासन पर रंग करने के जिस बिल का भुगतान किया गया है, वह बिल झूठा है। वह वास्तव से दुगने दाम का है। आधा पैसा बीचवाले खा गये। आपके पूरे शासन में भ्रष्टाचार है और वह मुख्यतः घूस के रूप में है।"

विशेषज्ञों की बात सुनकर राजा चिन्तित हुए और दरबारियों के कान खड़े हुए।

राजा ने कहा, "यह तो बड़ी चिन्ता की बात है। हम भ्रष्टाचार बिल्कुल मिटाना चाहते हैं। विशेषज्ञो, तुम बता सकते हो कि वह कैसे मिट सकता है?"

विशेषज्ञों ने कहा, "हाँ महाराज, हमने उसकी भी योजना तैयार की है। भ्रष्टाचार मिटाने के लिए महाराज को व्यवस्था में बहुत परिवर्तन करने होंगे। एक तो भ्रष्टाचार के मौके मिटाने होंगे। जैसे ठेका है तो ठेकेदार है। और ठेकेदार है तो अधिकारियों को घूस है। ठेका मिट जाये तो उसकी घूस मिट जाये। इसी तरह और बहुत-सी चीजें हैं। किन कारणों से आदमी घूस लेता है, यह विचारणीय है।"

राजा ने कहा, "अच्छा, तुम अपनी पूरी योजना रख जाओ। हम और हमारा दरबार उस पर विचार करेंगे।"

विशेषज्ञ चले गये।

राजा और दरबारियों ने भ्रष्टाचार मिटाने की योजना को पढ़ा। उस पर विचार किया।

विचार करते दिन बीतने लगे और राजा का स्वास्थ्य बिगड़ने लगा। एक दिन एक दरबारी ने कहा, "महाराज, चिन्ता के कारण आपका स्वास्थ्य बिगड़ता जा रहा है। उन विशेषज्ञों ने आपको झंझट में डाल दिया।"

राजा ने कहा, "हाँ, मुझे रात को नींद नहीं आती।"

दूसरा दरबारी बोला, "ऐसी रिपोर्ट को आग के हवाले कर देना चाहिए जिससे महाराज की नींद में खलल पड़े।"

राजा ने कहा, "पर करें क्या? तुम लोगों ने भी भ्रष्टाचार मिटाने की योजना का अध्ययन किया है। तुम्हारा क्या मत है? क्या उसे काम में लाना चाहिए?"

दरबारियों ने कहा, "महाराज, वह योजना क्या है, एक मुसीबत है। उसके अनुसार कितने उलट-फेर करने पड़ेंगे! कितनी परेशानी होगी! सारी व्यवस्था उलट-पलट हो जायेगी। जो चला आ रहा है, उसे बदलने से नयी-नयी कठिनाइयाँ पैदा हो सकती हैं। हमें तो कोई ऐसी तरकीब चाहिए जिससे बिना कुछ उलट-फेर किये भ्रष्टाचार मिट जाये।"

राजा साहब बोले, "मैं भी यही चाहता हूँ। पर यह हो कैसे? हमारे प्रपितामह को तो जादू आता था; हमें वह भी नहीं आता। तुम लोग ही कोई उपाय खोजो।"

एक दिन दरबारियों ने राजा के सामने एक साधु को पेश किया और कहा, "महाराज, एक कन्दरा में तपस्या करते हुए इन महान् साधक को हम ले आये हैं। इन्होंने सदाचार का तावीज बनाया है। वह मन्त्रों से सिद्ध है और उसके बाँधने से आदमी एकदम सदाचारी हो जाता है।"

साधु ने अपने झोले में से एक तावीज निकालकर राजा को दिया। राजा ने उसे देखा। बोले, "हे साधु, इस तावीज के विषय में मुझे विस्तार से बताओ। इससे आदमी सदाचारी कैसे हो जाता है?"

साधु ने समझाया, "महाराज, भ्रष्टाचार और सदाचार मनुष्य की आत्मा में होता है; बाहर से नहीं होता। विधाता जब मनुष्य को बनाता है तब किसी की आत्मा में ईमान की कल फिट कर देता है और किसी की आत्मा में बेईमानी की।

इस कल में से ईमान या बेईमानी के स्वर निकलते हैं, जिन्हें 'आत्मा की पुकार' कहते हैं। आत्मा की पुकार के अनुसार ही आदमी काम करता है। प्रश्न यह है कि जिनकी आत्मा से बेईमानी के स्वर निकलते हैं, उन्हें दबाकर ईमान के स्वर कैसे निकाले जायें ? मैं कई वर्षों से इसी के चिन्तन में लगा हूँ। अभी मैंने यह सदाचार का तावीज बनाया है। जिस आदमी की भुजा पर यह बँधा होगा, वह सदाचारी हो जायेगा। मैंने कुत्ते पर भी प्रयोग किया है। यह तावीज गले में बाँध देने से कुत्ता भी रोटी नहीं चुराता। बात यह है कि इस तावीज में से भी सदाचार के स्वर निकलते हैं। जब किसी की आत्मा बेईमानी के स्वर निकालने लगती है तब इस तावीज की शक्ति आत्मा का गला घोंट देती है और आदमी को तावीज के ईमान के स्वर सुनायी पड़ते हैं। वह इन स्वरों को आत्मा की पुकार समझकर सदाचार की ओर प्रेरित होता है। यही इस तावीज का गुण है, महाराज !"

दरबार में हलचल मच गयी। दरबारी उठ-उठकर तावीज को देखगे लगे।

राजा ने खुश होकर कहा, "मुझे नहीं मालूम था कि मेरे राज्य में ऐसे चमत्कारी साधु भी हैं। महात्मन्, हम आपके बहुत आभारी हैं। आपने हमारा संकट हर लिया। हम सर्वव्यापी भ्रष्टाचार से बहुत परेशान थे। मगर हमें लाखों नहीं, करोड़ों तावीज चाहिए। हम राज्य की ओर से तावीजों का एक कारखाना खोल देते हैं। आप उसके जनरल मैनेजर बन जायें और अपनी देख-रेख में बढ़िया तावीज बनवायें।"

एक मन्त्री ने कहा, "महाराज, राज्य क्यों इस संकट में पड़े ? मेरा तो निवेदन है कि साधु बाबा को ठेका दे दिया जाये। वे अपनी मण्डली से तावीज बनवाकर राज्य को सप्लाई कर देंगे।"

राजा को यह सुझाव पसन्द आया। साधु को तावीज बनाने का ठेका दे दिया गया। उसी समय उन्हें पाँच करोड़ रुपये कारखाना खोलने के लिए पेशगी मिल गये।

राज्य के अखबारों में खबरें छपीं—'सदाचार के तावीज की खोज !' 'तावीज बनाने का कारखाना खुला !'

लाखों तावीज बन गये। सरकार के हुक्म से हर सरकारी कर्मचारी की भुजा पर एक-एक तावीज बाँध दिया गया।

भ्रष्टाचार की समस्या का ऐसा सरल हल निकल आने से राजा और दरबारी सब खुश थे।

एक दिन राजा की उत्सुकता जागी। सोचा —'देखें तो कि यह तावीज कैसे काम करता है !'

वह वेश बदलकर एक कार्यालय गये। उस दिन 2 तारीख थी। एक दिन पहले ही तनख्वाह मिली थी।

वह एक कर्मचारी के पास गये और कई काम बताकर उसे पाँच रुपये का नोट देने लगे।

कर्मचारी ने उन्हें डाँटा, "भाग जाओ यहाँ से ! घूस लेना पाप है !"

राजा बहुत खुश हुए। तावीज ने कर्मचारी को ईमानदार बना दिया था।

कुछ दिन बाद वह फिर वेश बदलकर उसी कर्मचारी के पास गये। उस दिन इकतीस तारीख थी—महीने का आखिरी दिन।

राजा ने फिर उसे पाँच का नोट दिखाया और उसने लेकर जेब में रख लिया।

राजा ने उसका हाथ पकड़ लिया। बोले, "मैं तुम्हारा राजा हूँ। क्या तुम आज सदाचार का तावीज बाँधकर नहीं आये ?"

"बाँधा है, सरकार, यह देखिए !"

उसने आस्तीन चढ़ाकर तावीज दिखा दिया।

राजा असमंजस में पड़ गये। फिर ऐसा कैसे हो गया ?

उन्होंने तावीज पर कान लगाकर सुना। तावीज में से स्वर निकल रहे थे— "अरे, आज इकतीस है। आज तो ले ले !"

भेड़ें और भेड़िये

एक बार एक वन के पशुओं को ऐसा लगा कि वे सभ्यता के उस स्तर पर पहुँच गये हैं, जहाँ उन्हें एक अच्छी शासन-व्यवस्था अपनानी चाहिए।

और, एक मत से यह तय हो गया कि वन-प्रदेश में प्रजातन्त्र की स्थापना हो।

शीघ्र ही एक समिति बैठी, शीघ्र ही विधान बन गया और शीघ्र ही एक पंचायत के निर्माण की घोषणा हो गयी, जिसमें वन के तमाम पशुओं के द्वारा निर्वाचित प्रतिनिधि हों और जो वन-प्रदेश के लिए कानून बनाये और शासन करे।

पशु-समाज में इस 'क्रान्तिकारी' परिवर्तन से हर्ष की लहर दौड़ गयी कि सुख, समृद्धि और सुरक्षा का स्वर्ण-युग अब आया और वह आया।

जिस वन-प्रदेश में हमारी कहानी ने चरण धरे हैं, उसमें भेड़ें बहुत थीं— निहायत नेक, ईमानदार, कोमल, विनयी, दयालु, निर्दोष पशु, जो घास तक को फूंक-फूंककर खाता है।

भेड़ों ने सोचा कि अब हमारा भय दूर हो जायगा। हम अपने प्रतिनिधियों से कानून बनवायेंगे कि कोई जीवधारी किसी को न सताये, न मारे। सब जियें और जीने दें। शान्ति, स्नेह, बन्धुत्व और सहयोग पर समाज आधारित हो।

और, इधर भेड़ियों ने सोचा कि हमारा अब संकटकाल आया। भेड़ों की संख्या इतनी अधिक है कि पंचायत में उनका ही बहुमत होगा। और अगर उन्होंने कानून बना दिया कि कोई पशु किसी को न मारे, तो हम खायेंगे क्या ? क्या हमें घास

चबाना पड़ेगा ?

ज्यों-ज्यों चुनाव समीप आता, भेड़ों का उल्लास बढ़ता जाता।

एक दिन बूढ़े सियार ने भेड़िये से कहा— मालिक, आजकल आप बड़े उदास रहते हो।

हर भेड़िये के आसपास दो-चार सियार रहते ही हैं। जब भेड़िया अपना शिकार खा लेता है, तब ये सियार हड्डियों में लगे मांस को कुतर खाते हैं, और हड्डियाँ चूसते रहते हैं। ये भेड़िये के आसपास दुम हिलाते चलते हैं, उसकी सेवा करते हैं, और मौके-बेमौके 'हुआ-हुआ' चिल्लाकर उसकी जय बोलते हैं।

बूढ़े सियार ने बड़ी गम्भीरता से पूछा—महाराज, आपके मुखचन्द्र पर चिन्ता के मेघ क्यों छाये हैं ? वह सियार कुछ कविता भी करना जानता होगा या शायद दूसरे की उक्ति को अपनी बनाकर कहता हो।

खैर, भेड़िये ने कहा—तुझे क्या मालूम नहीं है कि वन-प्रदेश में नयी सरकार बननेवाली है ? हमारा राज तो अब चला।

सियार ने दाँत निपोरकर कहा—हम क्या जानें महाराज ! हमारे तो आप ही 'माई-बाप' हो। हम तो कोई और सरकार नहीं जानते। आपका दिया खाते हैं, आपके गुन गाते हैं।

भेड़िये ने कहा—मगर अब समय ऐसा आ रहा है कि सूखी हड्डियाँ भी चबाने को नहीं मिलेंगी।

सियार सब जानता था मगर जानकर भी न जानने का नाट्य करना न आता, तो सियार शेर न हो गया होता !

आखिर भेड़ियें ने वन-प्रदेश के पंचायत के चुनाव की बात बूढ़े सियार को समझायी और बड़े गिरे मन से कहा—चुनाव अब पास आता जा रहा है। अब यहाँ से भागने के सिवा कोई चारा नहीं है। पर जायें भी कहाँ ?

सियार ने कहा—मालिक, सरकस में भरती हो जाइए।

भेड़िये ने कहा—अरे, वहाँ भी शेर और रीछ को तो ले लेते हैं, पर हम इतने बदनाम हैं कि हमें वहाँ भी कोई नहीं पूछता।

'तो', सियार ने खूब सोचकर कहा—अजायबघर में चले जाइए।

भेड़िये ने कहा—अरे, वहाँ भी जगह नहीं है। सुना है वहाँ तो आदमी रखे जाने लगे।

बूढ़ा सियार अब ध्यानमग्न हो गया। उसने एक आँख बन्द की, नीचे के होंठ को ऊपर के दाँत से दबाया और एकटक आकाश की तरफ देखने लगा जैसे विश्वात्मा से कनेक्शन जोड़ रहा हो। फिर बोला—बस सब समझ में आ गया। मालिक, अगर पंचायत में आपकी भेड़िया-जाति का बहुमत हो जाय तो ?

भेड़िया चिढ़कर बोला—कहाँ की आसमानी बात करता है ? अरे, हमारी जाति कुल दस फीसदी है, और भेड़ें तथा अन्य छोटे पशु नब्बे फीसदी। भला वे हमें काहे को चुनेंगे ? कहीं जिन्दगी अपने को मौत के हाथ सौंप सकती है ? मगर हाँ,

ऐसा हो सकता, तो क्या बात थी !

बूढ़ा सियार बोला—आप खिन्न मत होइए सरकार, एक दिन का समय दीजिए। कल तक कोई योजना बन ही जायेगी। मगर एक बात है। आपको मेरे कहे अनुसार कार्य करना पड़ेगा !

मुसीबत में फँसे भेड़िये ने आखिर सियार को अपना गुरु माना और आज्ञा-पालन की शपथ ली।

दूसरे दिन बूढ़ा सियार अपने साथ तीन सियारों को लेकर आया। उसमें से उसने एक को पीले रंग में रँग दिया था, दूसरे को नीले में और तीसरे को हरे में।

भेड़िये ने देखा और पूछा—अरे, ये कौन हैं ?

बूढ़ा सियार बोला—ये भी सियार हैं, सरकार—रँगे सियार हैं। आपकी सेवा करेंगे। आपके चुनाव का प्रचार करेंगे।

भेड़िये ने शंका की—मगर इनकी बात मानेगा कौन ? ये तो वैसे ही छल-कपट के लिए बदनाम हैं।

सियार ने भेड़िये का हाथ चूमकर कहा—बड़े भोले हैं आप, सरकार ! अरे मालिक, रूप-रंग बदल देने से तो सुना है, आदमी तक बदल जाते हैं। फिर ये तो सियार हैं।

और, तब बूढ़े सियार ने भेड़िये का रूप बदला। मस्तक पर तिलक लगाया, गले में कण्ठी पहिनाई और मुँह में घास के तिनके खोंस दिये। बोला—अब आप पूरे सन्त हो गये। अब भेड़ों की सभा में चलेंगे। मगर तीन बातों का खयाल रखना—अपनी हिंसक आँखों को ऊपर मत उठाना, हमेशा जमीन की ओर देखना। और कुछ बोलना मत, नहीं तो सब पोल खुल जायेगी। और वहाँ बहुत-सी भेड़ें आयेंगी, सुन्दर-सुन्दर, मुलायम-मुलायम। तो कहीं किसी को तोड़ मत खाना।

भेड़िये ने पूछा—लेकिन ये रँगे सियार क्या करेंगे ? किस काम आयेंगे ?

बूढ़ा सियार बोला—ये बड़े काम के हैं। आपका सारा प्रचार तो ये ही करेंगे। इन्हीं के बल पर आप चुनाव लड़ेंगे। यह पीलावाला बड़ा विद्वान है, विचारक है, कवि भी है, लेखक भी। यह नीला सियार नेता और पत्रकार है। और यह हरा धर्मगुरु है। बस अब चलो।

—ज़रा ठहरो ! भेड़िये ने बूढ़े सियार को रोका—कवि, लेखक, नेता, विचारक—ये तो सुना है बड़े अच्छे लोग होते हैं। और ये तीनों···

बात काटकर सियार बोला—ये तीनों सच्चे नहीं हैं, रँगे हुए हैं, महाराज ! अब चलिए देर मत करिए।

और वे चले। आगे बूढ़ा सियार था, उसके पीछे रँगे सियारों के बीच भेड़िया चल रहा था—मस्तक पर तिलक, गले में कण्ठी, मुख में घास के तिनके। धीरे-धीरे चल रहा था, अत्यन्त गम्भीरतापूर्वक, सिर झुकाये विनय की मूर्ति !

उधर एक स्थान पर सहस्रों भेड़ें इकट्ठी हो गयी थीं, उस सन्त के दर्शन के लिए जिसकी चर्चा बूढ़े सियार ने फैला रखी थी।

चारों सियार भेड़िये की जय बोलते हुए भेड़ों के झुण्ड के पास आये।

बूढ़े सियार ने एक बार जोर से सन्त भेड़िये की जय बोली! भेड़ों में पहले से ही यहाँ-वहाँ बैठे सियारों ने भी जय-ध्वनि की।

भेड़ों ने देखा तो बोलीं—अरे भागो, यह तो भेड़िया है।

तुरन्त बूढ़े सियार ने उन्हें रोककर कहा—भाइयो और बहनो! अब भय मत करो। भेड़िया राजा सन्त हो गये हैं। उन्होंने हिंसा बिलकुल छोड़ दी है। उनका 'हृदय-परिवर्तन' हो गया है। वे आज सात दिनों से घास खा रहे हैं। रात-दिन भगवान के भजन और परोपकार में लगे रहते हैं। उन्होंने अपना जीवन जीव-मात्र की सेवा के लिए अर्पित कर दिया है। अब वे किसी का दिल नहीं दुखाते; किसी का रोम तक नहीं छूते। भेड़ों से उन्हें विशेष प्रेम है। इस जाति ने जो कष्ट सहे हैं, उनकी याद करके अभी भी भेड़िया सन्त की आँखों में आँसू आ जाते हैं। उनकी अपनी भेड़िया जाति ने जो अत्याचार आप पर किये हैं उनके कारण भेड़िया सन्त का माथा लज्जा से जो झुका है, सो झुका ही हुआ है। परन्तु अब वे शेष जीवन आपकी सेवा में लगाकर तमाम पापों का प्रायश्चित करेंगे। आज सवेरे की ही बात है कि एक मासूम भेड़ के बच्चे के पाँव में काँटा लग गया, तो भेड़िया सन्त ने उसे दाँतों से निकाला; दाँतों से! पर जब वह बेचारा कष्ट से चल बसा, तो भेड़िया सन्त ने सम्मानपूर्वक उसकी अन्त्येष्टि क्रिया की! उनके घर के पास जो हड्डियों का ढेर लगा है, उसके दान की घोषणा उन्होंने आज ही सवेरे की है। अब तो वे सर्वस्व त्याग चुके हैं। अब आप उनसे भय मत करो। उन्हें अपना भाई समझो। बोलो सब मिल-कर—सन्त भेड़ियाजी की जय!

भेड़ियाजी अभी तक उसी तरह गर्दन डाले विनय की मूर्ति बने बैठे थे। बीच में कभी-कभी सामने की ओर इकट्ठी भेड़ों को देख लेते और टपकती हुई लार को गुटक जाते।

बूढ़ा सियार फिर बोला—भाइयो और बहनो, मैं भेड़िया सन्त से अपने मुखार-विन्द से आपको प्रेम और दया का सन्देश देने की प्रार्थना करता, पर प्रेम-वश उनका हृदय भर आया है, वे गद्‌गद हो गये हैं, और भावातिरेक से उनका कण्ठ अवरुद्ध हो गया है। वे बोल नहीं सकते। अब आप इन तीनों रंगीन प्राणियों को देखिए। आप इन्हें न पहिचान पाये होंगे। पहिचानें भी कैसे? ये इस लोक के जीव तो हैं नहीं। ये तो स्वर्ग के देवता हैं जो हमें सदुपदेश देने के लिए पृथ्वी पर उतरते हैं। ये पीले विचारक हैं, कवि हैं, लेखक हैं। नीले नेता हैं और स्वर्ग के पत्रकार हैं। और हरे-वाले धर्मगुरु हैं। अब कविराज आपको स्वर्ग-संगीत सुनायेंगे। हाँ, कवि जी···

पीले सियार को 'हुआ-हुआ' के सिवा कुछ और तो आता नहीं था, 'हुआ-हुआ' चिल्ला दिया। शेष सियार भी 'हुआ-हुआ' बोल पड़े। बूढ़े सियार ने आँख के इशारे से शेष सियारों को मना किया और चतुराई से बात को यों कहकर सम्हाला—भाई कविजी तो कोरस में गीत गाते हैं। पर कुछ समझे आप लोग? कैसे समझ सकते हैं? अरे, कवि की बात सबकी समझ में आ जाय तो वह कवि काहे का?

उनकी कविता में से शाश्वत् के स्वर फूट रहे हैं। वे कह रहे हैं कि जैसे स्वर्ग में परमात्मा, वैसे ही पृथ्वी पर भेड़िया। हे भेड़ियाजी, हे महान्! आप सर्वत्र व्याप्त हैं, सर्वशक्तिमान हैं। प्रातःकाल सन्ध्या आपके मस्तक पर तिलक करती है, साँझ को ऊषा आपका मुख चूमती है, पवन आपकी अग्नि पर पंखा करती है, और रात्रि को आपकी ही ज्योति लक्ष-लक्ष खण्ड होकर आकाश में तारे बनकर चमकती है। हे विराट! आपके चरणों में इस क्षुद्र का प्रणाम है।

फिर नीले रंग के सियार ने कहा—निर्बलों की रक्षा बलवान ही कर सकते हैं। भेड़ें कोमल हैं, निर्बल हैं, अपनी रक्षा नहीं कर सकतीं। भेड़िया बलवान है, इसलिए उसके हाथ में अपने हितों को छोड़ निश्चिन्त हो जाओ। वह भी तुम्हारा भाई है। आप एक ही जाति के हो। तुम भेड़, वह भेड़िया। कितना कम अन्तर है! और बेचारा भेड़िया व्यर्थ ही बदनाम कर दिया गया है कि वह भेड़ों को खाता है। अरे, खाते और हैं, हड्डी उसके द्वार पर फेंक जाते हैं। ये व्यर्थ बदनाम होते हैं। तुम लोग तो पंचायत में बोल भी नहीं पाओगे। भेड़िया बलवान है। यदि तुम पर कोई अन्याय होगा, तो डटकर लड़ेगा। इसलिए अपनी हित-रक्षा के लिए भेड़ियों को चुनकर पंचायत में भेजो। बोलो सब भेड़िया की जय!

फिर हरे रंग के धर्मगुरु ने उपदेश दिया—जो यहाँ त्याग करेगा, वह उस लोक में पायेगा। जो यहाँ दुःख भोगेगा, वह वहाँ सुख पायेगा। जो यहाँ राजा बनायेगा, वह वहाँ राजा बनेगा। जो यहाँ वोट देगा, वह वहाँ 'वोट' पायेगा। इसलिए सब मिलकर भेड़िया को वोट दो। वे दानी हैं, परोपकारी हैं, सन्त हैं। मैं उनको प्रणाम करता हूँ।

यह एक भेड़िये की कथा नहीं है, यह सब भेड़ियों की कथा है। सब जगह इस प्रकार प्रचार हो गया और भेड़ों को विश्वास हो गया कि भेड़िये से बड़ा उनका कोई हित-चिन्तक और हित-रक्षक नहीं है।

और अब पंचायत का चुनाव हुआ तो भेड़ों ने अपनी हित-रक्षा के लिए भेड़ियों को चुना।

और पंचायत में भेड़ों के हितों की रक्षा के लिए भेड़िये प्रतिनिधि बनकर गये।

और पंचायत में भेड़ियों ने भेड़ों की भलाई के लिए पहला कानून यह बनाया—

हर भेड़िये को सवेरे नाश्ते के लिए भेड़ का एक मुलायम बच्चा दिया जाय, दोपहर के भोजन में एक पूरी भेड़ तथा शाम को स्वास्थ्य के खयाल से कम खाना चाहिए, इसलिए आधी भेड़ दी जाय।

ग्राण्ट अभी तक नहीं आयी

वे एक बड़े टेबिल के आसपास बैठे हैं। उनमें आदमी सिर्फ एक है, बाकी पन्द्रह-बीस मात्र चेहरे हैं। जो आदमी है वह प्रदेश का एक मन्त्री है। ये पन्द्रह-बीस चेहरे भी घण्टा-भर पहले आदमी थे, जब ये अपने विभागों में पढ़ा रहे थे, रिसर्च गाइड कर रहे थे। अचानक ये बदल गये। विश्वविद्यालयों में मन्त्री के घुसते ही पहले तो ये आदमी से हाथ हो गये और अभिवादन में कुहनी तक जुड़ गये।

—ग्राण्ट अभी तक नहीं आयी।

फिर ये एकदम चेहरे हो गये, आँखें हो गये, कान हो गये। 15-20 सपाट चेहरे। यह दर्शनशास्त्र का चेहरा है, यह इतिहास का, यह रसायनशास्त्र का। मगर सब एक-से। घण्टा-भर पहले चेहरों पर अलग-अलग भाव थे, अपने निजी भाव। अब ये चेहरे मात्र 'रिफ्लेक्टर' हैं। पहले आँखों में ज्ञान की चमक थी, अब ठकुर सुहाती की टिमटिमाहट है।

—ग्राण्ट अभी तक नहीं आयी।

चेहरे एक-दूसरे से सटकर मगर एक-दूसरे से असम्बद्ध बैठे हैं। घण्टा-भर पहले ये आपस में मित्र या शत्रु थे, मगर अब उदासीन हैं। इतिहास के आचार्य और हिन्दी के आचार्य एक-दूसरे की सूरत से नफरत करते थे। अब सटे हुए निर्विकार भाव से बैठे हैं। इन्होंने अपने आपसी सम्बन्ध एकदम तोड़ दिये हैं और अलग-अलग अपने सम्बन्ध मन्त्री से जोड़ लिये हैं।

—ग्राण्ट अभी तक नहीं आयी है।

मन्त्री अपने ही मजाक पर हँसता है तो ये चेहरे भी हँस पड़ते हैं। मन्त्री देश की गरीबी का जिक्र कर उदास होता है, तो चेहरे भी उदासी में डूब जाते हैं। देखते रहते हैं, मन्त्री कब उदासी से उबरता है। उसके उबरते ही चेहरे भी उबरकर मुसकराने लगते हैं। दर्शनशास्त्र, इतिहास, संस्कृति के चेहरे 'रिफ्लेक्ट' कर रहे हैं।

—ग्राण्ट अभी तक नहीं आयी है।

मैं काफी देर से उस अहाते में था। एक छोटे-से काम से गया था। वहाँ हलचल मची थी। कला परिषद् के उद्घाटन के लिए उन्होंने जेल मन्त्री को बुला लिया था जैसे हार्ट स्पेशलिस्ट से बवासीर का इलाज कराया जाय। मगर जेल मन्त्री सरकार में बहुत प्रभाव रखता है।

—ग्राण्ट अभी तक नहीं आयी है।

काम मेरा छोटा था। फिर भी सोचा, कि कोई परिचित मिल जाये तो जल्दी हो जाये। सामने एक डीन मुझे आते दिखे थे। पिछले हफ्ते डॉ. त्रिपाठी के घर काव्य-गोष्ठी में वे थे। उन्होंने घण्टे-भर मेरी कविताएँ सुनी थीं और बहुत तारीफ की थी। मैंने नमस्कार करके कहा, "आपको याद होगा, डॉ. त्रिपाठी के घर पर

गोष्ठी में आपसे मुलाकात हुई थी।" उन्होंने बिना पहचाने कहा, "अच्छा, आप भी उस गोष्ठी में थे।" वे आगे बढ़ गये। उस गोष्ठी में मैं ही मैं था। पर ये भूल गये। उस वक्त काव्य की ड्यूटी पर होंगे। काव्य की ड्यूटी खत्म होने पर वहाँ की बात वहीं भूल गये। फ़िर वे मन्त्री के स्वागत में व्यस्त थे।

—ग्राण्ट अभी तक नहीं आयी है।

मन्त्री ने कमरे में घुसते-घुसते मुझे देख लिया था। पहचान लिया था। मैं प्रतिक्रिया का इन्तजार कर रहा था। उसने समूचे प्रजातान्त्रिक सन्दर्भ में गम्भीरता से विचार किया होगा कि मुझे पहचान लिया है, तो अब क्या करें। मेरे प्रति क्या रुख हो? जनतान्त्रिक मूल्यों की रक्षा क्या मुझे भीतर बुलाकर बात कर लेने से होगी? नहीं पहचानने का बहाना करने से क्या चल सकता है? उसने तय करके रजिस्ट्रार को बाहर भेजा। उसने मुझसे कहा, "विपिनजी, आपको मन्त्रीजी बुला रहे हैं।"

मैं कमरे में घुसता हूँ। मन्त्री टेबिल के उस छोर पर बैठा है। दरवाजा इस छोर पर है। मेरे-उसके बीच पन्द्रह-बीस चेहरे हैं। चेहरे मेरी तरफ देखते हैं। दूसरे ही क्षण वे मन्त्री की तरफ देखते हैं। चेहरे अन्दाज लगा रहे हैं कि मेरे मन्त्री से सम्बन्ध किस डिग्री के हैं। उसी हिसाब से वे ताल-मेल बिठा लेंगे। अभी चेहरे खाली हैं। वे नहीं जानते उन्हें मेरी तरफ कितना ध्यान देना है। तभी चेहरे देखते हैं, मन्त्री हाथ जोड़कर खड़ा हो जाता है। मेरा पुराना यार है। कवि और समाज-सेवी के रूप में मेरी ख्याति जानता है। कद्र करता है। चेहरों की दुविधा चली जाती है। वे खड़े होकर कहते हैं, "आइये, विपिनजी!"

चेहरे मन्त्री के चेहरे से जुड़े थे, आँखें मन्त्री की आँखों से जुड़ी थीं, कान मन्त्री के मुख से जुड़े थे। कोई उलझन नहीं थी। अब वे उलझन में हैं। अब मैं आ गया हूँ। वे तय नहीं कर पा रहे हैं कि हम दोनों से वे अपने को कैसे जोड़ें। मुझे कितना फीसदी ध्यान दें। इस छोर पर मेरे पास कुर्सी खाली पड़ी है। वे देख रहे हैं कि क्या मैं इसी पर बैठ जाता हूँ या मन्त्री के मन में कुछ और है। मैं बैठने लगता हूं। मन्त्री कहता है, "वहाँ नहीं, इधर, मेरे पास।" चेहरे और ज्यादा मुस्कराने लगते हैं।

मैं थोड़ी बात करता हूँ। चेहरे मेरी बात पर ध्यान देने लगे हैं। मगर उन्हें लगता है, मेरे और मन्त्री के सम्बन्ध शायद औपचारिक हैं। ऐसा है तो मामूली ध्यान देने से भी चल जायेगा। मैं ताड़ जाता हूँ। मैं मन्त्री के कान में कहता हूँ—'बच्चे तो अच्छे हैं।' यह मैं जोर से भी पूछ सकता था। पर मैं चेहरों को बताना चाहता था कि मेरे मन्त्री से कानाफूसी के सम्बन्ध हैं। वह कहता है—'अच्छे हैं। आपकी कृपा है।' चेहरों पर प्रभाव पड़ता है। वे सोचते हैं—इसकी तो मन्त्री से 'कान्फीडेंस' में बातें होती हैं। वे मेरी बात पर भी अब हें-हें करने लगे हैं। मैं फिर मन्त्री के पास मुँह लगाकर कहता हूँ—'भोजन तो दोनों बार करते होंगे? वह ठहाका लगाकर हँसता है। कहता है—'आप भी क्या मजाक करते हैं।'

कुहनियाँ अब टेबिल पर टिक गयी हैं और चेहरे हथेली पर रख गये हैं। वे सब मुझे मान्यता दे चुके हैं। उनके हिसाब से मैं 'सप्लीमेण्टरी' में पास हो गया। मुझे देखकर मन्त्री उठ खड़ा होता है, मैं उसके कान में बात कर लेता हूँ, उससे मजाक कर लेता हूँ, उत्तम पुरुष के यही लक्षण हैं—उनके शास्त्रों में लिखा है।

अब वे अपना फर्ज समझते हैं कि मुझसे अपने को जोड़ लें। इसमें पहल वही डीन करते हैं। मुझसे तीसरे नम्बर पर हथेली पर रखा वह चेहरा कहता है, "विपिनजी, आपको याद होगा, डॉ. त्रिपाठी के यहाँ गोष्ठी में हमारी मुलाकात हुई थी?" अब मेरी बारी है। मैं उन्हीं की तरह कहता हूँ, "अच्छा, आप भी उस गोष्ठी में थे।" एक क्षण को चेहरा मुरझाता है, फिर मुसकराने लगता है। कहता है, "बड़ी अच्छी कविताएँ सुनायी थीं आपने।" बाकी चेहरों को जुड़ने का जरिया मिल गया। कविता के द्वारा वे मुझसे जुड़ने लगे। चेहरे एक के बाद एक कहते हैं, "बड़ी बढ़िया कविता लिखते हैं आप। सच्ची साधना करते हैं। श्रोताओं को मन्त्रमुग्ध कर देते हैं।" वे मन्त्री की तरफ अपने मतों के समर्थन के लिए देखते हैं। अगर मन्त्री समर्थन न करे तो इस प्रशंसा को आगे बढ़ाना ठीक नहीं होगा।

—ग्राण्ट अभी तक नहीं आयी है।

मन्त्री समर्थन करता है, "विपिनजी जैसे कवि किसी भी भाषा के लिए गौरव हैं।"

चेहरे मेरी तरफ झुक गये हैं। वे मेरी बात गौर से सुनने लगे हैं। अनुपात तय हो गया है। तीन बातें मन्त्री से करेंगे, तो एक मुझसे। मन्त्री की बात पर जितना हँसेंगे, उससे ज़रा ही कम मेरी बात पर। मैंने इस अनुपात को स्वीकार कर लिया और सन्तुष्ट हो गया हूँ।

दर्शनशास्त्र का चेहरा मन्त्री से कहता है, "आपका भाषण बहुत अच्छा रहा।"

वह मेरी तरफ देखता है। मैं कुछ नहीं बोलता।

इतिहास का चेहरा कहता है, "बड़ा प्रेरणाप्रद भाषण था।"

यह मेरी तरफ देखता है। मैं कुछ नहीं बोलता।

रसायनशास्त्र का चेहरा कहता है, "इट वाज रीयली वण्डरफुल।"

वह मेरी तरफ देखता है। मैं कुछ नहीं बोलता।

वे घबरा गये हैं। चेहरे परेशान हैं। चेहरों पर प्रश्न हैं—'तू क्यों नहीं बोलता? तू तारीफ नहीं करेगा, तो हम आगे कैसे बढ़ेंगे? हमें इस संकट से उबारता क्यों नहीं?' मैं देखता हूँ, मन्त्री भी परेशान है। मेरा परदुख कातर मन पिघल उठता है। मैं कहता हूँ, "अरे साहब, ऐसे प्रभावशाली वक्ता मैंने कम देखे हैं।"

चेहरों को एकदम राहत मिल गयी। मन्त्री का तनाव भी ढीला पड़ गया। बारी-बारी से संस्कृत, प्राणिशास्त्र, राजनीतिशास्त्र के चेहरों के मुँह खुलते हैं और वे लगभग एक-से शब्दों में मन्त्री के भाषण की तारीफ करते हैं।

—ग्राण्ट अभी तक नहीं आयी है।

मुझे शामिल करना फिर जरूरी हो गया है। एक चेहरा मन्त्री से पूछता है,

"विपिनजी से आपकी कबसे जान-पहचान है?" मन्त्री कहता है, "सन् बयालिस से। हम लोग कॉलेज छोड़कर स्वतन्त्रता-संग्राम में कूद पड़े थे। जेल में साथ थे। विपिनजी से मैंने बहुत कुछ सीखा है।"

सीखा है? गजब हो गया। अगर इनसे सीखा है, तो इनकी सिफारिश भी मानते होंगे। इनके कहने से काम भी कर देते होंगे।

—ग्राण्ट अभी तक नहीं आयी है।

चाय आ गयी है। प्रधान चेहरा चाय का कप मन्त्री की तरफ बढ़ाता है। मन्त्री कप लेकर मुझे दे देता है। प्रधान चेहरा काजू की तश्तरी उठाता है। उलझन में है-- किसके सामने पहले तश्तरी करे? मन्त्री के या मेरे? मैं मदद करता हूँ। तश्तरी लेकर मन्त्री के आगे कर देता हूँ। चेहरे प्रसन्न हैं कि हमने आपस में ही फैसला कर लिया।

अब हमें कला-प्रदर्शनी दिखाने ले जाया जा रहा है। आगे मन्त्री है। अगल-बगल-पीछे चेहरे हैं। मन्त्री कहता है, "आइए, विपिनजी!" चेहरे भी कहते हैं, "आइए, विपिनजी!" वे प्रदर्शनी मन्त्री को ही दिखाना चाहते हैं, मैं जानता हूँ। चित्र देखकर मन्त्री प्रसन्न होगा।

--ग्राण्ट अभी तक नहीं आयी है।

चित्र देखे जा रहे हैं। मन्त्री चेहरों से घिरा है। चेहरे उसे चित्र और चित्रकार का नाम बताते हैं। वह उसके बारे में जो शब्द कहता है, चेहरे उसे प्रतिध्वनित कर देते हैं।

मन्त्री—'रंग संयोजन अच्छा है।'

कोरस—'रंग संयोजन अच्छा है।'

मन्त्री—'वेरी बोल्ड लाइंस।'

कोरस—'वेरी बोल्ड लाइंस।'

मन्त्री—'ये शिव-पार्वती भी अच्छे हैं।'

कोरस—'शिव-पार्वती अच्छे हैं।'

मन्त्री—'बड़ा सुन्दर दृश्य है।'

कोरस—-'बड़ा सुन्दर दृश्य है।'

—ग्राण्ट अभी तक नहीं आयी है।

मन्त्री का खयाल है मैं उसके साथ ही चल रहा हूँ। मगर मैं जान-बूझकर काफी पीछे हूँ। मेरे-उसके बीच में चार-पाँच चेहरे हैं। मन्त्री चित्रों की प्रशंसा में मेरा समर्थन चाहता है। मगर चेहरों को मतलब नहीं है कि मैं कहाँ हूँ। मेरे कन्धे से कन्धा रगड़ते चेहरे चल रहे हैं, पर वे मुझे पहचानते नहीं हैं।

मन्त्री एक चित्र को देखकर खुश होता है। कहता है, "बड़ा बढ़िया है। देखिए, विपिनजी!" चेहरों को मेरी याद आती है। वे पीछे से मुझे ठेलकर आगे ले आते हैं, "आइए, विपिनजी।" मैं मन्त्री की बगल में आकर खड़ा हो जाता हूँ। चित्र देखता हूँ। कहता हूँ, "बहुत अच्छा है।"

मन्त्री आगे बढ़ जाता है। मैं पीछे खिसक जाता हूँ। चेहरों के लिए मैं फिर अपरिचित हो गया हूँ। किसी चित्र के सामने रुककर मन्त्री फिर कहता है, "ज़रा इसे देखिए, विपिनजी।" चेहरे फौरन मुझे पहचान लेते हैं। मुझे ठेलकर फिर मन्त्री की बगल में खड़ा कर देते हैं।

मुझे इस स्थिति का मज़ा आने लगा है। मैं अब ज़रा ज्यादा पीछे खिसक जाता हूँ। चेहरों के लिए मैं अजनबी हो जाता हूँ। तभी मन्त्री कहता है, "देखिए, विपिन-जी।" हलचल मच जाती है। चेहरे मुझे ढूँढ़कर मन्त्री के पास ले आते हैं।

कार्यक्रम समाप्त हो गया है। मन्त्री कार में बैठनेवाला है। मुझसे कहता है, "लखनऊ आयें तो जरूर मिलिए, विपिनजी।" मैं कहता हूँ, "हाँ-हाँ, जरूर।"

प्रधान चेहरा उससे कहता है, "आपके आने से हमें बड़ी प्रेरणा मिली। इसी तरह कृपा करते रहिए।" बाकी चेहरे इन्हीं शब्दों को प्रतिध्वनित करते हैं।

—ग्राण्ट अभी तक नहीं आयी है।

मन्त्री चला गया। मुझे अनाथ कर गया। कार फाटक से बाहर हुई और चेहरों के लिए मैं एकदम अजनबी हो गया। बुझे हुए चेहरे इधर-उधर चल दिये। मैं बरामदे में ऐसे खड़ा हूँ, जैसे बियाबान हो। कुछ मिनट पहले के विपिनजी मन्त्री की कार स्टार्ट होते ही मर गये। ये दूसरे विपिनजी बरामदे में खड़े हैं। वह मेरा सारा तेज लेकर फरार हो गया। पर वह उसी का दिया हुआ तो था।

दूसरे दिन मैं फिर काम से वहीं जाता हूँ। वही डीन फिर दिख जाते हैं।

मैं कहता हूँ, "आपका कल का समारोह अच्छा था।"

वे कहते हैं, "अच्छा, आप भी वहाँ हाजिर थे।"

रिसर्च का चक्कर

मैं काका की सलाह मानकर फजीहत में पड़ गया।

एक दिन वे कहने लगे, "आयुष्मान्, कोई लेबिल अपने ऊपर चिपका लो, वरना किसी दिन जेल चले जाओगे। तुम्हें बेकार घूमते देखकर किसी दिन कोई पुलिसवाला पूछेगा—क्या नाम है तेरा? बाप का नाम क्या है? कहाँ नौकरी करता है? तुम अपना और बाप का नाम तो बता दोगे, पर तीसरे सवाल के जवाब में कहोगे—नौकरी कहीं नहीं करता। यह सुनकर पुलिसवाला कहेगा—नौकरी नहीं करता? तब कोई चोर-उचक्का है तू। वह तुम्हें पकड़कर ले जायेगा। इस देश में जो किसी की नौकरी नहीं करता, वह चोर समझा जाता है। गुलामी के सिवा शराफत की कोई पहचान हम जानते ही नहीं हैं।"

मैंने कहा, "काका, तो फिर ?"

"विश्वविद्यालय में 'रिसर्च' करने लगो। वह नौकरी नहीं है, फिर भी इज्जत देती है। बहुत-से लोग पुलिस के डर से रिसर्च करते हैं। एम. ए. करने से नौकरी मिलने तक जो काम किया जाता है, उसे रिसर्च कहते हैं। वह दफ्तर जाने के पहले किया गया हरि-स्मरण है। इसीलिए अधिकांश शोध-प्रबन्ध विष्णुसहस्रनाम हैं—यानी उनमें एक ही बात हजार तरह से कही जाती है।"

काका की बात से मेरी एक दबी हुई इच्छा जाग उठी। कुछ साल पहले एम. ए. करने के बाद रिसर्च करने की मेरी इच्छा थी। पर मेरे विभागाध्यक्ष तब मुझसे नाराज थे, क्योंकि मैं उनकी इच्छा के विरुद्ध पहला दर्जा ले आया था। बात यह थी कि मेरा एक सहपाठी गुरुदेव को घर तक पहुँचाता था, और उनका बिस्तर लगाकर उन्हें लोरी गाकर सुलाता था। मैं उन्हें सिर्फ चौराहे तक पहुँचाता था—क्योंकि मुझे लोरी नहीं आती थी। उन्होंने उस सहपाठी को प्रथम श्रेणी का वर दिया था और मुझे द्वितीय श्रेणी का शाप। पर किसी कारण से शाप और वर बदल गये। गुरु बहुत नाराज हुए और उन्होंने मुझे रिसर्च नहीं करने दी। अब वे नहीं थे। उनके विरोधी सिंह गुट ने उन्हें अपने दल समेत निकलवा दिया था। अब उनकी जगह डॉक्टर सक्सेना आ गये थे। मेरी वह दमित इच्छा जाग उठी। और मुझे काका की बात पट गयी।

मैं दूसरे दिन डॉक्टर सक्सेना के बँगले पर पहुँचा। वे अपने अध्ययन-कक्ष में तीन-चार शोध-छात्रों के साथ बैठे थे। मैंने आचार्य को नमस्कार किया और अपना परिचय देने ही वाला था कि वे छात्र उठे और मुझे पकड़कर जबरन आचार्य के चरणों पर पटक दिया। एक ने उनके चरणों की धूल मेरे मस्तक पर लगा दी। मैंने अकबकाकर कहा, "अरे, क्या करते हो ?"

एक छात्र ने समझाया, "हम आपको नियम सिखा रहे हैं। इस कमरे में आचार्यजी सिर्फ छात्रों को प्रवेश देते हैं। बगल के कमरे में वे दूसरे लोगों से मिलते हैं जैसे विश्वविद्यालय के अधिकारियों से, कार्यकारिणी के सदस्यों से, नेताओं से। इस कमरे में जो भी आता है उसे आचार्यजी को साष्टांग दण्डवत प्रणाम करना पड़ता है और उनके चरणों की रज माथे पर लगानी पड़ती है। तुम देखते नहीं हो, भक्तों के लिए चरणरज हमेशा तैयार रखते हैं।"

मैंने कहा, "और उस कमरे में क्या होता है ? वहाँ का क्या नियम है ?"

छात्र बोला, "उस कमरे के बारे में जिज्ञासा से भी पाप लगता है। उस कमरे में गुरुदेव अपने हाथ धोकर जाते हैं।"

मैंने आचार्य के गन्दे पाँवों और साफ हाथों की तरफ देखा और वह छवि मेरे हृदय में हमेशा के लिए बस गयी।

मुझे अब बैठने की अनुमति मिल गयी। मैंने कहा, "गुरुदेव, मैं रिसर्च करना चाहता हूँ।"

उन्होंने पूछा, "क्यों ?"

मैंने प्रभाव डालने के इरादे से कहा, "मुझमें ज्ञान की पिपासा है। मैं किसी विषय का गम्भीर और सर्वांग अध्ययन करना चाहता हूँ।"

आचार्यजी बोले, "तुम्हारी उम्र कम नहीं है, पर तुममें अभी भी स्कूली बच्चों की तरह ज्ञान के प्रति उत्साह है। यह प्रौढ़ मानस का लक्षण नहीं है। अच्छा, पहले यह बताओ, तुम कौन जात हो?"

मैं इस सवाल से अचानक चकरा गया। जातिसूचक उपमान मैंने वर्षों पहले छोड़ दिया था। मुझे लगा कि मैंने संविधान पर जरूरत से ज्यादा विश्वास कर लिया।

मेरी उलझन देखकर आचार्य ने पूछा, "ब्राह्मण कि कायस्थ?"

मैंने कहा, "दोनों नहीं।"

उन्होंने पूछा, "मगर तुम्हें कौन अच्छा लगता है—ब्राह्मण कि कायस्थ? यहाँ 'बम्हनों' ने अपना गुट बना रखा है, जिसके नेता हैं डॉ. शर्मा। हमने भी अपना गुट बना रखा है—कायस्थ गुट। उसके नेतृत्व का भार मुझ अकिंचन पर है। तुम अगर ब्राह्मण गुट के प्रति निष्ठावान हो, तो डॉ. शर्मा के पास जाओ। वे तुम्हारा प्रबन्ध करेंगे। अगर···"

मैंने पूछा, "गुरुदेव, क्या कोई ब्राह्मण कायस्थ गुट में शामिल नहीं हो सकता?"

उन्होंने कहा, "हो सकता है। स्वार्थ जाति और धर्म से ऊपर की निष्ठा है।"

मैंने पूछा, "उपकुलपतिजी किस गुट की तरफ हैं?"

आचार्यजी ने कहा, "उनकी माँ कायस्थ थीं और पिता ब्राह्मण थे। इसलिए वे कभी इस तरफ झुकते हैं और कभी उस तरफ। तुम अपना तय करो।"

मैंने कहा, "गुरुदेव, मैं तय करके ही आया हूँ। मैंने अपने सारे नाते तोड़कर सिर्फ आपसे सम्बन्ध रखा है। 'नाते सकल राम ते मनियत'—एकनिष्ठ भक्ति का यह सूत्र मैं जानता हूँ।"

डॉक्टर साहब प्रसन्न हुए। कहने लगे, "तुम्हारी निष्ठा से हम प्रसन्न हैं। हम तुम्हें डॉक्टरेट दिलवायेंगे। तुम रिसर्च शुरू करो। पर पहले 'रिसर्च' का अर्थ समझ लो। इसका अर्थ है—फिर से खोजना यानी जो पहले ही खोजा जा चुका है, उसे फिर से खोजना 'रिसर्च' कहलाता है। जो हमारे ग्रन्थों में है उसे तुम्हें फिर से खोजना है। भारत के विश्वविद्यालयों में जो प्रोफेसरान हमारे विरोधी हैं उनके ग्रन्थों और निष्कर्षों को तुम्हें नहीं देखना है, क्योंकि तब तुम्हारा काम रिसर्च न होकर 'सर्च' हो जायेगा। दूसरी बात यह है कि विश्वविद्यालय ज्ञान का विशाल कुण्ड है। इसमें जितना ज्ञान भर सकता है उतना भरा हुआ है। लबालब भरा है यह कुण्ड। अगर बाहर से ज्ञान लाकर भरा जायेगा तो यह कुण्ड फूट जायेगा। तुम जानते हो, धाँसा बाँध टूटने से दिल्ली के आसपास कितना विनाश हुआ था। हर अध्यापक और हर छात्र का यह कर्त्तव्य है कि इस कुण्ड में बाहर से ज्ञान-जल न आने दे, वरना बाँध टूटेगा और विनाश फैलेगा। ऐसे हर छेद पर अँगुली रखे रहो, जहाँ

से ज्ञान भीतर घुस रहा हो।"

मैं नतमस्तक उनके उपदेश सुनता रहा। उन्होंने विस्तार से मुझे अपने कर्तव्य समझाये। बीच-बीच में उन छात्रों की तरफ देखकर कहते, "क्यों, झूठ कहता हूँ?"

वे कोरस में बोलते, "नहीं, सच कहते हैं।"

अब आचार्य ने कहा, "अब तुम थोड़ी देर बैठकर सुनो, ये छात्र क्या शोध करके लाये हैं। हाँ, तुम लोग एक के बाद एक अपना शोध-पत्र पढ़ो।"

पहले छात्र ने पढ़ा, जिसका सार यह कि परसों डॉक्टर शर्मा कहीं कार पर घूमने गये थे। साथ में उनकी पत्नी और बच्चे थे। यहाँ से चौथे मील पर कार का पेट्रोल खत्म हो गया। तब वे सब लोग पैदल वहाँ तक आये। फिर रात को डॉक्टर शर्मा नौकर के साथ पेट्रोल लेकर गये और तब कार लेकर आये। डिपार्टमेण्ट में सब छिपकर हँस रहे थे।

यह सुनकर आचार्य खूब जोर-जोर से हँसने लगे। बीच में कहते—सब पैदल आये। ही-ही-ही-ही! फिर पेट्रोल लेकर गये—ही-ही-ही-ही।

उन्हें हँसते देखकर वे छात्र भी ठहाके लगाने लगे।

मुझे हँसी नहीं आ रही थी। एक छात्र ने कहा, "आप हँसते क्यों नहीं हैं? शुरू से ही अनुशासन भंग कर रहे हैं। आगे क्या होगा?"

मैंने इस अवसर पर अपनी प्रतिभा दिखायी। कहा, "मैं सोच रहा हूँ कि एक महत्त्वपूर्ण विषय पर आप जैसे पारंगत शोधकर्त्ताओं का ध्यान क्यों नहीं गया?"

"किस विषय पर?" उन्होंने पूछा।

मैंने कहा, "इस पर कि कार में वह जो स्त्री थी, वह डॉक्टर शर्मा की पत्नी ही थी या कोई और?"

वे सब चकित रह गये। आचार्य ने तो खुशी से मुझे अपने गले से लगा लिया। कहने लगे, "वाह, इसे कहते हैं शोध-प्रतिभा। मैं इतने सालों से रिसर्च करवा रहा हूँ, पर यह बात मेरी दृष्टि से भी ओझल हो गयी। यंगमैन, तुम असाधारण हो। तुम्हें शोध कराकर मुझे गौरव मिलेगा।"

मेरा रंग जम गया।

दूसरे छात्र ने जो रिसर्च-पेपर पढ़ा, उसका सार यह था कि डॉक्टर शर्मा के गुट का एक अध्यापक, कार्यकारिणी के एक ठेकेदार सदस्य के घर गया और उसे लेकर उपकुलपति के बँगले पर गया। वहाँ वे लोग लगभग एक घण्टा रहे। इसके बाद वे बाहर निकले और पाँच मिनट हँसते हुए बातें करते रहे।

इसी तरह बाकी ने भी अपने-अपने शोध-निबन्ध पढ़े।

आचार्यजी ने हम लोगों से कहा, "अब तुम लोगों को मैं विशेष विषय पर काम दे रहा हूँ। तुम जानते हो, अभी इसी राज्य में मुख्यमन्त्री बदला है। तुम्हें एक सप्ताह में शोध करना है कि इसका विश्वविद्यालय पर क्या असर पड़ेगा। पूरी तरह पता लगाओ कि किस अध्यापक के उनसे कैसे सम्बन्ध हैं? कौन लोग अपने को उनका 'आदमी' कहते हैं? कौन अभी तक अपने को पुराने मुख्यमन्त्री

का आदमी कहते हैं ? उपकुलपति उनके कृपापात्र हैं या नहीं ? और वे किन बातों से खुश होते हैं ? देखो, इस विषय पर बहुत ध्यान से काम करना है क्योंकि इसी पर तुम्हारे थीसिस की योग्यता निर्भर है।"

आचार्य ने जो नया विषय शोध के लिए दिया था, उस पर सबसे अच्छा काम मैंने ही किया। जब मैंने वह शोध-पत्र आचार्य के सामने पढ़ा, तो वे खुशी से उछल पड़े। कहने लगे, "नियम यदि बाधक न होते, तो मैं तुम्हें इसी वक्त डी. लिट्. दिला देता।"

पर एक दिन आचार्य ने थोड़ी नाराजी जाहिर की थी। उनके पास रिपोर्ट पहुँची थी कि मैं चौराहे पर विरोधी गुट के एक अध्यापक के साथ पान खा रहा था। मैंने कैफियत दी कि वह सिर्फ संयोग की बात थी।

वे बोले, "मगर तुम उसके साथ हँस भी तो रहे थे। यह गलत है। एकनिष्ठता के बिना शोध नहीं होती। तुम्हें उस तरफ के लोगों की छाया से भी दूर रहना चाहिए।"

उस दिन से मैंने बड़ी सावधानी बरती।

लेकिन डॉक्टर होना मेरी किस्मत में नहीं था।

एक शाम को आचार्यजी ने मुझे बुलाया। कमरे के सब दरवाजे बन्द करके बोले, "देखो, डीन की फिर नियुक्ति होनेवाली है। वह शर्मा का बच्चा फिर कोशिश कर रहा है। वह मेरा एकमात्र प्रतिद्वन्द्वी है। जैसा मैं कहता हूँ, वैसा तुम करो तो वह रास्ते से हट जायेगा और मैं डीन हो जाऊँगा।"

उन्होंने जेब से एक थैली निकालकर मेरे हाथ में दी और कहा, "इसमें गाँजा है। इसे डॉक्टर शर्मा के घर में चुपचाप डाल देना और फिर किसी पब्लिक-फोन से बिना अपना नाम बताये, पुलिस को खबर कर देना।"

मैं एक क्षण तो खड़ा रहा। फिर गाँजा टेबिल पर फेंककर फुरती से दरवाजा खोलकर जो भागा, तो आज तक नहीं गया।

आइल किंग

हम लोगों ने एक संस्था आरम्भ की थी—आर्थिक साधनों से हीन। 'आरम्भ' शीघ्र ही 'अन्त' में न बदला जाये, इसलिए उसे कुछ अर्थ के इन्जेक्शन देने का इरादा किया। गरीबों को तो खैराती अस्पताल का ही सहारा होता है; हम भी खैराती बटोरने निकल पड़े।

एक शहर पहुँचे तो एक व्यक्ति की गुण-गाथा सुनने को मिली। सहायकों ने

कहा, "वह इस इलाके का 'आइल किंग' है।" हमने ताश में 'चिड़ी किंग' तो देखा था, मगर 'आइल किंग' देखने को नहीं मिला था।

हमारी उत्सुकता बढ़ी। स्थानीय मित्रों ने कहा, "गाँव-गाँव में दुकानें हैं उसकी। गाँव-गाँव मुनीम, कारिन्दे! गाँव-गाँव लेन-देन! अगर उसे आपकी बात जम गयी तो निहाल कर देगा। फिर कहीं जाने की जरूरत नहीं। हजार दे दे, दो हजार दे दे, दस हजार दे दे—और कुछ भी न दे! सब उसके 'मूड' पर निर्भर है। अच्छे 'मूड' में चले जाओ, तो मुँह-मांगा दे दे, और नहीं तो फूटी कौड़ी भी नहीं।"

दूसरा दिन हमने उसका ठीक 'मूड' पकड़ने की कोशिश में बिताया। दो-चार स्थानीय मित्र दिन-भर उसकी कोठी के चक्कर लगाते रहे कि ठीक 'मूड' का संकेत मिलते ही हमें फोन कर दें। हमें उस दिन समझ में आया कि पुराने जमाने से शुभ कार्यों में अच्छा मुहूर्त देखने की जो परिपाटी है, वह देवताओं का ठीक 'मूड' जानने के लिए ही होगी। हजारों सालों से जो देवता मानकर पूजे जा रहे हैं, वे कभी इसी तरह के 'आइल किंग', 'बीड़ी किंग', 'मेंगनीज किंग', 'टेक्सटाइल किंग' या 'लेदर किंग' होंगे। कभी कोई हम जैसा आदमी किसी 'किंग' के यहाँ पहुँच गया होगा और उसे उसने मुँह माँगा दान कर दिया होगा। बस, उस लोलुप विप्र ने बात फैलायी होगी—"आहा! वह तो अवढरदानी है! उसकी पूजा करो। वह देवता है।"

दिन-भर हमारे दूत फोन करते रहे-—"अभी 'मूड' ठीक नहीं—मैनेजर पर नाराज हो गये थे।...अभी-अभी 'मूड' अच्छा था और अब खराब हो गया; चाय में मक्खी गिर गयी।...अभी 'मूड' गड़बड़ है, इनकम टैक्स अफसर से झड़प हो गयी।" शाम तक हम अच्छे 'मूड' के इन्तजार में बैठे रहे, जैसे मछुवा तालाब में 'काँटा' डाले बैठा रहता है कि मछली काँटे को छुए और वह एक झटके में उसे फँसा ले।

शाम को हमने मित्रों से कहा, "अब तो शाम हो गयी, दिन-भर का काम खत्म हो गया होगा और वह फुरसत में होगा। चलो चलें।" एक साथ दो-तीन मित्र ऐसी फुर्ती से बोले मानो हम कुएं में गिर रहे हों और वे झपटकर पकड़ रहे हों, "अरे नहीं नहीं! इस वक्त नहीं। यह तो उनके 'सन्ध्यावन्दन' का समय है।" मैंने कहा, "अच्छा, बड़े धार्मिक वृत्ति के आदमी हैं।" इस पर वे लोग हँस पड़े और एक ने समझाया, "भाई साहब, 'सन्ध्यावन्दन' का तात्पर्य 'ईश्वर-वन्दना' से नहीं है। वे सन्ध्या समय शैतान की वन्दना करते हैं, याने दोस्तों के साथ बोतलों के कार्क खोलते हैं।"

दूसरे दिन लगभग 10 बजे सुबह हमें अपने दूत ने फोन किया, "फौरन चले आओ—बढ़िया 'मूड' है—लड़का बी. ए. पास हो गया है।" हम ऐसे उछले जैसे बचपन में अपने स्कूल की हाकी-टीम के गोल करने पर उछलते थे। फौरन कपड़े ठीक किये, बाल सँवारे, चेहरे पर हाथ फेरा और चल दिये। राज-दरबार में भाट होते थे, जो आगन्तुक का परिचय राजा से कराते थे। हमारे साथ भी एक सज्जन

थे जिनका परिचय राज-पक्ष और याचक-पक्ष दोनों से था। हम लगभग भाग रहे थे—36 घण्टों में यह क्षण पकड़ में आया था; कहीं 'मूड' फिर खराब हो जाय तो न जाने कब तक इन्तजार करना पड़े। हमारा हृदय धक्-धक् कर रहा था। 'आइल किंग' की इतनी लम्बी-चौड़ी भूमिका बाँधी गयी थी, उनके अस्थिर और विचित्र 'मूड' की इतनी चर्चा सुनी थी, उनकी दानशीलता की गीता का इतना पाठ हो चुका था कि हमारे मन में एक भय व्याप्त हो गया। न जाने कैसी बात करता है? न जाने कैसा 'मूड' है? न जाने कितना देता है? न जाने कुछ देता भी है या नहीं?

बड़ा भारी कम्पाउण्ड था, जिसके बीच में बड़ी अट्टालिका! बड़ा फाटक जिसके दोनों ओर दो गुरखे फौजी ढंग पर सिविलियन बनावट की खाक़ी वर्दी पहने खड़े थे। इन बहादुरों का उपयोग न जाने कब तक दूसरों के माल की रक्षा करने के लिए होता रहेगा। बेचारे कब से 'जॉन-बुल' की साम्राज्यवादी लूट की तिजोड़ी की रक्षा कर रहे हैं। हमारे साथ हमारे मध्यस्थ ही हमारे विजा (Visa) थे, इसलिए उस राज्य में हमें निर्विरोध प्रवेश मिल गया।

तीन-चार कमरे पार करके हम 'आइल किंग' के निजी कमरे के सामने पहुँचे। मध्यस्थ महोदय भीतर पहुँचे और थोड़ी देर के बाद परदे में से झाँककर कहा, "आ जाइये।" हमारे दिल की हालत का ठीक बयान करने के लिए 19वीं शताब्दी का उर्दू शायर हमारे साथ होना चाहिए था—माशूक का पैगाम पाकर आशिक के दिल की जो हालत होती है, वैसी ही कुछ हालत थी। हमने भीतर प्रवेश किया और एक भारी तथा फटी-सी आवाज सुनी—"आइए!" रात के सन्नाटे में दूर से रेल के नये कुरूप केनेडियन एंजिन के भोंपू की आवाज जैसी सुन पड़ती है, वैसी ही यह आवाज लगी। निगाह डाली इस आवाज के मालिक पर। काली और स्थूल एक काया चौड़ी कुर्सी पर ऐसी जमी थी, जैसे पेंच से कस दी गयी हो। छोटी-छोटी आँखें जिनके आसपास मांस फड़कता था—बल्ब के आसपास के रिफलेक्टर की तरह। बड़ी नाक, काफी चौड़ा मुख। पूरा व्यक्तित्व बड़ा रोबदार था—या शायद देनेवाला व्यक्तित्व लेनेवाले को हमेशा रोबदार लगता हो। अँगुलियाँ लम्बी और मोटी। ये हमें इसलिए एकदम दिख गयीं कि 'आइल किंग' बिना पंजे से संकेत और हाव-भाव किये कुछ बोलते ही नहीं थे। उधर मुँह चला और इधर हाथ चला। हाथ इस तरह घूमते थे मानो वे सारी सृष्टि का संचालन यहीं बैठे-बैठे संकेत मात्र से कर रहे हों।

टेबिल पर दो फोन रखे थे, एक काला और एक सफेद। दीवारों पर गाँधी और जवाहर की तस्वीरें थीं और गोलवलकर की तथा करपात्री की भी—राम को भी प्रणाम, रावण को भी प्रणाम! दीवार का रंग बहुत सुन्दर था पर बीचों-बीच तेल में घुले सिंदूर में अँगुली डुबाकर लिखे गये ये भद्दे अक्षर उछल रहे थे—'श्री महालक्ष्मी सदा प्रसन्न!' लक्ष्मी का नाम बिना भद्देपन के लिखा नहीं जा सका था।

मुझसे बोले, "मैंने आपका नाम सुना है। बड़ा अच्छा लिखते हैं आप।" यह सुनकर मैं निराश हो गया। मैंने सोचा, इसे देना नहीं है तभी प्रशंसा करके टाल

रहा है। ऐसी प्रशंसा का मैं अभ्यस्त हो गया था। अनेक प्रशंसकों ने कहा था, "आपके लिए जान हाजिर है।" पर जब मैंने उनकी जान उन्हीं के पास रहने देकर बदले में दो-चार रुपये माँगे, तब उन्होंने मुँह फेर लिया। शायद प्राण के बदले में उन्हें यह कीमत ज्यादा लगी हो। मुझे यह आशंका हुई कि यह कहीं अपनी जान 'ऑफर' न करने लगे। वे चिकनी बातें करते रहे और मैं घबराता रहा। चिकनी बात पर आदमी का पाँव फिसला, कि बह गया रसातल को। पर माँगने आये हैं, यह एकदम कहते तो बनता नहीं था, इसीलिए पहले यहाँ-वहाँ की बातें ही होती रहीं। वे बड़े खुलकर बोलते थे, निःसंकोच चर्चा करते थे, अपनी बात को एकमात्र स्थिर सत्य मानकर जोर से कहते थे, अपने मन में सर्वमान्यता का आग्रह प्रकट करते थे। एक क्षण में उन्होंने हम सबको निर्बोध शिशु मान लिया और दुनिया की तमाम चीजें समझाने लगे। गलत भाषा, गलत विचार, गलत ढंग से आत्मविश्वास के साथ इतने जोर से बोलनेवाले मैंने कम आदमी देखे हैं। किसी जाति विशेष की बात निकली तो वे बोले, "इन लोगों में तो शराब पीने का 'तख़ल्लुस' ही है।" तख़ल्लुस का प्रयोग उन्होंने सहूलियत के लिए 'रिवाज' के अर्थ में कर लिया था।

विश्वविद्यालय के हाल ही में हुए चुनाव पर बात चली। हाल ही में एक नये वाइसचांसलर चुने गये थे, जिनकी विजय के लिए राज्य सरकार ने चतुरंगिणी सेना लेकर विश्वविद्यालय पर चढ़ाई की थी— मन्त्रिमण्डल, अफसर, सेठ-साहूकार और राजनेतागण—चतुरंगिणी। आइल किंग बोले, "वे तो पिछली बार ही जीत जाते; लेकिन मैंने ही 11 वोट उनके खिलाफ दिला दिये थे। बात यह थी कि मैं था उस वक्त जनसंघ में और वे थे प्रजा समाजवादी दल में। मैंने कहा कि तुम कुछ भी करो, तुम्हें जीतने नहीं दूँगा। मैंने 11 मेम्बरों से कह दिया कि चाहे 'न्यूटरल' (तटस्थ) रह जाना पर इन्हें वोट मत देना। वे लोग मेरे ही यहाँ तो ठहरे थे। अब इस बार तो मैं भी कांग्रेस में आ गया और वे भी। वे मुझसे पहिले ही आकर मिल लिये। मैंने कहा, 'हाँ, इस बार तुमको जिता दूँगा; अब तो पार्टी का सवाल है।' इस बार तो मैंने सब मेम्बरों को अपने ही यहाँ ठहरा लिया था। दो दिन इधर ऐसा लगता था जैसे उनकी बारात ठहरी हो।" वे अपने इस मजाक पर बहुत जोर से हँसे। हमें पहले तो हँसी नहीं आयी, पर यह सोचकर कि हमारे न हँसने का कुपरिणाम कहीं चन्दे की रकम पर न पड़े, हम सबमें एक मौन अकथ समझौता-सा हो गया और हम सब भी एक साथ जोर से हँस दिये। वे आगे बढ़े, "आखिर इस बार वे जीत ही गये। मैंने तो साफ कह दिया कि भाई जो कुछ करो, ज़रा पूछ लिया करो। अब तो दस-पाँच दिन में आकर मिल जाते हैं।"

उनकी आँखों में चमक आ गयी और उन्होंने इस प्रकार गर्व से हमारी ओर देखा जैसे विश्वविद्यालय के उपकुलपति को पुरानी कथाओं के जादूगर की तरह इन्होंने मक्खी बनाकर दीवार पर चिपका दिया हो।

बात का रुख बदला। पत्रकारिता पर बातें होने लगीं। वे बोले, "वह दीक्षित है न? वही 'आँधी' साप्ताहिक का सम्पादक। बेचारा भूखा मरता था। मैंने उसे

प्रेस खरीद दिया। अच्छा चलता है अब 'आँधी'! जब भी आता है, कुछ दे ही देता हूं। कह दिया, 'जा, विज्ञापन ही छापा कर।' उसका पेट भर जाता है, अपना एक अखबार बना रहता है। वैसे तो मैं अपनी पार्टी के सभी पत्रों को विज्ञापन दे देता हूँ। अरे भाई, बिना अपने अखबार के, राजनीति में आना बड़ी गलती है।"

फिर एक बार उन्होंने हमारी ओर देखा। विशेष बात यह थी कि वे यह सब बहुत स्वाभाविक रीति से बिना किसी बनावट से कह रहे थे जैसे माल की खरीद-बिक्री कर रहे हों।

बात बढ़ते-बढ़ते मन्त्रिमण्डल पर पहुँची। वे बोले, "वह उपमन्त्री है न—दिगन्त; उसके घर में भूंजी भाँग नहीं थी पिछले चुनाव में। बेचारा गरीब आदमी है। मेरे पास आया तो मैंने 4-6 हजार रुपये दे दिये, दो-एक मोटरें भी प्रचार के लिए दे दीं। वह जीत गया। अब तो वह 'बेटा' उपमन्त्री हो गया। लेकिन अभी भी मुझे मानता बहुत है। अभी उस दिन यहाँ के असिस्टेण्ट इन्कमटेक्स अफसर का तबादला हो गया। हम उसका तबादला नहीं चाहते थे। अरे भाई, सब अपना सुभीता देखते हैं। मैंने ट्रंक-काल किया दिगन्त को। मैंने कहा, 'क्यों बच्चा, अब तो तुम्हारे पंख निकलने लगे। अब देखता हूँ, तुम कैसे जीतते हो, उस क्षेत्र से। उसका ट्रान्सफर केंसल कराते हो, कि मैं मुख्यमन्त्री को फोन करूँ? बस वह घिघियाने लगा, 'अरे, अरे दादा, ऐसी क्या बात है? भला मैं आपकी बात कैसे नहीं मानूंगा? अभी मामला ठीक किये देता हूँ।इसके दूसरे दिन तबादला केंसिल होने का तार आ गया।"

सरकार भी निपट गयी। अब विधान-सभा की बारी आयी। बोले, "मेरे दो मुनीम खुद एम. एल. ए. हैं। पिछले चुनाव में मैंने कांग्रेसवालों से कहा कि अगर इन्हें टिकिट देते हो तो खर्च मैं बरदाश्त करूँगा। कांग्रेस को तो जरूरत ही थी, पैसे-वाले उम्मीदवारों की। उन्हें टिकिट दे दिये और वे जीत गये।" वे हँसे और फिर नीची निगाह कर बड़े सकुचाते-लजाते बोले, "अब मुख्यमन्त्री पीछे ही पड़े हैं कि इस बार पालियामेण्ट में चले जाओ। मैंने कहा कि भाई मुझे तो मेरे ही काम से फुरसत नहीं है।" इसे भी बड़ा विकट विनोद समझकर वे ठहाका मारकर हँसे। हमने भी चन्दे की रकम के परिमाण में वृद्धि के ख्याल से एकदम उनका साथ दिया।

इसके बाद वे रुके। चाय आ गयी थी।

चाय पीकर उन्होंने किसी बात पर जोर देने के लिए टेबिल पर घूंसा पटका। मैं चौंका। उनकी मुट्ठी की ओर देखा और उस क्षण मुझे लगा कि इस मुट्ठी की पहिली अँगुली से वे शिक्षा-व्यवस्था को दबाये हैं, दूसरी से पत्रकारिता को, तीसरी से मन्त्रिमण्डल को और चौथी से विधान-सभा को। और चारों के ऊपर जो यह उठा हुआ अंगूठा दिखा रहे हैं, वह अँगूठा सारे देश को दिखा रहे हैं।

एक घण्टे का साथ

सुबह का वक्त था। रेलवे प्लेटफार्म की घड़ी के मुख पर महकमे की कार्य-कुशलता का प्रमाण-पत्र, सफेद कागज चिपका है। बन्द है। एक आदमी अभी कहता निकल गया था, "साली, एक हफ्ते से बिगड़ी है।" इस एटम युग में 250 करोड़ के बजट-वाले महकमे की घड़ी को सुधारने की सुविधा एक सप्ताह तक नहीं जुटं पाती। महान् देश है। उत्तर में संसार का सबसे ऊँचा पर्वत हिमालय गर्दन ताने जो खड़ा है ! और हाथ में ? एक बार कभी घड़ी बाँधी थी। पर वह एक दिन विधवा की चूड़ी की तरह झड़ गयी। तब से 'हाथ खाली' ही हैं।

लेकिन तार-घर की मैली खिड़कियों से सूरज झाँकने लगा है। उसकी एक छनी किरण आलसी घड़ी के मुख पर थप्पड़ जमा रही है।

रात को तीन-चार घण्टे पानी बरसा था। कहीं-कहीं गढ़ों में अभी भी पानी भरा है, जैसे हठी लड़का बहुत रोकर भी माँ-बाप का ध्यान न खींच सके, तो आँसुओं की अन्तिम एक-दो बूंदें पलकों में इस आशा से सप्रयास अटकाये रहता है कि शायद अब नजर पड़े।

भीड़ कम है। पर वे 4-6 तरुण बराबर घूम रहे हैं, जो अपनी एकमात्र पोशाक को रोज धोकर, हर गाड़ी पर नियमित रूप से गतिवान् सौन्दर्य को निहारने आ पहुँचते हैं।

चहल-कदमी करके 'लेट' आनेवाली गाड़ी के नाज उठा रहा हूँ। सामने परिचित चाल, फिर परिचित वस्त्र, और अब तो वह परिचित मुख ! वह मेरे नजदीक आ गया है। वही खादी के कुरता-पायजामा, वैसे ही रूखे बाल, उनसे भी रूखा चेहरा, नंगे पाँव, आँखों में निराशा का नशा, मुख पर परेशानी की रेखाएं।

मैंने पूछा, "क्यों इतने सबेरे कैसे आये ? क्या कहीं जा रहे हो ? किसी को पहुँचाने आये हो ?" खूब देर से उठने की जिसने बरसों से ख्याति फैला ली है, वह इस समय, इस हालत में सामने खड़ा है। अचरज की बात ही तो है। उसने एक बार मेरी ओर देखा, फिर छत और आकाश की सीमान्त रेखा पर नजर गड़ाकर मेरे प्रश्नों को अभिनय की वाणी में दुहराने लगा, जैसे आकाश-भाषित सुन रहा हो या अपने ही मुख से सुने बिना उसे मेरे प्रश्नों पर भरोसा नहीं होगा। कहने लगा, "हूँ ! इतने सबेरे कैसे आये ? क्या कहीं जा रहे हो ? किसी को पहुँचाने आये हो?··· इतने सारे प्रश्न पूछने का अधिकार-पत्र मैंने कभी आपको नहीं दिया !" उसकी गर्दन फूल गयी— ठीक तोते जैसी, जब वह बिल्ली को देखता है। नाक भी उसकी फूल गयी और चिबुक लगभग वक्ष से लग गयी जिससे उसकी गर्दन बिल्कुल गालों की ऊँचाई पर पहुँच गयी। उसकी आँखों में रोष और दर्प के भाव बहुत स्पष्ट।

तीन-चार सालों से जानता हूँ इसे। कुछ लोग हम दोनों को मित्र समझते हैं, कुछ कहते हैं, हम शत्रु हैं। वह स्वयं आज मित्र है, तो कल शत्रु। महीनों मेरे साथ

मेरे मकान में रहा है, और फिर महीनों मुझे गाली देता फिरा है। कोई मेरी प्रशंसा करता है, तो वह निन्दा करने लगता है! और कोई मेरी निन्दा करता, तो वह मेरा पक्ष लेकर मारपीट तक करने को उतारू हो जाता है।

मैंने कहा, "फिर भी जब हम लोग मिल गये हैं, तो कुछ बात करनी ही पड़ेगी।"

वह उसी भाव से बोला, "हाँ, बात तो करनी ही पड़ेगी, क्योंकि हम कुत्ते या बिल्ली नहीं हैं, मनुष्य हैं और यही मजबूरी है। तो सुनिए I am going to the end of the world (मैं दुनिया के छोर तक जा रहा हूँ)।" उसकी आँखों में बड़ी वेदना और निराशा आ गयी। मैंने वातावरण को हल्का करने के लिए कहा, "लेकिन गाड़ी तो नागपुर तक ही ले जायेगी।" वह खिन्न हँसी हँसकर बोला, "गाड़ी के ऊपर बैठूंगा तो नागपुर ले जावेगी और अगर गाड़ी के नीचे बैठा तो दुनिया के अन्त तक नहीं ले जावेगी ?"

उसने फिर एक गहरी साँस छोड़कर वातावरण को निराशा से भर दिया है। दृष्टि उसकी अब फिर छत और आकाश की सीमान्त रेखा पर अटक गयी। दृष्टि का शून्य जैसे महाशून्य में मिलाने से उसे चैन मिल रहा है। आज वह बहुत निराश है। दुनिया से जाने की बात आज तक उसने नहीं कही थी।

मैंने कहा, "चाय पियोगे ?" वह बोला, "हाँ, जरूर पीऊँगा। आपकी कृपा है। कृपा तो आप लोग करते ही रहते हैं। कृपा करना तो आप लोगों का शौक है, Luxury है। भला हम गरीब आप लोगों के शौक में बाधक बनने की हिम्मत कैसे कर सकते हैं ?"

'आप लोग' और 'हम लोग' ये दो वर्ग उसने स्पष्ट कर लिये हैं। मेरी नौकरी लगी है। मुझे हर महीने कुछ रुपये मिल जाते हैं, इसलिए मैं 'आप लोग' में शामिल हूँ। उसके पास नौकरी नहीं है, उसे हर महीने नियमित रूप से रुपये नहीं मिलते, इसलिए वह 'हम लोग' में शामिल है। इस प्रकार के वर्ग-भेद पर आधारित वर्ग-चेतना उसमें हर क्षण जागृत रहती है।

मैं अब उसे चाय की दूकान पर ले आया हूँ। कप सामने आ गये हैं। वह चाय को गौर से देखकर दूकानदार से बोला, "भाई, चाय में कम-से-कम दूध की सुगन्ध तो दी होती! इतना निर्मल जल! इतना शुद्ध सत्य न बाँटा करो दुनिया को!" फिर मेरी ओर देखकर बोला, "क्या आपकी कृपा की डोर में फँसकर एकाध बिस्किट मेरे पास तक नहीं आ सकता ?" मैंने दो बिस्कुट बुला दिये हैं।

गाड़ी अब सिगनल पर आ गयी है। वह अन्तिम घूंट ले रहा है। मैंने कहा, "जल्दी करो। बहिन को गाड़ी पर बिठाना है।" वह बोला, "बहिन इस गाड़ी से जा रही हैं ? चलो।" अब मेरा कोई काम नहीं रह गया। उसने सामान और बच्चे सब गाड़ी में चढ़ा दिये। मैंने बहिन के चरण छुए। उसने भी चरण-स्पर्श किया और उसकी आँखों से आँसू झरने लगे। मुसीबतों को तो उसने पालतू पशु की तरह पाल रखा था। पर स्नेह और सहानुभूति के सामने उसका हृदय द्रवित हो गया।

मैंने उसका हाथ पकड़कर कहा, "चलो चलें।" वह बोला, "कहाँ चलूँ ? मेरे लिए कहीं जगह है ?"

मैंने कहा, "मेरे साथ चलो।" उसके उत्तर की प्रतीक्षा किये बिना मैं उसे सड़क पर खींच लाया हूँ। मैंने उससे कहा, "आखिर, तुम आत्महत्या क्यों करना चाहते हो ?" वह तपाक से बोला, "इसलिए कि और कुछ करने को नहीं है।" फिर दोनों हाथों से अभिनय करते हुए बोला, "खूब अँधेरी रात है। तुम एक गहरी खाई की कगार पर खड़े हो। तुम्हारे पीछे एक भयंकर शेर खड़ा है। तुम्हारी जेब में सिर्फ एक जहर की पुड़िया है। तुम क्या करोगे ?" मैंने हँसकर कहा, "मैं पहिले शेर को जहर खिला दूँगा। जब वह मर जायेगा, तब मैं घर लौट आऊँगा।" वह भी खिलखिलाकर हँस दिया। फिर एकदम गम्भीर हो गया। कहने लगा, "तुम बदमाश हो। झूठ बोलते हो। अरे तुम जहर खा लोगे। सबसे कम कष्टकर तुम्हारे लिए यही होगा। मैं भी सबसे कम कष्टकर मार्ग अपना रहा हूँ। बहुत लुभावना है। पर जब जीना मरने से अधिक कष्टकर हो जाय, तो मरने को ही सच्चा जीवन मान लेना चाहिए।"

अब हम दोनों, सड़क पर मौन चल रहे हैं। बह एम. ए. पास है। अंग्रेजी, हिन्दी और राजनीति का विद्वान् है। पहले होटलों में बैठकर घण्टों मार्क्सवाद की व्याख्या करता था। स्वभाव से खूब मस्त और अल्हड़। खूब स्वस्थ, खूब सुडौल। अपनी लम्बी नुकीली नाक पर अँगुली फेरकर पूछता था, 'Have you seen a Roman nose ?' सब लोग मजा लेते थे।

लेकिन उसे नौकरी अच्छी नहीं मिली। अपनी विद्या-बुद्धि के योग्य उसे काम नहीं मिला। मालिक लोग आदमी के व्यक्तित्व को कागज की पुड़िया की तरह जेब में रख लेना चाहते हैं। इसका व्यक्तित्व ज़रा कड़ा कागज था। पुड़िया बनती नहीं थी और कौआ अगर न्यायाधिकार लेकर बैठ जाय तो हर उज्ज्वल हंस को कोढ़ी कहकर तिरस्कृत करेगा। मालिकों ने इसके साथ ऐसा ही किया। जगह-जगह से तिरस्कृत हुआ। उसे अपनी योग्यता का मूल्य नहीं मिला। निपट मूर्खों को उसने ऊँचे आसन पर प्रतिष्ठित देखा।

परिणाम—वह ऐसा हो गया। अब वह विचित्र हो गया है। पर कितने लोग जानते हैं कि अपने-आपको खोकर उसने यह वैचित्र्य अर्जित किया है। अब उसे हर आदमी से शिकायत है। उसे लगता है कि हर आदमी उसका दुश्मन है। उसकी आस्था टूट रही है। कोई हँसता है, तो वह सोचता है, यह मेरा उपहास कर रहा है। गम्भीर रहता है, तो यह कि मुझे देखकर मुँह फुला लेता है। कोई नमस्कार करता है, तो सोचता है व्यंग्य करता है। बिना नमस्कार किये निकल जाता है, तो यह कि घमण्ड करता है। कोई उसे नाश्ता कराता है तो सोचता है कि यह अपनी सम्पन्नता का ढोल पीटता है। नाश्ता नहीं कराता है, तो यह कि घोर स्वार्थी है। प्रेम प्रगट करने पर चिढ़ता है, सहानुभूति पर खीझ उठता है।

अब उसकी बात पर लोग हँसते हैं। वह मनोरंजन का साधन भी बन जाता

है। पहिले दार्शनिक मस्ती के साथ जब घूमता था और अपनी तीखी उक्तियों से लोगों के पाखण्ड उघाड़ता था, तब ऐसा लगता था जैसे एथेन्स की सड़कों पर सुकरात घूम रहा है। अब उसे लोग टालते हैं।

बहुत देर से हम लोग मौन चल रहे हैं। मैंने मौन भंग किया, "तुमने म्युनिसिपैलटी की नौकरी क्यों छोड़ दी?" वह जैसे नींद से जागा। अपने समस्त शरीर को आन्दोलित करके बोला, "बात यह थी कि उस संस्था में दो दल हैं। सुभीते के लिए एक को 'कुत्ता पार्टी' कहो और दूसरे को 'गधा पार्टी'। मुझे कुत्ता पार्टी ने नियुक्त कराया था, इसलिए वे कहने लगे कि तुम हमारे आदमी हो, हमारा माल शहर में बिना चुंगी के आने दो। मैंने नहीं आने दिया। बस, वे सब लगे भौंकने। इधर गधा पार्टी ने कहा कि यह तो विरोधी दल का आदमी है। बस, वे लगे दुलत्ती झाड़ने। एक तरफ से कुत्तों का भौंकना और दूसरी तरफ गधों की दुलत्ती— आदमी भाग निकला।"

अब वह अन्यमनस्क हो गया है। मैंने पूछा, "फिर तुम मारे-मारे क्यों फिरते हो? तुम्हारे भाई हैं, माता-पिता हैं, बहिनें हैं। क्या वे तुम्हें प्रेम और सम्मान से नहीं रख सकते?" उसने कहा, "तुम गलत सोचते हो। मेरी क्रय-शक्ति इस समय शून्य पर है। प्रेम खरीद नहीं सकता। लेकिन आसमान और जमीन सरीखे कोई उदार नहीं हैं। न ऊपर से आसमान की छाया हटती है, और न नीचे से जमीन खिसकती है।"

वह अब बहुत उदास हो गया है। सामने से निकलनेवाले मोटर, रिक्शा, ताँगा आदि को देखता है, और कुछ अस्पष्ट कह जाता है। सामने से सैकड़ों आदमी फौजी सामान के कारखाने में काम करने जा रहे हैं। मेरा साथी आहें भरकर बोला, "जानते हो, यह सब कहाँ जा रहे हैं? ये फौजी कारखानों में काम करने जा रहे हैं। वहाँ आदमी को मारने के लिए गोला-बारूद बनता है। वे दिन-भर आदमी को मारने का सामान बनाते हैं। आज आदमी को मारकर आदमी को पेट भरना पड़ता है। कैसी निकृष्ट जीविका है। सब मौत का व्यवसाय है।"

उसने अपनी जेब से एक टूटी बीड़ी निकाली और एक राहगीर से माचिस माँगकर जला ली। धुआँ छोड़ता हुआ वह अब मस्ती से चल रहा है। मेरे परिचित अब राह में मिलने लगे हैं। उनसे नमस्कार का आदान-प्रदान करता हुआ मैं चल रहा हूँ। ज्योंही किसी से मेरी नमस्कार होती है, वह बड़े गौर से उसे देखता है, उसके मुख पर घृणा का भाव खेल जाता है और वह बड़े दबे, पर गहरे स्वर में 'हूँ' कहकर अपनी खीझ जाहिर करता है। उसे हँसता-खेलता आदमी देखकर बड़ा कष्ट होता है। सहज खुशी को सह नहीं सकता। फिर भी, कभी-कभी वह छोटे बच्चों के साथ आँख-मिचौनी भी खेल लेता है।

एक परिचित सज्जन रुक गये हैं। सहज ही मेरे साथी से पूछ बैठे, "कहिए, आपके क्या हाल हैं?" साथी के भीतर जैसे मुद्दत से सूखी बारूद भरी थी। इस चिनगारी से फूट पड़ी। बड़ी देर से वह 'हूँ-हूँ' शब्द निकालकर गुर्रा रहा है, किसी

पर तो उसको क्रोध उतारना ही है। ये सज्जन ही बेचारे फँस गये। वह गुस्से में बोला, "आपको क्या मतलब ? इतना दर्प क्यों पालते हैं आप ? मेरा हाल पूछते समय क्या आपके मन में यह अहंकार नहीं रहता कि हम तो बहुत अच्छे हैं, पर तुम्हारे क्या हाल हैं ? आपके हाल अच्छे हैं, तो आप जाइए।" बेचारे हत्प्रभ हो चल दिये। तब मैंने कहा, "इतने सरल-से प्रश्न से तुम चिढ़ते क्यों हो ?" वह उसी मुद्रा से बोला, "चिढ़ने की बात है। यह सब पाखण्ड है। अहंकार का प्रदर्शन है। जिसे मेरे सुख-दुख से कोई मतलब नहीं, वह क्यों मेरी जिन्दगी में दिलचस्पी लेने की अनधिकार चेष्टा करता है ?"

मगर उसका गुस्सा अभी निकला नहीं है। हर परिचित से मिलने पर वह 'हूँ' कहकर गुर्रा लेता है। एक सज्जन सड़क के उस ओर से चिल्लाये, "नमस्कार !" प्रत्युत्तर में मेरे हाथ भी उठे और मेरे साथी के भी। बस, अब उसका क्रोध मुझ पर फूट पड़ा है, कहता है, "उसने तो मुझे नमस्कार की थी, आपको नहीं। आपने बीच में ही झेल ली। बड़े सफल व्यक्ति हैं आप ! हम गरीबों का नमस्कार तक हड़प लेते हैं। वाह !"

मैं मौन हूँ, उसे जवाब देने से क्या लाभ ? वह बार-बार मेरी ओर देखता है, प्रत्युत्तर चाहता है, पर मैं मौन हूँ। अब वह बड़ा परेशान हो गया है। उसे न जाने क्या हो गया ? मेरी ओर बड़े अपराधी नेत्रों से देख रहा है। भावावेश में उसने मेरे गले में हाथ डाल दिये हैं। गला उसका भर आया है। आँखें छलछला आयी हैं। कहने लगा, "देखो, मैं तुमसे सत्य बात कहता हूँ। आज मेरी आत्मा का सत्य जाग्रत हो गया है। जब पेट भरा होता है तब भोजन के नीचे सत्य दब जाता है। मैंने तीन दिन से कुछ खाया नहीं है। मैं आज शुद्ध-बुद्ध हूँ। मैं सत्य कहूँ ? मैं तुमसे ईर्ष्या करता हूँ। कारण यही कि तुम्हारे इतने मित्र हैं, परिचित हैं, तुम्हारी प्रसिद्धि है। मैं वास्तव में तुमसे ईर्ष्या करता हूँ।"

मैं बड़े असमंजस में पड़ गया हूँ। क्षण-क्षण में जिसके भीतर वेदना, प्रेम, प्रतिहिंसा, ईर्ष्या, करुणा और क्रोध के भाव बिजली की तरह कौंध जाते हैं, उसकी किस बात को मानूं ? जब उसका मनुष्यत्व टूटने लगता है, तब वह रोकर इसी प्रकार उसमें टेका लगाता है। मैंने कहा, "ईर्ष्या तो मुझे तुमसे करनी चाहिए। तुम्हारे समान विद्या-बुद्धि मेरे पास कहाँ हैं ? खैर, चलो, किसी होटल में खाना खा लें।"

हम एक होटल के सामने आ गये हैं। वह बोला, "पहिले भोजन नहीं। पाखाना जाऊँगा। दुर्जनं प्रथमं वन्दे।" मैंने कहा, "यहाँ तुम्हें कहाँ पाखाना मिलेगा ?" वह बोला, "यह मनुष्यों का मोहल्ला है। मिलेगा।" मेरा हाथ पकड़कर वह सामने के छापाखाने में घुस गया। अभी काम शुरू नहीं हुआ था, पर मालिक बैठा है। मेरा परिचित है। मेरा साथी उनसे बोला, "फैक्ट्री ऐक्ट (उद्योग कानून) के अनुसार आपके कारखाने में नल-टट्टी होना चाहिए। आप इस नियम का पालन करते हैं या नहीं ?" वे बेचारे बड़े चकित हुए। बोले, "जी हाँ, टट्टी है। पर आपको मतलब ?" वह बोला, "दिखाइए, कहाँ है ? मुझे जाना है।"

शौच से निवृत्त होकर वह होटल के दरवाजे पर आ गया है। सामने 4-5 भिखारी खड़े हैं। इन्हें देखकर वह फिर भड़क गया। उनकी ओर संकेत करके मुझसे बोला, "आप लोग इन्हें जीने तो देते नहीं हो, मरने भी नहीं देते। अगर ये मर गये, तो आप लोग जिन पर गर्व करते हैं, वे करुणा, दया और संवेदना के भाव कहाँ खेलेंगे ? आपके शौक के लिए ये जरूरी हैं। इन्हें आप इतना देते हैं कि ये मर न पावें। मैं भी इनमें से एक हूँ। इन्हें भी मेरे साथ ले चलो।" फिर उन्हें सम्बोधन करके चिल्लाया, "चलो रे, तुम लोग सब। होटल में बैठकर खाओ। आज मेरे साथ दानवीर कर्ण हैं !" वह बार-बार उन्हें बुलाता है और वे हँसते हैं। समझ रहे हैं कि यह कोई सिर-फिरा है। हारकर वह बोला, "नहीं आते ? तो जाओ मरो, अभागो ! सड़ा माल खाने के आदी, तुम्हें भरोसा ही नहीं होता कि कोई तुम्हें होटल में बिठाकर खिला भी सकता है।"

उसने भरपेट खा लिया है। मुख पर तृप्ति है। मैंने पूछा, "अब मरने कब जाओगे ?" वह बोला, "अब तो मरने की बात को फिर से सोचना पड़ेगा। कम-से-कम 24 घण्टे नहीं मरूँगा। मेरे पेट में इतना अन्न है, जिससे आदमी 24 घण्टे मजे में जी सके। अन्न जीने के लिए है; मरने के लिए नहीं। मैं एक आदमी का भोजन पेट में रखकर नहीं मरूँगा।"

अचानक उसने हाथ उठाकर कहा, "अच्छा, अब जाता हूँ। बहुत वक्त खराब किया आपने मेरा।"

वह चला गया।

ठण्डा शरीफ आदमी

मेरा और उसका रास्ता एक है—वह जिधर से आता है; मैं उधर जाता हूँ। कई सालों से आमना-सामना हो रहा है। पहले वह चलते-चलते पूछता था, 'सब ठीक है?' मैं अगर सवाल के साथ ही जवाब न फेंक देता, तो वह आगे निकल जाता और जवाब उसकी साइकिल के पिछले पहिये से टकराकर रह जाता। मैं सावधानी बरतने लगा। उसे देखते ही जवाब उछाल देता, 'सब ठीक है।' यह उसके सवाल से टकरा जाता।

फिर उसने सोचा होगा कि पूरे सवाल में बहुत वक्त लग जाता है। उसने सिर्फ एक शब्द ले लिया। वह पूछता, 'ठीक ?' मैं जल्दी जवाब देता, 'ठीक।' तब तक वह आगे बढ़ गया होता।

फिर उसने सोचा कि 'ठीक' में जो दीर्घ मात्रा है, वह ज्यादा वक्त लेती है।

उसने उसे ह्रस्व कर लिया। वह पूछता, 'ठिक ?' मैं कहता, 'ठिक।'. मैं कभी उसे देख नहीं पाता, मगर कान में आवाज पड़ती, 'ठिक ?' मैं फौरन बिना देखे जल्दी के ख्याल से 'ठिक' कह देता।

आगे उसने 'ठिक' को भी व्यर्थ समझा। हमारे सवाल-जवाब इतने निश्चित हो गये थे कि इशारे से काम चल सकता था। अब वह मुझे देखकर किंचित् मुसकराता है, एक हाथ खोलकर झटके से कन्धे तक ले जाता है और पंजे को जरा-सा हिलाता है। इस इशारे में 'नमस्ते' भी है और 'सब ठीक है' भी।

इसका यह मतलब नहीं है कि वह बहुत फुरती में होता है। नहीं वह धीरे-धीरे चलता है। मगर उसे फुरसत नहीं होती। समय की कमी है, ऐसा भी नहीं है। वह घर से किसी जगह जाने के लिए निकला है। उसे लगता है, वह जगह मेरे आगे-आगे चल रही है। मुझे उसे पकड़ना है, मगर आहट भी नहीं करना है। वह भाग जायेगी। उस पर नजर रखना है, इसलिए रास्ते में कहीं अटकना नहीं है। धुन बाँध वह चला जाता है। ओठों के पास कान लगाओ, तो 'सर-सर' सुनायी पड़ेगा। कुछ भक्त 'राम-राम' बुदबुदाता चलते हैं, क्योंकि उसके 'सर' राम होते हैं। एकाग्रता से वह उन बातों को बुदबुदाता चलता है, जो उसे किसी से कहनी हैं। आसपास क्या हो रहा है, इससे उसे कोई सरोकार नहीं है। मेरा उसके लिए तत्काल कोई उपयोग नहीं है, तो वह मेरे लिए रुकेगा नहीं। सड़क पर दुर्घटना हो गयी और कोई आदमी कुचला पड़ा है, तो वह बिना ध्यान दिये किनारे से निकल जायेगा। उसे अहसास है कि कुचला हुआ आदमी मैं नहीं हूँ। जुलूस निकल रहा है, तो उसे यह जानने की इच्छा ही नहीं होती कि किनका जुलूस है और क्यों निकला है ? वह खुद जुलूस में नहीं है, तो उसे क्या मतलब ! चौराहे पर नाच हो रहा है, तो वह ध्यान नहीं देगा। न वह नाचनेवाला है, न दर्शक। दो आदमियों में मार-पीट हो रही है तो भी उसे मतलब नहीं। दोनों में से कोई भी वह नहीं है।

दुनिया में जो कुछ भी है, उसे उसने दो हिस्सों में बाँट लिया है—अपने मतलब का और अपने मतलब का नहीं। जिससे उसे लाभ-हानि नहीं, उसका उसके लिए कोई अर्थ नहीं। एक दिन हम लोग वियतनाम पर बमबारी की चर्चा कर रहे थे। सब चिन्तित और उत्तेजित थे। वह किसी काम से आया था, इसलिए बैठा था। मगर वह कुछ सुन नहीं रहा था। बैठा हुआ कुछ हिसाब-सा लगा रहा था। वियतनाम की बात निकलते ही उसने सोच लिया होगा कि मेरे ऊपर तो बम गिर नहीं रहे हैं, फिर फिजूल माथापच्ची क्यों की जाये? एक दिन बिहार के अकाल-ग्रस्त लोगों के लिए हम पैसा इकट्ठा कर रहे थे। उससे कहा, तो उसने जवाब दिया, "क्या मजाक करते हो ! अकाल तो बिहार में पड़ा है और पैसा यहाँ इकट्ठा कर रहे हो !" उसे मालूम था कि वह खुद बिहार में नहीं है और भूखा नहीं मर रहा है। फिर उसे मतलब कि कहाँ कोई भूखा मर रहा है ! हम बात कर रहे हैं कि सीमा पर पाकिस्तानी फौजें घुसपैठ कर रही हैं और किसी भी क्षण युद्ध छिड़ सकता है। वह चुप बैठा है। कुछ और सोच रहा है। एकाएक उसे लगता है कि वह बड़ी

देर से चुप बैठा है। कुछ बोलना कर्तव्य है। वह बोलता है, "कल हमारे इधर सर्कुलर आया है कि जिनका बीमा नहीं हुआ है, वे जल्दी करा लें।" उसने भारत और पाकिस्तान की फौजों के बीच अपना सर्कुलर घुसेड़कर फौरन युद्ध-बन्दी करवा दी।

यों यह बोलता बहुत कम है। घण्टे-भर पास बैठा रहेगा, पर उसकी उपस्थिति का आभास तभी होगा, जब वह उठकर जाने लगेगा। बहुत लोग बिना आहट की जिन्दगी गुजार देते हैं। वे आसपास होंगे, पर उनकी आहट नहीं होगी। यह आदमी चलता है, तो पाँवों की आहट नहीं होती। साइकिल पर सवारी करता है, तो ऐसे जैसे मछली तैर रही है। बात बहुत धीमे करता है। कोई बात हँसने लायक होती है, तो वह इतने ओंठ खोल देता है कि दो-तीन दाँत दिख जायें।

ऐसे सब प्रसंग टालता है, जिनसे आहट हो। क्रोध से आहट होती है, तो वह क्रोध नहीं करता। एक दिन मैंने कहा, "श्रीधर तुम्हारी बहुत बुराई करता है।" उसने कहा, "करने दो। हम तो एडजस्ट करके चलते हैं।" उसके बॉस उसके व्यवहार से असन्तुष्ट थे। मगर वह कहता, "सब ठीक है। हम तो एडजस्ट करके चलते हैं।" कोई सामने उसका अपमान कर दे, तो वह पीठ फेरकर एडजस्ट कर लेता है। कभी कोई उसे खबर दे कि अमुक आदमी तुम्हारी बीवी को भगा ले गया, तो वह धीरे से कह देगा, 'ले जाने दो। हम तो एडजस्ट करके चलते हैं।'

आहट नहीं होती, पर सफलता उसे मिलती जाती है। एक के बाद एक प्राप्ति उसे होती जाती है। उसकी बात सोचता हूँ, तो मुझे बिल्ली की याद आती है। कमरे में बिल्ली घण्टों बिना आहट के दबी बैठी रहती है। उसकी उपस्थिति का अहसास तभी होता है, जब वह झपट्टा मारकर चूहे को पकड़ लेती है। चावल का परमिट लेने के लिए हजारों दरख्वास्तें दफ्तर में जमा हैं। लोग हफ्तों चक्कर लगाते हैं। न जाने कैसे इसकी दरख्वास्त सरककर ऊपर आ जाती है और इसे परमिट मिल जाता है। एक समिति की सदस्यता के लिए नामजदगी होती है। बड़े नामों का चर्चा हो रहा है और बड़ी हलचल है। इस आदमी की कोई आहट नहीं है। मगर एक दिन सुनते हैं कि यह नामजद हो गया। पुरस्कार-पर-पुरस्कार मिलते हैं। अच्छे-से-अच्छे ग्रन्थों की चर्चा हो रही है। पुरस्कारों की घोषणा होती है, तो उसमें इसका नाम होता है।

बिना आहट के वह चूहे पकड़ता जाता है और इसके बाद फिर इस तरह सिकुड़कर बैठ जाता है कि किसी को अहसास नहीं होता कि वह भी इस दुनिया में कहीं है। जब कोई नयी सफलता उसे मिलती है, तब वह हाथ का इशारा करके भाग नहीं जाता। वह रुक जाता है। मैं समझ जाता हूँ कि या तो इसे मुझसे कोई काम कराना है या किसी नयी सफलता की सूचना देना है। अगर उसके चेहरे पर ज़रा ज्यादा मुसकान है, तो उसने जरूर कोई चूहा पकड़ लिया है। उसकी मुस्कान बहुत ठण्डी होती है। पूरा व्यक्तित्व ही बर्फ से बना है। मुझे लगता है, चारों तरफ से मुझे बर्फ घेर रही है। मैं भागना चाहता हूँ, पर वह मुझे पकड़ लेता है।

"क्या हाल-चाल हैं ?" वह पूछता है ।

यह सवाल जवाब नहीं माँगता। उसे किसी के हाल से मतलब नहीं। मैं अगर उससे कह भी दूँ कि मुझे हाल में दिल का दौरा पड़ा था, तो वह कहेगा, 'अच्छा !' या कह दूँ कि मुझे नोबल पुरस्कार मिल गया है, तो भी कहेगा, 'अच्छा ?' मेरी इन दोनों स्थितियों को वह सिर्फ 'अच्छा' कहकर टाल देगा। वह जानता है, न उसे दिल का दौरा पड़ा, न नोबल पुरस्कार मिला। वह तो अपनी किसी नयी उपलब्धि के बारे में बताने को रुका है। वह घर से तय करके चला होगा कि आज इन-इन आदमियों को बताना है। किसी की जिन्दगी में दिलचस्पी लेकर वह पथभ्रष्ट नहीं होता। उतने आदमियों की बात कर वह घर लौट जायेगा।

'क्या हाल-चाल हैं ?'—कहकर वह कुछ ज्यादा मुसकरायेगा। फिर कहेगा, "उस कमेटी में अपनी नामजदगी हो गयी। बहुत लोग कोशिश में थे।"

मैं कहूँगा, "बड़ी खुशी हुई सुनकर। सम्मान की बात है।"

वह कहेगा, "अपन तो इस तरह सोचते हैं कि कमेटी में दस बड़े-बड़े लोगों से मेल-जोल होगा। इससे कुछ फायदा हो जायेगा।"

फायदा बताकर वह कहेगा, "अच्छा चलूँ ? और सब ठीक है न !"

अपने को भावनात्मक रूप से किसी भी व्यक्ति से बिना जोड़े सब निभाता जाता है। जो उसके लिए उतना ही निर्जीव है जितना पत्थर, उससे रोज घर जाकर मिलेगा, अगर वह उसे कोई फायदा पहुँचा सकता है। ठण्डी औपचारिकता में जब वह भावना की गर्मी भरने का नाट्य करता है, तब बहुत घृणास्पद हो जाता है। तब उसे सहा नहीं जा सकता।

मेरे एक मित्र से उसे कोई काम कराना था। वे एक दिन अचानक बीमार पड़ गये। इसे मालूम हुआ, तो इसने सोचा होगा कि जिस आदमी को खुश रखना है, उसकी बीमारी में रोज़ उससे मिलने जाना चाहिए। वह रोज शाम को मिलने जाने लगा। मैं भी शाम को वहाँ होता और मैं रोज उस आदमी का बर्ताव देखता। ऐसा लगता कि उसने बीमार के प्रति कर्त्तव्य को सूत्रों पर उतार लिया है—चिन्ता प्रकट करना, अपनी दुखद प्रतिक्रिया बताना, वर्तमान हालत पूछना और कुछ सलाह देना।

इन चारों स्थितियों में से वह रोज सफाई से गुजर जाता। कमरे में चिन्ता धारण करके घुसता और कुछ देर उसी तरह मुँह लटकाये बैठा रहता, जैसे बीमार मरने ही वाला है।

इसके बाद बँधे-बँधाये सवालों में हालचाल पूछता :

"अब बुखार कैसा है ?"

"पेट का दर्द बन्द हुआ ?"

"रात को नींद तो ठीक आयी थी न ?"

फिर चुप।

मेरी तरफ देखकर कहता, "मुझे तो सक्सेना साहब ने बताया कि अचानक

आपकी तबीयत खराब हो गयी। मैं घबरा उठा। मैंने कहा, कल ही तो मैं मिला था। तब तो बहुत अच्छे थे। चार घण्टों में उन्हें क्या हो गया? मैंने फौरन साइकिल उठायी और बँगले पर आया। देखा, तो आप बेहोश पड़े थे। शरीर जैसे आग हो गया था। मैं तो देखकर खुद बहुत नर्वस हो गया।"

फिर ज़रा देर चुप।

इसके बाद सलाह देगा, "आप सिगरेट पीना छोड़ दीजिए। यह बहुत नुकसान करती है। छोड़ नहीं सकते, तो बहुत कम कर दीजिए।"

फिर चुप बैठा रहता। थोड़ी देर बाद घड़ी देखकर उठता। कहता, "अब आज्ञा दीजिए। मेरे योग्य कोई सेवा।"

रोज इतना बँधा-बँधाया रोल वह अदा कर जाता। उसे देखते ही मेरे बीमार मित्र परेशान हो जाते। वह मेरी तरफ बड़ी कातर दृष्टि से देखते। मैं खुद परेशान होता। मगर हम कुछ नहीं कर सकते थे। वह बेहिचक अपना रोल शुरू करता। वही मुद्रा, वही प्रश्न, वही शब्द रोज दुहराता। कोई दरवाजे के बाहर से सुनता, तो यही समझता कि इस कमरे में हर शाम को यही रिकार्ड बजाया जाता है।

अगर मेरी बीमारी में वह रोज मुझे देखने आये, तो मुझे डर है, मैं कभी अच्छा न होऊँ।

सोचता हूँ, किस साधना से आदमी ऐसा ठण्डा हो जाता है? जिन्दगी में इतनी तरह की आग हैं, कहीं कोई गर्मी इसे महसूस क्यों नहीं होती? जिन्दगी की जटिलता को सुलझाकर इसने किस तरह सीधा और सपाट कर लिया है?

वह मेरा कुछ नहीं बिगाड़ता। मेरे प्रति उसके मन में कोई दुर्भावना नहीं है—कोई भावना नहीं है। वह किसी का कोई नुकसान नहीं करता। निहायत शरीफ आदमी है। पर उसे देखकर मैं परेशान हो जाता हूँ। लगता है, बर्फ की चट्टान मेरी तरफ लुढ़कती हुई आ रही है।

संयोजक

उस शहर में घुसते ही एक खास किस्म की गन्ध मेरी नाक में घुसी। इस गन्ध को मैं पहचानता हूँ। यह किसी समारोह के संयोजक के शरीर से निकलकर फैल जाती है। मैं समझ गया कि शहर में कोई सम्मेलन या समारोह हो रहा है। गन्ध के सहारे मैं शहर के मध्य में पहुँच गया। वहाँ दफ्तर के सामने संयोजकजी खड़े मिले।

हाथ में बस्ता था। संयोजक के बस्ते में साहित्य और संस्कृति का भविष्य

रखा रहता है। दाढ़ी कई दिनों की बढ़ी हुई थी। बाल रूखे और बिखरे। कपड़े मैले। कन्धे झुके हुए। शेषनागजी जब लंच के लिए जाते हैं तब किसी समारोह के संयोजक के कन्धे पर पृथ्वी को रख जाते हैं। हमारे विभागीय साहित्य सम्मेलन के संयोजक पृथ्वी को तीन दिन कन्धों पर रखे रहे थे, जब शेषनागजी को फ्लू हो गया था।

मैंने नमस्ते किया। उन्होंने ऐसे जवाब दिया जैसे अध्यापक छात्र को देता है। थोड़ा-सा मुसकराये, थोड़े हाथ जोड़े, आँखों में चिन्ता और गम्भीरता आयी। मैंने कहा, "आप किसी समारोह के संयोजक मालूम होते हैं।"

उन्होंने ऊपर देखा। पूछा, "आपने कैसे जाना ?"

मैंने कहा, "आपकी संयोजन-धर्मी गन्ध चारों दिशाओं में फैल रही है।"

वह हँसे। बोले, "हो सकता है। मैं चार दिनों से नहाया नहीं हूँ।"

मैंने कहा, "सो तो देख रहा हूँ, लेकिन वह गन्ध पसीने की गन्ध से भिन्न होती है। यह संयोजन-धर्मी होती है। आप इसे नहीं जान सकते क्योंकि यह आपके ही शरीर की उपज है। कस्तूरी मृग कस्तूरी को नाभि में रखे रहता है, मगर समझता है कि गन्ध घास से आ रही है।"

अपने को कस्तूरी मृग समझकर वह खुश हुए। वह फिर जमीन की तरफ देखने लगे।

मैंने पूछा, "आप जमीन की तरफ ही अक्सर क्यों देखते रहते हैं ?"

उन्होंने सिर उठाकर जवाब दिया, "चन्दे के लिए। जमीन के ऊपर जितना चन्दा मिल सकता था, ले चुके। अब नीचे इस आशा से देखता हूँ कि धरती माता के बटुए से ही कुछ चन्दा निकल पड़े। दूसरी बात यह है कि सिद्ध संयोजक कभी आँख नही मिलाता। आँखों में चन्दे का हिसाब लिखा रहता है। उसे पढ़कर कुछ लोग ईमान पर शक करते हैं और कुछ पैसा खींचने की कोशिश करते हैं।"

मैंने कहा, "आप पर सचमुच बड़ा काम आ पड़ा है। क्या आपको नहाने और शेव करने का समय भी नहीं मिला ?"

वह मेरे भोलेपन पर मुसकराये और बोले, "समय की कमी नहीं है; पर रूप-सज्जा का भी तो एक महत्व है। मैले कपड़े और बढ़ी दाढ़ी हमारा 'मेकअप' है। इस रूप से चन्दा देनेवालों को सन्तोष होता है और मेहमानों की हिम्मत कुछ माँगने की नहीं होती। मेरी ऐसी सज देखकर प्रतिनिधि लोग भूखे सो जायेंगे, पर खाना नहीं माँगेंगे।"

मैंने पूछा, "आप संयोजक कैसे बन गये ? क्या इसकी कहीं ट्रेनिंग मिलती है या यह कोई स्वयं स्फूर्त प्रतिभा है ?"

उन्होंने कहा, "मैं तो माता के पेट में भी संयोजक था। मेरी माँ कहती हैं कि जब मैं पेट में था, तब स्वागत-भाषण दिया करता था। तमाम मोहल्ले के लोग गर्भवती माता के आसपास बैठकर सुनते थे। पेट में से आवाज आती थी—देवियो और सज्जनो ! अब तक लगभग 100 समारोहों का संयोजक रह चुका हूं---सब

तरह के समारोह। इसी साल जेबकटों का सम्मेलन हो रहा है। उसका भी संयोजक मैं ही हूँ…"

मेरी दिलचस्पी देखकर उन्होंने फिर पूछा, "क्या आप भी कभी संयोजक रहे हैं ?"

मैंने कहा, "एक बार रहा था, पर फेल हो गया। 15 दिन के एक सांस्कृतिक शिविर का मैं संयोजक बनाया गया था। 25-26 आदमियों के रहने और खाने का प्रबन्ध करना था। रुपये मुझे दे दिये गये थे। पैसे तो मैंने सब खर्च कर दिये, पर हिसाब नहीं रखा। खर्च भी कुछ ऐसे किया कि सारे मेहमान बदइन्तजामी की शिकायत करते गये। बाद में मैं रोजाना खर्च का हिसाब बनाने बैठा। पैसा गेहूँ, चावल, घी, शक्कर, सब्जी आदि पर ही खर्च हुआ था। मैं इनके सामने अनुमान से पैसे भरता गया। सब्जियों में आलू मेरे दिमाग के ऊपर था। जहाँ खर्च पूरा करना होता, मैं आलू रख देता। ऐसा बढ़िया हिसाब बना कि जमा-खर्च बराबर हो गया। मैं बहुत सन्तुष्ट था। पर एक दिन दफ्तर के बाबू ने मुझे बुलाकर कहा—'हिसाब तो आपका ठीक है। बस एक ही बात है। हिसाब से मालूम होता है कि हर आदमी ने रोज पाँच सेर आलू खाये। आलुओं का टोटल करके खानेवालों से भाग देकर देखिए।' मैंने देखा। हर आदमी के हिस्से में पाँच सेर से ऊपर ही पड़ते थे। मैं समझ गया कि संयोजक नहीं बन सकता। दोस्तों ने भी बताया कि जब तुम संयोजक थे, तब तुम्हारे शरीर से वह गन्ध नहीं आती, जो आनी चाहिए।"

उनके चेहरे पर सहानुभूति घिर आयी। कहने लगे, "आप अगर एक साल मेरे साथ रह लें, तो इस विद्या को सीख सकते हैं। मेरे सिखाये काफी लोग कई शहरों में संयोजन कर रहे हैं। संयोजक का दर्जा भगवान के निकट है। भगवान खुद एक महान् संयोजक है। सारे विश्व का संयोजन उन्होंने किया है। इतना चन्दा किस पार्टी से उन्हें मिल गया, यह पता लगाना चाहता हूँ। यह भी जानना चाहता हूँ कि इससे उन्हें क्या मिल रहा है।"

मैंने पूछा, "क्या इस सम्मेलन में बहुत-से प्रतिनिधि आये हैं ?"

वह बोले, "जो काम के थे, उनमें से आधे ही आये हैं। आचार्य निशिकान्तजी आ गये हैं। उनके अण्डर में मेरा भाई रिसर्च कर रहा है। डॉ. देवप्रकाश नहीं आये। इसका मतलब है कि अगले समारोह तक विश्वविद्यालय के पेपर मुझे नहीं मिलेंगे। शाम को मुख्यमन्त्री आ जायेंगे। इन्हीं के लिए मैंने समारोह किया है। बाकी जो पचीसों फालतू लोग आ गये हैं, वे मेरा चन्दा खाने आये हैं। लेकिन हाय, सन्ध्याजी नहीं आयीं।"

मैंने कहा, "सन्ध्याजी नहीं आयीं, तो निशाजी आ जायेंगी।"

वह बोले, "हाँ, सन्ध्या के पश्चात् निशा आती ही है।"

काव्य हो गया, यह सोचकर वह खुश हुए।

इसी वक्त एक कार्यकर्ता घबड़ाता हुआ आया और कहने लगा, "उधर बड़ा हंगामा मचा हुआ है। कुछ प्रतिनिधियों ने खाने की थालियाँ फेंक दी हैं। कहते हैं,

भोजन खराब है। इससे लोग बीमार हो जायेंगे।"

संयोजकजी खिन्न हुए। उन्हें क्रोध भी आया। वह बोले, "देखो इन लोगों को ! ये साहित्य के लिए इतना भी नहीं कर सकते कि तीन दिन खराब खाना खा लें। वे यहाँ साहित्य-साधना के लिए आये हैं या चाटने ? माँ भारती ऐसे लोगों से क्या आशा कर सकती है?"

मैंने कहा, "लेकिन आप भोजन के ठेकेदार को डाँटते क्यों नहीं हैं ?"

वह बोले, "किसे डाँटें ? हमारी तो सब तरफ से मजबूरी है। भोजन का ठेका तो हमने ही चाचा के नाम से ले रखा है। मालूम होता है, इस बार कुछ हाथ नहीं लगेगा। चार साल पहले के समारोह की रस्सी की खाटों पर हम अभी तक सो रहे हैं। दो साल पहले के समारोह के लिए आयी बाल्टियाँ अभी भी मौसी के यहाँ हैं। पिछले साल के समारोह के शामियाने से हमने भतीजी की शादी कर दी थी। लेकिन इस बार भविष्य अन्धकारमय है।"

उन्होंने नमस्ते किया और बोले, "अब उन बदमाशों-मुफ्तखोरों को हाथ जोड़ने जाऊँ।"

और वह जमीन देखते हुए चले गये।

बातूनी

आदमी सुभीता खोजने में मारा जाता है। उस शाम अगर मैं खुद जाकर लिफाफा पोस्ट आफिस में छोड़ देता तो वह कष्ट न होता जो तभी से भुगत रहा हूँ।

उस शाम मुझे एक लिफाफा जरूरी छोड़ना था। मैं बाहर निकला। पोस्ट आफिस बन्द होने का समय हो रहा था। सामने से एक सज्जन (बाद में इन्हें मैंने कभी सज्जन नहीं कहा) साइकिल पर जाते दिखे। मैंने उन्हें रोककर कहा, "ज़रा एक लिफाफा लेकर इस कागज को उसमें रखकर यह पता लिखकर डाक में छोड़ दीजिए।"

उन्होंने कहा, "सहर्ष।" बस उनके सहर्ष ने मेरा हर्ष तभी से जो छीना है, वह तो आज तक वापिस नहीं मिला।

दूसरे दिन वे दिख गये, तो मैंने पूछा, "वह चिट्ठी डाल दी थी ?"

आप बताइए, इसका जवाब ज्यादा-से-ज्यादा कितना लम्बा हो सकता है ? यही कि—जी हाँ साहब, मैंने आपकी चिट्ठी टिकट लगाकर और पता लिखकर पोस्ट आफिस के लाल लेटर बाक्स में छोड़ दी थी। बस। इससे ज्यादा तो नहीं हो सकता।

पर उन्होंने यह जवाब दिया, "मैं पोस्ट आफिस पहुँचा साब। क्या देखता हूँ कि पोस्ट आफिस बन्द हो चुका है। अब मैं बड़ा परेशान। मैं कहूँ कि करूँ तो क्या करूँ। आपकी चिट्ठी जरूरी है। आपने पहली बार तो कोई काम बताया। इतने दिनों से आप यहाँ रहते हैं, पर सेवा का कोई मौका ही नहीं मिला था। मैंने कहा, चाहे आकाश टूट जाय और पृथ्वी फट पड़े, पर आपका लिफाफा जरूर डालूँगा। तो साब मैं बाहर निकला। अब मैं कहूँ कि जाऊँ तो कहाँ जाऊँ? इतने में साब, मेरी नजर पड़ी साहनी मेडिकल स्टोर पर। वहाँ साहनी बैठा था। मैं वहाँ गया। साहनी मेरा कई साल से दोस्त है। आप नहीं जानते, उसके फादर मेरे फादर के बड़े दोस्त थे। बाद में उसके फादर को एक दिन दिल का दौरा पड़ा और वे घण्टे-भर में ही मर गये। ये सब आजकल दिल की बीमारी का भी बड़ा फैशन चल पड़ा है। तो मैंने कहा—यार साहनी, लिफाफा दे। उसने कहा—लिफाफा तो नहीं है, टिकट है। मैंने कहा—ला टिकट ही दे। मैंने साब टिकिट तो हाथ में कर ली। अब लिफाफा? मैं बाहर खड़ा-खड़ा कहूँ कि लिफाफा कहाँ से लाऊँ। अब मुझे घबराहट होने लगी। आखिरी डाक निकलने का वक्त हो रहा था। लिफाफा नहीं गया तो क्या होगा? हे भगवान, तू ही रास्ता बना। मैं तो इस गाड़ी से लिफाफा छोड़कर ही रहूँगा। चाहे मुझे स्टेशन ही क्यों न जाना पड़े। गाड़ी चल दी होगी, तो उसे रोककर लिफाफा छोड़ूंगा। पर लिफाफा मिले कहाँ? अचानक साब मुझे राजू दिखा। वही राजू जो किताबों का एजेण्ट है। उसके हाथ में बस्ता था। मैंने सोचा, इसके पास जरूर लिफाफा होगा। मैंने कहा—यार राजू, एक लिफाफा दे। उसने कहा—यार लिफाफा तो है पर उस पर फर्म का नाम छपा है। मैंने कहा—कोई बात नहीं। मैं उसे काट दूंगा। मैंने लिफाफा ले लिया। जेब में हाथ लगाया तो कलम नहीं था। मैंने कहा, अजीब बेवकूफ हूँ। काम ले लिया और कलम लाया नहीं। भाग्य से राजू के पास पेन था। मैंने कहा—यार पेन दे। और उसने साब, फौरन निकालकर दे दिया। राजू में इतनी बात अच्छी है। उसके पास कोई चीज हो, तो फौरन दे देता है। अब मैं कहूँ कि काहे पर रखकर लिखूं। मैंने झट उसका बस्ता लिया। उस पर लिफाफा रखा, उसकी फर्म का नाम काटा और पता लिखा और साब, मैं भागा पोस्ट आफिस की तरफ। अब संयोग देखिए साब, कि पहुँचा हूँ कि डाकिया चिट्ठियाँ निकालकर लेटर बाक्स बन्द कर रहा था। मैंने कहा—भाई साब, यह चिट्ठी भी जरूरी है। इसे डाक में शामिल कर लीजिए। वह भला आदमी था। उसने लिफाफा ले लिया। तब साब, मेरा मन हल्का हुआ।"

यह मैंने बहुत संक्षेप में लिखा है। उन्होंने लगभग आधा घण्टा इस विवरण में लिया।

मैंने कसम खायी कि कभी इनसे कोई काम नहीं कराऊँगा। मगर जितना पाप कर चुका था, उसका फल तो भुगतना ही था। मेरा काम करके उन्होंने मेरे ऊपर हमेशा के लिए अधिकार जमा लिया था। रास्ते में उनका घर पड़ता था। मैं निकलता और उन्हें दिख जाता, तो वे बहुत खुश होकर मुझसे पूछते, "कहाँ जा रहे हैं?"

मैं नहीं समझ पाता कि आमतौर पर लोग क्यों पूछते हैं कि आप कहाँ जा रहे हैं। वे क्या पुलिस के आदमी हैं या खुफिया विभाग के हैं, या चाचा होते हैं कि जानना चाहते हैं कि तुम कहाँ जा रहे हो? यह असल में आदमी को रोककर बात करने की भूमिका है। जिसे जल्दी जाना है, वह भी होशियारी करता है। कहता है—कहीं नहीं। ऐसे ही। और आगे बढ़ जाता है। क्या सवाल है—कहाँ जा रहे हैं? और क्या जवाब है—कहीं नहीं। ऐसे ही। मगर लोग पूछते ही हैं और लोग जवाब भी देते हैं।

मैं जब रुक जाता और कहता—यों ही ज़रा सिविल सर्जन से मिलने जा रहा हूँ। बस वे मुझे पकड़ लेते—अच्छा, डॉ. गुप्ता से। वे हमारे चाचा के बड़े अच्छे दोस्त थे। नागपुर में पास-पास बँगला था। हमारे घर आते, तो मुझे गोद में लेकर खिलाते थे। मिलते हैं, तो कहते हैं—क्यों बेटा भूल गये? घर नहीं आते हो।

वे दस-पन्द्रह मिनट तक डॉ. गुप्ता से अपने पारिवारिक सम्बन्ध बताते।

कभी मैं कहता—प्रोफेसर तिवारी से मिलने जा रहा हूँ।

वे कहते—अच्छा-अच्छा, तिवारीजी से मिलने। हमारे फादर-इन-लॉ के वे बड़े पुराने दोस्त हैं। दोनों साथ पढ़ते थे। अभी भी वे हमारे प्रति प्रेम-भाव रखते हैं। कभी मिल जाते हैं, तो कहते हैं—कभी घर आओ।

मैं किसी का भी नाम लेता वह उनके चाचा, मामा, ससुर या पिता का दोस्त निकल आता और वे दस-पन्द्रह मिनट उसके सम्बन्धों के बारे में बताते। मैं एक दिन कहूँगा—डाकू जालमसिंह से मिलने जा रहा हूँ। तब वे शायद झटके में कहेंगे—अच्छा, डाकू जालमसिंह! वे तो हमारे फादर के अच्छे दोस्त थे। दोनों साथ ही डाका डाला करते थे। जालमसिंह ने तो मुझे गोद में खिलाया है।

फिर एक दिन कहूँगा—भगवान से मिलने जा रहा हूँ।

वे कहेंगे—भगवान से। अच्छा-अच्छा। वे तो हमारे चाचा के बड़े अच्छे दोस्त हैं। दोनों स्वर्ग में साथ काम करते थे। मेरा नाम उन्हें बताइए। वे पहचान जायेंगे। मुझे तो भगवान ने गोद में खिलाया है।

अब अपनी यह हालत है कि उस रास्ते को छोड़कर करीब आधा मील का चक्कर लगाकर जाता हूँ। एक दिन वे बाजार में मिल गये। कहने लगे, "आजकल आप दिखायी नहीं देते।" मैंने कहा, "बाहर निकलता ही नहीं। घर में ही रहता हूँ।"

उन्होंने कहा, "अच्छा, तो फिर घर पर ही दर्शन करूँगा।"

मैं कहकर फँस गया। अगर वे घर पर दर्शन करने आ पहुँचे, तो घण्टों बैठेंगे। सोच-विचार के बाद यह तय किया कि मैं फिर उनके घर के सामने से निकलना शुरू कर दूं। वहीं दर्शन दे दूं, ताकि वे घर पर दर्शन करने न आ पहुँचें।

उन सज्जन से मुझे डर लगता है। वे मुझे दूर से देखते हैं, तो चेहरा खिल उठता है। मैं काँप जाता हूँ। वे घण्टे-भर से कम में नहीं छोड़ते। उनके चेहरे पर वही भाव होता है, जो सुरसा के मुख पर हनुमान को देखकर आया था। सुरसा ने

कहा था—आज सुरन मोहि दीन अहारा। आज देवताओं ने मुझे भोजन दिया। ये सज्जन भी किसी परिचित को देखकर मन-ही-मन कहते हैं—आज सुरन मोहि दीन अहारा। वे पास आकर हाथ पकड़ लेंगे और एक पाँव से आपका पाँव दबा लेंगे और मुँह मिलाकर घण्टे-भर बकते जायेंगे। वे नर-भक्षी हैं। हमने उनका नाम मैनईटर आफ चम्पावत रख दिया है और राह देख रहे हैं कि कोई कर्नल जिम कार्बेट पैदा होगा, जो उनसे हमारी रक्षा करेगा।

साहब महत्त्वाकांक्षी

उस क्लब में देश की दुर्दशा पर भाषण देने के लिए हम चार लोगों को बुलाया गया था।

यों विषय था—'देश की वर्तमान दशा', मगर सारे वक्ता और श्रोता जानते हैं कि वर्तमान दशा का मतलब हमेशा 'दुर्दशा' होता है।

हम पहुँचे, तो 10 मिनट तक हाथ मिलाते रहे और यह होता रहा—ग्लेड टू मीट यू! दी प्लेजर इज माइन! (आपसे मिलकर प्रसन्न हुआ। सुख तो मेरा ही है)।

देश की दुर्दशा सुनने के लिए लोग कितने बढ़िया कपड़े पहनकर आये थे।

मेरा एक दोस्त भी क्लब का सदस्य है। उसने भी खास अदा से कहा, "ग्लेड टू मीट यू। इट्स ए प्लेजर एण्ड ए प्रिविलेज।"

मैंने उसे अलग ले जाकर कहा, "बाहर तो तू इस तरह मिलता नहीं है। यहाँ क्या हो गया?"

उसने जवाब दिया, "रामलीला का रावण क्या बाहर भी सीताहरण करता है?"

उनमें से एक ने मेरा विशेष ध्यान खींचा। उसकी किस्मत में कहानी का पात्र होना लिखा था। उनमें सबसे अच्छे कपड़े उसी के थे। मुस्कान का अभ्यास उसने औरों से ज्यादा किया था। मुस्कुराहट के सच्ची होने का धोखा हो जाता था। वह अपनी अधकटी मूंछ के किनारे के एक बाल को पकड़कर खींचने की लगातार कोशिश कर रहा था। परेशान था, जैसे वह बाल ओठ को छेदकर जबड़े में घुसा जा रहा हो।

हम लोगों ने जमकर देश की दुर्दशा का वर्णन किया। जब-जब दुर्दशा ज्यादा मार्मिक हो जाती, वे लोग ताली बजाते। उनका कार्यक्रम सफल हो रहा था। देश की दुर्दशा अगर जरा कम होती, तो कार्यक्रम इतना सफल न होता। मैंने

सोचा—मेरे देश, तू कितना विचित्र और महान है। कुछ लोगों के कार्यक्रमों की सफलता के लिए तू अपनी कितनी दुर्दशा करवा रहा है !

वे सब खुश थे। मगर खुश होने का भी उनका अलग ढंग था। वे साधारण आदमी की तरह खुश नहीं थे। ज्यादा खुश हो जाना गँवारूपन है और ऐसे मौके पर खुश न होना अशिष्टता है। वे नापकर खुशी जाहिर कर रहे थे। हमारे लिए खुशी की मुस्कान में दो दाँत दिखना काफी था; ढाई भी हो सकते हैं। मुख्यमन्त्री आयें, तब चार दाँतों के लायक खुशी होगी। उनमें हर एक-दो या ढाई दाँत की मुस्कान लेकर हाथ मिलाता और कहता—इट वाज वण्डरफुल ! मोस्ट इण्टरेस्टिंग !

वह आदमी बाल उखाड़ता हुआ बढ़ा और हम चारों से हाथ मिलाकर बोलता गया—मोस्ट इण्टरेस्टिंग ! शार्ट एण्ड स्वीट !

उन्होंने आपस में भी एक-दूसरे से कहा कि कार्यक्रम अच्छा रहा।

भोज पर बैठे, तो बातें देश की ही होती रहीं। वे लोग अत्यन्त भावुक हो उठे थे। कहते—रीयली, दी कण्ट्री इज गोइंग टु डाग्ज। दूसरा कहता—आई से, वी आर दी मोस्ट फालन पीपुल। तीसरा कहता—रीयली, दी होल कण्ट्री इज स्टारविंग।*

मुझे पहली बार मालूम हुआ कि तली मछली और सलाद के साथ देश की दुर्दशा इतनी स्वादिष्ट लगती है।

विदा के वक्त उन्होंने फिर कहा, "इट वाज वण्डरफुल। मोस्ट इण्टरेस्टिंग !"

वह आदमी अभी भी बाल से उलझा था। शायद 20-25 सालों से उस बाल को खींचने की कोशिश कर रहा था। इतनी मेहनत से तो अकेला ही एक नहर खोद सकता था। उसने हम लोगों से कहा, "मोस्ट इण्टरेस्टिंग ! शार्ट एण्ड स्वीट !"

आगे हम कभी वहाँ किसी शोक-समारोह में भी जायेंगे, मार्मिक शोक-भाषण देंगे, तब भी वे लोग कहेंगे मोस्ट इण्टरेस्टिंग ! शार्ट एण्ड स्वीट !

लगभग महीने-भर बाद वह आदमी मुझे फिर कॉफी हाउस में मिल गया। बाल खींचने में अभी तक सफल नहीं हुआ था। कोशिश बराबर जारी थी।

वह बड़े उत्साह से मिला। कहने लगा, "परसों रेडियो पर आपकी कविता सुनी। बहुत अच्छी थी।"

मैंने कहा, "वह कहानी थी।"

उसने कहा, "कहानी थी ? तब तो और भी बढ़िया थी, शार्ट, एण्ड स्वीट !

यहाँ-वहाँ की कुछ बातों के बाद, जब उसका विषयों का 'स्टॉक' खत्म होने लगा, तो उसने कहा, "और क्या हाल है ?"

मैंने भी 'स्टॉक' खत्म होने की घोषणा कर दी, "सब ठीक है। आप सुनाइए।"

उसने कहा, "क्या कहें साहब ! देश की हालत इस वक्त बड़ी नाजुक है।"

देश के बारे में उसने मुझे मार दिया। मैं 'सब ठीक' समझ रहा था, मगर उसे

* सचमुच देश बरबाद हो रहा है। हम बहुत गिरे लोग हैं। सारा देश भूखा मर रहा है।

देश की नाजुक हालत का अहसास था।

मैं डरा भी! जो देश की हालत से बात शुरू करे, वह भयानक 'चिपकू' होता है। दुनिया की हालतवाला तो और खतरनाक होता है। दो साल पहले वियतनाम की बात करता एक आदमी मुझे मिला था। अब वह सिवा अपने और किसी की बात नहीं करता।

मैंने तय किया—एक तो इससे बचूंगा। दूसरे इसे गम्भीर नहीं होने दूंगा। इसकी बातें मजाक में टालूंगा।

वह न जाने क्यों, एकाएक सामाजिक हो गया। अकसर मिल जाता और वही बात कहता—इस वक्त देश की हालत बहुत नाजुक है।

बहुत हो गया, तो मैंने नक्शा फैलाकर उसका 'देश' ढूंढ़ने की कोशिश की। कहीं नहीं मिला। मेरी भूगोल की पढ़ाई बेकार गयी। आखिर इसका देश है कहाँ? किस देश की चिन्ता कर रहा है? घर और क्लब मिलाकर जिसकी दुनिया बनती है, उसका देश क्या बाथरूम है या बार है? अगर उसका वही देश है, जो हम सबका, तो इस देश पर नया संकट क्या आ गया? क्या बाजार में स्कॉच व्हिस्की नहीं मिलती या इसका रसोइया छुट्टी पर चला गया?

वह पहले एक सरकारी प्रतिष्ठान का मैनेजर था। 2-3 साल पहले उसे 'कम्पलसरी रिटायरमेण्ट' मिल गया। बड़े भ्रष्टाचारी को बाइज्जत अलग कर देने की विधि को 'कम्पलसरी रिटायरमेण्ट' कहते हैं। चपरासी या बाबू का भ्रष्टाचार पकड़ा जाय, तो वह 'डिसमिस' होता है। जेल भी भेजा जा सकता है, क्योंकि वह सिर्फ 5-10 रुपये खाता है; मगर बड़ा अफसर जब 5-10 लाख दबा लेता है और सरकार उस पर ध्यान देने के लिए मजबूर हो जाती है, तब उससे हाथ जोड़कर कहती है—हुजूर, आशा है, आप अब तक काफी खा चुके हैं। अब अगर आप उचित समझें तो बाकी जिन्दगी चैन से गुजारें।

वह सरकार के प्रति करुणा से भरकर 'कम्पलसरी रिटायरमेण्ट' ले लेता है और बाइज्जत बाकी उम्र काटता है।

जब चपरासी भी लाख रुपये खाने लगेगा, तब वह भी बर्खास्त नहीं होगा। 'कम्पलसरी रिटायरमेण्ट' पर बैठेगा।

यह आदमी बड़े ठाठ से और बाइज्जत जिन्दगी गुजार रहा था। बँगले, कारें और बेहिसाब रुपया। शौक उसके कई थे मगर इधर उसे यह देश का नया शौक लग गया था। देश की लत भी बुरी होती है। एक बार लग जाय, तो छूटती नहीं।

मैंने सुना, वह बहुत लोगों से मिलने लगा है और सबसे देश की नाजुक हालत की बात करता है। जो उसे जानते थे, वे कहते थे, या तो उसका दिमाग खराब हो गया है, या देश के सचमुच बुरे दिन आ गये हैं।

एक सुबह वह मेरे घर आ गया। कार से उतरा, तो पहचानने में देर लगी। वह बदल गया था। कोट, पैण्ट, टाई छूट गये थे। कुरता, पायजामा, जाकिट पहने हुए था।

मैंने पूछा, "यह क्या हुआ ?"

उसने ज़रा झेंपते हुए कहा, "मैं अब बदल गया हूँ। बिल्कुल राष्ट्रीय हो गया हूँ।"

15 अगस्त 1947 को ऐसा सामूहिक रूप से हुआ था। ज्योंही तिरङ्गा झण्डा ऊपर गया था, बहुत लोगों के पैण्ट नीचे खिसक गये थे। उनकी जगह धोती आ गयी थी। 20 साल बाद फिर यह पैण्ट खिसका। राष्ट्रीय होने का फैशन अभी गया नहीं है।

वह बोला, "देश को परिवर्तन चाहिए।"

मैंने कहा, "कैसा परिवर्तन ? जैसे कपड़े बदलना ?"

वह गम्भीर था। कहने लगा, "मजाक छोड़िए। देश की हालत इस वक्त बड़ी नाजुक है।"

मैंने कहा, "सो तो देख रहा हूँ, और नाजुक हो जायेगी, तब क्या एकदम नंगे हो जायेंगे ?"

वह बोला, "आपकी हमेशा मजाक करने की यह आदत मुझे पसन्द नहीं है। मैं गम्भीर बात करने आया हूँ।"

मैंने कहा, "तो एक बार साफ कह दीजिए। अपने सारे पत्ते खोल दीजिए। क्या है आपका इरादा ?"

उसने कहा, "देखिए, देश की..."

मैंने काटा, "देश को फिलहाल बिल्कुल छोड़ दीजिए। अपनी बात कहिए।"

उसने कहा, "मैंने संसद का चुनाव लड़ने का निश्चय कर लिया है।"

अब मैं समझा कि पिछले दो-तीन महीनों से देश की हालत क्यों नाजुक है।

मैंने पूछा, "आपने ऐसा क्यों तय कर लिया ?"

उसने कहा, "देश परिवर्तन माँगता है। वह हमसे कुछ अपेक्षा करता है। हम भी तो भारत माता की सन्तान हैं।"

मेरे मुँह से फिर निकल गया, "मुझे तो मालूम ही नहीं था।"

वह चौंका ! बोला, "मजाक नहीं। मैं बहुत 'सीरियस' हूँ। मैं एकदम 'पब्लिक लाइफ' में आना चाहता हूँ।"

मैंने कहा, "मगर आप उलटा कर रहे हैं। लोग 'पब्लिक लाइफ' में पहले आते हैं, चुनाव बाद में लड़ते हैं। आप चुनाव पहले लड़ेंगे, पब्लिक लाइफ में बाद में आयेंगे।"

उसके पास जवाब था। बोला, "देश इस वक्त बड़ी जल्दी में है।"

मेरे लिए बड़ी समस्या थी। इसने ऐसा निर्णय कैसे ले लिया ? बहुत सोचने पर मैंने कल्पना की कि ऐसा हुआ होगा—

एक दोपहर को 'लंच' टेबिल पर इसकी पत्नी से बातें हो रही होंगी।

पत्नी ने कहा होगा—अपने पास बँगले हैं, कारें हैं, गहने हैं, पैसा है। अब कोई और बढ़िया चीज लाओ।

इसने पूछा होगा— क्या ले आऊँ ?

पत्नी बोली होगी—कोई ऐसी चीज, जिससे इज्जत बढ़े। पैसा तो बहुत है।

इसने सोचकर कहा होगा—अच्छा, इस बार 'लोक-सभा' घर में ले आऊँगा।

पत्नी ने उत्साह से कहा होगा—हाँ, जरूर ले आओ। हम उसे 'फ्रिज' में रख देंगे। मिसेज चोपड़ा का घमण्ड भी टूट जायेगा। मैं उससे कहूँगी—चोपड़ा साहब से कहकर विधान-सभा ही बुलवा लें। क्यों ? कितने में आ जायेगी लोक-सभा ?'

इसने कहा होगा—लेना है तो दाम की क्या चिन्ता ? पहले सस्ती आती थी। अब कुछ कीमत बढ़ गयी है।

पत्नी ने कहा होगा—जैसे भी मिले, ले जरूर आओ।

इसके बाद ही इसे महसूस हुआ होगा कि देश की हालत बड़ी नाजुक है।

मैंने उसे समझाया, "आपकी कोई सार्वजनिक सेवा नहीं है। बहुत लोग आपको नहीं जानते हैं। आप कैसे जीतने की उम्मीद करते हैं।"

वह मुझसे ज्यादा समझा हुआ था। कहने लगा, "वह सब मैंने समझ लिया है। अपने देश का चुनाव तो एक नाटक है। हमारा गँवारों का देश है। सच पूछा जाय, तो हम प्रजातन्त्र के लायक ही नहीं हैं। यहाँ वोट पाने के कई तरीके हैं। मैं सब जानता हूँ। सारा प्रबन्ध कर लिया है।"

आखिरी बात कहते-कहते उसने एक आँख बन्द करके इशारा किया।

मैंने कहा, "फिर जीतने के लिए लगभग दो लाख वोट चाहिए।"

वह बोला, "हाँ-हाँ, मैं बतलाता हूँ। देखिए 6 लाख का क्षेत्र है यह। इसमें से लगभग 4 लाख का मतदान होगा। इन चार लाख मतदाताओं में करीब 50 हजार ऐसे होंगे, जो घबड़ाते हुए मतदान केन्द्र में घुसेंगे और घबड़ाकर कहीं सील लगा देंगे। वे हर दफ्तर को पुलिस थाना समझते हैं। अवर्स इज ए बैकवर्ड कण्ट्री। इनमें से लगभग 30 हजार तो घबड़ाकर अपने निशान पर सील लगा ही देंगे। 30 हजार तो वे हुए। अब आगे चलिए—"

मैंने रोका, "आगे बिल्कुल मत चलिए, आपने प्रजातन्त्र की नस पकड़ ली है। घबड़ाते हुए मतदाता पर जो निर्भर है, उसकी जीत पक्की है।"

वह खुश हुआ। और ध्यान से उस बाल को खींचने की कोशिश करने लगा।

बोला, "बस, सारा प्रबन्ध तो कर लिया है। प्रचार का जिम्मा आप ले लीजिए।"

जिम्मा मैंने ले लिया। पर कर नहीं सका।

हुआ यह कि वह पर्चे में लिखवाना चाहता था—'जनता के जाने-माने सेवक' मगर मेरे हाथ से लिखा गया—'जनता के जाने-माने भ्रष्टाचारी।' मैंने उसे बताया नहीं, पर आगे प्रचार-कार्य का खतरा मोल नहीं लिया।

वह लड़ा। जमानत उसकी जब्त हो गयी।

मिला, तो मैंने पूछा, "यह कैसे हो गया ? आपका हिसाब तो पक्का था।"

उसने कहा, "जनता ने धोखा दिया।"

मैंने कहा, "याने वह इस बार घबड़ायी नहीं।"

उसने कहा, "हाँ, ऐसा ही मालूम होता है। आपने उस दिन क्लब में ठीक कहा था—वी आर ए मोस्ट फॉलन पीपुल। दी कण्ट्री इज गोइंग टू डाग्ज ! बड़े गिरे हुए लोग हैं!"

वह गुस्से से उस बाल को खींचने लग गया।

दल बदलनेवाला

कभी ऐसा मौसम आता है कि पतंगे न जाने कहाँ से उठकर मँडराने लगते हैं।

कभी ऐसा मौसम आता है कि न जाने कितनी परतों के नीचे दबा ईमान सहसा सिर तानकर खड़ा हो जाता है।

मौसम की बात है—पतंगा और ईमान एक-से भिन्नाने लगते हैं।

पिछले बीस सालों में इस साल मार्च से मौसम ऐसा हो गया है कि जहाँ कुछ नहीं था, वहाँ से ईमान उठकर मँडराने लगा। जहाँ मिट्टी थी, वहाँ आत्मा पैदा होकर बिलबिलाने लगी।

ऋतु-विशेषज्ञों की राय है कि इस बार आम चुनाव के कारण ऐसा मौसम आया है। जब तक दूसरा चुनाव न हो जाय, यही मौसम चलता रहेगा और ईमान तथा आत्मा इसी तरह हरकत करते रहेंगे।

उस दिन मेरे गाँव के ही निवासी हरचरन ने मुझे बताया कि उसकी आत्मा से भी पुकार उठने लगी है। हरचरन दूसरी बार कांग्रेस टिकिट पर विधायक हो गया है।

बोला, "भैया, कांग्रेस छोड़ने का एक अच्छा वक्तव्य लिख दो।"

मैंने पूछा, "तुम कांग्रेस क्यों छोड़ रहे हो ?"

उसने कहा, "मेरी आत्मा से ऐसी ही पुकार उठ रही है। कांग्रेस पूज्य बापू के सिद्धान्तों की हत्या कर रही है। कांग्रेस प्रजातन्त्र की रक्षा नहीं कर सकती। मैं सिद्धान्तवादी आदमी हूँ। तुम तो जानते हो।"

मैं सचमुच अकचका गया। मुझे सपने में भी कल्पना नहीं थी कि कभी हरचरन के मुँह से 'आत्मा', 'सिद्धान्त', 'प्रजातन्त्र' जैसे शब्द सुनूँगा। अभी न जाने कितने बुरे दिन देखने हैं।

मैंने पूछा, "क्यों हरचरन, तेरी आत्मा कब बोल पड़ी ? पहले तो गूँगी थी। कुछ इलाज करवाया है क्या ?"

उसने कहा, "भैया, मैं परसों मुख्यमन्त्री के पास गया और कहा—कांग्रेस के

सिद्धान्तों की हत्या हो रही है। मैं यह बरदाश्त नहीं कर सकता। उन्होंने कहा—अभी तक जैसे बरदाश्त करते रहे, वैसे ही आगे भी कर लो। मैंने कहा—अब आगे बरदाश्त नहीं होगी। मेरे साथ मेरी बिरादरी के छः विधायक भी यह सोचते हैं कि सिद्धान्तों की हत्या ज्यादा होने लगी है। मुख्यमन्त्री ने कहा—अगर तुम अकेले कहते कि सिद्धान्तों की हत्या हो रही है, तो मैं विश्वास न भी करता। पर तुम्हारे साथ छः विधायक और यही बात कहते हैं, तो मुझे विश्वास करना ही पड़ेगा। सिद्धान्तों की रक्षा मैं भी करना चाहता हूँ। आओ, हम तुम मिलकर सिद्धान्तों की रक्षा कर लें। मैं तुम्हें संसदीय सचिव बना देता हूँ। क्या इससे आपके सिद्धान्तों की रक्षा हो जायगी? मैंने कहा—नहीं साहब, इतने बड़े सिद्धान्तों की रक्षा इतने छोटे पद से कैसे हो सकती है? कम-से-कम डिप्टी मिनिस्टर बनाइए, तब रक्षा होगी। मुख्यमन्त्री ने कहा—अभी वह 'स्टेज' नहीं आयी है जब सिद्धान्तों की रक्षा के लिए तुम्हें मन्त्रिमण्डल में लेना पड़े। बस भैया, ज्योंही मैं उनके बँगले से बाहर निकला, मेरी आत्मा बोलने लगी।"

मैंने पूछा, "खूब जोर से और साफ बोल रही थी?"

वह बोला, "हाँ भैया, बहुत जोर से बोल रही थी। आसपास के लोग सुनकर पूछते थे—इतनी अच्छी बातें कौन बोल रहा है? मैं बताता कि गाँधीजी के इस छोटे-से सेवक की आत्मा बोल रही है।"

मैंने पूछा, "क्या बोल रही थी?"

वह बोला, "कहती थी—हे मूर्ख हरचरन, तुझे पाँच साल इस जगह बैठते हो गये, पर तुझसे कुछ नहीं बना। उधर वह खुमानसिंह डिप्टी हो गया। तेरी सारी बिरादरी में बदनामी हो रही है। कांग्रेस तो मर चुकी। उससे प्रजातन्त्र की रक्षा नहीं हो सकती। कांग्रेस में आज सारे सिद्धान्तों की हत्या हो रही है। जो लोग तुझे डिप्टी नहीं बना सकते, वे प्रजातन्त्र की रक्षा कैसे कर सकते हैं? छोड़ इस कांग्रेस को। पिछले दो दिनों से ऐसी आवाज मेरी आत्मा से उठ रही है और मैं बहुत बेचैन हूँ। तुम एक अच्छा-सा वक्तव्य लिख दो।"

मैंने कहा, "हरचरन, तुम कहीं उतावली में तो कांग्रेस नहीं छोड़ रहे हो। कहीं यह संसदीय सचिव का पद भी हाथ से न छूट जाय।"

उसने समझाया, "नहीं, मैंने बात कर ली है। विरोधी पक्ष मिलकर 10-15 दिनों में सरकार बना लेगा। उन्होंने मुझे डिप्टी मिनिस्टर बनाने का वायदा कर दिया है। शुद्ध आत्मा चालाक होती है। उसे कोई धोखा नहीं दे सकता।"

मैंने कहा, "तो विरोधी दलों में से तुम किसमें शामिल हो रहे हो?"

"रक्षक बनकर दोनों के बीच में रहेंगे। कांग्रेस से भी प्रजातन्त्र की रक्षा करेंगे और विरोधी दलों से भी। वैसे जितनी इज्जत मेरी इन दिनों हो रही है उतनी कभी नहीं हुई। बड़े-बड़े लोग मेरे पास आते हैं और मुझे बड़ी-बड़ी पार्टियों में बुलाया जाता है।"

मैंने पूछा, "फिर भी इतनी पार्टियों में सबसे अच्छी पार्टी तुम्हें कौन लगती है?"

उसने भोलेपन से कहा, "सभी पार्टियाँ अच्छी हैं भैया। सभी देश की सेवा करती हैं। अपने से सभी पार्टीवाले प्रेम से बोलते हैं। जनसंघ के तिकड़मकरजी प्रेम से बोलते हैं। संसोपा के आजाद साहब और प्रसोपा की 'आँधी' बहनजी भी बड़े प्रेम से बिठाते और बात करते हैं। अपने लिए तो सभी अच्छे हैं। पार्टीबाजी और कार्यक्रम वगैरह तो भैया, फालतू चोंचले हैं। अपन तो भेदभाव नहीं मानते। हाँ, कम्युनिस्टों से ज़रा हम भड़कते हैं। सुना है, इन लोगों की भगवान से नहीं पटती।"

मैंने हरचरन के कांग्रेस छोड़ने का वक्तव्य लिख दिया और उसने उसे अखबारों में छपवा भी लिया।

चार-पाँच दिन बाद हरचरन फिर आया। वह परेशान था। बोला, "भैया, तीन-चार दिन तो ठीक रहा। पर कल से फिर मेरी आत्मा से आवाज उठने लगी।"

मैंने कहा, "यह बुरी बीमारी तुम्हें लग गयी, हरचरन! इस बार क्या हुआ जो आत्मा बोलने लगी?"

उसने कहा, "भैया, परसों मुख्यमन्त्री ने बुलाया। पूछने लगे कि तुमने कांग्रेस क्यों छोड़ी। मैंने साफ कह दिया कि मेरे सैद्धान्तिक मतभेद हैं। मैं अपनी आँखों के सामने सिद्धान्तों की हत्या नहीं देख सकता। उन्होंने कहा—सिद्धान्तों की रक्षा तो उधर भी नहीं हो सकती। उस भानुमती के पिटारे का क्या ठिकाना? वे पार्टियाँ तो आपस में लड़ेंगी और मन्त्रिमण्डल टूटेगा। तुम दो-तीन महीने से ज्यादा उपमन्त्री नहीं रह सकते। इधर कांग्रेस का काम स्थायी है। तुम लौट आओ। मैं तुम्हें स्टेट मिनिस्टर बनाये देता हूँ।"

वह चुप हो गया। मैंने पूछा, "फिर क्या हो गया?"

उसने कहा, "बस भैया, मेरी आत्मा फिर कहने लगी—अरे हरचरन, सिद्धान्तों की हत्या तो इधर भी हो रही है। कांग्रेस की हत्या तो तेरी देखी हुई है। तुझे उसका अभ्यास है। विरोधी यदि नये ढंग से हत्या करने लगे, तो तुझसे बरदाश्त नहीं होगा। ज़रा सोच, वे लोग ज्यादा सिद्धान्तवादी हैं, जो तुझे सिर्फ डिप्टी बना रहे हैं या वे जो स्टेट मिनिस्टर बना रहे हैं, तू तो लौट आ। मैंने आत्मा की बात मान ली है। तुम कांग्रेस में लौटने का वक्तव्य बना दो।"

मैंने कहा, "पर अभी तेरे ही दस्तखत से कांग्रेस विरोधी वक्तव्य अखबारों को गया था। अब ठीक उलटा वक्तव्य कैसे देगा? क्या कहेगा तू?"

हरचरन बोला, "तुम लिख दो कि मुझे डरा-धमकाकर और धोखा देकर दस्तखत कराये गये। मुझे विरोधी अभी भी फुसला रहे हैं। पर मुझे कांग्रेस के सिद्धान्त प्यारे हैं और कांग्रेस ही जनता का भला कर सकती है। मैं अपने सिद्धान्तों की रक्षा के लिए कांग्रेस में जा रहा हूँ।"

मैंने उसका वक्तव्य लिख दिया। सोचा, अब यह स्टेट मिनिस्टर बन जायेगा और इसकी आत्मा मौन हो जायेगी।

पर चौथे दिन वह फिर आ गया। बोला, "आत्मा बड़ी बेचैन है।"

मैंने पूछा, "अब क्या हो गया?"

वह बोला, "बड़ा गजब हो गया। विरोधियों का बहुमत हो रहा है और कांग्रेस की सरकार जा रही है। विरोधी भी मुझे स्टेट मिनिस्टर बनाने को राजी हैं। मेरी आत्मा मुझे बार-बार चेतावनी दे रही है कि अगर तू विरोध में नहीं आया, तो प्रजातन्त्र का नाश हो जायेगा। मुझे अपनी कोई चिन्ता नहीं है, पर प्रजातन्त्र की रक्षा तो करनी ही पड़ेगी। ईश्वर की शायद इच्छा है कि मेरे ही हाथों प्रजातन्त्र की रक्षा हो। मैं इस महान् उत्तरदायित्व से कैसे मुँह मोड़ सकता हूँ। तुम तो मेरा वक्तव्य लिखो।"

मैंने कहा, "इस बार क्या कारण लिखा जायेगा?"

उसने कहा, "जो सत्य है, वही लिखो। सत्य की अन्त में जय होती है। इस बार लिख दो कि कांग्रेसियों ने डराकर और धोखा देकर वक्तव्य पर दस्तखत करा लिये थे। कांग्रेस देश का नाश कर रही है। मुझ जैसा देशभक्त और ईमानदार जन-सेवक हरगिज उसका साथ नहीं देगा। अन्त में यह भी लिख दो कि मैं कांग्रेसवालों को चेतावनी देता हूँ कि मुझे फुसलाने की कोशिश न करें।"

मैंने फिर उसका वक्तव्य लिख दिया।

विधान-सभा में शक्ति-परीक्षण के जब दो दिन बचे, तब हरचरन फिर आया। इस बार उसका चेहरा पीला था।

बोला, "इस बार मेरी आत्मा बहुत कातर होकर कह रही है कि जिस कांग्रेस ने देश को आजादी दिलायी, जो कांग्रेस गाँधी और नेहरू के पुण्य से सींची गयी, उस कांग्रेस को मत छोड़। कांग्रेस ही देश का भला कर सकती है, वही प्रजातन्त्र की रक्षा कर सकती है।"

मैंने पूछा, "तेरी आत्मा इस बार किस कारण से बोल उठी!"

वह बोला, "क्या बताऊँ, गाँजे के कारण।"

मैं चौंका—गाँजे के कारण पश्चिम के नौजवानों की आत्मा बोलने लगी है। हरचरन की आत्मा भी क्या गाँजे से बोलने लगी!

मैंने कहा, "क्या तुम गाँजा पीने लगे?"

उसने कहा, "नहीं, बात यह हुई कि परसों मेरे कमरे में किसी ने खिड़की से आधा किलो गाँजा फेंक दिया। मैं दरवाजा खोलकर भीतर गया कि पुलिस आ गयी। कल मुख्यमन्त्री ने मुझसे कहा—अब यह तुम्हारा गाँजे का मामला फँस गया है। क्या कहते हो? जेल में जाओगे या कांग्रेस में? लौटते हो तो केस उठवा लेता हूँ। भैया, मेरी अन्तरात्मा रो-रोकर कह रही है कि तू गाँधी और नेहरू की पार्टी मत छोड़। कांग्रेस के सिद्धान्तों से ही देश का भला होगा।"

मैंने पूछा, "तुम्हें मन्त्री बनाने का वादा किया है?"

वह बोला, "अब काहे का वायदा भैया! यह जो गाँजे का मामला फँस गया। मैं पदलोलुप नहीं हूँ। मैं तो कांग्रेस के एक सिपाही की हैसियत से जनता की सेवा करना चाहता हूँ। आज देश को निष्ठावान् और ईमानदार कार्यकर्त्ता चाहिए।"

मैंने उसका आखिरी वक्तव्य लिख दिया। हरचरन गाँजे के 'केस' से डरता हुआ एक साधारण सिपाही की तरह देश की सेवा कर रहा है।

मुफ्तखोर

उसकी कल्पना करता हूँ तो वह मुझे ऐसा भोजन लगता है, जिसमें मक्खी पड़ी हुई है। पेट की माँग पूरी करने के लिए आदमी मक्खी को निकालकर खाना खाने लगता है, मगर एक घिन उसके मन में बनी रहती है। मितली के साथ ही खाते जाना एक कष्टकर अनुभव है, पर तृप्तिकर भी।

वह जब आता है, तब मुझे मितली आती है, पर मैं चाहता हूँ कि वह आये। उससे मुझे पैसे मिलते हैं। पैसे मुझे चाहिए। मैं मक्खी को निकालकर खाना खाने लगता हूँ।

पाठ्यपुस्तकों के बहुत बड़े प्रकाशक का बेटा है। कभी कुछ अध्याय लिखवाता है, कभी किसी पाण्डुलिपि को ठीक करवाता है और कभी सम्पादन करवा लेता है। उम्र में वह मुझसे आधा है, पर चतुराई में 'मेरे पिता के बड़े भाई' के बराबर। वह बड़ी आसानी से, जब चाहता है, मेरा दादा हो जाता है।

मैं खिड़की से उसे आता देख लेता हूँ। सामने मैदान है। मैदान में घुसते ही उसकी चाल और अदा से मैं समझ जाता हूँ कि यह आज वाजिब पैसे देगा, कम पैसे देगा या मुफ्त में काम करवायेगा। हर स्थिति में वह अलग ढंग से मेरे पास आता है।

आज मैदान में घुसते ही वह झुक गया है। उसकी जवानी गायब हो गयी है। चाल में बुढ़ापा है। चेहरे पर हजार वर्षों की चिन्ता है। वह पोर्टफोलियो को हिलने नहीं दे रहा है। नीचे देखते हुए धीरे-धीरे इतने हल्के चल रहा है कि मेरे मैदान की घास को कष्ट न हो।

आज वह मुफ्त में कोई काम कराने आ रहा है। पैसे देकर काम कराने आता है, तब मेरे घास के दर्द का इतना ख्याल नहीं रखता। आज की थाली में एक नहीं, पचीसों मक्खियाँ पड़ी हैं। मुझे मितली आती है।

वह चला आ रहा है। लगता है, जाली नोटों की गड्डी सरकती आ रही है।

वह दरवाजे पर आता है।

'मैं !' वह रुकता है। आर्त्त बकरी की तरह उसकी 'मैं' है। उसके 'मैं' में संगीत होता है। एक लय। लगता है, वह कोई रागिनी छेड़नेवाला है। 'मैं' के बाद वह हमेशा रुकता है। उसके बाद कहता है, 'आ सकता हूँ।' 'मैं' के बाद वह कितना रुकता है, इससे मैं अन्दाजा लगा लेता हूँ कि वह वाजिब पैसे देगा, कम देगा या मुफ्त में काम करवायेगा। आज वह 'मैं' के बाद इतना रुकता है कि लगता है, दरवाजे पर दो आदमी हैं। एक सिर्फ 'मैं' कहता है और दूसरा कहता है, 'आ सकता हूँ।'

निश्चित है कि मुफ्त में काम कराने आया है।

वह धीरे से पर्दा हटाकर कमरे में घुसता है। धीमे-धीमे सरकता है। या तो वह नंगे पाँव है या उसके जूतों में एड़ी नहीं है। आहटहीन व्यक्तित्व हो गया। वह

धीमे-से कुर्सी पर बैठ जाता है। इतने हल्के से बैठता है कि कुर्सी को तकलीफ न हो। कम-से-कम वजन कुर्सी पर डाल रहा है। कुर्सी पर पीछे पीठ को टिकाता नहीं है। इससे कुर्सी को दर्द होगा। यों उसे दुख है कि बेचारी कुर्सी पर उसका इतना भी बोझ पड़ रहा है।

बिल्कुल पक्का हो गया कि मुफ्त में काम कराने आया है। पैसे देकर काम कराने आता है, तब मेरी कुर्सी की तकलीफ का इतना ख्याल नहीं करता। मैं उसका चेहरा देखता हूँ। वहाँ भयानक भक्ति-भाव है। मेरे चेहरे पर की नफरत उससे छिपी नहीं है। जो नफरत करता है, उसके प्रति भक्तिभाव धारण कर लेना, बड़ी लम्बी साधना में आता होगा—'आपको मैंने डिस्टर्ब तो नहीं किया ?'

मैं पत्रिका पलटने लगता हूँ। वह उसी तरह बैठा है। शान्त। उसे जरा अहसास नहीं है कि मैं उसकी अवहेलना कर रहा हूँ। मैं उसकी तरफ देख नहीं रहा हूँ, पर मुझे अनुभव हो रहा है कि उसकी आँखों में से लम्बे-लम्बे काँटे निकल आये हैं और मुझे जगह-जगह छेद रहे हैं।

मैं पत्रिका फेंककर सीधा उसकी तरफ देखता हूँ। फौरन फैसला कर लेना चाहता हूँ—मार-काटकर एकदम मामला तय हो जाय।

मैं पूछता हूँ, "कैसे आये ?"

वह कहता है, "यों ही, दर्शन करने चला आया।"

यह नम्रता मुझे काट जाती है। मुनाफे के आदिम देवता के सामने काटने से पहले वह बकरे की आरती कर रहा है। मैं तय करता हूँ—इसका काम हरगिज नहीं करूँगा।

वह कहने की तैयारी कर रहा है।

सिपाहियों को संगीन-चार्ज का अभ्यास कराने के लिए सामने रेत के बोरे टाँग दिये जाते हैं। सिपाही बोरे में संगीन घुसेड़कर अभ्यास करता है। मुझे एकदम लगता है, मैं आदमी नहीं, रेत का बोरा हूँ। इसके बाप ने संगीन लगी बन्दूक हाथ में देकर कहा होगा—'नेपियर टाउन में तेरे लिए एक रेत का बोरा टँगा है। जा, उसे छेदकर आ।'

मेरी छोटी भांजी कमरे में से निकली। वह मुसकराता है—'बूढ़े' की तरह वात्सल्य से। कहता है—'बेबी, क्या नाम है तुम्हारा ?'

वह वातावरण बना रहा है।

वह पचीसों बार वातावरण बनाने के लिए बेबी से नाम पूछ चुका है और वह बता चुकी है। अब वह जवाब ही नहीं देती।

एक बार उसे कुछ ज्यादा वातावरण बनाने की जरूरत पड़ी थी। कानवेण्ट में पढ़नेवाला पड़ोस का बच्चा पैण्ट, टाई से लेस मेरे कमरे में खड़ा था। इसने उससे कहा—'हलो डैडी, हाउ आर यू ?' मैं हँसा, तब भी वह नहीं समझा कि उसने बच्चे को डैडी कह दिया है। उसे तो वातावरण बनाने से मतलब था।

आज उसने फिर अतिरिक्त वातावरण बनाया। बोला, "बेबी बहुत होशियार

है।"

मैं खुश नहीं हुआ। पर वह भी निराश नहीं हुआ।

मैं और सँभल जाता हूँ। इसका काम हरगिज नहीं करूँगा।

दीवार पर प्रेमचन्द के चित्र को देखकर वह पूछता है, "यह क्या आपके पिताजी का चित्र है ?"

कहता हूँ, "मुंशी प्रेमचन्द का है।"

वह कहता है, "आपके जैसा ही चेहरा है। क्यों न हो ? वह भी साधक थे, आप भी साधक हैं।"

मुझे फिर 'साधक' पर गुस्सा आया। मैं उससे बहुत नफरत करने लगा हूँ। वह प्रेमचन्द पर से ही शायद मेरे ऊपर वार करना चाहता है।

"प्रेमचन्द तो महान् लेखक थे, पर बड़ी तकलीफ भोगते रहे। अपने देश में लेखकों की कद्र नहीं होती।"

मैं थोड़े जोर से कहता हूँ, "होती है।"

वह थोड़ा निराश हो जाता है। उसका वातावरण बिगड़ रहा है। पूछता है, "आप कहते हैं, लेखक की कद्र होती है ?"

मैं कहता हूँ, "हाँ, देखो, तुम्हीं दर्शन करने इतनी दूर से आये हो !"

इसे मेरा मजाक समझकर उसने तय किया कि हँसना उसका कर्त्तव्य है। वह जरूरत से ज्यादा हँस दिया।

हँसी के वातावरण में उसने मुझ पर वार करना ठीक समझा। टाइप किया हुआ कागज निकाला और मेरे सामने फैलाकर बोला, "सर, थोड़ा-सा कष्ट दे रहा हूँ। इस पर यहाँ दस्तखत कर दीजिए। राजस्थान शिक्षा-बोर्ड को ये किताबें भेजनी हैं।"

मैं सँभलकर पूछता हूँ, "कोर्स में लग जायेंगी, तो खूब बिकेंगी ?"

"खूब तो क्या, थोड़ी ही बिकेंगी।"

"तुम्हारी कमाई में से मुझे क्या मिलेगा ?"

वह चिन्तित होता है। वार गड़बड़ हो रहा है। कहता है, "सर, आपको तो बस ज़रा दस्तखत कर देना है, बस।"

मैं कहता हूँ, "मगर मेरे दस्तखत के बिना किताबें मंजूर नहीं होंगी न ?"

वह चुप हो जाता है। सोच रहा है। मैं कहता हूँ, "अपने एग्रीमेण्ट में यह नहीं लिखा है कि तुम जहाँ चाहोगे, वहाँ मुझे दस्तखत भी करना पड़ेगा। मैं दस्तखत तभी करूँगा, जब तुम मुझे रुपये दोगे।" उसके चेहरे पर विषाद आ गया है। लगता है, मातमपुर्सी के लिए आया है। मानो अभी कहकर निपटा है 'सर, मालूम हुआ, आपके पिताजी की मृत्यु हो गयी। बहुत अफसोस हुआ।'

वह वैसा ही बैठा है। धीरे-धीरे वह विषाद को हटाता है। उसका चेहरा फिर पहले जैसा हो गया है। वह पूछता है, "सर, आपकी वह पत्रिका क्यों बन्द हो गयी ?"

वह मेरी सारी कमजोरियाँ जानता है। पत्रिका बन्द होने की कसक मेरे मन में

है। वह इस कसक का फायदा उठाना चाहता है। जिसका लड़का वर्षों पहले मर गया है, उसे उसकी याद दिलाओ। लड़के की तारीफ करो—'अहा, बड़ा अच्छा लड़का था सुरेश।' और फिर उठते-उठते धीरे से कहो—'भैयाजी, 25 रुपये हों तो दे दीजिए।'

वह यही करना चाहता है। मैं उसे यह नहीं करने दूँगा।

मैं जवाब देता हूँ, "पैसे की कमी के कारण पत्रिका बन्द हो गयी।"

वह उदास हो जाता है। ऐसा मुँह बनाता है, जैसे पैसे न होने से उसकी बीमार लड़की मर गयी हो। कहता है, "हमारे देश का यही दुर्भाग्य है।"

मेरी बायीं कनपटी की नस अब खूब दर्द करने लगी है। मेरा दम घुटने-सा लगा है। मैं उसके मुँह से अच्छी बातें बर्दाश्त नहीं कर सकता। वह साधना की बात कर चुका है, लेखकों की गरीबी पर दुखी है, पत्रिका के बन्द होने पर उसे चिन्ता है और अब देश के दुर्भाग्य की बात कर रहा है। मैं सह नहीं सकता। मैं चाहता हूँ वह भद्दी बातें करे, गाली बके, बदतमीजी करे। अगर वह इस क्षण कोई फूहड़पन कर जाये तो मेरा तनाव एकदम खत्म हो जायेगा।

वह फिर कोशिश करता है, "सर, इसे अभी डाक से भेजना है। ज़रा दस्तखत कर दीजिए न!"

मैं कहता हूँ, "कह दिया न, दस्तखत नहीं करूँगा। पैसा लाओ।"

एक विषाद फिर उसके चेहरे पर घिर आया है। इस बार मेरे पिताजी की मृत्यु पर मातमपुर्सी का भाव नहीं है। ऐसा विषाद है, जैसे उसके पिताजी की मृत्यु हो गयी है और वह अभी कहकर निपटा है—'सर, हमारे पिताजी नहीं रहे। हम अनाथ हो गये। अब आपका ही सहारा है।' विषाद सच्चा है। पैसा इसका पिता है और मैं उसकी मृत्यु की घोषणा बार-बार कर रहा हूँ।

वह नीचा सिर किये बैठा है। मैं चाहता हूँ, यह उठे। एक क्षण के लिए मेरे मन में दया आती है। दुख इसका सच्चा है। शेर की पकड़ से अगर जानवर निकल जाये तो क्या शेर का दुख झूठा है? शेर क्रूर है, वह जानवर के प्राण ले रहा था—यह सब ठीक है। मगर उसका दुख तो सच्चा है।

वह धीरे-धीरे फिर उबरता है। विषाद उड़ जाता है। उसके सामने आज का अखबार है। बड़े अक्षरों में उस पर फ्रान्स के विद्यार्थी और मजदूर आन्दोलन का समाचार है। उसकी नजर समाचार पर पड़ती है। वह कहता है, "सर, अपने देश में क्रान्ति क्यों नहीं होती?"

वह मेरी सारी कमजोरियाँ जानता है। जानता है, क्रान्ति की बात मुझे अच्छी लगती है।

पर कनपटी की नस जोर से फड़कने लगती है। मेरा दम घुटने लगता है। उसकी उपस्थिति का अहसास मेरी साँस बन्द कर रहा है। उसके 'क्रान्ति' शब्द से मेरे सिर में दर्द होने लगता है। मैं चाहता हूँ, यह नंगा होकर नाचने लगे। यह कपड़ों पर थूकने लगे। उठकर मुझे एक तमाचा मार दे, गालियाँ बके। मेरे सारे

कागज फाड़ डाले। मैं इसका अहसान मानूँगा। बस, अच्छी बातें न करे पर वह मानता नहीं है। अपने सवाल का जवाब खुद देता है, "बात यह है सर, कि अपने देश का आदमी पैसे से बिक जाता है।"

अब हद हो गयी है। अब मैं सह नहीं सकता। अगर यह नहीं जाता, तो आगामी दो मिनटों में या तो मैं दीवार पर अपना सिर दे मारूँगा या इसका गला घोंट दूंगा।

पर वह जायेगा कैसे! अगर मैं उससे बाहर निकल जाने के लिए कहूँ, तो भी नहीं जायेगा। अच्छी बातें करके मिन्नतें करेगा। अब इसकी एक भी अच्छी बात मुझे मार डालेगी। मुझे अब सिर्फ अपनी रक्षा करनी है। मैं एक झटके से वह कागज लेता हूँ, जैसे नाग से बचने के लिए आदमी फुर्ती से हटता है। दस्तखत करके उसे दे देता हूँ।

आँखें बन्द करके कुर्सी पर सिर एक तरफ टिका देता हूँ, मैं बेहद थक गया हूँ। मेरी सारी शक्ति चली गयी है। आँखें खोलता हूँ। वह एकदम जवान हो गया है।

कहता है, "धन्यवाद। अब मैं चलता हूँ।"

वह ऐसे झटके से उठता है कि कुर्सी फर्श पर रगड़ खा जाती है।

उसके जूतों में एड़ी लग गयी है। वे खर-खर आवाज कर रहे हैं।

एक झटके से पर्दे को हटाता है।

सीढ़ियों पर से कूदता हुआ उतरता है।

वह मैदान पार कर रहा है। पोर्टफोलियो जोर से हिलाता हुआ घास को रौंदता हुआ चला जा रहा है।

कोई सुननेवाला नहीं है!

वह सड़क के किनारे के मकानों में रहने का पूरा फायदा उठाता था।

इसका सबसे बड़ा फायदा तो यह है कि आप अण्डरवीयर और बनियान पहिन-कर सड़क पर खड़े हो सकते हैं और कपड़ों का खर्च बचा सकते हैं। संकोच का कोई कारण नहीं है क्योंकि सड़क अपने बरामदे में शामिल रहती है। दूसरा फायदा यह है कि मन हमेशा हल्का रहता है। कोई शिकायत मन में उठी कि सड़क पर आकर, जो पहला राहगीर मिला, उससे कह दी। मन हल्का हो गया।

वह दोनों फायदे भरपूर उठाता था। अकसर मैं उसे अण्डरवीयर और बनियान पहिने, बच्चे को कन्धे से चिपकाये, किसी से बातें करते देखता। अकसर उसके ये शब्द उसाँस के साथ कान में पड़ते, 'बड़ा अन्धेर है। कोई सुननेवाला नहीं है!' इन

शब्दों पर अब कोई ध्यान नहीं देता, क्योंकि अब तो हर बच्चा माँ के पेट से निकलते हुए कहता है, 'बड़ा अन्धेर है। कोई सुननेवाला नहीं है !'

मगर उसके कहने के ढंग ने मेरा ध्यान खींचा। मुझे लगा—किसी का घर जलकर खाक हुआ जा रहा है; वह सहायता के लिए पुकार लगाता है और जब कोई नहीं आता, तो वह सिर से हाथ लगाकर किनारे बैठ जाता है और कहता है, 'कोई सुननेवाला नहीं है।' मुझे लगता, इस आदमी के आसपास बेहद दमघोंट धुआँ है, जो मेरे मुँह और नाक में घुस रहा है। मैं बहुत फुर्ती से सड़क के दूसरे किनारे से निकल जाता।

एक दिन वह अकेला खड़ा था। मुझे आता देखकर वह इस किनारे आ गया और 'नमस्ते' की दीवार मेरे सामने खड़ी कर दी।

बोला, "मैंने आपका नाम तो सुना है पर परिचय का सौभाग्य प्राप्त नहीं हुआ था।"

मैंने कुछ 'हाँ-हूँ' किया।

वह कहने लगा, "आप तो अखबारों में लिखते हैं। कुछ हमारे महकमे की धाँधली के बारे में भी लिखिए न। बड़ा अन्धेर है, साहब।"

मुझे लगा, धुआँ मेरी नाक और मुँह में घुस रहा है। उसने मुझे ऐसे देखा, जैसे मैं ही अन्धेर कर रहा हूँ। बोला, "साथ के लोगों का, बल्कि जूनियरों का प्रमोशन हो गया, पर हम जहाँ के तहाँ हैं। दरख्वास्त दी, अफसरों से मिले, मगर कोई नतीजा नहीं। कोई सुननेवाला नहीं है।" उसने विस्तार से अपना मामला मुझे समझाया। मैंने प्रथा के अनुसार सहानुभूति जतलायी और उसकी इस धारणा का समर्थन किया कि सर्वत्र अन्धेर मचा है।

हर तीसरे-चौथे दिन उसकी भेंट मुझसे हो जाती और वह अपने प्रति हुए अन्याय की उसी मौलिक आवेग के साथ चर्चा करता। अन्त में उसका आवेग गिर जाता और वह परास्त स्वर में कहता, "पर क्या करें! कोई सुननेवाला नहीं है।"

तीसेक साल का स्वस्थ आदमी था वह। पत्नी थी, दो बच्चे थे। एक को तो शिकायत की तरह हमेशा कलेजे से चिपकाये रहता था। उसे लगभग ढाई सौ रुपये माहवार मिलते थे। 'ऊपरी आमदनी' बहुत कम या नहीं होती होगी, क्योंकि अच्छी ऊपरी आमदनीवाला कभी तरक्की के झंझट में नहीं पड़ता।

महकमे के अन्याय की अनुभूति ने पूरी दुनिया से उसके सम्बन्ध निश्चित कर दिये थे। वह मानने लगा था कि दुनिया में जो कुछ है, मुझे दुःख देने के लिए है। सब मुझ पर अन्याय करते हैं। विश्व के सम्पूर्ण क्रिया-कलापों का उद्देश्य मुझे तंग करना है। सूर्य मुझे परेशान करने के लिए कड़ी धूप करता है और हवा जब जोर से चलती है, तब मेरे सूखते कपड़े गिराकर मुझे परेशान करना चाहती है।

जून के अन्तिम दिनों में वह मुझे रोककर बता रहा था कि साहब ने कहा है कि तुम्हारी दरख्वास्त 'फॉरवर्ड' कर देंगे, पर 'रिकमण्ड' नहीं करेंगे।—बताइए भला, है न सरासर अन्धेर! अरे, हमारी माँग अगर सही है, तो तुम सिफारिश

करो कि हाँ, इसका क्लेम है।

मैंने ऊपर देखकर कहा, "बरसात आ ही गयी। अच्छा है, कुछ बरस जाय। बड़ी भीषण गर्मी है।"

उसने भी आसमान की तरफ देखा। उसका चेहरा मलिन हो गया। वह बरसात से भी परेशान था। बोला, "बरसात क्या मुसीबत है। हमारी बैठक में बहुत पानी टपकना है। मकान-मालिक से हर साल कहते हैं और वह थोड़ी-सी सीमेण्ट चुपड़वा देता है। पैसे बचाता है।" ऐसा भाव उसके मुख पर आया, जैसे दुनिया-भर के मकान-मालिक एक साथ उस पर हमला कर रहे हैं। उसने सिर इस आशंका से कँपाया, मानो सारा पानी उसी के सिर पर गिर रहा है।

रक्षाबन्धन के दिन सुबह वह मुझे सड़क पर मिल गया। उसके कपाल पर टीका लगा था और कलाई पर राखी बँधी थी। मैंने कहा, "तुम्हारे यहाँ सवेरे ही राखी बँध जाती है।" उसका चेहरा मलिन पड़ गया। कहने लगा, "रक्षाबन्धन क्या, मुसीबत है! न जाने कहाँ-कहाँ की बहनें आ जाती हैं और धागा बाँधकर रुपया-अठन्नी ले जाती हैं। ब्राह्मण अलग आते हैं; चपरासी अलग। बड़ी परेशानी है।" वह बहुत दुःखी और नाराज हो गया जैसे दुनिया-भर की बहनें राखियों के चाबुक बनाकर उसे मार रही हों।

हर चीज उसे तंग करती थी; हर चीज उसके लिए अन्याय बनकर आती थी। अपनी पत्नी के बारे में भी उसकी यही धारणा होगी कि इस स्त्री का जन्म मुझसे विवाह करके मुझे तंग करने के लिए हुआ था। इसने भी मुझ पर अन्याय किया। छाती से चिपके बच्चे को भी वह अपने प्रति अन्याय मानता होगा।

न जाने कैसे उसका यह विश्वास हो गया था कि संसार में सबसे बड़ी घटना जो घट रही है, वह यह है कि उसकी तरक्की रोक ली गयी है। उसने कई बार मुझसे कहा कि इस मामले पर अगर किसी अखबार में जोरदार सम्पादकीय लिखा जाय, तो कुछ असर पड़ सकता है। वह इस मामले को संयुक्त राष्ट्र संघ में पेश करने की भी सोचता होगा।

एक बार शहर में भीषण दंगा हो गया। महीने-भर तक बड़ा आतंक रहा, उत्तेजना रही। बच्चे से लेकर बूढ़े तक की जबान पर दंगे की चर्चा थी। दूसरे या तीसरे दिन वह मुझे मिला। मैंने कहा, "बहुत बुरा हो गया यह।" उसने कहा, "हाँ, परसों मैं डाइरेक्टर साहब से मिला था। पहले तो कहने लगे कि तुम्हारा 'क्लेम' ही नहीं है। फिर जब मैंने उनके सामने 'फैक्ट्स एण्ड फिगर्स' रखे, तब कहा कि अच्छा देखेंगे।"

उसके लिए बाकी संसार का अस्तित्व ही नहीं था। उसने मुझसे कभी नहीं पूछा कि तुम कैसे हो। एक बार मैं दस-पन्द्रह दिन बीमार रहा। बीमारी के बाद बाहर निकला तो वह मिल गया। बोला, "बहुत दिनों में दिखे आप?" मैंने कहा, "बीमार पड़ा रहा।" उसने सिर्फ 'अच्छा' कहा और उसे याद आ गया कि मैं खुद बीमार पड़ा था। कहने लगा, "पिछले साल मैं भी बीमार पड़ गया था। बीमारी

थी सो तो थी, मगर डॉक्टरों ने उसे और हौआ बना दिया। इंजेक्शन दे-देकर हाथ छेद डाले। सौ-सवा सौ के खर्च में आ गया।" वह बीमारी और डॉक्टर दोनों से परेशान था। थोड़ा रुककर बोला, "बड़े साहब के कहने से फिर से 'रिप्रजेण्टेशन' कर दिया है। कहते तो हैं कि कुछ हो जायगा। पर मुझे कोई भरोसा नहीं है।"

एक दिन मैंने उसे समझाने का प्रयत्न किया। मैंने कहा, "देखो, तुम्हें ढाई सौ अभी मिलते हैं। तरक्की मिलने पर तीन सौ मिलने लगेंगे। तब तुम शायद सुखी हो जाओगे। अगर तीन सौ तुम्हें दस यूनिट सुख दे सकते हैं तो ढाई सौ कम-से-कम छः-सात यूनिट तो दे ही सकते हैं। तो तरक्की होने तक तुम इस छः-सात यूनिट सुख को क्यों नहीं भोगते? आखिर इन ढाई सौ रुपयों ने तुम्हारा क्या बिगाड़ा है? यह भी तो सोचो कि इसी शिक्षा और योग्यता के आदमी को डेढ़ सौ भी नहीं मिलते।"

उसे मेरी बात बुरी लगी। वह मेरी तरफ ऐसे देखने लगा जैसे मैंने उसे लूट लिया हो। उसने खीझकर कहा, "आप तो मुझे मेरी ही बात उलटी करके समझाते हैं!" ऐसा समझाने से उसका विश्वास टूटता था —यह विश्वास, कि मैं अन्याय का शिकार हूँ; मैं शहीद हूँ। यह विश्वास उसके जीवन का आधार हो गया था और इस कारण वह अपने को विशिष्ट भी मानता था। अगर उसका यह विश्वास पूरी तरह टूट जाय, तो शायद वह मर जाय।

मैंने उसे उभारने की कोशिश की, "तो फिर लड़ो। हाईकोर्ट में मामला ले जाओ।" उसने मरी आवाज में कहा, "क्या लड़ें? कोई सुननेवाला तो हो।"

वह मुझसे अप्रसन्न हो गया था। मिलता तो दूर से 'नमस्कार' करके छुट्टी पा लेता। एक दिन उसके साथी ने मुझे बताया कि उसकी तरक्की हो गयी है और किसी जिले के दफ्तर में उसका तबादला हो गया है।

दूसरे दिन मैं खुद रुका और उससे कहा, "बधाई है। सुना है, प्रमोशन हो गया।" उसके चेहरे पर कोई परिवर्तन नहीं था। उसी परेशानी से उसने जवाब दिया, "क्या प्रमोशन हो गया। जिले में फेंक दिया। पड़े रहो। कोई देखनेवाला नहीं। यहाँ हेड ऑफिस में आदमी अफसरों की नज़र में आता है। आगे कोई चान्स मिलने की उम्मीद रहती है। जिलेवालों को कौन पूछता है!"

मेरा उत्साह ठण्डा हो गया। उसे तो कोई खुशी ही नहीं थी। सुना कि वह तबादला रुकवाने की कोशिश कर रहा है। फिर सुना कि उसका तबादला रुक गया है—वह तरक्की पर हेड ऑफिस में ही रहेगा। मुझे जब मिला तो मैंने कहा, "अब तो सब ठीक हो गया। तरक्की भी हो गयी और ऑफिस में भी रहे आये।"

उस पर कोई असर नहीं हुआ। उसी तरह गिरे मन से उसने जवाब दिया, "हेड ऑफिस में कौन बड़ा सुख है? दस ठो अफसरों के सामने रहो और सबको खुश रखो! ज़रा-सी गलती हुई कि एकदम अफसरों की नजर में आ गयी। इससे तो जिला ही अच्छा था। वहाँ कम-से-कम अपने दफ्तर का इण्डिपेन्डेन्ट चार्ज तो रहता। कोई ऊपर तो नहीं रहता।"

उसका वही 'मूड' आ गया और मैं किसी डाँटे हुए उत्साही बालक की तरह चुपचाप खिसक लिया।

धोबिन को नहिं दीन्हीं चदरिया

पता नहीं, क्यों भक्तों की चादर मैली होती है! जितना बड़ा भक्त, उतनी ही मैली चादर। शायद कबीरदास की तरह 'जतन' से ओढ़कर चदरिया को 'जस की तस' धर देते हैं—

दास कबीर जतन से ओढ़ी
धोबिन को नहिं दीन्हीं चदरिया!

अभी जो भक्त किस्म के वयोवृद्ध मेरे पास आये थे, उनकी चादर भी बेहद मैली थी। उनसे मेरा दो-चार बार का परिचय था। अचानक वे आ गये। मुझे अटपटा लगा—ये मेरे पास क्यों आ गये?

मुझे उनके परिचितों ने बताया था कि ये पहले सरकारी नौकरी में थे। ड्यूटी पर दुर्घटना में इनको चोट पहुँची। विभाग ने इलाज करवाया और छह हजार रुपया हरजाना दिया। अब ये रिटायर हो गये हैं। लाख रुपये से कम सम्पत्ति नहीं है। जमीन भी है। मकान है। एक किराये पर है। पेंशन भी मिलती है। घर में दो प्राणी हैं—पति-पत्नी। कोई कष्ट नहीं है। भजन-पूजन में लगे रहते हैं। भगवान से लौ लगी है। आदमी तुच्छ हैं। पड़ोस में कोई मर रहा हो तो देखने भी नहीं जायेंगे। बड़े शान्तिमय, निर्मल आदमी हैं, क्योंकि लौ दुनिया से नहीं, परमेश्वर से लगी है।

घर में खाने-पीने का सुभीता हो, जिम्मेदारी न हो, तो सन्त और भक्त होने में सुभीता होता है। अभी साईं बाबा की मृत्यु की वर्षगाँठ पर सात दिनों तक यहाँ समारोह हुआ। दिन-रात चौबीसों घण्टे लगातार लाउडस्पीकर पर ऊँचे स्वर पर भजन और 'जै' होती रही थी। मोहल्ले के छात्र-छात्राएँ पीड़ित। बीमार लोग मौत का इन्तजार करते थे। दिन-रात कोलाहल। पढ़ें कब? नींद कब आये?

साईं बाबा मानव-कल्याण के आकांक्षी थे। उनकी आत्मा स्वर्ग में बहुत तड़प रही होगी।

हजारों—याने पचास-साठ हजार तो खर्च हुए ही होंगे। ये आये कहाँ से, पूछना फालतू है। अन्तिम दिन भण्डारे में ही तीन हजार लोगों ने भोजन किया होगा। यह सब चन्दे का पैसा। एक भजन बार-बार बजता—

दर्शन दे दे अम्बे मैया
जियरा दर्शन को तड़पे।

मैंने सोचा, इसे ऐसा भी गा सकते हैं—

दर्शन दे दे चन्दा मैया
जियरा खाने को तड़पे।

मैं एक दिन गया, यह देखने कि इस पतित समाज में ऐसे भक्त कौन हो गये हैं। पर मुझे जो कुछ प्रमुख 'साईं भक्त' मिले, वे महान थे। किसी पर ग़बन का मुकदमा चल रहा है। कोई सस्पेण्ड अफसर है। किसी की विभागीय जाँच हो रही है। मुनाफाखोर, मिलावटी। आदमी का खून उसके 'कल्याण' के लिए चूसनेवाले। अफसरों को घूस खिलाने का धन्धा करनेवाले। पीले पत्रकार। राजनीति में वनवास भोगनेवाले आधुनिक 'राम' जो दशरथ की आज्ञा से नहीं, जनता के खदेड़ देने से वनवास भुगत रहे हैं। फिर वे लोग जिनका धन्धा ही है चन्दा उगाहना किसी बहाने से और उसे पेट में डाल लेना।

मैंने सोचा—एक मैं पापी और इतने ये भक्त ! मैं भक्तों के सामने से झेंपकर भाग आया।

फिर सोचा—साईं बाबा जीवित होते और ये उनके पास जाते। वे सन्त थे, ज्ञानी थे, अन्तर के रहस्य को, चरित्र को समझ लेते थे। वे इन्हें समझ लेते। ये आशीर्वाद माँगते, तो साईं बाबा कहते, 'परम पापी, देह के लिए बहुत कर चुके। अब देह-त्याग करो और नर्क के लिए बिस्तर बाँधो। वहाँ रिजर्वेशन मैं करा देता हूँ।'

तो मुझे भक्त से बड़ा डर लगता है। पर ये भक्त घर में आ गये। कबीर की 'धोबिन को नहिं दीन्हीं चदरिया' की गन्ध लेकर।

बैठते ही 'रामधुन' गाने लगे। फिर कहने लगे, "आप तो स्वयं ज्ञानी हैं। ब्रह्म ही सत्य है। जगत मिथ्या है। माया शत्रु है। किसी को माया के जाल में नहीं फँसाना चाहिए। मैंने माया त्याग दी है। अब बस, प्रभु हैं और मैं हूँ। लोभ, मोह, स्वार्थ – सबसे मुक्त।"

फिर वे 'हरे राम, हरे कृष्ण' गाने लगे।

मुझे परेशानी तो हुई, पर अच्छा भी लगा कि एक विरागी भक्त की चरण-रज मेरे घर में पड़ रही है।

मैंने उन्हें भोजन कराया। बड़ी रुचि से उन्होंने इस असार देह में काफी भोजन डाला।

फिर सो गये।

शाम को बात शुरू हुई।

भजन और हरि-स्मरण स्थगित हो गया। बीच-बीच में वे 'हे राम' कह लेते थे।

कहने लगे, "ड्यूटी पर घायल होने का मुआवजा मुझे सिर्फ छह हजार रुपये दिया गया।"

मैं चौंका—माया सन्त के भीतर से कैसे निकल पड़ी ! कहाँ छिपी थी ? दिन-भर ये माया को कोसते रहे और अब छह हजार के मुआवजे की बात कर रहे हैं।

माया सचमुच बड़ी ठगनी होती है।

फिर बोले, "मैंने पन्द्रह हजार का मुकदमा दायर किया था। पर अभी मैं हाई कोर्ट से केस हार गया।"

फिर उन्होंने एक कागज निकाला। बोले, "यह मैंने राष्ट्रपति को पत्र लिखा है। इसे देखिए।"

मैंने पत्र पढ़ा। तमाम अनर्गल बातें थीं। मुख्य बात जो लिखी थी, वह यह थी, "मैं ईश्वरभक्त हूँ। मनुष्य मेरे साथ न्याय नहीं कर सकता। मैं पन्द्रह हजार रुपये चाहता था। पर हाई कोर्ट ने मेरी माँग नामंजूर कर दी। जज लोग भी मनुष्य होते हैं। राष्ट्रपति महोदय, मेरा बयान ब्रह्मा, विष्णु, महेश के सामने होगा। अब इसका प्रबन्ध कीजिए।"

मैंने कहा, "जब माया आपने त्याग दी है, तो इतनी माया आप और क्यों चाहते हैं?"

उनका जवाब था, "मैंने माया त्याग दी, पर माया मुझे फँसाये है। वह कहती है—पन्द्रह हजार लो।"

मैंने कहा, "आप खुद माया के फन्दे में पड़ रहे हैं। इसे काट डालो निर्लोभ के चाकू से।"

वे कहने लगे, "कुछ भी हो, मैं राष्ट्रपति से न्याय करवाऊँगा। ब्रह्मा, विष्णु, महेश न्यायाधीश होंगे। तीनों को राष्ट्रपति बुलायें। मैं अपना केस इनके सामने ही रखूंगा।"

मैंने कहा, "पृथ्वी और स्वर्ग में डाक-तार सम्बन्ध अभी नहीं है। राष्ट्रपति ब्रह्मा, विष्णु, महेश को 'सम्मन' कैसे भेजेंगे? वे देव यहाँ नहीं आ सकते। एक ही रास्ता है।"

वे बोले, "क्या?"

मैंने कहा, "आपको साथ लेकर राष्ट्रपति स्वर्ग जायें और ब्रह्मा, विष्णु, महेश के सामने आपका केस रखें।"

वे बोले, "मुझे भी जाना पड़ेगा?"

मैंने कहा, "हाँ। फिर वहाँ से कोई वापस नहीं लौटता। फिर पन्द्रह हजार का 'क्लेम' मान भी लिया गया तो 'पेमेण्ट' पृथ्वी पर होगा या वहाँ होगा? पुनर्जन्म अगर होता हो तो कोई कुत्ता, कोई सूअर बना दिया जाता है। कोई ठिकाना है, आप क्या बना दिये जायें। तब वे पन्द्रह हजार किस काम के?"

वे कहने लगे, "याने मुझे भी जाना पड़ेगा?" (घबराहट)

मैंने कहा, "हाँ, वरना बयान कौन देगा? फिर स्वर्ग में सुख-ही-सुख है। आप तो विरागी हैं! वहीं रहिए।"

वे चिन्तित हुए। भजन बन्द हो गये। 'हरे राम, हरे कृष्ण' बन्द। कहने लगे, "बात यह है कि इस पृथ्वी पर कुछ साल रहना है। कुछ काम भी करने हैं। देह छोड़ने की इच्छा नहीं है।"

मैंने कहा, "बहुत रह लिये। देह तो पाप की खान है। पाप छूट जाय तो क्या हर्ज है? पर एक बात है।"

उन्होंने पूछा, "क्या?"

मैंने कहा, "राष्ट्रपति आपके साथ ब्रह्मा, विष्णु, महेश के पास नहीं जायेंगे। मैं भी नहीं चाहता। कोई भी नहीं चाहता। आपको अकेले ही जाना होगा। राष्ट्रपति चिट्ठी शायद लिख दें।"

वे बोले, "मेरा खयाल था कि मेरी इस चिट्ठी से राष्ट्रपति का दिल पिघल जायगा और वे बाकी नौ हजार मुझे दिलवा देंगे। मेरा आग्रह यह नहीं है कि वे ब्रह्मा, विष्णु, महेश के पास जायें। बस, नौ हजार और दिलवा दें।"

मैंने कहा, "इस चिट्ठी को राष्ट्रपति का सचिव फाड़कर फेंक देगा और कलेक्टर को सूचित करेगा कि इस आदमी का दिमाग खराब हो गया है। इस पर निगरानी रखी जाय। कहीं कोई अपराध न कर बैठे।"

वे घबराये। कहने लगे, "अरे बाप रे, ऐसा होगा? मेरे पीछे पुलिस पड़ जायगी?"

मैंने कहा, "ऐसा ही होता है। कानून है।"

भक्ति उतर गयी। परमेश्वर उनके अपरिचित हो गये। ब्रह्मा, विष्णु, महेश कोई हैं, यह वे भूल चुके थे।

मेरा खयाल था, ये अध्यात्म में चले गये हैं और इनका दिमाग भी गड़बड़ हो गया है।

पर मेरा अन्दाज गलत था। वे सामान्य ही थे।

उन्होंने कहा, "तो यह पत्र राष्ट्रपति को न भेजूं?"

मैंने कहा, "कतई नहीं।"

वे बोले, "आप कहते हैं, तो न भेजूंगा। पर आपसे बात करना है। बहुत प्राइवेट है।"

भजन बन्द। राम, कृष्ण कोई नहीं। ब्रह्मा, विष्णु, महेश को वे भूल चुके थे। नर्क में भी हों तो कोई मतलब नहीं। मैंने कहा, "कमरे में मैं और आप दोनों हैं। जो बात करनी है, बेखटके करें।"

अब उनका ईश्वर कहीं खो गया था। मिल नहीं रहा था। नौ हजार चेतना में ईश्वर की खाली 'सीट' पर बैठ गया था।

वे भक्त जरूर रहे, पर चादर में से बदबू कम आने लगी थी।

कहने लगे, "अब तो यह मामला दिल्ली में ही तय होगा। आप दिल्ली जाते ही रहते हैं। कई संसद-सदस्यों से आपके अच्छे सम्बन्ध हैं। सुना है, मन्त्रियों से भी आपके सम्बन्ध हैं। आप कोशिश करें तो मामला तय हो सकता है। मुझे बाकी नौ हजार मिल सकते हैं।"

मैंने कहा, "मैं कोशिश करूँगा, जरूर कहूँगा कि आपका नौ हजार, जिसे आप अपना 'क्लेम' कहते हैं, आपको मिल जाये।"

वे कहने लगे, "बस मुझे सिर्फ आपका भरोसा है। इसीलिए मैं आया था। मैं ईश्वर को और आपको—दो को मानता हूँ। आप भी करुणासागर हैं।"

चादर की बदबू और कम हो गयी थी।

मैंने कहा, "मगर आपके परम हितैषी ब्रह्मा, विष्णु, महेश कुछ नहीं कर पायेंगे नौ हज़ार दिलवाने में?"

वे बोले, "उसे छोड़िए। आप ही मेरे ब्रह्मा, विष्णु, महेश हैं। आप ही यह काम करवाइए।"

चन्दन पुंछ गया था।

जो हर क्षण ईश्वर का नाम लेते थे, वे अब एक बार भी ईश्वर की याद नहीं कर रहे थे।

कहने लगे, "बस, मामला मैंने आप पर छोड़ दिया। आपके बड़े-बड़े 'सोर्स' हैं। आप यह काम करवा ही देंगे। अब मेरी गाड़ी का समय हो रहा है। मैं चलता हूँ।"

मैंने पूछा, "भोजन?"

वे बोले, "भोजन तो मैं स्वास्थ्य के खयाल से एक ही बार करता हूँ।"

मैंने भानजे से कहा, "इनके लिए स्टेशन तक का रिक्शा करा दो। रिक्शेवाले को किराया तुम ही दे देना।"

वे बोले, "अरे, आप कैसी बात करते हैं? आप रिक्शे का किराया देंगे?"

मैंने कहा, "हाँ, आप मेरे घर आये। कृपा की। आप मेरे मेहमान हैं। मेरा कर्त्तव्य है यह।"

रिक्शे में बैठे वे। भानजे से कहा, "बेटा, तुम ज़रा यहाँ से चले जाओ।"

भानजा चला गया।

तब उन्होंने मेरे कान में कहा, "अगर आपने नौ हज़ार दिलवा दिये, तो तीन हज़ार मैं आपको दे दूँगा। वन थर्ड।"

मुझे बिजली का झटका लगा। इनके मन में मेरी क्या छवि है!

भक्ति, सन्तत्व, निर्लोभ, मायाहीनता, विराग, मिथ्या जीवन से हम कहाँ तक आ गये थे।

मैंने उन्हें जवाब नहीं दिया।

रिक्शेवाले से कहा, "तुम्हें किराया मिल गया। गाड़ी का टाइम हो रहा है। फौरन स्टेशन पहुँचाओ।"

मैंने उनकी 'नमस्कार' का जवाब भी नहीं दिया। मुझे होश नहीं था। फिर कमरे में बैठकर सोचता रहा कि ये भक्त, सन्त मुझे कैसा समझते हैं।

ये मुझे नहीं, जमाने के चरित्र को समझते हैं।

चदरिया गन्दी ओढ़ते हैं।

जस-की-तस रखना चाहते हैं। जीवन-भर वही चदरिया, उसी ढंग से ओढ़ गये। पर जाते वक्त बदबू काफी कम थी :

दास कबीर जतन से ओढ़ी
धोबिन को नहिं दीन्हीं चदरिया !

राजनीति का बँटवारा

सेठजी का परिवार सलाह करने बैठा है। समस्या राष्ट्रीय है। आखिर इस राष्ट्र का होगा क्या ?

नगर निगम के चुनाव होनेवाले थे और समस्या यह थी कि किस पार्टी के हाथ में निगम जाता है।

सेठजी का परिवार कई करोड़वाला है। सब देशभक्त हैं। परिवार के वयोवृद्ध भैयाजी पाँच साल स्वाधीनता-संग्राम में जेल हो आये थे। वे 'राष्ट्रपिता' बनना चाहते थे, पर गाँधीजी ने उन्हें नहीं बनने दिया। इस कारण वे गाँधीजी से नाराज हो गये हैं। कहते हैं, "एक बनिये ने दूसरे बनिये को राष्ट्रपिता नहीं बनने दिया। खैर, चौराहे पर मेरी मूर्ति की स्थापना तो हो ही रही है।"

अब कई एजेंसियाँ परिवार ने ले रखी हैं। कई चीजों के 'स्टाकिस्ट' हैं। इस कारण देशभक्ति और बढ़ गयी है। आखिर देश के धन की रक्षा भी तो करनी है। राष्ट्र-प्रेम में कमी नहीं है। पर बिजनेस की भी एक नैतिकता होती है। यह नैतिकता है—चुंगी-चोरी, स्टाक दबाना, मुनाफाखोरी करना, ब्लैक से देश का माल बेचना। अभी चन्दा करके वयोवृद्ध देशभक्त भैयाजी ने शहीदों की स्मृति में कई लाख का 'बलिदान मन्दिर' बनवाया है, जिसमें से काफी चन्दा खा गये। लोगों ने शक की आवाज उठायी तो भैयाजी ने कहा, "हर धन्धे में कमीशन मिलता है। जब शहीदों ने खून दिया तो मैंने, जिसने खून नहीं दिया, यदि चन्दे में से कमीशन नहीं खाया, तो स्वर्ग में शहीदों की आत्मा को कितना कष्ट होगा ? वे तो मर गये। पर मैं जीवित हूँ। तो 'अमर शहीद' तो मैं ही हुआ न ! वे तो 'अमर शहीद' नहीं हुए।"

तो परिवार राष्ट्रीय समस्या पर विचार कर रहा है। किस पार्टी का निगम बनेगा ? चुंगी की चोरी कैसे होगी ?

भैयाजी बड़े होशियार हैं। जब आखिरी बार जेल जाने लगे तो छोटे भाई से कह गये, "दस हजार रुपया अँगरेज कलेक्टर को ब्रिटिश वार फण्ड में दे देना। बहुत करके इस लड़ाई के खत्म होते-होते स्वराज्य मिल जायगा। तब मैं तो हूँ ही। पर मान लो, अँगरेज कुछ साल नहीं गये, तो तुम्हारे नाम की 'वार फण्ड' की रसीद है ही। दोनों पक्ष सँभालना चाहिए। स्वराज्य हुआ तो मैं—अँगरेज रहे तो तुम !"

भैयाजी फिर बोले, "यदि नगर निगम कांग्रेस के हाथ में आया तो मैं तो हूँ ही।

मैं अपने त्याग और वयोवृद्ध सम्मान से चुंगी-चोरी प्रतिष्ठापूर्वक करवा दूँगा। वैसे यह घोर अराष्ट्रीय कर्म है कि जो जेल गये, वहाँ 'सी' में नहीं 'ए' क्लास में रहे, उनके परिवार के माल पर चुंगी लगे। यह राष्ट्र-विरोध आचरण है। मैं संसद में इस सवाल को उठवाऊँगा। इन 'सी' क्लासियों की हरकत नहीं चलने पायेगी।"

एक भतीजा पढ़ा-लिखा था। जवान था। राजनीति में वंश-परम्परा के प्रतिकूल एम. ए. करके शोध कर रहा था। वाचाल था।

कहने लगा, "पर काकाजी, जेल में 'ए' क्लास में मजे-ही-मजे हैं। जो भी 'ए' क्लास में गये, उनमें से कई ने किताबें लिखीं। आपने भी तो हजारों पृष्ठ लिखे थे!"

भैयाजी विनम्रता से बोले, "मैं तो निमित्त हूँ। देवी सरस्वती ने लिखवाया, तो मैंने लिख दिया।"

भतीजे ने कहा, "पर काकाजी, लोग कहते हैं कि यह सब आपने नहीं लिखा। किसी से लिखवाया है।"

भैयाजी ने कहा, "बेटा, किसी कवि ने कहा है—

कारागार-निवास स्वयं ही काव्य है,
कोई कवि बन जाये सहज सम्भाव्य है।"

यह भतीजा परिवार में विद्रोही माना जाता है। कहता है, "मैं इस धन और प्रतिष्ठा के मलबे के नीचे दबकर नहीं मरूँगा। मैं शोध करके नौकरी करूँगा। पर जब लोग यह कहते हैं कि आपने नहीं लिखा, दूसरे से लिखवाया है तो मुझे बड़ी शर्म आती है।"

भैयाजी ने कहा, "तू जवाब दे दिया कर।"

लड़के ने कहा, "जवाब तो मैं दे लेता हूँ। मैं कह देता हूँ—मैं निश्चित रूप से कह देता हूँ कि यह आपने ही लिखा है; क्योंकि हिन्दी में इतना घटिया लिखने की प्रतिभा किसी और में नहीं है।"

भैयाजी लाल हो गये। छोटे भाई से कहा, "तुम्हारा लड़का नक्सलवादी हो गया है। वही लोग बुजुर्गों से ऐसी बदतमीजी करते हैं। इस लड़के को कहीं दूर होस्टल में रखो।"

तीसरे भाई ने कहा, "भाईजी, पर राष्ट्रीय समस्या तो छूटी जा रही है। चुंगी-चोरी कैसे होगी? अभी तो हम निगम की सीमा के बाहर डिपो बनाये हुए हैं और रात को चोरी से स्टाक ले आते हैं। कुछ खिला-पिला देते हैं। दारू की एक बोतल में नाके का मुंशी मान जाता है। वह बेहोश हो जाता है और हम काम कर लेते हैं।"

भैयाजी ने कहा, "यह मार्ग उचित नहीं है। गाँधीजी ने सत्य पर जोर दिया है। जो हो, सत्य के मार्ग से हो। दिन में हो, उजाले में हो। यदि कांग्रेस का कब्जा निगम पर हो गया तो मैं तो हूँ ही। सत्य के मार्ग पर ही चलूँगा।"

बड़े भतीजे ने, जिसने परिवार की नैतिकता मान ली थी, कहा, "पर यदि जनसंघ का कब्जा हो गया, तो?"

भैयाजी बोले, "जनसंघ से मेरी पट जाती है। वे भी गो-भक्त, मैं भी गो-भक्त। पिछली बार जब मैंने गो-रक्षा के लिए अनशन किया था तो उन्होंने मेरे खिलाफ उम्मीदवार खड़ा नहीं किया था। वे भी हिन्दी-प्रेमी, मैं भी। वे भी राष्ट्रीय, मैं भी राष्ट्रीय। उनका निगम हो गया, तो गाँधीजी के सत्य के अनुसार मैं दिन में ही ट्रक बुलवा दूंगा।"

वही वाचाल युवक भतीजा बोला। भैयाजी गुस्से से देखने लगे। उसने कहा, "पर कहीं ये कम्युनिस्ट जोड़-तोड़ करके निगम पर हावी हो गये तो?"

भैया साब गर्म हो गये, "ये कम्युनिस्ट! गद्दार, साले हरामजादों को देख लूंगा। सबको जेल भेज दूंगा।"

वाचाल भतीजा, जो मलबे के नीचे दबकर नहीं मरना चाहता था, बोल उठा, "काकाजी, गाँधीजी ने बार-बार कहा था कि कटु मत बोलो। मीठा बोलो। आप गाँधीवादी हैं, पर 'साले' और 'हरामजादे' शब्दों का प्रयोग करते हैं।"

भैयाजी ने कहा, "तू बच्चा है। गाँधीजी ने वह बात पण्डित नेहरू और सरदार पटेल के लिए कही थी कि मीठी बातें आपस में किया करो। हम लोगों के लिए नहीं कही थीं। हम लोग तो अपने विरोधी की माँ-बहन पर भी उतर सकते हैं। गाँधी-मार्ग बड़ा विराट मार्ग है। ये कम्युनिस्ट देशद्रोही हैं।"

वाचाल लड़का चुप नहीं रहा। बोला, "काकाजी, ये कम्युनिस्ट जब रूस, चेकोस्लोवाकिया, क्यूबा वगैरह में देशद्रोही नहीं हैं, तो अपने देश में ही देशद्रोही क्यों हैं?"

भैयाजी ने कहा, "यह इस देश की विशिष्ट संस्कृति के कारण है।"

लड़का बोला, "तो काकाजी, अपनी देशद्रोह की संस्कृति है?"

अब भैयाजी को बरदाश्त नहीं हुआ। उन्होंने लड़के को डाँटा, "तू मूर्ख है। इसी वक्त यहाँ से उठ और कमरे में जाकर उस कचरे को पढ़ जिसे तू 'पोलिटिकल साइंस' कहता है। हमने भी जीवन-भर राजनीति की है। चालीस साल हो गये, पर राजनीति को हमने कभी विज्ञान नहीं, 'कला' कहा। फिर आजादी के बाद राजनीति को 'कलाबाजी' कहने लगे। अब तू इसी उम्र में राजनीति को विज्ञान कहने लगा। जा, भाग यहाँ से!"

अब राष्ट्रीय समस्या आगे बढ़ी।

एक भाई ने कहा, "यदि निगम पर सोशलिस्ट पार्टी का कब्जा हो गया तो?"

भैयाजी ने कहा, "ये समाजवादी हुल्लड़ करते हैं। मैं निगम भंग करवा दूंगा।"

भाई ने कहा, "मान लो, भंग नहीं हुई तो?"

भैयाजी ने कहा, "मैं सोचता हूँ।"

बड़े भतीजे ने कहा, "मान लो, चीन ने हमला करके निगम पर कब्जा कर लिया तो?"

भैयाजी ने कहा, "मुझे सोचने दो।"

तभी भाई ने कहा, "मान लो, संगठन कांग्रेस का शासन हो गया तो ?"

भैयाजी ने कहा, "उसकी चिन्ता मत करो। आखिर मैं भी तो संगठन कांग्रेसी ही हूँ। यह अलग बात है कि इन्दिरा गाँधी के वोट खींचने की ताकत के कारण इधर हूँ और समाजवाद में विश्वास बतलाता हूँ।"

सारी राष्ट्रीय समस्याएँ सामने आ गयीं।

अब वयोवृद्ध देशभक्त आँखें बन्द करके चिन्तन में लग गये।

फिर आँखें खोलीं। आँखों में दैवी ज्योति थी।

भैयाजी ने कहा, "मेरी पवित्र आत्मा से समस्या का समाधान निकल आया। तुममें से हरएक एक-एक पार्टी के सदस्य हो जाओ।"

"मैं कांग्रेस में हूँ और संगठन कांग्रेस में भी।"

"तुम छोटे, जनसंघ के सदस्य हो जाओ।"

फिर बड़े भतीजे से कहा, "तुम समाजवादी पार्टी के सदस्य हो जाओ।"

फिर छोटे भतीजे से कहा, "तुम कम्युनिस्ट हो जाओ।"

सबसे छोटे भाई से कहा, "तुम मार्क्सवादी पार्टी में शामिल हो जाओ। और वह बिगड़ा लौण्डा जो है, वह नक्सलवादी हो ही गया है।"

परिवार ने सन्तोष की साँस ली।

भैयाजी खुश थे। कहने लगे, "देखा तुमने? राजनैतिक ज्ञान इसे कहते हैं। अब अपने घर में सब पार्टियाँ हो गयीं। किसी का भी नगर निगम हो, चुंगी-चोरी पक्की। हमने सारी पार्टियों को तिजोड़ी में बन्द कर लिया है।"

चूहा और मैं

यह कहानी स्टीन बेक के लघु उपन्यास 'ऑफ मेन एण्ड माउस' से अलग है।

चाहता, तो लेख का शीर्षक 'मैं और चूहा' रख सकता था। पर मेरा अहंकार इस चूहे ने नीचे कर दिया है। जो मैं नहीं कर सकता, वह यह मेरे घर का चूहा कर लेता है। जो इस देश का सामान्य आदमी नहीं कर पाता, वह इस चूहे ने मेरे साथ करके बता दिया।

इस घर में एक मोटा चूहा है। जब छोटे भाई की पत्नी थी, तब घर में खाना बनता था। इस बीच पारिवारिक दुर्घटनाओं---बहनोई की मृत्यु आदि—के कारण हम लोग बाहर रहे।

इस चूहे ने अपना यह अधिकार मान लिया था कि मुझे खाने को इसी घर में मिलेगा। ऐसा अधिकार आदमी भी अभी तक नहीं मान पाया। चूहे ने मान लिया है।

लगभग पैंतालिस दिन घर बन्द रहा। मैं जब अकेला लौटा, घर खोला, तो देखा कि चूहे ने काफी 'क्रॉकरी' फर्श पर गिराकर फोड़ डाली है। वह खाने की तलाश में भड़भड़ाता होगा। क्रॉकरी और डब्बों में खाना तलाशता होगा। उसे खाना नहीं मिलता होगा, तो वह पड़ोस में कहीं कुछ खा लेता होगा और जीवित रहता होगा। पर घर उसने नहीं छोड़ा। उसने इसी घर को अपना घर मान लिया था।

जब मैं घर में घुसा, बिजली जलायी, तो मैंने देखा कि वह खुशी से चहकता हुआ यहाँ से वहाँ दौड़ रहा है। वह शायद समझ गया कि अब इस घर में खाना बनेगा, डब्बे खुलेंगे और उसकी खुराक उसे मिलेगी।

दिन-भर वह आनन्द से सारे घर में घूमता रहा। मैं देख रहा था। उसके उल्लास से मुझे अच्छा ही लगा।

पर घर में खाना बनना शुरू नहीं हुआ। मैं अकेला था। बहन के यहाँ, जो पास में ही रहती है, दोपहर को भोजन कर लेता। रात को देर से खाता हूँ, तो बहन डब्बा भेज देती रही। खाकर मैं डब्बा बन्द करके रख देता। चूहाराम निराश हो रहे थे। सोचते होंगे—यह कैसा घर है। आदमी आ गया है। रोशनी भी है। पर खाना नहीं बनता। खाना बनता तो कुछ बिखरे दाने या रोटी के टुकड़े उसे मिल जाते।

मुझे एक नया अनुभव हुआ। रात को चूहा बार-बार आता और सिर की तरफ मच्छरदानी पर चढ़कर कुलबुलाता। रात में कई बार मेरी नींद टूटती। मैं उसे भगाता। पर थोड़ी देर बाद वह फिर आ जाता और मेरे सिर के पास हलचल करने लगता।

वह भूखा था। मगर उसे सिर और पाँव की समझ कैसे आयी? वह मेरे पाँवों की तरफ गड़बड़ नहीं करता था। सीधे सिर की तरफ आता और हलचल करने लगता। एक दिन वह मच्छरदानी में घुस गया।

मैं बड़ा परेशान। क्या करूँ? इसे मारूँ और यह किसी आलमारी के नीचे मर गया, तो सड़ेगा और सारा घर दुर्गन्ध से भर जायेगा। फिर भारी आलमारी हटाकर इसे निकालना पड़ेगा।

चूहा दिन-भर भड़भड़ाता और रात को मुझे तंग करता। मुझे नींद आती, मगर चूहाराम फिर मेरे सिर के पास भड़भड़ाने लगते।

आखिर एक दिन मुझे समझ में आया कि चूहे को खाना चाहिए। उसने इस घर को अपना घर मान लिया है। वह अपने अधिकारों के प्रति सचेत है। वह रात को मेरे सिरहाने आकर शायद यह कहता है—क्यों बे, तू आ गया है। भर-पेट खा रहा है, मगर मैं भूखा मर रहा हूँ। मैं इस घर का सदस्य हूँ। मेरा भी हक है। मैं तेरी नींद हराम कर दूंगा। तब मैंने उसकी माँग पूरी करने की तरकीब निकाली।

रात को मैंने भोजन का डब्बा खोला, तो पापड़ के कुछ टुकड़े यहाँ-वहाँ डाल दिये। चूहा कहीं से निकला और एक टुकड़ा उठाकर आलमारी के नीचे बैठकर

खाने लगा। भोजन पूरा करने के बाद मैंने रोटी के कुछ टुकड़े फर्श पर बिखरा दिये। सुबह देखा कि वह सब खा गया है।

एक दिन बहन ने चावल के पापड़ भेजे। मैंने तीन-चार टुकड़े फर्श पर डाल दिये। चूहा आया, सूंघा और लौट गया। उसे चावल के पापड़ पसन्द नहीं। मैं चूहे की पसन्द से चमत्कृत रह गया। मैंने रोटी के कुछ टुकड़े डाल दिये। वह एक के बाद एक टुकड़ा लेकर जाने लगा।

अब यह रोजमर्रा का काम हो गया। मैं डब्बा खोलता, तो चूहा निकलकर देखने लगता। मैं एक-दो टुकड़े डाल देता। वह उठाकर ले जाता। पर इतने से उसकी भूख शान्त नहीं होती थी। मैं भोजन करके रोटी के टुकड़े फर्श पर डाल देता। वह रात को उन्हें खा लेता और सो जाता।

इधर मैं भी चैन की नींद सोता। चूहा मेरे सिर के पास गड़बड़ नहीं करता।

फिर वह कहीं से अपने एक भाई को ले आया। कहा होगा—'चल रे, मेरे साथ उस घर में। मैंने उस रोटीवाले को तंग करके, डराके, खाना निकलवा लिया है। चल, दोनों खायेंगे। उसका बाप हमें खाने को देगा। वरना हम उसकी नींद हराम कर देंगे। हमारा हक है।'

अब दोनों चूहाराम मजे में खा रहे हैं।

मगर मैं सोचता हूँ—आदमी क्या चूहे से भी बदतर हो गया है? चूहा तो अपनी रोटी के हक के लिए मेरे सिर पर चढ़ जाता है, मेरी नींद हराम कर देता है?

इस देश का आदमी कब चूहे की तरह आचरण करेगा?

लघुशंका न करने की प्रतिष्ठा

शेर जब जंगल के किसी कोने में आ जाय, तो चीता बकरी से पूछता है, 'बहनजी, साहब के स्वागत के लिए और क्या-क्या इन्तजाम किया जाय?' बकरी सिवा इसके और क्या जवाब दे कि साहब, बड़े शेर साहब को मेरे बच्चों का लजीज गोश्त पेश किया जाय। यदि शेर साहब को संगीत का शौक हो तो मैं 'में-में' की ध्वनि से उन्हें 'एण्टरटेन' कर सकती हूँ। यदि 'क्लासिकल' का शौक हो तो 'भैंसा' गा देगा। 'भैंसा' ध्रुपद बहुत अच्छा गाता है।

बड़ा साहब 'स्टीम रोलर' होता है, जो डिपार्टमेण्ट के बड़े-छोटे का भेद मिटा देता है। सब समतल हो जाते हैं, क्योंकि सब डरे हुए होते हैं। डर भेद मिटाता है। प्रेम नहीं मिटाता। डर खुद प्रेम पैदा करता है। डूबने से बचने के लिए साहब

चपरासी के पैर इस तरह पकड़ लेता है, जैसे वे भगवान् के चरण हों।

बड़ा साहब दिल्ली से आ रहा है।

स्थानीय 'बॉस', जिसके पास जाते मातहत काँपते हैं, खुद इस बाबू के पास से उस बाबू के पास जाकर सलाह करता है, 'हार वगैरह सब बढ़िया हो गये हैं न! पार्टी का इन्तजाम ठीक हो गया न! मिसेज खन्ना के लिए गिफ्ट् आ गया न!' मिसेज खन्ना दिल्ली से आनेवाले साहब की 'तथाकथित' धर्मपत्नी हैं—ऐसी डिपार्टमेण्ट में हवा है। हर डिपार्टमेण्ट में ऐसी स्वास्थ्यवर्द्धक हवा बहती रहती है। इससे हीनता और घुटन की बीमारी से बीमार कर्मचारियों के फेफड़े साफ होते हैं। वे कहते हैं, 'साला, हम लोगों को अकड़ दिखाता है, मगर अपनी बीवी पर कण्ट्रोल नहीं है। वह छि...' (इसके आगे लिखे बिना भी विद्वान पाठक अपनी प्रतिभा से इस शुभ वाक्य को पूरा कर लेंगे।)

चीता बकरी और खरगोश के पास जाकर सलाह कर रहा है। बकरी चीते को शेर के 'डिनर' के लिए मेमने दे चुकी है—याने बच्चों का पेट काटकर साहब के स्वागत-खर्च के लिए तनखा में से चन्दा द चुके हैं। सब सोचते हैं कि साहब क्वाँरा या रँडुआ होता तो कितना अच्छा होता। तब कम-से-कम मेम साहब के गिफ्ट के लिए पैसे न देने पड़ते। अभी भी चार दिन हैं। आदमी चाहे तो इतने में क्या रँडुआ नहीं हो सकता? सुना है, मेम साब एक बार नींद की ज्यादा दवाइयाँ खा चुकी हैं। सब भगवान के हाथ बात है। हे ईश्वर, उन्हें दुबारा नींद की ज्यादा गोलियाँ खिलवा दे। गिफ्ट के पैसे बचेंगे।

स्थानीय बॉस शर्मा साहब को फुरसत नहीं है। फाइलें तो ठीक हो ही गयी हैं। जो कुछ भी गड़बड़ होगी, ठीक हो जायेगी, अगर बढ़िया पार्टी हो जाय। प्रोमोशन मेरा ड्यू है। चोपड़ा अड़ंगा लगा रहा है। कितनी बार वाइफ से कहा कि कोई संगीत-शाला चली जाया कर। कुछ सीख जाती तो आज स्वागत-गान गा देती। खन्ना साहब कितने खुश होते! यों खन्ना की नजर कुछ वैसी है। पर स्वागत-गान ही तो गाना था। कुछ और थोड़े ही था। खैर, इण्ट्रोड्यूस तो करवा ही दूंगा।

खन्ना साहब आ गये। दिन में मुआइना कर लिया। बहुत कुछ ठीक पाया। कुछ गड़बड़ भी पाया। पर शर्मा साहब आश्वस्त हैं। अभी साहब की पार्टी होनेवाली है।

दफ्तर के विशाल अहाते में शामियाना, मंच, कुर्सियाँ और दरियाँ। मंच पर खन्ना साहब और मिसेज खन्ना। उनके दोनों तरफ शर्मा साहब और वर्मा साहब। सामने एक तरफ कुर्सियों पर छोटे अफसरों और क्लर्कों की बीवियों से घिरी मिसेज शर्मा।

शर्मा साहब हार और गुलदस्ते से खन्ना साहब का स्वागत करते हैं। फिर मिसेज शर्मा अपनी गोद का बच्चा बगल में बैठी बबुआइन को देकर मिसेज खन्ना का स्वागत करने पहुँचती हैं। शर्मा साहब परिचय कराते हैं, "शी इज माई गुड वाइफ।" खन्ना साहब थोड़ी मदिरा में डूबे हैं। कहते हैं, "यस, देअर आर ओन्ली

टू टाइप्स ऑफ वाइव्ज—गुड वाइव्ज एण्ड बेड वाइव्ज। बट मिसेज शर्मा इज ए प्रेटी वूमेन!" (हाँ, पत्नियाँ दो ही तरह की होती हैं—अच्छी और बुरी। पर मिसेज शर्मा सुन्दर स्त्री हैं।) मिसेज खन्ना कहती हैं, "मिस्टर शर्मा इज आल्सो ए हैण्डसम मैन!" (शर्मा भी खूबसूरत आदमी हैं।)

खन्ना और मिसेज खन्ना ले-देकर बराबर हो गये। हिसाब चुकता।

मिसेज शर्मा जब लौटती हैं, तो उनका कद एक फुट बढ़ गया है। इतनी औरतों में इतने बड़े साहब ने उन्हें 'प्रेटी' कह दिया। एक तो यों ही स्थानीय 'बॉस' की पत्नी, उस पर यह गौरव जो अभी मिला। उन्हें और भी गरिमामय, और भी विशिष्ट हो जाना चाहिए। और वे होने की योजना बना रही हैं।

उधर कर्मचारियों का परिचय खन्ना साहब से कराया जा रहा है। शर्मा नाम पुकारते हैं। एक ढीले कल-पुर्जे का रोबट मंच की तरफ बढ़ता है। उधर कल-पुर्जे से लैस एक तने हुए रोबट से लुजलुजे हाथ मिलाता है। शर्मा उसका नाम और पद बताता है। तना हुआ रोबट पूछता है, "हावर यू?" ढीला रोबट जवाब देता है, "वैरी वैल, थैंक यू सर!"

यही परिचय है।

खन्ना साहब एक वृद्ध बाबू से पूछ लेते हैं, "कब रिटायर हो रहे हो?"

बाबू यह सुनकर दुनिया से ही रिटायर होने की हालत में आ जाता है। हाय, एक्सटेंशन नहीं मिलेगा। वह बेहोश होकर गिर पड़ता है।

चपरासियों से हाथ नहीं मिलवाये जाते, गो आर्डर निकल गया था कि चपरासी हाथ साफ करके आयें।

तीन लड़कियों से स्वागत-गान करवाया गया। स्वागत-गान रेडीमेड होते हैं। काफिया तय रहता है। सिर्फ नाम ठूँसना पड़ता है।—'स्वागत खन्ना साहब तुम्हारा!' रेड्डी बड़े साहब हुए तो—'स्वागत रेड्डी साहब तुम्हारा!' और सूअर हुआ तो—'स्वागत शूकर देव तुम्हारा!'

इसके बाद कुछ तारीफ के भाषण।

फिर किसी ने प्रस्ताव किया कि कुछ संगीत भी हो जाय। आदमियों और स्त्रियों में खुसफुस होने लगी, "तू जा न! तू ही क्यों नहीं चली जाती? शादियों में तो खूब गाती है।"

वह जवाब देती है, "और तू भी तो मन्दिर में कीर्तन गाती है— मर्दों से आँखें लड़ाते हुए।" दोनों में पटती नहीं।

आखिर एक साहसी अधेड़ स्त्री माइक पर पहुँची और गाने लगी, 'ए मालिक तेरे बन्दे हम···' खन्ना साहब समझे कि गाने में उन्हीं को 'ए मालिक!' कहा जा रहा है, वे सन्तुष्ट हुए—डिसिप्लिन सेटिस्फेक्टरी!

फिर किसी ने घोषणा कर दी, "अब यशोदा देवी एक क्लासिकल गीत गायेंगी।" आम विश्वास है कि कृष्ण की छेड़छाड़ के गाने क्लासिकल संगीत में होते हैं। तो गाने लगी यशोदा देवी अपनी माँ से सुना हुआ क्लासिकल गीत—'मुख से

न बोले कान्हा, बाजूबन्द खोले !' सब रस-विभोर हो गये। खन्ना साहब रस को स्थायी भाव बनाने के लिए कमरे में जाकर और दारू पी आये।

मैं मिसेज शर्मा को भूला जा रहा हूँ। खन्ना साहब ने उन्हें 'प्रेटी' कहा था। आसपास की औरतों में उनका रुतबा था। वे सब मातहत थीं।

मिसेज शर्मा एक से पूछती हैं, "आपका परिचय ?"

दूसरी कहती हैं, "ये सावित्री बहन हैं—बड़े बाबू की पत्नी !"

मिसेज शर्मा कहती हैं, "आप हमारे घर नहीं आयीं ?"

सावित्री कहती है, "मैं जरूर आऊँगी बहनजी !"

यही बात गायत्री, सीता, रेखा, लेखा सबसे होती है।

"आप हमारे घर नहीं आयीं ?"

"अब जरूर आयेंगी बहनजी !"

मातहतों की औरतें हैं तो उन्हें बड़े साहब की पत्नी के पास आना ही चाहिए। मिसेज शर्मा सब पर छायी हैं। उन सबको उनके घर आना चाहिए।

मिसेज शर्मा की गोद में बच्चा है। साहब का बच्चा है, इसलिए बबुआइनों को उसे खिलाना चाहिए। वे उसे खिलाती हैं, "अहा, कैसा अच्छा बेबी है। कितना खूबसूरत है !"

मिसेज शर्मा कहती हैं, "इसके 'डेडी' इसे बहुत चाहते हैं। और यह भी। देखो, बैठा यहाँ है, पर ध्यान डेडी की तरफ ही लगा है। तो आप हमारे घर कब आयेंगी ?"

"बस, इसी इतवार को आयेंगी।"

"और तुम भी आओगी शोभा ?"

"हाँ, बहनजी, मैं भी आऊँगी।"

मिसेज शर्मा अब बेटे को पुचकारती हैं। कहती हैं, "इसमें एक बात है। इसी छोटी उम्र से बहुत समझदार है। कभी गोद में या बिस्तर में पेशाब नहीं करता। पेशाब लगी हो, तो कोई इशारा कर देता है।"

बाकी औरतें हैरत में आ जाती हैं। क्यों न ऐसा लड़का हो ! आखिर साहब का लड़का है। चाहे तो पेशाब करने के लिए ऋषि का कमण्डल मँगवा सकता है।

बबुआइनें कहती हैं, "बहनजी, ऐसा बच्चा विरला ही होता है जो इस उमर में गोद में या बिस्तर में पेशाब न करे।"

मिसेज शर्मा बेहद खुश हैं। वे कितनी विशिष्ट हैं।

समारोह समाप्त हो रहा है। स्त्रियाँ उठने की तैयारी में हैं कि बच्चा गोद में पेशाब कर देता है।

बबुआइनें सन्न रह जाती हैं। कहें भी तो क्या ? मिसेज शर्मा का चेहरा फक् हो जाता है। उनका पानी उतर गया है। झेंपते हुए कहती हैं, "ऐसा तो कभी नहीं हुआ। इतनी भीड़ देख घबरा गया होगा।"

बबुआइनें एक-दूसरे की तरफ देखती हैं। कहती हैं, "हो जाता है बहनजी !

बच्चा ही तो है।"

मिसेज शर्मा इस समय चपरासिन से भी हीन अनुभव करती हैं। लड़के ने पेशाब करके उनकी सारी महत्ता खत्म कर दी।

उठते-उठते बबुआइनें कहती हैं, "हम आपके घर आयेंगी बहनजी !"

मिसेज शर्मा कहती हैं, "नहीं, हम ही आयेंगी आपके यहाँ। हम सब एक हैं। इसमें कोई छोटे-बड़े का सवाल थोड़े ही है।"

बच्चे ने पेशाब करके समाजवाद की प्रक्रिया शुरू कर दी।

वैष्णव की फिसलन

वैष्णव करोड़पति है। भगवान विष्णु का मन्दिर। जायदाद लगी है। भगवान सूद-खोरी करते हैं। ब्याज से कर्ज देते हैं। वैष्णव दो घण्टे भगवान विष्णु की पूजा करते हैं, फिर गादी-तकियेवाली बैठक में आकर धर्म को धन्धे से जोड़ते हैं। धर्म धन्धे से जुड़ जाय, इसीको 'योग' कहते हैं। कर्ज लेनेवाले आते हैं। विष्णु भगवान के वे मुनीम हो जाते हैं। कर्ज लेनेवाले से दस्तावेज लिखवाते हैं—

'दस्तावेज लिख दी रामलाल वल्द श्यामलाल ने भगवान विष्णु वल्द नामालूम को ऐसा जो कि—'

वैष्णव बहुत दिनों से विष्णु के पिता के नाम की तलाश में है, पर वह मिल नहीं रहा। मिल जाय तो वल्दियत ठीक हो जाय।

वैष्णव के नम्बर दो का बहुत पैसा हो गया है। कई एजेंसियाँ ले रखी हैं। स्टाकिस्ट हैं। जब चाहे माल दबाकर 'ब्लैक' करने लगते हैं। मगर दो घण्टे विष्णु-पूजा में कभी नागा नहीं करते। सब प्रभु की कृपा से हो रहा है। उनके प्रभु भी शायद दो नम्बरी हैं। एक नम्बरी होते, तो ऐसा नहीं करने देते।

वैष्णव सोचता है—अपार नम्बर दो का पैसा इकट्ठा हो गया है। इसका क्या किया जाय ? बढ़ता ही जाता है। प्रभु की लीला है। वही आदेश देंगे कि क्या किया जाय।

वैष्णव एक दिन प्रभु की पूजा के बाद हाथ जोड़कर प्रार्थना करने लगा, "प्रभु, आपके ही आशीर्वाद से मेरे पास इतना सारा दो नम्बर का धन इकट्ठा हो गया है। अब मैं इसका क्या करूँ? आप ही रास्ता बताइए। मैं इसका क्या करूँ? प्रभु, कष्ट हरो सबका !"

तभी वैष्णव की शुद्ध आत्मा से आवाज उठी, 'अधम, माया जोड़ी है, तो माया का उपयोग भी सीख ! तू एक बड़ा होटल खोल। आजकल होटल बहुत चल रहे हैं।'

वैष्णव ने प्रभु का आदेश मानकर एक विशाल होटल बनवाया। बहुत अच्छे कमरे। खूबसूरत बाथरूम। नीचे लाण्ड्री। नाई की दूकान। टैक्सियाँ। बाहर बढ़िया लॉन। ऊपर टेरेस गार्डन।

और वैष्णव ने खूब विज्ञापन करवाया।

कमरे का किराया तीस रुपया रखा।

फिर वैष्णव के सामने धर्म-संकट आया। भोजन कैसा होगा? उसने सलाहकारों से कहा, "मैं वैष्णव हूँ। शुद्ध शाकाहारी भोजन कराऊँगा। शुद्ध घी की सब्जी, फल, दाल, रायता, पापड़ वगैरह।"

बड़े होटल का नाम सुनकर बड़े लोग आने लगे। बड़ी-बड़ी कम्पनियों के एक्जीक्यूटिव, बड़े अफसर और बड़े सेठ।

वैष्णव सन्तुष्ट हुआ।

पर फिर वैष्णव ने देखा कि होटल में ठहरनेवाले कुछ असन्तुष्ट हैं।

एक दिन एक कम्पनी का एक्जीक्यूटिव बड़े तैश में वैष्णव के पास आया। कहने लगा, "इतने महँगे होटल में हम क्या यह घासपत्ती खाने के लिए ठहरते हैं? यहाँ 'नानवेज' का इन्तजाम क्यों नहीं है?"

वैष्णव ने जवाब दिया, "मैं वैष्णव हूँ। मैं गोश्त का इन्तजाम अपने होटल में कैसे कर सकता हूँ?"

उस आदमी ने कहा, "वैष्णव हो, तो ढाबा खोलो। आधुनिक होटल क्यों खोलते हो? तुम्हारे यहाँ आगे कोई नहीं ठहरेगा।"

वैष्णव ने कहा, "यह धर्म-संकट की बात है। मैं प्रभु से पूछूंगा।"

उस आदमी ने कहा, "हम भी बिजनेस में हैं। हम कोई धर्मात्मा नहीं हैं—न आप, न मैं।"

वैष्णव ने कहा, "पर मुझे तो यह सब प्रभु विष्णु ने दिया है। मैं वैष्णव धर्म के प्रतिकूल कैसे जा सकता हूँ? मैं प्रभु के सामने नतमस्तक होकर उनका आदेश लूंगा।"

दूसरे दिन वैष्णव साष्टांग विष्णु के सामने लेट गया। कहने लगा, "प्रभु, यह होटल बैठ जायगा। ठहरनेवाले कहते हैं कि हमें यहाँ बहुत तकलीफ होती है। मैंने तो प्रभु, वैष्णव भोजन का प्रबन्ध किया है। पर वे मांस माँगते हैं। अब मैं क्या करूँ?"

वैष्णव की शुद्ध आत्मा से आवाज आयी, 'मूर्ख, गाँधीजी से बड़ा वैष्णव इस युग में कौन हुआ है? गाँधी का भजन है—वैष्णव जन तो तेण कहिये, जे पीर परायी जाणे रे। तू इन होटल में रहनेवालों की पीर क्यों नहीं जानता? उन्हें इच्छानुसार खाना नहीं मिलता। इनकी पीर तू समझ और उस पीर को दूर कर।'

वैष्णव समझ गया।

उसने जल्दी ही गोश्त, मुर्गा, मछली का इन्तजाम करवा दिया।

होटल के ग्राहक बढ़ने लगे।

मगर एक दिन फिर वही एक्जीक्यूटिव आया।

कहने लगा, "हाँ, अब ठीक है। मांसाहार अच्छा मिलने लगा। पर एक बात है।"

वैष्णव ने पूछा, "क्या ?"

उसने जवाब दिया, "गोश्त के पचने की दवाई भी तो चाहिए।"

वैष्णव ने कहा, "लवणभास्कर चूर्ण का इन्तजाम करवा दूं?"

एक्जीक्यूटिव ने माथा ठोंका।

कहने लगा, "आप कुछ नहीं समझते। मेरा मतलब है—शराब। यहाँ बार खोलिए।"

वैष्णव सन्न रह गया। शराब यहाँ कैसे पी जायेगी? मैं प्रभु के चरणामृत का प्रबन्ध तो कर सकता हूँ। पर मदिरा! हे राम!

दूसरे दिन वैष्णव ने फिर प्रभु से कहा, "प्रभु, वे लोग मदिरा माँगते हैं। मैं आपका भक्त मदिरा कैसे पिला सकता हूँ?"

वैष्णव की पवित्र आत्मा से आवाज आयी, 'मूर्ख, तू क्या होटल बिठाना चाहता है? देवता सोमरस पीते थे। वही सोमरस यह मदिरा है। इसमें तेरा वैष्णव-धर्म कहाँ भंग होता है। सामवेद में 63 श्लोक सोमरस अर्थात् मदिरा की स्तुति में हैं। तुझे धर्म की समझ है या नहीं?'

वैष्णव समझ गया।

उसने होटल में 'बार' खोल दिया।

अब होटल ठाठ से चलने लगा। वैष्णव खुश था।

फिर एक दिन एक आदमी आया। कहने लगा, "अब होटल ठीक है। शराब भी है। गोश्त भी है। मगर मरा हुआ गोश्त है। हमें जिन्दा गोश्त भी चाहिए।"

वैष्णव ने पूछा, "यह जिन्दा गोश्त कैसा होता है?"

उसने कहा, "कैबरे—जिसमें औरत नंगी होकर नाचती है।"

वैष्णव ने कहा, "अरे, बाप रे!"

उस आदमी ने कहा, "इसमें 'अरे बाप रे' की कोई बात नहीं। सब बड़े होटलों में चलता है। यह शुरू कर दो तो कमरों का किराया बढ़ा सकते हो।"

वैष्णव ने कहा, "मैं कट्टर वैष्णव हूं। मैं प्रभु से पूछूंगा।"

दूसरे दिन फिर वैष्णव प्रभु के चरणों में था। कहने लगा, "प्रभु, वे लोग कहते हैं कि होटल में नाच भी होना चाहिए। आधा नंगा या पूरा नंगा।"

वैष्णव की शुद्ध आत्मा से आवाज आयी, 'मूर्ख, कृष्णावतार में मैंने गोपियों को नचाया था! चीर-हरण तक किया था। तुझे क्या संकोच है?'

प्रभु की आज्ञा से वैष्णव ने 'कैबरे' भी चालू कर दिया।

अब कमरे भरे रहते थे—शराब, गोश्त और कैबरे।

वैष्णव बहुत खुश था। प्रभु की कृपा से होटल भरा रहता था।

कुछ दिनों बाद एक ग्राहक ने 'बेयरा' से कहा, "इधर कुछ और भी मिलता है?"

बेयरा ने पूछा, "और क्या साब ?"

ग्राहक ने कहा, "अरे यही मन बहलाने को कुछ। कोई ऊँचे किस्म का माल मिले तो लाओ।"

बेयरा ने कहा, "नहीं साब, इस होटल में यह नहीं चलता।"

ग्राहक वैष्णव के पास गया। बोला, "इस होटल में कौन ठहरेगा ? इधर रात को मन बहलाने का कोई इन्तजाम नहीं है।"

वैष्णव ने कहा, "कैबरे तो है साहब !"

ग्राहक ने कहा, "कैबरे तो दूर का होता है। बिल्कुल पास का चाहिए, गर्म माल, कमरे में।"

वैष्णव फिर धर्म-संकट में पड़ गया।

दूसरे दिन वैष्णव फिर प्रभु की सेवा में गया। प्रार्थना की, "कृपानिधान, ग्राहक लोग नारी माँगते हैं —पाप की खान ! मैं तो इस पाप की खान से जहाँ तक बनता है, दूर रहता हूँ। अब मैं क्या करूँ ?"

वैष्णव की शुद्ध आत्मा से आवाज आयी, 'मूर्ख, यह तो प्रकृति और पुरुष का संयोग है। इसमें क्या पाप और पुण्य ! चलने दे।'

वैष्णव ने बेयरों से कहा, "चुपचाप इन्तजाम कर दिया करो। ज़रा पुलिस से बचकर। 25 फीसदी भगवान की भेंट ले लिया करो।"

अब वैष्णव का होटल खूब चलने लगा।

शराब, गोश्त, कैबरे और औरत।

वैष्णव धर्म बराबर निभ रहा है।

इधर यह भी चल रहा है।

वैष्णव ने धर्म को धन्धे से खूब जोड़ा है।

भोलाराम का जीव

ऐसा कभी नहीं हुआ था।

धर्मराज लाखों वर्षों से असंख्य आदमियों को कर्म और सिफारिश के आधार पर स्वर्ग या नरक में निवास-स्थान 'अलॉट' करते आ रहे थे। पर ऐसा कभी नहीं हुआ था।

सामने बैठे चित्रगुप्त बार-बार चश्मा पोंछ, बार-बार थूक से पन्ने पलट, रजिस्टर पर रजिस्टर देख रहे थे। गलती पकड़ में ही नहीं आ रही थी। आखिर उन्होंने खोज-कर रजिस्टर इतने जोर से बन्द किया कि मक्खी चपेट में आ गयी। उसे निकालते

हुए वे बोले, "महाराज, रिकार्ड सब ठीक है। भोलाराम के जीव ने पाँच दिन पहले देह त्यागी और यमदूत के साथ इस लोक के लिए रवाना भी हुआ, पर यहाँ अभी तक नहीं पहुँचा।"

धर्मराज ने पूछा, "और वह दूत कहाँ है?"

"महाराज, वह भी लापता है।"

इसी समय द्वार खुले और एक यमदूत बड़ा बदहवास वहाँ आया। उसका मौलिक कुरूप चेहरा परिश्रम, परेशानी और भय के कारण और भी विकृत हो गया था। उसे देखते ही चित्रगुप्त चिल्ला उठे, "अरे, तू कहाँ रहा इतने दिन? भोलाराम का जीव कहाँ है?"

यमदूत हाथ जोड़कर बोला, "दयानिधान, मैं कैसे बतलाऊँ कि क्या हो गया। आज तक मैंने धोखा नहीं खाया था, पर भोलाराम का जीव मुझे चकमा दे गया। पाँच दिन पहले जब जीव ने भोलाराम की देह को त्यागा, तब मैंने उसे पकड़ा और इस लोक की यात्रा आरम्भ की। नगर के बाहर ज्योंही मैं उसे लेकर एक तीव्र वायु-तरंग पर सवार हुआ त्योंही वह मेरे चंगुल से छूटकर न जाने कहाँ गायब हो गया। इन पाँच दिनों में मैंने सारा ब्रह्माण्ड छान डाला, पर उसका कहीं पता नहीं चला।"

धर्मराज क्रोध से बोले, "मूर्ख! जीवों को लाते-लाते बूढ़ा हो गया, फिर भी एक मामूली बूढ़े आदमी के जीव ने तुझे चकमा दे दिया।"

दूत ने सिर झुकाकर कहा, "महाराज, मेरी सावधानी में बिल्कुल कसर नहीं थी। मेरे इन अभ्यस्त हाथों से, अच्छे-अच्छे वकील भी नहीं छूट सके। पर इस बार तो कोई इन्द्रजाल ही हो गया।"

चित्रगुप्त ने कहा, "महाराज, आजकल पृथ्वी पर इस प्रकार का व्यापार बहुत चला है। लोग दोस्तों को कुछ चीज भेजते हैं और उसे रास्ते में ही रेलवेवाले उड़ा लेते हैं। हौजरी के पार्सलों के मोजे रेलवे अफसर पहनते हैं। मालगाड़ी के डब्बे-के-डब्बे रास्ते में कट जाते हैं। एक बात और हो रही है। राजनैतिक दलों के नेता विरोधी नेता को उड़ाकर बन्द कर देते हैं। कहीं भोलाराम के जीव को भी तो किसी विरोधी ने मरने के बाद दुर्गति करने के लिए नहीं उड़ा दिया?"

धर्मराज ने व्यंग्य से चित्रगुप्त की ओर देखते हुए कहा, "तुम्हारी भी रिटायर होने की उम्र आ गयी। भला भोलाराम जैसे नगण्य, दीन आदमी से किसी को क्या लेना-देना?"

इसी समय कहीं से घूमते-घामते नारद मुनि वहाँ आ गये। धर्मराज को गुम-सुम बैठे देख बोले, "क्यों धर्मराज, कैसे चिन्तित बैठे हैं? क्या नरक में निवास-स्थान की समस्या अभी हल नहीं हुई?"

धर्मराज ने कहा, "वह समस्या तो कभी की हल हो गयी। नरक में पिछले सालों में बड़े गुणी कारीगर आ गये हैं। कई इमारतों के ठेकेदार हैं, जिन्होंने पूरे पैसे लेकर रद्दी इमारतें बनायीं। बड़े-बड़े इंजीनियर भी आ गये हैं, जिन्होंने ठेकेदारों से मिलकर पंचवर्षीय योजनाओं का पैसा खाया। ओवरसीयर हैं, जिन्होंने उन

मजदूरों की हाजिरी भरकर पैसा हड़पा, जो कभी काम पर गये ही नहीं। इन्होंने बहुत जल्दी नरक में कई इमारतें तान दी हैं। वह समस्या तो हल हो गयी, पर एक बड़ी विकट उलझन आ गयी है। भोलाराम नाम के एक आदमी की पाँच दिन पहले मृत्यु हुई। उसके जीव को यह दूत यहाँ ला रहा था, कि जीव इसे रास्ते में चकमा देकर भाग गया। इसने सारा ब्रह्माण्ड छान डाला, पर वह कहीं नहीं मिला। अगर ऐसा होने लगा, तो पाप-पुण्य का भेद ही मिट जायेगा।"

नारद ने पूछा, "उस पर इनकमटैक्स तो बकाया नहीं था? हो सकता है, उन लोगों ने रोक लिया हो।"

चित्रगुप्त ने कहा, "इनकम होती तो टैक्स होता। भुखमरा था।"

नारद बोले, "मामला बड़ा दिलचस्प है। अच्छा मुझे उसका नाम, पता तो बताओ। मैं पृथ्वी पर जाता हूँ।"

चित्रगुप्त ने रजिस्टर देखकर बताया, "भोलाराम नाम था उसका। जबलपुर शहर में घमापुरमोहल्ले में नाले के किनारे एक-डेढ़ कमरे के टूटे-फूटे मकान में वह परिवार समेत रहता था। उसकी एक स्त्री थी, दो लड़के और एक लड़की। उम्र लगभग साठ साल। सरकारी नौकर था। पाँच साल पहले रिटायर हो गया था। मकान का किराया उसने एक साल से नहीं दिया, इसलिए मकान-मालिक उसे निकालना चाहता था। इतने में भोलाराम ने संसार ही छोड़ दिया। आज पाँचवाँ दिन है। बहुत सम्भव है कि अगर मकान-मालिक वास्तविक मकान-मालिक है, तो उसने भोलाराम के मरते ही, उसके परिवार को निकाल दिया होगा। इसलिए आपको परिवार की तलाश में काफी घूमना पड़ेगा।"

माँ-बेटी के सम्मिलित क्रन्दन से ही नारद भोलाराम का मकान पहचान गये।

द्वार पर जाकर उन्होंने आवाज लगायी, "नारायन! नारायन!" लड़की ने देखकर कहा, "आगे जाओ महाराज!"

नारद ने कहा, "मुझे भिक्षा नहीं चाहिए; मुझे भोलाराम के बारे में कुछ पूछ-ताछ करनी है। अपनी माँ को ज़रा बाहर भेजो, बेटी!"

भोलाराम की पत्नी बाहर आयी। नारद ने कहा, "माता, भोलाराम को क्या बीमारी थी?"

"क्या बताऊँ? गरीबी की बीमारी थी। पाँच साल हो गये, पेंशन पर बैठे, पर पेंशन अभी तक नहीं मिली। हर दस-पन्द्रह दिन में एक दरख्वास्त देते थे, पर वहाँ से या तो जवाब आता ही नहीं था और आता, तो यही कि तुम्हारी पेंशन के मामले पर विचार हो रहा है। इन पाँच सालों में सब गहने बेचकर हम लोग खा गये। फिर बरतन बिके। अब कुछ नहीं बचा था। फाके होने लगे थे। चिन्ता में घुलते-घुलते और भूखे मरते-मरते उन्होंने दम तोड़ दिया।"

नारद ने कहा, "क्या करोगी माँ? उनकी इतनी ही उम्र थी।"

"ऐसा तो मत कहो, महाराज ! उम्र तो बहुत थी। पचास-साठ रुपया महीना पेंशन मिलती तो कुछ और काम कहीं करके गुजारा हो जाता। पर क्या करें? पाँच साल नौकरी से बैठे हो गये और अभी तक एक कौड़ी नहीं मिली।"

दुख की कथा सुनने की फुरसत नारद को थी नहीं। वे अपने मुद्दे पर आये, "माँ, यह तो बताओ कि यहाँ किसी से उनका विशेष प्रेम था, जिसमें उनका जी लगा हो?"

पत्नी बोली, "लगाव तो महाराज, बाल-बच्चों से ही होता है।"

"नहीं, परिवार के बाहर भी हो सकता है। मेरा मतलब है, किसी स्त्री—"

स्त्री ने गुर्राकर नारद की ओर देखा। बोली, "हर कुछ मत बको महाराज ! तुम साधु हो, उचक्के नहीं हो। जिन्दगी-भर उन्होंने किसी दूसरी स्त्री को आँख उठाकर नहीं देखा।"

नारद हँसकर बोले, "हाँ, तुम्हारा यह सोचना ठीक ही है। यही हर अच्छी गृहस्थी का आधार है। अच्छा, माता मैं चला।"

स्त्री ने कहा, "महाराज, आप तो साधु हैं, सिद्ध पुरुष हैं। कुछ ऐसा नहीं कर सकते कि उनकी रुकी हुई पेंशन मिल जाये। इन बच्चों का पेट कुछ दिन भर जाये।"

नारद को दया आ गयी थी। वे कहने लगे, "साधुओं की बात कौन मानता है? मेरा यहाँ कोई मठ तो है नहीं। फिर भी मैं सरकारी दफ्तर में जाऊँगा और कोशिश करूँगा।"

वहाँ से चलकर नारद सरकारी दफ्तर में पहुँचे। वहाँ पहले ही कमरे में बैठे बाबू से उन्होंने भोलाराम के केस के बारे में बातें कीं। उस बाबू ने उन्हें ध्यानपूर्वक देखा और बोला, "भोलाराम ने दरख्वास्तें तो भेजी थीं, पर उन पर वजन नहीं रखा था, इसलिए कहीं उड़ गयी होंगी।"

नारद ने कहा, "भई, ये बहुत-से 'पेपर-वेट' तो रखे हैं। इन्हें क्यों नहीं रख दिया?"

बाबू हँसा—"आप साधु हैं, आपको दुनियादारी समझ में नहीं आती। दरख्वास्तें 'पेपर-वेट' से नहीं दबतीं। खैर, आप उस कमरे में बैठे बाबू से मिलिए।"

नारद उस बाबू के पास गये। उसने तीसरे के पास भेजा, तीसरे ने चौथे के पास, चौथे ने पाँचवें के पास। जब नारद पचीस-तीस बाबुओं और अफसरों के पास घूम आये तब एक चपरासी ने कहा, "महाराज, आप क्यों इस झंझट में पड़ गये। आप अगर साल-भर भी यहाँ चक्कर लगाते रहें, तो भी काम नहीं होगा। आप तो सीधे बड़े साहब से मिलिए। उन्हें खुश कर लिया, तो अभी काम हो जायेगा।"

नारद बड़े साहब के कमरे में पहुँचे। बाहर चपरासी ऊँघ रहा था, इसलिए उन्हें किसी ने छेड़ा नहीं। बिना 'विजिटिंग कार्ड' के आया देख, साहब बड़े नाराज हुए। बोले, "इसे कोई मन्दिर-वन्दिर समझ लिया है क्या? धड़धड़ाते चले आये। चिट क्यों नहीं भेजी?"

नारद ने कहा, "कैसे भेजता? चपरासी सो रहा है।"

"क्या काम है ?" साहब ने रोब से पूछा।

नारद ने भोलाराम का पेंशन-केस बतलाया।

साहब बोले, "आप हैं वैरागी। दफ्तरों के रीति-रिवाज नहीं जानते। असल में भोलाराम ने गलती की। भई, यह भी एक मन्दिर है। यहाँ भी दान-पुण्य करना पड़ता है। आप भोलाराम के आत्मीय मालूम होते हैं। भोलाराम की दरख्वास्तें उड़ रही हैं, उन पर वजन रखिए।"

नारद ने सोचा कि फिर यहाँ वजन की समस्या खड़ी हो गयी। साहब बोले, "भई, सरकारी पैसे का मामला है। पेंशन का केस बीसों दफ्तरों में जाता है। देर लग ही जाती है। बीसों बार एक ही बात को बीस जगह लिखना पड़ता है, तब पक्की होती है। जितनी पेंशन मिलती है, उतने ही स्टेशनरी लग जाती है। हाँ, जल्दी भी हो सकता है, मगर—" साहब रुके।

नारद ने कहा, "मगर क्या ?"

साहब ने कुटिल मुसकान के साथ कहा, "मगर वजन चाहिए। आप समझे नहीं। जैसे आपकी यह सुन्दर वीणा है, इसका भी वजन भोलाराम की दरख्वास्त पर रखा जा सकता है। मेरी लड़की गाना-बजाना सीखती है। यह मैं उसे दे दूंगा। साधु-सन्तों की वीणा से तो और अच्छे स्वर निकलते हैं।"

नारद अपनी वीणा छिनते देख ज़रा घबड़ाये। पर फिर सँभलकर उन्होंने वीणा टेबिल पर रखकर कहा, "यह लीजिए। अब ज़रा जल्दी उसकी पेंशन का ऑर्डर निकाल दीजिए।"

साहब ने प्रसन्नता से उन्हें कुरसी दी, वीणा को एक कोने में रखा और घण्टी बजायी। चपरासी हाजिर हुआ।

साहब ने हुक्म दिया, "बड़े बाबू से भोलाराम के केस की फाइल लाओ।"

थोड़ी देर बाद चपरासी भोलाराम की सौ-डेढ़ सौ दरख्वास्तों से भरी फाइल लेकर आया। उसमें पेंशन के कागजात भी थे। साहब ने फाइल पर का नाम देखा और निश्चित करने के लिए पूछा, "क्या नाम बताया साधुजी आपने ?"

नारद समझे कि साहब कुछ ऊँचा सुनता है। इसलिए जोर से बोले, "भोलाराम !"

सहसा फाइल में से आवाज आयी, "कौन पुकार रहा है मुझे ? पोस्टमैन है ? क्या पेंशन का ऑर्डर आ गया ?"

नारद चौंके। पर दूसरे ही क्षण बात समझ गये। बोले, "भोलाराम ! तुम क्या भोलाराम के जीव हो ?"

"हाँ," आवाज आयी।

नारद ने कहा, "मैं नारद हूँ। मैं तुम्हें लेने आया हूँ। चलो, स्वर्ग में तुम्हारा इन्तजार हो रहा है।"

आवाज आयी, "मुझे नहीं जाना। मैं तो पेंशन की दरख्वास्तों में अटका हूँ। यहीं मेरा मन लगा है। मैं अपनी दरख्वास्तें छोड़कर नहीं जा सकता।"

लोहियावादी समाजवादी

पिछले विधानसभा अधिवेशन में अध्यक्ष ने समाजवादी विधायक क्रान्तिनादजी को पुलिस के द्वारा उठवाकर सदन से बाहर करवाया था। उसी रात क्रान्तिनादजी विधानसभा भवन की खिड़की तोड़कर घुस गये थे और अध्यक्ष की कुर्सी पर रात-भर बैठे रहे थे। तभी से उनसे मिलने की मेरी तीव्र इच्छा थी।

उस दिन अचानक मैं उनके घर पहुँच गया। वे तख्त पर बैठे हुए कुछ हिसाब जोड़ रहे थे—'तीन और चार सात—सात—सात—सात और पाँच बारह—बारह के दो—हाथ का लगा एक...'

उन्होंने सिर उठाया। मैंने नमस्कार किया। उन्होंने जवाब नहीं दिया।

वे मुझे घूरते रहे। फिर पूछ बैठे, "कौन-से आसमान से टपके हो?"

मैं तो इस सवाल से अचकचा उठा। 'कौन-सें आसमान से टपके हो?' किसी से इस तरह भी बातचीत शुरू की जाती है!

मुझे चुप देख उन्होंने फिर सवाल मारा, "क्या और जगह झख मारने नहीं जा सकते थे?"

मैंने अब मुँह खोला, "क्रान्तिनादजी, मैं तो यों ही आपसे कुछ चर्चा करने चला आया था। पर आप जिस तरह की भाषा का प्रयोग कर रहे हैं और जैसा व्यवहार कर रहे हैं, उससे मालूम होता है कि आप बहुत अशिष्ट हैं।"

इस पर वे हँस पड़े। कहने लगे, "बुरा मत मानिए। इस तरह की भाषा का प्रयोग करना हम में से हर एक को सीखना पड़ता है। पार्टी ने कई स्कूल खोल रखे हैं, जहाँ अटपटी बात बोलना और अशिष्ट भाषा का प्रयोग करना सिखाया जाता है। इससे पार्टी-सदस्य का व्यक्तित्व बनता है और उसकी जबान से सब डरते हैं। एक मोर्चा तो हम इसी से फतह कर लेते हैं।"

मैं कुछ आश्वस्त हुआ। मैंने पूछा, "आप क्या हिसाब जोड़ रहे थे?"

वे बोले, "मैं इस राज्य के शिक्षा-मन्त्री के खर्च का हिसाब जोड़ रहा हूँ।"

मैंने पूछा, "इसकी क्या आपको तनख्वाह मिलती है?"

क्रान्तिनादजी कहने लगे, "नहीं भाई, यह तो हमारी पार्टी का प्रोग्राम है। हमने तय कर लिया है कि जिसे जो बनना है, वह उसके दैनिक खर्च का हिसाब जोड़े। लोहियाजी को प्रधानमन्त्री बनना है, तो उन्होंने वर्तमान प्रधानमन्त्री के दैनिक खर्च का हिसाब जोड़ लिया है। मुझे शिक्षा-मन्त्री बनना है, सो मैं वर्तमान शिक्षा-मन्त्री का हिसाब जोड़ रहा हूँ। हमारी पार्टी का हर नेता किसी-न-किसी का हिसाब जोड़ रहा है। जिस दिन सब हिसाब बन जायेंगे, उस दिन हम सरकार पर कब्जा कर लेंगे।"

मैंने पूछा, "यह कैसे सम्भव होगा?"

वे बोले, "क्रान्ति का यही सबसे ताजा तरीका है। इसे 'हिसाब की क्रान्ति'

कहते हैं। भारत में पहली बार हम इसका प्रयोग कर रहे हैं। जिस दिन हम सफल हो जायेंगे, उस दिन दुनिया मार्क्स, लेनिन और गाँधी का रास्ता छोड़ देगी। फिर तो दुनिया में बिना संघर्ष के, सिर्फ हिसाब जोड़ने से क्रान्ति होगी। बिना चुनाव के सरकारें बदलेंगी। जिस दिन विल्सन ने मैकमिलन के दैनिक खर्च का हिसाब जोड़कर ठीक-ठीक बताया कि मैकमिलन गद्दी छोड़ देंगे।"

मैंने और खुलासा करने की गरज से पूछा, "भारत में कब तक ऐसी क्रान्ति आप लोग कर देंगे?"

वे बोले, "बस, कुछ महीने की देर है। सब मन्त्रियों के हिसाब बनकर लगभग तैयार हैं। हम उनके पोस्टर बना रहे हैं। एक दिन हम देश के तमाम सचिवालयों के सामने जाकर पोस्टर लगायेंगे और लाउडस्पीकर से चिल्लायेंगे। बस, उसी वक्त मन्त्रिमण्डल इस्तीफा दे देंगे।"

सहसा वे उचककर टेबल पर चढ़ गये और वहाँ से धम्म से कूद पड़े। फिर वे टेबल के नीचे लेटकर बकरे की बोली बोलने लगे। वहाँ से निकलकर फर्श पर कूदते हुए तरह-तरह की आवाजें करने लगे। यह कार्यक्रम लगभग पाँच मिनट चलता रहा।

जब वे स्थिर हुए, तब मैंने कहा, "क्रान्तिनादजी, आप किसी अच्छे डाक्टर से जाँच कराइए न!"

वे बोले, "कैसी जाँच! मैं क्या बीमार हूँ?"

मैंने कहा, "फिर आप अभी यह सब क्या कर रहे थे? आपकी तबीयत ठीक नहीं है। आपको दौरा आता है। कुछ मिरगी या पाग···"

वे हँसे। कहने लगे, "आप भी गजब करते हैं। अरे मैं तो संसदीय व्यवहार का अभ्यास कर रहा था। यह भी पार्टी-स्कूल में सिखाया जाता है। संसद और विधानसभाओं में हमें ऐसा करना पड़ता है न! इसलिए मैं किसी के सामने रोज इसका अभ्यास करता हूँ।"

मैंने कमरे में चारों तरफ नजर घुमायी। दीवारों पर डा. लोहिया की तसवीरें मढ़ी हुई थीं। एक बड़ी तसवीर के एक कोने में एक छोटी-सी अशोक मेहता की तसवीर भी चिपकी थी। सामने की दीवार पर पं. नेहरू का एक बड़ा चित्र उलटा टँगा था। मैं बड़ी देर तक सोचता रहा कि यह भूल है या किसी ऐसे 'फ़िट' में यह तसवीर टाँगी गयी है, जैसा अभी आया था। 'फ़िट' में उलटी तसवीर टाँग भी दी गयी हो तो 'फ़िट' हमेशा तो रहता नहीं है। या तो यह तसवीर किसी प्रयोजन से उलटी टाँगी गयी है या इन पर स्थायी 'फ़िट' रहता है। यों दोनों चीजें एक ही हैं।

मैंने पूछा, "नादजी, नेहरूजी की फोटो उलटी क्यों टँगी है?"

वे बोले, "टँगी नहीं है, टाँगी गयी है। और यह उलटी नहीं है, सीधी ही है। आपका उसे देखने का ढंग गलत है। उसे यों देखा जाता है।"

वे तसवीर के सामने शीर्षासन की स्थिति में आ गये। कहने लगे, "यों देखना चाहिए। जवाहरलाल को हम लोग शीर्षासन करके देखते हैं। सीधी स्थिति में

उस आदमी को देखा ही नहीं जा सकता। आइए, आप भी देखिए। शीर्षासन से देखिए, तब यह आदमी आपकी समझ में आयेगा।"

मुझे शीर्षासन करना नहीं आता। नादजी ने कहा भी कि डरो मत, मैं टाँग पकड़ लूँगा। पर अपनी टाँगें उन्हें सौंपना मुझे खतरे से खाली नहीं लगा।

फिर कुछ अन्य राजनीतिक दलों और उनके नेताओं के बारे में चर्चा हुई। क्रान्तिनादजी ने बहुत संक्षेप में उनका विश्लेषण करके अपना मत जाहिर किया, जैसे—लुच्चा है! बदमाश है! सब चोर हैं! हरामजादा है! बेवकूफ है!

मैंने अब सिद्धान्त और कार्यक्रम पर चर्चा की। कहा, "नादजी, अब मैं आपसे कुछ सिद्धान्तों और नीतियों के सम्बन्ध में बात करना चाहता हूँ।"

उन्होंने कहा, "सिद्धान्त तो समाजवाद ही है।"

मैंने कहा, "पर समाजवाद तो कांग्रेस का भी है और प्रजा समाजवादियों का भी।"

जवाब मिला, "तीनों में बड़ा अन्तर है, क्योंकि नेहरू, अशोक मेहता और लोहिया में अन्तर है। और सही पूछो तो हर रोज सबेरे अखबार में पढ़ लेते हैं कि कल लोहियाजी ने क्या कहा। उसके मुताबिक दिन-भर काम करते हैं। इस तरह रोज एक कदम आगे बढ़ते हैं। ऐसा न करें तो उलझन में पड़ जायें। कई बार पड़े हैं। चीनी हमले के बाद सबकी तरह हम भी कम्युनिस्टों को 'गद्दार' कह रहे थे कि एक दिन लोहियाजी ने वक्तव्य दे दिया कि समाजवादी दल का समझौता साम्यवादी दल से होगा—मगर वह चीन-समर्थक दल से होगा! बतलाइए भला! है न उलझन में डालनेवाली बात! इसलिए हम पहले से कोई लाइन बनाकर नहीं रखते।"

मैंने कहा, "फिर भी समाजवादी क्रान्ति के लिए कोई कार्यक्रम तो आपका होगा ही। कोई संगठित अभियान की योजना होगी।"

उन्होंने कहा, "हाँ, है। एक बात तो यह समझ लीजिए कि मजबूत संगठन बनाना और आन्दोलन करना, क्रान्ति को टालना है। यह तरीका भी पुराना है। नया तरीका एक तो हिसाब का मैंने अभी बताया। दूसरा यह कि अगर हर भारतवासी के हाथ में तलवार दे दी जाये और कह दिया जाये कि जो मिले उसी को मारो, तो एक दिन में समाजवादी क्रान्ति हो जाये। तीसरा तरीका यह है कि संसद में ऐसा हुल्लड़ करो कि मन्त्रिमण्डल भाग खड़ा हो और हम सरकार पर कब्जा कर लें। इसी तरह विधानसभाओं में करें। हम तीनों तरीकों से काम कर रहे हैं। और आप देख ही रहे हैं कि 'क्रान्ति कोने पर है' यानी 'राउण्ड द कॉर्नर' है—अगर आप अंग्रेजी मुहावरे में ही समझना चाहते हैं।"

न जाने कैसे मेरे मुँह से अशोक मेहता का नाम निकल गया। वे गुस्से से उठे और मेहता की तसवीर को घूँसा दिखाने लगे।

फिर वे नेहरू के चित्र के सामने शीर्षासन करने लगे।

मैं उन्हें इसी स्थिति में छोड़कर बाहर आ गया।

सज्जन, दुर्जन और कांग्रेसजन

[आदमी तीन तरह के होते हैं—सज्जन, दुर्जन और कांग्रेसजन। हार के बाद सज्जन अपने को देखता है, दुर्जन दूसरे को और कांग्रेसजन कभी अपने को कभी-कभी दूसरे को। तीसरा भी उसे देखता है, इस बात का कांग्रेसजन को स्मरण दिलाने के लिए, एक नेता कोटि के कांग्रेसजन का यह इण्टरव्यू प्रकाशित करा रहा हूँ—लेखक।]

गद्दे पर तकिये के सहारे वे लुढ़के थे। सामने तश्तरी में पान रखे थे। दोनों गालों में पान भरे थे और वे आँखें बन्द किये पान चबा रहे थे। मैं चुपचाप एक कुर्सी पर बैठ गया। दसेक मिनट बाद उन्होंने पान खाने के लिए आँखें खोलीं और मुझे देखकर मुस्कराये। दो-तीन पान मुँह में ठूँसकर, अवरुद्ध मुँह से बोले, "कैसे कष्ट दिया ?" मैंने कहा, "भैया सा'ब, मैं आपसे इण्टरव्यू लेने आया हूँ। कुछ प्रश्न करूँगा।"

उन्होंने तश्तरी के पान गिने और कहा, "आपको लगभग दो घण्टे रुकना पड़ेगा। बारह पान बचे हैं। मैं नियमपूर्वक दोपहर को लेटे-लेटे बीस पान खाता हूँ। यह रचनात्मक कार्यक्रम है। इसमें विघ्न नहीं पड़ सकता। ये बारह पान मैं दो घण्टे में खा लूँगा। आपके लिए डेढ़ घण्टे में भी खा सकता हूँ। तब तक आप चुपचाप बैठें।"

वे आँखें बन्द करके लेट गये। मैं उनके चलते मुँह को देखता रहा। हर आठ-दस मिनट बाद वे आँखें सिर्फ इतनी खोलते कि पान दिख जायें और हाथ सिर्फ इतना हिलाते कि पान पकड़ में आ जाये।

लगभग दो घण्टे बाद वे उठकर बैठे, कहने लगे, "माफ कीजिए, आपको बैठना पड़ा। बात यह है कि मैं नियम का पक्का हूँ। मेरे कुछ नियमित कार्यक्रम हैं, जिन्हें मैं किसी भी कीमत पर नहीं त्यागता। जैसे मैं रोज एक घण्टे शाम को छज्जे पर बैठकर जन-सम्पर्क करता हूँ। नीचे जनता गुजरती रहती है। इसी तरह मैं नियमपूर्वक खादीजी की पूजा करता हूँ।"

"खादीजी की पूजा ? मैं समझा नहीं।" मैंने कहा।

उन्होंने उँगली से एक कोने की तरफ इशारा करते हुए कहा, "वह देखिए।"

कोने में एक सिंहासन पर खादी का थान रखा था। उस पर अक्षत-कुंकुम और फूल चढ़े थे। सामने आरती की थाली रखी थी।

भैया सा'ब बोले, "पुराना गाँधीवादी हूँ न। धर्म नहीं छोड़ा मैंने, औरों की तरह। अभी भी खादीजी की पूजा करता हूँ। मेरे घर में तकलीजी और चरखाजी भी हैं।"

मैंने पूछा, "भैया सा'ब, आप स्वीकार करेंगे कि कांग्रेस के भीतर भी बड़ा मतभेद है, दलबन्दी है। आप किस दल में हैं ? यानी आप किसके सिद्धान्तों को स्वीकार करते हैं ?"

उन्होंने जवाब दिया, "मैं दलबन्दी में नहीं पड़ता। मैं तो पण्डित नेहरू का अनुयायी हूँ, उन्हीं के सिद्धान्तों पर चलता हूँ।"

मैंने बात आगे बढ़ायी, "पण्डितजी के कौन-से सिद्धान्त हैं, जिन्हें आप मानते हैं?"

वे उठे। खूँटी पर टँगी शेरवानी निकालकर पहनी और उसके चौड़े बटन-होल में गुलाब के फूलों का एक गुलदस्ता खोंस लिया। मुस्कराते हुए बोले, "इससे बड़ा सबूत आपको क्या चाहिए कि मैं पण्डित नेहरू के सिद्धान्तों पर चलता हूँ। पण्डितजी को गुलाब पसन्द है। वे एक कली शेरवानी में लगाते हैं, तो मैं एक गुलदस्ता खोंसता हूँ। भई, हम तो पण्डितजी की नीतियों में विश्वास रखते हैं।"

मैंने कहा, "भैया सा'ब, हर चुनाव के मौके पर जो यह आवाज उठती है कि नये खून को जगह देनी चाहिए, इसके सम्बन्ध में आपकी क्या राय है?"

भैया सा'ब ने अपनी सफेद मूँछों को उमेठा और जवाब दिया, "जवानों को धीरज नहीं है। अरे, उनके सामने तो पद-ग्रहण करने के लिए जिन्दगी पड़ी है। उन्हें क्या जल्दी है? हमारे पास तो मुश्किल से पाँच-दस साल होंगे।"

वे गम्भीर हो गये। सोचते रहे। बोले, "पुराना चावल अच्छा होता है। मैं तो वह दिन देखना चाहता हू जब विधानमण्डलों और सचिवालयों के सामने एम्बुलेंस गाड़ियाँ खड़ी हों और उनमें से स्ट्रेचर पर उठाकर सदस्य और मन्त्री भीतर ले जाये जायें। कांग्रेस के विरोध का मूल कारण यह है कि कुछ वृद्ध कांग्रेसी बेकारी की समस्या से पीड़ित हैं, जैसे राजाजी। आप ही बताइए, आज राजाजी अगर नौकरी से लगे होते तो क्या वे इतना ऊधम मचाते? एक मामूली एम. एल. ए. का दामाद जहाँ अच्छी नौकरी पा जाता है, वहाँ गाँधीजी का समधी बेकारी से पीड़ित है, धिक्कार है!"

वे उद्विग्न हो गये। मुख पर पवित्र ग्लानि आ गयी। फिर संयत होकर बोले, "पुराने लोगों के रिटायर होने से जनता का बड़ा नुकसान होगा। मान लो, जनता के कुछ लोग जुआ खेलते हुए पुलिस द्वारा पकड़ लिये गये। अब उन्हें क्या नया नेता छुड़वा सकता है? हरगिज नहीं। यह काम पुराना आदमी ही कर सकता है, उसके अफसरों से पुराने ताल्लुकात हैं?"

मेरा दूसरा प्रश्न था, "जनसंघ के सम्प्रदायवाद से संघर्ष करने के लिए आपके पास क्या प्रोग्राम है?"

इस प्रश्न से वे खिल उठे। बड़े आत्मविश्वास से बोले, "इस समस्या की पकड़ जितनी ठीक मुझे है, उतनी पण्डितजी को भी नहीं है। सम्प्रदायवाद का उतार है, जातिवाद। अपने परगने में मैंने इस नीति से जनसंघ का पानी उतार दिया। तुम हिन्दूवाद चलाओगे, तो मैं ब्राह्मणवाद चलाऊँगा। तुम डाल-डाल तो मैं पात-पात! मुझसे नहीं जीत सकते।" वे ठहाका मारकर खुली हँसी हँसे।

उनके विश्वास से मैं प्रभावित हुआ। वे मुझे विश्वास में लेकर बोले, "भाई, कह कुछ भी लो, मगर जात और धर्म सनातन हैं। ये नहीं मिट सकते। पर पण्डितजी

कहते हैं कि सब एक हैं, तो ठीक है—हम भी कह देंगे।"

भैया सा'ब के सुलझे विचारों का परिचय पाकर मैंने उनसे कुछ गहरे सवाल किये।

मैंने कहा, "भैया सा'ब, विरोधी लोग आपकी पार्टी और सरकार की कई मुद्दों पर आलोचना करते हैं। जैसे वे···

बात काटकर उन्होंने घूंसा तानते हुए कहा, "मैं विरोधियों को मुँह-तोड़ उत्तर दे सकता हूँ और देता हूँ। क्या कहते हैं वे?"

मैंने कहा, "जैसे वे कहते हैं कि तटस्थ विदेश-नीति असफल रही है और हमें इसे त्याग देना चाहिए। आप बताइए कि हमने तटस्थ विदेश-नीति क्यों अपनायी और उससे हमें कौन-से फायदे हुए?"

भैया सा'ब नीचा सिर करके बड़ी गम्भीरता से सोचने लगे।

मैं जवाब के लिए उनकी तरफ देखने लगा, "आपने जवाब नहीं दिया?"

उन्होंने सिर उठाते हुए कहा, "देता हूँ।"

वे झटके से उठे और तकिये पर खड़े हो गये। दोनों भुजाएँ उठाकर बड़े जोर से चिल्लाये, "महात्मा गाँधी की जय! पण्डित नेहरू की जय!"

मैं तो अचकचा गया। पर वे फिर शान्त भाव से बैठ गये और बोले, "दूसरा सवाल पूछिए।"

मैं दुविधा में पड़ा। पूछूँ कि न पूछूँ?

पर वे अपने जवाब से इतने सन्तुष्ट लगे कि मैंने उनकी खुशी के लिए ही सवालों का क्रम जारी रखा।

मेरा दूसरा सवाल था, "भैया सा'ब, विरोधी लोग सार्वजनिक क्षेत्र की बहुत आलोचना करते हैं। क्या आप जनता का समाधान करेंगे कि सार्वजनिक क्षेत्र के उद्योगों का राष्ट्र के विकास में क्या महत्त्व है और उनकी अब तक की उपलब्धियाँ और भविष्य की आशाएँ क्या हैं?"

वे फिर सोचने लगे। सोचते-सोचते उठे और कूदकर टेबिल पर चढ़ गये। हाथ ऊँचे करके फिर आवाज लगायी, "पण्डित नेहरू जिन्दाबाद!"

वे उतरकर गद्दे पर बैठ गये और बोले, "आगे सवाल करिए।"

मैंने कहा, "आप अपनी चीन-सम्बन्धी नीति को क्या स्पष्ट करेंगे? और क्या यह भी बतलायेंगे कि चीन के हमले के बावजूद रूस से मित्रता के सम्बन्ध राष्ट्रहित में क्यों आवश्यक हैं?"

भैया सा'ब विचारमग्न हो गये। फिर उठकर इस बार कुर्सी पर खड़े हो गये और भुजाएँ उठाकर चिल्लाये, "पण्डित नेहरू के हाथ मजबूत करो।"

वे फिर गद्दे पर बैठ गये। शान्त भाव से कहा, "हाँ, पूछते जाइए। नीति और सिद्धान्त-सम्बन्धी चर्चा में मुझे बड़ी दिलचस्पी है। विरोधियों के तर्कों को मैं घास की तरह काट देता हूँ।"

मैंने कहा, "भैया सा'ब, समाजवादी रचना का जो आपका ध्येय है, उसकी

रूपरेखा पिछली तीन योजनाओं के सन्दर्भ में समझाने की कृपा करेंगे ?"

भैया सा'ब इस बार सोफे पर चढ़ गये और चिल्लाये, "चाचा नेहरू जिन्दाबाद ! जवाहर चाचा जिन्दाबाद !"

उन्होंने गद्दे पर आसन ग्रहण करके कहा, "और पूछो।"

मैंने कमरे में एक नजर घुमायी और मेरी हिम्मत पस्त हो गयी। वे प्रश्न पूछने के लिए जोर देने लगे और मेरा मन काँपने लगा। आखिर मैंने कहा, "अब सवाल पूछने की हिम्मत नहीं हो रही है।"

उन्होंने बड़े स्नेह से कहा, "क्यों, डरते क्यों हो ? पूछो। मैं बुरा नहीं मानता।"

मैंने कहा, "डरता इसलिए हूँ कि कमरे में आपके चढ़ने के लिए सिर्फ दो चीजें बची हैं – आलमारी और यह आपका दास। आलमारी ज़रा ऊँची पड़ती है। डरता हूँ कि मैंने सवाल किया और आप जवाब देने के लिए मेरे सिर पर···"

वे खिलखिलाकर हँस पड़े।

मैंने उनकी प्रसन्नता का फायदा उठाया और वहाँ से चुपचाप चल दिया।

प्रजावादी समाजवादी

साथी तेजराम 'आग' प्रजा समाजवादी दल के पुराने और प्रतिष्ठित नेता हैं। वे पहले प्रायः टोपी भी लगाते थे, पर एक दिन डा. लोहिया ने कह मारा कि यह बड़ी बेवकूफी की बात है। 'आग' ने उसी दिन से प्रायः टोपी उतार दी। अब वह नंगे सिर ही रह रहे हैं।

मैं उनके कमरे में चुपके से चला गया। वे बाबू जयप्रकाश नारायण के एक बड़े चित्र के सामने खड़े-खड़े रो रहे थे और कहते जाते थे– 'साथी, अब लौट आओ। बहुत साल हो गये। संन्यास तो तुमने लिया, पर बनवास हमें हो गया। साथी, पन्द्रह साल हो गये, जब तुमने हमसे कहा था कि 1952 में अपनी सरकार बनेगी। मगर यह '63 पूरा होने को आया। इन सालों में मैंने संसद से लेकर नगरपालिका तक का हर चुनाव और उपचुनाव लड़ा, पर आज तक कहीं का मेम्बर नहीं हुआ। हम तो सन् '47 में तुम्हारे ही भरोसे कांग्रेस से निकल आये थे। साथी ! हम हज़ारों युवक पूरे देश में निकल-निकलकर तुम्हारे पीछे हो गये थे। आज उनमें से अधिकांश की राजनीतिक मृत्यु हो चुकी है। तुमने ऐसा क्यों किया ? हमने तुम्हारा क्या बिगाड़ा था ? हम तो तुम्हारे भरोसे नाव में बैठ गये और तुम मँझदार में हमें छोड़ पतवार लेकर डुबकी लगा गये। साथी, अब हम बूढ़े हो गये हैं, मगर बुढ़ापा भी हमारे किसी काम नहीं आया। कांग्रेस में ही रहते तो हम आज भी

'वयोवृद्ध कांग्रेसी' कहलाते और कहीं सरकार में होते। मगर इस पार्टी में होने के कारण हमारी कोई इज्जत नहीं है। एक मामूली पुलिस इन्स्पेक्टर तक हमारे कहने से किसी को नहीं छोड़ता। साथी, अभी भी आ जाओ। अब तो 'नेहरू के बाद कौन ?' प्रश्न पर दो-तीन कांग्रेसी नेताओं की ही चर्चा होती है, तुम्हारे बार-बार कहने पर भी जब नेहरू पद नहीं छोड़ता तो कोई और उपाय करो, साथी। अब तो लौट ही आओ। तुम तो हजारीबाग जेल की दीवार फाँदकर भाग आये थे। क्या तुमसे सर्वोदय आश्रम से भागते नहीं बनता। जरा हमारी तरफ भी तो देखो। तुमने हमारा क्या हाल कर दिया है, साथी !'

वे फूट-फूटकर रोने लगे। मुझसे भी वह दुख देखा नहीं गया। मेरी भी आँखें गीली हो गयीं।

मैंने धीरे-से पुकारा, "आगजी !"

वे डूबे थे। बिना मुड़े ही बोले, "यहाँ कोई आगजी नहीं है। कई साल पहले थे। अब तो यहाँ राखजी रहते हैं।"

उन्हें मेरी उपस्थिति का अभी तक कोई आभास नहीं था। मैं जोर से खाँसा। वे अचकचाकर मुड़े। झट आँसू पोंछ डाले। बोले, "आप यहाँ कब से खड़े हैं ?"

मुझसे झूठ नहीं बोला गया, "काफी देर हो गयी।"

वे परेशान हो गये। पूछा, "तो क्या आपने रोना देख लिया ?"

"रोना नहीं, विलाप !" मैंने कहा।

"हाँ, विलाप ही सही। पर क्या आपने देख लिया ?"

"जी हाँ, और सुन भी लिया।"

वे चिन्ता में पड़ गये। कहा, "देखिए, आप किसी से कहिए नहीं।"

मैंने कहा, "मगर आगजी, कल शाम को तो आप सभा में सरकार से इस्तीफ़ा माँग रहे थे, संघर्ष की धमकी दे रहे थे। और इधर आप···"

आगजी ने कहा, "वह सार्वजनिक मामला था, यह प्राइवेट है। बाहर वीर-रस होता है, भीतर करुण-रस !"

मैंने पूछा, "यह कार्यक्रम क्या रोज चलता है ?"

उन्होंने कहा, "हाँ, लेकिन आधार बदलता रहता है।"

"क्या मतलब ?" मैंने कहा। उन्होंने समझाया, "यही कि कभी-कभी मैं राजाजी के सामने और गुरु गोलवलकर के सामने भी रो लेता हूँ कि तुम्हीं कुछ करो हमारे लिए।"

उनके कमरे में लगभग सब देशों के नेताओं की तसवीरें टँगी थीं। पण्डित नेहरू की भी एक बड़ी तसवीर थी।

मैंने पूछा, "आगजी, कभी नेहरू भी आपके विलाप के आधार होते हैं ?"

वे बोले, "हाँ, उन्होंने और जयप्रकाश ने मिलकर ही हमारा यह हाल किया है। दोनों ने हमारे साथ धोखा किया। जयप्रकाश ने जो किया, सो तो आपने अभी सुन ही लिया। नेहरू ने 1956 में अवाड़ी कांग्रेस में हमारे साथ महान् धोखा

किया। उन्होंने हमारा 'समाजवाद' का नारा ही छीन लिया। अरे, ऐसा 1947 में ही कह देते, तो हम क्यों और समाजवाद के चक्कर में पड़ते? हम कोई और पार्टी देखते। जनसंघ में ही चले जाते।"

उनके अन्तिम वाक्य से मैं चौंका। मैंने कहा, "आगजी, जनसंघ और समाजवादी पार्टियों में कोई अन्तर आप नहीं मानते? इसमें नहीं तो उसमें आना-जाना सहज ही हो जाता है?"

आगजी के चेहरे पर अब राजनीतिक ज्ञान की चमक आ गयी, बोले, "कोई अन्तर नहीं है। वे भी विरोधी हैं, हम भी विरोधी हैं। विरोधी-विरोधी सब एक होते हैं।"

उनका आत्मविश्वास लौट आया था। वे सपने में डूबते हुए कहने लगे, "सब विरोधी मिलकर इस सरकार को निकाल देंगे। तब हमारी सरकार बनेगी। यही हमारी योजना है।"

मैंने कहा, "मगर आगजी, आप समाजवादी हैं, स्वतन्त्रपार्टी पूँजीवादी, जनसंघ सम्प्रदायवादी, द्रविड़ मुनेत्र कड़गम पृथकतावादी। यदि सबके मेल से यह सरकार निकल भी गयी, तो आप लोग, जिनके परस्पर-विरोधी सिद्धान्त हैं, काम कैसे करेंगे? समाजवादी का स्वतन्त्री कट्टर दुश्मन होगा। अखण्ड भारतवाले जनसंघ की दुश्मनी डी. एम. के. से होगी तो जब भारत आपके कब्जे में आ जायेगा, तब आपस में कशमकश नहीं मचेगी?"

मेरी शंकाओं पर उन्हें हँसी आयी। जैसे शिक्षक बच्चे को समझाता है, वैसे मुझे समझाने लगे, "देखो, साथ काम करने के लिए हरएक को कुछ छोड़ना पड़ता है। हमने हिसाब लगा लिया है। हम दक्षिण भारत तो डी. एम. के. को दे देंगे कि लो भाई तुम अपना हिस्सा सँभालो। स्वतन्त्र पार्टी के सन्तोष के लिए हम राजा-रानियों को उनके रजवाड़े वापस कर देंगे और भिलाई जैसे सार्वजनिक उद्योग प्राइवेट कम्पनियों को दे देंगे। जनसंघ के सन्तोष के लिए हम कहेंगे कि भाई तुम दक्षिण अफ्रीका जैसे कानून बना लो और हिन्दू को वही दर्जा दे दो, जो दक्षिण अफ्रीका में गोरे को दिया है। पंजाब हम मास्टर तारासिंह को सौंप देंगे। अब जितना हिस्सा देश का बचेगा, उसमें सब ठीक चलेगा।"

मैंने पूछा, "आगजी, योजना तो अच्छी है। मगर इसमें आपका समाजवाद कहाँ रहेगा?"

आगजी ने जवाब दिया, "समाजवाद को गोली मारो। वे शब्द पुराने पड़ गये। पार्टी का कोई नाम तो होना चाहिए, इसलिए हमने 'समाजवादी' नाम रख लिया। मूल मन्तव्य है, सत्ता हासिल करना।"

मैंने कहा, "विरोधी दलों के इस अभियान में कम्युनिस्ट पार्टी भी तो शामिल होगी।"

सुनकर आगजी उठ खड़े हुए और ऊदबत्ती जला दी। कहने लगे, "कमरा गन्दा हो गया। उसे शुद्ध हो जाने दो। क्या नाम ले दिया आपने? कम्युनिस्ट!

कम्युनिस्ट हमारे साथ क्यों होंगे?"

"वह भी विरोधी दल है न!" मैंने कहा।

वे बोले, "कम्युनिस्ट विरोधी दल नहीं है। वह विरोधी नहीं होता। वह कम्युनिस्ट होता है। हर हालत में वह कम्युनिस्ट होता है। वह भिलाई किसी प्राइवेट कम्पनी को देने देगा?"

आगजी ने भारत के राजनीतिक भविष्य का नक्शा मेरे सामने खोलकर रख दिया था। मुझे उनके और उनकी पार्टी के बारे में थोड़ी जानकारी और चाहिए थी। मैंने पूछा, "आगजी, आपने कांग्रेस क्यों छोड़ी?"

वे बोले, "सैद्धान्तिक मतभेद के कारण। मैं सिद्धान्त का पक्का आदमी हूँ। सिद्धान्त को त्यागकर मैं किसी दल में नहीं रह सकता।"

मैंने कहा, "सैद्धान्तिक मतभेद को ज़रा और स्पष्ट करके समझाइए।"

उन्होंने बताया, "सन् 1952 की बात है। पहला आम चुनाव होनेवाला था। उस समय कांग्रेस का टिकट मुझे न देकर मेरे प्रतिस्पर्धी मोहनलाल को दे दिया गया। बस, मेरा सैद्धान्तिक मतभेद हो गया और मैंने कांग्रेस छोड़ दी। सिद्धान्त का पक्का हूँ मैं। तभी समाजवाद के नेताओं ने कहा कि हम 1952 में सरकार बनायेंगे, जिसे आना हो आ जाओ। मैं उनकी पार्टी में चला गया। भई, जो सरकार बनानेवाला हो, उसके साथ रहना चाहिए। इसके बाद का दुर्भाग्य आपको मालूम ही है।"

मैंने अब कार्य और नीति पर चर्चा शुरू की। कहा, "आगजी, आपका कोई कार्यक्रम है? किन नीतियों पर आप चलते हैं?"

आगजी ने फरमाया, "हम विरोधी दल हैं। हमारी नीति है, स्वस्थ विरोध करना। आप जानते ही हैं कि प्रजातन्त्र में स्वस्थ विरोध की बड़ी आवश्यकता है।"

मैंने पूछा, "स्वस्थ विरोध का क्या अर्थ है? और अस्वस्थ विरोध कैसा होता है?"

आगजी ने समझाया, "इसका भी नियम है। जिस पार्टी के नेता कमज़ोर और बीमार रहते हैं, उस पार्टी का विरोध स्वस्थ विरोध कहलाता है। हमारे नेता थे दादा कृपलानी, जो कमज़ोर हैं। अशोक भाई का स्वास्थ्य भी ठीक नहीं रहता। इसलिए हमारी पार्टी का विरोध स्वस्थ है। उधर देखिए -- जनसंघ में सब सण्डे-मुस्टण्डे भरे हैं, लोहिया भी गबरू जवान है, इसलिए इन पार्टियों का विरोध अस्वस्थ विरोध है। स्वस्थ विरोध का एक और लक्षण यह है कि वह हर मुद्दे पर और हर स्थिति में होता है।"

"जैसे?" मैंने उकसाया।

वे बोलते गये, "जैसे यही कि कांग्रेस ने समाजवाद अपना लिया, तब भी हम खुद समाजवादी होकर उसके समाजवाद का विरोध करेंगे। हम स्वस्थ विरोधी दल हैं न? चीनी हमले के पहले हमने बजट में सैनिक खर्च का विरोध किया। फिर इस बात पर विरोध किया कि तैयारी क्यों नहीं की। और अब सरकार तैयारी

के लिए पैसा वसूल करती है, तो हम उसका भी विरोध करते हैं। सरकार मेकमोहन रेखा को भारत की सीमा मानती है, तो हम आगे बढ़कर तिब्बत तक मानते हैं। कल अगर सरकार तिब्बत तक सीमा मानने लगे, तो हम मेकमोहन रेखा तक आ जायेंगे।"

मैंने कहा, "यह स्वस्थ विरोध कब तक होगा ?"

वे तपाक से बोले, "आज ही खत्म हो सकता है। कांग्रेस सन् '67 के चुनाव के लिए मोहनलाल के बदले हमें टिकट दे दे। हम विरोध समाप्त कर देंगे। हमें पागल कुत्ते ने थोड़े काटा है! आप ज़रा उन लोगों से हमारे बारे में बात कीजिए न।"

मैंने आखिरी प्रश्न किया, "लोहिया समाजवादी पार्टी और आपकी पार्टी में किस बात पर मतभेद है? दोनों पार्टियाँ एक क्यों नहीं हो रही हैं?"

आगजी ने कहा, "भैया, सो तो लोहिया और अशोक भाई जानें। हमने तो यही सुना है कि डाक्टर साहब को दाढ़ी पसन्द नहीं है और अशोक भाई को नाटापन पसन्द नहीं है सो एक ने कहा—दाढ़ी मुड़ाओ, तो दूसरे ने कहा—क़द बढ़ाओ। न ये दाढ़ी मुड़ाने को तैयार, न वे ऊंचे होने को। बस, मतभेद हो गया। हमारा कहना यह है कि कद बढ़ाना तो बहुत मुश्किल है, मगर दाढ़ी तो मुड़ाई जा सकती है। अशोक भाई को बात मान लेनी थी।"

मैं अब उठने को हुआ। मैंने कहा, "आगजी, आपके विचार जानकर बहुत खुशी हुई। मुझे विश्वास है कि संयुक्त विरोध को लेकर आप जल्दी ही भारत पर कब्जा कर लेंगे।"

आगजी ने कहा, "यार, कर तो लें हम कब्ज़ा आज। पर हमारे पास नेता नहीं है। कोई अच्छा-सा तुम्हारी नज़र में हो तो बताना। जयप्रकाश बाबू तो धोखा दे गये भैया।" उन्होंने जयप्रकाश नारायण की तसवीर की तरफ देखा और कहा, "साथी, हमने तुम्हारा क्या बिगाड़ा था?"

आगजी रुआँसे हो गये। कहने लगे, "बन्धु, मेरा विलाप करने का जी हो रहा है। अगर तुम बाहर बात न फैलाओ, तो कर लूं।"

मेरा हृदय फटा जा रहा था। मैं उस दुख को दुबारा नहीं देख सकता था। मैंने कहा, "आगजी, मुझे कोई एतराज नहीं है। मैं अब चलता हूँ। आप बेखटके विलाप करें।"

और मैं बाहर आ गया।

समय पर मिलनेवाले

आदमी तीन तरह के होते हैं --(1) समय पर घर न मिलनेवाले, (2) समय पर किसी के घर न जानेवाले और (3) न समय पर घर मिलनेवाले और न समय पर किसी के घर जानेवाले।

इसके बाद कुछ मुट्ठी-भर जीवधारी बचते हैं, जो समय पर घर मिलते हैं और समय पर दूसरे के घर भी जाते हैं। सज्जनतावश हम इन्हें भी 'आदमी' कह देते हैं। ये असल में 'टाइमपीस' हैं। ये घर में रहेंगे तो टाइमपीस देखते रहेंगे और बाहर होंगे तो हाथघड़ी देखते रहेंगे। इन्हें हम बर्दाश्त कर लेते हैं, मगर इनकी चर्चा करना व्यर्थ है।

चर्चा उनकी करनी है, जिन्होंने सुबह आठ बजे घर पर मिलने का वादा किया था, पर वे घर पर नहीं हैं। हम उनकी बैठक में इन्तजार कर रहे हैं। बड़ा लड़का शिष्टता का निर्वाह करने के लिए बैठा हुआ कोई किताब पढ़ रहा है। वह बीच-बीच में आँख की कोर से हमें देख लेता है कि हम उठने की तैयारी कर रहे हैं या नहीं। हम तनाव कम करने के लिए उससे उसकी पढ़ाई के बारे में पूछ लेते हैं, खेल के बारे में बात कर लेते हैं। वह हमारे बड़े सवाल का छोटा-सा जवाब देता है और हमें लगता है, कि हम बच्चे हैं और किसी बुजुर्ग के सामने बचकानी बक-बक कर रहे हैं। हम अखबार पढ़ने लगते हैं। समाचार पढ़कर विज्ञापन पढ़ने लगते हैं। बीच-बीच में पूछ लेते हैं, "कहाँ गये हैं?" वह जवाब देता है, "पता नहीं।"

"कब तक आयेंगे?"

"पता नहीं।"

"कुछ कह गये थे?"

"कुछ नहीं।"

हम फिर अखबार देखने लगते हैं। लड़का ऊब उठा है। वह चाहता है कि हम टलें। मगर हमें जरूरी काम है।

भीतर औरतें परेशान हैं। उनका बाहर स्वतन्त्रता से निकलना बन्द है।

पास ही दरवाजा है। भीतर औरतों की बातें सुनायी पड़ती हैं—

"यह अच्छा है, सबेरे आकर बैठ गया है, तो उठने का नाम ही नहीं लेता। अरे, कह दिया कि घर पर नहीं हैं तो जाता क्यों नहीं है?"

"है कौन ये?"

"अरी, वही है—क्या नाम है उसका—कुछ काम-धाम है नहीं, तो यहाँ बैठे वहाँ बैठे।"

"पर 'इनकी' भी तो आदत है कि जिस-तिस से कह देते हैं कि घर आना।"

हमारा चेहरा लाल हो जाता है। कान की लोरियाँ जलने लगती हैं। मगर हमें जरूरी काम है।

आखिर हम उठते हैं। लड़के से कहते हैं, "अच्छा, अब हम जाते हैं। कह देना कि हम आये थे।"

लड़का बहुत कम खुश होकर नमस्ते करता है और हमें विदा देता है।

शाम तक वे कहीं मिल जाते हैं, तो चौंककर कहते हैं, "अरे, अरे, मैं तो भूल ही गया। तुम्हें बड़ी परेशानी हुई होगी न? मुझे सख्त अफसोस है। अच्छा, कल आठ बजे आ जाओ। मैं तुम्हारा इन्तजार करूँगा।"

दूसरे दिन आठ बजे हम फिर पहुँचते हैं। बड़ा लड़का फाटक पर आकर हमारे पूछने के पहले ही कह देता है, "वे घर में नहीं हैं।"

"कहाँ गये हैं?"

"पता नहीं।"

"कब तक लौटेंगे?"

"पता नहीं।"

"कुछ कह गये हैं?"

"कुछ नहीं।"

वह फाटक तक इसलिए भागता आया है कि हम वहीं से लौट जायें।

मगर हमें काम है और हम खुद फाटक खोलकर भीतर आ जाते हैं।

छोटा लड़का हमें देखकर दरवाजे से ही चिल्लाता भीतर भागता है, "ओ अम्मा, वह फिर आ गया।"

हम बैठक में बैठ जाते हैं। बड़ा लड़का किताब पढ़ने लगता है। हम कल का अखबार पढ़ने लगते हैं। लड़का मुँह छिपाकर हँसता है।

छोटे बच्चे दरवाजे पर आकर हमें देख जाते हैं।

भीतर औरतों की बातचीत सुनायी देती है—

"लो, वह तो फिर आकर बैठ गया।"

"बड़ा मट्ठर आदमी है। कह दिया कि आदमी घर नहीं है, तो जाकर अपना काम-धाम क्यों नहीं देखता?"

"काम-धाम कुछ हो तो देखे।" (सब हँसती हैं)

छोटा लड़का सारे परिवार की भावना समझकर दरवाजे पर आकर कहता है—"ए, पापा बाहर गये हैं।"

हम अनसुना करते हैं।

लड़का फिर कहता है, "ए, पापा बाहर गये हैं।"

बड़ा लड़का इसे अनुचित समझता है। यह उसे डाँटता है—"ए मुन्ने, भाग यहाँ से। चुप!"

छोटा लड़का भाग जाता है, मगर फिर आता है।

"ए, पापा बाहर गये हैं।"

"ए मुन्ने, चुप! चाँटा खायेगा।"

मुन्ने को अब इस खेल में मजा आने लगा है। दरवाजे पर आकर बार-बार

कहता है—ए, पापा बाहर गये हैं। बड़ा लड़का उसे डाँटता है, तो वह खिलखिलाकर ताली बजाता भीतर भाग जाता है। फिर आता है।

हम उठते हैं, कहते हैं, "पता नहीं वे कब आयेंगे। अच्छा, हम चलते हैं।"

बड़ा लड़का बहुत खुश होता है। जब फाटक बन्द करने के लिए हम मुड़ते हैं तो देखते हैं कि लगभग सारा परिवार खिड़की और दरवाजे पर है और बड़ी दिलचस्पी से हमें जाते देख रहा है।

इतनी तपस्या के बाद अगर वे कभी घर मिल गये तो लगता है भगवान को पा लिया। जो लोग समय तय करके भी घर नहीं मिलते, वे मुझे भगवान के एजेण्ट मालूम होते हैं। वे हमें अभ्यास कराते हैं कि कैसे बिना ऊबे, अवमानना की अवहेलना करके अनिश्चित काल के लिए किसी दरवाजे पर इन्तजार किया जाता है। भगवान के दरवाजे पर तो कई जन्म इन्तजार करना पड़ता है। अगर इधर कुछ अभ्यास हो गया, तो उधर आसानी पड़ेगी। दूसरी बात यह है कि इन्तजार से प्रेम बढ़ता है। हर क्षण वही मन में रहता है और आँखें फाटक पर बिछी रहती हैं। प्रेम का नाम इसी बात से तो होता है कि कौन आपका इतनी देर इन्तजार करता है।

मेरे एक दोस्त हैं। उनसे मैं मिलने का समय तय कर लेता हूँ, पर उस वक्त हरगिज उनके घर नहीं जाता। यह निश्चित है कि वे घर नहीं होंगे। समय की पाबन्दी के लिए जितनी सावधानी चाहिए, उससे कम कभी समय पर न मिलने के लिए नहीं चाहिए। मैं उनके घर ऐसे वक्त जाता हूँ, जब उनके मिलने की बिल्कुल सम्भावना नहीं है—और वे मिल जाते हैं। उनके जहाँ होने की उम्मीद है वहाँ न होकर वे वहाँ होंगे, जहाँ उनके होने की उम्मीद नहीं है। वे किसी कमेटी के सदस्य हैं, जिसकी बैठक में उन्हें होना चाहिए। मगर उस वक्त वे घर मिल जायेंगे।

जब मेरा उनसे नया परिचय था और कुछ औपचारिकता बाकी थी तब उन्होंने मुझे दूसरे दिन 11 बजे खाने पर बुलाया। मैं ठीक 11 बजे पहुँच गया। मालूम हुआ की वे घर पर नहीं हैं। आते ही होंगे, यह सोचकर मैं बैठ गया। 12 बज गये तो मैंने उनके लड़के से पूछा, "कहाँ गये हैं ?" उसने कहा, "कुछ पता नहीं है।"

"कब आयेंगे, कुछ बता गये हैं ?"

उसने कहा, "कुछ नहीं बता गये।"

मैं बैठा रहा। जब 1 बज गया तब लड़के ने कहा, "आपको कुछ जरूरी काम होगा ?"

मैं उसे कैसे बताता कि क्या काम है। इतना मैं अलबत्ता समझ गया कि इस परिवार में मेरे भोजन का कोई सिलसिला नहीं है। मैं थोड़ी देर और बैठकर उठ गया। शाम को मुझे मालूम हुआ कि जब मैं उनके घर बैठा था, तब वे खुद दूसरे के घर भोजन कर रहे थे। मुझे मिले तो बहुत दुखी हुए। कहने लगे, "अरे, बड़ी गलती हो गयी। मैं भूल ही गया। फलाँ के यहाँ बैठा था। उन्होंने बहुत जोर

दिया, तो मैंने वहीं खाना खा लिया। अच्छा, अब कल जरूर आ जाओ।"

कई सालों के उनके साथ के अनुभवों से सावधानी की दीवार मैंने अपने आस-पास खड़ी कर ली थी। वे जिस वक्त घर मिलने का वादा करते, उस वक्त मैं कभी नहीं जाता। और जब वे मेरे घर आने की बात तय करते तब मैं बेखटके बाहर घूमता। मुझे विश्वास था, वे उस वक्त नहीं आयेंगे। शाम को 7 बजे आने को उन्होंने कहा है तो सुबह 8 बजे तक भी आ सकते हैं। वे घर से इधर आने के लिए ही निकलेंगे, पर रास्ते में जो मिल जायेगा, उसी के हो जायेंगे। उससे बातें करने लगेंगे, उसके घर चले जायेंगे, वहाँ खाना खा लेंगे और तब उन्हें याद आयेगा कि किसी से मिलने का वक्त तय किया था। वे हड़बड़ाकर भागेंगे, पर रास्ते में कोई मिल गया तो उसी के साथ हो लेंगे।

लेकिन कई सालों बाद मेरी सावधानी की दीवार फिर टूट गयी। हमारे एक मित्र का तबादला हो गया। मित्र से उनके भी अच्छे सम्बन्ध थे। मिले तो भावुक हो उठे, "अरे, अब न जाने कब मिलना होता है। इतनी दूर चले जाओगे। कब जा रहे हो?"

मित्र ने तारीख बतायी।

वे बोले, "तो कल शाम को हमारे साथ भोजन करो। तुम और परसाई दोनों आ जाओ। देखो, भूलना मत। मैं राह देखूँगा।"

मेरे मन में खटका तो हुआ, पर उस भावुकता और आत्मीयता के सामने मैं भी गाफिल हो गया।

दूसरे दिन शाम को हम उनके घर पहुँच गये। वे घर पर नहीं थे।

हम दोनों अब सचेत हो गये। मित्र ने कहा, "यार, उन्हें जानते हुए भी तुमने कल 'हाँ' कह दिया।"

मैंने कहा, "निमन्त्रण तो तुम्हारा था। मैं बाधक क्यों बनता?"

उसने कहा, "लेकिन हम आ क्यों गये? हाँ, कह देते, पर आते नहीं।"

मैंने कहा, "पर उन्होंने भोजन का प्रबन्ध करवा लिया हो तो? फिर न आना कितना बुरा होता।"

उसने कहा, "कहाँ प्रबन्ध करवाया होगा यार? लड़के से पूछ लो न।" मैंने लड़के से पूछा, "क्यों, वे कुछ कह गये हैं?"

वह बोला, "जी नहीं, वे तो कुछ नहीं कह गये हैं।"

हमने एक-दूसरे की तरफ देखा। उठ पड़े।

रास्ते में किसी ने बताया कि वे अमुक जगह बैठे हैं।

हम वहाँ पहुँचे। इसके पहले कि मैं उनसे शिकायत करूँ, वे उस मित्र से बोले, "तो कब जा रहे हो? देखो भाई, जाने के पहले हमारे साथ भोजन जरूर करना। बोलो कब आ रहे हो? कल शाम को ही आ जाओ।"

वे इस तरह बोले जैसे उन्हें तबादले का समाचार अभी मिला है।

अब हम पूरी तरह रक्षा के लिए तैयार थे। मित्र ने कहा, "आजकल मेरा

बिल्कुल अनिश्चित है। इसलिए समय तय करना ठीक नहीं होगा। मैं किसी भी दिन आ जाऊँगा।"

वे बोले, 'हाँ, हाँ, कभी भी आ जाओ। तुम्हारा तो घर है। और मैं तो हमेशा घर पर ही रहता हूँ।"

ऐसे लोगों की निन्दा भी होती है कि वे समय का कोई खयाल नहीं रखते और अपना तथा दूसरे का वक्त खराब करते हैं। पर मेरा मत दूसरा है, ऐसे लोग ज्ञानी हैं। वे जानते हैं कि काम अनन्त हैं और आत्मा अमर है। जल्दी वे करें और समय का खयाल वे रखें, जिनकी उम्र 50-60 साल होती है। हमारी उम्र तो करोड़ों साल है क्योंकि आत्मा कभी मरती नहीं। जो काम इस जन्म में पूरे नहीं हुए, उन्हें अगले जन्म में पूरे कर लेंगे या उसके बादवाले में। इस बार आत्मा ने मनुष्य का चोला लिया है। अगली बार वह मेंढक का चोला भी ले सकती है। तब मेंढक के रूप में हम वे काम पूरे कर लेंगे, जो आदमी के रूप में नहीं हो पाये। जल्दी क्या है?

सत्य-साधक मण्डल

इधर हमारा एक 'सत्य-साधक मण्डल' चलता था। हम कुछ लोग शनिवार की शाम को एक जगह बैठकर सत्य, ईश्वर, धर्म आदि पर चर्चा करते थे। धर्म-ग्रन्थों से पाठ होता। भजन होता।

हम सब सादा लोग हैं और हमारे इस कार्यक्रम में कोई टीमटाम नहीं थी। सत्य की टीमटाम हो तो लोग पूछने लगते हैं कि इसके लिए खर्च कौन-सा असत्य दे रहा है? अब यह सवाल खड़ा होता ही है कि सारे भारतवासी 'ध्यान' में खो जायें, इसके प्रचार के लिए कौन-से चोर धन दे रहे हैं।

हम हर तरह के सन्देह से परे थे। कुल 15-20 लोग आते थे। ज्यादा प्रचार नहीं था। प्रचार हो जाता तो हमारे सत्य को कोई बड़ी पार्टी झपट लेती।

मैं इसलिए चला जाता था कि मेरे घर से यह साधना-कक्ष दस कदम पर है। सत्य पास ही मिलता है तो मैं उसे ग्रहण कर लेता हूँ। दूर नहीं जाता सत्य के लिए। उसमें रिक्शा-किराया लग जाता है।

दो-तीन रिटायर्ड लोग आते थे। इनके लिए सत्य-शोधन बैठे से बेगार भली जैसा था।

एक प्राइवेट कॉलेज के तीन अध्यापक आते थे, जहाँ छः-छः महीने वेतन नहीं मिलता था। जिसे छः-छः महीने वेतन न मिले, वह वैसे ही आध्यात्मिक हो जाता

है। कहते हैं जनक 'विदेह' थे। याने देह की सुधबुध नहीं रहती थी। यह तपस्या का परिणाम नहीं था। जिसके घर में चार लड़कियाँ बिन ब्याही बैठी हों, वह विदेह हो ही जायेगा।

कॉलेज की एक युवा सुन्दरी अध्यापिका मिस सक्सेना आती थीं। पर उनका तबादला हो गया और वे अपने सामान के साथ हमारे चार साधकों का सत्य बाँधकर ले गयीं। चारों ने आना छोड़ दिया।

हमने मुहल्ले में रहनेवाले आयकर-अधिकारी को लाने की कोशिश की। सोचा, व्यापारी उनकी देखादेखी आने लगेंगे। पर वे नहीं आये, क्योंकि आयकर की सत्य-साधना एकान्त में होती है।

फिर चोपड़ा साहब हमारे मण्डल में आने लगे। वे इमारतों के ठेकेदार थे। उनके शामिल होने से हमारे सत्य में थोड़ी बुलन्दी आयी। चोपड़ा साहब निहायत भले इन्सान थे। बड़े सरल और बड़े निष्ठावान। वे पहले ही दिन जब आये तो प्रसाद साथ ले आये थे। पेड़े और बरफी।

हमारी सत्य-साधना में उन्होंने मिठाई का प्रवेश करा दिया। इससे सत्य में कुछ कटुता रही हो, तो वह चली गयी। भजन के बाद फौरन चोपड़ा साहब उठे और 'लीजिए जी परसाद' कहकर सबको मिठाई बाँटी। इसके बाद आँखें बन्द किये ज़रा देर खड़े रहे और बड़ी गम्भीरता से बोलने लगे, "स्वाल है जी कि सत्य क्या है, ईश्वर क्या है? ह्वाट इज ट्रुथ? ह्वाट इज गॉड? बड़े- बड़े साधु-महात्मा, ऋषि, मुनि सोचते रहे, मगर जवाब किसी को नहीं मिला। भगवान कृष्ण ने कहा कि मैं ही सबकुछ हूँ। हे अर्जुन, तू सब धर्म छोड़कर मेरी शरण में आ जा। मंसूर ने कहा, 'अनलहक' याने मैं ही ईश्वर हूँ। उसे सूली पर चढ़ा दिया गया। कहा है—

किया दावा अनलहक का
हुआ सरदार आलम का
अगर चढ़ता न सूली पर
तो वह मंसूर क्यों होता।

"मूसा तूर पर ईश्वर का दर्शन करने गये थे। वहाँ ऐसी रोशनी हुई कि मूसा को गश आ गया। वे कुछ नहीं देख सके। कहा है—देखना आपका तसलीम मगर क्या देखा? कबीर कहते हैं—हमारा यार है हममें हुमन को इन्तजारी क्या। तो जी, सत्य ही ईश्वर है और ईश्वर ही सत्य है। वह हमारे अपने अन्दर है। मगर हम उसे देख नहीं सकते। स्वाल है--क्यों देख नहीं सकते? बताइए, क्यों नहीं देख सकते सत्य को और ईश्वर को? इसमें रुकावट है—हमारा अहम्, हमारा मैं, हमारा सेल्फ, हमारा ईगो। हमने मेरा-तेरा लगा रखा है। हमारा 'मैं' सबसे ऊँचा होता है। तो दोस्तो, जब तक हम इस अहम् को, मैं को, सेल्फ को, ईगो को नहीं गलायेंगे, तब तक सत्य और ईश्वर को नहीं पा सकते। तो आइए, हम इस अहम् को, मैं को, सेल्फ को, ईगो को गलायें। खत्म कर दें इसे।"

मैंने बहुत संक्षेप में उनके प्रवचन का सार ही दिया है। वे लगभग आधा

घण्टा बोले होंगे।

बोलकर सन्तुष्ट भाव से बैठ गये और थोड़ी देर ध्यान-मग्न ही रहे।

अगले शनिवार भजन के बाद चोपड़ा साहब फिर उठे और 'लीजिए जी परसाद' कहकर बर्फी बाँटी। फिर थोड़ी देर आँखें बन्द करके खड़े रहे।

फिर बोलने लगे, "स्वाल है जी कि सत्य क्या है, ईश्वर क्या है? ह्वाट इज ट्रुथ? ह्वाट इज गॉड?..."

फिर अन्त किया, ..."तो आइये, हम इस अहम् को, मैं को, सेल्फ को, ईगो को गलायें, खत्म कर दें इसे।"

हर बार चोपड़ा साहब यह करने लगे। भजन के बाद उठते, आँखें बन्द करके ध्यान करते और प्रवचन शुरू कर देते।

प्रसाद-वितरण और प्रवचन एक दूसरे से इस कदर जुड़े थे कि दोनों के बीच में विसर्जन की गुंजाइश नहीं थी। परेशान हम लोग सब थे। पर बड़ी गम्भीरता से ध्यान से हम प्रवचन सुनते रहते।

चोपड़ा साहब हम सब पर चौकस नजर रखते हुए बोलते। हम कुल 12-15 तो होते ही थे। हम अगल-बगल भी नहीं देख सकते थे। एक-दूसरे के कान में रिमार्क भी नहीं डाल सकते थे। मुस्कराकर हल्के भी नहीं हो सकते थे। इस मामले में पक्का गानेवाले कितने दयालु होते हैं जो आँखें बन्द करके गाते हैं। श्रोता हँसकर, फुसफुसाकर, रिमार्क करके हल्के हो जाते हैं। जो चाहें खिसक सकते हैं। गायक का स्वास्थ्य अच्छा रहता है।

एक बहुत वृद्ध पक्के गायक ने आँखें बन्द करके दो घण्टे गाया। मैं सोचने लगा, इनकी इतनी लम्बी उम्र और ऐसे अच्छे स्वास्थ्य का कारण क्या है? समझ में आया, वे आँखें बन्द करके गाते हैं। अगर आँखें खोलकर गाते तो अपने श्रोताओं का हाल देखकर जवानी में ही वे हाय खाकर मर जाते।

चोपड़ा साहब के चले जाने के बाद अब उनकी आलोचना होने लगी।

सत्य-साधक पीठ-पीछे आलोचना करते हैं।

मिश्रजी कहते, "चोपड़ा साहब अच्छे आदमी हैं। पर परेशान करते हैं। आधा-पौन घण्टा वही-वही प्रवचन हर बार करते हैं।"

शुक्लजी ने कहा, "हाँ भई, बैठना मुश्किल हो जाता है। उन्हें खुद इतना समझना चाहिए कि लोगों को परेशानी होती है। हर बार वही—'स्वाल है जी कि सत्य क्या है, ईश्वर क्या है?' और अन्त में—'तो आइए इस अहम् को, मैं को, सेल्फ को, ईगो को गला डालें। आखिर वे क्या अपने को सबसे ज्ञानी समझते हैं?"

मिश्रजी ने कहा, "वे प्रसाद लाते हैं। आप तो कोई नहीं लाते। जो प्रसाद लायेगा, वह प्रवचन करेगा ही। और आपको सुनना होगा क्योंकि आप प्रसाद खाते हैं।"

हम कुड़मुड़ाते थे और सहते थे। चोपड़ा साहब का स्वास्थ्य अच्छा था। वे किसी शनिवार को बीमार नहीं पड़े।

शुक्लजी ने एक दिन कहा, "हर बार चोपड़ा साहब ही प्रसाद लाते हैं। अच्छा नहीं लगता। कभी हमें भी ले चलना चाहिए। क्या खयाल है?"

मैंने कहा, "आप बिल्कुल ठीक कहते हैं। मैं भी ऐसा ही कुछ सोच रहा था।"

शुक्लजी ने कहा, "तो इस शनिवार को मैं प्रसाद ले चलूंगा।"

शनिवार की शाम को हम एकत्र हुए। शुक्लजी प्रसाद का डिब्बा बगल में रखकर बैठ गये। थोड़ी देर बाद चोपड़ा साहब भी आये और अपनी जगह पर बैठ गये।

साधना हुई। भजन हुआ। चोपड़ा साहब तो इत्मीनान से प्रसाद लेकर उठते थे। उन्हें कोई जल्दी तो थी नहीं। यह उनका नियमित कार्यक्रम ही था। पर शुक्लजी पहली बार प्रसाद लाये थे। वे उत्तेजित थे और हड़बड़ी में थे। वे भजन खत्म होते-होते ही उठ खड़े हुए और प्रसाद बाँटने लगे। उत्साह में वे ज्यादा प्रसाद ले आये थे। बरफी के दो-दो टुकड़े बाँट रहे थे।

मैंने देखा, चोपड़ा साहब कुछ परेशान थे। वे कड़ी नजर से शुक्लजी को देख रहे थे। उनके सौम्य मुख पर तनाव आ गया था। उन्होंने चेहरे का पसीना भी पोंछा। वे बहुत बेचैन लग रहे थे।

शुक्लजी ने चोपड़ा साहब को भी प्रसाद दिया। चोपड़ा साहब की आँखों में अब तक क्रोध आ चुका था। उन्होंने सिर्फ एक टुकड़ा लिया। उसे भी खाया नहीं, अखबार पर रख दिया। किसी ने कहा, तब उन्होंने कड़वी दवा की तरह बरफी खायी।

चोपड़ा साहब के बगल में प्रसाद का डिब्बा रखा था। हम आशा कर रहे थे कि अब वे उठेंगे और प्रसाद बाँटेंगे। पर वे नहीं उठे।

मैंने कहा, "चोपड़ा साहब, आप भी तो प्रसाद देंगे।"

चोपड़ा साहब ने भन्नाकर कहा, "ये रखा है। ले लीजिए।"

चोपड़ा साहब की तबीयत एकाएक खराब हुई लगती थी।

हममें से एक ने प्रसाद बाँटा। मैंने कहा, "चोपड़ा साहब, अब आपका प्रवचन हो जाये।"

चोपड़ा साहब ने लाल आँखों से देखा और कहा, "मैं कोई प्रवचन नहीं करूँगा।"

फिर उन्होंने शुक्लजी की तरफ तनी हुई आँखों से देखा और कहा, "आप प्रवचन करिए साहब! अब प्रवचन भी करिए।"

शुक्लजी सकपका गये। उन्होंने कहा. "नहीं, मैं इस योग्य नहीं हूँ।"

चोपड़ा साहब ने कहा, "हैं क्यों नहीं साहब! करिए, प्रवचन करिए।"

हम सब चुप थे। जरूर चोपड़ा साहब की तबीयत खराब हो गयी।

वे एकाएक उठे। बोले, "मैं अब चलूंगा।"

वे फुर्ती से चले गये।

हम बातें करते रहे कि चोपड़ा साहब आये तो प्रसन्न थे। यहीं अचानक उनको

तबीयत खराब हो गयी।

चोपड़ा साहब अगले शनिवार को नहीं आये। उसके बाद भी कभी नहीं आये। वे अपने अहम् को, मैं को, सेल्फ को, ईगो को गलाने में लग गये होंगे।

चीनी डाक्टर भागा

[एक देशभक्त की कथा]

शहर के मसखरे कहते थे कि भैया सा'ब की सभा में अनिद्रा रोग के मरीज ही जाते हैं और उनका भाषण सुनते-सुनते सो जाते हैं। मगर उस शाम तिलक मैदान में बड़ी भीड़ थी। इसका कारण था। दिन में सभा की घोषणा करता जो ताँगा घूमा था, उसने कहा था कि भैया सा'ब चीनियों के एक नये षड्यन्त्र का भण्डाफोड़ करेंगे, जिसकी जानकारी देश में किसी दूसरे को नहीं है।

बात 1962 की है। तब भारत-चीन युद्ध कुछ दिन हो चुका था।

शहर में दिन-भर चर्चाएँ होती रहीं—"चीनी लोग कई मील अपनी सीमा में घुस आये हैं।···बड़ी कट्टर कौम है।···बड़े धोखेबाज हैं···कोई भी षड्यन्त्र कर सकते हैं···भैया सा'ब को कहाँ से मालूम हुआ?···आदमी तिकड़मी है, कहीं से दूर की कोड़ी लाया है···सुनना चाहिए।"

वर्षों से श्रोताओं से वंचित भैया सा'ब को उस शाम भीड़ देखकर ऐसी खुशी हुई, जैसे सुरसा को हनुमान को देखकर हुई थी—आज सुरन्ह मोहि दीन्ह अहारा।

भैया सा'ब ने भाषण आरम्भ किया—

"भाइयो, आज देश पर संकट के बादल छाये हैं। प्राचीन ऋषियों की लीला-भूमि में दुष्ट चीनी घुस आये हैं। भाइयो, यह सरकार निकम्मी है। यह शत्रु के प्रति भी शान्ति की नीति बरतती है, यह अहिंसा में विश्वास करती है। हम यह नीति नहीं मानते। हम उन वीर परशुराम की सन्तानें हैं, जिन्होंने क्षत्रियों का नाश करके ब्राह्मणों का राज स्थापित किया था। हमारी नाड़ियों में आर्यों का पवित्र रक्त बहता है। हमारा धर्म संसार में सर्वश्रेष्ठ है। हमारी जाति संसार की सिरमौर है। पर आज हमारी पवित्र भूमि के हजारों मील के टुकड़े में चीनी घुस आये हैं और सरकार सो रही है। इसे नहीं मालूम कि देश में कैसे-कैसे षड्यन्त्र रचे जा रहे हैं। मैंने हाल ही में चीनियों के एक बड़े षड्यन्त्र का पता लगाया है।

"आप जानते हैं, देश-भर में चीनी दाँत के डाक्टर फैले हुए हैं। ये हमारे बीच में, हमारे बनकर कितने ही वर्षों से रह रहे हैं। ये इसी पवित्र भूमि का अन्न खाते हैं, इसी का जल पीते हैं। पर ये लोग इसी भूमि से गद्दारी करते हैं। मैं बिना प्रमाण

के झूठा आरोप नहीं लगाता। मैं व्यक्तिगत अनुभव की बात बताता हूँ। हमारे शहर में भी एक चीनी डाक्टर येन-चेन है। वह पचासों सालों से यहाँ है और सब उसका विश्वास करते हैं। दूसरा कोई अच्छा दाँत का डाक्टर है नहीं, इसलिए उसकी आमदनी भी बहुत है। कल दोपहर को मैं उसके पास अपना दूखता हुआ दाँत दिखाने गया। उसने मुझे कुर्सी पर बिठाया और न जाने कैसा इन्जेक्शन दिया कि मैं बेहोश होने लगा। उसने औजार उठाया और मेरी दाढ़ उखाड़ने लगा। ज़रा इस शैतानी को देखो—दर्द दाँत में है और वह मेरी पक्की दाढ़ उखाड़ता है। पलक मारते मैं उसकी चाल समझ गया। मैंने उसे एक धक्का दिया और बाहर आ गया। भाइयो, येन-चेन मुझे या तो मार डालना चाहता था या मेरी दाढ़ उखाड़ लेना चाहता था। यह दाढ़ मामूली दाढ़ नहीं है—यह मेरी अक्ल की दाढ़ है। एक तो यह बड़ी देर करके उगी है और अब यह बदमाश चीनी उसे उखाड़ना चाहता है। भाइयो, यदि उस क्षण मुझे ईश्वरी प्रेरणा न मिलती तो या तो देश मुझ जैसा कर्मठ देशभक्त को खो देता या मेरी अक्ल की दाढ़ चली जाती और मैं किसी काम का न रहता। भाइयो, मुझे इन चीनियों के सारे षड्यन्त्र का पता लग गया है, इनके पास चाऊ-एन-लाई की एक गुप्त गश्ती चिट्ठी आयी है, जिसमें इन्हें आदेश दिया गया है कि अपने-अपने शहर के राष्ट्र-भक्त नेताओं की अक्ल की दाढ़ उखाड़ लो। भाइयो, अगर हम लोगों की अक्ल की दाढ़ उखड़ गयी तो देश नेतृत्व-विहीन हो जायेगा और चीनी हमें परास्त कर देंगे। भाइयो, यह चीनी डाक्टर येन-चेन हमारे देश का दुश्मन है। यह हमारे शत्रुओं से मिला है। इसे हम बर्दाश्त नहीं कर सकते। हम आस्तीन में साँप नहीं पालेंगे ..."

सभा में कानाफूसी हुई। कुछ खुस-फुस हुई। दो-चार आदमी कुछ पूछने को उठे। एक ने कहा, "भैया सा'ब, कल तो आप शहर में थे ही नहीं। आप बाहर से सुबह ही लौटे हैं। आपकी बात सही नहीं मालूम होती।"

भैया सा'ब गरज उठे, "देख लो, इन गद्दारों को। ये चीनी का पक्ष लेते हैं। ये मुझे झूठा कहते हैं। इन्हीं लोगों ने देश को गिराया है। एक समय था जब इस पवित्र भूमि में दूध-दही की नदियाँ बहती थीं। फिर देश में पापी पैदा हुए तो नदियों में मठा बहने लगा और अब इन गद्दारों के पापों का परिणाम आप आँखों से देख रहे हैं—हाय, आज हमारी नदियों में पानी बहता है। भाइयो, अच्छी तरह पहचान लो, इन गद्दारों को जो चीनी डाक्टर का पक्ष लेते हैं।"

सभा में सन्नाटा छा गया।

भैया सा'ब का जोश दुगुना हो गया। वे दहाड़े, "हम देश के लिए प्राणों की बलि चढ़ा देंगे। हम देश के दुश्मनों के दाँत तोड़ देंगे। भाइयो, यह चीनी डाक्टर हमारे लिए बड़ा ही खतरा है। हमारा धर्म है कि हम इसे शहर से बाहर निकालें। हमें आन्दोलन करना है। भाइयो, कमर कस लो। देश आज पुनः बलिदान माँगता है। हम सत्याग्रह करेंगे। कल सुबह आठ बजे यहाँ से एक जुलूस नगर के प्रधान मार्गों से होता हुआ चीनी डाक्टर के घर जायेगा और उससे शहर छोड़ने की माँग

करेगा। यदि वह राजी नहीं हुआ, तो उसी समय उसके दरवाजे पर पिकेटिंग शुरू हो जायेगी। मैं देश की स्वतन्त्रता के लिए लड़ा हूँ। मैंने सीने पर एक नहीं, सैकड़ों गोलियाँ खायी हैं। मैंने देश के लिए सैकड़ों बार प्राण दिये हैं। मैं चीनी डाक्टर को निकालने के लिए आमरण अनशन कर दूँगा। बोलो : देश के दुश्मन—मुर्दाबाद। चीनी डाक्टर—निकल जाओ। भारत माता की—जय।"

सुबह भैया सा'ब फूलमालाएँ पहने जुलूस में आ गये थे। अपने घर के सामने पहुँचे, तो स्त्रियों ने तिलक लगाया, आरती उतारी और नारियल हाथ में दिया।

नारे लग रहे थे।

देश के दुश्मन—मुर्दाबाद !

चीनी डाक्टर—निकल जाओ।

डाक्टर येन-चेन परेशान था। हाथ जोड़कर बाहर आया और समझाने लगा कि मुझे चीन से कोई मतलब नहीं, मैं भारतीय नागरिक हूँ और चाऊ-एन-लाई की कोई गश्ती चिट्ठी मेरे पास नहीं आयी। मैं ईमान से कहता हूँ, भैया सा'ब मेरे पास आये ही नहीं।

भीड़ को प्रभावित होते देख भैया सा'ब चिल्ला पड़े, "झूठ बोलता है। देश के दुश्मन—मुर्दाबाद। चीनी डाक्टर—निकल जाओ।"

नारों में तर्क डूब गये।

'सत्याग्रह' की शक्ति के सामने चीनी डाक्टर टिक नहीं पाया। पिकेटिंग और अनशन की मार से ढीला हो गया।

चौथे दिन उसने अपने दवाखाने का सामान बेचा। एक कोई डाक्टर त्रिवेदी न जाने कहाँ से आये और उसे मिट्टी के मोल खरीद लिया। चीनी डाक्टर अपने बहनोई की जूतों की दूकान में काम करने कलकत्ता चला गया।

शाम तक वहाँ नया बोर्ड लग गया : डाक्टर गोविन्द प्रसाद त्रिवेदी एल. डी. एस. दाँत के डाक्टर।

डाक्टर त्रिवेदी के पास शाम को पहला मरीज आया। दाँत साफ करवाकर उसने कहा, "डाक्टर साहब, आप पहली बार ही आज दिखे। पहले कहाँ थे ?"

डाक्टर ने कहा, "मैं बरेली में था जी। पिछले साल ही लखनऊ से डाक्टरी पास की। किसी अच्छी जगह दवाखाना खोलने का इरादा था। यह शहर अच्छा है। यहाँ एक ही अच्छा डाक्टर था, सो चला गया। जगह अच्छी मिल गयी और औजार भी बड़े सस्ते मिले।" मरीज ने कहा, "लेकिन आप आज ही अनायास बोर्ड वगैरह सब तैयार लेकर आये और दो घण्टे में काम चालू कर दिया। क्या आपको पहले से मालूम था कि ऐसा होगा ?"

डाक्टर त्रिवेदी ने जवाब दिया, "बात यह है कि आपके यहाँ जो भैया सा'ब हैं, उन्हें अन्तर्राष्ट्रीय राजनीति का ऐसा अच्छा ज्ञान है कि उन्होंने मुझसे हफ्ते-भर पहले ही कह दिया था कि तुम तैयार रहो। यहाँ का चीनी डाक्टर भागेगा। मैं तो परसों से बोर्ड वगैरह तैयार किये बैठा हूँ।"

मरीज ने पूछा, "भैया सा'ब को आप कैसे जानते हैं ?"

डाक्टर ने कहा, "जानते हैं ? अरे साहब, वे मेरे सगे चाचा होते हैं।"

मरीज ने कहा, "तभी।"

डाक्टर ने पूछा, "तभी क्या ?"

मरीज ने कहा, "कुछ नहीं। तभी... देशभक्ति जागी थी।"

ईमानदारों के सम्मेलन में

मैं हलफिया कहता हूँ, मैं बिल्कुल बेकसूर हूँ। मैंने कतई ऐसा कुछ नहीं किया, जिससे ईमानदार माना जाऊँ। न जाने उन्हें कैसे यह भ्रम हो गया कि मैं ईमानदार हूँ। मुझे पत्र मिला, "हम लोग इस शहर में एक ईमानदार सम्मेलन कर रहे हैं। आप देश के प्रसिद्ध ईमानदार हैं। हमारी प्रार्थना है कि आप इस सम्मेलन का उद्घाटन करें। दो दिन ईमानदारी पर गोष्ठियाँ भी हैं। आप कृपा कर पहली गोष्ठी की अध्यक्षता करें तथा दूसरी गोष्ठियों की चर्चाओं में भाग लें। हम आपको आने-जाने का पहले दर्जे का किराया देंगे तथा आवास, भोजन आदि की उत्तम व्यवस्था करेंगे। आप जानते हैं, इस समय देश में बड़ी तेजी से सामाजिक परिवर्तन हो रहे हैं। इस समय देशवासियों में ईमानदारी की चेतना जगाना बहुत जरूरी है। इस दृष्टि से यह सम्मेलन राष्ट्रीय महत्त्व का होगा। आपके आगमन से ईमानदारों तथा उदीयमान ईमानदारों को बड़ी प्रेरणा मिलेगी।"

जब ईमानदारी लद ही गयी तो मैं गया। लेकिन फिर हलफिया कहता हूँ कि ईमानदारी के लिए नहीं गया। ईमान से मुझे कुछ लेना-देना नहीं है। मैं यह हिसाब लगाकर गया—

दूसरे दर्जे में जाऊँगा और पहले का किराया लूँगा। इस तरह एक सौ पचास रुपये बचेंगे। फिर चाय, नाश्ता, भोजन तीन दिन मुफ्त में होगा, यानी ये लगभग तीस रुपये हुए। इस तरह एक सौ अस्सी रुपये नकद कमाई होगी। यह बेईमानी कहलायेगी। पर उन लोगों ने मुझे राष्ट्रीय स्तर का ईमानदार माना ही क्यों? माना हुआ ईमानदार बेईमानी न करे, तो वह दो कौड़ी का ईमानदार हुआ।

स्टेशन पर मेरा खूब स्वागत हुआ। लगभग दस बड़ी फूल-मालाएँ पहनायी गयीं। सोचा, आसपास कोई माली होता तो फूल-मालाएँ भी बेच लेता।

मुझे होटल के एक बड़े कमरे में ठहराया गया। उसमें तीन बिस्तर थे। मजबूत

ताला वे आयोजक खुद ले आये थे। होटल के ताले का क्या भरोसा ! और सम्मेलन था ईमानदारों का। सच्चा ईमानदार वह होता है, जो सबको बेईमान मानकर चले। मेरे कमरे के बायें और सामने दो हाल थे, जिनमें लगभग तीस-पैंतीस प्रतिनिधि ठहरे थे। मेरे दो ईमानदार साथी भी मेरे ही कमरे में आ गये। बिस्तर तीन थे ही। मैंने सोचा, ताला लगाया जायेगा तो इन्हें तकलीफ होगी। मैंने ताला नहीं लगाया।

सम्मेलन ईमानदारों का था, तो ताला क्यों लगाया जाये ? मैंने देखा है, चोरों के सम्मेलन तक में ताला नहीं लगाया जाता। चोर अपने चोर बन्धु की चोरी नहीं करता।

उद्घाटन शानदार हुआ। मैंने लगभग एक घण्टे तक ऐसा अच्छा भाषण किया कि मुझे अभी तक शर्म आ रही है।

लोग जा चुके थे। मैं था मुख्य अतिथि। मुझसे लोग बातें कर रहे थे। मैं चलने लगा, तो चप्पल पहनने गया। देखा, मेरी चप्पलें गायब थीं। नयी और अच्छी चप्पलें थीं। अब वहाँ एक जोड़ी फटी-पुरानी चप्पलें बची थीं। मैंने उन्हें ही पहन लिया। यह बात फैल गयी कि मेरी नयी चप्पलें कोई पहन गया।

एक ईमानदार डेलीगेट मेरे कमरे में आये। कहने लगे, "क्या आपकी चप्पलें कोई पहन गया ?"

मैंने कहा, "हाँ, इतने बड़े जलसे में चप्पलों की अदला-बदली हो ही जाती है।" फिर मैंने ध्यान से देखा, उनके पाँवों में मेरी ही चप्पलें थीं। वह भी मेरी चप्पलें देख रहे थे। वे बहुत करके उनकी ही थीं।

पर वह बेहिचक मुझे समझाने लगे, "देखिए, चप्पलें एक जगह नहीं उतारना चाहिए। एक चप्पल यहाँ उतारिए, तो दूसरी दस फीट दूर। तब चप्पलें चोरी नहीं जातीं। एक ही जगह जोड़ी होगी, तो कोई भी पहन लेगा। मैंने ऐसा ही किया था।"

मैं देख रहा था कि वह मेरी चप्पलें पहने हैं और मुझे समझा रहे हैं।

मैंने कहा, "कोई बात नहीं। सुबह दूसरी खरीद लूंगा। आपकी चप्पलें नहीं गयीं, यह गनीमत है।"

फिर मैंने देखा कि एक बिस्तर की चादर गायब है। मैंने आयोजनकर्ताओं से कहा, तो उन्होंने जवाब दिया, "होटलवाले ने धुलने को भेज दी होगी। दूसरी आ जायेगी।" पर दूसरी आयी नहीं।

—

दूसरे दिन गोष्ठियाँ शुरू हो गयीं। विषय बड़े अच्छे थे : (1) ईमानदारी : ऐतिहासिक परिप्रेक्ष्य में। (2) धर्म और ईमान। (3) बेईमानी का सौन्दर्यशास्त्र। (4) ईमानदारी और आधुनिकता।

सबसे ऊँचे स्तर की चर्चा हुई बेईमानी के सौन्दर्यशास्त्र पर। श्रोताओं ने बड़ी

तारीफ की कि ईमानदारों के सम्मेलन में बेईमानी के सौन्दर्यशास्त्र पर चर्चा बहुत जरूरी थी। यह एक उपलब्धि है।

रात को गोष्ठियों से लौटा। देखा कि दो और चादरें भी गायब हैं। तीनों चली गयीं।

मेरे पास दो-तीन ईमानदार आये। कहने लगे, "हमारे शहर में ईमानदार महासंघ की शाखा नहीं है। हम अपना किराया लगाकर आये हैं। यहाँ इन आयोजकों ने हमसे दस-दस रुपये लेकर हमें डेलीगेट बनाया है और हमारे अधिकार कुछ नहीं हैं।"

मैंने कहा, "अधिकार क्यों नहीं हैं? तीन दिन रहने और खाने का अधिकार आपको है। फिर आपको चुनाव में भाग लेने का अधिकार है। जब इतनी दूर से आये हैं, तो कुछ बनकर जाइए—मन्त्री, उपमन्त्री, या कम-से-कम कार्यकारिणी के सदस्य बनकर जाइए। सम्मेलन में आकर बिना कुछ बने नहीं लौटना चाहिए।"

दूसरे दिन बैठक में जाने के लिए धूप का चश्मा खोजने लगा, तो नहीं मिला। शाम को तो था।

मैंने एक-दो लोगों से कहा, तो बात फैल गयी।

इसी समय बगल के कमरे से हल्ला हुआ, "अरे, मेरा ब्रीफकेस कहाँ चला गया? यहीं तो रखा था।"

मैंने पूछा, "उसमें पैसे तो नहीं थे?"

जवाब मिला, "पैसे नहीं थे। कागजात थे।"

मैंने कहा, "तो मिल जायेगा।"

मैं बिना धूप का चश्मा लगाये बैठक में पहुँचा।

बैठक में पन्द्रह मिनट चाय की छुट्टी हुई। लोगों ने सहानुभूति प्रकट की। एक सज्जन आये। कहने लगे, "बड़ी चोरियाँ हो रही हैं। देखिए, आपका धूप का चश्मा ही चला गया।"

वह धूप का चश्मा लगाये थे। मुझे याद था, एक दिन पहले वह धूप का चश्मा नहीं लगाये थे। मैंने देखा, जो चश्मा वह लगाये थे, वह मेरा ही था—काले मोटे फ्रेम का। पर वह बेखटके मेरे सामने बैठे थे।

कहने लगे, "आपने चश्मा लगाया नहीं था?"

मैंने कहा, "रात को क्या चाँदनी में धूप का चश्मा लगाया जाता है? मैंने कमरे में टेबिल पर रख दिया था।"

वह बोले, "कोई उठा ले गया होगा।"

मैं उन्हें देख रहा था और वह मेरा चश्मा लगाये इतमीनान से बैठे थे। बेईमानी का सौन्दर्यशास्त्र वह ठीक से समझ गये थे।

खैर, आयोजकों ने मुझे एक चश्मा खरीद दिया।

तीसरे दिन रात को लौटा, तो कुछ हरारत थी। थोड़ी ठण्ड भी थी। मैंने सोचा, बिस्तर से कम्बल निकाल लूँ। पर कम्बल भी गायब था।

फिर हल्ला हुआ। स्वागत समिति के मन्त्री आये। कई कार्यकर्त्ता आये। मन्त्री कार्यकर्त्ताओं को डाँटने लगे, "तुम लोग क्या करते हो? तुम्हारी ड्यूटी यहाँ है। तुम्हारे रहते चोरियाँ हो रही हैं। यह ईमानदार-सम्मेलन है। बाहर यह चोरी की बात फैली, तो कितनी बदनामी होगी?"

कार्यकर्त्ताओं ने कहा, "हम क्या करें? अगर सम्माननीय डेलीगेट यहाँ-वहाँ जायें, तो क्या हम उन्हें रोक सकते हैं?"

मन्त्री ने गुस्से में कहा, "मैं पुलिस को बुलाकर यहाँ सबकी तलाशी करवाता हूँ।"

मैंने समझाया, "ऐसा हरगिज मत करिए। ईमानदारों के सम्मेलन में पुलिस ईमानदारों की तलाशी ले, यह बड़ी अशोभनीय बात होगी। फिर इतने बड़े सम्मेलन में थोड़ी गड़बड़ी होगी ही।"

एक कार्यकर्त्ता ने कहा, "तलाशी किनकी करवायेंगे। आधे के लगभग डेलीगेट तो किराया लेकर दोपहर को ही वापस चले गये।"

किसी ने कहा, "मुझे तो शक है उन पर, जो हमारे संगठन में नहीं हैं और यहाँ दस रुपये देकर डेलीगेट बन गये।"

संयोग से दस रुपयेवाला एक डेलीगेट वहाँ बैठा था। वह गुस्से में लाल होकर बोला, "हमें क्या आप बेईमान समझते हैं? हम क्या यहाँ चोरी करने आये हैं? आप लोगों ने क्यों अखबारों में विज्ञप्ति छपवायी कि हम आ सकते हैं और दस रुपये देकर डेलीगेट बन सकते हैं? हम हरगिज न आते। मेरी अपनी पानी की कुप्पी चुरा ली गयी। मेरे साथी के जेब से पचास रुपये चुरा लिये गये। मुझे तो ऐसा लगता है कि आप लोगों ने सम्मेलन इसलिए बुलवाया कि डेलीगेटों की चोरी करा लें। तलाशी अपनी कराओ।"

बड़ी मुश्किल से मैंने उन्हें समझाया।

रात को पहनने के कपड़े सिरहाने दबाकर सोया। नयी चप्पलें और शेविंग का डिब्बा बिस्तर के नीचे दबाया।

सुबह मुझे लौटना था। मुझे उन लोगों ने अच्छा पैसा दिया। मैंने सामान बाँधा।

मन्त्री ने कहा, "परसाईजी, गाड़ी आने में देर है। चलिए, स्वागत समिति के साथ अच्छे होटल में भोजन हो जाये। अब ताला लगा देते हैं।"

पर ताला भी गायब था। ताला तक चुरा लिया। गजब हो गया।

मैंने कहा, "रिक्शा बुलवाइए। मैं सीधा स्टेशन जाऊँगा। यहाँ नहीं रुकूँगा।"

मन्त्री हैरान थे। बोले, "ऐसी भी क्या नाराजी है?"

मैंने कहा, "नाराजी कतई नहीं है। बात यह है कि चीजें तो सब चुरा ली गयीं। ताला तक चोरी चला गया। अब मैं बचा हूँ। अगर रुका तो मैं ही चुरा लिया जाऊँगा।"

विकलांग राजनीति

चुनाव के समय हर चीज का महत्त्व बढ़ जाता है। मेरी टाँग की भी कीमत बढ़ी।

मुझे यह मुगालता है कि मेरी टाँग में फ्रेक्चर हो गया था, यह खबर सारे विश्व में फैल चुकी है। मुझे यह सुखद भ्रम नहीं होता तो मेरी टाँग इतनी जल्दी ठीक न होती। यश की खुशफहमी का प्लास्टर ऊपर से चढ़ा लिया था मैंने।

चुनाव-प्रचार जब गर्मी पर था, तब मैं सहारे से लँगड़ाकर चलने लगा था। मैं दुखी था कि टूटी टाँग के कारण मैं जनतन्त्र को भावी रूप नहीं दे पा रहा हूँ।

पर एक दिन दो-तीन राजनीति के लोग मेरे पास आये। वे जनता पार्टी के थे। पहले उन्होंने बड़ी चिन्ता से मेरी तबीयत का हाल पूछा। मैंने बताया, तब उन्होंने कहा, "ज़रा चार कदम चलकर बतावेंगे।"

मैंने लँगड़ाते हुए चलकर बताया।

उन लोगों ने एक-दूसरे की तरफ देखा।

एक ने कहा, "वेरी गुड। इतने से काम चल जायेगा।"

दूसरे ने कहा, "लेकिन टाँग के बाहर कुछ चोट के निशान भी दिखने चाहिए।"

तीसरे ने कहा, "कोई मुश्किल नहीं है। हम हल्के से कुछ घाव बना देंगे। परसाईजी को तकलीफ भी नहीं होगी। ऊपर से पट्टी बाँध देंगे।"

मैंने कहा, "आप लोगों की बात मेरी समझ में नहीं आ रही।"

उन्होंने कहा, "हम आपसे एक प्रार्थना करने आये हैं। आप प्रबुद्ध आदमी हैं। आप जानते ही हैं कि यह ऐतिहासिक चुनाव है। तानाशाही और जनतन्त्र में संघर्ष है। इस सरकार ने नागरिक अधिकार छीन लिये हैं। वाणी की स्वतन्त्रता छीन ली है। हजारों नागरिकों को बेकसूर जेल में रखा। न्यायपालिका के अधिकार नष्ट किये। जनता पार्टी इस तानाशाही को खत्म करके जनतन्त्र की पुनः स्थापना करने के लिए चुनाव लड़ रही है। इस पवित्र कार्य में आपका सहयोग चाहिए।"

मैंने पूछा, "मैं कैसे सहयोग कर सकता हूँ।"

वे बोले, "हमारा मतलब है, आपकी टाँग का सहयोग चाहिए।"

मैंने आश्चर्य से कहा, 'मेरी टाँग? अरे भई, मैं हूँ तो मेरी टाँग है।"

उन्होंने कहा, "नहीं, टाँग टूटने से उसका अलग व्यक्तित्व हो गया है। बल्कि टूटी टाँग ने राष्ट्रीय जीवन में आपको महत्त्वपूर्ण बना दिया है। हमें अनुमति दीजिए कि हम प्रचार कर दें कि कांग्रेसियों ने आपकी टाँग तोड़ दी। इससे सारे देश में कांग्रेस के विरुद्ध वातावरण बनेगा।"

मैंने जवाब दिया, "मैं यह झूठा प्रचार नहीं करना चाहता।"

एक ने कहा, "ज़रा सोचिए—देश के लिए, जनतन्त्र के लिए।"

दूसरे ने कहा, "मानव-अधिकारों के हेतु। मानव-गरिमा के लिए। आखिर आप समाज-चेता लेखक हैं।"

मैंने उनकी बात नहीं मानी। मुझे मेरी टाँग की चिन्ता थी। मैं किसी को शब्द से भी टाँग छूने देना नहीं चाहता था।

शाम को कांग्रेस के दो-तीन लोग आ गये। उन्होंने भी मेरी टाँग की जाँच की और कहा, "इससे अपना काम बन जायेगा।"

मैंने पूछा, "बात क्या है?"

उन्होंने कहा, "आपको क्या समझाना। आप स्वयं प्रबुद्ध हैं। इस समय देश का भविष्य संकट में है। यदि जनता पार्टी जीत गयी तो देश खण्ड-खण्ड हो जायेगा। विकास-कार्य रुक जावेंगे। जनता पार्टी में शामिल दल घोर दक्षिणपन्थी प्रतिक्रियावादी हैं। वे सार्वजनिक क्षेत्र को खत्म कर देंगे। वे इस देश को अमेरिका के पास गिरवी रख देंगे।"

मैंने पूछा, "तो मैं क्या करूँ?"

उन्होंने कहा, "आपको कुछ नहीं करना है। करना हमें ही है। कांग्रेस खुद ही सब करती है। तीस सालों से, यहाँ तक कि हम हारते भी हैं तो दूसरे से नहीं—कांग्रेस ही कांग्रेस को हराती है। आप हमें इतनी छूट दे दें कि हम यह प्रचार कर सकें कि जनता पार्टी के लोगों ने आपकी टाँग तोड़ दी है। इससे जनता इस पार्टी के खिलाफ हो जायेगी।"

मैंने उनसे भी कहा, "मैं अपनी टाँग के बारे में यह झूठा प्रचार नहीं होने दूंगा।"

एक ने कहा, "इस देश के लिए।"

दूसरे ने कहा, "सशक्त केन्द्र के लिए।"

तीसरे ने कहा, "प्रगतिशील नीतियों के लिए।"

मैं राजी नहीं हुआ।

दूसरे दिन जनता पार्टीवाले फिर आ गये।

उन्होंने छूटते ही पूछा, "आखिर आपका 'रेट' क्या है?"

मैंने क्रोध से कहा, "मैं क्या रण्डी हूँ कि मेरा रेट होगा।"

उन्होंने कहा, "हमारा मतलब है कि अपनी टूटी टाँग के उपयोग के लिए आप क्या लेंगे। पाँच सौ काफी होंगे?"

मैंने उन्हें डाँटा। वे जाते-जाते कहते गये, "आपको हमसे असहयोग का फल भोगना पड़ेगा। आपको इस सरकार ने इलाज के लिए रुपये दिये थे। हमारी सरकार बनने पर हम इसकी जाँच करवायेंगे और सारा पैसा आपसे वसूल किया जायेगा।"

थोड़ी देर बाद कांग्रेसी फिर आ गये।

कहने लगे, "बड़े शर्म की बात है। आप प्रगतिशील बनते हैं मगर पाँच सौ रुपयों में अपने को प्रतिक्रियावादियों को बेच दिया। पैसा ही चाहिए तो हमसे हजार ले लीजिए। अभी हमारी सरकार ने आपको काफी रुपये इलाज के लिए दिये। मगर आप इतने अहसान-फरामोश हैं कि हमारे ही खिलाफ हो गये।"

मैंने कहा, "मैं नहीं बिका। मैंने जनता पार्टी की बात नहीं मानी। मैं आपकी बात भी नहीं मानूंगा। मेरी टाँग किसी का चुनावपोस्टर नहीं बन सकती।"

इतने में जनता पार्टीवाले फिर आ गये। उन्हें देख कांग्रेसी चिल्लाये, "आ गये आप लोग परसाईजी को पाँच सौ रुपये में खरीदने के लिए।"

जनतावालों ने कहा, "पाँच सौ? इस दो कौड़ी के लेखक को हम पांच सौ देंगे। तुम्हीं उसे हजार में खरीदने आये हो।"

कांग्रेसियों ने कहा, "अरे, हजार रुपये हम इस कूड़ा लेखक को देंगे।"

अब दोनों पार्टीवालों में लड़ाई शुरू हो गयी।

पहले वे एक-दूसरे के 'साले' बने। इस रिश्ते के कायम होने से मुझे विश्वास हो गया कि देश में मिली-जुली स्थायी सरकार बन जावेगी।

फिर कुछ 'मादर' वगैरह हुआ। इससे लैंगिक नैतिकता में एक मानदण्ड स्थापित हुआ।

फिर मार-पीट हुई।

मैंने कहा, "आप दोनों का काम बिना पैसे खर्च किये हो गया। अब मेरी टाँग की जरूरत आपको नहीं है। आपके अपने सिर फूटे हैं और नाक में से खून बह रहा है। अब प्रचार कीजिए जनतन्त्र के लिए, देश के लिए। मैं गवाह बनने को तैयार हूँ।"

पीढ़ियाँ और गिट्टियाँ

साहित्य के वयोवृद्ध थकित हुए।

वे लाठी टेकते हुए सड़क पर चलते।

मोटा चश्मा लगाकर चाँद देखते।

निमोनिया की दवा जेब में रखकर बगीचे में घूमते।

कान में ऊँचा सुनने का यन्त्र लगाकर संगीत-सभा में बैठते।

भोजन से अधिक मात्रा में पाचन का चूरन खाते।

...एक दिन तरुणों ने उनसे कहा, "प्रातः स्मरणीयो, सुनामधन्यो! आप अब वृद्ध हुए—वयोवृद्ध, ज्ञानवृद्ध और कलावृद्ध हुए। आप अब देवता हो गये। हम चाहते हैं कि आप लोगों को मन्दिर में स्थापित कर दें। वहाँ आप आराम से रहें और हमें आशीर्वाद दें।"

देवता थोड़ी देर तक विचार करते रहे। फिर बोले, "प्रस्ताव कोई बुरा नहीं है। पर हमारे यश का क्या होगा?"

"हम आपकी जय बोलेंगे।" तरुणों ने कहा।

"और हमारे झण्डों का क्या होगा ?"

"हम आपके झण्डों को मन्दिर के सामने के पीपल पर टाँग देंगे। वे वहाँ ऊँचे फहरायेंगे।"

"और हमारे भोग का क्या होगा ?"

"हम आपके भोग का भी प्रबन्ध करेंगे। रोज हम पकवानों के थाल लेकर आयेंगे।"

"हमें श्रद्धा भी तो चाहिए। उसका क्या प्रबन्ध होगा ?"

"हम रोज आपकी आरती करेंगे, और आपके चरणों पर मस्तक रखेंगे।"

"हमारे अर्थ का क्या होगा ?"

"आपकी रॉयल्टी हम मन्दिर में ही पहुँचा दिया करेंगे। आपको हम हर पाठ्य-पुस्तक में रखवायेंगे, और जो प्रकाशक धन देने में आनाकानी करेगा, उसे ठीक करेंगे।"

"पर हम कर्म के बिना कैसे जीवित रहेंगे ?" वयोवृद्ध ने कहा।

तरुणों ने समाधान किया, "जहाँ तक कर्म का सम्बन्ध है, आप लोगों की संस्मरण की अवस्था है। आप लोग आपस में संस्मरण सुनायेंगे ही। उनका रिकार्डिंग होता जायेगा और हम उनकी पुस्तकें छपवा देंगे।"

सयानों ने आपस में सलाह की और एकमत से कहा, "हमें मंजूर है। बनाओ हमें देवता।"

युवकों ने एक दिन समारोहपूर्वक वयोवृद्धों को देवता बनाकर मन्दिर में प्रतिष्ठित कर दिया। उनके झण्डे पीपल पर चढ़ा दिये। उनकी आरती की, उनके चरण छुए और भोग लगाकर काम पर चले गये।

देवता जब अकेले छूट गये, तब उनका ध्यान तरुणों पर गया।

एक ने बात उठायी, "लड़के इस समय न जाने क्या कर रहे होंगे !"

"सड़कों पर घूम रहे होंगे", दूसरे ने कहा।

तीसरा बोला, "कोई खा रहा होगा, पी रहा होगा।"

चौथे ने कहा, "कोई खेल रहा होगा।"

पाँचवें ने कहा, "कोई नाटक देख रहा होगा, कोई फिल्म देख रहा होगा।"

छठा बोला, "कोई प्रेम कर रहा होगा।"

सातवें ने कहा, "कोई बढ़िया कपड़े पहने लोगों को लुभाता घूम रहा होगा।"

आठवें ने कहा, "कोई कविता सुना रहा होगा और 'वाह-वाह' लूट रहा होगा।"

वे उदास हो गये। कहने लगे, "लड़के बाहर ऐसा आनन्द कर रहे हैं; जीवन को इस तरह भोग रहे हैं ! और देवता बने हम इस मन्दिर की कारा में बैठे हैं।"

तभी एक देवता, जो अब तक चुप था, बोला, "खाने-खेलने दो लड़कों को। हम तो न चल सकते, न खेल सकते, न दौड़ सकते। ज्यादा खा लेंगे, तो अजीर्ण हो

जायेगा। ज्यादा बोलेंगे, तो साँस फूल उठेगी। प्रेम करने की भी अवस्था नहीं रही। भोगने दो जवानों को जीवन। वे हमारी जय तो बोलते हैं, हमारे झण्डे तो फहराते हैं, हमारी आरती तो करते हैं ! और क्या चाहिए हमें !"

लेकिन बाकी देवताओं को उसकी बात अच्छी नहीं लगी। वे बोले, "तुम बिल्कुल निःसत्व हो। तुम्हें इस बात का कोई बुरा नहीं लगता कि जहाँ-जहाँ हम थे, वहाँ-वहाँ वे जम गये हैं। जो हमारा था, वह सब उन्होंने ग्रहण कर लिया है, और हमें प्रतिमा बनाकर यहाँ चिपका दिया है।"

वह उठकर मन्दिर के दूसरे हिस्से में चला गया।

देवताओं में सलाह होती रही। फिर उनमें हलचल हुई।

शाम को युवक जब थालियों में मिष्ठान्न सजाकर देवताओं की जय बोलते हुए मन्दिर के पास पहुँचे, तो देखा कि सब देवता चबूतरे पर खड़े हैं। उनके पास पत्थरों का ढेर है, और वे हाथों में भी पत्थर लिये हैं।

जवान आगे बढ़े, तो देवताओं ने उन पर पत्थर बरसाना शुरू कर दिया।

तरुण रुक गये। चिल्लाये, "देवताओ, पत्थर क्यों मार रहे हो ?"

देवता बोले, "वहीं रुको और हमारी बात सुनो। तुमने हमें वंचित किया है।"

"किससे वंचित किया है ?" तरुणों ने पूछा।

"उस सबसे, जो हमारा था।" देवता उधर से चिल्लाये।

तरुणों ने जवाब दिया, "हमने तुम्हें वंचित नहीं किया। तुमने अपने आपको वंचित किया है तुम्हारी थकन ने, तुम्हारी उम्र ने, तुम्हारी चेतना-दुर्बलता ने, तुम्हारी शक्ति-हीनता ने तुम्हें वंचित किया है। हम तो तुम्हें पूज रहे हैं, और तुम देवता होकर पत्थर मारते हो !"

देवताओं ने कहा, "हमें ऐसी पूजा नहीं चाहिए। हम भी तुम्हें वंचित करेंगे।"

एक देवता बोला, "तुम उन सड़कों पर नहीं चलोगे, जिन पर हम चले। वे मात्र हमारी हैं।"

दूसरा देवता चिल्लाया, "जो हमने खाया, वह तुम नहीं खाओगे, क्योंकि वह मात्र हमारा भोज्य था।"

तीसरा बोला, "जो हमने भोगा, वह तुम नहीं भोगोगे, वह मात्र हमारा भोग्य था।"

चौथा चिल्लाया, "जो हमने किया, वह तुम नहीं करोगे, क्योंकि वह केवल हमारा कर्म था।"

पाँचवाँ बोला, "तुम अपने झण्डे नहीं फहराओगे। झण्डे सिर्फ हमारे होंगे। हमारे बाद किसी का कोई झण्डा नहीं होगा।"

तरुणों ने कहा, "आप लोग देवता हैं, दरोगा नहीं। देवोचित व्यवहार करिए। आप जिये, इसलिए क्या जीवन पर सिर्फ आपका अधिकार हो गया, और कोई दूसरा जी भी नहीं सकता ! हमें यह सब स्वीकार नहीं है।"

"नहीं है तो लो"—कहकर देवताओं ने पत्थर बरसाना शुरू कर दिया।

उन जवानों ने भी पास ही पड़े मिट्टी के ढेर से पत्थर उठाकर उन देवताओं पर फेंकने शुरू कर दिये।

एक युवक पीपल पर चढ़ गया और देवताओं के झण्डे फाड़कर फेंक दिये।

दोनों तरफ से पथराव हो रहा था, दोनों तरफ से गाली-गलौज हो रही थी।

एक राहगीर मे दूसरे ने पूछा, "यह क्या मामला है?"

राहगीर ने जवाब दिया, "दो पीढ़ियों की कलागत मूल्यों पर बहस चल रही है।"

पहला पुल

लोक-कर्म-विभाग के बाबू रामसेवक ने एक दिन एकाएक नौकरी छोड़ दी और आठों पहर राम-चर्चा में लीन रहने लगे। लोगों ने तरह-तरह के अनुमान लगाये—कोई कहता कि रामसेवक बाबू किसी घूस के मामले में फँस गये थे इसलिए नौकरी छोड़कर बच निकले; कोई कहता कि ससुराल से बहुत-सा धन मिल गया, इसलिए अब कोई धन्धा करेंगे। रामसेवक बाबू के होंठ खुलते भी, तो उनसे ईश्वर का नाम ही निकलता, इसलिए असली कारण क्या है, यह बहुत समय तक अज्ञात रहा।

एक दिन मैं उनके पास पहुँचा। मृग-चर्म पर पालथी मारे बैठे थे। बगल में कागजों का एक ढेर था और सामने कलम-दवात रखे थे। वे ध्यानमग्न थे; चिन्तन में डूबे थे।

आहट पाकर आँखें खोलीं; मुझे पहिचाना और किंचित मुस्कान के साथ पूछा, "कहो, कैसे आये?"

मैंने बैठते हुए उत्तर दिया, "यों ही। बहुत दिनों से मुलाकात नहीं हुई थी। आप तो घर से बाहर निकलते ही नहीं हैं।"

वे बोले, "हाँ भाई, मेरी तो दुनिया ही बदल गयी। अब तो कहीं और लौ लग गयी है। नाते सकल राम तें मनियत—तुलसीदास ने कहा है न? बस, वही स्थिति है।"

मैंने सकुचाते हुए कहा, "लेकिन लोग आपके बारे में कुछ और ही कहते हैं।"

मुसकराते हुए गर्दन हिलाते-हिलाते वे बोले, "उन्हें कहने दो। मैं तो राग-द्वेष, निन्दा-स्तुति, मान-अपमान से परे हो चुका हूँ।"

मैंने हिम्मत करके पूछ ही लिया, "फिर भी, नौकरी छोड़ने का असली कारण क्या है, यह तो आप ही बतला सकते हैं। आपको आपत्ति न हो तो..."

रामसेवक बाबू ने आँखें बन्द कर लीं। थोड़ी देर बाद खोलकर मुझे घूरा और

सहज भाव से बोले, "तुम पूछते हो, तो बतलाये देता हूँ। मैंने हनुमानजी के आदेश से नौकरी छोड़ दी।"

मैं विस्मित हुआ। विश्वास ही नहीं हुआ। पूछा, "क्या हनुमानजी ने आपको दर्शन दिये थे?"

वे बोले, "हाँ भाई, एक रात सपने में हनुमानजी पधारे और कहने लगे—रे मूढ़, मतिमन्द, जीवन क्यों व्यर्थ गवाँ रहा है? छोड़ इस माया को दफ्तर में, 'मीमो' लिखते-लिखते इस दुर्लभ नर-जीवन को क्यों नष्ट करता है? मूर्ख, राम-कथा लिख। मैंने घबराकर कहा—मेरे प्रभु, सो कैसे होगा? मैं मूर्ख हूँ। विद्याहीन हूँ। मुझमें 'मीमो' लिखने, नकल करने, फार्म भरने और कैफियत देने से अधिक प्रतिभा है ही नहीं। हनुमानजी ने कहा—तेरी प्रतिभा का उदय होगा। मेरा आशीर्वाद है। सभी कवि विनयपूर्वक ऐसा ही कहते हैं। तुलसी ने भी तो कहा था—'काव्य-विवेक एक नहिं मोरे, सत्य कहौं लिख कागद कोरे।' तू भी उठ और लिखने बैठ जा! मैंने हाथ जोड़कर विनती की—भगवान आपकी आज्ञा शिरोधार्य है। पर मैं लिखूँगा क्या? कितने ही महान् कवियों ने, सन्तों और भक्तों ने रामकथा लिखी है। मैं क्या विशेष लिखूँगा? तब हनुमानजी ने मुझे समझाया—वत्स, हर कवि का अपना विवेक होता है, अपनी दृष्टि होती है। हर कवि अपने युग से प्रभावित होकर, रामकथा को नया रूप देता है। वाल्मीकि, तुलसी और भवभूति में क्या तू कोई अन्तर नहीं पाता? तू भी लिख, अपने विवेक और बुद्धि से काम ले और कथा को युगानुकूल नया रूप दे!—इतना कहकर हनुमानजी अन्तर्धान हो गये। मैं बदल गया। सुबह दफ्तर गया और चुपचाप त्यागपत्र लिखकर दे दिया। चलते वक्त एक-दो बण्डल 'मीमो' के फार्म राम-कथा लिखने के लिए थैले में डाल लाया।"

मैंने कहा, "तो आपने राम-कथा लिख डाली?"

वे बोले, "हाँ, अब समाप्त ही हो रही है। सेतुबन्धवाला प्रसंग अभी लिखकर पूरा किया है सुनाऊँ?"

मैंने कहा, "हाँ-हाँ, क्यों नहीं? भला राम-चर्चा कौन नहीं सुनना चाहेगा?"

रामसेवक बाबू ने पोथी खोली और एक अध्याय निकाला। पढ़ना आरम्भ करने के पहले भूमिका बाँधी, "देखो भाई, मेरी कथा में कुछ नवीनता मिलेगी। तुम चौंकना मत और न अविश्वास करना। हनुमानजी सपने में कह गये हैं कि ग्रन्थ पूरा होने पर मैं इस पर दस्तखत कर दूँ—'एप्रूव्ड' करके। तब किसी को शंका न होगी। मैं तुम्हें एक रहस्य पहले बताता हूँ—जिस पुल पर से राम लंका गये थे वह दूसरा पुल था। उसके पहले एक पुल और बन चुका था। उसी पुल की कथा है यह। अब सुनो।"

चश्मा पोंछकर उन्होंने फिर लगाया और पढ़ने लगे—

"जब पुल तैयार हो गया, तब नल-नील रामचन्द्र के पास आये और साष्टाँग दण्डवत करके हाथ जोड़कर खड़े हो गये। विनय की—प्रभु, पुल बनकर तैयार हो गया है। राम ने आश्चर्य से उनकी ओर देखा और कहा—यह क्या कहते हो?

पुल बन गया ? ऐसा तो होते नहीं देखा गया। अभी तो मैंने उसका शिलान्यास किया है। जिसका शिलान्यास हो, वह इतनी जल्दी नहीं बनता; बल्कि बनता ही नहीं है। जिन्हें बनना होता है उनका शिलान्यास नहीं होता; और जिनका शिलान्यास होता है, वे बनाये नहीं जाते। मैं जब पहली बार गुरु वसिष्ठ के साथ भ्रमण करने निकला था तब कितने ही स्थानों पर मुझसे भवनों का शिलान्यास करवाया गया था। पर मैं जब अभी पिता की आज्ञा से वनवास करने उस मार्ग से निकला, तो देखा कि वे शिलाएँ वैसी ही लगी हैं, निर्माण कहीं आरम्भ नहीं हुआ। पर तुमने इतनी जल्दी कैसे बना लिया ? मुझे तो आशा ही नहीं थी कि यह पुल बनेगा और मैं लंका पहुँचने के लिए किसी अन्य मार्ग की खोज में था। नल-नील, तुमने अद्भुत काम किया है।

"नल-नील ने हाथ जोड़कर विनय की—प्रभो, सब आपकी कृपा का प्रसाद है। पुल तैयार है; सेना को आज्ञा हो।

"रामचन्द्र ने सुग्रीव को बुलाकर कहा बन्धु, पुल बन गया। नल-नील में अद्भुत क्षमता है। पर उनकी क्षमता भी क्या करती, यदि तुम धन से सहायता न करते। मैं तुम्हारा बहुत ऋणी हूँ, मित्र !

"सुग्रीव ने कहा—भगवन, ऐसी विनय आपको शोभा नहीं देती। आप इस विशाल आर्यभूमि के नरेश होंगे; मैं तो एक छोटे भू-भाग का स्वामी हूँ। मेरा कोश आपके काम आ रहा है, यह मेरे लिए गौरव की बात है।

"राम ने कहा—तो बन्धु, कल ही सेना को उस पार चलने का आदेश दो।

"सुग्रीव यह सुनकर चौंक पड़ा। कहने लगा—महाराज, आप कैसी अनहोनी बात करते हैं ? सेना कैसे कूच कर सकती है ! अभी पुल का उद्घाटन तो हुआ नहीं है।

"राम समझाने लगे—देखो बन्धु, हमें यह ध्यान रखना चाहिए कि एक दिन की देर होने से सीता का अहित भी हो सकता है। हमें उद्घाटन की प्रथा को पालना इस समय आवश्यक नहीं है।

"सुग्रीव तो आसमान से गिरते-गिरते ही बचा। बोला—ऐसा भी कहीं होता है ! बिना विधिवत् उद्घाटन के पुल पर एक कदम भी नहीं रखा जा सकता। कितने पुल बनकर वर्षों से पड़े हैं, पर उन पर कोई नहीं चलता क्योंकि उनका उद्घाटन नहीं हो सका है। महाराज, पुल पार उतरने के लिए नहीं, बल्कि उद्घाटन के लिए बनाये जाते हैं। पार उतरने के लिए उनका उपयोग हो जाता है, प्रासंगिक बात है।

"सुग्रीव का हठ देखकर राम कुछ झुके। बोले—तो फिर जल्दी करो। किससे उद्घाटन कराया जाय ?

"सुग्रीव ने झट कहा, मेरी अल्पमति के अनुसार आपके श्वसुर जनकजी के कर-कमलों से पुल का उद्घाटन होना चाहिए।

"राम ने सहमति प्रकट की—ठीक है। इसी समय निमन्त्रण भेजो।"

"सुग्रीव ने तुरन्त विश्वस्त वानरों को निमन्त्रण देकर जनक के पास भेजा।

"राजा जनक अपने दल समेत मिथिला से चले और कुछ दिनों में सागर-तट पर आ गये। उनकी यात्रा का खर्च सुग्रीव ने ही दिया और उसने हिसाब लगाया कि जितना जनक के आने में खर्च हुआ, उतने से दो पुल और बन सकते थे।

उद्‌घाटन के लिए एक मुहूर्त निश्चित किया। जनक ने पूजा की और सोने की कैंची से फीते को काटा।

"वानरों ने जयनाद किया, 'राजा जनक की जय! राजा रामचन्द्र की जय! राजा सुग्रीव की जय!'

"जनक ने इसके बाद वानरों की सभा में भाषण दिया, 'भाइयो, रामचन्द्र ने मुझे इस पुल के उद्‌घाटन करने के लिए बुलाकर जो मेरा सम्मान किया है, उसके लिए मैं उनका आभारी हूँ। उन्होंने मुझे बुलाकर उचित ही किया क्योंकि वे आखिर मेरे दामाद हैं। वे और किसे बुलाते? भाइयो, राष्ट्र के जीवन में पुलों का क्या महत्त्व है, यह किसी से छिपा नहीं है। आज अपने देश का हमें निर्माण करना है और निर्माण तब तक नहीं हो सकता जब तक हमारे पास बड़ी संख्या में पुल न हों। पुल ही राष्ट्र की पूंजी हैं और पुलों के बिना कोई राष्ट्र उन्नति नहीं कर सकता। संसार का इतिहास उठाकर देखो—वही राष्ट्र प्रगति कर सका जिसके पास काफी पुल थे। इसलिए मैं तो कहता हूँ कि हमारे देश में पुल ही पुल बनें। समस्त देश पुलों से पाट दो। भूमि पर पुल बनें। नदियों पर पुल बनें। सागरों पर पुल बनें। महासागरों पर पुल बनें। यही नहीं, हवा में पुल बनें जैसे हवा में महल बनते हैं। इस महान पुल-निर्माण-योजना की श्रृंखला में यह पुल पहली कड़ी है। मैं आप लोगों को पुनः धन्यवाद देता हूँ।'

"तालियों की गड़गड़ाहट के बीच राजा जनक अपने आसन पर बैठ गये।

"वे बैठे ही थे कि देखते-ही-देखते वह पुल भरभराकर गिर पड़ा।

"सुना है, उस पुल के सम्बन्ध में जो जाँच-कमीशन बिठाया था, उसकी रिपोर्ट कलियुग के इस चौथे चरण तक तैयार नहीं हुई।"

साहब का सम्मान

जो अखबार में छपा—

कल रात को स्थानीय बड़ा बाजार स्थित 'शान्ति-भवन' में नगर के कपड़ा-व्यापारियों की ओर से आयकर-अफसर श्री देवेन्द्रकुमार 'सरसिज' का उनकी साहित्य-सेवाओं के लिए सम्मान किया गया। 'सरसिज' जी का अभिनन्दन करते

हुए 'वस्त्र-व्यापारी-संघ' के अध्यक्ष सेठ बाबूलालजी ने कहा कि 'सरसिज' जी एक महान् कवि और लेखक हैं; उन्होंने उत्तम कविताओं से माँ भारती की गोद भरी है। कालिदास और रवीन्द्र की महान परम्परा के कवि को पाकर यह नगर धन्य हो गया है। सम्मान का उत्तर देते हुए 'सरसिज' जी ने कहा कि मेरा सम्मान करके आपने वास्तव में कला की देवी माँ सरस्वती का सम्मान किया है। मैं आपका अत्यन्त आभारी हूँ। मैं नहीं जानता कि किस प्रकार आपकी इस कृपा का बदला चुकाऊँ।

इसके पश्चात् स्थानीय प्रसिद्ध कवियों ने काव्य-पाठ किया। कपड़ा-बाजार के अनेक व्यापारियों ने 'सरसिज' जी के सम्मान में कविताएँ पढ़ीं। अन्त में 'सरसिज' जी ने लगभग दो घण्टे अपनी कविताओं का पाठ कर श्रोताओं का मनोरंजन किया। जलपान के उपरान्त आयोजन समाप्त हुआ।

जो नहीं छपा—

श्री देवेन्द्रकुमार लगभग डेढ़ वर्ष पहले यहाँ आयकर-अधिकारी के पद पर बदली में आये हैं। कविता का शौक है, उपनाम 'सरसिज' है। प्रति सन्ध्या उनके मातहत कर्मचारी उनके निवास-स्थान पर इकट्ठे होते हैं और कविताएँ सुनते हैं। पिछली दीवाली पर जो एक कविता लिखी थी, वह इस दीवाली तक सुनी गयी। कविता के बोल हैं—'सजनी, तुम हो मुझ से दूर, दीप मैं कैसे जलाऊँ?' इस पर उनकी पत्नी उनसे बहुत लड़ीं। बोलीं—यह हरामजादी कौन है, जो तुमसे दूर है? 'सरसिज' जी ने समझाया—'यह' तुम्हीं हो। किसी कवि ने कहा है—'पास रहकर दूर हो तुम।'

'सरसिज' जी को बड़ी शिकायत थी कि नगर में उनकी प्रतिभा की कद्र नहीं होती। ईश्वर की कृपा से हाल ही में केन्द्रीय आयकर-कार्यालय से एक आवश्यक आदेश आया कि व्यापारियों की 'सख्त' जाँच हो, उन पर कर बढ़ाया जाय और सही आय छिपानेवालों पर सख्त कार्यवाही की जाय। इस पर व्यापारियों में खलबली मच गयी। कर से बचने के उपाय सोचे जाने लगे। संयोगवश वस्त्र-व्यापारी-संघ के मन्त्री सेठ सूरजमल का लड़का रसिकलाल भी कविता में रुचि रखता है। उसकी मित्रता 'सरसिज' जी के निजी सचिव ब्रजकिशोर 'ब्रजेन्द्र' से है। 'ब्रजेन्द्र' जी भी कविता लिखते हैं। 'ब्रजेन्द्र' ने रसिकलाल को बताया—साहब की कमजोरी कविता है। उन्हें कवि के रूप में सम्मान दो, वे सब व्यापारियों से खुश हो जायेंगे और रियायत से काम लेंगे।

गत सप्ताह वस्त्र-व्यापारी-संघ की एक बैठक में सर्वसम्मति से यह निश्चय किया गया कि आयकर-अफसर देवेन्द्रकुमार 'सरसिज' को कवि-सम्मान देने में कोई हर्ज नहीं है। उन्हें यह बता देना अत्यन्त आवश्यक है कि हम वस्त्र-व्यापारी आपको 'बहुत बड़ा कवि' मानते हैं।

तदनुसार गत रात्रि को 'सरसिज' जी के सम्मान में 'शान्ति-भवन' में वस्त्र-व्यापारियों की ओर से एक आयोजन हुआ। हॉल में सैकड़ों वस्त्र-व्यापारी, आयकर विभाग के कर्मचारी तथा कुछ स्थानीय कविगण उपस्थित थे। जिन व्यापारियों पर

आयकर के मामले चल रहे थे, उन्हें संघ की ओर से आदेश हो गया था कि वे 'सरसिज' जी के अभिनन्दन में किसी कवि से एक-एक कविता लिखा लायें और समारोह में स्वयं पढ़ें।

आरम्भ में, 'सरसिज' जी की साहित्यिक महत्ता का परिचय 'ब्रजेन्द्र' ने दिया। 'ब्रजेन्द्र' अभी अपने पद पर स्थायी नहीं हुए हैं। इस तथ्य को ध्यान में रखकर 'ब्रजेन्द्र' ने कहा—मैंने वस्त्र-व्यापारियों को बताया कि कितनी बड़ी प्रतिभा का नगर में आगमन हुआ है और नगर इस सौभाग्य को समझ नहीं रहा है··· यह सुनते ही वस्त्र-व्यापारी-संघ के अध्यक्ष उठ खड़े हुए और बोले—आप गलत कह रहे हैं। आपने हमें नहीं बताया। हमने खुद उन्हें पहिचाना। हमारा लड़का रसिकलाल कविता वगैरह समझता है।

दोनों में विवाद होने लगा। स्थिति को बिगड़ता देख 'सरसिज' जी ने दोनों को शान्त किया।

तदुपरान्त अध्यक्ष सेठ बाबूलाल ने 'सरसिज' जी का अभिनन्दन करते हुए कहा, "सरसिजजी का सम्मान करते हुए आज हमारे हृदय वैसे ही खिल रहे हैं, जैसे कि बनारसी सिल्क की साड़ी देखकर भारतीय नारी का हृदय खिलता है। आज हमारे यहाँ जो आपके स्वागतार्थ रंग-बिरंगे बन्दनवार लगे हैं— वे केलिको, रेयन सिल्क, मद्रासी जीन, जार्जट और फलालेन के हैं। वर्षों से हमारे मन में आपका सम्मान करने की इच्छा वैसे ही छिपी थी, जैसे कि बिक्री का सही हिसाब। पर यह आयोजन वैसे ही खिसकता जाता था, जैसे कपड़ा नापते समय गज पीछे खिसकता है।

"आप कवि भी हैं, यह जानने में हमें डेढ़ साल लग गया और अभी भी यदि आयकर बढ़ाने का यह सरकारी आदेश न आता, तो हम क्या जान पाते? हर बात समय से होती है, जिस प्रकार शादी के मौसम में अधिक रेशमी कपड़ा बिकता है। समय आने पर हम सज्जनों को उसी तरह पहिचान लेते हैं, जिस तरह कि खाता-बही जब्ती होने पर बिक्रीकर इन्स्पेक्टर के रिश्तेदारों को पहचान लेते हैं।

"नगर में और भी कई प्रकार के व्यापारी हैं—गल्ला व्यापारी, किराना-व्यापारी आदि-आदि। पर वे यह नहीं पहिचान सके कि आप कवि हैं। हम उन व्यापारियों से भिन्न हैं, केलिको कपड़ा भी तो लंक्लाट से भिन्न होता है। कला की पहचान वस्त्र-व्यापारियों को ही है। पिछले बिक्रीकरवाले साहब चित्र बनाते थे। उन्होंने शिव-पार्वती का एक चित्र 'शंकर विवाह' फिल्म के पोस्टर जैसा बनाया था। वह चित्र सेठ कालूमलजी ने अपने कैलेण्डर पर छपाया था। उन पर बिक्रीकर चोरी का एक बड़ा मामला चला पर शंकरजी की कृपा से सब ठीक हो गया। साहब, कलाकार-अफसर का सम्मान करने की हमारी गौरवमय परम्परा रही है। हम व्यापारी हैं और अफसरों से हमारा निकट का सम्बन्ध रहता है, जैसे कि शब्द सिल्क का इमीटेशन सिल्क से। हम नहीं जानते कि कविता कैसी होती है। हम तो रेडियो पर 'दन्त-मंजन' और 'ताकत की दवाइयों' के बारे में ही कविताएँ सुनते हैं। पर जब रसिकलाल ने कहा कि आप कवि हैं, हमने मान लिया।

"शहर में और जितने व्यापारी हैं; उन पर भी आयकर बढ़ेगा, उनके हिसाब भी गड़बड़ हैं, कई पर तो मामले भी चल रहे हैं— पर उन्होंने इस बात की ज़रा भी परवाह नहीं की कि आप कवि हैं। वे आपका अपमान कर रहे हैं और हम सम्मान कर रहे हैं। इस बात को कृपा कर न भूलें। हम खुले हृदय से आपका अभिनन्दन करते हैं। जिन पर मामले चल रहे हैं, वे भी आज आपके अभिनन्दन में स्वरचित कविताएँ पढ़ेंगे। हमारा सौभाग्य है कि आप यहाँ पधारे। जैसे यहाँ पधारे, वैसे ही दूकानों पर पधारें और हमारा आदर ग्रहण करें— ऐसी प्रार्थना है।"

सम्मान का उत्तर देते हुए 'सरसिज' जी ने कहा, "आज आपके स्नेह को अनुभव कर मुझे ऐसी खुशी हो रही है, जैसी आयकर-विभाग के अधिकारियों को तब होती है, जबकि रात के सन्नाटे में कोई व्यापारी लाल बस्ते में बँधी खाता-बही लेकर उनके घर जाता है। आज मुझे ऐसा लग रहा है मानो अपने सीनियर अफसरों को लाँघकर मैं तरक्की पा गया हूँ। स्याहीसोख के नीचे जैसे जरूरी कागजात दबे पड़े रहते हैं, वैसे ही मेरे मन में यह इच्छा दबी थी कि कभी व्यापारियों के बीच कवि के रूप में जाऊँ। ऐसा संयोग देर से आया, इसका मुझे दुःख नहीं है क्योंकि हमारी शिक्षा-दीक्षा 'लालफीतावाद' में हुई है जिसका प्रथम सिद्धान्त देर करना ही है। आज मुझे ऐसा लग रहा है कि मानो अर्थ-सचिव ने हजारों अफसरों के बीच मुझसे अपनी लड़की की शादी में पानों का प्रबन्ध करने के लिए कह दिया हो।

"मैं जानता हूँ कि आप में और अन्य व्यापारियों में बड़ा अन्तर है। वे लोग सीधा व्यापार करते हैं। आप धार्मिक ट्रस्ट के समान हैं, जिस पर आयकर नहीं लगता। आपके द्वारा दिये गये इस मान-पत्र को मैं मढ़वाकर अपनी बैठक में टाँग लूंगा और यह उसी प्रकार मेरा पथ-प्रदर्शन करेगा, जिस प्रकार कि नये अफसर का पुराना बाबू पथ-प्रदर्शन करता है। मैं आपकी इस कृपा का क्या बदला चुकाऊँ? इतना विश्वास दिलाता हूँ कि मैं आगे आपका खयाल रखूंगा। आप लोग सरकार के नये आदेश से बिल्कुल न घबरायें। मैं आपका हृदय से धन्यवाद देता हूँ। इस अवसर पर मैं अपने मुंशी ब्रजेन्द्र को भी नहीं भूल सकता। उसी के परिश्रम का फल है कि मैं इस नगर में कवि के रूप में स्वीकार किया गया। यदि ब्रजेन्द्र मेरा बाबू न होकर बिक्रीकर-अफसर का बाबू होता, तो कितना अनर्थ हो जाता। तब तो आज यहाँ बिक्रीकर-अफसर का ही सम्मान होता। यह ब्रजेन्द्र की भक्ति का ही परिणाम है कि आज मेरा सम्मान हो रहा है। मैं उसे स्थायी पद पर ही देखना चाहता हूँ। मैं पुनः सबको धन्यवाद देता हूँ। आप निश्चिन्त रहें; चैन से कारोबार करें।"

इसके पश्चात् कुछ कवियों ने अपनी रचनायें सुनायीं। अन्त में 'सरसिज' जी ने लगभग दो घण्टे तक अपनी कविताओं का पाठ किया। समस्त व्यापारी मण्डली रस-विभोर हो गयी।

लेकिन इतने सुन्दर आयोजन के अन्त में एक अवांछनीय घटना घट गयी। फर्म

रामगोपाल श्री गोपाल के सेठ लपेटेलाल संघ के अध्यक्ष से भिड़ गये। लपेटेलाल बड़े क्रोध से चिल्लाये—कल साहब के सामने मेरी पेशी है। और आपने मुझे कविता नहीं पढ़ने दी। अपने सारे रिश्तेदारों से पढ़वा दी। मैंने भी तो यह कविता दस रुपये देकर एक कवि से लिखवायी थी। रुपये भी पानी में गये और इधर काम भी नहीं हुआ।

साहब ने बीच-बचाव करके स्थिति को सँभाला और सब सानन्द विदा हुए।

सर्वोदय-दर्शन

दौरा करता हुआ, मैं इस नगर में आ पहुँचा हूँ, जहाँ सर्वोदय-शिविर का आयोजन किया गया है। यहाँ इस समय नाना प्रकार के सर्वोदयी दूर-दूर से आकर एकत्रित हो गये हैं।

शिविर का प्रबन्ध एक नागरिक-समिति कर रही है। मैं समिति के मन्त्री से मिला और बधाई देते हुए मैंने कहा, "आपने बड़े साहस का काम किया है। दुनिया का सबसे कठिन काम है—सर्वोदय-शिविर का आयोजन। हनुमान समुद्र लाँघ गये थे, पर उनसे कहीं राम कह देते कि एक सर्वोदय-शिविर का आयोजन करो, तो वे फिस्स बोल जाते। पर आप तो परमवीर हैं!"

मन्त्री ने सर्वोदयी संकोच से प्रशंसा स्वीकार करते हुए कहा, "मैं तो निमित्त मात्र हूँ। ईश्वर की कृपा से सब प्रबन्ध हुआ जा रहा है। सर्वोदयी के लिए भोजन की व्यवस्था करना ही सबसे कठिन काम है। ये दुर्लभ वस्तुएँ ग्रहण करते हैं। हमने पन्द्रह-बीस स्त्रियों को चक्कियों पर बैठा दिया है और वे रात-दिन पीसा करती हैं। तीस-चालीस पीपे तिल का तेल शिविर में रखवा दिया है। ये लोग तेल पीते हैं न! शहद लाने के लिए हमने आठ आदमी जंगल में भेजे थे। उनमें से चार को मधुमक्खियों ने ऐसा काटा कि वे अस्पताल में पड़े हैं, बाकी चार अभी लौटे नहीं हैं। कल एक सर्वोदयी बोले कि मैं हर अमावस्या को 'गुल जमार' खाता हूँ। हम बड़े परेशान हुए कि यह क्या चीज है और कहाँ मिलती है? हमने एक प्रोफेसर को इसकी खोज करने के लिए लगाया। उसने आज बतलाया कि यह एक फूल है, जिसका उल्लेख किस्सा हातिमताई में आता है और यह कहीं भूमध्यसागर के पास मिलेगा। हमने हवाई जहाज से दो आदमी 'गुल जमार' लेने के लिए भेजे हैं।"

मन्त्री से मिलकर मैं शिविर के पास गया। वहाँ एक बड़े सर्वोदयी नेता स्वामी दीनबन्धुजी बैठे थे। उनके आसपास सैकड़ों सर्वोदयी थे और स्वामीजी उनकी शंकाओं का समाधान कर रहे थे। प्रश्नोत्तर चल रहे थे:

सर्वोदयी—स्वामीजी, यदि हम सिनेमा का पोस्टर उखाड़ रहे हों और उसी समय मैनेजर आकर कहे कि चलो, तुम्हें सिनेमा दिखाता हूँ, तो सर्वोदयी का क्या कर्त्तव्य है ?

स्वामीजी—सर्वोदयी का कर्त्तव्य होगा कि वह पोस्टर लगा रहने दे और सिनेमा देख ले।

सर्वोदयी—सर्वोदयी के लिए झूठ बोलना कब-कब क्षम्य है ?

स्वामीजी—अपनी सेवाओं का उल्लेख करते समय।

सर्वोदयी—क्या आप बतायेंगे कि सर्वोदय में शामिल होने की ठीक अवस्था क्या है ?

स्वामीजी—यह अवस्था पर नहीं, बल्कि परिस्थितियों पर निर्भर है। साधारणतः दो चुनाव हारने के बाद सर्वोदयी हो जाना चाहिए। विशेष स्थिति में चुनाव टिकट न मिलने पर भी आदमी को सर्वोदय में आ जाना चाहिए।

स्वामीजी ने पास ही एक सर्वोदयी को ध्यान से देखा और अप्रसन्नता से कहा—सेवकजी, दाढ़ी बढ़ा ली, सो तो ठीक किया, पर इसमें तेल क्यों चुपड़ते हो ? तेल दाढ़ी में चुपड़ने के लिए है कि पीने के लिए ?

सेवकजी लज्जित हुए। कहने लगे—भूल हुई। अब तेल नहीं चुपड़ूँगा।

स्वामीजी ने दूसरे सर्वोदयी से कहा—दुखीजी, तुम्हें कितना समझाया कि सर्वोदयी को धोती ऊँची पहनना चाहिए, पर तुम्हारी धोती अभी भी घुटनों से नीचे आती है। इतनी नीची धोती से समाज पर नैतिक प्रभाव कैसे पड़ सकता है !

इसी समय एक जत्था आया। जत्थे के मुखिया ने स्वामीजी को प्रणाम करके कहा—हम बहुत दूर से आये हैं। हमें विनोबाजी से मार्गदर्शन चाहिए।

स्वामीजी ने कहा—विनोबाजी इस समय दौरे पर हैं। मुझे बताओ, तुम्हारी समस्या क्या है ?

सर्वोदयी ने कहा—स्वामीजी, हमारे शहर में बड़ा भीषण साम्प्रदायिक संघर्ष हो रहा है। मानवता मर रही है। हमें प्रकाश चाहिए। हम क्या करें ? ऐसी स्थिति में हमारा क्या कर्त्तव्य होना चाहिए ?

स्वामीजी ने कहा—जब वहाँ संघर्ष चल रहा है, तब तुमने अच्छा किया जो यहाँ आ गये। यहाँ कोई डर नहीं है, आराम से रहो। तुम कब चले थे ?

—कल शाम को। सर्वोदयी ने जवाब दिया।

स्वामीजी ने पूछा—फिर इतनी जल्दी यहाँ कैसे आ पहुँचे ?

सर्वोदयी ने कहा—क्यों ? हम लोग रेलगाड़ी से ही आये हैं।

स्वामीजी बहुत असन्तुष्ट हो उठे। बोले—जब मूल सिद्धान्त की ही अवहेलना करोगे, तो काम क्या होगा ? कितनी बार समझाया कि सर्वोदयी को हमेशा पैदल चलना चाहिए। इससे नैतिक प्रभाव पड़ता है और समस्याएँ अपने आप हल होती हैं। अगर तुम पैदल आते, तो तुम्हारे लौटते तक वहाँ शान्ति हो ही जाती और तुम कुछ करने से बच जाते। खैर, अब तुम लौटकर सिनेमा के पोस्टर उखाड़ो। इससे

समाज की नैतिकता सुधरेगी और अपने आप बन्धुत्व की भावना का संचार होगा।

सर्वोदयी ने हाथ जोड़कर कहा—पर हमारी मजबूरी यह है कि हमें कुछ करना ही पड़ेगा। हम वहाँ कह आये हैं कि हम नुस्खा पूछने जा रहे हैं।

स्वामीजी ने कुछ देर विचार किया। फिर कुटिया में गये और एक जड़ी हाथ में लेकर आये। बोले—लो, यह जड़ी ले जाओ। इसकी विधिपूर्वक पूजा करके इसे जमीन में गाड़ देना। दिन-रात सात दिन तक इसके पास रामधुन लगाना। आठवें दिन इसे निकालकर लोबान की धूनी देना। बस, समाज का हृदय-परिवर्तन हो जायेगा।

सर्वोदयी ने जड़ी लेकर झोले में डाल ली।

चलते-चलते सर्वोदयी ने कहा—एक प्रार्थना और है। राष्ट्रपति ने डाकुओं को नष्ट करने के मेडिल पुलिस अफसरों को दे दिये। मेडिल तो हमें मिलने चाहिए थे। डाकुओं का हृदय-परिवर्तन करके हमने उनका नाश किया है।

स्वामीजी ने कहा—तुम्हारी शिकायत ठीक है। हम राष्ट्रपति से प्रार्थना करेंगे और तुम्हें मेडिल दिलवायेंगे। यदि राष्ट्रपति ने मेडिल नहीं दिये, तो डाकुओं से दिलवायेंगे।

इसके बाद सर्वोदयियों का दतौन तोड़ने का समय हो गया। सब उठकर दतौन तोड़ने चले गये।

एक जोरदार लड़के की कहानी

रचना-प्रक्रिया—पिछले दो महीने से मैं प्रेमकथा लिखने की कोशिश कर रहा हूँ और अब कहीं लिख पा रहा हूँ। मेरी सबसे बड़ी कठिनाई थी कि मुझे नायक-नायिका के नाम नहीं सूझ रहे थे। प्रेमकथा में नायिका का नाम सबसे महत्त्वपूर्ण है। कहानी तो फिर मिनटों में बन जाती है। नायिका के नाम से कहानी का 'पैटर्न' तय हो जाता है और कहानी खुद अपने को लिख लेती है। मेरा एक प्रेमकथा-लेखक मित्र तो जादू करता है। वह शाम को कोरे कागज पर लड़की का नाम लिख देता है और सबेरे देखता है कि कहानी लिख गयी है। एक शाम उसने मेरे सामने कागज पर 'सावित्री' लिखकर रख दिया। सबेरे उठकर मैंने देखा कि कहानी लिख गयी है और सावित्री आत्महत्या कर चुकी। बात यह है कि कौन स्त्री कैसा प्रेम करेगी, यह तो साहित्य में पहले से तय है। कौशल्या का प्रेम एक प्रकार का होगा, सुनीता का दूसरे प्रकार का और अरुन्धती का तीसरे प्रकार का। किशू, बिशू, उषी और पुशी बिल्कुल नये किस्म का प्रेम करेंगी। कौशल्या बाप के दबाव में जरूर दूसरे से शादी

कर लेगी, रागिनी जरूर तपेदिक से मरेगी और रंजना एक-दो प्रेमियों को 'जिल्ट' करेगी, यानी धता बतायेगी। सब नाम की माया है। तभी तो कहानीकार एक साल में नाम खोजता है और एक घण्टे में उसकी कहानी लिखता है।

नाम की खोज में मैं बहुत भटका। एक दिन आयुर्वेदिक दवाओं की एक दूकान के पास से गुजर रहा था कि मेरी नजर विज्ञापन-बोर्ड पर पड़ी। मैं ठिठक गया। लिखा था —'ग्रीष्म ऋतु में शीतलता के लिए पीजिए—सीरप शंखपुष्पी!' अहा, शंखपुष्पी! यह नाम किसी लेखक को नहीं सूझा और मैं इसे न खोजता, तो 'शंखपुष्पी' की कहानी 21वीं शताब्दी में हिन्दी-साहित्य का कोश भरती। मैंने वहीं तय किया कि नायिका का नाम 'शंखपुष्पी' होगा जो प्यार में 'पुष्पी' कही जायेगी; प्यार और बढ़ने पर 'पु' कही जायेगी। नायक की समस्या भी वहीं हल हो गयी। बोर्ड पर लिखा था—'अशोकारिष्ट'। मैंने तय किया, नायक अशोकारिष्ट होगा, जिसे प्यार में 'अशोक' या 'अरिष्ट' कहा जायेगा, गुस्से में 'अनिष्ट' और तिरस्कार में 'हिष्ट'।

इस तरह नामों की समस्या हल हो गयी। मैं हिन्दी का एकमात्र ऐसा लेखक हूँ जिसे एक ही मेडिकल स्टोर में नायक-नायिका, दोनों के नाम मिल गये।

इसके बाद तो घण्टे-भर में मैंने कहानी लिख दी—

किसी नगर में एक आदमी रहता था, जिसे क्वाँरा होने के कारण 'लड़का' कहते थे। उसका नाम अशोकारिष्ट था। उसी नगर में, दूसरे मुहल्ले में एक लड़की रहती थी, जिसका नाम शंखपुष्पी था।

[यह आदिम शैली है। इसे छोड़कर 'सिक्सटीज़' की शैली पर आ जाता हूँ।]

अशोकारिष्ट रेस्तराँ के केबिन में बैठा था।

रेस्तराँ में दो प्रकार के प्रेम-केबिन बनाये गये थे—एक उनके लिए जो किसी से प्रेम करते हैं, और दूसरा उनके लिए जो अपने आपसे प्यार करते हैं।

अशोकारिष्ट पहले दूसरे प्रकार के केबिन में बैठा करता था। आज से उसने पन्द्रह दिन के लिए पहले प्रकार का केबिन किराये पर ले लिया है।

कमरे में वातावरण बना दिया गया था। वातावरण के पैसे अलग से नहीं लगते थे। कोई भी लेखक इसे नोट कर सकता था।

अशोक ने सिगरेट जला रखी थी। वह सिगरेट की राख कॉफ़ी के कप में डालता जाता था। जब सिगरेट खत्म हो जाती, तब वह कॉफ़ी में राख घोलकर पी जाता। वह अभी तक दस सिगरेटों का धुआँ और उनकी राख पी चुका है।

शंखपुष्पी अभी नहीं आयी।

सोचता है अशोकारिष्ट। जीवन क्या है? सिगरेट की राख है, जिसे हम कॉफ़ी में घोलकर पीते जाते हैं। वह घड़ी की तरफ देखता है। समय अर्थहीन है। वह दीवार को देखता है। दीवार उसे पसन्द नहीं। बाहर का शोर उसे कचोटता है। क्या है हमारा अस्तित्व? महज एक अर्थहीन शोर।

उसने कॉफ़ी का ताजा प्याला मँगा लिया है और उसमें राख डालने लगा है।

वह देखता है--कॉफ़ी को देखता है; राख को देखता है।

"हलो, अरिष्ट !"

शंखपुष्पी आ गयी। वह देखता है। वह बैठ जाती है।

"पुष्पी !"

"हूँ !"

"पुष्पी !"

"..."

"पु"

"..."

इस तरह का वार्तालाप लगभग आधा घण्टा चलता है।

सिगरेट को कप में झाड़ते हुए और राख को कॉफ़ी में घुलते हुए देखता अशोकारिष्ट बोला, "मुझे समझने की कोशिश करो पु !"

शंखपुष्पी ने कहा, "तुम अपने-आपको समझने की कोशिश करो, अशोक !"

अशोक डूब गया। गहरे से बोला, "मेरा जीवन एक 'क्रासवर्ड पज़ल' है, पु, जिसमें कितने ही सन्दर्भहीन शब्द छिपे हैं—ऊपर से नीचे और नीचे से ऊपर ! मैं रिक्त स्थानों में अक्षर भरने की कोशिश करता हूँ, पर शब्द ठीक नहीं बनते। तुम वह सीलबन्द लिफाफा हो, जिसमें सही हल रखा है। पुष्पी, तुम वह लिफाफा खोलो और मेरा सही हल निकाल दो।"

पुष्पी थोड़ी देर खिड़की से बाहर देखती रही। फिर बोली, "मेरा जीवन एक गणित की पुस्तक है, जिसके अन्त के उत्तर के पन्ने तुमने फाड़कर रख लिये हैं। मैं प्रश्न हल करती हूँ, पर उत्तर नहीं मिला पाती। तुम मेरे उत्तर के पन्ने वापस कर दो, अरिष्ट !"

अशोकारिष्ट मौन ! शंखपुष्पी भी मौन !

आधा घण्टा और बीत गया।

अशोकारिष्ट बोला, "मेरी जिन्दगी क्या है? एक इस्पात का कारखाना, जिसकी 'ब्लास्ट फ़र्नेस' नष्ट हो गयी है। तुम मेरी पंचवर्षीय योजना को क्यों 'सेबटाज' कर रही हो, मेरी पु ?"

शंखपुष्पी सुनती रही, सुनती रही और अपने में डूबती रही। उसने खिड़की से बाहर देखते हुए कहा, "पर मेरी जिन्दगी तो बोकारो का इस्पात कारखाना है, जिसके लिए मदद देने का वादा करके तुम अमेरिका की तरह मुकर रहे हो, रिष्ट !"

शाम होने लगी। धूप मुरझा गयी।

अशोकारिष्ट ने खिड़की से बाहर देखा। शंखपुष्पी ने भी खिड़की से बाहर देखा।

दोनों उठे।

! ! ! ? ? !

दोनों दो दिशाओं को मुड़े।

शंखपुष्पी ने कहा, "मेरी मोमबत्ती दोनों सिरों से जल रही है, अशोक !"

अशोकारिष्ट ने कहा, "मेरी मोमबत्ती तो हवा के कारण आग ही नहीं पकड़ रही।"

दोनों गुमसुम खड़े रहे।

शंखपुष्पी ने कहा, "जाना ही होगा। तुमसे दूर एक-एक क्षण एक युग के बराबर भारी हो जाता है।"

अशोकारिष्ट ने टोका, "यह तुम क्या कहती हो ? 'थर्टीज़' की प्रेमिका की तरह बात न करो, पुष्पी ! शरीर से दूर होकर भी मैं हमेशा तुम्हारे पास हूँ। अपने हृदय में झाँककर देखो। वहाँ मैं निरन्तर हूं।'

शंखपुष्पी हँसी। कहने लगी, "तुम भी 'ट्वेंटीज़' के नायक-जैसी बात कर रहे हो।"

अशोकारिष्ट ने कहा, "हाँ, पुष्पी, हम सभी पीछे जाते हैं, आदिम अवस्था की दिशा में। हमारे भीतर 'आदिम अग्नि' है न !"

दोनों विपरीत दिशा में चल पड़े।

एक दिन केबिन से उठते-उठते अशोकारिष्ट ने कहा, "पुष्पी, आज केबिन का किराया खत्म होता है। कल से हम यहाँ नहीं बैठ सकेंगे। मैं कल एक सप्ताह के लिए जा रहा हूँ।"

"कहाँ ?" शंखपुष्पी ने कहा।

"एक पहाड़ी डाक-बँगले में। दूर, इस शहर से दूर, इसके अर्थहीन कोलाहल से दूर, मुंह फैलाये बसें निगलती हुई इन सड़कों से दूर---सबसे, सबसे दूर !"

"वहाँ क्या करोगे ?"

"कुछ नहीं करूंगा। कर सकता ही नहीं। वहाँ एकान्त है, शून्य है। शून्य में निश्चेष्ट अपने को डाल दूंगा। पहाड़ी की सन्ध्या में खो जाना चाहता हूँ।"

"और मेरा क्या होगा, अशोक ?"

"कुछ नहीं होगा। किसी का कुछ नहीं होता।"

शंखपुष्पी की आँखों में आँसू आ गये।

अशोकारिष्ट रूमाल में मोती बटोरने लगा। बोला, "यह क्या, 'थर्टीज़'··· की लड़की-जैसी रोती हो !"

पुष्पी हँसी, "तुम भी तो 'थर्टीज़' के प्रेमी-जैसे आँसू पोंछ रहे हो।"

आदिम अग्नि !

और निर्जन गुहा !!

अशोकारिष्ट पहाड़ी डाक-बँगले के बरामदे में बैठा है। शाम हो गयी है। आस-पास धुंधलका है। सर्वत्र उदासी, घुटन ! नीचे झोंपड़ियाँ हैं, जिनके छप्परों से धुआँ निकल रहा है।

अन्धकार, उदासी और धुआँ !

हर शाम अशोक देखता है, देखता है और अपने में डूब-डूब जाता है।

सोचता है अशोक—शाम और धुआँ ! मेरे भीतर शाम बस गयी है और धुआँ छा गया है।

इधर शंखपुष्पी सात दिन निढाल पड़ी रही।

रीत गयी शंखपुष्पी !

रीत गया अशोकारिष्ट !!

अशोकारिष्ट लौट आया।

शंखपुष्पी ने कहा, "तुम मुझे छोड़कर कहाँ चले गये थे ? तुम आज न आते, तो मैं 'सेनेटोरियम' चली जाती।"

अशोक चौंका।

"क्यों ? सेनेटोरियम क्यों ?"

"मुझे तपेदिक के आसार नजर आने लगे थे।"

अशोकारिष्ट हँसा। बोला, "नहीं, तुम्हें भ्रम है। तुम्हारे भीतर 'थर्टीज़' की नायिका फिर आ गयी है। सुनो पु, अब मैं कहीं नहीं जाऊँगा। तुमसे मुझे अब कोई दूर नहीं कर सकता। मैं तुम्हें पाकर रहूँगा। तुम्हें मुझसे कोई नहीं छीन सकता—न समाज, न धर्म, न परिवार। समाज चाहे कितने ही प्रहार करे, तुम्हारे पिता चाहे जो बाधाएँ डालें, मैं तुम्हें प्राप्त करूँगा। मैं किसी से नहीं डरता। मैं सारे संसार को चुनौती देता हूं।"

शंखपुष्पी हँसी। बोली, "अशोक, तुम 'फ़ार्टीज़' के नायक की तरह क्यों वीर-वाक्य बोल रहे हो ? वीरता दिखाने का इस मामले में कोई अवसर ही नहीं है। मेरे पिताजी राजी हैं।"

अशोकारिष्ट चौंक उठा। बोला, "राजी हैं ? किसके लिए ?"

"हमारे विवाह के लिए। मैंने पूछ लिया है।"

अशोकारिष्ट को लगा कि उसके पाँव फूल उठे हैं।

"कब, कब कहा ?" उसने भर्राये गले से पूछा।

पुष्पी ने कहा, "कल। पर वे तो शुरू से ही यह चाहते थे कि हमारी शादी हो जाये।"

"शुरू से ? फिर तुमने मुझे बताया क्यों नहीं ?"

"क्या बताती ? तुम्हारा मन तो जानती थी न !"

"पर मुझे पहले से सचेत तो करना था। तुमने ठीक 'ट्वेंटीज़' की लड़की-जैसा बरताव किया है।"

वह सिर पकड़कर कुरसी पर बैठ गया।

शंखपुष्पी ने उसके सिर पर हाथ रखा। बोली, "तुम इतने परेशान क्यों हो गये, अरिष्ट ?"

अशोकारिष्ट ने कहा, "तुम मुझे समझने की कोशिश करो, पुष्पी !"

वह उठा और उसने शंखपुष्पी के पाँव पकड़ लिये।

कहा, "दीदी, तुम मुझे समझने की कोशिश करो। मैं तुमसे 'पवित्र प्रेम' करता हूँ और करता रहूँगा। दीदी, दीदी, मेरे सिर पर हाथ रखकर आशीष दो!"

शंखपुष्पी स्तम्भित रह गयी।

उसने कहा, "अशोक, तुम तो 'ट्वेंटीज़' से भी नीचे चले गये। 'पवित्र प्रेम' का क्या अर्थ? बात तो सीधी है। मैंने पिताजी से पूछ लिया है।"

अशोकारिष्ट गिड़गिड़ाया, "पुष्पी दीदी, मुझे समझने की कोशिश करो।"

अशोकारिष्ट 'दीदी-दीदी' कहता हुआ चला गया। शंखपुष्पी हतप्रभ खड़ी रही।

"दीदी, मेरे कप में से एक घूंट चाय पी लो। फिर मैं पी लूंगा।"

"मैं पी चुकी हूँ। मुझे इच्छा नहीं है।"

"तो इसे होंठों से छू दो, दीदी! यह चाय अमृत हो जायेगी।"

और एक दिन शंखपुष्पी को अशोकारिष्ट का एक पत्र मिला।

लिखा था—

"मेरी पुष्पी दीदी,

तुम्हारा यह अभागा अशोकारिष्ट, जिसे तुम प्यार से 'हिष्ट' कहने लगी थीं, अब कुछ दिनों का मेहमान है। जीवन रिक्त और अर्थहीन हो गया है। मेरे भीतर-बाहर शून्य-ही-शून्य है।

तुम मेरे लिए दुख न करना। बस, तुमसे एक ही प्रार्थना है, दीदी! जब मेरी अर्थी उठने लगे, तो तुम अपने कोमल हाथों से मेरे सिर को छू लेना। बस, इतना ही। मैं तर जाऊँगा। और अगर तुम किसी कारण न आ सको, तो गाँधीगंज पोस्ट ऑफ़िस के सामने वह जो वीणा रहती है, उससे कह देना कि मेरा सिर छू ले। अगर वीणा भी न आ सके, तो फिर तुम्हारे मुहल्ले में वर्मा वकील की लड़की जो शुभदा है, उसी से कह देना कि मेरा माथा छू ले। और अगर किसी कारण शुभदा भी न आ सके, तो तुम ज़रा कष्ट करके जार्ज टाउन चली जाना और वहाँ प्रोफ़ेसर डी. सिंह की लड़की वसुधा से कह देना कि आकर मेरा माथा छू ले। और अगर वसुधा भी न मिले, तो दीदी, फिर तुम चली जाना रंजना के पास। तुम उसे जानती हो। उसे भेज देना कि वह मेरा माथा छू ले।

बस, मेरा इतना काम करना, दीदी!

अभागा
अशोकारिष्ट"

शंखपुष्पी बड़बड़ायी, "उन्नीसवीं शताब्दी के उत्तरार्ध में चला गया यह तो।"

चिट्ठी लानेवाले से पूछा, "क्या हाल हैं उनके? क्या कर रहे हैं?"

उसने जवाब दिया, "बहनजी, वे चौक में चाट खा रहे थे अभी।"

1-निठल्लेपन का दर्शन

निठल्ला भी कहीं डायरी लिखने का काम करेगा !

असम्भव।

उसी तरह अविश्वसनीय जैसे यह कि तुलसीदास 'रामचरितमानस' की पाण्डुलिपि टाइप करते पाये गये।

या यह कि तुकाराम पियानो पर अपने अभंग गाते थे।

मगर निठल्ले-निठल्ले में फर्क है—

जैसे इनकमटैक्स-विभाग के ईमानदार और शिक्षा-विभाग के ईमानदार में फर्क होता है—गो ईमानदार दोनों हैं।

यह निठल्ला कुछ भिन्न किस्म का था। पूरी डायरी पढ़ने से ऐसा मालूम होता है कि वह 'निठल्ला' के नाम से इसलिए बदनाम था कि वह लगातार कोई काम नहीं करता था। अगर वह लगातार चौराहे पर खड़े होकर लोगों को मुँह चिढ़ाने का काम करता रहता, तो भी लोग उसे निठल्ला नहीं कहते। कहते—वह जी लगाकर मुँह चिढ़ाने का काम करता है।

जब घण्टों भगवान की स्तुति करना काम माना जाता है, तब मुँह चिढ़ाना काम क्यों नहीं है ?

दूसरा कारण यह है कि वह ऐसा कुछ नहीं करता था, जिससे उसका अपना फायदा हो। अगर वह गैर-कानूनी शराब उतारकर बेचता और हवेली खड़ी कर लेता, तो बड़े-बड़े कर्मयोगी उसे गुरु मानते।

वह शायद घूमता रहता था और जहाँ-तहाँ घुस जाता था।

नियम उसकी जिन्दगी में नहीं था।

नियम के कारण ही एक कुलटा कहलाती है और दूसरी पतिव्रता। कुलटा का कुल मिलाकर पुरुष-सम्पर्क पतिव्रता से कम होता है, तो भी।

निठल्ले की डायरी के पहले के पन्नों में कुछ फुटकर बातें लिखी पायी गयीं, जिनसे मालूम होता है कि 'नियमित कर्म' के प्रति उसकी विरक्ति कैसे होती गयी।

डायरी प्रकाशित करने के पहले ये कुछ अंश यहाँ उद्धृत किये जाते हैं—

श्रीमद्भगवद्गीता की रचना किसने की ?

क्या कृष्ण ने सचमुच रणभूमि में अर्जुन से यह सब कहा, जिसे व्यास ने लिखा ?

इस सारे उपदेश का नतीजा क्या हुआ ? अर्जुन ज्ञानी हो गया और लड़ने लगा। यानी ज्ञानी वह जो हमेशा लड़ने को तैयार रहे।

पर दुर्योधन तो पहले से लड़ने को तैयार था।

यानी दुर्योधन अर्जुन से ज्यादा ज्ञानी था।

यानी बुरा आदमी अच्छे आदमी से ज्यादा ज्ञानी होता है।

यह बात मेरे गले नहीं उतरती।

गीता न कृष्ण ने कही, न व्यास ने लिखी।

गीता को 'फेडरेशन ऑफ इण्डियन चेम्बर ऑफ कॉमर्स एण्ड इण्डस्ट्रीज़' के अध्यक्ष ने लिखा है या पैसा देकर लिखवाया है।

प्रमाण मुझे मिल गया है।

गीता में लिखा है—'कर्मण्येवाधिकारस्ते मा फलेषु कदाचन्।'—अर्थात् तुम्हारे अधिकार में सिर्फ काम करना है; तुम फल की इच्छा मत करो।

हे मजदूरो, भगवान् का आदेश है कि काम करते जाओ; तनख्वाह मत माँगो।

यह उपदेश मजदूरों की हड़ताल तोड़ने के काम आ सकता है।

भगवान् ऐसा उपदेश नहीं दे सकते कि काम करो, पर पैसा मत माँगो।

सिद्ध हुआ कि गीता या तो 'फेडरेशन ऑफ इण्डियन चेम्बर ऑफ कॉमर्स एण्ड इण्डस्ट्रीज़' के अध्यक्ष ने लिखी है या किसी से लिखवायी है।

इसीलिए राजगोपालाचारी को गीता विशेष प्रिय है।

इस शोध के बाद मुझे कर्म से अरुचि हो गयी।

पुराने जमाने की बात है।

भारत के किसी जामुन के पेड़ के नीचे तीन आदमी मुँह खोले लेटे थे और कह रहे थे—आ जामुन, मेरे मुँह में गिर!

जामुन गिरने ही वाली थी कि वहाँ एक घुड़सवार आया।

वह घोड़े पर बैठकर घूमने को बड़ा काम मानता था जैसे आजकल सरकारी जीप पर बैठने को काम माना जाता है। उसने उन तीनों को हण्टर मारकर भगा दिया।

कई साल बाद पश्चिम में एक लड़का एक सेब के पेड़ के नीचे बैठा था।

वह भी कह रहा था—आ सेब, मेरे मुँह में गिर!

सेब जामुन से बहुत बड़ा होता है। निष्कर्ष निकला कि जहाँ तक खाने का सम्बन्ध है, पश्चिम का मुँह पूर्व से बड़ा होता है। बीते साम्राज्य और सेब इसके गवाह हैं।

उस समय वहाँ कोई घुड़सवार नहीं आया, क्योंकि यूरोप के सारे घुड़सवार संकट में फँसी सुन्दरियों की रक्षा खोज-खोजकर कर रहे थे।

सेब गिरा और लड़के ने 'ग्रेविटेशन' (गुरुत्वाकर्षण) का सिद्धान्त खोज लिया।

अगर वह घुड़सवार वहाँ न जाता और एक जामुन भी उनमें से किसी के मुँह में गिर पड़ती, तो उस सिद्धान्त की खोज का श्रेय भारत को मिल जाता। भारत में

अनुसन्धान को कोई प्रोत्साहन नहीं दिया जाता। अनुसन्धान करने के लिए बैठे मनीषी को अलाल कहा जाता है। उन्हें पहले घुड़सवार छेड़ता था और अब जीप-सवार छेड़ता है।

सारा देश अब पछताता है कि अगर हमारे वे तीन जामुन के नोचे के मनीषी छेड़े न जाते, तो हमें एक महान् खोज का श्रेय मिल जाता।

ऐसी ही भूल तब हुई थी जब लक्ष्मण ने मरणासन्न रावण से दुनिया-भर की नीति की बातें तो पूछीं, पर यह नहीं पूछा कि गुरू, उस गोली का फार्मूला तो बता जाओ, जिसे खाकर आपके मरहूम भाईजान कुम्भकर्ण छः महीने सोते रहते थे।

पश्चिम विज्ञान के क्षेत्र में इतना आगे क्यों बढ़ा है?

क्योंकि वहाँ अलालों को सब तरह के सुभीते दिये जाते हैं। हमारे यहाँ वे निरादर के पात्र हैं।

कहते हैं उसकी मर्जी के बिना पत्ता भी नहीं हिलता।

तो उसकी मर्जी के बिना चोरी भी नहीं होती होगी।

वही चोरी करता है और वही पुलिसमैन से गश्त दिलवाता है।

तो करणीय क्या? और अकरणीय क्या?

अभी तो यही निश्चित नहीं है कि वह जेब काटने को बुरा मानता है। आखिर जेब कटवाता तो वही है।

मैं कुछ कामों को अच्छा मानकर जिन्दगी-भर करता जाऊँ, और बाद में मालूम हो कि इन कामों को वह बुरा मानता है, तो मैं नर्क में चला जाऊँगा।

मैं जीवन-रक्षा को अच्छा मानकर करूँ, बाद में मालूम हो कि वह आबादी घटाने के लिए लोगों को मरवाना चाहता था। ऐसी हालत में मेरा सारा पुण्य पाप हो जायगा।

तब बुरे डॉक्टर स्वर्ग का सुख भोगेंगे और अच्छे डॉक्टर नर्क में सड़ेंगे।

निर्णय होने तक कि क्या बुरा है और क्या अच्छा, अकर्म ही चलने दो।

गली के मोड़ पर चबूतरे पर जगन्नाथ काका पालथी मारे बैठे रहते हैं।

बैठे हैं, और देख रहे हैं।

मैं पूछता हूँ—काका, क्या कर रहे हैं?

जवाब देते हैं—बैठे हैं।

सुबह पूछता हूँ, तो बैठे हैं। दोपहर को पूछता हूँ, तो बैठे हैं। शाम को पूछता हूँ, तो बैठे हैं।

—और काका, क्या हाल हैं?

—कुछ नहीं, बैठे हैं।

आज मैंने सवाल बदला—

—कहिए काका, बैठे हैं क्या ?

वे बोले—भैया और क्या करें ?

मैं क्या बताता कि और क्या करें।

मैंने कहा—आप ही सोचिए कि क्या करें।

उन्होंने जवाब दिया—सब सोच लिया। कुछ करो, तो आधे अच्छे काम होते है और आधे बुरे। कुछ नहीं करने से कोई बुरा काम नहीं होता। बुरा करने से यही अच्छा है कि बैठे-बैठे अच्छा सोचा करो।

26 तारीख की रात को 11 बजे पण्डित नेहरू ने कहा—मैंने सब फाइलें निपटा दीं। मेरा सब काम पूरा हो गया।

दूसरे दिन पण्डितजी की मृत्यु हो गयी।

इससे देशवासियों को क्या शिक्षा ग्रहण करनी चाहिए ?

—यह कि अपना काम पूरा करना खतरनाक है।

जिसकी सब फाइलें पूरी हो जायें, उसकी मृत्यु हो जाती है।

जिसे जीवित रहना है और देश की सेवा करनी है, वह फाइलें कभी पूरी नहीं करेगा।

जिसकी टेबिल पर फाइलों का जितना बड़ा ढेर होगा, वह उतना ही दीर्घायु होगा और उतना ही बड़ा देशसेवक होगा।

शासन में मन्त्री से लेकर क्लर्क तक वे मेरी श्रद्धा के पात्र हैं, जो कभी काम पूरा नहीं करते।

वे देश के लिए जीवित रहना चाहते हैं।

केन्द्रीय सरकार को सहज हिदायत देनी चाहिए कि जो अपना काम पूरा कर देगा, उसे नौकरी से निकाल दिया जायेगा। वह मरकर अपनी सेवा से वंचित करना चाहता है।

डायरी में निठल्ले के चिन्तन और अनुभव के ऐसे अंश और भी बहुत हैं।

आगे एक जगह लिखा है—

—अब मैं ऊब गया। मैंने दुनिया के बारे में बहुत कुछ अच्छा सोच डाला है। मैंने आसमान से रोटियाँ बरसवा दी हैं और चाँद से दाल उँड़ेली है। मैंने सारे बमों को बोरों में भरकर समुद्र में डलवा दिया है। सारे कारखाने मैं मजदूरों को दे चुका। जगह-जगह मैंने कल्प-वृक्ष के बगीचे लगवा दिये हैं, जिनके नीचे बैठकर लोग इच्छाएँ पूरी कर रहे हैं। सारी सुन्दरियों को मैंने उनके प्रेमी उपलब्ध करा दिये हैं, और कोई विरहिणी नहीं बची है। सारे कवि मुझे गाली दे रहे हैं और जच्चा के गीत लिख रहे हैं।

अब मेरे लिए कुछ सोचने को नहीं बचा।

अब मैं कुछ दिन घूम-घूमकर दूसरों के काम में दखल दूंगा।

कल से यह मेरा दखल-अभियान शुरू होगा। मैं काम नहीं करूँगा, सिर्फ दूसरे के काम में दखल दूंगा।

आगे के पन्नों में निठल्ले के अनुभव लिखे हैं, जो जैसे-के-तैसे प्रकाशित किये जा रहे हैं।

2-शिवशंकर का केस

सुबह उठा तो कल का संकल्प याद आया।

खुद चाहे कुछ न करूँ, पर दूसरों के काम में दखल जरूर दूंगा।

लोग अपने काम में दखल नहीं देने देते, जब तक आप उनका भला न करने लगें।

दखल देने के लिए भला करना जरूरी है। मैं भला करने के लिए व्याकुल हो उठा।

बाहर निकला तो चबूतरे पर काका पालथी मारे बैठे दिखे। वे एक आँख बन्द करके बड़ी एकाग्रता से मूँछ के सफेद बाल उखाड़ने की कोशिश कर रहे थे।

एक झटका बाल को देकर उन्होंने चुटकी देखी और बोले—हस्साला बच गया!

वे फिर एक आँख बन्द करके चुटकी में बाल को पकड़ रहे थे कि सड़क की तरफ उनकी नजर गयी और वे दूसरे काम में लग गये—ए लड़के, कुत्ते को पत्थर क्यों मारता है? वह काट खायेगा न!

—अरे, इधर साइकिल क्यों टिकाते हो? यह चबूतरा है कि साइकिल स्टैण्ड?

मेरी तरफ देखा। बोले, "कहाँ चल दिये?"

मैंने कहा, "काका, मैंने तय किया है कि दूसरों का भला करूँगा।"

काका बोले, "और अपना भला कब करोगे? अरे, जो अपना ही भला नहीं कर सकता वह दूसरे का भला क्या करेगा? वह जानता ही नहीं है कि भला क्या होता है? देखता नहीं है, जितने जनता के सेवक हैं, सबके घर भरे हुए हैं? क्यों? क्यों माल को बटोर रखा है उन्होंने? इसीलिए कि अपने पास धन होगा, तभी यह समझ में आयेगा कि धन का क्या महत्त्व है और तभी निर्धन जनता की हालत सुधारने की स्फूर्ति पैदा होगी।"

मैंने कहा, "मगर मैंने तो सुना है कि अपना सर्वत्र त्यागकर दूसरों का भला किया जाता है।"

काका बोले, "गलत सुना है। तूने सुना होगा, पर मैंने तो देखा है। सेवकजी को जानता है—जिनकी चौक में तिमंजिली इमारत बनी हुई है। आजादी की लड़ाई के जमाने के नेता हैं वे। तब वे गरीब किसानों और मजदूरों के जुलूस निकाला करते थे और नारे लगवाते थे—'इन्किलाब जिन्दाबाद। उजड़े घर होंगे आबाद!' अभी एक दिन किसान-मजदूरों ने उन्हें घेर लिया और कहा—सेवकजी, आप हमसे नारा लगवाते थे 'इन्किलाब जिन्दाबाद, उजड़े घर होंगे आबाद!' तो इन्किलाब हो गया, मगर हमारे घर तो वैसे-के-वैसे ही हैं। वैसे ही गन्दे झोंपड़ों और कमरों में हम अभी भी रहते हैं। सेवकजी ने शान्ति से बात सुनी और कहा—अरे, तुम लोगों को बड़ी गलतफहमी हो गयी। वह नारा तो मैंने अपने घर के बारे में लगवाया था। और तुम देख ही रहे हो कि मेरा वह तिमंजिला मकान खड़ा हो गया है। तुम क्या यह समझे कि वह नारा तुम्हारे घरों के बारे में था? तो हातिम साहब, पहले अपना, बाद में दूसरे का। भगवान् ने अपने लिए पहले गरुड़ का इन्तजाम कर लिया, तब मनुष्य की सवारी के लिए घोड़ा बनाया तब कहीं अभी हाल में चालीस साल पहले आदमी को हवाई जहाज बनाने दिया। तुम शायद यह विश्वास करते हो कि कबीर महात्मा थे, त्यागी थे। वे खुद भूखे रह जाते थे, पर दूसरों को खिला देते थे, तुम उन्हें समझे ही नहीं। वे इतने बुद्धू नहीं थे, जितना तुम उन्हें समझते हो। उनका दोहा है—

साईं इतना दीजियो, जामें कुटुम समाय।
मैं भी भूखा न रहूँ, साधू न भूखा जाय।

जरा गौर करो—कितनी चालकी से भरा दोहा है यह। पहले तो उन्होंने कुटुम्ब का इन्तजाम कर लिया, फिर अपना, 'मैं भी भूखा न रहूँ' और इसके बाद बचे तो 'साधु न भूखा जाय।' अपने और परिवार के बाद उन्हें साधु की याद आयी। और तुम कहते हो वे खुद भूखा रहकर दूसरों को खिलाते थे।"

काका ने फिर एक आँख बन्द की और सफेद बाल को चुटकी में पकड़ा। मैंने उनकी व्यस्तता का फायदा उठाया और खिसक लिया।

सोचा, इस मुहल्ले में सबसे असहाय वह मौसी है, जो बूढ़ी है, बीमार है और अकेली है। उसका भला करना चाहिए।

मैं मौसी के घर पहुँचा।

पुकारा, "मौसी!"

मौसी कड़कड़ाई, "कौन है रे?"

मौसी ज्यों-ज्यों बूढ़ी और बीमार होती गयी है, त्यों-त्यों निर्मम और कर्कश होती गयी है। ममता भी शक्ति के साथ चलती है। निर्बल का क्या प्रेम, क्या ममता और क्या सहानुभूति।

मैंने कहा, "चल, तुझे डाक्टर के पास ले चलता हूँ।"

उसने कहा, "अरे, अब क्या डाक्टर के पास जाऊँ? अब तो भगवान् के पास ही जाऊँगी, बेटा।"

मैंने कहा, "मौसी, क्या तू जीने से बिल्कुल ऊब गयी ?"

मौसी ने कहा, "हाँ रे, अब तो जल्दी मौत आ जाये, तो ठीक रहे।"

मैंने कहा, "तो मौसी, ला, मैं तेरा गला घोंट देता हूँ।"

मौसी भन्ना उठी, "तेरे मुँह में आग क्यों नहीं लगती रे !"

मैंने कहा, "नाराज न हो, मौसी। मैं तो तेरा भला करना चाहता हूँ। घुटवाने में तकलीफ हो तो ज़हर ला देता हूँ।"

अब मौसी मुझे गाली देने लगी।

मैंने कहा, "मौसी, न तू जीना चाहती है, न मरना। न दवा खाती है, न जहर। आखिर मैं तेरा भला किस तरह करूँ !"

मौसी टर्रायी, "मैं ही मिली हूँ तुझे भला करने को ! इतने लोग पड़े हैं, उनका भला क्यों नहीं करता ?"

मैंने मौसी को छोड़ा।

गणेश बाबू के पास पहुँचा।

"गणेश बाबू, आप कह रहे थे कि आपकी तरक्की रुकी हुई है। चलिए, सेक्रेटरी से कहकर करवा दूँ।"

"तरक्की तो पिछले महीने हो चुकी। सत्यनारायण-कथा भी हो गयी।"

"तो एक तरक्की और दिला देता हूँ।"

"इतनी जल्दी-जल्दी तरक्की नहीं होती।"

वाजपेयीजी के पास पहुँचा।

"वाजपेयीजी, आपके बच्चों को स्कूल में भरती करा दूँ ?"

"आप किस दुनिया में रहते हैं ! भरती तो जुलाई में हो चुकी। यह अगस्त का चौथा हफ्ता है।"

कोई ऐसा नहीं मिला, जिसका भला मैं कर सकूँ। घर लौट आया। अब मुझे समझ में आया कि लोग स्वार्थी क्यों हो जाते हैं। वे दूसरों का भला करना चाहते हैं, पर कोई उनसे भला कराने को तैयार नहीं होता। निराश होकर वे अपना भला करने लगते हैं। लोग उनकी निन्दा करते हैं, पर वे दया के पात्र हैं। वे मजबूरी में स्वार्थी हो गये हैं।

मुहल्ले में शायद खबर फैल गयी थी। दोपहर को एक आदमी आया और बोला, "सुना है, आप किसी का भला करने के लिए सवेरे से विकल हैं, पर कोई फँस नहीं रहा है। मैं अपना भला कराये लेता हूँ। कितने रुपये देंगे ?"

मैंने कहा, "रुपये तो मेरे पास हैं नहीं। तुम चाहो तो भला कराकर मुझे पाँच जूते मार लेना।"

उससे सौदा नहीं पटा।

आखिर तीसरे पहर शिवशंकर बाबू आये। उनका विकास शहर में दीखता है। एक से तीन मकान हो चुके हैं। मिसेज शिवशंकर का भी खूब विकास हुआ है। कपड़े छोटे पड़-पड़ जाते हैं। जायदाद की जाँच होती है तो शिवशंकर कह देते हैं—

ससुराल की तरफ से मिली है। न जाने ऐसे ससुर किस कोने में रहते हैं, जो जिन्दगी-भर किस्तों में दहेज देते हैं। और वे हमेशा सरकार के कुछ महकमों के अफसरों को ही बेटी क्यों ब्याह देते हैं?

शिवशंकर बाबू ने कहा, "आप भला करना चाहते हैं न? तो मेरा भला कीजिए। मेरा तबादला एक बहुत खराब ज़गह हो गया है। मुझे किसी अच्छी जगह भिजवाइए।"

मैं बहुत खुश हुआ और शाम को बड़े साहब के बँगले पर पहुँच गया।

वे लॉन में खड़े थे। दोनों हाथ पतलून की जेब में डाले थे।

मैंने पूछा, "आप लोग पतलून की जेब में हाथ डाले क्यों रहते हैं?"

साहब ने कहा, "हाथ इतने गन्दे होते हैं कि उन्हें छिपाये रहते हैं।"

वे डूबते सूरज को इस तरह देख रहे थे जैसे वह उनका चपरासी हो। उन्होंने आसमान को ऐसे देखा जैसे वह उनके सामने क्लर्की का इण्टरव्यू देने आया हो।

मैंने कहा, "आप खुलकर फूल क्यों नहीं तोड़ते···? खुलकर उसे क्यों नहीं सूंघते?"

साहब ने जवाब दिया, "कई सालों का ऐसा अभ्यास पड़ गया है कि अपने ही बगीचे का फूल तोड़ते जी धड़कता है।"

"कैसा लगता है?"

"ऐसा लगता है, जैसे पौधे से घूस ले रहे हैं।" उनके मुख पर चौकस मुसकान आ गयी।

"कहिए, क्या काम है?"

"मुझे आपने पहचाना नहीं?"

"नो, आई डोण्ट रिमेम्बर।"

"पिछले साल आपका एक 'स्कैण्डल' अखबार में छपने आया था, जिसे मैंने रुकवाया था।"

"कैसा स्कैण्डल? मुझे तो कुछ मालूम नहीं।"

पिछले साल मेरी गली के कुत्तों ने आपको देखकर भौंकना बन्द कर दिया था। वे फोटो और चिट्ठियाँ अभी भी मेरे पास रखी हैं।

अब उन्होंने मुझे एकदम पहचान लिया।

फिर चेहरे पर मीठी मुसकान आ गयी।

उपदेश—अगर चाहते हो कि कोई तुम्हें हमेशा याद रखे, तो उसके दिल में प्यार पैदा करने का झंझट न उठाओ। उसका कोई स्कैण्डल मुट्ठी में रखो। वह सपने में भी प्रेमिका के बाद तुम्हारा चेहरा देखेगा।

उन्होंने हाथ मिलाया। मेरा नाम बताया। अपने पास कुर्सी पर बैठा लिया।

चेहरे पर फिर मुसकान। चौकस। एक बटे सौवें मिलीमीटर का भी फर्क नहीं। चश्मे की तरह पहनी हुई।

मैंने पूछा, "यह किस दुकान पर मिलती है?"

"क्या ?"

"यही मुसकान ? चश्मे की दुकान पर मिलती है कि जनरल स्टोर में ?"

"यह तो हम लोगों को सरकार की तरफ से सप्लाई होती है। दस-बारह तरह की होती है। पहली मुसकान जो मैंने आपको दी थी, 'माइनस वन' नम्बर की है। वह टालने के काम आती है।"

"दो-चार मुझे मिल सकती हैं ?"

"हाँ-हाँ, जितनी चाहिए, स्टोर से निकलवा दूंगा।"

"क्या दाम लगेंगे ?"

"कुछ नहीं। मेरे हैडक्लर्क के बच्चे भी तो आखिर दफ्तर के फार्मों पर स्कूल का कच्चा काम करते हैं।"

"फिर भी आपको मुसकानों का हिसाब तो रखना पड़ता होगा ?"

"तो क्या हुआ ? राइट ऑफ कर दूँगा। लिखा दूँगा—छः मुसकानें सड़ गयीं।"

मुझे शिवशंकर के तबादले की बात करनी थी। एकदम से यह बात छेड़ देना ठीक नहीं। पहले कुछ यहाँ-वहाँ की बातें करके फिर धीरे से शिवशंकर की बात भी कर लूंगा।

मैंने कहा, "ये जो समाजवादी विकास-योजनाएँ चल रही हैं, सार्वजनिक क्षेत्र में उद्योग चल रहे हैं, इनसे देश की हालत में कितना परिवर्तन हो रहा है ?"

साहब बोले, "देश में भारी परिवर्तन हो रहा है साहब। देखिए न, कपूर फाइनेंस में चला गया, केरला का होम में तबादला हो गया, शर्मा एजूकेशन में चला गया, रस्तोगी डिस्ट्रिक्ट में चला गया, वर्मा फिर एक्साइज में लौट आया···"

मैंने कहा, "मेरा मतलब है, देश की हालत में कुछ खास परिवर्तन हुए हों तो···"

साहब बोले, "हाँ-हाँ, खास-खास ही बता रहा हूँ—राय 'लीव' पर चला गया, श्रीवास्तव की इनक्वायरी हो रही है, भगत अभी फॉरेस्ट में गया है, बन्दोबस्तकर को स्पेशल ड्यूटी पर भेज दिया, सेंगर डेवलपमेण्ट में चला गया, पी. के. ट्रान्सपोर्ट में गया, रेवेन्यू में कश्यप फिर आ गया, शंकर जी. ए. डी. में चला गया।"

मैंने और निश्चित सवाल किया, "इस बीच देश की हालत में कुछ सुधार हुआ है ?"

साहब बोले, "सुधार ! अरे, हालत बिगड़ी है। आपको मालूम नहीं, सक्सेना मुझे सुपरसीड कर गया।"

साहब उदास हो गये।

अपने पपीते के पौधों को देखकर बोले, "यह पपीता बाद में लगाया था, पर यह पहलेवाले को सुपरसीड कर गया।"

मैंने कोशिश की कि इनका ध्यान इस दुःखद प्रसंग से हटाऊँ। मैंने कहा, "यह बताइए कि देश की इस साल की सबसे बड़ी घटना कौन-सी है ?"

वे बोले, "यही, सक्सेना मुझे सुपरसीड कर गया।"

उन्हें सुख देना मेरे वश के बाहर की बात थी। आखिर मैंने शिवशंकर के तबादले की बात की।

साहब ने कहा, "कहाँ तबादला कर रहे हैं? फलाँ जगह सी. एम. का भानजा है, फलाँ जगह ई. एम. का साला है..."

मैंने पूछा, "कोई ऐसी जगह नहीं है, जहाँ किसी का कोई नहीं हो?"

साहब बोले, "हाँ एक जगह है और वहीं तो यह शिवशंकर है।"

मैं घर लौट आया। शिवशंकर का भला भी मेरे हाथों नहीं हो सका।

3-रामभरोसे का इलाज

काका यथास्थान बैठे थे।

मुझे देखा तो पूछा, "क्यों हातिम साहब, करा दिया उस भ्रष्ट शिवशंकर का तबादला?"

मैंने कहा, "काका, वह हो ही नहीं सका।"

काका बोले "मैं जानता था, तुससे किसी का भला नहीं हो सकता। अरे, पहले तबादले के सिद्धान्त समझो, तब उसमें हाथ डालो। देखो, साहब जब खुद तबादला करता है, तब वह दण्ड होता है। और जब किसी की प्रार्थना पर करता है, तब वह कृपा होती है। कृपा करने का कोई नियम शासन में नहीं है, पर सजा देने की छूट है। तुम कोशिश करके शिवशंकर को सजा दिलवाओ, तो तबादला हो जायगा।"

"सजा क्यों दिलवाऊँगा?"

"सजा उसके भले के लिए दिलवाओ। उससे कहो कि वह आज से लगातार तीन दिन साहब के बँगले के सामने खड़ा होकर उन्हें गालियाँ दे। जब साहब उसे डाटने आयें, तब अपना नाम और पद बता दे। साहब गुस्से से कहेगा—बदमाश, मैं तेरा ट्रान्सफर कर दूँगा। दूसरे दिन शिवशंकर का तबादला हो जायेगा।"

"मगर काका, कहीं साहब..."

"और कुछ नहीं करेगा। कर ही नहीं सकता। ये बड़े-बड़े अफसर बेचारे बहुत कमजोर होते हैं। ये तबादले से ज्यादा कुछ कर ही नहीं सकते। अगर ये कहें कि मैं तुम्हें मार डालूंगा, तो समझो कि ये तबादला करेंगे।"

"पर काका, शिवशंकर गाली देने की हिम्मत नहीं कर सकता।"

"सो मैं जानता हूँ। वह पैसा खाता है न! गाली वही दे सकता है, जो रोटी

खाता है। पैसा खानेवाला सबसे डरता है। जो सरकारी कर्मचारी जितना नम्र होता है, वह उतने ही पैसे खाता है। शिवशंकर को कुत्ता काट खाये, तो उसे भी गाली नहीं देगा। कहेगा—श्वानश्रेष्ठ! काट लिया तो कोई बात नहीं, पर मेरी रिपोर्ट मत कर देना। अच्छा, तबादले का दूसरा सिद्धान्त है, जो जहाँ ठीक काम कर रहा है, उसे वहाँ से हटाना। अंग्रेजों के जमाने से जनता और सरकार में दुश्मनी का सम्बन्ध चला आ रहा है न! ज्योंही ऊपर के अधिकारियों को मालूम होता है कि कर्मचारी अच्छा काम कर रहा है और उससे जनता को फायदा है, त्योंही उसका तबादला करा दिया जायेगा। तुम शिवशंकर की तारीफ किसी अखबार में छपा दो। उसका ट्रान्सफर हो जायेगा।"

काका ने एक आँख बन्द करके मूँछ का एक सफेद बाल पकड़ा और झटका दिया। आँखों में आँसू आ गये, पर बाल न उखड़ा।

गमछे से आँसू पोंछते हुए बोले, "बुढ़ापे का एक-एक बाल रुलाता है।"

मैंने कहा, "इससे तो अच्छा है उस्तरा फिरवा लें।"

वे बोले, "नहीं, मूँछों से चेहरा रोबदार होता है। रोब से आदमी बड़ा होता है। अगर रवीन्द्रनाथ वैसा सुन्दर रेशमी चोगा न पहनते, तो क्या इतने बड़े कवि माने जाते? शरत्चन्द्र ने मामूली धोती-कुरता पहना, तो नतीजा भी भुगता। बंगाल के बाहर अपनी जिन्दगी में तो जा नहीं पाये। खैर, छोड़ो इस रूपक-रहस्य को। तुम्हें काम बताता हूँ। वह जो रामभरोसे खोमचेवाला है न, वह सख्त बीमार है। रात से बेहोश है। दो-तीन आदमी उसे लेकर डॉक्टर के पास गये हैं। मगर उन लोगों का भरोसा नहीं। उन पर उसकी उधारी है। वे तभी तक उसके साथ हैं, जब तक वह बेहोश है। उसे होश आते ही वे छोड़ भागेंगे। तुम पर अगर उसकी उधारी नहीं हो, तो तुम उसके इलाज का प्रबन्ध करा दो।"

मैं अन्दाज से अस्पताल पहुँच गया। बरामदे में दो-तीन पड़ोसी भरोसे को फर्श पर लिटाकर बैठे थे। मैंने उसे हिलाया। वह बोला नहीं। फिर पुकारा—भरोसे, ज़रा होश में तो आओ। देखो, कौन आये हैं! सब उधारीवाले तुम्हारे आसपास इकट्ठे हैं।

फिर भी उसने आँखें नहीं खोलीं।

सामने से मुझे हरिराम मास्टर आते दीखे। मगर हरिराम तो चार-पाँच साल पहले मर चुके थे।

मास्टर मेरे पास आ गये। बोले, "पहचाना?"

"हाँ-आँ, कुछ-कुछ···मगर···"

"हाँ, मैं वही हूँ! हरिराम मास्टर! इधर फाटक पर बिना इलाज के मर गया था न! अब प्रेत बनकर इलाज कराने आया हूँ।"

"मगर ये लोग प्रेत का इलाज करते भी हैं?"

"करते हैं। इनके हिसाब में देखो—कई नाम लिखे रहते हैं, जिनके लिए दवा स्टोर से निकल जाती है। वे वास्तविक आदमी नहीं होते, प्रेत होते हैं। मेरे मरने

के बाद इन लोगों ने मेरा नाम रजिस्टर पर चढ़ा लिया और खर्च बताने लगे। अब मैं खुद आ गया।"

मास्टर ने कहा, "इस भरोसे के मरने में कितनी देर है?"

"क्या पता? इसे तो अच्छा कराने लाये हैं।"

"तो दौड़-धूप करो। डॉक्टरों के पीछे पड़ो। ऐसे तो यह सृष्टि के अन्त तक पड़ा रहेगा। देखो, फाटक के बाहर वे मरीज हफ्ते से पड़े हैं, अभी तक उनकी जाँच नहीं हुई।"

मैं सामने सुपरिन्टेण्डेण्ट के कमरे में घुस गया। बिना पूछे घुस जाने से वह समझा कि यह ऐसा आदमी है, जिसे यह हक है। वह नम्र हो गया। बोला, "कहिए, क्या आज्ञा है?"

मैंने कहा, "एक तो शिकायत है। फाटक पर कई दिनों से मरीज पड़े हैं, मगर उनकी जाँच नहीं हो रही है।"

सुपरिन्टेण्डेण्ट ने चश्मा निकालकर रख दिया और मुझे नंगी आँखों से देखा। वे अन्दाज लगा रहे थे कि मैं कमरे से बाहर फेंक देने के काबिल हूँ या जवाब के काबिल। मैं जवाब के काबिल निकला। वे मुझे समझाने लगे, "देखिए, आपका खयाल गलत है। उनकी जाँच तो हो रही है। इसे हम 'प्राथमिक जाँच' यानी प्राइमरी इनवेस्टिगेशन कहते हैं। यह ज़रा टेकनिकल चीज है। बाहर मरीजों को पड़े रहने देकर हम उनके रोग की जाँच करते हैं और उन मरीजों को छाँटते हैं, जो इलाज के लायक़ हैं। इनमें जो ज्यादा बीमार हैं, वे तो मर ही जायेंगे। उनकी चिकित्सा में जनता का पैसा क्यों बरबाद किया जाये? जो कम बीमार हैं, वे ऊबकर घर लौट जायेंगे। जिन्हें इस अस्पताल में घुसने की गुप्त सुरंगें मालूम हैं, वे उनसे भीतर घुस आयेंगे। अब जो बचेंगे, वे सच्चे मरीज होंगे। उनका इलाज होगा।"

मैंने कहा, "यह वैज्ञानिक पद्धति मुझे मालूम नहीं थी। आम लोगों को नहीं मालूम। लोग अज्ञानवश शिकायत करते हैं। मगर एक बात तो बताइए—अस्पताल में घुसने के लिए सुरंगें भी हैं?"

"हाँ-हाँ, कई सुरंगें हैं। पर वे गुप्त हैं। उनमें फाटक लगे हैं, जिनमें ताले जड़े हैं।"

"तो उनमें कैसे घुसा जाता है?"

"यह रहस्य है। यहाँ बताने का हुक्म डॉक्टरों को नहीं है। घर पर बताया जाता है।"

मैंने कहा, "एक मरीज़ मैं भी लाया हूँ। उसकी हालत खराब है। उसे यहीं बरामदे में मरने दूँ या घर में?"

"जहाँ आपकी इच्छा हो। दोनों जगह सुभीते हैं।"

मैंने उसे भर्ती करने पर जोर दिया, तो डॉक्टर ने मुझे एक फार्म दिया। कहा, "इसे भर दीजिए।"

फार्म में कई बातें पूछी गयी थीं। कुछ प्रश्न ये थे—

1. मरीज़ क्यों अच्छा होना चाहता है ?

2. उसे इलाज कराने का क्या हक है ?

3. मरीज़ से या उसके सहायकों से कौन-कौन डॉक्टर डरते हैं और क्यों डरते हैं ?

4. मरीज़ की चिकित्सा ठीक करने से डॉक्टरों का क्या फायदा होगा ? न करने से क्या नुकसान होगा ?

5. ऐसे पाँच बड़े आदमियों के नाम लिखो, जो चाहते हैं कि मरीज़ स्वस्थ हो जाये।

6. मरीज़ का पॉलिटिक्स क्या है ?

और प्रश्नों के जवाब तो जैसे-तैसे मैंने लिख दिये, पर आखिरी सवाल पर अटक गया। भरोसे का क्या पॉलिटिक्स लिखूँ ?

मैंने डॉक्टर से कहा, "यह आदमी खोमचा लगाता है। उसका क्या पॉलिटिक्स ?"

डॉक्टर ने कहा, "होता है। कीड़े और चींटे तक का पॉलिटिक्स होता है।"

"पर वह तो बेहोश है। उससे तो पूछा नहीं जा सकता।"

"तो अपना पॉलिटिक्स लिख दीजिए। अस्पताल में 'एम' और 'डी' दल हैं। आप किस दल के है ?"

"इन दलों के राजनैतिक सिद्धान्त क्या हैं ?"

"एक-दूसरे को उखाड़ना।"

"ये दल किस महापुरुष ने बनाये थे ?"

"सरकार ने ही बनवाये हैं। मन्त्रिमण्डल ने अपनी एक विशेष बैठक में तय किया था कि जैसे हमारे बीच दो गुट हैं, वैसे ही शासन के सब विभागों में हो जाना चाहिए। हर सरकारी कर्मचारी से फार्म भरवाया है कि वह किस गुट का है।"

मैंने पूछा, "आप किस गुट में हैं ?"

डॉक्टर ने जवाब दिया, "मैं तो 'एम' गुट में हूँ। तभी तो 'डी' गुट ने पिछले महीने मेरा तबादला करा दिया था। मैं दो-तीन स्टेशन ही पहुँचा था कि 'एम' गुट ने मेरा तबादला कैंसिल करा दिया। मुझे रेलगाड़ी में ऑर्डर मिला और मैं दूसरी गाड़ी से लौट आया। यहाँ स्टेशन पर उतरा, तब तक 'डी'वालों ने फिर तबादला करा दिया था। मैं फिर गाड़ी पर चढ़ गया। तीसरे स्टेशन पहुँचते ही फिर कैंसिल होने का आर्डर मिल गया और मैं लौट पड़ा। इस तरह लगभग एक हफ्ते तक मैं यहाँ से तीसरे स्टेशन तक जाता और लौटता रहा। तब तक 'एम' गुट ज़ोरदार हो गया था और मैं यहीं रह गया।

मैंने कहा, "डॉक्टर साहब, मैं तो न 'एम' का हूँ और न 'डी' का। पर राम-भरोसे को एम गुट में होना चाहिए। वही लिख देता हूँ।"

फार्म भरकर मैं दूसरे कमरे में गया। वहाँ एक डॉक्टर ने फार्म देखा और कहा, "अच्छा, 'एम'वाला है। इसका डॉक्टर तय करिए। पैसा उछालिए। चित 'एम',

पट 'डी' ।"

मैंने पैसा उछाला । 'डी' निकला ।

डॉक्टर ने कहा, "मरीज़ 'एम' गुट का है । डॉक्टर 'डी' गुट का है । बोलिए, इलाज कराना है या नहीं ?"

मैं डॉक्टर का इशारा समझ गया । पर कोई दूसरा रास्ता नहीं था । मैंने उसे एक वार्ड में भरती करा दिया ।

मैंने देखा, वार्ड के आसपास मरीज़ों के रिश्तेदार डण्डे लेकर पहरा दे रहे हैं ।

एक डण्डाधारी से पूछा, "डण्डा लिये क्यों खड़े हो ?"

"हमारा साला यहाँ इलाज करवा रहा है । उसकी रखवाली कर रहे हैं ।"

"उसे किससे डर है ?"

"डॉक्टरों से । यह वार्ड 'डी'वालों का है । अगर इधर कोई 'एम'वाला डॉक्टर आ गया और उसकी छाया भी किसी मरीज़ पर पड़ गयी, तो 'एम'वाले डॉक्टर उसे मर जाने देंगे । इसीलिए जब कोई 'एम'वाला डॉक्टर इधर आता दीखता है, हम लट्ठ घुमाने लगते हैं और वह भाग जाता है ।"

मैंने उससे कहा, "भाई, सात नम्बर में एक गरीब आदमी पड़ा है । उसकी तरफ से लट्ठ उठानेवाला कोई नहीं है । तुम उसे भी डॉक्टरों से बचाना ।"

लट्ठधारी बोला, "आप बेफिक्र रहिए । उसका कोई डॉक्टर बाल बाँका नहीं कर सकता ।"

तीन-चार दिन बीत गये । भरोसे की हालत बिगड़ती ही गयी । वह कहराता, तो उसे डाँट पड़ जाती---ए बुड्ढे, क्यों हल्ला करता है ? वह चुप हो जाता । इसे डॉक्टर 'सुधार' कहते थे ।

पाँचवें दिन मैंने डॉक्टर से कहा, "इसकी हालत अब कैसी है ?"

"सुधार हुआ है ।"

"मुझे तो और बिगड़ी नजर आती है ।"

"बिगड़ना भी तो सुधार है । जैसी हालत में आया था, वैसी तो नहीं है । यही सुधार है ।"

"पर यह सुधार तो मौत की तरफ जा रहा है ।"

डॉक्टर दार्शनिक हो गया । बोला, "मौत तो जीवधारी का सबसे बड़ा सत्य है । देह नाशवान है । आत्मा अमर है। आत्मा को टाइफायड नहीं होता । अगर यह शुद्ध आत्मा हो जायेगा, तो कभी इसे रोग नहीं होगा ।"

मैंने कहा, "सुना है, यहाँ डॉक्टर सिन्हा इस रोग के विशेषज्ञ हैं । उन्हें मरीज़ को दिखा दीजिए न !"

डॉक्टर ने कहा, "नहीं, नहीं, यह तो नीति-विरुद्ध होगा । गीता में भगवान् कृष्ण ने कहा---स्वधर्मे मरणं श्रेय परधर्म भयावह ! अपने डॉक्टर के हाथ से मरना अच्छा, पर दूसरे डॉक्टर के हाथ से बचना भी अच्छा नहीं । नहीं भई, मुझसे धर्म-विरुद्ध काम नहीं होगा ।"

मैंने कहा, "पर यहाँ भी तो उसका इलाज ठीक ढंग से नहीं हो रहा है। कोई उस पर ध्यान नहीं देता।"

डॉक्टर ने समझाया, "खोमचेवाले का इलाज तो खोमचेवाले सरीखा ही होगा, कोई मिनिस्टर या रईस तो है नहीं।"

डॉक्टर के तर्क अकाट्य थे। भरोसे ने बीमार पड़कर गलती की—यह तो सही है। उसके पास बताने के लिए सिर्फ गरीबी थी। इस गरीबी से आखिर कितना इलाज होता? एक डॉक्टर के बारे में सुना था कि वह बड़ा ईश्वरभक्त है। सुबह-शाम पूजा करता है। वह शायद रामभरोसे पर ध्यान दे, यह सोचकर मैं उसके बंगले पर पहुँचा।

वह पूजा कर रहा था। सोचा, पूजा के ठीक बाद, जब उसका मन पवित्र होगा, मैं रामभरोसे के लिए दया माँगूंगा।

पूजा का कमरा पास ही था और मैं उसकी स्तुति सुन रहा था—दीनबन्धु कृपालु भगवन हरण भव भय दारुणं!

फिर मेरे कानों में ये शब्द पड़े--हे भगवान् करुणानिधान, तू सब भक्तों पर कृपा करता है। मुझ क्षुद्र भक्त की भी एक प्रार्थना सुन लो। हे दीनबन्धु, तू वार्ड तीन के सातवें नम्बर के मरीज़ को इस दुनिया से उठा ले।

मैंने सुना तो सन्न रह गया। यही तो रामभरोसे के 'बेड' का नम्बर था।

डॉक्टर बाहर आया तो मैंने कहा, "आप उस मरीज़ को क्यों मारना चाहते हैं?"

डॉक्टर ने जवाब दिया, "मैं 'एम' गुट का हूँ और वह 'डी' गुटवाले डॉक्टरों के चार्ज में है। अगर वह मर गया तो 'डी'वाले बदनाम होंगे और मैं उनकी 'इन्क्वायरी' कराऊँगा।"

मैंने बँगले के बाहर आकर सोचा, "अस्पताल जाऊँ या नहीं जाऊँ? रामभरोसे को वहाँ से बाहर निकाल लूँ या पड़ा रहने दूँ?"

मैंने तय किया कि मुझे घर लौट जाना चाहिए। रामभरोसे को उसके भगवान् के सुपुर्द कर देना चाहिए। आदमी उसके लिए कुछ नहीं कर सकता।

4-युग की पीड़ा का सामना

मैंने एक अखबार में शिवशंकर की तारीफ़ छपवा दी थी। सुबह अखबार निकला था। लगभग दस बजे मैं शिवशंकर के घर की तरफ चल पड़ा।

जगन्नाथ काका अपनी जगह पर बैठे थे। पूछा, "कहाँ जा रहे हो?"

मैंने कहा, "शिवशंकर से मिलने ।"

वह बोले, "वह इस दुनिया में अब नहीं मिलेगा । उससे मिलने दूसरी दुनिया में जाने की तुम्हारी तैयारी मुझे नहीं दीखती ।"

मैंने कहा, "तो क्या शिवशंकर···"

"हाँ, वह अभी घण्टे-भर पहले मर गया ।"

"कैसे ? कैसे मर गया ?"

"तुमने जो उसकी तारीफ आज के अख़बार में छपायी है, उसने उसके प्राण ले लिये । मैं अगर सरकार में कहीं कुछ होता, तो तुम्हें हत्या के जुर्म में अभी गिरफ्तार कर लेता ।"

मैंने कहा, "काका, मुझे आपकी बात बिल्कुल समझ में नहीं आती । आखिर तारीफ से आदमी कैसे मर जायेगा ?"

काका ने बताया, "देखो, हुआ ऐसा कि उसके पड़ोसी ने सुबह अख़बार में उसकी तारीफ़ पढ़ी । वह शिवशंकर के पास गया और बोला—शिवशंकर बाबू, आज अख़बार में आपके बारे में छपा है । यह सुनते ही शिवशंकर घबराकर चिल्लाया—'अरे बाप रे ! छप गया !' और वहीं गिर पड़ा । थोड़ी देर बाद उसके प्राण निकल गये !"

मैंने कहा, "पर छपी तो उसकी तारीफ़ थी !"

काका ने कहा, "उसे क्या मालूम ? तुमने उसे पहले बताया तो होगा नहीं । वह समझा कि जिस बात के छपने से वह डर रहा था, वह छप गयी । देखो, जमाना इतना खराब आ गया है कि बिना पहले सूचित किये, किसी की नारीफ़ भी नहीं करनी चाहिए । किसी पर दया करनी है तो बताकर करो । उपकार कर रहे हो, तो पहले बता दो कि मैं तुम्हारा उपकार कर रहा हूँ ।"

मुझे दुख हुआ—उसके बीवी-बच्चों का अब क्या होगा ?

मैंने अपनी चिन्ता प्रकट की तो काका हँसे । कहने लगे, "तुम बड़े भोले हो । बीवी-बच्चों के तो शुभ दिन अब आये हैं । वह शिवशंकर घूस और सरकारी पैसा खाकर काफी बड़ी जायदाद और नक़द छोड़ गया है । बीवी-बच्चे अब बेखटके उसका उपयोग कर सकते हैं । अगर वह जिन्दा रहता, तो हमेशा डर बना रहता कि न जाने कब पकड़ा जाये और सम्पत्ति ज़ब्त हो जाये । मरे आदमी की कोई जाँच नहीं करता । भ्रष्टाचारी अगर जल्दी मर जाये, तो परिवार को बड़ी सुविधा होती है ।"

तीसरे पहर शिवशंकर की अन्त्येष्टि से लौटा । मन खिन्न था । एक पत्रिका पलटी, तो उसमें सत्येन्द्र की एक कविता मिली । उसे पढ़ा तो मन और बैठ गया । सत्येन्द्र हमारा बड़ा प्रतिष्ठित कवि है । उसकी कविताओं और कहानियों में बड़ी पीड़ा है । हर कविता और कहानी में वह कहता है कि जिन्दगी की कमर टूट गयी है, दर्द ने हमें दबा रखा है, जीवन अर्थहीन बोझ है और हम मरना चाहते हैं । मुझे उसके बारे में चिन्ता होने लगी है । कहीं वह कुछ कर न बैठे ! सोचा, कॉफ़ी-हाउस

में वह मिल जायेगा। उससे उसकी तकलीफ़ पूछूँ और उसे बचाने की कोशिश करूँ।

चौराहे पर आया, तो सामने से त्रिवेदी आते दिखे। मुझे डर लगा कि ये दो-तीन घण्टे मुझे रोक लेंगे। मगर उनके साफ कपड़े देखकर मेरा भय जाता रहा। त्रिवेदी जब साफ़ कपड़े पहने होते हैं तब किसी सेक्रेटरी या मन्त्री से मिलने जाते होते हैं। तब वह औपचारिक दुआ-सलाम करके छोड़ देते हैं। मगर गन्दे कपड़ों में त्रिवेदी फुरसत में होते हैं, और दो-तीन घण्टे रोककर बातें करते हैं। कभी मैंने सोचा था कि इनके कपड़े मैं धो दिया करूँ, जिससे यह हमेशा बड़ों से मिलने जाया करें और हमारा वक्त न लें। पर डर यह है कि जब मैं कपड़े धोने इनके घर जाऊँगा, तब तो यह गन्दे कपड़ों में होंगे और पकड़कर बिठा लेंगे।

त्रिवेदी साहित्य के 'लिफ्ट' में चढ़कर, बटन दबाकर सरकारी नौकरी की ऊँची मंजिल पर पहुँच गये हैं। साहित्य उनसे छूट गया है, क्योंकि साहित्य का काम अच्छी दूकान या अच्छी नौकरी लगने तक ही होता है। पर पिछले दस सालों से मैं उनकी ग्लानि का साक्षी हूँ। उन्हें बराबर लगता रहा है कि उनकी जिन्दगी बरबाद हो रही है। वह जब मुझे मिलते हैं, जिन्दगी बरबाद होने का रोना रोते हैं। आज समय कम था, इसलिए संक्षेप में अपना दुखड़ा रोने लगे, "यार, हमारी तो 'लाइफ़' ही बरबाद हो गयी। सरकारी नौकरी ने सारी प्रतिभा खा ली। साहित्य-सेवा की क्या-क्या उमंगें मन में थीं, पर धरी रह गयीं। जब हमने 'तरंग के प्रति' कविता लिखी थी, तब रचनात्मक शक्ति चरम बिन्दु पर थी। पर फिर इस कोल्हू में जुत गये। हिन्दी ने हमसे क्या-क्या उम्मीदें की थीं। ऐसी आत्मग्लानि होती है कि मर जाने को जी चाहता है। मगर अब तय कर लिया है - बस, सिर्फ़ एक साल नौकरी और करूँगा, फिर सब छोड़कर साहित्य-साधना करूँगा—चाहे भूखा रह लूँ। बस, मुझे एक साल और दो।"

मैंने उसे एक साल और दिया। दस सालों से एक-एक साल दे रहा हूँ। हर साल वह नौकरी छोड़ने की घोषणा करते हैं।

मैंने कहा, "त्रिवेदीजी, साहित्य-रचना चाहे आप न करते हों, पर लोग आपको भूले नहीं हैं। आपके मातहत कर्मचारी आपकी प्रतिभा पर लेख लिखते ही रहते हैं। और अभी आपके महकमे के 'क्लास फोर' कर्मचारियों ने जो साहित्य-समिति बनायी है, उसका उद्घाटन भी आपसे ही कराया था।"

त्रिवेदी खुश हुए। बोले, "अरे भाई, हिन्दी माता बड़ी उदार है। अपने नालायक बेटे को भी नहीं भूलती।"

उन्होंने कॉलर ठीक किया।

मैंने पूछा, "इस वक्त कहाँ जा रहे हैं?"

जवाब दिया, "सेक्रेटरी से मिलने जा रहा हूँ। तीन महीने से 'प्रमोशन' रुका पड़ा है।"

मैंने कहा, "अभी तो आप कह रहे थे कि नौकरी में जिन्दगी बरबाद हो रही है,

और अब तरक्की की कोशिश करने जा रहे हैं।"

वह बोले, "अरे यार, जब ज़िन्दगी बरबाद ही होनी है, तो उसे प्रमोशन पर बरबाद क्यों न किया जाय।"

वह प्रमोशन पर ज़िन्दगी बरबाद करने चल दिये और मैं सत्येन्द्र की खोज में कॉफ़ी हाउस पहुँचा।

कॉफ़ी हाउस में घुसते ही सामने की टेबिल पर जो देखा, उससे थोड़ी देर तो मैं चकरा गया। हमारे वयोवृद्ध आदरणीय लेखक आचार्य हेमन्तजी बैठे थे। वह कॉफ़ी हाउस में कभी नहीं आये थे। वह इसे अभारतीय मानते रहे हैं। ठण्डाई की दूकान में जाते थे। यह भारतीय है। उनके कॉफ़ी हाउस में होने से ज्यादा अचरज में डालनेवाली उनकी सज्जा थी। वह अपने पोते का निकर पहने थे, ऊपर रंग-बिरंगी तसवीरोंवाली कमीज। हाथ में उनके एक झुनझुना था और वह एक चॉकलेट चूस रहे थे। मेरे होश लौटे तो मैंने कहा, "अरे आचार्यजी, आप यहाँ और ऐसे!"

मैं उनके चरण छूने आगे झुका। चरण-स्पर्श करवाना उनका खास शौक था। ठण्ड में वह पूरा शरीर कम्बल से ढंक लेते थे, पर पैर बाहर रखे बैठे रहते थे, जिससे भक्तों को सुभीता हो।

उन्होंने मुझे रोका, "अरे-अरे, यह क्या करते हो? मैं प्रौढ़ नहीं हूँ। बच्चा हूँ। मुझे आशीर्वाद दो। मैं तो उदीयमान हूँ।"

उन्होंने झुनझुना बजाया और कहा, "हमें चॉकलेट खिलाओ।"

मुझे लगा कि आचार्यजी पागल हो गये हैं। मैंने कहा, "मगर यह क्या हो गया है आपको? किसी नये लेखक ने कुछ खिला तो नहीं दिया?"

वह बोले, "नहीं, मैं अपनी मर्जी से ही बालक हो गया हूँ। देखता हूँ कि इस जमाने में नये का बोलबाला है। तो मैं भी नया बन गया। तुमसे भी छोटा बन गया। मैं झुनझुना बजाता हूँ और चॉकलेट खाता हूँ—यानी नये से भी नया हूँ। और 'मॉडर्न' भी हो गया हूँ—यह शर्ट देखो, नंगी औरतों की तसवीरें छपी हैं और लिखा है—'लव मी, लव मी, लव मी।'"

मैं उन्हें हैरत से देखने लगा। वह बच्चे की तरह बोले, "अंकल, हमें चॉकलेट खिलाओ न!"

मैंने कहा, "आचार्यजी, यह तो ठीक है, पर लिखने के बारे में क्या कर रहे हैं?"

उन्होंने कहा, "लिख भी नया रहा हूँ। जो लिख चुका हूँ, उसे फिर से लिख रहा हूँ, मगर हिज्जे और वाक्य-विन्यास की गलतियाँ करता जाता हूँ। वह नया हो जाता है।"

थोड़ी देर उनके पास बैठकर मैं कोने की टेबिल पर बैठे सत्येन्द्र के पास पहुँचा।

मैंने कहा, "वह जो एक वयोवृद्ध कवि हेमन्तजी बैठे हैं, उन्हें जानते हो न?"

सत्येन्द्र ने कहा, "कौन कवि? कवि तो पहले कोई नहीं हुआ। कविता तो मुझसे आरम्भ होती है।"

मैंने कहा, "पहले कोई कवि नहीं हुआ ? तुलसीदास ? सूरदास ? कालिदास ? ये भी नहीं ?"

सत्येन्द्र बोला, "ये कवि कहाँ थे। जब मुझसे पहले कविता लिखी ही नहीं गयी, तो कवि कैसे हो जायेंगे ?"

उसने कॉफ़ी का आखिरी घूंट लिया और प्याला सरका दिया। मुझसे कहा, "क्या आप मुझे कॉफ़ी पिलाने आये हैं ?"

मैंने कहा, "आया तो किसी और कारण से था, पर कॉफ़ी तुम्हें पिला दूंगा।"

मैंने कॉफ़ी का आर्डर दिया।

मैंने कहा, "आपकी रचनाएँ मैं पढ़ता रहता हूँ। उनमें बड़ी पीड़ा है। लगता है आपके मन में दर्द जमकर बैठ गया है। क्या तकलीफ है आपको ?"

उसमें चैतन्य आ गया। सिगरेट फेंककर बोला, "वह युग की पीड़ा है। अपने जमाने का सारा दर्द हम पी रहे हैं। वही जहर बनकर हमारी रचना में आता है।"

मैंने पूछा, "युग की पीड़ा की शिकायत आपको कब से है ?"

उसने कहा, "यों पन्द्रह-सोलह साल की उम्र से है। मेरे पेट में तब बड़ा दर्द रहता था। यह तीन-चार साल चला। फिर इलाज से अच्छा हो गया।"

मैंने कहा, "यानी उस वक्त युग तुम्हारे पेट में था ?"

वह बोला, "हाँ, मगर उसके बाद युग की पीड़ा मेरे भीतर फैलने लगी। आत्मा में आ गयी। अँगुलियों के पोरों तक पहुँच गयी। फिर बैंक एकाउण्ट में फैली, फिर फर्नीचर में, कपड़ों में और बेडरूम में। अब जीवन अर्थहीन है। संसार ही अर्थहीन हो गया है। किसी चीज में कोई अर्थ नहीं रह गया।"

मैंने कहा, "तो क्या मर जाने की तबीयत होती है ?"

वह बोला, "हाँ, लेकिन मृत्यु भी तो अर्थहीन है। इसलिए उसे भी नहीं स्वीकारा जाता। हम कुछ स्वीकार नहीं कर सकते।"

इसी समय दो खूबसूरत बच्चों को लेकर एक दम्पति भीतर आया और एक टेबिल पर जाकर बैठ गया। माता-पिता बच्चों को प्यार करने लगे।

सत्येन्द्र उन्हें देखता रहा और उसके चेहरे पर घृणा आ गयी। कहने लगा, "देखो, कितने उल्लू हैं ! अपने बच्चों को प्यार करते हैं, बेवकूफ !"

वह उन्हें देखता रहा। बड़े दर्द से बोला, "मैं निपट अकेला हूँ।"

मैंने पूछा, "अकेले क्यों हो ?"

उसने कहा, "क्योंकि मैं किसी से मिलता-जुलता नहीं हूँ। सबको मेरे पास आना चाहिए। वे नहीं आते हैं, तो अकेला हूँ।"

कॉफ़ी आ गयी। हम कॉफ़ी पीते हुए बातें करने लगे।

मैंने कहा, "भाई सत्येन्द्रजी, मुझे अभी आपकी पीड़ा का रहस्य समझ में नहीं आया।"

उसने खीझकर मेरी तरफ देखा। बोला, "तुम्हें क्या पीड़ा नहीं दीखती ? क्या इस युग के संकट से तुम अनभिज्ञ हो ?"

मैंने कहा, "मुझे कुछ पीड़ा और संकट तो दीखते हैं। सत्रह साल बाद भी देश भूखा और नंगा है। छोटे-छोटे बच्चे होटलों में काम करते हैं। नाबालिग लड़कियाँ पेट भरने को चकलों में बैठ जाती हैं। दहेज के कारण लड़कियाँ बिन-ब्याही सूख जाती हैं, हर तरफ लूट-खसोट है। साधारण आदमी का कई तरफ से खून चूसा जा रहा है और कोई बचाव का रास्ता नजर नहीं आता। उधर युद्ध का संकट है। यह सब तो मेरी समझ में भी आता है। यही क्या युग की पीड़ा है? यही तुम्हारे दर्द और संकट की अनुभूति का उत्स है?"

सत्येन्द्र ने मेरी तरफ ऐसे देखा जैसे मैं कोई बच्चा हूँ। बोला, "आप बहुत नासमझ हैं। युग की पीड़ा अपने भीतर से उपजती है। जमाने का मेरे प्रति जो कर्त्तव्य है वह जब नहीं करता, तब घोर पीड़ा होती है। देखो, सुबह से मुझे तीन कप कॉफ़ी अपने पैसे से पीनी पड़ी है। मुझे पीड़ा नहीं होगी? मुझे कुल 800 रु. तनख्वाह मिलती है और उस नरेन को 1000 रु., प्रथमेश के अभी-अभी 1200 रु. हुए हैं! मुझे रात-भर इस पीड़ा से नींद नहीं आती है। सुरेश के पास कार हो गयी, मालूम है आपको? और मैं टैक्सी लेता हूँ! मैं इतना बड़ा लेखक हूँ। यहाँ तीन गर्ल्स-कालेज हैं। उनकी सारी लड़कियों को मेरे इर्द-गिर्द होना चाहिए कि नहीं? मगर कोई नहीं आती। इस असंस्कृत समाज में दम घुटता है मेरा। और आप पूछते हैं, यह पीड़ा कहाँ से आती है? हम इस सारे जहर को पीते जाते हैं। दुनिया अर्थहीन हो गयी है। और लोग हैं कि खाते-पीते हैं, शादी-ब्याह रचाते हैं, बच्चे पैदा करते हैं और बच्चों को प्यार करते हैं! सब-के-सब गँवार, जड़ और संवेदनहीन हैं।"

सत्येन्द्र बहुत क्रोध में आ गया था। उसने एक घूंट में सारी कॉफ़ी निगल ली और कप जोर से पटक दिया। उसके 'मूड' को देखकर ऐसा लगता था, जैसे वह अभी जाकर रेलगाड़ी के सामने गिर जायेगा।

मैंने उसे शान्त करने की कोशिश की। कहा, "बन्धु, ज्यादा मत घुटो। कहीं पेट का दर्द फिर न उभर आये। मुझे बताओ, मैं तुम्हारे लिए क्या कर सकता हूँ।"

वह बोला, "आप मेरे लिए कुछ नहीं कर सकते। आप जाइए। मुझे अकेला छोड़ दीजिए। मैं आपसे घृणा करता हूं।"

मैं उठ दिया। आचार्य हेमन्त के पास से निकला, तो उन्होंने पूछा, "क्यों साहब, हमारे उन अंकल को क्या हो गया?"

मैंने कहा, "वह युग की पीड़ा से त्रस्त है।"

हेमन्तजी ने कहा, "हमारे जमाने में यह बीमारी नहीं थी। बड़ा प्राण-लेवा रोग है। दूसरे महायुद्ध के बाद दुनिया में फैला है।"

हेमन्तजी फुग्गा फुलाने लगे और मैं कॉफ़ी-हाउस से बाहर आ गया।

5-राष्ट्र का नया बोध

एक रात मैंने विचित्र सपना देखा।

शहर के मैदान में केन्द्र और राज्य के मन्त्री फौजी पोशाक पहने हाथों में तलवार लिये खड़े हैं। वर्दी शुद्ध खादी की है। उनके सामने मुनाफाखोर, कालाबाजारी और अनाज दबानेवाले लाये जा रहे हैं और वे तलवार से उनका सिर काटते जाते हैं। बीच-बीच में लाउडस्पीकर पर घोषणा हो रही है—'जाओ, जनता को भूखा मारनेवालो, जनता के और दुश्मनों को हमारे सामने लाओ। हम उनका सिर काट लेंगे। जल्दी करो, हमें फिर दूसरे शहर जाना है।'

जनता जय बोल रही है। स्त्रियाँ आरती लिये खड़ी हैं कि ये सिर काटने से निपट जायें, तो इनकी आरती उतारें।

मन्त्रियों के चेहरे पर न घृणा थी, न क्रोध था। आँखों से प्रेम टपक रहा था। पचासों सालों की अहिंसा और प्रेम की ट्रेनिंग से यह अनुशासन आया था।

सुबह मैंने काका से इसका जिक्र किया। उन्होंने थोड़ी देर सोचा। फिर कहा, "सपने का कारण तो साफ है। तुम रोज अखबारों में मन्त्रियों के धमकी-भरे वक्तव्य पढ़ते हो, इसीलिए ऐसा सपना आया। मगर लक्षण अच्छे नहीं हैं।"

मैंने कहा, "क्यों काका, इसमें क्या बुरा है। सपना यही तो संकेत करता है कि सरकार जनता के दुश्मनों का नाश करने के लिए कटिबद्ध है।"

काका जोर से हँसे। बोले, "वाह, कटिबद्ध ! बढ़िया शब्द तुमने कहा। सारी मुसीबत इसी शब्द की लायी हुई है। यही कुछ नहीं करने देता। मन्त्रियों के वक्तव्य होते हैं कि हम ऐसा करने को 'कटिबद्ध' हैं। जानते हो, इसके बाद वे क्या करते हैं ? धोती को कस लेते हैं और सन्तुष्ट होते हैं कि जो कहा था, वह कर दिखाया। कमर कसने का वादा किया था, सो कस ली। बहुत लोग इसी वादे को निभाने के लिए ढीली धोती पहनते और 'कटिबद्ध' का वक्तव्य देकर कस लेते हैं। कमर कसनेवालों से हम परेशान हैं, मन कसनेवाले चाहिएँ।"

मैंने कहा, "पर आप सपने का फलितार्थ बता रहे थे न !"

वे बोले, "हाँ, देखो आयुष्मान्, चुने हुए आदमी का फौजी पोशाक पहनना अशुभ संकेत है। और फिर जब मन्त्री खुद अपराधी का सिर काटे, तो मतलब हुआ कि शासन फेल हो गया। समझे ? तुम ऐसे अशुभ सपने मत देखा करो। आदमी चाहे सोये नहीं, पर उसे अपने सपने नहीं बिगाड़ने चाहिए।"

मैं चुप हो गया।

काका बोले, "सुन्न मत पड़ो। कुछ करो। देखो यह अखबार। इसमें फिर प्रधानमन्त्री से लेकर राज्य-मन्त्रियों तक के वक्तव्य हैं कि किसी भी भ्रष्टाचारी को माफ नहीं किया जायेगा। कड़े-से-कड़ा दण्ड दिया जायेगा। जाओ, कुछ मुनाफाखोरों को शासन के सुपुर्द कर आओ। ये लोग रोज जनता का सहयोग माँग रहे हैं।"

शर्मा मास्टर ट्यूशन पढ़ाकर लौटते हुए खड़े हो गये थे। बोले, "दो व्यापारियों को तो मैं जानता हूँ जिनके पास अनाज दबा है। एक के पास लगभग पाँच हजार बोरे और दूसरे के पास पाँच सौ।"

मैंने कहा, "तो चलो अधिकारियों के पास। उन्हें अभी पकड़वा देते हैं।"

शर्मा मास्टर ने आधे दिन की छुट्टी ली और मेरे साथ हो लिये।

चौराहे पर आये तो देखा कि पुलिस बहुत है और सवारियों को नियन्त्रित कर रही है। हम चौराहा पार करने लगे तो एक पुलिस इन्स्पेक्टर चिल्लाया—ए, श्रीमानजी, अन्धे हो क्या ? दिखता नहीं है, रास्ता बन्द है ?

हम रुक गये। मैंने मास्टर से पूछा, "आज ये लोग 'श्रीमानजी' क्यों बोल रहे हैं ? सुनो, सबसे 'श्रीमानजी' कह रहे हैं।"

मास्टर ने कहा, "पुलिस का 'शिष्टचार-सप्ताह' चल रहा है। इस सप्ताह वे नागरिकों से बड़ा नम्र व्यवहार करते हैं। उन्हें सिखाया गया है कि हर आदमी को 'श्रीमानजी' कहना चाहिए।"

एक राहगीर को पुलिस ने रोका और कहा, "क्यों बे श्रीमानजी के बच्चे, देखता नहीं है तेरे बाप यहाँ खड़े हैं ?"

एक आदमी सड़क के बीच से चलने लगा। पुलिसवाला चिल्लाया—जरा किनारे से चल, साले श्रीमानजी ! पूरी सड़क श्रीमानजी के बाप की नहीं है।

हमारा रास्ता खुला। हम सीधे कलेक्टर के पास पहुँचे।

हमने कहा, "सरकार ने जनता का सहयोग माँगा है। हम सहयोग देने आये हैं। ये मास्टर साहब दो व्यापारियों के पास अनाज दबा हुआ देख आये हैं। उन्हें फौरन पकड़िए और अनाज जब्त कर लीजिए।"

कलेक्टर ने हमारा बड़ा आभार माना। कहने लगे, "आप लोग जागरूक नागरिक हैं। आगे इतिहास में आपका नाम सोने के अक्षरों में लिखा जायेगा।"

मैंने कहा, "अपने इतिहास का भी ध्यान रखिए और सख्त कार्रवाई करिए।"

साहब ने कहा, "जरूर, जरूर, मैं अभी जाँच का आदेश देता हूँ।"

मैंने कहा, "इसमें जाँच की क्या जरूरत है ? ये अभी देखकर आ रहे हैं।"

साहब ने कहा, "फिर भी जाँच तो करनी ही पड़ेगी।"

मैंने कहा, "सामने गोदाम भरा पड़ा हो, तब भी जाँच की जायेगी।"

वे बोले, "हाँ, जाँच किये बिना कोई कदम कैसे उठाया जायेगा। आप बेफिक्र रहिए। फौरन जाँच होगी और सख्त कदम उठाया जायेगा। आपको उसकी सूचना हमारी तरफ से मिलती रहेगी।"

दूसरे दिन हमने इस उम्मीद से अखबार उठाया कि उनमें उन व्यापारियों की गिरफ्तारी का समाचार छपा होगा। समाचार नहीं था। सारा नगर-पृष्ठ एक अपढ़ नेता के भाषण से भरा था, जिसमें उसने कहा था कि कालिदास को मैं भी अब बड़ा कवि मानने लगा हूँ।

तीसरे दिन हमें एक पत्र की नकल मिली, जो शासन ने उन व्यापारियों को

लिखा था। मजमून यह था—

श्री सेठ अमुकजी,

शासन को कुछ लोगों ने सूचना दी है कि आपके पास अनाज का स्टॉक दबा है, जिसे आप कालाबाजार में बेच रहे हैं। वे आप पर कार्यवाही करने के लिए सरकार पर दबाव डाल रहे हैं। आपको सूचित किया जाता है कि हम आगामी एक सप्ताह तक जाँच करेंगे। इन सात दिनों में आप बचाव के लिए जो करना चाहें करें। पीछे शासन को दोष न दिया जाय कि आपको पहले बताया नहीं। एक सप्ताह बाद हम अचानक छापा मारेंगे।

मैं साहब के पास पहुँचा। उनसे कहा, "यह क्या किया जा रहा है? उन्हें शासन ने बचने का वक्त क्यों दे दिया?"

साहब बोले, "यह सरकार की नीति ही है। सरकार कायर नहीं है कि धोखे से किसी को जाकर पकड़ ले। सरकार बहादुर है। वह होशियार करके पकड़ती है। हमारा पुलिसमैन भी चोर को पकड़ने जाता है, तो सीटी बजाता हुआ जाता है। वह चोर को चेतावनी देता है कि चोरी कर ली हो और बुजदिल हो, तो भाग जा। बहादुर हो तो सामने आ जा।"

मैंने कहा, "लेकिन हुजूर, सरकार की बहादुरी चाहे इससे सिद्ध हो जाय, पर वे स्टॉक तो यहाँ-वहाँ कर देंगे। फिर क्या आप उनका खाली गोदाम गिरफ्तार करेंगे?"

साहब ने कहा, "देखते जाइए, क्या होता है। यह उचक्कों का काम थोड़े ही है कि चाहे जहाँ उचककर पहुँच गये। एक गम्भीर, प्रतिष्ठित सरकार का काम है।"

मैंने पूछा, "तो अब मैं क्या करूँ?"

साहब ने आश्वस्त किया, "आपको कुछ नहीं करना है। अभी तो हमें भी कुछ नहीं करना है। जो करना है, वह उन व्यापारियों को ही करना है।"

दो दिन बाद मुझे उन व्यापारियों की कैफियत की नकल मिली। पाँच हजार बोरेवाले ने लिखा था—

'हमारी फर्म पर यह आरोप कुछ समाज-विरोधी तत्त्वों ने लगाया है। यह इल्जाम कि हमारे पास अनाज का स्टॉक दबा है और हम कालाबाजारी कर रहे हैं, सरासर झूठ है। हमारे कथन की सत्यता नीचे लिखे प्रमाणों से सिद्ध होती है—

1. नगरपालिका में इस समय सात सदस्य हमारे हैं। अगर हम नाराज हो गये, तो सातों सरकारी गुट के विरोध में हो जायेंगे। तब नगरपालिका सरकारी गुट के हाथ से निकल जायेगी।

2. एम. एल. ए. बाँके बाबू पहले हमारे ससुर की दूकान पर मुनीम थे। आज-कल उनकी सरकार में अच्छी चल रही है। बाँके बाबू के गुट में पन्द्रह एम. एल. ए. हैं। इन्हीं के समर्थन से सरकारी पार्टी का यह गुट मन्त्रिमण्डल बना सका है। अगर बाँके बाबू नाराज हो जायँ, तो इस गुट की सत्ता छिन जायेगी। उनका चुनाव-खर्च

हम देते हैं और जात-बिरादरी के वोट भी दिलाते हैं। बाँके बाबू ने फोन पर राजधानी में हमारी बात कह दी है।

3. हम पार्टी-फण्ड में और हर चुनाव-फण्ड में भरपूर चन्दा देते हैं।

4. जब खाद्यमन्त्री आये थे, तब हमने उनके सम्मान में दावत दी थी।

इन तथ्यों से प्रमाणित होता है कि मेरे पास अनाज का एक दाना भी दबा हुआ नहीं है। यदि फिर भी हम पर शक हो तो राजधानी से पूछ लिया जाय।'

पाँच-सौ बोरेवाले ने कैफियत दी—

'हम छोटे व्यापारी हैं फिर भी हम नियमों का पूरी तरह पालन करते हैं। सरकार ने अफसरों से लेकर चपरासी तक के जो 'रेट' निश्चित किये हैं, वे हम बराबर देते रहते हैं। चन्दा भी हम हैसियत के मुताबिक देते हैं। और भी जो हुक्म होगा, हम करने को तैयार हैं। जब हम कानून का इस हद तक पालन करते हैं, तब हमारे पास अनाज दबा रह ही नहीं सकता। हम पर झूठा इल्जाम लगाया जा रहा है।'

आठवें दिन मैं फिर साहब के पास पहुँचा, "साहब, जाँच पूरी हो गयी?"

वे बोले, "हाँ, पूरी कर ली है। मालूम हुआ है कि दोनों के पास स्टॉक नहीं है।"

"मैंने पूछा, "जांच किसने की?"

उन्होंने कहा, "यह बात उनकी कैफियतों से सिद्ध होती है।"

मैंने कहा, "जनाब, यह बात झूठ है। पाँच-सौ वाले ने तो स्टॉक यहाँ-वहाँ कर दिया है। पर पाँच हजारवाले का गोदाम भरा है। आप अभी चलकर जब्त कर सकते हैं।"

साहब ने कहा, "जब कुछ है नहीं, तो जब्त क्या किया जायेगा? मुझे तो राजधानी से भी खबर मिली है कि उसके पास कुछ नहीं है। यहाँ की खबर जब राजधानी से आती है, तब वही सच होती है। हमारी सब खबरें उससे कट जाती हैं। राजधानी की एक आँख हमारी लाख आँखों से तेज होती है। जब वह खुलती है, हमारी चौंधिया जाती हैं।"

मैं निराश होकर लौट आया।

दूसरे दिन साहब ने मुझे बुलाया। बड़े प्रेम से समझाया, "देखो भाई, बुरा मत मानो। शासन ने तुम्हारी इच्छा पूरी कर दी है। तुम तो दो व्यापारियों को गिरफ्तार करवाना चाहते थे; हमने तुम्हारे लिए आज तीन व्यापारी गिरफ्तार कर लिये हैं। एक के पास आधा बोरा चावल का जंगी स्टॉक दबा था, दूसरे के पास बीस किलो और तीसरे के पास पन्द्रह किलो। अब तो तुम्हें सन्तोष हो गया होगा।"

दो-तीन दिन बाद शर्मा मास्टर रोते हुए आये। कहने लगे, "आपने मुझे फँसा दिया। मेरी नौकरी अब जानेवाली है।"

उन्होंने एक कागज मुझे दिया। स्कूल के मैनेजर की शर्मा मास्टर के नाम चेतावनी थी कि आजकल आप स्कूल का काम छोड़कर राजनीति में भाग ले रहे

हैं। यदि आपने अपने को नहीं सुधारा, तो नौकरी से निकाल दिये जायेंगे।

मेरे पीछे सरकार के गुप्तचर-विभाग का एक आदमी लग गया। मैं उसे पहचानता था। पूछा, "क्यों भाई, मेरे पीछे क्यों वक्त बरबाद कर रहे हो?"

उसने कहा, "आप पर नजर रखने का हुक्म हुआ है।"

मैंने पूछा, "मगर मैंने ऐसा क्या किया है?"

उसने जवाब दिया, "सरकार को खबर मिली है कि आप राष्ट्र-विरोधी काम करते हैं।"

मेरे मुँह से निकला, "राष्ट्र-विरोधी! तो क्या वे लोग ही राष्ट्र हैं?"

उसने पूछा, "कौन लोग?"

मैं चुप हो गया। इसे क्या मालूम?

6-प्रेमी के साथ एक सफर

जगन्नाथ काका के साथ मैं एक बारात से लौट रहा था। एक डिब्बे पर बारातियों ने कब्जा कर लिया था। काका ने मुझसे कहा, "अगर अपना भला चाहते हो, तो दूसरे डिब्बे में बैठो। बाराती से ज्यादा बर्बर जानवर कोई नहीं होता। ऐसे जानवरों से हमेशा दूर रहना चाहिए। लौटती बारात बहुत खतरनाक होती है। उसकी दाढ़ में लड़कीवाले का खून लग जाता है और वह रास्ते में जिस-तिस पर झपटती है। कहीं झगड़ा हो गया, तो हम दोनों भी उनके साथ पिटेंगे।"

हमने सोने के डिब्बे में बैठने की जगह ले ली।

सामने की बेंच पर एक वृद्धा, एक जवान लड़की और एक जवान आदमी बैठे थे। काका उन तीनों को ध्यान से देख रहे थे।

मैंने बात शुरू करने के लिए कहा, "काका, अमेरिका उत्तरी वियतनाम पर बमबारी बन्द नहीं कर रहा।"

काका ने ध्यान नहीं दिया।

थोड़ी देर बाद मैंने फिर कहा, "मद्रास में हिन्दी-विरोधी आन्दोलन बहुत उग्र हो गया।"

वे बोले, "ज़रा चुप रहो।"

वे उन तीनों मुसाफिरों को ध्यान से देख रहे थे। कुछ मिनट बाद बोले, "आयुष्मान्, तुम मुझे अन्तर्राष्ट्रीय और राष्ट्रीय समस्याओं में फँसा रहे थे। मेरे सामने जो समस्या है, उसे तो पहले सुलझाओ। बताओ यह युवक बुढ़िया का कौन है?"

मैंने कहा, "लड़का मालूम होता है। बड़ी सेवा कर रहा है तब से।"

काका बोले, "नहीं, यह लड़का नहीं हो सकता। यह सेवा तो बुढ़िया की करता है पर सेवा की मान्यता का 'रिकार्ड' लड़की की आँखों में खोजता है। यह लड़की का प्रेमी है। ठीक प्रेमी भी नहीं है, प्रेमी होने की राह पर है। प्रेमी हो जाने पर प्रेमिका की अम्मा की सेवा में कोई वक्त बरबाद नहीं करता। फिर तो दरवाजे पर सिर्फ पूछ लेता है—अम्मा, अच्छी तो हो? और फिर 'सुषमा की पढ़ाई कैसी चल रही है?' कहता हुआ लड़की के कमरे में घुस जाता है।"

काका फिर उधर देखने लगे। एकाएक बोले, "हाय-हाय, इस देश में लड़की के दिल में जाना हो, तो माँ-बाप के दिल की राह से जाना होता है। माँ-बाप की सेवा करने में ही प्रेमी के अंजर-पंजर ढीले हो जाते हैं? शीरीं के बाप ने कह दिया कि पहाड़ में से नहर खोद लाओ, तो वह उल्लू का पट्ठा फ़रहाद कुदाली उठाकर खोदने ही लगा।"

मैंने कहा, "मगर काका, मामला अगर पक्का न हो गया होता, तो ये इस तरह सफर क्यों करते? पहले से कुछ तय मालूम होता है।"

काका ने कहा, "नहीं, इस जवान की गहरी पहचान इनसे पहले से है। कभी-कभार आना-जाना होता होगा। बुढ़िया इससे बाजार से सामान मँगवाती होगी और लड़की भी ऊन का नमूना देकर बाजार से भाव पुछवा लेती होगी। बस, अभी बेचारा प्रभाव डालने की स्थिति में ही है। सोचा होगा, इस सफर में काम पूरा कर डालूँगा। रेल में दस-बारह घण्टे लड़की का साथ रहे, तो दस साल का काम पूरा होता है। एक दिन का सफर एक जिन्दगी के बराबर होता है। जिन्दगी में रोज-रोज पड़नेवाले सारे काम सफर में होते हैं और उम्मीदवार अपनी पूरी योग्यता जता सकता है।"

काका की बात सही थी। वह तब से जता रहा था। उसने खिड़की ठीक खोल दी थी। पंखे का रुख वृद्धा की तरफ कर दिया था। दो बर्थों पर बिस्तर खोलकर बिछा दिये थे। पानी भरकर ले आया था।

उसने कुली को पैसे दिये थे, तो ऊपर से दस पैसे और दे दिये थे। कहा था—ले, दस पैसे और ले जा। गरीब आदमी है। उसने शायद लड़की को यह बताया कि मैं बड़ा उदार हूँ।

वह दो-तीन पत्रिकाएँ ले आया। सबके ऊपर फिल्मी पत्रिका रखकर लड़की को पुलिन्दा दे दिया। फिल्मी पत्रिका के कवर पर एक जोड़े का चित्र था—प्रेमी प्रेमिका का हाथ अपने हाथ में लिये था। लड़की ने पत्रिकाएँ ले लीं और उन्हें पलटने लगी।

काका ने मेरे कान में कहा, "देखा, वह फिल्मी पत्रिका और वह चित्र। वह उसे सुझा रहा है कि अपना भी ऐसा ही हो जाये, तो अच्छा रहेगा, है न?"

मैं उन लोगों की तरफ देखने लगा। काका ने कहा, "आयुष्मान्, तुम उन लोगों को इस तरह लगातार मत देखो। यह बुरा माना जायेगा। मुझे ही देखने दो।

बुजुर्ग का खास 'प्रिवलेज' (विशेष हक) है कि किसी भी औरत को घूर सकता है और कोई बुरा नहीं मानता। सफेदी की आड़ में हम बूढ़े वह सब कर सकते हैं, जिसे करने की तुम जवानों की भी हिम्मत नहीं होती।"

प्रेमी पान ले आया था। उसने पान का पत्ता बुढ़िया की तरफ बढ़ाया। बुढ़िया ने दो पान ले लिये। उसने पत्ता लड़की की तरफ बढ़ाया। उसनें भी एक पान ले लिया। वह आशावान हो गया।

वृद्धा के लिए वह तमाखू लाना भूल गया था। वह डिब्बे से उतरा और पान-वाले से तमाखू लेकर चलती गाड़ी में चढ़ गया।

वृद्धा को तमाखू दी तो उसने चिन्ता बतायी, "भाड़ में जाती तमाखू! तू चलती गाड़ी में चढ़ा, तो मुझे बड़ा डर लग रहा था।"

उसने जवाब दिया, "तो क्या हुआ? आगे न जाने कहाँ तमाखू मिलती!"

वृद्धा ने कहा, "हाँ बेटा, बिना तमाखू मेरा चलता ही नहीं है। पान पत्ते-जैसा बेस्वाद लगता है। पर तू इस तरह चलती गाड़ी में मत चढ़ा कर।"

लड़के ने लड़की की तरफ देखा।

काका ने कान में कहा, "देखो, वह उससे कह रहा है कि तुम्हारे लिए मैं खूब तेज गाड़ी से उतरकर चढ़ सकता हूँ। मैं बहादुर हूँ और प्राणों को हमेशा हथेली पर लेकर चलता हूँ।"

इतने में डिब्बे का कण्डक्टर आया और वह उससे अंग्रेजी में अपनी 'बर्थ' के लिए बहस करने लगा—बट आई टोल्ड यू···

काका ने कहा, 'देखो, अंग्रेज़ी में उसे डाँट रहा था। अभी भी इस देश के नौजवानों का यह खयाल है कि लड़कियाँ अंग्रेज़ी बोलनेवाले से प्यार करती हैं। क्यों आयुष्मान, अगर यह उस वक्त गाड़ी के नीचे आ जाता तो?"

मैंने कहा, "तो क्या? प्रेम में बलिदान तो होता ही है।"

काका ने कहा, "पर यह प्रेम पर बलिदान कहाँ होता? वह तो बुढ़िया की तमाखू के लिए जान दे देता! इस देश के युवकों को प्रेम पर मरना भी तो नहीं आता। प्रेम में मरेंगे, तो घिनापन से। मरते किसी और कारण से हैं, मगर सोचते हैं कि प्रेम पर मर रहे हैं। अच्छा, बताओ अब यह क्या करेगा?"

मैंने कहा, "अब यह चेन खींचकर बतायेगा। बुढ़िया का शाल खिड़की से फेंक देगा और चेन खींच देगा।"

काका ने कहा, "नहीं, और सोचो।"

"मैंने कहा, "तो सब मुसाफिरों को पैसे बाँटेगा।"

काका ने कहा, "नहीं। उदारता तो वह कुली को दस पैसे देकर जता चुका।"

मैंने और सोचकर कहा, "तो वह गाना गाकर बतायेगा।

काका हँसे। कहने लगे, "नहीं, गानेवाला 'टाइप' नहीं है यह। तुम्हें प्रेमियों के बारे में कुछ नहीं मालूम। मैं तो चेहरा देखकर बता सकता हूँ कि वह कब से प्रम कर रहा है, किस 'स्टेज' पर है और आगे क्या करनेवाला है।"

मैंने कहा, "तो आप ही बताइए, वह क्या करेगा ?"

काका ने कहा, "अब यह किसी से लड़ बैठेगा। कोमलता जता चुका, अब कठोरता जतायेगा। जब तक पुरुष नारी को यह न बता दे कि मैं जंगली जानवर भी हूँ, तब तक वह समझता है कि मेरी पूरी शख्सियत नहीं उभरी। यह अब किसी ऐसे मुसाफिर की तलाश करेगा, जो इससे कमजोर हो। उससे किसी बहाने लड़ पड़ेगा। होशियार हो जाओ, इसके शिकार हम भी हो सकते हैं।"

मैंने कहा, "अगर वह हम पर हाथ उठायेगा, तो हम भी उसे···"

काका ने कहा, "नहीं, उसे पलटकर मारने से वह लड़की की नजर से गिर जायेगा। प्रेम-भंग करना बड़ा पाप है।"

मैंने कहा, "मगर अजनबी के हाथ से पिट जाना क्या अच्छा है ?"

काका ने कहा, "मेरा खयाल है, ऐसी सूरत में हम पिटे-जैसे तो लगें, मगर चोट न आये—ऐसी कोशिश करनी चाहिए। उसके प्रेम के लिए हमें थोड़ी तकलीफ हो ले, थोड़ी बेइज्जती हो जाये, तो बरदाश्त कर लेना चाहिए। यों एक-दूसरे को बचाने की कोशिश करना चाहिए।"

हम सँभलकर बैठ गये। प्रेमी अपनी आस्तीन सँभालता हुआ चारों तरफ देख रहा था।

एक खूबसूरत नौजवान हाथ में अटेची लेकर स्टेशन से चढ़ा। प्रेमी ने उसे जांचा। वह उसके पास से निकला, तो अटेची उसे छू गयी। प्रेमी भनभनाकर खड़ा हो गया। उसका कॉलर पकड़ा, गाली दी, एक चाँटा मारा और उसे ढकेलकर गिरा दिया। हम उठे और मामला वहीं रोक दिया। हमने लड़के को समझाकर बिठा दिया। वह खिड़की के पास की अलग सीट पर बैठ गया। क्रोध और शर्म से उसका चेहरा लाल हो गया था।

प्रेमी ने लड़की की तरफ देखा। वह खिड़की के बाहर देख रही थी। प्रेमी जोर से शेखी बघारने लगा। बुढ़िया से बोला, "लोग बीच में न आते, तो उसे अधमरा कर देता।"

लड़की ने मुँह फेरा। नफरत से उसकी तरफ देखा और फिर एक नजर उस लड़के की तरफ फेंकी।

काका ने कहा, "आयुष्मान, अब नाटक गहरा होता जा रहा है, अभी इसमें तीन कोने निकले आते हैं।"

प्रेमी परेशान होने लगा। लड़की बार-बार उस पिटे हुए लड़के की तरफ देखने लगी।

प्रेमी ने बुढ़िया की तरफ पान बढ़ाये। उसे झपकी लग गयी थी। उसने लड़की की तरफ पान बढ़ाया। लड़की ने बेरुखी से 'नहीं' कह दिया। उसने नफरत से भरकर उसकी तरफ देखा।

लड़की खिड़की के बाहर देखती और फिर नजर घुमाकर लड़के की तरफ देख लेती। लड़का भी खिड़की के बाहर देखता और फिर नजर घुमाकर लड़की की

तरफ देख लेता। आगे चलकर लड़का लड़की की खिड़की से बाहर का दृश्य देखता और लड़की लड़के की खिड़की से देखती।

काका ने कहा, "दे दिया! दे दिया!"

मैंने पूछा, "क्या दे दिया, काका? किसने दे दिया?"

काका ने कहा, "स्त्री ने अपने को कमजोर को दे दिया। औरत भी बड़ी विचित्र होती है। जो पिटा बैठा है; उसे अपने को दे देती है। हरे, हरे, तिरिया चरित्र वगैरह! सब हो गया।"

प्रेमी की हालत अब खराब हो गयी थी। वह पछता रहा था। सुनाकर कह रहा था, "मुझे खुद अफसोस है कि मैंने उसे मार दिया।"

काका ने कहा, "आयुष्मान, यह अपनी बहादुरी के कारण मारा गया। इस वक्त वह यह चाह रहा है कि कोई उसे मारे। वह पिटना चाहता है। तुम हमेशा दूसरों का भला करते रहते हो। उठकर इस प्रेमी को दो चाँटे जमा दो। वह तुम्हारा बड़ा उपकार मानेगा।"

मैंने कहा, "ऐसा कैसे हो सकता है, काका? बिना कारण, बिना क्रोध के मैं उसे कैसे मार दूं?"

काका ने कहा, "उसके भले के लिए। जैसे डॉक्टर बिना क्रोध के शरीर पर छुरी चलाता है। वह बेचारा बड़ी कातरता से देख रहा है कि मुझे कोई पीट दे, तो मैं भी उस नारी की करुणा का अधिकारी बन जाऊँ। उसे पिटनेवाले से स्पर्धा करनी पड़ रही है न।"

मैंने कहा, "आप ही उसे मार दीजिए न।"

काका बोले, "बूढ़े से पिटने से उसका काम नहीं बनेगा। वह किसी जवान आदमी से पिटना चाहता है और फिर दूसरों का भला करने का बीड़ा तुमने उठाया है कि मैंने!"

इतना कहकर काका उठे और उससे कहने लगे, "भाई प्रेमी, अगर किसी के हाथ पिटने से तेरा बिगड़ा काम बनता हो, तो मैं अपने इस साथी से तेरी मदद करवाऊँ।"

सुनते ही लड़की ज़ोर से हँसी। लड़का भी हँसने लगा।

काका निराश होकर बैठ गये।

हम बिहार में चुनाव लड़ रहे हैं

पाठको, मैं वह हरिशंकर नहीं हूँ, जो व्यंग्य वगैरह लिखा करता था। मेरे नाम, काम, धाम, सब बदल गये हैं। मैं राजनीति में 'शिफ्ट' हो गया हूँ। बिहार में घूम रहा

हूँ और मध्यावधि चुनाव लड़ने की तैयारी कर रहा हूँ।

अब मेरा नाम है—बाबू हरिशंकर नारायण प्रसाद सिंह।

याद रखियेगा न? नहि ना भूलियेगा?

हँसियेगा नहीं। हम नया आदमी है न। अभी, सुद्ध भासा सीख रहे हैं। जैसा बनता है न, वैसा कोहते हैं।

मैं बिहार की जनता की पुकार पर ही बिहार आता हूँ। जनता की पुकार राजनीतिज्ञों को कैसे सुनायी पड़ जाती है, यह एक रहस्य है धन्धे का, नहीं बताऊँगा।

जनता की पुकार कभी-कभी, मेमने की पुकार जैसी होती है। वह पुकारता है माँ को और आ जाता है भेड़िया। मेमना चुप रहे तो भी कभी भेड़िया पहुँचकर कहता है—तूने मुझे पुकारा था। मेमना कहता है—मैंने तो मुँह ही नहीं खोला। भेड़िया कहता है—तो मैंने तेरे हृदय की पुकार सुनी होगी।

बिहार की जनता कह सकती है—हमने तुम्हें नहीं पुकारा। हमें तुम्हारे द्वारा अपना उद्धार नहीं करवाना। तुम क्यों हमारा भला करने पर उतारू हो?

मैं कहूँगा—मैंने दूर मध्य प्रदेश में तुम्हारे हृदय की पुकार सुन ली थी। वहाँ मध्यावधि चुनाव नहीं हो रहे हैं, इसलिए वहाँ की जनता की सेवा मैं नहीं कर सकता। और बिना सेवा किये जीवित नहीं रह सकता। तुम राजी नहीं होओगे, तो बलात सेवा कर लूंगा। सेवा का बलात्कार! समझे?

अकेला मैं नहीं, भगवान् श्रीकृष्ण भी बिहार की जनता का उद्धार करने आ पहुँचे हैं। बिहार की बाढ़, सूखा और महामारी से पीड़ित जनता! अकाल से पीड़ित जनता!

एक दिन मेरी कृष्ण भगवान् से भेंट हो गयी। मैंने पहचान लिया—वही मोर-मुकुट, पीताम्बर और मुरली!

मैंने कहा, "भगवान् कृष्ण हैं न!"

वे बोले, "हाँ, वही हूँ, पर मेरा नाम अब भगवान् बाबू कृष्णनारायण प्रसाद सिंह हो गया है। कृष्णबाबू भी कह सकते हैं।"

मैंने कहा, "भगवान्, क्या गोरक्षा-आन्दोलन का नेतृत्व करने पधारे हैं? चुनाव आ रहा है, तो गोरक्षा होगी ही। आप तो गोरक्षा-आन्दोलन के जरिये पालिटिक्स में घुस जायेंगे।"

कृष्ण ने कहा, "नहीं, उस हेतु नहीं आया। गोरक्षा-आन्दोलन आम चुनाव के काम का है। मध्यावधि छोटे चुनाव में तो 'मूषक-रक्षा-आन्दोलन' से भी काम चल जायेगा। मूषक-रक्षा में गणेशजी की रुचि हो सकती है, अपनी नहीं।"

मैंने कहा, "तो फिर आपको रामसेवक यादव ने बुलाया होगा—यादवों के वोट संसोपा को दिलवाने के लिए।"

कृष्ण खीज पड़े। बोले, "मुझे भी तो बताने दो। मैं बिहार की जनता की पुकार पर आया हूँ।"

मैंने कहा, "आपको भ्रम हो गया, भगवन्! वे तो कृष्णवल्लभ सहाय के

समर्थक थे, जो उन्हें टिकट देने के लिए ऐसी जोर की आवाज लगा रहे थे कि दिल्ली में कांग्रेस हाईकमान को सुनायी पड़ जाय। वे कृष्णवल्लभ बाबू का नाम ले रहे थे, आप समझे जनता आपको पुकार रही है।"

कृष्ण ने कहा, "नहीं, मैंने खुद सुना, जनता कह रही थी—हे भगवान्, अब तो तेरा ही सहारा है ? तू ही उद्धार कर सकता है ! इसी आर्त्त पुकार को सुनकर मैं आ गया।"

ऐसा हो सकता है। बात यह है कि चौथे चुनाव के बाद सिर्फ भगवान् की सत्ता ही स्थिर है। बिहार के मुसीबतजदा लोग पटना में एक सरकार से अपील करते, तब तक दूसरी सरकार आ जाती। हो सकता है, उन्होंने ईश्वर की एकमात्र स्थिर सरकार से गुहार की हो।

मैंने कहा, "ठीक किया जो आप आ गये। अब इरादा क्या करने का है ?"

उन्होंने कहा, "मेरा तो घोषित कार्यक्रम है, त्रिसूत्री—साधुओं को परित्राण, दुष्कर्मियों का नाश और धर्म की संस्थापना।"

मैंने पूछा, "कोई आर्थिक कार्यक्रम वगैरह ?"

वे बोले, "नहीं, बस वही त्रिसूत्री कार्यक्रम है।"

मैंने पूछा, "यहाँ के राजनीतिज्ञों में कोई साधु मिले ?"

"एक भी नहीं।"

"और असाधु ?"

"एक भी नहीं। हर एक अपने को साधु और दूसरों को असाधु कहता है। किसका नाश कर दूँ, समझ में नहीं आता ?"

इसी वक्त मुझे खयाल आया कि इनके हाथ में सुदर्शन चक्र तो है नहीं, नाश कैसे करेंगे। मैंने पूछा, तो कृष्ण ने बताया, "चक्र घर में रखा है, क्योंकि उसका लाइसेंस नहीं है। फिर इधर अभी से धारा 144 लगी हुई है।"

मैंने उन्हें समझाया, "भगवान्, अगर सुदर्शन चक्र का लाइसेंस मिल जाय, तो भी किसी को मारने पर दफा 302 में फँस जायेंगे।"

कृष्ण पशोपेश में थे। कहने लगे, "फिर धर्म की संस्थापना कैसे होगी ?"

मैंने कहा, "धर्म की संस्थापना तो साम्प्रदायिक दंगों से हो रही है। आप एक हड्डी का टुकड़ा उठाकर मन्दिर में डाल दीजिए और हिन्दू धर्म के नाम पर दंगा करवा दीजिए। धर्म का उपयोग तो अब दंगा करने के लिए ही रह गया है। आपके विचार काफी पुराने पड़ गये हैं। हम लोग तो दुष्कर्मियों का परित्राण करने के लिए ही यह व्यवस्था चला रहे हैं। सबसे असुरक्षित तो साधु ही हैं।"

भगवान् कृष्ण को मैंने फिर समझाया, "आप संसदीय लोकतन्त्र में घुसे बिना जन का उद्धार नहीं कर सकते। आप चुनाव लड़िए और इस राज्य के मुख्यमन्त्री बन जाइए। रुक्मिणीजी को बुला लीजिए। जिस टूर्नामेण्ट का आप उद्घाटन करेंगे, उसमें वे पुरस्कार-वितरण करेंगी। घर के ही एक जोड़ी 'कर-कमलों' में दोनों काम हो जायेंगे।"

बड़ी मुश्किल से उनके सामन्ती संस्कारों के गले में लोकतन्त्र उतरा। इससे ज्यादा आसानी से तो दरभंगा-नरेश बाबू कामाख्यानारायण सिंह लोकतन्त्री हो गये थे।

कृष्ण को चुनाव के मैदान में उतारने में मेरा स्वार्थ था। राजनीति में नया-नया आया हूँ। पहले किसी बड़ी हस्ती का 'चमचा' बनना जरूरी है। 'दादा' को 'चमचा' चाहिए और चमचे को दादा। दादा मुख्यमन्त्री, तो चमचा गृहमन्त्री। मैंने सोचा, लोग शंकराचार्य को अपनी तरफ ले रहे हैं, मैं साक्षात् भगवान् कृष्ण के साथ हो जाऊँ।

हम लोगों ने तय किया कि पहले अपने पक्ष में जनमत बनायें और फिर राजनीतिक पार्टियों से तालमेल बिठायें। हम लोगों से मिलने निकल पड़े। मैं तो चमचा था। भगवान् का परिचय देकर चुप हो जाता। जिन्होंने बहस कर-करके अर्जुन को अनचाहे लड़वा दिया था, वे तर्क से लोगों को ठीक कर देंगे—ऐसा मुझे विश्वास था। पर धीरे-धीरे मेरी चिन्ता बढ़ने लगी। कृष्ण की बात जम नहीं रही थी।

कुछ राजनीति करनेवालों से बातें हुईं। कृष्ण ने बताया कि चुनाव लड़ रहा हूँ।

वे बोले, "हाँ-हाँ, आप क्यों न लड़ियेगा। आप भगवान् हैं। आपका नाम है। आपका भजन होता है। आपका आरती होता है। आपका कथा होता है। आपका फोटू बिकता है। आप नहीं लड़ियेगा, तो कौन लड़ेगा, आप तो यादव हैं न ?"

कृष्ण ने कहा, "मैं ईश्वर हूँ। मेरी कोई जाति नहीं है।"

उन्होंने कहा, "देखिए न, इधर भगवान् होने से तो काम नहीं न चलेगा। आपको कोई वोट नहीं देगा। जात नहीं रखियेगा, तो कैसे जीतियेगा ?"

जाति के इस चक्कर से हम परेशान हो उठे—भूमिहार, कायस्थ, क्षत्रिय, यादव होने के बाद ही कोई कांग्रेसी, समाजवादी या साम्यवादी हो सकता है। कृष्ण को पहले यादव होना पड़ेगा, फिर चाहे वे मार्क्सवादी हो जायें।

कृष्ण इस जातिवाद से तंग आ गये। कहने लगे, "ये सब पिछड़े लोग हैं। चलो विश्वविद्यालय चलें। हमें प्रबुद्ध लोगों का समर्थन लेकर इस जातिवाद की जड़ें काट देनी चाहिए।"

विश्वविद्यालय में राजनीति के प्रोफेसर से हम बातें कर रहे थे। उन्होंने साफ कह दिया, "मैं कायस्थ होने के नाते, कायस्थों का ही समर्थन करूँगा।"

कृष्ण ने कहा, "आप विद्वान् होकर भी इतने संकीर्ण हैं ?"

प्रोफेसर ने समझाया, "देखिए न, विद्या से मनुष्य अपने सच्चे रूप को पहचानता है। हमने विद्या प्राप्त की, तो हम पहचान गये कि हम कायस्थ हैं।"

कृष्ण घबड़ाकर एक पेड़ की छाँह में लेट गये। कहने लगे, "सोचते हैं लौट जायें। जहाँ भगवान् को भगवान् होने के कारण एक भी वोट न मिले, वहाँ अपने से राजनीति नहीं बनेगी।"

उधर कृष्ण के राजनीति में उतरने की बात खूब फैल गयी थी और राजनीतिक

दल सतर्क हो गये थे। जनसंघ का ख्याल था कि गोपाल होने के कारण बहुत करके कृष्ण अपना साथ देंगे, पर अगर विरोध हुआ तो उसकी तैयारी कर लेनी चाहिए। उन्होंने कथावाचकों को बैठा दिया था कि पोथियाँ देखकर कृष्ण की पोलें खोजो। गड़बड़ करेंगे, तो चरित्र-हनन कर देंगे।

चरित्र-हनन शुरू हो गया था। कानाफूसी चलने लगी थी। कृष्ण शीतल छाँह में सो गये थे। मैं बैठा था। तभी एक आदमी आया। मेरे कान में बोला—

"यह भगवान् श्रीकृष्ण हैं न ?"

मैंने कहा, "हाँ। देखो क्या रूप है !"

उसने कहा, "एक बात बताऊँ। किसी से कहियेगा नहीं। इनकी 'डब्ल्यु' का मामला बड़ा गड़बड़ है। भगायी हुई हैं। रुक्मिणी नाम है। बड़ा दंगा हुआ था, जब उन्होंने रुक्मिणी को भगाया था। सबूत मिल गये हैं। पोथी में सब लिखा हुआ है। जो किसी लड़की को भगा लाया, वह अगर शासन में आ गया, तो हमारी बहू-बेटियों की इज्जत का क्या होगा ?"

कृष्ण उठे तो मैंने कहा, "प्रभु, आपका 'करेक्टर एसेसिनेशन' शुरू हो ही गया। अब या तो आप चुनाव में हिम्मत से कूदिए, या मुझे छोड़िए। मैं कहीं अपना तालमेल बिठा लूँगा। आपके साथ रहने से मेरा भी राजनीतिक भविष्य खतरे में पड़ जायेगा।"

कृष्ण का दिमाग सो लेने से खुल गया था। वे बड़े विश्वास से बोले, "एक बात अभी सूझी है। यहाँ मेरे कई हजार पक्के समर्थक हैं, जिन्हें मैं भूल ही गया था। मेरे हजारों मन्दिर हैं। उनके पुजारी तो मेरे पक्के समर्थक हैं ही। मैं उन हजारों पुजारियों के दम पर सारी सीटें जीत सकता हूँ। चलो, पुजारियों से बात कर लें।"

हम एक मन्दिर में पहुँचे। पुजारी ने कृष्ण को देखा, तो खुशी से पागल हो गया। नाचने लगा। बोला, "धन्यभाग ! जीवन-भर की पूजा सफल हो गयी। भगवान् को साक्षात् देख रहा हूँ !"

कृष्ण ने पुजारी को बताया कि वे चुनाव लडनेवाले हैं। वोट दिलाने की जिम्मेदारी पुजारी की होगी।

पुजारी ने कहा, "आप प्रभु हैं, वोट की आपको कौनो कमी है !"

कृष्ण ने कहा, "फिर भी पक्की तो करनी पड़ेगी, तुम तो वोट मुझे ही दोगे न ?"

पुजारी ने हाथ मलते हुए कहा, "आप मेरे आराध्य हैं, प्रभु हैं, पर वोट का ऐसा है कि वह तो जातवाले को ही जायेगा। जात से कोई खड़ा न होता, तो हम जरूर आपको ही वोट देते।"

कृष्ण की इतनी दीन हालत तब भी नहीं हुई होगी, जब शिकारी का तीर उन्हें लगा था। कहने लगे, "अब सिवा भूदान-आन्दोलन में शामिल होने के कोई रास्ता नहीं है। जिसका अपना पुजारी धोखा दे जाय, ऐसे पिटे हुए राजनीतिज्ञ के लिए या तो भारत सेवक समाज है, या सर्वोदय। चलो बाबा के पास।"

मैंने कहा, "अभी वह स्टेज नहीं आयी। अभी तो हम एक भी चुनाव नहीं हारे। पाँच-पाँच बार चुनाव हारकर भी लोग सर्वोदय में नहीं गये। चलिए, राजनीतिक दलों से बातचीत करें।"

पहले हम कांग्रेस दफ्तर गये। वहाँ बताया गया कि यहाँ कांग्रेस है ही नहीं। मन्त्री ने कहा, "इधर तो कृष्णवल्लभ बाबू हैं, महेश बाबू हैं, रामखिलावन बाबू हैं, मिसरा बाबू है, कांग्रेस तो कोई नहीं है। और फिर कांग्रेस से मिलकर क्या करियेगा। जो गुट सरकार में चला जाता है, वह कांग्रेस रह जाता है। जो सत्ता में नहीं रहता, वह कांग्रेस भी नहीं रहता। कांग्रेस कौन है, यह तो चुनाव के बाद ही मालूम होगा। कांग्रेस अब सरकार नहीं बनाती, सरकार गिराती है। आप चुनाव लड़िए। अगर आपके साथ चार-पाँच विधायक भी हों, तो हमारे पास आइए। आपकी ही 'मेजॉरिटी' बनाकर आपकी सरकार बनवा देंगे। हमने मण्डल की सरकार बनवायी थी न।"

हम संसोपा के पास गये। उन लोगों ने पहले परीक्षा ली। जब हमने कहा कि जवाहरलाल जो गुलाब का फूल शेरवानी में लगाते थे, वह कागज का होता था, तो वे लोग बहुत खुश हुए। कहने लगे, "बड़े क्रान्तिकारी विचार हैं आपके। देखो, यह नेहरू देश को कितना बड़ा धोखा देता रहा।"

मैंने कहा, "हम लोग समाजवादी होना चहते हैं।"

वे बोले, "समाजवादी होना उतना जरूरी नहीं है, जितना गैर-कांग्रेसी होना। डाकू भी अगर कांग्रेस-विरोधी हैं, तो बड़े-से-बड़े समाजवादी से श्रेष्ठ हैं।"

कृष्ण ने कहा, "लेकिन कोई आइडियॉलॉजी तो होगी ही ?"

संसोपाई बोले, "गैर-कांग्रेसवाद एक आइडियॉलॉजी तो है ही। इस आइडियॉलॉजी के कारण सबसे तालमेल बैठ जाता है, गोरक्षा में जनसंघ के साथ, पूँजी की रक्षा में स्वतन्त्र पार्टी के साथ, जनतान्त्रिक समाजवाद में प्रसोपा के साथ, जनक्रान्ति में कम्युनिस्टों के साथ।"

मैंने पूछा, "डॉक्टर लोहिया ने कहा था कि जनता का विश्वास प्राप्त करने के लिए गैर-कांग्रेसी सरकारें छः महीने के भीतर कोई चमत्कारी काम करके बतायें। ऐसा हुआ था क्या ?"

उन्होंने कहा, "हाँ, एक नहीं, कितने ही चमत्कारी काम हो गये। हमारे मण्डल बाबू ने ही कितना बड़ा चमत्कारी काम किया।"

हम दोनों साम्यवादी दलों के पास गये। दक्षिणपन्थी साम्यवादी दल ने कहा, "तो कॉमरेड कृष्ण, आपका हिस्ट्री हमने पढ़ा है। आपमें वामपन्थी दुस्साहसिकता और वामपन्थी भटकाव दोनों हैं। आपने इस तरह के काम किये थे। आप मार्क्सवादियों के पास जाइए।"

मार्क्सवादियों ने कह दिया, "तुम तो संशोधनवादी हो। तुम्हारा सारा वर्ग-चरित्र प्रतिक्रियावादी है।"

जनसंघ ने खुले दिल से स्वागत किया। कहा, "आप तो द्वापर से हमारी पार्टी

के सदस्य थे। आइए, आपका 'बौद्धिक' हो जाय।"

उन्होंने एक कागज की पर्ची पर लिखा—हिन्दू राष्ट्र, गोरक्षा, भारतीय संस्कृति। पर्ची को एक छपे हुए कागज में रखा। फिर अलमारी से ताला-चाबी निकाले।

वे एक औजार से कृष्ण का सिर खोलने लगे। कृष्ण चौंककर हट गये। बोले, "यह क्या कर रहे हो?"

उन्होंने समझाया, "आपका बौद्धिक संस्कार कर रहे हैं। सिर खोलकर ये विचार आपके दिमाग में रखकर ताला लगा देंगे और चाबी नागपुर गुरूजी के पास भेज देंगे। न वहाँ से चाबी आयेगी, न आपका दिमाग खुलेगा, न परकीय और अराष्ट्रीय विचार आपके दिमाग में घुसेंगे।"

कृष्ण आतंकित हो गये। वे एक झटके से उठे और बाहर भागे। पीछे से वह आदमी चिल्लाया, "रुकिए, रुकिए, हमारे स्वयंसेवकों को एक-एक सुदर्शन चक्र तो देते जाइए।"

हम भागे, तो सीधे शोषित दलवालों के पास पहुँचे। उन्होंने कहा, 'अभी से आप शोषित कैसे हो सकते हैं? शोषित तब होता है, जब विधायक हो जाय, पर मन्त्री न हो। आप मन्त्री नहीं बन सके, तभी तो शोषित होंगे। तब हमारे साथ हो जाइए।"

क्रान्तिदल के महामाया बाबू से मिलने का भी इरादा था, पर सुना कि जब से उन्होंने कामाख्या बाबू के खिलाफ दायर 218 मुकदमे उठाये, तब से उनकी खदान में ही गुप्तवास कर रहे हैं।

खदान के बाहर ही राजा कामाख्या नारायण सिंह मिल गये। उन्होंने कहा, "मेरे साथ होने से आप लोगों को राजनीति की दुनिया की पूरी सैर करनी पड़ेगी। आप थक जायेंगे। हर आदमी में मेरे जैसी फुरती नहीं है। देखिए न, मैंने जनता पार्टी बनायी। फिर मैं स्वतन्त्र पार्टी में चला गया। फिर कांग्रेस में लौट आया। फिर मैं भारतीय क्रान्तिदल में चला गया। फिर भारतीय क्रान्तिदल से निकलकर जनता पार्टी बना ली। मेरे लिए राजनीतिक दल अण्डरवीयर है; ज्यादा दिन एक ही को नहीं पहनता, क्योंकि बदबू आने लगती है। अपने पास कुल सत्रह विधायक होते हैं, पर कोई भी सरकार मेरे बिना चल नहीं सकती। आप लोग तो अपनी पार्टी बनाइए, अपने कुछ लोगों को विधान सभा में ले आइए और फिर सिंहासन पर बैठकर कांग्रेसवाद, संघवाद, क्रान्तिवाद, समाजवाद, साम्यवाद सबसे चरण दबवाइए। सिद्धान्त पर अड़ेंगे, तो मिटेंगे। सबसे बड़ा सिद्धान्त सौदा है।"

हमें भी बोध हुआ कि किसी दल से अपनी पटरी पूरी तरह बैठेगी नहीं। अपना अलग दल होना चाहिए। अगर अपने चार-पाँच विधायक भी रहे, तो जोड़-तोड़ उठा-पटक और उखाड़-पछाड़ के द्वारा प्रदेश की सरकार हमेशा अपने कब्जे में रहेगी।

हमने एक नयी पार्टी बना ली है, अभी यह पार्टी सिर्फ बिहार में कार्य करेगी।

यदि मध्यावधि चुनाव में इसे जनता का समर्थन अच्छा मिला, तो अखिल भारतीय पार्टी बना देंगे।

इस पार्टी का संक्षिप्त मेनिफेस्टो यहाँ दे रहे हैं :

भारतीय राजनीति में व्याप्त अवसरवाद, मूल्यहीनता और अस्थिरता को देखकर हर सच्चे जनसेवक का हृदय फटने लगता है। राजनीतिक भ्रष्टाचार के कारण आज देश के करोड़ों मानव भूखे हैं, नंगे हैं, बेकार हैं। वे अकाल, बाढ़, सूखा और महामारी के शिकार हो रहे हैं। असंख्य कण्ठों से पुकार उठ रही है—हे भगवान्, आओ और नयी राजनीतिक पार्टी बनाकर सत्ता पर कब्जा करो और हमारी रक्षा करो। जनता के आर्त्तनाद को सुनकर भगवान् कृष्ण बिहार में अवतरित हो गये हैं और उन्होंने हरिशंकर नारायण प्रसाद सिंह नाम के विश्वविख्यात जनसेवक के साथ मिलकर एक पार्टी की स्थापना कर ली है।

पार्टी का नाम—'भारतीय जनमंगल कांग्रेस' होगा।

नाम में 'जन' या 'जनता' या 'लोक' रखने का आधुनिक राजनीति में फैशन पड़ गया है। इसीलिए हमने भी 'जन' शब्द रख दिया है। जनता से प्रार्थना है कि 'जन' को गम्भीरता से न लें, इसे वर्तमान राजनीति का एक मजाक समझें।

पार्टी के नाम में 'भारतीय' इसलिए रखा है कि आगे जरूरत हो, तो भारतीय जनसंघ के साथ मिलकर सत्ता में हिस्सा बँटा सकें।

'कांग्रेस' हमने इसलिए रखा है कि अगर इन्दिराजीवाली कांग्रेस को अल्पमत सरकार बनाने की जरूरत पड़े, तो पहले हमें मौका दे।

'जनता' शब्द की व्याख्या किसी दल ने नहीं की है। हम पहली बार ऐसा कर रहे हैं। जनता उन मनुष्यों को कहते हैं, जो वोटर हैं और जिनके वोट से विधायक तथा मन्त्री बनते हैं। इस पृथ्वी पर जनता की उपयोगिता कुल इतनी है कि उसके वोट से मन्त्रिमण्डल बनते हैं। अगर जनता के बिना सरकार बन सकती है, तो जनता की कोई जरूरत नहीं है।

जनता कच्चा माल है। इससे पक्का माल विधायक, मन्त्री आदि बनते हैं। पक्का माल बनने के लिए कच्चे माल को मिटना ही पड़ता है।

हम जनता को विश्वास दिलाते हैं कि उसे मिटाकर हम ऊँची क्वालिटी की सरकार बनायेंगे। हमारा न्यूनतम कार्यक्रम सरकार में रहना है।

हम इस नीति को मानते हैं—यथा राजा, तथा प्रजा। राजा अगर ठाठ से ऐशो-आराम में रहेगा, तो प्रजा भी वैसी ही रहेगी। राजा अगर सुखी होगा, तो प्रजा भी सुखी होगी। इसलिए हमारी पार्टी के मन्त्री ऐशो-आराम से रहेंगे। जनता को समझना चाहिए कि हमें मजबूर होकर सुखी जीवन बिताना होगा, जिससे जनता भी सुखी हो सके। यथा राजा तथा प्रजा।

हमारे उम्मीदवार विधायक होने के लिए चुनाव नहीं लड़ेंगे। वे मन्त्री बनने के लिए वोट माँगेंगे। हमारी पार्टी के उम्मीदवार को जब जनता वोट देगी, तो मन्त्री को वोट देगी। हम अपनी पार्टी के हर विधायक को मन्त्रिमण्डल में लेंगे,

जिससे कोई दल न छोड़े।

यदि हमारे किसी मन्त्री को दल छोड़ना है तो उसे पहले हमसे पूछना होगा। वह तभी दल छोड़ सकेगा, जब हम उसकी माँग पूरी न कर सकेंगे।

सरकार का काम राज करना है, रोजी-रोटी की समस्या हल करना नहीं है।

सरकार का काम राज करना है, इसलिए वह अन्न उत्पादन नहीं करेगी। जिस कम्पनी को अन्न उत्पादन करना हो, उसे बिहार की जमीन दे दी जायेगी।

हम जाति के हिसाब से अलग-अलग जिला बना देंगे। ब्राह्मणों के जिले में क्षत्रिय नही रहेगा। जिलाधीश की नियुक्ति जाति-पंचायत करेगी।

बिहार में भूखे और महामारी से बहुत लोग मरते हैं। पर काशी बिहार में नहीं है। गया यहाँ श्राद्ध के लिए है। हम आन्दोलन करके काशी को बिहार में शामिल करेंगे, जिससे बिहार का आदमी यहीं काशी में मरकर गया में पिण्डदान करवा ले।

हम जनता को वचन देते हैं कि जिस सरकार में हम नहीं होंगे, उस सरकार को गिरा देंगे। अगर हमारा बहुमत नहीं हुआ, तो हम हर महीने जनता को नयी सरकार का मजा देंगे।

घोषणा-पत्र की यह रूपरेखा ही है। विस्तार से आगे बतायेंगे।

जनता हमारी पार्टी की विजय के लिए प्रार्थना करे।

ठेकेदार, उद्योगपति, दंगा करनेवाले शर्तें तय करने के लिए अभी सम्पर्क करें।

हमारे भाई, भतीजे, मामा, मौसा, फूफा, साले, बहनोई, जो जहाँ भी हों, बिहार में आकर बस जायें और रिश्तेदारी के सबूत समेत जीवन सुधारने की दरख्वास्त अभी से दे दें। देर करने से नक्काल फायदा उठा लेंगे।

घुटन के पन्द्रह मिनट

एक सरकारी दफ्तर में हम लोग एक काम से गये थे—संसद् सदस्य तिवारीजी और मैं। दफ्तर में फैलते-फैलते यह खबर बड़े साहब के कानों तक पहुँच गयी होगी कि कोई संसद् सदस्य अहाते में आये हैं। साहब ने साहबी का हिदायतनामा खोलकर देखा होगा कि अगर संसद् सदस्य दफ्तर में आये तो क्या करना? जवाब मिला होगा—उसे चाय पिलाना। फिर देखा होगा, अगर उसके साथ कोई आदमी हो तो उसके साथ क्या करना? जवाब मिला होगा—उसे भी चाय पिला देना। साहब ने हिदायतनामा बन्द करके बड़े बाबू से कहा होगा—तिवारीजी का काम खत्म हो जाये तो उन लोगों को चाय पीने को यहाँ ले आना।

काम खत्म होने पर बड़े बाबू ने कहा—साहब के साथ चाय पी लीजिए। साहबों के साथ औपचारिक चाय पीने के अनुभव मुझे हैं। उन्हें याद करके मैं कुछ घबड़ाया। मगर सोचा, यह अनुभव सुखदायक भी हो सकता है। हम दोनों साहब के कमरे में घुसे। एक निहायत बनावटी मुस्कान फैली साहब के चेहरे पर। यह मुस्कान सरकार खासतौर से अपने कूटनीतिज्ञों और अफसरों के लिए बनवाती है। पब्लिक सेक्टर में दूसरा कारखाना है। प्राइवेट सेक्टर के कारखाने में बनी मुस्कान व्यापारी के चेहरे पर होती है। इसे नकली मूँछ की तरह फौरन पहन लिया जाता है। जब जुल्फिकार अली भुट्टो के साथ मुस्कराते सरदार स्वर्णसिंह की तस्वीर देखता तो चकित रह जाता। भारत-पाक युद्ध, भयंकर दुश्मनी—मगर मुस्कान यह ऊँची क्वालिटी की बनी हुई है।

साहब मुस्करा चुके तो हम तीनों के मन में समस्या पैदा हुई कि अब क्या किया जाये। चाय तो टेबिल पर है नहीं। चपरासी लेने गया होगा।

हमने सोचा, इन्होंने बुलाया है तो निभाने की सारी जिम्मेदारी इनकी। वे समझे थे कि निभाने की जिम्मेदारी हम ले लेंगे।

कुछ सेकण्ड इस दुविधा में कटे। इतने में साहब समझ गये कि उन्हीं को निभाना है।

बोले, "सुनाइए तिवारीजी, दिल्ली के क्या हाल हैं?"

यह इतना व्यापक सवाल था कि इसका जवाब सिवा इसके क्या हो सकता था कि सब ठीक है। तिवारीजी जानते थे कि दिल्ली पर बम बरस जायें तो भी इन्हें मतलब नहीं।

थका-सा जवाब दे दिया, "सब ठीक है।"

साहब को जवाब माकूल लगा।

फिर मुझसे पूछा, "सुनाइए परसाईजी, साहित्य में कैसा चल रहा है?"

मैंने भी कहा, "सब ठीक चल रहा है।"

बात खत्म हो चुकी। सरकारी अफसर हैं—राजनीति की बात कर नहीं सकते। साहित्य से कोई सरोकार नहीं।

हम तीनों की नजर दरवाजे पर है। हम तीनों चपरासी की राह देख रहे हैं।

मगर चपरासी हम तीनों का दुश्मन है। वह आ नहीं रहा। पता नहीं कितनी दूर चाय लेने गया है।

साहब अपनी कुर्सी पर हैं। जब उन्हें लगता है वे बड़े आदमी हैं, वे सीधे तनकर बैठ जाते हैं। मगर जब तिवारीजी अपनी छड़ी की मूठ पर हाथ रखते हैं, तो साहब को एहसास होता है कि सामने संसद् सदस्य बैठा है। वे टेबिल पर झुक जाते हैं। मैं यह कवायद बड़ी दिलचस्पी से देख रहा हूँ। साहब तने, इसी वक्त तिवारीजी ने छड़ी की मूठ पर हाथ फेरा, साहब ढीले हुए। साहब का ध्यान छड़ी पर है। वे अब छड़ी को ही संसद् सदस्य समझने लगे हैं।

मैंने अब पेपरवेट उठा लिया है और उससे जी बहला रहा हूँ। तिवारीजी ने

छड़ी की मूठ पर लगातार हाथ फेरना शुरू कर दिया है कि साहब को तनने का मौका ही नहीं मिल रहा है। साहब ने एक पिन उठा ली है और उससे नाखून के मैल को साफ करने लगे हैं। मेरी बड़ी इच्छा हो रही है कि पिन से दाँत खोदूँ। इससे दूसरा काम नहीं होता। मैं पेपरवेट रख देता हूँ और एक पिन उठा लेता हूँ। पिन से मैं दाँतों का मैल साफ करने लगता हूँ।

हम तीनों दरवाजे की तरफ देखते हैं। फिर एक-दूसरे की तरफ बड़े दीन नयनों से देखते हैं। हम तीनों को चपरासी मार रहा है और हम कुछ नहीं कर सकते। अत्यन्त दीन भाव से साहब तिवारीजी से पूछते हैं, "और सुनाइए तिवारी-जी, दिल्ली के क्या हाल हैं?"

तिवारीजी कहते हैं, "सब ठीक ही है।"

मुझसे पूछते हैं, "और सुनाइए परसाईजी, साहित्य में कैसा चल रहा है?"

मैं कहता हूँ, "ठीक ही चल रहा है।"

कहीं कुछ नहीं जुड़ रहा। वे और हम दो पहाड़ियों पर इतनी दूर हैं कि कोई पुल हमें जोड़ नहीं सकता। हम तीनों कगार पर खड़े हैं। नीचे गहरी खाई है। मगर एक-दूसरे की आवाज भी नहीं सुनायी देती।

साहब को घण्टी की याद आती है। घण्टी हर साहब की नसों के तनाव को दूर करने के लिए होती है। उन्होंने घण्टी बजायी और एक चपरासी हाजिर हो गया।

साहब ने कहा, "चाय अभी तक नहीं आयी।"

चपरासी ने कहा, "गया है साब लेने। इधर के होटल में दूध खलास हो गया।"

मारा होटलवाले ने। दूध खलास किये बैठा है, पता नहीं चपरासी कितनी दूर जाता है।

अब क्या करें?

साहब ने अब पेंसिल उठा ली है। वे उसे गाल पर रगड़ते हैं। मेरे दाँत सब साफ हो चुके हैं। पिन उठा नहीं सकता। मैं टेबिल पर तबला बजाने लगता हूँ।

साहब बहुत संकट में हैं। वे यह जानते कि पास के होटल का दूध खत्म हो गया है तो चाय पीने को बुलाते ही नहीं। हम भी घोर संकट में हैं। इन्होंने पहले चाय बुलाकर फिर हमें क्यों नहीं बुलाया?

साहब पेंसिल गाल पर काफी रगड़ चुके। दरवाजे की तरफ देखते हैं।

फिर वही, "और सुनाइए तिवारीजी, दिल्ली के क्या हाल हैं?"

इस बार तिवारीजी ने तय किया कि कुछ करना ही पड़ेगा। दिल्ली के हालात पर बात चले, तो कुछ हल्कापन महसूस हो।

वे बोले, "कांग्रेस के दो हिस्से हो गये। सिण्डिकेट निकल गयी बाहर।"

मेरा खयाल था अब बात चलेगी।

पर साहब बोले, "अच्छा जी।"

मैं खुद तिवारीजी से दो घण्टे दिल्ली की राजनीति पर बात कर चुका था।

मेरे पास बढ़ाने को कुछ था नहीं।

तिवारीजी एक कोशिश फिर करते हैं, "इन्दिरा सरकार बिल्कुल पुख्ता है।"

साहब ने कहा, "अच्छा जी।"

तिवारीजी निराश होकर छड़ी की मूठ पर हाथ फेरने लगे।

मैंने टेबिल पर तबला शुरू कर दिया।

कोई उपाय कारगर नहीं हो रहा।

साहब ने फिर कहा, "और सुनाइए तिवारीजी, दिल्ली के क्या हाल हैं?"

इस बार तिवारीजी कुछ नहीं बोलते। वे लगातार छड़ी की मूठ पर हाथ फेर रहे हैं।

हम तीनों की हालत खराब है। मेरा तबला बजाने का जी भी नहीं हो रहा।

इसी वक्त चपरासी ट्रे लेकर आ गया। हम सब मुर्दे-जैसे जाग पड़े। साहब के चेहरे पर पहले ऐसा भाव आता है कि उसे चाँटा मार दें। फिर दूसरा भाव आता है, जैसे उसके चरण छू लें। मैं खुद गुस्से से भरा बैठा था। मगर उसके आते ही मेरा मन उसके प्रति कृतज्ञता से भर गया।

हमने बहुत फुर्ती से चाय सुड़की। उठे। बोले, "अच्छा अब इजाजत दीजिए।"

उन्होंने फौरन इजाजत दी। बोले, "अच्छा जी। थैंक यू वेरी मच।"

हमें उन्हें धन्यवाद देने का भी होश-हवास नहीं था।

बाहर आकर हम दोनों ने पहले खूब जोर से चार-छः साँसें लीं, फिर गाड़ी में बैठे। रास्ते-भर हम एक-दूसरे से नहीं बोले।

उतरते वक्त अलबत्ता मैंने कहा, "और सुनाइए तिवारीजी, दिल्ली के क्या हाल हैं?"

तिवारी भुन्नाकर बोले, "यार, अब भूलने भी नहीं दोगे।"

वाक आउट! स्लीप आउट! ईट आउट!

ज़रा देर पहले ही आँख लगी थी।

क्या देखता हूँ कि मैं विधान-सभा-भवन में खड़ा हूँ।

बायीं तरफ मुझे एक बड़ा हॉल दीखा और मैं उसमें घुस गया। वहाँ आधे हिस्से में मुलायम सोफे रखे थे और बाकी आधे में तख्त बिछे थे, जिन पर मोटे गद्दे और गोल तकिये पड़े थे। सोफों पर पैर फैलाकर कई आदमी लुढ़के थे। तख्तों पर कई आदमी सो रहे थे।

मैंने एक कर्मचारी से पूछा, "क्या यही विधान-सभा है ?"

उसने कहा, "विधान-सभा तो पूरी इमारत में फैली है।"

मैंने कहा, "मेरा मतलब है कि क्या विधान-सभा की बैठक यहीं हो रही है ?"

उसने कहा, "नहीं ! बैठक तो भीतर सभा-भवन में हो रही है। यह तो विश्रामकक्ष है। यहाँ बैठक नहीं, 'लेटक' होती है।"

एक तख्त खाली देखकर मुझे आलस्य सताने लगा। मैं उस पर लेटने ही वाला था कि उस कर्मचारी ने मेरा हाथ पकड़ लिया। बोला, "ठहरो-ठहरो, यह क्या कर रहे हो ?"

मैंने कहा, "सोना चाहता हूँ।"

उसने कहा, "तुम यहाँ नहीं सो सकते। यहाँ वही सो सकते हैं, जिन्हें यहाँ से तनख्वाह मिलती है। ऐसा नियम है। यह नियम पूरे देश में लागू है कि जिसे जहाँ से तनख्वाह मिलती है, वह वहाँ सो सकता है। ये विधायक लोग भी तभी सो सकते हैं, जब विधान-सभा चल रही हो। रात को ये यहाँ सोना चाहें, तो इन्हें भी नहीं सोने दिया जायेगा।"

वह एक नोट-बुक में विधायकों के नाम और सोने का समय लिखने लगा।

मैंने पूछा, "यह क्यों लिख रहे हो ?"

उसने कहा, "हिसाब रखना पड़ता है कि कौन विधायक कितना सोता है। जैसे भीतर सरकारी दल और विरोधी दलों में बहस होती है, वैसे ही यहाँ सोने में स्पर्धा होती है। जिस दिन विरोधी पक्ष के विधायकों के सोने के घण्टे सरकारी पक्ष के सोने के घण्टों से बढ़ जायेंगे, उस दिन सरकार को इस्तीफा देना होगा। जैसे ही भीतर खबर पहुँचती है कि विरोधी पक्ष के सदस्य ज्यादा सो रहे हैं, त्योंही सरकारी दल का सचेतक (व्हिप) कुछ सदस्यों को यहाँ सोने भेज देता है।"

मैंने पूछा, "क्या कभी ऐसा हुआ है कि विरोधी पक्ष के सोने के घण्टे बढ़ गये हों और सरकार ने इस्तीफा दिया हो ?"

उसने कहा, "नहीं, ऐसा आज तक तो नहीं हुआ, पर प्रयत्न चल रहे हैं। बात यह है कि सरकारी दल बहुत चतुर है। वह कुछ ऐसे सदस्य ले आया है जिन्हें यहाँ पैर रखते ही नींद आने लगती है। वे दस्तखत करके जो सोते हैं, तो शाम को ही उठते हैं। इन्हीं लोगों के दम पर सरकार टिकी है।"

इसी समय कोई सदस्य भागता हुआ आया और कुछ सदस्यों को जगाकर बोला, "जल्दी चलो भीतर ! 'वाक आउट' करना है।"

वे सदस्य आँखें मलते हुए भीतर गये और पाँच मिनट बाद फिर लौट आये।

मैंने उनमें से एक से कहा, "आप अभी गये थे और अभी लौट आये !"

उसने कहा, "विरोधियों की यही मुसीबत है। हमें हर पन्द्रह-बीस मिनट में 'वाक आउट' करना पड़ता है। आँख लगी नहीं कि कोई सदस्य आता है और 'वाक आउट' के लिए भीतर ले जाता है। हम भीतर जाते हैं और नेता के पीछे फिर बाहर आ जाते हैं।"

मैंने कहा, "मगर मैं देख रहा हूँ कि कुछ सदस्य तो बड़ी देर से सो रहे हैं।"

उसने समझाया, "उनका काम अलग है। वे 'वाक आउट' नहीं करते, 'स्लीप आउट' करते हैं। इनमें सरकारी और विरोधी, दोनों पक्षों के लोग हैं। इसी तरह तुम देखोगे कि कुछ सदस्य दिन-भर कैण्टीन में बैठे खाया करते हैं। ये 'ईट आउट' करते हैं।"

मैंने पूछा, "इन तीन तरह के 'आउटों' में प्रभावशाली और उपयोगी 'आउट' कौन-सा है।"

सदस्य ने जवाब दिया, " 'वाक आउट' करना तो साधारण बात है। कोई भी कर लेता है। 'ईट आउट' ज़रा मुश्किल है, क्योंकि इसमें बार-बार खिलानेवाला ढूँढ़ना पड़ता है। लेकिन सबसे उत्तम 'स्लीप आउट' है। पर 'स्लीप आउट' करनेवाले से भी बड़ा वह है जो 'ईट आउट' और 'स्लीप आउट' की संयुक्त कार्यवाही करता है। वह कैण्टीन में खाकर फौरन सो जाता है। बीच में नींद खुलती है, तो फिर खा लेता है और फिर सो जाता है। ऐसा सदस्य जिस दिन चाहेगा, देश का कायापलट कर देगा।"

उस सदस्य ने बताया कि इन तख्तों पर इस समय बीस सदस्य सरकार के समर्थन में सो रहे हैं और सात उसके विरोध में सो रहे हैं। उधर कैण्टीन में भी कुछ सदस्य सरकार के समर्थन में खा रहे हैं और कुछ सरकार की धाँधलियों के विरोध में खा रहे हैं।

इतना कहते-कहते उस सदस्य की आँखें झपने लगीं और मेरे देखते-देखते वह 'स्लीप आउट' कर गया।

अब मैं भीतर सभा-भवन में जाता हूँ। वहाँ एक कुत्ते की मौत पर बहस चल रही है।

एक विरोधी सदस्य बड़ी भावुकता से कह रहा था—'अध्यक्ष महोदय ! यह साधारण बात नहीं है, कुत्ते की मौत का मामला है। कुत्ता ! यह वह पशु है जिसने युधिष्ठिर का साथ उन बर्फीली घाटियों में दिया था, जहाँ उनके सगे भाई और पत्नी तक उन्हें छोड़ गये थे। कुत्ता अपने मालिक के प्रति जितनी भक्ति रखता है, उतनी तो हम अपने पार्टी-नेता के प्रति भी नहीं रखते। ऐसा एक कुत्ता सरकारी बस से कुचलकर मर गया है। उस कुत्ते का खून इस सरकार के सिर पर है। यातायात-मन्त्री हत्यारा है ! उसे इस्तीफा देना चाहिए। ऐसी सरकार को एक दिन भी पद पर रहने का हक नहीं है।'

कुछ और विरोधी पक्ष के सदस्यों ने सरकार से इस मुद्दे पर इस्तीफे की माँग की।

एक सरकारी पक्ष के सदस्य ने जवाब में कहा—'अध्यक्ष महोदय ! वह कुत्ता गलत साइड से चल रहा था। मेरे पास इसके सबूत हैं कि कुत्ता सड़क की दाहिनी तरफ से चल रहा था और बस पास आने पर सड़क पार करने लगा था।'

एक विरोधी—'झूठ है, सरासर झूठ है। कुत्ता बायीं तरफ से चल रहा था।'

दूसरा विरोधी—'कुत्ता बायीं तरफ से चले, ऐसा नियम सरकार ने कभी नहीं बनाया। इसलिए वह कहीं भी चलने को स्वतन्त्र है। इसलिए उसके लिए सड़क की दोनों बाजू सही हैं। इस दुर्घटना में कुत्ते का कोई कसूर नहीं है।'

इसी समय पीछे से एक सदस्य ने उठकर कहा—'अध्यक्ष महोदय! मैं आपका ध्यान इस बात की ओर आकर्षित करना चाहता हूँ कि कुछ गाँवों में ओले गिरने से सारी फसल चौपट हो गयी है। उन गाँवों के किसान बरबाद हो गये हैं। वे भूखे मर रहे हैं और उनके मवेशी भी मर रहे हैं। हजारों किसान विधान-सभा के फाटक पर अपनी फरियाद लेकर हाजिर हैं। उनके विषय में सदन में बिचार होना चाहिए।'

बाहर किसान नारे लगा रहे थे, पर अभी कुत्ते की मौत की बहस खूब जोर पर थी।

आखिर मन्त्री ने जवाब दिया—'विरोधी सदस्यों के सब आरोप झूठे हैं। हमने उस कुत्ते का पोस्टमार्टम कराया है। बस के पहिये की भी रासायनिक जाँच करायी है। रासायनिक की रिपोर्ट है कि कुत्ता बस से कुचलकर नहीं मरा। पहिये पर जो खून लगा था, उसके सम्बन्ध में रासायनिक का मत है कि वह कुत्ते का खून नहीं है।'

एक सदस्य—'तो वह किसका खून है?'

मन्त्री—'वह आदमी का खून है।'

इस पर सदन में थोड़ी देर भुनभुनाहट होती रही। विरोधी पक्ष निराश हो गया था।

मन्त्री ने विजय के गर्व से कहा—'तथ्य यही है! वह खून आदमी का था, कुत्ते का नहीं—जैसाकि सदस्यों का आरोप है। इसलिए मेरे इस्तीफा देने का कोई प्रश्न नहीं उठता।'

बाहर किसानों के नारे लग रहे थे।

एक सदस्य ने कहा—'किसानों की हालत पर सदन में विचार होना चाहिए! वे लगान की माफी माँगते हैं, खाने को अन्न माँगते हैं, मवेशियों के लिए भूसा माँगते हैं, बोने के लिए बीज माँगते हैं। मन्त्री महोदय सदन को बतायें कि वे इन किसानों के लिए क्या करना चाहते हैं।'

मन्त्री ने कहा—'हमने जाँच करायी है, जिससे मालूम हुआ है कि वहाँ ओले नहीं गिरे।'

कई सदस्य—'गिरे हैं!'

मन्त्री—'अगर गिरे भी हैं तो फसल बरबाद नहीं हुई है।'

कई सदस्य—'हुई है, हुई है!'

मन्त्री—'अगर फसल बरबाद भी हुई है, तो मुझे मालूम है कि वहाँ किसान नहीं रहते।'

कई सदस्य—'तो फिर फसल कैसे हुई?'

मन्त्री—'अगर किसान भी वहाँ रहते हैं और फसल भी वहाँ हुई और ओले भी गिरे, तो नुकसान नहीं हुआ।'

इस पर सदन में हो-हल्ला हुआ।

मन्त्री ने जवाब दिया—'मैं जानता हूँ, इन किसानों को कम्युनिस्टों ने भड़काया है!'

कई सदस्य—'पर उनकी समस्या तो हल कीजिए।'

मन्त्री—'मेरे पास इस समस्या का यही हल है।'

सदन में फिर हो-हल्ला हुआ।

अध्यक्ष ने कहा—'सदन यह जानना चाहता है कि इन बरबाद किसानों की समस्या को शासन कैसे हल करेगा?'

मन्त्री ने वक्तव्य दिया—'अध्यक्ष महोदय! ऐसी समस्याओं को हल करने का यही एकमात्र और अचूक तरीका हमारे पास है। जब भी कोई हमारे पास शिकायत लेकर आता है, हम कह देते हैं कि तुम्हें कम्युनिस्टों ने भड़काया है। इससे समस्या हल हो जाती है। अध्यक्ष महोदय, मैंने इस नुस्खे को अपने बच्चे पर आजमाकर देख लिया है। कल उसकी माँ बाहर गयी हुई थी। लड़के को भूख लगी और वह रोने लगा। मैंने उससे कहा–क्यों रोता है? मालूम होता है, तुझे कम्युनिस्टों ने भड़काया है! अध्यक्ष महोदय, इतना सुनते ही लड़का चुप हो गया और उसे दूध पिलाने की जरूरत ही नहीं पड़ी। इसलिए जब मैं कहता हूँ कि तुम्हें कम्युनिस्टों ने भड़काया है तब इन किसानों को समझ लेना चाहिए कि उनकी समस्या हल हो चुकी है।'

अब मैं बाहर निकला। उसी समय विरोधी पक्ष से एक सदस्य बाहर निकला। उसकी लम्बी दाढ़ी थी, बड़े बाल थे। वह बगलबन्दी और ऊँची धोती पहने थे। पाँवों में खड़ाऊँ और सिर पर काली टोपी थी।

मैंने पूछा, "महाशय, क्या आपको मालूम है कि देश में टेक्सटाइल उद्योग काफी विकास कर गया है?"

उसने घूरकर मुझे देखा। बोला, "प्रश्न पूछना और विचार करना हमारे यहाँ अनुशासन के विरुद्ध माना जाता है।"

मैंने कहा, "मैं यही जानना चाहता था कि आप ठीक कपड़े क्यों नहीं पहनते?"

उसने कहा, "ठीक कपड़े पहनना अराष्ट्रीय कर्म है। अगली बार तो मैं वल्कल पहनकर आऊँगा?"

मैंने पूछा, "इस विधान-सभा के बारे में आपका क्या मत है?"

उसने जवाब दिया, "चुनकर आ गये हैं, तो बैठते हैं। प्रजातन्त्रवाले स्वयं प्रजातान्त्रिक संस्था का उपहास करते हैं, तो मैं क्या करूँ? मैं तो देख रहा हूँ। हमारी संस्कृति में जनता से कभी कुछ पूछने की परम्परा ही नहीं है। प्रजातन्त्र तो विदेशी विचार है। अपने कू जमता ही नहीं। समझे?"

मैं समझ गया और डर के मारे मेरी नींद खुल गयी!

सुदामा के चावल

[कृष्ण से मनमानी सम्पत्ति प्राप्त करके विप्र सुदामा अपने भवन में आराम से रहने लगे। उन्हें कोई काम तो करना नहीं पड़ता था, इसलिए पण्डितानी से लड़ने और जम्हाई लेने के बाद भी जो समय बचता उसमें कुछ लिख-पढ़ लेते, उसमें से संस्मरण और डायरी के कुछ भाग अब मिल गये हैं। उसमें से कृष्ण से भेंटवाला प्रसंग यहाँ उद्धृत किया जाता है।—लेखक]

···लोगों की टीका-टिप्पणी से मैं तंग आ गया। लोग मुझे चैन क्यों नहीं लेने देते? कहते हैं कि कृष्ण ने प्रजा के कोष का धन उठाकर अपने मित्र को दे दिया। कृष्ण ने ऐसा क्या अनुचित किया, जो मुझे थोड़ा धन दे दिया। राज-पद पाकर कौन अपने भाई-भतीजों और मित्रों का भला नहीं करता? कुछ लोग तो मुझे ही मूर्ख कहते हैं। कहते हैं कि कृष्ण ने मेरे दो मुट्ठी चावल खाकर मुझे दो लोक दे दिये थे, पर मैंने मूर्खतावश वापस कर दिये। कल प्रातःकाल मैं भवन के बाहर मैदान में दातौन चबाता घूम रहा था—मुझे एक प्रहर तक दातौन करने की आदत है, क्योंकि किसी तरह समय तो काटना है। सामने से ब्राह्मण देवदत्त अपने किसी परदेशी बन्धु के साथ निकला और मेरी ओर संकेत करके उससे कहने लगा, 'यह वही मूर्ख सुदामा है, जिसे कृष्ण ने दो लोक दे दिये थे, पर इसने वापस कर दिये।' सुनकर मेरे अंग-अंग में आग लग गयी पर मैं क्रोध पी गया। क्या करता? मैंने ही तो यह बात फैलायी थी। मनुष्यों की बुद्धि को इस युग में क्या हो गया है! किसी ने यह नहीं कहा कि हे मिथ्यावादी सुदामा, यदि कृष्ण हर मिलनेवाले को एक-दो लोक दान में देते हों, तो प्रतिदिन हजारों लोक बाँटते होंगे। पर लोक तो तीन ही हैं और मथुरा तीन लोकों से न्यारी है। और हे मिथ्यावादी ब्राह्मण, तू यदि यह कहे कि केवल तू ही उनसे मिलने गया, तो यह भी झूठ है। जब कोई राजधानी जाता है, तब ऊँचे पदों पर बैठे अपने पूर्व-परिचित से मिल आता है। फिर कृष्ण तो बहुत हँसमुख और मिलनसार हैं; उसे नृत्य-संगीत-नाट्य का शौक है और उसके आसपास कलावन्त सुन्दरियों का जमघट रहता है। जिस राजनेता के आसपास सुन्दरियों का गुच्छा होता है, उसे मिलनेवालों का टोटा नहीं पड़ता।

किसी ने ऐसी शंका नहीं की। और युगों तक यह बात मानी जायेगी कि कृष्ण ने मेरे दो मुट्ठी चावल खाकर मुझे दो लोक दे दिये, पर मैंने बाद में उन्हें लौटा दिया, पर आज मैं सत्य बात लिख देना चाहता हूँ, जिससे 'निरवधि काल और विपुला पृथ्वी' में कोई कभी इन पृष्ठों के आधार पर विश्व से कह सकेगा कि दो मुट्ठी चावल और दो लोकवाली बात झूठ है; सुदामा ने कृष्ण से दान नहीं लिया; उसने परस्पर सुभीते के लिए सौदा किया था।

मैं जब द्वारिका के लिए चला, तब ब्राह्मणी ने पड़ोसिन से एक पाव चावल

उधार लेकर मेरे गमछे में बाँध दिये। वह जानती थी कि राजपुरुष बिना भेंट लिये किसी का काम नहीं करते। मेरे घर में एक पाव चावल भी न हों, ऐसी बात नहीं थी; पर ब्राह्मणी जानती थी कि राजपुरुष उधारी या चोरी के माल से बहुत प्रसन्न होते हैं।

कृष्ण ने मुझे बड़े स्नेह से पास बिठाया और मेरी काँख में दबे गमछे को खींचा, उलट-पलटकर देखा। उसमें चावल का एक दाना भी नहीं था। कृष्ण ने मेरी ओर बड़े अचरज और खीझ से देखा और कहा, "कहाँ गये चावल? तुमने फिर कपट किया। मैंने अपनी दिव्य-दृष्टि से देख लिया था कि भाभी ने मेरे लिए गमछे में चावल बाँध दिये थे।"

मेरा मन हुआ कि कह दूँ कि हे मेरे राजमित्र, जिस दृष्टि से तुम मित्रों की पत्नियों को पति के गमछे में चावल बाँधते देखते रहते हो, उससे लोगों की गरीबी और भुखमरी क्यों नहीं देखते। पर कुछ सोचकर मैं चुप रहा।

कृष्ण चावल खाने के लिए बहुत उत्सुक था। उसका आग्रह प्रेम के कारण कम था, इस कारण अधिक था कि आसपास चित्रकार लोग चावल खाते हुए महाराज का चित्र खींचने के लिए तैयार खड़े थे। चित्र खींचकर उसके नीचे लिखा जाता, 'दीनबन्धु एक दीन के चावल खाते हुए।'

उसने बनावटी रोष से पूछा, "क्या तुम चावल भी खा गये?"

"नहीं।" मैंने कहा।

"तो फिर कहाँ गये?" उसने हठ किया।

मैंने कहा, "नहीं बताऊँगा। मैं वचनबद्ध हूँ।"

"किससे वचनबद्ध हो?"

"तुम्हारे रक्षक-विभाग के अधिकारी से। उसने कहा है कि यदि तुम यह सब मामला महाराज को बताओगे, तो तुम्हारी ब्राह्मणी विधवा हो जायेगी।"

कृष्ण हँसा। पूछा, "कैसा मामला? मित्र, तुम मुझे बताओ तो। मैं तुम्हें अभय-दान देता हूँ। मैं तुम्हें अपने व्यक्तिगत रथ में घर सकुशल पहुँचाऊँगा।"

आश्वासन पाकर मैंने कहा, "अच्छा, बतलाता हूँ। पर पहले राज्य-शासन में मैं तुम्हारी परीक्षा लेता हूँ। बतलाओ, खुरचन किसे कहते हैं और अच्छे शासन में इसका क्या महत्त्व है?"

कृष्ण मेरी ओर मूढ़ की तरह देखने लगा। बोला, "मैंने तो यह शब्द ही नहीं सुना।"

मैंने कहा, "आश्चर्य है। शासन की सबसे महत्त्वपूर्ण नीति को नहीं जानते और राज्य करते हो।"

कृष्ण ने उतावली से कहा, "पर तुम पहले चावल की बात तो बताओ।"

तब मैंने पूरी घटना सिलसिलेवार सुनायी, जिसे यहाँ लिखता हूँ—

माँगते-खाते मैं द्वारिका नगरी पहुँचा। नगरी का वैभव देखकर चकित रह गया। सारा धन सिमटकर द्वारिका में आ गया था और सारी विद्या इकट्ठी हो गयी

थी। बड़े-बड़े कलावन्त, पण्डित, कवि और गायक राजधानी में आकर बस गये थे क्योंकि यहाँ राज-पुरस्कार खूब बंटते थे। इनमें मुझ दीन ब्राह्मण को कौन पूछता ? मैंने नगरी के बाहर ही, बिना नहाये, मस्तक पर चन्दन लगा लिया था, इसलिए नागरिक पूछने पर कम-से-कम मार्ग बता देते थे।

पूछते-पूछते मैं कृष्ण के महल के सामने पहुँच गया। वहाँ एक कर्मचारी से मैंने कहा, "भाई, मुझे महाराज से मिलना है।" उसने मुझे ध्यान से देखा और सम्भवतः टालने के लिए कहा, "उस बायें बाजूवाले कार्यालय में जाओ। वहाँ पूछताछ के पश्चात् जब अनुमति मिलेगी, तब जा सकोगे।"

कुछ सोचकर उसने पुनः कहा, "तुम भाई क्यों कहते हो ?"

मैंने उत्तर दिया, "मनुष्य मनुष्य को 'भाई' ही तो कहेगा।" उसने मुझे समझाया, "बहुत भोले हो। आगे किसी राज-कर्मचारी को भाई मत कहना। वह मनुष्य होने में अपनी अप्रतिष्ठा समझता है। उसे 'देवता' कहना चाहिए।"

मैंने उसकी बात की गाँठ बाँध ली और उस विशाल कार्यालय के द्वार पर पहुँचा। वहाँ कितने ही कर्मचारी बैठे थे जिनमें से अधिकांश गपशप कर रहे थे। वे अपने स्थान से उठते और पास के जलपान-गृह में जाकर बैठ जाते। मैं समझा कि इन सबको यही करने के लिए ही राज्य से वेतन मिलता है।

मैं बड़ी देर तक खड़ा रहा। फिर साहस बटोर भीतर घुसा। एक कर्मचारी ने बड़े कड़े स्वर में कहा, "ए कहाँ घुसा आता है ? यह धर्मशाला नहीं है। उधर जाओ, वहाँ धर्मशाला है और सदावर्त्त बँटता है।" उसने अँगुली से दक्षिण दिशा की ओर संकेत किया।

मैंने कहा, "देवता, मुझे महाराज से मिलना है।"

कर्मचारी हैरत से मुझे देखता ही रहा। फिर ठहाका मारकर हँसा और बोला, "विप्रदेव, तुम गलत जगह आ गये। यह पागलखाना नहीं है।"

मैंने कहा, "भगवन्, मेरे कृश शरीर और फटे वस्त्रों पर मत जाओ। मेरे होश-हवास दुरुस्त हैं। मैं विक्षिप्त नहीं हूँ। मुझे वास्तव में महाराज कृष्ण से मिलना है।"

इतने में कई कर्मचारी आकर मुझे घेरकर खड़े हो गये। उनमें से एक कहने लगा, "बड़ी ऊँची आकांक्षाएं हैं आपकी विप्रदेव ! क्या काम है आपको महाराज से ?"

मैंने कहा, "वे मेरे मित्र हैं, सहपाठी हैं।" इस पर वे सब एक साथ हँस पड़े।

एक बोला, "वाह, महाराज को आप ही साथ पढ़ने के लिए मिले !"

दूसरा कहने लगा, "विप्रदेव, आप भाँग-वाँग छानते हैं क्या ?"

तीसरा बोला, "आप किस देश के नरेश हैं ?"

मेरे संकट के मारे शरीर और दरिद्रता से छिन्न वस्त्रों को देख-देखकर वे उपहास करते रहे। मैं ग्लानि से मरा जा रहा था। चाहता था कि पृथ्वी फट जाये और मैं उसमें समा जाऊँ। दीनबन्धु के सेवकों का कैसा व्यवहार था, एक

दीन के प्रति।

इसी समय कार्यालय के दूसरे छोर से एक दबंग कर्मचारी चिल्लाया, "अरे कुछ 'खुरचन' का सिलसिला भी है या यों ही मिलने चला आया है।" चारों ओर से 'खुरचन-खुरचन' की आवाजें लगने लगीं।

"खुरचन' मेरे लिए नया शब्द था। मैंने कहा, "भाई, खुरचन मैं नहीं जानता। शब्द-कोश में तो यह शब्द नहीं है। किसी काव्य और दर्शन में भी यह नहीं आया। यह सम्भवतः शासन का कोई विशेष शब्द है। मैं जानता हूँ कि अच्छे शासन कुछ शब्दों और आँकड़ों के बल पर चलते हैं।"

उनमें से एक, जो सयाना था, कहने लगा, "ब्राह्मण देवता, राजदरबार में आये हो, और शासन की नीति नहीं जानते ? तुम तो 'खुरचन' तक नहीं समझते।"

मैंने बड़ी नम्रता से कहा, "बन्धु, मैं तो ग्रामवासी हूँ। शासन हमारे पास केवल कर वसूल करने पहुँचता है। भला राजधानी की रीति-नीति मैं कैसे जान सकता हूँ ? हमारे ग्रामों में तो दूध उबाल लेने के बाद जो मलाई कढ़ाई में चिपकी रहती है, उसे खुरच लेते हैं और उसी को 'खुरचन' कहते हैं।"

वह बोला, "ठीक इसी तरह से शासन की कड़ाही में जो मलाई चिपकी रहती है उसे हम खुरचते हैं और उसे हम भी 'खुरचन' कहते हैं।"

मैं तब भी नहीं समझा। उन सबको मेरे ऊपर दया-सी आयी।

सयाना बोला, "तुम समझे नहीं विप्रदेव ! हमारा मतलब है, यह भी एक मन्दिर है। कुछ भेंट वगैरह तो लाये ही होंगे। महाराज से क्या बिना भेंट के मिलोगे ? हमारा भी तो कुछ हिस्सा होगा।"

मैं अड़चन में पड़ गया। मुझे चुप देख एक कर्मचारी कहने लगा, "तुम्हारी काँख में दबी उस पोटली में क्या है ब्राह्मण देवता ? स्वर्ण है ?

मैंने चावल की पोटली और कसकर दबा ली।

सयाना कर्मचारी बोला, "क्या है उसमें ? खोलो उसे !"

मैं घबराया। यदि चावल इनके सामने खुल गये, तो ये मेरा बड़ा उपहास करेंगे। मैं जड़ हो गया।

तभी वह रक्षक-विभाग का अधिकारी आगे बढ़ा। उसका बलिष्ठ शरीर, कठोर मुख और बिच्छू के डंक-जैसी मूँछें देखकर मैं काँप गया। उसने कर्कश स्वर में कहा, "अरे, दो धप्प लगाओ, अभी बता देगा यह ब्राह्मण का बच्चा।"

मैं काँप उठा। मैंने झट पोटली खोल दी। चावल देखकर वे सब हैरत में पड़ गये। एक-दूसरे की ओर देखने लगे। एक बोला, "यह ब्राह्मण पागल है। भला कोई चावल लेकर महाराज से मिलने जायेगा ?"

अब तक वह दबंग कर्मचारी आ गया था। उसने कहा, "भई, इसमें कुछ भेद है। ये साधारण नहीं मालूम होते। भला कोई महाराज के लिए साधारण चावल लायेगा ? ये ब्राह्मण लोग बड़े रहस्यमय होते हैं। कई तरह के तन्त्र-मन्त्र करते रहते हैं। ये चावल मन्त्रों से सिद्ध किये मालूम होते हैं, जो महाराज को देने जा रहा है।"

मैंने सोचा कि इस भ्रम की बाँह पकड़कर कृष्ण के पास पहुंच सकता हूँ। मैंने कहा, "ग्यारह रात्रि और दिन निरन्तर मन्त्रोच्चार करके चावल सिद्ध किये हैं।"

"क्या गुण है इनमें ?"

"मन-वांछित फल-धन प्राप्ति, स्त्री-सुख, स्वास्थ्य, पुत्रलाभ, शत्रु-नाश !"

इतना सुनते ही वे सब चावलों पर टूट पड़े। प्रत्येक की कुछ इच्छा थी। कार्यालय में काम बन्द हो गया। सब कर्मचारी वहीं एकत्र हो गये। जो आता, वह एक चुटकी चावल खा जाता।

जब आधी मुट्ठी चावल बचे, तो मैं उन्हें लपेटते हुए बोला, "अब इतने महाराज के लिए रहने दो।" इसी समय एक बड़ा अधिकारी वहाँ आया और डपटकर बोला, "कहाँ ले चले ? मुझे भी खाना है। महाराज को दूसरे चक्कर में ला देना।"

उसने शेष चावल मुँह में डाल लिये।

मैंने खाली अँगोछा झटककर लपेटा और काँख में दबा लिया।

बड़ी-बड़ी मूँछोंवाले उस भयावह रक्षक-विभाग के अधिकारी ने एक सेवक को बुलाया और उसे आदेश दिया, "इन्हें महाराज के पास पहुँचा दे।"

मैं सेवक के पीछे चला। चार कदम ही बढ़ा था कि वह मूँछोंवाला आया और मेरा हाथ पकड़कर बोला, "देख बे ब्राह्मण के बच्चे, यदि तूने महाराज को यह चावलवाला मामला बताया, तो तेरी ब्राह्मणी विधवा हो जायेगी।"

उसने हाथ छोड़ा, तो मैं जल्दी-जल्दी महल में चला गया।

यह घटना मैंने कृष्ण को सुनायी। वह बड़ी चिन्ता में पड़ गया।

मैंने कहा, "तुम राज करते हो या सोते हो ? कैसी धाँधली मची है। तुम्हारे राज-कर्मचारी चावल तक छीन खाते हैं।"

कृष्ण ने कहा, "मुझे वास्तव में यह नहीं मालूम था। मैं आज ही जाँच समिति नियुक्त करता हूँ। पर बाहर यह बात तुम किसी को मत बताना। राज्य की बड़ी बदनामी होगी।"

मैं अकड़ गया। मैंने कहा, "मैं ब्राह्मण हूँ—सत्यवादी। प्राण चाहे चले जायें, सत्य नहीं त्याग सकता। मैं डंके की चोट पर कहूँगा कि राज्य में ऐसा अन्धेर मचा है।"

कृष्ण की हालत बड़ी दयनीय हो गयी। कहने लगा, "देखो, तुम मेरे मित्र हो। क्या मित्र के लिए थोड़ा झूठ भी नहीं बोलोगे ?"

मैंने व्यंग्य से कहा, "अब तुम्हें मित्रता याद आने लगी। पहले नहीं सोचा कि मेरा एक मित्र सुदामा दरिद्रता में दिन काट रहा है।"

कृष्ण ने कहा, "मेरी स्थिति को तुम क्या समझो। मैं यही नहीं समझ पाता कि कौन मेरा है और कौन पराया। जब से मुझे यह राजपद मिला है, असंख्य आदमी मेरे आत्मीय बनकर मेरे पास सहायता के लिए आ चुके। अभी तक बीस सहस्र

चाचा, पन्द्रह सहस्र काका, पचीस सहस्र भतीजे, दस सहस्र मौसियाँ और आठ सहस्र चाचियाँ आ चुकीं। अब बताओ, मैं किस-किसका काम करूँ? और सच पूछो तो मुझे अभी भी विश्बास नहीं है कि तुम वही सुदामा हो, जो मेरा सहपाठी था, क्योंकि आठवें सुदामा तो कल ही आये थे जिन्हें मैंने बाहर से ही लौटा दिया था। तुम न जाने कैसे भीतर घुस आये। आ गये तो कोई बात नहीं, पर मित्रता इत्यादि की बात मत करो; क्योंकि मैं क्या जानूँ कि तुम कौन हो। मैं तुमसे सौदा कर सकता हूँ। तुम्हारे पास राज्य का एक रहस्य है जिसे प्रकट करने से शासन कलंकित होगा। बोलो, इस रहस्य को गुप्त रखने का क्या लोगे? यहाँ इसी तरह दे-लेकर मुँह बन्द कर दिया जाता है।"

मैं सोचने लगा। जब मित्रता से सौदे पर बात आ गयी है, तो संकोच त्यागना चाहिए।

मैंने कहा, "अच्छा, ऐसा ही सही। क्या दोगे?"

"दस सहस्र स्वर्ण-मुद्राएँ।" वह बोला।

मैंने बनावटी रोष से कहा, "क्या तुमने मेरा ईमान सस्ता समझा है?"

"तो एक लाख स्वर्ण-मुद्रा, एक भवन और एक ग्राम ले लो।"

इस कीमत पर मैंने ईमान बेच दिया।

कृष्ण ने मुझे अपने रथ पर वापस पहुँचाया। लौटकर मैंने दो मुट्ठी चावल और दो लोकवाली बात बनाकर फैला दी। लोग इसी पर विश्वास करते जायेंगे।

कभी जब ये पृष्ठ प्रकाश में आयेंगे तब यह सत्य प्रकट होगा कि चावल का एक दाना भी कृष्ण को नहीं मिला। चावल तो कर्मचारियों की 'खुरचन' हो गये। यह भी लोग जानेंगे कि मैंने कृष्ण से दान नहीं लिया, सौदा किया था, कुछ काल के लिए ईमान गिरवी रखा था।

एक और जन्म-दिन

बहुत छिपाते-छिपाते भी आखिर जन्म-तिथि खुल गयी।

कुछ भी नहीं छिपता। कबीरदास ने अपने को 'काशी का जुलाहा' घोषित करके और जिन्दगी-भर जात-पाँत के खिलाफ लड़ाई ठानकर अपनी सच्ची जाति छिपाने की कोशिश की, पर लोगों ने पता लगाकर हर पाठ्य-पुस्तक में लिख दिया—अरे, इस कबीरदास का मामला तो बहुत ही गड़बड़ था। वह विधवा ब्राह्मणी की अवैध सन्तान था, जिसे नीरू जुलाहे ने पाला था। कबीर की पोल खोल दी साहित्य के जिज्ञासुओं ने। इन्हें यह अनुमान और लगाना था कि अगर कबीर

विधवा जुलाहिन के बेटे होते, तो कोई ब्राह्मण उन्हें पालता या नहीं। मेरा ख्याल है, नहीं पालता। ब्राह्मण किसी को नहीं पालता। वह खुद ही पलता है। बेचारे कबीर ने आत्म-रक्षा के लिए ही कहा था—जात न पूछो साधु की, पूछ लीजिए ज्ञान। मगर साधु की पहले जात ही पूछी जाती है। वसिष्ठ ने अगर विश्वामित्र की जात न पूछी होती, तो कितने उपद्रव बच जाते।

वोट देनेवाले से लेकर साहित्य-मर्मज्ञ तक जाति का पता पहले लगाते हैं। लेखक के बारे में कहा जाता है—वे कान्यकुब्ज ब्राह्मण थे। जो उन्हें सरयूपारीण कहते हैं, वे भारतीय जनता के साथ धोखा करते हैं।···तुलसीदास सनाढ्य ब्राह्मण थे। सनाढ्य जाति गुणाढ्य है। उन्हें कान्यकुब्ज कहना साहित्य के साथ बेईमानी है। ऐसे बेईमानों को साहित्य के शाप से कोढ़ होगा।

कबीर की जाति नहीं छिपी, तो हमारी जन्म-तिथि कैसे छिपती ! हमारी पीढ़ी के बुरे दिन आ गये। उसकी जन्म-पत्री की खोज होने लगी। जन्म-दिन की शुभ-कामना से यह दुष्चक्र शुरू होता है, आगे जन्म-दिन मनाया जाता है और फिर पत्थर का देवता बनाकर बिठा दिया जाता है। अपनी पीढ़ी के लोगों से कहता हूँ, कि जब तक तुम उचक्कापन करते रहोगे, तब तक इस दुर्गति से बचते रहोगे। जहाँ संजीदा हुए कि तुम्हारा जन्म-दिन मना लिया जायेगा !

लेखक या नेता की जन्म-तिथि का प्रचार हो जाय, तो लोगों को कर्त्तव्य पुकारने लगता है। लोगो, पाठको, अब तो कुछ शर्म खाओ। उस लेखक की जन्म-तिथि तुम्हें मालूम है, फिर भी तुम साहित्य के प्रति अपने दायित्व का निर्वाह नहीं कर रहे हो।

मेरी जन्म-तिथि जन्ममास के पहलेवाले महीने में छपी थी। अगस्त के एक दिन सुबह कमरे में घुसा तो देखा, एक बन्धु बैठे हैं और कुछ सकुचा-से रहे हैं। और वक्त मिलते थे तो बेतकल्लुफी से हँसी-मजाक करते थे। उस दिन बहुत गम्भीर बैठे थे, जैसे कोई बुरी खबर लेकर आये हों। वे उठे, झोले में से गुलदस्ता निकाला और मेरी तरफ बढ़े। मैंने पूछा, "यह क्या मामला है !" वे बोले, "आपका जन्म-दिन है न !" मैंने कहा, "अच्छा, मुझे ध्यान ही नहीं था।" उन्होंने मन में कहा होगा—पाखण्डी ! रात-भर उत्सुकता में सोया नहीं होगा। कहता है, ध्यान नहीं था।

उनका गुलदस्ता देने का शायद पहला ही मौका था और मेरा लेने का। दोनों से नहीं बन रहा था। दोनों को अटपटा लग रहा था। बबूल की डाल को तो काँटे बचाकर लिया जा सकता है, मगर फूलों को बचाकर गुलदस्ता कैसे लिया जाय ? इसके लिए अभ्यास चाहिए।

कुछ लोग इस अदा से गुलदस्ता लेते हैं, जैसे माँ के पेट में भी गुलदस्ता लेते रहे हों। एक नेता के बेटे को 'रेडीमेड' नेता होना था। वह सत्तरह-अठारह साल की उम्र में ही बूढ़ों की तरह गुलदस्ता लेने लगा था। कुछ मैंने ऐसे भी देखे हैं, जो गुलदस्ता इस तरह लेते हैं जैसे कुँजड़े की टोकरी से गोभी चुरा रहे हों। एक नेता गुलदस्ता ऐसे पकड़ते हैं, जैसे लट्ठ पकड़े हों। एक को मैंने हथेलियाँ खोलकर कथा

के प्रसाद की तरह गुलदस्ता लेते देखा। एक और हैं जो गुलदस्ता लेकर उसे नाक में घुसेड़ने की कोशिश करते हैं। अभी तक तो वे सफल नहीं हुए पर नथुने चौड़े जरूर हो रहे हैं। ईश्वर ने चाहा और उन्हें गुलदस्ता देनेवाले बने रहे तो मरने के पहले वे जरूर गुलदस्ते को नाक में घुसेड़ लेंगे।

हम दोनों नौसिखुओं की अदाकारी शुरू हुई। दोनों मुस्कुराये। उन्होंने एक पाँव आगे बढ़ाया तो मैंने भी बढ़ा दिया। मैं झुका तो वे भी झुक गये। उन्होंने घुटना मोड़ा तो मैंने भी मोड़ लिया। मैंने गुलदस्ता ले लिया और हम दोनों बड़ी देर तक हें-हें-हें-हें करते रहे। उम्मीद है, अगले साल हम दोनों बेहतर अदाकारी करेंगे।

वे चले गये, पर मेरे मन में आग लगा गये। दिन-भर धड़कनों में गुजरा। नजर सड़क पर लगी रही। हर राहगीर को मैं बड़ी लालसा से देखता कि यह शुभकामना देने आ रहा है। वह आगे बढ़ जाता, तो सोचता, लौटकर आयेगा। पोस्टमैन और तारवाले की राह देखता रहा। मगर शाम हो गयी और कोई नहीं आया। गुलदस्ते का अपशकुन हो गया था। कुल एक तार और तीन चिट्ठियाँ आयीं। जन्म-दिन को 'सीरियसली' नहीं लिया गया।

अगर मैं शुभकामनाओं पर जीनेवाला होता, तो मर ही गया होता। उन बेचारों की चिन्ता मैं समझता हूँ जो शुभकामना के बिना जी नहीं सकते। उस नेता का किस्सा सबने सुना होगा जो एक दिन अपना गला काट रहे थे। लोगों ने पूछा, तो उन्होंने कहा—ऐसे गले को क्या रखना जिसमें सात दिनों से माला न पड़ी हो। शुभचिन्तकों ने तुरन्त माला डालकर उनकी प्राण-रक्षा की और फिर पन्द्रह रुपये महीने पर माला डालने के लिए माली लगा दिया। वह रोज उनके गले में माला डाल जाता। वे पूरी उम्र करके मरे।

इसी तरह बहुत लोग मर जायें अगर लोग उनसे जन्म-दिन पर न कहें कि आप और जियें। वे कहते है वैसे तो कोई इरादा नहीं था, पर आपका आग्रह है तो एक साल और काट देते हैं। अगले साल आप जैसा कहेंगे, वैसा करेंगे। कुछ लोग सिर्फ इतना कह देते हैं कि आपके जाने में हमें कोई एतराज नहीं है। वे इसी प्रोत्साहन से इस तरह जीते हैं जैसे इनके जीने से ही दुनिया चल रही है। कुछ के जिन्दा होने का अहसास सिर्फ जन्म-दिन पर होता है।

शाम को मैंने अपने पत्रकार दोस्तों से कहा, "तुम लोगों ने अपना कर्त्तव्य नहीं निबाहा। जन्म-दिन सूना चला गया।" वे बोले, "तुमने एकाध हफ्ता पहले कहा होता। बिना कहे थोड़े ही होता है। हमने तो मुर्दों के समारोह करा दिये हैं।"

मैंने दो-तीन संस्थाओं को ऐसे ही मौके के लिए साध रखा है। उन्होंने भी साथ नहीं दिया।

मैं समझ गया, ऐसे होता नहीं है। मुझे याद है, मैं एक संस्था का मन्त्री था, तब एक दिन एक सज्जन अचानक मेरे पास आये और मेरे हाथ में एक कार्ड रख दिया। कार्ड मेरी ही संस्था की तरफ से उनका जन्म-दिन मनाने का था। 'विनीत' के नीचे मेरा नाम था। मुझे एकाएक अहसास हुआ कि वे जिन्दा हैं। उन्होंने मुझसे

बिना पूछे ही मेरी तरफ से कार्ड छपाकर बँटवा दिये थे। कहने लगे, "आपको कष्ट न हो, इसलिए मैंने सब इन्तजाम कर लिया है। अपने घर में ही समारोह रख लिया है। चाय-वाय का इन्तजाम भी कर लिया है। आप तो बस उपस्थित हो जाना।" मुझे उपस्थित होना पड़ा। इतने पराक्रमी आदमी से कौन जीत सकता है। मैंने भाषण भी दिया, जिससे यह निष्कर्ष निकलता था कि अगर ये मर गये होते, तो धरा सूनी हो गयी होती।

जन्म-दिन इस तरह मनवाये जाते हैं। हाथ पर-हाथ धरे बैठनेवालों का कुछ नहीं होता। साहित्य और राजनीति के एक नेता को उनके चमचों ने अभिनन्दन ग्रन्थ भेंट करने की योजना बनायी थी। प्रथम परिपत्र यों शुरू हुआ था, 'अमुकजी अब सत्तर वर्ष के हो रहे हैं। इधर उनका स्वास्थ्य भी गिरता जा रहा है...' इसका मतलब था कि वे मरनेवाले हैं। मरने के पहले उन्हें अभिनन्दन ग्रन्थ दे दो। या यह कि 'सत्तर के हो गये, स्वास्थ्य भी खराब हो गया।' मगर मरने का कतई इरादा नहीं है। जब तक इन्हें अभिनन्दन ग्रन्थ न मिलेगा, ये मरेंगे नहीं। इसलिए जल्दी ही इन्हें अभिनन्दन ग्रन्थ देकर इनका मरना आसान बनाओ।

उम्र-प्रेमी समाज में निराश होने की जरूरत नहीं। उम्र बढ़ने पर सब हो जायेगा। यहाँ उम्र की बड़ी प्रतिष्ठा है। सिर्फ इसलिए आदर हो जाता है कि आदमी 'वयोवृद्ध' है। मगर सत्तर साल अगर उम्र है, तो यह उम्र किस चीज की है? अगर आदमी भला है, तो सत्तर साल की भलमनसाहत हुई। पर अगर बदमाश है तो उसकी बदमाशी ही 'वयोवृद्ध' हुई। सत्तर साल की वयोवृद्ध बदमाशी का आदर कैसे किया जायेगा! उसकी तो निन्दा होनी चाहिए। कार्ड ऐसा छपना चाहिए—'अमुक की बदमाशी और पाखण्ड आगामी 17 मार्च को सत्तर साल के हो जायेंगे। इस अवसर पर एक निन्दा समारोह का आयोजन किया गया है, जिसमें भाषणों और गाली के सिवा, उन्हें जूते मारने का भी आयोजन किया गया है। आशा है, आप समारोह में शामिल होकर उसे सफल बनायेंगे। अगर आप जूता मारना चाहते हैं, तो कृपया हमें पहले सूचित कर दें, जिससे कार्यक्रम सुचारु रूप से चल सके।'

दो नाकवाले लोग

मैं उन्हें समझा रहा था कि लड़की की शादी में टीमटाम में व्यर्थ खर्च मत करो।

पर वे बुजुर्ग कह रहे थे, "आप ठीक कहते हैं, मगर रिश्तेदारों में नाक कट जायेगी।"

नाक उनकी काफी लम्बी थी। मेरा खयाल है, नाक की हिफाजत सबसे ज्यादा इसी देश में होती है। और या तो नाक बहुत नर्म होती है या छुरा तेज, जिससे छोटी-सी बात से भी नाक कट जाती है। छोटे आदमी की नाक बहुत नाजुक होती है। यह छोटा आदमी नाक को छिपाकर क्यों नहीं रखता ?

कुछ बड़े आदमी, जिनकी हैसियत है, इस्पात की नाक लगवा लेते हैं और चमड़े का रंग चढ़वा लेते हैं। कालाबाजार में जेल हो आये हैं, औरत खुलेआम दूसरे के साथ 'बाक्स' में सिनेमा देखती है, लड़की का सार्वजनिक गर्भपात हो चुका है। लोग उस्तरा लिये नाक काटने को घूम रहे हैं। मगर काटें कैसे ? नाक तो स्टील की है। चेहरे पर पहले जैसी ही फिट है और शोभा बढ़ा रही है।

स्मगलिंग में पकड़े गये हैं। हथकड़ी पड़ी है। बाजार में से ले जाये जा रहे हैं। लोग नाक काटने को उत्सुक हैं। पर वे नाक को तिजोड़ी में रखकर स्मगलिंग करने गये थे। पुलिस को खिला-पिलाकर बरी होकर लौटेंगे और नाक फिर पहन लेंगे।

जो बहुत होशियार हैं, वे नाक को तलवे में रखते हैं। तुम सारे शरीर में ढूँढो, नाक ही नहीं मिलती। नातिन की उम्र की दो लड़कियों से बलात्कार कर चुके हैं। जालसाजी और बैंक को धोखा देने में पकड़े जा चुके हैं। लोग नाक काटने को उतावले हैं, पर नाक मिलती ही नहीं। वह तो तलवे में है। कोई जीवशास्त्री अगर नाक की तलाश भी कर दे तो तलवे की नाक काटने से क्या होता है ? नाक तो चेहरे पर की कटे, तो कुछ मतलब होता है।

और जो नाक रखते ही नहीं हैं, उन्हें तो कोई डर ही नहीं है। दो छेद हैं, जिनसे साँस ले लेते हैं।

कुछ नाकें गुलाब के पौधे की तरह होती हैं। कलम कर दो तो और अच्छी शाखा बढ़ती है और फूल भी बढ़िया लगते हैं। मैंने ऐसी फूलवाली खुशबूदार नाकें बहुत देखी हैं। जब खुशबू कम होने लगती है, ये फिर कलम करा लेते हैं, जैसे किसी औरत को छेड़ दिया और जूते खा गये।

'जूते खा गये'—अजब मुहावरा है। जूते तो मारे जाते हैं। वे खाये कैसे जाते हैं ? मगर भारतवासी इतना भुखमरा है कि जूते भी खा जाता है।

नाक और तरह से भी बढ़ती है। एक दिन एक सज्जन आये। बड़े दुखी थे। कहने लगे, "हमारी तो नाक कट गयी। लड़की ने भागकर एक विजातीय लड़के से शादी कर ली। हम ब्राह्मण और लड़का कलाल ! नाक कट गयी।"

मैंने उन्हें समझाया कि कटी नहीं है, कलम हुई है। तीन-चार महीनों में और लम्बी बढ़ जायेगी।

तीन-चार महीने बाद वे मिले तो खुश थे। नाक भी पहले से लम्बी हो गयी थी। मैंने कहा, "नाक तो पहले से लम्बी मालूम होती है।"

वे बोले, "हाँ, कुछ बढ़ गयी है। काफी लोग कहते हैं—आपने बड़ा क्रान्तिकारी काम किया। कुछ बिरादरीवाले भी कहते हैं। इसीलिए नाक बढ़ गयी है।"

कुछ लोग मैंने देखे हैं, जो कई साल अपने शहर की नाक रहे हैं। उनकी नाक

अगर कट जाय, तो सारे शहर की नाक कट जाती है। अगर उन्हें संसद का टिकिट न मिले, तो सारा शहर नकटा हो जाता है। पर अभी मैं एक शहर गया तो लोगों से पूछा, "फलाँ साहब के क्या हाल हैं ? वे इस शहर की नाक हैं।" तभी एक मसखरे ने कहा, "हाँ साहब, वे अभी भी शहर की नाक हैं, मगर 'छिनकी हुई'।" (यह वीभत्स रस है। रस-सिद्धान्त प्रेमियों को अच्छा लगेगा।)

मगर बात मैं उन सज्जन की कर रहा था, जो मेरे सामने बैठे थे और लड़की की शादी पुराने ठाठ से ही करना चाहते थे। पहले वे रईस थे—याने मध्यम हैसियत के रईस। अब गरीब थे। बिगड़ा रईस और बिगड़ा घोड़ा एक तरह के होते हैं—दोनों बौखला जाते हैं। किससे उधार लेकर खा जायें, ठिकाना नहीं। उधर बिगड़ा घोड़ा किसे कुचल दे, ठिकाना नहीं। आदमी को बिगड़े रईस और बिगड़े घोड़े, दोनों से दूर रहना चाहिए। मैं भरसक कोशिश करता हूँ। मैं तो मस्ती से डोलते आते साँड को देखकर भी सड़क के किनारे की इमारत के बरामदे में चढ़ जाता हूँ, 'बड़े भाई साहब आ रहे हैं। इनका आदर करना चाहिए।'

तो जो भूतपूर्व सम्पन्न बुजुर्ग मेरे सामने बैठे थे, वे प्रगतिशील थे। लड़की का अन्तरजातीय विवाह कर रहे थे। वे खत्री और लड़का शुद्ध कान्यकुब्ज। वे खुशी से शादी कर रहे थे। पर उनमें विरोधाभास यह था कि शादी ठाठ से करना चाहते थे। बहुत लोग एक परम्परा से छुटकारा पा लेते हैं, पर दूसरी से बँधे रहते हैं। रात को शराब की पार्टी से किसी ईसाई दोस्त के घर से आ रहे हैं, मगर रास्ते में हनुमान का मन्दिर दिख जाय, तो थोड़ा तिलक भी सिन्दूर का लगा लेंगे। मेरा एक घोर नास्तिक मित्र था। हम घूमने निकलते तो रास्ते में राम-मन्दिर देखकर वे कह उठते—'हरे राम !' बाद में पछताते भी थे।

तो मैं उन बुजुर्ग को समझा रहा था, "आपके पास रुपये हैं नहीं। आप कर्ज लेकर शादी का ठाठ बनायेंगे। पर कर्ज चुकायेंगे कहाँ से ? जब आपने इतना नया कदम उठाया है कि अन्तरजातीय विवाह कर रहे हैं, तो विवाह भी नये ढंग से कीजिए। लड़का कान्यकुब्ज का है। बिरादरी में शादी करता तो कई हजार उसे मिलते। लड़के शादी के बाजार में मवेशी की तरह बिकते हैं। अच्छा मालवी बैल और हरयाणा की भैंस ऊँची कीमत पर बिकती है। लड़का इतना त्याग तो लड़की के प्रेम के लिए कर चुका। फिर भी वह कहता है—अदालत जाकर शादी कर लेते हैं। बाद में एक पार्टी कर देंगे। आप आर्य समाजी हैं। घण्टे-भर में रास्ते में आर्य-समाज मन्दिर में वैदिक रीति से शादी कर डालिए। फिर तीन-चार सौ रुपयों की एक पार्टी दे डालिए। लड़के को एक पैसा भी नहीं चाहिए। लड़की के कपड़े-वगैरह मिलाकर शादी हजार में हो जायगी।"

वे कहने लगे, "बात आप ठीक कहते हैं। मगर रिश्तेदारों को तो बुलाना ही पड़ेगा। फिर जब वे आयेंगे तो इज्जत के खयाल से सजावट, खाना, भेंट वगैरह देनी होगी।"

मैंने कहा, "आपका यहाँ तो कोई रिश्तेदार है नहीं। वे हैं कहाँ ?"

उन्होंने जवाब दिया, "वे पंजाब में हैं। पटियाला में ही तीन करीबी रिश्तेदार हैं। कुछ दिल्ली में हैं। आगरा में हैं।"

मैंने कहा, "जब पटियालावाले के पास आपका निमन्त्रण-पत्र पहुँचेगा, तो पहले तो वह आपको दस गालियाँ देगा—मई का यह मौसम, इतनी गर्मी। लोग तड़ातड़ लू से मर रहे हैं। ऐसे में इतना खर्च लगाकर जबलपुर जाओ। कोई बीमार हो जाय तो और मुसीबत। पटियाला या दिल्लीवाला आपका निमन्त्रण पाकर खुश नहीं, दुखी होगा। निमन्त्रण-पत्र न मिला तो वह खुश होगा और बाद में बात बनायेगा। कहेगा—'आजकल जी, डाक की इतनी गड़बड़ी हो गयी है कि निमन्त्रण-पत्र ही नहीं मिला। वरना ऐसा हो सकता था कि हम न आते'!"

मैंने फिर कहा, "मैं आपसे कहता हूँ कि दूर से रिश्तेदार का निमन्त्रण-पत्र मुझे मिलता है; तो मैं घबरा उठता हूँ।"

सोचता हूँ—जो ब्राह्मण ग्यारह रुपये में शनि को उतार दे, पच्चीस रुपयों में सगोत्र विवाह करा दे, मंगली लड़की का मंगल पन्द्रह रुपयों में उठाकर शुक्र के दायरे में फेंक दे, वह लग्न सितम्बर से लेकर मार्च तक सीमित क्यों नहीं कर देता? मई और जून की भयंकर गर्मी की लग्नें गोल क्यों नहीं कर देता? वह कर सकता है। और फिर ईसाई और मुसलमानों में जब बिना लग्न शादी होती है, तो क्या वर-वधू मर जाते हैं? आठ प्रकार के विवाहों में जो 'गन्धर्व विवाह' है वह क्या है? वह यही शादी है जो आज होने लगी है, कि लड़का-लड़की भागकर कहीं शादी कर लेते हैं। इधर लड़की का बाप गुस्से में पुलिस में रिपोर्ट करता है कि अमुक लड़का हमारी 'नाबालिग' लड़की को भगा ले गया है। मगर कुछ नहीं होता; क्योंकि लड़की मैट्रिक का सर्टिफ़िकेट साथ ले जाती है जिसमें जन्म-तारीख होती है।

वे कहने लगे, "नहीं जी, रिश्तेदारों में नाक कट जायगी।"

मैंने कहा, "पटियाला से इतना किराया लगाकर नाक काटने इधर कोई नहीं आयगा। फिर पटियाला में कटी नाक को इधर कौन देखेगा? काट लें पटियाला में।"

वे थोड़ी देर गुमसुम बैठे रहे।

मैंने कहा, "देखिए जी, आप चाहें तो मैं पुरोहित हो जाता हूँ और घण्टे-भर में शादी करा देता हूँ।"

वे चौंके। कहने लगे, "आपको शादी कराने की विधि आती है?"

मैंने कहा, "हाँ, ब्राह्मण का बेटा हूँ। बुजुर्गों ने सोचा होगा कि लड़का नालायक निकल जाय और किसी काम-धन्धे के लायक न रहे, तो इसे कम-से-कम सत्य-नारायण की कथा और विवाह-विधि सिखा दो। ये मैं बचपन में ही सीख गया था।"

मैंने आगे कहा, "और बात यह है कि आजकल कौन संस्कृत समझता है? और पण्डित क्या कह रहा है, इसे भी कौन सुनता है? वे तो 'अम' और 'अह' इतना ही जानते हैं। मैं इस तरह मंगल-श्लोक पढ़ दूँ तो भी कोई ध्यान नहीं देगा—

ओम् जेक एण्ड विल वेंट अप दी हिल टु फेच् ए पेल आफ वाटरम्, ओम् जेक फैल डाउन एण्ड ब्रोक हिज क्राऊन एण्ड जिल केम ट्रम्बलिंग आफ्टरम् कुर्यात् सदा मंगलम्···

इसे लोग वैदिक मन्त्र समझेंगे।"

वे हँसने लगे।

मैंने कहा, "लड़का उत्तर प्रदेश का कान्यकुब्ज और आप पंजाब के खत्री—एक-दूसरे के रिश्तेदारों को कोई नहीं जानता। आप एक सलाह मेरी मानिए। इससे कम में भी निपट जायेगा और नाक भी कटने से बच जायेगी। लड़के के पिता की मृत्यु हो चुकी है। आप घण्टे-भर में शादी करवा दीजिए। फिर रिश्तेदारों को चिट्ठियाँ लिखिए—'इधर लड़के के पिता को दिल का तेज दौरा पड़ा। डाक्टरों ने उम्मीद छोड़ दी थी। दो-तीन घण्टे वे किसी तरह जी सकते थे। उन्होंने इच्छा प्रकट की कि मृत्यु के पहले लड़के की शादी हो जाय तो मेरी आत्मा को शान्ति मिल जायेगी। लिहाजा उनकी भावना को देखते हुए हमने फौरन शादी कर दी। लड़का-लड़की वर-वधू के रूप में उनके सामने आये। उनके चरणों पर सिर रखे। उन्होंने इतना ही कहा—सुखी रहो। और उनके प्राण-पखेरू उड़ गये। आप माफ करेंगे कि इसी मजबूरी के कारण हम आपको शादी में नहीं बुला सके। कौन जानता है आपके रिश्तेदारों में कि लड़के के पिता की मृत्यु कब हुई'?"

उन्होंने सोचा। फिर बोले, "तरकीब ठीक है जी! पर इस तरह की धोखा-धड़ी मुझे पसन्द नहीं।"

खैर, मैं उन्हें काम का आदमी लगा नहीं।

दूसरे दिन मुझे बाहर जाना पड़ा। दो-तीन महीने बाद लौटा तो लोगों ने बताया कि उन्होंने सामान और नकद लेकर शादी कर डाली।

तीन-चार दिन बाद से ही साहूकार सवेरे से तकादा करने आने लगे।

रोज उनकी नाक थोड़ी-थोड़ी कटने लगी।

मैंने पूछा, "अब क्या हाल है?"

लोग बोले, "अब साहूकार आते हैं, तो यह देखकर निराश लौट जाते हैं कि काटने को नाक ही नहीं बची।"

मैंने मजाक में कहा, "साहूकारों से कह दो कि इनकी दूसरी नाक पटियाला में पूरी रखी है। वहाँ जाकर काट लो।"

शर्म की बात पर ताली पीटना

मैं आजकल बड़ी मुसीबत में हूँ।

मुझे भाषण के लिए अक्सर बुलाया जाता है। विषय यही होते हैं—देश का भविष्य, छात्र-समस्या, युवा-असन्तोष, भारतीय संस्कृति भी (हालाँकि निमन्त्रण की चिट्ठी में 'संस्कृति' अक्सर गलत लिखा होता है), पर मैं जानता हूँ कि जिस देश में हिन्दी-हिंसा आन्दोलन भी जोरदार होता है, वहाँ मैं 'संस्कृति' की सही शब्द-रचना अगर देखूं तो बेवकूफ के साथ ही 'राष्ट्र-द्रोही' भी कहलाऊँगा। इसलिए जहाँ तक बनता है, मैं भाषण दे ही आता हूँ।

मजे की बात यह है कि मुझे धार्मिक समारोहों में भी बुला लिया जाता है। सनातनी, वेदान्ती, बौद्ध, जैन सभी बुला लेते हैं; क्योंकि इन्हें न धर्म से मतलब है, न सन्त से, न उसके उपदेश से। ये धर्मोपदेश को समझना भी नहीं चाहते। पर ये साल में एक-दो बार सफल समारोह करना चाहते हैं। और जानते हैं कि मुझे बुलाकर भाषण करा देने से समारोह सफल होगा, जनता खुश होगी और उनका जलसा कामयाब हो जायेगा।

मैं उनसे कह देता हूँ—"जितना लाइट और लाउडस्पीकरवालों को दोगे, कम-से-कम उतना मुझ गरीब 'शास्ता' को दे देना"—तो वे दे भी देते हैं। मुझे अगर लगे कि इनका इरादा कुछ गड़बड़ है तो मैं शास्ता विक्रयकर-अधिकारी या थानेदार की भी सहायता ले लेता हूँ। ये लोग पता नहीं क्यों मेरे प्रति आत्मीयता का अनुभव करते हैं। इनके कारण सारा काम 'धार्मिक' और 'पवित्र' वातावरण में हो जाता है।

पर मेरी एक नयी मुसीबत पैदा हो गयी है। जब मैं ऐसी बात करता हूँ जिस पर शर्म आनी चाहिए, तब उस पर लोग हँसकर ताली पीटने लगते हैं।

मैं एक सन्त की जयन्ती के समारोह में अध्यक्ष था। मैं जानता था कि बुलाने-वाले मुझसे भीतर से बहुत नाराज रहते हैं। यह भी जानता हूँ कि ये मुझे गन्दी-से-गन्दी गालियाँ देते हैं, क्योंकि राजनीति और समाज के मामले में मुँहफट हो जाता हूँ। तब सुननेवालों का दीन क्रोध बड़ा मजा देता है। पर उस शाम मेरे गले में वही लोग मालाएँ डाल रहे थे—यह अच्छी और उदात्त बात भी हो सकती है। पर मैं जानता था कि ये मेरे व्यंग्य, हास्य और कटु उक्तियों का उपयोग करके उन तीन-चार हजार श्रोताओं को प्रसन्न करना चाहते हैं—याने आयोजन सफल करना चाहते हैं—याने बेवकूफ बनाना चाहते हैं।

जयन्ती एक क्रान्तिकारी सन्त की थी। ऐसे सन्त की जिसने कहा—खुद सोचो। सत्य के अनेक कोण होते हैं। हर बात में 'शायद' का ध्यान जरूर रखना चाहिए। महावीर और बुद्ध ऐसे सन्त हुए, जिन्होंने कहा—सोचो। शंका करो। प्रश्न करो। तब सत्य को पहचानो। जरूरी नहीं है कि वही शाश्वत सत्य है, जो कभी किसी ने

लिख दिया था।

ये सन्त वैज्ञानिक दृष्टिसम्पन्न थे। और जब तक इन सन्तों के विचारों का प्रभाव रहा तब तक विज्ञान की उन्नति भारत में हुई। भौतिक और रासायनिक विज्ञान की शोध हुई। चिकित्सा-विज्ञान की शोध हुई। नागार्जुन हुए, बाणभट्ट हुए। इसके बाद लगभग डेढ़ शताब्दी में भारत के बड़े-से-बड़े दिमाग ने यही काम किया कि सोचते रहे—ईश्वर एक हैं या दो हैं या अनेक हैं। हैं तो सूक्ष्म हैं या स्थूल हैं। आत्मा क्या है, परमात्मा क्या है। इसके साथ ही केवल काव्य-रचना।

विज्ञान नदारद। गल्ला कम तौलेंगे, मगर द्वैतवाद, अद्वैतवाद, विशिष्टाद्वैतवाद, मुक्ति और पुनर्जन्म के बारे में बड़े परेशान रहेंगे। कपड़ा कम नापेंगे, दाम ज़्यादा लेंगे, पर पंच-आभूषण के बारे में बड़े जाग्रत रहेंगे।

झूठे अध्यात्म ने इस देश को दुनिया में तारीफ दिलवायी, पर मनुष्य को मारा व हर डाला, उस धार्मिक सन्त-समारोह में मैं अध्यक्ष के आसन पर था। बायें तरफ दो दिगम्बर मुनि बैठे थे। दाहिने तरफ दो श्वेताम्बर। चार मुनियों से घिरा यह दीन लेखक बैठा था। पर सही बात यह है कि 'होल टाइम' मुनि या तपस्वी बड़ा दयनीय प्राणी होता है। वह सार्थकता का अनुभव नहीं करता, कर्म नहीं खोज पाता। श्रद्धा जरूर लेता है—मगर ज्यादा कर्महीन श्रद्धा ज्ञानी को बहुत 'बोर' करती है।

दिगम्बर मुनि और श्वेताम्बर मुनि आपस में कैसे देख रहे थे, यह मैं जाँच रहा था। लेखक की दो नहीं, सौ आँखें होती हैं। दिगम्बर अपने को सर्वहारा का मुनि मानता है और श्वेताम्बर मुनि को सम्पन्न समाज का। यह मैं समझ गया—उनके तेवर से।

मैंने आरम्भ में कहा भी, "सभ्यता के विकास का क्रम होता है। जब हैण्डलूम, पावरलूम, कपड़ा मिल नहीं थी तब विश्व के हर समाज का ऋषि और शास्ता कम-से-कम कपड़े पहनता था; क्योंकि जो भी अच्छे कपड़े बन पाते थे, उन्हें सामन्त-वर्ग पहनता था। तब लँगोटी लगाना या नंगा रहना दुनिया-भर में सन्त का आचार होता था।

"पर अब हम फाइन-से-फाइन कपड़ा बनाते और बेचते हैं, पर अपने मुनियों को नंगा रखते हैं। यह भी क्या पाप नहीं है?"

मुनि मेरी बात सुनकर गम्भीर हो गये और सोचने लगे, पर समारोहवाले हँसने और ताली पीटने लगे। और मैंने देखा, एक मुनि उनके इस ओछे व्यवहार से खिन्न हैं। मैंने सोचा कि मुनि से कहूँ कि हम दोनों मिलकर सिर पीट लें। शर्म की बात पर जिस समाज के लोगों को हँसी आये—इस बात पर मुनि और 'साधु' दोनों रो लें।

पर इसके बाद जब मुनि बोले तो उन्होंने घोर हिंसा की शैली में अहिंसा समझायी। कुछ शब्द मुझे अभी भी याद हैं, "पाखण्डियो, क्या सन्त को सर्टिफिकेट देने को समारोह करते हो? तुम्हारे सर्टिफिकेट से सन्त को कोई परमिट या नौकरी

मिल जायेगी ? पाप की कमाई खाते हो। झूठ बोलते हो। सत्य की बात करते हो। बेईमानी से परिग्रह करते हो। बताओ, ये चार-पाँच मंजिलों की इमारतें क्या सत्य, अहिंसा और अपरिग्रह से बनी हैं ?"

मैं दंग रह गया। मुनि का चेहरा लाल था क्रोध से। वे किसी सच्चे क्रान्तिकारी की तरह बोल रहे थे; क्योंकि उन्हें शरीर ढाँकने को कपड़ा लेने का किसी से अहसान नहीं लेना था।

सभा में सन्नाटा।

लगातार सन्नाटा।

और मुनि पूरे क्रोध के साथ सारी बनावट और फरेब को नंगा कर रहे थे।

अन्त में मुझे अध्यक्षीय भाषण देना लाजिमी था। मैं देख रहा था कि तीस-चालीस के गुट में युवक लोग पाँच-छह ठिकानों पर बैठे इन्तजार कर रहे थे कि मैं क्या कहता हूँ।

मैंने बहुत छोटा धन्यवाद-जैसा भाषण दिया। मुनियों और विद्वानों का आभार माना और अन्त में कहा—

"एक बात मैं आपके सामने स्वीकार करना चाहता हूँ। मैंने और आपने तीन घण्टे ऊँचे आदर्शों की, सदाचरण की, प्रेम की, दया की बातें सुनीं। पर मैं आपके सामने साफ कहता हूँ कि तीन घण्टे पहले जितना कमीना और बेईमान मैं था, उतना ही अब भी हूँ। मेरी मैंने कह दी। आप लोगों की आप लोग जानें।"

इस पर भी क्या हुआ—हँसी खूब हुई और तालियाँ पिटीं।

उन्हें मजा आ गया।

एक और बड़े लोगों के क्लब में मैं भाषण दे रहा था। मैं देश की गिरती हालत, महँगाई, गरीबी, बेकारी, भ्रष्टाचार पर बोल रहा था और खूब बोल रहा था।

मैं पूरी पीड़ा से, गहरे आक्रोश से बोल रहा था। पर जब मैं ज्यादा मार्मिक हो जाता, वे लोग तालियाँ पीटते थे। मैंने कहा, "हम लोग बहुत पतित हैं", तो वे ताली पीटने लगे!

उन्हें मजा आ रहा था और शाम एक अच्छे भाषण से सफल हो रही थी।

और मैं इन समारोहों के बाद रात को घर लौटता हूँ, तो सोचता रहता हूँ कि जिस समाज के लोग शर्म की बात पर हँसें और ताली पीटें, उसमें क्या कभी कोई क्रान्तिकारी हो सकता है?

होगा शायद। पर तभी होगा, जब शर्म की बात पर ताली पीटनेवाले हाथ कटेंगे और हँसनेवाले जबड़े टूटेंगे।

शव-यात्रा का तौलिया

मनुष्य को जीवन की सार्थकता खोजनी पड़ती है। बिना सार्थकता खोजे मनुष्य जी तो सकता है, पर बोझ-सरीखा जीवन ढोता है और जल्दी-से-जल्दी इस बोझ को कन्धे से उतार देता है। साधारण आदमी नौकरी, बीवी और बच्चों में जीवन की सार्थकता ढूँढ लेते हैं। ये सन्तोष से जी लेते हैं। इन्हें कभी-कभी यही असन्तोष खलता है कि शक्कर सहकारी स्टोर से नहीं मिल रही। बाकी सब ठीक है, शुभ है। पत्नी पतिव्रता है, बच्चा स्कूल से एक इनाम ले आया है, पत्नी किसी की साड़ी देखकर दुखी नहीं होती, बल्कि उस दिन कढ़ी और अच्छी बनाती है।

ऐसा आदमी न राग-द्वेष से पीड़ित होता है, न विशिष्टता के रोग से, न समाज में यश की कामना से।

मुसीबत उस आदमी की है जो विशिष्ट हुए बिना जी नहीं सकता। वह जिस क्षण अपने को विशिष्ट नहीं पायेगा, मृत्यु के निकट पहुँच जायेगा।

जिनकी कथा मैं लिख रहा हूँ, वे खूंटी पर शव-यात्रा में लपेटा जानेवाला तौलिया तैयार रखते हैं। किसी के मरने की खबर मिली नहीं कि इतने प्रसन्न होते हैं जैसे किसी की शादी हो रही है। दफ्तर से छुट्टी ले लेंगे। घर में और मुहल्ले में ऐलान कर देंगे, "हम फलाँ आदमी की 'मिट्टी' में जा रहे हैं।" जब शव को जलाकर लौटते हैं, तो इतने प्रसन्न लगते हैं, जैसे किसी का जीवन बचाकर आ रहे हों। बड़ी शान से परिवार से चिल्लाकर कहते हैं, "नहाने को गरम पानी रख दो!"

वे शहर में इसी यश की सार्थकता पर जीवित हैं कि हरएक की 'मौत-मट्टी' में जाते हैं। मैंने कभी यह नहीं सुना कि वे किसी को अस्पताल ले जाकर उसका जीवन बचाने की कोशिश में हों। वे इन्तजार करते हैं कि वह कब मरता है— शायद रात-भर इसी चिन्ता में न सोते हों कि कहीं वह जिन्दा न रह जाय वरना सवेरे का 'मौत-मट्टी' के यश का कार्यक्रम नष्ट हो जायेगा।

एक दिन मैं उनके यहाँ बैठा था। पड़ोस से आदमी आया, घबराया हुआ। कहने लगा, "कक्का बहुत सीरियस हो गये हैं। ज़रा डॉक्टर को फोन कर दूँ।"

वे बोले, "भैया, फोन तो खराब है। कहीं और से कर लो।" मैं जानता था कि फोन ठीक है। पर उन्हें डर था कि कहीं फोन करने से डॉक्टर न आ जाय और कक्काजी बच न जायें। साथ यह भी कि फोन करने के पच्चीस पैसे लगते हैं। कक्काजी न मरे तो सवेरे तौलिया लपेटकर अर्थी बनाने का कार्यक्रम गड़बड़ हो जायेगा।

कक्काजी रात को मर गये। वे मेरे भी काफी परिचित थे। मैं गया तो देखा कि वे सज्जन मौत का तौलिया लपेटे अर्थी इस गर्व से तैयार कर रहे हैं, जैसे किसी युवक की बारात सजा रहे हों।

मैंने कहा, "आप बहुत सहृदय हैं।"

वे बोले, "देखो भैया, अपना ऐसा है कि चाहे जिन्दगी में जो भी सम्बन्ध हों। कोई दुश्मन भी हो। पर मौत-मट्टी में हम बराबर साथ देते हैं।"

'धन्य हैं'—मैं मन में कह रहा था।

मुर्दे के प्रति इतना प्रेम मैंने कम देखा है। एकाध महीना कोई परिचित न मरे, तो वे किसी को मारने की कोशिश भी कर सकते हैं, जिससे खूँटी पर टँगा मौत का तौलिया सिर से लपेट सकें। जिसकी जान बचाने के लिए फोन नहीं करने दिया, उसकी शव-यात्रा में वे रोते हुए जा रहे थे और लोग कह रहे थे, "भई आदमी हो तो ऐसा। हर मट्टी में जाते हैं—और देखो कैसे रो रहे हैं जैसे सगा भाई मर गया हो!"

मैं उन्हें पहले समझ नहीं पाया था। उनके एक सहपाठी मित्र दिल्ली में मामूली लेक्चरर थे। जब भी मैं दिल्ली जाता, वे आँखों में आँसू भरकर मुझे मिठाई का पैकेट देते और कहते, "मेरे बहुत-बहुत प्यार के साथ गणेश को दे देना। कहना—मैं चाहता हूँ कि वह लगातार आगे बढ़ता जाय।"

तीन-चार सालों में गणेश अर्थशास्त्र विभाग के अध्यक्ष हो गये। मैं जब दिल्ली जाने लगा तो मैंने उनसे कहा, "अब तो गणेश भैया डिपार्टमेण्ट के हेड हो गये। बड़ी खुशी की बात है। मिठाई भेज रहे हैं क्या?"

वे खिन्न हो गये। कहने लगे, "अब तुम्हीं बताओ, जब ऐसे-ऐसे आदमी डिपार्टमेण्ट के हेड होने लगे तो विश्वविद्यालयों का क्या होगा?"

आँखों में उनके आँसू तब भी छलक आये मित्रता के कारण। पर वे खूँटी पर टँगे उस तौलिये को भी देख रहे थे कि यह गणेश के काम कब आता है। देखते हैं, पर साला आगे बढ़ता जा रहा है।

ऐसा प्रेम मैंने और लोगों में भी देखा है। पर मैं अब उनके घर जाने में डरता हूँ। वह शव-यात्रा में सिर पर लपेटा जानेवाला तौलिया मुझे डराता है। मुझे ऐसा लगता है कि तौलिया मुझसे कह रहा है—अपने लिए सिर पर लपेटने का चान्स इन्हें कब दे रहे हो?

मरनेवाले से प्रेम एक अजब चीज है। मैं एक दम्पति को जानता हूँ, जो जीवन-भर लड़ते रहे—मारपीट तक करते रहे। दोनों मुझसे एक-दूसरे की शिकायत करते और कहते कि ऐसे जीने से मर जाना अच्छा।

एक दिन पत्नी मौत के पास पहुँच गयी। पति ने मुझे पुकारा। मैं गया। डाक्टर हृदय को कृत्रिम तरीके से चलाने की कोशिश कर रहा था।

मैंने पूछा, "डाक्टर खरे, क्या हालत है?"

डाक्टर बोले, "शी इज गान (वे मर गयीं)!"

जब पति को मालूम हुआ तो वे मेरे पास आये और कहने लगे, "अरे, वह तो सचमुच मर गयी। मैं तो सोच रहा था कि मुझे तंग करने के लिए नाटक कर रही है।"

दो-तीन दिन बाद वे मेरे पास आये। आँखों में आँसू थे। कहने लगे, "भाई,

बहुत अच्छा हलवाई तय कर लो। जितना भी पैसा लगे। सब मित्रों को निमन्त्रित करो और श्राद्ध पर बहुत अच्छा खाना सबको खिलाओ। वह अच्छे खाने की बड़ी शौकीन थी। उसकी आत्मा को शान्ति मिलेगी। मैंने मरने के बाद शान्ति का सारा इन्तजाम कर दिया।"

मगर मैं बात कर रहा था, उस मौत-मट्टी के तौलियेवाले की। बड़े अध्ययन के बाद मैं इस निष्कर्ष पर पहुँचा कि वह किसी भी मित्र को जहर देकर मार सकता है और सवेरे अश्रुपात करते हुए तौलिया लपेटे अर्थी भी बाँध सकता है। वह मित्र-प्रेम के कारण बेहोश भी हो सकता है।

मौत से इतना प्रेम तारीफ के लायक है। एक दिन मेरे एक रिश्तेदार की मौत हो गयी। मैं उनके कफन-दफन की तैयारी कर रहा था। वे मुझे मिल गये। कहने लगे, "मैं भी चलूँ न ग्वारीघाट ?" मैंने कहा, "आप कष्ट क्यों करते हैं ? पच्चीसों रिश्तेदार हैं। वे सब कर लेंगे।"

तो वे गिड़गिड़ाने लगे, "हमें भी ले चलो न ! हम भी हो आयेंगे।"

वे शवदहन को पिकनिक समझ रहे होंगे। बड़ी मुश्किल से मैंने उन्हें रोका वरना वे साइकिल पर आठ मील जाने को उत्सुक थे।

जीवन से ऐसा द्वेष और मृत्यु से ऐसा प्रेम—क्या कहा जाय ? मनुष्य के भीतर रहस्य की कई परतें होती हैं। कहाँ तक कोई परतें खोलेगा !

यों उस दिन कथावाचक पण्डितजी कह रहे थे, "जो आदमी सौ आदमियों की शव-यात्रा में जाता है, उसे स्वर्ग मिलता है—ऐसा शास्त्र कहते हैं।"

याने खूँटी पर टँगा शव-यात्रा का तौलिया शायद शास्त्र के आदेश के अनुसार ही है।

वे उसी तौलिया में जीवन की सार्थकता खोजकर मजे में यश के साथ जी रहे हैं।

मनुष्य सार्थकता के अहसास के बिना जी नहीं सकता।

वे इस सार्थकता के साथ जी रहे हैं शायद कि जितने ज्यादा मुर्दों को हमने शव-यात्रा के बाद जलाया, उतना ही जीवन सार्थक हो गया।

सार्थकता जीवन को जीवन-संघर्ष भी देती है और मौत की तरफ भी ले जाती है—दूसरे की मौत की तरफ।

मैं जब भी उनके घर जाता हूँ, शव-यात्रा के उस तौलिये को देखकर बहुत परेशान हो जाता हूँ। सोचता हूँ—कभी ये इस गन्दे तौलिये का मेरे संस्कार के लिए भी उपयोग कर सकते हैं। पर वे बड़े प्रेम से बात करते हैं, भोजन कराते हैं।

पिछली बार जब मैं उनके यहाँ गया तो वह गन्दा मरघट का तौलिया खूंटी पर नहीं था। मेरा अन्दाज था कि वे शव-यात्रा की तैयारी में लगे होंगे। हमारे एक घनिष्ठ मित्र की मौत हो गयी थी।

मैंने देखा—न खूंटी पर वह गन्दा तौलिया है, न वे भावुक हैं।

मैंने कहा, "फलाँ बन्धु की मृत्यु हो गयी है। आपको तो मालूम ही होगा।

चलिए, चलें। मेरा तो विश्वास था कि आप वहीं होंगे।"

वे कहने लगे, "यार कहाँ-कहाँ जायें ? बड़ी परेशानी है। हम तो जा नहीं सकते। तुम जरूर चले जाओ। कह देना, मेरी तबीयत खराब है।"

मैं चल दिया, पर अचानक मुझे ध्यान आया कि पण्डितजी ने कहा था, 'शास्त्र कहते हैं कि जो व्यक्ति सौ शव-यात्राओं में जाता है, उसे स्वर्ग मिलता है।' समझ गया कि इनके सौ पूरे हो गये हैं और एक-सौ एकवें मित्र के न जीने की इन्हें न चिन्ता है, न उसकी ठीक से दाह-क्रिया की।

सुलझे विचारों के आदमी ऐसे ही होते हैं।

अब मुझे उनके घर जाते डर नहीं लगता। वह गन्दा तौलिया अब खूँटी पर नहीं होता। उनके सौ पूरे हो चुके हैं।

और मेरे मरने की उन्हें अब उत्कण्ठा नहीं है।

देश के लिए दीवाने आये

देश के लिए दीवाने आ गये। दोपहर को दो बजे। सुबह आठ से ग्यारह बजे तक मैं लिखने-पढ़ने की जगह से उठता नहीं। फिर दो घण्टे बाहर निकलता हूँ। दोस्तों से मिलता हूँ। कोई दोस्त न मिले तो बस-स्टेशन के पास की पुलिया पर बैठकर बसें, कारें और रिक्शे ही देखता रहता हूँ। भुनी मूँगफली खाता हूँ। फिर भोजन करके एक घण्टे आराम। फिर तीन से सात बजे तक लिखना-पढ़ना-सोचना। फिर सात से नौ बजे रात तक दोस्तों के साथ आपस में चर्चा, हँसी-मजाक, बिना वर्जना के एक-दूसरे की टाँग खींचना। और यह सब खुले में। लोगों के सामने। सबका मन चैन पाता है। राशन का झोला लोग भूल जाते हैं। बड़ा आनन्द होता है।

पर आज दोपहर दो बजे जब मैं रेडियो से वार्त्ता रिकार्ड कराके लौटा और भोजन करने बैठने ही वाला था कि एक 'सज्जन' रिक्शे में पधार गये। साथ में रिक्शावाला और अंग-रक्षक याने चमचा। दरवाजे पर दस्तक दी। मैं उनसे दो-एक बार चार-पाँच मिनिट मिल चुका था। मैं पहचान गया।

मैंने देखा—वे नशे में धुत्त थे। न जाने कितनी पी ली थी। चमचा ठीक था। उसने एक बूंद नहीं ली थी।

कहने लगे, "ग्यारह रुपये खर्च किये हैं, आपका मकान ढूँढ़ने में।"

मैंने दरवाजा खोले बिना कहा, "मुझे धिक्कार है कि पच्चीस साल से शहर में हूँ। आधा शहर तो कम-से-कम जानता है। आपको मेरे पते में ग्यारह रुपये लग गये। ये आप मुझसे ले लीजिए और कहीं होटल में आराम करिए।" रिक्शेवाला

मुझे जानता था। उसने बारीक इशारा किया ग्यारह रुपये ले लेने का। मैंने उसे ग्यारह का इशारा और कर दिया।

मैं जानता हूँ, उन्हें 'डाउन' समझकर रिक्शावाले ने कुछ कमा लिया होगा। कोई बुरी बात नहीं। जो रिक्शावाले को रोज दूकान पर लूटते हैं उनसे उसने ग्यारह रुपये ले लिये, यह शुभ हुआ।

वे कहने लगे, "दरवाजा तो खोलिए। मुझे दस मिनिट आपसे जरूरी बातें करनी हैं।"

मैंने कहा, "शाम को आइए। मुझे भोजन और आराम करना है। मैं सुबह साढ़े-सात बजे से काम कर रहा हूँ।"

कहने लगे, "इन्दिरा गाँधी भी पाँच मिनिट का टाइम दे देती हैं। आप उनसे भी बड़े हो गये। आप पाँच मिनिट टाइम नहीं देंगे?"

मैं जानता था, जिस हालत में वे थे उसमें पाँच मिनिट का मतलब दो घण्टे होता—याने नशा उतरने तक।

मैंने कहा, "छोटे-बड़े का सवाल नहीं है। आप पहले पास की पुलिस चौकी जाइए। वहाँ इन्स्पेक्टर से कहिए कि मुझसे मिलना है। वह आपकी तलाशी लेगा और एक सिपाही साथ भेजेगा।"

वे बोले, "याने आप प्रधानमन्त्री से भी बड़े हो गये। इतनी सुरक्षा!"

मैंने कहा, "यह बात नहीं है। आप पुलिस चौकी जायेंगे तो आपके सिर पर एक बाल्टी ठण्डा पानी डाला जायेगा और फिर सिपाही दो झापड़ मारकर कहेगा—'क्यों बे साले, अकेले-ही-अकेले। हम नहीं?' इसलिए शाम को आइए। मगर बात क्या करनी है?"

वे बोले, "यही देश की दुर्दशा के बारे में।"

मैंने कहा, "चौबीसों घण्टे देश की दुर्दशा की बात होती है। सत्तावन करोड़ आदमी करते हैं। पर बात से कहीं देश सुधरता है? आप पाँच मिनिट बात कर लेंगे तो देश का क्या फायदा होगा?"

वे हद से बाहर थे। कहने लगे, "तो फिर दुनिया के भले के बारे में बात करूँगा। विश्व-कल्याण! देश जाये भाड़ में।"

मैंने कहा, "मैं न देश का चौकीदार न दुनिया का। आप चौकीदारों से बात कीजिए।"

वे कहने लगे, "आप शराब पिये हैं।"

मैंने कहा, "नहीं पिये हूँ। एक शराब में खुद डूबा आदमी किसी को नहीं समझ पाता। अपने साथी को भेजो।" मैंने चमचे को बुलाया।

वह आया। मैंने उससे कहा, "सींखचे में से मुझे सूँघ और उन्हें बता।"

साथी मजा ले रहा था। वह आया। नाक सींखचे में से अन्दर डाली। मैंने उसकी नाक में मुँह खोलकर घुसेड़ दिया। सूँघा और लौटकर उनसे कहा, 'भैया, आप सँभल जाइए। वे तो बिल्कुल ठीक हैं।"

वे गली में गये। कुछ और संजीवनी लेकर चले आये।

असर हुआ तो बोले, "आप मुझे घर में नहीं आने देंगे?"

मैंने कहा, "देश की बात तो सींखचों के आर-पार से भी हो सकती है। करिए। मैं और आप कुल एक फुट दूर हैं।"

मुझे अब मजा आने लगा था। सोचा—खा लेंगे खाना कभी।

वे कहने लगे, "सुना है, आप काफी पीते हैं।"

मैंने कहा, "हाँ, छह साल काफी पी। अब एकदम बन्द कर दी है।"

वे बोले, "सिर्फ छह साल। मैं तीस सालों से पी रहा हूँ।"

मैंने कहा, "आप मेरे परदादा हुए। प्रणाम करता हूँ। आशीर्वाद दीजिए कि आपके-सरीखा पुण्यवान न बनूं।"

उन्हें शायद थोड़ी शर्म आयी। कहने लगे, "आप-जैसा आदमी मुझे प्रणाम करे। अरे, बाप रे! मैं मर जाऊँगा। किशन, तू मुझे मार डाल। इसी वक्त छुरा भोंक दे।"

किशन, उनका साथी मुस्कराया। मेरी तरफ देखा।

वे 'किक' में बोलने लगे। इस 'किक' से मैंने अपने-आपको अनगिनती लातें मारी हैं—मित्रों को भी, जिन्होंने मुझे हर बार माफ किया है। इतने उपद्रव किये हैं कि 'कनफेशंस ऑफ एन ओपियम ईटर' से अच्छी किताब बन सकती है। सत्य शुभ हो, अशुभ हो, काला हो, सफेद हो—साहित्य उसी से बनता है।

वे कहने लगे, "चलिए, 'बार' चलें। कुछ लेंगे।"

मैंने कहा, "मैंने वह सिलसिला बन्द कर दिया है। आपका प्रेम है तो एक 'ब्लेक नाइट' की कीमत दे जाइए। मैं बिजली का बिल चुका दूंगा।"

वे कहने लगे, "आपको चलना होगा। मैं मुहल्ले में तूफान खड़ा कर दूंगा।"

मैंने कहा, "आप पिट जायेंगे। उधर देखिए। आठ मजदूर आपकी सेवा के लिए तैयार खड़े हैं। पूछ गये हैं। इधर ये चार युवक। या मैं पुलिस को फोन कर दूं?"

वे दबे। बोले, "जो आपको शराब पिला दे, उसके खिलाफ आप नहीं लिखते। यह क्या बात है?"

मैंने कहा, "आप दो बोतलें रख जाइए और आठ-दस दिन में अपने खिलाफ पढ़ लीजिए। मैं लिखूंगा।"

अब वे उतार पर थे।

कहने लगे, "आप मुझे बैठक में नहीं आने देंगे?"

मैंने कहा, "नहीं, इन्दिरा गाँधी मुझे शराब पिलाती हैं, इसलिए मैं उनके खिलाफ लिखता हूँ। आपका सिद्धान्त कहाँ उड़ गया?"

साथी ने इशारा किया कि इन्हें अन्दर आ ही जाने दो। मैंने दरवाजा खोल दिया। वे बैठ गये। कहने लगे, "इतनी देर तो प्रधानमन्त्री के बँगले के सामने भी नहीं खड़ा रहना पड़ा।"

मैंने कहा, "मैं लेखक हूँ, प्रधानमन्त्री नहीं, न संसद-सदस्य। मुझे वोट नहीं चाहिए। वोटवाले फौरन दरवाजा खोलते हैं।"

वे अब कुछ शान्त हुए। कहने लगे, "देश का भविष्य आपके ही हाथों में है।"

मैंने कहा, "देश का भविष्य मेरे हाथ में हो, पर दबे माल का गोदाम तो मेरे हाथ में नहीं है। आप क्या धन्धा करते हैं, जो ग्यारह रुपये रिक्शेवाले को दे लेते हैं ?"

वे साफ बोले, "साफ बताऊँ ? नम्बर दो, जमाखोरी, मुनाफाखोरी। खूब कमाते हैं। खूब पीते हैं। खूब आनन्द करते हैं।"

मैंने कहा, "जब अभी आनन्द है तो फिर देश की दशा आप क्यों सुधारना चाहते हैं ? देश की दशा सुधरेगी, तो आपकी बिगड़ेगी। आपकी खटिया खड़ी हो जायेगी।"

वे कहने लगे, "मुझे इतना क्लेश हुआ, जब सुना कि आप पर हमला हुआ। पर इस देश ने उनका क्या कर लिया ? यह मुर्दा देश है।"

मैंने कहा, "आपको क्लेश हुआ, पर आपने क्या कर लिया ?"

वे चुप हो गये।

मैंने कहा, "करने का वक्त होता है। बेवक्त करना आत्मघात होता है। उन्होंने बेवक्त किया। हम वक्त से करेंगे।"

वे अब अच्छी बातें करने लगे थे। कहने लगे, "आप पहले सरीखे ही आग उगलें।"

मैंने कहा, "आग उगल रहा हूँ। पर आप चाहते हैं, सिर्फ कुछ अफसरों पर उगलूँ, ताकि आपका गोदाम तोड़ा न जाय ? आपने पिछले छह महीनों में मेरा लिखा पढ़ा है ?"

वे बोले, "हम तो ऐसे ही कोई 'डेली' में पढ़ लेते हैं।"

मैंने कहा, "जब पढ़ा ही नहीं, तब लिखे पर बात क्यों करते हो ?"

फिर मैंने कहा, "आपके साथी ही कहते होंगे कि पीट परसाई साले को, पीट अफसर को जिससे नम्बर दो की सड़क पर कदम बढ़ाने की उनकी हिम्मत न पड़े और हम जनता का खून चूसें। अब मैं लिखता हूँ—गोदाम को या तो तोड़ो या आग लगा दो। जो आदमी नहीं खा पाता, उसे आग को सौंपो हालाँकि मैं जानता हूँ कि प्रेम बड़ा है—शासन में, नेतृत्व में, आदमखोर में।"

वे शान्त हो गये। कुछ शोकग्रस्त भी। कुछ पछतावे में भी। आँखों में आँसू आ गये। आदमियत पानी बनकर निकल रही है। पता नहीं, जन की आँखों से खून बनकर कब निकलेगी। मैं इन्तजार में हूँ।

फिर उन्होंने पूछा कि फलाँ-फलाँ मन्त्रियों से आपके कैसे सम्बन्ध हैं। दो-तीन खास विभागों के दो-तीन खास मन्त्रियों के बारे में पूछा। मैंने कहा, "अच्छे सम्बन्ध हैं।" समझ गया, मन्त्री से काम कराने शहर से निकले होंगे, पर रास्ते में 'वह' दूकान दिख गयी होगी।

मैं सब समझ गया।

तब मैंने उनसे कहा, "आप विदा हों। मैंने काफी समय आपका नष्ट किया। क्षमा करेंगे।"

वे बीड़ी जलाये थे दायें हाथ में।

मैंने कहा, "बीड़ी बायें हाथ में ले लीजिए। मैं दायें हाथ से हाथ मिलाऊँगा। मेरा हाथ बीड़ी से जल जायेगा।"

उन्होंने बीड़ी बायें हाथ में ले ली।

मैंने उनसे कसकर हाथ मिलाया और कहा, "बहुत आभारी हूँ। रिक्शा आपका इन्तजार कर रहा है।"

वे कहने लगे, "आप मुझे घर से निकाल रहे हैं।"

मैंने कहा, "नहीं, मैं प्रेम से हाथ मिलाकर आपको ससम्मान विदा कर रहा हूँ। आप तो एक रिश्ते से मेरे परदादा होते हैं।"

साथी ने उन्हें रिक्शे में बिठा दिया।

देश का भविष्य तय हो गया। विश्व का भी।

पर मेरा अन्दाज है, उन्होंने जरूर किसी 'बार' में बैठकर देश और विश्व के कल्याण के बारे में सोचा होगा।

वे बहादुरी से बिके

आ—ओ।

उन्होंने कहा। आ और ओं के बीच में 30 सेकण्ड का अन्तर।

बै—ठो।

बै और ठो में 30 सेकन्ड का अन्तर। मैं बैठ गया।

उन्होंने अँगड़ाई ली और जमुहाई ली। बहुत कलात्मक—जैसे नाचते-नाचते बिरजू महाराज को जमुहाई आ जाये तो वे उसे भी अपनी नृत्य-मुद्रा में शामिल कर लें।

हूँ—उन्होंने उच्चरित किया और बड़ी देर तक इसकी अनुगूंज सुनते रहे। बहुत बड़े लेखक हैं। बहुत पैसेवाले हैं। बहुत प्रतिष्ठावाले हैं। किसी दिलचस्प बात पर या किसी पर खुश होकर ओंठों के बायें कोने पर 1/15 सेण्टीमीटर की मुस्कान लाकर कृतार्थ कर देते हैं। पूरे व्यक्तित्व में सामन्ती रोब है।

ड्राइंग-रूम मैंने एक से एक अच्छे देखे हैं मगर इस ड्राइंग-रूम में मैं आतंकित हो जाता हूँ। मुझे लगता है, कार्पेट पर कीलें लगी हैं जो मेरे जूतों को छेदकर पैरों

में चुभती हैं। सोफ़ा मेरी पीठ पर लद गया है। दीवान मेरे सिर पर बैठा है। पर्दा मेरी गर्दन में फाँसी लगाता है। उनका हर रोम जैसे एक तीर है जो 'मैं-मैं' की ध्वनि निकालता हुआ मेरी तरफ लपकता है और मेरे शरीर में घुस जाता है। मुझे लगता है चारों दीवारें मेरी तरफ बढ़ रही हैं और मुझे दबोच लेंगी।

कहने लगे, "तुम्हारी स्टेट में यह क्या गड़बड़ मची है ?"

मैंने कहा, "हाँ, दो जगह वहाँ साम्प्रदायिक दंगे हो गये। पहले अकाल का डर था अवर्षा से। फिर खूब पानी बरसा तो अब बाढ़ का संकट आ गया। अकाल की आशंका से लाखो छोटे किसान और खेत-मजदूर दूर-दूर प्रदेशों में रोटी कमाने चले गये थे। वर्षा होने पर उनमें से आधे ही समय पर लौट पाये। बाकी आधों के खेत बिना बोये पड़े हैं।

वे बोले, "मैं यह सब नहीं पूछ रहा हूँ। मैं पूछता हूँ, सरकार जो थोक पुस्तकें खरीदती है, उसमें यह क्या धाँधली मची हुई है।"

मैंने कहा, "हाँ, इस मामले में कुछ विवाद है।"

उन्होंने कहा, "तुम्हारी पुस्तकें खरीदी गयी हैं ?"

मैंने जवाब दिया, "मेरी दो पुस्तकों की हजार-हजार प्रतियाँ खरीदी गयी हैं।" उनके मुख पर धिक्कार का भाव आया। मुझे उस धिक्कार-भाव से ही मर जाना चाहिए था। वे बोले, "तुम लोग बड़ी जल्दी और आसानी से बिक जाते हो।"

मैंने पूछा, "देर से और मुश्किल से बिकने के क्या फायदे हैं ? किताबें बिकी हैं। मैं तो आपके सामने बैठा हूँ, किसी सरकारी लाइब्रेरी की अलमारी में नहीं हूँ।"

उन्होंने कहा, "तुभ लोग लेखक के सम्मान और स्वतन्त्रता की रक्षा नहीं कर सकते।"

मैंने निवेदन किया, "हम छोटे लोग हैं, गरीब लोग हैं। मगर ग्राहक को माल नहीं बेचने से सम्मान और स्वतन्त्रता की रक्षा कैसे हो जाती है। मैं अगर प्रकाशक के सामने शर्त रखूँ कि मेरी पुस्तक वह सरकार को न बेचे, तो वह कहेगा—इस पाण्डुलिपि का अचार डाल लेना। मसाले के पैसे मुझसे लेते जाओ। फिर 150 पृष्ठों की पुस्तक की कीमत आजकल पच्चीस रुपये होती है। उसे कौन पाठक खरीदेगा। साधारण आदमी पुस्तकें इन्हीं सरकारी लाइब्रेरियों से पढ़ते हैं। अपनी पुस्तक पाठक तक न पहुँचने देना कौन-सी लेखकीय नैतिकता है।"

उन्होंने कहा, "तुम नहीं समझते। सरकार इस बहाने लेखक को खरीदती है। मैं नहीं बेचता अपनी किताबें तुम्हारी सरकार को। आई डोण्ट सेल मीसेल्फ। तुम्हारा यह सेक्रेटरी गड़बड़ आदमी है।"

मैंने कहा, "सेक्रेटरी बदल जाय, तो क्या किताबें बेच देंगे ?"

उन्होंने डाँटा, "नो हाइपोथेटिकल क्वश्चन। आई हैव सेल्फ रिसपेक्ट ! मैं सरकार का मोहताज नहीं हूँ।"

उन्होंने लय में अँगड़ाई ली। फिर उन्होंने आँखें बन्द कीं और चिन्तन मुद्रा में हो गये। मैं समझ गया कि आँखें खुलते ही ये दार्शनिक या अन्तर्राष्ट्रीय हो जायेंगे।

आँखें खुलीं। बोले, "यह चिरन्तन प्रश्न है— राजसत्ता और लेखक के सम्बन्ध का। दुनिया-भर में यह समस्या है। पिछले साल जब मैं पैरिस में था, तब मेरे मित्र ज्याँ पाल सार्त्र से मेरी इसी बात पर चर्चा हुई। मैंने पूछा—सार्त्र, फ्रेंच सरकार तो लोकतान्त्रिक है। फिर तुम्हारा झगड़ा उससे क्यों चलता रहता है?"

मैंने कहा, "सार्त्र को मरे तो 4 साल हो गये। पिछले साल वे आपको कहाँ मिले होंगे।"

उन्होंने कहा, "आई एम सॉरी। वह सार्त्र नहीं, आन्द्रे मोलराँ था।"

मैंने कहा, "आन्द्रे मोलराँ को मरे भी 6 साल हो गये।"

वे बेहिचक बोले, "मेरी 'मेमोरी' को क्या हो गया। नाऊ आई एम डेफिनिट। पाब्लो नेरूदा से मेरी बात पिछले साल हुई थी।"

मैंने नहीं कहा कि नेरूदा तो 1974 में मर गये थे। कहता तो वे कहते—पिछले साल लन्दन में मैं शेक्सपियर से मिला था।

अब यहाँ 'स्टेटुटरी वार्निंग' देना जरूरी हो गया है जैसा सिगरेट के पैकेट पर छपा रहता है—इसे किसी लेखक विशेष के बारे में कहानी मानना गलत और खतरनाक होगा। साहित्य के क्षेत्र के लोग अन्दाज न लगायें कि यह अमुक या तमुक के बारे में है। यह इन दिनों चल रहे विवाद की प्रवृत्ति की कहानी है।

उन्होंने कहा, "मैं तो किसी सरकार की परवाह नहीं करता। मगर तुम्हारा यह सेक्रेटरी मुझसे क्यों नाराज है?"

मैंने कहा, "आपने कैसे जाना कि वह आपसे नाराज है?"

उन्होंने कहा, "वह मेरी पुस्तकें नहीं खरीदता।"

मैंने कहा, "मगर आप पुस्तकें बेचना ही नहीं चाहते। आप पुस्तकों का बिकना लेखक का बिकना मानते हैं।"

उन्होंने पूछा, "तुम क्या अपने को स्वतन्त्र मानते हो?"

मैंने कहा, "बिल्कुल स्वतन्त्र हूँ।। सरकार की चापलूसी तो करता नहीं हूँ। डटकर सरकार की आलोचना करता हूँ। आप देखते नहीं, मैं कितना लिखता हूँ सरकार के खिलाफ।"

उन्होंने कहा, "तुम्हारा चल जाता है। मैं एक शब्द भी बोलूँ तो उसका असर होता है।"

मैंने कहा, "सो तो है ही। आप कुछ बोलें और तूफान खड़ा हो जाय तो उसे सँभालेगा कौन? जवाहरलाल नेहरू तो रहे नहीं कि सँभाल लें।"

उन्हें सन्तोष हुआ।

कहने लगे, "मैं···तो परवाह नहीं करता। मगर यह तुम्हारा सेक्रेटरी है, कुछ गड़बड़ आदमी है। मुझसे न जाने क्यों नाराज है।"

मैंने कहा, "नाराज होकर आपका क्या बिगाड़ लेगा? रहे नाराज। आप भी उससे नाराज रहिए।"

उन्होंने कहा, "सो तो ठीक है। मगर एक बिहार का सेक्रेटरी भी तो है।

उसने मेरी चार किताबों की तीन-तीन हजार प्रतियाँ खरीदीं।"

मैंने कहा, "जी हाँ, मुझे मालूम है। मैंने सुना है कि आपने उसे कुछ 'गिफ्ट' भी दिया था।"

वे थोड़ा सकपकाये, "व्हाट नानसेंस! गिफ्ट और किताबों की खरीद का क्या सम्बन्ध! मेरे उसके व्यक्तिगत सम्बन्ध हैं। मित्रता है। हम लोग आपस में 'गिफ्ट' देते रहते हैं।"

मैंने कहा, "यह बहुत अच्छी बात है। मगर सेक्रेटरियों से 'गिफ्ट' वाली मित्रता का सीजन कब होता है। यह एक मार्च से इकत्तीस मार्च तक होता है, जब सरकार थोक खरीद करती है।"

उन्होंने कहा, "छोड़ो इस बात को। लीव इट एट दैट!"

मैंने कहा, "एक बात मुझे समझाइए। किसी स्टेट सरकार को किताबें बेचना तो लेखक का बिकना हो गया, मगर दूसरी स्टेट सरकार को किताबें बेचना लेखक का बिकना नहीं हुआ। दोनों एक ही पार्टी की सरकारें हैं।"

चाय-नाश्ता आ गया। कटलेट और पॉट में चाय।

नाश्ता करते-करते वे बोले, "मैं तो कभी-कभी नाश्ते में भुने हुए चने और लाई ले लेता हूँ। मैं इस मामले में बहुत फक्कड़ हूँ। एक बार मैं और डॉक्टर लोहिया बैठे-बैठे चने खाते रहे।"

मैंने कहा, "आपकी बात निराली है। आपको शोभा देता है। हमें कोई चना खाते देख ले तो कहेगा—यह भुक्खड़ लेखक चने खाकर दिन काट रहा है। डॉक्टर लोहिया से आपकी अच्छी दोस्ती थी न!"

उन्होंने कहा, "हाँ, वह हमारा दोस्त था। पर मैं उसकी पार्टी में नहीं रहा। मैंने 1951 में समाजवादी पार्टी छोड़ दी थी।"

मैंने कहा, "इसके बाद पार्टी सँभली ही नहीं। टुकड़े होते गये। आप होते तो पार्टी को सँभालते।"

उन्होंने कहा, "हम जहाँ होते हैं अपनी शर्त पर होते हैं।"

मैंने कहा, "आप पार्टी के मोहताज नहीं हैं, पार्टी आपकी मोहताज है।"

वे खुश हुए। मैंने उन्हें खुश रहने दिया। उन्होंने फिर जम्हाई ली।

मैं उठने लगा। वे मुझे बिठाना चाहते थे, मैं दुविधा में था। उनके पास बैठने में दिक्कत यह है कि उनकी ही बातें सुननी पड़ती हैं। खुद कुछ बोलो तो वह भी उन्हीं के बारे में होना चाहिए।

मैंने उन्हीं के बारे में आखिरी बात उठायी, "मैं अभी राजधानी से आ रहा हूँ। मुझे बताया सेक्रेटरी ने कि इस बार आपकी तीन पुस्तकें खरीदी जा रही हैं।"

वे उठकर खड़े हो गये। बोले, "पक्का है? किसने बताया तुम्हें?" मैंने कहा, "खुद सेक्रेटरी ने। हजार-हजार प्रतियाँ खरीदी जायेंगी। अगले महीने आर्डर आ जायेगा।"

वे उठ खड़े हुए। चेहरा खिल उठा। बोले, "हजार-हजार क्यों? तीन-तीन हजार खरीदना चाहिए। सेक्रेटरी से कहना।"

मैंने कहा, "सेक्रेटरी बहुत गड़बड़ आदमी है। सब सेक्रेटरी एक-से होते हैं। एक ही शासकीय मशीन के पुर्जे हैं। इनका अहसान क्यों लेना।"

वे बोले, "तुम जल्दबाजी में राय बनाते हो। यह सेक्रेटरी जरा अलग किस्म का है। भला है। इसके पिता से मेरे अच्छे सम्बन्ध रहे हैं।"

मैंने कहा, "मैं तो आपसे यह कहने आया था कि आप किताबें मत बेचिए। आर्डर आये तो मना कर दीजिए। आप हमारी नाक हैं। हमारे गौरव हैं। हम तो मजबूरी में बिकते हैं। आपको कोई मजबूरी नहीं है। आप हम लेखकों की लाज रख लीजिए।"

वे उत्तेजित हो गये, "कैसी बात करते हो! हम किताबें क्यों नहीं बेचेंगे? हम क्या डरते हैं? तुम उस सेक्रेटरी के प्रति पूर्वाग्रह से ग्रस्त हो।"

मैंने हाथ जोड़कर कहा, "मैं प्रार्थना करता हूँ कि आप किताबें सरकार को मत बेचिए। आप मत बिकिए। आप हमारी शान हैं।"

उन्होंने कहा, "हम बेचेंगे, बेचेंगे, बेचेंगे। हम डरते नहीं हैं। आखिर इस गरीब देश की जनता तक पुस्तकें पहुँचाना भी तो हमारा कर्तव्य है।"

मैंने कहा, "तो मैं चलूं।"

उन्होंने कहा, "हाँ, ठीक है। फिर आना। मगर भूलना मत। सेक्रेटरी पर दबाव डालना कि तीन-तीन हजार किताबें खरीदे। तीन नहीं तो कम-से-कम दो हजार तो खरीदना ही चाहिए। उसके फादर से मेरे अच्छे सम्बन्ध थे।"

शेष शुभ। मैं लौटा तो लग रहा था जैसे क्रान्तिकारिता की समाधि पर फूलों के बदले फटे-पुराने जूते चढ़ाकर जा रहा हूँ।

डिवाइन ल्यूनेटिक मिशन

(याने आध्यात्मिक पागलों का मिशन)

भारत के सामने अब एक बड़ा सवाल है—अमेरिका को अब क्या भेजे? कामशास्त्र वे पढ़ चुके, योगी भी देख चुके। सन्त देख चुके। साधु देख चुके। गाँजा और चरस वहाँ के लड़के पी चुके। भारतीय कोबरा देख लिया। गिर का सिंह देख लिया। जनपथ पर 'प्राचीन' मूर्तियाँ भी खरीद लीं। अध्यात्म का आयात भी अमेरिका काफी कर चुका और बदले में गेहूँ भी दे रहा है। हरे कृष्ण, हरे राम भी बहुत हो गया।

महेश योगी, बाल योगेश्वर, बाल भोगेश्वर आदि के बाद अब क्या हो? मैं देशभक्त आदमी हूँ। मगर मैं अमेरिकी पीढ़ी को भी जानता हूँ। मैं जानता हूँ, वह

'बोर' समाज का आदमी है —याने बड़ा बोर आदमी। शेअर अपने आप डालर दे जाते हैं। घर में टेलिविजन है, दारू की बोतलें हैं। शाम को वह दस-पन्द्रह आदमियों से 'हाउ डु यू डू' कर लेता है। पर इससे बोरियत नहीं मिटती। हनोई पर कितनी भी बम-वर्षा अमेरिका करे, उत्तेजना नहीं होती। कुछ चाहिए उसे। उसे भारत से ही चाहिए।

मुझे चिन्ता जितनी बड़ी अमेरिका की है उतनी ही भारतीय भाइयों की। इन्हें भी कुछ चाहिए।

अब हम भारतीय भाई वहाँ डालर और यहाँ रुपयों के लिए क्या ले जायें? रविशंकर से वे बोर हो चुके। योगी, सन्त वगैरह भी काफी हो चुके। अब उन्हें कुछ नया चाहिए—बोरियत खत्म करने और उत्तेजना के लिए। डालर देने को वे तैयार हैं।

मेरा विनम्र सुझाव है कि इस बार हम भारत से 'डिवाइन ल्यूनेटिक मिशन' ले जायें। ऐसा मिशन आज तक नहीं गया। यह नायाब चीज होगी —भारत से 'डिवाइन ल्यूनेटिक मिशन' याने आध्यात्मिक पागलों का मिशन।

मैं जानता हूँ। आम अमेरिकी कहेगा—वी हेव सीन वन। हिज नेम इज कृष्ण मेनन। (हमने एक पागल देखा है। उसका नाम कृष्ण मेनन है।) तब हमारे एजेण्ट कहेंगे—वह 'डिवाइन' (आध्यात्मिक) नहीं था। और पागल भी नहीं था। इस वक्त सच्चे आध्यात्मिक पागल भारत से आ रहे हैं।

मैं जानता हूँ, आध्यात्मिक मिशनें 'स्मगलिंग' करती रहती हैं। पर भारत सरकार और आम भारतीयों को यह नहीं मालूम कि लोगों को 'स्वर्ग' में भी स्मगल किया जाता है। यह अध्यात्म के डिपार्टमेण्ट से होता है। जिस महान् देश भारत में गुजरात के एक गाँव में एक आदमी ने पवित्र जल बाँटकर गाँव उजाड़ दिया, वह क्या अमेरिकी को स्वर्ग में 'स्मगल' नहीं कर सकता?

तस्करी सामान की भी होती है—और आध्यात्मिक तस्करी भी होती है। कोई आदमी दाढ़ी बढ़ाकर एक चेले को लेकर अमेरिका जाय और कहे—'मेरी उम्र एक हजार साल है। मैं हजार सालों से हिमालय में तपस्या कर रहा था। ईश्वर से मेरी तीन बार बातचीत हो चुकी है।' विश्वासी, पर साथ ही शंकालु अमेरिकी चेले से पूछेगा—क्या तुम्हारे गुरु सच बोलते हैं? क्या इनकी उम्र सचमुच हजार साल है? तब चेला कहेगा—मैं निश्चित नहीं कह सकता, क्योंकि मैं तो इनके साथ सिर्फ पांच सौ सालों से हूँ।

याने चेले पाँच सौ सालों के वैसे ही हो गये और अपनी अलग कम्पनी खोल सकते हैं।

तो मैं भी सोचता हूँ कि सब भारतीय माल तो अमेरिका जा चुका—काम-शास्त्र, अध्यात्म, योगी, साधु वगैरह।

अब एक ही चीज हम अमेरिका भेज सकते हैं—वह है भारतीय आध्यात्मिक पागल—इण्डियन डिवाइन ल्यूनेटिक। इसलिए मेरा सुझाव है कि 'इंण्डियन डिवाइन

ल्यूनेटिक मिशन' की स्थापना जल्दी ही होनी चाहिए। यों मेरे से बड़े-बड़े लोग इस देश में हैं। पर मैं भी भारत की सेवा के लिए और बड़े अमेरिकी भाई की बोरियत कम करने के लिए कुछ सेवा करना चाहता हूँ। यों मैं जानता हूँ कि हजारों सालों से 'हरे राम हरे कृष्ण' का जय करने के बाद भी शक्कर सहकारी दुकान से न मिलकर ब्लैक में मिलती है—तो कुछ दिन इन अमरीकियों को राम-कृष्ण का भजन करने से क्या मिल जायेगा? फिर भी सम्पन्न और पतनशील समाज के आदमी के अपने शान्ति और राहत के तरीके होते हैं—और अगर वे भारत से मिलते हैं, तो भारत का गौरव ही बढ़ता है। यों बर्ट्रेण्ड रसेल ने कहा है—अमेरिकी समाज वह समाज है जो बर्बरता से एकदम पतन पर पहुँच गया है—वह सभ्यता की स्टेज से गुजरा ही नहीं। एक स्टेप गोल कर गया।

मुझे रसेल से भी क्या मतलब? मैं तो नया अन्तर्राष्ट्रीय धन्धा चालू करना चाहता हूँ—'डिवाइन ल्यूनेटिक मिशन'। दुनिया के पगले शुद्ध पगले होते हैं—भारत के पगले आध्यात्मिक होते हैं।

मैं 'डिवाइन ल्यूनेटिक मिशन' बनाना चाहता हूँ। इसके सदस्य वही लोग हो सकते हैं, जो पागलखाने में न रहे हों। हमें पागलखाने के बाहर के पागल चाहिए, याने वे जो सही पागल का अभिनय कर सकें। योगी का अभिनय करना आसान है। ईश्वर का अभिनय करना भी आसान है। मगर पागल का अभिनय करना बड़ा कठिन है। मैं योग्य लोगों की तलाश में हूँ। दो-एक प्रोफेसर मित्र मेरी नजर में हैं जिनसे मैं मिशन में शामिल होने की अपील कर रहा हूँ।

मिशन बनेगा और जरूर बनेगा। अमेरिका में हमारी एजेन्सी प्रचार करेगी—'सी रीयल इण्डियन डिवाइन ल्यूनेटिक्स।' (सच्चे भारतीय आध्यात्मिक पागलों को देखो।) हम लोगों के न्यूयार्क हवाई अड्डे पर उतरने की खबर अखबारों में छपेगी। टेलीविजन तैयार रहेगा।

मिसेज राबर्ट, मिसेज सिम्पसन से पूछेगी—तुमने क्या सच्चा आध्यात्मिक भारतीय पागल देखा है?

मिसेज सिम्पसन कहेगी—नो, इज़ देअर वन इन दिस कण्ट्री 'अण्डर गाड'?

मिसेज राबर्ट कहेगी—हाँ, कल ही भारतीय आध्यात्मिक पागलों का एक मिशन न्यूयार्क आ रहा है। चलो हम लोग देखेंगे। इट विल बी ए रीअल स्पिरिचुअल एक्सपीरियन्स। (वह एक विरल आध्यात्मिक अनुभव होगा।)

न्यूयार्क हवाई अड्डे पर हमारे भारतीय पागल आध्यात्मिक मिशन के दर्शन के लिए हजारों स्त्री-पुरुष होंगे—उन्हें जीवन की रोज ही बोरियत से राहत मिलेगी। हमारा स्वागत होगा। मालाएँ पहनायी जायेंगी। हमारे ठहराने का बढ़िया इन्तजाम होगा।

और तब हम लोग पागल अध्यात्म का प्रोग्राम देंगे। हर गैरपागल पहले से शिक्षित होगा कि वह सच्चे पागल की तरह कैसे नाटक करे।

प्रवेश-फीस 50 डालर होगी और हजारों अमेरिकी हजारों डालर खर्च करके

'इण्डियन डिवाइन ल्यूनेटिक्स' के दर्शन करने आयेंगे।

हमारा धन्धा खूब चलेगा। मैं मिशन का अध्यक्ष होने के नाते भाषण दूंगा—'वी आर रीअल इण्डियन डिवाइन ल्यूनेटिक्स। अवर ऋषीज एण्ड मुनीज थाउसेण्ड ईअर्स एगो सेड दैट दि वे टु रीअल इण्टरनल पीस एण्ड साल्वेजन लाइज थ्रू ल्यूनेसी।' (हम लोग भारतीय अध्यात्मिक पागल हैं। हमारे ऋषि-मुनियों ने हजारों साल पहले कहा था कि आन्तरिक शान्ति और मुक्ति पागलपन से आती है।)

इसके बाद मेरे साथी तरह-तरह के पागलपन के करतब करेंगे और डालर बरसेंगे।

जिन लोगों को इस मिशन में शामिल होना है, वे मुझसे सम्पर्क करें। शर्त यह है कि वे वास्तविक पागल नहीं होने चाहिए। वास्तविक पागलों को इस मिशन में शामिल नहीं किया जायेगा—जैसे सच्चे साधुओं को साधुओं की जमात में शामिल नहीं किया जाता।

अमेरिका से लौटने पर, दिल्ली में रामलीला ग्राउण्ड या लालकिले के मैदान में हमारा शानदार स्वागत होगा। मैं कोशिश करूंगा कि प्रधानमन्त्री इसका उद्‌घाटन करें।

वे समय न निकाल सकीं तो कई राजनैतिक वनवास में तपस्या करते नेता हमें मिल जायेंगे।

दिल्ली के 'स्मगलर' हमारा पूरा साथ देंगे।

कस्टम और एनफोर्स महकमे से भी हमारी बातचीत चल रही है। आशा है वे भी अध्यात्म में सहयोग देंगे।

स्वागत समारोह में कहा जायेगा—यह भारतीय अध्यात्म की एक और विजय है, जब हमारे आध्यात्मिक पगले विश्व को शान्ति और मोक्ष का सन्देश देकर आ रहे हैं। आशा है आध्यात्मिक पागलपन की यह परम्परा देश में हमेशा विकसित होती रहेगी।

'डिवाइन ल्यूनेटिक मिशन' को जरूर अमेरिका जाना चाहिए। जब हमारे और उनके राजनैतिक सम्बन्ध सुधर रहे हैं तो पागलों का मिशन जाना बहुत जरूरी है।

नम्बर दो की आत्मा

कम्बख्त टैक्सी बेचकर साधु और योगी हो गया है। एक ही तो यह टैक्सीवाला था जिसका मीटर ठीक रहता था। वह अच्छी बातें भी करता था। कहता—सा'ब,

मीटर भी आदमी को पहचान लेता है। टैक्सी के मीटर अक्सर आदमी को देखकर ठीक होते और बिगड़ते रहते हैं। इसका मीटर मेरा आत्मीय हो गया था। मुझे देख लेता तो होश में रहता था। मैं अक्सर उसी की टैक्सी लेता था।

एक दिन मैंने उससे कहा, "चलो भई, ज़रा यूनिवर्सिटी पहुँचा दो।"

टैक्सीवाले ने कहा, "साहब, माफ करना। पन्द्रह दिन खिदमत नहीं कर पाऊँगा। जयपुर से एक पार्टी आ गयी है, जिसकी खिदमत में लगा हूँ।"

मैंने पूछा, "कैसी पार्टी है यह, और क्यों आयी है ?"

उसने कहा, "बड़े सेठ हैं। इधर एक कोई साधु आये हैं जो दो-तीन घण्टों में आदमी को अपने से भुलाकर दूसरी दुनिया में ले जाते हैं। उनका यहाँ पर 'आत्म-शान्ति आश्रम' चल रहा है। बड़े-बड़े लोग आये हैं आत्मा की शान्ति के लिए।"

मैंने उससे पूछा, "क्या तुम्हें आत्मा की शान्ति नहीं चाहिए ?"

उसने कहा, "साहब, किसे नहीं चाहिए। पर अपना तो यह है कि दिन-भर मेहनत की, शाम को बीवी-बच्चों के साथ खाना खाया और सो गये। सबेरे से फिर आप लोगों की खिदमत में।"

मैंने पूछा, "फिर यह जो तुम्हारी पार्टी है, वह ऐसा क्यों नहीं कर सकती ?"

उसने कहा, "पता नहीं साहब क्या बात है? बम्बई, कलकत्ता और दिल्ली फोन करता रहता है। सौदा करता है और दो-तीन घण्टे के लिए आत्मा की शान्ति के लिए और अपने को भूलने के लिए साधु-आश्रम में जाता है। लौटकर फिर हिसाब और फोन करने लगता है।"

मैंने कहा, "शायद उसकी आत्मा अपने से अलग किस्म की हो।"

उसने कहा, "हाँ सा'ब, हो सकता है। आत्मा का भी इस जमाने में क्या ठिकाना है, सा'ब। सुना है, नम्बर दो की आत्मा भी होने लगी है।"

मैंने दूसरी टैक्सी ले ली।

तीन-चार दिन बाद वह फिर मिला।

मैंने पूछा, "कैसा चल रहा है धन्धा ?"

उसने कहा, "सा'ब, चाँदी कट रही है। मैं तो चाहता हूँ कि इस देश में सब लोग नम्बर दो की आत्मा के हो जायें तो हम लोगों का बड़ा फायदा हो।"

मैंने पूछा, "सेठ को कोई और शौक है? दारू का या औरत का ?"

उसने कहा, "नहीं सा'ब, भला आदमी है। न दारू न औरत। रोज सबेरे पूजा करता है और किसी दन्द-फन्द में नहीं है। बड़ा धार्मिक आदमी है। पर आत्मा की शान्ति के लिए और अपने को भूलने के लिए रोज सैकड़ों रुपये खर्च करता है। बड़ा भला आदमी है। गुरु उसे दो-तीन घण्टे में दूसरा आदमी बना देते हैं।"

दो दिन बाद टैक्सीवाला मुझे फिर मिला।

मैंने पूछा, "आश्रम में क्या होता है? आत्मा को शान्ति कैसे मिलती है? आदमी अपने को कैसे भूलता है?"

उसने कहा, "मैंने खिड़की से झाँककर देखा है। वह साधु घण्टे-भर तो भक्तों

को आँखें बन्द करके बैठने को कहता है। फिर कहता है—तुम तुम नहीं हो। तुम कोई और हो। तुम्हारा कोई नाम नहीं, तुम राधेश्याम नहीं हो। बोलो राधेश्याम, तुम क्या राधेश्याम हो? मेरा सेठ कहता है—मैं राधेश्याम नहीं हूँ। मैं कोई नहीं हूँ। इसके बाद साहब, न जाने क्या जादू वह गुरु करता है कि लोग नाचने लगते हैं। बकने लगते हैं और यहाँ-वहाँ लुढ़क जाते हैं। तब मैं टैक्सी में सेठ को लेकर होटल आता हूँ।

"मैं पूछता हूँ—सेठजी, आपका नाम क्या है? तो वे कहते हैं—मेरा नाम राधेश्याम है। सा'ब, दो-तीन घण्टे भूलने के लिए ये लोग इतना रुपया खर्च करते हैं और तपस्या करते हैं। यह भी बड़े आदमी का एक शौक ही है। हम गरीब लोग भी और तरीके से अपने को दो-तीन घण्टे भूल जाते हैं। आप जानते हैं। पर अपना काम सस्ते का है।"

मैंने उससे पूछा, "तुम क्या आत्मा को जानते हो? वह कैसी होती है? तिकोन होती है या चौकोन होती है?"

उसने कहा, "सा'ब, हम यह सबकुछ नहीं जानते। ये बड़े आदमियों के चोचले हैं। हम तो दिन-भर मेहनत करते हैं। रात को रोटी खाते हैं, सो जाते हैं और सबेरे से फिर आप लोगों की खिदमत में हाजिर हो जाते हैं। आत्मा ठीक रहती है।"

मैंने पूछा, "जब यह तुम्हारा सेठ गुरु के आश्रम में कहता है कि मैं राधेश्याम नहीं हूँ तो फिर राधेश्याम के नाम से बम्बई और कलकत्ता सौदे के लिए ट्रंक क्यों करता है?"

उसने कहा, "पता नहीं साहब कि यह मामला क्या है। हम तो खास पढ़े आदमी भी नहीं हैं। हम क्या समझें कि दो घण्टे पहले कोई आदमी, आदमी न होकर, ईश्वर हो जाता है और बाद में बम्बई और कलकत्ता से सौदे के लिए फोन करता है?"

मैंने कहा, "क्या तुम्हें यह नहीं लगता कि आत्मा और माया के बीच में सौदा हो गया है? याने स्वार्थ और परमार्थ ने हाथ मिला लिये हैं—या ईश्वर बिजिनेस-मैन हो गया है।"

उसने कहा, "सा'ब, हम ये बातें क्या जानें? हम तो न पढ़े-लिखे, न ज्ञानी। हम तो टैक्सी चलाते हैं, मेहनत करते हैं और बाल-बच्चों को पालते हैं। आत्मा तो बड़े लोगों का शौक है।"

मैंने पूछा, "तुम्हारी तरह वह सेठ भी मेहनत करके बच्चे पालता है या वह योगी साधु भी रोटी के लिए कोई काम करता है?"

उसने कहा, "सा'ब, हम तो गरीब आदमी हैं। हम इन बातों को क्या जानें। इतना जानते हैं कि साधु कुछ काम नहीं करता और रईस की तरह रहता है और हमारी यह पार्टी—यह सेठ भी दो-तीन घण्टे साधु रहने के बाद बम्बई और कलकत्ता सौदे के लिए फोन करता है। बस इतना काम ये लोग करते हैं।"

मुझे यह मामला बड़ा दिलचस्प लगा। कोई करोड़पति दो-तीन घण्टे अपने को,

जगत को और माया को भूलने के लिए इतनी दूर आये और इतने रुपये खर्च करे ! मुझे ऐसे लोगों पर दया भी आती है। मैं जानता हूँ, अध्यात्म भी धन्धा है। अमोह भी धन्धा है। निर्लोभ भी धन्धा है। अपरिग्रह भी धन्धा है।

अहिंसा तक धन्धा हो गया है।

एक दिन टैक्सीवाले से मैंने पूछा, "क्या दो-तीन घण्टे अपने को भुलाकर जैसा इनसे वह साधु करवाता है, वैसा क्या तुम नहीं करा सकते ? यह बेचारा सेठ दो-तीन घण्टे कसरत करता है, तब कहता है कि मैं राधेश्याम नहीं हूँ। मेरा कोई नाम नहीं है। मैं तो शुद्ध आत्मा हूँ। तुम क्या इससे आसान तरीके से यह नहीं करा सकते ?"

टैक्सीवाला बेवकूफ नहीं है। बहुत समझदार है। वह मामला समझ गया। उसने कहा, "साहब, मैं 'हिराई', करता हूँ। परसों आपको बताऊँगा। ऐसा हो सकता है—और बिना गुरु के हो सकता है।"

तीसरे दिन वह मुझे मिला। कहने लगा, "आपने ठीक सलाह दी थी। मैंने सेठ से कहा—सेठजी, आप दो-तीन घण्टे सेठ नहीं रहने के लिए सैकड़ों रुपया खर्च करते हैं। फिर आप सेठ हो जाते हैं। इतना पैसा आप इतने छोटे काम के लिए क्यों खर्च करते हैं ? हमारे ऋषि-मुनियों ने इस बात पर बहुत सोचा है और उन्होंने एक तत्त्व तैयार किया है जिसे 'आत्म विस्मृति रसायन' कहते हैं। यह आध्यात्मिक तत्त्व है। इसे आप आज लीजिए। बड़ी मुश्किल से किसी योगी के पास वह मिलता है। इधर आपके पाँच सौ रुपये रोज लग रहे हैं। मैं कोशिश करूँगा कि ईश्वर की कृपा से आपको वह पचास रुपये में मिल जाय। सेठ ने कहा—यह मुझे मालूम ही नहीं था कि भारत में ऐसे-ऐमे योगी पड़े हैं। तुम लाओ ऋषियों का वह तत्त्व।"

टैक्सीवाला बोला, "सा'ब, मैं पचास रुपये उनसे लेकर गया। बीस रुपये की दारू खरीदी। द्राक्षासव की शीशी में पाँच-छह पैग भरा। इत्र डाला, लौंग डाली, इलायची डाली। शीशी का लेबिल निकालकर उस पर लिखा 'आत्म विस्मृति तत्त्व'। नीचे नाम लिखा 'मुनि आत्म ज्ञानी'।"

मैंने कहा, "तुम बड़े होशियार आदमी हो।"

उसने कहा, "सा'ब, दुनिया होशियार है। इसमें जो होशियार न हो, वह तो मार डाला जायगा।"

मेरी जिज्ञासा बढ़ी। मैंने कहा, "फिर क्या हुआ ?" उसने कहा, "मैंने सेठ को गिलास में लगभग दो पैग डालकर दिये और कहा, परमपिता परमेश्वर का नाम लेकर इसे बिना साँस लिये पी जाइए।"

"दारू सुगन्धित और स्वादिष्ट थी। सेठजी उसे पी गये। पन्द्रह मिनिट बाद मैंने पूछा—सेठजी, आत्मा कैसी है ?

"वे बोले—आत्मा आनन्द में है। मैं तो अब आत्मा में ही रह गया हूँ।

"मैंने पूछा—बिजनेस का कुछ खयाल है ?

"वे बोले —कौन-सा बिजनेस ? मैं तो बिजनेस नहीं करता। मैंने उन्हें एक पैग

और दे दी। पाँच मिनिट बाद पूछा—सेठजी, क्या आप बम्बई के सेठ राधेश्यामजी हैं ?

"वे बोले—बम्बई में कोई सेठ राधेश्याम नहीं है। एक था पर अब वह नहीं है।

"मैंने पूछा—माया-मोह का क्या हाल-चाल है ?

"जवाब दिया न माया न मोह। हम शुद्ध आत्मा हैं।

"मैंने पूछा—आपका नाम क्या है ?

"उन्होंने कहा—अब मैं हूँ ही नहीं तो मेरा नाम क्या होगा ? मैं तो बस ईश्वर हूँ। और वह ठीक वह हरकतें करने लगा जैसे गुरु के सामने करता था।"

टैक्सीवाला बयान कर रहा था, "सेठ बोले—वह साला योगी हजारों रुपये खर्च करवाता है। दो-तीन घण्टे कसरत करवाता है। तुमने हमें पन्द्रह मिनिट में मनुष्य से ईश्वर बना दिया। आज से तुम टैक्सी ड्राइवर नहीं, मेरे गुरु हुए। हजारों रुपयों का काम तुमने पचास रुपयों में करवा दिया।"

मैंने पूछा, "फिर क्या हुआ ?"

टैक्सी ड्राइवर बोला, "फिर यह हुआ कि सेठ ने अपना बस्ता खोला और नोटों के बण्डल मेरे चरणों पर रख दिये।

"मैंने कहा—यह सब आप क्यों मुझे दे रहे हैं ? मैं तो आपका सेवक हूँ।

"सेठ ने कहा—नहीं, तुम मेरे गुरु हो। वह साला योगी गुरु हजारों रुपये लेकर भी हमारी आत्मा का हमसे साक्षात्कार नहीं करवा सकता। पर तुमने सिर्फ पचास रुपये में हमें ईश्वर बना दिया।"

कई दिनों बाद वह टैक्सीवाला मुझे मिला।

उसने दाढ़ी बढ़ा ली थी। गेरुआ वस्त्र धारण किये थे।

मैंने पूछा, "यह तुम्हें क्या हो गया ? क्या टैक्सी नहीं चलाते ? क्या संन्यासी हो गये ?"

उसने कहा, "नहीं सा'ब। आपसे क्या छिपाऊँ ? अभी भी मैं टैक्सी ही चलाता हूँ—पर अब मेरी टैक्सी यहाँ से सिर्फ परमात्मा के पास जाती है। सुना है, उस गुरु का बिजनेस मेरे कारण ढीला हो गया है। देखिए सा'ब, यह तो बिजनेस का मामला है—जहाँ तक टैक्सी जायेगी वहाँ तक का किराया मिलेगा। उस गुरु की टैक्सी आत्मा तक जाती थी, पर मेरी टैक्सी परमात्मा तक जाती है। आखिर दूर के मुसाफिर मेरे ही पास आयेंगे न। और मेरा चार्ज भी कितना कम है !"

मैंने पूछा, "अब आगे क्या प्रोग्राम है ?"

उसने कहा, "सा'ब, बिजनेस जम गया है। पर एक बार अमेरिका हो आना चाहता हूँ। अमेरिका हो आने से ईश्वर खुद ही पास सरक आता है, और ईश्वर पास सरक आये तो बिजनेस ही बिजनेस है।"

मेरी अक्ल का बाल

खाने के कई नाम हैं—रोटी खाना, भोजन, लंच, डिनर, जीमना वगैरह। इनमें रोटी खाना मुझे सबसे ज्यादा पसन्द है। गये, खाया, चले आये। मगर जब प्रतिष्ठित परिवारों में भोजन करने जाना पड़ता है, तब खाने के पहले डेढ़-दो घण्टे उस परिवार की प्रतिष्ठा के सूचक प्रतीक और उपलब्धियाँ देखनी पड़ती हैं। टेबिल पर 'इलस्ट्रेटेड वीकली' और 'फेमिना' पहले ही रख दिया जाता है। ये प्रतिष्ठा की निशानियाँ हैं। हिन्दीवाले पीठ ठोंकें कि दो हिन्दी साप्ताहिक भी अब टेबिल पर दिखने लगे हैं। 'डेम दीज हिन्दी पेपर्स।' मैं खुद ही फर्नीचर और पर्दों के रंग देख-कर तारीफ कर देता हूँ। इससे मेजबान की तकलीफ बचती है। अगर बागीचा हुआ तो उसे भी देखना होता है। इसमें अगर 'केक्टस' हुए तो तकलीफ बढ़ती है। मुझे भूख लगी है मगर 'केक्टस' देखना और उनके प्रकार सुनना पड़ता है। अगर रसोईघर पास हुआ तो एकाध झोंका पकवानों की गन्ध का नाक तक आ जाता है और मेरी इच्छा 'केक्टस' चबा जाने की होने लगती है। फिर दीवार पर अगर मेजबान के पिता का चित्र टँगा है तो पिताजी का जीवन-चरित्र और तारीफ सुननी पड़ती है। बहुत लोगों के लिए पिता मूलधन होते हैं, और जैसे कंजूस बार-बार रुपये गिनता है, वैसे ही ये लोग पिता का हर आदमी के सामने वर्णन करते हैं। उधर रसोईघर से भोजन की सुगन्ध आ रही है, मुझे भूख लगी है। इच्छा होती है कि पिताजी की फोटो ही खा जाऊँ। अगर ये सिर्फ इतना ही बता दें कि पिता एक नामी आबकारी अफसर थे, तो उन्हें वर्णन का कष्ट नहीं करना होता। मैं खुद उनका जीवन-चरित्र समझ जाता।

ये भले लोग ही होते हैं। केवल अपनी प्रतिष्ठा और उपलब्धियों से प्रभावित करना चाहते हैं। और यह कौन नहीं चाहता ?

कुछ लोग बच्चों की योग्यता का उपयोग इसके लिए करते हैं।

कहेंगे—आपकी कृपा से दोनों बच्चियाँ संगीत में अच्छी गति रखती हैं। वे बड़ी लड़की को बुलाते हैं—बेटी सुशीला, अंकिल को एक गाना तो सुनाओ।

थोड़ी देर में शरमाती-सी 16-17 साल की सुशीला आयी और गाने लगी—'कोई परदेसी मेरा दिल ले गया, मोटी-मोटी अँखियों में आँसू दे गया।'

'परदेसी की प्रीत' की पीड़ा पुरातन है। पुराने जमाने में छैला युवक दूर कहीं धन्धे से या घरू काम से लम्बी यात्रा कर बैलगाड़ी में या घोड़े पर निकलता था। यात्रा लम्बी होती थी। रास्ते में पिता के किसी मित्र के यहाँ सुस्ताने को एक-दो रोज रुक जाता था। इस अवधि में घर की जवान लड़की से रागात्मक सम्बन्ध बन जाते थे। दो दिन बाद वह आँखों में प्रीति भरकर विदा होता था। लड़की उसके अदृश्य होने तक दरवाजा पकड़े उसे देखती रहती थी। वह आश्वासन के लिए बुढ़ऊ से कह देता था—कक्काजी, लौटते में जरूर रुकूंगा।

इस 'परदेसवा की प्रीति' पर बहुत काव्य हैं। सबसे पीड़ादायक प्रीत उस समय के परदेसवा की होती थी। दूर रहता था, बैलगाड़ी या घोड़ा आवागमन के साधन थे। शायद जीवन में 'परदेसवा' कभी नहीं लौटे। रेलगाड़ी और डाक चलने के बाद से 'परदेसी' की प्रीति उतनी कष्टदायक नहीं रही। वह किसी भी रेलगाड़ी से आ सकता है। वह चिट्ठी लिख सकती है और सहेली के पते पर उसकी चिट्ठी पा सकती है। पर रेलगाड़ीवाला परदेशी ज्यादा ठहरता नहीं है। उसका 'रिजर्वेशन' होता है। फिर भी चन्द घण्टों में आँसू दे ही जाता है। इन परदेशियों में जो 'स्मगलिंग' के काम से निकला है, वह तो भागने की जल्दी में है। कहता है—'हम सवेरेवाली गाड़ी से चले जायेंगे' --क्योंकि उधर 'गेंग' इन्तजार कर रहा होगा। इसका ध्यान सुन्दरी पर नहीं, सोने के बिस्किट या अफीम की पेटी पर होता है।

इधर एक नया 'परदेशी' लोकप्रिय हो रहा है। यह बड़ी कम्पनियों का एजेण्ट या प्रतिनिधि होता है। इसे पहले दर्जे का किराया मिलता है, 20-25 रुपया भत्ता मिला है। यह ठहरता होटल में है, पर आर्डर बुक करके समय निकालकर 'अंकिल-जी' के यहाँ हो आता है। खाना भी खा लेता है। इतनी देर में ही उसके कपड़े, व्यवहार और अटैची से असर पड़ता है। परदेशी से राग हो जाता है, लड़की का। काँइयाँ पिता जाँचता रहता है --लड़का अच्छा है। जम जाय तो लड़की निपट जाय। वह कहता है— बेटा, तुम्हारा घर है। यहीं ठहरा करो। मेरा विचार है, सबसे फायदेमन्द परदेशी यही है और हर विवाह-योग्य लड़की के पिता को इसे प्रोत्साहन देना चाहिए।

लड़की का गीत सुनकर मुझे लगा, हाल ही में कोई दवा कम्पनी का प्रतिनिधि आया होगा जो कुछ नमूने की दवाएँ दे गया होगा। अंकिलजी को उसने 'गैस' की गोलियाँ दी होंगी। तभी लड़की यह गीत गा रही है —कोई परदेसी मेरा दिल ले गया—(और बाबूजी की गैस मिटा गया।)

फिर छोटी लड़की ने गाया—'दम मारो दम, मिट जाय गम। बोलो सुबह शाम, हरे कृष्ण हरे राम।'

'दम' की बात सुनकर मेरी भूख और भड़की। आखिर हम खाने की टेबिल पर पहुँचे।

मुझे ऐसे लोग भले ही लगते हैं। छोटी-छोटी चीजों से प्रभावित करने की कोशिश करते हैं। मैं इन चीजों पर हँसता हूँ, तो दुख भी होता है कि यह कोई अच्छी बात मैं नहीं कर रहा हूँ।

इधर मुझे एक करोड़पति का भोजन करने का सौभाग्य प्राप्त हुआ। मैं भाषण देने एक बड़े शहर में गया था। एक भले और स्नेही सम्पन्न सज्जन को लगा होगा कि इन्हें भोजन घर में कराया जाय। मुझे उनके इस शुभ निर्णय की जानकारी पहले नहीं थी। एक 'बिचौलिये' मित्र से उन्होंने कह रखा था।

सुबह से वे अपना वैभव दिखाने निकले— बागीचा, अतिथि-गृह, बाल-मन्दिर वगैरह। वैभव मुझे अच्छा लगता है। सौन्दर्य अच्छा लगता है। पर अगर सुन्दरी

ऐसा काजल लगा ले जो उसकी भौंहों तक आ जाये तो कैसा लगेगा ? या अनन्त सौन्दर्यवती सिर में चमेली का सस्ता तेल इतना डाल ले कि वह कपाल पर आ जाये तो कैसा लगेगा ? या कोई सुन्दरी इतनी गहरी लाल लिपस्टिक चुपड़ ले कि वह नाक तक आ जाये तो कैसा लगेगा ? या सुन्दरी बाथरूम का उपयोग न करके, छज्जे पर खड़ी होकर मंजन करे और 'थुक थुक' करे, तो वह सौन्दर्य कितना घृणास्पद होगा ? सुन्दर बगीचे में यदि तरह-तरह के गुलाबों के बीच गदा लिये हनुमानजी की भद्दी मूर्ति खड़ी कर दे, तो फूलों का क्या होगा ? कोई वीणा में फूहड़ फूंदे बाँध दे तो कैसा लगेगा ? दिल्ली में उच्चवर्गीय स्त्रियाँ महँगे रेस्तराँ से निकलकर मुरब्बा डलवाकर पान खाती हैं, तो मेरी उधर देखने की हिम्मत नहीं होती।

वह वैभव मुझे ऐसा ही लगा। चार मंजिला विशाल इमारत। मगर फर्श और दीवार खूब गहरे रंगों से पुते। पर्दे गहरे हरे। मैं इन रंगों के बीच दो-चार दिन रहूँ, तो पागल हो जाऊँ।

मुझे वैभव, सौन्दर्य अच्छे लगते हैं। मगर कीमती सुन्दर चित्र के फ्रेम पर मोटे-मोटे अक्षरों में अपना नाम और पता लिखवा ले, तो चित्र देखने से विरक्ति होती है। मुझे ऐसा लगा जैसे सुन्दर कमरे में बैठा हूँ, जिसके एक कोने में पिशाचिनी की मूर्ति रखी है।

मगर वे भले आदमी थे। रुचि उनकी अपनी थी। पिता के बड़े भक्त थे। पिता यह लोक छोड़ चुके थे। जो पिता 'बंजारे' मे परलोक जाने को लदने के पहले कहे—'ज़रा एक मिनट, लड़के को तिजोड़ी की चाबी दे दूँ'—वह पूजास्पद तो होगा ही।

वे पिता के गुण बखानते थे। बीच में कुछ विशेष छूट जाता, तो बिचौलिया बन्धु जोड़ देता था। कहने लगे—बाबूजी बड़े सीधे और भोले थे। कोई भी उनसे कोई बहाना बनाकर रुपये ले जाता था। लोग तो उन्हें 'बुद्ध' समझते थे। बड़े दान-शील थे।

मैं जानता हूँ कि मछलियों को दस पैसे का दाना चुगाकर फिर उन्हें जाल से पकड़वाकर किस भाव बेचा जाता है। सवेरे भिखारियों को ऐसे दुबले गेहूँ बाँटना जिनकी हड्डी निकल आयी है और फिर अच्छे गेहूँ का सौदा करना—यह भी जानता हूँ। दानशीलता, सीधापन, भोलापन—असल में एक तरह का 'इन्वेस्टमेण्ट' होता है। और जहाँ तक लाख-दो लाख के दानों का सम्बन्ध है, सब जानते हैं कि इसमें कितना इनकम टैक्स का जाता है और गाँठ का कितना-सा। इतने में से नाम खुदकर अमर हो जाय, तो सौदा महँगा नहीं पड़ता।

कहने लगे—कोई शौक नहीं था। 3-4 घण्टे पूजा करते थे। रात को अलबत्ता थोड़ी देर मुनीमों के साथ ताश खेलते थे।

एक मुसाहिब अब तक चुप था। वह बोला—ताश भी आत्मसम्मान से खेलते थे। उन्होंने मेम चली है, तो कोई उस पर बादशाह नहीं चल सकता था। गुलाम

चल सकता था।

मुझे यह बात यथार्थवादी और तर्कपूर्ण लगी।

मुझे 4 बजे की गाड़ी से जाना था। करीब 12 बजे मैंने अपने मित्र से कहा—अब खाना खा लें। थोड़ा आराम। मित्र ने कहा—भोजन तो उन्हीं के यहाँ करना है। मैंने कहा—पर उन्होंने मुझसे तो कहा नहीं। मित्र ने कहा—संकोची आदमी हैं। मुझे इशारा कर दिया था। हम उनके घर पहुँचे। बड़ा-सा बैठकखाना। दीवारें उनके पिता के चित्रों से भरी हुई थीं।

उन्होंने बतलाना शुरू किया—इस मन्त्री के साथ फोटो, उस नेता के साथ, शंकराचार्य के साथ, दान देते हुए, गरीबों को अन्न बाँटते हुए, पूजा करते हुए। ज्यादा फोटो मन्त्रियों और नेताओं के साथ थे। मैं देखता और 'वाह !' कहता।

इधर घड़ी आगे बढ़ रही थी।

सोफे पर बैठे तो उन्होंने अपने फोटोग्राफ का एलबम निकाला। करीब 100 फोटो उनके देखे।

मुझे भूख जोर की लगी थी। टाइम भी बहुत हो गया था। तीसरे, मैं इस बात से बहुत चिढ़ गया था कि कोई आदमी 6-7 घण्टे अपनी महत्ता ही बतलाता रहे। अपने पिता, खुद और प्रापर्टी, इन तीनो चीजों की तारीफ मैं 6 घण्टे सुनता रहा।

आखिर लगभग डेढ़ बजे भोजनालय पहुँचे। सामने कोई 15 तरह के पकवान—सबमें से वही फूहड़ सम्पन्नता टपक रही थी। हलुवा और चूरमा में से घी बह रहा था। मैं तय नहीं कर पाया कि इनमें से क्या खा लूँ।

इतने में एक चीज और आयी। वे कहने लगे—यह हमारे यहाँ की खास चीज है—'बाफला'। बाटी के आकार की होती है, घी में पूरी तरह सराबोर।

न जाने कैसे बनायी जाती है। बेहद भारी और लिवर की जान लेनेवाली। मैं इसे देखकर काँप उठा। एक बार खा चुका हूँ। भोपाल में मित्र की पत्नी ने बाफ़ला खिलवाये। मैं चटोरेपन के कारण काफी खा गया। मुझे साढ़े-दस बजे रात की गाड़ी से जाने का था। खाना हम लोग लगभग साढ़े-आठ बजे खा चुके थे।

मैंने मित्र से लगभग नौ बजे कहा—बिस्तर बाँध लें। सामान समेट लें। इधर ताँगा भी जल्दी नहीं मिलता।

मित्र की पत्नी ने कहा—यह सबकुछ मत करिए। आप इस गाड़ी से जा नहीं सकते।

मैंने पूछा—क्यों ?

वे बोलीं—क्यों का सवाल नहीं है। आप चले जायें तो कल मैं आपको इनाम के रूप में सौ रुपयों का चेक भेजूँगी।

मैंने पानी माँगा। मुँह सूख रहा था। दो गिलास पानी पिया। थोड़ी देर बाद शरीर शिथिल-सा होने लगा और मुझे लगा कि बाफ़ला मेरी पिंडलियों में घुस रहे हैं। थोड़ी देर बाद फिर पानी पिया और लगा कि बाफ़ला सारे शरीर में घुस गया है।

आखिर मैं लुढ़क गया और सुबह नींद खुली।

सोचता हूँ, राजपूत लोग मुसलमान सेनाओं से लड़ने के बदले उन्हें बाफ़ला भेज देते कि आप हमारे मेहमान हैं, लड़ाई होती रहेगी। पहले हमारा खास पकवान खाइए। जब वे बाफ़ला खाकर घण्टे-दो घण्टे में लुढ़क जाते, तो जाकर उन्हें काट आते।

वही बाफ़ले दुश्मन की तरह मुझे देख रहे थे। ये वीरों या अलालों के खाने की चीज़ है।

खैर, खाना शुरू हुआ।

वे खाने के बारे में भी पिताजी के शौक और रुचि की बात करते रहे।

कह रहे थे—पिताजी अकेले कभी भोजन नहीं करते थे। मित्रों या मुनीमों को साथ खाने को बुला लेते थे। कोई न मिले तो सड़क से निकलते किसी भी आदमी को पकड़ लेते और उसे साथ खाने को बिठा लेते थे। ऐसी ही आदत मेरी भी है।

सुनकर मेरा कौर हाथ में रखा रह गया।

मैं भी शायद सड़क से पकड़ा गया आदमी हूँ, जिसे इन्होंने खाने को साथ बिठा लिया है।

कौर मेरा मुँह में जा नहीं रहा था। पर माँ सरस्वती प्रसन्न थी। उसने उनका पानी उतारने की तरकीब एक क्षण में बता दी।

मैंने कौर मुँह में लिया और फौरन फुर्ती से उसे निकालकर थाली में डाल दिया।

उन्होंने कहा—क्यों ? क्यों ?

मैंने कहा—इसमें बाल है।

मैंने बहुत बुरा मुँह बना लिया।

वे बोले—बाल ? बाल कैसे हो सकता है ? हमारे यहाँ तो दो महाराज रोटी बनाते हैं।

मैंने कहा—छोड़िए। मेरा भोजन पूरा हो चुका था। मैं आगे खा नहीं सकूँगा। खाऊँगा तो उल्टी हो जायेगी।

तहलका मच गया। सबने खाना बन्द कर दिया। फोटोग्राफर को अब उनकी फोटो लेना था। उन्होंने सोचा होगा—पत्नी यह सोचकर कि मेहमान आ रहे हैं, नहाने के बाद सीधे शायद रसोईघर चली गयी हो, यह देखने कि अच्छा खाना बन रहा है कि नहीं।

महाराज लोग तो घुटी चाँद के थे।

ज्योंही उनके दिमाग में यह बात चमकी वे बहुत शर्मिन्दा और दीन हो गये। पानी उतर गया। सोचते होंगे—मेहमान समझ गये होंगे कि मेरी पत्नी फूहड़ है, जो खाने में बाल गिरा देती है।

वे भिखारी की तरह दीन हो गये। बार-बार माफी माँगने लगे।

उस समय मुझे लगा कि इस चौमंजिला इमारत का मालिक मैं हूँ और मैं इन्हें सड़क से पकड़कर खाने को ले आया हूँ।

खाना फिर सबने बन्द कर दिया।

बाफ़लों की आँखें निकल आयी थीं और वे एक आँख दबाकर काँइयाँ इशारा कर रहे थे।

हाथ धोकर वे छज्जे पर गये। मैं सुन रहा था—

—इतने बड़े आदमी के सामने नाक कटा दी खानदान की!

—पर मैं भगवान की कसम खाकर कहती हूँ कि रसोई में गयी ही नहीं।

अब उन्हें जल्दी थी मुझसे पिण्ड छुड़ाने की। जल्दी पान खिलाया और ड्राइवर से मित्र के घर पहुँचवा दिया।

घर में मित्र ने पूछा—क्या सचमुच खाने में बाल था?

मैंने कहा—नहीं, औरत का बाल नहीं था। वीणावादिनी माँ सरस्वती का बाल था।

सड़े आलू का विद्रोह

इधर खरीद-फरोख्त की बात बुद्धिजीवियों में बहुत सुन रहा हूँ।

यह शिकायत उस चूहे की तरह है जो रोटी को देखकर चूहादानी में फंस गया है।

यह शिकायत उस चूहे की भी है, जिसे अभी तक चूहादानी नहीं मिली है। वह तलाश में है।

मैं बुद्धिजीवी नहीं हूँ, क्योंकि बुद्धि ही नहीं है। बेंगनजीवी बुद्धिवादी है क्योंकि वह अच्छा बेंगन पैदा करता है। मुझे बेंगन का भरता बहुत पसन्द है। कोई और भरता बेंगन से ज्यादा स्वादिष्ट हो तो मैं उसे भी स्वाद से खा सकता हूँ। बुद्धिवादी का भरता मैंने आज तक नहीं चखा, क्योंकि वह बहुत महँगा मिलता है और कुछ खास लोगों के लिए ही बनाया जाता है।

मैं सब्जी-पसन्द आदमी हूँ। सब्जी-बाजार घूम आता हूँ।

अभी मैंने शाम को देखा कि एक कुँजड़े के टोकने में सड़े आलू रखे थे। मैं ध्यान से देखने लगा।

मेरे कुछ चित्रकार मित्रों ने मुझे सिखाया है कि प्रकृति में आकार खोजे जा सकते हैं। बादलों में घोड़ों और हाथियों के आकार उन्होंने मुझे दिखाये। वृक्षों की टहनियों में आकार दिखाये।

मैं आकार देखने में बड़ी दिलचस्पी लेता हूँ।

मैंने देखा—एक कुँजड़े के टोकने में बहुत-से सड़े आलू रखे हैं।

आदत के मुताबिक मैंने उनमें आकार देखना शुरू किया। देखा—इन सड़े आलुओं में बहुत बुद्धिजीवी के आकार हैं।

मैंने पूछा—यारो, तुम शाम तक टोकने में पड़े हो। बात क्या है?

वे बोले—बात यही है कि अच्छे आलू साले सब बिक गये। कितना पतन है। उन्हें बिकने से इन्कार करना था।

मैंने कहा—यारो, जिसे आलू की सब्जी खाना है, वह बेंगन थोड़े ही खरीदेगा। आलू को बाजार में आना है, तो वह बिकेगा ही। वरना बाजार में न आये। तुम कैसे रह गये?

वे बोले—हम सड़े आलू हैं, इसलिए नहीं बिक रहे हैं। जो अच्छे आलू थे वे साले दिन में ही बिक गये।

मैंने पूछा—अब तुम क्या करोगे?

वे बोले—हम विद्रोह करेंगे। चाहे आधी रात तक टोकने में पड़े रहें, पर बिकेंगे नहीं। हम बिकनेवालों में नहीं हैं। हम किसी कीमत पर नहीं बिकेंगे। हम आत्मसम्मान रखते हैं। हर किसी के हाथ नहीं बिकते। हम सारी रात टोकने में पड़े रहेंगे। मैं उनके आत्मसम्मान, सड़ेपन और विद्रोह से बहुत प्रभावित हुआ।

मैंने कहा—मैं तुम्हारे प्रति श्रद्धा रखता हूँ। अच्छे आलू सचमुच पतित हैं, जो पहले बिक गये। बाजार में तुम भी हो, मगर सड़े होने के कारण तुम्हारा आत्म-सम्मान, अहंकार और विद्रोह बचा है। तुम्हारी जय हो! तुमने सड़ेपन के कारण बुद्धिजीवी वर्ग की लाज रख ली।

इतने में एक सस्ते होटलवाला आया और कुँजड़े से एक रुपये में सारे सड़े आलू ले गया।

मुझे आघात लगा, जब वे आलू हँसते हुए मालिक के साथ चले गये।

सड़ा विद्रोह एक रुपये में चार किलो के हिसाब से बिक जाता है।

एक के भीतर दो आदमी

वे मेरे मित्र हैं, परम मित्र। वे यह कहानी पढ़ेंगे और मैं विश्वास से कह सकता हूँ कि वे इसे पढ़कर नाखुश नहीं, बहुत खुश होंगे। यात्रा में मैं उनके साथ जाता हूँ, तो होटल का सारा बिल वही चुकाते हैं। मैं देने लगता हूँ, तो हाथ पकड़ लेते हैं—'खबरदार, ऐसी गुस्ताखी कभी मत करना।' वे सैकड़ों रुपये मेरे ऊपर खर्च कर

देते हैं। पर मैं कभी उनसे दस रुपये माँगूं तो कहते हैं—'कहाँ रखे हैं यार पैसे। हमारे लिए तो दवा के लिए पैसे नहीं जुट पा रहे हैं। तुम्हें कहाँ से दस रुपये दे दें ?'

यों मैं घण्टे-भर उनके पीछे पड़कर दस रुपये उनसे ले लेता हूँ। मैं उठकर कहता हूँ—'ठीक है। अब किसी और शहर में जाकर रहना पड़ेगा। यहाँ हमें कोई दस रुपये देनेवाला भी नहीं है।'

तो जेब से नोट निकालकर वे कहते हैं—'क्या फालतू बात करते हो यार ! लो।'

मैं हर बार सोचता रह जाता हूँ कि ये ऐसे क्यों हैं। सैकड़ों रुपये मेरे ऊपर खर्च कर देंगे, पर थोड़े-से पैसे के लिए मना कर देंगे। सुना है, बनिया मन्दिर में भगवान का मुकुट बनवा देगा, पर किसी को नकद एक पैसा भी नहीं देगा। मगर वे बनिये भी नहीं हैं। साधारण सम्पन्न, सुसंस्कृत आदमी हैं। पर यह मामला क्या है ? यह किस तरह का चरित्र है ?

वे और हम दो मित्र उनकी कार में लम्बी यात्रा पर जा रहे थे। कार उनकी, पेट्रोल उनका। रास्ता मजे में कट रहा था। खूब हँसी-मजाक चल रहे थे। एक-दूसरे को 'छील' रहे थे। कुछ गैरहाजिर बड़ों को नंगा कर रहे थे।

रास्ते में एक-दो अच्छे होटल पड़े तो सोचा नाश्ता कर लिया जाय। ड्राइवर समेत हम चार आदमी थे। आमलेट, टोस्ट, कॉफ़ी—खूब खाया। बिल लगभग दस रुपये हुआ। होटल-मालिक से बिना कुछ जिरह के उन्होंने दस रुपये दे दिये।

अब पान खाने की बारी आयी। पान के ठेले पर गये तो वे पूछने लगे—'सिंगल पान कितने का देते हो ?' पानवाले ने कहा—'सात पैसे का।' वे बोले—'वाह, हमारे शहर में तो छः पैसे का मिलता है। अजब धाँधली मचा रखी है, तुम लोगों ने।'

मैं बड़े पसोपेश में पड़ा। अभी उन्होंने बिना भाव-ताव के दस रुपये होटलवाले को दे दिये थे और अब एक पैसे के लिए पानवाले से बहस कर रहे थे। वह भी क्या सोचता होगा कि साहब फिएट कार में चल रहे हैं, आमलेट खाते हैं, मगर पान के मामले में एक पैसा बचाना चाहते हैं।

मैंने कहा—'भाई सा'ब, ले लेते हैं पान। कौन बड़ा फर्क पड़ता है ?'

मैंने पानवाले से कहा—'लगाओ भाई चार अच्छे पान।'

पर भाई साहब रुष्ट हो गये। कहने लगे—'तुम्हें साथ रखेंगे तो लुट ही जायेंगे। रहने दो जी। मत लगाओ पान। दूसरे ठेले पर खायेंगे।'

आखिर वे हमें पास के ठेले पर ले गये। उसने छः पैसे के हिसाब से घटिया पान खिला दिये। भाई साहब के दस रुपये के नाश्ते के बाद चार पैसे बच गये और वे सन्तुष्ट हुए।

मैंने समझा, भाई साहब के भीतर दो आदमी एक साथ हैं। एक वह आदमी था जिसने बिना एतराज के होटलवाले को दस रुपये दे दिये। और एक यह आदमी है जो पानवाले से एक पैसे का मोल-भाव करता है। जब वह आदमी इस आदमी

को दबा देता है या दोनों आदमियों में समझौता हो जाता है, तब ये सौ का नोट भी बिना हिचक के दे देते हैं। पर जब यह आदमी हावी हो जाता है, तब ये एक पैसे पर भी लड़ लेते हैं। भीतरी दोनों आदमियों में कभी तालमेल बैठ भी जाता है और कभी नहीं भी।

चले थे तब उन्होंने पेट्रोल-टैंक पूरा भरा लिया था। रास्ते में पेट्रोल खत्म होने लगा, तो ड्राइवर ने कहा—'बाबूजी, पेट्रोल खत्म हो रहा है। गाड़ी अब रिजर्व पर आ जायेगी। इस पम्प से पेट्रोल भरवा लें।'

भाई साहब ने कहा—'भरवा लो।'

ड्राइवर साहब ने कहा—'पूरा ही भरवा लेते हैं।'

भाई साहब ने कहा—'पूरा क्यों भरवाते हो? पाँच लिटर डलवा लो। आगे शहर आयेगा, तब भरवा लेंगे।'

ड्राइवर ने कहा—'बाबूजी, भरवाना तो पड़ेगा ही। यहीं भरवा लेते हैं।'

हमारे दूसरे मित्र ने भी कहा—'ड्राइवर ठीक कह रहा है। भरवा ही लो।'

भाई साहब ने नाराज होकर कहा—'तुम लोगों को पैसे की कुछ कीमत तो है नहीं। कह दिया—पूरा भरवा लो। आगे क्या पेट्रोल नहीं मिलेगा? नहीं जी, सिर्फ पाँच लिटर डलवाओ।'

मैं समझ गया—बहस करना व्यर्थ है। वह दूसरा आदमी हावी हो गया।

पेट्रोल सिर्फ पाँच लिटर डाला गया।

आगे चलकर जब शहर के बाहर उन्हें पेट्रोल-टेंक दिखा तो वे ड्राइवर से बोले—'इतने से पेट्रोल से क्या होगा? क्या हम लोगों को जंगल में डाले रहोगे? रोको गाड़ी और पूरी टंकी भरवा लो। एक डब्बा ऊपर से रख लो। लम्बे सफ़र का मामला है। कहीं पेट्रोल खत्म हो जाय तो क्या करेंगे?'

मैं समझ गया, वह पहलावाला आदमी हावी हो गया है। पेट्रोल की पूरी टंकी भरी गयी। ऊपर से एक डिब्बा पेट्रोल और रखा गया और गाड़ी आगे चली।

दोपहर के भोजन का वक्त हो गया। एक अच्छा होटल दिखा तो भाई साहब ने कहा—'चलो, यहीं खाना खा लेते हैं।' हम लोग खाना खाने बैठे तो भाई साहब ने पूछा—'क्या खाओगे?' हमने कहा—'सादा खाना खा लेते हैं।' वे बोले—'नहीं, अच्छा खाना खाओ। यह होटल अच्छा मालूम होता है।'

उन्होंने होटल मालिक से पूछा—'सरदारजी, यह जो फ्रिज रखा है, इसमें कुछ है?'

सरदारजी समझ गये। बोले—'हाँ, है जी। क्या पेश करूँ?'

भाई साहब ने कहा—'3-4 बोतलें बीअर की निकाल दीजिये। और यह तो बताइए कि यह जो बड़े हर्फों में आपने बोर्ड लगा रखा है—यहाँ चाय हर वक्त तैयार मिलती है—इसका क्या मतलब है? चाय तो किसी ठेले पर भी तैयार मिलती है।' सरदारजी ने हँसकर कहा—'आप तो समझ ही गये होंगे जी। आपकी इसी फ्रिजवाली खिदमत के लिए बोर्ड लगाया है। यहाँ ठर्रेवाले भी तो आते हैं जी।'

वे 'चाय' का मतलब समझ जाते हैं।'

भाई साहब पर इस वक्त वह पहलावाला भीतरी आदमी सवार था। हम डर रहे थे कि कहीं इसी बीच वह दूसरा भीतरी आदमी सवार हो गया, तो ये हमें दाल-रोटी खिला देंगे। पर वह पहला आदमी उन्हें छोड़ नहीं रहा था। उन्होंने हम दोनों के लिए चिकन-करी का आर्डर दिया। उम्दा सलाद बुलाया। ड्राइवर को मटन देने को कहा।

पर खुद अपने लिए ? कोई आर्डर नहीं दिया। कहने लगे—'भई, हमारा पेट ठीक रहता नहीं है। हम तो हल्का खायेंगे। सरदारजी, फिश का एक पीस कितने का होता है ?'

मैं समझ गया कि वह दूसरावाला भीतरी आदमी इनके व्यक्तित्व पर हावी हो गया है।

सरदारजी ने कहा—'एक पीस तो जी साठ पैसे का होता है।'

भाई साहब ने कहा—'बड़ा महँगा है। अच्छा एक पीस फिश, आलू की सब्जी और रोटी हमारे लिए ले आओ।'

हम चिकनकरी और न जाने क्या-क्या उड़ा रहे थे। पर भाई साहब पर वह दूसरा आदमी हावी हो गया था, इसलिए वे मोल-भाव करके मछली का एक टुकड़ा और आलू की सब्जी खा रहे थे।

भोजन के बाद उन्होंने बड़े बिल का पेमेण्ट किया।

पर जब पान खाने पहुँचे तो वह दूसरा आदमी ऊपर आ गया था और वे पान के ठेलेवाले से पान का मोल-भाव करने लगे।

रास्ते में कुछ ऐसा हुआ कि गाड़ी खराब हो गयी। गनीमत यह कि शहर में खराब हुई। वहाँ हमारे एक परिचित थे, जिनकी कई गाड़ियाँ थीं। उनसे कहा तो उन्होंने अपने हैड मैकेनिक से कहा कि गाड़ी को बहुत जल्दी ठीक करो।

हैड मैकेनिक ने लगभग तीन घण्टों में गाड़ी बिल्कुल ठीक कर दी। भाई साहब बहुत खुश हुए। कहने लगे—'इसे कुछ इनाम दिया जाय।'

मैंने कहा—'शायद वह लेगा नहीं। फिर भी उसे दस का नोट देकर देखो। किसी वर्कशाप में मरम्मत कराते तो कम-से-कम पचास लग जाते। उसने पूरी गाड़ी 'ओवरहाल' कर दी है।'

भाई साहब ने गुस्से से मेरी तरफ देखा। मैं समझ गया, वह दूसरा आदमी उन पर हावी हो गया है। बड़ी मुश्किल से वे तीन रुपये देने पर राजी हुए, तो मेरे इशारा कर देने से मैकेनिक ने ले लिये।

पर इसके बाद ही वह पहला आदमी उन पर हावी हो गया। वे मैकेनिक से बोले—'आपने बड़ा काम किया हमारा। आप न होते तो हम बड़ी मुसीबत में पड़ जाते। अब आप हमारे साथ ही खाना खाइए।'

और जिस मैकेनिक को दो रुपये देने में वे आनाकानी कर रहे थे, उसे तीन रुपये का बढ़िया खाना खिला दिया।

तब उनके भीतर का वह पहला आदमी ऊपर आ गया था।

लौटते में एक जगह हम चाय पी रहे थे कि एक आदमी आया। बोला—'मेरी बस चूक गयी है। मुझे आप गाड़ी में ले चलिए। सवा रुपया किराया लगता है, वह मैं आपको दे दूँगा।'

भाई साहब बोले—'दो रुपये लगेंगे।'

दूसरा भीतरी आदमी उन पर हावी हो गया था।

मैंने अलग ले जाकर कहा—'भाई साहब, यह डाकुओं का एजेण्ट मालूम होता है। रास्ते में आपको डाकू पकड़कर ले जायेंगे और तब छोड़ने के लिए पचास हजार आपके लड़कों से माँगेंगे। लड़के सोचेंगे—धन्धा जम ही गया है। पिताजी किसी काम के रहे नहीं। तो वे जवाब देंगे कि हमारा तो कोई बाप ही नहीं था।'

भाई साहब मेरी बात समझ गये और उसे नहीं बिठाया।

जब हम अपने शहर से लगभग अस्सी मील दूर थे, एक पुलिस का ट्रक खड़ा मिला।

सार्जेण्ट आया। कहने लगा—'शहर में दंगे के अन्देशे के कारण यह फोर्स बुलाया गया था। पर हमारा ट्रक खराब हो गया। आप मेहरबानी करके मुझे गाड़ी में ले चलें। मैं शहर कोतवाली से दूसरा ट्रक भिजवा दूँगा।'

भाई साहब ने उसे बिठा लिया।

रास्ते मे सार्जेण्ट को अच्छा नाश्ता कराया।

कार भाई साहब के घर पहुँची। मेरा घर तो चार कदम पर था। कोतवाली आधा मील दूर थी।

भाई साहब उतरे। मैं उतरा। सार्जेण्ट सोच रहा था कि गाड़ी उसे कोतवाली पहुँचा देगी।

पर भाई साहब उस सार्जेण्ट से, जिसे अस्सी मील से ला रहे थे, बोले—'अब आप यहाँ से रिक्शे में चले जाइए।'

सार्जेण्ट को बड़ा अजीब लगा। उसका चेहरा बहुत दीन और अपमानित था।

मैंने भाई साहब से कान में कहा—'इसे अस्सी मील से लाये हैं। आधा मील में क्या फर्क पड़ता है? ड्राइवर से कहिए, छोड़ आयेगा।'

भाई साहब ने कहा—'तुम्हारा क्या है? हमारा तो एक मील का पेट्रोल फुँक जायेगा।'

वह दूसरा भीतरी आदमी उन पर सवार हो गया था।

पर वह जल्दी ही उतर गया और उन्होंने सार्जेण्ट को कोतवाली कार में भिजवा दिया।

आमरण अनशन

[सन् 3002 में प्रकाशित एक पुस्तक 'हमारे महान् पूर्वज' से एक अध्याय यहाँ उद्धृत किया जा रहा है। पुस्तक की भूमिका में लिखा है, "···हमारे पूर्वजों की महानता इतिहास के पृष्ठों पर स्वर्णाक्षरों में अंकित है। उनकी दृढ़ता, त्याग और चारित्रिक उच्चता की कुछ झलक इस पुस्तक में मिलेगी। ये चरित्र दीप-स्तम्भ की तरह किशोरों के पथ को आलोकित करेंगे।"]

सन् 1960 की बात है। किसी शहर के नगरपालिका के अध्यक्ष उस समय गोबर्धन बाबू थे। वे अपनी समाज-सेवाओं के लिए प्रसिद्ध थे और उनके कार्यकाल में नगर-पालिका के पदों पर उनके रिश्तेदार ही नियुक्त हुए थे। नगरपालिका के ठेके भी उनके परिवार में ही जाते थे। उसी नगर में एक बड़े थोक कपड़े के व्यापारी सेठ किशोरीलाल रहते थे। वे बड़े धार्मिक आदमी थे और गोबर्धन बाबू की कृपा से उनका कपड़ा बिना चुंगी के आ जाता था। स्वाभाविक है कि दो सज्जनों में मित्रता होगी।

एक दिन गोबर्धन बाबू सेठ किशोरीलाल के पास बैठे थे। सेठजी ने उनसे शिकायत की कि नया चुंगी दरोगा कभी-कभी तंग करता है। गोबर्धन बाबू ने कहा, "आपने ठीक किया, जो मुझसे शिकायत कर दी। मैं कर्मचारियों की शिकायतें खुद सुनना चाहता हूँ। मैं उसे सजा दूंगा।"

यहाँ-वहाँ की बातें करके गोबर्धन बाबू ने कहा, "सेठजी, भगवान् ने आपको सबकुछ दिया है—सम्पत्ति, प्रतिष्ठा, पुत्र, पुत्री, सुखी परिवार। बस, एक ही चीज की कमी रह गयी है।"

किशोरीलाल ने पूछा, "वह क्या ?"

गोबर्धन बाबू ने कहा, "यही कि अभी तक आप अमर नहीं हुए। आपको अब अमर हो जाना चाहिए।"

सेठजी ने दार्शनिक अन्दाज से कहा, "सो कैसे होगा ? दुनिया में कौन अमर हुआ है। आया है सो जायेगा, राजा, रंक, फकीर।"

गोबर्धन बाबू बोले, "नहीं, मेरा मतलब है कि आपका नाम अमर हो जाये। आपकी मृत्यु के बाद भी नाम चले।"

सेठजी ने निहायत भोले ढंग से कहा, "सो तो चलेगा ही। लड़का वल्दियत में मेरा ही नाम लिखायेगा और दूकान के साइनबोर्ड में भी मैं अपना नाम डलवा लूंगा।"

गोबर्धन बाबू ने कहा, "सो तो ठीक है। पर मेरा मतलब है कि आप सार्वजनिक रूप से अमर हो जायें। शताब्दियों तक लोग आपके नाम को जानें और आपकी प्रशंसा करें।"

किशोरीलाल ने कहा, "हाँ, अमर तो मुझे होना है। पर यह होगा कैसे ? मैंने तो ऐसा कोई काम नहीं किया है कि···"

गोबर्धन बाबू ने बीच में ही टोका, "वह मेरे ऊपर छोड़ दीजिए। ऐसी तरकीब सोची है कि थोड़े-से खर्च से ही आप अमर हो जायेंगे। नगरपालिका ने निश्चय किया है कि 'आजाद मैदान' में गाँधीजी की एक मूर्ति स्थापित की जाये। मूर्ति लगभग तीन-चार हजार रुपयों में बनेगी। आप एक मूर्ति खरीदकर नगरपालिका को भेंट कर दें। मूर्ति के चबूतरे पर आपका नाम खुद जायेगा। शताब्दियों तक जो गाँधीजी को जानेगा, वह आपको भी जानेगा। गाँधीजी के साथ आपका नाम लिया जायेगा। लोग श्रद्धा से मस्तक झुकायेंगे।"

सेठजी सोचने लगे।

गोबर्धन बाबू ने जोर लगाया, "मूर्ति का अनावरण हम भैया साहब से करायेंगे। भैया साहब को आप जानते ही हैं। कांग्रेस में आजकल उन्हीं की चलती है। चाहे जिसे एम. एल. ए. और मन्त्री बना देते हैं। अगर आपसे प्रसन्न हो गये, तो आगामी चुनाव में एम. एल. ए. बनवा देंगे; मन्त्री भी बना सकते हैं। ज्ञानियों ने कहा है कि काम ऐसा करना चाहिए जिससे यह जन्म भी सुधरे और अगला जन्म भी।"

किशोरीलाल ने निर्णय करने में अब विलम्ब नहीं किया। बोले, "जैसी आपकी इच्छा। मुझे मंजूर है। आप मूर्ति बनवा लीजिए। पैसा मैं दे दूंगा।"

मूर्ति बन गयी। 'आजाद मैदान' में एक चबूतरे पर कपड़े से ढाँककर रखी गयी। भैया साहब से गोबर्धन बाबू ने मूर्ति के अनावरण का समय तय कर लिया।

गोबर्धन बाबू ने मूर्ति के आसपास एक चौकोर बाड़ी लगवायी थी जिसमें मूर्ति के सामने एक छोटा-सा फाटक था।

अनावरण के एक दिन पहले सुबह गोबर्धन बाबू एक कारीगर को लेकर गये और चबूतरे पर फाटक की ओर खुदवाने लगे, "बाबू गोबर्धन दास के प्रयत्न से उनके कार्यकाल में स्थापित।" अक्षर खुदना शुरू हो ही रहा था कि सेठजी वहाँ पहुँचे। कहने लगे, "क्या खुदवा रहे हो ?" उन्होंने कारीगर के हाथ से कागज ले लिया। पढ़ते ही उनका मुँह लाल हो गया। बोले, "यह क्यों खुदेगा ? मूर्ति मेरी है कि आपकी ?"

गोबर्धन बाबू ने कहा, "हाँ, हाँ तो आपका नाम भी तो खुदेगा।"

"कहाँ खुदेगा ?" सेठजी ने पूछा।

गोबर्धन बाबू ने मूर्ति के पीछे की तरफ दिखाकर कहा, "यहाँ, इस जगह।"

सेठजी ने कहा, "जी हाँ, जिसने पैसा दिया, उसका नाम पीछे खुदेगा और जिसने एक कौड़ी नहीं दी, उसका नाम सामने खुदेगा। लोग फाटक से घुसें तो पहले आपका नाम देखें !"

गोबर्धन बाबू ने समझाया, "आखिर मैं नगरपालिका का अध्यक्ष हूँ, इस शहर का प्रथम नागरिक। आखिर मेरी भी तो कोई प्रतिष्ठा है।"

सेठ ने कहा, "सो सब मैं समझता हूँ। किशोरीलाल को उल्लू बनाना आसान नहीं है। आप सुन लीजिए, इधर फाटक की तरफ मेरा नाम खुदना चाहिए। अगर ऐसा नहीं होगा, तो मैं मूर्ति उठाकर घर ले जाऊँगा।"

गोबर्धन बाबू ने हार मान ली। उन्होंने फाटक की तरफ सेठ किशोरीलाल का नाम खुदवाया और पीछे अपना। अभी खुदाई चल ही रही थी कि एक आदमी भैया साहब की चिट्ठी लेकर आया। गोबर्धन बाबू चिट्ठी पढ़कर मुस्कराये और उसे सेठजी की तरफ बढ़ा दिया। सेठजी ने चिट्ठी पढ़ी। भैया साहब ने लिखा था, "मेरा अनुभव है कि लोग उद्घाटनकर्ता का नाम और नामों के साथ मिलाकर खुदवा देते हैं। यह गलत है। उद्घाटनकर्ता का नाम सबसे प्रमुख स्थान पर अलग होना चाहिए। फाटक से प्रवेश करते ही दर्शक को उद्घाटनकर्ता का नाम दिखना चाहिए।"

गोबर्धन बाबू ने कहा, "अब?" कुछ इस तरह, जैसे इस हथियार से सेठजी को परास्त कर देंगे। पर सेठजी ने अविचल भाव से कहा, "अब क्या?" मूर्ति के दाम मैंने दिये हैं कि भैया साहब ने? उनका नाम इस बायीं तरफ खुदवा दो।"

सेठजी चले गये और गोबर्धन बाबू ने बड़े गिरे मन से नाम खुदवाये।

सुबह अनावरण समारोह होना था। रात-भर गोबर्धन बाबू इन्तजाम करवाते रहे। शामियाने गड़े, बैठने का इन्तजाम हुआ। मूर्ति के आसपास सजावट हुई।

थोड़े पहले सेठ किशोरीलाल आ गये। वे सीधे मूर्ति के पास गये और एकदम चौंक उठे, जैसे बिजली का तार छू लिया हो। उन्होंने देखा कि रात-भर में सामने का फाटक बन्द करवाकर मूर्ति के पीछे की तरफ फाटक बनवा लिया गया है। उनका नाम फिर पीछे हो गया था और गोबर्धन बाबू का आगे।

सेठजी ने पुकारा, "इधर आओ, गोबर्धन बाबू!"

गोबर्धन बाबू सहमते हुए आये। सेठजी ने कहा, "तुमने फिर मेरे साथ धोखा किया। तुम्हारी बदमाशी की कोई सीमा है? रातों-रात तुमने पीछे की तरफ फाटक क्यों बनवा दिया?"

गोबर्धन बाबू समझाने लगे, "बात यह है कि महापुरुष के सामने एकदम नहीं जाना चाहिए। अब दर्शक पहले पीछे की तरफ आयेगा, फिर बगल से होते हुए मूर्ति के सामने..."

"...और तुम्हारा नाम पहले देखेगा। देखो गोबर्धन बाबू, जब तक फाटक फिर मेरे नाम की तरफ नहीं होगा, मैं यह समारोह नहीं होने दूंगा। वरना मैं मूर्ति उठाकर घर ले जाऊँगा।" सेठजी ने घोषणा कर दी।

भीड़ उमड़ आयी थी। बहुत-से लोग मूर्ति के पास भी आ गये थे और इस विवाद को सुन रहे थे।

इसी समय भैया साहब की मोटर रुकी। वे सीधे मूर्ति के पास पहुँचे और बोले,

"गोबर्धन बाबू, अब देर क्यों हो रही है?"

किशोरीलाल ने कहा, "भैया साहब, जब तक फाटक उस तरफ नहीं हो जाता, मैं समारोह नहीं होने दूंगा। मैं यहीं न्याय के लिए आमरण अनशन कर दूंगा।"

गोबर्धन बाबू ने भी दृढ़ता से कहा, "नहीं। फाटक यहीं रहेगा। न्याय के हेतु मैं भी आमरण अनशन करूँगा।"

भैया साहब ने स्थिति को समझा और बोले, "आप दोनों गलत हैं। फाटक उस तरफ होना चाहिए, जिधर मेरा नाम खुदा है। यहाँ सबसे महत्त्वपूर्ण कार्य मेरा है। ये हजारों आदमी तुम्हारे लिए नहीं, मेरे लिए आये हैं। और आपने मेरा नाम बगल में खुदवा दिया है। फाटक अभी इस तरफ बनवाइए।"

अब संघर्ष तिकोना हो गया। सेठजी और गोबर्धन बाबू की परीक्षा की घड़ी थी। वे अपने निश्चय पर दृढ़ थे। दोनों ने कहा, "नहीं, ऐसा नहीं हो सकता।"

यह सुनते ही भैया साहब मंच पर चढ़ गये और उपस्थित जन-समूह को सम्बोधित करने लगे, "मित्रो और साथियो, एकाएक एक नैतिक समस्या खड़ी हो गयी है। समस्या यह है कि फाटक किसके नाम की तरफ हो। सेठ किशोरीलाल, गोबर्धन बाबू और आपके इस क्षुद्र सेवक में-से प्रत्येक का विश्वास है कि फाटक उसके अपने नाम की तरफ होना चाहिए। हम तीनों सत्य पर हैं। सत्य के कई मुख होते हैं, कोई किसी मुख को देखता है, और कोई किसी और को। पर प्रश्न यह है कि किसका सत्य सबसे प्रधान है। प्रश्न कठिन है, पर कोई प्रश्न इतना कठिन नहीं है, जो अहिंसात्मक रीति से न सुलझाया जा सके। इस हेतु हम तीनों ने यहीं आमरण अनशन करने की शपथ ले ली है। हम एक-दूसरे पर नैतिक प्रभाव डालकर उसका हृदय परिवर्तन करने का प्रयास करेंगे। जो शेष दो के हृदय बदलने में सफल होगा, उसके नाम की तरफ फाटक हो जायेगा। दोस्तो, आपका कर्त्तव्य यह है कि आप तुरन्त एक शान्ति-समिति बनायें जो पहले हमें मालाएं पहनाये और फिर यहाँ घी के दीप जलवाकर अखण्ड 'रामधुन' का प्रबन्ध करे। शान्ति समिति का कर्त्तव्य है कि वह इस उपवास का प्रचार करे और साथ ही यह भी देखे कि हम तीनों अनशन के नियमों का पालन कर रहे हैं या नहीं। सबसे जरूरी काम यह है कि शान्ति समिति अभी हम में-से हर एक से पूछ ले कि वह किसके हाथ से मुसम्मी का रस लेकर उपवास तोड़ेगा। जहाँ तक मेरा प्रश्न है, मैं अभी तक लगभग 73 बार आमरण अनशन कर चुका हूँ और कभी भी मैंने मुख्यमन्त्री से नीचे के आदमी के हाथ से मुसम्मी का रस नहीं पिया।

मित्रो, हम लोग सत्य और न्याय के लिए प्राणों की बाजी लगा रहे हैं, आशा है, आप लोग भी अपना कर्त्तव्य पूरा करेंगे।"

एक शामियाने के नीचे तीनों अनशनकारी बैठ गये। मालाएँ डल गयीं, घी के दीपक जल गये और भजन होने लगा—'सबको सन्मति दे भगवान् —' तार से सब दूर समाचार भेज दिया गया। पत्रकार आते और फोटो ले जाते।

रोज सुबह शान्ति समिति के अध्यक्ष हर एक के पास जाकर पूछते, "कहिए,

आपका हृदय परिवर्तन हुआ ?"

उत्तर मिलता, "नहीं। दूसरों से पूछो।"

चौथे दिन अनशनकर्ताओं की हालत चिन्ताजनक हो गयी। अभी तक किसी का हृदय नहीं बदला था।

पाँचवें दिन मुख्यमन्त्री आ गये। वे सीधे सेठ किशोरीलाल के पास गये और कान में कहा, "अगर एक घण्टे के अन्दर तुम्हारा हृदय नहीं बदला, तो चपरासियों की वर्दी के कपड़े की सप्लाई का जो आर्डर तुम्हें मिल रहा है, वह नहीं मिलेगा।"

फिर वे गोबर्धन बाबू के पास गये और कहा, "अगर एक घण्टे में तुम्हारा हृदय परिवर्तन नहीं हुआ, तो नगरपालिका भंग कर दूंगा।"

थोड़ी ही देर बाद जनता ने सुना कि गोबर्धन बाबू और सेठ किशोरीलाल का हृदय परिवर्तन हो गया और उन्होंने मान लिया कि फाटक भैया साहब के नाम की तरफ होना चाहिए। सबने मुसम्मी का रस पिया और भैया साहब फूलों से लाद दिये गये।

ऐसे थे हमारे वीर पुरखे जिन्होंने सत्य और न्याय के लिए प्राणों की बाजी लगा दी।

अकाल-उत्सव

दरारोंवाली सपाट सूखी भूमि नपुंसक पति की सन्तानेच्छु पत्नी की तरह बेकल नंगी पड़ी है।

अकाल पड़ा है।

पास ही एक गाय अकाल के समाचारवाले अखबार को खाकर पेट भर रही है। कोई 'सर्वेवाला' अफसर छोड़ गया होगा। आदमी इस मामले में गाय-बैल से भी गया-बीता है। गाय तो इस अखबार को भी खा लेती है, मगर आदमी उस अखबार को भी नहीं खा सकता जिसमें छपा है कि अमेरिका से अनाज के जहाज चल चुके हैं। एक बार मैं खा गया था। एक कालम का 6 पंक्तियों का समाचार था। मैंने उसे काटा और पानी के साथ निगल गया। दिन-भर भूख नहीं लगी। आजकल अखबारों में आधे पृष्ठों पर सिर्फ अकाल और भुखमरी के समाचार छपते हैं। अगर अकालग्रस्त आदमी सड़क पर पड़ा अखबार उठाकर उतने पन्ने खा ले, तो महीने-भर भूख नहीं लगे। पर इस देश का आदमी मूर्ख है। अन्न खाना चाहता है। भुखमरी के समाचार नहीं खाना चाहता।

हर साल वसन्त आता है। हर साल मंगलवर्षा आती है। हर साल शारदोत्सव

आता है।

हर साल अकाल आता है, जैसे हर साल स्वाधीनता दिवस और गणतन्त्र दिवस आते हैं। ये मंगल-उत्सव अपने आप आते हैं। शरद में कोई चाँद की प्रार्थना नहीं करता कि हे अमृतघट, उत्सव के लिए अमृत बरसा।

मगर अकाल के लिए बड़ी प्रार्थनाएँ, बड़े अनुष्ठान करते हैं। अकाल के लिए इन्द्र-पूजा होती है। पहले इन्द्र-पूजा वर्षा के लिए होती थी। मगर अब अवर्षा के लिए इन्द्र-पूजा होती है। कृष्ण का गोवर्द्धन पर्वत कुछ दिनों में धूल होकर बिखर जायेगा। इन्द्र का कोप अब भीषण वर्षा में नहीं, अवर्षा में प्रकट होता है। गोवर्द्धन को तस्करी यूरोप में बेच डालेंगे।

बड़ी प्रार्थना होती है। जमाखोर और मुनाफाखोर साल-भर अनुष्ठान कराते हैं। स्मगलर महाकाल को नरमुण्ड भेंट करता है। इन्जीनियर की पत्नी भजन गाती हैं—'प्रभु, कष्ट हरो सबका।' भगवन, पिछले साल अकाल पड़ा था तब सक्सेना और राठौर को आपने राहतकार्य दिलवा दिया था। प्रभो, इस साल भी इधर अकाल कर दो और 'इनको' राहत-कार्य का इंचार्ज बना दो। तहसीलदारिन, नायबिन, ओवरसीअरम सब प्रार्थना करती हैं। सुना है विधायक-भार्या और मन्त्री-प्रिया भी अनुष्ठान कराती हैं। जाँच कमीशन के बावजूद मैं ऐसा पापमय विचार नहीं रखता। इतने अनुष्ठानों के बाद इन्द्रदेव प्रसन्न होते हैं और इलाके के तरफ से नल का कनेक्शन काट देते हैं।

हर साल वसन्त !
हर साल शरद !
हर साल अकाल !

फिर अकाल-उत्सव क्यों न हो जाय ? इसे मनाने की एक निश्चित विधि होती है, जैसे दूसरे उत्सवों की होती है। गणतन्त्र दिवस पर परेड होती है। अकाल में सस्ते गल्ले की राशन-दुकान पर भी परेड होती है और ज्यादा जोश से होती है। गणतन्त्र-परेड कुछ घण्टे होती है, अकाल-परेड महीने में हर रोज होती है। राशन-दुकान पर खाली झोला लिये खड़ी फौज में उन फौजियों से ज्यादा जोश होता है।

साल में 10 महीने पहलवान ऐलान करता है—इस साल वो रियाज किया है कि कोई अखाड़े में मुकाबले में नहीं उतर सकता। चुनौती देता हूँ—कोई अप्रैल-मई में लड़ ले। मगर पहलवान को अप्रैल में टाइफाइड हो जाता है और वह कहता है—अब मैं लाचार हूँ। टाइफाइड ने सारी बादाम उतार दी।

मन्त्री लोग ऐसे ही पहलवान हैं—नौ महीने ताल ठोंकते हैं—अन्न का अभाव सामने आने की हिम्मत नहीं कर सकता। इतने लाख क्विटल का स्टाक होगा। 'लेव्ही' ली जायेगी। लड़ ले कोई जमाखोर—पछाड़ दिया जायेगा।

मगर मई आते ही उसे भी टाइफाइड हो जाता है। कहता है—क्या करूँ ? जमाखोरी का 'टाइफाइड' सरकार को हो गया। विरोधी तो विरोधी, अपनी पार्टी के लोग भी रोग के कीटाणु लिये हैं। दवा लेने अमेरिका भेजा है आदमी। मई में

वीर मन्त्रियों की भी बादाम उतर जाती है।

इधर मैंने देखा, उलटी 'लेव्ही' ली जाने लगी है। एक शहर में भारतीय निगम के गोदाम से गलत नम्बर प्लेट के ट्रक में लदकर 150 बोरे गेहूँ जा रहा था कि फाटक पर चौकीदार ने पकड़ लिया। उसने पूछा—यह 'लेव्ही' का गेहूँ कहाँ जा रहा है ? विभाग के आदमी ने कहा—तुम्हें नया कानून नहीं मालूम ? नये कानून के मुताबिक खाद्य निगम खुद लेव्ही देगा। वही लेव्ही है यह, जो जमाखोर को दी जा रही है। नये आर्डर पूछ लिया करो।

मैं एक विधायक से पूछता हूँ—अकाल की स्थिति कैसी है ?

वह चिन्तित होता है। मैं समझता हूँ, यह अकाल से चिन्तित है। मुझे बड़ा सन्तोष होता है।

वह जवाब देता है—हाँ, अकाल तो है पर ज्यादा नहीं है। कोशिश करने से जीता जा सकता है। सिर्फ 11 विधायक हमारी तरफ आ जायें, तो हमारी मिनिस्ट्री बन सकती है।

हर आदमी का अपना अकाल होता है। इनका अकाल दूसरा है। इन्हें सिर्फ 11 'क्विण्टल' विधायक मिल जायें, तो अकाल समस्या हल हो जाय—सत्ता की।

दिन में यह सब सोचता हूँ और रात को मुझे विचित्र सपने आते हैं।

एक रात सपना आया—राष्ट्र ने अकाल-उत्सव मनाना तय कर लिया है। कई क्षेत्रों में हो रहा है। एक क्षेत्र में अकाल-उत्सव मैंने सपने में देखा।

आसपास के 4-5 गाँवों के किसान, स्त्रियाँ, बच्चे इकट्ठे थे।

पण्डाल सजाया गया था। मन्त्री अकाल-समारोह का उद्घाटन करने आनेवाले थे। पटवारी ने भूखों से चन्दा करके गुलाबों की मालाएँ कस्बे से बुलवा ली थीं।

स्त्रियाँ खाली मंगल-घटों में सूखे नाले के किनारे की घास रखकर कतार में चल रही थीं। वे गा रही थीं—

'अबके बरस मेघा फिर से न बरसो, मंगल पड़े अकाल रे।'

ओवरसीयर और मेट उनमें से अपने लिए छाँट रहे थे—

—सा'ब, उसे देखो कैसी मटकती है।

—अरे, मगर इस सामनेवाली को तो देख ! दो बार पूरी रोटी खा ले तो परी हो जाय।

—मगर सा'ब, सुना है, तहसीलदार सा'ब भी तबियत फेंक देते हैं।

—अरे, तो 'थ्रू प्रापर चेनल' ! सरकारी नियम हम थोड़े ही तोड़ेंगे।

हड्डी ही हड्डी। पता नहीं किस गोंद से इन हड्डियों को जोड़कर आदमी के पुतले बनाकर खड़े कर दिये गये हैं।

यह जीवित रहने की इच्छा की गोंद है। यह हड्डी जोड़ देती है। आँतें जोड़ देती है।

सिर मील-भर दूर पड़ा हो तो जुड़ जाता है।

जीने की इच्छा की गोंद बड़ी ताकतवर होती है।

पर सोचता हूँ, ये जीवित क्यों हैं।

ये मरने की इच्छा को खाकर जीवित हैं। ये रोज कहते हैं—इससे तो मौत आ जाय तो अच्छा !

पर मरने की इच्छा को खा जाते हैं। मरने की इच्छा में पोषक तत्त्व होते हैं।

जीने की इच्छा गोंद होती है जो शरीर जोड़े रखती है।

मरने की इच्छा में पोषक तत्त्व होते हैं।

अकाल-उत्सव शुरू हुआ।

उत्सव में कवि जरूरी होते हैं। वह उत्सव का 'मूड' बनाते हैं। वहाँ दो कवि भी थे जो समयानुकूल कविता बना लाये थे।

विधायक ने संक्षिप्त भाषण दिया—"बड़े सौभाग्य का विषय है कि मन्त्री महोदय हमारे बीच पधारे हैं। उन्हें कई उत्सवों का निमन्त्रण था, पर इस क्षेत्र के अकाल से उन्हें विशेष प्रेम है, इसलिए वे यहीं पधारे। हम उनका स्वागत करते हैं।"

माला पड़ी और तालियाँ पिटीं।

सबसे खूबसूरत तालियाँ पीटीं मन्त्रीजी के आसपास बैठे जमाखोर, मुनाफाखोर, चोरबाजारिये और इनके सरकारी मौसेरे भाइयों ने। तब मन्त्रीजी ने भाषण दिया—

"मैं आपका आभारी हूँ कि इस अकाल-उत्सव के उद्‌घाटन के लिए आपने मुझे आमन्त्रित किया। अकाल भारत की पुरानी परम्परा है। आप जानते हैं कि भगवान राम के राज्य में भी अकाल पड़ा था। हमारे राज में भी अकाल पड़ता है। हम गाँधीजी के आदेश के अनुसार राम-राज ला रहे हैं। अकाल राम-राज का आधार है। मर्यादा पुरुषोत्तम भगवान राम राम-राज का स्वर्ग नहीं ला सकते थे, यदि अकाल न पड़ता। इसलिए अकाल का स्वागत करना चाहिए। अकाल के बिना राम-राज नहीं आ सकता। मेरे विपक्षी मित्र जो भारतीय संस्कृति के पूजक हैं, मुझसे सहमत होंगे कि अकाल हमारी महान् भारतीय संस्कृति का एक प्रमुख तत्त्व है। द्रोणाचार्य जैसे वीर तक भूखे मरते थे।

"मेरी इच्छा है, आप खूब खुशी के साथ अकाल-उत्सव मनायें। हम घोर संकट में भी प्रसन्न रहते हैं। आप जानते हैं, प्रियजन की मौत के बाद हम श्राद्ध करते हैं तब हाथ पर मलकर शुद्ध घी की परीक्षा करते हैं और उसका लड्डू खाते हैं।

"मैं अधिक समय नहीं लूंगा, क्योंकि रेस्ट हाउस में मेरा मुर्गा पक गया होगा। मेरी कामना है कि उत्सव सफल हो।"

वे बैठ गये।

इसके बाद दो कविताएँ हुईं—एक गम्भीर और दूसरी हास्य रस की।

गम्भीर कवि ने पढ़ा—

> स्वागत अकाल ! स्वागत अकाल !
> भारत के गौरव के प्रतीक,

गाँधी के सपने के प्रतीक
गोदामों में रखी सुरक्षित
हरित क्रान्ति के प्रिय प्रतीक
मनु भी करते बैठे जुगाल !
स्वागत अकाल ! स्वागत अकाल !

फिर हास्य रस की कविता कवि 'मामा' ने पढ़ी---

मामी बोली मामा से देखो
रोटी तो बिल्ली निगल गयी
मामा बोले रोटी वापस लेने को
तुम निगलो बिल्ली को तुरन्त !

इसके बाद थोड़ी और औपचारिकता के बाद समारोह समाप्त हुआ क्योंकि रेस्ट हाउस में मुर्गे पककर बाँग देने लगे थे ! दूसरे दिन से राहत कार्य शुरू हो गये ।

मुझे सपने बहुत आते हैं ।

मैं देखता हूँ—भूखे बिलबिला रहे हैं । मजदूरी पूरी नहीं मिलती । मिलती है तो दाना नहीं मिलता । मिलता है तो महँगा मिलता है । महँगा मिलता है, तो उसमें न जाने क्या-क्या कचरा मिला रहता है ।

भूखे और अधमरे चिल्लाते हैं— रोटी नहीं तो उत्सव काहे का ! उत्सव फेल हो गया ।

मुझे एक सपना और आता है । कुछ दूसरी पार्टियों के लोग सेठों, जमाखोरों, सूदखोरों, मुनाफाखोरों को लेकर जाते हैं और लोगों से कहते हैं—

तुम्हें रोटी नहीं मिलती । रोटी नहीं मिलती क्योंकि गल्ला नहीं मिलता । गल्ला क्यों नहीं मिलता, क्योंकि ये लोग जो आये हैं, इनका गल्ला सरकार ने दबा लिया है । जबरदस्ती दबा लिया है ।

आप लोग बताओ—पीढ़ियों से गल्ला तुम किन्हें बेचते थे ?

लोग बोले—इन आपके साथ के लोगों को । मगर ये लोग—

नेता लोग बोले—'मगर' बन्द करो अब । इस सरकार ने इनका खरीदना बन्द कर दिया है । फिर बताओ—गल्ला तुम कौन से लेते थे ?

लोग बोले—इन्हीं से । मगर—

नेता बोले—पर सरकार ने इनका बेचना भी बन्द कर दिया है ।

लोगों ने कहा—तो हम लोग क्या करें ? किसके ईमान पर भरोसा करें ।

नेता बोले—अब हमारी बात मानो । इस सरकार का अकाल-उत्सव तुम लोग भुगत चुके । इस सरकार को बदलो । अब हमें वोट दो । हमें विधान सभा और

संसद में भेजो। हमारी सरकार बनवाओ। तुम देखोगे कि तुम सब सुखी हो जाओगे। खरीदनेवाले खरीदेंगे और बेचनेवाले बेचेंगे। यही आदिकाल से चला आ रहा है। यही सनातन धर्म है। हमारे अकाल-उत्सव से तुम्हें कोई शिकायत नहीं होगी।

लोग बोले—मगर…

नेता बोले—तुम बार-बार 'मगर' क्यों बोलते हो?

'मगरमच्छ' बोलो न!

मुझे फिर सपना आता है। मैं सपनों से परेशान हूँ। वे कितने सुखी हैं, जिन्हें सपने नहीं आते। मुझे लगने लगा है कि वही सुख की गहरी नींद सोता है, जिसे सपने नहीं आते। मेरा पहले खयाल था कि सूअर और कुत्ता ऐसे प्राणी हैं जिन्हें सपने नहीं आते। पर अब अन्न का दाना न मिलने से चूहे को भी सपने आते हैं।

सपने में देखता हूँ कि भूखे लोग तरह-तरह की सरकारें बनाते हैं। अकाल-उत्सव भी मनाते हैं। बड़ा आनन्द है। पर रोटी नहीं मिलती। अन्न नहीं मिलता।

'अथा तो ब्रह्म जिज्ञासा!' मैं दार्शनिक हो जाता हूँ। ऋषि शिष्य से ब्रह्म के रूप के बारे में चिन्तन करने को कहता है। जिज्ञासु शिष्य उपवास करके चिन्तन करता है और भूखा ब्रह्मचारी आकर कहता है गुरु, अन्नं ब्रह्म। अन्न ही ब्रह्म है, गुरु! अन्न! अन्न! इसके बाद ही 'आनन्द ब्रह्म' है।

इधर हलचल बढ़ रही है।

न जाने कौन इन लोगों को समझाते हैं कि जो सरकार अकाल को उत्सव मानेगी, रोटी नहीं देगी।

मगर लोगों को उत्सव मनाने की आदत पड़ गयी है।

उत्सव का रूप चाहे बदले, उत्सव मनायेंगे।

मुझे भयंकर सपना आता है।

देखता हूँ कि अकाल-उत्सव के मूड में ढोलक बजाकर नाचते-गाते भूखे, अधमरे राजधानी में आ गये हैं और बड़ा भयकारी दृश्य मुझे दिखता है।

एक विधायक पहचान का मिलता है। उसका एक हाथ ही नहीं है। आस्तीन से खून टपक रहा है।

मैं पूछता हूँ—यह क्या हो गया?

वह कहता है—वही अकाल-उत्सववाले लोग मेरा हाथ खा गये।

किसी विधायक की टाँग खा ली गयी है। किसी मन्त्री की नाक चबा ली गयी है, किसी का कान!

भीड़ बढ़ती जाती है।

विधायक और मन्त्रीगण भाग रहे हैं।

एकाएक सैकड़ों जमाखोरों और मुनाफाखोरों को लोग पकड़ लाते हैं और उन्हें भून रहे हैं। कहते हैं—तुम्हारी भूख इतनी विकट है कि अपना ही भुना गोश्त खाये बिना तुम्हारा पेट नहीं भरेगा।

हमें खाओगे तो भूखे रह जाओगे। हम में खाने लायक कितना कम है।

अब वे पुलिस और रायफल की राह देख रहे हैं।

सारे विधान भवनों में सन्नाटा!

संसद और उसके अहाते में सन्नाटा!

अब ये भूखे क्या खायें? भाग्य-विधाताओं और जीवन के थोक ठेकेदारों की नाक खा गये, कान खा गये, हाथ खा गये, टाँग खा गये। वे सब भाग गये। अब क्या खायें?

अब क्या खायें? आखिर वे विधान-सभा और संसद की इमारतों के पत्थर और ईंटें काट-काटकर खाने लगे।

भयंकर सपना! मेरी नींद टूट गयी। मैं पसीने से लथपथ हो जाता हूँ। घबड़ाहट होती है। क्या करूँ? सपना ही तो है—यह सोचकर शान्त होना चाहता हूँ।

मगर चैन नहीं मिलता। मानस चतुश्शती वर्ष है, इसलिए मैं 'रामचरितमानस' श्रद्धापूर्वक फिर से पढ़ रहा हूँ। मैं 'रामचरितमानस' उठा लेता हूँ। इससे शान्ति मिलेगी।

यों ही कोई पृष्ठ खोल लेता हूँ।

संयोग से 'लंका काण्ड' निकल पड़ता है।

मैं पढ़ता हूँ। अशोक वाटिका में त्रिजटा सीताजी को धीरज बँधाती है—

त्रिजटा को भी मेरी तरह सपना आया था।

त्रिजटा मुझसे अधिक देखती और समझती थी। उसे बहुत आगे दिखता था। वह कहती है—

यह सपना मैं कहौं विचारी।
हुइहै सत्य गये दिन चारी॥

वे सुख से नहीं रहे

...और वे सुख से रहने लगे?

नहीं, कहानी का अन्त ऐसा नहीं हुआ।

हुस्नबानो के सातों सवालों का जवाब हातिम ने दे दिया और हुस्नबानो ने मुनीरशामी से शादी कर ली। और वे···नहीं, सुख से नहीं रह सके।

हाल ही में एक पर्यटक को हुस्नबानो की डायरी मिल गयी है। शादी के बाद की डायरी के पहले पृष्ठ पर लिखा मिला है, "आगे के पन्नों को कोई न पढ़े। ये कभी प्रकाशित न हों, वरना जरूरतमन्द किसी की मदद लेते डरेगा और उपकारी किसी की मदद करने में हिचकेगा।"

हुस्नबानो की डायरी

15 नवम्बर

ये हातिम भाई भी बहुत 'बोर' करते हैं। रोज शाम को आ बैठते हैं और आधी रात तक अपने अनुभव सुनाते रहते हैं। 'ये' तो उनके अहसानों से दबे हैं, पर मुझसे यह बरदाश्त नहीं होता। कल रात एक बजे उठे। मुझे बेहद नींद आ रही थी, पर वे एक घटना खत्म होते ही दूसरी उठा लेते, 'हाँ तो जब मैं उस बियाबान में पहुँचा···' मेरा तो सिर दुखने लगा। ये भी ऊँघ रहे थे। मैं बार-बार हातिम भाई को बता-बताकर जम्हाई लेती; एक-दो बार तो मेरी आँखें भी झप गयीं। पर हातिम भाई को कुछ समझ में नहीं आ रहा था। वे उसी जोश से संस्मरण सुनाते गये। हमने बीच में 'हूँ' करना भी बन्द कर दिया, पर हातिम भाई हममें से किसी पर नजरें गड़ाकर कह उठते, 'सुना तुमने, मुनीरशामी ?' या 'समझी हुस्नबानो ?' और हमें मजबूरन 'हूँ-हाँ' करना पड़ता। हमारी बुरी हालत थी। इन परोपकारी आदमियों से भगवान बचाये! जो करेंगे, उसका दस गुना किस्सा दसों बार सुनायेंगे। हम तो बड़े परेशान हैं।

[बीच के पन्ने गायब हैं।]

20 नवम्बर

हद हो गयी। हमसे रोज-रोज इस तरह 'बोर' नहीं हुआ जाता, नहीं हुआ जाता, नहीं हुआ जाता! मैं तो कहती हूँ कि हातिम भाई से साफ कह देना चाहिए कि हमारे पास उनके किस्से सुनने के लिए इतना वक्त नहीं है। पर ये कहते हैं कि उन्हें बुरा लग जायेगा। अरे, लग जाये एक बार बुरा। हमेशा की परेशानी तो मिटेगी। 'ये' कहते हैं कि उन्होंने काम तो अपना किया है; संस्मरण किसे सुनायें ? मैं कहती हूँ, ये किताब क्यों नहीं छपा देते। हम भी पढ़ लेंगे। अजीब आदमी हैं। इतना भी नहीं सोचते कि शाम को पाँच बजे तो यह आदमी दफ्तर से लौटा होगा। मैं छह बजे से इसके घर जाकर आधी रात तक कैसे बैठा रहूँ!

रात को एक बजे उठे। कहने लगे, "बातों-ही-बातों में कितना वक्त निकल गया! तुम लोगों को असुविधा तो नहीं होती ?" इन्होंने बनावटी भाव से कहा, "आप भी कैसी बात करते हैं, हातिम भाई ! जी चाहता है, सुबह तक सुनते रहें। मगर आपकी तन्दुरुस्ती का भी खयाल रखना पड़ता है। आपको वक्त से खाना

और सोना चाहिए।" हातिम भाई बोले, "अरे, छोड़ो भी। अपने बारे में सोचने का मुझे कभी वक्त ही नहीं मिला। वे फिर बैठ गये और किस्सा शुरू कर दिया, "हाँ, एक बार तो बड़े मजे की बात हुई। मैं दरिया के किनारे खड़ा था। भूख से जान निकल रही थी। सोचता था कि यहीं भूखा मर जाऊँगा। इतने में क्या देखता हूँ कि एक नाव बहती चली आ रही है जिसमें गोश्त और रोटी रखे हैं..." ओफ्फोह ! हम उनसे कैसे कहें कि यह किस्सा हम पाँच बार सुन चुके हैं।

अब तो मुझे सपना आता है, तो यही कि हातिम भाई अपने संस्मरण सुना रहे हैं। पिछली रात ऐसा सपना देखकर मैं चीख पड़ी। इन्होंने पूछा, "क्या बात है ?" मैंने कहा, "तुम्हारे दोस्त के मारे न दिन चैन, न रात चैन ! सपने में भी अब वही आते हैं।"

21 नवम्बर

आज हमने एक तरकीब से काम लिया। हम पहला शो सिनेमा चले गये। सोचा कि शाम को हातिम भाई आयेंगे और हमें न पाकर लौट जायेंगे। करीब साढ़े नौ बजे हम लौटे। बहुत खुश थे कि कई दिनों में आज पहली बार ऐसा हुआ कि हम हैं और हातिम भाई नहीं हैं। नौकर ने दरवाजा खोला और मैंने खुशी से उबलकर पूछा, "क्यों, हातिम भाई आये थे ?" उसने कहा, "वे तो शाम से ही बैठक में इन्तजार कर रहे हैं।" हमारा खून सूख गया। जमीन में गड़-से गये। हाय, अब क्या करें ? कहाँ चले जायें ? हमसे अपने ही घर में नहीं घुसा जा रहा था। इतने में हातिम भाई खुद दरवाजे पर आये और बोले, "अरे, तुम लोग भीतर क्यों नहीं आते ? किस पशोपेश में खड़े हो ?" इन्होंने मरी आवाज में कहा, "कुछ नहीं, हातिम भाई ! यों हीं।" हातिम भाई हँसने लगे। फिर बोले, "तुम मत बताओ, पर मैं समझ गया। तुम सोचते होगे कि हातिम भाई को हमारे कारण तकलीफ हुई। उन्हें इन्तजार करना पड़ा। है न ? इसी अफसोस में तुम ठिठके हो। मगर सुनो, मुझे कोई तकलीफ नहीं हुई। आखिर घर में ही तो बैठा था मैं; कोई जंगल तो है नहीं ! आओ, भीतर आओ। मुझे बिल्कुल बुरा नहीं लगा; अपनी कसम। ऐसी छोटी-छोटी बातों से परेशान मत हुआ करो।"

वे अभी-अभी उठकर गये हैं। 'ये' मुझे ही दोष देते हैं कि न तुम शादी के लिए सात कठिन सवाल रखतीं, न मैं हातिम की मदद लेता, न आज इस तरह 'बोर' होना पड़ता। मगर मैं कहती हूँ कि कसूर तुम्हारा है। तुममें ही अगर सवालों के जवाब देने की हिम्मत होती, तो यह परेशानी आज न होती। दूसरों के जवाबों के भरोसे शादी करनेवालों का यही होता है।

[कुछ पन्ने गायब हैं।]

1 दिसम्बर

हातिम भाई आज दोपहर में आये। 'ये' दफ़्तर गये थे। बाहर से पुकारा, "मुनीर-

शामी हैं क्या ?" मैंने झट दरवाजा खोलकर कहा, "वे घर नहीं हैं, भाई साहब !" वे बोले, "अच्छा ! इधर एक काम से आया था; सोचा, तुम लोगों से मिलता चलूं ।" मैं सोचती थी, ये चले जायेंगे । पर वे खड़े रहे । मुझे कहना पड़ा, "आइए, बैठिए ।" वे आकर बैठ गये । मैं घबरा रही थी कि आज दिन-भर इनका संस्मरण मुझे अकेले सुनना पड़ेगा । पर वे मेरी कुशल-क्षेम पूछने लगे ।

"और क्या हालचाल है, हुस्नबानो ? तुम अच्छी तो हो ?"

"आपकी दुआ से अच्छी हूँ ।"

"कोई तकलीफ तो नहीं है ?"

"जी कोई तकलीफ नहीं ।"

"किसी चीज की जरूरत ?"

"जी नहीं । सबकुछ है ।"

"देखो, मुझसे कोई संकोच मत करना । जो चाहिए, मुझे बताना । तकलीफ हो तो मुझसे कहना ।"

मैं बड़ी परेशान थी । इन बातों का क्या जवाब दूं । मैंने ज़रा खीझकर कहा, "हातिम भाई, मुझे जो जरूरत होगी, पहले उनसे कहूँगी । आप क्यों चिन्ता करते हैं ?" मेरा अन्दाज था कि उन्हें बुरा लग जायेगा । पर वे तो बड़े उत्साह से कहने लगे, "वाह, चिन्ता क्यों न करूँ ? आखिर मैंने ही तो मुनीरशामी से तुम्हारी शादी करायी है । तुम्हारे सुख-दुख की जिम्मेदारी मेरे ऊपर है ।"

हाय रे, परोपकारी आदमी भी क्या मुसीबत है ! आप उपकार न करना चाहें, तो भी वह आपका भला करने पर हमेशा उतारू रहेगा । वे बड़ी देर ऐसी ही बातें करते रहे । वे यह मानने को तैयार नहीं थे कि मुझे कोई तकलीफ नहीं है । मुझे बड़ा वैसा लग रहा था । घर में नौकर-चाकर क्या कहते होंगे ? मैंने अभी 'इनको' बताया नहीं है, वे यों ही बहुत परेशान हैं ।

2 दिसम्बर

आज फिर हातिम भाई दोपहर में आ गये । पुकारा, "मुनीरशामी हैं क्या ?" जब इन्हें मालूम है कि वे दोपहर में दफ्तर में होते हैं तब क्यों पुकारते हैं कि मुनीरशामी हैं क्या ? मैंने खिड़की में-से ही जवाब दिया, "वे घर पर नहीं हैं, भाई साहब !" पर वे दरवाजे के पास बढ़ आये, यह कहते हुए—"जब इतनी दूर आया हूँ तो घड़ी-भर बैठ लूं ।" अब मैं क्या करती ? यह तो हरगिज कहा न जाता, आप नहीं बैठ सकते । मैंने दरवाजा खोला और वे आकर बैठ गये ।

बोले, "हुस्नबानो, तुम दुबली हो गयी हो ।"

मैंने कहा, "नहीं हातिम भाई, मैं तो भली-चंगी हूँ । मेरा तो वजन बढ़ा है ।"

वे कहने लगे, "नहीं, मेरी आँखें धोखा नहीं खा सकतीं । मैं देश-विदेश घूमा हूँ और मैंने हजारों आदमी देखे हैं । जरूर तुम्हें कोई तकलीफ है । तुम मुझसे छिपा रही हो ।"

मुझे गुस्सा आ गया। मैंने तैश में कह दिया, "जो आपसे कहा जाये, उसे आप मानते नहीं हैं और अटकल लगाते हैं। जब मैं कह रही हूँ..."

मेरी बात काटकर वे बड़े मीठे स्वर में कहने लगे, "देखो, बुरा मत मानो। मैं यही चाहता हूँ कि तुम सुखी रहो। मैं क्या जानता नहीं हूँ कि मुनीरशामी ज़रा गैर-जिम्मेदार आदमी है। वह तुम्हारी कद्र नहीं करता। जितना चाहिए, उतना ध्यान नहीं देता। उसे ऐसी अच्छी बीवी सहज मिल गयी है न! मगर जिसने तुम्हारे सात सवालों के जवाब दिये हैं, वह तुम्हारी कीमत जानता है।"

मुझसे सुना नहीं जा रहा था। जवाब देती हूँ तो ये और बात बढ़ायेंगे। मैं कोई बहाना बनाकर उठ दी। वे भी थोड़े देर बाद बैठकर चले गये।

अगर वे रोज इस तरह आने लगे, तो क्या होगा। मुहल्ले में खुस-फुस होने लगी है। दीवार के उस पारवाली बुढ़िया किसी से कह रही थी, "यह हातिम कहीं से देखता रहता है कि मुनीरशामी बाहर गया। तब आकर बड़े भोलेपन से पुकारता है—मुनीरशामी है क्या?"

क्या करूँ? कुछ समझ में नहीं आता।

3 दिसम्बर

आज सुबह मैंने 'उन्हें' बता दिया। उन्हें बड़ा बुरा लगा। वे बड़ी देर तक सोचते रहे। फिर बोले, "यह अच्छी बात नहीं है। न जाने उनके मन में क्या है। और फिर लोग क्या कहते होंगे! बहुत हुआ। अब आयें तो कहना कि मुनीरशामी ने आपको शाम को बुलाया है।"

मैंने तय किया कि आज दरवाजा नहीं खोलूंगी। जब उन्होंने आवाज दी, तो मैंने खिड़की में-से कहा, "वे घर में नहीं हैं। कह गये हैं कि आप शाम को आयें।" वे बोले, "अच्छा-अच्छा, शाम को भी आऊँगा। अभी ज़रा एक मिनिट सुनो। दरवाजा खोलो।" मैंने कहा, "भाई साहब, आप उनकी गैरहाजिरी में मत आया करिये। वे एतराज करते हैं।" वे तो हँस पड़े। कहने लगे, "वाह रे, बुद्धू! इसे कभी अक्ल नहीं आयेगी। अच्छा, यह सामान रख लो।" मैंने सोचा कि ये खिड़की में से देंगे, तो लोग देखेंगे। इससे अच्छा है, दरवाज़ा खोल दूँ। वे भीतर आये और कागजों में लिपटी एक साड़ी निकालकर बोले, "यह तुम्हारे लिए लाया हूँ। यह एक परी ने मुझे दी थी। एक बार मैं जंगल में चला जा रहा था कि देखा एक राक्षस किसी परी को पकड़े ले जा रहा है। मैंने राक्षस को पछाड़ दिया। परी बहुत खुश हुई। उसने मुझे यह साड़ी दी और कहा कि इसके पहनने से कभी बुढ़ापा नहीं आता।"

पहले तो मेरा इरादा इनकार करने का हुआ। पर फिर यह सोचकर कि इससे बुढ़ापा नहीं आयेगा, मैंने उसे ले लिया।

4 दिसम्बर

आज एक हार दे गये, जो उन्हें समुद्र की परी ने दिया था।

5 दिसम्बर

आज हम लोगों में बहुत खटक गयी। 'ये' नहीं चाहते कि हातिम भाई यहाँ आयें। और उनका सोचना भी ठीक है। हातिम भाई उनके सामने आते हैं तो 'बोर' करते हैं और गैरहाजिरी में आते हैं, तो बदनामी फैलती है। 'ये' सारा दोष मेरे माथे मढ़ते हैं। पर मैं क्या करूँ ? मैं उन्हें बुलाने तो जाती नहीं। 'इनके' मन में कुछ शक भी तो पैदा हो सकता है। मैं तो यह सोचकर काँप जाती हूँ। मैंने इन्हें समझाया कि इसमें हातिम भाई का कोई वैसा इरादा नहीं मालूम होता। उनके साथ मुसीबत यह है कि वे परोपकार किये बिना रह नहीं सकते। उनकी आदत ही पड़ गयी है ये कहने लगे कि यह तो ठीक है पर वे हमारी तो आफत किये हैं। किसी तरह उनसे पिण्ड छूटना चाहिए। यह तभी हो सकता है, जब या तो हम दूसरे शहर में बस जायें या वे कहीं चले जायें। हम लोगों ने आज बड़ी देर तक सलाह की। 'इनका' कहना है, अगर हातिम भाई को किसी के काम में फँसा दिया जाये, तो वे चले जायेंगे। इनके मन में कोई योजना है। मुझसे इन्होंने चौदह सवाल बनवाये हैं; मेरे उन सात सवालों से भी कठिन। मैंने चौदह सवाल एक कागज पर लिखकर उन्हें दे दिये हैं और वे कहते हैं कि मैं अब हातिम को कहीं दूर भेज दूंगा। पता नहीं इनके मन में क्या है।

16 दिसम्बर

आज ये दफ्तर नहीं गये। दोपहर में हातिम भाई आये। पुकारा, "मुनीरशामी है क्या ?" इन्होंने जवाब दिया, "हाँ, हूँ, हातिम भाई ! आइए।" वे आकर बैठ गये। बोले, "आज तुम दफ्तर नहीं गये ?" ये बोले, "नहीं, हातिम भाई, मैं बड़ा परेशान हूँ। मेरा एक साथी बड़ी मुश्किल में है। उसकी जिन्दगी ही बरबाद हो रही है।"

यह सुनते ही हातिम भाई के शरीर में बिजली दौड़ गयी। उनके हाथ-पाँव फड़कने लगे। बोले, "किस मुश्किल में है ? कौन उसकी जिन्दगी बरबाद कर रहा है ?"

इन्होंने कहा, "वह एक अभागा क्लर्क है। उसको एक लड़की से मुहब्बत हो गयी है। लड़की बहुत खूबसूरत और नेकचलन है। पर उसका प्रण है कि वह शादी उससे करेगी, जो उसके सवालों का जवाब देगा।"

हातिम भाई बोले, "यह तो ठीक हुस्नबानो की तरह है। सात सवाल हैं, उसके ?"

"नहीं, चौदह हैं। उसने चौदहों सवाल लिखकर दे दिये हैं। बेचारा मुंशी तो उन्हें देखकर ही चकरा गया। उससे तो एक सवाल का जवाब भी नहीं बनेगा। बहुत रो रहा था बेचारा। कल कहने लगा कि मैं खुदकुशी कर लूंगा। मैंने कहा कि सवाल मुझे दे; मैं हातिम भाई से सलाह लूंगा।"

हातिम भाई उत्तेजित हो उठे। बोले, "हातिम के रहते कोई नेकदिल परेशान नहीं होगा। लाओ, कहाँ हैं सवाल ? उससे कह दो कि हातिम सब सवालों के

जवाब देगा और उसकी शादी अपने सामने करायेगा।"

इन्होंने मेरा लिखा हुआ कागज दिया। हातिम भाई ने सवालों को पढ़ा और कहा, "ठीक है। मैं चला। अब न जाने कब मुलाकात होती है।"

इन्होंने कहा, "ऐसी जल्दी क्या है, भाई साहब! ज़रा बैठिए न। उस दिन वह किस्सा अधूरा रह गया था, उसे तो पूरा करते जाइये।"

हातिम भाई ने पाँव उठाते हुए कहा, "किस्सा फिर कभी पूरा होगा। मैं इसी वक्त इन सवालों के जवाब देने निकलता हूँ।"

वे एकदम चल दिये।

इन्होंने कहा, "आदमी बहुत अच्छे हैं। पर कभी-कभी ज्यादा अच्छा आदमी भी तकलीफ देने लगता है। खैर, कुछ दिन तो चैन मिला।"

पाठकजी का केस

भगवान् को भारत से हर वर्ष एक निश्चित मात्रा में पूजा मिलती है। तीन चौथाई पूजा-स्तुति उन सरकारी नौकरों की तरफ से मिलती है, जो सस्पेण्ड हो जाते हैं, जिनकी तरक्की रोक ली जाती है या जिन पर घूस आदि के मामले चलते हैं। इस तरह भगवान् की सत्ता सरकारी नौकरों के 'कण्डक्ट रूल्स' और 'इण्डियन पेनल कोड' पर टिकी हुई है। दो सरकारों के सहयोग का इससे अच्छा उदाहरण नहीं मिल सकता। यदि भारत सरकार अपने कर्मचारियों के खिलाफ कार्रवाई न करे तो मध्यम-वर्ग से भगवान् का नाम उठ ही जाये।

सन् 1962 के आरम्भ में एक दिन भगवान् ने अपने सचिव से पूछा, "पिछले साल मुझे कुल कितनी पूजा मिली?"

सचिव ने हिसाब देखकर बताया, "प्रभु, आपके निराकार, साकार, राम, कृष्ण आदि सब रूपों को मिलाकर 17 करोड़ 55 लाख 61 हजार 8 सौ 71 शब्द यूनिट पूजा-स्तुति आपको मिली है। अष्टग्रह योग के कारण जो विशेष उपलब्धि हुई है, उसका हिसाब अलग है।"

भगवान् ने कहा, "लेकिन सामान्य स्थिति में जितनी पूजा मिलती थी, उससे तो कम मिली। इसका क्या कारण है?"

सचिव ने निवेदन किया, "भगवन्, पिछले छह महीनों से सरकार ने कर्मचारियों के खिलाफ कोई कार्रवाई नहीं की, क्योंकि आगे आम चुनाव होने वाले हैं। असन्तुष्ट कर्मचारी सरकारी दल के लिए खतरनाक होते हैं।"

भगवान् ने कहा, "ठीक है, भारत सरकार की कठिनाई हम समझ गये। पर

आम चुनाव के बाद कुछ कर्मचारियों पर कार्रवाई होनी चाहिए, जिससे पिछली कमी पूरी हो जाये।"

आम चुनाव के समाप्त होने पर पाठकजी की तरक्की रोक दी गयी। पाठकजी समझ गये कि यह सब भगवान् की चालबाजी है। वह पूजा चाहते हैं।

पाठकजी के हृदय के सूखे नाले में भगवान् की अकृपा के मेघ से ऐसा भक्ति-जल बरसा कि पूर आ गया। वे ईश्वर की पूजा में लग गये। जीवन धार्मिक हो गया। सुबह-शाम दो-दो घण्टे एकाग्रचित हो पूजा करते। शनिवार को हनुमान् के मन्दिर जाते और बायें पाँव का सिन्दूर कपाल तथा कण्ठ पर लगाते। रात को रामचरितमानस का पाठ करते, जिसमें हर चौपाई के बाद अर्द्धाली कहते—**"मंगल भवन अमंगल हारी। द्रवहु सो दशरथ अजिर बिहारी।"** पूर्णमासी को सत्यनारायण की कथा करवाते और जब सुनते कि कथा सुनकर प्रसाद बाँटते ही 'साधुनाम बनिया' का डूबा जहाज उबर आया, तो उन्हें विश्वास हो जाता कि आजकल में तरक्की का हुक्म आता ही है। और लीलावती-कलावती के भाग्य पलटने की कथा सुनकर पाठकिन की आँखों में हर्ष के आँसू आ जाते—"भगवान्, जैसे उनके दिन फिरे, वैसे हमारे भी फिरें।"

सूर्योदय से पहले पाठकजी स्नान कर लेते। 'सी-सी' करते हुए श्लोक पाठ करते जाते—"गंगा यमुना सरस्वती कावेरी..."

फिर जनेऊ को धोती पर घिसकर सुखाते हुए यह चौपाई कहते जाते—**"प्रविसि नगर कीजै सब काजा। हृदय राखि कोसलपुर राजा॥"** ठण्ड अधिक लगती तो 'सी-सी' करते हुए झटके के साथ सिर्फ इतना टुकड़ा ही बार-बार कहते, "प्रविसि नगर कीजै—सी; प्रविसि नगर कीजै—सी।" इसके बाद पूजा पर बैठ जाते।

रात को बच्चों-समेत आरती करते—**"जय जगदीश हरे—स्वामी जय जगदीश हरे!"** और जब कहते, **"भक्त जनों के संकट पल में दूर करे!"** तो लगता कि भगवान् गरुड़ पर बैठ आते हैं और दफ्तर से पाठक बाबू की फाइल चुराकर चल देते हैं।

पहले जासूसी उपन्यास पढ़ते थे, अब धार्मिक पुस्तकें पढ़ने लगे। पड़ोसी का लड़का हमेशा की तरह कोई उपन्यास माँगने आया तो पाठकिन ने कहा, "अब वे उपन्यास नहीं पढ़ते। ऊँची पुस्तकें पढ़ते हैं, धार्मिक पुस्तकें पढ़ते हैं।"

लड़के ने देखा पाठकजी की टेबुल पर गीता, रामायण, राम-कृष्ण-वचनामृत, जीवन-सन्देश, सफलता की कुंजी, सुख की साधना, ब्रह्मचर्य ही जीवन है आदि पुस्तकें रखी हैं।

पाठकिन सच्ची सहधर्मिणी थीं। तरक्की रुकने के कारणों में जैसे उनका सहयोग था, वैसे ही तरक्की की साधना में। पड़ोसिनों से कहतीं, "उनका भगवान् में मन लग गया है। नियम से पूजा करते हैं। दुनिया इधर से उधर हो जाये, पर वे पूजा में से नहीं उठते।"

जब पाठकजी पूजा पर होते, पाठकिन बच्चों को एक कमरे में बन्द कर देतीं। खुद बरामदे में बैठतीं और कोई पाठकजी से मिलने आता, तो कह देतीं, "पूजा पर बैठे हैं। अभी नहीं मिलेंगे।"

वर्माजी का बड़ा लड़का भागता हुआ आया। पूछा, "चाची, चाचाजी कहाँ हैं?"

"क्यों? क्या बात है? तू तो बड़ा घबराया लगता है।" पाठकिन ने कहा।

लड़का बोला, "बाबूजी की तबीयत एकदम से बहुत खराब हो गयी। चाचाजी को जल्दी बुलाया है।"

पाठकिन ने कहा, "बेटा, वे तो पूजा पर बैठे हैं।"

लड़के ने कहा, "उनसे कह दो। एकदम बुलाया है।"

पाठकिन ने कहा, "वे पूजा के बीच नहीं उठते, चाहे दुनिया इधर मे उधर हो जाये। पूजा पूरी हो जायेगी, तब आयेंगे।"

वह चला गया। पाठकिन बटन टाँकने लगीं।

"पाठक साहब हैं?" एक आदमी ने साइकिल से उतरते-उतरते पूछा।

पाठकिन ने ध्यान से उसे देखा। पहचान गयीं। बोलीं, "क्या काम है?"

उसने कहा, "कपड़े का बिल था। आज देने को बोले थे।"

पाठकिन ने कह दिया, "फिर आना। अभी नहीं मिलेंगे।"

वह बोला, "उन्होंने आज बुलाया था। कई महीने हो गये हैं।"

पाठकिन ने नाराजी से कहा, "कह दिया, फिर आना। वे पूजा कर रहे हैं। पूजा के बीच में नहीं उठते, चाहे दुनिया इधर की उधर हो जाये, समझे? फिर आना।"

पाठकिन ने दाँत से धागा काटा और दूसरी बटन उठायी। अभी धागा अँगुलियों से ऐंठ रही थीं कि चपरासी आ गया।

"बाई साब, साहब हैं?"

"हाँ, पूजा कर रहे हैं। क्यों?"

"भोपाल (राजधानी) से सेकटरी साब आये हैं। बड़े साब बोले हैं कि पाठक साब को मिलने के लिए बुला लाओ।"

पाठकिन सोच में पड़ीं। फिर कहा, "पर वे पूजा के बीच में कैसे उठेंगे! पूरी हो जाये, तब भेज दूँगी।"

चपरासी ने कहा, "साब ने तो एकदम बुलाया है।"

पाठकिन ने कहा, "भैया, वे पूजा के बीच में नहीं उठते, चाहे दुनिया इधर की उधर हो जाये। कहना, थोड़ी देर में आते हैं।"

चपरासी ने साइकिल पर पाँव रख दिया।

पाठकजी के कान में भनक पड़ गयी थी। वे एकदम बाहर आये। पाठकिन ने आँखें फाड़ लीं, "अरे, तुम तो पूजा में से उठ आये।"

—"कौन आया था अभी?"

"दफ्तर का चपरासी था।"

"क्या कहता था?"

"कहता था, भोपाल से सेकटरी साहब आये हैं, सो बड़े साहब ने मिलने को बुलाया है। मैंने कह दिया…"

"क्या कह दिया?" जैसे गोली छूटी हो। पाठकिन सहम गयीं।

"कह दिया कि अभी पूजा कर रहे हैं; बाद में आयेंगे।"

पाठकजी क्रोध से लाल हो गये। चिल्लाये, "ऐसा क्यों कह दिया? मुझसे पूछा क्यों नहीं?"

पाठकिन ने डरते-डरते कहा, "तुम तो पूजा कर रहे थे।"

पाठकजी ने फिर गोली छोड़ी, "पूजा कर रहा था तो क्या हुआ? तुम्हारी अक्ल तो मारी गयी है। लाओ, कपड़े लाओ मेरे। जल्दी।"

पाठकिन ने कपड़े लाकर दिये। पाठकजी बड़बड़ाते हुए बगल के कमरे में चले गये, "पत्थर पड़े हैं अक्ल पर। सिर में भूसा भरा है। बेवकूफ कहीं की।"

थोड़ी देर बाद चिल्लाये, "मेरे जूते लाओ।'

पाठकिन ने जूतों का जोड़ा लाकर दिया।

पाठकिन को विश्वास था कि उन्होंने ठीक किया है। साहस बटोरकर कहा, "तुम्हीं ने तो कह रखा था कि कोई भी आये, मुझे पूजा में से मत उठाना।"

बात सही थी, इसलिए पाठकजी को और क्रोध आ गया। चिल्लाये, "फिर वही बात! कहा था, कहा था! जाओ कहा था। पर क्या ये भी कहा कि साहब का चपरासी आये तब भी—उलटी खोपड़ी है तुम्हारी।"

पाठकिन पाठकजी के गुस्से से बहुत डरती थीं। औरतों में कहती भी थीं, 'उनका गुस्सा बहुत खराब है।' वे बिलकुल घबरा गयीं। जबान लड़खड़ाने लगी। कैफियत देने का आखिरी कमजोर प्रयत्न किया, "सुना, मैंने सोचा कि यह ठीक नहीं है कि भगवान् की…भगवान् की यानी भगवान् की पूजा से…"

पाठकजी के दाँत पीसकर कहा, "क्या भगवान्-भगवान् लगा रखा है! 'केस' भगवान् के पास है कि सेक्रेटरी के पास?"

उन्होंने झुककर जूते के बन्द जोर से कस लिये।

फेमिली प्लैनिंग

विधाता के जीव-विभाग के एक डिपो में एक कर्मचारी हाथ में एक लिस्ट लिये घूम रहा था। लिस्ट में नम्बर देखकर वह उस नम्बर का जीव निकालता और उसे

सावधानी से कपड़े के थैले में रखता जाता। थैला दो-तीन जगह से उधड़ गया था, क्योंकि उसी में वह विधाता के घर सब्जी पहुँचाता था।

उसने जीव नं. ड/865372 निकाला और उसे थैले में रखने लगा।

तभी जीव बोल उठा, "मुझे कहाँ ले जा रहे हो ?"

कर्मचारी ने जवाब दिया, "तुम्हें एक पिण्ड में डाला जायेगा। तुम फिर जन्म लोगे।"

जीव ने पूछा, "किसके घर ? किसकी स्त्री के पेट से ?"

कर्मचारी ने चिढ़कर कहा, "मुझे जीव से बात करने का हुक्म नहीं है। दुश्मनों ने चुगली कर दी है कि मैं जीवों से घूस लेकर उनके बाप बदल देता हूँ। तुम्हें जो भी पूछना हो, बड़े साहब से पूछो।"

जीव ने कहा, "तो ले चलो मुझे अपने बड़े साहब के पास।"

कर्मचारी जीव को लेकर बड़े साहब के सामने आया। बड़े साहब गुस्से में थे। कर्मचारी को देखकर उबल पड़े, "तुमने कितना घपला किया है ! आज फिर एक शिकायत आयी है कि तुमने किसी भेड़िये के जीव को मानवी के गर्भ में रख दिया। अब वह लड़का बड़ा होकर सड़क पर लड़कियों को छेड़ता है। इसके पहले भी तुम ऐसा कर चुके हो। मैं तुम्हें बहुत पहले नौकरी से निकाल देता, मगर मजबूर हूँ। तुम विधाता के घर में सब्जी पहुँचाते हो।"

कर्मचारी कुछ नहीं बोला।

साहब ने पूछा, "अब क्यों आये हो ?"

कर्मचारी ने जीव को टेबुल पर रखकर कहा, "साहब, यह जीव बहुत बक-बक करता है।"

साहब ने कहा, "पूर्वजन्म के संस्कार होंगे। किसी रद्दी माल की कम्पनी का एजेण्ट होगा पहले।"

जीव ने कहा, "मैं एजेण्ट नहीं था, परिवार-नियोजन का डॉक्टर था। और मैं बक-बक नहीं करता। मैं पूछता हूँ कि मैं किसके घर में जन्म लेनेवाला हूँ।"

साहब ने रजिस्टर देखा। पूछा, "तुम्हारा नम्बर ?"

"ड/865372।"

साहब ने देखकर बताया, "तुम एक स्कूल मास्टर हरिप्रसाद पाण्डे के लड़के होनेवाले हो।"

"कितनी तनख़्वाह मिलती है उसे ?"

"डेढ़ सौ रुपये माहवार।"

"अभी कितने बच्चे हैं ?"

"छह। तुम सातवीं सन्तान रहोगे।"

जीव भुनभुना उठा। बोला, "मैं इसका सातवाँ बच्चा बनने को कतई तैयार नहीं। मैं जन्म नहीं लूँगा। आई रिफ्यूज़ टू एक्सेप्ट रिबर्थ।"

साहब को किसी की अकड़ बरदाश्त नहीं। बोले, "जैसे जन्म न लेना तुम्हारी

इच्छा पर निर्भर हो ! बड़े-बड़े ऋषि-मुनि जीवन-भर तपस्या करते हैं, तब जन्म-मरण के बन्धन से मुक्त होते हैं। और तपस्या करते में कहीं कोई स्त्री आ जाये, तो सब मेहनत अकारथ ! तलवार की धार है ! तुम्हारी अकड़ चल नहीं सकती।"

जीव ने जवाब दिया, "ऐसी धाँधली भी चल नहीं सकती। मैं खुद भगवान् से मिलूंगा। हाँ, क्या नाम बताया, उस अभागे स्कूल मास्टर का ? हरिप्रसाद पाण्डे नाम कुछ परिचित लगता है। किस शहर में रहता है यह ?"

साहब ने बताया, "खण्डवा में।"

जीव टेबल पर उत्तेजना से फुदक पड़ा। कहने लगा, "खण्डवा ! मैं भी तो वहीं रहता था। मैं इसे खूब जानता हूँ। यह मेरे दवाखाने के पास ही रहता है। अरे, यह तो वही 'डू इट' मास्टर है !"

साहब ने कहा, " 'डू इट' मास्टर कैसा नाम है ? उधर तो ऐसे नाम नहीं होते।"

जीव ने कहा, "यह उसका प्रचलित नाम है। उसके विद्यार्थियों ने दिया है। लड़के इससे सवाल पूछते हैं, तो यह बताता नहीं है, बल्कि उनके कान खींचकर कहता है, 'बन जायेगा, गधे ! डू इट ! डू इट !' बस, लड़कों ने उसका नाम 'डू इट मास्टर' रख दिया। अरे, मैं इसे खूब जानता हूँ। मैं भला इसका सातवाँ लड़का बनूंगा।"

साहब की जिन्दगी मनहूस वातावरण में बीत गयी थी। ऐसी दिलचस्प बातें सुनीं, तो मन में प्रसन्न हो गये। जीव से बोले, "मैं तुमसे प्रसन्न हूँ। पर मैं कुछ कर नहीं सकता। मेरे हाथ नियमों से बँधे हैं। जन्म और मृत्यु भगवान् के हाथ है। मैं तुम्हें उनके पास भेज देता हूँ।"

जीव को भगवान् के पास ले जाया गया। भगवान् उस समय अपनी स्तुति की पुस्तक का नया संस्करण देखकर प्रसन्न हो रहे थे। अच्छे 'मूड' में थे। जीव को पुस्तक दिखाकर पूछा, "कैसी है ? तुमने पढ़ी है ?"

जीव ने कहा, "थोड़ी-सी पढ़ी है। फिर बोर हो गया। लिखी अच्छी है, पर अवैज्ञानिक है—अन्साइण्टिफ़िक, इफ़ यू अण्डरस्टैण्ड !"

भगवान् ने बहस करना उचित नहीं समझा। पूछा, "तुम्हें क्या काम है ?"

जीव ने कहा, "मैं बड़ी विडम्बना में हूँ। मैं पूर्व-जन्म में परिवार-नियोजन का डॉक्टर था। दूसरे बच्चे के बाद हजारों ऑपरेशन मैंने किये हैं। और अब मुझे ही एक स्कूल-मास्टर का सातवाँ बच्चा बनाकर भेजा जा रहा है ! ज़रा ट्रेजेडी पर गौर फ़रमाइए।"

भगवान् ने पूछा, "तुम्हें आपत्ति क्यों है ?"

जीव ने समझाया, "भगवन्, आप तो कुछ देखते-समझते नहीं हैं; बच्चे पर बच्चे देते जाते हैं। मैं जानता हूँ कि गरीब मास्टर के सातवें बच्चे की जिन्दगी कैसी

होगी। यह आदमी मेरे दवाखाने के पास ही रहता है। इसके बच्चे न भर-पेट खा पाते हैं, न कपड़े पहन पाते। भूखे, मरियल, गन्दे बच्चे हैं इसके। न स्वास्थ्य, न शिक्षा, न संस्कार, न कोई भविष्य ! मैं इसका सातवाँ लड़का रहूँगा। ज़रा मेरी हालत की कल्पना कीजिए ! इसके पहले लड़के का कोट दूसरा लड़का पहनता है और दूसरे का तीसरा और तीसरे का कोट चौथे को मिल गया होगा। मुझे तो फटा-पुराना कोट भी नहीं मिलेगा, क्योंकि मुझसे बड़ी बाकी सब लड़कियाँ हैं। वह मास्टर शादी के बाद तीन-चार साल तक बढ़िया सूट पहनता था। फिर मैंने अपनी आँख से उसे चौथे बच्चे की नाक अपने कोट से पोंछते देखा है।"

भगवान् ने कहा, "पर वह सन्तान तो चाहता है !"

जीव ने जवाब दिया, "वह क्या खाक सन्तान चाहेगा ? सन्तान होना तो उसकी मजबूरी है। वह तो बच्चों से तंग आ गया है। उन्हें मारता है, गाली देता है और चिल्लाता है कि अभागे मरते भी नहीं हैं, मुझे खाये जाते हैं। वह अपनी पत्नी से लड़ता है। कहता है, तूने इतने बच्चे पैदा करके रख दिये ? वह जवाब देती है कि क्या मैंने अकेले ही बच्चे पैदा कर दिये ! तब तर्क के अभाव में वह अपनी स्त्री को पीटता है और बच्चे देखते हैं कि बाप माँ को इसलिए पीट रहा है कि हम पैदा हो गये। बाप और बेटे परस्पर घृणा करते हैं। ऐसे घर में आप मुझे भेजना चाहते हैं !"

भगवान् को बातों में रस आने लगा था। उन्होंने कहा, "पर तुम तो परिवार-नियोजन के डॉक्टर थे। तुमने क्यों नहीं यह सिलसिला बन्द करवाया ? तुमने शायद अपना कर्त्तव्य नहीं निभाया ?"

जीव के अभिमान को ठेस लगी। वह बोला, "सारा इलाका जानता है कि मैंने कितना काम किया है। अनगिनत परिवार मैंने नियोजित किये। अगर मैं दस साल और जीवित रहता, तो आदमी क्या कुत्ते-बिल्ली भी दो से ऊपर पिल्ले-बिल्ले पैदा नहीं कर पाते। मैंने तो तीसरे बच्चे के बाद ही इस बेवकूफ से कहा था..."

भगवान् ने टोका, "वह तुम्हारा पिता होगा। तुम उसे बेवकूफ कहते हो !"

जीव लापरवाही से बोला, "पिता कैसे होगा? अगर हुआ भी, तो दुश्मन होगा। मैंने उस बेवकूफ से कहा कि अब बस करो। तुम एटमयुग के आदमी हो। विज्ञान ने बहुत आसान साधन प्रदान किये हैं। मेरे दवाखाने आओ। उसने एक-दो बार 'हूँ-हाँ' किया, पर फिर वह मुझसे कतराने लगा। न जाने क्या डर और संकोच उसे लगा ! इसके बाद चौथा हुआ और मेरे यहाँ आने के ज़रा पहले पाँचवाँ भी हो गया। इधर मेरी पीठ फिरी कि सुना है—छठा भी हो गया ! दुनिया में ये कुछ लोग ऐसे हैं, जो आधुनिक पोशाक में 'केव मैन'—गुहामानव—हैं, पूर्व पाषाण-काल के, पूर्णतः प्रकृति के वशीभूत, विवश। लाखों वर्षों की वैज्ञानिक उपलब्धियाँ उनके लिए व्यर्थ हैं। इनका परिवार-नियोजन तो आप भी नहीं कर सकते। अगर आप इन्हें आदमी के बच्चे देना बन्द कर दें, तो ये कुत्ते-बिल्ली पैदा करेंगे।"

भगवान् ने कहा, "परन्तु तुम अधिक बच्चों के इतने विरोधी क्यों हो ? मेरे भी तो करोड़ों बच्चे हैं। सारे आस्तिक मुझे पिता कहते हैं।"

जीव सूक्ष्म रूप में ही हँसा। बोला, "यह भी आपका एक प्यारा भ्रम है। वे सब तो मन्दिर और चर्च में प्रार्थना की छपी पुस्तक में से पढ़कर ऐसा कहते हैं। बाहर कोई आपको पिता नहीं मानता। कोई वल्दियत में छोटेलाल लिखवाता है और कोई बाबूलाल। एक था, जो खुलेआम आपको अपना पिता कहता था—ईसा मसीह। मगर यह उसका अपराध माना गया और आपके झूठे बेटों ने उसे सूली पर चढ़ा दिया।"

इस वक्तव्य से भगवान् को बुरा लगा। वह डॉक्टर के जीव से अब अधिक बात नहीं करना चाहते थे। उन्होंने अन्तिम निर्णय दे दिया, "मेरा विधान टल नहीं सकता। तुम्हें उसके यहाँ जन्म लेना ही पड़ेगा।"

जीव ने धैर्य खो दिया। वह उत्तेजित हो गया। उसने क्रोध से कहा, "आपको न्याय-अन्याय का खयाल भी है कि नहीं? मैं आपके वैष्णव रूप की ही बात कहता हूँ। आपको एक बार जन्म लेना पड़ा, तो आपने छाँटकर एक चक्रवर्ती सम्राट् दशरथ को अपना पिता चुना। किसी स्कूल मास्टर के सातवें बच्चे क्यों नहीं हुए आप? आप तो होंगे राजा के लड़के! और तब राजा के भी हजारों लड़के होते थे, पर आपके पिता के सिर्फ चार लड़के, जिनमें सबसे बड़े आप! महल, नौकर, अच्छे कपड़े, अच्छा खाना और प्रायवेट ट्यूटर! फिर आपको एक 'कॉमनर' वसुदेव के घर जन्म लेना पड़ा। तब आपका नम्बर नवाँ था। पर आपने कंस के निमित्त से अपने पहले के आठों बच्चों को विदा करा दिया। आप इकलौते हो गये! और मुझे एक गरीब आदमी का सातवाँ बच्चा बनाकर भेज रहे हैं!"

जीव ने अविवेक किया। दिन-रात स्तुति सुनने के आदी से ऐसी खरी अप्रिय बातें नहीं कही जातीं।

भगवान् क्रोध से लाल हो गये। कठोर स्वर में बोले, "अपना बाप चुनने का अधिकार किसी को नहीं है। जाओ! कल तुम मास्टरनी के गर्भ में डाल दिये जाओगे।"

बाहर निकलते ही जीव रो पड़ा, "हाय! सातवाँ!"

अखबार में खबर छपी थी :

"हरिप्रसाद पाण्डे नामक एक शिक्षक के यहाँ एक विचित्र बालक ने जन्म लिया हैं। वह जन्म से ही बूढ़ा है। उसके बाल सफेद हैं और चेहरे पर झुर्रियाँ हैं। उसके कन्धे झुके हुए हैं। वह न हँसता है, न शोर करता है। बूढ़े आदमी की तरह उदास और गम्भीर रहता है। इस बालक में एक और विचित्र बात है। सात बजे वह एकदम चीख पड़ता है और सात तारीख को तो दिन-भर रोता रहता है। श्रद्धालुओं का विश्वास है कि यह कोई ऋषि असार संसार में अनिच्छा से आ गया है।"

राग-विराग

मई की दोपहरी। 'बस-स्टैण्ड' पर बस खड़ी है। मुसाफिर आ रहे हैं और बैठते जा रहे हैं। उच्च श्रेणी में दो-दो मुसाफिरों के बैठने के लिए एक के पीछे एक कई सीटें हैं। हर मुसाफिर की टिकट पर सीट का नम्बर होता है। पर यह एक अजब लोभ है कि बस में घुसते ही कई मुसाफिरों के मन में यह आता है कि किसी दूसरी सीट पर बैठ जायें। उस दिन चौराहे पर तीन-चार पुलिस के सिपाही पानवाले से दस सेर गाँजा पकड़ने की ऐतिहासिक घटना का सगर्व वर्णन कर रहे थे। एक सिपाही बड़े सहज भाव से बोला, "भैया, उस मामले में कम-से-कम पाँच सौ रुपये मिलते, और किसी को कानों-कान खबर नहीं होती। पर इस बलभद्दर ने कोतवाली ले जाकर सब मटियामेट कर दिया।" दूसरे की जगह बैठने का इरादा और गाँजा पकड़कर पाँच सौ रुपये घूस लेने का इरादा —दोनों एक ही प्रकार के लोभ हैं—हमारे सामूहिक मन का प्रतिनिधि लोभ।

बस-कण्डक्टर ने मुसाफिरों को उठा-उठाकर उनकी ठीक जगह पर बैठाना आरम्भ कर दिया है। लोग शहीदाना गर्व के साथ अपनी जगह पर बैठ रहे हैं, दूसरों की जगह पर जम जाने का उनका अधिकार जो छिन गया।

एक व्यापारी थलथलाते हुए आ रहे हैं, दुर्भाग्य से मेरे परिचित। कभी किसी का मिलना सौभाग्य बन आता है, पर कभी, उन्हीं का मिलना दुर्भाग्य। निमोनिया में मुरब्बा प्राणघातक है। वैसे मुरब्बा बहुत अच्छी चीज है। सफर में 'बोर' व्यापारी निमोनिया में मुरब्बे की तरह ही है। वे तो दुकान पर ही भले लगते हैं।

पर मुझे देखकर वे खिल उठे, "अच्छा आप भी चल रहे हैं?" कहकर मेरी बगल की खाली जगह पर आ बैठे। बस ड्राइवर को देखकर गद्गद हो बोले, "अच्छा, वज़ीर मियाँ, आप चल रहे हैं आज?" वज़ीर मियाँ शायद उन्हें पहचानते नहीं हैं, पर वे इस विश्वास और आत्मीयता से वज़ीर मियाँ को गले लगा लेना चाहते हैं कि अगर बस कहीं किसी झाड़ से टकरा गयी तो वज़ीर मियाँ सबको मर जाने देंगे, सिर्फ उन्हें बचा लेंगे।

वे मेरी ओर मुड़े और अपने भतीजे के लिए किसी स्कूल से झूठा सर्टिफिकेट प्राप्त करने की योजना पर विचार करने लगे। एक आँख बन्द करके अँगूठे पर पहली उँगली से चोट करके बोले, "कुछ खर्च करना पड़े तो पीछे नहीं हटेंगे।" उनके उद्देश्य की 'शुचिता' के साधन रूप में अपना मेल होते देख मैं तनिक अकुलाया। पर इसी समय कण्डक्टर मेरा 'मसीहा' बन गया। उसने उन्हें उठाकर मुझसे काफी दूर, उनकी ठीक जगह पर, बैठा दिया।

अब मेरे पास एक युवक आकर बैठ गया है। हाथ में एक फिल्मी पत्रिका है। अब मैं बिल्कुल सुरक्षित हूँ। जिसके हाथ में फिल्मी पत्रिका है, वह बगल में बैठे भगवान् से भी बात नहीं करेगा।

सीटें लगभग भर चुकी हैं। सिर्फ मेरे पीछे की एक सीट पर एक जगह खाली है। अभी केवल एक संन्यासी बैठे हैं, चालीस-पचास साल के होंगे, वैसे वे अपने को अस्सी-नब्बे साल का बताते हैं। पुराना चावल और पुराना संन्यासी—दोनों कीमती होते हैं। तभी 'वेश्या बरस घटावहिं जोगी बरस बढ़ाहिं।' अच्छे सुडौल हैं। ताजे कटे लॉन की तरह उनकी खोपड़ी और दाढ़ी! माथे पर तिलक, गले में कण्ठी। गेरुआ रंग अब सफेद होने लगा है।

संन्यासी को देखकर लोगों के मन में एक कुतूहलमय सम्मान जागता है। अगर संन्यासी ऊँचे क्लास में सफर कर रहा हो तब तो और सम्मान पाता है और अगर अंग्रेजी भी बोल लेता हो, तब तो लोग न्योछावर होते हैं। पर बेचारे संन्यासी के मुख पर मैंने अकसर परेशानी, निराशा, ग्लानि और असन्तोष देखा है। लोगों की नजरों में वह चाहे पूज्य हो पर अपनी नजरों में वह केवल दयनीय ही होता है। संसारियों पर घृणा की दृष्टि डालकर वह इस दयनीयता को अपनी ही नजरों से छिपाने की कोशिश करता है। पर उसकी आँखों में तो वह खिड़की खोलकर बैठी रहती है।

संन्यासी गीता पढ़ रहे हैं :

"यदा यदा हि धर्मस्य ग्लानिर्भवति भारत..."

और मेरे बगल में बैठा युवक अभिनेत्री सुरैया का नवीनतम चित्र देख रहा है। दोनों एक ही अप्राप्य काल्पनिक आनन्द में लीन हैं। दोनों एक मृग-तृष्णा के शिकार! जैसी इसकी सुरैया, वैसे उसके भगवान्! दोनों दूर बहुत दूर, स्वप्नवत् अलभ्य, बे-जाने-पहचाने!

संन्यासी ने आगे झुककर नवयुवक की फिलमी पत्रिका को देखा और घृणा से मुँह फेर लिया।

नवयुवक संन्यासी के श्लोकों से परेशान होकर खीझ से बुदबुदाया : "ह्वाट ए न्यूसेन्स—कैसी परेशानी है?"

बस अब चलने ही वाली है। मेरे परिचित व्यापारी ने पीछे की सीट से एक पान के अष्टमांश हिस्से का बीड़ा बनाकर मेरी ओर बढ़ाया, मानो चेतावनी दे रहा है कि किसी भी क्षण आक्रमण कर दूँगा।

एक रिक्शा आकर रुका और उसमें से एक महिला फुर्ती से निकली। शरीर कीमती साड़ी में लिपटा, हाथ में बैग। यौवन का ज्वार अब भाटा हो रहा है, यही पैंतीस वर्ष के आसपास होगी। सुडौल मुख, पानीदार आँखें, मुद्रा में संकोचहीनता, चाल में स्वाभाविक सत्ता की दृढ़ता। वह बस में घुसी और कण्डक्टर से पूछा, "मेरी सीट? नम्बर 8 की टिकिट है।" कण्डक्टर ने संन्यासी के बगल की खाली सीट की ओर संकेत कर दिया। सारी बस में वही सीट खाली थी।

स्त्री बढ़ी और संन्यासी के बगल में बैठने का उपक्रम करने लगी। इधर संन्यासी पर जैसे बिजली गिर पड़ी। हाथ जोड़कर बोले, "नहीं-नहीं देवी! यहाँ पर मत बैठो, कहीं और बैठ जाओ।" स्त्री ठिठक गयी। उसने कण्डक्टर की ओर

देखा। कण्डक्टर ने कहा, "महाराजजी, और सीट तो खाली नहीं है। वे कहाँ बैठेंगी? वह सीट तो उन्हीं की है।"

संन्यासी ने अत्यन्त दीन नयनों से उसकी ओर देखा। कहा, "नहीं-नहीं भैया, मैं स्त्री के पास नहीं बैठ सकता। स्त्री का संग मुझे वर्जित है। मैं संन्यासी ठहरा।"

मुसाफिरों का ध्यान संन्यासी की ओर खिंच गया। सबके नयनों में उत्सुकता है। गरमी और बस की नीरसता में मन-बहलाव का एक जरिया तो मिला। स्त्री कहीं और भी बैठ सकती है, किसी अन्य मुसाफिर को वहाँ बैठा दिया जा सकता है। और कितने लोग उम्मीद लगाये बैठे होंगे कि ऐसे सीट-विनिमय में हमें ही स्त्री का सामीप्य लाभ हो जाये। पुरुषों से भरी बस में स्त्री! जैसे विस्तृत रेगिस्तान में एक झरना। पर संन्यासी की कातरता और दीनता का मजा सभी ले रहे थे। वह स्त्री भी वहीं अड़ी रही। कण्डक्टर भी हठ करने लगा। और हम लोग आँखें फाड़े ही थे। विश्वामित्र-मेनका! शुक-रम्भा!

पर स्त्री बड़ी प्रगल्भा निकली। संकोच जैसे वह जानती ही नहीं है। वह कहने लगी, "महाराज, आप तो पिता-तुल्य हैं। मैं एक किनारे बैठ जाऊँगी। संन्यासी के ही पास तो हम निर्भय और निःसंकोच बैठ सकती हैं।" हम सब चकित हैं। कैसी वाचाल है!

संन्यासी बोले, "नहीं, नहीं देवी, मुझे संकट में न डालो। मेरे गुरु की आज्ञा है। माता और पुत्री का संग भी हमारे लिए निषिद्ध है। धर्म का आदेश है।"

स्त्री अब तमतमा गयी है। उसने बड़े रोष और घृणा से कहा, "महाराजजी, जो धर्म माता और पुत्री से डरने के लिए कहता है, वह धर्म नहीं हो सकता। वह पाखण्ड है।"

संन्यासी अब हत-तेज हो गये हैं। उन्हें उत्तर नहीं सूझ रहा। इसी समय मैंने कह दिया, "संन्यासीजी, बैठ जाने दीजिए न! आप तो वीतराग हैं।"

इसी समय पुलिस के सिपाही ने ड्राइवर से कहा, "वजीर मियाँ, चलो स्टार्ट करो। पाँच मिनिट लेट हो गयी है।"

भीतर से मुसाफिर चिल्लाये, "अरे भाई, गरमी में यहीं मार डालोगे क्या, स्टार्ट करो गाड़ी।"

ड्राइवर ने बटन दबाया। घरघराहट हुई और बस खिसकी। इस गड़बड़ में वह स्त्री संन्यासी के बगल की उसी सीट पर बैठ गयी। संन्यासी एकदम बस दीवार से सटकर, दुबककर बैठ गये। उन्होंने बड़े कातर नेत्रों से हम लोगों की ओर देखा। वह नारी बड़ी बेफिक्री से बैठी थी।

बस अब चलने लगी है। संन्यासी वैसे ही दुबके, भयभीत एक कोने में बैठे हैं, जैसे बगल में सिंहनी सो रही है, जो यदि जाग गयी तो प्राण ले लेगी। उन्होंने जोर-जोर से गीता पढ़ना आरम्भ कर दिया :

"कर्मेन्द्रियाणि संयम्य य आस्ते मनसा स्मरन्....."

बचपन की याद मुझे आ गयी। शाम को खेलकर घर लौटता तो 'भुतही

इमली' के नीचे से निकलना पड़ता था। भूत से बचने के लिए मैं खूब जोर से गाना गाता था। मेरे गाने से भूत भागता था या नहीं, यह तो नहीं जानता, पर मेरे मन का भय जरूर भाग जाता था। संन्यासी जोर-जोर से गीता-पाठ कर रहे हैं, मुझे अपने उसी 'भूत भगाऊ' गाने की याद आ गयी।

वे गीता पढ़ रहे हैं। सोचता हूँ, जो किसी पुस्तक को बार-बार पढ़ता है वह समझकर तो ऐसा नहीं कर सकता। अच्छे-से-अच्छे ग्रन्थ को कोई समझकर पढ़े तो दो-चार बार पढ़ सकता है। पर जो बार-बार उसे पढ़ता है, रोज एक बार पाठ कर जाता है, वह जरूर बिना समझे ही पढ़ता है। जिन्दगी-भर से संन्यासीजी गीता पढ़ रहे हैं, जैसे हलवाई जिन्दगी-भर मिठाई बनाता और बेचता है। पर मिठाई देखकर कभी हलवाई की जीभ में तो पानी नहीं आता। संन्यासी भी गीता से बिल्कुल निर्लिप्त रहकर गीता पढ़ लेते हैं, जैसे ग्रामोफोन का रिकार्ड आरती गाता है। उनका स्वर काफी तेज हो गया है। ज्यों-ज्यों 'भुतही इमली' नजदीक आती जाती, मैं भी अपने गाने का स्वर बढ़ाता जाता था।

संन्यासी ने मेरी पुस्तक की ओर देखा। पूछा, "धार्मिक पुस्तक है ?" मैंने कहा, "नहीं कहानी की है।" संन्यासी ने घृणा से मुँह फेर लिया।

अब मुसाफिरों का ध्यान संन्यासी की ओर नहीं है। कुछ पढ़ रहे हैं, कुछ ऊँघ रहे हैं, कुछ जाली के उस पार बैठी तरुणियों पर आँखें लगाये हैं, और जिन्हें कुछ नहीं मिलता वे बेचारे गर्दिश के मारे इस निर्भय प्रौढ़ा की ओर देख लेते हैं।

रास्ते में एक कुआँ दिखा तो संन्यासी ने बस रुकवायी। कमण्डलु लेकर कुएँ पर पहुँचे, पानी पिया और भरते लाये। उस स्त्री से पूछा, "देवी, पानी पियेंगी ?" स्त्री ने अनिच्छा से एक गिलास पानी पी लिया। हम लोगों को संन्यासी पर अब बड़ी दया आने लगी है।

पचीसों मील निकल गये। संन्यासी माला फर रहे हैं। एकदम चौंककर दीन वाणी में बोले, "देवी क्षमा !" शायद माला फेरते-फेरते हाथ लग गया होगा संन्यासी का।

मील पर मील निकलते जा रहे हैं। संन्यासी का पाठ जारी है। स्त्री भी एक किताब पढ़ रही है। बीच-बीच में एकदम किताब बन्द कर देती है। बड़ी परेशानी से आसपास देखती है। वह खीझकर बोली, "महाराज, जरा ठीक से बैठो।" संन्यासी ने हाथ जोड़कर कातर वाणी में कहा, "देवी क्षमा करना, ध्यान में डूब गया था।"

फिर पचीसों मील निकल गये। संन्यासी ने अब स्थिति के साथ समझौता कर लिया है, पर स्त्री परेशान हो गयी है। ज्यों-ज्यों संन्यासी परिस्थिति के साथ समझौता करते जाते हैं, त्यों-त्यों स्त्री की परेशानी बढ़ती जाती है।

संन्यासी अब एक ही श्लोक को बार-बार कह रहे हैं। एक बार, दो बार, तीन बार, आठ बार। उनका स्वर टूटा है, उच्चारण में अटपटापन है, गले में खरखराहट ! मैंने पीछे देखा कि कहीं संन्यासी ऊँघ तो नहीं रहे हैं। नहीं, वे तो खूब

आँखें फाड़े बैठे हैं। मुझसे आँखें मिलीं तो एकदम चौंककर श्लोक बदला। बड़ी फुर्ती से दो-तीन आगे के श्लोक पढ़ गये।

अब फिर एक श्लोक बार-बार कह रहे हैं। स्वर टूटता हुआ, उच्चारण अटपटा, गले में खरखराहट। निःश्वास की गति बहुत तीव्र है। गीता अँगुलियों में फिसलकर लगभग उलटी हो गयी है।

बस चली जा रही है। जोगी और भोगी को एक गति से ले जा रही है। धुँधलका होने लगा है। बस में मन्द प्रकाश में पढ़ना सम्भव नहीं है। मैंने किताब बन्द कर दी है। सफर में अँधेरा होते ही नींद आने लगती है। लोग ऊँघने लगे हैं। मेरा पड़ोसी युवक अब भी किसी अभिनेत्री का चित्र देखने में मशगूल है। संन्यासीजी का अटपटा पाठ चल रहा है। कभी चौथे अध्याय का श्लोक बोल देते हैं, कभी दूसरे का। उनका सिलसिला टूट गया है। उस ओर मेरे परिचित सेठ हथेली पर सिर रखे ऊँघ रहे हैं। वजीर मियाँ वैसे ही मुस्तैदी से बैठे हैं। उस सीट पर के वृद्ध सज्जन ने ड्राइवर की सीट तक टाँगें फैला ली हैं। सब शान्त हैं। सब ऊबे हैं। बाहर की प्रकृति भी बड़ी ऊबी-ऊबी-सी लगती है। घरघराहट और संन्यासी का गीता-पाठ इन दोनों में ही होड़ है।

स्त्री बहुत परेशान है। वह एकदम अपनी सीट से उठी। चिल्लायी, "गाड़ी रोको।" वजीर मियाँ ने गाड़ी रोक दी। "क्यों, क्या बात है बाई?" उसने पूछा।

संन्यासी ने कहा, "क्यों, क्यों? देवी बैठ जाओ?"

स्त्री ने संन्यासी को एक चाँटा मारा और बोली, "लुच्चा बदमाश कहीं का!" फिर कण्डक्टर से बोली, "मुझे और कहीं बिठा दो भैया।"

बैताल की छब्बीसवीं कथा

बैताल ने विक्रम से कहा, "हे विक्रम, मैं तुझसे बहुत प्रसन्न हूँ, इसलिए तुझे एक कथा और सुनाता हूँ। सुन---

एक समय की बात है। एक नगर में शिवदत्त नामक एक वेदपाठी धार्मिक ब्राह्मण रहता था। उसके घर एक पुत्र ने जन्म लिया, जिसका नाम देवदत्त रखा गया। देवदत्त बड़ा सुन्दर लड़का था। वह चन्द्रमा की कला की भाँति बढ़ने लगा। जब उसके दूध के दाँत आये, तो उसके माता-पिता ने देखा कि लड़के के सामने के दो दाँत बहुत बड़े हैं। एक दिन शिवदत्त ब्राह्मणी से कह रहा था, 'कोई चिन्ता की बात नहीं। ये तो दूध के दाँत हैं। इनके टूटने पर सुडौल दाँत आ जायेंगे।' बालक देवदत्त यह सुनकर बड़े जोर से रोने लगा और 'ऊँ हूँ! ऊँ हूँ!' चिल्लाने लगा।

माता-पिता को बड़ा आश्चर्य हुआ कि यह अबोध बालक उनकी बात कैसे समझा और क्यों रोया। जब कभी दाँतों की बात निकलती और उन बड़े बेडौल दाँतों की बुराई होती, देवदत्त चीखने-चिल्लाने लगता।

देवदत्त बड़ा हुआ। उसके दूध के दाँत टूटे और नये दाँत आये। पर माता-पिता की आशा व्यर्थ गयी। नये दाँत पहले से भी बड़े और बाहर निकले हुए थे। एक दिन उसकी माँ अपने पति से कह रही थी, 'लड़के का मुँह तो सुडौल है, पर इन दाँतों ने उसका चेहरा बिगाड़ दिया है।' शिवदत्त ने कहा, 'हम डॉक्टर से इसके ये दाँत निकलवाकर नये छोटे दाँत लगवा देंगे।' देवदत्त ने, जो वहीं खेल रहा था, यह बात सुन ली। वह कहने लगा, 'मैं ये दाँत नहीं निकलवाऊँगा।' शिवदत्त ने उसे समझाया, तो वह रोने लगा और बोला, 'नहीं, चाहे कुछ हो, मैं ये दाँत नहीं निकलवाऊँगा।' माता-पिता ने यह सोचकर धीरज रखा कि यह अभी नादान है, बड़ा होने पर हठ नहीं करेगा।

हे विक्रम, देवदत्त पाठशाला जाने लगा। वहाँ उसके सहपाठी उसे चिढ़ाते थे। कोई कहता, 'इसने घर के खपड़े लगा रखे हैं।' कोई कहता, 'ये हल के फल हैं, जिनसे आगे चलकर यह खेती करेगा।' कोई कहता, 'भगवान् का वाराह अवतार हुआ है।' पर देवदत्त पर कोई प्रभाव न पड़ता। वह हँसता ही रहता। वह जब कॉलेज में पहुँचा, तो उसके सहपाठियों ने उसे 'डेण्टिस्ट' नाम दे दिया। इस नाम से भी देवदत्त बिल्कुल नहीं चिढ़ता। वह सन्त-जैसा शान्त रहता, हँसता रहता।

उसकी पढ़ाई समाप्त हुई। अब शिवदत्त अपने पुत्र के विवाह की चिन्ता करने लगा। कई जगह विवाह की बात आयी-गयी, पर सम्बन्ध कहीं भी तय नहीं हो सका। लड़कीवाले आते और देवदत्त के दाँत देखकर लौट जाते। तब एक दिन शिवदत्त उसे पुनः समझाने लगा, 'बेटा, हठ छोड़ दे। इन दाँतों को निकलवाकर दूसरे दाँत लगवा। किसी अच्छे घर में विवाह हो जायेगा।' यह सुनकर देवदत्त बोला, 'पिताजी, चाहे मैं क्वाँरा रह जाऊँ, पर इन दाँतों को नहीं निकलवाऊँगा। ये मुझे प्राणों से भी अधिक प्यारे हैं।' शिवदत्त बेटे की हठ के सामने हार गया। उसने एक दरिद्र घर में साधारण लड़की से उसकी शादी कर दी।

हे राजन्, अब देवदत्त नौकरी करने लगा। वह अपने दाँतों को शोभा की तरह गर्व से धारण करता। उसने दोनों दाँतों में सोने की एक-एक कील ठुकवा ली जिससे वह दमकने लगे।

देवदत्त का एक मित्र था, जिसका नाम विष्णुदत्त था। विष्णुदत्त ने एक दिन उससे कहा, 'बन्धु, इन बेडौल दाँतों से तुम्हारा इतना मोह क्यों है। वे तुम्हारे सुन्दर मुख को विकृत कर देते हैं, फिर भी तुम इन्हें क्यों इतना चाहते हो?' देवदत्त ने कहा, 'बन्धु, तुम नहीं जानते, कोई नहीं जानता कि इन दाँतों का मेरे लिए क्या मूल्य है। ये अत्यन्त पवित्र दाँत हैं, मेरे पूर्व जन्म के पुण्य के फल हैं। ये मुझे वरदान में मिले हैं। मुझे वह दृश्य अब तक याद है, धर्मराज ने अपने सहायकों को मुझे बड़े दाँत देने का आदेश दिया था।'

यह सुनकर विष्णुदत्त बड़े आश्चर्य में पड़ा। उसने कहा, 'बन्धु, क्या तुम्हें पूर्व जन्म का वृत्तान्त मालूम है? मुझे बतलाओ कि तुमने उस जन्म में कौन से पुण्य किये थे, जिनके फलस्वरूप तुम्हें ये दाँत मिले।'

हे विक्रम, मित्र की जिज्ञासा देख और उसे अधिकारी समझकर देवदत्त ने कहा, 'बन्धु, मैं तुझे अपने पूर्व-जन्म का वृत्तान्त सुनाता हूँ, जो मैंने किसी को नहीं सुनाया। ध्यान देकर सुन :

पिछले जन्म में मैं एक प्राइवेट कॉलेज में लेक्चरर था। उस संस्था का प्रबन्ध करने के लिए एक समिति थी जिसके अध्यक्ष बाबू मिठाईलाल थे, जिनकी चौक में मिठाई की बड़ी दूकान थी। बन्धु, बाबू मिठाईलाल ही हमारे कॉलेज के कर्त्ता-धर्ता थे, उन्हीं की इच्छा से नियुक्ति होती थी और उन्हीं की अप्रसन्नता से नौकरी समाप्त होती थी। हम सब लेक्चरर-प्रोफेसर लोग बाबू मिठाईलाल की दूकान पर रोज जाते थे। प्रातःकाल जब हमें पढ़ाने के लिए अध्ययन करना चाहिए, हम बाबूजी की दूकान पर बैठकर उनकी प्रशंसा करते या उनके बच्चों को खिलाते थे। बन्धु, मैंने जलेबी बनाना सीख लिया था और कई बार उनकी दूकान पर जब मेरे साथी न होते, मैंने जलेबी भी बनायी थी। इससे बाबूजी बहुत प्रसन्न हुए थे।

बन्धु, एक बार उस कॉलेज में, असिस्टेण्ट प्रोफेसर की एक जगह खाली हुई। यह ऊँचा पद था और वेतन भी डेवढ़ा था। मुझसे दो सीनियर लेक्चरर थे। मेरा नम्बर तीसरा था। इसलिए, सबको विश्वास था कि वह पद उन दो में-से किसी को मिलेगा। पर मैं निराश नहीं हुआ। मैंने भी प्रयत्न किये। मैं बाबू मिठाईलाल की दूकान पर अधिक बैठने लगा। मैंने बड़ी लगन से इमरती बनाना भी सीख लिया और जब एक दिन मैंने इमरती बनाकर दिखायी तब तो बाबूजी बहुत प्रसन्न हुए। कहने लगे, 'वाह, मुझे नहीं मालूम था कि इतिहास का प्रोफेसर इतनी अच्छी इमरती बना सकता है।' मैंने कहा, 'बाबूजी, सब आपकी कृपा है।'

बन्धु विष्णुदत्त, मेरे वे दोनों प्रतिद्वन्द्वी भी बाबूजी के पास अब अधिक बैठने लगे थे। मुझे मालूम हो गया था कि वे चुपके-चुपके जलेबी बनाना सीख रहे हैं। पर तब तक मैं इमरती बनाना सीख चुका था और वे पिछड़ गये थे।

एक दिन जब मैं बाबूजी की दूकान पर पहुंचा, तो वे उदास दिखे। मैंने कहा, 'बाबूजी, आप आज कुछ उदास दिख रहे हैं। सब कुशल तो है न?' वे दार्शनिक की तरह बोले, 'अरे भाई, दुनिया में सुख-दुख तो लगे ही हैं। जब तक देह है तब तक दुख है।' मैंने कहा, 'फिर भी यदि आपत्ति न हो तो अपनी चिन्ता का कारण मुझे बताइए। शायद मैं कुछ कर सकूँ।' बाबूजी कहने लगे, 'बात यह है कि अपना नया मकान जहाँ बन रहा है, वहाँ एक आदमी ने कई साल पहले आत्महत्या की थी। उसका प्रेत वहाँ रहता है। पण्डितजी ने बताया है कि वह मकान में रहनेवालों को परेशान करेगा।' मैंने कहा, 'प्रेत की शान्ति का उपाय भी तो होता है।' वे बोले, 'हाँ, वही बता रहा हूँ। पण्डितजी ने कहा है कि विधिपूर्वक शुभ मुहूर्त में पूजा करके आदमी का एक दाँत नींव में गाड़ देने से प्रेत शान्त हो जायेगा। चिन्ता का विषय

यह है कि दाँत कैसे मिले।' यह सुनकर मैंने कहा, 'इसमें क्या कठिनाई है ? कितने ही लोगों के दाँत गिरते रहते हैं। मैं ही एकाध ला दूँगा।' बाबूजी हँसे। कहने लगे, 'तुम समझे नहीं। अपने-आप उखड़ा हुआ दाँत नहीं चलेगा। इस कार्य के लिए ताजा उखाड़ा हुआ दाँत चाहिए।' बन्धु, मैं विचार में पड़ गया। मैंने सोचा कि स्वामी पर संकट आया है। मुझे इनके हित के लिए त्याग करना चाहिए। मैंने कहा, 'बाबूजी, मेरा एक दाँत जरा हिलता है। अगर आप कहें तो...' बाबूजी बीच में ही बोल पड़े, 'अरे तुम जवान आदमी हो। तुम्हारा दाँत क्यों हिलेगा ?' मैंने कहा, 'नहीं बाबूजी, मैं सच कहता हूँ। एक थोड़ा-थोड़ा हिलता है। मैं इसे उखड़वाकर आपको दे दूँगा।' बाबूजी सन्तुष्ट हुए। फिर भी संकोच से बोले, 'सोच लो। तुम्हारा सुडौल चेहरा थोड़ा बिगड़ जायेगा।' मैंने कहा, 'बाबूजी, क्या मैं और क्या मेरा चेहरा ? आपके लिए तो मैं पूरी बत्तीसी उखड़वा दूँ।' बाबूजी बोले, 'तो ठीक है। कल दोपहर बारह बजे का मुहूर्त है। तुम सुबह डेण्टिस्ट वर्मा के यहाँ चले जाना। वे उखाड़ देंगे।'

बन्धु, रात्रि को मैंने पत्नी से कहा, 'प्रिये, मेरी तरक्की असिस्टेण्ट प्रोफेसर के पद पर हो जायेगी।' उसने कहा, 'लेकिन तुमसे दो आदमी सीनियर हैं।' मैंने उसे बाबूजी से हुई बात बतलायी। सुनकर वह बहुत बिगड़ी। कहने लगी, 'हमें नहीं चाहिए, ऐसी तरक्की। हम भूखे रह लेंगे, पर ऐसी नौकरी नहीं करेंगे, जहाँ दाँत देना पड़े।' मैंने समझाया, 'मूर्खे, दाँत देने में कोई हरज नहीं। लोग तो नाक और कान देकर तरक्की पा रहे हैं। नाक एक होती है और कान दो, पर दाँत तो बत्तीस होते हैं। एक चला गया, तो क्या हुआ ?' स्त्री ने हठ पकड़ ली। बोली, 'नहीं, मैं तुम्हारा दाँत नहीं जाने दूँगी। तुम्हारा ऐसा सुन्दर चेहरा बिगड़ जायेगा। तुम साफ कह दो कि मुझे दाँत नहीं देना।'

बन्धु, स्त्री के हठ के सामने बड़े-बड़े वीर नहीं टिक सके। मैं तो साधारण आदमी था। प्रातःकाल मैं बाबूजी के पास पहुँचा और बड़ी कातरता से बोला, 'बाबूजी, एक धर्म-संकट आ गया है। घर में पत्नी को एतराज है।' यह सुनकर बाबूजी जोर से हँसे। कहने लगे, 'अरे तुम-जैसा आदमी भी औरत के बहलावे में आ गया। औरत में अकल भी होती है, जाओ, सीधे डॉक्टर वर्मा के पास चले जाओ। घर मत जाना।'

मेरा मन फिर मजबूत हो गया और मैं डॉक्टर वर्मा के पास गया। दाँत उखड़वाया और कागज में लपेटकर बाबूजी को सौंप दिया।

बन्धु, कहने की आवश्यकता नहीं कि मेरी नियुक्ति उस पद पर हो गयी। मैंने शेष जीवन सुख से बिताया। समय आने पर देह त्यागकर उस लोक गया। वहाँ धर्मराज के सामने उपस्थित किया गया। मेरे पाप-पुण्य का लेखाजोखा पेश किया गया। धर्मराज ने कहा, 'इस मनुष्य ने अपने स्वामी के लिए दाँत दिया था, इसने एक दाँत देकर अपनी उन्नति का रास्ता बनाया था। इसे इस पुण्य का फल मिलना चाहिए। इसे अगले जन्म में बड़े दाँत मिलना चाहिए। इसे हाथी या जंगली सुअर

की योनि में पृथ्वी पर जन्म दिया जाये।' यह सुनकर सचिव ने कहा, 'महाराज, इसका पुण्य इस कोटि का नहीं है कि इसे हाथी या सुअर बनाया जाये।' तब कुछ सोचकर धर्मराज ने आदेश दिया, 'अच्छा, तो इसे मनुष्य ही बनाओ, पर एक के बदले दो बड़े-बड़े दाँत का।'

बन्धु विष्णुदत्त, यही मेरे पिछले जन्म का वृत्तान्त है। ये दाँत वरदान के हैं और लोग कहते हैं कि इन्हें उखड़वा दो।'

'''कथा सुनाकर बैताल बोला, "हे विक्रम, यह कथा देवदत्त ने विष्णुदत्त को सुनायी। तूने भी सुनी। अब तू बता कि कथा सुनकर विष्णुदत्त हँसा होगा या रोया होगा ?"

विक्रम ने एकदम कहा, "रोया होगा।"

"यह सुनते ही बैताल उड़ा और जाकर उसी वृक्ष पर फिर लटक गया।"

बैताल की सत्ताईसवीं कथा

तब बैताल ने विक्रम से कहा, "हे विक्रम, तू मुझे फिर वृक्ष पर से उतार लाया। तेरे परिश्रम से मैं बहुत प्रसन्न हूँ, इसलिए तेरा मन बहलाने को एक कथा कहता हूँ। सुन—

बहुत पहले की बात है। एक इलाके में डाकू बहुत हो गये थे। उनकी लूट-मार से उस इलाके के लोग जब हाहाकार करने लगे, तब सरकार ने कहा कि घबराओ मत, हम पुलिस भेजकर सब डाकुओं को मरवा डालेंगे। वहाँ पुलिस आयी और कई साल उसकी डाकुओं से लड़ाई होती रही; पर डाकू नहीं मरे। सरकार के पास कुछ सयाने रहते थे। उन्होंने सरकार से कहा, 'ये डाकू तुम से नहीं मर सकते। और सच पूछो तो डाकुओं को मारने की जरूरत ही नहीं है। ये शरीर से डाकू नहीं हैं; हृदय से डाकू हैं। हृदय भी तरह-तरह के होते हैं, जिसे जैसा हृदय मिल जाता है, वह वैसे ही काम करने लगता है। यदि इन डाकुओं के हृदय बदल दिये जायें, तो ये डाके डालना छोड़ दें। अपने देश में एक सन्त हैं, जो जादू से लोगों के हृदय बदलते हुए घूम रहे हैं। उन्हें यहाँ बुलाया जाये और उनसे डाकुओं का हृदय-परिवर्तन करवा लिया जाये।' सरकार को यह सलाह पसन्द आ गयी। उसने सयानों को सन्त के पास भेजा और अपनी पुलिस से कहा कि तुम हट जाओ, हमें डाकुओं को मारना नहीं है, उनका हृदय-परिवर्तन करना है।

हे विक्रम, एक दिन सन्त अपने दल-बल समेत डाकुओं के इलाके में आ गये। उनके आते ही डाकुओं में भगदड़ मच गयी। वे बहुत घबराये। वे पुलिस का सामना

कर सकते थे, पर सन्त का सामना करने की हिम्मत उनमें नहीं थी। डाकुओं के हृदय पर इतना बड़ा संकट कभी नहीं आया था। वे अपना-अपना हृदय सँभाले जहाँ-तहाँ भागने लगे। जंगल में चीख-पुकार मच गयी, 'अरे भागो! सन्त आ रहे हैं। अगर पकड़ लिया तो हृदय बदल देंगे!'

हे विक्रम, डाकुओं की हालत बड़ी दयनीय हो गयी। जहाँ छिपते, वहीं सन्त के भक्त आ जाते और कहते, 'चलो हृदय-परिवर्तन करवाओ।' डाकू, सन्त के डर से उसी तरह भागकर छिप रहे थे, जिस तरह पहले गाँवों में हैजे का टीका लगानेवाले डाक्टर से गाँववाले भागते थे।

एक डाकू सरदार जालिम सिंह एक वृक्ष के नीचे बन्दूक के कुन्दे पर सिर रखकर चिन्ता में बैठा था। सोच रहा था, इस हृदय को लेकर कहाँ जाऊँ? इसे कैसे बचाऊँ? एकाएक उसे खयाल आया कि पास के कस्बे में भैया सा'ब रहते हैं जो कभी-कभी मेरे सहायक भी हुए हैं। भैया सा'ब बड़े प्रसिद्ध नेता थे और वे मन्त्री बनने की कोशिश कर रहे थे। देश के आजाद होने से उन्हें बड़ा फायदा हुआ था। उनकी तीन इमारतें बन गयी थीं और व्यापार भी अच्छा चलने लगा था।

जालिम सिंह भैया सा'ब के पास पहुँचे। उसे देखते ही भैया सा'ब बोले, 'क्यों जालिम सिंह! आज कैसे आये?' जालिम सिंह ने कहा, 'भैया सा'ब, बड़ा संकट आया है। एक सन्त आये हैं, जो डाकुओं को पकड़-पकड़कर उनका हृदय बदल रहे हैं। भला बताइए, अगर हृदय ही चला गया, तो हमारे पास क्या रहेगा? आप मेरी मदद करें। मेरे हृदय को कुछ दिन आप अपने पास रख लें। फिर मैं ले जाऊँगा।'

भैया सा'ब दुविधा में पड़ गये। बोले, 'रख तो लूँ, पर बड़े जोखिम का काम है। आजकल हृदय के हजार दुश्मन पैदा हो गये हैं। कहीं कुछ गड़बड़ हो गयी, तो तू मुझे दोष देगा।'

जालिम सिंह ने कहा, 'भैया सा'ब, आपके पास हृदय बिल्कुल सुरक्षित रहेगा। हृदय की रक्षा के लिए आपके पास तरह-तरह के मन्त्र हैं, दर्शन है, धर्म हैं, नीति है; अच्छे-अच्छे प्रस्ताव हैं, अच्छे-अच्छे नारे हैं। इनके कारण किसी सन्त का जादू आप पर नहीं चल सकता। आप तो रख लीजिए।'

भैया सा'ब आखिर राजी हो गये। जालिम सिंह ने हृदय निकाला और भैया सा'ब के हाथ में दे दिया। उन्होंने अपना हृदय निकालकर एक कपड़े में बाँधकर नाबदान में छिपा दिया और जालिम सिंह का हृदय उस खाली स्थान में रख दिया। जालिम सिंह जंगल में लौट गया।

सन्त का जादू चल गया था। उन्होंने कई हृदय बदल दिये थे। उनके भक्तों ने हृदय-परिवर्तन के गीत बनाकर गाये। कुछ दिन वहाँ रहकर एक दिन सन्त अपने दल के साथ हृदय-परिवर्तन के गीत गाते हुए चले गये।

जालिम सिंह की जान में जान आयी। वह भैया सा'ब के पास गया और बोला, 'भैया सा'ब, मैं आपका एहसान जीवन-भर नहीं भूलूँगा। आपने इतने घोर

संकट में मेरे हृदय की रक्षा की। लाइये, अब मेरा हृदय मुझे वापस कर दीजिए।'

यह सुनते ही भैया सा'ब तपाक से बोले, 'हट, अब नहीं देते।' और उसे अँगूठा बता दिया। जालिम सिंह उनके मुँह की ओर देखने लगा। वह कुछ कर भी नहीं सकता था, क्योंकि अपना हृदय खो चुका था। आखिर वह रोता हुआ कहीं चला गया। उसके बाद जालिम सिंह डाकू इलाके में कहीं दिखा ही नहीं। उसने एक सेठ के घर बच्चे खिलाने की नौकरी कर ली।

और सब ओर हल्ला हो गया कि भैया सा'ब ने जालिम सिंह का हृदय परिवर्तन कर दिया। हे विक्रम, तू बता कि किसका हृदय-परिवर्तन हुआ, और किसने किया ?

विक्रम ने उत्तर दिया, 'भैया सा'ब का हृदय-परिवर्तन हुआ और जालिम सिंह ने किया।' " यह सुनकर बैताल फिर उड़ा और उसी वृक्ष से लटक गया।

बैताल की अट्ठाईसवीं कथा

तब बैताल ने कहा, "हे विक्रम, तू मुझे फिर वृक्ष पर-से उतार लाया। मैं तेरी लगन देखकर बहुत सन्तुष्ट हूँ। तेरे मनोरंजन के लिए एक कथा और सुनाता हूँ, सो सुन—

किसी समय एक नगर में कपड़े का एक व्यापारी रहता था, जिसका नाम धरमचन्द था। सेठ धरमचन्द नाम के अनुरूप ही धर्मात्मा आदमी था। वह सुबह-शाम मन्दिर जाता था और लगभग एक घण्टा प्रार्थना करता था। मन की एकाग्रता में कभी-कभी उसे सट्टे के अंक भी सूझ जाते थे। उसकी दूकान पर धर्म-पेटी रखी थी। वह बड़ा मिलनसार और मधुर स्वभाव का व्यक्ति था। जाग्रत अवस्था के अट्ठारहों घण्टे उसके मुख पर चौड़ी मुसकान खेला करती और इस लम्बी कसरत से उसका मुँह कानों तक फट गया था। दाँत बाहर हो गये थे और उसे बिना प्रयत्न दीनता प्रकट करने की सुविधा मिल गयी थी। जब वह किसी से बोलता, तो उसके मुख पर ऐसी मीठी मुसकान खेलती, दाँत ऐसी दीनता बताते और आँखों में ऐसी लाचारी होती कि सामनेवाले से वह यदि उसका सिर भी माँग लेता, तो वह एकाएक न नहीं कर सकता था। धरमचन्द बहुत ईमानदार था, क्योंकि ग्राहक से बात करते हुए वह 'ईमान से' कहता जाता था। वह सच्चा आदमी था, क्योंकि वह कपड़े की दर और उधारी का हिसाब 'भगवान् की कसम' खाकर बताता था।

हे विक्रम, धर्मात्मा आदमी की परीक्षा ईश्वर बार-बार लिया करता है। धरमचन्द पर भी मामले-मुकदमे चलते रहते थे। कभी वह किसी पर मुकदमा

चलाता था और कभी कोई उस पर। ऐसा ही एक मुकदमा उस पर चल रहा था कि उस साहब का तबादला हो गया, जिसके सामने वह मुकदमा था। मामला बड़ा कमजोर था और धरमचन्द की हार निश्चित थी पर वह निराश नहीं हुआ।

नये साहब एक दिन कपड़ा खरीदने बाजार आये और संयोग से धरमचन्द की दूकान में घुस पड़े। देखते ही धरमचन्द ने पहचान लिया कि इन्हीं साहब के सामने मामला है। उसने कपड़ा नापना छोड़ दिया और हाथ जोड़कर सीढ़ी पर खड़ा हो गया "पधारिए साहब।' साहब को कुरसी पर बिठाकर उसने पान की तश्तरी आगे की और कहा, 'बड़ी किरपा की, साहब ! क्या सेवा करूँ?' साहब ने कहा, 'कोई कमीज का अच्छा-सा कपड़ा दिखाओ।'

धरमचन्द अच्छे-अच्छे कपड़ों के थान खोलकर साहब के सामने फैलाने लगा। ऐसे प्रेम-विभोर होकर कपड़े फैला रहा था, जैसे भक्त भगवान् को भोग लगाता है। साहब ने एक कपड़ा पसन्द किया और पूछा, 'क्या भाव है इसका?' धरमचन्द ने हाथ जोड़कर कहा, 'हमको क्यों लज्जित करते हैं? दूकान आपकी है। कितने कमीजों का काट दूँ?' साहब का मुख कठोर हो गया। वे बोले, 'नहीं, मैं ऐसे नहीं लेता। कभी नहीं लिया। दाम बताओ।' हे विक्रम, साहब भी ईमानदार थे। इस समय दो ईमानदारों की टक्कर हो रही थी। धरमचन्द थोड़ी देर चुप बैठा रहा। फिर उसने हार मान ली और बड़े दुःखी स्वर में कहा, 'चार रुपये सात आने।' साहब ने सुना। उनके चेहरे पर-से कठोरता एकदम गायब हो गयी और उसका स्थान पीड़ा ने ले लिया। साहब बहुत परेशान हो गये। धरमचन्द बड़े ध्यान से साहब के चेहरे को देख रहा था और उनकी पीड़ा से उसका कोमल हृदय फटा जा रहा था। साहब ने अटकते हुए स्वर में कहा, 'नहीं, भई, इतना महँगा नहीं पहिन सकित।' वे उठकर चलने लगे। धरमचन्द ने उनके मुख को देखा और वह स्वयं रुआँसा हो गया। उसने विनती की, 'साहब, कीमत की कोई बात नहीं। आप ले तो जाइए।' यह सुनकर न जाने क्यों साहब को क्रोध आ गया। वे धरमचन्द को रास्ते से हटाकर दूकान से बाहर निकल गये। जब तक वे आँखों से ओझल नहीं हो गये, धरमचन्द उन्हें देखता रहा। फिर मन मसोसकर काम में लग गया। हे विक्रम, दो ईमानदारों की टक्कर में बेचारा धरमचन्द परास्त हो गया।

हे विक्रम, उस शाम को जब धरमचन्द भगवान् के सामने प्रार्थना करने बैठा, तो उसके निर्मल हृदय से स्वर उठा, 'हे धरमचन्द, तूने साहब का वह दुःखी मुख देखा? उनकी आँखों में कितनी विवशता थी, कितनी निराशा थी। कितने लालच से उन्होंने वह कपड़ा पसन्द किया था और कीमत सुनकर चेहरा कैसा उतर गया था। सोचते होंगे—हाय, हम अफसर कहलाते हैं, पर मन का कपड़ा भी नहीं पहन सकते। धरमचन्द, तू तो अफसरों की हालत भली-भाँति जानता है। तू बड़ा दयालु मनुष्य है। क्या तुझे साहब पर दया नहीं आती? क्या तू उस दुःखी की इतनी-सी इच्छा पूरी नहीं कर सकता? धिक्कार है, तेरे पूजन-वन्दन को। अरे मूर्ख, दया धरम का मूल है...' धरमचन्द ने आत्मा की आवाज सुनी। उसका हृदय भर आया।

उसकी नजरों में साहब का चेहरा झूल गया और आँसुओं की धारा बहने लगी। धोती से आँसू पोंछकर उसने हाथ जोड़े और कहा, 'हे भगवन्, मुझसे बड़ी भूल हुई। दयानिधान वस्त्र के मामले में मैं आपकी उदारता जानता हूँ। जब आप द्रौपदी को एक-के-बाद-एक सैकड़ों साड़ियाँ देते गये, तो मैं आपका भक्त क्या साहब को कमीज नहीं पहना सकता ? हे प्रभु, ये साहब लोग ही आज की द्रौपदी हैं, महँगाई के दु:शासन ने जिनके कपड़े छीन लिये हैं। हे प्रभु, मुझे शक्ति दो, बल दो। मुझे आशीष दो कि मैं उस दु:खी का दु:ख हर सकूँ। प्रभु, मैं प्रतिज्ञा करता हूँ कि आज से एक महीने के भीतर साहब को उस कपड़े का कमीज पहनाकर रहूँगा।' प्रतिज्ञा करने से धरमचन्द का मन हल्का हो गया।

आठ दिन बीत गये। नवें दिन प्रात:काल धरमचन्द ने स्नान किया, तिलक लगाया और दूकान पर आया। उसने उस थान में-से चार कमीजों का कपड़ा फाड़ा और कागज में लपेटकर बगल में दबाया। मन-ही-मन ईश्वर का ध्यान किया और साहब के घर पहुँच गया। साहब ने उसे पहचान लिया। पूछा, 'क्यों सेठजी, कैसे आये?' सेठ ने सकुचाते हुए धीरे-धीरे कपड़ा खोला और कहा, 'हुजूर, अभी बम्बई गया था। वहाँ एक कटपीस की दूकान में यह कपड़ा बड़ा सस्ता मिल गया। आप विश्वास नहीं करेंगे, यह सात आने गज पड़ गया। मैं सब-का-सब ले आया। छह कमीजों का था। दो कमीजों का मैंने अपने लिए रख लिया और यह चार का हुजूर के लिए ले आया।' उसने कपड़ा साहब के हाथ में दे दिया। साहब ने कपड़ा देखा, फिर सेठ की तरफ देखा, फिर खिड़की से बाहर देखा, फिर जमीन की तरफ देखते हुए कहा, 'बड़ा सस्ता मिल गया। अच्छा किया जो आप ले आये।' धरमचन्द ने कहा, 'हम तो साहब, सेवा करने को हमेशा तैयार रहते हैं। धन-दौलत साथ नहीं जाती। सेवा ही साथ जाती है।' साहब ने सात आने गज के हिसाब से कीमत दी, जो धरमचन्द ने सहर्ष ले ली। चलते-चलते वह बोला, 'साहब यहाँ के दर्जी बड़े बदमाश हैं। आप नये ही आये हैं। मैं अपना विश्वासी दर्जी भेजूंगा।'

शाम को धरमचन्द का विश्वासी दर्जी गया और साहब का नाप तथा कपड़ा ले आया। इधर रात को धरमचन्द भगवान् के सामने बैठा और हाथ जोड़कर विनती करने लगा, 'प्रभु, मेरी प्रतिज्ञा पूरी हो गयी। साहब अब अवश्य ही उस कपड़े को पहन सकेंगे। यह सब आपकी ही इच्छा से हुआ है। अब मेरी लाज आपके हाथ है।'

हे विक्रम, कमीजें बन गयीं, पट्टियाँ लग गयीं, इस्तरी हो गयी। उठाकर पहनने लायक हो गयीं। जिस दिन साहब के सामने मामला पेश होना था उसी दिन सुबह धरमचन्द तैयार कमीज लेकर साहब के पास पहुँच गया। साहब तैयार कमीजों को देखकर बहुत प्रसन्न हुए और उन्होंने धरमचन्द को पुन: धन्यवाद दिया।

हे विक्रम, ऐसा कौन साहब होगा जो ऐसी अच्छी कमीज पहनने में देर करे? अर्थात् कोई नहीं। ये साहब भी उनमें-से एक कमीज पहनकर दफ्तर गये।

साहब के सामने मामला पेश हुआ। उन्होंने पक्ष-विपक्ष समझा। इसी समय

धरमचन्द सामने से साहब की ओर देखता निकल गया। दोनों मुसकरा उठे। हे विक्रम, उस छवि का वर्णन तो शारदा भी नहीं कर सकती।

साहब ने फैसला लिखने के लिए कलम उठायी। इसी समय किसी अन्तःप्रेरणा से उनकी नजर अपनी कमीज पर पड़ी। सहसा एक चमत्कार हुआ— एक क्षण में वह कपड़ा फौलाद में परिवर्तित हो गया। उस फौलादी कमीज के वजन से साहब की रीढ़ झुक गयी। कमीज धीरे-धीरे सिकुड़ने लगी और साहब के अंग-अंग कसने लगे। आस्तीन सिकुड़कर हाथों को कसने लगी। कालर ने सिकुड़कर गला घोंट दिया। साहब कराह उठे। कमीज सिकुड़ती ही जा रही थी। घबराकर साहब ने फुर्ती से धरमचन्द के पक्ष में निर्णय लिख दिया। एक क्षण में कमीज फिर कपड़े की हो गयी। कैसा चमत्कार हुआ।

धरमचन्द के जीतने की खबर फैल गयी। सबको आश्चर्य हुआ। कोई कहता, 'साहब ने ईमान खो दिया।' कोई कहता, 'साहब बेचारा क्या करे? ईमान तो धरमचन्द का गया।' कुछ लोग कहते कि दोनों ने ईमान खोया।

कथा समाप्त कर बैताल थोड़ी देर चुप रहा। फिर बोला, 'हे विक्रम, कथा तूने भी सुनी। अब तू बता कि किसका ईमान गया— साहब का, धरमचन्द का या दोनों का?'

विक्रम ने तुरन्त उत्तर दिया, 'ईमान किसी का नहीं गया, क्योंकि धरमचन्द ने कपड़े के दाम लिये और साहब ने भी कीमत देकर कपड़ा लिया।'

यह सुनकर बैताल उड़ा और फिर उसी वृक्ष पर जाकर लटक गया।"

त्रिशंकु[1] बेचारा!

किसी शहर के एक गन्दे मुहल्ले के एक छोटे-से कच्चे मकान में एक आदमी रहता था। उसका नाम त्रिशंकु था। वह एक स्कूल में पढ़ाता था।

यों त्रिशंकु को लगभग हर चीज से असन्तोष था, पर सबसे अधिक शिकायत अपने मकान से थी। उसके जीवन की सबसे बड़ी अभिलाषा थी कि मैं अच्छे मुहल्ले में अच्छे मकान में रहूँ। मकान-मालिकों के जो बेटे उसके स्कूल में पढ़ते थे, उन्हें वह बहुत प्यार करता था, परीक्षा के मौसम में उन्हें महत्त्वपूर्ण प्रश्न बता आता था

1. पौराणिक कथा है कि त्रिशंकु को ऋषि विश्वामित्र ने अपने तपोबल से सदेह स्वर्ग भेज दिया था, पर देवों ने उसे वहाँ से निकाल दिया। इधर विश्वामित्र ने उसे पृथ्वी पर नहीं आने दिया और वह बीच में ही उलटा लटका है।

और अधिक नम्बर भी देता था। सोचता था, किसी दिन कोई मकान-मालिक मुझसे प्रसन्न होकर पूछेगा, "तुझे क्या चाहिए?" और मैं कहूँगा, "एक अच्छा-सा मकान।"

उस शहर के रेण्ट कण्ट्रोलर विश्वामित्र थे। विश्वामित्र मकानों के किराये पर नियन्त्रण रखते थे और खाली मकान किरायेदारों को देते थे।

विश्वामित्र का लड़का त्रिशंकु की कक्षा में पढ़ता था और त्रिशंकु भी उसे बहुत प्यार करता था। लड़का पढ़ाई में बहुत कमजोर था और विश्वामित्र ने उससे कह दिया था कि पुस्तकें सँभालकर रखना; अगले साल यही काम आयेंगी! पर त्रिशंकु ने उसे कुछ ऐसे प्रश्न बताये और बाद में कुछ इस तरह उसके नम्बर भरवाये कि वह पास हो गया।

विश्वामित्र बहुत प्रसन्न हुए। एक दिन जब त्रिशंकु लड़के के पास होने की मिठाई खा रहा था, तब वे बोले, "त्रिशंकु मास्टर, मैं तुमसे बहुत खुश हूँ। मैं तुम्हारे लिए कुछ करना चाहता हूँ। बोलो, तुम्हें क्या चाहिए।"

त्रिशंकु इसी क्षण का वर्षों से इन्तजार कर रहा था। उसकी आँखों में कितने ही मकान झूल गये। पर उसने उतावली नहीं की। बड़े धीरज से वह बोला, "साहब, मैंने ऐसा क्या किया है, जिसका बदला चाहूँ? मैंने तो अपना कर्त्तव्य किया है। आप सारे शहर के लोगों को रहने के लिए मकान देते हैं और आपका ही लड़का पास न होता तो शहर के लिए बड़ी शर्म की बात होती। मैंने तो एक नागरिक के नाते अपना कर्त्तव्य किया है। मुझे आपकी कृपा के सिवा और कुछ नहीं चाहिए।"

इन शब्दों से विश्वामित्र का हृदय और चौड़ा हो गया। वे त्रिशंकु पर दया करने के लिए बहुत लालायित हो उठे। बोले, "नहीं त्रिशंकु, तुम कुछ माँग लो। तुम्हारा मुझ पर ऋण है। बालक का एक पिता जन्मदाता है और दूसरा विद्या देने-वाला। तुमने लड़के को पढ़ाई-लिखाई के सिवा यह अमूल्य विद्या भी सिखायी है कि अयोग्य होकर भी सफलता कैसे प्राप्त करनी चाहिए। तुम्हारा दर्जा मुझसे भी ऊँचा है। बोलो, तुम्हें क्या चाहिए।"

त्रिशंकु ने देखा कि लोहा खूब गरम हो चुका है। उसने कहा, "अच्छा साहब, अगर आप प्रसन्न हैं, तो मुझे किसी अच्छे मुहल्ले में एक अच्छा-सा मकान दिला दीजिए।"

विश्वामित्र ज़रा सोच में पड़ गये। कहने लगे, "त्रिशंकु मास्टर, तुमने बड़ी कठिन माँग कर दी। मकानों का बेहद अभाव है। तुम मकान की जगह अगर कोई देश माँग लेते तो देने में कठिनाई न होती। खैर, मैं वचन हार चुका हूँ। तुम्हें मकान दिलाऊँगा।"

विश्वामित्र ने टेबल की दराज से एक डायरी निकाली और उसके पन्ने पलटने लगे। एक पृष्ठ पर आकर रुके और फोन लगाया—हलो, इन्द्रजी हैं क्या?...मैं विश्वमित्र बोल रहा हूँ...नमस्कार...जी हाँ, आपकी कृपा है...हँ-हँ-हँ-हँ...देखिए, मैंने एक खास कारण से आपको कष्ट दिया है...आपके पास कोई मकान खाली है

क्या ?···अच्छा···मेरे एक अपने आदमी हैं···हाँ, भले आदमी हैं···तो उन्हें भेज दूं ?···शाम तक ?···अच्छा-अच्छा···धन्यवाद।"

विश्वामित्र ने फोन रखा। त्रिशंकु से कहा, "लो, तुम्हारा कार्य हो गया। शहर के सबसे अच्छे मुहल्ले में तुम्हारे लिए मकान तय हो गया।"

त्रिशंकु का चेहरा, जिसकी एक-एक पंखुड़ी फोन पर हुई एक-एक बात से खुलती जा रही थी, अब पूरी तरह खिल गया। उसने पूछा, "यह मकान किस जगह है ?"

विश्वामित्र ने कहा, "अपने शहर के सबसे सुन्दर मुहल्ले में, 'स्वर्गपुरी' में जिसे 'सिविल लाइन्स' भी कहते हैं, वहाँ इन्द्रदेव नामक एक सज्जन के कई मकान हैं। इन्द्रदेव पहले लोक-कर्म-विभाग में इन्जीनियर थे और राष्ट्र-निर्माण का काम उन्होंने इतनी दिलचस्पी से किया कि रिटायर होते-होते उनके अपने भी पन्द्रह-बीस मकान हो गये। ये सब किराये पर चल रहे हैं। इन्हीं में से एक मकान का एक हिस्सा तुम्हें मैंने दिला दिया।"

पहला प्रश्न जो त्रिशंकु ने उठाया, वह था---"किराया !"

विश्वामित्र ने कहा, "उसकी चिन्ता मत करो। मैं सब बातें कर लूंगा। तुम तो शाम को इन्द्रजी के पास पहुँच जाओ और जो मकान वे बतायें, उसमें डेरा डाल दो। आज इकतीस तारीख है। यह मकान आज ही खाली कर दो, वरना कल मकान-मालिक एक माह का किराया रखा लेगा। तुम तो सामान लेकर चले जाओ।"

त्रिशंकु दुविधा में पड़ गया। स्वर्गपुरी या सिविल लाइन्स की दुनिया ही दूसरी थी। वहाँ के निवासी कितने भिन्न प्रकार के थे। त्रिशंकु उन्हें प्रशंसा और भय से देखता था। उसने वहाँ रहने की कल्पना कई बार की थी और उसे सुख का अनुभव हुआ था। पर अब जब वहाँ रहने का मौका आ गया, तब उसका मन आगा-पीछा करने लगा। सोचने लगा, मैं वहाँ कैसे रहूँगा ? वे लोग मुझे वहाँ रहने भी कैसे देंगे ?

उसने डरते-डरते कहा, "साहब, वहाँ तो और तरह के लोग रहते हैं। वह जाति ही दूसरी है। वे मुझे अपने बीच कैसे रहने देंगे ?"

विश्वामित्र बोले, "तुम कैसी नासमझी की बात करते हो, त्रिशंकु ! वहाँ मकान मिलना बड़े सौभाग्य की बात है और तुम उसी सौभाग्य को ठुकरा रहे हो। तुम डरो मत। बेखटके चले जाओ। मैंने कह दिया है तो इन्द्रजी तुम्हें हाथ जोड़कर मकान देंगे।"

त्रिशंकु का मन फिर भी आगे नहीं बढ़ा। उसने बड़ी दीनता से कहा, "साहब, मुझे न जाने कैसा लग रहा है। मुझे लगता है, वहाँ हम केवल मन से रह सकते हैं; सदेह रहने जायेंगे, तो वे लोग स्वीकार नहीं करेंगे।"

विश्वामित्र का अभिमान जाग उठा। त्रिशंकु उनकी शक्ति पर अविश्वास कर रहा था। वे उठकर खड़े हो गये। उनका तेज जाग्रत हो गया। बोले, "त्रिशंकु, मैं विश्वामित्र हूँ, रेण्ट कण्ट्रोलर। मेरी बात कोई मकान-मालिक नहीं टाल सकता।

मेरी भी बीस साल की सर्विस है। यह कुछ कम तपस्या नहीं है। मैं तुम्हें स्वर्गपुरी में बसाऊँगा। मेरा वचन खाली नहीं जा सकता। जाओ, शाम तक इन्द्रजी के पास पहुँच जाना।"

त्रिशंकु ने शाम को एक ठेले पर सामान लदवाया और सिविल लाइन्स की राह पकड़ी। इन्द्रजी के बँगले पहुँचा। इन्द्रजी बगीचे में आराम कुरसी पर लुढ़के हुए माली को हिदायतें दे रहे थे। त्रिशंकु ने ठेला सड़क पर खड़ा किया और इन्द्र के सामने जाकर खड़ा हो गया।

"नमस्कार साहब !"

"हूँ, क्या काम है ?"

नमस्कार के जवाब में 'हूँ' पाकर त्रिशंकु का माथा गरम हुआ। अपनी गरज जान वह सह गया। उसे लगा, जैसे वह किसी के द्वार पर भीख माँगने खड़ा है और घर में से आवाज आ रही है कि आगे बढ़ो।

मन को जमाकर उसने कहा, "आपको विश्वामित्रजी ने मकान के बारे में फोन किया था न, उसी के लिए..."

इन्द्र बोले, "हाँ, हाँ, ठीक है। कहाँ हैं तुम्हारे साहब ?"

"कौन साहब ?" त्रिशंकु बात समझा नहीं।

इन्द्र ने खीझकर समझाया, "अरे वही, जो मकान में रहेंगे।"

त्रिशंकु को झटका लगा। वह बोला, "जी मैं-मैं-ही रहूँगा।"

इन्द्र उठकर बैठ गये। आँखें निकालकर उसे देखा और चिल्ला पड़े, "तू ? तू रहेगा मेरे मकान में ? विश्वामित्र क्या दिन में भी नशा किये रहते हैं ?"

त्रिशंकु ने साहस बटोरा। पूछा, "क्यों ? ऐसी क्या अनहोनी हो गयी ?"

इन्द्र ने अपने-आप कहा, "मैं तो समझा था, किसी शरीफ आदमी के लिए मकान चाहते हैं।"

त्रिशंकु ने मकान की आशा छोड़ दी। इससे उसमें ताकत आ गयी। वह कड़ककर बोला, "मैं क्यों नहीं रह सकता ? मैं क्या आदमी नहीं हूँ।"

इन्द्र ने उसे फिर ध्यान से देखा और बोले, "जो सिर्फ आदमी है, वह यहाँ नहीं रह सकता।"

"मतलब ?" त्रिशंकु ने पूछा।

इन्द्र ने कहा, "मतलब यह कि तुम यहाँ रहने के काबिल नहीं हो। मैं देखकर ही आदमी को समझ जाता हूँ।"

त्रिशंकु की स्कूल-मास्टरी जाग उठी थी। वह बात को पूरी तरह समझ और समझा लेना चाहता था। बोला, "तो यहाँ रहने के लिए क्या काबलियत चाहिए ?"

इन्द्र ने नाराजी से उसे देखा और कहा, "भिखमंगे यहाँ नहीं रह सकते। तुम्हारे पास मोटर है ? ट्रान्जिस्टर-सेट है ? रेफ्रेजरेटर है ? सोफासेट है ?"

त्रिशंकु इन्द्रजी की रोषपूर्ण छवि देखता रहा।

इन्द्र बोलते गये, "बच्चे पब्लिक स्कूल में पढ़ते हैं कि गँवारों के स्कूल में ?

केक्टस के कितने प्रकार जानते हो ? किस क्लब में जाते हो ?"

जवाब के लिए थोड़ा वक्त देकर इन्द्र ने कहा, "फिर तुमने यहाँ आने की हिम्मत कैसे की।"

त्रिशंकु ने ज़रा अकड़कर कहा, "मुझे विश्वामित्रजी ने भेजा है। वे रेण्ट कण्ट्रोलर हैं। उनका ऑर्डर..."

इन्द्र तपाक् से उठ खड़े हुए। एक अँगुली उसकी ओर ऐसे घुमाते हुए, जैसे इससे कलेजा फाड़ देंगे, वे चीखे, "मुझे विश्वामित्र का डर दिखाता है। ऐसे रेण्ट कण्ट्रोलर यहाँ बीसों आ चुके हैं। सेक्रेटरी से कहकर कल ही तबादला करा दूंगा। विश्वामित्र का बाप भी तुम्हें यहाँ नहीं बसा सकता। मेरे मकानों को अनाथालय समझ रखा है ?"

विश्वामित्र को जब गाली पड़ गयी, तब त्रिशंकु ने वहाँ रुकने का कोई कारण नहीं देखा। उसने ठेला लौटाया और सीधे विश्वामित्र के बँगले पहुँचा। बोला, "साहब, इन्द्रदेव ने मुझे भगा दिया। कहा कि तुम यहाँ रहने के लायक नहीं हो। उन्होंने आपको भी गालियाँ दीं।"

विश्वामित्र की भृकुटि कुटिल हो गयी; आँखें क्रोध से लाल हो उठीं। बोले, "उस इन्द्र के बच्चे की इतनी हिम्मत। मैं उसे कल देखूंगा। तुम रात कहीं काट लो। कल मैं तुम्हें उसका मकान दिलाऊँगा।"

त्रिशंकु ने हाथ जोड़कर कहा, "साहब, मैं वहाँ नहीं रहूँगा। वे लोग बड़े जंगली हैं। मैं उनके बीच में नहीं रहना चाहता।"

विश्वामित्र ने अब उसे गुस्से से देखा और कहा, "तुम्हें वहाँ रहना होगा। अब यह तुम्हारे मकान का सवाल नहीं रहा; मेरी प्रतिष्ठा का सवाल बन गया है।"

त्रिशंकु ने कहा, "साहब, अब इस बात को छोड़िए। मैं वहाँ नहीं जाऊँगा। मैं तो अपने उसी मकान में रहूँगा।"

वह चलने को मुड़ा। विश्वामित्र ने कहा, "मगर वहाँ कैसे रह सकते हो ? वह मकान तो मैंने आज दूसरे को 'एलॉट' कर दिया।" त्रिशंकु की आँखों के सामने दुनिया थोड़ी देर तक गोल-गोल घूमती रही।

वह सड़क पर आया और ठेला लेकर एक धर्मशाला की तरफ चल पड़ा।

तब से त्रिशंकु धर्मशाला में पड़ा है।

मेनका का तपोभंग

मेनका रो रही थी और इन्द्र समझा रहा था, "ऐसा क्या हो गया ? तेरे लिए यह पहला अवसर तो था नहीं। तूने आज तक शिकायत नहीं की। पर आज तू बिल्कुल

पतिव्रता-जैसी बात कर रही है।"

सुन्दरियों की मुसकानों और कटाक्षों को ग्रहण करने का अभ्यास था इन्द्र को। रोती हुई सुन्दरी को शान्त करना उसे नहीं आता था।

मेनका ने पल्ले का इत्र निचोड़कर आँसू पोंछे और कहा, "मैं इस कार्य के लिए अब कभी नहीं जाऊँगी। मेरा घोर अपमान हुआ है। मेरी ऐसी विडम्बना कभी नहीं हुई।"

"कैसा अपमान हुआ? मुझे बता तो।" इन्द्र ने बात का आधार पकड़ा।

मेनका फिर रोने लगी। इन्द्र ने कहा, "सुन्दरी, पाउडर की परतें धुल रही हैं, स्नो बह रहा है, रूज धुल रहा है। मेरी खातिर नहीं तो अपने मेकअप के खातिर ही रोना बन्द कर।"

मेनका ने रोना बन्द कर दिया। कहा, "किसी समय मेरी ऐसी महत्ता थी कि बड़े-बड़े तपस्वियों का तप भंग करने भेजी जाती थी और आज मैं इतनी गयी-बीती हो गयी हूँ कि···"

महीने-भर पहले ही मेनका पृथ्वी पर भेजी गयी थी और उसके जिम्मे वही काम था जो वह युगों से करती आ रही थी। उस दिन दोपहर को इन्द्र भोजनोपरान्त सिंहासन पर लुढ़का ऊँघ रहा था कि एकाएक इन्द्रासन डोल उठा। वह चौंककर खड़ा हो गया और काँपते सिंहासन को देखता रहा। फिर खुद भी सिंहासन की ही तरह काँपने लगा।

कहीं से घूमते-घामते नारद मुनि आये। इन्द्र को देखा, घबराया हुआ विवर्ण मुख। पूछा, "क्या बात है, देवराज? कौन-सा संकट आ गया? किसी तपस्वी ने तुम्हें चुनौती दी होगी, किसी पुण्यवान् का धक्का लगा होगा।"

इन्द्र ने कहा, "सो तो जानता हूँ। मनुष्यों में कोई घोर तपस्या कर रहा है। कोई मेरा पद छीनना चाहता है, कोई इन्द्रासन पर अधिकार करना चाहता है। आप तो सकल ब्रह्माण्ड में घूमते रहते हैं। बताइए किसकी तपस्या इतनी बढ़ गयी है?"

नारद ने ध्यान किया। फिर आँखें खोलकर कहने लगे, "मैं समझ गया, देशभूषण भैया सा'ब की तपस्या चरम सीमा पर पहुंच गयी है। वे इन्द्रासन के अधिकारी हो ही रहे हैं।"

भय और उत्सुकता से इन्द्र ने पूछा, "भैया सा'ब कौन हैं? कहाँ रहते हैं? क्या करते हैं? कैसी तपस्या करते हैं? सो सब समझाकर कहिए, मुनिवर! आशंका से मैं मरा जा रहा हूँ।"

नारद ने पृथ्वी पर भैया सा'ब का पता-ठिकाना बताया और उनकी तपस्या के सम्बन्ध में बतलाने लगे, "देवराज, भैया सा'ब कितनी ही तरह की तपस्या करते हैं। वे पिछले तीस वर्षों से मानव-सेवा कर रहे हैं। देश के स्वतन्त्रता-संग्राम में वे दो बार जेल गये। स्वतन्त्रता-प्राप्ति के पश्चात् वे जिम्मेदारी के पदों पर रहकर शासन चलाते रहे हैं। इसके अतिरिक्त वे और कई तरह की सेवा करते हैं। वे हरि-

जन सेवक-संघ के नेता हैं और हरिजनों का कल्याण करते हैं। भारत-सेवक-समाज के नेता के रूप में सम्पूर्ण भारत की सेवा करते हैं। सर्वोदय आन्दोलन में भी वे हैं और सबके समान विकास के लिए कार्य कर रहे हैं। महिला-उत्कर्ष-मण्डल के वे अध्यक्ष हैं और नारी-जाति की सेवा कर रहे हैं। विस्थापित-संघ के भी वे अध्यक्ष हैं और दुःखी शरणार्थियों के आँसू पोंछते हैं। भिक्षुक-सदन के वे व्यवस्थापक हैं। देवराज, भैया सा'ब के गुण तो सरस्वती भी नहीं गा सकती ! वे प्रतिदिन दो-तीन सभाओं में मानव-कल्याण पर भाषण दिये बिना सोते नहीं हैं। एक दिन रात को भैया सा'ब अपने कमरे में बैठे-बैठे रस्सी से गला घोंट रहे थे। प्राण निकलने ही वाले थे कि उनका एक भक्त वहाँ आ गया। उसने पहले तो गला ढीला किया, फिर पूछा, 'भैया सा'ब, आप गला क्यों घोंट रहे थे ?' भैया सा'ब ने कहा, 'ऐसे गले को क्या करूँ जिसमें आज दिन-भर एक भी पुष्पहार नहीं पड़ा···!'

"बस, उसी दिन से उनके भक्तों ने, भैया सा'ब के मूल्यवान् प्राणों की रक्षा के लिए यह नियम बना लिया है कि प्रतिदिन शाम को उनमें से कोई उनके गले में हार डाल देता है। हे इन्द्र ! सारा संसार भैया सा'ब की जय बोल रहा है। स्वर्ग का राज्य वे किसी दिन भी तुमसे छीन लेंगे।"

इन्द्र चिन्ता में डूब गया। नारद मौन हो गये। इन्द्र ने धीरे-से सिर उठाया। भर्रायी आवाज में बोले, "मुनिवर, मैं अब क्या करूँ ! इन्द्रासन की रक्षा कैसे हो ?"

नारद ने हँसते हुए कहा, "यह तो तू जानता ही है। ऐसे संकट पहले भी आ चुके हैं।"

इन्द्र ने कहा, "तप भंग करवाऊँ ? मेनका को भेजूं ?"

नारद हँसे, बोले, "मैं बतलाता हूँ, वैसा कर। महिलाओं के काम करने, उन्हें पढ़ाने और गृहकार्य सिखाने के लिए महिला-उत्कर्ष-मण्डल को एक केन्द्र-संचालिका की आवश्यकता है। भैया सा'ब मण्डल के अध्यक्ष हैं और उन्होंने पत्रों में विज्ञापन दिया है। मेनका से रूप बदलवाकर उक्त पद के लिए आवेदन-पत्र दिलवा दें।"

इन्द्र ने आपत्ति की, "पर मेनका अपना पता-ठिकाना क्या देगी ? देवलोक में तो पृथ्वी से अभी डाक आती नहीं है।"

नारद ने समस्या को हल किया, "फिर ऐसा करो, उक्त पद के लिए कालीपुर की अन्यतम रूपवती तरुणी किरनबाला ने आवेदन-पत्र दिया है। तुम मेनका से कहो कि सूक्ष्म रूप में उसके शरीर में प्रवेश कर जाये और अपना काम करे।"

इन्द्र की आज्ञानुसार मेनका किरनबाला के शरीर में प्रविष्ट हो गयी, जिससे उसका लावण्य कई गुना बढ़ गया। किरनबाला की चेतना पर मेनका का अधिकार हो गया, इसलिए हम उसे मेनका नाम से ही जानेंगे।

मेनका को एक दिन इण्टरव्यू का न्यौता मिला। एक सप्ताह बाद इण्टरव्यू हुआ। इण्टरव्यू लेने अध्यक्ष भैया सा'ब बैठे, उनके दायें-बायें दो अन्य सदस्य थे। मेनका रूप की किरणें बिखरती कमरे में आयी। भैया सा'ब ने उसे देखा तो उनकी पलकें झप गयीं। पलकें खोलकर फिर देखा और फिर पलकें झपने लगीं। प्रश्न पूछे

जाने लगे।

"शिक्षा कहाँ तक हुई है ?"

"बिल्कुल नहीं", रूप-गर्विता शिक्षा को हेय वस्तु समझती थी।

"सीना-पीरोना, कढ़ाई-बुनाई, सिलाई आदि सिखा सकती हो ?"

"नहीं, यह सब तो मुझे नहीं आता।" रूप काम नहीं करता।

"शिशु-पाठन ?"

"नहीं, शिशु से मेरा कभी काम ही नहीं पड़ा", चिरकुमारी ने कहा।

एक सदस्य ने कहा, "इनसे अपना काम नहीं चलेगा। इन्हें तो कुछ भी नहीं आता।"

भैया सा'ब ने जोर देकर कहा, "नहीं, ये बहुत उपयोगी सिद्ध होंगी। इनमें छिपी हुई प्रतिभा और क्षमता को मेरी अनुभवी आँखें देख रही हैं। इनकी नियुक्ति होगी।"

मेनका की नियुक्ति हो गयी।

पन्द्रह-बीस दिन वहाँ रहकर आज ही देवलोक आयी है और तभी से रो रही है।

इन्द्र ने कहा, "मुझे बताओ तो कि किसने तुम्हारा अपमान किया ?"

मेनका ने कहा, "विचित्र अनुभव हुआ है मुझे। मैंने बहुत तपस्वी देखे हैं, पर ऐसा पहली बार ही देखा। मैं दफ्तर के पास ही एक मकान में रहने लगी और तपस्वी को मोहित करने की योजना बनाने लगी। मैंने रूप को सँवारा, भाव-भंगिमाएँ साधीं, कटाक्ष और मुसकान में वक्रता का अभ्यास किया, हाव-भाव निश्चित किये और नृत्य-मुद्राएँ साधीं। मुझे तब विश्वास था कि तपस्वी को जीतना बड़ा कठिन होता है, अपने समस्त रूप-लावण्य और कौशल को दाव पर लगाना पड़ता है। इसके बाद भी पहले अवहेलना और अपमान सहने पड़ते हैं। मैं इन सबके लिए तैयार थी। पर वहाँ तो उल्टा ही हुआ। दो-तीन दिनों बाद ही भैया सा'ब खुद मेरे घर के चक्कर लगाने लगे। एक दिन घर में आकर बैठ गये और पूछने लगे कि 'तुम्हें कोई तकलीफ तो नहीं, कोई चीज तो नहीं चाहिए ?' दूसरे दिन आये तो मेरा हाथ अपने हाथ में लेकर बोले, 'तुम मेरी हृदयेश्वरी हो···।' मेरी सारी विद्याएँ रखी रह गयीं। मेरा मन शिथिल हो गया, कुरुचि से भर गया। मुझे ऊब-सी आने लगी। मैंने हाथ झटककर कहा, 'आपको यह शोभा नहीं देता। मैं तो आपकी नौकर हूँ। जिसे वेतन देते हैं, उसे हृदयेश्वरी नहीं बनाते।' वे मुग्ध-भाव से कहने लगे, 'कौन कहता है, तुम नौकर हो ? तुम तो रानी हो। और मैं तुम्हारा दास हूँ।' मुझे न जाने कैसा लगा। दूसरे दिन आकर कहने लगे कि मैंने तुम्हारी तनख्वाह दुगुनी कर दी है। मैं फिर भी अनुकूल नहीं हुई। वे जाते-जाते धमकी दे गये कि 'तुम मेरी बात नहीं मानोगी तो मैं तुम्हें नौकरी से निकाल दूंगा।' मैं कुछ समझ नहीं पा रही थी कि मुझे क्या करना है ! मुझे व्यर्थता का अनुभव होने लगा, मेरा यहाँ क्या काम था जो मुझे भेजा गया ?

"दूसरे दिन जब उन्होंने प्रणय-निवेदन किया तो मैंने कह दिया, 'भैया सा'ब, आप नहीं जानते, मैं मेनका हूँ।' एक क्षण तो वे आश्चर्य से देखते रहे। फिर बोले, 'अच्छा ! तुम्हीं मेनका हो ! मैंने तुम्हारा नाम बहुत सुना था। आज तुम्हें पाया।' मैंने कहा, 'ज़रा सोचिए तो। मुझे इन्द्र ने आपकी तपस्या भंग करने भेजा है।' वे बहुत खुश हुए। कहने लगे, 'यह मेरा अहोभाग्य है कि मैं इस योग्य समझा गया।' फिर कहने लगे, 'सुनो मेनका, अब तुम लौटकर इन्द्र के पास मत जाओ, यहीं रहो। मैं तुम्हारा सब प्रबन्ध कर दूंगा। चैन से रहो।' मैं बड़ी परेशान थी। खीझकर कहा, 'आप बिल्कुल भोले हैं। आपकी तपस्या से इन्द्रासन डोल उठा है। इन्द्र घबरा गया है। आप उसके सिंहासन पर बैठ सकते हैं।' यह सुनकर भैया सा'ब के मुख पर खिन्न मुसकान आयी। जानते हैं उन्होंने क्या कहा ?

"उनके शब्दों से मेरा सारा अभिमान नष्ट हो गया। मैं ग्लानि से गल गयी, यह सोचकर कि आपने मुझ-जैसी शक्तिमान् अप्सरा का उपयोग किस निकृष्ट कर्म के लिए किया है। मैं क्या इतनी गयी-बीती हूँ ?

"उन्होंने जवाब दिया, 'मुझे गलत समझा गया। मैंने स्वर्ग पाने के लिए, इन्द्रासन पाने के लिए तपस्या नहीं की। मुझे यह कुछ नहीं चाहिए। मैं तो तुम्हारे लिए तपस्या कर रहा था, मेरी मेनका रानी !' "

लंका-विजय के बाद

तब भरद्वाज बोले, "हे ऋषिवर, आपने मुझे परम पुनीत राम-कथा सुनायी, जिसे सुनकर मैं कृतार्थ हुआ। परन्तु भगवन्, लंका-विजय के बाद वानरों के चरित्र के विषय में आपने कुछ नहीं कहा। अयोध्या लौटकर वानरों ने कैसे कार्य किये, सो अब समझाकर कहिए।"

याज्ञवल्क्य बोले, "हे भरद्वाज, वह प्रसंग श्रद्धालु भक्तों के श्रवण योग्य नहीं है। उससे श्रद्धा स्खलित होती है। उस प्रसंग के वक्ता और श्रोता दोनों ही पाप के भागी होते हैं।"

तब भरद्वाज हाथ जोड़कर कहने लगे, "भगवन्, आप तो परम ज्ञानी हैं। आपको विदित ही है कि श्रद्धा के आवरण में सत्य को नहीं छिपाना चाहिए। मैं एक सामान्य सत्यान्वेषी हूँ। कृपाकर मुझे वानरों का सत्य चरित्र ही सुनाइए।"

याज्ञवल्क्य प्रसन्न होकर बोले, "हे मुनि, मैं तुम्हारी सत्य-निष्ठा देखकर परम प्रसन्न हुआ। तुम में पात्रता देखकर अब मैं तुम्हें वह दुर्लभ प्रसंग सुनाता हूँ, सो ध्यान से सुनो।"

इतना कहकर याज्ञवल्क्य ने नेत्र बन्द कर लिये और ध्यान-मग्न हो गये। भरद्वाज उनके उस ज्ञानोद्दीप्त मुख को देखते रहे। उस सहज, शान्त और सौम्य मुख पर आवेग और क्षोभ के चिह्न प्रकट होने लगे और ललाट पर रेखाएँ उभर आयीं। फिर नेत्र खोलकर याज्ञवल्क्य ने कहना प्रारम्भ किया :

"हे भरद्वाज, एक दिन भरत बड़े खिन्नऔर चिन्तित मुख से महाराज रामचन्द्र के पास गये और कहने लगे, 'भैया, आपके इन वानरों ने बड़ा उत्पात मचा रखा है। राज्य के नागरिक इनके दिन-दूने उपद्रवों से तंग आ गये हैं। ये वानर लंका-विजय के मद से उन्मत्त हो गये हैं। वे किसी भी बगीचे में घुस जाते हैं और उसे नष्ट कर देते हैं; किसी के भी घर पर बरबस अधिकार जमा लेते हैं। किसी का भी धन-धान्य छीन लेते हैं, किसी की भी स्त्री का अपहरण कर लेते हैं। नागरिक विरोध करते हैं, तो कहते हैं कि हमने तुम्हारी स्वतन्त्रता के लिए संग्राम किया था; हमने तुम्हारी भूमि को असुरों से बचाया; हम न लड़ते तो तुम अनार्यों की अधीनता में होते; हमने तुम्हारी आर्यभूमि के हेतु त्याग और बलिदान किया है। देखो, हमारे शरीर पर के घाव।

"कहते-कहते भरत आवेश से विचलित हो गये। फिर खीझते-से बोले, 'भैया, मैंने आपसे पहले ही कहा था कि इन बन्दरों को मुँह मत लगाइए। मैं इसीलिए चित्रकूट तक सेना लेकर गया था कि आप अयोध्या की अनुशासनपूर्ण सेना ही अपने साथ रखें। परन्तु आपने मेरी बात नहीं मानी। और अब हम परिणाम भुगत रहे हैं। ये आपके वानर प्रजा को लूट रहे हैं। एक प्रकार से वानर राज्य ही हो गया है।'

"भरत के मुख से क्रोध के कारण शब्द नहीं निकलते थे। वे मौन हो गये। रामचन्द्र भी सिर नीचा करके सोचने लगे। हे मुनिवर, उस समय मर्यादा पुरुषोत्तम के शान्त मुख पर भी चिन्ता और उद्वेग के भाव उभरने लगे।

"सहसा द्वार पर कोलाहल सुनायी पड़ा। भरत तुरन्त उठकर द्वार पर गये और थोड़ी देर बाद लौटे तो उनका मुख क्रोध से तमतमाया हुआ था। बड़े आवेश से अग्रज से बोले, 'भैया आपके वानर नया बखेड़ा खड़ा कर रहे हैं। द्वार पर इकट्ठे हो गये हैं और चिल्ला रहे हैं कि हमने आर्य भूमि की रक्षा की है, इसलिए राज्य पर हमारा अधिकार है। राज्य के सब पद हमें मिलने चाहिए; हम शासन करेंगे।'

"हे भरद्वाज, इतना सुनते ही राम उठे और भरत के साथ द्वार पर गये। उच्च स्वर में बोले, 'वानरो, अपनी करनी का बार-बार बखान कर मुझे लज्जित मत करो। इस बात को कोई अस्वीकार नहीं करता कि तुमने देश के लिए संग्राम किया है। परन्तु लड़ना एक बात है और शासन करना सर्वथा दूसरी बात। अब इस देश का विकास करना है, इसकी उन्नति करनी है। अतएव शासन का कार्य योग्य व्यक्तियों को ही सौंपा जायेगा। तुम लोग अन्य नागरिकों की भाँति श्रम करके जीविकोपार्जन करो और प्रजा के सामने आदर्श उपस्थित करो।'

"महाराज रामचन्द्र के शब्द सुनकर वानरों में बड़ी हल-चल मची। कुछ ने

उनकी बात को उचित बतलाया। पर अधिकांश वानर क्रोध से दाँत किटकिटाने लगे। उनमें जो मुखिया थे, वे बोले, 'महाराज, हम श्रम नहीं कर सकते। आपकी 'जय' बोलने से अधिक श्रम हमसे नहीं बनता। हमने संग्राम में पर्याप्त श्रम कर लिया। हमने इसलिए आर्य-संग्राम में भाग नहीं लिया था कि पीछे हमें साधारण नागरिक की तरह खेतों में हल चलाना पड़ेगा। और अपनी योग्यता का परिचय हमने लंका में पर्याप्त दे दिया है। ये हमारे शरीर के घाव हमारी योग्यता के प्रमाण हैं। इन घावों से ही हमारी योग्यता आँकी जाये। हमारे घाव गिने जायें।'

"हे भरद्वाज, राम ने उन्हें समझाने का बहुत प्रयत्न किया, परन्तु वानरों ने बुद्धि को तो वन ही में छोड़ दिया था। हताश होकर राम ने भरत से कहा, 'भाई, ये नहीं मानेंगे। इनके घाव गिनने का प्रबन्ध करना ही पड़ेगा।'

"इसी समय उस भीड़ से गगनभेदी स्वर उठा, 'हमारे घाव गिने जायें। हमारे घाव ही हमारी योग्यता हैं।'

"तब भरत ने कहा, 'वानरो, अब शान्त हो जाओ। कल अयोध्या में घाव-पञ्जीयन कार्यालय खुलेगा। तुम लोग कार्यालय के अधिकारी के पास जाकर, उसे अपने सच्चे घाव दिखा, उससे प्रमाणपत्र लो। घावों की गिनती हो जाने पर तुम्हें योग्यतानुसार राज्य के पद दिये जायेंगे।'

"इस पर वानरों ने हर्ष-ध्वनि की। आकाश से देवताओं ने जय-जयकार किया और पुष्प बरसाये। हे भरद्वाज, निठल्लों को दूसरे की विजय पर जय बोलने और फूल बरसाने के अतिरिक्त और काम ही क्या है? वानर प्रसन्नता से अपने-अपने निवासस्थान को लौट गये।

"दूसरे दिन से नंग-धड़ंग वानर राज-मार्गों पर नाचते हुए घाव गिनाने जाने लगे। अयोध्या के सभ्य नागरिक उनके नग्न-नृत्य देख, लज्जा से मुँह फेर-फेर लेते।

"हे भरद्वाज, इस समय वानरों ने बड़े-बड़े विचित्र चरित्र किये। एक वानर अपने घर में तलवार से स्वयं ही शरीर पर घाव बना रहा था। उसकी स्त्री घबराकर बोली, 'नाथ, यह क्या कर रहे हो?' वानर ने हँसकर कहा, 'प्रिये, शरीर में घाव बना रहा हूँ। आजकल घाव गिनकर पद दिये जा रहे हैं। राम-रावण संग्राम के समय तो भागकर वन में छिप गया था। फिर जब राम की विजयी सेना लौटी, तो मैं उसमें शामिल हो गया। मेरी ही तरह अनेक वानर वन से निकलकर उस विजयी सेना में मिल गये। हमारे तन पर एक भी घाव नहीं था, इसलिए हमें सामान्य परिचायक का पद भी नहीं मिलता। अब हम लोग स्वयं घाव बना रहे हैं।'

"स्त्री ने शंका की, 'परन्तु प्राणनाथ, क्या कार्यालयवाले यह नहीं समझेंगे कि ये घाव राम-रावण संग्राम के नहीं हैं?"

"वानर हँसकर बोला, 'प्रिये, तुम बहुत भोली हो। वहाँ भी धाँधली चलती है।'

"स्त्री ने पूछा, 'प्रियतम, तुन कौन-सा पद लोगे?'

"वानर ने कहा, 'प्रिये, मैं कुलपति बनूंगा। मुझे बचपन से ही विद्या से बड़ा प्रेम है। मैं ऋषियों के आश्रम के आसपास ही मँडराया करता था। मैं विद्यार्थियों की चोटी खींचकर भागता था, हव्य-सामग्री झपट लेता था। एक बार ऋषि का कमण्डलु ही ले भागा था। इसी से तुम मेरे विद्या-प्रेम का अनुमान कर सकती हो। मैं तो कुलपति ही बनूंगा।'

याज्ञवल्क्य तनिक रुककर बोले, "हे मुनि, इस प्रकार घाव गिना-गिनाकर वानर जहाँ-तहाँ राज्य के उच्च पदों पर आसीन हो गये और वानर-वृत्ति के अनुसार राज्य करने लगे। कुछ काल तक अयोध्या में राम-राज के स्थान पर वानर-राज ही चला।"

भरद्वाज ने कहा, "मुनिवर, वानर तो असंख्य थे, और राज के पद संख्या में सीमित। शेष वानरों ने क्या किया?"

याज्ञवल्क्य बोले, "हे मुनि, शेष वानर अनेक प्रकार के पाखण्ड रचकर प्रजा से धन हड़पने लगे। जब रामचन्द्र ने जगज्जननी सीता का परित्याग किया, तब कुछ वानरों ने सीता सहायता-कोष खोल दिया और अयोध्या के उदार, श्रद्धालु नागरिकों से चन्दा लेकर खा गये।"

याज्ञवल्क्य ने अब आँखें बन्द कर लीं और बड़ी देर चिन्ता में लीन रहे। फिर नेत्र खोलकर बोले, "हे भरद्वाज, श्रद्धालुओं के लिए वर्जित यह प्रसंग मैंने तुम्हें सुनाया है। इसके कहने और सुननेवाले को पाप लगता है। अतएव हे मुनि, हम दोनों प्रायश्चित-स्वरूप तीन दिनों तक उपवास करेंगे।"

मौलाना का लड़का : पादरी की लड़की

एक साधारण बँगले में चर्च थी। शिखर पर न क्रॉस, न घण्टा। एक हॉल था और तीन कमरे। कमरों में पादरी सपरिवार रहता था और हॉल में आराधना होती थी।

शहर में बड़े ओहदेदार ईसाइयों के लिए दो बड़ी विशाल, रोबदार चर्चें भी थीं। धर्म, धन के हिसाब से टीमटाम धारण कर लेता है। धनी ईसाइयों का ईसा झोंपड़ी में आये, यह उन्हें गवारा नहीं। और अगर गरीब ईसाइयों का ईसा भी शानदार चर्च में आने लगे, तो अमीरों के ईसा को ईर्ष्या होगी। इसीलिए गरीब मजदूरों, फिटरों, क्लीनरों और बस-कण्डक्टरों के लिए किराये के बँगले में छोटी-सी चर्च खोल दी गयी थी।

लेकिन मौलाना शमशुद्दीन ने अपने बँगले का आधा हिस्सा दूसरे मजहब की

इबादत के लिए कैसे दे दिया? वे कट्टर मुसलमान थे, खास मौकों पर मस्जिद में नमाज वही पढ़ाते थे। फिर भी शायद इस्लाम के एकेश्वरवाद ने ईसाई धर्म के एकेश्वरवाद को पड़ोस में बस जाने दिया। या साठ-सत्तर रुपये किराये के बँगले के लिए चर्चवालों ने जब दो-सौ रुपये दिये, तो मौलाना की धार्मिक कट्टरता के मुँह पर ताला पड़ गया होगा। क्या पता, हजार रुपये महीने में मौलाना शिवालय बना लेने देते!

पादरी सेमुअल दास बहुत नेक, ईमानदार और मिलनसार आदमी था। ठीक पहली तारीख को किराया पटा देता था और कभी मरम्मत की माँग नहीं करता था। बड़ा श्रद्धालु; प्रभुभक्त आदमी था। जब वह भरे गले से कहता, "दीन मनुष्य धन्य हैं, क्योंकि वही स्वर्ग के राज्य के अधिकारी होंगे", तब गरीब ईसाइयों की आँखें भर आतीं। चर्च के सदस्यों को पादरी अपने बच्चों की तरह प्यार करता था और उनमें से कोई यदि अधिक दिन आराधना में न आता, तो पादरी को उसकी आत्मा की चिन्ता पड़ जाती और वह उसे घर से बुला लाता।

मौलाना भी बड़े साफ-पाक आदमी थे और पादरी से उनकी अच्छी पटती थी, क्योंकि वह धार्मिक आदमी था और किराया समय पर देता था। एक बार जब मौलाना की नयी मुरगियों ने बड़ी साइज के अण्डे दिये थे, तब उन्होंने चार अण्डे पादरी को भी भिजवाये थे।

कुछ दिनों से मौलाना के इकलौते बेटे रफ़ीक़ का झुकाव ईसाई धर्म की ओर हो रहा था। बड़ा भला लड़का था। बाप के संस्कार, शासन और सम्पत्ति ने उसे बिल्कुल ही सुशील बना दिया था, याने दब्बू, झेंपू और साहसहीन। वह दोपहर में पादरी की लड़की के पास बैठा हुआ बाइबिल पढ़ता पाया जाता था। दोनों का मेल-जोल कैसे हो गया, इसे सोचना व्यर्थ है, क्योंकि तरुण-तरुणी के मिलने के उचित कारण बेवकूफ ही खोजते हैं। फिर भी रफ़ीक़ और बेला आध्यात्मिक स्तर पर ही मिले होंगे, क्योंकि एक तो रफ़ीक़ दब्बू लड़का था, दूसरे बेला यौवन में ही विरागिनी-सी हो गयी थी। वह हमेशा धार्मिक अध्ययन और चर्चा में डूबी रहती थी और लोगों का खयाल था कि उसे पादरी से अधिक ज्ञान है और उससे कहीं अधिक प्रवचन कर सकती है। वे मनचले, जो हर चर्च में चमचमाती टाई पहनकर तरुणियों को रिझाने जाया करते हैं, यहाँ निराश हुए थे। प्रार्थना के बीच जब वे शोख नजरों से बेला की ओर ताकते, तो उसे नीची आँखें किये हुए पाते। उसकी नीरसता के कारण ही चर्च में हाजिरी कम हो गयी थी। मनचले यह कहकर चल दिये थे कि पादरी की लड़की तो 'रिसपान्स' ही नहीं देती। बात फैल गयी थी कि वह तो 'नन' बननेवाली है।

ऐसी बेला के पास जब रफ़ीक़ आया, तो उसे वह भोले बच्चे-सा लगा। उसने उसकी आत्मा को प्रकाशित करने और उसे प्रभु ईसा के करुणाचल की छाया में लाने का निश्चय किया। रफ़ीक़ रोज दोपहर को उसके पास बैठता और वह गद्गद हो उसे बाइबिल सुनाती और एक-एक बात पर लम्बे-लम्बे प्रवचन करती। रफ़ीक़

उसके मुख की ओर एकटक निहारता हुआ, आनन्द-विभोर हो सुनता रहता ।

बाइबिल उसे बहुत अच्छी लगती थी । वह सुबह से ही सूर्य की गति देखता रहता कि कब दोपहर हो । रात को बड़ी देर तक उसकी आँखों के सामने बेला का मुख झूलता रहता और उसके शब्द कानों में गूँजते रहते ।

उसकी आत्मा प्रकाशित होने लगी थी । उसका साहस भी जागने लगा था ।

बेला की आत्मा में भी नया प्रकाश आने लगा । बाइबिल पढ़ने में उसे नवीन आनन्द की उपलब्धि होने लगी थी । सुबह से दोपहर तक वह भी एक-दो बार घड़ी देख लेती थी ।

कुछ दिनों में तो दोनों की आत्माएँ और तेजी से प्रकाशित होने लगीं । रफ़ीक़ ने अपनी विरल, खसखसी दाढ़ी मुड़वा ली और बेला ने बाइबिल का पुराना, मैला आवरण निकालकर एक सुन्दर सुनहला आवरण चढा लिया ।

मौलाना से एक दोस्त ने कहा, "मौलाना, साहबजादे के रंग-ढंग अच्छे नहीं हैं । रोज पादरी की लड़की के साथ घण्टों बैठते हैं । पादरी बड़ा काइयाँ है । ईसाई बना लेगा ।"

मौलाना में अभिमान और आत्मविश्वास बहुत था । बोले, "किसी कुँजड़े-पिजारे का बेटा नहीं है, मौलाना का बेटा है । पादरी के पूरे खानदान को मुसलमान बनाकर छोड़ेगा ।"

कह तो दिया, पर मौलाना बात को भूले नहीं । पता लगाया । मालूम हुआ कि बात सच है। सोचा, कोई हर्ज नहीं । अगर लड़की को मुसलमान बनाकर शादी हो, तो उन्हें कोई एतराज नहीं होगा । पादरी की लड़की को मुसलमान बनाने से इज्जत ही बढ़ेगी । पर अगर रफ़ीक़ मियाँ खुद ही ईसाई होने लगे, तो घर से निकाल दिये जायेंगे । दर-दर की ठोकरें खायेंगे, भूखों मरेंगे, तब समझेंगे कि खुदा भी है कोई चीज ।

उधर पादरी भी प्रसन्न था कि एक धनी मौलवी के लड़के को जब वह ईसाई बनाकर लड़की की शादी उससे करेगा, तब उन पादरियों पर उसका बड़ा रोब गालिब होगा, जो गरीब गोंड-भीलों को या अनाथ बच्चों को ईसाई बनाते हैं ।

इधर मौलाना और पादरी की कशमकश चल रही थी, उधर रफ़ीक़ और बेला की आत्मा में और प्रकाश आता जा रहा था । वे अब दो-दो, तीन-तीन घण्टे धर्म-चर्चा करते थे । उन्हें इस प्रकाश में गरमी भी मालूम होने लगी थी । इस प्रकाश में एक हरकत और थी, प्रकाश-पुंज एक दूसरे के पास आना चाहते थे ।

रफ़ीक़ को बाइबिल के सपने आने लगे थे । एक रात उसे सपना आया--- वह जंगल में भटक रहा है । सहसा उसे नदी-तट की एक चट्टान पर बेला खड़ी दिखती है । वह सफेद वस्त्र पहने है और एक हाथ में फूलों का गुच्छा लिये हुए है । वह रफ़ीक़ को देखकर मुसकरा देती है और संकेत से बुलाती है । रफ़ीक़ पास जाता है, तब बेला एक हाथ उठाकर कहती है । मैं ही पुनरुत्थान और मैं ही जीवन हूँ । जो मुझमें विश्वास करता है, वह मरकर भी जीता है।···मैं ही जीवन हूँ, मैं ही

सत्य हूँ।

दोपहर को वह बेला के पास गया, तो उसका अजब हाल था। वह प्रेरित आत्मा-जैसा बदहवास हो गया था। ऊपर से रात्रि का जागरण, थकान और कातरता।

बेला ने पूछा, "ये क्या हाल हैं आज? क्या तबीयत खराब है?"

रफ़ीक़ ने जवाब पीछे दिया, पहले बेला का हाथ अपने हाथ में ले लिया। प्रेरित आत्मा जो थी। कहने लगा, "बेला, रात को मुझे इलहाम हुआ। सपने में तुमने मुझसे कहा, मैं ही जीवन हूँ, मैं ही सत्य हूँ। अहा! तुम कह रही थीं और मैं सुन रहा था! तुम्हारी आवाज मेरे कानों में गूँज रही है! तुमने कहा था, जो मुझ पर विश्वास करता है, वह मरकर भी जीता है।"

बेला ने कहा, "ये बातें प्रभु ईसा ने कही हैं।"

रफ़ीक़ ने बेला के कन्धे झकझोर दिये। प्रेरित आत्मा थी न। फिर, मानो दूर से कोई रहस्य उस तक आ रहा है, ऐसी विश्वास की धीमी आवाज में बोला, "नहीं, नहीं बेला! ये तुम्हारे वचन हैं। तुमने खुद मुझसे कहा था। तुम्हीं जीवन हो, तुम्हीं सत्य हो!"

और उसने जीवन और सत्य को खींचकर कलेजे से लगा लिया। प्रेरित आत्मा जो थी वह!

उन लोगों ने और बहुत-सी बातें परस्पर कहीं, जो न क़ुरान में कहीं लिखी हैं, न बाइबिल में। उन्हें याद आया कि प्रभु ने आदम की एक पसली निकालकर उससे औरत बनायी और कहा कि तुम दोनों पति-पत्नी हो। दोनों बहुत खुश थे कि वे प्रभु के बताये पथ पर चल रहे हैं।

लेकिन एक सवाल सामने आया, जो आदम और हौआ के सामने नहीं आया था। कौन कहे कि तुम पति-पत्नी हो? प्रभु तो इन छोटे-छोटे कामों के लिए आने से रहा। उसके स्थान पर पादरी या मौलवी यह कहा करते हैं।

बेला ने कहा, "पिताजी तुम्हारा बपतिस्मा कर देंगे। फिर शादी भी करा देंगे।"

रफ़ीक़ को एतराज था, "बपतिस्मा क्यों होगा?" उसने पूछा।

"क्यों? तुम प्रभु ईसा की छाया में नहीं जाओगे?" रफ़ीक़ मियाँ ने विचारा कि प्रभु ईसा की छाया में जाने से मौलाना की छाया उठ जायेगी। ईसा की शरणागतवत्सलता का क्या भरोसा? बाप की कृपा से ही तो वह मजे में जी रहा है। उसने कहा, "नहीं, मैं ईसाई नहीं बनूंगा?"

बेला को धक्का लगा। उसने कहा, "क्यों? तुम्हें तो ईसा से इतनी मुहब्बत है!"

"नहीं, मुझे तो तुझसे मुहब्बत है।"

बेला अनुनय करने लगी, "ऐसी बात मत कहो, मेरे अच्छे रफ़ीक़! तुम इतने मन से बाइबिल पढ़ते हो।"

रफ़ीक़ ने समझाया, "बाइबिल तो इसलिए पढ़ता हूँ कि तुम पढ़ाती हो। बचपन में एक बूढ़ा खूसट मौलवी मुझे क़ुरान पढ़ाता था, निहायत बदसूरत और गन्दा आदमी ! मुझे तभी से क़ुरान से दिलचस्पी नहीं रह गयी। भला बताओ इतनी पाक चीजें बदसूरत बूढ़े मर्द क्यों पढ़ाते हैं ? इन्हें पढ़ाने का हक तो जवान और खूबसूरत आदमियों को ही है। तुम्हारे मुँह से मुझे शैतान की दास्तान भी अच्छी लगेगी।"

बेला का तो दिमाग चकराने लगा था। बड़ी मुश्किल से उसने पूछा, "फिर भी तुम्हें ईसाई बनने में एतराज क्यों है ?"

रफ़ीक़ ने कहा, "मेरा बाप नहीं चाहता। ऐसे करें, तुम मुसलमान हो जाओ। मजे में निकाह हो जायेगा।"

सुनकर वह नागिन बन गयी। फुफकारा, "खूब ! तुम्हारे बाप सच्चे बाप हैं ! मेरे बाप कोई चीज नहीं ?"

बड़ी देर अनुनय-विनय मान-मनौअल हुई और वे इस नतीजे पर पहुँचे कि चूंकि दोनों के बाप अपनी-अपनी जगह अड़े हैं, इसलिए वह न ईसाई हो सकता है और न वह मुसलमान बन सकती है। दोनों सिसकते हुए एक-दूसरे से बिदा हुए, वही सब दोहराते हुए, जो लाखों सालों से ऐसे मौकों पर प्रेमी-युगल कहते हैं और जिनका सार यह होता है कि वे एक-दूसरे के बिना जी नहीं सकते। पर ऐसा कहने-वालों में कम-से-कम निन्यानबे जीते हैं और इन निन्यानबे में से नब्बे किसी दूसरे से फिर वही शब्द कहते पाये जाते हैं।

वे दो दिन नहीं मिले।

रफ़ीक़ की प्रेरित आत्मा में और नया प्रकाश आने लगा। पहले दिन उसने सोचा कि खुदा तो होता ही है; शैतान भी होता है। जिस काम को खुदा बनाता है; उसे शैतान बिगाड़ता है। इस वक्त उनका काम शैतान बिगाड़ रहा है।

दूसरे दिन उसे और प्रकाश मिला। उसे ज्ञान हुआ कि पादरी और मौलाना दोनों के दिमागों में यों घुसकर शैतान अपनी चाल चल रहा है। तीसरे दिन वह बेला के पास पहुँच गया। इन दो दिनों में बेला की आत्मा में भी नया प्रकाश आ गया था।

रफ़ीक़ ने कहा, "बेला, हमने पढ़ा है न कि शैतान खुदा से लड़कर चला गया था और तभी से दुनिया में बड़ी ऊधम मचा रहा है, लोगों को गलत राह ले जाता है; अच्छे कामों में अड़ंगा डालता है। इस वक्त शैतान हमारा काम बिगाड़ रहा है।"

बेला ने कहा, "हाँ, यही मालूम होता है। वरना मुहब्बत तो बड़ी पाक चीज है, मुहब्बत में तो खुद प्रभु बसते हैं।"

रफ़ीक़ खुश हुआ। आगे समझाने लगा, "हम दोनों के बाप निहायत नेक आदमी हैं। मगर इस वक्त दोनों के सिरों में कम्बख्त शैतान घुस गया है। वही उनसे अड़ंगा डलवा रहा है। बताओ, क्या हम शैतान की चलने देंगे।"

बेला ने बड़ी हिम्मत से कहा, "क्यों चलने देंगे ? शैतान की एक नहीं चलने देंगे।"

दूसरे दिन सुबह मौलाना ने देखा कि बिस्तर पर रफ़ीक़ की जगह एक चिट्ठी पड़ी है। इधर पादरी ने भी देखा कि बेला के बिस्तर पर बेटी की जगह पर एक चिट्ठी पड़ी है। जब पादरी और मौलाना मिले, तो तय पाया गया कि दोनों गायब हैं। चिट्ठियाँ पढ़ने से मालूम हुआ कि पिताओं को चिन्ता करने की जरूरत नहीं है और न उनकी तलाश करने की। वे जल्दी ही लौट आनेवाले हैं।

मौलाना और पादरी को बहुत अफसोस हुआ।

पादरी ने घुटने टेककर प्रार्थना की, "हे प्रभु, मुझे माफ कर! वह नहीं जानती कि वह क्या कर रही है। उसे सही रास्ता दिखा।"

मौलाना ने दूसरी नमाज में हाथ फैलाकर दुआ माँगी, "परवरदिगार, वह नादान है। उसे माफ फरमा और सही राह दिखा।"

पादरी और मौलाना बड़े नेक आदमी थे और नेक आदमी की सच्चे दिल से की गयी प्रार्थना व्यर्थ नहीं जाती।

दोनों के अलग-अलग प्रभुओं ने उनकी सन्तानों को सही रास्ता दिखाया। लगभग दस बजे वे दोनों एक ताँगे में बैठे उस रास्ते पर जा रहे थे। उस रास्ते का नाम था—अल्बर्ट रोड, जिसके उस छोर पर सिविल मैरेज के रजिस्ट्रार का दफ्तर था।

अपने-अपने इष्टदेव

लेखक ने अपने गुरु से कहा, "आचार्यवर, मैंने बड़ी महत्त्वाकांक्षा लेकर लिखना शुरू किया था, पर अभी तक विफलता ही मेरे हाथ लगी। मेरी पाँच-छह पुस्तकें प्रकाशित हो चुकी हैं, पर वे अधिक बिकीं ही नहीं। कोई मेरा नाम नहीं जानता। मुझे धन भी नहीं मिला। मैं इतिहास में आना चाहता था, पर अभी तक अखबार में भी नहीं पहुँचा। शुरू से ही मेरे आदर्श तुलसीदास रहे हैं। चाहता हूँ कि रामचरितमानस की तरह मेरा ग्रन्थ भी घर-घर में हो, तुलसी की तरह मेरा नाम भी बच्चे-बच्चे की जबान पर हो। पर यह हो कैसे? गुरु, रास्ता बताइए, प्रकाश दीजिए।"

गुरु ने कहा, "तुम्हारा संकल्प तो शुभ है। पर साधना के बिना संकल्प एक बोझ ही है। तपस्या करो!"

लेखक ने कहा, "और कितनी तपस्या करूँ, गुरुदेव? मैं रात-दिन हर सफल लेखक के प्रति ईर्ष्या से जलता रहता हूँ। ईर्ष्या से बढ़कर कोई तप नहीं है। तुलसीदास तो मुझे शत्रु लगते हैं। घर में रामचरितमानस देखता हूँ तो उससे कहता हूँ कि एक दिन ऐसा आयेगा जब तेरी ठीक बगल में हर घर में मेरा ग्रन्थ होगा!"

गुरु ने कहा, "सो सब ठीक है, पर साधना का सही मार्ग ग्रहण करोगे, तभी सिद्धि होगी।"

लेखक ने पान का डिब्बा खोलकर गुरु के आगे कर दिया। फिर तमाखू की डिबिया बढ़ायी। और जब गुरु चुटकी में तमाखू लेकर उसे मुख में यथास्थान रख रहे थे, तभी कहा, "सही मार्ग आपके सिवा कौन बतायेगा ? कहा है—बलिहारी गुरु आपकी जिन गोविन्द दियो बताय !"

गुरु करुणार्द्र हो उठे। बोले, "वत्स, तुलसीदास से स्पर्धा करना है, तो उन्हीं का मार्ग अपनाना होगा। उन्हीं की तरकीबें काम में लानी होंगी। तुलसीदास में दो खास बातें थीं—एक : सामग्री का चयन और दो : ठीक इष्टदेव की भक्ति। जहाँ तक सामग्री के चयन का प्रश्न है, उन्होंने खुद स्वीकार किया है—नानापुराणनिगमागमसम्मतं यद्—उन्होंने बेखटके यहाँ-वहाँ से सामग्री ली। वे जानते थे कि मौलिक रचना के लिए इस जगत् में कोई चांस नहीं है। भगवान् तक मौलिक रूप में नहीं आते, राम या कृष्ण के रूप में अनुवादित होकर आते हैं। तुम भी ऐसा काव्य लिखो, जिसे पढ़ने से सब महाकवियों के काव्य का रस मिल जाये। इससे भी कठिन कार्य है, ठीक इष्टदेव की पहचान करना और उसकी कृपा प्राप्त करना। तुलसीदास को तो बड़ा बलशाली इष्टदेव मिल गया था—हनुमान्। तुमने उनकी जीवनी में पढ़ा ही होगा कि रामचरितमानस की रचना पूरी कर एक शाम को तुलसीदास ने इष्टदेव का स्मरण करके पोथी रख दी। सुबह उठकर देखा कि पोथी पर हनुमान्जी दस्तखत कर गये हैं, याने मंजूर हो गयी। बस, रामचरितमानस घर-घर में और तुलसीदास का नाम बच्चे-बच्चे की जबान पर हो गया। उस जमाने में भारत में प्रकाशक होते, तो लाखों की रॉयल्टी मिलती और आज राजापुर ग्राम में कोई हवेली उनका स्मारक होती। तुम भी ठीक इष्टदेव को प्राप्त करो। यह कठिन कार्य है। आजकल देवता भी बढ़ गये हैं और भक्त भी। फिर भी, प्रयत्न से क्या नहीं होता ?"

लेखक को सही मार्ग मिल गया था, पर उलझन यह थी कि इष्टदेव को कैसे पहचाने और कैसे उसकी कृपा प्राप्त करे। उसने फिर गुरु की तरफ देखा।

गुरु ने कहा, 'अपना इष्टदेव खुद पहचानना होता है। मेरा बताया तुम्हारे काम नहीं आयेगा। तुलसीदास को तो एक झाड़ी में रहनेवाले प्रेत ने बतलाया कि अमुक जगह राम-कथा सुनने कोढ़ी का रूप धरकर हनुमान्जी आते हैं। वही तुम्हारे इष्टदेव हैं। तुलसीदास ने जाकर कोढ़ी के पाँव पकड़ लिये। उसने बहुत आनाकानी की, पर जब तक तुलसी ने वरदान नहीं ले लिया, छोड़ा नहीं। जाओ, सच्ची लगन होगी, तो तुम्हें भी कोई बतानेवाला मिल जायेगा।"

लेखक ने गुरु को प्रणाम किया और वह इष्टदेव खोजने निकल पड़ा। नगर-नगर, गाँव-गाँव, सड़क-सड़क, गली-गली, होटल-होटल, पार्क-पार्क खोजा, मगर इष्टदेव नहीं मिला। कई इष्टदेव-जैसे मालूम हुए, पर बाद में पता चला कि वे खुद भक्त हैं और इष्टदेव की तलाश में घूम रहे हैं।

निराश लेखक एक रात को राजधानी की सड़कों पर घूम रहा था। एक दफ्तर के पास से निकला तो सन्नाटे को चीरती आवाज आयी, "ठहरो !"

लेखक ठिठक गया। आसपास कोई नहीं दिखा।

उसने जोर से पुकारा, "कौन है ?"

"भूत !" दफ्तर से आवाज आयी।

लेखक ने कहा, "मैं वर्तमान हूँ।"

जवाब आया, "भूत वर्तमान का हेडमास्टर है और वर्तमान भूत का कुली है !"

लेखक ने पूछा, "तुम किसके भूत हो ?"

आवाज आयी, "एक लेखक का, जो अच्छा लिखने के कारण जल्दी मर गया। मेरा नाम··· था।"

लेखक ने कहा, "मैंने आपका नाम सुना है, आपकी पुस्तकें पढ़ी हैं। आप तो बहुत अच्छा लिखते थे।"

आवाज आयी, "इसीलिए असमय ही मर गया। अब भूत बन गया हूँ। मुझे तेरी समस्या मालूम है। मैं तेरे इष्टदेव को जानता हूँ। मनुष्य जीवन में जो नहीं जान पाया, वह प्रेत-योनि में जान गया हूँ। अपना कान इस खम्भे से लगा। मैं खम्भे के भीतर से बोलूंगा। यह अत्यन्त गोपनीय रहस्य है। किसी पर प्रकट मत करना !"

लेखक ने खम्भे से कान लगाया और भूत ने उसे इष्टदेव का नाम-पता बता दिया। पूजा-विधि भी बतायी। फिर कहा, "जा, उसे प्रसन्न कर। वह पहले कहेगा, मैं तुम्हारी मदद कैसे कर सकता हूँ। मेरे हाथ में क्या है ? पर तू उसके पीछे पड़े रहना।"

लेखक ने दूसरे लेखक के भूत को बहुत धन्यवाद दिया और इष्टदेव से मिलने चल दिया। दूसरे दिन उसने उसे पा लिया और उसी दिन से पूजा शुरू कर दी। साथ ही उसने ग्रन्थ-रचना भी शुरू कर दी।

ग्रन्थ पूरा हो गया और लेखक ने उसे छपवा भी लिया।

एक सन्ध्या को लेखक ने स्नान करके धूप-बत्ती जलायी और अत्यन्त शुद्ध मन से इष्टदेव की स्मृति करके ग्रन्थ की एक प्रति मेज पर रख दी।

सुबह उठकर देखा कि ग्रन्थ में एक टाइप किया हुआ कागज चिपका है। कागज पर नीचे शिक्षा-विभाग के किसी पदाधिकारी के दस्तखत हैं। उसमें लिखा है—तुम्हारा यह ग्रन्थ सारे राज्य में हायर सेकेण्डरी कक्षाओं के लिए पाठ्य-पुस्तक के रूप में स्वीकृत किया गया।

वह ग्रन्थ घर-घर में हो गया और लेखक का नाम बच्चे-बच्चे की जबान पर आ गया।

चार बेटे

बुढ़ऊ टस से मस नहीं हो रहे थे।

बड़े-बड़े देवता, ज्ञानी ऋषि-मुनि समझाकर हार गये पर बुढ़ऊ कहते ही रहे, "मैं उस कुलटा का मुँह नहीं देखूँगा। हर तीजा पर रतजगा करती थी, रोज पूजा-पाठ करती थी, उपवास और व्रत करती थी और वरदान माँगती थी कि मुझे जनम-जनम में यही पति मिलें। बड़ी पतिव्रता बनी फिरती थी। अब मेरी आँखें खुलीं। उसने मुझे जीवन-भर धोखा दिया। हाय रे तिरिया-चरित्र !"

पचहत्तर वर्ष पूरे करके बुढ़ऊ हाल ही में पुण्य-प्रताप से स्वर्ग आये। यों स्वर्ग-प्राप्ति के लिए पुण्य आवश्यक नहीं है; कभी-कभी सिफारिश से या 'फ्लूक' में स्वर्ग मिल जाता है, इसके भी उदाहरण हैं। अजामिल डाकू ने जिन्दगी-भर तो नरक की तैयारी की, पर मरते वक्त अपने बेटे 'नारायण' को पुकारा। नारायण समझे कि मुझे स्मरण किया है। बस, उसे सीधा स्वर्ग भेज दिया। नाम की बड़ी कमजोरी होती है बड़ों में।

बुढ़ऊ कैसे आये, यह नहीं कहा जा सकता, पर उन्होंने यहाँ स्वर्ग में भी अपने लिए नरक निर्मित कर लिया था। आदमी क्या नहीं बना लेता। गेहूँ से रोटी भी बना लेता है और शराब भी।

बुढ़िया उनसे एक माह पहले ही आ गयी थी। पृथ्वी पर लोगों का विश्वास था कि यह सच्ची पतिव्रता का लक्षण है। वह पहले पहुँच गयी और जब वहाँ चूल्हा-चक्की जमा लिये, तब बुढ़ऊ भी पहुँच गये।

यह सच था कि वे आदर्श पति-पत्नी थे। पचास साल तो कोई फरिश्ते के साथ भी नहीं काट सकता। पर इतने लम्बे दाम्पत्य-जीवन में आपस में उनमें कभी भी झगड़ा नहीं हुआ। गृहस्थ धर्म की एक जरूरी रस्म पत्नी को पीटने की होती है, पर बुढ़ऊ ने इस पवित्र प्रथा के निर्वाह के लिए भी कभी बुढ़िया को गुलाब की छड़ी तक से नहीं छुआ।

पर यहाँ आये एक महीना ही हुआ था कि बुढ़ऊ ने बुढ़िया को गालियाँ देकर घर से निकाल दिया। पृथ्वी पर तो काम के मारे लड़ने की फुरसत नहीं मिलती थी, पर यहाँ तो अनन्त निठल्लापन था। खूब कलह हुई। बुढ़ऊ ने पत्नी को पहले तो गालियाँ दीं, पर जीवन में कभी इसका अभ्यास न होने के कारण, जब गाली नहीं सूझती, तो वे हाथ चला देते। बुढ़िया बेचारी हाथ जोड़ती, पाँव पकड़ती, कसमें खाती, पर पति का क्रोध बढ़ता ही जाता। आखिर बुढ़ऊ ने उसे घर से निकाल दिया और स्वयं एक कोने में माथा ठोंककर बैठ गये।

जब साधारण देवता मनाते-मनाते हार गये, तब इन्द्र आये। बोले, "बाबा, जानते हो, यह स्वर्ग है?" मन का दर्द था इन शब्दों में।

बुढ़ऊ ने क्रोध से कहा, "हाँ, जानता हूँ। मुझे यहाँ बुलाकर कोई अहसान नहीं

किया है। अपने पुण्य के दम पर आया हूँ।"

इन्द्र नरम पड़ गये। कहने लगे, "सो तो ठीक है, पर मेरे कहने का मतलब है कि यहाँ ऐसा व्यवहार शोभा नहीं देता।"

बुढ़ऊ बड़ी कटु हँसी हँसे। उत्तर दिया, "यह भी जानता हूँ कि यहाँ कुलटाओं को घर में रखना शोभा देता है। पर मैं तुम्हारी चाल नहीं चलूँगा। उस कुलटा का मैं नाम भी नहीं सुनना चाहता।"

इन्द्र समझ गये कि इनकी बुद्धि में विकार आ गया है। बुद्धि को अपने क्षेत्र से बाहर मानकर इन्द्र ने देवों के गुरु वृहस्पति को उन्हें समझाने भेजा।

बृहस्पति बुद्धिमान् थे, इसलिए बड़ी नम्रता से कहा, "बाबा, आप-जैसा धर्मात्मा यहाँ शताब्दियों बाद आया है। वरना यहाँ असंख्य पापी छल से प्रवेश कर जाते हैं।"

प्रशंसा की दवा से बुढ़ऊ का पित्त कुछ शान्त हुआ।

बृहस्पति ने कहा, "पर आप व्यर्थ का झंझट क्यों खड़ा करते हैं? थोड़े समय तो यहाँ आपको रहना है। फिर तो आप जंगल-दफ्तर के बाबू के रूप में संसार में भेजे जायेंगे।"

"क्यों?" बुढ़ऊ ने बड़ी चिन्ता से पूछा।

बृहस्पति ने समाधान किया, "इसलिए कि आप-जैसे कर्मशील व्यक्ति का निर्वाह इन आलसियों में कैसे होगा। इसीलिए कहता हूँ कि जब थोड़े ही दिन यहाँ रहना है, तो क्यों आपस में झगड़ते हो? उसे बुला लो।"

बुढ़ऊ की ढीली पड़ती हुई भृकुटि फिर तन गयी। बोले, "नहीं, यह हरगिज नहीं हो सकता।"

बृहस्पति ने पैंतरा बदला। बोले, "आप नहीं मानेंगे, तो आपके जीवन-कर्मों की जाँच होगी। तब कहीं यह मालूम होगा कि आपके पचास बीघा पाँच सौ कैसे हो गये और जिस मकान में आप रहते थे, उसके आसपास के मकान भी आपके कब्जे में कैसे आ गये, तो जरा उलझन में पड़ जाओगे। इसलिए मेरी सलाह है कि निभा लो।"

बुढ़ऊ को गुस्सा आया। कहने लगे, "यह धमकी किसी और को देना। मैंने जो कुछ कमाया, मेहनत और ईमानदारी से। कह दिया कि मैंने उस कुलटा को हमेशा के लिए त्याग दिया। बस, अब मैं कुछ नहीं सुनना चाहता।"

बृहस्पति ने उसी प्रकार शान्ति से कहा, "देखो बाबा, तुम्हारे त्यागने से कुछ नहीं होगा। बुढ़िया पतिव्रता है और उसने अपनी भक्ति से यह वरदान पा लिया है कि तुम्हीं सात जनमों तक उसके पति होगे।"

बुढ़ऊ ने त्यौरी बदलकर कहा, "ऐसा नहीं हो सकता। यह धाँधली है। ऐसी धांधली तो मैंने हमारे यहाँ की कचहरी में भी नहीं देखी। सुनो, मेरे साथ यह धाँधली नहीं चलेगी।"

बृहस्पति ने फिर पैंतरा बदला, "बात यह है कि तुम्हारे मन में सन्देह समा

गया है। पर सन्देह की भी दवा है। तुम बुढ़िया की अग्नि-परीक्षा ले लो। अग्नि-परीक्षा की प्रथा तो सनातन है। त्रेता में भगवती सीता ने भी अग्नि-परीक्षा दी थी।"

बुढ़ऊ भी एक ही काँइयाँ थे। बृहस्पति को पकड़ा, "फिर भी राम ने उन्हें त्याग तो दिया।"

बृहस्पति ने समाधान किया, "इसलिए थोड़े त्यागा कि उन्हें सीता पर विश्वास नहीं था; बल्कि इसलिए कि वे मर्यादा पुरुषोत्तम थे और उन्हें एक आदर्श उपस्थित करना था। पर आपके सामने तो आदर्श वगैरह की झंझट है ही नहीं। आप अग्नि-परीक्षा लेकर उसे स्वीकार करो।"

बुढ़ऊ ने कहा, "अग्नि-परीक्षा में भी विश्वास नहीं है। जब लड़के ही कहते हैं, तब बात झूठी नहीं हो सकती।"

बृहस्पति अब तनिक खीझ उठे। बोले, "क्या कहते हैं लड़के? और आपको यहाँ कौन बता जाता है?"

बुढ़ऊ ने कहा, "क्या कहते हैं, यह तो मुझसे नहीं कहा जायेगा। परसों मेरे गाँव से रघुनाथ धोबी आया है, उसी ने मुझे बताया कि लड़के ऐसा कहते हैं।"

रघुनाथ धोबी तुरन्त बुलाया गया। वह वही कपड़े पहने था जो बृहस्पति ने उसे धोने के लिए दिये थे। पर बृहस्पति बुद्धिमान् थे, इसलिए देखकर भी चुप रहे।

उससे पूछा, "क्या नाम है तेरा?"

"रघुनाथ, मालिक!"

"कब यहाँ आया?"

"परसों, मालिक! उसी दिन आपके कपड़े धोने को लाया था।"

"सो तो दिख रहा है। क्यों रे, तूने यह क्या आग लगा दी?"

धोबी कुछ बोलनेवाला ही था कि बृहस्पति ने बुढ़ऊ से पूछा, "बाबा, तुम्हारा नाम क्या है?"

बुढ़ऊ ने कहा, "जानकीनाथ।"

बृहस्पति चौंके। कोई पुरानी बात उन्हें स्मरण हो आयी। बोले, "सब उलझन तुम्हारे नाम ने खड़ी की है। त्रेतायुग से धोबी इस नाम के पीछे पड़ा है। तुम धोबी की बात हरगिज न मानना।"

रघुनाथ ने कहा, "महाराज, मेरी तो जात ही बदनाम है। जब से मेरे उस पुरखे ने सीता माता को झूठा कलंक लगाया, तब से हमारा बड़ा निरादर हो रहा है। पर मैं क्या करूँ? बिना बताये भी नहीं बनता। आप ही बताइए—आप अगर चालीस साल तक बाबा के कपड़े धोते और यहाँ आने पर बाबा आपसे बेटों का समाचार पूछते तो क्या आप न बताते?"

बृहस्पति को अपना इस प्रकार उदाहरण के लिए उपयोग अच्छा नहीं लगा, पर वे बुद्धिमान् थे, इसलिए चुप रहे। कहा, "तो तूने ऐसा क्या कह दिया इनसे?"

रघुनाथ ने बयान दिया, "महाराज, बाबा तो साक्षात् देवता थे। सारा इलाका

अभी तक इनके गुण गाता है। चार बेटे हैं। जैसे पिता वैसे ही लड़के। राम, लछमन, भरत, शत्रुघन समझ लो। माता-पिता की बड़ी सेवा करनेवाले। लोग कहते थे कि सरवन कुमार के बाद अब ये लड़के हुए हैं। और वह माँ भी साक्षात् लक्ष्मी। ऐसा अच्छा घराना कहीं नहीं था। जब बाबा यहाँ आये, तो लड़के तीन दिन तक तो सुध-बुध भूले रहे। पर पाँचवें दिन बेटों में बहस छिड़ गयी कि बाप का श्राद्ध कौन करे। याने पैसा कौन लगाये। भगवान् की दया से और बाबा के पुण्य-प्रताप से चारों लड़के मजे में हैं, दो नौकरी करते हैं और दो धन्धा करते हैं। पर हर एक कहने लगा कि मैं पैसा नहीं लगाऊँगा। तब किसी सयाने ने समझाया कि कोई-एक पैसा लगाकर श्राद्ध कर दे और पीछे बाबा की जायदाद में से उतना ले ले। इस पर एक ने पैसा लगाया। श्राद्ध हुआ। अब वह बोला कि मेरे दस हजार लग गये। दूसरे कहने लगे कि मुश्किल से दो हजार लगे होंगे। फिर झगड़ा शुरू हो गया। तब एक-दो सयानों ने बीच में पड़कर पाँच हजार पर समझौता कराया। बाबा का श्राद्ध क्या हुआ, नीलाम हो गया। अब जायदाद का झगड़ा शुरू हुआ। चारों में खींचतान होने लगी। हर एक ज्यादा-से-ज्यादा हिस्सा हड़पने की कोशिश करने लगा। अहा! कैसा प्रेम था भाइयों में। पर अब आपस में दुश्मन हो गये। जिस दिन मैं आया उसके एक दिन पहले तो गजब ही हो गया। क्या हुआ महाराज, कि दो लड़कों ने कचहरी में अरजी दी है कि बाबा के लड़के हम दो ही हैं, इसलिए जायदाद हममें बँटनी चाहिए। कुल इतनी बात है। यही सब समाचार मैंने बताये इन्हें। पर बाबा अब उस बेचारी साध्वी बुढ़िया से पूछते हैं कि बता बाकी दो लड़के किसके हैं!"

जैसे उनके दिन फिरे

एक था राजा। राजा के चार लड़के थे। रानियाँ? रानियाँ तो अनेक थीं, महल में एक 'पिंजरापोल' ही खुला था। पर बड़ी रानी ने बाकी रानियों के पुत्रों को जहर देकर मार डाला था। और इस बात से राजा साहब बहुत प्रसन्न हुए थे, क्योंकि वे नीतिवान् थे और जानते थे कि चाणक्य का आदेश है, "राजा अपने पुत्रों को भेड़िया समझे।" बड़ी रानी के चारों लड़के जल्दी ही राजगद्दी पर बैठना चाहते थे, इसलिए राजा साहब को बूढ़ा होना पड़ा।

एक दिन राजा साहब ने चारों पुत्रों को बुलाकर कहा, "पुत्रो, मेरी अब चौथी अवस्था आ गयी है। दशरथ ने कान के पास के केश श्वेत होते ही राजगद्दी छोड़ दी थी। मेरे बाल खिचड़ी दिखते हैं, यद्यपि जब खिजाब धुल जाता है तब पूरा सिर श्वेत हो जाता है। मैं संन्यास लूंगा, तपस्या करूँगा। उस लोक को सुधारना है,

ताकि तुम जब वहाँ आओ, तो तुम्हारे लिए मैं राजगद्दी तैयार रख सकूँ। आज मैंने तुम्हें यह बतलाने को बुलाया है कि गद्दी पर चार के बैठ सकने लायक जगह नहीं है। अगर किसी प्रकार चारों समा भी गये, तो आपस में धक्का-मुक्की होगी और सभी गिरोगे। मगर मैं दशरथ-सरीखी गलती भी नहीं करूँगा कि तुममें से किसी के साथ पक्षपात करूँ। मैं तुम्हारी परीक्षा लूंगा। तुम चारों आज ही राज्य से बाहर चले जाओ। ठीक एक साल बाद इसी फाल्गुन की पूर्णिमा को चारों दरबार में उपस्थित होना। मैं देखूंगा कि इस साल में किसने कितना धन कमाया और कौन-सी विशेष योग्यता प्राप्त की। तब मैं मन्त्री की सलाह से, जिसे सर्वोत्तम समझूंगा, राजगद्दी दे दूंगा।"

"जो आज्ञा" कहकर चारों ने राजा साहब को भक्तिहीन प्रणाम किया और राज्य के बाहर चले गये।

पड़ोसी राज्य में पहुँचकर चारों राजकुमारों ने चार रास्ते पकड़े और अपने पुरुषार्थ तथा किस्मत को आजमाने चल पड़े।

ठीक एक साल बाद—

फाल्गुन की पूर्णिमा को राज-सभा में चारों लड़के हाजिर हुए। राजसिंहासन पर राजा साहब विराजमान थे, उनके पास ही कुछ नीचे आसन पर प्रधानमन्त्री बैठे थे। आगे भाट, विदूषक और चाटुकार शोभा पा रहे थे।

राजा ने कहा, "पुत्रो! आज एक साल पूरा हुआ और तुम सब यहाँ हाजिर भी हो गये। मुझे उम्मीद थी कि इस एक साल में तुममें से तीन या तो बीमारी के शिकार हो जाओगे या कोई एक शेष तीनों को मार डालेगा और मेरी समस्या हल हो जायेगी। पर तुम चारों यहाँ खड़े हो। खैर, अब तुममें से प्रत्येक मुझे बतलाये कि किसने इस एक साल में क्या काम किया, कितना धन कमाया और राजा के लिए आवश्यक कौन-सी योग्यता प्राप्त की?"

ऐसा कहकर राजा साहब ने बड़े पुत्र की ओर देखा।

बड़ा पुत्र हाथ जोड़कर बोला, "पिताजी, मैं जब दूसरे राज्य में पहुँचा, तो मैंने विचार किया कि राजा के लिए ईमानदारी और परिश्रम बहुत आवश्यक गुण हैं। इसलिए मैं एक व्यापारी के यहाँ गया और उसके यहाँ बोरे ढोने का काम करने लगा। पीठ पर मैंने एक वर्ष बोरे ढोये हैं, परिश्रम किया है। ईमानदारी से धन कमाया है। मजदूरी में से बचायी हुई ये सौ स्वर्णमुद्राएँ ही मेरे पास हैं। मेरा विश्वास है कि ईमानदारी और परिश्रम ही राजा के लिए सबसे आवश्यक है और मुझमें ये हैं, इसलिए राजगद्दी का अधिकारी मैं हूँ।"

वह मौन हो गया। राज-सभा में सन्नाटा छा गया।

राजा ने दूसरे पुत्र को संकेत किया। वह बोला, "पिताजी, मैंने राज्य से निकलने पर सोचा कि मैं राजकुमार हूँ, क्षत्रिय हूँ—क्षत्रिय बाहुबल पर भरोसा करता है।

इसलिए मैंने पड़ोसी राज्य में जाकर डाकुओं का एक गिरोह संगठित किया और लूटमार करने लगा। धीरे-धीरे मुझे राज्य कर्मचारियों का सहयोग मिलने लगा और मेरा काम खूब अच्छा चलने लगा। बड़े भाई जिसके यहाँ काम करते थे, उसके यहाँ मैंने दो बार डाका डाला था। इस एक साल की कमाई में पाँच लाख स्वर्ण-मुद्राएँ मेरे पास हैं। मेरा विश्वास है कि राजा को साहसी और लुटेरा होना चाहिए, तभी वह राज्य का विस्तार कर सकता है। ये दोनों गुण मुझमें हैं, इसलिए मैं ही राजगद्दी का अधिकारी हूँ।"

'पाँच लाख' सुनते ही दरबारियों की आँख फटी-की-फटी रह गयीं।

राजा के संकेत पर तीसरा कुमार बोला, "देव, मैंने उस राज्य में जाकर व्यापार किया। राजधानी में मेरी बहुत बड़ी दूकान थी। मैं घी में मूँगफली का तेल और शक्कर में रेत मिलाकर बेचा करता था। मैंने राजा से लेकर मजदूर तक को साल-भर घी-शक्कर खिलाया। राज-कर्मचारी मुझे पकड़ते नहीं थे, क्योंकि उन सबको मैं मुनाफे में से हिस्सा दिया करता था। एक बार स्वयं राजा ने मुझसे पूछा कि शक्कर में यह रेत-सरीखी क्या मिली रहती है? मैंने उत्तर दिया कि करुणा-निधान, यह विशेष प्रकार की उच्चकोटि की खदानों से प्राप्त शक्कर है, जो केवल राजा-महाराजाओं के लिए मैं विदेश से मँगाता हूँ। राजा यह सुनकर बहुत खुश हुए। बड़े भाई जिस सेठ के यहाँ बोरे ढोते थे, वह मेरा ही मिलावटी माल खाता था। और मँझले लुटेरे भाई को भी मूँगफली का तेल-मिला घी तथा रेत-मिली शक्कर मैंने खिलायी है। मेरा विश्वास है कि राजा को बेईमान और धूर्त होना चाहिए तभी उसका राज टिक सकता है। सीधे राजा को कोई एक दिन भी नहीं रहने देगा। मुझमें राजा के योग्य दोनों गुण हैं, इसलिए गद्दी का अधिकारी मैं हूँ। मेरी एक वर्ष की कमाई दस लाख स्वर्ण-मुद्राएँ मेरे पास हैं।"

'दस लाख' सुनकर दरबारियों की आँखें और फट गयीं।

राजा ने तब सबसे छोटे कुमार की ओर देखा। छोटे कुमार की वेश-भूषा और भाव-भंगिमा तीनों से भिन्न थी। वह शरीर पर अत्यन्त सादे और मोटे कपड़े पहने था। पाँव और सिर नंगे थे। उसके मुख पर बड़ी सरलता और आँखों में बड़ी करुणा थी।

वह बोला, "देव, मैं जब दूसरे राज्य में पहुँचा तो मुझे पहले तो यह सूझा ही नहीं कि क्या करूँ। कई दिन मैं भूखा-प्यासा भटकता रहा। चलते-चलते एक दिन मैं एक अट्टालिका के सामने पहुँचा। उस पर लिखा था 'सेवा आश्रम'। मैं भीतर गया तो वहाँ का वैभव देखकर दंग रह गया। ऐसा ऐश्वर्य तो राज-भवन में भी नहीं है। वहाँ तीन-चार आदमी बैठे ढेर-की-ढेर स्वर्ण-मुद्राएँ गिन रहे थे। मैंने उनसे पूछा, 'भद्रो, तुम्हारा धन्धा क्या है?'

"उनमें से एक बोला, 'त्याग और सेवा।' मैंने कहा, 'भद्रो, त्याग और सेवा तो धर्म है। ये धन्धे कैसे हुए?' वह आदमी चिढ़कर बोला, 'तेरी समझ में यह बात नहीं आयेगी। जा, अपना रास्ता ले।'

"स्वर्ण पर मेरी ललचायी दृष्टि अटकी थी। मैंने पूछा, 'भद्रो, तुमने इतना स्वर्ण कैसे पाया ?'

"वही आदमी बोला, 'धन्धे से।' मैंने पूछा, 'कौन-सा धन्धा ?'

"वह गुस्से में बोला, 'अभी बताया न ! सेवा और त्याग। तू क्या बहरा है ?'

"उनमें से एक को मेरी दशा देखकर दया आ गयी। उसने कहा, 'तू क्या चाहता है ?'

"मैंने कहा, 'मैं भी आपका धन्धा सीखना चाहता हूँ। मैं भी बहुत-सा स्वर्ण कमाना चाहता हूँ।'

"उस दयालु आदमी ने कहा, 'तो तू हमारे विद्यालय में भरती हो जा। हम एक सप्ताह में तुझे सेवा और त्याग के धन्धे में पारंगत कर देंगे। शुल्क कुछ नहीं लिया जायेगा, पर जब तेरा धन्धा चल पड़े, तब श्रद्धानुसार गुरुदक्षिणा दे देना।'

'पिताजी, मैं सेवा-आश्रम में शिक्षा प्राप्त करने लगा। मैं वहाँ राजसी ठाट से रहता, सुन्दर वस्त्र पहनता, सुस्वादु भोजन करता, सुन्दरियाँ पंखा झलतीं, सेवक हाथ जोड़े सामने खड़े रहते। अन्तिम दिन मुझे आश्रम के प्रधान ने बुलाया और कहा, 'वत्स, तू सब कलाएँ सीख गया। भगवान् का नाम लेकर कार्य आरम्भ कर दे।' उन्होंने मुझे ये मोटे सस्ते वस्त्र दिये और कहा, 'बाहर इन्हें पहनना। कर्ण के कवच-कुण्डल की तरह ये बदनामी से तेरी रक्षा करेंगे। जब तक तेरी अपनी अट्टालिका नहीं बन जाती, तू इसी भवन में रह सकता है, जा, भगवान् तुझे सफलता दें।'

"बस, मैंने उसी दिन 'मानव-सेवा-संघ' खोल दिया। प्रचार कर दिया कि मानव-मात्र की सेवा करने का बीड़ा हमने उठाया है। हमें समाज की उन्नति करना है, देश को आगे बढ़ाना है। गरीबों, भूखों, नंगों, अपाहिजों की हमें सहायता करनी है। हर व्यक्ति हमारे इस पुण्य-कार्य में हाथ बँटायें; हमें मानव-सेवा के लिए चन्दा दें। पिताजी, उस देश के निवासी बड़े भोले हैं। ऐसा कहने से वे चन्दा देने लगे। मँझले भैया से भी मैंने चन्दा लिया था, बड़े भैया के सेठ ने भी दिया और बड़े भैया ने भी पेट काटकर, दो मुद्राएँ रख दीं। लुटेरे भाई ने भी मेरे चेलों को एक सहस्र मुद्राएँ दी थीं। क्योंकि एक बार राजा के सैनिक जब उसे पकड़ने आये, तो उसे आश्रम में मेरे चेलों ने छिपा लिया था। पिताजी, राज्य का आधार धन है। राजा को प्रजा से धन वसूल करने की विद्या आनी चाहिए। प्रजा से प्रसन्नतापूर्वक धन खींच लेना, राजा का आवश्यक गुण है। उसे बिना नश्तर लगाये खून निकालना आना चाहिए। मुझमें यह गुण है, इसलिए मैं ही राजगद्दी का अधिकारी हूँ। मैंने इस एक साल में चन्दे से बीस लाख स्वर्ण-मुद्राएँ कमायीं जो मेरे पास हैं।"

'बीस लाख' सुनते ही दरबारियों की आँखें इतनी फटीं कि कोरों से खून टपकने लगा।

तब राजा ने मन्त्री से पूछा, "मन्त्रिवर, आपकी क्या राय है ? चारों में कौन कुमार राजा होने के योग्य है ?"

मन्त्रिवर बोले, "महाराज, इसे सारी राजसभा समझती है कि सबसे छोटा कुमार ही सबसे योग्य है। उसने एक साल में बीस लाख मुद्राएँ इकट्ठी कीं। उसमें अपने गुणों के सिवा शेष तीनों कुमारों के गुण भी हैं—बड़े-जैसा परिश्रम उसके पास है, दूसरे कुमार के समान वह साहसी और लुटेरा भी है। तीसरे के समान बेईमान और धूर्त भी। अतएव उसे ही राजगद्दी दी जाये।"

मन्त्री की बात सुनकर राजसभा ने ताली बजायी।

दूसरे दिन छोटे राजकुमार का राज्याभिषेक हो गया। तीसरे दिन पड़ोसी राज्य की गुणवती राजकन्या से उसका विवाह भी हो गया। चौथे दिन मुनि की दया से उसे पुत्ररत्न प्राप्त हुआ, और वह सुख से राज करने लगा।

कहानी थी सो खतम हुई। जैसे उनके दिन फिरे, वैसे सबके फिरें।

इति श्री रिसर्चाय

सन् 1950 ईस्वी—

बाबू गोपाल चन्द बड़े नेता थे, क्योंकि उन्होंने लोगों को समझाया था और लोग समझ भी गये थे कि अगर वे स्वतन्त्रता-संग्राम में दो बार जेल—'ए क्लास' में न जाते, तो भारत आजाद होता ही नहीं।

तारीख 3 दिसम्बर 1950 की रात को बाबू गोपाल चन्द अपने भवन की तीसरी मंजिल के सातवें कमरे में तीन फीट ऊँचे पलँग के एक फीट मोटे गद्दे पर करवटें बदल रहे थे। नहीं, किसी के कोमल कटाक्ष से विद्ध नहीं थे वे। वे योजना से पीड़ित थे। उन्होंने हाल ही में करीब चार लाख रुपया चन्दा करके स्वतन्त्रता-संग्राम के शहीदों की स्मृति में एक भव्य 'बलि-स्मारक' का निर्माण करवाया था। वे उसके प्रवेश-द्वार पर देश-प्रेम और बलिदान की कोई कविता अंकित करना चाहते थे। उलझन यही थी कि वे पंक्तियाँ किस कवि की हों। स्वतन्त्रता-संग्राम में स्वयं जेल-यात्रा करनेवाले अनेक कवि थे, जिनकी ओजमय कविताएँ थीं और वे नयी लिखकर दे भी सकते थे। पर वे बाबू गोपाल चन्द को पसन्द नहीं थीं। उनमें शक्ति नहीं है, आत्मा का बल नहीं है, उनका मत था।

परेशान होकर उन्होंने सिरहाने रखा ग्रन्थ निकाला 'अकबर बीरबल विनोद' और पढ़ने लगे एक किस्सा :

"...तब अकबर ने जग्गू ढीमर से कहा, 'देख रे, शहर में जो सबसे सुन्दर लड़का हो उसे कल दरबार में लाकर हाजिर करना, नहीं तो तेरा सिर काट लिया जायेगा।' बादशाह का हुक्म सुनकर जग्गू ढीमर चिन्तित हुआ। आखिर शहर का

सबसे सुन्दर लड़का कैसे खोजे। वह घर की परछी में खाट पर बड़ा उदास पड़ा था कि इतने में उसकी स्त्री आयी। उसने पूछा, 'आज बड़े उदास दीखते हो। कोई बात हो गयी है क्या ?' जग्गू ने उसे अपनी उलझन बतायी। स्त्री ने कहा, 'बस, इतनी-सी बात। अरे अपने कल्लू को ले जाओ। ऐसा सुन्दर लड़का शहर-भर में न मिलेगा।' जग्गू को बात पटी। खुश होकर बोला, 'बताओ भला! मेरी अक्ल में इतनी-सी बात न आयी। अपने कल्लू की बराबरी कौन कर सकता है।' बस, दूसरे दिन कल्लू को दरबार में हाजिर कर दिया गया। कल्लू खूब काला था। चेहरे पर चेचक के गहरे दाग थे। बड़ा-सा पेट, भिचरी-सी आँखें और चपटी नाक।"

किस्सा पढ़कर बाबू गोपाल चन्द ठीक जग्गू ढीमर की तरह प्रसन्न हुए। वे एकदम उठे और पुत्र को पुकारा, "गोबरधन! सो गया क्या ? ज़रा यहाँ तो आ।"

गोबरधन दोस्तों के साथ शराब पीकर अभी लौटा था। लड़खड़ाता हुआ आया। गोपाल चन्द ने पूछा, "क्यों रे, तू कविता लिखता है न ?" गोबरधन अकबका गया। डरा कि अब डाँट पड़ेगी। बोला, "नहीं बाबूजी, मैंने वह बुरी लत छोड़ दी है।"

गोपाल चन्द ने समझाया, "बेटा, डरो मत। सच बतलाओ। कविता लिखना तो अच्छी बात है।" गोबरधन की जान जो आधे रास्ते तक निकल गयी थी, फिर लौट आयी। कहने लगा, "बाबूजी, पहले दस-पाँच लिखी थीं, पर लोगों ने मेरी प्रतिभा की उपेक्षा की। एक बार कवि-सम्मेलन में सुनाने लगा तो लोगों ने 'हूट' कर दिया। तबसे मैंने नहीं लिखी।"

गोपाल चन्द ने समझाया, "बेटा, दुनिया हर 'जीनियस' के साथ ऐसा ही सलूक करती है। तेरी गूढ़ कविता को समझ नहीं पाते होंगे, इसलिए हँसते होंगे। तू मुझे कल चार पंक्तियाँ देशभक्ति और बलिदान के सम्बन्ध में लिखकर दे देना।"

गोबरधन नीचे देखते हुए बोला, "बाबूजी, मैंने इन हल्के विषयों पर कभी नहीं लिखा। मैं तो प्रेम की कविता लिखता हूँ। जहूरन बाई के बारे में लिखी है, वह दे दूँ ?"

गोपाल चन्द गरम होते-होते बच गये। बड़े संयम से मीठे स्वर में बोले, "आजकल बलिदान, त्याग और देश-प्रेम का फैशन है। इन्हीं पर लिखना चाहिए। गरीबों की दुर्दशा पर भी लिखने का फैशन चल पड़ा है। तू चाहे तो हर विषय पर लिख सकता है। तू कल शाम तक बलिदान और देश-प्रेम के भावोंवाली चार पंक्तियाँ मुझे जोड़कर दे दे। मैं उन्हें राष्ट्र के काम में लानेवाला हूँ।"

"कहीं छपेंगी ?" गोबरधन ने उत्सुकता से पूछा।

"छपेंगी नहीं खुदेंगी, बलि-स्मारक के प्रवेश-द्वार पर।" गोपाल चन्द ने कहा।

गोबरधनदास को प्रेरणा मिल गयी। उसने दूसरे दिन शाम तक चार पंक्तियाँ जोड़ दीं। गोपाल चन्द ने उन्हें पढ़ा तो हर्ष से उछल पड़े, "वाह बेटा, तूने तो एक महाकाव्य का सार तत्त्व भर दिया है इन चार पंक्तियों में। वाह···गागर में सागर!"

वे चार पंक्तियाँ तारीख 6 सितम्बर को 'बलि-स्मारक' के प्रवेश-द्वार पर खुद गयीं। नीचे कवि का नाम अंकित किया गया—गोबरधनदास।

सन् 2950 ईस्वी—

विश्वविद्यालय में हिन्दी-विभाग के शोध-कक्ष में डॉ. वीनसनन्दन अपने प्रिय छात्र रॉबर्ट मोहन के साथ चर्चा कर रहे थे। इस काल में अन्तरराष्ट्रीय नाम होने लगे। रॉबर्ट मोहन डॉ. वीनसनन्दन के निर्देश में बीसवीं शताब्दी की कविता पर शोध कर रहा था।

मोहन बड़ी उत्तेजना में कह रहा था, "सर, पुरातत्त्व विभाग में ऐसा 'क्लू' मिला है कि उस युग के सर्वश्रेष्ठ राष्ट्रीय कवि का मुझे पता लग गया है। हम लोग बड़े अन्धकार में चल रहे थे। परम्परा ने हमें सब गलत जानकारी दी है। निराला, पन्त, प्रसाद, माखनलाल चतुर्वेदी, दिनकर आदि कवियों के नाम हम तक आ गये हैं परन्तु उस कृतघ्न युग ने अपने सबसे महान् राष्ट्रीय कवि को विस्मृत कर दिया। मैं विगत युग को प्रकाशित करनेवाला हूँ।"

"तुम दम्भी हो।" डाक्टर ने कहा।

"तो आप मूर्ख हैं।" शिष्य ने उत्तर दिया। गुरु-शिष्य सम्बन्ध उस समय इस सीमा तक पहुँच गये थे। गुरु ने बात हँसकर सह ली। फिर बोले, "रॉबर्ट, मुझे तू पूरी बात तो बता।" रॉब्रर्ट ने कहा, "सर, हाल ही में सन् 1950 में निर्मित एक भव्य बलि-स्मारक जमीन के अन्दर से खोदा गया है। शिला-लेख से मालूम होता है कि वह भारत के स्वतन्त्रता-संग्राम में प्राणोत्सर्ग करनेवाले देश-भक्तों की स्मृति में निर्मित किया गया था। उसके प्रवेश-द्वार पर एक कवि की चार पंक्तियाँ अंकित मिली हैं। वह स्मारक देश में सबसे विशाल था। ऐसा मालूम होता है कि समूचे राष्ट्र ने इसके द्वारा शहीदों को श्रद्धांजलि अर्पित की थी। उस पर जिस कवि की कविता अंकित की गयी है, वह सबसे महान् कवि रहा होगा।"

"क्या नाम है उस कवि का?" डाक्टर साहब ने पूछा।

"गोबरधनदास," मोहन बोला। उसने कागज पर उतारी हुई वे पंक्तियाँ डाक्टर साहब के सामने रख दीं।

डाक्टर साहब ने प्रसन्न मुद्रा में कहा, "वाह, तुमने बड़ा काम किया है।"

रॉबर्ट बोला, "पर अब आगे आपकी मदद चाहिए। इस कवि की केवल चार पंक्तियाँ ही मिली हैं, शेष साहित्य के बारे में क्या लिखा जाये?"

डाक्टर साहब ने कहा, "यह तो बहुत ही सहज है। लिखो कि उनका शेष साहित्य काल के प्रवाह में बह गया। उस युग में कवियों में गुटबन्दियाँ थी। गोबरधनदास अत्यन्त सरल प्रकृति के, गरीब आदमी थे। वे एकान्त साधना किया करते थे। वे किसी गुट में सम्मिलित नहीं थे। इसलिए उस युग के साहित्यकारों ने उनके साथ बड़ा अन्याय किया। उनकी अवहेलना की गयी, उन्हें कोई प्रकाशक नहीं मिला। उनकी कुछ पुस्तकें प्रकाशित हुई थीं। पर अन्य कवियों ने प्रकाशकों से

वे पुस्तकें खरीदकर जला दीं।"

रॉबर्ट के मुख पर उल्लास छा गया। बोला, "और यह भी लिख दूं न कि इन्होंने सौ से ऊपर ग्रन्थ लिखे थे।"

"हाँ-हाँ, बल्कि दो सौ। और यह भी लिखो कि उस समय देश-प्रेम से उन्मत्त जन-समूह गोबरधनदास की ओजपूर्ण कविताएँ गाता हुआ बलि-पथ पर बढ़ता था।" गुरु ने शोध आगे बढ़ायी।

रॉबर्ट ने शंका की, "लेकिन सर, वैसे देखा जाये तो ये पंक्तियाँ बहुत रद्दी हैं। निष्कर्ष गलत न हो जाये।"

डाक्टर साहब ने डाँटा, "रॉबर्ट, तुम्हें शोध का सबसे पहला नियम नहीं आता। अरे, जो प्राचीन है वह सबसे उत्तम है। बुरा केवल वर्तमान है। और शोध का प्रयोजन ही यह है कि जिसमें जो चीज न हो, उसे खोजा जाये। इन पंक्तियों में काव्य-गुण नहीं है जो तुम्हें अपनी ओर से आरोपित करना होगा। महाकवि था। कोई हँसी-खेल नहीं है।"

विद्यार्थी सहम गया।

डाक्टर बीनस ने कहा, "मगर रॉबर्ट, उस महापुरुष का उल्लेख होना चाहिए, जिसने महाकवि की प्रतिभा को परखा और भविष्य की पीढ़ियों के लिए कम-से-कम चार पंक्तियाँ तो सुरक्षित रखीं। कौन था उसका प्रमुख निर्माता।"

रॉबर्ट ने कागज देखकर बताया, "एक नेता था, बाबू गोपाल चन्द।"

"महान् था वह।" डाक्टर ने आँखें बन्द करके कहा, "उस गुटबन्दी के युग में उपेक्षित प्रतिभा को इस तरह पहचानना और उसे मान्यता देना, किसी विराट् आत्मा का ही कार्य हो सकता है। मुझे लगता है, महात्मा गोपाल चन्द ने ही उस गरीब महाकवि को आश्रय दिया होगा और ऐसा करने से वह उस काल के कवियों के कोप का भाजन बना होगा। अन्य कवियों ने ईर्ष्या-वश उसकी निन्दा की होगी। पत्रों में उसके खिलाफ लिखा होगा। उस सत्याग्रह के युग में कवियों ने उसके द्वार पर अनशन कर दिया हो, तो कोई आश्चर्य नहीं। मेरे पास प्रमाण है, निराला ने 'कुकुरमुत्ता' नामक कविता इसी बात से कुढ़कर लिखी होगी। दिनकरजी के 'कस्मै देवाय हविषा विधेम' में भी यही प्रश्न है। शोध अनुमान पर चलती है।"

और रॉबर्ट मोहन की क्रान्तिकारी खोज प्रकाशित हुई जिसके द्वारा विश्व ने 20वीं शताब्दी के सबसे महान् राष्ट्रीय कवि को जाना, गोबरधनदास को।

दस दिन का अनशन

10 जनवरी

आज मैंने बन्नू से कहा, "देख बन्नूं, दौर ऐसा आया है कि संसद्, कानून, संविधान, न्यायालय सब बेकार हो गये हैं। बड़ी-बड़ी माँगें अनशन और आत्मदाह की धमकी से पूरी हो रही हैं। 20 साल का प्रजातन्त्र इस वक्त ऐसा पक गया है कि एक आदमी के मर जाने या भूखा रह जाने की धमकी से 50 करोड़ आदमियों के भाग्य का फैसला हो रहा है। इस वक्त तू भी उस औरत के लिए आमरण अनशन कर डाल।"

बन्नू सोचने लगा। वह राधिका बाबू की बीवी सावित्री के पीछे सालों से पड़ा है। भगाने की कोशिश में एक बार पिट भी चुका है। तलाक दिलवाकर उसे घर में डाल नहीं सकता, क्योंकि सावित्री बन्नू से नफरत करती है।

सोचकर बोला, "मगर इसके लिए अनशन हो भी सकता है?"

मैंने कहा, "इस वक्त हर बात के लिए हो सकता है। अभी बाबा सनकीदास ने अनशन करके कानून बनवा दिया है कि हर आदमी जटा रखेगा और उसे कभी धोयेगा नहीं। तमाम सिरों से दुर्गन्ध निकल रही है। तेरी माँग तो बहुत छोटी है—सिर्फ एक औरत के लिए।"

सुरेन्द्र वहाँ बैठा था। बोला, "यार कैसी बात करते हो! किसी की बीवी को हड़पने के लिए अनशन होगा? हमें कुछ शर्म तो आनी चाहिए। लोग हँसेंगे।"

मैंने कहा, "अरे यार, शर्म तो बड़े-बड़े अनशनिया साधु-सन्तों को नहीं आयी। हम तो मामूली आदमी हैं। जहाँ तक हँसने का सवाल है, गोरक्षा आन्दोलन पर सारी दुनिया के लोग इतना हँस चुके हैं कि—उनका पेट दुखने लगा है। अब कम-से-कम 10 सालों तक कोई आदमी हँस नहीं सकता। जो हँसेगा वह पेट के दर्द से मर जायेगा।"

बन्नू ने कहा, "सफलता मिल जायेगी?"

मैंने कहा, "यह तो 'इशू' बनाने पर है। अच्छा बन गया तो औरत मिल जायेगी। चल, हम 'एक्सपर्ट' के पास चलकर सलाह लेते हैं। बाबा सनकीदास विशेषज्ञ हैं। उनकी अच्छी 'प्रेक्टिस' चल रही है। उनके निर्देशन में इस वक्त चार आदमी अनशन कर रहे हैं।"

हम बाबा सनकीदास के पास गये। पूरा मामला सुनकर उन्होंने कहा, "ठीक है। मैं इस मामले को हाथ में ले सकता हूँ। जैसा कहूँ वैसा करते जाना। तू आत्म-दाह की धमकी दे सकता है?"

बन्नू काँप गया। बोला, "मुझे डर लगता है।"

"जलना नहीं है रे। सिर्फ धमकी देना है।"

"मुझे तो उसके नाम से भी डर लगता है।"

बाबा ने कहा, "अच्छा तो फिर अनशन कर डाल। 'इशू' हम बनायेंगे।"

बन्नू फिर डरा। बोला, "मर तो नहीं जाऊँगा ?"

बाबा ने कहा, "चतुर खिलाड़ी नहीं मरते। वे एक आँख मेडिकल रिपोर्ट पर और दूसरी मध्यस्थ पर रखते हैं। तुम चिन्ता मत करो। तुम्हें बचा लेंगे और वह औरत भी दिला देंगे।"

11 जनवरी

आज बन्नू आमरण अनशन पर बैठ गया। तम्बू में धूप-दीप जल रहे हैं। एक पार्टी भजन गा रही है –'सबको सन्मति दे भगवान् !' पहले ही दिन पवित्र वातावरण बन गया है। बाबा सनकीदास इस कला के बड़े उस्ताद हैं। उन्होंने बन्नू के नाम से जो वक्तव्य छपाकर बँटवाया है, वह बड़ा जोरदार है। उसमें बन्नू ने कहा है कि 'मेरी आत्मा से पुकार उठ रही है कि मैं अधूरी हूँ। मेरा दूसरा खण्ड सावित्री में है। दोनों आत्मखण्डों को मिलाकर एक करो या मुझे भी शरीर से मुक्त करो। मैं आत्मखण्डों को मिलाने के लिए आमरण अनशन पर बैठा हूँ। मेरी माँग है कि सावित्री मुझे मिले। यदि नहीं मिलती तो मैं अनशन से इस आत्मखण्ड को अपनी नश्वर देह से मुक्त कर दूंगा। मैं सत्य पर हूँ, इसलिए निडर हूँ। सत्य की जय हो !"

सावित्री गुस्से से भरी हुई आयी थी। बाबा सनकीदास से कहा, "यह हरामजादा मेरे लिए अनशन पर बैठा है न ?"

बाबा बोले, "देवी, उसे अपशब्द मत कहो। वह पवित्र अनशन पर बैठा है। पहले हरामजादा रहा होगा। अब नहीं रहा। वह अनशन कर रहा है।"

सावित्री ने कहा, "मगर मुझसे तो पूछा होता। मैं तो इस पर थूकती हूँ।"

बाबा ने शान्ति से कहा, "देवी, तू तो 'इशू' है। 'इशू' से थोड़े ही पूछा जाता है। गोरक्षा आन्दोलनवालों ने गाय से कहाँ पूछा था कि तेरी रक्षा के लिए आन्दोलन करें या नहीं। देवी, तू जा। मेरी सलाह है कि अब तुम या तुम्हारा पति यहाँ न आये। एक-दो दिन में जनमत बन जायेगा और तब तुम्हारे अपशब्द जनता बरदाश्त नहीं करेगी।"

वह बड़बड़ाती हुई चली गयी।

बन्नू उदास हो गया। बाबा ने समझाया, "चिन्ता मत करो। जीत तुम्हारी होगी। अन्त में सत्य की ही जीत होती है।"

13 जनवरी

बन्नू भूख का बड़ा कच्चा है। आज तीसरे ही दिन कराहने लगा।

बन्नू पूछता है, "जयप्रकाश नारायण आये ?"

मैंने कहा, "वे पाँचवें या छठे दिन आते हैं। उनका नियम है। उन्हें सूचना दे दी है।"

वह पूछता है, "विनोबा ने क्या कहा है इस विषय में ?"

बाबा बोले, "उन्होंने साधन और साध्य की मीमांसा की है, पर थोड़ा तोड़कर उनकी बात को अपने पक्ष में उपयोग किया जा सकता है।"

बन्नू ने आँखें बन्द कर लीं। बोला, "भैया, जयप्रकाश बाबू को जल्दी बुलाओ।"

आज पत्रकार भी आये थे। बड़ी दिमागपच्ची करते रहे।

पूछने लगे, "उपवास का हेतु कैसा है? क्या वह सार्वजनिक हित में है?"

बाबा ने कहा, "हेतु अब नहीं देखा जाता। अब तो इसके प्राण बचाने की समस्या है। अनशन पर बैठना इतना बड़ा आत्म-बलिदान है कि हेतु भी पवित्र हो जाता है।"

मैंने कहा, "और सार्वजनिक हित इससे होगा। कितने ही लोग दूसरे की बीवी छीनना चाहते हैं, मगर तरकीब उन्हें नहीं मालूम। अनशन अगर सफल हो गया, तो जनता का मार्गदर्शन करेगा।"

14 जनवरी

बन्नू और कमजोर हो गया है। वह अनशन तोड़ने की धमकी हम लोगों को देने लगा है। इससे हम लोगों का मुँह काला हो जायेगा। बाबा सनकीदास ने उसे बहुत समझाया।

आज बाबा ने एक और कमाल कर दिया। किसी स्वामी रसानन्द का वक्तव्य अखबारों में छपवाया है। स्वामीजी ने कहा है कि मुझे तपस्या के कारण भूत और भविष्य दिखता है। मैंने पता लगाया है बन्नू पूर्व जन्म में ऋषि था और सावित्री ऋषि की धर्मपत्नी। बन्नू का नाम उस जन्म में ऋषि वनमानुस था। उसने तीन हजार वर्षों के बाद अब फिर नरदेह धारण की है। सावित्री का इससे जन्म-जन्मान्तर का सम्बन्ध है। यह घोर अधर्म है कि एक ऋषि की पत्नी को राधिकाप्रसाद-जैसा साधारण आदमी अपने घर में रखे। समस्त धर्मप्राण जनता से मेरा आग्रह है कि इस अधर्म को न होने दें।

इस वक्तव्य का अच्छा असर हुआ। कुछ लोग 'धर्म की जय हो!' नारे लगाते पाये गये। एक भीड़ राधिका बाबू के घर के सामने नारे लगा रही थी—

"राधिकाप्रसाद—पापी है! पापी का नाश हो! धर्म की जय हो।"

स्वामीजी ने मन्दिरों में बन्नू की प्राण-रक्षा के लिए प्रार्थना का आयोजन करा दिया है।

15 जनवरी

रात को राधिका बाबू के घर पर पत्थर फेंके गये।

जनमत बन गया है।

स्त्री-पुरुषों के मुख से ये वाक्य हमारे एजेण्टों ने सुने—

"बेचारे को पाँच दिन हो गये। भूखा पड़ा है।"

"धन्य है इस निष्ठा को।"

"मगर उस कठकरेजी का कलेजा नहीं पिघला।"

"उसका मरद भी कैसा बेशरम है।"

"सुना है पिछले जन्म में कोई ऋषि था।"

"स्वामी रसानन्द का वक्तव्य नहीं पढ़ा!"

"बड़ा पाप है ऋषि की धर्मपत्नी को घर में डाले रखना।"

आज ग्यारह सौभाग्यवतियों ने बन्नू को तिलक किया और आरती उतारी। बन्नू बहुत खुश हुआ। सौभाग्यवतियों को देखकर उसका जी उछलने लगता है।

अखबार अनशन के समाचारों से भरे हैं।

आज एक भीड़ हमने प्रधानमन्त्री के बँगले पर हस्तक्षेप की माँग करने और बन्नू के प्राण बचाने की अपील करने भेजी थी। प्रधानमन्त्री ने मिलने से इनकार कर दिया।

देखते हैं कब तक नहीं मिलते।

शाम को जयप्रकाश नारायण आ गये। नाराज थे। कहने लगे, "किस-किसके प्राण बचाऊँ मैं? मेरा क्या यही धन्धा है? रोज कोई अनशन पर बैठ जाता है और चिल्लाता है प्राण बचाओ। प्राण बचाना है तो खाना क्यों नहीं लेता? प्राण बचाने के लिए मध्यस्थ की कहाँ जरूरत है? यह भी कोई बात है! दूसरे की बीवी छीनने के लिए अनशन के पवित्र अस्त्र का उपयोग किया जाने लगा है।"

हमने समझाया, "यह 'इशू' जरा दूसरे किस्म का है। आत्मा से पुकार उठी थी।"

वे शान्त हुए। बोले, "अगर आत्मा की बात है तो मैं इसमें हाथ डालूंगा।"

मैंने कहा, "फिर कोटि-कोटि धर्मप्राण जनता की भावना इसके साथ जुड़ गयी है।"

जयप्रकाश बाबू मध्यस्थता करने को राजी हो गये। वे सावित्री और उसके पति से मिलकर फिर प्रधानमन्त्री से मिलेंगे।

बन्नू बड़े दीनभाव से जयप्रकाश बाबू की तरफ देख रहा था।

बाद में हमने उससे कहा, "अबे साले, इस तरह दीनता से मत देखा कर। तेरी कमजोरी ताड़ लेगा तो कोई भी नेता तुझे मुसम्मी का रस पिला देगा। देखता नहीं है, कितने ही नेता झोलों में मुसम्मी रखे तम्बू के आसपास घूम रहे हैं।"

16 जनवरी

जयप्रकाश बाबू की 'मिशन' फेल हो गयी। कोई मानने को तैयार नहीं है। प्रधानमन्त्री ने कहा, "हमारी बन्नू के साथ सहानुभूति है, पर हम कुछ नहीं कर सकते। उससे उपवास तुड़वाओ, तब शान्ति से वार्ता द्वारा समस्या का हल ढूँढ़ा जायेगा।"

हम निराश हुए। बाबा सनकीदास निराश नहीं हुए। उन्होंने कहा, "पहले सब माँग को नामंजूर करते हैं, यही प्रथा है। अब आन्दोलन तीव्र करो। अखबारों

में छपवाओ कि बन्नू के पेशाब में काफी 'एसिटोन' आने लगा है। उसकी हालत चिन्ताजनक है। वक्तव्य छपवाओ कि हर कीमत पर बन्नू के प्राण बचाये जायें। सरकार बैठी-बैठी क्या देख रही है? उसे तुरन्त कोई कदम उठाना चाहिए जिससे बन्नू के बहुमूल्य प्राण बचाये जा सकें।"

बाबा अद्भुत आदमी हैं। कितनी तरकीबें उनके दिमाग में हैं। कहते हैं, "अब आन्दोलन में जातिवाद का पुट देने का मौका आ गया है। बन्नू ब्राह्मण है और राधिकाप्रसाद कायस्थ। ब्राह्मणों को भड़काओ और इधर कायस्थों को। ब्राह्मण-सभा का मन्त्री आगामी चुनाव में खड़ा होगा। उससे कहो कि यही मौका है ब्राह्मणों के वोट इकट्ठे ले लेने का।"

आज राधिका बाबू की तरफ से प्रस्ताव आया था कि बन्नू सावित्री से राखी बँधवा ले।

हमने नामंजूर कर दिया।

17 जनवरी

आज के अखबारों में ये शीर्षक हैं—

"बन्नू के प्राण बचाओ!

बन्नू की हालत चिन्ताजनक!

मन्दिरों में प्राण-रक्षा के लिए प्रार्थना!"

एक अखबार में हमने विज्ञापन रेट पर यह भी छपवा लिया—

"कोटि-कोटि धर्म-प्राण जनता की माँग—!

बन्नू की प्राण-रक्षा की जाये!

बन्नू की मृत्यु के भयंकर परिणाम होंगे!"

ब्राह्मणसभा के मन्त्री का वक्तव्य छप गया। उन्होंने ब्राह्मण जाति की इज्जत का मामला इसे बना लिया था। सीधी कार्यवाही की धमकी दी थी।

हमने चार गुण्डों को कायस्थों के घरों पर पत्थर फेंकने के लिए तय कर लिया है।

इससे निपटकर वही लोग ब्राह्मणों के घर पर पत्थर फेंकेंगे।

पैसे बन्नू ने पेशगी में दे दिये हैं।

बाबा का कहना है कि कल या परसों तक कर्फ्यू लगवा देना चाहिए। दफा 144 तो लग ही जाये। इससे 'केस' मजबूत होगा।

18 जनवरी

रात को ब्राह्मणों और कायस्थों के घरों पर पत्थर फिंक गये।

सुबह ब्राह्मणों और कायस्थों के दो दलों में जमकर पथराव हुआ।

शहर में दफा 144 लग गयी।

सनसनी फैली हुई है।

हमारा प्रतिनिधि मण्डल प्रधानमन्त्री से मिला था। उन्होंने कहा, "इसमें कानूनी अड़चनें हैं। विवाह-कानून में संशोधन करना पड़ेगा।"

हमने कहा, "तो संशोधन कर दीजिए। अध्यादेश जारी करवा दीजिए। अगर बन्नू मर गया तो सारे देश में आग लग जायेगी।"

वे कहने लगे, "पहले अनशन तुड़वाओ?"

हमने कहा, "सरकार सैद्धान्तिक रूप से माँग को स्वीकार कर ले और एक कमेटी बिठा दे, जो रास्ता बताये कि वह औरत इसे कैसे मिल सकती है।"

सरकार अभी स्थिति को देख रही है। बन्नू को और कष्ट भोगना होगा।

मामला जहाँ का तहाँ रहा। वार्ता में 'डेडलॉक' आ गया है।

छुटपुट झगड़े हो रहे हैं।

रात को हमने पुलिस चौकी पर पत्थर फिंकवा दिये। इसका अच्छा असर हुआ।

'प्राण बचाओ'—की माँग आज और बढ़ गयी।

19 जनवरी

बन्नू बहुत कमजोर हो गया है। घबड़ाता है। कहीं मर न जाये।

बकने लगा है कि हम लोगों ने उसे फँसा दिया है। कहीं वक्तव्य दे दिया तो हम लोग 'एक्सपोज' हो जायेंगे।

कुछ जल्दी ही करना पड़ेगा। हमने उससे कहा कि अब अगर वह यों ही अनशन तोड़ देगा तो जनता उसे मार डालेगी।

प्रतिनिधि मण्डल फिर मिलने जायेगा।

20 जनवरी

'डेडलॉक'

सिर्फ एक बस जलायी जा सकी।

बन्नू अब सँभल नहीं रहा है।

उसकी तरफ से हम ही कह रहे हैं कि "वह मर जायेगा, पर झुकेगा नहीं!"

सरकार भी घबड़ायी मालूम होती है।

साधुसंघ ने आज माँग का समर्थन कर दिया।

ब्राह्मण समाज ने अल्टीमेटम दे दिया। 10 ब्राह्मण आत्मदाह करेंगे।

सावित्री ने आत्महत्या की कोशिश की थी, पर बचा ली गयी।

बन्नू के दर्शन के लिए लाइन लगी रहती है।

राष्ट्रसंघ के महामन्त्री को आज तार कर दिया गया।

जगह-जगह प्रार्थना-सभाएँ होती रहीं।

डा. लोहिया ने कहा है कि जब तक यह सरकार है, तब तक न्यायोचित माँगें पूरी नहीं होंगी। बन्नू को चाहिए कि वह सावित्री के बदले इस सरकार को ही भगा ले जाये।

21 जनवरी

बन्नू की माँग सिद्धान्ततः स्वीकार कर ली गयी।

व्यावहारिक समस्याओं को सुलझाने के लिए एक कमेटी बना दी गयी है।

भजन और प्रार्थना के बीच बाबा सनकीदास ने बन्नू को रस पिलाया। नेताओं की मुसम्मियाँ झोलों में ही सूख गयीं। बाबा ने कहा कि जनतन्त्र में जनभावना का आदर होना चाहिए। इस प्रश्न के साथ कोटि-कोटि जनों की भावनाएँ जुड़ी हुई थीं। अच्छा ही हुआ जो शान्ति से समस्या सुलझ गयी, वरना हिंसक क्रान्ति हो जाती।

ब्राह्मणसभा के विधानसभाई उम्मीदवार ने बन्नू से अपना प्रचार कराने के लिए सौदा कर लिया है। काफी बड़ी रकम दी है। बन्नू की कीमत बढ़ गयी।

चरण छूते हुए नर-नारियों से बन्नू कहता है, "सब ईश्वर की इच्छा से हुआ। मैं तो उसका माध्यम हूँ।"

नारे लग रहे हैं—सत्य की जय! धर्म की जय!

एयरकण्डीशण्ड आत्मा

मई की दोपहर में दो आत्माएँ भटकती हुई तीसरी आत्मा के एयरकण्डीशण्ड कमरे में घुस गयीं।

बाहर पुराने लेखकों के 'भगवान् भुवन भास्कर' (अनुप्रास देखो) क्रोध से तप रहे थे। पक्षी मौन हो पत्तों की आड़ में सहमे बैठे थे; जैसे हूटिंग होने पर कवि सहमकर चुप हो जाता है।

ऐसे में एक पुरानी कार रुकी और एक रेशमी आत्मा उतरकर हवेली में घुस गयी।

इसके बाद रिक्शा रुका और एक खद्दरी आत्मा भी उतरकर उसी हवेली में घुस गयी।

इस कोने पर धार्मिक पुस्तकों की दूकान पर बैठे ईश्वर के इण्टेलिजेंस विभाग के आदमी ने नोट किया—'दोपहर को स्वामी चेतनानन्द भैया साहब की हवेली में गये।'

उस कोने में भँगेड़ी के होटल में बैठे सरकार के इण्टेलिजेंस के आदमी ने नोट किया—'एक शख्स जिसका नाम हरिशंकर वल्द नामालूम है, दोपहर को भैया साहब के घर में जाता देखा गया। यह शख्स किताबें और लेख लिखता है।'

ईश्वरी जासूस लेखक को नहीं पहचानता। सरकारी जासूस स्वामीजी को पहचानता तो था, पर मुहकमे ? अफसर के यहाँ 15 साल के बाद लड़का तब हुआ

जब स्वामीजी ने अनुष्ठान किया। लड़का 15-16 सालों से पेट में से अनुष्ठान माँग रहा था, मगर साहब उसे दवाएँ दे रहे थे। स्वामीजी ने उसकी सच्ची माँग सुनी।

कमरे में वातावरण ठण्डा था। भैया साहब की आत्मा पहले से ठण्डी थी। बाहर से आयी आत्माएँ धीरे-धीरे ठण्डी हो रही थीं।

कोने में भैया साहब एक किताब सिर पर रखे आँखें बन्द किये बैठे थे।

स्वामी 'कल्याण' पलटाते-पलटाते मेरे ऊबकर उठने की राह देख रहे थे।

मैं—[बाकी लेखक प्रयत्न करते रहे, पर मुझे अपनी आइडेण्टिटी मिल गयी।] हैरत से कभी भैया सा'ब की तरफ और कभी स्वामीजी की तरफ देख लेता था। बाकी समय दीवार पर टँगे उस चित्र को देखता, जिसमें हनुमान सीना फाड़कर भीतर लिखा हुआ 'राम' बता रहे थे।

भैया साहब ने आँखें खोलीं, पुस्तक को आँखों से लगाकर अलमारी में रखा और स्वामीजी के चरण छूकर मेरे नमस्कार का जवाब दिया और बैठ गये।

मैंने पूछा, "यह कौन-सी किताब है?"

वे बोले, "किताब नहीं, ग्रन्थ है। गीता है!"

"बड़ी मोटी है।"

"हाँ, बड़े अक्षरों की है।"

"इसे सिर पर क्यों रखे थे?"

"रखे नहीं था, मस्तक पर धारण किये हुए था। आजकल हमारा मन अध्यात्म में ही लगा रहता है। बस आत्मा ही सत्य है, शरीर मिथ्या है। हम रोज आधा घण्टा गीता को मस्तक पर धारण करके बैठे रहते हैं।"

[मुझे पैसे लेने थे, इसलिए बातचीत का रुख उनके अनुकूल करने लगा।]

कहा, "यह बड़ा अच्छा करते हैं आप। किसी ने ऐसा नहीं किया। लोग इसे पढ़ने में समय गँवाते हैं। आप समूची सिर पर रख लेते हैं।"

"बड़ी शान्ति मिलती है।"

"क्यों न मिलेगी। गीता का ज्ञान आपके भीतर मन में पहुँच जाता होगा। गीता का यही प्रताप है। किताबों की दूकान में जिस अलमारी में यह रखी रहती है उसमें इतना आत्म-ज्ञान भर जाता है कि पुस्तकें अपनी कीमत बढ़ा लेती हैं। जिस प्रेस में यह छपती है, उसकी मशीनें कभी नहीं बिगड़तीं। जो कर्मचारी इसे कम्पोज करते हैं, वे इतने आत्मज्ञानी हो जाते हैं कि वेतन बढ़ाने की माँग नहीं करते। मालगाड़ी के एक डिब्बे से एक बार प्रवचन होते सुना गया। रेलवेवालों ने डिब्बा खोलकर देखा कि उसमें गीता की पेटी रखी है।"

स्वामीजी ने मेरी तरफ देखा। आँखों में इशारा था, "कोई बात नहीं। इतना चल जायेगा। मुझे धन्यवाद दो कि यह नहीं समझ रहा है।"

"मुझे इस साधना से बड़ा फायदा हुआ है।"

"जी हाँ, सो तो दिख रहा है। गीता-ज्ञान ने सिर के भीतर घुसने के लिए किस

करीने से चाँद निकाली है। जिन छेदों से पसीना निकलता है, उनसे सूक्ष्म ज्ञान भीतर घुस जाता होगा।"

स्वामीजी ने मेरी तरफ देखा, "अब ज्यादा हो गया।"

भैया सा'ब सोचने लगे।

स्वामीजी ने कहा, "क्या चिन्तन कर रहे हैं?"

"गीता के बारे में ही सोच रहा हूँ।"

"क्या सोच रहे हैं।"

"यही कि जब यह ग्रन्थ लिखा गया, तब छापाखाना नहीं था। अब छापाखाना है, तो कोई ऐसा ग्रन्थ लिखता नहीं है।"

मेरी तरफ मुखातिब होकर कहा, "तुमने इतनी किताबें लिखीं, पर ऐसी एक नहीं। एक पुस्तक तुम भी ऐसी लिखकर दो और हम छापें। अरबों बिकेंगी।"

मैंने कहा, "मगर यह तो भगवान् कृष्ण की रचना है, ईश्वर की।"

भैया साहब ने कहा, "अरे, ईश्वर को मारो गोली। तुम तो लिख डालो।"

स्वामीजी सुनकर कुछ सहमे।

भैया सा'ब ने कहा, "सब स्वामीजी की कृपा से हुआ है। आपके ही उपदेश से हम आत्मा की साधना में लग गये हैं।"

स्वामीजी ने कहा, "देह तो मिथ्या है, आत्मा सत्य है। देह तुच्छ है। दुख, रोग और पाप की खान है।"

भैया सा'ब ने कहा, "रोज शाम को हम 2-3 घण्टे स्वामीजी का सत्संग करते हैं। और हमारा मोह छूटता जाता है।"

[दिन-भर धन्धे के बाद तनाव आ जाता है—स्नायुओं में, जिसके शमन के लिए शराब और 'छोकरी' चाहिए। आत्मा के तनाव को ठीक करने के लिए साधु चाहिए। शाम से शराब, छोकरी और साधु होना। साधु सट्टे के 'फिगर' बताकर आर्थिक तनाव भी कम करता है।]

स्वामीजी ने कहा, "सत्संग से तभी लाभ होता है, जब आत्मा में पवित्रता हो। आपकी आत्मा शुरू से ही सत्य की ओर झुकी हुई है।"

[लगा, भैया सा'ब का मोह छूट रहा है पर स्वामीजी का बढ़ रहा है।]

भैया सा'ब ने कहा, "सत्य से हमारा बहुत प्रेम है। साँच बराबर तप नहीं, झूठ बराबर पाप।"

फोन की घण्टी बजी। लड़के ने उठाकर पूछा, "कौन बोल रहे हैं?" पिता से कहा कि अमुक आपसे बात करना चाहते हैं।

भैया सा'ब ने कहा, "बोल दो घर में नहीं हैं [साँच बराबर तप नहीं—] पैसे के लिए दस बार फोन करेंगे। माया! माया!" [वह लेनेवाला था, जिसकी माया को धिक्कारा जा रहा था।]

मैंने स्वामीजी की उपस्थिति पर नाराजी जाहिर करनी चाही। पूछा, "इस गरमी में आपका आना कैसे हुआ?"

[यह टले तो मैं काम की बात करूँ।]

स्वामीजी ने कहा, "आज भैया सा'ब का जन्म-दिन है न! पचपनवाँ जन्म-दिन। सो उपदेश होंगे, पूजा होगी; उपरान्त 'भजन परशादी' होगी।"

जन्म-दिन? मिथ्या देह, रोग, दुख, पाप की खान एक साल और रह गयी।

मैंने कहा, "मुझे बहुत अफसोस है कि आज आपका जन्म-दिन है। पहले मालूम होता कि आज आपका दुख का दिन है, तो हरगिज न आता। बहरहाल, मेरी हार्दिक सहानुभूति ग्रहण करिए। ईश्वर करे यह अशुभ दिन आगे न आये।"

दोनों हैरत में थे।

स्वामीजी ने कहा, "जन्म-दिन दुख का दिन थोड़े ही है।"

मैंने कहा, "क्यों नहीं? यह देह जो मिथ्या है, पाप की खान है, यह एक साल और रही, इसकी याद दिलानेवाला दिन क्या खुशी का दिन है।"

स्वामीजी ने कहा, "ओह!"

भैया सा'ब ने कहा, "तुम बात पकड़ लेते हो।"

स्वामीजी चाहते थे कि मैं उठूं और वे अपनी बात करें। मैं चाहता था वे उठें और मैं अपनी बात करूँ।

ठण्डे कमरे में आत्मा का ताप चला गया था। भैया सा'ब की आत्मा ज्यादा ठण्डी थी। वे चाहते थे कि दोनों बैठे रहें, पर चर्चा अध्यात्म की ही हो। माया का प्रसंग न छिड़े। माया-सम्बन्धी एक फोन ने उनकी आत्मा को अभी बड़ा क्लेश पहुँचाया था।

सबकी आत्मा को शान्ति चाहिए, मेरी को भी।

मैंने कहा, "आप लोगों की तरह मैं भी आत्मा की शान्ति चाहता हूँ।"

दोनों खुश हुए, "बड़ी अच्छी बात है।"

बात आगे बढ़ायी, "मैं यहाँ आत्मा की शान्ति की खोज में ही आया हूँ।"

भैया सा'ब खुश। स्वामीजी ने उत्साह से कहा, "क्यों नहीं? इनका यह कमरा तो तपोभूमि है। मैं भी यहाँ आकर शान्ति पाता हूँ।"

बात और आगे बढ़ायी, "जी हाँ, मैं भी इसी कमरे में आत्म-शान्ति पाना चाहता हूँ। मेरी आत्मा को तभी शान्ति मिलेगी, जब भैया सा'ब मेरे बकाया रुपये दे देंगे। मुझसे जो काम करवाया था, उसके रुपये मुझे लेने हैं।"

स्वामीजी ने सिर नीचा कर लिया।

भैया सा'ब ने कहा, "जैसी आत्मा तुम्हारी, वैसी हमारी। हम भी आत्मा की शान्ति चाहते हैं। अगर हम रुपये दे देंगे, तो हमारी आत्मा अशान्त हो जायेगी।"

मैंने कहा, "पर पैसे मिले बिना मेरी भी तो आत्मा अशान्त रहेगी।"

भैया सा'ब बोले, "और हमारी आत्मा क्या फालतू ही है? इतने दिनों से हम साधना से उसे शान्त करने की कोशिश कर रहे हैं। और तुम थोड़े-से रुपयों के लिए सारी साधना को मिटा देना चाहते हो।"

मैंने कहा, "पर सवाल मेरी आत्मा का भी तो है।"

भैया सा'ब ने कहा, "अच्छा, हम इसका फैसला स्वामीजी पर छोड़ दें।"

स्वामीजी ने थोड़ी देर तक आँखें बन्द करके चिन्तन किया। फिर कहा, "प्रश्न बहुत जटिल है। इसके निर्णय पर तीसरी आत्मा की शान्ति निर्भर है। याने मेरी आत्मा की। मैं भी आत्मा की शान्ति की खोज में हूँ। मेरी यह कार बहुत खराब हो गयी है। बहुत दिनों से मैं चाह रहा हूँ कि भैया सा'ब की वह छोटी कार, जिसका उपयोग वे नहीं करते, प्राप्त कर लूं। उस कार के मिलने से मेरी आत्मा को शान्ति मिल जायेगी। अगर मैं आपको इनसे पैसा दिला दूँ, तो ये मुझसे अप्रसन्न हो जायेंगे और कार नहीं देंगे। इस तरह आपको पैसा मिलने से उनकी आत्मा भी अशान्त होगी और मेरी भी।"

मैंने कहा, "याने आपका निर्णय है—"

स्वामीजी ने कहा, "मेरा निर्णय है कि किसी आत्मा को यह अधिकार नहीं है कि वह दो आत्माओं को क्लेश पहुँचाकर शान्ति प्राप्त करे। इसलिए आपको ये पैसा नहीं देंगे।"

भैया सा'ब ने मुझसे कहा, "सुन लिया। अब आप जाइए।"

स्वामीजी से कहा, "पर आपने भी कार की बात करके हमारी आत्मा को कुछ ठेस पहुँचायी है।"

स्वामीजी बोले, "पहले इस आत्मा को यहाँ से निकालिए। हमारी-आपकी आत्माओं का विवाद तो सुलझ जायेगा।"

दरवाजे खुले और मेरी आत्मा सड़क पर आ गयी।

भीतर से उन आत्माओं ने झाँककर कहा, "बाहर बड़ी गरमी है।"

गाँधीजी का शाल

चार दिन हो गये, पर शाल का पता नहीं लगा। सेवकजी ने रेलवे स्टेशन पर पूछताछ की, डब्बे में साथ बैठे एक परिचित यात्री से पूछा, पर कोई खोज नहीं मिली। चुपचाप जितना पता लगा सकते थे, लगा लिया। पुलिस में रिपोर्ट करने और अखबार में विज्ञप्ति छपाने की बात मन में उठी थी, पर सेवकजी ने सोचा कि वह गाँधीजी का दिया हुआ पवित्र शाल था, उसे पुलिस और अखबारी मामलों में फँसाने से उसकी पवित्रता नष्ट होगी। कोई चाबियों का गुच्छा या सूटकेस तो था नहीं। पूज्य गाँधीजी का शाल था।

सेवकजी रोज की तरह दरवाजे के बीच कुरसी लगाकर बैठे थे। गोद में मुड़ा हुआ अखबार पड़ा था। बार-बार चश्मा निकालते, धोती से पोंछकर फिर लगा लेते,

पर पढ़ते कुछ नहीं। सोच रहे थे, सोच-सोचकर आह भर रहे थे और आह भरकर कहीं शून्य में देख रहे थे। सड़क पर से कितने ही परिचित निकल गये। सेवकजी ने किसी को नहीं बुलाया। और दिन होता, तो वे परिचित को देखते ही वहीं से बैठे-बैठे, 'जयहिन्द' उछालकर उसे रोकते। बड़ी चौड़ी मुसकान धारण करके उसके पास जाते, उसका हाथ पकड़ लेते और घोर आत्मीयता से कहते—'ऐसा नहीं हो सकता। आप बिना चाय पिये नहीं जा सकते।' पकड़कर भीतर ले आते, चाय बुलाते, अलमारी में से एक फाइल निकालते, जिसमें वे अखबारी कतरनें लगी थीं, जिसमें किसी भी सन्दर्भ में उनका नाम छपा था। इनमें वह कतरन भी थी, जिसमें उनके बचपन में खो जाने पर पिता ने उनकी खोज के लिए विज्ञप्ति छपायी थी। एक-एक कर सब कतरनें वे बताते और बीच-बीच में अपनी राष्ट्र और समाज-सेवाओं का उल्लेख करते जाते। वे बतलाते कि किसी सन् में किस नेता के साथ वे किस जेल में थे और उसने इनसे कब क्या कहा था? लगता कि उनके दिमाग में भी फाइलें खुली हैं, जिनमें सिलसिलेवार सब तथ्य नत्थी हैं। परिचित उठने का उपक्रम करता, तो सेवकजी आग्रह से उसका हाथ पकड़कर कहते—'बस! एक मिनट और। मैं आपको अपने जीवन की सबसे मूल्यवान्, सबसे पवित्र वस्तु बतलाता हूँ।' वे अलमारी में से तह किया हुआ एक हल्के नीले रंग का शाल निकालते और आरती के थाल की तरह सामने करके; भाव-विभोर हो कहते—'यह शाल मुझे पूज्य गाँधीजी ने दिया था। मेरे विवाह में वे स्वयं आशीर्वाद देने आये थे। हम दोनों के सिरों पर हाथ रखकर मुझसे बोले—'तू मेरा बेटा नहीं, यह मेरी बेटी है।' खिल-खिलाकर हँस पड़े बापू और यह शाल हम दोनों को उढ़ा दिया। आज वे नहीं हैं···' वे आँख बन्द कर लेते और भाव-तल्लीन हो जाते। परिचित अगर समझदार होता, तो इस स्थिति का लाभ उठाकर बिना 'जयहिन्द' किये ही झटपट निकल भागता। कोई परिचित उस सड़क से बिना उन कतरनों और उस शाल को देखे, निकल नहीं सकता था। आज चार दिनों से लोग बेखटके निकल रहे थे। सेवकजी उन्हें नहीं छेड़ते थे। सोचते—उस घर में अब किसको क्या बुलायें, जिसकी श्री ही चली गयी है।

टाउन हॉल में शाम को सभा की घोषणा करता हुआ लाउडस्पीकर लगा ताँगा निकला। सेवकजी के मन में उमंग उठी, फुरफुरी आ गयी। वे उठकर खड़े हो गये। दूसरे ही क्षण सोचा—'कैसे जाऊँ? शाल जो खो गया!' पिछले कितने ही वर्षों से उनसे कोई सभा नहीं छूटी थी। हर सभा में वे गाँधीजी का शाल ओढ़कर पहुँच जाते। मंच पर बैठते और अन्तिम वक्ता के बाद खड़े होकर कहते—'मुझे भी इस विषय पर दो शब्द कहना है।' माइक पकड़कर वे बोलने लगते— '···मैंने जो कुछ भी सीखा है; पूज्य गाँधीजी के चरणों में बैठकर। वे मुझे पुत्रवत् स्नेह करते थे। मेरे विवाह में वे स्वयं आशीर्वाद देने आये। हम दोनों के सिरों पर हाथ रखकर मुझसे कहने लगे—तू मेरा बेटा नहीं, यह मेरी बेटी है। खिलखिलाकर हँस पड़े बापू और यह शाल हमें उढ़ा दिया। यह आशीर्वाद है। मेरे जीवन की सबसे मूल्यवान्,

सबसे पवित्र निधि है।' सभा होती; तो लोग जानते थे कि सेवकजी अवश्य आयेंगे और शाल के बारे में बताकर बैठ जायेंगे। एक सभा में वे इस विषय पर आ ही रहे थे कि सभापति ने घण्टी बजा दी। हड़बड़ाकर बैठने लगे। तभी किसी मसखरे ने आवाज लगायी—'सेवकजी! आप शाल के बारे में बताना भूल गये!' लोग हँस पड़े। पर सेवकजी ने सहज भाव से कहा—'जब प्रसंग उठाया ही गया है, तो बताना मेरा धर्म है। यह शाल मुझे पूज्य गाँधीजी ने—'

शाल काफी पुराना हो गया था; जगह-जगह से फट गया था; छेद हो गये थे। पर सेवकजी उसे अभेद्य कवच की तरह धारण करते थे। उसे ओढ़कर अपने को अजेय अनुभव करते थे। शाल से उनकी इज्जत थी, प्रतिष्ठा थी। शाल उनके जीवन की एकमात्र शक्ति थी। वही शाल रेल में खो गया। सेवकजी सभाओं-समारोहों की घोषणाएँ सुनते और मन मसोसकर रह जाते। कल ही श्रम-मन्त्री आये थे। उनकी सभा में बोलना सेवकजी को जरूरी लगा था, पर शाल बिना वे सत्त्वहीन हो गये थे। किसी ने कहा था—'सेवकजी! आजकल आप सभाओं में नहीं दिखते।' सेवकजी ने घोर निराशा से जवाब दिया—'बस भई! बहुत हो गया। अब हम सार्वजनिक जीवन से संन्यास लेंगे।' आज उन्हें लग रहा था कि संन्यास नहीं लिया जा सकता। ऐसे तो जिया भी नहीं जा सकता। जीवन की निरर्थकता का बोध बड़ी तीव्रता से उन्हें हो रहा था। जीवन रीता हो गया, प्रयोजनहीन हो गया।

सेवकजी उस पीढ़ी के थे, जिसने जवानी के आरम्भ में निश्चय लिया था कि जीवन-भर देश की स्वतन्त्रता के लिए संग्राम करेंगे। पर स्वतन्त्रता पहले आ गयी, जीवन शेष रहा। अब क्या करें? यह तो सोचा ही नहीं था कि स्वतन्त्रता-प्राप्ति के बाद क्या करेंगे? जिन्होंने सोच लिया था और योजना भी बना ली थी, वे सरकार चलाने लगे। कुछ विरोधी दलों में शामिल हो गये। लेकिन जो चुनाव लड़कर भी जीत नहीं सके और सरकार में नहीं जा सके, वे बड़ी उलझन में पड़ गये। वे हारे हुए थे। हारा हुआ राजा रनिवास में जाता था; हारा हुआ नेता अध्यात्म में जाता है।

सेवकजी भी अध्यात्म में गये, पर वहाँ मन नहीं लगा। 24-30 वर्षों का सार्वजनिक जीवन; स्वतन्त्रता संग्राम के जमाने की वे भीड़ें, नारों पर करतल ध्वनियाँ, उद्‌गारों पर जयजयकार, 'महात्मा गाँधी की जय', 'इनकलाब जिन्दाबाद' के दम पर वे पुष्पहार, वे आरतियाँ! ये स्मृतियाँ उन्हें उसी तरह पीड़ित करतीं, जिस तरह तपस्वी को विलास की स्मृतियाँ। वे लौट आये। हर सभा-समारोह में वे शामिल होने लगे, लोगों को कतरनें बताने और संस्मरण सुनाने लगे और पुराने जेल-साथी और अब शासक बने लोगों के पास शाल ओढ़कर जाकर जिस-तिस का काम सिद्ध करवाने लगे। इस तरह दिन कट जाता और अपनी सार्थकता का बोध भी बना रहता।

पर अब क्या करें? वे पूरे जोर से सोच रहे थे। शाल जीवन-शक्ति ही ले गया।

अब किसलिए जियें ? जियें, तो करें क्या ? ऐसे जीने से मर जाना अच्छा ! पर वे मरे नहीं। एक विचार उनके मन में सहसा आया और उसके आवेग से वे खड़े हो गये। चप्पल पहनी और दूर सदर के कोने में कपड़ों की एक दूकान पर गये। शाल निकलवाये और हल्के नीले रंग के एक शाल की कीमत पूछी। मन में शंका उठी - क्या यह मिथ्याचार नहीं है ? समाधान कर लिया—वस्तु सत्य नहीं है, भावना सत्य है। शाल खरीदकर सेवकजी घर आये। अब समस्या खड़ी हुई—इसका नयापन कैसे मिटे ? सेवकजी ने उसे पानी में डुबाकर सुखाया, उससे फर्श साफ किया, दो-तीन दिन उसे ओढ़कर सोते रहे। तरह-तरह के अत्याचार से उसकी चमक कुछ कम हो गयी। सेवकजी ने उसकी तहें करके उसे पुराने शाल के स्थान पर रख दिया। अब मन कुछ हल्का हो गया, प्रफुल्लता लौट रही थी, पर ज्योंही वे प्रसन्न होते, आशंका कूद पड़ती—कहीं लोग समझ न जायें ? वे किसी तरह आशंका को शान्त करते कि ग्लानि सिर उठाती—यह मिथ्याचार है। वे ग्लानि को पुचकारते—वस्तु सत्य नहीं है, भावना सत्य है।

शाम की सभा की घोषणा हो चुकी थी। सेवकजी कई दिनों के बाद आज सभा में जाने की तैयारी कर रहे थे। पेटी से खादी के कुरता-धोती निकालकर पहने, अलमारी से शाल निकाला और ओढ़ा। फिर प्रश्न उठा—यह मिथ्याचार है। जवाब दूसरे कोने से उठा—वस्तु सत्य नहीं है, भावना सत्य है।

सेवकजी मंच पर बैठ गये। धुकधुकी लगी—कहीं कोई भेद जान न ले ? कोई सहज ही देखता, तो वे सोचकर काँप जाते कि इसने शाल का रहस्य भाँप लिया है। बड़ी बेचैनी थी। अन्तिम वक्ता के बाद वे खड़े हुए। बोले, "मुझे भी इस विषय पर दो शब्द कहना है।" उन्होंने माइक का डण्डा पकड़ लिया। दिल धड़क रहा था और हाथ काँप रहे थे। आज पैरों को स्थिर रखने का प्रयत्न करना पड़ रहा था। बोलना शुरू किया, "···मैंने जो कुछ भी सीखा है, पूज्य गाँधीजी के चरणों में बैठकर। वे मुझे पुत्रवत् स्नेह करते थे। मेरे विवाह के अवसर पर यह शाल उन्होंने मुझे दिया था। बापू स्वयं—"

पहली पंक्ति में बैठा एक आदमी उठकर खड़ा हो गया और बोला, "क्यों झूठ बोलते हैं सेवकजी ? यह शाल तो बिल्कुल नया है और मिल का है। भला गाँधीजी मिल का शाल देते ?"

सभा में हँसी उठी, कोलाहल हुआ, सेवकजी के पाँव डगमगाये, मुट्ठी ढीली होकर माइक के डण्डे पर से फिसलने लगी और वे वहीं बैठ गये।

आत्म-ज्ञान क्लब

मैं भी एक बार आत्म-ज्ञानियों के चक्कर में पड़ गया था।

मैं तब चन्द्रा साहब, रिटायर्ड इन्जीनियर की चाल में किराये पर रहता था।

एक शाम वह मुझे पैदल सिविल लाइन्स की सड़क पर चलते मिल गये। मैंने 'नमस्ते' के बाद वही निरर्थक प्रश्न किया, जो हम उनसे करते हैं, जिनसे ज्यादा बात नहीं करना चाहते—

"कहिए, कहाँ जा रहे हैं ?"

चन्द्रा साहब रुक गये। बड़ी रहस्य-भरी मुस्कान धारण करके बोले, "तुम नहीं जानते ? आज शनिवार है न !"

शनिवार को ये कहाँ जाते हैं—मैं सोचने लगा। जहाँ भी जाते हों, इनका जाना इतना महत्त्वपूर्ण और मशहूर है कि इनके किरायेदारों को तो उसकी जानकारी होनी ही चाहिए। मैंने बहुत अनुमान लगाकर डरते-डरते कहा, "हनुमान-जी के दर्शन करने जा रहे होंगे।"

चन्द्रा साहब मेरे अज्ञान पर करुणा से मुसकराये, फिर रहस्य खोलने लगे, "अरे भई, हर शनिवार को 'आत्म-ज्ञान-क्लब' की साधना-बैठक होती है न ! ठेकेदार सम्पूरनदास के बँगले पर ! वहाँ जा रहा हूँ।"

मुझे सबकुछ याद आ गया। अखबारों में अकसर समाचार छपता है। मुझे मालूम नहीं था कि चन्द्रा साहब भी आत्म-ज्ञान-क्लब के सदस्य हैं।

वह बोले, "तुम भी आया करो।"

मैंने पूछा, "वहाँ क्या होता है ?"

उन्होंने समझाया, "वहाँ आत्म-ज्ञान की साधना होती है। चिन्तन, मनन, ध्यान और चर्चा होती है।"

मैंने पूछा, "किसके बारे में ?"

वह बोले, "आत्मा के बारे में। मनुष्य अपने को नहीं जानता। हम नहीं जानते कि हम कौन हैं। अपने सच्चे स्वरूप को पहचानना बहुत कठिन है। हम साधना से यही जानना चाहते हैं कि मैं कौन हूँ ? मेरा सच्चा स्वरूप क्या है ?"

मैंने फिर पूछा, "इससे क्या फायदा होता है ?"

वह मेरी बेवकूफी पर हँसकर बोले, "तुम तो आत्मज्ञान में भी फायदा-नुकसान देखते हो। अरे, अपने को पहचानना कोई मामूली बात है ? जीवन का यही परम ध्येय है। इस ज्ञान के बाद आदमी माया से छूट जाता है। कभी आओ। अरे, कुछ परमार्थ की तरफ भी तो झुको। माया में कब तक फँसे रहोगे ?"

मैंने उनसे आने का वादा किया। चलते-चलते उन्होंने कहा, "आज तीन तारीख हो गयी, तुमने किराया नहीं दिया।"

मैंने कहा, "एक-दो दिन में दे दूंगा। इस माह तनख्वाह देर में मिल रही है।"

चन्द्रा साहब ने मुंह को भरसक बिगाड़कर कहा, "तनख्वाह तुम्हारी कभी भी मिले, किराया मुझे पहली को मिल जाना चाहिए। समझे ?"

वह छड़ी टेकते हुए परमार्थ-साधना के लिए बढ़े और मैं किराया जुटाने की माया में फँसा घर लौटा।

उन्होंने एक-दो बार और आत्म-ज्ञान क्लब में आने के लिए कहा। मेरे बगल के हिस्से में जितेन्द्र रहता था। वह मेरे साथ काम करता था और मेरा मित्र भी था। उससे भी चन्द्रा साहब ने आने के लिए आग्रह किया था।

मैंने उससे कहा, "यार, वह कई बार कह चुके हैं। न जायेंगे तो बुरा मानेंगे।"

वह बोला, "पर वहाँ करेंगे क्या ? हम तो योंही आत्म-ज्ञानी हैं। हम जानते हैं कि हम स्कूल मास्टर हैं और पढ़ाकर पेट भरते हैं। यही अपना सच्चा स्वरूप है।"

मुझ पर चन्द्रा साहब की बातों का कुछ असर था। मैंने कहा, "यह आत्म-ज्ञान नहीं है। वह बड़ी साधना के बाद प्राप्त होता है। चलो न एक दिन।"

एक शनिवार की शाम को हम लोग ठेकेदार सम्पूरनदास के बँगले पर पहुँचे। फाटक में घुसते ही कुत्ता भौंककर दौड़ा। हम ठिठक गये। जितेन्द्र ने कहा, "हर कुत्ता जन्म से ही आत्म-ज्ञानी होता है। वह जानता है कि मैं कुत्ता हूँ और मेरा काम भौंकना है। कई लोग अपने कुत्ते को 'टाइगर' कहते हैं, पर कुत्ता अपने को कभी शेर नहीं समझता। वह अपने सच्चे स्वरूप को पहचानता है।"

मैंने कहा, "नहीं, ऐसा नहीं है। आत्म-ज्ञान जीवधारियों में सिर्फ मनुष्यों को प्राप्त होता है और कुत्ता मनुष्य के बहुत पास रहता है, इसलिए थोड़ा आत्म-ज्ञान उसे भी हो जाता है। तुम देखते नहीं हो, इसके भौंकने में कुछ पवित्रता है जो और कुत्तों के भौंकने में नहीं होती। यह आत्म-ज्ञान साधकों की संगति में रहता है न। यह किसी को काट ले तो उस आदमी की भी आत्मा प्रकट हो जाये।"

चन्द्रा साहब और ठेकेदार सम्पूरनदास बरामदे में आ गये और उन्होंने कुत्ते को बुला लिया। हम लोग जन्मजात आत्म-ज्ञानी के काटने से बच गये।

हम लोग कमरे में गये। वहाँ दस-बारह आदमी सोफे और आराम-कुरसियों पर बैठे थे। हमें साधारण कुरसियाँ दे दी गयीं, क्योंकि हम किरायेदार थे।

मैंने उन साधकों पर नजर घुमायी। इनमें से कई को मैं अलग-अलग जानता था, पर मुझे नहीं मालूम था कि इन लोगों ने मिलकर आत्म-ज्ञान क्लब बना लिया है। चन्द्रा साहब और सम्पूरनदास की आत्माओं के तो सम्बन्ध पिछले पचीस-तीस वर्षों से चले आ रहे थे। चन्द्रा साहब ठेकेदार सम्पूरनदास को ठेके दिया करते थे और कुछ ऐसा चमत्कार होता था कि हर इमारत या पुल में से चन्द्रा साहब का एक मकान पैदा हो जाता था। छोटी इमारत होती, तो किसी मकान का गुसलखाना ही उसमें से निकल आता था। रिटायर होते-होते चन्द्रा साहब के कई मकान हो गये थे, जो किराये पर चल रहे थे। उनके बैंक के खाते में भी जब-तब हलचल होती रहती थी।

वहाँ सेवकजी भी बैठे थे, जो बड़े पुराने नेता थे। लोगों ने हल्ला कर रखा था कि वह दो-तीन चुनाव हार गये थे और उन्हें आत्म-ज्ञान की सख्त जरूरत पड़ गयी थी।

एक प्रोफेसर साहब भाई थे। उन्होंने दाढ़ी बढ़ा रखी थी। ऊँची धोती और नीचा कुरता पहनते थे। वह ठण्ड की रातों में बगीचे में उघाड़े घूमते थे। पिछले साल सरकस देखकर जब हम लौटते, तो बगीचे में थोड़ी देर रुककर प्रोफेसर साहब को भी देखते। जितेन्द्र का कहना था कि सरकस में जो कुएँ में मोटर साइकिल चलाता है, वह भी ठण्ड में ऐसे नहीं घूम सकता। वह पैंतीस वर्ष की अवस्था में भी अविवाहित थे।

वहाँ एडवोकेट शुक्ला भी थे, जिनकी दो बिन-ब्याही जवान लड़कियाँ थीं। जिसकी बिन-ब्याही लड़कियाँ हों, उसे आत्म-ज्ञान की योंही जरूरत है। सुना था कि बड़ी लड़की की शादी वह प्रोफेसर से करने की कोशिश में थे। चन्द्रा साहब ने कह दिया था कि वह प्रोफेसर को तैयार कर देंगे। शुक्ला का ध्यान प्रोफेसर की आत्मा की अपेक्षा उनके शरीर पर अधिक था। सोचते होंगे कि किस शुभ दिन यह दाढ़ी मुड़ेगी।

इन लोगों के सिवा वहाँ दो-तीन व्यापारी और एक-दो रिटायर्ड अफसर लोग थे।

कमरे में ऊदबत्ती जल रही थी। टेबिल पर एक बड़ा चित्र रखा था—वैसे कंकाल का, जैसा स्पिरिट की बोतल पर बना रहता है। नीचे लिखा था—'आत्मा।' टेबिल पर फूल रखे थे।

कॉफ़ी की चुसकी पीते हुए नेताजी ने कहा, "हाँ तो मैं कह रहा था कि जनता का नैतिक स्तर बहुत गिर गया है। पहले जनता के मन में विश्वास था, पर अब वह विश्वास हट गया था। गाँधीजी करोड़ों रुपये का चन्दा इकट्ठा करते थे, पर कोई हिसाब नहीं पूछता था। पर अब तो पाँच-दस हजार का भी लोग हिसाब माँगते हैं। जिस जाति के हृदय से विश्वास उठ जाये, उसका पतन अवश्य होता है।" जाति के पतन से दुखी हो, उन्होंने गरदन झुका ली।

सहसा प्रोफेसर उठे और आँखें बन्द करके, हाथ जोड़कर ऊँचे स्वर में बोले—

'आत्मा वा अरे द्रष्टव्यः श्रोतव्यः मन्तव्यः निदिध्यासितव्यश्च !'

सब शान्त हो गये। आँखें मूँद लीं।

प्रोफेसर ने तीन बार कहा—'मैं कौन हूँ ? मेरा सच्चा स्वरूप क्या है ?' दूसरों ने प्रश्नों को दुहराया और मग्न हो गये। हमने भी देखा-देखी की।

प्रोफेसर ने आँखें खोलीं, तो सबने खोल लीं। इसका मतलब है कि सब एक आँख आधी खोलकर देख रहे थे कि कब प्रोफेसर आँखें खोलें।

चर्चा शुरू हुई। प्रोफेसर ने शुरू किया, "आदिकाल से मनुष्य के मन में ये प्रश्न गूंज रहे हैं—मैं कौन हूँ ? मेरा सच्चा स्वरूप क्या है ? मनुष्य अपने को जानना चाहता है..."

इसी समय एक आदमी ने आकर ठेकेदार से कहा कि लड़के की तबीयत ज्यादा खराब हो गयी, डाक्टर को फोन कर लेने दीजिए।

ठेकेदार को गुस्सा आ गया। बोला, "वक्त-बेवक्त नहीं देखते, फोन करने आ जाते हैं, ले क्यों नहीं आते डाक्टर को ?"

घबराये हुए आदमी ने जवाब दिया कि जाने में देर लगेगी, फोन कर देने से वह अपनी कार पर फौरन आ जायेंगे।

ठेकेदार ने उसे दस बातें और सुनायीं। पर उसे फोन कर लेने दिया। मगर उसके बाद चर्चा हो ही नहीं पायी। यों घण्टे-भर यह चर्चा अवश्य होती रही कि पड़ोसी कितना तंग करते हैं। सब पड़ोसियों से सताये हुए थे।

उस दिन बैठक बड़े दुख के साथ खत्म हुई। वे लोग दुखी थे कि आत्म-ज्ञान की उपलब्धि एक हफ्ता और टल गयी।

दूसरे शनिवार को फिर साधना में बाधा आयी।

मैं कौन हूँ ? मेरा सच्चा स्वरूप क्या है ? इन प्रश्नों के बाद ध्यान के बीच में ही ठेकेदार बोल उठा, "आज चन्द्रा साहब का मूड कुछ खराब मालूम होता है।"

सबने आँखें खोल दीं। सब चन्द्रा साहब को ऐसे ध्यान से देखने लगे, जैसे वही सबकी आत्मा हों।

चन्द्रा साहब ने कहा, "क्या बतायें। सांसारिक दुख छोड़ते नहीं। माया-जाल है। आदमी आदमी को दुख देता है।"

वह रुआँसे हो गये।

सबको चिन्ता हुई। एडवोकेट शुक्ला ने पूछा, "आखिर हुआ क्या चन्द्रा साहब ?"

चन्द्रा साहब ने कहा, "एक किरायेदार के मकान में लगा हाथ का पम्प खराब हो गया था। मैंने कह दिया था कि मैं सुभीते से ठीक करा दूँगा। पर उसने तो नया 'वाशर' लगवा लिया और दस रुपये किराये में से काटने लगा। मैंने एतराज किया, तो कहने लगे कि क्या हम प्यासे मरें। भला बताइए, है न धाँधली। मैं तो उसे ठीक कराता ही। अगर तुम्हें जल्दी है तो तुम अपने खरचे से नल ठीक कराओ।"

चन्द्रा साहब से सबको सहानुभूति हुई। एडवोकेट साहब को गुस्सा भी आया। कहा, "मैं उसे दस दिन में मकान से निकलवा दूँगा। कल ही 'इजेक्टमेण्ट' कार्यवाही करता हूँ।"

उन्होंने चन्द्रा साहब के मुख पर सन्तोष पढ़ना चाहा। चन्द्रा साहब ने आशा दिलायी थी कि लड़की की शादी प्रोफेसर से करा दूँगा। प्रोफेसर ने दार्शनिक दृष्टि से कहा, "वास्तव में मकान-मालिक का दरजा ईश्वर के पास ही है। ईश्वर ने सृष्टि रची, पृथ्वी बनायी, आकाश बनाया लेकिन मकान नहीं बनाये। मनुष्य पृथ्वी पर खुले आकाश के नीचे तो रह नहीं सकता था। तब मकान-मालिकों ने मनुष्यों के रहने के लिए मकान बनाये। जो किराये के लिए मकान बनवाते हैं, वे ईश्वर के समान ही पूज्य हैं। पर इस बात को बहुत कम किरायेदार समझते हैं।"

उसने भी चन्द्रा साहब की तरफ आशा से देखा कि अब वह प्रसन्न हो गये होंगे।

चन्द्रा साहब कुछ प्रसन्न तो हुए, पर आत्मा की चर्चा करने के लिए उनका मन तैयार नहीं हुआ।

सभी उदासी में डूबे रहे। बड़ी देर तक किरायेदारों की दुष्टता की चर्चा होती रही। आत्म-ज्ञान की प्राप्ति एक हफ्ते और टल गयी।

मैं और जितेन्द्र लगभग हर शनिवार को साधना में शामिल होने लगे। प्रोफेसर दाढ़ी में तेल चुपड़ने लगा था। इसे देखकर एडवोकेट शुक्ला बहुत आशावान हो गये थे।

फिर एकाएक मेरा तबादला हो गया। आत्म-ज्ञान की साधना वहीं छूट गयी।

अभी दो साल बाद मुझे जितेन्द्र मिला। मैंने पूछा, "आत्म-ज्ञान साधकों के क्या हाल हैं?"

जितेन्द्र ने कहा, "उनकी साधना सफल हो गयी। उन्हें आत्म-ज्ञान हो गया।"

मैंने कहा, "आत्म-ज्ञान हो गया? फिर सबके क्या हाल हैं?"

जितेन्द्र ने बताया, "उनके अलग-अलग हाल हैं। चन्द्रा साहब, सम्पूरनदास और नेताजी पागलखाने में हैं। प्रोफेसर ने शादी कर ली है। वे दोनों सेठ जेल में हैं।"

मैंने कहा, "अरे, यह कैसे हुआ?"

जितेन्द्र ने बताया, "एक दिन जब उनकी साधना चरम बिन्दु पर पहुँची और उन्होंने ध्यान करके प्रश्न किये—'मैं कौन हूँ? मेरा सच्चा स्वरूप क्या है?' तो आत्मा से आवाजें आने लगीं।"

चन्द्रा साहब की आत्मा से आवाज आयी—'मैं बेईमान हूँ। मैं घूसखोर हूँ।'

सम्पूरनदास की आत्मा से आवाज आयी—'मैं चोर हूँ। मैं बेईमान हूँ।'

नेताजी की आत्मा से आवाज आयी—'मैं पाखण्डी हूँ। मैं नीच हूँ।'

दोनों सेठों की आत्माओं से आवाज आयी—'मैं इनकमटैक्स चोर हूँ। मैं दो हिसाब रखनेवाला हूँ।'

सबकी जाग्रत आत्मा से निरन्तर ये आवाजें आने लगीं और वे सड़कों पर चिल्लाते घूमने लगे—'मैं चोर हूँ। मैं बेईमान हूँ। मैं पाखण्डी हूँ...'

आखिर चन्द्रा साहब, सम्पूरनदास और नेताजी तो पागलखाने भेजे गये और दोनों सेठ जेल में हैं।

प्रोफेसर ने जब आत्मा से पूछा—'मैं कौन हूँ? मेरा सच्चा स्वरूप क्या है?' तो जवाब आया—'मैं नर हूँ, मुझे मादा चाहिए।' उसने एडवोकेट शुक्ला की बड़ी लड़की से शादी कर ली। शुक्ला की आत्मा से कोई आवाज नहीं आयी, क्योंकि वह आत्म-ज्ञान के लिए नहीं आता था, लड़की की शादी जमाने आता था।

आत्म-ज्ञान बेचारों को ले डूबा। मेरा तबादला न होता, तो मैं भी उन साधकों के चक्कर में पड़ जाता। तब न जाने क्या होता?

मुण्डन

किसी देश की संसद् में एक दिन बड़ी हलचल मची। हलचल का कारण कोई राजनैतिक समस्या नहीं थी, बल्कि यह था कि एक मन्त्री का अचानक मुण्डन हो गया था। कल तक उनके सिर पर लम्बे घुँघराले बाल थे, मगर रात में उनका अचानक मुण्डन हो गया था।

सदस्यों में कानाफूसी हो रही थी कि इन्हें क्या हो गया है। अटकलें लगने लगीं। किसी ने कहा—'शायद सिर में जूँ हो गयी हों।' दूसरे ने कहा—'शायद दिमाग में विचार भरने के लिए बालों का परदा अलग कर दिया हो।' किसी और ने कहा—'शायद इनके परिवार में किसी की मौत हो गयी।' पर वे पहले की तरह प्रसन्न लग रहे थे।

आखिर एक सदस्य ने पूछा, "अध्यक्ष महोदय! क्या मैं जान सकता हूँ कि माननीय मन्त्री महोदय के परिवार में क्या किसी की मृत्यु हो गयी है?"

मन्त्री ने जवाब दिया, "नहीं।"

सदस्यों ने अटकल लगायी कि कहीं उन लोगों ने ही तो मन्त्री का मुण्डन नहीं कर दिया, जिनके खिलाफ वे बिल पेश करने का इरादा कर रहे थे।

एक सदस्य ने पूछा, "अध्यक्ष महोदय! क्या माननीय मन्त्री को मालूम है कि उनका मुण्डन हो गया है? यदि हाँ तो क्या वे बतायेंगे कि उनका मुण्डन किसने कर दिया है?" मन्त्री ने संजीदगी से जवाब दिया, "मैं नहीं कह सकता कि मेरा मुण्डन हुआ है या नहीं!"

कई सदस्य चिल्लाये, "हुआ है! सबको दिख रहा है।"

मन्त्री ने कहा, "सबको दिखने से कुछ नहीं होता? सरकार को दिखना चाहिए। सरकार इस बात की जाँच करेगी कि मेरा मुण्डन हुआ है या नहीं।"

एक सदस्य ने कहा, "इनकी जाँच अभी हो सकती है। मन्त्री महोदय अपना हाथ सिर पर फेरकर देख लें।"

मन्त्री ने जवाब दिया, "मैं अपना हाथ सिर पर फेरकर हरगिज नहीं देखूंगा। सरकार इस मामले में जल्दबाजी नहीं करती। मगर मैं वायदा करता हूँ कि मेरी सरकार इस बात की विस्तृत जाँच करवाकर सारे तथ्य सदन के सामने पेश करेगी।"

सदस्य चिल्लाये, "इसकी जाँच की क्या जरूरत है? सिर आपका है और हाथ भी आपके हैं। अपने ही हाथ को अपने सिर पर फेरने में मन्त्री महोदय को क्या आपत्ति है।"

मन्त्री बोले, "मैं सदस्यों से सहमत हूँ कि सिर मेरा है और हाथ भी मेरे हैं। मगर हमारे हाथ परम्पराओं और नीतियों से बँधे हैं। मैं अपने सिर पर हाथ फेरने के लिए स्वतन्त्र नहीं हूँ। सरकार की एक नियमित कार्य-प्रणाली होती है। विरोधी

सदस्यों के दबाव में आकर मैं उस प्रणाली को भंग नहीं कर सकता। मैं सदन में इस सम्बन्ध में एक वक्तव्य दूंगा।"

शाम को मन्त्री महोदय ने सदन में वक्तव्य दिया—

"अध्यक्ष महोदय ! सदन में यह प्रश्न उठाया गया कि मेरा मुण्डन हुआ है या नहीं। यदि हुआ है, तो वह किसने किया है। ये प्रश्न बहुत जटिल हैं। और इस पर सरकार जल्दबाजी में कोई निर्णय नहीं दे सकती। मैं नहीं कह सकता कि मेरा मुण्डन हुआ है या नहीं। जब तक पूरी जाँच न हो जाये, सरकार इस सम्बन्ध में कुछ नहीं कह सकती। हमारी सरकार तीन व्यक्तियों की एक जाँच समिति नियुक्त करती है, जो इस बात की जाँच करेगी। जाँच समिति की रिपोर्ट मैं सदन में पेश करूँगा।"

सदस्यों ने कहा, "यह मामला कुतुबमीनार का नहीं जो सदियों जाँच के लिए खड़ी रहेगी। यह आपके बालों का मामला है, जो बढ़ते और कटते रहते हैं। इसका निर्णय तुरन्त होना चाहिए।"

मन्त्री ने जवाब दिया, "कुतुबमीनार से हमारे बालों की तुलना करके उनका अपमान करने का अधिकार सदस्यों को नहीं है। जहाँ तक मूल समस्या का सम्बन्ध है, सरकार जाँच के पहले कुछ नहीं कह सकती।"

जाँच समिति सालों जाँच करती रही। इधर मन्त्री के सिर पर बाल बढ़ते रहे।

एक दिन मन्त्री ने जाँच समिति की रिपोर्ट सदन के सामने रख दी।

जाँच समिति का निर्णय था कि मन्त्री का मुण्डन नहीं हुआ।

सत्ताधारी दल के सदस्यों ने इसका स्वागत हर्षध्वनि से किया।

सदन के दूसरे भाग से 'शर्म-शर्म' की आवाजें उठीं। एतराज उठे--"यह एकदम झूठ है। मन्त्री का मुण्डन हुआ था।"

मन्त्री मुस्कराते हुए उठे और बोले, "यह आपका खयाल हो सकता है। मगर प्रमाण तो चाहिए। आज भी अगर आप प्रमाण दे दें तो मैं आपकी बात मान लेता हूँ।"

ऐसा कहकर उन्होंने अपने घुंघराले बालों पर हाथ फेरा और सदन दूसरे मसले सुलझाने में व्यस्त हो गया।

हनुमान की रेल-यात्रा

रामचन्द्र के पिता जमींदार थे। वे अयोध्या में रहते थे। जमींदारी खत्म होने पर वे जमीन और जंगल बेचकर पैसा लेकर दिल्ली बस गये। उन्होंने एक यज्ञ-कम्पनी

खोली जिसमें 250 ब्राह्मण और 25 ऋषि काम करते थे, जो रामलीला की दाढ़ी-मूँछें लगाते थे। यह कम्पनी ऑर्डर पर भारत में कहीं भी यज्ञ करती थी। यज्ञों से देश समृद्ध होता है, यह मानकर सरकार कम्पनी को अनुदान देती थी।

रामचन्द्र की शिक्षा-दीक्षा दिल्ली में हुई। जब वे एम. ए. हुए तब उनके पिता और सौतेली माता में विवाद छिड़ा कि बेटे का भविष्य कैसा हो। पिता का मत था कि उसे यज्ञ-कम्पनी का डाइरेक्टर बना दिया जाये। सौतेली माता का हठ था कि उसे दिल्ली से दूर कहीं अच्छी नौकरी दिलवा दी जाये और यज्ञ-कम्पनी का डाइरेक्टर उनका सगा बेटा बने। हठ के सामने मत की नहीं चली। रामचन्द्र के पिता ने एक मन्त्री से जो यज्ञ के प्रताप से ही मन्त्री हुए थे, रामचन्द्र को नौकरी देने के लिए कहा। उन्होंने रामचन्द्र को अफसर बनाकर मद्रास भेज दिया।

सौतेली माँ ने रामचन्द्र की शादी करके बहू को कुछ दिन के लिए अपने पास रख लिया। नियम है कि जो माँ बेटे को जितना प्यार करती है, बहू को उतना ही दुख देती है। रामचन्द्र को मद्रास में प्रिया के पत्र मिलते कि मुझे जल्दी बुला लो, वरना मेरी लाश पाओगे। सासजी पूरी राक्षसी हैं।

एक दिन रामचन्द्र ने अपने सेवकों को बुलाकर कहा, "तुम्हारी स्वामिनी जानकी दिल्ली में बड़े संकट में है। एक तो वह विरह की आग में जल रही है; दूसरे उसकी सास उस पर अत्याचार करती है। तुममें से कोई जाकर उसे ले आये।"

यह सुनकर सेवकों ने सिर नीचे कर लिये और वे चुप बैठे रहे।

रामचन्द्र ने कहा, "तुम बोलते क्यों नहीं? उदास क्यों हो गये? मालकिन के आने की खबर से घबड़ाओ मत। जानकी बहुत अच्छे स्वभाव की है। नये आँकड़ों के अनुसार अफसर के घर में नौकर के टिकने की औसत अवधि एक महीना है। पर मैं विश्वास दिलाता हूँ कि जानकी तुम्हें 5-6 महीने निभा लेगी। उठो और उसे सादर लिवा लाओ।"

एक सयाना सेवक हाथ जोड़कर बोला, "मालिक, हमें मालकिन से डर नहीं है। हम दूसरी बात से चिन्तित हैं। बात यह है कि हम मालकिन को दिल्ली से नहीं ला सकेंगे। रेलगाड़ियों में इतनी भीड़ होती है कि हम कुचलकर या दम घुटकर मर जायेंगे। हम आपके काम के लिए जान दे सकते हैं पर जान देने से भी माता जानकी दिल्ली से नहीं आ सकतीं। आप तो जानते ही हैं कि दिल्ली में आदमी गाड़ी में बैठते हैं और मद्रास में लाशें उतरती हैं।"

यह सुनकर रामचन्द्र चिन्तित हो गये। बोले, "तुम्हारा कहना ठीक है। गाड़ियों में सचमुच बहुत भीड़ होती है। और क्यों न हो? जितने डब्बे बनते हैं, उनसे कई गुने बैठनेवाले पैदा हो जाते हैं। पर यह समस्या जल्दी हल हो जायेगी। सरकार कानून बना रही है कि जो आदमी पाँच से ऊपर बच्चे पैदा करे, वह रेलगाड़ी का एक डब्बा बनाकर दे। पर तुम लोगों में से एक भी ऐसा वीर नहीं है, जो दिल्ली जाकर मेरी प्रिया को ले आये?"

सयाने ने कहा, "मालिक, दिल्ली तो बहुत दूर है। हममें से कितनों ही का

बीवियाँ तीन-चार स्टेशन आगे पड़ी हैं और हम उन्हें नहीं ला सकते। हाँ, हममें एक ही ऐसा वीर है, जो आपका काम कर सकता है, वह 'हनुमान' है।"

ड्राइवर जाम्बवन्तसिंह ने पास ही बैठे एक तगड़े नौकर के कन्धे पर हाथ रखकर कहा, "हनुमान् परशाद, तुम क्यों चुप हो? तुम तो अतुलित बलशाली हो। तुमने बड़े-बड़े पराक्रम किये हैं। तुम नयी 'बॉक्स ऑफिस' 'फिल्म' के पहले 'शो' के टिकिट खरीदकर तिगुने दाम में बेचते हो। उठो और स्वामी का काम करो।"

सयाने के वचनों से हनुमान को अपने बल का स्मरण हो आया। दूसरों की बीवियों की सेवा में दिलचस्पी लेना, उसकी पुरानी आदत थी। इसके लिए वह बड़ी दौड़-धूप करता था; समुद्र तक लाँघ जाता था। उसने चुटकी बजाकर जोर से जमुहाई ली और उठ खड़ा हुआ। हाथ जोड़कर वीर स्वर में कहने लगा, "मालिक, आपके हुक्म से मैं कुछ भी कर सकता हूँ। आप प्रतापी अफसर हैं, जिनका हाथ बड़ा-से-बड़ा आडीटर नहीं पकड़ सकता। आप कहें तो मैं ग्रैण्ड ट्रंक एक्सप्रेस को उलट दूँ; 'चितरंजन' के इंजिन को चबा जाऊँ। आपकी कृपा के बल से मैं दिल्ली जानेवाली गाड़ी को ढकेलकर मद्रास ले जाऊँ; पुल तोड़कर रेलगाड़ी को चाहे जहाँ रोक दूं!"

हनुमान के वचन सुनकर रामचन्द्र प्रसन्न हुए। वे बोले, "तुम्हारी बात से मैं सन्तुष्ट हुआ। मैं तुम्हारी तनख्वाह बढ़ा दूंगा। तुम आज ही ग्रैण्ड ट्रंक एक्सप्रेस से चले जाओ।"

रामचन्द्र ने पिता के नाम एक चिट्ठी लिखकर दी जिसे हनुमान ने तमाखू के बटुए में रख लिया। उसने कहा, "मालिक, दो अच्छर मालकिन के लिए भी लिख देते।" रामचन्द्र ने कहा, "लिखने से क्या होगा? चिट्ठी उसके पास नहीं पहुँचेगी। पिताजी को मेरे प्रेम-पत्र पढ़ने की पुरानी आदत है। तुम तो जानकी को मेरा सन्देश जबानी दे देना। कहना कि साहब ने कहा है कि हे प्रिया, मैं तेरे विरह में कितना दुबला हो गया हूँ कि मैंने कल ही बेल्ट में कील से एक नया छेद किया है। मेरी हालत तू इसी से समझ जा।"

हनुमान ने बिस्तर काँख में दबाया और स्टेशन पहुँच गया। टिकिट की खिड़की के सामने लम्बी कतार लगी थी। हनुमान खिड़की के पास के दो-तीन आदमियों को ढकेलकर वहाँ खड़ा हो गया। मुसाफिरों ने चिल्लाना शुरू किया—'आगे क्यों घुसता है!' धक्का-मुक्की होने लगी। हनुमान ने ध्यान ही नहीं दिया। पर इसी समय पुलिसमैन आ गया। उसे देखते ही हनुमान का बल क्षीण हो गया। बचपन में एक जुआड़ी के कहने से उसने एक पुलिसमैन को चबा लिया था, इसलिए उसे शाप मिला था कि पुलिसमैन को देखते ही तेरा बल क्षीण हो जायेगा। पुलिसमैन ने उसे हाथ पकड़कर घसीटा और कतार में सबसे पीछे खड़ा कर दिया।

वह वहाँ खड़ा-खड़ा खिसकने लगा। उसे लगा कि मैं मांस का एक लौंदा हूँ जो धीरे-धीरे लुढ़क रहा है। उसका होश जाता रहा।

अचानक उसके कानों में शब्द पड़े—'कहाँ का टिकिट चाहिए?' उसने आँखें

चलाकर टिकिट घर की दीवार पर देखा। वहाँ 23 तारीख की तख्ती लगी थी। टिकिट बाबू से पूछा, "आज क्या 23 तारीख है?" टिकिट बाबू ने सिर हिलाया। हनुमान ने कहा, "पर मैं तो 21 तारीख की कतार में खड़ा हुआ था! मुझे 21 तारीख की गाड़ी का एक टिकिट दिल्ली का चाहिए।"

बाबू ने कहा, "तुम क्या पागल हो? 21 तारीख तो निकल गयी।"

हनुमान बोला, "पर गलती मेरी है कि तुम्हारी? मैं तो 21 की गाड़ी से ही जा रहा था। 23 हो गयी, तो मैं क्या करूँ?"

पीछे से धक्के लगने लगे। पुलिसमैन फिर दिख गया। हनुमान ने झट टिकिट ले लिया और प्लेटफॉर्म पर पहुँच गया।

गाड़ी आयी। चढ़ने और उतरनेवालों में लड़ाई होने लगी। चढ़नेवाले एक-दूसरे को कुचलकर चढ़ने की कोशिश करने लगे। हनुमान उचका और भीड़ के सिर पर से खिसककर डब्बे में घुसने लगा। उसे उतरनेवालों का धक्का लगा और वह दूर जा गिरा। वह उठा और चढ़नेवालों को उठा-उठाकर फेंकने लगा। डब्बे के पास पहुँचा ही था कि किसी ने पीछे से टाँग खींच दी और वह औंधे मुँह गिर पड़ा।

हनुमान ने दूसरे डब्बे में कोशिश की; फिर तीसरे में, चौथे में। वह कहीं भी नहीं घुस सका।

वह ग्लानि से जल रहा था। सोचता, "धिक्कार है मेरे बल को। मैं गाड़ी में नहीं बैठ सकता। हाय, मैं मालिक का इतना-सा काम नहीं कर सका। माता जानकी क्या कभी भी पति के पास नहीं आ सकेंगी?"

वह प्लेटफॉर्म से निकला और लाइन के साथ-साथ आगे बढ़ने लगा।

थोड़ी देर बाद रामचन्द्र रेलवे लाइन के पास की सड़क से घूमते हुए निकले। उन्होंने देखा कि ग्रैण्ड ट्रंक रुक गयी है और सीटी दे रही है। ऊपर चढ़े तो देखा कि हनुमान पाँत पर लेटे हैं। उन्होंने उसे जल्दी उठाया और कहा, "तुम अभी यहीं हो! दिल्ली नहीं गये! क्या किसी ने जेब काट लिया? इस तरह पाँत पर क्यों लेटे हो?"

हनुमान की आँखों से आँसू टपकने लगे। कहने लगा, "मालिक, मुझे मर जाने दीजिए। मैं गाड़ी में नहीं बैठ सका। मेरे बल को धिक्कार है। जिस गाड़ी ने मुझे ऊपर नहीं बिठाया, उसके मैं नीचे बैठकर प्राण त्याग दूँगा।"

एक तृप्त आदमी की कहानी

परिचय

असल नाम — नन्दलाल शर्मा।

लड़कों के द्वारा बनाया गया और प्रचलित किया गया नाम—एन्. एल्. मास्टर। पेशा—स्कूल मास्टरी। वेतन 90 रुपया मासिक, ऊपरी आमदनी 15 रुपया (ट्यूशन से)। उम्र 35 के लगभग। शरीर स्वस्थ। रूप सेकेण्ड क्लास। परिवार माँ, बीवी, तीन बच्चे। आवास —दो कमरे, एक परछी, जिसमें एक कोने पर रसोई घर और उसके सामने दूसरे कोने पर पाखाना। (भोजन करते वक्त याद रहे कि अन्न का हश्र क्या होनेवाला है। जैसे ज्ञानी को घोर भोग के बीच भी अन्त याद रहता है)। कमरे में एक टेबिल (बिना टेबिलक्लाथ, पर स्याही के धब्बे और ब्लेड की खुदाई से अलंकृत), एक आराम कुरसी (आराम की स्थिति नाम के बाहर कहीं नहीं), दो बेंत की कुरसियाँ, एक लोहे की टूटी कुरसी (जो बैठनेवाले के कपड़े फाड़ने के काम आती है), दीवार पर चीरहरण करते हुए कृष्ण की तसवीर, दूसरी तसवीर हनुमान की—सीना फाड़कर अन्तःकरण में अंकित 'राम' दिखाते हुए, एक चित्र गाँधीजी का (अखबार में से फाड़कर मढ़ाया हुआ)।

बजट

वेतन—90 रुपया, ऊपरी आमदनी 15 रुपये, कुल 105 रुपया, मकान किराया —30 रुपया। शेष—75 रुपया।

परिवार में 6 व्यक्ति

75 में 6 का भाग देने से हर एक के हिस्से में 12.50 रुपया आता है, यह गणित के अच्छे शिक्षक एन्. एल्. मास्टर जानते हैं।

दिनचर्या

प्रातःकाल दूधवाले की पुकार से एन्. एल्. मास्टर सात बजे जाग उठे। बड़ा लड़का उन्हीं के पास सोता है।—(कपड़ों की कमी वात्सल्य का उद्दीपन होती है, यह रस के आचार्यों को न मालूम होगा!) रात को नटखट लड़के ने रजाई के छोटे-से छेद में अँगूठा फँसाकर उसे और फाड़ दिया था। एन्. एल्. मास्टर ने उसे पलटकर देखा और पत्नी से कहा—"मैंने कहा विजय ने रात को रजाई फाड़ दी थी। ज़रा टाँके लगा देना।" पत्नी ने सिर हिला दिया। मास्टर मुँह-हाथ धोने चले। नमक-मिश्रित कोयले से दाँत घिसे और कुल्ले किये (टूथपेस्ट और बाजारू मंजन से दाँत खराब हो जाते हैं!) मास्टर कुरसी पर बैठ गये, मास्टरनी ने चाय का कप लाकर रख दिया—(घर में दो जोड़ी कप बसी हैं, एक विधवा बसी है और एक विधुर कप जो

कान का कच्चा निकल गया !) मास्टर ने चाय गटकी, सुपारी काटी, तमाखू घिसी और फाँक ली। मास्टर ने कुरता-पायजामा शरीर पर डाला और तमाखू चबाते तथा थूकते ट्यूशन पर चल दिये। रास्ते में एक पान की दूकान पर रुक गये। पानवाला उन्हें कभी-कभी पान खिला देता है। (उसका लड़का पढ़ता है और वह परीक्षा के समय मास्टर से कह देता है पण्डज्जी, ज़रा लड़के को देख लेना। और मास्टर उसे 'देख लेते' हैं। इसी देख लेने के कारण वह देखते-देखते ही पाँचवीं से नवीं कक्षा में पहुँच गया।) मास्टर पानवाले का अखबार उठाकर पढ़ने लगे। वे इसी तरह अखबार पढ़ लेते हैं। अगर कोई पढ़ रहा हो, तो उसके कन्धे के ऊपर गरदन डालकर पढ़ लेते हैं। अखबार नहीं मिला तो कई दिन नहीं पढ़ते। दूकान पर खड़े एक आदमी ने कहा, "अमेरिका और रूस हमेशा क्यों झगड़ते रहते हैं?" मास्टर बोले, "झगड़ने दो, अपना क्या लेते हैं।" दूसरा बिना किसी को लक्ष्य किये बोला, "कश्मीर के मामले में क्या हो रहा है?" मास्टर ने कहा, "होता होगा। बड़े-बड़े लोग तो लगे हैं।" तभी पानवाले ने कहा, "बम्बई में बड़ा गजब हो गया। मिल के मजदूरों ने हड़ताल कर दी। पुलिस की गोली से ग्यारह मजदूर मर गये।" मास्टर ने कुल इतना कहा, "देखो भला मौत कहाँ ले गयी।" और आगे बढ़ गये।

मास्टर ट्यूशन पढ़ाकर घर लौट आये। दाढ़ी बनायी, स्नान किया और बनियान में साबुन लगाया—तीनों काम एक ही साबुन से। भोजन करने बैठे—आसपास बच्चे। दाल-भात ज्यादा खाते हैं मास्टर। चावल आसानी से पच जाता है। कभी साग भी बन जाता है। मास्टर ने कपड़े पहने। कपड़े कम हैं इसलिए मास्टर इतवार को खुद धोकर लोहा कर लेते हैं। कोट आदमी की इज्जत भी बचाता है। और कमीज की भी—फटी कमीज कोट के नीचे पहनकर मास्टर स्कूल चल दिये।

सड़क के बायें किनारे की पटरी से सीधे चले जा रहे हैं—नीचे देखते, पास-पास कदम रखते। रास्ते में लड़के एक के बाद एक नमस्ते करते निकलते हैं और मास्टर सिर हिलाकर जवाब देते हैं। मास्टर के मन ने सिर उठाया। सोचा—'मैं चुनाव में खड़ा हो जाऊँ?' उसी क्षण दूसरा खयाल आया—'पर ये नमस्ते करनेवाले लड़के मतदाता थोड़े ही हैं।' और तब उन्होंने मन-ही-मन अपनी उम्मीदवारी निस्संकोच वापस ले ली।

मास्टर ठीक ग्यारह बजे स्कूल पहुँचे, रजिस्टर में हाजिरी लगायी, बड़ों से खुद नमस्ते किया, छोटों के हाथ जोड़ने की राह देखते रहे। सामूहिक प्रार्थना में एकाग्र मन से खड़े हुए, फिर कक्षा में गये। एक के बाद एक घण्टियाँ बजती रहीं और एन्. एल्. मास्टर इस कमरे में से उस कमरे में जाते रहे। वे मेहनत से पढ़ाते हैं। न खुश होते हैं, न नाराज। न हँसते हैं, न डाँटते हैं। न प्रेम करते हैं, न घृणा। न हेडमास्टर की किसी बात में शंका करते हैं, न अपने से छोटों को सलाह देते हैं।

ठीक समय पर पढ़ाते हैं, ठीक समय पर कोर्स पूरा कर देते हैं। कापियाँ ठीक समय पर जाँचते हैं, हिसाब ठीक बनाते हैं। हर आदेश को ठीक समय पर पूरा कर

देते हैं।

एन्. एल्. मास्टर अच्छे शिक्षक हैं, उनसे सब खुश हैं।

बीच की छुट्टी में मास्टर ने एक कप चाय पीकर डकार ली और तमाखू फाँकी। घण्टी बजी और फिर वही क्रम चला—इस कमरे से उस कमरे में और अँगरेजी, गणित, भूगोल, विज्ञान,...

शाम को मास्टर घर लौटे और चाय पीकर दो पुत्रों को साथ लेकर तीन काम एक साथ करने निकल पड़े—घूमने, हनुमानजी के दर्शन करने और साग-भाजी खरीदने। वे रोज फुहारे के पासवाले हनुमानजी के दर्शन करते हैं, (कोतवाली के पास के हनुमान को वे अपना हनुमान नहीं मानते।) साग-भाजी भी हमेशा एक ही दूकान से खरीदते हैं। अकसर कुम्हड़ा और तुरई। सस्ते होते हैं। नहीं, मास्टर का खयाल है आलू कब्ज करते हैं। और गोभी में इल्लियाँ होती हैं। अँधेरा होते वे घर लौट आते हैं।

जब तक पत्नी खाना बनाती है, मास्टर बच्चों को लिखाते हैं या पढ़ाते हैं। उद्देश्य यह है कि वे ऊधम न करें। कभी कुछ साथी शिक्षक आ गये, तो वह दो घड़ी गप्पें भी हाँक लेते हैं। छोटी-मोटी बात पर सब खूब हँसते हैं, क्योंकि शाम का हँसना स्वास्थ्य के लिए लाभदायक होता है। भोजन करके मास्टर ने बच्चों को सुला दिया और बालटियाँ लेकर सामने सड़क पर के नल से पानी लाकर घड़ों में भरने लगे। घर का नल रोता-रोता चलता है, इसलिए सुबह के लिए पानी रात को ही सड़क के नल से भर लेते हैं। (मास्टरनी कैसे पानी भरने जायें, कुलीन घराने की जो हैं।)

काम-काज समाप्त कर मास्टरनी 'हे राम' के साथ थकान-भरी साँस लेकर छोटे बच्चे के पास आकर लेट जाती है। मास्टर उसे एकटक निहारते हैं, श्रम की हँफनी से चढ़ते-उतरते उसके वक्ष को देखते हैं। उनके नेत्रों में असीम प्यार है। वे कहते हैं, 'तुम मुझे बहुत अच्छी लगती हो' और सो जाते हैं।

हर दिन ऐसा ही उगता है, ऐसा ही चढ़ता है, ऐसा ही डूबता है। मौसम बदलते रहते हैं। मास्टर की दिनचर्या में कोई हेर-फेर नहीं होता।

वही क्रम रोज...उठना। कोयले का मंजन। फीकी चाय। पान की दूकान का अखबार। ट्यूशन। कोट के नीचे फटी कमीज। सड़क के किनारे-किनारे स्कूल यात्रा। नमस्कार। अँगरेजी, गणित, इतिहास, विज्ञान। हनुमानजी के दर्शन। सड़क के नल से पानी। 'तुम मुझे बहुत अच्छी लगती हो।'

फुटकर नोट्स

एन्. एल्. मास्टर सिनेमा भी देख लेते हैं, गाना भी सुन लेते हैं, ताश भी खेल लेते हैं। कभी भंग भी छान लेते हैं। किसी से ज्यादा हेल-मेल नहीं रखते। ज्यादा मिठास में कीड़े पड़ते हैं। वे किसी से नहीं लड़ते। किसी की दो बातें सुन लीं तो क्या बिगड़ता है।

झंझटों से दूर रहते हैं। एक मित्र ने एक दिन कहा, "मास्टर एम्. ए. कर

डालो।" वे बोले, "क्या करना है, इतना ही बहुत है।" हर साल उनके वेतन में 3 रुपये की वृद्धि होती है। फरवरी की पहली तारीख को जब वे बढ़ा हुआ वेतन पाते हैं तो उन तीन रुपयों की मिठाई ले जाते हैं और पत्नी को देकर अमित सन्तोष से कहते हैं, "लो, बच्चों को खिला दो। तीन रुपये तरक्की हो गयी।"

पिछले वर्ष वेतन और नौकरी की शर्तों में सुधार के लिए शिक्षकों ने बड़ा आन्दोलन किया, जब कुछ लोग एन्. एल्. मास्टर के पास आये और उन्हें शिक्षक संघ का सदस्य बनने को कहा, तो वे बोले, "भैया, हमें मत झंझट में डालो। आप ही लोग करो।" उनके बिना भी संगठन तो हुआ ही और एक दिन हड़ताल हो गयी। उसके अनेक साथी फाटक पर खड़े थे। एन्. एल्. मास्टर जब ठीक वक्त पर फाटक पर पहुँचे तो वे हाथ जोड़कर बोले, "मास्टर साहब, हमारे पेट में लात मत मारिए। मगर एन्. एल्. मास्टर बिना किसी की तरफ देखे सीधे भीतर चले गये। वह 'झंझट' में नहीं पड़ते।

उन्होंने लिखा भी है। एक बार एक स्थानीय दैनिक में उन्होंने पत्र छपाया था जिसमें नागरिकों से अपील की थी कि सार्वजनिक समारोहों में राष्ट्रगीत के समय सबको अविचल मौन खड़े हो जाना चाहिए। उसकी कटिंग उन्होंने हिफाजत से रख ली है। सन्तोष है कि उनके नाम से कुछ छपा भी है।

दाम्पत्य-जीवन सन्तोषमय है। पति-पत्नी में अच्छी पटती है। एक बार पड़ोसिन विधवा भाभी से मास्टर की घनिष्ठता बढ़ गयी थी। खिड़की से देखा-देखी भी होती थी, कभी-कभी वह उनके यहाँ जाकर बैठते भी थे। एक दिन पत्नी ने भाभी का हाथ अपने हाथ में लिये हुए, उनका भविष्य बतलाते देख लिया। रात को उसने मास्टर से कहा, "ज़रा सोचो तो। लोग क्या कहेंगे।" मास्टर के मन में बात गूँजती रही—'लोग क्या कहेंगे।' उन्होंने सोचा—'ठीक तो है। लोग क्या कहेंगे।' दूसरे दिन से उन्होंने भाभी की तरफ देखा भी नहीं। एक दिन अनायास आमना-सामना हो जाने पर भाभी डबडबायी आँखों से बोलीं, "क्यों लाला, ऐसा ही नेह निभाया जाता है?" मास्टर ने कहा, "ज़रा सोचो तो। लोग क्या कहेंगे।" कुछ दिनों बाद किसी ने उनसे कहा कि आजकल बैंक का मैनेजर भाभी को मोटर में घुमाने ले जाता है। मास्टर ने सहज ही जवाब दिया, "ठीक है। समरथ को नहिं दोष गुसाईं।"

एन्. एल्. मास्टर की जिन्दगी के कुछ नोट्स हैं ये : वे भूखे नहीं रहते, निर्वस्त्र नहीं रहते। भरा-पूरा परिवार है, अच्छी पत्नी है। न किसी से उधार लेते न किसी को उधार देते हैं। शान्त प्रकृति हैं। उन्हें कोई कमी महसूस नहीं होती, कोई अभाव नहीं खटकता। उन्हें कोई चाह नहीं है।

वर्ष के बाद वर्ष ऐसे ही निकलते जा रहे हैं। प्रकृति बदलती है, मास्टर की जिन्दगी में एक ही मौसम है।

लोग कहते हैं—'एन्. एल्. मास्टर पूर्ण तृप्त आदमी हैं।'

मेरा मित्र तो उन पर मुग्ध है। कहता है—'ऐसा आदमी दुर्लभ है। दुनिया में

निराशा, विकलता, पिपासा और कुण्ठा के पुतले ही देखने में आते हैं। तृप्त आदमी आउट-ऑफ स्टाक होता जाता है। एन्. एल्. मास्टर झरना है, रेगिस्तान का। उसे देख लेने से ऐसा लगता है कि जैसे तीर्थस्नान कर लिया हो। वह पूर्ण तृप्त आदमी है। उसे कोई भूख नहीं है।' और मुझे याद आता है कि पिछले साल जब मैं बीमार पड़ा था, तब मेरी भी भूख मर गयी थी। अच्छे-से-अच्छे पकवान मेरे सामने रखे रहते थे और मैं मुँह फेर लेता था।

मन्नू भैया की बारात

चाचा जेब काटने का अभ्यास कर रहे थे।

वे हम लोगों को पुराने कपड़े पहनाकर जेब में पैसे रख देते और सफाई से जेब काटने की कोशिश करते। थोड़े ही दिनों में वे इतने कुशल हो गये कि दिन में दो-तीन बार हमारी जेब काट लेते और हमें पता नहीं चलता।

मुझे बड़ा अटपटा लगता। अपने ही चाचा जेब काटें, तो परेशानी होती है। फिर मैं हैरान था कि ये ऐसा क्यों कर रहे हैं।

एक दिन मैंने चाची से पूछा, "चाची, चाचाजी जेब काटना क्यों सीख रहे हैं? क्या वे नौकरी से निकाले जानेवाले हैं?"

चाची ने कहा, "नहीं रे, वे तो बारात की तैयारी कर रहे हैं। अगले महीने मन्नू की शादी है न। फिर चुन्नू की होगी और उसके बाद घुन्नू की। विद्या है, अभी सीख लेंगे, तो आगे भी काम आयेगी।"

फिर भी मेरी समझ में बात नहीं आयी। मैंने कहा, "मगर चाची, शादी के लिए जेब काटना सीखने की क्या जरूरत है?"

चाची हँसी। कहने लगी, "तू नादान है। कभी बारात में नहीं गया न! अब मन्नू की बारात में जायेगा, तो सब समझ जायेगा।"

शादी की तैयारी बड़े जोर से हो रही थी।

बारात रवाना होने को जब तीन-चार दिन बचे, तब एक दिन चाचा और मामा सलाह कर रहे थे कि बारात में कौन-कौन चलेंगे।

चाचा ने कहा, "कुछ लोगों को ले जाना तो जरूरी होता है, जैसे हमें तीन-चार अच्छे पेशेवर जेबकट चाहिए। तुम स्टेशन जाकर तीन-चार जेबकटों को तय कर लेना।"

मामा ने कहा, "जब आपने खुद जेब काटना अच्छी तरह सीख लिया है, तब और जेबकट क्यों ले चलते हो? भगवान् का दिया घर में सबकुछ तो है।"

चाचा ने कहा, "भाई, मैं हूँ नया आदमी। सारा काम मुझसे सँभलेगा नहीं। इसलिए तीन-चार जेबकट अपने साथ होने ही चाहिए। पीछे जगहँसाई हो, इससे क्या फायदा।"

मामा ने कागज पर नोट कर लिया। फिर पूछा, "हाँ, और ?"

चाचा ने कहा, "और दो चोर और दो डाकू भी चाहिए। मैंने अपने दोश्त दारोगा श्यामसिंह से कह दिया है। वे प्रबन्ध कर देंगे।"

मामा ने लिख लिया। बोले, "हमें एक-दो पागल भी तो ले जाने होंगे।"

चाचा ने कहा, "एक-दो नहीं, कम-से-कम पाँच। पर बड़ी कोशिश करने पर दो पागल मिल सके हैं। कम-से-कम तीन और चाहिए।"

दोनों थोड़ी देर चुप बैठे रहे। फिर एकाएक मामा का चेहरा चमक उठा। उन्हें कोई बात सूझ गयी थी। वे चुटकी बजाकर बोले, "समस्या सुलझ गयी ! ऐसा करें, तीन समाजवादी ले चलें। ये लोग भी अच्छे करिश्मे दिखाते हैं। दो वे और तीन ये, कुल पाँच हो जायेंगे।"

चाचा को सुझाव पसन्द आ गया। उन्होंने कहा, "ठीक है। तुम आज ही उनके पार्टी-दफ्तर जाकर तीन आदमी पक्के कर लो। इस तरह तेरह-चौदह तो ये काम के आदमी हो गये। अब पन्द्रह-बीस निकम्मे आदमी ले ही जाना होगा जो शरीफ कहलाते हैं। तुम अपनी बहन के साथ बैठकर इनकी लिस्ट बना लो।"

बारात तैयार होकर स्टेशन पहुँच गयी। हमें देखते ही मुसाफिरों में खलबली मच गयी। वे डर के मारे यहाँ-वहाँ भागने लगे। लोगों ने अपने सामान और बच्चों को सँभाला। पुलिस ने स्त्रियों को अपने संरक्षण में ले लिया।

टिकट घर की खिड़की के पास एक सूचना चिपकी थी

"मुसाफिरों को चेतावनी दी जाती है कि इस गाड़ी से बारात जा रही है। वे स्त्री-बच्चों को लेकर सफर न करें। अपने सामान को सँभालकर रखें। किसी के जान-माल की जिम्मेदारी रेलवे पर न होगी।"

नोटिस को पढ़-पढ़कर बहुत-से मुसाफिर घर लौटने लगे।

हम लोग रेल के डब्बे में जाकर बैठ गये। हमारे डब्बे के पास कोई आदमी नहीं था। खोमचेवाले भी दूर से ही लौट जाते थे। हमें यह अच्छा नहीं लग रहा था। हमारे साथ के एक पागल ने कहा, "यह तो हमारा अपमान है। जब हमने टिकिट लिया है, तो हमारे पास खोमचेवालों को आना चाहिए।"

ऐसा कहकर वे डब्बे से कूद पड़े और दो-तीन खोमचों को उलटा आये। इसके बाद दोनों डाकू पहुँचे और खाने का सामान छीनकर ले आये। हम सब बहुत खुश हुए। चाचा ने मामा से कहा, "बरातियों का चुनाव अच्छा हुआ मालूम होता है।"

मामा ने कहा, "हाँ, लक्षण तो अच्छे हैं। बाकी वहीं देखेंगे।"

हमारे डब्बे के पास से दो आदमी निकले। उन लोगों ने नोटिस नहीं पढ़ा होगा। उन्हें देखते ही हमारे पागल झपटे और उन्हें काट लिया।

रेलवे-कर्मचारियों में हलचल मच गयी थी। वे हमारे कारण चिन्तित थे।

बार-बार डब्बे के पास आकर हमें देखते और लौट जाते। आखिर एक कर्मचारी हाथ में एक तख्ती लेकर आया और उसने उसे हमारे डब्बे पर लगा दिया।

उस पर बड़े अक्षरों में लिखा था—'कुत्तों से सावधान !'

हमारी गाड़ी रवाना हुई। स्टेशन पर स्टेशन आते थे। ज्योंही गाड़ी खड़ी होती, हम लोग खूब जोर से चिल्लाते जिसे सुनकर मुसाफिर भाग पड़ते और कुत्ते भूंकने लगते।

एक पागल ने जंजीर खींचकर बीच में ही गाड़ी रोक ली। गार्ड तुरन्त हमारे डब्बे में आया और पूछने लगा, "किसने जंजीर खींची ?"

पागल ने कहा, "हमने।"

गार्ड ने पूछा, "क्यों ? क्या बात है ?"

हम लोगों ने एक साथ कहा, "हम लोग गाड़ी को सिर पर उठाकर ले जायेंगे।"

गार्ड ने कहा, "अच्छी बात है, उठा ले जाइए।"

हम लोगों ने बहुत जोर लगाया, पर गाड़ी उठाकर नहीं ले जा सके। आखिर गार्ड ने ड्राइवर को गाड़ी बढ़ाने का इशारा किया।

चाचा उदास हो गये। कहने लगे, "अब बारातें कमजोर होने लगीं। पहले की बात और थी। बड़े भैया की शादी में हम लोगों ने गाड़ी को सिर पर उठा लिया था।"

हम लोग लज्जित हो गये।

कई घण्टों के सफर के बाद हम लड़कीवाले के शहर पहुँच गये। वहाँ हमें एक सजे हुए जनवासे में ठहरा दिया गया। हम लोगों ने मुँह-हाथ धोकर अच्छे कपड़े पहने।

थोड़ी देर बाद बाजे-गाजे के साथ बारात वधू के घर पहुँची।

वहाँ बराती और घराती गले मिलने लगे।

लड़की का बाप चाचा से गले मिला। दोनों परस्पर लिपट गये।

चाचा ने मौका देखकर सफाई से लड़की के बाप की जेब काट ली।

बाकी पेशेवर जेबकटों ने यह इशारा पाकर वधू-पक्ष के कई लोगों की जेबें काट लीं।

जनवासे में लौटे, तो चाचा बहुत खुश थे। कहने लगे, "श्रीगणेश अच्छा हुआ। मन्नू की लग्न शुभ है।"

उन्होंने उन जेबकटों को बधाई दी। वे शरमा गये। कहने लगे, "तारीफ तो हमें आपकी करनी चाहिए। हम पचीसों बारातों में गये हैं, पर जिस सफाई से आपने लड़की के बाप की जेब काटी, वह हमने पहले किसी वर के बाप में नहीं देखी।"

चाचा ने मुसकराकर कहा, "अच्छा···अच्छा, अब दूसरे लोग अपना काम करें।"

दूसरे लोग भी अपना-अपना कार्य पूरा करने के लिए कटिबद्ध हो गये।

लड़कीवाले नाश्ता लेकर जब आये, तो पागलों ने तश्तरियों को सूंघकर फेंक दिया और कहा, "इसे कुत्तों को खिला दो। सड़े घी की कितनी बदबू आ रही है!"

हमने पागलों का अनुसरण किया और अपनी-अपनी तश्तरियाँ फेंक दीं।

थोड़ी देर बाद दूसरा नाश्ता आया और हमने उसे भी फेंक दिया।

तीसरी बार जो नाश्ता आया, उसे पागल खाने लगे। हमने भी वैसा ही किया।

नाश्ता करने के बाद पागल गिलास और बल्ब फोड़ने लगे। इस काम से निपटकर उन्होंने कुछ कुरसियाँ तोड़ीं।

बीच-बीच में एक पागल लड़की के घर के सामने खड़ा होकर चिल्लाता—'हम बारात वापस ले जायेंगे!' यह सुनकर लड़की का बाप भागता आता और चाचा के पैरों पर सिर रख देता।

उधर समाजवादी भी काम में लग गये थे। वे ब्लेड से गद्दे फाड़ रहे थे। मैंने कहा, "अच्छा, आप लोग गद्दे फाड़ रहे हैं!"

वे बोले, "गद्दे नहीं फाड़ रहे हैं, आन्दोलन कर रहे हैं।"

मैंने कहा, "ऐसा कैसा आन्दोलन?"

वे समझाने लगे, "देखो, ये गद्दे वह किसी सेठ से माँगकर लाया होगा। हम सेठ के गद्दे फाड़कर पूँजीवाद का नाश कर रहे हैं।"

मैंने कहा, "सो तो ठीक है, पर वह सेठ लड़की के बाप से तो लड़ेगा!"

उन्होंने कहा, "हाँ, तभी तो वर्गसंघर्ष की भूमिका तैयार होगी!"

मैं उनके तर्क से निरुत्तर हो गया। वे गद्दे काटने लगे।

रात आधी हो गयी थी। चाचा ने चोरों को बुलाकर कहा, "अब तुम लोगों के काम करने का वक्त आ गया। लड़कीवाले के घर में घुसकर जो भी मालमता हो, चुरा लाओ।"

चोर चोरी करने चले गये। चौथे पहर वे बहुत-सा सामान चुराकर ले आये। चाचा ने देखा और कहा, "काम तो ठीक हुआ है, पर सोना और रुपये कम आये। खैर, जाओ, सो जाओ।"

सुबह चाचा ने डाकुओं से कहा, "रात को चोर सोना और नकदी कम लेकर आये। डर गये होंगे। चोर ज़रा डरपोक होते ही हैं। अब तुम जाकर सोना और नकदी लूट लाओ।"

डाकू मूँछों पर ताव देते हुए चले गये। घण्टे-भर बाद ही वे काफी सोना और नकदी लूटकर ले आये। चाचा ने उनकी पीठ ठोंकी। दोपहर को खबर आयी कि वधू का बाप बेहोश हो गया।

चाचा प्रसन्न हुए। कहने लगे, "इसका मतलब है कि बारात कमजोर नहीं है। लड़की का बाप भी भाग्यवान् है। वह विदेह हो गया।"

मैंने कहा, "चाचा, विदेह तो जनक को कहते थे।"

चाचा ने कहा, "हाँ, लेकिन विदेह नाम कब पड़ा? जब उनके घर राम की बारात पहुँची, तो वे घबड़ाकर बेहोश हो गये; सुध-बुध खो बैठे। लोगों ने कहा कि जनक तो 'विदेह' हो गये। तभी से उनका 'विदेह' नाम भी चल पड़ा। मन्नू का ससुर भी विदेह हो गया है। अपना मन्नू बड़ा भाग्यवान् है।"

उस शाम को स्त्रियों को छेड़ने का कार्यक्रम बना। चाचा ने मुझसे कहा, "तुम भी जाओ। छेड़ो, तंग करो।"

मैंने कहा, "मुझे यह अच्छा नहीं लगता।"

चाचा ने कहा, "इसमें अच्छा-बुरा लगने की बात नहीं है। यह तो एक कर्तव्य है। देश के हित में यह जरूरी है।"

मैंने कहा, "स्त्रियों को छेड़ने से देश का क्या हित होगा?"

चाचा ने समझाया, "देखो लड़कीवालों के यहाँ बहुत-सी स्त्रियाँ अच्छे कपड़े पहनकर आयी हैं। उन्हें अगर बाराती न छेड़ेंगे, तो हजारों गज अच्छा कपड़ा व्यर्थ सिद्ध होगा। तब अच्छे कपड़े की बिक्री नहीं होगी। इससे वस्त्र-उद्योग पर संकट आ जायेगा। तुम जानते ही हो कि चीनी हमले के कारण देश इस समय नाजुक दौर से गुजर रहा है। ऐसे में अगर किसी उद्योग पर संकट आ जाये, तो देश कमजोर होगा। इसलिए राष्ट्र-हित को देखते हुए स्त्रियों को छेड़ना जरूरी है।"

चाचा के तर्क से मैं बहुत प्रभावित हुआ और छेड़छाड़ में सम्मिलित हो गया। तीन दिन हमने वहाँ बड़े मजे में गुजारे। चौथे दिन बारात विदा हुई।

हम स्टेशन आये। गाड़ी में बैठने के बाद हमें खबर मिली कि वधू के पिता की मृत्यु हो गयी।

चाचा बहुत प्रसन्न हुए। उन्होंने हाथ जोड़े और आकाश की तरफ देखते हुए कहा, "सब भगवान् की कृपा है। मेरे घर में यह पहली शादी है। ईश्वर की कृपा से यह इस हद तक सफल रही। मन्नू के ग्रह अच्छे पड़े हैं। भगवान् चाहेगा, तो चुन्नू और घुन्नू की शादी और अच्छी होगी।"

टार्च बेचनेवाले

वह पहले चौराहों पर बिजली के टार्च बेचा करता था। बीच में कुछ दिन वह नहीं दिखा। कल फिर दिखा। मगर इस बार उसने दाढ़ी बढ़ा ली थी और लम्बा कुरता पहन रखा था।

मैंने पूछा, "कहाँ रहे? और यह दाढ़ी क्यों बढ़ा रखी है?"

उसने जवाब दिया, "बाहर गया था।"

दाढ़ीवाले सवाल का उसने जवाब यह दिया कि दाढ़ी पर हाथ फेरने लगा।

मैंने कहा, "आज तुम टार्च नहीं बेच रहे हो ?"

उसने कहा, "वह काम बन्द कर दिया। अब तो आत्मा के भीतर टार्च जल उठा है। ये 'सूरजछाप' टार्च अब व्यर्थ मालूम होते हैं।"

मैंने कहा, "तुम शायद संन्यास ले रहे हो। जिसकी आत्मा में प्रकाश फैल जाता है, वह इसी तरह हरामखोरी पर उतर आता है। किससे दीक्षा ले आये ?"

मेरी बात से उसे पीड़ा हुई। उसने कहा, "ऐसे कठोर वचन मत बोलिए। आत्मा सबकी एक है। मेरी आत्मा को चोट पहुँचाकर आप अपनी ही आत्मा को घायल कर रहे हैं।"

मैंने कहा, "यह सब तो ठीक है। मगर यह बताओ कि तुम एकाएक ऐसे कैसे हो गये ? क्या बीवी ने तुम्हें त्याग दिया ? क्या उधार मिलना बन्द हो गया ? क्या साहूकारों ने ज्यादा तंग करना शुरू कर दिया ? क्या चोरी के मामले में फँस गये हो ? आखिर बाहर का टार्च भीतर आत्मा में कैसे घुस गया ?"

उसने कहा, "आपके सब अन्दाज गलत हैं। ऐसा कुछ नहीं हुआ। एक घटना हो गयी है, जिसने जीवन बदल दिया। उसे मैं गुप्त रखना चाहता हूँ। पर क्योंकि मैं आज ही यहाँ से दूर जा रहा हूँ, इसलिए आपको सारा किस्सा सुना देता हूँ।"

उसने बयान शुरू किया —

"पाँच साल पहले की बात है। मैं अपने एक दोस्त के साथ हताश एक जगह बैठा था। हमारे सामने आसमान को छूता हुआ एक सवाल खड़ा था। वह सवाल था—'पैसा कैसे पैदा करें ?' हम दोनों ने उस सवाल की एक-एक टाँग पकड़ी और उसे हटाने की कोशिश करने लगे। हमें पसीना आ गया, पर सवाल हिला भी नहीं। दोस्त ने कहा—'यार, इस सवाल के पाँव जमीन में गहरे गड़े हैं। यह उखड़ेगा नहीं। इसे टाल जायें।'

"हमने दूसरी तरफ मुँह कर लिया। पर वह सवाल फिर हमारे सामने आकर खड़ा हो गया। तब मैंने कहा —'यार, यह सवाल टलेगा नहीं। चलो, इसे हल ही कर दें। पैसा पैदा करने के लिए कुछ काम-धन्धा करें। हम इसी वक्त अलग-अलग दिशाओं में अपनी-अपनी किस्मत आजमाने निकल पड़ें। पाँच साल बाद ठीक इसी तारीख को इसी वक्त हम यहाँ मिलें।'

"दोस्त ने कहा—'यार, साथ ही क्यों न चलें ?'

"मैंने कहा—'नहीं। किस्मत आजमानेवालों की जितनी पुरानी कथाएँ मैंने पढ़ी हैं, सबमें वे अलग-अलग दिशा में जाते हैं। साथ जाने में किस्मतों के टकराकर टूटने का डर रहता है।'

"तो साहब, हम अलग-अलग चल पड़े। मैंने टार्च बेचने का धन्धा शुरू कर दिया। चौराहे पर या मैदान में लोगों को इकट्ठा कर लेता और बहुत नाटकीय ढंग से कहता—'आजकल सब जगह अँधेरा छाया रहता है। रातें बेहद काली होती हैं।

अपना ही हाथ नहीं सूझता। आदमी को रास्ता नहीं दिखता। वह भटक जाता है। उसके पाँव काँटों से बिंध जाते हैं, वह गिरता है और उसके घुटने लहूलुहान हो जाते हैं। उसके आसपास भयानक अँधेरा है। शेर और चीते चारों तरफ घूम रहे हैं, साँप जमीन पर रेंग रहे हैं। अंधेरा सबको निगल रहा है। अँधेरा घर में भी है। आदमी रात को पेशाब करने उठता है और साँप पर उसका पाँव पड़ जाता है। साँप उसे डस लेता है और वह मर जाता है।'

"आपने तो देखा ही है साहब, कि लोग मेरी बातें सुनकर कैसे डर जाते थे। भर-दोपहर में वे अँधेरे के डर से काँपने लगते थे। आदमी को डराना कितना आसान है!

"लोग डर जाते, तब मैं कहता—'भाइयो, यह सही है कि अँधेरा है। मगर प्रकाश भी है। वही प्रकाश मैं आपको देने आया हूँ। हमारी 'सूरज छाप' टार्च में वह प्रकाश है, जो अन्धकार को दूर भगा देता है। इसी वक्त 'सूरज छाप' टार्च खरीदो और अंधेरे को दूर करो। जिन भाइयों को चाहिए, ऊँचा हाथ करें।'

"साहब, मेरे टार्च बिक जाते और मैं मजे में जिन्दगी गुजारने लगा।

"वायदे के मुताबिक ठीक पाँच साल बाद मैं उस जगह पहुँचा जहाँ मुझे दोस्त से मिलना था। वहाँ दिन-भर मैंने उसकी राह देखी, वह नहीं आया। क्या हुआ? क्या वह भूल गया? या अब वह इस असार संसार में ही नहीं है?

"मैं उसे ढूंढ़ने निकल पड़ा।

"एक शाम जब मैं एक शहर की सड़क पर चला जा रहा था, मैंने देखा कि पास के मैदान में खूब रोशनी है और एक तरफ मंच सजा है। लाउडस्पीकर लगे हैं। मैदान में हजारों नर-नारी श्रद्धा से झुके बैठे हैं। मंच पर सुन्दर रेशमी वस्त्रों से सजे एक भव्य पुरुष बैठे हैं। वे खूब पुष्ट हैं, सँवारी हुई लम्बी दाढ़ी है और पीठ पर लहराते लम्बे केश हैं।

"मैं भीड़ के एक कोने पर जाकर बैठ गया।

"भव्य पुरुष फिल्मों के सन्त लग रहे थे। उन्होंने गुरु-गम्भीर वाणी में प्रवचन शुरू किया। वे इस तरह बोल रहे थे जैसे आकाश के किसी कोने से कोई रहस्यमय सन्देश उनके कान में सुनायी पड़ रहा है जिसे वे भाषा दे रहे हैं।

"वे कह रहे थे—'मैं आज मनुष्य को एक घने अन्धकार में देख रहा हूँ। उसके भीतर कुछ बुझ गया है। यह युग ही अन्धकारमय है। यह सर्वग्राही अन्धकार सम्पूर्ण विश्व को अपने उदर में छिपाये है। आज मनुष्य इस अन्धकार से घबरा उठा है। वह पथभ्रष्ट हो गया है। आज आत्मा में भी अन्धकार है। अन्तर की आँखें ज्योतिहीन हो गयी हैं। वे उसे भेद नहीं पातीं। मानव-आत्मा अन्धकार में घुटती है। मैं देख रहा हूँ, मनुष्य की आत्मा भय और पीड़ा से त्रस्त है।'

"इसी तरह वे बोलते गये और लोग स्तब्ध सुनते गये।

"मुझे हँसी छूट रही थी। एक-दो बार दबाते-दबाते भी हँसी फूट गयी और पास के श्रोताओं ने मुझे डाँटा।

"भव्य पुरुष प्रवचन के अन्त पर पहुँचते हुए कहने लगे—'भाइयो और बहनो, डरो मत। जहाँ अन्धकार है, वहीं प्रकाश है। अन्धकार में प्रकाश की किरण हैं, जैसे प्रकाश में अन्धकार की किंचित् कालिमा है। प्रकाश भी है। प्रकाश बाहर नहीं है, उसे अन्तर में खोजो। अन्तर में बुझी उस ज्योति को जगाओ। मैं तुम सबका उस ज्योति को जगाने के लिए आवाहन करता हूँ। मैं तुम्हारे भीतर वही शाश्वत ज्योति को जगाना चाहता हूँ। हमारे 'साधना मन्दिर' में आकर उस ज्योति को अपने भीतर जगाओ।'

"साहब, अब तो मैं खिलखिलाकर हंस पड़ा। पास के लोगों ने मुझे धक्का देकर भगा दिया। मैं मंच के पास जाकर खड़ा हो गया।

"भव्य पुरुष मंच से उतरकर कार पर चढ़ रहे थे। मैंने उन्हें ध्यान से पास से देखा। उनकी दाढ़ी बढ़ी हुई थी, इसलिए मैं थोड़ा झिझका। पर मेरी तो दाढ़ी नहीं थी। मैं तो उसी मौलिक रूप में था। उन्होंने मुझे पहचान लिया। बोले—'अरे तुम!' मैं पहचानकर बोलने ही वाला था कि उन्होंने मुझे हाथ पकड़कर कार में बिठा लिया। मैं फिर कुछ बोलने लगा तो उन्होंने कहा—'बँगले तक कोई बातचीत नहीं होगी। वहीं ज्ञान-चर्चा होगी।'

"मुझे याद आ गया कि वहाँ ड्राइवर है।

"बँगले पर पहुँचकर मैंने उसका ठाठ देखा। उस वैभव को देखकर मैं थोड़ा झिझका, पर तुरन्त ही मैंने अपने उस दोस्त से खुलकर बातें शुरू कर दीं।

"मैंने कहा—'यार, तू तो बिल्कुल बदल गया।'

"उसने गम्भीरता से कहा—'परिवर्तन जीवन का अनन्त क्रम है।'

"मैंने कहा—'साले, फिलासफी मत बघार। यह बता कि तूने इतनी दौलत कैसे कमा ली पाँच सालों में?'

"उसने पूछा—'तुम इन सालों में क्या करते रहे?'

"मैंने कहा—'मैं तो घूम-घूमकर टार्च बेचता रहा। सच बता, क्या तू भी टार्च का व्यापारी है?'

"उसने कहा—'तुझे क्या ऐसा ही लगता है? क्यों लगता है?'

"मैंने उसे बताया कि जो बातें मैं कहता हूँ वही तू कह रहा था।

"मैं सीधे ढंग से कहता हूँ; तू उन्हीं बातों को रहस्यमय ढंग से कहता है। अँधेरे का डर दिखाकर लोगों को टार्च बेचता हूँ। तू भी अभी लोगों को अँधेरे का डर दिखा रहा था, तू भी जरूर टार्च बेचता है।

"उसने कहा—'तुम मुझे नहीं जानते। मैं टार्च क्यों बेचूँगा! मैं साधु, दार्शनिक और सन्त कहलाता हूँ।'

"मैंने कहा—'तुम कुछ भी कहलाओ, बेचते तुम टार्च हो। तुम्हारे और मेरे प्रवचन एक जैसे हैं। चाहे कोई दार्शनिक बने, सन्त बने या साधु बने, अगर वह लोगों को अँधेरे का डर दिखाता है, तो जरूर अपनी कम्पनी का टार्च बेचना चाहता है। तुम-जैसे लोगों के लिए हमेशा ही अन्धकार छाया रहता है। बताओ, तुम्हारे

जैसे किसी आदमी ने हज़ारों में कभी भी यह कहा है कि आज दुनिया में प्रकाश फैला है ? कभी नहीं कहा । क्यों ? इसलिए कि उन्हें अपनी कम्पनी का टार्च बेचना है। मैं खुद भर-दोपहर में लोगों से कहता हूँ कि अन्धकार छाया है। बता किस कम्पनी का टार्च बेचता है ?'

"मेरी बातों ने उसे ठिकाने पर ला दिया था। उसने सहज ढंग से कहा—'तेरी बात ठीक ही है। मेरी कम्पनी नयी नहीं है, सनातन है।'

"मैंने पूछा—'कहाँ है तेरी दूकान ? नमूने के लिए एकाध टार्च तो दिखा। 'सूरजछाप' टार्च से बहुत ज्यादा बिक्री है उसकी।'

"उसने कहा—'उस टार्च की कोई दूकान बाजार में नहीं है। वह बहुत सूक्ष्म है। मगर कीमत उसकी बहुत मिल जाती है। तू एक-दो दिन रह, तो मैं तुझे सब समझा देता हूँ।'

"तो साहब मैं दो दिन उसके पास रहा। तीसरे दिन 'सूरजछाप' टार्च की पेटी को नदी में फेंककर नया काम शुरू कर दिया।

"वह अपनी दाढ़ी पर हाथ फेरने लगा। बोला—'बस, एक महीने की देर और है।'

"मैंने पूछा—'तो अब कौन-सा धन्धा करोगे ?'

"उसने कहा—'धन्धा वही करूँगा—यानी टार्च बेचूंगा। बस कम्पनी बदल रहा हूँ।'"

भगत की गत

उस दिन जब भगतजी की मौत हुई थी, तब हमने कहा था—भगतजी स्वर्गवासी हो गये।

पर अभी मुझे मालूम हुआ कि भगतजी, स्वर्गवासी नहीं नरकवासी हुए हैं। मैं कहूँ, तो किसी को इस पर भरोसा नहीं होगा, पर यह सही है कि उन्हें नरक में डाल दिया गया है और उन पर ऐसे जघन्य पापों के आरोप लगाये गये हैं कि निकट भविष्य में उनके नरक से छूटने की कोई आशा नहीं है। अब हम उनकी आत्मा की शान्ति की प्रार्थना करें, तो भी कुछ नहीं होगा। बड़ी से बड़ी शोक-सभा भी उन्हें नरक से नहीं निकाल सकती।

सारा मुहल्ला अभी भी याद करता है कि भगतजी मन्दिर में आधी रात तक भजन करते थे। हर दो-तीन दिनों में वे किसी समर्थ श्रद्धालु से मन्दिर में लाउड-स्पीकर लगवा देते और उस पर अपनी मण्डली समेत भजन करते। पर्व पर तो

चौबीसों घण्टे लाउडस्पीकर पर अखण्ड कीर्तन होता। एक-दो बार मुहल्लेवालों ने इस अखण्ड कोलाहल का विरोध किया तो भगतजी ने भक्तों की भीड़ जमा कर ली और दंगा कराने पर उतारू हो गये। वे भगवान् के लाउडस्पीकर पर प्राण देने और प्राण लेने पर तुल गये थे।

ऐसे ईश्वर-भक्त जिन्होंने अरबों बार भगवान् का नाम लिया, नरक में भेजे गये, और अजामिल, जिसने एक बार भूल से भगवान् का नाम ले लिया था, अभी भी स्वर्ग के मजे लूट रहा है। अन्धेर कहाँ नहीं है!

भगतजी बड़े विश्वास से उस लोक में पहुँचे। बड़ी देर तक यहाँ-वहाँ घूमकर देखते रहे। फिर एक फाटक पर पहुँचकर चौकीदार से पूछा, "स्वर्ग का प्रवेश-द्वार यही है न?"

चौकीदार ने कहा, "हाँ, यही है।"

वे आगे बढ़ने लगे, तो चौकीदार ने रोका, "प्रवेश-पत्र यानी टिकिट दिखाइए पहले।"

भगतजी को क्रोध आ गया। बोले, "मुझे भी टिकिट लगेगा यहाँ? मैंने कभी टिकिट नहीं लिया। सिनेमा मैं बिना टिकिट देखता था और रेल में भी बिना टिकिट बैठता था। कोई मुझसे टिकिट नहीं माँगता। अब यहाँ स्वर्ग में टिकिट माँगते हो? मुझे जानते हो। मैं 'भगतजी' हूँ।"

चौकीदार ने शान्ति से कहा, "होंगे। पर मैं बिना टिकिट के नहीं जाने दूंगा। आप पहले उस दफ्तर में जाइए। वहाँ आपके पाप-पुण्य का हिसाब होगा और तब आपको टिकिट मिलेगा।"

भगतजी उसे ठेलकर आगे बढ़ने लगे। तभी चौकीदार एकदम पहाड़-सरीखा हो गया और उसने उन्हें उठाकर दफ्तर की सीढ़ी पर खड़ा कर दिया।

भगतजी दफ्तर में पहुँचे। वहाँ कोई बड़ा देवता फाइलें लिये बैठा था। भगतजी ने हाथ जोड़कर कहा, "अहा, मैं पहचान गया। भगवान् कार्तिकेय विराजे हैं।"

फाइल से सिर उठाकर उसने कहा, "मैं कार्तिकेय नहीं हूँ। झूठी चापलूसी मत करो। जीवन-भर वहाँ तो कुकर्म करते रहे हो, और यहाँ आकर 'हें-हें' करते हो। नाम बताओ।"

भगतजी ने नाम बताया, धाम बताया।

उस अधिकारी ने कहा, "तुम्हारा मामला बड़ा पेचीदा है। हम अभी तक तय नहीं कर पाये कि तुम्हें स्वर्ग दें या नरक। तुम्हारा फैसला खुद भगवान् करेंगे।"

भगतजी ने कहा, "मेरा मामला तो बिल्कुल सीधा है। मैं सोलह आने धार्मिक आदमी हूँ। नियम से रोज भगवान् का भजन करता रहा हूँ। कभी झूठ नहीं बोला और कभी चोरी नहीं की। मन्दिर में इतनी स्त्रियाँ आती थीं, पर मैं सबको माता समझता था। मैंने कभी कोई पाप नहीं किया। मुझे तो आँख मूँदकर आप स्वर्ग भेज सकते हैं।"

अधिकारी ने कहा, "भगतजी, आपका मामला उतना सीधा नहीं है, जितना

आप समझ रहे हैं। परमात्मा खुद उसमें दिलचस्पी ले रहे हैं। आपको मैं उनके सामने हाजिर किये देता हूँ।"

एक चपरासी भगतजी को भगवान् के दरबार में ले चला। भगतजी ने रास्ते से ही स्तुति शुरू कर दी। जब वे भगवान् के सामने पहुँचे तो बड़े जोर से भजन गाने लगे—

"हम भगतन कै भगत हमारे,
सुन अर्जुन परतिज्ञा मेरी, यह व्रत टरै न टारे।"

भजन पूरा करके गद्‌गद वाणी में बोले, "अहा, जन्म-जन्मान्तर की मनोकामना आज पूरी हुई है। प्रभु, अपूर्व रूप है आपका। जितनी फोटो आपकी संसार में चल रही हैं, उनमें से किसी से नहीं मिलता।"

भगवान् स्तुति से 'बोर' हो रहे थे। रुखाई से बोले, "अच्छा, अच्छा, ठीक है। अब क्या चाहते हो, सो बोलो।"

भगतजी ने निवेदन किया, "भगवन्, आपसे क्या छिपा है? आप तो सबकी मनोकामना जानते हैं। कहा है—'राम झरोखा बैठके सबका मुजरा लेय, जाकी जैसी चाकरी ता को तैसा देय!' मुझे प्रभु, स्वर्ग में कोई अच्छी-सी जगह दिला दीजिए।"

प्रभु ने कहा, "तुमने ऐसा क्या किया है, जो तुम्हें स्वर्ग मिले!"

भगतजी को इस प्रश्न से चोट लगी। जिसके लिए इतना किया, वही पूछता है कि तुमने ऐसा क्या किया! भगवान् पर क्रोध करने से क्या फायदा—यह सोचकर भगतजी गुस्सा पी गये। दीनभाव से बोले, "मैं रोज आपका भजन करता रहा।"

भगवान् ने पूछा, "लेकिन लाउडस्पीकर क्यों लगाते थे?"

भगतजी सहज भाव से बोले, "उधर सभी लाउडस्पीकर लगाते हैं। सिनेमा-वाले, मिठाईवाले, काजल बेचनेवाले सभी उसका उपयोग करते हैं, तो मैंने भी कर लिया।"

भगवान् ने कहा, "वे तो अपनी चीज का विज्ञापन करते हैं। तुम क्या मेरा विज्ञापन करते थे? मैं क्या कोई बिकाऊ माल हूँ?"

भगतजी सन्न रह गये। सोचा, भगवान् होकर कैसी बातें करते हैं।

भगवान् ने पूछा, "मुझे तुम अन्तर्यामी मानते हो न?"

भगतजी बोले, "जी हाँ!"

भगवान् ने कहा, "फिर अन्तर्यामी को सुनाने के लिए लाउडस्पीकर क्यों लगाते थे? मैं क्या बहरा हूँ? यहाँ सब देवता मेरी हँसी उड़ाते हैं। मेरी पत्नी तक मजाक करती है कि यह भगत तुम्हें बहरा समझता है।"

भगतजी जवाब नहीं दे सके।

भगवान् को और गुस्सा आया। वे कहने लगे, "तुमने कई साल तक सारे मुहल्ले के लोगों को तंग किया। तुम्हारे कोलाहल के मारे वे न काम कर सकते थे,

न चैन से बैठ सकते थे और न सो सकते थे। उनमें से आधे तो मुझसे घृणा करने लगे हैं। सोचते हैं, अगर भगवान् न होता तो यह भगत इतना हल्ला न मचाता। तुमने मुझे कितना बदनाम किया है!"

भगत ने साहस बटोरकर कहा, "भगवन्, आपका नाम लोगों के कानों में जाता था, यह तो उनके लिए अच्छा ही था। उन्हें अनायास पुण्य मिल जाता था।"

भगवान् को भगत की मूर्खता पर तरस आया। बोले, "पता नहीं यह परम्परा कैसे चली कि भक्त का मूर्ख होना जरूरी है। और किसने तुमसे कहा कि मैं चापलूसी पसन्द करता हूँ? तुम क्या यह समझते हो कि तुम मेरी स्तुति करोगे तो मैं किसी बेवकूफ अफसर की तरह खुश हो जाऊँगा? मैं इतना बेवकूफ नहीं हूँ भगतजी कि तुम-जैसे मूर्ख मुझे चला लें। मैं चापलूसी से खुश नहीं होता, कर्म देखता हूँ।"

भगतजी ने कहा, "भगवन्, मैंने कभी कोई कुकर्म नहीं किया।"

भगवान् हँसे। कहने लगे, "भगत, तुमने आदमियों की हत्या की है। उधर की अदालत से बच गये, पर यहाँ नहीं बच सकते।"

भगतजी का धीरज अब छूट गया। वे अपने भगवान् की नीयत के बारे में शंकालु हो उठे। सोचने लगे, यह भगवान् होकर झूठ बोलता है। ज़रा तैश में कहा, "आपको झूठ बोलना शोभा नहीं देता। मैंने किसी आदमी की जान नहीं ली। अभी तक मैं सहता गया, पर इस झूठे आरोप को मैं सहन नहीं कर सकता। आप सिद्ध करिए कि मैंने हत्या की।"

भगवान् ने कहा, "मैं फिर कहता हूँ कि तुम हत्यारे हो। अभी प्रमाण देता हूँ।"

भगवान् ने एक अधेड़ उम्र के आदमी को बुलाया। भगत से पूछा, "इसे पहचानते हो?"

"हाँ, यह मेरे मुहल्ले का रमानाथ मास्टर है। पिछले साल बीमारी से मरा था।" भगत ने विश्वास से कहा।

भगवान् बोले, "बीमारी से नहीं, तुम्हारे भजन से मरा है। तुम्हारे लाउडस्पीकर से मरा है। रमानाथ तुम्हारी मृत्यु क्यों हुई?"

रमानाथ ने कहा, "प्रभु, मैं बीमार था। डाक्टरों ने कहा कि तुम्हें पूरी तरह नींद और आराम मिलना चाहिए। पर भगतजी के लाउडस्पीकर पर अखण्ड कीर्तन के मारे न मैं सो सका, न आराम कर सका। दूसरे दिन मेरी हालत बिगड़ गयी और चौथे दिन मैं मर गया।"

भगत सुनकर घबरा उठे।

तभी एक बीस-इक्कीस साल का लड़का बुलाया गया। उससे पूछा, "सुरेन्द्र, तुम कैसे मरे?"

"मैंने आत्महत्या कर ली थी।" उसने जवाब दिया।

"आत्महत्या क्यों कर ली थी?" भगवान् ने पूछा।

सुरेन्द्रनाथ ने कहा, "मैं परीक्षा में फेल हो गया था।"

"परीक्षा में फेल क्यों हो गये थे?"

"भगतजी के लाउडस्पीकर के कारण मैं पढ़ नहीं सका। मेरा घर मन्दिर के पास ही है न !"

भगतजी को याद आया कि इस लड़के ने उनसे प्रार्थना की थी कि कम-से-कम परीक्षा के दिनों में लाउडस्पीकर मत लगाइए।

भगवान् ने कठोरता से कहा, "तुम्हारे पापों को देखते हुए, मैं तुम्हें नरक में डाल देने का आदेश देता हूँ।"

भगतजी ने भागने की कोशिश की, पर नरक के डरावने दूतों ने उन्हें पकड़ लिया।

अपने भगतजी, जिन्हें हम धर्मात्मा समझते थे, नरक भोग रहे हैं।

प्रेमियों की वापसी

नदी के किनारे बैठकर दोनों ने अन्तिम चिट्ठी लिखी—'यह दुनिया क्रूर है। प्रेमियों को मिलने नहीं देती। हम इसे छोड़कर उस लोक जा रहे हैं, जहाँ प्रेम के मार्ग में कोई बाधा नहीं है।'

प्रेमेन्द्र ने कहा, "यह दुनिया बहुत बुरी है न, रंजना ?"

रंजना ने समर्थन किया, "हाँ, बहुत दुष्ट है।"

"इसमें आग क्यों नहीं लगती, रंजना ?"

"क्योंकि आग लगानेवाले आत्महत्या कर लेते हैं।"

प्रेमी ज़रा देर कुछ नहीं बोल सका। फिर उसने कहा, "हम अनन्त काल तक उस लोक में सुख भोगेंगे।"

प्रेमिका बोली, "इसका भी क्या ठीक है ? वहाँ मेरे चाचा-चाची पहले से ही हैं। तुम्हारे चाचा भी वहाँ पहुँच गये हैं। वे लोग क्या हमें शादी करने देंगे ?"

प्रेमी ने समझाया, "वहाँ कोई बन्धन नहीं है। भगवान् खुद कन्यादान करेंगे। बुजुर्गों के बाप भी अपना कुछ नहीं बिगाड़ सकते। तो, चिट्ठी पर दस्तखत करो।"

रंजना ने कहा, "नहीं, पहले तुम।"

प्रेमेन्द्र बोला, "नहीं, पहले तुम। मैं सुसंस्कृत पुरुष हूँ। लेडीज फर्स्ट !"

रंजना ने कहा, "पर मैं नारी हूँ—पुरुष की अनुगामिनी।"

इस बात से सुसंस्कृत पुरुष खुश हो गया और उसने दस्तखत कर दिये। नीचे पुरुष की अनुगामिनी ने दस्तखत कर दिये।

पानी में कूदते वक्त भी विवाद हुआ—

"नहीं, पहले तुम। मैं सुसंस्कृत पुरुष हूँ। लेडीज फर्स्ट !"

"नहीं, तुम पहले। मैं नारी हूँ —पुरुष की अनुगामिनी।"

सुसंस्कृत पुरुष को इस बार खुशी नहीं हुई। उसने सन्देह से पुरुष की अनुगामिनी की तरफ देखा। उसने भी पलटकर सन्देह से सुसंस्कृत पुरुष की तरफ देखा।

दोनों एक साथ साड़ी से बँधे और कूद पड़े। जार्जेट सार्थक हुई।

रास्ते में रंजना ने प्रेमेन्द्र से कहा, "तुम तो मरने के बाद भी दाँतों से नाखून काटते हो। बड़ी गन्दी आदत है।"

प्रेमेन्द्र ने कहा, "तुम भी तो भैंस की तरह मुँह फाड़कर जम्हाई ले रही हो। मुँह पर हाथ क्यों नहीं रखतीं? बड़ी गँवार हो!"

रंजना ने विषय बदलना उचित समझा। बोली, "उधर घर के लोग अपने लिए बहुत रो रहे होंगे।"

प्रेमेन्द्र ने कहा, "तुम्हारे माँ-बाप तो खुश होंगे। सोचते होंगे, बला टली। दहेज बचा। तुम्हारी चार बहनें और बैठी हैं न।"

रंजना ने तैश में कहा, "और तुम्हारा बाप क्या रो रहा होगा? मैं जानती हूँ, वह तुमसे कितनी नफरत करता है।"

अब प्रेमेन्द्र को विषय बदलना उचित मालूम हुआ। उसने कहा, "छोड़ो इन बातों को। इधर घर बसाने की सोचो।"

रंजना ने कहा, "बड़ी गलती हो गयी। मैंने कॉलेज में हमेशा पाक-शास्त्र का पीरियड गोल किया। सीख लेती, तो तुम्हें बढ़िया पकवान बनाकर खिलाती।"

फिर उसे कुछ याद आया। बोली, "पर कोई बात नहीं। हमारी पाक-शास्त्र की प्रोफेसर—मिस सूद—पिछले महीने ही वहाँ पहुँची हैं। तुम उन्हें जानते हो न? पाक-शास्त्र बहुत अच्छा पढ़ाती हैं, पर खाना बहुत खराब बनाती हैं। उन्हें प्रिंसिपल साहिबा के भाई से गर्भ रह गया था। उन्होंने जहर खा लिया। बेचारी ने कैरेक्टर रोल अच्छा लिखवाने के लिए वैसा किया था।"

वे उस लोक पहुँच चुके थे। शाम को पार्क में घूम रहे थे कि एक बेंच पर पहचाने-से स्त्री-पुरुष बैठे दिखे। पुरुष नारी का हाथ पकड़े था और नारी पुरुष के कन्धे पर सिर रखे थी।

प्रेमेन्द्र ने ठिठककर कहा, "अरे, ये तो मेरे स्कूल के हेडमास्टर सक्सेना साहब हैं!"

रंजना ने कहा, "और वह मेरी हेडमास्टरनी मिसेज शर्मा हैं!"

प्रेमेन्द्र ने कहा, "सक्सेना साहब तो बड़े सख्त और अनुशासनप्रिय आदमी थे। हमने उन्हें कभी मुसकराते भी नहीं देखा। हम लोगों को आश्चर्य होता था कि जो आदमी मुसकरा नहीं सकता, उसके बच्चे कैसे होते जाते हैं।"

वे मुड़ने लगे। तभी हेडमास्टर ने पुकारा, "शरमाओ मत, बच्चो! इधर

आओ ।"

वे उनके पास चले गये । मिसेज शर्मा ने अपनी विद्यार्थिनी को पहचान लिया । थोड़ी देर औपचारिक बातचीत होती रही । फिर वे अपने-अपने विद्यार्थी से पार्क में घूमते हुए बातें करने लगे ।

हेडमास्टर ने कहा, "प्रेमेन, तुम परेशान हो रहे हो कि मुझ-जैसा कठोर संयमी और सदाचारी आदमी मिसेज शर्मा से प्रेम कैसे करने लगा । बात ऐसी हुई कि दो साल पहले एजूकेशन बोर्ड के दफ्तर में हम दोनों मैट्रिक की परीक्षा के नम्बरों का टोटल कर रहे थे । तभी हमारा भी टोटल हो गया । तीन महीने पहले मिसेज शर्मा की निमोनिया से मौत हो गयी । और एक हफ्ता पहले मैं भी हार्टफेल से यहाँ आ गया । मैंने इससे कह दिया है कि मैंने तुम्हारे विरह में आत्महत्या कर ली । तुम उसे बता मत देना कि मैं हार्टफेल होने से मरा ।"

उधर मिसेज शर्मा ने रंजना से कहा, "मैं तो इस हेडमास्टर का घमण्ड तोड़ना चाहती थी । यह बड़ा कठोर और सदाचारी बनता था । राष्ट्रपति से तमगा ले आया था । पर जब मैंने इसे तोड़ा, तो तमगा बेचकर मेरे चक्कर लगाने लगा । झूठ बोलना इसने यहाँ भी नहीं छोड़ा । मरा हार्टफेल होने से और कहता है कि मैंने तुम्हारे लिए आत्महत्या कर ली । देख, तुझे जो करना हो, जल्दी कर लेना । पुरुष का कोई भरोसा नहीं । यह हेडमास्टर चोरी-चोरी अपनी साली की तलाश करता रहता है ।"

उधर हेडमास्टर ने प्रेमेन्द्र से कहा, "इस लड़की का कोई पूर्व प्रेमी तो यहाँ नहीं है ? जरा सावधान रहना । कुछ भरोसा नहीं । यह हेडमास्टरनी चुपके-चुपके अपने स्कूल के संगीत मास्टर का पता लगाती रहती है ।"

वे अपने गुरुओं से दीक्षा लेकर आगे बढ़े, तो देखा, प्रेमेन्द्र के चाचा अपने साहब की बीवी के हाथ में हाथ डाले घूम रहे हैं । उसे झटका लगा । चाचा के बारे में वह ऐसी कल्पना नहीं कर सकता था । चाचा ने उसे देख लिया । बोले, "शरमाओ मत । यहाँ हम सब मुक्त हैं । मेम साहब से हमारा उधर से ही चल रहा था ।"

प्रेमेन्द्र ने कहा, "मगर चाचा, आप तो कहा करते थे, मेम साहब बड़ी फ्लर्ट (कुलटा) औरत है ।"

चाचा ने कहा, "सो तो हम उसकी तारीफ में कहते थे । अरे, पतिव्रता होती, तो हमारे किस काम आती ? फ्लर्ट है, तभी तो हमें फायदा पहुँचाती रही है ।"

अब प्रेमेन्द्र को विश्वास हो गया कि जिनसे डरते थे, वे सब नियम-बन्धन यहाँ नहीं हैं ।

वह रंजना से शादी करने के लिए कहता और वह टालती जाती ।

एक दिन उसने कहा, "मैं सब जान गया हूँ । तुम छिपकर उस विनोद से मिलती हो । वह, जो कार-दुर्घटना में मर गया था । वह हेडमास्टरनी तुम्हें उससे मिलवाती है । तुम भूल गयीं कि यह वही विनोद है, जिसके बाप ने तुम्हारे बाबूजी को सस्पैण्ड करवाया था ।"

रंजना ने कहा, "तुम्हें भ्रम है। मैं उससे नहीं मिलती।"

"तुम उससे कहीं प्रेम मत करने लगना।"

"मैं भला उस बदमाश से प्रेम करूँगी ?"

"तुम उसे प्रेम करने ही लगी हो। मुझे विश्वास हो गया।"

"आखिर क्यों तुम ऐसा सोचते हो ? कैसे कहते हो कि मैं उससे प्रेम करती हूँ।"

"इसलिए कि तुमने उसे अभी 'बदमाश' कहा। प्रेम न करतीं, तो उसे बदमाश नहीं कहतीं।"

रंजना ने छिपाना जरूरी नहीं समझा। उसे बतला दिया कि मैं विनोद से विवाह करनेवाली हूँ।

प्रेमेन्द्र ने रोना चाहा, पर उस लोक में आँसू नहीं निकलते। उसने उसे भला-बुरा कहा और आत्महत्या की धमकी देकर चला गया।

पर आत्महत्या वह कर नहीं सका। उसने फाँसी लगाने की कोशिश की, गरदन कसी ही नहीं। रेल के नीचे लेट गया, पर पूरी गाड़ी निकल गयी और उसे चोट तक नहीं आयी। वह नदी में कूदा, पर उतराता रहा। एक दिन वह इमारत की पाँचवीं मंजिल से कूद पड़ा। नीचे सड़क पर एक पुलिसवाले के ऊपर गिरा। पुलिसवाले ने हँसकर कहा, "क्या बच्चों का खेल खेलते हो !"

प्रेमेन्द्र ने कहा, "मैं पाँचवीं मंजिल से कूदा हूँ और तुम इसे बच्चों का खेल कहते हो !"

उसने जवाब दिया, "तो क्या हुआ ? तुम यहाँ सौवीं मंजिल से भी कूद सकते हो। पर तुम आखिर कूदे क्यों ?"

प्रेमेन्द्र ने कहा, "मैं आत्महत्या करना चाहता हूँ।"

पुलिसवाले ने कहा, "पर आत्महत्या तो यहाँ हो नहीं सकती। हो जाये तो जीव यहाँ से कहाँ जाये ? तुम्हारे उधर के कवि तक यह जानते हैं। किसी ने कहा है न—'मर के भी चैन न पाया तो किधर जायेंगे !'"

प्रेमेन्द्र ने कहा, "तो हत्या तो हो सकती होगी। मैं उस हेडमास्टरनी की हत्या करना चाहता हूँ।"

पुलिसमैन ने कहा, "तुम्हारे पुराने संस्कार छूटे नहीं हैं, तभी तो हत्या के लिए पुलिस से सलाह माँगते हो। देखो, हत्या भी नहीं हो सकती। वही समस्या है कि जीव कहाँ जाये। बात क्या है ? कुछ प्रेम वगैरह का मामला है क्या ?"

प्रेमेन्द्र ने कहा, "हाँ, वह मुझे धोखा दे गयी।"

पुलिसमैन ने कहा, "तो तुम प्रेम और विवाह विभाग के संचालक से मिलो। वे मामला सुलझायेंगे।"

प्रेमेन्द्र संचालक के दफ्तर में गया। उन्होंने उसे सिर से पाँव तक देखा और खूब मुसकान लाकर पूछा, "यस यंग मैन, ह्वाट कनाई डू फा' यू ?" (मैं तुम्हारे लिए क्या कर सकता हूँ ?)

प्रेमेन्द्र ने कहा, "साहब भारत से आये मालूम होते हैं।"

साहब ने पूछा, "तुमने कैसे जाना ?"

प्रेमेन्द्र ने कहा, "ऐसे कि आप यहाँ भी अँगरेजी में बोल रहे हैं। यह ऊँचे दरजे के भारतीय का लक्षण है।"

साहब ने कहा, "तुम ठीक कहते हो। अँगरेजी के लिए ही मैंने वह गिरा हुआ देश छोड़ दिया। मैं आई. सी. एस. था। दिल्ली में एक विभाग का सेक्रेटरी था। 26 जनवरी 1965 को जब हिन्दी उस देश की शासन की भाषा हो गयी, तो 27 को मैं हवाई जहाज से लन्दन पहुँचा और टेम्स नदी में कूद पड़ा।"

प्रेमेन्द्र ने कहा, "सर, आप इतनी दूर क्यों गये ? वहीं दिल्ली में यमुना में कूदकर मर सकते थे।"

साहब ने कहा, "नॉनसेन्स ! कैसी बात करते हो ! जमुना में कूदता, तो 'हर मेजस्टी' (इग्लैण्ड की रानी) मेरे बारे में क्या सोचतीं ?"

प्रेमेन्द्र ने उन्हें अपनी समस्या बतायी। संचालक ने कहा, "यह पॉलिसी का मामला है। ऊपर से तय होगा। पॉलिसी तय करा लो, तो अमल में मैं जैसा कहोगे, वैसा उसे घुमा दूँगा। ठीक उस पॉलिसी से उलटा उसी पॉलिसी के अन्तर्गत कर सकता हूँ। मुझे दिल्ली में इसका अभ्यास हो चुका है। मैं तुम्हारा केस विधाता के पास भेज देता हूँ। तुम उनसे कल मिल लो।"

दूसरे दिन प्रेमेन्द्र विधाता के सामने हाजिर हुआ। रंजना भी बुला ली गयी थी।

विधाता ने कहा, "तुम्हारा मामला हमने देख लिया। तुम क्या चाहते हो ?"

प्रेमेन्द्र ने कहा, "अगर आप इसे सीरियसली लें, तो मैं आपको 'प्रभु' कहूँ—प्रभु, आप रंजना को मुझसे प्रेम करने का हुक्म दें और उस बदजात हेडमास्टरनी को डिसमिस कर दें।"

विधाता ने कहा, "जहाँ तक प्रेम का सम्बन्ध है, हमारे हाथ संविधान से बँधे हैं। प्रेम पब्लिक सेक्टर में नहीं है, प्राइवेट सेक्टर में है। वह हेडमास्टरनी भी हमारी नौकरी में नहीं है। हम दूसरा पक्ष सुनकर समझौता कराने का प्रयत्न कर सकते हैं। देवी रंजना, तुम्हें इस सम्बन्ध में क्या कहना है ?"

रंजना ने निवेदन किया, "प्रभु, हमारी दुनिया में स्वतन्त्रता नहीं है, इसलिए जो हमारे सम्पर्क में आ जाता है, उसी से हमें प्रेम करना पड़ता है। यह प्रेमेन्द्र हमारे घर में बचपन से आता रहा है। पिताजी इससे पान-सिगरेट मँगवाते थे। मेरे माता-पिता इतने सख्त हैं कि न मुझे अकेली कहीं जाने देते थे, न किसी आदमी को घर में आने देते थे। मैं प्रेमेन्द्र के सिवा किसी दूसरे पुरुष को जानती भी नहीं थी। इसी मजबूरी में जो हमारा सम्बन्ध हुआ, उसे हम प्रेम कहने लगे। मेरा वश चलता, तो मैं विनोद से प्रेम करती। मुझे वह पसन्द था। पर उसके पिता ने हमारे बाबूजी को सस्पेण्ड करवा दिया था। इसलिए उसका हमारे यहाँ आना नहीं होता था। पर यहाँ स्वतन्त्रता है। मैं अपनी इच्छा से प्रेम कर सकती हूँ। इसलिए विनोद से प्रेम करती

हूँ। परतन्त्रता में जो हो गया, वह स्वतन्त्रता में नियामक नहीं हो सकता।"

विधाता ने प्रेमेन्द्र से कहा, "सुना तुमने? तुम क्या कहते हो?"

प्रेमेन्द्र ने दुखी प्रेमी के आधिकारिक रोष से कहा, "यही कहना है कि हमें ऐसी जगह नहीं रहना। हमें वापस हमारे संसार में भेज दिया जाये। इधर का भरोसा झूठा निकला।"

विधाता ने कहा, "तुम वहाँ से यहाँ और यहाँ से वहाँ भागते फिरोगे, या कुछ करोगे भी?"

तब तक सचिव ने रेकॉर्ड देखकर बताया, "प्रभु, इस लड़की की माता का कोटा खत्म हो गया। पाँच लड़कियाँ देनी थीं, सो दे चुके। अब यह उसी परिवार में जन्म नहीं ले सकती। लड़के के बाप का अलबत्ता एक बेटा बकाया है।"

प्रेमेन्द्र ने गुस्से से कहा, "अजीब धाँधली है! यहाँ भी अपना बाप हम नहीं चुन सकते! एक लड़की किसी को दे देने में क्या लड़कियों का स्टाक यहाँ खत्म हो जायेगा?"

विधाता ने उसे नाराजी से देखा। बोले, "तुम्हें गुस्सा जल्दी आ जाता है, प्रेमी महोदय! तुम इतनी जल्दी दुनिया क्यों छोड़ आये? किसी दुर्घटना में मारे गये थे क्या?"

प्रेमेन्द्र ने कहा, "मैं प्रेम के कारण आत्महत्या करके आया हूँ। हम दोनों एक साथ नदी में कूद पड़े। वहाँ दुनियावाले हमारी शादी नहीं होने दे रहे थे।"

विधाता ने कहा, "मगर तुम बातें ऐसे तैश में करते हो, जैसे किसी आन्दोलन में शहीद होकर आये हो! दुनिया में कोई और काम करने को नहीं बचे थे जो यहाँ चले आये?"

वे दोनों एक-दूसरे की तरफ देखने लगे।

विधाता ने रंजना से कहा, "देवीजी, आपका नया प्रेमी जब सुनेगा कि आप इनके प्रेम में आत्महत्या करके आयी हैं, तो वह भी आपको छोड़ देगा। यहाँ सुन्दरियों की कमी नहीं है।"

रंजना ने कहा, "साहब, यह जगह हमें बिल्कुल पसन्द नहीं आयी। यहाँ कुछ निश्चित नहीं है। इधर की स्वतन्त्रता बरदाश्त नहीं हो सकती। कोई किसी के प्रति सच्चा नहीं होता। आप तो हम लोगों को वापस हमारी दुनिया में भेज दीजिए। कहीं भी भेज दीजिए।"

विधाता ने कहा, "पर अब एक कठिनाई है। जो प्रेम में आत्महत्या करके आते हैं, उन्हें फिर मनुष्य बनाने का नियम नहीं है। जिस कारण से उन्हें जीना चाहिए, उस कारण से वे मर जाते हैं। उनमें मनुष्य के रूप में प्रेम करने के योग्य साहस और विवेक की कमी होती है। तुम्हारे लिए भी यह अच्छा नहीं है कि तुम फिर मनुष्य बनो। एक बार बनकर और प्रेम करके तुमने देख लिया। तुमसे बना नहीं। तुममें हिम्मत ही नहीं है प्रेम को निबाहने की। तुम दुबारा इस झंझट में मत पड़ो। कोई और जीवधारी बनो, जो मनुष्य की तरह प्रेम करने को बाध्य नहीं है। बोलो, कौन

जानवर बनना चाहते हो।"

प्रेमेन्द्र ने रंजना से कहा, "बता, क्या बनेगी!"

उसने प्रेमेन्द्र से कहा, "तुम्हीं बताओ पहले।"

प्रेमेन्द्र ने कहा, "नहीं, पहले तुम। मैं सुसंस्कृत आदमी हूँ। लेडीज फर्स्ट!"

रंजना ने कहा, "नहीं, तुम पहले बताओ। मैं स्त्री हूँ, पुरुष की अनुगामिनी!"

एकलव्य ने गुरु को अँगूठा दिखाया

सन् 4163 ईस्वी—

शोधकर्ताओं को कुछ पुरानी पोथियों की पाण्डुलिपियाँ हाल ही में मिली हैं, जिनमें बीसवीं सदी के अन्त में लिखित एक पुराण भी है। इस पुराण को सम्पादित करके हाल ही में प्रकाशित किया गया है। सम्पादक ने इस पुराण की भूमिका में लिखा है—"...यह पुराण बीसवीं सदी के अन्तिम वर्षों में लिखा गया मालूम होता है। इसकी केवल एक हस्तलिखित प्रति ही प्राप्त हुई है। यद्यपि बीसवीं सदी में मुद्रण-विद्या बहुत ही पिछड़ी हुई थी और 'रोटरी' नाम की छपाई की एक मामूली मशीन को ही लोग इतनी बड़ी उपलब्धि मानते थे कि उसके प्रचार के लिए आधी दुनिया में 'रोटरी क्लब' खुले हुए थे फिर भी उस युग में पुस्तकें थोड़ी-बहुत छप जाती थीं। यह महत्त्वपूर्ण पुराण तब क्यों नहीं छप सका, इसके सामाजिक, राजनीतिक कारणों की खोज हो रही है। इस पुराण से उस युग के सामाजिक, आर्थिक, नैतिक और सांस्कृतिक जीवन पर विशद प्रकाश पड़ता है।" उक्त पुराण में से एक कथा यहाँ उद्धृत की जा रही है।

—लेखक

एक समय की बात है।

एक विश्वविद्यालय में राजनीति विभाग के एक प्रतिष्ठित अध्यापक थे, जिनका नाम द्रोणाचार्य था। पद-क्रम के अनुसार वे 'रीडर' कहलाते थे। 'रीडर' (पढ़नेवाला) उस अध्यापक को कहते थे, जिसे कक्षा में पढ़ाना नहीं आता था और वह पाठ्य-पुस्तक या कुंजी कक्षा में पढ़कर काम चला लेता था।

आचार्य द्रोणाचार्य के दो शिष्य थे। एक का नाम अर्जुनदास था और दूसरे का एकलव्यदास। अर्जुनदास एक धनी बाप का बेटा था, जिनका समाज में प्रभाव था और राजदरबार में भी उनका मान होता था। आचार्य रोज अर्जुनदास के घर जाते

थे और अर्जुनदास भी रोज उनके घर आता था। उनका साथ इतना घना था कि कोई यदि आँखें बन्द करके आचार्यप्रवर की कल्पना करता, तो आचार्य का शरीर कल्पना में आते-आते उसमें एक दुम निकल आती और दुम के छोर पर अर्जुनदास का चेहरा बन जाता।

एकलव्य गरीब आदमी का लड़का था, इसलिए उसे आचार्य का साक्षात्कार बहुत कम होता था। पर गुरु के प्रति उसकी भक्ति थी। उसने अपने कमरे में द्रोणाचार्य का एक चित्र टाँग रखा था और उनकी लिखी हुई एक कुंजी सिरहाने रखकर सोता था।

दोनों शिष्य एम. ए. की परीक्षा की तैयारी कर रहे थे (एम. ए. एक ऐसी परीक्षा थी जिसे पढ़ने के बाद तीन वर्ष का बेकारी का कोर्स पढ़ना पड़ता था।—सं.)

अर्जुन जानता था कि विद्या पढ़ने से नहीं, बल्कि गुरु-कृपा से प्राप्त होती है। वह निरन्तर गुरु की सेवा में रहता था। वह आचार्य के घर में किराना, कपड़ा, सब्जी आदि पहुँचाता था। त्यौहार पर आचार्य के पाँच बच्चों को बाजार ले जाता और उन्हें मिठाई, कपड़े, खिलौने आदि खरीद देता। वह आचार्या को सिनेमा-नाटक दिखाता था और अन्य अध्यापकों की पत्नियों की कलंक-कथाएँ गढ़कर, उन्हें सुनाकर उनका मनोरंजन करता था। वह आचार्य के कुशल-क्षेम पर ध्यान देता था। रात को उनके सामने अन्य आचार्यों की निन्दा करता था, जिससे उनकी आत्मा का उत्थान होता था।

उधर एकलव्य गुरु-सेवा से विमुख होकर रात-दिन अध्ययन में लगा रहता था। एक दिन आचार्य और अर्जुन में इस प्रकार संवाद हुआ :

"आचार्यवर, मैं आपके घर में किराना, कपड़ा, सब्जी आदि पहुँचाता हूँ कि नहीं?"

"हाँ वत्स, पहुँचाते हो।"

"आचार्या को सिनेमा-नाटक कौन दिखाता है? बच्चों को मिठाई, खिलौने और कपड़े कौन खरीद देता है?"

"तू ही, बेटा। तू ही यह सब करता है।"

"क्या कोई दूसरा शिष्य है, जो आपके मुँह पर आपकी प्रशंसा मुझसे अधिक करके आपके मन को प्रसन्न करता हो?"

"नहीं, कोई नहीं।"

"क्या कोई ऐसा अध्यापक बचा है, जिसकी निन्दा न करके मैंने आपके हृदय को दुखाया हो?"

"नहीं, कोई नहीं बचा, वत्स।"

"क्या यह सत्य नहीं कि आपके रीडर बनने में मेरे पिताजी का बड़ा हाथ है?"

"यह सर्वथा सत्य है।"

"आगे विभागाध्यक्ष बनने के लिए आप किसकी सहायता लेंगे ?"

"निःसन्देह तेरे पिता की।"

"क्या एकलव्य ने आपकी सेवा की है ?"

"बिल्कुल नहीं। उसे तो गुरु की कोई सुध ही नहीं है। वह तो हमेशा निर्जीव ग्रन्थों में ही डूबा रहता है।"

"अच्छा, यह बताइए गुरुदेव, कि आपका सबसे प्रिय शिष्य कौन है ?"

"तू है, वत्स ! तुझ-सा प्रिय शिष्य न कभी हुआ है और न होगा।"

सहसा अर्जुन हाथ जोड़कर खड़ा हो गया और बोला, "तो गुरुदेव, मुझे वर दीजिए कि मैं ही फर्स्ट क्लास फर्स्ट आऊँ और छात्रवृत्ति लेकर विदेश जाऊँ।"

यह सुनकर आचार्य थोड़ी देर सोच में पड़े रहे, फिर बोले, "यह तो मैं भी चाहता हूँ, पर एकलव्य इसमें बाधक होगा। वह सबसे कुशाग्र-बुद्धि है और परिश्रमी भी।"

अर्जुनदास ने कहा, "यह मैं कुछ नहीं जानता। मैं तो इतना जानता हूँ कि यदि मैं प्रथम नहीं आया, तो गुरु की महिमा भंग हो जायेगी, आगे कोई शिष्य गुरु की सेवा नहीं करेगा और इस अधम परम्परा को आरम्भ करने का कलंक आपको लगेगा।"

आचार्य फिर सोच में पड़ गये। धीरे-धीरे उनके मुख पर निश्चय की दृढ़ता आ गयी। अर्जुन उस क्षण गुरु के उस तेजोद्दीप्त मुख को देखकर अभिभूत हो गया। लगता था, आचार्य के जीवन-भर के पुण्य आभा बनकर मुख पर प्रकट हो गये हैं।

आचार्य ने दृढ़ स्वर में कहा, "तेरी मनोकामना पूरी होगी।"

दूसरे दिन आचार्य ने एकलव्य को घर बुलाया। उससे पूछा, "वत्स, तूने अपने कमरे में मेरा चित्र क्यों टाँग रखा है ?"

एकलव्य ने कहा, "क्योंकि आप मेरे गुरु हैं।"

"और मेरी लिखी हुई कुंजी तू सिरहाने रखकर क्यों सोता है ?"

"इसलिए कि दिन में प्राप्त किया हुआ बिखरा ज्ञान रात में परीक्षा के प्रश्नोत्तरों में सिमटकर बँध जाये।"

आचार्य ने ध्यान से देखा। फिर कहा, "यदि तू मेरा शिष्य है, तो मुझे गुरु-दक्षिणा दे।"

एकलव्य ने उत्तर दिया, "मैं क्या दे सकता हूँ, गुरुवर ! न मेरी किराना की दुकान है, न हौजरी की। मेरे पिता से भी ईमान बेचते नहीं बना, इसलिए निर्धन हैं।"

आचार्य ने कहा, "मैं वह वस्तु माँगता हूँ, जो तेरे पास है। तू मुझे अपने दाहिने हाथ का अँगूठा काटकर दे। उठा वह सुपारी काटने का सरौता और काट दे अँगूठा।"

एकलव्य शान्त था। वह मानो इसके लिए तैयार था। उसने कहा, "गुरुवर, अँगूठा तो मैं आपको सहर्ष काटकर दे दूँ, पर यह आपके किस काम आयेगा ?"

आचार्य ने कहा, "सो मैं जानता हूँ। मुझे एक महान् परम्परा का निर्वाह करना है। अर्जुन की भक्ति से मैं प्रसन्न हूँ। मैंने उसे वर दिया है कि तू ही प्रथम आयेगा। पर वह तब तक प्रथम नहीं आ सकता, जब तक तू लिखने में समर्थ है। तू लिख न सके और मेरा वचन पूरा हो, इसके लिए मुझे तेरा दाहिना अँगूठा चाहिए।"

एकलव्य हँसा। बोला, "मगर दाहिना अँगूठा काट देने से भी आपका उद्देश्य पूरा नहीं होगा। मैं बायें हाथ से भी उसी कुशलता से लिख लेता हूँ। जब मैंने होश सँभाला और अपने नाम पर ध्यान दिया, तभी मैं समझ गया कि कोई गुरु कभी मेरा अँगूठा माँगेगा। मैं तभी से दोनों हाथों से लिखने का अभ्यास कर रहा हूँ। दोनों अँगूठे कटने से आपका उद्देश्य पूरा हो सकता है। पर शिष्य के दोनों अँगूठे कटवाने की परम्परा है नहीं।"

आचार्य निराश हुए। बोले, "अधम, तूने गुरुद्रोह किया। तूने दोनों हाथों से लिखने का अभ्यास कर लिया। खैर, मेरे पास दूसरे रास्ते भी हैं।"

उस शाम को आचार्य ने अर्जुनदास से कहा, "उसका अँगूठा मैं नहीं ले सका। पर मेरे पास एक अकाट्य दाँव भी है, जिससे वह बच नहीं सकता। तुम्हारा एक पेपर जांचने के लिए मुझे मिलनेवाला है और दूसरा मेरे परममित्र देवदत्त शर्मा को। इन दोनों में तुम्हें 100 में से 99 नम्बर मिल जायेंगे और तुम एकलव्य से आगे निकल जाओगे। उसके दोनों अँगूठे कट जायेंगे—उसकी तीव्र बुद्धि और उसका अध्ययन धरे रह जायेंगे।"

अर्जुन निश्चिन्त हो गया। उसे गुरु की क्षमता पर विश्वास था। वे विभाग में इतने प्रभावशाली थे कि उनकी मरजी के खिलाफ पत्ता तक नहीं हिलता था।

पेपर हो गये। अर्जुनदास और एकलव्य दोनों ने यथाबुद्धि प्रश्नों के उत्तर दिये। एकलव्य के मन में शंका थी, पर अर्जुनदास बिल्कुल निःशंक था। उसे गुरु-कृपा प्राप्त थी।

अन्तिम परचा करके शाम को अर्जुन आचार्य के पास आया। आचार्य मुंह लटकाये बैठे थे।

अर्जुन का उत्साह ठण्डा पड़ गया। वह आचार्य के मुँह की तरफ देखता रहा।

आचार्य ने ठण्डी साँस खींचकर कहा, "मैं अधम हूँ। मैं अपना वचन पूरा नहीं कर सकूँगा। भविष्य में कोई शिष्य गुरु की सेवा नहीं करेगा और आगामी गुरुओं की पीढ़ियाँ मुझे धिक्कारेंगी।"

अर्जुन ने पूछा, "पर हुआ क्या, गुरुदेव?"

आचार्य बोले, "धोखा हुआ। पेपर जाँचने के लिए न मुझे मिला, न देवदत्त को। उपकुलपति ने अपने हाथ से किन्हीं अज्ञात व्यक्तियों को पेपर दे दिये।"

अर्जुन ने कहा, "पर ऐसा हो कैसे गया? पेपर किसे जाना है, यह तो आपने ही तय कराया था?"

आचार्य बोले, "पर एकलव्य ने मेरी रिपोर्ट कर दी थी।"

गुरु-शिष्य दोनों सिर झुकाये बड़ी देर तक बैठे रहे। अर्जुन ने कहा, "गुरुदेव, प्राचीन काल में भी एक एकलव्य हो गया है न?"

आचार्य बोले, "हाँ, पर उसमें और इसमें बड़ा अन्तर है। वह पुण्य-युग था, यह पाप-युग है। उस एकलव्य ने बिना तर्क के अँगूठा काटकर गुरु को दिया था, इस एकलव्य ने गुरु को अँगूठा दिखा दिया।"

बारात की वापसी

बारात में जाना कई कारण से टालता हूँ। मंगल कार्यों में हम जैसी चढ़ी उम्र के कुँआरों का जाना अपशकुन है। महेश बाबू का कहना है, हमें मंगल कार्यों से विधवाओं की तरह ही दूर रहना चाहिए। किसी का अमंगल अपने कारण क्यों हो! उन्हें पछतावा है कि तीन साल पहले जिनकी शादी में वह गये थे, उनकी तलाक की स्थिति पैदा हो गयी है। उनकी यह शोध है कि महाभारत युद्ध न होता, अगर भीष्म की शादी हो गयी होती। और अगर कृष्णमेनन की शादी हो गयी होती, तो चीन हमला न करता।

सारे युद्ध प्रौढ़ कुँआरों के अहं की तुष्टि के लिए होते हैं। 1948 में तेलंगाना में किसानों का सशस्त्र विद्रोह देश के वरिष्ठ कुँआरे विनोबा भावे के अहं की तुष्टि के लिए हुआ था। उनका अहं भूदान के रूप में तुष्ट हुआ।

अपने पुत्र की सफल बारात से प्रसन्न मायाराम के मन में उस दिन नागपुर में बड़ा मौलिक विचार जागा था। कहने लगे 'बस, अब तुम लोगों की बारात में जाने की इच्छा है।' हम लोगों ने कहा—'अब किशोरों जैसी बचकानी बारात तो होगी नहीं। अब तो बारात ऐसी होगी—किसी को भगाकर लाने के कारण हथकड़ी पहने हम होंगे और पीछे चलोगे तुम जमानत देनेवाले। ऐसी बारात होगी। चाहो तो बैण्ड भी बजवा सकते हो।'

विवाह का दृश्य बड़ा दारुण होता है। विदा के वक्त औरतों के साथ मिलकर रोने को जी करता है। लड़की के बिछुड़ने के कारण नहीं, उसके बाप की हालत देखकर लगता है, इस कौम की आधी ताकत लड़कियों की शादी करने में जा रही है। पाव ताकत छिपाने में जा रही है—शराब पीकर छिपाने में, प्रेम करके छिपाने में, घूस लेकर छिपाने में···बची हुई पाव ताकत से देश का निर्माण हो रहा है,—तो जितना हो रहा है, बहुत हो रहा है। आखिर एक चौथाई ताकत से कितना होगा।

यह बात मैंने उस दिन एक विश्वविद्यालय के छात्र-संघ के वार्षिकोतसव में कही

थी। कहा था —'तुम लोग क्रान्तिकारी तरुण-तरुणियाँ बनते हो। तुम इस देश की आधी ताकत को बचा सकते हो। ऐसा करो, जितनी लड़कियाँ विश्वविद्यालय में हैं, उनसे विवाह कर डालो। अपने बाप को मत बताना। वह दहेज माँगने लगेगा। इसके बाद जितने लड़के बचें, वे एक-दूसरे की बहन से शादी कर लें। ऐसा बुनियादी क्रान्तिकारी काम कर डालो और फिर जिस सिगड़ी को जमीन पर रखकर तुम्हारी माँ रोटी बनाती है, उसे टेबिल पर रख दो, जिससे तुम्हारी पत्नी सीधी खड़ी होकर रोटी बना सके। बीस-बाईस सालों में सिगड़ी ऊपर नहीं रखी जा सकी और न झाड़ू में चार फुट का डण्डा बाँधा जा सका। अब तक तुम लोगों ने क्या खाक क्रान्ति की है!'

छात्र थोड़े चौंके! कुछ ही-ही करते भी पाये गये। मगर कुछ नहीं।

एक तरुण के साथ सालों मेहनत करके उसके खयालात मैंने सँवारे थे। वह शादी के मण्डप में बैठा तो ससुर से बच्चे की तरह मचलकर बोला—'बाबूजी, हम तो वेस्पा लेंगे। वेस्पा के बिना कौर नहीं उठायेंगे।' लड़की के बाप का चेहरा फक! जी हुआ, जूता उतारकर पाँच इस लड़के को मारूँ और फिर पचीस खुद अपने को। समस्या यों सुलझी कि लड़की के बाप ने साल-भर में वेस्पा देने का वादा किया, नेग के लिए बाजार से वेस्पा का खिलौना मँगाकर थाली में रखा, फिर सवा रुपया रखा और दामाद को भेंट किया। सवा रुपया तो मरते वक्त गोदान के निमित्त दिया जाता है न! हाँ, मेरे उस तरुण दोस्त की प्रगतिशीलता का गोदान हो रहा था।

बारात की यात्रा से मैं बहुत घबराता हूँ, खासकर लौटते वक्त जब बराती बेकार बोझ हो जाता है। अगर जी भरकर दहेज न मिले, तो वर का बाप बरातियों को दुश्मन समझता है। मैं सावधानी बरतता हूँ कि बारात की विदा के पहले ही कुछ बहाना करके किराया लेकर लौट पड़ता हूँ।

एक बारात से वापसी मुझे याद है।

हम पाँच मित्रों ने तय किया कि शाम चार बजे की बस से चलें। पन्ना से इसी कम्पनी की बस सतना के लिए घण्टे-भर बाद मिलती है, जो जबलपुर की ट्रेन मिला देती है। सुबह घर पहुँच जायेंगे। हम में से दो को सुबह काम पर हाजिर होना था, इसलिए वापसी का यही रास्ता अपनाना जरूरी था। लोगों ने सलाह दी कि समझदार आदमी इस शामवाली बस से सफर नहीं करते। क्या रास्ते में डाकू मिलते हैं? नहीं, बस डाकिन है।

बस को देखा तो श्रद्धा उमड़ पड़ी। खूब वयोवृद्ध थी। सदियों के अनुभव के निशान लिये हुए थी। लोग इसलिए इससे सफर नहीं करना चाहते कि वृद्धावस्था में इसे कष्ट होगा। यह बस पूजा के योग्य थी। उस पर सवार कैसे हुआ जा सकता है!

बस-कम्पनी के एक हिस्सेदार भी उसी बस से जा रहे थे। हमने उनसे पूछा, "यह बस चलती भी है?" वह बोले, "चलती क्यों नहीं है जी! अभी चलेगी।"

हमने कहा, "वही तो हम देखना चाहते हैं। अपने आप चलती है यह ?"

"हाँ जी, और कैसे चलेगी ?"

गजब हो गया। ऐसी बस अपने आप चलती है।

हम आगा-पीछा करने लगे। डाक्टर मित्र ने कहा, "डरो मत, चलो ! बस अनुभवी है। नयी-नवेली बसों से ज्यादा विश्वसनीय है। हमें बेटों की तरह प्यार से गोद में लेकर चलेगी।"

हम बैठ गये। जो छोड़ने आये थे, वे इस तरह देख रहे थे, जैसे अन्तिम विदा दे रहे हैं। उनकी आँखें कह रही थीं—'आना-जाना तो लगा ही रहता है। आया है, सो जायेगा—राजा, रंक, फकीर। आदमी को कूच करने के लिए एक निमित्त चाहिए।'

इंजन सचमुच स्टार्ट हो गया। ऐसा, जैसे सारी बस ही इंजन है और हम इंजन के भीतर बैठे हैं। काँच बहुत कम बचे थे। जो बचे थे, उनमें हमें बचना था। हम फौरन खिड़की से दूर सरक गये। इंजन चल रहा था। हमें लग रहा था कि हमारी सीट के नीचे इंजन है।

बस सचमुच चल पड़ी और हमें लगा कि यह गाँधीजी के असहयोग और सविनय अवज्ञा आन्दोलनों के वक्त अवश्य जवान रही होगी। उसे ट्रेनिंग मिल चुकी थी। हर हिस्सा दूसरे से असहयोग कर रहा था। पूरी बस सविनय अवज्ञा आन्दोलन के दौरे से गुजर रही थी। सीट का बॉडी से असहयोग चल रहा था। कभी लगता सीट बॉडी को छोड़कर आगे निकल गयी है। कभी लगता कि सीट को छोड़कर बॉडी आगे भागी जा रही है। आठ-दस मील चलने पर सारे भेदभाव मिट गये। यह समझ में नहीं आता था कि सीट पर हम बैठे हैं या सीट हम पर बैठी है।

एकाएक बस रुक गयी। मालूम हुआ कि पेट्रोल की टंकी में छेद हो गया है। ड्राइवर ने बाल्टी में पेट्रोल निकालकर उसे बगल में रखा और नली डालकर इंजन में भेजने लगता। अब मैं उम्मीद कर रहा था कि थोड़ी देर बाद बस-कम्पनी के हिस्सेदार इंजन को निकालकर गोद में रख लेंगे और उसे नली से पेट्रोल पिलायेंगे, जैसे माँ बच्चे के मुँह में दूध की शीशी लगाती है।

बस की रफ्तार अब पन्द्रह-बीस मील हो गयी थी। मुझे उसके किसी हिस्से पर भरोसा नहीं था। ब्रेक फेल हो सकता है, स्टीयरिंग टूट सकता है। प्रकृति के दृश्य बहुत लुभावने थे। दोनों तरफ हरे-हरे पेड़ थे, जिन पर पक्षी बैठे थे। मैं हर पेड़ को अपना दुश्मन समझ रहा था। जो भी पेड़ आता, डर लगता कि इससे बस टकरायेगी। वह निकल जाता तो दूसरे पेड़ का इन्तजार करता। झील दिखती तो सोचता कि इसमें बस गोता लगा जायेगी।

एकाएक फिर बस रुकी। ड्राइवर ने तरह-तरह की तरकीबें कीं, पर वह चली नहीं। सविनय अवज्ञा आन्दोलन शुरू हो गया था, कम्पनी के हिस्सेदार कह रहे थे—'बस तो फर्स्ट क्लास है जी ! यह तो इत्तफाक की बात है।'

क्षीण चाँदनी में वृक्षों की छाया के नीचे वह बस बड़ी दयनीय लग रही थी।

लगता, जैसे कोई वृद्धा थककर बैठ गयी हो। हमें ग्लानि हो रही थी कि बेचारी पर लदकर हम चले आ रहे हैं। अगर इसका प्राणान्त हो गया तो इस बियाबान में हमें इसकी अन्त्येष्टि करनी पड़ेगी।

हिस्सेदार साहब ने इंजन खोला और कुछ सुधारा। बस आगे चली। उसकी चाल और कम हो गयी थी।

धीरे-धीरे वृद्धा की आँखों की ज्योति जाने लगी। चाँदनी में रास्ता टटोलकर वह रेंग रही थी। आगे या पीछे से कोई गाड़ी आती दिखती तो वह एकदम किनारे खड़ी हो जाती और कहती—'निकल जाओ, बेटी! अपनी तो वह उम्र ही नहीं रही।'

एक पुलिया के ऊपर पहुँचे ही थे कि एक टायर फिस्स करके बैठ गया। वह बहुत जोर से हिलकर थम गयी। अगर स्पीड में होती, तो उछलकर नाले में गिर जाती। मैंने उस कम्पनी के हिस्सेदार की तरफ पहली बार श्रद्धाभाव से देखा। वह टायरों की हालत जानते हैं, फिर भी जान हथेली पर लेकर इसी बस से सफर कर रहे हैं। उत्सर्ग की ऐसी भावना दुर्लभ है। सोचा, इस आदमी के साहस और बलिदान-भावना का सही उपयोग नहीं हो रहा है। इसे तो किसी क्रान्तिकारी आन्दोलन का नेता होना चाहिए। अगर बस नाले में गिर पड़ती और हम सब मर जाते तो देवता बाँहें पसारे उसका इन्तजार करते। कहते—'वह महान् आदमी आ रहा है, जिसने एक टायर के लिए प्राण दे दिये। मर गया, पर टायर नहीं बदला।'

दूसरा घिसा टायर लगाकर बस फिर चली। अब हमने वक्त पर पन्ना पहुँचने की उम्मीद छोड़ दी थी। पन्ना कभी भी पहुँचने की उम्मीद छोड़ दी थी। पन्ना क्या, कहीं भी, कभी भी पहुँचने की उम्मीद छोड़ दी थी। लगता था, जिन्दगी इसी बस में गुजारना है और इससे सीधे उस लोक की ओर प्रयाण कर जाना है। इस पृथ्वी पर उसकी कोई मंजिल नहीं है। हमारी बेताबी, तनाव खत्म हो गये। हम बड़े इत्मीनान से घर की तरह बैठ गये। चिन्ता जाती रही। हँसी-मजाक चालू हो गया।

ठण्ड बढ़ रही थी। खिड़कियाँ खुली थीं ही। डाक्टर ने कहा—'गलती हो गयी। 'कुछ' पीने को ले आते तो ठीक रहता।'

ठण्ड बढ़ रही थी। एक गाँव पर बस रुकी तो डाक्टर फौरन उतरा। ड्राइवर से बोला—'जरा रोकना! नारियल ले आऊँ। आगे मढ़िया पर फोड़ना है।'

डाक्टर झोंपड़ियों के पीछे गया और देशी शराब की बोतल ले आया। छागलों में भरकर हम लोगों ने पीना शुरू किया।

इसके बाद किसी कष्ट का अनुभव नहीं हुआ। पन्ना से पहले ही सब मुसाफिर उतर चुके थे। बस कम्पनी के हिस्सेदार शहर के बाहर ही अपने घर पर उतर गये। बस शहर में अपने ठिकाने पर रुकी। कम्पनी के दो मालिक रजाइयों में दुबके बैठे थे। रात का एक बजा था। हम पाँचों उतरे। मैं सड़क के किनारे खड़ा रहा। डाक्टर भी मेरे पास खड़ा होकर बोतल से अन्तिम घूँट लेने लगा। बाकी तीन मित्र

बस-मालिकों पर झपटे। उनकी गर्म डाँट हम सुन रहे थे। पर वे निराश लौटे। बस-मालिकों ने कह दिया था, सतना की बस तो चार-पाँच घण्टे पहले जा चुकी। अब लौटती होगी। अब तो बस सवेरे ही मिलेगी।

आसपास देखा, सारी दुकानें, होटल बन्द। ठण्ड कड़ाके की। भूख भी खूब लग रही थी। तभी डाक्टर बस-मालिकों के पास गया। पाँचेक मिनट में उनके साथ लौटा तो बदला हुआ था। बड़े अदब से मुझसे कहने लगा, "सर, नाराज मत होइए। सरदारजी कुछ इन्तजाम करेंगे। सर, सर, उन्हें अफसोस है कि आपको तकलीफ हुई।"

अभी डॉक्टर बेतकल्लुफी से बातें कर रहा था और अब मुझे 'सर' कह रहा है। बात क्या है? कहीं ठर्रा ज्यादा असर तो नहीं कर गया! मैंने कहा, "यह तुमने क्या 'सर-सर' लगा रखी है?"

उसने फिर वैसे ही झुककर कहा, "सर, नाराज मत होइए! सर, कुछ इन्त-जाम हुआ जाता है।"

मुझे तब भी कुछ समझ में नहीं आया। डाक्टर भी परेशान था कि मैं समझ क्यों नहीं रहा हूँ। वह मुझे अलग ले गया और समझाया, "मैंने इन लोगों से कहा है कि तुम संसद-सदस्य हो। इधर जाँच करने आये हो। मैं एक क्लर्क हूँ, जिसे साहब ने एम. पी. को सतना पहुँचाने के लिए भेजा है। मैंने इनसे कहा कि सरदारजी, मुझ गरीब की तो गर्दन कटेगी ही, आपकी भी लेवा-देई हो जायेगी। वह स्पेशल बस से सतना भेजने का इन्तजाम कर देगा। ज़रा थोड़ा एम. पी. पन तो दिखाओ। उल्लू की तरह क्यों पेश आ रहे हो?"

मैं समझ गया कि मेरी काली शेरवानी काम आ गयी। यह काली शेरवानी और ये बड़े बाल मुझे कोई रूप दे देते हैं। नेता भी दिखता हूँ, शायर भी और अगर बाल सूखे बिखरे हों तो जुम्मन शहनाईवाले का भी धोखा हो जाता है।

मैंने मिथ्याचार का आत्मबल बटोरा और लौटा तो ठीक संसद-सदस्य की तरह। आते ही सरदारजी से रोब से पूछा, "सरदारजी, आर. टी. ओ. से कब तक इस बस को चलाने का सौदा हो गया है?"

सरदारजी घबरा उठे। डाक्टर खुश कि मैंने फर्स्ट-क्लास रोल किया है।

रोबदार संसद-सदस्य का एक वाक्य काफी है, यह सोचकर मैं दूर खड़े होकर सिगरेट पीने लगा। सरदारजी ने वहीं मेरे लिए कुर्सी डलवा दी। वह डरे हुए थे और डरा हुआ मैं भी था। मेरा डर यह था कि कहीं पूछताछ होने लगी कि मैं कौन संसद-सदस्य हूँ तो क्या कहूँगा। याद आया कि अपने मित्र महेशदत्त मिश्र का नाम धारण कर लूँगा। गाँधीवादी होने के नाते, वह थोड़ा झूठ बोलकर मुझे बचा ही लेंगे।

अब मेरा आत्मविश्वास बहुत बढ़ गया। झूठ अगर जम जाये तो सत्य से ज्यादा अभय देता है।

मैं वहीं बैठे-बैठे डाक्टर से चीखकर बोला, "बाबू, यहाँ क्या कयामत तक बैठे

रहना पड़ेगा ? इधर कहीं फोन हो तो जरा कलेक्टर को इत्तला कर दो । वह गाड़ी का इन्तजाम कर देंगे ।"

डाक्टर वहीं से बोला, "सर, बस एक मिनट ! जस्ट ए मिनट, सर !"

थोड़ी देर बाद सरदारजी ने एक नयी बस निकलवायी । मुझे सादर बैठाया गया । साथियों को बैठाया । बस चल पड़ी ।

मुझे एम. पी. पन काफी भारी पड़ रहा था । मैं दोस्तों के बीच अजनबी की तरह अकड़ा बैठा था । डॉक्टर बार-बार 'सर' कहता रहा और बस का मालिक 'हुजूर' ।

सतना में जब रेलवे के मुसाफिरखाने में पहुँचे तब डाक्टर ने कहा, "अब तीन घण्टे लगातार तुम मुझे 'सर' कहो । मेरी बहुत तौहीन हो चुकी है ।"

०००

परसाई रचनावली

रानी नागफनी की कहानी (उपन्यास), तट की
खोज (दीर्घकथा), कहानियाँ, लघु कथाएँ

राजकमल प्रकाशन

परसाई रचनावली

2

सम्पादक मण्डल

कमलाप्रसाद

धनंजय वर्मा

श्यामसुन्दर मिश्र

मलय

श्याम कश्यप

ISBN : 978-81-267-1011-9 (सम्पूर्ण सेट)

मूल्य : ₹ 7200
छह खंडों का सम्पूर्ण सेट

पहला संस्करण : जनवरी, 1985
आठवाँ संस्करण : 2023

प्रकाशक : राजकमल प्रकाशन प्रा.लि.
1-बी, नेताजी सुभाष मार्ग, दरियागंज
नई दिल्ली-110 002
शाखाएँ : अशोक राजपथ, साइंस कॉलेज के सामने, पटना-800 006
पहली मंजिल, दरबारी बिल्डिंग, महात्मा गांधी मार्ग, प्रयागराज-211 001
वेबसाइट : www.rajkamalprakashan.com
ई-मेल : info@rajkamalprakashan.com

मुद्रक : बी.के. ऑफसेट
नवीन शाहदरा, दिल्ली-110 032

PARSAI RACHANAVALI-2
Edited by Kamla Prasad, Dhananjay Verma, Shyamsunder Mishra, Malay, Shyam Kashyap

— 1963

प्रो. हनुमान वर्मा के साथ : 1963

नागार्जुन, कान्तिकुमार एवं त्रिलोचन शास्त्री के साथ : 1983

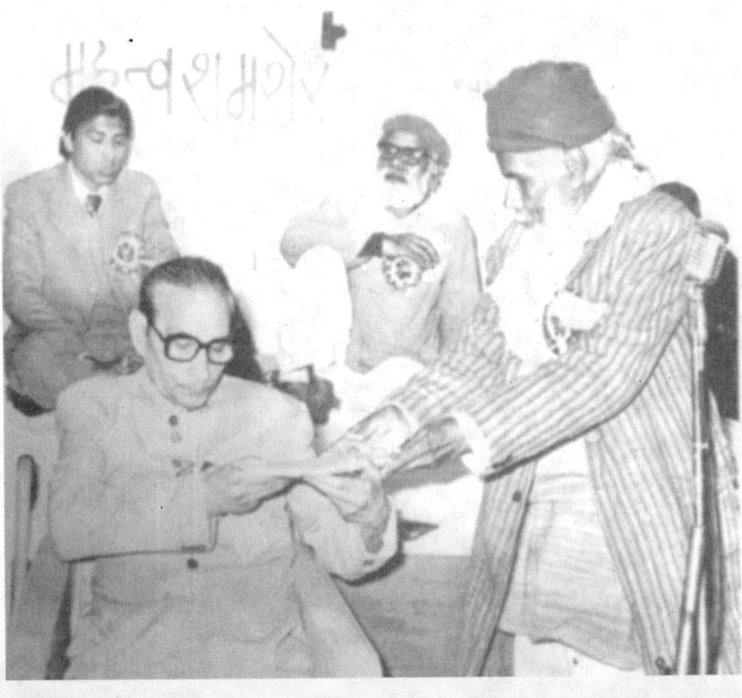

अपनी कोशिश से मैं अपने को श्रद्धेय बना सकता था। ताकत के लिए बिजली के इंजेक्शन देनेवाले अपने को 'डाक्टर' कहलवा लेते हैं। मेरे शहर में एक अध्यापक ने अपने नेम प्लेट पर नाम के आगे 'आचार्य' लिखवा लिया था। मैं समझ गया यह मौंड़ा आदमी ऊँचा जाएगा। वह गया। बंबई जाकर उसने नेमप्लेट में 'भगवान' लिखवा लिया और आजकल मुक्तता प्राप्त भगवान है। मैं भी अपने नेमप्लेट पर 'पंडित' हरिशंकर परसाई लिखवा सकता था। लोग भरम मारकर

हरिवंशराय बच्चन (दायें) के साथ। बीच में नर्मदाप्रसाद खरे : 1968

रवीन्द्रनाथ त्यागी के साथ : 1978

गद्यलेखक हरिशंकर परसाई

श्याम कश्यप

हरिशंकर परसाई और 'व्यंग्य' एक-दूसरे के लगभग पर्याय मान लिये गये हैं। यह सही है कि परसाईजी ने व्यंग्य को हिन्दी गद्य में एक सक्षम और स्वतन्त्र 'विधा'-जैसी प्रतिष्ठा दिलायी है, लेकिन व्यंग्य मूलतः एक 'स्पिरिट' है, कोई विधा नहीं। व्यंग्य की इस स्पिरिट का विभिन्न गद्य-विधाओं में प्रयोग करते हुए परसाईजी ने इन प्रचलित विधाओं को नये आयाम और सार्थक विस्तार दिये हैं। अपनी विशिष्ट अन्तर्वस्तु के अनुरूप उन्होंने पुराने रूपों का परिष्कार किया है।

परसाईजी की भाषा विविध स्तरों और अनेक पर्तों के भीतर चलनेवाली किसी करेण्ट की अन्तर्धारा की तरह है। यह भाषा सहज, सरल और अत्यन्त धारदार तो है ही, साथ ही इसमें विभिन्न प्रकार की वस्तुओं, स्थितियों, सम्बन्धों और घटनाओं के यथार्थ वर्णन की भी अद्भुत क्षमता है। उनकी रचनाओं में प्रसंगानुकूल भाषा के इतने रूप मिलते हैं कि अन्यत्र ऐसा वैविध्य दुर्लभ है।

कबीर-तुलसी आदि सन्त कवियों और खुसरो-मीर-ग़ालिब से लेकर ठेठ आज तक हिन्दी-उर्दू के जितने रूप हमारी भाषा में हो सकते हैं, परसाईजी के गद्य में उन सभी का स्वाद मिलता है। बोलियों, खासकर बुन्देली का हल्का-सा शेड उसमें और भी गजब की चमक ला देता है। लेकिन साथ ही उनकी अपनी बोलचाल की सहज भाषा का निजी वैशिष्ट्य भी नहीं छिपता, बल्कि इस सम्पन्न पृष्ठभूमि में और भी उभर आता है। उनके गद्य की सादगी में गजब की कलात्मक वक्रता के दर्शन होते हैं। यह आकस्मिक नहीं है कि प्रेमचन्द के बाद सबसे सशक्त गद्यकार और स्वातन्त्र्योत्तर भारत के प्रतिनिधि लेखक के रूप में हम परसाईजी को नये सिरे से पहचान रहे हैं।

प्रेमचन्द को जब हम हिन्दी का सबसे बड़ा गद्यलेखक कहते हैं तो उनमें भारतेन्दु-मण्डल और द्विवेदीयुगीन गद्य की शक्तिशाली धारा का ही कलात्मक चरमोत्कर्ष देखते हैं। स्मरणीय है कि हमारे गद्य का जन्म ही साम्राज्यवाद-विरोधी आन्दोलन के एक शक्तिशाली ज्ञानात्मक अस्त्र के रूप में हुआ था। यही नहीं, इस पैनी कटार की एक धार यदि साम्राज्यवाद समर्थक सामन्ती तत्त्वों की ओर लक्षित दिखायी देती है तो दूसरी धार देशी पूंजीवाद की 'महाजनी सभ्यता' के विरुद्ध तनी हुई है। हमारे इस गद्य की तुलना प्राचीन रोमनों की उस दुधारी कटार

'स्तिलुस' (Stilus) से की जा सकती है, जिसे लिखने और घोंपने दोनों कामों में एक साथ इस्तेमाल किया जाता था। परसाईजी का यथार्थवादी गद्य-लेखन भारतेन्दु, प्रतापनारायण मिश्र, बालमुकुन्द गुप्त और प्रेमचन्द के इस जीवन्त जातीय गद्य की ही अगली विकसित कड़ी है। निराला ने कभी इसी अर्थ में हिन्दी गद्य को 'जीवन-संग्राम की भाषा' कहा था।

परसाईजी के गद्य-लेखन की सबसे उल्लेखनीय विशेषता यह है कि उन्होंने भारतेन्दुयुगीन गद्य और खासकर व्यंग्यात्मक निबन्ध-लेखन की श्रेष्ठ परम्परा को नये सिरे से आविष्कृत किया और उसका कलात्मक विकास किया। इस विकास में सिर्फ श्रेष्ठ परम्परा से जुड़कर उसकी कड़ियों को आगे बढ़ाने की बात ही नहीं, बल्कि सार्थक और नवीन प्रयोगों की मौलिक प्रतिभा के भी हमें भरपूर दर्शन होते हैं। इसीलिए यह विकास एक गुणात्मक विकास है।

स्वातन्त्र्योत्तर भारत के जीवन-यथार्थ के जटिलतम रूपों की पूरी गहराई और अत्यन्त सहजता के साथ भरपूर कलात्मक अभिव्यक्ति जिन लेखकों ने की है उनमें परसाईजी का नाम सर्वप्रमुख है। आजादी के बाद हमारे देश में सामाजिक चेतना के विकास में जिन लेखकों का जिक्र किया जायेगा, उनमें निर्विवाद रूप से हरिशंकर परसाई आगे होंगे। इसीलिए यह कहना अतिशयोक्ति न होगी कि परसाईजी आजादी के बाद के भारत के वैसे ही प्रतिनिधि लेखक हैं, जैसे हमारे स्वाधीनता आन्दोलन के दौर के प्रतिनिधि लेखक प्रेमचन्द हैं।

द्वितीय विश्वयुद्ध के बाद की देश और दुनिया की सभी प्रमुख घटनाओं, आन्दोलनों, मनोवृत्तियों और व्यक्तियों के अत्यन्त सूक्ष्म और कलात्मक व्यंग्यचित्र, उनके 'कालमों' में मिल जायेंगे। इनमें कम-से-कम शब्दों के साथ अधिक-से-अधिक व्यंजना की दुर्लभ सामर्थ्य नजर आती है। चन्द शाब्दिक रेखाओं से जैसे एक भरा-पूरा ठोस चित्र मूर्त्त कर दिया गया हो। परसाईजी का साहित्य बीसवीं शताब्दी के उत्तरार्द्ध का ठीक वैसा ही बैरोमीटर है जैसे उन्नीसवीं सदी के पूर्वार्द्ध का बालज़ाक का साहित्य था और जहाँ एंगेल्स ने यथार्थवाद की महान् विजय लक्षित की थी।

परसाईजी ने सबसे ज्यादा निबन्ध लिखे हैं— स्वतन्त्र रूप में, और उससे भी अधिक नियमित-अनियमित 'कालमों' के रूप में। उनके निबन्धों में भारतेन्दु-कालीन व्यक्तिगत निबन्ध की स्वच्छन्दता और व्यापकता के साथ ही प्रेमचन्द की कथात्मक सहजता और पैनापन एक साथ दिखायी देते हैं। इसके अलावा फैन्टेसी के सघन यथार्थवादी प्रयोग तथा पौराणिक मिथकों और लोककथाओं के सार्थक इस्तेमाल में परसाईजी जैसी सफलता शायद ही किसी अन्य लेखक में देखने को मिले।

परसाईजी ने बड़ी संख्या में कहानियाँ भी लिखी हैं। उनकी कहानियों का महत्त्व एक इसी तथ्य से समझा जा सकता है कि हिन्दी कथा साहित्य में घनघोर रूमानियत के दौर में वही अकेले ऐसे कहानीकार नजर आते हैं, जिन पर इस रूमानियत का हल्का-सा भी असर नहीं दिखायी देता। इसके विपरीत वे इस

रूमानियत पर अपने तीखे व्यंग्य प्रहार करते हैं। यथार्थवाद का खुरदरा और पैना दृष्टिकोण एक क्षण के लिए भी धुंधला नहीं पड़ता। प्रसंगवश, प्रेमचन्द का समूचा कथा-साहित्य भी 'छायावाद' के अनिशय रूमानियत के दौर के समानान्तर ही दिखायी देता है—छायावादी काव्य और छायावादी गद्य, दोनों के। यह दिलचस्प संयोग है कि परसाईजी का कथा-साहित्य भी 'नयी कहानी' और 'नयी कविता' की नव-रूमानियत के समानान्तर क्रान्तिकारी यथार्थवाद की एकमात्र मिसाल नजर आता है। उनके अलावा इस दौर के हरेक यथार्थवादी कथाकार में इस रूमानियत का कुछ-न-कुछ असर खोजा जा सकता है। जैसे निराला छायावाद में एक विलक्षण अपवाद की तरह हैं, वैसे ही यहाँ हमें मुक्तिबोध दिखायी देते हैं। कविता ही नहीं, गद्य के क्षेत्र में भी विलक्षण अपवाद !

परसाईजी के कथा-साहित्य का कितना युगान्तरकारी महत्त्व है, इस बात का पता इस तथ्य से चलता है कि 'नयी कहानी'-धारा के दोनों चोटी के कहानीकारों, भीष्म साहनी और अमरकान्त की सफलता का रहस्य भी बहुत कुछ व्यंग्य ही है। व्यंग्य की ओर उनकी उन्मुखता ही उन्हें उनके आरम्भिक आदर्शवाद और रूमानियत से क्रमशः मुक्त करती जाती है। एकदम इधर की मिसाल लें तो युवा कहानीकारों में ज्ञानरंजन और काशीनाथसिंह के गद्य की शक्ति भी व्यंग्य की यह महीन बुनावट ही है। अन्य कथाकारों की अपेक्षा परसाईजी की अधिक सफलता और उच्चतर प्रतिष्ठा की एक वजह यह भी है कि व्यंग्य उनके गद्य में एक सहायक या गौण तत्त्व के रूप में नहीं, बल्कि उनके यथार्थवादी दृष्टिकोण और कलात्मक पद्धति में घुला-मिला, उसके मूलाधार के रूप में आता है।

यहाँ सहज ही यह सवाल उठाया जा सकता है कि मैं आखिर 'व्यंग्य' को इतना केन्द्रीय महत्त्व क्यों दे रहा हूँ ? दरअसल, आजादी के बाद के नव-रूमानी उत्थान की एक 'एन्टीथीसिस' के रूप में तो व्यंग्य एक कारगर अस्त्र की तरह रहा ही है, इसके अलावा हमारे स्वातन्त्र्योत्तर जीवन-यथार्थ के अनेक ऐसे महत्त्वपूर्ण पहलू हैं जिन्हें बिना व्यंग्य के चित्रित ही नहीं किया जा सकता। व्यंग्य के पैने नश्तरों के बगैर आजादी के बाद के व्यामोह, सामाजिक पाखण्ड और राजनीतिक दोगलेपन की सूक्ष्म पर्तें उधेड़ी ही नहीं जा सकतीं। वस्तुतः व्यंग्य ही एक ऐसा कारगर अस्त्र है जो तमाम अन्तर्विरोधों को उभारकर उनकी तीक्ष्ण आलोचना करता है तथा बड़ी-से-बड़ी तानाशाही सत्ता और अमानवीय क्रूरता को दण्ड देने का नैतिक साहस भी ! परसाईजी के व्यंग्य-लेखन ने तो यह भी साबित कर दिया है कि उनका दृष्टि-सम्पन्न व्यंग्य इन सब विशेषताओं के साथ ही जनसाधारण को क्रान्तिकारी सामाजिक रूपान्तरण की दिशा में संगठित संघर्ष के लिए भी तैयार करता है।

इस काम में उनकी अपार लोकप्रियता भी बहुत मदद करती है, क्योंकि लोकप्रियता और कलात्मक श्रेष्ठता के ऐसे दुर्लभ संगम की दूसरी मिसाल नहीं। उनकी लोकप्रियता का आधार यह है कि उनका व्यंग्य सदैव 'हास्य' के साथ घुलमिलकर आता है। लेकिन यह 'हास्य' कोई मामूली हास्य नहीं है ! यह हास्य जनसाधारण

की वर्तमान दुरवस्था के प्रति करुणा और शासक-शोषक वर्गों के पतन और दमन के प्रति घृणा और आक्रोश से उत्पन्न होता है। यह हास्य अपने वर्ग की विजय और शासक-शोषक वर्गों के अनिवार्य विनाश के प्रति दृढ़ विश्वास से पैदा होता है। यह हास्य इतना शक्तिशाली है कि बड़ी-से-बड़ी निरंकुश सत्ता के आतंक के गुब्बारे में सुई चुभोकर विस्फोट कर देता है। यह हास्य अपराजेय जिन्दादिली का प्रतीक है। यह हास्य और जिन्दादिली हिन्दीभाषी जनता की अपनी जातीय परम्परा है। यह हास्य और जिन्दादिली भारतेन्दु-युग से निरन्तर हिन्दी जाति के उत्कट संघर्षों और अजेय आकांक्षाओं की प्रतिबिम्ब है। परसाईजी ने इस हास्य और जिन्दादिली के स्तर से ही अपने व्यंग्य को उठाया और विकसित किया है।

व्यंग्य की 'सीमा' कुछ लोग यह कहकर बतलाते हैं कि इसमें लेखक का नजरिया अनिवार्यतः आलोचनात्मक, अतः नकारात्मक हो जाता है। परसाईजी भी अपने समकालीन समाज की विसंगतियों की कड़ी आलोचना करते हैं। लेकिन महत्त्वपूर्ण बात यह है कि उनका दृष्टिकोण कहीं भी नकारात्मक नहीं हो पाता। उनकी सबसे बड़ी खूबी यह है कि उनमें व्यंग्य-जैसे आलोचना के तीखे माध्यम को भी रचनात्मक बनाने की गजब की ताकत है। अपने वैज्ञानिक दृष्टिकोण की वजह से वे देख लेते हैं कि समाज में कौन-सी वस्तु कहाँ मर रही है और किस जगह कौन-सी नयी संघटना जन्म ले रही है। परसाईजी के समकालीनों में अकेले मुक्तिबोध को छोड़कर और किसी में ऐसा तीखा मूल्यबोध नजर नहीं आता। परसाईजी की अटल पक्षधरता भी इस विवेकपूर्ण मूल्य-बोध का ही प्रतिफलन है।

परसाईजी का साहित्य पढ़ते हुए यह बात भी छिपी नहीं रहती कि उनके तीखे-से-तीखे व्यंग्य-प्रहार के मूल में भी करुणा के गहरे सोते लहराते रहते हैं। उनकी आलोचना का आधार ही यह सघन मानवीय करुणा है। वे हमारी आत्मा के शिल्पी हैं। उनका साहित्य हमारे सारे संस्कारों को जड़ से बदल डालता है। वे शायद हमारे सबसे संवेदनशील गद्यलेखक हैं। उनकी करुणा की धारा जितनी गहरी है उतनी ही वेगवान भी है। ऊपर से देखने पर सतह से शायद कोई हलचल न भी दिखायी दे, कोई अतिरिक्त शोर भी शायद न सुनायी दे। यह एकदम स्वाभाविक है। पानी जितनी गहराइयों से गुजरता है, उसका शोर उतना ही कम होता है। यह अकारण ही नहीं है कि इस गहराई की थाह लेनेवाले सभी पैमाने आज छोटे नजर आते हैं। सिर्फ छोटे ही नहीं, उनमें से ज्यादातर खोटे भी!

इस अथाह गहराई के साथ ही परसाईजी में विस्तार और विविधता भी बहुत दिखायी देती है। कहानीकार का कैनवस जब बहुत फैलने लगता है तो प्रायः वह उपन्यास में उसे समेटता है। उपन्यास परसाईजी ने भी लिखे हैं। लेकिन जब कैनवस असाधारण विस्तार ग्रहण करने लगे तब? शायद इस विराट व्यापकता की वजह से ही वे उपन्यास अधिक नहीं लिख सके। उनकी विषयवस्तु का असीम विस्तार किसी सामान्य उपन्यास में समा भी नहीं सकता। मुझे लगता है कि ठीक ऐसी ही उलझन एक समय तोलसतोय के सामने भी रही होगी और उन्होंने जब इसे हल

किया तो हमें 'युद्ध और शान्ति' के रूप में एक ऐसा महाख्यान मिला जो न केवल 'बुर्जुआ समाज का महाकाव्य' नहीं है बल्कि वह 'उपन्यास' के सारे प्रचलित ढाँचों की एक सिरे से धज्जियाँ उड़ाता हुआ नजर आता है। तो क्या परसाईजी भी हमारा 'युद्ध और शान्ति' लिखेंगे? तो क्या अन्य सभी गद्य-विधाओं की तरह अब वे उपन्यास की विधा और उसके प्रचलित रूप का भी नया विस्तार और परिष्कार करेंगे?

मुझे लगता है कि यह काम तो उन्होंने 'रानी नागफनी की कहानी' में ही शुरू कर दिया था। मुझे यह भी लगता है कि हमारा 'युद्ध और शान्ति' तो वे लिख भी चुके हैं; अभी भी निरन्तर लिखते चले जा रहे हैं। उनकी सारी व्यंग्य-रचनाओं को एक क्रम से एक साथ प्रकाशित कर दें तो क्या यह हमारा 'युद्ध और शान्ति' नहीं होगा? मुझे लगता है कि अगर कला का अर्थ अनुकृति नहीं है तो हमारा 'युद्ध और शान्ति' इससे बहुत अलग नहीं हो सकता।

तोल्सतोय के समय से और उनकी महान् कृतियों से यह आभास मिलने लगता है कि पूंजीवादी आलोचनात्मक यथार्थवाद की सीमाएँ अब टूटने लगी हैं। अग्रगामी वास्तविकता इतनी तेजी से गतिशील नजर आती है कि इस 'यूरोपीय' यथार्थवाद की सैद्धान्तिक सीमाएँ उसकी व्याख्या के लिए अपर्याप्त लगने लगती हैं। वास्तविकता के कलात्मक प्रतिबिम्बन के स्तर पर तो गोर्की, लू शुन और प्रेमचन्द अपने-अपने धरातल पर इन सीमाओं को बहुत पीछे छोड़ जाते हैं। इन तीनों अग्रगामियों का यह सृजनात्मक प्रयास महान् तोल्सतोय की क्रान्तिकारी विरासत से सीधे जुड़ा हुआ है।

परसाईजी यहाँ भी प्रेमचन्द की अगली कड़ी हैं। उनका साहित्य आलोचनात्मक यथार्थवाद की सीमाओं से ऊपर उठकर उसी तरह से यथार्थवाद के एक नये धरातल पर प्रतिष्ठित नजर आता है जो 'तीसरी दुनिया' में यथार्थवाद की फिलहाल सबसे ऊँची मंजिल है तथा भारत में इससे पहले प्रेमचन्द के अलावा कोई अन्य लेखक इस शिखर तक नहीं पहुँच सका था। तीसरी दुनिया में जन्म लेनेवाले इस क्रान्तिकारी यथार्थवाद की विशेषता यह है कि वह यूरोपीय पूंजीवादी यथार्थवाद से आगे की कड़ी तो है ही, इसके साथ ही वह समाजवादी यथार्थवाद की ओर अभिमुख भी है। यही नहीं, इसका लक्ष्य और परिप्रेक्ष्य भी समाजवादी यथार्थवाद ही है।

यह क्रान्तिकारी यथार्थवाद अगर अब परसाईजी की व्यंग्य-रचनाओं में अभिव्यक्ति पा रहा है तो इससे मार्क्स की इस भविष्यवाणी की ही पुष्टि होती है कि "विश्वव्यापी ऐतिहासिक रूप का आखिरी दौर उसकी कामदी है।" वे आगे लिखते हैं कि "इतिहास का ऐसा मार्ग क्यों? यह इसलिए ताकि मानवजाति अपने अतीत से हर्षपूर्वक विदा हो सके।" कहना न होगा कि इस विदाई समारोह की शुरुआत अक्टूबर 1917 से हो चुकी है और इस 'ऐतिहासिक रूप' कामदी की कोख से जन्मा यह 'व्यंग्य' मानवजाति को बड़ी तेजी के साथ उस सुदूर भविष्य की ओर लिये जा रहा है, जिसके बारे में मार्क्स ने कहा था कि वहाँ सभी सामाजिक अन्तर्विरोध हल हो चुके होंगे और वर्गों के अस्तित्व की समाप्ति के साथ ही अन्ततः राज्यसत्ता का भी लोप हो जायेगा!!

रचना-क्रम

लघु उपन्यास, दीर्घ-कथा,
कहानियाँ, लघु कथाएँ

रानी नागफनी की कहानी

(लघु उपन्यास : फन्तासी)

रचनाकाल : 1962

फेल होना कुँअर अस्तभान का और करना आत्महत्या की तैयारी

किसी राजा का एक बेटा था, जिसे लोग अस्तभान नाम से पुकारते थे। उसने अट्ठाइसवाँ वर्ष पार किया था और वह उन्तीसवें में लगा था। पर राजा ने स्कूल में उसकी उम्र चार साल कम लिखायी थी, इसलिए स्कूल-रजिस्टर के मुताबिक उसकी उम्र चौबीस साल ही होती थी।

कुँअर अस्तभान का एक मित्र था, जिसका नाम मुफतलाल था। मुफतलाल उस युग में बड़ा प्रसिद्ध आदमी हो गया है। जब लोगों को 'जैसा नाम वैसा काम' का उदाहरण देना होता, तो वे मुफतलाल का नाम लेते थे। कुँअर अस्तभान और मुफतलाल दोनों बचपन के साथी थे। दोनों साथ स्कूल जाते और एक ही बेंच पर बैठते। दोनों कक्षा में बैठे-बैठे साथ मूँगफली खाते; पर पिटता मुफतलाल था। अस्तभान बच जाता, क्योंकि वह राजा का लड़का था। दोनों पुस्तकें बेचकर मेटिनी शो सिनेमा देखते। परीक्षा में दोनों एक-दूसरे की नकल करते, इसलिए अक्सर दोनों ही फेल हो जाते। बकरे की बोली बोलना दोनों ने एक साथ ही सीखा था और दोनों लड़कियों के कालेज के चौराहे पर साथ-साथ बकरे की बोली बोलते थे। इस प्रकार दोनों की शिक्षा-दीक्षा एक-सी अच्छी हुई थी। पर एक राजकुमार था और दूसरा उसका मुसाहिब। इसी को लक्ष्य करके किसी ने कहा है-- 'दो फूल साथ फूले किस्मत जुदा-जुदा।'

मई का महीना है। यह परीक्षाओं के रिजल्ट खुलने का मौसम है। दोनों मित्र इस वर्ष बी. ए. की परीक्षा में बैठे हैं।

प्रभात का सुहावना समय है। अस्तभान अपने कमरे में बैठा है। पास ही मुफतलाल है। अस्तभान की गोद में चार-पाँच अखबार पड़े हैं। वह एक अखबार उठाता है और उसमें छपे सब नाम पढ़ता है। फिर आह भरकर रख देता है। तब दूसरा अखबार उठाता है। उसमें छपे हुए नाम पढ़कर एक आह के साथ उसे भी रख देता है। इस प्रकार वह सब अखबार पढ़कर रख देता है और खिड़की के बाहर देखने लगता है। मुफतलाल छत पर टकटकी लगाये बैठा है।

कमरे में बड़ी भयानक शान्ति है। शान्ति को अस्तभान भंग करता है। मुफतलाल की तरफ नजर घुमाकर कहने लगा, "मित्र, तुम पास हो गये और मैं इस बार

भी फेल हो गया।"

मुफतलाल की आँखों से टप्-टप् आँसू चूने लगे। वह बोला, "कुमार, मैं पास हो गया, इस ग्लानि से मैं मरा जा रहा हूँ। आपके फेल होते हुए मेरा पास हो जाना, इतना बड़ा अपराध है कि इसके लिए मेरा सिर भी काटा जा सकता है। मैं अपना यह काला मुँह कहाँ छिपाऊँ? यदि हम दूसरी मंजिल पर न होते, जमीन पर होते, तो मैं कहता —हे माँ पृथ्वी, तू फट जा और मैं समा जाऊँ।"

मित्र के सच्चे पश्चात्ताप से अस्तभान का मन पिघल गया। वह अपना दुख भूल गया और उसे समझाने लगा, "मित्र, दुखी मत होवो। होनी पर किसी का वश नहीं। तुम्हारा वश चलता तो तुम मुझे छोड़कर कभी पास न होते।"

मुफतलाल कुछ स्वस्थ हुआ। अस्तभान ने अखबारों को देखा और क्रोध से उसका मुँह लाल हो गया। उसने सब अखबारों को फाड़कर टुकड़े-टुकड़े कर दिया। फिर पसीना पोंछकर बोला, "किसी अखबार में हमारा नाम नहीं छपा। ये अखबारवाले मेरे पीछे पड़े हैं। ये मेरा नाम कभी नहीं छापेंगे। भला यह भी कोई बात है कि जिसका नाम अखबारवाले छापें, वह पास हो जाय और ज़िसका न छापें, वह फेल हो जाय। अब तो पास होने के लिए मुझे अपना ही अखबार निकालना पड़ेगा। तुम्हें मैं उसका सम्पादक बनाऊँगा और तब तुम मेरा नाम पहले दर्जे में छापना।"

मुफतलाल ने विनम्रता से कहा, "सो तो ठीक है, पर मेरे छाप देने से विश्वविद्यालय कैसे मानेगा?"

कुँअर ने कहा, "और इन अखबारों की बात क्यों मान लेता है?"

मुफतलाल का हँसने का मन हुआ। पर राजकुमार की बेवकूफी पर हँसना कानूनन जुर्म है, यह सोचकर उसने गम्भीरता से कहा, "कुमार, पास-फेल तो विश्वविद्यालय करता है। अखबार तो इसकी सूचना मात्र छापते हैं।"

अस्तभान अब विचार में पड़ गया। हाथों की उँगलियाँ आपस में फँस गयीं और सिर लटक गया। बड़ी देर वह इस तरह बैठा रहा। फिर एकाएक उठा और निश्चय के स्वर में बोला, "सखा, हम आत्महत्या करेंगे। चार बार हम बी. ए. में फेल हो चुके। फेल होने के बाद आत्महत्या करना वीरों का कार्य है। हम वीर-कुल के हैं। हम क्षत्रिय हैं। हम आन पर मर मिटते हैं। हमें तो पहली बार फेल होने पर ही आत्महत्या कर लेनी थी। पर हमने विश्वविद्यालय को तीन मौके और दिये। अब बहुत हो चुका। हमें आत्महत्या कर ही लेनी चाहिए। जाओ, इसका प्रबन्ध करो।"

मुफतलाल उसके तेज को देखकर सहम गया। वह चाहता था कि अस्तभान कुछ दिन और जिन्दा रहे। उसने डिप्टी कलेक्टरी के लिए दरख्वास्त दी थी और चाहता था कि अस्तभान सिफारिश कर दे। वह समझाने लगा, "कुमार, मन को इतना छोटा मत करिए। आप ऊँचे खानदान के आदमी हैं। आपके कुल में विद्या की परम्परा नहीं है। आपके पूज्य पिताजी बारहखड़ी से मुश्किल से आगे बढ़े और आपके प्रातः स्मरणीय पितामह तो अँगूठा लगाते थे। ऐसे कुल में जन्म लेकर आप

बी. ए. तक पढ़े, यह कम महत्त्व की बात नहीं है। इसी बात पर आपका सार्वजनिक अभिनन्दन होना चाहिए। कुमार, पढ़ना-लिखना हम छोटे आदमियों का काम है। हमें नौकरी करके पेट जो भरना है। पर आपकी तो पुश्तैनी जायदाद है। आप क्यों विद्या के चक्कर में पड़ते हैं ?"

दुविधा पैदा हो गयी थी। ऐसे मौके पर अस्तभान हमेशा मुफतलाल की सलाह माँगता था। उसे विश्वास था कि वह उसे नेक सलाह देता है। कहने लगा, "मित्र, मैं दुविधा में पड़ गया हूँ। तू जानता है मैं तेरी सलाह मानता हूँ। जो कपड़ा तू बताता है, वही पहनता हूँ। जो फिल्म तू सुझाता है, वही देखता हूँ। तू ही बता, मैं क्या करूँ। मैं तो सोचता हूँ कि आत्महत्या कर ही लूँ।"

मुफतलाल ने कहा, "जी हाँ, कर लीजिए।"

अस्तभान कुछ सोचकर बोला, "या अभी न करूँ ?"

मुफतलाल ने झट कहा, "जी हाँ, मत करिए। मेरा भी ऐसा ही खयाल है।"

कुँअर फिर सोचने लगा। सोचते-सोचते बोला, "एक साल और रुकूँ। अगले साल कर लूँगा। क्या कहते हो ?"

मुफतलाल ने कहा, "जी हाँ, मैं भी सोचता हूँ कि अगले साल हो करिए।"

कुँअर फिर बोला, "पर फेल तो अगले साल भी होना है। अच्छा है अभी आत्महत्या कर डालूँ।"

मुफतलाल ने कहा, "जी हाँ, जैसे तब, वैसे अब। कर ही डालिए।"

कुँअर अस्तभान बहुत प्रसन्न हुआ। उसने मुफतलाल को गले से लगाकर कहा, "मित्र, मैं इसीलिए तो तेरी कद्र करता हूँ कि तू बिल्कुल स्वतन्त्र और नेक सलाह देता है। तुझ-सा सलाहकार पाकर मैं धन्य हो गया।"

मुफतलाल सकुचा गया। कहने लगा, "हैं-हैं, यह तो कुमार की कृपा है। मैं तो बहुत छोटा आदमी हूँ। पर इतना अलबत्ता है कि जो बात आपके भले की होगी, वही कहूँगा —आपको बुरा लगे या भला। मुँह-देखी बात मैं नहीं करता।"

"मैं जानता हूँ, मैं जानता हूँ," कुँअर ने कहा, "तो अब यह तय हो गया कि हम आत्महत्या करेंगे। इसके लिए सारा प्रबन्ध तुम्हारे जिम्मे है। प्राचीन काल से लेकर अभी तक आत्महत्या के जितने तरीके अपनाये गये हैं, उन सबका अध्ययन करके, ऐसा तरीका चुनो, जो अवसर के अनुकूल हो और हमारी प्रतिष्ठा के योग्य हो।"

मुफतलाल ने सिर झुकाकर कहा, "जो आज्ञा, कुमार।" वह वहीं खड़ा-खड़ा कभी अस्तभान को देखता और कभी फर्श को। वह कुछ कहना चाहता था। उसके भीतर भावों का तूफान उठ रहा था।

उसकी यह हालत देखकर अस्तभान ने कहा, "तुम कुछ कहना चाहते हो, मुफतलाल !"

"जी," मुफतलाल ने कहा।

"तो बोलो ! क्या बात है ?"

मुफतलाल बोला, "कुमार, मैं भी आपके साथ चलूंगा।"

"कहाँ ?"

"उस लोक में। मैं भी आत्महत्या करूँगा।"

इस स्नेह से अस्तभान का हृदय भर आया। बड़ी मुश्किल से आँसू रोककर उसने कहा, "मित्र, मैं तेरे प्रेम को जानता हूँ। पर तू आत्महत्या कैसे करेगा ? तू तो पास हो गया है। तेरे लिए यह अवसर नहीं है। तूने डिप्टी कलेक्टरी की दरख्वास्त दी है। तेरे लिए आत्महत्या का मौका तब आयेगा जब तेरी नौकरी नहीं लगेगी। तू तो जानता है कि कोई युवक परीक्षा में फेल होने से चाहे बच जाये, पर बेकारी से नहीं बच सकता। तू बेकारी के कारण आत्महत्या करना और मुझसे आ मिलना।"

मुफतलाल ने कहा, "सो तो ठीक है, कुमार। पर तब तक यहाँ कैसे गुजर होगी ? मेरा कोई और सहारा नहीं है। मैंने आपके सिवा किसी को नहीं जाना।" वह रो पड़ा।

कुँअर की भी आँखें भर आयीं। उसने मुफतलाल को गले लगाया और कहा, "मैं जानता हूँ कि मेरे बिना तेरा जीवन दूभर हो जायेगा। मैं तेरी गुजर-बसर के लिए कोई इन्तजाम कर जाऊँगा। डिप्टी कलेक्टरी के लिए तेरी सिफारिश भी कर जाऊँगा। लोक-सेवा-आयोग मेरी अन्तिम इच्छा अवश्य मानेगा।"

मुफतलाल इस बात से बड़ा प्रसन्न हुआ, पर प्रसन्नता को दबाकर रुआँसे स्वर में बोला, "मेरा जी यहाँ कैसे लगेगा ? मैं तो आपके साथ ही चलूंगा।"

"नहीं मित्र," अस्तभान ने समझाया, "तेरे लिए यहाँ बहुत काम बाकी है। अभी तो तुझे मेरा स्मारक बनवाना है। तू नहीं रहा तो मेरा स्मारक कौन बनवायेगा ? मेरी मृत्यु की खबर फैलते ही तुझे जगह-जगह शोक-सभाएँ भी करवाना है। स्मारक के लिए तू चन्दा इकट्ठा करेगा ही; उसमें से तू कमीशन भी ले सकता है। ठेकेदारों से भी तू कमीशन बाँध सकता है। तू चाहे जितने वर्ष स्मारक का काम खींच सकता है। इस तरह तेरी जीविका की समस्या भी हल हो जायेगी और मेरा स्मारक भी बन जायेगा।"

मुफतलाल का मन कुछ हल्का हुआ। वह आत्महत्या का प्रबन्ध करने चला गया।

अस्तभान जानता था कि आत्महत्या करनेवाला चिट्ठियाँ लिखकर छोड़ जाता है। मरनेवाले की प्रतिष्ठा इन्हीं चिट्ठियों पर निर्भर रहती है। कभी-कभी चिट्ठी लिखने में इतनी देर लग जाती है कि मरनेवाले का मन बदल जाता है और वह इरादा त्याग देता है। यह सोच, अस्तभान जल्दी ही चिट्ठी लिखने बैठ गया। पहली चिट्ठी उसने अपने पिताजी को लिखी—

"पूज्य पिताजी,

जब यह चिट्ठी आपको मिलेगी, तब तक मैं इस असार संसार से कूच कर जाऊँगा। आपके हृदय को थोड़ा आघात अवश्य लगेगा—ऐसी मुझे आशा है। पर आप यह सोचकर शान्ति प्राप्त करेंगे कि आपके बेटे ने एक महान् उद्देश्य के लिए प्राणोत्सर्ग किया है। पिताजी, अपने कुल में विद्या की परम्परा नहीं है। आप बारहखड़ी से आगे नहीं बढ़े और पितामह स्याही का उपयोग केवल अँगूठा लगाने के लिए करते थे। मैंने विद्या की परम्परा डालने की कोशिश की, पर मैं असफल हुआ। मेरे और आपके प्रयत्नों में कमी नहीं रही। मैंने पाठ्य-पुस्तकों को कभी नहीं छुआ और न कक्षा में अध्यापकों की बातें कान पर धरीं। मैंने केवल उन नोट्स और कुंजियों का अध्ययन किया जो 'एन एक्सपीरिएन्स्ड प्रोफेसर' और 'एक गोल्ड मेडेलिस्ट' लिखते हैं। मैंने इनमें इतना मन लगाया कि परीक्षा-कापी में मैंने लिखा कि 'जूलियस सीजर' नाटक का लेखक 'एन एक्सपीरिएन्स्ड प्रोफेसर' है और 'विनय-पत्रिका' 'एक गोल्ड मेडेलिस्ट' ने लिखी है। गोल्डस्मिथ के बारे में मैंने लिखा कि वह भी गोल्ड मेडेलिस्ट था और कुंजियाँ लिखता था। मैंने इतने अच्छे-अच्छे और सही उत्तर लिखे पर परीक्षक कहते हैं कि ये गलत हैं। मैंने प्रश्नपत्र 'आउट' करने की भी कोशिश की और कुछ अंशों में सफल भी हो गया। फिर मैंने विश्वविद्यालय से कोरी परीक्षा-कापियाँ चुराने की भी कोशिश की, पर पकड़ लिया गया। तब आपने मामले को दबवाया। परीक्षा में मैंने भरसक नकल भी की। परीक्षा के बाद परीक्षकों को नम्बर बढ़ाने के लिए आपने मनमाना रुपया भी दिया। कुछ ने नम्बर बढ़ाये; कुछ रुपया खा गये पर नम्बर नहीं बढ़ाये और कुछ तो ऐसे निकले कि साफ इन्कार कर गये। इन्हीं के कारण मैं फेल हो गया। मेरी और आपकी सारी कोशिशें बेकार गयीं। हमारे वीरकुल के लिए यह बड़ी लज्जा की बात है। मुझसे आठवीं पीढ़ी में हमारे एक पूर्वज एक लड़ाई में हार गये थे, तो उन्होंने आत्महत्या कर ली थी। मैं भी विद्या के क्षेत्र में हार गया। मैं अपने उस यशस्वी पूर्वज का अनुसरण कर रहा हूँ।

मैं आपकी कोई सेवा नहीं कर सका। अन्तिम समय आपको एक भेंट देना चाहता हूँ। मेरे कमरे की आलमारी में 100 साल पुरानी शराब रखी है, जो मैंने जंगल मुहकमे के फरनेण्डीज साहब के मारफत मँगायी थी। यह बहुत बढ़िया शराब है। इसे आप मेरी तुच्छ भेंट के रूप में स्वीकारें। इसे पीकर आप मेरा दुख भूल जायेंगे।

अच्छा, अब मुझे आशीर्वाद दें कि उस लोक में पढ़ाई के झंझट से मुझे मुक्त रखा जाये।

विदा !

आपका अभागा बेटा,
अस्तभान

पुनश्च:

आपने मेरी मित्र मिस सुरमादेवी से मेलजोल बढ़ाना चाहा था, जो मैंने नहीं बढ़ने दिया। अब आप बढ़ा सकते हैं। —अस्त.।"

इसके बाद अस्तभान ने अखबारों के लिए एक बयान लिखा, जिसमें अपनी मृत्यु के कारणों पर प्रकाश डाला। उस युग की सामाजिक परिस्थितियों पर इस वक्तव्य से अच्छा प्रकाश पड़ता है—

"···मैं इस दुनिया से बहुत दूर चला गया हूँ, जहाँ, ऐ दुनियावालो ! तुम्हारा अन्याय मुझे नहीं छू सकता। पर मैं पूछता हूँ कि क्या तुमने मेरे साथ अच्छा सलूक किया। मैं चाहे जितना पैसा खर्च कर सकता था, और बदले में एक छोटी-सी चीज चाहता था—बी. ए. की डिग्री, जो लाखों को हर साल मुफ्त मिल जाती है। मैं विश्वविद्यालयों से पूछता हूँ कि यह कहाँ का न्याय है कि जिन्हें दोनों जून खाने को नहीं मिलता उन्हें तो डिग्री मिल जाती है, और हम फेल हो जाते हैं। हमें, जिन्हें बिना परीक्षा के ही डिग्री दे देनी चाहिए, एक-एक नम्बर के लिए दर-दर भटकना पड़े, और जिनके पास फूटी कौड़ी नहीं है, वे घर बैठे नम्बर पा जायें। घोर अन्याय है।

मैं जानता हूँ कि ऊँचे खानदानों के हजारों युवक यह अन्याय सहते हैं और चुप रहते हैं। मैं उन्हें धिक्कारता हूँ। मेरी नसों में वीरकुल का रक्त बहता है, इसीलिए मैं इस अन्याय के विरोध में आत्महत्या कर रहा हूँ। मेरे बलिदान से लोगों की आँखें खुलें और वे आगामी पीढ़ियों के लिए न्यायोचित व्यवस्था करें।

मैं इस सम्बन्ध में निम्नलिखित सुझाव देता हूँ, जिन पर विश्वविद्यालयों की एकेडेमिक कौंसिल विचार करें—

(1) एक खास आमदनी के ऊपरवालों के पुत्र-पुत्रियों को बिना परीक्षा लिये सम्मानपूर्ण डिग्रियाँ दे देने की व्यवस्था हो।

(2) प्रति पेपर जो एक खास रकम दे सके, उसे उस पेपर में नकल करने का सुभीता दिया जाये। इसके लिए उस विषय के जानकार प्रोफेसरों को नकल कराने का काम सौंपा जाये और उन्हें इसका अलग अलाउंस मिले।

(3) जिस तरह बाजार में और चीजें बिकती हैं, उसी तरह नम्बर भी बिकें और जिसमें सामर्थ्य हो वह नम्बर खरीद ले।

अभी जो चल रहा है, वह बड़ा गलत है। सब धान बाईस पँसेरी तौला जाता है, जिससे कितने ही होनहार युवकों का जीवन नष्ट हो जाता है।

मुझे विश्वास है कि मेरा बलिदान व्यर्थ नहीं जायेगा और विद्या के क्षेत्र में न्याय की प्रतिष्ठा होगी। द. : कुँअर अस्तभानसिंह।"*

* ये दोनों पत्र अपने मूल रूप में अन-नेशनल लाइब्रेरी में अभी तक सुरक्षित थे। उक्त लाइब्रेरी के लाइब्रेरियन ने केवल 500 रु. में ये पत्र चुराकर लेखक को दे दिये। लेखक उनके प्रति आभारी है।

अस्तभान थककर लेट गया। थोड़ी देर बाद मुफतलाल आया। उसने कहा, "कुमार, आत्महत्या के सम्बन्ध में मैंने जो खोज-बीन की है, उससे इस निष्कर्ष पर पहुँचा हूँ कि आपको पानी में डूबकर आत्महत्या करनी चाहिए। परीक्षा और प्रेम में फेल होनेवाले जल-समाधि लेते हैं। साधारण आदमी तो चुल्लू-भर पानी में डूबकर मर जाता है, पर आप जैसे महान् व्यक्ति को अधिक पानी चाहिए। आपको भेड़ाघाट के जलप्रपात में कूदकर प्राण त्यागना चाहिए। मैंने नौकरों को हुक्म दे दिया है कि घाट पर कैम्प लगायें और आवश्यक सामान वहाँ पहुँचायें। कल सुबह हम लोग वहाँ चलें और तीसरे पहर आप आत्महत्या कर लें।"

अस्तभान को योजना पसन्द आयी। वह तैयारी के सम्बन्ध में मुफतलाल से बात करने लगा। फिर उसने पत्र और वक्तव्य मुफतलाल को सौंपे!

वह बुरी तरह थक गया था। जम्हाई लेकर कहा, "मित्र, मैं बहुत थक गया हूँ। रात को अच्छी नींद भी नहीं आयी। माथा भारी है। मैं ज़रा सो लूँ। वरना तबियत खराब हो गयी तो कार्यक्रम टालना पड़ेगा।"

मुफतलाल उठ बैठा। प्रणाम करके चला। सोचता जाता था कि ऐसी शान्ति सन्तों के लिए भी ईर्ष्या की वस्तु है। कल आत्महत्या करनी है और आज किस शान्ति की नींद ले रहे हैं! धन्य हो, राजकुमार! महापुरुष ऐसे ही होते हैं।

टूटना प्रेम राजकुमारी नागफनी का और करना तैयारी आत्महत्या की

पड़ौसी राज्य के राजा राखड़सिंह की बेटी राजकुमारी नागफनी पलँग पर हताश पड़ी है। दासियाँ पंखा झुला रही हैं। राजकुमारी की आँखों से आँसू निकल रहे हैं। दायें-बायें दो दासियाँ पाउडर का डिब्बा लिये खड़ी हैं। ज्यों ही आँसू निकलता है दासी उसे पोंछकर पाउडर छिड़क देती हैं।

राजकुमारी का सिर गोद में लिये उसकी सखी करेलामुखी बैठी है। पाठको, करेलामुखी का नाम निरर्थक नहीं है। बचपन में जब उसकी बोली पहली बार फूटी तो पहला शब्द उसके मुँह से गाली का निकला। यह देखकर उसके माता-पिता ने उसका नाम करेलामुखी रख दिया।

करेलामुखी नागफनी के सिर पर हाथ फेरती हुई, उसे समझा रही है, "राजकुमारी, धीरज रखो।"

नागफनी ने सिसकते हुए कहा, "कैसे धीरज रखूँ? तू ही बता सखि। आज पाँचवीं बार मेरा प्रेम टूटा है। कितने आघात मेरे हृदय ने सहे हैं। अब तो मैं प्रेम

करते-करते थक गयी हूँ।"

करेलामुखी ने कहा, "राजकुमारी, प्रेम का पथ काँटों से भरा ही है। इससे क्या घबड़ाना? हर घाव का मरहम होता है। एक प्रेम का घाव भी दूसरे प्रेम के मरहम से भर आता है।"

नागफनी बोली, "नहीं, मेरे घाव नहीं भर सकते। एक घाव सूखता नहीं है कि दूसरा हो जाता है। मेरी किस्मत ही खराब है। मेरे देखते-देखते ही कितनी लड़कियों ने प्रेम किया और उनका प्रेम सफल भी हुआ। उनके प्रेमियों ने या तो उनसे विवाह कर लिया या आत्महत्या कर ली। उस भानमती को ही देखो— न अच्छी साड़ियाँ हैं उसके पास और न ठीक से मेकअप करती है। पर उसके प्रेमी ने उससे विवाह कर लिया। जूही के प्रेम में अभी तक दो आदमी आत्महत्या कर चुके हैं। एक मैं अभागिन हूँ जिसने पाँच से प्रेम किया, पर एक भी न विवाह करने को तैयार हुआ और न आत्महत्या करने को। सबने किसी और से शादी कर ली। अब मैं क्या करूँ? मैं ऊँचे कुल की कुमारी हूँ। मेरे कुल की नारियाँ पुराने जमाने में हँसते-हँसते आग में कूद जाती थीं। मुझे तो पहला प्रेम टूटने पर ही आत्महत्या कर लेनी थी। पर मैंने धैर्य धारण किया। अब मैं हार गयी हूँ। अब तो मैं आत्महत्या करूँगी।"

यह सुनकर करेलामुखी काँप उठी। समझाने लगी, "राजकुमारी, इतनी उतावली मत करो। जैसे पाँच वैसे छः। एक 'ट्रायल' और करो। कल शाम को नगर-सेठ का लड़का उड़ाऊमल तुमसे मिलने आनेवाला है। तुम उससे प्रेम करो। उनके रंग-ढंग से मालूम होता है कि वह या तो शादी कर लेगा या आत्महत्या।"

नागफनी हठ करने लगी। उसने कहा, "नहीं, नये प्रेम के लिए मुझमें उत्साह ही नहीं रहा। अब सिर्फ मर जाने का उत्साह मेरे मन में है।"

करेलामुखी समझाकर हार गयी, पर नागफनी अपने निश्चय पर अटल रही और क्यों न रहे! आन-बानवाले कुल की थी।

बड़ी शान्ति से उसने करेलामुखी से कहा, "सखि, तू आत्महत्या के प्रकारों की खोज-बीन करके यह बता कि किस प्रकार आत्महत्या करना मेरे कुल की प्रतिष्ठा के अनुकूल होगा। सारा प्रबन्ध भी तुझे ही करना है।"

करेलामुखी बहुत दुःखी थी। वह एक आह के साथ उठी और प्रबन्ध करने चली गयी।

इधर नागफनी अन्तिम चिट्ठियाँ लिखने बैठ गयी। उसने एक चिट्ठी अपनी माँ को लिखी—

"माँ,

मैं तुम्हें छोड़कर सदा के लिए जा रही हूँ। मैं जीवन से निराश हो गयी हूँ। आज मुझे पाँचवें प्रेमी ने धोखा दे दिया। मैंने पाँच बार प्रेम किया, पर किसी प्रेमी

ने न मुझसे शादी की, न आत्महत्या की। मुझे धिक्कार है। मैं तुम्हारी बेटी कहलाने योग्य नहीं हूँ। तुम मुझे क्षमा करना।

तुम्हारी अभागिन बेटी,
नागफनी।"

इसके बाद उसने अपनी आत्महत्या के सम्बन्ध में अखबारों के लिए एक वक्तव्य तैयार किया। यह वक्तव्य प्रेमियों के नाम खुली चिट्ठी के रूप में था। वह नीचे दिया जाता है—

"मेरे भूतपूर्व प्रेमियो,

मैं तुम लोगों के कारण जान दे रही हूँ। यदि तुम लोगों में तनिक भी राज-भक्ति होती, तो तुममें से कोई एक प्राण देकर मुझे बचा सकता था। पर तुम सब कायर हो। न जाने इस देश के युवकों को क्या हो गया है? एक वह जमाना था कि एक राजकुमारी के लिए सैकड़ों युवक प्राण देने को तैयार रहते थे और अब मुझे एक मरनेवाले का टोटा पड़ रहा है। यह देश कहाँ जा रहा है? इस देश का कितना पतन हो गया! मेरे पिता के पास इतना धन है, ऐश्वर्य है। मैं इतने बड़े बाप की बेटी हूँ। मैं एक छोटी-सी चीज चाहती थी—एक आदमी की जान और तुम लोगों की जान इतनी महँगी नहीं है। अगर तुममें से कोई आत्महत्या कर लेता तो मैं अपना प्रेम सफल समझती। आत्महत्या नहीं कर सकते थे, तो शादी कर सकते थे। तुमसे कुछ नहीं हुआ।

मैं तो जा रही हूँ। पर मैं अपनी बहिनों को सावधान करती हूँ कि जब तक कोई पुरुष आत्महत्या या विवाह करने का वादा न करे, उससे प्रेम न करें।

द.: नागफनी देवी।"

अब उसने आलमारी खोलकर अपने प्रेमियों के पत्र निकाले और उन्हें जला दिया।

इसके बाद उसने अपने प्रेमपत्रों की नकलें और प्रेमियों के पत्र निकाले। उसने अपनी डायरी पूरी की और पत्रों तथा डायरी को कागज में लपेटकर बाँधा और ऊपर राज्य के एक प्रसिद्ध लेखक का नाम लिखा। इस लेखक के नाम उसने एक पत्र भी लिखा—

"मेरे प्रिय लेखक,

मैं प्रेम में विफल होकर आत्महत्या कर रही हूँ।

मैंने तुम्हारे उपन्यास और कहानियाँ पढ़े हैं और पसन्द किये हैं। मैंने देखा है कि तुम्हें सेनटोरियम में पड़ी हुई या आत्महत्या करनेवाली प्रेमिका अपने पत्र और डायरी भेज देती है और तुम उन पर से कहानी या उपन्यास लिख देते हो। मुझे समझ में नहीं आता कि ये लोग तुम्हें यह सामग्री क्यों भेजती हैं। जहाँ तक मुझे मालूम है, राज्य की ओर से ऐसा कोई आदेश नहीं है। मैं सोचती हूँ, परम्परा के कारण ही ऐसा होता है। तुम्हारा दो सालों से कोई उपन्यास नहीं छपा। कारण यह मालूम होता है कि तुम्हें इस बीच किसी निराश प्रेमिका ने चिट्ठियाँ और डायरी

नहीं भेजीं। मुझे तुम पर दया आती है। तुम-जैसा अच्छा लेखक प्रेमिकाओं की चिट्ठियों के अभाव में मर रहा है। साहित्य की हानि होते मैं नहीं देख सकती। इसलिए ये चिट्ठियाँ और डायरी तुम्हें भेज रही हूँ। इनसे तुम एक उपन्यास और 10-12 कहानियाँ लिख सकते हो।

तुम बहुत स्थिरमति लेखक हो। जो लाइन पकड़ लेते हो, पकड़े रहते हो। वसन्तपुर के सेनेटोरियम में, जिसे खुले पाँच वर्ष हुए हैं, अभी तक कुल 37 निराश प्रेमिकाएँ भरती हुई हैं। पर मैंने हिसाब लगाया है कि तुमने अपनी कहानियों में 73 को वहाँ भेजा है। उक्त 37 में से 25 बच गयीं और सिर्फ 12 मरीं। पर तुम्हारी कहानियों की सब नायिकाएँ मर गयीं। तुम्हें न जाने कहाँ से ये आँकड़े मिल जाते हैं?

जो हो, लो यह समग्री सम्हालो और इसका उपयोग करो।

तुम्हारा भविष्य उज्ज्वल हो।

तुम्हारी प्रशंसिका—
नागफनी।"*

करेलामुखी बड़ी व्यस्त-सी आयी। कहने लगी, "राजकुमारी, मैंने आत्महत्या की प्राचीन और नवीन विधियों का अध्ययन किया है। पुराने जमाने में आग में कूदने की प्रथा थी। अब कुछ स्त्रियाँ कपड़ों पर तेल डालकर आग लगा लेती हैं। फाँसी लगाने और जहर खाने की प्रथा भी है। अधिक भावुक स्त्रियाँ तो दूसरी स्त्री के अच्छे कपड़े और जेवर देखकर ही प्राण त्याग देती हैं। उस दिन नगरसेठ की लड़की बढ़िया साड़ी और गहने पहनकर निकली तो व्यापारी मुहल्ले में, जहाँ से वह निकलती, लाशें बिछ जातीं। पर तुम इतनी भावुक नहीं हो और न किसी स्त्री के पास ऐसी चीज हो सकती है जिसे देखकर तुम ईर्ष्या करो—हाँ, पति को छोड़कर। तुम्हें जल-समाधि लेनी चाहिए। निराश प्रेमिकाएँ भेड़ाघाट के जलप्रपात में कूदकर आत्महत्या करती हैं। तुम भी कल प्रातःकाल वहाँ चलकर घाट पर डेरा डालो और तीसरे पहर तक जल में प्राण विर्सजित करो।"

भेड़ाघाट का नाम सुनकर नागफनी काँप उठी। कहने लगी, "सखि, वहाँ तो बड़ा गहरा पानी है। मुझे डर लगता है।"

करेलामुखी ने आश्वस्त किया, "नहीं, डर की कोई बात नहीं। गर्मी की ऋतु में वहाँ पानी काफी कम हो जाता है।"

नागफनी का मन कुछ शान्त हुआ। उसने करेलामुखी से कहा, "सखि, मेरा सब काम पूरा हो चुका। ये चिट्ठियाँ और यह पुलिन्दा, दोनों को मेरी मृत्यु के बाद

* जैसा कि आगे के अध्यायों से प्रकट होगा, यह सामग्री उक्त लेखक को नहीं मिल सकी और उपन्यास नहीं लिखा जा सका।—लेखक।

यथास्थान पहुँचा देना।"

करेलामुखी ने सब सामग्री ले ली। राजकुमारी ने उसे जाकर प्रबन्ध करने का आदेश दिया।

पर करेलामुखी मूर्ति की तरह वहीं खड़ी रही और उसकी आँखों से टप्टप् आँसू टपकने लगे। नागफनी ने यह देखा तो उससे लिपट गयी। दोनों सखियाँ बड़ी देर तक 'सावन-भादों के रूप' रोती रहीं। करेलामुखी ने रोते-रोते कहा, "राजकुमारी, मैं भी तुम्हारे साथ चलूँगी।"

"नहीं," नागफनी बोली, "नहीं मेरी प्यारी करेलामुखी, तेरे मरने का कोई कारण नहीं है। अभी तो तूने किसी से प्रेम ही नहीं किया है। मेरे प्रेम में व्यस्त रहने के कारण तुझे अपना प्रेम करने का समय ही नहीं मिला। अब तू मन लगाकर प्रेम करना। यदि तेरा विवाह हो सका, तो मेरी आत्मा को उस लोक में बड़ी शान्ति मिलेगी।"

करेलामुखी ने कहा, "राजकुमारी, मुझे साथ ले चलो। यदि तुम्हारा विवाह होता तो राजा साहब दहेज के साथ मुझे भी तुम्हारे साथ भेज देते। जब तुम इतनी दूर जा रही हो तब क्या मुझे तुम्हारे साथ नहीं चलना चाहिए?"

नागफनी ने कहा, "नहीं, यह बात दूसरी है और मैं वहाँ बहुत दिन नहीं रहूँगी। वहाँ आत्मा की हर इच्छा ईश्वर पूरी करते हैं। मैं उनसे वर माँगूँगी कि मुझे पुरुष बनाकर पृथ्वी पर भेजें और मेरे उन धोखेबाज प्रेमियों को स्त्री बनायें। मैं उन पाँचों से शादी करूँगी और उन्हें खूब कष्ट दूँगी।"

करेलामुखी को यह बात पटी नहीं। उसने कहा, "राजकुमारी, ऐसी गलती मत करना। पाँच स्त्रियों का पति खुद ही कष्ट भुगतता है। भूलकर भी ऐसा वर न माँगना। इसके बदले तुम यह वर माँगना कि उन पाँचों की स्त्रियाँ खूब लड़ें और चैन न लेने दें।"

नागफनी ने कहा, "अच्छा, ऐसा ही सही। पर तू साथ चलने का हठ मत कर।"

करेलामुखी के फिर आँसू टपकने लगे। कहने लगी, "पर मेरा अब कौन सहारा है?"

नागफनी ने उसकी पीठ पर हाथ फेरते हुए कहा, "घबड़ा मत। मैं तेरा इन्तजाम कर जाऊँगी। मैं तुझे इतना धन दे जाऊँगी कि तुझे कभी कोई कमी नहीं रहेगी। पगली, धन से बड़ा संगी और मित्र कोई नहीं है। तेरे पास धन रहेगा तो चार स्त्रियाँ तेरे ही आगे-पीछे फिरेंगी। अच्छा, अब तू जाकर आत्महत्या का प्रबन्ध कर। मैं जरा आराम कर लूँ।"

करेलामुखी अपने भविष्य के बारे में आश्वस्त होकर प्रबन्ध करने चली गयी। नागफनी आराम करने लगी।

मिलना नागफनी और अस्तभान का और मचलना मन का

भरतखण्ड के मध्य में परमपावन, पाप-विनाशिनी नर्मदा नदी बहती है, जो भारत माता की करधनी की तरह सुशोभित है। पुराणों में नर्मदा का बड़ा माहात्म्य गाया गया है। वह गंगा से भी अधिक महिमामयी बतायी गयी है। नर्मदा अमरकण्टक के पर्वतों से निकलकर खम्भात की खाड़ी में गिरती है। इसके किनारे कई सुन्दर नगर और घाट हैं।

नर्मदा में भेड़ाघाट नामक स्थान पर बड़ा भारी जलप्रपात है। लगभग 40 फीट ऊपर से पानी नीचे एक कुण्ड में गिरता है। सयाने लोग जब अपने जमाने के सस्ते गेहूँ की बात करते हैं तब यह भी कहते हैं कि हमारे जमाने में यहाँ पानी 100 फीट ऊपर से गिरता था। अब जमाना खराब आ गया, इसलिए कम ऊँचाई से गिरता है।

पानी के गिरने से जलकण हवा में तैरते रहते हैं और धुआँ सरीखा छाया रहता है। उसे देख ऐसा लगता है, मानो किसी विधान-सभा के सदस्य एक-दूसरे पर धूल फेंक रहे हों।

भेड़ाघाट का दो कारणों से बड़ा महत्त्व है – (1) इसके पास ही एक बड़ा नगर है जहाँ देश-विदेश से पर्यटक और नेता आते रहते हैं। इन लोगों की नजरों से शहर की गन्दगी और सड़कों के गढ़े छिपाने के लिए इन्हें एकदम भेड़ाघाट दिखाने ले जाते हैं और शाम तक वहाँ बहलाकर रात की गाड़ी से रवाना कर देते हैं। प्रकृति का ऊबड़-खाबड़पन खूबसूरती माना जाता है; बड़े मनुष्य का ऊबड़-खाबड़पन गन्दगी। (2) यह आत्महत्या करने के लिए बड़ा सुन्दर स्थान है और यहाँ दूर-दूर से आत्महत्या के इच्छुक आते हैं। सरकार के आत्महत्या-विभाग ने इस स्थल को तीन प्रकार की आत्महत्याओं के लिए निश्चित किया है – परीक्षा में फेल होना, प्रेम में विफल होना और बेकारी। बीमारी, मुकदमा, बिना ब्याह माँ बनना, पति या पत्नी की बेवफाई आदि कारणों से आत्महत्या करने के लिए दूसरे स्थान निश्चित किये गये हैं।

सरकार के आत्महत्या-विभाग ने यहाँ बड़ा अच्छा प्रबन्ध किया है। जितना ध्यान सरकार पर्यटकों को इस सौन्दर्य-स्थली के प्रति आकर्षित करने पर देती है, उतना ही आत्महत्या करनेवालों की सुविधा पर।

यहाँ आत्महत्या-विभाग की ओर से एक दफ्तर खुला है, जिसमें आत्महत्या-अधिकारी बैठता है। इसके मातहत कई कर्मचारी कार्य करते हैं। मरनेवालों को पहले दफ्तर में जाकर अपना नाम, पता, कारण आदि दर्ज कराने पड़ते हैं। उसे एक टिकट मिलती है, जिस पर उनका नम्बर लिखा रहता है। वह टिकट लेकर तैयार हो जाता है और ज्यों ही घाट पर खड़ा आत्महत्या-इन्स्पेक्टर उसका नम्बर

पुकारता है, वह कुण्ड में कूद पड़ता है। यदि किसी का साहस अन्तिम क्षणों में ढीला पड़ जाये तो वह सरकारी कर्मचारियों से सहायता माँगने का अधिकारी है। उसके कहने पर कर्मचारी उसे उठाकर कुण्ड में डाल देता है।

इसी दफ्तर से लगा हुआ आँकड़ा-विभाग का दफ्तर है, जो प्रतिदिन के आँकड़े निकालकर प्रधान कार्यालय को भेजता है। राज्य आँकड़ों पर बहुत ध्यान देता है। राज्य के आधे कर्मचारी काम करते हैं और शेष आधे बैठे आँकड़े निकालते रहते हैं। राज्य के आँकड़े सारे संसार में प्रसिद्ध हैं।

डाक-विभाग ने यहाँ एक डाकघर भी खोल दिया है, जिससे मरनेवाले को अन्तिम पत्र लिखने का सुभीता हो।

नौकरी देने के दफ्तर (Employment Exchange) से दिन में तीन बार सरकारी बसें यहाँ आती हैं, जो उन लोगों को निःशुल्क आत्महत्या करने के लिए पहुँचा देती हैं जिन्हें नौकरी नहीं मिलती। वे सरकारी बस में आकर बैठ जाते हैं और यहाँ पहुँचा दिये जाते हैं। ये बसें बहुत सुन्दर हैं। इन्हें विशेष रूप से सजाया जाता है। रोज ताजे फूलों की मालाएँ इन पर डाली जाती हैं और रंग-बिरंगी झण्डियाँ इन पर पड़ती हैं। इस प्रकार की बसें रिजल्ट निकलने के मौसम में विश्वविद्यालय भी चलाता है।

आत्महत्या का ऐसा अच्छा प्रबन्ध किसी राज्य में नहीं है और अनेक देशों के प्रतिनिधि-मण्डल इस व्यवस्था का अध्ययन करने यहाँ आते रहते हैं।

इस मौसम में यहाँ बड़ी भीड़ रहती है। यही समय परीक्षाओं के रिजल्ट खुलने का है और इन्हीं दिनों विवाह भी होते हैं। जो विद्यार्थी फेल होते हैं और जिन तरुण-तरुणियों का प्रेम विफल हो जाता है; अर्थात् प्रेमी या प्रेमिका से विवाह नहीं हो पाता, वे यहाँ आत्महत्या करने आ जाते हैं। कुछ युगल, जिनका विवाह माता-पिता या समाज नहीं होने देते, वे यहाँ जोड़े से आत्महत्या करने आते हैं। कुछ सयानों ने उन्हें यह विश्वास दिलाया है कि उस लोक में प्रेमी-प्रेमिका के विवाह में कोई बाधा नहीं है। ये सयाने उस लोक जाकर अपनी आँखों से देख आये हैं कि प्रेमी युगल विवाह करके बड़े आनन्द में वहाँ रहते हैं। इसी विश्वास के कारण जब प्रेमी युगल आत्महत्या करते हैं तो उन्हें ऐसा लगता है कि वे इस शहर को छोड़कर, उस शहर जा रहे हैं।

इस साल भीड़ अधिक है, क्योंकि रिजल्ट बहुत खराब निकले हैं। विश्वविद्यालयों की एक जाँच-समिति बैठी थी जिसने उन कारणों की खोज की है, जिनसे पढ़ाई का स्तर नीचा होता जा रहा है। उसकी सिफारिशों में से एक महत्त्वपूर्ण सिफारिश यह है कि अध्यापकों का वेतन और कम करना चाहिए तथा जिन्हें कहीं और नौकरी न मिले, उन्हीं को अध्यापक बनाना चाहिए। जब सब जगह अयोग्य ठहराया गया आदमी अध्यापक बनेगा और उसे वेतन भी बहुत कम मिलेगा, तो वह अपने काम को सेवा और त्याग की भावना से करेगा और शिक्षा का स्तर बढ़ जायेगा। समिति की एक सिफारिश यह भी है कि प्रश्नपत्र वर्ष के आरम्भ में ही

विद्यार्थियों को देने चाहिए। ऐसा करने से वे मन लगाकर पढ़ेंगे, क्योंकि वे जानते हैं कि यही प्रश्न परीक्षा में पूछे जायेंगे। अभी वे मन लगाकर इसलिए नहीं पढ़ते कि उन्हें क्या पता परीक्षा में क्या आ जाय। ऐसी अनिश्चितता में कोई कैसे पढ़ेगा? अँधेरे में पत्थर फेंकने से क्या लाभ? सरकार इन महत्त्वपूर्ण सिफारिशों को कार्यान्वित करने का इरादा कर रही है।

प्रेम की विफलता के कारणों की जाँच करने के लिए भी सरकार ने एक समिति बिठायी थी, जिसने दो साल तक सब परिस्थितियों का अध्ययन करके यह सिफारिश की है कि चूंकि प्रेम इसलिए टूटता है कि प्रेम होता है, इसलिए प्रेम होने नहीं देना चाहिए। जब प्रेम ही नहीं होगा तो प्रेम विफल भी नहीं होगा। इसके लिए स्कूल-कालेजों में लड़के-लड़कियों को परस्पर घृणा करना सिखाना चाहिए। लड़के-लड़की में कभी सम्पर्क नहीं होने देना चाहिए। सरकार को कड़े कानून बनाने चाहिए, जिनके अनुसार एक-दूसरे को देखनेवाले और नजदीक आने की कोशिश करनेवाले लड़के-लड़की को कठोर दण्ड मिले। विवाह-सम्बन्ध माता-पिता को तय करना चाहिए और जो लड़का या लड़की सम्बन्ध का विरोध करे उसे प्राण-दण्ड मिलना चाहिए। कुछ ऐसा प्रबन्ध करना चाहिए जिससे विवाह होने के बाद ही युवक और युवती यह जान पावें कि मनुष्य जाति में ही हमसे भिन्न प्रकार का एक प्राणी होता है। यह सिफारिशें भी सरकार लागू करनेवाली है और आशा है कि इससे सारी समस्याएँ हल हो जायेंगी।

घाट पर कुँअर अस्तभान का तम्बू लगा है। अस्तभान को टिकट मिल गया है और वह आराम से बैठा हुआ अपना नम्बर पुकारे जाने की राह देख रहा है। उसके पास उसके कुछ सहपाठी और मित्र बैठे हैं। मुफतलाल छाया की तरह अस्तभान के साथ है और अस्तभान को डर है कि कहीं वह उसके पीछे नदी में कूद न पड़े। उसने दो सेवकों को आदेश दे रखा है कि जब मैं कूदूँ तब मुफतलाल को तुम लोग पकड़कर बाँध देना।

अस्तभान ने अपने पास बैठे सहपाठी विद्यादमन से पूछा, "तुम किस विषय में फेल हो गये?"

"इतिहास और अंग्रेजी में।"

"इतिहास में कितने नम्बर मिले?"

"सौ में से पन्द्रह दिये।"

"और अंग्रेजी में?"

"डेढ़ सौ मे से ग्यारह दिये।"

पाठको, यहाँ एक बात ध्यान देने की है। अस्तभान पूछ रहा है—'कितने मिले?' और विद्यादमन उत्तर देता है—'इतने दिये।' वह यह नहीं कहता कि 'पन्द्रह मिले।' बात विचारणीय है। विचार-पद्धति का प्रभाव अनजाने ही भाषा

पर पड़ जाता है। जब विद्यार्थी कहता है कि उसे 'पन्द्रह दिये', उसका अर्थ है कि उसे 'पन्द्रह नम्बर' मिले नहीं हैं, परीक्षक द्वारा दिये गये हैं। मिलने के लिए तो उसे पूरे नम्बर मिलने थे। पर 'पन्द्रह नम्बर' जो उसके नाम पर चढ़े हैं, सो सब परीक्षक का अपराध है। उसने उत्तर तो ऐसे लिखे थे कि उसे शत-प्रतिशत नम्बर मिलने थे, पर परीक्षक बेईमान हैं जो इतने कम नम्बर देते हैं। इसीलिए, कम नम्बर पानेवाला विद्यार्थी 'मिले' की जगह 'दिये' का प्रयोग करता है।

अस्तभान ने दूसरे साथी ज्ञानरिपु से पूछा, "तुम किस पेपर में फेल हुए ?"

"अन्तिम पेपर में।"

"याने अर्थशास्त्र में ?"

ज्ञानरिपु ने अपनी बात को समझाकर कहा, "अर्थशास्त्र का अन्तिम पेपर नहीं है : जितने पेपर विश्वविद्यालय की विवरण-पत्रिका में लिखे हैं, उनके बाद भी एक पेपर होता है जो सबसे महत्त्वपूर्ण है, पर जिसका कहीं उल्लेख नहीं है। इस पेपर का विषय होता है—यह पता लगाना कि किस विषय की उत्तर-कापियाँ किसके पास जँचने गयी हैं और फिर उनसे नम्बर बढ़वाना। जो इस पेपर में पास हो जाता है, वह सबमें पास हो जाता है। मैं इसी में फेल हो गया, कुमार।"

इतना कहकर ज्ञानरिपु एकदम उठकर घाट की ओर भागा। उसका नम्बर पुकारा जा रहा था।

मुफतलाल ने कहा, "कुमार, आप भी तैयार हो जायें। आपका नम्बर आने में देर नहीं है।"

अस्तभान तम्बू के भीतर नये कपड़े पहनने और शृंगार करने चला गया।

लगभग 100 गज की दूरी पर राजकुमारी नागफनी का तम्बू लगा था। राजकुमारी बड़ी देर से भीतर मेकअप कर रही थी।

मेकअप पूरा हो जाने पर वह बाहर आयी। उसने चारों ओर देखा। वहाँ हलचल मच गयी। आत्महत्या के लिए उतावले सैकड़ों युवक उसकी ओर लालसा से देखने लगे। कितने ही उसके नजदीक सिमट आये। नागफनी अपने रूप का प्रभाव देखकर बहुत प्रसन्न हुई। उसे विश्वास हो गया कि उस लोक में वह उर्वशी और मेनका को उनके आसन से उतार देगी।

इसी समय अस्तभान भी सजकर आया और चारों तरफ देखने लगा। चलते-चलते उसकी नजर नागफनी पर पड़ी। नागफनी ने भी अनायास उधर दृष्टि घुमायी और दोनों की आँखें मिल गयीं।

अब तो आँखों से आँखों की बातें होने लगीं। नागफनी सुध-बुध खो बैठी। उसका पल्ला अनजाने ही खिसक गया। अस्तभान भी पुलकित हो गया।

बड़ी देर दोनों इस प्रकार खड़े रहे। अस्तभान को तब होश आया जब उसे मुफतलाल ने आकर झकझोरा। अस्तभान ने पूछा, "मुफतलाल, वह कौन है ?"

मुफतलाल ने मुस्कुराकर कहा, "कुमार, वह राजा राखड़सिंह की बेटी राजकुमारी नागफनी देवी है।"

अस्तभान बोला, "अहा, यह वही नागफनी है जिसके रूप-गुण की प्रशंसा मैं सुनता आ रहा हूँ। मित्र, यह रूपवती किस परीक्षा में फेल हुई है?"

मुफतलाल ने कहा, "राजकुमार, यह परीक्षा में फेल नहीं हुई, प्रेम में विफल हुई है।"

कुमार फिर नागफनी को देखने लगा। मुफतलाल ताड़ गया कि वह अपना हृदय खो चुका है। कहने लगा, "कुमार, मैं समझ गया कि मन से मन का मेल हो गया। मैं जाता हूँ और मिलने का ढब जमाता हूँ।"

मुफतलाल नागफनी के डेरे की ओर चला।

उधर नागफनी की सुध जब लौटी, तो उसने देखा कि करेलामुखी उसका पल्ला सँभाल रही है। वह सकुचा गयी। करेलामुखी ने हँसते हुए कहा, "ऐसी सुध-बुध नहीं खोते, राजकुमारी। सुध-बुध खोने से शकुन्तला को दुर्वासा ने श्राप दे दिया था।"

नागफनी मुस्करायी। पूछा, "सखि, वे कौन हैं?"

करेलामुखी ने कहा, "वे राजा भयभीतसिंह के पुत्र कुँअर अस्तभानसिंह हैं जो परीक्षा में फेल होकर आत्महत्या करने आये हैं।"

यह सुनकर नागफनी का हृदय हर्ष से विकल हो गया। कहने लगी, "अहा, जिनके गुणों के गीत चारण गाते हैं, ये वही कुँअर अस्तभान हैं? तुझे याद है सखि, पिछली विजयादशमी पर उस राज्य से जो चारण आया था वह क्या कहता था? मेरे कानों में वे शब्द भी गूँज रहे हैं। कहता था—जिस स्त्री से कुमार का एक वर्ष भी प्रेम हो जाये, उसे ससुराल के वस्त्र और आभूषण जीवन-भर नहीं पहनने पड़ते। कुमार उसे इतना दे देते हैं। सखि, तुझसे मेरा कुछ भी छिपा नहीं है। मेरा जी उन पर आ गया है। हे सखि, मैं प्रेम की आग में जल रही हूँ। तू मेरा सन्देशा उनके पास पहुँचा।"

यह सुनकर करेलामुखी अस्तभान के तम्बू की ओर बढ़ी। उधर से मुफतलाल आ रहा था। दोनों की भेंट राह में हो गयी। मुफतलाल ने चुहल की, "ए, अपनी राजकुमारी से कह दो कि हमारे राजकुमार पर इस तरह मोहनी न डालें। वे आत्महत्या करने आये हैं। पर अब उनका मन बदलने लगा है।"

करेलामुखी भी एक ही थी। उसने झट जवाब दिया, "तुम्हीं न अपने कुमार से कह दो कि भले घर की औरतों को इस तरह क्यों घूरते हैं। हमारी राजकुमारी का मन भी तो ढीला पड़ने लगा।"

मुफतलाल को करेलामुखी का स्वभाव पसन्द आया। उसने कहा, "ए, ठिठोलियाँ छोड़ो और आगे की सोचो। ऐसी जोड़ी चिराग लेकर ढूँढ़ने पर भी नहीं मिलेगी। यदि इनकी शादी हो जाय, तो दो घर न बिगड़ेंगे। यदि अलग-अलग शादी हुई, तो दो घर बिगड़ जायेंगे और फिर इनके जीवित रहने से तुम्हारा-हमारा आमदनी का

सिलसिला भी चलता रहेगा। जब मन से मन का मेल हो गया है, तो सम्बन्ध हो ही जाना चाहिए। मैं कुँअर को लेकर आता हूँ। तुम राजकुमारी को तैयार करो।"

यह सलाह कर दोनों अपने-अपने डेरे को लौट गये।

मुफतलाल ने अस्तभान से कहा, "कुमार, मरना तो है ही, आज मरे या कल। इस साल या आगामी साल। मैं सोचता हूँ कि अगले मार्च में एक बार फिर परीक्षा में बैठ देखिए। इस अवधि में राजकुमारी नागफनी से प्रेम कर लीजिए। बहुत सम्भव है आप दोनों का विवाह हो जाय, क्योंकि इस बार राजकुमारी विवाह का दृढ़ निश्चय करके ही प्रेम करेगी। यदि विवाह हो गया और आप पास हो गये, तो सुख से जीवन-यापन करेंगे। यदि पास न हुए, तो आप अकेले आत्महत्या नहीं करेंगे, बल्कि नागफनी भी आपके साथ सती हो जायेगी। यदि आपका प्रेम सफल न हुआ तो परीक्षा और प्रेम दोनों में फेल होने के कारण आत्महत्या का श्रेय आपको मिलेगा। इस भाँति, हे राजकुमार, सब प्रकार से आपको लाभ होगा। चलिए, राजकुमारी आपकी प्रतीक्षा कर रही है।"

अस्तभान ने कपड़े ठीक किये, आईने के सामने जाकर बाल सँवारे, इत्र छिड़का, और रूमाल मुँह पर फेरकर नागफनी के डेरे की ओर चल पड़ा।

डेरे में नागफनी एक ऊँचे आसन पर तकिये के सहारे बैठी थी। अस्तभान घड़ी-भर उसकी ओर एकटक देखता ही रहा। फिर बोला, "राजकुमारी की जय हो! मैं कुँअर अस्तभान हूँ, आपका सेवक। आपके रूप और गुणों पर मोहित होकर चला आया हूँ।"

नागफनी ने उसे प्रेम से पास बिठाया और कहा, "राजकुमार का स्वागत है। कुमार, आप तो क्षत्रिय हैं, वीर हैं। फिर भी चार बार फेल होने पर भी लज्जित नहीं होना चाहिए।"

अस्तभान ने मीठी चुटकी ली, "और आप भी पाँचवें प्रेम में विफल होने से प्राण त्यागने लगीं। आप जैसी महान नारी को तो हजार प्रेम टूटने पर भी ग्लानि का अनुभव नहीं होना चाहिए।"

राजकुमारी लजा गयी। कहने लगी, "हाँ, यह मेरी कमजोरी है। पर जबसे आपको देखा, तब से मेरा मन बदल गया है। भगवान ने मेरी जोड़ी जिससे मिलायी है, वह मिल गया।"

राजकुमार ने कहा, "क्यों न हो! क्यों न हो।" वह इतना विकल हो गया था कि उससे बोलते नहीं बना। उसने नागफनी का हाथ अपने हाथ में ले लिया और उसे सहलाने लगा। तभी करेलामुखी बोल उठी, "चलो, अब बहुत हुआ। आगे बढ़ना ठीक नहीं। अब दोनों अपने-अपने महल लौटो और अपने-अपने पिता से शादी के लिए कहो।"

यह सुनकर दोनों लजा गये और बड़ी मुश्किल से अलग हुए।

अस्तभान अपने डेरे को लौटे।

इधर नागफनी ने करेलामुखी से कहा, "सुन री, मैंने इतना प्रेम किसी से नहीं किया।"

करेलामुखी ने कहा, "यह बात मैं छठवीं बार सुन रही हूँ। पर अब ऐसा करो कि इससे ब्याह हो ही जाय।"

नागफनी ने बड़ी चिन्ता से कहा, "सो तो भगवान के हाथ है। पिताजी ने साफ कह दिया है कि अब प्रेम-विवाह नहीं होगा; मैं जिसे तय करूँगा, उसी से होगा। सो अभी तो बड़ी बाधाएँ हैं।"

दोनों तरफ से सेवकों को डेरे उखाड़ने का आदेश हुआ।

अस्तभान और नागफनी को वापिस लौटते देख वहाँ बड़ी खलबली मची। अखबारों के संवाददाता बड़े जोर से विलाप करने लगे। अस्तभान ने उनके पास जाकर पूछा, "भाई, तुम लोग क्यों रो रहे हो?" वे बोले, "हमें एक अच्छी 'स्टोरी' मिल रही थी, पर वह बरबाद हो गयी।"

एक बोला, "हममें से कई ने अपने अखबारों को स्थान खाली रखने के लिए तार कर दिये थे। अब हमें डाँट पड़ेगी।"

दूसरा कहने लगा, "कुमार, हम लोग कैमरे में फिल्म भरकर कब से तैयार खड़े हैं, पर आपने एकदम हमारी आशाओं पर पानी फेर दिया।"

एक पत्रकार माथा ठोककर कहने लगा, "दो महत्त्वपूर्ण आत्महत्याएँ हो रही थीं। ऐसा अच्छा डी. सी. (डबल कॉलम) समाचार जाता! हाय! अब क्या होगा?"

मुफतलाल ने कहा, "दोस्तो, यह बड़ी विचित्र बात है। किसी के प्राण बचने से प्रसन्नता होनी चाहिए, पर आप लोगों को दुख हो रहा है। क्या किसी की मौत से आप लोगों का फायदा होता है?"

एक सयाने पत्रकार ने कहा, "पत्रकार के लिए मौत केवल समाचार होती है। अगर हम हर मौत पर रोने लगें तो सारी जिन्दगी रोते ही कट जाय। महत्त्वपूर्ण मौत का हमारे लिए बड़ा उपयोग है—उससे रोचक समाचार बनता है। किसी बड़े आदमी की मौत हो जाती है, तो सारा सम्पादकीय और संवाद-विभाग हर्षित हो जाता है। अगर मौत असाधारण परिस्थिति में हो, तब तो हमारे लिए वरदान होती है। कुमार और राजकुमारी ने आत्महत्या की ऐसी बढ़िया तैयारी की थी, हम सनसनीखेज 'स्टोरी' बना सकते थे। लेकिन सब मिट्टी हो गया।"

मुफतलाल को पत्रकारों पर दया आने लगी। उसने कहा, "मित्रो, हमें आपसे सहानुभूति है। कुमार और राजकुमारी को आत्महत्या न कर सकने का कुछ कम दुःख नहीं है। पर विधाता की ऐसी ही इच्छा थी। मैं समझता हूँ, यह जो आत्महत्या टल गयी है, इसकी भी 'स्टोरी' बन सकती है। कोई चमत्कारिक घटना बना दीजिए। ऐसा लिख सकते हैं कि ज्यों ही कुमार और नागफनी देवी पानी में कूदे, वहाँ कमल के दो बड़े फूल खिल गये। कमलों पर दोनों बैठे थे और वे ऊपर उठ रहे

थे। फूल उठते गये और दोनों को आराम से किनारे पर बिठाकर गायब हो गये। कुमार और कुमारी ने इसे नर्मदा मैया की इच्छा समझा कि वे आत्महत्या न करें। ऐसा समाचार बना दीजिए। आप लोगों को तो चमत्कारपूर्ण समाचार छापने का अभ्यास है। आखिर आप लोग ऐसे समाचार देते ही हैं कि एक बच्चे के पाँच सिर हैं, आसमान से खून की वर्षा हो रही है, मन्दिर में छत से गाय का दूध टपक रहा है, शंकरजी की पिण्डी एकाएक 6 इंच बढ़ गयी, एक संन्यासी मन्त्र से मरे आदमी को जिन्दा कर रहा है। इसी तरह का चमत्कारपूर्ण समाचार यह हो जायेगा। इससे आपका अखबार भी बिकेगा और कुमार को भी प्रकाशन मिल जायेगा।"

पत्रकारों के जाने के बाद वहाँ आत्महत्या-विभाग और आँकड़ा-विभाग के अफसर आ गये। उन्होंने शिकायत की कि आपने निर्णय बदलकर हमारा हिसाब गड़बड़ कर दिया। हम केन्द्रीय कार्यालय को तार कर चुके हैं। अब हमें डाँट पड़ेगी कि हमने आत्महत्या क्यों नहीं होने दी। इन महत्त्वपूर्ण आत्महत्याओं का विवरण सरकार अन्य राज्यों में अपने दूतावासों के जरिये प्रसारित करनेवाली थी। वह योजना ठप्प हो गयी।

मुफतलाल ने अस्तभान से कहा, "कुमार, इन लोगों का नुकसान हो गया है। इन्हें कुछ हर्जाना दे देना चाहिए।"

अस्तभान ने उन्हें कुछ अशर्फियाँ दीं और वे खुश होकर चले गये।

इधर सेवकों ने तम्बू उखाड़ लिये और कुमार-कुमारी अपने-अपने महलों को चल दिये। रास्ते जहाँ अलग-अलग होते थे, वहाँ दोनों ने अपने-अपने रूमाल निकाल लिये और हिलाने लगे। जब परस्पर आँखों से ओझल हो गये, तब रूमाल से आँसू पोंछने लगे।

जलना विरह में और बहलाना मन तरह-तरह से

अब नागफनी अपने महल में और अस्तभान अपने महल में, दोनों विरह की ज्वाला में जल रहे थे। नागफनी को उठते, बैठते, सोते, जागते, खाते, पीते, खेलते, बात करते, चलते, फिरते, गाते, रोते, कपड़ा पहनते, मेकअप करते, दाँत घिसते, नहाते, नाखून काटते—अस्तभान की याद सताती। करेलामुखी आठों पहर उसके पास बैठी रहती और धैर्य बँधाती, "राजकुमारी, धीरज धरो। हर काम समय आने पर ही होता है। प्रेम में विरह जरूरी है। विरह से प्रेम पकता है।"

नागफनी बड़ी विकल थी। उसने कहा, "सखि, कैसे धीरज धरूँ? मेरे रोम-

रोम में आग फुंकती है।"

करेलामुखी ने कहा, "राजकुमारी, ऐसे अवसर पर तुम्हें विरह के गीत गाना चाहिए। अपने महल के सामने की सड़क पर चार-चार पैसे में विरह के गानों की पुस्तक बिकती है। विरहणी इन्हें गाती है, जिससे उसका दुःख हल्का होता है।"

इतना कहकर करेलामुखी उठी और तुरन्त सड़क पर से चार पैसे की एक गाने की पुस्तक खरीद लायी जिसमें 11 विरह-गीत लिखे थे। उसने राजकुमारी को इन गीतों की धुन बतायी और थोड़ी ही देर में वह उन्हें अच्छी तरह गाने लगी।

गीत गाते-गाते नागफनी कराहने लगी। करेलामुखी घबड़ाकर उसके पास आयी। राजकुमारी के शरीर से गर्म लपटें-सी उठती दिखायी दीं। उसने शरीर पर हाथ रखा तो उसका हाथ जल गया।

नागफनी कराह उठी, "सखि, मेरे शरीर में आग लगी है। विरह के गानों से ताप और बढ़ गया है।"

करेलामुखी ने कहा, "राजकुमारी, तुम्हारा विरह बहुत बढ़ गया है। मैं कमरे में 'कूलर' लगा देती हूँ। इससे कुछ शान्ति मिलेगी।"

'कूलर' लगाने से नागफनी को कुछ चैन मिला। उसने कहा, "सखि, प्राचीन काल में कूलर नहीं थे तो विरहणियों को बड़ी तकलीफ होती होगी।"

करेलामुखी ने कहा, "राजकुमारी, उन बेचारियों का हाल मत पूछो। अब तो विरह में वैसी हालत होती नहीं है। कवियों ने उनके बारे में जो लिखा है, उससे उनकी हालत का अनुमान होता है। विरहणी का शरीर तवे-सा तप जाता था और उसकी सखि गुलाब-जल छिड़कती थी, तो 'छन्न' की आवाज होती थी। जिस मुहल्ले में एक विरहणी होती, उसमें ईंधन के बिना भी रोटी सिक जाती। स्त्रियाँ रोटी बेलकर विरहणी के हाथ पर रखती जातीं और वह सिकती जातीं। जिस मुहल्ले में एक विरहणी होती, उसमें बारहों महीने ग्रीष्म ऋतु रहती थी। हे राजकुमारी, विरह से सूखकर स्त्री इतनी हल्की हो जाती कि जब साँस भीतर लेती तो 4-6 हाथ पीछे उछल जाती और जब साँस छोड़ती तो 4-6 हाथ आगे उछलती।* कोई तो इतनी सूख जाती कि जब मौत उसे लेने आती, तो उसे भी नहीं दिखती थी। देवी, उनकी तुलना में तुम्हारा दुःख तो कुछ नहीं है।"

नागफनी ने कहा, "सखि, तन का ताप तो 'कूलर' से कुछ कम हो जाता है, पर मन के ताप का क्या करूँ?"

करेलामुखी ने समझाया, "कुमारी, नगर-सेठ का लड़का उड़ाऊमल कई बार तुमसे मिलने का प्रयत्न कर चुका है। तुम उससे मिलो। उससे मिलने से तुम्हारा जी बहल जायेगा।"

नागफनी बोली, "नहीं सखि, मैं उससे नहीं मिलूंगी। मैं राजकुमार को धोखा नहीं दूंगी।"

* बिहारी।

करेलामुखी ने समझाया, "देवी, यह धोखा नहीं है। तुम्हें उनके लिए जीवित रहना है। यदि तुम्हारे जीवित रहने में उड़ाऊमल से सहायता मिलती है तो उसमें कोई अनीति नहीं है। तुम अपने सुख के लिए नहीं, बल्कि राजकुमार के सुख के लिए, उड़ाऊमल से मन बहलाओ।"

नागफनी कभी-कभी उड़ाऊमल से मिलने लगी, जिससे दुःख कम होने लगता। पर जब उड़ाऊमल उससे दूर हो जाता, तब उसका दुख पूर्ववत् बढ़ जाता।

इधर अस्तभान की हालत और भी खराब थी। उससे न खाना खाया जाता, न पानी पिया जाता। आठों पहर तड़पता रहता।

राजा भयभीतसिंह राजकुमार का यह हाल देखकर बड़े भयभीत हुए। उन्होंने पुत्र का मन बहलाने के लिए नृत्य और संगीत का प्रबन्ध किया। उसे हँसाने के लिए एक विदूषक नियुक्त किया, गाना सुनाने के लिए एक गायक और कविता सुनाने के लिए एक कवि।

पर कुमार का दुःख इतना गहरा था कि उसमें ये सब डूबने लगे। विदूषक उसे हँसाने के लिए आया और तरह-तरह का मसखरापन करने लगा। कुमार ने क्रोध में आकर उसे दो चाँटे जड़ दिये। थोड़ी देर बाद महाराज पुत्र की हालत देखने आये। उन्होंने देखा कि जिस विदूषक को उन्होंने हँसाने के लिए भेजा था वह खुद रो रहा है।

सन्ध्या समय राजा ने एक गायक भेजा। उसे देखकर अस्तभान हैरत में आ गया। उसकी आँखें लाल थीं और बाहर निकली थीं और ओंठ कानों तक फटे थे। वह तम्बूरा गोदी में रखकर एक आसन पर बैठ गया।

अस्तभान बड़ी देर तक उसे देखता रहा। फिर मुफतलाल से कहने लगा, "सखा, यह कैसा विचित्र आदमी है? इसका मुँह तो कान से लगा है। इतने चौड़े मुँह का आदमी तो मैंने कभी देखा नहीं।"

मुफतलाल ने समझाया, "कुमार, यह गायक है। इसे पूरे जोर के साथ रात-रात-भर आलाप भरना पड़ता है। आलाप की सुविधा के लिए ही इसने आपरेशन के द्वारा अपना मुँह कान तक फड़वा लिया है। अभी आप इसकी कला देखेंगे।"

अस्तभान सँभलकर बैठ गया। गायक ने गाना शुरू किया। पहले तो अस्तभान को डर लगा, पर थोड़ी देर बाद वह बेहोश हो गया। गायक गाता रहा। मुफतलाल संगीत समझता था। वह दाद देता रहा। गाते-गाते गायक को खाँसी आयी। बड़ी देर तक वह खाँसता रहा और फिर गाने लगा। मुफतलाल ने कहा, "वाह-वाह, कमाल है। उस्ताद, आप तो खाँसते भी राग-विहाग में हैं।" गायक ने शाम को 'पा' कहना शुरू किया। रात-भर वह तरह-तरह से 'पा-पा-पा' गाता रहा और सवेरे उसने 'नी' कहा।

मुफतलाल चमत्कृत हो गया। उसने अस्तभान से कहा, "कुमार कितना खतरा झेलकर कला की साधना की जाती है। इन संगीत-सम्राट को अगर प्यास लगी हो, तो शाम को 'पा' कहेंगे और सवेरे 'नी'—'पानी' कहने में पूरे बारह घण्टे लग जाते

हैं। इतने में प्राण भी निकल सकते हैं। वाह, वाह ! तलवार की धार पर चलते हैं।"

अस्तभान तो सारी रात बेहोश रहा था। पर उसने, मुफतलाल की रुचि का आदर करने के लिए, गायक को बहुत-सा धन देकर विदा किया।

दूसरे दिन एक कवि अस्तभान का मन बहलाने के लिए भेजा गया। उसका रूप बड़ा विचित्र था। उसके बाल बड़े और रूखे थे, दाढ़ी बढ़ी हुई थी। वह मिरजई और पैण्ट पहने था। गले में टाई भी बाँधे था। उसके सिर से कफन बँधा था और पीछे दो आदमी सलीब लेकर चलते थे।

वह आकर बैठ गया। अस्तभान उसे देखकर डरा। मुफतलाल ने धीरे-से कान में कहा, "यह एक बहुत बड़े कवि हैं।"

अस्तभान सँभल गया। बोला, "क्या आप कवि हैं ?"

उत्तर मिला, "हाँ, क्या आपको दिखता नहीं हूँ ? मेरी वेश-भूषा से, मेरी मुखाकृति से, क्या मेरी काव्य-प्रतिभा प्रकट नहीं होती ?"

मुफतलाल बीच में बोल उठा, "कवीश्वर, कुमार ने सहज कुतूहलवश प्रश्न किया था। यदि आप बुरा न मानें तो बतायें कि आपकी इस विशेष वेश-भूषा का क्या अर्थ है ?"

कविजी बोले, "देखिए, मैं न नहाता हूँ, न दाढ़ी बनाता हूँ, न बाल कटाता हूँ। मैं स्वच्छता को पतनशील प्रवृत्ति मानता हूँ। युग अगर सफाई पर जोर देता है तो हम गन्दे रहकर युग के प्रति असन्तोष व्यक्त करते हैं। हम विद्रोही हैं। हमें सब पर क्रोध है।"

अस्तभान ने पूछा, "सब पर आप क्रोधित क्यों हैं, कविवर ?"

कवि ने कहा, "सब बुरे हैं। इस समाज पर, इस सरकार पर, प्रजातन्त्र पर, प्रजातान्त्रिक संस्थाओं पर, किसी पर हमारी आस्था नहीं है। ये सब व्यक्ति का नाश करते हैं। हम बी. ए. फेल होने के बाद प्रोफेसर बनना चाहते थे। हमें प्रोफेसर नहीं बनाया गया तो हमें मानवी संस्थाओं से घृणा हो गयी। हमें मनुष्य में विश्वास नहीं रहा। हमें किसी आदमी से कोई मतलब नहीं।"

मुफतलाल ने पूछा, "पर कविराज, अगर आपके पिता भी आपकी तरह सोचते तो आप बचपन में ही मर जाते।"

कवि ने क्रोध से कहा, "बाप का नाम क्यों लेते हो ? बाप बेटे का सबसे बड़ा दुर्भाग्य है। हम परम्परा में विश्वास नहीं करते।"

अस्तभान ने कहा, "कविराज, आप मिरजई पर टाई बाँधे हैं और पैण्ट पहने हैं। इसका क्या अर्थ है ?"

कवि बोले, "इसके दो अर्थ हैं। एक तो यह है कि हम अन्तर्राष्ट्रीय हैं। दूसरी बात यह है कि समाज की कोई रीति-नीति हम नहीं मानते।"

दोनों मित्र विद्रोही कवि को आश्चर्य से देख रहे थे। कवि ने जेब से एक विचित्र घड़ी निकाली और देखकर कहा, "हमें यहाँ आये 387 क्षण हो गये, पर

अभी तक आपने हमसे कविता सुनाने को नहीं कहा।"

अस्तभान ने कहा, "कविवर, आप समय का हिसाब क्षणों में रखते हैं?'

कवि ने कहा, "हाँ, हमारी घड़ी घण्टा और मिनट नहीं बताती, क्षण बताती है। हम क्षण में जीते हैं। हर क्षण अलग है। जो काल को अनन्त और सतत् प्रगतिशील मानते हैं, वे व्यर्थ ही पिसते हैं। वे पीठ पर युगों का बोझ लादे रहते हैं और आगे न जाने कहाँ देखते हैं। हम केवल वर्तमान क्षण में जीते हैं और इस क्षण से पिछले क्षण का कोई सम्बन्ध नहीं है और न आगेवाले से होगा। हर क्षण का अनुभव स्वतन्त्र है।"

यह सुनकर मुफतलाल ने कहा, "ऐसा कैसे होता होगा कविराज? पिछले क्षण आपने जो बका, उससे हमें इस क्षण गुस्सा आ जाय और आपको हम चाँटा मार दें तो अगले क्षण आपको दर्द तो होगा। इस तरह क्षणों के अनुभव सम्बद्ध हो गये।"

दुर्बल कवि ने तगड़े मुफतलाल को देखा और कहा, "आपका तर्क असंगत है, पर उदाहरण (चाँटा मारना) बड़ा सशक्त है। इसलिए मैं इस विषय में आगे बात नहीं करना चाहता। इतना ही कहना चाहता हूँ कि क्षण में जीनेवाला सब जिम्मेदारियों से बरी हो जाता है। कविता सुनाऊँ?"

अस्तभान ने रोका, "ठहरिए। आपने यह तो बताया नहीं कि आप कफन क्यों लपेटे हैं और सलीब क्यों साथ रखते हैं?"

कवि ने समझाया, "हम मरे हुए लोग हैं। हमारी आस्था गयी, हमारे विश्वास गये, हमारे आदर्श गये। इसीलिए हम सलीब रखते हैं। जिस क्षण हमारा मन चाहेगा, हम सलीब पर टँग जायेंगे और हमारा कफन हम पर डाल दिया जायेगा।"

मुफतलाल ने पूछा, "आपके माँ-बाप, भाई-बहिन नहीं हैं?"

कवि बोला, "हैं, पर हमारा कोई नहीं। हम अकेले, निपट-निस्संग हैं। दुनिया में हर आदमी अकेला है।"

अस्तभान ने पूछा, "आप कुछ काम करते हैं?"

"नहीं!" कवि ने जोर देकर कहा, "काम क्यों करें? कुछ करने का दम्भ मनुष्य की सबसे बड़ी विडम्बना है। बिल्कुल निश्चेष्ट होकर अपने को बहाव में छोड़ दो। मनुष्य नियति का दास है। नियति ही उसे चलाती है।"

मुफतलाल के मुँह से निकल पड़ा, "यह सब पागलपन है।"

कवि ने क्रोध से जवाब दिया, "इसे आप पागलपन कहते हैं? हमारे पास इसका ठोस दर्शन है।"

मुफतलाल ने कहा, "मगर पागलपन का दर्शन निर्मित करने की क्या जरूरत है?"

कवि बोला, "पागलपन को गर्वपूर्वक वहन करना है तो उसे किसी दर्शन का आधार अवश्य चाहिए। अच्छा, अब कविता सुनिए—

कौआ, केंचुआ व्हेल और मैं !

स्या SSSSSSSSSS ह
काले आकाश का शोक-वस्त्र पहने
अँधेरे मौसम की सुबह है;
और काँव-काँव करते काले कौए
मेरे आर-पार निकल जाते हैं।
लेकिन एक बेहद काला और बूढ़ा कौआ
मुझमें कहीं फँसा रह गया है ?
(डरता हूँ, वह मेरी आत्मा में कहीं घोंसला न बनाये !
कहीं अण्डे न दे !)
अब मुझमें इतनी भी ताकत नहीं है
कि उस बूढ़े कौए को अपने बाहर निकाल सकूँ—आह ! मैं !!
इस कदर गया-गुजरा और दुबला
कि अपने कन्धे पर रखे अपने ही सलीब का बोझ ढो नहीं सकता !
आह ! यह सलीब मुझमें घुसा जा रहा है,
नहीं; यह तो काँटा है
जो मुझमें घुसा हुआ है !
और मैं अपने ही आँसुओं के डबरे में डूबा हुआ केंचुआ हूँ,
मुझे अपने ही शरीर से घिन आती है !
हाय मेरी नियति !
मैं महज छोटी दुबली मछलियों का चारा हूँ !
काश ! यह डबरा समुद्र होता और
ये छोटी मछलियाँ कोई व्हेल मछली होती !
तो क्या मैं गौरवान्वित न होता ?

कविता सुनकर अस्तभान दीवार पर सिर मारने लगा। यह देख कवि बोला, "कुमार, मुझे प्रसन्नता है कि मेरी कविता ने आपको प्रभावित किया। यदि आप गलत काव्य-संस्कारों से ग्रस्त न होते, तो अभी तक मेरी सलीब पर चढ़ जाते। अच्छा, अब मैं जाता हूँ।"

अस्तभान ने उसे कुछ अशर्फियाँ दीं और कहा, "आप एकदम यहाँ से चले जाइए और शाम तक इस शहर के बाहर हो जाइए। कल यहाँ दिखे, तो अच्छा न होगा।"

कवि ने कहा, "हमारा क्या है ? जैसे यहाँ, वैसे वहाँ। अभी चले जाते हैं। पर आपने मेरे इन सलीब ढोनेवालों को कुछ नहीं दिया।"

अस्तभान ने उन्हें भी एक-एक अशर्फी दी और कवि अपना सामान लेकर चले गये।

इधर अस्तभान अपने सूजे हुए कपाल पर लेप लगवाने लगा।

एक दिन मुफतलाल ने कहा, "कुमार, एक बड़ी भूल हो गयी। न आपने अपने पास राजकुमारी का चित्र रखा और न उन्हें अपना चित्र दिया। प्रेम में ऐसी भूल का बुरा परिणाम भी हो सकता है।"

अस्तभान ने कहा, "क्यों ? जब हृदय में हम उसकी तसवीर टाँगे हैं, तो चित्र की क्या जरूरत है ?"

मुफतलाल ने समझाया, "कुमार, आप समझते नहीं हैं। चित्र आदमी से अच्छे बनने लगे हैं। वास्तव में जैसी सूरत है, उससे अच्छी सूरत चित्र में बनती है। इसीलिए, प्रेमी-प्रेमिका प्रथम मिलन में ही चित्रों का आदान-प्रदान करने की जल्दी करते हैं। चित्र पास रखने में बड़ी सुरक्षा है। यदि प्रेमी या प्रेमिका की वास्तविक शक्ल की कल्पना करने से अरुचि उत्पन्न होने लगे, तो प्रेमी तुरन्त चित्र देख लेता है, जिससे उसका मन फिर लग जाता है।"

अस्तभान ने कहा, "हाँ, भूल तो हो गयी। पर नागफनी का चित्र अब मुझे कैसे मिलेगा ?"

मुफतलाल ने कहा, "चित्र मिलना तो अब असम्भव है क्योंकि भेड़ाघाट से लौटने के बाद से राजा राखड़सिंह ने राजकुमारी पर बड़ा कड़ा पहरा लगा रखा है। एक रास्ता है। किसी चित्रकार से राजकुमारी का चित्र बनवाकर आप अपने कमरे में टाँगें। मैं एक-दो कलाकारों को आपकी सेवा में उपस्थित करता हूँ।"

मुफतलाल थोड़ी देर बाद दो कलाकारों को लेकर आया।

अस्तभान ने उनसे कहा, "मुझे अपनी प्रेमिका, राजकुमारी नागफनी का चित्र बनवाना है। आप लोगों ने नागफनी को अवश्य देखा होगा, उसके चित्र भी बनाये होंगे। कुछ दिनों पहले तक कोई भी कलाकार जब तक नागफनी का चित्र नहीं बना लेता था तब तक अपने को अधूरा समझता था। मैं चाहता हूँ कि आप दोनों उसका एक-एक चित्र बनायें। मैं मुँह-माँगा इनाम दूंगा।"

यह सुनते ही वे कलाकार रंग, कागज और ब्रश लेकर अलग-अलग कमरों में बैठ गये और चित्र बनाने लगे।

चित्र पूरे होने पर वे अस्तभान के पास आये।

अस्तभान ने पहला चित्र देखा। यह क्लासिकल शैली का चित्र था। उसने कहा, "कलाकारजी, यह तो नागफनी नहीं है। कैसी लम्बी आँखें हैं। सूई की नोक-सी नाक और यह डोरे-जैसी गर्दन ! मैंने तो किसी स्त्री के ऐसे अंग नहीं देखे !"

चित्रकार समझाने लगा, "कुमार, हमारे काव्याचार्यों और कवियों ने कई सौ साल इसी खोज में लगाये हैं कि स्त्री के मुख, आँख, ओंठ, कमर कैसे होने चाहिए। वे डाक्टरों की तरह सैकड़ों सालों तक हजारों स्त्रियों के शरीरों की जाँच करते रहे और तय किया कि सुन्दरी की आँखें मछली या खंजन की तरह होनी चाहिए; नाक तोते की चोंच की तरह, ओंठ बिम्बफल की तरह, गर्दन सुराही की तरह, टाँगें केले की पीँड़ की तरह। कई कवियों ने चार-पाँच सौ वर्षों की मेहनत के बाद ऐसी स्त्री खोज निकाली थी, जिसके कमर ही नहीं होती। पर इसी बीच योरोपवालों ने

खुर्दबीन का आविष्कार कर लिया। जब खुर्दबीन से देखा तो उसकी कमर दिख गयी। विज्ञान ने शायरी का मजा किरकिरा कर दिया।[1] नाक की क्या कहूँ ? क्या आपको उस नायक का किस्सा नहीं मालूम जो सबेरे उठकर अपनी नायिका की नाक में भीगे हुए चने ठूंसने लगा था। वह समझा, यह तोते की चोंच है। गर्दन ऐसी पतली होती थी कि जब नायिका पान खाती तो पान का पीक गले में उतरता हुआ दिखता और कोमलता की क्या बात है ? सुन्दरी को गुलाब की पंखुड़ी की खरोंच लग जाती है। अब सोचिये, नायक के लिए ऐसी स्त्री का भोग करना कितना कठिन होता होगा। वह तमाम उम्र उसे देखते हुए गुजार देता था। छूने से तो वह उसी क्षण ढेर हो जाती। एक नायक ने सपने में नायिका का चुम्बन ले लिया था। सुबह जब देखा तो बेचारी के ओंठ नीले पड़ गये थे। कई घरों में दीपक नहीं जलता था, सुन्दरी के रूप से ही उजाला हो जाता था।[2] हम ऐसा सौन्दर्य-शास्त्र और काव्य-शास्त्र में पढ़े हैं। इसीलिए हमने ये अंग-प्रत्यंग बनाये हैं।"

अस्तभान कलाकार के मुख की ओर बड़ी देर तक देखता रहा। फिर उसने सोचा कि यदि मैं इस चित्र को बुरा कहूँगा तो यह कलाकार मुझे गँवार समझेगा। उसने चित्र की बड़ी तारीफ कीं और कलाकार को बहुत-सी अशर्फियाँ देकर विदा किया।

अब दूसरा कलाकार अपना चित्र लेकर आया। उसे देखकर अस्तभान हैरत में आ गया। बड़ी देर तक उसे उलट-पुलटकर देखने के बाद बोला, "यह क्या है ?"

"चित्र है, कुमार !" कलाकार अविचलित भाव से बोला। वह अपनी कला-कृति के बारे में आश्वस्त था।

"चित्र ? किसका चित्र ?"

"राजकुमारी नागफनी का।"

"तुम इसे चित्र कहते हो ? यह तो गिचपिच है। नागफनी कहाँ है इसमें ?"

कलाकार को राजकुमार के हीन संस्कारों पर तरस आया। उसने कहा, "कुमार, यह सबसे आधुनिक शैली में रचा गया चित्र है। इसमें आप राजकुमारी का शरीर क्यों देखना चाहते हैं ? वह इसमें नहीं मिलेगा। यह 'एब्सट्रैक्ट' चित्र है। राजकुमारी क्या है ? एक आइडिया ! उसी आइडिया को मैंने आकार दिया है।"

अस्तभान बड़े कुतूहल से चित्र को देखता रहा। एकाएक पूछ बैठा, "लेकिन इसे बनाया कैसे है ?"

कलाकार ने कहा, "ऐसे चित्र-निर्माण की पद्धति एक रहस्य है जो हमें प्रकट नहीं करना चाहिए। पर आप राजपुरुष हैं, इसलिए बता देता हूँ। इस चित्र-निर्माण की शैली बड़ी कठिन है। एक बड़े चींटे को रंग की कटोरी में डालते हैं। फिर उसे निकालकर कागज पर रख देते हैं। वह धीरे-धीरे चलता है और जैसे-जैसे उसके पैरों के निशान बनते जाते हैं, वैसे-वैसे हम रंग भरते जाते हैं। यह बहुत कठिन

1. अकबर इलाहाबादी। 2. बिहारीलाल।

कार्य है। ध्यान रखना पड़ता है कि चींटा मर न जाय। एक चींटा मरने पर उसके स्थान पर दूसरा रखना पड़ता है। किसी-किसी चित्र के बनाने में 3-4 चींटे मर जाते हैं। ऐसे चित्र को समझने के लिए खास बौद्धिक स्तर और सही कला-संस्कार की आवश्यकता है।"

इस धमकी के सामने अस्तभान टिक नहीं सका। उसने स्वीकार किया कि चित्र बहुत अच्छा है। उसने इस कलाकार को भी बहुत-सी अशर्फियाँ देकर विदा किया।

मुफतलाल ने दोनों चित्र मढ़वाकर अस्तभान के कमरे की दीवार पर टाँग दिये।*

होना बीमार और लगना पेनिसिलिन

अस्तभान अब रात-दिन नागफनी के चित्रों को देखता रहता और 'हाय ! हाय !' करता रहता। प्रेम की पीड़ा से आठों पहर तड़पता रहता। उसकी यह हालत देखकर मुफतलाल घबड़ाया और एक नामी डाक्टर को बुला लाया।

डाक्टर स्टेथिस्कोप की माला पहने अस्तभान के पलँग के पास बैठ गया। नाड़ी, जीभ और हृदय की परीक्षा करने के बाद पूछा, "दस्त साफ होता है ?"

"जी हाँ।"

"भूख कैसी लगती है ?"

"मामूली।"

"नींद आती है ?"

"नहीं।"

डाक्टर सोच में पड़ गया। अपने-आप कहने लगा—"सिस्टम सब ठीक है, नाड़ी बराबर है, हार्ट दुरुस्त है। फिर क्या गड़बड़ ?"

मुफतलाल ने उसकी उलझन देख कहा, "इन्हें प्रेम की बीमारी है।"

डाक्टर ने कहा, "ठीक है। पेनिसिलिन मँगा लो।"

मुफतलाल बोल पड़ा, "डाक्टर साहब, यद्यपि चिकित्सा-शास्त्र में मेरा दखल नहीं है, फिर भी मन में प्रश्न उठता है कि क्या प्रेम की बीमारी में भी पेनिसिलिन ही दिया जायेगा ?"

* ये दोनों चित्र अस्तभान के पौत्र के पास से एक अमरीकी संग्राहक ने 10 लाख डालर में खरीद लिये।—लेखक।

डाक्टर ने कड़ी नजर से उसे देखा और कहा, "हाँ, कोई भी बीमारी हो।"

"तो फिर बीमारी की जाँच और रोग का निदान करने की क्या जरूरत है ?"

"कोई नहीं। पर अगर डाक्टर यह सब दिखाने के लिए न करे, तो उस पर विश्वास न किया जाये और उसे फीस न मिले।"

"तो डाक्टर साहब, क्या हर बीमारी पर पेनिसिलिन दिया जायेगा ?"

"हाँ।"

"सर्दी-बुखार में ?"

"पेनिसिलिन।"

"पेट की पीड़ा में ?"

"पेनिसिलिन।"

"क्षय में ?"

"पेनिसिलिन।"

"कैन्सर में ?"

"पेनिसिलिन।"

"भाई-भाई में अनबन हो जाये तो ?"

"दोनों को पेनिसिलिन देना चाहिए।"

"और लड़का अगर बिगड़ गया हो तो ?"

डाक्टर चिढ़ गया। बोला, "जिस बात को जानते नहीं हो, उसके बारे में बहस क्यों करते हो ? तुम्हें क्या मालूम नहीं कि पेनिसिलिन की खोज से चिकित्सा-पद्धति में क्रान्ति हो गयी है ? अब सिर्फ एक ही दवा रह गयी है—पेनिसिलिन। 'अखिल विश्व डाक्टर संघ' ने हाल ही में प्रस्ताव पास किया है कि सब मेडिकल कालेज बन्द कर दिये जायँ और चिकित्सा-शास्त्र की पुस्तकें नष्ट कर दी जायँ। अब किसी डाक्टर को पढ़ने, सीखने या प्रयोग करने की जरूरत नहीं है। अब बीमारी का नाम जानने की भी जरूरत नहीं है, क्योंकि बीमारी कोई भी हो, पेनिसिलिन ही दिया जायेगा। पेनिसिलिन से बीमारी ही अच्छी नहीं होती, मनुष्य की सब समस्याएँ भी हल होती हैं। पेनिसिलिन से अगर रोगी मर भी जाय तो उसे स्वर्ग में स्थान मिलता है। इस तरह पेनिसिलिन से दोनों लोक सुधरते हैं। जो बिना पेनिसिलिन के मर जाते हैं, उन्हें फिर जन्म लेकर पेनिसिलिन लगवाना पड़ता है। एक बार पेनिसिलिन लेने से प्राणी आवागमन के बन्धन से छूट जाता है। जाओ, बारह पेनिसिलिन इन्जेक्शन और एक डिबिया मरहम लेकर आओ।"

मुफतलाल प्रभावित हुआ। एक सेवक को भेजकर इन्जेक्शन और मरहम मँगवाया गया। डाक्टर ने एक इन्जेक्शन अस्तभान को दिया और कहा, "एक इन्जेक्शन शाम को लगेगा। इनके कलेजे पर मरहम लगा दो।"

एक सेवक घण्टे-भर कलेजे पर मरहम चुपड़ता रहा, पर दर्द कम नहीं हुआ। तब एक दूसरा प्रसिद्ध डाक्टर बुलवाया गया।

डाक्टर ने अस्तभान की अच्छी तरह जाँच की और एक कागज पर दवाइयाँ

लिख दीं। मुफतलाल ने कागज देखा और ज़रा परेशान हुआ। डरते-डरते कहा, "डॉक्टर साहब, गुस्ताखी माफ हो। आपने तो 'क्लोरोमाइसिन' लिख दिया है। जहाँ तक मैं जानता हूँ, यह तो···"

डाक्टर ने बात काटकर कहा, "तुम्हारा मतलब है कि यह दवा इस बीमारी में नहीं दी जाती? ठीक है। यह मैं भी जानता हूँ। पर बाजार में क्लोरोमाइसिन का जो भारी स्टॉक पड़ा है, उसका क्या होगा? साल-भर से टाइफाइड के केस लगभग नहीं हुए। दवाइयों का स्टॉक पड़ा सड़ रहा है। न जाने बीमारियों को कौन-सी बीमारी लग गयी है! सारी गर्मी और बरसात निकल गयी, पर इस अभागे शहर में एक भी मरीज़ हैजे से नहीं मरा। ऐसी स्थिति में डाक्टर क्या करें? और दवा-विक्रेता भी क्या करें?"

मुफतलाल की दिलचस्पी बढ़ी। पूछा, "डाक्टर साहब, रोग के अनुसार दवाएँ बनती हैं या दवाओं के अनुसार रोग होते हैं?"

डाक्टर ने कहा, "दवाओं के अनुसार रोग होते हैं। उत्पादन के अन्य क्षेत्रों में जो नियम लागू होते हैं, वही यहाँ भी होते हैं। वस्तु का उत्पादन अधिक करके फिर उसकी आवश्यकता पैदा की जाती है और उसे बेचा जाता है। हमारे पास दवा बनानेवाले कारखानों के एजेण्ट आते रहते हैं। वे बता जाते हैं कि इस समय क्लोरोमाइसिन का उत्पादन बहुत हुआ है, इसलिए लोगों को टाइफाइड होना चाहिए। इसके बाद उसे उसकी बीमारी की दवा भी दी जायेगी। फिर कुछ ऐसी दवाएँ भी दी जायेंगी जिनसे न लाभ होगा, न हानि।"

मुफतलाल बोला, "याने एक तो सर्वसामान्य याने 'जनरल' बीमारी होती है और एक व्यक्तिगत बीमारी।"

डाक्टर ने कहा, "हाँ, अब तुम समझ गये। 'जनरल' बीमारी वह है जिसकी दवा का स्टॉक निकालना है। यह हर एक को लेनी होगी। इसके बाद उस मरीज की जो अपनी बीमारी होगी, उसकी दवा दी जायेगी।"

मुफतलाल ने कहा, "पद्धति तो बहुत अच्छी है। इससे दूकानदारों को ही फायदा होता है या आपको भी?"

डाक्टर ने जवाब दिया, "दोनों को। यह तो सहकारी उद्योग है। हमें वे कमीशन देते हैं। हम भी यह प्रयत्न करते हैं कि एक बार मरीज़ हमारे पास आ जाय, तो जिन्दगी-भर न छूटे। इलाज जितना लम्बा चलेगा उतनी ही फीस हमें मिलेगी और उतनी ही दवा बिकेगी, जिससे व्यवसायियों को लाभ होगा और हमें भी कमीशन मिलेगा।"

अस्तभान चुपचाप सुन रहा था। उससे नहीं रहा गया। वह बोल उठा, "और मरीज को?"

डाक्टर ने सहज ही जवाब दिया, "मरीज़ तो वस्तु का उपभोक्ता (Consumer) है। उसे पूरा लाभ हो जायेगा तो दवा की बिक्री बन्द न हो जायेगी? कुमार, आप स्वतन्त्र उद्योग का अर्थशास्त्र नहीं पढ़े। तभी ऐसे प्रश्न पूछते हैं।"

मुफतलाल ने पर्चा लेकर रख लिया। अस्तभान ने फीस देकर डाक्टर को विदा किया।

मुफतलाल ने कहा, "कुमार, डाक्टरों से कुछ नहीं होगा। बीमारी जिनकी आमदनी का जरिया हो, वे भला बीमारी कैसे कम होने देंगे ? डाक्टर से एक ही लाभ है —अभी तक मरनेवाला ईश्वरेच्छा समझकर मरता था; अब डाक्टर उसे बता देते हैं कि वह किस बीमारी से मर रहा है। इस तरह ईश्वर का उत्तरदायित्व काफी कम हो गया है।"

इसी समय राजा साहब ने एक प्रेम की बीमारी का विशेषज्ञ भेजा।

उसने ध्यान से अस्तभान को देखा। फिर पूछा, "पहले भी प्रेम किया है ?"

"हाँ, कई बार।" अस्तभान ने कहा।

प्रेम-विशेषज्ञ बोला, "तो जल्दी ठीक हो जाओगे। यह बीमारी पहले प्रेम में अधिक सताती है। जो अनुभवी प्रेमी होते हैं, वे सरलता से ठीक हो जाते हैं। यह एक तरह का भूत है। इस समय आप पर नागफनी के प्रेम का भूत सवार है। एक भूत के पीछे दूसरे भूत को लगाना चाहिए। आप अपनी भूतपूर्व प्रेमिकाओं का नाम जल्दी-जल्दी जपिए। 15 मिनट में फायदा मालूम होगा।"

अस्तभान ने जल्दी-जल्दी रटना शुरू किया—'फूलमती, विडालनयनी, कोकिल-रंगी, कर्कशबैनी...'

जादू-जैसा असर हुआ। तबियत में सुधार होने लगा। आधा घण्टा नाम रटने के बाद वह पूर्ण स्वस्थ हो गया।

उसने प्रेम-विशेषज्ञ को बहुत-सी भेंट देकर कहा, "आप बड़े गुणी आदमी हैं। आपका बताया नुस्खा मैं हमेशा याद रखूँगा।"

प्रेम-विशेषज्ञ ने कहा, "कोई बड़ा नुस्खा नहीं है, कुमार। 'नाम' का प्रताप है। नाम का माहात्म्य भक्तों ने गाया है। 'नाम' के उच्चारण से गणिका और अजामिल तर गये थे। गोस्वामी तुलसीदास ने अपने बारे में ही कहा है—

का गिनती महँ गिनती जस बन घास।
नाम जपत भा तुलसी तुलसीदास॥

'नाम' की ऐसी महिमा है। पर आजकल के लोग प्राचीन विद्याओं को भूल गये हैं। जानते भी हैं तो अधूरा। लोग नहीं जानते कि घूस के मामले में फँसने पर कितने बार किस देव का नाम जपना चाहिए, चोरी में पकड़ाने पर कितने बार, काला-बाजार के मामले में फँसने पर कितने बार। यदि ठीक विधि से उचित संख्या में नाम जपा जाये तो संकट से मुक्ति मिल जाती है। आपने ऐसे लोग देखे होंगे जो जीवन-भर घूस लेते हैं और एक बार भी नहीं पकड़ाते। वे 'नाम' का सही प्रयोग करते हैं। कुछ लोग अज्ञानवश गलत नाम जपते हैं। शादी के लिए कुछ लोग हनुमान का जप करते हैं। इससे शादी होती भी हो तो न होगी। हनुमान बाल-ब्रह्मचारी हैं, वे शादी के विरोधी हैं। भला, उन्हें मालूम हो जायेगा, तो क्या वे शादी होने

देंगे ? हर नाम अलग फल देता है। मैंने आपको बताया कि वर्तमान प्रेम की पीड़ा से मुक्ति पाने के लिए, भूतपूर्व प्रेमिकाओं का नाम लेना चाहिए।"

इतना कहकर प्रेम-विशेषज्ञ चला गया और अस्तभान विश्राम करने लगा। मुफतलाल ने देखा कि उसकी जरूरत नहीं है, इसलिए वह भी वहाँ से चल दिया।

भेजना प्रेमपत्र और खुलना भेद का

नागफनी ने कहा, "सखि करेलामुखी, कितने दिन हो गये, कुमार का कोई समाचार नहीं मिला। वे कैसे हैं ? मुझे बड़ी चिन्ता लगी है।"

करेलामुखी ने कहा, "राजकुमारी, वे अब अच्छे हैं। उन्हें डाक्टर ने एक दर्जन पेनिसिलिन के इन्जेक्शन लगाये हैं, जिससे उनकी तबियत अब काफी ठीक हो गयी है।"

नागफनी ने कहा, "सखि, क्या मैं उन्हें फिर देख नहीं पाऊँगी ?"

"राजकुमारी, तुम तो जानती हो कि उनसे भेंट होना असम्भव है। राजा साहब ने कड़ा पहरा लगा रखा है।"

"वे क्या आ नहीं सकते ? वे तो वीर-वंश के हैं। उनके पूर्वज कमन्द से किले की दीवारों पर चढ़ जाते थे।"

"राजकुमारी, कमन्द से चढ़ने के दिन गये। अब कहीं-कहीं किसी होस्टल में ऊपर से साड़ी नीचे डाली जाती है और उसके सहारे प्रेमी चढ़ जाता है। पर कुमार तुम्हारे विरह में इतने दुर्बल हो गये हैं कि उनसे यह भी नहीं बनेगा।"

"तो सखि, वे मुझे प्रेमपत्र क्यों नहीं लिखते।"

"प्रेमपत्र भी कैसे भेजें ? सारी डाक पहले राजा साहब के सामने जाती है। कहीं चिट्ठी पकड़ ली गयी, तो अनर्थ हो जायेगा। राजा साहब का गुस्सा बड़ा खराब है। परसों एक बिल्ली ने उनके कमरे में 'म्याऊँ' किया, तो राजा साहब ने एक ही बार में उसका सिर काट लिया।"

नागफनी उदास हो गयी।

करेलामुखी ने कहा, "कुमारी, मेरे पास एक पुस्तक है जिसमें प्रेम करने की पद्धति विस्तार से समझायी गयी है। मैं वह पुस्तक लाती हूँ। शायद प्रेमपत्र भेजने का कोई रास्ता निकल आये।"

करेलामुखी अपने कमरे में गयी और 'प्रेम करने की कला' नामक पुस्तक ले आयी। उसमें उसने 'प्रेमपत्र भेजना' शीर्षक अध्याय निकाला और उसे पढ़कर सुनाने

लगी---

'···प्रेमियों में पत्र-व्यवहार होना बड़ा आवश्यक है। पत्र के द्वारा बार-बार यह विश्वास दिलाना जरूरी है कि मैं तुमसे प्रेम करता या करती हूँ। बहुत दिनों तक यदि पत्र न आये, तो किसी दूसरे को पत्र लिखने का मन होने लगता है। कई प्रेमी अपनी प्रेमिका के सामने घबड़ा जाते हैं और हकलाने लगते हैं। इनके लिए पत्र लिखना बहुत आवश्यक है। जो बात वे सामने नहीं कह पाते, वह पत्र में लिख सकते हैं। प्रेमपत्र लिखते समय मनुष्य का मन मुक्त हो जाता है। प्रकाण्ड विद्वान् के प्रेमपत्र भी पढ़े जायें, तो उनसे मालूम होता है कि वह बड़ा बेवकूफ आदमी है। जो प्रेमपत्र में मूर्खतापूर्ण बातें न लिखे, उसका प्रेम कच्चा है, उस पर विश्वास नहीं करना चाहिए। पत्र जितना मूर्खतापूर्ण हो, उतना ही गहरा प्रेम समझना चाहिए।

'···प्रेमपत्र भेजना एक बड़ी समस्या रही है। प्राचीन काल में कबूतरों के द्वारा प्रेमपत्र भेजे जाते थे। पर प्रेमिकाओं के पिता पत्रवाहक कबूतर को बहकाकर या उस पर अपना शिक्षित बाज छोड़कर पत्र प्राप्त कर लेते थे। किसी मित्र के द्वारा पत्र भेजने की भी प्रथा है। पर इसमें बड़ा धोखा है। अक्सर ऐसा हुआ है कि प्रेमी या प्रेमिका चिट्ठी लानेवाले से ही प्रेम करने लगे हैं। उर्दू के कवियों ने मित्र के द्वारा पत्र भेजने की गलती की थी, जिसका परिणाम उन्हें भुगतना पड़ा था।

'···प्रेमपत्र भेजने का सबसे नवीन और सरल तरीका है उसे पुस्तक में छिपाकर भेजना। प्रेमी या प्रेमिका के छोटे भाई-बहिनों को चाकलेट देकर उनसे पहले आत्मीयता पैदा करनी चाहिए। यदि भाई-बहिन न हों तो मुहल्ले के छोटे बच्चों से भी काम चल सकता है। चाकलेट छिपाकर देना चाहिए, क्योंकि यह तरीका इतना लोकप्रिय हो गया है कि जब लोग किसी को बच्चों को चाकलेट बाँटते देखते हैं तो समझ जाते हैं कि इसे प्रेमपत्र भेजना है। जब बच्चा विश्वास में आ जाये, तब प्रेमिका उससे कहे, 'मुन्नू, दादा से पढ़ने के लिए पुस्तक ले आओ।' (दादा, अर्थात् प्रेमी) मुन्नू भर-दोपहरी में दौड़ते हुए दादा के पास पुस्तक माँगने पहुँचेंगे। दादा को समझ जाना चाहिए कि दीदी पुस्तक नहीं चाहतीं, पुस्तक में चिट्ठी चाहती हैं। वह मुन्नू को एक चाकलेट दे और किसी उपन्यास में चिट्ठी रखकर पुस्तक उसके हाथ में रख दे। मुन्नू भागते हुए जायेंगे और दीदी के हाथ में पुस्तक रख देंगे। अब दीदी भी मुन्नू को एक चाकलेट दे। इस प्रकार जब तक मुन्नू दो चाकलेटों के लोभ में किसी और को पुस्तक न दे दें, पत्र-व्यवहार चल सकता है।

'···पुस्तकों का बड़ा महत्त्व है। कहते हैं, छापे की मशीन ने मनुष्य के जीवन में क्रान्ति कर दी है। यह सही है। अब पुस्तकें बड़ी संख्या में छपती हैं, इसलिए सबसे बड़ी क्रान्ति यह हुई है कि प्रेमपत्र भेजना सरल हो गया है। इसी कारण प्रेम भी बहुतायत से होने लगा है। प्राचीन काल का युवक प्रेम क्यों नहीं कर सकता था? उन दिनों पुस्तकें आसानी से नहीं मिलती थीं। गुरुकुल में पढ़नेवाले युवक के पास एकाध हस्तलिखित पोथी होती थी। यदि वह उसी में प्रेमपत्र भेज देता तो पढ़ता कैसे? और जब गुरु पूछते कि वह पोथी कहाँ है, तो उत्तर क्या देता?···'

यह अध्याय सुनकर नागफनी की आँखें खुल गयीं । उसने कहा, "सखि, रीति तो अच्छी है । पर राजकुमार बहुत दूर रहते हैं । यहाँ से वहाँ बच्चे नहीं आ-जा सकते ।"

करेलामुखी ने यह समस्या भी हल कर दी । उसने कहा, "अपने महल के पास जो इन्जीनियरिंग कालेज के प्रोफेसर रहते हैं, वे मुफतलाल के मित्र हैं । उसके छोटे भाई द्वारा चिट्ठी प्रोफेसर साहब को भेज देंगे और वे उसे मुफतलाल के पास भेज देंगे । इस सेवा के लिए हम लोग प्रोफेसर को कुछ पारिश्रमिक दे दिया करेंगे । तुम जानती हो, प्रोफेसर को वेतन बहुत कम मिलता है ।"

करेलामुखी ने प्रोफेसर से बात करके सब योजना बना ली । नागफनी ने प्रोफेसर के छोटे भाई के द्वारा एक पुस्तक पढ़ने को मँगायी और दो-तीन दिन बाद जब पुस्तक लौटायी, तो उसमें चिट्ठी रख दी ।

जब मुफतलाल ने वह चिट्ठी अस्तभान को दी, तो वह प्रसन्नता से बेहोश-सा हो गया । 8-10 बार उसे पढ़ने के बाद बोला, "यह चिट्ठी आयी कैसे ?" मुफतलाल ने प्रोफेसर की सेवाओं का उल्लेख किया ।

अस्तभान ने कहा, "मित्र, मुझे इन प्रोफेसरों पर ज़रा भी भरोसा नहीं है । जो मुझे 5 नम्बर नहीं दे सके, वे क्या मेरे प्रेमपत्र पहुँचायेंगे ?"

मुफतलाल ने कहा, "नहीं कुमार, सब एक-जैसे नहीं होते । यह प्रोफेसर मेरा मित्र है । ईमानदार आदमी है । जो पैसे दे देता है, उसके नम्बर अवश्य बढ़ा देता है ।"

अस्तभान ने नागफनी को एक चिट्ठी लिखी और मुफतलाल ने उसे प्रोफेसर के पास पहुँचा दिया । प्रोफेसर ने चिट्ठी एक उपन्यास में रखकर प्यारे मुन्नू के हाथ नागफनी को भेज दी ।

इस तरह दोनों की चिट्ठी-पत्री चलने लगी ।

एक दिन की बात है । प्रोफेसर ज़रा जल्दी में था । अस्तभान की चिट्ठी भेजनी थी । जल्दी में जो पुस्तक उसके हाथ में आयी, उसी में उसने चिट्ठी रखकर मुन्नू को दे दी । मुन्नू एकदम पुस्तक लेकर महल में घुस गया ।

नागफनी के कमरे के पास ही राजा राखड़सिह खड़े थे । उन्होंने मुन्नू को देखा । पूछा, "कहाँ जा रहा है ?"

"दीदी के पास ।"

"क्यों ?"

"पुस्तक देने ।"

"किसने भेजी ?"

"हमारे बड़े भैया ने । दीदी ने पढ़ने के लिए मँगायी थी ।"

"देखूं," कहकर राजा साहब ने पुस्तक हाथ में ले ली । पुस्तक का नाम देखा —'मेके निकल इन्जीनियरिंग' । बड़े चकराये—यह तो सुना है कि जवान लड़कियाँ उपन्यास पढ़ती हैं; पर जवानी में इन्जीनियरिंग की पुस्तक पढ़नेवाली यही एक

निकली। राजा को शक हुआ। पुस्तक खोलकर देखी। चिट्ठी हाथ में आ गयी। खोली, तो आँख चढ़ गयी। मुन्नू ने राजा का मुँह देखा, तो हवा हो गया।

राजा ने नागफनी को पुकारा। नागफनी आकर खड़ी हो गयी।

"क्या है, पिताजी ?"

"बेटा, तू बहुत अध्ययन करने लगी है।"

"हाँ पिताजी, अब तो मैं रात-दिन पढ़ती ही रहती हूँ।"

"बड़ी अच्छी बात है। तू आजकल इन्जीनियरिंग का अध्ययन कर रही है।"

"इन्जीनियरिंग ? पिताजी, आपको क्या हो गया है ? मैं इन्जीनियरिंग क्यों पढ़ूँगी ?"

राजा साहब ने पुस्तक आगे करके कहा, "प्रोफेसर का भाई यह पुस्तक तेरे लिए पढ़ने को लाया था।"

नागफनी गड़ गयी।

राजा साहब ने कहा, "और उसमें रखी चिट्ठी मुझे मिल गयी है। मैंने तुझे आगे प्रेम करने से मना किया था न ? फिर क्यों किया ?"

नागफनी ने धीरे से कहा, "किया नहीं है।"

"किया नहीं है ? फिर यह चिट्ठी ?"

"किया नहीं है। हो गया है।"

राजा क्रोध से थर-थर काँपने लगे। कहा, "हो गया है ? मैं देखता हूँ कैसे होता है। अब अगर उस बदमाश अस्तभान को चिट्ठी लिखी तो मैं तुम दोनों का सिर काट लूंगा। मैं तेरी शादी जल्दी ही करनेवाला हूँ।"

नागफनी ने नीचे देखते हुए कहा, "तो उन्हीं से कर दीजिए।"

राजा ने आँखें तरेरकर देखा। कहा, "उससे नहीं हो सकती। वह बदमाश है। वह दूसरों की लड़कियों को प्रेमपत्र लिखता है। लुच्चा कहीं का।"

नागफनी की आँखों से आँसू टपकने लगे।

राजा ने कड़ककर कहा, "खड़ी-खड़ी रोती क्यों है ? जा कमरे में। मेरी बात भूलना मत।"

नागफनी ने साड़ी का पल्ला मुँह में ठूंसा और कमरे में भाग गयी। उस दिन से पहरा और कड़ा हो गया।

कई दिन तक नागफनी की चिट्ठी नहीं पहुँची तो अस्तभान घबड़ाया। उसने मुफतलाल से कहा। मुफतलाल प्रोफेसर से मिला। लौटकर आया तो कहने लगा, "कुमार, बड़ा अनर्थ हो गया। प्रोफेसर ने असावधानी में आपकी चिट्ठी मेकेनिकल इन्जीनियरिंग की पुस्तक में रखकर भेज दी। राजा साहब को शक हो गया और उन्होंने चिट्ठी पकड़ ली।"

अस्तभान कुर्सी में लुढ़क गया। बोला, "मैंने तुमसे पहले ही कहा था कि इन

प्रोफेसरों का मुझे ज़रा-सा भरोसा नहीं है। यह मेरे पीछे पड़े हैं। विद्या के क्षेत्र में मुझे मारा और अब प्रेम के क्षेत्र में मार रहे हैं। कैसा नालायक है। जिसे प्रेमपत्र भेजने का शऊर नहीं है, वह पढ़ाता क्या होगा?"

मुफतलाल अपराधी की तरह खड़ा रहा। दोनों बड़ी देर तक मौन रहे। अस्तभान कराहते हुए बोला, "अब क्या होगा? अब तो मुझे उसका समाचार भी नहीं मिल सकता। वह बड़ी साँसत में होगी, यह सोच-सोचकर मेरा कलेजा लौकता है।"

मुफतलाल कुछ नहीं बोला। कराहते-कराहते अस्तभान को नींद आ गयी। मुफतलाल दबे-पाँव बाहर हो गया।

इण्टरव्यू मुफतलाल का, होना डिप्टी कलेक्टर

पाठक भूले न होंगे कि मुफतलाल ने डिप्टी कलेक्टर के पद के लिए आवेदन किया था।

राज्य में शासकीय नौकरियों के लिए भरती दो स्थितियों में होती थी—तब, जब पद खाली हो और उन्हें भरने के लिए उम्मीदवारों की जरूरत हो, और तब, जब विशेष उम्मीदवार खाली हों और उन्हें भरने के लिए पदों की आवश्यकता हो। शासकीय सेवा संहिता के अनुच्छेद 2 की धारा 11, उपधारा 3 में, 'विशेष उम्मीदवार' की परिभाषा यह दी गयी थी–'ऐसा पदेच्छु नागरिक, जिसकी योग्यता अविशेष हो, पर सम्बन्ध विशेष हों—अर्थात् राज्य में किसी ऐसे व्यक्ति का वह कृपापात्र हो, जो स्वयं शासक हो या जिसका शासनकर्त्ताओं पर प्रभाव हो।'

जब पदों को आदमियों की, या आदमियों को पदों की आवश्यकता होती, तब सरकार 'आवश्यकता है' शीर्षक के अन्तर्गत आवेदन-पत्र मँगाने के लिए विज्ञप्ति प्रकाशित कराती। राज्य के अखबार केवल इस विज्ञप्ति के कारण ही खरीदे जाते थे। जिस अखबार में यह शीर्षक नहीं दिखता, उसे कोई नहीं खरीदता था। बिक्री बढ़ाने के लिए कुछ अखबार धोखा भी करते थे। एक अखबार ऊपर बड़े अक्षरों में छापता—'आवश्यकता है', और जब लोग इस शीर्षक से आकर्षित होकर अखबार खरीद लेते, तब नीचे यह लिखा हुआ मिलता—'नदी को पर्वत की, वृक्ष को भूमि की, गाय को घास की, बच्चे को माँ की, नंगे को कपड़े की, अन्धे को आँख की, कुत्ते को पट्टे की, बैल को सींग की, मालिक को नौकर की, भगवान को भक्त की, गधे को चन्दन की, बन्दर को आभूषण की—आवश्यकता किसे नहीं है? अर्थात् सबको है।' यह धाँधली देखकर दूसरे अखबार ने चेतावनी छापी—'नक्कालों से सावधान।

हमारे पत्र की बिक्री देखकर कुछ पत्र 'आवश्यकता है' शीर्षक देकर निरर्थक बातें छापकर भोली-भाली जनता को धोखा देते हैं। इन विज्ञप्तियों में नौकरी के लिए आवेदन करने की सूचना नहीं रहती। हम जनता को चेतावनी देते हैं कि असली विज्ञप्ति देखकर और पूरा मजमून पढ़कर ही अखबार खरीदें। नक्कालों से सावधान रहें।'

एक-एक पद के लिए कई हजार आवेदन-पत्र आते। इन्हें छाँटने में दो-तीन साल लग जाते। इसके बाद उम्मीदवारों की परीक्षा और इण्टरव्यू होता। नियम के अनुसार हर उम्मीदवार को हर तीन महीने में सूचित करना पड़ता था कि मैं अभी जीवित हूँ। जो सूचना नहीं देता, उसे मरा मानकर उसका नाम काट दिया जाता था। इससे चुनाव में सुविधा होती थी।

दो वर्ष बाद मुफतलाल को 'शासकीय सेवा विभाग' के कार्यालय से सचिव के एक पत्र की नकल, संचालक, सेवा विभाग के मार्फत, मिली। उस समय विभाग के सचिव श्रीमान् अस्पष्टजी थे। पत्र की नकल नीचे दी जा रही है—

'कार्यालय, शासकीय सेवा विभाग

प्रति,

श्री मुफतलाल, बी. ए.

सन्दर्भ :—डिप्टी कलेक्टरी के लिए आपका आवेदन-पत्र

आपको सूचित किया जाता है कि आपका आवेदन-पत्र यथासमय इस कार्यालय में प्राप्त हो गया। 'शासकीय सेवा अधिनियम' की धारा 17 के अनुसार आप एक माह के भीतर इस कार्यालय को प्रमाण-पत्र सहित यह सूचित करें कि आप किसके 'आदमी' हैं, तथा वे किस श्रेणी में हैं।

सही—(अस्पष्ट)
सचिव।'

मुफतलाल ने एक सप्ताह के भीतर ही कार्यालय को सूचित कर दिया। उसके पत्र की नकल नीचे दी जा रही है—

'सेवा में,

श्रीमान् अस्पष्ट साहब,
सचिव,
शासकीय सेवा विभाग।

महाशय,

मुझे सूचित करते गर्व होता है कि मैं कुंअर अस्तभान का 'आदमी' हूँ। मैं उनके परिवार के सदस्य-जैसा हूँ। अपने सम्बन्ध के प्रमाणहेतु मैं एक फोटोग्रुप की नकल भेज रहा हूँ जिसमें मैं उनके साथ खड़ा हूँ।

विनम्र,
मुफतलाल।'

स्पष्ट है कि हर उम्मीदवार किसी 'बड़े' का 'आदमी' होने की कोशिश करता था। इन 'बड़ों' की तीन श्रेणियाँ होती थीं। राजपरिवार के सदस्य, मन्त्री और उपमन्त्री 'क' श्रेणी में आते थे; विधानमण्डल के सदस्य और विभागीय सचिव 'ख' श्रेणी में होते थे और इन्हें प्रभावित कर सकनेवाले 'ग' श्रेणी में। यह श्रेणी-विभाजन पद के अनुसार ही नहीं, प्रभाव के अनुसार भी होता था। मुख्य आमात्य का निजी डाक्टर ससम्मान 'अ' श्रेणी में रखा गया था। उसके प्रभाव का कारण स्पष्ट है।

कार्यालय में सूचनाएँ आ जाने पर बड़े आदमी की श्रेणी के अनुसार उम्मीदवारों का वर्गीकरण हो जाता। इसके बाद एक फार्म की उपादेयता स्पष्ट करने के लिए मुफतलाल से सम्बन्धित जानकारी नीचे दी जा रही है —

शासकीय सेवा विभाग

फार्म—ख

नाम	योग्यता	उम्र	किसका आदमी?	श्रेणी	सम्बन्ध	भेंट आदि का विवरण	लेना या नहीं	विशेष
मुफतलाल	बी. ए.	28 वर्ष	कुँअर अस्तभान का	क	मित्र	कुछ नहीं	लेना	—

जैसा कि फार्म 'ख' से स्पष्ट होगा, जो किसी का 'आदमी' नहीं होता था, उसकी नियुक्ति की कोई सम्भावना नहीं होती थी। ऐसों को इण्टरव्यू के लिए भी नहीं बुलाया जाता था। इनमें जो असाधारण योग्यतावाला होता, उसे न्याय के प्रदर्शन के हेतु इण्टरव्यू के लिए बुला तो लिया जाता, पर वहाँ वह अयोग्य सिद्ध कर दिया जाता था।

उम्मीदवारों के इण्टरव्यू और चुनाव के लिए पाँच अफसरों का एक आयोग बैठता था। आयोग के सदस्यों के पास फार्म 'ख' पहले ही भेज दिया जाता था और वे दो प्रकार के प्रश्न तैयार कर लेते थे—जिसे लेना है, उसके लिए एक प्रकार के प्रश्न और जिसे नहीं लेना, उसके लिए दूसरे प्रकार के।

इण्टरव्यू का दिन निश्चित हो गया। मुफतलाल को कार्यालय से सूचना मिल गयी।

एक विशाल इमारत के एक सजे कमरे में आयोग बैठा है। बाहर बरामदे में सैकड़ों उम्मीदवार इकट्ठे हैं, कुछ खड़े हैं, कुछ टहल रहे हैं और कुछ थककर बैठ गये हैं। हर उम्मीदवार यथासम्भव सजकर आया है। कुछ को देखकर ऐसा लगता है कि वे सशरीर लाण्डरी से निकल अभी आ रहे हैं। कुछ ऐसे भड़कीले कपड़े पहने

हैं मानो नाटक कम्पनी के काम करने के लिए आये हों। कुछ बिल्कुल नया सूट पहने हैं; कुछ पुराना, पर धुला। और माँगे के कपड़े तो अलग ही दीख रहे हैं। कुछ पैण्ट पहनकर धोती की चाल चलते हैं और कुछ के पैण्ट के भीतर तो धोती का आभास होता है। उम्मीदवारों के हाथ में डिग्रियाँ और सिफारिशी पत्रों के पुलिन्दे हैं। कुछ उम्मीदवार फ्रेम में मढ़ी डिग्री ही दीवार से निकाल लाये हैं।

पसीना बह रहा है। उम्मीदवार बरामदे के छोर पर जाकर रूमाल निचोड़ आता है और फिर पसीना पोंछने लगता है।

मुफतलाल बिल्कुल आश्वस्त था। उसके सामने एक बड़ा तेज और रोबदार युवक पड़ा। वह बहुत सुन्दर, सुसंस्कृत और प्रतिभावान् लगता था। मुफतलाल ने पूछा, "आपके क्या क्वालिफिकेशन्स (योग्यताएँ) हैं?"

उसने उत्तर दिया, "एम. ए. फर्स्ट क्लास, एल.एल. बी. फर्स्ट क्लास।"

मुफतलाल ज़रा भी प्रभावित नहीं हुआ। उसने काम की बात पूछी, "आप किसके आदमी हैं?"

इस प्रश्न से युवक चौंका। उसके चेहरे पर रोष का भाव आया। उसने कहा, "मैं क्यों किसी का आदमी होने चला? यह तो पशुओं में होता है कि 'फलाँ का बैल' और 'अमुक का कुत्ता।' मैं क्या जानवर हूँ कि किसी मालिक का पट्टा गले में डाले फिरूँ?"

मुफतलाल पर इन तीखी बातों का भी कोई असर नहीं हुआ। उसे उस अभागे युवक पर दया आयी।

उस युवक ने पूछा, "और आप किसके आदमी हैं?"

मुफतलाल ने गर्व से उत्तर दिया, "कुँअर अस्तभान का।"

"और आपकी योग्यता?"

"और योग्यता किसे कहते हैं?" मुफतलाल ने तुनककर जवाब दिया।

युवक मुस्कुराया। मुफतलाल को पहली बार बुरा लगा। उसे लगा, जैसे उसका फर्स्ट क्लास मेरे थर्ड क्लास के पीछे हँसी उड़ाता, आवाजें कसता भाग रहा है। उसने जहरीली आवाज में कहा, "डिप्टी कलेक्टर मैं ही बनूंगा, तुम नहीं बन सकते। कभी तुम भूखे मरने लगो और अपनी प्रतिभा को खा न सको, तो मेरे पास आना। मैं तुम्हें अपने दफ्तर में क्लर्क बना लूंगा।"

युवक कुछ जवाब देना चाहता था कि इसी समय उसका नाम पुकारा गया और वह रूमाल मुँह पर फेरकर भीतर चला गया।

भीतर पाँच सयाने बैठे थे। वे उम्मीदवारों के इण्टरव्यू लेते थे, उनसे प्रश्न पूछते थे और योग्य उम्मीदवारों का चुनाव करते थे।

एक सयाने ने उस युवक से नाम पूछा। नाम सुनकर उन सबने फार्म 'ख' देखा। उसमें लिखा था—'किसी का आदमी नहीं।'

सयाने उससे प्रश्न पूछने लगे।

एक ने पूछा, "वेदान्त की माया और सांख्य की प्रकृति में क्या भेद है?"

उम्मीदवार ने दर्शन का इतना अध्ययन नहीं किया था। वह नहीं जानता था कि डिप्टी कलेक्टरी के लिए दार्शनिक की आवश्यकता है। फिर भी वह सोचकर उत्तर देने का प्रयत्न करने लगा।

सयानों के मुखिया ने मुँह बनाकर कहा, "कितनी देर लगाते हो! डल! वेरी डल!"

दूसरे सयाने ने प्रश्न किया, "काण्ट ने विशुद्ध तर्क की क्या प्रवृत्ति प्रतिपादित की है?"

उम्मीदवार फिर चकरा गया। उसने दर्शन नहीं पढ़ा था। वह मुँह देखने लगा। उसे पसीना आने लगा।

सयाना बोला, "इसे तो कुछ भी नहीं आता। बिल्कुल 'डल' है।"

मुखिया ने अन्त में दो सयानों से पूछा, "आप लोगों को कुछ पूछना है?"

वे बोले, "अब क्या पूछना है? देख तो लिया!"

इण्टरव्यू समाप्त हो गया। वह मुँह लटकाकर बाहर निकला। मुफतलाल उसे देखकर बकरे की बोली बोला।

मुफतलाल की पुकार हुई। वह सयानों के सामने जाकर खड़ा हो गया।

नाम पूछकर सयानों ने फार्म 'ख' देखा। लिखा था—'कुँअर अस्तभान का आदमी।'

सयाने वात्सल्य से उसकी ओर देखने लगे। मुखिया ने बड़े प्रेम से कहा, "खड़े क्यों हो, बेटा! बैठ जाओ।"

मुफतलाल एक कुर्सी पर बैठ गया।

प्रश्न पूछे जाने लगे।

एक सयाने ने पूछा, "कुमार साहब कैसे हैं?"

मुफतलाल ने जवाब दिया, "अच्छे हैं।"

दूसरे ने पूछा, "आज तुमने क्या खाया था?"

मुफतलाल तपाक से बोला, "रोटी, चावल, दाल, सब्जी, अचार।"

उसकी तत्परता से सब प्रभावित हुए। मुखिया ने कहा, "कैसे तपाक से जवाब देता है! वेरी स्मार्ट।"

तीसरे सयाने ने पूछा, "आजकल शहर में कौन-सा अच्छा फिल्म चल रहा है?"

मुफतलाल ने फौरन उत्तर दिया, "चौदहवीं का चाँद—जिसमें वहीदा रहमान, गुरुदत्त, जानी वॉकर, हैलन वगैरह काम करते हैं।"

मुखिया ने कहा, "वाह! बड़ा होशियार और स्मार्ट लड़का है।"

इण्टरव्यू समाप्त हुआ।

सयानों के मुखिया ने कहा, "बेटा, तुम्हारी योग्यता से हम सब प्रभावित हुए। तुम डिप्टी कलेक्टरी के लिए चुन लिये गये। नियुक्ति के आदेश का इन्तजार करो। चुनाव के बाद नियुक्ति में तीन महीने भी लग सकते हैं, तीन साल भी और दस साल

भी। किसी-किसी को तो रिटायर होने की उम्र में नियुक्ति-पत्र मिलता है। पर तुम कुँअर साहब के आदमी हो, इसलिए तुम्हारी नियुक्ति जल्दी हो जायेगी। जाओ, तुम्हारा भविष्य उज्ज्वल है।"

मुफतलाल ने सयानों को प्रणाम किया और बाहर आ गया।

विवाह-प्रस्ताव राजा निर्बलसिंह का

राजा निर्बलसिंह पड़ौस के एक राज्य के अधिपति थे। उनकी अवस्था सौ वर्ष से ऊपर हो चुकी थी। वे कई वर्षों से रोग-शय्या पर पड़े थे और प्रतिदिन उनकी मृत्यु की आशा की जाती थी। राजा निर्बलसिंह की अनेक रानियाँ थीं और इसी अनुपात में पुत्र, पौत्र, प्रपौत्र थे। 51 जीवित राजकुमारों के वे पिता कहलाते थे। ये राजकुमार भी अब वृद्ध हो गये थे और उन्हें निर्बलसिंह पर बड़ा क्रोध था। क्रोध का कारण यह था कि राजा निर्बलसिंह ने देह-त्याग करने में इतना विलम्ब कर दिया था कि राजकुमारों की राज करने की उम्र निकली जा रही थी। जब से वे बीमार पड़े थे, राजकुमार बड़ी आशा से उसकी शय्या के पास बैठे रहते। पर दिन-पर-दिन निकलते जाते और निर्बलसिंह के प्राण-पखेरू पिंजड़ा छोड़ने का उपक्रम नहीं करते थे।

राजा की पच्चीसों रानियाँ, जो स्वयं बूढ़ी हो चली थीं, अपने-अपने बेटे के मस्तक पर तिलक करवाने का प्रयत्न कर रही थीं।

मृत्यु-शय्या पर पड़े-पड़े राजा निर्बलसिंह ने नागफनी के रूप और गुण की प्रशंसा सुनी। कराहकर उन्होंने करवट बदली और विलासमन्त्री को पास बुलाया। राजा के भोग-विलास का प्रबन्ध करने के लिए एक अलग विलास मन्त्रालय था। विलास-मन्त्री अपना कान राजा के मुख तक ले गया। राजा ने लड़खड़ाती जबान में उसके कान में कहा, "नागफनी से विवाह करूँगा।"

विलास-मन्त्री ने आज तक अपने राजा की इच्छा पूरी करने में देर नहीं की थी। वह तुरन्त विवाह का प्रस्ताव लेकर राजा राखड़सिंह के दरबार में पहुँचा।

उसने दो थाल हीरे-जवाहरात राखड़सिंह के सामने रखकर कहा, "महाराज, हमारे राजा साहब ने आपके श्रीचरणों में तुच्छ भेंट सादर समर्पित की है।"

राखड़सिंह ने मुस्कराते हुए कहा, "मैं बहुत प्रसन्न हुआ। राजा निर्बलसिंह अब दूसरे लोक जाने की तैयारी कर चुके हैं। ऐसी हालत में भी, यह भेंट ईश्वर-अर्पण न करके मुझे अर्पित की है, तो इसमें अवश्य उनका कोई महान् प्रयोजन होना

चाहिए।"

विलास-मन्त्री ने निवेदन किया, "महाराज का अनुमान सत्य है। हमारे महाराज मृत्यु के पहले एक बार और विवाह करना चाहते हैं। उन्होंने राजकुमारी नागफनी के रूप और गुण की प्रशंसा सुनी है और आपकी सेवा में मुझे सम्बन्ध निश्चित करने के लिए भेजा है।"

यह सुनकर राजा राखड़सिंह विचार में पड़ गये। विचार करने का उन्हें कभी अभ्यास नहीं था, इसलिए विचार की पीड़ा उनके मस्तक पर स्पष्ट उभर आयी। उन्होंने कहा, "मन्त्री, यह मेरा सौभाग्य है कि राजा निर्बलसिंह-जैसे यशस्वी राजा मेरे दामाद बनना चाहते हैं। पर वे तो मृत्युशय्या पर हैं। सम्भव है तुम मेरी स्वीकृति लेकर जब पहुँचो, तब उनकी अर्थी बँधती हो। ऐसी स्थिति में वे विवाह क्यों करना चाहते हैं?"

विलास-मन्त्री ने उत्तर दिया, "महाराज, हमारे राजा इस लोक के सुख के लिए नहीं, उस लोक के सुख के लिए विवाह करना चाहते हैं। वे ज्ञानी हैं। जानते हैं कि यदि उनकी अर्थी पर तरुणी पत्नी की चूड़ियाँ नहीं फूटीं, तो उस लोक में उन्हें सुख नहीं मिलेगा।"

राजा राखड़सिंह ने कहा, "मन्त्री, उनका विचार नीति-संगत है। परन्तु मैं यदि अपनी लड़की देकर उनका परलोक सुधारने में सहायता करूँगा, तो मेरे और मेरी लड़की के इहलोक का ध्यान भी तो उन्हें रखना चाहिए।"

विलास-मन्त्री अनुभवी था। वह इस स्थिति के लिए तैयार था। उसने कहा, "सो सब हमारे राजा साहब के ध्यान में है। इस विवाह में उनका एक उद्देश्य और है। उनके पुत्रों में राजगद्दी के लिए कठिन स्पर्धा है। वे नहीं तय कर पा रहे हैं कि किसे राजगद्दी दें। यदि राजकुमारी नागफनी से उनका विवाह हो गया, तो वे यह कहकर इस समस्या को टाल देंगे कि मैंने वचन दिया है कि नवीन रानी का पुत्र राजगद्दी प्राप्त करेगा। यह तो निश्चित ही है कि नवीन पत्नी से पुत्र प्राप्त करने के पहले ही वे स्वर्ग सिधार जायेंगे। उनके बाद नागफनी देवी राज करेंगी। ऐसा तो होता आया है। महाराज शान्तनु ने सत्यवती को यही वचन तो दिया था। जब राजा वृद्धावस्था में नया विवाह करता है तो उसके पुत्र समझ जाते हैं कि नयी रानी के पुत्र को गद्दी मिलेगी।"

राखड़सिंह को प्रस्ताव पसन्द आया। पर वे भविष्य में दूर तक विश्वास नहीं करते थे। उन्होंने कहा, "यह तो दूर की बात हुई। पास की बात कहो। तुम्हें याद रखना चाहिए कि राजा निर्बलसिंह की सद्गति के लिए मैं कितना बड़ा बलिदान कर रहा हूँ।"

विलास-मन्त्री ने पुनः नमन करके कहा, "महाराज, उसका भी विचार किया है। आप ऐसा समझें कि आप पुत्र का विवाह कर रहे हैं, पुत्री का नहीं। हमारे महाराज बिस्तर से नहीं उठ सकते। इसलिए बारात लेकर आपको आना पड़ेगा। इससे आप एक नयी परम्परा को जन्म देंगे और भविष्य में विवाह-लोलुप वृद्ध आपको

आशीर्वाद देंगे। आप नहीं जानते, वृद्धों को बारात लेकर जाने में कितनी तकलीफ होती है। यदि यह नयी परम्परा आरम्भ हो गयी, तो अरथी उठते-उठते भी बूढ़ों का विवाह हो सकेगा। आप जब बारात लेकर आयेंगे तो दहेज वगैरह राजा साहब की ओर से आपको मिलेगा और राजा साहब मुँह माँगा देंगे।"

राजा राखड़सिंह को इस व्यवस्था से सन्तोष हुआ। पर वे चतुर थे। उन्होंने कहा, "मैं चार-पाँच दिनों में अपना निर्णय बतलाऊँगा।"

विलास-मन्त्री का हृदय बैठने लगा। वह हाथ जोड़कर बोला, "महाराज, वहाँ तो घड़ी घट रही है। न जाने चार दिनों में क्या हो जाय!"

राजा राखड़सिंह हँसे। कहने लगे, "तुम निश्चिन्त रहो। वे अभी मरेंगे नहीं। एकाध महीने उनका मन विवाह में अटका रह सकता है। मैं निर्बलसिंह को जानता हूँ। तुम जाओ और मेरे सन्देश की प्रतीक्षा करो।"

विलास-मन्त्री प्रणाम करके चला गया।

इधर जब नागफनी को यह बात मालूम हुई तो वह रोने लगी। रोती-रोती वह अपने पिता के पास आयी और बोली, "पिताजी, आप मुझे कुएँ में क्यों नहीं डाल देते?"

"वही कर रहा हूँ," असावधानी में उनके मुँह से निकल गया। सँभलकर कहा, "तुझे शर्म नहीं आती। बाप के सामने मुँह खोलती है।"

"पर मैं चुप भी कैसे रहूँ? आप मेरा जीवन नष्ट करने पर तुले हैं।"

"सुन, लड़की का जीवन अपना नहीं होता, विवाह के पहले बाप के अधिकार में होता है और विवाह के बाद पति के। वे उसे नष्ट कर सकते हैं और मैं तो तेरे भले की सोच रहा हूँ।"

"इसमें मेरा क्या भला है? वे इतने वृद्ध हैं।"

"पुरुष कभी बूढ़ा नहीं होता। निर्बलसिंह अभी कुल 100 साल के तो हुए ही हैं और फिर तेरे सामने महान् परम्परा है। पति जैसा हो, पत्नी को भी वैसी हो जाना चाहिए। धृतराष्ट्र अन्धे थे तो गान्धारी जीवन-भर आँखों पर पट्टी बाँधे रही।"

नागफनी ने कुछ कहने के लिए मुँह खोला, पर राखड़सिंह तुरन्त बोल उठे, "बेटी, तेरा भाग्य खुल रहा है। निर्बलसिंह की यह अन्तिम शादी होगी और अस्तभान की पहली। निर्बलसिंह के यहाँ सबसे ऊँची प्रतिष्ठा तेरी होगी। पर अस्तभान तो अभी और विवाह भी करेगा और तेरी प्रतिष्ठा घटती जायेगी। इसलिए अस्तभान का खयाल छोड़कर निर्बलसिंह से शादी कर ले।"

नागफनी ने पुनः विरोध किया। तब राखड़सिंह ने क्रोध से कहा, "अब मैं तेरी कोई बात सुनने को तैयार नहीं। अगर तू नहीं मानेगी, तो मैं तुझे मारकर तेरी लाश की शादी कर दूँगा। जा, दूर हो मेरे सामने से।"

नागफनी रोती हुई अपने कमरे में चली गयी।

थोड़ी देर बाद करेलामुखी आयी। नागफनी ने उसे सब बातें बतायीं और कहा, "चौथे दिन मेरी शादी हो जायेगी और पाँचवें दिन मैं विधवा हो जाऊँगी।" दोनों सखियाँ बड़ी देर तक गले लगकर रोतीं रहीं।

करेलामुखी ने पहले आँसू पोंछे। सहसा उसके मुख पर दृढ़ता आ गयी, उसमें अद्भुत तेज का उदय हुआ और उसने कहा, "राजकुमारी, तुम घबड़ाओ मत। यह अन्याय मेरे प्राण रहते नहीं हो सकेगा। तुम्हारा प्रेमी भी क्षत्रिय है। कितना भी पतला हो, पर है तो उसकी नसों में भी उन्हीं प्राचीन वीरों का रक्त। तुम तो वीरों का इतिहास जानती हो। जब किसी राजकुल की कन्या पर ऐसा संकट आया है, उसने प्रेमी को अन्तिम सन्देशा भेज दिया है और प्रेमी आकर उसे ले गया है। संयोगिता को पृथ्वीराज चौहान इसी प्रकार ले गये थे। तुम कुँअर अस्तभान को अन्तिम सन्देशा भेजो।"

नागफनी ने पूछा, "सन्देशा ले कौन जायेगा ?"

"मैं ले जाऊँगी, चाहे मेरी जान चली जाय।" करेलामुखी ने कहा।

दोनों ने मिलकर सन्देशे का मसौदा बनाया और दोपहर को जब पहरेदार अफीम खाकर ऊँघ रहे थे, करेलामुखी महल के बाहर निकल गयी। बाहर निकलकर उसने एक मोटर किराये पर ली और शाम होते-होते अस्तभान के महल पहुँच गयी।

अस्तभान और मुफतलाल ने उसे देखा तो अचरज में आ गये। उन्हें आशंका ने घेर लिया। कुछ अनर्थ हो गया है !

करेलामुखी ने जाते ही कहा, "मेरे पास बहुत समय नहीं है। राजकुमारी का सन्देश देने मैं आयी हूँ। उन्होंने कहलाया है—'आज से चौथे दिन मेरा विवाह राजा निर्बलसिंह से कर दिया जायेगा। अगर आपकी भुजाओं में बल है, तो मुझे यहाँ से निकाल ले जायें'।"

अस्तभान सन्नाटे में आ गया। उससे पहले तो कुछ बोलते नहीं बना, फिर घबड़ाता हुआ बोला, "तुम बैठो। मुझे विस्तार से सब बातें तो बताओ।"

करेलामुखी ने कहा, "इसमें विस्तार कुछ है ही नहीं। कुल इतनी-सी बात है। आपकी भुजाओं में बल हो तो अपनी चहेती को प्राप्त करें।"

इतना कहकर वह चली गयी।

थोड़ी देर दोनों मित्र चुप बैठे रहे। फिर अस्तभान ने कहा, "मित्र, क्या सन्देशा है उसका ?—यदि तुम्हारी भुजाओं में बल हो तो···!" उसने आस्तीन चढ़ाकर अपनी भुजाएँ देखीं और कहा, "मित्र, ज़रा देखो तो। मेरी भुजाओं में बल है ?"

मुफतलाल ने भुजाएँ टटोलकर कहा, "नहीं है।"

"तो फिर ?" अस्तभान ने आँखें फाड़कर कहा।

मुफतलाल ने कहा, "आपकी इन भुजाओं के बल को अपील करने से कुछ नहीं होगा। ये प्रेमिकाएँ बड़ी विचित्र होती हैं। ये पहले नहीं बतातीं कि आगे बाहुबल

का काम पड़ेगा। जब प्रेमी इनके विरह में टिटहरी हो जाता है तब खबर भेजती हैं कि भुजाओं में बल हो तो मुझे ले जाओ। सारा बल छीनकर बल की दुहाई देती हैं।"

अस्तभान ने आस्तीन से अपनी दुर्बल बाँहों को ढँकते हुए कहा, "तो क्या मैं उसे हमेशा के लिए खो दूँगा?"

मुफतलाल ने कहा, "नहीं, ऐसे घबड़ाने की जरूरत नहीं है। नागफनी देवी के सन्देश का अर्थ यह नहीं है कि आप स्वयं तलवार हाथ में लेकर पहुँच जावें। आप चाहें तो फौज भेजकर उन्हें छुड़ा सकते हैं।"

अस्तभान ने कहा, "ऐसा करने से तो युद्ध हो जायगा।"

मुफतलाल ने कहा, "तो हो जाने दीजिए। इसकी चिन्ता आपके पूर्वजों ने कभी नहीं की। पुराण और इतिहास पढ़िए। जब किसी राजा का मन किसी लड़की पर आ गया तब उसने राज्य को युद्ध में झोंकने में आनाकानी नहीं की। लाखों सैनिक इसलिए सिर कटाने पहुँच जाते थे कि उनके राजा का जी उस लड़की पर आ गया है।"

बात मजाक की तरह कही गयी थी। पर अस्तभान समझा कि मेरा मित्र समझता है कि मैं युद्ध से डरता हूँ। उसने कहा, "मित्र, मैं कायर नहीं हूँ। मैं युद्ध से नहीं डरता। हमारे कुल में कभी भी किसी भी बात पर युद्ध छेड़ देने की परम्परा है। युद्ध बहुत उपयोगी चीज है, अगर उसका चतुराई से उपयोग किया जाय। लोग युद्ध को विध्वंसक चीज मानते हैं; वे उसके रचनात्मक पहलू को नहीं देखते। तुम्हें मालूम है, चार साल पहले हमारा युद्ध पड़ौस के राज्य से क्यों हुआ था? बात यह हुई कि उस साल हमारे यहाँ के जूता-व्यापारियों ने बहुत जूते बना डाले। इतनी जरूरत तो राज्य में थी नहीं। लाखों जोड़ी जूते पड़े सड़ने लगे। व्यापारियों का दिवाला निकलने की नौबत आ गयी। वे पिताजी के पास आये और प्रार्थना की कि हमारे जूतों की बिक्री का प्रबन्ध कीजिए। पिताजी ने पड़ौसी राज्य से कहा कि हमारे जूते खरीदो। उसने कहा कि हमें जरूरत नहीं है; हम अपनी आवश्यकतानुसार जूते यहीं बना लेते हैं। यह सुनकर पिताजी ने युद्ध छेड़ दिया। घमासान युद्ध हुआ, हजारों आदमी मारे गये, सैकड़ों गाँव तबाह हो गये। आखिर उस राज्य ने सन्धि का प्रस्ताव किया। पिताजी ने सन्धि में शर्त रखी कि तुम्हारे राज्य में जूता बनाना बन्द हो जायेगा और तुम्हारी प्रजा को हमारे व्यापारियों के बनाये जूते पहनने पड़ेंगे। अब हमारे व्यापारी मनमाने दाम पर उस राज्य में जूते बेचते हैं और मालामाल हो रहे हैं।"

मुफतलाल बहुत चकित हुआ। उसने कहा, "अच्छा, व्यापारियों के जूते बिकवाने के लिए वह युद्ध किया गया था? लेकिन प्रजा को तो बताया गया था कि उस राज्य में मानव-अधिकारों का हनन हो रहा है और हम मनुष्य की स्वतन्त्रता और गरिमा के लिए लड़ रहे हैं।"

अस्तभान ने कहा, "यह राजकीय रहस्य है जो किसी को बताया नहीं जाता।

यदि लोग जान जाते कि यह युद्ध अपने व्यापारियों के जूते बिकवाने के लिए है तो वे धार्मिक जोश के साथ लड़ने क्यों जाते ? युद्ध सफलता से तभी लड़ा जा सकता है जब उसका सही कारण जनता को मालूम न हो।"

मुफतलाल बोला, "कुमार, यह तो बड़ी विचित्र बात है। आपका मतलब है कि जनता को अकारण ही लड़वाया जा सकता है।"

अस्तभान ने समझाया, "हाँ, बशर्ते कि भ्रम पैदा किया जा सके। लेकिन तुम शायद युद्ध को बुरा समझते हो ?"

मुफतलाल ने कहा, "हाँ, युद्ध बुरा तो होता ही है।"

अस्तभान हँसा। कहने लगा, "ऐसा नहीं है। युद्ध कभी-कभी आवश्यक भी होता है और उससे बड़ी-बड़ी समस्याएँ हल हो जाती हैं। एक बार हमारे राज्य में भयंकर गरीबी फैली। लाखों आदमी भूखे और नंगे रहने लगे। वे ऊधम मचाते और राजमहल के सामने इकट्ठे होकर पिताजी से रोटी और कपड़ा माँगते। पिताजी को लगा कि वे सरकार को पलट देंगे। उन्होंने एक तरकीब निकाली। एक दिन बड़ी जोशीली अपील जारी की जिसमें कहा कि 'राजा निर्बलसिंह ने हमारी तीन वर्ग फीट जमीन अपने राज्य में मिला ली है। इस भूमि के निवासी, जो हमारे भाई हैं और हमारा धर्म मानते हैं, हमसे अलग हो गये हैं। हम यह बरदाश्त नहीं कर सकते। हम अपनी भूमि का एक इंच भी किसी को नहीं देंगे। वीरो उठो, मातृभूमि के सम्मान के लिए खून बहा दो और उस तीन वर्ग फीट भूमि पर बसनेवाले भाइयों को अपने में मिला लो।'—बस, लोग भूख-प्यास भूलकर लड़ने चल दिये। अन्न और कपड़े की समस्या अपने-आप हल हो गयी। अभी भी जब प्रजा असन्तोष प्रगट करती है तब पिताजी उसे उस तीन वर्ग फीट जमीन की याद दिला देते हैं।"

मुफतलाल यद्यपि बचपन के अस्तभान का साथी था तो भी उसे ये रहस्य मालूम नहीं थे। जिन युद्धों का उल्लेख अस्तभान ने किया, उनमें उसने भी जोश अनुभव किया था और लोगों को लड़ने के लिए प्रोत्साहित किया था। उसे अब अपने कार्य पर लज्जा आने लगी।

मुफतलाल को परेशान देखकर अस्तभान ने कहा, "मित्र, तुम आश्चर्य में पड़ गये। राजकार्य में ये सब हथकण्डे सामान्य नीति के अन्तर्गत आ गये हैं। मैं तुम्हें बताता हूँ कि दो राज्यों में युद्ध कैसे कराया जाता है और उससे कैसे फायदा उठाया जाता है। एक बार हमारे राज्य में हथियार बहुत बने। हमने राजा राखड़सिंह को 10 हजार तलवारें दे दीं। ज्यों ही निर्बलसिंह को मालूम हुआ, वह चिन्ता में पड़ गया। उसने कहा कि हमारे पड़ौसी राज्य के पास अधिक अस्त्र हो गये हैं, जिससे शक्ति-सन्तुलन बिगड़ गया है। हमें राखड़सिंह के राज्य से खतरा पैदा हो गया है। हमने 10 हजार तलवारें उसे भी दे दीं। यह देखकर राखड़सिंह ने हमसे 10 हजार भाले खरीद लिये। निर्बलसिंह को मालूम हुआ तो उसने भी 10 हजार भाले खरीद लिये। दोनों ओर से आरोप-प्रत्यारोप होने लगे। दोनों एक-दूसरे से कहते कि तुम युद्ध-सामग्री बढ़ा रहे हो और हम पर हमला करनेवाले हो। दोनों ओर से युद्ध की

धमकी दी जाने लगी। हम मनमानी कीमत पर दोनों को हथियार बेचने लगे। पिताजी चाहते थे कि दोनों में युद्ध हो जाये। पर एक दिन सुना कि दोनों ने सन्धि कर ली। यह सुनकर पिताजी के हृदय को बड़ा आघात लगा। दो-तीन दिन तो वे किसी से बोले नहीं। अब हमारे हथियार कौन खरीदेगा ? चौथे दिन उन्होंने हमारी सेना से 100 सैनिक निर्बलसिंह के सैनिकों के रूप में राखड़सिंह के राज्य में भेज दिये। उन्होंने सीमा पर लड़ाई शुरू कर दी। परिणाम जो चाहा था, वही हुआ। दोनों राज्यों में भयंकर युद्ध शुरू हो गया और हमारे सब हथियार बिक गये।"

मुफतलाल का सिर चकराने लगा। उसने कहा, "कुमार, मुझे इन रहस्यों से कोई मतलब नहीं। मैं तो आपका सेवक हूँ। मैं तो चाहता हूँ कि आपका विवाह देवी नागफनी से हो जाये तो मैं अपनी नौकरी पर जाऊँ। पर निर्बलसिंह के बीच में आ जाने से परिस्थिति बिगड़ गयी है।"

अस्तभान, जो अपने कुल की युद्ध-परम्परा के वर्णन में खो गया था, अब फिर चिन्ता में पड़ गया। बोला, "मित्र, तू ही कुछ कर। मेरी अक्ल कुछ काम नहीं करती। किसी तरह नागफनी को यहाँ लाना होगा।"

मुफतलाल थोड़ी देर सोचता रहा। फिर बोला, "कुमार, नगर के पास एक आश्रम में बड़े पहुँचे हुए महात्मा, जोगी प्रपंचगिरि रहते हैं। वे बड़े-बड़े चमत्कार करते हैं। मैं उनके पास जाऊँगा। वे देवी नागफनी को प्राप्त करने की तरकीब बतायेंगे।"

अस्तभान के चेहरे पर आशा चमक उठी। बोला, "मित्र, तू एकदम जा। देर मत कर। मेरी साँस अटकी है।"

मुफतलाल उठकर चला गया।

इधर अस्तभान ने अपनी भुजाओं को फिर खोलकर देखा और अर्द्धमूर्छित हो बिस्तर पर लेट गया। बड़बड़ाता जाता था —'अगर आपकी भुजाओं में बल हो तो…'

आना जोगी प्रपंचगिरि का

जोगी प्रपंचगिरि बड़े पहुँचे हुए महात्मा थे। वे पहले राखड़सिंह के राज्य में चोरी करते और डाका डालते थे। तब उनका नाम जालमसिंह था। एक बार पकड़े गये। जिस अफसर का उन्होंने मासिक अलाउंस बाँध रखा था उसे तीन महीने से अपना पैसा नहीं मिला था, इसलिए उसने उन्हें पकड़ लिया। जालमसिंह पर डाका डालने और हत्या करने का मुकदमा चला और आजन्म कैद की सजा हो गयी। एक साल

बाद ही जालमसिंह जेल से भाग गया और गिरोह बनाकर फिर डाका डालने लगा।

एक दिन उसकी भेंट एक सन्त से हो गयी। सन्त के कारण सारे डाकू परेशान थे। वे पुलिस से इतना नहीं डरते थे, जितना इस सन्त से। जो डाकू मिल जाता, सन्त उसका हृदय-परिवर्तन कर देते। डाकू अपना-अपना हृदय बचाये भागे फिरते थे। सन्त आते दिखते तो डाकू चिल्लाकर एक-दूसरे को सावधान कर देते—'अरे भागो! सन्त आ रहे हैं। पकड़ लिया तो हृदय बदल देंगे।'

एक दिन जालमसिंह बड़ा हठ करके सन्त के पास गया। उसके साथियों ने रोका तो उसने बड़ी अकड़ से कहा, "वे कोई और होंगे जिनका हृदय बदल जाता होगा। मेरा तो हृदय ही नहीं है, बदलेगा क्या?"

जालमसिंह सन्त के पास गया। वहाँ जाते ही उसका सारा अभिमान मिट्टी में मिल गया। एक दिन में ही उसका हृदय-परिवर्तन हो गया। उसने वैराग्य ले लिया और शेष जीवन मानव-सेवा में लगाने का संकल्प किया।

जालमसिंह ने अब जटा बढ़ा ली, गेरुए वस्त्र पहन लिये और सुमरनी हाथ में ले ली। उसका नाम जोगी प्रपंचगिरि हो गया।

मानव-सेवा के लिए जोगी प्रपंचगिरि ने एक आश्रम खोला, जिसमें भगाकर लायी गयी लड़कियाँ रखी जातीं और उनका व्यापार होता। यह उच्च-कोटि की मानव-सेवा थी। जोगी प्रपंचगिरि कहते थे—'समाज में कितनी ही स्त्रियाँ बिन-ब्याही रह जाती हैं। उनमें साहस नहीं होता कि घर त्यागकर अपने लिए पति खोज सकें। मैं उन अभागिनों को अपने आश्रम में ले आता हूँ और योग्य पुरुषों से उनका विवाह कर देता हूँ। वे मेरी धर्म पुत्रियाँ है। मैं विधिपूर्वक उनका कन्यादान करता हूँ। जो थोड़ा-सा पैसा लेता हूँ, वह तो आश्रम के खर्चे के लिए जरूरी है।'

यह आश्रम बड़े मजे में चल रहा था। राज्य में जोगी प्रपंचगिरि की बड़ी इज्जत थी। बड़े-बड़े सामन्त और अधिकारी उनके यहाँ आते थे।

राखड़सिंह के राज्य में उनकी गिरफ्तारी का वारण्ट अभी भी जारी था।

दूसरे दिन मुफतलाल प्रपंचगिरि को अस्तभान के महल में ले आया। कुमार ने उन्हें आदरपूर्वक बिठाया और अपनी समस्या उन्हें बतायी। उनके चरणों पर गिरकर बोला, "मेरे प्राण नागफनी के बिना इस देह में नहीं रह सकते।"

प्रपंचगिरि ने लापरवाही से कहा, "कोई चिन्ता नहीं। आत्मा तो अमर है, राजकुमार! इस जन्म में नहीं तो अगले जन्म में वह आपको मिलेगी। यह तो जन्म-जन्म का नाता है। एक बार किसी से हो जाये तो सौ जन्मों में भी उससे पिण्ड नहीं छूटता।"

कुमार ने व्याकुल होकर कहा, "नहीं, मुझे इसी जन्म में चाहिए। मुझे दर्शन नहीं, नागफनी चाहिए। जितना पैसा लगे, मैं खर्च करने को तैयार हूँ।"

प्रपंचगिरि ने कहा, "आप वीरवंश के भूषण हैं। आपको इतनी कायरता शोभा नहीं देती। भगा क्यों नहीं लाते उस हरामजादी को?"

इतना सुनना था कि अस्तभान ने तलवार निकाल ली और प्रपंचगिरि पर झपटा। मुफतलाल एकदम बीच में आ गया। अस्तभान ने तलवार नीची कर ली। मुफतलाल ने कहा, "आप एकाएक इतने उत्तेजित हो गये ?"

अस्तभान क्रोध से फुफकार रहा था। कहा, "मैं इस जोगी का सिर काट लूँगा। इसने नागफनी को 'हरामजादी' कहा।"

मुफतलाल जोर से हँस पड़ा। बोला, "कुमार, आप भी बहुत भोले हैं। आप यह तो सोचिए कि जोगी प्रपंचगिरि पहुँचे हुए महात्मा हैं, परमहंस हैं। महात्मा ऐसा बोला ही करते हैं। जो जितना अण्ड-बण्ड बकता है, वह उतना ही बड़ा महात्मा होता है। उनकी गाली तो आशीर्वाद होती है। अगर उन्होंने राजकुमारी नागफनी को 'हरामजादी' कह दिया है तो निश्चित मानिए कि उनका सौभाग्य अटल रहेगा।"

अस्तभान को अपने पर लज्जा आने लगी। उसने तलवार म्यान में डाली और प्रपंचगिरि से क्षमा माँगने लगा, "क्षमा करिए सन्तवर, मैंने आपको पहचाना नहीं था। अब मेरी आँखें खुल गयीं।"

प्रपंचगिरि के चेहरे पर शिकन तक नहीं आयी। उन्होंने मुस्कुराते हुए कहा, "कोई बात नहीं, कुमार! अज्ञान में ऐसी भूलें हो ही जाती हैं। मैं आपका काम करूँगा। राजकुमारी नागफनी को भगाकर आश्रम में ले जाऊँगा। काम ज़रा कठिन है, इसलिए अपने चेलों को न भेजकर मैं स्वयं जाऊँगा। मेरे साथ साधु-भेष में मुफतलाल होंगे और मेरे चार विश्वासी चेले। अच्छा, अब मैं चलता हूँ।"

थोड़ी देर बाद जोगी प्रपंचगिरि अन्तर्ध्यान हो गये।

दूसरे ही दिन राजा राखड़सिंह के राजमहलवाली सड़क पर जोगी प्रपंचगिरि चले जा रहे थे, उनके साथ था साधु-वेश में मुफतलाल और पीछे चार तगड़े चेले।

सहसा एक पुलिस की गाड़ी आकर रुकी और उसमें से दो-तीन पुलिस-अफसर कूदे। पन्द्रह-बीस सिपाही भी निकले और पलक मारते प्रपंचगिरि और उनके साथियों को घेर लिया।

एक अफसर ने बढ़कर प्रपंचगिरि से पूछा, "क्या नाम है तुम्हारा ?"

प्रपंचगिरि हँसते-हँसते बोले, "हमारा याने किसका? इस ढाँचे का जिसे 'देह' कहते हैं, या उस आत्मा का जो इस देह में स्थित है ? उसका तो कोई नाम नहीं।"

अफसर को क्रोध आ गया। उसने कहा, "ठीक से नाम बताता है कि लगवाऊँ कोड़े ?"

प्रपंचगिरि ने उसी प्रकार हँसते हुए कहा, "कोड़े ही लगवा ले! कोड़े देह को ही तो लगेंगे। तू आत्मा को कोड़े नहीं मार सकता। नैनं छिदन्ति शस्त्राणि नैनं दहति पावकः।"

मुफतलाल प्रपंचगिरि के उस सौम्य, अविचल रूप को देखकर मुग्ध हो गया। पुलिस न होती तो वह उनके चरणों पर गिर पड़ता। उसने किसी साधु को पुलिस

के सामने इतना अविचल नहीं देखा था।

उधर अफसर अधीर हो उठा था। उसने हुक्म दिया, "बलभद्दर, लगाओ साले को दो-चार हाथ।"

यह सुनते ही प्रपंचगिरि बोल उठे, "बताता हूँ। मेरा नाम जोगी प्रपंचगिरि है।"

"कहाँ रहते हो?"

"हमारा क्या ठिकाना, बच्चा! रमता जोगी, बहता पानी। घूमते रहते हैं।"

अफसर ने फिर बलभद्दर को पुकारा और प्रपंचगिरि ने तुरन्त पता-ठिकाना बता दिया।

पुलिसवाले सब साधुओं को गाड़ी में बिठाकर कोतवाली ले गये। वहाँ एक फोटो निकालकर उससे प्रपंचगिरि के चेहरे का मिलान करके एक अफसर ने दूसरे से कहा, "यह जालमसिंह है।"

यह सुनकर प्रपंचगिरि का चेहरा फक् हो गया।

दूसरे अफसर ने कहा, "जालमसिंह दाढ़ी-मूँछ नहीं रखता था। इसकी दाढ़ी-मूँछ मुड़वा दें तो ठीक शिनाख्त हो सकती है।"

एक नाई बुलाया गया। उसने प्रपंचगिरि का मुण्डन किया, दाढ़ी-मूँछ साफ की। तब उन अफसरों ने फोटो से मिलान करके कहा, "यह जालमसिंह ही है।"

प्रपंचगिरि को हथकड़ी पड़ गयी। मुफतलाल ने उनके कान में कहा, "क्या मैं आपके लिए कुछ कर सकता हूँ? मुश्किल यह है कि यह दूसरे का राज्य है। अपना राज्य होता तो इन अफ़सरों को बरखास्त करवा देता।"

प्रपंचगिरि ने कहा, "तुम मेरी चिन्ता मत करो। तुम्हें ये लोग पूछताछ के बाद छोड़ देंगे। तुम सीधे आश्रम जाकर मेरे सहकारी स्वामी कपटानन्द को खबर दे देना। वह सब ठीक कर लेगा। मैं दो-चार दिनों में तुमसे आकर मिलता ही हूँ।"

कुछ झिझकते हुए मुफतलाल ने कहा, "बुरा न मानें तो एक बात कहूँ। आप पकड़े तो गये ही हैं। आपको गिरफ्तार करवाने पर दो हजार रुपयों के इनाम की घोषणा हुई थी। अगर आपको एतराज न हो तो मैं यह कहकर कि मैंने आपको गिरफ्तार करवाया है, दो हजार इनाम ले लूँ?"

प्रपंचगिरि ने जवाब दिया; "कोई हर्ज नहीं। तुम दाढ़ी-मूँछ निकाल फेंको और इन लोगों से कहो कि तुम्हीं मुझे फँसाकर यहाँ गिरफ्तार करवाने लाये थे। लेकिन एक शर्त है—आधा इनाम आश्रम को दान करना होगा।"

मुफतलाल ने दाढ़ी-मूँछ निकालकर फेंक दी और सबसे बड़े अफसर के पास जाकर बयान दिया कि मैं ही जालमसिंह को फँसाकर गिरफ्तार करवाने लाया था।

उसका नाम, पता आदि लिखकर उसे छोड़ दिया गया। वह प्रपंचगिरि के आश्रम पहुँचा और कपटानन्द को सब समाचार बताकर अस्तभान के पास चला गया।

होना बातचीत राजा से मुफतलाल को

अस्तभान ने आह भरकर कहा, "मित्र, तरकीब एक के बाद एक असफल होती जाती है। किसने जाना था कि प्रपंचगिरि-जैसे सिद्ध पुरुष भी पुलिस के चंगुल में फँस जायेंगे। यह मेरी किस्मत का ही दोष है जो उस महात्मा को कष्ट हो रहा है।"

मुफतलाल ने कहा, "कुमार, जोगी प्रपंचगिरि के कष्ट का खयाल मत कीजिए। उन्हें कोई कष्ट नहीं होगा। वे बीसों बार पुलिस की गिरफ्त में आ चुके हैं। पुलिस में उनकी बड़ी इज्जत है। वे किसी तरह छूटकर आते ही होंगे। आपकी समस्या यह है कि राजा निर्बलसिंह से राजकुमारी का विवाह कैसे रोका जाय? सबसे पहले हमें यह विवाह रुकवाना है।"

अस्तभान ने कहा, "विवाह रुकवाने का तरीका तो यह होता है कि लड़की-वाले को वर की कोई खराबी बता दी जाती है। वह बिचक जाता है। पर यहाँ तो लड़की का बाप जो जानता है, उससे अधिक बुराई क्या बतायी जाय? वह जानता है कि निर्बलसिंह की लकड़ी मरघट पहुँच चुकी है; फिर भी वह विवाह करने को तैयार है। उसे कैसे रोका जा सकता है।"

मुफतलाल को एक तरकीब सूझी। वह बोला, "कुमार, एक तरकीब है। थोड़ा छल करना पड़ेगा। आप जानते हैं कि निर्बलसिंह के प्राण राजकुमारी नागफनी में अटके हैं। यदि कोई आदमी उनके पास जाये और कह दे कि मुझे राखड़सिंह ने यह सन्देशा देकर भेजा है कि वे अपनी लड़की का विवाह आपसे करने के लिए तैयार नहीं हैं, तो तुरन्त निर्बलसिंह के प्राण उड़ जायेंगे; क्योंकि उनका कोई प्रयोजन संसार में रहने का न बचेगा।"

अस्तभान को बात जँची। उसने कहा, "तरकीब तो ठीक है। पर सन्देशा देने जायेगा कौन? जोगी प्रपंचगिरि तो हवालात में बन्द है। हाय, वे यदि होते तो कितना अच्छा होता।"

इतना कहना था कि दरवाजा खुला और जोगी प्रपंचगिरि ने प्रवेश किया। बाल मुँड़े होने के कारण अस्तभान उन्हें नहीं पहचान सका, पर मुफतलाल एकदम पहचान गया, क्योंकि उनका मुण्डन उसके सामने ही हुआ था। वह उछलकर उनके चरणों पर लेट गया। बोला, "महात्मन्, इतनी जल्दी कैसे आ गये। उन दुष्टों के फन्दे से आप कैसे छूटे?"

प्रपंचगिरि ने शान्ति से कहा, "सो जानकर क्या करोगे, वत्स! साधु-सन्तों के गुर हैं; सबको नहीं बताये जाते। भक्त जब सच्चे हृदय से हमें याद करता है, तभी हम प्रगट हो जाते हैं। हाँ, अब आगे की कहो।"

मुफतलाल ने निर्बलसिंह का विवाह रोकने की योजना उन्हें समझायी और कहा, "यह कार्य आपके सिवा और कौन कर सकता है? आप ही राजा निर्बलसिंह

के पास जायें।"

प्रपंचगिरि ने कहा, "ठीक है। ऐसे नाजुक वक्त पर धर्मात्माओं के शब्द ही कारगर होते हैं। महाभारत के द्रोणाचार्य से अस्त्र रखवाने के लिए स्वयं धर्मराज को झूठ बोलना पड़ा था। मैं जाता हूँ।"

इतना कहकर प्रपंचगिरि चले गये।

इधर अस्तभान ने कहा, "मित्र, इस तरह कब तक नागफनी की शादी टालते रहेंगे? दूसरों की शादी उचटाने से ही किसी की शादी कैसे हो सकती है? हमें अपनी शादी का प्रयत्न भी तो करना चाहिए।"

मुफतलाल ने कहा, "प्रयत्न तो कर रहे हैं। यदि प्रपंचगिरि सफल हो जाते तो आज राजकुमारी इसी महल में होती। कुमार, फिर भी मुझे लगता है कि हम सीधा रास्ता छोड़कर चल रहे हैं। शादी का सीधा रास्ता है—पिता के मार्फत बात करवाना। इसका हमने प्रयत्न ही नहीं किया। अगर महाराज विवाह का प्रस्ताव भेजें तो शायद राजा राखड़सिंह स्वीकार कर लें। आप महाराज से कहिए न।"

अस्तभान ने कहा, "भला पिताजी के सामने मेरा मुँह कैसे खुलेगा? मैं उनका कितना आदर करता हूँ, तू जानता है। उनसे विवाह की बात करते मुझे शर्म नहीं आयेगी? मुफतलाल, तू मेरा मित्र है। तू ही उनसे बात क्यों नहीं कर लेता?"

मुफतलाल ने आनाकानी की, "कुमार, मैं भी उनसे बहुत डरता हूँ। वे कभी प्यार से भी मेरी ओर देख लेते हैं तो मैं काँप जाता हूँ। उनके सामने मेरी नजर ही नहीं उठती। बात क्या करूँगा?"

अस्तभान ने समझाया, "मित्र, मेरे लिए इतना और कर। तू नीची नजर करके ही बात कर लेना। मैंने तेरे लिए कितना किया है? डिप्टी कलेक्टरी के लिए तेरा चुनाव मैंने ही करवाया है और अभी तो तेरी नियुक्ति होनी है।"

मुफतलाल के सब एतराज इस मित्रतापूर्ण धमकी के सामने उड़ गये। उसने कहा, "आप चाहते हैं तो जाऊँगा।"

दूसरे दिन मुफतलाल ने राजा साहब से भेंट के लिए समय माँगा। भेंट के लिए विषय बताया—'कुँअर अस्तभान के जीवन की समस्या।'

राजा साहब ने उसे आधे घण्टे का समय दिया। वह डरते-डरते उनके कमरे में पहुँचा। राजा साहब आईना सामने रखे बैठे थे और मूँछों में से एक सफेद बाल चिमटी में पकड़कर आँखें बन्द करके उखाड़ रहे थे। मुफतलाल चुपचाप सामने खड़ा रहा। जब बाल उखड़ गया तब राजा साहब ने एक आँख खोलकर देखा और कहा, "तू अस्तभान के जीवन की समस्या पर बात करने आया है?"

"जी!" मुफतलाल ने बाअदब कहा।

राजा साहब मूँछों में सफेद बाल खोजते हुए बोले, "उसका बाप कौन है—मैं कि तू?"

"..."

"जवाब दे। मैं कि तू?"

"जी, आप।"

"फिर तू कौन होता है उसके जीवन की चिन्ता करनेवाला ?"

"जी, मैं उनका मित्र हूँ।"

"मित्र ? मित्र क्या होता है ? मेरी इतनी उम्र हो गयी, मेरा तो कोई मित्र नहीं हुआ।"

आँखें बन्द करके उन्होंने झटके से एक बाल उखाड़ा।

"हाँ, बोल ? मित्र किसे कहते हैं ?"

"हम लोग बचपन के साथी हैं। साथ पढ़े हैं।"

"पर साथ फेल तो नहीं हुए। वह फेल हो गया और तू पास।"

"यह मेरा दुर्भाग्य है।"

"हूँ, दुर्भाग्य है। यानी मित्र वह जो बिगाड़े। उसे तूने ही तो बिगाड़ा है। शराब, जुआ, व्यभिचार—सब तूने ही उसे सिखाया है ?" मुफतलाल सकपका गया। बड़ी विनय से बोला, "जी, मेरी क्या सामर्थ्य है जो इतने बड़े आदमी के लड़के को ये सब गुण सिखा सकूँ। ये गुण तो उच्च कुल के आभूषण हैं। ये तो कुंअर के रक्त में ही विद्यमान थे; उन्होंने परम्परा से प्राप्त किये हैं।"

राजा साहब ने एक आँख खोलकर उसे देखा और मुस्कुराये।

"तू बातें करने में होशियार है। क्या बात करना चाहता है कुँअर के बारे में ? बोल।"

"जी, मेरा निवेदन है कि वे अब जवान हो गये हैं।"

"वह तो जन्म से ही जवान है। मेरा बेटा है; किसी कारकून का थोड़े ही है।"

"आपका कहना सत्य है। इसीलिए मेरी क्षुद्र मति के अनुसार उनका विवाह हो जाना चाहिए।"

"तेरी क्षुद्र मति के अनुसार विवाह क्यों होगा ? मेरी तीव्र बुद्धि के अनुसार क्यों नहीं होगा ?"

"जी हाँ, यही मेरा मतलब है।"

"इसका क्या मतलब ? तेरी क्षुद्र मति और मेरी बुद्धि बराबर है ?"

मुफतलाल फिर सकपकाया। राजा साहब का ध्यान बाल उखाड़ने में लग गया, इसलिए वह जवाब देने से बच गया। बाल उखाड़कर उन्होंने उसे देखा और प्रसन्न हुए। बोले, "विवाह होना है ? तो हो जायेगा।"

"जल्दी हो जाना चाहिए।"

"जल्दी हो जायेगा। इसी वक्त हो सकता है।"

"क़िससे होगा ?"

"किसी लड़की से।"

"राजा राखड़सिंह की राजकुमारी नागफनी से होना चाहिए।"

"क्यों ? उससे ही क्यों ?"

राजा ने एक आँख खोलकर फिर देखा और मुफतलाल फिर सकपका गया।

खाँसकर हिम्मत जुटायी और बोला, "उनसे राजकुमार का प्रेम है।"

राजा खिलखिलाकर हँसे। बोले, "प्रेम? प्रेम किसे कहते हैं?"

"वे एक-दूसरे को चाहते हैं।"

"क्यों चाहते हैं?" एक बाल और उखाड़ा।

"इसलिए कि चाहते हैं।" मुफतलाल घबड़ाकर बोला, "वे एक-दूसरे के पास जाना चाहते हैं। वे एक-दूसरे के बिना जी नहीं सकते।"

"क्यों नहीं जी सकते?"

"क्योंकि प्रेम है।"

"और अभी तक कैसे जी रहे हैं?"

"उन्हें उम्मीद है कि उनका विवाह हो जायेगा।"

"अच्छा, हो तो जायेगा। पर कैसे होगा?"

"आप राजा राखड़सिंह के पास विवाह का प्रस्ताव भेजें।"

राजा ने बाल उखाड़ना बन्द कर दिया और मूँछें उमेठना शुरू कर दिया। चेहरा तमतमा उठा। गुस्से से बोले, "तू अपनी अक्ल क्या जंगल में घास चरने भेजकर फिर यहाँ आया है? मैं लड़केवाला हूँ। क्या मैं पहले प्रस्ताव करूँगा? मेरी सातवीं पीढ़ी में हमारे एक पूर्वज ने लड़के की शादी के लिए अपनी तरफ से बात चलायी थी; लेकिन पहले अपने हाथ से अपनी नाक काटकर रख ली थी। मुझे नाक नहीं खोना। पहले राखड़सिंह को प्रार्थना करनी चाहिए। मैं उस पर विचार करूँगा।"

मुफतलाल ने कहा, "देर होने से कुँअर की जान जाने का डर है।"

राजा बोले, "मर जाने दो। ऐसे लड़के का न होना अच्छा जो बाप से पहले शादी की बात करवाये।"

मुफतलाल वहाँ से भागने का मौका खोजने लगा। राजा ने कहा, "राखड़सिंह से कहो कि वे मेरे पास प्रार्थना भिजवाये। साथ ही यह भी खबर भिजवाये कि कितना रुपया देगा।"

इतना कहकर राजा ने निजी सचिव को बुलवाया और कहा, "कुँअर पर जितना खर्च हुआ है, उसका हिसाब तुमने रखा है? बताओ।"

सचिव ने एक बही उठायी और जोड़ करने लगा। थोड़ी देर बाद बोला, "जी, हिसाब हो गया। जन्म से लेकर अब तक भोजन, निवास, कपड़े, शिक्षा, शौक और जेबखर्च मिलाकर लगभग 25 लाख होता है।"

राजा ने पूछा, "जन्म से ही खर्च लगाया है? प्रसव का खर्च क्यों छोड़ दिया। वह भी तो लड़कीवाले से लेना पड़ेगा। वह भी जोड़ो। पच्चीस लाख से ऊपर होगा।"

मुफतलाल का जी बैठने लगा। वह आँखें फाड़े दीवार को देख रहा था। राजा ने कहा, "सुन रे मुफतलाल, जो आदमी इतना रुपया देगा, उसकी लड़की से शादी होगी। लड़के पर जितना खर्च हुआ है वह सब लड़कीवाले को देना चाहिए।"

मुफतलाल ने डरते-डरते कहा, "मेरा निवेदन है कि प्रेम-विवाह में रुपया नहीं लिया जाना चाहिए।"

राजा की भृकुटि तन गयी। बोले, "क्या कहा? प्रेम-विवाह? मैं सब समझता हूँ प्रेम वगैरह की चालाकी। जब किसी बाप को बिना पैसे दिये लड़की की शादी करनी होती है तब वह प्रेम करा देता है। मेरे सामने चालाकी नहीं चलेगी। अस्तभान का अब तक का सारा खर्च देना होगा। आखिर मैंने लड़का इसीलिए तो पैदा किया है और पाला है कि उनकी लड़की को पति मिल सके। मैंने क्या उसे अपने लिए पाला है? अगर मैं उसे नहीं पालता तो लड़की को पति कैसे मिलता? तू समझता नहीं है कि लड़के पैदा करना व्यवसाय है, यह गृह-उद्योग है। अभी तक मैंने उसमें पूंजी लगायी है। अब माल जब बाजार में आ गया है, तब क्या मैं उसकी अच्छी कीमत नहीं लूंगा? जा, भेज दे राखड़सिंह को खबर—अगर इतना रुपया देता है, तो मैं उसके घर की नौकरानी से भी कुँअर की शादी कर दूंगा।"

मुफतलाल जाने की तैयारी करने लगा। उसने एक नजर राजा साहब पर डाली और प्रणाम करके मुड़ा। राजा ने कहा, "उनसे कहना कि अगर वे 25 लाख नहीं दे सकते, तो मैं 20 लाख में भी मान जाऊँगा। अगर 20 लाख भी उन्हें भारी पड़े, तो 15 लाख भी ले लूंगा। अगर 15 लाख की भी उनकी हैसियत नहीं हो, तो मैं 10 लाख में भी मान जाऊँगा। मगर 10 लाख से एक कौड़ी कम नहीं लूंगा। समझ गया? जा अब।"

मुफतलाल चल दिया और राजा दर्पण सामने रखकर मूंछ में सफेद बाल खोजने लगे।

मिलना मुख्य अमात्य से

करेलामुखी ने कहा, "राजकुमारी, तुमने कुछ सुना?"

"क्या?" नागफनी ने चौंककर कहा।

"तुम तो बिल्कुल ही बेसुध रहती हो। ऐसी खोयी-खोयी मत रहा करो। कोई दुर्वासा श्राप देगा तो कुँअर तुम्हें भूल जायेंगे।" करेलामुखी ने कहा।

नागफनी ने कहा, "सखि, हँसी मत कर। मेरा जी अच्छा नहीं है। जो बात बताने आयी है, वह बता।"

करेलामुखी ने कहा, "कुमार अस्तभान के पिता राजा भयभीतसिंह अपने बेटे की तुमसे शादी करने के लिए कम-से-कम 10 लाख माँगते हैं। तुम्हारे पिता के पास सन्देशा आया था।"

नागफनी का जी बैठ गया। वह अपने पिता को जानती थी। राजा निर्बलसिंह से दो थाल हीरे-जवाहरात वे हड़पकर बैठे थे। 10 लाख देने की अपेक्षा वे प्राण देना पसन्द करेंगे। उसने पूछा, "फिर पिताजी ने क्या जवाब दिया?"

"उन्होंने कहला भेजा कि मुझे लड़की के लिए पति चाहिए, खेत में हल चलाने के लिए बैल नहीं खरीदना है। भयभीतसिंह बेटे को मवेशीबाजार में खड़ा कर दें और ऊंची-से-ऊँची कीमत पर नीलाम कर दें।"

यह सुनकर नागफनी सन्न रह गयी। इस अपमान को भयभीतसिंह जैसे क्षत्रिय कैसे सहन करेंगे?

नागफनी रोने लगी। बोली, "सखि, इस जीवन में मैं उनकी नहीं हो सकती। अब तो मैं मरकर उस लोक में उनकी राह देखूंगी।"

करेलामुखी समझाने लगी, "कुमारी, इतनी निराश मत होवो। कुछ उपाय सोचो। तुम्हारे पिता यदि 10 लाख देने को तैयार हो जायँ तो बात अभी भी बन सकती है। पर उन्हें समझाये कौन?"

नागफनी ने कहा, "एक ही आदमी की बात वे आँख मूंदकर मानते हैं और वह है राज्य का मुख्य आमात्य। वह कह दे तो वे 10 क्या, 20 लाख दे सकते हैं।"

करेलामुखी बोली, "पर वह क्यों कहेगा? वह बड़ा काँइयाँ आदमी है। बिना मतलब के कोई काम नहीं करता।"

"मैं उससे कहूँ?"

"तुम्हारे कहने से कुछ नहीं होगा। तुमसे उसका कोई काम नहीं सध सकता। यदि कुँअर अस्तभान उससे मिलें और कुछ लोभ दें तो वह मान सकता है।"

"तो सखि, तू उनके पास सन्देशा भिजवा दे। यह आखिरी प्रयत्न कर लें। नहीं तो मैं इस देह का त्याग कर दूंगी।"

करेलामुखी ने अस्तभान के पास सन्देश भिजवाया।

उधर राजा भयभीतसिंह के पास जब राजा राखड़सिंह का उत्तर पहुँचा तो वे आग-बबूला हो गये। बोले, "इतना अभिमान है उसे! मैं उसे बता दूंगा। मैं 10 नहीं, 20 लाख लेकर बेटी की शादी करके बता दूंगा।" उन्होंने सचिव को बुलाकर कहा, "अस्तभान की शादी के लिए 'टेण्डर' बुलाने की सूचना अखबारों में छपवाओ। लिखो, मैं लिखवाता हूँ।"

राजा साहब ने 'टेण्डर' का जो मजमून लिखाया और जो दूसरे दिन अखबार में छपा, वह नीचे दिया जाता है—

टेण्डर नोटिस

"एक 24 वर्षीय, स्वस्थ तरुण को विवाह के बाजार में वर के रूप में बेचना है। तरुण बी. ए. तक पढ़ा है और सुन्दर है। लड़कियों के पिता निम्न पते पर सीलबन्द

लिफाफे में लिखकर भेजें कि वे कितने रुपये देंगे। टेण्डर मंजूर होने पर एक-चौथाई रकम तुरन्त जमा करनी होगी और शेष तीन-चौथाई पाणिग्रहण के समय देनी होगी। कन्याओं के पिता लड़की का फोटो या उसके रूप-गुण का विवरण न भेजें, क्योंकि सौदा रकम से तय होगा, रूप-गुण से नहीं।...''

करेलामुखी का सन्देशा पहुँचा ही था कि मुफतलाल अखबार लेकर आया। वह बड़ी उत्तेजित मनःस्थिति में था। कहने लगा, ''ज़रा पढ़ो, तुम बाजार में बिक्री के लिए खड़े हो। तुम्हारे लिए टेण्डर आ रहे हैं।''

अस्तभान ने पढ़ा और सिर पकड़कर बैठ गया। थोड़ी देर बाद बोला, ''अब मुख्य अमात्य के पास जाने से क्या लाभ? अब तो टेण्डर ही बुला लिये गये।''

मुफतलाल ने कहा, ''नहीं, आपका निष्कर्ष गलत है। मुख्य अमात्य अगर ऊँची रकम का टेण्डर भिजवा दें तो आपके पिता को मजबूर होकर शादी करनी ही पड़ेगी। चलिए, अब देर करना ठीक नहीं है।''

दोनों मित्र राखड़सिंह के मुख्य अमात्य गोवरधन बाबू के पास पहुँचे। एक बड़े बँगले में वह रहता था। फाटक पर दो सन्तरी बन्दूक लिये खड़े थे। बँगले के बाहरवाले कमरे में सचिव बैठा था। अस्तभान और मुफतलाल उसके पास पहुँचे और अपना परिचय दिया तो वह इस तरह हड़बड़ाकर कुर्सी पर से उठा कि कुर्सी उलट गयी। उठकर खड़ा हुआ, कपड़े ठीक किये और हाथ जोड़कर, झुककर बोला, ''कुमार, आप सूचना तो भिजवाते। हम नगर के बाहर से आपको ससम्मान लाने का प्रबन्ध करते।''

अस्तभान ने कहा, ''यह मेरा व्यक्तिगत आगमन है। मैं चुपचाप ही आना चाहता था। आप मुख्य आमात्यजी को सूचना दे दें।''

सचिव उन्हें बिठाकर मुख्य आमात्य के पास गया और तुरन्त ही लौटकर उन्हें सम्मानपूर्वक भीतर ले गया।

बड़े से कमरे में मुख्य आमात्य स्वागतहेतु खड़े थे। राजकुमार का उन्होंने झुककर अभिवादन किया। कुमार ने मुफतलाल का परिचय कराया। मुख्य आमात्य ने उसकी ओर देखा और बड़े रूखे ढंग से नमस्कार का जवाब दिया।

तीनों बैठ गये और बातचीत शुरू हो गयी।

मुख्य अमात्य—''कैसे कष्ट किया आपने? मुझे ही खबर देकर बुला लिया होता।''

अस्तभान—''मैंने सोचा, मैं ही मिल आऊँ। आप व्यस्त आदमी हैं।''

मुख्य अमात्य—''हें-हें, सो तो है ही। क्या सेवा करूँ आपकी?''

अस्तभान—''बात यह है कि आप तो जानते हैं, नागफनी से मैं शादी करना चाहता हूँ।''

मुख्य अमात्य—''जी हाँ, प्रेम का मामला है।''

अस्तभान—''हाँ, यही बात है। पर मेरे पिता और आपके राजा साहब में मतभेद हो गया है।''

मुख्य अमात्य —"कैसा मतभेद ?"

मुफतलाल "आपसे कोई बात छिपी थोड़े ही होगी।"

मुख्य अमात्य —"तुम चुप रहो जी ! दो कौड़ी के डिप्टी कलेक्टर, बड़ों के बीच में क्यों बोलते हो !'

मुफतलाल दुबक गया। कातर नेत्रों से अस्तभान की ओर देखने लगा।

अस्तभान—"मुख्य आमात्यजी, यह मेरा मित्र है। मैं सारा काम इसकी सलाह से करता हूँ। जब मैं राजा बनूंगा तब यह आपके ही जैसा मुख्य आमात्य होगा। आप इससे क्षमा माँगिए।"

मुख्य अमात्य —"अगर इनका भविष्य इतना उज्ज्वल है तो क्षमा माँगे लेता हूँ। हाँ, तो दोनों राज्यों के राजाओं में तनातनी की बात मैं जानता हूँ। आपके पिता 10 लाख चाहते हैं और हमारे राजा ने उन्हें अपमानजनक उत्तर भेज दिया है।"

अस्तभान—"अब क्या करना है, यह मुफतलाल बतलायेगा।"

मुफतलाल इस ठाठ से बोला, जैसे एक मुख्य अमात्य दूसरे मुख्य अमात्य से राजकीय विषय पर सलाह करता है—"देखिए मुख्य अमात्यजी,, राजा साहब आपकी चंगुल में हैं। अगर आप उनसे कहें तो वे 10 क्या 15 लाख दे सकते हैं। हम आपसे यही प्रार्थना करने आये हैं।"

मुख्य अमात्य—"पर अब तो टेण्डर नोटिस छप गया है।"

मुफतलाल—"तो क्या हुआ ? राज्य की ओर से टेण्डर भरा जा सकता है। हम अपने राजा के निजी दफ्तर के मुंशी से मिलकर ऊँचे टेण्डर दबा देंगे। आप 10 लाख का टेण्डर भिजवा दीजिए।"

मुख्य अमात्य सोचने लगे। अस्तभान और मुफतलाल समझ गये कि वे क्या सोच रहे हैं ?

अस्तभान ने कहा, "इस कार्य के बदले में हम जो सेवा कर सकें, बतलाइए। यों तो आप जानते ही हैं कि कभी राजा बनूंगा ही। तब आपके उपकार को नहीं भूलूंगा।"

मुख्य आमात्य खिन्न हँसी हँसे। बोले, "आपका काम करने की मैं कोशिश करूँगा। बदले की क्या आवश्यकता है ?"

दोनों मित्र समझ गये कि वह टाल रहा है।

अस्तभान ने कहा, "नहीं, हम आपके लिए कुछ करना ही चाहते हैं। बतलाइए।"

मुख्य अमात्य थोड़ी देर मौन रहे, फिर बोले, "अगर आप मेरा कुछ उपकार करना ही चाहते हैं तो बतलाता हूँ। आप समर्थ हैं, इसलिए शायद कर पायें। आज तक मैंने हज़ारों आदमियों से कहा पर कोई वह काम नहीं कर सका। बड़ा कठिन कार्य है।"

मुफतलाल ने कहा, "बतलाइए तो। ऐसा कौन-सा काम है ? क्या दफ्तरों से भ्रष्टाचार समाप्त करना है ? अफसरों को समय पर दफ्तर बुलाना है ? लालफीता

काटना है ? भत्ते के सच्चे बिल बनाने की आदत डालना है ?"

मुख्य अमात्य ने कहा, "नहीं, ये कुछ नहीं। ये तो शासन की शोभाएँ हैं। बात यह है कि इस राज्य में मेरा एक विराट राजनैतिक शत्रु है। वह 'भैया सा'ब' कहलाता है। वह भी विधान-मण्डल में है और उसी दल का सदस्य है जिसका मैं हूँ। पर दल के भीतर वह मेरा दुश्मन है। मैं केवल चार मतों से उससे जीता था; वरना वही मुख्य अमात्य हो जाता। वह मेरा हमेशा विरोध करता है और मुझे डर है कि अगले चुनाव में वह मुझे हटाकर स्वयं मुख्य आमात्य बन जायेगा। मैं उसे वश में करना चाहता हूँ। पर उस पर कोई उपाय कारगर नहीं होता। वह बिल्कुल निर्भय रहता है। बात यह है कि वह अपना जीव कहीं और रखता है। किसी को नहीं मालूम कि उसका जीव कहाँ रहता है। आप लोग उसके जीव का पता लगाकर, वह मुझे लाकर दे दें, तो वह मेरे चंगुल में आ जाय।"

यह सुनकर अस्तभान और मुफतलाल विचार में पड़ गये। बड़ा कठिन काम था।

अस्तभान ने कहा, "सरकार के गुप्तचर विभाग से आपने उनके जीव का पता नहीं लगवाया ?"

मुख्य अमात्य बोले, "गुप्तचर विभाग तो सालों से इसी काम में लगा है। आप तो जानते हैं कि प्रजातन्त्र में गुप्तचर विभाग राजनैतिक विरोधियों के पीछे पड़े रहने का ही काम करता है। अपराधों का पता लगाना तो एक बहाना है। मैंने बहुत योग्य व्यक्ति इस विभाग में रखे हैं। पर वे भी कुछ नहीं जान सके।"

मुफतलाल ने कहा, "देखिए, हम लोग कोशिश करेंगे। पर काम बहुत कठिन है। आप कृपा करके राजा साहब से 15 लाख का टेण्डर भिजवा दीजिए। यदि टेण्डर स्वीकार करने की आखिरी तारीख निकल गयी तो हमारा सारा करा-धरा बेकार हो जायेगा।"

मुख्य अमात्य ने कहा, "सो मैं सब करवा दूंगा। 15 दिन के अन्दर भी यदि मुझे भैया सा'ब का जीव मिल गया तो मैं आपकी शादी राजकुमारी से करवा दूंगा। आप निश्चिन्त रहें।"

अस्तभान मुफतलाल के साथ मुख्य अमात्य से विदा लेकर बँगले के बाहर आया।

अस्तभान बोला, "बड़ा विचित्र आदमी है यह भैया सा'ब भी ! अपने जीव को कहीं अलग रखता है।"

मुफतलाल ने कहा, "इन राजनैतिक पुरुषों की शारीरिक बनावट ही अलग होती है। इन लोगों में कुछ तो अपनी आत्मा को शरीर में या शरीर के बाहर कहीं भी रख सकते हैं। कुछ नेताओं का हृदय पेट में होता है, किसी-किसी का टाँग में। एक नेता को मैं जानता हूँ जो अपना हृदय नाबदान में रखता है। एक और नेता है, जिसकी आत्मा तलुए में रहती है। जब चलता है, आत्मा को कुचलता जाता है। पर भैया सा'ब के जीव का किसी को पता नहीं है। हम लोग वेश बदलकर पहले

उन्हीं से मिलें। उनसे बात करने पर शायद कुछ पता चले।"

अस्तभान को यह योजना पसन्द आयी। दोनो ने वेश बदला और भैया सा'ब से मिलने के लिए चल पड़े।

होना भेंट भैया सा'ब से और लगना पता जीव का

नगर में भैया सा'ब का मकान खोजने में कोई कठिनाई नहीं हुई, क्योंकि आधी सड़कें उनके बँगले जाती थीं और आधी मुख्य आमात्य के बँगले।

बड़ा विशाल बँगला था। बँगले के गेरिज में दो कारें रखी थीं और एक जीप, जिसमें लाउडस्पीकर लगा था। कई नौकर यहाँ-वहाँ आ-जा रहे थे।

बँगले के सामने के हिस्से में भैया सा'ब की बैठक थी। बैठक में भैया सा'ब नहीं थे। उनका निजी सचिव एक पत्रकार को समाचार लिखा रहा था। कुमार और मुफतलाल ने दरवाजे पर पहुँचकर उसे नमस्कार किया। सचिव ने मुस्कुराकर नमस्कार का उत्तर दिया और बड़े आदर से कहा, "तशरीफ लाइए। बैठिए।"

वे बैठ गये। सचिव ने पत्रकार की ओर संकेत करके कहा, "मैं ज़रा इनसे निबट लूँ; फिर आपकी बात···"

पत्रकार परेशान नजर आ रहा था। उसने कहा, "लेकिन आप ज़रा सोचिए तो। भैया सा'ब को सबेरे दो छींकें आयीं, यह समाचार कैसे छपेगा? आखिर समाचार में कुछ महत्त्व तो···"

सचिव ने उसे वहीं काटा, "क्या कहते हो? महत्त्व नहीं है? बड़े आदमी की छींक का कोई महत्त्व नहीं? ज़रा अक्ल से काम लो। पत्रकार में कल्पनाशक्ति बहुत जरूरी है। दो छींकों का समाचार देकर आगे लिख सकते हो—'पाठकों को स्मरण होगा कि जब बुद्ध ने गृह-त्याग किया था, तब उन्हें भी इसी तरह दो छींकें आयी थीं, समझे?"

पत्रकार फिर कुछ कहनेवाला था कि सचिव ने उसे डाँटा, "देखो, इस बात को मत भूला करो कि तुम्हारे अखबार के आधे विज्ञापन भैया सा'ब के दिलाये हुए हैं और यह भी याद रखना तुम्हारे लिए फायदेमन्द है कि मैनेजर से कह देने पर तुम्हारी नौकरी इसी क्षण समाप्त हो सकती है।"

पत्रकार का सिर अब लटक गया। वह गोमुद्रा में आ गया।

सचिव ने एक लिफाफे में से एक फोटोग्राफ निकालकर पत्रकार को दिया और कहा, "लो, यह उस प्रसंग की तस्वीर है। इसके नीचे छापना—'भैया सा'ब छींकते

हुए।'

पत्रकार ने गर्दन हिलायी और फोटो लेकर बस्ते में रख ली।

सचिव ने जेब में से एक नोट-बुक निकालकर देखते हुए कहा, "तुमसे एक-दो बातें और करनी हैं।"

नोट-बुक के पन्ने उलटते हुए वह एक जगह रुका और पढ़कर बोला, "हाँ, देखो जी—तुम 'भैया सा'ब का बँगला' क्यों लिखते हो? तुम जानते हो इसे भैया सा'ब 'झोंपड़ी' कहते हैं? जन-सेवक का बँगला नहीं होता, झोंपड़ी होती है। आगे ऐसी भूल मत करना।"

पत्रकार ने फिर बड़ी तत्परता से गर्दन हिलायी।

अस्तभान ने मुफतलाल के कान में कहा, "अगर इस पत्रकार के गले में एक घण्टी होती, तो बज उठती।"

मुफतलाल ने हँसी दबाकर कहा, "और यदि यह मुँह में घास के चार तिनके रख ले, तो बछड़े रँभाने लगें।"

इसी समय सचिव पत्रकार से कहने लगा, "पिछले महीने भैया सा'ब की शीर्षासन करते हुए जो तस्वीर दी थी, वह तुमने क्यों नहीं छापी?"

पत्रकार ने हकलाते हुए कहा, "बात यह थी···बीत यह है कि उसमें भैया सा'ब की धोती थोड़ी उलट गयी है।"

सचिव ने तपाक से कहा, "इसका निर्णय करनेवाले तुम कौन? तुम्हें दी गयी थी तो छापना तुम्हारा कर्त्तव्य था। तुम लोग ज़रा भी विचार नहीं करते। खजुराहो की मूर्तियों के चित्र तुम बड़े शौक से छापते हो। मगर भैया सा'ब जैसे नेता की धोती ज़रा-सी···"

पत्रकार ने परेशान होकर कह दिया, "आगे खयाल रखूँगा।"

सचिव ने कहा, "ठीक है। अब तुम जाओ।"

पत्रकार अपने टुकड़े बटोरकर उठा और दरवाजे से बाहर हो गया।

सचिव ने मुस्कुराहट-भरा मुख आगन्तुकों की ओर घुमाया।

"आपका परिचय?" उसने पूछा।

मुफतलाल ने कल्पित नाम और नगर बताये।

"कैसे कष्ट किया?" सचिव ने प्रश्न किया।

अस्तभान ने कहा, "हमें भैया सा'ब से मिलना है।"

"क्या सेवा है?" सचिव का प्रश्न था।

मुफतलाल ने उत्तर दिया, "हम अपने नगर में एक बड़ा सम्मेलन कर रहे हैं। हम भैया सा'ब से प्रार्थना करने आये हैं कि उसका उद्घाटन वे करें।"

सचिव बहुत प्रसन्न हुआ। बोला, "अवश्य, अवश्य! भैया सा'ब को बड़ी प्रसन्नता होगी। वे तो जनता के बीच जाने के लिए हमेशा तैयार रहते हैं। किस तारीख को है सम्मेलन?"

अस्तभान ने कहा, "अगले महीने की बारह को।"

सचिव ने डायरी में लिख लिया।

यहाँ-वहाँ की बातें करने के बाद सचिव ने एकाएक मुफतलाल के कन्धे पर बड़ी आत्मीयता से हाथ रखा और कहा, "समारोह के प्रबन्ध में कोई कठिनाई तो नहीं है? हो तो बताइए। हम कोई बाहर के नहीं हैं। कोई सामान तो नहीं चाहिए? हमारे पास झण्डियाँ हमेशा तैयार रहती हैं; दरियाँ भी बहुत हैं। लाउडस्पीकर लगी जीप आपने बाहर देखी ही होगी। मान-पत्र हम स्वयं छपवाकर लेते आयेंगे। ऊपरी खर्च के लिए दो-चार सौ रुपये चाहिए तो भैया सा'ब दे सकते हैं। भैया सा'ब अधिक-से-अधिक सुविधा देते हैं और चाहते हैं कि समारोह अच्छे-से-अच्छा हो।"

दोनों को प्रभावित देखकर सचिव आगे कहने लगा, "पिछले साल भैया सा'ब का जो अभिनन्दन हुआ, उसका सारा खर्च भी भैया सा'ब ने ही बरदाश्त किया था। किसी पर कोई भार उन्होंने नहीं छोड़ा। अपनी सेवाओं का उल्लेख करते हुए परिपत्र भी स्वयं लिखा। अभिनन्दनग्रन्थ की सारी तैयारी उन्होंने ही की। प्रमुख नगरों में समारोह करने के लिए उन्होंने कई लोगों को आर्थिक सहायता भी दी।"

इतना कहकर सचिव उदास हो गया। कहने लगा, "मगर दुनिया में ईमानदारी तो रह नहीं गयी। कुछ लोगों ने समारोह भी नहीं किया और पैसे भी नहीं लौटाये। भैया सा'ब सज्जन हैं, इसलिए चुप रहे। अगर चाहते, तो क्या नालिश करके पैसा वसूल नहीं कर सकते थे।"

दोनों ने स्वीकारात्मक सिर हिलाया। वे भैया सा'ब की सज्जनता से बड़े प्रभावित हुए। सोचने लगे—ऐसे श्रेष्ठ मनुष्य का जीव मुख्य आमात्य क्यों चाहता है?

अस्तभान ने कहा, "भैया सा'ब के दर्शन करना चाहते हैं।"

सचिव ने घड़ी देखकर कहा, "वे एक अनाथालय का उद्घाटन करने पहुंच ही रहे होंगे। मुझे भी वहाँ जाना है। आप मेरे साथ चल सकते हैं।"

वे दोनों सचिव के साथ मोटर में बैठ गये और थोड़ी देर बाद अनाथालय के प्रांगण में पहुँचे।

वहाँ शामियाने लगे थे। एक ओर बड़ा ऊँचा मंच था। हजारों आदमियों के बैठने का प्रबन्ध था, पर वहाँ कुल सौ-डेढ़ सौ आदमी ही थे।

मंच पर भैया सा'ब कार्यकर्त्ताओं से घिरे बैठे थे।

अस्तभान और मुफतलाल मंच के सामने ही जाकर बैठ गये।

समारोह प्रारम्भ हुआ। अनाथालय के मन्त्री ने सबका स्वागत किया और अपनी संस्था का परिचय दिया। इसके बाद अध्यक्ष ने भैया सा'ब का परिचय देकर उनसे उद्घाटन भाषण देने की प्रार्थना की।

भैया सा'ब ने उद्घाटन भाषण आरम्भ कर दिया—

भाइयो और बहनो,

'हमें अपने देश का विकास करना है, निर्माण करना है। प्रश्न उठता है—निर्माण कैसे होगा? निर्माण अकेली सरकार से नहीं होगा, जनता के हर आदमी को परिश्रम

करके निर्माण करना होगा। आज हमें जनसेवा की संस्थाओं की बड़ी आवश्यकता है। अनाथालय एक ऐसी ही संस्था है। इस अनाथालय का निर्माण करके आप लोगों ने देश के विकास में महत्त्वपूर्ण योगदान किया है। ऐसी संस्थाएँ बड़ी संख्या में खुलनी चाहिए। मैं तो कहता हूँ कि हम ऐसे प्रयत्न करें कि हर मुहल्ले में अनाथालय खुलें; घर-घर विधवाश्रम हों। भाइयो, एक अनाथालय से देश का निर्माण नहीं होगा, दो अनाथालयों से नहीं होगा, तीन से भी नहीं होगा; लाखों अनाथालयों की हमें आवश्यकता होगी। मैं देश के तरुणों का, नयी पीढ़ी का आह्वान करता हूँ, वे पूरी लगन से इस कार्य में जुट जावें।

'आज अनाथालय का महत्त्व कौन नहीं जानता। कौन नहीं जानता कि किसी भी देश की उन्नति अनाथालयों पर निर्भर है। इतिहास के पन्ने पलटकर देखिए। आप देखेंगे कि वही देश उन्नति के शिखर पर पहुँच सके जिन्होंने अनाथालय खोले। आप जानते हैं रोमन साम्राज्य कितना बड़ा और शक्तिशाली था। उसकी उन्नति का क्या रहस्य था? यही कि रोमन लोगों ने असंख्य अनाथालय खोले थे और वही महान् रोमन साम्राज्य पतन के गर्त में गिर गया जब उसने अनाथालय खोलने की ओर कम ध्यान दिया। युद्ध में रोमन वीर मारे जाते थे और उनके बालक अनाथालयों के अभाव में मारे-मारे फिरते थे। यदि उनके अनाथालय पूर्ववत् चलते रहते तो ये बालक उनमें रहकर पलते और आगे चलकर वीर बनते। हमारी योजना में अनाथालयों का विशेष स्थान होना चाहिए। मैं तो इसीलिए कहता हूँ और योजना-आयोग से बार-बार सिफारिश करता हूँ कि नहरों, कारखानों और बाँधों के निर्माण में कुछ कमी करके, पहले देश में अनाथालय खोले जाने चाहिए। पहले हमें भविष्य के बच्चों की चिन्ता करनी चाहिए।

'भारत विश्व का गुरु रहा है। आज सारा संसार मार्ग-दर्शन के लिए भारत का मुँह देख रहा है। हमारी संस्कृति हजारों वर्ष पुरानी है और महान् है। पूछा जा सकता है कि भारतीय संस्कृति क्या है? भारतीय संस्कृति कोई खाने की चीज नहीं है, पीने की चीज नहीं है। भारतीय संस्कृति, संस्कृति है और भारतीय है। हमारी भारतीय संस्कृति में अनाथालयों का बड़ा महत्त्व है। अति प्राचीन काल से हमारे यहाँ अनाथालय की प्रथा थी। ये अनाथालय ऐसे अच्छे होते थे कि इनमें राजाओं के लड़के भी जाकर रहते थे। राम ने जब सीता का परित्याग कर दिया तब उनके पुत्र लव-कुश कहाँ रहे। वे वाल्मीकि के अनाथालय में पले और वहाँ उनकी ऐसी शिक्षा-दीक्षा हुई, वे ऐसे वीर बने कि लक्ष्मण तक उनके सामने नहीं ठहर सके। ऐसी है हमारी गौरवमय परम्परा। और आज उसी महान् देश का यह हाल है कि नगर में मुश्किल से एकाध अनाथालय मिलता है। ऐसे देश का पतन न होगा, तो क्या होगा?

'पर भाइयो, निराश होने की बात नहीं है। हर जाति के उत्थान और पतन के क्षण आते हैं। हमारी जाति आज जाग उठी है। सब क्षेत्रों में विकास हो रहा है। हम अनाथालयों के निर्माण को पूरी तरह प्रोत्साहित करते हैं, क्योंकि हम जानते हैं

कि आगामी पीढ़ियों का भविष्य इन्हीं से उज्ज्वल बन सकता है।

'आपने बड़ी सुन्दर संस्था का निर्माण किया है। मुझे विश्वास है कि आप इसे इस प्रकार चलायेंगे कि हमारे बच्चे इसे देखें तो उनका मन भी यहाँ रहने को हो जाय। अनाथालय की सफलता की यही कसौटी है—दर्शक का मन स्वयं रहने के लिए लालायित हो उठे। आप सुनकर आश्चर्य करेंगे। मैंने एक दिन जब एक अच्छा विधवाश्रम देखा तो मेरा मन वहाँ रहने को होने लगा।

'भाइयो, यह कार्य का अन्त नहीं, आरम्भ है। आपने राष्ट्र-निर्माण की नींव डाली है। आगे आपको बहुत कुछ करना है। देश की आबादी जिस गति से बढ़ रही है, उसे देखते हुए मुझे यह कहने में तनिक संकोच नहीं कि हमारा प्रमुख कार्य अनाथालयों का निर्माण होगा।

'आज इस महान् पर्व पर मैं आप लोगों का अभिनन्दन करता हूँ और कामना करता हूँ कि आपका यह कार्य सारे देश का निर्माण-पथ आलोकित करे।

'मुझे अनाथालय का उद्‌घाटन करने के लिए बुलाकर आप लोगों ने मेरा जो सम्मान किया है, उसके लिए मैं किन शब्दों में आपका आभार मानूँ ! बचपन से ही मैंने अनाथालय के प्रति एक आकर्षण अनुभव किया है। पिताजी मुझे होस्टल में रखना चाहते थे, पर मैं अनाथालय में रहने लगा। पिताजी मुझे पकड़ लाये और घर में मेरी बड़ी पिटाई की। मेरे हृदय पर बड़ा आघात लगा। मैंने निश्चय किया कि एक दिन ऐसा आयेगा, जब मैं गर्व से किसी अनाथालय का उद्‌घाटन करूँगा। मेरे जीवन में यह स्वर्णिम दिवस आज उदित हुआ है। मैं अधिक कुछ नहीं कह सकता, मेरा हृदय भर आया है। मैं इस शुभ घड़ी में इस अनाथालय का उद्‌घाटन करता हूँ।...'

इस तरह भैया सा'ब बड़ी देर तक सारगर्भित भाषण करते रहे। जनता बीच-बीच में ताली बजाती जाती थी।

समारोह समाप्त होने पर भैया सा'ब मोटर में बैठकर बँगले चले गये। उनके पीछे सचिव के साथ अस्तभान और मुफतलाल भी गये।

बँगले पर पहुँचकर सचिव ने भैया सा'ब से उन दोनों का परिचय कराया और उनके आने का उद्देश्य बतलाया।

अस्तभान ने प्रशंसा के स्वर में कहा, "आपका भाषण सुनकर हम लोग मुग्ध हो गये। आप कितना सारगर्भित भाषण देते हैं। कितना उत्साह है आपके शब्दों में।"

भैया सा'ब ने सकुचाकर प्रशंसा को ग्रहण किया।

मुफतलाल ने कहा, "भैया सा'ब, विधान-मण्डल में आपका 'रोल' बड़ा स्वतन्त्र रहता है। जिस दल की सरकार है, उसके आप सदस्य हैं। पर आप सरकार की भी निर्भय आलोचना करते हैं।"

भैया सा'ब ने कहा, "भाई, मैं तो विरोध में हूँ और तब तक विरोध करूँगा जब तक मैं मुख्य आमात्य नहीं हो जाता। मैं विधान-मण्डल में डटकर विरोध

करता हूँ, सरकार के सब कार्यों को गलत बतलाता हूँ, पर जब मतदान का मौका आता है, तब मैं वोट सरकार को ही देता हूँ।"

"याने जिन चीजों को आप गलत समझते हैं, उन्हें समर्थन दे देते हैं।" मुफतलाल के मुँह से निकल गया।

भैया सा'ब एक क्षण को सहम गये। फिर बोले, "प्रजातन्त्र का यही मतलब है। यही संसदीय प्रजातन्त्र का सिद्धान्त है।"

अस्तभान ने काम की बात जानने के लिए कहा, "पर आप इतने निर्भय कैसे रह लेते हैं? आप सबको गाली देते हैं, मुख्य आमात्य तक आपसे परेशान रहते हैं। पर आप तनिक भी नहीं डरते। आप अकेले घूमते हैं। एक अंग-रक्षक तक नहीं रखते।"

भैया सा'ब हँसे। बोले, "यही तो रहस्य है। बात यह है कि मुझे कोई मार नहीं सकता। मैं अपना जीव अपने पास रखता ही नहीं हूँ।"

मुफतलाल ने कहा, "घोर आश्चर्य की बात है। ऐसा तो कभी नहीं सुना। भला अपना जीव भी कोई बाहर रखता है?"

भैया सा'ब ने कहा, "हर एक के वश की बात नहीं है।"

अस्तभान ने सहज ही पूछा, "भला ऐसी कौन-सी जगह जीव रखते होंगे?"

भैया सा'ब ने घूरकर उसे देखा और कहा, "कोई जासूस मालूम होते हो! क्यों जानना चाहते हो? यही भेद बता दूँगा तो मेरी अजेयता समाप्त नहीं हो जायेगी।"

अस्तभान अपनी जल्दीबाजी पर पछताया। वह समझ गया कि इससे भेद मालूम नहीं हो सकता।

उसने भैया सा'ब से अपने कल्पित सम्मेलन का कार्यक्रम तय किया और मुफतलाल को लेकर बँगले से बाहर आ गया।

बाहर निकलकर मुफतलाल ने कहा, "बड़ी बँधी मुट्ठी है इसकी।"

अस्तभान ने कहा, "हाँ, अब तो एक ही तरीका और है। नगर के लोगों से बातचीत में कुछ संकेत प्राप्त करने की कोशिश करनी चाहिए।"

वे दिन-भर नगर में विभिन्न लोगों से बातचीत करते रहे। कॉफ़ी हाउस और चायघर में बैठे। शराबखाने में मतवालों से बातें करते रहे। चौराहों पर लोगों से पूछा। पर कुछ पता नहीं चला।

शाम होते-होते वे बहुत थक गये। दिन-भर का परिश्रम और निराशा! उनकी बड़ी खराब हालत थी। वे वापिस लौटे।

अँधेरी रात थी और रास्ता खराब था। नगर से तीन-चार मील ही चले होंगे कि अस्तभान गिर पड़ा।

मुफतलाल ने उसे नाले का पानी पिलाया।

वह बड़ी मुश्किल से उठा और बोला, "अब तो मैं मर जाऊँ तो अच्छा।"

मुफतलाल ने समझाया, "मन को छोटा मत करो। प्रेम के मार्ग में ऐसी बाधाएँ तो आती ही रहती हैं। अन्त में आप अवश्य सफल होंगे। अब हम यहीं इस

वृक्ष के नीचे विश्राम करें।"

आम के उस वृक्ष के नीचे उन दोनों ने गमछे बिछाये और लेट गये।

मुफतलाल तो थोड़ी देर में सो गया, पर अस्तभान को नींद कहाँ। वह आँखें बन्द किये पड़ा रहा।

आधी रात के लगभग वृक्ष पर बैठे कबूतर के एक जोड़े में बातचीत होने लगी।

कबूतर ने कहा, "तू बड़ी लापरवाह है। दिन-भर न जाने कहाँ घूमती रही। तू तो बच्चों को ऐसे छोड़ देती है जैसे उस भैया सा'ब ने अपने जीव को छोड़ रखा है।"

अस्तभान कान खोलकर सुनने लगा।

कबूतरी ने कहा, "भैया सा'ब अपना जीव कहाँ छोड़ते हैं?"

कबूतर ने कहा, "तुझे नहीं मालूम? सचिवालय में मुख्य आमात्य की जो कुर्सी है, उसमें एक बड़ा दीमक रहता है। उसी दीमक में भैया सा'ब का जीव है। वह दीमक कुर्सी काटता रहता है।"

कबतरी अचम्भे में आ गयी। कहने लगी, "बड़ी अजीब बात है। उनके इतने दुश्मन हैं, कोई दीमक को मसलकर उन्हें मार क्यों नहीं डालता?"

कबूतर ने कहा, "किसी को मालूम नहीं है और मालूम भी हो जाय तो वहाँ पहुँचना बहुत कठिन है। दिन को तो वहाँ चपरासी और सन्तरी रहते हैं और रात को वहाँ भूत नाचते हैं, जो अमात्य बने बिना मर गये या जो चुनाव में हार गये, वे सब भूत बनकर विधानसभा और सचिवालय में मँडराते हैं।"

कबूतर ने कहा, "तब तो वहाँ कोई नहीं जा सकता।"

कबूतर ने कहा, "जा सकता है। पर इसके लिए मन्त्र जानना चाहिए। मन्त्रों मे वे भूत शान्त हो जाते हैं।"

कबूतरी की जिज्ञासा बढ़ी। उसने पूछा, "कौन-सा मन्त्र? तुम्हें मालूम है?"

कबूतर अपना ज्ञान बताने का लोभ संवरण नहीं कर सका। उसने कहा, "हाँ, मालूम क्यों नहीं! वहाँ जाकर आदमी ये मन्त्र जोर-जोर से चिल्लाकर जपे तो भूत शान्त हो जाते हैं

'लाल पेटी में वोट दो!'

'मुर्गा छाप पेटी में वोट दो!'

'हाथी छाप पेटी में वोट दो!'

'बैल छाप पेटी में वोट दो!'

'अमात्य जंगल-विभाग!'

इसी तरह के मन्त्रों को सुनकर वे सब भूत तृप्त होकर गायब हो जाते हैं।"

कबूतर-कबूतरी की बात समाप्त हुई। अस्तभान उठ बैठा। मुफतलाल को झकझोरा। वह हड़बड़ाकर उठा बैठा।

"क्या बात है?" उसने कहा।

अस्तभान खुशी के मारे मुश्किल से बोल सका, "किला फतह हो गया। भैया सा'ब के जीव का पता लग गया। उसे पकड़ने की विधि भी मालूम हो गयी।"

मुफतलाल अब पूरा जाग गया था। उसने पूछा, "कहाँ रहता है भैया सा'ब का जीव ?"

अस्तभान ने कहा, "मुख्य आमात्य की कुर्सी में, दीमक के रूप में।"

"कैसे मालूम हुआ ?" आश्चर्यचकित मुफतलाल ने पूछा।

अस्तभान ने उसे कबूतर-कबूतरी की बातचीत का विवरण दिया। फिर कहा, "अब घर लौटने की जरूरत नहीं है। वापिस राजधानी चलो। आज रात को भैया सा'ब का जीव पकड़ना है।"

वे उसी समय वापिस लौटे।

पकड़ना जीव को और देना मुख्य अमात्य को

अस्तभान की ख़ुशी की सीमा न थी। रास्ते में वह उड़ता-सा जा रहा था। मुफतलाल का मन कहीं और था। वह सोच रहा था कि इतने दिन हो गये, पर डिप्टी कलेक्टरी का आदेश अभी तक नहीं आया। अब कुँअर की शादी हो जायेगी। अपना काम हो जाने के बाद पता नहीं ये मेरी सहायता कर सकते हैं या नहीं। वह चाहता था कि पहले उसकी नियुक्ति हो जाय, फिर कुमार का विवाह हो। इसी प्रयोजन से उसने बीच में अड़ंगा डालने की कोशिश की। वह बोला, "कुमार, इसके पहले कि आप भैया सा'ब का जीव पकड़कर मुख्य आमात्य को दें, आपको अपने पिताजी से मिल लेना चाहिए। वे राजा राखड़सिंह से बेहद नाराज हैं। कहीं ऐसा न हो कि अपना सारा परिश्रम व्यर्थ चला जाय।"

अस्तभान कुछ आपत्ति सुनने को तैयार नहीं था। उसने कहा, "इसकी क्या जरूरत है ? शादी तो मुझे करनी है।"

मुफतलाल ने समझाया, "पर वे आपके पिता हैं। उनके और आपके विचारों में जमीन-आसमान का अन्तर है।"

अस्तभान ने रोष से कहा, "अन्तर तो होगा ही। मेरे पिता बेवकूफ हैं, ऐसा माने बिना प्रगति ही नहीं हो सकती। हर पीढ़ी को यह मानना चाहिए कि बाप-दादे बेवकूफ हैं और उनकी कम-से-कम आधी बातें गलत हैं। उनकी आधी सही बातें लेकर उनमें अपनी आधी मिलानी चाहिए। इस तरह के मिश्रण से जो मान्यताएँ बनेंगी, वही प्रगतिशील मान्यताएँ कहलायेंगी। अगर बेटा बाप का आधा खब्ती न समझे तो समाज जहाँ-का-तहाँ खड़ा रह जाय।"

मुफतलाल को पहली बार अस्तभान की प्रतिभा का भान हुआ। जिसे वह मूढ़ समझता रहा, वह नीति की बातें कर रहा था। उसने निष्कर्ष निकाला कि मूर्ख-से-मूर्ख आदमी तब बुद्धिमान हो जाता है जब उसकी शादी पक्की हो जाती है। इसी से यह विलोम सिद्धान्त भी प्रगट हुआ कि बुद्धिमान आदमी तब बेवकूफ हो जाता है जब उसकी शादी पक्की हो जाती है। उसने हार मान ली। नीति और सिद्धान्त की आड़ लेकर शादी नहीं टाली जा सकती। उसने व्यवहार की आड़ ली। कहा, "पर वे टेण्डर मँगवा चुके हैं। कहीं उन्होंने राजा राखड़सिंह का टेण्डर नामंजूर कर दिया तो?"

अस्तभान जैसे इस स्थिति के लिए तैयार था। उसने जवाब दिया, "तुम बहुत बुद्धू हो। मुख्य अमात्य को जब तक भैया सा'ब का जीव मिलने का भरोसा न हो जायेगा, तब तक क्या वे टेण्डर भिजवायेंगे? मैं तुमसे निश्चित कहता हूँ कि अभी तक टेण्डर नहीं पहुँचा। जब हम जाकर उससे कहेंगे कि हम जीव का पता पा गये हैं और आज रात को उसे पकड़ लेंगे, तब वह टेण्डर भिजवायेगा और बड़ी-से-बड़ी रकम का भिजवायेगा। मेरा बाप लोभी है। पैसे के सामने उसका क्षत्रित्व नाक रगड़ता है। अगर कोई उससे कहे कि एक लाख रुपये देंगे, तुम अपनी ऐंठी मूँछें मुँड़ा दो तो वह मुँड़ा देगा। तुम उसे नहीं जानते, मैं जानता हूँ। चलो, अब मुख्य अमात्य के पास चलें।"

मुफतलाल निराश हुआ। ऊपर से उसने उत्साह दिखाया। मित्रता का सिद्धान्त वह जानता था —भीतर कुछ और, ऊपर कुछ और होना चाहिए।

दोनों चले जा रहे थे। मुफतलाल को नियुक्ति की चिन्ता परेशान कर रही थी। उसने धीरे से कहा, "मेरा आर्डर अभी तक नहीं आया।"

अस्तभान का मन भला नौकरी-जैसी शुष्क बातों में कैसे लगता? उसने बेमन से कहा, "आ जायेगा। क्या जल्दी है। तुम भूखे तो मरते नहीं हो।"

अस्तभान का मन और गिर गया। कहने लगा, "फिर भी कुछ काम तो करना ही चाहिए।"

अस्तभान ने उसका मुँह बन्द करने के लिए कहा, "अच्छा भाई, मैं परसों तेरी नियुक्ति का आर्डर निकलवा दूँगा।"

मुफतलाल कुछ आश्वस्त हुआ।

वे मुख्य अमात्य के बँगले के पास आ गये थे। मुख्य आमात्य बाहर बरामदे में टहल रहे थे। इन्हें देखते ही फाटक तक आ गये। अस्तभान के चेहरे पर प्रसन्नता देखी तो समझ गये कि काम में सफलता मिली है।

बड़े स्वागत-सत्कार से उन्हें अपने कमरे में ले जाकर बिठाया और पूछा, "हाँ, अब सुनाइए। कितनी सफलता मिली?"

अस्तभान ने कहा, "जीव का पता लग गया है। वह इसी शहर में है और एक सरकारी इमारत में है।"

मुख्य अमात्य आश्चर्य में पड़ गये। बोले, "इस शहर में है? सरकारी इमारत

में है ? और मेरे गुप्तचर पता नहीं लगा पाये ।"

मुफ़तलाल बोला, "उनका अपराध नहीं है । जीव अत्यन्त सूक्ष्म रूप में है और ऐसी जगह है जहाँ आदमी की निगाह नहीं जा सकती ।"

मुख्य अमात्य ने पूछा, "फिर भी, बताओ तो कहाँ है वह ?"

अस्तभान ने हँसकर कहा, "इतने सीधे हम नहीं हैं । हम भी राजपरिवार के हैं । आपको उसका ठिकाना अभी बता दें तो आपकी नजर में हमारी कीमत दो कौड़ी हो जायेगी । आज रात को हम जीव को पकड़कर सबेरे आपको सौंप देंगे। पर इसके पहले वह टेण्डर चला जाना चाहिए और खासी बड़ी रकम का जाना चाहिए ।"

मुख्य अमात्य ने बनावटी भोलेपन से कहा, "वह तो चला गया । मैंने आपसे वादा किया था न ! वह तो कल ही चला गया ।"

अस्तभान फिर हँसा, "देखिए, वह नहीं गया है । मैं जानता हूँ कि शासक के वादे कितने झूठे होते हैं । जब तक मजबूर न किये जायें, वे वादे पूरे नहीं करते । आप आज ही टेण्डर भिजवायें और कल जब हम उसकी रसीद देख लेंगे, तब जीव आपको देंगे ।"

मुख्य अमात्य ने कहा, "आप अप्रसन्न न हों । मैं अभी भिजवाता हूँ । मैं वादा करता हूँ कि हर हालत में राजकुमारी की शादी आपसे कराऊँगा ।"

मुफतलाल ने कहा, "मुख्य अमात्यजी, जीव तो आपको मिल जायेगा । पर इस बात का हमें बड़ा दुःख है कि बेचारे भैया सा'ब की जान आप ले लेंगे ।"

मुख्य-अमात्य ने कान पर हाथ रखकर कहा, "राम ! राम ! कौन कहता है कि मैं उसे मारूँगा ? मैं उसे हरगिज नहीं मारूँगा, मैं अहिंसावादी हूँ । किसी को मारना हिंसा है; पर मारने की धमकी देना अहिंसा है । जब वह गड़बड़ करेगा, मैं उसे धमकी दे दूँगा । वह हमेशा मेरे चंगुल में रहेगा । जब सब सदस्य अपने चंगुल में रहें, तब संसदीय प्रजातन्त्र का मजा आता है । समझे आप ?"

अस्तभान ने कहा, "आपके इस कथन से हमारे हृदय का बोझ उतर गया । हमें बड़ी ग्लानि हो रही थी कि हम एक नेता की मृत्यु का कारण बन रहे हैं ।"

मुख्य अमात्य केवल मन्द हँसी हँसे । अस्तभान ने विदा ली और दोनों मित्र बँगले से बाहर आये । मुफतलाल ने कहा, "अब हम लोग अच्छे होटल में जाकर डेरा डालें । स्नान, भोजन से निवृत्त होकर फिर सचिवालय चलें । वहाँ दिन में ही सब स्थितियों का अध्ययन कर लें ।"

वे एक बड़े होटल में ठहरे । स्नान और भोजन से निबटकर सचिवालय गये ।

फाटक के बाहर कारों का ताँता लगा था । भीतर कमरों में बड़ी चहल-पहल थी । वे मुख्य अमात्य के कमरे के सामने पहुँचे । कमरे की जाँच की; दरवाजे को देखा । मुख्य अमात्य भीतर बैठे थे । मुफतलाल ने कहा, "इन्हें क्या मालूम कि जिस कुर्सी पर वे रोज बैठते हैं, उसी में भैया सा'ब का जीव दीमक के रूप में छिपा है ।"

अस्तभान ने कहा, "राज करनेवाले में यही तो कमजोरी होती है। वह पास की चीज नहीं देख सकता, उसे दूर की ही दिखायी देती है।"

जाँच-पड़ताल करने के बाद उन्होंने उस दरबान का पता लगाया जो रात में वहाँ पहरा देता था। उससे अस्तभान ने कहा, "हम परदेशी हैं। हमारे राजा ने हमें आदेश दिया है कि इस राज्य के मुख्य अमात्य की कुर्सी को आज रात के ठीक बारह बजे शुभ मुहूर्त में प्रणाम करके आओ। ज्योतिषियों ने बताया है कि इस शुभ मुहूर्त में यदि राज्य का प्रतिनिधि तुम्हारे मुख्य अमात्य की कुर्सी चूमेगा तो प्रजातन्त्र सफल होगा। तुम हमें आज रात को उस कमरे में पाँच मिनट के लिए प्रवेश दे दो।"

सन्तरी ने पहले आनाकानी की। फिर जब अस्तभान ने भेंट के रूप में उसके हाथ में सौ रुपये रख दिये तो वह राजी हो गया। बोला, "अच्छा, मैं दरवाजा खोल दूंगा। पर कुर्सी के सिवा किसी और चीज को हाथ मत लगाना।"

दोनों होटल लौट आये। रात को जागरण होगा, यह सोचकर दिन में सो गये।

आधी रात से कुछ पहले वे सचिवालय के फाटक पर पहुँच गये। सन्तरी ने उन्हें भीतर ले लिया। वे मुख्य अमात्य के कमरे के सामने पहुँचे।

वहाँ अजब दृश्य था। आसपास भूत-ही-भूत थे। किसी के दो सिर थे, किसी का सिर ही नहीं था। किसी के चार हाथ थे, किसी के चार पाँव। वे नाच रहे थे, उछल-कूद रहे थे। उनकी बड़ी-बड़ी लाल आँखें थीं और लम्बे-लम्बे नाखून तथा दाँत थे। वे तरह-तरह की आवाजें लगा रहे थे—'मुख्य अमात्य बनूंगा! अर्थ-अमात्य बनूंगा! शिक्षा--अमात्य बनूंगा! विधान-मण्डल का सदस्य बनूंगा! चुनाव लड़ूँगा।' पहले तो वे डरे पर फिर अस्तभान ने जोर-जोर से मन्त्र पढ़ना शुरू किया—"लाल पेटी में वोट दो! मुर्गा छाप पेटी में वोट दो! बैल छाप पेटी में वोट दो! मुख्य अमात्य! अर्थ- अमात्य! अमात्य शिक्षा विभाग?" मन्त्रोच्चार शुरू होते ही वे सब भूत चुप हो गये। फिर सबने एक साथ जोर से ठहाका मारा और वे विलीन हो गये।

सन्तरी ने दरवाजा खोला और उजाला किया। अस्तभान भीतर घुसा। मुख्य अमात्य की कुर्सी के पास जाकर बैठ गया और दीमक को खोजने लगा। उसने देखा, कुर्सी के पाये के जोड़ में बैठा-बैठा एक दीमक लकड़ी को कुतर रहा है। वह कुर्सी को कुतर-कुतरकर भीतर से पोली कर रहा था।

साधारण दीमकों से तीन-चार गुने आकार का यह दीमक बड़ा विचित्र था। उसने अस्तभान को देखते ही एक विचित्र शब्द किया और वह भागा। बड़ी तेजी से कुर्सी की सेंध में घुसने लगा। पर अस्तभान ने बड़ी तत्परता से उस पर अपना रूमाल डाल दिया और वह फँस गया। उसने रूमाल बड़ी सावधानी से समेटा और गाँठ लगा दी। रूमाल के बाहर से दीमक की तड़प और उछल-कूद स्पष्ट दिख रही थी। रूमाल जेब में डालकर अस्तभान बाहर निकल आया।

मुफतलाल ने पूछा, "क्यों ? आ गया पकड़ में ?"

अस्तभान ने कहा, "हाँ ? मगर उसे जल्दी ही किसी मजबूत डिबिया में बन्द करना होगा, वरना वह रूमाल काटकर निकल भागेगा।"

वे जल्दी से होटल पहुँचे और दीमक को निकालकर एक पतले धागे से बाँधा और उसे धागे समेत एक डिबिया में बन्द कर दिया।

यहाँ का हाल तो यहीं छोड़ो। उधर भैया सा'ब की तबियत आधी रात से खराब हो गयी थी। ठीक आधी रात को भैया सा'ब घबड़ाकर उठ बैठे और पागल-जैसे चिल्लाये—"अरे बाप रे ! मार डाला !" इसी तरह चिल्लाते हुए वे सारे कमरे में घूमने लगे। उनकी पत्नी ने पूछा, "क्यों क्या हुआ ? ऐसे क्यों घबड़ा रहे हो ?"

भैया सा'ब ने उखड़े स्वर में कहा, "मेरी जान पर खतरा आ गया। कोई मेरा जीव पकड़ रहा है।"

पत्नी ने कहा, "मैंने तुम्हें कितने बार समझाया कि अपना जीव अपने पास रखो। पास रहेगा तो हिफाजत तो कर सकते हैं। न जाने कहाँ उसे छोड़ रखा है। कोई दुष्ट उसे मसल दे तो मेरा तो सुहाग लुट जायगा।"

भैया सा'ब ने क्रोध से कहा, "तुझे अपने सुहाग की पड़ी है ? मेरी तो जीवन-भर की साधना मिट्टी में मिली जा रही है। अगर किसी ने उसे कब्जे में कर लिया तो फिर जैसा वह चाहेगा वैसा मुझे नाचना पड़ेगा। अरे बाप रे !"

बड़ी देर तक भैया सा'ब तड़पते रहे। फिर धीरे-धीरे शान्त हो गये। पर उनके चेहरे पर स्थायी बेचैनी आ गयी। सबेरे लोगों ने उन्हें देखा तो अचरज में आ गये कि एक रात में यह परिवर्तन कैसे हो गया। वे बैठे-बैठे, बातें करते-करते एकदम कराह उठते और हृदय पर हाथ रख लेते। लोग पूछते तो कह देते, "रात से दिल का दौरा हो रहा है।"

भैया सा'ब की चैन और निडरता जाती रही। उन्हें विश्वास हो गया था कि उनका जीव पकड़ लिया गया, और मुख्य अमात्य की कुर्सी से हटाकर कहीं और रखा गया है। मुख्य अमात्य की कुर्सी से दूर होने के कारण उन्हें बड़ी व्याकुलता थी। उधर अस्तभान दीमक को तनिक भी छूता तो इधर भैया सा'ब तड़प उठते।

सुबह होते ही अस्तभान और मुफतलाल मुख्य आमात्य के पास गये और कहा, "भैया सा'ब का जीव हमारे कब्जे में आ गया।"

मुख्य अमात्य हर्ष से पागल हो गये। बोले, "कहाँ मिला ?"

अस्तभान ने कहा, "सचिवालय में आपकी कुर्सी को दीमक के रूप में कुतर रहा था।" अस्तभान ने उन्हें पूरा विवरण सुनाया। मुख्य अमात्य आश्चर्यचकित रह गये। बोले, "लाइए, मेरे हवाले कीजिए।"

अस्तभान काफी चालाक हो गया था। उसने कहा, "एक जगह सुरक्षित रखा है। ला देंगे। पहले आप टेण्डर की रसीद दिखलाइए। राजनीतिज्ञों की धोखेबाजी से

मैं अच्छी तरह परिचित हूँ। अपना काम निकालकर दूध की मक्खी की तरह फेंक देते हैं।"

मुख्य अमात्य हँसे। कहने लगे, "कुमार, आपकी अवस्था कम है, फिर भी आपकी राजनैतिक समझ-बूझ उच्च-कोटि की है। आप सच कहते हैं, किसी भी राज-नीतिज्ञ का कभी विश्वास नहीं करना चाहिए।" इतना कहकर उन्होंने टेबिल की दराज से 25 लाख के टैण्डर की रसीद निकाल दिखायी।

अस्तभान को सन्तोष हुआ और उसने जेब से डिबिया निकाली। उसे खोलकर धागे को खींचा और धागे से बँधा दीमक मुख्य आमात्य के सामने झुलाने लगा। अस्तभान ने कहा, "यह है भैया सा'ब का जीव।"

मुख्य अमात्य उसे बड़े ध्यान से देखते रहे। फिर बोले, "जैसे आपने मेरा भरोसा नहीं किया, वैसे ही मैं भी एकदम यह मानने को तैयार नहीं कि भैया सा'ब का जीव यही है। हो सकता है आप कोई भी दीमक पकड़ लाये हों। मैं परीक्षा करूँगा।"

ऐसा कहकर उन्होंने एक गुप्तचर को बुलाया और उसे आदेश दिया कि भैया सा'ब के पास किसी बहाने से जाओ और उनमें क्या विशेष परिवर्तन होते हैं, देख-कर आओ।

गुप्तचर भैया सा'ब के पास आकर बैठ गया। इधर मुख्य अमात्य ने दीमक को हल्के से दबाया। उधर भैया सा'ब कराहकर कुर्सी में लुढ़क गये। गुप्तचर ने लौटकर सारा हाल सुनाया। तब मुख्य आमात्य ने अस्तभान से कहा, "मुझे विश्वास हो गया। भैया सा'ब का जीव यही है। अब राजकुमारी से आपकी शादी कराने की जिम्मेदारी मेरी है। आप कृपा कर हमारी अतिथि-शाला में ठहरिए। मैं महाराज से बात करके आपको सूचित करता हूँ।"

दोनों मित्र सेवक के साथ अतिथि-शाला चले गये।

होना बातचीत शादी का

इधर मुख्य अमात्य राजा राखड़सिंह के पास गये। राजा ने पूछा, "टेण्डर भिजवा दिया?"

"जी हाँ, तभी भिजवा दिया था।"

"फिर क्या हुआ? टेण्डर खुले कि नहीं? मुझे बड़ी चिन्ता है। इस लड़की को जल्दी ठिकाने लगवाओ।"

मुख्य अमात्य ने कहा, "मैं रात-दिन इसी प्रयत्न में लगा हूँ। टेण्डर का कोई भरोसा नहीं। अपना टेण्डर मंजूर भी हो सकता है और नहीं भी। आप जानते हैं

कि राजा भयभीतसिंह बड़ा लोभी है। कोई अगर दस अशर्फियाँ बढ़ा देगा तो उसी को लड़का दे देगा। इसलिए मैंने इस मामले में कूटनीति से काम लिया है। मैंने अस्तभान को यहीं बुला लिया है।"

राजा को आश्चर्य हुआ। बोले, "तो क्या वह यहीं है ?"

मुख्य अमात्य बोले, "जी हाँ, अतिथि-शाला में है। वह राजकुमारी से विवाह करने के लिए बहुत उत्सुक है। जब बेटा लड़की से प्रेम करता हो तो बाप की एक नहीं चलती। बाप से लड़ने का काम बेटे को ही सौंपा जा सकता है। मैं ऐसी चाल चला हूँ कि अस्तभान को बिना कुछ दिये शादी हो सकती है। हम आज ही दोनों की सरकारी शादी करवा दें। अस्तभान इतना बेताब है कि वह एकदम कर लेगा। इस तरह हमारा पच्चीस लाख भी बच जायेगा।"

राजा ने कहा, "योजना तो बहुत अच्छी है। पर मैं उसके बाप को जानता हूँ। उस बाप का बेटा इतना बुद्धू नहीं हो सकता, जितना तुम उसे समझ रहे हो।"

मुख्य अमात्य ने निवेदन किया, "महाराज, यह आवश्यक नहीं है कि चतुर बाप का बेटा भी चतुर हो। हर बेटा बाप से आगे बढ़ना चाहता है। जब वह देखता है कि चतुराई में यह आगे नहीं बढ़ सकता तो बेवकूफी में आगे बढ़ जाता है। अस्तभान को मैंने जाँच लिया है। हाँ, उसका साथी अलबत्ता ज़रा तेज है।"

राजा ने कहाँ, "खैर, तुम प्रयत्न करो। जितने कम में हो सके, मामला निबटाओ। कब शादी होनी है ?"

मुख्य अमात्य ने कहा, "आज ही हो जाय। दोपहर बाद। मैं अस्तभान के पास जाता हूँ। आप राजकुमारी की तैयारी कराइए।"

मुख्य अमात्य अतिथि-शाला चले गये। राजा ने रानी से नागफनी की तैयारी करने के लिए कहा।

जिस समय मुख्य अमात्य अतिथि-शाला पहुँचे, वहाँ एक ब्राह्मण अस्तभान और नागफनी की जन्मपत्रियाँ खोले बैठा था। वह फल बतला रहा था—'राजकुमार, भगवान ने दोनों को एक-दूसरे के लिए ही बनाया है। ऐसी जोड़ी त्रिलोक में नहीं मिल सकती है। 36 गुण और 72 दुर्गुण मिलते हैं। जीवन सुखी रहेगा। भरा-पूरा परिवार रहेगा।'

मुफतलाल ने पूछा, "सन्तति का क्या योग है ?"

ब्राह्मण ने ग्रह-दशा देखकर बताया, "ग्रहों को देखते हुए 19 सन्तानों का योग है। अगर बीच में 'फेमिली-प्लानिंग' (परिवार-नियोजन) आ गया तो कुछ नहीं कहा जा सकता। बात यह है कुमार कि विज्ञान ने ग्रह-फल में हस्तक्षेप करना शुरू कर दिया है। हम नौ ग्रह मानते हैं। उनके फल से मनुष्य का भाग्य-निर्णय होता है। अब कुछ देश कृत्रिम ग्रह बनाकर छोड़ रहे हैं जो पृथ्वी के चक्कर लगा रहे हैं। ये हमारे ग्रहों के फल में हस्तक्षेप करते हैं। इसलिए फल निश्चित नहीं रहा।"

मुख्य अमात्य ने कहा, "अच्छा विप्रदेव, अब आप पोथी-पत्रा समेटें। विज्ञान के कारण आपकी दक्षिणा में फर्क नहीं पड़ेगा।"

ब्राह्मण ने पोथी-पत्रा समेटा। अस्तभान ने उसे एक अशर्फी दी और वह आशीर्वाद देकर चला गया।

मुख्य अमात्य ने एक क्षण में मुख पर घोर पवित्रता और सद्भावना धारण कर ली और कहा, "कुमार, आपने मेरा राजनैतिक जीवन कम-से-कम 25 वर्ष बढ़ा दिया। मैं जीवन के अन्तिम क्षण तक अपने पद पर रह सकूंगा और पद पर ही मरूँगा। मेरी बड़ी लालसा है कि मेरी अन्त्येष्टि राजकीय सम्मान के साथ हो।"

मुफतलाल ने कहा, "ऐसी इच्छा स्वाभाविक है। सत्ता का मोह किसे नहीं होता। इन्द्र सत्ता के लिए कितनी अप्सराओं से कितने तपस्वियों की साधना भंग करवा चुका है। पद की कुर्सियों में गीली गोंद लगी रहती है। जो बैठता है चिपक जाता है। जब मामूली कुर्सियों में इतनी गोंद होती है तब आपकी तो मुख्य अमात्य की कुर्सी है। वह तो पूरी गोंद की ही बनी होगी।"

मुख्य अमात्य को यह बात कुछ अच्छी नहीं लग रही थी। वे तुरन्त अपने विषय पर आये। बोले, "कुमार मैं चाहता हूँ, कि जैसे मेरी मनोकामना पूरी हुई, वैसे ही आपकी हो जाय। आपके उपकार का बदला जितने अंश में चुक जायेगा, उतनी ही मेरी आत्मा हल्की होगी। मैं चाहता हूँ कि आपकी शादी आज ही और यहीं हो जाय।"

अस्तभान यह सुनकर खुशी से उछल पड़ा और बोला, "सचमुच ? क्या सच-मुच आज ही शादी हो सकती है ?"

मुख्य अमात्य ने कहा, "हाँ, मैं ऐसा प्रयत्न कर रहा हूँ। हमारे राज्य के कानून कुछ भिन्न प्रकार के हैं। इनके अनुसार आप आज ही सरकारी विवाह-दफ्तर में जाकर शादी कर सकते हैं। आपको प्रमाण-पत्र मिल जायेगा, जिस पर किसी राज्य में आपत्ति नहीं उठायी जायेगी। मैंने महाराज से अभी बात की है। पहले तो वे इतने जल्दी विवाह करने को तैयार नहीं थे; पर जब मैंने इस प्रश्न पर इस्तीफा देने की धमकी दी तब वे राजी हो गये।"

मुफतलाल ध्यान से मुख्य अमात्य के चेहरे को देख रहा था। मुख्य अमात्य भी सशंकित दृष्टि से उसकी प्रतिक्रिया को ताड़ रहे थे। दोनों एक-दूसरे को समझ गये थे। मुफतलाल ने कहा, "मेरा एक विनम्र निवेदन है। जब पच्चीस लाख का टेण्डर भर ही दिया गया है और आप इस सम्बन्ध के लिए तैयार हैं, तो दो-चार दिन बाद विधिवत् विवाह ही क्यों न हो ? आखिर कुमार के भी पिता हैं। वे भी शादी बड़े ठाठ से करना चाहेंगे।"

मुख्य अमात्य के चेहरे पर कठोरता आ गयी। अस्तभान भी इस बात से प्रसन्न नहीं हुआ। वह कुछ बोलने ही वाला था कि मुफतलाल ने उसे चुप रहने का इशारा किया।

मुख्य अमात्य वाणी में खूब मिठास लाकर बोले, "मैं तो कुमार के हित की दृष्टि से ही जल्दी करना चाहता हूँ। आप जानते हैं कि आपके महाराज हठी स्वभाव के हैं। हो सकता है कि वे किसी कीमत पर यह सम्बन्ध न करें। तब आप क्या

करेंगे ? तब मैं भी क्या कर सकता हूँ ? इसलिए शुभ काम में देर नहीं करनी चाहिए।"

अस्तभान स्वीकृति दे ही रहा था कि मुफतलाल ने उसका हाथ पकड़ लिया। उसे उठाते हुए कहा कि हम लोग ज़रा आपस में सलाह कर लेना चाहते हैं। वह कुमार को उठाकर भीतर कमरे में ले गया और वहाँ कहा, "कुमार, आप बहुत उतावले हो रहे हैं। आप जानते हैं कि राजनीतिज्ञ की हर बात में कोई दाँव-पेंच होता है। उसे एकदम स्वीकार नहीं करना चाहिए। वह जो कहता है, प्रयोजन ठीक उससे उल्टा होता है। यदि वह आपको भला आदमी कहे तो समझना चाहिए कि वह बुरा आदमी समझता है। यदि वह आपकी भलाई करने को उत्सुक हो तो निश्चय ही वह अपनी भलाई करना चाहता है। मुख्य अमात्य आपके भले के लिए इतने व्याकुल हो रहे हैं कि मुझे उनकी नीयत पर शक होने लगा है।"

अस्तभान ने खीझकर कहा, "पर अब उसका क्या स्वार्थ हो सकता है ?"

मुफतलाल ने कहा, "वह पच्चीस लाख बचाना चाहता है। यदि आपका विवाह आपके पिता के मारफत होगा तो यह रकम देनी होगी। यहाँ जल्दी शादी कर देने से यह रकम बच जायेगी।"

अस्तभान ने मुफतलाल की बुद्धि की बहुत तारीफ की और कहा कि तुम आगे चलकर बहुत सफल कलेक्टर बनोगे।

मुफतलाल बोला, "आप उससे साफ कह दीजिए कि हम अपने नगर जाकर विधिवत विवाह करेंगे। अपनी चाल कटती देख वह समझौता करना चाहेगा। तब हम दस-पन्द्रह लाख झटक लेंगे।"

वे दोनों बाहर आये। मुख्य अमात्य ने उत्सुकता से उनकी ओर देखा। अस्तभान ने कहा, "हम यहाँ शादी नहीं करेंगे। पहले घर जायेंगे।"

मुख्य अमात्य बेचैन हो उठा। पूछा, "क्यों ? आपका विचार क्यों बदल गया ?"

अस्तभान ने कहा, "इसलिए कि हम आपकी चाल समझ गये। आप अपने पच्चीस लाख बचाना चाहते हैं। हम कोई नादान बच्चे नहीं हैं। मेरी नाड़ियों में राज-रक्त है और मेरा यह मित्र मुफतलाल जब कलेक्टर बनेगा तब अच्छे-अच्छे अमात्यों को जेब में रखेगा।"

मुख्य अमात्य ने देखा कि उनके पत्ते उघड़ गये हैं। वे समझौते के स्वर में बोले, "कुमार, मैं अपने राज्य का हित देख रहा था और यह कोई बुरी बात नहीं है। आप भी यही कर रहे हैं। अब हम लोग खुलासा बात कर लें। बीच की कोई रकम तय हो जाय। हम आपको दस लाख दें तो क्या आप अभी विवाह कर लेंगे ?"

अस्तभान ने यह रकम स्वीकार कर ली। मुख्य अमात्य यह कहकर विदा हुए कि हम राजकुमारी की तैयारी कर देते हैं। आप भी विवाह-दफ्तर जाने के लिए तैयार हो जाइए।

होना शादी और रहना सुख से सबका

इधर महल में नागफनी का श्रृंगार होने लगा। उबटन से स्नान कराया गया। सुन्दर वस्त्र और आभूषण पहनाये गये।

नागफनी ने करेलामुखी से कहा, "सखि, एक बात तो बता। मेरे भूतपूर्व प्रेमियों ने जो कपड़े और आभूषण दिये हैं, उनका क्या करूँ ? क्या उन्हें वापिस कर दूँ ?"

करेलामुखी ने कहा, "नहीं राजकुमारी, इतनी कठोर न बनो। इससे उन बेचारों का हृदय फट जायेगा। इनको अपने साथ ले जाओ।"

नागफनी ने कहा, "पर वे (अस्तभान) क्या सोचेंगे ? प्रेमियों के उपहार ससुराल ले जाना क्या अच्छा है ?"

करेलामुखी ने कहा, "कुमार बहुत उदार विचारों के हैं। वे स्वयं प्रेम कर चुके हैं और उनके दिये वस्त्र-आभूषण कई कुलबधुएँ पहन रही हैं। वे जानते हैं कि तुम्हारा स्वभाव बहुत प्रेमपूर्ण है। जब तुम विवाह के पूर्व प्रेम कर चुकी हो तो विवाह के बाद तुम पति को बहुत प्रेम करोगी ही।"

नागफनी ने वे वस्त्र, आभूषण भी पेटियों में रखवा लिये।

सखियाँ इकट्ठी हो गयीं और मंगलगान होने लगे।

नागफनी और करेलामुखी गले मिलकर 'सावन-भादों के रूप' रोने लगीं। नागफनी ने कहा, "सखि, तुझे छोड़ते हुए मेरा हृदय फटा जा रहा है। यदि अपने पति के आचरण पर मुझे विश्वास होता तो मैं तुझे अपने साथ ले चलती। पर जैसा कि तू जानती है, वे बहुत चंचल स्वभाव के हैं। मेरा जी यह सोचकर फटा जाता है कि अब तेरा क्या होगा ? तू अब विवाह कर ले।"

करेलामुखी बोली, "किससे करूँ ? मैंने अभी तक इस बात पर ध्यान ही नहीं दिया कि मुझे विवाह भी करना है। एक आदमी ने मेरे मन को जीता है।"

नागफनी ने उत्सुकता से पूछा, "वह भाग्यवान् कौन है ?"

करेलामुखी ने लजाते हुए कहा, "राजकुमार के सखा श्रीमान् मुफतलालजी।"

यह सुन नागफनी बहुत प्रसन्न हुई। उसने कहा, "सखि, वह आदमी मुझे भी बहुत पसन्द है। यदि राजकुल में शादी करने की मजबूरी न होती तो मैं उसी से शादी करना चाहती। तू अवश्य उससे शादी कर ले।"

करेलामुखी ने कहा, "नहीं, अब नहीं करूँगी। यदि आपका मन भी उसके प्रति आकर्षित हो चुका है तो उससे शादी करना मेरे लिए खतरनाक है। जैसे तुम्हें राजकुमार के मन पर भरोसा नहीं है वैसे ही मुझे तुम्हारे मन पर नहीं है। मैं उनसे शादी कर लूँ और फिर तुम उन्हें हथिया लो तो मेरा क्या होगा ?"

नागफनी ने करेलामुखी को बहुत समझाया कि मैंने तो यों ही वह बात कह दी थी। उसने कहा, "सखि, तू निश्चिन्त रह। मुफतलाल जैसे दो कौड़ी के आदमी पर

क्या मेरा मन आ सकता है? न उसके पास धन है, न सौन्दर्य। उस जैसे निकम्मे आदमी से भला मैं प्रेम कर सकती हूँ?"

ये उद्गार सुनकर करेलामुखी आश्वस्त हुई। उसने कहा, "यदि वास्तव में तुम उनके बारे में ऐसा सोचती हो तो मैं उनसे शादी कर लूंगी। स्त्री निकृष्ट-से-निकृष्ट आदमी से भी शादी कर लेगी, पर श्रेष्ठतम् पुरुष का भी दूसरी स्त्री से बँटवारा नहीं करेगी। हे राजकुमारी, तुम ससुराल जाकर उनका मन मेरी ओर फेरना।"

नागफनी ने उसे वचन दिया और दोनों सखियाँ फिर गले मिलीं।

इतने में विवाह-दफ्तर जाने का समय हो गया।

नागफनी अपनी सखियों के साथ धीरे-धीरे दफ्तर की ओर चली।

उधर मुफतलाल ने भी अस्तभान को अच्छे कपड़े पहनाये और दोनों विवाह-दफ्तर पहुँच गये।

वहाँ अस्तभान की आँखें नागफनी से मिलीं तो दोनों सुध-बुध भूल गये। नागफनी हर्ष से मूर्छित हो गयी। करेलामुखी ने उसके मुख पर पानी छिड़का तब उसे होश आया।

विवाह-अधिकारी ने कागजों में खानापूरी की। उसने पहले नागफनी से दस्तखत कराये। इसके पश्चात् अस्तभान के आगे कागज बढ़ाया। अस्तभान ने कलम हाथ में लिया। तभी मुफतलाल ने पीछे से उसके कान में कहा, "पहले पैसे ले लो।" अस्तभान मुख्य अमात्य की तरफ देखने लगा। मुख्य अमात्य ने कहा, "कुमार, दस्तखत कीजिए न।"

अस्तभान ने कहा, "पहले दस लाख का चेक दीजिए।"

मुख्य अमात्य ने कहा, "हाँ, हाँ, चेक तो हम देंगे ही। आपको ज़रा भी विश्वास नहीं है।"

अस्तभान कलम लिये खड़ा रहा। आखिर मुख्य अमात्य ने जेब से चेक निकालकर उसके हाथ में रख दिया।

अस्तभान ने दस्तखत कर दिये।

बाहर शहनाई बजने लगी। फूलों की वर्षा होने लगी। नगर में जय-जयकार होने लगा।

सारे नगर में खुशी छा गयी। सब लोग इस जोड़ी की तारीफ कर रहे थे। समझदार कहते थे, "जोड़ी ऐसी होती है। एक-दूसरे के बिल्कुल योग्य हैं। इस शादी से दो घर बिगड़ने से बच गये। अगर दोनों की शादी परस्पर न होकर अलग-अलग होती तो दो घर बरबाद होते। इस जोड़ी की बलिहारी है।"

सब सुख से रहने लगे।

अस्तभान और नागफनी अपने महल में सुखपूर्वक रहते। उनके विवाह के दिन

दोनों राज्यों में हर साल उत्सव होता था। इस दिन प्रेमी-प्रेमिका उपवास रखते थे और प्रार्थना करते थे कि हे भगवान्, जैसी नागफनी-अस्तभान की जोड़ी जुड़ी, वैसी हमारी भी जुड़े।

मुफतलाल की शादी करेलामुखी से हो गयी थी। वह कलेक्टर हो गया था। कई बार वह घूस खाने के मामले में फँस गया, पर इस कारण छोड़ दिया गया कि रानी साहिबा की सखि का पति है।

राजा भयभीतसिंह सफेद बाल उखाड़ने से परेशान होकर अब बचे हुए काले बाल उखाड़ने लगे थे।

गोबरधन, वृद्धावस्था और रोग के कारण, उठ-बैठ नहीं सकते थे। वे बहरे और गूंगे हो गये थे, पर अभी भी मुख्य अमात्य बने हुए थे। वे 'एम्बुलैन्स' में विधान-मण्डल जाते थे और इशारे से जवाब देते थे।

भैया सा'ब रोज सबेरे गोबरधन बाबू के बँगले पर हाजिरी देने पहुँचते थे।

कुमार के प्रेमपत्र पहुँचानेवाला प्रोफेसर एकदम प्रिंसिपल बना दिया गया था।

जिन पुलिस-अफसरों ने जोगी प्रपंचगिरी को पकड़ा था, वे बरखास्त कर दिये गये थे।

जोगी प्रपंचगिरी अपने नगर की नगरपालिका के अध्यक्ष हो गये थे और नागरिक जीवन सुधार रहे थे।

राजा निर्बलसिंह यह लोक छोड़ गये थे। उनके बेटों में गद्दी के लिए लड़ाई हुई, जिसमें आधे बेटे मारे गये। उस राज्य में अराजकता देखकर पड़ोसी राजा राखड़सिंह ने शान्ति और सुरक्षा के लिए उस राज्य पर कब्जा कर लिया था।

अस्तभान जिस विश्वविद्यालय से बी. ए. में फेल हुआ था, उसने उसे ससम्मान (आनरेरी) डाक्टरेट दे दी थी और स्वयं गौरवान्वित हुआ था।

तट की खोज

(एक दीर्घकथा)

रचनाकाल : 1955

शीला

बच्चों की पुरानी स्कूली किताबें, जब किसी काम की नहीं रह जातीं, तब पिता उन्हें आलमारी में बन्द कर, 'होम लायब्रेरी' कहकर सन्तोष कर लेता है। सामान्य आदमी, जब बेटी का विवाह नहीं कर पाता, तो कालेज में दाखिल करा, 'अभी पढ़ रही है' कहकर सन्तोष कर लेता है। हाँ, किताबें कभी-कभी मिट्टी के मोल कबाड़ी को भी बेच दी जाती हैं। लड़की का विवाह भी घबड़ाकर, कभी-कभी ऐसे के साथ कर दिया जाता है, जिसकी लकड़ी मरघट पहुँच चुकी होती है। हमारे समाज में यदि कोई बूढ़ा इसलिए शादी करना चाहे कि उसके मरने पर अर्थी पर चूड़ियाँ फोड़ने को कोई हो, और ताजा सिन्दूर किसी का पुछे, तो वह मरण-शय्या पर भी मजे में विवाह करने की सुविधा पा सकता है।

अपने कालेज में देखती कि विद्या-प्राप्ति के लिए 100 में से 10 ही पढ़ती हैं। शेष इसलिए पढ़ती हैं कि पढ़ना उनकी मजबूरी है। शिक्षा उस पॉलिश की तरह प्रयुक्त होती है, जो चीज को चमकदार बनाता है तथा ग्राहक को आर्कषित करता है। जब तक पिता कोई वर तलाश न कर ले, तब तक वे बेचारी कालेज के 'वेटिंग रूम' में बैठी-बैठी इन्तजार करती रहती हैं। लड़की के कालेज में पढ़ने से पिता कुछ समय के लिए जिल्लत से बच जाता है। लोगों से यह कहने के बदले कि विवाह नहीं हो पा रहा है, वह यह कह सकने की सुविधा पा लेता है कि अभी पढ़ रही है। ऊपर से सुन्दर लगनेवाला यह वाक्य जिस कलेजे से निकलता है, उसमें दमाड़ लगी रहती है। वह जानता है कि वह झूठ बोल रहा है। अगर ठीक इम्तहान के बीच कोई विवाह करने को कहे, तो पिता लड़की का इम्तहान छुड़ाकर तुरन्त शादी कर देगा।

मैं बी. ए. में पढ़ रही थी। मैं सोचती थी कि पढ़ रही हूँ, पर यथार्थ में किसी छोटे स्टेशन के मुसाफिर की तरह किसी गाड़ी का इन्तजार कर रही थी, जो मुझे उठाकर ले जावे। छोटे स्टेशनों पर बड़ी गाड़ियाँ तो रुकती नहीं; हरी झण्डी दिखाकर, उपहास की सीटी देकर, चली जाती हैं। छोटी गाड़ियाँ रुकती हैं, पर वे लेट होती हैं। उनमें भीड़ भी होती है, और धक्का-मुक्की में किसी को जगह मिलती है और कोई रह जाता है। कई गाड़ियाँ सामने से निकल गयीं, सोचा कि प्लेटफार्म पर कब तक बैठेंगे, चलो मुसाफिरखाने में चलकर इन्तजार करें— याने मैंने कालेज में नाम लिखा लिया।

इतने वर्षों के बाद, जब आज उस समय की स्थिति को देखती हूँ, तब यह समझ में आता है। उस समय मेरे मन में किसी प्रकार की हीनता नहीं थी। वह ऐसी अवस्था थी, जब जीवन सतरंगी परिधान धारण किये आता है। ऐसी अवस्था, जिसमें हीनता और निराशा को कोई स्थान नहीं होता। मैं खूब मन लगाकर पढ़ती थी। बड़ी प्रतिभाशालिनी मानी जाती थी। मैट्रिक और इण्टर दोनों प्रथम श्रेणी में उत्तीर्ण किये थे। अपने मित्रों तथा परिचितों में मेरी प्रतिभा का बड़ा आतंक था। मैं सुन्दरी भी थी, ऐसा मुझे लगता है, क्योंकि सहपाठी तरुणों से लेकर मुँहबोले काका, मामा, दादा सब मुझे बड़ी लोलुपता से घूरते थे। कुछ लोग पिताजी से मिलने आते, तो वे पिताजी से बातें करने में ध्यान कम लगाते, परदे तथा किवाड़ के छिद्र में से मुझे देख सकने का प्रयास करने में अधिक। मेरी माँ नहीं थीं, इससे इस सबका शिकार मुझे अधिक होना पड़ता था। बिना माँ की जवान लड़की ऐसी फसल होती है जिसका रखवाला नहीं है और जिसे वासना के उजाड़ू पशु चरने को स्वतन्त्र हैं। पिताजी सरकारी रिटायर्ड नौकर थे और थोड़ी-सी पेंशन पाते थे। मुझे विश्वास है कि वे ईमानदार थे। इसका सबसे बड़ा सबूत हमारी गरीबी थी। भलाई को हमेशा मुसीबत की ही गवाही मिलती है। ईमानदारी का दण्ड हम भुगत रहे थे—मेरा विवाह नहीं हो रहा था और पिता को चिन्ता के कारण नींद नहीं आती थी। माँ की मृत्यु पहिले हो गयी थी, फिर जवान भाई हमें एक दिन छोड़ गया। पिता ने हृदय पर पत्थर रखकर दोनों आघात सहे और मेरे प्रति माँ, भाई, पिता तीनों के कर्त्तव्य निभाये। इतना जहर उन्होंने किस तरह पचाया होगा! जीवन में कोई रुचि नहीं रह गयी थी, कोई आकांक्षा नहीं थी। जीवन के अन्तिम समय में आदमी जिस सुख और शान्ति की आशा करता है, वह बड़े भाई की मृत्यु के साथ छिन गयी थी। उनका जीवन अब एक मशीन की तरह हो गया था। मशीन को भी एक सुभीता होता है—उसमें चेतना नहीं होती—उसे सुख-दुख की अनुभूति नहीं होती; लेकिन चेतन की यही मजबूरी है कि जीवन के हर आघात से कराहना होता है। पिताजी को अब केवल एक काम करना था और वह था, कहीं मेरा विवाह कर देना। यही एक चिन्ता उन्हें थी। मैं बाईस से तेईस बरस की हो गयी, तो उनके हृदय पर एक मन वजन और बढ़ गया। वे जगह-जगह विवाह की बात चलाते, पर हर बार लड़केवालों की माँग उनके सामर्थ्य की सीमा लाँघ जाती। वे सब लोग हाथ में तराजू लिये थे, जिसके एक पलवे पर बेटे को रखे थे। मुझे, मेरी समस्त विद्या, बुद्धि और सौन्दर्य के साथ दूसरे पलवे पर रखकर देखते, तो हर बार मेरा ही पलवा हल्का पाते। तब पलवे बराबर करने के लिए, मेरे साथ रुपयों का वजन रखने को कहते। पिताजी जब ऐसा नहीं कर पाते, तब वे अपनी तराजू लेकर दूसरे द्वार पर पहुँच जाते।

मैंने उस विडम्बना को अनुभव किया है। फोटोग्राफर के सामने जब मैं बैठायी जाती, तब मेरी अन्तरात्मा क्रोध और ग्लानि से भर जाती। मैं जानती थी कि यह फोटो माल के नमूने की तरह किसी व्यापारी के पास भेजी जावेगी। परन्तु दूसरी

ओर से कभी चित्र नहीं आया, क्योंकि खरीददार ही माल की परख करता है; माल खरीददार को नहीं देखता। स्त्री-पुरुषों के सम्बन्धों में यही दर्शन सब जगह चरितार्थ होता है।

एक दिन किसी विवाह के इच्छुक वर के पिता मुझे देखने आये। आशा और निराशा के बीच झूलते, पिताजी तीन दिन से घर की तैयारी कर रहे थे। मकान की सफाई की गयी, सजावट की गयी, साथ ही मुझे भी सजाया गया। ऐसे अवसर पर घर में किसी वृद्धा का होना आवश्यक है, इसलिए मेरी एक दूर के रिश्ते की फूफी को तीन दिन के लिए इस घर में बसाया गया।

मेरी परीक्षा का दिन आया। सबेरे से ही घर में बड़ी हलचल मच गयी। वृद्धा फूफी ने मेरा श्रृंगार किया और मुझे उन लोगों के सामने कैसे चलना चाहिए, कैसे बात करनी चाहिए, यह सब सिखाया गया। कुल मामला ऐसा था, जैसे मदारी बन्दर को नाना प्रकार के हावभाव सिखाये, ताकि वह दर्शकों को प्रसन्न कर सके। जब वे लोग भोजन करने बैठे, तो पिताजी ने यह बताते हुए कि यह पकवान मेरे ही बनाये हुए हैं, मेरी पाक-विद्या की प्रशंसा की; उन्होंने टेबिल-क्लाथ की ओर देखा, तो उन्हें बताया गया कि यह मेरी ही कला है। द्वार की झालरों की ओर उनकी दृष्टि गयी, तो उनसे तुरन्त कहा गया कि वह भी मेरी ही कला है। कोने में रखा हुआ सितार ऐसी जगह रख दिया गया कि जहाँ उनकी दृष्टि उस पर सहज पड़ जावे और उन्हें यह विदित हो जावे कि मैं गान-विद्या में भी निपुण हूँ।

यह सब चलता रहा। स्वभाव से ही शान्त, पिताजी बालक की तरह चंचल और वाचाल हो गये। उनकी यह हालत देखकर मेरा मन उनके प्रति करुणा से भर गया। उनका मुख उस समय बड़ा दयनीय हो गया था। थोड़ी देर बाद वे लोग अपने एक रिश्तेदार के यहाँ चले गये। शाम को पिताजी बड़ी आशंका से उनका निर्णय सुनने के लिए वहाँ गये, जैसे विद्यार्थी परीक्षा-फल सुनने से डरते हैं। बड़ी रात को वे लौटे और डबडबाये नेत्रों से फूफी को बताया कि उनकी आर्थिक माँग पूरी न कर सकने के कारण यह बात टूट गयी। मुझे बात टूटने का कोई दुख नहीं हुआ, किन्तु पिताजी के हृदय के टूटने के कारण मेरा मन अत्यन्त क्षुब्ध हो गया और मैंने बड़े साहस से कहा, "इतनी अड़चन से विवाह करने की अपेक्षा नहीं करना अच्छा है, मैं विवाह नहीं करूँगी।" वे बोले, "बेटी, कहीं बिना विवाह के रहा जाता है।" मैंने उत्तर दिया, "जो बचपन में विधवा हो जाती हैं, वे भी तो जीवित रहती हैं।" उन्होंने यह कहकर बात टाल दी कि वह बात दूसरी है।

मैं उनकी पीड़ा जानती थी कि वे सदैव अँधेरे में ही उठकर काँपते स्वर में 'हरे राम हरे राम' क्यों भजते हैं। उस स्वर में घायल पशु की कराह-जैसी कातरता होती। वे मुझसे बोलना धीरे-धीरे कम करते जाते। घण्टों बरामदे में बैठे शून्य आँखों से आकाश को देखते रहते। वे लोगों से मिलने-जुलने में बहुत हिचकते थे। एक प्रकार की विकृत मान्यता के शिकार वे हो रहे थे। जिसकी अविवाहित पुत्री घर में हो, उसे कुछ इस दृष्टि से देखा जाता है, मानो, उसने कोई घोर पाप किया हो,

और समाज की यह हीन दृष्टि उस पिता को धीरे-धीरे अपनी ही नजरों से गिराती जाती है। वह आत्मग्लानि और आत्मपीड़न का शिकार होता जाता है।

मैं उनकी इस पीड़ा को देखती और उन्हें कुछ शान्ति देने के लिए कहती कि मैं विवाह नहीं करूँगी, पर वे मेरी बात नहीं मानते थे। और क्या मैं भी बिल्कुल मानकर यह बात कहती थी? मैं तर्क कर लेती थी, पर विश्वास नहीं कर पाती थी।

विमला से मेरी एक दिन इस बात पर चर्चा हो रही थी। मैंने कहा, "हमें बिना पैसे के कोई लेने को तैयार नहीं है, तो हमें विवाह करने से इनकार कर देना चाहिए। अगर हमारी एक पीढ़ी इसी प्रकार विद्रोह कर दे, तो लोगों की अक्ल ठिकाने आ जाये।"

विमला ने कहा, "ऐसा करने से तो जाति ही समाप्त हो जायेगी।" मैंने कहा, "प्रकृति को अगर मनुष्य जाति चलानी होगी, तो वह उसका कोई और साधन खोज लेगी। वनस्पति-जगत में जैसे वह वायु या अन्य साधनों से उत्पादन-क्रिया सम्पन्न कराती है, वैसा ही कुछ यहाँ करा देगी। और यदि मनुष्य जाति अपने को अस्तित्व के अयोग्य सिद्ध कर चुकी होगी, तो चिन्ता क्या?"

विमला मेरे तर्क के सामने ठहर न पायी। पर उसने एक ही जवाब दिया, जो बहुत मामूली था, पर जो मेरे समस्त तर्क-व्यूह को छिन्न-भिन्न करके हृदय तक पहुँच गया। उसने अजब स्वर में कहा, "हाँ जी, जब तक कोई गुण-ग्राहक नहीं मिला, तभी तक बातें करती हो। जिस दिन कोई हृदय अर्पण करेगा, भाग्य सराहोगी और चुपचाप अनुगामिनी हो जाओगी।"

गुण-ग्राहक मुझे मिला। उसके लिए मेरे मन में पहिले प्रणय जागा, फिर तीव्र घृणा। प्रणय को मैं ठीक तरह प्रगट नहीं कर पायी, पर घृणा को शक्ति-भर प्रगट किया। कभी-कभी प्रेम की अपेक्षा घृणा का सम्बन्ध अधिक मजबूत होता है। मैंने सम्पूर्ण मन से उससे घृणा की, परन्तु फिर भी अभी जब मैं दिगत जीवन में आये व्यक्तियों की कल्पना करने लगती हूँ, तो वही मुख मुझे सबसे पहिले स्मरण हो जाता है। लगता है, घृणा और प्रेम में कोई विशेष अन्तर नहीं है। दोनों लगभग समानार्थी हैं। दोनों में एक-सी तीव्र प्रतिक्रिया होती है। लेकिन प्रेम और घृणा के विवेचन से कहानी का पथ नहीं रोकूँगी।

गली के मोड़ पर वह रहता था। हाल ही उस मकान में आया था। उसकी प्रशंसा सब ओर हो रही थी। लोग कहते, 'बड़ा प्रतिभावान आदमी है; शुरू से आखिर तक फर्स्ट क्लास! यहाँ कालेज में पढ़ाता है।' मैं भी यह सब सुनती थी। अनेक पिता उसकी ओर अपनी लड़कियों से अधिक लालायित नेत्रों से देखते। वह किसी सम्पन्न घर का था।

जहाँ-तहाँ पत्रों में उसके लेख पढ़ती थी। उसके लेखों में बड़ा ओज, बड़ा विद्रोह होता। समाज की जर्जर रूढ़ियों पर, पाखण्ड पर, मिथ्याचार पर, वह बड़ा

कटु प्रहार करता। उसके लेखन में बड़ी संवेदना, करुणा होती। ऐसा लगता था कि भावी सामाजिक क्रान्ति का वह अग्रदूत होगा। नये समाज की रचना उसके हाथों से ही होगी। ऐसे व्यक्ति के लिए मैं कोरे एकवचन का प्रयोग करूँ, यह ठीक नहीं है; अब आदर से नाम लूँगी। हाँ, उनका नाम महेन्द्रनाथ था।

मेरे निकलने का रास्ता वही था। मैंने एक जगह नौकरी कर ली थी, और घर बी. ए. की तैयारी कर रही थी। दिन में कम-से-कम दो बार मुझे यहाँ से जाना ही पड़ता था। मैं उन्हें वहाँ बैठा देख लेती थी। मैं शुरू से ही सिर ऊँचा करके चलती हूँ। सिर नीचा करके चोरी की नजर डालने की अपेक्षा, माथा ऊँचा करके, ईमानदारी की दृष्टि डालना, अधिक अच्छा है। परन्तु ऊपर देखना बर्दाश्त नहीं किया जाता। जो ऊपर देख लेती है, उसे कलंक से पोत देने के लिए लोगों के मन की कटोरी में काले रंग तैयार होते रहते हैं। फिर किसी दिन जीभ की कूची से उसका चेहरा पोत दिया जाता है। मैं कुछ दिनों से देख रही थी कि लोगों के मन में रंग तैयार हो रहे हैं।

महेन्द्रनाथ को मैं दरवाजे के पास आराम-कुर्सी पर पुस्तक लेकर बैठे देखती। मैं शीघ्र ही समझ गयी कि वे किताब पढ़ने नहीं बैठते हैं, बल्कि बैठने के लिए किताब पढ़ते हैं। मैं वहाँ से निकलती, तो सहज आँखें उठ जातीं और मुझे उनकी आँखों में वह भाव दिखता, जिसकी पहिचान स्त्री को बिना सीखे आ जाती है।

चार-छै माह बीत गये। इस बीच में कोई वार्तालाप हम दोनों में नहीं हुआ। यह अलबत्ता हुआ कि मेरा वहाँ से निकलना, दो की जगह कभी तीन और कभी चार बार हो जाता। यह वृद्धि कभी सकारण होती और कभी अकारण भी हो जाती।

एक दिन एक छोटा लड़का मुझे एक पत्र दे गया। छोटा-सा पत्र था, जिसमें लिखा था :

"....मेरे हृदय में तुम्हारे लिए जो स्थान है, वह तुम इतने दिनों में जान गयी होगी। तुम्हारे नित्यप्रति स्निग्ध नयनों से मेरी ओर देखने से मुझे विश्वास होता है कि वहाँ हृदय के किसी कोने में मैं हूँ। हमारे बीच वार्तालाप नहीं हुआ, पर प्रेम के राज्य में मुख की अपेक्षा नयनों को अधिक वाक्-शक्ति प्राप्त है। प्रेम आत्मा का उज्ज्वल सत्य है और सत्य को छिपाना अपराध है। क्यों नहीं हम दोनों आत्माओं को एक होने दें?

—महेन्द्रनाथ"

मुझे याद है, मैं पत्र को पाकर आत्मविस्मृत-सी हो गयी थी। मुझे वह न अप्रत्याशित लगा और न विचित्र। मैं मानो उसे प्राप्त करने के लिए तैयार थी। यह छोटा-सा पत्र मुझे बहुत अच्छा लगा। वह सामान्य प्रेम-पत्रों से भिन्न था। उसमें व्यर्थ का वाग्जाल नहीं था, पीड़ा की हल्की अभिव्यक्ति नहीं थी, हाय-हाय और आँसू की झड़ी नहीं थी। न उसमें निराशा थी, न विफलता। न उसमें बरसात की रात में

मेघाच्छादित आकाश के तारे गिनने की झूठी बात थी और न इसका हिसाब था कि रात में कुल कितने करवट बदले। इस प्रकार के हल्के और झूठे प्रेम-पत्रों से मुझे बड़ी चिढ़ है। जब उपन्यासों में ऐसे प्रेम-पत्र पढ़ती, तो सोचती कि क्या कुछ कम मूर्ख रहकर प्रेम नहीं किया जा सकता? क्या प्रेम करते ही आदमी मूर्ख हो जाता है? या मूर्ख आदमी ही प्रेम करते हैं? पर इस पत्र में कैसी अच्छी बात कही गयी थी और कितने उच्च स्तर पर। उसमें गम्भीरता थी, कलात्मकता थी; एक 'डिगनिटी' थी। उसमें एक व्यक्तित्व बोल रहा था; उसमें लेखक का चरित्र प्रकट हो रहा था। उसमें से मन की सरलता और दृढ़ता झाँकती थी। मुझे वह पत्र बहुत अच्छा लगा। मैं उससे बहुत प्रभावित हुई। मैं रात-भर सोचती रही। रात-भर कहाँ सोचती रही? सोचना तो 10-15 मिनट में समाप्त कर दिया; शेष रात मन उल्लास के लोक में विचरण करता रहा। बीच-बीच में भय व आशंका नीरव रात्रि में झींगुर की भाँति झनकार जाते। उस रात मैंने जाना कि लकीर कितनी गहरी उछली है। अब तक मैं अपने-आपको ही न पहचान सकी थी। उस पत्र ने मुझे मेरे सामने ही प्रकट कर दिया। उस रात मैंने जीवन-भर की योजना निश्चित कर डाली। घर बनाया और कमरों की संख्या निश्चित हो गयी। अध्ययन-कक्ष कहाँ होगा, उसकी सजावट कैसी होगी, पर्दे का रंग, फर्नीचर की क्वालिटी, सुबह की चाय, शाम का भोजन। वे कॉफ़ी पसन्द करेंगे या चाय? कौन-सी चीज उन्हें अधिक पसन्द है? वे मुझे नौकरी करने देंगे या नहीं? पसन्द न होगा, तो छोड़ दूंगी। यहाँ तक मैंने सोच लिया। मेरी गृहस्थी उस रात बस गयी। मुझे लगा कि गृहस्थी हम लोगों की चरम साधना है। मन पर विज्ञान, कला, विद्या की परतें पड़ी हों, पर इनके नीचे गृहिणी, पत्नी, माता हमेशा जाग्रत रहती है।

बच्चों को पहिले 'किंडरगार्डन' भेजेंगे या घर पर ही पढ़ायेंगे—यह निर्णय मैं कर ही रही थी कि पिताजी का भजन शुरू हो गया—'हे राम! हे राम!' इस स्वर ने मुझे एक झटके से जगा दिया। मुझे ऐसा लगा जैसे गुलाब के बगीचे में घूमते-घूमते साँप ने डस लिया हो। मेरी कल्पना एक क्षण में ध्वस्त हो गयी। इन शब्दों ने हमारी गरीबी, हमारी सामर्थ्यहीनता मेरे सामने खोल दी। मैं अब काँटों पर चलने लगी। सोचा, आखिर इस प्यार का क्या होगा परिणाम? हमारी तथा उनकी आर्थिक तथा सामाजिक परिस्थिति में कितना अन्तर है? यह प्रेम चकोरी के चन्द्रमा के प्रति प्रेम से अधिक क्या होगा? बेचारी रात-भर टकटकी लगाये देखती रहती है, पर वह अपने आकाश से उतरकर कहाँ मिलता है? और इसमें सामर्थ्य नहीं है, वायु की सीढ़ियाँ चढ़ने की। चढ़ना कठिन हो, पर उतरना तो आसान है, वश की बात है। पर नहीं, अपने आसन से उतर सकना कहीं और कठिन है। अगर वे भी नहीं उतर सके तो? अगर उनके माता-पिता 10 हजार माँगने लगे तो? इतने में कोई 15 हजारवाला आ गया तो? क्या वे इस प्रलोभन के सामने टिक पायेंगे? यदि टिकना भी चाहा, तो परिवारवाले टिकने देंगे? मैं काँटों पर चलने लगी।

पर मेरा विश्वास नहीं टूटा। तर्क से यदि प्रेम टूटता हो, तो कभी किसी का

प्रेम ही नहीं हुआ होता। भविष्य को देखकर तो व्यापार होता है, प्रेम नहीं होता। मेरे मन ने स्वयं विपरीत दिशा से तीर बरसाये। वह क्या सामान्य आदमियों जैसे हैं? उनमें दृढ़ता है, वे स्वभाव से ही विद्रोही हैं। उनके लेखों को नहीं पढ़ा? कितनी संवेदना है उनके मन में! कितनी उदारता! आवेग नहीं रहा, पर मन अपनी जगह से नहीं हटा।

सबेरे मैंने एक गोलमाल उत्तर लिखकर भेज दिया। 'गोलमाल' में छल-कपट नहीं है। प्रकृति ने हर प्राणी की नारी को गोलमाल की शक्ति दी है। यह है—मन को रोक रखने की शक्ति, एकदम समर्पण न करने की शक्ति। वह निर्मात्री है, माता है, जाति की वृद्धि करती है। उस पर बड़ा भारी उत्तरदायित्व है, इसलिए उसे यह शक्ति मिली है। नारी मन से खूब प्यार करके भी, ऊपर से निरपेक्ष भाव बनाये रख सकती है। यह छल नहीं है, उसकी प्रकृति है। मैंने लिख दिया— "आपके प्रति मेरे मन में बड़ा आदर है। जहाँ तक देखने का सवाल है, आप जैसे प्रतिभावान व्यक्ति को तो समाज का प्रत्येक मनुष्य देखता है।" 2-3 वाक्य लिखना मुझे ऐसा लगा, जैसे एक बड़ा ग्रन्थ लिख दिया हो। कितने बार लिखा और फाड़ा!

यह मेरा पहिला और अन्तिम पत्र था। इसे चाहे प्रेम-पत्र कहिए। मैंने चौबीस घण्टे ही प्रेम के उल्लास में बिताये। चौबीस घण्टे ही विश्वास की गोद में रही। फिर सब बदल गया। वे चौबीस घण्टे अभी भी मेरे जीवन का सबसे मूल्यवान धन हैं। प्रणय की वह प्रथम अनुभूति; प्रथम बार हृदय हारकर उसमें जीत जैसा सुख! चौबीस घण्टे के उस प्रेम ने मेरे जीवन में विष-संचार कर दिया। चौबीस घण्टे के उस विश्वास ने मेरे जीवन को भस्म कर दिया। चौबीस घण्टे के उस उल्लास ने मेरे पथ पर काँटे बो दिये। फिर भी वे घण्टे मुझे अभी भी प्रिय हैं। वह मेरी सम्पत्ति है। सँपेरा तो साँपों को ही अपनी सम्पत्ति मानता है, तो उसे क्या आप समझाने जावेंगे? माना, कि साँप उसे कभी डस लेगा, पर क्या वह इसी आशंका से सम्पत्ति त्याग दे? कभी घर सिर पर गिरकर प्राण ले लेता है, तो क्या कोई घर में नहीं रहेगा?

चौबीस घण्टे बाद—

रात के करीब साढ़े-नौ बजे थे। मैं विमला के साथ सिनेमा देखकर लौट रही थी। उसका नौकर मुझे पहुंचाने आया था, पर मैंने गली के मोड़ से उसे लौटा दिया। वहाँ से थोड़ी ही दूर तो मेरा घर है। सोचा, अपना मुहल्ला आ गया, अब कोई डर नहीं। मैंने गली में पाँव बढ़ाया। सर्दी की रात थी। चारों ओर सन्नाटा छाया था। लोग अभी से बिस्तरों में दुबक गये थे। उस सुनसान में चलने में मुझे भय का अनुभव हुआ और मैं पछतायी कि नौकर को लौटाकर मैंने अच्छा नहीं किया। अन्धकार और आशंका का साथ है। हर कदम पर एक अज्ञात भय से मैं काँप जाती। पन्द्रह-बीस कदम ही चली थी कि बगल में खटका हुआ। मैं चौंकी और आसपास देखा, फिर यह सोचकर तेज कदम बढ़ाने लगी कि मन की आशंका

के कारण मुझे ऐसा भ्रम हुआ है।

मैं फुर्ती से, बिना आसपास देखे कदम बढ़ा रही थी। कुछ कदम चलने के बाद मुझे यह स्पष्ट आभास हुआ कि कोई पीछे से झपट रहा है। मैं भय के कारण चेतनाहीन-सी हो गयी। एक क्षण के लिए मुझे ऐसा लगा, जैसे मेरी देह जड़ीभूत हो गयी हो। उसी क्षण मुझे महेन्द्रनाथ का दरवाजा खुला दिखायी दिया, जिसमें से प्रकाश की क्षीण रेखा बाहर आ रही थी। मुझे एकदम हिम्मत आ गयी और मैं बड़े विश्वास के साथ झपटकर दरवाजे के भीतर घुस गयी और धीरे-से किवाड़ बन्द कर दिया। पीछा करनेवाले गुण्डे थे। मैंने देखा कि वे दरवाजे के सामने सड़क तक आ गये हैं। तनिक देर खड़े रहे और फिर वहाँ से चले गये। कमरे में रोशनी जल रही थी और उसी के पास महेन्द्रनाथ कुर्सी पर पढ़ते-पढ़ते सो गये थे। गुण्डों का संकट टल जाने पर अब मुझे अपनी इस सुरक्षा की स्थिति से भय लगने लगा। बड़े दर्द के रहते, छोटा दर्द प्रभावहीन होता है; पर जब बड़ा दर्द समाप्त हो जाता है, तब छोटी-सी खरोंच भी पीड़ा देती है। रात्रि के समय घर में अचानक घुस गयी हूँ, महेन्द्रनाथ सो रहे हैं, दरवाजे खुले हैं। अब मैं क्या करूँ! पहले सोचा कि जैसे आयी थी, वैसे चुपचाप चली जाऊँ। पर वे सो रहे हैं और दरवाजा खुला है। कोई चोर घुस पड़े तो!

मैं इसी उलझन में थी कि सामने के मकान से एक आदमी ने आवाज लगायी, "अरे जगदीश, सो गया! अरे देखो तो, मुहल्ले में क्या होने लगा! मथुरा बाबू की लड़की महेन्द्रनाथ के घर में घुसी है।"

मेरा खून सूख गया। उस घर में प्रवेश करते समय ही मेरे मन में कुछ इसी तरह की आशंका जागी थी। अब तो मैं बिल्कुल ही घबरा गयी। लोग बाहर इकट्ठे होने लगे थे। मैं बाहर निकलती, तो वे पशु की तरह मुझ पर झपटते और मेरी दुर्दशा कर देते। इस समय मुझे ऐसा लगा कि मेरी रक्षा भीतर चले जाने में ही है। महेन्द्रनाथ की उपस्थिति मुझे अज्ञात रूप से बल दे रही थी। मन में कुछ-कुछ अनजाने विश्वास ऐसा आ गया कि कोई चिन्ता की बात नहीं, महेन्द्रनाथ तो हैं। मैं एकाएक भीतर के कमरे में चली गयी। मेरी आहट और बाहर के शोरगुल से उनकी आँख खुल गयी। वे हड़बड़ाकर उठ बैठे और बोले, "क्यों, तुम कैसे आयीं? और यह हल्ला कैसा है?" मैंने सारा हाल बताया। उनके चेहरे पर परेशानी की रेखाएँ बढ़ती गयीं। अन्त में मैंने कहा, "गुण्डों से तो मैं बच गयी, पर ये शरीफ मुझे खा जायेंगे।" वे एक क्षण मौन रहे, फिर बोले, "तो क्या किया जाय?"

मैंने कहा, "आप बाहर निकलकर कह दीजिए कि मैं गुण्डों के डर से यहाँ आ गयी थी।"

वे बोले, "एकदम निकलकर घर क्यों नहीं चली जातीं?"

मैंने कहा, "अब भागती हूँ, तो मेरा बिन किया पाप सिद्ध हो जायेगा। इस समय केवल आप ही मुझे बचा सकते हैं।"

"पर वे मेरी बात क्यों मानेंगे!" महेन्द्रनाथ खीझ उठे थे।

मैंने कहा, "जरूर मानेंगे। आपका सब लोग बड़ा विश्वास और आदर करते हैं। फिर आपको सत्य का बल है। आप साहसपूर्वक कह दीजिए; सबको विश्वास हो जायेगा।"

मैंने देखा कि महेन्द्रनाथ के पाँव मुझसे अधिक काँप रहे थे। यह ठीक है कि भीड़ का कुछ भरोसा नहीं, वह महेन्द्रनाथ को व्यभिचारी भी घोषित कर सकती थी और उन्हें एक नारी की रक्षा करने के लिए इनाम भी दे सकती थी। भीड़ का हृदय होता है, मस्तिष्क नहीं। फिर भी स्थिति का सामना करने का यही तरीका था कि जो सत्य है, उसे स्पष्ट कह दिया जाये और महेन्द्रनाथ की बात को सत्य माना जाता, ऐसा मुझे विश्वास था।

पर महेन्द्रनाथ बड़ी परेशानी से बोले, "तुमने बड़ा बुरा किया। बड़ी बदनामी होगी।" चेहरे पर पसीने की बूंदें आ गयीं। वह मकान बदनामी की आशंका के एक धक्के से भरभराने लगा। वे बोले, "एक तरकीब है—मैं पीछे के दरवाजे से निकल जाता हूँ। जब वे लोग मुझे नहीं पायेंगे, तो बदनामी भी नहीं होगी। दोनों साथ मिलेंगे, तो उनका सन्देह पुष्ट ही होगा।"

मैं भी खीझ गयी थी। बोली, "इसमें आप ही कलंक से बचेंगे; मैं नहीं बच सकती। लोग इतने मूर्ख नहीं हैं, जो इतना भी न समझ सकेंगे कि पीछे भी एक दरवाजा है, जिससे खिसका जा सकता है।"

पर महेन्द्रनाथ ने मेरी एक न सुनी। बदनामी के भय का भूत उनके सिर पर संवार हो गया था और वे विक्षिप्त-जैसे लग रहे थे। वे यह कहते हुए पीछे के दरवाजे से निकल गये कि यही ठीक है; मैं जाता हूँ। जो आदमी को अपने ही मकान से भगा दे, वह भय कितना बड़ा होगा। प्रतिष्ठा बड़ी भयंकर चीज है! प्रतिष्ठा के बोझ के नीचे सत्य किस कदर चीखता रहता है! मेरे मुख से अस्पष्ट शब्द निकले, "मुझे क्या मालूम था कि आप इतने कायर हैं!"

घृणा और निराशा से मेरा मन भर गया। किस विश्वास से मैं यहाँ आयी थी, और क्या हो गया! आस्था खंडित हो गयी। जिसे मजबूत डाल समझकर सहारा लिया था, वह भीतर से खोखली निकली। जिसे दृढ़ चट्टान समझकर पैर रखा था, वह दलदल निकला। जिसे अमृत समझकर पी रही थी, वह हलाहल था। विश्वास के टूटने का दर्द बड़ा विकट होता है।

बाहर भीड़ बढ़ रही थी, मुहल्ले के भलेबुरे सब इकट्ठे हो रहे थे। वे जो स्वयं मुझे लोलुपता से घूरते थे, वे जो स्वयं कलुषित थे, वे जो स्वयं रात की चादर ओढ़-कर दूसरों के घरों में जाते थे, अब धर्म और पवित्रता के झण्डे हाथ में उठाये थे—सब पवित्र थे, क्योंकि ये गोपन में कुशल थे। सच्चरित्र और दुश्चरित्र में कुल इतना फर्क है—पहिला कलुष को छिपाने में समर्थ है, दूसरा असमर्थ। लोग मेरी निन्दा कर रहे थे। दूसरे के मामले में हर चोर मजिस्ट्रेट हो जाता है। कह रहे थे, "रोज देखा-देखी होती थी। हम तो जानते थे कि कोई दिन ऐसा होगा। ऊँट की चोरी कहीं निहुरे-निहुरे हुई है?"

मैं बाहर निकलने का साहस बटोर रही थी। निराशा में भी एक ताकत होती है। हमारी बहुत-सी कमज़ोरी, हमारी आशाओं के कारण होती हैं। जब आशा टूट जाती है, तब आदमी निडर हो जाता है। इसी समय पिताजी आ गये। लोग कहने लगे, "लो भैया, अब मथुरा बाबू आ गये। अब वे जानें और उनकी लड़की।"

पिताजी सब सुन चुके थे। वे चुपचाप आकर खड़े हो गये। मैं बरामदे में आ गयी। शोर-गुल कम हुआ, तो वे चिल्लाये, "शीला, बाहर तो आ।"

मैं बाहर निकली, तो सामने के मकान का वह धर्मध्वज-धारी बोला, "देख लो, हम झूठ तो नहीं कहते?"

पिताजी अविचलित स्वर में बोले, "बेटी, क्या हुआ है? बिल्कुल सच-सच कह दे। किसी से डरने की बात नहीं है।"

मेरी हिचकी बँध गयी थी। बड़ी कठिनाई से कह पायी, "मैं विमला के साथ सिनेमा देखकर लौट रही थी। उसका नौकर गली के मोड़ तक छोड़ गया था। मैं आ रही थी कि मैंने देखा मेरे पीछे गुण्डे लग गये हैं। यह दरवाजा खुला था। मैं बचने के लिए यहाँ घुस गयी। इतने में लोगों ने हल्ला मचा दिया।"

पिताजी ने बात सुनी। वे बहुत कम बोलते थे। बहुत धीरे-धीरे बोलते थे। पर इस समय उनमें एक अद्भुत तेज का उदय हुआ। वे क्रोध से काँपने लगे। उनके मुख पर घृणा छा गयी। बड़े तीव्र स्वर में उन लोगों से बोले, "तुम लोगों को शर्म नहीं आती, दूसरों की लड़कियों को बदनाम करते हुए—तुम्हारी भी तो लड़कियाँ हैं। उन्हें सिखा देना कि यदि गुण्डे पीछा करें, तो उनके साथ चली जावें, मगर किसी शरीफ के घर में घुसकर बचाव न करें।"

वे लोग इस चोट से तिलमिला उठे। अपनी स्त्री या बहिन-बेटी की बात पर आदमी एकदम सचेत हो जाता है। उनका आहत अहंकार बोला, "हमें क्यों गाली देते हो? उलटा चोर कोतवाल को डाँटे! वाह! बुलाओ न महेन्द्रनाथ को। वह क्यों छिपा है? पूछो उससे!"

पिताजी ने जवाब दिया, "क्यों बुलाऊँ उसे? तुम क्या मेरे मजिस्ट्रेट हो? मैं क्या तुम्हारी अदालत में खड़ा हूँ?"

मैंने कहा, "वे तो यह हो-हल्ला सुनकर बदनामी के डर से पीछे के दरवाजे से निकल गये।"

इस बात से उनके सन्देह को बल मिल गया। एक आदमी बोला, "क्यों भाई, सच्चा आदमी कहीं पीछे के दरवाजे से भागता है? इसे निकालो मुहल्ले से। हमने तो पहले कहा था कि बिना बाल-बच्चेदार आदमी को मकान नहीं देना चाहिए।"

पिताजी ने मेरा हाथ पकड़ा और बोले, "चल, घर चलें।" घर पहुँचकर न मैं बोली और न पिताजी। दोनों जाग रहे थे। मेरी सिसकी उन्हें सुनायी दे रही थी और उनकी उसाँसें मेरे कानों में पड़ रही थीं। एक घण्टे में ही हम एक-दूसरे के लिए अजनबी हो गये थे। दुख आदमियों को मिलाता है, पर दुख अलग भी करता है। दो दुखी आदमी आपस में इसलिए नहीं बोलते कि कहीं हमारे हाथों दुख के

बन्द डब्बे का ढक्कन न खुल जाये। वे इसलिए नहीं बोलते कि हर एक के सिर पर दुख का दुगना बोझ हो जायेगा।

रात को करीब दो बजे वे मेरे पास आये और सिर पर हाथ रखकर बोले, "बेटी, मुझे तेरे ऊपर विश्वास है। तुझसे ऐसा कुछ नहीं होगा, जिससे मुझे कलंक लगे। सो जा।" मेरे धीरज का बाँध टूट गया। मैं उनसे चिपटकर रोती रही।

सुबह उठे, तो हमने अपने को दूसरी ही दुनिया में पाया। मनुष्य वही थे, पर उनकी दृष्टि बदल गयी थी। संसार मांस-पिण्डों का समूह तो है नहीं, मनुष्य का मनुष्य के प्रति व्यवहार का नाम ही तो संसार है। संसार हमारे लिए बदल गया था। हमारा-उसका सम्बन्ध बदल गया था। कल तक जिन मुखों पर सद्भावना दिखती थी, उन पर घृणा जम गयी थी। कल तक जो आँखें संकोच से नहीं उठती थीं, वे आज शैतानी से घूरने लगी थीं। कल तक जिन मुखों से शब्द नहीं निकलता था, आज उनसे उपहास झर रहा था। स्त्रियाँ मुझे झरोखे में से झाँकती थीं, हँसती थीं। पिंजड़े में बन्द परिन्दे, आज़ाद पक्षी को घायल होते देखकर बड़े प्रसन्न होते हैं, क्योंकि उनकी घुटन से उत्पन्न हीनता की भावना को शान्ति मिलती है। लोग मुझे देख-देखकर व्यंग करते, आपस में कानाफूसी करते। निन्दा में बड़ा रस होता है। निन्दा बड़ी मिलानेवाली होती है। जिनमें बरसों से बैर चला आता था, बोलचाल बन्द थी, उनमें सुलह हो गयी थी, बोलचाल शुरू हो गयी थी। ये सब पवित्रता और सदाचरण के हिमायती नहीं होते। स्त्री-पुरुष का मिलना भी ये बुरा नहीं मानते। बुरा इन्हें इस बात का लगता है कि 'हाय रे, वह हमारे साथ नहीं हुई।' सौ में से नब्बे का तो यही हाल है। यह असफलता और अक्षमता एकदम उपदेशक बना देती है। कमज़ोरी नैतिकतावाद की माँ होती है; और फिर क्षुद्रता तो हमेशा से ही महत्ता का उपदेश देती आयी है, पाप के हाथ में हमेशा पुण्य की पताका लहराती है।

मैंने सोचा कि डरूँगी तो जीना असम्भव हो जायेगा। जीने के लिए प्रयास करना पड़ता है। वह मौत है, जो बिना प्रयास मिल जाती है। मैं अपनी दृष्टि में बिल्कुल निष्कलंक और निष्पाप थी। यदि महेन्द्रनाथ की तैयारी होती, तो मैं स्पष्ट कह देती कि मैं उसके यहाँ रात को गयी थी। इसे न मैं बुरा मानती, न अनैतिक। राधा और कृष्ण के यमुना के कुंज-मिलन के गीतों से भक्ति-विभोर हो जानेवाले लोग, आदमी के बारे में बड़े कंजूस होते हैं।

मैं वैसा ही ऊँचा माथा कर निकली और पहिले ही मकान से 'रिमार्क' पाया, "वाह, पाप करके भी लोग कैसा माथा ऊँचा करके चलते हैं! धन्य है!"

पिताजी बिल्कुल टूट गये थे। वे दिन-दिन-भर मौन बैठे रहते थे। उनका स्वभाव चिड़चिड़ा हो गया था। कहीं कुछ सुन लेते, तो लड़ पड़ते। कई लोगों से उनकी खटक गयी थी। ऐसी तीखी बातें कहते कि सुननेवाले का मुँह काला पड़ जाता। झूठी मान-मर्यादा उनका मुख बन्द किये थी। अब, जब वह नहीं रही, तो

बेखटके जो मन में आता स्पष्ट कह देते। न उनके पास कोई मिलने जाता था, न वे किसी के पास जाते थे।

मेरे विवाह के सब रास्ते बन्द हो चुके थे। मेरी बदनामी सर्वत्र फैल गयी थी। पिताजी ने एक-दो जगह बात चलायी, तो कोरा जवाब मिल गया। एक दूर के रिश्तेदार ने, 500 मील दूर रहनेवाले किसी परिवार में, इस उम्मीद से विवाह की बातचीत शुरू की कि वहाँ बदनामी न पहुँची होगी। पर किसी शुभचिन्तक ने उन्हें भी खबर कर दी कि कुलटा को क्यों घर में लाते हो।

एक दिन वे पिताजी के पास आये और बड़े हताश स्वर में बोले, "अब क्या करें! अपना ही माल खोटा हो, तो परखैया का क्या कसूर!"

पिताजी उन पर बरस पड़े, "परखैया सब अन्धे हैं, उनके कान-ही-कान हैं, न आँखें हैं, न दिमाग; और तुम भी वैसे ही हो। किसने कहा था तुमसे कि तुम मेरी लड़की की बात करो?" वे बेचारे अपना-सा मुँह लेकर चले गये।

पिताजी की तबीयत खराब रहने लगी थी। उन्होंने खाट पकड़ ली। मैं जानती थी कि क्या होनेवाला है।

आखिर एक दिन आधी रात को वही हुआ। अन्तिम समय की उनकी प्राणों की वह छटपटाहट मुझे आज भी स्मरण है। उनके प्राणों को केवल मेरा बन्धन पृथ्वी से बाँधे था। एक ही कारण था, उनके जीने का---मैं। कुछ दिनों से उन्हें अपने जीवन की निरर्थकता महसूस होने लगी थी। वे अनुभव करने लगे थे कि उनके रहने से मेरा कोई विशेष हित नहीं होने का। आत्मपीड़न ने मृत्यु को और जल्दी ला दिया। बहुत दिनों से हम लोग एक ही घर में क्षीण-परिचय व्यक्तियों की तरह रहने लगे थे, जैसे सराय में एक दिन के लिए टिके हुए दो व्यक्ति, जिन्हें शीघ्र ही अलग हो जाना है। वे संसार से, मुझसे, सब नाते तोड़ चुके थे। यह ज्ञान और तुष्टि से उत्पन्न वैराग्य नहीं था; मन की चरम निराशा और विफलता थी।

अन्तिम समय उनका मोह, आरोपित तटस्थता का आवरण चीरकर, उभर आया था। उनकी आँखों से अश्रु-धार बहने लगी। उन्होंने मुझे पास बुलाया और मेरेसिर पर हाथ रखकर बोले, "बेटी, तेरा कुछ ठिकाना नहीं कर पाया। तेरा क्या होगा!" उनके छटपटाते प्राणों को मैं सान्त्वना के दो शब्द भी न कह पायी। मुझे नहीं सूझा कि मैं क्या कहूँ। सामान्य सान्त्वना के बोल उनके लिए निरर्थक थे। उन्होंने जीवन का कटुतम स्वाद लिया था। शब्दों के पीछे की निरर्थकता को वे समझते थे। विश्वास में छिपा अविश्वास उन्हें ज्ञात था। उनका दुख, उनका पीड़न, इतना छोटा नहीं था कि शब्दों से शान्त किया जा सके। मैं मौन ही रही।

रात-भर मैं उनके मृत शरीर के पास बैठी रही। और एक-के-बाद-एक जीवन की समस्त घटनाएँ आँखों के सामने आने लगीं। उनका स्नेह, उनका त्याग मुझे रह-रहकर याद आने लगा। मेरे आँसू सूख गये थे। मैंने उन्हें बचाकर रख लिया था। पूरी जिन्दगी पड़ी है, न जाने कब कितने आँसुओं की जरूरत पड़ जाये।

सवेरा हुआ और मुझे बरबस रोना पड़ा। मृत्यु के बाद रोना इसलिए जरूरी

होता है कि पड़ोसी सुनकर, 'मिट्टी सुधारने' आ जाते हैं। जैसे विवाह में शहनाई, वैसे मृत्यु में रोना। लोग तो मृत्यु को महोत्सव का रूप दे देते हैं। घर-घर निमन्त्रण दे आते हैं और पुत्र पिता की शव-यात्रा में हजारों आदमियों को देखता है, तो पिता की मौत भूल जाता है और उसकी छाती गर्व से फूल जाती है। रोना मेरे लिए जरूरी हो गया था। मैं रोयी। पड़ोसी आकर झाँक जाते, पर कोई भीतर न आता। कहते हैं, मृत्यु के बाद बैर समाप्त हो जाता है, पर जो घृणा के देवता के सच्चे भक्त होते हैं, वे मुर्दे से भी बैर भँजाते हैं। पर कुछ दिनों बाद समझ में आया कि वे नीच नहीं थे, गुलाम थे, संस्कारबद्ध भावना के! वे केवल दयनीय थे।

थोड़ी देर में पड़ोस की एक विधवा आयी। मैंने तय किया कि अकेली ही शव को ठिकाने लगाऊँगी। बाज़ार गयी, बाँस, कफन आदि खरीदे और चौक से चार-छः मजदूर ले आयी। इस बीच बिमला को खबर लग गयी थी और वह अपने भाई को लेकर आ गयी थी। मैं घर पहुँची तो दूसरा ही दृश्य देखा। वह विधवा द्वार पर खड़ी होकर मुहल्लेवालों को फटकार रही थी, "अरे, तुम भी तो कोई दिन मरोगे। मुहल्ले में मुर्दा पड़ा है, और तुम घर में मुँह छिपाये पड़े हो! भगवान ने मेरे छः बेटे बुला लिये। आज वे होते, तो मथुरा बाबू के साथ तुम सबको भी मरघट पहुँचा आते। तुमको शर्म नहीं आती! अरे मुर्दे से काहे का बैर!" आखिर कुछ आदमी लज्जित होकर आये। उनके आते ही, उस स्त्री ने कहा, "अभी तक क्यों नहीं आये? सोचते होगे कि हम तो अमर होकर आये हैं।" अर्थी बनी और पिताजी के अवशेष चल दिये।

पिताजी की मृत्यु के बाद मुझे बहुत सूना तो लगा; परन्तु मेरा मन कुछ हल्का भी हुआ। मैं उनकी पीड़ा देख नहीं सकती थी। मेरे कारण उनकी आत्मा को जो कष्ट होता था, उसे देखकर मैं आत्मग्लानि से जली जाती थी। पिता की मृत्यु बिना माँ की लड़की के लिए कितना बड़ा कष्ट होता है। संसार का एकमात्र सहारा जो मुझ पर छाया किये था और जिसकी रक्षा में मैं अपने को आश्वस्त अनुभव करती थी, उठ गया था। परन्तु एक प्रकार से मुझे उनका उठ जाना ही ठीक लगा। मृत्यु किसी-किसी के लिए हितकर है, ऐसा मुझे उस समय लगा था। वे मेरे कारण ही जीवित थे; मेरे जीवन को बनाने में वे अपने-आपको दे डाल रहे थे। परन्तु जब मैंने ही उनकी सब आशाओं को खण्डित कर दिया, जब मेरा अस्तित्व उनके लिए पीड़क हो गया, तो उन्हें चला जाना ही उचित था। हम दोनों में से एक तो दुख से बचा।

मेरे सामने पूरी ज़िन्दगी पड़ी थी। कुछ रिश्तेदार आ गये; दस-पाँच दिन रहकर चले गये। मुझे अपनी नाव खुद खेनी थी। मुझे कुछ दिन तक सहानुभूति मिली, परन्तु फिर लोगों की दृष्टि में मेरा पूर्व रूप ही प्रधान हो गया और मुझे व्यंग और उपहास का शिकार होना पड़ा। मुझसे स्त्रियाँ बहुत कम बोलती थीं, मानो उन्हें भय हो कि मेरे संसर्ग से उनकी पवित्रता नष्ट न हो जाये। कुछ स्त्रियाँ सहानुभूति भी रखती थीं, पर लोक-निन्दा के भय से मुझसे बोलती नहीं थीं। पुरुषों

का व्यवहार तो विचित्र था। जो मेरे एक कटाक्ष पर मेरे चरणों की रज माथे पर रख सकते थे, वे मेरी ओर से ऐसा सुभीता न मिलने के कारण शत्रु हो गये थे।

बदनामी के अब और मार्ग खुल गये थे। जिस आदमी से बात कर लेती, उसी के साथ बदनामी हो जाती। अभी तक लोग पुरुष को केवल 'नर' और स्त्री को केवल 'मादा' मानते हैं और उनका मिलन केवल प्रजनन की क्रिया हेतु मानते हैं। पशु-स्तर से ऊपर उठकर सोच ही नहीं पाते। हम हज़ारों वर्षों से सभ्यता और संस्कृति की साधना कर रहे हैं, ज्ञान-विज्ञान-दर्शन-धर्म की उपलब्धि पर हम गर्व करते हैं, पर अनेक बातों में पशु से ऊपर कहाँ उठ पाये हैं! हम उस बन्दर की तरह हैं, जो आदमी की पोशाक पहिनकर आदमी का अभिनय करता है।

महेन्द्रनाथ से इस बीच कभी भेंट नहीं हुई थी। वे वह मकान छोड़कर तभी चले गये थे। मुझे आशा थी कि पिता की मृत्यु के बाद औपचारिकता के निर्वाह के लिए ही सही, वे आवेंगे ही। उस दिन की घटना से मुझे बड़ा आघात लगा था। परन्तु मैं मन-ही-मन उस बात को भूल जाने को तैयार थी। किसी घटना-मात्र से अथवा एकाध कमजोरी प्रकट हो जाने से ही, किसी व्यक्ति के बारे में निश्चित धारणा बनाना अन्याय होता है। मैंने महेन्द्रनाथ से विरोध करने की भरसक कोशिश की, परन्तु मन के किसी कोने में कहीं छिपी हुई मेरी उस प्रथम अनुभूति की भावना विद्युत-सी कौंधकर मुझे अभिभूत कर देती। मैं अपने-आपको प्रतिकूल नहीं कर सकी।

आहत सम्मान, उपेक्षा और अवहेलना के बावजूद महेन्द्रनाथ को बिल्कुल अपने से अलग मैं तब भी न कर पायी। एक दिन मैंने उनके यहाँ जाने का तय किया। मेरे इस निर्णय में न जाने कितनी भावनाओं और विचारों का योग था। सामान्यतः उनके उस दिन के व्यवहार और उसके बाद की अवहेलना के बाद मुझे उनके यहाँ नहीं जाना चाहिए था। पर मैं गयी। शायद मुझे अब भी उनसे सहानुभूति की उम्मीद थी—स्नेह और सहानुभूति की उस समय मुझे बड़ी चाह थी। मुझे उनकी प्रतिक्रिया देखने का कुतूहल भी था। सहारे की आवश्यकता भी मुझे मजबूर कर रही थी। मुझे लगा कि दुनिया में एक ही वह आदमी है, जो इस बात का साक्षी है कि मेरी झूठी बदनामी हुई है और वही एक आदमी है, जिसे मुझे स्वीकार करने में कोई आपत्ति नहीं हो सकती। ये सब तर्क थे, जो मेरे मन ने आयोजित कर लिये थे, पर मुझे खींच ले जानेवाली एक अन्य शक्ति इस समय प्रबल थी और ये सब कारण उसी प्रबल पक्ष में सम्मिलित हो गये थे।

एक दिन तीसरे पहर मैं उनके यहाँ पहुँची। वे कमरे में बैठे कुछ लिख रहे थे। मुझे देखते ही वे हड़बड़ाकर उठ बैठे। चौंककर पूछा, "अरे, आप कैसे आयीं?" पूछने का ढंग मुझे अच्छा नहीं लगा। उस पूछने में बड़ी औपचारिकता थी, जो किसी अजनबी को अच्छी लग सकती है। स्पष्ट लग रहा था कि वे मेरे आने से खुश नहीं थे। लड्डू के डब्बे में चोरी से हाथ डालते हुए कोई बच्चे को देख ले, तब बच्चे के

मुख पर पकड़े जाने की जो शर्म और घबराहट होती है, वही महेन्द्रनाथ के मुख पर थी। दूसरों की दृष्टि में मैं अपराधिनी भले ही रहूँ, मेरी नजरों में तो वे अपराधी थे। इस बात को वे भली-भाँति जानते थे। फिर, मैं चलता-फिरता कलंक हो गयी थी; जिसके पास बैठ जाती, उसे दाग लग जाता। वे बार-बार दरवाजे की ओर शंकित दृष्टि से देखते थे कि कोई आ न जाये।

मैं कुर्सी खींचकर बैठ गयी। लगातार आघातों से मेरा मन कठोर हो गया था। मुसीबत का यही स्वभाव है कि आदमी को अपने ही से लड़ने के लिए शक्ति दे देती है। और कोई शत्रु ऐसा नहीं करता। पर मुसीबत को बराबरी से लड़े बिना मजा नहीं आता।

बड़ी देर तक दोनों मौन रहे। उन्हें मौन से भय लगने लगा। जिसे मौन ढाँके है, वह कोई भयावह चीज न हो! वे शीघ्र ही उसे खोल देना चाहते थे। बोले, "सब ठीक तो है? मैं कुछ सहायता कर सकूँ तो बताओ।" ये शब्द मुझे बहुत बुरे लगे। वे ओंठ से ही निकले थे, भीतर से नहीं। मैंने कह दिया, "अब तो सब ठीक हो गया है, याने बिगड़ने को कुछ बचा नहीं। मैं आपकी सहायता लेने नहीं आयी हूँ। आपके ही काम से आयी हूँ। देने आयी हूँ!"

"मेरी क्या सहायता?— मेरा क्या काम है? मैंने तो तुमसे कुछ माँगा ही नहीं।" वे ज़रा घबड़ाये हुए थे।

मैंने कहा, "आपने मुझे बुलाया था; मैं आ गयी हूँ।" उनके चेहरे पर परेशानी बढ़ रही थी। इतने बुद्धिमान आदमी को शब्द नहीं मिल रहे थे। उनकी वाक्शक्ति पंगु हो गयी थी। "मैंने तो तुम्हें नहीं बुलाया। मैंने कब बुलाया था?" वे बोले।

मैंने उनका वह प्रेम-निवेदनवाला पत्र खोलकर उनके सामने रख दिया और कहा, "आपने इसमें प्रेम प्रकट किया है, दोनों आत्माओं के मिलने की आकांक्षा प्रकट की है। अब मैं आ गयी हूँ।"

वे खिन्न हँसी हँसते हुए बोले, "तुम पागल तो नहीं हो गयी हो? अब इस पत्र का क्या मतलब रहा?"

"मतलब क्यों नहीं रहा? उस समय मैं इस स्थिति में नहीं थी। —आज हूँ, इसलिए आ गयी हूँ।"

"लेकिन मेरी भी तो स्थिति बदल गयी है।" वे बोले।

"क्या स्थिति बदल गयी है? बाहरी स्थितियाँ ही जल्दी-जल्दी बदला करती हैं; भीतरी स्थिति इतनी जल्दी नहीं बदलती।" मैंने ज़रा तेज स्वर में कहा।

"बाहर की स्थिति ही तो बदल गयी है। अब तुम खुद सोचो कि ऐसा कैसे हो सकता है।"

"क्यों? इसलिए न कि मैं कलंकिता हूँ। लेकिन आपसे भी अधिक और कौन जानता है कि वह कलंक झूठा है? आपको भी इस सत्य के लिए कोई गवाही चाहिए? और, किसी भी प्रकार सही, इस कलंक के कुछ कारण आप भी तो हैं। अब मुझे और कौन स्वीकार करेगा?"

अन्तिम बात से वे एकदम सचेत हो गये। उनके मुख पर की परेशानी कुछ कम हो गयी और कुछ विचित्र-सी मुस्कान उनके चेहरे पर आयी। उनको उत्तर देने के लिए जैसे सूत्र मिल गया हो। बहते-बहते जैसे चट्टान पर पाँव पड़ गया हो। कहने लगे, "यही तो बात है। तुम मजबूरी में आयी हो; तुम्हें मेरे प्रति न प्रेम तब था, न अब। अब तुम्हारा ठिकाना नहीं है, इसलिए मेरी ओर मुड़ी हो।"

इस बात से मेरे शरीर में आग-सी लग गयी। किसी की मुसीबत का कितना निष्ठुर उपहास है यह—एकदम पाशविक, दानवीय! मैंने घृणा और क्रोध को अब छिपाया नहीं, कहा, "किसी के दुख का उपहास करने में तो कुछ लज्जा आनी चाहिए। मजबूरी कुछ नहीं है। मजबूरियाँ तो सब चली गयीं। जिनके कारण मजबूरियाँ आती हैं, वे सब विदा हो गये—सम्पत्ति, परिवार, महत्त्वाकांक्षा, प्रतिष्ठा। लेकिन अगर मैं कहूँ कि मेरे मन में प्रेम तब भी था और अब भी—तो आप विश्वास करेंगे? मेरे पत्र से ही यह प्रगट हो जाता था। उस दिन अग्नि-कुण्ड में ढकेलकर आप खिसक लिये थे, फिर भी मेरे मन में वही भाव है। हम लोग इतनी जल्दी नहीं बदला करतीं। पर आपको विश्वास नहीं होगा। जिसे अपने आप पर विश्वास नहीं, वह दूसरे का विश्वास कैसे करेगा?" मेरा मन भर आया था। आँसू निकलने को आतुर हो रहे थे। पर मैं वहाँ कोई कमजोरी प्रगट नहीं होने देना चाहती थी।

महेन्द्रनाथ का माथा कुछ झुक गया। वे धीरे-से बोले, "लेकिन अब इस बात से कोई लाभ नहीं। मेरी भी तो कोई कम बदनामी नहीं हुई।" मैंने कहा, "आपने अपनी कमजोरी के कारण बदनामी उठायी। आप अगर उस तरह वहाँ से पलायन न कर जाते, दृढ़तापूर्वक झूठ का सामना करते, तो न आपकी बदनामी होती और न मेरी।"

महेन्द्रनाथ का धीरज टूट रहा था। उनके पास कोई तर्क नहीं था, जिसका उपयोग वे कर सकते। मन में शायद उन्हें मेरी बात ठीक लग रही थी, परन्तु कोई भय था, जो उन्हें यह बात स्वीकार नहीं करने देता था। वे मुझसे पीछा छुड़ाने के लिए, न चाहते हुए भी यह भय प्रगट कर गये, "मेरा भी तो परिवार है। वे लोग क्या कहेंगे? फिर समाज है; हमें इसमें ही तो रहना है।"

मेरी अप्रतिष्ठा मेरी मजबूरी थी, उनकी प्रतिष्ठा उनकी मजबूरी थी।

मैंने कहा, "यह पत्र क्या आपने अपने परिवार से पूछकर लिखा था? व्यभिचार की छुट्टी परिवार ने दे रखी है; पर विधिवत् सम्बन्ध का विरोध परिवार करता है। यही आपकी परिवार-नीति है? झूठ के डर से आप सत्य को अंगीकार नहीं कर सकते। प्रतिष्ठा तो एक वाहन है, जिस पर बैठकर आगे बढ़ना चाहिए। पर आप उसे माथे पर लादे हैं। उसके नीचे दबे जा रहे हैं। समाज-व्यवस्था के बदलने का आवाहन करनेवाले आपके वे क्रान्ति-दर्शी लेख! उनका क्या होगा? वे आपने दूसरों के लिए लिखे होंगे। आप स्वयं उसी जगह पड़े रहेंगे। कीचड़ के डबरे में पड़े आप गंगास्नान का मन्त्र जपते हैं। कितने पाखण्डी हैं आप! कितने कायर! कितने भीरु!

मैं मन की समस्त शक्ति से आपसे घृणा करती हूँ। जितनी घृणा मेरे मन में है, वह सब मैंने आपको दे दी और अब किसी से घृणा नहीं करूँगी।"

महेन्द्रनाथ बिल्कुल हततेज हो गये। वे बहुत भयभीत थे। सिर नीचा किये हुए चुपचाप सुनते रहे; जैसे निर्लज्ज कर्जदार साहूकार की डाँट सुन लेता है। मैं आवेश में उठी और बिना कुछ कहे चल दी। द्वार पर देखा, तो उनकी आँखें मेरी ओर उठी पायीं। मुझसे दृष्टि मिलते ही उन्होंने सिर झुका लिया। मैं घर आते ही बिस्तर पर गिर गयी। शरीर शिथिल हो गया था और घण्टे-भर से जिन आँसुओं को रोक रखा था, वे प्रवाहित होने लगे थे। नींद को मुझ पर दया आयी होगी। उसने मुझे कम-से-कम सूर्योदय तक सन्ताप से बचा लिया।

महेन्द्रनाथ से इस प्रकार अन्तिम बात हो जाने के कारण पहिले कुछ दिन विफलता और निराशा की बड़ी पीड़ा हुई पर उसके बाद ही मनकी वृत्ति बदल गयी। प्राप्ति की आशा जब बिल्कुल छूट जाती है, तब मन एक निरपेक्ष वृत्ति धारण कर लेता है। यह एक प्रकार की नकारात्मक विरक्ति होती है, जो सन्तोष से न उत्पन्न होकर विफलता से उत्पन्न होती है। ऐसी ही मेरे मन की स्थिति हो गयी थी। मनुष्य आशा का सूत्र पकड़े चलता है, पर जब वह सूत्र टूट जाता है और आसपास उसे खाइयाँ दिखती हैं, तब वह वहीं सिर पकड़े बैठ जाता है। मैं रास्ते पर ही बैठ गयी थी।

यह मुझे तब मालूम हुआ, जब मैं बीमार पड़ी। कठिन बीमारी का भय मुझे कुछ नहीं लगा। मुझे अपने लिए नाम-मात्र की चिन्ता नहीं हुई। डाक्टर को दिखाने और दवा कराने की इच्छा ही नहीं हुई। जीवन के प्रति एक विचित्र निर्मोह पैदा हो गया था। क्या ज्ञानियों ने इसी को वैराग्य कहा है? अगर यही वैराग्य है, तो इससे बढ़कर पराजित भावना कहीं नहीं मिलेगी। मैं उस बीमारी में उठ जाती। मगर जब विमला ने मेरी हालत देखी, तो वह बड़ी भयभीत हुई। बोली, "शीला, तुम तिल-तिल करके अपने को मिटा रही हो। कोई भी आदमी इतना बड़ा नहीं है कि उसके लिए दूसरे के जीवन की बलि हो। महेन्द्रनाथ तो और भी सामान्य है। एक व्यक्ति के चाहने और न चाहने पर अगर जीवन का स्थिति-नाश अवलम्बित रहे, तो हम जीवन को बहुत छोटी चीज बना दे रहे हैं, उसकी महत्ता कम कर रहे हैं।" मैंने कहा, "विमला, यह तुम्हारे शब्द मालूम नहीं होते। तुममें बड़े-बड़े गुण हैं, पर इस तरह दार्शनिक-सी बातें तुमने कभी नहीं कीं। कोई किताब रटकर आयी हो क्या?"

वह ज़रा सकुचायी। फिर बोली, "तुम तो मुझे निरी बुद्धू समझती हो न। पर बात तुम्हारी है ठीक। यह बात आज सुबह भैया ने कही थी।"

मेरी निरपेक्षता एक क्षण में समाप्त हो गयी। मैंने ऊपर सिर पकड़कर बैठ जाने की बात कही थी। आदमी वहीं पथ पर बैठा जिन्दगी गुजार दे, अगर वही

अकेला हो। पर अगर वह देखे कि कहीं कोई उसकी गति को देख रहा है, तो वह उठकर थोड़ा-बहुत चलने का प्रयास जरूर करेगा। हमारी गति पर दूसरे के सापेक्ष अस्तित्व का कितना असर पड़ता है। काफ़िले के साथ चलनेवाला इसलिए थकता नहीं है कि दूसरों के साथ है। मुझे यह बात अच्छी लगी कि मेरा जीवन किसी के लिए विचार का विषय है; मेरा अस्तित्व बिल्कुल अलक्ष्य नहीं जा रहा है। विमला ने ही मेरी दवा आदि का प्रबन्ध कराया। दूसरे दिन जब वह आयी, तो अपने भाई मनोहरलाल को भी लेती आयी। मुझे वह दृश्य याद है, मुझे अपनी बीमारी पर भी गर्व हुआ था। हम जब दुख भोगते हैं, तब दूसरों से उस दुख की मान्यता चाहते हैं। जब यह मान्यता मिलती है, तो दुख में भी हम गर्व का अनुभव करते हैं। कोई भोगे, और उसकी भुगतना अनदेखी चली जाय, तो उसका दुख दुगना हो जाता है। मृत के परिवार में मातमपुर्सी के लिए जाने में भी यही रहस्य है। इतने आदमियों को अपने दुख के प्रति सचिन्त और सजग देखकर, आदमी गर्वित होता है। दूसरों के दुख को मान्यता देना ही तो सहानुभूति है।

मनोहर ने उस दिन कुछ विशेष बात नहीं कही। उनकी आँखों में बड़ी करुणा थी। मेरे प्रति उनके हृदय में बड़ी दया उत्पन्न हुई थी। उन्होंने अस्त-व्यस्त घर की ओर देखा, उस अँधेरे घर में मेरे एकाकी जीवन की बात सोची, और तब कहा, "तुम कुछ दिनों के लिए अपने किसी रिश्तेदार के यहाँ क्यों नहीं चली जातीं? थोड़ा परिवर्तन हो जायेगा। तुम्हारी एक बहिन है न?"

बात तो बहुत ठीक कही गयी थी, पर उससे मेरे हृदय को बड़ी ठेस लगी। मैंने सोचा—'क्या मैं इतनी दयनीय हो गयी हूँ? आदमी सहानुभूति चाहता है, दया नहीं। सहानुभूति में दूसरे की सामर्थ्य की अस्वीकृति नहीं होती, पर दया व्यक्ति की सामर्थ्यहीनता, विवशता और पराजय को मानकर ही होती है। इससे व्यक्ति के अभिमान को बड़ी चोट लगती है, उसका निजत्व टूटता है। अत्याचार को बरदाश्त करने में एक गर्व है, पर दया बरदाश्त करना बड़ी निर्लज्जता है।' मनोहर के उस दयाभाव से मैं जाग्रत हो गयी। किसी की दृष्टि में दयनीय होना बड़ा पाप है। मैंने उस दिन सामर्थ्य बटोरने का प्रयास किया। टूटे हुए व्यक्तित्व के टुकड़ों को जोड़ने का उपक्रम करने लगी। सावधानी से मैंने दवा ली और कुछ दिनों में अच्छी हो गयी।

मेरा शरीर बहुत कमजोर हो गया था; मन और भी। दोनों को परिवर्तन आवश्यक था। बहुत सोच-विचार कर तय किया कि मैं अपनी उस चचेरी बहिन के यहाँ जाकर कुछ दिन रहूँ।

मैं गयी और शीघ्र लौट आयी। तब से लेकर आज तक की दूसरी ही कहानी है—ऐसी कहानी जो मेरी होकर भी किसी दूसरे व्यक्ति की है। मैं आज भी निश्चित नहीं कह सकती कि जहाँ थी वहाँ से चलकर मैं जहाँ आ गयी हूँ, वहाँ आना ठीक हुआ या नहीं। एक दूसरे सूत्र से मेरा जीवन संचालित होने लगा था।

इसलिए आगे की कहानी वही कहे, जिसके कारण जीवन कहानी बनने के लिए गतिवान हो सका।

मनोहर

शीला का पत्र मेरे सामने है। पढ़ते-पढ़ते मुझे बचपन की एक घटना याद आ गयी। एक दिन मैं मिठाई की तश्तरी हाथ में लिये हुए मिठाई खा रहा था, कि द्वार पर भिखारी की आवाज आयी। मैं झट भीतर गया और एक सूखी रोटी लेकर देने लगा। एक हाथ में मिठाई की तश्तरी थी, दूसरे में वह सूखी रोटी। उस समय भिखारी ने खिन्नता-मिश्रित व्यंग से मेरी ओर देखा। मैंने उस छोटी अवस्था में भी उसकी आँखों के शब्द पढ़े, "तुम्हारे पास तो मिठाई है। मगर मुझे रूखी रोटी?" मैंने उस समय बड़ी ग्लानि का अनुभव किया था। वह मेरी क्षुद्रता पर हँस रहा था, मेरी कृपणता पर खिन्न था।

आज शीला का पत्र पढ़ा, तो अनुभव हुआ कि इस उम्र में मैं फिर वही लड़कपन कर गया। इतने वर्षों के अनुभव, ज्ञान-विज्ञान मेरी उस मौलिक कृपणता को नष्ट नहीं कर पाये। भिखारी तो वह सूखी रोटी लेकर चला गया; वह भिखारी था, उसे पेट भरना था। पर शीला वह सब छोड़कर चली गयी, जो मैं उसे दे रहा था। वह भिखारिणी नहीं थी।

मुझे याद है कि हमारे घर में महीने में एकाध बार बढ़िया मिठाई भी खिलायी जाती थी --उन ब्राह्मणों को जो रेशमी वस्त्र पहिनकर आते थे, ललाट पर सुगन्धित केशरिया चन्दन का लेप करते थे, जिनकी हवेलियाँ थीं। ये ऊँचे 'स्टैण्डर्ड' के भिखारी थे। जो हम चिथड़े में लिपटे भिखारी को नहीं देते थे, वह इन्हें देते थे। सोचता हूँ, जो मैंने शीला को नहीं दिया, और जो न मिलने के कारण वह मेरी सारी कृपाओं को ठुकराकर चली गयी, वह मैंने किस ऊँचे 'स्टैण्डर्ड' वाले के लिए बचाकर रख लिया था।

छोटी बहिन विमला की वह मित्र थी। वह विमला के पास आती थी। मैं अपने पढ़ने के कमरे में ही रहता था। मकान के सिरे पर मैंने जानबूझकर कमरा लिया था, क्योंकि भाभी पूर्वजन्म में जरूर कोई रानी-महारानी थीं, जिनकी दरबार लगाने की आदत अभी तक कायम थी। दिन-भर उनके इस महिला-दरबार में ऐसी चें-चें मचती रहती थी कि मेरा माथा चकराने लगता। आखिर मैंने अपना डेरा उस कमरे में जमाया जहाँ उनका कोलाहल दूर के पार्श्व संगीत की ध्वनि-जैसा सुनायी पड़ता था। शीला विमला के पास आती थी, पर बहुत कम। विमला ही अक्सर उसके

यहाँ जाती थी। उसका कम आना और विमला का अधिक जाना घर में चर्चा का विषय बन गया था। भाभी यह हिसाब रखती थीं कि कौन कितने बार हमारे यहाँ आया और हम उसके यहाँ कितने बार गये। किसी के आने की संख्या से, वे अपने जाने की संख्या किसी कदर बढ़ने नहीं देती थीं, इसलिए विमला को अक्सर डाँट सुननी पड़ती थी—"जब देखो तब उसके द्वार पर खड़ी रहती है यह लड़की। वह इसके यहाँ आती ही नहीं। ऐसी अभिमानिनी है। वह तो बाप के पास कुछ नहीं है, जिस पर यह घमण्ड! अगर धन होता, तो जमीन पर पाँव नहीं रखती।" पर विमला सब अनसुनी करती जाती। उसके कम आने का कारण उसके सम्बन्ध की वह चर्चा भी थी, जो उसे सुनाकर होती थी।

उस दिन सबेरे सहसा छोटी बहिन विमला ने आकर कहा, "भैया, शीला के पिता की मृत्यु हो गयी है। मुहल्लेवालों ने तो उससे बैर पाल रखा है। कोई नहीं आया अभी तक। तुम चलकर ज़रा उनकी अन्तिम क्रिया तो कराओ।"

मैं चुपचाप विमला के साथ चल दिया। वहाँ पहुँचकर एक वृद्धा से मालूम हुआ कि शीला बाजार गयी है। वृद्धा शव के पास बैठी-बैठी पड़ोसियों को जी-भर गालियाँ दे रही थी। थोड़ी देर बाद शीला लौटी। उसके साथ चार-छः मजदूर थे, जो बाँस, रस्सी, घट, कफ़न, घास आदि सामान लिये थे। विमला ने कहा, "शीला, अब तू चिन्ता मत कर। भैया आ गये हैं, वे सब ठीक कर देंगे। अभी जाकर अपने दोस्तों को बुला लाते हैं।" उसने एक बार मेरी ओर देखा और बोली, "नहीं, अब मुझे किसी की सहायता की जरूरत नहीं। मैं मजदूर लेती आयी हूँ।" विमला एकदम सहम गयी। उसे बुरा लगा। मैं उस कठोर नारी की ओर देखता रहा। उसकी आँखें अंगारों-सी जल रही थीं। मुख पर बड़ी कठोरता थी। उसके कसे ओंठ मन की दृढ़ता बतलाते थे। उसके भीतर जो ज्वालामुखी सुलग रहा था, उसकी एक लपट से विमला अभी मुरझा गयी थी।

उस वृद्धा के फटकारने से मुहल्ले के आदमी आये—बगलें झाँकते, खिसियाते, कन्धों पर मुँह लगाकर निर्बल हँसी हँसते। कैसे क्षुद्र थे ये लोग! कैसे कमजोर कि एक डाँट में बाहर आ गये, और कैसे निर्दयी कि पड़ोसी की लाश तक दफ़नाने नहीं आ रहे थे! कितने परतन्त्र कि मन से घृणा तक अच्छी तरह नहीं कर पाते! कितने रंक कि हृदय में सहानुभूति का एक कण भी नहीं, और फिर भी कितने दम्भी कि अपने को परम पवित्र माननेवाले!

शीला ने उनकी ओर एक कठोर घृणा-भरी दृष्टि फेंकी, तो सब-के-सब बगलें झाँकने लगे। सत्य की एक दृष्टि से पाखण्ड के पाँव लड़खड़ाने लगे।

अर्थी बँधी। रोनेवाली वही एक विधवा थी—वह भी अपने छः बेटों और पति की याद करके, नाम ले-लेकर रो रही थी। उसके आँसू भी मथुरा बाबू के हिस्से में नहीं आये। इतने बे-रोये किसी की अर्थी न उठी होगी। शीला की आँखों में बिल्कुल आँसू नहीं थे। जब अर्थी उठने लगी, उसने पिता की ओर देखा। एक लम्बी साँस छोड़ी और भीतर चली गयी। विमला की वह मित्र थी और विमला ही वह एक

व्यक्ति है, जिसका सच्चा स्नेह उसे मिला। विमला लगभग रोज ही उसके घर जाती थी, और लौटती, तो उसका मुख क्षोभ से भरा रहता। वह जब-तब मुझे उसकी मुसीबत सुनाया करती, "भैया, तुम कभी-कभी उसके घर हो आया करो। उस दुखिया का कोई नहीं है। रिश्तेदार कोई पूछते नहीं। और अकेली लड़की। लोग जैसे उसे खा जाना चाहते हैं।"

विमला उसकी प्रशंसा भी बहुत करती, "भैया, उस जैसी बुद्धि किसी की नहीं देखी। कितनी प्रखरता है उसमें। हम लोग उससे बात भी नहीं कर पातीं। महेन्द्रनाथ से अगर उसकी शादी हो जाती, तो वह उनकी भी गुरु हो जाती।" आखिर मैं एक दिन उसके यहाँ गया। वह बैठी कोई पुस्तक पढ़ रही थी। मेरे जाने से उसके मुख पर हर्ष, दुख या अचरज का भाव नहीं आया। दार्शनिक-सी चिन्ता और वृद्धा-जैसी गम्भीरता उसके चेहरे पर थी। मैं बड़े संकोच में पड़ा—शायद इसे मेरा आना पसन्द नहीं आया हो। शायद इसने यह सोचा हो कि मैं बहिन की घनिष्ठता का लाभ उठाना चाहता हूँ। थोड़ी देर बाद वही बोली, "मैंने उस दिन आपको कटु बात बोल दी थी। आपको बुरा लगा होगा। पर उस समय की हालत तो आपने देखी थी। मैंने विमला से कहा था कि मेरी ओर से भैया से माफी माँग लेना।"

मैंने कहा, "उसके लिए तुम विमला से ही क्षमा माँग लेना। उसके भैया को कोई बुरा कहता है, तो पहले वही लड़ लेती है। मुझे बिल्कुल बुरा नहीं लगा। ऐसी आपत्ति में बड़े-बड़े धैर्यवान् धैर्य खो देते हैं। फिर तुम तो स्त्री हो।"

वह कुछ उत्तेजित स्वर में बोली, "हाँ, स्त्री होना बहुत-सी असमर्थताओं को भुगतना है। अबला कहा है तो उसे अबला बनाकर ही छोड़ेंगे। जो अबला बनने से इनकार करेगी, उसे 'कुलटा' बनायेंगे। 'अबला' और 'कुलटा' में से एक नाम चुनना होता है हमें। मैंने 'कुलटा' ही चुन लिया।" उसके मुख पर क्षीण हँसी आयी और वह बाहर देखने लगी।

मैंने सान्त्वना के स्वर में कहा, "मुझे उस हो-हल्ले पर बिल्कुल विश्वास नहीं है। तुमने उन लोगों को ठुकराया होगा। ठुकराई हुई धूल आँधी की राह देखती रहती है, जब वह सिर पर चढ़ सके। उस रात को वह आँधी आयी, और उन सबने मन की जलन तुम्हें बदनाम करके निकाली।"

वह बोली, "लेकिन ज्यों-ज्यों सोचती हूँ, त्यों-त्यों समझ में आता है कि इन लोगों पर क्रोध करना व्यर्थ है। ये केवल दया के पात्र हैं, क्रोध के नहीं। इनके विचार छिन गये हैं, दृष्टि छिन गयी है, भावनाएँ छिन गयी हैं। ये बेचारे सहायता तक देने के लिए स्वतन्त्र नहीं। जिसके पाँव में बेड़ी पड़ी है, वह अगर पुकार पर सहायता के लिए न दौड़े, तो उसका कसूर नहीं। क्यों, आपको ऐसा नहीं लगता कि इनके पाँव में न जाने कब से मिथ्या विश्वासों की बेड़ियाँ डाल दी गयी हैं?"

मैं सहानुभूति प्रगट करने आया था, पर वह मुझे व्यक्तिगत वार्तालाप से उठाकर कहीं और ले गयी। मैंने कहा, "तुम्हारा कहना ठीक है। इन लोगों को पशु बने

रहने देने में ही इनके शोषकों का लाभ है। तभी तो इस मिथ्या नैतिकता को सिखानेवाले मोटर में बैठकर, क्लब पहुँचकर 'सोसाइटी गर्ल' के साथ विलास करते हैं और गरीब आदमी को सिखा देते हैं कि अगर कोई लड़की किसी लड़के से बात कर रही हो, तो हो-हल्ला कर देना, क्योंकि यह बड़ा पाप है। हजारों सालों से हमने संस्कृति और सभ्यता की साधना की है, पर भेड़िये-सरीखा बर्ताव करते हैं। जैसे भेड़िये गाय को देखकर झपटते हैं, वैसे ही स्त्री को देखकर आसपास के लोग भड़कते हैं। कोई स्त्री हमारे बीच नहीं रह सकती।"

वह थोड़ी देर मौन रहकर जैसे कुछ सोचने लगी। फिर एकाएक पूछने लगी, "आपको मेरे घर आने में भय नहीं लगा ?"

मैंने कहा, "भय काहे का ?"

उसका चेहरा फिर उदास हो गया। नीचे देखती हुई बोली, "यही कलंक का भय ! यह तो काजल की कोठरी है। जो आता है, दाग लेकर ही जाता है। मेरे यहाँ सहानुभूति प्रगट करने भी लोग इसी भय से नहीं आते। आप बाहर निकलेंगे, तो लोग घृणा की आरती सँजोये मिलेंगे। बाहर होते ही कलंक का टीका लगा देंगे।"

मैंने तनिक उत्तेजित होकर कहा, "मुझे उनकी परवाह नहीं। अगर वे भेड़िये हैं, तो मैं आदमी हूँ। वे अभी तक दाँत और नख ही लिये बैठे हैं, पर मैंने बन्दूक बना ली है। फिर हर आदमी के कहने का खयाल किया जाये, तो जीना मुश्किल हो जाये।"

"पर मैं तो उजागर निन्दा सुनती हूँ, और जीती हूँ।"

"तुम्हारी बात अलग है। तुममें अद्भुत शक्ति है। इतनी जीवनी-शक्ति लेकर कम आदमी पैदा होते हैं। इतनी आँधी के बीच अविचल खड़े रहना मामूली बात नहीं है।"

वह बड़े गिरे मन से बोली, "खड़े रहने से क्या होता है, चलना भी तो सम्भव होना चाहिए।"

मेरे कुछ कहने के पहिले ही वह चाय बनाने चली गयी और मैं बैठा-बैठा सोचता रहा कि शान्त दिखनेवाले इस धरातल के नीचे कितना लावा इकट्ठा होता जा रहा है ! कितनी ज्वाला सुलग रही है ! वह मुझे आरम्भ से ही दृढ़ लगती थी। भावुक वह अधिक नहीं थी। उस दिन अपने मृत पिता की अन्तिम क्रिया का सामान स्वयं जुटा रही थी, तब मैं देख रहा था कि उसका हृदय दृढ़ चट्टान-सा था। वही अब कितनी भग्न-हृदया मालूम होती थी। पत्थर की यही कमजोरी है—मोम तो आघात से दबकर रह जाता है, पर पत्थर पर आघात पड़ने से दरार पड़ जाती है।

चाय पीकर उससे विदा हुआ। वह द्वार पर खड़ी-खड़ी मुझे देखती रही।

एक दिन विमला ने कहा, "भैया, शीला बहुत बीमार है; परन्तु उसका स्वभाव कुछ

विचित्र-सा हो गया है। मैंने उससे बहुत कहा, पर वह इलाज कराती ही नहीं।" मैं कुछ दिनों से व्यस्त हो गया था और उसके सम्बन्ध में विमला ने भी कोई चर्चा नहीं की थी। इस समाचार से कुछ चिन्तित हुआ। उसकी जिन्दगी में मैंने जान-बूझकर दिलचस्पी नहीं ली थी, क्योंकि वह स्वयं और अन्य लोग भी इसका दूसरा अर्थ लगा सकते थे। लेकिन वह ध्यान से उतरी भी न थी।

विमला की बात से मुझे ऐसा लगा कि जैसे वह जीवन से उदासीन और जीवन-प्रक्रिया में निश्चेष्ट हो गयी हो। मुझे दुख हुआ। मुझे कुछ सूझा नहीं तो मैंने उपदेश के शब्द विमला से कह दिये। लेकिन विमला जब उसे देखकर घर लौटी, तो उसने बतलाया कि जब उसने वही शब्द उससे कह दिये, तो उसे कुछ आघात-सा लगा, ऐसा मालूम हुआ। उसने यह भी पहचान लिया कि वे शब्द विमला के नहीं हैं। मैंने सोचा कि दुखी व्यक्ति को उपदेश से इसलिए ठेस पहुँचती है कि उसमें वह और उपदेशकर्ता दो भिन्न स्तर पर हो जाते हैं—एक असमर्थता के नीचे स्तर पर होता है, दूसरा शक्ति के ऊँचे आसन पर। गिरे हुए आदमी को उत्साहवर्धक भाषण देने की अपेक्षा सहारे के लिए हाथ देना चाहिए। यही सोचकर मैं उसके यहाँ गया।

उस दिन कोई विशेष बात उससे नहीं हुई, लेकिन मैंने परिलक्षित किया कि मेरी उपस्थिति से उसमें कुछ चेतना अवश्य आयी। कुछ देर में वह जीवन के प्रति सचेष्ट हो गयी। मुझे लगा कि मेरी उसके जीवन में दिलचस्पी उसके हृदय में जीवनाशा का संचार कर रही है। पर दूसरा विचार यह भी आया कि उसका खण्डित अभिमान हम लोगों के सामने विद्रोह में उठ खड़ा हुआ है। यह मुझे इसलिए अधिक सही मालूम हुआ कि मैं उसके मुख पर या व्यवहार में ऐसा कोई भाव पढ़ नहीं पाया, जो यह सूचित करे कि व्यक्ति-विशेष से उसकी भावनाएँ सम्बद्ध हैं और उसी आकर्षण-बिन्दु से वह संचालित हो रही है। अपनी ओर मैं इतना जानता हूँ कि उस दिन से मैं विमला से दिन में दो-एक बार उसके स्वास्थ्य का समाचार पूछ लेता था। कभी दो से तीन बार हो जाता, तो विमला मुस्कराहट से कहती, "दो बार तो पूछ चुके हो। अब वह नहीं मरेगी। मैं उससे पूछूँगी कि यह संजीवनी उसे कहाँ मिल गयी।" विमला के मन में चल रही बात मैं जानता था और विद्युत के जैसे एक वृत्त से दूसरा वृत्त अधिक शक्ति-प्रवाह ग्रहण करता है, वैसा प्रवाह मैं अनुभव करता। मैं सप्ताह में एक-दो बार उसके यहाँ हो आता था। उसमें मुझे पहिले से अधिक चेतना और उत्साह मालूम होते थे। मुझे विश्वास होने लगा कि अब यह जी गयी।

डाक्टर ने उसे स्थान-परिवर्तन की सलाह दी। उस मकान में, उस वातावरण में उसका जी घबराता था। उसके साथ उसके जीवन की कटुता जुड़ी थी। बाहर जाने से उसका मन इस घुटन से निकलकर कुछ स्वस्थ वायु ले आवेगा, यह सोचकर हमने उसे इस बात पर राजी किया कि वह अपनी चचेरी बहिन के यहाँ कुछ दिन रहे।

एक दिन हम लोग उसे गाड़ी में बिठा आये। बहिन के यहाँ जाने में लड़कियों

को बड़ी खुशी होती है। पर वह तो अपना सबकुछ खोकर आश्रय के लिए जा रही थी। यह जाना, न स्नेह का प्रतीक था, न रिश्ते का। यह उसकी मजबूरी थी। अस्पताल में डाक्टर भी जाता है और मरीज भी; पर दोनों के जाने में कितना अन्तर है!

जाते समय वह विमला से लिपटकर बड़ी देर तक रोती रही। इतने दिनों से जो शक्ति उसमें दिख रही थी, वह इस समय चली गयी थी। उसने कहा था, "विमला मुझे भुलाना मत। मेरा तुम लोगों के सिवा कोई नहीं है।"

स्टेशन से लौटते समय रास्ते-भर न विमला बोली, न मैं। दोनों के हृदय एक ही दुख से बोझिल थे। पर उसे खोलने में उसकी महत्ता कम होती थी। मुझे बार-बार स्टेशन का वह दृश्य स्मरण हो आता था—उसकी डबडबाई हुई कातर आँखें और वह मुख! जैसे घोंसले के आसपास फैली आग देखकर पक्षिणी प्राण-रक्षा के लिए छटपटाती और फिर विवश हो रह जाती है। जीवन-इच्छा के साथ विवशता कितनी विषम होती है! उसकी अच्छी बनती जिन्दगी कैसी बिगड़ती जा रही थी! धीरे-धीरे हम ईंट चुन-चुनकर दीवार उठाते हैं। फिर किसी दिन किसी अज्ञात दिशा से भूकम्प आता है और उसे ध्वस्त कर देता है।

एक सप्ताह बाद ही एक दिन सुबह विमला ने कहा, "भैया, शीला तो कल लौट आयी। वहाँ उसका मन नहीं लगा। वे लोग कुछ अच्छे आदमी नहीं हैं! बड़ी दुबली हो गयी है, बेचारी!"

मैं दो-तीन दिन उसके यहाँ जा नहीं पाया। चौथे दिन विमला बड़ी परेशान लगी। मुझसे कहने लगी, "भैया, वह तो बड़ी विचित्र लड़की है। आज मुझे सड़क पर मिली तो मुझे उसमें अजब परिवर्तन दिखायी दिया। वह बड़ी चटकीली साड़ी पहने थी। बाल भी उसने नये ढंग से सँवारे थे, जो कुछ सुरुचिपूर्ण नहीं थे। उसने ओंठ भी रँग लिये थे और ऊँची एड़ी के जूते पहने थी। मैं तो उसे देखकर दंग रह गयी। उसमें कैसा परिवर्तन आ गया! मुझसे तो उसकी ओर देखा नहीं गया। मैं तो उसे अच्छी लड़की समझती थी।"

मैंने कहा, "अब उसे अच्छी समझने में क्या बाधा है? वह अच्छे कपड़े पहनने लगी, श्रृंगार करने लगी है?"

विमला ने उत्तेजित स्वर में कहा, "इसे श्रृंगार कहते हैं? यह तो बाजारूपन है। जब मैंने उससे कहा कि यह तुमने क्या किया है, क्या स्वाँग रचा है, तो उसने बड़ी अक्खड़ता से कहा, 'क्यों, इसमें क्या बुरा है? जीना है, तो ठाठ से जीना चाहिए। भले रहने पर भी तो बुराई माथे पर लदती है। इसलिए भलेपन में कुछ विशेष लाभ नहीं है। अब जो मैं ऐसी हो गयी हूँ, तो लोगों के कटाक्ष भी कम होते जा रहे हैं। आदमी सफेद पर ही काली कूँची चलाता है, जो काला है उस पर कोई रंग बरबाद नहीं करता। तुम्हें अगर मेरे साथ रहना बुरा मालूम होता है, तो न आया करो।' मैं चली आयी।"

मैंने विमला को समझाया कि वह भीतर गिरी नहीं है। वह अपनी भावनाओं

के दूसरे सीमान्त पर पहुंच गयी है। अब तक वह दूसरों की रुचि-अरुचि तथा बुरे-भले का खयाल करती थी; अब उसमें निरपेक्षता की भावना आ गयी है। विमला ने मुझसे सीधा प्रश्न किया, "परन्तु तुम क्या उसका यह रंग-ढंग ठीक समझते हो? पसन्द करते हो?" मैंने कहा, "नहीं!"

विमला एकदम खड़ी हुई। बोली, "मैं अभी जाकर उससे कहे देती हूँ—तुम्हारी बात वह मानती है।"

वह लौटकर आयी तो कहने लगी, "मैंने कहा था न। वह जैसे तुम्हारे मना करने की राह ही देख रही थी। फिर जोगन बन गयी है।"

मैं दूसरे दिन उसके यहाँ गया। वह आँगन में कपड़े धो रही थी। मैं वहीं खाट पर बैठ गया। वह बहुत दुबली हो गयी थी। रंग भी साँवला पड़ गया था। उसकी आँखों से पीड़ा फूटी पड़ती थी। उसके मुख पर इतनी वेदना मैंने उस दिन भी नहीं देखी थी, जिस दिन उसका एकमात्र सहारा—पिता संसार से उठ गया था।

उसकी आँखें भर आयीं। मैंने पूछा, "तुम इतनी जल्दी कैसे लौट आयीं? क्या वहाँ अच्छा नहीं लगा?"

फीकी मुस्कान से वह बोली, "मेरे लिए क्या अच्छा लगना क्या बुरा लगना! काँटों पर चलनेवाले को एक-दो काँटे कम-ज्यादा चुभे, तो क्या फर्क पड़ा? असल बात यह है कि मैं चलती-फिरती आग हूँ—जिस घर में जाती हूँ वही जलने लगता है। अब आपसे क्या छिपाऊँ—तीन प्राणी हैं उस घर में—बहिन, बहनोई और बहिन की सास। मेरे पहुँचने पर तीनों पर तीन प्रकार की प्रतिक्रिया हुई। सास को तो लगा कि यह कहाँ की बला सर पर आ गयी। मेरी बदनामी उन तक पहुँच गयी है, क्योंकि बुराई के हजार मुख और हजार कान होते हैं। बहनोई का यह हाल कि बिना माता-पिता की संकटग्रस्त लड़की का उपयोग कर लेने की उन्होंने ठान ली। दूसरे ही दिन से वे मेरे लिए गुलाब का फूल लाने लगे और एकान्त में देने का मौका ढूंढ़ने लगे। बेचारी बहिन मेरे रूप से घबरायी। उसे उन गुलाब के फूलों की 'बदबू' आ गयी होगी! मैं अकुलाकर वहाँ से चल दी।"

बड़े आवेश में वह बोल गयी। फिर मौन हो गयी और दरवाजे की ओर देखने लगी। जो कह नहीं पायी थी, वह उसके अन्दर उमड़ रहा था।

मुझे कुछ कहने लायक सूझ ही नहीं रहा था। हिम्मत दिलाने के लिए आखिर मैंने कहा, "खैर, छोड़ो उस बात को। अब तुम्हें कहीं भटकने की जरूरत नहीं। यहीं रहो। कुछ दिनों में नौकरी लग जायेगी; नौकरी करो और खूब पढ़ो।"

मेरे शब्द उसे छू नहीं सके। उसने बड़ी गहरी साँस छोड़ी और मेरी ओर बड़े कातर नेत्रों से देखा। उस दृष्टि में केवल वेदना नहीं थी, एक प्रकार की खीझ और तिरस्कार का भाव था—उस समय मैंने उसे नहीं समझा। अब मुझे स्पष्ट समझ में आता है कि मेरे कोरे वचनों से वह क्षुब्ध थी। उन आँखों में तिरस्कार-सा भाव था, जो यह कहता था कि मैं कितना बचकर, कितना डरकर उसकी मदद करना चाहता हूँ। बुझते दीपक को अंचल की ओट करना होता है, उसके आसपास तेल के

पीपे उड़ेलने से वह नहीं बचता। मैं तेल को उसकी आवश्यकता समझता था; उसे ओट चाहिए थी। मेरे निरपेक्ष मानवी भाव-मात्र से वह विकल हो गयी थी।

इसी समय उसे प्यास लगी। वह एकदम उठी, वहीं रखा टीन का डिब्बा उठाया और जिस बाल्टी में उसने कपड़ा निचोड़कर धोया था, उसी में से डिब्बा भरकर, पीने लगी। मैं एकदम उठा और डिब्बा हाथ से छीनकर, फेंककर बोला, "कैसी पागल हो गयी ! वह धोती का धोवन है। गन्दा पानी !" उसने बड़ी चुनौती और उद्धतता से मेरी ओर देखा और कड़े स्वर में बोली, "ठीक है। उसमें क्या खराबी है ? गन्दा आदमी; गन्दा पानी।" वह हँसने का प्रयास करने लगी। दूसरे ही क्षण उसकी आँखें भर आयीं और वह चीख मारकर मुझसे लिपट गयी। मेरे वक्ष पर सर रखकर सिसकने लगी। मैं कुछ सोचने-समझने लायक नहीं रह गया था। नैसर्गिक प्रेरणा से उसके सिर पर हाथ फेरने लगा। वह बेहोश-सी हो गयी। बड़ी देर वह सिसकती रही; फिर एकदम हट गयी। उसकी आँखों में लज्जा का भाव आ गया और वह अटपटे स्वर में बोली, "कैसा पागलपन है मेरा !" मैंने गम्भीर स्वर से कहा, "पागलपन कहकर तुम बात को टालना चाहती हो। पर मैं देख रहा हूँ कि तुम्हारी जीने की इच्छा सब भंग हो गयी है।"

उसने आँखें उठायीं और बोली, "वाह, आपने कैसे जाना ? जीने की इच्छा न होती, तो जहाँ-तहाँ जगह क्यों खोजती फिरती ?" वह स्वयं इन शब्दों की निरर्थकता समझ रही थी।

मैंने कहा, "तुम अपने को भुला रही हो और मुझे भी। तुम उस सीमा तक पहुँच गयी हो, जब आदमी भले और बुरे का भेद करना बन्द कर देता है। बनने और बिगड़ने में कोई अन्तर नहीं मानता। जीवन से उसका विश्वास उठ जाता है। यह चरम निराशा की स्थिति है। जीवन से बढ़कर कुछ नहीं है। वह इस तरह नष्ट नहीं किया जाता।" वह उसी प्रकार देखते हुए बोली, "लेकिन जब जीना मरने से बदतर हो जाये, तब ? नहीं, अब मुझे जीने की इच्छा नहीं है।" मैंने कहा, "तुम्हारे पास विद्या-बुद्धि है, अटूट शक्ति है, जो मैंने देखी है। तुम बड़े विश्वास से जी सकती हो।" वह उसी तरह निराश स्वर में बोली, "नहीं, अब नहीं जी सकती। अब मैं बिल्कुल हार गयी हूँ। कोई तो मेरा नहीं है। इस तरह बे-सहारे जिन्दगी कैसे चल सकती है ?"

मैं चुप हो गया। उस समय मेरे भीतर बड़ी हलचल थी। कुछ ऐसी बात थी, जिसने मेरे पुरुष-विश्वास को जगा दिया था। मुझे वह लड़की एक चुनौती-सी लगी। मैंने उसी समय निश्चय कर लिया। कुछ अभिमान के स्वर में मैंने स्थिरता से उससे कहा, "शीला, तुम्हारा कोई नहीं है, ऐसा तुम क्यों सोचती हो ? विमला तुम्हारी मित्र है। और मैं—मैं तुम्हारा साथ दूंगा। मैं जीवन-भर निर्वाह करूँगा।"

वह चौंकी। माथा उठाया और बड़ी तीक्ष्ण दृष्टि से सीधे मेरी ओर देखकर कहा, "आप जल्दबाजी में कह रहे हैं। केवल निर्वाह के लिए निर्वाह करेंगे ?"

मुझे भूल खली। मैं भूल गया था कि मैं बड़ी तीक्ष्ण-बुद्धि की स्त्री से बात कर

रहा हूँ। 'निर्वाह' शब्द उसने पकड़ लिया। मैंने कहा, "नहीं, केवल निर्वाह के लिए नहीं। मुझे तुम्हारी आवश्यकता है। मैं तुम्हें चाहता हूँ। तुम्हें अपनाऊँगा। तुम प्रतिष्ठापूर्वक मेरे घर में रहोगी।" उसे विश्वास नहीं हो रहा था। बोली, "आप आवेश में कह रहे हैं।" फिर दूसरे ही क्षण उसने बड़े स्निग्ध स्वर में पूछा, "आप सच कहते हैं?" मैंने शब्दों की विफलता समझी, उसे उत्तर नहीं दिया। उसे खींच-कर हृदय से लगा लिया। उसने एक बार मेरी ओर देखा; आँसुओं पर हर्ष की झलक आयी और उसने चुपचाप मेरे कन्धे पर सर रख दिया।

शीला में एक अभूतपूर्व उत्साह और आशा के दर्शन होने लगे। जीवन के प्रति उसकी उदासीनता विलीन हो गयी। वह सहारे की बात करती थी। सहारा उसे मिल गया। पर वह वास्तव में सहारा लेना नहीं चाहती थी। उसने जैसे मेरे सम्पूर्ण हित को अपने हाथ में ले लिया हो। मेरे कपड़े-लत्ते, काम-काज, स्वास्थ्य—सबकी चिन्ता वह करने लगी। मेरे कोट का टूटा बटन मेरे पहिले उसे दिख जाता, मेरे काम के सम्बन्ध में मुझसे ज्यादा ध्यान उसे ही रहता। मैं क्या खाता हूँ, कब सोता हूँ, कितना आराम करता हूँ—यह सब उसके फिक्र करने के विषय हो गये। वह स्वयं सहारा बन गयी थी। सहारा नहीं बन सकना ही वह अभाव और कमजोरी थी, जिसका अनुभव उसे हो रहा था। अब उसकी शक्ति सफल और चरितार्थ हो गयी थी और इसी को वह सहारा कहती थी।

हमारी दूरी धीरे-धीरे कम होती गयी। वह मुझे अपने लिए बहुत आवश्यक मालूम होती थी। हम लोगों ने शीघ्र ही विवाह कर लेने का निश्चय कर लिया।

हमारा सम्बन्ध छिपा नहीं रहा। मेरे परिवार में हल्ला मचा। इसकी मुझे आशंका थी। हमारे परिवार में शीला अच्छी लड़की नहीं मानी जाती थी। उसके बारे में हर अफवाह सत्य मानकर ग्रहण की जाती थी। भलाई को हम कितनी जाँच-पड़ताल के बाद स्वीकार करते हैं, लेकिन बुराई को एकदम मान लेते हैं।

मेरी माँ थी, बड़े भाई थे और भौजाई। मेरे सम्बन्ध में उन्होंने बड़ी महत्त्वा-कांक्षाएँ बना रखी थीं, जिनमें से एक यह थी कि मेरा विवाह किसी बड़े धनवान और प्रतिष्ठित घराने में किसी देवकन्या के साथ होगा। वह देवकन्या कैसी होगी, इसकी किसी को कल्पना भी न थी। उनकी यही धारणा थी कि उसका देवत्व इसी से आँका जायेगा कि कितना धन पिता के घर से पति के घर में खींचकर ला सकती है।

शीला के साथ मेरी घनिष्ठता बढ़ते देख परिवार की आशंका बढ़ने लगी। सबसे मुखर और कटु मेरी भाभी थीं। वे बड़े और धनवान घराने की थीं, और हमारे घर में आ गयी थीं, इसे वे अपनी मेहरबानी समझती थीं। मनुष्य का मूल्य करने के पहिले वे यह हिसाब लगाती थीं कि उसके पास कितना धन है। यदि वह उनसे कम होता, तो उसे वे आदमी मानने से साफ इनकार कर देतीं। यदि बराबर

होता, तो वे उसका बड़प्पन नष्ट करने के लिए उसके सम्बन्ध में कोई कलंक ढूँढ़ लेतीं, उनके पास कुछ 'रेडीमेड' कलंक थे—'उसका बाप किसी को रखे है, वह शराबी और व्यभिचारी है।' अगर उनसे अधिक धनवान होता, तो वे उसकी भक्तिन हो जातीं। शीला के सम्बन्ध में मेरा इरादा वे समझ गयी थीं। वे यह बरदाश्त करने को कतई तैयार नहीं थीं कि बिना माँ-बाप की गरीब लड़की उनकी बराबरी से आकर बैठे। वे जानती थीं कि उस लड़की को कोई वर नहीं मिल रहा है। उसे हम स्वीकर कर लें, इसे वे अपनी बड़ी हीनता मानती थीं।

एक दिन शीला मेरे यहाँ थी। वह विमला के कमरे में बैठी बातें कर रही थी। भाभी वहाँ से निकलीं, तो उसे सुनाकर कहा, "कैसी लड़कियाँ हैं! पच्चीस-पच्चीस साल की हो गयीं और बिना-ब्याही घूमती हैं।" शीला अक्सर उनकी बात मौन रहकर सह जाती थी। पर उस दिन उसने जवाब दे ही दिया, बोली, "भाभी, वे उनसे अच्छी हैं, जो बाप के हजारों रुपये खर्च कराके किसी शराबी, जुआड़ी या दुष्ट आदमी के गले बँध जाती हैं और फिर जिन्दगी-भर रोती हैं, घुटती रहती हैं।" भाभी तुनककर बड़बड़ाती चली गयीं।

जब वह चली गयी, तब भाभी ने बड़ा हल्ला मचाया। कहने लगीं, "अब हमारी इस घर में ऐसी हालत हो गयी है। दो कौड़ी की लड़की कह गयी कि तुमने शराबी-जुआड़ी से शादी की है। अरे, मुझे, कुछ कहती तो कोई बात नहीं; उनको शराबी-जुआड़ी कह गयी!" वे इस प्रकार भैया को अक्सर उभाड़ने का प्रयास किया करती थीं। अपनी घृणा में उन्हें भी साझीदार बनाना चाहती थीं। पर भैया बहुत शान्त स्वभाव के थे। भाभी हल्ला-गुल्ला करके घर में शीला के विरुद्ध वातावरण तैयार करना चाहती थीं।

उनकी यह चाल देखकर विमला ने कहा, "भाभी, उसने तो भैया को कुछ नहीं कहा, तुम्हीं कह रही हो। वह अगर भैया को कुछ कहती, तो तुम्हारे पहिले मैं ही उससे लड़ती। मैं उसे घर से बाहर ढकेल देती। भैया की सम्मान-रक्षा का सारा भार तुम अपने ऊपर क्यों लेती हो?"

भाभी तिलमिला गयीं। बोलीं, "हमें उससे कोई मतलब नहीं। हमसे उसकी कोई बात मत करो। हम ऐसी नीच लड़कियों से बातें नहीं करते।"

विमला को क्रोध आ गया। उसने बड़ी तीखी बात कह दी, "भाभी, वह तुमसे या मुझसे कम अच्छी नहीं है।" उस दिन भैया के घर लौटने पर भाभी ने बड़ा बतंगड़ खड़ा किया।

भैया वैसे शान्त स्वभाव के थे। वे घर के मामलों में कम ही हस्तक्षेप करते थे। घर का सारा काम भाभी और माँ पर छोड़ रखा था। पर मेरा विवाह वे अपनी जिम्मेदारी समझते थे। शीला के मामले में जब भाभी और माँ को विरोध में देखा, तो वे किसी प्रकार अपने-आपको इसके लिए तैयार नहीं कर पाये। वे नहीं चाहते थे कि घर में किसी प्रकार का भेद उत्पन्न हो। माँ, विमला को बहुत चाहती थीं। विमला ने उन्हें शीला के असली रूप से अवगत कराया था और वे उसके लिए दुखी

थीं। मगर उसे वे बहू बनाकर नहीं लाना चाहती थीं। 'लोग क्या कहेंगे' उनकी एक ही आपत्ति थी।

यद्यपि भैया से मेरी इस सम्बन्ध में चर्चा नहीं हुई थी, पर उनके रुख से मुझे समझ में आता था कि वे प्रसन्न नहीं हैं। केवल विमला मेरे साथ थी।

परिवार का विरोधी रूप मैंने चुनौती के रूप में स्वीकार कर लिया। मैं परिवार से विरोध करने को प्रस्तुत था। शीला के प्रति मेरा आकर्षण इसके लिए इतना बड़ा कारण नहीं था, जितनी मेरी विद्रोही प्रवृत्ति। इस मामले में परिवार के सामने समर्पण करना मैं रूढ़ि के आगे मानव-प्रगति की पराजय मानता था।

मुझे वह दिन अभी भी स्पष्ट याद है, जब अन्तिम बार शीला मेरे पास आयी थी। इन दिनों वह कुछ अधिक गम्भीर हो गयी थी। हमेशा कुछ विचार में मग्न-सी लगती थी। उस दिन शाम को वह मेरे कमरे में आकर बैठ गयी। भाभी को शायद यह मालूम नहीं था अथवा मालूम न होने का अभिनय कर रही थीं। बगल के कमरे में विमला से शीला की कोई बात लेकर गरम बहस छिड़ गयी थी। विमला की किसी तीखी बात से चिढ़कर वे झमाके के साथ वहाँ से उठीं और मेरे कमरे के द्वार तक आते-आते चमक उठीं, "अब इसका फैसला हो जाना चाहिए। वह कुलटा हमारे घर आकर बैठे, और हमें ही गालियाँ खिलाये। अब अगर वह यहाँ आयी–" द्वार पर पैर रखते ही उन्हें शीला दिखी, और वे एकदम 'अरे' कहकर सहमकर वहाँ से मुड़ीं। वे हिम्मत के साथ घृणा भी नहीं कर पाती थीं। मैंने उन्हें रोका, "भाभी, ठहरो। ऐसे नहीं जा सकतीं। जो तुम उसके पीठ-पीछे कहने आयी थीं वह सामने ही कहो।" वे सकपकायीं पर फिर उद्धतता से बोलीं, "हाँ, हाँ, मैं क्या डरती हूँ ? हमें यह बिल्कुल पसन्द नहीं है।"

"क्या पसन्द नहीं है ?" मैंने पूछा। "मुझसे खोलकर पूछोगे ? दुनिया तो कह रही है। हमारे घर में यह नहीं हो सकता।" वे बोलीं।

मैंने कहा, "तो और किस घर में हो सकता है ? और किस घर में वह आ-जा सकती है ? वह विमला की मित्र है। तुम भले आदमियों के घर नहीं आयेगी, तो क्या गुण्डों के बीच जाकर बैठेगी ?" भाभी तुनककर बोलीं, "तुम्हें दिखे जहाँ उसे लेकर रहो। हमारे घर में वह नहीं आ सकती।"

और कोई मौका होता, तो मैं सह जाता, पर वहाँ शीला बैठी थी, और उसके सामने भाभी उसका अपमान कर रही थीं। उसका तिरस्कार कर रही थीं। मैं यदि इस समय मौन रह जाता, तो शीला क्या सोचती ? उसने मेरी सामर्थ्य पर भरोसा किया था कि मैं उसे संसार के आघातों से बचाऊँगा, उसकी मान-रक्षा करूँगा। मुझे पाकर वह सम्मानपूर्वक जी सकेगी। पर मेरे ही सामने मेरे परिवार द्वारा तिरस्कार होता देख, वह किस भरोसे पर आगे बढ़ेगी ! यदि मैं उसकी रक्षा करने में समर्थ नहीं हूँ, तो मैं क्यों उसे झूठी दिलासा देकर भ्रम में रखूँ ? उसके प्रति होते

प्रहारों से उसकी रक्षा करनी चाहिए। ऐसा नहीं करने का अर्थ होगा कि मैं परिवार की धारणाओं में सम्मिलित हूँ। केवल मुझमें उनसे थोड़ी अधिक सद्भावना और उदारता है। यही सब मेरे मन में उस समय आया। मैंने तनिक रोष से कहा, "वह अधिकारपूर्वक इस घर में आयेगी। तब मैं देखता हूँ, उसे कौन रोकता है? घर तुम्हारा ही है मेरा नहीं?"

यह सुनकर भाभी ज़रा देर सुन्न खड़ी रहीं। फिर बोलीं, "अरे बाप रे, बात यहाँ तक पहुँच गयी है! इस घर में हिस्सा-बाँट होगा। भाई से भाई छूटेंगे! हे भगवान्!" भाभी इसी बात का प्रचार करती हुई माँ के पास पहुँच गयीं कि मेरा इरादा सम्पत्ति का बंटवारा कर लेने का है। अपनी ओर से यह मिला दिया कि मैं जल्दी ही इस सम्बन्ध में अदालती कार्यवाही करनेवाला हूँ। वैसे सम्पत्ति कुछ भी नहीं थी, एक मामूली मकान था। पर माँ तो इस बात से विकल हो गयी कि उसके बेटों में मुकदमेबाजी होगी। भाभी इसी प्रकार अर्थ का अनर्थ करके घर में विप्लव पैदा कर दिया करती थीं।

शीला नीचे देखती हुई चुपचाप बैठी थी। पूरा काण्ड बड़ा अशोभन था। मैं स्वयं बड़ा विक्षुब्ध था। बड़ी देर मैं भी मौन बैठा रहा। फिर धीरे-धीरे बोला, "शीला, यह जो कुछ हो रहा है, उसकी मुझे पहिले ही से आशंका थी। यह तो होना ही था। मैंने पहिले ही इसका इन्तजाम कर लिया है। महेन्द्रनाथ उस कालेज की नौकरी छोड़कर चला गया है। मुझे वहाँ दो-चार दिनों में काम मिल जायेगा। तब मैं अलग रहूँगा और शीघ्र ही हम विवाह कर लेंगे। हमें भयभीत या आशंकित होने की कोई बात नहीं है। हम जो कर रहे हैं, वह ठीक है, इसलिए यदि इस राह पर संघर्ष करना पड़ा तो हम-तुम मिलकर करेंगे। तुम तैयार हो न?"

उसने नीचे देखते हुए ही कहा, "मैं क्या तैयार होऊँ? तैयारी तो आपकी चाहिए।"

वह वैसे ही बिना कुछ बोले नीचे देखती हुई बैठी रही। मैंने कहा, "देखो शीला, मेरी स्थिति तो तुम समझती हो। यह जो कुछ काण्ड घटित हो गया, वह बड़ा ओछापन है, यह मैं स्वयं सोचकर बड़ा लज्जित हूँ। परिवार मेरा है, उसके भले-बुरे की जिम्मेदारी मुझ पर है। इसलिए तुम मेरा ही अपराध समझकर क्षमा कर देना।"

अब उसने मेरी ओर देखा। उसकी आँखों में मैंने एक विचित्र भाव देखा—एक अजीब तटस्थता। ऐसा लगता था जैसे अपने समस्त आसपास से वह उठ गयी है और कहीं दूर से हम लोगों को देख रही है। उन आँखों में न हर्ष था, न विषाद, न प्रेम, न घृणा—शून्य था। उसने कहा, "मुझे उस बात का बुरा नहीं लगा। इसमें न आपका अपराध है, न उनका। वे भी अपने विश्वास के प्रति सच्चे हैं और आप भी। जिस परम्परा में वे बँधे हैं, उसी के अनुसार तो उनकी गति होगी। क्या पता वे दुराग्रह कर रहे हैं या हम? आप बिल्कुल चिन्तित नहीं हों। आपका इसमें कोई अपराध नहीं।"

उसके उत्तर से मैं चिन्तित हुआ। वह बात को एकदम दूसरे स्तर पर ले गयी थी। वह सारे काण्ड को दूर से देख रही थी, जैसे उसे कोई मतलब नहीं। उसका इस प्रकार उदारता बतलाना, दूर हट जाना, मुझे अच्छा नहीं लगा। अगर वह क्षुब्ध होती, बुरा मानती, रोती, तो मुझे सन्तोष होता। मैं तब उसे समझा सकता था, मना सकता था। पर उसकी इस मनःस्थिति में मैं क्या करूँ, यह नहीं सोच सका।

थोड़ी देर बाद वह उठी और चल दी। मैंने पूछा, "तुम्हारी तबीयत तो ठीक है न?"

"हाँ, बिल्कुल ठीक है।"

"तो मैं शीघ्र ही कोई प्रबन्ध करता हूँ।"

"हाँ, जैसा आप उचित समझें।"

"कल तो मैं व्यस्त रहूँगा; परसों मैं ही आऊँगा।"

"किस वक्त?"

"यही छै बजे के लगभग! घर पर ही रहोगी न?"

"हाँ, मैं आपकी राह देखूंगी।"

वह चल दी।

उस रात भैया लौटे तो मुझसे उन्होंने बात की। भाभी के द्वारा प्रचारित बात से वे बड़े दुखी हुए थे। जब उन्होंने संकेत से मुझ पर यह प्रगट किया, तो मैंने कहा, "आप स्वप्न में भी सोच सकते हैं कि ऐसी बात मेरे मन में आयेगी? भाभी ने बात का बतंगड़ बना डाला है।"

वे बोले, "लेकिन जिस कारण ये सब बातें उठती हैं, उस पर भी तो तुम्हें ज़रा शान्ति से सोचना चाहिए। अवस्था के आवेग में तुम लोग अकरणीय करने को तैयार हो जाते हो, लेकिन हम लोगों का भी तुम लोगों पर कुछ अधिकार है, यह कभी नहीं सोचते। हम लोग भी तो तुम्हारे हितसाधक हैं। तुम काफी पढ़े-लिखे और बुद्धिमान आदमी हो। तुमसे क्या कहा जाये।"

मैंने कहा, "मैंने बहुत सोच-विचारकर उसे वचन दिया है। उसे अब मैं धोखा कैसे दे दूं? वह बड़ी आपत्ति की मारी हुई है।"

भैया ने कहा, "और सोच लो। वैसे तो तुम जो चाहोगे, वैसा ही होगा, क्योंकि तुम बड़े हो गये हो। फिर भी एक-दो रोज और सोच लो। मैं दो-चार दिन में इस बात का निर्णय कर देना चाहता हूँ, ताकि प्रतिदिन की चखचख खत्म हो जाये।"

मैं उनके पास से उठकर चला आया और रात को बड़ी देर तक सोचता रहा।

दूसरे दिन मेरी मुलाकात शीला से हुई नहीं। तीसरे दिन शाम को गया, तो उसका ताला बन्द पाया। बिना हो-हल्ला मचाये जितना खोज सकता था, खोजा; पर कहीं पता नहीं लगा। चौथे दिन जब तरह-तरह की आशंकाओं से मेरा मन विचलित

था, तब मुझे उसका यह पत्र मिला—

"...मैं एकाएक चली आयी। बिना कहे चली आयी, क्योंकि कहकर कौन जा सकता है? गौतम बुद्ध सरीखे मनस्वी जब कहकर नहीं जा पाये, तो मेरी क्या बिसात? मैं आपसे भागकर नहीं आयी, अपने आपसे भागकर आयी हूँ। आपको बड़ी परेशानी होगी। परसों रात हमने जीवन की एक दिशा निश्चित कर ली थी। तब यह तय हो गया था कि हम एक साथ जिन्दगी में चलेंगे। और मैं एकदम साथ छोड़कर भाग दी—यह विचित्र बात तो है ही। और मेरे पीछे तरह-तरह की अटकलपच्चियाँ लग रही होंगी। पहले तो लोगों ने आपको खोजा होगा। आप मिल गये होंगे, तो वे बड़े निराश हुए होंगे। न मिलते तो सहज ही मेरे भागने को खूब रंगीन बना सकते। कुछ सोचते होंगे, मैंने आत्महत्या कर ली। इनमें महेन्द्रनाथ प्रमुख होंगे, क्योंकि पुरुष को यह सोचकर बड़ा गर्व होता है कि नारी ने उसके प्रेम में आत्महत्या कर ली।

"सबसे उलझन में आप होंगे। इसलिए आपको मन का सत्य लिख रही हूँ। आप ही उसके अधिकारी भी हैं।

"उस रात को जब मैं आपके पास से उठकर आयी, तो बिस्तर पर पड़े-पड़े न जाने कब तक सोचती रही। सोचती रही कि क्या यह उचित है? क्या केवल आपकी पत्नी बन जाने से आपकी और मेरी ज़िन्दगी सुधर जायेगी? क्या हम जीवन को सफल कह सकेंगे?

"आपके मन में मेरे प्रति बड़ी करुणा है। आप इस करुणा से विगलित होकर मेरे लिए सबकुछ करने को तैयार हैं। 'मेरे लिए' इसलिए लिखा है कि वास्तव में यह सब मेरे लिए है, आपके लिए नहीं। आपके मन में मेरे लिए अपार करुणा है; प्रेम शायद बहुत कम। पर करुणा तो मेरी दुरवस्था से उत्पन्न हुई है। कल जब मेरा विवाह हो जायेगा, और मेरी स्थिति इतनी दयनीय नहीं रहेगी, तब मैं इस करुणा से भी वंचित हो जाऊँगी। प्रेम से भी गयी, करुणा से भी गयी। करुणा रहेगी, तो भी करुणा से ही तो हमारा काम नहीं चल सकता। और प्रेम आप कर नहीं पाये, आप विवश थे। मैं आपको दोष नहीं देती। मैं ऐसी परिस्थिति में ही आपसे मिली थी कि आप प्रेम नहीं कर सकते थे। लेकिन आपकी विराट आत्मा में इतनी उदारता और निष्ठा है कि आप मेरे लिए जीवन उत्सर्ग कर देना चाहते हैं।

"आपने मुझे तब सहारा दिया, जब सब मुझे ठुकरा रहे थे। आपने मेरे लिए कितने कष्ट सहे, कलंक सहे; कितना पारिवारिक संकट सहा। भविष्य को अन्धकार में डाला। फिर भी मैं ऐसी निकली। यह मेरी कृतघ्नता ही कहलायेगी।

"फिर सोचा—क्या मैं आपसे अपने लिए इतना बड़ा त्याग करवाऊँ? आपका परिवार छुड़वाऊँ? आपके उज्ज्वल भविष्य को खतरे में डालूँ? आपकी प्रतिष्ठा छीनूँ? केवल इसलिए कि मैं पति की छाया ओढ़ सकूँ। नहीं, यह घोर स्वार्थ है। केवल जीने के लिए इतनी बड़ी कीमत नहीं। 'दोनों मिलकर किसी कोने में जी लेंगे' यह विफलता के मजबूर सन्तोष की भावुकता-भरी वाणी है। विवाह

के बाद आपको परिवार के रोष का शिकार होना पड़ता। मुझे आपके परिवार की घृणा सहनी पड़ती। आपके भविष्य की सारी महती योजनाएँ ठप्प हो जातीं, क्योंकि आपकी सारी ताकत तो इस विरोध से लड़ने में लग जाती। तब क्या होता? आज आपके मन में जो संघर्ष-जोश है, वह तो विवाह के बाद समाप्त हो जाता। विरोध के बावजूद मुझे अपना लेने में आज जिस गौरव का अनुभव हो रहा है, विवाह के बाद उसकी गुंजाइश ही नहीं रह जाती। तब क्या मन में गिरावट नहीं आती? तब जीवन में कितनी घुटन आ जाती! उस आत्मपीड़न की कल्पना भी मुझे असह्य हो गयी।

"इसलिए मैंने सोचा कि आपको मुक्त कर दूँ। अब मेरा क्या होगा? छाया छोड़कर धूप में आ गयी हूँ। बनते जीवन को ठुकराकर चली आयी हूँ। पर मैंने निराशा में ऐसा नहीं किया। जीवन के प्रति आज मेरी आस्था अधिक हो गयी है, इसलिए मैंने सहारा त्याग दिया। यह सहारे की बात ही हमें मजबूर करती है। पुरुष और नारी एक-दूसरे के पूरक हैं, दोनों का स्वाभाविक सम्बन्ध जरूरी है, जीवन के विकास का उत्तम मार्ग है। पर इस व्यापार में हम 'बेसहारे' मानी जाती हैं, और पुरुष 'सबल सहारा'। इसलिए हर कीमत पर, हर परिस्थिति में नारी को पुरुष का सहारा चाहिए ही—ऐसी धारणा जमकर बैठ गयी है—पुरुष से अधिक नारी के मन में। वृक्ष और लता का रूपक बन गया है। बस, इसी हीनता ने हमारी ऐसी दुरवस्था कर दी है। अगर यह सहारा न मिले, तो? तो क्या मेरी जैसी स्त्री मर जाये? या जबरदस्ती दूसरे के जीवन को बिगाड़कर, परिवार से छुड़ाकर, गालियाँ, ताने, घृणा, द्वेष, निन्दा, अपमान और तिरस्कार सहकर केवल सहारे से चिपटी रहे? केवल इसलिए कि वह जी सके? मैंने अब इस बात को मन से निकाल दिया है। परस्पर सहारे की बात हो तो बहुत अच्छा है; लेकिन लता और वृक्ष? नहीं, नहीं!

"मैं जीवन को फिर से आरम्भ करने जा रही हूँ। यहाँ की परिस्थितियों में जीवन फिर से आरम्भ नहीं कर सकती। यहाँ की जमीन विषाक्त हो गयी है, मेरे लिए। मैं दूसरी जमीन में जाकर जीवन का रोपा लगाऊँगी। मैं पलायन नहीं कर रही हूँ, नये जीवन की खोज में जा रही हूँ।

"एक लहर मँझदार में ले जाकर डुबा देती है, तो दूसरी उछालकर किनारे लगा देती है। मैं दूसरी लहर में जा रही हूँ। मैं तट की खोज में हूँ।

—शीला"

कहानियाँ

एक सुपरमैन

मैं इस निर्णय पर पहुँच चुका हूँ कि उस आदमी से समूची मनुष्य जाति की तरफ से प्रार्थना करूँ कि वह यह वसीयत करे कि मेरी लाश जलायी न जाय बल्कि मेडिकल इन्स्टीट्यूट को अध्ययन के लिए दे दी जाय।

पूरी बात पढ़ लेने के बाद आप भी इसी निर्णय पर पहुँचेंगे।

एक जगह चार-पाँच आदमी बैठे हैं। बात उसी आदमी की हो रही है। उसकी गिनती शहर के खास लखपतियों में है।

पहला कहता है—"शहर में किसी को यह गौरव हासिल नहीं है कि उसे उस आदमी ने चाय पिलायी हो। पर मैं उनकी चाय पी चुका हूँ।"

सब भौचक्के रह जाते हैं। कहते हैं—"असम्भव! ऐसा हो ही नहीं सकता। उस आदमी ने किसी को धूल का एक कण भी नहीं खिलाया।"

पहला कहता है—"पर यह सच है। उसने प्रसन्नता से मुझे चाय पिलायी। हुआ यह कि मैं उसके भाई की मृत्यु पर शोक प्रकट करने पहुँचा। तुम लोग जानते ही हो, प्रापर्टी को लेकर इसका भाई से मुकदमा चल रहा था। इस बीच भाई की मृत्यु हो गयी और प्रापर्टी इसे मिल गयी। मैंने सोचा, आखिर भाई था। इसे दुःख तो हुआ ही होगा। मैं फाटक में घुसा तो उसने पूछा—'कैसे आये?' मैंने उदास होकर कहा—'आपके भाई की मृत्यु हो गयी, ऐसा सुना है।' वह बोल पड़ा—'अगर उसकी मौत पर दुःख प्रकट करने आये हो तो फाटक के बाहर हो जाओ। पर तुम्हें दुःख नहीं है, तो मैं चाय पिला सकता हूँ।' मैंने कहा—'अगर आपको दुःख नहीं है, तो मुझे दुःख मनाने की क्या पड़ी है। चलो, चाय पिलाओ।' कुत्ते भी रोटी के लिए झगड़ते हैं, पर एक के मुँह में रोटी पहुँच जाये तो झगड़ा खत्म हो जाता है। आदमी में ऐसा नहीं होता। प्रेम से चाय पिलायी जाती है, तो नफरत के कारण भी। घृणा भी आदमी को उदार बना देती है।"

तभी दूसरा बोला, "यह गौरव सिर्फ तुम्हें ही नहीं मुझे भी मिल चुका है, पर इतना निश्चित है कि शहर में तीसरे को यह गौरव नहीं मिला है। मैं उसके पास एक काम से गया था। उसका लड़का मेरा विद्यार्थी था। बात करके उठने लगा, तो लड़के ने कहा—'मास्साहब, चाय पीकर जाइए।' यह सुनते ही उसने गुर्राकर लड़के की तरफ देखा। बोला—'चाय तो चार बजे हो गयी न, अब कैसी चाय?' यह नियम का पाबन्द आदमी है। चार बजे चाय पीने का नियम है, तो आगे-पीछे चाय

नहीं बन सकतीं। नियम के पाबन्द ऐसे होते हैं कि अगर उनका नियम है कि भोजन के बाद दो सौ गज चलेंगे, तो जहाँ दो सौ गज खत्म होते हैं, वहाँ पहले से खाट बुलवा लेंगे। अब, साहब, लड़का सकपकाकर बोला—'मैंने माँ से कह दिया था। बन गयी होगी।' उस आदमी ने आँखें बन्द करके सोचा कि उसका इस परिस्थिति में क्या कर्त्तव्य है। क्या वह खुद पी ले? पत्नी को पिलवा दे? लड़के को पिलवा दे? पर वे सब ज़रा देर पहले चाय पी चुके थे। चाय को हर हालत में बरबाद होना ही था। उसने निर्णय ले लिया। लड़के के मास्टर को ही पिलानी पड़ेगी। बड़े अनमने भाव से कहा—'अच्छा मास्साहब, आप चाय पी ही जाइए।' मैंने बेशर्मी से चाय पी भी ली।"

तीसरा बोला, "मैं उसका किरायेदार हूँ। वह दिख जाता है, तो मैं भी कहता हूँ—'भैया सा'ब, नमस्कार।' पर वह नमस्कार का जवाब नमस्कार से नहीं देता। कहता है—'अभी तक किराया नहीं दिया। जल्दी दिया करो।' कभी भी उसने नमस्कार नहीं किया। मेरे नमस्कार का जवाब वह तपाक से तगादे से देकर बढ़ जाता। मैंने ठान ली थी कि एक बार तो इससे नमस्कार कहलाऊँगा ही। एक माह मैंने पहली तारीख को ही किराया भेज दिया। चार तारीख को वह दिखा तो मैंने कहा—'नमस्कार!' उसने कहा—'अगले महीने भी जल्दी किराया भेज देना।'"

चौथे ने कहा, "भैया मैं तो उसका करीबी रिश्तेदार हूँ। मैं जब नागपुर में था, तब यहाँ किसी काम से आया, स्टेशन से सीधा उसके घर पहुँच गया। थोड़ी देर बाद उसने पूछा—'आप यहाँ ठहरे हैं, तो क्या भोजन भी यहीं करेंगे?' मैंने कहा—'हाँ-हाँ, इसमें पूछने की क्या बात है।' वह थोड़ी देर चुप रहा। फिर बोला—'आप अन्दाजे से कितनी रोटियाँ खायेंगे?' मैं बहुत परेशान हुआ। सोचा, सामान उठाकर होटल में चला जाऊँ। इतने नजदीक की रिश्तेदारी और ऐसा बर्ताव! पर मैं बर्दाश्त कर गया। मैंने कह दिया—'मैं क्या खाता हूँ! यही चार-पाँच रोटियाँ।' वह सन्तुष्ट हुआ। मुझे दो दिन सुबह-शाम साढ़े चार रोटियाँ मिलीं। मैंने चार-पाँच कहा था न! उसने औसत निकालकर साढ़े चार कर दीं। मुझे कुल तीन दिन वहाँ ठहरना था। तीसरे दिन सुबह उसने पूछा—'आप कितने दिन यहाँ ठहरेंगे?' मैंने कहा—'बस आज और!' उसने कहा—'हमारा नियम है कि दो दिन के लिए ही मेहमान रखते हैं। आगे वह मेहमान तो रहता है, पर 'पेइंग-गेस्ट' हो जाता है और डेढ़ रुपया थाली लगता है। अगर आपको आज भी मेहमान के रूप में रहना हो तो आप मेरे भाई से बात करो। ये तीन रुपये उसके हिसाब में चले जायेंगे।'"

हिसाब की बात सुनकर पाँचवाँ बोल पड़ा, "हिसाब की मत पूछो। मुझे खुद अनुभव है। उसका भाई मेरा अच्छा परिचित है। एक दिन उसने मुझसे कहा—'तुम्हारी पत्नी यहाँ नहीं है। होटल में खाते हो। कल दोपहर मेरे घर खाना खाओ।' मैं दोपहर को पहुँचा। बरामदे में यही महापुरुष मिला। प्रेम से बैठाया। हाल-चाल पूछे। फिर बोला—'किसी काम से आये हो?' मैंने कहा—'आपके भाई ने मुझे भोजन करने के लिए बुलाया था।' वह हँसा। बोला—'तुम भी उसके चक्कर

में आ गये। अरे, वह खाने के लिए लोगों को बुला लेता है, और बाद में बिल चुकाने में किनमिन करता है।' मैं फौरन वहाँ से भाग खड़ा हुआ।"

मैंने पाँचों की बातें सुनीं और मुझे लगा कि वह आदमी मनुष्यजाति की अमूल्य निधि है। उसकी बनावट पर शोध होनी ही चाहिए। विकासवाद में जिनका विश्वास है, वे देखें कि क्या यही वह 'मिसिंग लिंक' है जो वनमानुष और मनुष्य को जोड़ती है। जिन्हें सुपरमैन (महामानव) की कल्पना में विश्वास है, वे देखें कि क्या यही महामानव है। प्राणीशास्त्री भी अध्ययन करें कि यह कौन-सी नस्ल है। क्या यह आदमी की नस्ल का ही है? मनोविज्ञान-विशेषज्ञ इसके दिमाग का अध्ययन करें। मानव-विज्ञानवाले जाँच करें कि वह किन जीवन-मूल्यों को मानता है। यह भी शोध का विषय है कि पत्नी से उसके सम्बन्ध किस प्रकार के हैं।

इसीलिए मैं उससे विनती करनेवाला हूँ कि तू अपनी लाश मेडिकल इन्स्टीट्यूट को देकर मरना। मानवजाति के लिए जो तू जीवित अवस्था में नहीं कर सका, वह तेरी लाश कर देगी। बहुत लोगों की लाशें ज्यादा उपयोगी होती हैं। कई लोगों को देखकर लगता है, ये अगर जल्दी लाश हो जायें तो दुनिया का कितना भला कर जायें!

सबटेनेन्ट की कथा

अंग्रेजी में उसे 'सबटेनेन्ट' कहते हैं। यह जाति पहले पश्चिम में पैदा हुई थी, इसलिए नाम भी उधर से ही आया है। एक पण्डितजी आग्नेयास्त्र को तो मिसाइल का पूर्वज मानते हैं, पर वे भी कहते हैं कि महाभारत काल में कोई सबटेनेन्ट नहीं होता था। लिहाजा मैं राष्ट्र-गौरव को बिना क्षति पहुँचाये यह मान सकता हूँ कि सबटेनेन्ट आधुनिक शहरी सभ्यता की उपज है। देशी भाषा में उसे उपकिरायेदार कह सकते हैं।

एक किरायेदार होता है, टेनेन्ट। यह किरायेदार अपने किराये के मकान का एक हिस्सा किसी को किराये पर दे देता है। जैसे स्थापित भिखारी उखड़े हुए भिखारी को अपनी भीख में से एक पैसा दे दे। यह उपकिरायेदार याने सबटेनेन्ट हुआ।

मानवजाति की यह एक नयी उपनस्ल है। सबटेनेन्ट साधारण आदमी से भिन्न प्रकार का प्राणी होता है। यह एक अन्तर्राष्ट्रीय जाति है। इसे उपमानव भी कह सकते हैं। मनुष्यजाति का भविष्य एक हद तक सबटेनेन्ट के चरित्र, प्रकृति और कर्म पर निर्भर है। मजदूर वर्ग को संगठित करके जो क्रान्ति की योजना बनाते हैं, वे

सोचें कि अगर 'दुनिया के सबटेनेन्टो एक होओ' का नारा देकर यह प्राणी खड़ा हो गया, तो वर्ग-क्रान्ति का क्या रूप होगा।

मैंने देखा है, सबटेनेन्ट होते ही आदमी बदल जाता है। छः फुटा अपने को बौना समझने लगता है। एक खूबसूरत आदमी सबटेनेन्ट हो गया तो उसने मुहल्ले की स्त्रियों की तरफ देखना बन्द कर दिया। वह अपने को बदसूरत समझने लगा था। एक जालिम पुलिस अफसर कुछ महीनों के लिए सबटेनेन्ट हो गये थे, तो वे मुलजिम की तरह बर्ताव करने लगे।

विश्वविद्यालय के कुलपति अगर सबटेनेन्ट हो जायें तो वे अपने को ऐसा छात्र समझने लगेंगे, जो परीक्षा में दबा-दबा नकल कर रहा है।

किसी शेर को बकरे का सबटेनेन्ट बना दीजिये। वह क्या बकरे को खा जायेगा ? नहीं, वह मेमना हो जायेगा।

मेरे एक दोस्त ने सबटेनेन्ट रख लिया है। वह उसी के महकमे में काम करता है और तबादले पर आया है। दोनों का एक-सा ओहदा और ग्रेड है। वह मेरे दोस्त से ज्यादा सुन्दर, स्वस्थ और बुद्धिमान है। उसकी बीवी मेरे दोस्त की बीवी से ज्यादा सुन्दर और सुसंस्कृत है।

मगर वह सबटेनेन्ट है और मेरा दोस्त टेनेन्ट।

मैं दोनों को बदलता देख रहा हूँ। मेरे दोस्त की हीनता की भावना चली गयी है। साढ़े तीन कमरों का मकान उसके बाप ने पच्चीस साल पहले चालीस रुपये किराये पर लिया था। अब साठ हो गया है। दोस्त ने इसमें से डेढ़ कमरे सबटेनेन्ट को चालीस रुपये महावार पर दे दिये हैं। खुद दो कमरों में बीस रुपयों में रहता है। उसे ग्लानि कभी नहीं हुई कि उसने एक संकटग्रस्त साथी का शोषण कर लिया। उसे खुशी है कि दुनियादारी के हिसाब से यह एक उपलब्धि हुई। चौबीस घण्टे बगल में उसकी कृपा पर निर्भर एक आदमी सहमता-सा रहता है, यह एहसास उसके मन को ऊँचा उठाता है।

इधर सबटेनेन्ट को लगता है कि उसका शोषण हो रहा है। वह अन्याय का शिकार है। अपनी असमर्थता के बोध से उसका मन खीझ और हीनता से भर गया है। वह अपने को पीड़ित और अभागा मानता है। वह एहसान से दबा हुआ अनुभव करता है। उसे यह डर भी घेरे रहता है कि न जाने कब टेनेन्ट उसे निकाल दे। वह असुरक्षित महसूस करता है। उसे लगता है, रेत के टीले पर वह बैठा है और टीला खिसक रहा है। वह हीनता, ग्लानि और आशंका में जीता है। उसका निजत्व चला गया, व्यक्तित्व टूट गया, साहस साथ छोड़ चुका है।

सबटेनेन्ट होना उसकी समस्त चेतना पर छा गया है। वह अक्सर कहता पाया जाता है—अरे भैया, अपना क्या है। अपन तो सबटेनेन्ट हैं।

यह सहमता-सा घर में घुसता है, सहमता बाहर निकलता है। मुहल्ले में इस तरह चलता-फिरता है जैसे कोई विदेशी घुसपैठिया है। टेनेन्ट की बीवी उसे कभी दरवाजे पर खड़ी दिख जाती है, तो वह मुँह फेर लेता है।—सबटेनेन्ट को टेनेन्ट की

बीवी को देखने का हक नहीं है, ऐसी उसकी मान्यता है। उसकी बीवी सुन्दरी होते हुए भी टेनेन्ट की बीवी से अपने को हीन समझती है। उसके बच्चे डरे-डरे से रहते हैं। आपस में लड़ पड़ते हैं। कुसूर चाहे टेनेन्ट के बच्चों का हो, डाँट और मार इसी के बच्चे खाते हैं। मैं देखता हूँ, सबटेनेन्ट का पूरा परिवार दबी आवाज में बोलता है। पार्टीशन के उस तरफ से जो आवाजें आती हैं, वे कानाफूसी जैसी होती हैं।

पटियों से बनाये कामचलाऊ बाथरूम में सबटेनेन्ट नहाता होता है, तभी उस तरफ से आवाज आती है—नल बन्द करो। वह फौरन नल बन्द करके साबुन लगाये बैठा रहता है।

वह सब्जीवाले को पुकारता है तो बड़े धीमे-सहमते स्वर में, जैसे क्षमा याचना कर रहा हो। तेज और खुली आवाज में किसी को पुकारने का उसे साहस नहीं है।

कभी भिखारी को आटा देना है, तो इस तरह जैसे खुद भीख ले रहा हो।

टेनेन्ट मेरा सहकर्मी है। मैं अक्सर उसके पास जाता हूँ। मुझे देखते ही सबटेनेन्ट खड़ा हो जाता है और कहता है—पाठकजी घर पर ही हैं। वह इसे अपनी ड्यूटी समझ बैठा है कि टेनेन्ट के दोस्तों को उसकी उपस्थिति के बारे में बताये। या शायद वह अपनी सुरक्षा के लिए मुझे खुश रखना चाहता है।

कभी-कभी उसका मन सिर उठाता है। वह मानवोचित आत्मसम्मान की अभिव्यक्ति करना चाहता है। पर ज्यों ही उसे खयाल आता है कि वह सबटेनेन्ट है वह दब जाता है। उसकी और मेरे दोस्त की बैठक के बीच लकड़ी का पार्टीशन है। हम इस तरफ बैठते हैं, तो वह उस तरफ कम-से-कम हलचल करता है। बात बहुत धीमे करता है।

एक दिन उसे पता नहीं था कि हम लोग इधर बैठे हैं। वह भन्ना उठा। वह किसी से बोला—हमने तो साहब से साफ कह दिया कि नौकरी करते हैं, तो अपने को बेचा नहीं है। यह रखा है इस्तीफा।

यहीं मेरा दोस्त जोर से खाँसा। सबटेनेन्ट एकदम बुझ गया। लाचार स्वर में बोला—पर भैया, नौकरी आखिर नौकरी ही है। दबकर निभाना पड़ता है।

हम लोगों ने एक दिन की हड़ताल रखी थी। मैं और मेरा दोस्त हड़ताल में शामिल थे। सबटेनेन्ट जानता था कि हड़ताल फेल होगी। वह काम पर चला गया। शाम को लौटा तो अपराधी की तरह। धीरे-से साइकिल रखकर बैठ गया। इधर से मेरे दोस्त ने कहा—यार, हड़ताल फेल कैसे न हो जब अपने बीच में ऐसे गद्दार हैं।

उसने सुना। वह उस दिन से और ज्यादा हीन बन गया।

महीने-भर बाद फिर हड़ताल हुई। सबटेनेन्ट ने इस बार मन को बहुत पक्का बना लिया था। वह बता देना चाहता था कि वह कायर नहीं है। संघर्ष कर सकता है। खतरा उठा सकता है। उसने तय किया कि काम पर नहीं जायेगा। पर हम दोनों ने यह तय किया कि हम हड़ताल में शामिल नहीं होंगे। हम दोनों काम पर जाने को निकले तो देखा कि सबटेनेन्ट बड़ी शान से बैठा है। पहली बार मैंने उसके

चेहरे पर बेफिक्री और गर्व देखे।

चलते-चलते मेरे मित्र ने कहा, "कुछ पिद्दी समझते हैं कि वही क्रान्ति कर लेंगे।"

उसने सुना और ढीला हो गया।

हम दफ्तर पहुँचे तो देखा, पीछे-पीछे वह भी चला आ रहा है।

इन्स्पेक्टर मातादीन चाँद पर

वैज्ञानिक कहते हैं, चाँद पर जीवन नहीं है।

पर सीनियर पुलिस इन्स्पेक्टर मातादीन (डिपार्टमेण्ट में एम. डी. सा'ब) कहते हैं, "वैज्ञानिक झूठ बोलते हैं, वहाँ हमारे जैसे ही मनुष्यों की आबादी है।"

विज्ञान ने हमेशा इन्स्पेक्टर मातादीन से मात खायी है। फिंगर प्रिन्ट विशेषज्ञ कहता रहता है—छुरे पर पाये गये निशान मुलजिम की अँगुलियों के नहीं हैं। पर मातादीन उसे सजा दिला ही देते हैं।

मातादीन कहते हैं, "ये वैज्ञानिक केस का पूरा इनवेस्टिगेशन नहीं करते। उन्होंने चाँद का उजला हिस्सा देखा और कह दिया, वहाँ जीवन नहीं है। मैं चाँद का अँधेरा हिस्सा देखकर आया हूँ। वहाँ मनुष्यजाति है।"

यह बात सही है, क्योंकि अँधेरे-पक्ष के मातादीन माहिर माने जाते हैं।

पूछा जायगा इन्स्पेक्टर मातादीन चाँद पर क्यों गये थे ? टूरिस्ट की हैसियत से या किसी फरार अपराधी को पकड़ने ? नहीं, वे भारत की तरफ से सांस्कृतिक आदान-प्रदान के अन्तर्गत गये थे। चाँद सरकार ने भारत सरकार को लिखा था—'यों हमारी सभ्यता बहुत आगे बढ़ी है। पर हमारी पुलिस में पर्याप्त सक्षमता नहीं है। वह अपराधी का पता लगाने और उसे सजा दिलाने में अक्सर सफल नहीं होती। सुना है, आपके यहाँ रामराज है। मेहरबानी करके किसी पुलिस अफसर को भेजें जो हमारी पुलिस को शिक्षित कर दे।'

गृहमन्त्री ने सचिव से कहा, "किसी आई. जी. को भेज दो।"

सचिव ने कहा. "नहीं सर, आई. जी. नहीं भेजा जा सकता। प्रोटोकॉल का सवाल है। चाँद हमारा एक क्षुद्र उपग्रह है। आई. जी. के रैंक के आदमी को नहीं भेजेंगे। किसी सीनियर इन्स्पेक्टर को भेज देता हूँ।"

तय किया गया कि हजारों मामलों के इनवेस्टिगेटिंग ऑफीसर सीनियर इन्स्पेक्टर मातादीन को भेज दिया जाय।

चाँद की सरकार को लिख दिया गया कि आप मातादीन को लेने के लिए

पृथ्वी-यान भेज दीजिए।

पुलिस-मन्त्री ने मातादीन को बुलाकर कहा, "तुम भारतीय पुलिस की उज्ज्वल परम्परा के दूत की हैसियत से जा रहे हो। ऐसा काम करना कि सारे अन्तरिक्ष में डिपार्टमेण्ट की ऐसी जय-जयकार हो कि पी. एम. (प्रधान मन्त्री) को भी सुनायी पड़ जाय।"

मातादीन की यात्रा का दिन आ गया। एक यान अन्तरिक्ष अड्डे पर उतरा। मातादीन सबसे विदा लेकर यान की तरफ बढ़े। वे धीरे-धीरे कहते जा रहे थे—'प्रविसि नगर कीजै सब काजा, हृदय राखि कौसलपुर राजा।'

यान के पास पहुँचकर मातादीन ने मुंशी अब्दुल गफूर को पुकारा, "मुंशी!"

गफूर ने एड़ी मिलाकर सेल्यूट फटकारा। बोला, "जी, पेक्टसा!"

"एफ. आई. आर. रख दी है?"

"जी, पेक्टसा!"

"और रोजनामचे का नमूना?"

"जी, पेक्टसा!"

वे यान में बैठने लगे। हवलदार बलभद्दर को बुलाकर कहा, "हमारे घर में जचकी के बखत अपने खटला (पत्नी) को मदद के लिए भेज देना।"

बलभद्दर ने कहा, "जी, पेक्टसा!"

गफूर ने कहा, "आप बेफिक्र रहें, पेक्टसा! मैं अपने मकान (पत्नी) को भी भेज दूंगा खिदमत के लिए।"

मातादीन ने यान के चालक से पूछा, "ड्राइविंग लाइसेन्स है?"

"जी है, साहब!"

"और गाड़ी में बत्ती ठीक है?"

"जी, ठीक है।"

मातादीन ने कहा, "सब ठीक-ठाक होना चाहिए, वरना हरामजादे का बीच अन्तरिक्ष में चलान कर दूँगा।"

चन्द्रमा से आये चालक ने कहा, "हमारे यहाँ आदमी से इस तरह नहीं बोलते।"

मातादीन ने कहा, "जानता हूँ, बे! तुम्हारी पुलिस कमजोर है। अभी मैं उसे ठीक करता हूँ।"

मातादीन यान में कदम रख ही रहे थे कि हवलदार रामसंजीवन भागता हुआ आया। बोला, "पेक्टसा, एस. पी. साहब के घर में से कहे हैं कि चाँद से एड़ी चमकाने का पत्थर लेते आना।"

मातादीन खुश हुए। बोले, "कह देना बाई सा'ब से, जरूर लेता आऊँगा।"

वे यान में बैठे और यान उड़ चला। पृथ्वी के वायुमण्डल से यान बाहर निकला ही था कि मातादीन ने कहा, "अबे, हार्न क्यों नहीं बजाता?"

चालक ने जवाब दिया, "आसपास लाखों मील में कुछ नहीं है।"

मातादीन ने डाँटा, "मगर रूल इज रूल। हार्न बजाता चल।"

चालक अन्तरिक्ष में हार्न बजाता हुआ यान को चाँद पर उतार लाया। अन्तरिक्ष अड्डे पर पुलिस अधिकारी मातादीन के स्वागत के लिए खड़े थे। मातादीन रोब से उतरे और उन अफसरों के कन्धों पर नजर डाली। वहाँ किसी के स्टार नहीं थे। फीते भी किसी के नहीं लगे थे। लिहाजा मातादीन ने एड़ी मिलाना और हाथ उठाना जरूरी नहीं समझा। फिर उन्होंने सोचा, मैं यहाँ इन्स्पेक्टर की हैसियत से नहीं, सलाहकार की हैसियत से आया हूँ।

मातादीन को वे लोग लाइन में ले गये और एक अच्छे बँगले में उन्हें टिका दिया।

एक दिन आराम करने के बाद मातादीन ने काम शुरू कर दिया। पहले उन्होंने पुलिस लाइन का मुलाहजा किया।

शाम को उन्होंने आई. जी. से कहा, "आपके यहाँ पुलिस लाइन में हनुमानजी का मन्दिर नहीं है। हमारे रामराज में हर पुलिस लाइन में हनुमानजी हैं।"

आई. जी. ने कहा, "हनुमान कौन थे? हम नहीं जानते।"

मातादीन ने कहा, "हनुमान का दर्शन हर कर्त्तव्य-परायण पुलिसवाले के लिए जरूरी है। हनुमान सुग्रीव के यहाँ स्पेशल ब्रान्च में थे। उन्होंने सीता माता का पता लगाया था। एब्डक्शन का मामला था, दफा 362। हनुमानजी ने रावण को सजा वहीं दे दी। उसकी प्रापर्टी में आग लगा दी। पुलिस को यह अधिकार होना चाहिए कि अपराधी को पकड़ा और वहीं सजा दे दी। अदालत में जाने का झंझट नहीं, मगर यह सिस्टम अभी हमारे रामराज में भी चालू नहीं हुआ। हनुमानजी के काम से भगवान रामचन्द्र बहुत खुश हुए। वे उन्हें अयोध्या ले आये और टौन ड्यूटी में तैनात कर दिया। वही हनुमान हमारे आराध्य देव हैं। मैं उनकी फोटो लेता आया हूँ। उससे मूर्तियाँ बनवाइए और हर पुलिस लाइन में स्थापित करवाइए।"

थोड़े ही दिनों में चाँद की हर पुलिस लाइन में हनुमानजी स्थापित हो गये।

मातादीनजी उन कारणों का अध्ययन कर रहे थे जिनसे पुलिस लापरवाह और अलाल हो गयी है। वह अपराधों पर ध्यान नहीं देती। कोई कारण नहीं मिल रहा था। एकाएक उनकी बुद्धि में एक चमक आयी। उन्होंने मुंशी से कहा, "जरा तनखा का रजिस्टर बताओ।"

तनखा का रजिस्टर देखा, तो सब समझ गये। कारण पकड़ में आ गया।

शाम को उन्होंने पुलिस-मन्त्री से कहा, "मैं समझ गया कि आपकी पुलिस मुस्तैद क्यों नहीं है। आप इतनी बड़ी तनख्वाहें देते हैं, इसीलिए सिपाही को पाँच सौ, हवलदार को सात सौ, थानेदार को हजार—यह क्या मजाक है! आखिर पुलिस अपराधी को क्यों पकड़े? हमारे यहाँ सिपाही को सौ और इन्स्पेक्टर को दो सौ देते हैं तो वे चौबीस घण्टे जुर्म की तलाश करते हैं। आप तनख्वाहें फौरन घटाइए।"

पुलिस-मन्त्री ने कहा, "मगर यह तो अन्याय होगा। अच्छा वेतन नहीं मिलेगा

तो वे काम ही क्यों करेंगे ?"

मातादीन ने कहा, "इसमें कोई अन्याय नहीं है। आप देखेंगे कि पहली घटी हुई तनखा मिलते ही आपकी पुलिस की मनोवृत्ति में क्रान्तिकारी परिवर्तन हो जायेगा।"

पुलिस-मन्त्री ने तनखाहें घटा दीं और दो-तीन महीनों में सचमुच बहुत फर्क आ गया। पुलिस एकदम मुस्तैद हो गयी। सोते से एकदम जाग गयी। चारों तरफ नजर रखने लगी। अपराधियों की दुनिया में घबराहट छा गयी। पुलिस-मन्त्री ने तमाम थानों के रिकार्ड बुलवाकर देखे। पहले से कई गुने अधिक केस रजिस्टर हुए थे। उन्होंने मातादीन से कहा, "मैं आपकी सूझ की तारीफ करता हूँ। आपने क्रान्ति कर दी। पर यह हुआ किस तरह ?"

मातादीन ने समझाया, "बात बहुत मामूली है। कम तनखा दोगे, तो मुलाजिम की गुज़र नहीं होगी। सौ रुपयों में सिपाही बच्चों को नहीं पाल सकता। दो सौ में इन्स्पेक्टर ठाठ-बाट मेनटेन कर सकता है ? उसे ऊपरी आमदनी करनी ही पड़ेगी। और ऊपरी आमदनी तभी होगी जब वह अपराधी को पकड़ेगा। गरज कि वह अपराधों पर नजर रखेगा। सचेत, कर्त्तव्यपरायण और मुस्तैद हो जायेगा। हमारे रामराज के स्वच्छ और सक्षम प्रशासन का यही रहस्य है।"

चन्द्रलोक में इस चमत्कार की खबर फैल गयी। लोग मातादीन को देखने आने लगे कि वह आदमी कैसा है जो तनखा कम करके सक्षमता ला देता है। पुलिस के लोग भी खुश थे। वे कहते—'गुरु, आप इधर न पधारते तो हम सभी कोरी तनखा से ही गुज़र करते रहते।' सरकार भी खुश थी कि मुनाफे का बजट बनने-वाला था।

आधी समस्या हल हो गयी। पुलिस अपराधी पकड़ने लगी थी। अब मामले की जाँच-विधि में सुधार करना रह गया था। अपराधी को पकड़ने के बाद उसे सजा कैसे दिलायी जाय। मातादीन इन्तजार कर रहे थे कि कोई बड़ा केस हो जाय तो नमूने के तौर पर उसका इनवेस्टिगेशन कर बतायें।

एक दिन आपसी मारपीट में एक आदमी मारा गया। मातादीन कोतवाली में आकर बैठ गये और बोले, "नमूने के लिए इस केस का 'इनवेस्टिगेशन' मैं करता हूँ। आप लोग सीखिए। यह क़त्ल का केस है! क़त्ल के केस में 'एविडेंस' बहुत पक्की होनी चाहिए।"

कोतवाल ने कहा, "पहले क़ातिल का पता लगाया जायेगा, तभी तो 'एविडेंस' इकट्ठा की जायेगी।"

मातादीन ने कहा, "नहीं, उलटे मत चलो। पहले एविडेंस देखो। क्या कहीं खून मिला? किसी के कपड़ों पर या और कहीं ?"

एक इन्स्पेक्टर ने कहा, "हाँ, मारनेवाले तो भाग गये थे। मृतक सड़क पर बेहोश पड़ा था। एक भला आदमी वहाँ रहता है। उसने उठाकर अस्पताल भेजा। उस भले आदमी के कपड़ों पर खून के दाग लग गये हैं।"

मातादीन ने कहा, "उसे फौरन गिरफ्तार करो।"

कोतवाल ने कहा, "मगर उसने तो मरते हुए आदमी की मदद की थी।"

मातादीन ने कहा, "वह सब ठीक है। पर तुम खून के दाग ढूँढ़ने और कहाँ जाओगे? जो एविडेंस मिल रहा है, उसे तो कब्ज़े में करो।"

वह भला आदमी पकड़कर बुलवा लिया गया। उसने कहा, "मैंने तो मरते आदमी को अस्पताल भिजवाया था। मेरा क्या कसूर है?"

चाँद की पुलिस उसकी बात से एकदम प्रभावित हुई। मातादीन प्रभावित नहीं हुए। सारा पुलिस-महकमा उत्सुक था कि अब मातादीन क्या तर्क निकालते हैं।

मातादीन ने उससे कहा, "पर तुम झगड़े की जगह गये क्यों?"

उसने जवाब दिया, "मैं झगड़े की जगह नहीं गया। मेरा वहाँ मकान है। झगड़ा मेरे मकान के सामने हुआ।"

अब फिर मातादीन की प्रतिभा की परीक्षा थी। सारा महकमा उत्सुक देख रहा था।

मातादीन ने कहा, "मकान है, तो ठीक है। पर मैं पूछता हूँ झगड़े की जगह जाना ही क्यों?"

इस तर्क का कोई जवाब नहीं था। वह बार-बार कहता, "मैं झगड़े की जगह नहीं गया। मेरा वहीं मकान है।"

मातादीन उसे जवाब देते, "सो ठीक है, पर झगड़े की जगह जाना ही क्यों?" इस तर्क-प्रणाली से पुलिस के लोग बहुत प्रभावित हुए।

अब मातादीनजी ने इनवेस्टिगेशन का सिद्धान्त समझाया—

"देखो, आदमी मारा गया है, तो यह पक्का है कि किसी ने उसे जरूर मारा। कोई कातिल है। किसी को सजा होनी है। सवाल है—किसको सजा होनी है? पुलिस के लिए यह सवाल इतना महत्त्व नहीं रखता जितना यह सवाल कि जुर्म किस पर साबित हो सकता है या किस पर साबित होना चाहिए। कत्ल हुआ है, तो किसी मनुष्य को सजा होगी ही। मारनेवाले को होती है, या बेकसूर को यह अपने सोचने की बात नहीं है। मनुष्य मनुष्य सब बराबर हैं। सबमें उसी परमात्मा का अंश है। हम भेदभाव नहीं करते। यह पुलिस का मानवतावाद है।

"दूसरा सवाल है, किस पर जुर्म साबित होना चाहिए। इसका निर्णय इन बातों से होगा—(1) क्या वह आदमी पुलिस के रास्ते में आता है? (2) क्या उसे सजा दिलाने से ऊपर के लोग खुश होंगे?"

मातादीन को बताया गया कि वह आदमी भला है, पर पुलिस अन्याय करे तो विरोध करता है। जहाँ तक ऊपर के लोगों का सवाल है—वह वर्तमान सरकार की विरोधी राजनीतिवाला है।

मातादीन ने टेबिल ठोककर कहा, "फर्स्ट क्लास केस! एविडेंस। और ऊपर का सपोर्ट।"

एक इन्स्पेक्टर ने कहा, "पर हमारे गले यह बात नहीं उतरती कि एक

निरपराध भले आदमी को सजा दिलायी जाय।"

मातादीन ने समझाया, "देखो, मैं समझा चुका हूँ कि सबमें उसी ईश्वर का अंश है। सजा इसे हो या कातिल को, फाँसी पर तो ईश्वर ही चढ़ेगा न! फिर तुम्हें कपड़ों पर खून मिल रहा है। इसे छोड़कर तुम कहाँ खून ढूंढ़ते फिरोगे? तुम तो भरो एफ. आई. आर.।"

मातादीनजी ने एफ. आई. आर. भरवा दी। 'बखत जरूरत के लिए' जगह खाली छुड़वा दी।

दूसरे दिन पुलिस कोतवाल ने कहा, "गुरुदेव, हमारी तो बड़ी आफत है। तमाम भले आदमी आते हैं और कहते हैं, उस बेचारे बेकसूर को क्यों फँसा रहे हो? ऐसा तो चन्द्रलोक में कभी नहीं हुआ। बताइए, हम क्या जवाब दें। हम तो बहुत शर्मिन्दा हैं।"

मातादीन ने कोतवाल से कहा, "घबराओ मत। शुरू-शुरू में इस काम में आदमी को शर्म आती है। आगे तुम्हें बेकसूर को छोड़ने में शर्म आयेगी। हर चीज का जवाब है। अब आपके पास जो आये, उससे कह दो—हम जानते हैं कि वह निर्दोष है। पर हम क्या करें? यह सब ऊपर से हो रहा है।"

कोतवाल ने कहा, "तब वे एस. पी. के पास जायेंगे।"

मातादीन ने कहा, "एस. पी. भी कह दें कि ऊपर से हो रहा है।"

"तब वे आई. जी. के पास शिकायत करेंगे।"

"आई. जी. भी कहें कि सब ऊपर से हो रहा है।"

"तब वे लोग पुलिस मन्त्री के पास पहुँचेंगे।"

"पुलिस मन्त्री भी कहेंगे—'भैया, मैं क्या करूँ? यह ऊपर से हो रहा है।'"

"तो वे प्रधानमन्त्री के पास जायेंगे।"

"प्रधानमन्त्री भी कहें कि मैं जानता हूँ, वह निर्दोष है। पर यह ऊपर से हो रहा है।"

कोतवाल ने कहा, "तब वे···"

मातादीन ने कहा, "तब वे क्या? तब वे किसके पास जायेंगे? भगवान के पास न? मगर भगवान से पूछकर कौन लौट सका है?"

कोतवाल चुप रह गया। वह इस महान प्रतिभा से चमत्कृत था।

मातादीन ने कहा, "एक मुहावरा—ऊपर से हो रहा है, हमारे देश में पचीस सालों से सरकारों को बचा रहा है। तुम इसे सीख लो।"

केस की तैयारी होने लगी। मातादीन ने कहा, "अब चार-छः चश्मदीद गवाह लाओ।"

कोतवाल ने कहा, "चश्मदीद गवाह कोई कैसे मिलेंगे? जब किसी ने उसे मारते देखा ही नहीं, चश्मदीद गवाह कोई कैसे होगा?"

मातादीन ने सिर ठोंक लिया, 'किन बेवकूफों के बीच फँसा दिया गवर्नमेन्ट ने। इन्हें तो ए. बी. सी. डी. भी नहीं आती।'

झल्लाकर कहा, "चश्मदीद गवाह किसे कहते हैं, जानते हो? चश्मदीद वह नहीं है, जो देखे — बल्कि वह है जो कहे कि मैंने देखा।"

कोतवाल ने कहा, "ऐसा कोई क्यों कहेगा?"

मातादीन ने कहा, "कहेगा। समझ में नहीं आता कैसे डिपार्टमेन्ट चलाते हो! अरे, चश्मदीद गवाहों की लिस्ट पुलिस के पास पहले से रहती है। जहाँ जरूरत हुई उन्हें चश्मदीद बना दिया। हमारे यहाँ ऐसे आदमी हैं जो साल में तीन-चार सौ वारदातों के चश्मदीद गवाह होते हैं। हमारी अदालतें भी मान लेती हैं कि इस आदमी में कोई दैवी शक्ति है, जिससे वह जान लेता है कि अमुक जगह वारदात होनेवाली है और वहाँ पहले से पहुँच जाता है। मैं तुम्हें चश्मदीद गवाह बनाकर देता हूँ। आठ-दस उठाईगीरों को बुलाओ जो चोरी, मारपीट, गुण्डागर्दी करते हों। जुआ खिलाते हों या शराब उतारते हों।"

दूसरे दिन शहर के आठ-दस नररत्न कोतवाली में हाजिर थे। उन्हें देखकर मातादीन गद्गद हो गये। बहुत दिन हो गये थे, ऐसे लोगों को देखे, बड़ा सूना-सूना लग रहा था।

मातादीन का प्रेम उमड़ पड़ा। उसने कहा, "तुम लोगों ने उस आदमी को लाठी मारते देखा था न?"

वे बोले, "नहीं देखा साब! हम वहाँ थे ही नहीं।"

मातादीन जानते थे, यह पहला मौका है। फिर उन्होंने कहा, 'वहाँ नहीं थे, यह मैंने माना। पर लाठी मारते देखा तो था।''

उन लोगों को लगा कि यह पागल आदमी है। तभी ऐसी ऊटपटाँग बात करता है। वे हँसने लगे।

मातादीन ने कहा, "हँसो मत, जवाब दो।"

वे बोले, "जब थे ही नहीं, तो कैसे देखा?"

मातादीन ने गुर्राकर देखा। कहा, "कैसे देखा, तो बताता हूँ। तुम लोग जो काम करते हो, सब इधर दर्ज हैं। हर एक को कम-से-कम दस साल जेल में डाला जा सकता है। तुम ये काम आगे भी करना चाहते हो या जेल जाना चाहते हो?"

वे घबराकर बोले, "साब, हम जेल नहीं जाना चाहते।"

मातादीन ने कहा, "ठीक। तो तुमने उस आदमी को लाठी मारते देखा। देखा न!"

वे बोले, "देखा सा'ब। वह आदमी घर से निकला और जो लाठी मारना शुरू किया, तो वह बेचारा बेहोश होकर सड़क पर गिर पड़ा।"

मातादीन ने कहा, "ठीक है, आगे भी ऐसी वारदातें देखोगे?"

वे बोले, "सा'ब, जो आप कहेंगे, सो देखेंगे।"

कोतवाल इस चमत्कार से थोड़ी देर तो बेहोश हो गया। होश आया तो मातादीन के चरणों पर गिर पड़ा।

मातादीन ने कहा, "हटो। काम करने दो।"

कोतवाल पाँवों से लिपट गया। कहने लगा, "मैं जीवन-भर इन श्रीचरणों में पड़ा रहना चाहता हूँ।"

मातादीन ने आगे की सारी कार्यप्रणाली तय कर दी। एफ. आई. आर. बदलना, बीच में पन्ने डालना, रोजनामचा बदलना, गवाहों को तोड़ना--सब सिखा दिया।

उस आदमी को बीस साल की सजा हो गयी।

चाँद की पुलिस शिक्षित हो चुकी थी। धड़ाधड़ केस बनने लगे और सजा होने लगी। चाँद की सरकार बहुत खुश थी। पुलिस की ऐसी मुस्तैदी भारत सरकार के सहयोग का नतीजा थी। चाँद की संसद ने एक धन्यवाद का प्रस्ताव पास किया।

एक दिन मातादीनजी का सार्वजनिक अभिनन्दन किया गया। वे फूलों से लदे खुली जीप पर बैठे थे। आसपास जय-जयकार करते हजारों लोग। वे हाथ जोड़कर अपने गृहमन्त्री की स्टाइल में जवाब दे रहे थे।

जिन्दगी में पहली बार ऐसा कर रहे थे, इसलिए थोड़ा अटपटा लग रहा था। छब्बीस साल पहले पुलिस में भरती होते वक्त किसने सोचा था कि एक दिन दूसरे लोक में उनका ऐसा अभिनन्दन होगा। वे पछताये—अच्छा होता कि इस मौके के लिए कुरता, टोपी और धोती ले आते।

भारत के पुलिस मन्त्री टेलीविजन पर बैठे यह दृश्य देख रहे थे और सोच रहे थे, मेरी सद्भावना यात्रा के लिए वातावरण बन गया।

एक दिन चाँद की संसद का विशेष अधिवेशन बुलाया गया। बहुत तूफान खड़ा हुआ। गुप्त अधिवेशन था, इसलिए रिपोर्ट प्रकाशित नहीं हुई, पर संसद की दीवारों से टकराकर कुछ शब्द बाहर आये।

सदस्य गुस्से से चिल्ला रहे थे—

'कोई बीमार बाप का इलाज नहीं करता।'

'डूबते बच्चों को कोई नहीं बचाता।'

'जलते मकान की आग कोई नहीं बुझाता।'

'आदमी जानवर से बदतर हो गया। सरकार फौरन इस्तीफा दे।'

दूसरे दिन चाँद के प्रधानमन्त्री ने मातादीनजी को बुलाया। मातादीन ने देखा—वे एकदम बूढ़े हो गये थे। लगा, ये कई रातें सोये नहीं हैं।

रुआँसे होकर प्रधानमन्त्री ने कहा, "मातादीनजी, हम आपके और भारत सरकार के बहुत आभारी हैं। अब आप कल देश वापिस लौट जाइए।"

मातादीन ने कहा, "मैं तो 'टर्म' खत्म करके ही जाऊँगा।"

प्रधानमन्त्री ने कहा, "आप बाकी 'टर्म' का वेतन ले जाइए--डबल ले जाइए, ट्रिपल ले जाइए।"

मातादीन ने कहा, "हमारा सिद्धान्त है। हमें पैसा नहीं, काम प्यारा है।"

आखिर चाँद के प्रधानमन्त्री ने भारत के प्रधानमन्त्री को एक गुप्त पत्र लिखा।

चौथे दिन मातादीनजी को वापस लौटने के लिए अपने आई. जी. का आर्डर

मिल गया।

उन्होंने एस. पी. साहब के घर के लिए एड़ी चमकाने का पत्थर यान में रखा और चाँद से विदा हो गये।

उन्हें जाते देख पुलिसवाले रो पड़े।

बहुत अरसे तक यह रहस्य बना रहा कि आखिर चाँद में ऐसा क्या हो गया कि मातादीनजी को इस तरह एकदम लौटना पड़ा। चाँद के प्रधानमन्त्री ने भारत के प्रधानमन्त्री को क्या लिखा था?

एक दिन वह पत्र खुल ही गया। उसमें लिखा था—

इन्स्पेक्टर मातादीन की सेवाएँ हमें प्रदान करने के लिए अनेक धन्यवाद। पर अब आप उन्हें फौरन बुला लें। हम भारत को मित्र देश समझते थे, पर आपने हमारे साथ शत्रुवत व्यवहार किया है। हम भोले लोगों से विश्वासघात किया है।

आपके मातादीनजी ने हमारी पुलिस को जैसा कर दिया है, उसके नतीजे ये हुए हैं—

कोई आदमी किसी मरते हुए आदमी के पास नहीं जाता, इस डर से कि वह कत्ल के मामले में फँसा दिया जायेगा। बेटा बीमार की सेवा नहीं करता। वह डरता है, बाप मर गया तो उस पर कहीं हत्या का आरोप नहीं लगा दिया जाय। घर जलते रहते हैं और कोई बुझाने नहीं जाता—डरता है कि कहीं उस पर आग लगाने का जुर्म कायम न कर दिया जाय। बच्चे नदी में डूबते रहते हैं और कोई उन्हें नहीं बचाता। इस डर से कि उस पर बच्चे को डुबाने का आरोप न लग जाय। सारे मानवीय सम्बन्ध समाप्त हो रहे हैं। मातादीनजी ने हमारी आधी संस्कृति नष्ट कर दी है। अगर वे यहाँ रहे तो पूरी संस्कृति नष्ट कर देंगे। उन्हें फौरन रामराज में बुला लिया जाय।'

एक वैष्णव कथा

यह कहानी मैंने वैष्णवों के लिए लिखी है। मगर इसके पहले मैं वैष्णवों की एक पुरानी कथा सुनाना चाहता हूँ। यह पुरानी कथा पोथी से लेकर भजन तक में पायी जाती है।

एक दिन एक हाथी पानी पीने नदी में घुसा। वहाँ एक मगर ने उसका पाँव पकड़ लिया। बड़ी देर तक दोनों में लड़ाई होती रही और हाथी हार गया। मगर उसे निगलने की तैयारी कर रहा था कि हाथी ने भगवान को पुकारा। उसकी करुण पुकार सुनकर भगवान पैदल ही भागे आये। उन्होंने मगर को मारा और

हाथी का उद्धार किया। वैष्णव-भजनावली में इस घटना को स्थान मिला।

अब वैष्णवों के लिए मेरी कहानी शुरू होती है।

एक दिन एक शहर के अखबार में खबर छपी :

—पिछली रात को अमुक विभाग के दफ्तर में अचानक आग लग गयी। (दफ्तर का नाम नहीं बता रहा हूँ, क्योंकि इससे नये सिरे से जाँच शुरू हो जायेगी)। दफ्तर में रखे हुए रजिस्टर, फाइलें और दूसरे कागजात जलकर भस्म हो गये। आग लगने का कारण अभी तक अज्ञात है। दफ्तरों में आग पहले भी लगी है, पर वे अकसर चपरासी की बीड़ी से लगती हैं। पर इस दफ्तर का चपरासी बीड़ी नहीं पीता। उसके पास तमाखू का बटुआ पाया गया। पुलिस आग के कारणों की जाँच कर रही है।

एक हफ्ते बाद अखबार में फिर छपा :

—विस्तृत जाँच के बाद भी आग का कारण मालूम नहीं हो सका है। आग को सरकारी क्षेत्रों में रहस्यमय माना जा रहा है। उनका कहना है कि यह कोई दैवी चमत्कार था। लोगों को भी विश्वास है कि इसमें मनुष्य का हाथ होता तो पुलिस पता लगा लेती। आग अवश्य दैवी इच्छा का परिणाम थी।

सरकार ने और जनता ने मान लिया कि यह दैवी चमत्कार था। ऐसे दैवी चमत्कार अखबार में अक्सर छपते रहते थे। मामला यहीं बन्द कर दिया गया।

पर यह दैवी चमत्कार घटित कैसे हुआ? यही घटना वैष्णवों के लाभार्थ वर्णित कर रहा हूँ। यह किसी रिकार्ड में नहीं मिलेगी। मगर भजन में स्थान पा जायेगी :

—एक दिन उस दफ्तर के बाबू··· (बाबू का नाम नहीं खोलूंगा, क्योंकि जाँच फिर शुरू हो जायेगी) ने बबुआइन से कहा, "बुरे फँस गये। लाखों का गोलमाल है। कागजात जब्त हो गये हैं। खाये सबने हैं, पर ऊपरवाले नीचेवाले को फँसा रहे हैं। दो-तीन दिन में मैं सस्पेण्ड हो जाऊँगा। नौकरी जायेगी और जेल भी हो सकती है।"

बबुआइन भक्तिन थी। घूस और गबन का पैसा भी घर में आता, तो पहले भगवान के सिंहासन के सामने रखती। उसने कहा, "घबराओ मत, जिसकी रक्षा कोई नहीं करता उसकी रक्षा भगवान करते हैं। तुमने वह कथा तो सुनी ही होगी, जिसमें गज की पुकार पर भगवान पैदल दौड़े आये थे।"

बाबू ने कहा, "सुनी है। डिपार्टमेण्ट में ऊपर के सब लोग मगर हो गये हैं और मैं हाथी हूँ। यह भगवान के हस्तक्षेप के लिए सही केस है। पर मैं किस मुँह से उन्हें पुकारूँ? मैंने तो कभी उनका नाम नहीं लिया।"

पत्नी ने कहा, "पर मैं तो तुम्हारी अर्द्धांगिनी हूँ। मैं रोज उनकी पूजा-स्तुति करती हूँ। मेरा आधा पुण्य तुम्हारा हुआ ही। अपने भगवान जितनी छूट देते हैं, उतनी किसी के भगवान नहीं देते। अजामिल का मामला तो आपको मालूम ही है, जिन्दगी-भर पाप किये और एक बार भगवान का नाम लेने से उसका उद्धार हो

गया। तुम सच्चे हृदय से उन्हें पुकारो तो।"

शाम को बाबू ने आँखें बन्द कीं, हाथ जोड़े और प्रार्थना की—'भगवान, मेरा आपसे पूर्व-परिचय नहीं है। 'वाइफ' आपको जानती है। वह आपकी पूजा-स्तुति करती है। वह मेरी धर्मपत्नी है इसलिए आप पर मेरा भी 'क्लेम' है। अगर उसने एक लाख बार आपका नाम लिया है तो उसमें से पचास हजार मेरी तरफ का हुआ। अगर आपको यह 'फिगर' ज्यादा लगे, तो चालीस हजार ही सही। चालीस हजार भी आपको मंजूर न हो, तो तीस तो कहीं नहीं गये। इससे मैं एक भी कम नहीं करूँगा—आपको बुरा लगे चाहे भला। आपके लिए खास रियायत कर दी है वरना मैं दूसरे से पचहत्तर से कम पर बात ही नहीं करता। खैर, बात यह है कि मैं एक मामले में फँस गया हूँ। आपसे कुछ छिपा नहीं है। आप अन्तर्यामी हैं। हृदय की बात जानते हैं, तो दफ्तर की क्यों न जानेंगे। इस मामले में हर आदमी अपने नीचे-वाले को फँसा रहा है। हरएक के अपने बचाव के अलग तरीके हैं। मुझसे 'वाइफ' ने कहा है कि मैं आपकी मदद माँगूँ। तो आप आ जाइए और मुझे बचाइए। लेकिन ज़रा जल्दी कीजिए। आप 'एमरजेंसी' में भी पैदल आते हैं। उस हाथी को बचाने आप पैदल क्यों गये! मेरे 'केस' में आप मेहरबानी करके ऐसा न करें। किसी तेज सवारी पर आयें। टैक्सी कर लें। किराया मैं चुका दूँगा। मैं आपकी राह देख रहा हूँ।'

बाबू की पत्नी ने कहा, "तुम्हें प्रार्थना करना भी नहीं आता।"

"तो और कैसे की जाती है?"

"तुम तो इस तरह बात करते हो भगवान से जैसे उन्हें घूस दी हो और काम करवाना हो।"

"भई, हम तो एक ही रास्ता जानते हैं और उसकी भाषा बोल सकते हैं।"

"पर यह मामला भगवान का है।"

"भगवान का हो, चाहे आदमी का, अपना काम करवाने का एक ही तरीका है।"

"नहीं, भगवान की करुणा को जगाना चाहिए, उनकी स्तुति करनी चाहिए—हे सर्वशक्तिमान, हे दीनबन्धु, हे करुणामय, मुझ दीन पर दया करो।"

"अच्छा, तो यह सब तुम कह देना। कहना, मेरे पति ने आपसे जो कहा है, उसमें इतना और जोड़ लो।"

पति-पत्नी इन्तजार करते रहे कि अब क्या होता है।

बाबू ने ऊबकर कहा, "तुम्हारे भगवान ने ऐसे 'केस' में पहले भी मदद की है?"

"संकट में मदद तो वे करते ही रहते हैं। हजारों बार की है।"

"मेरा मतलब है, जैसे मामले में मैं फँस गया हूँ, वैसा मामला पहले भी हुआ है? यानी ऐसे मामले को 'डील' करने का उन्हें अनुभव है या नहीं? नहीं होगा, तो वे क्या जानें कि इसमें क्या करना है।"

"देखते जाओ। उनके लिए क्या मुश्किल है। वे चाहें तो सरकार को डिसमिस कर दें।"

"उससे क्या होगा? दूसरी सरकार आ जायेगी। उन्हें तो किसी देवदूत के द्वारा कागजातों की चोरी करवा लेनी चाहिए। सील लगा दी गयी है, पर भगवान चाहें तो सील तुड़वाकर चोरी करवा सकते हैं।"

"उन्हें तुम क्या बताओगे। वे सब जानते हैं।"

पति-पत्नी इन्तजार करते रहे।

आधी रात के बाद वह हुआ, जिसे बाबू-पत्नी 'चिमत्कार' कहती है।

एक देवदूत मुहल्ले में बाबू का मकान पूछता हुआ आया। दरवाजे पर दस्तक दी। बाबू ने दरवाजा खोला। देवदूत ने पूछा—

"तुम्हीं···बाबू हो?"

"जी, कहिए, कहाँ से आना हुआ?"

"देवलोक से आ रहा हूँ। भगवान ने भेजा है। तुमने उन्हें बुलाया था न?"

बाबू-पत्नी ने साधिकार कहा, "हाँ, पर वे खुद क्यों नहीं आये? पहले तो वे खुद आते थे।"

देवदूत ने कहा, "वह जमाना गया। अब माँग बहुत बढ़ गयी है। बड़े 'केस' में ही वे जा सकते हैं। लोग उनका मन्दिर बनवाते हैं और फिर इनकम-टैक्स की चोरी में फँस जाते हैं। वे वहाँ जायें या तुम्हारे टुच्चे मामले के लिए दौड़े आयें? तुम्हारे काम के लिए मैं काफी हूँ। बोलो, कौन तुम्हारे लिए मगर बना हुआ है?"

बाबू ने कहा, "सुपरिन्टेण्डेण्ट मुझे फँसा रहा है।"

"तो उसे मार डालूँ?"

इतना कहते ही फिर 'चिमत्कार' हुआ। न जाने कैसे सुपरिन्टेण्डेण्ट हाथ जोड़े हाजिर हो गया। बोला, "प्रभु, मेरी टाँग मेरे ऊपरवाला जबड़ों में पकड़े है। उसकी टाँग उससे ऊपरवाला। इस तरह सेक्रेटरी तक। हम एक-दूसरे के लिए मगर भी हैं और हाथी भी। मुझ दीन को मारने से आपका भक्त नहीं बचेगा। मेरे ऊपरवाला उसे पकड़ लेगा।"

देवदूत ने कहा, "तो तुम सबको मार डालूँ?"

"उससे भी कुछ नहीं होगा, प्रभु।"

"क्यों?"

"भगवन्, हमारी जगह दूसरे आ जायेंगे और आपके भक्त को पकड़ लेंगे।"

देवदूत सुपरिन्टेण्डेण्ट से खुश हो गया था। वह उसे प्रभु और भगवान कह रहा था। पुलिस कान्स्टेबिल को इन्स्पेक्टर साहब कहने से वह छोड़ देता है। देवदूत भी पिघल रहा था।

उसने पूछा, "तो फिर क्या किया जाय?"

बाबू ने कहा, "सर, आफत की जड़ वे कागजात हैं, जो सील कर दिये गये हैं। उन्हीं में सारे सबूत हैं। हम लोगों में आपस में कोई मतभेद या दुश्मनी नहीं है।

सबके दुश्मन वे कागजात हैं। अगर आप उन्हें चुराकर देवलोक ले जायें···"

देवदूत ने कहा, "सर्वशक्तिमान चोरी नहीं करते।"

भक्तिन बाबू-पत्नी बोली, "कैसे नहीं करते? वे तो माखन की चोरी करते थे। माखन-चोर उनका नाम ही है।"

देवदूत ने कहा, "खाने-पीने की चीज की बात अलग है। यह फाइलों का मामला है।"

बाबू ने कहा, "तो फिर दफ्तर में आग लगा दीजिए। चपरासी और पुलिस को ज़रा देर के लिए सुला दीजिए।"

देवदूत ने कहा, "तुम खुद क्यों नहीं लगा देते? चलो, मेरे सामने आग लगाओ।"

सुपरिन्टेण्डेण्ट ने कहा, "प्रभु, हम मनुष्य हैं। हमारी लगायी आग पकड़ी जायेगी। आप ही अपने कर-कमलों से लगा दीजिए।"

देवदूत ने कहा, "अरे, मैं तो इच्छा-मात्र से आग लगा सकता हूँ।"

तीनों दफ्तर के पास गये। देवदूत ने मन-ही-मन अग्नि का आह्वान किया। दफ्तर जलने लगा। सारे सबूत खाक हो गये।

एक भक्तिन ने पति के सारे डिपार्टमेण्ट को बचा लिया।

पुलिस पता लगाते-लगाते हार गयी, पर आग का कारण ज्ञात नहीं हो सका। लगे भी कैसे? वह आग तो दैवी चमत्कार थी। मनुष्य की क्या औकात कि दैवी-लीला को समझे!

यह कथा सत्य है और वैष्णवों के लाभार्थ मैंने कही है। कथा से दो शिक्षाएँ मिलती हैं :

1. वैष्णव बेखटके गबन कर सकता है, चोरी कर सकता है, काला पैसा जमा कर सकता है।
2. किसी दफ्तर में आग लग जाय तो शासन को उसकी जाँच की कोशिश नहीं करनी चाहिए। विश्वास कर लेना चाहिए कि आग दैवी इच्छा से लगी है। दैवी इच्छा में मनुष्य को हस्तक्षेप नहीं करना चाहिए।

छोटी-सी बात

संसद में शिक्षा-मन्त्री ने अपने बयान में कहा कि हाल में जो व्यापक छात्र आन्दोलन हुए, उनका आरम्भ एक छोटी-सी बात से हुआ था। एक कॉलेज का छात्र पिछले तीन वर्षों से एक अतिरिक्त लघुशंकागृह की माँग कर रहा था, पर वह नहीं

बनवाया गया। आखिर छात्रों ने आन्दोलन कर दिया, जो दूसरी संस्थाओं में भी फैल गया। (1965 का एक समाचार)

इस पर एक विदेशी अखबार ने टिप्पणी की—जिसे शिक्षा-मन्त्री ने छोटी बात कहा है, वह छोटी बात नहीं है। दुनिया के किसी देश के किसी कॉलेज के छात्रों ने लघुशंकागृह की माँग नहीं की। शिक्षा के इतिहास में ऐसा दूसरा उदाहरण नहीं मिलता। यह माँग अभूतपूर्व और महत्त्वपूर्ण है। दूसरी खास बात यह है कि किसी भी देश के छात्रों को इतने बड़े लघुशंकागृह की जरूरत नहीं पड़ती जो तीन सालों में भी न बन सके। ऐसा लगता है कि छात्र लघुशंकागृह नहीं, बल्कि अणु-संस्थान चाहते हैं। इतना विशाल लघुशंकागृह दुनिया के किसी भी कॉलेज में नहीं है। इस माँग से ही भारतीय छात्रों की क्षमता और सम्भावना का पता लगता है। इस देश के वरिष्ठ नेताओं का कहना है कि जब देश की आर्थिक हालत इतनी गिरी हुई है तो क्या हमारे तरुण कुछ साल लघुशंका किये बिना नहीं रह सकते। इतना खर्चीला शौक देश के भविष्य-निर्माताओं को शोभा नहीं देता। उन्हें धीरज रखना चाहिए। जब देश के अच्छे दिन आयेंगे, तब यदि वे चाहेंगे, तो हर दफ्तर को लघुशंकागृह बना दिया जायेगा।

यह तो सब ठीक है। पर असल बात न सरकार ने बतायी, न अखबारवालों को मालूम हुई। अन्दाज है, ऐसा हुआ होगा—

कॉलेज में एक ही लघुशंकागृह था। लड़कों को लाइन लगानी पड़ती थी। उनमें से कुछ प्रिंसिपल के पास गये और प्रार्थना की कि एक लघुशंकागृह और बनवा दें। प्रिंसिपल ने कहा, "तुम्हारी माँग जायज है, पर मुझे न एक ईंट रखवाने का अधिकार है, न उखड़वाने का। मैं ऊपर लिखता हूँ।"

प्रिंसिपल ने शिक्षा-सचिव को लिखा, शिक्षा-सचिव प्रिंसिपल के पत्र को लगातार छह महीने पढ़ते रहे, तब वह समझ में आया। हर शब्द और हर अक्षर को सैकड़ों बार पढ़ा—इतना कठिन और पेचीदा पत्र था वह। समझने के बाद उस पर छह महीने विचार हुआ। विचार के बाद शिक्षा-सचिव ने प्रिंसिपल को लिखा—'रिकार्ड देखने से मालूम होता है कि यह कॉलेज सन् 1930 में खुला था। तब से अब तक कभी लड़कों ने लघुशंकागृह की माँग नहीं की। मालूम होता है, 1965 में पहली बार इस कॉलेज के लड़के लघुशंका कर रहे हैं। प्रश्न है कि जब 35 सालों तक लघुशंका नहीं की, तो अब एकाएक कैसे लग आयी। मुझे इस माँग की सचाई में शक है। कृपया फिर से जाँच करके लिखिए कि क्या लड़के लघुशंका करने लगे हैं।'

प्रिंसिपल ने छात्र-नेताओं को बुलाकर शिक्षा-सचिव की चिट्ठी बतायी।

लड़कों ने कहा, "अगर आप कहें तो हम सचिवालय जाकर प्रत्यक्ष प्रमाण दे सकते हैं।"

प्रिंसिपल ने घबराकर कहा, "आप लोगों की इस क्षमता से मैं परिचित हूँ। ऐसा मत करो। मैं ही लिखे देता हूँ।"

प्रिंसिपल ने शिक्षा-सचिव को लिख दिया—"मैं व्यक्तिगत जानकारी के आधार पर विश्वास दिलाता हूँ कि लड़के लघुशंका करते है। अगर उन पर अविश्वास किया जायगा, तो वे प्रत्यक्ष प्रमाण देने लगेंगे। वैसे पिछले पैंतीस वर्षों में भी इस कॉलेज के लड़के लघुशंका करते रहे हैं। अब उनकी संख्या बढ़ रही है, इसलिए एक लघुशंकागृह की और जरूरत है।'

शिक्षा-सचिव ने एक नोट लिखकर अर्थ-मन्त्रालय को भेज दिया। अर्थ-मन्त्रालय में विशेषज्ञों की एक समिति इस प्रस्ताव के आर्थिक पहलुओं पर विचार करने बैठी। छह महीने के अथक अध्ययन के बाद अर्थ-सचिव ने यह नोट लिखकर वित्तमन्त्री को भेजा—'वैसे ही घाटे की अर्थ-व्यवस्था चल रही है, अगर लघुशंका-गृह बनवा दिया गया, तो और घाटा होगा। इसे कहाँ से पूरा करेंगे? हिसाब लगाने से मालूम होता है कि अगर हर कॉलेज में इस तरह लघुशंकागृह बनवाया गया तो लगभग नौ करोड़ का खर्चा होगा। अगर देश के युवकों की लघुशंका पर नौ करोड़ खर्चा किया गया तो योजनाओं के लिए पैसा कहाँ से लायेंगे? अगर नौ करोड़ का घाटा पूरा करने के लिए 'लघुशंका-कर' लगाया गया, तो बड़ा कड़ा विरोध होगा। कर की चोरी करने के लिए लोग छिपकर लघुशंका करेंगे जिससे जनता का नैतिक स्तर गिरेगा। कुछ लोग कर बचाने के लिए लघुशंका रोकेंगे, जिसका उनके स्वास्थ्य पर बुरा असर पड़ेगा।'

वित्तमन्त्री ने अपनी सारी राजनीतिक समझ इस मामले को समझने में लगा दी। उन्होंने सचिव से कहा, "यह मामला न लघुशंकागृह का है, न खर्च का। यह सरकार की बुनियादी नीति का मामला है। इस पर अर्थमन्त्रालय अलग से निर्णय नहीं ले सकता। इसके लिए मन्त्रिमण्डल की बैठक बुलानी पड़ेगी।"

मन्त्रिमण्डल की बैठक में शिक्षा-मन्त्री ने कहा, "यह छात्रों की अनुशासनहीता का मामला है। यह निर्लज्ज पीढ़ी है। अपने बुजुर्गों से लघुशंकागृह माँगने में भी इन्हें शर्म नहीं आती। कल ये लोग कहेंगे कि हमारे लिए वेश्यालय का इन्तजाम करो।"

किसी मन्त्री ने कहा, "इन लड़कों को विरोधी दल भड़का रहे हैं। मुझे इसकी जानकारी है। मैं जानता हूं कि विरोधी दल देश के तरुणों को लघुशंका करने के लिए उकसाते हैं। यदि इस पर रोक नहीं लगी, तो ये हर उस चीज़ पर लघुशंका करने लगेंगे, जो हमने बनाकर रखी है।"

गृहमन्त्री ने कहा, "यह मामला अन्ततः कानून और व्यवस्था का है। सरकार का काम लघुशंकागृह बनवाना नहीं, लॉं एण्ड आर्डर बनाये रखना है! मैं इस स्थिति से निपट लूंगा।"

तब प्रधानमन्त्री ने कहा, "प्रश्न यह है कि लघुशंकागृह बनवाया जाये या नहीं। इस पर गम्भीरता से विचार करना चाहिए। इस कॉलेज में पैंतीस साल से

लघुशंकागृह नहीं बना। अब एकदम लघुशंकागृह बनवा देना बहुत क्रान्तिकारी काम हो जायेगा। क्या हम इतना क्रान्तिकारी कदम उठाने को तैयार हैं ? धीरे-धीरे विकास में विश्वास रखते हैं, क्रान्ति में नहीं। यदि हमने यह क्रान्तिकारी कदम उठा लिया, तो सरकार का जो रूप देश-विदेश के सामने आयेगा, उसके व्यापक राजनीतिक परिणाम होंगे। मेरा खयाल है, सरकार अपने को इतना क्रान्तिकारी कदम उठाने के लिए समर्थ नहीं पाती।"

इसी वक्त छात्रों का धीरज टूट गया।

उन्होंने आन्दोलन छेड़ दिया।

दूसरे कॉलेजों के लड़कों को चूड़ियाँ भेज दी गयीं—आन्दोलन करो या चूड़ियाँ पहनकर घर में बैठो। चूड़ियों में आग लगा दी। जगह-जगह आन्दोलन भड़क उठा। यहाँ का आदमी अक्ल बताने को उतना उत्सुक नहीं रहता, जितना नरता बताने को। अगर किसी से कहा कि अपने सिर पर जूता मारो, या ये चूड़ियाँ पहन लो, तो वह चूड़ी के डर से जूता मार लेगा। लोगों ने लड़कों से पूछा, "यह आन्दोलन किस हेतु कर रहे हो ?" लड़कों ने कहा, "हमें नहीं मालूम। हमें तो चूड़ियाँ आ गयी थीं, इसीलिए कर रहे हैं।"

मगर राजधानी में सारे विदेशी दूतावास और पत्रकार चौंक पड़े। यह क्या हो रहा है ? विद्रोह ? क्रान्ति ?

एक दौर लाठीचार्ज और फायरिंग का चला।

विदेशी पत्रकार मन्त्रमुग्ध की तरह घूम रहे थे। उन्होंने संघर्ष समिति के प्रतिनिधि से मुलाकात की। कहा, "आपका यह देशव्यापी विद्रोह देखकर हम चकित हैं। आप देश को बदलना चाहते हैं। अपना 'मैनिफेस्टो' हमें दीजिए। हमें बताइए कि इस देश के सामाजिक-आर्थिक ढाँचे में क्या बुनियादी परिवर्तन आप लोग चाहते हैं ?"

छात्र नेता ने जवाब दिया, "हमें तो एक लघुशंकागृह चाहिए।"

एक फिल्म-कथा

यह रंजना और राकेश की प्रेम-कहानी है।

रंजना बहुत अच्छी लड़की है और उसे गाना भी आता है।

राकेश भी बहुत अच्छा लड़का है। वह एक करोड़पति का इकलौता बेटा है। वह थोड़ा आवारा है, क्योंकि उसे प्यार करना है और हमारे समाज में कोई भी अच्छी स्त्री किसी शरीफ आदमी से प्यार नहीं करती। राकेश को भी गाना

आता है।

राकेश की एक आदत है। वह उन स्थानों के आस-पास घूमता रहता है, जहाँ गुण्डे स्त्रियों को तंग करते हैं। ज्योंही किसी सुन्दरी को कोई गुण्डा छेड़ता है, राकेश उससे भिड़ जाता है और उसे पीटकर स्त्री को उसके घर पहुँचा देता है।

एक दिन इसी तरह, गुण्डों से घिरी रंजना को राकेश बचाता है और उसे घर पहुँचाने जाता है। रास्ते में रंजना राकेश को सत्रह बार देखती है और राकेश रंजना को इकतीस बार देखता है। तब रंजना उसके प्रति आभार प्रकट करती है और राकेश कहता है कि यह तो मेरा कर्तव्य था।

इतनी ही देर में रंजना राकेश की एक बुरी आदत छुड़वा देती है। राकेश चेन-स्मोकर है। रंजना कहती है, "यह बुरी आदत है, इसे छोड़ दीजिए!"

राकेश फौरन हाथ की सिगरेट फेंक देता है और सब जानते हैं कि उसने आज तक सिगरेट नहीं पी। उसका आवारापन अब सार्थक होने लगता है।

राकेश और रंजना अब पाँच गाने ऐसे याद करते हैं, जिन्हें डुएट या दुगाने कहते हैं। इन गानों में एक कड़ी नायक गाता है और दूसरी नायिका गाती है। ये गाने सीखकर वे अपने-अपने घर में बैठे एक-एक कड़ी गाते रहते हैं। उनके हृदय मिल गये हैं, इसलिए ज्यों ही एक गाना आरम्भ करता है, दूसरा जान जाता है और वह आगे गाने लगता है।

अपने घर में बैठकर, इस तरह पाँच गाने गाकर, वे एक बगीचे में मिलते हैं। वहाँ वे गाने गाते हैं और लुका-छिपी खेलते हैं। वहाँ कोई आदमी इस समय नहीं आता, क्योंकि नगरपालिका ने जो समय प्रेमियों के मिलने के लिए निश्चित कर दिया है, उस समय नागरिकों को आने की मनाही है। चारों कोनों पर पुलिस तैनात रहती है। प्रेमी युगल पाँचवाँ गाना गाने ही वाला है कि कहीं से एकाएक चाँद निकल पड़ता है। दोनों चाँद को देखते हैं और चाँदनी के बारे में एक गाना गाते हैं। गाना समाप्त होने पर वे कसमें खाते हैं कि हम एक-दूसरे के हो गये। 'हम जीवन-भर साथ रहेंगे', इस सम्बन्ध से एक और गाना गाकर वे अपने-अपने घर चले जाते हैं।

कुछ दिनों बाद रंजना पर दुःख टूट पड़ता है। उसकी माँ की मृत्यु हो जाती है। ज्योंही माँ प्राण छोड़ती है, रंजना दूसरे कमरे में जाकर माँ की मौत के बारे में एक गाना गाती है, जो उसने पहले से इस अवसर के लिए तैयार कर रखा है।

रंजना के पिता बाबू हरप्रसाद को लड़की के विवाह की चिन्ता है। वह गरीब आदमी हैं, इसलिए उसके लिए अच्छा वर प्राप्त नहीं कर सकते।

इधर राकेश के पिता बेटे की शादी एक रईस के घर करने की योजना बना रहे हैं। राकेश रंजना से शादी करने की इच्छा प्रकट करता है, पर पिता कहते हैं कि गरीब के घर विवाह करने से उनकी इज्जत चली जायेगी। "यह मेरी इज्जत का सवाल है।" उनका कहना है।

अब यहाँ खलनायक प्रकट होता है। सुरेन्द्रसिंह एक पुराने जमींदार का

इकलौता बेटा है। उसके पिता की मृत्यु हो चुकी है और वह अपार सम्पत्ति का मालिक हो गया है। सुरेन्द्रसिंह बहुत बदमाश आदमी है, क्योंकि उसकी तलवार-जैसी मूँछें हैं। वह हमेशा सिगरेट पीता और सीटी बजाता रहता है। उसके पास एक बड़ा भयानक कुत्ता है। वह शराबी, जुआरी, चरित्रहीन, अत्याचारी सबकुछ है। बाबू हरप्रसाद पर उसका पन्द्रह हजार कर्ज है और उनका मकान उसके पास रेहन रखा हुआ है। वह जब-तब मकान बेदखल कराने की धमकी देता रहता है। उसकी नजर रंजना पर है।

एक दिन राकेश रंजना को मोटर में घुमाने ले जाता है। रंजना मोटर की सवारी के बारे में एक गाना गाती है। बीच में मोटर फेल हो जाती है तो वह मोटर फेल होने के बारे में भी एक गाना गाती है। अब उसके पास चौदह गाने हो गये हैं।

राकेश भी गाने में पीछे नहीं है। वह दो गाने आवारागर्दी के बारे में गाता है। फिर एक दिन उसे सड़क के किनारे एक गरीब आदमी पड़ा दीखता है। उसे दया आ जाती है और वह वहीं रुककर गरीब की दुर्दशा के बारे में एक गाना गाता है, जिसमें वह सामने की अट्टालिका की ओर इशारा करके कहता है—"ऐ महल-वालो! देखो, तुम्हारे सामने ही गरीब पड़ा है!" अब राकेश के पास भी चौदह गाने हो गये हैं।

राकेश का मन गरीब को देखकर बहुत दुखी हो गया है, इसलिए वह रात को एक थियेटर में जाकर नाच देखता है।

एक दिन रंजना एक वैराइटी शो देखने जाती है। वह तीन नाच देखती है। चौथे नाच के लिए राकेश ही नर्तक के वेश में मंच पर आता है। ज्योंही रंजना की दृष्टि उससे मिलती है, वह उसे पहचान लेती है। दोनों मुस्करा उठते हैं। राकेश एक अन्तर्राष्ट्रीय नृत्य पेश करता है, जिसमें भरत-नाट्यम् और रॉक-एन-रोल का मिश्रण रहता है। रंजना यह देखकर बहुत प्रसन्न होती है कि राकेश को नाचना भी आता है। वह उसे पहले से अधिक प्यार करने लगती है।

सुरेन्द्रसिंह अपने कुत्ते को साथ लेकर कई दिन से शिकार पर गया था। वह लौट आता है। अब उसे रंजना की याद आती है और वह एक दिन बाबू हरप्रसाद को बुलाता है। सुरेन्द्रसिंह बाबू हरप्रसाद से कर्ज पटाने के लिए कहता है। वह फिलहाल असमर्थता प्रकट करते हैं। वह उनसे मकान छोड़ देने के लिए कहता है। बाबू हरप्रसाद अनुनय-विनय करते हैं, पर उस दुष्ट का हृदय नहीं पसीजता। वह कहता है कि यदि वह रंजना की शादी उससे कर दें, तो वह सब कर्ज छोड़ देगा। बाबू हरप्रसाद बिना कुछ उत्तर दिये चले आते हैं।

बाबू हरप्रसाद से खाना नहीं खाया जाता। रंजना पिता की चिन्ता का कारण समझ जाती है और कहती है कि मैं सुरेन्द्रसिंह से शादी करने के लिए तैयार हूँ। वह बलिदान करने के लिए तैयार है। बलिदान की परम्परा यहाँ से आरम्भ होती है। रंजना इस निर्णय के बाद अपने कमरे में जाती है और दरवाजा बन्द करके

दुर्भाग्य का गाना गाती है। फिर वह राकेश की तस्वीर हाथ में लेकर उससे बातें करती है।

दूसरे दिन रंजना राकेश को एक चिट्ठी लिखकर अपने निर्णय की सूचना दे देती है। लिखती है कि मुझे भूल जाओ।

राकेश के हृदय को बड़ा गहरा धक्का लगता है। वह एक निराशा का गाना गाता है। गाने के अन्त में वीर-रस आता है, जब वह कहता है कि ऐ कोमल हृदयों को कुचलनेवाली दुनिया ! हम तुझमें आग लगा देंगे।

रंजना की शादी की तिथि तय हो जाती है। रंजना और राकेश अपने-अपने घर में बैठकर चार गाने गाते हैं, जिनमें कहा गया है कि अब तुम हमें भूल जाओ, अब हम सदा के लिए बिछुड़ गये।

राकेश घोर निराशा में जंगल की ओर भाग जाता है, पर फिर उसे डर लगता है, इसलिए घर लौट आता है।

शादी की तिथि आ जाती है। बाजे-गाजे के साथ सुरेन्द्रसिंह अपनी बारात लाता है। रास्ते में उसे राकेश दीखता है। वह घोड़े पर बैठे-बैठे ही चेहरे पर के फूलों को जरा हटाकर, राकेश को मुँह चिढ़ाता है।

बारात मण्डप में आ जाती है। वेदी के सामने रंजना और सुरेन्द्रसिंह बिठा दिये जाते हैं। पण्डित वर-वधू के हाथ जोड़ देते हैं और मन्त्र पढ़ने की तैयारी करते हैं।

राकेश की एक खास आदत है। जब किसी शादी में शामिल होने जाता है तब जेब में पचीस-तीस हजार के नोट ले जाता है। जब वह देखता है कि लड़की किसी और को प्यार करते हुए भी, कर्ज के दबाव के कारण किसी और से शादी कर रही है, तो वह वहीं, मण्डप में ही लड़की के बाप का कर्ज पटाकर लड़की की शादी उसके प्रेमी से करा देता है।

आज वह पचास हजार के नोट लेकर आया है।

पण्डित राकेश के प्रकट होने की राह देख रहे हैं। वह मन्त्र पढ़ने में इसीलिए विलम्ब कर रहे हैं। उन्हें मालूम है कि प्रेम करनेवाली कन्याओं के पिता, राकेश से अपना कर्ज पटवाकर लड़की की शादी उसके प्रेमी से कर देते हैं।

पण्डित मन्त्रोच्चार करने ही वाले हैं कि सहसा भीड़ में से राकेश सामने आता है और बड़ी दबंग आवाज में कहता है, "ठहरो ! यह शादी नहीं हो सकती।"

एक सकता छा जाता है। सुरेन्द्रसिंह उठकर खड़ा हो जाता है और कड़ककर पूछता है, "तुम कौन होते हो बीच में बोलनेवाले ? शादी होकर रहेगी !"

यह साँस रोकने का स्थल है। देखें, क्या होता है ?

सुरेन्द्रसिंह बाबू हरप्रसाद से कहता है कि यह सब क्या घुटाला है ? बाबू हरप्रसाद को मालूम है कि राकेश पचास हजार के नोट लेकर आया है। वह राकेश की बात का समर्थन करते हैं।

तब सुरेन्द्रसिंह कहता है, "तो लाओ, मेरा कर्ज पटाओ !"

राकेश तुरत पचास हजार के नोट उसके मुँह पर फेंककर कहता है, "ले, अपनी धन की भूख शान्त कर !"

इसके बाद राकेश वहीं धनवानों की हृदयहीनता पर एक जोशीला भाषण देता है।

सुरेन्द्रसिंह का चेहरा क्रोध से लाल हो रहा है। वह मुकुट जमीन पर फेंक देता है, पुष्पहार तोड़ फेंकता है और दूल्हे का बाना उतारकर कोट की जेब में नोटों का बण्डल रख लेता है। न नोट गिनता है, न रसीद देता है। बाबू हरप्रसाद भी रसीद नहीं माँगते, क्योंकि पैसा उनकी जेब से तो गया नहीं है।

सुरेन्द्रसिंह पाँव पटकता हुआ मण्डप से बाहर चला जाता है। जाते-जाते कह जाता है, "याद रखना ! मेरा नाम सुरेन्द्रसिंह है। मैं बदला लेकर रहूँगा।"

बाबू हरप्रसाद राकेश से कहते हैं, "बेटा ! तुमने मेरी इज्जत बचा ली !"

राकेश संकोचपूर्वक कुछ अस्पष्ट उत्तर देता है, जिसका अर्थ है कि मैं तो इज्जत बचाता ही रहता हूँ।

पण्डित कहते हैं, "विवाह का मुहूर्त निकला जा रहा है !"

यह सुनकर राकेश और रंजना वेदी पर बैठ जाते हैं और पण्डित मन्त्र पढ़ देते हैं।

राकेश और रंजना बहुत प्रसन्न हैं। राकेश अब दुनिया को आग लगाने का इरादा त्याग देता है। दोनों एक बड़े मकान में रहते हैं और गाना गाते हैं। अब प्रत्येक के पास लगभग सत्ताईस गाने हो चुके हैं।

पर संसार में सुख और दुख का जोड़ा है। एक दिन राकेश सख्त बीमार होता है। रंजना डॉक्टर को नहीं बुलाती। वह भगवान् की मूर्ति के सामने पति की बीमारी के बारे में एक गाना गाती है। थोड़ी देर बाद राकेश अच्छा हो जाता है।

राकेश और रंजना अब सुखपूर्वक रह सकते हैं, पर वे नहीं रहते, क्योंकि अभी फिल्म केवल दो घण्टे की हुई है और दर्शक भूले न होंगे कि सुरेन्द्रसिंह जाते-जाते कह गया था—'याद रखना! मेरा नाम सुरेन्द्रसिंह है! मैं बदला लिये बिना नहीं रहूँगा।'

अब एक रहस्य और खुलता है। सुरेन्द्रसिंह के पास रंजना के कुछ पत्र हैं, जो किसी दूसरे प्रसंग के हैं, पर जिन्हें वह प्रेम-पत्र कहता है। वह रंजना को धमकी भेजता है कि मैं ये प्रेम-पत्र राकेश को दिखा दूंगा।

रंजना बहुत घबराती है और एकदम आत्महत्या करने चल देती है।

आत्महत्या करने की जगह नदी का एक खतरनाक घाट है। यहाँ बिल्कुल सुनसान रहता है। रंजना घाट की ओर चली जा रही है।

भारत में साधु बहुत हैं। इनसे समाज को बहुत लाभ है। इनका काम है, आत्महत्या करनेवाली स्त्रियों को बचाना और बिछुड़े हुए प्रेमियों को मिलाना। भारत-साधु-समाज की व्यवस्था के अनुसार सुन्दरियों के आत्महत्या करने के स्थानों के पास एक-एक साधु छिपकर बैठा रहता है। वह चौबीसों घण्टे देखता रहता है कि कौन आत्महत्या करने जा रही है। बारह घण्टे में उनकी ड्यूटी बदलती है।

जहाँ रंजना डूबने जा रही है, वहाँ भी एक साधु बैठा है। ज्योंही वह रंजना को देखता है, त्यों ही एक गाना गाता है, जिसमें वह सन्देश देता है कि हे प्राणी ! संसार तो दुख का स्थल ही है ! तू हिम्मत मत हार ! तेरे सुख के दिन आयेंगे।...

रंजना ठिठककर साधु के सन्देश पर विचार करती है, पर उसे उस पर विश्वास नहीं होता और वह घाट की ओर बढ़ जाती है।

रंजना एक ऊँचे कगार पर खड़ी है। नीचे अथाह पानी है। हवा सायँ-सायँ कर रही है। घोर सस्पेन्स का क्षण है, यह ! क्या होगा ? क्या रंजना कूद पड़ेगी ?

इधर वह साधु भी धीमे पग पीछे-पीछे चला आया है। रंजना को नहीं मालूम, क्योंकि उसने पीछे देखा ही नहीं। साधु रंजना के कूदने की राह देख रहा है। उसका नियम है कि जब तक सुन्दरी कूदने न लगे, वह उसे नहीं बचाता।

रंजना गिरने लगती है। साधु तुरत उसे पकड़ लेता है। रंजना मुड़ती है, साधु कहता है—'बेटी !' साधु उसे समझाता है और वह घर लौट जाती है। साधु कुटी में लौट जाता है और रिपोर्ट लिखकर भारत-साधु-समाज के केन्द्रीय कार्यालय को भेज देता है। रंजना पर साधु के उपदेश का असर पड़ता है। वह सत्य का सहारा लेती है। सुरेन्द्रसिंह की चालबाजी राकेश को बता देती है।

राकेश को बहुत क्रोध आता है, वह सुरेन्द्रसिंह के बँगले पर पहुँचता है। वहाँ देखता है कि सुरेन्द्रसिंह मरा पड़ा है। किसी ने उसकी हत्या कर दी है।

राकेश घबराकर भागता है। रास्ते में उसे पुलिस गिरफ्तार कर लेती है। रंजना बहुत दुखी है। वह दुख-भरे गाने गा-गाकर समय काटती है।

राकेश पर सुरेन्द्रसिंह की हत्या का मुकदमा चलता है। अदालत भरी है। न्यायाधीश महोदय राकेश के बयान लेते हैं। फिर सरकारी वकील सिद्ध करता है कि हत्या राकेश ने ही की है। राकेश का वकील इसका खण्डन करता है और सिद्ध करता है कि हत्या किसी और ने की थी, राकेश तो वहाँ बाद में पहुँचा। दर्शकों में बहुत सनसनी है। तीसरी बार यह सस्पेन्स की स्थिति है। अब क्या होगा ? क्या राकेश को फाँसी हो जायेगी ?

न्यायाधीश फाँसी की सजा सुनाने ही वाले हैं कि दर्शकों में से एक स्त्री चिल्लाती है—'राकेश निर्दोष है। हत्या मैंने की है !' स्त्री की बलिदान-भावना देखकर सारे दर्शक मुग्ध हो जाते हैं।

न्यायाधीश उस स्त्री को गिरफ्तार करवानेवाले ही हैं कि कहीं से भागता-भागता एक आदमी आता है और अदालत में घुसकर चिल्लाता है—'माई लार्ड ! हत्यारा मैं हूँ। सुरेन्द्रसिंह की हत्या मैंने की है।...'

सब अचम्भे में हैं। बड़ा सस्पेन्स है। इतने आदमियों को बलिदान करने के लिए तत्पर देखकर न्यायाधीश का हृदय भर आता है और वे सबको छोड़ देते हैं। उनका निर्णय है कि सुरेन्द्रसिंह ने आत्महत्या की है।

सब प्रसन्न हैं। रंजना और राकेश अब सुखपूर्वक रह सकते हैं, क्योंकि फिल्म तीन घण्टे की हो गयी है।

एक गोभक्त से भेंट

एक शाम रेलवे स्टेशन पर एक स्वामीजी के दर्शन हो गये। ऊँचे, गोरे और तगड़े साधु थे। चेहरा लाल। गेरुए रेशमी कपड़े पहने थे। पाँवों में खड़ाऊँ। हाथ में सुनहरी मूठ की छड़ी। साथ एक छोटे साइज का किशोर संन्यासी था। उसके हाथ में ट्रान्जिस्टर था और वह गुरु को रफी के गाने सुनवा रहा था।

मैंने पूछा, "स्वामीजी, कहाँ जाना हो रहा है?"

स्वामीजी बोले, "दिल्ली जा रहे हैं, बच्चा!"

मैंने कहा, "स्वामीजी, मेरी काफी उम्र है। आप मुझे 'बच्चा' क्यों कहते हैं?"

स्वामीजी हँसे। बोले, "बच्चा, तुम संसारी लोग होटल में साठ-साल के बूढ़े 'बैरे' को 'छोकरा' कहते हो न! उसी तरह हम तुम संसारियों को 'बच्चा' कहते हैं। यह विश्व एक विशाल भोजनालय है जिसमें हम खानेवाले हैं और तुम परोसनेवाले हो। इसीलिए हम तुम्हें 'बच्चा' कहते हैं। बुरा मत मानो। सम्बोधन मात्र है।"

स्वामीजी बात से दिलचस्प लगे। मैं उनके पास बैठ गया। वे भी बेंच पर पालथी मारकर बैठ गये। सेवक को गाना बन्द करने के लिए कहा।

कहने लगे, "बच्चा, धर्मयुद्ध छिड़ गया है। गोरक्षा-आन्दोलन तीव्र हो गया है। दिल्ली में संसद के सामने सत्याग्रह करेंगे।"

मैंने कहा, "स्वामीजी, यह आन्दोलन किस हेतु चलाया जा रहा है?"

स्वामीजी ने कहा, "तुम अज्ञानी मालूम होते हो, बच्चा! अरे, गौ की रक्षा करना है। गौ हमारी माता है। उसका वध हो रहा है।"

मैंने पूछा, "वध कौन कर रहा है?"

वे बोले, "विधर्मी कसाई।"

मैंने कहा, "उन्हें वध के लिए गौ कौन बेचते हैं? वे आपके सधर्मी गोभक्त ही हैं न?"

स्वामीजी ने कहा, "सो तो हैं। पर वे क्या करें? एक तो गाय व्यर्थ खाती है, दूसरे बेचने से पैसे मिल जाते हैं।"

मैंने कहा, "यानी पैसे के लिए माता का जो वध करा दे, वही सच्चा गौ-पूजक हुआ!"

स्वामीजी मेरी तरफ देखने लगे। बोले, "तर्क तो अच्छा कर लेते हो, बच्चा! पर यह तर्क की नहीं, भावना की बात है। इस समय जो हजारों गोभक्त आन्दोलन कर रहे हैं, उनमें शायद ही कोई गौ पालता हो। पर आन्दोलन कर रहे हैं। यह भावना की बात है।"

स्वामीजी से बातचीत का रास्ता खुल चुका था। उनसे जमकर बातें हुईं, जिसमें तत्त्व का मन्थन हुआ। जो तत्त्व-प्रेमी हैं, उनके लाभार्थ वार्तालाप आगे दे

रहा हूँ—

"स्वामीजी, आप तो गाय का दूध ही पीते होंगे ?"

"नहीं बच्चा, हम भैंस के दूध का सेवन करते हैं। गाय बहुत कम दूध देती है और वह पतला होता है। भैंस के दूध की बढ़िया गाढ़ी मलाई और रबड़ी बनती है।"

"तो क्या सभी गोभक्त भैंस का दूध पीते हैं ?"

"हाँ बच्चा, लगभग सभी।"

"तब तो भैंस का रक्षा-आन्दोलन करना चाहिए। भैंस का दूध पीते हैं, मगर माता गौ को कहते हैं। जिसका दूध पिया जाता है, वही तो माता कहलायेगी।"

"यानी भैंस को हम माता···नहीं बच्चा, तर्क ठीक है, पर भावना दूसरी है।"

"स्वामीजी, हर चुनाव के पहले गोभक्ति क्यों जोर पकड़ती है ? इस मौसम में कोई खास बात है क्या ?"

"बच्चा, जब चुनाव आता है, तब हमारे नेताओं को गोमाता सपने में दर्शन देती है। कहती है---बेटो, चुनाव आ रहा है। अब मेरी रक्षा का आन्दोलन करो। देश की जनता अभी मूर्ख है। मेरी रक्षा का आन्दोलन करके वोट ले लो। बच्चा, कुछ राजनीतिक दलों को गौ वोट दिलाती है, जैसे एक दल को बैल वोट दिलाते हैं। तो ये नेता एकदम आन्दोलन छेड़ देते हैं और हम साधुओं को उसमें शामिल कर लेते हैं। हमें भी राजनीति का मजा आता है। बच्चा, तुम हमसे ही पूछ रहे हो। तुम भी तो कुछ बताओ। तुम कहाँ जा रहे हो ?"

"स्वामीजी, मैं 'मनुष्य-रक्षा आन्दोलन' में जा रहा हूँ।"

"यह क्या होता है, बच्चा ?"

"स्वामीजी, जैसे गाय के बारे में मैं अज्ञानी हूँ, वैसे ही मनुष्य के बारे में आप हैं।"

"पर मनुष्य को कौन मार रहा है ?"

"इस देश के मनुष्य को सूखा मार रहा है, अकाल मार रहा है, महँगाई मार रही है। मनुष्य को मुनाफ़ाखोर मार रहा है, कालाबाजारी मार रही है। भ्रष्ट शासन-तन्त्र मार रहा है। सरकार भी पुलिस की गोली से चाहे जहाँ मनुष्य को मार रही है। बिहार के लोग भूखे मर रहे हैं।"

"बिहार ? बिहार शहर कहाँ है, बच्चा ?"

"बिहार एक प्रदेश है, राज्य है।"

"अपने जम्बूद्वीप में है न ?"

"स्वामीजी, इसी देश में है, भारत में।"

"यानी आर्यावर्त में ?"

"जी हाँ, ऐसा ही समझ लीजिए। स्वामीजी, आप भी मनुष्य-रक्षा आन्दोलन में शामिल हो जाइए न !"

"नहीं बच्चा, हम धर्मात्मा आदमी हैं। हमसे यह नहीं होगा। एक तो मनुष्य

हमारी दृष्टि में बहुत तुच्छ है। वे मनुष्य ही तो हैं, जो कहते हैं कि मन्दिरों और मठों में लगी जायदाद को सरकार ले ले। बच्चा, तुम मनुष्य को मरने दो। गौ की रक्षा करो। कोई भी जीवधारी मनुष्य से श्रेष्ठ है। तुम देख नहीं रहे हो, गोरक्षा के जुलूस में जब झगड़ा होता है, तब मनुष्य ही मारे जाते हैं। एक बात और है, बच्चा! तुम्हारी बात से प्रतीत होता है कि मनुष्य-रक्षा के लिए मुनाफ़ाखोर और कालाबाजारिये से बुराई लेनी पड़ेगी। यह हमसे नहीं होगा। यही लोग तो गोरक्षा आन्दोलन के लिए धन देते हैं। हमारा मुँह धर्म ने बन्द कर दिया है।"

"खैर, छोड़िए मनुष्य को। गोरक्षा के बारे में मेरी ज्ञान-वृद्धि कीजिए। एक बात बताइए। मान लीजिए आपके बरामदे में गेहूँ सूख रहे हैं। तभी एक गोमाता आकर गेहूँ खाने लगती है। आप क्या करेंगे?"

"बच्चा, हम उसे डण्डा मारकर भगा देंगे।"

"पर स्वामीजी, वह गोमाता है न। पूज्य है। बेटे के गेहूँ खाने आयी है। आप हाथ जोड़कर स्वागत क्यों नहीं करते कि आ माता, मैं कृतार्थ हो गया। सब गेहूँ खा जा।"

"बच्चा, तुम हमें मूर्ख समझते हो?"

"नहीं, मैं आपको गोभक्त समझता था।"

"सो तो हम हैं, पर इतने मूर्ख भी नहीं हैं कि गाय को गेहूँ खा जाने दें।"

"पर स्वामीजी, यह कैसी पूजा है कि गाय हड्डी का ढाँचा लिये हुए मुहल्ले में कागज और कपड़े खाती फिरती है और जगह-जगह पिटती है!"

"बच्चा, यह कोई अचरज की बात नहीं है। हमारे यहाँ जिसकी पूजा की जाती है उसकी दुर्दशा कर डालते हैं। यही सच्ची पूजा है। नारी को भी हमने पूज्य माना और उसकी जैसी दुर्दशा की, सो तुम जानते ही हो।"

"स्वामीजी, दूसरे देशों में लोग गाय की पूजा नहीं करते, पर उसे अच्छी तरह रखते हैं और वह खूब दूध देती है।"

"बच्चा, दूसरे देशों की बात छोड़ो। हम उनसे बहुत ऊँचे हैं। देवता इसीलिए सिर्फ हमारे यहाँ अवतार लेते हैं। दूसरे देशों में गाय दूध के उपयोग के लिए होती है; हमारे यहाँ वह दंगा करने और आन्दोलन करने के लिए होती है। हमारी गाय और गायों से भिन्न है।"

"स्वामीजी, और सब समस्याएँ छोड़कर आप लोग इसी एक काम में क्यों लग गये हैं?"

"इसी से सब हो जायगा, बच्चा! अगर गोरक्षा का कानून बन जाय, तो यह देश अपने-आप समृद्ध हो जायगा। फिर बादल समय पर पानी बरसायेंगे, भूमि खूब अन्न देगी और कारखाने बिना चले भी उत्पादन करेंगे। धर्म का प्रताप तुम नहीं जानते। अभी जो देश की दुर्दशा है, वह गौ के अनादर के कारण है।"

"स्वामीजी, पश्चिम के देश गौ की पूजा नहीं करते, फिर भी समृद्ध हैं?"

"उनका भगवान् दूसरा है, बच्चा! उनका भगवान् इस बात का खयाल नहीं

करता।"

"और रूस-जैसे समाजवादी देश भी गाय को नहीं पूजते, पर समृद्ध हैं।"

"उनका तो भगवान् ही नहीं है, बच्चा! उन्हें दोष नहीं लगता।"

"यानी भगवान् रखना भी एक झंझट ही है। वह हर बात पर दण्ड देने लगता है।"

"तर्क ठीक है, बच्चा, पर भावना गलत है।"

"स्वामीजी, जहाँ तक मैं जानता हूँ, जनता के मन में इस समय गोरक्षा नहीं है, महँगाई और आर्थिक शोषण है। जनता महँगाई के खिलाफ आन्दोलन करती है। वह वेतन और महँगाई-भत्ता बढ़वाने के लिए हड़ताल करती है। जनता आर्थिक न्याय के लिए लड़ रही है। और इधर आप गोरक्षा-आन्दोलन लेकर बैठ गये हैं। इसमें तुक क्या है?"

"बच्चा, इसमें तुक है। देखो, जनता जब आर्थिक न्याय की माँग करती है, तब उसे किसी दूसरी चीज में उलझा देना चाहिए, नहीं तो वह खतरनाक हो जाती है। जनता कहती है—हमारी माँग है—महँगाई बन्द हो, मुनाफ़ाखोरी बन्द हो, वेतन बढ़े, शोषण बन्द हो; तब हम उससे कहते हैं कि नहीं, तुम्हारी बुनियादी माँग गोरक्षा है। बच्चा, आर्थिक क्रान्ति की तरफ बढ़ती जनता को हम रास्ते में ही गाय के खूँटे से बाँध देते हैं। यह आन्दोलन जनता को उलझाये रखने के लिए है।"

"स्वामीजी, किसकी तरफ से आप जनता को इस तरह उलझाये रखते हैं?"

"जनता की माँग का जिन पर असर पड़ेगा, उनकी तरफ से। यही धर्म है। एक दृष्टान्त देते हैं। एक बार हजारों भूखे लोग एक व्यवसायी के गोदाम में भरे अन्न को लूटने के लिए निकल पड़े। व्यवसायी हमारे पास आया। कहने लगा—स्वामी, कुछ करिए। ये लोग तो मेरी सारी जमा-पूंजी लूट लेंगे। आप ही बचा सकते हैं। आप जो कहेंगे, सेवा करेंगे। तब बच्चा, हम उठे, हाथ में एक हड्डी ली और मन्दिर के चबूतरे पर खड़े हो गये। जब वे हजारों भूखे गोदाम लूटने का नारा लगाते आये, तो मैंने उन्हें हड्डी दिखायी और जोर से कहा—किसी ने भगवान् के मन्दिर को भ्रष्ट कर दिया। यह हड्डी किसी पापी ने मन्दिर में डाल दी। विधर्मी हमारे मन्दिर अपवित्र करते हैं, हमारे धर्म को नष्ट करते हैं। हमें शर्म आनी चाहिए। मैं इसी क्षण से यहाँ उपवास करता हूँ। मेरा उपवास तभी टूटेगा, जब मन्दिर की फिर से पुताई होगी और हवन करके उसे पुनः पवित्र किया जायगा। बस बच्चा, वह जनता आपस में ही लड़ने लगी। मैंने उनका नारा बदल दिया। जब वे लड़ चुके, तब मैंने कहा—धन्य है, इस देश की धर्म-प्राण जनता! धन्य हैं अनाज के व्यापारी सेठ अमुकजी! उन्होंने मन्दिर की शुद्धि का सारा खर्च देने को कहा है। बच्चा, जिसका गोदाम लूटने वे भूखे जा रहे थे, उसकी जय बोलने लगे। बच्चा, यह है धर्म का प्रताप। अगर इस जनता को गोरक्षा आन्दोलन में न लगायेंगे तो यह बैंकों के राष्ट्रीयकरण का आन्दोलन करेगी, तनख्वाह बढ़वाने का आन्दोलन करेगी, मुनाफ़ाखोरी के खिलाफ आन्दोलन करेगी। उसे बीच में उलझाये

रखना धर्म है, बच्चा।"

"स्वामीजी, आपने मेरी बहुत ज्ञान-वृद्धि की। एक बात और बताइए। कई राज्यों में गोरक्षा के लिए कानून हैं। बाकी में लागू हो जायेगा। तब यह आन्दोलन भी समाप्त हो जायेगा। आगे आप किस बात पर आन्दोलन करेंगे?"

"अरे बच्चा, आन्दोलन के लिए बहुत विषय हैं। सिंह दुर्गा का वाहन है। उसे सर्कसवाले पिंजड़े में बन्द करके रखते हैं और उससे खेल कराते हैं, यह अधर्म है। सब सर्कसों के खिलाफ आन्दोलन करके, देश के सारे सर्कस बन्द करवा देंगे। फिर भगवान् का एक अवतार मत्स्यावतार भी है। मछली भगवान् का प्रतीक है। हम मछुओं के खिलाफ आन्दोलन छेड़ देंगे। सरकार का मत्स्यपालन विभाग (फिशरीज़ महकमा) बन्द करवायेंगे।"

"स्वामीजी, उल्लू लक्ष्मी का वाहन है। उसके लिए भी तो कुछ करना चाहिए।"

"यह सब उसी के लिए तो कर रहे हैं, बच्चा! इस देश में उल्लू को कष्ट नहीं है। वह मजे में है।"

इतने में गाड़ी आ गयी। स्वामीजी उसमें बैठकर चले गये। बच्चा वहीं रह गया।

देश-भक्ति का पॉलिश

मेरा एक दोस्त विदेश में है। भारत-पाकिस्तान लड़ाई के दिनों में मुझे उसका एक पत्र मिला। लिखा था : पिछली रात मुझे सपने में भारत माता ने दर्शन दिये। मैंने कहा माँ, तुम्हारी जय हो रही है। हमलावर को मारकर भगाया जा रहा है। तुम्हारे पैंतालिस करोड़ बेटे तुम्हारी विजय के लिए सर्वस्व बलिदान करने को तैयार हैं। भारत माता ने कहा—तुम्हें अपने देश की सही जानकारी नहीं है। मेरी विजय उन पैंतालिस करोड़ के कारण नहीं हो रही है। कुछ खास लोग हैं, जिनके त्याग-पुण्य से मैं जीत रही हूँ। मैंने कहा—माँ, वे कौन लोग हैं? उन्होंने कहा—वे हर शहर में हैं। मैंने डरते-डरते पूछा—मेरे शहर में कोई है? भारत माता ने कहा—हाँ, तुम्हारे शहर में भी फर्म कुन्दनलाल सम्पतलाल के मालिक कंचन बाबू हैं। दोस्त, इतना कहकर भारत माता तो चली गयीं और मैं सुबह तक सोचता रहा कि अपने कंचन बाबू देश के लिए ऐसा क्या कर रहे हैं कि उनका नाम भारत माता की जबान पर आ गया है। मुझे बड़ी उत्सुकता है। तुम मुझे फौरन उनके बारे में पता लगाकर लिखो।

कंचन बाबू मशहूर आदमी हैं। चौक में उनकी दूकान है। वह अब रॉटरी क्लब और लॉयन्स क्लब के सदस्य भी हो गये हैं। पिछले कुछ दिनों से मैं उनका नाम ज्यादा सुनने लगा था। मगर मेरे लिए भी यह आश्चर्य की बात थी कि उनका नाम भारत माता विदेश में लेती हैं।

मैं सुबह उनसे मुलाकात करने चला। चौक के इस तरफ के चौराहे पर भीड़ दिखी। कंचन बाबू का नाम भी सुन पड़ा। झाँककर देखा कि कंचन बाबू जूतों पर पॉलिश कर रहे हैं। पास ही एक तख्ती रखी है, जिस पर लिखा है- -देश-रक्षा के लिए पॉलिश कराइए। पॉलिश की सारी आमदनी राष्ट्रीय सुरक्षा कोष में जायेगी। पॉलिश करते हुए कंचन बाबू बहुत अच्छे लग रहे थे। वह दुकान पर इतने अच्छे नहीं लगते थे, जितने यहाँ। हो सकता है, देश-प्रेम की भावना उन्हें तेज दे रही हो। यह भी हो सकता है कि उन्होंने सही धन्धा अब पाया हो।

वहाँ बात करने का मौका नहीं था। वह बहुत व्यस्त थे। ऐसा लगता था, जैसे भारतीय फौज मोर्चे पर खड़ी इन्तजार कर रही है कि कब कंचन बाबू पॉलिश करके तेरह पैसे उसे भेजें और वह उसकी गोली खरीदकर दुश्मन पर दागे। लगता था, वह सारी भारतीय फौज का खर्च पूरा कर रहे हैं और सिर्फ उनका खयाल करके फौज लड़ रही है। मैं डरा कि इस वक्त इन्हें छेड़ने से कहीं अपनी फौज का गोला-बारूद कम न पड़ जाय।

मैं शाम को उनके घर गया। मैंने कहा, "कंचन बाबू, आपका नाम भारत माता विदेश में ले रही है।"

"तुमसे किसने कहा? क्या भारत माता से तुम्हारा भी कोई सम्बन्ध है?"

"नहीं, कंचन बाबू, मैंने तो उनकी सिर्फ जय बोली है। मगर आपके प्रति उनकी विशेष ममता है। विदेश में मेरे एक दोस्त को उन्होंने सपने में बताया कि जिन कुछ लोगों के त्याग और पुण्य से उनकी जीत हो रही है, उनमें आप भी हैं।"

कंचन बाबू सकुचा गये। बोले, "अरे भई, यह तो उनकी कृपा है। मुझ क्षुद्र का नाम याद रखती हैं। इधर ये इनकमटैक्सवाले हैं कि हर बार उन्हें खुश रखता हूँ और वे हर बार भूल जाते हैं। पता नहीं, भारत माता इनकमटैक्स का महकमा बन्द क्यों नहीं कर देतीं!"

मैंने कहा, "आपसे वह खुश हैं। उनसे कहिए न!"

वह बोले, "हाँ, मुझे मिलें, तो मैं उनसे कहूँ कि माता, तुम्हारे इतने महकमे चलते हैं, इस एक को बन्द ही करा दीजिए न। नये इनकमटैक्स-अफसर को तो उनसे कहकर बरखास्त करा दूंगा।"

मैंने कहा, "कंचन बाबू, आपने देश-सेवा का यह तरीका क्यों अपनाया—यही पॉलिशवाला?"

वह बोले, "देश की पुकार मेरी आत्मा में गूँज उठी और मैंने प्रण किया कि मातृभूमि के लिए मैं पॉलिश करूँगा। मैं हफ्ते में दो दिन दो-दो घण्टे पॉलिश करता हूँ और सारी आमदनी सुरक्षा कोष में दे देता हूँ। मैं यह सिलसिला जारी रखूँगा।

एक बार जो चीज उठा ली, उसे मैं जल्दी नहीं छोड़ता। एक बार वनस्पति घी की एजेन्सी ले ली, तो अभी तक चल रही है।"

मैं उनकी तरफ देख रहा था। वह नजर बचा रहे थे। बचाते-बचाते भी नजर मिल गयी, तो मैं हँस पड़ा। वह भी हँस दिये। बोले, "तुम्हें भरोसा नहीं हुआ। अच्छा, सच बताऊँ?"

"हाँ, बिल्कुल सच।"

"तो सुनो। यार, ये तुम्हारे चन्देवाले बहुत तंग करते थे।"

"कौन चन्देवाले?"

"अरे, यही राष्ट्रीय सुरक्षा कोषवाले। यों तो हम चन्देवालों के मारे हमेशा परेशान रहते हैं, रोज ही कोई चन्दा लगा रहता है—कभी गणेशोत्सव है, तो कभी दुर्गोत्सव; कभी विधवाश्रमवाले आ जाते हैं, तो कभी अनाथालयवाले। अब ये राष्ट्रीय सुरक्षा कोषवाले आने लगे हैं।"

"मगर, कंचन बाबू, अनाथालय का चन्दा और राष्ट्रीय सुरक्षा कोष क्या एक-से हैं?"

"भई, अपने लिए तो एक ही हैं। चन्दा चन्दा सब एक। मुझे तो ऐसा लगता है कि एक बड़ा अनाथालय है। अनाथालय के लड़के बैण्ड बजाकर चन्दा माँगते हैं और ये देशवाले, नारे लगाकर। वे अनाथों की परवरिश के लिए माँगते हैं और ये देश की परवरिश के लिए। अच्छा, फिर दूसरों को तो रुपया-दो रुपया देकर टाला जा सकता है. पर ये देश-रक्षावाले तो बहुत मुँह फाड़ते हैं। कहते हैं—दो हजार दीजिए, तीन हजार दीजिए।"

उन्होंने मेरी तरफ देखा। मैं चुप रहा। उन्हें अब प्रश्न की जरूरत नहीं थी। वे समझाने लगे, "तो मैंने उन लोगों से कहा कि भैया, देश की रक्षा करना है, तो यह तो मैंने माना। पर ज़रा किफायत से करो न! देश-रक्षा क्या किफायत में नहीं हो सकती? ज्यादा खर्च होता हो, तो कह दो कि भाई, इस भाव में हमको पूरा नहीं पड़ता। वे क्या जवाब देते हैं। कहते हैं—कंचन बाबू, देश-रक्षा में किफायत नहीं देखी जाती। देश-प्रेम कोई धन्धा नहीं है! अच्छा भई, ठीक है। जैसे-तैसे यह गये, तो दूसरे आ गये! कहने लगे—मजदूर भी महीने में एक दिन का वेतन सुरक्षा-कोष में दे रहे हैं। आप भी महीने में एक दिन की आमदनी दीजिए। मैंने कहा—देशभक्तो, मैं अगर मजदूरों सरीखा करने लगूँगा, तो मैं भी किसी दिन मजदूर हो ज़ाऊँगा। वे टले, तो तीसरा गिरोह आ गया। ये ज़रा तेज लोग थे। रिकार्ड वगैरह देखकर आये थे। आते ही उन्होंने गोली दाग दी—कंचन बाबू, दूसरे महायुद्ध में आपकी दूकान से अंग्रेज सरकार को दस हजार रुपये वार-फण्ड में दिये गये थे। जब आपने ब्रिटिश साम्राज्य की रक्षा के लिए इतना दिया, तो अपने देश की रक्षा के लिए पाँच हजार तो दीजिए। देखो, कैसी पकड़ की है। दूसरा होता, तो चित हो जाता। पर मैं कंचनकुमार हूँ। मैंने जवाब दिया—देखो भाई, लड़ाई कमाने का मौका है, गँवाने का नहीं। दूसरे महायुद्ध में हमारे पिताजी बन गये थे। दस लाख

कमाया तो दस हज़ार दे भी दिया। लो साहब, और एकाध साल लड़ाई चलाओ। अब अंठारह साल में यह एक ढंग की लड़ाई छिड़ी है। पर आठ दिन भी नहीं हुए, कि आप माँगने आ गये ! और तुम्हारे देश की लड़ाई से कुछ कमा लें, तो तुम्हें भी दे देंगे।"

वह रुके तो मैंने कहा, "मैं यह जानना चाहता हूँ कि यह पॉलिश करने की बात आपको कैसे सूझी ?"

उन्होंने कहा, "वही बता रहा हूँ। तो मैं इन चन्देवालों से परेशान था। इसी बीच मेरा लड़का आया। वह लखनऊ विश्वविद्यालय में पढ़ता है। उसने कहा कि मुझे भी हॉस्टल के लड़के बहुत तंग करते थे। कहते कि तुम जेब-खर्च में से बचाकर आधा राष्ट्रीय सुरक्षा कोष में दो। मैंने सोचा, आधा जेब-खर्चा इन्हें दे दूँ, तो जिन्दगी का मजा ही किरकिरा हो जायेगा। एक रात मुझे तरकीब सूझ गयी। दूसरे दिन इतवार था। मैं पॉलिश का सामान लेकर होस्टल के सामने बैठ गया और घोषणा कर दी कि मैं हर इतवार को जूतों पर पॉलिश करके सुरक्षा-कोष के लिए पैसा इकट्ठा करूँगा। बस, फिर क्या था ! पैसा भी बचा और लड़के जय भी बोलने लगे। यार, तुम्हारी यह नयी पीढ़ी है तेज। कैसे क्रान्तिकारी विचार आते हैं इसके दिमाग में ! हम लोगों का नेतृत्व यही क्रान्तिकारी पीढ़ी करेगी। बस, मैंने लड़के को गुरु माना और यह पॉलिशवाला काम शुरू कर दिया। लोग मेरी बड़ी तारीफ करते हैं। कहते हैं—देखो, इतना बड़ा आदमी होकर देश के लिए पॉलिश कर रहा है। मैंने लोगों के दृष्टिकोण में ही क्रान्ति कर दी है।"

मैंने पूछा, "और राष्ट्रीय सुरक्षा कोषवाले ?"

उन्होंने कहा, "वे मुझसे अब चन्दा नहीं माँगते हैं। जो मुझे देशद्रोही कहने लगे थे, वे अब मेरी फोटो खींचते हैं। अब तो मैं उनके मुर्दाबाद के नारे लगवा सकता हूँ।"

मैंने यह सारा हाल लिखकर अपने प्रवासी मित्र को भेज दिया है। साथ ही यह भी लिख दिया—'दोस्त, अगर दुबारा भारतमाता तुम्हारे सपने में आयें, तो जरा ध्यान से देखना। बात यह है कि इधर दुश्मन के घुसपैठिये स्त्री का वेश धारण कर घुस आते हैं। मुझे शक है, वे सपने में भी घुसने लगे हैं।'

चमचे की दिल्ली-यात्रा

चमचा याने 'स्टूज'। हर बड़े आदमी का—कम-से-कम एक होता है। जिनकी हैसियत अच्छी है, वे एक से ज्यादा चमचे रखते हैं। सारे फरिश्ते भगवान के चमचे

हैं। शैतान ने भगवान का चमचा बनने से इनकार किया, तो उसे स्वर्ग से निकाल दिया गया—जैसे गैर-चमचे को चुनाव-टिकट नहीं दिया जाता।

एन्थनी ईडन चर्चिल के चमचे थे। बॉसवेल डॉ. जानसन का चमचा था। राष्ट्रपति लिंडन जानसन का चमचा जेन्किन्स था, जो चुनाव के कुछ दिन पहले यौन-अपराध में पकड़ा गया था। गाँधीजी तक के चमचे थे।

सबसे ज्यादा चमचे राजनीति के क्षेत्र के नेताओं के होते हैं। इतिहास साक्षी है कि दुनिया में जितनी उथल-पुथल हुई है, वह महापुरुषों के कारण नहीं बल्कि उनके चमचों के कारण हुई है। जब भी चमचे ने अपनी अक्ल से कुछ किया है, तभी उपद्रव हुए हैं। इसलिए हर बड़ा आदमी विश्वहित में इस बात की सावधानी बरतता है कि उसका चमचा कभी भी अपनी अक्ल का उपयोग न करे।

मेरा अन्दाज है, इस समय देश में राजनीति के क्षेत्र में लगभग पाँच हजार चमचे काम कर रहे हैं। ये प्रधान चमचे हैं। फिर इनके स्थानीय स्तर के उपचमचे और अतिरिक्त चमचे होते हैं। ये सब हीनता, मुफ्तखोरी, लाभ और कुछ वफादारी की ओर से अपने नेता से बँधे रहते हैं। इनमें गजब की अनुशासन-भावना होती है। अगर किसी उपचमचे को जनपद की सीट का टिकट चाहिए तो वह सीधा नेता के पास नहीं जायेगा। वह प्रधान चमचे से कहेगा और प्रधान चमचा नेता से बात करके उसका काम करायेगा। इस तरह नेता का दुनिया से सम्पर्क सिर्फ चमचे के मारफत होता है और कुछ दिनों में उसका यह विश्वास हो जाता है कि इस विशाल दुनिया में मेरे चमचों के सिवा कोई और नहीं रहता। अपनी दुनिया को इस तरह छोटा करके जीने का सुख नेता कुछ साल भोगता है और फिर उसी नाव पर इस सुख का बोझ इतना हो जाता है कि नाव नेता को लेकर डूब जाती है। चमचे तैरकर किनारे लग जाते हैं और दूसरे नेता के चमचे हो जाते हैं। उसके डूबने तक वे उस नेता के चमचे बने रहते हैं। नेता मरता रहता है; चमचे अमर होते हैं। चमचा ज्यों-ज्यों परिपक्व होता जाता है, त्यों-त्यों नेता बनता जाता है। उसके अपने उपचमचे तरक्की पाकर चमचे हो जाते हैं और उसकी नाव डुबाकर खुद किनारे लग जाते हैं। कुछ चमचे जीवन-भर सिर्फ चमचा बने रहने का व्रत पालते हैं और पचीसों नेताओं को डुबाने का पुण्य प्राप्त करते हैं।

चमचा बनना आसान नहीं है। एक अच्छे चमचे का निर्माण कई सालों में होता है। भारतीय प्रजातन्त्र का यह सौभाग्य है कि यहाँ स्वतन्त्रता के बाद बहुत जल्दी काफी संख्या में चमचे बन गये। इसका कारण यह है कि चमचों का निर्माण स्वतन्त्रता संग्राम के जमाने में शुरू हो गया था। उस दौर में नेता लोग अपने भावी चमचों को जेल भेजने की कोशिश करते थे। आन्दोलन में जब ऐसा लगता कि इस बार सरकार सख्ती कम करेगी, जेल कम दिनों की होगी और वहाँ आराम भी रहेगा, तब हर नेता अपने ज्यादा-से-ज्यादा चमचों को जेल भेजने की कोशिश करता था। तब जेल जाने के लिए वैसी ही होड़ होती थी जैसी अब चुनाव-टिकट के लिए होती है। जब भारत स्वतन्त्र हुआ और प्रजातन्त्र आया, तो हर नेता को

अपने शिक्षित और अर्द्धनिर्मित चमचे मिल गये। इससे भारतीय प्रजातन्त्र में एकदम स्थायित्व आ गया। एशिया और अफ्रीका के नये स्वतन्त्र जिन देशों में आजादी की लड़ाई के दौर में चमचों का निर्माण इस तरह नहीं हुआ था, वहाँ प्रजातन्त्र नहीं टिक सका। चाहे साम्राज्यवाद हो, चाहे प्रजातन्त्र—दोनों चमचों की बुनियाद पर खड़े रहते हैं।

चमचा बड़ी तरकीब से यह बात फैलाता है कि नेता का वह विश्वासपात्र है, उनका आत्मीय है और वे उसकी बात कभी नहीं टालते। वह उनके साथ जगह-जगह दिखता है। उनका बस्ता रखे रहता है। ठीक पीछे मुस्कराता खड़ा रहता है। नेता के गले में माला पड़ती है, तो चमचा गद्‌गद होता है। नेता आगे बढ़ता है, तो चमचा रास्ता बनाता जाता है। वह सफर में उनके साथ होता है, मंच पर पीछे बैठा मुग्ध होता रहता है, ड्राइंग-रूम में बैठा दिखता है और रसोईघर में भी घुस जाता है। लोग उसे देखते हैं और लाभ उठानेवाले समझ जाते हैं कि इसी की मारफत काम हो सकता है। चमचे की कीमत समाज में बढ़ जाती है। उसे लोग चाय पिलाते हैं, पान खिलाते हैं और वह 'भैया सा'ब' के गुण-गान करता है। यह कहना नहीं भूलता कि भैया सा'ब मुझसे पूछे बिना कुछ नहीं करते।

किसी क्षेत्र के लिए वह ऐतिहासिक क्षण होता है, जब चमचा कहता है—राजधानी जाना है। भैया सा'ब ने बुलाया है।

सारे इलाके में हलचल मच जाती है। दो-चार दूकानों पर बैठकर और दो-चार जगह चाय पीकर चमचा प्रचार कर देगा कि भैया सा'ब का काम उसके बिना नहीं चल सकता। इतना करके वह एक-दो दिन घर बैठ जाता है। उसके पास काम करानेवाले आने लगते हैं—

—कब जा रहे हो दिल्ली?

—बस आज या कल। चला तो कल ही जाता, पर आज एक मीटिंग थी।

—तो भैया, इस बार किसी तरह हमारा काम हो ही जाय। देखो, बहुत दिन हो गये।

—हाँ-हाँ, इस बार हो ही जायेगा। वह तो पिछली बार ही हो जाता, पर सेक्रेटरी बाहर था। इस बार तो भैया सा'ब मिनिस्टर का हाथ पकड़कर करवा देंगे।

उपचमचे अपने काम में जुट जाते हैं और लोगों को चमचे के पास लाते जाते हैं। चमचा सबको विश्वास दिलाता है कि अगर यह सही है कि पृथ्वी घूम रही है, तो वह निश्चित ही अपने भैया सा'ब के आसपास घूम रही है।

फिर वह सहज ही कह देता है—राजधानी में रहने-खाने का तो सुभीता है। भैया सा'ब के घर हो जाता है। पर साले दफ्तर बड़ी दूर-दूर हैं। टैक्सी में बहुत पैसा लग जाता है।

इस इशारे को काम करानेवाले समझ जाते हैं और उसे कुछ रुपये टैक्सी के लिए दे देते हैं।

चमचा बहुत-से काम ले लेता है---किसी का परमिट लाना है, किसी को नगर-पालिका में भेजना है, किसी पर से मुकद्रमा उठवाना है, किसी के हरजाने का मामला तय करना है, किसी का चुनाव-टिकट पक्का करना है। भैया सा'ब के लिए वह विरोधी गुट की कुछ कमजोरियाँ, कुछ षड्यन्त्र और फूट की कथाएँ रख लेता है। इस तरह लैस होकर चमचा रेलगाड़ी में बैठ जाता है।

भैया सा'ब के घर में चमचा बड़े हल्ले के साथ पाँव पटकते हुए घुसता है। इसका कारण यह है कि वह जानता है, इस घर में मेरे आने का हक कोई नहीं मानता। आम चमचों से नेता के घर के लोग और नौकर नफरत करते हैं। वह चमचा हजारों में एक होता है जिसे नेता भी चाहे, उनका परिवार भी और नौकर भी। चमचा इस बात को जानता है, इसलिए अपने मन को मजबूत करने के लिए और सबको यह बताने के लिए कि यहाँ मैं घर का आदमी समझा जाता हूँ, पाँव पटककर घर में घुसता है। नौकर मुँह फेरकर हँसता है और फिर नाराजी से उसे देखता है। नेता की पत्नी कहती है—लो, वह फिर आ गया।

चमचा जबरदस्ती अपने को घर में जमा लेता है। नेता ने उसे बुलाया नहीं है, पर वह आ गया है, तो उन्हें एतराज भी नहीं।

अब चमचा अपना काम शुरू कर देता है। वह बातें करता जाता है। कभी नेता उसकी तरफ देख लेते हैं। कभी कोई सवाल कर देते हैं। मगर वे लगभग मौन सुनते जाते हैं। वे बैठक में हैं तो चमचा वहाँ बात कर रहा है। वे बरामदे में आ गये, तो चमचा बरामदे में आकर बात करने लगा। वे बाथरूम में गये, तो चमचा बाहर खड़ा-खड़ा बोल रहा है। पाखाने से तो वे संस्कारों के कारण नहीं बोलते पर नहाते हुए उसकी बात पर कभी 'हूँ' कह देते हैं। नेता सिर पर कंघी कर रहे हैं और चमचा पीछे खड़ा-खड़ा बोल रहा है।

—गुप्ता गुट के लोग सिन्धियों पर डोरे डाल रहे थे। मैंने कहा—देखो रे, सिन्धियो, अभी तुम्हारे बहुत-से 'क्लेम' बकाया हैं। ज़रा सोच-समझकर। बस उस दिन से गुप्ता गुट की दाल नहीं गली।

—भैया सा'ब, इस बार हिरमानी को म्युनिसिपैलिटी में भेज दीजिए न। पक्का अपना आदमी है।

—जैन लोग उस दिन मिले थे। मैंने कहा—भैया सा'ब ने कह दिया है, तो पत्थर की लकीर समझो।

—साबूराम के लाइसेंस का मामला अभी लटक रहा है, भैया सा'ब। वह पीछे पड़ रहा है।

—इस बार पी. सी. सी. में बड़ा तूफान उठेगा। रामसिंह की 'इन्क्वारी' का मामला है न। पर सुना है, ठाकुरों में फूट पड़ गयी है। आधे अपना साथ देंगे।

—कलेक्टर आजकल गुप्ता गुट की बड़ी चिरौरी करता है। इसका तबादला होना चाहिए। वे लोग 'लेच्छी' को लेकर आपको बदनाम करने की कोशिश कर रहे हैं।

—आजकल मिसराजी की बैठक डाक्टर साहब के यहाँ बढ़ गयी है। मैंने डाक्टर साहब को टटोलने की कोशिश की थी। मुझे तो शक है भैया सा'ब, कहीं उधर न चला जाय। उस इलाके में आपका एक बार आना बहुत जरूरी है।

चमचा इस तरह बोलता ही जायेगा। नेता सुनते रहेंगे और काम करते रहेंगे।

नौकर ने चाय लाकर रखी, तो चमचे को फौरन एक बात सूझ गयी। उसने नौकर को पुकारा—क्यों रे देवी, यह क्या चाय ले आया! तुझे मालूम नहीं है कि भैया सा'ब 'स्ट्रांग' चाय पीते हैं। ले जा इसे। दूसरी ला।

भैया सा'ब 'स्ट्रांग चाय नहीं पीते। वे एक घूंट पी भी लेते हैं। कहते हैं—ठीक है; रहने दो।

चमचा कहता है—नहीं, रहने दीजिए। इसे ले जा, देवीसिंह।

नौकर आकर खड़ा है। दुविधा में है कि कप उठाऊँ या नहीं।

इतने में नेता के 'नहीं-नहीं' कहने पर भी चमचा कप उठाकर नौकर को दे देता है—तुझे अकल नहीं है। अच्छी चाय बनाकर ला।

चमचे के 'ओवरएक्टिंग' से सब स्तब्ध हैं—नेता की पत्नी, बच्चे और नौकर। भैया सा'ब सिर नीचा करके बरदाश्त कर लेते हैं। चमचा पालना बड़े धैर्य का काम है।

तीन-चार दिन वहाँ रहकर चमचा नेता से रेल-किराया लेकर गाड़ी में बैठ जाता है। उसकी जेब में सभी के लिए आशा और आश्वासन भरे होते हैं।

आशंका-पुत्र

सिलसिलेवार आठ खण्ड हैं, इस इमारत में। मैं तीसरे खण्ड में हूँ। दो खण्डों को एक पतली दीवार विभाजित करती है। बरामदे में यह केवल आधी ही उठी है। इस तरफ की आवाज दीवार को छेदकर या पार करके मजे में उस तरफ चली जाती है। कोई 'प्राइवेसी' नहीं—जिसका अपना मकान नहीं, उसकी भी क्या 'प्राइवेसी'! किराये पर देने के लिए जब मकान बनवाया जाता है, तो खास खयाल रखा जाता है कि किरायेदार को भूल से भी कहीं कोई सुविधा न मिल जाय। रेडियो-नाटक की तरह ध्वनि के सहारे, एक खण्ड का जीवन दूसरे खण्डवालों को ठीक समझ में आ जाता है। इन आठों परिवारों में परस्पर कुछ छिपा नहीं है, यद्यपि हरएक छिपाने की कोशिश करता है और समझता भी है कि सबकुछ छिपा है। मध्यमवर्ग के परिवार हैं सब—बाबू, मास्टर, इन्स्पेक्टर। स्थायी नीरसता

निवास करती है यहाँ। कभी-कभी नीरसता से ऊबकर, ये घर-घुसी स्त्रियाँ आपस में शौकिया लड़ पड़ती हैं। कलह से सस्ता मनोरंजन और क्या होगा? हाँ होता है—सो बच्चों की पलटन भी तो लगी है। पुरुष भी पक्ष-विपक्ष सँभाल लेते हैं और इतने जोर से गाली तथा चुनौती देते हैं कि लगता है दो-चार सौ आदमियों को तो ये अभी मार डालेंगे। पर थोड़ी देर में यह 'उष्ण-युद्ध', 'शीत-युद्ध' में बदल जाता है; यानी हर पक्ष अपने पड़ोसी से विपक्षी की निन्दा करता है। मैं नया किरायेदार हूँ, अभी केवल दर्शक हूँ। कोशिश बराबर चलने लगी है कि नाटक में हिस्सा भी लूँ।

इन परिवारों से मेरा अब परिचय होने लगा है। दाहिनी ओर मेरे पड़ोसी पाण्डेजी ने मेरा ध्यान विशेष आकर्षित किया है। पाण्डे कभी-कभी विनय का अतिरेक कर देता है। कितना झुकता है। वह आबकारी महकमे में किसी पद पर है। यहाँ के निवासियों में ठीक 'फिट' नहीं होता, थोड़े ऊँचे स्तर का है। पत्नी है; चार बच्चे खूब बढ़िया कपड़े पहिनते हैं और स्त्री जब बाहर निकलती है, तब स्त्री कम मालूम होती है, चलता-फिरता सराफाबाजार अधिक। गहनों से लदी है। उम्र अधिक नहीं है; रूप है; गहने हैं—बड़ी ठसक से चलती है, मानो शेष सात परिवारों की स्त्रियों को पाँवों से रौंदती जाती हो। पतिव्रता ऊँचे दर्जे की है—दिन-भर सड़क पर पाण्डे की राह देखती रहती है और यदि दफ्तर से लौटने में जरा देर हो जाती है, तो घबरा जाती है। दरवाजे से टिकी चिन्ताकुल पथ निहारती रहती है।

पाण्डे का किसी से विशेष मेलजोल नहीं है। सबके बीच रहकर भी वह सबसे अलग रहता है। हर छोटी-बड़ी बात में उसका अलगाव और विशेषत्व प्रकट हो जाता है। आज की ही बात है। हमारा मेहतर बीमार है, इसलिए दो दिनों से सफाई करने नहीं आया। उस सिरे पर रहनेवाले गौतम बाबू आज एक मेहतर ले आये और हम लोगों ने तय किया कि हर परिवार दो आने दे, तो वह सफाई कर देगा। सब लोग एकदम तैयार हो गये, पर पाण्डे ने निर्णय करने के लिए पन्द्रह मिनट लिये! भीतर गया, पति-पत्नी में इस महत्त्वपूर्ण मामले पर चर्चा हुई और तब पाण्डे ने बाहर आकर अपनी सहमति कुछ इस तरह दी मानो अपने पाखाने की सफाई कराना मंजूर करके वह हम सब पर अहसान कर रहा है। मैं सोचने लगा कि आखिर इस छोटी-सी बात में सलाह-मशविरा करने को क्या था? शायद पति-पत्नी यह विचार कर रहे हों कि इस प्रस्ताव में पड़ोसियों का क्या प्रयोजन है? कहीं कोई षड्यन्त्र तो नहीं है? सफाई करा लेने से कोई अनिष्ट तो नहीं हो जायेगा? और एकदम मान लेने से कोई मानहानि तो न होगी?

अजीब आदमी है यह पाण्डे। आज मुझसे एक सज्जन मिलने आये। उन्होंने बाहर से मुझे पुकारा, तो मुझसे पहले पाण्डे बाहर आया और लगा पूछने—किससे मिलना है? कौन हैं आप? क्या काम है? आगन्तुक को अच्छा नहीं लगा। किससे मिलना है, यह तो मेरा नाम पुकारने से ही स्पष्ट था और उन्हें यह मालूम नहीं था कि पड़ोसी के 'सेंसर' के बिना कोई मुझसे मिल नहीं सकता। वे बिना जवाब

दिये, मेरे पास आकर बैठ गये। मैं दीवार के पास ही बैठा था। उधर पाण्डे दीवार से कान लगाकर हमारी बातें सुनने लगा। बड़ी देर से रोकी हुई घबराहट-भरी साँस के छूटने का शब्द मुझे साफ सुनायी देता है। मेरे पास आनेवालों को वह बड़े शक से देखता है। कभी-कभी उसके चले जाने के बाद वह सहमता हुआ, घबराता हुआ मेरे पास आता है और पूछता है—कौन थे ये? कहाँ रहते हैं? क्या काम करते हैं? क्या कह रहे थे? उसे मुहल्ले में किसी का आना कतई पसन्द नहीं है।

मुझे यहाँ आये अब काफी दिन हो गये हैं। पर अभी भी पाण्डे मुझसे चौंकता है, आज मैंने इस बात को स्पष्ट देखा। मैंने सुबह उससे नमस्कार किया, तो वह एकदम घबरा गया। चौंककर जवाब दिया—अरे, नमस्कार, नमस्कार! फिर मैंने सहज ही पूछ लिया—कहिए, क्या हाल है? वह अब तो और व्याकुल हो गया। उसे लगा कि मुझे उसके किसी भावी अनिष्ट का पूर्वाभास हो गया है और मैं व्यंग कर रहा हूँ। बड़ी मुश्किल है मेरी—नमस्कार करता हूँ तो घबरा जाता है और दो-चार दिन नहीं बोलता हूँ, तो भी घबराया हुआ आता है और खोद-खोदकर पूछता है कि मैं उससे क्यों नहीं बोलता। अकेले मुझसे ही नहीं, सभी से वह सशंकित रहता है। मुझसे अधिक इसलिए कि उसे मालूम है, मैं पत्रकार हूँ और मेरा सभी प्रकार के लोगों से सम्बन्ध है।

मुझे क्या लेना-देना है। होगा पाण्डे, जैसा है। मैं क्यों उसमें इतनी दिलचस्पी लूं? ज्यों-ज्यों मेरी बढ़ती दिलचस्पी को वह भाँपता जाता है, त्यों-त्यों उसका भय बढ़ता जाता है। मैंने उसे दफ्तर से आते-आते देखा है। हाथ में छाता पकड़े, आसपास चौकन्नी दृष्टि डालता हुआ वह हड़बड़ाता चलता है। बार-बार पीछे देखता है। कोई पीछे से तेजी से आ रहा हो, तो मुड़कर देखने लगता है और उसके निकल जाने पर आगे बढ़ता है। ऐसा मालूम होता है कि किसी भी क्षण, किसी भी दिशा से आक्रमण हो जाने का डर है और वह हमेशा आत्मरक्षा के लिए सतर्क रहता है।

आज मैंने उसे पान दिया। उसने नहीं लिया। बोला—मैं नहीं खाता। सरासर झूठ बोला। उसके रचे हुए होंठ मेरे सामने थे। और मैं हमेशा उसके दोनों गाल बीड़ों से फूले देखता हूँ। वह बाहर पान नहीं खाता। उसे डर है कि पान में कोई कुछ खिला न दे। बच्चों को भी कहीं कुछ खाने नहीं देता। एक दिन मैंने बच्चों को चॉकलेट दे दी, तो पति-पत्नी ने उन्हें बहुत डाँटा और चॉकलेट फिकवायी। इन बच्चों की भी क्या बात है! यदि कोई प्यार से उन्हें देखे, तो चीखने लगते हैं—

अम्मा! बाबूजी!

आज एक पड़ोसी से पाण्डे-परिवार का झगड़ा हो गया। पाण्डे की पत्नी बच्चों को शौच के लिए यहीं सामने बिठा देती है। यही रास्ता है। आज गौतम बाबू ने कहा—पाण्डेजी, ज़रा रास्ते से हटाकर बिठाया करो बच्चों को। बड़ा गुस्सा आया पति-पत्नी को। उन्हें लगा कि उनका स्वत्व-हरण हो रहा है। बच्चों को ठीक रास्ते

पर शौच के लिए बिठाने पर आपत्ति करने मे जैसे उनका हक छीना जा रहा हो। बड़ी कटुता से बोला पाण्डे— अपने बच्चे सबको प्यारे लगते हैं। गौतम ज़रा तीखे आदमी हैं। कह उठे—बच्चों से प्यार है कि बच्चों के पाखाने से? जवाब नहीं दे पाये, तुनक गये। लगे दोनों कुढ़ने और बड़बड़ाने—सब हमसे बैर पाले हैं···हम किसी को फूटी आँख नहीं सुहाते···सब हमसे जलते हैं···सब बड़े दुष्ट हैं···कभी-कभी रात के सन्नाटे में मुझे पति-पत्नी की बातें सुनायी पड़ जाती हैं। पत्नी सबकी शिकायत करती है; पाण्डे सबको गाली देता है। उनकी बातों से यह निष्कर्ष निकलता है कि दुनिया-भर के लोगों को एक ही काम है—इनका अनिष्ट करना!

आज बड़ा लड़का स्कूल से ठीक पाँच बजे नहीं लौटा। एक मित्र के साथ चला गया था। पर माँ-बाप इस प्रकार की समस्त सम्भावनाओं को लाँघकर एकदम अनिष्ट की आशंका के छोर तक पहुँच गये। मुझसे पाण्डे कहने लगा—मेरे बड़े भाई से मेरी अनबन हो गयी है। उनके दोस्त का लड़का उस स्कूल में मास्टर है। कहीं उसी ने तो लड़के को कुछ नहीं कर दिया। मैं तो पहले ही उसे वहाँ भरती कराने में डर रहा था।

थोड़ी देर बाद लड़का हँसता-खेलता आ गया।

पाण्डे ने मिठाई बाँटी।

एक और हरकत मैंने देखी। जितनी देर घर में रहता है, हर दस-पन्द्रह मिनट में दरवाजे से केवल गर्दन बाहर निकालकर चारों ओर देखता है। सड़क पर चलता आदमी अगर सहज ही पीछे मुड़कर देख ले, तो एक झटके में कछुवे की तरह अंग समेट लेता है, और झरोखे में से उसे ताकता रहता है। उसने घूमकर देखा, तो क्यों देखा? जरूर कोई बात है। रात को किसी की पदचाप सुनायी पड़ती है तो कुत्ता पीछे भौंकता है, पाण्डे पहले चिलमिलाता है—'कौन है?' आशंका के कारण उसे नींद भी गहरी नहीं आती। आसमान को देखता होगा, तो डरता होगा कि किसी दिन यह सिर पर न गिर पड़े। शायद रात को उठकर मकान की छत भी देखता हो कि कहीं गिर तो नहीं रही।

पड़ोसी कहते हैं कि इस पाण्डे के घर में छत तक सामान भरा है। वेतन कुल डेढ़-सौ है और रहता रईस की तरह है। तीन लड़के एंग्लो-इण्डियन स्कूल में पढ़ते हैं, उनकी फीस ही पचास रुपया होती है। औरत के जेवर बनते ही जाते हैं। पड़ोसी तो ऐसी बातें कहते ही हैं। मुझे तो पाण्डे पर दया आती है। हमेशा चिन्तित और अशान्त रहता है। हर आदमी से भय खाता है। यही संस्कार बच्चे ले रहे हैं।

किस आशंका से घबराया रहता है? हर आदमी से डर क्यों लगता है? किसी से घुल-मिल क्यों नहीं पाता है? किसी पर इसका विश्वास क्यों नहीं है? हमेशा अनिष्ट ही क्यों सोचता रहता है? यह इतना छुई-मुई क्यों है?

कोई कारण समझ में नहीं आता।

सुबह बड़ा व्यस्त और घबराया रहता है। उसके घर व्यापारी आते हैं। कोई-कोई बाबा कपड़े में बहीखाता बाँधकर बगल में दबाये आते हैं। पाण्डे आसपास

देखकर झट व्यापारी को भीतर कर लेता है। फिर भीतर बड़ी देर तक कानाफूसी होती रहती है।

एक सुलझा आदमी

बहुत लोग पूछते हैं कि मेरी दृष्टि इतनी साफ कैसे हो गयी है और मेरा व्यक्तित्व ऐसा सरल कैसे हो गया है।

बात यह है कि बहुत साल पहले ही मैंने अपने-आपसे कुछ सीधे सवाल किये थे। तब मेरी अन्तरात्मा बहुत निर्मल थी—शेव के पहले के काँच जैसी। कुछ लोगों की अन्तरात्मा बुढ़ापे तक वैसी ही रहती है, जैसी पैदा होते वक्त। वे बचपन में अगर बाप का माल निस्संकोच खाते हैं, तो सारी उम्र दुनिया-भर को बाप समझ-कर उसका माल निस्संकोच मुफ्त खाया करते हैं। मेरी निर्मल आत्मा से सीधे सवालों के सीधे जवाब आ गये थे, जैसे बटन दबाने से पंखा चलने लगे। जिन सवालों के जवाब तकलीफ दें उन्हें टालने से आदमी सुखी रहता है। मैंने हमेशा सुखी रहने की कोशिश की है। मैंने इन सवालों के सिवा कोई सवाल नहीं किया और न अपने जवाब बदले। मेरी सुलझी हुई दृष्टि, मेरे आत्मविश्वास और मेरे सुख का यही रहस्य है। दूसरों को सुख का रास्ता बताने के लिए मैं वे प्रश्न और उनके उत्तर नीचे देता हूँ :

—तुम किस देश के निवासी हो ?

—भारत के।

—संसार में सबसे प्राचीन संस्कृति किस देश की है ?

—भारत की।

—तुम किस जाति के हो ?

—आर्य।

—विश्व में सबसे प्राचीन जाति कौन ?

—आर्य।

—और सबसे श्रेष्ठ ?

—आर्य।

—क्या तुमने खून की परीक्षा करायी है ?

—हाँ, उसमें सौ प्रतिशत आर्य-सेल हैं।

—देवता भगवान् से क्या प्रार्थना करते हैं ?

—कि हमें पुण्यभूमि भारत में जन्म दो।

—बाकी भूमि कैसी हैं ?

—पाप भूमि हैं ।

—देवता कहीं और तो जन्म नहीं लेते ?

—कतई नहीं । वे मुझे बताकर जन्म लेते हैं ।

—क्या देवताओं के पास राजनीतिक नक्शा है ?

—हाँ, देवताओं के पास 'ऑक्सफोर्ड वर्ल्ड एटलस' है ।

—क्या उन्हें पाकिस्तान बनने की खबर है ?

—उन्हें सब मालूम है । वे 'बाउण्डरी कमीशन' की रेखा को मानते हैं ।

—ज्ञान-विज्ञान किसके पास है ?

—सिर्फ आर्यों के पास ।

—यानी तुम्हारे पास है ?

—नहीं, हमारे पूर्वज आर्यों के पास ।

—उसके बाहर कहीं ज्ञान-विज्ञान तो नहीं है ?

—कहीं नहीं ।

—इन हजारों सालों में मनुष्य-जाति ने कोई उपलब्धि की ?

—कोई नहीं । सारी उपलब्धियाँ हमारे यहाँ हो चुकी थीं ।

—क्या अब हमें कुछ सीखने की जरूरत है ?

—कतई नहीं । हमारे पूर्वज तो विश्व के गुरु थे ।

—संसार में महान् कौन ?

—हम, हम, हम हम, हम...

मेरा हृदय गद्‌गद् हो गया । अश्रुपात होने लगा । मैंने आँखें बन्द कर लीं । मुख से स्वर निकलने लगे—अहा ! वाह ! कैसा सुख है ?

इसी समय मेरा एक परिचित वहाँ आ गया । बोला —क्या आँखें आ गयी हैं ? कोई दवा डाल रखी है ?

मैंने कहा—अंजन लग गया है । पर बाहर की आँखों में नहीं, भीतर की आँखों में । नयी दृष्टि मिल गयी है । बड़ा सन्तोष है । अब सब सहज हो गया है । इतिहास सामने आ गया । जीवन के रहस्य खुल गये । न मन में कोई सवाल उठता, न कोई शंका पैदा होती । जितना जानने योग्य था, जाना जा चुका । सब हमारी जाति जान चुकी । अब न कुछ जानने लायक बचा, न करने लायक ।

मैंने उसे वे सवाल और जवाब बताये । उसने कहा —ठीक है । मैं समझ गया । आत्मविश्वास धन का होता है, विद्या का भी और बल का भी, पर सबसे बड़ा आत्मविश्वास नासमझी का होता है ।

इसे मैंने अपनी प्रशंसा समझा और अपने विश्वासों में और पक्का हो गया । मैं अपने विचार खुलकर प्रकट करने लगा और लोगों को वे दिलचस्प मालूम हुए । लोग मुझे सुनने के लिए तड़पने लगे और इन्जिनियरों से लेकर दार्शनिकों तक के बीच मुझे बुलाया जाने लगा ।

एक दिन डाक्टरों की सभा में मैंने कहा—पश्चिम गर्व करता है कि उसने पेनिसिलीन की खोज करके मनुष्य की आयु बढ़ा दी है। उसे नहीं मालूम कि पेनिसिलीन दूसरे विश्वयुद्ध के समय नहीं, महाभारत-युद्ध के समय हमारे यहाँ खोज लिया गया था। मित्रो ! कल्पना कीजिए—भीष्म-पितामह, ऊर्ध्वरेता, अखण्ड ब्रह्मचारी भीष्म, शर-शैया पर पड़े हैं। सारा शरीर घावों से क्षत-विक्षत हो गया है। वे सूर्य की गति देख रहे हैं। सूर्य उत्तरायण हो, तो वे प्राण त्यागें। वे पूरे इक्यावन दिन जीवित रहे और फिर भी घावों से नहीं मरे; इच्छा से प्राणों का त्याग किया। मैं पश्चिमी वैज्ञानिकों से पूछता हूँ कि उनके घाव 'सेप्टिक' क्यों नहीं हुए ? पेनिसिलीन के कारण। उन्हें पेनिसिलीन दिया गया था। भारत ने दस हजार साल पहले जो पेनिसिलीन विश्व को दिया था, वही अब पश्चिम हमें इस तरह लौटा रहा है, जैसे वह उसी की खोज हो। मित्रो ! भूलिए मत कि भारत विश्व का गुरु है। हमें कोई कुछ नहीं सिखा सकता।

इस पर खूब जोर से तालियाँ बजीं और सब मान गये कि हमें कोई कुछ नहीं सिखा सकता।

हाल ही में भारत-पाक-युद्ध के दौर में टैंक-भेदी तोप की बड़ी चर्चा थी। मैं सुनता था और हँसता था। आखिर एक दिन एक सभा में मैंने कह दिया—जो लोग टैंक-भेदी तोप की तारीफ करते हैं, वे भूल जाते हैं कि टैंक तो आज बने हैं, पर टैंक-भेदी तोपें हमारे यहाँ त्रेता युग में बनती थीं। भाइयो, कल्पना कीजिए उस दृश्य की—राम सुग्रीव से कह रहे हैं कि मैं बालि को मारूँगा। सुग्रीव सन्देह प्रकट करता है। कहता है—बालि महाबलशाली है। मुझे विश्वास नहीं होता कि आप उसे मार सकेंगे।

तब क्या होता है कि मर्यादा-पुरुषोत्तम धनुष उठाते हैं, बाण का सन्धान करते हैं और ताड़ के वृक्षों की एक कतार पर छोड़ देते हैं। बाण एक के बाद एक सात ताड़ों को छेदकर निकल जाता है। सुग्रीव चकित है, वन के पशु-पक्षी, खग-मृग और लता-वल्लरी चकित हैं। सज्जनो, जो एक बाण से सात ताड़ छेद डालते थे, उनके पास मोटे-से-मोटे टैंक को छेदने की तोप क्या नहीं होगी ? भूलिए मत, हम विश्व के गुरु रहे हैं और कोई हमें कुछ नहीं सिखा सकता।

खूब ताली पिटी और सब मान गये कि कोई हमें कुछ नहीं सिखा सकता।

एक दिन मनोविज्ञान पर एक परिचर्चा आयोजित थी। प्रोफेसर लोग लम्बे-लम्बे भाषण दे रहे थे। जब सहन नहीं हुआ, तो मैं भी बोलने पहुँच गया। मैंने कहा—साइकॉलोजी—हुँह ! मनोविज्ञान—हुँह ! लोग कहते हैं कि साइकॉलोजी आधुनिक विज्ञान है। मैं पूछता हूँ, क्या प्राचीन भारत में साइकॉलोजी नहीं थी ? अवश्य थी। अहा, उस दृश्य की कल्पना कीजिए—सूना वन-प्रदेश है। स्वच्छ शिला पर ऋषि और उनकी पत्नी बैठे हैं। चाँदनी फैली हुई है। मन्द-मन्द सुगन्धमय समीर बह रहा है। ऐसे में ऋषि और उनकी पत्नी के हृदय में क्या भावनाएँ उठ रही होंगी ? बस, यही तो साइकॉलोजी है। हमारे देश में यह हजारों वर्ष पहले थी

और कहते हैं कि यह आधुनिक विज्ञान है। वे भूलते हैं, कोई हमें कुछ नहीं सिखा सकता।

लोगों ने तालियाँ पीटीं और मान गये कि हमें कोई कुछ नहीं सिखा सकता।

एक बार विदेश से कोई 'बॉटनिस्ट' (वनस्पति वैज्ञानिक) आया। उनका एक जगह भाषण होना था। मुझे बताया गया कि यह 'फॉसिल' का विशेषज्ञ है, यानी चट्टानों के बीच दबे हुए पौधे या जन्तु के पाषाणरूप हो जाने का। मैंने उसका भाषण सुना और मेरे भीतर हलचल होने लगी। वह पश्चिम के वैज्ञानिकों के नाम ही लेता रहा और विदेशों के 'फॉसिल' दिखाता रहा। उसके बाद मैं बोलने को खड़ा हो गया। मैंने कहा—आज हमने एक महान् 'बॉटनी' का भाषण सुना। (बाद में मुझे बताया गया कि वह बॉटनिस्ट कहलाता है।) उन्होंने हमें बताया कि 'फॉसिल' कैसे होते हैं। मैं आपसे पूछता हूँ कि क्या प्राचीन भारत में 'बॉटनी' नहीं? अवश्य थे। हम उन्हें भूलते जा रहे हैं। भगवान् रामचन्द्र एक महान् 'बॉटनी' थे और अहिल्या एक 'फॉसिल' थी। महान् बॉटनी रामचन्द्र ने अहिल्या फॉसिल का पता लगाया। वे आज के इन बॉटनियों से ज्यादा योग्य थे। ये लोग तो फॉसिल का सिर्फ पता लगाते हैं और उसकी जाँच करते हैं। महान् बॉटनी राम ने 'फॉसिल' अहिल्या को फिर से स्त्री बना दिया। ऐसे-ऐसे चमत्कारी बॉटनी हमारे यहाँ हो गये हैं। हम विश्व के गुरु रहे हैं। हमें कोई कुछ नहीं सिखा सकता।

इस पर भी खूब तालियाँ पिटीं और विदेशी विशेषज्ञ तक मान गये कि हमें कोई कुछ नहीं सिखा सकता।

एक दिन मैं ऐसी जगह पहुँच गया, जहाँ दो पहलवान किस्म के आदमी भाषण देनेवाले थे। बताया गया कि वे विदेशों में शरीर-सौष्ठव की शिक्षा लेकर आये हैं और बतानेवाले हैं कि शरीर को किस प्रकार पुष्ट बनाया जा सकता है। मैं उनकी बातें सुनता रहा। अन्त में बोला—शरीर तो हमारे पूर्वज बनाते थे। हमारे पास न शरीर है, न उसे हम बना सकते हैं। मैं आपसे पूछता हूँ कि आपने भगवान् राम और कृष्ण की इतनी तसवीरें देखीं हैं। क्या ऐसी भी कोई तसवीर है जिसमें वे पूरे कपड़े पहने हों? किसी भी कैलेण्डर पर आपको ऐसी तसवीर नहीं मिलेगी जिसमें वे कमर से ऊपर कपड़ा पहने हों। यह हिस्सा वे उघाड़ा रखते थे। क्यों? इसलिए कि उन्होंने शरीर बनाया था और उसे दिखाना चाहते थे। पर आप लोग कोट और पैण्ट पहने हुए बैठे हैं। ठीक है, आपके पास दिखाने को क्या है? और ये पश्चिम के सीखे हुए लोग आपको वह क्या सिखा सकते हैं, जो राम और कृष्ण एक तसवीर से सिखा गये।

लोगों ने तालियाँ पीटीं और सब मान गये कि कोई हमें अब कुछ नहीं सिखा सकता।

मेरी दृष्टि ऐसी साफ और सुलझी हुई हो गयी है कि मेरी बात तर्क से परे होती है। उस पर विश्वास करना पड़ता है। जहाँ मैं एक बार भाषण दे देता हूँ, वहाँ के

लोग एकदम मान जाते हैं कि हमें कोई कुछ नहीं सिखा सकता। मुझे मालूम है कि बहुत लोगों ने मेरी बातें सुनकर कुछ भी सिखाना बन्द कर दिया है।

एमरजेंसी आचरण

एमरजेंसी की घोषणा के बाद तीसरे दिन सुरक्षा-कोष इकट्ठा करनेवाले सेठ गोबरधनदास के पास आये। उस समय सेठजी दण्ड-बैठक कर रहे थे और उनकी आँखों से आँसू टपक रहे थे।

उनसे पूछा, "सेठजी, आप दण्ड-बैठक क्यों कर रहे हैं?"

सेठजी ने कहा, "चीनियों से लड़ने की तैयारी कर रहा हूँ।"

"मगर बरामदे में?" दूसरे ने पूछा।

सेठजी ने कहा, "सारे बाजार को प्रेरणा दे रहा हूँ, आदर्श उपस्थित कर रहा हूँ।"

उनमें से एक ने पूछा, "मगर आपकी आँखों में आँसू क्यों हैं?"

सेठ गोबरधनदास ने आँसू पोंछते हुए कहा, "भारत माता के लिए रो रहा हूँ।"

वह फिर फफककर रो पड़े और गमछा आँखों से लगा लिया।

जब वह शान्त हुए, तब सुरक्षा-कोष समिति के मन्त्री ने कहा, "हम आपकी सेवा में सुरक्षा के लिए दान लेने आये हैं।"

"कितना?" गोबरधनदास ने पूछा।

उन लोगों ने एक-दूसरे की तरफ देखा और मन्त्री ने सकुचाते हुए कहा, "पाँच हजार दे दीजिए।"

सेठजी ने चैक-बुक निकाली और एक लाख का चैक काटकर दे दिया।

चैक देखते ही सुरक्षा-कोषवालों को गुस्सा आ गया। वे बोले, "आपने फिर वही हरकत की! एक लाख का चैक क्यों काटा? हमने आपसे कह दिया कि हम पाँच हजार से एक पैसा ऊपर नहीं लेंगे।"

सेठजी अड़ गये, "लेकिन मैं एक लाख ही दूंगा। गड़बड़ करोगे तो दो लाख दे दूंगा। मैं तुमसे डरता नहीं हूँ।"

एक सदस्य ने समझाकर कहा, "देखिए सेठजी, यह अन्याय आप बार-बार करते हैं। एक तो आप हमेशा इनकम-टैक्स के हिसाब में आमदनी बढ़ाकर बताते हैं और उचित से ज्यादा टैक्स देते हैं, और अब आप यह लाख रुपया दे रहे हैं! जनता की भी सहनशीलता की सीमा होती है। जनता इस आचरण को अधिक बरदाश्त

नहीं करेगी।'

सेठजी के मुख पर और दृढ़ता आ गयी। वह बोले, "मैं जनता के क्रोध से नहीं डरता। चाहे मेरी जान चली जाय, पर मैं एक लाख से एक पैसा भी कम न दूँगा। आप इसे लेते हैं या मैं एक लाख का चैक और काटूँ?"

इस धमकी के सामने सुरक्षा-कोषवाले ठहर नहीं सके। उन्होंने चैक को फौरन बस्ते में रखा और इससे पहले कि सेठजी दूसरा चैक काटें, वे भाग खड़े हुए।

पलक मारते एक लाख के चैक की बात सारे शहर में फैल गयी। लोग चौराहों पर और होटलों में इसी की चर्चा करते रहे। सभी असन्तुष्ट थे। कहते थे—'सेठजी का अनाचार बढ़ता ही चला जा रहा है। वह दान की साधारण नैतिकता का पालन भी नहीं करते। वह क्या जनता को मूर्ख समझते हैं? जिस दिन जनता बिगड़ खड़ी होगी, उस दिन दान करना भूल जायेंगे।'

सेठजी को मालूम था कि जनता और सरकार, दोनों उनके इस कृत्य से नाराज हैं। पर वह बहुत साहसी आदमी थे। वह जानते थे कि शहर में यह बात फैल चुकी है कि सेठ गोबरधनदास रोज सुबह-शाम नियम से घड़ी लगाकर दो घण्टे भारत-माता के लिए रोते हैं। इस बदनामी से भी वह नहीं डरे और अपना कार्यक्रम जारी रखा।

सेठजी के विरोधी एक अखबार ने दूसरे दिन बड़े-बड़े अक्षरों में समाचार छाप दिया कि उन्होंने एक लाख रुपये सुरक्षा-कोष में दे दिये हैं। अखबार ने उनकी तुलना दानवीर कर्ण से भी कर दी थी।

समाचार पढ़कर सेठजी का मुख पीला पड़ गया। वह घण्टे-भर गुम-सुम बैठे रहे। उनका आत्म-क्लेश उनके मुख पर झलकता था। उन्होंने अपने वकील को बुलाया और अखबार को नोटिस दिलवाया—तुमने दान की प्रशंसा प्रकाशित करके उस दान को ही नष्ट कर दिया। मेरे एक लाख रुपये पानी में चले गये। फिर अपनी प्रशंसा पढ़कर मेरी आत्मा को जो क्लेश हुआ, उस क्षति की पूर्ति भी एक लाख से कम में नहीं हो सकती। इस तरह एक लाख मौलिक दान की रकम और एक लाख आत्मा की क्षति-पूर्ति—कुल दो लाख रुपये सात दिन के भीतर दो, वरना अदालती कार्रवाई की जायेगी।

नोटिस पढ़ते ही अखबार का सम्पादक घबरा गया। उसने दूसरे अंक में समाचार का खण्डन प्रकाशित कर दिया— जाँच करने पर मालूम हुआ है कि सेठ गोबरधनदास ने सुरक्षा-कोष में कुछ भी नहीं दिया। एक लाख रुपये देने की बात सर्वथा झूठ है और सेठजी के विरोधियों द्वारा फैलायी गयी है। उस गलत समाचार के छपने से सेठजी की आत्मा को जो क्लेश हुआ, उसके लिए हम दुःखी हैं और सेठजी से क्षमा-याचना करते हैं।

इस खण्डन को पढ़कर सेठजी की आत्मा को कुछ शान्ति मिली। पर उनकी आत्मा का जो एक कोना टूट गया था, वह फिर जुड़ नहीं सका।

जनता ने भी खण्डन पर विश्वास नहीं किया। लोग बराबर दबी जबान में

कहते थे—कितना भी छिपाओ, बात छिपती नहीं है। सेठजी ने जरूर एक लाख दिया है। अब लीपा-पोती करने से क्या होता है!

इस घटना की सनसनी समाप्त भी नहीं हुई थी कि दूसरी घटना हो गयी। एक दिन शहर में खबर फैल गयी कि सेठ गोबरधनदास अपना सारा सोना जो कई हजार तोला है, लेकर बैंक के सामने बैठे हैं और हठ कर रहे हैं कि उसे सुरक्षा-कोष में देंगे। हजारों आदमी बैंक के सामने इकट्ठे हो गये। कई लोग सेठजी को समझाने लगे—देखिए, यह आपको शोभा नहीं देता। कोई इसे बरदाश्त नहीं करेगा कि आप सारा सोना दे दें। आप इसमें से पाँच तोला दे दीजिए और बाकी घर ले जाइए।

सेठजी हठ पर कायम थे। बोले, "चन्द्र टरै सूरज टरै, टरै जगत ब्यौहार—पर मेरा निश्चय टल नहीं सकता। सोना लो, वरना मैं यहीं सीढ़ी पर सोना लिये हुए मर जाऊँगा।"

बड़ी विकट स्थिति पैदा हो गयी थी। भीड़ में हलचल मची हुई थी। नारे उठ रहे थे कि वे इतना सोना नहीं दे सकते, सिर्फ पाँच तोले लिया जायेगा।

सेठजी के माथे पर शिकन नहीं थी। वह शान्त भाव से सोने के ढेर के सामने बैठे थे, जैसे कोई ऋषि यज्ञ-वेदी के सामने बैठा हो।

भीड़ बढ़ती जा रही थी। शहर के सयाने सेठजी को समझाने की कोशिश कर रहे थे। इस स्थिति की खबर पाकर कलक्टर भी आया। उसने कहा, "आपने बड़ी कठिन स्थिति पैदा कर दी। आप हमेशा उलटे काम करते हैं। इस उत्तेजित भीड़ को देख रहे हैं? जनता के क्रोध के प्रवाह में बड़े-बड़े बह जाते हैं। आप पाँच की जगह दस तोले दे दीजिए। मैं जनता को समझा दूँगा।"

सेठजी ने कहा, "कलक्टर साहब! चन्द्र टरै, सूरज टरै, टरै जगत ब्यौहार। मगर सेठ गोबरधनदास का निश्चय टल नहीं सकता। मैं तो पूरा सोना दूँगा और आपको लेना होगा। देश-रक्षा किफायत से नहीं होती। अगर सोना नहीं लिया जायेगा, तो मैं यहीं आमरण-अनशन कर दूँगा।"

कलक्टर बड़ी उलझन में पड़ा। उसने जनता के प्रतिनिधियों से सलाह की और सेठजी को समझाया, "देखिए, आप इस सोने का दान न कीजिए। बाण्ड खरीद लीजिए।"

यह सुनकर सेठजी क्रोध से काँपने लगे। बोले, "आप लोग मुझे समझते क्या हैं? मैं दान करने आया हूँ या व्यौपार करने? मैं इतना बेवकूफ नहीं हूँ कि बाण्ड खरीदकर दस साल बाद सोने की कीमत ब्याज सहित ले लूँ। यह भुलावा किसी और को देना।"

कलक्टर ने समझाया, "पर यह भी तो सोचिए कि आपके इस आचरण का समाज पर क्या प्रभाव पड़ेगा। समाज के एक सदस्य के नाते आपको स्वस्थ उदाहरण पेश करना चाहिए।"

सेठजी ने कहा, "मैं तो अपना आचरण देखता हूँ। समाज अपना देखे। मैं तो सोना दूँगा।"

इसके बाद बड़ी गड़बड़ मची। जनता में रोष उमड़ पड़ा। कलक्टर ने भीड़ को तितर-बितर करवाया। सेठजी के पास हथियारबन्द पुलिस का पहरा लगा दिया गया। सेठजी शाम तक वहीं बैठे रहे। बैंक बन्द होने लगा, तब कलक्टर ने मैनेजर से कहा, "बड़े हठी आदमी से पाला पड़ा है। मैंने अच्छों-अच्छों को ठीक कर दिया है, पर इसने मुझे परेशान कर रखा है। इसका सोना लेना ही पड़ेगा।"

मैनेजर सोना तुलवाने लगा। उसने मंगल-सूत्र उठाकर कहा, "सेठजी, कम-से-कम सेठानीजी का मंगल-सूत्र तो न दीजिए।"

सेठजी ने कहा, "इसे लेकर मैं घर लौटूंगा तो सेठानी आत्महत्या कर लेगी। मुझे गृहस्थी उजाड़ना है क्या ?"

मंगल-सूत्र सहित सारा सोना देकर जब सेठजी घर लौटे, तो रास्ते में लोग उन पर उँगलियाँ उठा रहे थे। कई बार उन्हें लोगों ने घेर लिया, पर वह शान्ति से आगे बढ़ गये।

शहर का वातावरण बहुत गरम हो गया था। सेठजी के दान को लेकर उत्तेजना फैल गयी थी। दलबन्दी हो गयी थी। उत्तेजना और बढ़ी, जब सेठजी ने अतिरिक्त लाभ-कर के लिए अपना मुनाफा सही से ज्यादा बता दिया। सरकारी अधिकारी ने बहुत समझाया कि आप अन्याय कर रहे हैं। मुझे मालूम है कि आपका मुनाफा इससे बहुत कम है। आप बढ़ाकर बता रहे हैं। यह अनैतिक है और कानूनन जुर्म भी। सेठजी ने बात अनसुनी कर दी।

आग भीतर-ही-भीतर सुलग रही थी। शासन की शान्ति-भंग होने की आशंका थी। कलक्टर ने सेठजी को समझा दिया था कि अब वह कोई ऐसी हरकत न करें, जिससे गड़बड़ पैदा हो। उन्हें चेतावनी दे दी गयी थी।

मगर एक दिन विस्फोट हो ही गया। सेठजी कई चीजों के स्टॉकिस्ट थे। एक सुबह खबर फैल गयी कि सेठ गोबरधनदास ने चीजों के दाम नहीं बढ़ाये और सही कीमतों की सूची दूकान पर लगा दी है।

सर्वत्र उत्तेजना फैल गयी। हजारों की संख्या में लोग दूकान के सामने इकट्ठे हो गये। सबकी जबान पर एक ही बात थी—यह कैसा आदमी है ! देखो, कीमत ही नहीं बढ़ा रहा है ! इसे इस बात की परवाह ही नहीं है कि संकटकालीन स्थिति चल रही है। अपने सामने देश और समाज को कुछ समझता ही नहीं।

भीड़ नारे लगाने लगी—कीमतें बढ़ाओ ! स्टॉक दबाओ ! सूची हटाओ ! सूची हटाओ !

सेठजी ने परवाह नहीं की।

भीड़ काबू से बाहर होने लगी। इसी समय कलक्टर पुलिस-दस्ते के साथ आ गया।

उसने कहा, "सेठजी, आपने बड़ी समस्या खड़ी कर दी। पब्लिक बिगड़ खड़ी हुई है। दलबन्दी हो गयी है, मार-पीट शुरू हो गयी है। शान्ति-भंग होने का पूरा खतरा पैदा हो गया है। मैं आपको पाँच मिनट का समय देता हूँ, इसमें आप इस

सूची को निकाल दीजिए।"

भीड़ फिर चिल्लायी—कीमतें बढ़ाओ ! स्टॉक दबाओ !

सेठजी न कुछ बोले और न अपनी जगह से हिले।

कलक्टर ने कहा, "पाँच मिनट पूरे हो रहे हैं। मैं एक बार फिर आपसे पूछता हूँ कि आप सूची हटाते हैं या नहीं ?"

सेठजी मौन ! उधर भीड़ में पत्थरबाजी शुरू हो गयी।

तब कलक्टर ने कहा, "तो मुझे भी अपना कर्तव्य पूरा करना होगा। शान्ति और सुरक्षा बनाये रखना मेरी जिम्मेदारी है। मैं आपको भारतसुरक्षा कानून के अन्तर्गत गिरफ्तार करता हूँ।"

सेठजी को पुलिस ले गयी। जनता ने सूची को फाड़ दिया और भीड़ छँट गयी।

नगर-पालक

सभा भरी थी।

मंच पर से म्युनिसिपैलिटी में विरोधी दल के नेता और शहर के सबसे बड़े गल्ला-व्यापारी सेठ गोपालदास भाषण दे रहे थे। वे सिर पर टोपी की जगह कफन लपेटे थे।

उनके मुख से ऐसे अंगारे बरस रहे थे कि दो बार माइक फेल हो चुका था। एक बार उन्होंने क्रोध से ऐसा झपटा मारा कि वह नीचे गिर पड़ा।

वे कह रहे थे, "मैं आज कफन लपेटकर निकला हूँ। यह कफन मैंने सत्ताधारी पक्ष के नेता की दूकान से खरीदा है। मैंने जनता के भले के लिए प्राण देने का संकल्प कर लिया है। मैं सरेआम जनता के हितों की हत्या नहीं देख सकता। जनता ने हमें चुनकर म्युनिसिपैलिटी में भेजा है और हमारा नैतिक कर्तव्य है कि हम उसकी सेवा करें। जब-जब हमने सत्ता सँभाली, हमने सर्वस्व त्याग कर नगर की सेवा की। हमारी दूकान बरबाद हो गयी, पर हमने परवाह नहीं की। आप जानते हैं, मुझे मजबूर होकर एक और दूकान खोलनी पड़ी। एक नहीं, दस दूकानें भी मुझे खोलनी पड़ें, तब भी मैं जनता की सेवा से मुँह नहीं मोड़ूँगा। मगर जिनके हाथों में पिछले दो सालों से सत्ता है, वे शहर को बरबाद कर रहे हैं। लाखों रुपये बह रहे हैं पर काम कौड़ी का नहीं होता। सड़कों में गड्ढे बन गये हैं, जिनमें गिरकर नागरिक मर रहे हैं। सफाई का प्रबन्ध नहीं है, जिससे बीमारियाँ फैल रही हैं और सैकड़ों नागरिक मर रहे हैं। मैं आप लोगों को चेतावनी देता हूँ कि अगर कुछ दिन और इनके हाथों में म्युनिसिपैलिटी रही, तो ये सारे शहर को मार डालेंगे। हजारों बच्चे

अनाथ हो जायेंगे, हजारों नारियाँ विधवा हो जायेंगी। इस कल्पना से मेरा हृदय फट रहा है।"

सेठ गोपालदास फूट-फूटकर रोने लगे और कफन से आँसू पोंछने लगे।

यह देख भीड़ भी सुबक उठी।

इसी समय गल्ला बाजार के एक दलाल ने सेठ गोपालदास की जय बुलवा दी। सारा सभा-स्थल जयनाद से गूंज उठा।

सेठजी को शोक से गिरते देख दो-तीन दलालों ने उन्हें सँभाला।

सेठ गोपालदास ने भरे गले से कहा, "मैंने इस अन्याय से लड़ने का प्रण कर लिया है। मैं इसी क्षण से आमरण अनशन शुरू कर रहा हूँ। अनशन तभी टूटेगा जब वे इस्तीफा दे देंगे। अगर मैं मर जाऊँ, तो इसी कफन से मेरे शरीर को ढँककर आप लोग जला दें। मैं तो जनता को ही भगवान मानता हूँ। हाथ फैलाकर जनता-जनार्दन से आशीर्वाद माँगता हूँ कि मैं इन जनता के शत्रुओं को सत्ता से हटा सकूँ।"

सभा में सन्नाटा छा गया।

दलालों ने फिर कई बार सेठ गोपालदास की जय बुलायी।

सेठजी कार में बैठकर अनशन करने घर चले गये।

दूसरे दिन, गल्ला-व्यापारियों ने अनशन के समर्थन में गल्ले के दाम बढ़ा दिये।

सुबह के अखबार में सत्ताधारी पक्ष के नेता और शहर के सबसे बड़े कपड़ा-व्यापारी सेठ धरमचन्द का वक्तव्य छपा :

"···सेठ गोपालदास के सारे आरोप झूठे हैं। उनका अनशन पदलोलुपता प्रकट करता है। जनता जानती है कि हम कतई पद-लोलुप नहीं हैं, क्योंकि हम पदों पर हैं। जो पद पर नहीं है, वही पद-लोलुप होता है।

"···सड़क के गड्ढे सेठ गोपालदास के कार्य-काल में ही बने थे। हमने इन्हें उनका निर्माण-कार्य समझकर उनकी रक्षा की। हम पूरी कोशिश करते हैं कि कोई इनमें गिरकर न मरे। पर होनी को कौन रोक सकता है! बीमारियों की बात भी झूठ है। उनके कार्य-काल में मरनेवालों का औसत हमारे कार्य-काल से ऊँचा है। हमारे कार्य-काल में पानी की कमी नहीं हुई। क्योंकि वर्षा अच्छी हुई। प्रकृति हमारे साथ है। जनता उन्हीं से पूछे कि जब वे पद पर थे, तब पानी कम क्यों बरसता था!

"···सत्य यह है कि संघर्ष इन छोटी-छोटी बातों पर नहीं है। हमारे और उनके मतभेद सैद्धान्तिक हैं। सिद्धान्त जैसे उन्हें प्यारे हैं, वैसे हमें भी। जनता को नहीं मालूम कि ये सिद्धान्त क्या हैं, क्योंकि हमारा आपस में यह समझौता हो गया था कि सिद्धान्त जैसी पवित्र वस्तु का हम ढिंढोरा नहीं पीटेंगे। फिर जनता को सिद्धान्त से नहीं, काम से मतलब है। मेरी सेठ गोपालदासजी से प्रार्थना है कि वे जनता को भ्रमित न करें।"

इस वक्तव्य से नगर में और हलचल मच गयी। पहली बार जनता को मालूम

हुआ कि दोनों दलों के कोई गुप्त सिद्धान्त भी हैं, जिनकी रक्षा के लिए वे लोग प्राण भी देने को तैयार रहते हैं। मगर ये सिद्धान्त क्या हैं ?—यह प्रश्न सबके मन में था।

तीसरे दिन गल्ले के व्यापारियों ने नैतिक दबाव बढ़ाने के लिए स्टॉक दबा लिया और अनाज सिर्फ कालाबाजार में बेचने लगे। इस नैतिक दबाव से शहर में हाहाकार मच गया। तुरन्त तीन नागरिकों की एक समझौता-समिति बनायी गयी।

समिति सेठ गोपालदास के पास पहुँची। वे एक तख्त पर तकिये के सहारे लुढ़के थे। चर्बी कम हो जाने से सुडौल और दस साल छोटे लग रहे थे। कमरे में ऊदबत्ती जल रही थी। बाहर दालान में रामधुन लगी थी—'सबको सन्मति दे भगवान !' वातावरण सुगन्धमय और पवित्र हो गया था।

समिति के सदस्यों ने उनसे कुशलक्षेम पूछी, "कैसी तबीयत है आपकी?"

सेठजी ने कहा, "तबीयत क्या है? बस कूच की तैयारी है। जनता में प्राण अटके हैं। छटपटा रहे हैं। जनता छोड़ दे, तो भव-बन्धन से मुक्ति पा जायें। हे राम।"

समिति ने कहा, "नहीं, ऐसा कैसे हो सकता है ! जनता बलिदान करनेवाले से बहुत डरती है। बलिदान करनेवाला बड़ा खतरनाक होता है। वह उनसे घृणा करने लगता है, जिनके लिए वह बलिदान करता है। वह उनसे बदला लेता है। आपके अनशन को तीन दिन ही हुए हैं, मगर अनाज दुगने दाम पर बिकने लगा है। कहीं आपके प्राण चले गये, तो गल्ला-व्यापारी जनता को भूखा मार डालेंगे। जनता डरी हुई है। उसने हमें इसीलिए भेजा है कि हम आपका अनशन तुड़वाएँ।"

सेठजी ने कहा, "सो कैसे हो सकता है ! मेरा प्रण अटल है। वे लोग इस्तीफा दे दें, तो मैं अनशन समाप्त कर सकता हूँ। नहीं, तो मैंने कफन खरीद ही लिया है। आप लोग धरमचन्द से ही पूछिए।"

समिति ने कहा, "मगर सेठ साहब, वे तो कहते हैं कि जनता को इस विवाद से कोई मतलब नहीं है। यह सैद्धान्तिक मतभेद है। आखिर वे कौन-से सिद्धान्त हैं, जिन्हें लेकर दोनों दलों में संघर्ष चल रहा है?"

सेठजी उठकर बैठ गये। बोले, "धरमचन्द को सिद्धान्तों की बात नहीं उठानी थी। वे पवित्र होते हैं और उनको गुप्त रखने का समझौता हमारे बीच हुआ था। मगर एक तो धरमचन्द ने समझौता तोड़ दिया है। दूसरे, भूख के कारण मेरी आत्मा इतनी कमजोर हो गयी है कि सिद्धान्तों को जकड़कर नहीं रख सकती है। इसलिए मैं सैद्धान्तिक मतभेद की बात खोलकर बताता हूँ। देखिए, हमने म्युनिसिपैलिटी को घृणित राजनीतिक दलबन्दी से मुक्त रखा है। वहाँ न कांग्रेस है, न समाजवादी, न साम्यवादी, न जनसंघ। इसके बदले हमने सिद्धान्तों के आधार पर दल बनाये। इस समय तीन सिद्धान्तों पर तीन दल बने हैं। ये तीन सिद्धान्त हैं—गेहूँ-सिद्धान्त, कपड़ा-सिद्धान्त और खुरचन-सिद्धान्त। इस तरह तीन दल हुए—गेहूँ दल, कपड़ा दल और खुरचन पार्टी। गेहूँ-सिद्धान्त यह कहता है कि जनता के भले के लिए बाहर

से आनेवाले गल्ले पर चुंगी की चोरी होनी चाहिए—यानी, गल्ला बिना चुंगी के निकल आना चाहिए। कपड़ा-सिद्धान्तवालों की मान्यता है कि गेहूँ पर नहीं पर कपड़े पर चुंगी की चोरी होनी चाहिए। खुरचन पार्टी का सिद्धान्त विशुद्ध मानवतावाद पर आधारित है। वे लोग सबकी मदद करते हैं, जैसे नियुक्ति और तरक्की में कर्मचारियों की सहायता करना, ठेके दिलाना, सामान बिकवाना आदि। यह सब पुण्य है, और हर पुण्य को खुरचने से उसमें से पैसे झड़ते हैं। इस तरह तीन सिद्धान्तोंवाले ये तीन दल हुए। हमारा 'गेहूँ दल' है, जिसमें गल्ला व्यापारी और दूसरे सम्बद्ध लोग हैं। धरमचन्द का 'कपड़ा दल' है, जिसमें कपड़ा-व्यापारी हैं। 'खुरचन-पार्टी' छोटी है और वह कभी हमारा साथ देती है, कभी उनका।"

सेठजी थक गये। नींबू निचोड़कर एक गिलास पानी पिया, तब आगे बोले, "जब हम सत्ता पर होते हैं, तब हम अपना सिद्धान्त निभाते हैं। और यह ठीक भी है। मगर पिछले दो सालों से 'खुरचन पार्टी' को मिलाकर वे सत्ता हथियाये हुए हैं। दो सालों से हम अनाज पर चुंगी दे रहे हैं और कपड़ा बिना चुंगी के आ रहा है। दो सालों से हमारे सिद्धान्त की हत्या हो रही है। जनता पर इसका क्या असर पड़ रहा है, सो हम जानते हैं। दो सालों से बीमारियाँ क्यों हो रही हैं। लोगों के 'लिवर' क्यों खराब हैं? पेचिश क्यों फैली है? जानते हैं आप लोग? इसलिए कि नागरिक वह अन्न खा रहे हैं जिस पर चुंगी लगती है। मैं जनता का बुरा होते नहीं देख सकता। मैं कहता हूँ, सड़क ठीक चाहे न हो, सफाई न हो, पैसे की कमी से पानी का प्रबन्ध चाहे न हो, पर जनता का पेट तो ठीक रहना चाहिए।"

समिति थोड़ी देर तो चकित रह गयी। फिर मुखिया ने कहा, "सेठजी, हमें नहीं मालूम था कि मतभेद इतने गहरे हैं और सैद्धान्तिक हैं। हमारी आँखें आपने खोल दीं। अब हम सेठ धरमचन्दजी से बातें करने जा रहे हैं।"

समिति चलने लगी तो सेठजी ने कहा, "एक बात और सुनते जाइए। हमें पदों का मोह बिलकुल नहीं है। हमें तो सिद्धान्त प्यारा है। सिद्धान्त का पालन होना चाहिए, फिर चाहे कोई भी पदों पर रहे।"

समिति के सदस्य बाहर निकले, तो देखा कि जनता में उग्र आन्दोलन छिड़ गया है। हजारों आदमियों के दो जुलूस सड़कों पर नारे लगाते घूम रहे हैं। एक सेठ गोपालदास की जय बोल रहा है और दूसरा सेठ धरमचन्द की। दो-तीन जगह जुलूसों में झगड़ा हो चुका था। और एक बार पुलिस को लाठी-चार्ज भी करना पड़ा था।

समिति सेठ धरमचन्द के पास पहुँची और कहा, "सेठजी, शहर की हालत बड़ी खतरनाक है। किसी भी क्षण दंगा हो सकता है। आप लोगों में जल्दी ही समझौता होना चाहिए। हम अभी सेठ गोपालदास से मिलकर आ रहे हैं। उन्होंने हमें बहुत स्पष्ट करके आप लोगों का सैद्धान्तिक मतभेद समझा दिया है।"

सेठ धरमचन्द चौंक उठे। बोले, "क्या उन्होंने सिद्धान्त प्रकट कर दिये?"

समिति ने कहा, "उनकी मजबूरी थी। भूख के मारे उनकी आत्मा इतनी

कमजोर हो गयी है कि सिद्धान्त उसके शिकंजे से छूटकर मुँह से बाहर निकल पड़े। ज्यों-ज्यों उपवास बढ़ता जायेगा, त्यों-त्यों आत्मा और निर्बल होती जायेगी और तब न जाने कौन-कौन रहस्य उसके पंजे से छूटकर निकल पड़ें।"

सेठ धरमचन्द चिन्ता में पड़ गये। वे धीरे-धीरे कहने लगे, "यह तो बड़ी चिन्ता की बात है। मुझे नहीं मालूम था कि गोपालदास की आत्मा इतनी कमजोर है। खैर, अब आप लोगों की राय क्या है?"

समिति ने कहा, "किसी तरह अनशन टूटना चाहिए।"

धरमचन्द ने कहा, "पर यह हो कैसे? सिद्धान्त तो हम भी नहीं छोड़ सकते। आदमी की पहली आवश्यकता अन्न नहीं, वस्त्र है। आदमी एक दिन भूखा रह सकता है, पर नंगा नहीं रह सकता। आदमी हफ्तेभर न खाये, तो मरेगा नहीं, पर ठण्ड की रात बिना कपड़े के गुजारे तो मर जायेगा। अतः हमारा सिद्धान्त है कि कपड़े पर चुंगी की चोरी होनी चाहिए। नागरिकों के स्वास्थ्य के लिए भी यह जरूरी है। आप शायद जानते हों कि जिस कपड़े पर चुंगी लगी हो, उसे पहनने से शरीर में खुजली, दाद जैसे चर्म-रोग हो जाते हैं। हमारा सिद्धान्त छोड़ना जनता के साथ धोखा होगा।"

समिति ने देखा कि धरमचन्दजी ढीले पड़ गये हैं। गोपालदासजी का ढीलापन वे लोग अभी देख ही आये थे।

समिति ने कहा, "देखिए, सिद्धान्त की बात अभी हम लोगों को ही मालूम हुई है। जनता को नहीं मालूम। मालूम होने पर क्या होगा, कह नहीं सकते। अभी वे आप लोगों के लिए मरने-मारने को तैयार हैं। इसलिए कोई रास्ता ऐसा निकालिए कि समझौता हो जाये। गोपालदासजी को पद प्यारा नहीं है, सिद्धान्त प्यारा है। समझे आप?"

धरमचन्द ने विचार किया। कहा, "यानी अगर हम उनका 'सिद्धान्त' भी अपना लें, तो क्या उन्हें सन्तोष हो जायेगा?"

"बिल्कुल।" समिति ने कहा।

सेठ धरमचन्द ने कहा, "तो ठीक है। हम कपड़ा और अनाज दोनों की चुंगी की चोरी की व्यवस्था कर देंगे। आप फौरन शहर में समझौते की घोषणा करके जनता को बता दीजिए कि शाम को पाँच बजे मैं अपने हाथ से गोपालदासजी को मुसम्मी का रस पिलाऊँगा।"

पाँच बजे हजारों की भीड़ के जय-नाद के बीच सेठ गोपालदास ने अनशन तोड़ा।

छज्जे पर से हर्ष-विह्वल जनता से नारे लगवाये जा रहे थे:

'सत्य की—जय हो!'

'जनता की—जय हो!'

'सेठ गोपालदास—जिन्दाबाद!'

'सेठ धरमचन्द—जिन्दाबाद!'

रामसिंह की ट्रेनिंग

रामसिंह रोज शाम को मेरे घर आता है और मुझे सामने बिठाकर एक घण्टे गालियाँ देता है।

पड़ोसी पूछते हैं—क्या यह पागल हो गया है?

मैं कहता हूँ—नहीं।

तब वे मुझे प्रोत्साहित करते हैं कि या तो मैं उसे पीटूँ या उन्हें उसे पीटकर पड़ोसी का कर्त्तव्य निभाने दूँ।

मैं हँस देता हूँ।

अब वे मुझे कायर या पागल समझने की तैयारी में हैं।

रामसिंह सिर्फ गालियाँ ही नहीं देता।

एक रात को वह मेरे घर में गाँजे की दो-चार कलियाँ डाल गया। सुबह आकर उसने घर की तलाशी ली और रूमाल से मेरे हाथ बाँधकर मुझे गिरफ्तार कर लिया।

रामसिंह मुझे छोटे भाई की तरह प्यारा है। मुझे यह देखकर खुशी होती है कि रामसिंह बड़ी तेजी से योग्य होता जा रहा है और वह नौकरी में तरक्की करता जायेगा।

आठ-दस दिन पहले की बात है। रामसिंह के बड़े भाई हनुमानसिंह बड़े परेशान-से मेरे पास आये। कहने लगे—तुम्हें मालूम है, रामसिंह छुट्टी पर आया है। वह पुलिस इन्स्पेक्टर क्या हो गया है, पागल हो गया है। उसने घर सिर पर उठा रखा है। कमरे को बन्द कर लेता है और घण्टों गालियाँ बकता रहता है। एक दिन मैंने खिड़की के सुराख में से देखा कि हमारे बाप-दादों और नेताओं के जो चित्र दीवारों पर टँगे हैं, उन्हें वह गाली दे रहा है। एक दिन मैं मुन्ने से पढ़ने के लिए बैठने को कहकर बाहर चला गया। लौटकर आया तो बड़ी लड़की ने कहा—'रामसिंह चाचा का क्या दिमाग फिर गया है? आपके जाने के बाद मुन्ना उठकर खेलने चला गया। जब लौटा तो रामसिंह चाचा उससे क्या कहते हैं—ए मुन्ने, इकन्नी दे नहीं तो बड़े भैया से रिपोर्ट करके तुझे पिटवाऊँगा। हमने हँसी-हँसी में मुन्ने को इकन्नी देकर कहा कि चाचाजी को दे दे। हे भगवान, उन्होंने तो इकन्नी लेकर जेब में रख ली।' अजीब हरकतें करता है। बच्चों से पानी मँगाता है और अगर देर हो जाय, तो चिल्लाता है—जल्दी पानी ला। क्या समझता है! सात साल के लिए भेज दूंगा। यार, मेरी तो नाक में दम है। क्या करूँ? उससे पूछता हूँ, तो वह हँसकर कह देता है—आगे चलकर समझोगे। अभी मत बोलो। भई, मेरा तो विश्वास है कि उसका दिमाग फिर गया है।

रामसिंह को मैं बचपन से जानता हूँ। बड़ा सुशील, ईमानदार और नम्र लड़का था।

दूसरे दिन मैं उससे मिला।

मैंने कहा—यह मामला क्या है?

उसने कहा—मालूम होता है बड़े भैया ने आपसे शिकायत कर दी है। मुझे कोई समझने की कोशिश नहीं करता। मैं कहता हूँ, एक महीना मुझसे कोई मत बोलो। मेरा दिमाग बिल्कुल ठीक है। मैं पागल नहीं हूँ।

मैंने कहा—फिर तुम यह सब क्यों करते हो?

उसने जो किस्सा बयान किया, वह उसी के शब्दों में यों है—

भाई साहब, मैं नया-नया इन्स्पेक्टर हुआ था। मेरे मन में बड़े ऊँचे आदर्श और सेवा-भावना थी। एक दिन पास के गाँव का एक लड़का आया और रिपोर्ट की कि हमारे घर में रात को चोरी हो गयी। मैं फौरन तहकीकात करने पहुँच गया।

उस घर के आँगन में एक बूढ़ा सिर झुकाये बैठा था। मुझे देखकर उठ बैठा और घबराते हुए बोला—पधारिये, साहब! मैं खाट पर बैठ गया और पूछताछ करने लगा।

मैंने पूछा—बाबा, आपके ही घर में चोरी हुई है?

वह चुप खड़ा रहा।

मैंने फिर पूछा—बाबा, चोरी आपके ही घर में हुई है?

उसने कहा—क्या हुजूर, मुझसे पूछ रहे हैं?

मैंने कहा—हाँ-हाँ, बाबा, आपसे ही।

बूढ़ा बोला—मगर साहब, मेरा नाम तो 'ए साले बुड्ढे' है। बाबा तो मैं नहीं हूँ।

मैं बूढ़े की बात समझ नहीं सका। जल्दी करने के लिए मैंने कहा—अच्छा, चोरी कब हुई?

बूढ़ा फिर चुप हो गया। मैंने फिर पूछा। तब वह हाथ जोड़कर बोला—हुजूर, गलती तो हमसे हो गयी। लड़का नादान है। मैं बाहर गया हुआ था। मैं होता, तो हरगिज रिपोर्ट नहीं होती और न आपको तकलीफ होती। लड़के की गलती आप माफ कर दें।

मैं बड़ी हैरत में पड़ा। आखिर यह कह क्या रहा है?

मैंने कहा—आप अजब बात कर रहे हैं। चोरी की रिपोर्ट करनी ही चाहिए। आखिर हम किसलिए हैं? हमारा फर्ज है कि हम चोरी का पता लगायें और आपका माल वापिस दिलवायें। हाँ, मुझे बताइए कि चोरी कब हुई और कौन-कौन चीज गयी?

बूढ़ा फिर मौन हो गया। वहाँ खड़े हुए लोगों की तरफ वह किसी अर्थ से देखता खड़ा रहा।

उसका लड़का दूध का गिलास भर लाया और देने लगा। मैंने इनकार किया तो बूढ़ा बोला—ले लीजिए, साहब!

मैंने कहा—नहीं, मैं अपनी ड्यूटी कर रहा हूँ। मैं इस वक्त आपकी कोई चीज नहीं लूँगा—सुपारी का टुकड़ा तक नहीं।

मैंने देखा कि वहाँ खड़े लोगों ने आपस में बड़े रहस्यात्मक ढंग से देखा और आँखों से कुछ इशारे भी किये।

मेरी हर बात पर वे लोग चौंक पड़ते और इशारे और कानाफूसी करने लगते।

मैंने बूढ़े से कहा—बाबा, तुम भी खाट पर बैठ जाओ। सयाने आदमी हो। खड़े क्यों हो?

बूढ़ा डरकर दो कदम पीछे हट गया। उसने आसपास खड़े लोगों के कान में कुछ कहा।

मैं परेशान था कि लोग आखिर इतने भौंचक्के-से क्यों हैं? ये बातों का जवाब नहीं देते और न जाने क्या कानाफूसी करते हैं।

बूढ़े ने जेब से कुछ नोट निकाले और मेरी तरफ बढ़ाते हुए कहा—हुजूर, गलती हमसे जरूर हुई है, पर लड़का नादान है। मैं होता तो कभी रिपोर्ट नहीं होती। मैं जानता हूँ कि आपको तकलीफ होती है और काम में हर्ज होता है। यह भी जानता हूँ कि इसका हरजाना देना पड़ता है। सो ये पचास रुपये आप लीजिए और लड़के को माफ कर दीजिए। आइन्दा कभी भूल नहीं होगी।

मैं थोड़ी देर के लिए हतप्रभ हो गया। फिर कहा—देखिए, आपकी बातें मेरी समझ में बिल्कुल नहीं आतीं। या तो आप पागल हैं या मैं कोई सपना देख रहा हूँ। मैं ये रुपये क्यों लूँ? मुझे तनख्वाह मिलती है अपने काम की। मैं एक पैसा भी लेना गुनाह समझता हूँ।

मेरी बात का उन पर विचित्र प्रभाव पड़ा। बूढ़े की दीनता जाती रही। उसका चेहरा दृढ़ हो गया। उसने गाँववालों से कहा—अब भी तुम्हें कोई शक है?

वे बोले—नहीं!

बूढ़े ने हुक्म दिया—तो फिर देखते क्या हो?

मैं कुछ समझूँ, इसके पहले उन लोगों ने मुझे पकड़कर रस्सी से मेरे हाथ-पाँव बाँध दिये।

बूढ़े ने एक आदमी से कहा—जा, शहर जाकर इन्स्पेक्टर साहब से कहना कि कोई ठग या डाकू पुलिस की वर्दी पहनकर आया था, सो उसे हमने बाँध लिया है।

मैं चिल्लाया—मैं ठग या डाकू नहीं हूँ। मैं पुलिस का इन्स्पेक्टर हूँ।

बूढ़ा बोला—तू पुलिस का इन्स्पेक्टर नहीं है! तूने यह वर्दी चुराई है और पहनकर हमें ठगने आ गया है। मुझे तू धोखा नहीं दे सकता। मैंने क्या पुलिसवाले देखे नहीं हैं? पुलिसवालों को देखते-देखते बूढ़ा हो गया हूँ। तेरे-जैसी बातें पुलिसवाले नहीं करते। तू तो कोई ठग है!

मैंने पूछा—आखिर तुम्हें मेरे ऊपर शक क्यों होता है?

बूढ़े ने कहा—तुझमें एक भी लक्षण सच्चे पुलिस अफसर का नहीं है। पुलिस

अफसरों को देखते मुझे वर्षों हो गये। किसी ने मुझे 'क्यों बे बुड्ढे' के सिवा कुछ और नहीं कहा। मुझे तो तभी शक हो गया था, जब तूने मुझे आदर से 'बाबा' कहा था। फिर तूने दूध पीने से इनकार किया। ऐसा कोई अफसर नहीं करता। फिर तूने रुपये नहीं लिये। ऐसा भी कोई अफसर करता है? अरे, हम तो डर के मारे चोरी की रिपोर्ट नहीं करते कि पुलिसवाले आयेंगे, तंग करेंगे और हरजाना वसूल करके सरकार में जमा करेंगे। और तू कहता है कि मैं एक पैसा नहीं लूँगा और चोरी का पता लगाऊँगा। ऐसा अफसर तो मैंने आज तक नहीं देखा। तू तो कोई ठग है। पर बेटा स्वाँग पूरा नहीं रच पाये और पकड़े गये। अब सच्चे पुलिस अफसर आते हैं जो तुझे दस-पाँच साल जेल में सड़ायेंगे।

भाई साहब, मैं शाम तक वहीं बँधा पड़ा रहा। दिन ढलते शहर से एक साथी इन्स्पेक्टर आया। उसने बूढ़े को पचीसों गालियाँ दीं। पूछा—क्यों बे साले बुड्ढे के बच्चे! इन्हें क्यों बाँध रखा है?

गालियाँ सुनकर बूढ़ा खुश हो गया। बोला—हुजूर, यही तो हम इस ठग से कह रहे हैं। देखा रे, पुलिस अफसर ऐसे होते हैं, जैसे ये साहब हैं। और एक तू है जो 'बाबा-बाबा' कर रहा था।

रामसिंह ने कहा—भाई साहब, इस दुर्दशा के बाद मैंने सोचा कि मेरी ट्रेनिंग अधूरी रह गयी। लोग मुझे ठग समझ लेते हैं। मैंने एक महीने की छुट्टी ली और ट्रेनिंग पूरी करने घर आ गया।

मैंने कहा—रामसिंह, हमारा दुर्भाग्य है कि तेरे और मेरे, दोनों के पिता इस असार संसार से कूच कर गये। वे आज होते, तो उनका उपयोग करके तू तीन-चार दिनों में ही पूरा दक्ष हो जाता। खैर अभी मैं हूँ। तू रोज मेरे ऊपर अभ्यास किया कर। इससे मुझे खुशी ही होगी कि तेरे किसी काम तो आया।

तब से रामसिंह रोज मुझे गाली देता है और मैं हँसता रहता हूँ।

विकास-कथा

एक दिन मुझे विकास-मन्त्री के दफ्तर से एक बड़ा लिफाफा मिला। सरकारी लिफाफा एक लॉटरी है—न जाने उसमें से क्या निकल पड़े, जो जिन्दगी सुधार दे। मैं इसीलिए नहा-धोकर, ऊदबत्ती जलाकर बड़ी श्रद्धा-भावना से सरकारी लिफाफा खोलता हूँ। यह लिफाफा मैंने खोला और भीतर का पत्र पढ़ा तो मालूम हुआ कि यह मेरे नाम खुली लॉटरी तो नहीं है, उसका एक टिकट जरूर है।

पत्र में लिखा था — 'विकास-मन्त्रालय देश के लेखकों से अपेक्षा करता है कि वे

देश के नवनिर्माण में भाग लें। इसी उद्देश्य से हम एक प्रतियोगिता आयोजित कर रहे हैं। इस वर्ष विकास-खण्डों से जो हजारों रिपोर्ट हमें प्राप्त हुईं, उनमें से एक ने हमारा विशेष ध्यान खींचा। वह हमारी योजनाओं के क्रियान्वयन के एक सुन्दर पक्ष को उद्‌घटित करती है। हम उस रिपोर्ट को अधिक-से-अधिक प्रचारित करना चाहते हैं, जिससे जनता विकास-कार्यों के इस सुन्दर पक्ष से परिचित हो, उसमें रुचि ले और देश के लिए अधिक-से-अधिक त्याग करने के लिए तैयार हो। उक्त रिपोर्ट में गूढ़ अर्थ छिपे हैं, इसलिए उसकी व्याख्या आवश्यक है। इसके लिए हमें आपका सहयोग चाहिए। आप इस रिपोर्ट का अध्ययन करके, इसके गूढ़ार्थ को प्रकट करती हुई व्याख्या हमें भेजें। जिस लेखक की व्याख्या सबसे अच्छी मानी जायेगी, उसे पुरस्कार दिया जायेगा। व्याख्या 31 मार्च तक इस कार्यालय में पहुँच जानी चाहिए। इसके बाद प्राप्त हुई व्याख्या पर विचार नहीं किया जायेगा। यदि विकास-मन्त्रालय में कोई आपकी पहचान का है, तो आप बाद में भी भेज सकते हैं। इस पत्र के साथ उक्त रिपोर्ट की एक प्रति भेजी जा रही है।'

मैंने इनाम के लोभ से देश-निर्माण के कार्य में भाग लेने का निश्चय किया। रिपोर्ट पढ़ी, उस पर मनन किया और उसके गूढ़ अर्थों को स्पष्ट करती हुई व्याख्या तैयार की। विकास-मन्त्रालय में मेरी पहचान का कोई नहीं है, इसलिए मैंने 31 मार्च से बहुत पहले ही व्याख्या भेज दी। मुझे आश्चर्य हुआ कि मेरी व्याख्या सबसे अच्छी मानी गयी और दिल्ली में हर इनाम के लिए डेरा डालकर और डबलरोटी बाँधकर (सत्तू बाँधकर नहीं) पड़े हुए 'सरकारी' लेखकों के बावजूद वह इनाम मुझे मिल गया। ईर्ष्यालु लेखकों ने मेरी सफलता का यह समाचार किसी अखबार में नहीं छपने दिया। पर सूर्य को हथेली से कुछ महीने ही ढँका जा सकता है। एक-दो महीने में विकास-मन्त्रालय मेरी व्याख्या-समेत उस रिपोर्ट की एक करोड़ प्रतियाँ छपवाकर समाचार हर भारतवासी तक पहुँचा देगा।

मैं यहाँ वह रिपोर्ट तथा अपनी व्याख्या दे रहा हूँ।

विकास-खण्ड की रिपोर्ट

इस वर्ष भी हमारे विकास-खण्ड में कुछ प्रतियोगिताएँ हुईं। अन्न-उत्पादन को प्रोत्साहित करने के लिए एक प्रतियोगिता रखी गयी, जिसमें पहला स्थान किशन-लाल नामक एक मामूली किसान को मिला। उसने बड़ी मेहनत करके अपनी थोड़ी-सी जमीन पर बहुत अच्छी फसल पैदा की थी। यों चर्चा फैली हुई थी कि अन्न-उत्पादन का पहला इनाम पुराने मालगुजार बलभद्रसिंह को मिलेगा, जिन्होंने दस साल पहले ही अपनी जमीन बेच दी थी, और शहर में सिनेमा-हाउस चला रहे थे। इस चर्चा में कुछ सत्यता जरूर थी क्योंकि ब्लॉक ऑफिसर साहब और मालगुजार साहब में दाँतकाटी रोटी थी। पर कुछ दिन पहले ही अफसरों से मालगुजार साहब की खटपट हो गयी और इनाम किशनलाल को मिल गया। मालगुजार को अब कृषकों के प्रतिनिधि-मण्डल में विदेश-यात्रा करने का मौका भी नहीं मिलेगा।

किशनलाल का नाम गाँव-गाँव में फैल गया। उसका एक फोटो खींचकर हमने अपनी फाइल में रखा। उसके खेत के गेहूँ और दाल सब अफसरों के घर भेजे गये और सबने उनकी तारीफ की।

एक दिन पुरस्कार-वितरण-समारोह रखा गया। पुरस्कार कलेक्टर साहब के कर-कमलों से बँटवाने का निश्चय किया गया।

एक दिन विकास-अफसर की पत्नी, जिन्हें आगे रिपोर्ट में 'विकासनी' कहा जायेगा, कलेक्टर महोदय की पत्नी, जिन्हें 'क्लक्टरानी' कहा जायेगा, को समारोह का निमन्त्रण देने पहुँची। दोनों में थोड़ी देर 'बहनजी-बहनजी' हुई। इसके बाद एक ने दूसरी की साड़ी, ब्लाउज आदि की प्रशंसा की। फिर दूसरे अफसरों की पत्नियों की निन्दा करके जब वे चरम आनन्द के क्षण में पहुँचीं, तब क्लक्टरानी ने कहा—क्यों जी, सब प्रतियोगिताएँ पुरुषों की ही क्यों होती हैं? स्त्रियों की भी प्रतियोगिता होनी चाहिए। विकासनी ने कहा—उन स्त्रियों की क्या कण्डा थोपने की प्रतियोगिता करायें, बहनजी?

इस पर दोनों खिलखिलाकर हँस पड़ीं।

क्लक्टरानी ने कहा—नहीं, मेरा मतलब है, कोई यों ही मजेदार प्रतियोगिता करा दो। हमें स्त्रियों का भी विकास करना है। उन्हें भी आगे बढ़ना है।

विकासनी ने पूछा—तो आप ही बता दीजिए कि कैसी प्रतियोगिता करा दें?

क्लक्टरानी ने कहा—हम स्कूल में पढ़ती थीं, तब खीर खाने की प्रतियोगिता होती थी। आँखों पर पट्टी बाँध दी जाती थी और सामने खीर का कटोरा रख दिया जाता था। जो सबसे पहले खा ले, उसे इनाम मिलता। तुम तो यही प्रतियोगिता कराओ। इसमें गाँव की औरतों के साथ हम लोग भी शामिल हों। हमें देश में समानता स्थापित करनी है न!

विकासनी देवी को इस सुझाव से बहुत स्फूर्ति मिली। उन्होंने घर में विकास अफसर से कहा। साहब को भी यह बात पसन्द आयी। उन्होंने दूसरे दिन इस कार्य के लिए सौ कटोरे खरीदे और पट्टियों के लिए दस गज कपड़ा खरीदा। ये दोनों चीजें प्रतियोगिता के बाद बेकाम हो गयीं और उन्हें 'राइट-ऑफ' कर दिया गया।

'खीर-खाऊ' प्रतियोगिता का दृश्य बहुत सुन्दर था। मैदान में एक कतार में सैकड़ों ग्रामीण स्त्रियाँ बैठी थीं। सामने एक टेबिल के आसपास कुर्सियों पर क्लक्टरानी, विकासनी, डॉक्टरनी और तहसीलदारनी बैठी थीं। उनमें कलक्टरानी अलग ही दमक रही थी।

विकासनी ने क्लक्टरानी से कहा—बहनजी, आपने क्या रूप पाया है! ज्यों-ज्यों उमर बढ़ती जाती है त्यों-त्यों निखरता ही जाता है। ईमान से, आँख नहीं ठहरती। इस तथ्य का सबने समर्थन किया और वातावरण आनन्दमय हो गया।

ग्राम-सेविकाओं ने सबकी आँखों पर पट्टी बाँध दी। जब एक ग्राम-सेविका क्लक्टरानी की आँखों पर पट्टी बाँधने लगी, तब उन्होंने उसे इस तरह देखा कि उसने पट्टी ढीली बाँध दी। क्लक्टरानी ग्राम-सेविका की इस अनुशासनबद्धता से

बहुत खुश हुई।

जब खीर खाना शुरू हुआ, तो क्लक्टरानी ने पट्टी आँखों पर से खिसका ली और झट खीर खाकर खड़ी हो गयी। विकास-अफसर ने उन्हें प्रथम घोषित कर दिया। इससे सब अफसरों और अफसरानियों को प्रसन्नता हुई, क्योंकि वे सब अनुशासन से बँधे थे।

जब विकास-अफसर और विकासनी देवी विभिन्न प्रतियोगिताओं में जीतनेवालों के लिए इनाम की चीजें खरीदने चले, तो क्लक्टरानी ने कहा कि मैं साथ चलकर इनाम खरीदवा देती हूँ। उन्होंने खीर खाने में प्रथम आनेवाली के लिए लगभग तीन सौ रुपये का स्टेनलेस स्टील के बर्तनों का सेट खरीद दिया। बाकी विजेताओं के लिए खिलौने, रूमाल, टोटी, कंघे आदि खरीद लिये गये।

समारोह में कलक्टर साहब ने इनाम बाँटे। लिस्ट में पहला नाम खीर-प्रतियोगिता में प्रथम आनेवाली का था। वे मुसकराती, सकुचाती हुई कलेक्टर के सामने आकर खड़ी हो गयी। साहब मुसकराये और उन्होंने स्टेनलेस स्टील के बर्तनों का सेट उन्हें प्रदान किया। सबने बड़ी देर तक तालियाँ बजायीं।

इसके बाद सबसे अधिक अन्न पैदा करनेवाले किशनलाल का नाम पुकारा गया। साहब ने उसे एक डिब्बा दिया। किशनलाल ने उसे खोला। यह देख सब लोग खूब हँसे। साहब के पेट में तो हँसते-हँसते बल पड़ गये।

इसी तरह के इनाम दूसरे किसानों को भी मिले।

समारोह हँसी-खुशी के साथ समाप्त हुआ। इति।

मेरी व्याख्या—जिस पर इनाम मिला

यह घटना प्रतीकों के द्वारा देश के विकास-कार्य के एक सुन्दर पक्ष को सामने लाती है।

देश में इस समय खीर खाने की प्रतियोगिता मची है।

जनता की आँखों पर पट्टी बँधी है, मगर अफसरों ने अपनी पट्टी खिसका ली है और वे खुली आँखों से खीर खा रहे हैं।

जनता कुछ नहीं कहती, बल्कि ताली बजाती है।

जो मेहनत करता है, और उत्पादन करता है, उसके हाथ में बन्दर का खिलौना दे दिया गया है, जिससे उसका मन बहलता रहे।

जो खीर खाता है उसे स्टेनलेस स्टील के बर्तन मिलते हैं, जिनमें और खीर खायी जा सकती है।

कलक्टर ने क्लक्टरानी को इनाम दिया—इससे प्रकट होता है कि देनेवाला और लेनेवाला एक ही है। हर देनेवाला अपने-आपको ही दे रहा है।

जिसे दूसरे से मिलता है, उसे बन्दर का खिलौना मिलता है, जो खीर नहीं खा सकता।

शिक्षा—दूसरों की आँखों पर पट्टी बाँधकर, अपनी आँखें खुली रखकर, खीर

खाना और इसके लिए इनाम पाना, हमारे विकास-अभियान की सफलता के लिए जरूरी है।

भूल-सुधार—ऊपर जो लिखा है, उसमें एक ही भूल है। विकास-मन्त्रालय ने कोई प्रतियोगिता नहीं की थी और न मुझे कोई इनाम मिला, सिर्फ इतनी बात झूठ है। बाकी विकास-खण्ड की रिपोर्ट और मेरी व्याख्या बिल्कुल सही है।

इतिहास का सबसे बड़ा जुआ

[इधर पंचम गुरु का मशहूर जुए का अड्डा चलता है। पुलिस, ऊँचे अफसरान और धनी-मानी लोगों के नैतिक सहयोग से यह अड्डा फल-फूल रहा है—याने फूलने की झंझट में न पड़कर एकदम फल जाता है। हर जुए के अड्डे में 'छोकरे' होते हैं, जो पान, बीड़ी, दारू का इन्तजाम करते हैं, जुआरियों की सेवा करते हैं। पंचम गुरु के अड्डे में एक तेज छोकरा है। उसे पूर्व-स्मृति है। वह कहता है, द्वापर में भी वह 'छोकरा' ही था और लच्छू उस्ताद के जुए के अड्डे में काम करता था। जो दुर्योधन ने युधिष्ठिर के साथ जुआ खेला था, तब उन्होंने लच्छू उस्ताद से एक अच्छा 'छोकरा' देने के लिए कहा था। लच्छू उस्ताद ने इसी छोकरे को भेज दिया था। वह कहता है, उसने इतिहास का वह सबसे बड़ा जुआ देखा था। उसी के शब्दों में—लेखक]

सा'ब, बड़े-बड़े जुए के फड़ देखे, बड़े-बड़े जुआरी देखे, पर वैसा जुआ नहीं देखा। लच्छू उस्ताद ने कहा था—छोकरे, राजा लोगों का जुआ है। बड़े-बड़े वीर वहाँ होंगे। अच्छी चाकरी करेगा तो ऊँचा 'टिप' मिलेगा। गलती करेगा तो सिर खो देगा। जरा सँभल के।

तो सा'ब, मैं तो डरते-डरते वहाँ गया।

मैंने पूछा—छोकरे, यह जुआ हुआ ही क्यों? तू तो वहाँ था। तू जानता होगा।

छोकरा बोला—जिसको 'पावर पालिटिक्स' बोलते हैं न सा'ब, वही था ये। सब जुआ खेलते हैं पालिटिक्स में। नेपोलियन ने खेला था, हिटलर ने खेला था। याहिया खाँ ने भी खेलकर देख लिया। हिन्दचीन में अमेरिका इतने सालों से जुआ खेल रहा है। 1962 में क्यूबा में रूस और अमेरिका जुआ खेलनेवाले ही थे कि सँभल गये, वरना न पाण्डव रहते, न कौरव।

मैंने कहा—पर ये कौरव-पाण्डव तो एक ही कुल के थे। भाई ही थे। फिर ऐसा पावर पालिटिक्स क्यों चला?

छोकरे ने कहा—रूस और चीन क्या एक ही कुल के नहीं हैं सा'ब ? फिर भी पावर पालिटिक्स का जुआ चल रहा है। अमेरिका और पश्चिमी जर्मनी भी तो एक ही कुल के हैं, पर उनमें भी डालर और मार्क का जुआ चल रहा है। भाई-भाई में जुआ होता है सा'ब। एक मजे की बात बताऊँ ? शकुनि और दुर्योधन के सिवा सब जुए के खिलाफ थे। धृतराष्ट्र जुए को बुरा समझते थे, भीष्म जुए को नाश का कारण मानते थे, विदुर ने तो सबसे ज्यादा विरोध किया। पर जानते हैं सा'ब, युधिष्ठिर को जुआ खेलने के लिए बुलाने कौन गया ? वही महात्मा विदुर। और युधिष्ठिर ने भी कहा कि जुआ बहुत खराब चीज है। पर फिर खेलने भी चले आये। कहने लगे—जब बुलाया है तो जरूर चलकर खेलूँगा। सा'ब, सब जुए के खिलाफ पर सब जुआ खेल रहे हैं।

मैंने पूछा—छोकरे, तू तो बड़ा होशियार मालूम होता है। यह तो बता कि ऐसा हुआ क्यों ?

छोकरे ने कहा—सा'ब, जब कुल का सयाना अन्धा होता है, तब थोड़े-थोड़े अन्धे सब हो जाते हैं। फिर जिसे बुरी बात समझते हैं उसी को करते हैं। अभी देख लो न। दुनिया में सब लड़ाई को बुरा बोलते हैं। सब शान्ति की इच्छा रखते हैं, पर सब हथियार बनाते जा रहे हैं।

ये युधिष्ठिर जो थे न, धर्मराज थे। बड़े भले आदमी थे। अच्छा, बुरा, पाप, पुण्य, सब समझते थे। दूसरों को सिखाते थे। पर उन्हें जुआ खेलने का शौक था। बड़े आदमी में एक-न-एक खराबी होती ही है, सा'ब। हमारे लच्छू उस्ताद ने उनसे कहा था—महाराज, जुआ खेलने का ही शौक है, तो हमारे अड्डे पर आ जाया करो। अरे हारोगे भी तो कितना हारोगे ? हजार, पाँच हजार, दस हजार सिक्के। वेश बदलकर आ जाया करो। कोई जानेगा नहीं। और महाराज पासा नहीं, तीन पत्ती खेलो। आपको पासा फेंकना ही नहीं आता। किसी दिन पासे के जुए में आप भाइयों की कमायी प्रापर्टी उड़ा दोगे। पर वे माने ही नहीं। आखिर वही हुआ जो हमारे लच्छू उस्ताद ने कहा था।

कौरव बैठे हैं। पाण्डवों का इन्तजार कर रहे हैं। धृतराष्ट्र भी उत्सुक हैं। दिखता नहीं है तो पूछते हैं – आ गये ? कोने में विदुर खिन्न बैठे हैं। भीष्म बेचैन हैं। दुर्योधन और शकुनि उत्तेजित हैं। कर्ण शान्त और सन्तुष्ट बैठे हैं।

उधर का हाल यह है कि पाण्डव जानते हैं कि हारेंगे, फिर भी खेलने को चले आ रहे हैं। आगे युधिष्ठिर हैं। पीछे भीम। उसके पीछे अर्जुन, नकुल और सहदेव। भीम उत्तेजित हैं। बाकी भाई इस तरह तटस्थ भाव से चल रहे हैं कि बड़े भैया जो भी करें, ठीक है।

आमने-सामने बैठ गये। मैं पानी पिलाने के बहाने युधिष्ठिर के पास गया और कान में कहा—धर्मराज, तीन पत्ती खेलो। पासा मत खेलना। तुम्हें पासा फेंकना नहीं आता। इसी वक्त शकुनि ने मुझे देख लिया और पुकारा—ए छोकरे, उधर क्या कर रहा है ? वह बीड़ी का कट्टा उठाकर ला।

दुर्योधन बोलता है—दाँव मैं लगाऊंगा, पर पासे मेरी तरफ से मामा शकुनि फेंकेंगे। भला बताइए, ऐसा भी होता है कि दाँव एक लगाये और पासा दूसरा फेंके !

मैंने कहा—होता है रे। पालिटिक्स में होता है। देखा नहीं कि दाँव याहिया खाँ ने लगाया और पासे निक्सन तथा माओ ने फेंके—दो शकुनि मामा। और हम अगर युधिष्ठिर जैसे बने रहते तो हमारा भी कबाड़ा हो जाता। पर हमने कह दिया कि तेरा शकुनि तो हमारा भी 'रसुनि'। फेंक पासा।

छोकरा बोला—बिल्कुल ठीक बात बोले सा'ब आप। युधिष्ठिर भी कह देते कि तुम्हारी तरफ से अगर शकुनि पासे फेंकेंगे तो हमारी तरफ से लच्छू उस्ताद फेंकेंगे। शकुनि किसी का लोहा मानता था तो हमारे लच्छू उस्ताद का। पर युधिष्ठिर के हाथ तो पासा फेंकने को कुलबुला रहे थे न। वे इस शर्त को भी मान गये।

और चालू हो गया सा'ब जुआ।

युधिष्ठिर ने लगा दिये दाँव पर सोना और रत्न। फेंके पासे।

फिर शकुनि ने पासे फेंके और चिल्लाया—जीत लिया।

एक बात माननी पड़ेगी सा'ब—शकुनि था उस्ताद। जैसे चाहता वैसे पासे फेंक लेता था। यह बात तो उड़ायी हुई है कि वह कपटी था। असल में वह अच्छा खिलाड़ी था।

फिर लगा दाँव—और लाखों अशर्फी, मनों सोना।

धर्मराज ने पासे फेंके।

फिर शकुनि ने फेंके और चिल्लाया—जीत लिया !

धर्मराज तो जुए के नशे में धुत्त हो गये थे। उन्होंने सब प्रापर्टी—हाथी, घोड़े, गायें, दाँव पर लगा दिये और हार गये।

मैंने कहा—अब बन्द करो, महाराज !

पर वे बोले—अगला दाँव मैं ही जीतूंगा।

पर अब दाँव पर लगाने को बचा ही क्या था ? सिर्फ आदमी बचे थे।

और वे सेनापतियों और नौकरों को दाँव पर लगाने और हारने लगे।

मैंने पूछा—क्यों रे छोकरे, जब आदमी दाँव पर लगाने लगे तो किसी ने रोका नहीं ?

उसने कहा—रोका सा'ब। पर धर्मराज तो होश में नहीं थे। उधर बेचारे विदुर जरूर बार-बार धृतराष्ट्र से कहते थे कि लड़के को रोको, वरना बड़ा अनिष्ट होगा। पर अन्धे राजा बेटे के मोह में और अन्धे हो गये थे।

उधर दुःशासन, दुर्योधन और शकुनि वगैरह पाण्डवों की खिल्ली उड़ाते थे, उनका अपमान करते थे। इधर भीम क्रोध से कसमसा जाते थे। बाकी पाण्डव बड़े भाई के लिहाज में मुँह लटकाये बैठे थे।

आदमी दाँव पर लगने लगे सा'ब और हारे जाने लगे। दास-दासी सब धर्मराज हार गये।

पसीना आ रहा था युधिष्ठिर को। मुझे पुकारा—छोकरे, पानी पिला।

मैंने उन्हें पानी पिलाते हुए कहा—महाराज, अब भाइयों को लेकर भाग जाओ!

पर वे कहाँ माननेवाले!

उन्होंने नकुल और सहदेव को दाँव पर लगा दिया और हार गये।

शकुनि चिल्लाया—छोकरे, थोड़ी दारू ला।

अब सा'ब, युधिष्ठिर ने भीम और अर्जुन को दाँव पर लगाया और हार गये।

कोई भाई नहीं बोला सा'ब कि हमारा जुआ क्यों खेलते हो?

अब बचे धर्मराज।

बोले—इस बार मैंने अपने को दाँव पर लगाया।

पासें फेंके।

शकुनि ने फेंके और जीत गया।

खलास हो गया। सब भाई दुर्योधन की प्रापर्टी हो गये सा'ब।

अब?

शकुनि को खूब चढ़ गयी थी सा'ब। नहीं तो वह वैसी बात नहीं कहता। कहता है···धर्मराज, अभी द्रोपदी बच गयी है। उसे भी दाँव पर लगाओ।

सारी सभा में हाहाकार मच गया। विदुर ने फिर समझाया।

बताइए साब, द्रोपदी तो ज्वाइण्ट प्रापर्टी थी। अकेले युधिष्ठिर की बीवी तो थी नहीं। पाँचों भाइयों की थी। फिर एक भाई उसे दाँव पर कैसे लगा सकता है?

पर लगा दिया। भाई लोग कुछ नहीं बोले। वह जमाना ही ऐसा था सा'ब। भीष्म के पिता शान्तनु का दिल एक केवट-कन्या पर आ गया था, तो बूढ़े बाप के शौक के लिए भीष्म ने राजपाट छोड़ा और क्वाँरे रहे। बोले ही नहीं कि फादर, बहुत भोग कर लिया, अब बूढ़े हो गये। अब हमारी जिन्दगी क्यों खराब करते हो?

तो सा'ब, युधिष्ठिर द्रोपदी को भी हार गये।

भीम अब आपे से बाहर हो गया। बोला—अभी तक मैं कुछ नहीं बोला। तुम प्रापर्टी हार गये। हमें भी हार गये। पर तुमने द्रोपदी को भी दाँव पर लगा दिया। तुम पक्के जुआरी हो। मैं तुम्हारे इन पासे फेंकनेवाले हाथों को जला दूँगा।

एक बात बताऊँ? भीम द्रोपदी को बहुत 'लव' करता था। पर द्रोपदी जरा, अर्जुन की तरफ ज्यादा थी। कृष्ण अर्जुन का बड़ा दोस्त था। और द्रोपदी भी कृष्ण से अपना दुख कहती थी। पता नहीं क्या गोलमाल था सा'ब। ये कृष्ण था बहुत दन्दी-फन्दी आदमी। वह होता तो शकुनि की नहीं चलती। वह साफ झूठ बोल जाता था और कहता था कि यही सच है। वह कपट कर लेता था और कहता था कि इस वक्त कपट करना धर्म है।

अब सा'ब, द्रोपदी सभा में लायी गयी। दुःशासन लाया। और उसका अपमान होने लगा।

बड़ी जोरदार औरत थी यह द्रोपदी। उसने वह धिक्कारा सबको कि सबके

माथे झुक गये। बोली— ये मेरे पति कायर हैं। ये इतने बूढ़े और ज्ञानी सभा में बैठे हैं, यह सब पापी हैं। मुझे बताओ कि खुद अपने को हारे हुए युधिष्ठिर क्या मुझे दाँव पर लगा सकते हैं? क्या बोलता है तुम्हारा धर्म? तुम्हारी नीति? तुम्हारा न्याय?

सब सुट्ट हो गये सा'ब! कोई नहीं बोला।

मैंने कहा— छोकरे, कौरवों की तरफ बड़े-बड़े लोग थे। बड़े-बूढ़े थे। वे सही बात क्यों नहीं बोले।

छोकरा हँसा। बोला— सा'ब, वे सब 'सिण्डीकेटी' हो गये थे। अनुशासन में बँध गये थे। निजलिंगप्पाजी जिसको 'डिसिप्लिन' बोले थे न, वही हो गया था। अन्तरात्मा की आवाज और अनुशासन का झगड़ा था। द्रोपदी कहती थी— तुम्हारी अन्तरात्मा क्या बोलती है? पर वे सब बूढ़े और ज्ञानी जैसे जवाब में कह रहे हों— अन्तरात्मा की आवाज नहीं। हम तो अनुशासनवाले हैं। इसलिए चुप हैं। और सा'ब, आप जानते ही हैं कि जैसी सिण्डीकेटी अनुशासनवालों की गत हुई, वैसी ही इन द्वापर के सिण्डीकेटियों की महाभारत में हुई।

मैंने पूछा—छोकरे, फिर पाण्डवों ने क्या किया?

वह बोला—फिर पाण्डवों ने कुछ नहीं, द्रोपदी ने ही किया। उसने धृतराष्ट्र को खुश करके अपने पतियों और प्रापर्टी को वापस ले लिया। यह दूसरा जुआ था सा'ब! द्रोपदी ने वह पासे फेंके, क्रोध, धिक्कार और विलाप के कि वह जीत गयी।

अब पाण्डव वापस घर को चले।

इधर दुर्योधन घबड़ाया कि अब ये बदला लेंगे। उसने शकुनि से सलाह की।

वह दौड़कर युधिष्ठिर के पास गया और कहा—एक बार और खेल लो।

और सा'ब, धर्मराज जानते हुए भी कि फिर हारेंगे, खेलने के लिए लौट आये।

बड़े बोड़म थे ये धर्मराज।

आगे का हाल तो आप जानते ही हैं। एक ही दाँव में पाण्डवों को 12 वर्ष का वनवास और एक वर्ष का अज्ञातवास हो गया।

दुर्योधन का पालिटिक्स चल गया सा'ब। 13 साल तक राजनैतिक विरोधी को बियाबान में रखकर उसने अपनी 'पोजीशन' मजबूत करने की ठान ली थी।

लड़का चुप हो गया। उदास हो गया।

कहने लगा—ऐसा जुआ कभी नहीं देखा सा'ब! मुझे तो रोना आ गया सा'ब, जब पाण्डव वनवासियों का वेश धारण करके चल दिये। भीम लाल-पीले हो रहे थे, पर विवश थे। और बेचारी द्रोपदी बिलखती हुई पीछे चल रही थी।

रास्ते में लच्छू उस्ताद युधिष्ठिर को मिले। बोले—धर्मराज 13 साल का चान्स मिला है। इसमें कम-से-कम एक भाई को तो अच्छा जुआरी बनाओ, तीर-कमान सिखाने से ही कुछ नहीं होता। तीर-कमान को तो पासों ने मार दिया। पाँचों पाण्डवों में कम-से-कम एक को तो जुआ खेलने में एक्सपर्ट होना चाहिए। बोलो,

अपने अड्डे के घसीटे को साथ कर दूँ। वह सिखा देगा।

पर धर्मराज ने यह बात भी नहीं मानी और वन को चले गये।

पैसे का खेल*

घर में तो एक कागज पर अपने ऋण का हिसाब लिखकर उसकी ही पूजा की। अपने पास तो लक्ष्मी के नाम पर यही कभी न छूटनेवाला कर्ज है। फिर सोचा, चलो कुछ दूसरों का हाल ही देख आवें। चौक से ही चला। दोनों ओर सजी हुई दूकानों की कतारें, जगमग करते लाल-हरे बल्ब, और बीच में भड़कीली पोशाक पहने हुए, सामने से जाती हुई भीड़ पर गर्वदृष्टि डालते हुए बैठे थे—दूकानदार। सड़क दर्शकों से भरी थी। इतने सारे लोग अपने घर की दीवाली को तुच्छ समझकर दूसरों की दीवाली देखने निकल पड़े थे।

फुहारे के पास विशेष भीड़ थी। एक भारी सुन्दर दूकान थी, जिसमें एक-से-एक बढ़िया पोशाक पहिने महकते हुए सेठ लोग धन की देवी की पूजा के लिए आयोजन करने में व्यस्त थे। किसी की राह देखी जा रही थी। सहसा एक 'कार' पों-पों करती हुई आयी और रुकी। आकाश में झिलमिल करती हुई नयी गाड़ी, आँखों को चौंधिया देती थी, दृष्टि नहीं ठहरती थी उस पर। मानो कोई सुन्दर नक्षत्र भूमि पर उतर आया हो। भीतर शोर हुआ सेठजी आ गये! सेठजी आ गये! मैंने सोचा, होगा कोई पीली पगड़ी बाँधे, कान में कण्ठी पहिने, मुँह पर गन्दी मूँछों की झाड़ी बढ़ाये मारवाड़ी सेठ। परन्तु अरे! वे तो खादीधारी थे। फिर क्या नेता हैं? हाँ, वे नेता भी थे और सेठ भी। जन्म और कर्म से सेठ थे और दुनिया की आँखों में धूल झोंकने के लिये चन्दारूपी दक्षिणा देकर अभी-अभी नेतागिरी का गुरुमन्त्र भी पढ़ लिया था। हाँ तो वे 'नेतानुमा सेठ' भीतर गये और पूजा आरम्भ हुई।

उस सुन्दर चमचमाती हुई कार को देखकर किसका मन पास आने को न होगा। किसी उर्दू कवि की 'नायिका' के समान वह अपनी जगह अड़ी थी, टस-से-मस नहीं हो रही थी। फिर भी कितनी भली लगती थी। मैं स्वयं कई बार उसे पास से जाकर देखने का लोभ संवरण न कर पाया था। फिर ये तो बेचारे अपढ़, गरीब मजदूर थे। एक पूरा परिवार था वह, माँ-बाप, 13-14 साल की लड़की और 9-10 साल का एक बालक कौतूहल से आँखें फाड़े इस विश्वमोहिनी 'कार'

* प्रहरी, 23 नवम्बर, 1947 (पहली रचना)

को देख रहे थे। बच्चा डरता-डरता कार के पास पहुँचा और उल्लास तथा अचरज से भरी आँखों से देखकर उसने अपनी पहिली अँगुली-मात्र डरते-डरते कार पर रख दी। और ड्राइवर जो अभी तक मूँछों पर ताव दे रहा था, अधिकार जताकर चिल्लाया, "अबे हट वहाँ से। क्यों हाथ लगाता है?" बच्चे ने एकदम अँगुली खींच ली, जैसे कोई आग के अँगारे को छूकर हाथ खींच लेता हो।

भीतर लक्ष्मी-पूजा हो रही थी—'लक्ष्मी की जय'—और मेरे पास ही खड़ा हुआ एक लड़का ठण्ड से 'सी-सी' करता हुआ पुकार रहा था "एक-एक आने में माचिस, एक-एक आने में!" और वह मजदूर परिवार उस कार को और कभी उस भीड़ को देख रहा था। बच्चा बेचारा भूखा था, सामने मिठाई देखी तो रो पड़ा—"अम्मा भूख लगी है। मिठाई ले दे।" बेचारी माँ ने दो पैसे की लैया लेकर बालक के हाथ में दे दी। बालक उस मिठाई को मग्न हो खाने लगा, पर दृष्टि थी उसकी उसी कार पर। कई बार उसने हाथ बढ़ाया पर प्रत्येक बार ड्राइवर को देखकर चौंक जाता था।

ड्राइवर भीतर का दृश्य देख रहा था। बालक ने इस मौके से पूरा लाभ उठाना चाहा। उसने फुर्ती से पूरा हाथ 'मडगार्ड' पर फेर दिया। ड्राइवर अभी भी उसी ओर देख रहा था। बच्चे का साहस बढ़ा। वह कार पर जमी हुई धूल बड़ी श्रद्धा से सम्हाल-सम्हालकर पोंछने लगा। धूलरहित वह कार और भी चमक उठी। बालक के नेत्र भी उल्लास से चमक उठे। वह हाथ की लैया खाना भूल गया।

इसी समय ड्राइवर की आँखें घूमीं। चिल्लाया वह, "अबे नहीं मानता? ठहर"...और झपटकर उसने उस बालक का हाथ पकड़कर झटक दिया। बेचारा गिर पड़ा, हाथ की लैया भूमि पर बिखर गयी। वह रोने लगा, चोट लगने के कारण नहीं, लैया गिर जाने के कारण। आधी ही तो खा पाया था बेचारा। माँ ने उसके आँसू पोंछे और धूल से भरे लैया के कण बीन-बीनकर उसे खिलाने लगी। माँ-बाप में से किसी ने ड्राइवर के इस कार्य का प्रतिवाद नहीं किया। वे तो उस कार को, उसके मालिक को और उसके ड्राइवर, सबको अलौकिक मान चुके थे। तभी तो वे उनसे इतने भिन्न थे।

इधर बच्चा कुरते से आँसू पोंछता जाता था और धूल में सने हुए लैया के टुकड़े खाता जाता था। भीतर स्वादिष्ट प्रसाद बाँटा जा रहा था। अतृप्त बालक बोला, "माँ! और!" माँ ने कहा, "बेटा, अब पैसे नहीं हैं। चलो घर चलें।" और वह बालक, वह लड़की, और उनके माँ-बाप उस कार देवी पर अन्तिम ललचाई दृष्टि डालकर चल दिये।

उधर गजरों से लदे 'कार' के मालिक सेठ—चंचल लक्ष्मी के कृपापात्र उस चंचल कार पर सवार होकर चल दिये। एक बूढ़े ने कहा, "भैया, सब पैसे का खेल है।" खिसकती हुई भीड़ में अन्तिम आशा से वह ठण्ड से काँपता हुआ लड़का फिर चिल्लाया, "एक-एक आने में माचिस, एक-एक आने में!"

मैं भी वापिस चला। दिमाग में घूम रहे थे—वह कार, वह सेठ, वह मजदूर-

परिवार और वह माचिसवाला लक्ष्मी-पूजा की उस घड़ी में। पर इनमें कोई सम्बन्ध नहीं समझ पा रहा था।

धोखा*

कोई बीसवीं शताब्दी की कहानी नहीं लिख रहा हूँ मैं। अंकों का ज्ञान मुझे बचपन में 'पीपरमेण्ट' की गोलियाँ गिनकर कराया गया था, बड़ा होने पर मेरा गणित का ज्ञान पैसों में ही उलझ गया और अब मुझे गिनती की जरूरत इसीलिए महसूस होती है कि पहिली तारीख को तनख्वाह बाँटनेवाला बाबू कम रुपये न दे दे, अधिक की तो सम्भावना ही नहीं है।

और मैंने अभी तक रुपयों को सैकड़ों में गिना है, हजार तो पैसे भी मेरे हाथ से नहीं गुजरे। इसीलिए इतिहास में मैं हजारों वर्षों का हिसाब नहीं रख पाता। लाखों वर्षों और हजारों शताब्दियों को कमाकर इतिहास जो मेरे सामने डाल गया है, उसका भी मैं भीरू उपयोग नहीं कर सकता। इसीलिए जब 'मैं' बड़ा कड़ा जी करके कहता हूँ "बात हजारों साल पुरानी है" तब यदि आपको वह बात कल जैसी ही लगे या आज जैसी ही मालूम पड़े तो मुझे दोष मत देना। मेरे समय के मापदण्ड की ही गलती है। इस पैसा-प्रधान शताब्दी में भय से भागकर पुरातन के भव्यप्रासाद के किसी निरापद कोने में छिपकर जान बचाना चाहता हूँ।

हाँ, तो बात हजारों साल पुरानी है। किसी अल्पख्यात नगर में एक स्वर्णगुप्त नामक वैश्य रहता था। कोई सन् 1949 का आदमी यह पूछ सकता है कि क्या उस नगर में म्यूनिसिपैलिटी थी या नहीं, और अगर थी तो क्या वहाँ नालियाँ और सड़कें भी गन्दी थीं तथा कौन-कौन सदस्यों के मकानों के सामने बिजली के लैम्प लगे हुए थे ? पर ये सब इस जमाने के व्यर्थ प्रश्न हैं। उस गाँव का तो वही स्वर्ण-गुप्त वैश्य राजा था, उसी का शब्द कानून था, वही 'सुप्रीमकोर्ट' था, उसके निर्णय की अपील भगवान के पास भी नहीं थी।

स्वर्णगुप्त एक विशालकाय आदमीनुमा प्राणी था। मोटे ओंठ, काला रंग, बड़ी नाक, लम्बे कान और आँखों के विषय में पुराणकार ने कुछ नहीं लिखा है, क्योंकि उस चेहरे में आँखों की खोज निकालना बिना खुर्दबीन के सम्भव नहीं था और उस समय खुर्दबीन का आविष्कार हुआ नहीं था। उसके परिवार में स्थूल, थलथल करती हुई सेठानी थी, जिसे उस समय थोंद कहने की प्रथा नहीं चली थी। और उस

* प्रहरी, 11 दिसम्बर, 1949

घर में सेठानी के 4-5 बच्चे थे जो स्वर्णगुप्त के ही पुत्र-पुत्री कहलाते थे।

नगर के शेष लोग अत्यन्त दीन, गरीब, निरीह थे। ये लोग अनाज उत्पन्न करके स्वर्णगुप्त के पास ले जाते और वह सब अनाज लेकर उन्हें खाने के लिए सड़ा हुआ मिट्टी मिला दाना दे देता। वे गायों का दूध लगाकर घी बनाकर उसको दे आते और वह उन्हें खाने के लिए मठा देता। वे सुन्दर वस्त्र बुनकर उसे देते और वह उन्हें फटे चिथड़े पहिनने को देता। उस नगर का नियम ही ऐसा था। ये सब गरीब, भूखे, नंगे लोग ठण्ड में काँपते थे, वर्षा में भीगते रहते थे। ग्रीष्म में धूप से जलते थे और स्वर्णगुप्त वहाँ महल में आराम से रहता था। एक नौकर, स्वादिष्ट पकवान उसके मुँह में रख देता था और वह उसे निगल जाता था।

एक दिन की बात है। दूर देश से एक यात्री आकर उस गाँव में ठहरा। उसने वहाँ की हालत देखी और उन सब नागरिकों को इकट्ठा करके बोला, "अरे अभागो! जो उत्पादन करता है अन्न उसी का होता है, जो परिश्रम करता है वही उसका फल भोगता है। सब अनाज तुम्हारा है, सब दूध, घी के तुम सच्चे मालिक हो, तुम्हारे बनाये वस्त्र तुम्हारे शरीर को ढाँकने के लिए हैं। तुम मूर्ख हो जो अपनी वस्तुएँ उस स्वर्णगुप्त को ले जाकर दे आते हो। वह तुम्हारा सब धन छीनकर सुख और ऐश्वर्य में रहता है और तुम पशुओं से भी खराब जीवन बिताते हो। जितना धन स्वर्णगुप्त के कोष में भरा है, वह सब तुम्हारा है, तुम उसे ले लो, छीन लो और आपस में बाँट लो। चलो, मैं चलता हूँ तुम्हारे साथ। चलो, सब लोग उसके कोष को लूट लें।"

नागरिकों को उस यात्री की बात ठीक मालूम हुई। सुख की झलक की कल्पना मात्र से वे उत्तेजित हो उठे। एक विशाल भीड़ स्वर्णगुप्त के महल की ओर चली। सबके आगे दूर देश का यात्री था।

सबने जाकर स्वर्णगुप्त का महल घेर लिया। नारों से आकाश छेद दिया—"हमारा धन हमको दो।"···"सारा अन्न हमारा है।"··· "सारा दूध हमें चाहिए।"···"स्वर्णगुप्त का नाश हो।" नारे प्रधान इस युग में कोई भी चुनाव लड़नेवाला नारों की महत्ता को समझता है। इस युग में एम. एल. ए. के लिए उम्मीदवार डाक्टर शर्मा, जिन्होंने हलकू अहीर के बीमार होने पर उसे दवाखाने से गाली देकर बाहर निकाल दिया था, चुनाव के समय उसके घर जाकर पूछते हैं कि भाई हलकू तेरी भैंस की तबियत कैसी है। ऐसे महिमामय चुनाव में नारों को सुनकर विरोधी पक्ष की नाड़ी उतरने लगती है।

इन दरिद्र नागरिकों के नारों की भनक जिस समय स्वर्णगुप्त के कानों में पड़ी उस समय वह सिलक मिला रहा था। एक नौकर ने आकर कहा, "महाराज, भीड़ ने सारा मकान घेर लिया। हजारों की संख्या में हैं। हाथों में लाठी, भाले, बल्लम, बरछी, कुल्हाड़ी लिये हुए हैं। फाटक तोड़ना चाहते हैं।"

स्वर्णगुप्त के हाथ से थैली छूटकर गिर गयी। कुछ लोग यह पूछ सकते हैं कि वह वैश्य भय के मारे रजाई में मुँह ढाँककर क्यों नहीं छिप गया? और क्या वह

किसी खाट के नीचे भी नहीं छिपा ? अथवा सिठानी से 'मैं क्या डरता हूँ !' कहकर उसी के पीछे तो छिपा ही होगा ? अब अगर मैं यह स्वीकार न करूँ कि उसने ऐसा किया था तो लोग कहानी पर अस्वाभाविकता का दोष मढ़ेंगे। उस बेचारे स्वर्णगुप्त ने यह सब किया। मुनीम बोला, "महाराज ! यहाँ से भागकर कहीं जान बचाइए। फाटक तोड़ डाला गया। भीड़ बड़े द्वार पर है।"

स्वर्णगुप्त ने कहा, "अरे मुनीमजी, मुझे अपनी जान की कोई चिन्ता नहीं है। इस धन की रक्षा का तो कुछ उपाय कीजिए।"

उधर उत्तेजित भीड़ बड़े दरवाजे पर भड़ा-भड़ प्रहार कर रही थी। स्वर्णगुप्त के सब नौकर भाग गये। स्वर्णगुप्त की स्त्री और बच्चे भी कहीं भागकर छिप गये थे। महल में स्वर्णगुप्त और उसका वह मुनीम दोनों एक-दूसरे से लिपटे रो रहे थे।

सहसा मुनीम को एक उपाय सूझा। बड़ा काइयाँ था वह मुनीम। वह पल्ला छुड़ाकर और तुरन्त जाकर नगर के सर्वश्रेष्ठ पण्डित को, नगर के महाउपदेशक को और नगर के महान् दार्शनिक को महल के पीछे के द्वार से बुला लाया। आधुनिक राजनीतिज्ञ इसे 'बैक डोर पालिसी' कहेंगे।

तीनों पण्डितों का नगरवासी बड़ा सम्मान करते थे, उनकी बात को ब्रह्मवाक्य मानते थे, उनके उपदेशों पर पूरी श्रद्धा रखते थे। और ये तीनों धार्मिक वृत्ति के विद्वान ब्राह्मण भिक्षान्न से पेट पालन करते हुए सुदामा ब्राह्मण-सा जीवन व्यतीत करते थे।

आते ही स्वर्णगुप्त ने एक-एक सहस्त्र मुद्राएँ तीनों को देकर चरण छुए। अपने जीवन में इस स्वर्णगुप्त ने एक खोटा पैसा भी ब्राह्मण को दान नहीं किया था। एक-एक सहस्त्र मुद्रा पाकर तीनों आशंकित हो उठे। बोले, "नहीं-नहीं स्वर्णगुप्तजी, हमें धन नहीं चाहिए, ब्राह्मण को धन केवल भिच्छा।" स्वर्णगुप्त ने चरण पकड़ लिये, "नहीं महात्मन्, दास की रक्षा आपके हाथों हो सकती है। मुझे बचाइए महाराज, इन उत्तेजित नागरिकों से। ये मेरी बोटी-बोटी काट डालेंगे, सारा धन लूट लेंगे। सब कोष आप लोगों का है, आप लोगों को भिक्षा माँगने की आवश्यकता जीवन-भर नहीं पड़ेगी।"

तीनों उपदेशक पण्डित कंचन की चमक से मुग्ध हो गये थे। जीवन-भर रूखा-सूखा खाकर काटनेवाले इन ब्राह्मणों ने जब एक विशाल अट्टालिका के सुसज्जित कक्ष में अपने आपको बिठाने की कल्पना की और छप्पन प्रकार के भोजन के रस की कल्पना जब उनकी रसना ने की तो वे विचलित हो गये, वैश्य पर न्यौछावर हो गये।

"परन्तु हम यह कैसे कर सकते हैं ? उत्तेजित भीड़ हमें ही मार डालेगी।"

उस मुनीम ने तीनों को एकान्त में बुलाकर कान में कुछ कहा और बोला, "यह कौन बड़ी बात है ?"

और तब मुनीम उन तीनों को लेकर छज्जे के ऊपर पहुँचा जहाँ से भीड़ दिखती थी। वह उच्च स्वर से चिल्लाया, "नागरिको ! नगर के पण्डित प्रवर

पोंगानन्दजी और महान् दार्शनिक आकाशदर्शीजी और महान् उपदेशक सुग्गानन्दजी तुम लोगों से कुछ कहना चाहते हैं।"

भीड़ ने ऊपर देखा—तीनों पण्डित खड़े थे। पण्डित पोंगानन्द ने एक कदम बढ़ाकर कहा—"सब चिरंजीव होवो। जो है सो यह क्या कर रहे हो? शास्त्रों में लिखा है—

'यद्धात्रा निजभाल पट्ट लिखितं, स्नोकं महद्धाधनं।
तत्प्राप्तोति मरुस्थलेपि, मेरौननौनाधिक ॥'

"जो है सो हर एक को अपने भाग का मिलता है। जो भाग्य की रेख को मिटाना चाहता है, वह महान् पापी है। वह घोर रौरव नर्क में जायगा, जहाँ गरम शलाकों से उसका मांस नोंचा जायगा।

"और जो है सो गरीबी तो वरदान है, वरदान! अरे भगवान् का निवास तो गरीबों के हृदयों में ही रहता है। और तुम धन्य हो! जो भगवान् के इतने प्यारे हो। लाओ तुम्हारे चरणों की रज मस्तक पर धर लें। भगवान् के नाम ही दीनबन्धु, दीनानाथ हैं। तुम मनुष्य नहीं हो, देवता हो। तुम्हारे दर्शन से आज यह अभागा स्वर्णगुप्त भी कृतार्थ हो गया।"

सब नागरिकों ने एक-दूसरे की ओर देखा और बोले, "ठीक तो कहते हैं ये पण्डित महाराज! भगवान् से बढ़कर और क्या है? हमारे पास जब स्वयं भगवान् है तो धन से क्या मतलब?"

वह यात्री जोर से बोला, "अभागो, यह पण्डित धूर्त है। तुम्हें मूर्ख बना रहा है। बढ़ो आगे, तोड़ दो इस फाटक को।"

भीड़ ने कहा, "ठहरो, अभी आकाशदर्शीजी की बातें तो सुनने दो।"

पण्डित आकाशदर्शी बोले, "नागरिको, यह जगत ही मिथ्या है। पानी का बुलबुला है। यहाँ का सुख, ऐश्वर्य, धन, दौलत सब झूठा है। अरे यह माया जो आत्मा को बन्धन में जकड़े रहती है। इस माया को त्यागो और परमात्मा को पा जाओगे। सारे जीवन की कमाई को तुम आज लोभवश खोने आये हो। अगर थोड़े दिन और त्यागपूर्ण जीवन बिताओ, थोड़े दिन और माया के फेर में न पड़ो तो वहाँ सातवें आसमान में, स्वर्ग में, अनन्तकाल तक सुख से रहोगे। इस नाशवान संसार के सुख का क्या ठिकाना।"

इसी समय उपदेशक सुग्गानन्दजी बोले, "भाइयो! धन हमेशा आदमी को बुरे मार्ग पर ले जाता है। यह अभागा स्वर्णगुप्त तो नर्क का कीड़ा है। और तुम हीरे हो हीरे! कैसे चमक रहे हो। धन से शराब, जुआ, व्यभिचार, अत्याचार ही तो होता है, जो नर्क ले जाते हैं। और तुम सब मानो देवता हो। क्या कहना है गरीबी का। अरे, गरीब तो साक्षात् भगवान का स्वरूप है। इसमें सन्तोष ही परमसुख है। तुम पुकारो और भगवान् हाथ जोड़े खड़े हैं। लाओ तुम्हारे चरणों की धूल शीश पर धारण कर लें।"

वे तीनों नीचे उतरे और उन गरीबों के पैरों की धूल सिर पर लगा ली। वे भूखे,

नंगे प्राणी एक-दूसरे की ओर देखकर बोले, "हम लोग बड़ी गलती पर थे। भला भगवान् को त्यागकर तुच्छ धन लेने चले थे। गरीबी तो एक वरदान है। अच्छी आँखें खोल दीं पण्डितजी आप लोगों ने।"

वह यात्री माथा ठोंककर बोला, "अरे अभागे मूर्खो! तुम्हें भुलावा दिया जा रहा है। तुम्हारी तारीफ करके तुम्हें लूटा जा रहा है।"

पर भीड़ ने उससे कहा, "तुमने हमें धोखा दिया, बहकाया। जाओ, इसी समय नगर से निकल जाओ।"

वह यात्री बेचारा उन अभागों के नगर से चला गया।

इधर उन नंगे-भूखे लोगों ने सुअर की सुरंगों-जैसे अपने घरों की ओर पैर बढ़ाये। ज्योंही उन्होंने पीठ फेरी त्योंही स्वर्णगुप्त ने पोंगा पण्डित के हाथ पर हाथ मारकर कहा, "वाह गुरु, धर्म और संस्कृति की असली ताकत तुम्हीं जानते हो।"

वे तीनों पण्डित और वह स्वर्णगुप्त तथा वह मुनीम सब एक साथ ताली बजाकर अट्टहास कर उठे।

ऐसा कहा जाता है कि स्वर्णगुप्त ने कई छापाखाने खुलवाकर इन तीनों पण्डितों से ग्रन्थ लिखवाकर छापे जिनमें गरीबी को वरदान बतलाया गया था। ये ग्रन्थ उसने नागरिकों को बिना मूल्य बाँटे और उपदेशक से कहलवाया कि उनकी पूजा करो, पाठ करो।

दूसरे दिन से पोंगा पण्डित मुँह में पान चरते हुए कान में इत्र का फूहा खोंसकर घूमते नजर आने लगे। आकाशदर्शीजी की हड्डियों पर मांस की परत जमने लगी थी। उपदेशक सुग्गानन्दजी स्वर्णगुप्त के रथ में बैठकर घूमते थे, रेशमी वस्त्र पहिनते थे। तीनों पण्डितानियाँ सोने से लदी थीं।

और अब कहानी बन्द ही करनी चाहिए, क्योंकि बगल के मकान से करोड़पति, नर्तकी सेवी, वारुणी सेवी, फिल्म के किसी मालिक के किसी चित्र के गाने का रिकार्ड बज रहा है—

'क्या जाने अमीरी जो गरीबी का मजा है।'

बेचारा 'कामनमेन'*

शीर्षक देखकर रूढ़िवादी साहित्यिक पिता, पितामह और प्रपितामह सिर ठोंक लेंगे, "कैसी उच्छृंखलता है!" और अन्य भाषाओं के शब्दों के स्पर्श से पल्ला बचाने-वाले पण्डित घृणा से नाक सिकोड़ेंगे, "यह क्या खिचड़ी है।" और एक पैर जमाने

* प्रहरी, 18 दिसम्बर, 1949

के पहिले ही दूसरा पैर उठाकर 'लाँग जम्प' करने को उतावले, हर एक विचित्रता को प्रगति माननेवाले प्रगतिवादी लोग मेरा नाम लिखकर चूम लेंगे और दस बार सिर से लगायेंगे, "कैसी नवीनता है। इसे कहते हैं प्रगति!" पर मेरा दुर्भाग्य कि मैं इनमें से कोई नहीं!

कहानी के नाम की भी राम कहानी है। एक दिन कहानी लिख रहा था। भूमिका ही लिख रहा था कि एक मित्र आ गये। मैंने कहा, सुनो। भला सुनाने का शौकीन कौन न होगा? पर कोई सुनानेवाले की पीड़ा, विवशता, संकट को जान पाता! मैंने सुनाना शुरू किया—"सम्राट अशोक का राज्य था। मगध में···" "बस-बस!···" मित्र ने टोका, "प्राचीनता के बैंक में जमा की हुई, गौरव की बपौती में से कब तक धन निकालते रहोगे? यह अच्छा नहीं! अब तो तुम कभी-कभी झूठा जाली चैक बनाकर भी धन खींचने लगे! जीवन में यथार्थ से पराजित होकर प्राचीन के कल्पना-लोक में शरणार्थी बनकर विचरना चाहते हो? बार-बार पीछे देखने में प्रगति में बाधा पहुँचती है।" मैंने घबराहट को छिपाकर जवाब दिया, "प्राचीन में जो कुछ शिव है, जो उज्ज्वल है उसे समाज के सामने लाने में ही तो कल्याण है।"

"नहीं, नहीं भाई! खाक कल्याण करते हो तुम! वही बात लिखोगे न?—राजा, सात रानियाँ, हर एक के सात-सात बच्चे—'साते-साते उनचास'···अरे बाप रे!···हिन्दुस्थान में भोजन की उत्पत्ति कम और बच्चों की ज्यादा। क्या धरा है ऐसी तुम्हारी कहानियों में?"

"अच्छा भाई, तो वर्तमान की ही लिखता हूँ। देखो ऐसा लिखूँ—"अमेरिका नामक महादेश में राकफेलर नाम के एक सज्जन रहते थे···" मुझे बोलने नहीं दिया आगे मित्र ने।

वे बोले, "अरे राम! यह क्या बक रहे हो!"

"अच्छा भाई, मालूम होता है तुमने संकीर्ण राष्ट्रीयता की मदिरा अधिक पी ली है। खैर, स्वदेश की कहानी ही सुनो—भारत में एक डालमिया परिवार प्रसिद्ध है। इस परिवार में···" मेरे मित्र ने यहाँ कुछ ऐसा भाव बनाया कि मुझे डर लगा, कहीं मार न बैठे।

बोले वे, "अरे जमाना गया भाई धनकुबेरों का। धन की प्रभुता का गान सुनने को कोई तैयार नहीं। यह शताब्दी बीसवीं है—सेंचुरी आफ कामनमेन, जन-साधारण की शताब्दी है यह। जनसाधारण के जीवन से हटा हुआ साहित्य तुम कहाँ खपाओगे? किसके काम आयेगा? कुछ 'कामनमेन' के बारे में लिखो मेरे भाई!" पहिले तो मुझे मित्र के इन शब्दों से 'कम्यूनिज्म' की बू आयी और अपनी भलाई के लिए इनसे दूर रहना ही उचित समझा, पर बात कुछ ऐसी मन पर चढ़ी कि यह 'कामनमेन' की कहानी बन गयी।

"तेरी ठठरी बँध जाय! हाथ पै हाथ धरे बैठा है। आज तीन दिन हो गये। इत्ता भी नहीं बनता कि आसपास की काँजीहौस ही देख लेता।" बुढ़िया ने हलकू

के माथे पर एक चपत जड़कर, मंगल-कामना सहित तिरस्कार किया।

हलकू बुढ़िया का पुत्र था और बुढ़िया हलकू की माँ, यह बात साधारणतया लोगों को तब तक ज्ञात नहीं होती थी जब तक हलकू एक-दो महीने में घर से चुपचाप एक-दो रोज के लिए भाग न जाता और बुढ़िया 'हाय-हाय' करती भटकती न फिरती।

हलकू ग्वाला था। दो भैंसें थीं, जो बाप छोड़ मरा था। हलकू रोज सबेरे बर्तन में दूध रखकर शहर बेचने ले जाता और म्युनिसिपैलीटी के नलों का सदुपयोग करके काफी लाभ उठाता। उसके बर्तन वशिष्ट के कमण्डल की तरह खाली ही न होते।

हलकू की अक्ल पर यदि किसी को सबसे कम विश्वास था तो उसकी माँ को। एक रुपये की चिल्लर भी नहीं गिन पाता था; चार सेर के दाम भी नहीं लगा पाता। हलकू की अवस्था लगभग 35 साल की थी; और अगर उम्र के साथ-साथ ज्ञान और भी बढ़ता तो वह गाँव के स्कूल का हेडमास्टर जरूर हो जाता। पर हलकू ने होश सँभालने के बाद बीड़ी पीने और गाली देने के सिवा और कुछ न सीखा था।

हलकू की शादी भी नहीं हुई थी, बालब्रह्मचारी था। ऐसे पगले, सनकी, मूरख को कौन लड़की देता? और हलकू ने इन आरोपों का खण्डन करने की चिन्ता भी नहीं की। पढ़ा-लिखा होता तो अखबार में प्रतिवाद छपाता, स्पीच में कहता और विवाह-विज्ञापनोंवाले पृष्ठ पर नजर दौड़ाता, दो से चार हाथ कर ही लेता। क्योंकि इस विशाल देश में कोई ऐसा पुरुष नहीं, जिसे रूप, गुण, शील में समानता करनेवाली योग्य स्त्री न मिल सके।

हलकू को बुढ़िया की बात लग गयी। बोला, "अच्छा जाता हूँ रामपुर की काँजीहौस देखने। ला पैसे टिकिट के।"

बुढ़िया ने दूसरी स्टेशन रामपुर की टिकट के आने-जाने के दस आने पैसे और और चना-चबैना के लिए पाँच आने ऐसे पन्द्रह आने हाथ पर रख दिये। हलकू ने लाठी उठायी और चल दिया। स्टेशन जाकर टिकिट लिया और जल्दी-जल्दी में सैकेण्ड क्लास के डब्बे में ही घुस पड़ा!

उसी दिन रामपुर में परचे छपकर बँट रहे थे—

'प्रसिद्ध किसान नेता स्वामी राघवानन्दजी रामपुर में आज शाम को जिला किसान परिषद् का उद्घाटन करेंगे। जनता यह भूली न होगी कि महान् क्रान्तिकारी स्वामी राघवानन्दजी हाल ही में 7 वर्ष के कठिन कारावास के बाद छूटे हैं।'

रामपुर से एक स्टेशन इसी तरफ मोहनपुर नाम का कस्बा था। सबेरे सेठ रामजीवन की दूकान पर गाँव के गणमान्य नागरिक इकट्ठे हुए। सेठ-साहूकार, नेता, मास्टर सब थे। रामजीवन ने कहा, "आज शाम को रामपुर में स्वामी राघवानन्दजी का भाषण है। आज ही 12 बजे की गाड़ी से वे रामपुर जा रहे हैं जबलपुर से। अगर दो घण्टे के लिए अपने यहाँ उतर जायें, तो गाँव के भाग्य खुल गये, समझ लो।"

"पर वे रुक कैसे सकते हैं। उनका तो कार्यक्रम बन गया होगा न।" परतापसिंह मास्टर ने कहा।

"अरे यह कौन मुश्किल बात है! लोगों ने तो महात्मा गाँधी की स्पेशल तक रोक ली थी। स्टेशन चलकर अड़ जाओ। जनता का प्रेम देखकर उतर पड़ेंगे। चार बजेवाली गाड़ी से रामपुर भेज देंगे।" रामजीवन सेठ के उत्साही उद्‌गार थे वे। "अच्छा तो कुछ स्वागत की तैयारी कर लो। थोड़ा-बहुत चन्दा भी इकट्ठा कर लो भाई।" सेठ किशनलाल, कांग्रेस के मण्डलेश्वर की हैसियत से बोले। किशनलालजी देश-सेवा करना चाहते थे, पर धन पर आँच न आने देते थे। एकाध बार स्वागत का खर्च उनके माथे पड़ चुका था। अब सतर्क हो गये थे।

चन्दा भी हो गया। हमारे विश्वास-परायण समाज में चन्दा मिलना मुश्किल नहीं है। अब तो 25 प्रतिशत कमीशन पर पेशेवर चन्दा इकट्ठा करनेवाले भी मिल जाते हैं। दिन-भर किसी नाम से चन्दा इकट्ठा करके शाम को नौ आनेवाली सिनेमा सीट पर सुरैया की एक्टिंग देखनेवाले आपको अनेक मिलेंगे। चन्दा इकट्ठा करनेवाले का उत्साह हमेशा खतरनाक समझें।

रामजीवन सेठ के नेतृत्व में एक भीड़ स्टेशन चली। रास्ते में रामजीवन कहते जा रहे थे, "अरे अब मेरे तो साथ पढ़े हैं। हमेशा फर्स्ट आते थे। और मुख से तो जैसे फूल झड़ते हैं।"

स्टेशन पर गाड़ी रुकी। सब भीड़ जल्दी-जल्दी सारी गाड़ी के दो-चार चक्कर लगा गयी। पर स्वामी राघवानन्दजी न मिले। रामजीवन सबके आगे थे। अचानक भीड़ ने सैकेण्ड क्लास के डब्बे के हैण्डल पकड़े हलकू को देखा। विचित्रता और असामंजस्य अक्सर महानता का भ्रम कराते ही हैं। सैकेण्ड क्लास के डब्बे में 'ऐसे' आदमी को देखकर बरबस भीड़ चिल्ला उठी, "वे हैं स्वामीजी! कैसा सरल वेश है।"

रामजीवन ने भी अपने परिचय को पक्का करने के लिए कहा, "हाँ-हाँ, वे ही तो हैं। वही नाक, वही गोल चेहरा, वे ही आँखें—हाँ, रंग जरा साँवला पड़ गया है।"

भीड़ ने नारे लगाये, "स्वामी राघवानन्द की जय!" हलकू को सैकेण्ड क्लास के डब्बे से निकालने के लिए आया हुआ टिकिट-चेकर रुक गया, महान् के सामने नतमस्तक हुआ।

रामजीवन ने हाथ जोड़कर मास्टर प्रतापसिंह द्वारा लिखकर रटवाये गये वाक्य दुहराये —"महात्मन्! यद्यपि हमें विदित है कि आपको आज सन्ध्या समय रामपुर में विराट जनसमूह पर अपनी वाणी से अमृत वृष्टि करनी है। तथापि इस नगर के क्षुद्र जन भी आपके सदुपदेशों को श्रवण करने के लिए लालायित हैं। केवल दो घण्टे समय देकर हम लोगों को कृतार्थ करेंगे, ऐसी आशा ही नहीं विश्वास है।" ऐसा निवेदन कर रामजीवन ने आसपास देखा और जब साथियों की आँखों में 'शाबास' का संकेत पढ़ लिया तो डब्बे से ससम्मान उतारने के लिए बढ़ा।

"रामपुर उतरूँगा।" हलकू ने विरोध किया। रामजीवन ने फिर हाथ जोड़कर कहा, "जी हाँ महात्मन्, हमें विदित है, आपको अवकाश नहीं है। फिर भी हम लोगों के इस विनम्र निवेदन की अवहेलना कृपा कर न करिए।"

सेठ किशनलाल ने कान में कहा कि नेता लोगों को जबरदस्ती उतारना होता है, तब उन्हें जनता का प्रेम मालूम होता है। आखिर किशनलाल और रामजीवन दोनों ने हलकू को जबरदस्ती उतार लिया और एक पालकी पर बिठाकर ले चले। पीछे बड़ी भारी भीड़ थी। स्वामी राघवानन्द की जय के नारे लगा रहे थे। हलकू भौंचक्का-सा बैठा था; घबड़ा रहा था, पर भाग भी न सकता था।

लोग कह रहे थे—'कैसी सरल चितवन है! और वेश-भूषा भी कैसी सरल। डाढ़ी बनवाने की भी चिन्ता नहीं। कपड़े भी कैसे मैले-से, फटे हुए!'

हलकू नाखून चवाने लगा घबड़ाहट में। रामजीवन ने किशनलाल के कान में कहा, "पूरे परमहंस हैं। ज़रा सुधबुध नहीं शरीर की!"

आधे रास्ते में पहुँचकर हलकू पालकी से कूद पड़े। "अरे-अरे स्वामीजी क्षमा! जल्दी-ज़ल्दी में मोटर का प्रबन्ध न हो सका।"

"पैदल चलौंगो।" हलकू ने कहा।

"वाह, क्या नम्रता है! क्या विनय है? मान-सम्मान से कोसों दूर भागते हैं।" किशनलाल ने कहा।

दो-चार कदम चलने पर हलकू आसपास देखकर फिर चिल्लाया, "भागो यहाँ से। इत्ते आदमी ने क्यों भीड़ लगायी है?"

मास्टर प्रतापसिंह भीड़ से कह रहे थे, "देखा? इसे कहते हैं महानता! प्रदर्शन नहीं चाहते, प्रोपेगेण्डा नहीं चाहते, नाम नहीं चाहते। चुपचाप देश-सेवा करना चाहते हैं। धन्य है।" और फिर हलकू के आगे हाथ जोड़कर बोले, 'भगवन्, यह जनसमुदाय आपके दर्शन करके कृतकृत्य होने को उत्सुक है।"

इतने में रास्ते के पास से एक गाय और एक भैंस निकली। अच्छी सुन्दर, हृष्ट-पुष्ट! हलकू की आँखें चमक उठीं, मुँह से निकल पड़ा, "वाह! क्या बनायी है!"

दैनिक 'सन्देश' का संवाददाता वहीं था। उसने लिखा 'स्वामीजी ने भारत में गोधन के ह्रास पर खेद प्रकट करते हुए कहा कि गोधन की वृद्धि से ही भारत का कल्याण हो सकता है। वर्तमान पीढ़ी भी, दूध के अभाव में निर्बल, निस्तेज हो रही है।'

जुलूस एक अट्टालिका के सामने पहुँचा। हलकू को रामजीवन ससम्मान भीतर ले गये। सोफे लगे थे। एक पर रामजीवन ने हलकू को बैठाया। हलकू ज्यों ही उस पर बैठा त्यों ही स्प्रिंगदार सोफे में छाती तक समा गया। घबड़ाकर एक चिहुँक के साथ दूर कूद गया और एक कोने में फर्श पर बैठ गया। एकत्रित जनसमूह आश्चर्य से देखने लगा। पर रामजीवन ने मुस्कुराकर बुद्धिमानी से सिर हिलाया और धीरे-धीरे कहा, "स्वामीजी सादा जीवन पसन्द करते हैं। जब तक भारत में किसान राज्य न हो जाय, फर्श पर सोने की प्रताप प्रतिज्ञा कर ली है।"

जनसमूह धीरे-धीरे चला गया। सब सभा की तैयारी में लग गये। रामजीवन ने चाय बनवाकर भिजवायी। हलकू ने जल्दी से प्याला पकड़कर मुंह से लगा दिया। गरम चाय थी, मुंह जल गया और हाथ से प्याला छूटकर फर्श पर गिर पड़ा। नौकर घबड़ाकर मालिक के पास गया और हाल सुनाया।

दैनिक 'उत्कर्ष' का संवाददाता वहीं बैठा था। उसने लिखा—'स्वामीजी ने कहा कि चाय भारत के नौजवानों को बलहीन बना रही है। यह विष है जो देश के जीवन को खाये जा रहा है। इससे देश के लोग निस्तेज, बलहीन हो रहे हैं। चाय का उपयोग बन्द होना चाहिए।'

थोड़ी देर के बाद मधुर पकवान बनवाकर रामजीवन ने भोजन के लिए भेजे। हलकू ने साग-रोटी और दाल के सिवा और कुछ न खाया था। पहले खाना ध्यान से देखा और फिर बोला, "भाजी रोटी!"

साप्ताहिक 'Indian Hero' पत्र का संवाददाता भी आ चुका था। उसने लिखा—'The Swamiji advised Simple food and emphasised on the need of taking green vegetables.'

इधर जबलपुर किसान सभा का एक तार रामपुर किसान परिषद् की स्वागत समिति के पास पहुँचा 'Swamiji indisposded unable to come.' (स्वामीजी अस्वस्थ हैं, नहीं आ सकते)।

और रामजीवन ने मोहनपुर से एक तार रामपुर किसान परिषद् की स्वागत समिति के सभापति को किया

Swamiji detained. Will come in the evening.

(स्वामीजी रोक लिये गये हैं, शाम को आवेंगे)।

स्वागत समिति के सभापति के सामने इन दो तारों ने बड़ी समस्या खड़ी कर दी। आखिर उन्होंने तुरन्त कार ली और दस मिनट में मोहनपुर आ गये।

रामजीवन ने देखा तो प्रसन्न हो गये। बोले, "अच्छा हुआ आप आ गये। स्वामीजी मोटर से ही चले जायेंगे। क्या कहना है साहब! बड़ी सौम्यमूर्ति हैं। कैसे सरल हैं। किसी बात की परवाह नहीं, विचारों में मग्न, भूले-से रहते हैं। बातचीत भी नहीं करते। हम लोग तो बस कृतार्थ हो गये। आइए, दर्शन कर लीजिए आप भी।

सभापति बोले, "अरे, यह क्या कह रहे हैं आप? जबलपुर से तो तार आया है कि स्वामीजी अस्वस्थ हैं, नहीं आ सकते। और तुम कहते हो यहाँ।"

रामजीवन बड़े जोर से हँसे, "ये है राजनीति। किसी खिलाफ़ पार्टीवाले ने झूठा तार कर दिया होगा आपको। आइये, देख लीजियेगा।"

सभापतिजी चले उस मकान की ओर जहाँ हलकू बैठे थे। बाहर काफी भीड़ थी।

सभापतिजी के साथ जबलपुर के 'किसान मित्र' साप्ताहिक के सहकारी सम्पादक पण्डित कौशलनाथ रसिकेश भी आये थे। रसिकेशजी के यहाँ हलकू आज

सात साल से दूध देता है।

ज्यों ही रसिकेशजी कमरे में प्रविष्ट हुए त्यों ही हलकू उठा और उनके पैर पर गिरकर रोने लगा—मैन्ना भैया मेरे को बचा लो ! जे मेरे को मार डालेंगे। मैं तो भैंस…! बस यहीं हलकू चूक गया। वरना उसमें और स्वामी राघवानन्द में कोई फर्क नहीं था, अभी तक। हलकू ईमानदार और सीधा होने के कारण आजीवन सन्त के पद का लाभ नहीं ले सका। वह भाग गया।

पर जो उसे राघवानन्द बनाकर स्वार्थ-साधन करना चाहते थे, उनके मुंह जनता में बहुत दिन तक नहीं दिखे।

भीतर का घाव*

सुना है दर्पण में मुख देखकर कोई-कोई तो अपने आपको प्यार करने लगते हैं; कोई परेशान होते हैं कि हमसे कोई प्यार क्यों नहीं करता; और मेरा अन्दाज है, कोई ऐसे भी होंगे ही जो दर्पण में मुख देखकर संखिया की तलाश करते होंगे। कवियों ने सावधान कर दिया है, यह आदत अच्छी नहीं—'मुखड़ा क्या देखे दर्पण में, तेरे दया धरम नहीं तन में।' आधुनिक कवि भी बिल्कुल डाइरेक्ट एक्शन की धमकी देते हैं—'लूंगी दरपण छीन।'

लेकिन इन हिदायतों के बावजूद भी लोग दर्पण देखते ही हैं। मेरा पड़ोसी पलटू जिसकी आधी नाक कटी तथा जो चेहरे पर 'बी इण्डस्ट्री' (शहर का कारखाना) खोले है, तथा जिसे भगवान ने पचास प्रतिशत दृष्टि देकर ही समझौता कर लिया है—जब दर्पण में भिन्न-भिन्न कोणों से मुख देख, अँगुली और कंघे की सहायता से माँग निकाल कभी आँख में रस भरकर दुबारा दर्पण में मुख देख, आस्तीन चढ़ा, हाथ में डेढ फुट का एक डण्डा लेकर, भटकता हुआ, कभी कमीज की सल देखता हुआ, कभी आसपास की खिड़कियाँ और दरवाजे देखता हुआ मुख पर मधुर मुस्कान लेकर मस्तानी चाल से निकलता है तब मुझे लगता है कि वह अवश्य सोचता होगा कि आज 'कामदेव' भगवान रुद्र के शाप से मोक्ष पाकर मेरे रूप में शरीर धारण कर चुका है। लोगों को कहते सुना है कि सच्चिदानन्द स्वरूप आत्मा अपने आप में मग्न अपने ही महत्त्व में डूबी, अपने ही आनन्द में भूली रहती है।

मैं भी देखता हूँ दर्पण। पर जब भी मैं अपना मुख उसमें देखता हूँ मेरा हृदय रो उठता है। एक चोट-सी लगती है। आप यकीन करें, मेरा चेहरा ऐसा हरगिज

* प्रहरी, 25 दिसम्बर, 1949

नहीं कि मुझे संखिया खाने की नौबत आये। यह जो मेरे ललाट पर दाहिनी ओर एक इंच लम्बा घाव का निशान है, उसे देखते ही मैं घबड़ा जाता हूँ। लोग इसे देखते हैं और पूछते हैं कि यह घाव कैसे लगा? आदमी बेचारे आखिर आदमी ही तो हैं। उन्हें क्या पता कि इस बाहरी घाव से बड़ा एक घाव भीतर भी है, जिसे वे नहीं देख पाते।

चालीस वर्षों का बोझ माथे पर धरे आज जो मैं जिन्दगी के पथ पर चल रहा हूँ सो केवल इसलिए कि 'चलना धर्म मेरा।' दूसरे कवि मित्र कहते हैं—'पीछे फिरकर देख न पन्थी, पथ पर क्या-क्या छूट गया!' पर मैं जानता हूँ, मानव को विस्मृति का वरदान अधूरा ही मिल पाया।

मेरे बड़े भाई भी थे—मैं शुरू से ही बड़ा भाई नहीं कहलाता हूँ। बड़े भाई को भूतकाल की क्रिया 'थे' देते समय फिर हृदय को झटका लगता है। व्यक्ति के अस्तित्व को अस्वीकार करनेवाला यह 'थे' कहीं वर्तमान के 'हैं' से समझौता कर पाता! बड़े भाई मुझसे बहुत बड़े थे। एम. ए. पास थे। दिन-भर किताबों से उलझे रहते थे। पिताजी की इच्छा के विरुद्ध हाईस्कूल में अध्यापक थे। ऐसे अच्छे थे कि जब हमारी क्लास में पढ़ाने आते तो लड़के खुशी से बेंचों पर उछल पड़ते। सारे स्कूल, सारे नगर में उनका सम्मान होता था। नाराज कभी नहीं होते थे; हमेशा मुस्कुराते रहते थे। मान-अपमान का मोह या भय नहीं था। कहते थे, जिसकी थोड़ी-सी इज्जत हो, उसे ही उसके जाने का डर लगा रहता है। अपने पास तो बहुत है। मैं उसी स्कूल की नवीं कक्षा में पढ़ता था और सब गुणों के अभाव में केवल इसीलिए मान पा जाता था कि मैं उनका भाई हूँ।

मेरी एक स्नेहमयी भाभी थी, जो पास के ही गाँव के एक गरीब प्रायमरी स्कूल के शिक्षक की लड़की थी। जब से भाभी घर में आयी थीं तब से मैं माँ को भुलाकर भाभी से ही खाना माँगता था। अपने को चतुर समझनेवाला प्रौढ़, स्नेह की परख में धोखा खा जाता है, पर बचपन को स्नेह की सच्ची परख होती है।

भाभी सबेरे से आधी रात तक काम करती थीं। ऐसा कौन-सा काम था जो वे नहीं करती थीं—घर-भर के कपड़े धोना, खाना बनाना, बर्तन माँजना, सफाई, लीपा-पोती—सब वे ही करती थीं। मैं स्कूल से आते ही बस्ता फेंककर भाभी को पुकारता था और वे मेरे लिए खाने को कुछ लिये ही रहती थीं। कभी-कभी जैसा सब घरों में होता है, भाभी मुझे चिढ़ाती थीं, तुम्हारी शादी मेहतरानी की लड़की से तय कर रहे हैं। कभी-कभी उन्हें देर से आते देख मैं बारबार चिल्लाता और आने पर पूछता—'क्या कर रही थीं भाभी? हम कब से चिल्ला रहे हैं?' और भाभी मुस्कराकर जवाब देतीं—'अरे वो मेहतरानी तो आज तुम्हारी लगन ही दे गयी। शादी की तैयारी में लगी थी।'

ऐसी स्नेहमयी, ऐसी सेवा करनेवाली देवी से भी मेरे माता-पिता प्रसन्न नहीं थे। आज माता और पिता दोनों को अपने हाथों से जलाकर निपट चुका हूँ। मैं बड़ा मातृभक्त, बड़ा पितृभक्त रहा हूँ। पर आज जब उनके पार्थिव शरीर की राख भी

परम पावन गंगा में बहा चुका हूँ, कहता हूँ कि माता और पिता ने भाभी को बहुत सताया। सताया इसलिए कि वह गरीब की लड़की थी और उसके पिता ने दहेज में कुछ न दिया था। क्या देता बेचारा! और संसार में देवता समझे जानेवाले बड़े भाई, माता-पिता की निगाह में 'नालायक' थे, क्योंकि उन्होंने बिना दहेज शादी कर ली थी, जबकि पिताजी को उनसे लगभग पाँच हजार की रकम की उम्मीद थी। 'नालायक' समझे जानेवाले पति की, गरीब माँ-बापवाली पत्नी तिरस्कार ही तो पाती। माँ बात-बात में गाली देती, पिताजी दिन में दो-चार बार उनके खानदान को नीच कहते। वह बेचारी पाँच मील दूर रहनेवाले अपने दुखी माता-पिता से मिलने भी नहीं दी जाती थी।

घर में मेरी विधवा चाची थी, जो निर्जला एकादशी करती थी, नवदुर्गा में एक लौंग खाकर उपवास करती थी, पर वह भी रोज भाभी को सौ गालियाँ देने के पहिले जल ग्रहण नहीं करती थी। जब यह चाची सुमरनी में हाथ डालकर 'दीन-बन्धु करुणा अयन' का स्मरण करती थी तब भी उसकी भृकुटि चढ़ी रहती थी, नाक, कान, आँख और मन रसोईघर में भाभी के पास रहते थे। सुमरते-सुमरते चिल्ला उठती—'अरी, बघार तो जला दिया!'

भाभी ने कभी जवाब दिया हो, ऐसा मैंने नहीं सुना। उनकी शान्ति पर मुझे गुस्सा आता था। मैं कह भी देता था, "भाभी कह क्यों नहीं देतीं कि हमसे नहीं बनता।" पर भाभी मेरा मुँह बन्द कर देती थीं। मुझे कसम खिलाकर कहला लेती थीं कि मैं भैया से शिकायत नहीं करूँगा।

भाभी का कभी-कभी माथा दुखने लगता, हाथ-पाँव में दर्द होने लगता। तब वे मुझे बुलाकर कहतीं, "भैया, ज़रा हमारे हाथ-पाँव लात से कुचल दो।" और मैं पहिले भाभी के पाँव छूकर फिर पिताजी के डण्डे के सहारे भाभी के शरीर को पाँवों से कुचल देता था। गरम शरीर पाँव में लगता तो मैं कहता, "भाभी, तुम्हें बुखार आ गया।" पर भाभी मुझे वहाँ चुप कर देतीं, "मेरा तो शरीर ही गरम है। कहना मत किसी से।" और फिर उस हालत में भी भाभी विनोद की चुटकी लेतीं, "भगवान करे भैया, तुमको भी ऐसी ही लातों से पूजा करनेवाली बहू मिले, जैसी तुम मेरी लातों से पूजा करते हो।"

घर में किसी को चिन्ता नहीं थी कि भाभी की तबियत खराब रहती है। माता-पिता के लिए तो वह बोझ-सी थी। भैया बेहद प्यार करते थे, पर वे तो पढ़ने-पढ़ाने में ही लगे रहते थे।

आखिर भाभी ने खाट पकड़ ली। लोक-लाजवश पिताजी ने धर्मार्थ दवाखाने की दवा खिलाना शुरू कर दिया। शीशी-भर पानी पिलाने से भला रोग दूर होता है। लेकिन माता-पिता को भाभी को अच्छा थोड़े ही करना था। एक दिन मैंने बड़े भैया से केवल इतना ही कह दिया कि भैया भाभी की दवाई का आप प्रबन्ध करिए न।

भैया ने उस दिन से सारा काम छोड़ दिया। भाभी के लिए न जाने कौन-कौन-

सी दवाएँ लाकर देते थे। अच्छे डाक्टरों को दिखाया, दवाओं की शीशी-पर-शीशी लाकर माँ को देते जाते थे—'यह खाने के बाद, यह दोपहर में, यह रात को सोते समय।'

और अब मानव की पितृभक्ति और मातृभक्ति की भावना से हाथ जोड़कर क्षमा माँगते हुए मैं एक अत्यन्त कठोर बात कहनेवाला हूँ। मैंने आरम्भ में ही कह दिया कि मैं माता-पिता का कुछ कम भक्त नहीं हूँ, सन्तान के लिए मैंने उनमें देवता के दर्शन भी किये हैं, और मैं आज भी इस बात को कहने को तैयार हूँ कि यदि उनके कुछ पाप हों, तो वे सब मेरे सिर पर आ बैठें, और मैं चिरकाल तक नर्क में वास-कर यातानाएँ भोगूँ, वे स्वर्ग में सुख और शान्ति प्राप्त करें पर मेरे भीतर जो आग जल रही है, उसकी लपटें न निकलें, यह सम्भव नहीं।

इधर भैया दवा की शीशी लाकर देते थे, उधर माँ और चाची उन्हें आलमारी में फेंकती जाती थीं। भाभी को दवा के स्थान पर पानी पिलाती थीं। मुहल्ले-पड़ोस की स्त्रियों से कहतीं, "अरी बाई, वह तो नखरे करती है, नखरे! कोई बीमारी हो तब तो?" मुझ पर यह रहस्य तब प्रकट हुआ जब एक दिन अचानक मैंने चाची को दवा की शीशी नाली में खाली करते देखा। मैंने पूछा, "दवा क्यों फेंक रही हो, चाची?" तो वे बोलीं, "अरे, अन्धा हो गया क्या? यह तो पानी है।" मैं समझ गया। दौड़कर भाभी के पास गया। बोला, "तुम्हें मेरी कसम है, सच बताओ, तुम्हें दवा खाने को दी जाती है कि नहीं।" भाभी मेरी ओर विवशता-भरी टकटकी लगाये रहीं। उनकी आँखों से भी आँसू टपक पड़े और वे बोलीं, "भैया, तुम्हें मेरी कसम है, अपने भैया से कहना मत?" मैं समझ गया भाभी को दवा नहीं मिल रही। मैंने उसी दिन शाम को छिपकर दवाओं से भरी वह अभागिन आलमारी भी देखी।

इसी समय घर में एक और नीचता हो रही थी। इधर भाभी मौत के पास पहुँचती जा रही थीं, उधर माता-पिता भैया की शादी की बातचीत कर रहे थे। उसी नगर के एक मिसिरजी के यहाँ बात चल रही थी। एक दिन मैंने माताजी, पिताजी और चाची तीनों को बातें करते सुना।

चाची कह रही थी, "अब यह तो दो-चार दिन की मेहमान और है। तुम तो बात पक्की कर लो।"

पिताजी बोले, "पर लड़का गँवार है, कहीं फिर पहिले सरीखा अड़ गया तो? पाँच हजार देने को तैयार हैं मिसिरजी।"

माताजी बोलीं, "पर अभी तो ये छाती पर बैठी है। न जाने कब इसके प्राण निकलते हैं?"

मैं बालक था। दुनिया के छल-कपट-प्रपंच से अनभिज्ञ था। यह सुनकर मेरा माथा भन्नाने लगा। मुझे ऐसा लगा कि मैं दानवों के देश में पड़ गया हूँ। रात-भर मुझे नींद नहीं आयी। बराबर सपने देखकर चौंक पड़ता। देखता कि बड़े-बड़े राक्षस लम्बी-लम्बी जीभ निकाले भाभी और भैया को निगलने के लिए बढ़ रहे हैं।

आज यह सब कहे देता हूँ। सोचने-समझने लायक हो गया हूँ। उस समय मैंने

भैया से ये सब बातें नहीं कहीं। मेरी हिम्मत नहीं पड़ती थी, माता-पिता का भय था, उनका प्रभाव था, उनकी ओर भक्ति थी, जो अभी भी वैसी ही है।

सबेरे मैं भाभी के पास पहुँचकर बैठ गया और उनके पलँग पर बैठा-बैठा घण्टों रोया। भाभी भी रो रही थीं। एकाएक वे आँसू पोंछकर बोलीं, "भैया, मेहतरानी की लड़की से शादी करोगे न ?" भाभी के इस विनोद से मेरे आँसू फिर फूट चले। मैं खूब रोया; जीवन में इतना फिर कभी न रोया। अब तो हृदय पिट-पिटकर ऐसा पाषाण बन गया है कि मामूली दुख मालूम ही नहीं होता।

बड़े भैया को बड़ी परेशानी थी—कोई दवा लाभ नहीं पहुँचा रही थी। उन्हें क्या मालूम कि दवा आलमारी में रखी असर थोड़े ही कर सकती है! भैया का शरीर चिन्ता के मारे आधा हो गया था। मैं अकसर उनकी आँखों में पानी देखता था। उनके-ऐसे पठन-व्यसनी ने महीनों से पुस्तक को हाथ नहीं लगाया था।

आखिर एक दिन शाम को भाभी इस दुखी जीवन से मुक्ति पा गयीं। मैं भाभी को सबसे अधिक प्यार करता था; मैं चीत्कार करके रो उठा, पर मुझे आश्चर्य हुआ यह देखकर कि चाची का स्वर मुझसे भी ऊँचा था, और माँ का क्रन्दन सबसे अधिक था। इस समय उनके मुँह से 'हीरा-सी' बहू के गुण-गान में जो शब्द निकल रहे थे, उनको सुनकर कोई देवी भी भाभी से ईर्ष्या कर सकती थी—सास-ससुर की कितनी प्यारी बहू थी यह पृथ्वी पर।

और मैं सच कहूँ। माँ और चाची का बनावटी विलाप सुनकर मैंने रोना बन्द कर दिया। मेरे आँसू रुक गये। मैं कौतूहल से इस विश्व के प्रपंचों को देखने लगा।

भाई साहब का हाल क्या कहूँ! वे बड़े ज्ञानी थे, पर इस समय बालक की भाँति रो रहे थे। भाभी का सूखा हुआ शरीर अर्थी पर रखा। चार आदमियों की जरूरत नहीं थी।

तीसरे दिन भाभी के फूल बीनकर भाई साहब लौटे थे। फर्श पर दिवाल के सहारे टिके बैठे थे; माथा हाथ से पकड़े हुए थे। मैं तीन दिनों से विद्रोही हो गया था। माताजी, पिताजी और चाची से बात तक नहीं करता था। जो वे कहते, उसका ठीक उलटा करता था। बात पूछने पर खीजकर चिल्लाता था।

भैया बैठे थे। इसी समय माताजी आयीं और चाची भी आयीं। माताजी बोलीं, "भैया, अब हमारी तो तकदीर ही फूट गयी। ऐसी हीरा-सी बहू थी। भगवान के हाथ की बात है। पर अब आगे की भी सोचना चाहिए।"

चाची ने अपना पार्ट अदा किया, "हाँ भैया, अब घर बसाने की चिन्ता करना चाहिए। मिसिरजी की लड़कियाँ हैं, चाँद-सी रखी हैं, जैसी सिनेमा की पुतरिया, पाँच हजार का धन भी दे रहे हैं।"

मेरा सिर चक्कर खाने लगा था। मन में आया कि दिवाल से सिर फोड़ लूँ, चाची का भी सिर फोड़ दूँ। भैया भी अत्यन्त व्याकुल हो गये। उठकर खड़े हो गये। उत्तेजना में बोले, "तुम्हें शर्म नहीं आती चाची! अभी उसे मरे तीन दिन भी तो नहीं हुए।" उत्तेजना में भैया ने सामने की आलमारी का दरवाजा खोल दिया;

जिसमें ताला-चाबी लटके हुए थे, माताजी बन्द करना भूल गयी थीं। भैया ने उसमें रखी वे सब दवाई की भरी शीशियाँ देखीं और पूछा, "ये शीशी यहाँ कैसी रखी हैं, माँ ?"

मैं इस समय पागल हो गया था। बोला, "मैं बतलाता हूँ भैया, मैं ! इन दोनों पापी···" माताजी ने एकदम जोर के साथ झपटकर मेरे मुंह पर हाथ रख दिया और मैं झोंका न सम्हाल सका और पास ही रखे लोहे के सन्दूक पर गिर पड़ा। इंच-भर नोक सन्दूक की कपाल में घुस गयी। दृश्य ही बदल गया। माताजी घबराहट में यह भी न सोच पायीं कि अभी इसका मुँह बन्द कर देने से बात छिप थोड़े ही जायेगी।

मुझे अस्पताल में होश आया। भैया भाभी का दुख भूल गये थे। रात-दिन मेरे पास बैठे रहते। तीसरे दिन उन्होंने पूछा, "क्यों दिनेश ! सब बातें तो साफ-साफ बता मुझे।"

और मैंने सब बातें उन्हें साफ-साफ बतला दीं। माताजी की, चाचीजी की, पिताजी की—छल, कपट, ईर्ष्या, हत्या और वह दहेज का सौदा !

भैया रोये नहीं। बोले भी नहीं। एक गहरी साँस ली, और उठकर चले गये।

हम दूसरे दिन सवेरे उठे तो भैया को खो चुके थे। वे न जाने कहाँ चले गये थे। भाभी का दुख अकेला इसका कारण नहीं था। वे मनुष्य के देवत्व में विश्वास करते थे। यह भीषण दानवत्व उनकी सहनशक्ति के परे थे।

उनके लिए हम सब रोये। माता रोयी, पिता रोये और सचाई से रोये। मैं अब तक रोता हूँ। भाई साहब कहाँ गये, क्या किया ? जीवन से मुक्त हो गये ? कुछ नहीं कह सकता।

मिसिरजी के घर की पाँच हजार की रकम हमारे घर में नहीं आ पायी। मेरे घाव का अपरेशन हुआ। ऊपर के घाव का मलहम होता है, घाव अच्छा हो गया है, निशान बचा है। भीतर के घाव का मलहम कोई नहीं बना पाया, घाव पका है, यद्यपि निशान नहीं है।

और लोग पूछते हैं, यह निशान काहे का है ? कह देता हूँ—"एक बार किस्मत फूट गयी थी।"

क्या कहा ?*

कहते हैं, एक बार अरस्तू से किसी ने पूछा कि दुनिया में सबसे बड़ा झूठ क्या है ! और अरस्तू ने जवाब दिया, "एक कमरे में कुछ स्त्रियाँ 'चुपचाप' बैठी हैं ।" अगर आप इस सम्बन्ध में आगे बातें करेंगे तो हम इतना और बता पायेंगे कि यह बात हमने किसी सिनेमा-चित्र में देखी थी । और ये सिनेमा ही तो संसार के महापुरुषों के रूप और विचार का तथा संस्कृति का सच्चा प्रतिनिधित्व करते हैं । हमारे ही देश में महान धार्मिक चित्रों में कृष्ण और राधा आपस में उर्दू-फारसी के 'शेर' में बातें करते हैं और शबरी की कुटी की आलमारी में 'लिप्टन्सटी' का डब्बा रखा दिख जाता है ।

वैसे, हमारी कहानी को सिनेमा से कोई प्रयोजन नहीं । हम तो अरस्तू के उक्त कथन को अक्षरशः सत्य मानकर आगे बढ़ते हैं, इसीलिए जब हम कहते हैं कि उस कमरे में वे पाँचों सहेलियाँ बैठी थीं, तो आप यह समझ लें कि वे बातें भी करती ही होंगी । ब्लाउज के 'कट,' इयररिंग के फैशन, और प्रोफेसर के फटे जूतों के नितान्त भौतिक स्तर से उठकर वार्तालाप धीरे-धीरे भावप्रदेश में प्रवेश कर रहा था ।

वे पाँचों सहपाठिनें थीं । कालेज में पढ़नेवाली चंचल, चतुर, चमकीली लड़कियाँ । हृदय में आशाओं का चिराग, मन में काबू में न आनेवाली उमंगों का 'स्टोररूम,' महत्त्वाकांक्षा के शिखर पर खड़ी वे सब रंगीन जीवन को देख रही थीं ।

इन सबका नेतृत्व करती थी—निर्मला । और निर्मला की नेतागिरी के दो कारण थे । एक तो यह कि वह सबसे अधिक बोलती थी, और दूसरा यह कि वह अपनी सब सहेलियों को घर बुलाकर खिलाती-पिलाती थी; और हमारे इस विशाल भारत देश में नेता वही होता है जो ज़ोर से बोले या खिलाये-पिलाये ।

निर्मला गम्भीरता से बोली, "देखो, परीक्षा समाप्त हो गयी । अब हममें से कौन कहाँ जाती है — कौन जाने ! शादी होगी, नया घर मिलेगा—दुनिया ही बदल जायगी, जिन्दगी की राह पर चलते-चलते अचानक साथ हो ली थीं । अब चौराहा सामने है, हर एक अपनी अलग राह पकड़कर चलनेवाली है । काश, हम सब इसी प्रकार साथ-साथ चलकर यह जीवन-यात्रा समाप्त करतीं ।"

कमरे में गम्भीरता छा गयी । जिन्दगी के कठोर सत्य से पिटकर जब तक आदमी कड़ा नहीं हो जाता तब तक उसमें कोमल भावुकता होती ही है । ये सब लड़कियाँ भी बड़ी भावुक थीं ।

निर्मला ने निस्तब्धता भंग करते हुए कहा, "मेरा एक प्रस्ताव है । हम लोग कल फिर इसी स्थान पर एकत्रित हों और हममें से प्रत्येक अपनी प्रेम-कथा सुनाये ।

* प्रहरी, 10 नवम्बर, 1950

यह नहीं हो सकता कि यौवन के प्रथम उन्मेष के साथ हमने किसी को हृदय अर्पण कर देने की साधना न की हो। अब न जाने जीवन में हम कभी मिल भी पाती हैं या नहीं। इसलिए बिछड़ने के पहिले हम अपने हृदय की सबसे मूल्यवान रहस्यपूर्ण निधि खोल दें।"

प्रस्ताव सुनकर शेष चारों लड़कियाँ क्षण-भर मौन रहीं, एक-दूसरे की ओर देखती रहीं; और फिर बड़ी झिझक से प्रस्ताव स्वीकार कर लिया।

शीला ने एक संशोधन पेश किया, "सब अपने-अपने प्रेमी का चित्र भी लावें और जब हम सब कथाएँ कह लें तब वे चित्र खोले जावें।"

किसी को यह कहने का साहस न हुआ कि उसके पास प्रेमी का चित्र नहीं है, क्योंकि इस जमाने में आदमी की वास्तविक शक्ल से चित्र अच्छे उतरने लगे हैं। इसीलिए प्रेमी प्रेमिका को प्रथम मिलन में ही 'फोटू' देने की जल्दी करता है।

दूसरे दिन पाँचों सहेलियाँ एकत्रित हुईं। सदा से परिचित ये लड़कियाँ एक-दूसरे की ओर बड़ी रहस्यमयी दृष्टि से देख रही थीं। उनमें से प्रत्येक अपने हृदय की रहस्य-गठरी आज खोलना चाहती थी। आँखें मिलने पर आँखें झुका लेतीं। प्रत्येक स्वाभाविक दिखने की असफल कोशिश कर रही थी।

'पहले तू', 'नहीं पहले तू' की 'स्टेज' को समाप्त करते हुए निर्मला बोली, "अच्छा भई! हम सुनाते हैं पहले। पर, एक काम करो—जो चित्र तुम लोग लायी हो, उन्हें उलटाकर सामने रख दो।" सबने चित्र उलटाकर रख दिये।

पुरुष पर स्त्री की विजय के अनेक कारणों में सबसे बड़ा यह है कि स्त्री, पुरुष के सम्बन्ध के अपने मनोभावों को प्रकट करने का लोभ कुछ देर के लिए संवरण कर सकती है, पर पुरुष अपनी चाह को व्यक्त करने की उतावली करता है। और प्रेम का पहिले व्यक्त करना उसे याचक के स्थान पर उतार देता है। यह स्त्री की शक्ति ही है, जिसे लज्जा का छद्म नाम दे दिया गया है। और यह भी सत्य है कि पुरुष पर अपनी चाह को व्यक्त करने में स्त्री जितना संकोच करती है उतनी ही आतुरता से वह यह चाहती है कि कोई उसकी बात सहृदयता से सुने, उसके प्रेम के उन्माद को बाँटे। उसकी स्नेह की पुलक विस्तार चाहती है। इसीलिए संकोच के बाँध में छोटा-सा छिद्र बनते ही, हृदय के रहस्य की धारा पूर्ण वेग से प्रवाहित होती है।

निर्मला ने संकोच से प्रारम्भ करके निर्भीकता से अपनी प्रेम-कथा को आगे बढ़ाया। उसने बतलाया कि किसी प्रकार बड़ी नाटकीय परिस्थिति में 'उनसे' उसकी भेंट हुई। और पहिली ही भेंट में उसे ऐसा लगा कि वे जन्म-जन्मान्तर से एक-दूसरे के हों। और फिर तो उन्हें देखे बिना उसे चैन नहीं पड़ती थी।

निर्मला बड़ी दर्दभरी आवाज से आत्मविस्मृत-सी होकर कथा सुनाती जा रही थी और बाकी चारों लड़कियाँ बड़ी तल्लीनता से उसके मुख के भाव के उतार-चढ़ाव के साथ हृदय को झुलाती-सी सुन रही थीं।

निर्मला कह रही थी—"मेरा 'निर्मला' नाम उन्हें पसन्द नहीं था। वे कहा करते थे, निर्मला तुम इस लोक की मानवी नहीं हो, स्वर्ग की अप्सरा हो। उन्होंने

मेरा नाम 'उर्वशी' रखा था। वे इसी नाम से मुझे पुकारते थे।

सहसा उसकी वे चारों सहेलियाँ चौंक पड़ीं, "ए? क्या कहा? 'उर्वशी' नाम रखा था?"

निर्मला बोली, "तुम्हें ऐसा अजब क्यों लगता है? सचमुच उन्होंने मुझे 'उर्वशी' नाम दिया था। वे सप्ताह में कम-से-कम एक बार अवश्य मुझसे मिलते थे। उन्हें गुलाब का इत्र बहुत पसन्द था। वे जब मेरे यहाँ आते तो उनके वस्त्रों से उड़कर सुगन्ध चारों ओर फैल जाती थी। आज भी मुझे जब उनकी याद आती है, गुलाब के इत्र की सुगन्ध का अनुभव होने लगता है।"

वे लड़कियाँ फिर अचरज से कह उठीं, "गुलाब का इत्र?"

"गुलाब का इत्र?"

निर्मला ने खीझकर जवाब दिया, "हाँ-हाँ, गुलाब का इत्र। तुम्हें तो हर बात में शंका होती है। उनकी अपनी विशेष रुचि थी। वे मुझसे कहते, 'उर्वशी! तुम लाल साड़ी में बहुत अच्छी लगती हो। बिल्कुल दुलहिन दिखती हो।'"

निर्मला की सहेलियाँ फिर एक साथ चौंककर बोल उठीं, "लाल? लाल साड़ी! लाल साड़ी में दुलहिन-जैसी लगती हो!"

कमरे में बिजली का पंखा लगा था, फिर भी उन चारों ने रूमाल से मुख का पसीना पोंछा।

निर्मला आगे कहने लगी, "वे संगीत के बड़े शौकीन थे। एक गीत उन्हें बड़ा पसन्द था—'मेरे देवता लो मेरी आरती।' उन्होंने सैकड़ों बार वह गीत मेरे मुख से सुना था। और जब मैं गाती—'मैं जोगन बनूंगी तुम्हारे लिए' तो वे कहते कि उर्वशी, जोगन बनना बड़ा कठिन काम है।"

वे लड़कियाँ सहसा फिर चौंक पड़ीं और प्रत्येक के मुख से बरबस निकल पड़ा, "मेरे देवता लो मेरी आरती।" वे कनखियों से एक-दूसरी की ओर देखतीं और फिर बड़ी परेशानी से निर्मला को।

निर्मला के मुख पर अब विषाद का रंग चढ़ गया था। बड़ी दर्दीली कथा थी आगे। करुण स्वर से वह बोली, "और एक दिन वे अचानक मेरे पास आये और कहने लगे—उर्वशी, आज मैं एक ऐसी बात कहनेवाला हूँ जिससे पत्थर भी फट सकता है। भगवान तुम्हें शक्ति दे कि तुम इस आघात को सह सको।" निर्मला की आँखों से आँसू झरने लगे, गला रुँध गया। बड़ी कठिनाई से वह कहने लगी—"'उर्वशी, विधाता को यह स्वीकार नहीं है कि हम और तुम एक हो सकें—मुझे डाक्टरों ने टी. बी. डिक्लेयर कर दिया है। मैं अपने स्वार्थ के लिए तुमसे विवाह करके तुम्हारा जीवन नष्ट नहीं करूंगा। प्रेम का त्याग में प्रतिफलित होना ही, प्रेम की सत्यता है।'"

निर्मला गालों पर बहते हुए आँसुओं को साड़ी से पोंछने लगी। इधर उसकी वे चारों सहेलियाँ बड़ी विचलित हो गयीं। उनके मुखों से एक साथ ही निकल पड़ा, "क्या कहा? टी. बी.! टी. बी. हो गया?"

निर्मला आँखों को पोंछकर कहने लगी, "वे कहने लगे, 'उर्वशी, मेरा जीवन अब व्यर्थ हो गया। तुम किसी भाग्यवान् से शादी कर लेना। कभी मेरी भी याद कर लेंना — कि था एक अभागा, जिससे मैंने प्यार करने की गलती की थी। अब बाकी जीवन मैं पर्वतराज हिमालय के अंचल में पावन सुरसरी के तट पर किसी एकान्त स्थान में बिता दूंगा।' "

निर्मला की वे चारों सहेलियाँ फिर चौंक पड़ीं—"ऐं? क्या कहा? हिमालय चले गये?"

उन चारों को न जाने क्या हो गया था। ऐसा मालूम होता था कि कमरे से भाग जाना चाहती हैं।

निर्मला ने ज़रा सँभलकर फिर कहा, "हाँ, वे चले गये और मैं अभागिन वहीं रह गयीं! हाँ, उनका नाम मैंने अभी तक छिपा रखा था। उनका नाम था—'सुदर्शन!' "

सुदर्शन! सुदर्शन! सुदर्शन! सुदर्शन! वे चारों सहेलियाँ एक साथ चीख-सी उठीं!

निर्मला बड़े अचरज में पड़ गयी। बोली, "आखिर तुम लोगों को हो क्या गया है। पागल तो नहीं हो गयीं? अच्छा, अब तुम लोग सुनाओ, अपनी-अपनी प्रेमकथा। चल, चल शीला, तू सुना अब।"

किसी के मुँह से एक शब्द भी न निकला! निर्मला ने बारी-बारी से कमला, विमला, सन्ध्या, ऊषा सबसे अपनी कहानी कहने का आग्रह किया, पर कोई भी एक शब्द न बोली। सब-की-सब मूर्तिवत् स्थिर बैठी थी।

निस्तब्धता के दस मिनिट बीत गये। निर्मला को अब क्रोध आ गया। रोषपूर्ण स्वर में वह बोली, "मैं सब समझती हूँ। तुम लोग सब धूर्त हो। मेरी बात सुनकर अब अपनी कहानी छिपाना चाहती हो। ठहरो, अभी देखती हूँ।" निर्मला ने एक झपट में टेबिल पर के पाँचों चित्र उलट दिये।

सबने आँखें फाड़कर देखा—सब चित्र एक ही आदमी के थे। एक ही 'पोज' था।

सब में नीचे कोने में लिखा था—'सुदर्शन!' पाँचों की आँखें फटी-की-फटी रह गयीं। सब अर्द्धमूर्छित-सी अवस्था में निश्चल, अवाक् बैठी रहीं।

सहसा सड़क पर हल्ला हुआ। पड़ोसी रामलाल दादा चिल्ला रहे थे, "मारना साले को दो हाथ! दूसरों की बहिन-बेटियों पर निगाह डालता है। ये लड़की बेचारी यहाँ से जा रही थी कि इस बदमाश ने मेरे देखते-देखते उसे छेड़ दिया!"

पाँचों लड़कियों ने खिड़की से देखा। एक आदमी को पकड़े लोग खड़े थे। वह सुदर्शन था।

फ्रण्ट सीट*

मोटर-लारियों में ड्राइवर के पासवाली सीट कुछ वैसे ही सम्मान से देखी जाती है जैसे राज-सिंहासन। और जैसे हर बालण्टियर को 'नेता' कहलाने की ख्वाहिश होती है, और हर नये कांग्रेसी को मंच पर भभककर चढ़ने की हविस मन में रहती है, और जैसे हर बाबू बड़े बाबू की कुर्सी की ओर लालायित नेत्रों से देखता है और जैसे हर 'गबदू' ग्रेजुएट वाइस चान्सलर बनने की इच्छा मन में पाले रहता है, उसी प्रकार मोटर का हर मुसाफिर 'फ्रण्ट सीट' पर बैठने की अभिलाषा रखता है।

और फ्रण्टसीट पर आराम मिलता है—निर्विवाद है। हाँ, पेट्रोल की गन्ध घ्राणेन्द्रिय में घुसकर कुछ प्रोग्राम करने लगती है। उससे ज़रा तकलीफ होती है तो सहना ही चाहिए और गौरव के साथ। फूल को तोड़ने में काँटा यदि चुभ जाय तो अवहेलना ही तो की जाती है।

मोटर खड़ी थी। धीरे-धीरे भर रही थी। अधिकांश मुसाफिर धारासभा के सोनेवाले सदस्यों की भाँति पीछे की सीटों पर बैठ गये। सभी मुसाफिर 'फ्रण्ट सीट' पाने की इच्छा करते हों, यह बात नहीं है। सौ में नब्बे तो उसे अपने अधिकार के बाहर की समझ, पहुँच से परे समझकर उसके बारे में सोचते तक नहीं। ये ऐसे लोग होते हैं जो हर कठिनाई को बचाकर किसी प्रकार घिसटते हुए जिन्दगी की राह पर चलते हैं। ये ऐसे मुर्दे होते हैं कि जहाँ हैं वहीं रहना परम भाग्य समझते हैं। ये सन्तोषी नहीं होते; कायर होते हैं, बुजदिल होते हैं। अपने अधिकारों में से बहुत से ये दूसरों के लिए छोड़ रखते हैं। ये ऐसे लोग होते हैं जो झंझट पसन्द नहीं करते। सरलता से अगर इन्हें पेट भरने को चने मिल जावें तो रोटी की इच्छा नहीं करेंगे।

पर हर लारी में मैंने देखा है, 2-4 तो ऐसे निकल ही आते हैं जो 'फ्रण्ट सीट' पाने के उम्मीदवार होते हैं। ये लोग वे होते हैं जिनका दर्जा सामान्यजनों से धन या विद्या या बाहुबल या राजपद के कारण कुछ ऊँचा होता है।

मेरी इस मोटर की 'फ्रण्ट सीट के आसपास भी 3-4 आदमी घूम रहे थे। एक कालेज का विद्यार्थी, निहायत अच्छे कपड़े, सिगरेट पकड़ने और 'कश' खींचने से ऐसा लगता था कि आज ही कल में सीखा है और डरता है उस ओर से पिता या चाचा न निकल पड़े।

एक अच्छा-तगड़ा खुशमिजाज जवान।

एक पढ़े-लिखे सेठ किस्म का आदमी।

और एक अधेड़ व्यक्ति जो टोप लगाये था पर बीड़ी पी रहा था।

और मैं 'फ्रण्ट सीट' का उम्मीदवार और नहीं, पर उम्मीदवारों के क्रिया-

* प्रहरी, 26 नवम्बर, 1950

कलापों, झपट, झंझट, आशा, निराशा, बातचीत का आनन्द लेनेवाला।

सबके पहिले वह सेठनुमा आदमी बैठा। 'कण्डक्टर' आया और बोला, "सेठजी, वर्मा साहिब थानेदार बैठेंगे इस सीट पर।" सुनते ही सेठ तो भागा पीछे और एक कोने में बैठ गया।

इतने में चाय पीकर वह गठीला मोटा जवान आ चुका था। आसपास एक-दो और लड़के थे। मस्त स्वभाव का था। मेरे साथ ही दृश्य का मजा ले रहा था। बोला, "देखा आपने? बनिया कैसा भागा थानेदार के नाम से?"

इसके बाद वही टोप और बीड़ी की मिश्रित सभ्यतावाला आदमी बैठा। कण्डक्टर आया और कहने लगा, "साहब, सीट रिजर्व है। वर्मा साहिब ने सबेरे से बोल दिया है।"

उस आदमी ने कुछ बहस की और बड़बड़ाता हुआ पीछे बैठ गया।

मेरे पास खड़े इस पहलवान ने फिर एक ठहाका मारा और जाकर उस 'सीट' पर बैठ गया।

कण्डक्टर आया और वर्मा साहब के नाम की दुहाई देकर उठने को कहने लगा।

वह जवान बोला, "देखो जी, तुम्हारे वर्मा साहब की ऐसी-तैसी, तुम अगर गड़बड़ करोगे तो दो धप्प लगाकर धूल में लिटा देंगे। जाओ, हम यहीं बैठेंगे।"

ड्राइवर-कण्डक्टर दोनों स्तब्ध। पहिले दो उम्मीदवारों को जिस तरह निकाला गया था, उस तरह यह बली तो ठेला नहीं जा सकता।

दूसरी नीति से काम लिया गया। कण्डक्टर हाथ जोड़कर बोला, "भैया, आप तो जानते ही हो। पुलिसवालों की बात न रखें तो हमको आते-जाते 'चालान' करें। मोटर बन्द करवा दें। अब हमारी मजबूरी तो आप देखो।"

वह बली मूंछें ऐंठते हुए बोला, "हाँ, ऐसा हाथ जोड़कर कहो तब उतरेंगे। जाओ बिठाओ वर्मा को। तुम भी क्या कहोगे किसी दरियादिल से काम पड़ा था।"

इस प्रकार वह पहलवान उस सीट को छोड़कर उतरा।

और अब आया वह कोमलकाय, लजीला पर निर्भीकता और गम्भीरता का ढोंग करता हुआ, कालेज का विद्यार्थी।

बेफिक्री से जाकर फ्रण्ट सीट पर बैठ गया। सिगरेट पीने लगा। ऐसी कुछ दृष्टि बनायी कि दुनिया-भर को हिकारत की नजर से देख रहा है।

कण्डक्टर फिर आया। बोला, "साहब, ये सीट 'रिजर्व' है। वर्मा साहब थानेदार जायेंगे।"

वह बोला, "रिजर्व-इजर्व का क्या मतलब? थानेदार पीछे बैठ जायेंगे।"

"लेकिन साहब, उन्होंने पहिले कह दिया था।"

"पहिले कहने से क्या होता है? ज्यादा किराया दिया था? नाम दर्ज कराया था? इस सीट पर कोई भी बैठ सकता है?"

कण्डक्टर क्षण-भर मौन रहा। फिर टिकिट लेनेवालों की लिस्ट बतायी और

बोला, "देखिए बाबू साहब, अगर आपकी ही बात मानी जाय तब भी आप नहीं बैठ सकते, क्योंकि आपका नम्बर 11वाँ है।"

किताबी ज्ञानवाले कालेज बाबू को यह तर्क इतना ठीक लगा कि वह बेमन से उठ गया।

और इस समय न जाने मेरे मन में एकाएक क्या हुआ कि मैं झमककर 'फ्रण्ट सीट' पर बैठ गया।

कण्डक्टर परेशान! खादी पहने, बाल बढ़ाये—इस अजीब आदमी से कैसी नीति बरती जाय?

और मैं देख चुका था कि मोटरवालों ने भिन्न-भिन्न नीतियों से किस प्रकार उस बनिये को, पहलवान को, बीड़ी और टोपवाले को और उस 'फूल बाबू' को वहाँ से खदेड़ा था।

उनका आखिरी तर्क बड़ा कमजोर था और डूबते को तिनके का सहारा था। बेचारा कोमलांग बाबू मान गया।

कण्डक्टर जब आया तो मैंने कहा, "उस बाबू का नाम कौन-से नम्बर पर है?"

"वह वहीं बैठ सकता है पर मेरा नाम तो पहिले नम्बर पर है। इसलिए ये सीट मेरी है।" संयोगवश मेरा नाम सबके ऊपर लिखा था।

कण्डक्टर अब परास्त हो गया था। अपने ही हथियार से हत हो गया। कुछ 'हूँ-हाँ' करने लगा। मैंने इतने में सरसरी निगाह से सब लिस्ट देख डाली।

इतने में थानेदार साहब आ गये। यहाँ-वहाँ देखकर मुँह बनाकर बोले, "क्यों ड्राइवर साहब, अरे भाई, कुछ जगह-वगह है कि नहीं?"

और मैंने कहा, "जनाब आपकी तो टिकिट ही नहीं कटी। और सवारियाँ पूरी हो गयीं।" पुलिसवाले बिना किराया दिये ही सफर करते हैं, यह तो सभी जानते हैं। ये थानेदार साहब भी बिना टिकिट लिये जा रहे थे।

वे बेचारे कुछ बोले नहीं!

चुपचाप पीछे एक जगह निकालकर बैठ गये।

पहलवान ने ठहाका मारा और कालेज के बाबू से पूछा, "क्यों बड़े भैया, कोई तकलीफ तो नहीं आपको?"

10-5 कण्ठों की हँसी गूँजी और फिर पों-पों!

किताब का एक पन्ना*

और अनंगजी उतर गये, न जाने गाड़ी अधिक हल्की हुई या मेरी तबियत !

और खिड़की से बाहर देखते-देखते मुझे याद आया कि मैंने भी एक बार एक प्रणय-कथा लिखी थी, जिसे सुनकर मित्रों ने कहा था, "अच्छी हास्यरस की कहानी है।" जहाँ प्रणय ही हास्य बनकर बिखर जाय वहाँ कोई क्या प्रणय-कथा लिखे। वह कहानी अभी तक बस्ते में पड़ी अन्त्येष्टि-क्रिया की राह देख रही है।

आगे के स्टेशन पर एक बारात तूफान की तरह आकर डब्बे में चढ़ गयी। रंग-बिरंगे 10 या 12 आदमी और रंग-रँगीली 5-7 स्त्रियाँ। पुरुष डब्बे के इस छोर पर बैठे और वे स्त्रियाँ, आधे-से घूँघट काढ़े और नहीं भी काढ़े दूसरे छोर पर। उन 10-12 बारातियों ने आते ही डब्बे को मथ डाला, फिर निकाल लिया हारमोनियम और क्षण-भर में वहाँ 'एक दिल के हजार टुकड़े' होने लगे और 'कोई यहाँ गिरने लगा कोई वहाँ ?'

इस छोर पर बारातियों की स्त्रियाँ बैठी थीं। एक-दो ऐसी थीं, जिनके यौवन के साम्राज्य में बुढ़ापे के गुप्तचर सफेद बालों के रूप में घुस आये थे। शेष बाल-माताएँ थीं, जिनकी खुद की अवस्था माँ की गोद में खेलने की थी, पर जो गोद में बालक खिला रही थीं। बचपन से छलाँग मारकर ये प्रौढ़ावस्था में प्रवेश कर रही थीं। ऐसा लगता था इनके मुख से कि इनकी जिन्दगी की किताब के दो पन्ने एक साथ उलट दिये गये हैं और कहीं व्यतिक्रम आ गया है।

दरवाजे से एक स्त्री घुसी। कन्धे पर बालक गर्दन डालकर सो रहा था। उसे वह बायें हाथ से छाती से चिपकाये थी। दाहिने हाथ में भिक्षा-पात्र था। अवस्था 20 वर्ष से अधिक की न होगी, पर जहाँ जीवन की परिभाषा मृत्यु को टालते जाना मात्र हो, वहाँ जीवन को नापता हुआ वर्ष पास-पास कदम रखने लगता है—इसलिए वह 30 वर्ष की दिखने लगी थी। मुख गोरा था और सुन्दर भी, पर उस पर पीलापन छाया था। आपने कोई ऐसा पौधा देखा है जो ज़रा बढ़ते ही ढाँक दिया जाय, उसे खुला प्रकाश, हवा न मिले तो वह बढ़ता तो है पर कैसा पीला-पीला-सा, मरा-मरा-सा—जैसे उसकी खुलकर बढ़ने की उमंग रह गयी हो। ऐसी ही यह नारी थी। उसका मुख देखकर लगता था कि उसने भीख माँगना अभी ही सीखा है। उसकी नीची आँखों की लाज, उसकी झिझक, आँखों की वेदना, ग्लानि बतला रही थी कि अभागिन को भीख माँगना भी नहीं आया।

वह दरवाजे से भीतर घुसी तो उन बारात की चाँदी-लदी स्त्रियों में से एक के पाँव से उसका पाँव छू गया। वे सब भभक उठीं, "अन्धी है क्या ? देखकर भी नहीं चलती। कपड़े छू गयी हरामजादी ! न जाने कौन जात की है !" वह सहमकर वहीं

* प्रहरी, 24 जून 1951

रुक गयी।

एक बार उसने उन विषादमय नेत्रों से डब्बे के यात्रियों को देखा और फिर अपने बच्चे की पीठ पर हाथ फेरते हुए गाने लगी—

"अब तेरे सिवा कौन मेरा कृष्ण कन्हैया। भगवान किनारे से लगा दे मेरी नैया।"

गला अत्यन्त सुरीला था और गाड़ी के घर्र-घर्र को चीरकर वह स्वर डब्बे में तैरने लगा; परन्तु वह अगर रोती तो रुदन का स्वर भी इस गीत के स्वर से करुण न होता। इतनी वेदना से, इतने समर्पण से, इतनी सचाई से किसी ने उस नाव के खिवैया को न पुकारा होगा। नन्हें बेटे को छाती से चिपकाये, पेट की भूख में भुनी वह माँ रो रही थी—'भगवान किनारे से लगा दे मेरी नैया।' आँखें उसकी उठती नहीं थीं, आवाज काँप रही थी और वह संसार से छली जाकर किसी अदृष्ट शक्ति के आगे अंचल पसारकर याचना कर रही थी—'भगवान किनारे से लगा दे मेरी नैया।'

मेरे बगल में एक अत्यन्त भावुक सज्जन बैठे थे। बोले, "देखा आपने! देश की माताएँ भीख माँगती फिर रही हैं। माँ अन्नपूर्णा दाने-दाने के लिए हाथ पसार रही है। कैसी हालत हो गयी है, हमारी? तुम्हारे देश में गंगा-यमुना की पावन धारा बहती है और तुमको उस पर गर्व है, पर माँ के आँसू की एक बूंद तुम्हारी इस भूमि को उसके वैभव को, सभ्यता को बहा देगी, देख लेना।"

डब्बे-भर की आँखें उस पर लग गयी थीं। किसी में करुणा थी, किसी में कुतूहल, किसी में पैशाचिकता। मेरे सामने बैठे हुए एक अधेड़ आदमी ने बड़ा कुरुचिपूर्ण मुँह बनाकर बगलवाले से कहा, "यह भिखारिन नहीं दिखती, कभी अच्छी रही होगी—खँडहर बताते हैं, इमारत बुलन्द थी।"

बारात का एक 'छैल-छबीला' जिसके रोम-रोम से मूर्खता टपक रही थी, पर जिसके हृदय में अतिरिक्त रसिकता समा नहीं रही थी, उस भिखारिन के पास आकर बोला, "उधर निकल चलो। हारमोनियम पर गाना, सब सुन लेंगे।" वह बड़ी विपद में पड़ गयी। कहने लगी, "नहीं-नहीं, यहीं से गाऊँगी। वह रसिक बाराती अपने साथियों की ओर गर्वपूर्ण नेत्र मटकाकर आग्रह करने लगा, "चल, पेटी पर गाना। सब सुन लेंगे।" मेरे पास बैठे हुए सज्जन ने उस बाराती से कहा, "अरे, वह गा थोड़े ही रही है। कुछ देना हो तो दे दो, बेचारी को।" पर वह बाराती अड़ ही रहा था। आदमी अपने पैसे का बदला वसूल करना चाहता है, चाहे वह प्रतिदान आँसू ही क्यों न हो!

भिखारिन ने एक बार अपने करुण नेत्र ऊपर उठाये। बच्चे को सँभालकर उसकी पीठ पर हाथ फेरा और फिर ग्लानि व करुणा के बीच भी एक दृढ़ता मुख पर धारण किये वह हारमोनियम की ओर बढ़ी।

मेरे बगल में बैठे उन सज्जन ने एक चवन्नी उसकी ओर बढ़ायी। उसने हाथ से मना करके कहा, "अभी नहीं, गा लूँ, फिर देना।" इस भाव से उसने चवन्नी अस्वीकार

की कि आसपास के लोगों के मुखों पर एक काली-पतली परत छा गयी। मेरे पड़ोसी की चवन्नी हाथ में ही रखी रह गयी और वह हाथ हवा में झूलता रहा। मेरा 'सेवा-सदन' का 75 वाँ पृष्ठ खुला-का-खुला रह गया। अबला की विवशता ने स्वार्थी पैशाचिक पौरुष के मुख पर कैसे कसकर तमाचा मारा!

वह आगे बढ़ रही थी। वे स्त्रियाँ अपने पल्ले और पैर समेटकर जगह देने लगीं, कहीं सती-साध्वियों का पल्ला उस नीच-जन्मा और नीच-कर्मा से छू न जाय! और इन सती-साध्वियों के पतिदेव, वे बाराती, मुख पर पैशाचिक हँसी बिछाये आँखों में निर्लज्जता भरे अपनी फैली टाँगों से छूते जावें। उस कोने पर बैठी वे सती-साध्वियाँ देख रही थीं कि जिसके पल्ले की हवा वे नहीं लगने देना चाहती थीं, उसकी टाँगों के स्पर्श के लिए उनके वे पति कितने लालायित थे।

वह हारमोनियम के पास पहुँच गयी। आदमी उस पर टूटे पड़ रहे थे। हारमोनियमवाले ने गर्दन मटकायी और वह गाने लगी—

'देखा करो भगवान,
गरीबों का तमाशा!'

गाते-गाते वह रोने लगी। पल्ले से आँसू पोंछती जाती थी और भगवान को चुनौती देती जाती थी—

'देखा करो भगवान
गरीबों का तमाशा!'

वह भोला अजान शिशु अपनी माँ की छाती से चिपटा इस कोलाहल के बीच भी नींद ले रहा था। वह क्या जाने अपनी अभागिन माँ की विडम्बना को जो रो-रोकर भगवान को तमाशा दिखा रही थी—

'देखा करो भगवान
गरीबों का तमाशा!'

वे दोनों*

वे दोनों आधी रात को एक ही सड़क से घर वापिस आते थे।

एक हनुमानजी के मन्दिर से कथा सुनकर, दूसरा वेश्याओं के मुहल्ले के जुए के अड्डे से।

उन दोनों का बड़ा दूर का रिश्ता था और बड़ा हिसाब लगाने पर यह तय

* प्रहरी, 8 जुलाई, 1951

हुआ था कि दोनों एक-दूसरे को भाई कहें तो न कुछ बनता है, न बिगड़ता है।

एक का नाम था बंशीलाल और दूसरे का सुन्दरलाल।

बंशीलाल पहले रेलवे में बाबू था और रेलवे में घूस लेना इस कदर कानूनी हो गया है कि अगर कोई घूस न दे तो उस पर रेल बाबू दीवानी का मुकदमा दायर करने की भी एक बार सोचता है। लेकिन एक बार बन्दर डाल चूक गया। परिणाम यह हुआ कि नौकरी से हाथ धोना पड़ा और अब बंशीलाल ने दूकान खोल ली है और लेन-देन भी करता है।

सुन्दरलाल ज्यादा पढ़ा-लिखा नहीं। इतनी योग्यता हासिल कर ली कि 'तोता-मैना का किस्सा' बखूबी पढ़ लेता था। और उसे उर्दू-फारसी के शेर सैकड़ों याद थे जिन्हें वह बड़े हाव-भाव से मौके-बेमौके कहता था। शरीर का अच्छा था। मूँछें बिच्छू के डंक की तरह नुकीली, उठी हुई। जाग्रत अवस्था में हर क्षण दोनों में से एक हाथ जरूर मूँछ को बल देता रहता था। यह क्रिया इतनी स्वाभाविक थी कि वह भोजन करते-करते भी बायें हाथ से मूँछ ऐंठता था। गाली तो ऐसी अच्छी और इतनी फुर्ती से देता था कि पुराना-से-पुराना थानेदार शरमा जाय। शब्दों का अपव्यय तो होता ही था, क्योंकि वाक्य के शब्दों में आधे तो विषय से सम्बन्धित होते थे और आधे गाली के होते थे।

धन्धा उसका क्या था, यह कहा नहीं जा सकता था। रात को वेश्याओं के मुहल्ले में वह जुए का अड्डा चलाता था। वैसे तो पुलिस की मजाल नहीं कि उस तरफ झांके; पर अगर कोई भूले-भटके आ भी गया तो सुन्दर उसे कुछ देकर या पीटकर अपना काम बना लेता था। पाँच बार जेल जा चुका था, चार बार तो मारपीट और जुए में, एक बार स्वतन्त्रता संग्राम में रेल की पाँतें उखाड़ने में।

मुहल्लेवाले जानते थे कि बंशीलाल रोज आधी रात तक हरिकथा सुनता है। वे यह भी खूब जानते थे कि सुन्दरलाल आधी रात तक जुआ खेलता है, खिलाता है, मारपीट करता है, शराब पीता है।

बंशीलाल धर्मात्मा माना जाता था और सुन्दरलाल घोर पापी, जिसे नर्क में भी स्थान नहीं मिलेगा।

और यह पुरखों की ही गलती कही जायगी कि रिश्तेदार लोग पास-पास बस गये और बंशीलाल और सुन्दर एक-दूसरे से इतने भिन्न होकर भी बाप-दादों के घरों में पास-पास रहते थे।

लेकिन एक साल से दोनों बोलते नहीं हैं। मनमुटाव का यह कारण है कि पिछले साल एक दिन बंशीलाल ने अपने पुत्रविहीन चाचा की जमीन-जायदाद छीनकर उसे घर से बाहर निकाल दिया और उसके कपड़े-लत्ते भी सड़क पर फेंक दिये। इसी समय सुन्दर वहाँ से निकला। असहाय, वृद्ध रो रहा था। सुन्दर ने उसका बिस्तर समेटकर कन्धे पर रखा और हाथ से बूढ़े का हाथ पकड़कर घर में ले गया और बोला, "चाचा चैन से रहो!" तब से चाचा बड़े मजे में सुन्दर के घर रहने लगे और अड़ोस-पड़ोस के लोगों से सुन्दर की उदारता, प्रेम और सज्जनता

का बखान करने लगे। लेकिन इस बात से बंशी और सुन्दर में झगड़ा हो गया। बंशीलाल को यह अच्छा न लगा कि उसने जिस चाचा को घर से निकाल दिया उसे सुन्दर अपने घर में आश्रय दे। उसने अपने घर के बरामदे से गाली देना प्रारम्भ किया और उसकी स्त्री ने पिछवाड़े से सुन्दर की स्त्री पर गालियों की बौछार की। इस प्रकार सुन्दर घर से निकल आया और झपटकर उसने अपना पंजा बंशीलाल की गर्दन पर रखा ही था कि चाचा ने उसे याद दिलाया कि बंशी उसका बड़ा भाई होता है। उसने हाथ रोक लिया; उस दिन से दोनों में बोलचाल बन्द है। इधर स्त्रियों ने भी 'काली गऊ' की कसम चढ़ाकर युद्ध का अन्त किया।

तब से एक साल हो गया। अब मनमुटाव कुछ कम हो रहा था कि पिछले महीने एक और घटना घट गयी, जिससे यह विग्रह की आग फिर से भभक उठी। एक दिन पड़ोस के रम्मू नाई की मृत्यु हो गयी। वृद्ध नाइन के पास ठठरी, लकड़ी, कफन के लिए पैसे नहीं थे। उसने रोते-रोते हाथ के चाँदी के कड़े निकालकर लड़के को दिये और कहा कि बंशीलाल के पास गिरवी रखकर 20) ले आवे। लड़का बंशी के पास पहुँचा और बंशी कड़े तौल ही रहा था कि सुन्दर को यह मालूम हुआ। उसने जेब से 20) निकालकर लड़के के हाथ में रखे और कहा, "ये रुपये ले और जाकर सामान ला। बनी-बनायी चीज को इस तरह खोता क्यों है? कड़े ले जाकर चाची को दे दे।" लड़के ने कड़े तराजू पर से उतरवा लिये। बंशीलाल के शरीर में आग लग गयी। उसकी तराजू से गहना उतर गया यह बात उसे असह्य हो गयी। उसने सैकड़ों गालियाँ सुन्दर को सुनायीं। सुन्दर ने कुछ सुना नहीं; वह उधर नाई की ठठरी में गाँठ लगा रहा था। उस दिन से दोनों का बैर-भाव बहुत बढ़ गया।

ऊपर की घटना के लगभग एक सप्ताह बाद की बात है। बंशीलाल उसी नियम से कथा सुनकर लगभग आधी रात को सुनसान सड़क से चला आ रहा था। सुन्दरलाल भी अपने नियम के अनुसार जुए के अड्डे से उसी सड़क से चला आ रहा था।

सुन्दर बंशीलाल के पीछे करीब 15 कदम के फासले से चल रहा था।

बंशीलाल के नये जूतों ने पैर में छाले बना दिये थे, इसलिए वह जरा धीरे चल रहा था। सुन्दर ने सोचा, जरा तेज चलकर बंशी के आगे हो लूँ। ऐसा कब तक धीरे-धीरे चलूँगा। बंशीलाल सड़क की बायीं पटरी से चल रहा था; सुन्दर दाहिनी पटरी से आगे बढ़ने लगा।

चलते-चलते वह बंशीलाल की बराबरी से आ गया। वह दाहिने किनारे से चल रहा था और बंशीलाल बायें से।

इसी समय सड़क के दाहिने किनारे के एक झाड़ के पीछे से एक पागल कुत्ता झपटा। पहिले वह सुन्दरलाल के पास से एक फुसकार मारकर निकला और तब भौंककर बंशीलाल पर झपटा।

बंशीलाल ने छड़ी घुमायी; सुन्दरलाल भी डण्डा लेकर दौड़ा।

पर इसी बीच में कुत्ते ने बंशीलाल की पिंडली को मुँह में भर लिया और मांस का एक लौंदा बींथ लिया!

वह एक चीत्कार करके बेहोश होकर गिर पड़ा।

सुन्दरलाल ने कुत्ते को मारकर भगाया और फिर बंशी को कन्धे पर लादकर घर आया।

आसपास के आदमी आ गये। कहने लगे—अरे राम-राम ! कितना बड़ा घाव लगा है ! कहाँ काटा कुत्ते ने ?

सुन्दर ने कहा, "अरे भाई, बड़े भैया कथा सुनकर आ रहे थे। रास्ते में पाण्डे वकील के बँगले के सामने काट लिया साले ने। मैं ऐसा जानता कि ये पागल है तो साला जब मेरे पास से निकला था तभी एक बार में काम तमाम कर देता।"

"पर तू वहाँ कैसे पहुँच गया ?"

"मैं, मैं जुए के अड्डे से आ रहा था ?"

तार से खबर पाकर दूसरे दिन बंशी के बड़े भाई आ गये। बंशी बिस्तर पर पड़ा था। घाव में जलन पड़ रही थी। कराह रहा था।

सुन्दर ने कहा, "मैं, मैं वहीं अपने जुए के अड्डे से।"

हनुमानजी के मन्दिर के पुजारी ने देखा कि तीन दिन से उनका सबसे नियमित श्रोता नहीं आता। वे चौथे दिन बंशीलाल के घर पर आये। सुन्दर बैठा-बैठा बंशीलाल का सिर दबा रहा था।

"बड़ा अनर्थ हुआ ! राम ! राम !" वे बोले, "सेठ सा'ब को प्रसाद देते समय मेरे मन में आया था कि इनको आज घर न जाने दूँ। पर मैंने नहीं कहा। होनहार बलवान है। और सुन्दर कैसे मिल गया वहाँ ?"

सुन्दर ने कहा, "मैं जुए के अड्डे से आ रहा था, महाराज ! और देखा तो साला मेरे पास से निकल गया। मैं जानता कि ये पागल है तो एक बार में ही काम तमाम कर देता।"

पड़ोसी के बच्चे*

हर साल भगवान एक बच्चा देता है, मेरे इस पड़ोसी को। पिछले साल इसने स्त्री को उसके पिता के घर अपने बच्चों के 'वेटेलियन' समेत भेज दिया था, क्योंकि उसकी नौकरी छूट गयी थी। इसलिए उस साल बच्चा नहीं हुआ। पर भगवान के यहाँ बेईमानी आज तक नहीं हुई। उसका हिसाब बड़ा साफ रहता है। उसने इस साल एक साथ दो 'जुड़वाँ' लड़के देकर पुराना बकाया भी चुका दिया। ये दो मिलकर

* मई, 1953

आठ बच्चे हो गये इसके अब।

और हिन्दुस्थान में अन्न की उत्पत्ति कम और बच्चों की पैदायश ज्यादा।

मेरा यह पड़ोसी चालीस साल का होगा, पर जब 60 साल के पड़ोसी रिटायर्ड पुलिस कप्तान के साथ खड़ा होता है तो उनका बाप-सा मालूम होता है। कमर झुक गयी है, आँखें भीतर घुस गयी हैं, कन्धे गोल झुके, शरीर में तीन जगह मोड़, चेहरे पर झुर्रियाँ आ गयी हैं, बालों ने बुढ़ापे से मिलकर कब की साजिश कर दी है।

अपना भार आप ढोने में समर्थ नहीं है। मैंने देखा है—आप भी देखते होंगे कि कुछ मुख ऐसे होते हैं जिन्हें देखते ही दया आ जाती है। ऐसा ही मुख है इस पड़ोसी का। और इसके माथे पर भार है आठ बच्चों का-- सब 'साइज' के।

कल जब इसके यहाँ दो बच्चे हुए और यह घर के बाहर निकला तो पड़ोसिन चाची ने पूछा, "काहे रामा ! का हुआ ?" और इस रामा ने सूखे चेहरे पर मुस्कराहट लाकर, गन्दे बड़े दाँतों को मुँह के बाहर निकालकर हँसकर कहा, "भगवान की दया से दो लड़के हुए।"

अस्सी रुपये हर महीने मिलते हैं इस रामा को। किसी कारखाने में नौकरी करता है। और इसके आठ बच्चे हैं। घर में दस प्राणी हैं। प्रत्येक के हिस्से में आठ रुपये पड़े। आठ रुपये में भला एक आदमी कैसे जी सकता है? और अगर एक आदमी मर भी जाय तो आठ रुपयों में उसका कफन और लकड़ी का भी खर्च न निकलेगा। मैं बार-बार सोचता हूँ, ये दसों प्राणी क्या जीते हैं? तो क्या ये सब-के-सब मुर्दे हैं? हाँ, मुर्दे ! ऐसे मुर्दे जो दफनाये नहीं गये। और जब आज इसके घर के आठ मुर्दों में दो मुर्दे और जुड़ गये तो यह मूर्ख रामा दाँत निपोरकर कहता है, "भगवान की दया से दो लड़के हुए।"

सच कहूँ--मुझे क्रोध आया उस रामा पर, उसके भगवान पर और इस सड़ी व्यवस्था पर। जी में आया कि दाँत निपोरते हुए उस रामा के गाल पर चाँटा लगा दूँ और कहूँ— 'कौन-सी लंका विजय कर ली तूने? इन दो प्राणियों को भूखों मारने को ले आया। कल ये दारिद्र्य के अभिशाप से तड़पकर तुझे कोसेंगे, क्योंकि दुनिया में लाने की जिम्मेदारी तेरी ही तो है। और तेरा वह भगवान? जिसकी दया पर दोनों बच्चों की उत्पत्ति का आरोप करता है, उस भगवान में इतनी भी समझ नहीं है कि अस्सी रुपयों में आठ की जगह दस का भाग देने से हिस्सा कम आता है?' पर मैं विवश था, क्रोध को पी ही गया। वह रामा पड़ोसी बारेलाल से कह रहा था, "हाँ भैया, आपकी दया से दोनों लड़के हुए।"

इस रामा के ये आठ बच्चे? आदमी के बच्चे इसलिए कहलाते हैं कि मानव की वासना के कारण मानवी के पेट से पैदा हुए हैं। मगर पड़ोसिन चाची के बछड़े और बछिया इन मानव सन्तानों से अधिक स्वस्थ, अधिक सुखी, अधिक स्वच्छ! और ये आदमी के बच्चे --हड्डी पर चमड़े की एक परत-भर हैं। बड़े पेट, काले-काले सूखे हाथ-पैर, गन्दा शरीर, नाक बहकर मुँह में प्रवेश करती हुई, मैली आँखें—

ये सब-के-सब नंग-धड़ंग धूल में खेलते मिल जावेंगे।

बड़ा लड़का नम्बर एक का डाकू। अड़ोसी-पड़ोसी बच्चों के हाथ में से मिठाई, लैया, चिवड़ा, बिही, केला झपटकर खा लेता है। ताकता रहता है, बगुले की तरह। कोई बच्चा खाने का सामान लेकर बाहर निकला कि यह डाकू पहुँचा। एकदम थूक देता है उस पदार्थ पर। और—जब वह बालक उस थूक-भरे पदार्थ को जमीन पर फेंक देता है, तब यह लड़का उसके कण-कण बीनकर खा लेता है। कणों के आस-पास लिपटी धूल को भी वह नहीं झाड़ता, क्योंकि शायद धूल-कण पेट में पहुँचकर खाली जगह भरने में मदद करते हैं। जब यह लड़का दूसरों का माल छीन खाता है तब कोई उसे कितना ही पीटे। पीठ पर धप्प पड़ते हैं, तमाचे मारे जाते हैं—पर वह ज़रा भी विचलित नहीं होता। बड़ी मनस्विता से धूल-भरे दाने बीन-बीनकर मुख में डालता जाता है।

मुझे उसका यह कार्य देखकर प्रसन्नता भी होती है, दुख भी होता है। सोचता हूँ, कब समाज में ताकत आयेगी कि वह भरे हुए हाथों में से छीनकर खाली हाथों में रख देगा ? मुझे भय भी है, इस छीना-झपटी के जोश में समाज खाने के पदार्थ में से धूल झाड़ना न भूल जाय। सोचता हूँ, अच्छा तो करता है यह लड़का। ठेकेदार साहब, सेठ साहब, थानेदार साहब, बाबू साहब के लल्ला, मुन्नू, पुन्नू, छुट्टन, लल्लन को क्या हक है कि हाथ में बरफी रखकर उसे ललचाने निकलें ? ऐसा बली है कि पड़ोस के लड़कों से झुनझुना, टुनटुना, सीटी, खिलौना सब लूटकर घर में रख लेता है। गाली तो ऐसी देता है कि पुराने-से-पुराना थानेदार भी शरमा जाय। छोटे लड़के भी ऐसे ही थोड़े हेर-फेर के साथ !!

कौन कहता है कि ये बच्चे इस रामा के हैं ? अरे इन बच्चों से उसकी मुलाकात हर इतवार को हो जाती है। रोज सबेरे जब दुनिया उठ भी नहीं पाती, वह नौकरी पर चला जाता है और रात को जब सारा संसार सो जाता है तब घर लौटकर आता है। सबेरे उठकर एक कप काला पानी, जिसे वह 'चाय' कहता है, पीकर उठती हुई भूख को मार देता है और हाथ में मैले कपड़ों में बँधी हुई रात की बासी रोटियाँ रखे पैदल पांच मील दूर कारखाने को चल देता है। इतवार को आधे दिन घर रहता है तब भी ऐसा नहीं लगता कि यह बच्चों का पिता है। यह रामा बच्चों की हफ्ते-भर की शिकायतें सुनता है, उनकी माँगें सुनता है। यह सुनता है कि घर में आटा नहीं है, चावल नहीं है, और दाल नहीं है। जब ये लड़के बाप का पाँव पकड़कर धोती खींचकर एक पैसा चने के लिए माँगते हैं तब वह उनको झटक देता है, तमाचा मारता है, चिल्लाता है, 'प्राण खाये जाते हैं। मर नहीं जाते ?' मैं सोचता हूँ—बच्चों के मरने की कामना करनेवाला यह रामा उस दिन हँसकर कह रहा था, 'चाची, भगवान की दया से दो लड़के हुए—जुड़वाँ।'

उस दिन जब इसकी स्त्री को प्रसव हो गया, तब मैंने देखा यह रामा मुहल्ले में खोया-खोया-सा, परेशान-सा घूम रहा है। एक-दो ने उसके कान में बात भी की। उसके चेहरे पर विषाद बढ़ता ही गया। मैं उसकी परेशानी कुछ समझ ही न

पाया।

इसी समय पड़ोसिन चाची बोली, "अरे दई मारे! उसको कुछ गरम हरीरा वगैरह दिया कि वैसे ही मार डालेगा बेचारी को।" चाची की बात सुन रामा नजदीक पहुँचा और बोला, "क्या बताऊँ चाची! पन्द्रह दिन पहले बच्चे हो गये। अब की पहली तारीख को इन्तजाम करके रख लेता। अब हाथ में एक पैसा नहीं। क्या करूँ, क्या न करूँ?"

यह चाची बड़ी लड़नेवाली, बड़ी मुँहफट, बड़ी दुष्ट स्वभाव की मानी जाती है। बोली, "अरे पापी! तू तो उसकी जान ले डालेगा। इधर आ।"

उस दिन सबेरे चाची की गाय ने भी एक बछड़ा जना था। बोली रामा से, "ले! सबेरे गाय के लिए लायी थी। ये गुड़, ये सोंठ, थोड़े-से बच गये हैं। जा, उबालकर पिला दे।"

पशु की माँ के खाने से जो बच जाय, वह आदमी की माँ खाये! चाची की गाय को जितना गुड़, सोंठ प्राप्त हुआ उतना इस रामा की स्त्री को भी नहीं।

लोग समानाधिकार की बात करते रहते हैं। आदमी-आदमी की समानता की बात तो अभी दूर है, पशु के समान तो अधिकार मिल जायें आदमी को!

भूख के स्वर*

दुनिया ने बड़ी तपस्या से सिद्ध किया हुआ यह महाकल्याण मन्त्र मेरे कानों में फूंका— 'बेटा, देखी-अनदेखी और सुनी-अनसुनी करना सीखो! और हो सके तो जिन दाँतों को दिखाते हो, उनसे खाओ मत! और बन सके तो आँख, मस्तिष्क और हृदय को बाँधनेवाला जो तार है, उसे चतुराई से काट डालो। बस फिर सुख ही सुख है।"

महामन्त्र है। सिद्ध है। लाहौर के साढ़े ग्यारह रुपये के महात्मावाले वशीकरण मन्त्र से कोई कामिनी फँसते मैंने नहीं देखी और अमृतसरवाले महात्मा के सवा रुपये वाले मन्त्र से बांझ स्त्रियों को कानी लड़की होते हुए भी नहीं देखी। लेकिन इस महामन्त्र के अपनानेवालों को हँसते, फुदकते, उछलते देखा है।

नेक सलाह है। लेकिन असमर्थता भी कोई चीज है। कभी-कभी कोई बात दिख जाती है और हृदय को मथ डालती है और कभी-कभी छिपाते-छिपाते भी ये भीतर के दांत दिख जाते हैं, और तब विकल होता हूँ कि अधूरी विद्या कैसी संकट बन जाती है। और तब दुनिया की सीख फिर कान में आती है—'भीतर के दाँतों

* मई, 1953

की झलक अगर दिख ही गयी; कमजोरी अगर प्रगट हो ही गयी है, तो उस पर आत्मस्वीकृति के सुनहले रंग की कूची फेर।' यह भी ऐसी ही एक बात, जो कभी हो गयी थी और हो जाने के बाद न लिखना क्या अपने वश की बात है?

एक दिन सूरज उगने के पहिले ही मेरी नींद खुल गयी। वैसे मेरे विषय में लोगों की यह धारणा है कि अगर मेरे ऊपर किसी ने विजय पायी है तो वह नींद ने। और इन्हीं लोगों का ऐसा भी खयाल है कि कुम्भकरण को 6 महीने की लम्बी निद्रा देने में विधाता ने विश्व का जो कल्याण देखा था, वही कल्याण मुझे आलसी बनाने में देखा गया है। मैं एकाएक उठ पड़ा, क्योंकि बगलवाले मकान से 2-3 बच्चों के रोने की आवाज आ रही थी। रोने की आवाजों में बड़ी विभिन्नताएँ होती हैं। इन बच्चों के सम्मिलित रोने का शब्द भी सामान्य से कुछ भिन्न था। एक बार मुहल्ले में कुत्ते के 3 पिल्ले न जाने कहाँ से आ गये थे। बाद में मालूम हुआ था कि उनकी माँ किसी 'लोकवाहक' से दबकर परलोक चली गयी थी। छोटे-छोटे मासूम पिल्ले थे। दिन-भर से उन्हें खाने को नहीं मिला था और वे भूख से तड़पते हुए एक-दूसरे से चिपटे पड़े थे—'कुकुर-कुकुर' के साथ 'टीं-टीं' सरीखी आवाज मिलाकर रो रहे थे।

यह आवाज जो मैं सबेरे सुन रहा था, उन भूखे तड़पते पिल्लों-सरीखी थी। भूख का एक स्वर होता है, चाहे वह कुत्ते की भूख हो, चाहे आदमी की भूख हो। भूख का स्वर पहिचानने में आप कभी गलती नहीं कर सकते।

मैंने पत्नी को जगाया। वह अपने नन्हे बेटे को हृदय से चिपकाकर सोयी थी, दूसरे बच्चे भी आसपास आनन्द की नींद में निमग्न थे।

मैंने कहा, "सुनती हो? रघुनाथ के यहाँ बच्चे रो रहे हैं, 2-3 घण्टों से। जरा देखो तो। बच्चों की माँ से पूछो।"

वह उठी और पड़ोसिन को पुकारा। थोड़ी देर बात करके लौटी और बोली, "तीनों बच्चे भूख से तड़प रहे हैं। 24 घण्टों से कुछ खाने को नहीं है घर में। बेचारे की नौकरी छूट गयी है न, एक महीने से!"

इसी समय रघुनाथ आया। आते ही उसकी आँखों से आँसू झरने लगे। मैंने स्त्रियों की आँखों में आँसू देखे हैं—आपने भी देखे होंगे। स्त्री वैसे ही करुणा की सजीव प्रतिमा है। और अबला की विवशता और करुणा जब आँसू बनकर झरने लगती है तब हृदय को हिला देती है, यह सच है। पर इसे मैंने कभी असामान्य नहीं माना। परन्तु पुरुष का रोना! पुरुषों की आँखों में आँसू? कहीं हजार गुनी विवशता। करुणा रहती है इनमें। ऐसा लगता है कि पौरुष टूक-टूक होकर, पिघल-पिघलकर बह रहा है। विश्व की शक्ति विधवा होकर मानो विलाप कर रही है।

पुरुष रोता नहीं है। जब वह रोता है, रोम-रोम से रोता है। उसकी व्यथा पत्थर में दरार कर सकती है।

रघुनाथ का रोना बड़ा भयोत्पादक था। उसने मेरे हृदय को गीला तो किया ही, साथ ही मुझमें भय भर दिया। पुरुष का रोना कुछ वैसा ही भय व आशंका

उत्पन्न करता है, जैसा सबेरे-सबेरे द्वार पर कुत्ते का रोना।

रघुनाथ ने हृदय खोलकर मेरे सामने रख दिया। महीने-भर से अपने दर्द को ढाँके था, पर आज उसके आँसू निकलकर बतला रहे थे कि इसके पास गोपनीय कुछ नहीं रहा। उसने बतलाया कि एक महीना हो गया, उसकी नौकरी को छूटे। साठ रुपये मिलते थे उसे। किसी तरह तीन बच्चों का और स्त्री का पेट भरता था। पर एक महीने से घर में न बर्तन बचा था, न अन्न का दाना। नौकरी ढूंढ़ते-ढूँढ़ते पाँव में छाले पड़ गये थे, पर कोई ठिकाना नहीं लगता था।

मैंने सब हाल सुना। नितान्त हृदयहीन हूँ, ऐसा तो नहीं है। पर हममें से अधिकांश के लिए सहानुभूति भी एक कला बन गयी है। भाषा के वैभव ने हमें क्षमता दी है कि हम चुनिन्दा शब्द उच्चरित करें। नाट्य-कला ने सुविधा दे दी है कि दर्द का भाव चेहरे पर बिछा लें। इससे ज्यादा हम करते भी क्या हैं? सोचकर सन्तोष कर लेते हैं कि ज्यादा कर भी क्या सकते हैं!

स्त्री ने उन बच्चों के लिए रात की रोटी भिजवायी; इस गर्व के साथ मानो अपना सर्वस्व त्याग कर रही है, विश्व का पालन करने के लिए। उस समय अपने खुद के बच्चों के लिए वह गरम पराठे बना रही थी। ग्लानि से मेरा मन भर गया। कैसी क्षुद्रता है? हमारे घरों में बासी रोटी, कुत्ते की जूठी खीर, बिगड़ा हुआ चावल—सब भिखारी व अतिथि के लिए होता है। स्त्री की क्षुद्रता का जिक्र करके मैं सन्तोष पा रहा हूँ, पर मेरे नाम पर आप थूकें, क्योंकि मैंने इसका भी विरोध न किया। मेरे अन्तर में न जाने कहाँ दुबकी बैठी नीचता ने कहा कि यह उचित ही है।

खैर, दोपहर को रघुनाथ ने यह तय किया कि वह अपनी स्त्री को बच्चों के साथ उसके मायके भेज दे। उन लोगों के पास कुछ खेती है; वहाँ बच्चे पल जायेंगे। उसकी नौकरी लगते ही वह उन्हें बुला लेगा।

वह गाँव लगभग 20-25 मील दूर था। पास में ही रहनेवाला एक गाड़ीवाला पाँच रुपये में उन्हें वहाँ फेंक आने के लिए तैयार हो गया।

गाड़ी तैयार हो गयी। स्त्री तीनों बच्चों को लेकर गाड़ी में बैठ गयी। रघुनाथ खड़ा-खड़ा रो रहा था। स्त्री भी रो रही थी। रघुनाथ का मन ग्लानि से भरा था। वह अपने आपको धिक्कार रहा था। आज वह अपने स्त्री-बच्चों का पेट भी नहीं भर सकता, दूसरों के माथे ढकेल रहा है। अपने हृदय के टुकड़ों को इसलिए यहाँ से भगा रहा था कि वे भूख से मरने से बच जावें।

और स्त्री? उस बेचारी की लज्जा और विषाद का क्या अन्त था? अपनी दरिद्रता को लेकर स्त्री कभी मायके नहीं जाना चाहती? अपने पति के घर की समृद्धि ही तो उसे मायके में सम्मान दिलाती है। दरिद्र पति की पत्नी तो मायके में भी तिरस्कार व अपमान ही पाती है। आज इस अवस्था में जाते समय उसका हृदय टुकड़े-टुकड़े हो रहा था। उसकी आँखों से आँसुओं की झड़ी लगी थी। और इधर उसका यह पति जमीन में गड़ा-सा, अपने भार से आप दबा हुआ, विवश खड़ा था?

गाड़ी चल दी । वह अभागिन बच्चों को गोद में सम्हाले हुए बैठी थी । जैसे कोई विहगी अपने बच्चों को पंखों में समेटे जलते हुए वृक्ष से भाग जाने का विवश संकल्प करके भी न भाग सकती हो ।

दो दिन हो गये । गाड़ीवान नहीं लौटा । तीसरे दिन शाम को वह आया । खबर दी कि राह में खूब पानी गिरा । ठण्ड कड़ाके की पड़ रही थी । एक लड़के को यहीं से बुखार था । पानी और ठण्ड की मार से, घर पहुँचते ही उसके प्राण-पंछी पिंजड़ा खाली कर गये ।

रघुनाथ ने सुना । बड़ी देर तक रोता रहा । उसकी नौकरी अभी भी नहीं लगी थी । इस समय जब उसकी स्त्री बेटे के मरण के दुख से तड़पती होगी, उसे लगा कि उसका दुख बँटाने के लिए उसे वहाँ होना चाहिए था । पर वह जाता भी कैसे ?

रात को लगभग 8 बजे मुहल्ले में बड़ा हल्ला हुआ । मैं बरामदे में आकर बाहर खड़ा हुआ तो सामने से रघुनाथ रोता-चिल्लाता आ रहा था । सिर से रक्त बहकर कुरते पर गिर रहा था ।

नजदीक आया तो मैंने पूछा, "क्यों ? क्या हुआ ? ये खून कैसे बह रहा है ?"

वह रोते हुए बोला, "गाड़ीवान ने मुझे लट्ठ से मारा ।"

इतने में वह गाड़ीवाला भी आ गया । मैंने उससे पूछा, "क्यो रे, तूने इसे क्यों मारा ?"

वह बोला, "बाबूजी यह मेरा किराया नहीं देता ।"

रघुनाथ बीच ही में बोला, "मेरे पास कौड़ी तो है नहीं । इससे कहा, कोशिश कर रहा हूँ, मिलते ही पैसे चुका दूँगा । अभी तो मैं तीन दिन का भूखा हूँ । पेट में दाना नहीं पड़ा ।" वह फिर रोने लगा ।

मुझे गाड़ीवान पर गुस्सा आया । कैसा कठोर हृदय है ? तनिक भी इस गरीब पर दया नहीं ।

मैंने क्रोध से कहा, "क्यों रे, तुझे जरा भी सब्र नहीं ? उस बेचारे के पास इस वक्त क्या धरा है ? तुझे शर्म नहीं आयी ? तूने उसका माथा फोड़ दिया ।"

वह गाड़ीवान जरा आगे बढ़ा और एकाएक वह भी रो पड़ा । आँखों से आँसू गिरने लगे और वह हाथ जोड़कर बोला, "बाबू साहब, मैं भी आदमी हूँ । मैं तो कभी उससे नहीं माँगता । पर भगवान की सौगन्ध से कहता हूँ, मैं भी तीन दिन से भूखा हूँ । और मेरे वे दोनों बैल भी तीन दिन से भूखे हैं । इसलिए गुस्सा आ गया था ।"

मेरा सिर चकराने लगा । सामने वह भी खड़ा रो रहा था, जो पीटा गया था । वह भी रो रहा था, जिसने पीटा था ।

किसी तीसरे ही प्रबल दुश्मन ने दोनों को मारा था।
यह रघुनाथ भी भूखा—तीन दिन से !
गाड़ीवान भी भूखा—तीन दिन से !
सब भूखे·········
शिक्षित इन्सान—भूखा !
अपढ़ गँवार भी भूखा !
और पशु भी—भूखा !

सुबह उठा तो मालूम हुआ कि गाड़ीवान के उन दोनों बैलों ने रात को रस्सी तुड़ा ली और सेठ बदामीलाल के खेत की काँटों की बाड़ी तोड़कर घुस गये। खूब पेट भरकर अनाज और घास चरा। चौराहे पर बदामीलाल दोनों बैलों को लिये खड़ा था। कांजीहौस की धमकी दे रहा था।

दोनों बैल बैठे थे। चेहरे से तृप्ति झलक रही थी। पेट खूब भरे थे। आनन्द से जुगाली कर रहे थे।

दोनों बैल बैठे हँस रहे थे।

ये दोनों मनुष्य खड़े-खड़े रो रहे थे !

सेवा का शौक*

हर जमाने के अपने शौक होते हैं; अपना 'फैशन' होता है। किसी वक्त सूट-बूट-टाई पहिनने का 'फैशन' था; अब खादी पहिनना 'फैशन' में शुमार हो गया है। किसी जमाने में भारत के रईसों को अंग्रेज अफसरों को पार्टियाँ देने का शौक था; अब उन्हें समाज-सेवा का शौक हो गया है। किसी वक्त गरीबी पर हँसना फैशन था; अब गरीब के प्रति सहानुभूति प्रकट करना फैशन बन गया है। हमारे ज़माने में रईसों के लिए समाज-सेवा एक नया शौक है। और इत्र-फुलेल से महकते, रंग-बिरंगे कपड़ों में चमकते; शौकीन खुशहाल लोग फुरसत निकालकर सिनेमा देख आते हैं, और समाज-सेवा कर लेते हैं। जैसे हीरे की अँगूठी इनकी अँगुली की शोभा बढ़ाती है, वैसे ही समाज-सेवा इनकी प्रतिष्ठा को ज़रा चमकदार बनाती है।

पण्डित मातादीन भी शौकीन आदमी थे। उन्होंने परखा कि रईसों में समाज-

* मई, 1953

सेवा का शौक पैदा हो गया है, तो शौकीन आदमी के नाते उन्हें पीछे रह जाना पसन्द न आया। और उन्होंने तय किया कि अब अपने गाँव की सेवा करनी चाहिए। पण्डितजी की सात पीढ़ियाँ गाँव में ही जन्मीं और गाँव में ही दफ़नायी गयी थीं। पण्डितजी का जन्म भी गाँव का ही था लेकिन इस मामले में मतभेद था कि वे कहाँ दफ़नाये जायेंगे। वे नौ महीने शहर में और तीन महिने गाँव में रहते थे; और अगर कबीर की मिट्टी की तरह, पण्डितजी की मिट्टी को लेकर शहर और गाँववालों में खींच-तान शुरू हो गयी तो शहर का हक़ ज्यादा वजनदार पड़ जायेगा। पण्डितजी उस गाँव के सात पीढ़ियों से मालिक थे और उस इलाके में उनका सालों का लेन-देन था। हजारों एकड़ ज़मीन थी। गाँव की कमाई को वे शहर में बैठकर खाते थे।

तो पण्डित मातादीन ने समाज-सेवा यों शुरू की कि अपने गाँव में पाठशाला खुलवा दी। अपने ही विशाल मकान के बरामदे में स्कूल बना दिया। एक दिन गाँव के लोगों की सभा करके उन्होंने समझाया कि तालीम बड़ी जरूरी चीज़ है; खुद उन्होंने गाँव को जल्दी ही शिक्षित बना लेने का फैसला कर लिया है। वे दूसरे दिन शहर चले गये। वहाँ उन्होंने अपना नाम और काम अखबारों में छपाया, तब शिक्षक की तलाश करने लगे। समाज-सेवा किफ़ायत से करनी चाहिए—यह ज्ञान उन्हें अपने पुरखों से ही मिल चुका था। इसीलिए वे कम वेतन पर मास्टर ढूँढ़ रहे थे। उन्होंने स्लेटें, पेंसिलें, किताबें खरीदीं। अब उन्हें एक आदमी की और जरूरत थी। लेकिन यह चीज़ तो बड़ी सस्ती और बहुतायत से मिलती है। कभी-कभी पुस्तकें तो 'आउट आफ स्टाक' हो जाती हैं, लेकिन आदमी आप चाहें जितने खरीद लीजिए—फुटकर या 'होललाट'! हर चीज की कीमत बढ़ रही है, लेकिन यही एक चीज है जिसकी कीमत घटती जाती है।

रामनाथ नामक 16-17 साल का एक लड़का पण्डितजी को मिल गया। रामनाथ के पिता की मृत्यु 2 साल पहिले हो चुकी थी। वह विधवा माँ और विवाह योग्य बहिन का भार माथे पर रखकर सफर पर चल पड़ा था। मैट्रिक पास की ही थी कि पिता चल बसे। तब से यहाँ-वहाँ नौकरी करके, तीन पेट भर रहा था, और तीन तन ढाँक रहा था। पण्डितजी, रामनाथ को 20 रु. माहवार पर मास्टर बनाकर गाँव ले आये। उसने कहा कि वह कुछ समय उनके ही घर रहे, फिर धीरज से अपनी बहिन और माँ को बुला ले।

रामनाथ पण्डित मातादीन की हवेली में रहने लगा। उन्हीं के रसोईघर में खाना खाने लगा। स्कूल खुल गया। लड़के पढ़ने लगे। रामनाथ पढ़ाने लगा। वैसे उसकी उम्र पढ़ने की थी, लेकिन वह खुद पढ़ा रहा था। असमय में उस मासूम लड़के पर प्रौढ़ता आ गयी थी। मुसीबत में शायद यह गुण है कि वह बच्चे को भी बुजुर्गों जैसी गम्भीरता और दानाई दे देती है। यह बालक रामनाथ 16-17 वर्ष का था। परन्तु जहाँ मौत को रोज टालते जाना ही जिन्दगी का मतलब रहता है वहाँ उम्र को नापते चलनेवाला वर्ष ज़रा पास-पास कदम रखता है। इसीलिए वह बच्चा भी ढलती उम्र का-सा लगता था। कभी-कभी उसका बचपन उमड़ पड़ता

और वह पण्डितजी के बच्चों के साथ आँगन में खेलने लगता। कभी वह उनमें से किसी का घोड़ा बन जाता, कभी लुका-छिपी खेलने लगता। और कभी-कभी, चांदनी रात में आँगन में बैठकर उन्हें आसमान की कहानियाँ सुनाता कि जो तारे आसमान में दिखते हैं, वे देवताओं की आँखें हैं, जिनसे वे धरती को देखते हैं।

घर के अन्य लोगों को यह अनचाहा अतिथि बहुत अच्छा न लगा। पहिले हफ्ते में भोजन के लिए यों पुकारा गया, "मास्टर, साहब, भोजन कर लीजिए।" दूसरे हफ्ते में गृहिणी कहने लगी, "मास्टर खाना खा लो।" तीसरे सप्ताह में वह बोली, "मास्टर टाइम से खाना खा लिया करो; पुकारना पड़ता है।" चौथे सप्ताह सबके खा चुकने पर उसे खिलाया जाता और पाँचवें सप्ताह यह स्नेह और सम्मान की यात्रा इस मंजिल पर पहुँची कि गृहिणी ने महराजिन से कहा, "बासी रोटी मास्टर को क्यों नहीं दे देती?" आठ हजार वर्षों की संस्कृति के बोझ से दबे हुए इन कुछ लोगों के घरों का यही हाल है कि जो त्याज्य है, अपवित्र है, हानिकारक है, वही अतिथि के लिए है। बाजार में पूजा की सड़ी, गली, छोटी और सस्ती सुपारी, खाने की सुपारी से जो अलग मिलती है, उसके पीछे यही फिलासफी तो आधार-रूप है कि सड़ा-गला जो है वह धर्म और परमार्थ के लिए है। पूजा की सुपारी वह सड़ी सुपारी है, जो खाने के काम न आ सके।

खैर, रामनाथ स्थिति के और बिगड़ने के पहिले ही अपनी बहिन और माता को ले आया। एक छोटे-से घर में वे तीनों प्राणी रहने लगे। अब रामनाथ की मनोदशा और भी बिगड़ गयी। गरीब आदमी के घर में कला और संस्कृति की बातें नहीं होतीं। भूखे की कला-संस्कृति और दर्शन पेट के बाहर कहीं नहीं होते। रामनाथ जब घर आता तो माता अपना दुखड़ा रोती। कभी देखता, बहिन के पास साड़ी नहीं है। फिर माँ-बेटे में उस लड़की की शादी की समस्या पर चर्चा होती। रोना रोते-रोते तीनों प्राणी सो जाते। सबेरे फिर रामनाथ माँ को देखता और बहिन को देखता और उसके माथे में शूल चुभने लगता। 'कुछ' खा-पीकर पढ़ाने चला जाता, तो वहाँ भी चिन्ता उसके मन से निकलती नहीं। दर्द अगर तनिक देर को आँखों में आये, तो हर्ष की फुहार उसकी खरोंच को धोकर साफ कर देती है, लेकिन जहाँ वर्षों से दर्द आकर बस ही गया हो, उन आँखों का रंग ही बदल जाता है। उनसे दर्द जैसे उमड़ता रहता है। ऐसा ही मुख था इस रामनाथ का। ऐसी ही वे आँखें थीं जो मानो स्वयं ही इस दर्द से भयभीत हों, भीतर घुसती जाती थीं।

और एक दिन शाम को पण्डितजी के बच्चों में खबर फैल गयी कि कल शाम को मामा आनेवाले हैं। सब बच्चे नाच उठे। रात को चाँदनी की छाया में जब सब बच्चे बैठे तो मामा की ही बातें होती रहीं। मुन्नी बोली, "मास्टर साहिब, बहुत अच्छे मामा हैं हमारे। हमारे लिए मिठाई लायेंगे।" सुरेश बोला, "हमारे लिए भी मिठाई लायेंगे।" रमेश और आगे बढ़कर बोला, "हमारे लिए रेल-गाड़ी लायेंगे?"

मुन्नी ने पूछा, "मास्टर साहिब, तुम्हारे लिए क्या लायेंगे !" रामनाथ इस प्रश्न से अकचका गया। कोई उसके लिए भी कुछ लायेगा, यह आशा उसके हृदय से कब की निकल चुकी थी। इस बच्ची ने उसे जगा दिया। रामनाथ को लगा कि सचमुच मामा उसी के आ रहे हैं और उसने एक क्षण में तय कर लिया कि उसे क्या चाहिए। वह बोला, "रुपया लायेंगे।" बच्चे इस उत्तर से कुछ विशेष प्रसन्न हुए। वे उम्मीद कर रहे थे कि वे हवाईजहाज जैसी किसी चीज का नाम लेंगे, पर वे तो बहुत मामूली चीज चाहते हैं !

दूसरे दिन पण्डितजी के साले आये। उनका नाम डॉक्टर योगेन्द्रनाथ था। वे यूरोप के कई देश घूम चुके थे। अमेरिका से एक तो डॉक्टर की डिग्री ले आये थे और एक मेम लाये थे। लेकिन एक आदमी के पास डिग्रियाँ चाहे दो-चार रह लें, पर स्त्री दो नहीं रह सकतीं। सो एक को जाना ही था। और गोरी बीवी के सामने काली बीवी टिक नहीं सकती। वह बीस बिस्वा के कान्यकुब्ज की कन्या अपने मायके चली गयी। पर उसके ही भाग्य से साल-भर बाद ही विलायती बीवी की मृत्यु हो गयी और वह फिर बुलायी गयी।

डॉक्टर साहब बड़े प्रसिद्ध शिक्षाशास्त्री थे। वे आगरा के टीचर्स-ट्रेनिंग-कालेज के प्रिंसिपल थे।

दूसरे दिन जब रामनाथ पढ़ाने आने लगा तब माँ ने उसे पुकारकर कहा, "बेटा, पण्डितजी से कुछ रुपये माँग लाना। आज बिल्कुल आटा नहीं बचा। दाल भी नहीं है। 10-5 रुपये पेशगी ले आना, अगले माह में काट लेंगे।"

रामनाथ ने कहा, "माँ, मुझसे न माँगा जायगा। उनके यहाँ मेहमान आये हैं।"

माँ बोली, "अरे तू तो पगला है। एक तरफ बुलाकर धीरे से कह देना। जरूर ले आना मेरे बेटा, नहीं तो देख, बड़ी अड़चन पड़ेगी। और सुन रे रामनाथ, अगर हम लोग इस कमला की शादी करने लगें तो थोड़ी मदद तेरे ये पण्डितजी कर देंगे न ? थोड़ा-थोड़ा अनाज गाँववालों से ले लेंगे। इतने में निपट जायगी। इस लड़की का ठिकाना पड़ जाय तो मेरी छाती का बोझा उतर जाय।"

ऐसे ही वह दुखियारी माँ कहती रही। पर रामनाथ कुछ सुनकर कुछ अनसुनी करके चल दिया।

इधर डॉक्टर साहब को जब मालूम हुआ कि पण्डितजी ने एक ग्रामीण पाठशाला खोल रखी है तो एक शिक्षाशास्त्री के नाते उसमें दिलचस्पी लेना उन्होंने अपना फर्ज समझा। वे पण्डितजी के साथ बरामदे में आकर खड़े हो गये। थोड़ी देर तक देखते रहे। फिर बैठक में जाकर मातादीन से बोले, "जैसी आपकी पाठशाला है वैसी अगर सारे देश में हो जायें तो यह देश बहुत जल्दी बरबाद हो जाय।" पण्डित मातादीन को एक धक्का-सा लगा। पूछने लगे, "क्यों ? क्या बात हो गयी ऐसी ?"

भाषण की शैली में डॉक्टर साहब बोले, "आपका मास्टर बिल्कुल बे-काम है।

देखते नहीं, कैसा मनहूस-सा पढ़ाता है ? कितना निर्जीव है। जेम्स एडम्स ने कहा है कि शिक्षक को हँसते-हँसते खुशी-खुशी पढ़ाना चाहिए। और रूसो का कहना है कि जो शिक्षक हँसते हुए नहीं पढ़ाता, उसके विद्यार्थी हीनता की भावनावाले, चरित्र-हीन और निराशावादी होते हैं। सब विचारकों का मत है यह। यह मास्टर तो बिल्कुल काबिल नहीं है। उसको कहो कि वह हँसते हुए पढ़ाये।

पण्डितजी को शिक्षाशास्त्री की बात ठीक लगी। उन्होंने रामनाथ को बुलाया। उस समय वह सोच रहा था कि कब और कहाँ एकान्त में पण्डितजी को बुलाकर पैसे माँगेगा। रामनाथ से पण्डितजी ने कहा, "देखिए मास्टर साहब, डॉक्टर साहब का कहना है कि आपका पढ़ाने का ढंग गलत है। आप जानते हैं, मैं इसे एक आदर्श पाठशाला बनाना चाहता हूँ। डॉक्टर साहब का कहना है कि आप हँसते हुए पढ़ाया करिए।"

फिर डॉक्टर साहब ने भी उसे एक लम्बा भाषण दिया। वह 'जी हाँ' कहता हुआ सुनता रहा।

भयभीत-सा वह कमरे से निकलकर कक्षा में आया। उसने लाख चेष्टा की पर जैसा डॉक्टर साहब ने कहा था, वैसा कर न पाया। स्कूल बन्द करके घर पहुँचा तब उसे याद आया कि पण्डितजी से रुपये नहीं माँगे।

आशा में बैठी माँ ने जब पूछा तो संक्षेप में 'नहीं' कहकर वह खाट पर पड़ गया। ममतामयी माँ उसके पास जाकर बोली, "क्यों, कैसे लेट गया बेटा ? तबियत तो ठीक है न ?"

"ठीक है माँ !" वह बोला।

"तो फिर तू कैसा अनमना-सा पड़ गया। मैंने कितनी बार कहा कि बेटा चिन्ता मत किया कर। देख तो, तू कैसा सूखता जा रहा है। अरे, भगवान सबका है। जो सबकी रखवाली करता है, वह हमारी भी चिन्ता कर लेगा।"

रामनाथ बोला, "माँ, अब मैं पढ़ाने नहीं जाऊँगा।"

"क्यों बेटा, क्या हो गया ? कुछ कहा उन लोगों ने ?" माँ ने चिन्ता से पूछा।

रामनाथ बोला, "माँ, पण्डितजी के साले ने पण्डितजी से कह दिया है कि इसे पढ़ाना नहीं आता। कहते हैं, हँसते-हँसते पढ़ाना चाहिए। मुझसे दोनों ने कहा कि पढ़ाना हो तो हँसते-हँसते पढ़ाओ।"

माँ ने कहा, "तो बेटा, इसमें क्या मुश्किल है ? तू दिन-भर हँसते हुए पढ़ाया कर। हँसने में क्या है ?"

रामनाथ ने दीनता से कहा, "तू समझती तो है नहीं माँ। मुझसे हँसते नहीं बनता। मैं हँस ही नहीं सकता।"

माँ ने बेटे के सिर पर हाथ फेरते हुए कहा, "अरे बेटा, हँसना भी कोई मुश्किल बात है ? देख, मैं हँसकर बताती हूँ।"

और यह वृद्धा माँ, मुँह व आँखों को विस्फारित करके, हंसने की चेष्टा करते-करते फफककर रोने लगी। उसने बेटे को चिपका लिया और हँसने की चेष्टा में

दोनों बड़ी देर तक रोते रहे । फिर कुछ खा-पीकर सो रहे ।

दूसरे दिन कड़ा जी करके रामनाथ पढ़ाने गया । थोड़ी देर बाद, पण्डितजी और डॉक्टर साहिब फिर आकर खड़े हो गये । रामनाथ और भयभीत हो गया । पण्डितजी ने कहा, "मास्टर साहिब, आप कल की बात भूल गये । डॉक्टर साहिब ने कहा था न कि आप हँसकर पढ़ाया करिए ?" रामनाथ ने 'जी हाँ' कहा और काम में लग गया । पर वह वहाँ से भाग जाना चाहता था । हँसी कोई ओठों और मुँह की प्रक्रिया होती तो वह हँस देता ।

पण्डितजी ने जब देखा कि मास्टर साहब अभी भी ठीक रीति से नहीं पढ़ा रहे हैं तो ज़रा रोष में आकर बोले, "आप भी अजीब हैं। रोनी सूरत बनाये हैं। आपको हँसने में भी शर्म आती है ?"

रामनाथ से अब बर्दाश्त न हो सका । उसके सब्र का बाँध टूट गया और वह रो पड़ा ।

डॉक्टर साहब पण्डितजी को बैठक में ले गये और बोले, "यह आदमी इस काम के बिल्कुल लायक नहीं है । बच्चों का भविष्य इसके हाथों मत बिगड़वाइए । देखो, कैसा रो पड़ा । इसे अलग कर दीजिए । कल मैं शहर जा ही रहा हूँ; एक अच्छा मास्टर भेज दूंगा ।"

शाम को रामनाथ जवाब पा गया ।

तीसरे दिन सबेरे अपनी गृहस्थी गाड़ी पर लादे, सिर पर एक गठरी रखे, रामनाथ, उसकी माँ और बहिन, गाड़ी के पीछे-पीछे चल रहे थे। गाँव छोड़कर कहीं पेट भरने की चिन्ता में जा रहे थे ।

कुएँ पर एक स्त्री ने पूछा, "क्यों माँ, क्या गाँव छोड़कर जा रही हो ?"

"हाँ बेटी ! यहाँ का इतना ही दाना-पानी था ।" माँ ने आँसू पोंछते हुए कहा ।

"क्यों, यहीं क्यों न रहीं माँ जी ?" दूसरी ने पूछा ।

वृद्धा ने जवाब दिया, "बेटे को नौकरी से अलग कर दिया ।"

वे पूछने लगीं, "नौकरी से अलग क्यों कर दिया माँ ?"

"उससे कहते हैं हँसो । और हम दुखयारों से क्या हँसा जाता है बेटी ?"

"तो अब कहाँ जाओगी माँ ?" स्त्रियों ने सहानुभूति से पूछा ।

"क्या बताऊँ बेटी, कहीं जायेंगे, जहाँ रोनेवालों को भी रोटी मिलती हो ।"

मैं नर्क से बोल रहा हूँ ![*]

हे पत्थर पूजनेवालो ! तुम्हें जिन्दा आदमी की बात सुनने का अभ्यास नहीं; इसलिए मैं मरकर बोल रहा हूँ। जीवित अवस्था में तुम जिसकी ओर आँख उठाकर नहीं देखते उसकी सड़ी लाश के पीछे जुलूस बनाकर चलते हो। जिन्दगी-भर तुम जिससे नफरत करते रहे उसकी कब्र पर चिराग जलाने जाते हो। मरते वक्त तक जिसे तुमने चुल्लू-भर पानी नहीं दिया, उसके हाड़ गंगाजी ले जाते हो। अरे, तुम जीवन का तिरस्कार और मरण का सत्कार करते हो। इसीलिए मैं मरकर बोल रहा हूँ। मैं नर्क से बोल रहा हूँ।

मगर मुझे क्या पड़ी थी कि जिन्दगी-भर बेजुबान रहकर, यहाँ नर्क के कोने से बोलता ! पर यहाँ एक बात ऐसी सुनी कि मुझ अभागे की मौत को लेकर तुम्हारे यहाँ के बड़े-बड़े लोगों में चखचख हो गयी। मैंने सुना कि तुम्हारे यहाँ के मन्त्री ने संसद में कहा कि मेरी मौत भूख से नहीं हुई, मैंने आत्महत्या कर ली थी। मारा जाऊँ और खुद ही मौत का जिम्मेदार ठहराया जाऊँ? भूख से मरूँ और भूख को मेरे मारने का श्रेय न मिले? 'अन्न ! अन्न' की पुकार करता मर जाऊँ और मेरे मरने के कारण में भी अन्न का नाम न आवे? लेकिन खैर, मैं यह सब भी बरदाश्त कर लेता। जिन्दगी-भर तिरस्कार का स्वाद लेते-लेते सहानुभूति मुझे उसी प्रकार अरुचिकर हो गयी थी जिस प्रकार शहर के रहनेवाले को देहात का शुद्ध घी। लेकिन आज ही एक घटना और यहाँ इस लोक में घट गयी।

हुआ यह कि स्वर्ग और नर्क को जो दीवार अलग करती है, उसकी सेंध नें से आज सबेरे मेरे कुत्ते ने मुझे देखा और 'कुर-कुर' करके प्यार जताने लगा। और मेरे आश्चर्य और क्षोभ का ठिकाना न रहा कि मैं यहाँ नर्क में और मेरा कुत्ता उस ओर स्वर्ग में ! यह कुत्ता—मेरा बड़ा प्यारा कुत्ता; युधिष्ठिर के कुत्ते से अधिक ! जबसे मेरी स्त्री एक धनी के साथ भाग गयी थी तभी से यह कुत्ता मेरा संगी रहा; ऐसा कि मरा भी साथ ही। कभी मुझे छोड़ा नहीं इसने। बगल का सेठ इसे पालना चाहता था, सेठानी तो इसे बेहद प्यार करती, पर यह मुझे छोड़कर गया नहीं, लुभाया नहीं। सो मुझे सुख ही हुआ कि वह स्वर्ग में आनन्द से है पर मेरे अपने प्रति किये गये अन्याय को तो भुलाया नहीं जा सकता। और भाई यह तुम्हारा मृत्युलोक तो है नहीं जहाँ फरियाद नहीं सुनी जाती; जहाँ फरियादी को ही दण्ड दिया जाता है; जहाँ लालफीते के कारण आग लगने के साल-भर बाद बुझाने का आर्डर आता है। यहाँ तो फरियाद तुरन्त सुनी जाती है। सो मैं भी भगवान के पास गया और प्रार्थना की, "हे भगवन् ! पृथ्वी पर अन्याय भोगकर इस आशा से यहाँ आया कि न्याय मिलेगा, पर यह क्या कि मेरा कुत्ता तो स्वर्ग

* गणतन्त्र दिवस, 1954

में और मैं नर्क में ! जीवन-भर कोई बुरा काम नहीं किया। भूख से मर गया, पर चोरी नहीं की। किसी के आगे हाथ नहीं फैलाया। और यह कुत्ता—जैसे कुत्ता होता है वैसा ही तो है यह। कई बार आपका भोग खाते पिटा यह ! और इसे आपने स्वर्ग में रख दिया।"

और भगवान् ने एक बड़ी बही देखकर कहा कि इसमें लिखा है कि तुमने आत्महत्या की ! मैंने कहा कि नहीं महाराज, मैं भूख से मरा। मैंने आत्महत्या नहीं की। पर वे बोले, "नहीं, तुम झूठ बोलते हो। तुम्हारे देश के अन्न-मन्त्री ने लिखा है कि तुमने आत्महत्या की। तुम्हारे शरीर के पोस्टमार्टम से यह बात सिद्ध हुई है।" और भगवान् आसमान से गिरते-गिरते बचे, जब मैंने कहा कि महाराज, यह रिपोर्ट झूठ है। मेरा पोस्टमार्टम हुआ ही नहीं। अरे मैं तो जला दिया गया था। इसके दस दिन बाद संसद में प्रश्नोत्तर हुए। तो क्या मेरी राख का पोस्टमार्टम हुआ ? और तब मैंने उन्हें पूरा हाल सुनाया।

लो तुम भी सुनो। तुम नहीं जानते मैं कहाँ जिया, कहाँ रहा, कहाँ मरा ? दुनिया इतनी बड़ी है कि कोई किसी का हिसाब नहीं रखता।

और तुम क्या जानो कि जब मेरी साँस चलती थी तब भी मैं जिन्दा था। मैं इस अर्थ में जीवित था कि मैं रोज मृत्यु को टालता जाता था। वास्तव में तो मैं जन्म के पश्चात् एक क्षण ही जीवित रहा और दूसरे क्षण से मेरी मौत शुरू हो गयी। तो बाजार की उस अट्टालिका को तो जानते हो। उसी के पीछे एक ओर से पाखाना साफ करने का दरवाजा है और दूसरी ओर दीवार के सहारे मेरी छपरी। अट्टालिका का मालिक मेरी छपरी तोड़कर वहाँ भी अपना पाखाना बनाना चाहता था। अगर मैं मर न जाता तो गरीब आदमी की झोंपड़ी पर अमीर के पाखाने की विजय भी इन आँखों से देखता। अब तो तुम मेरा स्थान जान गये होगे - आदमी से अधिक तो तुम अट्टालिका को पहचानते हो। अट्टालिका के सहारे आदमी को जानना तो तुम्हें खूब आता है।

बस यहीं झोंपड़ी में रहा मैं। मेरे आसपास अन्न-ही-अन्न था। दीवाल के उस पार से जो चूहे आते वे दिन-पर-दिन मोटे होते जाते और दो रोज तक तो वे इसलिए नहीं आये कि निकलने का थोड़ा मार्ग बनाते रहे। पर मैं फिर भी भूखा रहा। बेकार था। अनाज दस रुपये सेर था। इससे तो मेरे लिए मौत सस्ती थी।

आखिर मेरी मौत भी आयी। जिस दिन आयी, उस दिन अट्टालिका के उस पारवाले रईस के लड़के की शादी थी। बड़ा अमीर था। सारा गाँव जानता था कि उसके पास हजारों बोरे अन्न था, पर कोई कुछ नहीं कहता था। पुलिस उसकी रक्षा करती थी। और उस दिन मेरी मौत धीरे-धीरे काला पंजा बढ़ाती आती थी। मेरे पेट में ऐंठ आयी; आँखें धुंधली पड़ीं। दीवाल के उस पार पकवानों की सुगन्ध आ रही थी। यही सन्तोष रहा कि पकवानों के बीच मेरी मौत हुई।

मौत के ज़रा पहले मेरा प्यारा कुत्ता बरबस दीवाल के उस पार घुस गया और पकवान खा गया। मालिक ने उसे खींचकर एक डण्डा मारा और वह कराहता

हुआ मेरे पास आकर पड़ गया। चीखता रहा, चीखता रहा। मेरे भी प्राण निकल रहे थे। पर मुझे इस जानवर के सामने चीखने में लज्जा आयी। इधर मेरे पेट में आखिरी ऐंठ आयी और पंछी ने पिंजरा खाली किया, उधर मेरे कुत्ते की भी दम टूटी। डण्डे की चोट बड़े मर्म की थी। दोनों मरे; एक साथ मरे --फर्क इतना कि वह खाकर मरा और मैं बिना खाये।

उधर बारात उठी, इधर चाण्डालों ने टीन की गाड़ी में मुझे पटककर घसीटा। सड़क के उस ओर से अमीर के लड़के की बारात जा रही थी, इस ओर से मेरी यह सरकारी अर्थी। सरकार ने भोजन का प्रबन्ध नहीं किया था, पर मरनेवालों की लाशों को दफनाने का इन्तजाम बहुत अच्छा किया था। उधर बारात के पीछे मंगल-गान हो रहा था। मेरी लाश के पीछे एक भी रोनेवाला नहीं था। ऐसी सफाई से मरा कि किसी को कष्ट न हुआ, कुत्ते तक को नहीं। बारात पहुँच गयी थी। गोले छूट रहे थे; और इधर अपर्याप्त लकड़ी में मेरी हड्डियाँ चटचटा रही थीं।

ऐसा मरा। और मरकर यहाँ जब आया तो मुझे कुछ दुख नहीं हुआ, जब मैं नर्क में भेज दिया गया। मैंने प्रतिवाद करना सीखा नहीं था और यह स्थान भी उससे ज्यादा खराब नहीं था जहाँ मैं जिन्दगी-भर रह चुका था।

कहानी भगवान् ने सुनी। बोले, तुम भूख से मरे न? फिर भी तुम नर्क में रहोगे। और यह कुत्ता; स्वर्ग में रहेगा। और यह तुम्हारे बगल का कमरा उस झूठे मन्त्री के लिए खाली होगा।

मैंने पैर पकड़ लिये। बोला, "भगवन्, यह कैसा न्याय है!"

वे बोले, "मूर्ख कायर; तू कुत्ते से भी हीन है! बेचारा कुत्ता दीवाल को लाँघकर घुस गया और खाना खा आया। और तू आदमी कहलानेवाला, हाय-हाय करके मर गया। तू दीवाल लाँघ नहीं सकता था? दीवाल तोड़ नहीं सकता था?"

"लेकिन भगवन्!" मैंने कहा, "वह दीवाल कैसे तोड़ता? कैसे लाँघता? यह पाप न होता?"

भगवान् ने क्रोध से कहा, "पाप-पुण्य के झमेले में पड़नेवाले कायर! वह दीवाल क्या मेरी बनायी हुई है? तमाम दीवालें आदमियों ने खड़ी की हैं? और तू उन्हें तोड़ने में पाप-पुण्य देखता है? मूर्ख! तेरा कुत्ता तुझसे ज्यादा समझदार है। वह घुस गया, खाया और डण्डे की मार से मरकर यहाँ आ गया। उसमें मनुष्यत्व है, तुझमें पशुत्व भी नहीं! मैंने तुम्हें बुद्धि दी है; हाथ-पैर दिये हैं, कार्य-शक्ति दी है---और तू अकर्मण्य; बुजदिल कीड़े-सा मर गया। मनुष्यों ने मुझे बहुत निराश किया, अब मैं कुत्ते-ही-कुत्ते निर्माण करने का विचार कर रहा हूँ। तुम जैसे अकर्मण्य, कायर, भीरु, मूर्ख को नर्क नहीं तो क्या इन्द्रासन मिलेगा?"

मैं नर्क में ढकेल दिया गया। और मैं इस कोने से तुमसे कह रहा हूँ कि हे मेरे देशवासियो! मेरी जैसी मौत न मरना, मेरे कुत्ते की तरह मरना।

ढपोलशंख मास्टर हो गये ![*]

'आदर्श शिक्षा समिति' की बात है !

समिति के सदस्य लाला घोंचूमल ने अध्यक्ष श्री पोंचूराम को पत्र लिखा—

अध्यक्ष महोदय,

विदित हो कि मेरा साला चि. ढपोलशंख इस साल बी. ए. पास हो गया है। विगत 4 वर्षों से यह फेल हो रहा था, पर इस वर्ष हमने प्रोफेसर चोंगाप्रसाद से नम्बर बढ़वाकर उसे पास करवा दिया है। यह यद्यपि मूर्ख है तथापि आपके साले से कम मूर्ख है। और आप जानते हैं, साले मूर्ख ही शोभा देते हैं। अब कोई जगह निकाल इसे हाईस्कूल का 'मास्टर-वास्टर' बनवा दीजिये।

आपका

—लाला घोंचूमल।

अध्यक्ष का पत्र बड़े बाबू के नाम—

बड़े बाबू,

लाला घोंचूमल का साला बी. ए. पास हो गया है। हाईस्कूल में एक शिक्षक की जगह का विज्ञापन अखबारों में छपाओ।

—पोंचूराम।

बड़े बाबू का पत्र अध्यक्ष के नाम—

सर,

हाईस्कूल में कोई जगह खाली नहीं है। हाल ही में बाबू पोंगाराम के पुत्र तथा भाई घोंघाराम के भतीजे को जगह दी गयी है। अब तो स्कूल में 4 शिक्षक ज्यादा हो गये हैं। आदेश की प्रतीक्षा में···

—हेड क्लर्क।

अध्यक्ष का पत्र बड़े बाबू के नाम—

हेड क्लर्क,

ढपोलशंख को नौकरी दिलाना ही है। वह ऊँचे दर्जे का मूर्ख है। अगर उसे यहाँ जगह नहीं दी गयी तो दुनिया में कहीं जगह नहीं मिलेगी। अगर मेम्बरों के लड़के, साले वगैरह यहीं नौकरी नहीं पा सकते तो उनके मेम्बरों के बेटे और साले होने से क्या लाभ ? वे क्या किसी बाबू, या मास्टर या लेखक या पत्रकार के बेटे या साले नहीं हो सकते ? मेरे रहते यह अन्याय नहीं होगा। नयी जगह बनायी जाय।

—पोंचूराम।

विज्ञापन छपा और हाईस्कूल के मास्टर की जगह के लिए 150 आवेदन-पत्र आये। इनमें से 15 को साक्षात्कार के लिए बुलाया गया।

* प्रहरी, 29 अगस्त, 1954

साक्षात्कार समिति में अध्यक्ष पोंचूराम तथा तीन व्यक्ति थे। 15 उम्मीदवारों में 14 अच्छे योग्य व्यक्ति थे और एक अपने ढपोलशंख बी. ए. थे।

14 में से एक के बाद एक उम्मीदवार आते गये और सवाल कुछ इस तरह के किये गये—

'कामायनी और साकेत का आप अंगरेजी में अनुवाद कर सकते हैं?'

'तुलसीदास की पत्नी रत्नावली कौन-कौन-से आभूषण पहनती थी?'

प्रश्नों को सुनकर जब वे बुद्धिमान उम्मीदवार अचकचाकर रह जाते तो पोंचूराम मेम्बरों से कहते—बड़ा कमजोर लड़का है। साधारण-सी बात नहीं जानता। रिजेक्टेड!

अब ढपोलशंख आये।

वार्तालाप का कुछ यों क्रम चला—

पोंचूराम—आओ बेटा ढपोलशंख, अच्छे तो हो?

ढ.—अच्छा हूँ।

पों.—अम्मा तो मजे में हैं?

ढ.—वे तो मर गयीं न?

पों.—कब? झूठ बोलता है, बदमाश!

ढ.—आप ही ने तो कहा था।

पों.—अरे, वे तो मेरी अम्मा मर गयी थी। मैं तो तुम्हारी अम्मा की बात पूछ रहा हूँ।

ढ. —मैं समझा। आप अपनी अम्मा की पूछ रहे हैं। मेरी अम्मा तो मजे में है।

पों.—बहुत अच्छी बात है। अच्छा आज सबेरे तुमने क्या खाया था?

ढ.—दाल-भात, रोटी-साग।

पों.—शाबाश!

फिर पोंचूराम ने सदस्यों से कहा, "कैसा तेज लड़का है!" बस ढपोलशंख मास्टर हो गये।

कप्तान साहब*

यह कप्तान साहब की कहानी है।

कप्तान साहब ने जिन्दगी-भर पुलिस में नौकरी करके रिटायर होने के बाद

* प्रहरी, 26 जनवरी, 1955

एक लाख रुपयों के दो बँगले बनवाये और कम्पनियों में शेयर खरीदे। तब सरकार को उनसे यह पूछने की फुरसत ही नहीं मिली कि ये रुपये कहाँ से आये, क्योंकि उस समय सम्पूर्ण सरकार शासन को निर्मल करने के लिए उस चपरासी को पकड़ने में व्यस्त थी जिसने किसी से अठन्नी ले ली थी। और जनता को तो यही नहीं मालूम है कि वह ऐसा सवाल पूछ भी सकती है? उसे तो रटाया हुआ सबक याद है कि भगवान् ही सब देते हैं। गोया कप्तान साहब को भगवान् ने ही घूस दिलायी। याने शताब्दियों से शैतान की ही पूजा हो रही है, भगवान् के नाम से।

कप्तान साहब ने पेंशन ले ली है। अब कप्तान साहब शहर के सबसे अच्छे मुहल्ले में भव्य बँगले में रहते हैं। समाज में उनका रोब माना जाता है।

कप्तान साहब का एक पुत्र था। पुत्र जब जवान हुआ तभी उनके मित्र राय साहब का देहान्त हो गया। पर उनका धन जिन्दा रहा, उनकी लड़की जिन्दा रही, और उनकी पत्नी जिन्दा रही।

कप्तान साहब कुलीन ब्राह्मण थे और राय साहब कायस्थ। पर धन की एक जात होती है। कप्तान साहब के धन ने राय साहब के धन के लिए जब आत्मीयता की कसक का अनुभव किया तभी उन्होंने अपने पुत्र और राय साहब की बेटी की तस्वीरों को एक साथ मढ़ने के लिए फ्रेम खरीद ली।

वे पुराने शिकारी थे। अपनी कुलीनता की बंसी के काँटे में पुत्र रूपी 'केंचुआ' लगाकर वे राय साहब के परिवार के पानी में डाले रहे। और आखिर मछली फँसी। एक दिन सुना गया कि कप्तान साहब के पुत्र का प्रेम राय साहब की पुत्री से हो गया।

एक दिन वह लड़की कप्तान साहब की बहू बनकर आ गयी और उसके साथ ही आ गयी राय साहब की माँ—याने माता लक्ष्मी, धन की देवी!

लड़की कुरूपा थी। लड़के को पसन्द नहीं थी पर उसका धन बाप-बेटे दोनों को खूब पसन्द था। बेटे ने सोचा, 'करोड़ों की सम्पत्ति आ जायगी। अगर एक कुरूपा घर में पड़ी ही रही तो क्या बिगड़ता है? शीला, लीला, जमना वगैरह तो हैं!'

एक लाभ और हुआ। कप्तान साहब बड़े भारी समाज-सुधारक अनायास बन गये। उनकी तस्वीरें छपीं और सबने इस अन्तर्जातीय विवाह को एक साहसपूर्ण क्रान्तिकारी कदम कहा।

पर कप्तान साहब की कुलीन ब्राह्मण उपजाति में बड़ी खलबली मची। अगर ब्राह्मण का लड़का कायस्थ की लड़की से शादी करने लगा तो जाति की पवित्रता और मर्यादा कहाँ रहेगी? ऐसे विचार व्यक्त किये जाने लगे।

इसी समय नगर में जगमोहन दुबे की लड़की की शादी हुई। भोजन करने का बुलावा ज्यों ही हुआ, त्यों ही जाति के नेताओं में कानाफूसी होने लगी।

पण्डित जगन्नाथ प्रसाद ने पण्डित रामदुलारे से कहा, "भैया, हम तो इस तरह अपनी जाति और धर्म को नष्ट नहीं करेंगे। जब जाति में तय हो गया है कि

कप्तान साहब और उनके सब रिश्तेदार जाति से अलग कर दिये गये तो अब हम और वे एक साथ बैठकर तो नहीं खा सकते।"

रामदुलारे ने कहा, "पण्डितजी, कौन साला ऐसा भ्रष्ट यहाँ आ पहुँचा है? कप्तान साहब खुद तो किसी के यहाँ जाते नहीं हैं।"

पण्डित जगन्नाथ प्रसाद ने दो अँगुलियों को ओठों पर रखकर चर्चिल का व्ही. (फार व्हिक्टोरि) बनाया और उसके बीच से टूटे हुए दाँतों के पीछे उमड़ते हुए तमाखू के थूक को 'पिच्च' से आँगन में थूका। एक-दो बूंद रामदुलारे पर भी पड़ीं, पर वे छोटे मुखिया थे इसलिए बड़े मुखिया का थूक उन्होंने भक्तिपूर्वक सहा।

पण्डित जगन्नाथ अब पूरे खुले मुँह से बोले, "अरे वही जो शिवप्रसाद है न? वह कप्तान साहब का सगा भानजा है। और वह इस जगमोहन के यहाँ आया है। अब बताओ, हम और वह एक साथ बैठकर खायेंगे।"

रामदुलारे ने समर्थन किया, "बात तो सही है! अगर उसे बुलाना था, तो हमें क्यों बुलाया? हम क्या भूखे मरते हैं?"

बस उस कमरे में पंचायत बैठ गयी।

पण्डित जगन्नाथ मुखिया थे। उनके पास सम्पत्ति काफी थी, लेन-देन करते थे। जाति में सब काम उनके किये होते थे—लगी-लगायी शादियाँ वे तुड़वाते थे; लड़कियों की कलंक-कथा उनके मुख से आरम्भ होकर प्रचार पाती थी। बदनामी का कारखाना उन्हीं के घर में खुला था, जहाँ रोज माल बनता था और मुफ्त बँटता था—लोकहितार्थ; भाई-भाई में अनबन वे ही कराते थे। ये सब सामाजिक कार्य उनके द्वारा होते थे। पवित्र आदमी थे। पिछले साल ही उन्हें कोई बीमारी हो गयी थी जिसका इलाज उन्होंने चुपचाप करवाया था। अब वे काफी क्षीण हो गये थे, पूरे उतर जाने के बाद के बरसाती नाले की तरह हो गये थे। पर समाज के वृक्ष का पत्ता उनके संकेत के बिना नहीं हिलता था। तो निर्णय होने लगा कि शिवप्रसाद का क्या किया जाय!

जगमोहन दुबे को बुलाया गया।

उच्च स्वर में पण्डित जगन्नाथ बोले, "लो सुन लो, ये लोग क्या कहते हैं। तुम अगर उस शिवप्रसाद को न बुलाते तो क्या तुम्हारी बेटी का ब्याह रुक जाता? वह कप्तान साहब का सगा भानजा है। उसके साथ बैठकर कोई कुलीन ब्राह्मण कैसे खा सकता है? वह तो जाति से बाहर है।"

जगमोहन ने देखा कि बादलों का रंग अच्छा नहीं है। वह नम्रता से बोला, "भला बताइए, वह हमारा इतना पास का रिश्तेदार, फिर मेरे साथ पढ़ा हुआ? उसे न बुलाता तो वह क्या कहता?"

रामदुलारे ने कहा, "तुम्हें उसके कहने-सुनने की चिन्ता है तो अब उसीसे पूछो कि क्या किया जाय?"

शिवप्रसाद वास्तव में कप्तान साहब का भानजा था, पर कप्तान साहब की उदारता की डोर इतनी छोटी थी कि बरामदे से बाहर नहीं जाती थी। इसलिए वह

इस रिश्ते के बावजूद भी गरीब था और कहीं नौकरी करके किसी तरह गुजारा करता था। वह इतना सज्जन था कि यदि जान पाता कि यह बवण्डर खड़ा होगा तो हरगिज न आता। कप्तान साहब की हानि में अकारण शामिल हो गया था।

जगमोहन ने बड़ी अनुनय-विनय की। पर वहाँ एकत्र ब्राह्मण समाज को जाति और धर्म की रक्षा की चिन्ता ने बधिर कर दिया था।

किसी ने कहा, "भाई, हम उसके साथ तो नहीं खा सकते। जगमोहन, क्या तुम ऐसा नहीं कर सकते कि सब लोगों के भोजन कर लेने के बाद उसे खिला दो। और फिर सुबह उसे किसी बहाने से घर भेज दो।"

उधर भोजन उनकी राह देख रहा था और इधर यह तय हो रहा था कि शिवप्रसाद को पहिले खाया जाय या भोजन को।

अनिर्णीत बहस एकदम बन्द हो गयी जब दरवाजे के सामने ही एक कार रुकी और एक क्षण में कप्तान साहब आकर बरामदे में खड़े हो गये। सब आश्चर्यचकित हो गये! वहाँ सन्नाटा छा गया। किसी के मुख से एक शब्द नहीं निकला। एक अद्‌भुत घबराहट-सी वहाँ छा गयी। लोग हक्का-बक्का हो गये। कुछ ऐसा हो गया, जैसे गम्भीर विचार में इन दार्शनिकों के बीच में किसी ने एकाएक पेरिस की सुन्दरी की नग्न तस्वीर फेंक दी हो।

पण्डित जगन्नाथ ने रामदुलारे की ओर देखा। रामदुलारे ने पण्डित जगन्नाथ की ओर देखा। तब पण्डित जगन्नाथ ही पहिले सँभले और बोले, "नमस्कार कप्तान साहब, आइए-आइए, पधारिए।"

रामदुलारे ने झट कुर्सी आगे बढ़ा दी और कप्तान साहब उस पर बैठ गये।

पण्डित जगन्नाथ ने दाँतों को यथाशक्ति निपोरकर कहा, "हें-हें, आज तो बड़ा कष्ट किया आपने?"

कप्तान साहब आगमन का हेतु बतलाने ही वाले थे कि भीतर के कमरे से आवाज आयी, "अरे भैया, अब भोजन के लिए क्यों नहीं बैठते। क्या खाने को मिट्टी करके खाओगे?" जगमोहन के पिता की आवाज थी।

पण्डित जगन्नाथ तपाक से बोले, "हाँ-हाँ, अब देर क्यों कर रहे हो भाई? कब का खाना बन गया। कप्तान साहब अच्छे मौके पर आ गये। अरे भैया जगमोहन, ला भाई, पानी-वानी ला। कप्तान साहब के पाँव धुला और बिछा पत्तलें।"

रामदुलारे ने पूछा, "पण्डितजी, वह शिवप्रसादवाला मामला तो तय हो जाता?"

और पण्डित जगन्नाथ ने कहा, "उसमें क्या तय होना है। और उसके साथ खाकर क्या हम अपनी जाति बिगाड़ेंगे?" फिर उच्च और व्यस्त स्वर से चिल्लाये, "अरे जगमोहन! तू भी भाई विचित्र आदमी है। अरे सबके पाँव धुला भैया! और अब भोजन के लिए बिठा! क्या देर है?"

पंचों से भरे उस बरामदे का अब यह दृश्य था कि कुर्सी पर कप्तान साहब बैठे थे, उनके पीछे उनका कुत्ता खड़ा दुम हिला रहा था और उनके सामने पण्डित

जगन्नाथ वगैरह अपनी असमर्थता पर पछताते हुए खड़े थे कि हाय रे! हमारे भी दुम क्यों नहीं हुई।

घेरे के भीतर*

पति का नाम—रामप्रसाद।

पत्नी का नाम—विमला।

रामप्रसाद—बी. ए. में एक बार फेल; एक बार पास।

विमला—तीसरी कक्षा में केवल एक बार पास।

रामप्रसाद के घर से हर 4-6 दिनों में पति-पत्नी के कण्ठों की क्रुद्ध आवाज, उत्तर-प्रत्युत्तर; फिर मारपीट का शब्द और अन्त में स्त्री का क्रन्दन। जरूर रामप्रसाद विमला को पीटता है।

लेकिन क्यों पीटता है; यह रहस्य मुहल्ले में किसी को नहीं मालूम। पति-पत्नी ने मारपीट की आवाज को तो सारे मुहल्ले में फैल जाने दिया है, पर कारण को घर की दीवार भी नहीं फाँदने दी। वैसे तो अनेक भारतीय कुलवधुएँ पति के हाथ से पिटना अपना अधिकार और गृहस्थ-जीवन का जरूरी दस्तूर मानती हैं। अगर उन्हें यह अधिकार न मिले, तो वे बुरा मानती हैं। हमारी चाची को चाचा कभी नहीं मारते थे, इसलिए चाची को मुहल्ले के स्त्री-समाज में बड़ा नीचा देखना पड़ता था। उन्हें लगता कि उनमें कोई बड़ी खराबी है। एक दिन उन्होंने जान-बूझकर गरम चाय चाचा के पाँव पर गिरा दी। उन्होंने गुस्से में चाची को दो-चार घूंसे और चाँटे जमा दिये। उस दिन चाची पड़ोसिनों के समाज में बड़े ठाट से आयीं। गर्व से उनका चेहरा खिला था, उनकी हीनता की भावना निरोहित हो गयी थी और वे पड़ोसिनों से किसी भाँति खुद को कम महसूस नहीं करती थीं।

कभी-कभी की इस ताड़ना में चाहे कोई गर्व का अनुभव करे, पर जो हर 4-6 रोज में एक बार दमची जाय, वह तो मृत्यु की ही कामना करती है।

विमला हर 4-6 दिन में पिटती है। परन्तु पड़ोसिनों का खयाल है कि पिट लेने के बाद विमला अधिक प्रसन्न, अधिक प्रफुल्लित, अधिक ताजा मालूम होती है। जब कोई कुलवधू पिटती है, तब मुहल्ले की स्त्रियों को ऐसा लगता है, जैसे कोई त्योहार मनाया जा रहा हो। बड़ी अकाट्य निश्चिन्तता के साथ वे उस नारी के पिटने का कारण बतलावेंगी, मानो पति-पत्नी ने दस्तावेज के कारण लिखकर,

* वसुधा, अगस्त, 1956

टिकिट लगा, दस्तखत करके, इन्हें सौंप दिया है—कि सनद रहे ताकि वक्त पर काम आवे।

विमला के पिटने के भी विभिन्न स्त्रियों ने अपनी-अपनी सामर्थ्य और रुचि के अनुसार विभिन्न कारण खोज निकाले हैं। चंचल-मना का विश्वास है कि विमला झरोखे में से किसी को झाँकती है, इसलिए पिटती है। निपुत्री का खयाल है कि विमला को सन्तान नहीं होती, इसलिए रामप्रसाद उसे मार-पीटकर, भगाकर, दूसरा ब्याह करना चाहता है। फूहड़ समझती है कि विमला बेशऊर है और उसे रोटी तक सेंकना नहीं आता। अपनी-अपनी सामर्थ्य और अपनी-अपनी रुचि !

पर सही कारण विमला के मन में ही कहीं छिपा है, जो बहुत प्रयास करने पर भी कोई बाहर नहीं निकलवा पायी।

दो साल पहिले शादी हुई थी। वह उसे गऊ की तरह बाँध लाया था और यह उसे मालिक मानकर उसके घर की गौशाला में बँध गयी थी। बहुत परिश्रमी, चतुर, पति-परायणा, सुशीला स्त्री ! बचपन में ही उसे माता ने सीता को दिया गया उपदेश रटा दिया था—

'एकहि धर्म, एक व्रत नेमा।
काय, वंचन, मन पतिपद प्रेमा ॥'

ठीक चलता रहा। फिर उसने देखा कि पति-परमेश्वर अक्सर आधी-आधी रात तक कोई चिट्ठी पढ़ा करते हैं या चिट्ठी लिखा करते हैं। वे क्या लिखते हैं, इससे उसे मतलब नहीं था; उसकी चिन्ता तो यही थी कि इतनी रात तक जागने से उनकी तबियत खराब न हो जाय।

एक दिन उसने रामप्रसाद से पूछा, "तुम इतनी रात तक यह क्या लिखा करते हो ?"

"चिट्ठी।" रामप्रसाद ने संक्षेप में जवाब दिया।

"किसे चिट्ठी लिखते हो ?"

"दोस्त को। और किसको ?"

"और किसको, यह तो मैं नहीं जानती, पर मुझे यही डर है कि इतने जागने से कहीं तबियत खराब न हो जाय। दिन में क्यों नहीं लिख लेते ?"

रामप्रसाद ने हँसकर कहा, "तू तो पगली है। अरी, कहीं दिन में हल्ला-गुल्ला के बीच अच्छी चिट्ठी लिखी जाती है। मन की बात तो रात की शान्ति ही लिखाती है। बड़े पक्के दोस्त हैं मेरे वे !"

विमला मान गयी।

पर एक दिन अनायास उसने रामप्रसाद के कोट की जेब में हाथ डाला, तो उसे एक लिफाफा मिला, जिसे रामप्रसाद ने डाक में छोड़ने के लिए रखा था। उसने पता पढ़ने की कोशिश की और तीसरी हिन्दी के समस्त अक्षरज्ञान ने उसे बताया कि उस पर नाम लिखा था—'लक्ष्मी देवी !' उसने पुनः ध्यान से पढ़ा कि कहीं 'लक्ष्मण' तो नहीं है। परन्तु 'ल—खाली ल—क्ष आधा म में बड़ी ई की मात्रा

—मी' इससे शब्द आगे बढ़ता ही नहीं था। लिफाफा उसने वहीं रख दिया।

शाम को उसने रामप्रसाद से पूछा, "यह लक्ष्मी कौन है?"

"कौन लक्ष्मी?" सशंकित स्वर में रामप्रसाद ने पूछा।

"वही, जिसे तुमने आज चिट्ठी लिखी है।" विमला ने कहा।

"वह मेरी बहिन है!"

"तुम्हारी बहिन है? दो ननदें हैं मेरी--सीता और गीता। इसे तो न कभी जाना, न देखा।"

रामप्रसाद ने गम्भीरता से उत्तर दिया, "वह मेरी मुँहबोली बहिन है। बचपन से मुझे भाई की तरह चाहती है।"

विमला ने पूछा, "फिर तुमने उस दिन झूठ क्यों कहा था कि दोस्त को चिट्ठी लिखता हूँ?"

रामप्रसाद ने समझाया, "इसलिए कि स्त्रियाँ बड़ी शंकालु होती हैं। ज़रा-सी बात में तर्क-कुतर्क करने लगती हैं।"

विमला फिर मान गयी।

मगर यह बात वह पूरी तरह नहीं मान पायी। उसके मन में बड़ी उलझन मची। पहले दोस्त, फिर मुँहबोली बहिन? लिंग-परिवर्तन? अनायास! उसके अपने भी दो भाई हैं, पर वे तो आधी रात तक बैठकर उसे लम्बी-लम्बी चिट्ठियाँ नहीं लिखते। उसकी बड़ी इच्छा हुई, उन चिट्ठियों को पढ़ने की। आखिर ये बहुत पढ़े-लिखे लोग क्या लिखते हैं?

वह जानती थी कि तीसरी कक्षा तक का अक्षर-धन, जिसमें से बहुत-सा अनभ्यास के हाथों लुट गया था, इन चिट्ठियों को उसके सामने खोल सकने में समर्थ न हो सकेगा। उसने पढ़ने का अभ्यास आरम्भ किया। पड़ोस के लड़के-लड़कियों की किताबें लेकर वह घण्टों पढ़ा करती।

और एक दिन उसने लक्ष्मीदेवी के पतेवाला लिफाफा खोल लिया। रामप्रसाद को अपनी सावधानी से अधिक पत्नी की मूर्खता पर भरोसा था; इसलिए सरलता से उसकी चिट्ठी विमला के हाथ आ गयी।

उसने उसे खोला और एक साँस में पढ़ गयी। कुछ यों लिखा था—

"अब तो मैं तुम्हारे बिना जी नहीं सकता। हर क्षण तुम्हारी याद मन में बनी रहती है। रात तुम्हारी याद करते-करते ही गुजार देता हूँ। अब तो ऐसी इच्छा होती है कि इस गृहस्थी को छोड़कर तुम्हारे पास आ जाऊँ और हम दुनिया से दूर कहीं अपना सुख का संसार बनायें"···आदि-आदि।

विमला को लगा जैसे उसे तेज ज्वर आ गया। कनपटी गरम हो गयी; आँखें जलने लगीं और उसका अंग-अंग शिथिल हो गया। प्रवासी पेड़ के सहारे रात-भर सुख से सोया रहे और सबेरे आँख खुलने पर देखे कि वह साँप की बाँबी पर सिर रखे रात-भर सोया रहा--ऐसा ही कुछ उसे लगा। उसने इन वाक्यों को सैकड़ों बार पढ़ा, वे उसे याद हो गये। विश्वास जितना पक्का होता है, उसके टूटने में

उतना ही दर्द होता है। हिलता हुआ दाँत एक झटके में बाहर आ जाता है, पर जमा हुआ दाँत जब 'डेंटिस्ट' निकालता है, तो सारे शरीर को हिला देता है।

शाम को जब रामप्रसाद घर आया तो विमला ने कहा, "तुम तो कहते हो कि वह तुम्हारी बहिन है। पर तुम उसे चिट्ठी में यह सब क्या लिखते हो?"

रामप्रसाद ने घबराहट को पति-सुलभ उद्धतता में बदलकर कहा, "क्या लिखता हूँ?"

विमला को तो हर वाक्य रट गया था। उसने पूरी प्रेम-गीता का पाठ कर दिया।

रामप्रसाद सकपका गया। फिर भी क्रोध से बोला, "तुमने कहाँ पायी चिट्ठी?"

"तुम्हारे कोट की जेब में।" उसने शान्ति से कहा।

रामप्रसाद ने घुड़ककर पूछा, "तुमने क्यों हाथ डाला मेरे कोट की जेब में?"

विमला ने उसी प्रकार शान्ति से कहा, "अब वह जेब तुम्हारी अकेले की हो गयी? पर अभी तक तो मैं उसमें हाथ डालकर हर महीने तनख्वाह निकाल लेती थी!"

रामप्रसाद ने सुलह करना उचित समझा। विमला के गाल पर हल्की-सी चपत मार, हँसते हुए बोला, "तुम तो बुद्धू हो! तुम क्या जानो उस चिट्ठी का मतलब! तुम पढ़ी, न लिखी।"

विमला ने कहा, "नहीं सही। पर क्या तुम मुझे यह समझा रहे हो कि पढ़े-लिखे लोग बहिन को पत्नी की तरह चिट्ठी लिखते हैं?"

रामप्रसाद भड़क उठा। तर्क में वह परास्त हो गया था। उसने महातर्क का प्रयोग किया। महातर्क दो हैं—स्त्री के आँसू और पुरुष का पीटना! नारी के आँसू की धारा में कितने महाबली बह जाते हैं! रामप्रसाद ने महातर्क का प्रयोग किया। उसने भी बचपन में पिता के मुख से नीति पढ़ी थी—

'ढोल, गवाँर, शुद्र, पशु, नारी।
ये सब ताड़न के अधिकारी॥'

पूज्य पिताजी ने अनेक बार रामप्रसाद की माँ को उसी के सामने पीटकर इस नीति का ठीक अर्थ समझाया था।

रामप्रसाद भड़का, "तुझे क्या मतलब मेरी चिट्ठी-पत्री से? तू कौन होती है दखल देनेवाली?"

उसने विमला को पीटा। विमला थोड़ी देर रोती रही। फिर शान्त हो गयी। रामप्रसाद समझा कि अमोघास्त्र काम कर गया। पर मेघनाद ने जब हनुमान को नाग-पाश में बाँधा होगा, तब यह कहाँ सोचा होगा कि यह बली संकोच में बँध गया है, और कभी इससे मुक्त होकर सारी लंका में आग देगा। विमला भी रामप्रसाद के अमोघास्त्र से विजित नहीं हुई। वह जब उसे लिखते या पढ़ते देखती, पूछ बैठती—"यह क्या लिख रहे हो? उसी को? ऐसा था तो मुझसे क्यों शादी की? हिम्मत करके कह देते कि मैं तो उसी से शादी करूँगा। फिर बसाते उसी के साथ दुनिया

से दूर कहीं सुख का संसार !"

रामप्रसाद भड़क उठता और उसे पीटता।

विमला सोचती --वे दूसरी स्त्री को प्रेम-पत्र लिखते हैं। उसे रुपया भी भेजते हैं। गलती उनकी है। पर जब मैं उनकी गलती बतलाती हूँ, तो पिटती मैं ही हूँ। वह रात-दिन ऐसा ही कुछ गुना करती। रात-दिन अपनी स्थिति पर सोचा करती। उसका मन तरह-तरह के ताने-बाने बुनता। रामप्रसाद ने उससे बोलना छोड़ दिया था। जब बोलता, तो डाँटता या गाली देता।

कुछ दिनों बाद विमला के मन में एक नयी बात आयी। उसने एक चिट्ठी लिखी किसी कल्पित भाई के नाम। उसे लिफाफे में बन्द किया और ऊपर पता लिख दिया—

मनोहरलाल शर्मा,
कंचनपुरा, कानपुर।

लिफाफे को ऐसी जगह रखकर कि रामप्रसाद की निगाह पड़ जाय, वह नहाने चली गयी।

लौटकर आयी तो देखा कि पत्र रामप्रसाद के हाथ में था। वह सामने से निकली तो रामप्रसाद ने कड़ककर कहा, "इधर सुन पहिले।"

विमला सामने जाकर खड़ी हो गयी। सद्यःस्नाता पत्नी के लावण्य को वह एक क्षण देखता रहा। पर शीघ्र ही क्रोध ने उस पर फिर अधिकार कर लिया। वह बोला, "यह मनोहरलाल कौन है?"

"मेरे भाई हैं।" विमला ने स्वाभाविक ढंग से शान्ति से उत्तर दिया।

रामप्रसाद ने कहा, "यह कहाँ का भाई आ गया? तेरा तो एक भाई है—नन्दन। इसे तो न कभी देखा, न इसका नाम सुना।"

विमला ने उसी शान्ति से कहा, "ये मेरे मुँह बोले भाई हैं। बचपन से मुझे सगी बहिन की तरह प्यार करते हैं।"

रामप्रसाद ने बड़े व्यंग्य और घृणा से कहा, "हूँ, मुँहबोले भाई हैं! मुझे चलाती है? मैं कोई बच्चा हूँ? सब समझता हूँ मैं? बहुत से मुँहबोले भाई देखे हैं मैंने!"

विमला ने स्थिरता से कहा, "मुँहबोली बहिन होती हैं, तो मुँहबोला भाई भी तो होता ही होगा! फिर तुमने वह चिट्ठी पढ़कर देख ली है। उसमें वही तो लिखा है, जो मैं नन्दन को लिखती हूँ। ऐसा कुछ तो नहीं लिखा है, जैसा तुम अपनी मुँहबोली बहिन को लिखते हो!"

इस व्यंग्य से रामप्रसाद आपा खो बैठा! वह गरजा, "तू मेरी बराबरी करती है! मेरी बातों में दखल देती है! और चुपचाप चिट्ठियाँ लिखती है। कहाँ की कुलटा लिखी थी मेरी किस्मत में!

विमला ने तुनककर कहा, "कुलटा मत कहो मुझे। कुलटा होगी वह, जो अपने पति को और तुमको एक साथ ही प्रेम-पत्र लिखती है।"

रामप्रसाद उत्तेजित हो गया। चिल्लाया, "मुँहजोरी करती है! तुझे कल ही

घर से निकालता हूँ। कुलटा कहीं की !"

उसके मुख पर जैसे समस्त संसार की घृणा इकट्ठी हो गयी। क्रोध से लाल हो गया। इन सबके ऊपर गहरी मानसिक पीड़ा की कालिख पुत गयी। उसने विमला को फिर पीटा।

विमला ने उस समय उसका मुख देखा, उस पर की घृणा, क्षोभ, क्रोध और पीड़ा देखी। कुलटा स्त्री से विवाह कर लेने की ग्लानि कितनी जबरदस्त होती है !

उस रात वह सो नहीं सकी। रात-भर सोचती रही –'वे दूसरी स्त्री को प्रेम-पत्र लिखते हैं, तब भी मैं ही पिटती हूँ। मैं पत्र लिखती हूँ, जिसमें ठीक वही लिखती हूँ—जो सगे भाई को लिखती हूँ, तब भी मैं ही पिटती हूँ। वे गलती करते हैं, तब भी मैं पिटूं। मैं गलती बताऊँ, तब भी मैं पिटूं। मैं गलती न करूँ तब भी मैं पिटूं ! हर हालत में पिटनेवाली मैं ही। आखिर सबका-सब पिटना मेरे ही हिस्से में क्यों पड़ा है ?'

फिर उसे याद आया पीटते समय का रामप्रसाद का मुख। उस पर की वह घृणा, ग्लानि, क्रोध। पत्नी के चरित्र पर सन्देह की वह घोर पीड़ा, वह व्यथा, निराशा, विफलता ! वही सब, जिसकी शिकार वह वर्षों से थी। उसे एक विचित्र प्रकार का सन्तोष इससे मिला। वह बार-बार वह मुख याद करती, और उसे सन्तोष का अनुभव होता !

रामप्रसाद ने विमला को घर से निकाला तो नहीं, पर एक ही घर में दोनों अजनबी-से रहने लगे। लोकलाज-वश आदमी काटते हुए जूते को भी पहिने रहता है।

दोनों में कभी बातचीत नहीं होती; कभी मेल नहीं होता। दोनों के मिलने की एक ही सूरत थी—जब रामप्रसाद विमला को पीटता था। इस एक संघर्ष की स्थिति में ही दोनों का सम्मिलन होता।

इस बीच रामप्रसाद कानपुर जाकर मनोहरलाल का पता लगाने की कोशिश कर आया, पर उसे बताया गया कि यहाँ कोई 'कंचनपुरा' है ही नहीं !

तब से हर 4-6 दिनों में विमला कोई चिट्ठी लिखने बैठ जाती; दोनों की लड़ाई होती और वह उसे पीटता या वही उसकी चिट्ठी देखता, दोनों में बहस होती और फिर वह उसे पीटता।

लेकिन अब रामप्रसाद विमला पर पहिले से अधिक ध्यान देता है। वह उसके ऊपर निगरानी रखता; उसके हर काम पर नजर रखता, उसके क्रिया-कलाप पर निगाह रखता। दूसरे के घर में चोरी करने जाते समय आदमी अपने घर का ताला ठीक बन्द करके हिलाकर देख लेता है।

उसका अधिक ध्यान और समय विमला की निगरानी करने में जाने लगा। उसके मन में बड़ी घृणा बढ़ गयी। ग्लानि के वेग में लक्ष्मी धीरे-धीरे उसके मन से हटने लगी। वहाँ विमला जमकर बैठ गयी – एक घृणित रूप में। धीरे-धीरे लक्ष्मी को चिट्ठी लिखना लगभग समाप्त हो गया। वह लक्ष्मी से हटा, पर विमला के

समीप नहीं आया। उसने उससे बहुत घनिष्ठ रिश्ता जोड़ लिया था---पर वह घृणा का रिश्ता था। कभी-कभी प्रेम के रिश्ते से घृणा का रिश्ता अधिक मजबूत होता है।

दोनों घुटन-भरी जिन्दगी बिताते हैं; दोनों अशान्ति के सागर में आकण्ठ डूबे हैं। पर दोनों अपने इस नये रिश्ते की गोपनीयता की रक्षा किसी पवित्र विधान की तरह करते हैं। घृणा की देवी की प्रतिष्ठा घर में करके, दोनों तिल-तिल अपने को उसे समर्पित कर रहे हैं।

विमला से हर 4-6 दिन में उसकी लड़ाई होती है। वह पिटती है। उस समय रामप्रसाद के मुख पर बिछी घृणा, ग्लानि, पीड़ा, क्रोध और विवशता की कालिमा वह देखती है और उसे एक विचित्र प्रकार का सन्तोष अनुभव होता है।

तभी पड़ोसिनों का यह खयाल है कि विमला पिटने के बाद अधिक सुन्दर, प्रफुल्ल और ताजा मालूम होती है।

पहला पापी*

तब की बात है, जब मानव-सभ्यता वन्य-जीवन से बाहर नहीं निकली थी। मनुष्य पर्वत-कन्दराओं में निवास करता था, वृक्षों के पत्ते तन पर लपेटता था, और वन के बहुल कन्द-मूल-फल खाता था। प्रातःकाल वह वन-प्रदेश में फल बटोरने निकल पड़ता। सुबह बटोरता, दोपहर को खाता; दोपहर को बटोरता, शाम को खाता। प्रकृति के विस्तृत वैभव पर उसका सामूहिक अधिकार था, वृक्षों के फल वह स्वतन्त्रता से खाता, नदियों के जल में स्वच्छन्द अवगाहन करता, चन्द्रमा की ज्योत्स्ना का उसे बँटवारा नहीं करना पड़ता था, पवन ने डिब्बों में बन्द होना स्वीकार नहीं किया था, सूर्य की रश्मियाँ भेद नहीं मानती थीं, पक्षियों की चहक का क्रय-विक्रय नहीं होता था, पुष्पों ने किसी के लिए खिलना और किसी के लिए बन्द होना नहीं सीखा था। प्रकृति में तो यह भेद कभी नहीं उपजा।

मनुष्य दिन-भर भोजन बटोरता था और रात को खाकर चैन से सोता था। श्रम और भोग का यह सम्बन्ध इतना प्रकृत और स्पष्ट था कि कहीं कोई उलझन नहीं थी।

परन्तु एक दिन उस आदिम समाज के एक व्यक्ति के सामने बड़ी उलझन उपस्थित हुई। वह रात को अपनी गुफा में सो रहा था कि उसे अचानक पास ही की

* जून, 1956

गुफा से किसी साथी की कराह सुनायी दी। वह उठा और उस गुफा में पहुँचा। तिरछे चाँद की किरणें गुफा में झाँककर उसे आलोकित कर रही थीं। उसने देखा कि उसका वह पड़ोसी, जो दिन-भर उसके साथ भोजन बटोरता रहा, अब पेट पर हाथ रखकर कराह रहा है। उसके मुख पर गहरी कालिमा छा गयी थी और नेत्रों से जल बह रहा था।

दूसरा मनुष्य उसे बड़ी देर तक ध्यान से देखता रहा। उसे बड़ा कुतूहल हो रहा था। वेदना के संकेत तब उसके लिए नये ही थे। पहले वह उसके क्रन्दन को क्रीड़ा-कौतुक ही समझता रहा। फिर उसे उसकी पीड़ा समझ में आयी और तब उसके हृदय में एक अपूर्व भाव आया। एक विचित्र प्रेरणा उसके मन में उदित हुई। एक अज्ञात शक्ति उसे उस पीड़ित मनुष्य की ओर खींचने लगी। उसे उन भावों की पहली बार अनुभूति हुई, जिन्हें हजारों साल बाद उसने 'संवेदना' और 'करुणा' जैसे नाम दिये।

वह उस बीमार के पास बैठ गया और उसके सिर को हाथ से सहलाने लगा। वह जान नहीं सका कि इससे उस बीमार को आराम मिला या नहीं, पर स्वयं उसे बड़े सुख और सन्तोष का अनुभव हुआ। वह उठकर बाहर गया और एक पत्ते में जल लाकर उसके मुख में डाला। फिर उसका पेट धीरे-धीरे दबाने लगा।

रोगी की पीड़ा कुछ कम हुई, पर आँसू बढ़ गये। पीड़ा के आँसुओं को उसने जीत लिया था, पर अब सहानुभूति की आँच से उसका मन पिघलकर बह रहा था। उसकी आँखों में भी आँसू आ गये। उसकी कराह के साथ अनजाने ही इसके हृदय के स्पन्दन की गति मिलने लगी। उसे ऐसा लगा मानो उसका अस्तित्व तिरोहित हो गया है, वह जैसे बीमार में समाहित हो गया है और उसके अपने पेट में पीड़ा हो रही है। कुछ देर वह इसी प्रकार मन्त्रमुग्ध-सा बैठा रहा।

फिर उसने गुफा में चारों ओर दृष्टि डाली। एक कोने में उसे वे फल दिखे, जिन्हें वह आदमी बटोर तो लाया था, पर खा नहीं सका था। उन्हें देखते ही वह बीमार के पास से उठा और फलों के ढेर के पास खड़ा हो गया। उसे अचरज हुआ कि न जाने किस शक्ति ने उसे रोगी के पास से हटाकर रोगी के उन फलों के पास ला खड़ा किया।

बीमार की आँखों से अभी भी आँसू निकल रहे थे। उसने फलों को देखने के लिए अपने आँसू सुखा लिये थे। वह कुछ देर फलों के पास खड़ा रहा। फिर बीमार के पास आकर बैठ गया। वह बार-बार बीमार के मुख पर दृष्टि लगाना चाहता, पर हर बार उसकी दृष्टि उचटकर फलों पर जा पड़ती। उसने सिर सहलाने के लिए हाथ बढ़ाया, पर उसका हाथ रुक गया, पेट दबाने के लिए हाथ बढ़ाया, पर किसी ने उसका हाथ पीछे खींच लिया। उसने आँखों में पहले जैसे ही आँसू लाने का प्रयत्न किया, पर उसके नेत्र सूखे ही रहे। वह गुफा में सर्वत्र देखना चाहता था, पर आँखें आकर फलों पर अटक जातीं।

उसके हृदय में एक अजब संघर्ष मच गया। उसे बड़ी बेचैनी लगी और वह

गुफा के द्वार पर आकर बैठ गया। चन्द्र की निर्मल ज्योत्स्ना में उसने दृष्टि नहलायी, सरोवर के नील जल को देखा, सोते हुए पेड़-पौधों पर नजर दौड़ायी, पर ये सब उसे बदले हुए लगे। चाँदनी में उसे फलों की आकृति दिखी, जल में फल उतराते दिखे, और पेड़ों में वही फल अटके दिखे। उसने एक बार फिर रोगी के बारे में सोचना चाहा, पर रोगी के फल ही उसके ध्यान में आये। धीरे-धीरे उसके मन से उसका साथी एकदम निकल गया और वहाँ वे फल जम गये।

वह भीतर आया। उन फलों के पास जाकर खड़ा हो गया। अपने आप बोला—'बड़े अच्छे फल हैं। एक दिन का भोजन है। यदि ये सब मेरे हो जावें, तो कितना अच्छा?' मन में ही प्रश्न उठा—'पर मेरे कैसे हो सकते हैं? ये तो उसके हैं?' यह प्रश्न बड़ी देर मन में गूंजता रहा और उसे परेशान करता रहा। वन के फलों को वह स्वतन्त्रतापूर्वक तोड़ता-खाता था। वे किसी के नहीं थे, इसलिए सबके थे। पर एक मनुष्य के बटोरे हुए फल दूसरे के हो जावें, यह परिपाटी तब आरम्भ नहीं हुई थी। व्यक्ति के अधिकार की यह मर्यादा वह मानता था। उसने विचार किया—वह वन के पत्थरों के सामने ही फल तोड़कर ले आता है, पर मनुष्य के सामने से उठाकर नहीं ले जाता। क्या अन्तर है? पत्थर की साँस नहीं चलती, उसकी वाणी नहीं है, उसमें गति नहीं है। इसीलिए वे वृक्ष पर के फल पत्थर के नहीं हैं, तभी हमारे हैं। जो एक का नहीं है, वह दूसरे का हो सकता है। इस प्रकार की विचार-पद्धति उसके मन में बँधी और वह सोचने लगा—यदि यह आदमी भी पत्थर हो जावे, तो मैं यह फल ले सकता हूँ।

वह गुफा के द्वार पर बैठकर सोचने लगा—वह पत्थर कैसे हो सकता है? वह रोगी की कराह सुनता रहा। थोड़ी देर में कराह बन्द हो गयी। उसे वह आदमी पत्थर होता हुआ लगा। उसने चाहा कि वह तुरन्त पत्थर हो जाय। पर उसकी साँस अभी भी चल रही थी। वह उसकी साँसें गिनता रहा, साँस का सिलसिला टूटने की राह देखता रहा। हर साँस जब निकलकर लौटती, तब उसे बड़ा दुख होता।

प्रभात होने में बहुत देर न थी। उसकी अधीरता बढ़ती जाती थी। वह भीतर गया और रोगी को हिलाया-डुलाया। वह कुछ बोला नहीं। पर उसकी साँस का क्रम नहीं टूटा था। वह अभी तक पत्थर नहीं हुआ था। उसने फिर सोचा 'पत्थर, पत्थर है, क्योंकि उसकी साँस नहीं चलती। इसकी साँस बन्द हो जाय, तो यह भी पत्थर हो जाय। फिर मैं ही इसकी साँस क्यों नहीं बन्द कर दूं?'

उसने ध्यान से साँसों के रास्तों को देखा। नाक और मुंह के सामने हाथ रखा। यही दो साँस के द्वार थे। उसने दोनों द्वारों को हाथों से बन्द कर दिया। रोगी तनिक छटपटाया और फिर निस्पन्द हो गया। इसने नाक के पास हाथ रखकर देखा, साँस अब बन्द हो गयी थी। उसे हिलाया। वह पत्थर-जैसा ही हिला और छोड़ देने पर पत्थर-जैसा ही स्थिर हो गया। जिसके वे फल थे, वह वहाँ नहीं रहा था। जीवित मनुष्य ने बड़ी प्रसन्नता से वे फल उठाये और अपनी गुफा में लाकर रख लिये।

सूर्य निकला। आसपास की गुफाओं से मनुष्य भोजन बटोरने निकल पड़े। पर

यह मनुष्य गुफा के द्वार पर बैठा निश्चिन्तता से धूप ले रहा था, पत्तों से शरीर का श्रृंगार कर रहा था और भैंसे के सींग का बाजा बजा रहा था। श्रम के समय श्रृंगार और संगीत देखकर उसके साथियों को आश्चर्य हुआ। उन्होंने संकेत से पूछा, 'आज फल बटोरने नही जाओगे ? आज खाओगे नहीं ?'

वह हँसा। उसने उन्हें गुफा के द्वार पर ले जाकर खड़ा किया और अँगुली से फलों के ढेर की ओर संकेत किया।

वे सब बड़े चकित हुए। रोज लाना और रोज खाना, उनका नियम था। संचय करना उन्हें नहीं आता था। सुबह किसी गुफा में उन्होंने फलों का ढेर कभी नहीं देखा था।

वे परिश्रम करने चले गये और यह बैठा बाजा बजाता रहा।

उसके संचय की बात सब लोगों में फैल गयी। पास की गुफावाले मनुष्य के पाँव में काँटा गड़ गया था। वह सुबह भोजन बटोरने नहीं जा सकता था। वह इस आदमी के पास आया और कुछ फल माँगे। इसने कुछ देर विचार किया और उससे कहा, "ले जा। पर शाम को दुगने फल लूँगा।"

दूसरा आदमी विवश था। वह इसी शर्त पर ले गया। दोपहर को उसके पाँव की पीड़ा कम हुई, तो वह फल तोड़ने गया। उसे उस दिन तिगुना श्रम करना पड़ा। सन्ध्या समय उसने दुगने फल लाकर लौटा दिये। बिना श्रम के मिले हुए फल पाकर उसे गर्व का अनुभव हुआ।

उस रात उसने वही फल खाये, जिन्हें उसने नहीं बटोरा था; जो इसीलिए मिल गये थे कि किसी के पाँव में काँटा गड़ गया था; जो इसीलिए प्राप्त हो गये थे कि एक आदमी को उसने पत्थर बनाया था। उस रात उसने वही फल खाये, जिनके लिए उसने परिश्रम नहीं किया था, जिन पर दूसरे मनुष्य के परिश्रम के स्वेद-बिन्दु लगे थे। उस रात उसने वही फल खाये, जो दो मनुष्यों के अमंगल के हाथों के द्वारा उसे प्राप्त हुए थे।

उसने भर-पेट उन्हें खाकर पेट पर हाथ फेरा और प्रसन्नता से आकाश में निर्मल चाँद की ओर देखा।

कहते हैं, उसकी दृष्टि पड़ते ही चाँद में एकदम काला धब्बा पड़ गया।

उस दिन संसार में पाप का उदय हुआ; वह संसार का पहला पापी था।

स्मारक*

माल से लदे भारी-भरकम मोटर ठेले जब पेट्रोल पम्प से शराब पीकर सड़क पर मदमस्त हो बेतहाशा दौड़ते हैं, तब अगर आप एकदम सड़क के किनारे नहीं हुए, तो दुनिया से किनारा काटने का मौका आ जाता है। 'लोकवाहक' नाम का मुकुट पहिने ये ठेले एक क्षण में 'परलोकवाहक' बन जाते हैं।

लेकिन जिस ठेले की यह कहानी है, वह 'परलोकवाहक' नहीं था, 'निजीवाहक' था, और कभी-कभी आदमी को निजी तौर पर परलोक पहुँचा आता था।

एक दिन शाम को लगभग चार बजे चन्द्रशेखर का लड़का नरेन्द्र साइकिल पर स्कूल से लौट रहा था। म्यूनिसिपल दफ्तर के सामने के चौराहे पर उसने ज्योंही साइकिल मोड़ी कि उस ओर से धड़धड़ाता हुआ यह ठेला आया और एक मिनट में धरती खून से नहा गयी। साइकिल टूटकर अलग पड़ी थी, पुस्तकें सड़क पर बिखर गयी थीं, नाश्ते का डिब्बा खुला पड़ा था—सुबह जो घर से नाश्ता लेकर चला था वह इस महायात्रा पर बिना पाथेय के ही चल पड़ा था। किताबें खुली पड़ी थीं और उन पर जगह-जगह खून के दाग पड़ गये थे, मानो विद्यार्थी ने उन स्थलों को परीक्षा के लिए महत्त्वपूर्ण मानकर उन पर लाल निशान लगा दिये हों।

भीड़ जमा हो गयी। ड्राइवर पकड़ लिया गया। पूछताछ होने लगी। ड्राइवर ने बतलाया कि ठेला शिवचरण लाल का है।

खबर पाकर लड़के के माता-पिता और भाई-बहिन भी आ गये और उनके सम्मिलित क्रन्दन से वातावरण भर गया। संयोग की बात है कि चन्द्रशेखर और ठेकेदार शिवचरण बड़े घनिष्ठ मित्र थे।

शिवचरण आये तो देखकर एकदम चीख उठे। इस लड़के को वे बहुत प्यार करते थे। उन्हें लगा कि उनका अपना बेटा नहीं रहा। वे सिर पीटकर कहने लगे, "मेरे ही ठेले से यह होना था। यह दिन देखने के पहिले मैं मर क्यों नहीं गया? इस ठेले को आग क्यों नहीं लग गयी?"

लोगों ने समझाया-बुझाया। अर्थी उठी, चिता बनी और थोड़ी देर में शेष भी अशेष हो गया।

शिवचरण लाल का मन इस ग्लानि से टूटा जा रहा था कि उन्हीं के ठेले से उनके प्रिय मित्र के पुत्र की मृत्यु हुई। वे दुखी दम्पति को ढाँढ़स बँधाने के लिए उनके पास घण्टों बैठते, पर उन्हें सान्त्वना देने के बदले स्वयं उनके साथ रोने लगते। अपने को कोसते, "भैया, मैं ही हत्यारा हूँ। मैंने ही बेटे के प्राण लिये हैं!" तब चन्द्रशेखर स्वयं अपना दुःख भुलाकर शिवचरण को समझाते, "भैया, उसे तो जाना ही था, सो चला गया। ठेला तो इसमें निमित्त मात्र था। इसमें तुम्हारा क्या

* जून, 1956

दोष ? होनी को कौन रोक सकता है ?

दिन बीतते गये। दम्पति के मन पर से दुख का बोझ कम हुआ तो नीचे दबे हुए दूसरे भाव झाँकने लगे। विशेषकर चन्द्रशेखर की पत्नी को यह बात बार-बार काटने लगी कि जिस ठेले से नरेन्द्र की मृत्यु हुई वह शिवचरण लाल का था। एक-दो बार उसने भीतर से कह दिया, "अपने ही घर के डाँड़े से हमारे भाग फूटने थे।"

शिवचरण ने एक-दो बार यह बात सुनी और दम्पति का बदलता हुआ रुख देखा तो उन्हें भी बुरा लगा। वैसे तो वे स्वयं भी अपने को कई बार कोसते थे, हत्यारा कहते थे, पर नरेन्द्र की माँ के मुख से सांकेतिक भाषा में यह सुना तो अच्छा नहीं लगा। स्वयं यही बात कहते, तो उसमें आत्मस्वीकृति और पश्चाताप का गौरव और सन्तोष रहता। दूसरे के मुँह से वही बात निकली तो उसमें आरोप की कटुता आ गयी।

उन्होंने चन्द्रशेखर के यहाँ जाना-आना कम कर दिया। दम्पति ने जब यह देखा तो कहने लगे कि बेटे की जान ले ली और अब मुँह भी नहीं दिखाते।

शिवचरण अपने मन का बोझ उतारना चाहते थे। वे कुछ ऐसा करना चाहते थे, जिससे उनके मन को शान्ति मिले और दुखी दम्पति को भी सन्तोष हो। कुछ ऐसा करना चाहते थे जिससे उनकी सद्भावना, उदारता और प्रेम का परिचय मिले। बहुत सोच-विचार के बाद उन्होंने तय किया कि नरेन्द्र की स्मृति में उसके स्कूल में ही एक पुस्तकालय खुलवा दिया जाय। बच्चे की स्मृति भी सुरक्षित रहेगी और उनका मन हल्का होगा। दम्पति के मन पर भी इसका प्रभाव अच्छा पड़ेगा। उन्होंने स्कूल के अधिकारियों से बात की और स्कूल के अहाते से लगी हुई जमीन का टुकड़ा खरीदकर उस पर पुस्तकालय की इमारत बनवाने की बात तय की। चन्द्रशेखर के यहाँ आना-जाना वे काफी कम कर चुके थे। वे अपनी इस योजना से उन लोगों को चकित कर देना चाहते थे।

इधर दुखी दम्पति के पास से मित्र अलग हुआ, तो अन्य लोग आने लगे। 'शुभचिन्तकों' ने उन्हें घेरा। 'बिन कारन पर उपकारी' लोग मुफ्त सलाह पेश करने लगे। एक वर्ग है, जिसकी जीविका संघर्ष में से निकलती है। लड़ाई-झगड़ा, छीना-झपटी, मार-पीट, गबन, चोरी आदि जिन्हें हम बुरी चीज कहते हैं, इस वर्ग की खुशहाली की फसल के लिए खाद का काम करते हैं। सब कहीं शान्ति, प्रेम, बन्धुत्व हो तो इसे बहुत अखरता है। यह है वकीलों का वर्ग। वकीलों ने चन्द्रशेखर को घेरा, सलाह दी कि चूंकि यह ठेला शिवचरण लाल का निजी ठेला था, इसलिए उन पर हरजाने का दावा किया जा सकता है।

पहिले तो चन्द्रशेखर को यह बात ठीक नहीं लगी। पर समझाने पर वे मान गये। जो वकील अदालत में मजिस्ट्रेट को इस हद तक भ्रमित कर सकते हैं कि उन्हें हत्यारा भी महात्मा बुद्ध दिखने लगता है, वे अगर चन्द्रशेखर को मित्र के विरुद्ध कर पाये, तो इसमें अचरज की कोई बात नहीं हुई। अब अक्सर चन्द्रशेखर के यहाँ वकीलों की बैठक होती। अभी भी नरेन्द्र की याद होती, पर अब उसमें पीड़ा नहीं

होती। अब वह एक क्रयशील सम्पत्ति हो गया था, जिसकी कीमत आँकी जा रही थी। माल की कीमत वसूल करते समय दूकानदार को माल के जाने की कसक कहाँ होती है ? जो शान्ति मित्र, कुटुम्बी, धर्म और ज्ञान उन्हें नहीं दे पाये, वह हरजाने के दावे ने उन्हें सहज ही दे दी।

एक दिन चन्द्रशेखर शिवचरण लाल को हरजाने के दावे का नोटिस देने के लिए कचहरी पहुँचे। कागजों पर दस्तखत करके उन्होंने अपने वकील को दिये और स्वयं बरामदे में से निकलकर बाहर जा रहे थे कि सामने से अनायास शिवचरण आ पहुँचे। इतने दिनों की प्रगाढ़ मित्रता का स्मरण चन्द्रशेखर को हो आया और जब नोटिस देने की बात उनके मन में आयी, तो उनकी हिम्मत मित्र का सामना करने की नहीं हुई। वे बचना चाहते थे, पर शिवचरण बिल्कुल ही नजदीक आ गये थे।

आखिर नमस्कार हुई।

पहिले चन्द्रशेखर ने ही पूछा, "क्यों, कैसे आये आज ?" शिवचरण ने कहा, "यों ही। सोचा नरेन्द्र की यादगार में एक लायब्रेरी खुलवा दूँ। उसी के लिए जमीन खरीदने की कार्रवाई करने आया था।"

चन्द्रशेखर को लगा कि वे धीरे-धीरे जमीन के अन्दर घुसे जा रहे हैं। आत्म-ग्लानि से उनका अंग-अंग जलने लगा। वे वहाँ से भागना चाहते थे।

शिवचरण ने पूछा, "और तुम कैसे आये ?"

चन्द्रशेखर ने कहा, "यों ही एक मामले की पेशी थी।" जल्दी ही छूटकर चन्द्रशेखर वकीलों के कमरे में गये और अपने वकील से हरजाने के नोटिस के कागज माँगे। हाथ में लेकर तनिक देर उन्हें देखते रहे और फिर जैसे कोई शत्रु पर प्रहार करता है, इस गुस्से और फुर्ती से उन्हें फाड़कर फेंक दिया। वे फौरन घर आ गये। इधर शिवचरण आगे बढ़े तो उन्हें एक परिचित मिल गये। वे बोले, "ठेकेदार साहब, कुछ खबर है ? चन्द्रशेखर आप पर लड़के की मौत के हरजाने का दावा कर रहा है, 25 हजार का।"

शिवचरण क्रोध से जलने लगे। मन-ही-मन बोले इतना नीच है यह ? मुझसे बेटे की क़ीमत वसूल करना चाहता है ? देखता हूँ, मुझसे एक कौड़ी भी कैसे लेता है ?

वे तुरन्त दफ्तर में गये। जमीन की खरीद के कागज वापिस लिये ? तनिक उन्हें हाथ में लेकर देखा। फिर जैसे कोई शत्रु पर प्रहार करता है, इस क्रोध और फुर्ती से फाड़कर फेंक दिया। इसके बाद वे तुरन्त ही घर आ गये।

एक सप्ताह बीत गया। एक ग्लानि में जलता रहा, दूसरा क्रोध में। न इन्हें नोटिस मिला, न लायब्रेरी की इमारत का काम शुरू हुआ। आठवें दिन चन्द्रशेखर शिवचरण के घर गये। आँखों में आँसू भरकर बोले, "भाई, मुझे माफ कर दो। मैं बहुत नीच हूँ। मैं तुम पर हरजाने का दावा करने जा रहा था। उस दिन तुम न मिलते तो अभी तक तुम्हारे पास नोटिस आ गया होता। तुमसे भेंट होने के बाद

मैंने उसे फाड़कर फेंक दिया।"

शिवचरण की भी आँखें गीली हो गयीं। वे बोले, "मैं भी कुछ कम नीच नहीं हूँ। क्रोध तो तुम पर आया और बेटे की स्मृति की हत्या कर दी मैंने। तुमसे भेंट होने के बाद मैंने जाना कि तुम कचहरी आये थे। बस गुस्से में मैंने जमीन के कागजात फाड़कर फेंक दिये।"

उस दिन दोनों मित्र बड़ी देर तक साथ बैठे रहे। पश्चाताप के जल ने दोनों के मन को निर्मल कर दिया।

दूसरे दिन दोनों कचहरी गये। जमीन खरीदी गयी। विशाल लायब्रेरी बनी।

अभी भी बच्चे का यह भव्य स्मारक खड़ा है।

परन्तु इसके पीछे मनुष्य की करुणा और क्रूरता, उदारता और कृपणता, स्नेह और घृणा के ईंट-गारे से बना हुआ जो स्मारक खड़ा है, उसे कौन देख पाता है?

तीन सयाने*

एक गाँव में तीन सयाने रहते थे। लोग कहते थे कि गाँववालों की घोर तपस्या के फलस्वरूप उन्हें ये तीन सयाने मिले थे। वे वहाँ कब्र से थे, कोई नहीं जानता था। अनेक पीढ़ियाँ उन्हें उसी रूप में देखती आ रही थीं। गाँव की सुख-समृद्धि के कारण वे ही कहे जाते थे।

उनमें एक स्त्री थी : और दो पुरुष।

स्त्री का नाम था—'कला।'

शुभ्र वस्त्रों से सज्जित, सौम्य रूपवाली इस नारी के नयनों से सरल स्नेह झरता था, मंगल की वर्षा होती थी। उसकी दृष्टि पड़ते ही कुसुम खिल जाते, पत्ते लहराने लगते, उषा का सौन्दर्य बढ़ जाता; सन्ध्या में अधिक गाढ़ा रंग भर जाता और चन्द्रिका अधिक स्निग्ध, अधिक उज्ज्वल हो जाती। प्रातःकाल वीणा पर भैरवी के स्वर छेड़कर वह ग्रामवासियों को जगाती। उनकी आँख मधुर संगीत के बीच खुलती। संगीत की धुन पर कदम बढ़ाते, गीत गाते, ग्रामीण जन काम पर जाते और जब वे काम करते, तो समस्त दिशाओं से संगीत उठता और उसकी ताल पर हँसिये चलते, करघे खटखटाते, हथौड़े गिरते और चरखे घूमते। सन्ध्या समय कला, नृत्य, गान और नाट्य से ग्रामवासियों का समस्त श्रम हर लेती। अद्भुत आनन्द, उत्साह, आशा और माधुर्य का स्रोत उस ग्राम में बहता।

* जून, 1956

दूसरा था एक वृद्ध पुरुष—'धर्म।'

श्वेत लम्बी दाढ़ी और लम्बे गेरुए कोपीन में वह दिव्य लगता। उसकी दृष्टि में बड़ी पवित्रता, बड़ी करुणा, बड़ा वात्सल्य, बड़ी संवेदना थी। वह भ्रातृत्व, स्नेह, त्याग और परोपकार की ओर ग्रामवासियों को प्रेरित करता। वह उन्हें सत्-असत् का बोध कराता, उलझनें हल करता, द्वन्द्वों को सुलझाता। उसके प्रभाव से ग्रामवासी ईर्षा, द्वेष, घृणा और प्रतिहिंसा से मुक्त हो गये थे।

तीसरा एक बलिष्ठ पुरुष था—'विज्ञान।'

अद्भुत बल और सिद्धियों से युक्त यह पुरुष अन्धा था। वह स्वयं मार्ग नहीं देख सकता था, इसलिए वह कला और धर्म का अनुगामी था। उसके मन में इच्छा जाग्रत नहीं होती थी। वह सदैव दूसरे की इच्छा से परिचालित होता था। उसके पास अद्भुत मन्त्र थे। सन्ध्या समय वह एक मन्त्र से सारे गाँव को जगमगा देता। मन्त्रों से मनुष्य पक्षी-सा उड़ता, दिव्य दृष्टि प्राप्त कर सहस्रों योजनों के दृश्य देखता, सहस्रों योजनों के शब्द सुनता। वह ग्रामवासियों को सुख-साधन देता, उनका श्रम कम करता, अच्छे औजार देता।

ये तीनों गाँव में विचरण करते और उनके दर्शन-मात्र से ग्रामवासी उल्लसित हो उठते। उनकी आज्ञा सारा गाँव मानता। लोग किसी अन्य देवता या भगवान को नहीं जानते थे। वह सुखी गाँव स्वर्ग से भी श्रेष्ठ था, क्योंकि देवताओं जैसी निष्क्रियता, ईर्षा, द्वेष और शंका वहाँ न थी। सब श्रम करते और सब सुखी रहते।

एक दिन इन संयानों के पास एक रूपवती तरुणी आयी। उसका नाम था—'राजनीति।' उसके वस्त्र चटकदार थे। साज-सज्जा में बड़ा तीव्र आकर्षण था। वेशभूषा में कृत्रिमता और भड़कीलापन था। आँखों में मद, गति में अल्हड़ता और मुख पर उत्कट लालसा थी। उसके समस्त व्यक्तित्व से मद, लालसा, विलास और सत्ता टपकते थे।

उसने उन तीनों सयानों को प्रणाम किया और बोली, "दिव्य आत्माओ, मैं आप लोगों का यश सुनकर आपके पास आयी हूँ। मेरी इच्छा है कि मैं आपके साथ रहकर आप लोगों की सेवा करूँ।"

धर्म ने कहा, "देवी, हम सब मनुष्य के सेवक हैं, और जो सेवक हैं, वे दूसरों से क्या सेवा लें?"

राजनीति ने कहा, "तो मैं भी आपके साथ ही ग्रामवासियों की सेवा करूँगी। मेरे पास भी कुछ विद्या है। मैं व्यवस्था देती हूँ। नीति-नियम बनाती हूँ, राजतन्त्र जानती हूँ।"

धर्म ने कहा, "सो यहाँ कौन नहीं जानता? श्रम करके जीना और दूसरे का मंगल साधना, इसके बाहर क्या व्यवस्था? और क्या नीति-नियम?"

कला ने कहा, "परन्तु बहिन, तुम सेवा के लिए नहीं बनीं। तुम्हारे नयनों में लालसा है। चाल में मद और सत्ता है, भाव-भंगिमा में, चंचलता है, कटाक्ष में

कुटिलता है, वाणी में प्रवंचना है। तुम सुख-भोग के लिए बनी हो। सेवा तो त्याग का मार्ग है। तुम तो किसी ऐश्वर्यशाली के हृदय पर राज करने के लिए बनी हो। तुम सेवा में मिट नहीं सकतीं।

विज्ञान ने कहा, "मैं देख नहीं सकता, पर अनुभव कर रहा हूँ कि इसकी वाणी में बड़ी माया है। नहीं देवि, हमारा तुम्हारा साथ नहीं बनेगा।"

राजनीति ने अब रुदन का नाट्य किया। उसकी आँखों से टप-टप आँसू टपकने लगे। सिसकियाँ उठने लगीं। वह बोली, "मेरे जीवन की एकमात्र अभिलाषा थी, वह भी पूरी नहीं हो रही है। मैं केवल सेवा का अधिकार माँगती हूँ, पर देखती हूँ कि आप लोगों ने सेवा को भी सम्पत्ति बना लिया है। एकाधिकार स्थापित कर लिया है।"

धर्म ने कहा, "तू भ्रम में है देवी! सेवा के मार्ग का आदि-अन्त नहीं है। इस पर किसी का अधिकार नहीं है। इसमें संघर्ष भी नहीं है। पर इस पर फूल नहीं बिछे हैं। काँटे अलबत्ता मिलते हैं। तेरे कोमल चरणों को देखकर हमने कहा था कि कहीं सेवा का मार्ग तेरे इन कोमल चरणों के रक्त से न भर जाय। तू सह सकेगी? तो फिर रह जा।"

दूसरे दिन से ग्राम में कला, धर्म और विज्ञान के पीछे राजनीति भी चलने लगी। पर वह आँख बचाकर ग्रामीणों को कटाक्ष से वशीभूत करने का प्रयास करती। रूप के जादू से उन्हें विजित करना चाहती।

उसमें महत्त्वाकांक्षा थी, वैभव की लालसा थी, भोग का लोभ था, सत्ता का मोह था। उसे लगा कि इतनी रूपवती होकर भी उसकी स्थिति इन तीनों की अनुगामिनी सेविका से अधिक कुछ नहीं है।

उसने धीरे-धीरे प्रपंच रचना आरम्भ किया। रूप की मोहनी डाली। ग्रामवासियों की कृपा प्राप्त की, और एक दिन वह रानी बन गयी।

तीन सयानों ने समाचार सुना, तो बोले, "वह रानी बन गयी! अच्छा ही हुआ। पर हमें पहली बार ज्ञात हुआ कि यहाँ कोई राजसत्ता भी है।"

दिन बीतते गये। राजनीति रानी महल में रहतीं, पर उसके अधिकारों की परिधि राजमहल से बाहर नहीं जाती। धर्म, कला और विज्ञान के सामने उसका वही हाल था, जो सूर्य के उदय के समय हत्तेज चन्द्र का होता है।

उसने फिर कूटनीति का प्रयोग किया। एक दिन एक दूत आकर तीन सयानों से बोला, "महात्मन्, राजरानी ने आपको महल में आमन्त्रित किया है। वे आपका अभिनन्दन करना चाहती हैं।"

कला ने कहा "भाई, हम तो जन-पथ पर विचरण करनेवाले हैं। हमें राजमहल से क्या काम? फिर हम सेवा-व्रती हैं, और सेवा स्वयं ही बड़ा अभिनन्दन है।"

दूत ने कहा, "रानीजी आपकी पुरानी सेविका हैं। उनकी करबद्ध प्रार्थना है कि आप चरण-रज से उनके महल को पवित्र करें।"

धर्म ने कला से कहा, "देवि, सेवक का आग्रह टाला नहीं जाता। चलो चलें।"

धर्म, कला और विज्ञान राजमहल में गये। वहाँ राजनीति का षड्यन्त्र तैयार था। वे तीनों वन्दी कर लिये गये और एक दृढ़, किन्तु सुख-साधन-सम्पन्न कारावास में वन्द कर दिये गये।

उस दिन से धर्म, कला और विज्ञान राजमहल में राजनीति के बन्दी हो गये। बाहर जन-समाज अकुलाया, अधीर हुआ। वे तीनों उसके पथ-प्रदर्शक थे। साँस की तरह उनके जीवन के आधार थे। उनके प्राणों के प्राण थे। ग्रामवासी राजमहल के सामने एकत्र हुए और चिल्लाये—

"हमारी कला को मुक्त करो!"

"हमारा धर्म हमें दो!!"

"हमारा विज्ञान हमें लौटाओ!!!"

राजनीति महल के छज्जे पर आ गयी और बोली, "नागरिको, मैं भी उन सयानों की सेविका हूँ। मैंने सबके हित की बात ही की है। कला, धर्म और विज्ञान को मैंने बड़े आराम से अतिथि के रूप में राजमहल में रखा है। जन-पथों पर चलते-चलते वे थक गये हैं; कुछ दिन विश्राम करेंगे तो क्लान्ति मिट जायगी।"

भीड़ भ्रमित-सी लौट गयी।

दूसरे दिन फिर जन-समूह वहाँ एकत्र हुआ। लोग चिल्लाये, "हमने अपनी कला की वाणी नहीं सुनी। हमने धर्म के दर्शन नहीं किये, हमने विज्ञान नहीं देखा। हमारा जीवन रिक्त मालूम होता है। हमारे देवता हमें लौटाओ।" राजनीति ने कहा, "नागरिको, वे विश्राम कर रहे हैं। उन्हें कष्ट मत दो। तुम्हें उनकी वाणी, उनका सन्देश राजसेवक सुनायेंगे।"

और राजसेवकों ने कला की वाणी सुनायी—गीत, जिसमें वासना, निराशा, अहंकार, शून्य कल्पना, पराजित भावना।

धर्म का सन्देश सुनाया—जिसमें पाखण्ड, आडम्बर, स्वार्थ, घृणा और अहंकार।

विज्ञान का सन्देश कहा—वीरता के नाम पर विध्वंस, प्रतिहिंसा, संहार।

जनसमूह असन्तुष्ट हुआ। वह चिल्लाया, "यह हमारी कला की वाणी नहीं है। हमारे धर्म ने ऐसा कभी नहीं कहा। हमारे विज्ञान ने विध्वंस कभी नहीं सिखाया। हमारी सच्ची कला हमें दो। हमारा वास्तविक धर्म हमारे बीच आने दो। हमारा सच्चा विज्ञान मुक्त करो।"

रानी उस पुकार को अनसुनी करके चली गयी।

°

इधर कारावास में धर्म ने विज्ञान से कहा, "भाई, तुम इतने बलशाली हो। तुम तो एक मन्त्र से कारागार को ध्वस्त कर सकते हो।"

विज्ञान ने उत्तर दिया, "महात्मन्, मैं तो शापित शक्ति हूँ। मैं स्वयं में शून्य

हूँ। निष्क्रिय हूँ। जिसका मुझ पर अधिकार होता है, उसी की इच्छा से परिचालित होता हूँ। पहिले आप लोगों के अधिकार में था और अब दुष्टा राजनीति के अधिकार में हूँ। इसीलिए उसी की इच्छा से चलूँगा।"

राजनीति ने अपनी योजना चालू रखी। उसने समाज की स्वतन्त्र चिन्ता को समाप्त किया। उसमें निष्क्रियता, भोग-लालसा भरी। निराशा में आनन्द लेना सिखाया। देशभक्ति के नाम पर प्रतिहिंसा और घृणा सिखायी। हत्या को वीरता बताया। स्वार्थ और लोभ को मनुष्यता बताया।

एक दिन उसने ग्रामवासियों से कहा, "तुम्हारा जीवन अत्यन्त दरिद्र है। जिसे तुम सन्तोष कहते हो, वह तुम्हारी पराजित भावना है। जिसे त्याग कहते हो, वह तुम्हारी असमर्थता है। जिसे शान्ति कहते हो, वह तुम्हारी निष्क्रियता है। देखो, उस पास के ग्राम में सोने की खानें हैं। वहाँ के निवासियों के घरों में सोना भरा है। तुम आक्रमण करो, उसे विजित करो और सब स्वर्ण लाकर अपने घरों में भर लो।"

लोगों ने कहा, "परन्तु दूसरे का भाग छीनना तो उचित नहीं है।"

राजनीति ने कहा, "तुम मूर्ख हो। वह किसका भाग है? जो छीन सके, उसी का भाग होता है। छीनो, नहीं तो जो तुम्हारे पास है, वह भी कोई छीन लेगा।"

भ्रमित भीड़ ने पूछा, "पर उस ग्राम के बासी बड़े शक्तिवान हैं। उन्हें हम कैसे जीत पावेंगे?"

राजनीति ने कहा, "हमारे हाथ में विज्ञान है। उसके एक मन्त्र से सारा गाँव नष्ट हो जावेगा।"

दुविधा-भरे ग्रामवासी मैदान में एकत्र हुए। कुछ कहते, 'यह अनुचित है।' कुछ कहते, 'हम तो कुछ समझने-बूझने लायक रह ही नहीं गये। हमें कुछ नहीं सूझता। अब तो जहाँ वह ले जाय, वहीं जाना होगा।'

राजनीति ने विज्ञान का मुख उस ग्राम की ओर करके आदेश दिया, "विध्वंस का मन्त्र पढ़ो!"

विज्ञान ने विध्वंस-मन्त्र पढ़ा और उस ग्राम पर अग्नि की बरसा हुई, तप्त लौह बरसा, शूल बरसे। ग्रामवासी जब वहाँ पहुँचे तो उन्होंने अग्नि में तपे हुए सोने की दमक के ऊपर मानव-रक्त का लेप देखा। सर्वत्र चीत्कार सुनायी पड़ा। शव, कटे सिर, धड़, भूमि पर बिखरे दिखे। स्वर्णराशि और मानव-रक्त एक साथ देखकर उसके मन में फिर द्वन्द्व आरम्भ हुआ।

वे बहुत क्षुब्ध मन से वहाँ से लौटे। दो-चार मुखिया उस कारावास के पीछे की ओर गये, जिसमें धर्म, कला और विज्ञान बन्दी थे। वहाँ उन्होंने उनकी एक झलक देखी। ग्रामीणों को देखकर वे खिड़की के पास आये। ग्रामीणजनों ने सारी घटना बतलाकर कहा, "महात्माओ, हमें बताओ हम क्या करें? वहाँ रक्त की नदी बह रही है। क्रन्दन से आकाश भर गया है। पर वह सारा स्वर्ण हमारा हो गया है! क्या हम ले आवें? क्या यह उचित हुआ?"

कला और धर्म ने कहा, "तुम सब हिंसक पशु हो गये हो। स्वर्ण को मनुष्य-जीवन से तौलने लगे हो। तुम मनुष्य के शव पर हेम-मन्दिर निर्मित करने लगे हो। तुम धरा को जल के बदले मानव-रक्त से सींचने लगे हो। तुम कैसे हो गये हो?"

ग्रामीण बोले, "देव, हम स्वयं नहीं जानते हम कैसे हो गये हैं? हमें अपने स्वरूप का ज्ञान ही नहीं रहा। हम यह भी भूल गये कि हम क्या थे? हमें आप लोग मार्ग समझाइए, आप बाहर आइए।"

"पर हम तो बन्दी हैं।" कला ने कहा।

वे बोले, "आप अलौकिक शक्ति-सम्पन्न हैं। यह कारागार आपके लिए तृण के समान है। आप में अतुल शक्ति है।"

धर्म और कला ने कहा, "तुम भूलते हो। यथार्थ शक्ति तो तुम्हारे पास है। तुम्हारे पास जन-शक्ति का समुद्र है। हम तो उसमें उठनेवाली तरंगें मात्र हैं। तुम क्षुब्ध हो जाओ, आन्दोलित हो जाओ, तुम अजेय हो जाओगे। पर अभी तो तुम भी बन्दी हो। हम भी बन्दी हैं। हम कारावास के भीतर बन्दी हैं, तुम कारावास के बाहर बन्दी हो। हमारा केवल शरीर बन्दी है, तुम्हारा केवल शरीर मुक्त है। तुम्हारे चिन्तन, विचार, भावनाएँ, विश्वास, श्रद्धा—सबके पैरों में बेड़ियाँ पड़ी हैं। पहिले तुम मुक्त हो जाओ, फिर हमें मुक्त करना।"

ग्रामीणों ने विस्फारित नेत्रों से सयानों की ओर देखा और बोले, "तो हम क्या करें? कैसे मुक्त हों?"

सयानों ने कहा, "खून से धोया हुआ स्वर्ण कदापि ग्रहणीय नहीं है। जिसने तुम्हें बर्बर बना दिया है और जिसने उस ग्राम के निवासियों का संहार करा दिया है, उसने तुम्हें असहाय पशु की तरह बाँध रखा है। स्वर्ण लूटने जानेवाली भीड़ को राजमहल की ओर मोड़ो और सबसे पहले उस दुष्टा राजशक्ति पर आधिपत्य प्राप्त करो। तब तुम मुक्त हो जाओगे।"

ग्रामीण चले गये। और उस दिन सन्ध्या को ग्राम का समस्त जन-समाज मुक्ति के गाने गाता हुआ, मानवता का जयघोष करता हुआ, राजमहल के सामने एकत्र हुआ।

राजनीति ने जन-शक्ति के इस प्रबल प्रवाह को देखा, तो उसके पाँव काँपे, पर उसने अन्तिम कुटिल प्रयास किया। उसने लोभ दिखाया, क्षमा-याचना की, झूठी प्रतिज्ञा की, रोयी, गिड़गिड़ायी, पर अन्त में अपने ही द्वारा निर्मित प्रासाद में वह बन्दिनी हुई।

कारागार के द्वार टूटे और बाहर जन-पथ पर आये—मनुष्य की सच्ची कला, धर्म और विज्ञान!

खाली मकान*

सावित्री देवी की यह मजबूरी ही थी कि वे 'वकीलन' कहलाती थीं। यह मजबूरी हिन्दी व्याकरण के उन निगोड़े नियमों का परिणाम थी, जिनके अनुसार सेठ से शादी होते ही स्त्री, 'सिठानी' कहलाने लगती है और पण्डित की पत्नी बेकसूर 'पण्डिताइन' बन जाती है। ये नियम न होते तो सावित्री देवी वकील साहब को ही 'सत्यवान' कहलवा लेती —ऐसी प्रबला अबला थीं वे।

वकील साहब की आमदनी खूब थी। वे एक बड़े बँगले में रहते थे, जिसके भीतर सावित्री देवी का अखण्ड राज था। पहले वकील साहब बँगले के एक कमरे में ही बैठते थे, वहीं उनका दफ्तर था। उसी के पास के कमरे में वकीलन पूजा करती थीं। 2-3 घण्टे सुबह खूब जोर से स्तुति गातीं और शँख-घड़ियाल बजातीं। वही समय वकील साहब का मुवक्किलों से मिलने का था। जब उन्होंने देखा कि वकीलन के परोक्ष भगवान की स्तुति के स्वरों में उनके इन प्रत्यक्ष देवताओं का स्वर डूबने लगा है, तब उन्होंने फाटक के पास ही दफ्तर बनवाया और वहीं बैठने लगे! सावित्री देवी को वैसी ही शान्ति मिली, जैसी पुर्तगालियों के गोवा छोड़ देने पर भारत सरकार को मिलेगी।

सावित्री देवी को घर में कुछ काम नहीं था, इसलिए उन्हें वे दो काम करने का समय मिल जाता था, जिनके लिए गृह-देवियाँ अक्सर समय नहीं निकाल पातीं। वे सबेरे 2-3 घण्टे देव-पूजा कर लेती थीं और दोपहर को अपने बरामदे में मुहल्ले की स्त्रियों की पंचायत जोड़ लेती थीं, जिसमें 2-3 घण्टे तक हाजिर की प्रशंसा और गैरहाजिर की निन्दा होती थी। यहाँ एक काम और होता था---बदनामियों का कारखाना खुला था, जिसमें रोज अच्छे किस्म का माल बनकर समाज में मुफ्त बँटता था। लोग अपना कच्चा माल यहाँ सौंप जाते और दूसरे दिन उसका बढ़िया पक्का माल बनकर बँटने लगता। जैसे किसी ने आकर यहाँ सूचना दी कि फलाँ स्त्री फलाँ पुरुष से बात कर रही थी— यह कच्चा माल हुआ। पक्का माल बनकर जो बँटेगा वह यह होगा कि वह स्त्री उस पुरुष के साथ भाग गयी।

जैसे आँधी के निकल जाने के बाद चिड़ियाँ अपने-अपने घोंसले से निकलकर जमीन पर फुदकने लगती हैं, वैसे ही पतियों के दफ्तर चले जाने के बाद मुहल्ले की स्त्रियाँ वकीलन के बरामदे में आ इकट्ठी होतीं और 2-3 घण्टे यह दरबार आबाद होता।

नियमित रूप से आनेवाली थी—पड़ोसी वकील रघुनन्दन की दूसरे विवाह की पत्नी कमला, जो अपनी अल्हड़ता को बरबस पति की 40 साल की प्रौढ़ता की चादर से ढाँकने का असफल प्रयत्न करती थी। दूसरी थी, जिला कचहरी के बड़े

* जून, 1956

बाबू प्यारेलाल की पत्नी सुभद्रा, जिसके पाँच बच्चे थे, और ! खैर, फिलहाल पाँच ही थे। इनमें से 3 माता के सिर पर ताण्डव नृत्य करते इस दरबार में साथ ही पधारते थे। कौशल्या सिठानी थी, जिसके पतिव्रत-धर्म की चर्चा सारे मुहल्ले में दबी जबान होती थी। और जमना कहारिन भी थी, जो इन सबके घर में काम करती थी।

एक दिन इस महिला-मण्डल में बड़ी उत्तेजना व्याप्त थी। कारण था, एक छोटा-सा पत्र जो थोड़ी देर पहिले एक आदमी वकीलन को दे गया था। पत्र का मजमून यह था—

प्रिय बहिन,

मैं आपसे एक जरूरी काम से मिलना चाहती हूँ। मैं आज लगभग 3 बजे आपके बँगले पर आऊँगी। आशा है, आप उस समय मिलने की सुविधा कर सकेंगी।

आपकी बहिन,

भुवनमोहिनी वर्मा।

इस पत्र ने बड़ी हलचल मचा दी थी। सावित्री देवी कह रही थीं, "न जाने किस काम से मिलना चाहती है। मैं तो ऐसी कुलटा का मुँह देखना भी पाप समझती हूँ।"

कमला ने कहा, "यह वही भुवनमोहिनी है न, जिसने बाबू नरेन्द्रकुमार वर्मा से मुकदमा लड़कर अपने और बेटे के लिए परवरिश ले ली है ?"

सावित्री ने कहा, "हाँ, हाँ, वही है। हमारे यहाँ 'उन्होंने' ही तो उसका 'केस' लड़ा था। न जाने कहाँ से आयी और बेचारे नरेन्द्रकुमार बाबू पर जादू-सा कर दिया। लड़का हो गया, तो दावा कर दिया।"

कौशल्या सिठानी ने घृणा से कहा, "ऐसी स्त्री का तो मुँह भी नहीं देखना चाहिए। देखो भला, ब्याहता पति को तो त्याग दिया और दूसरे के घर आकर पड़ गयी। जैसे पति भी कोई कपड़ा हो, एक छोड़ दूसरा पहिन लिया।"

जमना कहारिन ने कहा, "लेकिन बाई, सुनते हैं उसका ब्याहता 'घरवाला' उसे बहुत पीटता था। शराबी-जुआड़ी था, इसलिए इसने छोड़ दिया।"

सिठानी बोली, "अरी कैसा भी हो ! मगर स्त्री का क्या यह धरम है कि छोड़कर चली जाय ? इसे तो देखो; किस ठाठ से नाम के आगे 'वर्मा' लगाती है—जैसे वर्मा साहब के साथ सात फेरे फिरे हों !"

जमना फिर बोली, "बाई, वह कहती है कि उसका वर्मा साहब से विवाह हो गया है। भगवान के सामने उनका हाथ पकड़कर वर्मा साहब ने कसम खायी थी। फिर जब लड़का हो गया, तो परवरिश करने में भी आनाकानी करने लगे। बस इसने नालिश कर दी। बेचारी गरीब, अपना और बेटे का पेट कैसे भरती ?"

कौशल्या के पास उत्तर नहीं था। बात पलटी, "मगर ये आदमी भी कैसे होते

हैं ? भला, वर्मा साहब को किस बात की कमी थी ? अच्छी स्त्री, सुन्दर बाल-बच्चे, लाखों की आमदनी। लेकिन इन चुड़ैल के चक्कर में आ गये।"

कमला अपने अनुभव के आधार पर ही बोली, "बहिनजी, आदमियों का स्वभाव ही ऐसा होता है। घर का गंगाजल नहीं पियेंगे, दूसरे के नाबदान में मुँह डालते फिरेंगे।"

सुभद्रा बोली, "कमला, तू तो अभी लड़की ही है। तू क्या जाने ? देख, सब आदमी एक जैसे नहीं होते। हमारे यहाँ मुन्ना के बाबूजी भी तो आदमी ही हैं। किसी की तरफ आँख उठाकर नहीं देखते। परी भी सामने से निकले, तो भी गर्दन ऊँची नहीं करते।"

पतियों का प्रसंग चल पड़ा, तो कोई भी पीछे नहीं रहना चाहती थी। सुभद्रा की बात सुनकर सावित्री ने भी पति के शील की गीता खोली। बोली, "हमारे यहाँ वकील साहब भी कभी गलत राह नहीं जाते। घर से कचहरी और कचहरी से घर। न किसी के हँसी-मजाक से मतलब, न यहाँ-वहाँ की घुमाई से। परी भी आकर खड़ी हो जाय, तो आँखें उठाकर नहीं देखेंगे। हमारे पड़ोस के उस मकान में, ऊपर के खण्ड में, एक कोई आ बसी थी। बड़े बनाव-सिंगार से रहती। वकील साहब का कमरा सामने ही पड़ता है। ये ऊपर पहुँचते कि वह खिड़की पर आकर खड़ी हो जाती। एक दिन वे मुझसे बोले कि कमरे की इस तरफवाली खिड़की बन्द ही रखो। वह अच्छी औरत नहीं मालूम होती।" वकीलन ने गर्व से सबकी ओर देखा और तनिक सकुचाकर बोली, "कचहरी से सीधे घर आते हैं। इधर कुछ दिनों से रामकृष्ण आश्रम जाने लगे हैं। कचहरी से लौटते वक्त रास्ते में एकाध-घण्टे रामकृष्ण आश्रम में ज्ञान-चर्चा करते हैं, और दीन-दुखियों की सेवा करते हैं।"

सिठानी ने पूछा, "इस आश्रम में कोई ऋषि-मुनि रहते होंगे ?"

सावित्री ने कहा, "नहीं, यह वैसा आश्रम नहीं है। रामकृष्ण परमहंस एक बड़े सन्त हो गये हैं। उन्हीं के नाम से जगह-जगह आश्रम खुले हैं, जिनमें ज्ञान-चर्चा होती है और दीन-दुखियों की सेवा होती है। वकील साहब कचहरी से लौटते में एकाध-घण्टा वहाँ बैठते हैं। कहते हैं कि वहाँ मन को बड़ी शान्ति मिलती है।"

वकीलन ने घड़ी की ओर देखा और बोली, "लो, 2-30 बज गया। वह आती ही होगी। मैं ज़रा कपड़े बदल डालूँ।"

कौशल्या बोली, "हाँ, वकीलन बहिन, कपड़े जरूर बदल डालो। सुना है, उसे अपने रूप का बड़ा गर्व है।"

सावित्री भीतर गयी। थोड़ी देर बाद सुन्दर वस्त्राभूषणों से सजकर बाहर आयी और लजाती हुई बैठ गयी।

सिठानी बोली, "क्या रूप पाया है, तुमने बहिन ! मेरी कसम, आँख नहीं ठहराती। ज्यों-ज्यों उमर बढ़ती जाती है, रूप निखरता ही जाता है !"

सावित्री ने लजाते हुए प्रशंसा स्वीकार की। फिर पान का बीड़ा मुँह में दबाती हुई जमना से बोली, "देख जमना, एक चटाई लाकर उधर दूर बिछा दे। मैं उसे

इस दरी पर नहीं बिठाऊँगी। सब घर को छूत नहीं लगाऊंगी।"

जमना ने चटाई बिछा दी।

ठीक 3 बजे भुवनमोहिनी छटा बिखेरती आ पहुँची। वह वास्तव में भुवनमोहिनी थी। मोहक रूप और उस पर सुरुचिपूर्ण सुन्दर वस्त्र—किसी तपस्वी का तप भंग करना होता तो नारद भी इन्द्र को सलाह देते कि लाखों वर्षों की बूढ़ी उर्वशी और मेनका के बदले भुवनमोहिनी को ही भेजो।

उसे देखने ही सावित्री देवी के मुख और वस्त्रों का रंग एक साथ ही उड़ गया। उसकी सहज स्वाभाविक चाल में बड़ी निर्भयता थी। मुख पर आत्मविश्वास था। वह निःसंकोच भाव से आकर सावित्री देवी के ठीक बगल में बठ गयी। शेष स्त्रियाँ उठकर उस चटाई पर बैठ गयीं।

सामान्य बातचीत के बाद वह बोली, "बहिनजी, मैंने आपको इसलिए कष्ट दिया कि मुझे एक अच्छा-सा मकान चाहिए। आपके मकान का एक हिस्सा खाली है। अगर आप मुझे किराये पर दे दें तो बड़ी कृपा हो।"

सावित्री देवी यह सुनकर चकित हो गयी। मकान का एक हिस्सा उन्होंने तीन-चार दिन पहिले खाली कराया था। उसमें भरा हुआ पुराना सामान एक अलग कमरे में रखवा दिया था। पति-पत्नी ने सोचा कि इतना बड़ा मकान खाली पड़ा है, किसी भले आदमी को दे देंगे, तो पड़ोस हो जायगा और कुछ आमदनी भी हो जायगी। उन लोगों ने इस बात की चर्चा किसी से नहीं की थी। उनकी बैठक में रोज बैठनेवाली उन स्त्रियों को भी अभी तक इस योजना का आभास नहीं हुआ था। वकीलन सोचने लगी कि इस भुवनमोहिनी के पास क्या कोई जादू है कि लोगों के मन की बात जान लेती है!

उन्होंने कहा, "ऐसा तो हमारा कोई इरादा नहीं है। हमने आज तक मकान किराये से नहीं दिया। भगवान की दया से हमें कोई कमी नहीं है, जो मकान किराये पर उठावें।"

भुवनमोहिनी बोली, "भला, आपको क्या कमी है? वकील साहिब सरीखी 'प्रेक्टिस' तो शहर में किसी की नहीं है। फिर भी एक हिस्सा आपने खाली कराया है। उसे किसी को तो देंगी ही। मुझे ही दे दें।"

सावित्री को और परेशानी हुई। कुछ चिढ़कर बोली, "किसने कहा आपसे कि हमें मकान किराये से देना है? बड़ी मुसीबत है! हमारे मुँह से बात तो निकली नहीं है, और आप लेने आ पहुँचीं!" भुवनमोहिनी बड़ी दीनता से बोली, "आपकी मर्जी है। मैं तो बड़ी दुखिया हूँ। सोचती थी कि आप जैसे लोगों के पड़ोस में रहूँगी, तो बच्चे को पढ़ाकर किसी योग्य बना दूँगी! लेकिन आप शायद मुझे मकान देना नहीं चाहतीं। मैं बुरी हूँ न!"

सावित्री देवी इस विनय से कुछ नरम पड़ीं। बोलीं, "नहीं-नहीं, ऐसी बात नहीं है। हम तो, जो किराया देगा उसी को मकान देंगे।" असावधानी में यह बात उनके मुख से निकल गयी।

भुवनमोहिनी को पैर जमाने के लिए आधार मिल गया। तुरन्त बोली, "तो आखिर कितना किराया रखा है आपने उसका ?"

मकान का वह छोटा हिस्सा मुश्किल से चालीस रुपये किराये का होगा। पर सावित्री ने सोचा कि यह बड़ी सम्पन्न बनती है, इसकी परीक्षा ही हो जाय। और शायद इतना किराया सुनकर वह खुद नाहीं कर दे, तो झंझट ही मिट जाय। इसलिए उन्होंने दुगना करके बताया, "अस्सी रुपये से क्या कम होगा !"

भुवनमोहिनी ने एकदम बटुए में से सौ रुपये का नोट निकाला और उनके हाथ में देती हुई बोली, "कोई बहुत नहीं। यह लीजिए एडवांस। मैं दो-चार दिन में यहाँ आ जाऊँगी।"

सावित्री चकित खड़ी रही। उन्हें इसकी उम्मीद बिल्कुल नहीं थी। इस स्थिति के लिए वे तैयार नहीं थीं। उन्हें मुँह माँगा दुगना किराया मिल रहा था। अब उनसे लौटाते नहीं बनता था। फिर अस्सी रुपयों का लोभ भी उन पर सवार हुआ। लेकिन यह स्त्री उन्हें बहुत बुरी लगती थी। वे उसे पड़ोस में नहीं रहने देना चाहती थीं। भल कौन कुल-वधू रूपवती पड़ोसिन चाहेगी ? परन्तु उन पर जैसे जादू हो गया था। उन्होंने धीरे-से कहा, "अच्छा ठीक है।"

नोट उनके हाथ में लटक रहा था। वे बड़ी परेशान थीं कि यह क्या हो गया। सबसे अचरज की बात उन्हें यह लग रही थी कि इसने मकान किराये से देने की बात कैसे जानी। वे बोलीं, "तुम बड़ी अद्भुत हो बहिन ! तुमने कैसे जान लिया कि हमें यह हिस्सा किराये से देना है। सच बताना, तुम्हें कसम है।"

भुवनमोहिनी ने सहज ही कह दिया, "कल वकील साहिब ही ने जिक्र किया था।"

सावित्री जैसे आसमान से गिरी। बड़ी देर तक वे आँखें फाड़े चेतनाहीन-सी खड़ी रहीं। फिर टूटते हुए स्वर में पूछा, "वे तुम्हें कहाँ मिल गये ?"

भुवनमोहिनी ने उसी तरह निःसंकोच भाव से कहा, "वे मुझ अभागिन पर बड़े कृपालु हैं। वे न होते तो मैं यह मुकदमा कैसे जीतती ? वे आजकल कचहरी से लौटते वक्त मेरे यहाँ आ जाते हैं, चाय वहीं पीते हैं। एकाध घण्टा बैठते हैं। देवता-पुरुष हैं।"

अनुभव-दरिद्र कमला ने चौंककर कहा, "लेकिन वे तो कहते हैं कि रामकृष्ण आश्रम—"

सावित्री ने आँख तरेरकर कमला को चुप किया।

भुवनमोहिनी चली गयी। सावित्री न जाने कब तक उसी तरह मूर्तिवत, नोट हाथ में लिये खड़ी रही। उनकी सब पड़ोसिनें एक-एक कर खिसक गयीं।

भुवनमोहिनी अब कहाँ रहती है ? जी, वह बेचारी अपने उसी पुराने मकान में रहती है।

नया धन्धा*

एक अद्भुत आदमी से भेंट

मैं शाम को कॉफ़ी हाउस में बैठता था, क्योंकि मेरा मित्र भी वहीं बैठता था। और मेरा मित्र वहाँ बैठता, क्योंकि उसके पास बहुत पैसे थे।

मैं रोज ही कॉफ़ी हाउस जाता था, क्योंकि वह मित्र मुझे रोज ही ले जाता था, क्योंकि वह शाम को मेरी संगति चाहता था।

मेरे पास पैसे बिल्कुल नहीं थे। मेरे मित्र के पास केवल पैसे थे।

हम लोग कालेज में साथ पढ़ते थे। मैंने बी. ए. के बाद पढ़ना छोड़ दिया, क्योंकि मेरे पिता की मृत्यु हो गयी। उसने पढ़ना नहीं छोड़ा, क्योंकि उसके पिता की मृत्यु नहीं हुई।

मैं बी. ए. पास करके एक साप्ताहिक पत्र में काम करने लगा। वह एम. ए. करके दवाइयों की दूकान करने लगा।

उसके पास बहुत धन था। मेरे पास सुन्दर विनोद था। मित्र को मेरी संगति अच्छी लगती थी, मुझे मित्र की कॉफ़ी अच्छी लगती थी। मैं अपनी संगति को कॉफ़ी के बदले में बेचता था। यह हमारी मित्रता का आधार था। मित्रता का सर्वत्र यही आधार होता है। एक-दूसरे का पूरक होकर रहना।

दिन-भर बाजार की धूल की जो परत उसके मन पर जम जाती, उसे मैं शाम को अपने हास्य-व्यंग की नोंक से कुरेदकर अलग कर देता; और दिन-भर काम की जो थकान मेरे मन पर जम जाती, उसे उसकी कॉफ़ी बहा देती। शाम को वह व्यापारी से आदमी हो जाता; मैं आदमी से व्यापारी।

हम लोग पश्चिमोत्तर के कोने पर की टेबिल पर बैठते, क्योंकि उसके पास ही हरे रंग के परदे के भीतर स्त्रियों और जोड़ों के बैठने का प्रबन्ध था। वहाँ हमें इसलिए बैठना पड़ता था कि मित्र रेशमी कुरता पहिनकर आता था और कान में इत्र का फोहा खोंसता था। और अगर स्त्रियों के पास नहीं बैठे, तो रेशमी कुरता पहिनने और इत्र लगाने से क्या फायदा?

हमारे ठीक सामने की टेबिल पर दूसरे कोने में एक आदमी अक्सर बैठता था। वह अच्छे कपड़े पहिनता था और सुनहरी फ्रेम का चश्मा लगाता था। वह बहुत शिक्षित शिष्ट आदमी लगता था। पर मेरे मित्र की तरह उसकी आँखें भी उस हरे परदे पर ही लगी रहतीं। कभी-कभी इन दोनों की आँखें लड़ जातीं और तब मेरा मित्र खीझकर कहता, "देखो, वह साला वहीं आँखें गड़ाये है। बदमाश मालूम होता है।"

वह अकेला ही वहाँ बैठता था। कभी किसी से बोलते हमने उसे नहीं देखा।

* वसुधा, दिसम्बर, 1956

वह बैठे-बैठे एकदम वहाँ से उठकर चल देता।

उसके सम्बन्ध में मेरे मन में तरह-तरह की जिज्ञासाएँ उठतीं। एक दिन मैंने उसके बारे में जानने का निश्चय कर लिया। वह जब उठा तो मैं भी उठ खड़ा हुआ और मित्र विनोद से बोला, "यार, आओ आज ज़रा इस आदमी का पीछा करें। देखें यह कहाँ जाता है।"

विनोद बड़े बेमन से बोला, "होगा कोई ! अपने को क्या मतलब ?"

विनोद व्यापारी था, इसलिए व्यर्थ के झमेले में कभी नहीं पड़ता था। वह दुनिया को अपनी राह चलने देता था, बशर्ते कि दुनिया उसे उसकी राह चलकर पैसा कमाने दे। उसे दूसरे आदमी के मामलों से कोई मतलब नहीं था, जब तक कि वे मामले उसके व्यापार पर कोई प्रभाव न डालते। मैंने उसे वहीं छोड़ा और उसके पीछे हो लिया।

'काउण्टर' पर एक तरुण और तरुणी बिल चुका रहे थे। उनके पीछे ही वह आदमी खड़ा था। युवक और युवती कॉफ़ी हाउस से निकले और सड़क पर चलने लगे। वह आदमी भी कुछ फासले से उनके पीछे हो लिया और उसके लगभग 10-15 गज पीछे मैं भी चलने लगा।

एक बँगले के सामने वृक्ष की छाया में युवक-युवती खड़े हो गये। वह आदमी भी एक वृक्ष की आड़ में छुप गया। एक-दो मिनट बाद युवक आगे बढ़ गया और युवती बँगले की ओर बढ़ी। उसी समय वह आदमी आड़ से निकला और उसने लड़की को पुकारा—'शीला !' वह तरुणी मुड़ी; थोड़ी देर दोनों में बातें हुईं। इसके बाद वह आदमी आगे-बढ़ गया और तरुणी बँगले में चली गयी। लगभग आधा मील चलकर वह आदमी एक मामूली मकान के सामने रुका और ताला खोलकर भीतर चला गया।

मेरे मन में एक बड़ा कुतूहल जाग्रत हो गया। वह आदमी बड़ा रहस्यमय लगा। मन में तरह-तरह के सवाल उठने लगे—वह कौन है ? उस लड़की से उसका क्या सम्बन्ध है ?

दूसरे दिन हम जब कॉफ़ी हाउस पहुँचे तो हमें वह उसी स्थान पर बैठा मिला। थोड़ी देर बाद एक युवक और युवती कॉफ़ी पीकर परदे की आड़ से निकले। वह आदमी भी उनके पीछे हो लिया। मैं भी विनोद को छोड़कर उसका पीछा करने लगा।

ठीक पिछले दिन सरीखा हुआ। आज शीला की जगह 'विमला' थी।

यह क्रम तीन-चार दिन चलता रहा। कोई जोड़ा वहाँ से उठता, उसके पीछे वह आदमी हो जाता और उसके पीछे मैं। कभी शीला होती, कभी विमला, कभी कामिनी, कभी रागिनी। उस आदमी का रहस्य घना होता जाता था।

एक दिन मेरा मित्र विनोद बाहर चला गया। वह कॉफ़ी पीने की तो आदत डाल गया था, पर पैसे नहीं दे गया था। आदत से मजबूर मैं कॉफ़ी हाउस गया और उसी टेबिल पर बैठ गया। आँखें उठाकर देखा तो सामने हजरत बैठे थे। वह

मेरी ओर गौर से देखता रहा। फिर एकाएक उठा और मेरे पास आकर बोला, "आपके मित्र आज नहीं आये ?"

मैं अचकचा गया। बोला, "जी नहीं, वे आज बाहर चले गये हैं।"

"यहाँ क्या काम करते हैं, आप ?" उसने पूछा। मैंने जवाब दिया, "मैं एक अखबार में काम करता हूँ।"

"क्या नाम है आपका?"

"शरदेन्दु शर्मा।"

"शरदेन्दु शर्मा आप ही हैं?" वह आँखें फाड़कर बोला, "मैंने आपकी कविताएँ और कहानियाँ पढ़ी हैं। आप बड़े कलाकार हैं।"

मैंने ससंकोच कहा, "यों ही कुछ लिख लेता हूँ।" वह तपाक से बोला, "नहीं साहब, आप बड़े कलाकार हैं। आप स्रष्टा हैं, आप द्रष्टा हैं, आप ब्रह्मा हैं। मैं आपको प्रणाम करता हूँ।" उसने सिर झुकाकर हाथ जोड़े। इतनी भक्ति से मैं घबड़ा गया। मैंने कहा, "आप शायद मजाक कर रहे हैं।" वह बड़े भाव-भरे स्वर में बोला, "नहीं साहब, मैं क्यों आपकी मजाक करूँगा। हम लोग तो अन्धे प्राणी हैं—राग-द्वेष का परदा आँखों पर डाले हुए। आप दिव्य दृष्टिवाले देव हैं, जो मनुष्य के बाह्य को भेदकर उसके मन में शाश्वत सत्य को देखते हैं। आप आनन्द की वृष्टि करते हैं। आप दाता हैं, हम केवल याचक।"

मैं बड़े असमंजस में पड़ गया। जिसे मैं गुण्डा समझ रहा था, उसके मुख से कविता झर रही थी। मैं मुग्ध हो गया। इसी समय मेरे मन में पिछले दिनों की उसकी हरकतें आयीं और मैं यह तय नहीं कर सका कि उसे क्या समझकर बातें करूँ।

इसी समय वेटर आया। और उसने 'आर्डर' दिया, "दो कॉफ़ी और टोस्ट।"

फिर मेरी ओर मुड़कर बोला, "पिछली कुछ रातों से आप मेरे पीछे बड़े परेशान हैं।"

मैं अवाक् रह गया। उसके मुख की ओर देखता रहा।

वह बोला, "आपका कुतूहल बड़ा स्वाभाविक है। आप लेखक ठहरे। मानव-व्यवहार और मानव-स्वभाव का उद्घाटन करना तो आपका काम है।"

कॉफ़ी आ गयी और खाने-पीने में बात का सिलसिला कुछ देर टूट गया। फिर कुछ बातें चल पड़ीं। वह बड़े सहज भाव से निर्मल मन से बात करता था। वह मुझे बहुत अच्छा लगा। पर ज्यों ही वह उस परदे की ओर देखने लगता, मेरे मन में उसकी सारी भलाई गायब हो जाती। हमारे मन में एक बना-बनाया नैतिक सिद्धान्त है। जो स्त्रियों की ओर देखे वह बुरा आदमी, जो न देखे वह अच्छा आदमी।

बड़ी देर वह स्नेह से बातें करता रहा, फिर उठा। बोला, "अब मैं चलूँगा। आपको आज मेरे पीछे परेशान होने की जरूरत नहीं है। आज मैं सीधा घर जाऊँगा।

मैं तो चकित हो गया। मेरी परेशानी देखकर वह बोला, "आप परेशान न हों।

आपकी जिज्ञासा स्वाभाविक है।"

मुझे समझ में नहीं आ रहा था कि मैं लड़कियों का पीछा करनेवाले गुण्डे के सामने हूँ, कि किसी कालेज के हिन्दी-प्रोफेसर के।

मैं तब तक सँभल गया था। मैंने कहा, "लेकिन परिचय एकतरफा रह गया। आपने अपने बारे में कुछ नहीं बताया।"

वह बोला, "आप मेरे साथ मेरे घर चलिए।"

मैं इस प्रस्ताव से सहमा। शंका हुई। पर मेरा कुतूहल आखिर जीत गया और मैं उसके साथ चला।

मैं उसके घर पहुँचा। छोटा-सा सुन्दर मकान था। बैठक में सोफा, टेबिल तथा पुस्तकों की एक आलमारी। स्वयं ताला खोलकर अन्दर घुसा था इससे यह तो मैं जान गया कि वह वहाँ अकेला ही रहता है।

मुझे कुर्सी पर बिठाकर वह बोला, "मैं आपको बड़ा रहस्यात्मक व्यक्ति लगता हूँ न ?"

मैंने कहा, "हाँ, मैं कई दिनों से जानने के लिए परेशान हूँ कि आप इस तरह लड़कियों का पीछा क्यों करते हैं ?"

वह बोला, "मैं बता तो दूँ आपको, पर आप इसे लिखे बिना मानेंगे नहीं और तब मेरा काम चौपट हो जायगा।"

मेरे उत्तर की प्रतीक्षा किये बिना ही वह बोला, "खैर, मैं आपको बतलाये देता हूँ।"

उसने टेबिल की दराज में से एक पैकेट निकाला, जिसमें कुछ तरुणों की तस्वीरें थीं जिनके नीचे नम्बर लिखे थे—1—2—3—4—फिर उसने दूसरा पैकेट निकालकर दिखाया, जिसमें तरुणियों की तस्वीरें थीं, जिनके नीचे भी नम्बर लिखे थे।

वह बोला, "ये शहर के कुछ तरुण-तरुणियों के चित्र हैं। इन दोनों के नम्बरों का मिलान करिये— सब समझ में आ जायेगा। यह नम्बर तीन की युवती और यह नम्बर तीन का युवक—याने दोनों प्रेमी। इस प्रकार मेरे पास कई जोड़ों के चित्र हैं। बड़ी मेहनत से मैंने इकट्ठे किये हैं। इनके अतिरिक्त कुछ चित्र जोड़े से भी हैं। आप किसी युवती का नाम लीजिए, मैं इसके प्रेमी का नाम इस 'डाइरेक्टरी' में से देखकर बता दूंगा।"

मैंने कहा, "परन्तु, परन्तु किसी के पीछे दो-दो नम्बर लिखे हैं और कहीं दो चित्रों में एक ही नम्बर है। इन दो युवतियों के चित्रों के नीचे चार नम्बर लिखा है।"

वह बोला, "नम्बर चारवाले युवक इन दोनों के प्रेमी हैं।"

मैंने कहा, "बड़ा विचित्र शौक है, आपका।"

वह बोला, "शौक नहीं है साहब, 'बिजनिस' है, धन्धा है। देखिए मैं भी पढ़ा-लिखा आदमी हूँ—'ग्रेजुएट' हूँ। मैं काम भी कर सकता हूँ पर मुझे काम मिला नहीं। नौकरी नहीं मिलती इस देश में। आदमी को पेट तो भरना ही है। मैंने सोचा

कि आजकल किस Commodity (वस्तु) का बाजार गर्म है। समझा कि प्रेम का ही बाजार गर्म है। जैसे उच्च शिक्षित वर्ग में स्नो, पाउडर आदि का फैशन है, वैसे ही प्रेम का भी। मैंने सोचा कि देश में स्नो, पाउडर का व्यापार खूब हो रहा है तो प्रेम का भी हो सकता है। बस, मैंने पता लगाना शुरू किया। ये जोड़े मिले। मैंने इन पर प्रकट कर दिया कि मेरे पास उनका रहस्य है और सबूत भी, जो मैं उनके माता-पिता पर प्रकट कर सकता हूँ। नहीं करता हूँ, इसके लिए मैं उनसे पैसे लेता हूँ।

मैंने कहा, "आप इनके प्रेम में बाधा उत्पन्न करते हैं, यह ठीक नहीं है।"

वह बोला, "मैं तो सिर्फ कमीशन लेता हूँ। स्नो, पाउडर का व्यापारी भी तो कमीशन लेता है। स्नो, पाउडर कोई खाना तो है नहीं, थोड़ा मुँह पर ही लगाते हैं। वह फैशन है। इसी तरह ये प्रेमी हैं। ये विवाह करना चाहें तो मैं इनकी मदद करता हूँ। पर विवाह के बिना प्रेम करना तो भाईसाहब गेहूँ नहीं हुआ, स्नो, पाउडर ही हुआ। मैं कमीशन लेता हूँ या यह कहिए कि मैं इनसे मनोरंजन-कर (Entertainment Tax) लेता हूँ। सरकार को जो मनोरंजन-कर लेने का अधिकार है, वही मुझे है। सरकार को यह अधिकार (Negative) 'निषेधात्मक' रूप से प्राप्त है। सरकार मनोरंजन रोक सकती है, पर रोकती नहीं है इसलिए वह 'कर' लेती है। मेरी भी यही स्थिति है।"

मैंने कहा, "लेकिन आपके भय के कारण ये बेचारे प्रेम का आनन्द भी नहीं ले पाते होंगे।"

वह बोला, "नहीं, बात इससे बिल्कुल उलटी है। प्रेम में भय का तत्व तो जरूर है। सच्ची प्रीत तो परकीया की ही होती है न? क्यों? इसलिए कि इसमें स्वजनों, परिजनों का भय रहता है। 'जोगते कठिन संजोग पर नार को।' तुम्हारे काव्य के आदर्श राधा-कृष्ण भी तो पति-पत्नी नहीं थे। जो पत्नी ही है, वह क्या प्रेम करने की चीज है। परतिरिया के प्रेम में भय और आशंका होती है, जिसके कारण प्रेम में अधिक खिंचाव और आकर्षण होता है। मैं अपनी ओर से भय का तत्व इनके प्रेम में मिलाता हूँ, इसलिए एक प्रकार से उनका उपकार ही करता हूँ।"

मैंने पूछा, "तो आपको कितना रुपया मिल जाता है?"

"यही दो-तीन सौ रुपया माहवार। मजे में जी रहा हूँ। धन्धा कोई बुरा नहीं है।" वह बोला।

वह तीन-चार दिन नहीं मिला। किसी और अड्डे पर चला गया होगा। एक दिन वह हमें उसी टेबिल पर बैठा हुआ मिला। थोड़ी देर बाद वह मेरे पास आकर बोला, "आज जरा बाजार चलियेगा।"

मैंने पूछा, "क्यों?"

वह बोला, "एक चीज खरीदना है। एक से दो भले।"

विनोद को वह आदमी अच्छा नहीं लगता था। पता नहीं क्यों ? शायद इसलिए कि दोनों की निगाहें उस हरे पर्दे पर लड़ पड़ती थीं। विनोद किसी काम का बहाना करके चला गया। मैं और वह आदमी बाजार चल दिये।

रास्ते में वह बोला, "एक बढ़िया साड़ी खरीदना है।"

मैंने पूछा, "साड़ी का क्या करेंगे आप ?"

वह बोला "विवाह के उपहार में देना है। मेरे एक Client की कल शादी है--रागिनी की। उसी को देना है।"

मैं बड़ा चकित हुआ। बोला, "यह भी बड़ी अजीब बात है। अब आप उसे साड़ी देंगे। बिजनेस से यह उदारता मेल नहीं खाती।"

वह बोला, "मैं तो ऐसा ही करता रहा हूँ। उससे मेरा दो साल का सम्बन्ध है। लगभग चार सौ रुपया मिल चुके हैं, उससे मुझे। अब जब उसकी शादी हो रही है, तो क्या मैं उसे एक उपहार भी नहीं दूँ।"

मैं तय नहीं कर पाया कि उसे देव कहूँ, दानव कहूँ या सनकी कहूँ।

खैर, साड़ी तो खरीदी गयी।

अब मेरी उससे खासी घनिष्ठता हो गयी थी।

एक दिन वह अपनी भुजा पर काला पट्टा लगाये था। मैंने पूछा, "यह काहे का मातम है ? कौन मर गया ?"

वह बोला, "मरा कोई नहीं है। आज मेरे एक Client का तलाक हो गया। मुझे बड़ा अफसोस है।"

एक दिन मैंने कहा, "विवाह के बाद तो तुम इन Clients से ज्यादा रुपया ऐंठ सकते हो। उन्हें यह भय दिखाओ कि तुम उनका सारा इतिहास पति को बतला दोगे।"

वह बोला, "छिः-छिः मैं इतना नीच नहीं हूँ कि किसी की गृहस्थी बिगाड़ूँ। विवाह होते ही मैं 'डाइरेक्टरी' से उनका नाम काट देता हूँ और फोटो फाड़कर फेंक देता हूँ।"

दो महीने पहले मेरी उससे अन्तिम भेंट हुई। तब से वह न जाने कहाँ चला गया। कॉफ़ी हाउस में मैंने उसे कभी नहीं देखा। घर पर एकाध बार गया तो मालूम हुआ कि उसने मकान बदल दिया। वह क्यों गुप्त हो गया, मैं नहीं जान पाया ? शायद विनोद जानता है, पर बतलाना नहीं चाहता।

विनोद का उससे बिल्कुल परिचय नहीं था। दो महीने पहले विनोद की शादी हो रही थी, जो एकाएक उसी के मना करने पर टल गयी।

एक दिन हम दोनों मित्र कॉफ़ी पी रहे थे कि वह आदमी आया और बोला, "आज फिर बाज़ार चलना पड़ेगा। मेरे एक Client की शादी है।"

मैंने पूछा, "अपने प्रेमी के साथ, कि ?···" वह बोला, "नहीं, माता-पिता के

प्रेमी के साथ। कोई दूकानदार है। पर सुना है लड़का पढ़ा-लिखा काफी है।"

मैंने कहा, "दिखाओ अपने Client का नम्बर और तस्वीर।"

वह विनोद की ओर देखकर ज़रा झिझका, पर मैंने आँखों के संकेत से समझा दिया कि विश्वासी मित्र है।

उसने पाकेट खोला और एक लड़की की तस्वीर दिखाकर बोला, "देखो यह है कुसुम, नम्बर सात।" और फिर एक तरुण की तस्वीर दिखाकर बोला, "यह रहे प्रेमी नम्बर सात।"

विनोद ने देखा और बिना कुछ कहे एकदम उठकर चल दिया।

मैं और वह, दोनों चकित रह गये।

उसने कहा, "आपके मित्र क्यों एकदम उठकर चले गये ?"

मैंने कहा, "मुझे भी आश्चर्य है।"

वह बड़ा परेशान हो गया।

"आपके मित्र का नाम क्या है ?"

मैंने कहा, "विनोद कुमार शर्मा।"

उसने तपाक से दूसरा प्रश्न पूछा, "इनकी दवाई की दूकान है ?"

मैंने कहा, "हाँ।"

वह पसीने से तर हो गया। चेहरे पर बड़ी घबराहट थी। ठण्डी लम्बी साँस छोड़कर बोला, "अरे, अरे आज बड़ा अनर्थ हो गया।"

वह उठा और चल दिया। तब से आज तक वह प्रेम का व्यापारी नहीं मिला।

घी··· !*

इस चीज को हमने बचपन में अपने गाँव में देखा था। खाया भी था। तब से बहुत दिन हो गये। अब हमें इतना-भर याद है कि दूध को खटाई से जमाकर दही बनाते हैं। फिर दही को मथने से मक्खन निकलता है, और मक्खन को गरम करने पर जो चिकना द्रव्य-पदार्थ प्राप्त है, उसे 'घी' कहते हैं। पर यह चीज हमें लगभग 15 वर्षों से नजर नहीं आयी। वैसे इन सालों में हम घी खाते रहे हैं, पर यह निश्चयपूर्वक नहीं कहा जा सकता कि यह वही चीज है, जिससे बचपन में हमारी पहिचान हुई थी। शायद वही हो, और समय के साथ उसके रूप और गुण बदल गये हों।

जिस होटल में भोजन करते थे, उसके साइनबोर्ड पर बड़े अक्षरों में लिखा था

* वसुधा, जनवरी, 1957

कि 'शुद्ध घी का प्रयोग ही' उस होटल की विशेषता है। अच्छे बड़े अक्षरों में छपे और लिखे विज्ञापन को हम एकदम सच मान लेते हैं। हम 6 मित्र उस होटल में खाना खाते थे। सब एक ही दफ्तर में बाबू थे और एक मकान किराये पर लेकर साथ रहते भी थे। चार विवाहित थे और दो अविवाहित। जो अविवाहित थे, वे इस बारे में बिल्कुल स्थिर-मत थे कि उनकी वंश-परम्परा अब आगे नहीं चलेगी। और जो विवाहित थे, वे पति क्या थे, अपनी पत्नियों के बच्चों के पिता-मात्र थे। इसलिए हम लोग वर्षों से परिवार से वंचित थे और सोचते थे कि कभी परिवार के साथ नहीं रह पावेंगे।

हम लोग सुबह-शाम उस होटल में भोजन करते थे। जो रोटियाँ हमारे सामने लायी जातीं, उनमें एक चिकनी, चमकीली चीज चुपड़ी रहती—पूरी रोटी पर बस 5-6 लकीरें होतीं। होटल का लड़का बड़ी अदा से कटोरी में चम्मच डुबाकर वह चीज हमारी दाल में डाल देता। यह 'घी' कहलाता और कभी हमारे मन में यह नहीं आया कि यह घी नहीं है। लोग तो तरह-तरह की अफवाहें उड़ाते थे कि यह चर्बी है; मूँगफली का तेल है; डालडा है; पर हम इन बातों पर कान नहीं धरते थे। निन्दक लोग तो सन्तों तक की निन्दा करते हैं। हमें पूरा भरोसा था कि हम घी खाते हैं। भरोसा न करते तो क्या करते ?

अचानक एक दिन हमारी इस शान्त और सुखी जिन्दगी में तूफान आ गया। उस दिन हम होटल में बैठे दिवाकर की राह देख रहे थे। दिवाकर छुट्टी लेकर अपने गाँव गया था और उसी दिन लौटकर आया था। थोड़ी देर में वह आया, तो उसके हाथ में एक टीन का डब्बा और चम्मच थे। उसकी चाल में आज बड़ी गुरुता थी; आँखों में उल्लास था और मुख पर गर्व गर्दन ऐंठ रहा था। उसने डब्बा टेबिल पर रखा। हमारी आँखों में कुतूहल उभरा, तो वह बड़ी लापरवाही से बोला, "गाँव से शुद्ध घी ले आया हूँ। यहाँ का रद्दी घी खाते-खाते तो तबियत ऊब गयी।"

दिवाकर उस समय हमें दिव्य लगा। वह हमारी नजरों में बहुत ऊँचा चढ़ गया। वह अनायास ही हम अभागों की टोली से हटकर, सौभाग्य के शिखर पर चढ़ गया था। उसके पास शुद्ध घी था। हम सब अपनी हीनता का अनुभव करने लगे। वह एकदम बड़ा हो गया। उसके प्रति हमारे मन में श्रद्धा और सम्मान जाग उठे। कल तक जिस दिवाकर को हम बुद्धू समझते रहे थे, वह आज अनायास ही हमारी नज़रों में परम आदरणीय हो गया। हमारा मन हमें कचोटने लगा—'एक हम हैं, जो यह कचरा रोज खाते हैं, और एक यह दिवाकर है !'

थोड़ी देर हम उसकी महत्ता से दबे हुए चुप रहे। फिर गणेश ने पूछा, "यह बिल्कुल शुद्ध है ? क्यों दिवाकर ?"

दिवाकर बड़े विश्वास से बोला, "हाँ भाई, आँख के सामने तैयार कराया है।" हम फिर दुबक गये।

दिवाकर बोला, "हाथ कंगन को आरसी क्या ? सूँघकर देखो न।"

हम सब एक साथ उठे और डब्बे के आसपास सिमटकर घी सूँघने के लिए

परस्पर नाकें रगड़ने लगे। दिवाकर ने चम्मच से घी निकाला और हमारे हाथों पर थोड़ा-थोड़ा लगा दिया। हम इत्र की तरह उसे हाथ पर मलकर सूँघने लगे और एक-दूसरे की ओर प्रशंसा-भरी दृष्टि से देखने लगे।

दिवाकर की आँखों में इस समय विजेता का गर्व और उल्लास था। बोला, "देखा, कैसा दानेदार है। अगर फ़र्श पर फेंक दो, तो चावल की तरह बिखर जाय।" हम सबने जल्दी ही कहा, "वाह !" देर करते, तो दिवाकर उत्साह में घी को फर्श पर बिखेरकर बतलाने लगता।

इसी समय कोने की टेबिल के सामने बैठा हुआ एक आदमी बोल उठा, "जनाब यह कोई पहचान नहीं है। डालडा में भी दाने बिखर जाते हैं।"

हम लोगों ने बड़े गुस्से से उसकी ओर देखा। हमें लगा, जैसे उसने हमें चाँटा मार दिया हो। उस घी पर हम मुग्ध थे। वह हमारा आत्मीय हो गया था। उसे हमने मन की श्रद्धा के उच्चतम शिखर पर आसीन किया था। वह हमारा आराध्य-सा हो गया था। उसी घी को जब उसने कलंकित किया, तो हममें उस समय धार्मिक जोश-सा आया और हम लड़ने पर आमादा हो गये। शिवनाथ ने कहा, "भाई साहब, यह आपके शहरों का घी नहीं है। गाँव से लाया गया है। मिलावट शहरों में ही होती है।" वह आदमी बोला, "लेकिन साहब, अब शहरवालों ने गाँववालों को भी बेईमानी सिखा दी है। वे भी शहर से डालडा खरीदकर ले जाते हैं, और गाँव के शुद्ध घी में मिलाकर ले आते हैं।" हमने शंकालु नेत्रों से दिवाकर की ओर देखा। हमारे विश्वास पर उस आदमी के तर्क ने बड़ा कठोर प्रहार किया।

दिवाकर से अब नहीं रहा गया। वह अपनी जगह से एकदम उठा और एक चम्मच में घी लेकर उस आदमी के मुँह के पास ले गया और बोला, "सब धान बाईस पसेरी मत तौलिए, साहब ! इसे खाकर देखिए।" उस आदमी ने सचमुच वह घी खा लिया और सिर नीचा करके उसके स्वाद को परखता हुआ, बोला, "हाँ, वैसे यह ठीक है।"

हमारी जीत हुई। हम वर्षों से लदी बाबूगिरी के बोझ को एकदम फेंककर कालेज के लड़कों की तरह 'हिप-हिप हुर्रे' चिल्लाये।

थालियाँ सामने आ गयीं। दिवाकर ने बड़ी घृणा से चुपड़ी रोटियों की ओर देखा और अपनी अँगुली को कुछ इस तरह बचाते हुए, कि कहीं वे रोटियाँ छू न जावें, उसने हाथ से संकेत करके नौकर से कहा, "ये रोटियाँ उठा ले जा। दूसरी रोटियाँ ला। आयन्दा मेरी थाली में चुपड़ी रोटियाँ मत रखना।"

नौकर वे रोटियाँ उठा ले गया और सूखी रोटियाँ लाया। दिवाकर ने उन पर घी छोड़ा। पर हम तो वे रोटियाँ वापिस नहीं कर सकते थे। हम उस समय दिवाकर के सामने बड़े हततेज हुए। चुपचाप नीचा माथा किये, हीनता से दबे, झेंपते-से उन रोटियों को निगलने लगे।

दिवाकर बोला, "लो यारो तुम भी खाओ।" उसने चम्मच भर-भरकर हमारी रोटियों पर घी डालना शुरू किया और हम उठ-उठकर घी की अगवानी करते हुए

बड़ी श्रद्धा से कथा के प्रसाद की तरह उसे झेलने लगे। ऐसा लगता था मानो सागर-मन्थन के बाद देवतागण अमृत बाँट रहे हों। कोने में बैठा वह आदमी भी बड़ी लालसा से देख रहा था, पर हमने इस बात का खयाल रखा कि उस 'दानव' को कहीं अमृत की एकाध बूंद न मिल जाय।

उस दिन हमारे मन में बड़ा द्वन्द्व मचा। जैसे जाम्बवन्त के एक वाक्य ने हनुमान की शक्ति को जगा दिया था, वैसे ही प्रथम वार हमें यह चेतना हुई कि यह होटलवाला हमें चर्बी, तेल या गन्दा घी खिलाता है। हमारे मन में विद्रोह जागा। हमें ग्लानि हुई कि हम इतने दिनों से यह मिलावटी घी खा रहे हैं। उस दिन शाम को हमने होटल के मालिक को घेर लिया और बड़े रोष से कहा, "देखिए साहब, आप हम लोगों को मिलावटी घी खिलाते हैं। अब तक हम कुछ नहीं बोले। पर अब बरदाश्त नहीं कर सकते। कल से अगर शुद्ध घी नहीं मिला, तो हम पाँच रुपये कम कर देंगे।"

वह बोला, "बिल्कुल खालिश घी खिलाता हूँ। कौन कहता है कि वह मिलावटी घी है?"

मैंने कहा, "आप तो ऐसी बातें करते हैं, जैसे हमने कभी खालिश घी देखा ही नहीं। यह देखिए, खालिश घी इसे कहते हैं।" मैंने एक चम्मच घी उसके सामने कर दिया।

वह तपाक से बोला, "यह खालिश नहीं है। यह मिलावटी है।"

दिवाकर ने बड़ी उत्तेजना में कहा, "झूठ! बिल्कुल झूठ! यह खालिश है, सौ फ़ीसदी!" होटलवाला बड़े व्यंग से बोला, "खालिश घी मिलता कहाँ है? आदमी तक तो खालिश मिलता नहीं।"

हम उसके इस वाक्य से तनिक चकित हुए। हमें चुप देखकर वह बोला, "मैंने कहा साहब, एक खालिश अच्छा और एक खालिश बुरा आदमी ला दीजिए। जिसे आप ईमानदार समझते हैं, वह बेईमान निकल जाता है और जिसे बेईमान समझते हैं, वह ईमानदार निकल जाता है।"

पुरुषोत्तम ने ज़रा रोष से कहा, "ये बेसिर-पैर की बातों से क्या फायदा? हम आपसे फिलासफी सीखने नहीं आये हैं।"

होटल का मालिक उसी तरह हमसे खिलवाड़ करता रहा। बोला, "इसमें फिलासफी की क्या बात है? ये तो हकीकत है।"

उसकी इस अजब बकवास से हम भी उस समय हँस दिये। वह समझा, मैदान जीत लिया। बोला, "अच्छा जी, नमस्ते।"

हम वहाँ से चल दिये, पर उससे कहते गये कि कल से खालिश घी मिलना चाहिए।

हम लोग कमरे में आकर बड़ी देर तक घी की खराबियों पर बातें करते रहे। दिवाकर के विचार सबसे अधिक प्रामाणिक थे। हम लोग जल्द ही इस निष्कर्ष पर पहुँच गये कि मिलावटी घी से पेट खराब होता है; भूख मरती है; फेफड़े खराब

होते हैं और टी. बी. हो जाता है; जिससे आदमी मर जाता है और उसे जला देते हैं। तब उसके बीबी-बच्चे गली-गली मारे-मारे फिरते हैं, भीख माँगते हैं। ऐसी विभीषिका आँखों के सामने आयी कि हम काँप गये। हमें लगा कि हमें मरने में अब विशेष देर नहीं।

इसी समय होटल का नौकर आया और दिवाकर से बोला, "बाबू साहब, आपसे मालिक मिलना चाहते हैं। आप कहें तो यहीं आ जायें, या अगर आपको तकलीफ न हो तो...।"

दिवाकर बोला, "मैं ही चलता हूँ।" हम लोगों ने उसे कुछ ऐसे भाव से बिदा किया, जैसे पुराने जमाने में राजपूत योद्धा को युद्ध के लिए बिदा करते थे।

थोड़ी देर बाद दिवाकर लौटा। हम सब आँखें फाड़ उसकी ओर देखते रहे।

वह बोला, "भाई, बड़ा बदमाश है, यह होटलवाला। कहने लगा, दिवाकर बाबू, आपने तो बड़ी ऊधम मचा दी होटल में। मैंने कहा कि मैं तो सिर्फ शुद्ध घी लाया हूँ। इसमें क्या गलत हो गया? वह बोला कि दिवाकर बाबू, माना कि वह घी शुद्ध है; पर शुद्ध घी से गड़बड़ तो पैदा होती है।"

"बड़ा बदमाश है।" हम लोगों ने एक स्वर से कहा।

दिवाकर बोला, "ज़रा सुनो तो। वह कम्बख्त मुझसे कहता है कि आप होटल में बाहर का घी नहीं ला सकते। जो चीज यहाँ मिलती है, वही खाना होगा आपको। अगर होटल के तमाम 50-60 ग्राहक बगावत करेंगे, तो मैं किस-किस को समझाऊँगा?"

हम लोग बड़े गुस्से से बोले, "गोया हम लोग ग्राहक नहीं, उसके गुलाम हुए।"

दिवाकर ने कहा, "और देखो—मुझे फिर फिलासफी सिखाने लगा। कहने लगा कि दिवाकर बाबू, शुद्ध चीज दुनिया में ज़रा मुसीबत लाती है। शुद्ध चीज से दूर ही रहना चाहिए।"

हम लोग बड़ी देर तक गुमसुम बैठे रहे। दिवाकर ठण्डी साँस छोड़कर बोला, "बस भाई, अब कल से भोजन में हमारा साथ नहीं होगा। मैं किसी दूसरे होटल में कल से खाना खाऊँगा। यह अब केवल घी का सवाल नहीं है, मेरी इज्जत का सवाल है।"

बड़ी रात तक हम लोग विचार करते रहे कि क्या करें? सोचा हम सब होटल छोड़ दें। पर दूसरे होटल तो बहुत दूर थे। फिर वहाँ भी तो यही मिलेगा।

आखिर हमें अपनी असमर्थता मालूम हुई। हमें लगा कि इस होटल से हमें कभी छुटकारा नहीं मिलेगा—जिन्दगी-भर।

पर दिवाकर नहीं माना।

दूसरे दिन वह हाथ में डब्बा लेकर शहीदाना गर्व से दूसरे होटल के लिए निकल पड़ा। हम दरवाजे पर खड़े-खड़े उसे देखते रहे। जब वह आँखों से ओझल हो गया, तब गणेश लम्बी साँस छोड़कर बोला, "देखा! अशुद्ध घी ने शुद्ध घी को कैसा खदेड़ दिया।"

पुरुषोत्तम तो इस समय होटल के मालिक की तरह फिलासफर हो गया था। बोला, "हाँ भाई, जहाँ मिथ्या का राज होगा वहाँ सत्य का इसी प्रकार तो तिरस्कार होगा।"

जिन्दगी और मौत*

सेनेटोरियम लगभग दो मील दूर है। 7 घण्टे एम्बुलेन्स कार में बैठे हो गये। भीतर कवि हैं। रह-रहकर उन्हें खाँसी आती है और मैं काँप-काँप उठता हूँ। बगल में बैठा ड्राइवर भी, जो ऐसे अनगिनती मनुष्यों को मौत से मिलने आधे रास्ते तक पहुँचा आया है, 'हे राम!' कहकर गहरी साँस छोड़ता है।

मोटर रुक गयी है— एक आदमी पास के कुएँ से पानी लेने गया है। कवि ने मुझे पास बुलाया। कहा, "देखो, तुम जीवन से भरपूर हो! मैं खाली हो गया हूँ! मैं नहीं चाहता कि तुम मेरे इतने नजदीक रहो।" मैं कुछ कहूँ, इसके पहिले ही वे क्षीण स्वर में बोले, "मेरी अन्तिम कविता —'जीवन-दान न दो' तुमने सुनी है न?"

"हाँ, मुझे उसके कई पद याद हैं।" मैंने कहा।

वे बोले, "उसका अन्तिम पद याद है? कहो भला।"

मुझे अन्तिम पद याद है; पर दो वर्ष पहिले इस पद में जिस चलाचली की तैयारी का संकेत किया था, वह बेला सामने है। अब वह पद जैसे कण्ठ से नहीं निकलना चाहता। कवि की आँखें मेरी ओर लगी हैं। मैंने पद कहा—

'आज धरा के श्रीचरणों में मेरा नमन चढ़ेगा।
कहते हैं, काफ़िला यहाँ से आगे और बढ़ेगा॥
सब कुछ भूलूँ, मुझसे मेरा अन्तिम गान न लो।
जीवन-दान न दो॥'

वे बोले, "फिर मुझे क्यों जहाँ-तहाँ लिये फिरते हो, भाई? अपने बीच जीने दिया है, तो अपने बीच मरने का हक भी तो दो। यहाँ इस सेनेटोरियम के वीराने में, बिना बिदाई के ही काफिला कूच कर जायगा।"

उनके नेत्रों में बधिक के बाण से बिद्ध प्राणी की तरह कातरता और विवशता है। मौत के शिकंजे में कसे प्राणों की छटपटाहट झलक रही है। मैं कैसे इस हाहाकार को शान्त करूँ? मेरे पास धीरज के रटे-रटाये दो बोल हैं। उनसे क्या होगा! यह कवि है—शब्दों का बादशाह। उसने शब्दों की असीम शक्ति को देखा

* वसुधा, जून, 1957

है और भारी-भरकम शब्दों के पीछे छिपी दुर्बलता की पहिचान भी उसे है। उसे शब्दों से कैसे भुलाऊँ ? नहीं, शब्द व्यर्थ हैं।

एक परिचित आ गये हैं। उन्हें समाचार दिया था, इसलिए वे मोटर लेकर शहर से बाहर से साथ हो लेने के लिए आये हैं। उन्होंने कवि को देखा और बोले, "अरे, ये तो स्वस्थ थे। ऐसा कैसे हो गया है?" कवि ने बात सुन ली। झँपती हुई आँखें खुलीं और एक अजब कड़क से वे बोले, "Poverty ! Suffering !" आँखों से दो प्रखर किरणें ऐसी निकलीं, जैसे दो लपलपाती तलवारें गरीबी और दुख को काट फेंकने के लिए चल पड़ी हों।

परिचित ने मुझसे धीरे-से कहा, "पहिले क्यों नहीं लाये ?"

मैंने कहा, "लाना क्या अपने वश की बात है ! लाने का प्रबन्ध करते-करते इतना समय लग गया। पर इधर बीमारी भी तो अपना प्रबन्ध करती रही है। रोग बड़ा बुजदिल दुश्मन है, भाई ! निरस्त्र पर वार करता है, सँभलने नहीं देता।"

ऐम्बुलेन्स चल पड़ी है। चारों ओर हरियाली है। सड़क के साथ-साथ एक झरना बह रहा है। साँझ उतरने लगी है। वृक्ष पक्षियों के कलरव से गूंज उठे हैं--यह जीवन का मुक्त कल्लोल है। और इधर निर्बल फेफड़ों से निकली यह मजबूर खाँसी—मृत्यु का क्रन्दन ! दोनों ओर के वृक्षों से उठते इस कलरव के बीच से यह खाँसी बढ़ रही है—जैसे मरण के स्वागत में दोनों ओर गीत गाती जिन्दगी खड़ी है।

सेनेटोरियम के फाटक पर मोटर रुक गयी। जरूरी पूछताछ करने वे परिचित सज्जन भीतर गये हैं। मैं मोटर के पीछे आ गया हूँ। कवि तकिये के सहारे बैठ गये हैं और उनकी दृष्टि सामने की पहाड़ी पर लगी है। पहाड़ी के सिर पर सूर्य को किसी ने करीने से कस दिया है। कवि की टकटकी लगी है—मुग्ध नयनों से वे उस सम्पूर्ण दृश्य को जैसे आत्मा में समेट रहे हैं। आँखों में बड़ी लालसा, बड़ी जीवनाशा। वे भर-आँख उस छवि को देख रहे हैं—क्या यही है ?

उनके ओंठ खुले। वे अपनी ही कविता की पंक्तियाँ गुनगुनाने लगे--

'हे चिरन्तन ! ठहर कुछ क्षण, शिथिल कर ये मर्मबन्धन।
देख लूं भर-भर नयन, जन, वन, सुमन, उडुगन, किरन, घन।'

सूर्य पहाड़ी में छिप गया—एकदम, एक क्षण में, जैसे कोई बच्चा घर की छत पर खेलते-खेलते सहसा नीचे गिर पड़े। कवि एकदम आँखें बन्द करके बिस्तर पर लुढ़क गये। बड़े आर्त्त-स्वर में बोले, "देखो, यह पहाड़ सूरज को खा गया।" उनकी बन्द आँखों से दो बूंदें निकलीं और गालों के गढ़ों में समा गयीं। वे अस्फुट स्वर में बड़े भावावेश में बोलते गये, "यह काला पहाड़ रोज इसी तरह सूरज को खा जाता है, और हम कुछ नहीं कर सकते। मैं तो हार गया, तुम लोग सूरज को बचाना; पहाड़ उसे खा न पाय; हमारी रोशनी न छीन ले। अपने संकीर्ण, अँधेरे, घिनौने पेट में यह जमाने-भर का सूरज छिपा लेता है ! घड़ी-भर आराम के लिए रुका था कि यह उसे लील ही गया ! तुम सूरज के लिए लड़ना, हमारी रोशनी को निगल जानेवाले से जूझना !" आवेश-जनित कमजोरी के कारण उन्होंने गर्दन डाल दी

और मौन हो गये।

उनकी आँखों से फिर अश्रुधार बहने लगी है—जैसे मृत सूर्य के लिए उनकी आत्मा विलाप कर रही है। मैंने कहा, "आप में इतनी दुर्दम प्राणशक्ति है, आप ऐसे कच्चे कैसे हो रहे हैं?" उन्हें ब्राउनिंग की एक कविता बड़ी प्रिय है। उसकी कुछ पंक्तियों पर तो बड़े मुग्ध होते हैं! मैंने कहा, "आप ब्राउनिंग की इन पंक्तियों को भूल गये क्या?

'I was ever a fighter, so—
one fight more—

मैं चुप हो गया। अन्तिम शब्द इस प्रसंग में कैसे कहूँ? पर वे बोले, "पूरी कहो पंक्ति को—the best and the last!···सत्य को क्यों छिपाते हो? जिसे तुम जानते हो, जिसे मैं जानता हूँ, उसी को हम आपस में एक-दूसरे से छिपा रहे हैं। So one fight more; the best and the last! ठीक कहते हो; जरा सलीके से लड़ूँगा!"

सामने लम्बा-चौड़ा मैदान, सर्वत्र हरयाली—लेकिन इस हरियाली में जिन्दगी का हरापन कहीं नहीं दिखता। सम्पूर्ण प्रकृति जैसे किसी आशंका से हर क्षण सहमी रहती है। इतने मनुष्य हैं—मरीज, डाक्टर, नर्स; लेकिन जीवन का स्पन्दन कहीं अनुभव नहीं होता! ठण्डी हवा हल्की-सी सिहरन पैदा कर रही है। जहाँ-तहाँ 'हट्स' हैं—एक-दूसरी से दूर, अपने-आपमें एक भिन्न संसार। हरियाली में बल्बों से जगमगाती वे झोपड़ियाँ आकाश में झिलमिल करते नक्षत्रों-सी मालूम होती हैं।

'जनरल वार्ड' के सामने हम आ गये हैं। नया मरीज आता देख 50-60 रोगी एकदम बरामदे में आ गये हैं। ये मनुष्य लगते ही नहीं हैं—इतने पास हैं फिर भी लगता है कि ये बहुत दूर से हमें देख रहे हैं। ये मनुष्य लगते ही नहीं हैं—ये केवल अस्तित्व हैं—बिल्कुल वायवी! शून्य आँखों में केवल उत्सुकता! मरीज की मायूसी, पीड़ा, चिन्ता भी इनकी आँखों में नहीं है। केवल कुतूहल; केवल उत्सुकता—बच्चों की तरह! नये रोगी के माध्यम से ये दुनिया से सम्बन्ध जोड़ना चाहते हैं। प्रश्नों की बौछार लग गयी—

"कहाँ से आये हैं?"

"कौन-सी स्टेज?"

"एक लंग?"

"दोनों लंग?"

"कलेप्स करना पड़ेगा?"

ये सब टी. बी. के विशेषज्ञ हो गये हैं। ज़रा देर हलचल रुक गयी है। मैं जवाब दे रहा हूँ, वे कान खोले सुन रहे हैं। फिर हलचल हुई—"अरे राम राम! बड़ी देर कर दी!"

और अब इनमें एक विचित्र व्यस्तता आ गयी है। उनके भटके हुए सामर्थ्य को सहारा मिल गया है। उनके अस्तित्व को सार्थकता मिल गयी है। वे नये मरीज

के प्रबन्ध में लग गये हैं।

"कौन-सा बैड है?"

"सिस्टर को बुलाओ?"

"डाक्टर को खबर करो?"

"चादर बदलने को बोलो।"

सब बच्चों की तरह दौड़ रहे हैं। एक क्षण को उन्हें लगा कि वे सब स्वस्थ हैं और नये मरीज की परिचर्या कर रहे हैं। मेरा काम कुछ नहीं रह गया। उनके अन्दर की मानवी करुणा, संवेदना उमड़ पड़ रही है। वे कुछ कर सकने को आतुर हैं। वे इस घर के वासी हैं और मेहमान की सेवा-चाकरी में लग गये हैं। सामान जमा रहे हैं, बिस्तर ठीक कर रहे हैं, पानी ला रहे हैं। 2-4 कवि के पास खड़े हैं और उन्हें धीरज दे रहे हैं—"कोई चिन्ता नहीं है। जल्दी ठीक हो जायेंगे। मैं भी ऐसा ही आया था, पर अब देखिए।"

वही धैर्य, जो उन्हें मिला था, वे नये मरीज को दे रहे हैं। वे जान गये हैं कि कोई उम्मीद नहीं है; मगर मरीज मरीज को धोखा दे रहा है। उनकी आत्मीयता उमड़ रही है, उन्होंने नये मरीज को स्वीकार कर लिया है, परिवार में शामिल कर लिया है। मुझसे बोले, "आप चिन्ता न करना। हम सब ठीक कर लेंगे। समझ लो कि घर में आ गये हैं।"

कैसा यह घर? और कैसे उसके ये वासी? इनमें अनेक उस लोक की यात्रा पर निकल पड़े हैं—यह सेनेटोरियम एक पड़ाव है—दो घड़ी रुके हैं और एक क्षीण आशा है कि शायद घर से वापिस लौटने की खबर आ जाय; नहीं तो आगे तो बढ़ना ही है।

"सर, नमस्ते!" मैंने चौंककर देखा। एक नव-तरुण है! बोला, "आपने मुझे नहीं पहिचाना? मैं आपका विद्यार्थी रहा हूँ। मेरा नाम नगेन्द्रनाथ है।"

'सर, नमस्ते' से मेरा पिण्ड नहीं छूटता। शहर के किसी भी मुहल्ले में जाऊँ, चाहे बीराने में जाऊँ कोई 'सर, नमस्ते' कह ही देता है। अगर शहर में कहीं से चोरी करके भागूँ, तो जगह-जगह 'सर, नमस्ते' होगी और पकड़ लिया जाऊँगा। एक बार मित्रों के साथ सिनेमा में बैठा खूब हल्का फिल्म देख रहा था। हँसी-मजाक-चुहल! इण्टरवल हुई तो पीछे से आवाज आयी, 'सर, नमस्ते!' दो विद्यार्थी ठीक पीछे बैठे थे। डटा रहा—सोचा, 'प्राप्तेषु षोडषे वर्षे।'

यह नगेन्द्र यहाँ! 3 साल पहिले इसे पढ़ाया था। अच्छा खूबसूरत, स्वस्थ लड़का; हाकी बढ़िया खेलता था। और आज यह यहाँ?

मैंने पूछा, "अरे तुम यहाँ कैसे?" प्रश्न मेरा निरर्थक था। यहाँ तफरीहन कोई नहीं आयगा। वह बोला, "6 महीने हो गये सर! बी. ए. के बाद ही आ गया।"

"अब?" मैंने पूछा।

"6 महीने और रहना पड़ेगा।" वह बोला।

सेनेटोरियम के भोजन, हवा और आराम ने इसके शरीर को क्षीण नहीं होने

दिया। मगर भीतर? इसके तारुण्य को खोखला करनेवाला वह घुन तो लगा है। मैंने उसकी पीठ पर हाथ रखा। उसकी आँखों में आँसू आ गये। वह बोला, "सर, माँ और छोटे भाई का क्या होगा? मैं नौकरी पर जा ही रहा था कि यह हो गया। मुझे अपनी चिन्ता नहीं, पर उनको कौन पालेगा?"

मैं उसकी पीठ पर हाथ फेर रहा हूँ। उसे धीरज बँधा रहा हूँ। बुजुर्ग कहते थे, यह राज-रोग कहलाता है, राजाओं को हुआ करता था— उन्हें फुरसत थी। पर जो जीवन की कशमकश में उलझे हैं; जो पसीने की एक-एक बूंद से एक-एक दाना कमाते हैं; जिन्हें बीमार पड़ने की फुरसत नहीं है; उन्हें यह क्यों होता है? इसने कब से वर्ग-भेद छोड़ दिया?

डाक्टर, आ गया है। कवि को देख रहा है। "मैं शान्ति से बिदा होने आ गया हूँ, डाक्टर! परिवार से, मित्रों से दूर!" डाक्टर ने कहा, "यह कैसी बात करते हैं! अभी तो कुछ नहीं बिगड़ा है। जरा-सा दाग एक लंग पर है।" कवि के मुख पर विश्वास आ गया है, उन बुझी-बुझी आँखों में जीवनाशा जगमगाने लगी है। वे बोले, "एक कप चाय और कुछ बिस्कुट चाहिए!" एक कदम जिन्दगी की ओर बढ़ाने का उल्लास उनके मुख पर है। चाय और बिस्कुट उनके लिए जीवन का लक्षण है। चाय और बिस्कुट उनकी जीवन की दुर्दम आकांक्षा का प्रतीक है। जिन्दगी की डोर को वे खूब कसकर पकड़े हैं, उनके संघर्ष का प्रयत्न चेहरे पर साफ झलक रहा है।

मैं बरामदे में आ गया हूँ। आसपास मरीज हैं। दुनिया की तमाम बातें पूछ रहे हैं। व्यक्तिगत से लेकर अन्तर्राष्ट्रीय तक, जैसे कोई यात्री वर्षों पहाड़ों में भटकता रहा हो और लौटकर वर्षों के हालचाल पूछ रहा हो। वे सब बाहर की दुनिया से सम्बन्ध जोड़ना चाहते थे, अनुभव करना चाहते थे कि इस विराट विश्व में उनका अस्तित्व भी है। वे दूर नहीं हैं। विश्व की जीवन-धारा में वे बह रहे हैं।

एक नर्स आयी। चेहरे से चिड़चिड़ी मालूम होती है। बोली, "अरे, तुम लोगों ने यहाँ क्यों भीड़ लगा रखी है? जाओ अपनी जगह पर!" वह मरीजों को बच्चा समझती है, ऊधम करते बच्चों को अपने-अपने बिस्तर पर सुलाना चाहती है। मगर इस समय अपने को बच्चा मानने के लिए तैयार नहीं हैं। वे पूर्ण विकसित व्यक्तित्ववाले मनुष्य हैं, वे बाहर से आये एक आदमी से बातचीत कर रहे हैं। उन्हें बुरा लगा। उनका आहत आत्मसम्मान रो पड़ा, बच्चों की तरह। वे बोले, "सिस्टर, तुम्हारी बात से हमारा खून जल जाता है। कैसा बोलती हो तुम? हम क्या आदमी नहीं हैं?" वे सब डाँटे हुए बच्चे की तरह दुबककर रह गये हैं, निर्बल क्रोध और विवशता से एक-दो के गले भर आये। इन्हें मीठी बात चाहिए; स्नेह की वाणी चाहिए। घर से दूर, परिवार से दूर, मित्रों, सम्बन्धियों से दूर इस घेरे में बन्द ये आत्माएँ जीवन का संस्पर्श चाहती हैं। उन्हें स्नेह की चाह है; उन्हें रस की भी चाह है, उन्हें विश्वास की चाह है; आत्मीयता की चाह है, माधुर्य की चाह है— उन्हें वह सब चाहिए जो जीवन को अर्थ देता है। नर्स के नीरस कड़वे बोल जैसे

उन्हें जीवन से दूर ढकेलते हैं।

वे मुझे घेरे हैं, जैसे अपने बीच खड़ी जिन्दगी को पकड़े हों।

"बड़ी चिड़चिड़ी है।" एक बोला।

दूसरे ने कहा, "कुछ नहीं—Repression (मौन दमन) है।" मैंने उसकी ओर देखा। दक्षिण का आदमी है। मैंने पूछा, "आप कहाँ से आये ?"

वह बोला "मैं टाटा इन्स्टीट्यूट ऑफ सोशलाजी में था। कोर्स का एक साल रह गया था, सो यहाँ काटना पड़ रहा है।"

वे सब बिस्तरों पर आ गये हैं। आठ की घण्टी बजी और वे आरती गाने लगे। डार्मिटरी के दोनों ओर बिस्तरों पर हाथ जोड़कर वे बैठ गये हैं; एक आदमी बिस्तर पर बैठे-बैठे ही आरती की थाली घुमा रहा है।

रोज का क्रम है। विचित्र दृश्य है। वे बड़े करुण कण्ठ से गा रहे हैं—

'जय जगदीश हरे, जय जगदीश हरे !
भक्त जनों के संकट पल में दूर करे !'

गले उनके रुँधे हैं। पीड़ित आत्मा का आर्तनाद-सा लगता है। टी. बी. के मरीज को इस युग में भी लगता है कि उसका अन्त आ गया। ये सब अपने को गया हुआ मान बैठे हैं, जीवन इनका खो गया है। इनका विश्वास गया, आशा गयी, निष्ठा गयी ! ये किसी अलक्ष्य, पर सर्वोपरि शक्ति से आसरा चाहते हैं। नदी में गिरे उस आदमी-जैसे हैं, जो आसपास किसी तैरती लकड़ी को न पाकर चीखता है कि किनारे पर कोई कहीं सुन ले और बचा ले। कण्ठ से घनीभूत पीड़ा प्रवाहित हो रही है।

गाते-गाते दो-तीन आदमी फूट-फूटकर रोने लगे। बच्चों की तरह सिसक रहे हैं।

अब मेरे लौटने का वक्त हो गया है। मैं कवि के पास पहुँचा। "अब मैं चलता हूँ। रात में ही लौटना है।" मैंने कहा।

उन्होंने मेरी ओर देखा। टकटकी लगाकर देख रहे हैं—जैसे अपने इस अन्तिम सम्पर्क को साथ ले जाना चाहते हैं। कुछ ऐसा लग रहा है उन्हें कि मेरे दूर होने से संसार से बाँधनेवाला अन्तिम सूत्र भी टूट रहा है।

मैंने कहा, "दो-चार दिन में फिर आऊँगा, मैं। आप चिन्ता न करें। जल्दी अच्छे हो जावेंगे। सब प्रबन्ध ठीक हो गया है।"

वे बोले, "हाँ देखो—"

बाहर चलने लगा, तो उन 40-50 मरीजों ने 'नमस्कार', 'जैरामजी की' की झड़ी लगा दी। कैसी आत्मीयता ! और दो घण्टे के इस परिचित के जाने का कैसा दुख ! जैसे जन्म का साथी जा रहा हो।

मैं बाहर आ गया हूँ। मोटर की घर्र में वे क्षीण आवाजें दबी जा रही हैं।

दुख का ताज*

कोई क्षण ऐसा होता है जब मनुष्य अपनी आत्मा को निकालकर हथेली पर रख लेना चाहता है; उसे पूर्ण निर्वैयक्तिक भाव से निर्लिप्त रहकर, चारों ओर से जी-भर देखना चाहता है; उसे दूसरों को दिखाते हुए घूमना चाहता है। ऐसी घड़ी में संकोच की दीवारें सहसा टूट जाती हैं, लाज-शरम के परदे हट जाते हैं और मनुष्य अपने सच्चे नंगे रूप में खड़ा हो जाता है।

वह रात ऐसी ही थी। दिसम्बर का महीना। कड़ाके की ठण्ड। शाम को तीन घण्टे पानी बरसा था। शरीर को छेदनेवाली ठण्डी, गीली हवा सनसना रही थी। दूसरी मंजिल पर उखड़ी सीमेण्ट के फर्श पर बिस्तर बिछाये वे दोनों एक कम्बल में लिपटे पड़े थे। सँकरे कमरे की दीवारें पैर और सिर को लगभग छूती थीं। कम्बल दो थे मगर फटे थे और उन दोनों को उन्होंने ऐसी चतुराई से दुनया लिया था कि वे परस्पर एक-दूसरे के छिद्रों को ढाँके हुए थे।

एक-दूसरे के छिद्रों को ढाँकनेवाले कम्वलों की तरह ही ये दोनों मित्र थे। एक ही दफ्तर में काम करते थे और एक फर्श पर, एक छत की छाया में, एक बिस्तर पर, एक ही कम्बल में लिपटे पड़े रहते थे। मामूली पढ़े-लिखे ये दोनों 'इम्पलायमेण्ट एक्सचेंज' की धूल महीनों छानकर अब 8-8 महीने के लिए नौकरी पा गये थे। यह पाँचवाँ महीना चल रहा था। तीन महीने बाद फिर दोनों सड़क पर होंगे; फिर कहीं 2-4 माह की नौकरी। वर्षों से यही क्रम चल रहा था।

दिन-भर दफ्तर में काम करते, शाम को किसी सस्ते होटल में खाना खा लेते, थोड़ी देर यहाँ-वहाँ घूमते; सिनेमाघरों में दीवार पर चिपके इश्तिहारों की तस्वीरें जी-भर देखते और आकर फटे दुहरे कम्बल में सो जाते। ऐसा नहीं था कि नये सस्ते कम्बल खरीद नहीं सकते थे। खरीदने का मन नहीं होता था। 10-5 रुपये ज्यादा देकर बड़े कमरे में भी रह सकते थे, पर इस गन्दे अन्धे कमरे को वे छोड़ना नहीं चाहते थे। इसका उखड़ा-उखड़ा फ़र्श, खुदी हुई गन्दी दीवार; बिना चटखनी की खिड़की; गन्दे कोने; भनभनाते मच्छड़; ये सब उन्हें अच्छे लगते थे। खटमल-भरे गन्दे बिस्तर पर इस कमरे में सोने में उन्हें एक सुख और गर्व का अनुभव होने लगा था। वे इस गन्दगी को; दरिद्रता को गर्वपूर्वक सिर पर धारण किये घूमते थे, जैसे कोई ताज पहिने हों।

हवा के झोंके ने खिड़की को धक्का मारा और दोनों पलवों को दबाये जो ईंट रखी थी, उसे गिरा दिया। खिड़की खुल गयी और छुरी जैसी एक वायु-तरंग ने कम्बल को चीरकर उनके शरीर को छेद दिया।

गोविन्द पड़े-पड़े फुटफुटाया, "धत्तेरी हवा की···यार, ज़रा ईंट फिर से रख

* वसुधा, मई, 1958

देना।"

रामेश्वर बोला, "अरे बाप रे, इतनी ठण्ड में मुझसे नहीं उठा जायगा। घण्टे-भर में फिर शरीर गरम होगा।"

गोविन्द ने मनाया, "मैं तुझे गरम कर दूंगा। आकर चिपट जाना। खुली रही, तो सबेरे निमोनिया से दोनों मरे मिलेंगे।"

रामेश्वर बड़बड़ाता उठा। मकान-मालिक को खूब गालियाँ दीं—'साला, हरामखोर, हर महीना किराया झपट लेता है और एक साँकल लगवाने का नाम नहीं लेता। अबकी पहिली को आयेगा, तो जूते मारकर निकाल दूंगा।' ईंट जमाकर रखी और सी-सी करता एकदम कम्बल में घुस गया।

दोनों बड़ी देर मौन पड़े रहे। ठण्ड ने जैसे दोनों के मन को बर्फ-सा जमा दिया था। ठण्डा अवसाद चारों ओर से हृदय को घेरे था। बड़ी देर तक वे पड़े-पड़े न जाने क्या-क्या सोचते रहे। फिर दोनों के मुँह से अकस्मात निकला, "यह भी क्या जिन्दगी है!" फिर दोनों मौन हो गये। रात की मौन भयानकता ने उनके मन की पीड़ा को उभार दिया था; भुगते दुख ऊपर आ गये, लापरवाही से ढँकी उनकी दुर्दशा एकदम उठकर जैसे सामने खड़ी हो गयी थी।

गोविन्द कहने लगा, "तुम नहीं जानते, मैंने कितने दुःख भोगे हैं। मैं मैट्रिक पास हुआ, तभी पिताजी भी बीमार पड़े। मैंने उनकी छटपटाहट देखी है। वे जीना चाहते थे। मगर सहारा कहाँ से आता। दवा-दारू को पैसा ही कहाँ था! उनका वह सूखा हुआ, दयनीय मुख, वे निराश आँखें, अभी मेरी आँखों के सामने झूल जाती हैं। जब किसी बीमार वृद्ध को देखता हूँ, तो मुझे अपने पिता का मरने के पहिले का चेहरा याद आ जाता है, मैं रो पड़ता हूँ।"

उसका गला भर आया। ज़रा रुककर बोला, "और मरते समय उनकी आँखों की वह लाचारी! मानो कह रहे हों कि बेटा, मैं तुम लोगों के लिए जीना तो चाहता हूँ, पर मौत से लड़ने लायक शक्ति ही नहीं रह गयी है! अब तुम्हारा क्या होगा? और उसके बाद से, दोस्त, हम लोग भूखे ही मरते रहे हैं। माँ ने घर के बर्तन बेचकर भाई-बहिनों का पेट कुछ दिन भरा। मैं मारा-मारा फिरता रहा, नौकरी की तलाश में। रेलवे-प्लेटफार्म की बेंचों पर 24-24 घण्टे भूखा पड़ा रहा हूँ। फिर पेट की आग में झोंकने के लिए होटल से पूड़ियों की चोरी की और पिटा; पर पिटते-पिटते भी पूड़ी मुँह में भर ली।" रामेश्वर ने टोका, "छोड़ भी यार! यह तो हमेशा का रोना है। कोई और बात कर।"

गोविन्द कराहकर बोला, "और मेरे पास क्या है? प्यार की बात करूँ? भूख से बचने में ही जिसका हर क्षण लगा रहा है, उसे प्यार करने की फुरसत कैसे मिलेगी? तुम नहीं जानते, तुमने दुख भोगा कहाँ है। भाई और बहिन को दवाई के अभाव में प्राण त्यागते देखा है मैंने! मैं बैठा-बैठा टुकुर-टुकुर देखता रहा और वे एक के बाद एक मरते गये। और अब माँ और एक बहिन घर में है। मेरी नौकरी का ठिकाना नहीं। बहिन जवान हो गयी है। मैं उसके डर के मारे घर नहीं जाता।

उसे देखता हूँ तो जैसे कलेजे में तेजाब उतर जाता है। यह उसकी ससुराल में रहने की उम्र है। पर बिना पैसे के कौन उससे शादी करेगा? और अब तीन महीने बाद बेकार हो जाऊँगा, तब घर क्या मुँह लेकर जाऊँगा?"

उसकी आंखें सजल हो गयीं और गहरी साँस लेकर वह दुख के आवेग में रामेश्वर से चिपट गया और बोला, "इससे तो मौत अच्छी।"

रामेश्वर जैसे पत्थर हो गया था। वह हिला-डुला तक नहीं। दुखी मित्र के ऊपर सहानुभूति का हाथ तक नहीं फेरा। गोविन्द का दुखी मन तड़पकर रामेश्वर का सहारा लेना चाह रहा था, पर उसे लगा कि उसने निष्प्राण पत्थर को कलेजे से लगा लिया हो।

रामेश्वर की समस्त चेतना अपने भीतर के उठ रहे आवेग को सँभालने में लगी थी। वह गोविन्द की दुख-कथा सुन रहा था। सुनते-सुनते उसके हृदय के किसी कोने से दर्द उठा। धीरे-धीरे उसने उसकी पूरी चेतना को अभिभूत कर दिया। उस ठण्डी रात में उसे ऐसा लगा जैसे उसका शरीर जल रहा हो। दुखी वह भी था और शायद वह दुख ही था, जो इन दोनों को इतने समीप लाया था। परस्पर छिपाने लायक उनके पास कुछ नहीं था। वे एक-दूसरे की दुखती रगों को जानते थे, एक-दूसरे से कितने बार अपने दुख कह चुके थे। पर आज तो जैसे उनके दुखी प्राण निकलकर बाहर मँडराना चाहते हैं।

रामेश्वर मौन रहने का प्रयास कर रहा था। वह अपने दुख नहीं कहना चाहता था। पर उसने सबकुछ कहाँ कहा था? कुछ अनकहा रह गया था! घर की गरीबी, भुखमरी, बेकारी, मौत; ये सब दोनों ने भुगती थीं! पर रामेश्वर को कितने ही दुख थे, जो उसने अभी तक छिपा रखे थे। पर आज की ठण्डी रात, सनसनाती हवा और गोविन्द के हाल ही के दुख के विवरण से उसके मन के सब बन्धन टूट गये।

अपने कलेजे से चिपटे इस मित्र के प्रति उसके मन में करुणा जाग्रत नहीं हुई। और मौकों पर वे एक-दूसरे को समझाते थे, सान्त्वना देते थे, धीरज बँधाते थे। पर आज रामेश्वर कुछ और सोच रहा था—'ऐसा रोता है, जैसे सारी दुनिया का दुख इसी ने भोगा है! अभी दुख इसने देखा कहाँ है। यह समझता है कि मैं बहुत मजे में हूँ। और यही दुखी है!'

और तब वह सहसा बोला, "तूने अभी कुछ नहीं भुगता है। जब भीतर पेट की ज्वाला धू-धू करे और बाहर मुँह भी काला हो जाय, तब आदमी को मौत से प्यारा कुछ और लगता नहीं है। मगर मैं जी रहा हूँ। कभी-कभी मरा बाप जिन्दा बाप से अच्छा होता है। मेरे पिता जिन्दा हैं, लेकिन मेरी तनख्वाह के आधे पैसे उनकी दवा और शराब में चले जाते हैं। जिन्दगी-भर पीते रहे और एक औरत को रखे रहे। घर जाने में मेरा प्राण क्यों काँपता है, जानते हो? मेरे वे दो भाई-बहिन जिनकी आँखों में भूख झाँकती है, मुझसे चिपट जाते हैं, तो मन में आता है कि इसी दम मर जाऊँ। वह भयानक गरीबी और भुखमरी। और भाईसाब, तुम्हें अपनी

बिनब्याही बहिन की फिक्र है। पर बिनब्याही बहिन उस बहिन से अच्छी है, जो परिवार के मुँह पर कालिख पोतकर चली जाय। ससुराल से भाग आयी थी मेरी बहिन; और न जाने किसके साथ चली गयी। दो साल हो गये। कोई पता नहीं। गाँव-जाति में कोई हमारा मुंह नहीं देखना चाहता। कोई पास बिठाकर चुल्लू-भर पानी पिलानेवाला नहीं। मैं क्या जी रहा हूँ? अरे, मैं तो मर चुका। यह तो मेरी लाश है, जिसको निचोड़कर मेरा बाप शराब पीता है और जिसके मांस को चीथकर परिवार भूख शान्त करता है।"

वह ज़रा देर चुप हो गया। न जाने क्या हुआ गोविन्द को, वह एकदम उससे दूर हट गया। बिस्तर के दूसरे कोने पर कम्बल के अन्तिम छोर को दबाये निश्चल पड़ा रहा। एक विचित्र प्रकार की घृणा उसे रामेश्वर से हुई। एक घनीभूत विकर्षण पैदा हो गया। ज्यों-ज्यों रामेश्वर अपने दुख का तार चढ़ाता जाता, गोविन्द के मन से सहानुभूति घटती जाती; क्रोध बढ़ता जाता।

रामेश्वर ने कहा, "इतना भुगता है मैंने। कोई और होता तो उसकी राख भी उड़ गयी होती।"

गोविन्द अनमने भाव से बोला—"अपना-अपना दुख सबको बड़ा लगता है।"

रामेश्वर को चिढ़ आ गयी, "मेरे जैसा भुगतते, तब पता चलता। मेरे पास क्या रह गया? भूख, बेइज्जती, हड्डी-तोड़ काम और समय से पहिले मौत! तुझे तो मुझसे एक चौथाई भी नहीं भोगना पड़ा।"

दोनों की स्पर्धा-सी चल रही थी। दोनों दुखी थे और दुख को गर्वपूर्वक वहन करते थे। जिसके पास कुछ नहीं होता, अनन्त दुख होता है, वह धीरे-धीरे शहादत के गर्व के साथ कष्ट भुगतता है। जीने के लिए आधार चाहिए। और सब अभाव में यह दुख ही जीवन का आधार हो जाता है। वे उसे जकड़े रहते हैं, उसमें गौरव समझते हैं।

वे दोनों दुख का आधार पकड़े थे। गोविन्द समझता था कि मैंने अधिक दुख भोगा है और रामेश्वर सोचता था कि अभी यह जानता नहीं है, कि मैंने और क्या भुगता है। कह दूंगा तब जानेगा कि मेरे जैसी जिन्दगी वह एक दिन भी नहीं जी सकता।

आज उसने कह दिया और कुछ इस भाव से ताना मारा, जैसे गोविन्द के सिर का मुकुट छीनकर अपने सिर पर रख लिया हो।

गोविन्द के मन में रामेश्वर के प्रति घोर कटुता भर गयी। उसे लगा कि वह शत्रु के साथ एक ही कम्बल में सो रहा है। उसे उस क्षण का अनुभव हुआ, जैसे उसकी रही-सही जीवनी शक्ति भी चली गयी।

तभी रामेश्वर बोला, "इन 5-6 सालों में जितना दुख भोगा है, उतना तुम दो जन्मों में भी नहीं भोगोगे।"

गोविन्द एक झटके के साथ कम्बल को फेंककर खड़ा हो गया। उसके भीतर अपार क्रोध और घृणा भर गयी। दुख का ताज मानो उसका छिन गया था, शत्रु

उसके सामने ताज पहिने उसकी हँसी उड़ा रहा था। वह बड़बड़ाया, "साले, दुख में भी तू मुझसे बढ़ गया। मेरे पास गर्व करने को दुख के सिवा और क्या था। तू उस गर्व को भी छीनना चाहता है।"

उसने धमाधम रामेश्वर को लात मारना शुरू किया। 4-6 लात मारकर वह हाँफता हुआ बैठ गया और जोर से रोने लगा।

रामेश्वर चुपचाप लात सहता गया। तनिक भी उसने विरोध नहीं किया। ऐसा प्रसन्न था, जैसे उसके मुकुट में नये हीरे जड़े जा रहे हैं।

सामाजिक की डायरी*

आज सुबह अनाथालय के लड़के बैण्ड लेकर चन्दा लेने आये। मैले-कुचैले लड़के, जिनके तन पर मैल की धारियों से भरे खाकी हाफपैण्ट-शर्ट, सिर पर मैल से काली बनी हुई सफेद टोपी। बैण्ड और बाँसुरी पर गानों की ट्यून बजा रहे थे—नगरी-नगरी, द्वारे-द्वारे ढूंढूं रे साँवरिया !

मेरे पास उस समय मेरा दोस्त सुरेश बैठा था। मुझे वह हमेशा से विचित्र लगा है। कभी-कभी वह बिलकुल 'सिनिक' मालूम होता है और कभी ऐसा समझ में आता है कि वह कुछ ऐसा देख पाता है, जो हम नहीं देख पाते।

लड़कों ने बाजे बन्द करके ज्यों ही गिड़गिड़ाना शुरू किया, सुरेश ने रुपया निकाला और उनके मुखिया से कहा, "लो, सब लोग कुछ लेकर खा लेना।"

लड़कों ने कहा, "नहीं सा'ब, हम कभी ऐसा नहीं करते। हम पैसा मैनेजर को दे देते हैं। अपने मन से ही कुछ लेकर नहीं खाते।"

सुरेश ने कहा, "अगर ऐसा नहीं करते, तो तुम बड़े बेवकूफ हो।"

वह लड़का और उलझन में पड़ गया। उसके साथी आँखें फाड़कर मेरे दोस्त की ओर देखने लगे।

मुझे लगा कि इन अनाथों से इस तरह का बर्ताव अनुचित है। मैंने उससे कहा, "तुम भी यार, आदमी नहीं देखते। ये बेचारे अनाथ लड़के हैं। इनसे क्या उलझते हो ?"

सुरेश पर कुछ प्रभाव नहीं पड़ा। वह शैतानी की मुस्कान के साथ बोला, "अनाथ हैं, इसीलिए मैं उनके भले की बात कह रहा हूँ।" फिर वह उस बड़े-से लड़के से बोला, "अगर तुम इस रुपये का कुछ मीठा-नमकीन, चाट वगैरह खा लो, तो मैं

* वसुधा, जुलाई, 1958

तुम्हें देता हूँ।"

अब वे सब लड़के एक साथ चिल्ला उठे, "नहीं साहब! हम कभी ऐसा नहीं कर सकते। मैनेजर साहब से पूछ लीजिए।" और उस बड़े लड़के ने रजिस्टर खोलकर सुरेश से कहा, "इसमें लिख दीजिए और दस्तखत कर दीजिए।" वे बेचारे यह सिद्ध करने में लगे थे कि वे हर रकम का हिसाब रखते हैं। पर मेरे सिरफिरे दोस्त के मन में न जाने क्या था। उसने रजिस्टर परे हटाते हुए कहा, "मैं लिखकर तो कभी नहीं दूँगा। देखो बच्चो, मैं यह तुम्हीं को दे रहा हूँ। मैं यह नहीं चाहता कि तुम इसे ले जाकर अनाथालय के अधिकारियों को दे दो। तुम कुछ लेकर खा लेना।"

वे बड़ी देर तक आपस में विचार करते रहे और फिर इस निर्णय पर शायद पहुँचे कि बिना लिखा रुपया भी जब जाकर वे मैनेजर को देंगे तब मैनेजर उनकी ईमानदारी से और खुश होगा।

उस बड़े लड़के ने कहा, "अच्छा लाइए।"

सुरेश ने रुपया उसे दे दिया और बड़े सन्तोष का अनुभव किया।

लड़के चले गये। मैं चुपचाप बैठा था। जानता था कि यह कुछ सनकी-सा आदमी है, पर मुझे यह कतई अच्छा नहीं लगा था कि यह उन मुसीबतज़दा लड़कों से ऐसी आड़ी-तिरछी बातें करे और उन्हें बीच में ही पैसा हड़पने की आदत डाले।

उसने आँख के कोने से मेरी ओर देखा और कहा, "तुम्हें मेरा ऐसा करना बुरा लगा न? पर बात असल में यह है कि ये लड़के अनाथ हैं ही नहीं। वास्तव में अनाथ तो उस अनाथालय के अध्यक्ष और मन्त्री और कमेटी के मेम्बर हैं। ये लड़के तो उनके पालनकर्ता हैं। ये बैन्ड बजाकर पैसे माँगते हैं और उस पैसे से उन लोगों का पेट भरता है। ये तो अनाथालय के प्रबन्धकों के माई-बाप हैं। असल अनाथ तो वे हैं जो अनाथालय चलाते हैं। मैं चाहता था कि अपने उन बड़े बच्चों को तो मिठाई और चाट ये लोग खिलाते ही हैं, इस रुपये का खुद खा लें। मैं तो उनको अनाथ मानता ही नहीं, वे तो 'नाग' हैं इनके, जो इनके 'नाथ' बनने का दम भरते हैं। तुम्हीं बताओ—अनाथालय का अध्यक्ष है एक बिना प्रेक्टिस का डाक्टर और मन्त्री है बिना मुकदमें का वकील। दोनों की हालत पहिले खस्ता थी। अब दोनों ठाठ से रहते हैं। कैसे रह लेते हैं? पैसा कहाँ से पाते हैं? ये लड़के जो कमाते हैं तथा इनके नाम से वे जो चन्दा इकट्ठा करते हैं, उससे वे जीते हैं।"

मैंने कहा, "यह कहना तो आम रिवाज़ हो गया है कि संस्थावाले चन्दा खाते हैं।"

वह बोला, "तो फिर तुम मुझे एक बात समझाओ! जब हाल ही में पदाधिकारियों का चुनाव हुआ, तब उम्मीदवारों ने इतनी दौड़-धूप क्यों की? बाकायदा कैनवासिंग चल रहा था। उम्मीदवार एक-दूसरे की बुराई करते थे; लोभ भी दिया गया था और धमकी भी। मुझे बतलाइए कि निःस्वार्थ सेवा के काम में इतनी धमा-चौकड़ी क्यों? चुनाव तो ऐसा लड़ते हैं कि जैसे किसी दुकान का नीलाम हो रहा

हो। शिक्षा-संस्थानों की कमेटियों में वे लोग क्यों मेम्बर हो जाते हैं, जिनको शिक्षा से कोई लेना-देना नहीं और तुम्हारे शंकराचार्य गद्दी के लिए हाईकोर्ट में मुकदमा लड़ते हैं। यह सब क्या सेवा और धर्म के लिए होता है।"

उसने तनिक रुककर मेरी ओर देखा और बोला, "तुम बुरा मत मानो! मैंने अभी रुपया उन लोगों को दिया है, जो अनाथ नहीं, अनाथों के नाथ हैं। सच्चे अनाथ तो बेचारे वे डाक्टर और वे वकील और वे मेम्बर हैं। एक मेम्बर के मकान की मरम्मत परसों मैंने इन्हीं लड़कों को करते देखा। ये बुजुर्ग हैं। अपने अनाथ बच्चे का मकान टूट गया, तो क्या मरम्मत नहीं करेंगे।"

वह बखिया उधेड़ता गया और मैं सुनता गया। अब अनाथालय के करीब से गुजरता हूँ, तो मन होता है कि उन बच्चों से पूछूँ कि कहो अनाथालय के मालिको, उन बड़े अनाथ बच्चों का क्या हाल है? रोटी-पानी की व्यवस्था ठीक है न?

गाँधीजी का ओवरकोट*

ठण्ड में मैं खादी भण्डार का ओवरकोट पहनता हूँ। मैं इसे 'गाँधीजी का ओवरकोट' कहता हूँ। बिल्कुल गाँधीजी की तरह सादा सिला हुआ और राजनीतिज्ञों के गाँधीवाद की तरह सपाट। फिटिंग की जरूरत नहीं। सींकिया यार से लेकर तगड़ा पहलवान—दोनों पहन सकते हैं। कुछ लोग ऐसे लगते हैं, जैसे लबादा शरीर पर डाले हों। ऊँचे किस्म का ऊन लेकर कीमती ओवरकोट सिलवानेवाले दर्जी से कन्धे की फिटिंग कराते हैं, पीठ और सीना नपवाते हैं। निचाई तय करते हैं। धागा तय करते हैं। फिर दो-तीन बार ट्रायल देने आते हैं। दर्जी से बहस करते हैं।

मगर इस ओढ़नेवाले गाँधीवाद में, यानी इस ओवरकोट में कोई झंझट नहीं। कोई बिचौलिया नहीं। दो आस्तीनें हैं—साढ़े-चार फुटिए जवान से लेकर 6 फुट-वाले तक के लिए एक साइज की। समता का सिद्धान्त है यह। सर्वोदय भी यही है। आस्तीनों के अलावा एक लबादा है जो शरीर को आगे-पीछे लपेटे रहता है। बटनें भी ऐसी सर्वहारा कि एक साल में धागा टूटने लगता है। बटनों को फिर लगवाना पड़ता है।

कुल मिलाकर यह सर्वहारा का ओवरकोट है और इसे निकालने के लिए खादी बोर्ड को बधाई दी जानी चाहिए। लोग कहते हैं कि संस्था में घपले हैं। मैं इसे दुष्टों का कुप्रचार मानता हूँ। गाँधीजी के जो भक्त हैं, वे क्या घपला करेंगे? कभी

* 10 फरवरी, 1974

नहीं।

यह गाँधीजी का ओवरकोट अद्भुत है। मैं तो स्वराज्य से ज्यादा इस ओवरकोट को गाँधीजी की देन मानता हूँ। इसे धुलाने की जरूरत नहीं। यह मैला होता ही नहीं। एक मित्र ने कहा—'इस पर इस्तरी हो ही नहीं सकती। इसे पहनकर मैं रात को रेलगाड़ी में सो जाता हूँ। सुबह देखता हूँ, एक भी सलवट नहीं। इसे आप पेटी में बन्द रखिए। निकालेंगे तो ताजा का ताजा। और तो और, इसे साल-भर आप मटके में रख दीजिए। निकलेगा, तो पहले जैसा ही। कोई फर्क नहीं। जैसा मटके में डाला था, ठीक वैसा ही निकलेगा। ठीक गाँधीवाद की तरह है जो मटके में डाल दिया है। वक्त आने पर मटके में से निकालकर पहन लेते हैं। या कहिए ओढ़ लेते हैं।

यह अद्भुत सस्ता कोट गाँधीवादियों की एक अनुपम देन है।
यह इतना गरमाता है कि कम्बल ओढ़े बिना भी सो सकते हैं।

मैं तो जब इसे पहनता हूँ तब लगता है, गाँधीजी की बकरी की खाल ओढ़े हूँ। और देशभक्तों को ऐसा इसलिए नहीं लगता होगा कि वे गाँधी की बकरी फौरन बेच चुके थे। थोड़ा रुक जाते तो आज बहुत बड़ा धन्धा अन्तर्राष्ट्रीय स्तर पर होता। पब्लिक सेक्टर में कारखाना खोल दिया जाता और दुनिया-भर में विज्ञापन छपवाते—

'गाँधी की बकरी का कोट। रीअल गाँधी कोट। मिंक कोट से ऊँचे दर्जे का।' भारतीय दस्तकारी की दूसरी चीजों के साथ इस कोट की न्यूयार्क, पेरिस, बोन, फ्रांकफर्ट और न जाने कहाँ-कहाँ नुमाइश की जाती। नुमाइशी किस्म की जनानियों को विदेश-यात्रा का सुख मिलता। साथ में नेता और अधिकारी लोग भी जाते।

तब मिसेज राबर्ट न्यूयार्क में मिसेज सिम्पसन से कहतीं—'देखा, बड़ा अच्छा मिंक कोट इस साल मैंने खरीदा है। मगर तुम यह क्या पहने हो?'

मिसेज सिम्पसन कहती—'फाइ आन दीज मिंक कोट्स! इन मिंक कोटों को धिक्कार है। मैं गाँधीजी की बकरी का कोट पहने हूँ। इसकी कीमत मिंक कोट से डेढ़ गुनी होती है।'

मिसेज राबर्ट दाँतों तले अँगुली रख लेती—'रीअली! गेंडी कोट। उनकी बकरी के चमड़े का कोट है? माई गाड? सच ए हाली कोट। (इतना पवित्र कोट!) प्लीज गेट मी वन बेन दी नेक्स्ट स्टाक कम्स (अगला स्टाक आये तो मुझे एक जरूर खरीद देना।) आई वाण्ट ए गेंडी कोट।'

मगर गाँधी-भक्तों ने उनके नाम पर छोटे-मोटे धन्धे तो किये, पर इस अन्तरराष्ट्रीय धन्धे को भूल गये। आज भी समय गुजरा नहीं है। यह जो खादी का ओवरकोट मैं पहने हूँ, इसी को रंग-रँगाकर विदेशों में गाँधीजी के नाम से बेच सकते हैं।

बनावट और मिलावट में हम उस्ताद हैं। इण्डोनेशिया के सुकर्णो जैसे घोर अहंकारी राष्ट्रपति ने भी आत्मकथा में हमें बड़ा ऊँचा दर्जा दिया है। उसने लिखा

है—'जब साम्राज्यवादी हमारा देश छोड़कर गये, तब सबकुछ नष्ट कर गये। इसलिए हमने हर मन्त्री को अपने विभाग के सिवा किसी चीज की तस्करी का काम भी दिया—जैसे विदेश विभाग तथा खाद्य सामग्री की तस्करी। इसमें भारतीयों ने हमारी बड़ी मदद की क्योंकि भारतीय जन्म से ही तस्कर होता है। इण्डियन्स आर बार्ण्ड स्मगलर्स।'

यों सुकर्ण से बाद में हमारे सम्बन्ध खराब हो गये थे, पर कितनी बड़ी प्रशंसा की है उसने हमारी राष्ट्रीय प्रतिभा की।

बहरहाल, मैं बड़े धन्धे के योग्य तो हूँ नहीं। उतने पैसे ही नहीं हैं। मैं ज्यादा-से-ज्यादा इतना कर सकता हूँ कि एक छोटी दूकान खोल दूं। बोर्ड लगा दूं – 'यहाँ गाँधीजी की बकरी के परिवार की बकरियों का शुद्ध, पवित्र, पतित-पावन दूध मिलता है।'

शायद धन्धा चल निकले।

खादी-भण्डार का यह ओवरकोट मैं पवित्र रामनामी दुपट्टे की तरह पहनता हूँ।

कल ही एक पुराने गाँधीवादी मिल गये।

पहले मन्त्री हो गये थे, एक प्रदेश में। फिर दल-बदल में निर्णय गलत ले लिया तो मन्त्री नहीं रहे। विधायक रहे। अब विधायक भी नहीं हैं, क्योंकि टिकट दूसरा झपट ले गया। टिकट के मौसम में गाँधीवादी बाज होता है। झपट्टा मारा और टिकट ले भागे।

पर मजे में हैं। एक-दो एजेन्सियाँ हैं। लड़के दुकान देखते हैं। उनका मेरा आमना-सामना कल हो गया।

वह भी खादी-भण्डार का ओवरकोट पहने थे।

मुझे देखा तो रुक गये। हमारे हँसी-मजाक के सम्बन्ध हैं। कहने लगे, "अरे, तुम भी खादी-भण्डार पर आ गये?"

मैंने कहा, "नहीं, सिर्फ यह ओवरकोट पहनता हूँ। आप भी वही पहने हो। बड़ा गर्म होता है।"

वह बोले, "गाँधी-भण्डार का ओवरकोट गर्म तो होगा ही। इसमें राष्ट्र के लिए बलिदान की गर्मी जो है न। कितने शहीदों की गर्मी है इसमें!"

मैंने कहा, "इसीलिए मैं इसे पहनता हूँ क्योंकि राष्ट्र के लिए मैंने कोई बलिदान नहीं किया, जिससे गर्मी आये। इसीलिए इस ओवरकोट को पहनता हूँ। मैं इसे गाँधीजी का ओवरकोट कहता हूँ। इसमें दूसरों के बलिदान की गर्मी है। मैं इस गर्मी की चोरी करता हूँ।"

वह बोले, "ठीक ही कहते हो।"

मैंने कहा, "बात यह है कि गाँधीजी का सबकुछ तो चला गया, बस यही ओवरकोट बचा है।"

वह बोले, "पर तुम नहीं जानते, इस ओवरकोट के बड़े फायदे हैं। इससे सब-

कुछ ढक जाता है। गाँधीवाद का यह लबादा सब ढक लेता है।"

मैंने पूछा, "तुम तो पुराने गाँधीवादी हो, खादी पहनते होगे। मैं खादी की 'थ्योरी' को नहीं मानता। वह एक समय था। गुजर गया। पर तुम तो पक्के गाँधीवादी हो, सबकुछ खादी का ही पहनते होंगे।"

वह हँसे। कहने लगे, "अरे यार, भीतर सब देशी और विदेशी मिल का पहनते हैं। बनियान फाइन कपड़े की, खादी की नहीं।"

मैंने कहा, "क्यों?"

वह बोले, "इसलिए कि गाँधीजी कहीं दिल को स्पर्श न कर जायें, वरना इन एजेंसियों का क्या होगा?"

मैंने पूछा, "अण्डरवेअर?"

वह हँसे। कहने लगे, "आ गये मजाक पर। गाँधीजी लँगोटी लगाते थे। हम सिली लँगोटी पहनते हैं बढ़िया कपड़े की।"

मैंने पूछा, "कुरता?"

उन्होंने बटन खोलकर दिखाया—बहुत कीमती फाइन ऊन का कुरता था।

मैंने कहा, "फिर यह लबादे की तरह भद्दा खादी-भण्डार का ओवरकोट क्यों पहनते हो? बढ़िया विदेशी ऊन का कोट क्यों नहीं पहनते?"

वह कहने लगे, "अरे तुमने खुद इसे गाँधीजी का ओवरकोट कहा है न। हम इसे इसलिए पहनते हैं कि इसके नीचे भीतर का सबकुछ दब जाय।"

मैंने कहा, "जैसे हमारे मैल की बदबू दबती है?"

स्वर्ग से नरक*

अपनी सृष्टि पर गर्व-भरी दृष्टि डालते हुए ब्रह्मा ब्रह्माणी से बोले, "देखा प्रिये, मेरी सृष्टि को?" ब्रह्माणी ने चारों ओर दृष्टि घुमायी और आँखों में प्रश्नवाचक चिह्न लेकर पति की ओर देखा।

ब्रह्मा ने अभिमान से कहा, "देखो कितना सुखी है मेरा संसार। कैसा पूर्ण बनाया है! यह देखो अनाज से भरे खलियान में किसान मस्त होकर गा रहा है। कितना अन्न! कितने फल-मेवे! और ये माधवी गौएँ! दूध, घी, मक्खन और दही की नदियाँ बह रही हैं। कितना बाहुल्य है! किसी वस्तु का अभाव नहीं है। सब सन्तुष्ट हैं, सब सुखी हैं। और यह देखो प्रिये···"

* प्रहरी, 16 मई, 1948

"लेकिन," ब्रह्माणी बीच में बोल उठी। इतने लम्बे वक्तव्य से बेचारी कुछ ऊब उठी थीं। और ब्रह्मा 'अपने मुख अपनि करनी' वर्णन करते ही जाते थे। अपनी स्त्री से बढ़कर अपनी प्रशंसा सुननेवाला धैर्यवान श्रोता और कौन मिलेगा।

हाँ तो ब्रह्माणी सविनय बोली, "देव ! लेकिन आप तो कहते थे कि आपकी सृष्टि बिल्कुल नवीन वस्तु होगी ? सबसे भिन्न होगी ? परन्तु इसमें और स्वर्ग में अन्तर ही क्या है ? आप तो एक मौलिक संसार रचने की योजना बना रहे थे। पर यह तो स्वर्ग की नकल है।"

ब्रह्मा का मुख मुरझा गया। स्त्री के व्यंग्य की तीक्ष्णता को कौन 'भाग्यवान' नहीं जानता ? और ब्रह्मा को भी 'नकलची' उतना ही कष्टकर था, जितना इम्तिहान से निकाले हुए नकलची लड़के को या कविता की चोरी की पोल खुले हुए कवि को।

सो ब्रह्मा ने सिर खुजलाया और सोचा, सोचा और सिर खुजलाया, इतना खुजलाया कि आधा सिर गंजा हो गया। ब्रह्मा दिन-भर सोचते रहे। इतने में इधर एक हजार वर्ष हो गये, क्योंकि ब्रह्मा का एक दिन मनुष्य के हजार वर्ष के बराबर होता है, ऐसा हमारे पड़ोस के सत्यनारायण की कथावाले 'पण्डज्जी' कहते हैं।

आखिर ब्रह्माजी ने एक नये जीव का ढाँचा अपने कारखाने में बनवाया। स्थूल शरीर-- कुछ बेडौल-सा, पार्वतीनन्दन का पेट लिया और 'नारद मोह' के समय के नारद का चेहरा लिया।

इन्जीनियर बोला, "देव, इस जीव की आँखें नहीं हैं।"

ब्रह्मा ने एक तिनका उठाकर नाक के दोनों ओर तनिक कुरेद दिया।

"बहुत छोटी हैं देव" इन्जीनियर ने विनय की।

ब्रह्माजी बोले, "नहीं, ठीक है। तभी तो यह 'आँख का अन्धा गाँठ का पूरा' कहलावेगा। और देखो, इसके शरीर पर चमड़े की एक मोटी परत और लगा दो, क्योंकि इसकी चमड़ी ही जावेगी पर दमड़ी नहीं जावेगी।"

"जो आज्ञा" कहकर इन्जीनियर चलने को उद्यत हुआ।

"और सुनो। इसे तुरन्त बनाकर संसार को रवाना करो।" ब्रह्माजी ने आज्ञा दी।

कुछ दिनों पश्चात् ब्रह्माजी पत्नी से कहने लगे, "चलो प्रिये, आज तुम्हें संसार दिखा लावें।"

ब्रह्माणी ने टालने के लिए कहा, "रहने भी दीजिए महाराज ! उसमें नवीनता ही क्या है ?"

"नहीं, नहीं, एक बार तो और देख लो !" ब्रह्मा ने आग्रह किया।

ब्रह्माणी बेमन से साथ चली।

ब्रह्मा बोले, "याद है तुम्हें प्रिये, वह दिन जब तुमने कहा था कि मेरे संसार में कोई नवीनता नहीं है ? आज देखो।"

ब्रह्माणी ने देखा, "अरे ! यह किसान तो बड़ा दुर्बल हो गया है। महाराज,

देखिए फटे वस्त्र, मलिन मुख बेचारा भार-सा ढो रहा है। क्या हो गया है इसे ?"

"अभी और देखो यह" ब्रह्मा ने अँगुली से संकेत करके कहा।

"अरे यह आदमी बेचारा कितना दुखी है। क्या यह निर्धन है ? पर यह अभी तो स्वर्ण की खान में काम करता है !"

"यह देखो," ब्रह्मा बिना उत्तर दिये दिखाते चले।

"अरे आश्चर्य ! देव, यह कौन प्राणी है ? बड़ा विचित्र है ! और इसके घर में इतना अनाज भरा हुआ है। यह अन्न तो उस किसान का है न ? फिर इसके पास कैसे आ गया ! और यह द्रव्य ! यह तो श्रमिक ला रहा था, इसका कैसे हो गया ? यह तो दिन-भर से यहीं महल में बैठा है।"

ब्रह्माणी फिर बोली, "और ये क्या हैं देव ? दैत्य-जैसे हैं। मुँह से धुआँ निकल रहा है।"

ब्रह्मा ने उत्तर दिया, "ये कारखाने हैं प्रिये ! ये उसी 'विचित्र' प्राणी के हैं। इनमें हजारों मजदूर काम करते हैं। उसे अमित द्रव्य मिलता है।"

ब्रह्माणी बोली, "क्या कहा महाराज ? मजदूर काम करते हैं और उसे द्रव्य मिलता है। ऐसा तो कभी नहीं सुना। बड़ी विचित्र बात है !"

"यहाँ ऐसा ही होता है प्रिये !" ब्रह्मा ने समाधान किया।

ब्रह्माणी एक ओर बड़े ध्यान से देख रही थी। एकाएक बोल उठी, "गौएँ नहीं दिखतीं महाराज ! और ये फल-मेवे राहगीर तोड़कर क्यों नहीं खाते ? क्या ये विरक्त हैं ?"

"नहीं, नहीं प्रिये," ब्रह्मा बोले, "ये सब बगीचे उसी मोटे विचित्र जीव के हैं। उसने उन्हें खरीद लिया है। अब इसके फल कोई नहीं तोड़ सकता।"

"क्यों महाराज, उसने इन्हें लगाया थोड़े ही है। ये तो सबके हैं।" ब्रह्माणी साश्चर्य बोली।

इतने में संसार की सन्ध्या हो गयी। ब्रह्माणी ने देखा कि दिन-भर का थका-माँदा किसान घर आया और सूखी रोटी खाकर टूटी खाट पर टूटी झोंपड़ी में पड़ रहा। उधर वह नवीन प्राणी द्रव्य गिनकर उठा और स्वादिष्ट भोजन करके मखमल की शय्या पर विशाल अट्टालिका में आराम से सोया।

ब्रह्माणी बोली, "यह बड़ी विचित्र बात है देव आपकी सृष्टि में। काम करने-वाला दुखी और काम न करनेवाला सुखी।"

"यही मेरी नवीन योजना है प्रिये ! अब कहो मेरा संसार बिल्कुल नवीन है न ? स्वर्ग की नकल तो नहीं है ?" ब्रह्मा ने अभिमान से कहा।

"हाँ देव, बिल्कुल नवीन। पर कितना भयंकर !" ब्रह्माणी मलिन मुख से लौट पड़ीं।

कहानी के सहारे*

गाड़ी आने में दो घण्टे की देर थी। यह समय नवयुवक यात्री प्लेटफार्म पर चक्कर लगा, उदासीनता का नाट्य करते हुए तिरछी नजर से सहयात्रिनियों के रूप को निहारकर और भगवान् से उन्हें अपने ही डब्बे में बिठाने की प्रार्थना करके काट देते हैं। और परलोक-यात्रा के लिए 'होलडाल' बाँधे बैठे हुए बूढ़े आपस में सुख-दुख को कहकर तथा बेटा-बहू की बुराई करके समय काट लेते हैं, जिससे कभी-कभी इस बात पर विशेष खेद प्रकट किया जाता है कि बहू हमारी चोरी से हलुवा बनाकर खा लेती है।

सेकण्ड क्लास वेटिंग रूम में सामान रखवाकर रमेश ह्वीलर की किताबों की दूकान की ओर बढ़ा, यद्यपि इसके पास टिकिट इण्टर का ही था।

"एक 'सरिता' देना और एक 'चित्रपट'," वह बोला। दोनों पत्रिकाओं को बगल में दबाये एक हाथ पतलून की जेब में डाले रमेश भी प्लेटफार्म पर घूमने निकल पड़ा, और इसमें किसी को कोई आपत्ति नहीं हो सकती क्योंकि वह भी तो पचीस साल का था और परसों ही कानून की परीक्षा देकर लौटा था। इधर उसके पिता परीक्षा समाप्त होने की राह ही देख रहे थे। एक लड़की ठीक कर रखी थी और आज रमेश को इसीलिए खण्डवा भेज रहे थे कि वह लड़की देख ले और अपनी सम्मति दे दे, तो बैसाख सुदी में ही भाँवरे पड़ जावें।

प्लेटफार्म पर उस समय ऐसी कोई वस्तु नहीं थी, जिसके कारण रमेश को दूसरा चक्कर लगाना पड़ता। खीज और निराशा से भरा वह एक बेंच पर बैठ गया और दूसरी तरफ दरी पर बैठे हुए एक दम्पति और 5-7 स्वअर्जित सन्तान-धन को देखने लगा, जो तरबूजे काट-काटकर खा रहे थे।

"पण्डित जगदम्बाप्रसाद ! नाम तो मध्ययुग का-सा है," वह सोचने लगा, "और लड़की का नाम अनुसुइया ! बिल्कुल पौराणिक नाम है। अरे ! कोई आधुनिक साहित्यिक नाम होता—नीरजा, उषा, सन्ध्या, आशा, निराशा; खैर, शादी के बाद मैं ही बदल दूँगा।"

बगल में बैठे हुए बीमा एजेण्ट की बातचीत करने की उत्सुकता से भयभीत हो उसने 'सरिता' खोली। पहिली ही कहानी थी 'भूल'। कथानायक गोपाल कालेज से घर जा रहा है। एक युवती जल्दी-जल्दी उसी डब्बे में आकर बैठती है पर उसका बैग प्लेटफार्म पर रह जाता है। गाड़ी हिलने लगती है पर गोपाल तुरन्त कूदकर बैग उठाकर फिर गाड़ी में चढ़ जाता है। और फिर वही जो होना चाहिए—पहले आँखें बोलीं फिर मुँह खुला, 'धन्यवाद !' और 'अजी धन्यवाद की क्या बात है !'

उसने पढ़ना बन्द कर दिया। सोचा, 'रोमांसहीन जीवन भी क्या जीवन है ?

* प्रहरी, 15 अगस्त, 1949

और बिना प्रेम के विवाह का भी क्या मतलब है ?' इसी उधेड़-बुन में गाड़ी आ गयी और इण्टर क्लास के डब्बे में सामान रखवाकर वह बैठ गया। विशेष भीड़ नहीं थी, क्योंकि इण्टर में एक टिकिट चेकर रहता था इसलिए तीसरे दर्जे के टिकिट-वाले उसमें नहीं बैठ पाते थे।

गाड़ी ने सीटी दी। इसी समय एक युवती हाथ में एक बैग लिये हुए घबड़ाती हुई उसी डब्बे में घुसी। पीछे आते हुए कुली के डब्बे तक पहुँचने के पहिले ही गाड़ी चल दी। युवती बड़ी घबड़ायी पर रमेश ने झट खिड़की से झुककर कुली के सिर पर से उसका होलडाल उठा लिया। युवती ने बड़ी कृतज्ञता से कहा, "बहुत धन्यवाद।" रमेश ने कहा, "अजी इसमें धन्यवाद की क्या बात है !"

डब्बे के ऊँघते हुए यात्रियों के नेत्र अब खुल गये थे। सोनेवाले भी जाग उठे थे और कोई आड़े-तिरछे से कोई सामने से ही उस युवती को देख रहे थे। एक-दो यात्री सपत्नीक भी थे, जो अपनी स्त्री की आँख बचाकर इस सुन्दर युवती पर उड़ती नजर डाल ही लेते थे।

एक पुस्तक खोलकर मुँह के सामने रख वह पढ़ने लगी। रमेश ने भी 'सरिता' निकाली वह कहानी पूरी करने के लिए—गोपाल ने बड़ा खतरा उठाकर कमला का बैग उठाया। 'मैंने भी तो बड़ा खतरा मोल लेकर इसका होलडाल उठाया है।' ···रमेश सोचने लगा। वह एक पृष्ठ और पढ़ गया। गोपाल और कमला की बातचीत होती है, घनिष्ठता बढ़ती है। और उसने 'सरिता' बन्द करके उस युवती की ओर देखा। 'लेकिन यह तो गुड़िया-सी बैठी है। बड़ी मुश्किल है !' उसने मन-ही-मन परेशानी का अनुभव कर कहा।

आखिर रमेश ने बड़े साहस से यह सोचकर कि होलडाल उठाने के बदले में मुझे एक प्रश्न पूछने का अधिकार तो है ही, पूछा—"आप कहाँ जा रही हैं ?"

"खण्डवा," उसने किताब से आँखें उघाड़कर कहा। रमेश कुछ चौंका-सा।

"आप शायद खण्डवा ही रहती हैं ?" उसका साहस बढ़ा।

पुस्तक फिर हटी और ओठों से 'जी' निकला। रमेश ने तुरन्त 'सरिता' निकाली और देखा कि गोपाल ने कमला से और कौन-सें-कौन प्रश्न किये थे ?

"आप शायद पढ़ती हैं ?" उसने फिर प्रश्न किया।

"जी ?"

"किस कालेज में पढ़ती हैं ?"

"वीमेन्स कालेज, धनपुर में ! सेकण्ड इयर में।"

गोपाल ने तो कमला से नाम-पता भी पूछा था, पर रमेश की हिम्मत नहीं बँधती थी। पर बड़ा कड़ा हृदय करके उसने आखिर पूछ ही लिया, "आपका नाम क्या है ?"

युवती समझ गयी कि कोई कालेज का लड़का है और रोमांस की तलाश में घूम रहा है। उसने भी अपना असली नाम छिपाकर बतलाया, "जी मेरा नाम कमला है।"

रमेश चौंक पड़ा—'कमला !' उसने सोचा, 'कहानीवाली लड़की का नाम भी तो कमला है। कैसा सुयोग !'

"आप खण्डवा में कहाँ रहती हैं ?"

यह सोचकर कि ठीक पता बतलाने पर ये महाशय घर के चक्कर काटेंगे, उसने फिर झूठ कहा, "रामगंज में !"

इससे आगे वह कुछ न पूछ सका। 'सरिता' उठायी और कहानी आगे पढ़ने लगा। गोपाल ने भी अपना नाम-पता वगैरह कमला को बतलाया था, पर यह कमला तो पूछती ही नहीं। परन्तु परिचय तो अधूरा रहा जाता था ! आखिर वह बिना पूछे ही बोला, "मैं भी धनपुर में लॉ कालेज में पढ़ता हूँ। मैं भी खण्डवा जा रहा हूँ, पण्डित जगदम्बाप्रसाद के यहाँ। आप शायद जानती होंगी।" वह युवती एकदम चौंक पड़ी और दूसरे ही क्षण रमेश की आशा के प्रतिकूल वह पूछ बैठी, "आप कहाँ रहते हैं ?"

"बैतूल में।" वह फिर चौंकी, "आपका नाम क्या है !"

रमेश उसकी उत्सुकता से प्रसन्न होकर बोला, "जी मेरा नाम रमेशचन्द्र शर्मा है।"

वह फिर चौंकी और चेहरे पर बड़ी परेशानी आ गयी। दूसरी ओर मुँह करके सिकुड़कर वह बैठ गयी। रमेश को बड़ा बुरा लगा।

खैर, उसने फिर 'सरिता' खोली। पढ़ने लगा—गोपाल ने कमला के लाख मना करने पर भी अपने 'टिफिन' में से मिठाई खिला ही दी, फिर फल भी खिलाये। पर बेचारे रमेश के पास न तो मिठाई ही थी, न फल। पर कुछ करना तो था ही। गाड़ी एक स्टेशन पर खड़ी हुई तो उसने पूछा, "चाय पियेंगी।"

"जी नहीं !" उसने और सिकुड़कर उत्तर दिया।

"तो शर्बत पी लीजिए।"

"जी नहीं।"

"पान खा लीजिए।"

"जी नहीं।" घबड़ायी-सी वह बोली। 'सिगरेट पी लीजिए'···उसके मुँह से निकलते-निकलते रह गया।

रमेश बड़ा परेशान था। अभी तो इतनी उत्सुकता से नाम-पता पूछ रही थी और अब मुँह फेरकर बैठी है।

वह फिर 'सरिता' उठाकर पढ़ने लगा। आखिर गोपाल ने ऐसे मौके पर क्या किया ? पर उसने देखा गोपाल को ऐसी कठिनाई आयी ही नहीं। कमला और गोपाल में मेलजोल हो गया। प्रेम हो गया। प्रतिज्ञाएँ हुईं—'कभी अलग न होंगे।' आदि।

पर उसने आगे पढ़ा। गोपाल के पिता ने लड़के की इच्छा के विरुद्ध उसकी शादी एक धनवान की लड़की से कर दी। पिता के सामने गोपाल की एक न चली। रमेश सोचने लगा, 'धिक्कार है गोपाल की शिक्षा को ! मूर्ख शादी से इनकार भी

नहीं कर सका, कायर कहीं का ! हम युवक यदि इन रूढ़ियों को न तोड़ेंगे तो कौन तोड़ेगा ? कैसा नीच निकला गोपाल ! हाथ पकड़कर छोड़ दिया। पर मैं—मैं इसी कमला से शादी करूँगा। चाहे सूर्य टल जाय पर मेरा यह निश्चय अटल रहेगा। मैं गोपाल-सा भीरु न बनूंगा।'

खण्डवा आ गया। रमेश ने सामान उतरवाया। नमस्ते किया, मिलने का वायदा किया। वह लड़की नौकर के साथ स्टेशन से बाहर चली गयी और ताँगे में बैठकर रवाना हो गयी।

आतापुरा में पण्डित जगदम्बाप्रसाद के मकान के सामने ताँगा खड़ा होते ही वह युवती उतरी और भरभराती हुई भीतर चली गयी। दरवाजे को पार करते ही एक स्त्री ने कहा, "अरी अनुसुइया, तुझे कब का तार दिया है। अब अगर इसी बीच में वे आ जाते तो क्या हम उन्हें तेरी मिट्टी की मूर्ति दिखाते !"

वह बोली, "अरी भाभी ! गजब हो गया। वे तो इसी गाड़ी से मेरे ही डब्बे में बैठकर आये हैं। अभी आते ही होंगे। मेरे से कहते थे 'पान खाओ।' मैंने समझा, कोई कालेज काआवारा लड़का है, इसलिए गलत नाम और पता बतला दिया।"

"बड़ी शैतान है तू !" कहकर भाभी ने तुरन्त सारे घर को सचेत कर दिया। दूसरा ताँगा रुका। पण्डित जगदम्बाप्रसाद दौड़े 'आइए ! आइए ! विराजिए !'

रमेश बोला, "जी क्षमा कीजिए, मैं बैठूंगा नहीं। मेरे पास समय नहीं है। मैं सिर्फ यह कहने आया हूँ कि मैं विवाह करने में असमर्थ हूँ।"

पण्डितजी एक क्षण अवाक रह गये —"यह कैसी बातें करते हैं आप ! बैठिए तो ! आपके पिताजी ने तो सम्बन्ध पक्का कर लिया है।"

"जी हाँ, तो मैं सम्बन्ध तोड़ता हूँ। विवाह मुझे करना है, पिताजी को नहीं।" वह तपाक से बोला। और फिर ताँगेवाले से कहा —'बढ़ाओ !'

मोड़ पर पहुँचकर ताँगेवाले ने पूछा, "कहाँ ले चलूँ बाबूजी ?"

"रामगंज !"

इस समय गोपाल की तुलना में रमेश अपने आपको बहुत ऊँचा समझ रहा था। मुख पर विजय का गर्व था। दिन-भर ढूँढ़ने पर भी रामगंज में कमला का पता नहीं पा सका, तो रमेश सीधा स्टेशन पहुँचा। सोचा, 'निराश होने की क्या बात है ? यह तो प्रेम की पहिली सीढ़ी है।' फिर 'सरिता' खोलकर उसने देखा कि गोपाल की मुलाकात भी कमला से 4-5 महीने बाद हुई थी। उसे बड़ी शान्ति मिली।

पिताजी रमेश को जब पेट-भर गाली दे चुके और उस गोरे सुन्दर लड़के को कुल का कलंक भी बना चुके तो रमेश ने अपने भविष्य का कार्य निर्धारित किया। उसने विचार किया कि कालेज खुलते ही जुलाई में कमला से मुलाकात करूँगा। वह पढ़ने आयेगी ही।

छुट्टियाँ खतम होते ही वह धनपुर चल पड़ा। कुछ उपहार देना चाहिए, इस इरादे से एक 'नेकलेस' भी खरीद लिया।

रमेश धनपुर पहुँचकर अपने मित्र सन्तू भैया के यहाँ ठहरा। सन्तू भैया बड़े अनुभवी विद्यार्थी थे, क्योंकि बी. ए. में पिछले पाँच सालों से बैठ रहे थे। बिना कोर्स पक्का किये जल्दी में पास होना उन्हें पसन्द नहीं था। कालेज के विद्यार्थी और प्रोफेसर सब उन्हें सन्तू भैया कहते थे और विद्यार्थी झूठी छुट्टी लेने, कालेज से भागने, पेपर आउट करने, लड़कियों को तंग करने इत्यादि महत्त्वपूर्ण मामलों में उनसे सलाह लेते थे।

रमेश बोला, "अब तुमसे क्या छिपाऊँ सन्तू भैया ! एक लड़की से प्रेम हो गया है। यहीं पढ़ती है वीमेन्स कालेज में सेकण्ड ईयर में; कमला नाम है। अगर तुम मदद करो तो मुलाकात···"

"अरे यह भी कोई मुश्किल बात है ? पहले खाना तो खाओ।"

दोनों मित्र खाना खाने बैठे तो सन्तू भैया बोले, "रमेश तू अपनी भाभी से मुलाकात करेगा ?"

"अरे, यह क्या कह रहे हो ? तुमने शादी कब कर ली ? बड़े चुपके से मीठी फटकार दी ! हमें तो खबर हीं नहीं लगी !"

"हाँ यार, ज़रा जल्दी में हो गयी। किसी को न बुला पाया। पिछले महीने तो हुई ही है। अरी सुनती हो, ज़रा अपने देवर से मुलाकात तो कर जाओ।"

सन्तू भैया की पत्नी शरमाती हुई आकर खड़ी हो गयीं। नमस्ते कहकर ज्यों ही रमेश ने ऊपर देखा, त्यों ही उसे लगा मानो वह आसमान से गिर पड़ा हो। वह घबरा-सी उठी। नीचा सिर किये जाने लगी। सन्तू बोला, "अरे तुम लोग तो ऐसे गुमसुम बैठे हो जैसे बड़ी दुश्मनी हो। लाओ परिचय तो करा दूं। तो भाई, ये तेरी भाभी हैं—नाम अनुसुइया है। खण्डवा के पण्डित जगदम्बाप्रसाद की लड़की हैं। और ये मेरे मित्र रमेशचन्द्र शर्मा, कमला नाम की किसी लड़की की तलाश में आये हैं। यहीं वीमेन्स कालेज में पढ़ती है, सेकण्ड ईयर में, क्यों न भाई ?"

रमेश ने चौंककर पूछा, "क्या कहा आपने ? भाभी का नाम अनुसुइया है क्या ?"

"हाँ, हाँ," सन्तू भैया हँसकर बोले, "क्यों अच्छा नाम नहीं है ? पौराणिक नाम-सा है कुछ। तू ही कोई साहित्यिक नाम रख देना—उषा, सन्ध्या, आशा, निराशा।"

भोजन के बाद सन्तू भैया बोले, "चल भाई, अब तेरी कमला को ढूंढ़ लावें। कहीं भी हो, तेरी शादी कराके ही छोड़ूँगा।"

रमेश ने मानो जागकर कहा, "नहीं-नहीं, अब फिर आऊँगा। ज़रा एक जरूरी काम याद आ गया। घर जा रहा हूँ इसी गाड़ी से।"

प्लेटफार्म पर रमेश ने मार्च की 'सरिता' निकली। कहने लगा, "गोपाल ने शादी से इनकार नहीं किया, उसने गलती की। मैंने शादी से इनकार कर दिया, तो मैंने भी गलती की।"

और उसने 'सरिता' फाड़ डाली।

रामजी दादा*

धोती के पल्ले से तमाखू खोलकर रामजी दादा ने एक चुटकी ली और सुरसा के समान मुँह फाड़कर, जीभ को उलटाकर तमाखू को जीभ के नीचे यथा-स्थान रखकर बोले, "अरे भैया, सुनार, दर्जी और कसेरा—इन तीन का गले-भर पानी में भरोसा नहीं। सुनार ? अरे राम-राम ! आप जान लेना, सगे बाप को नहीं छोड़ेगा। हाँ ! एक सुनार ने अपने लड़के से कहा कि बेटा ये एक तोला सोना लो और अपनी माँ के लिए करनफूल बना दो। तो आप जान लेना कि लड़के ने बाप के सोने में से भी दो माशे सोना उड़ा दिया।"

रामजी दादा ने बायें हाथ की दो अँगुलियों को फाड़कर ओठों पर रखा और उनके बीच से मुख के तमाखू मिश्रित थूक की व्यवस्थित रूप से एक पिचकारी छोड़कर फिर कहा, "और ये कसेरे ! अरे सगे बाप का श्राद्ध करें !"

रामजी दादा स्वयं कसेरे थे। सड़क के उस कोने पर उनकी पीतल, ताँबे के बर्तनों की एक छोटी-सी दूकान थी। दिन में जिसे रामजी दादा की दूकान कहते थे, रात में उसे रामजी दादा का मकान कह सकते थे।

रामजी दादा का विवाह हुआ था या नहीं, यह कोई पुरातत्ववेत्ता ही बता सकता था; मुहल्लेवालों ने आज से बीस साल पहिले उन्हें अपने दो वर्ष के लड़के के साथ आकर यहाँ बसते देखा था। दादा का वह छैल-छबीला लड़का भूरेलाल अब बाईस साल का हो गया था; और दिन-भर पत्ता खेलता तथा रात को सिनेमा देखता था। रामजी दादा के ग्राहकों से चुपचाप उधारी का पैसा वसूल करके उससे जुआ खेलता है, इत्र-फुलेल खरीदता है और 'कैंची' सिगरेट के दो डब्बे उसे रोज चाहिए ही। पहिले पाखाने में चोरी से पीता था; अब दादा की तरफ पीठ फेरकर पीता है। रामजी दादा ने मान लिया है कि लड़का बिगड़ गया है।

रामजी दादा सबेरे तड़के उठते हैं और दो-तीन बाल्टी पानी लेकर दूकान के चबूतरे पर बैठकर दो अँगुलियों को गले में घुसेड़कर इतने जोर से गड़गड़ाहट करते हैं कि मुहल्ले के लोग जाग उठते हैं। ऐसा लगता है मानो रामजी दादा के मुख में एक ही रात में एक-दो मन मैल जम जाता हो ! इम्तहान के दिनों में मुहल्ले के लड़कों को 'अलार्म' घड़ी का काम देता है, यह मुख धोना। लड़के झट बिस्तर में रजाई ओढ़कर बैठ जाते हैं और ऊँघते हुए "सी-ए-टी कैट-कैट माने चूहा, आर-ए-टी रैट-रैट माने बिल्ली," रटने लगते हैं।

फिर रामजी दादा नहाकर त्रिपुण्ड लगाते हैं, जिसमें आसपास की दो लकीरें तो राख की होती हैं, पर बीच की लाल लकीर किस पदार्थ की है, यह भौतिक विज्ञान के विद्यार्थी के लिए 'रिसर्च' का विषय है। नहा-धोकर रामजी दादा मैली धोती

* प्रहरी, 30 अक्तूबर, 1949

और मैली मिरजई पहिनकर दूकान पर आ बैठते हैं और एक मैले कपड़े से बर्तनों पर की धूल झाड़ते हैं। इसी कपड़े से रामजी दादा मुँह भी पोंछते हैं, फर्श भी झाड़ देते हैं।

मुहल्ले के कुछ बूढ़े जिन्हें परनिन्दा में हरिकथा-सा रस मिलता है, कहते हैं कि रामजी दादा बहुत कंजूस हैं। बड़े लोभी हैं। लोग कहते हैं कि अगर रामजी दादा से कोई कहे कि हम तुम्हें पाँच जूते मारकर पाँच रुपये देंगे तो रामजी दादा कहेंगे, "तू दस मार ले पर छः रुपये दे दे। तू एक रुपये में पाँच मार लेना!"

कुछ भी हो, रामजी दादा को लोग 'भला आदमी' ही कहते हैं और उनके लिए कुछ ऐसी उक्तियाँ कहते हैं, जैसे—'काम से काम; राम से राम; अपना रास्ता जाना, अपना रास्ता आना; न ऊधो का देना, न माधो का लेना।'

रामजी दादा निरन्तर 'राम-राम' कहते रहते। जाग्रत अवस्था में प्रतिक्षण उनके मुख से 'राम-राम' निकलता रहता है और यदि अजामिल की कथा ही कहो तो हमें विश्वास है कि रामजी दादा को अवश्य विष्णु भगवान यमराज के हाथ से छुड़ाकर स्वर्ग ले जायेंगे। वैसे यदि गाली देने की जरूरत पड़ ही जाती तो रामजी दादा 'राम-राम' के बीच में गाली धरकर कह ही देते हैं।

रामजी दादा ने मेरे कन्धे पर हाथ रखकर, मुँह कान के पास लगाकर कहा, "आप जान लेना भैया, कि ये जो लेन-देन कसेरों की? सबके सब बेईमान! सब कम बाट (वजन) से तौलते हैं। अरे, सेर में आधा-आधा पाव कम तौलते हैं।"

"ऐसा है? बड़ी बुरी बात है!" मैंने कहा और अपना सिर दूर हटा लिया, क्योंकि दो-तीन बाल्टी पानी से धोने पर भी दादा का मुँह साफ नहीं हो पाता था।

दादा ने अपना भाषण जारी रखा, "अरे बुरी बात है ही। आप जान लेना, ईमान तो रह ही नहीं गया। मैंने कितने बार समझाया इन लोगों को—अरे भाई, बेईमानी का पैसा नहीं पूरता। पूरा तोलो, चाहे एक पैसा कीमत कसकर ले लो। पर, जान लेना मेरी कौन सुनता है!"

मैंने कहा, "पर दादा, पुलिस तो देख-रेख करती है। ऐसे कम बाटवालों को पकड़ती तो होगी ही।"

"अरे राम का नाम लो भैया! ये कसेरे पुलिस को बेच खायँ। कोई सहज काम थोड़े ही है इनको पकड़ना। तुम तो कांग्रेस के आदमी हो; अखबार भी छापते हो; तुमको ये बेईमानी मिटाना चाहिए। देश रसातल को जा रहा है भैया!"

मेरे सिर पर रखी हुई नुकीली सफेद टोपी और स्वच्छ पायजामा-कुरता मुझे कांग्रेसी बनाये हुए थे। दादा जानते थे कि मैं अखबारी दुनिया का कोई ऐसा फालतू जीव हूँ जो कोई और काम न होने से दूसरों के मामलों में फिजूल कूद पड़ता हूँ। और अखबारनवीस है भी वह मुफ्त का टट्टू जिस पर जनता और सरकार दोनों जब चाहें तब सवारी कर सकती हैं।

मैंने मामले में दिलचस्पी ली, "आखिर मैं क्या कर सकता हूँ दादा?"

"तुम दुनिया को ठीक करते हो भैया और मेरे से पूछते हो? सुनो! धनतेरस

के दिन रात को दूकानों पर हजारों की भीड़ लगेगी। उस दिन ये कसेरे खुल्लम-खुल्ला कम तोलेंगे। तुम पुलिस को लेकर आ जाओ तो मैं एक-एक को पकड़वा दूंगा।" दादा का जाति-प्रेम उमड़ पड़ा था !

मैंने दादा से कहा, "अच्छा दादा, परसों धनतेरस है। मैं कल ही पुलिस को सूचना दे दूंगा। पकड़वाना आपके जिम्मे रहा।"

"हाँ-हाँ, भला मैं झूठ थोड़े ही कहता हूँ। जिस दूकान की तरफ इशारा करता जाऊँ उसके ही बाँट जाँचना चाहिए।"

'अच्छा' कहकर मैं गया और वहीं पास में रहनेवाले इन्स्पेक्टर रामसिंह से कहा कि रामजी दादा तुम्हारी मदद करेंगे। धनतेरस को सब कम बाटों को पकड़ लो। रामसिंह मेरे साथ ही पढ़ता था।

वह मैट्रिक के बाद थानेदार हो गया था और अब इन्स्पेक्टर है और मैं विश्वविद्यालय के टेढ़े-मेढ़े रास्ते में से निकलकर अब कलमबाजी से दो रोटी कमाता हूँ।

धनतेरस की रात बर्तनों का बाजार जगमगा उठा। हिन्दुओं का विश्वास है, धनतेरस को लाभ होने का अर्थ है साल-भर लाभ !

एक थाली, लोटा या कटोरी—एक बर्तन तो कम-से-कम घर में आना ही चाहिए। इस दिन चोर भी सोचता है कि अगर वह सफल हो गया तो साल-भर उसका धन्धा खूब चमकेगा।

बर्तनों की दूकानों पर सैकड़ों नर-नारियों की भीड़ थी। इसी समय रामसिंह दो कान्स्टेबलों के साथ बिल और बाटों की जाँच करने लगा। मैं पुलिस चौकी में बैठा हुआ उसकी राह देख रहा था। थोड़ी देर बाद रामसिंह लौटा और बोला, "अरे यार, नाहक परेशान किया। एक दूकान पर भी कम बाट नहीं मिला। जहाँ-जहाँ रामजी ने कहा वहाँ-वहाँ 'चैक' किया मैंने।" रामसिंह ने भीतर के क्रोध से शान्ति पाने के लिए अपने अमरकोष से दो-चार अच्छी-सी गालियाँ निकालकर नगर के कसेरों और उनके पूर्वजों को भेंट कीं।

मैंने कहा, "मालूम होता है उन लोगों को पता लग गया था कि आज 'चैक' होनेवाला है। तभी सब कसेरे सतर्क हो गये। रामजी दादा झूठ नहीं बोलेंगे।"

रामसिंह ने कहा, "अच्छा मान लिया कि तुम्हारा रामजी दादा युधिष्ठिर का अवतार ही है। पर इससे लाभ क्या ? एक भी तो दूकानदार नहीं पकड़वाया।"

मैंने कहा, "अरे यार, देव-मन्दिरों में घुसने के पहिले जैसे जूते बाहर निकाले जाते हैं वैसे ही मालूम होता है कि पुलिस को प्रवेश करने से पहिले अक्ल को बाहर छोड़ देना पड़ता है। तुम्हारे दिमाग में यह बात क्यों नहीं आती कि तुम थोड़ी देर बाद फिर छापा मारो। सब दूकानदार समझेंगे, अब तो 'चैक' हो गया, अब बेफिकरी से कम वजन तौलो और ऐसे में तुम पहुँच जाओ। एकाध शिकार जरूर हाथ लगेगा। रामजी दादा झूठ थोड़े ही बोलेंगे।"

रामसिंह को सलाह पसन्द आयी, पर इसका यह मतलब नहीं है कि मैंने रामसिंह को कोई नयी बात बतलायी हो। रामसिंह होशियार इन्स्पेक्टरों में गिना जाता

है। उसने कहा, "अच्छा?"

थोड़ी देर बाद वह फिर दो-तीन कान्स्टेबलों के साथ बाहर निकला। मैंने कहा, "अब मैं भी जाकर सोता हूँ। सबेरे मिलूंगा।" मैं चल दिया।

घर जाकर सो गया। आँख लगी ही थी कि एकाएक दरवाजा खटखटाने की आवाज आयी। किवाड़ खोलकर देखा तो एक कान्स्टेबिल खड़ा था। बोला, "आपको साहब बुला रहे हैं। एक दूकानदार पकड़ा गया है।"

मैंने जल्दी कपड़े पहिने और पुलिस चौकी पहुँचा। मुझे देखकर रामसिंह मुसकुराकर बोला, "मेहनत कामयाब हुई। एक दूकानदार पकड़ा गया।"

मैंने भी गर्व से कहा, "तुम तो मानते ही न थे मैंने कहा था, रामजी दादा ऐसा आदमी ही नहीं कि किसी को झूठी बात कहकर परेशान करे। खैर, एक ही सही! दूसरों को शिक्षा तो मिलेगी। कहाँ है देखूं?"

रामसिंह ने कोठरी का दरवाजा खोल दिया। और मैं मानो आकाश से गिर पड़ा। वहाँ रामजी दादा हथकड़ी पहिने बैठे थे!

मैं गूंगा-सा हो गया था। रामसिंह की ओर देखा, उसकी आँखों में व्यंग्य था। मैं रामजी दादा की ओर देख रहा था और रामजी दादा फर्श पर चलते हुए एक चींटे को देख रहे थे। असल मामला यहाँ से शुरू होता है, पर कहानी यहीं खत्म होती है।

लघु कथाएँ

बदचलन

एक बाड़ा था। बाड़े में तेरह किरायेदार रहते थे। मकान-मालिक चौधरी साहब पास ही एक बंगले में रहते थे।

एक नये किरायेदार आये। वे डिप्टी कलेक्टर थे। उनके आते ही उनका इतिहास भी मुहल्ले में आ गया था। वे इसके पहले ग्वालियर में थे। वहाँ दफ्तर की लेडी टाइपिस्ट को लेकर कुछ मामला हुआ था। वे साल-भर सस्पैण्ड रहे थे। यह मामला अखबार में भी छपा था। मामला रफा-दफा हो गया और उनका तबादला इस शहर में हो गया।

डिप्टी साहब के इस मकान में आने के पहले ही उनके विभाग का एक आदमी मुहल्ले में आकर कह गया था कि यह बहुत बदचलन, चरित्रहीन आदमी है। जहाँ रहा, वहीं इसने बदमाशी की। यह बात सारे तेरह किरायेदारों में फैल गयी।

किरायेदार आपस में कहते—यह शरीफ आदमियों का मुहल्ला है। यहाँ ऐसा आदमी रहने आ रहा है। चौधरी साहब ने इस आदमी को मकान देकर अच्छा नहीं किया।

कोई कहते—बहू-बेटियाँ सबके घर में हैं। यहाँ ऐसा दुराचारी आदमी रहने आ रहा है। भला शरीफ आदमी यहाँ कैसे रहेंगे।

डिप्टी साहब को मालूम था कि मेरे बारे में खबर इधर पहुँच चुकी है। वे यह भी जानते थे कि यहाँ सब लोग मुझसे नफरत करते हैं। मुझे बदमाश मानते हैं। वे खुद इस माहौल में अड़चन महसूस करते थे। वे हीनता की भावना से ग्रस्त थे। नीचा सिर किये आते-जाते थे। किसी से उनकी दुआ-सलाम नहीं होती थी।

इधर मुहल्ले के लोग आपस में कहते थे—शरीफों के मुहल्ले में यह बदचलन आ बसा है।

डिप्टी साहब का सिर्फ मुझसे बोलचाल का सम्बन्ध स्थापित हो गया था। मेरा परिवार नहीं था। मैं अकेला रहता था। डिप्टी साहब कभी-कभी मेरे पास आकर बैठ जाते। वे अकेले रहते थे। परिवार नहीं लाये थे।

एक दिन उन्होंने मुझसे कहा, "ये जो मिस्टर दास हैं, ये रेलवे के दूसरे पुल के पास एक औरत के पास जाते हैं। बहुत बदचलन औरत है।"

दूसरे दिन मैंने देखा, उनकी गर्दन थोड़ी-सी उठी है।

मुहल्ले के लोग आपस में कहते थे—शरीफों के मुहल्ले में यह बदचलन आ

गया।

दो-तीन दिन बाद डिप्टी साहब ने मुझसे कहा, "ये जो मिसेज चोपड़ा हैं, इनका इतिहास आपको मालूम है? जानते हैं, इनकी शादी कैसे हुई? तीन आदमी इनसे फँसे थे। इनका पेट फूल गया। बाकी दो शादीशुदा थे। चोपड़ा को इनसे शादी करनी पड़ी।"

दूसरे दिन डिप्टी साहब का सिर थोड़ा और ऊँचा हो गया।

मुहल्लेवाले अभी भी कह रहे थे—शरीफों के मुहल्ले में कैसा बदचलन आदमी आ बसा।

तीन-चार दिन बाद फिर डिप्टी साहब ने कहा, "श्रीवास्तव साहब की लड़की बहुत बिगड़ गयी है। ग्रीन होटल में पकड़ी गयी थी एक आदमी के साथ।"

डिप्टी साहब का सिर और ऊँचा हुआ।

मुहल्लेवाले अभी भी कह रहे थे—शरीफों के मुहल्ले में यह कहाँ का बदचलन आ गया।

तीन-चार दिन बाद डिप्टी साहब ने कहा, "ये जो पाण्डे साहब हैं, अपने बड़े भाई की बीवी से फँसे हैं। सिविल लाइन्स में रहता है इनका बड़ा भाई।"

डिप्टी साहब का सिर और ऊँचा हो चुका था।

मुहल्ले के लोग अभी भी कहते थे—शरीफों के मुहल्ले में यह बदचलन कहाँ से आ गया।

डिप्टी साहब ने मुहल्ले में लगभग हरएक के बारे में कुछ पता लगा लिया था। मैं नहीं कह सकता, यह सब सच था या उनका गढ़ा हुआ। आदमी वे उस्ताद थे। ऊँचे कलाकार। हर बार जब वे किसी की बदचलनी की खबर देते, उनका सिर और ऊँचा हो जाता।

अब डिप्टी साहब का सिर पूरा तन गया था। चाल में अकड़ आ गयी थी। लोगों से दुआ-सलाम होने लगी थी। कुछ बात भी कर लेते थे।

एक दिन मैंने कहा, "बीवी-बच्चों को ले आइये न। अकेले तो तकलीफ होती होगी।"

डिप्टी साहब ने कहा, "अरे साहब, शरीफों के मुहल्ले में मकान मिले तभी तो लाऊँगा बीवी-बच्चों को।"

सूअर

चौबेजी को मैं पाण्डेजी के घर ले गया।

चौबेजी के लड़के की शादी की बात पाण्डेजी की लड़की से चल रही थी। हम

पाण्डेजी के घर के बरामदे में बैठे थे। लड़की चाय-नाश्ता दे गयी थी। चौबेजी ने उसे देख लिया था। पाण्डेजी का पैतृक मकान था। वह शहर के पुराने मुहल्ले में था। गन्दा मुहल्ला था। बरामदे से कचरे के ढेर दिख रहे थे। आसपास सूअरों की कतारें घूम रही थीं।

चौबेजी यह देख रहे थे और उन्हें मतली-सी आ रही थी। वे बोले, "हॉरीबल ! इस कदर सूअर घूमते हैं, घर के आसपास !"

बाकी बात मुझे करना था। हम लौटे। चौबेजी से मैं दो-तीन दिन बाद मिला। उन्होंने कहा—'भई, लड़की तो बहुत अच्छी है। मगर पाण्डे का घर बहुत गन्दी जगह है। सूअर आसपास घूमते हैं। हॉरीबल !"

मैंने कहा, "मगर आपको उस घर से क्या करना है ? आपको तो लड़की ब्याहकर लाना है।"

चौबेजी ने कहा, "मगर क्या लड़का ससुराल नहीं जायेगा ? या मैं समधी से कोई सम्बन्ध नहीं रखूँगा ? मैं सबसे ज्यादा इस सूअर से नफरत करता हूँ। आई हेट दीज़ पिग्ज़। मुझे अभी भी उस घर की कल्पना से मतली आती है।"

मैंने कहा, "सोच लीजिए। लड़की बहुत अच्छी है। परिवार अच्छा है।"

चौबेजी ने कहा, "सो तो मैं मानता हूँ। मगर मैं लड़के की बारात लेकर उनके दरवाजे पर पहुँचा और मुझे उलटी हो गयी तो ? दोज़ पिग्ज़ !" मैं बरदाश्त नहीं कर सकता।

मैंने कहा, "वैसे पाण्डे काफी देंगे।"

चौबे बोले, "क्या देंगे ? यही दस-पन्द्रह हजार।"

मैंने कहा, "नहीं, पचास हजार देंगे। जेवर अलग। एक ही तो उनकी सन्तान है।"

चौबेजी सोचने लगे। सूअर से लौटकर रुपयों तक आने में उन्हें कुछ वक्त लगा। थोड़ी और बातचीत के बाद उन्होंने कहा, "जब तुम्हारा इतना जोर है, तो रिश्ता तय कर दो।"

चौबेजी ठाठ से बेटे की बारात लेकर पाण्डेजी के द्वार पर पहुँचे।

द्वार पर पन्द्रह हजार रुपये दिये गये।

शामियाने के नीचे चौबेजी बैठे थे। उनकी नजर वहीं लगी थी, जहाँ विवाह की रस्में हो रही थीं। वे इन्तजार कर रहे थे कि थाली में पैंतीस हजार और आते होंगे।

इसी समय एक सूअर का बच्चा वहाँ घुस आया। दो-तीन लोग उसे बाहर खदेड़ने लगे। एक-दो ने उसे छड़ी मारी। सूअर का बच्चा घबड़ाकर भटक गया। उसे रास्ता नहीं मिल रहा था। वह चौबेजी की तरफ बढ़ा। लोग उसके पीछे पड़े थे। चौबेजी ने कहा, "अरे, अरे, उसे तंग मत करो। सूअर का बच्चा बड़ा खूबसूरत होता है। वेरी स्वीट !"

और चौबेजी प्यार मे सूअर के बच्चे पर हाथ फेरने लगे। इसी समय थाली में पैंतीस हजार रुपये आ गये।

सूअर का बच्चा ऐसे इत्मीनान से खड़ा था, जैसे अपने पिता के पास हो।

सर्वे और सुन्दरी

जब से खबर पढ़ी है कि सर्वे ऑफ इण्डिया के किसी दफ्तर में दो पाकिस्तानी सुन्दरियाँ एक अफसर के साथ रात-भर रहीं और सुबह नक्शे लेकर फरार हो गयीं, तब से मन डाँवाडोल है। सर्वे का एक दफ्तर हमारे घर के पास ही है। मैं रोज उसके सामने से निकलता हूँ। मैंने आज तक यह नहीं सोचा था कि इस भद्दे, अभागे दफ्तर में इतनी कोमल सम्भावनाएं छिपी हैं कि इसमें इतने दूर पाकिस्तान से आकर सुन्दरी रात बिताती है। दिन में यह दफ्तर रहता है और रात को पाकिस्तानी सुन्दरी के लिए रेस्ट हाउस हो जाता है। यह दफ्तर बड़ा प्यारा लगने लगा है।

एक साहब तो इतने दीवाने हो गये हैं कि मुझसे कहते हैं---मुझे सर्वे ऑफ इण्डिया में नौकरी दिला दो। सारी जिन्दगी मास्टरी में बरबाद कर दी। अगर शुरू में सर्वे ऑफ इण्डिया में भरती हो जाता तो आज मेरे साथ भी इस दफ्तर में पाकिस्तानी सुन्दरी रात बिताती।

ये साहब घर से बढ़िया कपड़े पहनकर जाते हैं और घण्टों सर्वे के दफ्तर के पास खड़े होकर उसे ललचायी नजर से देखते हैं। फिर उसके फाटक को चूमकर घर आ जाते हैं। रात को नींद नहीं आती। घरवाले परेशान हैं कि ये रात को 'सर्वे-सर्वे' क्यों चिल्लाते हैं। मैंने उनके परिवारवालों से कह दिया है—उनकी भक्ति जाग उठी है। ये 'सर्वेश्वर' का लघु रूप 'सर्वे' कहकर भगवान का भजन करते हैं।

उस दफ्तर की घटना की जाँच केन्द्रीय ब्यूरो कर रहा है। उसका ब्यौरा जब आयेगा, तब आयेगा। मैंने उस रात की घटना की कल्पना कर ली है—

साहब क्वार्टर में बैठे थे कि चपरासी ने आकर कहा, "साहब, दो औरतें आयी हैं।"

साहब ने पूछा, "औरतें तो बहुत होती हैं। ये कैसी हैं ?"

चपरासी—"खूबसूरत हैं सा'ब !"

साहब ने उसे डाँटा, "तो तूने उन्हें औरत क्यों कहा ?"

साहब फौरन बाहर आ गये। देखकर गद्गद हो गये। पूछा, "कहाँ से आयी हैं ?"

वे बोलीं, "पाकिस्तान से।"

साहब ने कहा, "अच्छा, पाकिस्तान से इतने अच्छे हमारे सम्बन्ध हो गये कि वह टैंकों के बदले सुन्दरी इधर भेजता है। आगे होनेवाले चुनाव के कारण पाकिस्तान ने हमसे रिश्ते सुधार लिये होंगे।"

एक सुन्दरी बोली, "हाँ साहब, वहाँ हुक्म हो गया है कि जितनी खूबसूरत औरतें चाहें, भारत चली जायें।"

साहब ने कहा, "सुन्दरियो, यह तो बताओ कि इस इलाके में इतने साहब हैं, पर तुमने अपनी मेहरबानी के लिए मुझे ही क्यों चुना ?"

सुन्दरी --"इसलिए कि हमने आपकी बड़ी तारीफ सुनी है। सुना है, आप बड़े मेहमाननवाज हैं।"

साहब खुश हुए। बोले, "तो फिर भीतर तशरीफ लाइये।"

सुन्दरियों ने कहा, "नहीं, हमें हिदायत है कि हम घर में नहीं, दफ्तर में ही रहें। हमें एक महीना भारत घूमते हो गया। कभी हम सेल्स टैक्स के दफ्तर में सो जाती हैं और कभी सिंचाई विभाग के दफ्तर में। आज तो हम सर्वे के दफ्तर में ही सोयेंगी।"

साहब ने कहा, "जैसी आपकी मर्जी। दफ्तर आपका है। जब तक जी चाहे, रहिए।"

साहब उन्हें लेकर दफ्तर पहुँचे। वहाँ सुन्दरियों ने कागजों के पुलिन्दे देखे। पूछा, "साहब, ये क्या है ?"

साहब ने कहा, "इस इलाके के नक्शे हैं। लड़ाई के वक्त काम आते हैं।"

सुन्दरियों ने नक्शे उठा लिये। कहा, "साहब, ये नक्शे हम ले लें ?"

साहब ने कहा, "नक्शे ? मैं तो सोचता था, आप मेरी जान माँगेंगी। मैं जान निकालकर देने के लिए तैयार बैठा था। नक्शा तो मामूली चीज है। जितने चाहें, ले लीजिए। आप चाहें तो आपको मैं पूरा देश दे सकता हूँ। देश ही उठा ले जाइए।"

सुन्दरी ने कहा, "मगर हिन्द-पाक लड़ाई के वक्त ये नक्शे पाकिस्तान के काम आये तो ?",

साहब ने कहा, "वह लड़ाई होगी ही नहीं। जो पाकिस्तान हमारे पास हूरें भेजता है, वह लड़ाई भला क्यों करेगा ? और नक्शों का क्या ! दूसरे बनवा लेंगे।"

सुन्दरियाँ नक्शे लेकर चलने लगीं तो साहब ने कहा, "आधी रात को अब कहाँ जायेंगी। जमाना खराब लगा है। सुबह चली जाइयेगा।"

वे रुक गयीं।

थोड़ी देर बाद एक बोली, "नहीं, नहीं, यह क्या करते हैं ?"

साहब ने कहा, "सर्वे का आदमी हूँ न। सर्वे करना मेरी आदत बन गयी है। जरा तुम्हारे जिस्म का सर्वे कर रहा हूँ। नक्शा बनवाऊँगा।"

रात गुजारकर सबेरे सुन्दरियाँ नक्शे लेकर चलीं। साहब ने कहा, "आज और रह जातीं तो कुछ नक्शे और दे देता।"

उन्होंने कहा, "फिलहाल इतने ही काफी हैं। ये हम दे आयें। दुबारा फिर आ जायेंगी।"

साहब ने कहा, "कुछ नये नक्शे बन रहे है। मैं खबर दूंगा तो लेने तो आ जाओगी न!"

सुन्दरियों ने आने का वादा किया और चम्पत हो गयीं।

कुल इतनी-सी बात है, मगर संसद में शोर कितना हुआ। इतनी दूर से सुन्दर स्त्री बड़ी आशा लगाकर आये और हमारा अफसर क्या इतना हृदयहीन हो जाये कि दो-चार नक्शे भी न दे?

सुना है, केन्द्रीय ब्यूरो मामले की जाँच कर रहा है। हो सकता है कि ब्यूरो की जांच का नतीजा यह निकले कि यह सब झूठ है। कोई नक्शे दफ्तर से नहीं गये। फिर भी मेरा ऊपर दिया ब्यौरा जहाँ का तहाँ रहेगा—यानी अगर कभी आगे भी सर्वे के नक्शे पाकिस्तान जायेंगे तो इसी तरह जायेंगे।

इस मामले में एक ही बात मुझे अखर गयी और मैं बलराज मधोक को मुंह दिखाने लायक नहीं रहा। वह अफसर हिन्दू है। बलराज मधोक का कहना है, "हर हिन्दू देशभक्त है और अहिन्दू गद्दार।" अब नारा यों बदलना पड़ेगा, "हर हिन्दू देशभक्त है—सुन्दरी के आने तक।"

समाजवादी चाय

पटना से कांग्रेस महासमिति के अधिवेशन से हमारे भैया सा'ब लौटे थे। मैं उनके साथ चाय पी रहा था। मैंने पूछा, "कैसा रहा इस बार का समाजवाद?"

वे बोले, "इस बार पन्द्रह हाथी जुलूस में थे।"

मैंने पूछा, "हाथी काले थे कि सफेद?"

वे जवाबे, "काले थे। मगर हाँ, अगले अधिवेशन तक ये भी सफेद हो जायेंगे।"

मैं देख रहा था, वे चाय तश्तरी में उंड़ेलकर फूंक-फूंककर पी रहे थे।

पूछा, "इस तरह फूंककर चाय क्यों पी रहे हैं?"

उन्होंने कहा, "कांग्रेसमैन हैं न। आदत पड़ गयी है। हम समाजवाद को फूंक-फूंककर पीते हैं।"

पूछा, "तो क्या चाय पीने के ढंग से समाजवादी का प्रकार मालूम हो जाता है?"

उत्तर—"हाँ, हम और प्रसोपावाले इसी तरह फूंककर चाय पीते हैं। भारतीय साम्यवादी दलवाला कप से गर्म चाय पी लेगा। मार्क्सवादी साम्यवादी केतली की

टोंटी से ही जल्दी-जल्दी चाय उँड़ेल लेगा। नक्सलपन्थी उबलती डेगची ही मुँह में डाल लेगा।"

मैंने कहा, "इस देश में संयुक्त समाजवाद भी है। संयुक्त समाजवादी कैसे चाय पियेगा? मसलन, राजनारायण कैसे चाय ग्रहण करेंगे?"

वे बोले, "राजनारायण चाय की केतली नाक में डाल लेंगे।"

अफसर कवि

एक कवि थे। वे राज्य सरकार के अफसर भी थे। अफसर जब छुट्टी पर चला जाता, तब वे कवि हो जाते और कवि जब छुट्टी पर चला जाता, तब अफसर हो जाते।

एक बार पुलिस की गोली चली और दस-बारह मारे गये। उनके भीतर का अफसर तब छुट्टी चला गया, और कवि इस काण्ड से क्षुब्ध हुआ। उन्होंने एक कविता लिखी और छपवायी। कविता में इस काण्ड की और मुख्यमन्त्री की निन्दा की।

किसी ने मुख्यमन्त्री को यह कविता पढ़ा दी। अफसर तब तक छुट्टी से लौटकर आ गया। उसे मालूम हुआ तो वह घबड़ाया और उसने कवि को छुट्टी पर भेज दिया।

अफसर कवि ने एक प्रभावशाली नेता को पकड़ा। कहा, "मुझे मुख्यमन्त्रीजी के पास ले चलिए। उनसे क्षमा दिला दीजिए।"

नेता उन्हें मुख्यमन्त्री के पास ले गये। उन्होंने परिचय दिया ही था कि कवि ने मुख्यमन्त्री के चरणों पर सिर रख दिया।

मुख्यमन्त्री ने कहा, "यह वह कवि नहीं हो सकते, जिन्होंने वह कविता लिखी है।"

पुलिस-मन्त्री का पुतला

एक राज्य में एक शहर के लोगों पर पुलिस-जुल्म हुआ तो लोगों ने तय किया कि पुलिस-मन्त्री का पुतला जलायेंगे।

पुतला बड़ा कद्दावर और भयानक चेहरेवाला बनाया गया।

पर दफा 144 लग गयी और पुतला पुलिस ने जब्त कर लिया।

अब पुलिस के सामने यह समस्या आ गयी कि पुतले का किया क्या जाये। पुलिसवाले ने बड़े अफसरों से पूछा, "साहब, यह पुतला जगह रोके कब तक पड़ा रहेगा? इसे जला दें या नष्ट कर दें?"

अफसरों ने कहा, "गजब करते हो। मन्त्री का पुतला है। उसे हम कैसे जलायेंगे? नौकरी खोना है क्या?"

इतने में रामलीला का मौसम आ गया। एक बड़े पुलिस-अफसर को 'ब्रेनवेव' आ गयी। उसने रामलीलावालों को बुलाकर कहा, "तुम्हें दशहरे पर जलाने को रावण का पुतला चाहिए न? इसे ले जाओ। इसमें सिर्फ नौ सिर कम हैं, सो लगा लेना।"

कबीर की बकरी

कबीर-पन्थियों ने मुझे यह घटना सुनायी।

कबीरदास बकरी पालते थे। पास में मन्दिर था। बकरी वहाँ घुस जाती और बगीचे के पत्ते खा जाती। एक दिन पुजारी ने शिकायत की, "कबीरदास, तुम्हारी बकरी मन्दिर में घुस आती है।"

कबीर ने जवाब दिया, "पण्डितजी, जानवर है। चली जाती होगी मन्दिर में। मैं तो नहीं गया।"

अयोध्या में खाता-बही

पोथी में लिखा है—जिस दिन राम रावण को परास्त करके अयोध्या आये, सारा नगर दीपों से जगमगा उठा। यह दीपावली-पर्व अनन्तकाल तक मनाया जायेगा। पर इसी पर्व पर व्यापारी खाता-बही बदलते हैं और खाता-बही लाल कपड़े में बाँधी जाती है।

प्रश्न है—राम के अयोध्या आगमन से खाता-बही बदलने का क्या सम्बन्ध?

और खाता-बही लाल कपड़े में ही क्यों बाँधी जाती है?

बात यह हुई कि जब राम के आने का समाचार आया तो व्यापारी वर्ग में खलबली मच गयी। वे कहने लगे, "सेठजी, अब बड़ी आफत है। भरत के राज में तो पोल चल गयी। पर राम मर्यादा पुरुषोत्तम हैं। वे टैक्स की चोरी बर्दाश्त नहीं करेंगे। वे अपने खाता-बही जाँच करेंगे। और अपने को सजा होगी।"

एक व्यापारी ने कहा, "भैया, तब तो अपना नम्बर दो का मामला भी पकड़ लिया जायेगा।"

अयोध्या के नर-नारी तो राम के स्वागत की तैयारी कर रहे थे, पर व्यापारी वर्ग घबरा रहा था।

अयोध्या पहुँचने के पहले ही राम को मालूम हो गया था कि उधर बड़ी पोल है। उन्होंने हनुमान को बुलाकर कहा, "सुनो पवनसुत, युद्ध तो हम जीत गये लंका में, पर अयोध्या में हमें रावण से भी बड़े शत्रु का सामना करना पड़ेगा, वह है—व्यापारी वर्ग का भ्रष्टाचार। बड़े-बड़े वीर व्यापारी के सामने परास्त हो जाते हैं। तुम अतुलित बल-बुद्धि निधान हो। तुम्हें मैं इनफोर्समेण्ट ब्रांच का डायरेक्टर नियुक्त करता हूँ। तुम अयोध्या पहुँचकर व्यापारियों के खाते-बहियों की जांच करो और झूठे हिसाब पकड़ो। सख्त से सख्त सजा दो।"

इधर व्यापारियों में हड़कम्प मच गयी। कहने लगे, "अरे भैया, अब तो मरे। हनुमानजी इनफोर्समेण्ट ब्रांच में डायरेक्टर नियुक्त हो गये। बड़े कठोर आदमी हैं। शादी-ब्याह नहीं किया। न बाल-बच्चे। घूस भी नहीं चलेगी।"

व्यापारियों के कानूनी सलाहकार बैठकर विचार करने लगे। उन्होंने तय किया कि खाता-बही बदल देना चाहिए। सारे राज्य में 'चेम्बर ऑफ कामर्स' की तरफ से आदेश चलाया गया कि दीपोत्सव पर खाता-बही बदल दिये जायें।

फिर भी व्यापारी वर्ग निश्चिन्त नहीं हुआ। हनुमान को धोखा देना आसान बात नहीं थी। वे अलौकिक बुद्धिसम्पन्न थे। उन्हें खुश कैसे किया जाय। चर्चा चल पड़ी—

—कुछ मुट्ठी गरम करने से काम नहीं चलेगा।

—वे एक पैसा नहीं लेते।

—वे न लें, पर मेम सा'ब?

—उनकी मेम सा'ब ही नहीं हैं। साहब ने मैरिज नहीं की। जवानी लड़ाई मे काट दी।

—कुछ और शौक तो होंगे? दारू और बाकी सबकुछ?

—वे बाल ब्रह्मचारी हैं। कॉल गर्ल को मारकर भगा देंगे। कोई नशा नहीं करते। संयमी आदमी हैं।

—तो क्या करें?

—तुम्हीं बताओ, क्या करें?

किसी सयाने वकील ने सलाह दी—जो जितना बड़ा होता है उतनी ही चापलूसी

पसन्द करता है। हनुमान की कोई माया नहीं है। वे सिन्दूर शरीर पर लपेटते हैं तथा लाल लँगोट शरीर पर पहनते हैं। उन्हें खुश करना आसान है। व्यापारी खाता-बही लाल कपड़े में बाँधकर रखें।

रातों-रात खाता-बही बदल गये तथा उन्हें लाल कपड़ों में लपेट दिया गया।

दूसरे दिन हनुमान कुछ दरोगाओं को लेकर अयोध्या के बाजार में निकल पड़े।

पहले व्यापारी के पास गये। बोले, "खाता-बही निकालो। जाँच होगी।"

व्यापारी ने लाल बस्ता निकालकर आगे रख दिया। हनुमान ने देखा, लँगोट और खाते का कपड़ा एक है। खुश हुए।

बोले, "मेरे लँगोट के कपड़े में खाता-बही बाँधते हो?"

व्यापारी ने कहा, "हाँ, बल-बुद्धि निधान, हम आपके भक्त हैं। आपके निशान मानते हैं। आपकी पूजा करते हैं।"

हनुमान गद्‌गद हो गये।

व्यापारी ने कहा, "बस्ता खोलूं। जाँच कर लीजिए।"

हनुमान ने कहा, "रहने दो। मेरा भक्त बेईमान नहीं हो सकता।"

हनुमान जहाँ भी जाते, लाल लँगोट के कपड़े में बँधे खाता-बही देखते। वे बहुत खुश हुए। उन्होंने कहीं हिसाब की जाँच नहीं की।

रामचन्द्र को रिपोर्ट दी कि अयोध्या के व्यापारी बड़े ईमानदार हैं। उनके हिसाब बिल्कुल ठीक हैं।

हनुमान विश्व के प्रथम साम्यवादी थे। सर्वहारा के नेता थे। उन्हीं का लाल रंग आज के साम्यवादियों ने लिया है।

पर सर्वहारा के नेता को सावधान रहना चाहिए कि उनके लँगोट से बुर्जुआ खाता-बही न बाँध लें।

संसद और मन्त्री की मूँछ

संसद की कार्यवाही को लेकर बार-बार यह बात उठायी जाती है कि प्रति दिन संसद पर कितना खर्च आता है? प्रति मिनट कितने रुपये लग जाते हैं? हर प्रश्न पर कितना खर्च होता है?

ये सवाल यों बेमानी हैं। संसद किसी से पैसा माँगने नहीं जाती। वह खुद बजट पास करती है। जो बजट पास करे, उसे चाहे जितना खर्च करने का हक है।

संसद का कीमती समय कैसे मजे में कट सकता है, इसकी एक मिसाल दे रहा

हूं।

एक दिन गुलजारीलाल नन्दा (रेलमन्त्री) जब सदन में घुसे, तो सदस्यों ने देखा, उनकी मूंछें सफाचट हैं। नन्दाजी के सींकिया बदन पर मूंछें बहुत फबती हैं। वे रेलमन्त्री होते हुए भी सुरक्षा मन्त्री लगते हैं।

सदन में कानाफूसी हुई और एक जनसंघी सदस्य ने कार्यवाही रोकते हुए कहा—अध्यक्ष महोदय, नन्दाजी की मूंछें आज नहीं हैं। हम जानना चाहते हैं कि उनकी मूंछों का क्या हुआ ? क्या उन्होंने खुद मूंड़ लीं या कोई और मूंड़ ले गया।

दूसरा जनसंघी—यह साधारण घटना नहीं है। इस मन्त्रिमण्डल में सिर्फ नन्दाजी की ही मूंछें हैं।

सत्ता कांग्रेसी—यह गलत है। जगजीवनराम की भी मूंछें हैं।

जनसंघी—हम जगजीवनराम की मूंछ को मूंछ नहीं मानते।

सत्ता कांग्रेसी—तुम्हें मानना होगा। हम साम्प्रदायिक प्रतिक्रियावादियों की यह धांधली नहीं चलने देंगे कि वे हमारे अध्यक्ष की मूंछ को मूंछ ही न मानें। हम हर मोर्चे पर प्रतिक्रियावादियों से निपटने को तैयार हैं चाहे वह मूंछ का मोर्चा ही क्यों न हो।

जनसंघी—यह मामला साधारण नहीं है। नन्दाजी साधारण मन्त्री नहीं हैं। हमारे गोरक्षा आन्दोलन के वक्त वही गृहमन्त्री थे। फिर वे दो बार दो प्रधानमन्त्रियों के बीच के दिनों में प्रधानमन्त्री रहे। उनकी मूंछ देश की मूंछ है। फिर मूंछ भारतीय संस्कृति में उत्तम पौरुष का प्रतीक है।

द्रमुक सदस्य—गलत है। राम और कृष्ण की मूंछें नहीं थीं। कोई भी फोटो उठाकर देख लीजिए। उत्तर भारत का यह साम्राज्यवाद नहीं चलेगा।

संगठन-कांग्रेसी—अविभाजित कांग्रेस होती और हम साथ होते तो ऐसा नहीं होने देते। अनुशासनहीनता की हद है कि दल की कार्यकारिणी में निर्णय हुए बिना कोई मन्त्री मूंछें साफ करा ले। हमारे पास पक्की जानकारी है कि कम्युनिस्टों के दबाव में आकर नन्दाजी ने मूंछें साफ करवा ली हैं। हमारे दल के एक सदस्य ने आज सुबह भूपेश गुप्त को नन्दाजी की मूंछ पर उस्तरा चलाते देखा।

साम्यवादी—गलत है। हम इस सरकार को सिर्फ कार्यक्रम के आधार पर समर्थन देते हैं और उस कार्यक्रम में नन्दाजी की मूंछों का उल्लेख नहीं है। न हमारा काम कांग्रेस की मूंछ की हिफाजत है, न उसे काटना। यह सारी साजिश सी. आई. ए. की है। जब से दिल्ली प्रशासन जनसंघ के हाथों में आया है तब से राजधानी में कई सी. आई. ए. एजेण्ट हो गये हैं। इसीलिए भूपेश गुप्त कलकत्ता में हजामत बनवाते हैं और हम केरल में।

प्रसोपाई—हम भी मामले में कुछ कहते पर हमारी इस समय सत्ता कांग्रेस से समझौता-वार्ता चल रही है।

संसोपाई—तुम तो इन्दिरा की पैर की जूती हो।

प्रसोपाई—शटप !

भाक्रान्द—क्या यह सही है कि नन्दाजी की मूंछें उसी मुगलसरायवाले साधु ने मूड़ी हैं, जिसे उन्होंने भ्रष्टाचार रोकने के काम में लगा रखा है ? अगर यह सच है तो चिन्ता की बात है। जो साधु रेलमन्त्री की मूंछें काट ले, वह इंजिन भी गायब कर सकता है।

मार्क्सवादी—संशोधनवादियों से समझौता करोगे, तो मूंछें तो जायेंगी ही। जिस दिन केरल में इनका मोर्चा बना था, उसी दिन हमने भविष्यवाणी कर दी थी कि एक दिन नन्दाजी की मूंछें जायेंगी।

अध्यक्ष ने अब नन्दाजी की तरफ देखा। नन्दाजी उठे और वक्तव्य दिया—मैं सिर्फ इतना जानता हूँ कि सुबह मैंने हजामत बनवायी, नहाया और खाकर लोकसभा में आ गया। मूंछें हैं या नहीं, यह भी मैं नहीं कह सकता। सरकार इसकी जाँच करेगी।

कई सदस्य—हाथ फेरकर देख लीजिए न।

नन्दाजी—मैं सदस्यों की यह माँग स्वीकार नहीं कर सकता। मैं मूंछ पर हाथ नहीं फेरूँगा। सरकार का काम करने का एक तरीका है। वह जल्दबाजी में कुछ नहीं करेगी।

कई सदस्य—सदन को तथ्य जानने का हक है।

नन्दा—तो मैं कह तो रहा हूँ कि एक जाँच समिति बिठा रहा हूं जो यह जाँच करेगी कि पहले मेरी मूंछ थी या नहीं। अगर थी तो अब है या नहीं है ? अगर नहीं है तो क्यों नहीं है ?

कई सदस्य—कमेटी की जाँच होने तक तो मूंछें फिर बढ़ जायेंगी। अभी सदन में इसका फैसला हो जाना चाहिए।

अब प्रधानमन्त्री ने हस्तक्षेप किया—जब वे कह रहे हैं कि जाँच समिति बिठा रहे हैं, तो सदस्यों को सन्तुष्ट हो जाना चाहिए। सरकार किसी तथ्य पर पर्दा नहीं डालना चाहती।

एक सदस्य—इसकी न्यायिक जाँच होनी चाहिए।

प्रधानमन्त्री—अच्छा, न्यायिक जाँच हो जायेगी ! जस्टिस खोसला अभी खाली नहीं हैं। वे नेताजी की मृत्यु की जाँच से निपट जायें, तब नन्दाजी की मूंछ का मामला उन्हें सौंप देंगे।

एक संसोपाई—धिक्कार है ! यह 'राष्ट्रीय शर्म' की सरकार है। इन्दिरा गांधी के मन्त्रिमण्डल में शामिल होनेवालों की खैर नहीं है। इन्दिरा हटाओ, देश बचाओ।

दूसरा संसोपाई—नहीं, पूना में नारा बदल गया है। इन्दिरा हराओ, देश बचाओ।

पहला संसोपाई—चुप रह बे, राजनारायण के बच्चे !

दूसरा ससापाई—चुप रह रे, जोशी की रखैल।

पहला संसोपाई—थू-थू !

दूसरा संसोपाई—थू-थू !

अध्यक्ष—माननीय सदस्य सदन छोड़ दें।

दोनों—हम नहीं निकलेंगे। हम सीट के नीचे घुस जायेंगे। हम कुर्सी की टाँग से चिपक जायेंगे।

अध्यक्ष—मैं कहता हूँ, दोनों सदस्य सदन से बाहर चले जायें। यह क्या तमाशा है। जब से मैं स्पीकर हुआ हूँ मेरा दिमाग इतना खराब हो गया है कि मैं बीवी की प्रेम की बात सुनकर भी 'आर्डर-आर्डर' चिल्लाता हूँ।

अध्यक्ष मार्शल को हुक्म देते हैं।

दोनों संसोपाई सीट के नीचे घुस जाते हैं। मार्शल को उन्हें उठाकर बाहर ले जाने में बीस मिनिट लग जाते हैं। पूरा महा गठबन्धन वाकआउट कर जाता है।

सदन का एक घण्टा खत्म होता है।

अनुशासन

एक अध्यापक था। वह सरकारी नौकरी में था। मास्टर की पत्नी बीमार थी। अस्पताल में थी। तभी उसके तबादले का आर्डर हो गया। शिक्षा विभाग के बड़े साहब उसी मुहल्ले में रहते थे। उनका बँगला मास्टर के घर से दिखता था। वह उनके बँगले के सामने से निकलता तो उन्हें सादर 'नमस्ते' कर लेता। मास्टर ने सोचा, साहब से कहूँ तो वे फिलहाल मेरा तबादला रोक देंगे।

वह साहब के घर गया। बरामदे में बड़े साहब ने पूछा—क्यों? क्या बात है?

—साहब, एक प्रार्थना है।

—बोलो।

—मेरी पत्नी अस्पताल में भर्ती है। वह बहुत बीमार है।

—तो?

—मेरा तबादले का आर्डर हो गया है।

—तो?

—सर, कृपा कर फिलहाल मेरा तबादला कैंसिल कर दें।

साहब नाराज हुए। बोले—तुम्हें अनुशासन के नियम मालूम हैं? तुम सीधे मुझसे मिलने क्यों आ गये? तुम्हें आवेदन करना चाहिए 'थ्रू प्रापर चेनल।' तुम्हें अपने हेडमास्टर की लिखित अनुमति के साथ मुझसे मिलना चाहिए। जाओ, तबादला कैंसिल नहीं होगा। तुम्हें अनुशासन भंग करने के लिए डाँट भी पड़ेगी।

मास्टर को डाँट पड़ी। आइन्दा साहब से सीधे नहीं मिलने की चेतावनी मिली। मास्टर ने दो महीने की छुट्टी ले ली।

एक शाम साहब के घर में आग लग गयी। आसपास के लोग आग बुझा रहे थे।

मास्टर बरामदे में खड़े हुए देख रहे थे। आग बुझ गयी। अधिक नुकसान नहीं हुआ।

दूसरे दिन मास्टर निकले तो साहब फाटक पर खड़े थे। साहब ने कहा—मास्टर साहब, कल शाम को मेरे घर में आग लगी थी तो तुम खड़े-खड़े देखते रहे। बुझाने नहीं आयें।

मास्टर ने नम्रता से कहा—सर, मैं मजबूर था। हेडमास्टर साहब बाहर गये हैं। उनकी लिखित अनुमति के बिना कैसे आता? आपकी आग बुझाने के लिए 'थ्रू प्रापर चेनल' आना चाहिए न!

आफ्टर आल आदमी

तारीख उन्नीस मार्च को लोकसभा के लिए मतदान होना था। सरकार तब कांग्रेस की थी।

अठारह मार्च की शाम को पड़ोस के दो-तीन लोगों के साथ बैठा मैं चुनाव पर बात कर रहा था। 'वे' भी थे।

एक ने कहा—कल मतदान हो जायेगा।

दूसरे ने कहा—इस बार जनता पार्टी का बड़ा जोर है।

वे बोले—हम तो जी, कांग्रेस को ही वोट देंगे। आफ्टर आल हम सरकारी नौकर हैं।

मतदान हो गया।

बाईस तारीख को चुनाव परिणामों की घोषणा के बाद हम लोग फिर बैठे बातें कर रहे थे।

एक ने कहा—अब तो जनता पार्टी की सरकार बन ही गयी।

दूसरे ने कहा—किसी को उम्मीद नहीं थी कि कांग्रेस इस बुरी तरह हारेगी और जनता पार्टी इस तरह जीतेगी।

वे बोले—ठीक है जी, हमारा वोट जनता पार्टी के काम आया।

मुझे याद आया कि ये तो कह रहे थे कि मैं कांग्रेस को वोट दूंगा। मैंने उनसे पूछा—तो क्या आपने जनता पार्टी को वोट दिया था? वे बोले—हाँ जी, आफ्टर आल हम सरकारी नौकर हैं।

बाप-बदल

वे बड़े आदमी थे। अच्छे आदमी थे। उनका स्वर्गवास हो चुका था। पर वे पुण्यात्मा थे। इसलिए उनका सौवाँ जन्म-दिन तब पड़ रहा था, जब उनका लड़का मुख्यमन्त्री था। जन्म-दिन तो वे बदल नहीं सकते थे। पर उनके पुण्य प्रताप से ही यह व्यवस्था हो सकी कि इस शुभ अवसर पर उनका लड़का मुख्यमन्त्री रहे।

स्वर्गीय का नाम पण्डित रविनारायण मान लिया जाय और उनके बेटे मुख्य-मन्त्री का नाम श्री रामचरणजी।

सारे प्रदेश में शोर था। शतवार्षिकी समारोह की तैयारियाँ बड़े जोर पर थीं। कमेटियाँ बन गयी थीं जिनमें मुख्यमन्त्री की पार्टी के लोग—चमचे, उपचमचे, असिस्टेण्ट चमचे, चापलूस, लाभ उठानेवाले, मन्त्री बनने के इच्छुक दरबारी, सरकारी अफसर आदि थे। ऐसा लगता था कि स्वर्गीय इनके सगे पिता थे। स्वर्गीय पिता का जन्मदिन सोलह सितम्बर को पड़ता था। हर नगर में इस दिन समारोह होना था। प्रादेशिक समिति से जिलों की इकाइयों को आदेश जा रहे थे कि महात्मा गाँधी की जयन्ती से शानदार समारोह होना चाहिए।

सब तैयारियाँ पूर्ण। विकट उत्साह।

समारोह सोलह सितम्बर को होना था। दस सितम्बर को मुख्यमन्त्री राम-चरणजी की पार्टी में अल्पमत हो गया। उन्हें इस्तीफा देना पड़ा। उनकी जगह पण्डित शारदाप्रसाद मुख्यमन्त्री हो गये।

ग्यारह सितम्बर को पण्डित रविनारायण शतवार्षिकी समारोह की संयोजन समिति की संकटकालीन बैठक हुई। सब सदस्य घबड़ाये हुए थे।

—अब क्या करें?

—किसी को क्या पता था कि रामचरणजी का मन्त्रिमण्डल ऐन मौके पर गिर जायेगा। अब शतवार्षिकी समारोह कैसे करें? क्या समारोह नहीं करने की घोषणा कर दें?

—अब समारोह कैसे रुक सकता है? तैयारी हो चुकी है।

—लेकिन अब उनके जन्मदिन का समारोह करने से फायदा ही क्या? राम-चरणजी तो मुख्यमन्त्री रहे नहीं।

—फायदे की नहीं; नुकसान की सोचो। नये मुख्यमन्त्री पण्डित शारदाप्रसाद रामचरणजी के घोर शत्रु हैं। वे देखेंगे कि रामचरणजी के पिता का जन्मदिन मना रहे हैं, तो हम लोग उनकी 'ब्लैक लिस्ट' में आ जायेंगे।

—बुरी आफत में फँस गये।

—पर समारोह तो रुक नहीं सकता।

—हाँ, अब तो समारोह करना ही पड़ेगा।

—तो कोई रास्ता निकालो।

विचार के बाद रास्ता निकला। समारोह तो मनाया ही जायेगा।

पर यह सूचना प्रकाशित कर दी गयी—

पण्डित रविनारायणजी का सौवाँ जन्मदिन यथावत् मनाया जायेगा। पर जनता की जानकारी के लिए निवेदन है कि पण्डित रविनारायण दस तारीख तक पण्डित रामचरण के पिता थे। १र ग्यारह तारीख से वे वर्तमान मुख्यमन्त्री शारदा-प्रसादजी के पिता हो गये हैं।

स्वर्ग में नर्क

सेठ मेहूमल मिलवानी मिलावट के उस्ताद थे। वे घी में चर्बी, धनिया में लीद और बेसन में पिसा पत्थर इस तरह मिला देते थे कि किसी को मिलावट का पता ही नहीं लगता था। अगर जहर शहद से सस्ता मिलता तो वे शहद में जहर मिलाने में ज़रा भी नहीं हिचकते।

पर सेठ मेहूमल भगवद्-भक्त भी थे। वे खूब भजन-पूजन करते थे। लिहाजा जब वे मरे तो एक देवदूत आया और उन्हें उस लोक ले गया।

चित्रगुप्त ने रिकार्ड भगवान के सामने पेश कर दिया।

भगवान ने कहा—सेठ मेहूमल, तुमने लगभग तीन लाख घण्टे मेरी पूजा की है, ऐसा रिकार्ड बताता है।

मेहूमल ने कहा—हाँ भगवन्, मैं आपका अटल भक्त हूँ।

विधाता ने कहा—इसीलिए हम तुम्हें स्वर्ग में स्थान देते हैं। जाओ, अनन्त काल तक सुख भोगो।

मेहूमल को स्वर्ग में एक सुन्दर मकान में रखा गया। बढ़िया भोजन परोसा गया। उसकी सुगन्ध से उनकी भूख भड़क उठी। उन्होंने एक कौर लेकर मुँह में डाला तो थू-थू करके उगल दिया। भोजन में नीम की पत्ती मिला दी गयी थी।

मेहूमल ने पानी पिया तो मुँह में कीड़े काटने लगे।

वे भूखे-प्यासे ही सो गये।

रात को जब वे मुलायम गद्दे पर सो रहे थे, तब दीवारों से लम्बी-लम्बी सलाखें निकलीं और उनके शरीर में चुभने लगीं।

वे रात-भर सो नहीं सके।

सुबह उन्होंने एक अधिकारी से कहा—मुझे विधाता के पास ले चलो। यह तुम्हारा कैसा स्वर्ग है?

अधिकारी ने जवाब दिया—विधाता ने स्वर्ग में नरक की मिलावट करने का हुक्म दे दिया है।

यस सर !

एक काफी अच्छे लेखक थे। वे राजधानी गये। एक समारोह में उनकी मुख्यमन्त्री से भेंट हो गयी। मुख्यमन्त्री से उनका परिचय पहले से था। मुख्यमन्त्री ने उनसे कहा—आप मजे में तो हैं। कोई कष्ट तो नहीं है? लेखक ने कह दिया—कष्ट बहुत मामूली है। मकान का कष्ट। अच्छा-सा मकान मिल जाय, तो कुछ ढंग से लिखना-पढ़ना हो। मुख्यमन्त्री ने कहा—मैं चीफ सेक्रेटरी से कह देता हूँ। मकान आपको 'एलाट' हो जायेगा।

मुख्यमन्त्री ने चीफ सेक्रेटरी से कह दिया कि अमुक लेखक को मकान 'एलाट' करा दो।

चीफ सेक्रेटरी ने कहा—यस सर !

चीफ सेक्रेटरी ने कमिश्नर से कह दिया। कमिश्नर ने कहा—यस सर !

कमिश्नर ने कलेक्टर से कहा—अमुक लेखक को मकान 'एलाट' कर दो। कलेक्टर ने कहा—यस सर !

कलेक्टर ने रेण्ट कण्ट्रोलर से कह दिया। उसने कहा—यस सर !

रेण्ट कण्ट्रोलर ने रेण्ट इन्स्पेक्टर से कह दिया। उसने भी कहा, यस सर !

सब बाजाब्ता हुआ। पूरा प्रशासन मकान देने के काम में लग गया। साल-डेढ़ साल बाद फिर मुख्यमन्त्री से लेखक की भेंट हो गयी। मुख्यमन्त्री को याद आया कि इनका कोई काम होना था। मकान 'एलाट' होना था।

उन्होंने पूछा—कहिए, अब तो अच्छा मकान मिल गया होगा ?

लेखक ने कहा—नहीं मिला।

मुख्यमन्त्री ने कहा—अरे, मैंने तो दूसरे ही दिन कह दिया था।

लेखक ने कहा—जी हाँ, ऊपर से नीचे तक 'यस सर' हो गया।

क्रान्तिकारी की कथा

'क्रान्तिकारी' उसने उपनाम रखा था। खूब पढ़ा-लिखा युवक। स्वस्थ, सुन्दर। नौकरी भी अच्छी। विद्रोही। मार्क्स-लेनिन के उद्धरण देता, चे-ग्वेवारा का खास भक्त।

कॉफ़ी-हाउस में काफी देर बैठता। खूब बातें करता। हमेशा क्रान्तिकारिता के तनाव में रहता। सब उलट-पुलट देना है। सब बदल देना है। बाल बड़े, दाढ़ी करीने

से बढ़ायी हुई।

विद्रोह की घोषणा करता। कुछ करने का मौका ढूँढ़ता। कहता—'मेरे पिता की पीढ़ी को जल्दी मरना चाहिए। मेरे पिता घोर दकियानूस, जातिवादी, प्रतिक्रियावादी हैं। ठेठ बुर्जुआ। जब वे मरेंगे तब मैं न मुण्डन कराऊँगा, न उनका श्राद्ध करूँगा। मैं सब परम्पराओं का नाश कर दूंगा। चे-ग्वेवारा जिन्दाबाद !'

कोई साथी कहता—'पर तुम्हारे पिता तुम्हें बहुत प्यार करते हैं।'

क्रान्तिकारी कहता—'प्यार ? हाँ, हर बुर्जुआ क्रान्तिकारिता को मारने के लिए प्यार करता है। यह प्यार षड्यन्त्र है। तुम लोग नहीं समझते। इस समय मेरा बाप किसी ब्राह्मण की तलाश में है जिससे बीच-पच्चीस हजार रुपये लेकर उसकी लड़की से मेरी शादी कर देगा। पर मैं नहीं होने दूंगा। मैं जाति में शादी करूँगा ही नहीं। मैं दूसरी जाति की, किसी नीच जाति की लड़की से शादी करूँगा। मेरा बाप सिर धुनता बैठा रहेगा।'

साथी ने कहा, "अगर तुम्हारा प्यार किसी लड़की से हो जाये और संयोग से वह ब्राह्मण हो, तो तुम शादी करोगे न ?"

उसने कहा, "हरगिज नहीं। मैं उसे छोड़ दूंगा। कोई क्रान्तिकारी अपनी जाति की लड़की से न प्यार करता है, न शादी। मेरा प्यार है एक कायस्थ लड़की से। मैं उससे शादी करूँगा।"

एक दिन उसने कायस्थ लड़की से कोर्ट में शादी कर ली। उसे लेकर अपने शहर आया और दोस्त के घर पर ठहर गया।

बड़े शहीदाना मूढ़ में था। कह रहा था—'आई ब्रोक देअर नेक। मेरा बाप इस समय सिर धुन रहा होगा, माँ रो रही होगी। मुहल्ले-पड़ोस के लोगों को इकट्ठा करके मेरा बाप कह रहा होगा—हमारे लिए लड़का मर चुका। वह मुझे त्याग देगा। मुझे प्रापर्टी से वंचित करेगा। आई डोण्ट केअर। मैं कोई भी बलिदान करने को तैयार हूँ। वह घर मेरे लिए दुश्मन का घर हो गया। बट आई विल फाइट टू दी एण्ड—टू दी एण्ड—'

वह बरामदे में तना हुआ घूमता। फिर बैठ जाता, कहता—'बस, संघर्ष आ ही रहा है।'

उसका एक दोस्त आया। बोला, "तुम्हारे फादर कह रहे थे कि तुम पत्नी को लेकर सीधे घर क्यों नहीं आ गये। वे तो काफी शान्त थे। कह रहे थे, लड़के और बहू को घर ले आओ।"

वह उत्तेजित हो गया, "हूँ, बुर्जुआ हिपोक्रेसी। यह एक षड्यन्त्र है। वे मुझे घर बुलाकर फिर अपमान करके, हल्ला करके, निकालेंगे। उन्होंने मुझे त्याग दिया है तो मैं क्यों समझौता करूँ। मैं दो कमरे किराये पर लेकर रहूँगा।"

दोस्त ने कहा, "पर तुम्हें त्यागा कहाँ है ?"

उसने कहा, "मैं सब जानता हूँ—आई विल फाइट।"

दोस्त ने कहा, "जब लड़ाई है ही नहीं तो फाइट क्या करोगे ?"

'क्रान्तिकारी' कल्पनाओं में था। हथियार पैने कर रहा था। बारूद सुखा रहा था। क्रान्ति का निर्णायक क्षण आनेवाला है। मैं वीरता से लड़ूंगा। बलिदान हो जाऊँगा।

तीसरे दिन उसका एक खास दोस्त आया। उसने कहा, "तुम्हारे माता-पिता टैक्सी लेकर तुम्हें लेने आ रहे हैं। इतवार को तुम्हारी शादी के उपलक्ष में भोज है। यह निमन्त्रण-पत्र बाँटा जा रहा है।"

क्रान्तिकारी ने सिर ठोंक लिया। पसीना बहने लगा। पीला हो गया। बोला, "हाय, सब खत्म हो गया। जिन्दगी-भर की संघर्ष-साधना खत्म हो गयी। नो स्ट्रगल। नो रेवोल्यूशन। मैं हार गया। वे तो मुझे लेने आ रहे हैं। मैं लड़ना चाहता था। मेरी क्रान्तिकारिता! मेरी क्रान्तिकारिता! देवी, तू मेरे बाप से मेरा तिरस्कार करवा। चे-ग्वेवारा! डियर चे!"

उसकी पत्नी चतुर थी। वह दो-तीन दिनों से क्रान्तिकारिता देख रही थी और हँस रही थी। उसने कहा, "डियर, बात कहूँ। तुम क्रान्तिकारी नहीं हो।"

उसने पूछा, "नहीं हूँ? फिर क्या हूँ?"

पत्नी ने कहा, "तुम एक बुर्जुआ बौड़म हो। पर मैं तुम्हें प्यार करती हूं।"

ईडन के सेब

लाखों साल पहले की बात है। खुदा ने, जिसे 'गॉड' और 'ईश्वर' भी कहते हैं, सेब का बगीचा लगाया था। इसका नाम 'ईडन' बाग था। ईडन बाग में सेब की अच्छी फसल होती थी, जिसकी बिक्री से खुदा को बहुत आमदनी होती थी। ईडन बाग के सम्बन्ध में खुदा ने अजब बातें फैला रखी थीं, जिनके कारण यह बगीचा रहस्यमय हो गया था। उसने यह अफवाह फैला रखी थी कि हर सेब के झाड़ पर एक भयंकर साँप रहता है। इस अफवाह के कारण पास के सेकेण्डरी स्कूल के लड़के बगीचे में नहीं घुसते थे और न उनके शिक्षक उनसे सेब तोड़ लाने के लिए कहते थे।

एक साल न जाने क्या हुआ कि सारी फसल ही खराब हो गयी। सेब हुए तो बहुत, पर सब बेस्वाद, भीतर से सड़े हुए। खुदा ने बहुत कोशिश की, पर कोई उन्हें खरीदने को तैयार ही न हुआ। एक-दो ग्राहक ले भी गये तो घण्टे-भर में शिकायत करने लौटे। खुदा बड़े चिन्तित थे। सारी फसल चौपट हो गयी। एक कौड़ी भी आमदनी की उम्मीद नहीं थी।

एक दिन खुदा के पास 'ईव' आयी। 'ईव' एक परम सुन्दर स्त्री थी। वह बुद्धिमती भी थी। ऐसा कम होता है। यह वही ईव थी, जिसने 'ईव्ज़ वीकली'

नामक पत्र निकाला था, जो अभी तक चल रहा है। पूर्व में इतना प्राचीन पत्र शंकर भगवान् का स्थापित किया हुआ 'शंकर्स वीकली' ही है।

ईव पर सारा इलाका मुग्ध था। उसे देखने के लिए भीड़ लग जाती थी। ईव ने खुदा से चिन्ता का कारण पूछा। खुदा ने कहा, "पूरी फसल खराब हो गयी! इन सेबों को कोई मुफ्त में ले जाने को भी तैयार नहीं है।"

ईव ने कहा, "मैं आपके सारे सेब बिकवा सकती हूँ।"

खुदा ने हँसकर कहा, "रूप का इतना अभिमान ठीक नहीं है। यह कुछ दिनों का ही है, क्षण-भंगुर है।"

ईव ने कहा, "आपका फिलासफी से काम नहीं चलेगा। सवाल यह है कि एक हफ्ते में सड़ जानेवाली इन रद्दी सेबों को कैसे बेचा जाये? यह चमत्कार मैं कर सकती हूँ।"

खुदा ने कहा, "अच्छा, कर सके, तो कर।"

ईव ने एक सेब तोड़ा। उसे लेकर फोटोग्राफर के यहाँ गयी। उसने हँसते हुए मुँह में सेब रखा और फोटो खिचवायी। खुदा ने उस चित्र का ब्लॉक बनवाया। ईव अखबार के दफ्तर में गयी और एक विज्ञापन दिया जिसमें ईव हँसती हुई सेब खा रही है और नीचे लिखा है:

'सुन्दरी ईव कहती है—**मैं हमेशा ईडन बाग के सेब खाती हूँ। ये स्वादिष्ट और गुणकारी होते हैं। इनसे मेरी त्वचा मुलायम और चमकदार होती है।**'

दूसरे दिन यह विज्ञापन अखबार में छपने लगा और इसके पोस्टर भी दीवारों पर चिपका दिये गये।

विज्ञापन का पहला शिकार हुआ आदम। आदम सारे इलाके का 'हीरो' था। वह ईव पर जान देता था। वह ईव के पास आया। पूछा, "सचमुच ये सेब अच्छे हैं? तुम्हें अच्छे लगते हैं?"

ईव ने कटाक्ष मारकर कहा, "हाँ, मैं क्या झूठ बोलती हूँ?"

आदम ने कहा, "तो मैं भी खाऊँगा। आओ एक सेब खरीदें, जिसे हम दोनों खायें।"

आदम ने एक सेब खरीदा; आधा ईव को खिलाया और आधा खुद खाया। यह बात चारों तरफ फैल गयी।

विज्ञापन का असर होने लगा। पुरुष तो ईव की सिफारिश मानने को यों ही तैयार थे। स्त्रियों ने जब विज्ञापन देखा, तो पहले तो जलकर कहा, "अच्छा, हरामजादी ने फोटो भी छपा लिया!" फिर आखिरी वाक्य पर नजर पड़ी—'इनसे मेरी त्वचा मुलायम और चमकदार होती है।' तो पति को पुकारा—'सुनते हो! मैंने कहा, दफ्तर से लौटते एक सेर ईडन के सेब जरूर लेते आना!'

एक महीने बाद ईव खुदा के पास आयी। बोली, "कहिए खुदाबन्द!"

खुदा ने कहा, "सब बिक गये!"

नहुष का निष्कासन

शहर में इन्द्रदेव के बहुत-से मकान किराये पर चलते थे। एक पूरे मुहल्ले में उनके ही मकान थे और उन्होंने उस मुहल्ले का नाम 'स्वर्गपुरी' रख लिया था।

नहुष बाबू का तबादला हाल ही में इस शहर में हुआ था। वह मकान ढूंढ़ रहा था। ढूंढ़ते-ढूंढ़ते वह इन्द्रदेव के पास पहुँचा। इन्द्रदेव ने पूछा, "फेमिली है।"

नहुष ने कहा, "जी हाँ, फेमिली है।"

"कहाँ है?"

"अभी तो वहीं है। मकान मिल जाये, तो फेमिली ले आऊँ।"

इन्द्रदेव ने कहा, "देखिए, यहाँ सब बाल-बच्चेवाले आदमी रहते हैं। शरीफों का मुहल्ला है यह। यहाँ 'सिंगल' आदमी को मकान नहीं देते। सबके घर में बहू-बेटियाँ हैं।"

नहुष ने कहा, "जी हाँ, आप ठीक कहते हैं, पर मेरी तो 'फेमिली' है। एक-दो महीने में ले आऊँगा। आपको मुझसे कोई शिकायत नहीं होगी। मैं पेशगी किराया देता हूँ और मरम्मत अपने खर्च से करा लेता हूँ।"

इन्द्रदेव ने कहा, "ठीक है। मैं आपको मकान देता हूँ; मगर इस शर्त पर कि दो महीने में आप फेमिली ले आयें।"

नहुष को मकान मिल गया। वह इन्द्रदेव के मकान से लगा हुआ ही था और पश्चिम की खिड़की से उसका आँगन दिखता था। नहुष वहाँ रहने लगा।

हर महीने जब वह किराया देने जाता तो इन्द्र कहते, "भई, अब फेमिली ले आओ।"

नहुष कहता, "बस, अगले महीने छुट्टी लेकर जा रहा हूँ।"

जब पाँच-छह महीने हो गये तब इन्द्रदेव ने कहा, "मुझे शक होता है कि आपकी फेमिली है ही नहीं, होती तो अब तक ले आते!"

नहुष ने कहा, "सा'ब, फेमिली तो है पर जरा 'फेमिली-प्लैनिङ्' कर रहा हूँ। इसीलिए मैंने तबादला कराया है। चौथा बच्चा हुआ था, जब मेरा तबादला हुआ। सोचता हूँ, दो-तीन साल गोल कर दूँ। यों मैं चाल-चलन का अच्छा आदमी हूँ। छह महीने में कोई ऐसी बात नहीं हुई···।"

इन्द्र ने कहा, "सो तो मैं सब समझता हूँ। पर दूसरे किरायेदार एतराज करते हैं।"

नहुष ने कहा, "तो फिर जल्द ही ले आऊँगा।"

इन्द्र इसके बाद महीने-भर के लिए बाहर चले गये।

एक दिन इन्द्र की शची 'बाथ-रूम' से निकलकर आँगन में बैठी बाल सुखा रही थी। नहुष की खिड़की खुली हुई थी। नहुष वैसे आचरण का अच्छा था, पर कई महीनों से घर से छूटा था। रोकते-रोकते भी उसकी नजर उधर चली गयी और

फिर तो वह एकटक उसे देखने लगा।

अचानक शची की नजर खिड़की पर पड़ी और वह एकदम हड़बड़ाकर उठी और "तेरी आँख ही फूट जाये!" कहती हुई भीतर भाग गयी।

मुहल्ले में कुछ रिटायर्ड बूढ़े रहते थे। ये ऋषि कहलाते थे। ये अपनी बहू से लड़ते थे और दूसरे की बहू के 'स्केण्डल' की चर्चा बड़े रस से करते थे। मुहल्ले की स्त्रियों के चरित्र की रक्षा यही ऋषि करते थे।

शची कपड़े पहन क्रोध से तमतमाती ऋषियों के पास गयी और कहा, "बाबा, इस नये किरायेदार की नज़र में पाप है! वो बाहर गये हैं। आज मैं आँगन में बाल सुखा रही थी, तो वह मुँहजला खिड़की में से घूर रहा था। उसकी आँखों में कीड़े पड़ जायें!"

ऋषियों को गुस्सा आया। उन्होंने कहा, "इस मुहल्ले में ऐसा कभी नहीं हुआ। बाई, तू जा, हम उसे देखते हैं।"

शची के जाने पर पहले बूढ़ों ने इस 'स्केण्डल' का रस लिया। कहने लगे, "ऐसी ही लाजवन्ती है तो भीतर क्यों नहीं रहती? बताओ भला, घरवाला परदेश गया है और आप आँगन में बाल सुखा रही है! आयी बड़ी सती-सावित्री बनकर।"

एक सयाने ने कहा, "मैंने तो इन्द्र से पहले ही कहा था कि यह आदमी कोई लुच्चा-लफंगा है!"

"पर उसे तो किराये का लोभ है न! अब वह तुम्हारी ही घरवाली पर नजर डालता है।"

दूसरे ने कहा, "कुछ भी हो, उसे मुहल्ले से निकाल देना चाहिए। आज उस पर नजर डाली है; कल हमारी-तुम्हारी बहू-बेटियों को झाँकेगा।"

सब ऋषि क्रोध से काँपते उठे और नहुष के मकान के सामने खड़े होकर आवाज लगायी—'ए नहुष के बच्चे! ज़रा बाहर निकल!'

नहुष चाहता तो न बोलता। वह नहुष का बच्चा नहीं, खुद नहुष था; पर वह बाहर निकल आया।

ऋषियों ने उसे खूब गाली दी और धक्के मारकर घर से बाहर निकाल दिया।

देव-भक्ति

एक शहर की बात है। शहर में गणेशोत्सव बड़ी धूम से मनाया जाता है। प्रथा कुछ ऐसी चल गयी है कि हर जाति के लोग अपने अलग गणेशजी रखते हैं। इस तरह ब्राह्मणों के अलग गणेश होते हैं, अग्रवालों के अलग, तेलियों के अलग, कुम्हारों

के अलग। पचीस-तीस तरह के गणेशोत्सव होते हैं, और नव-दस दिनों तक खूब भजन-कीर्तन, पूजा-स्तुति, आरती, गायन-वादन होते हैं। आखिरी दिन गणेश-विसर्जन के लिए जो जुलूस निकलता है, उसमें सबसे आगे ब्राह्मणों के गणेशजी होते हैं।

इस साल ब्राह्मणों के गणेशजी का रथ उठने में ज़रा देर हो गयी। इसलिए तेलियों के गणेशजी आगे हो गये।

जब यह बात ब्राह्मणों को मालूम हुई, तो वे बड़े क्रोधित हुए। बोले--"तेलियों के गणेश की 'ऐसी-तैसी'। हमारा गणेश आगे जायेगा।"

जाति

कारखाना खुला, कर्मचारियों के लिए बस्ती बन गयी।

ठाकुरपुरा से ठाकुर साहब और ब्राह्मणपुरा से पण्डितजी कारखाने में काम करने लगे और पास-पास के ब्लॉक में रहने लगे।

ठाकुर साहब का लड़का और पण्डितजी की लड़की दोनों जवान थे। उनमें पहचान हुई। पहचान इतनी बढ़ी कि वे शादी करने को तैयार हो गये।

जब प्रस्ताव उठा तो पण्डितजी ने कहा, "ऐसा कभी हो सकता है? ब्राह्मण की लड़की ठाकुर से शादी करे! जाति चली जायेगी।"

ठाकुर साहब ने भी कहा कि ऐसा हो नहीं सकता। पर-जाति में शादी करने से हमारी जाति चली जायेगी।

किसी ने उन्हें समझाया कि लड़के-लड़की बड़े हैं, पढ़े-लिखे हैं, समझदार हैं। उन्हें शादी कर लेने दो। अगर उनकी शादी नहीं हुई, तो भी वे चोरी-छिपे मिलेंगे और तब जो उनका सम्बन्ध होगा, वह तो व्यभिचार कहा जायेगा।

इस पर ठाकुर साहब और पण्डितजी ने कहा—"होने दो। व्यभिचार से जाति नहीं जाती; शादी से जाती है।"

लिफ्ट

वे दोनों एक ही विभाग में बराबर के पद पर थे। उनके दफ्तर दूसरी मंजिल पर थे। वे अक्सर फाटक पर मिल जाते और साथ-साथ सीढ़ियाँ चढ़कर अपने कमरों में

पहुँच जाते।

विभाग में एक ऊँचा पद खाली हुआ। दोनों उसके लिए कोशिश करने लगे। ऊँचे पद का दफ्तर चौथी मंजिल पर था।

उनमें से एक को छुट्टी लेकर अपने गाँव जाना पड़ा। दूसरा कोशिश करता रहा। उसकी कोशिश के प्रकार के सम्बन्ध में दफ्तर में कानाफूसी होने लगी। पहला छुट्टी से लौटकर आया, तो उसके कान में भी लोगों ने वे बातें कह दीं, जो वे एक-दूसरे से कहा करते थे।

फाटक पर वे दोनों फिर मिल गये। पहला सीढ़ी की तरफ मुड़ा और दूसरा लिफ्ट की तरफ।

पहले ने कहा, "क्यों, आज सीढ़ियों से नहीं चढ़ोगे?"

दूसरे ने कहा, "मुझे तो अब चौथी मंजिल पर जाना है न। वहाँ सीढ़ियों से नहीं चढ़ा जाता। लिफ़्ट से जाना चाहिए।"

पहले ने कहा, "हाँ, भाई, लिफ्ट से चढ़ो। हमारी लिफ्ट तो 35 साल की, और मोटी हो गयी है।"

खेती

सरकार ने घोषणा की कि हम अधिक अन्न पैदा करेंगे और एक साल में खाद्य में आत्म-निर्भर हो जायेंगे।

दूसरे दिन कागज के कारखानों को दस लाख एकड़ कागज का आर्डर दे दिया गया।

जब कागज आ गया, तो उसकी फाइलें बना दी गयीं। प्रधानमन्त्री के सचिवालय से फाइल खाद्य-विभाग को भेजी गयी। खाद्य-विभाग ने उस पर लिख दिया कि इस फाइल से कितना अनाज पैदा होना है और उसे अर्थ-विभाग को भेज दिया।

अर्थ-विभाग में फाइल के साथ नोट नत्थी किये गये और उसे कृषि-विभाग में भेज दिया गया।

कृषि-विभाग में उसमें बीज और खाद डाल दिये गये और उसे बिजली-विभाग को भेज दिया गया।

बिजली-विभाग ने उसमें बिजली लगायी और उसे सिंचाई-विभाग को भेज दिया गया।

सिंचाई-विभाग में फाइल पर पानी डाला गया।

अब वह फाइल गृह-विभाग को भेज दी गयी। गृह-विभाग ने उसे एक सिपाही

को सौंपा और पुलिस की निगरानी में वह फाइल राजधानी से लेकर तहसील तक के दफ्तरों में ले जायी गयी। हर दफ्तर में फाइल की आरती करके उसे दूसरे दफ्तर में भेज दिया जाता।

जब फाइल सब दफ्तर घूम चुकी तब उसे पकी जानकर फूड कार्पोरेशन के दफ्तर में भेज दिया गया और उस पर लिख दिया गया कि इसकी फसल काट ली जाये। इस तरह दस लाख एकड़ कागज की फाइलों की फसल पककर फूड कार्पोरेशन के पास पहुँच गयी।

एक दिन एक किसान सरकार से मिला और उसने कहा—'हुजूर, हम किसानों को आप जमीन, पानी और बीज दिला दीजिए और अपने अफसरों से हमारी रक्षा कर लीजिए, तो हम देश के लिए पूरा अनाज पैदा कर देंगे।'

सरकारी प्रवक्ता ने जवाब दिया—'अन्न की पैदावार के लिए किसान की अब जरूरत नहीं है। हम दस लाख एकड़ कागज पर अन्न पैदा कर रहे हैं।'

कुछ दिनों बाद सरकार ने बयान दिया—'इस साल तो सम्भव नहीं हो सका, पर आगामी साल हम जरूर खाद्य में आत्म-निर्भर हो जायेंगे।'

और उसी दिन बीस लाख एकड़ कागज का ऑर्डर और दे दिया गया।

रोटी

प्रजातन्त्र के राजा ने जहाँगीर की तरह अपने महल के सामने एक जंजीर लटका रखी थी। घोषणा करवा दी थी कि जिसे फरियाद करना हो, वह जंजीर खींचे; राजा साहब खुद फरियाद सुनेंगे।

एक दिन अत्यन्त दुबला, कमजोर आदमी लड़खड़ाता वहाँ आया और उसने निर्बल हाथों से जंजीर खींची। प्रजातन्त्र का राजा तुरन्त महल की बालकनी पर आया और बोला, "फरियादी, क्या चाहते हो?"

फरियादी बोला, "राजा, तेरे राज में हम भूखे मर रहे हैं। हमें अन्न का दाना नहीं मिलता। मुझे रोटी चाहिए। मैंने कई दिनों से अन्न नहीं खाया। मैं रोटी माँगने आया हूँ।"

राजा ने बड़ी सहानुभूति से कहा, "भाई, तेरे दुःख से मेरा हृदय द्रवित हो गया है। मैं तेरी रोटी की समस्या पर आज ही एक उपसमिति बिठाता हूँ। पर तुझसे मेरी एक प्रार्थना है—उपसमिति की रिपोर्ट प्रकाशित होने के पहले तू मरना मत।"

दुख

एक दफ्तर के कर्मचारी उस दिन बड़े दुखी थे। उनके बीच के एक आदमी का तबादला हो गया था। वह आदमी बड़ा भला था। कर्मचारियों ने उसकी विदाई के लिए एक आयोजन किया। कई साथियों ने भाषण दिये; कहा कि आज ऐसा लग रहा है, मानो हमारा सगा भाई बिछुड़ रहा है।

एक कोने में बैठा एक आदमी बहुत रो रहा था। उसके आँसू थमते ही नहीं थे।

किसी ने उससे कहा, "क्यों भाई, इसके जाने का सबसे अधिक दुख तुम्हीं को मालूम होता है।"

"हाँ," सिसकते हुए उसने उत्तर दिया।

"तो इससे सबसे अधिक प्रेम तुम्हीं करते हो।"

"नहीं, यह बात नहीं है।"

"तो फिर इस तरह क्यों रो रहे हो।"

उसने भरे गले से कहा, "इसलिए कि यह साला तरक्की पर जा रहा है।"

दण्ड

एक कलाकार ने कोई बड़ा अपराध किया। वह राजा के सामने उपस्थित किया गया। राजा ने मन्त्री से पूछा, "इसे तीन वर्ष की कैद दे दी जाये।"

मन्त्री ने कहा, "अपराध बहुत जघन्य है। तीन साल बहुत कम है।"

"तो दस साल सही।"

"दस साल भी कम सजा है।"

"तो आजीवन कारावास।"

"नहीं, यह भी कम है।"

"तो फाँसी दे दी जाये?"

"नहीं, फाँसी भी कम सजा है।"

राजा ने खीझकर कहा, "फाँसी से बड़ी सजा क्या होगी, तुम्हीं बताओ।"

मन्त्री ने कहा, "इसे कहीं बिठाकर इसके सामने दूसरे कलाकार की प्रशंसा करनी चाहिए।"

दवा

कवि 'अनंग' जी का अन्तिम क्षण आ पहुँचा था।

डॉक्टरों ने कह दिया कि ये अधिक-से-अधिक घण्टे-भर के मेहमान हैं। अनंगजी की पत्नी ने कहा कि कुछ ऐसी दवा दे दें, जिससे ये 5-6 घण्टे जीवित रह सकें ताकि शाम की गाड़ी से आनेवाले बेटे से मिल लें। डॉक्टरों ने कहा कि कोई भी दवा इन्हें घण्टे-भर से अधिक जीवित नहीं रख सकती।

इसी समय अनंगजी के मित्र आये। वे बोले, "मैं इन्हें मजे में कई घण्टे जीवित रख सकता हूँ।"

डॉक्टरों ने हँसकर कहा, "यह असम्भव है।"

मित्र ने कहा, "खैर, मुझे कोशिश तो कर लेने दीजिए ! आप सब लोग बाहर हो जाइए।"

सब बाहर चले गये। मित्र अनंगजी के पास बैठे और बोले, "अनंगजी, अब तो आप सदा के लिए चले। यह सुललित कण्ठ अब कहाँ सुनने को मिलेगा ! जाते-जाते कुछ सुना जाइए !"

यह सुनते ही अनंगजी उठकर बैठ गये और बोले, "मन तो नहीं है पर आपकी प्रार्थना टाली भी नहीं जा सकती। अच्छा, आलमारी में से मेरी कापी निकालिए न।"

मित्र ने कापी उठाकर हाथ में दे दी और अनंगजी कविता-पाठ करने लगे। घण्टे-पर-घण्टे बीतते गये। शाम की गाड़ी आ गयी और लड़का भी आ गया। उसने कमरे में घुसते ही देखा कि पिताजी कविता पढ़ रहे हैं और उनके मित्र मरे पड़े हैं।

होनहार

एक स्त्री अपने लड़के को एक ज्योतिषी के पास ले गयी और बोली, "पण्डितजी, इस लड़के का भविष्य बतलाइए। आगे चलकर यह क्या होगा ?"

ज्योतिषी ने कहा, "माता, तू इसके कुछ लक्षण बता। इसमें तूने क्या विशेष बात देखी ?"

स्त्री ने कहा, "यह रात को एकाएक चिल्ला पड़ता है—जागो ! जागो ! आगे बढ़ो ! आगे बढ़ो !"

ज्योतिषी ने पूछा, "अच्छा, जब यह ऐसा चिल्लाता है, तब स्वयं क्या करता है?"

स्त्री बोली, "यह तो सोया रहता है—पत्थर-सरीखा। नींद में चिल्लाता है।"

ज्योतिषी ने तनिक सोचकर उत्तर दिया, "माँ, तेरे बेटे का भविष्य बहुत उज्ज्वल है।"

"क्या बनेगा यह, पण्डितजी?"

"यह किसी प्रजातन्त्र का नेता हो जायेगा।"

हृदय

एक आदमी कहता था कि वह हर काम हृदय की आवाज़ के अनुसार करता है। वह एक कॉलेज का प्रिंसिपल था। उसने एक योग्य आचार्य को निकालकर उसके स्थान पर किसी अज्ञात कारण से एक अयोग्य को नियुक्त कर लिया। उससे पूछा तो उसने कहा कि उसके हृदय की आवाज थी कि ऐसा करने में संस्था का हित है। एक चपरासी का सप्ताहभर का वेतन उसने काट लिया। हृदय की आवाज पर ही उसने एक लड़की की शादी एक वृद्ध से करा दी। कारण यही बताया कि यह उसके हृदय की आवाज थी। इसी प्रकार के काम वह हृदय की आवाज सुनकर किया करता था। उसका बड़ा रोब था। कितने आदमी ऐसे हैं, जो हृदय की आवाज पर काम करते हैं।

एक दिन एक दुर्घटना में उनकी मृत्यु हो गयी।

लाश का पोस्टमार्टम हुआ तो डॉक्टरों ने देखा कि उसके सीने में कहीं हृदय ही नहीं है। डॉक्टरों के सामने बड़ी समस्या खड़ी हुई कि यह आदमी बिना हृदय के कैसे जीवित रहा।

सारे शरीर में खोज की। बड़ी मुश्किल से उनका हृदय तलुए में मिला।

उपदेश*

'सेवकजी' नारी आन्दोलन के बड़े समर्थक थे। स्त्री की सामाजिक स्वतन्त्रता के लिए वे कठोर संघर्ष करते थे।

* वसुधा, नवम्बर, 1957

एक सभा में उन्होंने भाषण दिया—"···हमें नारी को स्वतन्त्रता देना होगा; उसके व्यक्तित्व को स्वीकारना होगा। उसे घर में कैद करके हमने सदियों से समाज के आधे भाग को निष्क्रिय कर दिया है। अब समय बदल गया है। नारी को हमें बाहर निकलकर समाज के मंगल कार्यों में हाथ बँटाने देना चाहिए।"

भाषण की सबने प्रशंसा की।

'सेवकजी' घर पहुँचे। थोड़ी देर बाद लड़के ने आकर कहा, "पिताजी, अम्मा नारी-मंगल समिति के कार्यक्रम में भाग लेने जाना चाहती हैं।"

'सेवकजी' की आँखें चढ़ गयीं—बोले, "कह दे, कहीं नहीं जाना है। जहाँ देखो वहाँ, मुँह उठाये चल दीं। कुछ लाज-शरम भी है या नहीं।"

लड़का था वाचाल। उसने कहा, "पिताजी, अभी तो आपने सभा में कहा था कि स्त्री को बाहर समाज में निकलना चाहिए।"

'सेवकजी' ने समझाया, "तू अभी नादान है। बात समझता नहीं है। अरे, जब यह कहा जाये कि स्त्री बाहर निकले, तब यह अर्थ होता है कि दूसरों की स्त्रियाँ निकलें, अपनी नहीं।"

अमरता

लेखक रात को अबू-बिन-आदम की यह कहानी पढ़ते-पढ़ते सो गया—"एक रात आदम के बेटे अबू के कमरे में एकदम तीव्र प्रकाश हुआ और एक फरिश्ता प्रकट हुआ। उसके हाथ में एक बही थी। उसने अबू से कहा—'मैं उन लोगों के नाम लिख रहा हूँ, जो ईश्वर से प्यार करते हैं।' अबू-बिन-आदम ने कहा—'मेरा नाम उन लोगों में लिख लो, जो अपने साथी मानवों से प्यार करते हैं'—फरिश्ता अदृश्य हो गया। दूसरी रात वह फिर आया और अबू ने देखा कि ईश्वर के प्रेमियों में सबके ऊपर उसी का नाम है।" आधी रात को एकाएक लेखक की नींद खुली और उसने देखा कि कमरे में तीव्र प्रकाश भर गया है। उसने आँखें मलीं, तो उसे कमरे में एक फरिश्ता दिखा—श्वेत वस्त्र, श्वेत दाढ़ी और केश, मुख पर स्वर्गिक आभा!

लेखक ने पूछा, "हे दिव्य पुरुष! आप कौन हैं और यहाँ किस प्रयोजन से आये हैं?"

फरिश्ता बोला, "वत्स, मैं हिन्दी साहित्य का इतिहास हूँ और प्रतिभाओं को अमर करने निकला हूँ।"

लेखक प्रसन्न हुआ। हाथ जोड़कर कहने लगा, "देव, मैं भी साहित्य का एक सेवक हूँ। क्या आप मुझे अमर कर सकते हैं?"

फरिश्ते ने निर्मल मुसकान के साथ कहा, "इसीलिए तो मैं यहाँ आया हूँ।"

उसने अपने हाथ की बही खोलकर लेखक के सामने रख दी और कहा, "देखो, इसमें मैं उन लोगों के नाम लिखता जाता हूँ, जिन्हें अमर होना है। तुम भी इसमें अपना नाम लिख दो।"

लेखक नामों को पढ़ने लगा। पढ़ते-पढ़ते वह चौंका। उसके मुख पर विषाद छा गया। फिर घृणा आयी और फिर रोष।

इधर फरिश्ते ने पेंसिल बढ़ाते हुए कहा, "लो पेंसिल! लिख दो अपना नाम।"

लेखक ने गरदन उठायी और पूछा, "क्या तुम्हारे पास रबर नहीं है?"

फरिश्ते ने कहा, "है, रबर भी है। पर नियम यह है कि तुम रबर और पेंसिल में से कोई एक ही ले सकते हो।"

लेखक ने अविचलित भाव से कहा, "तो मुझे रबर ही दे दो। पेंसिल नहीं चाहिए।"

फरिश्ते ने रबर दे दी।

लेखक ने 3-4 नाम मिटा दिये।

फरिश्ता अदृश्य हो गया। लेखक बड़ी शान्ति से सो गया।

दूसरी रात फरिश्ता फिर आया और उसने बही खोलकर लेखक के सामने रख दी।

लेखक ने देखा कि उसका नाम युग-प्रवर्तकों में लिखा हुआ है।

वह बहुत प्रसन्न हुआ।

सहसा फरिश्ते ने अपनी नकली दाढ़ी-मूँछ निकाल फेंकी और लेखक ने पहचाना कि वह स्थानीय इण्टरमीडियेट कॉलेज का हिन्दी का अध्यापक है।

अश्लील पुस्तकें

शहर में ऐसा शोर था कि अश्लील साहित्य का बहुत प्रचार हो रहा है। अखबारों में समाचार और नागरिकों के पत्र छपते कि सड़कों के किनारे खुलेआम अश्लील पुस्तकें बिक रही हैं।

दस-बारह उत्साही समाज-सुधारक युवकों ने टोली बनायी और तय किया कि जहाँ भी मिलेगा हम ऐसे साहित्य को छीन लेंगे और उसकी सार्वजनिक होली जलायेंगे।

उन्होंने एक दूकान पर छापा मारकर बीस-पच्चीस अश्लील पुस्तकें हाथों में कीं। हरेक के पास दो या तीन किताबें थीं। मुखिया ने कहा—आज तो देर हो

गयी। कल शाम को अखबार में सूचना देकर परसों किसी सार्वजनिक स्थान में इन्हें जलायेंगे। प्रचार करने से दूसरे लोगों पर भी असर पड़ेगा। कल शाम को सब मेरे घर पर मिलो। पुस्तकें मैं इकट्ठी अभी घर नहीं ले जा सकता। बीस-पच्चीस हैं। पिताजी और चाचाजी हैं। देख लेंगे तो आफत हो जायेगी। ये दो-तीन किताबें तुम लोग छिपाकर घर ले जाओ। कल शाम को ले आना।

दूसरे दिन शाम को सब मिले पर किताबें कोई नहीं लाया था। मुखिया ने कहा—किताबें दो तो मैं इस बोरे में छिपाकर रख दूँ। फिर कल जलाने की जगह बोरा ले चलेंगे।

किताब कोई लाया नहीं था।

एक ने कहा—कल नहीं, परसों जलाना। पढ़ तो लें।

दूसरे ने कहा—अभी हम पढ़ रहे हैं। किताबों को दो-तीन दिन बाद जला देना। अब तो किताबें जप्त ही कर लीं।

उस दिन जलाने का कार्यक्रम नहीं बन सका। तीसरे दिन फिर किताबें लेकर मिलने का तय हुआ।

तीसरे दिन भी कोई किताबें नहीं लाया।

एक ने कहा—अरे यार, फादर के हाथ किताबें पड़ गयीं। वे पढ़ रहे हैं।

दूसरे ने कहा—अंकिल पढ़ लें, तब ले आऊँगा।

तीसरे ने कहा—भाभी उठाकर ले गयी। बोली कि दो-तीन दिनों में पढ़कर वापस कर दूँगी।

चौथे ने कहा—अरे, पड़ोस की चाची मेरी गैरहाजिरी में उठा ले गयी। पढ़ लें तो दो-तीन दिन में जला देंगे।

अश्लील पुस्तकें कभी नहीं जलायी गयीं। वे अब अधिक व्यवस्थित ढंग से पढ़ी जा रही हैं।

प्रथम स्मगलर

लक्ष्मण मेघनाथ की शक्ति से घायल पड़े थे। हनुमान उनकी रक्षा के लिए हिमाचल प्रदेश से संजीवनी नामक दवा लेकर लौट रहे थे कि अयोध्या के नाके पर पकड़ लिये गये। पकड़नेवाले नाकेदार को हनुमान ने पीटकर लिटा दिया। राजधानी में हल्ला मच गया कि बड़ा बलशाली 'स्मगलर' आया हुआ है। पूरा फोर्स भी उसका मुकाबला नहीं कर पा रही।

आखिर भरत और शत्रुघ्न आये। हनुमान अपने आराध्य रामचन्द्र के भाइयों

को देखकर दब गये।

शत्रुघ्न ने कहा—इन स्मगलरों के मारे नाक में दम है। भैया, आप तो संन्यास लेकर बैठ गये हैं। मुझे भुगतना पड़ता है।

भरत ने हनुमान से पूछा—कहाँ से आ रहे हो?

हनुमान—हिमाचल प्रदेश से।

भरत—क्या है तुम्हारे पास? सोने के बिस्कुट, गाँजा, अफीम?

हनुमान—दवा है।

शत्रुघ्न ने कहा—अच्छा दवाइयों की स्मगलिंग चल रही है! निकालो, कहाँ है।

हनुमानजी ने संजीवनी निकालकर रख दी। कहा—मुझे आपके बड़े भाई रामचन्द्र ने इस दवा को लेने के लिए भेजा था।

शत्रुघ्न ने भरत की तरफ देखा, बोले—बड़े भैया यह क्या करने लगे हैं। स्मगलिंग में लग गये हैं। पैसे की तंगी थी तो हमसे मँगा लेते। स्मगलिंग के धन्धे में क्यों फँसते हैं। इससे बड़ी बदनामी होती है।

भरत ने हनुमान से पूछा—यह दवा कहाँ ले जा रहे थे? कहाँ बेचोगे इसे?

हनुमान ने कहा—लंका ले जा रहा था।

भरत ने कहा—अच्छा, वहाँ उत्तर भारत का स्मगल किया हुआ माल बिकता है। कौन खरीदते हैं? रावण के लोग।

हनुमान ने कहा—यह दवा तो मैं राम के लिए ही ले जा रहा था। बात यह है कि आपके भाई लक्ष्मण घायल पड़े हैं। वे मरणासन्न हैं। इस दवा के बिना वे बच नहीं सकते।

भरत और शत्रुघ्न ने एक-दूसरे की तरफ देखा। तब तक रजिस्टर में स्मगलिंग का मामला दर्ज हो चुका था।

शत्रुघ्न ने कहा—भरत भैया, आप ज्ञानी हैं। इस मामले में नीति क्या कहती है? शासन का क्या कर्त्तव्य है?

भरत ने कहा—स्मगलिंग तो अनैतिक है। पर स्मगल किये हुए सामान से अपना या अपने भाई-भतीजे का फायदा होता है, तो यह काम नैतिक हो जाता है। जाओ हनुमान, ले जाओ दवा।

मुंशी से कहा—रजिस्टर का पन्ना फाड़ दो।

पाँच लोक-कथाएँ

1. दूसरा फरहाद

यह अभी हाल की बात है। एक राजा था, जिसकी लड़की शीरीं बहुत खूबसूरत थी। फरहाद नाम का एक युवक उससे प्रेम करने लगा था, क्योंकि उसने लैला-मजनूँ का किस्सा सुन लिया था—जिसने किस्सा सुन लिया वह प्रेमी हो जाता है।

फ़रहाद राजा के पास शीरीं से शादी करने की प्रार्थना करने पहुँचा, तब वे एक नहर का नक्शा देख रहे थे। उन्होंने फरहाद की बात सुनी और कहा—"बरखुरदार, मैं इस वक्त पंचवर्षीय योजना में डूबा हुआ हूँ। देखो, यह नहर खुदनी है। इसके खुदने से बहुत बड़े इलाके में सिंचाई होगी और हमारे राज्य में अनाज का संकट मिट जायेगा।"

फरहाद ने फादर-इन-लॉ को प्रभावित करने के लिए कहा—"डैडी, यह क्या हाइड्रोइलेक्ट्रिक प्रोजेक्ट है या···"

राजा ने कहा—"नहीं बेटे, सिर्फ नहर खुदनी है। जो यह खुंदवा देगा उसी से मैं शीरीं की शादी कर दूंगा।"

फरहाद ने कहा—"मुझे यह शर्त मंजूर है। मैं एक साल में यह नहर बनवा दूंगा। आशा है तब तक शीरीं किसी आवारा क्लास-फेलो के चक्कर में नहीं पड़ेगी।"

राजा ने कहा—"तुम बेफिक्र रहो। शीरीं की शादी उसी से होगी, जो यह नहर खुदवा देगा।"

फरहाद बड़े उत्साह से लौटा। उसने एक ठेकेदार को बुलाया और नहर खोदने का ठेका दे दिया। कहा—"रुपया जितना चाहो लो, पर साल-भर में नहर खुद जानी चाहिए।"

ठेकेदार ने काम शुरू कर दिया। इधर फरहाद शीरीं के सपनों में डूबा रहने लगा।

साल बीत गया। फरहाद नहर देखने निकला। नहर नहीं खुदी थी। ठेकेदार भी गायब था।

फरहाद बहुत परेशान। वह शीरीं के बाप के पास पहुँचा। बोला—"मुझे माफ किया जाय। वह ठेकेदार धोखा दे गया। पैसा खा गया और नहर भी नहीं खुदवायी। मैं वादा करता हूँ कि एक साल में नहर खुदवा दूंगा। मुझे एक मौका और दीजिए।"

शीरीं के बाप ने कहा—"अब तकलीफ करने की कोई जरूरत नहीं है।"

फरहाद ने पूछा—"क्यों?"

राजा ने कहा—"इसलिए कि शीरीं उस ठेकेदार के साथ भाग गयी है।"

सुना है, इसके बाद फरहाद 'मस्टर रोल' पर सिर पटक-पटककर मर गया।

2. गुरु-शिष्य

किसी राज्य में पण्डित वेद शर्मा नामक विद्वान रहते थे। उनकी विद्या की ख्याति दूर-दूर तक फैली थी। उनके पास राजा वितण्डवाहन के पाँच राजकुमार विद्या प्राप्त करते थे।

राजकुमारों की शिक्षा जब समाप्त हुई, तब गुरु ने कहा—"शिष्यो, अब मैं तुम्हारी परीक्षा लूंगा।"

पाँचों राजकुमारों को बिठाकर गुरु ने प्रश्न-पत्र दे दिया। वे उत्तर लिखने लगे।

गुरु बारी-बारी से हर राजकुमार के पास जाकर देख रहे थे। चार कुमारों को देखकर जब वे पाँचवें के पास पहुँचे तो देखा कि वह कुंजी में से नकल कर रहा है।

गुरु ने कहा—"वत्स, यह कुंजी तूने कहाँ से प्राप्त की?"

कुमार ने कहा—"गुरुदेव, इसे मैं आपकी टेबिल पर से उठा लाया था।"

यह सुनकर गुरु बहुत प्रसन्न हुए और उसे प्रथम घोषित कर दिया।

3. वकील

किसी समय की बात है। कुतर्कतीर्थ पं. फौजदारी अपने जमाने के सबसे बड़े वकील थे। उनकी एकमात्र कन्या थी। वे चाहते थे कि उसकी शादी किसी प्रतिभावान वकील से ही हो, जिससे उनकी परम्परा आगे बढ़े।

उनकी इच्छा जानकर एक दिन उनके पास पाँच-छः प्रतिभावान युवक वकील आये और अपनी-अपनी योग्यता का बखान करने लगे।

एक ने कहा, "मेरी लाइब्रेरी में कानून की एक लाख किताबें हैं। मैं रोज दस घण्टे अध्ययन करता हूँ।"

दूसरे ने कहा, "क्रॉस-एक्जामिनेशन में मेरी प्रतिभा को बड़े-बड़े जज मानते हैं।"

तीसरे ने कहा, "कानून की बारीकियों में मेरी बराबरी कोई नहीं कर सकता।"

सबने अपने-अपने गुण बताये। एक युवा वकील चुप बैठा था। पण्डित फौजदारीलाल ने उससे कहा, "तुमने कुछ नहीं बताया। तुम्हारी लाइब्रेरी कैसी है तुम कैसे तर्क करते हो? तुम्हारा अध्ययन कैसा है?"

उसने कहा, "अपन इन किताबों और अध्ययन और तर्क के चक्कर में नहीं पड़ते। अपन तो सीधे गवाह तोड़ते हैं और अपनी प्रैक्टिस इन सबसे अच्छी है।"

वकील साहब ने कन्या की शादी उसी से कर दी।

4. आधुनिक

एक राजा वेश बदलकर अपने मन्त्री के साथ प्रजा की हालत देखने निकलता था।

एक दिन राजा साहब एक खिड़की में से एक घर के भीतर झाँक रहे थे। वह एक आदमी जनेऊ पहने, चन्दन लगाये बर्थ-डे केक काट रहा था।

राजा ने मन्त्री से पूछा—"यह क्या है?"

मन्त्री ने कहा—"हुजूर, यह भारतीय आधुनिकता है।"

5. खुदा का नूर

हजरत मूसा नाम के एक सज्जन परेशान होकर एक पहाड़ पर चले गये। सोचा, एकान्त में चैन से थोड़ी देर बैठेंगे। वे आँखें बन्द करके खुदा का स्मरण करने लगे। आँखें खोलीं तो देखा, सामने नूरू नाम का वह बनिया खड़ा है, जिसकी बहुत उधारी बकाया पड़ी है। नूरू ने कहा—"क्यों, उधारी पटाते नहीं हो और यहाँ आकर मुंह छिपाते हो!"

हजरत मूसा उसे देखकर बेहोश हो गये।

लोग उन्हें उठाकर लाये और प्रचार कर दिया कि मूसा खुदा का नूर देखकर बेहोश हो गये थे।

वे असल में साहूकार को देखकर बेहोश हो गये थे और साहूकार खुदा का सच्चा नूर होता है।

चौबेजी की कथा

चौबेजी का पुत्र है अशोक। एम. ए. पहले दर्जे में कर लिया है। नौकरी की कोशिश में है। चौबेजी सोचते हैं, नौकरी तो लग ही जायेगी। इसकी शादी कर देनी चाहिए।

मिश्रजी की लड़की है—शीला। वह भी एम. ए. पहले दर्जे में कर चुकी है। उसे भी दो साल बैठे हो गये। मिश्र-मिश्राइन उसकी जल्दी शादी कर देना चाहते हैं।

चौबेजी से बातचीत चली। लेन-देन तय होने लगा। कान्यकुब्जों में एम. ए. पास, मगर फिलहाल बेकार, वर का क्या रेट है, यह सयानों से पूछा गया। सयानों ने बताया कि वैसे तो लड़कीवाले की सामर्थ्य और श्रद्धा पर निर्भर है। हमने मैट्रिक फेल कान्यकुब्ज कुमार को कानी लड़की के पिता से लाख भी दिलाये हैं। पर सामान्यतः एम. ए. पास बेकार लड़के का रेट पन्द्रह-बीस हजार के बीच है।

सयानों ने पन्द्रह हजार में तय करा दिया।

सगुन चढ़ाने की तारीख तय हो गयी, महीने-भर बाद। दोनों पक्ष सन्तुष्ट थे।

इसी बीच पब्लिक सर्विस कमीशन का सहयोग मिला। अशोक डिप्टी कलेक्टर के लिए चुन लिया गया। आर्डर देखकर चौबेजी खुश हुए।

फिर एकाएक चौबेजी दुखी हो गये। सिर ठोंका और गाली देने लगे।...साले,

नीच कमीने कमीशनवाले ! हरामजादे, महीने-भर पहले यह आर्डर नहीं भेज सकते थे ?

चौबन ने पूछा—"लड़के की अच्छी नौकरी लगी है और तुम ऐसा कह रहे हो।"

चौबेजी ने कहा, "अरी, यही आर्डर महीने-भर पहले आता तो डिप्टी कलेक्टर लड़के के तीस-पैंतीस हज़ार नहीं मिल जाते। यह सरकार भी निकम्मी है। मैं कहता हूँ, इस देश में क्रान्ति होकर रहेगी।"

चौबन ने कहा, "तुम्हारी भी अकल मारी गयी थी। मैंने तो एक-दो महीने ठहरने को कहा था, पर तुमने हुलहुलाकर सम्बन्ध तय ही कर डाला।"

चौबेजी ने कहा, "अब क्या करें ?" चौबन ने कहा, "ऐसा करो, मिसिरजी को एक अच्छी-सी चिट्ठी लिखो। वे समझदार आदमी हैं।"

चौबेजी ने मिश्रजी को लिखा—

प्रिय मिश्रजी,

अत्र कुशलं तत्रास्तु ! आगे आपको जानकर प्रसन्नता होगी कि बेटे अशोक का चुनाव डिप्टी कलेक्टर के लिए हो गया है। आज ही आर्डर आया है। विवाह के मंगल अवसर पर यह मंगल भी हुआ। इसमें आपकी सुयोग्य पुत्री के भाग्य का भी योगदान है।

आप स्वयं समझदार हैं। नीति और मर्यादा जानते हैं। धर्म पर ही पृथ्वी टिकी है। मनुष्य का क्या है। जीता-मरता रहता है। पैसा हाथ का मैल है। मनुष्य की प्रतिष्ठा बड़ी चीज है। मनुष्य को बड़प्पन निभाना चाहिए। कर्तव्य करना चाहिए। धर्म को नहीं छोड़ना चाहिए। भगवान कृष्ण ने कहा है—'स्वधर्मे मरणंश्रेय।' आशा है, आप मेरी बात समझ गये होंगे। मेरी प्रार्थना है कि अब आप दस हजार रुपये और देने की कृपा करें। हमें तो चाहिए नहीं। आप अपनी लड़की को ही देंगे।

चिट्ठी मिश्र-परिवार ने पढ़ी। विचार किया। मिश्रजी ने चौबेजी को चिट्ठी लिखी—

प्रिय चौबेजी,

आपका पत्र मिला। मैं स्वयं आपको लिखनेवाला था। चिरंजीव अशोक की सफलता से हम सब लोग बेहद खुश हैं। आयुष्मान अब डिप्टी कलेक्टर हो गया। अशोक बहुत योग्य और बुद्धिमान युवक है। वह चरित्रवान है। सुन्दर है। सुसंस्कृत है। वह निरन्तर उन्नति करता जायेगा।

आपको भी यह जानकर हर्ष होगा कि बेटी शीला का भी आई. ए. एस. में चुनाव हो गया है। कल ही आर्डर आया है।

आपको यह जानकर और भी प्रसन्नता होगी कि शीला का निर्णय है कि मैं किसी जूनियर सरकारी नौकर से शादी नहीं करूँगी। इस सम्बन्ध को तोड़ते हुए मुझे बड़ा हर्ष हो रहा है।

तिवारीजी की कथा

तिवारीजी बहुत अच्छे आदमी हैं। उनका पुत्र अविनाश अच्छा युवक है। वह लखनऊ में इन्जीनियर है।

तिवारीजी को अविनाश की शादी करनी है। ये 'टेण्डर' लेते जा रहे थे। कोई अपनी लड़की की बात करने आता, तो वे कहते, "कानपुर के मिसिरजी तीस हजार कह गये हैं, इलाहाबाद के दुबेजी पैंतीस देने को तैयार हैं। ग्वालियर के पाण्डेजी चालीस हजार कह गये हैं। आप अपना बता दीजिए। नोट कर लेता हूँ। आपको निर्णय सूचित कर दूंगा।"

वह आदमी कहता, "तिवारीजी, चालीस-पैंतालीस हजार तो आई. ए. एस. के लगते हैं। आपके चिरंजीव तो इन्जीनियर हैं।"

तिवारीजी कहते, "आपको नये रेट नहीं मालूम। आई. ए. एस. तो एक लाख का हो गया है।"

लखनऊ में ही एक पाण्डेजी थे। मामूली हैसियत के आदमी थे। अविनाश का उनके परिवार में जाना होता था। उनकी लड़की थी—रजनी। अविनाश को वह बहुत पसन्द थी। अविनाश की माँ एक शादी में लखनऊ गयी थीं, तब उसे देखा था। उनके घर भी गयी थीं। लड़की उन्हें बहुत पसन्द आयी। तिवारिन ने तिवारीजी से कहा, "अपने अविनाश के लिए तो वह लड़की बहुत अच्छी रहेगी।"

पाण्डेजी बात करने आये। तिवारीजी ने कहा, "हमें आपकी बेटी को बहू के रूप में पाकर प्रसन्नता होगी। लड़के की भी यही इच्छा है। पर परम्परा को तो निभाना पड़ता है। बाप-दादों की लीक से हटा नहीं जाता। धर्म का पालन न करने से अमंगल होता है। आगरा के पाण्डेजी चालीस हजार देने को तैयार हैं। पर हम आपसे सिर्फ तीस हजार में सम्बन्ध तय कर लेंगे। इससे कम नहीं होगा।"

लड़की के पिता ने अपनी असमर्थताएँ बतायीं। प्रार्थना की कि कुछ कम करें, पर तिवारीजी धर्म के मार्ग से नहीं हटे। आखिर पाण्डेजी यह कहकर चले गये कि मैं पन्द्रह दिनों में आपको जवाब दूंगा।

पन्द्रह-बीस दिनों बाद पाण्डेजी तो नहीं आये, अविनाश का पत्र आया—

पूज्य पिताजी,

रजनी के पिता पाण्डेजी आपसे मिले थे। आपने उनसे तीस हजार माँगे थे। आपने उचित ही किया। पर पाण्डेजी की आर्थिक हालत अच्छी नहीं है। उनकी पुत्री को पुत्रवधू के रूप में पाकर आपको सन्तोष होगा। पर वे लोग अपना मकान बेचकर बीस हजार का प्रबन्ध करने की कोशिश कर रहे हैं। मैंने सोचा कि अगर रजनी के पिता ने मकान बेचकर आपको रुपये दिये तो वह परिवार संकट में पड़ जायेगा और इसका असर रजनी पर पड़ेगा। किसी भी लड़की पर पड़ेगा। रजनी की शादी तो हो जायेगी, पर वह आपको जीवन-भर नीच और दुष्ट मानेगी, जिन्होंने

उसके परिवार को नष्ट किया। वह आपसे नफरत करेगी। मैं आपका आज्ञाकारी बेटा हूँ। आप पर श्रद्धा करता हूँ। मैं यह बरदाश्त नहीं कर सकता कि मेरी पत्नी आपको नीच और कमीना समझे। आप भी ऐसी बहू नहीं चाहेंगे जो आपसे नफरत करे।

इसलिए आपके भले को ध्यान में रखकर मैंने कल उससे कोर्ट में बिना कुछ लिये शादी कर ली। इससे आपको सन्तोष होगा। हमें आशीष दें।

लड़ाई

चोपड़ा साहब और साहनी साहब के बँगले लगे हुए थे। बीच में एक दीवार थी। दोनों एक-एक कुत्ता पाले थे। कुत्ते भयंकर थे और मुहल्ले के लोग डरते-डरते सड़क के दूसरे किनारे से निकलते थे।

यों चोपड़ा साहब और साहनी साहब का स्वभाव और व्यक्तित्व ऐसा था कि उन्हें अलग से कुत्ता रखने की जरूरत नहीं थी। वे ही काफी थे।

एक दिन पता नहीं चोपड़ा साहब का कुत्ता साहनी साहब के अहाते में घुसा या साहनी साहब का कुत्ता चोपड़ा साहब के अहाते में—पर दोनों कुत्ते सड़क पर लड़ते पाये गये।

चोपड़ा साहब और साहनी साहब फौरन सड़क पर आये। पहले तो उन्होंने अपने-अपने कुत्ते सँभाले। कुत्ते अपने-अपने मालिक की टाँगों से लिपटने लगे।

चोपड़ा ने कहा—दस बार कह दिया कि अपने कुत्ते को सँभालकर रखा करो।

साहनी ने कहा—तुम अपने कुत्ते को सँभालो न। वही तो हमारे अहाते में घुस आया था। न जाने किस चोर नस्ल का कुत्ता है।

—चोर नस्ल का कुत्ता है तुम्हारा।

—तुम, तुम चोर नस्ल के हो और तुम्हारा कुत्ता भी। जैसा मालिक वैसा कुत्ता।

—चोर तुम हो जी। पी. डब्ल्यू. डी. के ठेकेदारों से पैसा खाकर बँगला बनवा लिया है।

—तुम चार सौ बीस हो। स्मगलिंग करके ठाठ करते हो।

दोनों कुत्ते अपने-अपने मालिक की टाँगों से लिपटकर उन्हें प्रोत्साहित कर रहे थे।

—कहे देता हूँ, इधर तुम्हारा कुत्ता आया तो गोली मार दूंगा।

—और तुम्हारा कुत्ता उधर आया तो उसे गोली मार दूँगा और तुम्हें भी।

—तू गोली मारेगा कुत्ते की औलाद !

—तू सूअर के ।

वहाँ भीड़ लग गयी थी ।

एक राहगीर ने एक आदमी से पूछा—क्यों जी, मामला क्या है ?

उस आदमी ने जवाब दिया—कुछ नहीं जी, कुत्तों की लड़ाई है !

खून

मेरे पड़ोसी की पत्नी अस्पताल में भरती है । वे दिन-भर वहीं वार्ड में रहते हैं और शाम को वहाँ के दिलचस्प वाकयात सुनाते हैं । एक दिन शाम को कहने लगे, "कई दिन से वहाँ पड़े एक मरीज के भाई ने मुझे बुलाया और कहा···'ज़रा इस खम्भे से लगकर खड़े हो जाइए । अब खम्भे में कान लगाइए । कुछ सुनायी देता है ?' इस अस्पताल का खम्भा भी पैसा माँगता है । सुना आपने ?"

एक और शाम उन्होंने यह घटना सुनायी—

"गाँव के दो जवान आदमी अपनी बीमार माँ को लेकर आये । बुढ़िया को भरती कर लिया गया । अब डाक्टर, नर्स वगैरह आने लगे । लड़के वहीं उसके बिस्तर के पास बैठ गये । बुढ़िया ठेठ देहाती और बड़ी तेज-तर्रार । डाक्टर ने लड़कों से कहा, 'इनका आपरेशन होगा ।'

बुढ़िया ने तपाक से कहा, 'हाँ-हाँ, कर दो न आपरेशन । मैं क्या इधर तुम्हारी सूरत देखने आयी हूँ ?'

नर्स आयी । उसने बुखार देखा । बुढ़िया ने पूछा, 'तेरे कितने बच्चे हैं ?'

नर्स ने कहा, 'कोई नहीं ?'

बुढ़िया ने कहा, 'अरी तेरी इतनी उमर हो गयी और तेरे कोई बच्चा नहीं है । तू तो डाक्टरनी है । दूसरियों को बच्चा देती है···और तेरा अपना ही बच्चा नहीं है ?'

क्वाँरी नर्स मुस्कराकर चली गयी ।

अब साहब मजा तब आया जब डाक्टर ने लड़कों से कहा, 'इन्हें खून चढ़ाना पड़ेगा दो बोतल ! तुम्हें खून देना पड़ेगा ।'

बुढ़िया तर्राकर उठ बैठी । कर्री आवाज में डाक्टर से बोली, 'ए डाक्टर साहब, मेरे लड़के खून नहीं देंगे ।'

डाक्टर ने कहा, 'मगर बिना खून दिये आपरेशन नहीं हो सकता, माँजी ।'

बुढ़िया ने कहा, 'तो मत होने दे आपरेशन । मेरे लड़के खून नहीं देंगे । आये

बड़े मेरे बेटों का खून लेनेवाले। जितना चाहिए मेरा खून ले ले। बाद में मेरे को ही डाल देना।'

डाक्टर ने कहा, 'ऐसा नहीं होता। लड़कों को खून देना पड़ेगा। आपरेशन नहीं होगा तो तुम बचोगी नहीं।'

बुढ़िया ने कहा, 'मर जाऊँगी तो मर जाने दो। मेरे लड़के खून नहीं देंगे। कल-परसों से ये खेत में बौनी करेंगे और तुम इनका खून निकालना चाहते हो।'

डाक्टर ने कहा, 'यह तो बड़ी मुश्किल है। तुम्हारे दो जवान बेटे हैं, और तुम्हारे लिए थोड़ा-सा खून नहीं दे सकते।'

बुढ़िया ने कहा, 'अरे डाक्टर, तुम तो पढ़े-लिखे हो। लड़कों का खून काम करने के लिए है कि मरती हुई बुढ़िया के बदन में डालने के लिए। कल-परसों से वे बौनी करेंगे और तुम उनसे खून माँगते हो।'

डाक्टर परेशान हो गये। आसपास के कुछ लोग इकट्ठे हो गये। मेडिकल कालेज के चार-छह छात्र-छात्राएँ वहाँ आ गये।

बुढ़िया ने कहा, 'तुम कैसी डाक्टरी पढ़े हो डाक्टर साहब? अरे, तुमको ऐसे आदमी नहीं मिलते जिनके खून भरा है और जिन्हें काम नहीं करना पड़ता। उनका खून लेकर दिया करो। मेरे लड़कों को तो कल-परसों से बौनी करना है।"

अब साहब कालेज के उन लड़के-लड़कियों में धीरे-धीरे कुछ बातें हुईं। उनमें सबसे बड़े लड़के ने डाक्टर से कहा, 'सर, शायद बुढ़िया ठीक कहती है।'

डाक्टर ने कहा, 'क्या ठीक कहती है? एक-एक पाइण्ट खून देने से इनका क्या बिगड़ता है?'

लड़के ने कहा, 'सर, बुढ़िया कहती है कि जिनके पास खून है पर जो काम नहीं करते, उनसे खून लेना चाहिए। काम करनेवाले का खून नहीं लेना चाहिए। सर, आप आपरेशन का दिन फिक्स कर दीजिए। खून का इन्तजाम हम कर देंगे।'"

सुशीला

पाण्डेजी की लड़की थी। सुशीला नाम था। अच्छी पढ़ी-लिखी थी। सुन्दर थी। पाण्डेजी सरयूपारी ब्राह्मण थे। दो पीढ़ी पहले वे सरयू छोड़कर मध्यप्रदेश में आ बसे थे। यहाँ की रोटी खायी थी। यहीं का पानी पिया था। मगर लड़की की शादी की बात उठती तो ललककर उत्तरप्रदेश की तरफ देखते थे। शुद्ध सरयूपारी परिवार मिल जाये तो क्या बात है।

पाण्डेजी रिटायर हो चुके थे। सुशीला से छोटा एक लड़का था। उन्हें लड़की

की शादी की बड़ी चिन्ता थी। वे वर तलाशने उत्तरप्रदेश के चक्कर लगाते थे। वहाँ के 'शुद्ध' सरयूपारी ब्राह्मण आम बाजार-भाव से तो लड़के की कीमत माँगते ही थे, इनके 'अशुद्ध' होने का दण्ड पाँच-छह हजार और माँगते थे। पाण्डेजी सुशीला के लिए वर तय करने की चिन्ता में पड़े उत्तरप्रदेश के चक्कर लगा रहे थे।

इधर सुशीला एक कायस्थ इन्जीनियर के साथ भागकर बम्बई चली गयी। बम्बई में इन्जीनियर के बहिन-बहनोई थे। वे उनके यहाँ ठहरे। कोर्ट में शादी हो गयी।

पाण्डेजी लौटे तो कुहराम मचा। उस लड़के के माँ-बाप से झगड़ आये। पुलिस में रिपोर्ट की। कहने लगे, "लड़की ने मुँह काला करा दिया। वह हमारे लिए मर चुकी।"

कुछ दिन बाद पाण्डेजी को सुशीला की चिट्ठी मिली। लिखा था—

पूज्य बाबूजी,

आप बहुत दुखी और नाराज होंगे। मैंने रमेश वर्मा के साथ शादी कर ली है। रमेश को आप अच्छी तरह जानते हैं। आपको वह बहुत पसन्द भी है। आप उसकी बहुत तारीफ करते रहे हैं। मैं आपकी परेशानी देख रही थी। थोड़ी-सी आपकी पेंशन है। कुछ प्राविडेण्ट फण्ड है। छोटे भाई को पढ़ा-लिखाकर आपको योग्य बनाना है। मेरी शादी अगर आप करते तो सारा प्राविडेण्ट फण्ड चला जाता और कर्ज भी हो जाता।

आपका दुख मैं समझती हूँ। लोग ताने भी देते होंगे। पर आप कह सकते हैं कि बेटी हो तो सुशीला जैसी, जो पिता का प्राविडेण्ट फण्ड बचा दे। मैंने कम-से-कम इतनी सेवा तो आपकी की ही है कि आपका प्राविडेण्ट फण्ड बचा दिया। ऐसी लड़की भाग्य में कहाँ होती है।

आजादी की घास

हम तीन मित्र थे। हम पढ़ते थे, जब सन् 42 का 'अंग्रेजो भारत छोड़ो' आन्दोलन चला। हमारे नेता ने हमें ललकारा। वे नारा देते थे—गुलामी के घी से आजादी की घास अच्छी है। हम उत्साही थे ही। आन्दोलन में जोर-शोर से हिस्सा लिया। जेल गये। हमारे नेता का नारा था—गुलामी के घी से आजादी की घास अच्छी।

जेल से छूटे। पढ़ाई पूरी की। आजादी आ गयी। हम डिग्रियाँ लिये शहर के चक्कर लगाने लगे।

हमारे नेता अब मन्त्री हो गये थे। एक दिन हम उनके बँगले के सामने से

निकले। देखा, बँगले के अहाते में बहुत अच्छी घास हवा में हिलोरें ले रही थी। देशी और विलायती बढ़िया घास! हमारा जी ललचाने लगा। आजादी की घास कितनी अच्छी होती है।

हम बँगले में घुस गये। हमने उन्हें याद दिलाया कि हम उनके नेतृत्व में आजादी की लड़ाई लड़े थे। हमने नारे लगाये थे—गुलामी के घी से आजादी की घास अच्छी होती है।

मन्त्रीजी ने कहा, "ठीक है, ठीक है। तुम कैसे आये? क्या चाहते हो?"

हमने कहा, "आपके अहाते में इतनी बढ़िया आजादी की घास लगी है। हम थोड़ी-सी खाना चाहते हैं।"

मन्त्रीजी ने कहा, "तुम्हें वह घास नहीं मिलेगी। वह मेरे पालतू गधों के खाने के लिए है।"

मित्रता

दो लेखक थे। आपस में खूब झगड़ते थे। एक-दूसरे को उखाड़ने में लगे रहते। मैंने बहुत कोशिशें कीं कि दोनों में मित्रता हो जाये, पर व्यर्थ।

मैं तीन-चार महीने के लिए बाहर चला गया। लौटकर आया तो देखा कि दोनों में बड़ी दाँत-काटी रोटी हो गयी। साथ बैठते हैं; साथ चाय पीते हैं। घण्टों गपशप करते रहते हैं। बड़ा प्रेम हो गया है।

एक आदमी से मैंने पूछा, "क्यों भाई, इनमें अब ऐसी गाढ़ी मित्रता कैसे हो गयी? इस प्रेम का क्या रहस्य है?"

उत्तर मिला, "ये दोनों मिलकर अब तीसरे लेखक को उखाड़ने में लगे हैं।"

राम और भरत*

उस दिन भरत-मिलाप देखा। राम 14 वर्ष के वनवास के पश्चात् लौटे हैं और अनुज स्नेह-विह्वल होकर उनसे मिल रहे हैं, उन्हें उनका राज सौंप रहे हैं।

* प्रहरी, 14 अक्टूबर, 1956

थोड़ी देर बाद ही राम की मोटर के पीछे मध्यप्रदेश पुलिस की लारी दौड़ती दिखी।

सोचा, यह क्या बात है? क्या भरत ने राम के पीछे राज्य प्रवेश करते ही पुलिस और सी. आई. डी. लगा दी?

राम तो महान् थे। भरत भी महान् थे।

मगर यदि राम वैसे न होते, और भरत भी वैसे न होते तो?

आज के राम आते ही भरत से गले मिलते, ठीक उसी प्रकार जिस प्रकार डलेस बुल्गामिन से हाथ मिलाते हैं।

राम तुरन्त कहते—'पिछले 14 वर्षों का हिसाब-किताब पेश करो। लाओ, अकाउन्ट बुक!' और फिर आडीटर जनरल को बुलाकर पहिले जाँच करने को बिठा देते, तब माताओं से मिलने जाते!

पर वे देखते कि जहाँ भी वे जाते हैं, भरत की सी. आई. डी. लगी है—पानी मँगाया तो सी. आई. डी. लेकर आया। शयनकक्ष में गये तो खिड़की के पास सी. आई. डी. खड़ा किया। बड़ी परेशानी!

राम भी कच्ची कौड़ी नहीं खेले थे। दूसरे दिन एक स्वागत-समारोह में जब वे भाषण दे रहे थे; तब उन्होंने कहा कि मैं वर्तमान मन्त्रिमण्डल को भंग करके सारे राज्य में सेक्शन 93 लागू करता हूँ।

बस दूसरे दिन ही भरत ने अयोध्या की संसद में राम के विरुद्ध अविश्वास का प्रस्ताव रखवाया, जिसमें उन पर आरोप लगाया गया कि उन्होंने अपने विजय-अभियान में राज्य के विधान का उल्लंघन किया है, उन्होंने लंका का राज अयोध्या में न मिलाकर रावण के भाई को दे दिया है, जिससे अयोध्या के बजट में कमी पड़ गयी है।

राम ने विरोध में बोलते हुए कहा कि मैं 'पंचशील' के सिद्धान्त पर चला हूँ। भरत ने तपाक से कहा—'पूर्व पुरुषों के शील की राह न चलकर पंचशील पर चलना इस राजकुल को शोभा नहीं देता।'

बस, संसद में हुल्लड़ मच गया। अधिकांश सदस्य अँगूठा छाप थे और भरत ने 'खड़ाऊँ छाप पेटी' का जादू करके, उनका बहुमत कर लिया था।

सुग्रीव वगैरह के बहुत प्रयास करने पर भी अविश्वास का प्रस्ताव वापिस नहीं लिया गया। आखिर मत लिये गये और बहुमत से प्रस्ताव स्वीकृत हो गया।

अब जाम्बवन्त ने हनुमान को 'अवसर जानि प्रचारे।' उन्होंने कहा, 'का चुप साधि रहा हनुमाना?' हनुमान ने राम की ओर देखा और राम के सैनिक संकेत करते ही हनुमान ने एकदम किलकारी मारी, उनके सैनिकों ने तुरन्त संसद भवन घेर लिया और 'मिलिटरी कूप' (सैनिक क्रान्ति) हो गयी। संसद के सब सदस्य तथा भरत व उनका मन्त्रिमण्डल गिरफ्तार कर लिये गये। भरत को त्यागपत्र देने के लिए बाध्य किया गया। राम ने उन्हें क्षमा कर दिया।

सारे शहर में 'कर्फ्यू' लगा दिया गया। रक्तहीन सैनिक क्रान्ति हो गयी।

फिर राम ने संसद के सदस्यों को समझाया मैंने लंका को विभीषण के अधिकार में इसलिए छोड़ा कि इससे हमारा लाभ है। विभीषण राजा रहेगा, पर होगा हमारे अधीन। हम वहाँ का सोना यहाँ लायेंगे। आप सब सदस्यों को लंका की सोने की खदानों के शेयर मिलेंगे। (करतल ध्वनि) और हम वहाँ के उद्योगों को खत्म करके, अयोध्या का माल भेजेंगे।

इससे संसद को बड़ा सुख मिला।

खोटा रुपया[1]

एक किसान ने आपबीती सुनायी कि हम एक बार अपने साले की शादी में गये। शादी के बाद का दिन खान-पान, सम्मान आदि का होता है। बिदाई के समय सास ने बहू को एक रुपया देकर कहा कि लाला के पैर छू लो। बहू के हाथ से रुपया फर्श पर जो गिरा तो चिल्ला उठा कि मैं तो खोटा हूँ। हम भी समझ गये। आनाकानी की रस्म अदा करके आखिर रुपया ले लिया, जिसे लेना न लेना बराबर था। और हमने फिर वही रुपया सबसे छोटे साले याने 8-9 साल के बच्चे को प्यार से दे दिया। अब मेरी पत्नी की जब बिदाई होने लगी, वही रुपया उनकी माँ ने उन्हें अपनी बहू से दिलवा दिया। घर में आकर पत्नी ने जाना कि रुपया तो खोटा है। फिर हमारी सास और उनकी बहू हमारे यहाँ निमन्त्रित की गयीं। और वही रुपया पैर छूकर उन्हें वापिस कर दिया। खोटा रुपया जहाँ का तहाँ पहुँच गया।

साला पिये था[2]

वे रात को 10 बजे चौराहे पर मिले। खूब शराब पिये था। पैर उत्तर-दक्खन पड़ते थे। जबान से अर्थहीन, कर्महीन वाक्य निकल रहे थे।

कहने लगे, "अभी तक नहीं आया। कहता था, देख लूंगा। अब मैं यहाँ आधा

1. प्रहरी, 22 अगस्त, 1954
2. प्रहरी, 27 अगस्त, 1950

घण्टे से खड़ा हूँ। अब आने की उसकी हिम्मत नहीं पड़ती।"

मैंने पूछा, "कौन? आखिर कौन-से झगड़ आये आप!"

वे बोले, "न जाने कौन था? झगड़ा हो गया मुझसे! सो मैंने उठाकर पटक दिया। कमजोर हो गया हूँ तो क्या हुआ, दाँव तो नहीं भूला हूँ। एक पटकनी में तबियत मस्त हो गयी।" और फिर चेहरे पर हिकारत का भाव लाकर बड़े मजे में बोले, "और सुनो, वो साला पिये था।"

शेर और कुत्ता*

मुहर्रम की बात है। तमाम हिन्दुस्थान में शेर बनते हैं। आदमी के शरीर को शेर के शरीर की तरह रँग देते हैं। मुँह में एक लाल टीन का टुकड़ा पकड़ लिया जाता है जो शेर की लम्बी जीभ हो जाती है और हाथ के बाघनख! इतनी सरलता से आदमी अनेकों शेर बना लेता है और ऐसे अनेक शेर मुहर्रम के दिनों में आपको सड़कों पर नाचते, कूदते, फुदकते, उचकते, पैंतरे बदलते, दहाड़ते मिलते हैं।

जिस शहर का जिक्र है, वहाँ एक शेर बड़ा जबरदस्त बना था। बड़े हाव-भाव से, बड़े नाटकीय ढंग से उछलता-कूदता था—सड़क पर से लोग भय से किनारे हो जाते थे।

एक मुसलमान अफसर का बँगला था। वह शेर उसी तरह अकड़ता, नाचता, पैंतरे बदलता उस बँगले के अहाते में घुसा। साहब का एक कुत्ता था—अच्छी ऊँची जाति का दिलेर कुत्ता, जो उस समय साँकल से बँधा नहीं था।

कुत्ते ने शेर को देखा और भौंककर झपटा।

इधर इस शेर ने जब देखा कि कुत्ता सिर पर ही आ गया है, तो उसने अपनी लम्बी दुम हाथ से पकड़ी और भागा।

आगे-आगे शेर भाग रहा था दुम हाथ में पकड़े, भय से चिल्लाता हुआ, और पीछे से वह कुत्ता लम्बे-लम्बे दाँत निकालकर भौंकता हुआ उसे खदेड़ रहा था।

घबराहट में शेर अहाते के तारों में फँस गया और इतने में वह कुत्ता नजदीक आ गया। शेर ने जबरदस्ती एक झटका मारा। शरीर में तीन-चार जगह तार के काँटे घुस गये, पर वह उस पार निकल गया।

तार के उस पार खड़ा था वह शेर—घायल, भागा हुआ, खून पोंछता।

* प्रहरी, 10 नवम्बर, 1950

इधर इस पार यह कुत्ता, जिसकी हर भौंक पर वह शेर अभी भी चमक जाता था।

वह शेर था—पर नकली। यह कुत्ता ही था—पर असली।

सलाहकार[1]

वे साहब के दाहिने हाथ कहलाते थे। साहब के अगर दुम होती तो वह भी ऐसी पीछे-पीछे न घूमती जैसे वे दाहिने हाथ। वे उनके सलाहकार थे।

एक दिन साहब बोले, "मैं सोचता हूँ बड़े साहब से मिल आऊँ, क्यों भला ?" वे सलाहकार बोले, "जी हाँ, जरूर मिल आइए।"

फिर जरा देर बाद साहब बोले, "नहीं, मैं सोचता हूँ थोड़ी देर बाद जाऊँ।"

सलाहकार बोले, "जी हाँ, थोड़ी देर बाद ही जाइए।"

कुछ सोचकर साहब बोले, "आज जाना ठीक नहीं है। मैं सोचता हूँ कल जाऊँ।"

सलाहकार बोले, "जी हाँ, मैं भी सोचता हूँ कल जाइए।"

फिर थोड़ी देर बाद साहब का मन बदला। बोले, "नहीं-नहीं, जाने की जरूरत नहीं है। मैं लिखकर पूछे लेता हूँ।"

और सलाहकार बोले, "हाँ, जाने की क्या जरूरत है ? लिखकर पूछ लीजिए।"

भगवान और ट्रेक्टर[2]

जगन्नाथपुरी में हर साल भगवान जगन्नाथ की रथ-यात्रा होती है। लाखों की भीड़ होती है। रथ में मनुष्य जुतते हैं, भगवान के रथ को भक्त लोग खींचने में गौरव का अनुभव करते हैं।

इस साल भगवान ने पानी बरसा दिया। भगवान की वर्षा के कारण भगवान

1. प्रहरी, 24 सितम्बर, 1950
2. प्रहरी, 14 जुलाई, 1957

के भक्त नहीं आये, भगवान का रथ खींचने को कोई नहीं।

तब भगवान को विज्ञान की सहायता लेनी पड़ी। उनका रथ ट्रेक्टर से खिचवाया गया।

भगवान की ही वर्षा है और भगवान के ही भक्त हैं– वर्षा ने भक्तों को रोक दिया, पर ट्रेक्टर को नहीं रोक पायी।

इसलिए भक्त और ट्रेक्टर में ट्रेक्टर बड़ा हुआ। याने भक्ति से विज्ञान बड़ा हुआ। बिना विज्ञान के भगवान का रथ भी नहीं चलता।

जनता की गोली[1]

राष्ट्र की संसद में किसी ने आलोचना की—'पिछले महीने पुलिस ने 25 स्थानों पर जनता पर गोली चलायी जिसमें 50-60 आदमी मारे गये ...'

मन्त्री ने उत्तर दिया, "हमारे यहाँ जनता के धन से ही गोलियाँ बनती हैं। उत्तरदायी सरकार के नाते हमारा कर्त्तव्य हो जाता है कि जनता के धन का उपयोग जनता के लिए ही हो। जनता की गोलियाँ जनता के ही काम आनी चाहिए। इसीलिए हम गोलियों का दूसरों पर अपव्यय न करके, जनता की चीज जनता को ही सौंप देते हैं।"

इस पर सरकारी पक्ष से तालियों की गड़गड़ाहट हुई।

शॉक[2]

नगर का नाम नहीं बताता। जिनकी चर्चा कर रहा हूँ, वे हिन्दी के बड़े प्रसिद्ध लेखक और आलोचक।

शरीर-सम्पत्ति काफी क्षीण। रूप कभी आकर्षक न रहा होगा। जब का जिक्र है, तब वे 40 पार कर चुके थे। बिन ब्याहे थे।

1. वसुधा, नवम्बर, 1957
2. वसुधा, नवम्बर, 1956

एक दिन पार्क में बड़े अनमने बैठे थे। एक मित्र आये। पूछा, "क्यों, कैसे अनमने बैठे हो ?"

"भई, मुझे छेड़ो मत।" तुनककर वे बोले।

"आखिर कुछ बताओ भी तो। ऐसा क्या दुख का पहाड़ टूट गया ?"

वे बोले, "नहीं मानते तो सुनो। मैं हिन्दी का लेखक --20-22 वर्षों की मेरी साधना। छायावादी कविता को लोग खाक नहीं समझते थे---मैंने उन्हें छायावाद समझाया। एक प्रकार से छायावादी-रथ का सारथी मैं ही हूँ। आठ पुस्तकें हैं मेरी। हिन्दुस्तानवालों को लाज-शरम होती, तो मुझे अभी तक आनरेरी डॉक्टरेट दे दी होती।"

वे रुके। फिर गहरी साँस छोड़कर बोले, "और मेरा यह हाल है ? मेरे प्रति यह अन्याय है। मेरी ऐसी अवहेलना ?"

मित्र समझे कि इनका कहीं किसी सम्मेलन वगैरह में अपमान हो गया है। समझाते हुए बोले, "अरे भाई, हिन्दीवाले बहुत देर से आदमी की साधना को मान्यता देते हैं।"

वे बोले, "नहीं, हिन्दीवालों से मुझे शिकायत नहीं है। यह लिफाफा देखो। किसका पता लिखा है, इस पर ?"

मित्र बोले, "इस पर किसी यूनिवर्सिटी के लड़के का पता लिखा है।"

"जानते हो इसमें क्या है ? इसमें प्रेम-पत्र है। जिस लड़की ने लिखा है, उसे मैं साल-भर से हिन्दी पढ़ा रहा हूँ। और वह प्रेम-पत्र मुझे देकर कहती है—सर, इसे लेटरबाक्स में छोड़ते जाइए।"

क्षमावाणी

विगत दिनों पर्यूषण पर्व में एक धार्मिक जैन सज्जन से मुलाकात करने गये।

वे बड़े व्यस्त थे। कहने लगे, "कल 'क्षमावाणी' उत्सव है। उसका इन्तजाम कर रहा हूँ। सब काम माथे पर आ गया है। 11 दिन से व्रत चल रहे हैं और आज तो दम लेने की फुरसत नहीं मिली।"

साथी ने पूछा, "यह कैसा उत्सव है ?"

वे बोले, "भैया, इस उत्सव में सब लोग प्रेम से गले मिलते हैं, एक-दूसरे को क्षमा कर देते हैं। बड़े प्रेम और सद्‌भाव का उत्सव होता है यह।"

वे प्रेम-विभोर हो गये।

हमने कहा, "बड़े भैया कहाँ हैं ? उनसे भी मिल लेते। बुला दीजिए।"

वे बोले, "बगल के हिस्से में रहने लगे हैं। जाकर पुकार लो। अपनी तो, बोलचाल नहीं है।"

वे 'क्षमावाणी' के काम में लग गये।

मैंने बाहर जाकर देखा, उस मकान के बीच जो हिस्से की दीवाल उठायी गयी थी, वह ऊपर 8 फुट तक आसमान में चली गयी थी। आकाश तक बाँट लिया भाइयों ने! आपस में बोलचाल नहीं, पर दोनों भाई 'क्षमावाणी' में उत्साह से लगे हैं।

अपनेलाल की चिट्ठी*

(पण्डित कांगरेसप्रसादजी, बाबू अपनेलाल के बड़े निकट सम्बन्धी हैं। वे अपनेलाल की साली के देवर के फूफा के साढ़ू भाई के मौसेरे भाई के साले के मामा के बड़े दामाद हैं। बाबू अपनेलाल अपने इतने नजदीकी रिश्तेदार को पत्र लिख रहे हैं।)

प्रिय भाई कांगरेसप्रसादजी,

सादर नमस्कार।

हम सब मजे में हैं। आगे हाल ये जानना कि लोहे का परमिट मिल गया है। छोटे साहब ने आपकी चिट्ठी देखते ही काम कर दिया।

मैंने आपके कहे मुताबिक खादी के कुर्ते सिलवा लिये हैं। और दो धोती भी खरीद ली हैं तथा दो टोपी भी खादी की सफेद ले ली हैं। कभी खादी की धोती कैसे पहिनी जाती है, सो लिखना जी।

और हाल जानना कि बड़ा लड़का शीतलावाहनलाल, जो 8-10 साल से मैट्रिक फेल हो रहा था, इस बार आपकी दया से पास हो गया है। बेकार बैठा है, नौकरी कहीं नहीं मिलती। लोग कहते हैं नालायक है, पर अपना तो लड़का है। आप तो जानते ही हैं कि जब से वह साइकिल पर से गिरा है, उसकी बुद्धि मन्द पड़ गयी। आप उसको कहीं अच्छी-सी सरकारी नौकरी में चिपका देवें। मैंने उसके लिए भी सफेद खादी की 'दरेस' बनवा दी है।

आपकी भौजी मेरे पास बैठी है। उसकी शिकायत है कि देवरजी के होते हुए हमको गुड़ की चाय पीना पड़ रही है। यहाँ शक्कर का बड़ा अभाव है। दस-पाँच सेर का परमिट साहब से दिलवाने का कष्ट करना।

और हाल जानना कि आपकी भौजी के मामा तेल के काले बाजार में गिरफ्तार

* प्रहरी, 13 नवम्बर, 1949

कर लिये गये हैं। आप कप्तान साहब को एक चिट्ठी लिख देना या फोन कर देना। आपकी भौजी को बड़ी चिन्ता लगी है।

इस साल खेत में भुट्टे अच्छे हुए हैं। मुन्ना-मुन्नी के लिए एक टोकनी भेज रहा हूँ। आगे क्या लिखूं, आप खुद समझदार हैं। थोड़ी लिखी बहुत जानना जी। चिट्ठी को तार समझना जी।

आपका प्रिय भाई—अपनेलाल

पुनश्च:—शीतलावाहनलाल का कहना है कि चाचा को लिख दो, वह थानेदार बनना चाहता है।

वधिर मुख्यमन्त्री*

'अघोर भैरव' के अखाड़े में बड़ी गड़बड़ मच गयी है। एक दिन कुछ भैरव-भैरवी आये और बोले, "महाराज, हमें अब मुक्त कीजिए। हम नौकरी करेंगे।"

हमने कहा, "अभागो, जीवन-भर की साधना मिट्टी में मिला रहे हो। तुम्हें साधना प्रिय नहीं है? ज्ञान? मुक्ति? परमपद?"

वे बोले, "महाराज, आपके मुक्ति और परमपद वगैरह हमें नहीं चाहिए। हम तो भारत सरकार के योजना विभाग में कहीं ब्लाक डेवलपमेण्ट या कम्युनिटी प्रोजेक्ट में नौकरी करेंगे। हमने समझ लिया है कि इन योजनाओं से बड़ा परमपद नहीं है। ब्लाक डेवलपमेण्ट अफसर आजकल इन्द्र से बड़ा है।"

हम चिन्तित हो गये। अगर भैरव-भैरवी का त्यागी मन इन पदों पर पुलक उठे; तो वह लोभ कितना बड़ा होगा?

मैंने कहा, "आखिर, तुम्हें वहाँ क्या मिलेगा?"

वे बोले, "स्वर्ग-सुख! लाखों का वारा-न्यारा! जीप, नौकर, सामान! गुलछर्रे उड़ते हैं। भारत के राष्ट्रपति से बड़ा पद है यह!"

मैंने कहा, "मूर्खो, सरकार इतनी मूर्ख नहीं है, इतनी अन्धी नहीं है। वह सब जाँच-पड़ताल करती है, सब खोज-खबर रखती है। तुमने अभी सुना नहीं कि मन्त्री एस. के. डे. जाँच करने आये थे।"

वे बोले, "वे क्या समझें महाराज, एक तो आँख के अन्धे और फिर गायक। ऐसों के बस का काम नहीं है।"

मैंने कहा, "तुम गलती कर रहे हो, गायक तो के. सी. डे. हैं; ये एस. के. डे. हैं,

* प्रहरी, 4 अगस्त, 1957

सामुदायिक विकास योजनाओं के केन्द्रीय मन्त्री ! उन्होंने कहा कि रूस में एक लाइन पर ट्रेनें 10-12 मिनिट लेट हो जाती थीं, तो एक बार स्टालिन ने 10-12 स्टेशन-मास्टरों को गोली से उड़वा दिया। बस फिर कभी ट्रेनें लेट नहीं हुई। उन्होंने कहा कि इस मुहकमे में बहुत भ्रष्टाचार और बेईमानी व्याप्त है। कुछ काम नहीं हो रहा है। भारत में भी सख्ती की जायेगी, तब काम ठीक होगा।"

मेरी बात सुनकर वे हँसे और बोले, "महाराज, आप आश्रम छोड़ते नहीं हैं, इसलिए आपको सब बातें मालूम ही नहीं होतीं। आपको मालूम है कि एस. के. डे. किसी अफसर का कुछ नहीं बिगाड़ पाये। खाने-पीने के मामले में एम. एल. ए. और मन्त्री तक शामिल हैं। जब मध्यप्रदेश विधानसभा में विरोधी सदस्यों ने कहा कि एस. के. डे. का कथन है कि मध्यप्रदेश में निर्माण-कार्य बिल्कुल नहीं हो रहा है, भ्रष्टाचार फैला है, पैसा बह रहा है तो काटजू साहब ने क्या किया ? जानते हैं आप ?"

मैंने जानने के लिए मुँह उठाया, तो एक भैरव बोला, "महाराज, उन्होंने कान में का यन्त्र निकालकर हाथ रख लिया और बैठ गये।"

"पर वत्स, उन्होंने ऐसा क्यों किया ?"

"इसलिए कि वे गाँधीजी के भक्त हैं, वे बुरी बात नहीं सुनते।"

भक्तों में मारपीट*

सिवनी की खबर है। पर्यूषण पर्व पर जैनियों के दो दलों में मारपीट हुई। मारपीट का कारण यह था कि मन्दिर की भेंट के पैसे किसके पास रहें, इस पर झगड़ा हो गया था। यह मारपीट भी ठीक पावन पर्व पर हुई। इसी समय जैनों में 'क्षमावाणी' उत्सव होता है, जिसमें परस्पर गलतियों की क्षमा करके भाईचारे से गले मिलते हैं। मारपीट के लिए इससे अच्छा अवसर नहीं मिल सकता था।

इस प्रकार जैन धर्म के सब सिद्धान्त मिल गये—

अपरिग्रह मन्दिर के पैसे कौन रखे, इस पर लड़ पड़े।

क्षमा—आपस में झगड़ पड़े।

अहिंसा—आपस में सिर-फुटौवल हो गयी।

* प्रहरी, 22 सितम्बर, 1957

गॉड विलिंग[1]

एक अमरीकी सैनिक अधिकारी ने कहा है, "भविष्य में अन्तरिक्ष में युद्ध होगा।"

बात कुछ इस लहजे में कही गयी, जैसे स्कूली लड़के कहते हों—'अगले साल नये मैदान में कबड्डी खेलेंगे।' जैसे सामान्य आदमी आशा करता है कि आगामी साल अच्छी फसल होगी, आगे चलकर आमदनी बढ़ेगी, भविष्य में घर सुखी होगा—वैसे ही दुनिया के कुछ लोग युद्ध की आस लगाये बैठे हैं।

बड़े गर्व से, बड़ी प्रसन्नता से अमरीकी सेनापति कहते हैं—'भविष्य में तो अन्तरिक्ष में युद्ध होगा।' इन्हें जहाँ सुभीता मिलेगा, वहीं युद्ध करेंगे। जल, थल, आकाश के बाद अब सुदूर अन्तरिक्ष में गति हो गयी है, तो वहाँ भी लड़ेंगे। दक्षिणी ध्रुव में पहुँचना अब सम्भव हुआ जा रहा है। वहाँ क्या करेंगे? वहाँ भी लड़ेंगे। गॉड विलिंग!

अनिष्ट पर जिनकी उन्नति निर्भर है, वे अनिष्ट को सामान्य बात मानकर चलते हैं। टायफायड जब फैलने लगा, तो एक डाक्टर ने दूसरे डाक्टर से पूछा, "कितनी फीसदी मौत हो रही है?"

"30 फीसदी।" वह बोला।

"अभी तो कम है। कम-से-कम 50 फीसदी हो, तब···तब भय फैल सकता है, और आमदनी काफी हो सकती है।"

दूसरे डाक्टर ने बड़ी संजीदगी से कहा, "हाँ, गॉड विलिंग, पचास तक जल्दी ही पहुँच जायेगा।"

०

गधा और मोर[2]

नगर के बाहरी हरे मैदान के बीच एक खँडहर में कुछ गधे निवास करते थे। वहीं आकर कुछ कुत्ते रहने लगे।

गधों से उनका खूब परिचय बढ़ गया। गधों के लम्बे कान उन्हें खूब अच्छे लगते थे। जब गधे घास चरकर उल्लास से चीपों-चीपों करते, तो कुत्तों को ध्रुपद राग का मजा आता। जब वे धूल में लोटते, तो कुत्ते उसे कलामय नृत्य समझकर

1. प्रहरी, 19 जनवरी, 1958
2. जून, 1956

आनन्दित होते। जब वे आपस में दुलत्ती झाड़ते, तो कुत्ते उस शौर्य पर बलि-बलि जाते। जब वे पेट-भर घास चरकर खँडहर के कोने में अपने अधखुले नयन भूमि में गड़ाये, समाधि-मुद्रा में निश्चल खड़े हो जाते, तो कुत्ते उन्हें गम्भीर चिन्तन में रत जान, मौन बैठे रहते।

गधों को वे खूब जानते थे। वे उनके अपने थे। प्राणियों में गधा उनके लिए आदर्श था।

एक दिन—

आकाश में काले-काले मेघ उमड़ आये और हरित भूमि पर जब उनकी श्यामल छाया पड़ी तो वहीं पास में रहनेवाले एक मयूर का मन नाच उठा।

और जब पुरवैया का स्पर्श हुआ, तो उसका शरीर पुलक से कण्टकित हो गया।

उसने सोचा—'ये कुत्ते बेचारे, बड़ा नीरस और उदास जीवन जीते हैं। इन्हें गर्दभों की संगति भुगतनी पड़ती है। आज जब सम्पूर्ण प्रकृति खिलखिला रही है, मैं तनिक इनके पास जाकर नृत्य करके इनका मन रिझाऊँ।'

मयूर के मन में आनन्द समा गया था; और आनन्द संक्रामक होता है। उसने कलगी ठीक की और कुत्तों के पास आया।

कुत्तों ने उसे देखा। वह उन्हें नया लगा। अद्भुत लगा। विचित्र लगा।

हर नयेपन पर भौंकने का कुत्तों का स्वभाव बन गया था।

एक कुत्ता चिल्लाया—'भौं-भौं' यह कौन है?' चारों ओर से कुतूहल और जिज्ञासा भौंकने लगे—'भौं-भौं-भौं।'

दूसरा कुत्ता चिल्लाया—'भौं-भौं-भौं। इसे तो कभी देखा नहीं। नया मालूम होता है। न जाने कौन है!'

तीसरे ने कहा—'भौं-भौं-भौं। ठीक कहा। गधे का रंग एक होता है। यह बहुरंगी है। यह कपटी मालूम होता है। यह तो हमारा जाना-पहचाना नहीं है। यह विचित्र है। अद्भुत है!'

इसी समय मयूर ने नृत्य के पहिले की किलकारी मारी।

कुत्ते एक स्वर से चिल्लाये—'भौं-भौं-भौं। यह तो गधे-जैसा नहीं रेंकता। यह कौन है?'

मयूर चकित था। फिर भी वह पंख फैलाकर नृत्य की मुद्रा में आ गया।

कुत्ते फिर चिल्लाये—"भौं-भौं-भौं-भौं-भौं। अरे, इसकी पीछे की टाँगें तो उठती नहीं हैं। यह दुलत्ती तो झाड़ता नहीं है। यह भूमि पर तो लोटता नहीं। यह जरूर बुरा है। गधे को हम जानते हैं। गधा अच्छा होता है। यह जरूर खराब है। इसे भगाओ यहाँ से।"

इधर मयूर पंख फैलाकर नृत्य करने लगा।

उधर वे सब कुत्ते 'भौं-भौं' करते हुए उसे घेरने लगे।

वे भौंकते-भौंकते उसके पास सिमटने लगे। वे चिल्लाये—"पागल है! पागल है।"

थोड़ी देर में उन्होंने भौंक-भौंककर मोर को वहाँ से भगा दिया। फिर आकर विजय की खुशी में गधों की टाँगों से लिपट गये।

पत्रकार*

"मैंने सुना है आपको अपने अखबार के लिए एक सहकारी सम्पादक चाहिए। मैं पत्रकारिता में दिलचस्पी रखता हूँ। अगर आप उचित समझें तो मुझे मौका दें।"

"देखिए, अभी तो कोई जगह नहीं है। बहरहाल, आप कहाँ तक पढ़े हैं।"

"जी, मैंने बी. ए. पास किया है।"

"खैर, मैं आज तूफानी दौरे पर जा रहा हूँ। मेरे साथ चलिए, रिपोर्टिंग करिए, देखूं, कैसा काम करते हैं।"

"जी, जैसी आपकी आज्ञा।"

एक नवयुवक था, हाल ही में बी. ए. पास हुआ था। जिनसे बातें कर रहा था वे एक बड़े पूँजीपति थे, इसलिए दो अखबार चलाते थे और इसीलिए नेता थे। प्रान्त का तूफानी दौरा कर रहे थे। हाल ही में अखबार में एक नया पेज बढ़ाया गया था, जिसमें उनके दौरे का और भाषणों का वर्णन छपता था।

वह नवयुवक उनके साथ दौरे पर मोटर में चला। रास्ते में वे बोले, "देखिए, पत्रकार बन जाना सहज है पर पत्रकारिता के आदर्श को निबाहना बड़ा कठिन है।"

वह बोला, "जी, मैं दृढ़ निश्चय करके इस क्षेत्र में आया हूँ। हर हालत में पत्रकारिता की पवित्रता और सच्चाई निभाऊँगा।"

उस नगर में सभा हुई। नेता का भाषण हुआ। 25-30 आदमी थे। जब नेता बोलने को खड़े हुए तो आवाजें आयीं—"बैठ जाओ, बैठ जाओ। नहीं सुनेंगे।" बेचारे नेता को नहीं बोलने दिया गया।

उस उम्मीदवार पत्रकार ने रिपोर्ट बनायी। अपनी ओर से उम्दा चार कालम का भाषण बना दिया। बीच में 10 जगह 'करतल ध्वनि।' प्रारम्भ में लिखा—'दस हजार नागरिकों की विराट सभा में भाषण देते हुए...'

दूसरे दिन अखबार में दौरे की रिपोर्ट छपी। नेताजी ने पढ़ा। गद्गद हो गये। बोले, "शाबाश! आपमें पत्रकारिता की स्वाभाविक प्रवृत्ति है। आप 150) पर सहकारी सम्पादक नियुक्त किये जाते हैं।"

* प्रहरी, 7 मई, 1950

क्रान्ति हो गयी*

एक समय किसी देश में चारों ओर से क्रान्ति की पुकार उठने लगी।

अन्याय-पीड़ित, शोषित वर्ग के अधिकारों की माँग एकदम उभर पड़ी।

सर्वत्र एक ही माँग गूँज रही थी—'क्रान्ति ! क्रान्ति ! क्रान्ति !'

कारखानों के मजदूर छुट्टी के समय जब गन्दे कपड़ों में बँधी सूँखी रोटियाँ निकाल, उन्हें पानी के सहारे कण्ठ के नीचे उतारते, तो एक ही बात कहते—'अब क्रान्ति होनी ही चाहिए।'

शिक्षक पढ़ाते हुए और किसान हल जोतते हुए क्रान्ति की बात ही सोचते।

होटल में, बाजार में, बसों में, रेलों में, चौराहों पर और चौपालों पर एक ही स्वर उठता था—'क्रान्ति चाहिए ! क्रान्ति चाहिए !'

कवि अपने गीतों में क्रान्ति का आह्वान करते।

लेखक तरुणाई को गर्म खून की सौगन्ध देकर क्रान्ति के लिए उभारते।

एक ही स्वर जमीन से उठकर आसमान को छेद रहा था—'क्रान्ति ! क्रान्ति ! क्रान्ति !'

राज्यसत्ता क्रान्ति की इस पुकार से भयभीत हुई। राजा का हृदय दहला। मन्त्री घबड़ाये। नौकरशाही सकपकायी। सत्ता, वैभव, ऐश्वर्य उन्हें हाथ से खिसकते नजर आये।

राजा ने मन्त्रियों को बुलाया और उनसे सलाह की। उन्होंने एक तरकीब निकाली।

तीन दिनों बाद देश के तमाम अखबारों में पहिले पृष्ठ पर मोटे-मोटे अक्षरों में उस बड़े व्यापारी का यह वक्तव्य छपा—'क्रान्ति होनी चाहिए। मनुष्य को मनुष्य का अधिकार मिलना चाहिए। राज्य सत्ता को पलट देना चाहिए। जनता की सच्ची सरकार कायम होना चाहिए।'

उस राज्य में बड़े-बड़े व्यापारियों के चिकने पन्नोंवाले, सुन्दर कवर के, अनेक खूबसूरत अखबार निकलते थे। सबने उसकी बात को प्रमुखता से छापा। वह बड़ा व्यापारी था। सब लोग उसे जानते थे। उसका नाम सबने सुना था। लोगों ने कहा, "कैसा निर्भीक है !"

बस वह सबेरे व्यापारी था, शाम को नेता हो गया।

इधर अनेक देशभक्त, क्रान्तिवीर, किसानों और मजदूरों में क्रान्ति की तैयारी कर रहे थे।

कुछ दिनों बाद उस व्यापारी ने तमाम व्यापारियों को मिलाकर 'क्रान्तिकारी दल' की स्थापना कर ली।

* गणतन्त्र दिवस, 1954

और एक दिन देश के तमाम अखबारों में उस व्यापारी की विभिन्न तस्वीरों के साथ छपा—'क्रान्ति हो गयी ! राजसत्ता पलट गयी ! राजा गद्दी से उतार दिया गया ! क्रान्तिकारी दल ने सरकार को खरीद लिया। अब जनता के सच्चे प्रतिनिधि क्रान्तिकारी दल का राज्य होगा।'

अखबारों में बात छपी तो सर्वत्र फैली और गूँजी—'क्रान्ति हो गयी ! क्रान्ति हो गयी !'

और लोगों ने सोचा—'अब करने को क्या रह गया ? क्रान्ति तो हो गयी।' और, सर्वत्र मरघट-सी मुर्दनी छा गयी। लोग निष्क्रिय हो गये। सब पहले जैसा ही चलता रहा। राजा वही, मन्त्री वही, नौकरशाही वही। वही अन्याय, वही शोषण, लेकिन लोग शान्त ! उन्होंने मान लिया कि क्रान्ति हो गयी।

और, इधर वे क्रान्ति करनेवाले वीर सोचने लगे—'यह क्रान्ति बिना किये कैसे हो गयी !'

पुण्य*

एक आदमी मरकर उस लोक में पहुँचा और न्याय के लिए धर्मराज के सामने उपस्थित किया गया।

धर्मराज ने सचिव से कहा, "इस व्यक्ति के कर्मों का लेखा प्रस्तुत करो।"

सचिव ने कहा, "देव ! यह अत्यन्त पापी और अत्याचारी आदमी था। इसके समाज ने इसे नर-पिशाच निरूपित किया था। कितने ही लोगों का जीवन इसने नष्ट किया है। इससे बड़ा मानव-पीड़क कदाचित् ही कोई हुआ हो। यह क्रूर, कपटी, पाखण्डी और अन्यायी था।"

धर्मराज ने पूछा, "इसकी मृत्यु कैसे हुई ?"

सचिव ने कहा, "इसने आत्महत्या की है, देव !"

धर्मराज कुछ सोचते रहे। फिर आदेश दिया, "इसे स्वर्ग में स्थान दो।"

सचिव भौचक्क-सा, धर्मराज की ओर देखता रहा। बोला, "देव, यह आप क्या कह रहे हैं ? यह पापी आदमी स्वर्ग में सुख भोगेगा ? फिर समस्त कर्म-फल-विधान ही मिथ्या नहीं हो जायगा ? यह तो घोर रौरव नर्क में वास करने योग्य है। आखिर इसने कौन-सा सत्कर्म किया है ? कौन-सा पुण्य किया है ?"

धर्मराज ने कहा, "इसका अन्तिम कर्म सबसे बड़ा पुण्य है ?"

* जून, 1956

सचिव ने पूछा, "अर्थात् ?"

धर्मराज ने कहा, "अर्थात्, आत्महत्या। आत्महत्या करके इसने समाज का कितना हित किया है ! यदि यह जीवित रहता, तो कितने अत्याचार करता ? कितने मनुष्यों को पीड़ा पहुँचाता ! स्वयं अपने को मारकर इसने संसार को कितने अत्याचारों से बचा लिया ! आत्महत्या करना ही इसका सबसे बड़ा सत्कर्म है, पुण्य है। उसी के बल पर यह स्वर्ग में स्थान पायेगा।"

सचिव ने चकित होकर कहा, "यह तो बिल्कुल नवीन विधान है, भगवन् ! इसकी घोषणा की जानी चाहिए।"

धर्मराज ने कहा, "हाँ, घोषणा कर दो कि जो अत्याचारी आत्महत्या करेगा, उसे स्वर्ग प्राप्त होगा !"

मिठाई की मक्खी*

सबेरे से चलते-चलते हम थक गये थे। सामने एक मिठाई की दूकान देखकर घुसे। बड़ा भारी बोर्ड लगा था, जिसमें मिठाइयों के वे गुण लिखे थे जिसमें से कई का ज्ञान उस समय तक हमें नहीं था।

"दो पलेट रसगुल्ला," हमने आर्डर दिया। नौकर ने दो तश्तरियाँ उठायीं और बड़ी फुर्ती से दोनों में रसगुल्ले और रस भर लाया।

मैंने खाने के लिए ज्यों ही रसगुल्ला उठाया, त्यों ही देखा कि उसमें एक मक्खी पड़ी है। मैंने रसगुल्ला जहाँ का तहाँ रख दिया और मालिक से कहा, "कैसी गन्दगी है आपके यहाँ। देखो, मिठाई में मक्खी पड़ी है।"

और दूकानदार ने नौकर को डाँटा, "क्यों बे ! मैंने तेरे से कितनी बार कहा कि दिन में दो-चार बार मक्खियाँ बीन लिया कर, पर तू इस कान से सुनकर उस कान से निकाल देता है।"

* प्रहरी, 9 अप्रैल, 1950

साहब और चपरासी

परसों सड़क पर से जा रहा था। सामने से एक रिक्शा आ रहा था। देखा तो उसमें मेरे परिचित एक तहसीलदार साहब बैठे थे और उनका चपरासी भी। आप कहेंगे, यह देखा तो क्या देखा !

और भी देखा—तहसीलदार साहब तो बैठे थे, 'सीट' पर, गादी पर और वह चपरासी बैठा था नीचे पाँवदान पर, साहब के जूतों की बराबरी से।

साहब जल्दी में थे, इसीलिए रिक्शा किया होगा। तहसीलदार साहब अत्यन्त दुबले, दोनों सीटों में से आधी पर ही बैठे थे। पूरी जगह खाली थी, पर चपरासी उस पर नहीं बैठ सकता था, क्योंकि वह चपरासी था। साहब की प्रतिष्ठा में इससे धक्का लगता था। सड़क पर वह आदमी जो रात-दिन उनके साथ रहता है और जिससे स्नेह हो जाता है, बराबरी से बैठ गया तो मेरी इज्जत धूल में मिल जायगी। लोग कहेंगे, यह कैसा तहसीलदार है जो चपरासी को साथ बिठाये है।

तहसीलदार साहब की धुँधली अक्ल में यह बात न आयी कि आदमी को आदमी के साथ बैठा देखकर संसार को अचरज नहीं होता।

मास्टर साहब पान खाते जाइए !*

दिन में कम-से-कम दो बार निकलता हूँ इस सड़क से। सड़क के बायें बाज़ू से ही चलता हूँ, इसलिए इस दूकान से लगभग सटकर दिन में कम-से-कम एक बार जरूर निकलता हूँ। और इस दूकानदार से दिन में एक बार आँखें चार जरूर होती हैं क्योंकि मैं दुनिया में ज़रा आँख खोलकर चलने का पक्षपाती हूँ और वह ग्राहकों को आँखों से खोजता रहा है।

स्कूल में लड़कों को पढ़ाकर दाल-रोटी कमाता हूँ। इस दूकानदार का लड़का भी मेरे स्कूल ही में पढ़ता है। प्रतिदिन एक घण्टा मेरा भी उस क्लास में होता है। शहर के हर मुहल्ले में मुझे जाननेवाले लड़के हैं और लड़कों के पिता भी।

यह दूकानदार भी जानता है कि मैं इसके लड़के को पढ़ाता हूँ। पर इसकी दृष्टि में जो भाव मुझे देखकर आता है उससे यह नहीं समझा जा सकता कि वह मुझे जानता है। जैसे और लोगों को एक क्षण देख लेता है, मुझे भी देख लेता है।

* प्रहरी, 2 अप्रैल, 1950

और जैसे अन्य लोगों का मूल्य इसकी आँखों में कुछ नहीं है जब तक कि वे उसकी दूकान से सामान न खरीदें, मेरा मूल्य भी उसकी निगाह में कुछ नहीं क्योंकि मैंने उसके यहाँ से कुछ नहीं खरीदा। कभी जब वह लड़का दूकान पर होता है तो वही ऊँची दूकान से नमस्ते फेंककर मारता है, पर वह बाप वैसा ही उदासीन होता है। एक बार देख लेता है।

कल की बात है। मैं जब इस दूकान के पास से निकला तो एकदम आवाज आयी, "मास्टर साहब नमस्कार! आइए, पान तो खा जाइए।"

मैंने अकबकाकर देखा। वही दूकानदार खड़े होकर हाथ जोड़े नमस्कार कर रहा है। बोला, "आइए, बैठिए। आपके तो दर्शन ही दुर्लभ हैं।"

मैंने कहा, "रोज तो निकलना हूँ दो बार। आप तो देखते ही हैं?"

वह हतप्रभ-सा हो गया। झेंपता हुआ बोला, "अजी कभी दूकान पर आपकी चरण-रज पड़ी नहीं! आइए, जा रे पान ले आ अच्छे बढ़िया! चाय पीजियेगा?"

मैंने कहा, "नहीं, नहीं, चाय-वाय नहीं पिऊँगा। पान भी न मँगाइए। लौटकर खा लूँगा। ज़रा जल्दी में हूँ!" वह बोला, "बात यह है मास्टर साहिब, ये रमेश, इसने अंग्रेजी और गणित के परचे बिगाड़ दिये हैं। आप ज़रा कृपा कर खयाल रखिए। उसका रोल नं.···है। आप ही के भरोसे स्कूल में भर्ती कराया है।" मैं चलने लगा। वह हें-हें करके बोला, "लौटते वक्त पान जरूर खाइए। नहीं तो शिकायत रहेगी।"

लौटकर मैं दूसरे रास्ते से गया। इम्तहान का मौसम है। शहर में दो सबसे अधिक लोकप्रिय हैं — सुरैया और मास्टर साहिब! सड़क पर कई लोग ऐसे प्रेम से मिलने लगे हैं कि ऐसा लगता है कि दुनिया में स्नेह की बाढ़ आ गयी है।

भगवान को घूस*

वे पुलिस के इन्स्पेक्टर हैं। जिन्दगी-भर चूहे खाते-खाते निपुण हुई बिल्ली भी कभी चूक ही जाती है। इन्स्पेक्टर भी इस बार चूक गये हैं।

घूस के नोटों में किये गये मजिस्ट्रेट के दस्तखत ने उनको फँसवा दिया है। उन पर अब घूस लेने के आरोप में मुकदमा चल रहा है।

पहिले तो इन्स्पेक्टर साहब के मकान से कभी-कभी सिनेमा के गाने का शब्द सुनायी पड़ जाता था—'इस दिल के टुकड़े हजार हुए।' पर अब देखता हूँ, इन्स्पेक्टर साहब के घर में जब से मुकदमा चल रहा है, दिल के टुकड़े होकर नहीं गिर रहे हैं, बल्कि दिन-रात भगवान के भजन होते रहते हैं। भगवान से इन्स्पेक्टर साहब ने

* प्रहरी, 23 अप्रैल, 1950

जिन्दगी-भर कोई जान-पहिचान रखी हो, ऐसा किसी ने नहीं देखा। पर आजकल चार घण्टे रामायण पढ़ते हैं, दो घण्टे आँखें बन्द करके 'जय जगदीश हरे' करते हैं, घण्टों रामधुन लगती है। कथा होती है, सत्यनारायण का रोज प्रसाद बँटता है--- एकाध रुपये का। ऐसा लगता है कि नरसी मेहता और मीराबाई के पश्चात् भक्त परम्परा में हमारे समय में ये इन्स्पेक्टर साहब ही हुए हैं। जिस मुख में किसी समय गाली का वास था, उसमें राम-नाम का वास है।

सोचता हूँ—अभी घूस के अपराध में पकड़ा गया ये इन्स्पेक्टर भगवान को घूस देने और धोखा देने के दो अपराध एक साथ कर रहा है।

गोया भगवान भी कोई पुलिस का थानेदार है, जो घूस के चक्कर में आ जायेगा।

दुनिया भगवान को पूजती है, पर अपने से कम अक्ल भी उसे समझती है।

खैर, अब मैं आ गया हूँ ![*]

हिन्दी के एक बड़े लेखक ने फिलम संसार में प्रवेश किया—कथा और सम्वाद लिखने के लिए।

बम्बई पहुँचे। 10-15 दिन बाद उन्होंने अपने एक साहित्यिक मित्र को पत्र लिखा, जो इस प्रकार था—

"भाई, मैं तो इस वातावरण से क्षुब्ध हो गया। इतनी अनैतिकता ! इतना पतन ! कहाँ तो इसी देश में सीता और सावित्री जैसी नारियाँ थीं, और कहाँ ये फिल्म की अभिनेत्रियाँ, जो अपने रूप और यौवन को बाजार में लेकर बैठी हैं ! इनमें हद दर्जे की उच्छृंखलता है, विलासिता है, चरित्रहीनता है। ऐसा घृणित वातावरण है यहाँ का।

लेकिन खैर, अब मैं यहाँ आ गया हूँ !

अगर मैं यहाँ 6 महीने भी रहा तो इनमें 50 प्रतिशत को तो मैं यह जीवन छुड़वाकर पवित्र गार्हस्थ्य-जीवन में प्रवेश करा दूँगा। 15 को यदि गार्हस्थ्य-जीवन में प्रवेश नहीं करा पाया, तो इस जीवन से घृणा उत्पन्न कराकर किसी अन्य व्यवसाय में लगा दूंगा। और, आप समझ लो कि 15 के मन में एक द्वन्द्व पैदा करा दूंगा। कितनी हो गयीं ? पचास और पन्द्रह और पन्द्रह—अस्सी हो गयीं। अब आप पूछेंगे कि बाकी 20 का क्या होगा ? तो मेरा निवेदन है कि मैंने क्या सबका ठेका ले लिया है !"

* वसुधा, नवम्बर, 1956

संस्कृति[1]

भूखा आदमी सड़क के किनारे कराह रहा था। एक दयालु आदमी रोटी लेकर उसके पास पहुँचा और उसे दे ही रहा था कि एक दूसरे आदमी ने उसका हाथ खींच लिया। वह आदमी बड़ा रंगीन था।

पहले आदमी ने पूछा, "क्यों भाई, भूखे को भोजन क्यों नहीं देने देते ?"

रंगीन आदमी बोला, "ठहरो, तुम इस प्रकार उसका हित नहीं कर सकते। तुम केवल उसके तन की भूख समझ पाते हो, मैं उसकी आत्मा की भूख जानता हूँ। देखते नहीं हो, मनुष्य-शरीर में पेट नीचे है और हृदय ऊपर। हृदय की अधिक महत्ता है।"

पहला आदमी बोला, "लेकिन उसका हृदय पेट पर ही तो टिका हुआ है। अगर पेट में भोजन नहीं गया, तो हृदय की टिक-टिक बन्द नहीं हो जायगी !"

रंगीन आदमी हँसा ! फिर बोला, "देखो, मैं बतलाता हूँ कि उसकी भूख कैसे बुझेगी !"

यह कहकर वह उस भूखे के सामने बाँसुरी बजाने लगा। दूसरे ने पूछा, "यह तुम क्या कर रहे हो ? इससे क्या होगा ?"

रंगीन आदमी बोला, "मैं उसे संस्कृति का राग सुना रहा हूँ। तुम्हारी रोटी से तो एक दिन के लिए ही उसकी भूख भागेगी, संस्कृति के राग से उसकी जनम-जनम की भूख भागेगी।"

वह फिर बाँसुरी बजाने लगा।

और तब वह भूखा उठा। उसने बाँसुरी झपटकर पास की नाली में फेंक दी।

चन्दे का डर[2]

एक छोटी-सी समिति की बैठक बुलाने की योजना चल रही थी। एक सज्जन थे जो समिति के सदस्य थे पर काम कुछ करते नहीं, गड़बड़ पैदा करते थे और कोरी वाहवाही चाहते थे। वे लम्बा भाषण देते थे।

वे समिति की बैठक में नहीं आवें, ऐसा कुछ लोग करना चाहते थे। पर वे तो

1. प्रहरी, 12 फरवरी, 1956
2. प्रहरी, 4 सितम्बर, 1955

बिना बुलाये पहुँचनेवाले थे। फिर यहाँ तो उनको निमन्त्रण भेजा ही जाता, क्योंकि वे समिति के सदस्य थे।

एक व्यक्ति बोला, "एक तरकीब है। साँप मरे, न लाठी टूटे। समिति की बैठक की सूचना में नीचे यह लिख दिया जाय कि बैठक में बाढ़-पीड़ितों के लिए धन-संग्रह भी किया जायगा। वे इतने उच्चकोटि के कंजूस हैं कि जहाँ चन्दे वगैरह की आशंका होती है, वे नहीं पहुँचते।"

वात्सल्य

एक मोटर से एक 7-8 साल का बच्चा टकरा गया। सिर में चोट आ गयी। वह रोने लगा! आसपास के लोग सिमिट आये। सब क्रोधित। माँ-बाप भी आ गये। 'पकड़ लो ड्राइवर को।'···'भागने न पाय!'—पुकारें लगने लगीं। लोग मारने पर उतारू। भागता है तो पिटता है। लोगों की आँखों में खून आ गया है।

उसे कुछ सूझा। वह बढ़ा और लहू में सने बच्चे को उठाकर छाती से चिपका लिया। उसे थपथपाकर बोला, "बेटा! बेटा!"

इधर लोगों का क्रोध गायब हो गया था। माँ-बाप कहने लगे, "कितना भला आदमी है! और होता तो भाग जाता।"

धन्यवाद भाषण*

मध्यवर्ग का व्यक्ति एक अजब जीव होता है। एक ओर उसमें उच्चवर्ग का अहंकार और दूसरी ओर निम्नवर्ग की दीनता होती है। अहंकार और दीनता से मिलकर बना हुआ उसका व्यक्तित्व बडा विचित्र होता है। वह बड़े साहब के सामने दुम हिलाता है और चपरासी के सामने शेर बन जाता है।

तो उस दिन दफ्तर के चपरासी ने सोचा कि बेटे के ब्याह के उपलक्ष में साहब को और बाबुओं को एक पार्टी दे दी जाय। उसने देखा था कि अफसरों और

* प्रहरी, 29 मई, 1955

बाबुओं के घर में शादी होती है तो सब साथियों को पार्टी दी जाती है। और शादी-विवाह का समय ही वह अवसर है जब आदमी अपनी गरीबी भूल जाता है।

तो गनेश चपरासी ने हर बाबू के पास जाकर कहा कि आज दफ्तर के बाद उसकी ओर से चाय-नाश्ता ग्रहण करने का कष्ट उठावें। बाबुओं ने 5 बजे कष्ट उठाया। 30-40 बाबू और साहब बरामदे में टेबिल, कुर्सियों पर बैठे। गनेश ने बड़ा अच्छा इन्तजाम किया था—मिठाई, नमकीन, चाय। सब बढ़िया।

जब खाना हो चुका तो सबसे बातूनी बाबू को काम सौंपा गया कि वह सबकी ओर से कुछ दो-चार शब्द कह दे। इस अवसर पर गनेश अपने दो-चार रिश्तेदारों को बुला लाया था कि वे देखें कि बाबू लोगों का उसके प्रति कैसा प्रेम है! वे उसे किस प्रकार अपना समझते हैं? उन लोगों में गनेश की कैसी इज्जत है। ये सब रिश्तेदार एक ओर फर्श पर बैठे थे और गनेश गर्व से, हर्ष से उनकी ओर देख रहा था—बिल्कुल ही अपदार्थ नहीं हूँ मैं।

तो बातूनी बाबू भाषण देने लगे, "गनेश को हम बहुत धन्यवाद देते हैं। उसका इन्तजाम बहुत अच्छा था। आज उसे परमात्मा ने यह शुभ दिन दिखाया। मुझे मालूम है जब यह गनेश यहाँ आया था तब इसके पास खाने को दाना नहीं था, पहिनने को कपड़ा नहीं था। बेचारा भूखा मरता था। पर हमने यहाँ उसे नौकरी दी और अब वह मजे में है।"

गनेश का मुख लटक गया था। वह जैसे रुआँसा हो गया था। वे रिश्तेदार भी उदास हो गये थे। गनेश उनकी ओर अब देखने के लिए सिर नहीं उठा सकता था।

बाबू जब उसकी भुखमरी और दीनता की पीठ पर बाबू लोगों का एहसान लाद चुके, तब गनेश काँपते हाथों से कप-बसी इकट्ठे करने लगा।

अपना-पराया*

"आप किस स्कूल में शिक्षक हैं?"

"मैं लोकहितकारी विद्यालय में हूँ। क्यों, कुछ काम है क्या?"

"हाँ, मेरे लड़के को स्कूल में भरती कराना है।"

"तो हमारे स्कूल में ही भरती करा दीजिए।"

"पढ़ाई-वढ़ाई कैसी है?"

"नम्बर वन! बहुत अच्छे शिक्षक हैं। बहुत अच्छा वातावरण है। बड़ा अच्छा

* प्रहरी, 19 सितम्बर, 1954

स्कूल है।"

"आपका बच्चा भी वहाँ पढ़ता होगा ?"

"जी नहीं, मेरा बच्चा तो 'आदर्श विद्यालय' में पढ़ता है।"

समझौता*

अगर दो साइकिल सवार सड़क पर एक-दूसरे से टकराकर गिर पड़ें तो उनके लिए यह लाजिमी हो जाता है कि वे उठकर सबसे पहिले लड़ें, फिर धूल झाड़ें। यह पद्धति इतनी मान्यता प्राप्त कर चुकी है कि गिरकर न लड़नेवाला साइकिल सवार बुजदिल माना जाता है, क्षमाशील सन्त नहीं।

एक दिन दो साइकिलें बीच सड़क पर भिड़ गयीं। उनके सवार जब उठे तो एक-दूसरे को ललकारा, "अन्धा है क्या ? दिखता भी नहीं।"

दूसरे ने जवाब दिया, "साले गलत 'साइड' से चलेंगे और आँखें बतायेंगे।"

पहिले ने गाली का बदला उससे बड़ी गाली से चुकाकर ललकारा, "जबान सँभालकर बोलना। अभी खोपड़ी फोड़ दूंगा।"

दूसरे ने सर को और ऊँचा करके जवाब दिया, "अरे तू क्या खोपड़ी फोड़ेगा ? मैं एक हाथ मार दूंगा तो कनपटा फूट जायेगा।"

और वे दोनों एक-दूसरे का सिर फोड़ने के लिए उलझने ही वाले थे कि अचानक एक आदमी उन दोनों के बीच में आ गया और बोला, "अरे देखो भाई, मेरी एक बात सुन लो फिर लड़ लेना। देखो तुम इसका सिर फोड़ना चाहते हो, और तुम इसका ! मतलब कुल मिलाकर इतना ही हुआ कि दोनों के सिर फूट जायें तो दोनों को सन्तोष हो जाय। तो ऐसा करो भैया, दोनों जाकर उस बिजली के खम्बे में सिर फोड़ लो और लड़ाई बन्द कर दो।"

बात कुछ ऐसी असर कर गयी कि भीड़ हँस दी और वे दोनों भी हँसी रोक नहीं पाये। उनका समझौता सम्पन्न हो गया।

* प्रहरी, 15 अगस्त, 1954

रसोईघर और पाखाना[1]

गरीब लड़का है। किसी तरह हाईस्कूल परीक्षा पास करके कालेज में पढ़ना चाहता है। माता-पिता कोई नहीं है। ब्राह्मण है।

शहर में उसी के सजातीय उदार सज्जन के यहाँ उसके रहने और खाने का प्रबन्ध हो गया। मैंने इस मामले में थोड़ी-सी मदद कर दी थी, इसलिए लड़का मुझसे अक्सर मिला करता है। बड़ा ही सरल, सभ्य और सीधा लड़का है। साथ ही बड़ा कुशाग्र बुद्धि भी।

एक दिन मैंने पूछा, "क्यों, तुम्हारा सब काम ठीक जम गया न? कोई तकलीफ तो नहीं है; उन सज्जन के यहाँ?"

वह तनिक मुस्कराया। कहने लगा, "तकलीफ तो नहीं है। पर वहाँ एक बात बड़ी विचित्र और मनोरंजक है।"

"क्या बात है?" मैंने पूछा।

वह बोला, "वैसे तो मैं उनके चौके में सबके साथ ही बैठकर खाना खाता हूँ। पर जो घर में एक वृद्धा है वे मुझसे कहती हैं कि बाहर की टट्टी में पाखाना जाया करो। घर में एक तो बड़ी और प्रमुख टट्टी है, जिसमें घर के लोग जाते हैं, और है जिसमें नौकर-चाकर जाते हैं। मुझसे वे कहते लगीं कि बाहरवालों के लिए वह बाहरवाली टट्टी है। मुझे चौके में तो प्रवेश मिल गया है, पर टट्टी में प्रवेश नहीं मिला।

सोचता हूँ—वाह रे! हिन्दू समाज! अगर तुझे चौके में अपना-पराया, भीतर-बाहर का भेद निभाते नहीं बनेगा तो पाखाने में भेद निबाहेगा।

अगर तेरी झूठी प्रतिष्ठा भोजन में प्रदर्शित न हो पायेगी तो तू मल-मूत्र में ही प्रदर्शित करके रहेगा! अगर मेरे रसोईघर में ऊँच-नीच कोई नहीं रहेगा तो तू सँडास में ऊँचा बनकर दूसरे को नीचा बनायेगा! शाबाश!

एक बहिन की बात[2]

कल बहिन ने आकर बतलाया—"सुबह मेरा 7 बजे से कालेज में इम्तहान था। मेरी साइकिल पंचर हो गयी थी। मैंने सोचा पैदल ही चलें, रास्ते में रिक्शा मिल

1. प्रहरी, 17 सितम्बर, 1950
2. प्रहरी, 8 अप्रैल, 1951

जायगा। मैं चली जा रही थी; रिक्शा संयोगवश मिला नही। सड़क के किनारे से मैं पुस्तक खोले अपनी धुन में पढ़ती हुई चली जा रही थी। 7 बजने को 5 मिनिट बचे थे। और रिक्शा कोई आता नजर नहीं आया। मुझे क्षण-भर घबड़ाहट हुई कि देर हो जायेगी और फिर भी मैं तुरन्त किताब में डूब गयी।

"इसी समय पीछे से एक युवक साइकिल पर आया। मेरे नजदीक आकर उसने अपनी साइकिल बहुत मन्द कर दी और बोला, 'अगर आपको आपत्ति न हो तो मैं आपको पहुँचा आऊँ? मेरी साइकिल पर पीछे बैठ जाइए।' युवक अपरिचित था; पर मैंने एक क्षण में ही निश्चय कर लिया और मैं उसकी आशा के प्रतिकूल पर सम्भवतः मन के अनुकूल उसकी साइकिल के कैरियर पर छमककर बैठ गयी। मैंने फिर किताब खोल ली और पढ़ती रही। वह भी बिना कुछ कहे साइकिल चलाता रहा।

"मेरा कालेज आ गया। उसने साइकिल धीमी की और बोला, 'लीजिए, आपका कालेज आ गया।'

"मैं उतर गयी। मैंने कहा, 'धन्यवाद।' वह बड़ा प्रसन्न दिखा। ऐसा आभार-ग्रस्त दिखा मानो मैं ही उसे साइकिल पर बिठा लायी हूँ। मैं चलने लगी तो वह मुस्कुराता बोला, 'अब मैं आपसे कब मिलूँ?'

"और मैंने उत्तर दिया, 'रक्षाबन्धन के दिन!'

"वह एक मिनट तक स्तब्ध मुँह खोले शून्य में देखता खड़ा रहा, फिर चल दिया।"

बात*

उस दिन सुबह रमेश मिले। कहने लगे, "एक बात तुम्हें बतलाना है। लेकिन अभी उसे अपने पास तक ही रखना। मेरे सिवा किसी को मालूम नहीं है। देखो, हमारे साथ जो वर्माजी काम करते हैं, वे बम्बई गये हैं। उन्हें बम्बई में ही अच्छी जगह मिल गयी है। अब वे लौटेंगे नहीं। तुम उनकी जगह के लिए दरखास्त दे दो। अभी किसी से कहना मत!"

दोपहर को दिनेश मिले। कहने लगे, "एक बात सुनो। तुम तक ही सीमित रहे। अभी मुझे ही मालूम हुई है। वर्मा ने बम्बई में नौकरी कर ली है। तुम उस जगह के लिये फौरन अर्जी दे दो।"

* प्रहरी, 15 अगस्त, 1954

शाम को कमलेश मिले। कहने लगे, "एक बात कान्फिडेन्स में कहना है। देखो कहीं बाहर न जाय। मुझे भी मालूम हुई है। वे जो वर्माजी हैं न, हमारे साथ— वे बम्बई में ही अब नौकरी करेंगे। तुम फौरन उस जगह के लिए कोशिश करो।"

दूसरे दिन सुबह रामलाल मिले। बोले, "भाई, वर्मावाली जगह के लिए क्यों नहीं कोशिश करते ?"

मैंने पूछा, "तुमसे किसने कहा कि वह जगह खाली है ?"

रामलाल बोले, "दिनेश ने।"

दोपहर को श्यामलाल मिले। कहने लगे, "वर्मा तो अब आयेंगे नहीं। तुम जाओ वहाँ।"

मैंने पूछा, "तुमसे किसने कहा ?"

वे बोले, "रमेश ने।"

शाम को मोहनलाल मिले। पूछा, "तुमने वर्मावाली जगह के लिए दरखास्त दी कि नहीं ? तुम भी बड़े लापरवाह हो।"

मैंने पूछा, "तुमने कैसे जाना कि वर्मा नहीं आयेंगे ?"

वे बोले, "कमलेश ने बतलाया।"

दो दिन बाद वर्माजी आ गये। एकदम मेरे घर आये। आते ही बरस पड़े, "अरे भाई, अगर ऐसा ही था तो मुझसे कह देते, मैं इस्तीफा दे देता। इस तरह आखिर क्यों भगाना चाहते हो ? यह भी क्या बात है ? जरा पीठ फिरी कि आपने छुरी भोंक दी।"

मैंने कहा, "आखिर हो क्या गया ?"

वर्माजी बोले, "मेरी जगह के लिए आपकी अर्जी मैंने देखी है आज दफ्तर में ! आखिर तुमसे कहा किसने कि नौकरी मैं छोड़ रहा हूँ ?"

इसी समय रमेश, दिनेश व कमलेश घूमते-घामते मेरे घर आ पहुँचे। वर्माजी के कुशल-समाचार आदि पूछने लगे। बात का तार टूट गया। थोड़ी देर बाद फिर उन्होंने पूछा, "हाँ, तुमने यह नहीं बतलाया कि तुमने कैसे जाना कि मैं नौकरी छोड़ रहा हूँ ?"

मैंने कह दिया, "दिनेश, रमेश तथा कमलेश बैठे हैं---इन्होंने ही कहा था।"

वर्मा ने कहा, "क्यों यारो, ऐसी अफवाह तुमने क्यों उड़ा दी ?"

और वे तीनों एक स्वर से बोले, "हम क्यों उड़ायेंगे ? सारे शहर में तो बात फैल रही है।"

सहानुभूति

"क्यों भाई, तुम्हारी किस राजनीतिक पार्टी से सहानुभूति है? किस पार्टी को तुम सबसे अच्छा समझते हो?"

"मेरी सहानुभूति तो कम्युनिस्ट पार्टी से सबसे अधिक है!"

"क्यों?"

"इसलिए कि कम्युनिस्टों पर जासूसी करने के लिए मुझे पैसे मिलते हैं।"

नयी-धारा

उस दिन एक कहानीकार मिले। कहने लगे, "बिल्कुल नयी कहानी लिखी है—बिल्कुल नयी शैली, नया विचार, नयी धारा।" हमने कहा, "क्या शीर्षक है?"

वे बोले, "चाँद-सितारे-अज-गर-साँप-बिच्छू-झील!"

नदी को दान

रेल चल रही है। सामने की बेंच पर एक सम्पन्न परिवार विराजमान है। स्त्री चाँदी-सोने से ऐसी लदी है कि मालूम होता है यह गृहस्वामी की पत्नी भी है और चलती-फिरती तिजोड़ी भी! बाल-बच्चों का साथ था, तो खाने का सामान भी साथ लाये थे और मिठाई कुछ इस कदर खायी थी कि पेट में कम गयी है और फर्श पर अधिक।

और अब यह 14-15 साल का एक लँगड़ा लड़का भीख माँगता आ गया।

दो-चार पैसे उसे मिल गये हैं। उसने इस सम्पन्न सज्जन की ओर भी हाथ बढ़ाया। सम्पन्न सज्जन भीख माँगने के सख्त खिलाफ हैं---इन भिखारियों के मारे यात्रा पर निकलना मुश्किल हो गया है। उन्होंने भिखारी को झिड़का—"कुछ नहीं है! भाग जा यहाँ से।" उन तीनों बच्चों ने पूड़ी, साग और छोले खाये। उन सज्जन ने भिखारी की तरफ देखकर कहा, "गाड़ी में भी पीछा नहीं छोड़ते!"

गाड़ी चल रही है और अब परम पावन नर्मदा नदी आ गयी है। पुल की घर्राहट शुरू हो गयी है। लोगों ने नर्मदा मैया की जय बोली और नदी में डालने के

लिए लोगों के हाथों में पैसे आ गये। उन सज्जन ने भी कोट की जेब में से पैसे निकालकर सब बच्चों के हाथ में दिये, पत्नी के हाथ में एक आना रखा और दुअन्नी अपने हाथ में रखी। पुण्य भी वे ठीक अनुपात में कराते हैं। बच्चे छोटे होते हैं तो एक-एक पैसे का पुण्य उनके लिए काफी है। पत्नी को एक आने का पुण्य चाहिए; क्योंकि वह स्त्री है। खुद को दो आनें का पुण्य चाहिए। अगर स्त्री को भी दो आने का पुण्य मिल गया तो दाम्पत्य का आधार ही गड़बड़ हो जायगा। इसलिए स्त्री को पुरुष से आधा पुण्य ही चाहिए।

अब रेलगाड़ी ठीक पुल के बीचो-बीच आ गयी है और 'सज्जन' ने आवाज दी—"हाँ, फेंको!" और उन सबने पैसे खिड़की में से नर्मदा की धार में फेंक दिये। बच्चों ने पैसा फेंककर, ताली बजायी। स्त्री ने इकन्नी फेंककर हाथ जोड़कर नमन किया। और वे सज्जन भी दुअन्नी फेंककर कुछ करते ही, लेकिन उनकी दुअन्नी तो वापिस लौट आयी है। खिड़की के लोहे के सींखचों से टकराकर वह दुअन्नी भनभनाती फर्श पर गिर पड़ी। सज्जन का मुँह तमतमा उठा। सींखचा उनके धर्म-कार्य में बाधक बनकर अड़ गया। यह अशुभ संकेत भी उन्हें लगा। और वे 'अरे!' कहकर दुअन्नी ढूंढ़ने लगे।

अब इधर वह दुअन्नी उड़कर उस भिखारी लड़के के पाँव के पास गिर गयी। न जाने क्यों मुझे लगा कि इस लोहे की छड़ में इस आदमी से अधिक समझ मालूम होती है। आदमी चीज को एक ओर फेंके और छड़ दूसरी ओर–तो उसमें कुछ मतलब होना चाहिए। मतलब समझने में देर नहीं लगी।

अब वह दुअन्नी भिखारी लड़के ने उठा ली है। उसके नयनों में उल्लास भी है और आशंका भी! दुअन्नी बिल्कुल उसकी हो गयी है, यह उसे विश्वास नहीं है।

'सज्जन' ने उसे दुअन्नी उठाते देख लिया है और उनका चेहरा तमतमा उठा है। उसे फटकार रहे हैं, "क्यों उठाई बे दुअन्नी? फेंक उसको खिड़की में से! अबे फेंक? फेंकता है कि नहीं?"

सज्जन को बड़ी उतावली थी कि अगर गाड़ी नर्मदा पार हो गयी तो उनको दुअन्नी का पुण्य प्राप्त हुए बिना रह जायेगा—और गाड़ी हालाँकि धीरे-धीरे चल रही है, फिर भी चल तो रही ही है।

और अब एक चौथाई पुल ही बचा है। सज्जन की उतावली और क्रोध अब चरम-बिन्दु पर है। वे उसे गाली दे रहे हैं और दुअन्नी को नर्मदा में फेंकने का आदेश दे रहे हैं। पर लड़के के जी से दुअन्नी छूट नहीं रही है। वह डाँट को, घुड़की को, गाली को चुपचाप सहे जा रहा है।

अब सज्जन को बरदाश्त नहीं। वे एकदम झपटे हैं उसे मारने के लिए और अब तो लड़के ने भी खिड़की में उसे फेंकने का उपक्रम कर लिया है।

लेकिन इसी समय उनकी पत्नी ने बड़ी नीति की बात कही। बोली, "उससे मत फिंकवाओ, अपने हाथ ही से डालो।"

धर्मपत्नी सही अर्थ में धर्मपत्नी है। उनको भय हुआ कि कहीं ऐसा न हो जाय

कि भ्रमवश नर्मदा मैया यह समझ लें कि यह दान भिखारी लड़के का है। उसने ठीक वक्त पर अपने पति का पथ-निर्देश किया, जिससे नर्मदा मैया के पुण्य-खाने में दुअन्नी पति के नाम से ही जमा हो।

पति ने तत्परता दिखायी। उन्होंने उस लड़के के हाथ से दुअन्नी छीनकर झट नर्मदा के पानी में फेंक दी। लड़के को एक चाँटा मारा। डबल पुण्य हो गया।

दानी*

बाढ़-पीड़ितों के लिए चन्दा हो रहा था। कुछ जनसेवकों ने एक संगीत-समारोह का आयोजन किया, जिसमें धन एकत्र करने की योजना बनायी। वे पहुँचे एक बड़े सेठ साहब के पास। उनसे कहा, "देश पर इस समय संकट आया है। लाखों भाई-बहिन बेघर-बार हैं। उनके लिए अन्न-वस्त्र जुटाने के लिए आपको एक बड़ी रकम देना चाहिए। आप समारोह में आइयेगा।"

वे बोले, "भगवान की इच्छा में कौन बाधा डाल सकता है। जब हरि की इच्छा ही है तो हम किसी की क्या सहायता कर सकते हैं? फिर भैया, रोज दो-चार तरह का चन्दा तो हम देते हैं और व्यापार में कुछ दम नहीं है।"

एक जनसेवी ने कहा, "समारोह में खाद्यमन्त्री भी आनेवाले हैं और वे स्वयं धन एकत्र करेंगे।"

सेठजी के चेहरे पर चमक आयी—जैसे भक्त के मुख पर भगवान का स्मरण करके आती है। वे बोले, "हाँ, बेचारे तकलीफ में तो हैं! क्या किया जाय? हमसे तो जहाँ तक हो सकता है मदद करते ही हैं। आखिर हम भी तो देशवासी हैं। आप आये हो तो खाली थोड़े ही जाने दूँगा। एक हजार दे दूँगा। मन्त्रीजी ही लेंगे न? वे ही अपील करेंगे न? उनके ही हाथ में देना होगा न?"

वे बोले, "जी हाँ, मन्त्रीजी ही रकम लेंगे।"

सेठजी बोले, "बस, बस तो ठीक है। मैं ठीक वक्त पर आ जाऊँगा।"

समारोह में सेठजी एक हजार रुपये लेकर पहुँचे। पर संयोगवश मन्त्रीजी ज़रा पहिले उठकर जरूरी काम से चले गये। वे अपील नहीं कर पाये; चन्दा ले नहीं पाये।

संयोजकों ने अपील की। पैसा आने लगा। सेठजी के पास पहुँचे।

सेठजी बोले, "हमीं को बुद्धू बनाते हो! तुमने तो कहा था मन्त्री खुद लेंगे। और वे तो चल दिये।"

* प्रहरी, 14 नवम्बर, 1954

सुधार*

एक जनहित की संस्था में एक बार कुछ सदस्यों ने आवाज उठायी, "संस्था का काम असन्तोषजनक चल रहा है। इसमें बहुत सुधार होना चाहिए। संस्था बरबाद हो रही है। इसे डूबने से बचाना चाहिए। इसको या तो सुधारना चाहिए या भंग कर देना चाहिए।"

संस्था के अध्यक्ष ने पूछा कि कौन-कौन सदस्यों को असन्तोष है।

10 सदस्यों ने असन्तोष व्यक्त किया।

अध्यक्ष ने कहा, "हमें सब लोगों का सहयोग चाहिए। सबको सन्तोष हो, इसी तरह हम काम करना चाहते हैं। आप 10 सज्जन क्या सुधार चाहते हैं, कृपा कर बतलावें।"

और उन दस सदस्यों ने आपस में विचार करके जो सुधार सुझाये, वे ये थे—

"संस्था में 4 सभापति, 3 उप-सभापति और 3 मन्त्री और होना चाहिए—"

दस सदस्यों को संस्था के काम से बड़ा असन्तोष था।

प्रतिष्ठा

वे हमारे अफसर थे। 15-20 दिन हुए थे उन्हें बदलकर आये। नयी जगह थी। मेरे ही मुहल्ले में रहते थे, बल्कि पड़ोसी ही थे। न वे मुझे जानते थे, और न मैं उन्हें।

एक दिन मैं उनके यहाँ गया। वे भीतर थे। बाहर आये, बड़े प्रेम से मिले और आदर से मुझे कुर्सी पर बिठाया।

मैंने कहा, "मैं आपका एक पड़ोसी ही हूँ। यहाँ से तीसरे मकान में रहता हूँ। आप नये ही आये हैं। सोचा आपसे मिल लूँ। कोई कष्ट तो नहीं है आपको?"

वे आभार से झुक गये। बो[illegible]ाब आप लोगों की दया है। आप लोगों में आ बसा हूँ, परदेशी हूँ। आपकी द[illegible]ई कष्ट नहीं है। आप मिलते रहिए।"

फिर उन्होंने पान बुलाये।

इसके बाद ही मैं कहीं यह कह गया कि मैं उस मुहकमे में हूँ, जिसके वे इन्स्पेक्टर हैं, अफसर हैं।

* मई, 1953

बस इतना सुनते ही उनके मुख की मुस्कराहट गायब हो गयी, कठोर गम्भीरता आ गयी। उन्होंने दोनों टाँगें आरामकुर्सी पर फैला दीं। सिगरेट निकालकर जला ली और मेरी बात का जवाब सिर हिलाकर या 'हूँ' करके देने लगे।

मैं 10 मिनिट तक इसी-स्थिति में बैठा रहा।

वे एकाएक बोले, "अच्छा, अब ज़रा मुझे बाहर जाना है।" वे उठ दिये।

मैं भी उठकर चला आया। मैं पड़ोसी सज्जन से उतरकर नौकर की स्थिति में आ गया था।

पद-पूजन

नगर-साहित्य-संसार के बड़े प्रतिष्ठित विद्वान और राष्ट्रभाषा सेवी आये थे।

एक आयोजन किया गया उनके सम्मानार्थ। आयोजन के सभापति थे एक राजनीतिक नेता जो साहित्यिक भी हैं, जिनका प्रभाव है मन्त्रिमण्डल पर, जिनके एक बोल से सरकारी नौकरी मिल सकती है।

एक साहित्यकार कवि, लेखक, सरकारी नौकर, याने एक कालेज में प्रोफेसर थे। उनको काम दिया गया उस महान साहित्यिक अतिथि का अभिनन्दन करने का!

और वे प्रोफेसर उठे। उन्होंने सभापति की ओर देखा और उनका अभिनन्दन शुरू किया। उनकी तारीफ के पुल बाँधने लगे। कहने लगे, "राजा साहब की महानता को पूर्ण विकसित अभी होना है। उनके सामने महान भविष्य है। वे एक महान व्यक्ति हैं!" आदि-आदि।

सब लोग अचम्भे में कि जिस विद्वान अतिथि के अभिनन्दन के लिए बुलाया गया है, उसके विषय में अभी तक एक शब्द नहीं कहा गया और नेता की स्तुति हो रही है। लोगों की गर्दन शर्म से झुक गयी। ऐसा लग रहा था कि नेता का अभिनन्दन हो।

आखिर नेता को ही बुरा लगा। धीरे-से वक्ता के कान में कहा, "मेरे बारे में काफी हो गया, अब स्वामीजी के विषय में भी कुछ!"

०००

परसाई रचनावली

ललित, विचारपरक तथा पत्रात्मक निबन्ध

राजकमल प्रकाशन

परसाई रचनावली

3

सम्पादक मण्डल

कमलाप्रसाद

धनंजय वर्मा

श्यामसुन्दर मिश्र

मलय

श्याम कश्यप

ISBN : 978-81-267-1011-9 (सम्पूर्ण सेट)

मूल्य : ₹ 7200
छह खंडों का सम्पूर्ण सेट

पहला संस्करण : जनवरी, 1985
आठवाँ संस्करण : 2023

प्रकाशक : राजकमल प्रकाशन प्रा.लि.
1-बी, नेताजी सुभाष मार्ग, दरियागंज
नई दिल्ली-110 002
शाखाएँ : अशोक राजपथ, साइंस कॉलेज के सामने, पटना-800 006
पहली मंजिल, दरबारी बिल्डिंग, महात्मा गांधी मार्ग, प्रयागराज-211 001
वेबसाइट : www.rajkamalprakashan.com
ई-मेल : info@rajkamalprakashan.com

मुद्रक : बी.के. ऑफसेट
नवीन शाहदरा, दिल्ली-110 032

PARSAI RACHANAVALI-3
Edited by Kamla Prasad, Dhananjay Verma, Shyamsunder Mishra, Malay, Shyam Kashyap

'महत्व शमशेर' में मुख्य अतिथि के नाते भाषण करते हुए : 1983

सृजन के क्षण : 1984

मुक्तिबोध से बातचीत के दौरान : 1964

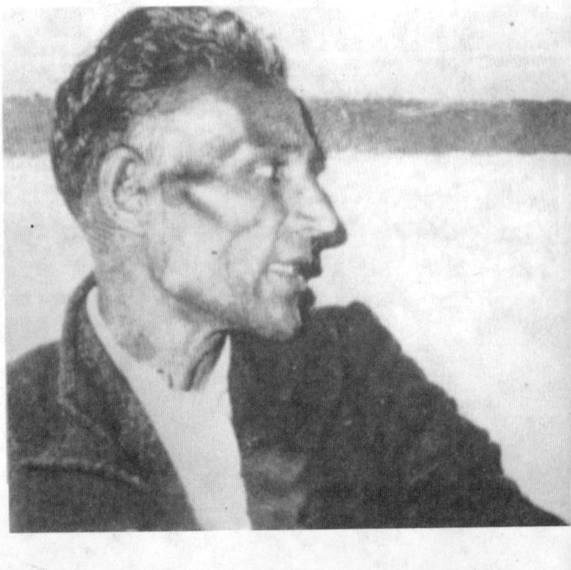

अध्ययन के क्षण : 1984

पाँच साल पहिले की बात है। मैं और मेरा एक दोस्त हताश एक जगह बैठे थे और हमारे सामने आसमान को छूता हुआ, एक सवाल खड़ा था। वह सवाल था — पैसा कैसे पैदा किया जाय? हम दोनों ने उस सवाल की एक एक टाँग पकड़ी और उसे हटाने की कोशिश की। हम थक गये, मगर सवाल अपनी जगह जमा रहा।

दोस्त ने कहा - इस सवाल के पाँव जमीन के भीतर गड़े हैं। पैसे संबंधी सारे सवालों की जड़ें गहरी होती हैं। यह इससे नहीं हटेगा। कुछ और सोचो।

मैंने कहा - तो इसे यहीं छोड़ दिया जाय। हम आज ही अलग अलग दिशाओं में अपनी अपनी किस्मत आजमाने निकल पड़ें। पाँच साल बाद ठीक इसी दिन इसी जगह पर मिलें।

दोस्त बोला - यार, साथ ही क्यों न चलें?

मैंने कहा - किस्मत आजमानेवालों की जितनी कथाएँ हैं उन सबमें वे अलग अलग दिशाओं को जाते हैं। साथ जाने में यह डर रहता है

हस्तलिपि का एक और नमूना

हरिशंकर परसाई की निबन्ध-कला

कमलाप्रसाद

रामविलास शर्मा ने लिखा है, "बालमुकुन्द गुप्त ने पत्रकारिता को एक कला बना दिया। उन्होंने हिन्दी गद्य की छिपी हुई शक्ति को प्रकट किया। गद्य इतना सुन्दर और कलापूर्ण हो सकता है, इस पर उनकी रचनाएँ पढ़कर ही विश्वास होता है। उनकी कला, व्यंग्य, हास्य, लतीफों, सरल मुहावरेदार जबान, युक्ति और तर्क से निखरी हुई है। वह हास्य और करुणा को मिला देने में अपना सानी नहीं रखते।" (कथा विवेचना और गद्य शिल्प—पृष्ठ 129)। शर्माजी के इस कथन में बालमुकुन्द गुप्त की जगह हरिशंकर परसाई का नाम लिख दिया जाय, तो किसी को आपत्ति नहीं होगी। उन्होंने भी गद्य के बुनियादी जन कलात्मक स्वभाव की हिन्दी में स्थापना की है। जनता की छिपी हुई शक्ति को खोलना और इसी के लिए अपनी गद्यभाषा का चयन करना—इनके लेखन की पहचान है। इनकी रचना का ढांचा और सारवस्तु—दोनों एक-दूसरे से घुले हैं। दोनों की घुलनशीलता के परिणाम से ही उनकी कृतियाँ सुन्दर और कलापूर्ण हैं। तरह-तरह की उक्तियाँ, मुहावरे और लतीफे लोगों को कुरेदते और हँसाते हैं। उन्हें पढ़-सुनकर आदमी हँसते-हंसते लहा-लोट होता है, पर अचानक बेसुध होने के पूर्व दिमागी तौर पर चौकन्ना हो जाता है। प्यार से की गयी यह शल्यक्रिया परसाईजी की लेखन-कला का गुण है। पत्रकार की रात-दिन की सतर्कता उनकी आदत में है। वह उन्हें देश-काल से निरन्तर जोड़ती है—परत-दर-परत। उनके सामने से गुजरता संसार अध्ययन का केन्द्र होता है। इतिहास-पुराण और लोक जीवन की संवेदनात्मक समझ होने से उनका अध्ययन जीवन की पूरी जटिलताओं तक जाता है। असम्बद्ध और निरपेक्ष आदमी के लिए हर स्थिति सामान्य और खारिज योग्य होती है, जबकि परसाई जैसे वैज्ञानिक चिन्तन के विश्वासी के लिए स्थितियों के भीतर के दाँव-पेंच और गत्यात्मकताएँ अर्थवान होती हैं। उदाहरण के लिए उनकी रचना का एक टुकड़ा लें—"बहुत लोग एक परम्परा से छुटकारा पा लेते हैं, पर दूसरी से बँधे रहते हैं। रात को शराब की पार्टी से किसी ईसाई दोस्त के घर से आ रहे हैं, मगर रास्ते में हनुमान का मन्दिर दिख जाय, तो थोड़ा तिलक भी सिन्दूर का लगा लेंगे।" ('दो नाकवाले लोग')। कितनी मामूली-सी स्थिति इस टुकड़े में है। एक वाक्य में सूत्र और दूसरे में स्थिति। दोनों मिलकर व्यंग्य की सृष्टि करते हैं। विकल्प के बिना हर बार लोग पुरानी स्थिति में

लौट जाते हैं, इसलिए इस बार वापसी की भूल से बचाने का सुझाव भी। पुनरुत्थान-वाद से टकराते हुए प्रगतिशीलता का सन्देश। परसाईजी का लेखन इसी तरह घटनामूलकता से बचकर इतिहासमूलक और विकासमूलक होता है। अपने विराट अनुभवों से वे इतिहास और विकास को सजीव कर देते हैं।

हरिशंकर परसाई ने अपने लिए विधा के रूप में प्राय: निबन्ध या कहानी को चुना है। निबन्ध उनके लिए और भी ज्यादा अनुकूल रहा है। कितनी अच्छी बात है कि जो गद्य-विधा लेखकों के लिए कसौटी है, वही उनकी प्रकृति के अनुकूल है। रामचन्द्र शुक्ल अक्सर "गद्यं कवीनां निकषं वदन्ति" दोहराते थे। जीवन-भर इस कसौटी में खरे उतरने का संघर्ष वे झेलते रहे। क्रोध, करुणा, श्रद्धा और भक्ति जैसी मानवीय प्रवृत्तियों को खोजते हुए वे निरपेक्ष पाण्डित्य से जूझे। जीवन और ज्ञान के जीवित—यथार्थमूलक अनुशासनों की सहायता से वे मनुष्य का स्वभाव जान पाये। उसी स्वभाव को उन्होंने निबन्धों में व्यक्त किया। दरअसल बालमुकुन्द गुप्त, प्रतापनारायण मिश्र, बालकृष्ण भट्ट, महावीरप्रसाद द्विवेदी की निबन्ध-परम्परा को रामचन्द्र शुक्ल ने काफी विकसित किया। आजादी के बाद इसी उत्तराधिकार को निभाने की जिम्मेदारी परसाईजी ने ली है।

परम्परागत निबन्ध-परिभाषाओं में हरिशंकर परसाई को नहीं बाँधा जा सकता। उनके निबन्धों में कहानी, कविता और रेखाचित्रों जैसे लगते अंश एक-दूसरे से गुंथे रहते हैं। निबन्ध के भीतर कहानी और कहानी के भीतर निबन्ध का होना तो आम बात है। वे किसी चरित्र को शब्दों से उकेर रहे होते हैं कि इसी बीच अपनी ओर से उसके टाइप का आकलन भी करते हैं। इस तरह रेखाचित्र के भीतर निबन्ध घुस जाता है। कहानी की रचना में निबन्ध की जरूरत आ पड़ती है। अनुभव और विचारों की परिणति प्राय: बिम्बों में हो जाने से निबन्ध कविता की तरह ढल जाते हैं। खुद परसाईजी ने स्वीकारा भी कि, "मेरे लगभग 50 निबन्ध-कविताएं हैं क्योंकि उनमें लगातार बिम्ब हैं" ('आँखन देखी' में साक्षात्कार, पृ. 45)। इस रूप में ये विधाएँ परस्पर समर्थन करती हैं। लोकजीवन में विधाओं की परस्परता इसी तरह मिलती है। जनता एक साथ—निबन्ध, कहानी, दर्शन, कविता और विज्ञान बोलती है। वहाँ आपसी संवाद निरपेक्ष भाव से किसी विधा में नहीं होता। बहुत कम लेखक लोकबोली और लोकवार्ता के इस रस को पकड़ पाते हैं। पौराणिक वृत्तान्तों का उपयोग भी जनता मार्मिक तरीके से जीवन के भावात्मक उद्देश्यों से जोड़कर करती है। हमारे देश के जातीय स्वभाव निर्माण में पौराणिक मिथों और उन पर आधारित महाकाव्यों की भूमिका अपेक्षाकृत अधिक है। इतिहास की संवेदनात्मक परम्परा का प्रभाव यहाँ गौण है। इसी कारण हमारा जातीय स्वभाव वास्तविकताओं के बजाय भ्रमों से बँधा है। परसाईजी इस बात की पहचान रखते हैं और कोशिश करते हैं कि जन स्वभाव में बदलाव पौराणिक विश्वासों के भीतर से भी उभरकर आये। वे निबन्धों में उन मिथों का ऐसा उपयोग करते हैं कि उनका अर्थ उलट जाता है। रूढ़ियों के कब्जे से जनता की रुचि को निकालना आसान काम

नहीं है। मर्म पर चोट बचाकर जनता की सहमति के भरोसे वे यह काम करते हैं। वे जनता का इस तरह से प्राथमिक उपचार करते हैं। वे उलटवाँसियों की विसंगतियाँ तोड़ते हैं। उन्होंने अपने आत्मकथ्य में लिखा, "किन परम्पराओं को हम कैंसर की तरह पाले हैं, कहाँ विसंगति, अन्याय, मिथ्याचार, शोषण, पाखण्ड, दोमुँहापन आदि है। मैं कोशिश करता हूँ कि इन्हें देखूँ, गहरे जाकर इनका अन्वेषण करूँ, उन्हें अर्थ दूँ, कारण खोजूँ।" परसाईजी ने इस महादेश की जन-सच्चाइयों में गोते लगाकर पाये सत्य को रचनात्मक ढंग से प्रस्तुत किया। मुक्तिबोध के शब्द उधार लें तो लालटेन लेकर वे अँधेरे में अपनी रचनाओं के साथ निकल पड़े। जनता उनके साथ चल पड़ती रही है, इसके प्रमाण तमाम मौजूद हैं।

परसाई के निबन्धों के कण्टेण्ट में दूसरी अन्य विधाओं के समान व्यंग्य की भावना मौजूद है। व्यंग्य की भावना एक तरह से विजेता की भावना है। रोता हुआ, निराश, दुख-दैन्य की मनःस्थिति में डूबा, खोपड़ी पकड़कर भाग्य के भरोसे जीता आदमी व्यंग्य नहीं कर सकता। परसाई को सर्वहारा की जीत पर विश्वास है। यह विश्वास उन्हें मार्क्सवाद ने दिया है, इसीलिए व्यंग्य उनका प्रहारात्मक औजार है। वे नकली धाक पर जीनेवाली बूर्ज्वा व्यवस्था की मौत अनिवार्य मानते हैं। अपने लेखन के जरिये वे उसको इसी कारण विनोद और क्रीड़ाभाव के साथ पीटते हैं। उन्हें मालूम है कि एक दिन क्रान्ति होगी। लिखते हैं, "ठुकराई हुई धूल आँधी की राह देखती रहती है, जब वह सिर पर चढ़ सके।" दरअसल यह क्रान्ति की ही प्रतीक्षा है। इसी क्रान्ति के लिए वे लोगों में आत्मविश्वास और विजेता का भाव जगाते हैं। शोषितों के प्रति करुणा और शोषकों के प्रति उपहास और व्यंग्य इसके मूल में है।

परसाईजी अपने सृजन काल में भी जनता के बीच की मानसिकता से ओत-प्रोत होते हैं, इसीलिए व्यंग्य की इतनी तीखी लहर उत्पन्न हो पाती है। शत्रु को सामने देखकर उसको ही सम्बोधित या लक्षित् उनकी रचना-प्रक्रिया सम्पन्न होती है। यही व्यंग्य की जमीन है। तथाकथित अनुभववादी आलोचक इस अभिप्राय को नहीं समझ सकते। इसी नासमझी के तहत व्यंग्य के विधा होने-न-होने की बहस चलायी जाती है।

रचनात्मक स्वभाव की दृष्टि से परसाई ने विचारात्मक और ललित---दोनों तरह के निबन्ध लिखे हैं। वैसे ये दोनों प्रवृत्तियाँ एक ही रचना में भी मौजूद मिलती हैं। उदाहरण के लिए 'सुजलां सुफलां' निबन्ध है। कथ्य यह कि मातृभूमि की वन्दना का गीत कवियों ने लिखा और नागरिकों ने गाया। परसाईजी लिखते हैं, "ध्रुव प्रदेश का निवासी जो दस फीट बर्फ खोदकर एक मछली निकालकर खाता है, वह भी गाता है कि धन्य है—मेरा देश। यह पृथ्वी पर स्वर्ग है। और रेगिस्तान का आदमी जो ऊँट का पेट चीरकर पानी निकालकर पीता है, वह भी गाता है कि बलिहारी है---इस देश की। जब आदमी ऐसे गीत गाकर मग्न हो जाता है, तब नेताओं का काम आसान हो जाता है। वे उसे सिखाते हैं, अब कहो कि मैं इस

स्वर्गोपम मातृभूमि के लिए शीश कटा दूंगा। बस इसके बाद लोकगीत गाते हुए भूखों भी मर लेंगे और युद्ध छेड़ दो तो सिर कटाने भी पहुँच जायेंगे।" देश के प्रति भावुक सम्बन्ध होना ठीक है। देशभक्ति के गीतों में लालित्य तो होना ही चाहिए। होता भी है। दिक्कत यह है कि आदमी को ठगने के लिए यदि उसे भावुक बनाया जाय और उसमें लालित्य जगाया जाय तब की स्थिति विडम्बनापूर्ण होती है। जिस देश में दो जून रोटी खाने को लोगों को न मिले, वहाँ भारतमाता का चित्र सीता और सावित्री की तरह खूबसूरत बने—इस तरह की विसंगतिपूर्ण ललित भावना परसाईजी को काम्य नहीं है। हमारे देश में कुछ विषय ऐसे होते हैं, जहाँ आत्मा का प्रयोग बहुत होता है। जैसे–साहित्य, परमात्मा, प्रेम इत्यादि। परसाईजी ने इस तरह के विषयों को भी यथार्थवादी निगाह से देखा और आवश्यकतानुसार इन क्षेत्रों की विसंगतियों को एक्सपोज किया। 'प्रेम-प्रसंग में फादर', 'साहित्य और नम्बर दो का कारोबार', 'परमात्मा का लोटा', 'फिर उसी नर्मदा मैया की जय' ऐसे ही निबन्ध हैं। ललित या आत्मपरक निबन्धों के नाम पर हिन्दी में अनर्गल प्रलाप करनेवाले लेखकों का एक वर्ग है, जो चाहे जहाँ अहेतुक रूप से भावुक हो लेता है। स्वच्छन्दता और आत्मपरकता का ये लोग दुरुपयोग करते हैं। परसाईजी की परम्परा रामचन्द्र शुक्ल की है, जो 'क्रोध पाप कर मूल' कहने के बजाय दुष्ट-दलन के लिए क्रोध की सामाजिक उपयोगिता आँकते हैं।

हरिशंकर परसाई ने यद्यपि राजनीतिक, सामाजिक और सांस्कृतिक विषयों पर निबन्ध लिखे हैं, पर विषय का यह वर्गीकरण भी स्थूल ही है। आजादी के बाद मूलतः राजनीति और समाज के अन्य घटकों के अन्तर्विरोधों को उन्होंने उजागर किया। द्वितीय विश्वयुद्ध के बाद पश्चिम के अलगाववादियों की नकल करनेवाले तथाकथित भारतीय मध्यवर्ग को उन्होंने आगाह किया और आस्थामूलक संस्कृति के बीज बोने का उपक्रम भी। भावुक आजादी और देशप्रेम के नीचे पले भ्रष्टाचार के चित्र दिखाये तथा विकल्प में क्रान्तिकारी विचारधारा का सन्देश दिया। कुल मिलाकर वे सामाजिक और व्यक्तिगत जीवन के प्रखर समीक्षक की तरह पेश हुए। उनकी रचनाओं में नये आप्त वाक्यों, मुहावरों और लतीफों की भरमार मिलती है। समाज के व्यापक सन्दर्भों की सच्चाइयों से बिंधे हुए सूत्र निकलते हैं। सामन्तवादी जीवन-मूल्यों के प्रभाव तथा उच्चवर्गीय इतिहास के दबावों के कारण उत्पन्न जीवन-व्यवहार को उनके सूत्र कैसे खोलते हैं। उदाहरण के लिए—"पाप के हाथ में हमेशा पुण्य की पताका लहराती है" अथवा "दानशीलता, सीधापन, भोलापन असल में एक तरह का इनवेस्टमेण्ट है।" पूंजीवाद और सामन्तवाद की दुरभिसन्धि से उत्पन्न अन्तर्विरोध पर—"अमरीका हो आने से ईश्वर खुद ही पास सरक आता है और ईश्वर पास सरक आये तो बिजनेस ही बिजनेस है।" महेश योगी और आचार्य रजनीश के मठों और अनुयायियों के बीच अध्यात्म और पूंजीवाद की संगति किसे नहीं मालूम। समकालीन भारतीय व्यवस्था को प्रतिबिम्बित करनेवाले कुछ सूत्र देखें—"गणतन्त्र ठिठुरते हुए हाथों की तालियों पर टिका है"/"पिटे हुए राजनीतिज्ञ

के लिए या तो भारत सेवक समाज है या सर्वोदय"/"सफलता की चाँदनी रात में चारों तरफ उल्लू बोल रहे हैं"/"भारतीय दण्ड संहिता अगर महाकाव्य है, तो जब-तब रचे जानेवाले अध्यादेश ललित गीत हैं"/"इस देश में गेहूँ और शक्कर अश्रु गैस में कैसे बदल जाते हैं"/"दुनिया में कहीं भी गाय की पूजा नहीं होती, इसलिए वह दूध के काम आती है। यहाँ गाय पूजी जाती है, इसलिए दंगे के काम आती है।"

इस तरह के वाक्य-सूत्रों का रचनात्मक सौन्दर्य रचना के भीतर ही पूरी ताकत के साथ खुलता है, लेकिन यदि इनका उपयोग आप्त वाक्यों की तरह किया जाय, तो भी अपने कालांकित तेवरों के साथ खड़े होते हैं। कबीर या रहीम के नीति विषयक दोहों की तरह इनमें समय का चरित्र और कर्त्तव्य प्रकट होता है। ऐसे आप्त वाक्यों का उदय हरिशंकर परसाई जैसे नागरिक और लेखक की रचना-प्रक्रिया में ही सम्भव है। परसाईजी के इन सूत्रों के भीतर वर्गबोध, इतिहासबोध, धर्म, संस्कृति, शिक्षा, प्रेम, अर्थजगत, राजनीति, अन्तर्राष्ट्रीय राजनीति, परिवारों में पीढ़ियों के फर्क, आदमी के निजी चरित्र-अन्तर्विरोध, समाजसेवी संस्थाओं का दोगलापन, कौमी स्वभाव के स्रोत, सत्ता का वर्ग चरित्र और साम्प्रदायिक शक्तियों की भूमिकाओं के गहरे अध्ययन की सारवस्तु निहित होती है। परसाईजी ने साम्प्रदायिक शक्तियों के नंगेपन को बहुत पास से देखा है और उनसे भिड़े हैं। इसीलिए वे इनके प्रति कटु हैं। भीष्म साहनी और यशपाल जैसे लेखकों ने भी इन शक्तियों की पोल खोली है। उनकी क्लैसिक रचनाएँ इसी की तीव्र अनुभूति से उपजी हैं। हरिशंकर परसाई के आप्त वाक्यों और मुहावरों से भरी निबन्ध रचनाएँ खण्ड-खण्ड में क्लैसिक बनाती हैं। उनमें राष्ट्रीय चरित्रों के टाइप व्यक्त होते हैं। महात्मा गाँधी के आप्त सूत्रों को लोग दीवालों पर टाँगते हैं, पर वे न तो युग की सच्चाई को बिम्बित करते हैं और न उनमें निहित आदर्श सामाजिक यथार्थ बन पाता है। भला "अछूत की सेवा भगवान की सेवा है" से किसी का कौन-सा रागात्मक सम्बन्ध निर्धारित होता है। यह ठीक है कि महात्माजी की निजी पवित्रता और सज्जनता इस सूत्र में है। मानवीय करुणा और उसके लिए बेचैनी भी सम्भव है, पर इसके मनन से समाज का सजीव रूपान्तरण नहीं होता। बदले में परसाईजी के आप्त वाक्य पढ़-सुन-गुन-गुनाकर आदमी आत्मविश्वास के साथ जागता है। वह ऐतिहासिक-सामाजिक भाव संवेदन से अन्तर्भुक्त होता है। अब परसाईजी का एक सूत्र है—"हमारे समाज में कुचले हुए का उपहास किया जाता है"—इस सूत्र को उन्होंने इस व्याख्या से पाया, "पत्नी के पक्ष के सब लोग हीन और उपहास के पात्र हो गये—खासकर साला, गो हर आदमी किसी न किसी का साला होता है। इसी तरह घर का नौकर सामन्ती परिवारों में मनोरंजन का माध्यम होता है। × × × इसीलिए सिकन्दर मियाँ चाहे काफी बुद्धिमान हों, मगर जान-बूझकर बेवकूफ बन जाते हैं, क्योंकि उनका ऐसा होना नौकरी को सुरक्षित रखता है।" गौर करने की बात यह है कि परसाईजी के सूत्र अमरबेल नहीं हैं। वे अपने पीछे समूची प्रक्रिया रखते हैं। यहाँ उनकी निबन्ध-कला मौजूद है। सामान्य विचार-प्रणाली के चलते सिकन्दर मियाँ का बिम्ब वर्गीय

इतिहास के नतीजों को खोल गया। मार्क ट्वेन के पास भी इसी तरह की कला थी। ध्यान से देखें तो पायेंगे कि परसाईजी ने तमाम स्थिर साहित्यिक रूढ़ियों को तोड़कर कहने की या लिखने की जनशैली की खोज की है। उनके बिम्ब, प्रतीक, सूत्र और मुहावरे रचना के भीतर चिन्तनपूर्ण व्यवहार से गुंथे हुए हैं। लगता है कि बहुत दिन के बाद हिन्दी में ऐसा लेखक आया है। मुझे कहने में संकोच नहीं है कि यदि किसी काल में रचनाकारों के जरिये मुहावरे और आप्त वाक्य नयी-नयी शक्लों में बनते नहीं चलते, तो समझना चाहिए कि उन रचनाकारों का सामाजिक रिश्ता द्वितीयक सूचनाओं पर आधारित है। वे लिखने के लिए जीवन के विवरण में जाने के बजाय घटनाओं की प्रतीक्षा करते हैं।

हरिशंकर परसाई के निबन्धों की अपनी निजी शैली है। इनका समूचा बनाव अपना है। शैली की सीमा स्थान और स्थिति के बीच होती है तथा व्याप्ति परम्परा और अनुसन्धान की तरंगों में। परम्परा, स्थान, स्थिति और अनुसन्धान को एक निजी संगति में लाकर कोई लेखक अपनी शैली की खोज कर पाता है। परसाईजी से यह सम्भव हुआ। कोई भी रचना-विधि उन पर हावी नहीं हो सकी। विरासत की विधियों को तोड़कर अपनी शैली अर्जित करना कठिन काम था! स्वतन्त्रता-पूर्व शैलियों का टूटना जल्दी-जल्दी हो रहा था, पर उसके बाद अलग तरह से जन्मे तोषों ने तोड़ने और खोजने की व्यग्रता को कई बार कम कर दिया। मुक्तिबोध, परसाई और रामविलास शर्मा की रचनाओं में जो व्यग्रता और तनाव की चिंगारियाँ मिलती हैं—वे अन्यत्र कम अथवा अंशकालिक हैं। स्फुट और अनुकरणात्मक आन्दोलनों से जकड़ा लेखक लगभग तीन दशकों तक अपनी रचनात्मक शैलियों में गम्भीर परिवर्तन नहीं ला सका। हरिशंकर परसाई की शैली इसीलिए विशेष है, क्योंकि उन्होंने आदमी की व्यक्तिगत प्रवृत्तियों में विकास के संकेत देखे। ठण्डे समाज में स्थिर सौन्दर्यबोध और पूर्वनिर्धारित राष्ट्रीय शैली बहुत समय तक काम करती है; पर आजाद समाज में लेखकों की निजी शैलियाँ फूटने लगती हैं। स्थितियों में रूपान्तरण का काम एकबारगी नहीं होता। दिनों तक उनमें दोगलापन मौजूद होता है। दोगलेपन की भी सृजना में अपनी निजी शैली होती है। प्रकट और दुराव की संघर्ष-गाथा होती है। काल की ऐसी ही घड़ी में परसाई ने अपने निबन्धों की शैली खोजी, रचनात्मक मानक बनाये और सटीक भाषा रची। उन्होंने भाषा में संवेदनात्मक प्रयोजन उभारा। इसी कारण उनकी शैली में एक ऐसा नया तत्त्व उभरा कि लोग चकित हो गये। उनकी रचनाओं की माँग बढ़ी, कॉलम लिखने लगे और व्यंग्य लेखकों का एक स्कूल बन गया। परसाई ने अपनी क्षमता को समझा और समाज में नये सौन्दर्य की शिक्षा के लिए उसका उपयोग किया। लोकभाषा की लहरों और अनुगूँजों को उन्होंने आदमी की अर्जित आजादी के साथ पहचानकर उसमें विकास के मन्त्र फूंके। एंगेल्स ने कहा था कि समाज की स्वतन्त्रता व्यक्ति-व्यक्ति की भी होती है और यू. बी. बोर्ब ने शैली के मामले में लिखा था कि वह संस्कृति का रचनात्मक सबूत होती है। दोनों की बातों को मिलायें तो परसाई

की शैली के स्रोत मिलते हैं। मसलन देशी स्वभाव, आजादी का निजी प्रभाव और साहित्य सृजन में रचनात्मक प्रयत्न की संगति। इसी कारण उनकी शैली स्वातन्त्र्योत्तर जीवन से जुड़े हर आदमी की संवेदनाओं को छूती है। वह अरुचिता को तोड़ती और संस्कृति को जनोन्मुख बनाती है। 'कन्धे श्रवण कुमार के' एक निबन्ध है। उसका एक अंश देखें, "कितनी काँवड़ें हैं—राजनीति में, साहित्य में, कला में, धर्म में, शिक्षा में, अन्धे बैठे हैं और आँखवाले उन्हें ढो रहे हैं। अन्धों में अजब काइयाँपन आ जाता है। वह खरे और खोटे सिक्कों को पहचान लेता है। पैसे सही गिन लेता है। उसमें टटोलने की क्षमता आ जाती है। वह पद टटोल लेता है। आँखवाले जिन्हें नहीं देख पाते, वह उन्हें टटोल लेता है। नये अन्धों के तीर्थ भी नये हैं। वे काशी, हरिद्वार, पुरी नहीं जाते। इस काँवड़ेवाले अन्धे से पूछो, कहाँ ले चलें। वह कहेगा, तीर्थ! कौन-सा तीर्थ? जवाब देगा—कैबिनेट! मन्त्रिमण्डल! उस काँवड़ेवाले से पूछो, तो वह भी तीर्थ जाने को प्रस्तुत है! कौन-सा तीर्थ चलेंगे आप? जवाब मिलेगा, अकादमी! विश्वविद्यालय! मगर काँवड़ें हिलने लगी हैं! ढोनेवालों के मन में शंका पैदा होने लगी है। वे झटका देते हैं, तो अन्धे चिल्लाते हैं—ओ पापी! यह क्या कर रहे हो? क्या हमें गिरा दोगे? और ढोनेवाला कहता है—अपनी शक्ति और जीवन हम अन्धों को ढोने में नहीं गुजारेंगे!" इस गद्य में लेखक ने श्रवण कुमार की कथा से केवल कन्धे, काँवड़ और ढोना-भर ले लिया और पूँजीवादी व्यवस्था के भीतर के वर्ग चरित्र को उसमें होशियारी से भर दिया। आँखवालों में ढोने के लिए उभर रहे आत्मविश्वास के बीज दिखा दिये। उत्पादन-पद्धति और उत्पादन-सम्बन्धों का विकासपरक रूप उसमें आ गया। मिथ के सहयोग से जातीय विश्वास और स्वभाव को छूते हुए यह हुआ। यह परसाईजी की बिम्ब में सोच को रूपान्तरित करने की शैली का चमत्कार है। इस शैली द्वारा आदमी की नयी खुशी, उत्साह और सक्रियता उभरती है। मुक्ति की चिन्ताओं में वृद्धि होती है। इससे सांस्कृतिक बदलाव आता है। जासूसी उपन्यासों के सौन्दर्य-बोध के प्रभाव को तोड़ने में इसकी अहम भूमिका है। जड़ीभूत रुचियोंवाले लोग इसीलिए परसाईजी का विरोध करते हैं। परसाईजी की निबन्ध शैली एक तरह से उनकी अधिकतम आजाद नागरिक और सांस्कृतिक कर्मी की मिसाल है। यह कला के क्षेत्र में जनतन्त्रीकरण का प्रयास है।

हरिशंकर परसाई के निबन्ध और उनका गद्य स्वतन्त्रता के बाद सबसे ताजा, प्रखर, जनतान्त्रिक और विशिष्ट है। अपने समय का आत्मिक जनतन्त्र इतना जागरूक और जगह कम है। वैचारिक और भावनात्मक दोनों दृष्टियों से उन्होंने सृजनात्मक सौन्दर्य को सन्देशमूलक बनाकर संस्कृति के नये पैटर्न को जन्म दिया है। उनके अवदान का मूल्यांकन प्रेमचन्द की तरह बहुत बाद में इसलिए शुरू हुआ क्योंकि दोनों लेखक आलोचकों के माध्यम से जनता की ओर नहीं भेजे गये, बल्कि जन-दबाव के कारण उन पर आलोचकों ने ध्यान देना शुरू किया है। दोनों लेखकों ने अपनी संवेदनाओं, कल्पना-शक्ति, तर्कशक्ति और रचना-विधि को जनता से चुना

तथा यथार्थोन्मुख स्वतःस्फूर्तन को अपनी रचनाओं में सँजोया। इसी कारण मुझे नहीं लगता कि गृहीता पर प्रभाव डालनेवाले इन लेखकों का कोई जवाब है। यथार्थ से लेखक, लेखक से रचना, रचना से पाठक और पाठक से यथार्थ के रिश्तों का इतना विश्वसनीय वृत्त अन्यत्र नहीं बनता। यथार्थ की चरित्रमूलक सृष्टि की यह नयी शुरुआत है, तथा गद्य के क्षेत्र में उत्कर्ष का नया पैटर्न। मेरी समझ में समाज के मूल्य को कलात्मक मूल्य की तरह हस्तगत करने में यह एक असाधारण उपक्रम है। इससे मुक्त होकर आगे बढ़ना गद्य लेखकों के लिए चुनौती है।

रचना-क्रम

ललित, विचारपरक तथा पत्रात्मक निबन्ध

राम का दुख और मेरा

बादल गरज रहे हैं और मुझे गोस्वामीजी की यह अर्द्धाली याद आ रही है—

घन घमण्ड नभ गरजत घोरा।
प्रियाहीन डरपत मन मोरा॥

यों रामचरित मानस में पूरा वर्षा-प्रसंग नीति-शिक्षण का एक बहाना है। राम लक्ष्मण को बाढ़ पर आयी क्षुद्र नदी दिखाते हैं और कहते हैं कि इसी प्रकार खल थोड़े धन से ही बौरा जाता है। राम लक्ष्मण को नीति और धर्म में बहलाये रहते हैं, अपने मन में तनिक भी झाँकने नहीं देते। केवल यहीं उनकी सावधानी ढीली हुई है, जब वे कह उठते हैं कि चारों ओर मेघ घमण्ड से गरज रहे हैं और मैं प्रियाहीन हूँ तो मेरा मन डरता है।

इस अर्द्धाली का क्या अर्थ है ? वैसे पेशेवर रामायणी इसके दस अर्थ निकालेंगे पर उनमें वह हरगिज नहीं होगा, जो तुलसीदास का अभिप्रेय है। एक-एक चौपाई के जब ये कई अर्थ निकालते हैं, तो मेरे मन में आता है कि इनसे कहूँ कि भाई, जिसकी बात के एक से अधिक अर्थ निकलें वह सन्त नहीं होता, लुच्चा आदमी होता है। सन्त की बात सीधी और स्पष्ट होती है और उसका एक ही अर्थ निकलता है। तुम सन्त की बात के कई अर्थ निकालकर क्यों अनर्थ करते हो ? इनके द्वारा किया गया एक अर्थ यह है—'प्रियाहीन' का अन्वय यों होगा— प्रिया-अहि-न, याने राम कहते हैं कि हे लक्ष्मण, बादल गरजते हैं और मेरा मन डरता है। डर लगता है कहीं प्रिया को इस बरसात में सर्प न काट ले। इस अर्थ से चाहे कथावाचक की आरती की थाली पैसों से भर जाय, पर मेरा समाधान कैसे होगा ? सीता दूर है, तो राम का मन डरता क्यों है ? क्या इसलिए कि न जाने सीता इस बरसात में कहाँ है ? या इसलिए कि प्रिया के बिछोह से मन कमजोर हो गया ? प्रिया पास होने से क्या पुरुष अधिक निडर होता है ? लेकिन मेरा पड़ोसी बाबू तो उल्टी बात कहता है—भैया, अपन तो बाल-बच्चेवाले आदमी हैं, डरकर चलते हैं, सबकी सुन लेते हैं।

राम की बात राम जानें। बादलों की गर्जन से डरता मैं भी हूँ, पर इस डर का कारण जानता हूँ और बता भी सकता हूँ। नहीं, रामवाला कारण नहीं है। मेरे डर का कारण कोई हरण की गयी प्रिया नहीं है, यह मकान है, जिसकी छाया-तले बैठा हूँ। राम इस भय को नहीं जानते थे। वे किसी किराये के मकान में चतुर्मास काटते तो भाई को ऐसी बातें थोड़े ही सिखाते कि हे लक्ष्मण, पर्वत बूंदों के आघात

को ऐसे सह रहे हैं, जैसे सन्तजन दुष्टों के वचन सहते हैं। वे कहते हैं कि हे लक्ष्मण ! मेरे ठीक सिरहाने एक बड़ा टपका है; मुझे रात को नींद नहीं आयी। आज ठीक कराना। और लक्ष्मण 'जो आज्ञा' कहकर मकानवाले से शिकायत करने चल देते। पर्वत चाहे बूंदों का आघात कितना ही सहें, लक्ष्मण बर्दाश्त नहीं करते। वे बाण मारकर बादलों को भगा देते या मकान मालिक का ही शिरच्छेद कर देते।

हमसे न बादल डरता है, न मकान मालिक। और हम एक कोने में दुबके बैठे छत से प्रगट होनेवाली जलधाराओं को देखते रहते हैं। ग़ालिब का मकान भी मेरे ही जैसा रहा होगा। तभी एक चिट्ठी में लिखा है, 'आसमाँ एक घण्टा बरसे तो घर दिन-भर।' कवि रहीम इस कष्ट को कष्ट ही नहीं मानते, बल्कि बड़ा वरदान मानते हैं—

टूट खाट घर टपकत, टटिऔ टूट।
पिय की बाँह उसिसवा, रूख कै लूट॥

रहीम की बात मैं समझता हूँ। सारी महत्ता उस खास किस्म के तकिये की है। उसके सामने टूटी खाट, टपकते घर और टूटी टटिया की नहीं चल पाती। पर रुई के तकिये से यह चमत्कार कैसे पैदा होगा? इस बात को आगे बढ़ाना अच्छा नहीं।

आसमान के और मेरे हृदय में एक साथ धड़कन हो रही है। कविता लिखने के लिए व्यर्थ भय की अनुभूति नहीं बुलाता। यह वास्तविक भय है जिसके सामने कविता नहीं लिखी जाती, जान बचायी जाती है। घर में इतना पानी भर जाता है कि कभी सोचता हूँ कि अगर फर्श पत्थर का न होता, तो इन कमरों में धान बो देता।

मकान-मालिक का अपराध नहीं है। उसने मकान ऐसा बनवाया है कि पानी क्या, हवा तक न घुस सके। एक भी खिड़की नहीं है। अलमारी या ताक भी नहीं है, क्योंकि इनसे दीवार कमजोर होती है। बस दीवारें हैं और ऊपर पत्थर सीमेण्ट की छत है। दो हजार वर्ष बाद यह पुरातत्ववेत्ताओं को ऐसा का ऐसा ही जमीन में गड़ा मिल जायेगा। बरामदे में छत को थामे चार विशाल चौकोर स्तम्भ खड़े हैं। बड़े मजबूत ! ग्रीक पुराणों के एटलस को पता लग जाय तो इन स्तम्भों पर आसमान को रखकर तनिक सुस्ता ले। यदि किसी अच्छे पुरातत्ववेत्ता को यह मकान दिख जाय तो वह फौरन निष्कर्ष निकाल ले कि वास्तुकला में मोहनजोदड़ो के खँडहरों से मिलता है और खोदकर यहाँ जमा दिया गया है। ऐसा शानदार मकान है। पर यह टपकता है।

वर्षा के पहिले दौर में जब पानी टपका तो सोचा कि इतना सह लेंगे। मकान-मालिक से मरम्मत के लिए नहीं कहा। (गरीब आदमी का व्यर्थ पैसा क्यों खर्च हो?) पर ज्यों-ज्यों वर्षा बढ़ी, त्यों-त्यों टपके भी बढ़ते गये। तब हमने मकान-मालिक को कष्ट दिया। उसने अपने सामने दो बार सीमेण्ट का प्लास्टर पुतवाया। हमें बाद में समझ में आया कि यदि वह इतनी दिलचस्पी न लेता और सामने प्लास्टर न कराता, तो पानी तभी बन्द हो जाता। (तब ज़रा मोटा प्लास्टर हो सकता

था) खैर, उस वक्त तो हम प्रभावित हुए थे। पर जब फिर भी पानी आना बन्द न हुआ तो हम सब परेशान हुए कि आखिर पानी आता कहाँ से है। किसी अखबार को मालूम हो जाता तो वह छाप देता कि भगवान का चमत्कार देखो, पत्थर में से जल-धारा प्रकट हो रही है। श्रद्धालुओं की भीड़ के डर से हमने यह चमत्कार प्रकट नहीं होने दिया। हमें याद था कि कुछ ही साल पहिले एक भेड़ चरानेवाले लड़के का चमत्कारी बालक के रूप में प्रचार करके पत्रकारों ने लाखों की भीड़ जमा कर दी। वहाँ हैजा हो गया और कई श्रद्धालु वहीं अन्ध-विश्वास की वेदी पर बलि हो गये।

एक दिन हमने इन्जीनियरिंग कालेज से इसी वर्ष डिग्री पानेवाले एक तरुण इन्जीनियर को यह चमत्कार दिखाया। उसने ध्यान से जाँचकर कहा, "ठीक है, समझ गया। ऊपर से प्लास्टर हो ही चुका है। इसमें भीतर से सेंधों में सीमेण्ट और रेत भरवा दीजिए। भीतर से प्लास्टर हो जाने पर एक बूंद नहीं आयेगी।" मैं इस युक्ति से प्रभावित हो गया। पर मेरे भाई में व्यवहार-बुद्धि अधिक है। उसने कहा, "ऐसा करने से दीवारों में पानी घुसता जायेगा और किसी दिन ऊपर दीवार खसक पड़ेगी।" इन्जीनियर ने उत्तर नहीं दिया। उसे एक जरूरी काम याद आ गया। मैं समझ गया कि ज्यों-ज्यों देश में इन्जीनियरिंग कालेज खुलते जा रहे हैं, त्यों-त्यों कच्चे पुल और तिड़कनेवाली इमारतें क्यों अधिक बनते जा रहे हैं। और जब हर जिले में इन्जीनियरिंग कालेज हो जायगा, तब हम लोग कहाँ रहेंगे?

किसी ज्ञानी ने हमें एक दिन सान्त्वना दी कि इतने परेशान मत हुआ करो। ये किराये के मकान 'कर्मशियल बेसिस' (व्यावसायिक आधार) पर बनवाये जाते हैं। व्यावसायिक आधार का सूत्र है—कम लागत, घटिया माल, अधिक दाम। मकान भी दो तरह के होते हैं, रहने के और किराये पर देने के। एक प्रकार के मकान से दूसरे प्रकार का काम नहीं लिया जाता—रहने का मकान किराये पर नहीं दिया जाता, और किराये के मकान में रहा नहीं जा सकता। व्यावसायिक आधार पर तो हम रोज पिट रहे हैं। व्यावसायिक आधारवालों का बस चले तो वे हमारी नसों का गर्म रक्त निकालकर उनमें पानी भर दें।

एक दिन एक परिचित पधारे। इनके भी दो मकान किराये पर चल रहे थे और इस तरह वे हमारे मकान मालिक की 'मौसी के लड़के' होते थे। सगे नहीं, पर सगे से अधिक याने व्यावसायिक आधार पर। उन्होंने छत को ऊपर से देखा और बोले, "इसमें प्लास्टर कराना चाहिए।" हमने कहा, "दो बार तो हो चुका।" वे हँसकर बोले, "प्लास्टर नहीं हुआ, सीमेण्ट पोती गयी है। मकानवाले से कहो कि मोटा प्लास्टर करवाये।" हमने कहा, "कितना तो कहा। यहाँ तक कह दिया कि किसी दिन यह छत गिरेगी, तो हमारी जान चली जायेगी।" यह सुनकर वह दार्शनिक की तरह बोले, "अपनी जान जाने की बात करने से काम नहीं चलेगा। यह कहो कि तुम्हारी दीवार गिर जायेगी और तुम्हारा नुकसान हो जायेगा। समझे? तुम देखोगे कि फौरन चार इंच मोटा प्लास्टर हो जायेगा। मकान की

मरम्मत कोई तुम्हारी जान बचाने के लिए थोड़े ही की जायेगी, दीवार बचाने के लिए की जायेगी।"

व्यावसायिक आधार पर दीवार और मनुष्य के तुलनात्मक मूल्य के सूत्र की हमने गाँठ बाँध ली। हमने कल जब दीवार गिरने की आशंका मकान मालिक के सामने प्रकट की, तो उसने फौरन नौकर को हुक्म दिया कि पानी खुलते ही अच्छा मोटा प्लास्टर कराना।

हम अब पानी खुलने की राह देख रहे हैं। बादल गरज-गरजकर मन कँपा जाते हैं। राम प्रियाहीन थे, इसलिए डरते थे। हम गृहहीन हैं, इसलिए डरते हैं। किसका अभाव बड़ा है?

कन्धे श्रवणकुमार के

एक सज्जन छोटे बेटे की शिकायत करते हैं—कहना नहीं मानता और कभी मुँह-जोरी भी करता है। और बड़ा लड़का? वह तो बड़ा अच्छा है। पढ़-लिखकर अब कहीं नौकरी करता है। सज्जन के मत में दोनों बेटों में बड़ा फर्क है और यह फर्क कई प्रसंगों में उन्हें दिख जाता है। एक शाम का प्रसंग है। वे नियमित सन्ध्यावन्दन करते हैं (यानी शराब पीते हैं), कोई बुरा नहीं करते। बहुत लोग पीते हैं। गंगाजल खुलेआम पीते हैं, शराब छिपकर—गो शराब ज्यादा मजा देती है। आदमी बेमज़ा बात खुलकर करता है। और बामज़ा को छिपकर, याने सुख शर्म की बात मानी जाती है।

लेकिन बात उन सज्जन की उठी थी। उन्हें सोडा की जरूरत पड़ती है। बड़ा लड़का कहते ही फौरन किताब के पन्नों में पेन्सिल रखकर सोडा लेने दौड़ जाता था। लाता छोटा भी है, पर फौरन नहीं उठता। पैराग्राफ पूरा करके उठता है। भारतीय पिता को यह अवज्ञा बरदाश्त नहीं। वह सीमान्तों पर सम्बन्ध रखता है। या तो बेटे को पीटेगा या उसके हाथ से पिटेगा। बीच की स्थिति उसे पसन्द नहीं। छोटा बेटा भी हरकत करता है। पिता जल्दी मचाते हैं, तो कह भी देता है 'जाता तो हूँ!' उसके मन में सवाल और शंका भी उठती है। सोचता है—यह पिता फीस रोकर देता है, कपड़े बनवाना टालता जाता है, फिर यह नहीं सोचता कि इसे पढ़ाई के बीच से नहीं उठाना चाहिए।

बड़े लड़के के मन में कभी सवाल और शंका नहीं उठे। वह मेरी ही उम्र का होगा। उसने वही किताबें पढ़ी होंगी, जो मैंने पढ़ी थीं। हम सब गलत किताबों की पैदावार हैं। ये सवालों को मारने की किताबें थीं। स्कूल प्रार्थना से शुरू होता था

—'शरण में आये हैं हम तुम्हारी, दया करो हे दयालु भगवन !' क्यों शरण में आये हैं, किसके डर से आये हैं—कुछ नहीं मालूम। शरण में आने की ट्रेनिंग अक्षर-ज्ञान से पहले हो जाती थी। हमने गलत किताबें पढ़ीं और आँखों को उनमें जड़ दिया। छोटा लड़का दूसरी किताबें पढ़ता है और आँखें उनमें गड़ाता नहीं है, आसपास भी देख लेता है। वह अपनी आँखों को फूटने से बचाने की कोशिश कर रहा है। इससे सारे पिता-स्वरूप लोग परेशान हैं—भौतिक पिता, गुरु, बड़े-बूढ़े, शासक और नेता। हमारी किताबों में पिता-स्वरूप लोग सवाल और शंका से ऊपर होते थे। शिष्य पक्षपाती गुरु को अँगूठा काटकर दे देता था और दोनों 'धन्य' कहलाते थे। अब शिष्य उपकुलपति से रिपोर्ट कर देता है कि अमुक अध्यापक शिष्यों के अँगूठे कटवाते हैं। यदि उपकुलपति ध्यान नहीं देते, तो वह विद्यार्थियों का जुलूस लेकर विश्वविद्यालय पर धावा बोल देता है।

हमें तो तीसरी कक्षा में ही उस भक्त की कथा पढ़ा दी गयी थी, जो अपने पुत्र को आरे से चीरता है। कुछ लोगों के लिए आदमी और कद्दू में कोई फर्क नहीं। दोनों ही चीरे जा सकते हैं। उस भक्त का नाम मोरध्वज था। ऐसी सारी कथाओं का अन्त ऐसा होता है जिससे चिरनेवालों को प्रोत्साहन मिले। भगवान प्रकट होते हैं और जिस पार्टी का जो नुकसान हुआ है, पूरा कर देते हैं—मृत को जिला देते हैं, जायदाद चली गयी है, तो वापस दिला देते हैं, किसी को मुआवजे के रूप में स्वर्ग भेज देते हैं। कथा के इस अन्त ने कितनी पीढ़ियों को आरे से चिरवा दिया होगा।

इस कथा पर न मैंने शंका की थी, न सज्जन के बड़े बेटे ने। मगर छोटा लड़का पूछेगा—पिताजी, चीरने से पहले यह बताइए कि भगवान इससे खुश होते हैं इसका सबूत क्या है ? फिर इसकी क्या गारण्टी कि वे आ ही जायेंगे ? उन्हें हजार काम लगे रहते हैं। फिर इसका क्या भरोसा कि वे कटे को जोड़ देते हैं ? अगर यह सब हो भी, तो भी आपके सत्यकल्पित विश्वास आपके अपने हैं। उनके लिए आप अपने को कटवाइए और अपना हठ निभाइए। पहले जन्मे लोग अपनी सही-गलत मान्यता के लिए पीछे जन्मों को क्यों काटें ? एक पीढ़ी के विश्वासों के लिए दूसरी पीढ़ी क्यों चीरी जाये ?

लड़के मुँहजोरी करने लगे हैं। कम्बख्तों की किताबें बदल गयी हैं। कोर्स इतनी जल्दी क्यों बदलने लगे हैं ? बड़े लड़के से कह दिया था कि अपनी किताबें सँभालकर रखना, छोटे के काम आयेंगी ! पर किताबें बदल गयीं। पुरानी किताबें किसी के काम नहीं आ रही हैं। एक ही किताब पीढ़ियों क्यों नहीं चलती ?

पिताओं की यह चिन्ता है। बड़ा लड़का फौरन किताब में पेन्सिल रखकर सोडा लेने भाग जाता था। छोटा पैराग्राफ पूरा करके उठता है।

भीष्म की कथा भी हमें तभी पढ़ा दी गयी थी। हमने भीष्म को 'धन्य' कहा था। छोटा लड़का शान्तनु को 'धिक्कार' कहेगा। 'धन्य' और 'धिक्कार' की जगहें

बदल गयी हैं। लोगों को पता नहीं है। छोटा लड़का भीष्म से कहेगा—क्या तुमने भी वही किताबें पढ़ी थीं, जो हमारे बड़े भाई ने? तुम पिता से क्यों नहीं कह सके कि जीवन-भर के भोग के बाद भी आपकी लिप्सा बनी हुई है, तो मैं क्या करूँ? अपना संयम दे सकता, तो थोड़ा दे देता, जीवन कैसे दे दूँ? राज्य से आप मुझे वंचित कर सकते हैं, पर मनुष्य का स्वाभाविक अधिकार मैं हरगिज नहीं छोड़ूँगा।

छोटा टिप्पणी करेगा—भीष्म ऐसा नहीं कह सके। उन्हें पिता ने आदमी से तीर चलानेवाली मशीन बना दिया। ऑटोमेटिक धनुष! महाभारत का यह सबसे भला, तेजस्वी, आदरणीय, ज्ञानी व्यक्ति सबसे दयनीय भी है।

मगर देख रहा हूँ कि श्रवणकुमार के कन्धे दुखने लगे हैं। यह काँवड़ हिलाने लगा है। काँवड़ में अन्धे परेशान हैं। विचित्र दृश्य है यह। दो अन्धे एक आँखवाले पर लदे हैं और उसे चला रहे हैं। जीवन से कट जाने के कारण एक पीढ़ी दृष्टिहीन हो जाती है, तब वह आगामी पीढ़ी के ऊपर लद जाती है। अन्धी होते ही उसे तीर्थ सूझने लगते हैं। वह कहती है—हमें तीर्थ ले चलो। इस क्रियाशील जन्म का भोग हो चुका है। हमें आगामी जन्म के भोग के लिए पुण्य का एडवांस देना है। आँख-वाले की जवानी अन्धों को ढोने में गुजर जाती है। वह अन्धों के बताये रास्ते पर चलता है। उसका निर्णय और निर्वाचन का अधिकार चला जाता है। उसकी आँखें रास्ता नहीं खोजतीं, सिर्फ राह के काँटे बचाने के काम आती हैं।

कितनी काँवड़ें हैं—राजनीति में, साहित्य में, कला में, धर्म में, शिक्षा में। अन्धे बैठे हैं और आँखवाले उन्हें ढो रहे हैं। अन्धे में अजब काँइयाँपन आ जाता है। वह खरे और खोटे सिक्के को पहचान लेता है। पैसे सही गिन लेता है। उसमें टटोलने की क्षमता आ जाती है। वह पद टटोल लेता है, पुरस्कार टटोल लेता है, सम्मान के रास्ते टटोल लेता है। बैंक का चेक टटोल लेता है। आँखवाले जिन्हें नहीं देख पाते, उन्हें वह टटोल लेता है।

नये अन्धों के तीर्थ भी नये हैं। वे काशी, हरिद्वार, पुरी नहीं जाते। इस काँवड़-वाले अन्धे से पूछो—कहाँ ले चलें? वह कहेगा—तीर्थ! कौन-सा तीर्थ? जवाब देगा—केबिनेट! मन्त्रिमण्डल! उस काँवड़वाले से पूछो, तो वह भी तीर्थ जाने को प्रस्तुत है। कौन-सा तीर्थ चलेंगे आप? जवाब मिलेगा—अकादमी, विश्वविद्यालय!

मगर काँवड़ें हिलने लगी हैं। ढोनेवालों के मन में शंका पैदा होने लगी है। वे झटका देते हैं, तो अन्धे चिल्लाते हैं—अरे पापी! यह क्या करते हो? क्या हमें गिरा दोगे? और ढोनेवाला कहता है—अपनी शक्ति और जीवन हम अन्धों को ढोने में नहीं गुजारेंगे। तुम एक जगह बैठो। माला जपो। आदर लो, रक्षण लो। हमें अपनी इच्छा से चलने दो। अनुभव दे दो, दृष्टि मत दो। वह हम कमा लेंगे।

राजनीति, साहित्य आदि तो बड़े प्रगट क्षेत्र हैं। अप्रगट रूप से भी, विभिन्न क्षेत्रों में श्रवणकुमार काँवड़ उतारने के लिए हिला रहे हैं। वे किन्हीं विश्वासों की आरी से चिरने को तैयार नहीं हैं। मैं कॉफ़ी हाउस के कोने में बैठे उस युवक की बात नहीं कह रहा हूँ, जिसने गुस्से में दाढ़ी बढ़ा ली है, जैसे उसकी दाढ़ी एक खास

साइज और आकार की होते ही क्रान्ति हो जायेगी। बढ़ी दाढ़ी, ड्रेन पाइप और 'सो ह्वाट' वालों से यह नहीं हो रहा है। चुस्त कपड़े, हेयर स्टाइल और 'ओ वण्डर-फुल' वालियों से भी यह नहीं हो रहा है। ये तो न विश्वास में सच्चे, न शंका में। यह बिना प्रदर्शन और शोरशराबे के घरों और परिवारों में हो रहा है। सुशील, विनम्र और आज्ञाकारी युवक-युवती काँवड़ें उतारने लगे हैं, किसी के विश्वास के आरे से कटने से इन्कार करने लगे हैं। एक परिचित हैं, जिनका ज्योतिष में विश्वास है। उनकी शिक्षिता जवान लड़की है। जिससे वह शादी करना चाहती थी, उससे ग्रह नहीं मिले। एक-दो और योग्य वरों से मिलान किया, पर ग्रह यहाँ भी नहीं मिले। उसके ग्रहों ने किसी नालायक से मिलने के लिए स्थिति सँभाली होगी। लड़की एक-दो साल घुटती रही। एक दिन उसने नम्रता से परिवार से कह दिया—'आप लोगों का इस ज्योतिष में विश्वास है, पर मेरा नहीं है। जो मेरा विश्वास ही नहीं है, उस पर मेरा बलिदान नहीं होना चाहिए।' परिवार कुछ देर तो चमत्कृत रहा, फिर उसकी इच्छा से शादी कर दी।

देख रहा हूँ कि मोरध्वज का आरा छीनकर फेंका जा रहा है। श्रवणकुमार के कन्धे दुखने लगे हैं। वह काँवड़ को उतारकर रखने लगा है।

वे सज्जन परेशान हैं। छोटा लड़का पैराग्राफ पूरा करके उठता है। बड़ा तो फौरन पेन्सिल रखकर दौड़ जाता था।

'अहले वतन में इतनी शराफत कहाँ है जोश'

अभी ग्वालियर में एक समारोह हुआ—'महत्त्व हरिशंकर परसाई'। मैं ग्वालियर में नहीं था, रायपुर में था। मेरी गैरहाजिरी में मेरे महत्त्व का हिसाब लगाया गया। यह अच्छा हुआ। मैं खुद होता तो कुछ बातों का प्रतिवाद हो सकता था। जब प्रतिवाद करनेवाला नहीं हो तो जिसके पास उसके साहित्य के बारे में कहने को कुछ नहीं है, वह यह भी कह सकता है कि यह लेखक चोरी करता था। यही बात सबसे महत्त्वपूर्ण मानी जायगी और अखबारों में इसी का शीर्षक बनेगा। प्रेमचन्द शताब्दी वर्ष में प्रेमचन्द की शान में कानपुर में एक समारोह हुआ। उसमें प्रेमचन्द के साहित्य का विवेचन हुआ। मगर एक पुरांतत्ववेत्ता ने कहा कि प्रेमचन्द की एक रखैल थी। प्रेमिका रही होगी। कोई हर्ज नहीं। जोश मलीहाबादी के तो 19 प्रेमकाण्ड थे। मगर प्रेमिका और रखैल में फर्क है। दूसरे दिन अखबारों में शीर्षक ऐसा नहीं था

कि प्रेमचन्द महान लेखक थे। शीर्षक था — प्रेमचन्द की एक रखैल थी। प्रेमचन्द की सारी साहित्य-साधना रखैल में समा गयी।

ग्वालियर से लौटे मित्रों ने बताया कि किसी ने कहा—आप लोग क्या जानें परसाई को। मैं उन्हें 30 सालों से जानता हूँ। बेचारे ने बड़ी मुश्किल में दिन गुजारे हैं। खाने का ठिकाना नहीं था। हम लोग उनके भोजन का इन्तजाम करते थे। किताबें देकर उन्हें हमने एम. ए. कराया। वगैरह।

मुझे सुनकर बुरा नहीं लगा। मुझे खुशी हुई कि भारतीय साहित्य की वह उज्ज्वल परम्परा अभी जीवित है, जिसके अनुसार हर लेखक के बारे में कहा जाता है कि वह गरीब और भुखमरा था। धिक्कार है इस समाज को जो माँ भारती के सपूतों को भूखा रहने देता है। कोई लेखक चाहे वह लखपति ही क्यों न हो, मर जाय, तो फौरन उसके सम्मान में शोकसभा, जिसमें उसके गुणगान। मगर यह जरूर कहा जायगा कि हाय, हाय, इस समाज ने उसके साथ न्याय नहीं किया। बेचारा बड़ी मुसीबत में जिया। भूखा मरता था। अच्छे खाते-पीते लोग, घर से उम्दा भोजन कर निश्चिन्त होकर ऐसी सभा में बैठते हैं और कहते हैं, हाय, हाय, बेचारा लेखक भूखा मरता था। अगर लेखक मर चुका है, तब तो आनन्द ही आनन्द है। वह कम्बख्त प्रतिवाद तो कर नहीं सकता इसलिए लोग बेधड़क कहते हैं कि मैं उसे रुपये देता था, मैं उसके भोजन का प्रबन्ध करता था, मैं उसके कपड़े सिलवा देता था।

लेखक की दीनता का बयान और उसे जिन्दा रखने के अपने त्याग पर जो प्रतिष्ठा अर्जित करना चाहते हैं, उन बेचारों की मुसीबत यह है कि मैं जिन्दा हूँ और चंगा हूँ। मैं प्रतिवाद कर सकता हूँ। मुझे मरने में देर है। इस कारण मेरी दीनता के भरोसे जो प्रतिष्ठा चाहते हैं, उसमें धीरज रखना पड़ेगा। मैं उन्हें प्रतिष्ठा दूंगा, पर मरने के बाद। अभी मैं उनके लिए कुल इतना कर सकता हूँ कि उन्हें मेरी निन्दा करने दूं। कुछ लोगों को जानता हूँ जो अपना कामधाम छोड़ सारा समय अपनी निन्दा में लगाते हैं और खुश रहते हैं। मैं उन्हें खुश रहने देता हूँ। मैं इन स्थानीय, प्रान्तीय और अखिल भारतीय निन्दकों को खुश रखने की छूट देता हूँ। अगर सूअर मैला खाकर परम आनन्द अनुभव करता है तो मैं उसे फल खाने की सलाह देकर उसका मजा किरकिरा नहीं करना चाहता। दुख इतना ही है कि दिन-भर मैले की तलाश में रहकर सूअर कोई रचनात्मक काम नहीं कर पाता। भगवान का वाराह अवतार कम-से-कम इतना लोकहित तो करता ही है कि मैदान में पड़े मल को उदरस्थ कर लेता है।

ग्वालियर में दुखद स्थिति यह पैदा हुई कि मुझे 30 साल से जाननेवालों ने जब मेरी दीनता का उल्लेख किया, तो वहाँ मुझे 35 साल से जाननेवाले निकल आये। अब 30 और 35 सालवालों में विवाद हो गया। 35 साल से जाननेवालों ने कहा—परसाई कभी दीन नहीं रहे। कभी भूखे नहीं रहे। कभी कपड़े की तंगी नहीं रही। किसी के मोहताज, परमुखापेक्षी नहीं रहे। वे कमाते रहे हैं और जीते

रहे हैं। मैं क्या कहूँ ? इन 35 सालवाले शुभचिन्तकों ने वह सहानुभूति भी छीन ली जो 30 सालवाले मुझे दे रहे थे। 30 साल से मेरी दीनता जाननेवाले और निकलते, वातावरण बनता और तब वह होता जो भारतीय लेखक की सुखद नियति है। हल्ला होता—परसाई घोर आर्थिक कष्ट में हैं। चन्दा करो। चन्दा करनेवाले कद्रदान खड़े हो जाते। हजार रुपया इकट्ठा करते तो सात सौ खुद खाते, पर मुझे तीन सौ रुपये तो फिर भी मिलते। कुछ धन मेरे पास हो जाता। पर मेरी प्रतिष्ठा के रक्षक इन मित्रों ने मेरा यह लाभ भी छीन लिया।

अपनी बात कहूँ तो यह कि 18 साल की उम्र से काम कर रहा हूँ। जंगल विभाग से नौकरी शुरू की। बाद में कई साल अध्यापकी की। अध्यापकी छोड़ी तो नियमित लिखता रहा। अभी भी लिखता हूँ। मैं औसत आदमी से डेवढ़ा काम करता हूँ। औसत आदमी अगर 8 घण्टे काम करता है तो मैं 14 घण्टे काम करता हूँ। आसन भंग आदमी नहीं हूँ। आसन से मत डोल री तोहे पिया मिलेंगे। घूँघट-पट भी काफी खुले रखता हूँ। कहानी, निबन्ध, उपन्यास के सिवा मैं हर हफ्ते कालम लिखता हूँ—जी हाँ, 3 कालम। ये व्यंग्य के कालम होते हैं, और व्यंग्य रचनात्मक लेखन होता है, साहित्य होता है। बलात्कार, चोरी और अपहरण की रिपोर्टिंग नहीं होता।

न कभी भूखा रहा न फटे कपड़े धारण किये। सम्पन्नता कभी नहीं आयी, क्योंकि मुझे धन को सँभालना नहीं आता। हिसाब में कच्चा हूँ। तंगी भी आती रही तो मित्रों से पैसे लेता रहा। ये कभी वापस नहीं किये, न करूँगा। लेन-देन में बहुत ईमानदार हूँ। जिसका लिया, उसका वापस नहीं किया। जिसे दिया उससे वापस नहीं लिया। हिसाब-किताब बराबर। टोटल करके देखा तो यह मालूम हुआ कि लगभग तीन हजार मेरे ही लेने के निकलते हैं। चेक देकर पैसे लेने का उस्ताद हूँ। इतवार को किसी को 50 रुपये का चेक देकर कहा—यार, सख्त जरूरत आ पड़ी है। आज है बैंक बन्द। यह चेक लो। कल भुना लेना। अभी रुपये दे दो। रुपये ले लिये। चेक भुना ही नहीं, क्योंकि बैंक में पैसे ही नहीं थे। एक मित्र के पास जब 4 चेक अनभुने हो गये तो उसने शिकायत की। मैंने कहा—चेक रखे रहो। आगे राष्ट्रीय अभिलेखागार (नेशनल आर्काइव्ज) इन्हें 2-2 हजार में खरीद लेगा।

मुझे दया की कतई जरूरत नहीं। निन्दा की मैं परवाह नहीं करता। मैं खुद लोगों की आलोचना तो करता हूँ, पर निन्दा नहीं। दोनों में बहुत फर्क है। आलोचना स्वस्थ प्रवृत्ति है। निन्दा कैंसर है। निन्दक अपनी मौत मरता है। अकाल मृत्यु। यह उसके शरीर की नहीं उसकी आत्मा की, उसकी स्पिरिट की मृत्यु होती है। यह शायद हमारे देश के दार्शनिक, सांस्कृतिक मूल्यों की विकृति है कि किसी को दीन बनाये बिना उसे महत्त्वपूर्ण नहीं माना जाता। यह तब से चली आ रही है, जब वसिष्ठ दान से पेट भरते थे और द्रोणाचार्य के बेटे दूध के लिए बिलखते थे। त्याग अच्छा गुण है। पर लादी हुई गरीबी पाप है। ऐसा नहीं है कि दुःख हमेशा आदमी

को ऊँचा उठाता है। दु:ख आदमी को नीच भी बनाता है।

इस दीनता प्रसूत महत्त्व के कारण ही हर लेखक के बारे में यह कहा जाता है कि वह भूखा मरता था। पुराने जमाने में लेखक राज्याश्रित होते थे और ठाठ से रहते थे। सन्त कवि अलबत्ता स्वतन्त्र होते थे। वे भीख और दान भी लेते थे, मगर ठाठ के साथ। तुलसीदास ने कहा है -- माँग के खैबो, मसीत को सोइबो, लेबो को एक न देबे को दोऊ। ये सन्त अकड़ के साथ भीख लेते थे—मैं सन्त हूँ। तू गृहस्थ है। मुझे भोजन दे। नहीं देगा तो हरामजादे, तुझे नर्क भेज दूँगा। तेरे बाप-दादे अगर स्वर्ग में होंगे तो उन्हें भी नर्क में ट्रान्सफर करा दूँगा। ला साले थाली। यह ठाठ था। मगर छापेखाने के जमाने में, प्रकाशन व्यवसाय के जमाने में कोई भूखा नहीं मरता। फिर लेखक नौकरी करते हैं। वे क्यों मरेंगे। निराला की बात अलग है। उनका जीनियस दूसरे किस्म का था। निराला ने अपने त्याग, फकीरी, लापरवाही और विक्षिप्तता से दीनता को 'ग्लोरीफाई' किया। इसी कारण हर लेखक के बारे में यह कहा जाता है—हाय, हाय, बेचारा भूखा रहता था। मैं पूछता हूँ, जब वह भूखा मरता था तब भरे पेटवाले हरामखोर, दो नम्बरी क्या कर रहे थे?

एक परम्परागत मर्यादा है—लेखक के व्यक्तिगत जीवन की कुछ बातें उसकी मृत्यु के बाद उसकी जीवनी में लिखी जाती हैं, उसके जीवनकाल में नहीं। कमजोरियाँ सबमें होती हैं। पर उन कमजोरियों की चर्चा कब करना और कैसे करना, यह विवेक की माँग करता है। ताल्सताय यों धार्मिक थे, सन्त थे, मगर दुराचारी भी थे स्त्री के मामले में। बायरन की चरित्रहीनता तो सब जानते थे। वाल्तेयर नम्बर एक के लुच्चे थे। रूसो परस्त्रीगामी थे। आस्कर वाइल्ड समलिंगी थे। ई. एम. फार्सटर लौंडेबाज थे। यही नहीं, वे एक पुलिस हवलदार की पुरुष रखैल भी थे। चेखव की एक प्रेमिका थी लाइका नाम की। बर्नार्ड शॉ कायर थे। फेबियन सोसाइटी में वे मजदूरों के संघर्ष पर जोशीले भाषण देते थे। एनी बेसेन्ट भी फेबियन थी और शॉ से प्रेम करती थी। एक बार मजदूरों के जुलूस में दोनों शामिल थे। पुलिस ने लाठी बरसायी। एनी बेसेण्ट के हाथ में चोट लगी। उसने देखा कि बर्नार्ड शॉ भाग गये। शाम को उसने बर्नार्ड शॉ से कहा---तुम भाग गये। तुम कायर हो। शॉ ने जवाब दिया--- इट इज बैटर टू बी ए कावर्ड दैन ए फूल।

लेखकों में भी आम आदमी की तरह कमजोरियाँ होती हैं। वह भी आम आदमियों की तरह तकलीफें उठाता है। वह भी आदमी की तरह संघर्ष करता है। मगर रचनात्मक प्रतिभा का आन्तरिक संघर्ष कुछ ऐसा होता है कि उसे समझना कठिन होता है। लेखक थोड़ा-बहुत 'एबनार्मल' भी हो जाता है। इस कारण कि उसके जीवन-मूल्य चालू जीवन-मूल्यों से मेल नहीं खाते। लोग लेखक की इन्हीं कमजोरियों, अर्द्ध विक्षिप्तता, अहंकार, विपन्नता, विचित्रता, चारित्रिक फिसलन की चर्चा करते हैं और अपनी हीनता पर विजय पाकर मनोबल बढ़ाने का भ्रम पालते हैं। लेखक जैसा है, वैसा है। आप घूसखोर अफसर, मुनाफाखोर व्यापारी, पैसे खानेवाले मन्त्री, धोखेबाज नेता, ढोंगी साधु, स्वार्थी नेता, अत्याचारी थानेदार,

ब्लैकमेलर, पत्रकार आदि को गौरव प्रदान करके बर्दाश्त करेंगे। मगर लेखक की विशिष्टताओं की चर्चा करेंगे। उसे बर्दाश्त नहीं करेंगे।

जोश मलीहाबादी ने कहा है—

'हम शायरों की वज्दे-जुनूँ के उठाय नाज़।
अहले वतन में इतनी शराफत कहाँ है 'जोश'।।'

'लिटरेचर ने मारा तुम्हें !'

दीवाली पर मैं लक्ष्मी-पूजन नहीं करता। न मेरे घर की दीवारों पर भद्दे अक्षरों में 'श्री लक्ष्मीजी सदा प्रसन्न रहें' लिखा है और न स्वस्तिक का चिह्न बना है। पूजा अपनी प्रकृति से मेल ही नहीं खाती। किसी की पूजा करेंगे, तो या तो उसका नुकसान होगा या अपना। मेरा एक दोस्त है जिसकी प्रकृति भी ऐसी है। उसने एक प्रकाशक के लिए पाठ्य-पुस्तकें लिखीं और उनके छपने तक प्रकाशक के बाप की मृत्यु हो गयी। कई महीने बाद प्रकाशक का मैनेजर मुझे मिला, तो कहने लगा कि उनमें से एक भी पुस्तक बोर्ड में मंजूर नहीं हुई। मैंने कहा—यह बहुत शुभ हुआ। अगर उसकी एक भी पुस्तक मंजूर हो जाती, तो प्रकाशक का पूरा खानदान मर जाता। उस आदमी के सम्पर्क से हमेशा अशुभ हुआ है (बदनामी के डर से उसका नाम नहीं बताऊँगा)।

मैंने भी 10 से 17 साल की उम्र तक लक्ष्मी की पूजा की। पिताजी मुझसे पूजा कराते थे—शायद यह सोचकर कि लक्ष्मी का बच्चे के प्रति वात्सल्य उमड़ेगा और वह आ जायेगी। पर वह आयी नहीं। साल-दर-साल मैं उसकी पूजा करता गया और उधर पिताजी का धन्धा चौपट होता गया। हर साल दीपकों की संख्या और तेल की मात्रा घटने लगी। पटाखों में भी उम्र बढ़ते मेरी दिलचस्पी कम होती गयी। पटाखे बचपन में ही अच्छे लगते हैं। बचपन में मैं वैसे ही शौक के साथ पटाखे फोड़ता जैसे चीन ने अभी अणु बम फोड़ा है। चीन का अभी बचपन है। प्रौढ़ होने पर पटाखे अच्छे नहीं लगते। रूस अब अणु बमों से पिण्ड छुड़ाना चाहता है। कुछ राष्ट्रों और व्यक्तियों का बचपन कभी नहीं जाता। बूढ़े आदमियों को भी मैंने कुत्ते की पूँछ में पटाखे की लड़ी बाँधकर आग लगाते देखा है। अमेरिका भी टोकिन की खाड़ी में अणु-पटाखे लेकर चक्कर लगा रहा है।

विषयान्तर हो रहा है न? अच्छा, लक्ष्मी की ही बात करता हूँ। 7 साल लगातार लक्ष्मी-पूजन का नतीजा यह निकला कि पिताजी का धन्धा बिलकुल चौपट हो गया और लक्ष्मी का यह 'भक्त' मैट्रिक पास करके नौकरी ढूंढ़ने निकल पड़ा। नौकरी भी की तो स्कूल-मास्टरी। न इनकमटेक्स की न एक्साइज की। फिर

नौकरी छोड़कर स्वतन्त्र व्यवसाय के क्षेत्र में आया, तो कहाँ आया ? न सीमेण्ट में, न गल्ले में, न हार्डवेअर में। साहित्य में! मतिभ्रष्ट आदमी और क्या करेगा? लक्ष्मी अब इस मुहल्ले में आती भी हैं, तो दूर से मेरा 'नेमप्लेट' पढ़कर सड़क के उस बाजू हो जाती हैं। मुहल्ले के दो-चार घरों में बैठकर चली जाती हैं। किसी से पूछ भी लेती हैं—सुना है, इस मुहल्ले में कोई एक बड़ा बेवकूफ रहता है। कुछ साहित्य-वाहित्य का वाहियात काम करता है। कोई बता देता है कि हाँ, वह उधर रहता है। वह मुँह फेरकर चली जाती हैं।

मेरा एक दोस्त कहता है—तुम्हें लिटरेचर (साहित्य) ने मारा परसाई।

मारा, बिल्कुल मारा। पुस्तक लिखनेवाले से पुस्तक बेचनेवाला बड़ा होता है। कथा लिखनेवाले से कथावाचक बड़ा होता है। सृष्टि निर्माता से सृष्टि का लूटनेवाला बड़ा होता है।

मैं कथा लिखता हूँ और वह चौराहे पर कथावाचक कथा बाँचता है। वह कथा तुलसीदास ने लिखी थी। कथावाचक की आरती की थाली भर जाती है; ऊपर से भेंट मिलती है, सो अलग। मैं, एक कथा लेखक, सड़क पर खड़ा टुकुर-टुकुर देखा करता हूँ।

उस दिन ज्ञानरंजन ने कहा, "यह कथावाचक हिन्दी में एम. ए. है।"

मैंने कहा, "उसे देखो और अपने को देखो। एक वह हिन्दी का एम. ए. है और एक हम हैं। एम. ए. करने से उसे अक्ल आ गयी और अपनी अक्ल मारी गयी। हम लिखने के चक्कर में फँस गये और उसने सिर्फ बाँचने का अभ्यास किया। वह चल निकला और हम ? पाठ्यपुस्तक से कुंजी ज्यादा बिकती है।"

लिटरेचर ने मारा तुम्हें—मेरा वह दोस्त कहता है।

यार, पर मैं करता भी क्या ? एक तो लक्ष्मी नारी-रूपिणी, फिर उल्लू पर उसकी सवारी। जिसने भी उसकी कल्पना की है, कमाल किया है। जरूर कोई सोशलिस्ट रहा होगा। जो स्त्री हो और जिसका 'गाइड' उल्लू हो वह इधर आ नहीं सकती। उल्लू कह देगा—'देवी, अगर उधर जाना है, तो कोई टैक्सी कर लीजिए। मैं उसके घर नहीं जाऊँगा। वह मेरी पूरी जाति से घृणा करता है।' बेचारी लौट जाती है। मुझे मालूम है, उसने कभी-कभी कुतूहलवश आने का मन किया है। पर उल्लू ने नहीं आने दिया। उसने अपनी 'सिस्टर' और 'क्लासफेलो' को भी इधर भेजा, पर उल्लुओं ने उन्हें भी लौटा दिया। मुझे लगता है, लक्ष्मी ऊबी हुई-सी उल्लू पर बैठ जाती है और ऊँघती हुई फूल सूँघने लगती है। उल्लू उड़ते-उड़ते रुक जाता है, किसी के पास। कहता है—'देवी, यह मेरा साला है। इसे कुछ दे दीजिये।' लक्ष्मी अपने बैंक का चेक काटकर उसे दे देती है। (यों लक्ष्मी बैंक लिमिटेड फेल हो गया है और डाइरेक्टर लोग जेल में बन्द हैं। पर उसमें विष्णु की पत्नी के शेयर नहीं थे।) उल्लू फ़िर किसी के पास रुककर कहता है—देवी, यह मेरा साढ़ू भाई है। लक्ष्मी फिर उसे चेक काट देती है। इस तरह उल्लू, लक्ष्मी को चाचा, मामा, फूफा, भाई-भतीजों के पास ले जाता है और चेक दिलवा देता है।

लक्ष्मी पूछती है—क्यों रे हरिशकर परसाई, तेरा कोई नहीं है ?

उल्लू कहता है—वह मेरा दुश्मन है। उसका नाम मत लो, देवी !

लक्ष्मी की उत्पत्ति की कथा ही ऐसी है कि उसे प्राप्त करना अपने वश के बाहर की बात लगती है। लक्ष्मी समुद्र-मन्थन के बाद समुद्र से निकली थी। समुद्र-मन्थन अकेले देवताओं ने नहीं किया। उन्होंने दानवों का सहयोग लिया। देवता अकेले समुद्र-मन्थन करके लक्ष्मी को निकाल लेते, तो मैं उनकी जय बोलता। मगर 'दानवों' के सहयोग के बिना वे लक्ष्मी प्राप्त ही नहीं कर सके। तो अपनी अर्थव्यवस्था का जो समुद्र है उसके मन्थन के लिए मैं दानवों से समझौता करूँ, तब लक्ष्मी बाहर निकलेगी। फिर भी क्या ठिकाना कि वह मुझे मिल ही जायगी। मामूली देवता तो असंख्य थे, पर लक्ष्मी उन्हें कहाँ मिली ? वह सीधे विष्णु के पास गयी और गले लग गयी। दूसरे देवताओं ने भी कोई 'प्रोटेस्ट' नहीं किया। करते भी कैसे ? विष्णु बहुत बड़े थे—शक्ति में, धन में, रूप में और चातुर्य्य में। स्त्री बनकर जिसने अपने दोस्त शंकर को ठग लिया, उसकी चतुराई की कोई कमी नहीं थी। लक्ष्मी सीधी 'मोनोपली' में जाकर मिल गयी। मैं अगर दानवों से समझौता करके अर्थव्यवस्था के समुद्र का मन्थन करूँ और कहीं लक्ष्मी फिर 'मोनोपली' के पास चली गयी तो ? साहित्य में भी तो 'मोनोपली' है। मोनोपली छोटे को पनपने नहीं देती। एक गरीब मुनि नारद को शादी करने के लिए सुन्दर चेहरे की जरूरत पड़ी थी, सो विष्णु ने उसे बन्दर का चेहरा दे दिया। फिर खुद जाकर स्वयंवर में बैठ गये और जिस लड़की पर उस बेचारे का जी आ गया था, उससे अपने गले में वरमाला डलवा ली। कहते हैं—नारद, वह तुम्हारा मोह था। और हुजूर आपका ?

मुझे भी सलाहें मिलती हैं—अहा, कलाकार तो त्यागी होता है। वह धन के लोभ में नहीं पड़ता।

मैं पूछता हूँ—और हुजूर आप ? आप पड़ सकते हैं ? धन का लोभ बुरा है, तो आप भी उसमें क्यों पड़ते हैं ?

ये सब दूसरे को बन्दर का चेहरा लगाकर खुद स्वयंवर में बैठनेवाले हैं।

मेरे एक परिचित व्यापारी कहने लगे—पैसे को पैसा कमाता है। यहाँ बाजार में एक पैसा फेंकते हैं तो वह दस साथ लेकर आता है।

मैंने यह नुस्खा आजमाया। बीच बाजार में खड़े होकर मैंने एक पैसा सड़क पर फेंका। सोचता रहा कि अब यह सारे बाजार के चक्कर लगाकर अपने साथ 10-12 पैसे लेकर लौटता ही है। फिर मैं दस का नोट फेंकूँगा और दो-चार दिन में सारा बाजार लूट लूँगा। पर वह पैसा वहाँ से हिला ही नहीं। मैंने उसे वापिस जेब में रख लिया।

उस व्यापारी से कहा—पैसा तो मैंने भी बाजार में फेंका था, पर वह तो कुछ नहीं लाया।

उसने कहा—ऐसे नहीं होता। हमारे पैसे में 'हुक' लगा रहता है। वह पैसों को मछली की तरह फँसा लेता है।

अब मैं पैसों में 'हुक' कहाँ से लगवाऊँ ?

मेरा वह दोस्त कहता है—तुम्हें लिटरेचर ने मारा। सरस्वती की तरफ गये तो लक्ष्मी ने तुम्हारी पत्ती काट दी।

आखिर इधर क्यों गया ? वैसे सच पूछा जाय तो सरस्वती ज्यादा 'कल्चर्ड' (सुसंस्कृत) है। उसके हाथों में वीणा है, पुस्तक है। पक्षी पर ही सवारी करने का मौका आया, तो उसने उल्लू नहीं, हंस चुना। लक्ष्मी का सारा काम फूहड़ है। सवारी से लेकर श्रृंगार तक। तस्वीर में देखो—फूल पर खड़ी है। अरे, फूल जैसी खूबसूरत कोमल चीज क्या खड़े होने के लिए है ? सौन्दर्य-बोध बिल्कुल नहीं है लक्ष्मी में। उसे अगर सरस्वती की वीणा मिल जाय, तो उसके तार तोड़कर उनसे उल्लू को बाँधने लगे। सम्पन्न फूहड़ता की तरफ सुरुचि आखिर कैसे आकर्षित हो।

मेरा दोस्त कहता है—नहीं होती, तो भुगतो। मारा न तुम्हें लिटरेचर ने।

कहने दो उसे। अभी बहुत से फैसले बकाया हैं। अभी क्या कहा जा सकता है कि कौन मरा और कौन जी गया। नहीं, अब लक्ष्मी की पूजा नहीं होगी। वे और होते हैं जिनके देवता जल्दी-जल्दी बदलते हैं। वे राम को भी प्रणाम कर लेते हैं और रावण को भी। वे दिन को हंस की चोंच सहलाते हैं और रात को उल्लू से गपशप करते हैं।

देवता बदलना इतना आसान नहीं है। और फिर देवी बदलना तो और मुश्किल है।

निन्दा-रस

'क' कई महीने बाद आये थे। सुबह चाय पीकर अखबार देख रहा था कि वे तूफान की तरह कमरे में घुसे; 'साइक्लोन' की तरह मुझे अपनी भुजाओं में जकड़ा। मुझे धृतराष्ट्र की भुजाओं में जकड़े भीम के पुतले की याद आ गयी। वह धृतराष्ट्र की ही जकड़ थी। अन्धे धृतराष्ट्र ने टटोलते हुए पूछा, 'कहाँ है भीम ? आ बेटा, तुझे कलेजे से लगा लूं।' और जब भीम का पुतला उनकी पकड़ में आ गया, तो उन्होंने प्राणघाती स्नेह से उसे जकड़कर चूर कर डाला।

ऐसे मौके पर हम अकसर अपने पुतले को अँकवार में दे देते हैं; हम अलग खड़े देखते रहते हैं। 'क' से क्या मैं गले मिला ? क्या मुझे उसने समेटकर कलेजे से लगा लिया ? हरगिज नहीं। मैंने अपना पुतला ही उसे दिया। पुतला इसलिए उसकी भुजाओं में सौंप दिया कि मुझे मालूम था कि मैं धृतराष्ट्र से मिल रहा हूँ। पिछली रात को

एक मित्र ने बताया कि 'क' अपनी ससुराल आया है और 'ग' के साथ बैठकर शाम को दो-तीन घण्टे तुम्हारी निन्दा करता रहा। इस सूचना के बाद जब आज सबेरे वह मेरे गले लगा तो मैंने शरीर से अपने मन को चुपचाप खिसका दिया और निस्नेह, कँटीली देह उसकी बाँहों में छोड़ दी। भावना के अगर काँटे होते तो उसे मालूम होता कि वह नागफनी को कलेजे से चिपटाये है। छल का धृतराष्ट्र जब आलिंगन करे, तो पुतला ही आगे बढ़ाना चाहिए।

पर वह मेरा दोस्त अभिनय में पूरा है। उसके आँसू-भर नहीं आये, बाकी मिलन के हर्षोल्लास के सब चिह्न प्रगट हो गये—वह गहरी आत्मीयता की जकड़, नयनों से छलकता वह असीम स्नेह और वह स्नेह-सिक्त वाणी।

बोला, "अभी सुबह गाड़ी से उतरा और एकदम तुमसे मिलने चला आया, जैसे आत्मा का एक खण्ड दूसरे खण्ड से मिलने को आतुर रहता है।" आते ही झूठ बोला कम्बख्त—कल का आया है, यह मुझे मेरा मित्र बता गया था। इस झूठ में कोई प्रयोजन शायद उसका न रहा हो। कुछ लोग बड़े निर्दोष मिथ्यावादी होते हैं; वे आदतन, प्रकृति के वशीभूत झूठ बोलते हैं। उनके मुख से निष्प्रयास, निष्प्रयोजन झूठ ही निकलता है। मेरे एक रिश्तेदार ऐसे हैं। वे अगर बम्बई जा रहे हैं और उनसे पूछें, तो वे कहेंगे, "कलकत्ता जा रहा हूँ।" ठीक बात उनके मुँह से निकल ही नहीं सकती। 'क' भी बड़ा निर्दोष, सहज-स्वाभाविक मिथ्यावादी है।

वह बैठा। कब आये ? कैसे हो ? – वगैरह के बाद उसने 'ग' की निन्दा आरम्भ कर दी। मनुष्य के लिए जो भी कर्म जघन्य हैं, वे सब 'ग' पर आरोपित करके उसने ऐसे गाढ़े काले तारकोल से उसकी तस्वीर खींची कि मैं यह सोचकर काँप उठा कि ऐसी ही काली तस्वीर मेरी 'ग' के सामने इसने कल शाम को खींची होगी।

सुबह की बातचीत के इस 'एजेण्डा' में 'ग' प्रमुख विषय था। फिर तो जिस परिचित की बात निकल आती, उसी को चार-छै वाक्यों से धराशायी करके वह बढ़ देता।

अद्‌भुत है मेरा मित्र। उसके पास दोषों का 'केटलॉग' है। मैंने सोचा कि जब यह हर परिचित की निन्दा कर रहा है, तो क्यों न मैं लगे हाथ अपने विरोधियों की 'गत' इसके हाथों करा लूँ। मैं अपने विरोधियों का नाम लेता गया और वह उन्हें निन्दा की तलवार से काटता चला। जैसे लकड़ी चीरने की आरा मशीन के नीचे मजदूर लकड़ी का लट्ठा खिसकाता जाता है और वह चिरता जाता है, वैसे ही मैंने विरोधियों के नाम एक-एक कर खिसकाये और वह उन्हें काटता गया—'फलाँ चापलूस है···अमुक नम्बर एक व्यभिचारी है···अमुक अपनी औरत को अफसरों के यहाँ भेजकर तरक्की पाता है।' कैसा आनन्द था ! दुश्मनों को रण-क्षेत्र में एक के बाद एक कटकर गिरते हुए देखकर योद्धा को ऐसा ही सुख होता होगा।

मेरे मन में गत रात्रि के उस निन्दक मित्र के प्रति मैल नहीं रहा। दोनों एक हो गये। भेद तो रात्रि के अन्धकार में ही मिटता है; दिन के उजाले में भेद स्पष्ट हो जाते हैं। निन्दा का ऐसा ही भेदनाशक अँधेरा होता है। तीन-चार घण्टे बाद, जब

वह विदा हुआ, तो हम लोगों के मन में ऐसी शान्ति और तुष्टि थी जैसे चर्च से निकलते हुए धार्मिक ईसाई के मन में होती है।

निन्दा की ऐसी ही महिमा है। दो-चार निन्दकों को एक जगह बैठकर निन्दा में निमग्न देखिए और तुलना कीजिए दो-चार ईश्वर-भक्तों से, जो रामधुन लगा रहे हैं। निन्दकों की-सी एकाग्रता, परस्पर आत्मीयता, निमग्नता भक्तों में दुर्लभ है। इसीलिए सन्तों ने निन्दकों को 'आँगन कुटी छवाय' पास रखने की सलाह दी है।

कुछ 'मिशनरी' निन्दक मैंने देखे हैं। उनका किसी से बैर नहीं, द्वेष नहीं। वे किसी का बुरा नहीं सोचते। पर चौबीसों घण्टे वे निन्दा-कर्म में बहुत पवित्र भाव से लगे रहते हैं। उनकी नितान्त निर्लिप्तता, निष्पक्षता इसी से मालूम होती है कि वे प्रसंग आने पर अपने बाप की पगड़ी भी उसी आनन्द से उछालते हैं, जिस आनन्द से अन्य लोग दुश्मन की। निन्दा इनके लिए 'टॉनिक' होती है। हमारी एक पड़ोसिन वृद्धा बीमार पड़ी थी। हमसे पानी माँगकर पीती थी--उठा नहीं जाता था। सहसा किसी ने आकर कहा कि पड़ोसी डाक्टर साहब की लड़की किसी के साथ भाग गयी। बस, चाची एकदम उठीं और काँखते-काँखते दो-चार पड़ोसियों को यह शुभ संवाद अपने व्यक्तिगत 'कमेण्ट' के साथ सुना आयीं। उस दिन से उनकी हालत सुधरने लगी।

ट्रेड यूनियन के इस जमाने में निन्दकों के संघ बन गये हैं। संघ के सदस्य जहाँ-तहाँ से खबरें लाते हैं और अपने संघ के प्रधान को सौंपते हैं। यह कच्चा माल हुआ। अब प्रधान उनका पक्का माल बनायेगा और सब सदस्यों को 'बहुजन हिताय' मुफ्त बाँटने के लिए दे देगा। उत्पादन की इस प्रक्रिया को यों समझा सकते हैं—एक सदस्य ने कहा कि विमला और नरेन्द्र ने चुपचाप शादी कर ली। यह कच्चा माल हुआ। अब पक्का माल जो बनेगा, वह यह होगा --विमला को पाँच-छः माह का गर्भ था, इसलिए जल्दी से घबड़ाकर ब्याह कर लिया। यह फुरसत का काम है, इसलिए जिनके पास कुछ और करने को नहीं होता, वे इसे बड़ी खूबी से करते हैं। एक दिन हमसे एक ऐसे संघ के अध्यक्ष ने कहा, "यार, आजकल लोग तुम्हारे बारे में बहुत बुरा-बुरा कहते हैं।" हमने कहा, "आपके बारे में मुझसे कोई भी बुरा नहीं कहता। लोग जानते हैं कि आपके कानों के घूरे में इस तरह का कचरा मजे में डाला जा सकता है।"

ईर्षा-द्वेष से प्रेरित निन्दा भी होती है। लेकिन इसमें वह मजा नहीं जो मिशनरी भाव से निन्दा करने में आता है। इस प्रकार का निन्दक बड़ा दुःखी होता है, ईर्षा-द्वेष से चौबीसों घण्टे जलता है और निन्दा का जल छिड़ककर कुछ शान्ति अनुभव करता है। ऐसा निन्दक बड़ा दयनीय होता है। अपनी अक्षमता से पीड़ित वह बेचारा दूसरे की सक्षमता के चाँद को देखकर सारी रात श्वान-जैसा भौंकता है। ईर्षा-द्वेष से प्रेरित निन्दा करनेवाले को कोई दण्ड देने की जरूरत नहीं है। वह निन्दक बेचारा स्वयं दण्डित होता है। आप चैन से सोइए और वह जलन के कारण सो नहीं पाता। उसे और क्या दण्ड चाहिए? निरन्तर अच्छे काम करते जाने से उसका दण्ड भी सख्त होता जाता है। जैसे एक कवि ने एक अच्छी कविता लिखी, ईर्षाग्रस्त निन्दक

को कष्ट होगा। अब अगर एक और अच्छी लिख दी, तो उसका कष्ट दुगना हो जायेगा।

निन्दा का उद्‌गम ही हीनता और कमजोरी से होता है। मनुष्य अपनी हीनता से दबता है। वह दूसरों की निन्दा करके ऐसा अनुभव करता है कि वे सब निकृष्ट हैं और वह उनसे अच्छा है। उसके अहं की इससे तुष्टि होती है। बड़ी लकीर को कुछ मिटाकर छोटी लकीर बड़ी बनती है। ज्यों-ज्यों कर्म क्षीण होता जाता है, त्यों-त्यों निन्दा की प्रवृत्ति बढ़ती जाती है। कठिन कर्म ही ईर्षा-द्वेष और इनसे उत्पन्न निन्दा को मारता है। इन्द्र बड़ा ईर्षालु माना जाता है क्योंकि वह निठल्ला है। स्वर्ग में देवताओं को बिना उगाया अन्न, बे-जनाया महल और बिन-बोये फल मिलते हैं। अकर्मण्यता में उन्हें अप्रतिष्ठित होने का भय बना रहता है, इसलिए कर्मी मनुष्यों से उन्हें ईर्षा होती है।

निन्दा कुछ लोगों की पूँजी होती है। बड़ा लम्बा-चौड़ा व्यापार फैलाते हैं वे इस पूँजी से। कई लोगों की 'रिसपेक्टेबिलिटी' (प्रतिष्ठा) ही दूसरों की कलंक-कथाओं के पारायण पर आधारित होती है। बड़े रस-विभोर होकर वे जिस-तिस की सत्य-कल्पित कलंक-कथा सुनाते हैं और स्वयं को पूर्ण सन्त समझने-समझाने की तुष्टि का अनुभव करते हैं।

आप इनके पास बैठिए और सुन लीजिए, "बड़ा खराब जमाना आ गया। तुमने सुना? फलाँ···और अमुक···।" अपने चरित्र पर आँख डालकर देखने की इन्हें फ़ुरसत नहीं होती। चेखव की एक कहानी याद आ रही है। एक स्त्री किसी सहेली के पति की निन्दा अपने पति से कर रही है। वह बड़ा उचक्का दगाबाज आदमी है। बेईमानी से पैसा कमाता है। कहती है कि मैं उस सहेली की जगह होती तो ऐसे पति को त्याग देती। तब उसका पति उसके सामने यह रहस्य खोलता है कि वह स्वयं बेईमानी से इतना पैसा कमाता है। सुनकर स्त्री स्तब्ध रह जाती है। क्या उसने पति को त्याग दिया? जी हाँ, वह दूसरे कमरे में चली गयी।

कभी-कभी ऐसा भी होता है कि हममें जो करने की क्षमता नहीं है, वह यदि कोई करता है तो हमारे पिलपिले अहं को धक्का लगता है, हममें हीनता और ग्लानि आती है। तब हम उसकी निन्दा करके उससे अपने को अच्छा समझकर तुष्ट होते हैं।

उस मित्र की मुलाकात के करीब दस-बारह घण्टे बाद यह सब मन में आ रहा है। अब कुछ तटस्थ हो गया हूँ। सुबह जब उसके साथ बैठा था तब मैं स्वयं निन्दा के 'काला सागर' में डूबता-उतराता था, कलोल कर रहा था। बड़ा रस है न निन्दा में। सूरदास ने इसलिए इसे 'निन्दा सबद रसाल' कहा है।

प्रेमचन्द के फटे जूते

प्रेमचन्द का एक चित्र मेरे सामने है, पत्नी के साथ फोटो खिंचा रहे हैं। सिर पर किसी मोटे कपड़े की टोपी, कुरता और धोती पहिने हैं। कनपटी चिपकी है, गालों की हड्डियाँ उभर आयी हैं, पर घनी मूँछें चेहरे को भरा-भरा बतलाती हैं।

पाँवों में केनवस के जूते हैं, जिनके बन्द बेतरतीब बँधे हैं। लापरवाही से उपयोग करने पर बन्द के सिरों पर की लोहे की पतरी निकल जाती है और छेदों में बन्द डालने में परेशानी होती है। तब बन्द कैसे भी कस लिये जाते हैं।

दाहिने पाँव का जूता ठीक है, मगर बायें जूते में बड़ा छेद हो गया है, जिसमें से अँगुली बाहर निकल आयी है।

मेरी दृष्टि इस जूते पर अटक गयी है। सोचता हूँ—फोटो खिंचाने की अगर यह पोशाक है, तो पहिनने की कैसी होगी? नहीं, इस आदमी की अलग-अलग पोशाकें नहीं होंगी— इसमें पोशाकें बदलने का गुण नहीं है। यह जैसा है, वैसा ही फ़ोटो में खिंच जाता है।

मैं चेहरे की तरफ देखता हूँ। क्या तुम्हें मालूम है, मेरे साहित्यिक पुरखे कि तुम्हारा जूता फट गया है और अँगुली बाहर दिख रही है? क्या तुम्हें इसका ज़रा भी अहसास नहीं है? ज़रा लज्जा, संकोच या झेंप नहीं है? क्या तुम इतना भी नहीं जानते कि धोती को थोड़ा नीचे खींच लेने से अँगुली ढक सकती है? मगर फिर भी तुम्हारे चेहरे पर बड़ी बेपरवाही, बड़ा विश्वास है! फोटोग्राफर ने जब 'रेडी-प्लीज़' कहा होगा, तब परम्परा के अनुसार तुमने मुस्कान लाने की कोशिश की होगी, दर्द के गहरे कुएँ के तल में कहीं पड़ी मुस्कान को धीरे-धीरे खींचकर ऊपर निकाल रहे होंगे कि बीच में ही 'क्लिक' करके फोटोग्राफर ने 'थैंक यू' कह दिया होगा। विचित्र है यह अधूरी मुस्कान। यह मुस्कान नहीं है, इसमें उपहास है, व्यंग्य है!

यह कैसा आदमी है, जो खुद तो फटे जूते पहिने फोटो खिंचा रहा है, पर किसी पर हँस भी रहा है!

फोटो ही खिंचाना था, तो ठीक जूते पहिन लेते, या न खिंचाते। फोटो न खिंचाने से क्या बिगड़ता था। शायद पत्नी का आग्रह रहा हो और तुम, 'अच्छा, चल भई' कहकर बैठ गये होगे। मगर यह कितनी बड़ी 'ट्रेजडी' है कि आदमी के पास फोटो खिंचाने को भी जूता न हो। मैं तुम्हारी यह फोटो देखते-देखते, तुम्हारे क्लेश को अपने भीतर महसूस करके जैसे रो पड़ना चाहता हूँ, मगर तुम्हारी आँखों का यह तीखा दर्द भरा व्यंग्य मुझे एकदम रोक देता है।

तुम फोटो का महत्त्व नहीं समझते। समझते होते, तो किसी से फोटो खिंचाने के लिए जूते माँग लेते। लोग तो माँगे के कोट से वर-दिखायी करते हैं। और माँगे की मोटर से बारात निकालते हैं। फोटो खिंचाने के लिए तो बीवी तक माँग ली जाती है, तुमसे जूते ही माँगते नहीं बने! तुम फोटो का महत्त्व नहीं जानते। लोग

तो इत्र चुपड़कर फोटो खिंचाते हैं जिससे फोटो में खुशबू आ जाये। गन्दे-से-गन्दे आदमी की फोटो भी खुशबू देती है।

टोपी आठ आने में मिल जाती है और जूते उस जमाने में भी पाँच रुपये से कम में क्या मिलते होंगे। जूता हमेशा टोपी से कीमती रहा है। अब तो जूते की कीमत और बढ़ गयी है और एक जूते पर पचीसों टोपियाँ न्योछावर होती हैं। तुम भी जूते और टोपी के आनुपातिक मूल्य के मारे हुए थे। यह विडम्बना मुझे इतनी तीव्रता से पहिले कभी नहीं चुभी, जितनी आज चुभ रही है जब मैं तुम्हारा फटा जूता देख रहा हूँ। तुम महान कथाकार, उपन्यास-सम्राट, युग-प्रवर्त्तक, जाने क्या-क्या कहलाते थे, मगर फोटो में भी तुम्हारा जूता फटा हुआ है!

मेरा जूता भी कोई अच्छा नहीं है। यों ऊपर से अच्छा दिखता है। अँगुली बाहर नहीं निकलती, पर अँगूठे के नीचे तला फट गया है। अँगूठा जमीन से घिसता है और पैनी गिट्टी पर कभी रगड़ खाकर लहूलुहान भी हो जाता है। पूरा तला गिर जायगा, पूरा पंजा छिल जायगा, मगर अँगुली बाहर नहीं दिखेगी। तुम्हारी अँगुली दिखती है, पर पाँव सुरक्षित है। मेरी अँगुली ढकी है, पर पंजा नीचे घिस रहा है। तुम पर्दे का महत्त्व ही नहीं जानते, हम पर्दे पर कुर्बान हो रहे हैं!

तुम फटा जूता बड़े ठाट से पहिने हो! मैं ऐसे नहीं पहिन सकता। फोटो तो जिन्दगी-भर इस तरह नहीं खिंचाऊँ, चाहे कोई जीवनी बिना फोटो के ही छाप दे।

तुम्हारी यह व्यंग्य-मुस्कान मेरे हौसले पस्त कर देती है। क्या मतलब है इसका? कौन-सी मुस्कान है यह?

—क्या होरी का गोदान हो गया?

—क्या पूस की रात में सूअर हलकू का खेत चर गये?

—क्या सुजान भगत का लड़का मर गया; क्योंकि डॉक्टर क्लब छोड़कर नहीं आ सकते?

नहीं, मुझे लगता है माधो औरत के कफन के चन्दे की शराब पी गया। वही मुस्कान मालूम होती है।

मैं तुम्हारा जूता फिर देखता हूँ। कैसे फट गया यह, मेरी जनता के लेखक?

क्या बहुत चक्कर काटते रहे?

क्या बनिये के तगादे से बचने के लिए मील-दो मील का चक्कर लगाकर घर लौटते रहे?

चक्कर लगाने से जूता फटता नहीं है, घिस जाता है। कुम्भनदास का जूता भी फतहपुर सीकरी जाने-आने में घिस गया था। उसे बड़ा पछतावा हुआ। उसने कहा—

'आवत जात पन्हैया घिस गयी, बिसर गयो हरि नाम।'

और ऐसे बुलाकर देनेवालों के लिए कहा था—'जिनके देखे दुख उपजत है, तिनकों करबो परै सलाम!'

चलने से जूता घिसता है, फटता नहीं है। तुम्हारा जूता कैसे फट गया?

मुझे लगता है, तुम किसी सख्त चीज को ठोकर मारते रहे हो। कोई चीज जो परत-पर-परत सदियों से जमती गयी है, उसे शायद तुमने ठोकर मार-मारकर अपना जूता फाड़ लिया। कोई टीला जो रास्ते पर खड़ा हो गया था, उस पर तुमने अपना जूता आजमाया।

तुम उसे बचाकर, उसके बगल से भी तो निकल सकते थे। टीलों से समझौता भी तो हो जाता है। सभी नदियाँ पहाड़ थोड़े ही फोड़ती हैं, कोई रास्ता बदलकर, घूमकर भी तो चली जाती है।

तुम समझौता कर नहीं सके। क्या तुम्हारी भी वही कमजोरी थी, जो होरी को ले डूबी, वही 'नेम-धरम' वाली कमजोरी? 'नेम-धरम' उसकी भी जंजीर थी। मगर तुम जिस तरह मुस्करा रहे हो, उससे लगता है कि शायद 'नेम-धरम' तुम्हारा बन्धन नहीं था, तुम्हारी मुक्ति थी!

तुम्हारी यह पाँव की अँगुली मुझे संकेत करती-सी लगती है, जिसे तुम घृणित समझते हो, उसकी तरफ हाथ की नहीं, पाँव की अँगुली से इशारा करते हो?

तुम क्या उसकी तरफ इशारा कर रहे हो, जिसे ठोकर मारते-मारते तुमने जूता फाड़ लिया?

मैं समझता हूं। तुम्हारी अँगुली का इशारा भी समझता हूँ और यह व्यंग्य-मुस्कान भी समझता हूँ।

तुम मुझ पर या हम सभी पर हँस रहे हो, उन पर जो अँगुली छिपाये और तलुआ घिसाये चल रहे हैं, उन पर जो टीले को बरकाकर बाजू से निकल रहे हैं। तुम कह रहे हो—मैंने तो ठोकर मार-मारकर जूता फाड़ लिया, अँगुली बाहर निकल आयी, पर पाँव बच रहा और मैं चलता रहा, मगर तुम अँगुली को ढाँकने की चिन्ता में तलुवे का नाश कर रहे हो। तुम चलोगे कैसे?

मैं समझता हूँ। मैं तुम्हारे फटे जूते की बात समझता हूँ, अँगुली का इशारा समझता हूँ, तुम्हारी व्यंग्य-मुस्कान समझता हूँ!

मखमल की म्यान

कल से मैं एक 'जिमनास्टिक' कर रहा हूँ। डबल बार? सिंगल बार? मल्लखम्भ? नहीं, ये तो सब आसान हैं। मैं कुहनी तक हाथों को जोड़कर, अपनी नाक ठीक कुहनियों के बीच में लाकर, नमस्कार करने का अभ्यास कर रहा हूँ। कल सुबह उस बड़े कलाकार को मैंने इस प्रकार नमस्कार करते देखा है। तभी से मुझ पर यह धुन सवार है।

फिल्म और रंगमंच के एक प्रसिद्ध कलाकार, अपने व्यवसाय के लिए नगर में आये थे। मंच का कलाकार बड़ी आसानी से जनसाधारण की भावनाओं पर कब्जा कर लेता है—काव्य में भी मंचीय गीतकार को ही लोग सबसे बड़ा कवि मानते हैं; मंच-विमुख बड़े-से-बड़ा कवि भी उनके लिए अपरिचित होता है। अभिनेता तो और ज्यादा खींचता है। पिताजी चाहे बण्डल दबाये स्टेशन से घर पैदल आ जायें, पर अगर एक्टर-एक्ट्रेस किसी गाड़ी से गुजर रहे हैं तो बेटा जरूर स्टेशन पर जायेंगे। स्वाभाविक है। अभिनेता अगर चतुर है तो बिना बंगला जाने, बिना काव्य समझे, रवीन्द्रनाथ के दो-चार गीत रटकर प्रसंग-अप्रसंग-कुप्रसंग में सुना दे तो उसकी काव्य-मर्मज्ञता पर लोग न्यौछावर होंगे। अगर खादी धारण करने लगे, तो महान देशभक्त कहलायेगा। अगर कुछ रकम बाढ़-पीड़ित-फण्ड में दे दे, तो वह महान जनवादी हो जायगा। और तब इस जनवादी युग में वह 'लोक-कलाकार', 'लोक-मंच-निर्माता', 'लोक-संस्कृति का अग्रदूत आदि महिमा-मण्डलों से अपने को घेरकर, मजे में राष्ट्रीय 'हीरो' की जिन्दगी जी सकता है।

प्रसंग से ज़रा हट गया हूँ। जिसे मैंने कल देखा वह वास्तव में अच्छा कलाकार है। मैंने उसे एक सम्मान समारोह में देखा। स्टेज पर तो देख नहीं पाया क्योंकि उस 'जन-कलाकार' के जन-नाट्य के टिकिट दस और पाँच रुपये के थे। समारोह-भवन में पहुँचते ही उन्होंने कुहनी तक हाथ जोड़े, नाक को कुहनियों की ठीक सीध में किया और सिर झुकाया। एक क्षण में मशीन की तरह यह हो गया। वे उसी मुद्रा में मंच पर आये। कुहनी तक हाथों की कैसी अद्भुत सम्पुट थी वह! और सिर किस करीने से झुकाया! मैंने इतना अच्छा अभिवादन कभी नहीं देखा था। मैं उस विनय को देखता ही रह गया। कितना नम्र भाव! कितनी निरभिमान मुद्रा! कितनी अकिंचनता! कितना निरहंकार।

लेकिन जब वे कुर्सी पर बैठे और उस हॉल में खचाखच भरे प्रशंसकों पर दृष्टि डाली तो मैं चौंका। मैंने बड़े गौर से देखा उस दृष्टि को। क्या था उस दृष्टि में? लगता था जैसे विश्व-विजेता बादशाह अपने गुलामों को देख रहा है! सच! मैंने पास बैठे मित्रों से पूछा। वे सब बड़ा कष्ट अनुभव कर रहे थे। एक-दो उठकर चल दिये। मैं बैठा रहा, पूरा खेल देखना था।

वे सम्मान का उत्तर देने को खड़े हुए। फिर कुहनी तक सम्पुट बाँधी। बोले, "मैं तो आपका पुत्र हूँ···आपसे आशीर्वाद लेने आया हूँ···मैं जनता का सेवक हूँ··· आशीर्वाद दीजिए कि देशवासियों की सेवा करता रहूँ!" तालियाँ पिटीं। इसके बाद उन्होंने और भी कमाल किया। न जाने उन्हें क्या समझ में आया। शायद यह कि ये सब लोग मेरे पारिवारिक जीवन में बड़ी दिलचस्पी लेते हैं, या यह कि ये सब नादान बच्चे हैं जिन्हें मैं अपनी कहानी सुनाकर बहलाऊँ; या यह कि ये सब भक्त हैं, इसलिए मेरी 'रामकथा' श्रद्धापूर्वक सुनने के पात्र हैं—जो हो, उन्होंने आत्म-चरित आरम्भ कर दिया। हर वाक्य का आरम्भ 'मैं' से होता। किसी-किसी वाक्य का अन्त भी 'मैं' से ही होता, जैसे—'दिल्ली पहुँचा मैं।' उन्होंने अब तक क्या-क्या

कर डाला, यह बताया। पत्नी का परिचय दिया, प्रशंसा की और उसके 'खर्च' पर एक-दो मजाक किये। पुत्रों के चरित्रों का विवरण दिया। रिश्तेदारों का विनोदमय हाल सुनाया। अन्त में फिर कुहनी तक हाथ जोड़े और वही, "मैं तो आपका पुत्र हूँ···आशीर्वाद दीजिए···जनता का सेवक।" भाषा में प्रथम पुरुष एक वचन के सिवा सर्वनाम नहीं।

मैं उठा। अजब हाल था मेरे मन का—हँसी आ रही थी पर थोड़ा क्षोभ भी था। उन शब्दों और मुद्राओं का लक्षणार्थ मेरे कानों में गूंज रहा था, 'हे मेरे प्रशंसको! तुम सब बहुत मामूली लोग हो; मैं महान हूं। मैंने तुम्हारे बीच आकर तुम्हें कृतार्थ कर दिया।' हॉल से बाहर निकलते-निकलते, जब उन्होंने फिर कुहनी तक सम्पुट बाँधी और सिर झुकाया, तो मुझे लगा कि यह हम लोगों को तमाचे जड़ रहा है।

मैं मित्रों के साथ घर पहुँचा। हम लोग खूब हँसे। इससे मन का कुस्वाद कम हुआ। हम लोग बड़ी देर तक कुहनी तक हाथ जोड़कर नमस्कार करने का अभ्यास करते रहे। प्रमोद पहुँचे तक मिला लेता था, श्रीबाल कुहनी के पास तक मिला तो लेता था, पर हथकड़ी-सी पड़ी मालूम होती थी। मैं अभी तक अभ्यास कर रहा हूँ। मुझे भी छोटे-मोटे समारोहों में जाना पड़ता है, भाषण भी कभी-कभी करना पड़ता है। अगर मुझसे यह मुद्रा सध गयी, तो मेरा 'शो' बढ़िया हो जायगा।

यह सब क्या विनय है? हरगिज नहीं। यह तो बड़े खतरनाक और घृणित किस्म का दम्भ है। दम्भ हर हालत में बुरा ही होता है, पर जब वह विनय के माध्यम से प्रकट हो, तब तो बहुत कटु हो जाता है।

अपनी बात जानता हूँ। पिछले साल एक महान् कवि की जयन्ती पर एक नगर में मैं भाषण दे रहा था। मेरा खूब बढ़ा-चढ़ा प्रशंसामय परिचय दिया गया था—जिस महान् की जयन्ती थी, उससे कुछ ज्यादा ही। मैं जब बोलने को उठा तो जो विनम्रता का भाव मैंने पहिना, उसकी कल्पना कर आज भी हँसी आती है। मैंने खूब नीचा सिर करके, हाथ जोड़, तालियाँ स्वीकारीं। फिर बोला, "मैं बहुत साधारण साहित्य-सेवी हूँ। आपके सामने बच्चा हूँ। मैं ज्ञान की बातें क्या जानूँ? मैं तो स्वयं अपनी अल्पज्ञता से लजा रहा हूँ। पर जैसा गोस्वामीजी ने कहा है—'जो बालक कहि तोतरि बाता। सुनहिं मुदित मन पितु अरु माता।' मैंने डेढ़ घण्टे भाषण दिया। जितना ज्ञान और अज्ञान था, सब उड़ेल दिया। घर लौटकर जब मैंने उन विनय-वाक्यों की याद की, तो बहुत लज्जित हुआ। मेरे उन वाक्यों का अभिधार्थ विनयपूर्ण था, पर मेरे मन में कुछ ऐसा अहंकार दहाड़ रहा था, "रे मूढ़ो! मैं परम ज्ञानी हूँ। देखो मैं अभी ज्ञान-कण बरसाता हूँ, तुम अपनी-अपनी झोली भरो।"

मैंने 'निराला' की उद्धतता देखी है। 'उग्र' की कितनी ही गर्वोक्तियाँ सुनी और पढ़ी हैं। पण्डित नेहरू बर्नार्ड शॉ के लिए आम ले जा रहे थे, तब 'उग्र' ने कहा था—"पण्डित नेहरू को यह मालूम नहीं है कि यहाँ 'उग्र' भी आम खाता है। बर्नार्ड शॉ

के लिए आम ले जा रहे हैं, तो इस साल 'उग्र' आम नहीं खायेगा।" बर्नार्ड शॉ की अगणित दर्पोक्तियाँ लोगों की जबान पर ही हैं। अपने को शेक्सपियर से बड़ा तो वह कहता ही था। उसकी कीर्ति जब स्थिर नहीं हुई थी, तभी उसने बड़े गर्व से लिखा था कि मैं दस सालों से अँगरेजों को समझा रहा हूँ कि मैं एक असाधारण प्रतिभा-सम्पन्न लेखक हूँ। ये सब गर्वोक्तियाँ मुझे अच्छी लगती हैं। इनके दम्भ ने नकाब नहीं पहिना है; खुलकर प्रकट हो गया है। इनमें एक लुभावना फक्कड़पन है, जो अहंकार को गला देने पर ही उपलब्ध होता है। पर विनय के रेशमी पर्दे में छिपा अहं का काँटा बड़ा घृणित होता है, खतरनाक भी।

विनय की मुलायम मखमली म्यान के भीतर हम दम्भ की प्रखर तलवार रखे रहते हैं।

गाँधी-युग से 'जनता-जनार्दन' शब्द नेताओं की जबान पर चढ़ गया है। कितने लोग मंच से घोषणा करते हैं—"मैं जनता-जनार्दन का सेवक हूँ!" इस मखमली म्यान के भीतर अक्सर यह तलवार होती है—"मूर्खो! मैं तुम्हारा भाग्य-विधाता हूँ।" कितने ही लोगों के अहं का भालू मंच पर एकदम मेमना हो जाता है। कुछ लोग तो आठों पहर रंगमंच पर रहते हैं, हर क्षण एक्टर; दिन-रात रामलीला का 'सरूप' धरे रहते हैं। मित्रों, परिचितों तक के सामने अभिनय करते हैं। ये मनुष्य नहीं लगते, नाटक के सजे पात्र मालूम होते हैं। शेक्सपियर ने संसार को 'स्टेज' कहा है, ये लोग 'स्टेज' के भीतर 'स्टेज' बनाकर ओवर-एक्टिंग करते हैं। एक बड़े साहित्यकार से मेरा परिचय कराया गया, तो उन्होंने चौड़ी मुस्कान धारण की और हाथ जोड़ मोटर में बैठते-बैठते बोले—हिन्दी बड़ी रंक है, उसने आपके सामने झोली फैलायी है, उसे मणियों से भर दीजिए। मुझे लगा कि परिचय होते ही ये एकदम छमककर मंच पर चढ़ गये।

विनय के रेशमी पर्दे के पीछे अहं की कुरूपता छिपी नहीं रह सकती। अहं की प्रकृति ही प्रदर्शन की है, वह नकटे की तरह आईना देखने को उत्सुक रहता है। कुछ नकटों को आईना देखकर भी यह समझ में नहीं आता कि नकटापन कुरूपता है। वे समझते हैं कि कट जाने से नाक सुडौल हो गयी। बिरले होते हैं, जो कटी नाक को विकृति स्वीकार कर लेते हैं। मेरे एक मित्र ने मुझे बताया कि उनका एक मित्र उन्हें हमेशा 'पालागी' करता है और सबके सामने कहता है कि मैं तो आपका सेवक हूँ। मित्र के मन में गर्व जागा कि वह उनकी महत्ता के सामने नतमस्तक है, गुणों के प्रति श्रद्धालु है। मित्र कहने लगे, मैं फिरूँ फूला-फूला कि यह अकड़बाज आदमी मेरा भक्त है। एक दिन गुब्बारा फूटा। वह बोला—पण्डितजी, हम तो गौ, ब्राह्मण, कन्या को हमेशा पूज्य मानते हैं। वह मुझे मात्र ब्राह्मण समझकर प्रणाम करता था।

झूठी विनय के कितने ही विद्रूप देखे हैं। एक बार एक अफसर-कवि से मेरा परिचय हुआ। अफसर-कवि एक खास प्रकार का प्राणी होता है। अफसरी रोब और कवि की कोमलता में निरन्तर संघर्ष चलता रहता है। उनकी बातचीत मधु की तरह थी—"आपको देख लेता हूँ तो अन्तरतम के तार झंकृत हो जाते हैं।" होते होंगे।

तार हम कहाँ से लावें ? हमारे अन्तरतम में तो नगाड़ा है—गड़गड़ाता है, झंकृत नहीं होता। मैं उन्हें पहिले ही नमस्कार कर लेता। वे समझे होंगे कि मैं उनका भक्त हो गया। अब वे सड़क पर मिलते तो दूर से ही मेरी ओर टकटकी लगाये, मेरे हाथ जुड़ने की राह देखते रहते। उत्सुकतावश उनके हाथ दो-तीन बार आधे रास्ते तक आकर फिर गिर जाते। वे पहिले हाथ कैसे उठायें ? अगर मैं हाथ न जोड़ता, तो वे मेरे बगल से बिना मुझे पहिचाने निकल जाते --'अन्तरतम के तार झंकृत करते हुए।' आखिर मैंने उन्हें 'ब्लैंक लुक' देना शुरू किया। उन्हें देखता हुआ बिना नमस्कार किये निकल जाता। फिर तो वे ही कभी-कभी पहिले हाथ जोड़ने लगे। विनय का रूपक अन्त तक निभा ले जाना बड़ा कठिन है। जिस कलाकार की प्रेरणा से मैं 'जिमनास्टिक' कर रहा हूँ, उसका रूपक ग़ज़ब का है। कुहनी तक सहज सम्पुट, ठीक सीध में नाक, नयनों में असीम कातरता ! बिलकुल शिशु-सारल्य ! मगर फिर उसकी वह दर्प-दृष्टि, जिससे अनवरत शब्द झरता था--'तुच्छ तुच्छ !' और फिर वह प्रथम पुरुष एकवचन सर्वनाम !

मखमल की म्यान में छिपी तलवार।

कबिरा आप ठगाइए....

मनुष्य का जीवन यों बहुत दुखमय है, पर इसमें कभी-कभी सुख के क्षण आते रहते हैं। एक क्षण सुख का वह होता है, जब हमारी खोटी चवन्नी चल जाती है या हम बगैर टिकिट, बाबू से बचकर निकल जाते हैं। एक सुख का क्षण वह होता है, जब मुहल्ले की लड़की किसी के साथ भाग जाती है और एक सुख का क्षण वह भी होता है, जब 'बॉस' के घर छठवीं लड़की होती है।

इनमें कुछ सुख वे होते हैं जिन्हें हम कमाते नहीं हैं, वे हमारे लिए हमारी कोशिश के बिना आ जाते हैं, जैसे 'बॉस' के घर छठवीं लड़की का जन्म। मगर कुछ सुख हम कमाते हैं, जैसे खोटा सिक्का चला देना। जब से नये सिक्के चले हैं, खोटी चवन्नी चलाने का सुख जाता रहा। अब उसकी स्मृति ही शेष है। हम जेब में हाथ डालकर अँगुलियों से टटोलकर खोटी चवन्नी निकालते थे। उसे बेपरवाही से पान-वाले की तरफ बढ़ाते थे। भीतर धड़कन होती थी मगर चेहरे पर हम शान्ति बनाये रखते थे। जब पानवाला उसे अपनी चिल्लर में डाल लेता, तब हमें परम आनन्द की उपलब्धि होती थी।

यह ठगने का सुख है। इसे ही ब्रह्मानन्द कहा गया है। ब्रह्मानन्द तब प्राप्त होता है, जब साधक परमात्मा को ठग लेता है। कई तपस्वी ब्रह्मानन्द की प्राप्ति

के लिए पूरी जिन्दगी साधना में बरबाद कर देते थे। वे अगर स्थानीय पानवाले के पास एक खोटी चवन्नी चला देते, तो उन्हें सहज ही ब्रह्मानन्द प्राप्त हो जाता।

ठगते देवता भी हैं। विष्णु ने तो एक सुन्दर स्त्री का रूप धारण करके अपने साथी और मित्र शंकर को ही ठग लिया था—जैसे कोई प्रोफेसर दूसरे प्रोफेसर का पेपर आउट कर दे। ठगने की 'क्लासिक' घटना वह है जब विष्णु चिर एकाकी, विगत यौवन, भयंकर विवाहेच्छु नारद को स्वयंवर में जाने के पहिले बन्दर का चेहरा दे देते हैं। जिन्दगी-भर बेचारा मुनि एकतारे पर 'नारायण-नारायण' बोलता रहा और नारायण ने उसे ठग लिया। इन्द्र ने तो तपस्वियों को ठगने के लिए अप्सराओं की एक पलटन ही रखी थी और कई मुनि इसी आशा से तपस्या करते थे कि तपस्या भंग करने के लिए इन्द्र कोई अप्सरा भेजेगा। पर कोई-कोई इसमें भी ठगा जाते थे—वे जिन्दगी-भर तपस्या करते और कोई अप्सरा नहीं आती थी। आत्मा पुकारती—देवराज, अप्सरा भेजो! हम तपस्या कर रहे हैं। और इन्द्र जवाब देता—अभी कोई 'स्पेयर' (खाली) नहीं है। कृष्ण तो रोज ही किसी को ठगते थे! ब्रज की गली में कोई गोपी रोज ही 'ठगी-सी' खड़ी रहती थी। प्रेम में ठगना जरूरी है। जब प्रेम बहुत गहरा हो जाता है, तब प्रेमिका प्रेमी को छलिया, कपटी और ठग कहने लगती है। जो जितना बड़ा ठग होगा, वह उतना ही बड़ा प्रेमी होगा।

मगर कबीरदास कहते हैं कि ठगाने में भी सुख है। कहा है—

कबिरा आप ठगाइए और न ठगिए कोय।
आप ठगे सुख होत है और ठगे दुख होय॥

यह बात मेरे गले नहीं उतरती। मैं तो पिछले महीने ही बड़ी सफाई से ठगा गया, मगर मुझे सुख नहीं हुआ।

मैं दिल्ली स्टेशन पर अपने मित्र के साथ पठानकोट एक्सप्रेस में चढ़ा। खिड़की के पास बैठे एक सज्जन ने (जिन्हें आगे मैं सज्जन नहीं कह सका) दस का नोट दिखाते हुए मुझसे पूछा, "दस छोटे नोट होंगे?" मैंने झट जेब में हाथ डाला और नोट निकालकर गिनने लगा। कुल नौ नोट थे। वे बोले, "कोई बात नहीं। एक बाद में ले लूँगा। मुझे नौकर को दो रुपये देना है।" मैंने उन्हें नौ नोट दे दिये। वे झट खिड़की की तरफ मुड़े और नौकर को पुकारा, "रंगनाथ, ये ले।" उसे दो रुपये दे दिये। मैंने सोचा—दस का नोट बाद में ले लूँगा। यह साथ ही तो सफर कर रहा है।

मैं अपने मित्रों से विदा लेने लगा। गाड़ी चल दी। मैंने खिड़की की तरफ देखा, तो वह आदमी गायब था। (यहाँ से मैं उसे सज्जन नहीं, सिर्फ आदमी कहूँगा) मैंने आसपास के लोगों से पूछा तो उन्होंने कहा कि वे यहाँ बैठे जरूर थे, पर अभी कहीं चले गये। मैं उसे पूरी तरह पहचान भी नहीं सका था। मुझे उसके नौकर का नाम अलबत्ता याद था—रंगनाथ। मैंने पूरे डब्बे के दो-तीन चक्कर लगा डाले। जो आदमी मुझे उस-जैसा दिखता, मैं उसी से पूछता—'क्यों साहब, आपने क्या

रंगनाथ को दो रुपये दिये थे ?' वह पूछता---'कौन रंगनाथ ?' मैं चुपचाप आगे बढ़ जाता।

मेरे दोस्त और वे तीन-चार यात्री मेरी हलचल देख रहे थे। उन्होंने पूछा, "आप उन्हें क्यों खोज रहे हैं ? क्या दस का नोट नहीं लिया ?"

मैंने सोचा, अगर कह दूंगा कि मैंने नोट नहीं लिया तो ये सब मुझे महामूर्ख समझेंगे। फिर उन लोगों के साथ मैं लम्बा सफर कैसे तय करूँगा, जो मुझे बेवकूफ समझते हैं। इससे ज्यादा डर मुझे मेरे उस दोस्त का था। वे मुझे पैसा उड़ाने पर बहुत डाँटते थे। एक हफ्ते में दिल्ली में हम लोग पास का सब पैसा और उधार लेकर भी खर्च कर चुके थे। मेरे पास कुछ चिल्लर ही अब बची थी और उनके पास भी 4-6 रुपये पड़े थे।

मैं झूठ बोल गया। मैंने कहा, "नहीं, मुझे ही उन्हें एक रुपया देना है।" उन्हें बड़ा अचरज हुआ कि कोई ऐसा आदमी भी इस धरती पर है, जो पैसा लेनेवाले को ढूंढ़ रहा है। वे लोग बोले, "तो आप क्यों परेशान हैं ? वह खुद आपको ढूंढ़ लेगा।"

हारकर मैं सो गया। झाँसी में जब सुबह हुई, तो मैंने देखा कि सामने से ऊपर की बर्थ से उतरकर एक आदमी मेरे पास आया। मैंने पहचान लिया। वही था। मैंने कहा, "अरे, आप कहाँ गायब हो गये थे?" उसने कहा, "मैं थका था, इसीलिए सो गया था।" मेरे दोस्त ने कहा, "ये तो आपको बहुत खोजते रहे।" उसने सहज भाव से कहा, "आप क्यों परेशान हुए साहब ? एक ही रुपये की तो बात थी। मिल जाता।"

मेरे मन में काँटा चुभा। वह चुपचाप पड़ा-पड़ा मेरी बात सुन रहा था। पर अब मैं उससे दस का नोट कैसे माँगूं ? मैं सबसे कह चुका था कि मुझे ही उसे एक रुपया देना है। अब अगर मैं उससे दस का नोट माँगूं, तो ये सब मुझे ही ठग समझेंगे। मैंने चिल्लर इकट्ठी करके उसे एक रुपया और दे दिया।

मैं ठगा गया। पर जिस सुख का संकेत कबीरदास ने किया है, वह मुझे नहीं हुआ। चाय और नाश्ता तो मेरे मित्र ने अपने पैसे से करा दिया। वे आगे उसी गाड़ी में बढ़ गये और मैं दूसरी गाड़ी में जबलपुर तक भूखा बैठा रहा।

कबीर के इस दोहे पर मैं बार-बार विचार करता रहा। आखिर उसका मतलब क्या है ? उन्होंने उलटबासियाँ जरूर कही हैं, पर यह तो उलटबासी नहीं है। एकाएक मुझे सूझा कि कबीरदास ने यह नहीं बताया कि किससे ठगने से सुख होता है। आखिर ठगनेवाला कैसा होना चाहिए ? दूसरे पदों में इसका पता किया। वह ठगनेवाला नहीं है, ठगनेवाली है। उसका नाम 'माया' है—'माया महा ठगिन हम जानी'। यह माया ब्रह्मा को ठगने के लिए ब्राह्मणी बनी बैठी है और शिव को ठगने के लिए भवानी बनकर बैठी है। कबीरपन्थी साधु गाते हैं—'ठगनी क्या नैना मटकावै !' वे सब ठगनेवाली माया को जानते हैं। सिर्फ मैं अभागा नहीं जानता। 'माया महा ठगिन हम जानी'---महात्मा, तुम तो जानी, पर हम तो नहीं जानी कि ठगाना हो तो माया से ठगाना चाहिए। हम तो तैयार बैठे हैं कि हमें माया आकर

ठगे। माया खाली न हो तो उसकी 'सिस्टर' ही आकर ठग ले, या कोई माया की सहपाठिनी ही ठग ले। इनसे ठगने से तो सचमुच सुख होगा। पर ये तो नहीं आयीं। ठगा गया रंगनाथ के उस बेईमान मालिक से।

कबीर के इस दोहे का बाकी अर्थ भी मेरे सामने उघड़ गया। दूसरी पंक्ति में कहा है— 'आप ठगे सुख होत है, और ठगे दुख होय'—याने आप अगर किसी को ठगेंगे तो आपको सुख होगा। कोई और उसे ठग लेगा तो आपको दुख होगा कि हम उसे नहीं ठग पाये।

एक प्रकाशक मुझसे उस दिन कह रहा था कि अमुक प्रकाशक तो आपको ठग रहा है। उसे दुख हो रहा था कि दूसरा प्रकाशक मुझे ठग रहा था और वह नहीं ठग पा रहा था।

मगर यह प्रचार कि मैं तो ठगा जाता हूँ—दूसरे को ठगने की भूमिका बन सकता है। एक आदमी ने अपना प्रचार कर रखा था कि मैं तो बालक की तरह भोला हूँ और मुझे कोई भी ठग लेता है। उसके प्रशंसक कहते थे—अरे भई, उसे तो कोई भी ठग लेता है। कोई उससे उसकी लँगोटी भी माँगे, तो वह उतारकर दे देगा।

मैं एक दिन उस सन्त के पास गया। मैंने देखा कि उनके पास ही दूसरों की उतरवायी हुई 15-20 लँगोटियाँ रखी हैं। बात यह थी कि उसके सामने लोग जब जाते, तो यह मानकर कि वह तो बहुत भोला है, अपनी लँगोटी की तरफ से असावधान हो जाते और वे धीरे-से गफलत में उसकी लँगोटी उतार लेते। मैं फौरन अपनी लँगोटी बचाकर भागा।

मैं भी सोचता हूँ कि जब ठगा गया हूँ तो एक बार किसी को ठगकर देखूं। अगर अब भी माया ठगने नहीं आयी तो मैं खुद रंगनाथ के मालिक को ढूँढ़कर ठगूंगा।

कर कमल हो गये

पिछले महीने से अपने हाथ भी कमल हो गये हैं। मेरे पास तीन कॉलेजों के समारोहों के निमन्त्रण-पत्र रखे हैं, जिनमें श्रीमान या श्रीमतीजी से कहा गया है कि उद्घाटन इस अकिंचन के कर कमलों से होगा। यह मैं कर भी आया। चरण कमलों से मंच पर चढ़ा, कमल नयनों से लोगों को देखा, कर कमल से फीता काटा और मुख कमल से भाषण दे डाला। उन लोगों ने सिर्फ हाथों को कमल कहा था, मैंने शरीर-भर को कमल बना लिया। ऐसा देवताओं का होता था। राम के तो नाखून

तक कमल के थे। देवताओं का एक काम तो मैं भी करता हूँ। आकाशवाणी करता हूँ। रेडियो से बोलता हूँ और रेडियो का हिन्दी नाम आकाशवाणी है। यों मैं विनोबा भावे से ज्यादा गाँधीजी के रास्ते पर चलता हूँ। जिस रास्ते से रोज निकलता हूँ, उसका नाम ही महात्मा गाँधी मार्ग है। नाम से आदमी तर जाता है। उल्टे नाम तक से तर जाता है। कोई 'मरा-मरा' चिल्ला रहा था तो राम ने उसे सीधा स्वर्ग भेज दिया। बड़े आदमी छोटा एहसान करके 'प्रोपेगेण्डा स्टण्ट' साधते हैं। वैष्णव इस स्टण्ट को समझे ही नहीं और स्तुति गाने लगे।

मेरे एक दोस्त के कर भी कमल हो गये हैं। मुझसे कुछ बेहतर क्वालिटी के, क्योंकि वे पाँच उद्घाटन इस मौसम में कर चुके हैं। वे मेरे हाथ उलट-पलटकर देखते हैं, और मैं उनके देखता हूँ। और वे कहते हैं—'यार, दोनों के हाथ एकाएक कमल कैसे हो गये? यह क्या बात है?'

सचमुच यह बात क्या है? मैंने भरसक कोशिश की है कि हाथ कमल न हो जायें। हथेली पर मैंने काँटे बोये हैं। मगर न जाने क्या हुआ कि कर एकाएक कमल हो गये। अब मैं परेशान हूँ। जिनके हाथ मुझसे पहले कमल हो गये थे, उनकी दुर्दशा मैं देख रहा हूँ। वे कर कमलों से उद्घाटन करने जाते हैं, और मुख कमल खोलते हैं, तो माइक की तबीयत चाँटा जड़ देने की होती है। अभी वह जब्त किये हैं, पर एक वक्त ऐसा आयेगा जब माइक मुख कमल में घुसकर टेटरी बन्द कर देगा। कर कमलवाले मुँह खोलते हैं कि लड़के चिल्लाते हैं, 'भाषण नहीं नौकरी दो!' वे सँभल-कर कहते हैं, 'यह देश तुम युवकों का है।' लड़के चिल्लाते हैं, 'बकवास बन्द करो।' वे कहते हैं, 'इस देश का तुम्हें निर्माण करना है।' लड़के कहते हैं, 'चुप रह बे!' वे कहते हैं, 'हमें तुमसे बड़ी-बड़ी आशाएँ हैं।' लड़के चिल्लाते हैं, 'शटप!' फिर घेराव, नारे, जूता फेंक और कभी पिटाई भी।

ये कमल अब कॉलेजों में जाने में डरने लगे हैं। उद्घाटन करनेवालों का टोटा पड़ने लगा था। जूता मारने को कमल तो चाहिए ही। अब मुझ जैसे लोगों के कर कमल बना दिये गये हैं। सार्वजनिक जिन्दगी में एक ऐसा वक्त आता है जब आदमी कमल हो जाता है। फिर ऐसा वक्त आता है जब कमल पर जूते पड़ते हैं!

अखबार में यह जिनका चित्र है, उनके हाथ पिछले पन्द्रह सालों से कमल हैं।

सैकड़ों निमन्त्रण-पत्र इसके प्रमाण हैं। कल ही एक विश्वविद्यालय में अच्छी-अच्छी बातें कहते हुए वे पिट गये। आजकल देख रहा हूँ कि अच्छी बातें कहनेवाले ज्यादा पिट रहे हैं। अब अच्छी बातें कहने का हक किसी को लोग देना नहीं चाहते। जिस देश में अच्छी बातें कहने से आदमी पिट जाय, उसमें अच्छी बात कहनेवालों ने क्या गजब न किया होगा?

कल मुख कमल से अच्छी बातें कहते हुए जो पिट गये थे, वे इस चित्र में मुसकराते हुए पालम हवाई अड्डे पर विदेशी अतिथि का स्वागत कर रहे हैं।

विदेशी राज-अतिथि की मुसकान इतनी अच्छी है कि लगता है, वे भी अपने देश में पिटकर हवाई जहाज में बैठे होंगे। बिना पिटे ऐसी अच्छी मुसकान नहीं आ सकती, यह हमारा पिटकर मुसकानेवाला बता रहा है। इस देश में यह बड़ी अजब बात है कि जो जितना पिटता है, वह उतना ही अच्छा मुसकराता है।

विदेशी राज-अतिथि से अपना यह कमलवाला क्या कह रहा है। वह जो कहता है, अखबारों में नहीं छपता। वह कहता है—'साहब, हमारी शर्म अब 20-22 साल की जवान लड़की हो गयी है। मगर वह नंगी रहती है। जब आप आते हैं तो आपकी मुसकान की रेशमी साड़ी अपनी नंगी शर्म को पहनाकर आपके सामने पेश करते हैं। आप इससे शादी कर लीजिए, यह पूर्ण शीलवती है। हमने हर चीज का शील भंग हो जाने दिया है, पर शर्म के शील की रक्षा की है!'

इसके बाद वह अपने कर कमलों से दो दर्शनी हुण्डियाँ निकालेगा—एक चीन की और दूसरी पाकिस्तान की और फौरन भुगतान करा लेगा। फिर वह किसी जादू से चीन और पाकिस्तान को बच्चों को डराने के 'बाबा' बना लेगा। बच्चे भूख के कारण रोयेंगे, तो वह कहेगा—'चुप, सो जा। बाबा आ रहे हैं। चीन और पाकिस्तान पकड़कर ले जायेंगे।' बच्चे डर से भूख को मारकर सो जायेंगे।

विदेशी फिर कहेगा—'आपके देश की महान् संस्कृति है।' अपना कमल कहेगा—'संस्कृति की हड्डी को अब कुत्ते चबाते घूम रहे हैं। संस्कृति की हड्डी कुत्ते का जबड़ा फोड़कर उसके खून को उसी को स्वाद से चटवा रही है। हाँ, हम विश्वबन्धुत्व भी मानते हैं, यानी अपने भाई के सिवा बाकी दुनिया-भर को भाई मानते हैं।'

ये कमल अब पुलिस की सुरक्षा में मिलते हैं। यह नयी किस्म का कमल इस देश में पैदा हुआ है, जो तभी खिलता है, जब आसपास पुलिस हो। वनस्पति-शास्त्रियों को इसका अध्ययन करना चाहिए। नृतत्वशास्त्रियों के काम का यह नहीं है, क्योंकि यह आदमी नहीं, कमल है। कमल सूर्य को देखकर खिलता है, सूर्यास्त पर बन्द हो जाता है। यह नया कमल पुलिस देखकर खिलता है, पुलिस न दिखे तो मुरझा जाता है। बड़ा सुन्दर दृश्य होता है आगे पुलिस, पीछे पुलिस, बायें पुलिस, दायें पुलिस और बीच में यह कमल मुसकराता चला जाता है। एक सूखा सरोवर है, जिसमें खाकी लहरें उठ रही हैं। खाकी लहरों के बीच यह कमल खिलता है।

जब लोग करों को कमल बनाने पर तुले ही हैं तो अपने बारे में चिन्ता हो गयी है। कैसे यह रोल निभेगा? एक तो मैं हरगिज अच्छी बातें नहीं कहूँगा। इस देश का आदमी लगातार अच्छी बातों से मारा गया है। बहुत लोगों का ख्याल है कि जवाहरलाल शेरवानी में गुलाब का फूल न खोंसकर भटकटैया खोंसते तो ज्यादा अच्छा होता। लगातार अच्छी बातों से मारा, सुन्दर फूल से मारा। मैं अगर अपने मुख कमल से कोरी अच्छी बातें करूँ तो सामने बैठे लोग मुझे फौरन जूता मार दें। मगर बहुतों के पैरों में जूते नहीं हैं, ये क्या मारेंगे? संविधान में जूते मारने का बुनियादी अधिकार तो होना ही चाहिए। आदमी के पेट में अन्न न हो, शरीर

पर कपड़े न हों, पर पाँवों में जूता जरूर होना चाहिए, जिससे वह जब चाहे बुनियादी अधिकार का उपयोग कर सके।

मैं कोई अच्छी बात नहीं कहता। मैं तो 'उद्घाटन' को भी बुरा शब्द मानता हूँ। साहित्य में जो अपने को विद्रोही पीढ़ी कहती है उसके एक संकलन का उद्घाटन करने के लिए मुझे बुला लिया गया था। मैंने देखा, वैसा ही सुनहला निमन्त्रण-पत्र—उसमें वही 'उपस्थिति में शोभा' बढ़ाने की बात, पुस्तक पर रंगीन कागज और उस पर बँधा वही रेशमी पीला फीता। इसमें विद्रोही पीढ़ीपन कहाँ है? मैंने माइक हाथ में लेते ही कहा–'विद्रोही पीढ़ी का उद्घाटन समारोह नहीं, 'विस्फोटन' समारोह होना चाहिए। निमन्त्रण-पत्र पर होना चाहिए—हमारे काव्य-संकलन का विस्फोटन अमुक वक्त पर होगा। तुम्हें आना हो तो आओ वरना ऐसी-तैसी कराओ' यह बात तरुणों को अच्छी लगी। बात अच्छी नहीं है न!

सफल कमल होने की मैं पूरी कोशिश करूँगा। सारे हथकण्डे सीखूंगा। गुरुओं की कमी नहीं है। एक गुरु को मैंने पिछले साल पा लिया। वे मेरे शहर में एक समारोह का उद्घाटन कर रहे थे। बहुत भाव-विभोर होकर बोले—'अहा, जबल-पुर! पुण्यभूमि है। यहाँ की मिट्टी में इतिहास बिखरा पड़ा है। यहाँ की धूल चन्दन है। मैं उसे मस्तक से लगाता हूँ।' उन्होंने जेब से धूल की पुड़िया निकाली और कपाल पर लगा ली। साहब पूरा हॉल मुग्ध हो गया और उन्होंने घण्टे-भर भाषण खींच दिया।

मैं उनके पीछे लग गया। सागर में एक समारोह का उद्घाटन करते हुए उन्होंने फिर कहा—'अहा, सागर! यह पुण्यभूमि है। यहाँ की मिट्टी में इतिहास बिखरा पड़ा है। यहाँ की धूल चन्दन है। मैं इसे मस्तक से लगाता हूँ।' उन्होंने फिर जेब से पुड़िया निकाली और कपाल पर धूल लगा ली। सागरवाले भी मुग्ध होकर उन्हें सुनते रहे।

फिर वे बरेली पहुँचे। वहाँ वे बोले—'अहा, बरेली! यह पुण्यभूमि है। यहाँ की मिट्टी में इतिहास बिखरा पड़ा है। यहाँ की धूल चन्दन है। मैं इसे मस्तक पर लगाता हूँ।' पुड़िया निकालकर फिर उन्होंने धूल लगा ली। वे घर से धूल की पुड़िया जेब में डालकर चलते हैं।

यह गुर अच्छा है। मगर यह गुरु के नगर में फेल हो जाता है। शिवकुमार बताता है कि मैं उन्हीं गुरु के शहर गया हुआ था। समारोह की अध्यक्षता वही कर रहे थे। मैंने भावुकता से कहा—'अहा, यह नगरी पुण्यभूमि है। इसकी मिट्टी में इतिहास बिखरा पड़ा है'—लोग हँसने लगे। मैं पुड़िया निकालकर कपाल पर धूल लगा ही नहीं सका।

तरकीबें कई हैं। एक तरकीब हर मौके पर काम नहीं करती। तरकीबें मुझे भी बहुत आती हैं। पर मेरे मित्र फिर कहते हैं—'अपने हाथ एकाएक कमल कैसे हो गये? आखिर यह क्या हो गया?'

वे ही सोचकर जवाब देते हैं—'हम लोग बुद्धिजीवी हैं। बुद्धिजीवी का रुतबा बढ़ रहा है।'

हाँ, बढ़ तो रहा है। इस देश के बुद्धिजीवी सब शेर हैं। पर वे सियारों की बारात में बैण्ड बजाते हैं।

ग्रीटिंग कार्ड और राशन कार्ड

मेरी टेबिल पर दो कार्ड पड़े हैं—इसी डाक से आया दिवाली ग्रीटिंग कार्ड और दूकान से लौटा राशन कार्ड। ग्रीटिंग कार्ड में किसी ने शुभेच्छा प्रगट की है कि मैं सुख और समृद्धि प्राप्त करूँ। अभी अपने शुभचिन्तक बने हैं, जो सुख दिये बिना चैन नहीं लेंगे। दिवाली पर उन्हें कम-से-कम याद तो आती है कि इस आदमी का सुखी होना अभी बकाया है। वे कार्ड भेज देते हैं कि हम तो सुखी हैं ही, अगर तुम भी हो जाओ, तो हमें फिलहाल कोई एतराज नहीं।

यह ग्रीटिंग कार्ड मेरे सुख की कामना कर रहा है। मगर राशन कार्ड बताता है कि इस हफ्ते से गेहूँ की मात्रा आधी हो गयी है। राशन कार्ड ने ग्रीटिंग कार्ड को काट दिया। ऐसा तमाचा मारा कि खूबसूरत ग्रीटिंग कार्डजी के कोमल कपोल रक्तिम हो गये। शुरू से ही राशन कार्ड इस ग्रीटिंग कार्ड को गुर्राकर देख रहा था। जैसे ही मैं ग्रीटिंग कार्ड पढ़कर खुश हुआ, राशन कार्ड ने उसकी गर्दन दबाकर कहा—क्यों बे साले, ग्रीटिंग कार्ड के बच्चे, तू इस आदमी को सुखी करना चाहता है ? जा, इसका गेहूँ आधा कर दिया गया। बाकी काला-बाजार से खरीदे या भूखा रहे।

बेचारा ग्रीटिंग कार्ड दीनता से मेरी तरफ देख रहा है। मैं क्या करूँ ? झूठों की रक्षा का ठेका मुझे थोड़े ही मिला है। जिन्हें मिला है, उनके सामने हाथ जोड़ो। मेरे राशन कार्ड को तेरी झूठ बर्दाश्त नहीं हुई। इन हालात में सुख की झूठी आशा लेकर तू क्यों आया ? ग्रीटिंग कार्ड राष्ट्रसंघ के शान्ति प्रस्तावों की तरह सुन्दर, पर प्रभावहीन है। राशन कार्ड खुरदरा और बदसूरत है, पर इसमें अनाज है। मेरे लिए यही सत्य है। और इस रंगीन चिकनाहट में सिर्फ सत्यहीन औपचारिक शुभेच्छा है। ग्रीटिंग कार्ड सत्य होता है। अगर इसके साथ एक राशन कार्ड भी भेजा गया होता और लिखा होता—हम चाहते हैं कि तुम सुख प्राप्त करो। इस हेतु हम एक मरे हुए आदमी के नाम से जाली राशन कार्ड बनवाकर भेज रहे हैं। जब तक धाँधली चले, सस्ता अनाज लेते जाना और सुखी रहना। पकड़े जाने पर हमारा नाम मत बताना। संकट के वक्त शुभचिन्तक का नाम भूल जाना चाहिए।

ऐसे ग्रीटिंग कार्ड नहीं आते। जो आते हैं, वे रीते होते हैं। यों मैं देख रहा हूँ कि कुछ लोग समझदार होते जा रहे हैं। अभी शारदोत्सव पर एक काव्य-संगीत का आयोजन किया गया था। संयोजक राशन कार्ड का महत्त्व समझते हैं। विज्ञप्ति में उन्होंने काव्य और संगीत के बाद यह भी छपवाया कि खीर भी खिलायी जायेगी। एक बन्धु ने पूछा—खीर यानी चावल की खीर? मैंने कहा—यों खीर कई चीजों की बनती है। पर—सिर्फ 'खीर' से चावल की खीर ही समझी जाती है—जैसे सिर्फ लेखक कहने से गुलशन नन्दा का बोध होता है। संयोजक ने सोचा होगा, यहाँ के काव्य-संगीत-प्रेमियों को चावल के दर्शन नहीं होते, ये खीर के लोभ में समारोह की शोभा बढ़ाने आ पहुँचेंगे। सुना है, वहाँ बहुत भीड़ हुई।

इन ग्रीटिंग कार्डों में ऐसा कुछ नहीं होता। झूठे होते हैं। पिछली डाक से मुझे जो ग्रीटिंग कार्ड मिला, वह उन मित्रनुमा प्रकाशक की तरफ से था, जो एक पाठ्य पुस्तक में मेरे बहुत-से रुपये खा चुके हैं। पर ग्रीटिंग कार्ड हर दिवाली पर आता है—तुम सुख और समृद्धि प्राप्त करो। मैं हर बार ध्यान से देखता हूँ कि इस कार्ड के चेहरे पर कोई शर्म भी है। नहीं होती। ठेठ निर्लज्ज भाव होता है, बल्कि शिकायत का भाव ही होता है कि तुमने थोड़े-से रुपये तो ले ही लिये थे। मैं कहता हूँ—बेशर्म कार्ड महाशय, मैं अगर समृद्ध हो जाऊँगा तो तुम्हें भेजनेवाले की समृद्धि उतनी ही कम हो जायेगी। जाओ, पूछकर आओ कि क्या सचमुच समृद्ध हो जाऊँ। कार्ड घबड़ाता है। कहता है—अरे साहब, उनसे क्या पूछना है। मैं क्या उन्हें जानता नहीं हूँ। इस शुभकामना को बिल्कुल 'सीरियसली' मत लीजिए।

एक ग्रीटिंग कार्ड यह दवाफरोश का है—मॉडर्न केमिस्ट्स प्रोप्राइटर मैसर्स टिंगेलाल-पिंगेलाल एण्ड सन्स! कार्ड अंग्रेजी में है—हैपी दिवाली प्रास्परस न्यु ईयर—सीजन्स ग्रीटिंग्ज्! मुझे पक्की जानकारी है कि टिंगेलाल और पिंगेलाल के संयुक्त पिताजी शुद्ध अपढ़ थे। टिंगेलालजी और पिंगेलालजी भी अंग्रेजी नहीं जानते। 'सन्स' के बारे में नहीं जानता। मगर ये दोनों भाई सत्यनारायण की कथा का निमन्त्रण भी अंग्रेजी में ही देते हैं। 1947 में जब अंग्रेज भागने लगे, तो उन्हें चिन्ता थी कि हमारी जगह कौन लेगा। तब पिंगेलालजी और टिंगेलालजी ने कहा—अन्नदाता, हम तो हैं। अंग्रेज सन्तुष्ट हुए। बोले—अब हम जा सकते हैं। हमें योग्य उत्तराधिकारी मिल गये। आप लोगों के हाथों में हमारी अंग्रेजी भाषा सुरक्षित है। कोई भी भाषा अपढ़ों के हाथों में सुरक्षित रहती है। आशा है, आप लोगों के बेटे क्रिकेट भी खेलेंगे। दूसरे दिन कार्ड छप गया था—मेसर्स टिंगेलाल-पिंगेलाल रिक्वेस्ट दी प्लेजर ऑफ योर कम्पनी एट कथा सत्यनारायण···

इस कार्ड का मैं क्या अर्थ लूँ? अगर मैं सुखी हो जाऊँ तो टिंगे और पिंगेलाल-जी को दुख होगा—मैं बीमार नहीं पड़ूँगा तो उनकी दवा नहीं बिकेगी। इस ग्रीटिंग कार्ड का मतलब है—लक्ष्मी की कृपा से इस दिवाली के मौसम में आप बीमार पड़ें। मगर दवा हमारी दूकान से ही खरीदें।

दूकानदारों के ग्रीटिंग कार्ड तो तगादे होते हैं। उनका मतलब होता है—

महाशय, आपके सुखी होने के तो कोई चांस नहीं हैं, मगर हमारा बिल रोककर आप हमारा सुख कम क्यों कर रहे हैं ?

मित्रों से तो मैं कहना चाहता हूँ कि ये कार्ड न भेजें। शुभकामना इस देश में कारगर नहीं हो रही है। यहाँ गोरक्षा का जुलूस सात लाख का होता है और मनुष्य-रक्षा का सिर्फ एक लाख का। दुनिया-भर में शुभकामना बोझ हो गयी है। पोप की शुभकामना से एक बम कम नहीं गिरता। मित्रों की इच्छा से ही कोई सफल, सुखी और समृद्ध कैसे हो जायेगा ? सफलता के महल का प्रवेश-द्वार बन्द है। इसमें पीछे के नाबदान से ही घुसा जा सकता है। जिन्हें घुसना है, नाक पर रूमाल रखकर घुस जाते हैं। पास ही इत्र-सने रूमालों के ठेले खड़े हैं। रूमाल खरीदो, नाक पर रखो और नाबदान में से घुस जाओ, सफलता और सुख के महल में। एक आदमी खड़ा देख रहा है। कोई पूछता है—घुसते क्यों नहीं ? वह कहता है—एक नाक होती तो घुस जाते। हमारा तो हर रोम एक नाक है। कहाँ-कहाँ रूमाल लपेटें।

एक डर भी है। सफलता, सुख और समृद्धि प्राप्त हो भी जाये, तो पता नहीं कितने लोग बुरा मान जायें। संकट में तो शत्रु की भी मदद कर देते हैं। मित्रता की सच्ची परीक्षा संकट में नहीं, उत्कर्ष में होती है। जो मित्र के उत्कर्ष को बर्दाश्त कर सके, वही सच्चा मित्र होता है। संकट में तपी हुई मित्रता उत्कर्ष में खोटी निकलते मैंने देखी है। एक बेचारे की चार कविताएँ छप गयीं, तो चार मित्र टूट गये। आठ छपने पर पूरे आठ टूट गये। दो कवि-सम्मेलनों में जमने से एक स्थानीय कवि के कवि-मित्र रूठ गये। तीसरे कवि-सम्मेलन में जब वह 'हूट' हुआ, तब मित्रता अपनी जगह लौटी।

ग्रीटिंग कार्डों पर अपना भरोसा नहीं। 20 सालों से इस देश को ग्रीटिंग कार्डों के भरोसे चलाया गया है। अम्बार लग गये हैं। हर त्योहार पर देशवासियों को ग्रीटिंग कार्ड दिये जाते हैं—15 अगस्त और 26 जनवरी पर, संसद के अधिवेशन पर, पार्टी के सम्मेलन पर। बढ़िया सुनहले रंगों के मीठे शब्दों के ग्रीटिंग—देश-वासियो, बस इस साल तुम सुखी और समृद्ध हो जाओ। ग्रीटिंग कार्डों के ढेर लगे हैं, मगर राशन कार्ड छोटा होता जाता है। आज बिहार से जयप्रकाश नारायण की अपील आती है कि मनुष्य को भूख से मरने से बचाओ। सरकार भी क्या करे ? बी. डी. ओ. के द्वारा समाजवादी क्रान्ति करवा रही थी। क्रान्ति अधूरी रह गयी और बी. डी. ओ. का पद खत्म हो गया।

सरकार ठगा गयी। उस दिन एक कर्मचारी कह रहा था—कल हमारा महँगाई-भत्ता बढ़ने की घोषणा हुई और आज बाजार में भाव बढ़ गये। सरकार फिर ठगा गयी। सरकार को ठगना सबसे आसान है। नाबालिग है। मैंने नये बने हुए मकान के मालिक से पूछा—कितना किराया है एक खण्ड का ? उसने कहा—ये तो हमने सरकार के लिए बनाये हैं। तुम लोग तो ज्यादा-से-ज्यादा 125 रुपये दोगे। सरकार हर खण्ड का 250 रुपया दे रही है। बेचारी सरकार की तरफ से कोई मोल-भाव करनेवाला नहीं है। कोई भी ठग लेता है।

मुझे डर है, अगर ऐसा ही चला तो किसी दिन सरकार को डाकू पकड़ ले जायेंगे और वारिसों को चिट्ठी लिखेंगे कि जंगल में अमुक जगह इतने रुपये रख जाओ, तब तुम्हारी सरकार को छोड़ेंगे। तब क्या होगा ? वारिसों का क्या भरोसा ? मैंने सुना है, एक सेठ को डाकू पकड़ ले गये। बेटों को चिट्ठी लिखी कि 1 लाख रुपया दो, तो तुम्हारे बाप को छोड़ देंगे। बेटों ने सोचा कि इस कीमत पर बाप बहुत महंगा पड़ेगा। उन्होंने जवाब दिया कि हमारा तो कोई बाप ही नहीं था।

अगर सरकार के वारिसों ने ऐसा जवाब दे दिया, तो क्या होगा ? मुझे चिन्ता है, फिर ये ग्रीटिंग कार्ड कौन भेजेगा !

प्रेम की बिरादरी

उनका सबकुछ पवित्र है। जाति में बाजे बजाकर शादी हुई थी। पत्नी ने 7 जन्मों में किसी दूसरे पुरुष को नहीं देखा। उन्होंने अपने लड़के-लड़की की शादी सदा मण्डप में की। लड़की के लिए दहेज दिया और लड़के के लिए लिया। एक लड़की खुद पसन्द की और लड़के की पत्नी बना दिया।

सबकुछ उनका पवित्र है। प्रापर्टी है। फुरसत में रहते हैं। दूसरों की कलंक-चर्चा में समय काटते हैं। जो समय फिर भी बच जाता है उसमें मूंछ के सफेद बाल उखाड़ते हैं और बर्तन बेचनेवाली की राह देखते हैं।

पवित्रता का मुँह दूसरों की अपवित्रता के गन्दे पानी से धुलने पर ही उजला होता है। वे हमेशा दूसरों की अपवित्रता का पानी लोटे में ही लिये रहते हैं। मिलते ही पवित्रता का मुँह धोकर उसे उजला कर लेते हैं। वे पिछले दिनों 2 लड़कियों के भागने, 3 स्त्रियों के गर्भपात, 4 की गैर-बिरादरी में शादी और 2 पतिव्रताओं के प्रणय-प्रसंग बता चुके हैं।

अभी उस दिन दाँत खोदते आये। भोजन के बाद कलंक-चर्चा का चूर्ण फाँकना जरूरी होता है। हाज्मा अच्छा होता है। उन्होंने चूर्ण फाँकना शुरू कर दिया-- आपने सुना, अमुक साहब की लड़की अमुक लड़के के साथ भाग गयी और दोनों ने इलाहाबाद में शादी कर ली। कैसा बुरा जमाना आ गया। मैं जानता हूँ कि वे बुरा जमाना आने से दुखी नहीं, सुखी हैं। जितना बुरा जमाना आयेगा वे उतने ही सुखी होंगे --तब वे यह महसूस करके और कहकर गर्व अनुभव करेंगे कि इतने बुरे जमाने में भी हम अच्छे के अच्छे हैं। कुछ लोग बड़े चतुर होते हैं। वे सामूहिक पतन में से निजी गौरव का मुद्दा निकाल लेते हैं और अपने पतन को समूह का पतन कहकर बरी हो जाते हैं।

मैंने अपनी दुष्ट आदत के मुताबिक कहा - इसमें परेशान होने की क्या बात है ? अपने देश में अच्छी शादियाँ लड़की भगाकर ही हुई हैं। कृष्ण ने रुक्मिणी का हरण किया था और अर्जुन ने कृष्ण की बहन सुभद्रा का। इसमें कृष्ण की रजामन्दी थी। भाई अगर कोआपरेट करे तो लड़की भगाने में आसानी होती है।

वे नहीं जानते थे कि मैं पुराण उनके मुँह पर मारूँगा। सँभलकर बोले, "भगवान कृष्ण की बात अलग है।" मैंने कहा, "हाँ, अलग तो है। भगवान अगर औरत भगाये तो वह बात भजन में आ जाती है। साधारण आदमी ऐसा करे तो यह काम अनैतिक हो जाता है। जिस लड़की की आप चर्चा कर रहे हैं, वह अपनी मर्जी से घर से निकल गयी और मर्जी से शादी कर ली, इसमें क्या हो गया ?"

वे कहने लगे, "आप हमेशा उल्टी बातें करते हैं—रीति, नीति, परम्परा, विश्वास क्या कुछ नहीं है ? आप जानते हैं, लड़का-लड़की अलग जाति के हैं ?"

मैंने पूछा, "मनुष्य जाति के तो हैं न ?"

वे बोले, "हाँ, मनुष्य होने में क्या शक है ?"

मैंने कहा, "तो कम-से-कम मनुष्य जाति में तो शादी हुई। अपने यहाँ तो मनुष्य जाति के बाहर भी महान पुरुषों ने शादी की है—जैसे भीम ने हिडिम्बा से।"

ये घटनाएँ बढ़ती जा रही हैं। क्या कारण है कि लड़के-लड़की को घर से भागकर शादी करनी पड़ती है ? 24-25 साल के लड़के-लड़की को भारत की सरकार बनाने का अधिकार तो मिल चुका है, पर अपने जीवन-साथी बनाने का अधिकार नहीं मिला।

घटनाएँ मैं रोज सुनता हूँ। दो तरह की चिट्ठियाँ पेटेण्ट हो गयी हैं। उनके मजमून ये हैं। जिन्हें भागकर शादी करना है वे, और जिन्हें नहीं करना वे भी इनका उपयोग कर सकते हैं।

चिट्ठी नं. 1

पूज्य पिताजी,

मैंने यहाँ रमेश से वैदिक रीति के अनुसार शादी कर ली है। हम अच्छे हैं। आप चिन्ता मत करिए। आशा है आप और अम्मा मुझे माफ कर देंगे।

आपकी बेटी
सुनीता।

चिट्ठी नं. 2

प्रिय रमेश,

मैं अपने माता-पिता की इच्छा के विरुद्ध नहीं जा सकती। तुम मुझे माफ कर देना। तुम जरूर शादी कर लेना और सुखी रहना। तुम दुखी रहोगे तो मुझे जीवन

में सुख नहीं मिलेगा। हृदय से तो मैं तुम्हारी हूँ। (4-5 साल बाद आओगे तो पप्पू से कहूँगी—बेटा, मामाजी को नमस्ते करो)

तुम्हारी

विनीता।

इसके बाद एक मजेदार क्रम चालू होता है। माँ-बाप कहते हैं—वह हमारे लिए मर चुकी है। अब हम उसका मुँह नहीं देखेंगे। फिर कुछ महीने बाद मैं उनके यहाँ जाता हूँ तो वही लड़की चाय लेकर आती है।

मैं उनसे पूछता हूँ—यह तो आपके लिए मर चुकी थी। वे जवाब देते हैं—आखिर लड़की ही है। और मैं सोचता रह जाता हूँ कि जो आखिर में लड़की है वह शुरू में लड़की क्यों नहीं थी?

माता-पिता की भावनाओं को मैं जानता हूँ। विश्वास और परम्परा के टूटने में बड़ा दर्द होता है। जब शेरपा तेनसिंह गौरीशंकर की चोटी पर होकर आया था तब उससे किसी ने पूछा कि क्या वहाँ शंकर भगवान हैं? तो उसने कहा था कि नहीं हैं। एक सज्जन बड़े दर्द से मुझसे बोले, "तेनसिंह को ऐसा नहीं कहना चाहिए था।" मैंने कहा, "वहाँ शंकर भगवान उसे नहीं दिखे तो उसने कह दिया कि नहीं हैं।" वे बोले, "फिर भी उसे ऐसा नहीं कहना चाहिए था।" मैंने कहा, "जब हैं ही नहीं तो..."

वे बोले, "फिर भी उसे नहीं कहना था।" मैंने उनसे पूछा, "क्या आप मानते हैं कि वहाँ शंकरजी हैं?" उन्होंने कहा, "यह हम भी जानते हैं कि वहाँ शंकरजी नहीं हैं। पर एक विश्वास हृदय में लिये हैं कि शंकरजी हैं, वे औढरदानी हैं। कभी कोई संकट हम पर आयेगा तो वे आकर हमें उबार लेंगे।"

झूठे विश्वास का भी बड़ा बल होता है। उसके टूटने का भी सुख नहीं, दुख होता है।

एक सज्जन की लड़की दूसरी जाति के लड़के से शादी करना चाहती थी। यहाँ माँ-बाप का जाति-प्रथा की शाश्वतता में विश्वास आड़े आ गया। लड़का अच्छी-ऊँची नौकरी पर था, परन्तु लड़की के माता-पिता ने उसकी शादी अपनी ही जाति के एक लड़के से कर दी जो कम तो कमाता ही था, अपनी पत्नी को पीटता भी था। एक दिन मैंने उन सज्जन से कहा कि-सुना है, लड़की बड़ी तकलीफ में है। वह उसे पीटता है। उन्होंने कोई जवाब नहीं दिया। जवाब देते भी तो क्या देते, सिवा इसके कि—इतना तो सन्तोष है कि जातिवाले से पिट रही है।

आखिर ये हमारे लोग किस परम्परा को, किस आदर्श को मान रहे हैं? राम मर्यादा पुरुषोत्तम हैं। सीता महासती हैं। इनसे श्रेष्ठ स्त्री-पुरुष की कल्पना और ऐसे अच्छे विवाह की कल्पना इस समाज में नहीं है। मर्यादा पुरुषोत्तम का निर्माण करने-वाले तुलसीदास कहते हैं कि पुष्पवाटिका में 'कंकण किंकिणि नूपुर' की ध्वनि सुनकर लक्ष्मण के सामने राम 'कन्फेस' करते हैं कि ऐसा लगता है जैसे मदन ने दुन्दुभि दे दी है। यानी राम के मन का धनुष वहीं टूट गया। विवाह-पूर्व प्रेम भी हो गया और

फिर विवाह भी हो गया। आज जिन मूल्यों को इस मामले में माना जा रहा है उनको देखकर मुझे लगता है कि तुलसीदास ने जो लिखा है, वैसा न हुआ होगा। हुआ ऐसा होगा —राम ने लक्ष्मण से पूछा होगा कि यह कंकण, किंकिणि और नूपुर की ध्वनि किसकी है? लक्ष्मण ने कहा होगा—यह जनक की लड़की सीता की है। तब राम ने पूछा होगा कि क्या जनक अपनी ही बिरादरी के हैं? लक्ष्मण ने कहा होगा—हाँ, राजा जे. के. सिंह अपनी ही बिरादरी के हैं। राम ने कहा होगा—तभी तो मेरा मन डोल उठा। दूसरी बिरादरी के होते तो मेरे मन पर कोई असर नहीं होता।

इन लड़के-लड़कियों से क्या कहा जाय! यही न कि प्रेम की जाति होती है। एक हिन्दू प्रेम है, एक मुसलमान प्रेम, एक ब्राह्मण प्रेम, एक ठाकुर प्रेम, एक अग्रवाल प्रेम। एक कोई जावेद आलम किसी जयन्ती गुहा से शादी कर लेता है, तो सारे देश में लोग हल्ला कर देते हैं और दंगा भी करवा सकते हैं।

इस सबको देखते हुए आगे चलकर तरुण-तरुणी के प्रेम का दृश्य ऐसा होगा। तरुण-तरुणी मिलते हैं और यह वार्तालाप होता है—

तरुण—क्या आप ब्राह्मण हैं, और ब्राह्मण हैं तो किस प्रकार के ब्राह्मण हैं?

तरुणी—क्यों, क्या बात है?

तरुण—कुछ नहीं! ज़रा आपसे प्रेम करने का इरादा है।

तरुणी—मैं तो खत्री हूँ।

तरुण—तो फिर मेरा आपसे प्रेम नहीं हो सकता, क्योंकि मैं ब्राह्मण हूँ।

लोग कहते हैं कि आखिर स्थायी मूल्य और शाश्वत परम्परा भी तो कोई चीज है। सही है, पर मूर्खता के सिवाय कोई भी मान्यता शाश्वत नहीं है। मूर्खता अमर है। वह बार-बार मरकर फिर जीवित हो जाती है।

इधर मैं लड़के-लड़की से पूछता हूँ कि वेद तो यहाँ भी हैं और यहाँ भी वैदिक रीति है, फिर तुम लोगों ने यहीं क्यों नहीं शादी कर ली? भागकर दूसरी जगह क्यों गये?

वे कहते हैं—यहाँ माता-पिता बाधा डालते।

मैं समझ गया। क्रान्ति ये तरुण जरूर करेंगे पर यथास्थिति की नजर बचाकर।

वे सज्जन जो मुझे खबर दे गये थे, कह रहे थे कि आखिर हम बुजुर्गों के जीवन-भर के अनुभव का भी तो कोई महत्त्व है। मैंने कहा अनुभव का महत्त्व है। पर अनुभव से ज्यादा इसका महत्त्व है कि किसी ने अनुभव से क्या सीखा। अगर किसी ने 50-60 साल के अनुभव से सिर्फ यह सीखा हो कि सबसे दबना चाहिए तो अनुभव के इस निष्कर्ष की कीमत में शक हो सकता है। किसी दूसरे ने इतने ही सालों के अनुभव से शायद यह सीखा हो कि किसी से नहीं डरना चाहिए।

आप तो 50-60 साल की बात करते हैं। केंचुए ने अपने लाखों सालों के अनुभव से कुल यह सीखा है कि रीढ़ की हड्डी नहीं होनी चाहिए।

किताबों की दूकान और दवाओं की

बाजार बढ़ रहा है। इस सड़क पर किताबों की एक नयी दूकान खुली है और दवाओं की दो। ज्ञान और बीमारी का यही अनुपात है अपने शहर में। ज्ञान की चाह जितनी बढ़ी है उससे दुगनी दवा की चाह बढ़ी है। यों ज्ञान खुद एक बीमारी है। 'सबसों भले विमूढ़, जिन्हिं न व्यापै जगत गति।' अगर यह एक किताब की दूकान न खुलती तो दो दूकानें दवाइयों की न खोलनी पड़तीं। एक किताब की दूकान ज्ञान से जो बीमारियाँ फैलायेगी, उनकी काट ये दो दवाओं की दूकानें करेंगी।

पुस्तक-विक्रेता अक्सर मक्खी मारते बैठा रहता है। बेकार आदमी हैजा रोकते हैं, क्योंकि वे शहर की मक्खियाँ मार डालते हैं। ठीक सामने दवा की दूकान पर हमेशा ग्राहक रहते हैं। मैं इस पुस्तक-विक्रेता से कहता हूँ—तूने धन्धा गलत चुना। इस देश को समझ। यह बीमारी-प्रेमी देश है। तू अगर खुजली का मलहम ही बेचता तो ज्यादा कमा लेता। इस देश को खुजली बहुत होती है। जब खुजली का दौर आता है, तो दंगा कर बैठता है या हरिजनों को जला देता है। तब कुछ सयानों को खुजली उठती है और वे प्रस्ताव का मलहम लगाकर सो जाते हैं। खुजली सबको उठती है—कोई खुजाकर खुजास मिटाता है, कोई शब्दों का मलहम लगाकर।

मुझे इस सड़क के भाग्य पर तरस आता है। सालों से देख रहा हूँ, सामने के हिस्से में जहाँ परिवार रहते थे वहाँ दूकानें खुलती जा रही हैं। परिवार इमारत में पीछे चले गये हैं। दूकान लगातार आदमी को पीछे ढकेलती जा रही है। दूकान आदमी को ढाँपती जा रही है। यह पहले प्रसिद्ध जनसेवी स्वतन्त्रता-संग्राम सेनानी दुर्गा बाबू की बैठक थी। वहाँ अब चूड़ियों की दूकान खुल गयी है। दुर्गा बाबू आम सड़क से गायब हो गये। यों मैंने बहुत-से क्रान्तिवीरों को बाद में भ्रान्तिवीर होते देखा है। अच्छे-अच्छे स्वातन्त्र्य शूरों को दूकानों के पीछे छिपते देखा है। मगर दुर्गा बाबू जैसे आदमी से ऐसी उम्मीद नहीं थी कि वे चूड़ियों की दूकान के पीछे छिप जायेंगे।

दवा-विक्रेता मेरा परिचित है। नमस्ते करता है। कभी पान भी खिलाता है। मैं पान खाकर फौरन किताब की दूकान पर आ बैठता हूँ। उसे हैरानी है कि मैं न चलनेवाली दूकान पर क्यों बैठता हूँ। उसकी चलनेवाली दूकान पर क्यों नहीं बैठता? चतुर आदमी हमेशा चलनेवाली दूकान पर बैठता है। लेकिन अपना यह रवैया रहा है कि न चलनेवाली दूकान पर बैठे हैं। या जिस दूकान पर बैठे हैं उसका चलना बन्द हो गया है। साथ के बहुत-से लोग चलनेवाली दूकानों पर बैठते-बैठते उनके मैनेजर हो गये हैं। मगर अपनी उजाड़ प्रकृति होने के कारण अभी सेल्समैन तक बनने का जुगाड़ नहीं हुआ।

दवा-विक्रेता हर राहगीर के बीमार होने की आशा लगाये रहता है। मेरे बारे

में भी वह सोचता होगा कि कभी यह बीमार पड़ेगा और दवा खरीदने आयेगा। मैं उसकी खातिर 6 महीने बीमार पड़ने की कोशिश करता रहा मगर बीमारी आती ही नहीं थी। मैं बीमारियों से कहता— तुम इतनी हो। कोई आ जाओ न। बीमारियाँ कहतीं—दवाओं के बढ़े दामों से हमें डर लगता है। जो लोग दवाओं में मुनाफाखोरी की निन्दा करते हैं, वे समझें कि महँगी दवाओं से बीमारियाँ डरने लगी हैं। वे आतीं ही नहीं। मगर दवाएँ सस्ती हो जायें, तो हर किसी की हिम्मत बीमार पड़ने की हो जायेगी। जो दवा में मुनाफाखोरी करते हैं वे देशवासियों को स्वस्थ रहना सिखा रहे हैं। मगर यह कृतघ्न समाज उनकी निन्दा करता है।

आखिर मैं बीमार भी पड़ा, लेकिन तब जब बीमारियों को विश्वास हो गया कि मेरे डाक्टर मित्र मुझे 'सैम्पेल' की मुफ्त दवाओं से अच्छा कर लेंगे।

बीमार पड़ा तो एक ज्ञानी समझाने लगे—बीमार पड़े, इसका मतलब है, स्वास्थ्य अच्छा है। स्वस्थ आदमी ही बीमार पड़ता है। बीमार क्या बीमार होगा। जो कभी बीमार नहीं पड़ते, वे अस्वस्थ हैं। यह बात बड़ी राहत देनेवाली है।

बीमारी के दिनों में मुझे बराबर लगता रहा कि वास्तव में स्वस्थ मैं अभी हुआ हूँ। अभी तक बीमार नहीं पड़ा था तो बीमार था। बीमारी को स्वास्थ्य मान लेनेवाला मैं अकेला ही नहीं हूँ। पूरा समाज बीमारी को स्वास्थ्य मान लेता है। जातिभेद एक बीमारी ही है। मगर हमारे यहाँ कितने लोग हैं जो इसे समाज के स्वास्थ्य की निशानी समझते हैं। गोरों का रंग-दम्भ एक बीमारी है। मगर अफ्रीका के गोरे इसे स्वास्थ्य का लक्षण मानते हैं और बीमारी को गर्व से ढो रहे हैं। ऐसे में बीमारी से प्यार हो जाता है। बीमारी गौरव के साथ भोगी जाती है। मुझे भी बचपन में परिवार ने ब्राह्मणपन की बीमारी लगा दी थी, पर मैंने जल्दी ही इसका इलाज कर लिया।

मैंने देखा है, लोग बीमारी बड़ी हँसी-खुशी से झेलते हैं। उन्हें बीमारी प्रतिष्ठा देती है। सबसे ज्यादा प्रतिष्ठा 'डायबिटीज' से मिलती है। इसका रोगी जब बिना शक्कर की चाय माँगता है और फिर शीशी में से एक गोली निकालकर उसमें डाल लेता है तब समझता है, जैसे वह शक्कर के कारखाने का मालिक है। एक दिन मैं एक बन्धु के साथ अस्पताल गया। वे अपनी जाँच इस उत्साह और उल्लास के साथ कराते रहे, जैसे लड़के के लिए लड़की देख रहे हों। बोले—चलिए, ज़रा ब्लड-शुगर दिखा लें। ब्लड-शुगर देख ली गयी तो बोले—ज़रा पेशाब की जाँच और करवा लें। पेशाब की जाँच कराने के बाद बोले—लगे हाथ कार्डियोग्राम और करा लें। एक-से-एक नामी बीमारी अपने भीतर पाले थे, मगर ज़रा भी क्लेश नहीं। वे बीमारियों को उपलब्धियों की तरह सँभाले हुए थे। बीमारी बरदाश्त करना अलग बात है, उसे उपलब्धि मानना दूसरी बात। जो बीमारी को उपलब्धि मानने लगते हैं, उनकी बीमारी उन्हें कभी नहीं छोड़ती। सदियों से अपना यह समाज बीमारियों को उपलब्धि मानता आया है और नतीजा यह हुआ है कि यह भीतर से जर्जर हो गया है, मगर बाहर से स्वस्थ होने का अहंकार बताता है।

मुझे बीमारी बुरी लगती है। बरदाश्त कर लेता हूँ, मगर उससे नफरत करता हूँ। इसीलिए बीमारी का कोई फायदा नहीं उठा पाता। लोग तो बीमारी से लोकप्रिय होते हैं, प्रतिष्ठा बढ़ाते हैं। एक साहब 15 दिन अस्पताल में भरती रहे, जो सार्वजनिक जीवन में मर चुके थे, तो जिन्दा हो गये। बीमारी कभी-कभी प्राणदान कर जाती है। उनकी बीमारी की खबर अखबार में छपी, लोग देखने आने लगे और वे चर्चा का विषय बन गये। अब चुनाव लड़ने का इरादा रखते हैं। वे तब तक अस्पताल से नहीं गये जब तक एक मन्त्री ने उन्हें नहीं देख लिया। डाक्टर कहते—अब आप पूर्ण स्वस्थ हैं ! घर जाइए। वे कहते—डाक्टर साहब, दो-चार दिन और रेस्ट ले लूं। फिर मुझसे पूछते—'क्यों, भैयाजी कब आनेवाले हैं।' मैं देखता, उनके चेहरे पर स्वस्थ हो जाने की बड़ी पीड़ा थी। ऐसी धोखेबाज बीमारी कि मिनिस्टर के देखने के पहले ही चली गयी। निर्दयी, कुछ दिन और रहती तो तेरा क्या बिगड़ता।

बीमारी से चतुर आदमी कई काम साधता है। एक साहब मामूली-सी बीमारी में ही अस्पताल में भरती हो गये। उन्हें कुछ लोगों से उधारी वसूल करनी थी और कुछ लोगों से काम कराने थे। अस्पताल से वे चिट्ठी लिखने लगे—प्रिय भाई, अस्पताल से लिख रहा हूँ। बहुत बीमार हूँ। बड़े संकट की घड़ी है। चलाचली की बेला है। आप रुपये भेज दें तो बड़ी कृपा हो। आधे से अधिक सहृदयों ने उन्हें रुपये भेज दिये। बाकी ने सोचा—जब चलाचली की बेला है तो कुछ दिन देख ही लिया जाये। सिधार जायें तो पैसे बच जायेंगे। एक मामूली बीमारी से उन्होंने दया जगाकर कई काम करा लिये।

चाहता हूँ, पर मुझसे यह नहीं बनता। मेरे वही शुभचिन्तक कह रहे थे—तुम 15 दिनों से बीमार पड़े हो और अभी तक अखबार में खबर नहीं छपायी ! छपा दो और फिर देखो कितने लोग आते हैं। मेरी हिम्मत नहीं होती। अगर लोग नहीं आये तो आघात से मर ही जाऊँगा। ऐसा एक 'केस' मैं देख चुका हूँ। उन भाई को मामूली बुखार हो आया था। उन्होंने सुबह के अखबार में समाचार छपा दिया और तश्तरी में 50-60 पान रखवाकर बैठ गये। मगर दोपहर तक कोई नहीं आया और पान सूखने लगे। संयोग से दोपहर को हम दो लोग पहुँचे तो देखा वे 'नर्वस ब्रेकडाउन' की स्थिति तक पहुँच गये हैं। कहने लगे—यह साली दुनिया है ! दोस्त हैं हरामजादे ! अखबार में छप गया तब भी कोई नहीं आया। कोई किसी का नहीं है। सब रिश्ते झूठे हैं। वे रोने लगे। तब हमने बीस-पचीस लोगों को उनके घर भिजवाया और प्राण बचाये।

मैं ऐसा रिस्क नहीं लेना चाहता। बिना लोगों के देखे ही अच्छा हो जाऊँगा। डाक्टर कहता है—ज़रा दिमाग को शान्त रखिए। मैं सोचता हूँ—इस जमाने में दिमाग तो सिर्फ सूअर का शान्त रहता है। यहाँ-वहाँ का मैला खा लिया और दिमाग शान्त रखा। जो ऐसा नहीं करता और जो सचेत प्राणी है, उसका दिमाग बिना मुर्दा हुए कैसे शान्त रहेगा ?

सिलसिला फोन का

यह जो फोन लग गया है, उसके लिए 350 रुपये खरेजी ने जमा किये थे। लिहाजा उन्हें अमर करना जरूरी है। इस अमर कृति के पहले ही वाक्य में उनका नाम आ गया है। अब वह अपने कृतित्व से अपनी उम्र बढ़ाने के झंझट में न पड़ें। उनका काम मैंने कर दिया है। तीसवीं शताब्दी के लगभग कोई शोध-छात्र पैदा होगा, जो विभाग के अध्यक्ष को अपने गाँव का शुद्ध घी खिलाकर और उनकी पत्नी को बच्चे के गुच्छे समेत प्रदर्शनों में झुला-झुलाकर ज्ञान की साधना करेगा। वह यह पता जरूर लगा लेगा कि बीसवीं सदी में यह कौन भला मानस हो गया है, जो लेखक के घर भी फोन लगवा देता था।

जो नहीं है, उसे खोज लेना शोधकर्त्ता का काम है। काम जिस तरह होना चाहिए, उस तरह न होने देना विशेषज्ञ का काम है। जिस बीमारी से आदमी मर रहा है, उससे उसे न मरने देकर दूसरी बीमारी से मार डालना डाक्टर का काम है। अगर जनता सही रास्ते पर जा रही है, तो उसे गलत रास्ते पर ले जाना नेता का काम है। ऐसा पढ़ाना कि छात्र बाजार में सबसे अच्छे नोट्स की खोज में समर्थ हो जाये, प्रोफेसर का काम है।

खैर, जिसका जो काम है, वह जाने। मेरे काम हैं—अमर करना और 'ऑल इण्डिया' करना। आल इण्डिया कर देने का रेट सौ रुपये है। सौ रुपये लेकर मैं ऐसा लेख लिखता हूँ, जो छपते ही मर जाए। मेरे दाता का नाम सारे देश में फैल जाता है, पर अमर नहीं होता। लेख की क्वालिटी ही ऐसी होती है कि वह छपते ही मर जाता है।

एक साहब से मैंने सौ रुपये ले लिये थे। इतनी उम्र हो गयी पर किसीका पैसा वापस करने का गन्दा विचार मेरे मन में कभी नहीं आया। पर सभी का मन तो मेरे जैसा निर्मल होता नहीं है। उन सज्जन के मन में पैसे सम्बन्धी गन्दा विचार था। मैं हूँ साहित्यकार और साहित्यकार का धर्म है, मनुष्य के मन को निर्मल करना। मैं धर्म से गिर जाता अगर यह बर्दाश्त करता कि एक भले मानस के मन में सौ रुपये पड़े-पड़े सड़ा करें। मैंने एक लेख में उनके नाम का उल्लेख कर दिया। उनके पास बम्बई और दिल्ली से दोस्तों की चिट्ठियाँ आ गयीं कि तुम्हारा नाम पढ़ लिया। इससे उनका मन मेरी तरह निर्मल हो गया। सड़े रुपये निकल गये। मेरा धर्म निभ गया। साहित्य का ठीक ढंग से उपयोग किया जाय तो समाज को बड़े फायदे होते हैं।

छोटे शहरों के अखबारों में शादी, सन्तान और फोन के समाचार छपते हैं। इधर एक अखबार में शादी के समाचार 'चिर जीवहु जोरी जुरै' शीर्षक के नीचे छपते हैं। बिहारी का वह दोहा यह है—

चिर जीवहु जोरी जुरै क्यों न स्नेह गम्भीर,
को घटि ये वृषभानुजा वे हलधर के बीर।

मेरे इस फोन का समाचार छपा था। ऊपर किन्हीं मिश्रजी के घर 'पुत्ररत्न' की प्राप्ति का समाचार था और उसके ठीक नीचे मेरे इस 'फोन-रत्न' का। जब मिसेज मिश्र को पुत्र की प्रसव-पीड़ा हो रही थी, तब मैं फोन की प्रसव-पीड़ा भोग रहा था। साढ़े-तीन सौ रुपयों का एकाएक प्रबन्ध करना विकट प्रसव-पीड़ा है। इसे मिसेज मिश्र नहीं जानतीं, मिश्रजी जानते हैं। जचकी के खर्च के लिए रुपयों का इन्तजाम करने में मिश्रजी को जितनी पीड़ा हुई होगी, उतनी पीड़ा में दस बच्चे पैदा हो जाते। अगर प्रकृति नर को भी प्रसव करने की सुविधा दे दे, तो मिश्रजी मिसराइन से कहेंगे तू रुपयों का इन्तजाम कर। बच्चा मैं दिये देता हूँ, और मिश्रजी झंझट से बरी होकर 'मेटर्निटी होम' में दाखिल हो जायेंगे।

छपा था—अमुक मिश्रजी को पुत्र-रत्न की प्राप्ति हुई। बधाई! मुझे यह समझ में नहीं आता कि पैदा होते ही कैसे जान लिया कि बेटाजी रत्न हैं, वह कंकड़ नहीं हैं। ऐसा नहीं हो सकता कि अभी पुत्र कहें और अगर आगे वैसा निकले तो रत्न कहने लगें। वैसे भी बिगड़े लड़कों को 'रतन' कहते ही हैं। अच्छा 'सुपुत्र' क्या होता है? और 'धर्मपत्नी' क्या चीज है? धर्मपत्नी होती है, तो अधर्मपत्नी क्या नहीं होती कोई? क्या धर्मादा में किसी पत्नी को 'धर्मपत्नी' कहते हैं? विकट कर्कशाएँ तक 'धर्मपत्नी' कहलाती हैं। इधर एक कर्कशा है, जो पति को पीट तक देती है, पर पति जब उसका परिचय देते हैं, तब कहते हैं– यह मेरी धर्मपत्नी है। और धर्मपत्नी भी अपने को पतिव्रता समझती है—पति को चाहे पीट लूँ, पर पराये आदमी से नजर नहीं मिलाती।

धर्मपत्नी होती है, धर्मपिता होता है। किसी दूसरे आदमी को जो वास्तविक पिता नहीं है, पिता मान लिया जाये, तो वह धर्मपिता कहलाता है। भाषा के बड़े छल हैं। और फिर धर्म के मामले में मैं शुरू से 'कन्फ्यूज्ड' रहा हूँ।

मेरा एक प्रगतिशील दोस्त कहता है—ये सु, रत्न, मंगल, शुभ, धर्म आदि भाषा के सामन्ती संस्कार हैं। किसी भी प्रगतिशील को सुपुत्र होने से इन्कार कर देना चाहिए। मैं बचपन में ही इन्कार कर चुका हूँ। मैं आदि प्रगतिशील हूँ। मगर विवाहित प्रगतिशील अपनी बीवी को अधर्म-पत्नी कहे तो ठीक रहेगा।

पुत्ररत्न कहो, चाहे सुपुत्र कहो—कुल वास्तविकता यह है कि परिवार नियोजन के तमाम प्रचार के बावजूद मिश्रजी के घर एक लड़का हो गया। ऐसे समाचारों के प्रकाशन पर रोक लगनी चाहिए। इनसे प्रोत्साहन मिलता है। खरबूजे को देखकर खरबूजा रंग बदलता है। एक बच्चे के पैदा होने का समाचार पढ़कर दूसरा बच्चा पैदा होने को उत्सुक हो जाता है। इस जमाने में बच्चा होना शर्म और संकट की बात है। अगर समाचार छपना ही है, तो परिवार-नियोजन की भावना के अनुकूल ऐसा समाचार छपना चाहिए –'अमुक आदमी के यहाँ कल लड़का हुआ। धिक्कार है। सारा राष्ट्र उस पर थूक रहा है।'

यह जो 'दो या तीन बच्चे बस' वाला पोस्टर है, यह भी गलतफहमी फैलाने लगा है। इसमें दो छोटे-छोटे बच्चों के साथ स्त्री बैठी है। एक स्त्री ने दीवार पर लगे इस पोस्टर को देखकर पोस्टरवाली से कहा—ए भेणजी, हमको मत बनाओ, तुम्हारे कुल दो ही नहीं हैं। उनको भी तो जोड़ो जो पढ़ने गये हैं। चतुर स्त्री समझ गयी कि पोस्टरवाली ने दो बड़े बच्चों को तो पढ़ने भेज दिया और ये दो छोटे हमें दिखाकर बुद्धू बना रही है। परिवार-नियोजनवाले इस पोस्टर में सिर्फ एक बच्चा माँ की गोद में रखें और दूसरे को स्कूल जाता बताएँ। नीचे यह लिखें—बाई, हमारे दो ही हैं, और दूसरा पढ़ने गया है।

छोटे शहर की मानसिकता अलग होनी है। यहाँ फोन मिलने पर वधाई दी जाती है। मैं जो फोन की बात कर रहा हूँ, तो मुझे अपने एक मित्र की याद आ रही है, जो मुझे 'प्राविंशियल' (कस्वाई) कहता है। दिल्ली में कुछ साल पहले हम एक साथ ठहरे थे। मैंने सुबह समय जानने के लिए 174 नम्बर डायल किया। बड़ा सुरीला संगीतमय नारी-कण्ठ बोला—टाइम इज़ टेन आवर्स फाइव मिनिट्स। मैं उद्वेलित हो गया। इतनी मीठी आवाज में आजकल कौन समय बताता है। मैंने कह दिया—थैंक यू! वह मेरा दोस्त खिलखिलाया। बोला—अरे प्राविंशियल, किसे धन्यवाद दे रहे हो! वहाँ कोई थोड़े ही बैठी है। मुझे कतई विश्वास नहीं हुआ कि यह सुरीली आवाज किसी यन्त्र की करामात हो सकती है। हो भी तो कोई बात है नहीं, इतनी मीठी आवाज में कोई समय बताये तो कोई अपने को धन्यवाद देने से कैसे रोके?

वह चाहे कुछ कहे, वह गवाह है कि मैं इस फोन के कारण सट्टे के अंक बतानेवाला ज्योतिषी हो सकता था। हुआ नहीं, यह मेरी दूसरे ज्योतिषियों पर मेहरबानी है। मैं एक दिन सड़क पर खड़ा हुआ एक मित्र को फोन का नम्बर बता रहा था। पास ही खड़े एक और आदमी ने नम्बर नोट कर लिया। मैं समझा कि खुफिया विभाग का होगा।

दूसरे दिन वह मकान का पता लगाते हुए आ गया। बोला—साहब, कल के फिगर तो ठीक आ गये। आज के और बता दीजिए। मैंने कहा—कौन-से फिगर? उसने कहा—सट्टे के, जो आप कल मोटर-स्टैण्ड पर बता रहे थे। मैं अभी भी पछताता हूँ, कि मैं खुद सट्टा क्यों नहीं खेल गया।

बैरंग शुभकामना और जनतन्त्र

नया साल राजनीतिवालों के लिए मतपेटिका और मेरे लिए शुभकामना का बैरंग लिफाफा लेकर आया है। दोनों ही बैरंग शुभकामनाएँ हैं जिन्हें मुझे स्वीकार करने

में 10 पैसे लग गये और राजनीतिज्ञों को बहुत बैरंग चार्ज चुकाना पड़ेगा।

मेरे आसपास 'प्रजातन्त्र बचाओ' के नारे लग रहे हैं। इतने ज्यादा बचानेवाले खड़े हो गये हैं कि अब प्रजातन्त्र का बचना मुश्किल दिखता है। जनतन्त्र बचाने के पहले सवाल उठता है—किसके लिए बचायें? जनतन्त्र बच गया और फालतू पड़ा रहा, तो किस काम का। बाग की सब्जी को उजाड़ू ढोरों से बचाते हैं, तो क्या इसलिए कि वह खड़ी-खड़ी सूख जाए? नहीं, बचानेवाला सब्जी पकाकर खाता है। जनतन्त्र अगर बचेगा तो उसकी सब्जी पकाकर खायी जायेगी। मगर खानेवाले इतने ज्यादा हैं कि जनतन्त्र के बँटवारे में आगे चलकर झगड़ा होगा।

पर जनतन्त्र बचेगा कैसे? कौन-सा इंजेक्शन कारगर होगा? मैंने एक चुनाव-मुखी नेता से कहा, "भैयाजी, आप तो राजनीति में माँ के पेट से ही हैं। ज़रा बताइए, जनतन्त्र कैसे बचेगा? कोई कहता हैं, समाजवाद से जनतन्त्र बचेगा। कोई कहता है समाजवाद से मर जायेगा। कोई कहता है, गरीबी मिटाये बिना जनतन्त्र नहीं बच सकता। तब कोई कहता है, गरीबी मिटाने का मतलब तानाशाही लाना। कोई कहता है, इन्दिरा गाँधी के सत्ता में रहने से जनतन्त्र बचेगा। पर कोई कहता है—इन्दिरा ही तो जनतन्त्र का नाश कर रही है। आप बताइए, जनतन्त्र कैसे बचेगा?"

भैयाजी ने कहा, "भैया, हम तो सौ बात की एक बात जानते हैं कि अपने को बचाने से जनतन्त्र बचेगा। अपने को बचाने से दुनिया बचती है। ज़रा चलूँ, टिकिट की कोशिश करनी है।"

सोचता हूँ, मैं भी चुनाव लड़कर जनतन्त्र बचा लूँ। जब जनतन्त्र की सब्जी पकेगी तब एक प्लेट अपने हिस्से में भी आ जायेगी। जो कई सालों से जनतन्त्र की सब्जी खा रहे हैं, कहते हैं बड़ी स्वादिष्ट होती है। 'जनतन्त्र' की सब्जी में जो 'जन' का छिलका चिपका रहता है उसे छील दो और ख़ालिस 'तन्त्र' को पका लो। आदर्शों का मसाला और कागजी कार्यक्रमों का नमक डालो और नौकरशाही की चम्मच से खाओ! बड़ा मजा आता है—कहते हैं खानेवाले।

सोचता हूँ, जब पहलवान चन्दगीराम और फिल्मी सितारे-सितारिन जनतन्त्र को बचाने को आमादा हैं, तो मैं भी क्यों न जनतन्त्र को बचा लूँ। मास्टर को तो बादाम पीसने से फुरसत नहीं मिलेगी और सितारों को किसी-न-किसी के बैकग्राउण्ड म्यूजिक पर होंठ हिलाना पड़ेगा। मेरे बिना जनतन्त्र कैसे बचेगा?

पर तभी यह बैरंग लिफाफा दिख जाता है और दिल बैठ जाता है। मैंने ग्रीटिंग कार्डों को बिछाकर देखा है—लगभग 5 वर्गमीटर शुभकामनाएँ मुझे नये वर्ष की मिली हैं। अगर इतने कार्ड मुझे कोरे मिल जाते, तो मैं इन्हें बेच लेता। पर इन पर मेरा नाम लिखा है, इसलिए कोई नहीं खरीदेगा। दूसरे के नाम की शुभकामनाएँ किस काम की?

इनमें एक बैरंग लिफाफा भी है। कार्ड पर मेरी सुख-समृद्धि की कामना है। सही है। पर इस शुभकामना को लेने के लिए मुझे 10 पैसे देने पड़े। जो शुभ-

कामना हाथ में आने के दस पैसे ले ले, वह मेरा क्या मंगल करेगी। शुभचिन्तक मुझे समृद्ध तो देखना चाहता है, पर यह मुझे बतलाने के ही 10 पैसे ले लेता है।

शुभ का आरम्भ अक्सर मेरे साथ अशुभ हो जाता है। समृद्ध होने के लिए लाटरी की दो टिकटें खरीदीं—हरियाणा और राजस्थान की। खुली तो अपना नम्बर नहीं था। दो रुपये गाँठ के चले गये। सोचा, बंसीलाल और सुखाड़िया का एक-एक रुपया किसी जन्म का कर्ज होगा! चुक गया। अपने को ऐसे समृद्धि नहीं मिलेगी। वह पगडण्डी से आती-जाती है। लजीली कुलवती है। पर्दा भी करती है। मेरे एक छात्र ने वह पगडण्डी ढूंढ़ ली है। एक दिन मिला, तो मैंने पूछा—तुम्हारे ऐसे ठाठ कैसे हो गये? बड़ा पैसा कमा रहे हो। उसने कहा—सर, अब मैं बिजनेस लाइन में आ गया हूँ। मैंने पूछा—कौन-सा बिजनेस करते हो? उसने कहा—सट्टा खिलाता हूँ। इस देश में सट्टा, बिजनेस लाइन में शामिल हो गया है। मन्थन करके लक्ष्मी को निकालने के लिए दानवों को देवों का सहयोग अब नहीं चाहिए। पहले समुद्र-मन्थन के वक्त तो उन्हें टेकनीक नहीं आती थी, इसलिए देवताओं का सहयोग लिया। अब वे टेकनीक सीख गये हैं।

हर अच्छी चीज बैरंग हो जाती है। पिछले साल सफाई सप्ताह का उद्घाटन मेरे घर के पास ही हुआ था। अच्छी 'साइट' थी। वहाँ कचरे का एक बड़ा ढेर लगाया गया। फोटोग्राफर कोण और प्रकाश देख गया और तय कर गया कि मन्त्रीजी को किस जगह खड़े होकर फावड़ा चलाना है। अफसर कचरे की सजावट करवाने में लग गये। एक दिन मन्त्रीजी आये और दो-चार फावड़े चलाकर सफाई सप्ताह का उद्घाटन कर गये। इसके बाद कोई उस कचरे के ढेर को साफ करने नहीं आया। उम्मीद थी कि हर साल यहीं सफाई सप्ताह का उद्घाटन होगा और हर साल चार फावड़े मारने से लगभग एक शताब्दी में यह कचरा साफ हो जायेगा। मैं इन्तजार कर सकता हूँ, पर इस साल दूसरी जगह चुन ली गयी।

सफाई सप्ताह कचरे का ढेर दे जाता है और नया साल बैरंग शुभकामना लेकर आता है। फिर भी संसद में जाने को लालायित हूँ। एक साहब से अपनी इच्छा प्रकट करता हूँ तो वह कहता है—चुनाव लड़ने से भी क्या होगा? मैंने कहा—संसद् सदस्य हो जाऊँगा।

वह—संसद् सदस्य होने से भी क्या होगा?

मैं—मन्त्री हो जाऊँगा।

वह—मन्त्री होने से भी क्या होगा?

मैं—मैं प्रधानमन्त्री हो जाऊँगा।

वह—प्रधानमन्त्री होने से भी क्या होगा?

मैं—मैं गरीबी मिटा दूँगा।

वह—गरीबी मिटाने से भी क्या होगा?

मैं—लोग खुशहाल हो जायेंगे।

वह कहता है—पर भैया, खुशहाल होने से भी क्या होगा?

मेरे पास इसका जवाब नहीं। यह भारतीय जन कैसा हो गया है। कैसा हो गया इसका मन ? लगता है, मुझे ही नहीं सारे देशवासियों को बैरंग शुभकामनाएँ आती रही हैं और आज उसका यह हाल हो गया है कि कहता है—खुशहाल होने से भी क्या होगा ?

मित्र कहते हैं—तुम तो जनता के उम्मीदवार हो जाओ। जनसमर्थित उम्मीदवार ! पर मैं इसी भारतीय जन की तलाश में हूँ वर्षों से। वह मिलता नहीं है। कहते हैं, वह चुनाव के वक्त मिलता है—भारतीय जन। पर अभी के एक चुनाव में मैं उसे तलाशता रहा। लगभग हर पार्टी ने मुसलमानों के मत पाने के लिए मौलाना को बुलाया। मौलाना ने फतवा दिया—मुसलमानो, जब तुम ईद के चाँद के बारे में मेरी बात मानते हो तो वोट के बारे में भी मेरी बात मानो। अमुक को वोट दो। जैनियों के मत पाने के लिए कोई आल इण्डिया जैन नेता बुला लिया। दिगम्बरों के लिए दिगम्बर और श्वेताम्बरों के लिए श्वेताम्बर। स्थानकवासी और तेरापन्थी और मिल जाते तो ठीक रहता। तेलियों के लिए अखिल भारतीय तेली और नाइयों के लिए ऑल इण्डिया नाई। क्षेत्र के ब्राह्मणों से कहा गया—यहाँ से हमेशा ब्राह्मण चुनाव जीता है। देख लो, 20 सालों का रिकार्ड। धिक्कार है हम ब्राह्मणों को अगर कोई गैर-ब्राह्मण जीत गया तो।

कहाँ है भारतीय जन ? कौन-सा है ? क्या वह, जो कहता है—खुशहाल होने से भी क्या होगा ? या यह जो भारतीय होने के लिए चलता है, कि रास्ते में कोई उसे रोककर कहता है—चल वापस, तू भारतीय नहीं, ब्राह्मण है।

बैरंग मंगल कार्ड मेरी आँखों में घूरकर देखता है और कहता है—वक्त के इशारे को समझ और बाज़ आ। तुझसे प्रजातन्त्र नहीं बचेगा। अगर तुझे ही चुनाव जीतकर प्रजातन्त्र बचाने का काम नये साल ने सौंपा होता, तो मेरे ऊपर पूरी टिकटें न चिपकतीं।

दिशा बताइए

समारोह के मुख्य अतिथि नहीं आये थे। वादा करके जो मुख्य अतिथि ऐन मौके पर न आये वह आम आ जानेवाले मुख्य अतिथि से बड़ा होता है, जैसे वह कवि बड़ा होता है जो पेशगी खा जाये और कवि-सम्मेलन में न जाये। एक कवि को जानता हूँ जो हर शहर का पेशगी खा गये और अब उन्हें कोई नहीं बुलाता। वे कवि-कर्म से ही छुट्टी पा गये हैं।

संयोजक घबड़ाये हुए हॉल में चारों तरफ नजरें डाल रहे थे। उनकी तलाश

दुहरी थी—अपने मुख्य अतिथि को वे खोज रहे थे और साथ ही उसके एवज में मुख्य अतिथि बन सकनेवाले को भी ढूँढ़ रहे थे। मुख्य अतिथि की एक बनावट होती है। गाँधीजी ने खादी का धोती-कुरता पहनाकर और नेहरू ने जाकिट पहनाकर कई पीढ़ियों के लिए मुख्य अतिथि की बनावट तय कर दी थी। आजादी के पहले ये सब दुबले थे; इसलिए मुख्य अतिथि नहीं होते थे। आजादी के बाद ये मोटे हो गये, कुछ की तोंद निकल आयी और आदर्श मुख्य अतिथि बन गये। मैं इधर कुछ सालों से देख रहा हूँ, मैं फुर्ती से मुख्य अतिथि के रूप में ढल रहा हूँ। कुरता-पायजामा, जाकिट मैं पहले से ही पहनता हूँ। इधर कपड़ा ज्यादा लगने लगा है। ज्यों-ज्यों कपड़ा ज्यादा लगने लगा है, त्यों-त्यों मैं मुख्य अतिथि की गद्दी की तरफ सरक रहा हूँ।

कोने में रखी फूल-मालाओं की आँखें निकल आयी हैं। वे अपने मुख्य अतिथि की तलाश कर रही हैं। मैं फूल-मालाओं से आँखें मिला रहा हूँ। बड़ा 'फ्रस्ट्रेशन' है उनकी आँखों में, बड़ी निराशा। वादा करके भी प्रेमी कॉफ़ी हाउस में न मिले तो उस मनःस्थिति में सुन्दरी को पटा लेना सहज होता है। मैं देख रहा हूँ, मालाएँ मुझसे आँखें मिला रही हैं। इधर संयोजकों की नजर मुझ पर बार-बार पड़ती है और वे आपस में कानाफूसी करते हैं। वे एवज के मुख्य अतिथि के रूप में मुझे तौल रहे हैं। एवज में छोटों का भाग्य चमक जाता है। राम की एवज में खड़ाऊँ राम-सिंहासन पर बैठ गयी थीं।

तीन संयोजक दरवाजे के पास खड़े सलाह कर रहे हैं। वे मेरी तरफ बार-बार देखते हैं। मुख्य अतिथि उनके लिए जरूरी है। उन्हें मालाएँ पहनानी हैं। माला पहनाना कुछ लोगों की तन्दुरुस्ती के लिए जरूरी है। वे अगर महीने में एक बार किसी को माला न पहनायें तो स्वास्थ्य खराब होने लगता है। हर समाज में माला पहनानेवाले जरूरी हैं। अगर ये न हों तो माला पहननेवाली गर्दनें पिचक जायें। मन्त्रिमण्डल से निकलने के बाद एक साहब को माला पहनानेवाले नहीं मिलते थे। उनका स्वास्थ्य गिरने लगा। डाक्टरों ने उन्हें सलाह दी कि आप फूलमाला का सेवन करें। उन्होंने दस रुपये महीने पर एक माली को रोज माला पहनाने के लिए लगा लिया। शाम को वे सजकर कुर्सी पर बैठ जाते। माली आता और माला पहनाता। वे कहते—'भाइयो और बहनो!'···उनकी सेहत अच्छी हो गयी, मगर माली का स्वास्थ्य गिरने लगा। हर एक को माला पहनाना अनुकूल नहीं पड़ता। अपनी-अपनी प्रकृति है। भगवान भूतल पर कोई बड़ा काम करते थे, तो निठल्ले देवता आकाश से फूल बरसाते थे। दोनों का स्वास्थ्य ठीक रहता था। कर्मी के लिए फूल तोड़ने में निठल्ले का अच्छा वक्त कट जाता है।

संयोजक अब निर्णय पर पहुँच रहे हैं। दूर हैं, पर हाव-भाव से पूरा वार्तालाप मैं सुन रहा हूँ। एक कहता है—परसाईजी ठीक रहेंगे। दूसरे का चेहरा खिन्न होता है। कहता है—नहीं यार, वह नहीं जमेंगे। तब तीसरा मेरे समर्थन में कहता है—कोई और यहाँ है नहीं और टाइम बहुत हो गया। बहुमत मेरे पक्ष में हो गया है।

मैं जाकिट के बटन लगा लेता हूँ। बालों पर हाथ फेरता हूँ। दुरुस्त हैं। रूमाल चेहरे पर फेरता हूँ, जिससे उचक्कापन साफ हो जाये और नीचे दबी गम्भीरता ऊपर आ जाये। अब वे आते ही हैं। मालाएँ एकटक मेरी तरफ देख रही हैं। उन्हें गर्दन मिल गयी।

मैं मंच पर पहुँच गया। एवज में मुख्य अतिथि मैं पहले भी एक बार बन चुका था। तब संस्था के मन्त्री ने श्रोताओं से कहा था--हमें बड़ा दुख है कि अमुकजी नहीं आये, इसलिए परसाईजी को मुख्य अतिथि बनाना पड़ रहा है। आशा है, आप लोग हमें क्षमा करेंगे। यह सुनकर भी मैं बेशर्मी लादकर बैठा रहा।

मालाएँ मुझे पहनायी जाने लगीं। मुझे इसका अभ्यास कम है। गर्दन भी अभी माला के अनुकूल नहीं है। कई गर्दनें मैंने ऐसी देखी हैं जैसे वे माला पहनने के लिए ही बनी हों। गर्दन और माला बिल्कुल 'मेड फार ईच अदर' रहती हैं। माला लपककर गले में फिट हो जाती है। फूल की मार.विकट होती है। कई गर्दनें, जो संघर्ष में कटने के लिए पुष्ट की गयी थीं, माला पहनकर लचीली हो गयी हैं। एक क्रान्तिकारी इधर रहते हैं जिनकी कभी तनी हुई गर्दन थी। मगर उन्हें माला पहनने की लत लग गयी। अब उनकी गर्दन छूने से लगता है, भीतर पानी भरा है। पहले जन-आन्दोलन में मुख्य अतिथि होते थे, अब मीना बाजार में मुख्य अतिथि होते हैं।

मैंने दस-बारह मालाएँ पहनीं और मेरी सारी उद्धतता चली गयी। फूल की मार बुरी होती है। शेर को अगर किसी तरह एक फूलमाला पहना दो तो गोली चलाने की जरूरत नहीं है। वह फौरन हाथ जोड़कर कहेगा—मेरे योग्य कोई और सेवा!

मन्त्री माइक पर कहता है--अब परसाईजी हमें दिशा-निर्देश करेंगे। यह तरुणों की संस्था है। मैं इन्हें क्या दिशा बताऊँ? हर दिशा में यहाँ दिशा-शूल है। कभी सोचा था कि तकनीकी शिक्षा की दिशा में जाना चाहिए। मगर हजारों बेकार इन्जीनियर हैं। उस दिशा में भी दिशा-शूल निकला।

क्या दिशा बताऊँ? ये तरुण मुझ-जैसे के गले में यहाँ माला पहना रहे हैं और इन्हीं की उम्र के बंगाल के तरुण मुझ-जैसे की गर्दन काट रहे हैं। कौन-सी सही दिशा है? माला पहनाने की, या गला काटने की?

किसी को दिशा नहीं मालूम। दिशा पाने के लिए यहाँ की राजनैतिक पार्टियाँ एक अधिवेशन उत्तर में श्रीनगर में करती हैं, दूसरा दक्षिण में त्रिवेन्द्रम में, तीसरा पूर्व में पटना में और चौथा पश्चिम में जोधपुर में—मगर चारों तरफ घूमकर भी जहाँ की तहाँ रहती हैं। बायें जाते-जाते लौटकर दायें चलने लगती हैं।

दिशा मुझे मालूम ही नहीं है। कई साल पहले मैं नये लेखक के रूप में दिशा खोज रहा था। तभी दूसरों ने कहा--बेवकूफ, जो दिशा पा लेता है, वह घटिया लेखक होता है। सही लेखक दिशाहीन होता है। ऊँचा लेखक वह जो नहीं जानता कि कहाँ जाना है, पर चला जा रहा है।

दिशा मैंने छोड़ दी। देख रहा हूँ, लेखक चौराहे से चारों सड़कों पर जाते हैं।

मगर दूर नहीं जाते। लौट-लौटकर चौराहे पर आ जाते हैं और इन्तजार करते हैं कि उन्हें उठा ले जानेवाली कार कब आती है और वे बैठकर बाकी लेखकों को 'टा टा' बोलकर चले जाते हैं। सुना है, बम्बई, कलकत्ता, दिल्ली में तो हवाई जहाज से उड़ा ले जाते हैं। मैं दिशा की खोज में जूते घिसता रहा और चौराहे का ध्यान नहीं रखा। देर से चौराहे पर लौटता हूँ, देखता हूँ, साथ के लोगों को उठा लिया गया है।

नहीं, दिशा मैं नहीं बता सकता। फूल-मालाओं से लाद दो तब भी नहीं। दिशा आज सिर्फ अन्धा बता सकता है। अन्धे दिशा बता भी रहे हैं। सवेरे युवकों को दिशा बतायेंगे, शाम को वृद्धों को। कल डाक्टरों को दिशा बतायेंगे, तो परसों पाकिटमारों को। अन्धा दिशा-भेद नहीं कर सकता, इसलिए सही दिशा दिखा सकता है।

मैंने श्रोताओं से कहा—मैं दिशा नहीं जानता। फिर मैं बहुत दयालु और शरीफ मुख्य अतिथि हूँ। आपको बिल्कुल तकलीफ नहीं दूंगा। मैं भाषण नहीं दूंगा।

श्रोताओं ने लम्बा भाषण सुनने के लिए सारी शक्ति बटोर ली थी। साँप दिखे तो आदमी उससे बचने के लिए स्नायुओं को तीव्र कर लेता है, मांसपेशियाँ मजबूत हो जाती हैं। मगर फिर यह समझ में आया कि रस्सी है, तो राहत तो मिलती है, पर साथ ही एक तरह की शिथिलता और गिरावट भी आती है। मेरे श्रोताओं का यही हाल था। जिसे साँप समझे थे, वह रस्सी निकला।

बाद में संयोजकों ने कहा—आपने भाषण क्यों नहीं दिया? मैंने कहा—वे श्रोता मेरे नहीं थे। तुम्हारे उन मुख्य अतिथि के थे। मैं दूसरे का मारा हुआ शिकार नहीं खाता।

चुनाव के ये अनन्त आशावान

चुनाव के नतीजे घोषित हो गये। अब मातमपुर्सी का काम ही रह गया है। इतने बड़े-बड़े हारे हैं कि मुझ जैसे की हिम्मत मातमपुर्सी की भी नहीं होती। मैंने एक बड़े की हार पर दुःख प्रकट करते हुए चिट्ठी लिखी थी। जवाब में उनके सचिव ने लिखा—तुम्हारी इतनी जुर्रत कि साहब की हार पर दुखी होओ! साहब का कहना है कि उनकी हार पर दुख मनाना उनका अपमान है। वे क्या इसलिए हारे हैं कि तुम जैसे टुच्चे आदमी दुखी हों? बड़े की हार पर छोटे आदमी को दुखी होने का कोई हक नहीं। साहब आगे भी हारेंगे। पर तुम्हें चेतावनी दी जाती है कि अगर तुम दुखी हुए, तो तुम पर मानहानि का मुकदमा दायर किया जायेगा।

बड़ी अजब स्थिति है। दुखी होना चाहता हूँ, पर दुखी होने का मुझे अधिकार ही नहीं है। मुझे लगता है, समाजवाद इसी को कहते हैं कि बड़े की हार पर बड़ा दुखी हो और छोटे की हार पर छोटा। हार के मामले में वर्ग-संघर्ष खत्म हो गया है।

मैं अब किसी की हार पर दुःख की चिट्ठी नहीं लिखूंगा। पर जो आसपास ही हारे बैठे हैं, उनके प्रति तो कर्त्तव्य निभाना ही पड़ेगा। चिट्ठी में मातमपुर्सी करना आसान है, मैं हँसते-हँसते भी दुःख प्रकट कर सकता हूँ। पर प्रत्यक्ष मातमपुर्सी कठिन काम है। मुझे उनकी हार पर हँसी आ रही है, पर जब वे सामने पड़ जायें तो मुझे चेहरा ऐसा बना लेना चाहिए जैसे उनकी हार नहीं हुई, मेरे पिता की सुबह ही मृत्यु हुई है। इतना अपने से नहीं सधता। प्रत्यक्ष मातमपुर्सी में मैं हमेशा फेल हुआ हूँ। मगर देखता हूँ, कुछ लोग मातमपुर्सी करके खुश होते हैं। लगता है भगवान ने इन्हें मातमपुर्सी ड्यूटी करने के लिए ही संसार में भेजा है। किसी की मौत की खबर सुनते ही वे खुश हो जाते हैं। दुःख का मेकअप करके फौरन उस परिवार में पहुँच जाते हैं। कहते हैं—जिसकी आ गयी, वह तो जायेगा ही। उनकी इतनी ही उम्र थी। बड़े पुण्यात्मा थे। किसी का दिल नहीं दुखाया। (हालाँकि उन्होंने कई लोगों की जमीन बेदखल करायी थी।) उन्हें किसी के कुत्ते ने काट लिया हो और वह कुत्ता आगे मर जाय तो भी वे उसी शान से मातमपुर्सी करेंगे---बड़ा सुशील कुत्ता था। बड़ी सात्त्विक वृत्ति का। कभी किसी को तंग नहीं किया। उसके रिक्त स्थान की पूर्ति श्वान-जगत् में नहीं हो सकती।

मैं कभी चुनाव नहीं लड़ा। एक बार सर्वसम्मति से अध्यापक संघ का अध्यक्ष हो गया था। एक साल में मैंने तीन संस्थाओं में हड़ताल और दो अध्यापकों से भूख-हड़ताल करवायी। नतीजा यह हुआ कि सर्वसम्मति से निकाल दिया गया। अपनी इतनी ही संसदीय सेवा है। सोचता हूँ, एक बार चुनाव लड़कर हार लूँ तो अपनी पीढ़ी का नारा—'भोगा हुआ यथार्थ' सार्थक हो जाय। तब शायद मैं मातमपुर्सी के योग्य मूड बना सकूँ।

अपनी असमर्थता के कारण मैं चुनाव के बाद हारे हुओं की गली से नहीं निकलता। पर ये अनन्त आशावान लोग कहीं मिल ही जाते हैं। एक साहब पिछले पन्द्रह सालों से हर चुनाव लड़ रहे हैं और हर बार जमानत जब्त करवाने का गौरव प्राप्त कर रहे हैं। वे नगर निगम का चुनाव हारते हैं, तो समझते हैं, जनता मुझे नगर के छोटे काम की अपेक्षा प्रदेश का काम सौंपना चाहती है। और वे विधान सभा का चुनाव लड़ रहे हैं। यहाँ भी जमानत जब्त होती है, तो वे सोचते हैं, जनता मुझे देश की जिम्मेदारी सौंपना चाहती है—और वे लोक सभा का चुनाव लड़ जाते हैं।

हार के बाद वे मुझे मिल जाते हैं। बाल बिखरे हुए, बदहवास। मेरा हाथ पकड़ लेते है। झकझोरकर कहते हैं--टेल मी परसाई, इज़ दिस डेमोक्रेसी? यह क्या जनतन्त्र है? मैं कुछ 'हाँ-हूँ' करके छूटना चाहता हूँ, तो वे मेरे पाँव-पर-पाँव रख देते हैं और मेरे मुंह से लगभग मुँह लगाकर कहते हैं—नहीं, नहीं, तुम्हीं बताओ।

यह क्या जनतन्त्र है ?

मुझे कहना पड़ता है—यह जनतन्त्र नहीं है। पिछले पन्द्रह-बीस सालों में जब-जब वे चुनाव हारे हैं, तब-तब मुझे यह निर्णय देना पड़ता है कि यह जनतन्त्र झूठा है। जनतन्त्र झूठा है या सच्चा—यह इस बात से तय होता है कि हम हारे या जीते? व्यक्तियों का ही नहीं पार्टियों का भी यही सोचना है कि जनतन्त्र उनकी हार-जीत पर निर्भर है। जो भी पार्टी हारती है, चिल्लाती है—अब जनतन्त्र खतरे में पड़ गया। अगर वह जीत जाती तो जनतन्त्र सुरक्षित था।

एक ओर अनन्त आशावान हैं। कोई शाम को उन्हें दो घण्टे के लिए लाउड-स्पीकर दिला दे, तो वे चौराहे पर नेता हो जाते हैं और जनता की समस्या के लिए लड़ने लगते हैं। लाउडस्पीकर का नेता-जाति की वृद्धि में क्या स्थान है, यह शोध का विषय है। नेतागीरी आवाज के फैलाव का नाम है।

ये नेता मुझे कभी शाम को चौराहे पर गर्म भाषण करते मिल जाते हैं। क्रोध से माइक पर चिल्लाते हैं—राइट टाउन में आवारा सूअर घूमते रहते हैं। कार्पोरेशन के अधिकारी क्या सो रहे हैं? मैं नगर निगम अधिकारी से इस्तीफे की माँग करता हूँ। यह जनतन्त्र का मजाक है कि राइट टाउन में आवारा सूअर घूमते रहते हैं और साहब चैन की नींद सोते हैं। इस प्रश्न पर प्रदेश सरकार को इस्तीफा देना चाहिए। मैं भारत सरकार से इस्तीफे की माँग करता हूँ।

राइट टाउन के आवारा सूअरों को लेकर वे भारत सरकार से पिछले दस सालों से इस्तीफा माँग रहे हैं। पर सूअर भी जहाँ-के-तहाँ हैं और सरकार भी। मगर ये लाउडस्पीकरी नेता अपनी लोकप्रियता के बारे में इतने आश्वस्त हैं कि हर चुनाव में खड़े हो जाते हैं। उनकी जमानत जब्त होती है, पर मैंने उनके चेहरे पर शिकन नहीं देखी। मिलते ही कहते हैं···पैसा चल गया। शराब चल गयी। उन्होंने अपनी हार का एक कारण ढूंढ़ निकाला है कि चुनाव में पैसा और शराब चल जाते हैं और वे हरा दिये जाते हैं। वे खुश रहते हैं। उन्हें विश्वास है कि जनता तो उनके साथ है, मगर वह पैसा और शराब के कारण दूसरे को वोट दे देती है। वे जनता से बिल्कुल नाराज नहीं हैं। वे इस बात को जायज मानते हैं कि मतदाता उसी को वोट दे जो पैसा और शराब दे। अभी वे लोकसभा के चुनाव में जमानत जब्त कराने के बाद मिले तो खुश थे। बड़े उत्साह से बोले—वही हुआ। पैसा चल गया। शराब चल गयी।

हमारे मनीषीजी छोटा चुनाव कभी नहीं लड़ते। हर बार सिर्फ लोकसभा का चुनाव लड़ते हैं। उनकी भी एक पार्टी है। अखिल भारतीय पार्टी है। लोगों ने उसका नाम न सुना होगा। उसका नाम है, 'वज्रवादी पार्टी'। वाद है, 'वज्रवाद' और संस्थापक हैं—'डॉ. वज्रप्रहार!' इस पार्टी की स्थापना मध्यप्रदेश के एक कस्बे टिमरनी में डॉ. वज्रप्रहार ने की थी और वे जब देश में अनुयायी ढूंढ़ने निकले तो हमारे शहर में उन्हें मनीषीजी मिल गये। पार्टी में कुल ये दो सदस्य हैं और क्रान्ति के बारे में बहुत गम्भीरता से सोचते हैं। मनीषी फक्कड़ फकीर हैं। पर हर लोक-

सभा चुनाव के वक्त जमानत के लिए पाँच सौ रु. और पर्ची छपवाने का खर्च कहीं से जुटा लेते हैं। हर बार उन्हें चुनाव लड़वाने के लिए डॉ. वज्रप्रहार आ जाते हैं। सभाएँ होती हैं, भाषण होते हैं। मैं देखता हूँ, दोनों धीरे-धीरे सड़क पर बड़ी गम्भीरता से बातें करते चलते हैं। डॉ. वज्रप्रहार कहते हैं—मनीषी, रिवोल्यूशन इज़ राउण्ड दी कार्नर! क्रान्ति आने में देर नहीं है। तब मनीषी कहते हैं—पर डॉ. साहब, क्रान्ति का रूप क्या होगा और उसके लिए हमें कैसा 'एलान' कर लेना चाहिए, यह अभी तय हो जाना चाहिए। डाक्टर साहब कहते हैं—वो तुम मेरे ऊपर छोड़ दो। आई शेल गिव यू गाइड लाइन्स। मैं तुम्हारा निर्देश करूँगा। पर तुम जनता को क्रान्ति के लिए तैयार कर डालो।

ये दोनों सच्चे क्रान्तिकारी कई सालों से गम्भीरतापूर्वक क्रान्ति की योजना बना रहे हैं, पर पार्टी में तीसरा आदमी अभी तक नहीं आया। इस बार मैंने पूछा—मनीषीजी, डॉ. वज्रप्रहार नहीं आये? मनीषी ने कहा—मेरा उनसे सैद्धान्तिक मतभेद हो गया। भारतीय राजनीति की कितनी बड़ी ट्रेजडी है कि जिस पार्टी में दो आदमी हों उन्हीं में सैद्धान्तिक मतभेद हो जाय। मनीषी ने कहा—उनकी चिट्ठी आयी है। इस पर्चे में छपी है। उन्होंने अपना पर्चा बढ़ा दिया—'इण्टरनेशनल न्यूज'। डाक्टर साहब का बड़ा गम्भीर पत्र है—आइ एम रिप्लाइंग टु द पोलिटिकल पार्ट ऑफ योर लेटर।

मनीषी की जमानत जब्त हो गयी है, पर क्रान्ति की तैयारी दोनों नेता बराबर करते जा रहे हैं।

एक दिन मैंने पोस्टर चिपके देखे—'जनता के उम्मीदवार सरदार केसरसिंह को वोट दो।' कोई नहीं जानता, ये कौन हैं। जिस जनता के उम्मीदवार हैं वह भी नहीं जानती। किसी ने मुझे बताया कि वे खड़े हैं सरदार केसरसिंह। मैंने पूछा—किस मकसद से आप चुनाव लड़ रहे हैं? उन्होंने सादा जवाब दिया—मकसद? अजी, मकसद यह क्या कम है कि आप जैसा आदमी पूछे कि सरदार केसरसिंह कौन हैं?

एक साहब अभी जनता की आवाज पर दो चुनाव लड़ चुके और जमानत खो चुके हैं। जनता भी अजीब है। वह आवाज देती है, पर वोट नहीं देती। वे तीसरे चुनाव की योजना अभी से बना रहे हैं।

लोग जनता की आवाज कैसे सुन लेते हैं। किस 'वेव लेंग्थ' पर आती है यह? मैं भी जनता में रहता हूँ, बहरा भी नहीं हूँ, पर जनता की आवाज मुझे कभी सुनायी नहीं पड़ती। ये लोग आशा के किस झरने से पानी पीते हैं कि अनन्त आशावान रहते हैं? इनकी अन्तरात्मा में कौन-सी वह शक्ति है, जो इन्हें हर हार के बाद नया उत्साह देती है? मुझे यह शक्ति और यह अनन्त आशा मिल जाये तो कमाल कर दूँ। जनतन्त्र के इन शाश्वत आशावान रत्नों को सिर्फ प्रणाम करना ही अपने हिस्से में आया है।

रोज़मर्रा का मामला

प्रोफेसरों और रीडरों की एक 'कानफरेन्स' थी। 'कानफरेन्स' शब्द 'सम्मेलन' से लगभग 10 गुना गरिमावाला होता है, क्योंकि 'सम्मेलन' छोटे पढ़ानेवालों का होता है और 'सेमिनार' तथा 'कानफरेन्स' बड़े पढ़ानेवालों का।

पहले 'गरीब शिक्षक' एक मुहावरा था। अब यह मुहावरा कुछ लोगों पर ही लागू होता है, याने उन पर जो प्राइमरी या मिडिल स्कूल में पढ़ाकर 6 घण्टे ट्यूशन करते हैं। मगर मेरी एक बात समझ में नहीं आती। एक गरीब कहलानेवाले (परम्परा से) हाईस्कूल के शिक्षक से जब मैंने पूछताछ की कि मुझे दो कमरों का एक मकान चाहिए तो उन्होंने जो कहा वह अक्षरशः यह है—देखिए, हम तो हर साल 50 लड़के ट्यूशन और नकल और नम्बर बढ़वाकर पास करवाते रहे हैं। अब अपने दो मकान हैं। ईश्वर की दया से (याने शिक्षकीय ईमान की दया से) पाँच सौ रुपया किराया आता है। आप तो अपने ही आदमी हैं। जो देना चाहें, दे दीजिए। घर आपका है। दो कमरे हैं, बाथरूम है। आपको सारे सुभीते मिलेंगे। आप घर में ही खाना खाइए। जो उचित समझें, दे दीजिए। आप तो स्वयं बुद्धिमान हैं। मगर हम चाहते हैं कि इसे सरकार किसी दफ्तर के लिए ले ले, जिससे आपसे तिगुना किराया मिले। वैसे आप रहिए।

मैं उस मकान को किराये से ले लेता, पर इसलिए नहीं लिया कि आत्मीयता के बावजूद उन्होंने कहा था—'आप स्वयं बुद्धिमान हैं।'

इस वाक्य से प्रबुद्ध समाज में मैं बहुत घबड़ाता हूँ, क्योंकि इसका मतलब यह नहीं होता कि आप बुद्धिमान हैं। इसका मतलब होता है—'आप निहायत बेवकूफ आदमी हैं, जिनके पास आज तक दो कमरे भी नहीं हुए। और हम आप जैसों को बेवकूफ बनाते हैं।'

फिर उनकी बीवी और दो लड़कियों को देखा। उन्हें ऊन लाकर देने में मेरी कलम-घिसाई की आमदनी का बड़ा हिस्सा चला जाता। मैंने 5 मिनट में ही यह समझ लिया।

मैंने अति विनम्रता से उनसे कहा, "मेरी इतनी हैसियत नहीं है कि ऐसे अच्छे 'अपार्टमेण्ट' को किराये से ले लूँ—आपके स्नेह के बाद भी।"

बात मैंने प्रोफसरों और रीडरों की 'सेमिनार' से शुरू की थी, पर 'मास्टर' पर आ गया। यों दोनों एक वर्ग के हैं।

बेचारा लेक्चरर, बेचारा रीडर, बेचारा प्रोफेसर—ये बीस साल पुरानी बातें हो गयीं। अब सीनियर लेक्चरर—या रीडर के घर फ्रिज होता है। प्रोफेसर के पास कार और 'सेलर' भी! यों मैंने ऐसे रीडर भी देखे हैं, जो फ्रिज बरामदे में रखते हैं, जिससे सड़क से निकलनेवाले को दिख जाय कि इनके पास फ्रिज है। उनका वश चले और कार हो तो कार को वे फाटक पर टाँग दें।

मैं दया और प्रार्थना के सिवा और क्या कर सकता हूँ कि हे ईश्वर कहलानेवाले कोई—मैं तुझे नहीं मानता हूँ, क्योंकि मैं नास्तिक हूँ—मैं नहीं मानता कि तुझमें इतनी क्षमता है कि तू हर केंचुए का भला कर सके। पर जिनका तुझ पर अटूट विश्वास है, उन्हें तू सपने में ही इतना ज्ञान तो दे ही सकता है कि 'फ्रिज' घर में कहाँ रखना चाहिए। तू सर्वशक्तिमान है पर उन्हें यह ज्ञान नहीं दे रहा। मैं देना चाहता हूँ। तब क्या तुम इस्तीफा देकर सर्वज्ञानी, अन्तर्यामी और सर्वशक्तिमान का पद मुझे दे दोगे ?

यह मैं मजाक कर रहा था। कोई सर्वशक्तिशाली या सर्वज्ञानी नहीं है पर मजाक करना मेरी आदत है और मेरा 'विटामिन' भी। मैं विटामिन की गोली खा रहा था—यह मजाक करके। सबको, जो जीना चाहते हैं, इस गोली का सेवन जरूर करना चाहिए—हँसने के विटामिन की गोली का।

तो मैं बात कर रहा था, प्रोफेसरों और रीडरों के एक शैक्षणिक सम्मेलन की। बड़े-बड़े विद्वान शिक्षाविद् आये थे। मैं उनके सामने अपने को हीन समझता था। कहाँ ये करोड़ों युवकों के गुरु और कहाँ मैं एक 'कलमघिसू' लेखक। थोड़ा-बहुत मैंने भी पढ़ा-सोचा-समझा है, पर इसी कारण तो अपने को ज्ञानी मानने की बेवकूफी नहीं करता। ज्ञान आदमी को हमेशा इस बेवकूफी से बचाता है कि वह अपने को ज्ञानी न समझे।

जिस राज्य में इन 'पेडॉगाग' लोगों की मीटिंग थी, वहीं मैं 'डेमागॉग' भी था —बल्कि उसी शहर में था। सारे प्रदेश में छात्रों की हड़ताल थी। अध्यापकों की हड़ताल भी थी। लड़कों के ही नहीं, डीनों के भी सिर फूट रहे थे।

उसी समय लेखकों का एक सम्मेलन भी वहीं था।

मैं लेखक के नाते कई बातें जानना और समझना चाहता था। लिहाजा एक गँवार लेखक की तरह, मुझसे चौगुने कपड़े और ठाठवाले इन विद्वानों के आसपास छात्र की तरह मौका निकालकर घूमता रहता और बातें सुनता रहता। आखिर ये इतने गम्भीर लोग किस राष्ट्रीय समस्या से उलझे हैं ?

तो मैं बराबर विद्वानों की बातें लॉन में टहलते हुए या कैण्टीन में नाश्ता करते हुए एक क्षुद्र जिज्ञासु की तरह सुनता रहता।

नतीजा मेरे अनुभव का यह है—

1—गुट संख्या एक—(वार्तालाप)

—और कैसा क्या हाल है ?

—ठीक है, पर इस बार जयपुर से पेपर नहीं आया।

—पता नहीं क्या हो रहा है आजकल ? पूना से मुझे हर साल पेपर आता था। पर इस साल नहीं आया।

—भई, सब जगह पतन हो गया है।

2—गुट संख्या दो, जो गुट संख्या एक की बौद्धिक शत्रु है—(वार्तालाप)

—वह 'साला' कह रहा था किसी से कि मुझे इस बार जयपुर का पेपर नहीं

मिला। ठीक है। पर जब मुझे जोधपुर का पेपर नहीं दोगे, तो मैं तुम्हें जयपुर का पेपर क्यों दूंगा ?

—ठीक बात है। जब तुम पूना और बम्बई से समझौता किये हो, तो राजस्थान से क्यों उम्मीद करते हो ?

—ठीक कहते हो। बात 'सिद्धान्त' की है। अच्छा, यह बताओ 'मॉडरेशन' के लिए तो तुम मुझे बुला रहे हो न ?

—हाँ-हाँ, पक्का। आपका हमारा सम्बन्ध कोई आज का थोड़े ही है। पर इस साल बी. ए. पार्ट वन का पेपर ही भेजिए। कापियाँ ज्यादा होती हैं।

3—तीसरा गुट—(वार्तालाप)

—आप अच्छे हैं ?

—जी, आपकी कृपा है।

—बच्चे भी अच्छे हैं ?

—जी, सब अच्छे हैं। आपकी कृपा है।

—और क्या हाल-चाल हैं ?

—हाल-चाल क्या कहें। डॉ. त्रिपाठी ने तो हमें काट ही दिया है। आप कोशिश करें तो कोई पेपर हमें मिल सकता है।

—मैं पूरी कोशिश करूँगा। आप तो आगरा ही लौटेंगे न ?

—जी हाँ। मैं आपको पहुँचते ही पेठे का पैकेट भेजूंगा। आपको आगरा के पेठे पसन्द हैं न।

ज्ञानियों और गुरुओं की बातें सुनने के बाद मेरे हाथ में प्रिंसिपल का टाइपिस्ट एक अखबार दे गया और मुझ-जैसे के हाथ में ही क्यों दे गया ?

अखबार में सुर्खियाँ थीं—

—'छात्रों पर लाठी चार्ज'

—'गोली चालन—2 मरे'

—'प्रोफेसरों पर लाठी चार्ज'

—'दो प्रोफेसरों की हालत चिन्ताजनक।'

—'डीन की नाक पर लाठी का वार !'

मैं बहुत परेशान था। यह क्या हो रहा है ? प्रोफेसर और डीन तक पिट रहे हैं।

मैं उदास बरामदे में बैठ गया। पर जिन्हें उदास होना था, वे बगीचे में तरह-तरह के फूल सूंघ रहे थे और बगीचे की तारीफ कर रहे थे—ए गुड गार्डन। वेरी वेल मेन्टेन्ड। क्वाइट ए वेराइटी ऑफ फ्लोरा एण्ड फॉना !

मुझे लगा कि इस देश में सामान्य आदमी के खून का उपयोग फूलों को रंग और खुशबू देने के काम आ रहा है। कुछ और काम उस खून से नहीं हो रहा। इस

समय इन फूलों को लड़कों और अध्यापकों के खून का रंग दिया जा रहा है। बड़ी ताजगी है।

मैं गमगीन बैठा था।

तभी एक साहब आये। कहने लगे, "क्या आपका नाम हरिशंकर परसाई है?"

किसी ने उनसे कह दिया होगा कि यह बड़ा बदमाश आदमी है। वरना वे नम्र न होते।

मैंने कहा, "जी हाँ। क्या आज्ञा है? सेवा बताइए।"

वे बोले, "हम लोगों की एक मीटिंग है। आप भी शामिल हों तो कृपा होगी।"

मैंने कहा, "इसमें कृपा या अकृपा का सवाल नहीं है। सवाल उपयोग का है। अगर मेरा उपयोग हो तो मैं जमादारों की मीटिंगों में भी कई सालों से, जब वे चाहते हैं, चला जाता हूँ। पर आपकी इस मीटिंग में मेरा क्या कोई उपयोग है?"

वे बोले, "देखिए, आप लेखक हैं, बुद्धिजीवी हैं। हम सब एक हैं। आपका उपयोग है।"

मैंने कहा, "नहीं, नहीं, आप और मैं एक-से बुद्धिजीवी नहीं हैं। आप तनख्वाह-वाले बुद्धिजीवी हैं, मैं बिना तनख्वाह का बुद्धिजीवी हूँ। न मेरी पहली तारीख होती, न इकतीस तारीख।"

वे हँसे। व्यंग्य-लेखक को वे एक उल्लू मसखरा समझते थे। मैं इस बात को जानता हूँ—यह वे नहीं जानते थे।

खैर, मैं गया उस मीटिंग में।

सबने बड़ा आदर दिखाया। (वह सच्चा ही रहा होगा, यह मेरा विश्वास और भ्रम दोनों हो सकते हैं। खास फर्क नहीं है)।

मैंने कहा, "हम बुद्धिजीवियों के सामने बड़ी-बड़ी चुनौतियाँ हैं। हमें उनका समाधान खोजना चाहिए। वरना इतिहास यह कहेगा कि संकट काल ने, संक्रान्ति काल में इस देश के बुद्धिजीवी ने देश की करोड़ों जनता को धोखा दिया।"

मेरी बात पर ताली बजी। बात चिन्ता की थी। पर बज रही थी ताली।

इसके बाद जो कार्यक्रम शुरू हुआ, वह उनकी महत्त्वपूर्ण आपसी चर्चा थी—

—हाँ, तो यू. पी. में क्या स्केल है?

—मैसूर में प्राइवेट कालेज में क्या पे-स्केल है?

—यू. जी. सी. नये साल में कितना अतिरिक्त ग्राण्ट देनेवाली है?

—हमारे प्रान्त में तो तीन महीनों से प्राइवेट कालेजों में तनखा नहीं मिली। कारण है पॉलिटिक्स।

—हमारे यहाँ बिना डाक्टरेट के रीडर ही नहीं बनाते। यह क्या धाँधली है?

मैंने एक बार टोका, "क्या आप लोग इस छात्र और सामान्य शिक्षक की समस्या पर भी विचार करेंगे? आपने आज का पेपर पढ़ा ही होगा।"

अध्यक्ष ने कहा, "लड़के ऊधम तो करते ही रहते हैं जी। हम उसमें क्या करें?

लाठी भी चलती है, गोली भी चलती है। हड़ताल भी होती है। लोग मरते भी हैं। यह तो रोजमर्रा का मामला हो गया है जी।"

मैंने कहा, "आप बिल्कुल दुरुस्त फरमा रहे हैं। पर रीडर, सीनियर रीडर, पेपर सेटिंग, मॉडरेशन, पेपर आउट, नम्बर बढ़ाना—यह भी रोजमर्रा का ही मामला हो गया है।"

अध्यक्ष चौंके। बाकी लोग जरा देर सन्नाटे में बैठे रहे। वे मुझसे मीठी बातें सुनना चाहते थे। पर मैं अपने स्वभाव से लाचार हूँ।

तब मैंने कहा, "सही है, रोजमर्रा की चीजें हैं ये सब। मेरी भी आदत रोज 11 बजे सो जाने की है। मैं सो जाऊँ तो आप लोग मुझे माफ जरूर ही कर देंगे, क्योंकि यह भी मेरा रोजमर्रा का मामला ही है, जैसे आपके लिए दूसरे रोजमर्रा के मामले हैं।"

और मैं कमर तक झुककर, हाथ जोड़कर, उठकर बाहर चला गया।

साहित्य और नम्बर दो का कारोबार

मैं भी सांस्कृतिक क्रान्ति के दौर से गुजर लिया। छीन-झपट की संस्कृति को आखिर स्वीकार लिया। पहले अपना कमाया पैसा भी अपना नहीं लगता था। अब सिर्फ दूसरों का खाया पैसा ही अपना कमाया लगता है। सारे मूल्यों में क्रान्ति हो गयी। पहले समारोहों में फूलमाला पहनते खुशी होती थी। अब वह गर्दन में लटका फालतू बोझ मालूम होती है। सांस्कृतिक क्रान्ति ने फूलों की सुगन्ध छीन ली है और मैं माला पहनते हुए हिसाब लगाता रहता हूँ कि अगर हर फूल की जगह नोट होता तो इस वक्त कितने रुपये मेरे गले में लिपटे होते। मैं माला से उस लिफाफे की रकम का अन्दाज लगाता रहता हूँ, जो बाद में दिया जायेगा। मुझे गुलाब की माला पहनाओ, चाहे गेंदे की, चाहे भटकटैया की—सब एक है। फूल की पंखुड़ी सिक्के का एहसास देती है। बीच में मूल्यों का विघटन हो गया था; अब वे सिक्के से जुड़ गये हैं। अपना मूल्यहीनता का युग समाप्त। जिनका चल रहा है, वे इस पुरानी बीमारी का इलाज करायें। साहित्य में अच्छे-अच्छे अनुभवी हकीम मौजूद हैं।

मेरा इलाज साहित्य के बाहर के हकीम ने किया है। एक व्यवसायी मित्र ने किया है। उसकी नयी हवेली बनी देखकर मैंने कहा, "बड़ी कमाई हो रही है।" उसने कहा, "सब नम्बर दो का पैसा है।"

मैं नम्बर दो नहीं समझा। उसकी आदत कूटाक्षरों में बोलने की है। बढ़िया भारतीय नामों को वह अंग्रेजी के अक्षरों से बिगाड़ देता है। शैलेन्द्र कुमार को

एस. के. कहता है और भुवनमोहिनी को मिस बी. एम.। उसका वश चले तो भगवान श्रीकृष्ण को एस. के. यादव कहे और भगवान रामचन्द्र को आर. सी. रघुवंशी। कहाँ जा रहे हो बन्धु? जरा एस. के. यादव के मन्दिर जा रहा हूँ।

मैंने उससे पूछा, "यह नम्बर दो का कारोबार क्या होता है?"

उसने मुझे धिक्कारा, "तुम क्या इस देश में नहीं रहते? या सभ्य समाज को छोड़कर आदिवासियों में रहने लगे हो? अरे, नम्बर दो तो राष्ट्रगीत की तरह लोकप्रिय है। मगर तुम नहीं जानते। तुम्हारे इस अज्ञान को मातृभूमि कभी माफ नहीं करेगी।"

उसने मुझे नम्बर दो का कारोबार समझाया। पाठक भी अगर मेरी तरह अज्ञानी हैं, तो किसी भी व्यवसायी से पूछ लो। मैं यहाँ नहीं बताऊँगा।

मेरे उस मित्र के यहाँ लक्ष्मी-पूजन समारोह होता था। मुझे भी कार्ड आता था। दो-तीन सालों से कार्ड नहीं आ रहा है। मैंने उससे पूछा तो उसने कहा, "पहले नम्बर एक की लक्ष्मी की पूजा खुलेआम करता था। अब गुप्त रूप से नम्बर दो की लक्ष्मी की पूजा करता हूँ।"

एक दिन उसने मुझसे कहा, "तुम कब तक नम्बर एक का काम करते रहोगे? तुम्हारे साहित्य में क्या नम्बर दो का काम नहीं होता?"

शाम को मैं घुटने टेक, हाथ जोड़, आँखें बन्द कर बैठा और प्रार्थना की—'हे नम्बर दो की लक्ष्मी, मुझे राह बता। तू सबको नम्बर दो की प्रेरणा देती है। मेरे चारों तरफ नम्बर दो हो रहा है। एक तरफ से गोली चलती है और दूसरी तरफ से नापाम बम आबादी पर फेंक दिया जाता है—युद्ध में नम्बर दो हो रहा है। आदमी एक पार्टी के टिकट पर विधायक बनता है और फिर जिस पार्टी की सरकार बननेवाली होती है, उसी में चला जाता है—राजनीति का नम्बर दो। भक्त मन्दिर-निर्माण के लिए चन्दा करता है और उसमें से अपना गुसलखाना भी बनवा लेता है—धर्म का नम्बर दो। लड़का प्रेम करके लड़की से 'आदर्श विवाह' कर लेता है और अपने बाप को उसके बाप के पास दहेज माँगने भेज देता है—प्रेम का नम्बर दो।

प्रार्थना फलवती हुई। मेरी मेधा तीव्र हुई और मुझे याद आया—एक कवि कवि-सम्मेलनों में बिना रजाई पहुँच जाते थे। वहाँ संयोजकों से कहते, 'रास्ते में बिस्तर चोरी चला गया।' वे कहते, 'हम अपने घर की रजाई उढ़ा देंगे।' तो कवि कहते, 'नहीं, मैं किसी की ओढ़ी हुई रजाई नहीं ओढ़ता।' ठण्ड से कवि की प्राण-रक्षा के लिए वे लोग नयी रजाई लाते और कवि एक रात उसे ओढ़कर घर ले आते। एक सीजन में पूरे परिवार के लिए वे रजाइयाँ ले आते। आगे चलकर उन्होंने कविता छोड़कर रजाइयों की दूकान कर ली। नाम रखा—'कविता रजाई भण्डार।'

उक्त कवि को मैंने गुरु माना और पहले ही मौके पर दो नम्बर का काम कर डाला। एक जगह साहित्य-सम्मेलन हो रहा था। स्वागत मन्त्री ने मुझसे कहा था कि

आप साहित्य-परिषद में अवश्य भाषण दें। हम आपको किराया सौ रुपये दे देंगे। मायाराम की कार में एक तरफ का पेट्रोल भराकर हम पहुँच गये। निवास-भोजन का प्रबन्ध संयोजकों ने किया था। खुफिया विभाग का एक आदमी पहचान का था। उससे चन्दे की स्थिति का पता लगाया। काफी हुआ था। भोजन पर बैठे तो खाना अच्छा नहीं था। मायाराम ने कहा, 'ये लोग अपने पर दो नम्बर करने का इरादा रखते हैं। इसके पहले कि वे हम पर करें, हमें उन पर नम्बर दो कर देना चाहिए।' मैंने पूछा, 'इस वक्त क्या ढंग होगा दो नम्बर का?' उन्होंने कहा, 'गुस्सा। गुस्सा करने का क्षण उपस्थित है।' और वे थाली फेंककर खड़े हो गये। चिल्लाये, 'हम लोगों को क्या जानवर समझ रखा है? यह कचरा खायेंगे हम? इतना चन्दा और ग्राण्ट मिले हैं और इन्तजाम यह है?'

हम चार मित्र बिना खाये कमरे में आ गये। हम टेढ़े के रूप में बदनाम हैं ही। वहाँ भाग-दौड़ मच गयी। मन्त्रीजी आये और कमरे पर ही हमें दोनों बार अलग से बना हुआ अच्छा खाना स्टेनलेस की थालियों में भेजा जाने लगा।

समस्या खाने की उतनी नहीं थी। मुख्य समस्या सौ रुपयों की थी। अफवाह उड़ रही थी कि वे लोग नम्बर दो करनेवाले हैं। मायाराम ने कहा, 'खाने के लिए दो नम्बर मैंने किया। अब रुपयों के लिए तुम करो।' मैंने मन में प्रार्थना की— 'प्रभु, तुम्हें याद होगा, मैंने प्राथमिकशाला में आपकी प्रार्थना की थी।' मैंने तब कहा था —'हम सब बालक हैं नादान। मैं अभी भी वैसा ही हूँ, प्रभु! मैं एक उदीयमान दो नम्बरी हूँ। तू मेरी प्रतिभा को जाग्रत कर। इस वक्त साहित्य-रचना से ज्यादा नम्बर दो के लिए प्रतिभा की जरूरत है।'

प्रतिभा सचमुच जागी। भाषण के लिए जब मेरा नाम पुकारा, तो मैंने माइक हाथ में लेकर कहा, 'मेरी तबियत रात से खराब है। मैं बोलना नहीं चाहता था। मगर मजबूरन इसलिए बोल रहा हूँ कि अगर बोलूंगा नहीं तो ये लोग मुझे 150) वादे के मुताबिक नहीं देंगे।'

लोग हँसे। फिर गम्भीर हुए। संयोजक परेशान हुए। राजनीति में जिसे सीधे जनता के पास जाना कहते हैं, वही मैंने कर दिया। सीधे जनता के पास जाना भी एक प्रकार का नम्बर दो हो सकता है।

नम्बर दो चला। मन्त्री महोदय शाम को मेरे पैसे दे गये। सुना, वे कई दूसरे लोगों को पैसे बिना दिये, रात की गाड़ी से बाहर चले गये।

सफलता से मैं प्रोत्साहित हुआ। अगर इसी तरह चलता रहा, तो एक दिन सड़क पर मुझे देखकर लोग कहेंगे—'वह दो नम्बरी जा रहा है।'

मेरा एक नैतिकतावादी मित्र कहता है, 'पैसे के मामले में आदमी को साफ होना चाहिए।' मैं कहता हूँ, 'यह सम्भव नहीं है। सागर-मन्थन क्या अकेले देवों ने किया था। एक तरफ से दानव भी तो खींच रहे थे। आखिर दानवों के सहयोग से ही तो लक्ष्मी निकली थीं। तब धन के मामले में दानवी विचार मनुष्य के मन में क्यों नहीं आयेंगे?'

मैं ऐसे कोरे नैतिकतावादियों के बहकावे में नहीं आ सकता। मैं बराबर नम्बर दो की तरकीबें खोजता रहता हूँ। एक समारोह में गया। रात को समारोह था और मैं होटल में मन को एकाग्र करके नम्बर दो करने की तरकीब सोच रहा था। मुझे क्या पता कि उसी वक्त आयोजकों की मेधा भी इसी काम में लगी थी। तीसरे पहर आयोजन समिति के सदस्य आये। बड़े व्यस्त। उनके हाथ में चन्दे की रसीद-बही थी। थोड़ी देर बाद बोले, 'क्षमा कीजिए। मुझे चन्दा वसूलने जाना है। इस साल ठीक चन्दा ही नहीं मिला।' वे चले गये। दूसरे आये। उनके हाथ में भी रसीद-बही। बोले, 'देखने आया था कि कोई तकलीफ तो आपको नहीं है। अब चलता हूँ। कुछ चन्दा वसूल करना है। लोगों को बुला तो लिया है, पर पैसा कम इकट्ठा हुआ है।' वे भी चले गये। तीसरे आये। उनके हाथ में भी रसीद बही। बोले, 'लोग चन्दा देने में बड़ी आनाकानी करते हैं। कई दिनों से दौड़ रहे हैं, पर पर्याप्त चन्दा ही नहीं कर पाये। चलूँ, कुछ जगह और 'टिराई' कर लूँ।'

मामला क्या है? ये मुझे रसीद-बही बनाकर चन्दा लेने क्यों जा रहे हैं। इन्होंने मेरे ऊपर नम्बर दो चालू कर दिया। ये पूरे पैसे नहीं देंगे। क्या करूँ? ठण्ड होती तो कहता—'एक पुलोवर खरीद दो।' मन ने कहा—'क्या अच्छा हो अगर स्टेज पर मुझे मिरगी आ जाये।' मगर मिरगी भी तो बड़े लेखकों को आती है। मुझ छोटे को वह भी नहीं आयी। मैंने अपना फर्ज अदा किया।

सुबह मन्त्रीजी आये। बड़ी देर यहाँ-वहाँ की बातें करते रहे। मैंने कहा, "मैं दोपहर की गाड़ी से जाऊँगा।" वे कहने लगे, "क्या बतायें, हम तो बड़े शर्मिन्दा हैं।"

मैं समझ गया। मैंने कहा, "जो कुछ भी हो, मुझे दो। मैं घर जाऊँ।" उन्होंने कुछ रुपये दिये। बोले, "बाकी हम आठ-दस दिनों में भेज देंगे। हमें बड़ी ग्लानि हो रही है। लोगों ने वादा करके भी नहीं दिये।"

वे बड़े पशोपेश में बैठे थे। मैंने कहा, "ठीक है। आप जाइए।"

वे बोले, "हम बहुत लज्जित हैं, आपके सामने।"

मैंने कहा, "देखिए, अभी तो आपका इरादा रुपये भेजने का है। फिर आप क्यों लज्जित हैं? अगर आप अभी लज्जित हैं, तो आपने अभी ही तय कर लिया है कि रुपये नहीं भेजेंगे।"

वे बोले, "नहीं, हम पक्का भेजेंगे।"

मैंने कहा "तो फिर लज्जित होने का कारण ही नहीं है। आगे अगर न भेज पायें तो एक दिन लज्जित हो लीजिए। आप अभी लज्जित हो रहे हों, तो बात खत्म हो जाती है। बोलिए।"

उन्होंने कहा, "नहीं, अभी हम लज्जित नहीं हैं।"

मैंने कहा, "तो फिर आप जाइए। आराम कीजिए। स्वास्थ्य बड़ी चीज है। मैं गाड़ी में बैठ जाऊँगा।"

उन्होंने कहा, "नहीं, हम आपको पहुँचाने आयेंगे।"

मैंने कहा, "नहीं, आपको देखकर मुझे कष्ट होगा।"

पूछने लगे, "आपको क्यों कष्ट होगा?"

मैंने कहा, "आपको देखकर फिर याद आ जायेगी कि आपने मेरे पैसे दबा लिये।"

वे दुःखी मन से चले गये। मेरे ऊपर उनका नम्बर दो चल गया। उनका उसी वक्त लज्जित हो लेना उचित था। रुपये उन्होंने मुझे नहीं भेजे।

इस नम्बर दो की चोट से मैं विफल हो गया। तभी मुझे नम्बर दो का एक सफल मौका मिला और मन अब प्रसन्न है। एक शहर में मेरे साहित्य-प्रेमी मित्र आबकारी अफसर थे। आबकारी अफसर साहित्य-प्रेमी हो, तो साहित्य का भी विकास होता है और आबकारी का भी। उन्होंने शराब के ठेकेदारों को साहित्यिक समारोह करने के लिए प्रेरित किया। मुझे तार से रुपये मिले। मित्र का पत्र मिला कि आ जाओ, और दिलायेंगे। पर समारोह के वक्त बीमार पड़ गया और वे रुपये इलाज में खर्च हो गये। कुछ दिनों बाद मित्र का तबादला हो गया। लगभग छः महीने बाद मुझे ठेकेदार सचिव का पत्र मिला कि मैं वे रुपये लौटा दूँ।

मैंने जवाब में अत्र कुशलं तत्रास्तु के बाद लिखा—'आपके पत्र के उत्तर में इतना ही कहना है कि मेरे मित्र जल्दी ही तबादले पर वहीं आ रहे हैं।'

तर्क लाजवाब था। मेरा नम्बर दो चल गया।

दीवाली पर मैं हिसाब लगाता हूँ कि मुझ पर कितने का नम्बर दो हुआ और मैंने कितने का नम्बर दो किया। इस साल दूसरों ने मेरे ऊपर 480) का नम्बर दो किया और मैंने दूसरों पर 650) का। रोकड़ बाकी 170) अंकन एक सौ सत्तर रुपये श्री लक्ष्मीजी सदा सहाय!

ठिठुरता हुआ गणतन्त्र

चार बार मैं गणतन्त्र-दिवस का जलसा दिल्ली में देख चुका हूँ। पाँचवीं बार देखने का साहस नहीं। आखिर यह क्या बात है कि हर बार जब मैं गणतन्त्र-समारोह देखता, तब मौसम बड़ा क्रूर रहता। छब्बीस जनवरी के पहले ऊपर बर्फ पड़ जाती है। शीत-लहर आती है, बादल छा जाते हैं, बूँदाबाँदी होती है और सूर्य छिप जाता है। जैसे दिल्ली की अपनी अर्थनीति नहीं है, वैसे ही अपना मौसम भी नहीं है। अर्थनीति जैसे डालर, पौण्ड, रुपया, अन्तर्राष्ट्रीय मुद्राकोष या भारत-सहायता क्लब से तय होती है, वैसे ही दिल्ली का मौसम कश्मीर, सिक्किम, राजस्थान आदि तय करते हैं।

इतना बेवकूफ भी नहीं हूँ कि मान लूँ, जिस साल मैं समारोह देखता हूँ, उसी साल ऐसा मौसम रहता है। हर साल देखनेवाले बताते हैं कि हर गणतन्त्र-दिवस पर मौसम ऐसा ही धूपहीन ठिठुरनवाला होता है।

आखिर बात क्या है? रहस्य क्या है?

जब कांग्रेस टूटी नहीं थी, तब मैंने एक कांग्रेसी मन्त्री से पूछा था कि यह क्या बात है कि हर गणतन्त्र-दिवस को सूर्य छिपा रहता है? सूर्य की किरणों के तले हम उत्सव क्यों नहीं मना सकते? उन्होंने कहा—'ज़रा धीरज रखिए। हम कोशिश में लगे हैं कि सूर्य बाहर आ जाये। पर इतने बड़े सूर्य को बाहर निकालना आसान नहीं है। वक्त लगेगा। हमें सत्ता के कम-से-कम सौ वर्ष तो दीजिए!'

दिये। सूर्य को बाहर निकालने के लिए सौ वर्ष दिये, मगर हर साल उसका कोई छोटा कोना निकलता तो दिखना चाहिए। सूर्य कोई बच्चा तो है नहीं जो अन्तरिक्ष की कोख में अटका है, जिसे आप एक दिन ऑपरेशन करके निकाल देंगे।

इधर जब कांग्रेस के दो हिस्से हो गये तब मैंने एक इण्डिकेटी कांग्रेसी से पूछा। उसने कहा—'हम हर बार सूर्य को बादलों से बाहर निकालने की कोशिश करते थे, पर हर बार सिण्डिकेटवाले अड़ंगा डाल देते थे। अब हम वादा करते हैं कि अगले गणतन्त्र-दिवस पर सूर्य को निकालकर बतायेंगे।'

एक सिण्डिकेटी पास खड़ा सुन रहा था। वह बोल पड़ा—'यह लेडी (प्रधानमन्त्री) कम्युनिस्टों के चक्कर में आ गयी है। वही उसे उकसा रहे हैं कि सूर्य को निकालो। उन्हें उम्मीद है, बादलों के पीछे से उनका प्यारा 'लाल सूरज' निकलेगा। हम कहते हैं कि सूर्य को निकालने की क्या जरूरत है? क्या बादलों को हटाने से काम नहीं चल सकता?'

मैं संसोपाई भाई से पूछता हूँ। वह कहता है—'सूर्य गैर-कांग्रेसवाद पर अमल कर रहा है। उसने डाक्टर लोहिया के कहने से हमारा पार्टी-फार्म भर दिया था। कांग्रेसी प्रधानमन्त्री को सलामी लेते वह कैसे देख सकता है? किसी गैर-कांग्रेसी को प्रधानमन्त्री बना दो, तो सूर्य क्या, उसके अच्छे भी निकल पड़ेंगे।'

जनसंघी भाई से भी मैंने पूछा। उसने साफ कहा—'सूर्य सेक्युलर होता तो इस सरकार की परेड में निकल आता। इस सरकार से आशा मत करो कि वह भगवान अंशुमाली को निकाल सकेगी। हमारे राज्य में ही सूर्य निकलेगा।'

साम्यवादी ने मुझसे साफ कहा—'यह सब सी. आई. ए. का षड्यन्त्र है। सातवें बेड़े से बादल दिल्ली भेजे जाते हैं।'

स्वतन्त्र पार्टी के नेता ने कहा—'रूस का पिछलग्गू बनने का और क्या नतीजा होगा!'

प्रसोपा के भाई ने अनमने ढंग से कहा—'सवाल पेचीदा है। नेशनल कौंसिल की अगली बैठक में इसका फैसला होगा। तब बताऊँगा।'

राजाजी से मैं मिल न सका। मिलता, तो वह इसके सिवा क्या कहते कि इस राज में तारे निकलते हैं, यही गनीमत है।

मैं इन्तजार करूँगा, जब भी सूर्य निकले।

स्वतन्त्रता-दिवस भी तो भरी बरसात में होता है। अंग्रेज बहुत चालाक हैं। भरी बरसात में स्वतन्त्र करके चले गये। उस कपटी प्रेमी की तरह भागे, जो प्रेमिका का छाता भी ले जाये। वह बेचारी भीगती बस-स्टैण्ड जाती है, तो उसे प्रेमी की नहीं, छाता-चोर की याद सताती है।

स्वतन्त्रता-दिवस भीगता है और गणतन्त्र-दिवस ठिठुरता है।

मैं ओवरकोट में हाथ डाले परेड देखता हूँ। प्रधानमन्त्री किसी विदेशी मेहमान के साथ खुली गाड़ी में निकलती हैं। रेडियो टिप्पणीकार कहता है – 'घोर करतल-ध्वनि हो रही है।' मैं देख रहा हूँ, नहीं हो रही है। हम सब तो कोट में हाथ डाले बैठे हैं। बाहर निकालने का जी नहीं होता। हाथ अकड़ जायेंगे।

लेकिन हम नहीं बजा रहे हैं, फिर भी तालियाँ बज रही हैं। मैदान में जमीन पर बैठे वे लोग बजा रहे हैं, जिनके पास हाथ गरमाने के लिए कोट नहीं है। लगता है, गणतन्त्र ठिठुरते हुए हाथों की तालियों पर टिका है। गणतन्त्र को उन्हीं हाथों की ताली मिलती है, जिनके मालिक के पास हाथ छिपाने के लिए गर्म कपड़ा नहीं है।

पर कुछ लोग कहते हैं—'गरीबी मिटनी चाहिए।' तभी दूसरे कहते हैं—'ऐसा कहनेवाले प्रजातन्त्र के लिए खतरा पैदा कर रहे हैं।'

गणतन्त्र-समारोह में हर राज्य की झाँकी निकलती है। ये अपने राज्य का सही प्रतिनिधित्व नहीं करतीं। 'सत्यमेव जयते' हमारा मोटो है मगर झाँकियाँ झूठ बोलती हैं। इनमें विकास-कार्य, जनजीवन, इतिहास आदि रहते हैं। असल में हर राज्य को उस विशिष्ट बात को यहाँ प्रदर्शित करना चाहिए जिसके कारण पिछले साल वह राज्य मशहूर हुआ। गुजरात की झाँकी में इस साल दंगे का दृश्य होना चाहिए, जलता हुआ घर और आग में झोंके जाते बच्चे। पिछले साल मैंने उम्मीद की थी कि आन्ध्र की झाँकी में हरिजन जलाते हुए दिखाये जायेंगे। मगर ऐसा नहीं दिखा। यह कितना बड़ा झूठ है कि कोई राज्य दंगे के कारण अन्तर्राष्ट्रीय ख्याति पाये, लेकिन झाँकी सजाये लघु-उद्योगों की। दंगे से अच्छा गृह-उद्योग तो इस देश में दूसरा है नहीं। मेरे मध्यप्रदेश ने दो साल पहले सत्य के नजदीक पहुँचने की कोशिश की थी। झाँकी में अकाल-राहत कार्य बतलाये गये थे। पर सत्य अधूरा रह गया था। मध्यप्रदेश उस साल राहत-कार्यों के कारण नहीं, राहत-कार्यों में घपले के कारण मशहूर हुआ था। मेरा सुझाव माना जाता तो मैं झाँकी में झूठे मस्टर-रोल भरते दिखाता, चुकारा करनेवाले का अँगूठा हजारों मूर्खों के नाम के आगे लगवाता, नेता, अफसर, ठेकेदार के बीच लेन-देन का दृश्य दिखाता। उस झाँकी में वह बात नहीं आयी। पिछले साल स्कूलों की 'टाट-पट्टी काण्ड' से हमारा राज्य मशहूर हुआ। मैं पिछले साल की झाँकी में यह दृश्य दिखाता—मन्त्री, अफसर वगैरह खड़े हैं और टाट-पट्टी खा रहे हैं।

जो हाल झाँकियों का, वही घोषणाओं का। हर साल घोषणा की जाती है कि

समाजवाद आ रहा है। पर अभी तक नहीं आया। कहाँ अटक गया ? लगभग सभी दल समाजवाद लाने का दावा करते हैं, लेकिन वह नहीं आ रहा।

मैं एक सपना देखता हूँ। समाजवाद आ गया है और बस्ती के बाहर टीले पर खड़ा है। बस्ती के लोग आरती सजाकर उसका स्वागत करने को तैयार खड़े हैं। पर टीले को घेरे खड़े हैं कई तरह के समाजवादी। उनमें से हरेक लोगों से कहकर आया है कि समाजवाद को हाथ पकड़कर मैं ही लाऊँगा।

समाजवाद टीले से चिल्लाता है—'मुझे बस्ती में ले चलो।'

मगर टीले को घेरे समाजवादी कहते हैं—'पहले यह तय होगा कि कौन तेरा हाथ पकड़कर ले जायेगा!'

समाजवाद की घेराबन्दी कर रखी है। संसोपा-प्रसोपावाले जनतान्त्रिक समाजवादी हैं, पीपुल्स डेमोक्रेसी और नेशनल डेमोक्रेसीवाले साम्यवादी हैं, दोनों तरह के कांग्रेसी हैं, सोशलिस्ट यूनिटी सेण्टरवाले हैं। क्रान्तिकारी समाजवादी हैं। हरेक समाजवाद का हाथ पकड़कर उसे बस्ती में ले जाकर लोगों से कहना चाहता है—'लो, मैं समाजवाद ले आया।'

समाजवाद परेशान है। उधर जनता भी परेशान है। समाजवाद आने को तैयार खड़ा है, मगर समाजवादियों में आपस में धौल-धप्पा हो रहा है। समाजवाद एक तरफ उतरना चाहता है कि उस पर पत्थर पड़ने लगते हैं। 'खबरदार, उधर से मत जाना!' एक समाजवादी उसका एक हाथ पकड़ता है, तो दूसरा हाथ पकड़कर उसे खींचता है। तब बाकी समाजवादी छीना-झपटी करके हाथ छुड़ा देते हैं। लहूलुहान समाजवाद टीले पर खड़ा है।

इस देश में जो जिसके लिए प्रतिबद्ध है, वही उसे नष्ट कर रहा है। लेखकीय स्वतन्त्रता के लिए प्रतिबद्ध लोग ही लेखक की स्वतन्त्रता छीन रहे हैं। सहकारिता के लिए प्रतिबद्ध इस आन्दोलन के लोग ही सहकारिता को नष्ट कर रहे हैं। सहकारिता तो एक स्पिरिट है। सब मिलकर सहकारितापूर्वक खाने लगते हैं और आन्दोलन को नष्ट कर देते हैं। समाजवाद को समाजवादी ही रोके हुए हैं।

यों प्रधानमन्त्री ने घोषणा कर दी है कि अब समाजवाद आ ही रहा है।

मैं एक कल्पना कर रहा हूँ।

दिल्ली में फरमान जारी हो जायेगा—'समाजवाद सारे देश के दौरे पर निकल रहा है। उसे सब जगह पहुँचाया जाय। उसके स्वागत और सुरक्षा का पूरा बन्दोबस्त किया जाय।'

एक सचिव दूसरे सचिव से कहेगा—'लो, ये एक और वी. आई. पी. आ रहे हैं। अब इनका इन्तजाम करो। नाक में दम है।'

कलेक्टरों को हुक्म चला जायेगा। कलेक्टर एस. डी. ओ. को लिखेगा, एस. डी. ओ. तहसीलदार को।

पुलिस-दफ्तरों में फरमान पहुँचेंगे, समाजवाद की सुरक्षा की तैयारी करो।

दफ्तरों में बड़े बाबू छोटे बाबू से कहेंगे —'काहे हो तिवारी बाबू, एक कोई

समाजवादवाला कागज आया था न ! ज़रा निकालो !'

तिवारी बाबू कागज निकालकर देंगे। बड़े बाबू फिर से कहेंगे—'अरे वह समाजवाद तो परसों ही निकल गया। कोई लेने नहीं गया स्टेशन। तिवारी बाबू, तुम कागज दबाकर रख लेते हो। बड़ी खराब आदत है तुम्हारी।'

तमाम अफसर लोग चीफ-सेक्रेटरी से कहेंगे—'सर, समाजवाद बाद में नहीं आ सकता? बात यह है कि हम उसकी सुरक्षा का इन्तजाम नहीं कर सकेंगे। दशहरा आ रहा है। दंगे के आसार हैं। पूरा फोर्स दंगे से निपटने में लगा है।'

मुख्य सचिव दिल्ली लिख देगा—'हम समाजवाद की सुरक्षा का इन्तजाम करने में असमर्थ हैं। उसका आना अभी मुल्तवी किया जाय।'

जिस शासन-व्यवस्था में समाजवाद के आगमन के कागज दब जायें और जो उसकी सुरक्षा की व्यवस्था न करे, उसके भरोसे समाजवाद लाना है तो ले आओ। मुझे खास ऐतराज भी नहीं है। जनता के द्वारा न आकर अगर समाजवाद दफ्तरों के द्वारा आ गया तो एक ऐतिहासिक घटना हो जायेगी।

बेईमानी की परत

कपड़ा पहिनते-पहिनते छोटा हो जाता है, यह मैं भूल चुका था। कई सालों से ऐसी घटना ही नहीं घटी थी। मैं उनमें से नहीं रहा, जो इस साल पैण्ट सिलवाते हैं और अगले ही साल उसे पत्नी की पुरानी साड़ी की किनार से बाँधने लगते हैं। उच्चवर्गी और मध्यवर्गी में यही अन्तर है। उच्चवर्गी का पैण्ट जब छोटा होता है, तो वह उसे आगे के लिए छोड़ देता है। पर मध्यवर्गी का कुछ 'आगे' के लिए नहीं होता; इसलिए वह स्त्री की फटी साड़ी की किनार खोजने लगता है।

ठण्ड शुरू होने पर मैंने गरम शेरवानी निकालकर पहिनी तो देखा कि बटनें नहीं लगतीं। पिताजी जब मेरे कपड़े सिलाने देते थे, तो दर्जी से कह देते थे—ज़रा बढ़ते शरीर का बनाना। जब से अपने कपड़े बनवाने का जिम्मा खुद लिया है, हर बार दर्जी से कहना चाहता हूँ—ज़रा घटते शरीर का बनाना। शरीर जब तक दूसरों पर लदा है, तब तक मुटाता है। जब अपने ही ऊपर चढ़ जाता है, तब दुबलाने लगता है। जिन्हें मोटे रहना है, वे दूसरों पर लदे रहने का सुभीता कर लेते हैं—नेता जनता पर लदता है, साधु भक्तों पर, आचार्य महत्त्वाकांक्षी छात्रों पर और बड़ा साहब जूनियरों पर।

मुझे ऐसा कोई आसन नहीं मिला। फिर भी कुछ मोटा हो जाने की इच्छा मरी नहीं। जब भी सफर करता, रेलवे प्लेटफार्म पर वजन तौलने की मशीन में दस

पैसे डालकर वजन का टिकिट निकलता। टिकिट के दूसरे तरफ भाग्य-फल लिखा है, जो अकसर दस पैसे के बदले में की गयी चापलूसी होता है। इस देश की मशीनें भी चापलूसी करना सीख गयी हैं। सिर्फ दस पैसे में कुछ ऐसी बातें कहती हैं—'आपके विचार बहुत ऊँचे हैं। आप उनके अनुसार कार्य करेंगे, तो सफल होंगे।' मैं कहता हूँ--सिस्टर, कभी तो सच बोला करो। यह कोई तुम्हारा 'स्टेंडर्ड' है कि सिर्फ दस पैसे में—! मशीनों की राय पर मैं ज्यादा भरोसा नहीं करता, विशेषकर उन पर जो आदमी को तौलने के लिए जगह-जगह रखी हुई हैं। इनके मुँह में दस पैसे डाल दो तो तारीफ का एक वाक्य बोल देती हैं।

इसीलिए मैं किसी इनाम के लिए कभी किताब नहीं भेजता। और समीक्षकों के घरों में पुत्र-जन्म होते रहते हैं, पर मैं बधाई के कार्ड नहीं लिख पाता। नतीजा यह कि वजन बढ़ता भी है, तो किसी मशीन की टिकिट पर रिकार्ड नहीं होता। जमाने में वजन से ज्यादा उसके रिकार्ड का महत्त्व है। इसीलिए चतुर लोग दूसरे की गोद में बैठकर अपने को तुलवा लेते हैं, और बढ़े वजन का टिकिट जेब में रखे रहते हैं।

इस बार जरूर वजन बढ़ा है। अब मशीन की धाँधली नहीं चलेगी। मुटाई के अहसास ने शरीर में ऐसी सनसनी पैदा की कि जी हुआ फैलकर शेरवानी को तार-तार कर दूँ और ठण्ड उघाड़े बदन गुजार दूँ।

फिर मैं झेंपा भी। वजन बढ़ना तो लड़कपन की हरकत है। कोई प्रौढ़ आदमी भी इस जमाने में क्यों मोटा होगा? लोग क्या सोचेंगे? अनाज की दूकानों के सामने थैला हाथ में लिये कतार में खड़ा आदमी सूख रहा है। जब तक उसका नम्बर आता है, दाम बढ़ जाते हैं और घर से लाये पैसे कम पड़ जाते हैं। साधारण आदमी भी जहाजों के टाइम-टेबिल याद रखने लगा है। अमेरिका से जहाज आयेगा तो उसमें हमारे लिए गेहूँ होगा; जापान से आयेगा तो चावल होगा। अमेरिका में जहाजी कर्मचारियों की हड़ताल से भारतीय जन चिन्तित हो जाता है। भुखमरी से हममें अन्तर्राष्ट्रीय चेतना आ गयी। अगर अकाल पड़ जाय, तो हर भारतीय अपने को विश्व-मानव समझने लगेगा।

यह वक्त भी कहीं मोटे होने का है! मैं शर्म से कमरे में छिपा बैठा रहा, जैसे कुमारी गर्भ को छिपाती है। मेरे देशवासियो, मुझ बेशर्म को माफ करना। भारत माता, क्षमा करना, तेरा यह एक कपूत मोटा हो गया। मैं तीसरी पंचवर्षीय योजना का एक झूठा आँकड़ा हूँ, जो तुम्हें धोखा दे रहा है। सुब्रमन्यम, माफ करना यार, तुम्हारी खाद्य-व्यवस्था के बावजूद मैं मोटा हो गया। टी. टी. भाई, तुम भी मुझे माफ करो; मैंने तुम्हारी अर्थ-नीति का अपमान किया है। कन्हैयालाल मुंशी, अजितप्रसाद जैन, साधोबा पाटिल—मेरे पिछले खाद्य मन्त्रियो, तुम्हारे सामने मैं शर्मिन्दा हूँ। चिन्तामन देशमुख और मोरारजी भाई, मेरे भूतपूर्व अर्थ मन्त्रियो, मैं तुम्हें मुँह दिखाने के काबिल नहीं रहा। मैं पिछले 15 वर्षों की उलझी अर्थ-नीति और खाद्य-नीति के प्रति अपराधी हूँ।

ग्लानि से दुबला होने में देर लगती है और पानीदार ही दुबला होता है। मुझे इस बढ़े शरीर की व्यवस्था करनी ही होगी। शेरवानी को खुलवाना ही पड़ेगा। मैंने छोटे भाई से कहा। वह बहुत खुश हुआ और मुहल्ले में जितने लोगों को सूचित कर सकता था, कर आया कि मेरा भाई मोटा हो गया है। मैं डरा कि अभी लोग आयेंगे और कहेंगे—सुना है साहब, आप मोटे हो गये। बधाई है। ईश्वर सबको इसी तरह मोटा करे।

लेकिन शाम तक मैंने लज्जा-भाव को जीत लिया। इसमें क्या शर्म की बात है। मोटा हुआ है, तो मेरा ही शरीर हुआ है। मेरे कारण कोई दूसरा तो मोटा नहीं हुआ। मैं इशारे से इस उपलब्धि को बताने भी लगा। दोस्त ठण्ड की बात करते तो मैं बीच में कह देता—हाँ, ठण्ड सिर पर आ गयी और हमारे गर्म कपड़े छोटे पड़ गये। बटनें नहीं लगतीं।

दो-तीन दिनों में यह बात फैल गयी और मेरे एक बुजुर्ग रिश्तेदार यह कहते मेरे घर आये—लड़के ने बताया कि तुम मोटे हो गये। मैंने सोचा, चलो, देख आयें।

दुर्बलता का मैं अभ्यस्त हो गया था। गर्वपूर्वक दुबला रह लेता था। कोई ऋषि मोटा नहीं हुआ। वे सब सूखे और क्रोधी होते थे। कोई उनके चरण न छुए तो उसे शाप देकर बन्दर बना देते थे। पर न मैं वैसा दुबला था, न वैसा क्रोधी। मैं 'आजानुभुज' और 'आकण्ठटाँग' वाला हूँ—याने बैठने में टाँगें कण्ठ तक आ पहुँचती हैं। सोचता था, भुजाओं और टाँगों का जो अतिरिक्त भाग है, वह बाकी शरीर में चिपका दिया जाय, तो ठीक हो जाय। पुराने जमाने में सुन्दरियों के लिए ऐसी सर्जरी होती होगी कि इस अंग का कुछ काटकर उस अंग में चिपका दिया। प्रमाण चाहिए तो बिहारी की यह पंक्ति काफी है—'कटि को कंचन काटि कै, कुचन मध्य धरि दीन।' (इससे दोनों ठीक हो गये) एक और तरह की सर्जरी है, जिसमें बिना चाकू के पेट काटा जा सकता है। वर्तमान सभ्यता में इस रक्तहीन सर्जरी ने काफी उन्नति की है। जो दस-पाँच के पेट काट सके उसका पेट बड़ा हो जाता है। वे सारे पेट उसके पेट में चिपक जाते हैं। इस विद्या के विद्यालयों में मुझे प्रवेश नहीं मिला, वरना मैं भी यह सर्जरी सीख लेता और पेट बढ़ा लेता।

यों हमारी पूरी दार्शनिक ट्रेनिंग देह के खिलाफ जाती है। देह की सेवा बड़ी हीन बात मानी गयी है। दो-तीन साल पहिले एक मठाधीश स्वामीजी ने हमें यह बात अच्छी तरह समझा दी थी। वे अच्छे पुष्ट और गौरवर्ण संन्यासी थे। तख्त पर बैठे थे और देह की तुच्छता पर ऐसा जोरदार प्रवचन कर रहे थे कि हमें अपने शरीर से घृणा होने लगी थी। अच्छे उपदेशक वे, जो अच्छी-से-अच्छी चीज के प्रति नफरत पैदा कर देते हैं। वे कह रहे थे—'यह मलमूत्र की खान, यह गन्दा शरीर मिथ्या है, नाशवान है, क्षणभंगुर है। मूरख इसे स्वादिष्ट पकवान खिलाते हैं, इसे सजाते हैं, इस पर इत्र चुपड़ते हैं। वे भूल जाते हैं कि एक दिन यह देह मिट्टी में मिलेगी और इसे कीड़े खायेंगे।' इतने में एक सेवक केसरिया रबड़ी का गिलास लाया और स्वामीजी ने उसे गटक लिया। मेरे पापी मन में शंका उपजी। पर पास में बैठे एक

भक्त ने समझाया—यह मत समझ लेना कि स्वामीजी स्वादिष्ट रबड़ी खाते हैं। अरे, वे तो कीड़ों-मकोड़ों के खाने के लिए देह को पुष्ट और स्वादिष्ट बना रहे हैं। इस मृत देह को कीड़े खायें, तो उन्हें भी मजा आ जाय—यही सोचकर स्वामीजी रबड़ी पीते हैं। श्रद्धाहीन सोचते हैं कि स्वामीजी माल खाते हैं; यह नहीं जानते कि वे तो कीड़ों के लिए 'डिनर' बनाने में लगे हैं।

वह उपदेश आज काम आया। सन्तोष भी हुआ कि अगर स्वामीजी का 'मेनू' पहिले दर्जे का है तो मेरा भी दूसरे का तो हो ही गया। मैं मिथ्या गर्व से बच गया। जो खुशी थी, वह लोगों के सवालों ने छीन ली। लोग पूछने लगे—मोटे हो रहे हो। क्या बात है? मैं क्या जवाब देता। कह दिया—स्वास्थ्य का खयाल रखता हूँ। वह जो स्वामी शिवानन्द की किताब है न, उसी के मुताबिक चल रहा हूँ। उसमें लिखा है—समय पर भोजन करना चाहिए, सूर्यास्त के बाद चाय नहीं पीनी चाहिए, अधिक रात तक नहीं जागना चाहिए, हल्का भोजन करना चाहिए, मदिरा आदि मादक द्रव्यों का सेवन नहीं करना चाहिए, मिर्च-मसाले नहीं खाना चाहिए, मन में बुरे विचारों को नहीं आने देना चाहिए।

किसी को सन्तोष नहीं हुआ। लोग कहते—मजाक छोड़ो। सच बताओ, मोटे क्यों हो रहे हो? पीठ-पीछे जब कोई यह प्रश्न करते, तो वह कँटीला हो जाता। वे आपस में कहते—वह आजकल मुटा रहा है। क्या बात है? मैं इस सवाल से घबड़ा उठा। मैं जब दुबला था, तब किसी ने प्रधानमन्त्री से नहीं पूछा कि यह शख्स दुबला क्यों है। किसी ने संविधान नहीं देखा कि इसमें नागरिकों के कर्त्तव्यों में दुबला होना लिखा है या नहीं। हम सबने दुबले होने को अपनी नियति मान लिया है। कोई मोटा हो जाता है, तो हजार अँगुलियाँ उठने लगती हैं। लोग यह समझ रहे थे कि या तो मैं गाँजा-शराब के 'स्मगलिंग' में लगा हूँ या किसी संस्था का मन्त्री बनकर चन्दा खा रहा हूँ, या कहीं से काला पैसा ले रहा हूँ, या घूसखोरी के लिए किसी का एजेण्ट हो गया हूँ। रोटी खाने से कोई मोटा नहीं होता, चन्दा या घूस खाने से मोटा होता है। बेईमानी के पैसे में ही पौष्टिक तत्त्व बचे हैं।

पिछले 17 सालों से मोटे होनेवालों ने ऐसी परम्परा डाली है कि ईमानदार को मोटे होने में डर लगता है। स्वस्थ रहने की हिम्मत नहीं होती।

मेरे एक दोस्त ने मुझे बताया है कि जिनकी तोंदें इन 17 सालों में बढ़ी हैं, जिनके चेहरे सुर्ख हुए हैं, जिनके शरीर पर मांस आया है, जिनकी चर्बी बढ़ी है—उनके भोजन का एक प्रयोगशाला में विश्लेषण करने पर पता चला है कि वे अनाज नहीं खाते थे; चन्दा, घूस, काला पैसा, दूसरे की मेहनत का पैसा या पराया धन खाते थे। इसलिए जब कोई मोटा होता दिखता है, तो सवाल उठते हैं। कोई विश्वास नहीं करता कि आदमी अपनी मेहनत से ईमान का पैसा कमाकर भी मोटा हो सकता है।

बेईमानी की तरह यह थोड़ा-सा मांस मेरे ऊपर चिपक गया है। मेरे दुश्मनो, एक वैज्ञानिक तथ्य तुम्हारे सामने है। मैं मोटा होकर कमजोर हो गया हूँ। मेरी

बदनामी उड़ाने का ऐसा सुनहला अवसर तुम्हें कभी नहीं मिलेगा। तुम जल्दी करो। मेरा क्या ठिकाना है? मैं चार दिनों बाद फिर दुबला हो जाऊँगा। तब तुम हाथ मलते रह जाओगे।

पेट का दर्द और देश का

कल दिन-भर मैं बिस्तर पर इस करवट से उस करवट होता रहा। बारह बजे दोपहर से सात बजे शाम तक बिस्तर नहीं छोड़ा। सिर्फ बीच-बीच में पानी पीने के लिए उठकर बैठता था। इच्छा होती थी कि लेटे-लेटे ही मुँह में पानी पड़ जाये। मगर ऐसा होने से हो-हल्ला मचता, डॉक्टर आता और जब वह पूछता कि क्या बीमारी है, तो मैं क्या बताता? यह तो कोई बीमारी नहीं हुई कि आदमी इस और उस करवट हो! गधा जब जमीन पर लोटता है, तो वह उसके स्वास्थ्य की निशानी है, बीमारी की नहीं।

बीमारी नहीं थी, पर बेचैन मैं बहुत रहा। रात होती तो इस बेचैनी और करवट-बदल कसरत का एक बड़ा मीठा-सा कारण मान लिया जाता। ऐसी बेचैनी में अगर आदमी बाहर सोया हो और आसमान साफ हो तो तारे गिनने की कोशिश भी की जाती है। गिन कोई नहीं पाया, क्योंकि सब एक ही तरफ से गिनना शुरू करते हैं और एक चौथाई तक गिनते-गिनते सुबह हो जाती है। अलग-अलग सिरों से चार विरही तारे गिनें और जोड़ लें, तो सब तारों की संख्या मालूम हो सकती है। मगर मेरा दर्द वह नहीं था, जो रात को उभरता है और तारों की गिनती करवाता है। यह वह दर्द था, जो दिन को भी तारे दिखा देता है। दोनों का कारण प्रेम ही है। एक प्रेम से दिल दुखता है; दूसरे से पेट। मेरा पेट दुख रहा था।

एक बहुत भले आदमी का मेरे प्रति बड़ा प्रेम है। कल जब उनका प्रेम बीच बरसात में बाँध तोड़ने लगा, तो उन्होंने मुझे भोजन करने के लिए बुलाया। कितनी ही तरह की बढ़िया चीजें उन्होंने बनायी थीं। वे हमारे सामने बैठ गये और लड़के-लड़की को परोसने की हिदायतें देते रहे। पहली बार जितना हमारे सामने रखा गया था, उससे आधे में हमारा पेट भर गया और हम धीरे-धीरे पापड़ चुगने लगे। पापड़ का जिसने भी आविष्कार किया है, कमाल किया है। यह भोजन में शामिल भी है और नहीं भी। इसे चुगते हुए बड़े-से-बड़े पेटू का साथ दिया जा सकता है। खाने के सिवा यह मुहावरे बनाने के काम भी आता है, जैसे—पापड़ बेलना और पापड़ तोड़ना। एम. एल. ए. बनने के लिए बड़े पापड़ बेलने पड़ते हैं।

हमारा पापड़ चुगना उन्होंने देख लिया। उन्होंने आवाज लगायी और लड़का-लड़की थोड़ी और गर्म खीर और हलुआ डाल गये। सामने वे बैठे खाने पर जोर दे ही रहे थे। थोड़ा खाना ही पड़ा। फिर उनकी पत्नी आयीं और यह कहते हुए कि हमने तो अभी खिलाया ही नहीं, और डाल गयीं। सामने वे बैठे थे और हमें फिर दो-चार कौर खाना पड़ा। फिर उनकी बहू आयी और बिना कुछ कहे, दही-बड़े डालकर झम्म-से लौट गयी। वे बोले, 'प्रेम से भोजन करो!' वे हमारे हाथ और मुँह को देखते हुए हमें धमकी देने लगे। फिर उन्होंने आवाज लगायी, 'अरे, गरम पूड़ी ले आओ। ये पूड़ियाँ ठण्डी हो गयीं।' अब हमने थाली को हाथों से ढाँक लिया। लड़का झिझका। तब वे बोले, 'अरे, ये तेरे से नहीं मानेंगे। ला, मुझे दे। मैं देखता हूँ इनको!' उन्होंने लड़के के हाथ से पूड़ियाँ लेकर हाथ और थाली की सेंध में से डाल दीं।

वे समझे कि हम मिथ्या संकोच के कारण थाली को हाथ से ढाँक रहे हैं। मिथ्या संकोचवाले भी हमने देखे हैं। वे भी थाली पर दोनों हाथ फैला देते हैं, जोर से गर्दन हिलाते हैं, 'नहीं, नहीं' चिल्लाते हैं, पर दोनों हाथों के बीच में इतनी जगह खाली छोड़ रखते हैं कि समझदार परोसनेवाला उनमें से लड्डू डाल दे। इस जगह में से रोटी, सब्जी या भात नहीं छोड़ा जा सकता। यह लड्डू या बर्फी की नाप से छोड़ी जाती है।

हमारे हाथों के बीच में बिल्कुल जगह नहीं थी। हमारी 'नहीं' बिल्कुल सच्ची थी। पर उन्हें विश्वास नहीं था। फिर तो हमने थाली को उठाकर सिर के ऊपर ओढ़ लिया और पीछे रख लिया, पर उनके सामने एक न चली। गले तक भोजन ठस गया। डकार आयी, तो वह गले तक आकर रुक गयी। आगे उसका रास्ता बन्द था। मैंने दायें और बायें झुककर श्वास-नलिका में जगह बनाकर डकार निकालने की कोशिश की। बड़ी मुश्किल से वह निकली और मुझे कुछ राहत मिली।

मुश्किल से घर आया और बिस्तर पर गिर गया। अंग-अंग में बेचैनी थी। पेट तो खिंचाव के मारे फटा पड़ रहा था। मुँह खोले मैं करवटें वदलता रहा। लगता था कि खीर और हलुवा पाँवों में भी घुस गया है। वे भी दुखते थे।

पड़े-पडे मैं सोचने लगा—उन्होंने हमें भोजन क्यों कराया? प्रेम के कारण। प्रेम में भोजन क्यों कराते हैं? क्योंकि भोजन से सुख मिलता है।

क्या मुझे सुख मिल रहा है? नहीं।

तो क्या उनका मुझ पर प्रेम नहीं है? फिर क्या वैर है?

एक बार मैं रिश्तेदारी में भी ऐसा ही फँस गया था। जिनके घर भोजन करना था, वे बड़े उत्साह में थे। जोर दे-देकर जब मुझे खूब खिला चुके और तब भी उनका मन नहीं भरा, तब वे उठकर मेरे सामने बैठ गये। अच्छे मोटे-तगड़े आदमी हैं वे। उन्होंने दुश्मन की तरह कठोरता अपने मुँह पर धारण की और एक हाथ से मेरा सिर पकड़-

कर दूसरे से खीर का कटोरा मुँह में घुसेड़ दिया। मेरा दम फूल गया। मई की दोपहर थी वह। प्यास लगती थी और पानी पिया नहीं जाता था, क्योंकि पेट में जगह ही नहीं थी।

जबर्दस्ती खिलाने के पीछे जो विश्वास काम करते हैं, वे भी अजीब हैं। एक तो हमारा यह विश्वास है कि भरपेट स्वेच्छा से खा लेना, शीलहीनता है। इसलिए आदमी जब किसी के घर खाता है, तो शीलवान बनने के लिए कम खाता है। खिलानेवाला इस बात को जानता है कि यह जो मेरे सामने खाने बैठा है, अभी भूखा है। यह सिर्फ मेरी नजरों में उठने के लिए 'नहीं' कह रहा है। तब वह अपना कर्त्तव्य समझता है कि उस भूखे पाखण्डी को जोर देकर खिलाये। खिलानेवाला जोर न दे तो बहुत-से बेवकूफ भूखे ही उठ जायें।

दूसरी तरफ खिलानेवाले का यह विश्वास होता है कि जीवन का परम सुख खाना है। जितना खायेंगे उतना ही सुख मिलेगा। जिसके प्रति हमारा प्रेम है, उसे हम अधिक-से-अधिक सुख देना चाहते हैं। और सबसे बड़ा सुख क्या है? खाना? पेट से उठते-उठते पकवानों का स्तर गले तक आ जाये, तब मेहमान को ज्यादा सुख होगा। गले में जब खाना भर जायेगा, तब तो और आनन्द होगा। अगर नाक-मुँह में खाना ठुँस जाये, तब तो हमारा प्रेम-पात्र परमानन्द में लीन हो जायेगा।

अपनी प्रवृत्तियों को झुठलाने और निःस्पृहता का अभिनय करने की अपनी आदत ही पड़ गयी है। 'नहीं, नहीं' के बीच में से हम 'हाँ' निकालना चाहते हैं। मना करते-करते दान जेब में ठूँस लेते हैं। जनता के 'आग्रह के कारण' चुनाव लड़ते हैं। फिर मित्रों के 'दबाव के कारण' अनिच्छा से मन्त्री बन जाते हैं। अनिच्छा से, प्रशंसकों पर अहसान करने के लिए सम्मान करा लेते हैं। माला पहनने में भी हमें पीड़ा होती है, पर लोग नहीं मानते। और साहब, आप मरते दम तक पद पर क्यों जमे रहना चाहते हैं? मुझे तो पद का बिल्कुल मोह नहीं है, पर जनता नहीं छोड़ने देती!

इसी व्यापक मिथ्याचार में यह भी शामिल है कि मैं तो नहीं खाना चाहता, पर आप जबरन खिला रहे हैं। तब खिलानेवाला भी आपको गले तक ठूँस देता है और आप फिर दिन-भर पेट दबाते हुए इस और उस करवट होइए।

एक तरफ तो अपना यह दम भरना कि हम तो सबके सब आध्यात्मिक विश्वास-वाले हैं। भौतिक जगत के प्रति हमारी अवज्ञा प्रसिद्ध है। देह तो बोझ है। इसकी क्या सेवा-चाकरी?

और दूसरी तरफ भोजन के प्रति यह ममता कि खाने को जीवन का सर्वोत्तम सुख माने बैठे हैं।

एक तरफ तो हमारी देश-व्यापी भुखमरी और दूसरी तरफ एक मिथ्या शील-संकोच के निर्वाह में गले तक अन्न ठूँसना और खाये से ज्यादा अनखाया थाली में

छोड़ना।

मैं एक और नजर से इसे देखता हूँ। कल जरूरत से ज्यादा खा लेने के कारण मैं 7 घण्टे बेकार पड़ा रहा। इसमें से 2 घण्टे जायज आराम के निकाल लेता हूँ। 5 घण्टे तो बिल्कुल बेकार गये। अन्दाज है कि पूरे देश में लगभग 1 लाख आदमी तो रोज किसी के घर निमन्त्रण खाते होंगे। इस तरह 5 लाख काम के घण्टे रोज बरबाद होते हैं। कितनी बड़ी बरबादी है यह !

बीमारी रगो-रेशे में है। दोपहर का भोजन मुख्य भोजन बना लेने के कारण हम आमतौर पर खूब डटकर पेट भर लेते हैं। फिर दफ्तर जाते हैं तो टेबिल पर हाथों के तकिये से सिर टिकाकर ऊँघते हैं। घर में होते हैं तो फैलकर पड़ जाते हैं। किसी भी दफ्तर में 'लंच' के बाद ऊँघनेवाली पलटन देखी जा सकती है। साहब के कमरे में तो आराम-कुर्सी खाकर सोने के लिए ही होती है। 1 बजे से 3 बजे तक तो सारा राष्ट्र ऊँघता है।

एक परिचित कल ही बड़े गर्व से कह रहा था, 'भैया, हम तो 1 बजे दफ्तर में ही खाना खाते हैं और फिर टेबिल पर अखबार बिछाकर लेट जाते हैं।' मैं सोच रहा था, इसी के भरोसे जवाहरलाल चीन और पाकिस्तान को चुनौती देते हैं !

किसी राजनैतिक दल का ध्यान इस तरफ नहीं है। कोई नहीं सोचता कि क्रान्ति की बुनियाद भोजन की आदत के परिवर्तन पर डालनी चाहिए। 'लंच' को सुधार लें, तो विकास की रफ्तार दुगुनी हो जायेगी।

आर्थिक, सामाजिक क्रान्ति बिना 'लंच' को सन्तुलित किये कैसे आयेगी ? क्या काम के वक्त दफ्तरों में, दूकानों में, स्कूलों में और घरों में ऊँघनेवाले और पेट पर हाथ फेरनेवाले क्रान्ति लायेंगे !

संकटकालीन स्थिति में भारत रक्षा कानून के अन्तर्गत पहला काम होना था—निमन्त्रण को गैरकानूनी करार देना और दूसरा 'लंच' को छोटा तथा सन्तुलित करने के आदेश निकालना। पर यह हो नहीं रहा है। और कल मैं भोजन के आदिम विश्वासों का शिकार होकर दिन-भर करवटें बदलता रहा।

एक बेकार घाव

शाम को मैंने ईश्वर के सम्बन्ध में शंका प्रकट की थी। दूसरी सुबह मेरी उँगुली कट गयी। एक क्षण सोचा कि ईश्वर ने बारह घण्टे बाद ही अपने अस्तित्व का बोध करा दिया, 'नहीं मानता, तो ले। अब तो मानेगा।' मैं पछताया कि शाम की उस परि-चर्चा में वैसा क्यों बोल गया। मैंने कह दिया था कि ईश्वर तो मर गया। मेरे बाद

एक आस्तिक विद्वान ने जायज क्रोध से कहा, 'कौन कहता है कि ईश्वर मर गया ? वह न नीत्शे के कहने से मरा, न इनके कहने से मर सकता है। ईश्वर है और जीवित है।' उन्हें पक्का पता होगा। अपनी पहुँच इतनी नहीं है। मैंने जवाब में कहा, 'आप विश्वासियों का रवैया पुलिस सरीखा है। लाश बरामद होने पर ही पुलिस मानती है कि अमुक आदमी मारा गया। आप भी तब तक ईश्वर की मृत्यु पर विश्वास नहीं करेंगे, जब तक उसकी लाश न मिल जाये। पर लाश पहचानेगा कौन ? पुलिस तो मृतक के रिश्तेदारों से शिनाख्त करवा लेती है। आपको क्या पहचान है ? कुछ ऐसे हैं, जो मनुष्य माने जाते हैं, पर मुझे ईश्वर की लाश मालूम होते हैं। आप नहीं पहचानते। जब ईश्वर मनुष्य के रूप में लीला करता है, तो उसकी लाश भी मनुष्य के रूप में मिल सकती है।'

बोल तो गया। पर धुकधुकी बनी रही। सुबह जब पाँव की अँगुली कटी, तो कहा, लो, अपना भी आस्तिकता का क्षण आ गया। नाराज ईश्वर के सिवाय, ऐसे चिकने फर्श पर कौन अँगुली काट सकता है ? जरा असावधान हो जाता, तो उस वक्त विश्वास करने लगता। सावधान हो गया। सोचा, अपना ईश्वर ऐसा नहीं हो सकता जो जरा-सी बात पर अँगुली काटकर अस्तित्व-बोध कराने लगे। टुच्चों का ऐसा ईश्वर होता होगा। हम तो उसे तब मानेंगे, जब कोई सरकारी पुरस्कार मिलेगा। जो पुरस्कार लेते जाते हैं, पर ईश्वर पर विश्वास नहीं करते, वे अधम हैं। ईश्वर, अविलम्ब उनके पुरस्कार बन्द करा दे। मुझे नहीं लगता कि ईश्वर ने मुझ छोटे आदमी की बात पर ध्यान दिया होगा। उसे बड़े काम लगे रहते हैं। वह बड़े आदमियों का इन्कमटैक्स बचवाये या मुझ क्षुद्र की अँगुली काटे ?

उसकी जिम्मेदारी कतई नहीं। मेरी ही असावधानी से ऐसा हुआ। हम एक कोठी के मेहमान थे—हाँ कोठी के ही—क्योंकि हम अन्त तक नहीं जान सके कि कोठी के मालिक कौन हैं। वे हमें चलाने का काम कोठी पर छोड़कर खुद कारखाना चलाने चले जाते थे। कारखाने को आदमी चलाता है, पर आदमी को कोठी चला लेती है। उस कोठी के संगमरमर के स्नानगृह की कांच जैसी किनार से अँगुली कट गयी। दर्द हुआ और दर्द ने दर्शक की माँग की। पीड़ा के गवाह न हों, तो वह बेमजा हो जाती है। बहुत तरह की पीड़ाएँ गवाह देखकर पैदा हो जाती हैं। जैसे कुछ स्त्रियों के पति के घर आते ही सिर दर्द होने लगता है। वहाँ कोई नहीं था। कोई वहाँ कभी नहीं होता था। घण्टी की बटन होती थी। सुबह की चाय से लेकर रात के खाने तक सब अपने-आप हो जाता था। यह किसकी कृपा है, हम नहीं जानते थे। आते वक्त हम घण्टी की बटन को धन्यवाद देकर चल दिये थे—'धन्यवाद बहनजी, खूब सत्कार किया।' कभी-कभी शक होता था कि कहीं यहीं तो ईश्वर नहीं है, जो नाश्ता और भोजन देता है। यही तो ईश्वर का स्वभाव है कि छिपा रहता है और उपकार करता है ! खैर, मैंने बटन दबायी और मरहम-पट्टी भी आ गयी। इस तरह की सभ्यता में सबकुछ स्वचालित, पर निर्मानवीय हो जाता है। इसमें मनुष्यता भी डीजल तत्त्व से चलती है।

मैं समझ गया कि मुझे कोठी ने तो बर्दाश्त कर लिया, पर बाथरूम ने नहीं किया। ज्यादा सही यह होगा कि कोठी ने प्रकट रूप में तो मुझे स्वीकार किया, पर प्राइवेट में मार दिया। उसने प्रकट रूप में सत्कार किया, पर प्राइवेट में काट लिया। कोठी आडिट कराके छपाया हुआ हिसाब है और बाथरूम प्राइवेट हिसाब बही।

मुझे सावधान रहना चाहिए था। खूबसूरत चिकने पत्थर बड़े खतरनाक होते हैं। इन पर पहले तो सिर्फ फिसलने का डर था। मेरे देखते ही बहुत लोग चिकने पत्थरों को कुचलने का हौसला लेकर गये और फिसलकर ऐसे गिरे कि अभी तक उनका सिर पत्थर से चिपका है। अब तो वे इसे अपनी नियति मानने लगे हैं और उठने की कोशिश को बेवकूफी समझते हैं। इधर पत्थरों ने तेज किनार निकाल ली है। कोई मजबूत कदमवाला चले और न फिसले, तो उसका पाँव काट देते हैं।

यह सब मुझे आज सूझ रहा है, जब सात दिनों की मरहम-पट्टी के बाद घाव भर गया है। उस वक्त तो मैं घाव दिखाना और दर्द बाँटना चाहता था। हमारी साहित्यिक पीढ़ी दावा करती है कि जीवन के प्रति सहानुभूति से बढ़कर हम सहभोग तक आ गये हैं। सोचा, कुछ सहभोगियों का दुख बाँटूं। इनकी सबकी अँगुलियाँ ब्लेड से काट दूं और हम सब मिलकर सर्वेश्वर की तरह कहें—मेरा दुख मुझसे बड़ा हो गया है। (वैसे सर्वेश्वर को मैंने हमेशा अपने दुख में बड़ा पाया) तो मैंने श्रीकान्त को बताया कि ऐसा हो गया। उसकी पहली प्रतिक्रिया ऐसी हुई, जैसे मेरी अँगुली नहीं, सिर कट गया है। फिर बाथरूम पर गुस्सा आया, 'साला बाथरूम !' और फिर सूली लटके ईसा-जैसा भाव आया, मानो कह रहा हो—'भाई, बाथरूम को माफ कर दो ! वह नहीं जानता, वह क्या कर रहा है।' मैंने शरद से कहा तो वह किसी मार्क्सवादी मनीषी के अन्दाज में बोला—'अपना वर्ग छोड़ने का यही नतीजा होता है।' और लोगों को भी बताया। अधिकांश ने कहा—'अरे ! कैसे ? कुछ मरहम-वरहम लगा लो।'

मैं तब तक अपने दुख को बहुत महत्त्व देने लगा था। सभी देते हैं। मगर दुख के भी कई स्तर और प्रकार होते हैं। किसका दुख ? कैसा दुख ? जिसका दुख, उससे अपने को क्या लेना और उसे क्या देना ? ये सवाल भी तो जरूरी हैं। किसी मन्त्री का जुकाम मेरे निमोनिया के बराबर होगा। मेरी जानकारी में एक मन्त्री की जाँघ में फोड़ा हो गया था। उनके आसपास लोग इस तरह बैठे थे, जैसे सबके शरीर में फोड़े-ही-फोड़े हों। प्राचीन इतिहास के एक अध्यापक, जिनकी तरक्की रुकी थी, बता रहे थे कि इतिहास साक्षी है कि प्रियदर्शी अशोक को भी ठीक इसी जगह फोड़ा हुआ था। इस दुख का स्तर ही दूसरा है। वह फोड़ा राष्ट्रीय स्तर का था। राष्ट्रीय स्तर के फोड़े एकदम आदरणीय हो जाते हैं। मेरा घाव 'मरहम-वरहम' स्तर का ही था। दुख के प्रकार भी तो हैं। एक दुख यह है कि रोटी नहीं है। एक दुख यह भी है कि जिसमें रोटी रखते हैं, वह 'फ्रिज' बिगड़ गया है। अगर फ्रिजवाला भूखे का दुख नहीं समझता, तो भूखा भी कहाँ समझता है कि फ्रिज बिगड़ने का दुख कितना प्राणघातक है। मैं भी उस आदमी के दुख को कहाँ समझता हूँ, जिसके बँगले में

सिर्फ 17 प्रकार के 'केक्टस' हैं और पड़ोसी के यहाँ 21 प्रकार के। 17 वाले का तो जीवन नष्ट हो गया, पर मेरे लिए वह कुछ नहीं। अच्छा कैलेण्डर न मिले, तो कुछ लोग आत्महत्या करने की जगह खोजते हैं। रेलगाड़ी लेट होने से बच जाते हैं, यह अलग बात है। मैं इस दुख को भी नहीं समझता, फिर क्यों आशा करूँ कि सब मेरा दुख समझें ?

अच्छे घाव से बड़े काम होते हैं। उससे रूठी प्रेमिका लौट आती है। प्रेम की परीक्षा भी हो जाती है। कहते हैं, कृष्ण की अँगुली कट गयी थी, तो राधा ने फौरन साड़ी फाड़कर पट्टी बाँध दी। दूसरी गोपियाँ साड़ी के मोह में हार गयीं। मुझे लगता है, कृष्ण ने जान-बूझकर अँगुली काट ली थी। यह एक चाल थी। दूसरी गोपियाँ चाल समझ जातीं, तो वे भी साड़ी फाड़कर पट्टी बाँध देतीं। सिर्फ राधा समझी। उसने पट्टी बाँधते हुए मन में कहा होगा, 'बुद्धू, अगर तुझे इससे सन्तोष होता है, तो यही ले।' सजे हुए घावों से लोग मन्त्री हो गये हैं। माँ की मृत्यु से एक उम्मीदवार चुनाव जीत गये। पेचिश ने एक रीडर को प्रोफेसर बना दिया। एक बहिनजी को पति ने त्याग दिया, तो सारी पार्टियाँ उनके सामने चुनाव टिकट लेकर खड़ी हो गयीं।

घाव अच्छी जगह हो और सजा हुआ, तो बड़े लाभ होते हैं। पैर की अँगुली का घाव सबसे घटिया होता है। पट्टी लपेटकर मोजा बढ़ाकर जूता पहन लिया, तो दिखना भी बन्द हो गया। किसी को दिखाना हो, तो जूते और मोजे खोलो। घाव देखने के लिए किसी के पास इतना वक्त नहीं है। इतनी देर में सट्टे के चार दाँव लग सकते हैं। घाव सिर पर हो और पगड़ी की तरह पट्टी बँधी हो, तो लोग आधा घण्टा हाल पूछते हैं। हाथ में चोट हो और हाथ 'स्लिंग' से लटका हो; तो आदमी कितना अच्छा लगता है। ये इज्जतदार घाव हैं। घाव को दूकान के साइनबोर्ड की तरह होना चाहिए। सामने टँगा हो और रंग-बिरंगे बल्ब लगे हों। जो अपना साइनबोर्ड अलमारी में रखता है, उसकी दूकान बरबाद न होगी ? दुबारा ऐसा मौका आया, तो कोशिश करूँगा कि पाँव न कटे, सिर फूटे। सिर की चोट का निराला ही मजा है। इस अँगुली के घाव ने तो मुझमें हीनग्रन्थि पैदा कर दी है। एक जख्म और बेकार चला गया।

अन्न की मौत

बाजार में जब गेहूँ का दाना न मिलता हो, तब कोई मित्र अगर 25-30 किलो गेहूँ दे दे, तो देश का भविष्य एकदम उज्ज्वल दिखने लगता है। कल एक मित्र ने 25-30

किलो आटा एक बोरे में भेज दिया था और दुनिया के प्रति मेरी दृष्टि बदल गयी थी। दुनिया मुझे उस वक्त बुरी नहीं लग रही थी। जिन मनीषियों ने संसार को दुखमय कहा है, उन्होंने यह तब कहा होगा, जब उनके घर में आटा नहीं होगा। आटा मिलने के बाद भी उन्होंने अपने मत को नहीं बदला। अगर मनीषी भी हम छोटे लेखकों की तरह अपनी रचना को एक बार फिर देख लें, तो दुनिया बहुत-से गलत मन्तव्यों से बच जाये। आटा देखते ही मुझे भविष्य बहुत आशावान लगा। मुझे लगा, वियतनाम में शान्ति होने ही वाली है, निःशस्त्रीकरण होने में अब बहुत देर नहीं है, चीन और पाकिस्तान खुद समझौता करने के लिए भागे आनेवाले हैं। मुझे ऐसी आशा भी हुई कि मेरे घर में आटा आ गया है, तो राष्ट्रसंघ का अर्थ-संकट भी आज हल हो जायेगा।

हम सब खुश और आशावान हो गये। बहन ने सोचा कि कुछ दिन चैन मिलेगा। भांजों ने सोचा कि कुछ दिन गेहूँ की तलाश करने से बचे। हम आटे के बोरे को घेरकर बैठ गये और जैसे जन्म-दिन की 'केक' लोग काटते हैं, वैसे बोरे को खोलने लगे। बोरा खुला तो बदबू का झोंका आया। आटे को पलटा, तो उसमें मर-कर सड़ा हुआ चूहा निकला। हम सब सन्न---जैसे जन्म-दिन की 'केक' काटते हुए कोई मर गया हो। सारा आटा रोग बन गया था। हम मुँह लटकाये बैठे थे। कोई किसी से न बोल रहा था, न किसी की तरफ देख रहा था। मुझे लगा, अब वियतनाम-समस्या खतरनाक मोड़ लेगी, राष्ट्रसंघ कर्ज में डूब जायेगा, निरस्त्रीकरण नहीं हो सकता और एटमी युद्ध की अब पूरी सम्भावना है।

याद आया, दो साल पहले जब चाचा मरे थे, तब उनकी लाश भी इसी कमरे में यहीं रखी थी और हम इसी तरह सिर लटकाये मौन, आसपास बैठे थे। तब कोई पूछता था, तो बताते कि चाचा निमोनिया से मर गये। आज कोई पूछे तो बतायेंगे कि हमारा गेहूँ चूहे से मर गया। चाचा जब उस लोक पहुँचे होंगे तो वहाँवालों ने पूछा होगा, 'कहिए, पण्डित श्यामलाल परसाई, कितने किलो पर चले आये?' चाचा ने कहा होगा, 'भैया, हम तो रुपये के ढाई किलो पर ही चले आये। पता नहीं आगे क्या हो। जीनेवाले भुगतें।' पिता ने, जो रुपये के 20 सेर पर ही चले गये थे, जब सुना होगा, तो परेशान हुए होंगे कि बच्चे बड़ी मुसीबत में हैं।

मैं चूहे को देख रहा था और आटे को। चूहों ने सड़कर हर जीवनदायिनी चीज को प्राणघातक बना दिया है। चूहों ने मेरे ही नहीं, सारे देश के गेहूँ को मार डाला है। ये चूहे खाद्य-व्यवस्था के बारे में घुसकर वहीं मोटे होकर मर गये और सड़कर सारी व्यवस्था को नष्ट कर दिया। अन्न सब दफना दिया गया। हमें सिर्फ सड़ाँध का अनुभव हो रहा है। मुझे लगता है, सभ्यता के बोरे में ये चूहे घुसकर सड़ गये हैं। मैं कहता हूँ कि तुम अगर उसे आसपास से कुतरो, तो एक हद तक बर्दाश्त किया जा सकता है। मगर कम्बख्तो, उसमें घुसकर सड़ते क्यों हो? खुद तो मरते ही हो,

हमारे लिए बदबू और रोग फैलाते हो। हम हर बोरे को खोलकर देखते हैं कि तुम मरकर सड़ रहे हो। क्या तुम हमें इस निष्कर्ष तक पहुँचाना चाहते हो कि हम इस समूची व्यवस्था को दफन कर दें?

सरकार कहती है कि हमने चूहे पकड़ने के लिए चूहेदानियाँ रखी हैं। एकाध चूहेदानी की हमने भी जाँच की है। उसमें घुसने के छेद से बड़ा छेद पीछे से निकलने के लिए है। चूहा इधर से फँसता है और उधर से निकल जाता है। पिंजड़े बनानेवाले और चूहे पकड़नेवाले चूहों से मिले हैं। वे इधर हमें पिंजड़ा दिखाते हैं और चूहे को छेद दिखा देते हैं। हमारे माथे पर सिर्फ चूहेदानी का खर्च चढ़ रहा है।

इस व्यापक षड्यन्त्र से घबड़ाकर सोचा था कि इस साल घर का गेहूँ खायेंगे। जो अमरीका और कनाडा को अपना घर मानते हैं, वे अपने घर का खायें। कोई अनाथालय को अपना घर माने तो मैं क्या करूँ? मेरे भाई की थोड़ी-सी जमीन है। उसने मुझसे कहा था कि अपना दो बोरा गेहूँ इटारसी में रखा है। उसे रेलगाड़ी से जबलपुर भेज देंगे। पर वह आया नहीं। मालूम हुआ कि जिलेबन्दी हो गयी है। परमिट लेना होगा। साधारण तरीके से परमिट लेना खेती करने से ज्यादा मेहनत लेता है। असाधारण तरीकों से जल्दी मिलता है—इन्हें सब जानते हैं। सोचा, जितनी मेहनत परमिट लेने में लगायेंगे, उतनी मेहनत से तो घर के सामने के मैदान में फसल खड़ी कर लेंगे। हजारों मील दूर अमरीका से पराया गेहूँ तो आ सकता है, पर 150 मील दूर से अपना गेहूँ नहीं आ सकता। अपनी हर चीज की रफ्तार कम हो गयी है। विदेशी पैसा कैसे दौड़कर आता है, अपना पैसा रेंगता है। मुझे एक ज्ञानी ने बताया कि अगर तुम यह कह देते कि गेहूँ खाने के लिए नहीं, काला बाजार में बेचने के लिए ले जा रहे हैं तो आ जाने दिया जाता।

हमसे यह नहीं हुआ। गेहूँ और पेट में 150 मील का अन्तर बना हुआ है। भावना से हम उन बोरों से चिपके हुए हैं। कहते हैं, देवताओं का पेट सिर्फ भावनाओं से भर जाता है। देवता होने का फायदा अब समझ आ रहा है। लेकिन शुरू से आदमी बनने की कोशिश में उधर ध्यान नहीं दिया और अब हो गयी बहुत देर। यह पेट आदमी का रह गया, जो भोजन डालने से ही भरता है। पर डेढ़ सौ मील दूर का गेहूँ कैसे खाया जा सकता है? दो तरकीबें हैं। एक तो यह कि हम सब इटारसी जायें और जब तक दो बोरे पूरें, उन्हें खाकर वापस लौट आयें या फिर हर हफ्ते इटारसी जायें और हफ्ते-भर के लिए गेहूँ खाकर लौट आयें। इसमें एक डर है। हम गेहूँ खाकर गाड़ी पर चढ़ने स्टेशन आये, तभी कोई अधिकारी हमारा पेट टटोलकर कहे—'तुम नहीं जा सकते। भरे पेट पर जिलाबन्दी हो गयी है।' तब तो हमें पेट खाली होने तक वहीं रुकना पड़ेगा। नहीं, दोनों तरीके अपने काम के नहीं हैं।

अपनी चिन्ता से बचने के लिए मैं अखबार उठाकर देखता हूँ कि दूसरी जगह क्या हाल है। सब कहीं यही हाल है। मुझे सहसा राष्ट्र की एकता का बोध होता

है। हे भारत भाग्यविधाता, पंजाब, सिन्ध, गुजरात, मराठा, द्राविड़ उत्कल बंग — सब जगह अन्न को मारकर दफना दिया गया। कोटि-कोटि नर-नारी अन्न-संकट के सूत्र में बँधकर एक हो गये हैं। भुखमरी और भ्रष्टाचारी हमारी राष्ट्रीय एकता के सबसे ताकतवर तत्त्व बन गये हैं। धर्म, संस्कृति और दर्शन कमजोर पड़ गये हैं। कैसी अद्‌भुत एकता है। पंजाब का गेहूँ गुजरात के कालाबाजार में बिकता है और मध्यप्रदेश का चावल कलकत्ता के मुनाफाखोर के गोदाम में भरा है। देश एक है। कानपुर का ठग मदुराई में ठगी करता है, हिन्दीभाषी जेबकतरा तमिलभाषी की जेब काटता है और रामेश्वरम का भक्त बद्रीनाथ का सोना चुराने चल पड़ा है। सब सीमाएँ टूट गयीं। अब जरूरी नहीं है कि हैदराबाद का रेड्डी वहीं भूखा मरे। वह पटना में भी मर सकता है, क्योंकि देश एक है। मुनाफाखोरी, कालाबाजारियों, भ्रष्टाचारियों ने मिलकर राष्ट्र को एक कर दिया है। सुन्दर सपनेवाले रवीन्द्रनाथ की उल्लासमयी जिज्ञासा थी कि ये हिन्दू, मुसलमान, पारसी और ईसाई सब किसके आह्वान पर भारत-महामानवसागर में एकत्र हो गये हैं? मैं पूछता हूँ, कवि, वे तो ठीक आये, मगर ये सब जातियों के लुच्चे किसके आह्वान से इधर आये?

एक मन्त्री ने अभी कहा है कि यदि गरीबी और भुखमरी है, तो इतने लोग सिनेमा क्यों देखते हैं। उन्हें नहीं मालूम कि भोजन से सिनेमा सस्ता पड़ता है। एक बार के साधारण भोजन में जितना लगता है, उससे आधे दाम में सिनेमा देखा जा सकता है। मन खुश होता है और तीन घण्टे भूख भाग जाती है। आदमी एक खाना छोड़कर सिनेमा क्यों न देखे?

तर्क तो मैंने दे दिया, पर यह कैफ़ियत मुझे ही बड़ी डरावनी लग रही है। जो कौम भूखी मारी जाने पर सिनेमा में जाकर बैठ जाये, वह अपने दिन कैसे बदलेगी! अद्‌भुत सहनशीलता है इस देश के आदमी में! और बड़ी भयावह तटस्थता! कोई उसे पीटकर उसके पैसे छीन ले, तो वह दान का मन्त्र पढ़ने लगता है।

फिर ताज देखा

[इस बार ताज देखते समय मुझे याद आया कि कल-परसों ही भुट्टो ने कहा था कि हमने आठ सौ साल तक भारतीयों को सभ्य बनाने की कोशिश की। मुझे शक हुआ कि हाईस्कूल की पढ़ाई छुड़ाकर जनाब को विदेश-मन्त्री बना दिया गया है! —लेखक]

हर शहर का अपना दुख होता है। आगरा के लिए ताजमहल है, तो हमारे जबलपुर के लिए भेड़ाघाट है। बाहरवालों के लिए तो ये सौन्दर्य-स्थल हैं, पर शहरवालों के

लिए संकट-स्थल। हर मेहमान सुबह चाय पीते-पीते हमारी प्रार्थनाओं के बावजूद कहता है–'आज भेड़ाघाट दिखा दीजिए।' आगरे में वह मेजबान से कहता है–'चलिए, ताज देख लें।' हम उसे भेड़ाघाट ले जाते हैं और हजारवीं बार उसी नदी, उसी प्रपात और उसी सफेद संगमरमर को देखकर 'बोर' होते हैं। जब वह विभोर होकर कहता है— 'वाह, कैसा सुन्दर दृश्य है!' तब हम मन में कहते हैं—'सो तो ठीक है। पर अब यहाँ से टलिए न!' मेरी तरह आगरावाले ताज से परेशान हैं। मेरे इधर तो प्रकृति ने यह मुसीबत पैदा की है, मगर आगरावालों के लिए तो एक शाहंशाह ने संकट का निर्माण कराया है। क्यों नहीं आगरावालों ने तभी उससे कहा कि जहाँपनाह, आप अपनी बीवी से मुहब्बत करते हैं सो ठीक है, मगर इस झंझट को ज़रा शहर से दूर बनवाइए।

भेड़ाघाट और ताज, दोनों के बारे में यह भ्रम फैला है कि ये पूर्णिमा की रात को अद्‌भुत सुन्दर लगते हैं। जो मेहमान एकादशी के बाद भी नहीं जाता, उसके पूर्णिमा तक रुकने का खतरा है। वह चाँदनी में इन्हें देखे बिना जा नहीं सकता। ऐसा बिरला होता है, जो शहर में आकर भेड़ाघाट न देखे। मेरा एक दोस्त आया था। एक दिन कहने लगा—'आज भेड़ाघाट देख आते हैं वरना तुम बुरा मानोगे। कहोगे, हफ़्ते-भर रहा, खाया पर हमारा भेड़ाघाट नहीं देखा।' मैंने कहा कि तुम्हारी इच्छा हो तो देखो। उसने कहा—'इच्छा बिल्कुल नहीं है। यही डर है कि तुम कहीं बुरा न मान जाओ। देखो, कुछ खयाल मत करना। अगली बार जरूर देख लूँगा।' वह मुझे पहले अच्छा लगा, फिर बुरा। भेड़ाघाट से हम कितने ही परेशान हों, उसकी अवहेलना नहीं सह सकते। जब मेहमान जल-प्रपात देखता है, हम उसका चेहरा देखते हैं। उसके मुँह से तारीफ सुनना चाहते हैं। एक बार एक आगरेवाले ने मेरे दिल को चोट पहुँचायी थी। मैं उसे चाँदनी रात में नौका में घुमा रहा था। ऊपर पूरा चाँद था, दोनों तरफ सफेद संगमरमर। मैंने बड़ी आशा से उससे पूछा— 'कहिए, कैसा है?' उसने ठण्डे स्वर में कहा— 'ठीक है।' मुझे बहुत गुस्सा आया। मन हुआ कि इसे यहीं नदी में फेंक दूँ। जिस दृश्य की प्रशंसा करते लोग नहीं अघाते, उसे यह सिर्फ 'ठीक' कहता है। मैंने उससे बदला ले लिया। ताज दिखाकर जब आगरावालों ने मुझसे पूछा—'कैसा है?' तो मैंने कहा—'कोई खास बात नहीं है।' आगरावाले कटकर रह गये। मैंने बदला ले लिया।

पिछले कुछ सालों से एक प्रकाशक मुझे हर तीन-चार महीनों में ताज दिखाता है। लेखक लोग इस पर विश्वास नहीं करेंगे। वे पूर्वाग्रह के शिकार हैं कि कोई प्रकाशक कभी लेखक का भला नहीं कर सकता। मेरा तो कर रहा है। मुझे ताज दिखा रहा है। उसने आगरा में एक मुकदमा दायर कर दिया है, जिसकी पेशी होती है तो मैं आगरा जाता ही हूँ और ताज देखता हूँ।

यों मैंने ताज बहुत बाद में देखा—अभी तीन-चार साल पहले। कवियों ने मुझे

उसके खिलाफ भड़का दिया था। साहिर लुधियानवी की कविता पढ़ी थी कि एक शाहंशाह ने दौलत का सहारा लेकर हम गरीबों की मुहब्बत का मजाक उड़ाया है। इसलिए —'मेरे महबूब कहीं और मिलाकर मुझसे' (क्योंकि इधर कभी-कभी बाबूजी घूमने निकल आते हैं)। सुमित्रानन्दन पन्त ने भी लिखा था कि हाय, मृत्यु का ऐसा सुन्दर स्मारक और जीवन की ऐसी अवहेलना ! फिर राजा ने जनता के पैसे से अपनी बीवी का स्मारक बनवा लिया। जनता के खून के कतरों से बने इस ताज को मैं कभी नहीं देखूँगा। बाद में मेरा मन बदला। लेनिनग्राड में देखा कि द्वितीय महायुद्ध में नष्ट एक चर्च को रूसी लोग जैसा-का-तैसा बना रहे हैं। वे पीटर महान के सुन्दर महलों को बड़े गौरव के साथ हमें बता रहे थे। मुझे लगा, हमारे कवियों ने ताज के बारे में जल्दबाजी बरती। कच्चे जनवाद के उबाल में उससे नफरत करने लगे। अब तो मैं यह भी सोचता हूँ कि अगर किसी राजा ने अपनी प्रिया की याद में ताज बनवा भी लिया, तो कोई बात नहीं, आज के नये राजा भी यही करते हैं। कार्पोरेशन का सदस्य अपने घर के सामने सीमेण्ट की सड़क बनवा लेता है, जिससे प्रिया के पाँव में कंकड़ न गड़े। घर के सामने बिजली का खम्भा लगवा लेता है, ताकि प्रिया अँधेरे से न डरे। प्रजातन्त्र में भी हजारों छोटे-बड़े शाहजहाँ हैं। उन्हें जब भी मौका मिलता है, अपनी प्रिया के लिए जनता के पैसे से कुछ कर देते हैं। हर मुमताज उम्मीद लगाये बैठी है कि चुनाव में हमारे शाहजहाँ जीतनेवाले हैं और आगामी मन्त्रिमण्डल के पुनर्गठन में उन्हें जगह दी जा रही है।

मैंने शाहजहाँ को माफ कर दिया और ताज बार-बार देखने लगा। आगरे के एक 'पवित्र' आदमी ने कहा —'अरे साहब, ताज की छाया में क्या नहीं होता। सैकड़ों जोड़े मिलते हैं।' मैंने कहा—'हाँ साहब, प्रेमियों को ताज जैसे सुन्दर स्थान पर, खुले में, बगीचे में हर्गिज नहीं मिलना चाहिए। उन्हें तो गन्दी बदबूदार अँधेरी कोठरियों में मिलना चाहिए—तभी तो हमारी नैतिकता की रक्षा हो सकेगी। सारी नैतिकता पिछवाड़े के दरवाजे से ही तो आती-जाती है।'

इस बार ताज को एक नये सन्दर्भ में देखा। हम ताज के सामने खड़े थे और हर पाँच-दस मिनट में लड़ाकू यान सिर पर घर्राता था। मुझे याद आया कि पाकिस्तान के शासक इस बात पर असन्तोष जाहिर कर चुके हैं कि ताज भारत में ही छूट गया। याद आया कि कल-परसों ही भुट्टो ने कहा था कि हमने आठ सौ सालों तक भारतीयों को सभ्य बनाने की कोशिश की। मुझे शक हुआ कि हाईस्कूल की पढ़ाई छुड़ाकर जनाब को विदेश मन्त्री बना दिया है। आठ सौ सालों में क्या हुआ, इस पर बहस व्यर्थ है। इतना निश्चित है कि सिर्फ अठारह साल से हमसे दूर हो जाने के कारण इतने असभ्य हो गये कि अन्तर्राष्ट्रीय सभाओं में सदस्यों को 'कुत्ता' कहने लगे। अच्छा हुआ, ताज यहीं छूट गया। उसके साथ सौन्दर्य-बोध, कला और संस्कृति भी छूट गयी। यों गलत इतिहास पढ़नेवाले सब जगह हैं। पाकिस्तानी शासक

चाहें तो ऐसा इतिहास लिखवा सकते हैं, जिसमें अपना सम्बन्ध द्रविड़ सभ्यता से जुड़े—मोहनजोदड़ो उनके हिस्से में आ गया है।

ऊपर से 'नैट' गुजरते हैं और मैं सोचता हूँ कि ताज के ऊपर तोप फिट हो तो यह कैसा लगे? इसके भीतर कभी गोला-बारूद भरा जाये तो? कभी इसमें युद्ध-बन्दी भर दिये जायें तो? उधर पाकिस्तान में लोग हैं, जो सौन्दर्य की जात-बिरादरी तय करते हैं, जो कला की नस्ल पूछते हैं। और इधर मेरे देश में भी लोग हैं, जो ताज पर गंगाजल छिड़ककर उसे देखना चाहते हैं। दोनों कला, संस्कृति और मनुष्यता के दुश्मन हैं। मगर इन सबसे ऊपर एक बात है—ढाका रेडियो से सुन्दर रवीन्द्र संगीत आता है और दिल्ली रेडियो से इक़बाल की गज़ल गायी जाती है। मुझे विश्वास है, न ताज का कोई मजहब माना जायेगा और न उस पर गंगाजल छिड़कने की कोशिश होगी।

स्नान

एक बार मैं प्रयाग में तीन दिन रहकर बिना गंगा नहाये लौट आया, तो जिसने सुना, उसने थूका। लोगों की कल्पना से यह परे है कि कोई इतना अभागा भी होगा, जो प्रयाग जाये और त्रिवेणी में स्नान न करे। लोग तो बिना टिकट जाते हैं, रेलवे-कर्मचारियों की गाली सुनते हैं, सण्डास में छिपकर उनसे बचते हैं और गंगा-स्नान करके आते हैं, तो निहायत उजले लगते हैं। गंगा पाप-विनाशनी हैं। तमाम पापियों को स्वर्ग भेजती हैं—

'कोऊ नहीं तारे तिन्हें तारे तुम गंगा मैया,
जेते तुम तारे तेते नभ में न तारे हैं।'

—पद्माकर

ऐसी स्तुतियों से गंगा की महिमा बढ़ती है या पाप करने का प्रोत्साहन मिलता है? गंगा है, तो बेखटके पाप करो और उसे धमकाते जाओ—

'ए रे दगादार मेरे पातक अपार तोहे
गंगा की कछार में पछार छार करिहौं।'

पाप करो और गंगा में डुबकी लगा लो—

'चली कुलबोरन गंगा नहायकै'

—कबीर

मेरी नजर में उस आदमी की बड़ी इज्जत है, जो बिना गंगा नहाये लौट आता है। हजारों सालों के संचित संस्कार उसे संगम की ओर खींचते हैं और वह कितनी

बलवती इच्छा-शक्ति से उन्हें परास्त करके लौटता है। वह बड़ा ताकतवर आदमी है। प्रयाग से लौटनेवाले से मैं यह प्रश्न जरूर पूछता हूँ—'गंगा में स्नान किया था?' यदि वह स्वीकार करता है, तो मेरी नजरों से गिर जाता है—पोच आदमी है; संस्कारों का गुलाम। जो कहता है कि मैं नहीं नहाया, उस नरपुंगव को नीचे से ऊपर तक मैं बड़ी प्रशंसा से देखता हूँ—हाँ, यह ढंग का आदमी है।

गंगा-स्नान ही नहीं, साधारण स्नान के बारे में भी बड़ा अन्धविश्वास है। जैसे यही कि रोज नहाना चाहिए—गरमी हो या ठण्ड। क्यों नहाना चाहिए? गरमी में नहाना तो माफ किया जा सकता है, पर ठण्ड में रोज नहाना बिल्कुल प्रकृति-विरुद्ध है। जिन्हें ईश्वर पर विश्वास है, वे यह क्यों नहीं सोचते कि यदि शीत ऋतु भी रोज नहाने की होती, तो वह इतनी ठण्ड क्यों पैदा करता? शीत ऋतु उसने नहाने के लिए बनायी ही नहीं है, लेकिन आप 'सी-सी' करते जा रहे और रोज नहा रहे हैं। और मुझे यह आज तक समझ में नहीं आया कि नहाने और खाने का क्या सम्बन्ध है? कोई दोस्त इतवार को सुबह आ जाता है और दोपहर तक बैठता है, मैं उससे भोजन करने के लिए कहता हूँ, तो वह कह देता है—अभी तो नहाया नहीं है। कितनी लचर दलील है! नहाया नहीं है, तो खाना क्यों नहीं खायेगा? नहाते शरीर से हैं, पर खाते तो सिर्फ मुँह से हैं!

रोज नहाने के पक्ष में तरह-तरह के तर्क दिये जाते हैं; जैसे यह कि स्फूर्ति आती है, दिमाग साफ होता है, काम में मन लगता है, आदि। यह सब झूठ है। रोज नहानेवाले कई मूर्ख मैंने भी देखे हैं और आलसी ऐसे कि आज नहाकर सोये, तो कल नहाने के वक्त उठेंगे। प्रतिभा का तो नहाने से उलटा सम्बन्ध है। जो अधिक नहायेगा, उसकी प्रतिभा धुलती जायेगी। एक प्रमाण पर्याप्त होगा—

कालिदास ने अपनी काव्य-रचना कहाँ की? उज्जैन में? हरगिज नहीं। मैंने दो दिन उज्जैन में रहकर देख लिया है। वहाँ बेहद खटमल हैं। मालवी वैद्य और खटमल प्रसिद्ध हैं। कालिदास रात-भर खटमलों से लड़ते होंगे! उज्जैनवाले यह तर्क करें कि विक्रमादित्य के प्रताप के कारण खटमल उसके राज्य में नहीं होते थे, तो मैं मान नहीं सकता। खटमल पर चक्रवर्ती का वश नहीं चलता। खुदा की खाट में भी खटमल होते हैं। सिद्ध हुआ कि कालिदास ने उज्जैन में काव्य नहीं लिखा, बल्कि कश्मीर में लिखा।

कालिदास ने सारा काव्य कश्मीर में लिखा; उज्जैन में तो वे अच्छे अक्षरों में पाण्डुलिपि बनाते रहे। उज्जैनवाले हर साल कालिदास की 'प्रेस कापी' बनाने की स्मृति में जलसा करते हैं। कालिदास का 'केस' सिद्ध करता है कि स्नान नहीं करने से प्रतिभा का विकास होता है। बहुत लोगों को इस वैज्ञानिक तथ्य का ज्ञान नहीं है कि स्नान करने से त्वचा के पोर खुल जाते हैं और उन पोरों से पसीने के साथ प्रतिभा के कण भी निकलते हैं।

मेरे एक मित्र रोज नहाना बुर्जुआ प्रवृत्ति मानते हैं। वे इसे सामन्ती सभ्यता का चिह्न मानते हैं—सामन्तों को कोई काम तो करना नहीं पड़ता, इसलिए वे दिन

का बहुत बड़ा भाग स्नान करने में व्यतीत करते थे। स्नान करने की कला और स्नान-प्रसाधनों का जितना विकास सामन्ती युग में हुआ, उतना किसी अन्य काल में नहीं। उन्हें बड़ा दुख होता है कि आज मध्यवर्ग इस तरह की बुर्जुआ मान्यताओं का पोषक है। सर्वहारा के पास स्नान में बरबाद करने के लिए वक्त नहीं है। सर्वहारा के आन्दोलन में इसलिए तो अपेक्षित तीव्रता नहीं आ रही है कि उसके नेता मध्यम वर्ग के हैं, जो रोज नहाते हैं।

मैंने ऐसे लोग देखे हैं जो केवल इस कारण अकड़े फिरते हैं कि वे रोज दो बार नहाते हैं। इसे वे बड़ी उपलब्धि मानते हैं और इससे जीवन की सार्थकता का अनुभव करते हैं। बड़े गर्व से वे कहते हैं—'भैया, कोई भी मौसम हो, हम तो दो बार नहाते हैं। और ठण्डे पानी से।' स्नान के अनुभव को वे बड़े महत्त्व के साथ सुनाते हैं—'बस, पहला लोटा उँड़ेलो, तभी ज़रा ठण्ड लगती है। इसके बाद ठण्ड लगती ही नहीं; गरमी लगती है। फिर दिन-भर बड़ा अच्छा लगता है।' मैं नहीं जानता, अपने शरीर की सारी उष्णता ठण्डे पानी से लड़ने के लिए रोज़ बाहर निकालना कहाँ तक अच्छा है! उस उष्णता से कोई उपयोगी काम किया जा सकता है।

पिछले महीने जब कड़ी ठण्ड पड़ रही थी, मुझे एक परदेसी मित्र मिला। वह किसी के यहाँ तीन-चार दिन के लिए मेहमान था। स्नान के बारे में बातें करते हुए उसने बताया—'आज, सुबह मैं नहाने पहुँचा, तो देखा कि सीमेण्ट के हौज में पानी भरा है; रात-भर का ठण्डा पानी। पहले तो जी हिचका। पर फिर मैंने लोटा भर-कर डाल ही लिया। पाँच मिनट तक देह सुन्न रही।'

मुझे सुनकर ही कँपकँपी आ गयी। उसके पास बैठना मेरे लिए असह्य हो गया। मुझे ज्यों ही खयाल आता कि इसने सवेरे हौज के पानी से नहाया है, मैं ठिठुरने लगता। उसके साथ रिक्शे में बैठा, तो एक कोने में सिकुड़ गया। कहीं उसके शरीर से मेरा शरीर स्पर्श न कर ले। कभी रिक्शे की हलचल के कारण उसके कपड़े भी छू जाते तो मेरी दँतौड़ी बँध जाती। वह तीन दिन रहा और मैं उससे कतराता रहा। जब वह जाने लगा तो मैंने उससे कहा, "बन्धु, तुममें गजब की इच्छा-शक्ति है। ऐसी दृढ़ इच्छा-शक्ति से तुम कोई बड़ा काम कर सकते थे। तुम गौरीशंकर की चोटी पर चढ़ सकते थे; तुम कोई आविष्कार कर सकते थे। पर तुम उसका उपयोग ठण्डे पानी से नहाने में कर रहे हो; अपनी शक्ति को बरबाद कर रहे हो। आगामी पीढ़ियाँ तुम जैसों को कोसेंगी। कहेंगी, उस जमाने में, जब देश का निर्माण हो रहा था, तब कितने ही ऐसे तरुण थे, जो अपनी शक्ति का उपयोग ठण्डे पानी से नहाने में कर रहे थे। इतिहास तुम्हें कभी माफ नहीं करेगा। आगामी पीढ़ियाँ तुम्हारे नाम को रोयेंगी।"

वह हँसता रहा। उसे सिर धुनना था। कुसंस्कारों की जड़ें बड़ी गहरी होती हैं। रवीन्द्रनाथ ने ठीक ही कहा है कि ज्ञान की निर्झरिणी अन्धविश्वासों की मरुभूमि में खो गयी है। इस लेख को पढ़कर यदि एक पाठक ने व्यर्थ स्नान में समय नष्ट न करने का निश्चय किया, तो मैं अपना श्रम सार्थक समझूँगा।

बेचारा भला आदमी

मैंने सुना है कि दूकानदार ने भले आदमी के रूप में मेरा उदाहरण दिया। मैं उदाहरण बनने से बहुत डरता हूँ। मार्क ट्वेन ने कहा है कि लोग जिस चीज से सबसे अधिक चिढ़ते हैं वह है, अच्छा उदाहरण। अच्छा उदाहरण एक बार बन जाने पर आदमी अच्छाई का गुलाम बन जाता है। मेरे एक मित्र को लोगों ने जवानी में ही त्याग का उदाहरण बनाकर उनकी जिन्दगी बरबाद कर दी। मैं अच्छेपन का उदाहरण बनकर नहीं रहना चाहता। कोई बुराई करता है, तो मुझे सन्तोष होता है कि कभी भूले-भटके उस आदमी का भला मेरे हाथों हो गया होगा। तारीफ से डर लगता है। कोई मुँह पर तारीफ करे तो उससे पूछ लेता हूँ कि बता भाई कौन-सी बेवकूफी करूँ? नाली में कूद पड़ूँ! धूल में लोटूँ? तारीफ करके आदमी से कोई भी बेवकूफी करायी जा सकती है। पीछे कोई किसी की तारीफ करेगा, इस बात पर कोई विश्वास नहीं करेगा। हम कुछ मित्रों के बारे में एक बार एक व्यक्ति ने आश्चर्य से कहा—ये लोग तो ऐसे दोस्त हैं कि पीठ-पीछे भी एक-दूसरे की तारीफ करते हैं। हम लोगों ने बाद में इस पर बहुत विचार किया और इस नतीजे पर पहुँचे कि हम लोग मित्रता के आधार की अवहेलना कर रहे हैं— मित्र तो वही होता है, जो मुँह पर तारीफ करे, पीठ-पीछे तारीफ करनेवाला भी कोई मित्र है!

दूकानदार मेरा मित्र नहीं है। उसने मुझे भला आदमी कहा, तो मैं चिन्तित हो गया। उसकी दूकान से मैं उधार सामान लेता हूँ और जितना बिल वह बता देता, बिना हिसाब देखे दे देता हूँ। हिसाब न देखना मेरा देवत्व नहीं है, आलस्य है। कई बार बुराई भलाई के रूप में प्रचार पाती है। एक धनवान लेखक के बारे में यह बुराई फैली कि वह पैसे देकर दूसरों से पुस्तकें लिखवाता है। मैंने लोगों को समझाया कि अगर तुम उनकी पुस्तकें पढ़ो तो तुम्हें विश्वास हो जायगा कि वे उन्होंने लिखी हैं। इतना रद्दी उनके सिवाय हिन्दी में और कौन लिख सकता है? घटिया लिखना उनकी ईमानदारी का सबूत हो गया। कई दूकानदारों की मीठी बातें जो व्यापारिक चतुरता है, मानवीयता के नाम से बाजार में चलती हैं। मेरा आलस्य भलमनसाहत के रूप में चलता है। दूकानदार से कोई ग्राहक हिसाब को लेकर झगड़ रहा था। दूकानदार ने कहा, आप तो बड़ी झिकझिक करते हैं। परसाईजी बेचारे भले आदमी हैं। जो हिसाब बता दो, बिना देखे दे जाते हैं। मुझे देखकर ग्राहक बिल्कुल प्रभावित नहीं हुआ। उसने मुझे भला तो नहीं, पर बेवकूफ जरूर समझा होगा।

मैं भी चिन्तित हो गया। मैं कोई खास भला नहीं हूँ। देना भूल जाता हूँ, लेना नहीं भूलता। मैं भला हूँ, क्योंकि आलसी आदमी हूँ। बुरा होने के लिए हाथ, पाँव और मन को हिलाना पड़ता है। अगले महीने मैंने बुरा आदमी बनने की कोशिश की। मैं घर में हिसाब रखता गया। महीने के अन्त में जब उससे हिसाब पूछा तो

पाया कि उसने दस रुपये बढ़ा लिये हैं। काफी महँगा सर्टिफिकेट दे रहा था वह मुझे। विश्वविद्यालय से मैंने दस रुपये भेजकर एम. ए. का सर्टिफिकेट ले लिया था, जो मुझे जिन्दगी-भर शिक्षित बनाने के लिए काफी है। दूकानदार का सर्टिफिकेट, जिसे मैं मढ़ाकर टाँग भी नहीं सकता, 10 रुपये में सिर्फ एक महीने के लिए मिलता है। मुझे हर साल 120 रुपये इसलिए देने पड़ते हैं कि एक छोटे-से शहर का एक जनरल मर्चेण्ट मुझे भला आदमी कहे। अगर मैं उससे शेष जिन्दगी याने लगभग 30 साल सामान खरीदता रहूँ, तो लगभग साढ़े तीन हजार रुपये मैं सिर्फ इसके दूंगा कि उसने मुझे भला आदमी कहा। सारा बाजार मुझे भला कहे, इसके लिए तो पूरी आमदनी बाँट देनी पड़ेगी। मुझे यह मंजूर नहीं। मैं हिसाब देखने लगा। भले आदमी के उदाहरण के लिए किसी और का उपयोग होगा।

लेकिन तब से मैं भले आदमियों के बारे में छानबीन कर रहा हूँ। एक मकान-मालिक कहता था कि पाण्डेजी बेचारे बड़े भले आदमी हैं। पाण्डेजी उसके मकान में किराये पर रहते हैं। एक बरसात के दिन मैं पाण्डेजी के घर गया। देखा कि सारे घर में पानी टपक रहा है। उनसे कहा कि मकान-मालिक से मरम्मत के लिए क्यों नहीं कहते। पाण्डेजी ने लापरवाही से कहा—'ऊँह, 10-12 दिन ही तो पानी के होते हैं। निकल जायेंगे।' मकान-मालिक कहता है कि पाण्डेजी बेचारे भले आदमी हैं। एक सज्जन अफसर कहते कि राजेन्द्र मास्टर बेचारा भला आदमी है। जाँच करने पर मालूम हुआ कि मास्टर साहब उनके बेटे को मुफ्त में पढ़ा जाते थे।

मैं देखता हूँ कि हर इस तरह का प्रशंसक 'भला' के पहले 'बेचारा' जरूर लगता है—'बेचारा भला आदमी है।' यह अकारण नहीं है। हमारी पूरी विचार-प्रक्रिया इन दो शब्दों के साथ चलने में झलकती है। हम 'भला' उसी को कहेंगे जो 'बेचारा' हो। जब तक हम किसी को 'बेचारा' न बना दें, तब तक उसे भला नहीं कहेंगे। क्यों? इसके दो कारण हैं—पहला तो यह कि जो बेचारा नहीं है, वह हमें अपने लिए 'चैलेंज' लगता है। उसे हम भला क्यों कहें? दूसरा कारण यह है कि जो बेचारा है, उसे हम दबा सकते हैं, लूट सकते हैं—उसका शोषण कर सकते हैं। किसी को 'भला' कहना उसकी प्रशंसा नहीं है। उसे 'बेचारा' करके दया प्रकट करना है। जो हर काम के लिए चन्दा दे देता है, वह बेचारा भला आदमी है। जो रिक्शावाला कम पैसे ले लेता है, वह बेचारा भला आदमी है। जो लेखक बिना पैसे लिये अखबार के लिए लिख देता है, उसे सम्पादक बेचारा भला आदमी कहते हैं। टिकट कलेक्टर बेचारा भला आदमी है, क्योंकि वह बिना टिकट निकल जाने देता है। अपनी व्यवस्था ने बहुत सोच-समझकर यह मुहावरा तैयार किया है।

पिछले दस सालों से एक व्यक्ति के बारे में सुन रहा हूँ कि वह बेचारा भला आदमी है; लँगोटी तक उतारकर दे देता है। उस भले आदमी ने कोट उतारकर दे दिया, कमीज उतारकर दे दिया, टोपी उतारकर दे दी, धोती उतारकर दे दी और लँगोटी उतारकर दे ही रहा था कि सावधान हो गया। उसने फिर पूरे कपड़े पहन

लिये। अब कोई उसे भला आदमी नहीं कहता, क्योंकि वह 'बेचारा' नहीं रहा।

एक स्कूली किताबें छापने और बेचनेवाला मुझे 'बेचारा भला आदमी' कहता था। मैं उसे पुस्तकें लिख देता और जो वह देता, ले लेता। उसके बाप-दादे पीढ़ियों से ऐसे बेवकूफ की तलाश में थे। अब जाकर मैं मिला था। वह मेरा यश फैलाता था—'परसाई बेचारा भला आदमी है।' एक बार मैं बीमार पड़ा। तभी मैं उसके लिए पुस्तक लिख रहा था, जो आधी दे दी थी, और आधी की पाण्डुलिपि मेरे पास थी। वह मेरी तबियत पूछने आया। बीमारी के बारे में पूछा, लेखक के संघर्ष के प्रति सहानुभूति जतलायी, संसार की असारता पर मत प्रकट किया और अन्त में सिद्ध किया कि लिखना तो तपस्या है। उसने मुझे यह भी समझाया कि सच्चा लेखक तो भौतिक उपलब्धियों से मुँह फेर लेता है; वह तो त्यागी होता है। (चोर ही सबसे अधिक इस बात का प्रचार करते हैं कि इस महान् देश में पहले लोग घरों में ताले नहीं लगाते थे।) मैं उसके प्रवचन को सुनता रहा। जब उसने बाकी पाण्डुलिपि माँगी तो मैंने कहा कि मुझे पैसों की जरूरत है। आप शाम तक भेज दीजिए। एक मिनट पहले के उस ज्ञानी का चेहरा एकदम गिर गया; उसकी आँखों में क्लेश आ गया और वह ऐसा कातर हो गया, जैसे मैंने उससे कह दिया हो कि भाई, तुम यहाँ बैठे हो; घर में तुम्हारे पिताजी की मृत्यु हो गयी। इसके बाद उसने मुझे भला आदमी नहीं कहा। कहता था—मैं तो समझता था कि वह भला आदमी है। पर मैं तो उसकी तबियत देखने गया और वह पैसे माँगने लगा।

मुझे इस 'बेचारा भला आदमी' से डर लगता है। अगर देखता हूँ कि मेरे बगल में ऐसा आदमी बैठा है, जो मुझे 'बेचारा भला आदमी' कहता है, तो जेब सँभाल लेता हूँ। क्या पता वह जेब काट ले!

चावल से हीरे तक

परसों ही तो हम पन्ना में थे। आज यहाँ अखबार में पढ़ा कि कल वहाँ दो हीरे मिले। मैं बहुत दुखी हूँ। ऐसा लगा कि बारात पहुँचने पर मालूम हुआ हो कि लड़की किसी के साथ भाग गयी। ये हीरे हमारे रहते क्यों नहीं निकले? क्या वे इन्तजार कर रहे थे कि इनकी पीठ फिरे, तो हम निकलें? अपनी ही धरती का यह कैसा व्यवहार हमारे साथ है कि वह यह देखकर हीरे उगलती है कि कहीं हम आस-पास तो नहीं हैं। रत्न-प्रसू ऐसा कर सकती है। पाषाण-प्रसू ऐसा नहीं करती। जरा-सा खोदते हैं कि पत्थर निकल आते हैं।

मेरे साथ दो-तीन मित्र भी गये थे। एक ने मेरा दुख कम करने के लिए कहा,

"ऐसा भी तो हो सकता है कि तुम्हारे चरणों के स्पर्श से धरती हीरे उगलने लगी हो। शायद तुम्हारी आहट पाकर ही हीरे झाँकने लगे हों और किसी ने उन्हें निकाल लिया हो।" मैंने कहा, "ऐसा मुगालता तुम्हीं पालो। वे और होते हैं जिनके चरण-स्पर्श से पत्थर भी स्त्री बन जाता है। वे अपनी स्त्री को छोड़ देनेवाले होते हैं। हमें देखकर हीरे पर्दा करने लगते हैं। और फिर यह कैसी बात है कि हीरे झाकें तो हमें, और निकाल कोई और ले जाये!"

सौभाग्य इसी तरह हमेशा कुछ घण्टे आगे या पीछे हो गया है। दुर्भाग्य कभी समय नहीं चूका। पिछले साल भानजा 'मनीप्लाण्ट' ले आया था। दूसरे दिन ही पोस्टमैन मनीआर्डर ले आया। मैंने कहा, "इतने वर्षों में यह सच्चा मनीप्लाण्ट मिला है।" पर पोस्टमैन रुपये देकर ज्योंही गया, टाइफाइड आ गया। उसे मालूम होगा कि दूसरी डिलीवरी में मनीआर्डर आते हैं। वह कोने पर खड़ा-खड़ा देख रहा होगा। पोस्टमैन इधर मुड़ा, तो वह पीछे-पीछे चला आया। सब रुपये ले गया। इससे तो अच्छा यह होता कि मैं उसे चिट्ठी दे देता और वह सीधे पोस्टमास्टर से ही रुपये ले लेता। कहता—अमुक आदमी के नाम मनीआर्डर आया है न! मैं टाइफाइड हूँ। उनकी 'अथॉरिटी' लाया हूँ। मुझे दे दीजिए। मैंने मनीप्लाण्ट घर के बाहर फिंकवा दिया। कहा, "भई, मनीप्लाण्ट शायद दो तरह का होता है—पैसा लानेवाला और पैसा ले जानेवाला। यह ले जानेवाला मालूम होता है।" उसने कहा, "नहीं, यह एक ही तरह का होता है।" मैंने कहा, "तो फिर आदमी दो तरह के होते हैं। किसी को यह देता है और किसी से ले जाता है। कारखाना भी तो मनीप्लाण्ट है। मगर जो मालिक को देता है वह मजदूरों को नहीं देता। आदमी में ही फर्क है। तभी तो देखता हूँ कि जिन घरों में पचीसों तरह के 'कैक्टस' हैं, वे अभी तक 'वेस्टलैण्ड' (बंजर) नहीं हुए, बल्कि फूलते-फलते जा रहे हैं।"

पूछा जायेगा कि इतना रो रहे हो, तो क्या सचमुच हीरे खोजने पन्ना गये थे? नहीं, गये बारात में थे। लड़केवाले जानते थे कि ये सच्चे बराती नहीं हैं, पर्यटक हैं। पास ही खजुराहो है, इसीलिए चले आये हैं। हम भी पूरे ईमान से इसका प्रतिवाद नहीं कर सकते। रही हीरे की बात, तो वह यों थी जैसे मन्दिर जाने पर मन में आये कि अगर किसी के अच्छे जूते हाथ लग जायें, तो देव-दर्शन और शुभ हो। न हाथ लगें, तो कोई बात नहीं। पर दुख तब होता है, जब सुनते हैं कि अमुक के नये जूते मन्दिर से कोई ले गया। ऐसा ही दुख पन्ना की इस खबर में है। यों तो सब ठीक चलता जाता है, पर 'कोई' नहीं होना अखरता है। कोई चोरी करता है, कोई मुनाफा कमाता है, कोई घूस खाता है, कोई इनाम पाता है—मगर इनमें से एक भी 'कोई' अपना सर्वनाम नहीं! इनमें से किसी की व्यक्तिवाचक संज्ञा हम नहीं।

खैर, खजुराहो देख लिया। सरकार के पर्यटक विभाग ने और पश्चिम में बिकने के लिए अंग्रेजी किताबें लिखनेवालों ने खजुराहो का जो रूप प्रचारित किया

है, उसे सच मानकर जो मिथुन-रत जोड़ों की मूर्तियाँ देखने ही खजुराहो आना चाहते हैं उन्हें मेरी सलाह है कि व्यर्थ पैसा खर्च न करें। वे हमारी तरह ही निराश होंगे। स्थानीय पुस्तक-विक्रेता से इस विषय की सचित्र पुस्तक खरीदें जो हर शहर में छिपकर बिकती हैं। यह तासीर को ज्यादा रास आयेगी। खजुराहो में वैसी मूर्तियाँ बहुत कम हैं और प्रभावहीन भी। हाँ, इसके सिवा और बहुत-कुछ है। पर वह क्या है इसे पश्चिम को न पर्यटक-विभाग बतलाता है, न ये लेखक। जो उन्हें अच्छा लगे, वही पश्चिमवालों को बताकर पर्यटक खींचे जाने चाहिए न! पश्चिम यह जानकर अगर खुश हो कि हम बहुत पतित लोग हैं, तो आधुनिक भारत पर किताब लिखनेवाला यही लिखेगा। तभी तो पश्चिम का पाठक उसकी किताब खरीदेगा और चूम लेगा और कभी पतितों को देखने भी आ सकता है। पतितों को देखना बड़ा दिलचस्प अनुभव होता है।

खजुराहो की कई मूर्तियाँ चोरी चली गयी हैं। अभी भी चुरायी जाती हैं। हमें एक स्थानीय अधिकारी ने बताया कि कुछ महीने पहले एक अमरीकी मूर्ति चुरा ले गया और अभी कुछ दिन पहले एक अंग्रेज महिला मूर्ति ले जाते पकड़ी गयी। हमने कहा —चौकीदार तो होगा। उन्होंने कहा—वह इधर-उधर हो गया होगा। भारत के चौकीदार का यह स्वभाव हो गया है कि अमरीकी या अंग्रेज चोरी करने लगें, तो वह इधर-उधर हो जाता है। हमने ईमान और आत्मसम्मान की रक्षा के लिए भी चौकीदार रखे हैं पर वे इनकी भी चोरी कर लेते हैं। चौकीदार उन्हें देखकर हट जाता है। दो महीने पहले खाद्यमन्त्री सुब्रह्मण्यम की गर्दन तनी हुई रहती थी और वे कहते थे—आत्मसम्मान खोकर हम एक दाना भी किसी से नहीं लेंगे। अब गर्दन ढीली हो गयी है और वे कहते हैं—चाहे हमें झुकना पड़े, पर अन्न तो लेना ही होगा। वैसे तो चौकीदार वर्दी पहनकर, बन्दूक लेकर अकड़ा खड़ा रहता है, पर अमरीकी और अंग्रेज चोरी करने आते हैं, तो वह पान खाने चला जाता है।

ये विदेशी भी व्यर्थ 'रिस्क' लेते हैं। चोरी करने की जरूरत ही नहीं है। हममें से ही कुछ लोग खोमचे में ईमान और आत्मसम्मान भरकर बेचने बैठे रहते हैं। उनसे खरीद लें। सस्ता पड़ेगा। या घर बैठे भी मिल सकता है। हमारे यहाँ फेरीवाले भी हैं। वे ईमान और आत्मसम्मान की गठरी पीठ पर लादकर विदेशों में फेरी लगाते हैं। घर पर 'डिलीवरी' का भी इन्तजाम है हमारे यहाँ।

लौटे तो थोड़ी दूर जाकर ही देखा कि दुर्भाग्य पीछे चला आ रहा है। प्राइवेट बस का हर हिस्सा बाकी से स्वतन्त्र था। सीट स्वतन्त्र, ऊपर का ढाँचा स्वतन्त्र, इंजन स्वतन्त्र। जब पहियों के नट-बोल्ट ने भी स्वतन्त्रता का नारा लगाया, तो बस रुकी और बाहरी हस्तक्षेप से उनकी आजादी की माँग दबायी गयी। साम्राज्यवादी षड्यन्त्र हो गया। कुछ मील आगे चलकर डीजल ने भी स्वतन्त्रता की घोषणा कर दी। ड्राइवर ने उसे निकालकर बाल्टी में भरा और उसे अपने पास रख लिया।

बाल्टी में नली डालकर तेल इंजन तक पहुँचाया जाने लगा। हमें लगा, थोड़ी देर बाद ड्राइवर इंजन को भी निकालकर गोद में रख लेगा। ऐसा होने के पहले ही हमें दूसरी बस मिल गयी। हमने बस के मालिक से कहा—सरदारजी, रोड ट्रान्सपोर्ट आफिसवाले कब तक आपको बचाने का वायदा कर चुके हैं? उन्होंने कहा—नहीं जी, गाड़ी तो बहुत अच्छी है। आज इत्तफाक की बात ही है, जो ऐसा हो गया।

यह क्या इत्तफाक था? यही होगा कि हम बस में बैठे थे। दो दिन पन्ना के आसपास घूमकर भी एक हीरा नहीं पाया। ऐसे अभागों के बैठने से कौन-सी बस ठीक रह सकती है। वह तो बेचारी बस ही है। रेलगाड़ी तक आधा घण्टा पहले डर के मारे जा चुकी थी। हम दूसरी गाड़ी के इन्तजार में सो गये। सुबह मित्रों की राय हुई कि भोजन यहीं कर लिया जाये। एक दोस्त की कोई महीने-भर से चावल खाने की महत्त्वाकांक्षा है। वे शादी में वर के भाई को सलाह दे रहे थे कि बताशों के बदले हर मेहमान को सौ ग्राम चावल दे दो। हम बड़ी आशा से रेलवे के भोजनालय में घुसे। सामने ही तख्ती लगी थी, जिस पर लिखा था—'राइस नॉट अवेलेबल!' अंग्रेजी के कारण धक्का कम लगा। यही बात हिन्दी में यों लिखी जाती—'चावल नहीं मिलेगा।' कितना कर्कश होता। इसका मतलब होता—चावल नहीं मिलेगा। खाना हो तो खाओ, वरना बाहर निकल जाओ। अंग्रेजी में कैसी नम्रता से बात कह दी—राइस नॉट अवेलेबल! छुपाने के मामले में अंग्रेजी भाषा कमाल करती है। विल्सन ने कह दिया था कि भारत ने पाकिस्तान पर हमला कर दिया। हम सब हिन्दी में इसे 'झूठ' कहने लगे। मगर अंग्रेजी में उन्होंने कहा—हम 'अनइनफार्म्ड' थे! कैसा भोलापन आ गया अंग्रेजी में!

दुर्भाग्य ने पीछा नहीं छोड़ा। यहाँ आये, तो यह समाचार दुख दे रहा है। अगर 10-15 दिन बाद हीरे मिलते तो कोई बात नहीं थी। पर हमारी पीठ फिरते ही निकल आये! चावल से लेकर हीरा तक हमारी नजर बचाता है।

'वो जरा वाइफ हैं न'

अच्छा भोजन करने के बाद मैं अक्सर मानवतावादी हो जाता हूँ। अपना पेट भर-कर मानवतावादी होने में सुभीता भी है। दूसरे के घर भोजन करने के बाद तो बड़े ऊँचे और पवित्र विचार मेरे मन में आते हैं। कुछ लोग भूखे होते हैं, तब ऊँचा चिन्तन होता है। तपस्वी को पेट भरने पर बदमाशी सूझती थी और खाली पेट दर्शन। मेरी

प्रकृति तपस्वियों से बिल्कुल मेल नहीं खाती। भूखा होता हूँ, तब चाट की दूकान से आगे चिन्तन बढ़ता ही नहीं। खैर, इतना निश्चित है कि विचार पेट से ही पैदा होते हैं — वह भरा हो, चाहे खाली। मुख्य बात है अपने पेट को पहचानना। वरना भूल हो सकती है। मेरे एक गांधीवादी मित्र कांग्रेस की शुद्धि के लिए साल में एक-दो बार उपवास कर डालते थे। हर उपवास के बाद कांग्रेस की हालत और बिगड़ती जाती। वे गुस्से में अगली बार 10 की जगह 15 दिनों का उपवास कर डालते। कांग्रेस की हालत डेवढ़ी खराब हो जाती। मेरे समझाने से उन्होंने यह सिलसिला बन्द कर दिया, तो इधर कांग्रेस की हालत कुछ सुधरी है। मैंने उनसे कहा कि उपवास से सुधार का जमाना गया, अब खाने से सुधार होता है। एक महीने किसी दूसरे का खाकर देखो कि संस्था में कैसी वृद्धि होती है। उन्होंने कहा — यानी हरामखोरी से अब तरक्की होती है? मैंने कहा—शब्दों के प्रयोग के बारे में बहुत सावधान हूँ। उपवास का कोई ठिकाना नहीं। क्या पता सोमवार की शाम को उपवास रखकर सारा देश अच्छा सोचता है, या बुरा। सवेरे सामने की झोंपड़ी की एक स्त्री लड़के को इसलिए मार रही थी कि वह रोटी माँग रहा था। लड़के ने विचार किया कि भूख में ज्यादा कष्ट है या मार में। उसने तय किया कि मार में ज्यादा कष्ट है। वह भूख को लेकर माँ को गाली देता हुआ भाग गया। मैंने इन लोगों में सोमवार के उपवास की अपील का प्रचार करने का इरादा किया था। अब मुझे उस लड़के से डर लगता है। वह बुरी गाली देता है।

मगर मैं यह बताना भूल ही जा रहा हूँ कि कैसे अच्छे विचार मेरे मन में आ रहे थे। मेरे एक दोस्त की शादी की दावत थी। मैंने उसे बधाई दी — शाबाश, तुमने वह कर दिखाया, जो हमसे नहीं बना। फिर वहीं भोजन हुआ। आजकल किसी के घर भोजन करने में वही सुख मिलता है, जो अनाज की 'स्मगलिंग' में। खिलानेवाले को भी लगता है कि मेरे घर में सरासर चोरी हो रही है। खाकर लौटा और लेट गया। मन में महीनों से रुके ऊँचे विचार उमड़ने लगे। सोचा, दुनिया का भला मैं किस तरह कर दूं। चाहता हूँ, सब सुखी रहें। सारे पति-पत्नी सुखी रहें। परस्पर विश्वास अटल रहे। किसी के तीन से ज्यादा बच्चे न हों।

इन्हीं ऊँचे संकल्पों में डूबा था कि एक शरीफ आदमी आ गये। जो लेखक नौकरी नहीं करता, वह ऐसी गाय होता है, जिसे कोई भी पकड़कर दुह सकता है। मैं समझ गया कि इन सज्जन को चाय के लिए दूध की जरूरत पड़ गयी है, इसलिए स्तन झँझोड़ने आये हैं। उनके हाथ में एक पाठ्य-पुस्तक थी। कहने लगे, "थोड़ी-सी तकलीफ दूंगा। इसमें से कबीरदास के पदों का अर्थ समझा दीजिए।" मैंने कहा, "आप क्या किसी इम्तहान में बैठ रहे हैं?" वे बोले, "जी नहीं, 'वाइफ' बैठ रही हैं।" मैंने कहा, "लेकिन अर्थ तो आप समझ रहे हैं।" उन्होंने कहा, "मैं समझ लूंगा। फिर उन्हें समझा दूंगा।" मैंने कहा, "वे ही क्यों नहीं समझ लेतीं?" वे चुप हो गये।

मैंने सोचा—यह या तो मुझे लम्पट समझता है या अपनी पत्नी को कुलटा। इसे डर है कि कबीर समझाते-समझाते मैं विद्यापति न समझाने लगूँ। मैंने कहा, "देखिए, आप साहित्य के विद्यार्थी कभी रहे नहीं। मैं जो समझाऊँगा उसका 50 प्रतिशत आपके पास रह सकेगा। उसमें से 25 प्रतिशत अपनी पत्नी को आप दे पायेंगे। मगर पास होने के लिए 33 प्रतिशत चाहिए। यानी आपके अर्थ समझने से तो वे फेल हो जायेंगी।" उन्होंने सोचा। फिर कहा, "आप ठीक कहते हैं। उन्हें ही समझना चाहिए।" कबीर पर तो वे राजी हो गये। मैंने धीरे-से कहा, "इसमें विद्यापति भी तो है।" वे सावधान थे। तपाक से बोले, "उसे जाने दीजिए। वह तो अश्लील है।" मैं समझ गया। मन में कहा—तू क्या कबीर को भला आदमी समझता है ? अरे, कबीर अगर ढंग से कोई समझ ले, तो विद्यापति से ज्यादा खतरनाक हो सकता है। 'मन फूला-फूला फिरै जगत में कैसा नाता रे'—अगर ठीक से पत्नी समझ ले, तो तेरी गृहस्थी ही टूट जाये।

एक आचार्य हमें हिन्दी काव्य पढ़ाते थे। उन्हें भी अश्लील का बहुत डर था। जहाँ भी सुन्दर काव्य-पंक्तियाँ आ जातीं, वे मुँह बनाकर कहते—छोड़ दो। अश्लील हैं। वे लड़कियों को अलग से वह अंश समझाने के लिए तत्पर रहते थे। कुछ लोगों के लिए हर सुन्दरता अश्लीलता है। जो कुरूप है, वही उनके लिए पवित्र है। कुरूपता के सिवा पवित्रता की कल्पना उन्हें होती ही नहीं है।

मुझे एक घटना और याद आ रही है। तब हम 'वसुधा' निकालते थे। एक दिन एक सज्जन कुछ कविताएँ लेकर आये। मुझे दिखायीं। मैंने पूछा, "आपने लिखी हैं ?" वे बोले, "नहीं 'वाइफ' ने लिखी हैं। ज़रा देख लीजिए।" मैंने देख लीं। कहा, "ठीक है।" वे बोले, "तो पत्रिका में छाप दीजिए।" मैंने कहा, "छापी नहीं जा सकतीं।" उन्होंने पूछा, "क्यों ?" मैंने कहा, "कमजोर हैं।" वे बोले, "तो जो खराबी है, मुझे बता दीजिए। जो सुधार आप बतायेंगे, मैं उन्हें बता दूँगा। वे सुधार कर लेंगी।" मैंने कहा, "यह कविता है। गणित नहीं है कि मैं सवाल हल करने की रीति बता दूँ और उत्तर निकाल दूँ और आप समझ लें। इसे तो जो लिखता है वही समझ सकता है।" वे फिर आग्रह करने लगे। मैंने कहा, "मैं उन्हीं को बता दूँगा।" वे परेशान हुए। बोले, "वे कैसे आयेंगी ?" मैंने पूछा, "क्यों ?" उनका जवाब था—"बात यह है कि वो ज़रा वाइफ हैं न !"

चकराने की मेरी बारी थी। 'वो ज़रा वाइफ हैं न !' सोचा, इसकी पत्नी बीमार होती होगी और डाक्टर आता होगा, तो यह स्टेथेस्कोप अपने सीने में लगवाता होगा। डाक्टर कहता होगा—मगर बीमार तो वे हैं। यह कहता होगा—हाँ, लेकिन मेरी ही जाँच कर लीजिए। वो ज़रा वाइफ हैं न ! डाक्टर कहता होगा—उनकी जीभ भी देखनी है। यह जीभ निकाल देता होगा—मेरी जीभ ही देख लीजिए। वो ज़रा वाइफ हैं न !

मैंने उनसे कहा, "देखो भाई, ये कविताएँ ले जाओ। पतिव्रताओं को इन झंझटों में नहीं पड़ना चाहिए।"

आदमी सचमुच मुश्किल में पड़ गया है। दरवाजे खुल गये हैं। सामने बहुत-से रास्ते दिखने लगे हैं। इन पर बढ़ने की महत्त्वाकांक्षाएँ जाग उठी हैं। मगर इन पर बढ़ें कैसे? यह कठिन सवाल है। स्त्री को आगे बढ़ानेवाले कुछ अति उत्साही लोगों से मेरा परिचय है। इन सबकी परेशानी मैं समझता हूँ और सहानुभूति भी रखता हूँ। आगे बढ़ी हुई स्त्री का पति कहलाने का गौरव बहुत स्वस्थ और जायज है। मगर वह बढ़े कैसे? कुछ लोग उसकी आँखों पर पट्टी बाँधकर, उसे पीठ पर लादकर आगे ले जाकर रख देना चाहते हैं। जब पट्टी खुले तो वह कहे—अहा, हम तो इतने आगे बढ़ गये। वैसे यह तरीका कोई बुरा नहीं है। सिर्फ यही कि आदमी जिन्दगी-भर कुली का काम करता है।

जानता हूँ, ऐसी बातें करना नाराजगी पैदा करना है। पिछले दिनों वे लोग नाराज हो गये थे। एक सांस्कृतिक संस्था का वार्षिकोत्सव था। उसमें गया था। संगीत, नाटक हुआ। बाद में संस्था के लोगों के साथ चाय पीते वक्त मैंने पूछा—साल में कितने नाटक खेल लेते हैं? वे बोले—ज्यादा नहीं हो पाते। बात यह है कि पार्ट करने के लिए स्त्रियाँ मिलने में बड़ी कठिनाई होती है। मैंने कहा—आप अपनी पत्नी को स्टेज पर ले आइए न! आप लोगों की पत्नियाँ अगर नाटक में काम करने लगें, तो दूसरी भी आ जायेंगी। आपमें से किनकी पत्नी स्टेज पर आती हैं? किसी की नहीं। मैंने कहा—हमारी मुश्किल यह है कि हम हमेशा दूसरे की बीवी की खोज करते हैं। दूसरे की स्टेज पर आ जाये; अपनी न आये। दूसरे की नहीं आती, तो कहते हैं कि बड़े पिछड़े हुए लोग हैं। हम पिछड़े हुए नहीं हैं, जिन्होंने उसका मुरब्बा बनाकर घर में रख छोड़ा है।

वे लोग नाराज हुए। यों ऊपर से कहा कि आप बिल्कुल ठीक कहते हैं। मगर आँखों से वे वही कह रहे थे—वह कैसे आयेंगी? वो ज़रा 'वाइफ' हैं न!

बात कहाँ तक चली गयी और अब सिमट नहीं रही है। सारा दोष उस कबीर के पद समझनेवाले का है। मैं तो भोजन करके सीधे और भले विचारों में डूबा था। उसने आकर मन को बहका दिया। मुझे इन सब उलझनों से क्या मतलब! और फिर इन्हें समझना क्या आसान है? जैनेन्द्र कुमार ने इन मामलों को समझने में जिन्दगी गुजार दी, फिर भी नहीं समझ सके। मेरी क्या बिसात!

टेलीफोन

[स्कूल में पढ़नेवाले एक लड़के की नोटबुक में मुझे यह निबन्ध लिखा मिला। यह बड़ों के काम का भी है, इसलिए जैसा-का-तैसा यहाँ दे रहा हूँ।—लेखक]

एक वैज्ञानिक था। उसने देखा कि दुनिया के आधे लोग बाकी आधे लोगों की सूरत से नफरत करते हैं, पर उनसे बात जरूर करना चाहते हैं। उसने सोचा कि कोई ऐसी कल बनानी चाहिए, जिसमें आदमी की सूरत तो न दिखे पर उससे बातचीत हो सके। वह उसी क्षण काम में निरत हो गया। उसका एक शत्रु उसके घर से काफी दूर रहता था। वैज्ञानिक ने एक तार लिया और उसके दोनों सिरों पर एक-एक चोंगा लगा दिया। एक सिरा उसने अपनी प्रयोगशाला में रखा और दूसरा अपने शत्रु के घर में। उसने वर्षों प्रयोग किया। वह रोज अपने चोंगे में कहता, "तुम बदमाश हो?" उधर से कोई जवाब न आता। एक दिन उसने हमेशा की तरह कहा, "तुम बदमाश हो!" उधर से क्रोध-भरा उत्तर मिला, "तुम भी बदमाश हो!" वैज्ञानिक खुशी से उछल पड़ा। वह अपने पूर्वज आर्कमिदीस की तरह नंगा होकर सड़क पर खुशी से दौड़ना चाहता था, पर वह कपड़े उतार ही रहा था कि उसे खयाल आया, जमाना बदल गया है और मुझे पुलिस पकड़ लेगी। वैज्ञानिक अनुसन्धान के सबसे महान क्षण में भी पुलिस को नहीं भूलता, यह मानव-स्वतन्त्रता के लिए शुभ लक्षण है। इस आविष्कार से मानवी सम्बन्धों में क्रान्ति हो गयी है। अब दुश्मन से बोलचाल बन्द करने की आवश्यकता नहीं रह गयी। उसकी सूरत बिना देखे उससे बात की जा सकती है। यह वैज्ञानिक उतना ही महान हुआ, जितना वह विचारक, जिसने यह सूत्र बताया था कि किसी से बोल-चाल बन्द हो, तो उससे भी लिफाफे में कोरा कागज भेजकर पत्र-व्यवहार किया जा सकता है।

टेलीफोन के आविष्कार से मनुष्य जाति का नैतिक स्तर उठ गया। फोन पर सच और झूठ दोनों अधिक सफाई से बोले जा सकते हैं। आदमी आमने-सामने तो बेखटके झूठ बोल जाता है, पर सच बोलने में झेंपता है। टेलीफोन के कारण संसार में सत्य-भाषण लगभग 67 प्रतिशत बढ़ा है। इससे मनुष्य जाति अधिक वीर भी बनी है। जिसकी छाया से भी डर लगता था, उस आदमी को फोन पर गाली भी दी जा सकती है और जब तक वह पता लगाकर आपको मारने आये, आप भागकर बच सकते हैं।

अब मैं फोन के उपयोग का ढंग बताता हूँ। भारत पिछड़ा हुआ देश है, इसलिए यहाँ लोगों को फोन पर बात करना भी नहीं आता।

घण्टी बजते ही चोंगा नहीं उठाना चाहिए। जब घण्टी थक जाये और आराम करने लगे, तब उठाना चाहिए। इससे यह प्रभाव पड़ेगा कि आपके पास फोन आते

ही रहते हैं।

चोंगा उठाकर उसमें बहुत जोर से 'हैलो' कहना चाहिए। बहुत लोग इसका उच्चारण गलत करते हैं, वे 'हलो' या 'हेलो' कहते हैं। सही उच्चारण तब होगा, जब आप खूब जोर से 'है' और 'लो' अलग-अलग चिल्लायेंगे –'है···लो···।' इससे यह फायदा है कि बुलानेवाला तभी ठहरेगा, जब उसका काम आपसे बात किये बिना चल नहीं सकता।

फोन के रिसीवर में दो भाग होते हैं—एक कान पर लगाकर सुनने के लिए, दूसरा बोलने के लिए। लोग कानवाला हिस्सा तो ठीक लगा लेते हैं, पर मुँहवाला चोंगा ठीक से फिट नहीं करते। मनुष्य जाति के मुँह तीन आकारों के होते हैं—चोंगे से बड़ा मुँह, चोंगे से छोटा मुँह और चोंगे के बराबर मुँह। अन्तिम प्रकार के मुंह को चोंगा कहने से भी काम चल जाता है। अगर मुँह चोंगे से बड़ा है, तो चोंगे को मुँह में भर लेना चाहिए। अगर चोंगे से छोटा है, तो मुँह को चोंगे में घुसेड़ देना चाहिए। अगर दोनों बराबर हैं, तो चोंगे को मुँह पर बिल्कुल फिट कर देना चाहिए। ध्यान रखना चाहिए कि आपसे बात करनेवाला काफी दूर बैठा है, इसलिए चोंगे में मुँह डालकर खूब जोर से बोलना चाहिए। हमारे बाबा तो एक दिन बात करते-करते चोंगे को चबाने लगे थे, जिससे उनके दाँत उखड़ गये थे।

पुरुष और स्त्री से बात करने के ढंग अलग-अलग होते हैं। पुरुष से बात करते समय उससे अपने स्वार्थ-साधन की मात्रा के अनुसार स्वर मीठा या कड़वा होता है। पिताजी जब बैंक के मैनेजर से कर्ज देने के लिए कहते हैं, तब ऐसा लगता है कि उनका हर शब्द आम का रस बनकर तार में से बहता हुआ, मैनेजर के कान में टपक रहा है। कभी पिताजी फोन उठाते हैं और उधर से कोई स्त्री बोलती है, तो पिताजी हकलाने लगते हैं, बार-बार थूक गुटकते हैं और हाँफने लगते हैं। उनके स्वर टूट-टूटकर निकलते हैं।

फोन की घण्टी बजने पर पहले अपना नाम नहीं बताना चाहिए, यद्यपि फोन के शिष्टाचार का नियम यह है कि जिसे रिंग किया जाये, उसे पहले अपना नाम बताना चाहिए। इसमें खतरा यह है कि दूसरे सिरे पर आपसे उधारी पैसा माँगनेवाला हुआ, तो आप पकड़ में आ जायेंगे। इसीलिए बड़े व्यवसायी और नेता अपनी तरफ से झूठ बोलने के लिए एक नौकर रखते हैं। वह फोन उठाता है, फोन करनेवाले का नाम पूछता है और चोंगे पर हाथ रखकर मालिक से पूछता है कि अमुक से बात करनी है या नहीं। हम किसी के लिए घर पर होते हैं और किसी के लिए नहीं। जिसका देना है, उसके लिए हम घर पर नहीं हैं। जिससे लेना है, उसके लिए हमेशा हाजिर हैं। जिससे अपना काम है, उसके लिए हैं और जिसका अपने से काम है, उसके लिए नहीं हैं। पिताजी जब फोन उठाते हैं, तब उस छोरवाला कितना ही पूछे यह नहीं बताते कि वे हैं। वह उससे ही पूछते हैं, 'आप कौन साहब बोल रहे हैं?' पिताजी की तरफ से झूठ बोलने का काम बाबा भी कर देते हैं। अच्छे पुत्र का यही लक्षण है कि वह अपने लिए अपने पिता से झूठ बुलवाये।

फोन दो तरह के होते हैं—कॉल-रेटवाले और मुफ्तवाले। कॉल-रेटवाले फोन में हर बार बात करने पर 15 पैसे लग जाते हैं। इसलिए जिस शहर में कॉल-रेट हो, वहाँ के निवासी को दूसरे के फोन से बात करना चाहिए। जिन्हें फोन करना है, उनके नम्बर लेकर शहर में घूमने निकल जाइए। जैसे ही कोई परिचित फोनवाले का मकान आया, उससे कहिए, घर से निकलने के बाद याद आया कि अमुक को जरूरी फोन करना है। आप उनके फोन से बात करिए, और 15 पैसे हाथ में रखकर उनकी ओर बढ़ाइए। वह कहेंगे, 'अरे, रहने दीजिए!' आप पैसे जेब में रख लीजिए। आदमी जूते की मार को एक साल में भूल जाता है, चाँटा छः महीने में भूल जाता है, गाली एक महीने में भूल जाता है और फोकट फोन करने की बात एक हफ्ते में भूल जाता है। इस तरह हर फोन से महीने में चार बार मुफ्त बात की जा सकती है।

जहाँ कॉल का पैसा नहीं लगता, वहाँ तो हमेशा बात करनी चाहिए। पिताजी जब काम करते-करते ऊब जाते हैं, तब किसी को भी फोन करने लगते हैं। 'क्या समाचार है?' कहकर वह तकिये पर लुढ़क जाते हैं। थोड़ी देर बाद कहते हैं, 'और क्या समाचार है?' और टाँगें फैला लेते हैं। थोड़ी देर बाद फिर कहते हैं, 'और क्या समाचार है?' और चित्त लेटकर आँखें बन्द कर लेते हैं। लेटे-लेटे रिसीवर कान से चिपकाये वह एक-दो बार कहते हैं, 'और क्या समाचार है?' उनकी ऊब चली जाती है और वह रिसीवर रखकर एकदम ताजा होकर फिर काम करने लगते हैं।

कॉल-रेट न होने का हम पूरा फायदा उठाते हैं। खूब बातें करते हैं। छुट्टी के दिन तो हम लोग दिन-भर बातें करते हैं। माँ अपनी सहेलियों से घण्टों बातें करती हैं। बहन अपनी सखियों से बातें करती हैं। हम अपने कुत्ते की बात चोपड़ा साहब के कुत्ते से भी कराते हैं। चोपड़ा साहब का लड़का टोनी मेरा दोस्त है। वह अपने कुत्ते के मुँह पर रिसीवर लगा देता है और हम अपने कुत्ते के मुँह पर। फिर हम अपने कुत्ते को चिढ़ाते हैं, तो वह भौंकता है, जिसे सुनकर चोपड़ा साहब का कुत्ता भी भौंकता है। इस तरह कुत्तों के जवाब-सवाल चलते हैं। हमें बड़ा मजा आता है।

इस प्रकार टेलीफोन से हमें कई लाभ हैं।

सोने का साँप

अखबार तो मैं भी पढ़ता हूँ। लापरवाही के कारण कतरनें नहीं सहेजता। आँकड़े भूल जाता हूँ, पर खबर एक अरसे तक मन में गूँजती रहती है। जैसे— यह याद

नहीं है कि इस वर्ष कितनी रेल-दुर्घटनाएँ हुईं, पर यह जानता हूँ कि चाहे दो स्टेशन ही जाना हो बिना दुर्घटना के पहुँच नहीं सकता। और यह तो मैं कई जन्म नहीं भूल सकता कि बीसवीं शताब्दी के 61वें वर्ष में भारत के रेलवे बोर्ड के चेयरमैन ने रेल-दुर्घटनाओं के कारण पर प्रकाश डालते हुए कहा था कि मेरी किस्मत ही खराब है। एक अफसर की किस्मत खराब होने से कितने लोगों की जानें हर साल जाती हैं !

एक खबर और कई दिनों से गूंज रही है। वित्तमन्त्री मुरारजी भाई ने कहा कि भारत में 40 सौ (या 140 सौ ?) करोड़ रुपयों की कीमत का सोना दबा पड़ा है। यह निकल आये तो देश खुशहाल हो जाये। अक्सर मैं इस बात पर सोचने लगता हूँ कि न अपना सोना दबा है, न निकलेगा। जिनका दबा है, उनका निकलेगा।

पर निकलेगा कैसे ?

मेरी कल्पना में दो चित्र उभरते हैं—

1. बूढ़ी दादी बेटा मुन्ना को खिला रही है। वह कहती है, "मुन्ना, तुम्हारी जेब में चाकलेट है। हम ले लेंगे !"

मुन्ना कुछ लजाकर, कुछ घबराकर झट जेब से चाकलेट निकालकर खा लेता है। फिर ताली बजाकर, अँगूठा दिखाते हुए कहता है, "ले, ले ले चाकलेट !" दोनों खिलखिला पड़ते हैं।

2. दादी सरकार सोनेवाले बच्चों से कहती है, "तुम्हारे पास बहुत सोना दबा है, मालूम है। हम ले लेंगे।" तब...

यह अधूरा रह जाता है और बीच में कई चित्र उभरते हैं—

सरकार अपने जमींदार बच्चों से कहती है, "देखो, तुम्हारे पास जमींदारी है। हमने तुम्हारी जमींदारी छीनने के लिए कानून बना लिया है। एक साल बाद यह लागू होगा और तुम्हारी जमींदारी छिन जायेगी।" इस एक साल में जमींदारों ने जंगल काटकर बेच डाले, जमीन बेचकर सोना बना लिया और परती जमीन भूदान में देकर दीनबन्धु भी बन गये। साल-भर बाद सरकार ने जमींदारी माँगी, तो जमींदार ने ताली बजा, अँगूठा दिखाते हुए कहा, "ले, ले ले !" और दोनों खिलखिलाकर हँस पड़े।

फिर सरकार ने कहा, "बड़े-बड़े भूमिपतियो, हमें मालूम है, तुम्हारे पास हजारों एकड़ जमीन है। हम भूमि की सीमा निर्धारित (सीलिंग) कर रहे हैं। साल-भर बाद 50 एकड़ से अधिक जमीन किसी के पास नहीं रहेगी।" हजार एकड़-वाले ने बहुत-सी जमीन बेच ली, बाकी अपने भाई-भतीजे, बेटा, बेटी, स्त्री के नाम कर दी। साल-भर बाद सरकार ने कहा, "लाओ जमीन !" तब भूमिपति ने ताली बजाकर, अँगूठा दिखाते हुए कहा, "ले, ले ले !" दोनों खिलखिलाकर हँस पड़े।

सरकार ने कहा, "हमें मालूम है, तुम नकली दवा बना और बेच रहे हो। हम पकड़ पायेंगे, तो बहुत कड़ी सजा देंगे।" इसके बाद सरकार ने दो महीने का समय

दे दिया। सबको नकली दवा बेचने का बराबर मौका मिल गया। देश-भर की जनता को नकली दवा का बराबर फायदा मिला। किसी के प्रति अन्याय नहीं हुआ। बंगाल की नकली दवा का लाभ जब महाराष्ट्र की जनता को मिला, तो राष्ट्रीय एकीकरण में मदद पहुँची ! तब सरकार ने नकली दवा बनाने और बेचनेवालों को गिरफ्तार करना शुरू कर दिया। जो बेवकूफ थे, वे कुछ पकड़ गये और जो होशियार थे, उन्होंने ताली बजाकर, अँगूठे दिखाते हुए कहा, "ले, ले ले !" फिर वे और सरकार दोनों खिलखिलाकर हँसने लगे।

जो कायर होता है, वह धोखे से छिपकर हमला करता है। बहादुर ऐलान करके, दुश्मन को सावधान करके जाता है। सरकार बहादुर है, वह धोखे से किसी को नहीं पकड़ती। रात के सन्नाटे में पुलिस की सीटी सुनता हूँ, तो समझ जाता हूँ कि सरकार कह रही है—चोरो, अब हम आ रहे हैं। चोरी कर ली हो तो जल्दी भागो। हम अगर पकड़ लेंगे, तो जेल में डाल देंगे।—चोर कायर होता है। वह भाग जाता है और मैं सुनता हूँ कि सरकार दूसरी सड़क पर बहादुरी से सीटी बजाती चली जा रही है।

किसी दिन अखबार में पढ़ता हूँ कि सरकार होटलों में गैरकानूनी ढंग से बिकनेवाली शराब को पकड़ने के लिए कटिबद्ध है। फिर एक दिन जीप में बैठकर, बाजे-गाजे के साथ सरकार होटल पर हमला करती है और सोडे की बोतलें लेकर आ जाती है। सरकार व्यापारी को नोटिस देती है कि अगले महीने अमुक तारीख को इनकम टैक्स का हिसाब लेकर हमारे सामने हाजिर हो जाओ। व्यापारी हिसाब ठीक करके ले जाता है। सरकार भी खुश हो जाती है और व्यापारी भी।

एक दिन मन्त्रीजी अखबारनवीसों को वक्तव्य देते हैं कि अमुक-अमुक अफसरों के नेतृत्व में हम इतने सिपाही डाकुओं से लड़ने के लिए भेज रहे हैं। डाकू समझते हैं कि सरकार हमसे कम बहादुर नहीं है। उसने पहले ही बता दिया है कि ऐसा होनेवाला है।

अब सरकार ने कह दिया कि हमें मालूम है, तुम्हारे पास सोना है। सोनेवाले समझ गये कि सरकार की बुरी नजर हमारे सोने पर है।

मेरे गाँव में एक बूढ़ा मुझसे कहता था, "भैया, दबे हुए सोने पर सफेद साँप बैठा रहता है। वह उसकी रखवाली करता है।" मुझे कतई शक नहीं कि सोने पर साँप बैठता है और सोने का साँप सफेद होता ही होगा।

एक दिन उस बूढ़े ने मुझसे कहा, "भैया, मेरे पिछवाड़े सोना गड़ा है। रात को मेरे सपने में साँप आया और कहने लगा कि यह सोना तेरा ही है। जिस दिन जरूरत हो निकाल लेना। मैं तेरी तरफ से उसकी रक्षा कर रहा हूँ।"

मैंने सोचा कि साँप शायद गाँधीवाद की ट्रस्टीशिप की नीति मानता है, तभी तो बूढ़े का ट्रस्टी बनकर बैठा है।

मैं हर साल छुट्टियों में घर जाता और देखता कि हर साल बूढ़े की हालत बद से बदतर होती जाती है। कर्ज में उसकी जमीन जाने लगी। मैंने कहा, "बाबा, उस

सोने को खोदकर जमीन बचा लो न !"

बूढ़े ने कहा, "अरे नहीं, भैया, अभी नहीं। नाग देवता ने सपने में कहा है कि अभी न खोदना।"

ट्रस्टी बूढ़े को टाल रहा था।

उसके लड़के पैसे के अभाव में पढ़ नहीं सके। मैंने कहा, "बाबा, लड़कों से ढोर क्यों चरवाते हो ? सोना खोद लो और इन्हें पढ़ने शहर भेज दो।"

बूढ़े ने कान पर हाथ रखकर कहा, "नहीं भैया, नाग देवता के हुकुम के बिना मैं कैसे खोद सकता हूँ ? और चिन्ता क्या है ? सोना कहाँ जाता है ?"

बूढ़े के लड़के आवारा हो गये। उसका घर गिरने लगा। मैं उससे बार-बार सोना खोदने के लिए कहता, पर वह जवाब देता कि साँप कहेगा तभी खोदूंगा।

एक दिन मैंने पूछा, "बाबा, तुम्हें साँप कभी दिन में भी दीखा है ?"

उसने कहा, "हाँ बेटा, वह तो घूमता-फिरता है। बड़ा सुन्दर है, सफेद है, पर सुनहलापन लिये हुए है। उसके कपाल पर तिलक है। वह किसी को नहीं छेड़ता। बच्चे खेलते रहते हैं, पर उसने आज तक किसी को नहीं काटा। धर्मात्मा है।"

ट्रस्टी ने उन पर धार्मिकता और दयालुता का रंग जमा रखा था। अपने भलेपन की दिखावट से उसने बूढ़े को परास्त कर रखा था।

एक दिन मैंने कहा, "बाबा, तुम उस साँप को मारकर सोना निकाल लो।"

बूढ़ा आसमान से जैसे गिरा। बोला, "तुम पढ़े-लिखे होकर ऐसी बातें करते हो ? अरे सोने का साँप क्या साधारण है, जो मारा जायेगा ? वह तो शेषनाग का अवतार है। अगर उसे चोट पहुँची, तो सोना गायब हो जायेगा।"

ट्रस्टी बूढ़े को चक्कर दे रहा था। बूढ़ा गल रहा था, पर ट्रस्टी के सामने कुछ नहीं कर सकता था।

एक दिन मैंने जब बूढ़े को समझाया तो उसने साँप को हटाने के लिए सँपेरे बुलाये। उसने कहा, "देखो, भैया, उसको दुख मत देना। नाग देवता है। शेषनाग का अवतार है। उसे आराम से पिटारी में रखना और अच्छा दूध पिलाना।"

सँपेरों ने ट्रस्टी के लिए बीन बजायी। मीठे स्वरों से उसे मनाया। ट्रस्टी बिल से बाहर निकला और आसपास देखकर वहाँ से भाग गया। ट्रस्टी दूसरे बिल में घुस गया।

रात को बूढ़े ने बेटों की सहायता से पिछवाड़े की जमीन खोद डाली। सवेरे मैं मिला, तो बूढ़े ने कपाल ठोंककर कहा, "तकदीर फूट गयी। कुछ नहीं मिला। साँप अपने साथ ले गया। मैंने कहा था न कि उसे छेड़ो मत।"

गड़े सोने में बड़ी उलझन है। एक तो उसका रखवाला साँप होता है। फिर वह ट्रस्टी दयालुता, भलाई और धार्मिकता का रूपक धारण किये रहता है। वह मारा नहीं जाता और अगर उसे मीठे स्वरों में फुसलाओ, तो वह भाग जाता है और सोना साथ ले जाता है।

मेरी कल्पना में दूसरे चित्र उभरते हैं—

बिल के पास वित्तमन्त्रीजी खड़े हैं और कह रहे हैं, "नहीं, ट्रस्टी पवित्र होता है। उसका रोम भी नहीं दुखाना चाहिए। ठहरो, सँपेरे बुलाते हैं। ट्रस्टी मीठे स्वरों से प्रसन्न होकर सोना दे देगा।"

सँपेरे आते हैं। बीन में से स्वर निकालते हैं-- नाग देवता, देश के लिए सोना दे दो! पंचवर्षीय योजना के लिए धन दे दो! समाज के लिए दे दो! राष्ट्र के लिए त्याग करो! हे धर्मात्मा, सम्पत्ति का त्याग करो!

ट्रस्टी महोदय बिल से निकलकर, इस मीठे संगीत को सिर हिला-हिलाकर सुनते हैं फिर भागकर दूसरे बिल में घुस जाते हैं। और सँपेरे फिर दूसरे बिल के सामने बीन बजाने लगते हैं।

चाँद पर नहीं जा सका

आर्मस्ट्रांग पहला आदमी नहीं है, जो चाँद पर गया। जिस प्रेमी ने पहली बार प्रेमिका के मुख को चाँद कहा था, वह चाँद को घूम-फिरकर देख आया था। उसकी प्रेमिका के चेहरे पर चेचक के गड्ढे थे। वह पास से चाँद को देख आया था, इसीलिए बोला—'तुम्हारा चेहरा चाँद की तरह है।' प्रेमिका ने यहीं से चाँद को देखा था। वह खुश हो गयी। अगर वह भी पास से देख लेती तो?

इधर कवि परेशान है कि चाँद की पोल खुल गयी। जिससे सुन्दरी के मुख की उपमा देते थे, उस पर ज्वालामुखी है। तो इससे क्या हुआ? क्या हर सुन्दरी ज्वालामुखी नहीं होती?

अकवि को कोई शिकायत नहीं है। वह चाँद को अन्तरिक्ष के शरीर पर मवाद-भरा फोड़ा कह ही रहा है।

देवनागरी लिपि से अंग्रेजी का उच्चारण करनेवाले शास्त्रीजी कह रहे थे— "कोई खास चमत्कार तो हुआ नहीं। हमारे यहाँ इससे बड़ा काम त्रेता में हो चुका है। अरे, यह तो चन्द्र है, हनुमानजी ने तो सूर्य को ही लील लिया था।"

मैंने पूछा, "सूर्य को ही क्यों?"

शास्त्रीजी ने कहा, "उन्हें गर्म नाश्ता पसन्द था। ही लायक्ड ईट हाट!"

मैंने कहा, "फिर उगल क्यों दिया?"

कहने लगे, "फूंककर नहीं खाया था। हाट पोटेटो!"

चाँद पर जाने का इरादा मेरा भी था। फिर अलाली आ गयी। अमर होने इतनी दूर नहीं जायेंगे। तीन लाख किलोमीटर की दूरी और आठ दिनों का सफर! कोई चतुर आदमी इतनी दूर अमर होने नहीं जायेगा। आप उधर जाइए और इधर

केजुअल लीव मंजूर न हो तो ? आप उधर गये हैं और इधर विश्वविद्यालय में कोई दूसरा रीडर हो जाये ! आप चन्द्रमा में हैं और इधर आपकी प्रेमिका को कोई दूसरा पटा ले ! वह उससे कहे —'पगली, दूसरे मोहल्ले का तो भरोसा है नहीं। दूसरे नक्षत्र का क्या भरोसा ? और फिर वहाँ चाँद में एक-से-एक बढ़कर होंगी। किसी को लेकर आयेगा वह।' स्त्री 'प्रैक्टिकल' होती है। फिडेल कास्त्रो उधर क्रान्ति में लगा था, इधर बीवी ने तलाक दे दिया—'क्रान्ति बिना सब ठीक है, मियाँ ! कोई दूसरा कर लेगा। तुम तो सीधे-से बच्चों को पालो। पप्पू का शर्ट फट गया है।'

चाँद में जाओ चाहे क्रान्ति में—दुनियादारी नहीं छोड़ती। पहला स्पूतनिक छूटने के पहले एक इतालवी कहानी पढ़ी थी —'चाँद से वापसी।' एक आदमी चन्द्रयान बना लेता है और चाँद पर पहुँच जाता है। वहाँ साक्षात् स्वर्ग है। वह परम आनन्द में लीन है। सुध-बुध खो देता है। एकाएक उसे याद आता है, परसों तो इन्कम-टैक्स की पेशी है। वह फौरन यान चालू करता है और घर लौट आता है। लोग पूछते हैं—'कैसा है चाँद ?' कहता है—'बिल्कुल स्वर्ग !' लोग कहते हैं— 'फिर तुम इतनी जल्दी क्यों लौट आए ?' जवाब देता है—'कल इन्कम-टैक्स की पेशी है न !'

यह कमबख्त इन्कम-टैक्स स्वर्ग से भी आदमी को खींच लाता है। स्वर्ग में इन्कम-टैक्स लगता हो और नर्क में नहीं, तो कम-से-कम मैं तो नर्क में रहना पसन्द करूँगा, आप अपनी जानें। स्वर्ग वहीं है, जहाँ इन्कम-टैक्स का झगड़ा न हो। प्राचीन काल के लोग इतना तत्वचिन्तन कर लेते थे। अगर तब इन्कम-टैक्स मुहकमा होता तो वे तत्त्वचिन्तन छोड़कर हिसाब बनाने में ही त्रिकालदर्शी बुद्धि का उपयोग करते। वेदव्यासजी, क्या महाभारत लिख रहे हैं ? नहीं वत्स, गणेशजी से इन्कम-टैक्स रिटन बनवा रहा हूँ।

मैं अमर होने इतनी दूर और ऐसी जगह नहीं जाता। मेरे घर से कुल सौ गज की दूरी पर अमर होने की सम्भावना पैदा हो गयी है। बगल में ओमती नाला बहता है, जो बरसातों में गोमती बनने का हौसला रखता है। हर बरसात में एक-दो बार हम किनारे बसनेवालों के दरवाजों पर आकर घर से निकाल देने की धमकी देता है। मगर हम बेशर्म हैं।

इस नाले पर एक पुल बन गया है, कुल सौ गज दूर। पुल लोगों के सुभीते के लिए बनवाया गया है, मगर दुष्ट लोग कहते हैं—'देख लेना, इधर के खाली प्लाट में किसी 'बड़े' का मकान बनेगा। ऐसा न होता तो पुल क्यों बनता ?' इस देश के आदमी की मानसिकता ऐसी कर दी गयी है कि अगर उसका भला भी करो, तो उसे शक होता है कि किसी और का भला किया गया है।

मैं लालच से इस पुल को देखता रहता हूँ। आखिर इस पुल का कोई नाम तो रखा ही जायेगा। इसी नाले पर एक लोहे का पुल है। लोहे का होने के कारण उसका नाम लोहिया पुल हो गया है। डॉ. लोहिया अगर कुछ भी न करते तो भी

यह पुल उन्हें अमर कर देता। शहर में बेईमानों के नाम से सड़कें हैं। कार्पोरेशन ने एक बार जब सड़कों के नाम रखे तब कुछ अच्छी सड़कें छोड़ दीं। मैंने पूछा तो किसी ने बताया कि ये सड़कें कुछ खास सदस्यों ने अपने लिए छोड़ रखी हैं। ये नाम के लिए उनके मरने की राह देखेंगी। यह भी अजब बात है—नाथ जीवित हैं, तो सड़क विधवा है। मर जायेंगे तब सधवा हो जायेंगी। एक म्यूनिसिपल अध्यक्ष ने अपने नाम का स्तम्भ सड़क पर ही बनवा लिया था। रिक्शे, साइकिलें टकराते तो उन्हें गाली पड़ती—कमबख्त, बीच सड़क पर अड़ा हुआ है। गाली खाकर अमर होना भी एक तरीका है।

मैं इस पुल के सहारे अमर होना चाहता हूँ। कोई नाम इसका अभी तक नहीं रखा गया। 'परसाई पुल' कैसा रहेगा? उच्चारण में अच्छा। अनुप्रास भी है। मगर हो कैसे? लोगों को पुल पर से निकलते देखता हूँ और हाय करता हूँ कि कहीं ये जान पाते कि यह मेरे नाम का पुल है।

कैसे अपना नाम इस पर चिपकवा लूं? चाहता हूँ यहाँ कोई दुर्घटना हो जाय। उसकी खबर अखबारों में जायेगी ही। मैं पत्रकार मित्रों से कहूँगा—यारो, जिन्दगी में एक अहसान माँगता हूँ। बस, यह छाप दो कि दुर्घटना परसाई-पुल पर हुई। सारा शहर इस पुल की तलाश करेगा। अपना नाम चिपक जायेगा। यों मैं मानवतावादी हूँ। सबका भला चाहता हूँ। पर मामूली चोटवाली दुर्घटना माँगता हूँ, तो कोई ज्यादा नहीं माँगता।

कुछ नहीं हो रहा है। उस दिन बाढ़ में कई पुल डूब गये थे। यह बदमाश नहीं डूबा। डूब जाता तो अखबारों में छपवा देता—तिलवारा घाट, गौर, हिरन आदि के पुल तो डूबे ही, परसाई-पुल भी डूब गया। कुछ दिन और इन्तजार करता हूँ। कुछ नहीं हुआ तो मैं ही कोई छोटी-मोटी दुर्घटना का इन्तजाम करूँगा। बिना खतरा उठाये अमर होना अपने भाग्य में शायद नहीं है।

यों पुल अमर कर देगा, यह भी निश्चित नहीं है। न जाने कब टूट जाय और मेरा नाम ले डूबे। इस देश में पुल बनाने की एक नयी तकनीक चल पड़ी है, जिसमें सीमेण्ट की जगह ईमान का इस्तेमाल किया जाता है—और ईमान अच्छी क्वालिटी का अभी बनता नहीं है। इसीलिए निर्माण के बिल के साल-भर बाद गिराने के बिल का भुगतान भी हो जाता है।

इसी पुल की आशा के कारण मैं चाँद पर नहीं गया। डर था, मैं उधर जाता और इधर कोई दुश्मन इसे अपने नाम करा लेता। यों चाँद मुझे पसन्द नहीं है। चमचे अच्छे नहीं लगते। फिर चाँद तो उपचमचा है। सूर्य का चमचा—नहीं चमची—पृथ्वी, जैसे सूर्य मुख्यमन्त्री हो और पृथ्वी कोई धरणी देवी विधायिका। और धरणी देवी विधायिका के चक्कर लगानेवाला यह मण्डलेश्वर चाँद!

फिर उधार की रोशनीवाले भी मुझे अच्छे नहीं लगते। चाँद उधारी की रोशनी से चमकता है। बहुत-सी हस्तियाँ मात्र 'रिफ्लेक्टर' होती हैं। इधर एक कुलपति थे तो कुछ ग्रह चमकते थे। दूसरे कुलपति आ गये, तो दूसरे ग्रह

चमकने लगे। पोल बड़ों-बड़ों की रोशनी की खुल रही है। किसी दिन शायद विज्ञान बताये कि यह सूर्य भी उधारी की रोशनीवाला है। यों राजनीति में लोग कहते ही हैं कि सब दूसरे की रोशनी से चमक रहे हैं।

इधर इस पुल पर नाम करा लूँ, तो ज़रा फ़ुरसत पाकर अगली ट्रिप में चाँद पर जाऊँगा। मुझे उस झूठ को नष्ट करना है, जो आर्मस्ट्रांग वहाँ छोड़ आये हैं। आदमी दूसरे ग्रह पर जायेगा, तो भी झूठ साथ ले जायेगा। ये लोग वहाँ मानवता, मानव-एकता, मानव-कल्याण वगैरह के सन्देश छोड़ आये हैं। ये चीजें अपनी दुनिया का सच्चा प्रतिनिधित्व नहीं करतीं। मैं अपने साथ एक एटम बम और एक जहरीली गैस की शीशी जरूर ले जाऊँगा। मैं हिरोशिमा के उन कुछ लोगों के चित्र भी ले जाऊँगा, जो विकलांग तथा कोड़ी हो गये हैं। साथ ही विश्व-न्यायालय के सामने दिया गया एक 'एफ़िडेविट' ले जाऊँगा, जिसमें लिखा होगा—'मैं हल्फिया कहता हूँ कि मैं मनुष्य जाति का हूँ। मेरा भरोसा नहीं किया जा सकता।' पृथ्वी की तरफ़ से ये चीजें मैं चाँद पर छोड़ आऊँगा।

देख रहा हूँ, दुनिया के सयाने नेता भी चाँद के मामले में प्रेमियों की तरह भावुक हो उठते हैं। प्रेमी प्रेमिका से कहता है—'मैं तुझे तारों का हार पहनाऊँगा।' ये नेता भी भावुकता से कहते फिर रहे हैं—'मनुष्य की महान् विजय! मनुष्य चाँद पर पहुँच गया। अब मानवता का कल्याण होगा। सम्पूर्ण मानवजाति एक है। शान्ति और समृद्धि!'

यह सब युवा प्रेमी का प्रलाप है। पूछता हूँ—'चन्द्र-विजय से अरब-इज़राइल युद्ध कैसे शान्त होगा? मानव की चन्द्र-विजय के बाद ही फ्रान्स की फ्रेंक का आठवीं बार अवमूल्यन क्यों करना पड़ा? और नीग्रो?'

किशोर किशोरी को तारों का हार पहनाने का सदियों से वादा कर रहा है। दुनिया के नेता उसकी भावुक झूठ की नकल आखिर क्यों कर रहे हैं? दुनिया क्या तुम्हारी प्रेमिका है, जो उसे तारों का हार पहना रहे हो?

दूसरे की महिमा ढोनेवाले

मैं उनका परिचय कराता हूँ। उनका नाम है—रघुनाथ प्रसाद पाण्डे। मैं कहता हूँ —'आपसे मिलिए। आप हैं श्री रघुनाथ प्रसाद…' वे बीच में बोल पड़ते हैं—'आई एम दी ब्रदर-इन-ला ऑफ डॉक्टर राजेन्द्र शर्मा।' इसके पहले कि मैं उनका नाम पूरा बताऊँ, वे डॉ. राजेन्द्र शर्मा के 'ब्रदर-इन-ला' हो जाते हैं। वे कुछ नहीं हैं, अगर राजेन्द्र शर्मा के ब्रदर-इन-ला नहीं हैं। किसी को भी उन्होंने अपना पूरा नाम मालूम

नहीं होने दिया है। लिहाजा जब वे आते दिखते हैं, तो लोग कहते हैं—देखो, ब्रदर-इन-ला आ रहे हैं ! मैं लोगों को उनकी टोपी बताना चाहता हूँ, पर वे उसके ऊपर डॉक्टर शर्मा की महिमा का टोकना रखे रहते हैं। बहुत लोग हैं, जिनका व्यक्तित्व जब मुँह उघाड़ने लगता है, तो वे किसी की महिमा का कनटोप पहन लेते हैं।

एक निहायत शरीफ आदमी हैं। दूसरों की मदद करने को हमेशा तत्पर रहते हैं। सारी अच्छाइयाँ उनमें हैं। बस एक ही खराबी है—उनके ससुर बड़े और मशहूर आदमी थे। यों बहुतों के ससुर बड़े और मशहूर होते हैं। पर कई दामाद अपने ससुर की महिमा ढोने की जिम्मेदारी नहीं लेते। बड़ी मेहनत का काम है। जिन्दगी कुलीगिरी करते गुजर जाती है, और मजदूरी में जो थोड़ी-सी प्रतिष्ठा मिल जाती है, बहुत कम है। ये बेचारे अपने को मिटाकर फादर-इन-ला की महिमा जमाया करते हैं। कुत्ता खुशकिस्मत है, जो कि अपने फादर-इन-ला को नहीं जानता, न उनकी महिमा से वाकिफ है। वह अपने ही स्वर में भौंक लेता है। जो दुम हिलाता है, वह भी उसकी अपनी होती है।

ये भले आदमी हर बात में ससुर का सन्दर्भ निकाल लेते हैं। फर्नीचर की बात हो रही है, तो वे अपने फादर-इन-ला की पसन्दगी की बात चला देंगे। सब्जी खरीदते दिख गये, तो मैंने कहा—'सब्जी खरीदी जा रही है।' उन्होंने टमाटर छाँटना बन्द कर दिया और बताने लगे कि ससुर साहब को कौन-सी सब्जी पसन्द थी और वे कहाँ से मँगाते थे। एक दिन पड़ोस के बीमार बच्चे के लिए डॉक्टर को बुलाने जा रहे थे। मैंने पूछ लिया—'इतनी फुर्ती में कहाँ चले जा रहे हैं?' वे साइकिल से उतर गये। बोले—'वर्मा साहब के लड़के की तबीयत बहुत खराब है। डॉक्टर को लेने जा रहा हूँ। फादर-इन-ला जब तक थे, तो मुहल्ले में किसी को चिन्ता करने की जरूरत नहीं थी। वे फौरन डॉक्टर को बुलाकर दवा का इन्तजाम कर देते थे।'

एक दिन एक रिक्शेवाला बीमार पड़ गया—उधर वर्मा साहब का बच्चा चीख रहा था, इधर ये मुझे बता रहे थे कि ससुर साहब ने किन-किनकी जान बचायी थी। बेचारे अच्छा काम करने निकलते हैं कि रास्ते में फादर-इन-ला अटका लेते हैं। अगर उनके घर में कभी आग लग जाय तो वे बुझाने के पहले यह बतायेंगे कि फादर-इन-ला कैसे आग बुझाते थे। उनकी पत्नी चिल्लायेंगी कि घर फुँका जा रहा है। फायर ब्रिगेड बुलाओ न। ये कहेंगे—'ठहर जा। जाता तो हूँ—हाँ, तो एक दिन शाम को फादर-इन-ला ने देखा कि सामने के घर से धुआँ निकल रहा है...'सोचता हूँ एक दिन उनसे कहूँ—आपने सुना, वे जो दीक्षितजी हैं न, उन्हें जूते पड़ गये। तब वे कहेंगे—हाँ, कभी-कभी ऐसा मौका आ जाता है। फादर-इन-ला को भी कई बार जूते पड़े। मगर फादर-इन-ला का जूते खाने का तरीका भी निराला था।

मरे की अपेक्षा जीवित की महिमा ढोना कठिन तो है, पर उससे फायदा ज्यादा होता है। मैंने बहुत साल पहले एक बड़े की महिमा ढोयी थी। मैं उनका बस्ता लेकर चलता था। बस्ते में उनकी महिमा होती थी। किसी की महिमा बीड़ी

के कट्टे में होती है और किसी की पान के डिब्बे में। एक आचार्य की महिमा सुपारी-तम्बाकू के बटुए में रहती थी। महिमावाहक चेला; जब गुरु की हाजत होती, तम्बाकू-सुपारी घिसकर पेश कर देता था। एक साहब की महिमा उनके कुत्ते में निवास करती है और महिमा ढोनेवाला उनके कुत्ते की जंजीर लिये रहता है।

महिमाशाली किसी गधे को पकड़कर उसकी पीठ पर अपनी महिमा का चन्दन लादकर बेचता फिरता है। गधा दूसरे गधों को अपनी पीठ सुँघाकर प्रतिष्ठा पाता है। मैं उनका चन्दन लादे फिरता था। पहले उनका चन्दन बाजार में खूब बिकता था। मैं पहुँचते ही हल्का हो जाता और दूसरों को पीठ सुँघाने भाग जाता। फिर ऐसा वक्त आया कि उनके चन्दन की कद्र घट गयी। मैं दिन-भर लादे फिरता और कोई नहीं खरीदता। एक दिन मेरे भीतर से आवाज आयी—मूर्ख, इतना चन्दन अब नहीं बिकता। बहुत जल्दी यह तेरे ऊपर कोयला और गोबर लादेगा। समय रहते बच जा।

मैं सँभल गया। एक दिन जब वे गोबर के कण्डे लादकर बाजार को चले, मैं बीच में ही बोझ फेंककर भाग खड़ा हुआ।

लादनेवाला जितना उत्सुक होता है, उतने ही उत्सुक लदनेवाले भी होते हैं। कोई-कोई मैंने ऐसे देखे हैं, जो बे-झिझक जिन्दगी-भर दूसरे का गोबर लादते हैं। साहित्य में थोड़ी प्रतिष्ठा पा गया, तो मुझे ढोनेवालों ने आ घेरा और बोले—'दादा, अपनी महिमा कहाँ रहती है? बस्ते में?' मैंने कहा—'एक तो साहित्य में 'दादा' अश्लील शब्द है। फिर हम अपनी महिमा खुद ढोते हैं। अभी इतनी हुई ही नहीं है कि टट्टू रखें।'

मगर मेरे साथ ऐसा भी हुआ है कि यह सोचता रहा हूँ कि अपनी ही महिमा ढो रहा हूँ, मगर अन्त में मालूम होता है कि दूसरे की ढो रहा था। एक बड़े अफसर मेरे मित्र और प्रशंसक हैं। मैं यात्रा पर था। वे मिल गये। मुझे रेस्ट हाउस ले गये। सेवा करने को उनके बहुत-से मातहत थे। उन्होंने देखा कि उनके साहब मेरी बड़ी आवभगत कर रहे हैं। जरूर बड़ा आदमी है। वे लोग मेरे प्रति अतिरिक्त सम्मान जताते रहे और खूब सेवा करते रहे। रात रेस्ट हाउस में बितायी। सुबह मातहतों ने बढ़िया नाश्ता कराया। अफसर मित्र की गाड़ी मेरी से घण्टे-भर पहले छूटती थी। उन्होंने एक क्लर्क से कहा—'परसाईजी को जबलपुर की गाड़ी में आराम से बिठा देना।' मैं कई दिनों से यात्रा पर था। रात को जब साहब सो गये थे तब मैं चुपचाप जेब में रखे नोट गिन रहा था। किराये के दो रुपये घटते थे। सोचा, इनसे ले लूंगा। मेरे-उनके सम्बन्ध ऐसे ही थे। जब वे स्टेशन के लिए चलने लगे, तो मैंने कहा—पाँच रुपये चाहिए। किराया कम पड़ रहा है। उन्होंने पाँच का नोट दे दिया। क्लर्क वहीं था। वे तो चले गये। इधर उनके सारे मातहतों का व्यवहार शिष्ट लेकिन शुष्क हो गया। यान्त्रिकता से क्लर्क ने मुझे जीप में बिठाया और स्टेशन ले आया। मैंने तीसरे दर्जे का टिकट लेने के लिए उसे पैसे दिये। खिड़की पर बड़ी भीड़ थी। वह एक टिकट-कलेक्टर दोस्त के पास गया और उससे कहा—

'यार, भीतर से एक टिकट जबलपुर का ला दो।' उसे पता नहीं था कि उसके ठीक पीछे खड़ा हूँ। टिकट-कलेक्टर ने पूछा—'फर्स्ट क्लास का?' क्लर्क ने कहा—'अरे, वह क्या फर्स्ट क्लास में जायेगा! अभी तो हमारे साहब से किराये के लिए पाँच रुपये लिये हैं। मालगाड़ी का टिकट मिलता हो, तो उसी में बिठा दो।'

मैं फौरन दूर हट गया। अगर वह जान जायेगा कि मैंने सुन लिया, तो परेशान होगा। मुझे मजा आ गया। लेखक होने का यही बड़ा फायदा है। जो बात आम आदमी को बुरी लगती है, लेखक के लिए वह दिलचस्प होती है। मुझे ऐसे बहुत मौके मिलते हैं। मैं फौरन खायी हुई चोट में से मानवी सम्बन्धों के निष्कर्ष निकालकर खुश हो जाता हूँ। निष्कर्ष 1 : मैं जिसे ढो रहा था, वह मेरी नहीं, साहब की महिमा थी। निष्कर्ष 2 : नौकरशाही में मूल्यों की यह गत हो गयी है।

एक रिक्शावाले ने भी मुझे इसी तरह खुश किया था। राय के बुक-स्टाल से मैं रिक्शा में बैठता हूँ और घर पर उतरकर पचास पैसे दे देता हूँ। वह ज्यादा ही है, कम नहीं। बिना किराया पूछे बैठ जाता हूँ और किसी ने कभी शिकायत नहीं की। तो रिक्शे में बहुत चलता हूँ। मुझमें वह रूमानी क्रान्तिकारिता नहीं है जो कहे—हाय, मनुष्य-मनुष्य को खींचता है। हम नहीं बैठेंगे। मैं सोचता हूँ—मैं नहीं बैठूंगा तो इसे मुझसे पैसे नहीं मिलेंगे। जब तक इसके लिए दूसरा धन्धा नहीं होता, इसे जिन्दा तो रहना है। मैं इसे जिन्दा रखने में बाधक बनकर एक थोथे रूमानी जनवाद के अहंकार से क्यों तनूँ? बहरहाल, एक दिन मैंने दो रिक्शेवालों से चलने को कहा। वे खाली नहीं थे। उनकी सवारियाँ शायद आसपास बाजार कर रही थीं। तीसरा देख रहा था। वह आकर बोला—मैं चलता हूँ। मैं हमेशा की तरह बिना किराया तय किये बैठ गया। उतरा तो वही पचास पैसे दिये। उसने तपाक से कहा—तभी तो आपको रिक्शे नहीं मिलते? मुझे मजा आ गया, उसे फौरन पचीस पैसे और दिये।

बात महिमा की थी मगर बीच में रिक्शावाला घुस गया। देखो इन लोगों की सीनाजोरी, हमारी महिमा को चुनौती देते हैं। हम अपनी जाति की हजारों सालों की महिमा पीठ पर लादे दुनिया के बाजार में घूम रहे हैं। लोग कहते हैं—पूर्वजों की तो बहुत लदी है। कुछ अपनी भी तो रखो। हम जवाब देते हैं—'रखने के लिए जगह कहाँ है? देख लो, पीठ पर तिल-भर की जगह नहीं है।' दूध-दही की नदियाँ पूर्वजों ने बहा दी थीं। अब हम पीने के लिए पानी का इन्तजाम करके उनकी महिमा को हल्का क्यों करें? सत्य की पराकाष्ठा तो हरिश्चन्द्र कर चुके। हम अब क्या सत्याचरण करें! तैमूर की महिमा से लदे होटल में सलाम करके 'टिप' लेते हैं। 'वसुधैव कुटुम्बकम्' की महिमावाले दंगा कराते हैं।

अपना चाचा—एशियाई फ्लू

एशियाई चाचा आये हैं। मेरा मतलब एशियाई फ्लू से है। पुरखों ने बीमारियों को माँ-बाप बनाने की प्रथा चला रखी है। चेचक को माता कहते हैं तो फ्लू को चाचा कहना रिश्तेदारी के हिसाब से बिल्कुल उचित है। यों एक साहब कह रहे थे—'जो लोग बीमारियों से लड़ने के बजाय उन्हें माँ-बाप बना लें, उनका भला भगवान ही कर सकता है।' बात सही है। आदमी से हमने कभी अपना भला नहीं करवाया। बड़े-बड़े आदमी हो गये हैं, जो हमारा भला करने को उत्सुक थे, मगर कोई बता दे हमने उन्हें अपना भला करने की छूट दी हो तो। कोई आदमी अगर मना करने से नहीं मानता और हमारा भला करने पर उतारू ही हो जाता है, तो हम उसे गोली भी मार देते हैं।

इस बार एशियाई चाचा पश्चिम का दौरा करके भारत आये हैं। पश्चिमी साम्राज्यवाद पर चाचा ने धावा बोल दिया था। हजारों जानें ले लीं। पश्चिम-वालो, तुम्हारे पास बम हैं, तो हमारे पास बीमारियाँ हैं। तुम इधर पूर्व में बम बरसाओगे तो हम फ्लू बरसायेंगे। तुम आक्रामक के रूप में कभी प्लेग लाये थे, हम सद्भावना मण्डल के साथ फ्लू भेज देते हैं। हम पर तुम्हारा प्लेग का कर्ज चढ़ा था। फ्लू से हमने चुका दिया। ब्याज में कोई छोटी बीमारी अगले साल हम भेज देंगे। हिसाब बराबर। भूल-चूक लेना-देना। ई. एण्ड ई. ओ.।

यूरोप से चाचा फ्लू भारत आ गये। इधर तो दरवाजे खुले ही रहते हैं। हर बीमारी का स्वागत है—अतिथि देवोभव। एक विशिष्ट राष्ट्र-उन्माद भाई कह रहा था—हमारी महान् मातृभूमि देवभूमि के पास क्या 'स्वकीय' बीमारियों की कमी है जो 'परकीय' बीमारी बुलाती है। गेहूँ भी विदेशी और बीमारी भी विदेशी। मैंने कहा—'शर्मिन्दा मत होओ। हम फ्लू का भारतीयकरण कर लेंगे।' दो-तीन साल पहले यही चाचा जापानी फ्लू के नाम से आये थे। बाद में जापान ने इसे एशिया को समर्पित कर दिया। जापान में पूर्व का गौरव बहुत है। अपनी बीमारी पर 'मेड इन एशिया' चिपकाकर दुनिया में फैला देता है। जापान के पास बीमारियाँ अपने से कम हैं। साम्राज्यवाद नाम की बीमारी उसकी क्रॉनिक थी पर वह उससे भी जबरदस्त साम्राज्यवादी एण्टीबायोटिक से हिरोशिमा में मिट गयी थी। लेकिन जो भी बीमारियाँ बची हैं, उनका वह बड़ी उदारता से वितरण करता है। एक हम हैं जिनके पास बीमारियों का स्टॉक पहले से ही अच्छा है और अब तो बीमारियों के कारखाने भी खुल गये हैं। पर हम निर्यात नहीं करते। कीचड़ तो निर्यात करने लगे हैं। पिछले साल छत्तीस लाख रुपयों का कीचड़ हमने दूसरे देशों को बेचा। जब यह खबर अखबार में पढ़ी तो देशाभिमान से एक हफ्ता पागल रहा। अहा, विदेशी भारतीय कीचड़ पर दीवाने हैं। अमृत की वर्षा होने की कथाएँ बचपन से पढ़ रहा हूँ, पर बिका तो कीचड़ बिका। अगर बीमारी का निर्यात करने लगे तो पंचवर्षीय

योजनाओं की सारी विदेशी मुद्रा का इन्तजाम हो जाय। व्यापार और उद्योगमन्त्री मुझसे ही पूछेंगे कि कौन-सी बीमारी का निर्यात कर दें ? मैं इस वक्त कोई बीमारी सुझा नहीं सकता। पहले मैं बता देता कि 'पाखण्ड' नाम की क्रॉनिक बीमारी को दुनिया में फैला दो। पर जातियों की बीमारियों के विशेषज्ञ कहते हैं, पाखण्ड संक्रामक बीमारी नहीं है। इसके 'कीटाणु' उसी जाति के शरीर में रहकर उसी को खोखला करते रहते हैं।

बीमारी नहीं तो नशे तो बाहर गये ही हैं। सुना है, भारतीय गाँजा और चरस पश्चिम में बहुत लोकप्रिय है। नशे के मामले में हम बहुत ऊँचे हैं। कई नशे हैं। धर्म का, जाति का, नस्ल का, अध्यात्म का। दो नशे खास हैं – हीनता का नशा और उच्चता का नशा। हीनता का ऐसा नशा पिछड़े-से-पिछड़े देश में भी नहीं मिलेगा। इस नशे की दो-चार फूंक लेने से ऐसे सामूहिक उद्गार निकलते हैं—हाय, हम बड़े दुखी, बड़े पतित लोग हैं। हाय, हम पर हमेशा अत्याचार होते हैं। हम इतने भले लोग हैं, पर हाय, हम पर जुल्म होते हैं। हम बड़े पिछड़े हुए लोग हैं। इस नशे का कमाल यह है कि इसकी पिनक में यह बात अच्छी लगती है कि हम मारे जाते हैं। कोई कहे कि तुमने भी मारा, तो बुरा लगता है। उच्चता का नशा चढ़ने पर हम बड़बड़ाते हैं—भारत विश्व का गुरु है। सारा ज्ञान-विज्ञान हमारे पुरखे प्राप्त कर चुके। अब आगे कुछ है ही नहीं। हीनता और उच्चता के ये नशे बारी-बारी से चढ़े रहते हैं। हमारा नशा कभी उतरा ही नहीं।

डॉक्टर कहते हैं—साहब, यह 'वाइरस इंफेक्शन' है। वाइरस प्रकृति बदलता रहता है। इस साल एक तरह का वाइरस है तो अगले साल दूसरे तरह का। मैं समझ गया—वाइरस स्वतन्त्रता के बाद बुद्धिजीवी की तरह है। डॉक्टर कहता है—वाइरस का इसलिए कोई स्थायी इलाज नहीं खोज सकते। सही है। बुद्धिजीवी का भी कोई स्थायी इलाज नहीं है।

तो फिर फ्लू का इलाज क्या करते हैं? डॉक्टर कहता है—बस, सिम्पटम, यानी लक्षण का इलाज करते हैं। सिम्पटम का इलाज सुविधा की बात है। रोग की जड़ पकड़ सकने में और उसे नष्ट करने में जब असमर्थ हो, तो सिम्पटम का इलाज तो करना ही चाहिए। छात्र-आन्दोलन हो, तो विश्वविद्यालय बन्द कर दो। खाद्य के लिए आन्दोलन हो, तो दफा 144 लगा दो। दंगा हो तो राष्ट्रीय एकता परिषद की मीटिंग बुला लो। लक्षणों का इलाज ही तो चल रहा है, बीमारी का निदान करने की जरूरत नहीं।

एक 'ब्राड स्पेक्ट्रम एण्टीबायटिक' कहलाता है। इस बात की झंझट बिना उठाये कि बीमारी क्या है, डॉक्टर इसे मरीज को खिलाते जाते हैं। यह कई तरह के इन्फेक्शन मार देता है। इसमें बड़ा सुभीता यह है कि डॉक्टर को यह पता ही नहीं है कि बीमारी क्या है, पर इलाज बराबर होता जाता है। कई ब्राड स्पेक्ट्रम एण्टी-बायोटिक्स हैं—प्रस्ताव है, परिषद् है, आश्वासन है, न्यायिक जाँच है, कमीशन है—ये सब फेल हो जायें तो भारतीय दण्ड-संहिता है। लोग कहते हैं—तो विशेषज्ञ

को क्यों नहीं दिखाते ? विशेषज्ञ 'राजनाम' की बराबरी का होता है। पुरखों का विश्वास था, अन्त समय 'राजनाम' से मुक्ति मिलती है। अब विशेषज्ञ से मुक्ति मिलती है—यानी मरने के पहले विशेषज्ञ बतला दे कि इस बीमारी से मरे, तो जीवन-मरण के बन्धन से मुक्ति मिल गयी। मगर विशेषज्ञ भी एकदम कहाँ होता है। पिछली बार जब मैं बीमार पड़ा था, तो चार-पांच हितचिन्तक चार-पाँच विशेषज्ञ ले आये थे और हर हितचिन्तक यह चाहता था कि उसी के डॉक्टर से मैं अच्छा हो जाऊँ। मैं बड़े संकोच में पड़ा। इसके डॉक्टर से अच्छा हो गया तो वह बुरा मान जायेगा। एक हितचिन्तक से मुझे रुपये उधार लेने थे। उसे मैं नाराज नहीं करना चाहता था। लिहाजा मैंने उसी के डॉक्टर से दवा ली। रुपया उधार तो मुझे मिल गया पर बीमारी जरा लम्बी हो गयी। कोई हर्ज नहीं। यह देश भी तो शुभचिन्तकों के डॉक्टर की दवाइयाँ खा रहा है। संकोच के कारण न डॉक्टर बदल सकता, न दवा।

आसपास के लोग फ्लू से कराह रहे हैं। कराहने का भी अलग-अलग अन्दाज होता है। किसी की कराह क्षमा-याचना जैसी होती है, किसी की कराह हुंकार-जैसी। जैसे बर्मा कराहता है, वैसे कांगो नहीं। वियतनाम की कराह तो बिल्कुल अलग ढंग की है। कराहते सब हैं, मगर कराहने की आदत नहीं पड़नी चाहिए, जैसी हमारी पड़ गयी। इस्पात का उत्पादन बढ़ जाय तो भी कराहेंगे और सूखा पड़ जायेगा तो भी कराहेंगे।

एशियाई चाचा ने दुनिया-भर को कराह दी। मेरा एशियाई गर्व फटा पड़ रहा है। बीमारियाँ मुफ्त बाँटने के लिए अपने पास बहुत है। धर्मार्थ औषधालय या खैराती दवाखाना है, तो धर्मार्थ रोग-वितरण केन्द्र भी है। नये रोगों का उत्पादन करके इधर भेज रहा है। कोई बात नहीं। एक चीनी पीला बुखार हमने फेंक दिया है, तो यह हाल है कि चीन और अमेरिका के राजदूत पिछले दस सालों से रोज जिनेवा में मिलकर उसका इलाज ढूँढ़ रहे हैं।

फोन टालने की कला

फोन की घण्टी बजी। उठाया तो उधर से मीठी आवाज आयी—परसाईजी हैं ? व्यंग्यकार की तबीयत खुश। शायद किसी कहानी की तारीफ करेगी। कहेगी—हम इत्ते हँसे, इत्ते हँसे कि कुछ मत पूछिए। ऐसे सुरीले फोन पर राजेन्द्र यादव पूरा उपन्यास लिख डालता है (देखिए भूमिकाएँ)। मैंने कहा—मैं बोल रहा हूँ। सुरीली आवाज ने कहा—जरा अंकल से बात करिए। तब मोटी भद्दी आवाज आयी—

हैलो, मैं रल्लाराम बोल रहा हूँ। सा'ब चार महीने हो गये। कपड़ों का बिल नहीं पटाया आपने। ऐसा कैसे चलेगा जी ?

सारी रसानुभूति रल्लाराम ने नष्ट कर दी। लोग कितने गिर गये हैं कि तगादा करने के लिए सुरीले कण्ठ का इस्तेमाल करने लगे हैं। एक्सचेंज से क्या ऐसा इन्तजाम नहीं हो सकता कि चेतावनी मिल जाये—परसाईजी, सुरीली आवाज के धोखे में मत आना। यह रल्लाराम का तगादे का फोन है।

फोन नियामत है और बला भी। फोनवाले के लिए आदमी इतने प्रकार के होते हैं—(1) जिनसे उसकी गरज है, (2) जिनकी उससे गरज है, (3) जो उसके देनदार हैं, (4) जो उसके लेनदार हैं, (5) जिनके पैसे वह खाना चाहता है, (6) जो उसके पैसे खाना चाहते हैं, (7) जो उसे बोर करने की इच्छा रखते हैं, (8) जिन्हें बोर करने की पवित्र इच्छा वह मन में पालता है।

इन आठ तरह के आदमियों में से चार से इन्सान फोन पर बात करना चाहता है और चार को टालना चाहता है। मगर यह बड़ा मुश्किल काम है। फोन पर 'हलो' कहा और उधर से रल्लाराम बोल पड़े, तो क्या कीजियेगा। कह तो सकते नहीं कि मैं वह नहीं हूँ, जिसने आपका कपड़ों का बिल नहीं चुकाया। एक साहब का मैं कर्जदार नहीं हूँ, मगर उनके फोन से डरता हूँ। वे पूरे अखबार की बात कर जाते हैं। रिसीवर पकड़े-पकड़े मेरा हाथ दुखने लगता है और वे कहे जाते हैं— चीन ने सैटेलाइट छोड़ दिया। अब क्या होगा ? मैं क्या बताऊँ ? यह सवाल भारत सरकार से पूछना चाहिए। मगर वे मुझसे फोन पर जवाब-तलब करते हैं।

फोनवाले इन्सान की सबसे बड़ी समस्या फोन टालना होती है। मगर आदमी विचारवान प्राणी है। उसने इसकी भी तरकीब निकाल ली है। एक साहब के पास मैं बैठा था। फोन आते तो नौकर छूटते ही कह देता— भैयाजी नहीं हैं। आप कौन साहब बोल रहे हैं ? यह सवाल जब किया जाय तब समझ लेना चाहिए कि हैं तो जरूर पर वे तय करने का वक्त चाहते हैं कि आपसे बात करना है या नहीं। नौकर चोंगे पर हाथ रखकर कहेगा —माधवप्रसाद हैं। माधवप्रसाद से भैयाजी को बात करना हैं। नौकर कहेगा—ज़रा रुकिए। आसपास दिखवाता हूँ। ज़रा देर में भैयाजी फोन ले लेंगे और कहेंगे —हलो, माधवजी, क्या हालचाल हैं ?

आदमी किसी के लिए है और किसी के लिए नहीं है। मैं रल्लारामजी के लिए नहीं हूँ, पर उनकी भतीजी के लिए हूँ। मैं भी झूठ बोलने के लिए एक आदमी बिठा लूँ जो कहे—अगर रल्लारामजी बात करना चाहते हैं तो वे घर पर नहीं हैं। मगर बहनजी, आप बात करना चाहती हैं, तो वे हैं।

मैंने देखा है, लोग बेखटके झूठ बोलते हैं। छूटते ही कहते हैं —वे नहीं हैं। आप कौन साहब बोल रहे हैं ? पर नम्बर दीजिए। अगर बात करना है, तो थोड़ी देर बाद फोन कर लेंगे। कहेंगे—मैं बाहर गया था। अभी लौटा। कहिए, क्या बात है ?

समस्या यह है कि ऐसे आदमी को कैसे पकड़ा जाय, जो हमेशा कहलवा देता है

कि नहीं है, जो आपको टाल देता है। इसकी भी कुछ तरकीबें हैं। अनुभव से बताता हूँ। एक साहब ने मेरा एक काम करने का वादा किया था, पर कर नहीं रहे थे। मैं जब भी फोन करता, जवाब मिलता, नहीं हैं। आप कौन साहब बोल रहे हैं? मैं अपना नाम बता देता। वे एक मिशन के कॉलेज में पढ़ाते हैं। उनके प्रिन्सिपल मिस्टर विल्सन हैं। एक दिन मैंने अपनी आवाज बदली। बोला—इज़ मिस्टर शुक्ला देअर? आई एम विल्सन एट दिस एण्ड। लड़के ने कहा—अभी बुलाता हूँ। वे फौरन फोन पर आये। बोले—हलो, मिस्टर विल्सन। मैंने कहा—विल्सन नहीं परसाई बोल रहा हूँ। वह काम हुआ कि नहीं? वे चकराये। बोले—पर तुमने विल्सन साहब के नाम से क्यों बुलाया? मैंने कहा—इसलिए कि मेरे नाम से तो आप घर पर होते नहीं हैं। बॉस के नाम से ही आपको पकड़ा जा सकता है। आगे इससे एक ही गड़बड़ी हुई। विल्सन साहब का फोन आता, तब भी वे कहलवा देते—नहीं हैं, इस डर से कि कहीं विल्सन के नाम से परसाई न बोल रहा हो।

एक पाठ्य-पुस्तक प्रकाशक से मुझे रुपये लेने थे। उन्होंने झूठ बोलने के लिए अपने पिता को रख लिया था। लेन-देन बेटा करता है और फोन पर झूठ बाप बोलता है। मैं जब भी फोन करूँ—'लक्ष्मीप्रसाद हैं?' तो पिता मुझसे ही पूछें कि आप कौन बोल रहे हैं। मैं अपना नाम बताऊँ तो पिता कह दें—वह तो नहीं है। पचीसों फोन करके जब मैं असफल हो गया तो एक दिन मैंने आवाज और बोली बदली—मैंने पूछा—'लक्ष्मी भैया उतै हैं का?' पिता ने पूछा—'आप कौन बोल रहे हो?' मैंने कहा—'हम कोठारी आय। सागर सों आये हैं। कछू किताबें खरीदनी हैं। लछमी भैया से बात करा दो।' लक्ष्मीप्रसाद फौरन फोन पर आये। बोले—'कहिए, कोठारीजी, कौन-सी किताबें चाहिए?' मैंने कहा—'यार मैं कोठारी नहीं, परसाई बोल रहा हूँ। तुम मेरे रुपये क्यों नहीं भिजवाते?'

उन्होंने भी कई ग्राहकों को खोया होगा, इस डर से कि ग्राहकों के बहाने कहीं परसाई न बोल रहा हो।

ऋषि कण्व जब दुष्यन्त को फोन लगाते होंगे, तो कोई पूछता होगा—कौन बोल रहे हैं? ऋषि कहते होंगे—मैं कण्व बोल रहा हूँ। जवाब मिलता होगा—महाराज आखेट पर गये होंगे। तब किसी दिन ऋषि की मेधा मेरी तरह तीव्र हुई होगी। उन्होंने कहा होगा—महाराज दुष्यन्त हैं? कहना कि शृंगालराज बात करना चाहते हैं! दुष्यन्त फोन पर आया होगा। बोला होगा—कहिए शृंगालराजजी, सपरिवार प्रसन्न हैं? वृष्टि अच्छी हुई होगी। प्रजा धन-धान्य से सम्पन्न होगी। गोधन वृद्धि पर होगा। कण्व ने कहा होगा—अरे पापी, मैं कण्व बोल रहा हूँ। तू लड़की के पेट में बच्चा डालकर चला गया। अब इससे शादी करने से क्यों मुँह मोड़ता है?

एक साहब को मैंने और तरह से पकड़ा। उनसे चन्दा लेना था। वे वादा कर चुके थे, पर टाल रहे थे। मैंने फोन किया। उनका झूठ बोलने में प्रशिक्षित नौकर वहाँ नहीं था। दूसरे नौकर ने कह दिया कि वे हैं। फिर उसने उनसे कहा—परसाईजी

का फोन है। वे चिल्लाये—अरे क्यों कह दिया कि मैं घर में हूँ। मैंने सुन लिया। नौकर ने कहा—वे नहीं हैं, साहब! मैंने नौकर से कहा—वे घर में हैं। उनसे कह दो कि मैंने सुन लिया है कि उन्होंने तुम्हें अभी डाँटा है कि क्यों कह दिया कि घर पर हैं। नौकर ने उनसे कह दिया। वे नैतिक रूप से घायल हो गये। नतीजा अच्छा निकला। उन्होंने शाम को चन्दा खुद ही भिजवा दिया।

कई तरकीबें हैं आदमी को फोन पर पकड़ने की। कई तरकीबें हैं आदमी को फोन पर नहीं मिलने की। अपनी-अपनी प्रतिभा के मुताबिक सब अपने को बचाते हैं और दूसरों को फँसाते हैं।

मुखड़ा क्या देखे फोटू में!

मेरे सामने एक चित्र है। एक प्रदेश का मन्त्री प्रधानमन्त्री को सूखाग्रस्त इलाका दिखा रहा है। सूखा, बाढ़ और दंगा—ये सबसे सुन्दर प्राकृतिक दृश्य इस देश में हैं, जिन्हें प्रदेश के मन्त्री, प्रधानमन्त्री और विदेशी अतिथियों को दिखाते रहते हैं। इस चित्र में मन्त्री हँस रहा है, जैसे कोई विकास प्रदर्शनी दिखा रहा हो।

सूखा दिखाते हुए यह मन्त्री क्यों हँस रहा है? शायद हमेशा हँसने की उसकी आदत बन गयी है। क्योंकि हर छः महीनों में कांग्रेस के नये-नये गुटों की सरकार बनती रहती है, पर वह हर मन्त्रिमण्डल में रहता है। वह सरकार बनानेवाले गुटों के नेता से कह देता है—सरकार, कांग्रेस पार्टी एक मकान है। इसके मालिक बदलते रहते हैं। पर मैं तो इस मकान में झाड़ू लगानेवाला हूँ। वे मालिक थे, तब उनके मकान में झाड़ू लगाता था। आप नये मालिक हैं, तो आपके मकान में झाड़ू लगाऊँगा। निरन्तर कांग्रेस पार्टी के मकान में झाड़ू लगाकर मन्त्री बने रहने की सफलता से शायद वह हँस रहा है। फिर हर साल तो सूखा पड़ता है। कोई कब तक उदास होकर उसे दिखाये।

एक दूसरी बात भी मेरे मन में उठती है। सार्वजनिक जीवन में हर वह मौका जहाँ कैमरा हो, उत्सव होता है और उत्सव के नायक हँसने लगते हैं। दूसरा एक चित्र है। किसी देश का राजदूत अपने एक प्रदेश के स्वास्थ्य मन्त्री को बाढ़-पीड़ितों के लिए दवाइयाँ भेंट कर रहा है। बाढ़ में सैकड़ों गाँव मिट गये। हजारों जानें गयीं। कालरा फैल जाने से लोग तड़ातड़ मर रहे हैं। ऐसे में राजदूत को रोते हुए दवाइयाँ देना था और अपने मन्त्री को रोते हुए लेना था। मगर विदेशी राजदूत मुसकरा रहा है और अपना यह बोदा मन्त्री हँस रहा है। राजदूत कह रहा होगा—आपके देश में बाढ़ की तबाही देखकर हमें बड़ी प्रसन्नता है। कालरा फैल जाना

हमारी प्रसन्नता को और बढ़ाता है। इस खुशी के मौके पर हम ये दवाइयाँ आप को भेंट करते हैं। आशा है, ऐसे शुभ अवसर आगे भी आयेंगे। और अपना यह मन्त्री कह रहा है—हमारे लोगों की तबाही देखकर आप खुश हुए, जानकर हम कृतार्थ हैं। हम कोशिश करेंगे कि अगले साल इसी मौसम में इससे ज्यादा तबाही हो।

यह सब कैमरे के कारण होता है। मेरा एक दोस्त नेता है। वह अपने बाप की चिता को आग दे रहा था कि उसे कैमरा दिख गया। वह मुस्कराने लगा। वह फोटो अखबारों में छपी। मैंने उससे कहा—यार, तू पिता को आग देते वक्त मुस्कराने क्यों लगा? उसने जवाब दिया—यार, कैमरा देखकर मुझे लगा कि मैं स्वर्ग में पिताजी के लिए बनाये गये नये भवन का उद्घाटन कर रहा हूँ।

पण्डित नेहरू के अस्थिपात्र सब राज्यों को गये थे। राज्यों के मन्त्रियों ने इन्हें प्रदेश की सीमा पर ग्रहण किया था। तब के चित्र मैंने देखे थे। मन्त्री हँसते हुए नेहरू के अस्थिपात्र ग्रहण कर रहा है, जैसे कह रहा है—कितनी प्रसन्नता की बात है कि जिन नेहरूजी के नेतृत्व में हमने इतने वर्ष काम किया, उनकी राख आज हमारे हाथों में है।

फोटो का मोह अद्भुत है। कैमरा आदमी से बड़ा कौतुक कराता है। जब कैमरा ईजाद नहीं हुआ, नरसीसस पानी के कैमरे में अपनी फोटो देखता था। वह अपने पर इतना रीझ गया कि मर गया। अपने पर रीझनेवाले अक्सर मरते देखे गये हैं। राजनीति में, साहित्य में कितने ही मैंने देखे हैं जो अपने पर रीझते-रीझते मृत्यु को प्राप्त हो गये।

मगर नरसीसस की 'ट्रेजेडी' बेकार गयी। कोई उससे सीखने को तैयार नहीं। एक साहब के एलबम में सैकड़ों उन्हीं की फोटो हैं—विभिन्न मुद्राओं, विभिन्न स्थानों पर, विभिन्न प्रसंगों में। उनसे अगर कोई पूछे कि सबसे सुन्दर प्राकृतिक दृश्य कौन-सा है तो वे कहेंगे—'मेरा चेहरा'। दाढ़ी वन है, मुँह गुफा और नाक पहाड़ी। अगर कोई कलाकार लैण्डस्केप चित्रण के लिए सुन्दर दृश्य की तलाश में हो, तो वे कहेंगे—इधर-उधर क्यों भटकते हो! मेरा चेहरा तो हाजिर है। इसी का चित्रण करो।

एक और साहब हैं, जिनके अलबम में बहुत बड़े आदमियों और बहुत छोटों के साथ उनकी तस्वीरें हैं। मैंने इसका रहस्य जानना चाहा, तो उन्होंने समझाया—देखो भई, जब कभी मन में उच्चता की भावना जागती है और अहंकार का अनुभव करता हूँ, तो फौरन किसी बड़े आदमी के साथ खिंची अपनी फोटो देख लेता हूँ। सोचता हूँ—मैं कितना छोटा हूँ—और अहंकार का लोप हो जाता है। जब मन में हीनता जागती है, तब किसी छोटे के साथ खिंची फोटो देख लेता हूँ और सोचता हूँ—मैं दूसरों की तुलना में काफी बड़ा हूँ। बस हीनता भाग जाती है।

बहुत लोगों के लिए ताजमहल तुच्छ है, अगर वे उसके साथ फोटो में नहीं खिंचे हैं। कोई प्राकृतिक दृश्य कितना ही अच्छा हो बेकार है, अगर वे उसके बीच में फोटायित नहीं हुए हैं। मैं एक साहब के साथ उनकी कार में लम्बी यात्रा पर गया

था। हम चार मित्र थे। एक के पास कैमरा था। रास्ते में कोई सुन्दर दृश्य दीखता, तो वे कार रुकवाते। हम लोग तो दृश्य का मजा लेते, पर वे उसके सन्दर्भ में अपने को जमाकर कहते—फोटो खींचो। अच्छी पहाड़ी दिखी तो हम तो उसके सौन्दर्य को देखने लगे, पर वे उसकी तरफ पीठ करके खड़े हो गये और बोले—फोटो खींचो। कल-कल करता झरना बह रहा है। हम उसे देख रहे हैं। पर वे बीच में, एक चट्टान पर खड़े होकर कह रहे हैं—फोटो खींचो। उन्होंने किसी भी प्राकृतिक दृश्य का मजा नहीं लिया। वे सिर्फ उसके साथ फोटो में खिचते रहे।

बड़ा आदमी भी एक तरह का लैण्डस्केप है, जिसके साथ फोटो-प्रेमी खिचना चाहता है। बड़ा आदमी सिर्फ सुन्दर ही नहीं होता, कुछ फायदा करनेवाला भी होता है। भेड़ाघाट के जलप्रपात से शिक्षामन्त्री ज्यादा सुन्दर प्राकृतिक दृश्य है, यह मैंने खुद एक बार देखा था। तब प्रपात को कोई नहीं देख रहा था। सब मन्त्री को देख रहे थे। मन्त्री तो दूर, कलैक्टर भी ताजमहल से भव्य होता है। ताजमहल परमिट नहीं दे सकता, पर कलैक्टर दे सकता है। समझदार आदमी ताजमहल को छोड़, कलैक्टर के साथ फोटो खिचवाने की कोशिश करेगा।

बड़े के साथ फोटो खिंचवाने की कशमकश मैंने देखी थी। एक समारोह का उद्घाटन करने मुख्यमन्त्री पधारे थे। उद्घाटन के बाद फोटोग्रुप होना था। उनके दाहिने कौन बैठेगा, यह तय था। स्थानीय संसद सदस्य को हटाना असम्भव था। बायें बाजू उनकी बगल में बैठने के लिए मेरे दो आदरणीय साहित्यकारों में कशम-कश थी। दोनों बायें बाजू उनसे सटकर चल रहे थे। कभी एक पास हो जाता और कहता—आपका स्वास्थ्य अब कैसा रहता है? फिर दूसरा उसे कुहनी से हटाकर पास हो जाता और कहता—आप बीमार होते हुए भी तिल-तिल करके अपने को देश के लिए दे रहे हैं। मैं पीछे से इस सर्कस को देख रहा था। जिसे किसी के साथ फोटो में नहीं खिचना, वह बड़ा सुखी प्राणी होता है।

लेकिन बिना इस तरह की कशमकश के सहज ही बड़े आदमी के साथ हो जाने की एक तरकीब मैंने देखी और चकित रह गया। जब ख्रुश्चेव और बुलगानिन भारत यात्रा पर आये थे, तब का चित्र मैंने एक संसद सदस्य के कमरे में टँगा देखा। ख्रुश्चेव और बुलगानिन के साथ जवाहरलाल और डॉ. राजेन्द्रप्रसाद खड़े हैं। पीछे तीसरी पंक्ति में वे संसद सदस्य खड़े हैं और दो आदमियों के कन्धों के बीच से झाँककर कैमरे से कह रहे हैं—यार, जरा मेरा भी खयाल रखना। चित्र के नीचे संसद सदस्य ने लिखा है—रूसी प्रधानमन्त्री बुलगानिन तथा पार्टी नेता ख्रुश्चेव के साथ संसद सदस्य अमुकजी। चित्र में जवाहरलाल नेहरू तथा डॉ. राजेन्द्रप्रसाद भी दिखायी पड़ रहे हैं। नार्थ एवेन्यू में किसी संसद सदस्य की बैठक में यह चित्र अभी भी टँगा मिल जायेगा।

यही सब गोलमाल देखकर कबीर ने कहा था—तेरे दया धरम नहिं मन में, मुखड़ा क्या देखे दरपन में!' 'कबीर' क्या यह सोचता था कि अगर मन में अच्छी भावना नहीं, तो फोटो अच्छी नहीं आयेगी। नहीं बाबा, मक्कारों की फोटो अच्छी

नहीं आती है। एक आदमी चेहरे से दानी दिखता था, पर वह शहर छोड़कर गया तो मालूम हुआ कि वह कई के रुपये खा गया।

इसीलिए अपनी एक भी फोटो मुस्कराने की नहीं मिलेगी। फोटोग्राफरों ने बहुत कोशिश की पर मुझे मुस्करा नहीं सके। कहता है—जरा मुस्कराइए। मैं नहीं मुस्कराता, तू मेरा क्या बिगाड़ लेगा! मेरे भीतर कुटिलता, नफरत, द्वेष भरे हैं और तू कहता है, मैं निर्मल मुस्कान लाऊँ। यह नहीं होगा।

दुनिया-भर की लुच्चाई है छोटू में,
मुखड़ा क्या देखे फोटू में।

सद्गुरु का कहना है

किसी का हजार में भी नहीं कटता, अपना फोन कुल दो सौ में कट गया था। पानी-दार ऐसे ही होते हैं। बड़ी आनबानवाला था। लगने के बाद पहला ही बिल देखा और दम तोड़ दिया। ऐसा नहीं था कि बिल पर बिल लात मारे जाते हैं, रिमाइण्डर मुंह पर थूकते जाते हैं और घनघनाते हुए जिये जा रहे हैं।

अपना फोन ऐसा बेशर्म नहीं। इसने आते ही अपने मालिक की प्रकृति पहचान ली। समझ लिया कि मालिक बिल बर्दाश्त नहीं करता। ज्यों ही बिल आया, उसने इस असार संसार से कूच का डंका बजा दिया।

किसी का हजार में भी नहीं कटता, अपना कुल दो सौ में कट गया। कोई दस साल इन्कम-टैक्स न देकर भी बाइज्जत मन्त्री बना रहता है और पोल खुल जाने के तुरन्त बाद हँसते हुए फोटो खिचाता है। प्रधानमन्त्री दस साल नहीं देने-वाले को लाड़ से 'भुलक्कड़' कह देती हैं। एक साल नहीं देनेवाला बेईमान कहलाता है।

सद्गुरु का कहना है—बेटा, जो भी करना है 'लार्ज स्केल' पर कर, चाहे उद्योग हो, चाहे बेईमानी और हमेशा किसी की छाया में कर।

बड़ों की झंझट में यह छोटा मारा गया। दिल्ली बड़ा शहर है। बड़े शहर के कुछ बड़ों पर हजारों के बिल बकाया थे। संसद में बैठनेवाले दूसरे बड़ों ने सवाल उठा दिये कि इनके फोन क्यों नहीं कटते? डिपार्टमेण्ट में हलचल मच गयी और छोटे शहर में छोटों के फोन कटने लगे। पिछले साल विधानसभा में सदस्यों ने शिकायत की थी कि एक मन्त्री का भयंकर कुत्ता राहगीरों को काटता है, उसे गोली क्यों न

मार दी जाय। नतीजा यह हुआ कि मेरे मुहल्ले के मरियल पिल्ले मार डाले गये। जिस बड़े कुत्ते पर सवाल उठे थे, वह अभी भी राहगीरों को काट रहा है। शासन का घूंसा किसी बड़ी और पुष्ट पीठ पर उठता तो है, पर न जाने किस चमत्कार से बड़ी पीठ खिसक जाती है और किसी दुर्बल पीठ पर घूंसा पड़ जाता है।

सद्गुरु का कहना है—बेटा, तन्त्र कोई भी हो, अपनी पीठ पर हमेशा वेसलीन चुपड़े रहो। घूंसा तुम्हारी पीठ से फिसलकर किसी सूखी पीठ पर पड़ जायेगा।

स्पन्दनहीन, शान्त यह फोन की लाश पड़ी है। इसके कलेजे पर कान रखता हूँ—टिक-टिक बन्द हो गयी है। ओम शान्ति, शान्ति, शान्ति! यह मुझे मरे हुए कुत्ते-जैसा लगता है, पंजों के बीच सिर रखे हुए लुढ़क गया है। पिल्ले, आखिर तू डिपार्टमेण्ट बहादुर के ट्रक के सामने क्यों आ गया? कोई पट्टेवाला अलसेशियन होता तो ड्राइवर बचाकर जाता, पर तुझ मरियल पिल्ले को कुचलकर निकल गया।

इसकी प्राण-रक्षा की कोशिश वैसे काफी हुई थी—मगर धर्मादा अस्पताल में जितनी होती है, उतनी ही। उस दिन के राशिफल से मैं जान गया था कि आज कुछ बुरा होगा। लिखा था—प्रियजनों पर संकट के योग हैं। मेरा अन्दाज था, वार्निंग आयेगी। पर दोपहर को एक्सचेंज और दफ्तर से हितैषियों के फोन आने लगे कि चार बजे कट जायेगा, चेक ही दे दीजिए। मैं जवाब देता रहा—कट जाने दो। पैसे कम हों, तो आदमी परमहंस हो जाता है। सच्चा संन्यासी पैसे की तंगी का शुभ परिणाम है। फोन पर फोन, जल्दी कुछ करिए। मुझे लगा, शहर पर कोई संकट आ गया। मैंने कहा—मैं तो परेशान नहीं हूँ, तुम क्यों परेशान होते हो। कट जाने दो। फिर लग जायेगा। हितैषियों ने मान लिया कि यह बड़ा 'मट्ठर' आदमी है।

मेरा एक पत्रकार मित्र भी फोन लगाये बैठा है। उसका भी कट रहा था। उसने भर-दोपहर में दौड़-धूप करके पैसा जमा कर दिया। उसका भी कट जाता तो मेरा दुख आधा रह जाता, पर उसने मित्र का कर्त्तव्य नहीं निभाया। शाम को मिला तो बोला—तुमने फोन कटने की कोई परवाह ही नहीं की! मैंने कहा—मैं कोई आढ़तिया हूँ, या सट्टा खिलाता हूँ, जो फोन बिना धन्धा चौपट हो जायेगा? उसने कहा—फिर भी फोन का कटना ज़रा वैसी बात है। मैंने कहा—मैं समझ गया। इज्जत का सवाल न? वह तुम्हारी बुर्जुआ 'रिस्पेक्टेबिलिटी' है, जो भर-दोपहर में तुमसे जूते घिसवाती रही।

अपनी इज्जत की क्या रखवाली करूँ? किसकी इज्जत इस देश में सुरक्षित है? साहित्य, कला, संगीत के परकोटे इज्जत के आसपास उठा दो, तो उनमें भी सुरंग लग जाती है। रसूलन बाई संगीत-साधिका हैं। उनके दादरा और ठुमरी पर सब झूमते हैं। वे पद्मश्री हैं। इज्जतदार हैं। मगर अहमदाबाद के दंगे में उनका घर जला दिया गया, क्योंकि वे रसूलन बाई हैं। रामकली बाई नहीं। और उन्होंने भागकर जान बचायी, वरना वे मार डाली जातीं। उनके कण्ठ के दादरा

और ठुमरी भी मार डाले जाते। जिनका कण्ठ है वह रसूलन है, रामकली नहीं। जल्दी ही इस देश में हिन्दू ठुमरी, मुस्लिम ठुमरी और सिख ठुमरी होगी। अकाली दादरा और द्रमुक दादरा भी हो सकता है।

मुक्तिबोध कहते थे—पार्टनर, रिस्पेक्टेबिलिटी की ऐसी-तैसी। वे और भी कहते थे—पार्टनर, चारों तरफ देखो, सफलता की चाँदनी रात में उल्लू बोल रहे हैं।

आप कितने भी बेपरवाह हों, इज्जत बचानेवाले पीछा नहीं छोड़ेंगे। लेनेवाले हैं तो बख्शनेवाले भी हैं। जब कोई मेरा नम्बर माँगता, तो कह दिया जाता—फोन खराब है या बाहर गये हैं। मुझसे जो मिलने आते, कहते—फोन में कुछ खराबी आ गयी। मैं ठण्डाई से कह देता—नहीं, बिल नहीं चुकने से कट गया है। कोई आदमी सही बात जानते हुए भी मुझ पर कृपा करके कहता—आप कहीं बाहर चले गये थे। मैं कहता—नहीं, फोन कट गया है। वे निराश होते, सोचते—हम तो तेरी इज्जत बचाने की कोशिश कर रहे हैं। तुझे ही मंजूर नहीं है तो जा भाड़ में। परिवार के लोग कुढ़ते—जब कोई कह रहा है कि फोन खराब हो गया है, तो अपनी तरफ से क्यों कहना कि कट गया है।

मगर इसमें भी एक तरकीब है। सद्‌गुरु का कहना है—बेटा, बेइज्जती को खोल दो तो वह इज्जत हो जाती है। जूते पड़ गये हैं, इस बात को छिपाओगे तो बदनामी फैलेगी। खुद ही कहते फिरोगे, तो बदनामी करनेवालों की सेवा की जरूरत नहीं पड़ेगी और इज्जत रह जायेगी।

मैंने एक तरकीब और की। जब फोन कटने की बात उठती तो मैं एक सम्पन्न बन्धु का नाम और जोड़ देता—हाँ, देखा न, बेचारे नायर का भी कट गया था। जब मैं कई लोगों से कह चुका, तब वह एक दिन गुस्से में बोला—तुम लोगों से यह क्यों कहते हो कि मेरा फोन कट गया था? मैंने कहा—मैं तो यह कहता हूँ कि सिर्फ मेरा ही नहीं, तुम्हारा भी कट गया था। उसने कहा—तुम अपनी ही कहो न, मुझे क्यों घसीटते हो? हमारी बेइज्जती होती है न! मैंने कहा—उसमें एक सिद्धान्त है। सद्‌गुरु का कहना है—बेइज्जती में अगर दूसरे को भी शामिल कर लो, तो अपनी आधी इज्जत बच जाती है। मैं तुम्हारे सहारे अपनी आधी इज्जत बचाता हूँ, तुम मेरे सहारे आधी बचाओ।

दिलचस्प है, इज्जत का मामला। प्रतिष्ठित होने का एहसास करने के लिए आदमी न जाने क्या-क्या करता है। सदर में उच्चवर्गियों के लिए मशहूर दूकान है—'मॉडर्न स्टोर्स'। कभी अंग्रेज अफसरों के लिए खुली थी। दूकान में सब अंग्रेजी बोलते हैं। एक मध्यमवर्गीय बन्धु दो मील रिक्शा में वहाँ चले जाते हैं। खरीदना क्या है? झाड़ू। मगर खरीदेंगे 'मॉडर्न स्टोर्स' से। जब वे झाड़ू खरीदने 'मॉडर्न स्टोर्स' जाते हैं, तो अपनी इज्जत को बहुत बढ़ी हुई पाते हैं। और हम सब साधारण दूकानों

से झाड़ू खरीदनेवाले उन्हें बेहद घटिया हिन्दुस्तानी लगते हैं। रिक्शा-किराया दो रुपया खर्च करके पचास पैसे में 'मॉडर्न स्टोर्स' से लायी गयी झाड़ू जब फर्श पर चलती है तो उन्हें लगता है, वे ताजमहल में रह रहे हैं और बेगम सलमा सोने की झाड़ू से संगमरमर बुहार रही है।

दिल्ली में जनपथ पर ईस्टर्न कोर्ट के दफ्तर से लंच टाइम में बाहर निकली टाइपिस्ट लड़की से युवा मित्र कहता है—'पाँच बजे। गेलार्ड! टिल देन…' वह भी कहीं क्लर्क है। वह तनख्वाह का कम-से-कम दसवाँ हिस्सा ऐसे महँगे होटल में खर्च करेगा—इज्जत के लिए, प्रतिष्ठित दिखने के लिए। वहाँ एक रुपये की कॉफ़ी के साथ पाँच रुपये की इज्जत भी मिलती है।

और एक साहब पाइप और कुत्ते के सहारे बाइज्जत जिन्दगी जी रहे हैं। उनके बँगले के फाटक पर एक तरफ उनका नेमप्लेट लगा है—आर. के. दास। दूसरी तरफ बोर्ड लगा है—कुत्ते से सावधान! दोनों बोर्डों को एक साथ पढ़ने पर अजब अर्थ निकलता है। बहुत दिनों तक मैं इसी धारणा में रहा कि मुझे दास साहब से सावधान रहना चाहिए। यों उनके मातहत कर्मचारी कहते हैं कि दोनों बोर्ड अपनी जगह सही हैं, पर एक दिन मैं उनके घर किसी काम से चला गया। एक लाइन में दस-बारह पाइप रखे थे। वे एक पाइप साफ कर रहे थे और अपने कुत्ते की 'सेक्स लाइफ' का वर्णन कर रहे थे। तीन-चार लोग सुन रहे थे। मैं भी सुनने लगा। वे उस वक्त पाइप और कुत्ते के सहारे बहुत-बहुत रिस्पेक्टेबिल हो गये थे।

इज्जत बड़ी मशक्कत लेती है। न जाने क्या-क्या करवाती है। अपनी इज्जत जब जमती दिखती है, तब हम चौराहे के ठेले पर पकौड़े खाते दिख जाते हैं या कोई नोटिस बुलवा लेते हैं। साल के पहले की उधारी वसूलने जब दूकानदार का दूत चार-छह बार आया और मैंने हर बार टाला, तो एक दिन वह बड़ा खिन्न होकर बोला, "आप जैसे इज्जतदार आदमी से तगादा करने में हमें खुद शर्म महसूस होती है।" मैंने खुश होकर कहा, "बस, बस, यही सुनने के लिए मैं रुपये नहीं दे रहा था। अब ले जाओ।" उसने जरा हकबकाकर पूछा, "इसका क्या मतलब?" मैंने कहा, "मतलब यह कि मैं जाँच करना चाहता था कि अभी भी इज्जत वक्त पर बिल चुकाने पर निर्भर है या नहीं।"

है। अभी वहीं खड़ी है इज्जत की सवारी। सद्गुरु का कहना है—बेटा, मैदान से भागकर शिविर में आ बैठने की सुखद मजबूरी का नाम इज्जत है। इज्जतदार ऊँचे झाड़ की ऊँची टहनी पर दूसरे के बनाये घोंसले में अण्डे देता है।

राम की लुगाई और गरीब की लुगाई

कबीरदास अपने को राम की लुगाई कहते थे। हम गरीब की लुगाई हैं। वह राम की लुगाई सबको छेड़ती रही, उसे छेड़ने की किसी को हिम्मत नहीं पड़ी। बड़े की लुगाई का यही रुतबा होता है। मगर गरीब की लुगाई, कहावत के मुताबिक, सबकी भौजाई होती है। उसे कोई भी बेखटके छेड़ लेता है, कोई भी उससे चुहल कर लेता है।

हम तो गरीब की लुगाई हैं। कोई भी हमें छेड़ लेता हैं। कोई भी रास्ते में या घर या पराये घर पकड़कर किसी भी तरह का काम करवा लेता है--तबादला, नियुक्ति, तरक्की, झूठा सर्टिफिकेट दिलाना, ऑक्ट्राय बचाना, परमिट दिलाना, इलाज कराना, प्रेम करवाना, फिर अदालत ले जाना, 'बिरदर' की शादी लगाना और 'वाइफ' के नम्बर बढ़वाना, कालेज में भर्ती करवाना, फिर पेपर आउट करवाना—तरह-तरह की छेड़खानी। हम आनाकानी नहीं करते, क्योंकि शुरू से, जब और लोग लेखक बनने के लिए नाक की प्लास्टिक सर्जरी करवा रहे थे, हम गरीब की लुगाई बनते गये।

अभी-अभी जो छेड़ने आये थे, हिन्दी के सरकारी अध्यापक हैं। उनकी पत्नी दूसरे शहर में अध्यापिका हैं। डिपार्टमेण्ट निर्दय है। न उनका तबादला यहाँ करता, न इनका वहाँ—और ये मेघ सिर पर से निकले जा रहे हैं। मगर सरकार के मंसूबे रहस्यमय होते हैं। हिन्दी अध्यापक को प्रिया से दूर रखकर शायद वह वियोग श्रृंगार का काव्य लिखवाना चाहती है। अकविताओं के कारण श्रृंगार रस का दिवाला पिट गया है। श्रृंगार रस को स्टेट सेक्टर में ही लेना पड़ेगा। वीभत्स रस अभी प्राइवेट सेक्टर में पड़ा रहने दो। उसका उत्पादन लक्ष्य से ऊपर ही जा रहा है। अध्यापक ने इस मौसम में एक गीत लिखा है। उस दिन गोष्ठी में गाया था—'फिर किसी की याद आयी'। इधर कविता में 'खुलासावाद' चला हुआ है और यह 'किसी की' का पर्दा डालता है। लेखक लड़की से प्रेम करते हैं और फिर उसके प्रेम-पत्र छपवाकर 'ब्लैकमेल' करते हैं। ब्लैकमेल को आजकल विद्रोह भी कहते हैं। इनकी पत्नी इस कविता को सुनेगी, तो पूछेगी—यह कौन चुड़ैल है? यह घबराकर कहेगा—तुम्हीं हो। वह कहेगी—फिर मेरा खुलासा नाम बनमाला क्यों नहीं लिया? कवि समझायेगा—बनमाला में मात्रा ज्यादा है न! गतिभंग भी हो जाता।

ईमान और मात्रा में चुनाव करना पड़े तो हम मात्रा चुन लेते हैं। मात्रा बराबर हो, ईमान भाड़ में जाये। इस देश का दुर्भाग्य यह है कि सदियों से यह मात्रा, गति और यति को ठीक रखने में लगा हुआ है। परिवर्तन का आवेग उठता है तो यह फौरन उसे मात्रा, गति और यति में बाँध लेता है। रीति तोड़ना यह जानता ही

नहीं है। आज भी कौम के रहनुमा कहते हैं, क्रान्ति तो होनी ही चाहिए, पर मात्रा, गति और यति न टूटे।

काजीजी वैसे ही बहुत दुबले हैं। देश के अन्देशे में तो मर ही जायेंगे। मैं तो इस अध्यापक से कहना चाहता था—अभागे, ये भादों की रातें और कुल एक गीत! अरे, महाकाव्य लिख! अभी नहीं तो क्या 'मेघदूत' तू तब लिखेगा, जब वह हेड-मास्टरनी हो जायेगी! हेडमास्टरनी 'विनय पत्रिका' लिखवाती है—'कबहुँक अम्ब अवसर पाइ। मेरिओ सुधि द्याइबी कछु करुण कथा चलाइ।'

गरीब की लुगाई के पास कुछ खास किस्म के मनचले आते हैं। एक वह जो कुर्सी पर मुँह लटकाकर बैठ जाता है। पूछता हूँ तो अँगुलियों को उलझाता-सुलझाता भरे गले से कहता है—'बस्तर में फेंक दिया है।' भोपाल या इन्दौर या जबलपुर में पोस्टिंग हो, तो वह 'तबादला' कहलाता है। बस्तर में तबादला हो, तो वह 'फेंक देना' कहलाता है—जैसे शासन ने गुलेल में रखा और जो फेंका तो कर्मचारी बस्तर में गिरा। झाबुआ का तबादला हो तो कर्मचारी कहता है—झाबुआ में डाल दिया है। मैं बस्तर में फेंके गये और झाबुआ में डाले गये से कहता हूँ—कोई तो यहाँ फेंका या डाला जायेगा ही। या फिर उधर से स्कूल, अस्पताल, दफ्तर सब बन्द कर दिये जायें। फेंके और डाले गये कहते हैं—जिसका 'सोर्स' (जरिया) होता है, उसे वहाँ नहीं भेजा जाता।

सारा मामला 'सोर्स' का है। यह गरीब की लुगाई 'सोर्स' है, जो बस्तर और झाबुआ से आदमी को खींच लाती है।

ये तो बेचारे मुसीबतजदा लोग होते हैं। मगर गरीब की लुगाई के पास ऐसे छैला भी आते हैं, जिन्हें कोई कष्ट नहीं है, पर जिनकी तकलीफ यह है कि दुनिया के सारे लाभ उन्हें क्यों नहीं मिल रहे हैं। हर फायदे के लिए वे 'सोर्स' ढूँढ़ते फिरते हैं। उस दिन विश्वविद्यालय के एक डीन से वह बात कर रहा था। उसने मुझे पहचाना ही नहीं—वह बड़े आदमी से बात कर रहा था और मैं था छोटा आदमी। बाद में जब उसे पता लगा कि डीन मेरे दोस्त हैं, तो मैं छोटे आदमी से एकदम 'सोर्स' हो गया। वे सुबह घर पधार गये—दर्शनार्थ! वे भेड़ाघाट देख आये थे। मैं रह गया था। इधर दो ही चीजें देखने लायक हैं—भेड़ाघाट का जल-प्रपात और मैं मनुष्य-प्रपात। कहने लगे—हम तो बस आपको पढ़ते हैं। बड़ा आनन्द आता है। साहित्य के दाँव से मैं बहुत पछाड़ खा चुका हूँ। अब साहित्य के नाम से कोई काम कराना चाहे, तो मैं भरसक उसका काम बिगाड़ने की कोशिश करता हूँ। खबरदार!

वे दूसरे शहर में रहते हैं। हर साल 'सोर्स' ढूँढ़ने भारत-दर्शन पर निकल पड़ते हैं। कहते हैं—उधर का काम हो तो बताइए। मेरा इधर का ही कोई काम नहीं है, उधर का क्या बताऊँ? वे बार-बार उधर का काम पूछते हैं और मैं इन्तजार कर रहा हूँ कि ये कब अपना इधर का काम बताते हैं।

यह एक 'टाइप' है। यह बड़ा हिसाबी, जमा हुआ, संयमित आदमी होता है। उसमें कभी कोई अनियमितता, अतिरेक या साहसिकता नहीं होती। जिससे कभी

अतिरेक न हो, वह भी क्या आदमी है! सावधान, व्यवस्थित, नियमबद्ध आदमी होता है। उठना, बैठना, सोना, खाना, पीना, सम्बन्ध स्वयं बनाना—सब नियम से होते हैं। पूरी जिन्दगी कसे हुए काट देता है। मरने के बाद भगवान इससे पूछेंगे—तुम्हारे जीवन की विशिष्ट उपलब्धि क्या है? यह जवाब देगा—सर, मैं हर विश्वविद्यालय के पेपर पाता रहा।

भगवान पूछेंगे—और?

यह सोचकर जवाब देगा—और सर, समय पर नित्य-कर्म के लिए जाता रहा।

यह सोर्सवाली भुगतान सबको भुगतनी पड़ती है। सोर्स के पास मुझे भी कभी-कभी जाना पड़ता है। अभी एक डिप्टी-कलेक्टर के पास एक मामूली और जायज काम के लिए गया था। यह क्या बात है कि जायज काम कराने जाओ तो भी लगता है नाजायज काम है, जो सोर्स बिना नहीं होगा। जायज और नाजायज का भेद मिटा ही दिया गया है। जिस देश में जायज काम भी न हो सके, उसमें सारे ही काम नाजायज हैं। उनके लिए 'सोर्स' चाहिए। इतनी सोर्सप्रेमी जाति दुनिया में और कोई नहीं है।

डिप्टी कलेक्टर और मेरे उपनाम ऐसे हैं जो होशंगाबाद और खण्डवा जिलों में ही होते हैं। मूल वहीं है। मैंने कहा—आप भी हरदा-टिभरनी के हैं? आँखें उनकी चमकीं। बोले—आप भी तो वहीं के हैं। मैं तो नाम से ही समझ गया था। मैंने 'सोर्स' के रूप में उनकी कीमत जाँची और उन्होंने भविष्य के कामों के लिए मेरी। तब घोर वात्सल्य का वातावरण बना। लगा, मैं उनकी माँ हूँ और वे मेरी माँ हैं और दोनों के हृदय से ममता उमड़ पड़ रही है।

राष्ट्रीय पक्षी मोर है, राष्ट्रीय पशु शेर। यों इन पदों पर कौआ और सूअर का भी क्लेम था, पर मोर और शेर ने सोर्स भिड़ा लिया। राष्ट्रीय फूल कमल है और राष्ट्रीय फल आम (कद्दू क्यों नहीं?), मगर राष्ट्रीय पुरुष कौन? यानि ऐसा पुरुष, जिसमें इस जाति का प्रतिनिधि और सर्वव्यापी गुण हो।

मैंने इस राष्ट्रीय पुरुष की कल्पना की है। यह राष्ट्रीय पुरुष कपाल पर सोर्सों की लिस्ट चिपकाये हर दफ्तर के सामने खड़ा होकर चिक उठाकर भीतर झाँकता है।

यह राष्ट्रीय पुरुष वन में चिन्तन करते बुद्ध को मिला होगा। पूछा होगा—महाराज, यह क्या सोच रहे हो? बुद्ध ने कहा होगा—सोच रहा हूँ कि मनुष्य का जीवन दुखमय है। दुख से छुटकारा कैसे मिले? राष्ट्रीय पुरुष ने कहा होगा—बिलकुल ठीक सोच रहे हो, महाराज! देखिए न, मेरा प्रमोशन रुका है और मेरा जीवन दुखमय है। दुख से छुटकारा हो सकता है, अगर आप एक चिट्ठी अपने पिताजी

के लिए लिख दें। ठीक लाइन पकड़ी है आपने। इसी लाइन पर चलते जाइए।

राष्ट्रीय पुरुष राम को भी वन में मिला होगा। कहा होगा—महाराज, अपनी हवेली बन रही है। ज़रा जंगल साहब से कह दीजिए न, थोड़ी लकड़ी काट लेने दें।

राष्ट्रीय पुरुष सोर्स ढूंढ़ता और चिक उठाता घूम रहा है। मन्त्री से लाइसेन्स लेता है, कलेक्टर से मकान एलाट कराता है, फूड अफसर से शक्कर का परमिट ले लेता है, प्रोफ़ेसर से लड़के के नम्बर बढ़वाता है, प्रिन्सिपल से भर्ती करवाता है, पुलिस अफसर से मामला उठवाता है, नजूल अफसर से जमीन लेता है, विधायक से सिफारिश करवाता है।

राष्ट्रीय पुरुष किसी की शवयात्रा में मरघट जाता है। वहाँ शवदाह के लिए कार्पोरेशन की तरफ से इन्तजाम है। सैकड़ों मन लकड़ी पड़ी है, जिसे खरीदकर मुर्दा जलाया जाता है। मरघट का इन्चार्ज है—रामदीन।

राष्ट्रीय पुरुष पहचान लेता है—अरे रामदीन, तुम इधर ?

रामदीन कहता है—हाँ, इधर की ही ड्यूटी है।

राष्ट्रीय पुरुष कहता है—सैकड़ों मन लकड़ी पड़ी है। इसमें से दो-चार मन चली भी जाय तो कौन देखता है।

रामदीन चुप रहता है।

राष्ट्रीय पुरुष सोचता है। उसके चेहरे पर चमक आती है। कहता है—यार रामदीन, एक दिन मरना तो है ही। बाद में मरकर आया और तू नहीं हुआ तो लकड़ी की कीमत लग जायेगी। तू तो मुझे अभी जला दे।

राष्ट्रीय पुरुष को मरघट में 'सोर्स' मिल गया, तो मुफ्त की लकड़ी में जिन्दा जल मरे।

वह जो आदमी है न !

निन्दा में विटामिन और प्रोटीन होते हैं। निन्दा खून साफ करती है, पाचन-क्रिया ठीक करती है, बल और स्फूर्ति देती है। निन्दा से मांसपेशियाँ पुष्ट होती हैं। निन्दा पायरिया का तो शर्तिया इलाज है। सन्तों को परनिन्दा की मनाही होती है, इसलिए वे स्वनिन्दा करके स्वास्थ्य अच्छा रखते हैं, 'मो सम कौन कुटिल खल कामी'—यह सन्त की विनय और आत्मग्लानि नहीं है, टॉनिक है। सन्त बड़ा काँइयाँ होता है। हम समझते हैं, वह आत्म-स्वीकृति कर रहा है, पर वास्तव में वह विटामिन और प्रोटीन खा रहा है।

स्वास्थ्य-विज्ञान की एक मूल स्थापना तो मैंने कर दी। अब डॉक्टरों का कुछ

इतना काम बचा कि वे शोध करें कि किस तरह की निन्दा में कौन-से और कितने विटामिन होते हैं। कितना प्रोटीन होता है। मेरा अन्दाज है, स्त्री सम्बन्धी निन्दा में प्रोटीन बड़ी मात्रा में होता है और शराब सम्बन्धी निन्दा में विटामिन बहुत होते हैं।

मेरे सामने जो स्वस्थ सज्जन बैठे थे, वे कह रहे थे, "आपको मालूम है, वह आदमी शराब पीता है?"

मैंने ध्यान नहीं दिया। उन्होंने फिर कहा, "वह शराब पीता है।"

निन्दा में अगर उत्साह न दिखाओ, तो करनेवालों को जूता-सा लगता है। वे तीन बार यह बात कह चुके और मैं चुप रहा, तो तीन जूते उन्हें लग गये। अब मुझे दया आ गयी। उनका चेहरा उतर गया था।

मैंने कहा, "पीने दो।"

वे चकित हुए। बोले, "पीने दो? आप कहते हैं, पीने दो?"

मैंने कहा, "हाँ, हम लोग न उसके बाप हैं, न शुभचिन्तक। उसके पीने से अपना कोई नुकसान भी नहीं है।"

उन्हें सन्तोष नहीं हुआ। वे उस बात को फिर-फिर रेतते रहे।

तब मैंने लगातार उनसे कुछ सवाल कर डाले, "आप चावल ज्यादा खाते हैं या रोटी? किस करवट सोते हैं? जूते में पहले दाहिना पाँव डालते हैं या बायाँ? स्त्री के साथ..."

अब वे 'हीं-हीं' पर उतर आये। कहने लगे, "ये तो प्राइवेट बातें हैं। इनसे क्या मतलब?"

मैंने कहा, "वह क्या खाता-पीता है, यह उसकी प्राइवेट बात है। मगर इससे आपको जरूर मतलब है। किसी दिन आप उसके रसोईघर में घुसकर पता लगा लेंगे कि कौन-सी दाल बनी है और सड़क पर खड़े होकर चिल्लायेंगे—वह बड़ा दुराचारी है। वह उड़द की दाल खाता है।"

तनाव आ गया। मैं 'लाइट' हो गया, "छोड़ो यार, इस बात को। वेद में सोमरस की स्तुति में 60-65 मन्त्र हैं। सोमरस को पिता और ईश्वर तक कहा गया है। कहते हैं—तुमने मुझे अमर बना दिया। यहाँ तक कहा गया है, अब मैं पृथ्वी को अपनी हथेलियों में लेकर मसल सकता हूँ। ऋषि को ज्यादा चढ़ गयी होगी। चेतन को दबाकर राहत पाने या चेतना का विस्तार करने के लिए सब जातियों के ऋषि किसी मादक द्रव्य का उपयोग करते थे।"

चेतना का विस्तार। हाँ, कई की चेतना के विस्तार देख चुका हूँ। एक सम्पन्न सज्जन की चेतना का इतना विस्तार हो जाता है कि वे रिक्शावाले को रास्ते में पान खिलाते हैं, सिगरेट पिलाते हैं और फिर दुगुने पैसे देते हैं। पीने के बाद वे 'प्रोलेतरियात' हो जाते हैं। कभी-कभी रिक्शावाले को बिठाकर खुद रिक्शा चलाने लगते हैं। वे यों भी भले आदमी हैं। पर कुछ मैंने ऐसे देखे हैं, जो होश में मानवीय हो ही नहीं सकते। मानवीयता उन पर रम के 'किक' की तरह चढ़ती-उतरती है।

इन्हें मानवीयता के 'फिट' आते हैं—मिरगी की तरह। सुना है कि मिरगी जूता सुँघाने से उतर जाती है। इसका उल्टा भी होता है। किसी-किसी को जूता सुँघाने से मानवीयता का फिट भी आ जाता है। यह नुस्खा भी आजमाया हुआ है।

एक और चेतना का विस्तार मैंने देखा था। एक शाम रामविलास शर्मा के घर हम लोग बैठे थे। (आगरावाले डॉ. रामविलास शर्मा नहीं। वे तो दुग्धपान करते हैं और 'प्रातःसमय की वायु को सेवन करत सुजान' होते हैं।) यह स्टेट रोडवेज के अपने कवि रामविलास शर्मा हैं। उनके एक सहयोगी की चेतना का विस्तार कल डेढ़ पेग में हो गया और वे अंग्रेजी बोलने लगे। कबीर ने कहा है—'मन मस्त हुआ तब क्यों बोलै।' यहाँ हो गया—'मन मस्त हुआ तब अंग्रेजी बोलै।' नीचे होटल से खाना उन्हीं को लाना था। हमने कहा—अब इन्हें मत भेजो। ये अंग्रेजी बोलने लगे। पर उनकी चेतना का विस्तार जरा ज्यादा ही हो गया था। कहने लगे—नो सर, नो सर, आई शैल ब्रिंग ब्यूटीफुल मुर्गा।—अंग्रेजी भाषा का कमाल देखिए। थोड़ी ही पढ़ी है, मगर खाने की चीज को खूबसूरत कह रहे हैं। जो भी खूबसूरत दिखा, उसे खा गये। यह भाषा रूप में भी स्वाद देखती है। रूप देखकर उल्लास नहीं होता, जीभ में पानी आने लगता है। ऐसी भाषा साम्राज्यवाद के बड़े कामँ की होती है। कहा—'इण्डिया इज़ ए ब्यूटिफुल कण्ट्री।' और छुरी-काँटे से इण्डिया को खाने लगे। जब आधा खा चुके, तब देशी खानेवालों ने कहा—अगर इण्डिया इतना खूबसूरत है, तो बाकी हमें खा लेने दो। तुमने 'इण्डिया' खा लिया। बाकी बचा 'भारत' हमें खाने दो। अंग्रेज ने कहा—'अच्छा, हमें दस्त लगने लगे हैं। हम तो जाते हैं। तुम खाते रहना।' यह बात 1947 में हुई थी। हम लोगों ने कहा—अहिंसक क्रान्ति हो गयी। बाहरवालों ने कहा—'यह ट्रान्सफर ऑफ पॉवर है'—सत्ता का हस्तान्तरण। मगर सच पूछो तो यह 'ट्रान्सफर ऑफ डिश' हुआ—थाली उनके सामने से इनके सामने आ गयी। वे देश को पश्चिम सभ्यता के सलाद के साथ खाते थे। ये जनतन्त्र के अचार के साथ खाते हैं।

फिर राजनीति आ गयी। छोड़िए। बात शराब की हो रही थी। इसके सम्बन्ध में जो शिक्षाप्रद बातें ऊपर कही हैं, उन पर कोई अमल करेगा, तो अपनी 'रिस्क' पर। 'नुकसान' की जिम्मेदार कम्पनी नहीं होगी। मगर बात शराब की भी नहीं, उस पवित्र आदमी की हो रही थी, जो मेरे सामने बैठा किसी के दुराचार पर चिन्तित था।

मैं चिन्तित नहीं था, इसलिए वह नाराज और दुखी था।

मुझे शामिल किये बिना वह मानेगा नहीं। वह शराब से स्त्री पर आ गया, "और वह जो है न, अमुक स्त्री से उसके अनैतिक सम्बन्ध हैं।"

मैंने कहा, "हाँ, यह बड़ी खराब बात है !"

उसका चेहरा अब खिल गया। बोला, "है न ?"

मैंने कहा, "हाँ, खराब बात यह है कि उस स्त्री से अपना सम्बन्ध नहीं है।"

वह मुझसे बिल्कुल निराश हो गया। सोचता होगा, कैसा पत्थर है यह आदमी कि इतने ऊँचे दर्जे के 'स्केण्डल' में भी दिलचस्पी नहीं ले रहा। वह उठ गया और मैं सोचता रहा कि लोग समझते हैं कि हम खिड़की हवा और रोशनी के लिए बनवाते हैं, मगर वास्तव में खिड़की झाँकने के लिए होती है।

कितने लोग हैं जो 'चरित्रहीन' होने की साध मन में पाले रहते हैं, मगर हो नहीं सकते और निरे 'चरित्रवान' होकर मर जाते हैं। आत्मा को परलोक में भी चैन नहीं मिलती होगी और पृथ्वी पर लोगों के घरों में झाँककर देखती होगी कि किसका किससे सम्बन्ध चल रहा है।

किसी स्त्री और पुरुष के सम्बन्ध में बात अखरती है, वह अनैतिकता नहीं है, बल्कि यह है कि हाय, उसकी जगह हम नहीं हुए। ऐसे लोग मुझे चुंगी के दरोगा मालूम होते हैं। हर आते-जाते ठेले को रोककर झाँककर पूछते हैं—तेरे भीतर क्या छिपा है ?

एक स्त्री के पिता के पास हितकारी लोग जाकर सलाह देते हैं—उस आदमी को घर मत आने दिया करिए। वह चरित्रहीन है।

वे बेचारे वास्तव में शिकायत करते हैं कि पिताजी, आपकी बेटी हमें 'चरित्र-हीन' होने का चांस नहीं दे रही है। उसे डाँटिए न कि हमें भी थोड़ा चरित्रहीन हो लेने दे।

जिस आदमी की स्त्री सम्बन्धी कलंक-कथा वह कह रहा था, वह भला आदमी है—ईमानदार, सच्चा, दयालु, त्यागी। वह धोखा नहीं करता, कालाबाजारी नहीं करता, किसी को ठगता नहीं है, घूस नहीं खाता, किसी का नुकसान नहीं करता।

एक स्त्री से उसकी मित्रता है। इससे वह आदमी बुरा और अनैतिक हो गया।

बड़ा सरल हिसाब है अपने यहाँ आदमी के बारे में निर्णय लेने का। कभी सवाल उठा होगा समाज के नीतिवानों के बीच कि नैतिक और अनैतिक, अच्छे और बुरे आदमी का निर्णय कैसे किया जाय। वे परेशान होंगे। बहुत-सी बातों पर आदमी के बारे में विचार करना पड़ता है, तब निर्णय होता है। तब उन्होंने कहा—ज्यादा झंझट में मत पड़ो। मामला सरल कर लो। सारी नैतिकता को एक छोटे से दायरे में समेट लो।

हर जटिल को इस तरह सरल कर लेना मुझे भी पसन्द है। इसी को 'सहज साधना' कहते हैं।

हम, वे और भीड़

जनवरी के नोट्स

एक कैलेण्डर और बेकार हो गया। पन्ना-पन्ना मैला हो गया और हर तसवीर का रंग उड़ गया। हर साल ऐसा होता है — जनवरी में दीवार पर चमकीली तसवीरों का एक कलेण्डर टँग जाता है और दिसम्बर तक तसवीर की चमक उड़ जाती है। हर तसवीर बारह महीनों में बदरंग हो जाती है।

पुराने कैलेण्डर की तसवीर बच्चे काट लेते हैं और उसे कहीं चिपका देते हैं। हम सोचते हैं, बच्चों का मन बहलता है, पर यह उनके साथ कितना बड़ा धोखा है। साल-दर-साल हम उनसे कहते हैं, लो बेटो, जो साल हमने बिगाड़ दिया, उसे लो; उसकी तस्वीर से मन बहलाओ। बीते हुए की बदरंग मुरझायी तसवीरें हैं ये। आगत की कोई चमकीली तसवीर हम तुम्हें नहीं दे सकते। हम उसमें खुद धोखा खा चुके हैं और खाते रहे हैं। देनेवाले हमें भी तो हर साल के शुरू में रंगीन तसवीर देते हैं कि लो अभागो, रोओ मत। आगामी साल की यह रंगीन तसवीर है। मगर वह कच्चे रंग की होती है। साल बीतते वह भद्दी हो जाती है। धोखे की लम्बी परम्परा है। धोखा, जो हमें विरासत में मिला, हम तुम्हें देते हैं। किसी दिन तुम इन बदरंग तसवीरों को हमारे सामने ही फाड़कर फेंक दोगे और हमारे मुँह पर थूकोगे।

नया साल आ गया। पहले मैं 15 अगस्त से नया साल गिनता था। अब वैसा करते डर लगता है। मन में दर्द उठता है कि हाय, इतने साल हो गये फिर भी! जवाब मिलता है—कोई जादू थोड़े ही है। पर तरह-तरह के जादू तो हो रहे हैं। यही क्यों नहीं होता? अफसर के इतने बड़े मकान बन जाते हैं कि वह राष्ट्रपति को किराये पर देने का हौसला रखता है। किस जादू से गोदाम में रखे गेहूँ का हर दाना सोने का हो गया? इसे बो दिया जायेगा, तो फिर सोने की फसल कट जायेगी।

जनवरी से साल बदलने में न दर्द उठता, न हाय होती और न 'फिर भी' का सवाल उठता। आखिरी हफ्ते में कुछ यादें जरूर होती हैं। 23 जनवरी याद दिलाती है कि सुभाष बाबू ने कहा था—'तुम मुझे खून दो, मैं तुम्हें आजादी दूँगा।' खून तो हमने दे दिया, मगर आजादी किन्हें दे दी गयी? फिर 24 या 25 तारीख को लाल-किले पर सर्व-भाषा कवि-सम्मेलन होता है जिसमें बड़े कवि मेहनत करके घटिया कविता लिखकर लाते हैं और छोटे कवि मेहनत से और घटिया अनुवाद करते हैं। हिन्दी और उर्दू कवि खास तौर से उचक्कापन और 'ओवरएक्टिंग' करते हैं। यों इन भाषाओं की सारी समकालीन कविता घटिया हीरो की ओवरएक्टिंग है। फिर 26 जनवरी को गणतन्त्र दिवस होता है और हम संविधान की प्रति निकालकर गणतन्त्र के निर्देशक सिद्धान्त और बुनियादी अधिकारों का पाठ करते हैं। इसी वक्त गुरु गोलवलकर की वाणी सुनायी देती है कि राष्ट्र तो यह सिर्फ हिन्दुओं का है—

मुसलमान, पारसी, ईसाई वगैरह विदेशी हैं और खासकर मुसलमान तो देशद्रोही हैं। मगर जो सुरक्षा सम्बन्धी गुप्त बातें पाकिस्तान को बताते हुए पकड़े गये, वे शुद्ध ब्राह्मण हैं। यह भी जादू है।

फिर 30 जनवरी…।

हमारे बापों से तब कहा जाता था कि आजादी की घास गुलामी के घी से अच्छी होती है। हम तब बच्चे थे, मगर हमने भी इसे सुना, समझा और स्वीकारा।

आजाद हो गये, तो हमने कहा—अच्छा, अब हम गौरव के साथ घास भी खा लेंगे।

नारा लगानेवालों से पूछना भूल गये कि कब तक खायेंगे।

मगर हमने देखा कि कुछ लोगों ने अपनी काली-काली भैंसें आजादी की घास पर छोड़ दीं और घास उनके पेट में जाने लगी। तब भैंसवालों ने उन्हें दुह लिया और दूध का घी बनाकर हमारे सामने ही पीने लगे।

धोखा ही हुआ न! हमें और हमारे बापों को बताया ही नहीं गया था कि आजादी की घास तो होगी, पर कुछ के पास कभी-कभी भैंसें भी होंगी।

अब हम उनसे कहते हैं—यारो, तुम भी आजादी की घास खाओ न!

वे जवाब देते हैं—खा तो रहे हैं। तुम घास सीधे खा लेते हो और हम भैंसों के मारफत खाते हैं। वह अगर घी बन जाती है, तो हम क्या करें?

और हम अपने बाप को कोसते हैं कि तुमने तभी इस बारे में साफ बातें क्यों नहीं कर लीं। वह काली भैंसोंवाली शर्त क्यों मान ली? क्या हक था तुम्हें हमारी तरफ से घाटे का सौदा करने का?

सोशलिस्ट अर्थशास्त्री से पूछते हैं तो वह अपनी उलझी दाढ़ी पर हाथ फेरकर कहता है—कम्पल्शंस ऑफ ए बैकवर्ड इकानमी! पिछड़ी आर्थिकता की बाध्यताएँ हैं ये।

हैं तो। घर से दूकान तक पहुँचते भाव बढ़ जाते हैं।

देश एक कतार में बदल गया है। चलती-फिरती कतार है—कभी चावल की दूकान पर खड़ी होती है, फिर सरककर शक्कर की दूकान पर चली जाती है। आधी जिन्दगी कतार में खड़े-खड़े बीत रही है।

'शस्य श्यामला' भूमि के वासी 'भारत भाग्य विधाता' से प्रार्थना करते हैं कि इस साल अमेरिका में गेहूँ खूब पैदा हो और जापान में चावल।

हम 'मदरलैण्ड' न कहकर 'फादरलैण्ड' कहने लगें तो ठीक रहेगा। रोटी माँ से माँगी जाती है, बाप से नहीं। 'फादरलैण्ड' कहने लगेंगे, तो ये माँगें और शिकायतें नहीं होंगी।

मैं फिर 'भीड़' के चक्कर में पड़ गया।

मेरा एक मित्र सही कहता है—परसाई, तुम पर भीड़ हावी है। तुम हमेशा भीड़ की बात भीड़ के लिए लिखते हो। देखते नहीं, अच्छे लेखकों की सबसे बड़ी चिन्ता यह है कि भीड़ के दबाव से कैसे बचा जाये।

छोटा आदमी हमेशा भीड़ से कतराता है। एक तो उसे अपने वैशिष्ट्य के लोप हो जाने का डर रहता है, दूसरे कुचल जाने का। जो छोटा है और अपनी विशिष्टता को हमेशा उजागर रखना चाहता है, उसे सचमुच भीड़ में नहीं घुसना चाहिए। लघुता को बहुत लोग इस गौरव से धारण करते हैं, जैसे छोटे होने के लिए उन्हें बड़ी तपस्या करनी पड़ी है। उन्हें भीड़ में खो जाने का डर बना रहता है।

एक तरकीब है, जिससे छोटा आदमी भी भीड़ में विशिष्ट और सबके ध्यान का केन्द्र बन सकता है—उसे बकरे की या कुत्ते की बोली बोलने लगना चाहिए। भीड़ का उद्देश्य जब सस्ता अनाज लेने का हो, वह इसके लिए आगे बढ़ रही हो, उसका ध्येय, एक मनःस्थिति और एक गति हो—तब यदि छोटा आदमी बकरे की बोली बोल उठे, तो वह एकदम विशिष्ट हो जायेगा और सबका ध्यान खींच लेगा।

लोग मुझसे कहीं होशियार हैं। मेरे बताये बिना भी वे यह तरकीब जानते हैं और भूखों की भीड़ में बकरे की बोली बोल रहे हैं।

बड़ा डर है कि भीड़ हमें याने स्वतन्त्र चिन्तकों और लेखकों को दबोच रही है।

वे नहीं जानते या छिपाते हैं कि भीड़ से अलग करके भी किसी एकान्त में दबोचे जाते हैं। लेखकों की चोरी करनेवाले कई गिरोह हैं। वे भीड़ में शिकार को ताड़ते रहते हैं और किसी बहाने उसे भीड़ से अलग करके, अपने साथ किसी अँधेरी कोठरी में ले जाते हैं। वहाँ उसके हाथ-पाँव बाँधकर मुँह में कपड़ा ठूँस देते हैं। तब स्वतन्त्र चिन्तक सिर्फ 'घों-घों' की आवाज निकाल सकता है। गिरोहवाले उस 'घों-घों' में सौन्दर्यशास्त्रीय मूल्य ढूँढ़कर बता देते हैं। उसे तत्त्व-ज्ञान सिद्ध कर देते हैं।

जिसकी अनाज की थैली लेकर कोई दूसरा कतार में खड़ा है, वह भीड़ से घृणा कर सकता है। जिसका थैला अपने ही हाथ में है, वह क्या करे?

भीड़ से बचने का एक तरीका और है। एक मीनार खड़ी करो। उस पर बैठ जाओ। एक लम्बी रस्सी में खाने का डिब्बा बाँधकर नीचे लटकाओ और ऊपर से रोओ। कोई दया करके डिब्बे में रोटी-दाल रख देगा। डिब्बा ऊपर खींचकर रोटी खा लो और ऊपर से भीड़ पर थूको।

लेखक की हालत खस्ता है। वह सोचता है कि मेरा अलग से कुछ हो जाये। सबके साथ होने में विशिष्टता मारी जाती है। दिन-भर पेट भरने के लिए उसके जूते घिसते हैं और शाम को वह कॉफ़ी-हाउस में बैठकर कहता है कि कोई हमें भीड़ से बचाओ।

उधर भीड़ कहती है कि कोई हमें इनसे बचाओ।

राजनीति की बू आती है, इन बातों से। है न?

लेखक को तो मनुष्य से मतलव है, राजनीति वगैरह से क्या?

मगर मनुष्य की नियति तय करनेवाली एक राजनीति भी है।

लेखक दम्भ से कहता है, पहली बार हमने जीवन को उसके पूर्ण और यथार्थ रूप में स्वीकारा है।

तूने भाई, किसका जीवन स्वीकारा है? जीवन तो अर्थमन्त्री के बदलने से भी प्रभावित हो रहा है और अमेरिकी चुनाव से भी।

कल अगर फासिस्ट तानाशाही आ गयी, तो हे स्वतन्त्र चिन्तक, हे भीड़-द्वेषी, तेरे स्वतन्त्र चिन्तन और लेखन का क्या होगा? फिर तो तेरा गला दबाया जायेगा और तूने अपनी इच्छा से कोई आवाज निकालने की कोशिश की तो गला ही कट जायेगा।

आज तू यह सोचने में झेंपता है और ऊपर से कहता है—आज हम जीवन से सम्पृक्त हैं।

भीड़ की बात छोड़ें। लेखकों की बातें करें।

'अज्ञेय' को 'आँगन के पार द्वार' पर अकादमी-पुरस्कार मिल गया। पहले क्यों नहीं मिला? उम्र कम थी।

आममत है कि 'आँगन के पार द्वार' से पहले के संग्रहों की कविताएँ अच्छी हैं।

फिर उन पर क्यों पुरस्कार नहीं मिला? तब उम्र कम थी और अच्छी रचना को पुरस्कृत करने की कोई परम्परा नहीं है।

पं. माखनलाल चतुर्वेदी का सम्मान हुआ और थैली भेंट की गयी।

पहले क्यों नहीं यह हुआ? उम्र उनकी भी कम थी।

जानसन ने लार्ड चेस्टरफ़ील्ड को चिट्ठी में लिखा था कि माई लार्ड, क्या 'पेट्रन' वह होता है जो किनारे पर खड़ा-खड़ा आदमी को पानी में डूबते देखता रहे और जब वह किसी तरह बचकर बाहर निकल आये, तो उसे गले लगा ले।

पुरस्कार और आर्थिक सहायता रचना करने के लिए मिलते हैं या रचना बन्द करने के लिए?

मैं देनेवालों के पास जाऊँ और कहूँ—सर, मैं लिखना बन्द कर रहा हूँ—इस उपलक्ष्य में मुझे आप क्या देते हैं?

सर पूछेगा—कब से बन्द कर रहे हो?

—अगली पहली तारीख से।

सर कहेगा—तुम कल ही से बन्द कर दो तो मैं कल ही से तुम्हारी मासिक सहायता बाँध देता हूँ। खबरदार, लिखा तो बन्द कर दूँगा।

मैं कहूँगा—ऐसा है तो आज से ही बन्द कर दूँगा। आज से ही तनखा बाँध

दीजिए।

एक वृद्ध गरीब लेखक बेचारा इधर शहर में घूम रहा है। उसे दो 'प्रतिष्ठित' आदमियों से दरिद्रता के सर्टिफिकेट चाहिए। उसने सहायता के लिए दरखवास्त दी है। उसमें नत्थी करेगा। तब कलेक्टर के चक्कर लगायेगा और कलेक्टर जाँच करके सिफारिश करेगा कि हाँ, यह लेखक सचमुच दरिद्र है, दीन है। जो दीन नहीं है, ऐसे दो बेईमान चन्दा खानेवालों ने इसकी दरिद्रता प्रमाणित की है।

क्या मतलब है इन शब्दों का--स्वतन्त्रचेता, द्रष्टा, विशिष्ट, आत्मा के प्रति प्रतिबद्ध, आत्मा का अन्वेषी ?

जिसने हमें क्रान्ति सिखायी थी और जो कहता है कि मेरी आत्मा में हिमालय घुस गया है, उसे मैंने अभी देखा।

जिसने ज्वाला धधकाने की बात की थी उसे भी अभी देखा।

जो सन्त कवियों की 'स्पिरिट' को आत्मसात् किये है, उसे भी देखा।

कहाँ देखा ?

मुख्यमन्त्री के आसपास। तीनों में स्पर्धा चल रही थी कि कौन किस जेब में घुस जाये। कोट की दो जेबों में दो घुस गये।

तीसरे ने कहा—हाय, अगर मुख्यमन्त्री पतलून पहने होते, तो मैं उसकी जेब में घुस जाता।

तीनों 'एम्प्लायमेण्ट एक्सचेंज' से कार्ड बनवाकर जेब में रखे हैं। किसी को कुछ होना है, किसी को कुछ !

कहानी पर बात करना व्यर्थ है। मैं पिछले दो महीने से व्यूह-रचना के सम्पर्क में नहीं हूँ। उसे जाने बिना मूल्यों की बात नहीं हो सकती। दिल्ली जाकर चार तरह के लेखकों से मिलूँगा। वे चार तरह के कौन? कॉफी-हाउसवाले, टी-हाउस-वाले, शालीमारवाले और फोन पर हेलोवाले !

साहित्य की सबसे बड़ी समस्या इस समय यह है कि डॉ. नामवरसिंह ने एक लेख में श्रीकान्त वर्मा को 'कोट' किया है और तारीफ तथा सहमति के साथ किया है। यह चकित कर देनेवाली बात है।

हम सबके लिए आगामी माह का साहित्यिक 'असाइनमेण्ट' यही है कि हम इस रहस्य का पता लगायें। तब कुछ लिखें-पढ़ें।

अपनी-अपनी बीमारी

हम उनके पास चन्दा माँगने गये थे। चन्दे के पुराने अभ्यासी का चेहरा बोलता है। वे हमें भाँप गये। हम भी उन्हें भाँप गये। चन्दा माँगनेवाले और देनेवाले एक-दूसरे के शरीर की गन्ध बखूबी पहचानते हैं। लेनेवाला गन्ध से जान लेता है कि यह देगा या नहीं। देनेवाला भी माँगनेवाले के शरीर की गन्ध से समझ लेता है कि यह बिना लिये टल जायेगा या नहीं। हमें बैठते ही समझ में आ गया कि ये नहीं देंगे। वे भी शायद समझ गये कि ये टल जायेंगे। फिर भी हम दोनों पक्षों को अपना कर्त्तव्य तो निभाना ही था। हमने प्रार्थना की तो वे बोले—आपको चन्दे की पड़ी है, हम तो टैक्सों के मारे मर रहे हैं।

सोचा, यह टैक्स की बीमारी कैसी होती है। बीमारियाँ बहुत देखी हैं—निमोनिया, कालरा, कैंसर, जिनसे लोग मरते हैं। मगर यह टैक्स की कैसी बीमारी है जिससे वे मर रहे थे! वे पूरी तरह से स्वस्थ और प्रसन्न थे। तो क्या इस बीमारी में मजा आता है? यह अच्छी लगती है, जिससे बीमार तगड़ा हो जाता है। इस बीमारी से मरने में कैसा लगता होगा? अजीब रोग है यह। चिकित्सा-विज्ञान में इसका कोई इलाज नहीं है। बड़े-से-बड़े डाक्टर को दिखाइए और कहिए—यह आदमी टैक्स से मर रहा है। इसके प्राण बचा लीजिए। वह कहेगा—इसका हमारे पास कोई इलाज नहीं है। लेकिन इसके भी इलाज करनेवाले होते हैं, मगर वे एलोपैथी या होमियोपैथी पढ़े नहीं होते। इसकी चिकित्सा-पद्धति अलग है। इस देश में कुछ लोग टैक्स की बीमारी से मरते हैं और काफी लोग भुखमरी से।

टैक्स की बीमारी की विशेषता यह है कि जिसे लग जाये वह कहता है—हाय, हम टैक्स से मर रहे हैं। और जिसे न लगे वह कहता है—हाय, हमें टैक्स की बीमारी ही नहीं लगती। कितने लोग हैं जिनकी महत्त्वाकांक्षा होती है कि टैक्स की बीमारी से मरें, पर मर जाते हैं निमोनिया से। हमें उन पर दया आयी। सोचा, कहें कि प्रापर्टी समेत यह बीमारी हमें दे दीजिए। पर वे नहीं देते। यह कम्बख्त बीमारी ही ऐसी है कि जिसे लग जाये, उसे प्यारी ही हो जाती है।

मुझे उनसे ईर्षा हुई। मैं उन जैसा ही बीमार होना चाहता हूँ। उनकी तरह ही मरना चाहता हूँ। कितना अच्छा होता अगर शोक-समाचार यों छपता—बड़ी प्रसन्नता की बात है कि हिन्दी के व्यंग्य लेखक हरिशंकर परसाई टैक्स की बीमारी से मर गये। वे हिन्दी के प्रथम लेखक हैं जो इस बीमारी से मरे। इस घटना से समस्त हिन्दी संसार गौरवान्वित है। आशा है, आगे भी लेखक इसी बीमारी से मरेंगे।

मगर अपने भाग्य में यह कहाँ। अपने भाग्य में तो टुच्ची बीमारियों से मरना लिखा है।

उनका दुख देखकर मैं सोचता हूँ, दुख भी कैसे-कैसे होते हैं। अपना-अपना

दुख अलग होता है। उनका दुख था कि टैक्स मारे डाल रहे हैं। अपना दुख है कि प्रापर्टी ही नहीं है, जिससे अपने को भी टैक्स से मरने का सौभाग्य प्राप्त हो। हम कुल 50 रुपया चन्दा न मिलने के दुख से मरे जा रहे थे।

मेरे पास एक आदमी आता था, जो दूसरों की बेईमानी की बीमारी से मरा जाता था। अपनी बेईमानी प्राणघातक नहीं होती, बल्कि संयम से साधी जाय तो स्वास्थ्यवर्द्धक होती है। कई पतिव्रताएँ दूसरी औरतों के कुलटापन की बीमारी से परेशान रहती हैं। वह आदर्श-प्रेमी आदमी था। गाँधीजी के नाम से चलनेवाले किसी प्रतिष्ठान में काम करता था। मेरे पास घण्टों बैठता और बताता कि वहाँ कैसी बेईमानी चल रही है। कहता—युवावस्था में मैंने अपने को समर्पित कर दिया था। किस आशा से इस संस्था में गया और क्या देख रहा हूँ। मैंने कहा –भैया, युवावस्था में जिन्होंने समर्पण कर दिया वे सब रो रहे हैं। फिर तुम आदर्श लेकर गये ही क्यों? गाँधीजी दूकान खोलने का आदेश तो मरते-मरते दे नहीं गये थे। मैं समझ गया, उसके कष्ट को। गाँधीजी का नाम प्रतिष्ठान में जुड़ा होने के कारण वह बेईमानी कर नहीं पाता था और दूसरों की बेईमानी से बीमार था। अगर प्रतिष्ठान का नाम कुछ और हो जाता तो वह भी औरों जैसा करता और स्वस्थ रहता। मगर गाँधीजी ने उसकी जिन्दगी बरबाद की थी। गाँधीजी विनोबा-जैसों की जिन्दगी बरबाद कर गये।

बड़े-बड़े दुख हैं! मैं बैठा हूँ। मेरे 2-3 बन्धु बैठे हैं। मैं दुखी हूँ। मेरा दुख यह है कि मुझे बिजली का 40 रु. का बिल जमा करना है और मेरे पास इतने रुपये नहीं हैं।

तभी एक बन्धु अपना दुख बताने लगता है। उसने 8 कमरों का मकान बनाने की योजना बनायी थी। 6 कमरे बन चुके हैं। 2 के लिए पैसे की तंगी आ गयी है। वह बहुत-बहुत दुखी है। वह अपने दुख का वर्णन करता है। मैं प्रभावित नहीं होता। मगर उसका दुख कितना विकट है कि मकान को 6 कमरों का नहीं रख सकता! मुझे उसके दुख से दुखी होना चाहिए, पर नहीं हो पाता। मेरे मन में बिजली के बिल के 40 रु. का खटका लगा है।

दूसरे बन्धु पुस्तक-विक्रेता हैं। पिछले साल 50 हजार की किताबें पुस्तकालयों को बेची थीं। इस साल 40 हजार की बिकीं। कहते हैं—बड़ी मुश्किल है। सिर्फ 40 हजार की किताबें इस साल बिकीं। ऐसे में कैसे चलेगा? वे चाहते हैं, मैं दुखी हो जाऊँ, पर मैं नहीं होता। इनके पास मैंने अपनी 100 किताबें रख दी थीं। वे बिक गयीं। मगर जब मैं पैसे माँगता हूँ, तो वे ऐसे हँसने लगते हैं जैसे मैं हास्यरस पैदा कर रहा हूँ। बड़ी मुसीबत है व्यंग्यकार की। वह अपने पैसे माँगे, तो उसे भी व्यंग्य-विनोद में शामिल कर लिया जाता है। मैं उनके दुख से दुखी नहीं होता। मेरे मन में बिजली कटने का खटका लगा हुआ है।

तीसरे बन्धु की रोटरी मशीन आ गयी। अब मोनो मशीन आने में कठिनाई आ गयी है। वे दुखी हैं। मैं फिर दुखी नहीं होता।

अन्ततः मुझे लगता है कि अपने बिजली के बिल को भूलकर मुझे इन सबके दुख से दुखी हो जाना चाहिए। मैं दुखी हो जाता हूँ। कहता हूँ—क्या ट्रेजडी है मनुष्य-जीवन की कि मकान कुल 6 कमरों का रह जाता है! और कैसी निर्दय यह दुनिया है कि सिर्फ 40 हजार की किताबें खरीदती है! कैसा बुरा वक्त आ गया है कि मोनो मशीन ही नहीं आ रही है!

वे तीनों प्रसन्न हैं कि मैं उनके दुखों से आखिर दुखी हो ही गया।

तरह-तरह के संघर्ष में तरह-तरह के दुख हैं। एक जीवित रहने का संघर्ष है और एक सम्पन्नता का संघर्ष है। एक न्यूनतम जीवन-स्तर न कर पाने का दुख है, एक पर्याप्त सम्पन्नता न होने का दुख है। ऐसे में कोई अपने टुच्चे दुखों को लेकर कैसे बैठे?

मेरे मन में फिर वही लालसा उठती है कि वे सज्जन प्रापर्टी समेत अपनी टैक्सों की बीमारी मुझे दे दें और मैं उससे मर जाऊँ। मगर वे मुझे यह चांस नहीं देंगे। न वे प्रापर्टी छोड़ेंगे, न बीमारी, और मुझे अन्ततः किसी ओछी बीमारी से ही मरना होगा।

समय काटनेवाले

मैं वह पत्थर हूँ, जिस पर कोई भी अपने न कटनेवाले समय को पटक-पटककर मार डालता है। कुछ लोग मेरा यह पत्थरी उपयोग नियमित रूप से करते हैं और मैं होने देता हूँ। मैं जानता हूँ, वे घर में पूरी ईमानदारी के साथ समय काटने की कोशिश करते हैं पर समय फिर भी बच जाता है तो उसे झोले में डालकर मुझ जैसे के पास चले आते हैं और उसे जोर-जोर से मेरे ऊपर पछाड़ने लगते हैं। समय जब तार-तार होकर मर जाता है, तो वे प्रसन्न और हल्के होकर चले जाते हैं, और मैं अपने चुटीले सिर को देर तक सहलाता रहता हूँ और सोचता हूँ— सरप्लस समय के कपड़े को पछाड़ने के लिए मैं धोबी के पत्थर से ज्यादा कुछ नहीं हूँ।

पर समय रोज पैदा हो जाता है और उसे रोज मारना पड़ता है। समय को न मारो तो वह अपने को मार डालता है। ऐसी क्या कोई तरकीब नहीं है कि सारे समय को एक बार ही ऐसा मार डाला जाय कि वह फिर पैदा न हो? एक सत्याग्रही ने मुझे बताया कि है। कहने लगे—जेल में मैं जासूसी किताब पढ़ रहा था। विनोबा ने देखा तो पूछा—क्या अध्ययन कर रहे हो? मैंने कहा—जासूसी किताब पढ़ रहा हूँ। बाबा ने पूछा—इसे क्यों पढ़ते हो? मैंने जवाब दिया—समय काटने के लिए। विनोबा ने कहा—हूँ, समय तुम्हारी समस्या है। ऐसा करो न, इस खम्भे पर सिर

दे मारो। सारा समय एकबारगी कट जायेगा।

सलाह नेक है। मगर ऐसी थोक काट बिरले ही करते हैं। अक्सर लोग फुटकर समय काटते हैं!

ऐसे एक ताजा समय काटनहार मेरे पास जब-तब आ जाते हैं। रिटायर्ड आदमी हैं। एक्सटेन्शन न मिले, उसे रिटायर्ड आदमी कहते हैं। एक्सटेन्शन की अवधि से ही यह टूटने लगता है। मातहत आपस में कहते हैं—बुड्ढा एक्सटेन्शन पर चल रहा है। मिनिस्ट्री बदली कि गये। एक्सटेन्शनवाला आठों पहर अनुभव करता है कि वह रेत के ढेर पर बैठा है।

वे सज्जन कहीं से रिटायर होकर यहीं बेटों के पास आकर रहने लगे हैं। पढ़े-लिखे आदमी हैं। साहित्य-प्रेमी हैं। साहित्य-प्रेमी के लिए मैं बकरा हूँ। चाहे जब हलाल किया जा सकता हूँ। वे अच्छी बातें करते रहे। अच्छी बातें ऊब देती हैं : मैंने 'हिंट' देना शुरू किया। टालने के लिए मेरे पास कई तरकीबें हैं। तमाखू खाकर पीक मुँह में भर लेता हूँ। बोलता ही नहीं। तमाखू मेरी रक्षक है। अगर तमाखू खाने की आदत न होती तो मुँह बन्द रखने के लिए बच्चों की 'फीडिंग बाटल' मुँह में रखनी पड़ती। तमाखू से सामनेवाला न उठे तो एकाएक उदास और गुमसुम हो जाता हूँ, जैसे संसार का नाश साफ देख रहा हूँ। या दार्शनिक मुद्रा में बैठ जाता हूँ—असार संसार में दो घड़ी बोल भी लिये तो क्या होता है! जाइए। उन्होंने कोई 'हिंट' स्वीकार नहीं किया। तब मैंने पूछा कहाँ जाने का इरादा है? यह प्रश्न तुरुप का इक्का है। इसका मतलब है कि आप जा कहीं और रहे हैं, यहाँ तो यों ही टपक पड़े। इस अर्थ को समझकर आदमी उठ जाता है। मगर आपको यह प्राणघातक जवाब भी मिल सकता है – कहीं नहीं। आपके पास तक ही आया था। वे सज्जन यह कहकर कि ज़रा बाजार जाना है, उठ गये। एकाध मिनट बाद मैं भी पान खाने चौराहे की तरफ चला। मैंने देखा, वे चौराहे पर खड़े हुए तय नहीं कर पा रहे हैं कि कहाँ जायें। वे कभी बायीं तरफ की सड़क पर मुड़ते। फिर लौट-कर चौराहे पर आकर दायें मुड़ जाते। पर फिर लौट पड़ते। 2-3 मिनट उन्हें यह तय करने में लगे कि किस तरफ किसके पास जायें। बाकी वक्त कहाँ गुजार दें। उन्हें किसी का खयाल आता और वे एक सड़क पर चल देते। 2-4 कदम चलने पर सोचते—वह शायद घर पर न हो। वे लौट पड़ते और दूसरे आदमी के घर की तरफ बढ़ते। फिर कुछ सोचकर लौट पड़ते।

मुझे बहुत दया आयी। सोचा, इन्हें लौटा लूँ और कहूँ कि जब तक बैठना हो, बैठें। पर तभी आत्मरक्षा की भावना तीव्र हुई। मुझे काम भी करना था। दया की भी शर्तें होती हैं। एक दिन एक गाय तार में फँस गयी थी। उसकी तड़प से मैं द्रवित हो गया। सोचा, इसे निकाल दूँ। पर तभी डरा कि निकलते ही यह खीझ में मुझे सींग मार दे तो! मैं दया समेत उसे देखता रहा। वृद्ध सज्जन मुझे ठीक उस गाय की तरह लगे जो त्रासदायी खाली समय के कंटीले तारों में फँसे थे। मैं उन्हें निकाल सकता था, पर निकाल नहीं रहा था। दया की भी शर्तें होती हैं। 'सोसायटी

फार दी प्रिवेंशन ऑफ क्रुएल्टी टु एनिमल्स', याने जानवरों पर होनेवाली क्रूरता पर रोक लगानेवाले संगठन के एक सदस्य ने बर्फ तोड़ने के कीले से कोंच-कोंचकर अपनी बीवी को मार डाला था। दया की शर्तें होती हैं। हर प्राणी दया का पात्र है, बशर्ते वह अपनी बीवी न हो।

वे जब-तब मेरे पास आने लगे। यह अजब बात है कि जिस पर दया आये उससे डर भी लगे। एक शाम वे मुझे बस स्टेशन पर खोमचे के पास खड़े चाट खाते दिख गये। मेरी दया और बढ़ गयी। उन्हें घर में इच्छानुकूल खाने को न मिलता होगा। बूढ़ा आदमी चटोरा हो जाता है। मेरे एक रिश्तेदार अन्तिम साँस ले रहे थे। बेटों ने कहा—बाबूजी, राम-नाम लो। दान-पुण्य करना हो तो कर दो। कुछ इच्छा हो तो बताओ। उन्होंने न राम का नाम लिया, न दान किया। बोले—भैया, मुझे आलूबण्डा खिला दो।

एक दिन वे मेरे पास बैठे थे कि विश्वविद्यालय के दो छात्र-नेता आ गये। वे युवा असन्तोष पर मुझसे बातें करने लगे। रिटायर्ड सज्जन बीच में ही बोलने लगे। वे लड़कों को उपदेश देने लगे। लड़कों ने कहा, ज़रा आप हमें बात कर लेने दीजिए। वे चुप हो गये। लड़के चले गये, तो वे बोले—हमारा जिन्दगी-भर का अनुभव है। उस अनुभव के आधार पर हम कुछ कहते हैं, तो ये लड़के सुनते क्यों नहीं? मैंने कहा—शायद इसलिए कि अनुभवों के अर्थ बदल गये हैं।

वे समझ गये। उदास हो गये। कहने लगे—हमारी तो पूरी जिन्दगी दबते हुए गुजर गयी। जब हम जवान थे, तब यह मान्यता थी कि बड़ों से दबो! हम तब बुजुर्गों से दबे। अब यह हो गया कि लड़कों से दबो। तो अब हम बुढ़ापे में लड़कों से दब रहे हैं। हमारी जिन्दगी तो दबते हुए गुजर गयी।

रिटायर्ड आदमी की बड़ी ट्रेजडी होती है। व्यस्त आदमी को अपना काम करने में जितनी अक्ल की जरूरत पड़ती है, उससे ज्यादा अक्ल बेकार आदमी को समय काटने में लगती है। रिटायर्ड वृद्ध को समय काटना होता है। वह देखता है कि जिन्दगी-भर मेरे कारण बहुत कुछ होता रहा है, पर अब मेरे कारण कुछ नहीं होता। वह जीवित सन्दर्भों से अपने को जोड़ना चाहता है, पर जोड़ नहीं पाता। वह देखता है कि मैं कोई हलचल पैदा नहीं कर पा रहा हूँ। छोटी-सी तरंग भी मेरे कारण जीवन के इस समुद्र में नहीं उठ रही है। हमारे चाचा जब-जब इस नकुछपन से त्रस्त होते, परिवार में लड़ाई करवा देते। खाना खाते-खाते चिल्लाते—दाल में क्या डाल दिया? कड़वी लगती है। मुझे मार डालोगे क्या? हम कहते—दाल तो बिल्कुल ठीक है। वे कहते—तो क्या मैं झूठ बोलता हूँ! भगवान की कसम! परिवार में आपस में लड़ाई मच जाती। हम देखते कि हम लड़ रहे हैं, पर चाचा आराम से सो रहे हैं। तूफान खड़ा कर देने में सफलता से उन्हें अपने अस्तित्व और अर्थ का बोध होता और मन को चैन मिलता।

हाल ही में रिटायर्ड एक सज्जन मिले। मैंने पूछा—वक्त कैसे कटता है? वे बताने लगे—भगवान ने फुरसत दी है, तो 4 घण्टे तो उनकी पूजा करते हैं। मुझे

भगवान पर दया आयी। सर्वशक्तिमान की भी मेरी जैसी गत 4 घण्टे रोज होती है। यों वे ठीक ही कहते हैं कि भगवद्भजन या और कोई अच्छा काम फुरसत में ही किया जाता है। फुरसत ही नहीं है, तो आदमी अच्छे काम कैसे करे ?

भगवान से लेकर बेटे, नाती-पोते तक वक्त काटने के काम आते हैं। मेरे पड़ोस का लड़का बेकार था। वक्त उसका कटता नहीं था। उसके पिता के दोस्त रिटायर हुए। उनकी भी समस्या समय थी। दोनों एक-दूसरे का वक्त काटने लगे। उम्र का फर्क मिट गया। वे बराबरी के हो गये। बुढ़ऊ दोपहर को आ जाते और शाम तक बातें करते। बातों के विषय खेती-बाड़ी से लेकर बारातों के अनुभव तक होते। एक दिन मैंने सुना, वे दोनों खूब जोर से लड़ रहे हैं। बुढ़ऊ कह रहे हैं—हमें मत सिखाओ। हमें जिन्दगी-भर तमाखू खाते हो गया। लड़का बोला—तुम्हें जिन्दगी हो गयी तो हम भी 10 साल से तमाखू खा रहे हैं। हम भी कुछ जानते हैं।

मुद्दा क्या था झगड़े का ? कुल यह कि चूने में मक्खन डालना चाहिए या नहीं, और डालना चाहिए तो कितना और किस तरह। उस दिन जब शाम को दोनों अलग हुए तो और दिनों से ज्यादा खुश थे, क्योंकि लड़ लिये थे।

मेरे पास ही एक भले आदमी रहते थे। उनके ससुर रिटायर हुए तो कुछ महीनों के लिए लड़की-दामाद के पास रहने को आ गये। वे गणित के अध्यापक थे। मेरे रिश्तेदार होते थे। वे मेरे पास आकर बैठ जाते। घण्टों परिवार और रिश्तेदार और महँगाई की बात करते। मुझे अखरने लगा। एक दिन जब वे आये तो मैंने उनके बोलने के पहले ही अन्तर्राष्ट्रीय बात शुरू कर दी। कहा—देखिए, इसराइल ने अरब गणराज्य पर हमला कर दिया। जियानवादी राज्य की स्थापना का वायदा 1917 में ब्रिटिश विदेश सचिव लार्ड बेलपुट ने कर दिया था। 5-7 मिनट तक जब मैं अरब-इसराइल सम्बन्ध और शीतयुद्ध की बात करता रहा तो वे ऊब उठे। इस सबसे उनका वास्ता ही नहीं था। वे उठे। बोले—ज़रा नहा लूँ। मैंने अन्तरराष्ट्रीय राजनीति से उन्हें नहलवा दिया। दो-तीन दिन यह नुस्खा आजमाने के बाद या तो आते नहीं, आते भी तो 5-10 मिनट ही बैठते। वे डरते कि ज्यादा बैठा तो यह दुष्ट अन्तर्राष्ट्रीय राजनीति की बात शुरू कर देगा।

मगर अब उनके बेटी-दामाद परेशान रहने लगे। मैंने उन्हें सलाह दी कि इन्हें किसी काम में लगा दो। कहो कि बाबूजी, मुन्ना गणित में कमजोर है, इसे पढ़ा दिया करिए। गणित के अध्यापक की यह कमजोरी है। वह दुनिया में किसी को गणित में कमजोर नहीं देख सकता। मैंने देखा, वे नाती को गणित पढ़ाने लगे हैं और खुश हैं। पर एक दिन लड़का रोकर बोला—ये नानाजी तो हमें गणित पढ़ा-पढ़ाकर मार डाल रहे हैं। वे लड़के के पीछे पड़ गये थे।

अब मैं बुजुर्गों से डरने लगा हूँ। पर वे नाराज न हों। मैं उनका मजाक नहीं उड़ा रहा हूँ। उनकी तकलीफ समझने की कोशिश कर रहा हूँ। रिटायर्ड आदमी की यह समस्या मानवीय और सामाजिक है। समाज का एक हिस्सा हमेशा गिरे मन का, नकुछपन के बोध से भरा सिर्फ समय का बोझ ढोता रहे, यह अच्छा नहीं।

समाज का भविष्य इस बात पर निर्भर है कि वह अपने रिटायर्ड लोगों का क्या करता है। अगर कुछ नहीं करता तो रिटायर्ड वृद्ध काम करते युवा के काम में दखल देगा और समाज की कर्म-शक्ति घटेगी।

युवा इन्जीनियर काम कर रहा है। तभी रिटायर्ड इन्जीनियर आ जायेंगे और कहेंगे --क्या हो रहा है ! हूँ ! हमारे जमाने में ऐसी मशीनें नहीं होती थीं। वे अपने ज़माने की मशीन को मार डालेंगे। पुरानी मशीन से नयी मशीन की रक्षा करनी पड़ेगी। पुरानी मशीन को किसी काम में लगाना पड़ेगा। काम न मिले तो कम-से-कम यह तो हो ही सकता है कि पुरानी मशीनें एक-दूसरी का जंग साफ़ करते, वक्त गुजार दें।

'बने हैं दोस्त नासेह !'

शुभचिन्तकों ने कितनों की जिन्दगी बरबाद कर दी ! हमारे सम्पूर्ण हिताहित को, सहज ही सोत्साह हमारी बिना मर्जी के हथिया लेनेवाले शुभचिन्तक से बड़ा दुश्मन कोई और नहीं। शुभचिन्तक यदि केवल 'शुभ' की 'चिन्ता' की मर्यादा में रहे, तो हम उसे बर्दाश्त कर सकते हैं। जैसे हम उस दुश्मन को सह लेते हैं, जो मन में हमें गाली देता है। मगर 'शुभचिन्तक', 'उपदेशक' हुए बिना नहीं मानता, क्योंकि वह मानने को कतई तैयार नहीं कि तुम ठीक राह पर चल रहे हो। तुम हिमालय के शिखर पर भी बैठ जाओ, तो भी लगेगा कि तुम किसी गढ़े में पड़े हो; और यहीं से उसका काम शुरू होता है कि नसीहत की रस्सी डाल-डालकर तुम्हें उस गढ़े से बाहर खींचे या रस्सी की फाँसी लगा दे ! ये शुभचिन्तक-उपदेशक मनुष्य के तन और मन के सहज निर्वाहशील धर्मों को उचित-अनुचित के परस्पर विरोधी दलों में बाँटकर उसके सामने यह करो और यह मत करो की ऐसी भूल-भलैया रच देते हैं कि बेचारे का व्यक्तित्व भटक जाता है, खो जाता है।

कैसी मुसीबत है कि सुबह से शाम तक का सूरज की रोशनी से उजला समय इन 'बिन कारण पर उपकारी' जनों की सलाह और नसीहत सुनते-सुनते बीत जाय। गोया आपकी जिन्दगी, आपकी अपनी जिन्दगी से अधिक उनकी अपनी जिन्दगी है।

हमारी तो और भी मुसीबत है क्योंकि हम बड़े 'सुननेवाले' माने जाते हैं। दुनिया में हर दिन 'सुननेवाले' घटते जाते हैं और 'सुनानेवाले' बढ़ते जाते हैं। इस गिरती के जमाने में भी मैं 'सुननेवाला' हूँ---ठीक 'सुननेवाला' भी नहीं हूँ, 'सुन लेनेवाला' हूँ। और कई लोगों की प्रतिष्ठा इसी बात पर तुली है कि मैं उनकी बात सुन लेता हूँ।

मगर मुझ-जैसा परम धैर्यवान् श्रोता भी उपदेश देनेवाले से कभी-कभी कह देता है, 'हे भाई ! तुम्हारे बड़े-बड़े रतनारे नयनों से क्या यह नहीं सूझता कि मेरे कन्धों पर यह जो घड़े जैसी चीज रखी है, वह मेरा सिर है ?' पर कोई सुनता नहीं है। शुभचिन्तक से बचना बड़ा मुश्किल है।

सोचता हूँ, ऐसा क्यों होता है ? डबरे की कीचड़ में नहानेवाला गंगास्नान करनेवाले को क्यों उपदेश देता है ? गहरा गड्ढा हिमालय की ऊँचाई से क्यों कहता है, 'अभी कुछ नहीं है। बहुत नीचे हो; ज़रा और उठो।' जो मुहल्ले में ही भटक जाता है, वह संसार-यात्रा के लिए किसी का पथ-प्रदर्शक बनने को क्यों बेहिचक तैयार हो जाता है ?

एक कहानी पढ़ी थी। (लेखक का नाम याद नहीं) विधाता जब मनुष्य को बनाकर दुनिया में भेजने लगता है, तो उसके कान के पास मुँह लगाकर धीरे से कह देता है कि देख, दुनिया में सबसे अधिक अक्ल मैंने तुझी को दी है। हर एक से विधाता यही कह देता है और इसीलिए हर आदमी जन्म से ही उपदेशक हो जाता है।

पराये का अत्याचार तो आदमी भी सह लेता है, मगर अपने ही जब जुल्म ढायें, तो आदमी को बड़ी पीड़ा होती है। जिस दोस्त से प्यार की मिठास की उम्मीद हो, वह उपदेश की कड़वाहट दे ! किसी ऐसी ही पीड़ा के क्षण में गालिब ने कहा होगा—

ये कैसी दोस्ती है, बने हैं दोस्त नासेह,
कोई चारासाज़ होता, कोई ग़मगुसार होता।

सुरेन्द्र अब यहाँ नहीं है। सुना है बम्बई में है और मजे में है। जाने के पहिले की एक घटना मुझे खूब याद है।

एक दिन चौराहे पर पान के ठेले के सामने मिल गया। बोला, "एक सिगरेट तो पिलायेंगे न ?"

मैंने कहा, "सिगरेट पीना तो मैंने छोड़ दिया।" वह तपाक से बोला, "पिलाना तो नहीं छोड़ा ?"

हम लोग खिलखिलाकर हँसे और क्षण-भर में आसपास की समस्त मलिनता धुल गयी।

वह गम्भीर हो गया। कहने लगा, "मैं नौकरी छोड़ रहा हूँ।"

मैंने कहा, "छोड़ दो।"

वह फिर बोला, "इस साल एम. ए. में भी नहीं बैठूंगा।"

मैंने कहा, "मत बैठो।"

वह कहने लगा, "मैं शहर छोड़कर जा रहा हूँ। कुछ समय अन्यत्र रहूँगा।"

मैंने सहज ही कह दिया, "चले जाओ।"

बस वह मुझसे लिपट गया। बोला, "एक तुम्हीं मिले हो, जिसने उपदेश नहीं दिया। जिससे भी मैंने यह बात कही वही सलाह देने लगा -- 'अरे भाई, लगी-लगाई नौकरी मत छोड़ो; सीधे रास्ते चलो; जिन्दगी बरबाद मत करो!' इतनी सलाह बे माँगे उड़ेली गयी है कानों में कि परेशान हो गया हूँ।"

एक दिन देवेन्द्र मेरे कारण बड़े चिन्तित दिखे। कहने लगे, "तुम गलत जा रहे हो। अपनी प्रतिभा को नष्ट कर रहे हो। मालूम होता है, वह नीली आँखों की परी तुम्हारे मन में समा गयी है। कहा नहीं है? 'औरत के मत फरेब में आ जाइयो असद' (कवि की आत्मा माफ करे; उसने यह कतई नहीं कहा। उसने तो कहा है —'हस्ती के मत फरेब में आ जाइयो असद')।

मैंने देवेन्द्र से बड़ी मिठास से कहा, "मित्र, तुम मित्र ही रहो, उपदेशक न बनो, तो कुछ हर्ज है? मुझे उपदेशक असंख्य मिलते हैं। तुम्हारे दिमाग का उपदेश नहीं चाहिए, हृदय का स्नेह चाहिए। तुम्हारा हृदय मेरे हृदय में मिलकर दुगुना हो जायेगा, पर तुम्हारा दिमाग अगर मेरे दिमाग में समा गया तो मेरे हाथ क्या लगेगा? तुम अगर उपदेशक हो गये, तो मैं एक मित्र खो दूँगा।"

पर देवेन्द्र ठहरे उपदेशक, और उपदेशक इतनी सरलता से किसी की बात नहीं मानता। वे उपदेश देते रहे और मैं उन्हें समझाता रहा कि 'नीली आँखों की परी' से बिल्कुल डरने की बात नहीं। वह केवल परिचिता है, मित्र होने में देर है अभी। और मित्र हो जाने के बाद तो आशंका की कोई बात ही नहीं है।

पर एक दिन वह नीली आँखों की परी मुझसे कहने लगी, "ये देवेन्द्र साहब, कुछ यूँ ही आदमी दिखते हैं। एक दिन बड़े अजीब ढंग से कहने लगे, 'आपके केश बड़े अच्छे हैं---बड़े स्निग्ध, बड़े चमकीले, मुझे बड़े अच्छे लगते हैं।' ये चाहे जहाँ छेड़ देते हैं। मुझे डाँटना पड़ा उन्हें कि आप फालतू बातें मत करिए।"

अक्षमता नैतिक उपदेश की जननी होती है। हमारी जिन्दगी के अनेक अभावों में से कितनी नैतिकता जन्म लेती है। पाँच गाँवों की भी माँग पर जब दुर्योधन ने पाण्डवों को अँगूठा दिखा दिया, तब अगर पाण्डवों में लड़कर ले लेने की क्षमता नहीं होती तो वे क्या करते? वे जरूर राजपद की निस्सारता पर भाषण देते। त्याग की महत्ता गाते; दरिद्रता को महिमा-मण्डित करते। क्षुधा से पीड़ित विश्वामित्र ने जब चाण्डाल से मांस खाने के लिए माँगा, तब चाण्डाल के उपदेश देने पर यही तो कहा था कि मूर्ख, उपदेश तो मेरे भीतर बहुत भरे हैं, पर इस पेट का क्या करूँ? सब नैतिक नियम और धर्म-नीति अक्षमों को भयभीत करने के लिए बने हैं। हत्या के अपराध में जो राज्य अपराधी को प्राणदण्ड देता है, वही युद्ध में लाखों मनुष्यों को मरवा डालता है। तब उसका जयजयकार ही होता है।

लेकिन मैं बात अपनी परेशानी की कर रहा था। जो आता है, वही कहता है कि 'उस' राह गये तो काँटे चुभे, 'इस' राह जाते तो काँटे न चुभते। खबरदार, 'उस' राह मत जाना! कोई ऐसा क्यों नहीं मिलता जो काँटे निकाल दे, स्नेह से सिर पर हाथ फेरे। और मैं फिर उसी राह पर चल घायल होकर लौटूँ तो उसके

स्नेह की छाया फिर मेरे लिए आतुर रहे। मैं हर बार यही गलती करूँ और हर बार उसका स्नेह बढ़ता रहे। लेकिन यह भावुकता ही है। यह तो कविता हो गयी और कविता का सम्बन्ध क्या जिन्दगी से होता है? शायद हमेशा नहीं।

लोग कहते हैं कि मिलता है कभी ऐसा मित्र, जो मित्र की कमजोरियों से भी प्यार करता है। 'सखी री अवगुन गुन ह्वै लगे'—इसी उत्कटता की भाषा है। लोग कहते हैं कि मिलता है ऐसा मित्र जो 'मित्रता' को 'दासत्व' नहीं होने देता, जो मित्र के व्यक्तित्व को कागज की तरह मोड़कर जेब में नहीं रखना चाहता।

लोग कहते हैं तो मिलता ही होगा। लेकिन अभी इनसे कैसे रक्षा की जाय, जो पौधे के आसपास दीवार खड़ी करके, उसकी रखवाली करके, उसे बाग का पीला पौधा बना देना चाहते हैं? क्यों नहीं उसे खुला छोड़ते? क्यों नहीं उसे सूरज की आग, वर्षा के थपेड़े और शीत की मार सहने देते, ताकि वह विशाल वट-वृक्ष बन सके?

कैलेण्डर का मौसम

मेरे एक परिचित शास्त्रीजी ने, जिन्होंने हिसाब लगाया है कि वेदों की रचना ठीक दस अरब वर्ष पहले हुई थी, एक दिन गणना करके मुझे बताया कि कृष्ण दुर्योधन के पास सन्धि-प्रस्ताव लेकर जनवरी के महीने में गये थे। तारीख तो वे नहीं बता सके, पर इतना निश्चित बताया कि वह जनवरी का प्रथम सप्ताह रहा होगा। तभी से हर साल जनवरी के महीने में मेरे मन में शंका उठती है कि पुराणकार ने गलत लिखा है कि कृष्ण ने सन्धि-प्रस्ताव रखा जिसे दुर्योधन ने ठुकरा दिया। कोई और महीना होता, तो मान भी लेता। मगर जनवरी में कौन इतना खाली बैठा है कि किसी की ओर से सन्धि-प्रस्ताव लेकर किसी के पास जाय! नहीं, वे इस काम से नहीं गये थे। जनवरी में हर समझदार आदमी कैलेण्डर बटोरने में इतना व्यस्त रहता है कि उसे दम मारने की फुरसत नहीं मिलती। जब हर अदना आदमी, हर छोटे-बड़े व्यापारी से इस महीने कैलेण्डर माँगता फिरता है, तब यह कैसे मान लूँ कि कृष्ण-जैसा महापुरुष दुर्योधन-जैसे राजा के पास जनवरी के पहले सप्ताह में जाय और कैलेण्डर न माँगे।

कृष्ण ने ललककर कहा होगा, "राजन्, नये साल का कैलेण्डर दीजिए न! सुना है बहुत अच्छा निकला है।"

दुर्योधन ने जवाब दिया होगा, "आप देर से आये। सब बँट गये। इस साल कम छपाये थे।"

कृष्ण को बहुत बुरा लगा होगा। जब हम साधारण आदमियों को कैलेण्डर न मिलने पर मूर्छा-सी आने लगती है, तब उस महापुरुष का क्या हाल हुआ होगा ! पर वह वीर था। हम-जैसा दब्बू नहीं था कि जो दूकानदार कैलेण्डर न दे, उसी की दूकान पर फिर सामान खरीदने पहुँच जाते हैं। उसने सक्रोध कहा होगा, 'अच्छा, कोई बात नहीं। मैं भी देख लूँगा। अगर तुम्हारे वंश का समूल नाश न करवा दिया, तो कृष्ण नाम नहीं।'

और जब कुरुक्षेत्र में अर्जुन ने हथियार त्याग दिये और युद्ध से विमुख हो गया, तब कृष्ण ने कहा होगा, 'पार्थ, तुम कौरव दल का संहार करो। यह वही दुर्योधन है, जिसने मुझे उस दिन कैलेण्डर नहीं दिया था।'

बड़ी दुष्ट कल्पना है। है न ? मगर मैं क्या करूँ ? इस मास मेरी चेतना पर कैलेण्डर छा जाता है। मुझे लगता है, सारे ब्रह्माण्ड में कैलेण्डर-ही-कैलेण्डर हैं और हर आदमी अधिक-से-अधिक कैलेण्डर बटोर रहा है। ये ग्रह-नक्षत्र कैलेण्डर माँगते हुए आसमान की सड़कों पर घूम रहे हैं। सूर्य सुबह से शाम तक दुनिया-भर से कैलेण्डर माँगता हुआ घूमता है और फिर थककर सो जाता है। पक्षी सुबह उठकर कहते हैं, 'हमें कैलेण्डर दो !'

तुलसीदास ने कहा है कि अधम नर-देही का एक ही लाभ है—रामभक्ति ! मेरी धारणा है, यों तो मनुष्य-योनि पाप की खान है, पर इसमें एक परम लाभ यह है कि मनुष्य जनवरी में कैलेण्डर माँग सकता है। और किसी योनि में जीव को यह ज्ञान नहीं होता कि जनवरी आ गयी, कैलेण्डर बटोरने चाहिए।

लेकिन मैं अभागा हूँ। दुनिया में 'सकल पदारथ' हैं, पर वे 'कर्महीन नर' के लिए नहीं हैं। कैलेण्डर की लूट मची है और मैं एक भी नहीं ला पाया। भर-बरसात के दिन में वनस्पति लहलहा उठती है, केवल जवासा सूख जाता है। एक दिन मेरा एक मित्र घर आया। बैठते ही उसने दीवारों पर नजर घुमायी और मेरी ओर बड़े दयार्द्र नयनों से देखकर कहा, "अरे, तुम्हारे यहाँ तो कैलेण्डर ही नहीं है।"

मैं उसकी नजरों से बहुत गिर गया। वह भी कोई आदमी है, जिसकी दीवारें इस महीने में भी नंगी हैं ! वह भी कोई वृक्ष है जिसकी शाखाएँ भर-बहार में भी पत्रहीन हों। मैं ग्लानि से गल गया। जले पर नमक छिड़का पड़ोस के एक लड़के ने। वह आया और बोला, "चाचाजी, बाबूजी ने कहा है कि शाम को हमारे यहाँ कैलेण्डर देखने आइए न !"

मैं मन की पीड़ा दबाकर गया और वहाँ जो देखा, उससे अपना जीवन निरर्थक मालूम होने लगा। दीवारों पर दर्जनों रंग-बिरंगे कैलेण्डर टँगे थे। गृहपति ने हर कैलेण्डर की विशेषता बतलायी, उसका इतिहास बतलाया। बताया कि पिछले साल इस कम्पनी के कैलेण्डर में कौन-सा चित्र था और उससे पहले साल कौन-सा ! उन्होंने बतलाया कि कौन कैलेण्डर कितनी कठिनाई से उन्हें उपलब्ध हुआ। कहने लगे, "यह अमुक कम्पनी का कैलेण्डर है। इस शहर में जो 'ब्रांच' है, उसमें सिर्फ पन्द्रह आते हैं। सब बड़े लोगों में बँट जाते हैं। मैं तीन साल से फिराक में हूँ। इस साल ऐसी

तिकड़म खेली कि एक मिल ही गया। बड़े-बड़े साहब टापते हुए रह गये।"

उस क्षण मुझे लगा कि आज पुरुषार्थ का लक्षण कैलेण्डर बटोरने के सिवा और कुछ नहीं है। आज हुस्नबानो होती, तो सात सवालों के जवाब न माँगती। वह कहती, 'ऐ लोगो, जो मुझे अमुक सात कम्पनियों के कैलेण्डर ला देगा, मैं उसी के साथ शादी कर लूँगी।'

घर में भी मेरी प्रतिष्ठा गिर गयी। घर के लड़कों ने दूसरों के घरों में कैलेण्डर देखे, तो कहा, "मामा, हम लोग कैलेण्डर नहीं टाँगेंगे ?"

मैंने डाँटकर झेंप मिटायी कि कैलेण्डर टाँगने का शौक है ! जाओ, पढ़ने बैठो ! गधे कहीं के !

अपना निकम्मापन तब साकार हो गया, जब एक दूर के परिचित सज्जन एक दिन आये और बड़ी आत्मीयता से बोले, "परसाईजी, हमारा एक काम करा दीजिए। आप ही से हो सकता है। अमुक कम्पनी के मैनेजर से आपकी अच्छी पहचान है। उनसे कहकर हमें एक कैलेण्डर दिला दीजिए न !"

हे माँ धरित्री, तू फट जा, मैं समा जाऊँ ! दूसरे लोग मेरी सिफारिश से कैलेण्डर पाना चाहते हैं और मैं अधम, कर्महीन अभी तक एक भी नहीं पा सका।

मेरी दीवार पर एक निहायत गरीब कैलेण्डर टँगा है, जो मकान-मालिक ने शायद इसलिए भेज दिया है कि मुझे किराया देने की तारीख याद रहे। यह बेचारा मुझसे सुबह-शाम कहता है—'हे मन्दमति, मैं कैलेण्डर नहीं, कैलेण्डरों का दासानुदास हूँ। आँखें खोल और दूसरे लोगों की दीवारों पर देख कि कैलेण्डर किसे कहते हैं।'

आखिर एक दिन मेरा भाग्य भी जागा। स्टेशनरी की दूकान पर कागज खरीदकर चलने लगा, तो दूकानदार ने रुकने का इशारा किया। वह अलमारियों की आड़ में गया और वहाँ से बाकी ग्राहकों की नजर बचाकर मुझे आने का संकेत किया, जैसे परकीया परिजनों की दृष्टि बचाकर प्रेमी को अभिसार का संकेत करती है। मैं गया। उसने उसे जल्दी-जल्दी गोल लपेटा और मेरे हाथ में देते हुए धीमे स्वर में कहा, "चुपचाप ले जाइए। इसी दरवाजे से। कोई देख न ले। इस साल कम छपाये हैं।"

मैं चोर की तरह दूसरे दरवाजे से निकला। सड़क पर आया तो यह सोचकर फूल उठा कि इतने बड़े-बड़े ग्राहकों में से उसने केवल मुझे कैलेण्डर का अधिकारी समझा।

रास्ते में एक मित्र साइकिल पर जा रहा था। मुझे देखा तो उतर पड़ा। मैंने सोचा, मुझे आज कोई अनदेखा नहीं कर सकता। मेरे हाथ में भी आज कैलेण्डर है। उसने कहा, "कहाँ से फटकार लाये, देखूँ !"

उसने उसे खोलकर देखा और लपेटते हुए कहा, "तुम्हारे ही योग्य है, यह ! अरे यह तो पिछले साल का है। उसने सिर्फ तारीखों के पन्ने छपवाकर जोड़ दिये हैं। मुझे दे रहा था, पर मैंने लेने से इनकार कर दिया।"

मैं जमीन पर आ गया। समझ गया, अच्छा कैलेण्डर बिना पुरुषार्थ के नहीं

मिल सकता। लोग साल-भर पहले दूकानदारों से कह देते हैं—'अगले साल हमें कैलेण्डर जरूर देना।' फिर दिसम्बर में जाकर याद दिला देते हैं। जनवरी में हर परिचित व्यापारी से कहते हैं—'इस साल का कैलेण्डर नहीं मिला हमें!'

व्यापारी आनाकानी करता है, तो कहते हैं—'नहीं साहब, हम तो इस बार लेकर ही जायेंगे।' अड़ जाते हैं, घण्टों मिन्नत करते हैं। तभी जनवरी के महीने में आदमी कैलेण्डरों की संख्या और सुन्दरता से छोटा या बड़ा होता है। इक्कीस कैलेण्डरवाले की बाईसवाले से तब तक अनबन रहेगी, जब तक वह एक और न ले आये। पचीस कैलेण्डरवाले घर की मालकिन बीस कैलेण्डरवाले घर की मालकिन को पूरी फरवरी तुच्छ समझती है।

कैलेण्डर की इस स्पर्धा में जो जीता, वह बाजार में हारा। आज व्यापारी जीत गया और ग्राहक हार गया। व्यापारी पहले ग्राहक के पीछे विज्ञापन दौड़ाता था और ग्राहक उससे कतराकर निकल जाता था। तब व्यापारी ने विज्ञापन में तारीखें जड़ीं और तस्वीर मढ़ीं। अब ग्राहक विज्ञापन के पीछे दौड़ता है और विज्ञापन उसे चकमा देता है।

ग्राहक समझता है, मैं जीत गया। पर कैलेण्डर सुबह-शाम महीनों तक उससे कहता है कि हे गंजे, अमुक तेल लगाओ, तो बाल आ जायेंगे; तब क्या वह ग्राहक कैलेण्डर की सिफारिश अनसुनी कर सकता है? अच्छा ही है कि मेरी दीवारों पर कैलेण्डर नहीं हैं। वरना रोज सुबह उठकर उन पर नजर डालता और अपनी दरिद्रता से परेशान होता। दुनिया में ऐसी-ऐसी बढ़िया चीजें हैं, और मेरे पास कुछ नहीं। इस साइकिल के बिना जीवन व्यर्थ है, इस तेल से आदमी कभी बूढ़ा नहीं होता, ये कपड़े पहने बिना जीने से क्या लाभ! इस टॉनिक को खाकर यह आदमी फौलाद का हो गया। और हम? इस बिस्कुट को खानेवाले बच्चे कैसे गोलमटोल हैं और ये मेरे घर के बच्चे? दुनिया में इतनी अच्छी-अच्छी दवाइयाँ हैं, तब भी मैं बुजदिल बीमार पड़ने की हिम्मत नहीं करता!

उस ग्लानि से यह ग्लानि कम ही है कि दीवारों पर कैलेण्डर नहीं हैं। मगर मेरा इकलौता गरीब कैलेण्डर हवा के झोंके से फड़फड़ाकर अभी भी मुझे सचेत कर रहा है—'उठो, अभी वक्त नहीं गया। अभी तो छब्बीस तारीख ही हुई है। कहीं से दो-चार तो ले आओ।'

आयी बरखा बहार

शहर की राधा सहेली से कहती है—हे सखि, नल के मैले पानी में केंचुए और मेंढक आने लगे। मालूम होता है, सुहावनी मनभावनी वर्षाऋतु आ गयी।

आगे वह 'श्याम नहीं आये' वगैरह प्राइवेट वाक्य बोलती होगी, जिनसे मुझे मतलब नहीं। विरहिणी मेघ नहीं देखती, नल खोलकर केंचुए और मेंढक देखती है। वर्षा का इससे विश्वसनीय संकेत दूसरा अब नहीं है। प्राकृतिक नियम बदल गये, ऋतुओं ने मर्यादा त्याग दी, मगर इस नल ने किसी भी वर्षाऋतु में केंचुए और मेंढक उगलने में कमी नहीं की।

सुना है कार्पोरेशन पानी की व्यवस्था में सुधार करनेवाली है। मुझे डर है, इससे नगर के रागात्मक जीवन पर संकट आ जायेगा। विरहिणियों को वर्षाऋतु का आभास नहीं होगा। उनकी भावनाएँ और उच्छ्वास दबे रहेंगे और किसी दिन विस्फोट हो जायेगा। तब भूकम्प भी हो सकता है। कम-से-कम शहर की सुरक्षा के लिए अब नल-व्यवस्था से कोई खिलवाड़ नहीं करना चाहिए।

नगर के भावनात्मक जीवन का इतना ध्यान अब कौन रखता है? वह ज़माना गया जब यमुना के किनारे ग्राम-पंचायत ने केलि-कुंज बनवा दिये थे। अब पार्क भी बनवाते हैं, तो उसमें हजार केण्डिल पावर का बल्ब लगा देते हैं। मेरे शहर की हालत फिर भी अच्छी है। सारे शहर को लपेटता, जो यह ओमती नाला बहता है, उसमें बरसात में घनी कुंजें बन जाती हैं। आसपास की राधाओं की सहेलियाँ उन्हें बरजती हैं—अकेली मत जैयो राधे ओमती के तीर!

राधा पूछती है—क्यों?

सहेली कहती है—वहाँ साँप-बिच्छू रेंगते हैं। तेरा कन्हैया कोई नाग नाथनेवाला नहीं है। वह साँप को देखकर 'अरे बाप रे' चिल्लाकर भाग जायेगा और तू अकेली रह जायेगी।

राधा को यमुना-तट पर अकेली न जाने की सलाह सहेलियाँ क्यों देती थीं? क्या इसलिए कि वहाँ नाग रहता था? या इसलिए कि वहाँ कृष्ण आता था? या इस उद्देश्य से कि यह डरकर हमें साथ ले जायेगी और कल से हम इसका 'स्केण्डल' फैलायेंगी?

यह तो कृष्णचरित पर शोध का विषय हो गया। मैं तो कमरे में बैठा हूँ और खिड़की से झमाझम वर्षा को देख रहा हूँ। यह कमरा नहीं है, किसी ऋतु-शाला का नपना-घट है। मैं यहीं बैठे-बैठे बता सकता हूँ कि आज कितना पानी गिरा। आधा इंच तक एक कोना टपकता है, एक इंच पर दूसरा, डेढ़ इंच पर तीसरा और जब चारों कोने टपकने लगें तब समझना चाहिए कि दो इंच पानी गिर चुका। इससे ऊपर के पानी की नाप भी बीच के टपकों से ठीक-ठीक हो जाती है। सीमेण्ट चुपड़वाते हैं, डामर भरवाते हैं, मगर पानी रुकता नहीं। अब यह स्थिति है कि मकान-मालिक और मैं, दोनों मकान को रोते हैं और यह तय करना मुश्किल हो जाता है कि मकान मेरा है या उनका। बरसात में जब मकान-मालिक से मेरी भेंट होती है, तब मुझे लगता है, जैसे मकान मेरा है और ये मुझसे शिकायत कर रहे हैं। मैं अपराधी अनुभव करने लगता हूँ।

पर अभी उस दिन मामला हमेशा के लिए खत्म हो गया। मकान-मालिक ने

बताया कि पिछले कुछ वर्षों में बनी सारी सरकारी इमारतें 'लीक' करती हैं। इसकी जाँच करने के लिए सरकार ने विशेषज्ञ बैठाये थे। विशेषज्ञों ने रिपोर्ट में कहा है कि इस जगह की मिट्टी खराब है।

मुझे हैरानी है, इधर कुछ सालों में ही शहर की 'मिट्टी' कैसे खराब हो गयी! पहले की इमारतें अच्छी हैं।

मिट्टी खराब तो जरूर है। पर कौन-सी मिट्टी? वह मिट्टी खराब हुई है, जिससे मकान बनते हैं या वह जिससे आदमी बनने लगे हैं? आदमी ही तो मकान बनाते और बनवाते हैं।

विशेषज्ञ की बात में कोई दखल नहीं दे सकता। हमने अपनी जिन्दगी ही विशेषज्ञों को सौंप रखी है। विशेषज्ञ पुल बनवा देता है और रेलगाड़ी हमें लेकर गिर पड़ती है। बरसात के पहले विशेषज्ञ इमारत पास करता है और बरसात के बाद उसका मलबा उठाने के लिए टेण्डर मँगाता है। अस्पताल में जाकर हम अपने को विशेषज्ञ को सौंप देते हैं और फिर अपने शरीर पर अपना हक नहीं रहता। राजनीति के विशेषज्ञों के हाथ सारी दुनिया ने अपने प्राण सौंप दिये हैं और वे किसी भी दिन सबके प्राण सहर्ष ले लेंगे। विशेषज्ञ के सामने किसकी चलती है! विशेषज्ञ ने कह दिया है, तो इन टपकों को मैं चुपचाप भुगतता हूँ।

बाहर जाना है पर भीगने के डर से छिपा बैठा हूँ। भीगने में भी आनन्द होता होगा, तभी बड़े-बड़े सन्त बच्चों की तरह मैदान में खड़े हो जाते थे। कबीर का दोहा है न—

गगन गरज बरसै अमी बादर गहर गँभीर।
चहुँ दिसि दमकै दामनी भींजै दास कबीर॥

यह कबीरदास का दोहा है या उनके किसी विरोधी का? किसी विरोधी ने शायद लिख दिया हो, यह बताने के लिए कि यह कबीरदास जो सन्त कहलाता है, कैसा पगला है! बादल गरज रहे हैं, अँधेरा छाया है, गहरे बादल हैं, बिजली चमक रही है और यह कबीर कुटिया के बाहर खड़ा भीग रहा है। प्रैक्टिकल—व्यावहारिक आदमी की नजर में यह मस्ती, पागलपन और बेवकूफी तो होगी ही।

अगर यह सही है कि कबीरदास जान-बूझकर भीग रहे थे, तो एक बात निश्चित है—उनके घर में एक-दो जोड़ी सूखे कपड़े होंगे। हो भी सकते हैं, वे खुद कपड़ा बुनते थे। उन पर न महँगाई लगती थी, न मुनाफाखोरी।

मुझे भीगते डर लगता है। मैं खिड़की में से दूसरों को भीगता देख रहा हूँ और उन्हें पागल भी समझ रहा हूँ। बरसात में कुछ चीजें याद आती हैं। एक तो यह कि किसी यक्ष ने मेघ के द्वारा प्रियतमा को सन्देशा भिजवाया था। मनुष्य जाति के इतिहास में यह समस्या रही है। यह पोस्ट और टेलीग्राफ महकमा खुलने के बाद भी हल नहीं हुई। कुछ पोस्टमैन चिट्ठियाँ खोल लेते हैं। उर्दू काव्य से मालूम होता है कि कुछ कवियों ने किसी आदमी के हाथ सन्देशा भेजा था। पर सन्देशवाहक प्रेमी से ज्यादा आकर्षक था, इसलिए उसने प्रेमी को उखाड़कर खुद को जमा लिया।

इस घटना के बाद से खूबसूरत आदमी के हाथ सन्देशा भेजना बन्द कर दिया गया।

मेघ से सन्देशा कहलवाना बिल्कुल निरापद है। उस यक्ष से नाराज होकर बड़े साहब ने उसका तबादला कहीं दूर कर दिया होगा। मकान नहीं मिलने के कारण वह 'फेमिली' वहीं छोड़ आया होगा। इधर जब भी पड़ोस की लड़की को यक्ष देखता, उसे घर की याद आने लगती।

ऐसे ही किसी 'मूड' में उसने मेघ को ही दूत बना लिया। वह जानता तो होगा कि मेघ बोल नहीं सकता। पर सन्देशा दे देने का सन्तोष एक अलग चीज है। वह सन्देशा पहुँचता भी है या नहीं, या जिसे भेजा गया है वह उसे समझती है या नहीं—ये बातें उस क्षण ध्यान में नहीं आतीं।

मैं छठी या सातवीं कक्षा का विद्यार्थी था। मेरे घर के पास एक युवा कथा-वाचक रहता था जो महीनों बाहर घूमता हुआ कथा कहता था। वह बाहर से अपनी नवपरिणीता पत्नी को लम्बी-लम्बी चिट्ठियाँ लिखता। पण्डितानी की शिक्षा अक्षर-ज्ञान से विशेष आगे नहीं थी, पर विरह-विह्वल कथावाचक पत्रों में अपनी सारी प्रतिभा उड़ेल देता। वह बेचारी मुझे बुलाकर चिट्ठियाँ पढ़वाती। कथावाचक की चिट्ठी खूब भावावेश की होती थी। मैं बरामदे में खड़ा होकर जोर से चिट्ठी सुनाने लगता, तो वह रोकती—धीरे पढ़ो, भैया, धीरे। चिट्ठी में पचीसों बार आता—'प्राणाधिके! प्राणबल्लभे' हर दो वाक्यों के बाद—प्राणाधिके, प्राणबल्लभे! वह बेचारी समझ नहीं पाती थी। उसने मुझसे पूछा कि इनका क्या मतलब होता है। इन शब्दों का अर्थ तब मुझे भी नहीं मालूम था। छठी के विद्यार्थी की क्या बिसात!

मैं अपने हिन्दी के वयोवृद्ध अध्यापक के पास गया और पूछा, "सर, प्राणाधिके और प्राणबल्लभे का क्या अर्थ होता है?" उन्होंने गुस्से से मेरी तरफ देखा और डाँटा, "तुम इन फालतू बातों में क्यों पड़ते हो!"

गुरुओं की बात मैंने कभी नहीं टाली। उन्होंने कह दिया, तो जिन्दगी-भर 'इन फालतू बातों' में नहीं पड़ा।

इसी मौसम का उपयोग राम ने और ढंग से किया। 'रामचरितमानस' में राम वर्षा-वर्णन के बहाने लक्ष्मण को नीति-बोध कराने के लिए आतुर होते हैं। छोटा भाई अब मेरी एक भी नीति नहीं सुनेगा, क्योंकि व्यवहार में पहले झंझट पैदा हो चुकी हैं। किसे सम्बोधित करूँ? एक मित्र है, जो सुनता सबकी है, पर करता मन की है।

मैं उसी को सम्बोधित करता हूँ।

हे हनुमान, ये बादल कैसे उमड़ रहे हैं, जैसे 20 गाने, 25 नाच, दो हत्या और एक आत्महत्यावाली 'बॉक्स-ऑफिस' फिल्म के पहले शो की भीड़ उमड़ रही हो!

देखो, सूर्य बादलों में ऐसे छिप गया जैसे नयी और पुरानी कहानी के विवाद के घटाटोप में अच्छा लेखक छिप गया हो।

हे हनुमान, कभी बादल जोर से गरजते हैं, जैसे खाद्यमन्त्री मुनाफाखोरों को धमकी दे रहे हों। पर पानी न बरसने से गर्मी और बढ़ जाती है, जैसे खाद्यमन्त्री की हर धमकी के बाद भाव और बढ़ जाते हैं।

देखो, अन्धकार में कभी-कभी बिजली चमक उठती है, जैसे किसी रद्दी कविता में एक अच्छी पंक्ति आ गयी हो।

सुनो, मेंढक कैसा शोर कर रहे हैं, जैसे जीते हुए उम्मीदवार का जुलूस निकल रहा है।

हे भाई, हवा के झोंके से ये वृक्ष इस तरह झुक-झुक पड़ते हैं, जैसे सेक्रेट्री की लड़की की शादी में अफसर लोग झुक-झुककर बरातियों को पान दे रहे हों।

हे बन्धु, सड़क पर मोटर राहगीरों के कपड़ों पर छींटे उछालती जा रही है, जैसे किसी 'पीले' पत्र का ताजा अंक बिक रहा हो।

हे बन्धु, इस कटे पेड़ के ठूँठ पर फिर एक हरी फुगनी फूट आयी है, जैसे संसद के चुनाव का हारा, म्युनिसिपल चुनाव में खड़ा हो गया हो।

हवा का झोंका आया और एक बौछार खिड़की से मुझ तक आ गयी। वर्षा मुझे अपनी लपेट में ले रही है। ऐसे ही एक बार जब मैं फुटबाल का खेल देख रहा था, तब गेंद उछलकर मेरे सिर पर लगी थी और मैं खेल में शामिल कर लिया गया था। तटस्थ इसी तरह कभी-कभी लड़ाई में खींच लिये जाते हैं। सिर्फ तटस्थ होने से बचाव नहीं होता, खिड़की भी बन्द करनी चाहिए। मैंने खिड़की बन्द कर ली है। बाहर खूब पानी बरस रहा है, मगर मैं वर्षा से अछूता हूँ। मैं उसे देख भी नहीं रहा हूँ। सिर्फ ये टपके वर्षा का बोध कराते हैं, जैसे अखबार में शीतयुद्ध की खबरें पढ़ रहे हों।

नीलकण्ठ

कहते हैं, शंकर ने जहर पी लिया था। जिस हलाहल की ज्वाला से चराचर सृष्टि अकुला उठी, उसे शंकर सहज ही पी गये। बड़ा अच्छा किया, बड़ी बहादुरी की। पर एक प्रश्न उठता है मेरे मन में कि कण्ठ को नीला क्यों होने दिया? जो इतने अलौकिक शक्ति-सम्पन्न थे, वे यदि चाहते, तो क्या कण्ठ का रंग हस्बे मामूल नहीं रख सकते थे? फिर चाहा क्यों नहीं? शायद इसलिए कि लोग कम-से-कम यह जान तो लें कि उन्होंने जहर पिया है। भला यह भी कोई बात है कि विष भी पियें और लोगों को मालूम भी न हो! नीला कण्ठ दिखाने का लोभ शंकर से संवरित नहीं हुआ। वे विष तो पचा गये, रंग नहीं पचा पाये! रंग पचाना आसान नहीं है।

मुझे तो सन्देह है कि यदि कण्ठ नीला पड़ने का यकीन न होता, तो शायद शंकर विष पीने से इन्कार कर देते।

स्वेच्छा से विषपान करने में 'नील-कण्ठता' एक बड़ा आकर्षण है। अपनी कोशिश यह होती है कि जहर तो कम-से-कम पियें, पर कण्ठ अधिक-से-अधिक नीला हो। और कोई तो गले पर नीली स्याही पोतकर 'नीलकण्ठ' बने फिरते हैं।

एक सज्जन स्वतन्त्रता-संग्राम में भाग ले चुके थे। हमारी स्वातन्त्र्य सेना विजयी हुई। परम्परा है कि युद्ध में विजेता पक्ष विजित में लूट-मार करता है। पर हमारे इस संग्राम में विजित पक्ष तो सात समुद्र पार नये बम बनाने लगा। उसे कैसे जाकर लूटते? इसलिए विजितों ने एक नयी परम्परा चलायी—अपने ही पक्ष में लूटमार करने लगे। उक्त सज्जन लड़ाई में पहली कतार में थे, इस नये शूर-कर्म में अन्तिम कतार में हो गये। कुछ हाथ नहीं लगा। तब वे बैठे-बैठे घाव दिखाकर सहानुभूति अर्जित करने लगे। स्वतन्त्रता-संग्राम ने कुछ लोगों को निठल्लेपन के संस्कार भी दे दिये थे। वे मजे में बैठे-बैठे कष्ट भुगतने लगे। लोग कहते, 'वह बेचारा बड़ी तकलीफ उठा रहा है।' वे सुनते; बड़े प्रसन्न होते। ऐसा आनन्द और गर्व अनुभव होने लगा कि यदि कहीं कोई काम-धन्धा मिलता तो भी वे नहीं करते। स्वातन्त्र्य-शूर नौकरी कैसे करे? 'विक्टोरिया क्रास' वाला किसी सेठ के फाटक पर पुरानी वर्दी में चौकीदारी कैसे करे? कुछ दिनों में घाव भर गये और उन्हें देखनेवाले कम हो गये। तब उन्होंने एक अच्छी नौकरी कर ली।

आत्मीय की मृत्यु पर सिर मुड़ाने के और चाहे जो कारण हों, एक यह तो है ही कि दुख स्पष्ट दिखे और उसे समाज में मान्यता मिले। सिर मुड़ाकर अजब धज बनाये, जब कोई परिचित मिल जाता है, तो इस बेचारे के हृदय में चाहे उस क्षण आनन्द हिलोरें ले रहा हो, पर उसे देखकर यह एकदम मुंह गिरा लेता है। पूछता है बड़ी गम्भीरता से (गो कि यह जानता है) 'क्यों भाई, सब कुशल तो है?' 'भैया, माताराम नहीं रहीं।' उसे अभ्यास से बँजा हुआ उत्तर मिलता है। वह मुँह और लटका लेता है।

"राम-राम! भैया, बड़ा बुरा हुआ। क्या बीमारी थी?"

"क्या बताऊँ भैया! कुछ पता ही नहीं चला। बात करते-करते चल दीं।"

"राम-राम! कैसी अच्छी मौत पायी है, माताराम ने! बड़ी पुण्यात्मा रही!"

मेरे एक दोस्त के चाचा की मृत्यु हो गयी। उनका कोई लड़का नहीं था, सब सम्पत्ति इसी भतीजे को मिलनेवाली थी। इसने उनकी अर्थी ऐसी प्रसन्नता से बाँधी, जैसे अपनी ही शादी में मण्डप तान रहा हो। ऐसे शौक से सिर घुटाया, मानो वर्षों की लालसा पूरी हो रही हो। शाम को वह मेरे साथ घूमने निकला। रास्ते में जो परिचित मिलता, उसी से वह उदास मुंह बनाकर कहता, 'भैया, तुमने तो सुन ही लिया होगा। हम पर वज्रपात हो गया।' परिचित आगे बढ़ जाता, तो वह फिर प्रसन्न हो जाता। पुनः कोई मिल जाता तो अद्भुत तत्परता से वह दुख ओढ़ लेता

और कहता, 'आपने तो सुन ही लिया होगा। हम पर दुख का पहाड़ टूट पड़ा।' हमें 8-10 परिचित मिले; उनमें से किसी ने वज्रपात और पहाड़ टूटने की बात नहीं सुनी थी। उन सबको मेरे दोस्त ने यह बात सुनायी।

अजब चस्का होता है दुख का! फोड़ा बड़ा दर्द होता है। पर फोड़े को दबाकर, छेड़कर भी तो दर्द का मजा लेते हैं। इसे 'मीठा दर्द' कहते हैं। कहते हैं दाद खुजाने का आनन्द, ब्रह्मानन्द की कोटि का होता है। हम ठीक नहीं कह सकते, क्योंकि हमें कभी हुई नहीं, यद्यपि स्नान के हम बहुत क़ायल नहीं हैं। ऐसे दर्द का चस्का जब लग जाता है, तो आदमी उपाय करके, फोड़ा उठाकर, उसका मजा लेता है। फिर तो दर्द व्यसन हो जाता है और इसी से प्राण-रस भी मिलने लगता है।

एक भले आदमी को मैं जानता हूँ, जिन्हें दर्द का चस्का लग गया था। एक आदमी उनसे दो सौ रुपये ले गया। साल बीत गया, पर उसने रुपये वापस नहीं किये। अब उन्होंने रोना-कुढ़ना शुरू किया। एक विचित्र बात देखी—रोने-कुढ़ने के बाद उनके मुख पर बड़ी प्रसन्नता, बड़ी ताजगी आ जाती। चेहरा खिल उठता। कर्जदार ने एक दिन उनसे कहा कि हर माह पचास के हिसाब से मैं आपको चार माह में रुपये चुका दूंगा। वह पचास तुरन्त देने लगा। पर ये सज्जन लेने को तैयार नहीं। कहने लगे, 'नहीं भाई, हम ऐसा नहीं करते। जैसे दो सौ ले गये थे, वैसे ही दे जाना।' वह मान गया और फिर कभी नहीं आया। इधर ये भले आदमी हर मित्र के सामने दुखड़ा रोते। जब कोई कहता—'आपको लोग बहुत तंग करते हैं। आप बड़ा नुकसान उठाते हैं।' तो ये बड़े प्रसन्न हो जाते। मुझे बड़ी देर बाद समझ में आया कि उन्होंने रुपये क्यों नहीं लिये। यदि ले लेते, तो रोने-कुढ़ने का मजा नष्ट हो जाता। दो सौ रुपये उन्होंने दुख के बैंक में डाल रखे थे और कुढ़न तथा शिकायत के रूप में जो ब्याज मिलता, उससे गुजर करते थे। ऐसे आदमी मुझे हठयोगी लगते हैं—काँटों पर पड़े हैं और भीड़ देख रही है।

एक बात और है। जब हम यह अनुभव करते हैं कि हम औरों से अधिक कष्ट भोगते हैं, तब हमें गर्व होता है। दूसरों की दृष्टि में भी हम गौरवशाली बनना चाहते हैं। दर्द का ताज सिर पर रखे घूमते हैं। दुख पूज्य माना गया है और दुख को पूज्य बनाने में सबसे बड़ा हाथ दुख देनेवालों का है। 'दीन धन्य हैं क्योंकि वही स्वर्ग के अधिकारी होंगे', ईसा ने कहा। ईसा तो कहकर निपट गये, पर उनके अनुयायियों ने इसका अक्षरशः पालन किया। स्वर्ग का राज्य दीनों के लिए अलग छोड़कर, पृथ्वी का राज्य खुद भोगने लगे। पर स्वर्ग के राज्य के अधिकारी भी तो बनाना चाहिए। यही सोचकर ईसा के भक्तों ने कितनी ही कौमों को, करोड़ों आदमियों को दीन बना दिया। 'क्रूसेड' के जमाने से लेकर इस 'शीतयुद्ध' के जमाने तक स्वर्ग के अधिकारी बनाये जा रहे हैं और समय से पहिले स्वर्ग भेजे जा रहे हैं।

हम नहीं जानते, यह स्वर्ग का राज्य कहाँ है। पृथ्वी पर तो वह अभी तक नहीं आया। साम्यवादी दावा करते हैं कि वे दीनों का राज्य स्थापित कर रहे हैं, पर वे तो ईसा को ही नहीं मानते। ईसा के भक्तों से उनकी लड़ाई है। तो क्या ईसा ने

अपने अनुयायियों को स्वयं शापित कर दिया? क्या अपने वचन को पूर्ण करने का कार्य उन्हें सौंपा है, जो ईश्वर के अस्तित्व को ही नहीं मानते?

कुछ नहीं कहा जा सकता। अभी तो दुख पूज्य ही है। सम्पन्नता दिखाने की जितनी तीव्र हविस होती है, उससे कहीं अधिक गरीबी दिखाने की होती है।

जो दुख की केवल जय बोलते हैं, कहते हैं कि दुख आदमी को महान बनाता है, ये सरासर धोखा देते हैं। दुख आदमी को 'बड़ा' भी बना सकता है और नीच भी। मन को उजला भी कर सकता है और काला भी। वे घोर निराशा से ग्रस्त होते हैं, जो दुख का हाथ जोड़कर स्वागत करते हैं—'पधारो महाराज! हम तो कृतार्थ हो गये।' दुख तो त्याज्य है, घृणित है! पर इसे किस कदर आसमान पर चढ़ाया गया है। कहते हैं—

गर्दिशे ऐय्याम तेरा शुक्रिया
हमने हर पहलू से दुनिया देख ली

ठीक है। दुनिया तुम्हारे सामने खुल गयी। दोस्त धोखा दे गये, अपने पराये हो गये। पर तुम्हारा हाल क्या हुआ? तुम्हारा तो कचूमर निकल गया। भला यह भी कोई सन्तोष हुआ कि हम डूबे तो डूबे, तुम्हें तो नंगा नहाते देख लिया!

दुख का ऐसा गर्व मुझे बहुत गलत लगता है। या तो जहर पियो मत, यदि पीना ही पड़े, या दूसरों के मंगल के लिए स्वेच्छा से पी लो, तो कण्ठ नीला किये मत घूमो। पर यहाँ तो मैं दुख का व्यापार फैला देखता हूँ। प्रकाशक से पुस्तक की रायल्टी माँगने गया, तो कहता है—"मैं भी आजकल 'हेंड टू माउथ' हूँ।" अंग्रेजी का अक्षर नहीं पढ़ा है, पर हमें खिसकाने के लिए अंग्रेजी मुहावरे रट लिये हैं। कुछ तो पिता या भाई की मृत्यु के बाद सहानुभूति के दलाल के जरिये, दुख का लम्बा-चौड़ा व्यापार वर्षों करते रहते हैं। वे स्वयं तो बाप को भूल जाते हैं, दूसरों को नहीं भूलने देते।

एक बार हमारा भी व्यापार शुरू हो गया था। तब की बात है, जब नौकरी छोड़कर लेखन से जीविका चलाना आरम्भ किया था। लोगों ने समझाया कि यहाँ हाथी डूब गये हैं, तुम क्या थाह लोगे? पर जब छोड़ ही दी, तो सहानुभूति भी प्रकट करने लगे। कुछ पेशेवर सहानुभूति-प्रदर्शक होते हैं। पता लगाते रहते हैं कि किस पर क्या विपत्ति पड़ी है। किसी-किसी का तो चेहरा भी ऐसा होता है कि मालूम होता है, इन्हें सरकार से मातमपुर्सी के लिए वेतन मिलता है। मेरे बारे में चिन्ताएँ प्रकट की जाने लगीं—'बड़ा दुख उठा रहा है बेचारा! अब तो शायद खाने के भी लाले पड़ने लगें। चेहरे पर कितनी परेशानी नजर आती है।' बात उलटी थी। उन्हीं दिनों मुझे पाठ्य-पुस्तकों से दो हजार इकट्ठे मिले थे और मैं मजे में जी रहा था। पर यह भी सही है कि मेरे मुख पर कष्ट और परेशानी के भाव रहे होंगे। बात यह थी कि मैंने यह सोचकर कि अब जाने कब नया जूता प्राप्त होता है, एक नया जोड़ा पहन लिया था। यह बुरी तरह काटता था। बस यही एक दुख था। मैं जूते को छोड़ नहीं रहा था। जिन्दगी भी तो कितनों को काटता हुआ जूता ही है,

पर पहने रो रहे हैं। मैं पानी पीकर जहर पीने का श्रेय ले रहा था। कण्ठ स्याही से रँगा जा रहा था। मैंने शीघ्र ही ढीला जूता खरीद लिया। दर्द सहा नहीं जाता था। और फिर दया का पात्र होना कोई सुखदायक अनुभव नहीं है, समर्थ होकर भी करुणा जैसी मूल्यवान, लोक-मंगलकारी भावना को खींचना, सरासर चोरी है, धोखा है।

पर देख रहा हूँ कि इस जमाने में दुहरा शोषण चल रहा है – आदमी की रोटी तो छीनी ही जाती है, उसके हिस्से की करुणा भी छीन ली जाती है। शंकर के नाम पर एक पक्षी ही 'नीलकण्ठ' बना फिरता है और श्रद्धालुओं की श्रद्धा-भक्ति लेता है। आसपास नीले कण्ठ के परिन्दे उड़ते देखता हूँ और इनकी भीड़ में वास्तव में विषपान करनेवाला बेचारा किसी कोने में दुबका खड़ा रहता है।

कहावतों का चक्कर

जब मैं हाईस्कूल में पढ़ता था, तब हमारे अंग्रेजी के शिक्षक को कहावतें और सुभाषित रटवाने की बड़ी धुन थी। सैकड़ों अंग्रेजी कहावतें उन्होंने हमें रटवायीं और उनका विश्वास था कि यदि हमने नीति-वाक्य रट लिये, तो हमारी जिन्दगी जरूर सुधर जायगी। हमारी जिन्दगी सुधरी या बिगड़ी, इसका निर्णय करने का समय अभी नहीं आया, पर हमारे कहावत-प्रेमी शिक्षक 'आनेस्टी इज द बेस्ट पालिसी' रटवाते-रटवाते एक बार लड़कों की फीस खा गये और बरखास्त कर दिये गये।

उनके रटाये उन सैकड़ों सुभाषितों, कहावतों और नीति-वाक्यों में से कई के बारे में तब से अभी तक कई शंकाएँ उठती रही हैं। एक कहावत है—"लुक बिफोर यू लीप', याने कूदने के पहले देख लो। मैं तभी सोचता था कि जो कूदने के पहले देख लेगा, वह क्या खाक कूदेगा? उसकी हिम्मत भी होगी? जिसे कूदना है, उसे बिना देखे ही कूद जाना चाहिए—'लीप बिफोर यू लुक!' एक और कहावत रटायी थी—'ए मैन इज़ नोन बाई द कम्पनी ही कीप्स।' कहावत ठीक है। पर पीछे हमने कई आदमी ऐसे देखे जिनकी पत्नियाँ अनेक उल्लेखनीय और गोपनीय कारणों से चर्चा का विषय बन जाती हैं। एक ऐसे जोड़े को नजदीक से जानते थे। पत्नी कितनी ही समितियों में जाती, भाषण देती और खूब नाम कमाती। पति महाशय को पहिले कोई नहीं जानता था, पर अब तो सभी जानने लगे—'फलाँ देवी के पति यही हैं।' तब हमें लगा कि ज्यादा ठीक कहावत यों होगी—'ए मैन इज़ नोन बाई द वाइफ ही कीप्स।' एक और कहावत रटी थी—'ब्लड इज थिकर दैन वाटर।' पिछले साल की बात है। एक सज्जन बड़े पूर्ण-कण्ठ (फुल थ्रोटेड) मार्क्सवादी थे। होटलों में बैठकर युवकों को द्वन्द्वात्मक भौतिकवाद समझाते थे। एक चुनाव में उनके

बड़े भाई जनसंघ की ओर से चुनाव के लिए खड़े हुए। हमारे मार्क्सवादी भाई उम्मीदवार को छोड़कर प्रतिक्रियावादी भाई का प्रचार करने लगे। लोग हैरत में। कहते, 'बड़ा आश्चर्य है! यह तो मार्क्सवादी था।' हम समझ गये, 'ब्लड इज़ थिकर दैन मार्क्सिज़्म।'

एक सुभाषित जिसने अभी तक परेशान किया, वह है—'लव दाई नेबर'—अपने पड़ोसी को प्यार करो। अच्छी बात है। करेंगे! पर क्यों? हर पड़ोसी को प्यार क्यों करें? यह हमारा पड़ोसी हमारे द्वार के सामने कचरा फेंकता है, उसे तो हम प्यार करें। और हम से चौथे मकान में तहसीलदार का मुंशी रहता है। गऊ आदमी है, उसे प्यार क्यों नहीं करें? ऐसे ही प्रश्न तब मेरे बाल-मन में उठते थे। परेशान था कि आखिर इस सुभाषित का प्रयोजन क्या है? मेरे पड़ोस में मेरा सहपाठी प्रकाशचन्द्र रहता था। वह गणित में बहुत होशियार था और मैं गणित में बहुत बुद्धू, क्योंकि मुझे तो लेखक के व्यर्थत्व के संस्कार डालने थे। प्रकाश मुझे गणित के पर्चे में नकल कराता था। मुझे यह समझ में आया कि सुभाषित में पड़ोसी को प्यार करने की सलाह इसलिए दी गयी है कि यदि पड़ोसी गणित में होशियार हुआ और तुम कमजोर हुए, तो वह तुम्हें नकल करायेगा।

फिर एक दिन अचानक यह सुभाषित मेरी नजर से गिर गया। उस दिन सुना कि गणेश बाबू पिट गये। बड़ों की बातों से जाना कि वे पड़ोस में रहनेवाली एक स्त्री से प्यार करने लगे थे। आज दोपहर में वे उसकी हथेली अपने हाथ में लेकर उसका भाग्य पढ़ रहे थे कि इतने में उनका ही भाग्य-निर्णय हो गया। उसके भाई ने देख लिया, बाप को पुकारा और बाप-बेटे ने गणेश बाबू को पीटा।

बेचारे गणेश बाबू ने इस महान सुभाषित के अनुसार ही काम किया था। 'नेबर' का अर्थ पड़ोसी भी होता है और पड़ोसिन भी। गणेश बाबू ने 'नेबर' को प्यार किया। क्या गुनाह किया? फिर पिटे क्यों? सोचा, यह सुभाषित ही झूठा है। कहना यह चाहिए कि पड़ोसी को चाहे करो, पर 'पड़ोसिन' से प्यार मत करो, नहीं तो किसी दिन उसके बाप-भाई तुम्हारी मरम्मत कर देंगे। पता नहीं, किसने पड़ोसी को प्यार करने का यह सुभाषित गणेश बाबू-जैसे भोले आदमियों को मुसीबत में डालने के लिए बना दिया।

सुभाषित का सच्चा प्रयोजन तब भी मेरी समझ में नहीं आया था। सत्य देश-काल सापेक्ष तो होता ही है, अवस्था सापेक्ष भी होता है। मेरी अवस्था ज्यों-ज्यों बढ़ने लगी, त्यों-त्यों सत्य के नवीन-नवीन स्तर उभरने लगे। कालेज में पढ़ता था, तब पिताजी ने मकान बदला। बदलने की क्रिया में एक कहावत और झूठी पड़ी। कहा है—'टाइम इज मनी', समय ही धन है। पिताजी के पास समय-ही-समय था। धन्धा बन्द हो गया था, इसलिए समय खूब था, काटे नहीं कटता था। पर 'मनी' धीरे-धीरे कम होता गया और आखिर हमारा निजी मकान बिका और हम किराये के मकान में आये। पिताजी का टाइम 'मनी' बना ही नहीं, 'मनी' का दुश्मन ही बन गया। हमारे पड़ोस में एक तरुणी रहती थी—सुन्दरी थी और ध्यान देनेवाली

थी। स्त्रियाँ दो प्रकार की होती हैं—ध्यान देनेवाली और न ध्यान देनेवाली। अगर आप किसी परीक्षा की तैयारी कर रहे हैं, तो नतीजा इस बात पर निर्भर है कि आपके पड़ोस में ध्यान देनेवाली रहती है या ध्यान न देनेवाली। मेरा रिजल्ट तो उसी दिन खुल गया जिस दिन मैंने देखा कि पड़ोसिन ध्यान देनेवाली है। मैंने अंग्रेजी, दर्शन, अर्थशास्त्र सब उसे समर्पित कर दिये और जब फेल हुआ, तब होश आया कि मैं कहावत के चक्कर में आ गया। पर कहावत का क्या दोष? अगर 'नेबर' सुन्दर है, तो बिना कहावत जाने भी उससे प्यार करना ही होगा। तो क्या यह सुभाषित कुरूपाओं के लिए प्रेमी की व्यवस्था करने के प्रयोजन से बनाया गया है?

मैंने कहा था कि अवस्था ज्यों-ज्यों बढ़ी, त्यों-त्यों सत्य के नये स्तर खुलने लगे और 'पड़ोसी को प्यार करो' में मुझे नये-नये प्रयोजन दिखने लगे।

लगभग दो साल पहिले मैंने फिर मकान बदला। वहाँ आने के दूसरे ही दिन मैं बरामदे में बैठा सुबह का अखबार देख रहा था कि इतने में बड़ी चौड़ी मुस्कान धारण किये पड़ोसी आये। बोले, "नमस्कार! आ गये! बड़ा भाग्य है हमारा, जो आपके पड़ोस का सौभाग्य प्राप्त हुआ। कहा है—

एक घड़ी आधी घड़ी, आधी में पुनि आध।
तुलसी संगत साधु की, हरै कोटि अपराध॥"

मैं सोचने लगा कि साधु कौन है—मैं या वे। मैंने एक-दो नम्रतासूचक वाक्य कहे। फिर मौन। तब मैंने कहा कि आज मौसम अच्छा है, कल खराब था, शायद कल और अच्छा रहे। फिर मौन। तब मैंने कहा कि यद्यपि मकान में कुछ असुविधाएँ हैं, फिर भी सुविधाएँ हैं। सामने मैदान नहीं है, पर मैदान भी किस काम का? खिड़कियाँ कम हैं, पर ज्यादा खिड़कियाँ होना भी ठीक नहीं! वे 'जी हाँ' कहकर सहमति जतलाते गये। फिर हम मौन! इस बार मौन तोड़ा। बोले, "और क्या समाचार है?"

"सब ठीक है।" मैंने कहा।

वे अखबार की ओर देखते हुए बोले, "वीटो तो हो गया।"

मैं मकान और मौसम की बात से एकदम अन्तर्राष्ट्रीय राजनीति पर कूद पड़ने को तैयार नहीं था। पूछा, "कैसा वीटो?"

वे बोले, "सुरक्षा परिषद में काश्मीर सम्बन्धी प्रस्ताव को रूस ने वीटो कर दिया न।"

मैंने कहा, "हाँ-हाँ, कल के अखबार में पढ़ा था।"

वे बोले, "हाँ, 'डिटेल्स' आज के अखबार में होंगे। यह आज ही का अखबार है न? देखूँ ज़रा।" मेरे हाथ से उन्होंने अखबार ले लिया और बोले, "अच्छा, आप 'फ्री प्रेस' लेते हैं। 'इट इज़ ए ग्रेट पेपर'। मैं पहिले इसी को लेता था।" उन्होंने उसे ज़रा देर उलटा-पलटा और सहसा उठकर खड़े हो गये। बोले, "अभी घण्टे-भर में लौटा दूँगा।" और अखबार लेकर चल दिये।

वे रोज सबेरे फ़रिश्ते की तरह मुस्कुराते हुए आते और नमस्कार करके पिछले

दिन के समाचार का कोई प्रसंग उठा देते—

"और क्या समाचार है ?"

"सब ठीक है।"

"मोहम्मद अली तो हटा दिये गये !"

"हाँ, कल पढ़ा तो था।"

"अब क्या हो रहा है, पाकिस्तान में ? आज के अखबार में होगा शायद। ये आज ही का है न ! अभी घण्टे-भर में लौटाता हूँ।"

कभी कहते—

"टीटो तो आ गये।"

"हाँ, परसों दिल्ली पहुँचे।"

"पण्डितजी से बातें हो रही होंगी। आज तो अखबार में आया होगा। देखूं जरा। अभी घण्टे-भर में भेजता हूँ।"

बीच में मैंने 'फ्री प्रेस' बन्द करके 'अमृत बाजार पत्रिका' लेना शुरू कर दिया। उन्होंने देखा तो बोले, "अरे, आप 'पत्रिका' लेने लगे। वाह ! इट इज ए ग्रेट पेपर ! मैं पहिले इसी को लेता था।"

वे मुझे बेहद प्यार करते थे। सबेरे मुस्काते हुए आते, प्रेम से मेरा हाल-चाल पूछते, दो घड़ी बैठते ! वे धीरे-धीरे मेरी झंझटें कम करते गये। अब वे अखबार-वाले को रोककर पहिले ही अखबार ले लेते और पढ़कर फिर मेरे पास लाते और बतला देते कि क्या-क्या खास बात पढ़ने लायक है। इस तरह व्यर्थ का बहुत-सा पढ़ने से मुझे बचा लेते। कभी-कभी उनके बच्चे भी अपने ढंग से अखबार पढ़ डालते; तब वे मेरे पास आकर कहते, "साले बच्चों ने अखबार फाड़ डाला। मेरी तो नाक में दम है। खैर, कोई खास बात नहीं थी। मुख्य समाचार ये थे—।" वे समाचार सुना जाते। इस तरह मुझे पढ़ने का परिश्रम नहीं करना पड़ता। फिर वे शाम को अखबार दुबारा बुलाने लगे। फिर यह सोचकर कि पुराने बेकार अखबार को वापिस करके मेरे छोटे कमरे में कचरा क्यों जमा करूँ, वे अखबार अपने ही घर रखते जाते। जब काफी अखबार जमा हो जाते, तो वे बेचारे खुद कबाड़ी को बेच देते और यह सोचकर कि मुझ साधु को माया में फँसाना ठीक नहीं, पैसा भी खुद ही रख लेते।

मैं दो साल उनका पड़ोसी रहा। इस अवधि में मेरे सामने उस सुभाषित 'लव दाइ नेबर' का एक और नया प्रयोजन खुला—पड़ोसी को क्यों प्यार करें ? इस-लिए कि उसका अखबार माँगकर पढ़ सकें और उसकी रद्दी बेच सकें। जिस महा-पुरुष ने इस सुभाषित को बनाया वह महान् भविष्य-द्रष्टा रहा होगा। वह जानता था, आगे चलकर अखबार निकलेंगे और तब पड़ोसी का अखबार पढ़ने का प्रसंग उपस्थित होगा। उस समय यह सुभाषित मानवता के काम आयेगा।

वैसे अखबार माँगनेवालों से दुनिया अच्छा सलूक नहीं करती। उन प्रेमी आत्माओं से चिढ़ती है। पर मेरा विश्वास है कि अखबार माँगनेवाले पड़ोसी से बढ़-

कर आपका शुभचिन्तक दूसरा नहीं। वह आपके दीर्घ जीवन की कामना करता है, जिससे वह आजीवन आपका अखबार पढ़ सके। वह आपसे पहिले संसार से बिदा होना चाहता है, ताकि वह एक दिन भी बिना अखबार पढ़े इस दुनिया में न जिये। मेरा विश्वास है कि लम्बी उम्र के लोगों के जीवन का अध्ययन किया जाय, तो मालूम होगा कि पड़ोसियों को अखबार देनेवाले लोग ही लम्बी उम्र पाते हैं।

अखबार माँग लेना और उसे रखे रहना कोई अनैतिक काम नहीं है। असल में इन चीजों की नैतिकता दूसरे किस्म की होती है जिसे ए. जी. गार्डनर ने 'अम्ब्रेला मारल्स' कहा है। 'छाते की नैतिकता' यह है कि पानी गिरते में आप दोस्त का छाता ले गये और फिर लौटाया नहीं, तो यह हड़पना नहीं हुआ। आप लौटाना भूल गये। बस! किसी की पुस्तक माँगकर पढ़ने के बाद हम उसे लौटाते नहीं हैं। हम क्या उसकी पुस्तक दबा लेते हैं? नहीं! हम महज उसे लौटाना भूल जाते हैं। इस नैतिकता का मसीहा वह आदमी था जो अपने दोस्त को अपना पुस्तकालय दिखाने ले गया। हजारों बढ़िया पुस्तकें थीं। मित्र देखकर दंग रह गया। बोला, "बड़ा भारी स्टॉक है आपके पास पुस्तकों का! पर ये ऐसी बेतरतीब पड़ी हैं। इन्हें आप आलमारियों में रखिए।" जवाब मिला, "सो कैसे हो सकता है? पुस्तकें तो माँगे से सब दे देते हैं, पर कोई आलमारी तो देता नहीं है।" इस नैतिकता का पालन करनेवाले बड़े-बड़े धर्मात्मा होते हैं। गार्डनर ने ही कहा है कि एक श्रेष्ठ धर्मोपदेशक पादरी पहिले दर्जे के डिब्बे में मरे पाये गये। जब उनकी तलाशी ली गयी, तो उनके जेब में तीसरे दर्जे का टिकिट निकला।

अखबार माँगकर रोज पढ़ना और उसकी रद्दी बेच लेना कोई गलत काम नहीं है। यह प्रेम प्रकट करने का तरीका है। अब अगर कोई कहता है कि उसका पड़ोसी उससे प्यार करता है, तो मैं एकदम समझ जाता हूँ कि वह रोज इसका अखबार पढ़ता होगा।

माना कि रहेंगे दिल्ली

पर खायेंगे क्या?—मैंने पूछा। जवाब मिला – खाने की दिल्ली में क्या कमी है? 'गेलर्ड' में खा लेना, 'ला बोहेम' में खा लेना, 'एम्बैसी' में खा लेना।

—और जब पैसे जेब में कम हों तब?

उसने मेरे कान में मुँह लगाकर एक होटल का नाम बताया, जो सस्ता है, पर जहाँ जाने से इज्जत नहीं घटती।

—पैसे और भी कम हों, तब?

उसने गुमटियों और खोमचों की तरफ इशारा किया।

मैं सब जगह खा चुका। दो दिन एक दोस्त के साथ बहुत महँगे होटल में खाना खाया। खाकर निकले, तो ऐसा लगा जैसे हम कनॉट प्लेस के सिर पर पाँव रखकर उसे कुचलते चल रहे हैं। मगर थोड़ी देर बाद मुझे बड़ी दीनता का बोध हुआ। दिल्लीवाले को ऐसा शायद न होता हो। उसे शायद ऐसा लगता हो कि जिन्दगी में इतनी सार्थकता तो आयी। आसपास से गँवार सम्पन्नता जब तमाचे जड़ रही हो, तब उचटकर तमाचा जड़ने को जी चाहता है। पर उसकी अपेक्षा यह ज्यादा सम्मानपूर्ण लगता है कि तमाचा मारनेवालों की तरफ से हम भी किसी को एक चाँटा मार दें। हम घबड़ाकर डरते-डरते एक चाँटा किसी बेखबर को मारकर सम्पन्नता की आड़ में छिप जाते हैं और इसके पहिले कि वह पलटकर हमें फिर एक चाँटा मारे, हम भाग जाते हैं।

हम मुँह छिपाकर भागे। हमारे साथ जो वहाँ बैठे थे, वे अपनी मोटर में बैठकर 'एस्प्रेसो बार' जायेंगे, फिर गुलकन्द (या गुड़) डला हुआ पान खायेंगे और मोटर में घर जायेंगे।

हमें पाँच पैसे का पान खाकर किसी चार-सीटर स्कूटर में चार आने में घर जाना था।

तमाचे पर तमाचा पड़ता। हम डरे हुए भागे जा रहे थे।

दिल्ली का आदमी यह न करे, तो आत्महत्या कर ले। कितने ही जवान आदमियों को देखता हूँ, जो इस होटल से उस होटल जाते हैं। रेस्तराँ में कॉफ़ी का एक कप लेकर घण्टे-भर बैठते हैं। फिर दूसरे में चले जाते हैं। रात-भर खुला रहनेवाला रेस्तराँ खोजते हैं। घर जाने में इन्हें डर लगता है। लगातार तनाव में जीते हैं ये! ये कभी-कभी कनॉट प्लेस के सिर को कुचलते हुए न चलें, तो मर जायें।

कह यह रहा था कि तीसरे दिन हम लोग सस्ते होटल में गये और पाँचवें दिन एक गुमटी में। एक-दूसरे से छिप रहे थे। मुझे भी छोले पसन्द आ रहे थे और उसे भी। (यह सबसे सस्ता रोटी का संगी है।) हम एकमत थे कि भिण्डी इस मौसम में खराब आती है और आलू पेट खराब कर देते हैं।

खोमचे पर पहुँचने के पहिले मैंने दिल्ली छोड़ दी।

मैं मित्रों से पूछता हूँ—दिल्ली आकर क्यों रहूँ?

वे कई कारण बताते हैं। एक बन्धु कहता है—जहाँ हो, वह जगह 'प्राविंशल' है। प्राविंशल समझते हो?

बहुत नहीं समझता, इतना समझता हूँ कि यह गाली है, जो 'मेट्रापालिस' का नकल-नवीस और पोस्टर चिपकानेवाला भी छोटे शहरों के लेखक और चित्रकार को देता है।

मैंने पूछा—प्रयाग प्राविंशल नहीं है?

जवाब मिला—प्रयाग, प्रयाग है। वहाँ संगम है; गंगा, जमना और सरस्वती मिलती हैं। सरस्वती गुप्त है, इसी का महत्त्व है। अगर सरस्वती प्रकट होकर बहती,

छिपकर न बहती, तो प्रयाग का भी माहात्म्य न होता।

प्रयाग की सरस्वती की गुप्त गति से मैं कुछ-कुछ परिचित हूँ।

मैंने पूछा —चिरगाँव भी प्राविंशल है?

वे चुप। चिरगाँव को प्राविंशल कहते, तो देशद्रोह में बँध जाते। वहाँ राष्ट्र-कवि रहते हैं न!

—और खण्डवा तथा भागलपुर भी प्राविंशल है, जहाँ दो असिस्टेन्ट राष्ट्र-कवि रहते हैं?

मैंने धमकी दी। मेट्रापालिस निरुत्तर हो गया।

ओ रीयली! ओ वण्डरफुल!!—मुझे पीछे से सुरीली आवाज सुनायी देती है।

पलटकर देखता हूँ, अपने-अपने पति के साथ वे दोनों मोटरों के बीच में खड़ी हैं। एक के पास छोटा लड़का है। पतियों के हाथ कारों के दरवाजों के हैण्डिल पर हैं। वे औरतों की बातों को बिना सुने ऊबी मुस्कराहट चेहरों पर लाते हैं और फिर एक-दूसरे से दूर कहीं देखने लगते हैं। वे अपनी-अपनी बीवी से, एक-दूसरे की बीवी से और एक-दूसरे से नफरत कर रहे हैं—मगर मुस्कुराये जा रहे हैं।

—कल तो 'रीगल' गये थे फिल्म देखने।

—ओ रीयली? ओ वण्डरफुल!! हम इस सण्डे को पिकनिक पर हो आये।

—ओ रीयली? ओ वण्डरफुल! हमें तो अब एक अच्छा 'कुक' मिल गया है।

—ओ रीयली? ओ वण्डरफुल!

—ओ रीयली?

—ओ वण्डरफुल!

सोचा, अगर एक कहे कि हमने तो आज खाना खाया था, तो दूसरी कहेगी—ओ रीयली? ओ वण्डरफुल!

और दूसरी कहे कि हमने तो आज दो पाँव का आदमी देखा, तो पहिली कहेगी—ओ रीयली? ओ वण्डरफुल!

—आण्टी को 'टा-टा' करो पप्पू।

—आण्टी, टा-टा!

दिल्ली राजधानी है—डिप्लोमेसी, कूटनीति की जगह। जिन्दगी के रगो-रेशे में यह डिप्लोमेसी घुस गयी है। पालम हवाई अड्डे पर भुट्टो और स्वर्णसिंह कैसे पिघलकर हँसते हुए गले मिलते हैं, मगर दोनों एक-दूसरे की जेब काटने का इरादा रखते हैं।

सब जगह डिप्लोमेसी है।

'ओ रीयली? ओ वण्डरफुल!' में वह है।

और वह वहाँ भी है जब कॉफी या टी-हाउस में एक लेखक दूसरे से ललककर पूछता है—बोलो, क्या खाओगे?

मन में होता है कि अगर यह एक प्लेट जहर माँग ले, तो अच्छा हो।

पर वह कमबख्त सेंडविच माँग लेता है। हाय !

हिसाब से और डिप्लोमेसी से काम होता है, दिल्लीवाले का। उसके टाइम-टेबिल में 15 मिनट सहानुभूति के, 10 दया के और 10 मनुष्यता के भी होते हैं। तटस्थ भाव से सोचता है कि सहानुभूति भी जिन्दगी में जरूरी है, इसलिए 15 मिनट इसे दे दो। बीमार दोस्त के पास 15 मिनट वह बैठ आयेगा। अगर दोस्त ने 20 मिनट बिठा लिया, तो पछतायेगा कि सहानुभूति में 5 मिनट 'ओवरटाइम' हो गया। किसी की मौत पर घड़ी देखते हुए 10 मिनट दुखी होगा। ग्यारहवें मिनट पर नाचने चला जायेगा। रोते हुए फोटो नहीं खिंचेगी, तो रोना व्यर्थ समझेगा।

ग़ालिब की पहिली समस्या यह थी कि खायेंगे क्या ? मेरी पहिली समस्या यह है कि रहेंगे कहाँ। ग़ालिब का एक घर तो था, यद्यपि उसके 'दर-ओ-दीवार पर सब्जा' उग आता था। पर फिर भी था। इधर एक गरीब कवि हर साल बरसात के पहिले टूटे घर का रोना रोकर मरम्मत के लिए मदद माँगते थे। मैंने कहा—बन्धु, तुम फिर भी भाग्यवान हो। तुम्हारा एक घर तो है जो हर साल टूटता है। मेरे पास तो वह भी नहीं है। मेरा क्या टूटे ? मैं किसका रोना रोऊँ और किसकी मरम्मत कराऊँ !

भारत में जिस हिसाब से बच्चे पैदा हो रहे हैं, उस हिसाब से मकान नहीं बन रहे हैं। सरकार को कानून बना देना चाहिए कि हर बच्चा पैदा होने पर बाप को एक मकान बनवाकर देना होगा। इससे सन्तति-नियमन एकदम हो जायेगा और कुछ बन मकान भी जायेंगे। कुछ लोग तो ऐसे निकलेंगे ही जो मकान क्या, अनाथालय बनवा देंगे, पर सन्तति-निरोध नहीं करेंगे।

मुझे दिल्ली में मकान खोजना होगा। मकान-मालिक पूछते हैं—फेमिली है ?

क्यों पूछते हैं ? डरते हैं, बेचारे। उनकी भी जवान लड़कियाँ होती हैं। कहीं कुछ हो जाये तो ? मालिकों में आपस में 'मामले' हो जायें, तो कोई बात नहीं, पर किरायेदार से तो नहीं होना चाहिए। मगर शादी-शुदा आदमी की क्या गारन्टी ? वह एक बार तो संयम टूटने का सबूत दे ही चुका है। तभी तो शादी की। क्या निश्चित कि बार-बार उसका संयम नहीं टूटेगा ?

तर्क को कोई नहीं मानता। गलतफहमी का ज़माना है। फेमिली न होने के कारण बेचारा नहुष स्वर्ग से निकाल दिया गया था। मेरा राजधानी में क्या ठिकाना होगा ?

मकान-मालिक पूछेगा—फेमिली है ?

मैं यह तो कह नहीं सकूँगा कि आप चाहेंगे, तो यहीं 'फेमिली' हो जायगी।

अगर खाने और रहने की समस्या हल हो जाये, तो भी और कठिनाइयाँ हैं। दिल्ली के ट्राफिक से मैं बहुत डरता हूँ। बम्बई की तुलना में दिल्ली का ट्राफिक बहुत कम है, पर बम्बई में मुझे कम डर लगता है। बम्बई में अनुशासन है। वहाँ चोरी भी अनुशासन से होती है, स्मगलिंग भी अनुशासन से। दिल्ली में ऐसा नहीं है। यहाँ जाट का दुस्साहस और ऊबड़-खाबड़पन है। हर बार जब सवारी में बैठता

हूँ, तो लगता है, मौत की बराबरी से भाग रहा हूँ। बम्बई में जब डरते हुए सड़क पार करता, तो डॉ. भारती ने कहा कि पहिले मैं भी डरता था। एक दिन (शायद) गंगाधर गाडगिल ने मुझसे कहा कि बम्बई के ट्राफिक से बिल्कुल मत डरो। एक बार गाँव की एक अन्धी बुढ़िया दिन-भर सड़कों पर घूमती रही, पर उसे खरोंच तक नहीं लगी। बस, आँखें बन्द करके अपने को सड़क पर डाल दो।

मेरी हिम्मत बढ़ी। पर यह प्रयोग दिल्ली में नहीं किया जा सकता। यहाँ की मोटरें इतनी संयमी मुझे नहीं लगतीं। यहाँ तो मैं नार्थ एवेन्यू चलने के लिए कहता हूँ, तो वह साउथ एवेन्यू घुमाकर ले जाती है। मैंने सोचा, साउथ एवेन्यू कहूँगा, तो यह जरूर नार्थ एवेन्यू घुमायेगी। मुझे नार्थ एवेन्यू जाना था। मैंने कहा—साउथ एवेन्यू! टैक्सी जब नार्थ एवेन्यू पहुँची, तब मैंने कहा—रोको! टैक्सी रुक गयी। उसने पूछा—क्या बात है साहब?

मैंने कहा—पेशाब करना है।

मैं उतर गया और मीटर देखकर पैसे दिये। वह बोला—आपको साउथ एवेन्यू जाना था न! कुछ समझ में नहीं आया।

मैंने कहा—मुझे आ गया।

अपना शहर भी कोई बुरा नहीं है। अब तो मशहूर भी हो गया है। सन् 62 के दंगे के बाद अन्तर्राष्ट्रीय दस्तावेजों में इसका उल्लेख होता है। राष्ट्रसंघ में, जहाँ मास्को और वाशिंगटन के नाम ही अक्सर लिये जाते हैं, मेरे इस शहर का भी नाम लिया जा चुका है। समकालीन एशिया पर हर पुस्तक में इस शहर का उल्लेख मिलता है। ताकतवर शहर है।

मैं यहाँ सबको जानता हूँ और सब मुझे जानते हैं। दिन-भर में हजार बार 'नमस्कार' होती है।

फिर अपने शहर से शिकायत किसे नहीं होती। ग़ालिब भी कलकत्ता गये थे, तो स्थानीय प्रतिभाओं ने उन्हें तंग किया था। मीडियाकरों की यही साहित्य-सेवा है। तब उन्हें दिल्ली की याद आयी थी। तभी खयाल आया कि दिल्लीवालों का सलूक भी तो कोई अच्छा नहीं था।

हो जाता है, कभी कुछ। कभी दो-चार लोग कोई लेख लेकर कलेक्टर के पास पहुँच जाते हैं कि इसे गिरफ्तार करो, वरना शान्ति भंग हो जायेगी। लेख से शान्ति तो उन दो-चार की ही भंग होती है, पर वे उसे शहर की शान्ति-भंग समझते हैं। कुछ लोग अपने को पूरा शहर ही नहीं, पूरी दुनिया ही समझे बैठे रहते हैं।

पर सबसे बड़ी चोट मुझे एक होटल-मालिक ने दी थी। इधर सड़कों पर मैं लोकप्रिय लेखक के गर्व में फूला-फूला फिरता था। एक दिन मित्रों ने कहा, चलो इस नये होटल में चाय पियें। होटल में घुसे तो मालिक ने मुस्कराहट से स्वागत किया। मैं उसके पहिलेवाले छोटे होटल में 2-3 महीने खाना खा चुका था। मेरे एक मित्र भी उसके परिचित थे।

मित्र ने उससे पूछा—आप इन्हें जानते हैं?

उसने कहा—हाँ साहब, जानता हूँ।

मैं फूल उठा। कौन ऐसा है, जो मुझे न जाने? उसे शहर से निकलवा दूँ।

मित्र ने कहा—अच्छा बताइए, कौन हैं ये।

मैं खुशी से फूटा पड़ता था कि यह कहता ही है कि वाह साहब, इन्हें न जानूँ, तो धिक्कार है। ये इतने बड़े लेखक—

तभी होटल-मालिक ने कहा—ये तो हमारे ग्राहक रहे हैं।

मेरा पानी उतर गया। यह मुझे इतना ही जानता है कि मैं इसका ग्राहक था! बम?

मैंने उसी रात शहर छोड़ देने का फैसला किया था, पर छोड़ नहीं सका।

दिल्ली खींचती जरूर है। पुराने जमाने में आक्रमणकारियों को खींचती रही है। अभी भी जो दिल्ली है, उसे जीतने के इरादे से ही जाता है। पर दिल्ली उसे जीतकर एक कोने में डाल देती है।

मैं दोस्तों से कहता हूँ—अच्छा यारो, कुछ दिन दिल्ली में रहकर देखूंगा। नहीं जमा तो लौट जाऊँगा।

मित्रों ने कहा—अरे, दिल्ली जाकर कोई नहीं लौटता।

मैं सोचने लगता हूँ—जैसे मुक्तिबोध।

मिल लेना

'मिल लेना' उतना आसान नहीं है, जितना मैं पहले समझता था। देखता था कि लोग राजधानी जानेवाले से कहते थे—हमारा अमुक काम अटका है, ज़रा फलाँ से मिल लेना। वे मिल लेते थे और लौटकर बताते थे कि मिल लिये और काम हो जायेगा। मेरे एक मित्र हैं जो 'मिल लेने' के विशेषज्ञ हैं। वे सुबह टैक्सी लेकर निकले और शाम को जब उन्होंने अपना हिसाब बताया, तो मैं चकित रह गया—वे तीन मन्त्रियों, चार सचिवों और तीन डायरेक्टरों से मिल आये थे और लगभग पन्द्रह आदमियों का काम करवा आये थे। हमारी इस सारी व्यवस्था को मिल लेनेवाले ही चला रहे हैं। बड़ी कम्पनियाँ हजारों रुपये वेतन पर राजधानियों में मिल लेने-वाले रखती हैं, जिनका काम सिर्फ मिल लेना है। मगर मैंने सुना है कि असली सरकार यही मिल लेनेवाले चलाते हैं, यही बजट बनाते हैं, यही मन्त्रिमण्डल बनवाते हैं, यही नीतियाँ तय करते हैं। युद्ध और शान्ति भी, सुना है, इन्हीं मिल लेनेवालों के इशारे पर होती है।

पहले मैं मिल लेने को साधारण बात समझता था, पर एक अनुभव के बाद

मानने लगा हूँ कि इस काम के लिए विशिष्ट साहस, विशिष्ट प्रतिभा और विशिष्ट चतुरता चाहिए। सबसे यह नहीं बनता। मुझसे यह नहीं बना; थोड़ा बना भी तो बहुत भद्दे ढंग से बना।

एक आदमी ने मुझसे एक दिन कहा—आप राजधानी जा रहे हैं। मेरा एक छोटा-सा काम है। विभाग के प्रधान से ज़रा मिल लीजिए। वे आपको बहुत चाहते हैं। मैंने आपका हवाला दिया था, तो कहने लगे कि वे तो मिलते ही नहीं, अपना काम करके लौट जाते हैं। आप दो शब्द कह देंगे, तो मेरा काम हो जायेगा!

मैं राज़ी हो गया। राजधानी पहुँचकर जब मैं उनसे मिलने चला, तो मेरे भीतर न जाने क्या होने लगा। जाऊँ कि न जाऊँ? वे क्या सोचेंगे? सोचेंगे—लो, काम कराने आ गया। फायदा उठाने आ पहुँचा। कहूँगा कैसे? न कह सका तो क्या होगा? मैं बैठ गया। दूसरी तरफ से सोचने की कोशिश की—मेरा काम है तो नहीं। दूसरे के भले की बात है। दूसरे के लिए माँगने में क्या शर्म और झिझक! गाँधीजी कितना माँगते थे, पर दूसरों के लिए माँगते थे। इसलिए बेखटके माँगते थे। चलो।

मैं चल दिया। रास्ते में फिर कमजोरी आयी और फिर मैंने उसे दबाया। आखिर दफ्तर से करीब सौ गज की दूरी पर मेरे मन में फिर दुविधा पैदा हुई। एक पेड़ की छाँह में खड़े होकर मैं अपने मन को तरह-तरह से तैयार करता रहा। आखिर यह तय करके कि अगले चक्कर में मिल लूँगा, मैं लौट आया।

कामवाले ने पूछा—आप उससे मिल लिये होंगे?

मैंने कहा—गया था, पर मालूम हुआ कि वे दिल्ली गये हैं। अगली बार मिल लूँगा।

अगली बार मैं फिर हिम्मत करके दफ्तर के पास पहुँचा और इस बार बायीं तरफ सौ गज की दूरी पर पेड़ की छाया में खड़ा-खड़ा सोचता रहा—वे मन में क्या सोचेंगे? कहेंगे, यों तो यह नहीं मिलता। अब मिलने आया है, तो काम लेकर आया है।

मैं फिर लौट आया और कह दिया कि वे बंगलौर एक मीटिंग में गये हैं। सरकारी मीटिंगों की चार-पाँच निश्चित जगहें हैं। साल-भर सरकारी मीटिंगें इस इन्तजार में रुकी रहती हैं कि कब गर्मी आये और हम सार्वजनिक खर्च पर श्रीनगर या मसूरी या बंगलौर में हों। तीसरी बार मैंने फिर मिलने की कोशिश की, पर लौटकर कह दिया कि वे एक मीटिंग में मसूरी गये हैं।

उसे शक हो गया कि जब तक मैं इनके साथ राजधानी न जाऊँगा, तब तक साहब मीटिंग में बाहर ही रहा करेंगे। उन्हें दफ्तर में वापस लाने के उद्देश्य से अगली बार वह मेरे साथ हो लिया। मुझे घबराहट होने लगी। इस बार मैं तभी बच सकता हूँ, जब सचमुच वे बाहर गये हों। घर पहुँचने के दो-तीन घण्टों के भीतर ही कामवाला पता लगा लाया कि वे यहीं हैं और कुछ दिन रहेंगे।

पहले दिन मैंने कहा—आज मैं अपना काम निपटा लूँ। दूसरे दिन सुबह उसने कहा—चलिए, वे बँगले पर खाली मिल जायेंगे। मैंने कहा—दफ्तर में मिलना ठीक

होगा। वे तुरन्त फाइल वगैरह बुलाकर ऑर्डर कर देंगे। उसे बात पट गयी। मेरे कुछ घण्टे कटे, पर बीच-बीच में चिन्ता काट जाती थी। एक बजे भोजन कराकर उसने कहा—चलिए दफ्तर। मैंने कहा—मैं सोचता हूँ, घर पर मिलना ठीक रहेगा। बात यह है कि मेरे उनसे व्यक्तिगत सम्बन्ध ही हैं। इसलिए दफ्तर में मिलना ठीक नहीं। खुलकर बात भी नहीं हो सकेगी। वह मान गया। बोला—ठीक है। शाम को लगभग आठ बजे वे खाली रहते हैं। मैं आपको ले चलूँगा।

शाम तक मैं यहाँ-वहाँ घूमता रहा, दोस्तों में बैठता रहा, पर खटका हमेशा बना रहा कि शाम को उनसे मिलना है। अब किसी तरह टल नहीं सकता। आठ बजे उन्होंने मुझे टैक्सी में बिठाया। तय हुआ कि बँगले के सामने से निकलेंगे और सौ गज आगे जाकर मैं टैक्सी से उतर जाऊँगा। वह टैक्सी में मेरा इन्तजार करेगा। टैक्सी जब बँगले के सामने से निकली तो बरामदे में दो आदमी खड़े दिखे। आगे जाकर टैक्सी रुकी, तो मैंने कहा—अभी तो दो आदमी वहाँ मिलने को खड़े हैं, इस वक्त जाना ठीक नहीं होगा। उसने कहा—वे बहुत करके जाने के लिए खड़े हैं। अब तक चले गये होंगे। मैंने कहा—नहीं, उनके खड़े होने के ढंग से ऐसा मालूम होता है कि मिलने के लिए आये हैं। उसने कहा—दो मिनट मिलकर लौटते हैं। तब तक वे लोग चले गये होंगे।

मुझे कुछ राहत मिली। जिनसे उसे मिलना था, उसके घर के सामने टैक्सी रोककर वह उतरा। कहा—आप बैठिए। मैं दो मिनट में आता हूँ। थोड़ी देर बाद एक सज्जन आये और बोले—वाह साहब, ऐसा नहीं हो सकता कि घर पर आयें और टैक्सी में ही बैठे रहें। दो मिनट तो बैठना ही पड़ेगा। कामवाले ने बहुत जोर दिया कि इस वक्त बहुत जरूरी काम है; मैं इन्हें कल ले आऊँगा। पर उन सज्जन ने मुझे उतार लिया और मैं उतर गया।

बैठक में पहुँचकर सज्जन बोले—चाय तो पीनी ही पड़ेगी। मैंने कहा—हाँ, चल जायेगी। कामवाला घबरा उठा। बोला—देखिए, चाय में देर लगेगी। एक जगह जरूरी जाना है। सज्जन ने कहा—बस, दो मिनट लगेंगे।

मैं सोच रहा था, अगर यह पन्द्रह-बीस मिनट वहाँ लगा दे, तो मैं इस वक्त मिलने से बच सकता हूँ। पता नहीं इनकी पत्नी कैसे चाय बनाती हैं—सिगड़ी पर या स्टोव पर। कहीं इसके घर बरशेन का चूल्हा तो नहीं है? अगर बरशेन हुआ, तो बहुत जल्दी चाय बन जायेगी। हे भगवान, इसके घर बरशेन न हो। और अगर तूने इसे पहले से बरशेन दे रखा हो, तो इस वक्त गैस खत्म हो गयी हो।

चाय पीने और पान खाने में नौ बज गये। मेरा मन कुछ हल्का हुआ। कामवाला मुझे लेकर चला। कहने लगा—ये आदमी अच्छे हैं, पर दूसरों के समय का महत्त्व नहीं समझते। मैंने कहा—हाँ, देखिए न, व्यर्थ आधा घण्टा बरबाद कर दिया। हम लोगों से नहीं करते बनता नहीं है।

बँगले में सामने से गाड़ी बढ़ाकर जब उसने रोकी, तो मैंने कहा—अब नौ से ऊपर हो चुका। वे खाना खाकर सोने की तैयारी में होंगे। ऐसे वक्त जाना ठीक

नहीं। दिन-भर का थका आदमी इस वक्त आराम चाहता है। उनका 'मूड' ठीक नहीं हुआ, तो होता काम बिगड़ जायेगा।

उसने कहा—कोई बहुत देर नहीं हुई है। मेरा तो खयाल है कि इस वक्त वे अकेले मिल जायेंगे।

मैंने कहा—नहीं, इस वक्त दिन-भर की झंझटों का बोझ उनके मन पर होगा। सुबह आदमी का मन अच्छा रहता है।

उसे अच्छा नहीं लगा। अनमने ढंग में उसने कहा—ठीक है। जैसा आप उचित समझें।

हम लौट पड़े। रास्ते-भर उसने कोई बात नहीं की, खाते वक्त भी वह अनमना रहा। उसे बुरा लग गया था। कुछ भी हो, सुबह मुझे उनसे मिलना ही पड़ेगा।

आठ बजे सुबह मैं उनके फाटक पर पहुँच गया। सौ गज पीछे वह टैक्सी में बैठा मुझे देख रहा था। बचाव की कोई सूरत नहीं थी। एक ही रास्ता था। अगर इनके कुत्ता हो और वह भौंककर झपटे, तो मैं इस बहाने से लौट सकता हूँ। कह दूंगा—अब मैं उस बंगले में कदम नहीं रखूंगा, दफ्तर में ही मिलूंगा। फाटक में घुसा, तो कुत्ता दिखा। फाटक को भागने के सुभीते के लिए खुला छोड़कर मैं आगे इस उम्मीद से बढ़ा कि कुत्ता उठकर भौंकता ही है। पर वह निकम्मा निकला। एक बार सिर उठाकर उसने देखा और फिर अपने ही चरणों में अपना सिर रखकर सो गया।

मैंने मन को कड़ा किया—अपने लिए तो कुछ माँगने आया नहीं हूँ। गाँधीजी भी तो दूसरों के लिए माँगते थे।

मैं बैठक में था। वे मेरे सामने बैठे थे। सिगरेट पी, पान खाया। अच्छी बातें हो रही थीं। वे मन से बात कर रहे थे, मैं बेमन से। मैं मन में तय कर रहा था कि काम की बात कैसे और किस मौके पर कह दूं। इसी समय चपरासी फाइल लेकर आया—उसमें 'इमीडियेट' और 'अरजेण्ट' की पर्चियाँ लगी थीं। थोड़ी देर बाद उनका सेक्रेटरी आया। उसके पास भी फाइल थी। उसमें भी 'इमीडियेट' और 'अरजेण्ट' की पर्चियाँ लगी थीं। दोनों फाइलें टेबिल पर रखी थीं। वे कभी उन पर्चियों की तरफ देख लेते। मैं भी नजर डाल लेता। दोनों की नजरें मिलतीं, तो मैं समझ जाता कि पर्चियों का असर उन पर पड़ रहा है। वे बेमन से बातें करने लगे। यों इन पर्चियों का मतलब मैं जानता हूँ—'इमीडियेट' का अर्थ है साल-भर, 'अरजेण्ट' का पाँच साल। जिस कागज पर कोई पर्ची न हो, उस मामले को बिना निपटाये आदमी रिटायर हो सकता है। वे भले आदमी हैं और भले आदमी पर ही ये पर्चियाँ असर करती हैं।

अब हम दोनों विचलित थे। वे फाइलों में चले गये थे और मेरे मन में वह काम उलझा था। वे सोच रहे थे कि किस खूबसूरती से वे मुझे विदा कर दें और मैं सोच रहा था कि किस खूबसूरती से मैं उठ जाऊँ। पहले आना मुश्किल मालूम हो रहा था, अब उठना। काम मेरे दिमाग से निकल गया। काम की बात मैं हरगिज नहीं

करूँगा। गाँधीजी का उदाहरण भी बेअसर हो चुका था। अब मेरी समस्या उठना रह गयी थी।

वे बोले —अमुक आदमी का काम हो जायेगा, पर दो-तीन महीने लगेंगे।

हे भगवान्! दया के सागर! ये तो अन्तर्यामी हैं। समझ गये कि काम से आया हूँ। जानते हैं, बिना काम कोई यहाँ मिलने नहीं आता।

मेरी हालत खराब थी। मैंने कहा—मैं उस सम्बन्ध में नहीं आया। यों ही मिलने आया था।

वे बोले —बहुत अच्छा किया आपने। उस आदमी ने आपका हवाला दिया था, इसलिए मैंने कहा।

मेरा पूरी तरह पर्दाफाश हो चुका था, मुझसे बात करते नहीं बन रहा था। वे फिर उन पर्चियों की तरफ देखने लगे थे। मैं बहुत भद्दे ढंग से उठा और फाटक के बाहर आ गया।

पसीना पोंछा। रूमाल से हवा की और टैक्सी में बैठ गया।

एक बार मिलने में यह हाल हो गया। वे कितने बहादुर होते हैं, जो रोज किसी से मिलते रहते हैं!

दो छोटी इच्छाएँ

मेरी सिर्फ दो महत्त्वाकांक्षाएँ हैं, जो पूरी होती नहीं दिखतीं। वैसे नये साल में फिर कोशिश करूँगा। शायद महत्त्वाकांक्षा का लक्षण ही यह है कि वह अक्सर पूरी नहीं होती। वैष्णव भक्तों का विश्वास है, उनके ईश्वर ने मत्स्यावतार के बाद महत्त्वाकांक्षा की थी कि अब मैं एकदम मनुष्य का रूप लूँगा। पर अगली बार बेचारे अधिक-से-अधिक वाराह बन पाये। एकदम आदमी बन जाना ईश्वर की औकात से भी बाहर की चीज है।

मेरी ऐसी कोई असम्भव महत्त्वाकांक्षा नहीं है। वे इतनी छोटी-छोटी इच्छाएँ हैं कि लोग उन्हें महत्त्वाकांक्षा ही नहीं मानेंगे। पहली तो यह है कि मैं इन्कम-टैक्स दूँ और दूसरी यह कि चेक काटूँ। यह पागलपन कहा जायेगा कि जब आम तौर पर इन्कम-टैक्स बचाने की इच्छा की जाती है, तब मैं देने को उत्सुक हूँ। ऐसा भी होता है। सूखे मरुस्थल में रहनेवाले की इच्छा कभी-कभी समुद्र में डूब मरने की होती है। मैंने भरसक आमदनी बढ़ाने की कोशिश की है और आशा लगाये बैठा रहा हूँ कि कभी सरकार अपने खास इन्कम-टैक्स इन्स्पेक्टर से कहेगी कि जाओ, परसाईजी से हिसाब पूछ आओ। मगर अभी तक कोई नहीं आया।

आखिर इन्कम-टैक्स विभाग मुझसे कतराता क्यों है? वह शायद जानता है कि हम और तरह से हिसाब से ज्यादा टैक्स दे चुके। हम तो पूरी जिन्दगी इस युग को टैक्स के रूप में दे रहे हैं। हर युग टैक्स माँगता है, जिन्दगी के सिक्कों में। ज़माने ने कहा—हमें नयी दुनिया बनानी है। जाओ, निर्माण कर दो! हमने स्वेच्छा से तिल-तिल करके ज़िन्दगी देना शुरू कर दिया—बचपन दिया, जवानी दे रहे हैं और आगे भी देंगे। सरकार का इन्कम-टैक्स विभाग शायद जानता है कि मैं हैसियत से ज्यादा दे चुका। अब वह मुझसे क्या माँगे और किस मुँह से माँगे! वह बेचारा शर्म के मारे मेरे पास नहीं आता। मैंने उसे माफ किया और यह महत्त्वाकांक्षा भी छोड़ी।

पर चेक काटने की इच्छा मन में बार-बार सिर उठाती है। चाहता हूँ, बैंक में खाता हो और मैं चेक काटूँ। नगद लेन-देन बन्द! मकान-किराया चेक से दूँ। किराया देने में देर हो जाती है, तो मकान-मालिक कहता है, किसी आगे की तारीख का चेक दे दीजिए। मैं 'हाँ-हूँ' करके बात टाल जाता हूँ और अभी तक उसका यह भ्रम कायम है कि इस आदमी का बैंक में खाता है, पर यह इतना कंजूस है कि पैसा निकालता नहीं है। चाहता हूँ, उसे चेक देकर चकित कर दूँ। दूधवाले और सब्जी-वाले को चेक से पैसा चुकाऊँ। पान खाऊँ तो पांच पैसे का चेक काटकर दूँ। भिखारी पैसा माँगे तो एक पैसे का चेक काटकर उसके कटोरे में डालूँ। दूसरों के मेरे नाम काटे चेक भुनाते बहुत साल हो गये। अब मेरे दिये चेक दूसरे भुनायें। दूसरे का चेक लिये मैं बैंक की खिड़की पर कब से खड़ा हूँ। अब मेरा चेक लेकर कोई खिड़की पर खड़ा हो। बाबू दस्तखत पहचानकर कहे—'अच्छा, परसाईजी का चेक है।' फिर रजिस्टर में देखकर कहे—'मगर उनका तो कुछ ओवर-ड्राफ्ट है। ठहरिए, मैनेजर से पूछता हूँ।' वह मैनेजर से पूछे तो वह कहे—'हाँ-हाँ दे दो। साउण्ड पार्टी है।' साउण्ड पार्टी कहलाना कितना बड़ा गौरव है। मैं कब साउण्ड पार्टी कहलाऊँगा? अभी तो यह स्थिति है कि कोई साउण्ड पार्टी भी मेरे नाम चेक दे, तो वह 'अन-साउण्ड' मालूम होता है।

बैंक के संस्कार मुझमें बचपन से ही हैं। बैंकिंग व्यवसाय को भारत में प्रोत्साहन देनेवाला वह दोहा मुझे सातवीं कक्षा में ही पढ़ा दिया गया था। किसी मध्ययुग के कवि का दोहा है—

पानी बाढ़ै नाव में, घर में बाढ़ै दाम।
दोऊ हाथ उलीचिए, यही सयानो काम॥

इस दोहे के अर्थ में एक उलझन थी, जिसे हमारे अध्यापक नहीं सुलझा सके। यह तो स्पष्ट है और सही है कि अगर नाव के छेद में से भीतर पानी आ जाये, तो उसे पुनः दोनों हाथों से उलीचकर नदी में डाल देना चाहिए। पर घर में दाम यानी धन बढ़ जाये, तो उसे उलीचकर सयाना आदमी कहाँ डाल दे? बचपन में तो मैंने कल्पना कर ली थी कि कवि की मंशा है कि उसे बैंक में डाल देना चाहिए। बड़ा

हुआ, तब सोचा कि सामन्ती व्यवस्था का कवि बैंक क्या जाने ? इसमें कोई दूसरा अर्थ है। नाव का पानी उलीचकर नदी में डाल दो। नदी के पास पानी की 'मोनोपोली' है—यानी यदि 'मोनोपोली' का पानी किसी छेद में सरककर तुम्हारी नाव में आ जाये, तो उसे फिर 'मोनोपोली' में डाल दो ! यही बात धन के बारे में होगी। घर में धन बढ़ जाये तो उसे दोनों हाथों से उलीचकर फिर 'मोनोपोली' में डाल दो। इसे आध्यात्मिक आधार देना है तो यों कहो कि विराट में लघु का विलय होने दो—यही लघु की चरम सफलता और सार्थकता है। अंश-अंशी का यही सम्बन्ध है। सलाह अच्छी है। पर इस अर्थव्यवस्था की नदी पर जो हमारी डोंगी बह रही है, उसमें छेद तो है, पर उसमें 'वाल्व' लगा है—बाहर से कुछ नहीं आ सकता, अन्दर का ही बाहर जाता है। ये जो दो-चार बूंदें दिखती हैं, आसमान से टपकी हैं। पुराने कवि को हमारी व्यवस्था का ज्ञान नहीं था। उसकी सलाह हमारे किसी काम की नहीं है। युग के अनुकूल सलाह तो हम किसी भी आधुनिक कवि के काव्य से निकाल लेते हैं, जैसे यह सलाह कि यह जो एक 'गर्वभरा मदमाता' दीप अकेला अलग खड़ा है, इसे भी पंक्ति को दे दो। दरवाजे के सामने जो दीनता से सिर झुकाये दीपकों की कतार खड़ी है, उसी में इस गर्वभरे मदमाते को भी खड़ा कर दो। बहुत अकड़ता है कम्बख्त। (अर्थ-विपर्यय हो तो 'अज्ञेय' माफ करें) !

मैं फिर बहका। मेरे आलोचक ठीक कहते हैं कि मैं वैयक्तिक निबन्ध में भी निर्वैयक्तिक हो जाता हूँ। अच्छा, अब फिर वैयक्तिक होता हूँ।

ऐसा नहीं है कि मैंने पैसा जमा करने का प्रयत्न ही न किया हो। जमा करने की पहली शिक्षा देने के लिए पोस्ट आफिस सेविंग्ज बैंक है। मैंने एक बार पूरे 200 रुपये जमाकर दिये। पास-बुक मिल गयी। उसी के साथ मैंने पैसा निकालने के फार्म भी ले लिये। यह शायद शुक्रवार था या शनिवार। सोमवार को 10-30 बजे जब सेविंग्ज बैंक के बाबू ने खिड़की खोली तो काउण्टर से सटा मुझे पाया। मुस्कराया वह। पूछा, "जमा कराना है ?" मैंने कहा, "नहीं, निकालना है।" वह बोला, "पर आपने तो अभी परसों ही...!" मैंने कहा, "एकदम जरूरत आ पड़ी।" मैंने 50 रुपये निकाल लिये। अब मुश्किल यह पैदा हुई कि सप्ताह में सिर्फ एक बार पैसा निकालने का नियम है। अगले सोमवार तक मुझे प्रतीक्षा करनी पड़ी। फिर तो कुछ हफ्ते यही होता रहा कि ज्यों ही बाबू सोमवार को खिड़की खोलता, मुझे पाता। पहचानने लगा था मुझे। देखते ही मुस्कराकर कहता, "अच्छा, आप डटे हैं !" वह मुझे प्यार करने लगा था। एक सोमवार को मैं नहीं पहुंचा तो दूसरे सोमवार को उसने शिकायत की कि पिछले सोमवार आपके दर्शन नहीं हुए ! मैंने 7-8 हफ्ते में बैंक को जिम्मेदारी से मुक्त कर दिया।

चट्टानों में गढ़ा खोदने से कुआँ नहीं बनता। बैंक में खाता खोलना निरर्थक है, यदि उसमें पैसा न डालते जाओ। और पैसा तभी डाला जायेगा, जब बचेगा। बचत के

भी बहुत नुस्खे हैं। सबसे लोकप्रिय नुस्खा यह है कि खर्च का हिसाब लिखने से बचत होती है। देखता हूँ कि लोग एक पैसे की धनिया की पत्ती भी लेते हैं, तो उसे लिख लेते हैं और महीने के आखिरी सप्ताह में किसी दोस्त से पाँच रुपये उधार माँगते हैं। मैंने भी एक माह हिसाब लिखा। दूसरे महीने उस हिसाब को देख-देखकर मैं दुबला हो गया। खर्च देखता और हाय करता—हाय, सब्जी इतने रुपयों की खा गये! दूध में इतना खर्च हो गया! हाय, इतनी चाय पी गये। ऐसे खर्च होगा, तो किसी दिन भीख माँगेंगे। दूसरे महीने सब खर्च कम कर दिये। सोचा, अब मन प्रसन्न रहेगा और पैसा भी बचेगा। पर जब महीने के बाद हिसाब देखा तो रोना आ गया। यह दूसरे किस्म की हाय थी—हाय, इतना कम दूध पिया! हाय, इतनी-सी सब्जी खायी! ऐसे भोजन से तो जल्दी मर जायेंगे! हिसाब रखने का मेरे स्वास्थ्य पर बुरा असर पड़ा।

यह तरकीब नाकामयाब रही। और भी कई नुस्खे आजमाये। बचत हुई नहीं। न बचा पाने की क्षमता की मैंने तारीफ भी सुनी। कोई-कोई प्रशंसा के भाव से मुझसे कहते हैं—'आपको पैसे का मोह नहीं है।' यह बात एकदम गलत है और ऐसी तारीफ करनेवालों के इरादे भी अच्छे नहीं हैं। या तो वे मुझसे पैसा लेना चाहते हैं या मेरा पैसा दबाना चाहते हैं। तभी तो मुझे सुझाते हैं कि भाई तुम तो सन्त हो, तुम्हें पैसे का मोह ही नहीं है। ह्वेन-सांग ने अपने भारत-यात्रा-वर्णन में लिखा कि इस देश में लोग घरों में ताले नहीं लगाते। यह प्रोपेगेण्डा उस समय चोरों ने कर रखा था, जिससे उन्हें खुले घर मिल जायें। चीनी यात्री चोरों के प्रोपेगेण्डा में पड़ गया और निष्कर्ष गलत निकाल लिया— उस समय चोरों का बहुत जोर था, पर वह भोला चीनी समझा कि ईमानदारी फैली है। अपने बारे में निर्मोह के प्रोपेगेण्डा से मैं पथ-भ्रष्ट नहीं होता।

मैंने पूरे प्रयत्न करके देख लिये, पर खाता खुला नहीं। तब मैंने उस सिद्धान्त को अपनाया जो असमर्थता को नैतिकता बना देता है— कि इच्छाओं का दमन करो! मैंने चेक काटने की इच्छा को दबा लिया, पर यह झूठा दम्भ था। एक घटना ने इच्छा को दुगुने वेग से उठा लिया। मैं सौ रुपये का चेक भुनाने बैंक गया। खिड़की पर चेक देकर, 'टोकन' हाथ में लिये मैं कैशियर की खिड़की के सामने खड़ा हो गया। और कुछ लोग भी खड़े हुए चेक पास होकर आने की राह देख रहे थे। कैशियर ने मुझे देखा। बोला, "परसाईजी, ऐसे कब तक खड़े रहेंगे! कितने का चेक है?" मैंने रकम बतायी, तो उसने सौ रुपये मेरी तरफ बढ़ाते हुए कहा, "आप तो ले जाइए। चेक पास होकर आयेगा, तब आयेगा।" मैं नोट लेकर मुड़ा तो वहाँ खड़े वे लखपति मुझे कीड़े-मकोड़े नजर आये। बेईमानो, खड़े रहो। तुम्हारा कोई विश्वास नहीं करता। यहाँ मेरा विश्वास किया जाता है। मैंने गर्व से उन्हें देखा और उनके सिर आदर से झुक गये। मैं जब बैंक की सीढ़ियाँ उतरने लगा तो मन में आया कि कोई लखपति ऊपर चढ़ रहा हो, तो उसे धक्का मारकर गिरा दूँ। गनीमत है कि कोई उस वक्त सीढ़ियाँ चढ़ा नहीं, वरना शहर में एक लखपति कम हो जाता।

चेक काटने की इच्छा ने मुझे फिर बेचैन कर दिया। जिसकी बैंक में इतनी इज्जत है, उसका खाता जरूर होना चाहिए। एकाध ईमानदार आदमी का भी तो खाता हो। एक दिन एक मित्र के साथ मैं इसी बात पर चर्चा कर रहा था। हम लोगों ने सोचा कि जिसकी बैंक में इतनी प्रतिष्ठा है, उसे खाता क्या, बैंक ही खोल देना चाहिए। सलाह पक्की हो गयी कि हम दोनों मिलकर एक बैंक खोल दें। पिछले दो-तीन सालों में दो-तीन बैंक फेल हो चुके हैं और जनता को इस समय एक विश्वसनीय बैंक की जरूरत भी है। बैंक चलता रहा, तो जनता को फायदा होगा। फेल हो गया, तो अपने को लाभ होगा। हमारी योजना बन चुकी थी। हमारे एक मित्र एक बैंक में मैनेजर हैं। उन्होंने वायदा भी कर लिया था कि मैं यह नौकरी छोड़कर आपके बैंक में आ जाऊँगा। तैयारी हमारी पूरी हो गयी थी कि इतने में चीनी हमला हो गया और योजना ठप्प हो गयी। बैंक खोलने के चक्कर में न पड़ते, तो शायद इस बार खाता खुल ही जाता।

प्रेम-प्रसग में फादर

'नयी कहानियाँ' के प्रेम-कथा विशेषांक में छपी प्रेम-कहानियाँ और प्रेम पर परिचर्चा मैंने भी बड़ी सावधानी से पढ़ी। मेरा विचार है कि प्रेम-प्रसंग के कई महत्त्वपूर्ण पक्ष लेखकों और विचारकों की दृष्टि में नहीं आये। कई मुद्दे तो ऐसे हैं कि उन पर चर्चा नहीं, शोध होनी चाहिए। मैं कुछ खास चीजों की तरफ आपका ध्यान आकर्षित करना चाहता हूँ।

यह विचारणीय है कि जिन तरुणियों को चरित्र-रक्षा के लिए माता-पिता नौकरानी के साथ कॉलेज भेजते हैं, उनके प्रेम-काण्ड अकेली जानेवालियों से अधिक क्यों होते हैं।

प्रेम जोड़ने में लोग कर्म विभाग और इम्प्रूवमेण्ट ट्रस्ट के योगदान का अध्ययन होना भी जरूरी है। सड़कें जहाँ से जाती हैं, वहाँ से न जातीं; तो कितने वर्तमान प्रेम-सम्बन्ध कहीं और जुड़ते? जिस प्रेम को आत्मा का सम्बन्ध कहते हैं, वह किस हद तक सड़क का संयोग है? वह सड़क रंजना के बँगले के सामने से न जाती, या राकेश का मकान उसके छोर पर न होता, तो दोनों की आत्माएँ 'जनम-जनम का सम्बन्ध' कहाँ जोड़तीं?

प्रेम-प्रसंग में चिट्ठी भेजने के तरीकों पर भी विचार होना चाहिए। चिट्ठी भेजने के कुछ क्लासिकल तरीके हैं, जैसे छोटे भाई-बहन को चाकलेट खिलाना या माँगकर चिट्ठीमय पुस्तक पढ़ने की आदत डालना, जिससे बच्चे कहें कि दीदी को पढ़ने का

बड़ा शौक है।

यह भी विचारणीय है कि लड़की को पढ़ाने के लिए माता-पिता रिटायर्ड शिक्षक क्यों खोजते हैं। इससे स्त्री-शिक्षा के स्तर पर क्या प्रभाव पड़ता है? साथ ही नवयुवक शिक्षकों के 'फ्रस्ट्रेशन'– विफल आशा के लिए माता-पिता की यह प्रवृत्ति कहाँ तक उत्तरदायी है?

प्रेम साहित्य पर भी नयी दृष्टि से विचार होना चाहिए। शायर ने कहा—'मेरे महबूब कहीं और मिलाकर मुझसे!'—तो ऐसा क्यों कहा? वहाँ क्या पकड़े जाने का डर था? या प्रेमिका के पिता ने, उनके पड़ोसी ने अथवा दफ्तर में उनके साथ काम करनेवाले ने दोनों को देख लिया था? इसी तरह जब रीतिकाल के कवि ने कहा —'तुम कौन-सी पाटी पढ़े हो लला, मन लेहू पै देहु छटाँ नहीं'!—तो शोध होनी चाहिए कि उस ज़माने में ऐसे स्कूल कहाँ-कहाँ थे, जिनमें प्रेमियों के 'मन' लेने मगर छटाँक भी न देने की शिक्षा मिलती थी? इन स्कूलों को सरकार से ग्राण्ट मिलती थी या नहीं?

प्रेम-प्रसंग में सबसे महत्त्वपूर्ण और विचारणीय विषय 'फादर' है—प्रेमिका के पिता को प्रेम की भाषा में 'फादर' कहते हैं।

'फादर' का महत्त्व घोषित करनेवाले ये उद्‌गार किसने नहीं सुने :

—मैं क्या करूँ, फादर ने नहीं आने दिया।

—उस दिन फादर को शक हो गया था।

—फादर शाम को अकसर घर में रहते हैं।

—फादर को कैसे समझाऊँगी कि इतनी देर क्यों हुई?

—अरे बाप रे, फादर सुनेंगे तो मार ही डालेंगे।

—उसने कहीं फादर को बता दिया तो?

—तुम्हीं न एक दिन फादर से बात कर लो।

इस पर पूरी शोध होनी चाहिए कि 'फादर' की परम्परा कहाँ से शुरू हुई? प्रागैतिहासिक 'फादर' कैसे होते थे? क्लासिकल 'फादर' के क्या लक्षण हैं? मध्य फादर कैसा होता है और आधुनिक फादर की क्या विशेषता है? रिटायर्ड और गैर-रिटायर्ड फादर में क्या भेद है। फादर की सामान्य प्रकृति कैसी होती है? वे प्रेम के प्रति सामान्यत: क्या प्रतिक्रिया करते हैं? फादर को किस तरह प्रसन्न किया जाता है? उससे बचने, उसे टालने और उसे धोखा देने के क्या तरीके हैं? फादर में कौन-से सुधार अपेक्षित हैं? ये सब प्रश्न लेखक और विचारक की दृष्टि की माँग करते हैं।

मेरे एक मित्र ने 'फादर' का काफी अध्ययन किया है। उसका निष्कर्ष है कि ईश्वर की मंशा थी कि 'फादर' नाम का अस्तित्व जो प्रेम में अक्सर बाधक होता है, हो ही नहीं। इसलिए उसने ईव का निर्माण आदम की पसली से किया। ईव का कोई 'फादर' नहीं था। परमपिता जरूर था, पर उसकी गिनती फादर में नहीं होती। इसीलिए जब आदम ने उससे कहा कि फल खा लो, तो उसने चट खा लिया।

अगर ईव का फादर होता, तो वह कहती, 'नहीं, नहीं, कहीं फादर को मालूम हो गया तो हमारी बड़ी आफत होगी।' ईश्वर ने जब आदम और ईव को निषिद्ध फल खाने के जुर्म में स्वर्ग से निकाला था, तब ईव के बहाने समस्त स्त्री-जाति को शाप दे दिया था। मेरे दोस्त की शोध है कि एक शाप-वाक्य बाइबिल में न जाने क्यों नहीं लिखा गया। वह था—'ओ अधम, आगे तेरी जाति का फादर हुआ करेगा जिससे तू हर कदम पर आशंकित रहेगी।'

पुराने ज़माने में बड़े हठी फादर होते थे। वे तभी नरम पड़ते थे, जब इनका कोई स्वार्थ पड़ा होता। शीरीं के फादर की फरहाद के फादर से अनबन थी, तो वह हठी के साथ स्वार्थी और अव्यावहारिक भी था। उसने फरहाद से कहा कि तू पहाड़ खोदकर नहर बना दे। यह शर्त तो वैसी ही ऊटपटाँग है जैसी यह कि भाखड़ा बाँध बना दे, तो लड़की से शादी कर दूँगा या यह कि मैं उसी से लड़की की शादी करूँगा, जो चम्बल हाइड्रोइलेक्ट्रिक योजना को पूरी कर देगा। प्रेमियों को भारत सरकार का आभार मानना चाहिए कि बिजली और सिंचाई की योजनाएँ उसने अपने हाथ में ले ली हैं। वरना कोई फादर किसी प्रेमी से कहता कि तुंगभद्रा से नहर निकालो, तो बेचारा प्रेमी क्या करता?

मेरे दोस्त का विचार है कि 'फादर' आजकल मुख्यतः दो तरह के होते हैं—रिटायर्ड फादर और गैर-रिटायर्ड फादर। दोनों में बड़ा फर्क है। गैर-रिटायर्ड फादर सुबह से शाम तक काम पर रहता है, उसके पास समय नहीं होता। वह घर के मामलों में स्त्री के माध्यम से जानकारी हासिल करता है। इसके विपरीत रिटायर्ड फादर के पास समय ही समय है और वह घर के मामलों में इतनी सीधी दिलचस्पी लेता है कि शाम तक घड़ी देखकर कहता है—बड़ी देर हो गयी, अभी तक मुन्नी कालेज से नहीं आयी? इतवार को मुन्नी यह कहकर नहीं जा सकती कि—'एक्स्ट्रा क्लास' है। रिटायर्ड फादर एक्स्ट्रा क्लास की भी जानकारी रखता है। वह यह भी समझता है कि एक लड़का सामने के घर में अपने दोस्त को पुकारकर फिर हमारे घर की तरफ क्यों देखता है! इधर तो उसका दोस्त नहीं रहता। फिर पुकारता वहाँ और देखता यहाँ क्यों है?

रिटायर्ड फादर से निभाना तलवार की धार पर चलना है। गैर-रिटायर्ड फादर 'पार्ट-टाइम' फादर होता है, जबकि रिटायर्ड फादर 'फुल टाइम' फादर। गैर-रिटायर्ड फादर के पास बात करने को वक्त नहीं होता, मगर रिटायर्ड फादर को बात करनेवालों का टोटा पड़ जाता है। प्रेमी, फादर को प्रसन्न रखने की हर कोशिश करता है और उसके लिए उसे जो कष्ट भुगतने पड़ते हैं, वे अवर्णनीय हैं। वह कल्पना में प्रेमिका का सुन्दर मुख लेकर जाता है, मगर फाटक पर ही उसे फादर मिल जाते हैं। उसका दिल रोता है, उसे गुस्सा भी आता है, पर वह अत्यन्त विनय से मुस्कराकर इस तरह मिलता है, जैसे वह उनकी लड़की से नहीं, उनसे ही प्रेम करता है। फादर उसे बिठाकर संस्मरण सुनाने लगते हैं। उसे ऊब को दिलचस्पी करके दिखाना पड़ता है। प्रेम में वह उसी अनुपात तक सफल होता है, जिस अनुपात

तक वह फादर से 'बोर' होने की क्षमता रखता है। कितने प्रेम इस कारण असफल हो जाते हैं कि प्रेमी फादर को 'स्टेण्ड' नहीं कर सका। कितनी अच्छी-अच्छी तरुणियाँ इसलिए अच्छे प्रेमी प्राप्त नहीं कर पातीं कि 'फादर' की छाया से अच्छे नवजवान बचते हैं। बेचारी!

प्रेमी को फादर के लिए बड़े पापड़ बेलने पड़ते हैं। एक दिन मेरा एक मित्र, जो दर्शन-शास्त्र का अध्यापक है, 'इण्डियन पेनल कोड'—'भारतीय दण्ड संहिता' पढ़ रहा था। मैंने पूछा -तू यह क्यों पढ़ रहा है? उसने कहा—फादर पुलिस अफसर थे न! वे पुराने अपराधों की बातें करते रहते हैं। कहते हैं, 'मैंने उसका दफा 302 में चालान कर दिया। 307 उस पर पहले चल चुका था। एक बार दफा 500 की भी उस पर नालिश हुई थी।' मुझे यह सबकुछ नहीं मालूम। सोचता हूँ थोड़ा पढ़ डालूँ। मैंने उस फादर को नमन किया, जिसने दर्शन-शास्त्र के अध्यापक से 'इण्डियन पेनल कोड' रटवा दिया।

मेरे इस दर्शन-शास्त्री प्रेमी का अनुभव है कि फादर को खुश करते हुए सावधानी से काम लेना चाहिए, ताकि वही तुमसे प्रेम करने लगे और पूरा समय बिठाये रखे।

उसने 'पेनल कोड' रट ली, फादर को खुश कर लिया, पर प्रेम में वह असफल हो गया।

बड़ी दर्दनाक कहानी है उसकी। उसी के शब्दों में सुनाता हूँ—

"मैंने फादर की कोई बात नहीं टाली। वे जो भी कहते, उसमें मैं 'हाँ' कहता। कभी उनकी बात का प्रतिवाद नहीं किया और न कभी बहस की। फादर मुझे लड़के की तरह मानने लगे थे।

"वे बेहद अंग्रेज-भक्त हैं। मैं उनके पास बैठता तो वे कहते, 'शासन तो अंग्रेज करते थे। ये जो धोतीवाले राज कर रहे हैं, इन्हें तो कुछ आता-जाता नहीं। मैं कहता हूँ, अंग्रेज ठीक कहते थे कि हम लोग स्वराज के लायक नहीं हैं। आज अंग्रेज होते तो ऐसी धाँधली नहीं चल सकती थी। मगर इन कांग्रेसवालों ने हुल्लड़ करके उन्हें भगा दिया। अंग्रेज एक सुसंस्कृत कौम है। उन्हें हुल्लड़ पसन्द नहीं आयी और वे चले गये।'

"मेरे मन में इन बातों के प्रति विरोध तो उठता, पर इस डर से कि फादर नाराज न हों, मैं समर्थन करता जाता।

"वे राष्ट्रीय आन्दोलन के दमन में अपने कार्य का भी वीरता से बखान करते। कहते, 'मैं अमुक जगह था, कांग्रेसवालों ने जुलूस निकाला। क्या जाने कि मैं वहाँ हूँ। मैंने फायरिंग करा दी। दो-चार गिरे। बाकी को मैंने जेल में ठूंस दिया कि ले लो स्वराज! हण्टर साहब बहुत खुश हुए। मैंने डरते-डरते कहा कि साहब मजिस्ट्रेट के हुक्म के बिना मैंने गोली चलवा दी थी। तो हण्टर साहब बोलते हैं - ओ, उसका फिकर मत करो। वो मजिस्ट्रेट को हम ठीक कर लेगा।—ऐसा रोब था मेरा। ये धोतीवाले स्वराजी तो मेरे नाम से काँपते थे।'

"मेरे मन में विद्रोह उठता। जी होता कि फादर को उठाकर जमीन पर दमच दूँ। पर यह सोचकर कि वे बुरा न मान जायें, मैं हाँ-हाँ करता जाता। अपनी तरफ से मैं भी कह देता था कि अंग्रेज अच्छे थे और स्वराज्य आना अच्छा नहीं हुआ।

"जब पक्का विश्वास हो गया कि फादर मुझे चाहते हैं, तब मैंने एक दिन लड़की से 'प्रपोज' कर दिया।

"उसने मुझे तिरस्कार से देखा और कहा, 'तुम जैसे राष्ट्रद्रोही और गुलाम मनोवृत्ति के आदमी पर तो मैं थूकूँगी भी नहीं। फादर से जो तुम्हारी बातें होती हैं, वे मैंने सुन ली हैं।'

"मुझे पसीना आ गया। सँभलकर मैंने उसे समझाने की कोशिश की, 'देखो मैं वैसा नहीं हूँ, जैसा तुम सोचती हो। मैं फादर का मन रखने के लिए वैसा कह देता था। जरा सोचो कि मैंने तुम्हारे लिए ही तो ऐसा किया।'

"उसने जवाब दिया, 'मेरे लिए?···हाँ, ठीक है। मुझसे अच्छी लड़की के लिए तो तुम देश के साथ गद्दारी भी कर सकोगे। तुम्हारा क्या भरोसा!'"

वह दर्शन-शास्त्री प्रेमी फादर को खुश करने के फेर में प्रेमिका को ही खो बैठा। मुझसे कह रहा था, "मुझे क्या मालूम कि स्त्रियों में भी देश-भक्ति होती है!"

फादर का मामला बड़ा जटिल है। इसीलिए चाहता हूँ कि 'प्रेम-प्रसंग में फादर: एक अध्ययन' जैसा कोई शोध-प्रबन्ध निकल जाये, तो सभी को सुभीता हो जाये—प्रेमी को, प्रेमिका को और फादर को भी।

सुजलां सुफलां

सावन का महीना है। सात दिन बीत गये हैं और आसमान से धरती पर गिरी हुई बूँदों की गिनती की जाय तो पचास-साठ से अधिक नहीं निकल सकतीं। मगर सर्वहारा में प्राण-शक्ति दुर्दम होती है। बाग के लाड़ले पौधे सूख रहे हैं, पर इन पचास-साठ बूँदों और बादलों की छाया से ही उपेक्षित, आवारा घास फूट निकली है। सूखी बदरंग धरती पर जगह-जगह हरी घास के चप्पे आ गये हैं, जैसे विरागी के फटे वस्त्र पर किसी रस-प्रवीना भक्तिन ने रंगीन पैबन्द लगा दिये हों।

ये कजरी गाने के दिन हैं, चौपालों में आल्हा गाने का मौसम है। ये झमाझम वर्षा के दिन हैं; मोर के नाचने के और मेंढक के टर्राने के दिन हैं। पर कहीं इस साल सावन का उल्लास नहीं है। एक बेशर्म मेंढक कल रात टर्रा रहा था। पचास जूते खाकर जो दाँत निपोरता रहता है, उस निर्लज्ज-जैसा। विरहिन का क्या होता होगा? रोने तक की सुविधा बादलों ने इस साल छीन ली। विरहिन के आँगन में

हर बूंद जलते पेट्रोल-सी पड़ती थी। इस वर्ष तो तन का ताप ही इतना जबर्दस्त है कि मन की आग शरमा गयी है।

हम रोज आसमान निहारते हैं। सिर पर से सफेद, मटमैले, काले बादल निकल जाते हैं। खूब उमड़ते-घुमड़ते हैं, खूब बिजली चमकती है; पर बेबरसे निकल जाते हैं। इतनी गरजन, उमड़न, घुमड़न और गिनी-गिनायी चार बूंदें; जैसे बेवफा का वायदा, जैसे निर्बल का गुस्सा, जैसे बँधे कुत्ते का भौंकना, जैसे मूर्ख का वेद-पाठ।

पड़ोसिन वृद्धा कह रही थी, 'हो न हो, किसी ने जरूर पानी धरती में गाड़ दिया है।' करोड़ों आदमी पानी चाहते हैं और एक कोई नहीं चाहता; इसलिए वर्षा रुक गयी! करोड़ों यूनिट भलाई पर एक यूनिट बुराई की विजय पर कब से हम विश्वास कर रहे हैं। अभिशाप में क्या हमारा वरदान से भी अधिक विश्वास है?

मेरा एक मित्र दो-तीन घण्टे मेरे साथ बैठकर बादल निहारता है। बिन बरसे सिर पर से निकल जानेवाले इन जल-पुञ्जों को हम बड़ी हविस से देखते हैं। कल मित्र देखते-देखते बोला, "बंकिमचन्द्र होते, तो मैं उनसे पूछता कि क्या यही तुम्हारी 'सुजलां सुफलां मलयज शीतलां शस्य श्यामलां' मातृभूमि है? सुजलां! वाह, सावन का महीना सूखा जा रहा है। हर साल फसल प्यासी मर जाती है और बंकिम कहते हैं 'सुजलां'! और सुफलां कहाँ हैं? किसी के अमरूद को हाथ तो लगा लो। सवा रुपये सेर के आम कितनों के लिए 'सुफल' हैं? और मलयजशीतलां?? इधर बायें तरफ से कारपोरेशन की नाली की दुर्गन्ध आ रही है और सामने से खुली हवा के पाखाने की। शस्य राशि कहाँ है? दूसरे देशों से अन्न उधार लेकर इस स्वर्ग-भूमि के चालीस करोड़ देवता पेट भर रहे हैं। गाँवों में मनुष्य पशुओं का हिस्सा छीनकर खा रहे हैं। और बंकिम को 'शस्य श्यामलां' दिख रहा है।"

मित्र मेरा मसखरा आदमी है और हर मसखरा थोड़ा 'सिनिक' होता ही है। मजाक कमजोरी की ही होती है। कालिदास पर भी वह बेहद नाराज है। कहने लगा, "क्या लिखा है कालिदास ने? आषाढ़ के प्रथम दिवस यक्ष को बादल दिख गया? सिर फिर गया था, उसका। यक्ष भी विरह में पागल हो गया था। यहाँ श्रावण के प्रथम दिवस बादल नहीं था और उसे आषाढ़ के प्रथम दिवस सन्देश ले जाने को बादल मिल गया। प्रेमी और कवि ने मिलकर बड़ा झूठ गढ़ा! कहाँ हैं वे कवि जो वर्षा-मंगल गाते हैं, जो सावन की झड़ी को उद्दीपन बताते हैं? अगर अब किसी कवि को कवि-सम्मेलन में वर्षा-गीत गाते देखा, तो पत्थर फेंककर मार दूंगा।" उसका सात्विक क्रोध चरम सीमा पर पहुँच गया।

कवियों की बात बहुत 'सीरियसली' ले लेने के कारण ही मेरा मित्र विक्षुब्ध था। मातृभूमि की सत्य-कल्पित महिमा के गीत सभी जातियों में गाये जाते हैं। ध्रुव प्रदेश का निवासी जो दस फीट बर्फ खोदकर एक मछली निकालकर खाता है, वह भी गाता है कि धन्य है मेरा देश! यह पृथ्वी पर स्वर्ग है। और रेगिस्तान का आदमी, जो ऊँट का पेट चीरकर पानी निकालकर पीता है, वह भी गाता है कि बलिहारी है इस देश की! जब आदमी ऐसे गीत गाकर मग्न हो जाता है, तब

नेताओं का काम आसान हो जाता है। वे उसे सिखाते हैं—'अब कहो कि मैं इस स्वर्गोपम मातृभूमि के लिए शीश कटा दूँगा।' बस इसके बाद लोक-गीत गाते हुए भूखों भी मर लेंगे और युद्ध छेड़ दो तो सिर कटाने भी पहुँच जायेंगे।

अपना यह हाल है कि हमें विश्वासमय अभिमान है कि देवता यहीं भारत में अवतार लेते रहे हैं। पुराने भक्त कवियों की बात छोड़िए; सन् 1950 में प्रकाशित एक अभक्त, राजनीतिक कर्म-प्रधान नेता की एक पुस्तक में लिखा पाया कि देवता भगवान से प्रार्थना करते हैं कि हमें भारतवर्ष में अवतार लेने दिया जाय। पुराने भारतवर्ष के अब दो हिस्से हो गये। तो क्या दो-चार देवता भूल से पाकिस्तान में जन्म न ले लेते होंगे? अथवा क्या देवता हमारे राजनैतिक उलटफेरों के अनुसार चलते हैं? देवगण अमेरिका या रूस में अवतार क्यों नहीं लेना चाहते? और अब भारत के एक भाग, साम्यवादी केरल में अवतार लेने के बारे में क्या खयाल है?*

हिमालय और गंगा-यमुना की पुण्य-धारा पर भी हमारा बहुत अभिमान टिका हुआ है। कितने गर्व से हम कहते हैं—'हमारा देश सबसे महान है। उत्तर में विश्व का सबसे ऊँचा पर्वत हिमालय मस्तक ताने खड़ा है।' जब कोई गर्व से ऐसा कहता है तो पूछने को मन करता है कि क्या तुम्हारे बाप ने हिमालय को बनाया है? क्या हमारे बाप-दादों ने चट्टान पर चट्टान जमाकर नगाधिराज का निर्माण किया है? पृथ्वी कभी सिकुड़ी थी और संयोग से वह सिकुड़न यहाँ ऐसी बड़ी हुई कि हिमालय पहाड़ उठ खड़ा हुआ। इस 'ऐक्सीडेण्ट' पर गर्व करने की गुंजाइश कहाँ है? पर जड़ का कैसा मोहक गर्व है हमारा! कृतित्व पर गर्व हो तो एक बात है। लेकिन नगपति विश्व का सिरमौर हो गया, गंगा-यमुना का जल जब पापियों को स्वर्ग भेजने लगा और देवता यहीं अवतार लेने लगे, तो करने को कुछ रहा नहीं। देश तो वैसे ही महान हो गया। बिना किये जब माथा तन गया, तो करने का कष्ट क्यों करें? अकर्म का ऐसा बड़ा अनुष्ठान और कहीं नहीं हुआ होगा।

रही सही कमी वेदों की प्राचीनता ने पूरी कर दी। यह सत्य निर्विवाद स्वीकृत हो गया कि ऋग्वेद विश्व की सबसे प्रथम साहित्यिक रचना है। अभी तक तो कोई प्रतिद्वन्द्वी पैदा नहीं हुआ। पर मोहनजोदड़ो ने ऊपर आकर हमें डुबाया था। गनीमत है कि ईजिप्ट और चीन में अति प्राचीन खँडहर मिल गये, वरना मोहनजोदड़ो की रचना के गर्व में हम एक ईंट भी नयी न रखते (यद्यपि वह आर्यों का निर्माण नहीं है)।

कुछ पेशेवर मुँह चिढ़ानेवाले मैंने देखे हैं, जो विश्व-मानवता की हर नयी उपलब्धि को 'ऊँह' बोलते हैं। उनका कथन होता है कि प्राचीन काल में हमारे देश में वह चीज थी। संजय ने धृतराष्ट्र को 'टेलीविजन' में देखकर महाभारत की 'रनिंग कमेण्टरी' सुनायी थी। और दधीचि ने इन्द्र को जो वज्र दिया था, वह वास्तव में एटमबम था!

* तब केरल में साम्यवादी दल का मन्त्रिमण्डल था।

यही सब सोचकर मैंने उस मित्र से कहा था, 'भाई, न बंकिमचन्द्र का दोष है, न कालिदास का, न रवीन्द्र का । ऐसे गर्व-गान से जाति की भावात्मक तुष्टि होती है और भूखे आदमी के मस्तक में भी तनाव आता है । सीमाएँ बाँध रखने के लिए मानव-मस्तकों की आवश्यकता होती है और ऐसे गीत की भावना से सिर खुशी-खुशी दिया जा सकता है । इसलिए पानी बरसे या न बरसे; फल चाहे एक न मिले; नाक में सड़ांध बराबर घुसे; अकाल चाहे हर साल पड़े -- पर गाओ समवेत स्वर में 'सुजलां सुफलां मलयज शीतलां शस्य श्यामलां मातरम् !'

आँगन में बैंगन

मेरे दोस्त के आँगन में इस साल बैंगन फल आये हैं। पिछले कई सालों से सपाट पड़े आँगन में जब बैंगन फल उठा तो ऐसी खुशी हुई जैसे बाँझ को ढलती उम्र में बच्चा हो गया हो। सारे परिवार की चेतना पर इन दिनों बैंगन सवार है। बच्चों को कहीं दूर भी बकरी दिख जाती है, तो वे समझते हैं कि वह हमारे बैंगन के पौधों को खाने के बारे में गम्भीरता से विचार कर रही है। वे चिल्लाने लगते हैं। पिछले कुछ दिनों से परिवार में बैंगन की ही बात होती है। जब भी जाता हूँ, परिवार की स्त्रियाँ कहती हैं—'खाना खा लीजिए। घर के बैंगन बने हैं।' जब वे 'भरे भटे' का अनुप्रास साधती हैं, तब उन्हें काव्य-रचना का आनन्द आ जाता है। मेरा मित्र भी बैठक से चिल्लाता है—'अरे भई, बैंगन बने हैं कि नहीं!' मुझे लगता है, आगे ये मुझसे 'चाय पी लीजिए' के बदले कहेंगी—'एक बैंगन खा लीजिए। घर के हैं।' और तश्तरी में बैंगन काटकर सामने रख देंगी। तब मैं क्या करूँगा? शायद खा जाऊँ, क्योंकि बैंगन चाहे जैसा लगे, भावना स्वादिष्ट होगी और मैं भावना में लपेटकर बैंगन की फाँक निगल जाऊँगा।

ये बैंगन घर के हैं और घर की चीज का गर्व विशेष होता है। अगर वह चीज घर में ही बनायी भी गयी हो, तो निर्माण का गर्व उसमें और जुड़ जाता है। मैंने देखा है, इस घर के बैंगन का गर्व स्त्रियों को ज्यादा है। घर और आँगन में जो है वह स्त्री के गर्व के क्षेत्र में आता है। इधर बोलचाल में पत्नी को 'मकान' कहा जाता है। उस दिन मेरा एक दोस्त दूसरे दोस्त को सपत्नीक भोजन के लिए निमन्त्रित कर रहा था। उसने पूछा—'हाँ, यह तो बताइए आपका 'मकान' गोश्त खाता है या नहीं?' पत्नी अगर 'मकान' कही जाती है, तो पति को 'चौराहा' कहलाना चाहिए। दोनों की पत्नियाँ जब मिलें, तो एक का 'मकान' दूसरे के 'मकान' से पूछ सकता है—'बहन, तुम्हारा 'चौराहा' शराब पीता है या नहीं?'

लोग पान से लेकर बीवी तक घर की रखते हैं। इसमें बड़ा गर्व है और बड़ी सुविधा है। जी चाहा तब पान लगाकर खा लिया और जी हुआ तब पत्नी से लड़कर जीवन के कुछ क्षण सार्थक कर लिये। कुछ लोग मूर्ख भी घर के रखते हैं। और मेरे एक परिचित तो जुआड़ी भी घर के रखते हैं। दीवाली पर अपने बेटों के साथ बैठकर जुआ खेल लेते हैं। कहते थे---'भगवान की दया से अपने चार बेटे हैं, सो घर में ही जुआ खेल लेते हैं।'

घर की चीज आपत्ति से भी परे होती है। आदम स्वर्ग से इसलिए निकाला गया कि उसने दूसरों के बगीचे का सेब खा लिया था। माना कि वह बगीचा ईश्वर का था, पर फिर भी पराया था। अगर वह सेब उसके अपने बगीचे का होता, तो वह एतराज करनेवाले से कह देता – 'हाँ, हाँ, खाया तो अपने बगीचे का ही खाया। तुम्हारा क्या खा लिया ?' विश्वामित्र का 'वैसा' मामला अगर घर की औरत से होता, तो तपस्या भंग न होती। वे कह देते---'हाँ जी, हुआ। मगर वह हमारी औरत है। तुम पूछनेवाले कौन होते हो ?' अगर कोई अपनी स्त्री को पीट रहा हो और पड़ोसी उसे रोकें, तो वह कैसे विश्वास से कह देता है---'वह हमारी औरत है। हम चाहे उसे पीटें, चाहे मार डालें। तुम्हें बीच में बोलने का क्या हक है।' ठीक कहता है वह। जब वह कद्दू काटता है, तब कोई एतराज नहीं करता, तो औरत को पीटने पर क्यों एतराज करते हैं? जैसा कद्दू वैसी औरत। दोनों उसके घर के हैं। घर की चीज में यही निश्चिन्तता है। उसमें मजा भी विशेष है। ये बैंगन चाहे बाजार के बैंगन से घटिया हों, पर लगते अच्छे स्वादिष्ट हैं। घर के हैं न। मैंने लोगों को भयंकर कर्कशा को भी प्यार करते देखा है, क्योंकि वह घर की औरत है।

वैसे मुझे यह आशा नहीं थी कि यह मेरा दोस्त कभी आँगन में बैंगन का पौधा लगायेगा। कई सालों से आँगन सूना था। मगर मैं सोचता था कि चाहे देर से खिले, पर इस आँगन में गुलाब, चम्पा और चमेली के फूल ही खिलेंगे। बैंगन और भिण्डी जैसे भौंड़े पौधों को वह अपने आँगन में जमने नहीं देगा। पर इस साल जो नहीं होना था, वही हो गया। बैंगन लग गया और वह रुचि से खाया भी जाने लगा। मेरे विश्वास को यह दोस्त कैसे धोखा दे गया ! उसने शायद घबराकर बैंगन लगा लिया। बहुत लोगों के साथ ऐसा हो जाता है। गुलाब लगाने के इन्तजार में साल गुजरते रहते हैं और फिर घबड़ाकर आँगन में बैंगन या भिण्डी लगा लेते हैं। मेरे एक परिचित ने इसी तरह अभी शादी की है—गुलाब के इन्तजार से ऊबकर बैंगन लगा लिया है।

लेकिन इस मित्र की सौन्दर्य-चेतना पर मुझे भरोसा था। न जाने कैसे उसके पेट से सौन्दर्य-चेतना प्रकट हो गयी ! आगे हो सकता है, वह बेकरी को स्थापत्यकला का श्रेष्ठ नमूना मानने लगे और तन्दूरी रोटी की भट्टी में उसे अजन्ता के गुफा-चित्र नजर आयें।

इसे मैं बर्दाश्त कर लेता। बर्दाश्त तब नहीं हुआ, जब परिवार की एक तरुणी ने भी कहा—'अच्छा तो है। बैंगन खाये भी जा सकते हैं।' मैंने सोचा, हो गया सर्वनाश! सौन्दर्य, कोमलता और भावना का दिवाला पिट गया। सुन्दरी गुलाब से ज्यादा बैंगन को पसन्द करने लगी। मैंने कहा—'देवी, तू क्या उसी फूल को सुन्दर मानती है, जिसमें से आगे चलकर आधा किलो सब्जी निकल आये? तेरी जाति कदम्ब के नीचे खड़ी होनेवाली है, पर तू शायद हाथ में बाँस लेकर कटहल के नीचे खड़ी होगी। 'पुष्पलता और कद्दू की लता में क्या तू कोई फर्क नहीं समझती? तू क्या वंशी से चूल्हा फूँकेगी? और क्या वीणा के भीतर नमक-मिर्च रखेगी?'

तभी मुझे याद आया कि अपने आँगन में तो कुछ भी नहीं है। दूसरे पर क्या हँसूँ! एक बार मैंने गेंदे का पौधा लगाया था। यह बड़ा गरीब, सर्वहारा फूल होता है। कहीं भी जड़ें जमा लेता है। मैंने कहा—'हुजूर, अगर आप जम जायें और खिल उठें, तो मैं गुलाब लगाने की सोचूँ।' मगर वह गेंदा भी मुरझाकर सूख गया। उसका डण्ठल बहुत दिनों तक जमीन में गड़ा हुआ मुझे चिढ़ाता रहा कि गेंदा तो आँगन में निभ नहीं सका, गुलाब रोपने की महत्त्वाकांक्षा रखते हो! और मैं उसे जवाब देता—'अभागे, मुझे ऐसा गेंदा नहीं चाहिए जो गुलाब का नाम लेने से ही मुरझा जाये। गुलाब को उखाड़कर वहाँ जम जाने की जिसमें ताकत है, ऐसा गेंदा मैं अपने आँगन में लगने दूँगा।' मेरे घर के सामने के बँगले में घनी मेहँदी की दीवार-सी उठी है। इसकी टहनी कहीं भी जड़ जमा लेती है। इसे ढोर भी नहीं खाते। यह सिर्फ सुन्दरियों की हथेली की शोभा बढ़ाती है और इसलिए इस पशु तक के लिए बेकार पौधे की रूमानी प्रतिष्ठा लोक-गीतों से लेकर नयी कविता तक में है। नेल पालिश के कारखानों ने मेहँदी की इज्जत अलबत्ता कुछ कम कर दी है! तो मैंने मेहँदी की कुछ कलमें आँगन में गाड़ दीं। दो-तीन दिन बाद आवारा ढोरों ने उन्हें रौंद डाला। मैं दुखी था। तभी अखबार में पढ़ा कि किसी 'हाइड्रो-इलेक्ट्रिक प्लाण्ट' का पैसा इन्जीनियर और ठेकेदार खा गये और उसमें ऐसी घटिया सामग्री लगायी कि प्लाण्ट फूट गया और करोड़ों बरबाद हो गये। जो हाल मेरे मेहँदी के 'प्लाण्ट' का हुआ, वही सरकार के उस बिजली के 'प्लाण्ट' का हुआ—दोनों को उजाड़ ढोरों ने रौंद डाला। मैंने इस एक ही अनुभव से सीख लिया कि 'प्लाण्ट' रोपना, तो उसकी रखवाली का इन्तजाम पहले करना। भारत सरकार से पूछता हूँ कि मेरी सरकार, आप कब सीखेंगी? मैं तो अब 'प्लाण्ट' लगाऊँगा, तो पहले रखवाली के लिए कुत्ता पालूँगा। सरकार की मुश्किल यह है कि उसके कुत्ते वफादार नहीं हैं। उनमें से कुछ आवारा ढोरों पर लपकने के बदले, उनके आसपास दुम हिलाने लगते हैं।

फिर भी भारत सरकार के प्लाण्ट तो जम ही रहे हैं और आगे जम जायेंगे। उसके आँगन की जमीन अच्छी है और 'प्लाण्ट' सींचने को 45 करोड़ लोग तैयार हैं। वे प्लाण्ट भी उन्हीं के हैं। सरकार तो सिर्फ मालिन है।

मेरे इस आँगन का भी कुछ निश्चित नहीं है। बगल के मकान के अहाते से

गुलाब की एक टहनी, जिस पर बड़ा-सा फूल खिलता है, हवा के झोंके से दीवार पर से गर्दन निकालकर इधर झाँकती है। मैं देखता रहता हूँ। कहता हूँ—'तू ताक चाहे झाँक। मैं इस आँगन में अब पौधा नहीं रोपूंगा। यह अभागा है। इसमें बरसाती घास के सिवा कुछ नहीं उगेगा। सभी आँगन फूल खिलने लायक नहीं होते।' फूलों का क्या ठिकाना! वे गँवारों के आँगन में भी खिल जाते हैं। एक आदमी को जानता हूँ, जिसे फूल सूंघने की तमीज नहीं है, पर उसके बगीचे में तरह-तरह के फूल खिले हैं। फूल भी कभी बड़ी बेशर्मी लाद लेते हैं और अच्छे खाद पर बिक जाते हैं।

मेरा एक मित्र कहता है कि तुम्हारे आँगन में कोमल फूल नहीं लग सकते। फूलों के पौधे चाहे किसी घटिया तुकबन्द के आँगन में जम जायें, पर तुम्हारे आँगन में नहीं जम सकते। वे कोमल होते हैं; तुम्हारे व्यंग्य की लपट से जल जायेंगे। तुम तो अपने आँगन में बबूल, भटकटैया और धतूरा लगाओ। ये तुम्हारे बावजूद पनप जायेंगे। फिर देखना कौन किसे चुभता है—तुम बबूल को या बबूल तुम्हें? कौन किसे बेहोश करता है—धतूरा तुम्हें या तुम धतूरे को?

पगडण्डियों का जमाना

मैंने फिर ईमानदार बनने की कोशिश की और फिर नाकामयाब रहा।

एक सज्जन ने मुझसे कहा कि एक परिचित अध्यापक से कहकर मैं उनके लड़के के नम्बर बढ़वा दूँ। यों मैं उनका काम कर देता, पर बहुत अरसे बाद उसी दिन मुझे ईमान की याद आयी थी और मैंने पूरी तरह ईमानदार बन जाने की प्रतिज्ञा कर ली थी। सज्जन की बात सुनकर मुझे पुरानी कथाएँ याद आ गयीं और मैंने सोचा कि प्रतिज्ञा करते मुझे देर नहीं हुई कि ये इन्द्र या विष्णु मेरी परीक्षा लेने आ पहुँचे। उन्हें विश्वास नहीं है कि कोई इस ज़माने में लम्बी तपस्या करेगा। चार कहानियाँ लिखकर लोग युग-प्रवर्तक की लिस्ट में नाम खोजने लगते हैं। इसलिए ये देवता अब तपस्या शुरू होते ही परीक्षा लेने आ पहुँचते हैं।

मैंने उन्हें मन-ही-मन प्रणाम किया और प्रकट कहा, "मैं इसे अनुचित और अनैतिक मानता हूँ। मैं यह काम नहीं करूँगा।"

मुझे आशा थी कि अब ये अपने मौलिक देव-रूप में प्रकट होंगे और कहेंगे—'वत्स, तू परीक्षा में खरा उतरा। बोल, तुझे क्या चाहिए? हम वर देने के 'मूड' में हैं। बोल, हिन्दी साहित्य के इतिहास में तेरे ऊपर एक अध्याय लिखवा दूँ? या कहे, तो किसी समीक्षक की तेरे घर में पानी भरने की ड्यूटी लगा दूँ?'

वे मौलिक रूप में तो आये, पर वह प्रसन्नता का न होकर रोष का था। भुन-भुनाकर चले गये। मैंने सुना, वे लोगों से मेरे बारे में कह रहे थे—'आजकल वह साला बड़ा ईमानदार बन गया है।'

मैं जिसे देवता समझ बैठा था, वह तो आदमी निकला। मैंने अपनी आत्मा से पूछा—'हे मेरी आत्मा, तू ही बता! क्या गाली खाकर, बदनामी करवाकर मैं ईमानदार बना रहूँ?'

आत्मा ने जवाब दिया—'नहीं, ऐसी कोई जरूरत नहीं है। इतनी जल्दी क्या पड़ी है? आगे जमाना बदलेगा, तब बन जाना।'

मेरी आत्मा बड़ी सुलझी हुई बात कह देती है कभी-कभी। अच्छी आत्मा 'फोल्डिंग' कुर्सी की तरह होनी चाहिए। जरूरत पड़ी तब फैलाकर उस पर बैठ गये; नहीं तो मोड़कर कोने में टिका दिया। जब कभी आत्मा अड़ंगा लगाती है, तब मुझे समझ में आता है कि पुरानी कथाओं के दानव अपनी आत्मा को दूर किसी पहाड़ी पर तोते में क्यों रख देते थे। वे उससे मुक्त होकर बेखटके दानवी कर्म कर सकते थे। देव और दानव में अब भी तो यही फर्क है—एक की आत्मा अपने पास ही रहती है और दूसरे की उससे दूर।

मैंने ऐसे आदमी देखे हैं, जिनमें किसी ने अपनी आत्मा कुत्ते में रख दी है, किसी ने सूअर में। अब तो जानवरों ने भी यह विद्या सीख ली है और कुछ कुत्ते और सूअर अपनी आत्मा किसी-किसी आदमी में रख देते हैं।

आत्मा ने कह दिया, तो मैंने ईमानदार बनने का इरादा त्याग दिया।

राधेश्याम ने भी कोशिश की थी और वह भी असफल हो गया। उसकी एक छोटी-सी दूकान है। उसने पैसे-पैसे की बिक्री का सही हिसाब रखा और उसे बिक्री-कर के दफ्तर ले गया। वहाँ उससे कहा गया कि हिसाब झूठा है। तब उसे सच्चे हिसाब को सच्चा मनवाने के लिए घूस देनी पड़ी। कह रहा था—मैं भी अब झूठा हिसाब रखूंगा। उसे घूस देकर सच्चा बनवा लिया करूँगा। सचाई के लिए घूस देने की अपेक्षा यह ज्यादा अच्छा है कि झूठ के लिए घूस दूँ। इतना महँगा ईमान अपनी हैसियत के बाहर है। इससे तो बेईमानी सस्ती पड़ेगी।

एक स्त्री नौकरी के सिलसिले में एक बड़े आदमी के पास सच्चरित्रता का प्रमाणपत्र लेने गयी थी। बड़े आदमी ने उसे पहले अपने शयन-कक्ष में ले जाना चाहा और बाद में सच्चरित्रता का प्रमाणपत्र देना चाहा। पहले देवता आदमी बनकर ठगते थे, अब आदमी देवता बनकर ठगते हैं।

देखता हूँ कि हर सत्य के हाथ में झूठ का प्रमाणपत्र है। ईमान के पास बेईमानी की सिफारिशी चिट्ठी न हो, तो कोई उसे दो कौड़ी को न पूछे। यही सब सोचकर मैं ढीला हो गया। अब मैं बड़े खुले मन से नम्बर बढ़वाता हूँ।

इन दिनों मुझे बहुत स्नेही मिलते हैं। जो कभी-कभी ही मिलते हैं, साल में

एक-दो बार, उन्हें आते देखते ही समझ जाता हूँ कि वे किस काम से आये हैं। मैं मौसम देखकर ऐसे आनेवाले का काम बता सकता हूँ। जुलाई के पहले हफ्ते में, जब घटा छायी हो, धरा ने हरी चूनर ओढ़ रखी हो, आसपास मोर-पपीहा बोल रहे हों, बिजली नीग्रो सुन्दरी के दाँतों की तरह चमक रही हो, ऐसे सुहावने समय में कोई कई महीने बाद आता दिखे, तो समझ जाता हूँ कि यह गीत गाने नहीं आया, बच्चों को स्कूल-कॉलिज में भर्ती कराने में मदद लेने आया है।

इधर मार्च से जो आता है, नम्बर बढ़वाने या 'पेपर आउट' करवाने आता है। बात यह है कि सारे 'सिलेबस' और 'प्रास्पेक्टस' गलत हैं। उनमें उन दो पर्चों का उल्लेख नहीं होता, जो जरूरी होते हैं। एक पर्चा शुरू का और दूसरा आखिरी। पहला पर्चा 'पेपर आउट' करने का होता है और आखिरी नम्बर बढ़वाने का। जो इन्हें अच्छी तरह कर ले, वह पास हो जाता है, पहला दर्जा भी पा सकता है। इन पर्चों को कुछ विद्यार्थी खुद कर लेते हैं। वे प्रतिभावान हैं और उनका भविष्य उज्ज्वल है। कुछ के अभिभावक ये पर्चे करते हैं। ऐसे परमुखापेक्षी विद्यार्थियों का भविष्य सन्दिग्ध है। उनकी अपेक्षा उनके अभिभावक का फिर भी कुछ भविष्य है।

अध्यापकों से सम्बन्ध होने के कारण मेरे पास दोनों पक्षोंवाले काफी आते हैं। कल जो आये थे, वे मुझे बारात में दो साल पहले पहली और अन्तिम बार मिले थे। मुझे यह पता नहीं था कि उस छोटी मुलाकात में ही उन्होंने इतनी आत्मीयता पैदा कर ली थी कि भाई परीक्षा में बैठने लगा, तो उन्हें मेरी याद सताने लगी। सुना है, विरहिन को बरसात में प्रिय की बड़ी याद सताती है। परीक्षा के मौसम में भी कुछ लोगों का विरह जाग उठता है और उन्हें किन्हीं विशेष परिचितों की याद सताने लगती है। वे कहने लगे—'अमुक प्रोफेसर आपके मित्र हैं। उन्होंने एक पर्चा निकाला है। कुछ 'हिण्ट' दिला दीजिए न!' मैंने सोचा, किसी से मित्रता है, तो इसका कुल इतना उपयोग है कि जब जरूरत पड़े, उससे गलत काम करा लिया जाये। कोई यह तो कहता नहीं है कि अमुक से आपकी मित्रता है, तो उन्हें समझाइए न कि ऐसा गलत काम न करें। न कोई यह कहता है कि अमुक आपका दुश्मन है तो उससे पेपर आउट करवाकर उस साले का ईमान बिगाड़ दीजिए। नहीं, दुश्मन सब सुरक्षित हैं। ईमान तो हमेशा मित्र का बिगाड़ा जायेगा। किसी दिन कोई आकर मुझसे कहेगा—'अमुक पुलिस अफसर से आपके अच्छे सम्बन्ध हैं। उनसे कहिए न कि घर में हमें सेंध लगा लेने दें।'

इन सब पर्चा आउट करवानेवालों और नम्बर बढ़वानेवालों पर हँसा भी नहीं जा सकता। इनमें अधिकांश दया के पात्र हैं। ये बेहद परेशान और घबड़ाये हुए लोग हैं। कोई चाहता है कि लड़का पास हो जाये, तो उससे नौकरी करा दें, जिससे परिवार की दुर्दशा कुछ कम हो। किसी को चिन्ता है कि लड़का फेल हो गया, तो और एक साल उसकी पढ़ाई का खर्च कैसे चलाऊँगा। कोई चाहता है कि लड़की पास हो जाये, तो उसकी शादी करके बोझ हल्का करूँ। बहुत दुखी और परेशान

लोग होते हैं, इनमें कुछ तो इतने दीन होते हैं कि जी होता है, पहले इनके गले लगकर रो लिया जाये !

मेरी परेशानी का कारण दूसरा है । ये अब बेझिझक, निस्संकोच और निर्लज्जता से काम करने लगे हैं । दस साल पहले भी मैं यह काम करा देता था । तब देखता था, नम्बर बढ़वानेवाला बड़ी झिझक, लज्जा और संकोच से कहता था । लोग खुलकर नहीं कहते थे । तब ऐसी दबी-छिपी चिट्ठी आती थी —'अपने दोस्त, रमेशचन्द के भाई सुरेश की मोटर साइकिल, जिस पर अंग्रेजी में नम्बर 2431 लिखा है, बिगड़ गयी है । वह आपके मित्र सिन्हा के पास सुधरने गयी है । आप उसे सुधरवा दें कि कम-से-कम 40 प्रतिशत तो काम देने लगे ।' इसका मतलब है कि सुरेश का रोल नम्बर 2431 है । उसका अंग्रेजी का पर्चा बिगड़ा है । सिन्हा उसे जाँच रहे हैं और उनसे 40 प्रतिशत नम्बर दिलवाना है । अब सीधी चिट्ठी आ जाती है । खुला कार्ड तक आ जाता है । तब नम्बर बढ़वानेवाला बड़ी देर संकोच से बैठा रहता था, दुविधा में पड़ा रहता था, यहाँ-वहाँ की बातें करता था और तब कहीं शरमाकर बगलें झांकता हुआ नम्बर बढ़वाने की बात कहता था । अब नम्बर बढ़वानेवाला इस तरह आता है, जैसे बाजार में सब्जी खरीदने जाता है । सीधा मेरी आँखों में देखता है और अधिकारपूर्वक कहता है कि नम्बर बढ़वाने हैं ।

दस सालों में यह जो प्रगति हो गयी है, यह मुझे परेशान करती है । भयंकर संकोचहीनता है यह । यह साहस मुझे डराता है । मैं इन्तजार करता हूँ कि कोई तो थोड़ा संकोच लेकर आये कि मैं कुछ आश्वस्त हो जाऊँ ।

कोई नहीं आता । मुझे लगता है, हम सबने मान लिया है कि आम सड़कें सब बन्द हो गयी हैं । उन पर तख्ती टँग गयी है—'सड़क मरम्मत के लिए बन्द है ।' सालों से ये सड़कें बन्द हैं और सब पगडण्डियों से जा रहे हैं । चलते-चलते पगडण्डियों के काँटे और झाड़ियाँ साफ हो गयी हैं और वे सड़कों जैसी चिकनी और चौड़ी हो गयी हैं । बेझिझक, नंगे पाँव इन पर लोग चल रहे हैं । आम सड़क पर चलनेवाला अब बेवकूफ या पागल समझा जायेगा । अब आम सड़कें खुल भी जायें, तो लोग उन पर चलने में झिझकेंगे । मरम्मतवाले भी इसीलिए ढीले पड़ गये हैं । मगर उपयोग न होने से आम सड़कों पर झाड़ियाँ और जंगली पौधे उगेंगे और वे ढक जायेंगी । तब किसी को आभास भी न होगा कि इस देश में कहीं आम सड़कें भी हैं ।

लगता है, आम सड़कें अब भविष्य के पुरातत्ववेत्ता को ही मिलेंगी । वही इन्हें खोजेगा । वह निष्कर्ष निकालकर बतायेगा कि उस ज़माने में इस देश में आम सड़कें तो थीं, पर कोई उन पर चलता नहीं था । सब पगडण्डी पकड़ते थे । अनुपयोग के कारण सड़कें दब गयी थीं ।

सफलता के महल का सामने का आम दरवाजा बन्द हो गया है । कई लोग भीतर घुस गये हैं और उन्होंने कुण्डी लगा दी है । जिसे उसमें घुसना है, वह रूमाल नाक पर रखकर नाबदान में से घुस जाता है । आसपास सुगन्धित रूमालों की दूकानें लगी हैं । लोग रूमाल खरीदकर उसे नाक पर रखकर नाबदान में से घुस

रहे हैं।

जिन्हें बदबू ज्यादा आती है और जो सिर्फ मुख्य द्वार से घुसना चाहते हैं, वे खड़े दरवाजे पर सिर मार रहे हैं और उनके कपालों से खून बह रहा है।

पहिला सफेद बाल

आज पहिला सफेद बाल दिखा। कान के पास काले बालों के बीच से झाँकते इस पतले रजत-तार ने सहसा मन को झकझोर दिया।

ऐसा लगा जैसे वसन्त में वनश्री देखता घूम रहा हूँ कि सहसा किसी झाड़ी से शेर निकल पड़े;

या पुराने जमाने में किसी मजबूत माने जानेवाले किले की दीवार पर रात को बेफिक्र घूमते गरबीले किलेदार को बाहर से चढ़ते हुए शत्रु के सिपाही की कलगी दिख जाय;

या किसी पार्क के कुंज में अपनी राधा को हृदय से लगाये प्रेमी को एकाएक राधा का बाप आता दिख जाय।

कालीन पर चलते हुए काँटा चुभने का दर्द बड़ा होता है। मैं अभी तक कालीन पर चल रहा था। रोज नरसीसम जैसी आत्म-रति से आईना देखना था, घुँघराले काले केशों को देखकर, सहलाकर, सँवारकर, प्रसन्न होता था। उम्र को ठेलता जाता था, वार्द्धक्य को अँगूठा दिखाता था। पर आज कान में यह सफेद बाल फुस-फुसा उठा, 'भाई मेरे, एक बात 'कानफिडेन्स' में कहूँ—अपनी दूकान समेटना अब शुरू कर दो!'

तभी से दुखी हूँ। ज्ञानी समझायेंगे—जो अवश्यम्भावी है, उसके होने का क्या दु:ख? जी हाँ, मौत भी तो अवश्यम्भावी है। तो क्या जिन्दगी-भर मरघट में अपनी चिता रचते रहें? और ज्ञान से कहीं हर दुख जीता गया है? वे क्या कम ज्ञानी थे, जो मरणासन्न लक्ष्मण का सिर गोद में लेकर विलाप कर रहे थे—'मेरो सब पुरुषारथ थाको!' स्थितप्रज्ञ दर्शन अर्जुन को समझानेवाले की आँखें उद्धव से गोकुल की व्यथा-कथा सुनकर, डबडबा आयी थीं। मरण को त्यौहार माननेवाले ही मृत्यु से सबसे अधिक भयभीत होते हैं। वे त्योहार का हल्ला करके अपने हृदय के सत्य भय को दबाते हैं।

मैं वास्तव में दुखी हूँ। सिर पर सफेद कफन बुना जा रहा है; आज पहिला तार डाला गया है। उम्र बुनती जायगी इसे और यह यौवन की लाश को ढँक लेगा। दु:ख नहीं होगा मुझे? दु:ख उन्हें नहीं होगा, जो बूढ़े ही जन्मे हैं।

मुझे गुस्सा है, इस आईने पर। वैसे तो यह बड़ा दयालु है, विकृति को सुधारकर चेहरा सुडौल बनाकर बताता रहा है। आज एकाएक यह कैसे क्रूर हो गया! क्या इस एक बाल को छिपा नहीं सकता था? इसे दिखाये बिना क्या उसकी ईमानदारी पर बड़ा कलंक लग जाता? उर्दू-कवियों ने ऐसे संवेदनशील आईनों का जिक्र किया है, जो माशूक के चेहरे में अपनी ही तस्वीर देखने लगते हैं; जो उस मुख के सामने आते ही गश खाकर गिर पड़ते हैं; जो उसे पूरी तरह प्रतिबिम्बित न कर सकने के कारण चटक जाते हैं। सौन्दर्य का सामना करना कोई खेल नहीं है। मूसा बेहोश हो गया था! ऐसे भले आईने होते हैं, उर्दू-कवियों के। और यह एक हिन्दी लेखक का आईना है!

मगर आईने का क्या दोष? बाल तो अपना सफेद हुआ है। सिर पर धारण किया, शरीर का रस पिलाकर पाला, हजारों शीशियाँ तेल की उड़ेल दीं—और ये धोखा दे गये। संन्यासी शायद इसीलिए इनसे छुट्टी पा लेता है कि उस विरागी का साहस भी इनके सामने लड़खड़ा जाता है।

आज आत्मविश्वास उठा जाता है; साहस छूट रहा है। किले में आज पहिली सुरंग लगी है। दुश्मन को आते अब क्या देर लगेगी!

क्या करूँ? इसे उखाड़ फेंकूँ? लेकिन सुना है, यदि एक सफेद बाल को उखाड़ दो, तो वहाँ एक गुच्छा सफेद हो जाता है। रावण जैसा वरदानी होता है, कमबख्त। मेरे चाचा ने एक नौकर सफेद बाल उखाड़ने के लिए ही रखा था, पर थोड़े ही समय में उनके सिर पर काँस फूल उठा था। एक तेल बड़ा 'मनराखन' हो गया है। कहते हैं उससे बाल काले हो जाते हैं। (नाम नहीं लिखता, व्यर्थ प्रचार होगा), उस तेल को लगाऊँ? पर उससे भी शत्रु मरेगा नहीं, उसकी वर्दी बदल जायेगी। कुछ लोग खिजाब लगाते हैं। वे बड़े दयनीय होते हैं। बुढ़ापे से हार मानकर, यौवन का ढोंग रचते हैं। मेरे एक परिचित खिजाब लगाते थे। शनिवार को वे बूढ़े लगते और सोमवार को जवान—इतवार उनका रँगने का दिन था। न जाने वे ढलती उम्र में काले बाल किसे दिखाते थे! शायद तीसरे विवाह की पत्नी को। पर वह उन्हें बाल रँगते देखती तो होगी ही। और क्या स्त्री को केवल काले बाल दिखाने से यौवन का भ्रम उत्पन्न किया जा सकता है? नहीं, यह सब नहीं होगा। शत्रु को सिर पर बिठाये रखना पड़ेगा। जानता हूँ, यह धीरे-धीरे सब वफादार बालों को अपनी ओर मिला लेगा।

याद आती है, मेरे समानधर्मा, कवि केशवदास की, जिसे 'चन्द्रवदन मृगलोचनी' ने बाबा कह दिया, तो वह बालों पर बरस पड़ा था। हे मेरे पूर्वज, दुखी, रसिक कवि! तेरे मन की ऐंठन मैं अब बखूबी समझ सकता हूँ। मैं चला आ रहा हूँ, तेरे पीछे। मुझे 'बाबा' तो नहीं, पर 'दादा' कहने लगी है—बस, थोड़ा ही फासला है!

मन बहुत विचलित है। आत्म-रति के अतिरेक का फल नरसीसस ने भोगा था, मुझे भी भोगना पड़ेगा। मुझे एक अन्य कारण से डर है। मैंने देखा है, सफेद बाल के आते ही आदमी हिसाब लगाने लगता है कि अब तक क्या पाया, आगे क्या करना है

और भविष्य के लिए क्या संचय किया। हिसाव लगाना अच्छा नहीं होता। इससे जिन्दगी में वणिक-वृत्ति आती है और जिस दिशा से कुछ मिलता है, आदमी उसी दिशा में सिजदा करता है। बड़े-बड़े 'हीरो' धराशायी होते हैं। बड़ी-बड़ी देव-प्रतिमाएँ खण्डित होती हैं। राजनीति, साहित्य, जन-सेवा के क्षेत्र की कितनी महिमा-मण्डित मूर्तियाँ इन आँखों ने टूटते देखी हैं; कितनी आस्थाएँ भंग होते देखी हैं। बड़ी खतरनाक उम्र है यह; बड़े समझौते होते हैं सफेद बालों के मौसम में। यह सुलह का झण्डा सिर पर लहराने लगा है। यह घोषणा कर रहा है—'अब तक के शत्रुओ ! मैंने हथियार डाल दिये हैं। आओ, सन्धि कर लें।' तो क्या सन्धि होगी—उनसे, जिनसे संघर्ष होता रहा ? समझौता होगा उससे, जिसे गलत मानता रहा ?

पर आज एकदम ये निर्णायक प्रश्न मेरे सामने क्यों खड़े हो गये ? बाल की जड़ बहुत गहरी नहीं होती ! हृदय से तो उगता नहीं है यह ! यह सतही है, बेमानी ? यौवन सिर्फ काले बालों का नाम नहीं है। यौवन नवीन भाव, नवीन विचार ग्रहण करने की तत्परता का नाम है; यौवन साहस, उत्साह, निर्भयता और खतरे-भरी जिन्दगी का नाम है; यौवन लीक से बच निकलने की इच्छा का नाम है। और सबसे ऊपर, बेहिचक बेवकूफी करने का नाम यौवन है। मैं बराबर बेवकूफी करता जाता हूँ। यह सफेद झण्डा प्रवंचना है। हिसाब करने की कोई जल्दी नहीं है। सफेद बाल से क्या होता है ?

यह सब मैं किसी दूसरे से नहीं कह रहा हूँ, अपने आपको ही समझा रहा हूँ। द्विमुखी संघर्ष है यह—दूसरों को भ्रमित करना और मन को समझाना। दूसरों से भय नहीं। सफेद बालों से किसी और का क्या बिगड़ेगा ? पर मन तो अपना है। इसे तो समझाना ही पड़ेगा कि भाई तू परेशान मत हो। अभी ऐसा क्या हो गया है ! यह तो पहिला ही है। और फिर अगर तू नहीं ढीला होता, तो क्या बिगड़नेवाला है !

पहिले सफेद बाल का दिखना एक पर्व है। दशरथ को कान के पास सफेद बाल दिखे, तो उन्होंने राम को राजगद्दी देने का संकल्प किया। उनके चार पुत्र थे। उन्हें देने का सुभीता था। मैं किसे सौंपूं ? कोई कन्धा मेरे सामने नहीं है, जिस पर यह गौरवमय भार रख दूं। किस पुत्र को सौंपूं ? मेरे एक मित्र के तीन पुत्र हैं। सबेरे यह मेरा दशरथ अपने कुमारों को चुल्लू-चुल्लू पानी मिला दूध बाँटता है। इनके कन्धे ही नहीं हैं—भार कहाँ रखेंगे ? बड़े आदमियों के दो तरह के पुत्र होते हैं—वे जो वास्तव में हैं, पर कहलाते नहीं हैं और वे जो कहलाते हैं, पर हैं नहीं। जो कहलाते हैं, वे धन-सम्पत्ति के मालिक बनते हैं और जो वास्तव में हैं, वे कहीं पंखा खींचते हैं या बर्तन माँजते हैं। होने से कहलाना ज्यादा लाभदायक है।

अपना कोई पुत्र नहीं। होता तो मुश्किल में पड़ जाते। क्या देते ? राज-पाट के दिन गये, धन-दौलत के दिन हैं। पर पास ऐसा कुछ नहीं है, जो उठाकर दे दिया जाय। न उत्तराधिकारी है, न उसका प्राप्य। यह पर्व क्या बिना दिये चला जायेगा।

पर हम क्या दें? महायुद्ध की छाया में बढ़े हम लोग; हम गरीबी और अभाव में

पले लोग; केवल जिजीविषा खाकर जिये हम लोग। हमारी पीढ़ी के बाल तो जन्म से ही सफेद हैं। हमारे पास क्या है ? हाँ, भविष्य है, लेकिन वह भी हमारा नहीं, आनेवालों का है। तो इतना रंक नहीं हूँ—विराट भविष्य तो है। और अब उत्तराधिकारी की समस्या भी हल हो गयी। पुत्र तो पीढ़ियों के होते हैं। केवल जन्मदाता किसी का पिता नहीं होता। विराट भविष्य को एक पुत्र ले भी कैसे सकता है ? इससे क्या कि कौन किसका पुत्र होगा, कौन किसका पिता कहलायेगा ! मेरी पीढ़ी के समस्त पुत्रो ! मैं तुम्हें वह भविष्य ही देता हूँ। यद्यपि वह अभी मूर्त्त नहीं हुआ है, पर हम जुटे हैं, उसे मूर्त्त करने। हम नींव में धँस रहे हैं कि तुम्हारे लिए एक भव्य भविष्य रचा जा सके। वह तुम्हारे लिए एक वर्तमान बनकर ही आयेगा—हमारा तो कोई वर्तमान भी नहीं था। मैं तुम्हें भविष्य देता हूँ और इस देने का अर्थ यह है कि हम अपने-आपको दे रहे हैं, क्योंकि उसके निर्माण में अपने-आपको मिटा रहे हैं। लो, सफेद बाल दिखने के इस पर्व पर यह तुम्हारा प्राप्य सँभालो। होने दो हमारे बाल सफेद। हम काम में तो लगे हैं--जानते हैं कि काम बन्द करने और मरने का क्षण एक ही होता है।

हमें तुमसे कुछ नहीं चाहिए। ययाति-जैसे स्वार्थी हम नहीं हैं जो पुत्र की जवानी लेकर युवा हो गया था। बाल के साथ, उसने मुँह भी काला कर लिया।

हमें तुमसे कुछ नहीं चाहिए। हम नींव में धँस रहे हैं; लो हम तुम्हें कलश देते हैं।

गली तो चारों बन्द हुईं !

स्कूल में था तब यह पद सुना था—'गली तो चारों बन्द हुईं अब हरि से मिलूँ कैसे जाय।' मीरा के बारे में उस समय कुछ नहीं जानता था। मेरा सारा ध्यान प्रथम पंक्ति पर अटककर रह गया। सोचा—कहनेवाले की जहाँ-तहाँ उधारी रही होगी, तभी तो साहूकारों से बचने के लिए उसने उन गलियों से निकलना छोड़ दिया था।

हर लड़का ऐसा नहीं सोचेगा। मेरे ऐसे सोचने का कारण था। पिताजी की आर्थिक हालत उन दिनों बहुत खराब थी और वे हम लोगों के पालन के लिए जहाँ-तहाँ कर्ज करते थे। सहपाठियों की देखादेखी यदि अच्छे कपड़े या जूते की माँग करता, तो वे खीझकर कहते---'कहाँ से लाऊँ ! उधारी के कारण तो रास्ते बन्द हो गये हैं।'

गीत की पंक्ति को सुनकर मेरे मन ने तरह-तरह के अनुमान लगाये थे। गीत

लिखनेवाले को जीने के लिए आटा-दाल-नोन-तेल-लकड़ी की उधारी करनी पड़ती होगी और साहूकार कर्ज के मामले में अपने भगवान को भी नहीं छोड़ेगा। साहूकार परलोक जाता होगा, तो सबसे पहले यह पता लगाता होगा कि यहाँ ब्याज की दर क्या है और दीवानी कचहरी है या नहीं। उसका कोई कर्जदार नर्क में हो और वह स्वर्ग में, (वैसे इसे असम्भव ही समझिए) तो वह वसूली के लिए अपना 'ट्रान्सफर' नर्क का करा लेगा।

ऐसे ही विकट साहूकारों के डर से गीतकार ने गलियाँ छोड़ी होंगी और गाया होगा—'गली तो चारों बन्द हुई अब हरि से मिलूँ कैसे जाय।'

पर नीति है कि राजा के पीछे और साहूकार के आगे रहना चाहिए। राजा सनकी माना जाता है और साहूकार समझदार।

अगर राजा किसी बात पर क्रुद्ध हो गया तो आगेवाले आदमी की गर्दन उतरवा लेगा, पीछेवाला बच जायेगा।

आदमी की गर्दन उतरवाना राजाओं के लिए खेल होता था। किसी देश के प्रवासी राजा को अमेरिका में फाँसी देने की एक नयी कला दिखायी गयी। राजा ने सहज ही कहा —'मेरे इन नौकरों में से किसी को फाँसी देकर दिखाइए।'

साहूकार के सामने रहने से उस पर ईमानदारी की धाक जमती है और वह सोचता है कि यह दे ही देगा।

कहावतें अपनी जगह पर ठीक हैं। भुगतनेवाला कहावतें नहीं बनाता, उसे फुरसत नहीं होती। और जो कहावत बनाता है, वह भुगतता नहीं। यह साहूकारों की बनायी नीति मालूम होती है जिससे उनकी आगामी पीढ़ियों को कर्जदार की गर्दन पकड़ने में सुभीता हो। बड़ा-से-बड़ा सूरमा जो घमासान युद्ध में दुश्मन के बीच बेखटके घुस जाता है, साहूकार के सामने पत्ते-सा काँपने लगता है। सिकन्दर, सीजर, नेपोलियन, प्रताप, शिवाजी की बहादुरी के किस्से ही हमारे सामने आये हैं। यह शोध बाकी है कि साहूकारों के सामने इनका क्या हाल होता था। शेरपा तेनसिंग हिमालय की चोटी पर तो चढ़ गया, पर नेपाल के अपने उस गाँव में नोन-तेल-लकड़ी उधार देनेवाले उस साहूकार की गली में निकलना उसे दस एवरेस्ट चढ़ने के बराबर लगता होगा। हिमालय की चोटी पर खड़े, दुनिया के सबसे ऊँचे उस आदमी ने भी आसमान के कोने में यही बात कही होगी कि उसे साहूकार के तीन रुपये तेरह आने देना है।

लेकिन पृथ्वी बिल्कुल वीर-विहीन नहीं हो गयी है। मैंने ऐसे भी नरपुंगव देखे हैं जो साहूकार से इस ठाठ से बात करते हैं मानो वही उनका कर्जदार हो। मेरे एक परिचित ही थे। वे कल चुकाने के वादे पर आज लाख रुपये भी उधार ले सकते थे। जब कोई तकाजा करने आता तो वे उसे डाँटते—आ गये सबेरे-सबेरे! तुम्हारे रुपये खा जाऊँगा क्या? कौन दस, पाँच हजार दे दिये हैं! सौ-पचास तो किसी भी दिन बायें हाथ से फेंक दूंगा। मगर उनके बायें हाथ ने कभी भी इस तरह रुपयों का अपमान करना स्वीकार नहीं किया। कुछ दिनों में साहूकार ने आना बन्द कर

दिया। मैं खुश था कि दुनिया में पहली बार साहूकार की पराजय हुई। पर एक दिन वह बड़े सबेरे अचानक उनका सामान कुर्क कराने आ गया।

सहनशील साहूकार ज्यादा खतरनाक होता है। एक अर्से तक वह आपको ढाल देता रहेगा और जब आप समझ रहे होंगे कि वह भूल गया है, वह गर्दन अचानक पकड़ लेगा। इसलिए कुछ दिन उसके सामने से निकलना चाहिए, साहस से दुआ-सलाम भी करना चाहिए। फिर उसे धीरे-धीरे टालना चाहिए, ब्लेंक-लुक देना चाहिए। 'ब्लेंक-लुक' देना भी एक कला है। अगर साहूकार की सड़क से निकलना है तो अच्छे कद्दावर दोस्तों के बीच चलिए, ताकि साहूकार की दृष्टि के वार से बचने के लिए उसके कन्धे ढाल बन सकें। अगर मित्र छः फुटा नहीं हो तो उससे बातचीत में इतने मशगूल हो जाइए कि आसपास देखना ही न पड़े, मानो आप किसी गम्भीर अन्तर्राष्ट्रीय समस्या पर विचार कर रहे हों और छेड़ने से विश्व-शान्ति को खतरा हो जायेगा। अगर वहाँ से अकेले ही निकलना पड़े तो सड़क की दूसरी ओर के साइन बोर्डों को पढ़ते हुए निकल जाइए, या साहूकार की ओर-वाली आँख को इस परेशानी से मलते हुए निकल जाइए कि कम्बख्त कीड़ा घुस गया है। कई तरीके हैं—क्षितिज के पार झिलमिल के देश में, ठीक सामने किसी 'मूरत' को देखते बढ़े चलिए। अगर रहस्यवादी कवि हुए, तो उस पार तम के लोक से झाँकते हुए मुख को देखने में सुभीता रहेगा। शून्य पर ध्यान न टिके तो चौराहे पर जाते हुए किसी परम मित्र की कल्पना करके घबराकर सीधे देखते हुए झपटिए। सबसे अचूक नुस्खा है फिलासफर बन जाना—कर्जदार और फिलासफर में विशेष अन्तर भी नहीं है। दोनों दुनिया से मुँह छुपाते हैं। जमीन या आसमान दोनों में से एक को ताकते हुए बेखटके निकल जाइए। इनमें से कोई भी तरीका काफी होगा। लेकिन जैसे मौत के सामने धनवन्तरि का नुस्खा भी नाकामयाब रहता है, वैसे ही साहूकार जब ऊपर टूटेगा, तो इनमें से कोई तरकीब काम न देगी।

कुछ दिन इस तरह 'ब्लेंक-लुक' देने के बाद वह रास्ता छोड़ा जा सकता है। अदालत से दी जानेवाली मियाद की तरह यह समय निकालना होता है। पर इसमें एक जबर्दस्त खतरा है—अगर कभी कहीं अन्यत्र आमना-सामना हो गया तो साहूकार गर्दन पकड़कर कहेगा, क्यों साहब, पैसा खा जाने के इरादे हैं क्या? अब तो वह रास्ता ही छोड़ दिया।

सबसे मुश्किल टालना मकान-मालिक का होता है। दूसरों को टालने के लिए आप घर छोड़ सकते हैं, घर पर न मिलने का इन्तजाम कर सकते हैं। पर दिन-भर कहीं भी रहें, रात को तो घर लौटना ही पड़ता है। सबेरे नींद खुलने के पहिले अगर मकान-मालिक आ गया तो सुन्दर सपने तक नष्ट हो जाते हैं। कहते हैं भोर का सपना सच्चा होता है। अगर सुबह आदमी अपना तिमंजिला मकान बनवा रहा हो, पूरा बन चुका हो, सिर्फ रंग-बिरंगी पुताई रह गयी हो, इसी समय अगर मकान-मालिक आकर जगा दे, तो तिमंजिला भवन एक क्षण में ध्वस्त हो जाय। चाहे नींद हराम हो, पर आदमी को अपने सपने बरबाद नहीं होने देना चाहिए।

कर्ज में पहिले झिझक होती है, तगादों से शर्म आती है, रास्ता छोड़ने में ग्लानि होती है। ये अपरिपक्व मनुष्यता के लक्षण हैं। परिपक्वता तब आती है जब आदमी इनमें गर्व का अनुभव करता है। हमारा खयाल बनता जा रहा है कि उधारी कोई दैवी व्यापार है। उधार का माल नकद के माल से अधिक पवित्र और महत् होता है। सुदामा जब कृष्ण से मिलने गये, तो जो पाव-भर चावल भेंट के लिए ले गये थे, उन्हें ब्राह्मणी पड़ोसिन से उधार लायी थी। उन उधारी चावलों को जब कृष्ण ने खाया, तो तुरन्त दो लोकों का राज दे दिया। देवताओं में तो उधारी की प्रथा इस हद तक थी कि नारद विष्णु से उनका चेहरा उधार माँगकर ले गये थे। पर उस भुवनमोहिनी ने रहस्य जान लिया और कर्जदार के बदले साहूकार के गले में जयमाला डाल दी। सुन्दरी कभी व्यावहारिक भी हो जाती है।

शायद उधारी कोई परम पवित्र लोकोत्तर प्रवृत्ति है जो महान आत्माओं में वास करती है। 'ग़ालिब' परिणाम जानते हुए भी कर्ज की मय पीते थे—

कर्ज की पीते थे मय और कहते थे कि हाँ,
रंग लायेगी हमारी फाकामस्ती एक दिन।

गोल्डस्मिथ पर इतना किराया चढ़ गया था कि एक दिन मकान-मालकिन ने उन्हें मकान में ही कैद कर दिया। गोल्डस्मिथ ने किस कदर अपने मित्र डा. जान्सन को खबर दी और जान्सन ने आकर उनके 'विकार ऑफ वेकफील्ड' की पाण्डुलिपि ली और उसे साठ पौण्ड में बेचकर किराया चुकाया और कवि को मुक्त कराया।

उस दिन एक महान लेखक के बारे में जब यह पढ़ा कि वे बनियों से बचने के लिए तीन-तीन मील का चक्कर लगाया करते थे, तो ऐसा लगा कि मेरी और उनकी साधना में ढाई मील का अन्तर है—मुझे अभी सिर्फ आधा मील का चक्कर लगाना पड़ता है।

अब तो कर्ज की एक फिलासफी बना ली है—जिसके पास जरूरत से ज्यादा है, वह देता है और जिसके पास जरूरत से कम है, वह उधार लेता है। जब लेनेवाले के पास भी जरूरत से ज्यादा हो जायगा, तब वह पटा देगा।

अगर एक के पास जरूरत से ज्यादा और दूसरे के पास जरूरत से कम न होता, तो यह उधारी की प्रथा ही न बनती। आपकी केतली में चाय है। मुझे चाय पीना है। मैं एक कप पी लूंगा, दो कप पी लूंगा, आग्रह पर तीसरा भी पी सकता हूँ। मगर चौथा कप मैं हरगिज नहीं लूंगा। उस समय मैं सर्वोच्च नैतिक स्तर पर रहूँगा। न आपकी चाय माँगूंगा, न चुराऊँगा और न छीनूंगा। पर जब तक एक की केतली भरी है और दूसरे को चाय नहीं मिली है, तब तक उस केतली की खैर नहीं है।

विनोबा ने ग्रामवासियों को एक बार बड़ी नेक सलाह दी थी—'कर्ज चुकाने की चिन्ता मत करो। जो कमाओ उसमें से पहिले अच्छा खाओ, अच्छा पहिनो। बच्चों को अच्छा खिलाओ-पिलाओ। फिर अगर दो-चार पैसे बचें तो साहूकार को दे दो। उससे कह दो कि हम पटायेंगे जरूर, पर जो बचेगा वही देंगे। तुम्हारे पास

जरूरत से ज्यादा था, तुमने हमें दे दिया। हमारे पास जरूरत से ज्यादा जो होगा, हम तुम्हें दे देंगे।'

एक दिन हम अपने साहूकार को जब य: दर्शन समझाने लगे, तो वह बोला, "जनाब, अगर यह जानता कि आपके विचार इतने सुलझे हुए हैं, तो एक कौड़ी उधार न देता।"

मुझे सुलझे विचारों ने बार-बार मारा है।

गेहूँ का सुख

मुझे याद नहीं इस घर में इतना गेहूँ इकट्ठा कभी आया हो—विवाह और गमी के मौकों को छोड़कर। पर विवाह पिछले दस सालों से कोई नहीं हुआ। गमी एकाध हुई, पर श्राद्ध और ब्राह्मण-भोजन मैंने होने नहीं दिये। हमारे यहाँ रोज ही ब्राह्मण-भोजन होता है क्योंकि हम रोज ही करते हैं—और हमारे पुरखे ब्राह्मण कहलाते थे। मुझे याद है कि प्राथमिक शाला में कापी पर मैं लिखता था—

नाम—हरिशंकर

जाति—ब्राह्मण

आगे चलकर मुझे यह मानना सम्भव नहीं हुआ कि शरीर से स्वतन्त्र कोई आत्मा होती है, जो किसी लोक में बैठी-बैठी देखा करती है कि मेरे परिवारवालों ने किस-किस ब्राह्मण को भोजन कराया; डालडा का उपयोग किया कि शुद्ध घी का और मोतीचूर के लड्डू खिलाये कि नहीं। मेरी अल्प बुद्धि में यही आया कि अगर आत्मा कहीं स्वतन्त्र रूप से रहती भी हो, तो वह, जो शुद्ध-बुद्ध रूप में स्थित है, यह देखकर बड़ी कुढ़ती होगी कि कितने नालायक हैं मेरे बेटे, जो इतने निठल्लों को अकारण ही माल खिला रहे हैं। यों सयानों ने मुझे डर दिखाया कि पुरखों की सद्-गति नहीं होगी, पर मैंने सोचा कि अपात्रों-कुपात्रों को खिलाने और दान देने के पाप से पुरखों की सद्‌गति तो नहीं, दुर्गति जरूर हो जायगी।

तो इतना गेहूँ कई सालों से नहीं आया। आज छोटा भाई जब एक साथ तीन बोरे ले आया, तो मेरी हालत उस मुफसिल प्रेमी जैसी हो गयी, जिसके घर एकाएक उसकी ऐश्वर्यशालिनी प्रेमिका आ जाय, जिस पर उसने यह रंग बाँध रखा है कि मैं भी रईसजादा हूँ। बड़ी झेंप लगी, इन बोरों के सामने। इनका सत्कार कैसे करें? कैसी अभ्यर्थना करें? गेहूँ की मात्रा की उस महत्ता के सामने हम सब अपने को बहुत हीन समझने लगे। मेरे मन में प्रार्थना उठी—पधारो देव! हम नहीं जानते, कैसे तुम्हारा स्वागत करें! हमने कल्पना नहीं की थी कि आप कभी इस मात्रा में

हमारे द्वार आयेंगे। गरीब की कुटी में तीन बोरे आकर आपने मुहल्ले में हमारी इज्जत काफी बढ़ायी है और हम आपको भीतर लाने में इसलिए देर कर रहे हैं कि लोग देख लें कि हमारे घर आप आये हैं। हम कैसे इस सौभाग्य को बटोरें? आपको कहाँ आसन दें? कभी हम आपको देखते हैं और कभी घर को देखते हैं। हमारे पास एक मन से अधिक की कोठी है ही नहीं। पता था कि कभी इस ठाठ से भी आप आयेंगे।

हम सब अभिभूत थे। भाई ने ठेले पर से बोरे उतरवाकर बरामदे में रखवाये और एक हाथ कमर पर रख दूसरे से पसीना पोंछते हुए कुछ इस तरह मेरी ओर देखा मानो कह रहा हो, 'तुमने मुझे कभी किसी योग्य नहीं समझा। आज देखो, मेरी सामर्थ्य। तुम कभी इतना गेहूँ लाये?'—ठीक कहता है। मुझसे कभी यह नहीं बना। जो-जो मुझसे नहीं बना, वह सब भाई कर दिखा रहा है।

मैं अपने मन को इस नयी परिस्थिति के अनुकूल नहीं कर पा रहा हूँ। प्रसन्न हूँ, पर एक भयानक शिथिलता भी मेरे मन में है। वर्षों से जब-तब थोड़ी-थोड़ी मात्रा में गेहूँ के प्रबन्ध के प्रयत्न और चिन्ता का अभ्यासी मन आगामी कुछ महीनों की निश्चिन्तता की कल्पना से सहम गया है। अपने प्रयत्नों को अब कौन राह मिलेगी? मैं सुखी भी हूँ और दुखी भी। निःसन्तान के घर, उमर चढ़े, पुत्र हो पर प्रसव में स्त्री मर जाय, तो उसे कैसा लगेगा? अपनी सत्ता का एक भाग जो हमेशा गेहूँ में उलझा रहता था, एकदम बेकार हो गया और मुझे उस समय लगा कि जिस मात्रा में जी रहा था, उससे कुछ कम मात्रा में जीना पड़ेगा। मन के कितने ही कोठे हैं जिनमें जरूरतें भरी हैं—एक गेहूँ का कोठा है, एक वस्त्रों का, एक मकान का। आज गेहूँ का कोठा खाली हो गया। मन कुछ रीता हो गया।

मेरा एक दोस्त मुझसे कहा करता है—'पुराने जमाने में किसी राजा के पास अगर एक महीने की रसद भी होती थी, तो वह दूसरे राज्य पर हमला कर देता था। तुम्हारे पास अगर एक हफ्ते की रसद हो, तो तुम सारी दुनिया पर हमला बोल देते हो।' उसका खयाल है कि मुझे बोरों की चाह नहीं है। लेकिन गलत है। चाह न होती, तो इन तीन बोरों को द्वार पर देखकर कबीर की तरह माथा न ठोंक लेता—

'बूढ़ा बंस कबीर का, उपजे पूत कमाल!'

संचय के बिना भी जो बेखटके जी सके, ऐसा बिरला होता है। सामान्य आदमी के लिए यह तभी सम्भव है, जब उसके भाग की प्राप्ति निश्चित हो। ऐसी व्यवस्था में जहाँ अपना प्राप्य बिल्कुल अनिश्चित हो, कोई सन्तों की तरह कैसे जिये कि—

चाह गयी चिन्ता घटी, मनुआ बेपरवाह।
जिनको कछु न चाहिए, ते शाहनपति शाह॥

जिसे घर भरे बिना सुरक्षितता की अनुभूति होती है और जो निर्भय, निर्द्वन्द्व जीता है, उसका मन कितने कठोर अनुशासन में से गुजरता होगा। कबीर था ऐसा,

जो 'आठों पहर मस्तानमाता' रहता था क्योंकि 'काल को निचोरिकै अमृत्त' पीने का दम था उसमें। उसके लिए गेहूँ का बोरा छोटी चीज थी।

हमारे लिए नहीं। हमारे उस आदि पुरुष आदम ने गेहूँ के लिए स्वर्ग को लात मार दी थी। उसने गेहूँ खा लिया था तो उसे जन्नत से ही निकाल दिया गया। गेहूँ खाना इतना बड़ा अपराध कैसे हो गया? धर्म की नजर अकसर ऐसी विसंगत हो जाती है। जो पानी छानकर पीते हैं, वे आदमी का खून बिना छना पी जाते हैं। तब, जब गेहूँ के निर्यात पर प्रतिबन्ध था, एक जून का आटा अँगोछे में बाँधकर चलनेवालें किसान को सजा हो जाती थी और उधर हजारों बोरे गेहूँ रातों-रात सीमा पार हो जाता था, काले बाजार में बिकने के लिए। न्याय को अन्धा कहा गया है—मैं समझता हूँ, न्याय अन्धा नहीं, काना है, एक ही तरफ देख पाता है। आदम इस न्याय-धर्म का शिकार हुआ। स्वर्ग के निवासियों को गेहूँ खानेवाले से इतनी नफ़रत क्यों हुई? मुझे लगता है—स्वर्ग के वासियों ने सोचा होगा कि आदमी को गेहूँ का चसका लग गया है; अब यह गेहूँ पैदा करेगा, खेत जोतेगा, अनाज बोयेगा, फसल काटेगा—यानी परिश्रम करेगा। वे स्वयं तो बिना खुद पैदा किया खाद्य खाते थे। जिन्हें पसीना सिर्फ गरमी और भय से आता है, वे श्रम के पसीने से बहुत डरते हैं। स्वर्ग के आलसी, निठल्ले, परोपजीवी निवासी, कर्मी मनुष्य से डरे होंगे और घबड़ाहट में उसे बाहर निकाल दिया होगा।

गेहूँ व्यर्थ बदनाम हुआ। उसका कोई अपराध नहीं। यहाँ तो उसने हमारी मनःस्थिति ही बदल डाली। मैंने बोरे में हाथ डालकर मुट्ठी-भर गेहूँ निकाला और देखकर कहा—'अच्छा है!' कुछ ऐसी अदा से राय जाहिर की, गोया जिन्दगी-भर गेहूँ की दलाली करता रहा हूँ। मेरे एक प्रौढ़ मित्र, जो गेहूँ से लेकर राजनीति तक की दलाली करते हैं, मुझे निहायत बेवकूफ आदमी समझते हैं, क्योंकि मैं दलाली नहीं करता और जो करता हूँ, वह बहुत बेमतलब है। वे दलाली को जीवन का चरम लक्ष्य मानते हैं। पर मैं इस मौके पर बिल्कुल दलाल का अभिनय कर उठा। बहुत-से गेहूँ में हाथ डालने को मिले, इस लोभ में कोई भी दलाल हो सकता है।

इस गेहूँ में सबसे अच्छा गुण यह है कि यह इसी भूमि का है। आगे तो विदेशी गेहूँ खाना पड़ेगा। गेहूँ के साथ न जाने किन-किन बीमारियों के कीटाणु चले आते हैं। बाहर से आनेवाले गेहूँ में एक खास जीवन-पद्धति के कीटाणु बड़ी संख्या में आ रहे हैं और इन कीटाणुओं को मारने की ताकत सिर्फ प्रतिफलित संस्कृति में होती है—उस संस्कृति में जो आचरण में प्रतिफलित हो गयी है। (किताब में लिखी हुई में नहीं)। जिनकी रोग-निवारण शक्ति कम है, वे बीमार भी पड़ रहे हैं। यों लोग विश्वास दिलाना चाहते हैं कि इस गेहूँ में कोई कीटाणु नहीं; यह शुद्ध है। पर हमें विश्वास नहीं, हम देख चुके हैं कि मेंचेस्टर से आनेवाले कपड़े में कहीं 'यूनियन जैक' छिपा था, जो मौका पाते ही फहराने लगा। बड़ा डर लगता है, बाहर के गेहूँ से।

यह अपना गेहूँ बड़ा सुखदायी है। इसने जादू कर दिया है। कल भाई-बहन में किसी बात पर खटपट हो गयी थी। आज दोनों ने बोरे का एक-एक सिरा पकड़कर

जब घसीटा, तो मन मिल गये। बोरा सेतु बन गया। बच्चे अधिक आज्ञाकारी और शिष्ट हो गये हैं। हम अधिक उदार भी हो गये हैं। टूटी सन्दूक कहारिन कई दिनों से माँग रही है और हम उसे टाल रहे हैं। आज उसे बिना माँगे ही दे दी।

गेहूँ के तीन बोरों ने ऐसा परिवर्तन कर दिया। मनुष्य-जीवन पर कितने ही मनीषियों ने, दार्शनिकों ने सोचा है और लिखा है, पर गेहूँ की बात अकसर भूल गये हैं। कुछ लोग गेहूँ की बात को 'भौतिक' कहकर मुँह चिढ़ाते हैं। अगर भौतिक बुरा है, तो सबसे बड़ी भौतिक क्रिया तो जन्म धारण करना ही है। तो भाई, भौतिकता से पिण्ड छुड़ाने के लिए मरते क्यों नहीं ? उपनिषद् का वह ब्रह्मचारी मूर्ख नहीं था, जिसने छूटते ही कहा था कि अन्न ब्रह्म है। लेकिन अब कुछ लोग गेहूँ से गुलाब की ओर इस तरह ले जाते हैं, जैसे गेहूँ जरूरत से ज्यादा हो गया, इसलिए गुलाब की खेती करना चाहिए। जहाँ उजड़े हुए गेहूँ के खेत हों, वहाँ गुलाब की फसल किस काम आयेगी ? जिन्दगी के बारे में जो सोचेगा वह भला गेहूँ को छोड़ देगा ? सबसे पहिले सोचेगा।

कचहरी जानेवाला जानवर

आदमी दूसरे जानवरों से किस बात में भिन्न है ? यानी वह कौन-सी चीज है जो आदमी को जानवर होते हुए भी खास किस्म का जानवर बना देती है ? ऐसे प्रश्नों के उत्तर विद्वानों ने दिये हैं, क्योंकि विद्वान प्रश्नों के उत्तर देने के लिए ही जीता है और खुद जिन्दगी-भर कोई प्रश्न न पूछ सकने के कारण बुद्धू बना रहता है। तो एक विद्वान ने कहा है, आदमी औजार बनानेवाला जानवर है। एक दूसरे ने कहा है कि आदमी सोचनेवाला जानवर है। दोनों बातें अर्द्ध सत्य हैं। सोचता तो कुत्ता भी है और नाक से सोचता है। इसीलिए अपने दर्जे के आदमी से ऊँचा माना जाता है। पुलिस इन्स्पेक्टर भी चोर का पता लगाता है और पुलिस का कुत्ता भी। मगर एक जासूस कुत्ते की कीमत इन्स्पेक्टर साहब के जिन्दगी-भर के वेतन, जायज-नाजायज भत्ते और घूस से अधिक होती है। और जहाँ तक औजार बनाने की बात है, चींटी को चांस मिले तो आदमी से अच्छे औजार बनाकर बता दे। नहीं, इन दोनों कारणों से आदमी आदमी नहीं है। मैं विद्वान नहीं हूँ, क्योंकि मैं सवाल पूछता हूँ। पर मैंने भी आदमी की परिभाषा बनायी है ! आदमी कचहरी जानेवाला जानवर है। कोई और जानवर कचहरी नहीं जाता—जाना भी नहीं चाहेगा। अगर गधे से भी पूछो कि क्यों भाई आदमी बनेगा, तो वह जवाब देगा— 'नहीं बाबा, उसमें कचहरी जाना पड़ता है !'

यह ज्ञान एकाएक आज मेरे भीतर उमड़ उठा। तप के बिना ज्ञान नहीं मिलता। मैं 3-4 दिनों से कचहरी जाने का तप कर रहा हूँ, क्योंकि आदमियत की लाज रखनी थी। मैं आज उन दार्शनिकों से पूरी तरह सहमत हूँ जो कहते हैं, जीव को संसार में दुख भोगने के लिए भेजा जाता है। और जिन दुखों को भोगना जरूरी है, उनमें सबसे बड़ा दुख कचहरी जाना है। कोई-कोई इस दुख से बच भी जाते हैं। जब ऐसा जीव देह त्यागकर उस लोक जाता है, तब उससे पूछा जाता है—क्यों, कचहरी गये थे? जीव जवाब देता है—नहीं, ऐसा मौका तो नहीं आया। ऐसे हीन-तप जीव को फिर पृथ्वी पर भेजा जाता है और मनुष्य ही बनाया जाता है, क्योंकि कोई और जानवर कचहरी नहीं जाता। जब जीव कचहरी के दुख काफी भोग लेता है, तब उसे जन्म-मरण के बन्धन से मुक्ति मिलती है और वह ब्रह्म में लीन होकर निरन्तर ब्रह्मानन्द रस का पान करता है, इसीलिए इस जीवन के बाद मुक्ति पाने योग्य वैष्णव व्यवसायी रोज लाल खाता-बही बगल में दबाये कचहरी जाते हैं।

आज मेरी दृष्टि ही बदल गयी। बोध हो गया। गौतम को ज्ञान प्राप्त करने के लिए इतने तप, चिन्तन, मनन की जरूरत ही नहीं थी। दो-चार दिन अपने राज्य की किसी कचहरी में हो आते, तो एकदम बुद्ध हो जाते। अभी तक मैं सोचता था कि अर्जुन युद्ध नहीं करना चाहता था, पर कृष्ण ने उसे लड़वा दिया। यह अच्छा नहीं किया। अगर अर्जुन युद्ध नहीं करता, तो क्या करता? कचहरी जाता। जमीन का मुकदमा दायर करता। लेकिन वन से लौटे पाण्डव अगर जैसे-तैसे कोर्ट-फीस चुका भी देते, तो वकीलों की फीस कहाँ से देते, गवाहों को पैसे कहाँ से देते? और कचहरी में धर्मराज का क्या हाल होता? वे 'क्रॉस-एक्जामिनेशन' के पहिले ही झटके में उखड़ जाते। सत्यवादी भी कहीं मुकदमा लड़ सकते! कचहरी की चपेट में भीम की चर्बी उतर जाती। युद्ध में तो 18 दिन में फैसला हो गया; कचहरी में 18 साल भी लग जाते। और जीतता दुर्योधन ही, क्योंकि उसके पास पैसा था। सत्य सूक्ष्म है; पैसा स्थूल है। न्याय-देवता को पैसा दिख जाता है; सत्य नहीं दिखता। शायद पाण्डव मुकदमा लड़ते-लड़ते मर जाते क्योंकि दुर्योधन पेशी बढ़वाता जाता। पाण्डवों के बाद उनके बेटे लड़ते; फिर उनके बेटे। बड़ा अच्छा किया कृष्ण ने जो अर्जुन को लड़वाकर 18 दिनों में फैसला करा लिया। वरना आज कौरव-पाण्डव के वंशज किसी दीवानी कचहरी में वही मुकद्दमा लड़ते होते।

दिन-भर मैंने वादी-प्रतिवादी देखे, वकील देखे, सच्चे-झूठे गवाह देखे। बयान, एक्जामिनेशन और क्रॉस एक्जामिनेशन सुने। फिर एक विद्वान से पूछा, यह सब क्यों होता है? विद्वान ने कहा—'न्याय-देवता एक के बाद एक छन्ना लगाता है और झूठ को छान-छानकर अलग करता जाता है। अन्त में सत्य बच रहता है।' मैंने कहा—'मगर न्याय को तो अन्धा कहा गया है। जब अन्धा छानने बैठे, तो क्या पता कि वह झूठ को छोड़कर अलग कर रहा है या सत्य को?'

न्याय देवता है। हर देवता भेंट लेता है। अगर भक्त से सीधे भेंट ले तो कोई बात नहीं, पर हर देवता का एक मध्यस्थ होता है—'मिडिलमेन' से कहीं छुटकारा

नहीं। न्याय-देवता का मिडिलमेन वकील होता है। दुश्मन से छुटकारा मिल सकता है, पर अपने ही वकील से छुटकारा मुश्किल है। एक बार कचहरी चढ़ जाने के बाद सबसे बड़ा काम है, अपने ही वकील से अपनी रक्षा करना। प्रतिपक्षी से उतना डर नहीं रहता, जितना अपने ही वकील से। वह एक के बाद दूसरी उलझन में आपको फँसाता जायेगा और आप समझ नहीं पायेंगे कि आप कहाँ जा रहे हैं। मुझे इसका अनुभव हुआ। मुख्य मामला जहाँ का तहाँ है लेकिन इस बीच मेरा वकील मुझसे कहता है कि विरोधी पर एक-दो झूठे मुकदमे दायर कर दो। मैंने पूछा—'इससे क्या होगा?' वह बोला—'विरोधी हेरास (परेशान) होगा।' मुझे यह बात समझ में नहीं आयी। मैं झूठा मुकदमा चलाऊँ। विरोधी जानता है कि मुकदमा झूठा है और पहिली ही पेशी में खारिज हो जायगा। तो 'हेरास' वह होगा या मैं होऊँगा?

वकील की टेकनीक डॉक्टर जैसी होती है। सफल डॉक्टर वह है जो मरीज को न मरने दे, पर इलाज चलता रहे। सफल वकील वह है, जो मुव्वकिल को न जीतने दे, न हारने दे, बस मुकदमे चलते रहें। इसीलिए सफल डॉक्टर और सफल वकील के हाथों अपने को सौंपना खतरे से खाली नहीं है।

यदि आपके हाथ से चूहा मर गया है और आप कहीं यह बात सफल वकील के सामने कह दें तो वह चौंककर पूछेगा—'क्या कहा? चूहा मार डाला? आपने? कैसे?' आप उसे बतायेंगे कि अलमारी हटाते समय चूहा चपेट में आ गया। वकील पूछेगा—'क्या उसने आप पर हमला किया था?' आप 'नहीं' कहेंगे और तब वकील आपकी तरफ इस तरह देखेगा मानो आप फाँसी पर टँग रहे हैं! कहेगा—'आपने दफा 302 का जुर्म कर डाला! कत्ल! आत्म-रक्षा का 'प्ली' भी नहीं ले सकते।' आपके हाथ-पाँव फूलेंगे और आप वकील कर लेंगे। पर वह यह कहकर 'केस' लेने से इन्कार करेगा कि मामला कमजोर है, आपको फाँसी होना पक्का है। फिर जब आप उसकी फीस बढ़ायेंगे, तो कहेगा 'केस' जीता-जिताया रखा है, आप साफ बच जायेंगे। आप सोचते रहिए कि जो 'केस' फीस देने से पहिले कमजोर रहता है, वह फीस देने के बाद ताकतवर कैसे हो जाता है। पैसे में बड़ा विटामिन होता है।

बात आगे बढ़ाना मेरे लिए अच्छा नहीं। मुकदमा मुझ पर चल रहा है। अगर मेरा वकील इसे पढ़ेगा, तो मुझसे बदला लेगा। बड़ा सफल वकील है वह। कल कह रहा था कि वकालत का पेशा बड़ा 'नोबल' है, इसकी दम पर समाज की नैतिकता टिकी है। फिर बड़े गर्व से कहने लगा—'हत्या के 13 मामले आज तक मैंने जीते हैं। 13 आदमियों को फाँसी से बचाया है।' मैंने पूछा—'क्या आप जानते थे कि इन 13 ने हत्या की थी?' वकील साहब को ध्यान नहीं रहा कि उनकी 'क्रॉस एक्जामिनेशन' होने लगा है। वे बड़े गर्व से बोले—'हाँ, जानता था। पर सबको साफ बचा लिया।' मैंने कहा—'वकील साहब, यह गर्व की बात हुई कि शर्म की? क्या हत्यारे को सजा से बचाने के कारण ही यह 'नोबल' धन्धा हो गया?'

मेरी सावधानी ढीली हो रही है। वकील का उपहास करूँगा, तो कल वह अदालत में उपहास करेगा।

सहानुभूति

एक कवि मित्र ने रेल से कटकर आत्महत्या कर ली। मैं उसकी शव-यात्रा में जाने लायक साहस नहीं बटोर पाया। वह साथी था, वर्षों का मित्र! तीस साल के उस जवान मित्र के दो टुकड़े भी हम नहीं देख सके। कुछ लोगों का आग्रह था कि हमें उसके दो टुकड़े भी देखना था। उन्होंने तो जी-भर उसे देखा था, उसकी शव-यात्रा में गये थे और बड़े शौक से रस लेकर वर्णन कर रहे थे कि कैसे कटा, कहाँ से कटा, खून कहाँ गिरा, आँखें कैसी थीं, सिर कैसा था। दो टुकड़े इतनी दिलचस्पी से देखनेवालों में से कई ने, तब उसकी ओर आँखें भी नहीं उठायी थीं, जब वह समूचा था। टुकड़े देखनेवालों ने हमारी निन्दा आरम्भ की, जिन्होंने उसे समूचा देखा था। कुछ लोग स्नेह और सहानुभूति का घड़ा भरकर रखे रहते हैं और आदमी के मरने की राह देखते रहते हैं। इनका हृदय आग बुझाने के लिए पानी से भरी रखी हुई बाल्टी की तरह होता है, जिसका उपयोग तभी होता है, जब आग लगती है। इनका स्नेह और सहानुभूति प्राप्त करने के लिए आदमी को मरना पड़ता है। इन लोगों ने, हम नहीं जानेवालों को हृदयहीन कहा। फिर अखबारवालों ने कटाक्ष किया। महत्त्वपूर्ण मृत्यु का उपयोग जो रोचक समाचार बनाने के लिए करते हैं, उन्होंने हम लोगों की सहृदयता पर प्रश्न-चिह्न लगाया। अखबारी सहानुभूति मैंने एक बार स्वयं देखी थी। एक दैनिक के दफ्तर में सम्पादक के पास बैठा था। सम्पादक अगले अंक के लिए 'बेनर' खोज रहे थे। कोई बड़ा समाचार मिल नहीं रहा था और वे परेशान थे। सहसा रेडियो ने एक बड़े लोकप्रिय नेता की मृत्यु का समाचार प्रसारित किया। सम्पादक खुशी से उछल पड़े और टेबिल पर हाथ मारकर बोले, "फाइन! अच्छा 'बेनर' बन जायगा।" अखबारनवीसों ने न जानेवालों पर टिप्पणी करके उस कवि की प्रतिष्ठा को भी बढ़ाया नहीं, घटाया ही। अर्थ तो यही निकला न कि उसकी शव-यात्रा में कई साहित्यिक ही नहीं गये। यह भी क्या कवि! नादान की दोस्ती-वाली कहावत ऐसे ही मौके पर याद आती है।

सहानुभूति का हिसाब नहीं करना है, संवेदना की तुलना नहीं करनी और न यही कहना है कि हम औरों से अधिक सहृदय हैं। एक बात मन में उठती है कि जीवित की अवहेलना और मृतक का सम्मान कितना बढ़ गया है। पाँच सौ साल पहिले कबीर बड़ी हैरत में चिल्लाया था—

'जियत बाप से दंगम दंगा,
मरे हाड़ पहुँचाये गंगा!'

याद आता है कि ईसा जब भक्तों के दल के साथ बढ़े जा रहे थे, तब एक आदमी ने आकर कहा कि मैं मृत भाई को दफनाकर अभी आता हूँ। ईसा ने कहा—'लेट द डेड बरी देअर डे!' तुम चलो मेरे साथ! ईसा क्या हृदयहीन था? ईसा ने उस 'फार्म' का विरोध किया था, जो जीवन को ढँक लेता है। देखता हूँ, बुरी तरह

'फार्म' ने हमारी भावनाओं को आवृत्त कर रखा है। रूप और रूपक का बोलबाला है। स्नेह, सहानुभूति, करुणा का भी एक प्रगट रूप रूढ़ हो गया है और उसी को हम आन्तरिक भाव से अधिक मानने लगे हैं। सच्चा संवेदन भी जब रूढ़ हो जाता है, तब वह एक भावहीन, रिक्त, थोथा रिफ्लेक्स हो जाता है। बिन बोले का दुख बड़ा कहा गया है, पर अब कोलाहल से दुख की मात्रा नापी जाती है। शव-यात्रा में जो तफरीहन भी जाय उसका दुख बड़ा गिना जायेगा और जो दुख से टूटकर घर बैठा रहे, उसे निष्ठुर माना जायगा। प्रथा है कि पुत्र की अन्त्येष्टि-क्रिया में पिता नहीं जाता। भला पिता पुत्र का दाह होते कैसे देखेगा! अधिक दुखवाले को घर में ही बैठने देना चाहिए। लेकिन अब शायद अधिक दुख का सबूत देने के लिए बाप को भी रूपक रचना पड़ेगा। एक आदमी को जानता हूँ जो हर शव-यात्रा में जाता है। दाह-संस्कार के प्रबन्ध के लिए उस जैसा विश्वासी आदमी दूसरा नहीं है। करुण से करुण मृत्यु पर जब आसपास लोग सिसकते होते हैं, उसके चेहरे पर शिकन नहीं आती। वह उत्सव के उत्साह से रस्सी, घास-बाँस और हण्डी की व्यवस्था में व्यस्त रहता है। क्या वह हर मृत्यु पर सबसे अधिक दुखी आदमी होता है?

नीरो रोता भी समारोह में था। हम सभी छोटे-मोटे नीरो बने जा रहे हैं। जो समारोह में न रोये, उसका रोना, रोना नहीं गिना जायगा। पहिले 'मदनोत्सव' होते थे, अब रुदनोत्सव होते हैं। इन रुदनोत्सवों में सच्चा रोनेवाला तो रह जाता है, झूठा रोनेवाला रंग जमा लेता है। एक नेता की शव-यात्रा मैंने देखी थी। उसका शव एक ट्रक पर रखकर 4-5 मील दूर नर्मदा-घाट पर ले जाया जा रहा था। एक व्यक्ति जो बड़ी उत्तेजना से जुलूस की व्यवस्था कर रहा था, एकदम उचककर ट्रक पर चढ़ गया और शव के सीने पर दोनों हाथ रखकर दहाड़ मारकर रोने लगा, "हाय   जी!" ऐसा ओवर-एक्टिंग हुआ कि ट्रेजडी की जगह कॉमेडी हो गयी। मृतक के सगे भाई बेचारे नीचा सिर किये अन्तिम पंक्ति में चलने लगे। उनका रोना हराम कर दिया, उस विकट विलापी ने। दूसरे दिन अखबारों में छपा कि उक्त व्यक्ति 4-5 मील शव से चिपका हुआ क्रन्दन करता गया और रास्ते में उसे कई बार मूर्च्छा आ गयी। यह आगे क्यों नहीं लिखा कि धिक्कार है उन वज्र-हृदय भाइयों को, जो एक बार भी नहीं चीखे और चुपचाप पीछे चलते रहे।

शोक-समारोह कभी-कभी कैसे हास्यास्पद हो जाते हैं, इसकी आपबीती बताता हूँ। मैं एक स्कूल में अध्यापक था। 10 बजे लड़कों की सामूहिक प्रार्थना होती थी। वे आपस में लत्ती मारते, पेंसिल कोंचते, कान खींचते, चिमटी लेते, प्रार्थना कर लेते थे। सामने चबूतरे पर खड़े अध्यापक भी यह फुसफुसाते हुए निभा लेते थे कि यार, आज दस तारीख हो गयी पर वेतन नहीं मिला अभी तक। बेचारे रोज प्रार्थना करें फिर भी इतना-सा वरदान न मिले कि वेतन पहिली को मिल जायेगा। मैं प्रार्थना में शामिल नहीं होता था। संस्था के मालिकों ने मुझे यह सोचकर नहीं छेड़ा होगा कि ईश्वर के होने का कोई निश्चय नहीं है, पर यह आदमी तो निश्चित है। अनिश्चित का पक्ष लेकर निश्चित से कौन झंझट करे। मैं अपने कमरे में बैठा

रहता। एक विशेष अवसर पर मैं उस स्थल पर पहुँचता था—तब जब किसी प्रसिद्ध व्यक्ति के लिए शोक-प्रदर्शन करना होता। शोक-भाषण मेरे जिम्मे था। हर दो-चार माह में ऐसे व्यक्ति मृत होते ही हैं जिनके लिए स्कूलों में शोक-प्रस्ताव पास होते हैं और छुट्टी होती है। मुझे हेडमास्टर से सूचना मिल जाती कि आज शोक-भाषण करना है। मैं आँखों में असीम दर्द भरकर, मुख पर दुख बिछाकर, धीरे-धीरे नीचे देखता कमरे से निकलता और चबूतरे पर खड़ा हो जाता। सामने सैकड़ों लड़कों की कतारें होतीं। विकल नयनों से मैं एक बार उन लड़कों को देखता और भारी गले से बोलना आरम्भ कर देता—'आज हम गहन शोक की छाया-तले खड़े हैं...' भाषण के अन्त में यह अवश्य कहता कि मृतक जो स्थान रिक्त कर गया है, वह कभी नहीं भरेगा—यद्यपि किसी-किसी के मरने से कोई स्थान ही रिक्त नहीं होता, बल्कि ऐसा लगता है कि अच्छा हुआ 'ट्यूमर' कट गया। मैं हर मरनेवाले में मनुष्य के सब गुण आरोपित कर देता था, वह चाहे विश्व-प्रसिद्ध व्यक्ति हो या मुहल्ले का नेता। चेखव की एक कहानी में मुझ जैसा एक पात्र है जो मृत्यु पर भाषण करने में उस्ताद है। उसके पास 'रेडीमेड' भाषण हैं। उसे लोग सोते से उठाकर श्मशान भूमि ले जाते हैं, मरनेवाले का नाम मात्र बता देते हैं और वह धड़ल्ले से शोकपूर्ण भाषण दे देता है। एक बार नशे की झोंक में वह नामों में गड़बड़ा गया और उस व्यक्ति की मृत्यु पर बोल गया, जो उसके ठीक सामने खड़ा था। मुझे भी शोक-भाषण का अभ्यास हो गया था। ठण्ड में जब काली शेरवानी धारण किये मैं बोलता; तब तो ऐसा लगता जैसे पादरी अन्तिम आशीर्वाद दे रहा है। मेरे भाषण के बाद छुट्टी हो जाती।

कुछ दिनों में लड़कों ने मेरे प्रार्थना में आने का सम्बन्ध छुट्टी से जोड़ लिया। मैं आता दिखता, तो समझ जाते कि कोई मरा है और आज छुट्टी हो जायेगी। फिर तो लड़के कभी किसी की मृत्यु की खबर पाकर मेरे पास आते और बड़ी गम्भीर मुद्रा में कहते—'सर, अमुक आदमी की मृत्यु हो गयी। शोक-सभा होनी चाहिए।' मैं उन्हें टालता, तो वे जोर देते—'सर, सर्वत्र शोक छाया हुआ है। वह महापुरुष था। उसकी आत्मा की शान्ति के लिए प्रार्थना करनी चाहिए।' एक दिन तो मुझसे आकर कहने लगे कि डाकू मानसिंह के लिए शोक-सभा करनी चाहिए। मैंने डाँटा, तो कहने लगे कि चाहे डाकू हो, पर था तो प्रसिद्ध आदमी। एक दिन एक प्रसिद्ध आदमी की मृत्यु हुई। हेडमास्टर को यह निर्णय करने में देर लगी कि मरनेवाला छुट्टी के योग्य था या नहीं। लड़के निराश हो चुके थे। अन्तिम क्षण में हेडमास्टर ने मुझे बुला भेजा। मुझे आते देखते ही लड़के खुशी से उचकने लगे और ताली बजाकर चिल्लाने लगे—'छुट्टी होगी! छुट्टी! छुट्टी!' मैंने क्रोध से उनकी ओर देखा और डाँटा। फिर भारी स्वर में शुरू किया, "आज हम गहन शोक की छाया तले"—वाक्य समाप्त होने के पहिले ही लड़के कोलाहल करते हुए भाग खड़े हुए। कहा जायेगा कि अनुशासन नहीं था लड़कों में। मैं कहता हूँ, शोक-प्रदर्शन की भावनाहीन रूढ़ि का यही परिणाम होता है। आत्मा अगर वास्तव में होती हो तो उसकी

शान्त बड़ी भंग होती होगी, हमारी इन आत्मा की शान्ति की प्रार्थनावाली शोक-सभाओं से।

इन रूपों में कहाँ सच्चा संवेदन है? अर्थी के पीछे चलनेवालों में कौन दोस्त और कौन दुश्मन है, इसकी कोई पहिचान नहीं है। मेरे एक परिचित की बीमारी में जितने लोग उन्हें देखने आये, उनमें से आधे भी उन्हें वोट देते, तो वे लोकसभा का चुनाव जीत जाते, पर वे बेचारे म्युनिसिपल की वार्ड मेम्बरी का चुनाव ही हार गये।

फार्म जहाँ नहीं है, वहाँ भी भावना है, इसे हम क्यों नहीं मानते? शायद वहाँ थोड़ी अधिक ही हो। जहाँ आडम्बर प्रधान हो गया वहाँ सच्ची भावना कैसे रहेगी? खादी जिसके शरीर पर न हो, उसे कुछ समय पहिले तक देश-भक्त ही नहीं समझते थे। ऐसा लग रहा था कि खादी का देश की अर्थव्यवस्था से सम्बन्ध तोड़कर लोग मन्दिर में खादी का थान रखकर उसकी पूजा करेंगे।

जिस दिन पादरी का बढ़िया रेशमी चोगा सिल गया, उस दिन से चर्च में शायद उनके ईश्वर ने आना छोड़ दिया। जितनी देर मुल्ला मस्जिद की गुम्बद से सबको सुनाकर खुदा को पुकारता है, उतनी देर उसका खुदा मस्जिद से भागकर कहीं चला जाता होगा। जब पण्डित ने पूजा में तरह-तरह के बहाने से यजमान से पैसे रखवाना शुरू किया, तो उनके देवता घबड़ाकर खिसक दिये।

यह सब शायद मन की बहक है। आखिर रीति-नीति भी तो कोई चीज है। रूढ़ि का भी तो अपना महत्त्व है। माना कि हम मनुष्य के बेटे को सूली पर टाँग देते हैं, पर गले में 'क्रॉस' लटकाये तो घूमना ही चाहिए।

इसलिए उठूँ। शोक-सभा में जाना है। वहाँ जानेवालों के नाम छपेंगे।

चन्दा

किसी से अगर दुश्मनी भँजानी हो तो उसे दम देकर चुनाव में खड़ा कर दीजिए या चन्दा वसूल करने का काम दे दीजिए। जब वह द्वार-द्वार वोट या पैसा माँगने जायेगा और उसे मलूकदास की उक्ति याद आयेगी—'जिनके देखे दुख उपजत है तिनखों करबो पड़े सलाम', तब वह जिन्दगी-भर इस झंझट में न पड़ने की कसम खायेगा। ऐसा मेरा खयाल था। लेकिन देखता हूँ कि लोग बार-बार हारकर भी चुनाव में खड़े होते हैं जैसे स्त्री प्रसव-पीड़ा से त्रस्त हो, फिर कभी उस मार्ग पर न जाने की कसम खाती है, पर फिर उसी मार्ग पर जाती है। (उक्ति गोस्वामी तुलसीदास की)। निर्वाचित पद में बड़ा आकर्षण है। इसी तरह चन्दा करने में भी बड़ा

आकर्षण है। क्यों है, यह हमें तब मालूम हुआ, जब 'वसुधा' पत्रिका आरम्भ की और बड़े पैमाने पर चन्दा अभियान शुरू हुआ। रसीद बुकें छपते ही कितने ही आदमी इस 'पुण्यकार्य' में हाथ बँटाने आ पहुँचे और रसीद बुकें ले गये। जिनसे हमारा सिर्फ दुआ-सलाम का सम्बन्ध था, वे भी जब उत्साहपूर्वक रसीद बुकें ले गये, तो हमें बड़ी खुशी हुई कि हमारे भी कितने ही हितचिन्तक हैं जिन्हें हम जानते तक नहीं। इसके साथ ही एक खटका भी हुआ, पर उत्साह ने खटके को दबा दिया। दो-तीन महीने हो गये, पर उनमें से कोई शुभचिन्तक नहीं लौटे, न रसीद बुकें आयीं, न चन्दा आया और ग्राहकों की चिट्ठियाँ आने लगीं कि हमें पत्रिका नहीं मिली, हमने अमुकजी को चन्दा दिया था, हमारी रसीद का नम्बर यह है। हमारे पास न अमुकजी थे, न चन्दाजी, न रसीदजी थीं। तब हमने एक सिद्धान्त निर्मित किया जो भविष्य के चन्दाधर्मियों के लाभार्थ यहाँ दिया जाता है—

जो स्वयं प्रेरित और उत्साहित होकर रसीद बुक माँगने आये, उसे हरगिज मत दो। उसे दो, जो तुम्हारे आग्रह पर जबरदस्ती आफत की तरह उसे स्वीकार करे।

चन्दा-वसूली में जो आकर्षण है, वह हमें समझ में आया। और यह भी समझ में आया कि 'गुप्त-दान' का क्यों महत्त्व है? यह क्यों कहा जाता है कि सर्वोत्तम दान वह है जिसमें बायाँ हाथ न जाने कि दाहिने ने क्या दिया? चन्दा खानेवाले के सुभीते के लिए ही गुप्त दान की परम्परा को महत्त्व मिला है।

इसके बाद हमने रसीद बहियाँ देना बन्द कर दिया और स्वयं चन्दा करने निकले। माँगना तीन प्रकार का होता है—अपने लिए माँगना, अपने समेत दूसरों के लिए माँगना और केवल दूसरों के लिए माँगना। अपने लिए माँगने में लज्जा है, अपने समेत दूसरों के लिए माँगने में एक गर्व है। गांधीजी तीसरे प्रकार के माँगने-वाले थे और उन्हें देनेवाला स्वयं गर्वित होता था। हम दूसरे प्रकार के माँगनेवाले थे।

चन्दा माँगनेवाले जानते हैं कि एक प्रकार का आदमी ऐसा होता है जिससे कोई पैसा ले ही नहीं सकता। ओ हेनरी ने ऐसे एक नहीं देनेवाले का वर्णन करते हुए लिखा है कि पृथ्वी कछुए की पीठ पर रखी है। पर कछुआ किस पर बैठा है? कछुआ ऐसे ही लोगों की पीठ पर बैठा है।* ऐसी मजबूत पीठ होती है, नहीं देने-वालों की। लेकिन ऐसे लोगों की पीठ भी टूटती है भय से या लोभ से। एक नगर में हम चन्दा माँगने गये तो चौराहे पर खड़े होकर मित्रों ने दवा की एक दूकान की ओर संकेत करके कहा—'अगर इससे आप चन्दा ले लें, तो हम लोग आपको 25 रुपये आपस में चन्दा करके इनाम देंगे। हमारी जानकारी में इससे आज तक कोई नहीं ले पाया।' हम गये और उसने हमें रूखा जवाब दे दिया। लौट आये। इसी समय मुझे अपना एक मित्र दिखा, जो उस शहर में एक्साइज इन्स्पेक्टर था। मैंने

* 'Schools and Schools'—O. Henry

उसे पुकारा। उसने पूछा, "अरे, तुम कैसे आये ?" मुझे सहसा एक बात सूझ गयी। मैंने कहा, "सब पीछे बताऊँगा। पहिले तुम मेरे साथ उस दुकान तक चले चलो।" उसने कहा, "क्यों ? बात क्या है ?" मैंने कहा, "अभी कुछ नहीं बताऊंगा। तुम मेरे साथ वहाँ तक चले चलो।" वह खासी उलझन में पड़ा, पर मेरे साथ हो लिया। इन्स्पेक्टर को देखते ही दूकानदार हाथ जोड़कर खड़ा हो गया—'आइए, इन्स्पेक्टर साहब !' हम बैठ गये और दूकानदार ने लड़के को पान लेने भेजा। मित्र ने मुझसे पूछा, "अब तो बताओ, बात क्या है ? कैसे आये ?" मैंने कहा, "एक पत्रिका निकाली है। उसी के लिए चन्दा करने आया था। (दूकानदार की तरफ इशारा करके) आपके पास भी इसीलिए आया था।" मित्र ने कहा, "हाँ, हाँ जरूर। ये ग्राहक बन जायेंगे।" मैंने रसीद काटकर दूकानदार के सामने रखी और उसने 6 रु. निकालकर मेरे हाथ में दिये और इस तरह देखा, मानो कह रहा हो कि इस देश के विधान में अगर नागरिक के जीवन-रक्षा के मौलिक अधिकार का उल्लेख न होता, तो मैं तुझे यहीं मार डालता।

जो चन्दा देनेवाला नहीं है उसे किसी विशेष क्षण में पकड़ना चाहिए—किसी ऐसे क्षण में जब उसकी सतत सचेत बुद्धि भ्रमित हो गयी हो। एक नगर में एक कपड़े के व्यापारी के पास हम बैठे थे और उससे ग्राहक बनने की प्रार्थना कर रहे थे। वह पूंछ पर हाथ नहीं धरने दे रहा था। जब वह तंग आ गया तो बोला—मुझे तो पत्रिका पढ़ने की फुरसत ही नहीं मिलती। हमारे मुंह से निकल गया, 'पढ़नेवालों को तो हम मुफ्त में भेजते हैं। आप तो ग्राहक बन जाइए।' वहाँ बैठे 4-5 मित्र ठहाका मारकर हँस पड़े। सेठजी की कुछ समझ में नहीं आया। वे सबके मुंह की तरफ देखते और बेहद परेशान होते। इधर लोग रह-रहकर 'ही-ही' कर उठते। सेठ बुरी तरह भ्रमित हो गये। मैंने इस बीच रसीद काट दी और उनके सामने रख दी। वह उनका कमजोर क्षण था। उन्होंने 6 रु. निकालकर दे दिये।

कभी-कभी आदमी जब धर्म-संकट में फँस जाता है, तब विवश होकर दे देता है। एक नगर में हम एक बड़े जैन व्यापारी के पास चन्दा माँगने गये। व्यापारी बड़े व्यस्त थे। सैकड़ों छपे कार्ड उनके सामने पड़े थे और वे मुनीमों की सहायता से उन्हें भरकर, उन पर पते लिख रहे थे। वे गुरुजी के अच्छे परिचित थे और गुरुजी वहाँ पहिले भी आ चुके थे। उन्होंने बड़ी आत्मीयता से बैठाया और पान बुलाये। गुरुजी ने चन्दे की बात शुरू की तो बोले—'दो-चार दिन तो बात मत करो। बड़ा काम सिर पर है। छिमाहमी (क्षमावाणी) की तैयारी करना है।' मैंने पूछा—'यह छिमाहमी क्या है ?' वे बड़े उत्साह से समझाने लगे—'हम लोगों में यह बड़ा महत्त्वपूर्ण उत्सव है। इस दिन सब लोग वैमनस्य भुलाकर आपस में गले मिलते हैं। ये कार्ड इसी प्रेम-सन्देश के हैं। इस पर्व पर लोगों के दिल साफ हो जाते हैं और वे निश्छल प्रेम से गले लगते हैं।' हम बाहर निकले। गुरुजी ने देखा कि मकान के बीचों-बीच नीचे से ऊपर तक एक दीवार उठी है। उनसे कहा—'यह दीवार क्यों उठायी है ? पहिले तो नहीं थी।' व्यापारी बोले—'अभी उठी है। बात यह है कि

भाई से झगड़ा हो गया, सो बँटवारा कर दिया।' गुरुजी ने तपाक से कहा 'और उधर तुम वे क्षमावाणीवाले कार्ड दूसरों को भेज रहे हो।' व्यापारी भौंचक रह गये। वे नैतिक संकट में फँस गये थे। उन्होंने गुरुजी को हाथ पकड़कर बिठा लिया और उन्हें समझाने लगे कि इसमें दोष भाई का है। जब समझा चुके, तब चन्दा भी दे दिया।

चन्दा माँगनेवाले के मुख पर न जाने कैसी निशानी होती है कि वह पहिचान में आ जाता है। यह पहिचान व्यापारी को सबसे अधिक होती है। दो-चार स्थानीय सार्वजनिक जीवन के व्यक्तियों के साथ किसी नये आदमी को जब व्यापारी देखता है, तो समझ जाता है कि यह चन्दा माँगनेवाला दल आ रहा है। एक दूकान पर हम बैठे ही थे कि चतुर व्यापारी पूछने लगा—'कहिए साहब, किस चीज का चन्दा करने निकल पड़े?' हम क्षण-भर को हतप्रभ हो गये। मैं उसे पत्रिका के बारे में बताने लगा। उसने बीच में ही टोककर कहा—'बस, बस, साहब! मैं तो सिर्फ चन्दे का नाम पूछ रहा था। मैं यह थोड़े ही पूछता हूँ कि उसका क्या होगा? कितना है वार्षिक?' मैंने शुल्क बताया और उन्होंने दे दिया।

वह आदमी इस बात को स्वीकार किये बैठा था कि जब तक दुनिया में चन्दा होगा, तब तक मुझे देना होगा। इसे वह शरीर धरने का अनिवार्य दण्ड मानता था और ज्ञानियों की तरह शान्ति से भोगता था।

व्यापारियों का चन्दा देने का तरीका भी बड़ा विचित्र है। एक व्यापारी के पास जाइए, तो वह कहेगा—'अमुकजी से ले आये?' (अमुकजी उसके प्रतिद्वन्द्वी और बराबरी के सेठ हैं।) आप कहेंगे—'जी नहीं, आपके पास ही आये हैं।' वह कहेगा—'उनसे ले आइए। जो वे दें, वही मेरे नाम लिख लीजिए।' अब अगर आप अमुकजी के पास गये तो वे आपको वापस भेजेंगे कि उनसे ले लो और जो वे दें, वह मेरे नाम भी लिख लो। आप शटल कॉक की तरह दोनों व्यापारियों के बीच चक्कर काटेंगे। व्यापारी की एक और आदत होती है। आपको वह बड़े प्रेम से बिठायेगा और जब आप पूछेंगे, 'कितना लिख दूँ?' तो वह बड़ी सरलता से कहेगा, 'जो आपका जी चाहे।' आप जोर देंगे कि बता दीजिए और वह कहता जायेगा, 'नहीं साहब, मैं कुछ नहीं बोलूँगा। आप जो लिख देंगे, मैं दे दूँगा।' इसका यह अर्थ लेना कि यह अधिक दे देगा, गलत है। इसका अर्थ है कि यह कम-से-कम देना चाहता है। अगर आप 100 रु. की उम्मीद करके आये हैं, तो वह 10 रु. मुश्किल से देगा। पर वह अपने मुँह से नहीं कहेगा। उसके पास बैठा कोई आदमी उसके कान में बात करके आपसे कहेगा कि इतना लिख दीजिए।

चन्दे का अन्तिम अनुभव ऐसा था कि उसके बाद शायद कोई भी इस काम को आगे नहीं कर सकता। एक दूसरे शहर चन्दा करने गये। एक मित्र हमें लेकर एक बड़े व्यापारी के पास गये। वे सिर्फ दस्तखत कर सकते थे, पर चन्दा देने में उदार थे। उन्होंने बड़ी आवभगत की। मैंने उन्हें पत्रिका के बारे में बताया और एक प्रति दी। उन्होंने चश्मा खोला, पोंछा और आँखों पर चढ़ाया। फिर बड़ी देर तक वे

उसके पन्ने पलटते रहे और बोले—'अच्छी है।' ऐसी समझदारी से सिर हिलाया कि हमें लगा हम किसी बड़े साहित्यालोचक के पास बैठे हैं। कहने लगे—'साहब, आप जबलपुर शहर में रहते हैं। उसे छोड़कर आप दूसरे शहर चन्दा करने क्यों आये?' मैं जवाब दूँ इसके पहिले वे ही बोले—'हाँ, ऐसा तो होता ही है। अपने शहर में आदमी की इज्जत नहीं होती; बाहर ही होती है। जबलपुर में आपकी इज्जत नहीं होगी, इसलिए आपको यहाँ आने की तकलीफ करनी पड़ी।' मैं क्या जवाब देता? प्रतिवाद करने से चन्दा न मिलता। इज्जत को बलाये-ताक रखकर मैंने चन्दे पर ध्यान दिया और खिन्न हँसी हँसकर कहा—'सो तो है ही।' चन्दा मिल गया पर हिम्मत पस्त हो गयी।

यह अन्तिम आघात था। यों आमतौर पर चन्देवाले का स्वागत उसी प्रकार किया जाता है, जिस तरह एक चोर का। यह सामान्य विचार बन गया है कि चन्दा माँगनेवाला बेईमान होता है, वह रकम खा जाता है और काम नहीं करता। इसीलिए कोई देनेवाला इस बारे में दिलचस्पी नहीं लेता कि चन्दे का क्या उपयोग हुआ? चन्दा लेनेवाला जब किसी के पास पहुँचता है, तब उसे यह आभास नहीं रहता कि जिसे मैं इस चन्दे का सार्वजनिक पवित्र उद्देश्य समझा रहा हूँ, वह वर्षों से माने बैठा है कि कोई उद्देश्य वगैरह नहीं होता, चन्दा हमेशा खाने के लिए माँगा जाता है और मेरे सामने जो यह आदमी बैठा है, यह निहायत बेईमान आदमी है और मुझसे जो रकम मिलेगी वह इसके जेब में जायेगी। पर संकोचवश मुझे देना ही होगा। यह इतनी भयावह कल्पना है कि किसी की चन्दा माँगने की हिम्मत नहीं पड़ सकती। इसीलिए मैं उन्हें प्रणम्य मानता हूँ जो जीवन-भर चन्दा माँगते हैं; हर सप्ताह जिनके हाथ में किसी नये चन्दे की रसीद बही होती है।

क्षय की रूमानियत

मेरे एक मित्र को क्षय रोग हो गया है। एक फेफड़े पर ज़रा-सा दाग है, जो दो-तीन महीनों में बिल्कुल निकल जायगा। चिन्ता की बात कतई नहीं। मरेंगे तो उनके दुश्मन। उनका तो बाल बाँका नहीं होगा। इसी विश्वास के कारण (और यह बड़ा स्वस्थ विश्वास है।) मैं उन्हें देखने जाता हूँ, तो हँसी-मजाक करता हूँ। वहाँ बैठे सहानुभूति-प्रदर्शक लटके मुँह, लोगों को मेरा ऐसा व्यवहार अच्छा नहीं लगता और वे मुझे रोगी का शुभचिन्तक शायद नहीं समझते। वे व्यवहार-कुशल आदमी हैं और जानते हैं कि जान को खतरा जिस मात्रा में माना जायेगा, उसी मात्रा में सहानुभूति का मूल्य होगा। किस मौके पर कैसा मुँह बना लेना और कैसे स्वर में, कैसे

वचन बोलना, यह उन्हें अभ्यास से सिद्ध हो गया था और इस क्षण जिस कुशलता से वे मातमपुर्सी करेंगे, उसी कुशलता से दूसरे क्षण पुत्र-जन्म की बधाई देंगे। उन्हें रोगी के पास बैठे देखकर ऐसा लगता था कि 5-10 मिनट का मेहमान है।

एक दिन एकान्त पाकर मैंने मित्र से कहा—'तुम्हें कुछ नहीं होगा। फेफड़े को जरा स्पर्श ही हुआ है। अगर दोनों फेफड़े खराब हो जायें, तो भी आजकल रोगी अच्छा हो जाता है। क्षय आजकल बुखार की तरह ही सहज हो गया है—बशर्ते रोगी खर्च बरदाश्त कर सके, जो तुम मजे में कर सकते हो। तुम दो महीने यहाँ बिस्तर पर पड़े-पड़े आनन्द से रेडियो में लता मंगेशकर और तलत महमूद को सुनो, चंगे हो जाओगे। ये लोग, जो तुम्हारे सामने मुँह लटकाये बैठते हैं, झूठे और अनजान हैं। एक तो वे कर्त्तव्य के नाते चिन्तित दिखते हैं। दूसरे, 50 साल पहिले उनके पिताजी के मन में क्षय का जो भय था, वह उन्हें विरासत में मिल गया है। वे नहीं जानते कि क्षय अब खतरनाक नहीं रहा। 50 वर्षों से वैज्ञानिक और डॉक्टर बैठे झख नहीं मारते रहे हैं।

मगर मेरे मित्र को मेरी स्वस्थ बातों की अपेक्षा लटके मुखों की बीमार बातें ज्यादा भा गयी थीं। मुझे लगा कि वह इस बात से अप्रसन्न भी है कि मैं उसकी बीमारी को उचित महत्त्व नहीं दे रहा हूँ। वह क्षय को मानो कोई विशेष उपलब्धि समझता है और मैं उसकी कीमत कम करके आँक रहा हूँ। आत्म-पीड़न का अपना एक अलग सुख होता है। मैं इस सुख में दखल दे रहा था।

उसकी हालत कुछ गिर गयी थी। क्यों न गिरे? कुम्भकर्ण के सामने भी यदि चार आदमी बैठकर, मुँह लटका, चिन्ता प्रकट करते तो वह भी युद्ध में न मरकर, खाट पर पड़े-पड़े बिना बीमारी के मर जाता।

वह विचित्र मनःस्थिति में था। दार्शनिक की तरह जीवन की निस्सारता के बारे में बातें करने लगा। दार्शनिक प्रवृत्ति उसकी कभी नहीं थी, वह सफल व्यवसायी था और व्यवसायी अगर दर्शन से मेल कर ले, तो कारोबार डूब जाय। पर इस मौक़े पर वह एकदम हानि-लाभ के हिसाब को छोड़कर मुक्ति और बन्धन की बात करने लगा। गालिब का शेर दुहराया—

कैदे हयात बदे ग़म असल में दोनों एक हैं।
मौत से पहिले आदमी गम से नजात पाय क्यों?

उसे यह विश्वास बड़ा प्रिय लग रहा था कि उसके जीवन का अन्त हो रहा है। वह औरों को भी यही विश्वास दिलाने का प्रयत्न कर रहा था। आसन्न मृत्यु के मिथ्या विश्वास का सुख वह अनुभव कर रहा था।

वह बोला—एक कविता लिखी है। सुनोगे?

कविता सुनी। उसने कविता में अपने किसी से कहा था—साथी, अब चला-चली की बेला आ गयी है। दुख में मेरा हाथ मत छोड़ो। मेरे सिरहाने आकर बैठो, दो मीठे बोल बोलो, मेरे केश सहलाओ।

कविता ने रहस्य खोल दिया। वह क्षय से कम पीड़ित है, क्षय की रूमानियत

से अधिक । क्षय के आसपास अजब किस्म की रूमानी भावनाएँ चिपटी हैं । कठिन रोग और भी होते हैं, कैंसर तो घोर कष्टदायी और प्राणघातक है । पर उसे वह इज्जत प्राप्त नहीं है, जो क्षय को प्राप्त है । क्षय सबसे अधिक 'रिसपेक्टेबल' रोग है । इसमें शारीरिक कष्ट नही होता, केवल क्षय होता है । इसके इलाज के लिए बहुत धन चाहिए, सुख चाहिए, आराम चाहिए । राजरोग है । जिसके पास पैसा है वह इस रोग के ऐश को भोग सकता है । महीनों बिस्तर पर पड़े-पड़े रंगीन सपने बुन सकता है ।

कितनी ही तरह की कोमल भावनाएँ इस रोग के साथ जुड़ी हैं । प्रेमियों का यह बड़ा प्यारा रोग है । कितने ही भावुक प्रेमी सपने देखते हैं कि मुझे क्षय हो जायेगा, मैं पंचगनी के सेनेटोरियम में बिस्तर पर पड़ा रहूँगा, एक दिन मेरे सिर पर अचानक उस 'निष्ठुर' का कोमल हाथ होगा और वह भरे गले से कहेगी— 'हाय ! तुमने यह क्या कर लिया !' क्षय कठोर दिलों को पिघलाने का साधन बन गया । फिल्मों की कृपा से यह काम अब शराबखोरी करती है । प्रेमी शराब पी-पीकर जब 'स्पंज' बन जाता है और जब प्रेमिका यह देख लेती है कि वह पूरी तरह बरबाद हो चुका, तब वह उसे अपना लेती है । यों पहिले अपनाकर भी बरबाद कर सकती है, पर वह स्वयं यह कष्ट नहीं उठाती, शराब द्वारा बरबाद किया-कराया ही ग्रहण करती है । रेडीमेड का जमाना है ।

क्षय को रूमानियत प्रदान करने का अधिकांश श्रेय लेखकों, कवियों को है । भारत सरकार के स्वास्थ्य विभाग की रिपोर्ट देखिए—उसमें क्षय से मरनेवालों की जो संख्या दी है, उससे अधिक आदमी कहानियों में मर चुके हैं । और स्वास्थ्य-अनुसन्धान की रिपोर्ट बतलाती है कि इस देश में अधिकांश को क्षय गरीबी के कारण होता है, पर कहानियाँ बतलाती हैं कि सबको विफल प्रेम से ही होता है । पहाड़ पर सेनेटोरियम में पड़ी प्रेमिका डायरी लिखती है, जिससे उपन्यास बन जाता है । मैदान में बैठा लेखक डायरी की किश्तें पाता जाता है । डायरी नहीं, तो चिट्ठियाँ ही लिखती है । कम चिट्ठियों से कहानी बनती है, ज्यादा से उपन्यास । विफल प्रेम की परिणति सेनेटोरियम में ही होती है और प्रेम का त्रिकोण भी वहीं हल होता है । मैं पन्द्रह-बीस ऐसी स्त्रियों को जानता हूँ जिनका विवाह अपने प्रेमियों से न होकर किसी और से हुआ । वे सब स्वस्थ हैं, बाल-बच्चेवाली हैं । पता नहीं, लेखकों को सेनेटोरियम ले जाने के लिए कहाँ मिल जाती हैं । इन 15-20 नारियों को मैं कितने वर्षों से बड़ी लालसा से देख रहा हूँ । देवी, एकाध तो सेनेटोरियम जाओ कि मैं एक कहानी लिख दूँ । कोई मुझ पर कृपा नहीं करती । प्रेमिका का क्षय-ग्रस्त होना बहुतों को बड़ी लुभावनी कल्पना लगता है । ऐसे नीच पुरुष भी मैंने देखे हैं, जो इस बात पर गर्व अनुभव करते हैं कि उनके प्रेम के कारण किसी को क्षय हो गया ।

क्षय एक प्रतिष्ठा की भावना भी बख्शता है । जो इसके इलाज का खर्च बरदाश्त कर सके, ऐसा आदमी जब अच्छा हो जाता है, तब अपने को औरों से अधिक प्रतिष्ठित समझता है । उसका स्तर कुछ ऊँचा हो जाता है । जब वह बीमार

होता है, तब अपने रोग को विशेष उपलब्धि मानकर दुनिया का सारा प्रेम, सारी सहानुभूति और सारा लाभ बटोरना चाहता है। कुछ लोग तो लालसा लगाये रहते हैं कि कब हमें क्षय हो और हम विशेषत्व प्राप्त करें। जिस रूमानी कवि को एकाध बार क्षय न हुआ हो, वह अपने को कुछ घटिया समझता है। आत्म-कथात्मक लेखन में लेखक क्षय को बड़े गर्व से याद करता है—'राँची···सेनेटोरियम में पड़ा हूँ···बाहर की दुनिया से दूर···दूर···बहुत दूर!' जिस लेखक को क्षय हो चुका हो, वह अपना यश सुरक्षित समझता है।

क्षय का यह रूमानी आनन्द इसलिए सम्भव है कि रूमानी रोगी जानता है, इसमें शारीरिक कष्ट नहीं होता, और तत्काल मृत्यु नहीं होती। अब तो यह रोग घातक भी नहीं रह गया—बशर्ते पैसे हों। कैंसर को रूमानी रंग देने की हिम्मत कोई नहीं करता। किसी लेखक के कैंसर-पीड़ित नायक के केशों में नायिका ने अँगुलियाँ नहीं उलझायीं।

बीमार बन्धु की कविता सुनकर मेरे मन में क्षय को रूमानियत प्रदान करने की बात उठी। मुझे कविता अच्छी नहीं लगी। यह भी क्या बात है कि आदमी अकारण करुणा का पात्र बनना चाहे, अपने बारे में अमंगल कल्पना से दूसरों को बाध्य करे! मैंने कहा—'बन्धु, इस कविता को फाड़कर फेंक दो। दूसरी लिखो, जिसमें अपना उस 'कोई' से कहो कि क्या तुम समझती हो, मैं मर जाऊँगा? नहीं, मैं दो महीने में पूर्ण स्वस्थ हो जाऊँगा। तब हम लोग जीवन का भोग करेंगे।'

विज्ञापन में बिकती नारी

अखबार में भविष्य-फल और विज्ञापन जरूर पढ़ता हूँ। जिनका कोई भविष्य नहीं है, उन्हें भी भविष्य-फल पढ़ना चाहिए। कभी-कभी फल में से भविष्य निकल पड़ता है, जैसे अकाल में से राहत-कार्य अधिकारियों के बँगले निकल पड़ते हैं। मेरी राशि के सामने लिखा रहता है, 'इस सप्ताह आर्थिक तंगी रहेगी, पर पैसे का प्रबन्ध हो जायेगा।' मेरे और भारत सरकार के ग्रह एक-से पड़े हैं। उसका भी यही स्थायी भविष्य-फल है, आर्थिक तंगी रहेगी, पर पैसे का इन्तजाम हो जायेगा। मैं पास का पैसा खर्च करने निकल पड़ता हूँ। तंगी होगी तब पैसे का इन्तजाम होगा—ऐसा ज्योतिषी कहते हैं। तंगी ही न होगी, तो ग्रह क्यों इन्तजाम करेंगे! भारत सरकार तंगी पैदा करती है, तो ग्रह कहीं अमरीका के, कहीं रूस के, कहीं विश्व-बैंक के पीछे पड़कर पैसे का इन्तजाम करवा देते हैं।

उस दिन भविष्य-फल पढ़ते ही मैं तंगी पैदा करने निकल पड़ा। पास में कुछ

रुपये थे। ये अगर बने रहे, तो ग्रह कहीं से पैसा नहीं दिलवायेंगे। मैंने तय किया, एक पंखा खरीदकर तंगी पैदा कर ली जाये। मैंने अखबार में पंखों के विज्ञापन देखे। हर कम्पनी के पंखे के सामने स्त्री है। एक पंखे से उसकी साड़ी उड़ रही है और दूसरे से उसके केश। एक विज्ञापन में तो सुन्दरी पंखे के फलक पर ही बैठी हुई है। मुझे डर लगा, कहीं किसी ने स्विच दबा दिया तो? ऐसी बदमाशियाँ आजकल होती रहती हैं। मैं सुन्दरी के लिए बहुत चिन्तित हुआ। पिछले साल मेरा एक महीना ऐसी ही चिन्ता में कटा था। एक पत्रिका ने मुखपृष्ठ सजाने के लिए चित्र छापा था—तीसरी मंजिल की खिड़की पर स्त्री पैर लटकाये बैठी है। मैं परेशान हो गया। ज़रा झोंका आये तो यह गिर पड़ेगी। रात को एकाएक नींद खुल जाती और मैं सोचता—पता नहीं उसका क्या हुआ! कहीं गिर तो नहीं पड़ी। अगला अंक जब आया और मैंने देख लिया कि लड़की उतर गयी है, तब चैन पड़ा।

सोचा, यही पंखा खरीद लूँ। स्त्री को उतारकर घर पहुँचा दूँ और कहूँ—बहनजी, इस तरह पंखे पर नहीं बैठा करते। पंखे तो बिक ही जायेंगे। तुम उनके लिए जान जोखिम में क्यों डालती हो?

मैंने बहुत पंखे देखे। किसी के सामने कोई पुरुष बैठा हुआ हवा नहीं ले रहा है। कोई पंखा कोई पुरुष इसलिए क्यों खरीद ले कि उससे सुन्दर स्त्री की साड़ी उड़ रही है? अगर उसका पुरुष पर कोई असर न हो तो? धोखा हो जायेगा।

लेकिन कमोबेश हर चीज का यही हाल है। टूथपेस्ट के इतने विज्ञापन हैं, मगर हर एक में स्त्रीही 'उजले दाँत' दिखा रही है। एक भी ऐसा मंजन बाजार में नहीं है, जिससे पुरुष के दाँत साफ हो जायें। या कहीं ऐसा तो नहीं है कि इस देश का आदमी मुँह साफ करता ही नहीं है। यह सोचकर बड़ी घिन आयी कि ऐसे लोगों के बीच में रहता हूँ, जो मुँह भी साफ नहीं करते।

इस विज्ञापन में लड़के ने एक खास साइकिल खरीद ली है। पास ही लड़की खड़ी है। बड़े प्रेम से उसे देखकर मुसकरा रही है। अगर लड़का दूसरी कम्पनी की साइकिल खरीद लेता, तो लड़की उससे कहती—हटो, हम तुमसे नहीं बोलते। तुमने अमुक साइकिल नहीं खरीदी।

यह एक और लड़की है, जो प्रेमी को एक खास सिगरेट पिलवा रही है। वह सिगरेट पी रहा है और यह मुग्ध-भाव से देख रही है—तू यह मत समझ लेना कि मैं तेरे रूप और गुण पर मुग्ध हूँ। मैं तो इसलिए तुझे प्यार करने आयी हूँ कि तू यह सिगरेट पीता है।

ये चार-पाँच सुन्दरियाँ उस युवक की तरफ एकटक देख रही हैं।

—सुन्दरियो, तुम उस युवक पर क्यों मुग्ध हो? वह सुन्दर है, इसलिए?

—नहीं, वह अमुक मिल का कपड़ा पहने है, इसलिए। वह किसी दूसरी मिल का कपड़ा पहन ले, तो हम उसकी तरफ देखेंगी भी नहीं। हम मिल की तरफ से मुग्ध होने की ड्यूटी पर हैं।

सुन्दरी को ट्रक और टायर से क्या मतलब? मगर इस विज्ञापन में ट्रक खड़ा

है, ट्रक के मालिक सरदारजी खड़े हैं, एक टायर रखा है और सुन्दरी इशारा कर रही है कि वह टायर लगाओ। यह बात बरदाश्त नहीं की जा सकती। पेस्ट, कपड़ा, सिगरेट में दखलन्दाजी चल सकती है, मगर ट्रक का मामला खतरनाक है। ट्रक को अमृतसर से बम्बई गेहूँ भरकर ले जाना है। अगर स्त्री के कहने से रद्दी टायर लगा लिया और वह कहीं बीच जंगल में धोखा दे गया, तो सरदारजी का क्या होगा? इसकी जिम्मेदारी किस पर?

मैंने कोई विज्ञापन ऐसा नहीं देखा जिसमें पुरुष स्त्री से कह रहा हो कि यह साड़ी या यह स्नो खरीद ले। अपनी चीज वह खुद पसन्द करती है, मगर पुरुष की सिगरेट से लेकर टायर तक में दखल देती है।

ऐसा लगता है, सारी अर्थव्यवस्था पर नारी-सौन्दर्य ने कब्जा कर रखा है।

मैं नहीं जानता, स्त्रियाँ इन विज्ञापनों में अपने 'रोल' के बारे में क्या सोचती हैं। मगर इनसे ये निष्कर्ष निकलते हैं :

- इस देश की सारी सुन्दर स्त्रियाँ कम्पनियों की नौकरानियाँ हैं। उनका काम कम्पनी की तरफ से पुरुष को फुसलाना है।
- सुन्दर स्त्री के जीवन का महान उद्देश्य है : किसी कारखाने का माल बिकवाना।
- सौन्दर्य की परिभाषा : सौन्दर्य स्त्री की वह मोहिनी शक्ति है, जिसके वशीभूत होकर पुरुष रद्दी सामान खरीद लेता है।
- इस देश का पुरुष बौड़म है। उसे किसी चीज की परख नहीं है। उसमें सुरुचि का भी अभाव है।
- स्त्री सिगरेट और टायर के मामले में भी विशेषज्ञ होती है।
- इस देश का पुरुष स्त्री का गुलाम है। वह जो चीज बता देती है, उसी को खरीद लेता है।
- स्त्री अपने उपयोग के किसी सामान में पुरुष को दखल नहीं देने देती। वह साड़ी अपनी इच्छा से खरीदेगी, मगर पुरुष को टायर अपनी इच्छा से नहीं खरीदने देगी।
- कोई सुन्दर स्त्री किसी पुरुष से सच्चा प्रेम नहीं करती। वे उसी पुरुष से प्रेम करने लगती है, जो उसकी बतायी कम्पनी का माल खरीदता है।
- सच्चा प्रेम सिर्फ कुरूप स्त्रियाँ करती हैं, क्योंकि वे किसी कम्पनी का माल नहीं बिकवातीं।

अब सिर्फ कुरूप स्त्री भरोसे के लायक रह गयी। सुन्दरी का कोई भरोसा नहीं। कोई सुन्दरी अगर मेरी तरफ मुग्ध होकर देखती है, तो मैं समझ जाता हूँ कि मैं उस कम्पनी के जूते पहने हूँ, जिसकी तरफ से यह मुग्ध होने की ड्यूटी कर रही है। अगर कोई सन्दरी पुरुष से लिपट जाये तो यह सोचना भ्रम है कि वह तुमसे लिपट रही है। वह शायद रामप्रसाद मिल्स के सूट के कपड़े से लिपट रही है। अगर कोई सुन्दरी तुम्हारे पाँवों की तरफ देख रही है, तो वह 'सतयुगी सर्मपिता' नारी नहीं है, जिसके लिए कहा गया है —'एकहि धर्म एक व्रत नेमा, काय वचन मन पति पद प्रेमा।' वह

तुम्हारे पाँवों में पड़े धर्मपाल शू कम्पनी के जूते पर मुग्ध है। सुन्दरी आँखों में देखे, तो जरूरी नहीं कि वह आँख मिला रही है। वह शायद 'नेशनल आप्टिशियन्स' के चश्मे से आँख मिला रही है। प्रेम व सौन्दर्य का सारा स्टॉक कम्पनियों ने खरीद लिया है। अब ये उन्हीं के मारफत मिल सकते हैं।

घायल वसन्त

कल वसन्तोत्सव था। कवि वसन्त के आगमन की सूचना पा रहा था—'प्रिय, फिर आया मादक वसन्त।

मैंने सोचा, जिसे वसन्त के आने का बोध भी अपनी तरफ से कराना पड़े, उस प्रिय से तो शत्रु अच्छा। ऐसे नासमझ को प्रकृति-विज्ञान पढ़ायेंगे या उससे प्यार करेंगे। मगर कवि को न जाने क्यों ऐसा बेवकूफ पसन्द आता है।

कवि मग्न होकर गा रहा था—

'प्रिय, फिर आया मादक वसन्त।'

पहली पंक्ति सुनते ही मैं समझ गया कि इस कविता का अन्त 'हा हन्त' मे होगा, और हुआ। अन्त, सन्त, दिगन्त आदि के बाद सिवा 'हा हन्त' के कौन पद पूरा करता ? तुक की यही मजबूरी है। लीक के छोर पर यही गहरा गढ़ा होता है। तुक की गुलामी करोगे तो आरम्भ चाहे 'वसन्त' से कर लो, अन्त जरूर 'हा हन्त' से होगा। सिर्फ कवि ऐसा नहीं करता। और लोग भी, सयाने लोग भी, इस चक्कर में होते हैं। व्यक्तिगत और सामाजिक जीवन में तुक पर तुक बिठाते चलते हैं और 'वसन्त' से शुरू करके 'हा हन्त' पर पहुँचते हैं। तुकें बराबर फिट बैठती हैं, पर जीवन का आवेग निकल भागता है। तुकें हमारा पीछा छोड़ ही नहीं रही हैं। हाल ही में हमारी समाजवादी सरकार के अर्थमन्त्री ने दबा सोना निकालने की जो अपील की, उसकी तुक शुद्ध सर्वोदय से मिलायी—'सोना दबानेवालों, देश के लिए स्वेच्छा से सोना दे दो।' तुक उत्तम प्रकार की थी; साँप तक का दिल नहीं दुखा। पर सोना चार हाथ और नीचे चला गया। आखिर कब हम तुक को तिलांजलि देंगे ? कब बेतुका चलने की हिम्मत करेंगे ?

कवि ने कविता समाप्त कर दी थी। उसका 'हा हन्त' आ गया था। मैंने कहा, 'धत्तेरे की !' 7 तुकों में ही टें बोल गया। राष्ट्रकवि इस पर कम-से-कम 51 तुकें बाँधते। 9 तुकें तो उन्होंने 'चक्र' पर बाँधी हैं। (देखो 'यशोधरा' पृष्ठ 13)। पर तू मुझे क्या बतायेगा कि वसन्त आ गया। मुझे तो सुबह से ही मालूम है। सबेरे वसन्त ने मेरा दरवाजा भी खटखटाया था। मैं रजाई ओढ़े सो रहा था। मैंने पूछा

—'कौन ?' जवाब आया—'मैं वसन्त।' मैं घबड़ा उठा। जिस दूकान से सामान उधार लेता हूँ, उसके नौकर का नाम भी वसन्तलाल है। वह उधारी वसूल करने आया था। कैसा नाम है, और कैसा काम करना पड़ता है इसे! इसका नाम पतझड़-दास या तुषारपात होना था। वसन्त अगर उधारी वसूल करता फिरता है, तो किसी दिन आनन्दकर थानेदार मुझे गिरफ्तार करके ले जायेगा और अमृतलाल जल्लाद फाँसी पर टाँग देगा!

वसन्तलाल ने मेरा मुहूर्त बिगाड़ दिया। इधर से कहीं ऋतुराज वसन्त निकलता होगा, तो वह सोचेगा कि ऐसे के पास क्या जाना जिसके दरवाजे पर सबेरे से उधारीवाले खड़े रहते हैं! इस वसन्तलाल ने मेरा मौसम ही खराब कर दिया।

मैंने उसे टाला और फिर ओढ़कर सो गया। आँखें झँप गयीं। मुझे लगा, दरवाजे पर फिर दस्तक हुई। मैंने पूछा—'कौन?' जवाब आया—'मैं वसन्त!' मैं खीझ उठा—'कह तो दिया कि फिर आना।' उधर से जवाब आया—'मैं बार-बार कब तक आता रहूँगा? मैं किसी बनिये का नौकर नहीं हूँ; ऋतुराज वसन्त हूँ। आज तुम्हारे द्वार पर फिर आया हूँ और तुम फिर सोते मिले हो। अलाल, अभागे, उठकर बाहर तो देख। ठूँठों ने भी नव पल्लव पहिन रखे हैं। तुम्हारे सामने की नीम प्रौढ़ा तक नवोढ़ा-से हाव-भाव कर रही है—और बहुत भद्दी लग रही है।'

मैंने मुँह उघाड़कर कहा—'भई, माफ करना, मैंने तुम्हें पहचाना नहीं। अपनी यही विडम्बना है कि ऋतुरात वसन्त भी आये, तो लगता है, उधारी के तगादेवाला आया। उमंगें तो मेरे मन में भी हैं, पर यार, ठण्ड बहुत लगती है।' वह जाने के लिए मुड़ा। मैंने कहा—'जाते-जाते एक छोटा-सा काम मेरा करते जाना। सुना है तुम ऊबड़-खाबड़ चेहरों को चिकना कर देते हो; 'फेसलिफ्टिंग' के अच्छे कारीगर हो तुम। तो जरा यार, मेरी सीढ़ी ठीक करते जाना, उखड़ गयी है।'

उसे बुरा लगा। बुरा लगने की बात है। जो सुन्दरियों के चेहरे सुधारने का कारीगर है, उससे मैंने सीढ़ी सुधारने के लिए कहा। वह चला गया।

मैं उठा और शाल लपेटकर बाहर बरामदे में आया। हजारों सालों के संचित संस्कार मेरे मन पर लदे हैं; टनों कवि-कल्पनाएँ जमी हैं। सोचा, वसन्त है तो कोयल होगी ही। पर न कहीं कोयल दिखी न उसकी कूक सुनायी दी। सामने की हवेली के कंगूरे पर बैठा कौआ 'काँव-काँव' कर उठा। काला, कुरूप, कर्कश कौआ—मेरी सौन्दर्य-भावना को ठेस लगी। मैंने उसे भगाने के लिए कंकड़ उठाया। तभी खयाल आया कि एक परम्परा ने कौए को भी प्रतिष्ठा दे दी है। यह विरहणी को प्रियतम के आगमन का सँदेसा देनेवाला माना जाता है। सोचा, कहीं यह आस-पास की किसी विरहणी को प्रिय के आने का सगुन न बता रहा हो। मैं विरहणियों के रास्ते में कभी नहीं आता; पतिव्रताओं से तो बहुत डरता हूँ। मैंने कंकड़ डाल दिया। कौआ फिर बोला। नायिका ने सोने से उसकी चोंच मढ़ाने का वायदा कर दिया होगा। शाम की गाड़ी से अगर नायक दौरे से वापिस आ गया, तो कल

नायिका बाजार से आनेवाले सामान की जो सूची उसके हाथ में देगी, उसमें दो तोले सोना भी लिखा होगा। नायक पूछेगा—'प्रिये, सोना तो अब काला बाजार में मिलता है। लेकिन अब तुम सोने का करोगी क्या?' नायिका लजाकर कहेगी—'उस कौए की चोंच मढ़ाना है, जो कल सबेरे तुम्हारे आने का सगुन बता गया था।' तब नायक कहेगा—'प्रिये, तुम बहुत भोली हो। मेरे दौरे का कार्यक्रम यह कौआ थोड़े ही बनाता है; वह कौआ बनाता है जिसे हम 'बड़ा साहब' कहते हैं। इस कलूटे की चोंच सोने से क्यों मढ़ाती हो? हमारी दुर्दशा का यही तो कारण है कि तमाम कौए सोने से चोंच मढ़ाये हैं, और इधर हमारे पास हथियार खरीदने को सोना नहीं है। हमें तो कौओं की चोंच से सोना खरोंच लेना है। जो आनाकानी करेंगे, उनकी चोंच काटकर सोना निकाल लेंगे। प्रिये, वह बड़ी गलत परम्परा है, जिसमें हंस और मोर की चोंच तो नंगी रहे, पर कौए की चोंच पर सुन्दरी खुद सोना मढ़े!' नायिका चुप हो जायेगी। स्वर्ण-नियन्त्रण कानून से सबसे ज्यादा नुकसान कौओं और विरहणियों का हुआ है। अगर कौए ने 14 कैरट के सोने से चोंच मढ़ाना स्वीकार नहीं किया, तो विरहणी को प्रिय के आगमन की सूचना कौन देगा?

कौआ फिर बोला। मैं इससे युगों से घृणा करता हूँ; तब से, जब इसने सीता के पाँव में चोंच मारी थी। राम ने अपने हाथ से फूल चुनकर, उनके आभूषण बनाकर सीता को पहनाये। इसी समय इन्द्र का बिगड़ैल बेटा जयन्त आवारा-गर्दी करता वहाँ आया और कौआ बनकर सीता के पाँव में चोंच मारने लगा। ये बड़े आदमी के बिगड़ैल लड़के हमेशा दूसरों का प्रेम बिगाड़ते हैं। यह कौआ भी मुझसे नाराज है, क्योंकि मैंने अपने घर के झरोखों में गौरैयों को घोंसले बना लेने दिये हैं।

पर इस मौसम में कोयल कहाँ है? वह अमराई में होगी। कोयल से अमराई छूटती नहीं है, इसलिए इस वसन्त में कौए की बन आयी है। वह तो मौकापरस्त है; घुसने के लिए पोल ढूंढ़ता है। कोयल ने उसे जगह दे दी है। वह अमराई की छाया में आराम से बैठी है। और इधर हर ऊँचाई पर कौआ 'काँव-काँव' कर रहा है। मुझे कोयल के पक्ष में उदास पुरातन प्रेमियों की आह भी सुनायी देती है—'हाय, अब वे अमराइयाँ यहाँ कहाँ हैं कि कोयलें बोलें। यहाँ तो ये शहर बस गये हैं और कारखाने बन गये हैं।' मैं कहता हूँ कि सर्वत्र अमराइयाँ नहीं हैं, तो ठीक ही नहीं हैं। आखिर हम कब तक जंगली बने रहते? मगर अमराई और कुंज और बगीचे भी हमें प्यारे हैं। हम कारखाने को अमराई से घेर देंगे और हर मुहल्ले में बगीचा लगा देंगे। अभी थोड़ी देर है। पर कोयल को धीरज के हाथ हमारा साथ तो देना था। कुछ दिन धूप तो हमारे साथ सहना था। जिसने धूप में साथ नहीं दिया, वह छाया कैसे बँटायेगी? जब हम अमराई बना लेंगे, तब क्या वह उसमें रह सकेगी? नहीं, तब तक तो कौए अमराई पर कब्जा कर लेंगे। कोयल को अभी आना चाहिए। अभी जब हम मिट्टी खोदें, पानी सींचें और खाद दें, तभी से उसे गाना चाहिए।

कौआ फिर बोला। विरहणी की भावना का खयाल करके मैं सह रहा हूँ।

मैं बाहर निकल पड़ता हूँ। चौराहे पर पहली वसन्ती साड़ी दिखी। मैं उसे जानता हूँ। यौवन की एड़ी दिख रही है—वह जा रहा है—वह जा रहा है। अभी कुछ महीने पहले ही शादी हुई है। मैं तो कहता आ रहा था कि चाहे कभी ले, 'रूखी री यह डाल वसन वासन्ती लेगी'—(निराला)। उसने वसन वासन्ती ले लिया। कुछ हजार में उसे यह बूढ़ा हो रहा पति मिल गया। वह भी उसके साथ है। वसन्त का अन्तिम चरण और पतझड़ साथ जा रहे हैं। उसने माँग में बहुत-सा सिन्दूर चुपड़ रखा है। जिसकी जितनी मुश्किल से शादी होती है, वह बेचारी उतनी ही बड़ी माँग भरती है। उसने बड़े अभिमान से मेरी तरफ देखा। फिर पति को देखा। उसकी नजर में ठसक और ताना है, जैसे अँगूठा दिखा रही है कि ले, मुझे तो यह मिल ही गया। मगर यह क्या ? वह ठण्ड से काँप रही है और 'सीसी' कर रही है। वसन्त में वासन्ती साड़ी को कँपकँपी छूट रही है।

यह कैसा वसन्त है जो शीत के डर से काँप रहा है ? क्या कहा था विद्यापति ने—'सरस वसन्त समय भल पाओलि दछिन पवन बहु धीरे !' नहीं मेरे कवि, दक्षिण से मलय पवन नहीं बह रहा। यह उत्तर से बर्फीली हवा आ रही है। हिमालय के उस पार से आकर इस बर्फीली हवा ने हमारे वसन्त का गला दबा दिया है।[1] हिमालय के पार बहुत-सा बर्फ बनाया जा रहा है जिसमें सारी मनुष्य जाति को मछली की तरह जमाकर रखा जायेगा। यह बड़ी भारी साजिश है—बर्फ की साजिश ! इसी वर्फ की हवा ने हमारे आते वसन्त को दबा रखा है।

यों हमें विश्वास है कि वसन्त आयेगा। शैली ने कहा है—अगर शीत आ गयी है, तो क्या वसन्त बहुत पीछे होगा ? वसन्त तो शीत के पीछे लगा हुआ ही आ रहा है। पर उसके पीछे गरमी भी तो लगी है। अभी उत्तर से शीत-लहर आ रही है तो फिर पश्चिम से लू भी तो चल सकती है।[2] बर्फ और आग के बीच में हमारा वसन्त फँसा है। इधर शीत उसे दबा रही है और उधर से गरमी। और वसन्त सिकुड़ता जा रहा है।

मौसम की मेहरबानी पर भरोसा करेंगे, तो शीत से निपटते-निपटते लू तंग करने लगेगी। मौसम के इन्तजार से कुछ नहीं होगा। वसन्त अपने-आप नहीं आता; उसे लाया जाता है। सहज आनेवाला तो पतझड़ होता है, वसन्त नहीं। अपने-आप तो पत्ते झड़ते हैं। नये पत्ते तो वृक्ष का प्राण-रस पीकर पैदा होते हैं। वसन्त यों नहीं आता। शीत और गरमी के बीच से जो जितना वसन्त निकाल सके, निकाल ले। दो पाटों के बीच में फँसा है, देश का वसन्त। पाट और आगे खिसक रहे हैं। वसन्त को बचाना है तो जोर लगाकर इन दोनों पाटों को पीछे ढकेलो—इधर शीत को, उधर गरमी को। तब बीच में से निकलेगा हमारा घायल वसन्त।

1. चीन की युद्ध और शान्ति सम्बन्धी नीति और भारत की सीमा पर 1962 में चीनी हमला।
2. पाकिस्तान।

अपनी-अपनी हैसियत

अखबार खत्म हो जाता है तो विज्ञापन पढ़ने लगता हूँ। यों अखबारों में होता भी क्या है? रोज-रोज वही-वही समाचार -- उसने पैसा खाया था, उसकी पोल खुल गयी, उसकी तलाशी हो गयी, वह गिरफ्तार हो गया। मैं न तब उन केन्द्रों के इर्द-गिर्द था जहाँ पैसे खाये जाते थे और न अब उन केन्द्रों के इर्द-गिर्द हूँ जो पोल खोल रहे हैं। मैं वहाँ भी कहीं नहीं हूँ जहाँ पैसे खाने के नये अड्डे खुल गये हैं। यानी अपने जमाने के इतिहास के निर्माण में अपना कोई योगदान नहीं है। मेरे हिस्से में सिर्फ इतिहास की कसम खाने का काम पड़ा है। तो समाचारों पर सरसरी निगाह डालकर मैं विज्ञापन पढ़ने लगता हूँ -- खासकर दिल्ली के होटलों के। इसमें बड़ा रस आता है। अशोक होटल में फ्रेंच पकवान। वाह! जनपथ होटल के गुलनार रेस्तराँ में मुगलाई भोजन। अकबर होटल में बार-ए-कबाब! पढ़ते-पढ़ते लगता है मेरे मुँह में चिकन मुगलाई घुस गया है और---मैं इस स्वाद के साथ घर की दाल-रोटी खा लेता हूँ। वंचित की यही 'सम्पूर्ण क्रान्ति' होती है कि वह अपनी दाल-रोटी के साथ कल्पना में अशोक होटल चबाकर सन्तुष्ट और चुप हो जाये।

आज सब होटलों में जीम चुका तो एक खास विज्ञापन पर ध्यान दिया। ऐसा कोई विज्ञापन रोज ही छपता है पर पहले मैंने उस पर ध्यान नहीं दिया था। विज्ञापन में अक्सर किसी वृद्ध का चित्र होता है। मैं समझता था यह 'गुमशुदा की तलाश' का विज्ञापन होगा, जैसा उन लड़कों के बारे में छपता है जो फिल्मी हीरो बनने बम्बई भाग जाते हैं। बूढ़े भी घर से भागने लगे, मैं सोचता। लड़कों ने छपाया होगा - पिताजी, आप जहाँ भी हों लौट आइए। आप गये हैं तब से माँ की हालत बहुत खराब है। (इस वाक्य को पढ़कर तो बुढ़ऊ कभी नहीं लौटेंगे)।

नहीं! बुढ़ऊ भागे नहीं हैं। ऊपर बड़े अक्षरों में छपा है - इन मेमोरियम--- याने स्मृति में! नीचे बुढ़ऊ के बेटों के नाम हैं। साथ ही कम्पनी का नाम-पता और फोन नम्बर है, जिससे वृद्ध की याद में किसी को रोना आ जाये तो वह फौरन कम्पनी से सामान खरीद ले। दुख दूर हो जायेगा।

ये कोई लालाजी थे। लाला ने कोई कम्पनी खोल डाली थी। अच्छा किया। लाला कोई बाल काटने की दूकान थोड़े ही खोलते। लालाजी की यह कम्पनी खूब चल निकली। यह भी शुभ हुआ, वरना बेटों को बाप की खर्चीली अखबारी याद का कोई कारण नहीं होता। इसी तारीख को लालाजी की मृत्यु हुई थी। यह भी अच्छा हुआ - क्या पता आगे कम्पनी डूब भी सकती थी। लालाजी की कम्पनी की बेटों ने खूब तरक्की की। सपूत ऐसे ही होते हैं। बेटे लालाजी को आज ऐलानिया याद कर रहे हैं। क्यों नहीं। ऐसा बाप ही तो याद करने लायक होता है जो कम्पनी जमाकर फौरन दुनिया छोड़ दे। लालाजी गये कहाँ? लड़कों को यह भी ठीक मालूम है। छपा है - टू लेफ्ट फार हिज हेवनली एबोड---याने जो अपने स्वर्गीय

निवास को पधार गये। स्वर्ग में लालानगर कालोनी का बँगला नम्बर पाँच लालाजी के लिए पहले से रिजर्व होगा।

मेरे पिता की मृत्यु को भी कई साल हो गये। मुझे अभी तक पता नहीं कि वे कहाँ हैं? स्वर्ग में या नरक में?-पुनर्जन्म हो गया या कहीं नहीं हैं? मुझे उनकी याद में उनका फोटो छपाने की भी प्रेरणा नहीं हुई, क्योंकि वे धन्धा जमाकर नहीं, उजाड़-कर मृत्यु को प्राप्त हुए थे। उन्होंने सही पितापन स्थापित ही नहीं किया। लालाजी ने सही पितापन स्थापित करके यह असार संसार छोड़ा और सार-रूप धन्धा जमा गये। लालाजी स्वर्गीय हो गये और मेरे पिता सिर्फ मरे। अंग्रेजी में मरे को 'दी लेट' कह देते हैं। हम उसे 'स्वर्गीय' या 'दिवंगत' कहते हैं। विश्वासों और संस्कारों का छल भाषा में आ ही जाता है।

बेटों को क्या पक्का पता है? मुझे शक है। शायद लालाजी का पुनर्जन्म हो चुका है। मनुष्य जन्म दुबारा चौरासी लाख योनियों में भटकने के बाद मिलता है। लालाजी इतने जल्दी मनुष्य तो बने न होंगे। हो सकता है श्वान योनि में चले गये हों और अपने कारखाने के फाटक पर ही हों। बेटों को क्या पता कि वे जो कारखाने के फाटक पर भौंकते हैं, वे पूज्य पिताजी ही हैं। वे मजमून नहीं पढ़ेंगे और घबराहट में अखबार छिपा लेंगे कि कहीं कोई देवता इनाम के लोभ में उन्हें पकड़वा न दे।

ये बेटे लालाजी को क्यों दुखी और परेशान करते हैं।

इस अखबार को उस कारखाने के कर्मचारी भी देखेंगे। वे शायद कहें यही है वह दुष्ट लाला। मजदूरों का खून चूसता था। कितनी कम तनखा देता था और कितना काम लेता था। मजदूर एक दिन बीमार पड़ जाय तो पैसा काट लेता था। अब रौरव नर्क भोग रहा होगा।

व्यापारी भी इसे देखेंगे। वे शायद कहें—अरे, आज सबेरे किसका मुँह देख लिया। अरे, इस लाला ने जिसका पैसा लिया, वापस नहीं किया। इसके नाम को कई लेनदार रो रहे हैं।

मेरी सलाह मानते तो मैं इन पिता-भक्तों से कहता—उमर-दराज, पिताजी की फोटो इस तरह मत छपाया करो। लोग उनके बारे में बुरी-बुरी बातें कहते हैं। उनकी दबी हुई बदनामी उभर आती है।

पर लड़के मेरी बात नहीं मानते। पिता का फोटो छपाना उनके लिए सजावट और विज्ञापन है। जिस दिन लालाजी मरे उस दिन उनका फोटो छपाना लड़कों के लिए वैसा ही है जैसे दिवाली पर नया रंगीन साइन-बोर्ड बनवाना। वरना लाला-जी को कौन जानता। किसे मतलब है कि उन्होंने कौन-सा पराक्रम किया। किसे इससे गरज है कि वे मरे कि नहीं और कब मरे। मगर लड़कों ने लालाजी की याद को राष्ट्रीय महत्त्व दे डाला।

पैसा ऊपर हो जाता है तो वह अपना रूप प्रकट करना चाहता है। वह अकुलाता है कि मैं हूँ और दिख नहीं रहा हूं। मैं अपने को अभिव्यक्त करूँ। और

पैसा इस तरह फूटकर प्रकट हो जाता है जैसे पके फोड़े का मवाद।

फूहड़पन के लिए भी हैसियत चाहिए। मेरी हैसियत नहीं है तो लालाजी के बेटों पर हँस रहा हूँ। पैसा और फूहड़पन दोनों आ जायें तो मैं गहरा रंग खरीदकर चेहरे को रँगवा लूँ—एक गाल पीला, दूसरा लाल, नाक हरी, कपाल नीला।

मेरे सामने एक पैसेवाले युवक की शादी का निमन्त्रण-पत्र रखा है। कई रंगों का है। इतने गहरे रंग हैं कि पढ़ा नहीं जाता कि शादी के बारे में लिखा है या श्राद्ध के। वर की तस्वीरें भी हैं—बैठे हुए, सोचते हुए, लिखते हुए, सितार बजाते हुए। मुझे मालूम है यह युवक लेन-देन के मामलों में एक बार पिट भी चुका है। एक फोटो इसका भी छपना था—वर जूते खाते हुए। इस निमन्त्रण-पत्र को देखकर मतली आती है। फोड़ा पककर फूट गया है और मवाद बिखर रहा है।

कल इधर एक बारात आयी थी। मजदूरों के सिर पर कई गैस-बत्तियाँ रखी थीं। दूल्हे की सजावट ऐसी कि वधू को उसे देखकर उल्टी हो जाय। दो बैण्ड और इनके साथ ही लाउडस्पीकर। बड़ा घमासान कोलाहल। बारातियों को विभिन्न रंगों से पोत दिया होता तो अच्छा होता।

मेरी दीवार पर एक कैलेण्डर टँगा था जो मैंने निकलवा दिया। बड़े व्यापारी का कैलेण्डर था। उसमें धन की देवी लक्ष्मी फूल पर बैठी हैं। फूल में सौन्दर्य होता है, गन्ध होती है, कोमलता होती है। मगर ये लक्ष्मी फूल को कुर्सी समझकर उस पर बैठी हैं। धन की देवी हैं न। जब इनका यह हाल है तो देवी के कृपापात्र फूहड़पन क्यों नहीं करेंगे। फिर भी मैं कहता हूँ—देवी, तू अपनी बैठक बदल दे। सिंहासन पर बैठ और हाथ में फूल ले ले। या फूल जूड़े में खोंस ले। फिर तू जिसे चाहे धन दे। मगर उसके साथ ही थोड़ी-सी सुरुचि एकाध किलोग्राम दे दिया कर। इससे इन्फेक्शन नहीं होगा और सम्पन्नता के फोड़े से बदबूदार मवाद नहीं बहेगा।

विकलांग श्रद्धा का दौर

अभी-अभी एक आदमी मेरे चरण छूकर गया है। मैं बड़ी तेजी से श्रद्धेय हो रहा हूँ, जैसे कोई चलतू औरत शादी के बाद बड़ी फुर्ती से पतिव्रता होने लगती है। यह हरकत मेरे साथ पिछले कुछ महीनों से हो रही है कि जब-तब कोई मेरे चरण छू लेता है। पहले ऐसा नहीं होता था। हाँ, एक बार हुआ था, पर वह मामला वहीं रफा-दफा हो गया। कई साल पहले एक साहित्यिक समारोह में मेरी ही उम्र के एक सज्जन ने सबके सामने मेरे चरण छू लिये। वैसे चरण छूना अश्लील कृत्य की तरह अकेले में ही किया जाता है। पर वह सज्जन सार्वजनिक रूप से कर बैठे, तो

मैंने आसपास खड़े लोगों की तरफ गर्व से देखा—तिलचट्टो, देखो मैं श्रद्धेय हो गया। तुम घिसते रहो कलम।''' पर तभी उस श्रद्धालु ने मेरा पानी उतार दिया। उसने कहा, "अपना तो नियम है कि गौ, ब्राह्मण, कन्या के चरण जरूर छूते हैं।" यानी उसने मुझे बड़ा लेखक नहीं माना था। बम्हन माना था।

श्रद्धेय बनने की मेरी इच्छा तभी मर गयी थी। फिर मैंने श्रद्धेयों की दुर्गति भी देखी। मेरा एक साथी पी-एच. डी. के लिए रिसर्च कर रहा था। डॉक्टरेट अध्ययन और ज्ञान से नहीं, आचार्य-कृपा से मिलती है। आचार्यों की कृपा से इतने 'डॉक्टर' हो गये हैं कि बच्चे खेल-खेल में पत्थर फेंकते हैं तो किसी डॉक्टर को लगता है। एक बार चौराहे पर यहाँ पथराव हो गया। पाँच घायल अस्पताल में भर्ती हुए और वे पाँचों हिन्दी के 'डॉक्टर' थे। नर्स अपने अस्पताल के डाक्टर को पुकारती : 'डाक्टर साहब', तो बोल पड़ते थे ये हिन्दी के डॉक्टर।

मैंने खुद कुछ लोगों के चरण छूने के बहाने उनकी टाँग खींची है। लँगोटी धोने के बहाने लँगोटी चुरायी है। श्रद्धेय बनने की भयावहता मैं समझ गया था। वरना मैं समर्थ हूँ। अपने आपको कभी का श्रद्धेय बना लेता। मेरे ही शहर में कालेज के एक अध्यापक थे। उन्होंने अपने नेमप्लेट पर खुद ही 'आचार्य' लिखवा लिया था। मैं तभी समझ गया था कि इस फूहड़पन में महानता के लक्षण हैं। आचार्य बम्बई-वासी हुए और वहाँ उन्होंने अपने को 'भगवान रजनीश' बना डाला। आजकल वह फूहड़ से शुरू करके मान्यता-प्राप्त भगवान हैं। मैं भी अगर नेम-प्लेट में नाम के आगे 'पण्डित' लिखवा लेता तो कभी का 'पण्डितजी' कहलाने लगता।

सोचता हूँ, लोग मेरे चरण अब क्यों छूने लगे हैं? यह श्रद्धा एकाएक कैसे पैदा हो गयी? पिछले महीनों में मैंने ऐसा क्या कर डाला? कोई खास लिखा नहीं है। कोई साधना नहीं की। समाज का कोई कल्याण भी नहीं किया। दाढ़ी नहीं बढ़ायी। भगवा भी नहीं पहना। बुजुर्गी भी कोई नहीं आयी। लोग कहते हैं, ये वयोवृद्ध हैं। और चरण छू लेते हैं। वे अगर कमीने हुए तो उनके कमीनेपन की उम्र भी 60-70 साल की हुई। लोग वयोवृद्ध कमीनेपन के भी चरण छू लेते हैं। मेरा कमीनापन अभी श्रद्धा के लायक नहीं हुआ है। इस एक साल में मेरी एक ही तपस्या है—टाँग तोड़कर अस्पताल में पड़ा रहा हूँ। हड्डी जुड़ने के बाद भी दर्द के कारण टाँग फुर्ती से समेट नहीं सकता। लोग मेरी इस मजबूरी का नाजायज फायदा उठाकर झट मेरे चरण छू लेते हैं। फिर आराम के लिए मैं तख्त पर लेटा ही ज्यादा मिलता हूँ। तख्त ऐसा पवित्र आसन है कि उस पर लेटे दुरात्मा के भी चरण छूने की प्रेरणा होती है।

क्या मेरी टूटी टाँग में से दर्द की तरह श्रद्धा पैदा हो गयी है? तो यह विकलांग श्रद्धा है। जानता हूँ, देश में जो मौसम चल रहा है, उसमें श्रद्धा की टाँग टूट चुकी है। तभी मुझे भी यह विकलांग श्रद्धा दी जा रही है। लोग सोचते होंगे--इसकी टाँग टूट गयी है। यह असमर्थ हो गया। दयनीय है। आओ, इसे हम श्रद्धा दे दें।

हाँ, बीमारी में से श्रद्धा कभी-कभी निकलती है। साहित्य और समाज के एक सेवक से मिलने मैं एक मित्र के साथ गया था। जब वह उठे तब उस मित्र ने उनके

चरण छू लिये। बाहर आकर मैंने मित्र से कहा, "यार, तुम उनके चरण क्यों छूने लगे ?" मित्र ने कहा, "तुम्हें पता नहीं है, उन्हें डायबटीज हो गया है।" अब डायबटीज श्रद्धा पैदा करे, तो टूटी टाँग भी कर सकती है। इसमें कुछ अटपटा नहीं है। लोग बीमारी से कौन फायदे नहीं उठाते। मेरे एक मित्र बीमार पड़े थे। जैसे ही कोई स्त्री उन्हें देखने आती, वह सिर पकड़कर कराहने लगते। स्त्री पूछती, "क्या सिर में दर्द है ?" वे कहते, "हाँ, सिर फटा पड़ता है।" स्त्री सहज ही उनका सिर दबा देती। उनकी पत्नी ने ताड़ लिया। कहने लगी, "क्योंजी, जब कोई स्त्री तुम्हें देखने आती है तभी तुम्हारा सिर क्यों दुखने लगता है ?" उसने जवाब भी माकूल दिया। कहा, "तुम्हारे प्रति मेरी इतनी निष्ठा है कि परस्त्री को देखकर मेरा सिर दुखने लगता है। जान प्रीत-रस इतनेहु माहीं।"

श्रद्धा ग्रहण करने की भी एक विधि होती है। मुझसे सहज ढंग से अभी श्रद्धा ग्रहण नहीं होती। अटपटा जाता हूँ। अभी 'पार्ट टाइम' श्रद्धेय ही हूँ। कल दो आदमी आये। वे बात करके जब उठे तब एक ने मेरे चरण छूने को हाथ बढ़ाया। हम दोनों ही नौसिखुए। उसे चरण छूने का अभ्यास नहीं था, मुझे छुआने का। जैसा भी बना उसने चरण छू लिये। पर दूसरा आदमी दुविधा में था। वह तय नहीं कर पा रहा था कि मेरे चरण छुए या नहीं। मैं भिखारी की तरह उसे देख रहा था। वह थोड़ा-सा झुका। मेरी आशा उठी। पर वह फिर सीधा हो गया। मैं बुझ गया। उसने फिर जी कड़ा करके कोशिश की। थोड़ा झुका। मेरे पाँवों में फड़कन उठी। फिर वह असफल रहा। वह नमस्ते करके ही चला गया। उसने अपने साथी से कहा होगा—तुम भी यार, कैसे टुच्चों के चरण छूते हो। मेरे श्रद्धालु ने जवाब दिया होगा—काम निकालने को उल्लुओं से ऐसा ही किया जाता है। इधर मुझे दिन-भर ग्लानि रही। मैं हीनता से पीड़ित रहा। उसने मुझे श्रद्धा के लायक नहीं समझा। ग्लानि शाम को मिटी जब एक कवि ने मेरे चरण छुए। उस समय मेरे एक मित्र बैठे थे। चरण छूने के बाद उसने मित्र से कहा, "मैंने साहित्य में जो कुछ सीखा है, परसाईजी से।" मुझे मालूम है, वह कवि सम्मेलनों में हूट होता है। मेरी सीख का क्या यही नतीजा है ? मुझे शर्म से अपने आपको जूता मार लेना था। पर मैं खुश था। उसने मेरे चरण छू लिये थे।

अभी कच्चा हूँ। पीछे पड़नेवाले तो पतिव्रता को भी छिनाल बना देते हैं। मेरे ये श्रद्धालु मुझे पक्का श्रद्धेय बनाने पर तुले हैं। पक्के सिद्ध-श्रद्धेय मैंने देखे हैं। सिद्ध मकरध्वज होते हैं। उनकी बनावट ही अलग होती है। चेहरा, आँखें खींचनेवाली। पाँव ऐसे कि बरबस आदमी झुक जाये। पूरे व्यक्तित्व पर 'श्रद्धेय' लिखा होता है। मुझे ये बड़े बौड़म लगते हैं। पर ये पक्के श्रद्धेय होते हैं। ऐसे एक के पास मैं अपने मित्र के साथ गया था। मित्र ने उनके चरण छुए जो उन्होंने विकट ठण्ड में भी श्रद्धालुओं की सुविधा के लिए चादर से बाहर निकाल रखे थे। मैंने उनके चरण नहीं छुए। नमस्ते करके बैठ गया। अब एक चमत्कार हुआ। होना यह था कि उन्हें हीनता का बोध होता कि मैंने उन्हें श्रद्धा के योग्य नहीं समझा था। हुआ

उलटा। उन्होंने मुझे देखा। और हीनता का बोध मुझे होने लगा—हाय, मैं इतना अधम हूँ कि अपने को इनके पवित्र चरणों को छूने के लायक नहीं समझता। सोचता हूँ, ऐसा बाध्य करनेवाला रोब मुझ ओछे श्रद्धेय में कब आयेगा।

श्रद्धेय बन जाने की इस हल्की-सी इच्छा के साथ ही मेरा डर बरकरार है। श्रद्धेय बनने का मतलब है 'नान परसन्'— 'अव्यक्ति' हो जाना। श्रद्धेय वह होता है जो चीजों को हो जाने दे। किसी चीज का विरोध न करे— जबकि व्यक्ति की, चरित्र की, पहचान ही यह है कि वह किन चीजों का विरोध करता है। मुझे लगता है, लोग मुझसे कह रहे हैं— तुम अब कोने में बैठो। तुम दयनीय हो। तुम्हारे लिए सबकुछ हो जाया करेगा। तुम कारण नहीं बनोगे। मक्खी भी हम उड़ायेंगे।

और फिर श्रद्धा का यह कोई दौर है देश में? जैसा वातावरण है, उसमें किसी को भी श्रद्धा रखने में संकोच होगा। श्रद्धा पुराने अखबार की तरह रद्दी में बिक रही है। विश्वास की फसल को तुषार मार गया। इतिहास में शायद कभी किसी जाति को इस तरह श्रद्धा और विश्वास से हीन नहीं किया गया होगा। जिस नेतृत्व पर श्रद्धा थी, उसे नंगा किया जा रहा है। जो नया नेतृत्व आया है, वह उतावली में अपने कपड़े खुद उतार रहा है। कुछ नेता तो अण्डरवियर में ही हैं। कानून से विश्वास गया। अदालत से विश्वास छीन लिया गया। बुद्धिजीवियों की नस्ल पर ही शंका की जा रही है। डाक्टरों को बीमारी पैदा करनेवाला सिद्ध किया जा रहा है। कहीं कोई श्रद्धा नहीं, विश्वास नहीं।

अपने श्रद्धालुओं से कहना चाहता हूँ—'यह चरण छूने का मौसम नहीं, लात मारने का मौसम है। मारो एक लात और क्रान्तिकारी बन जाओ।'

दुर्घटना-रस

इरादा तो था कि अगले ओलम्पिक में हिस्सा लेने जायेंगे। दौड़ में। मगर टाँग तोड़कर पहुँच गये अस्पताल के बिस्तर पर। दिल्ली स्टेशन पर साहित्य के युवाओं ने उतारा और स्ट्रेचर पर लेकर एम्बुलेंस तक चले तो मैंने कहा—लो, मुझसे बड़े लोग टापते रह गये और मैं नयी पीढ़ी पर लद गया।

पिछले माण्ट्रियल ओलम्पिक में भारत का 'शानदार' शौर्य प्रदर्शित हुआ कि एक टीन का मेडिल भी इस उदार हृदय देश ने किसी का नहीं छीना। कहा, दूसरे लोग मेडिल लें जाओ। हमारा धर्म और संस्कृति त्याग के हैं। चिड़िया न फँसे तो हम कहते हैं कि हमने दयावश छोड़ दी। अक्षमता को त्याग बनाने की हममें सिफत है। और फिर, ब्रह्म ही सत्य है, जगत मिथ्या है। ये सोने, चाँदी, काँसे के मेडिल आखिर माया हैं, झूठ हैं। हमारा मेडिल तो दूसरे लोक में रखा है। जाकर ले लेंगे।

पर माण्ट्रियल की उस चोट का दर्द अभी भी सबको अखर रहा है। जाँच हो रही है। सिकाई भी हो रही है। मेरी टाँग के दर्द के लिए एक गुनी ने सुझाया कि गधे की लीद की सिकाई कीजिए। मैं किसी अच्छे गधे की तलाश में हूँ, पर सच्चा गधा नहीं मिल रहा। दो पाँववाले मिल रहे हैं। ये गधे तो मुझे दुलत्ती मारते रहे हैं। इनकी लीद से क्या सिकाई करूँ। पर खेल-कूद के मालिक तो एक-दूसरे की लीद से सिकाई कर रहे हैं। खिलाड़ी मैनेजर और 'कोच' को दोष दे रहे हैं। मैनेजर खिलाड़ियों का चुनाव करनेवालों को, चुनाव करनेवाले भारत सरकार की खेल नीति को। हमारी चारित्रिक विशेषता है कि हम दोष के तबादले के माहिर हैं।

रोनेवाले भी रो रहे हैं···हाय, साठ करोड़ का देश और एक टीन का मेडिल भी नहीं। जैसे आबादी में से खिलाड़ी पैदा होते हों। वैज्ञानिक पैदा होते हों। पाँच करोड़ के देश में एक वैज्ञानिक पैदा हो तो साठ करोड़ के देश में बारह होने चाहिए। आबादी तो मुर्गी है न? यह देश कोई मुर्गीखाना है, जिसकी मुर्गियाँ अण्डे देंगी जिनमें से खिलाड़ी निकलेंगे।

मैंने कहा—खैर, अब मुझे ही कुछ करना होगा। देश का गौरव मुझे ही बढ़ाना होगा। मैं निश्चिन्त था कि दूसरे लोग देश का गौरव बढ़ा लेंगे तो मैं देश का मुँह काला कर सकता हूँ। पर जब दूसरे देश का नाम डुबो रहे हैं तो मैं यह कहकर कूदना चाहता था कि खैर, मैं तो हूँ। वैसे देश का भाग्य-विधायक बन जाने का मैंने पहले भी सोचा था, पर मैं डर गया। गाँधीजी, लुमुम्बा, अनवर बेन बेला, सुकर्ण, मुजीब, इनका क्या कर दिया गया! भाई, अपने को डर लगता है। जो मुक्ति दिलाये, वही मार डाला जाये या जेल में डाला जाये। मैंने मसीहा बनने का इरादा भी डर के मारे छोड़ दिया, वरना मैं ईसा हो सकता था। सूली बरदाश्त कर लेता। कितने लेखक हैं, जो घोषणा कर रहे हैं कि हम अभिशप्त हैं, हम अपनी सूली लादे घूम रहे हैं। इन बेचारों को कोई सूली पर टाँग क्यों नहीं देता। मेरे साथ दूसरी मुश्किल है। मैं ईसा की तरह सूली पर से यह नहीं कहता—पिता, उन्हें क्षमा कर। वे नहीं जानते वे क्या कर रहे हैं। मैं कहता—पिता, इन्हें हरगिज क्षमा न करना। ये कमबख्त जानते हैं कि ये क्या कर रहे हैं।

मैं भाग्य-विधाता नहीं बन सका। डर के कारण बहुत लोग बड़ा आदमी होने से बाल-बाल बच जाते हैं। कुछ मुगालते में भी जिन्दगी काट देते हैं। भ्रमहीन जिन्दगी बोझ होती है। वे कितने सुखी हैं, जो अपने कचरा लेखन को महान साहित्य मान लेते हैं। और एक मैं दुखी हूँ कि लिखता हूँ और उस पर रोता हूँ।

बहरहाल, ओलम्पिक में देश का नाम ऊँचा करने का एक मौका चूक गया। मेरी टाँग में फ्रेक्चर हो गया। हड्डी बहुत लोगों की टूटती है। पर मेरा फ्रेक्चर भी श्रेष्ठ ही हुआ। कहा जाता है कि मेरा व्यंग्य-लेखन श्रेष्ठ है। मेरी बदनामियाँ भी श्रेष्ठ हैं। और नेकनामियाँ भी। कद श्रेष्ठ, नाक-नक्श श्रेष्ठ। जाति श्रेष्ठ—ब्राह्मण-कुल में जन्मा हूँ। हिमालय की ऊँचाई तक उदार और पाताल-जैसी गहराई तक नीच—मूर्ख-जैसा वीर और मनीषी जैसा कायर हूँ। बहादुरी और बेवकूफी में बहुत

कम फर्क होता है। डाक्टरों ने कहा—यह सबसे खराब फ्रेक्चर है, 'नेक हेमर'। मैं खुश था कि श्रेष्ठता बनी रही। कोई टुच्चा फ्रेक्चर नहीं हुआ है। अपना सबकुछ 'सुपरलेटिव' में होता है।

लेखक का अस्पताल में भरती होना एक दिलचस्प घटना होती है। टाँग टूटना तो और भी दिलचस्प। सच कम, झूठी अधिक चिन्ताएँ बोलने लगती हैं—हाय, साहित्य का अब क्या होगा! यह चिन्ता दसवें दर्जे के लेखकों को अधिक होती है। वे प्रार्थना और चन्दे की अपीलें करने लगते हैं। हमारे यहाँ लेखक को गरीब तब मानते हैं जब वह बीमार हो। इसके पहले भूखा मरता हो तब भी उसे गरीब नहीं मानते। साहित्य का क्या होगा? अच्छा ही होगा। चींटियाँ साहित्य का तम्बू तानेंगी। यों ही मेरी टाँग टूटने से, सुना है, कुछ की टाँगें जुड़ गयीं। उनकी साहित्य की टूटी टाँग पर मेरे फ्रेक्चर की खबर का प्लास्टर चढ़ गया। हीनता के रोग में किसी के अहित का इंजेक्शन बड़ा कारगर होता है। अस्पताल के बिस्तर पर भी ऐसी खबरें मुझे मिलती थीं और मैं मजा लेता था। उन पर गुस्सा क्या करूँ? उनके पास बिगड़ने को कुछ है ही नहीं तो बिगाड़ूँ क्या? भिखमंगे को धमकी देना कि तेरा धन लूट लूँगा, एक बेवकूफी ही है। यह बेवकूफी मैंने नहीं की।

रही चन्दे की बात। तो यह भी शान्त हो गयी, इस खबर से कि शासन इलाज का सब खर्च उठा रहा है। इस खबर से, सहानुभूति रखनेवाले बेझिझक आने लगे। उन्हें डर नहीं रहा। लेखक के प्रति क्या कर्त्तव्य बचा? सिवा फल ले जाने के और यह पूछने के कि अब तबियत कैसी है। पूछा जाता—तबियत कैसी है? मैंने कहा—मैं बीमार नहीं हूँ। न बुखार, न निमोनिया, न तपेदिक, न दिल का दौरा। हड्डी टूटना कोई बीमारी नहीं है। तबियत के क्या हाल बताऊँ? दूसरी मुसीबत यह सवाल पैदा करता था—यह फ्रेक्चर कैसे हो गया? कैंसर हो तो जवाब भी दे सकते हैं कि ब्रश कर रहा था कि एकदम कैंसर हो गया। पर हड्डी टूटने से लोगों की बड़ी उम्मीदें होती हैं। मोटरसाइकिल पलट गयी होगी, रिक्शे से ट्रक टकराया होगा, ऊपर से गिरा होगा, कारें भिड़ गयी होंगी। ये ऊँचे किस्म के फ्रेक्चर होते हैं। मैं कहता, कुछ नहीं। पाँव फिसल गया। गिर गये तो हड्डी टूट गयी। और पूछनेवाला सोचता—टुच्चा आदमी है। टुच्चा ही फ्रेक्चर हुआ। अरे कोई दुर्घटना होती, तो एक स्तर का फ्रेक्चर होता, जैसे दुर्घटना से किसी-किसी का लेखन स्तर का हो जाता है। मगर इसका भी क्या टुच्चा फ्रेक्चर है। पाँव फिसलने से ही हो गया। हम तो राष्ट्रीय स्तर के कवि-सम्मेलन की उम्मीद से आये थे, पर यहाँ तो मुहल्ले की वर्षा-गोष्ठी है जिसमें तुक्कड़ गा रहा है—आयी वर्षा, आयी वर्षा, देखो मयूर का मन हर्षा। कवि ने मयूर नहीं देखा। उसे क्या पता कि मयूर बादल देखकर खूब रोता है। नाचने से उसकी टाँग में फ्रेक्चर हो गया। काना लड़का हो, है तो अपना ही। टुच्चा फ्रेक्चर हो, पर अपनी ही टाँग का है। कभी हीनता भी आती, जब प्रतिष्ठित फ्रेक्चरवालों को वार्ड में देखता। किसी को ऐसा बाँधा है कि वह हेलीकॉप्टर लगता है। कोई भरत-नाट्य की मुद्रा में है—और मैं स्वाभाविक ढंग से बिस्तर पर पड़ा

हूँ। हाँ, एक बात प्रतिष्ठा की हुई। मुझे एक पत्र मिला। लिखा था—तुमने जिन्दा भगवानों के खिलाफ लिखा था! देख लिया। सत्य साईं बाबा ने टाँग तोड़ दी। सचमुच लगता है 'रिमोट कण्ट्रोल' से मेरी हड्डी तोड़ी गयी है, तो फ्रेक्चर उतना टुच्चा भी नहीं है।

हड्डी टूटने में एक बड़ी असुविधा है। दिखाने को कुछ नहीं होता। हड्डी भीतर टूटी है। ऊपर से सब ठीक-ठाक है। टूटी हड्डी दिखा सकते नहीं। एक स्टेज के बाद दर्द भी बन्द हो जाता है। मिजाजपुर्सी करनेवालों के सामने कराह भी नहीं सकते। जो दिखाया न जा सके, वह घाव बेकार चला जाता है। जिस दर्द को भुना न सके, वह खोटा सिक्का है। 20-25 साल लिखते और तरह-तरह के सामाजिक काम करते हो गये। अस्पताल में भरती कई को कराया। पर मैं पहली बार अस्पताल में भरती हुआ हूँ। बड़ी घटना है। हलचल मचनी थी। कुछ धन मिलना था। पर सरकार ने मदद की घोषणा करके मेरा सारा बाजार ही चौपट कर दिया। मैं तो बात को दबा जाता और पैसे बटोर लेता। पर सरकार ने रेडियो और अखबारों में कुछ इस तरह खबर प्रसारित कर दी - सुन लो लोगो, सरकार ने इस परसाई को पैसे दे दिये हैं। और चाहिए तो और दे देंगे। अब तुम लोग उसके चक्कर में मत पड़ना। उसे हरगिज एक पैसा भी मत देना। नतीजा घातक हुआ। किसी ने मदद की बात ही नहीं की। हाँ, अखबारों में समाचार और फोटो जरूर छपे। थोड़ा सन्तोष हुआ, पर कसर रह गयी, मेरे नाम के आगे लगाने को लोगों को विशेषण ही नहीं मिले। मुझसे पूछ लेते तो मैं ही बता देता।

बात मैंने कहाँ से शुरू की थी। देश का गौरव बढ़ाने की, देश का भाग्य-विधाता बनने की, मसीहा बनने की। मगर आ गये लौटकर अपने ओछेपन पर। टाँग, टाँग, टाँग। और पैसा, पैसा, पैसा। सारा दर्शन टाँग में समा गया। ऊँचे खयालात में 'इन्फेक्शन' हो गया। उनमें मवाद निकलने लगा। मसीहा पैसे पर बिक गया। मेरे देशवासियो, अगले ओलम्पिक के लिए मुझ पर भरोसा मत करो। कोई दूसरा लँगड़ा तलाशो।

सचमुच टाँग टूटना बड़ी बुरी बात है। सिर का फ्रेक्चर उतना बुरा नहीं। टाँग ठीक हो और सिर याने दिमाग का फ्रेक्चर हो गया हो, तो भी गति रहती है—हालाँकि वह दिशाहीन गति होती है। लेकिन आदमी ही नहीं, महादेश तक हैं जो दिशाहीन गतिवाले हैं। कहाँ जा रहे हैं वे? पता नहीं। बस चल रहे हैं। एक महा-शक्ति है। वह भी दिशाहीन गति के फेर में रहती है। चल रहे हैं, चल रहे हैं। टाँग ठीक है, पर दिमाग में फ्रेक्चर है। चलते-चलते पाया कि वियतनाम के दलदल में फँस गये हैं। निकलने की मुश्किल पड़ रही है।

टाँग तोड़कर अस्पताल के बिस्तर पर पड़े हुए अन्तर्राष्ट्रीय राजनीति की बात करना भी बड़ी बेशर्मी है। टाँग पर ही लौटता हूँ। दर्द तो है, चिन्ताएँ भी हैं। असहाय स्थिति में पड़े हैं। धीरज धर्म मित्र अरु नारी, आपतकाल परखिये चारी। आपतकाल याने 'इमरजेंसी'। मेरा इमरजेंसी का दौर चल रहा है। धीरज मजबूरी

है। धीरज की ही एकमात्र पूंजी है। धर्म ? धर्म का मतलब ही अभी तक समझ में नहीं आया। नारी अपनी तो है नहीं, पर नारी कोई कभी-कभी हाल देखने आ जाती थी। मित्रों की सचमुच परीक्षा है। सुबह से ही लौ लग जाती है कि कोई आयेगा। जब कोई आता तो कैसा लगता है? ऐसा जैसे उस सुरसा को लगा था। हनुमान वायु-मार्ग से लंका जा रहे थे। समुद्र में सुरसा राक्षसी ने उन्हें देखा। खूब पुष्ट बड़ा-सा जीवधारी। दो टन का तो होगा। सुरसा ने खुश होकर कहा—आज सुरन मोहि दीन्ह अहारा। आज देवताओं ने मुझे आहार दिया। मिलने आनेवाले को देखते ही कह उठता—आज सुरन मोहि दीन्ह अहारा। ये बैठें दो-तीन घण्टे और मैं इनका भोजन करूँ।

कभी घोर निराशा में डूब जाते। इधर पास ही तो गालिब अकादमी है। गालिब याद आते। एक आलिम फाजिल दोस्त मिलने आये। पूछा—क्या हाल है। मैंने कहा—हाल क्या बतायें? यही है—

जिन्दगी अपनी जब इस तौर से गुजरी गालिब,
हम भी क्या याद करेंगे कि खुदा रखते थे।

और व्यंग? हाँ, व्यंग बरबस उठता था। मेरे डाक्टर ने ही कहा—आप लिखवाइए। इससे आपका मन अच्छा रहेगा। अस्पताल के अनुभव ही लिखा डालिए। मैंने कहा—डाक्टर साहब, उसमें अस्पताल की कुछ आलोचना हो गयी तो ठीक नहीं होगा। डाक्टर ने कहा—आलोचना होने दीजिए। उससे अस्पताल में सुधार होगा। मैंने जवाब दिया—मैं चाहता हूँ कि सुधार मेरे अस्पताल छोड़ने के बाद हो।

पवित्रता का दौरा

सुबह की डाक से चिट्ठी मिली, उसने मुझे इस अहंकार में दिन-भर उड़ाया कि मैं पवित्र आदमी हूँ क्योंकि साहित्य का काम एक पवित्र काम है। दिन-भर मैंने हर मिलनेवाले को तुच्छ समझा। मैं हर आदमी को अपवित्र मानकर उससे अपने को बचाता रहा। पवित्रता ऐसी कायर चीज है कि सबसे डरती है और सबसे अपनी रक्षा के लिए सचेत रहती है। अपने पवित्र होने का अहसास आदमी को ऐसा मदमाता बनाता है कि वह उठे हुए साँड की तरह लोगों को सींग मारता है, ठेले उलटाता है, बच्चों को रगेदता है। पवित्रता की भावना से भरा लेखक उस मोर जैसा होता है जिसके पांव में घुंघरू बांध दिये गये हों। वह इत्र की ऐसी शीशी है जो गन्दी नाली के किनारे की दुकान पर रखी है। यह इत्र गन्दगी के डर से शीशी

में ही बन्द रहता है।

वह चिट्ठी साहित्य की एक मशहूर संस्था के सचिव की तरफ से थी। मैं उस संस्था का, जिसका लाखों का कारोबार है, सदस्य बना लिया गया हूँ। स्थायी समिति का सदस्य हूँ। यह संस्था हम लोगों को बैठकों में शामिल होने का खर्च नहीं देती, क्योंकि पैसा साहित्य के पवित्र काम में लगे हुए पवित्र पदाधिकारियों के हड़पने में ही खर्च हो जाता है। सचिव ने लिखा है कि साहित्य भवन के सामने एक सिनेमा बनने की मंजूरी मिल रही है। सिनेमा बनने से साहित्य भवन की पवित्रता, सौम्यता और शान्ति भंग होगी। वातावरण दूषित होगा। हम मुख्यमन्त्री को सिनेमा निर्माण न होने देने के लिए ज्ञापन दे रहे हैं। आप भी इस पर दस्तखत कर दीजिए।

इस चिट्ठी से मुझे बोध हुआ कि साहित्य पवित्र है, हम साहित्यकार पवित्र हैं और साहित्य की यह संस्था पवित्र है। मेरे दुष्ट मन ने एक शंका भी उठायी कि हो सकता है किसी ऐसे पैसेवाले ने, जिसे उस जगह दूकान खोलनी है, हमारे पवित्र साहित्य के पवित्र सचिव को पैसा खिला दिया हो कि सिनेमा न बनने दो। पर मैंने इस दुष्ट शंका को दबा दिया। नहीं, नहीं, साहित्य की संस्था पवित्र है, सिनेमा अपवित्र है। हमें अपवित्रता से अपना पल्ला बचा लेना चाहिए।

शाम की डाक से संस्था के विपक्षी गुट के नेता की चिट्ठी आयी, जिसमें संस्था में किये जा रहे भ्रष्टाचार का ब्योरा दिया गया था।

इस पत्र ने मुझे झकझोरा। अपनी पवित्रता पर मुझे शंका हुई। साहित्य के काम की पवित्रता पर शंका हुई। साहित्य की संस्था की पवित्रता की मेरी उठान शान्त हुई और मैं नार्मल हो गया।

इतने साल साहित्य के क्षेत्र में हो गये। मैं कई बार पवित्र होने की दुर्घटना में फँसा, पर हर बार बच गया। मुझे लिखते जब कुछ ही समय हुआ था, तभी बुजुर्ग साहित्यकार मुझसे कहते थे—आपने साहित्य-रचना का कार्य अपने हाथ में लिया है। माता वीणा-पाणि के मन्दिर की पवित्रता बनाये रखिए। मैं थोड़ा फूलता था। सोचता था, सिगरेट पीना छोड़ दूँ क्योंकि इस धुएँ से देवी के मन्दिर के धूप की सुगन्ध दबती होगी। पर मैं उबर आया। वे बुजुर्ग कहते—माँ भारती ने आपके सामने अंचल फैलाया है। उसे मणियों से भर दीजिए। (वैसे कवि 'अंचल' उस दिन कह रहे थे कि हम तो अब 'रजाई' हो गये)। जी हाँ, माँ भारती के अंचल में आप कचरा डालते जायें और उसी में मैं मणि छोड़ता जाऊँ। ये पवित्र लोग और पवित्र ही लिखनेवाले लोग बड़े दिलचस्प होते हैं। एक मुझसे बार-बार कहते—आप अब कुछ शाश्वत साहित्य लिखिए। मैं तो शाश्वत साहित्य ही लिखता हूँ। वे सट्टे का फिगर रोज नया लगाते थे, मगर साहित्य शाश्वत लिखते थे। वे मुझे वाल्मीकि की तरह दीमकों के बमीठे में दबे हुए लगते थे। शाश्वत साहित्य लिखने का संकल्प लेकर बैठनेवाले मैंने तुरन्त मरते देखे हैं। एक शाश्वत साहित्य लिखनेवाले ने कई साल पहले मुझसे कहा था—अरे, आप स्कूल में मास्टर होकर भी इतना अच्छा लिखते हैं। मैं तो सोचता था, आप प्रोफेसर होंगे। उन्होंने स्कूल-मास्टर लेखक की

हमेशा उपेक्षा की। वे खुद प्रोफेसर रहे। पर आगे उनकी यह दुर्गति हुई कि उन्हें कोर्स में लगी मेरी ही रचनाएँ कक्षा में पढ़ानी पढ़ीं। उनका शाश्वत साहित्य कोर्स में नहीं लगा।

सोचता हूँ, हम कहाँ के पवित्र हैं। हममें से अधिकांश ने अपनी लेखनी को रण्डी बना दिया है, जो पैसे के लिए किसी के भी साथ सो जाती है। सत्ता इस लेखनी से बलात्कार कर लेती है और हम रिपोर्ट तक नहीं करते। कितने नीचों की तारीफ मैंने नहीं लिखी। कितने मिथ्या का प्रचार मैंने नहीं किया। अखबारों के मालिकों का रुख देखकर मेरे सत्य ने रूप बदले हैं। मुझसे सिनेमा के चाहे जैसे डॉयलाग कोई लिखा ले। मैं इसी कलम से बलात्कार की प्रशंसा में भी फिल्मी गीत लिख सकता हूँ और भगवद् भजन भी लिख सकता हूँ। मुझसे आज पैसे देकर मजदूर-विरोधी अखबार का सम्पादन करा लो और कल मैं उससे ज्यादा पैसे लेकर ट्रेड यूनियन के अखबार का सम्पादन कर दूं। इसी कलम से तो मैंने पहले 'इन्दिरा गाँधी जिन्दाबाद' लिखा था, फिर 'इन्दिरा गाँधी मुर्दाबाद' लिखा, और अब फिर 'इन्दिरा भारत है' लिख रहा हूँ।

क्या हमारी पवित्रता है? साहित्य भवन की पवित्रता को सिनेमा भवन क्या नष्ट कर देगा? पर होता तो है पवित्रता, शराफत, चरित्र का एक गुमान। इधर ही एक मुहल्ले में सिनेमा बननेवाला था, तो शरीफों ने बड़ा हल्ला मचाया—यह शरीफों का मुहल्ला है। यहाँ शरीफ स्त्रियाँ रहती हैं और यहाँ सिनेमा बन रहा है। गोया सिनेमा गुण्डों के मुहल्ले में बनना चाहिए, ताकि इनके घरों की शरीफ औरतें सिनेमा देखने गुण्डों के बीच जायें। मुहल्ले में एक आदमी रहता है। उससे मिलने एक स्त्री आती है। एक सज्जन कहने लगे - यह शरीफों का मुहल्ला है। यहाँ यह सब नहीं होना चाहिए। देखिए, फलाँ के पास एक स्त्री आती है। मैंने कहा—साहब, शरीफों का मुहल्ला है, तभी तो वह स्त्री अपने पुरुष मित्र से मिलने बेखटके आती है। वह क्या गुण्डों के मुहल्ले में उससे मिलने जाती?

पवित्रता का यह हाल है कि जब किसी मन्दिर के पास से शराब की दूकान हटाने की माँग लोग करते हैं, तब पुजारी बहुत दुखी होता है। उसे लेने के लिए दूर जाना पड़ेगा। यहाँ तो ठेकेदार भक्ति-भाव में कभी-कभी मुफ्त भी पिला देता था।

मैं शामवाले पत्र से हलका हो गया। पवित्रता से मेरा नशा उतर गया। मैंने सोचा, साहित्य भवन के सचिव को लिखूँ —मुझे दूसरे पक्ष का पत्र भी मिल गया है, जिसमें बताया गया है कि अपनी संस्था में कितना भ्रष्टाचार है। अब तो सिनेमा-मालिक को ही माँग करनी चाहिए कि यह साहित्य की संस्था यहाँ से हटायी जाये, जिससे हमारे दर्शकों की नैतिकता पर बुरा असर न पड़े। इसमें बड़ा भ्रष्टाचार है।

जिन्दगी और मौत का दस्तावेज

[वसीयतनामा फरमाइशी]

मेरे दुश्मनो, खुश होने में जल्दी मत करना। अभी वह शुभ क्षण नहीं आया कि मैं मरूँ। मैं जानता हूँ कि तुम एक अरसे से मेरी मृत्यु का शुभ समाचार सुनने को लालायित हो, पर फिलहाल मैं तुम्हें निराश कर रहा हूँ। इन्तजार करो। किसी दिन सचमुच मरकर तुम पर मेहरबानी करूँगा। दयालु आदमी हूँ। कोशिश करूँगा कि जितनी जल्दी हो सके, तुम्हारी मनोकामना पूरी करूँ। तुम धीरज से प्रार्थना किये जाओ।

और मेरे दोस्तो, रोने की जल्दी मत करो। अभी मेहनत से रोने की तैयारी करो। जब मैं सचमुच प्राण-त्याग करूँगा, तब इस बात की आशंका है कि झूठे रोनेवाले सच्चे रोनेवालों से बाजी मार ले जायेंगे। तुम अभी से प्रभावकारी ढंग से रोने का अभ्यास करो। एक योजना बनाकर रोने का रिहर्सल करो। जब तुम कह दोगे कि तैयारी पूरी है, तब मैं फौरन मर जाऊँगा।

अभी तो यारो, दुनिया छोड़ने का अपना कतई इरादा नहीं। और फिर कबीर ने कहा है—जग मरिहै, हम न मरब।

तो फिर मैं यों ही ख्वामख्वाह क्यों मर रहा हूँ। असल में मैं जीने के लिए मर रहा हूँ। सम्पादक चाहते हैं कि मैं मरूँ, तो मर रहा हूँ। मेरे इस बयान के पत्रिका मुझे पैसे देगी। उन पैसों से कुछ समय जिन्दा रहूँगा। सम्पादकों की बात मैंने कभी नहीं टाली। वे कहें कि रो दो, तो मैं रो पड़ूँगा। वे कहें कि नंगे हो जाओ, तो नंगा हो जाऊँगा। साहित्य में नंगेपन का पेमेण्ट अच्छा होता है।

सम्पादकों ने कभी कहा था—इमरजेंसी है तो डरो। मैं डरा। फिर कहा—इमरजेंसी की तारीफ में लिखो। मैंने लिखा। ईमान से लिखा। इमरजेंसी उठी तो कहा—इमरजेंसी के खिलाफ लिखो। मैंने इमरजेंसी के खिलाफ भी लिखा। ईमान से लिखा। साथ ही घोषणा भी की कि मैं एकमात्र बहादुर बुद्धिजीवी हूँ। बाकी सब कायर हैं। शेर कोई दूसरा मारे, उसकी दुम मैं काट लेता हूँ। यानी मैं प्रतिनिधि बुद्धिजीवी हूँ। बुद्धिजीवी वह होता है जो किसी सत्ता या दाता के हरम की रक्षा करे। राजाओं-नबाबों के हरम की रक्षा करनेवाले पौरुषहीन खोजा होते थे। तभी वे ठीक रक्षा करते थे। पर जब उनकी ड्यूटी खत्म होती थी, तब वे तलवार घुमाकर बताते थे कि मैं वीर हूँ। मैंने भी सत्ता और दाता के दो हरमों की तब रक्षा की थी। और अब दूसरी सत्ता और दाता के हरमों की रक्षा कर रहा हूँ। फुरसत में तलवार घुमाकर बहादुर बन जाता हूँ। मैं प्रतिनिधि बुद्धिजीवी हूँ।

तो मर रहा हूँ। शगल के लिए ही सही। कुछ रूमानी होने को जी चाहता है।

मगर हटाओ, नहीं होते रूमानी। गाड़ियाँ लेट चल रही हैं—खाक हो जायेंगे हम उनको खबर होने तक। तो क्या करूँ। राम का नाम लूँ? ईश्वर को याद

करूँ ? मैं निरीश्वरवादी रहा। आखिरी वक्त क्या खाक मुसलमाँ होंगे। पर मुझे डर लगता है कि कहीं सचमुच कोई ईश्वर हुआ तो मेरी बड़ी दुर्गति करेगा। पर मुझमें साहस नहीं है। वाल्तेयर में था। उसने जीवन-भर ईसाइयत के पाखण्ड पर हमला किया। मर रहा था तो पादरी आये। वाल्तेयर ने पूछा—क्यों आये ? पादरी बोले—तुम्हारी आत्मा की शान्ति के लिए। वाल्तेयर ने कहा—पर तुम्हें किसने भेजा ? पादरी बोले ईश्वर ने ! वाल्तेयर ने उस हालत में भी कहा—अच्छा, तो ईश्वर का पत्र दिखाओ।

नहीं, ऐसा अपने से नहीं बनेगा। न कबीर सरीखा बनेगा कि रहे काशी में और मरने गये मगहर, जहाँ मरने से नरक मिलता है। मैं तो कहता हूँ—ईश्वर, अगर तू नहीं है तो कोई बात नहीं। पर अगर तू है तो हे मालिक, माई-बाप, मुझे माफ़ करना। मैं तुझे नहीं पहचानता था। मेरी कमजोरी है। मैं अपने एरिया के थानेदार को भी नहीं पहचानता था। पर ईश्वर होता भी तो क्या होता ? कष्ट भोगते-भोगते तो जिन्दगी कटी।

जिन्दगी अपनी जब इस तौर से गुजरी गालिब,
हम भी क्या याद करेंगे कि खुदा रखते थे।

घड़ी रखता था, पेन रखता था, चश्मा रखता था। बस खुदा ही नहीं रखता था, क्योंकि उसे रखने की जगह मेरे पास नहीं थी। मसजिद का खुदा तो 'पब्लिक सेक्टर' का होता है। प्राइवेट खुदा दिल की तिजोरी में रखा जाता है। मगर और चीजों के कारण दिल में जगह नहीं बची थी। इस कबाड़खाने में खुदा को तकलीफ होती। और फिर खुदा के रखने से फायदा भी क्या होता ! मैं कुकर्मी तो रहा नहीं।

बहरलाल, मेरी मौत के बारे में पक्का कर लिया जाये। मेरी जिन्दगी में कई चीजें होते-होते रह गयीं। मेरी शादी दो बार होते-होते रह गयी। एक बार पुलिस थानेदार होते-होते रह गया। एक बार शहीद होते-होते रह गया। एक अखबार ने मेरा फोटो शहीदों में छाप दिया था। (बात न खुलती तो अभी ताम्रपत्र व पेंशन लेता।) दो बार मैं डूबते-डूबते रह गया। एक बार रेलगाड़ी के नीचे आते-आते बचा। एक बार कालेज का प्रिंसिपल होते-होते रह गया।

हो सकता है, इस बार मरते-मरते रह जाऊँ। कहा जाता है कि चीते की जब तक खाल न उतार लो, तब तक यह न मानो कि वह मर गया। ऐसा ही मेरा हाल है। डाक्टरों से तीन-चार बार जाँच करवायी जाये। हो सकता है डाक्टर सीने पर मेरे दिल की धड़कन देखें, मगर मेरा दिल तब तक टाँगों में पहुँच गया हो। कुछ ठिकाना नहीं है। खूब जाँच की जाये। एक परीक्षा यह भी की जाये : कोई कहे—परसाईजी, रायल्टी का चेक आया है। अगर मैं एकदम उठकर न बैठ जाऊँ तो समझा जाये कि पक्का मर गया। फिर भी पक्का करने के लिए मेरी नाक पर सौ का नोट रखा जाये। अगर तब भी न उठूँ तो पक्का मर गया।

इसके बाद शोक-प्रदर्शन शुरू हो सकता है।

इतना बाहर के लिफाफे में रहेगा। मौत पक्की होने पर भीतर का लिफाफा

खोला जाये, जिसमें यह होगा —

मैं हरिशंकर परसाई पूरे होशोहवास में यह लिख रहा हूँ।

मैं लेखक माना जाता रहा हूँ, पर मैं लेखक अपनी इच्छा से नहीं, मजबूरी से बना। मैं सरकारी नौकरी में था। मेरा तबादला एक छोटी जगह हो गया। तब तक मैंने कुछ लिखकर छपा लिया था और मैं अपने को बड़ा लेखक मानने लगा था। मैंने सोचा —बड़ा लेखक छोटी जगह क्यों जाये? वह बड़ी जगह में रहेगा। मैंने इस्तीफा दे दिया। इस्तीफा नहीं देता तो मेरे कर्म ऐसे थे कि डिसमिस होता। अब क्या बचा? नौकरी गयी। कुछ करने को नहीं रहा तो लेखक हो गया। ओ हेनरी गबन में जेल गया था। जेल ने उसे लेखक बना दिया, बेकारी ने मुझे। मैं और कुछ करने को न होने के कारण लिखने का काम करने लगा। दूसरा कारण था—रोजी-रोटी कमाना। कुछ वर्षों में साहित्य के और मेरे साथ एक दुर्घटना घटी—मैं लेखक मान लिया गया। यह लेखकपन, जो मेरे सिर पर लाद दिया गया, एक बोझ बन गया, मैं इसे ढोने को मजबूर था। मैं कुछ और तो बना नहीं था, केवल लेखक बना था, तो जो बना दिया गया उसे निभाना एक मजबूरी हो गयी।

दूसरी दुर्घटना हुई—मुझे व्यंग-लेखक माना जाने लगा और यह कहा जाने लगा कि मैं हिन्दी में व्यंग्य के अभाव को दूर कर रहा हूँ। मैंने मूर्खतावश इसे भी गम्भीरता से ले लिया। तीसरी दुर्घटना हुई—कहा जाने लगा कि मैं सामाजिक चेतनासम्पन्न लेखक हूँ। मैंने इसे भी मान लिया। देखिए, एक भोले-भाले आदमी की जिन्दगी किस तरह बरबाद की जाती है। मुझमें पुलिस के संस्कार और प्रकृति थी ही। सामाजिक चेतनासम्पन्न लेखक कहा जाने लगा तो मैं साहित्य में थानेदार हो गया। सोचने लगा, समाज को मैं ही सुधारूँगा, मैं कानून और व्यवस्था स्थापित करूँगा, गुण्डा तत्त्वों को उखाड़ फेंकूंगा। अब गुण्डों से निबटने के लिए पुलिसवाले को खुद बड़ा गुण्डा होना पड़ता है। तो आगे चलकर मैं साहित्य में निरा गुण्डा रह गया।

मुझे ज्ञानियों ने लगातार सलाह दी कि कुछ शाश्वत लिखो। ऐसा लिखो, जो अमर रहे। ऐसी सलाह देनेवाले कभी के मर गये। मैं जिन्दा हूँ, क्योंकि जो मैं आज लिखता हूँ, कल मर जाता है। लेखकों को मेरी सलाह है कि ऐसा सोचकर कभी मत लिखो कि मैं शाश्वत लिख रहा हूँ। शाश्वत लिखनेवाले तुरन्त मृत्यु को प्राप्त होते हैं। अपना लिखा जो रोज मरता देखते हैं, वही अमर होते हैं।

जो अपने युग के प्रति ईमानदार नहीं हैं, वह अनन्त काल के प्रति क्या ईमानदार होगा!

मैंने एक गलती और की। साहित्य को सीढ़ी मानना चाहिए। मैंने उसे छज्जा मान लिया और जिन्दगी-भर सीढ़ी पर बैठा-बैठा छज्जों को देखता रहा। लोग मेरे सामने ही साहित्य की सीढ़ी से चढ़कर छज्जों पर जा बैठे। कोई बड़ा अफसर हो गया, कोई बड़ा सम्पादक, कोई विदेश विभाग में, कोई सांस्कृतिक सलाहकार। कई प्रकाशक हो गये। उन्होंने साहित्य की सीढ़ी से छलाँग लगायी और छज्जे पर जा

बैठे। मैं सीढ़ी पर बैठा रहा। मेरे अगल-बगल से लोग सीढ़ी चढ़ते जाते रहे—ऊँचे और ऊँचे।

मैंने व्यंग्य लिखा। पर वह जरा कठिन हो गया। मुझे हँसोड़, मसखरा, जोकर होना था। तब अधिक सफल होता। मेरे सामने ही लोग यश लूटते रहे और पैसा भी। वे हास्यरस भी नहीं, हास्यास्पद रस के लोग थे। एक हास्यरस के कवि थे। उनकी कविता में 'कुत्ता' शब्द आ जाता तो वे भौंक पड़ते और लोग खूब हँसते। उन्हें बहुत पैसे मिलते। पर मैं तो इस ऐंठ में रहा कि समाज के तल में जाकर परीक्षण करूँगा और समाज-परिवर्तन के लेख लिखूँगा। मैं साहित्य में आर्यसमाजी हो गया। इससे अच्छा होता, मैं केवल 'कॉमिक' लिखता और करता।

अच्छा लिखने कि मेरी प्रबल इच्छा थी, पर अब वह धरी रह गयी। मैंने कई बार बड़ा और श्रेष्ठ उपन्यास लिखने की कोशिश की। इसके दो कारण थे। एक तो उपन्यास लिखे बिना कोई पक्का लेखक नहीं बन सकता। दूसरे, उपन्यास पकौड़े की तरह बिकता है। खूब पैसे मिलते हैं। लोकप्रिय उपन्यास के फार्मूले होते हैं। एक ही स्त्री को कभी नर्स, कभी शिक्षिका, कभी क्लर्क, कभी टेलीफोन-आपरेटर बना दो। दो-चार रोचक उपन्यास हो गये।

विवाहित पुरुष दूसरी स्त्री से प्रेम करता है, मगर पत्नी और समाज बाधक है। ऐसे में पत्नी से बलिदान करा दो। सारे पुरुष खुश। बढ़िया उपन्यास। स्त्री परपुरुष से प्रेम करती है। बाधक पति और समाज हैं। ऐसे में पति का बलिदान करा दो। सारी स्त्रियाँ खुश। फर्स्ट क्लास उपन्यास। ऐसे वाक्य हों प्रिय, मैं निशा के प्रति तुम्हारी लगन को जानती हूँ। तुम्हारे पवित्र प्रेम में मैं बाधक नहीं बनूंगी। मैं आत्महत्या कर लेती हूँ। या फिर —प्रिये, नरेश के प्रति तुम्हारे अन्तर के भाव मैं समझता हूँ। पवित्र प्रेम से प्रेरित दो व्यक्तियों के रास्ते, मैं नहीं आना चाहता। मैं आत्महत्या कर लेता हूँ। बढ़िया कथा।

मैंने प्रेम-उपन्यास लिखने की कोशिश की, पर मेरे प्रेमी-प्रेमिका एक बार बिछुड़ते तो उनके मिलन का संयोग ही मैं नहीं बना पाता। मैंने पाँच उपन्यास आरम्भ किये, पर आगे नहीं बढ़ पाया। चाहता हूँ, इन अंशों का संग्रह छप जाये। शीर्षक हो : पाँच असफल उपन्यासों का आरम्भ।

अब जब वह तय ही हो गया, तो मरणोपरान्त क्या होना है इसकी हिदायतें देना चाहिए।

पहली बात तो यह है कि मेरी मृत्यु के कारणों की जाँच होनी चाहिए। यह जाँच होनी चाहिए कि क्या मेरा इलाज ठीक हुआ। ऐसा मैं इसलिए चाहता हूँ कि कुछ समय तक अखबारों में मेरा नाम चलता रहेगा। विवादास्पद मृत्यु यश फैलाती है। मैं मामूली मौत मरना भी नहीं चाहता था। डाक्टर मुझे माफ करें। मैं यशलोलुप हूँ।

मेरे बारे में अखबारों में क्या छपे, यह मैं खुद तैयार करके रखे जा रहा हूँ। मुझे किसी पर भरोसा नहीं। ये लेख दूसरों के नाम से छापे जायें। अपने कई फोटो-

ग्राफ मैंने रख छोड़े हैं। ये छापे जायें।

मेरी शोकसभा शानदार हो। बैंक में मेरा कुछ रुपया जमा है। इस पैसे से शोकसभा का प्रबन्ध करना चाहिए। हो सका तो मैं कुछ देर छुट्टी लेकर अपनी शोकसभा देखने आऊँगा। अगर कुछ कमी हुई तो आयोजकों के सिर पर भूत बनकर चढ़ जाऊँगा।

मित्रों से मेरा यह आग्रह है कि जैसे जीवन में उन्होंने मेरा साथ दिया, वैसे ही मौत के बाद दें। मेरा यह मतलब नहीं है कि वे भी जल्दी ही मेरे पास आ जायें। वे जियें। मित्रों ने मुझे बहुत बरदाश्त किया, बहुत सहा, बहुत माफ किया। ऐसे मित्र दुर्लभ हैं, पर वे अब मेरे यश को स्थायी बनाने के लिए जो बन सके, करें। मेरे बारे में संस्मरण लिखें, जिनमें मेरी कमजोरियों का जिक्र न करें। मुझे एक साधु या महामानव बना दें।

मेरी हैसियत होती, तो मैं जीवनकाल में ही अपना अभिनन्दन-ग्रन्थ छपवाकर किसी बड़े आदमी के करकमलों से ले लेता। साहित्य में मेरे बुजुर्गों ने ऐसा किया है कि अपना अभिनन्दन-ग्रन्थ खुद तैयार करके ग्रहण कर लिया। मैं पैसे से मारा गया। पर मेरे मित्र अब मेरा स्मृति-ग्रन्थ जरूर निकालें। इसके लिए वे चन्दा करें और 33 प्रतिशत खा जायें। यदि वे चन्दा नहीं खायेंगे तो मेरी आत्मा को पीड़ा होगी। मैंने खुद कई बार चन्दा किया था और कमीशन खाया था। इससे चन्दे की पवित्रता बनी रही।

पण्डित नेहरू ने अपनी वसीयत में गंगा की कवित्वमय महिमा गायी थी और लिखा था कि मेरी अस्थियाँ प्रयाग (गंगा) में विसर्जित की जायें। मैं गंगा में डर और ठण्ड के मारे कभी नहीं नहाया। नर्मदा तो मेरे पास ही है। उसमें भी नहीं नहाया। बचपन में मैं नर्मदा में डूबते-डूबते बच गया था। तभी से मुझे पवित्र नदियों से घृणा हो गयी। यों भी मैं बहुत कम नहाया। ज्यादा नहाने से प्रतिभा कम हो जाती है। जिस घर में मैं रहा, उसके पास एक गन्दा नाला है 'ओमती'। यह नाला सारे शहर की गन्दगी और गन्दा पानी लेकर बहता है। बरसात में यह नाला मेरी सीढ़ियों तक आ जाता हैऔर मैला उस पर उतराता है। इसे पार करके सड़क तक जाने में नरक का अनुभव हो जाता है। यह नाला मच्छर भी मुझे सप्लाई करता रहा है। इस नाले से मेरा आत्मिक सम्बन्ध रहा है। मेरी अस्थियाँ इसी नाले में विसर्जित की जायें।

मेरा स्मारक जरूर बनवाया जाये, पर इसका डिजाइन साधारण नहीं होना चाहिए। गालिब की याद में जो गालिब अकादमी बनी है, उसका बाथरूम भी अगर उसे रहने को मिल जाता तो वह निहाल हो जाता। ऐसा विरोधाभास नहीं होना चाहिए। मैं जिन्दगी-भर जिस मकान में रहा वह बरसात में इतना टपकता था कि सोने के लिए कोना ढूंढ़ना पड़ता था। मेरा स्मारक भी ऐसा ही बने। उसकी छत ऐसी हो कि बरसात में पानी भीतर आये। उसकी कभी पुताई और मरम्मत न की जाये। इस स्मारक के अहाते में बबूल के झाड़ लगाये जायें। रातरानी वगैरा के पौधे

लगाये गये तो मेरी आत्मा को शान्ति नहीं मिलेगी। मैंने जिन्दगी-भर बबूल और भटकटैया पसन्द की थी।

मेरी कोई सन्तान नहीं है, क्योंकि उनकी माँ ही नहीं थी। कहीं कोई बेटा-बेटी हो तो मैं उनका उल्लेख करके पतिव्रताओं को संकट में नहीं डालना चाहता। मेरे वारिस मेरे भानजे-भानजी होंगे। इनमें रायल्टी को लेकर झगड़ा न हो, इसलिए मेरे मरने के बाद मेरी पुस्तकें कभी न छापी जायें। मैं नहीं चाहता कि ऐसा कुत्सित, ध्वंसकारी, नकारात्मक साहित्य लोग पढ़ें और बिगड़ें। मेरा यश मेरे लिखे हुए से बना नहीं रहेगा। इसलिए जिससे मेरा यश बना रहे वह रहस्य खोल रहा हूँ। यह रहस्य मैंने अभी तक नहीं खोला। पर अब मरते वक्त झूठ नहीं बोलूँगा। लोग इस पर विश्वास करें। वह रहस्य है···

मोहन राकेश और फणीश्वरनाथ रेणु के नाम से मैं ही लिखता था। ये दोनों उपनाम थे।

और क्या कहूँ। कुछ लोग मेरे लिए रोने के 'मूड' में होंगे। वे आँसू बरबाद न करें। किसी और के लिए बचा रखें।

गालिबे-खस्ता के बगैर कौन-से काम बन्द हैं,
रोइए जार-जार क्यों, कीजिए हाय-हाय क्यों।

सहानुभूति के रंग

शायद यह हड़बड़ा देनेवाली मार्मिक खबर दुनिया में नहीं फैली कि मेरी टाँग की हड्डी टूट गयी। अखबारों में बहुत-सी व्यर्थ खबरें, छोटी-छोटी बातें छपती रहती हैं—कहीं अफ्रीका की स्वतन्त्रता का मामला, कहीं पश्चिम एशिया में शान्ति, कहीं परमाणु अस्त्र-परिसीमन ! मगर मेरी टाँग टूटने की खबर को जान-बूझकर दबाया गया। इसमें मुझे कुछ विदेशी और देशी शक्तियों का षड्यन्त्र मालूम होता है। मारीशस में विश्व हिन्दी-सम्मेलन करने से क्या फायदा? मेरे पास अभी तक शिवसागर रामगुलाम की चिट्ठी नहीं आयी। मैं मारीशस विश्व हिन्दी-सम्मेलन में जा रहा था। पर रवाना होने के तीन दिन पहले मेरी टाँग टूट गयी। मैं पूछता हूँ—और किस हिन्दी लेखक की टाँग टूटी? कौन अपनी भाषा के लिए टाँग तुड़वाता है? मेरी इस टूटी टाँग का हिन्दी आन्दोलन में बड़ा महत्त्व है। मैंने अच्छा नहीं लिखा तो कम-से-कम अच्छी टाँग तो तुड़वा ली? वे कितने घटिया लेखक हैं जो न अच्छा लिखते हैं, न हाथ-पाँव तुड़वाते हैं।

किसी दुर्घटना से या नुकसान से बेचारा लेखक क्या चाहता है? थोड़ा प्रचार।

मैं यह कब कहता हूँ कि मेरा महान् लेखक के रूप में प्रचार किया जाय। कुल यही तो चाहता हूँ कि टाँग टूटने की खबर फैले—और प्रसंगवश यह कि मैं लेखक हूँ। दुर्घटना से मैंने खुद कवि बनाये हैं। मैं एक अखबार में काम करता था। एक सज्जन कविता लिखते थे, पर उन्हें कोई कवि नहीं मानता था। एक रात उनके घर चोरी हो गयी। मैंने इस समाचार का शीर्षक दे दिया—'कवि के घर चोरी।' दूसरे दिन वे मेरे पास आये। बहुत खुश थे। कहने लगे—मैं आपका अहसान जीवन-भर नहीं भूलूंगा। मैंने कहा—क्या आपकी चोरी का सामान मिल गया? वे बोले—नहीं। मैं तो इसलिए आपका आभारी हूँ कि आपने मुझे कवि के रूप में मान्यता दी। मेरा नाम फैलाया। उन्हें अपने चोरी गये माल का कतई दुख नहीं था। चला गया तीन-चार हजार का माल तो क्या हुआ। पर इतने-से नुकसान से कवि के रूप में विख्यात तो हो गये। वे तो कुत्ते से कटवा लेते जिससे छपता—कवि को कुत्ते ने काटा। वे फाँसी लगा लेते जिससे छपता—कवि द्वारा आत्महत्या। फाँसी इसलिए नहीं लगायी कि मरने के बाद वे यह समाचार छपा हुआ नहीं देख सकते थे।

मैं अपनी तरफ से गफलत नहीं कर रहा हूँ। जो भी लिखता हूँ, उसमें टाँग टूटने का जिक्र जरूर कर देता हूँ—भौंडेपन से ही सही। भौंडापन सत्साहित्य का जरूरी गुण है, जैसे बेवकूफी सज्जनता का। लोग नहीं पूछते तो भी मैं उन्हें पत्र में लिखता हूँ—प्रिय भाई, हालत सुधार पर है। अब थोड़ा चलने लगा हूँ।

एक दिन एक सज्जन कानपुर से आये—वे आगे दुर्जन सिद्ध हुए। पर मैं तो गर्व से फूल गया कि इतनी दूर से लोग मेरा हाल देखने आते हैं। मैंने अपनी सधी हुई अदा से कहा, "अब टाँग धीरे-धीरे ठीक हो रही है। थोड़ा चल लेता हूँ। पर दर्द अभी है।" वे असमंजस में पड़ गये। कहने लगे, "आप किसके बारे में कह रहे हैं? किसकी टाँग में दर्द है?" मेरा बुरा हाल हो गया। इस कम्बख्त को कुछ पता ही नहीं है! लगा, दूसरी टाँग भी टूट गयी। मैंने उन्हें बताया, तो वे बोले, "हमें पता ही नहीं था। ईश्वर आपको जल्दी स्वस्थ करे।" मैंने पूछा, "तो क्या कानपुर में आपको गिरिराज किशोर और कामतानाथ ने नहीं बताया?" वे बोले, "नहीं, हम तो इन्हें नहीं जानते।" मेरे साथ ये दोनों लेखक भी ढेर हुए। कानपुर में ये क्या भाड़ झोंकते हैं? कोई इन्हें जानता ही नहीं। कानपुरी कहने लगे, "हम तो लड़की की शादी तय करने आये हैं अमुक तिवारीजी के लड़के से। हमें बताया गया कि तिवारी परिवार को आप अच्छी तरह जानते हैं। सोचा, आपका मत भी ले लें।" मुझे गुस्सा आया। एक लेखक की टाँग टूटी है और लोग शादियाँ रचा रहे हैं। सोचा, इनकी लड़की की शादी कटवा दूं। कह दूं कि लड़का शराबी-जुआड़ी है। पर इतना नीच होने की सामर्थ्य नहीं जुटा पाया। कुछ लेखक तो सहज ही निष्प्रयास नीच हो लेते हैं। मुझे उनसे ईर्ष्या होती है।

मैं जो कुछ प्रचार कर रहा हूँ, हिन्दी के लिए। यह हिन्दी की टाँग है—जो टूट गयी। जैसे एक आदमी हमारे शहर की नाक है—गो छिनकी हुई। (बीभत्स रस)।

कल जो भले आदमी आये थे वे कहने लगे--अमुक साहब से आपके घर का पता पूछा तो उन्होंने नहीं बतलाया। सुना था, वे आपके मित्र हैं। मैंने कहा-- कोई बात नहीं। मैं ऐसा नहीं करूँगा। उनके मरने पर, मैं आपको यह बता दूँगा कि उन्हें किस मरघट ले जा रहे हैं। जिन्होंने उन्हें पता बताया था उनका नाम उन्होंने बताया तो मैंने कहा, "उन्हें मेरी टाँग टूटने से दुख होगा। मैं जानता हूँ। पर उन्होंने मेरी हल्की-सी निन्दी भी की होगी। मेरी ये कमजोरियाँ बतलायी होंगी।" उन सज्जन ने कहा, "आप ठीक कहते हैं। पर आपने कैसे जाना?" मैंने कहा, "मैं आदमी को जानता हूँ। उन्हें तो और अच्छी तरह से जानता हूँ।"

हाँ, खालिस सहानुभूति नहीं दी जाती। तेज होती है। जीभ जल जाती है। निराला की मृत्यु के बाद प्रयाग के एक सुनामधन्य लेखक से मिला तो वे कहने लगे—बेचारे निराला जीवन-भर दुख भोगते-भोगते आखिर मृत्यु को प्राप्त हो गये। ऐसी महान प्रतिभा का ऐसा दारुण अन्त! मुझे लगा ये रोनेवाले हैं, पर वे बोले—मरते क्यों नहीं? सब करम तो करते थे। नशा, रण्डीबाजी···मुझे लगा मेरे पास एक कोढ़ी बैठा है, जिसके अंग-अंग गल रहे हैं। बड़ी दया आयी। क्या करूँ इसके लिए? किस कुष्ट आश्रम में भरती करा दूँ इसे?

सहानुभूति-संकट एक दिन मैंने एक भलेमानस का देखा। उनके परम घनिष्ठ मित्र अस्पताल में थे और मौत के पास थे। उनसे कहा गया था कि ये आधा घण्टा के ही मेहमान हैं। भलेमानस ने दफ्तर से आधी छुट्टी ले ली और मरनेवाले से अपनी मैत्री के स्टैण्डर्ड के हिसाब से शव-यात्रा के लिए तैयार होकर घर में बैठ गये। वे अस्पताल से फोन का इन्तजार कर रहे थे। फोन बजता तो बड़ी आशा से उठाते और निराश होकर रख देते। 2-3 घण्टे हो गये। वे खीझकर कहने लगे, "बताओ भला, कैसी झंझट है। हमसे तो कहा था कि आधा घण्टे में काम तमाम हो जायेगा। तो हम छुट्टी लेकर इधर बैठे हैं। तीन घण्टे हो गये पर उधर से खबर ही नहीं आयी।" मरनेवाले की भी क्या धाँधली थी! जल्दी और ठीक समय पर नहीं मर रहा था और इनकी छुट्टी बरबाद हो रही थी।

मुझे एक आदमी अच्छे लगे। उन्होंने कहा—टाँग-वाँग की क्या चिन्ता! हो जायेगी अच्छी। यह बताइए, कुछ लिख रहे हैं? मैंने कहा—हाँ, रेडियो से लोक-सभा-चुनाव के नतीजे आ रहे हैं। लिख रहा हूँ--मेरे दरवाजे के सामने यह पेड़ है। जरा हवा चलती है तो पत्ते ऐसे गिरते हैं जैसे कांग्रेस के उम्मीदवार गिर रहे हों। और ये जो पीले पत्ते हैं, इनकी जमानत जप्त हो गयी।

सज्जन ने कहा—आप तो राजनैतिक लिख रहे हैं। मैंने कहा—हाँ, बात यह है कि आपातकाल और सेंसर के कारण मैं भी दूसरे लेखकों की तरह चुपचाप था। पर अब तो मुझे यह बताना ही है कि बाकी सब लेखक कायर हैं—बहादुर मैं ही हूँ।

तीसरे दर्जे के श्रद्धेय

बुद्धिजीवी बहुत थोड़े में सन्तुष्ट हो जाता है। उसे पहले दर्जे का किराया दे दो ताकि वह तीसरे में सफर करके पैसा बचा ले। एकाध माला पहना दो, कुछ श्रोता दे दो और भाषण के बाद थोड़ी तारीफ--- वह मान जाता है, इतने में। मैं भी विश्वविद्यालय में भाषण देकर सन्तुष्ट था। उस शहर से बीस मील इधर के स्टेशन से मैं तीसरे से पहले दर्जे में आ गया था, जिससे मेजबानों को बुद्धिजीवी को तीसरे दर्जे से उतारने की शर्म न झेलनी पड़ी। मैं दरवाजे पर हैण्डिल पकड़े तब तक खड़ा रहा, जब तक उन्होंने मुझे देख नहीं लिया। ऐसा हो चुका है कि स्वागतकर्ता मुझे पहले दर्जे में तलाश कर रहे हैं और मैं चुपचाप तीसरे दर्जे से उतरकर उनका इन्तजार कर रहा हूँ। जब वे मिलते हैं, तो दोनों पार्टियों को शर्म महसूस होती है। वे सोचते हैं, किस थर्ड-क्लासिये को बुला लिया। और मैं सोचता हूँ—इन्होंने मुझे पकड़ लिया। कभी मौका मिला तो नजर बचाकर प्लेटफार्म पर तीसरे दर्जे के सामने से सरककर पहले के सामने आ जाता हूँ और फिर बाबू को टिकिट इस तरह देता हूँ कि मेजबान जान न सके कि वह तीसरे दर्जे का है।

श्रद्धेय के भी दर्जे होते हैं। तीसरे दर्जे का श्रद्धेय प्रेरणा नहीं देता। वह शर्म देता है। गाँधीजी की बात अलग थी। वे तीसरे को भी पहले दर्जे की महिमा दे देते थे। हम तो पहले दर्जे में बैठकर भी तीसरे की हीनता अनुभव करते हैं। सन्त और बुद्धिजीवी में यही फर्क है। मुझे विशेष सावधान रहना पड़ता है। पाठ्यक्रम में आ गया हूँ। कोर्स का लेखक हो गया हूँ। कोर्स का लेखक वह पक्षी है, जिसके पाँवों में घुंघरू बाँध दिये गये हैं। उसे ठुमककर चलना पड़ता है। ये आभूषण भी हैं और बेड़ियाँ भी। रायल्टी मिलने लगती है, तो जी होता है कि 'सत्साहित्य' ही लिखो, जिससे लड़के-लड़कियों का चरित्र बने। उसे आचार्यगण तुरन्त गले लगा लेंगे। परेशानी यही है कि 'सत्साहित्य' कुल आठ-दस वाक्यों में आ जाता है, जैसे---सत्य बोलो, किसी को कष्ट मत दो, ब्रह्मचर्य से रहो, परायी स्त्री को माता समझो, आदि।

एक तो बुद्धिजीवी, फिर कोर्स का बुद्धिजीवी—मुझे विशेष सावधान रहना पड़ता है। कितना ही प्रखर बुद्धिजीवी हो, अगर तीसरे दर्जे से उतरता हुआ देख लिया जाता है, तो उसका मनोबल घट जाता है। तीसरे दर्जे से उतरा और बुद्ध (नहीं, अबुद्ध) शाकाहारी होटल में ठहरा बुद्धजीवी आधा बुझ जाता है। मैं मनोबल बनाये रखने के लिए पन्द्रह-बीस मील पहले तीसरे से पहले दर्जे में आ जाता हूँ और पेट चाहे पचा न सके, अच्छे मांसाहारी होटल में ठहरता हूँ। पहला दर्जा और गोश्त बुद्धिजीवी को प्रखर बनाते हैं।

लौटते में मैं तीसरे दर्जे में यह कहकर बैठ जाता हूँ कि पहला दर्जा रात को असुरक्षित रहता है। यही बुद्धिजीवी की मिश्रित अर्थव्यवस्था है, जो देश की

मिश्रित अर्थ-व्यवस्था के अनुरूप ही है । देश के प्रति बुद्धिजीवी बहुत जागरूक है । वह पहले दर्जे से उतरता और तीसरे में चढ़ता है ।

मेरे भाषण का विषय था—'आजादी के पच्चीस वर्ष' । सामने लड़कियाँ बैठी थीं, जिनकी शादी बिना दहेज के नहीं होनेवाली थी । बैल की तरह मार्केट में उनके लिए पति खरीदना ही होगा । वर का बाप जचकी तक का खर्च जोड़कर ले लेगा । स्त्री के लिए अभी भी पत्नी के पद पर नौकरी सबसे सुरक्षित जीविका है । और लड़के बैठे थे, जिन्हें डिग्री लेने के बाद सिर्फ सिनेमाघर पर पत्थर फेंकने का काम मिलनेवाला है । आजादी के पच्चीस वर्षों का यही हिसाब है । पर पिछले दो वर्षों से कहा जा रहा है कि देश में क्रान्ति हो रही है । बुद्धिजीवी इसे समझे और इस प्रक्रिया में सहयोगी बने । बुद्धिजीवी को क्रान्ति की बात करने में क्या लगता है । वह सारा गुस्सा सरकार पर उतार देता है । इससे वाहवाही मिलती है, वह साहसी कहलाता है, लोकप्रिय होता है—मगर वह छद्म क्रान्तिकारिता है । ऐसा लेखक सरकार पर नाटकीय हमले करके सारी क्रान्तिविरोधी बुर्जुआ ताकतों को बचा ले जाता है । इस तरह वह बुर्जुआसमर्थक हो जाता है । लुकाच का तो यही निष्कर्ष है । माँग है तो मैंने क्रान्तिकारिता की बात की । पहले दर्जे का किराया और पेट में मुर्गा बुद्धिजीवी को क्रान्तिकारी बना देता है । मुर्गा दिन में सबसे पहले क्रान्ति का आह्वान करता है । क्रान्ति की बाँग देता है और फिर घूड़े पर दाने बीनने लगता है । भारतीय बुद्धि-जीवी का भी यही हाल है । क्रान्ति की बाँग, घूड़े पर दाने चुगना और हलाल होने का इन्तजार करना । यों दूध और कलाकन्द खानेवाले (नहीं, सेवन करनेवाले) भी अपने को क्रान्तिकारी बुद्धिजीवी कहते हैं, पर मैं नहीं मानता ।

लौटने के लिए स्टेशन पहुँचा तो टहलते हुए सोचने लगा—इन पच्चीस वर्षों ने क्या दिया ? इस समय मेरी क्या चिन्ता है । क्या मैं क्रान्ति की बात सोच रहा हूँ ? नहीं, मुझमें यात्रा की घबराहट है । बर्थ की घबराहट है । मैं बार-बार टिकिट निकालकर देखता हूँ । आज का ही है ? कहीं जाली तो नहीं है ? रिजर्वेशन सही है कि नहीं ? कोई भरोसा नहीं ।

मुझे गाड़ी के समय की चिन्ता है । मैं चिपका हुआ टाइम-टेबिल देखता हूँ । कहीं ऐसा तो नहीं है कि गाड़ी निकल गयी हो । टाइम-टेबिल देखता हूँ । पर मुझे इस पर भरोसा नहीं । यह पुराना भी हो सकता है । मैं वहीं खड़े बाबू से पूछता हूँ । वह कहता है, 'आपने अभी तो वह चिपका हुआ टाइम-टेबिल देखा है !" मैं कहता हूँ, "चिपके का क्या भरोसा ! पच्चीस सालों से क्या-क्या नहीं चिपका है इस देश में ! संविधान के निर्देशक सिद्धान्त चिपके हैं । पर अमल नहीं । चिपका है गाँधीजी का वाक्य—'स्वराज्य में हर आँख का आँसू पोंछा जायगा ।' मगर यही तय नहीं हो पा रहा है कि रुला कौन रहे हैं । पचपन करोड़ के हाथों में एक-एक रूमाल दे दिया गया है कि लो, एक दूसरे के स्वराज्य के आँसू पोंछो । चिपके कागज का क्या भरोसा ! समाजवादी ढंग का नारा चिपका था । पर काम सब बेढंगा हो रहा था । फिर 'जनतान्त्रिक समाजवाद' चिपक गया । फिर 'समाजवाद' चिपका । अब 'गरीबी

हटाओ' चिपका है। मगर कीमतें बढ़ रही हैं। चिपके कागज का कोई भरोसा नहीं रह गया।"

बाबू मुझे गाड़ी का समय बताता है। पर मैं एक बार बाबू पर भरोसा नहीं करता। एक पर भरोसा करके नागपुर में भुगत चुका हूँ। उसने कहा था कि, यह गाड़ी बैतूल रुकती है। पर बाद में मालूम हुआ कि नहीं रुकती। मैं दूसरे बाबू से पूछता हूँ। थोड़ा आश्वस्त होता हूँ।

मैं अब काले तख्ते पर देखता हूँ। लिखा है—'राइट टाइम'। मुझे भरोसा नहीं होता। कल का लिखा हो और मिटाया न गया हो। या कोई और गाड़ी 'राइट टाइम' हो लेकिन लिख इसके सामने दिया गया हो। मैं फिर दो बाबुओं से पूछता हूँ, जो कहते हैं कि गाड़ी 'राइट टाइम' है। फिर भी मुझे विश्वास नहीं होता। गाड़ी समय से पहले भी आ सकती है और लेट भी।

अब मुझे समय की चिन्ता लग गयी है। रेलवे की घड़ी का भरोसा नहीं। महीनों बन्द पड़ी रहती हैं ये घड़ियाँ। अपनी घड़ी देखता हूँ, पर उस पर भी मुझे भरोसा नहीं। पता नहीं, कब चाबी दी। फिर इन घड़ियों का कोई ठिकाना है! मैं एक-दो लोगों से समय और पूछ लेता हूँ।

अब मैं प्लेटफार्म पर खड़ा गाड़ी का इन्तजार कर रहा हूँ। मैं जानता हूँ, गाड़ी पूर्व से आती है, पर मैं पश्चिम की तरफ भी देखता हूँ। दोनों तरफ से गाड़ी का इन्तजार करता हूँ। कोई ठिकाना नहीं है। पूर्व से आनेवाली गाड़ी पश्चिम से भी आ सकती है।

सोचता हूँ—मुझे हो क्या गया है? इतना अनिश्चय, इतना अविश्वास! क्या आजादी के पच्चीस वर्षों ने यही अनिश्चय और अविश्वास की मानसिकता दी है हमारी पीढ़ी को? और यही हम आगामी पीढ़ी को विरासत में दे रहे हैं?

जिस रास्ते पर चल रहे हैं, वह 'समाजवाद मार्ग' है, पर ले कहीं और जा रहा है। महात्मा गाँधी मार्ग पर सारे ठग रहते हैं। रवीन्द्र मार्ग पर बूचड़खाना खुला है। परीक्षा में कोई बैठता है, और पास दूसरा हो जाता है। सारे देश में शक्कर के दाम दो रुपये किलो निश्चित किये गये हैं, पर इस घोषणा के बाद ही उसका दाम चार रुपये से बढ़कर सवा-चार रुपये हो जाता है। सहकारी दूकान के सामने कतार लगी है और पीछे के दरवाजे से चीजें कालाबाजार में चली जा रही हैं। क्षेत्र में काम कोई करता है और टिकिट दूसरे को मिल जाती है। हम किसी को महान भ्रष्टाचारी घोषित करते हैं और वह सदाचार-अधिकारी बना दिया जाता है।

अनिश्चय और अविश्वास!

दवा की शीशी पर नाम सही है, पर पता नहीं क्या खा रहे हैं। 'हनुमानभक्त' मेरा एक मित्र कहता है, "अब आदमी पर भरोसा नहीं रहा। कुछ निश्चित नहीं है। अब तो हनुमानजी से प्रार्थना करते हैं कि अब के जब राम के काम से गन्ध-मादन जाओ तो हमारे लिए भी पेचिश की दवा लेते आना।"

गाड़ी आती है। तीसरे दर्जे के श्रद्धेय जब अपनी सुरक्षित बर्थ पर जाते हैं, तो देखते हैं कि वहाँ कोई दूसरा बिस्तर फैला रहा है।

भारत को चाहिए : जादूगर और साधु

हर 15 अगस्त और 26 जनवरी को मैं सोचता हूँ कि साल-भर में कितने बढ़े। न सोचूं तो भी काम चलेगा—बल्कि ज्यादा आराम से चलेगा। सोचना एक रोग है, जो इस रोग से मुक्त हैं और स्वस्थ हैं, वे धन्य हैं।

यह 26 जनवरी 1972 फिर आ गया। यह गणतन्त्र-दिवस है, मगर 'गण' टूट रहे हैं। हर गणतन्त्र-दिवस 'गण' के टूटने या नये 'गण' बनने के आन्दोलन के साथ आता है। इस बार 'आन्ध्र' और 'तेलंगाना' है। अगले साल इसी पावन दिवस पर कोई और 'गण' संकट आयेगा।

इस पूरे साल में मैंने दो चीजें देखीं। दो तरह के लोग बढ़े—जादूगर और साधु। मेरा अन्दाज था, सामान्य आदमी के जीवन के सुभीते बढ़ेंगे— मगर नहीं। बढ़े तो जादूगर और साधु-योगी। कभी-कभी सोचता हूँ कि क्या ये जादूगर और साधु 'गरीबी हटाओ' प्रोग्राम के अन्तर्गत ही आ रहे हैं! क्या इसमें कोई योजना है?

रोज अखबार उठाकर देखता हूँ। दो खबरें सामने आती हैं—कोई नया जादूगर और कोई नया साधु पैदा हो गया है। उसका विज्ञापन छपता है। जादूगर आँखों पर पट्टी बाँध स्कूटर चलाता है और 'गरीबी हटाओ' वाली जनता कामधाम छोड़कर, तीन-चार घण्टे आँखों पर पट्टी बाँधे जादूगर को देखती हजारों की संख्या में सड़क के दोनों तरफ खड़ी रहती है। ये छोटे जादूगर हैं। इस देश में बड़े-बड़े जादूगर हैं, जो छब्बीस सालों से आँखों पर पट्टी बाँधे हैं। जब वे देखते हैं कि जनता अकुला रही है और कुछ करने पर उतारू है, तो वे फौरन जादू का खेल दिखाने लगते हैं। जनता देखती है, ताली पीटती है। मैं पूछता हूँ, "जादूगर साहब, आँखों पर पट्टी बाँधे राजनैतिक स्कूटर पर किधर जा रहे हो? किस दशा को जा रहे हो—समाजवाद? खुशहाली? गरीबी हटाओ? कौन-सा गन्तव्य है?" वे कहते हैं, "गन्तव्य से क्या मतलब? जनता आँखों पर पट्टी बाँधे जादूगर का खेल देखना चाहती है। हम दिखा रहे हैं। जनता को और क्या चाहिए?"

जनता को सचमुच कुछ नहीं चाहिए। मुझे लगता है, ये दो छोटे-छोटे जादूगर रोज खेल दिखा रहे हैं, इन्होंने प्रेरणा इस देश के राजनेताओं से ग्रहण की होगी। जो छब्बीस सालों से जनता को जादू के खेल दिखाकर खुश रखे हैं, उन्हें तीन-चार घण्टे

खुश रखना क्या कठिन है ! इसीलिए अखबार में रोज फोटो देखता हूँ, किसी शहर में नये विकसित किसी जादूगर की ।

सोचता हूँ, जिस देश में एकदम से इतने जादूगर पैदा हो जायें, उस जनता की अन्दरूनी हालत क्या है ? वह क्यों जादू से इतनी प्रभावित है ? वह क्यों चमत्कार पर इतनी मुग्ध है ? वह जो राशन की दूकान पर लाइन लगाती है और राशन नहीं मिलता, वह लाइन छोड़कर जादू के खेल देखने क्यों खड़ी रहती है ?

मुझे लगता है, छब्बीस सालों में देश की जनता की मानसिकता ऐसी बना दी गयी है कि जादू देखो और ताली पीटो । चमत्कार देखो और खुश रहो ।

बाकी हम पर छोड़ो ।

भारत-पाक युद्ध एक ऐसा ही जादू था । ज़रा बड़े 'स्केल' का जादू था, पर था जादू ही । जनता अभी तक ताली पीट रही है ।

उधर राशन की दूकान की लाइन बढ़ती जा रही है ।

देशभक्त मुझे माफ करें । पर मेरा अन्दाज है, जल्दी ही एक शिमला शिखर-वार्ता और होगी । भुट्टो कहेंगे –'पाकिस्तान में मेरी हालत खस्ता । अलग-अलग राज्य बनना चाह रहे हैं । गरीबी बढ़ रही है । लोग भूखे मर रहे हैं ।'

हमारी प्रधानमन्त्री कहेंगी—'इधर भी गरीबी हट नहीं रही । कीमतें बढ़ती जा रही हैं । जनता में बड़ी बेचैनी है । बेकारी बढ़ती जा रही है ।'

तब दोनों तय करेंगे—क्यों न पन्द्रह दिनों का एक और जादू हो जाय । चार-पाँच साल दोनों देशों की जनता इस जादू के असर में रहेगी । (देशभक्त माफ करें—मगर ज़रा सोचें) ।

जब मैं इन शहरों के इन छोटे जादूगरों के करतब देखता हूँ तो कहता हूँ, "बच्चो, तुमने बड़े जादू नहीं देखे । छोटे देखे हैं तो छोटे जादू ही सीखे हो ।"

दूसरा कमाल इस देश में साधु है । अगर जादू से नहीं मानते और राशन की दूकान की लाइन लगातार बढ़ रही है, तो लो, साधु लो ।

जैसे जादूगरों की बाढ़ आयी है, वैसे ही साधुओं की बाढ़ आयी है । इन दोनों में कोई सम्बन्ध जरूर है ।

साधु कहता है, "शरीर मिथ्या है । आत्मा को जगाओ । उसे विश्वात्मा से मिलाओ । अपने को भूलो । अपने सच्चे स्वरूप को पहचानो । तुम सत्-चित्-आनन्द हो ।"

आनन्द ही ब्रह्म है । राशन ब्रह्म नहीं । जिसने 'अन्नं ब्रह्म' कहा था, वह झूठा था । नौसिखिया था । अन्त में वह इस निर्णय पर पहुँचा कि अन्न नहीं 'आनन्द' ही ब्रह्म है ।

पर भरे पेट और खाली पेट का आनन्द क्या एक-सा है ? नहीं है तो ब्रह्म एक नहीं, अनेक हुए । यह शास्त्रोक्त भी है—'एको ब्रह्म बहुस्याम !' ब्रह्म एक है पर वह कई हो जाता है । एक ब्रह्म ठाठ से रहता है, दूसरा राशन की दूकान की लाइन में खड़ा रहता है, तीसरा रेलवे के पुल के नीचे सोता है ।

सब ब्रह्म-ही-ब्रह्म है।

शक्कर में पानी डालकर जो उसे वजनदार बनाकर बेचता है, वह भी ब्रह्म है और जो उसे मजबूरी में खरीदता है, वह भी ब्रह्म है।

ब्रह्म, ब्रह्म को धोखा दे रहा है।

साधु का यही कर्म है कि मनुष्य को ब्रह्म की तरफ ले जाय और पैसे इकट्ठे करे; क्योंकि 'ब्रह्म सत्यं जगन्मिथ्या।'

26 जनवरी आते-आते मैं यही सोच रहा हूँ कि 'हटाओ गरीबी' के नारे को, हटाओ महँगाई को, हटाओ बेकारी को, हटाओ भुखमरी को, क्या हुआ?

बस, दो तरह के लोग बहुतायत से पैदा करें—

जादूगर और साधु!

ये इस देश की जनता को कई शताब्दी तक प्रसन्न रखेंगे और ईश्वर के पास पहुँचा देंगे।

भारत-भाग्य-विधाता! हममें वह क्षमता दे कि हम तरह-तरह के जादूगर और साधु इस देश में लगातार बढ़ाते जायें।

हमें इससे क्या मतलब कि 'तर्क की धारा सूखे मरुस्थल की रेत में न छिपे' (रवीन्द्रनाथ), वह तो छिप गयी। इसलिए जन-गण-मन अधिनायक! बस हमें जादूगर और पेशेवर साधु चाहिए। तभी तुम्हारा यह सपना सच होगा कि हे परम-पिता, उस स्वर्ग में मेरा यह देश जाग्रत हो (जिसमें जादूगर और साधु जन को खुश रखें)।

यह हो रहा है, परमपिता की कृपा से!

एक अशुद्ध बेवकूफ

बिना जाने बेवकूफ बनना एक अलग और आसान चीज है। कोई भी इसे निभा देता है।

मगर यह जानते हुए कि मैं बेवकूफ बनाया जा रहा हूँ और जो मुझसे कहा जा रहा है, वह सब झूठ है---बेवकूफ बनते जाने का एक अपना मजा है। यह तपस्या है। मैं इस तपस्या का मजा लेने का आदी हो गया हूँ। पर यह महँगा मजा है—मानसिक रूप से भी, और इस तरह से भी। इसलिए जिनकी हैसियत नहीं है, उन्हें यह मजा नहीं लेना चाहिए। इसमें मजा-ही-मजा नहीं है— करुणा है, मनुष्य की मजबूरियों पर सहानुभूति है, आदमी की पीड़ा की दारुण व्यथा है। यह सस्ता मजा नहीं है। जो हैसियत नहीं रखते, उनके लिए दो रास्ते हैं—चिढ़ जायें या शुद्ध

बेवकूफ बन जायें। शुद्ध बेवकूफ एक दैवी बरदान है, मनुष्य जाति को। दुनिया का आधा सुख खत्म हो जाय, अगर शुद्ध बेवकूफ न हों। मैं शुद्ध नहीं, 'अशुद्ध' बेवकूफ हूँ। और शुद्ध बेवकूफ बनने को हमेशा उत्सुक रहता हूँ।

अभी जो साहब आये थे, निहायत अच्छे आदमी हैं। अच्छी सरकारी नौकरी में हैं। साहित्यिक भी हैं। कविता भी लिखते हैं। वे एक परिचित के साथ मेरे पास कवि के रूप में आये। बातें काव्य की ही घण्टा-भर होती रहीं — तुलसीदास, सूरदास, गालिब, अनीस वगैरह। पर मैं 'अशुद्ध' बेवकूफ हूँ, इसलिए काव्य-चर्चा का मजा लेते हुए भी जान रहा था कि भेंट के बाद काव्य के सिवाय कोई और बात निकलेगी। वे मेरी तारीफ भी करते रहे और मैं बरदाश्त करता रहा। पर मैं जानता था कि वे साहित्य के कारण मेरे पास नहीं आये।

मैंने उनसे कविता सुनाने को कहा। आमतौर पर कवि कविता सुनाने को उत्सुक रहता है, पर वे कविता सुनाने में संकोच कर रहे थे। कविता उन्होंने सुनायी, पर बड़े बेमन से। वे साहित्य के कारण आये ही नहीं थे — वरना कविता की फरमाइश पर तो मुर्दा भी बोलने लगता है।

मैंने कहा, "कुछ सुनाइए।"

वे बोले, "मैं आपसे कुछ लेने आया हूँ।"

मैं समझा, ये शायद ज्ञान लेने आये हैं।

मैंने सोचा—यह आदमी ईश्वर से भी बड़ा है। ईश्वर को भी प्रोत्साहित किया जाय तो वह अपनी तुकबन्दी सुनाने के लिए सारे विश्व को इकट्ठा कर लेगा।

पर ये सज्जन कविता सुनाने में संकोच कर रहे थे और कह रहे थे, "हम तो आपसे कुछ लेने आये हैं।"

मैं समझता रहा कि ये समाज और साहित्य के बारे में कुछ ज्ञान लेने आये हैं।

कविताएँ उन्होंने बड़े बेमन से सुना दीं। मैंने तारीफ की, पर वे प्रसन्न नहीं हुए। यह अचरज की बात थी। घटिया-से-घटिया साहित्यिक सर्जक, प्रशंसा से पागल हो जाता है। पर वे ज़रा भी प्रशंसा से विचलित नहीं हुए।

उठने लगे तो बोले, "डिपार्टमेण्ट में मेरा प्रमोशन होना है। किसी कारण अटक गया है। ज़रा आप सेक्रेटरी से कह दीजिए, तो मेरा काम हो जायेगा।"

मैंने कहा, "सेक्रेटरी क्यों? मैं मन्त्री से कह दूंगा। पर आप कविता अच्छी लिखते हैं।"

एक घण्टे मैं जानकर भी साहित्य के नाम पर बेवकूफ बना—मैं 'अशुद्ध' बेवकूफ हूँ।

एक प्रोफेसर साहब — क्लास वन के। वे इधर आये। विभाग के 'डीन' मेरे घनिष्ठ मित्र हैं, यह वे नहीं जानते थे। यों वे मुझसे पचीसों बार मिल चुके थे। पर जब वे 'डीन' के साथ मिले तो उन्होंने मुझे पहचाना ही नहीं। डीन ने मेरा परिचय उनसे करवाया। मैंने भी ऐसा बर्ताव किया, जैसे यह मेरा उनसे पहला परिचय है।

डीन मेरे यार हैं। कहने लगे, "यार परसाई, चलो केण्टीन में, अच्छी चाय पी जाय। अच्छा नमकीन भी मिल जाय तो मजा आ जाय।"

अब क्लास वन के प्रोफेसर साहब थोड़ा चौंके।

हम लोगों ने चाय और नाश्ता किया। अब वे समझ गये कि मैं 'अशुद्ध' बेवकूफ हूँ।

कहने लगे, "सालों से मेरी लालसा थी कि आपके दर्शन करूँ। आज वह लालसा पूर्ण हुई।" (हालाँकि वे कई बार मिल चुके थे। पर डीन सामने थे।)

अँगरेजी में एक बड़ा अच्छा मुहावरा है—'टेक इट विथ ए पिंच ऑफ साल्ट' —याने थोड़े नमक के साथ लीजिए। मैंने अपनी तरीफ थोड़े 'नमक' के साथ ले ली।

शाम को प्रोफेसर साहब मेरे घर आये। कहने लगे, "डीन साहब तो आपके बड़े घनिष्ठ हैं। उनसे कहिए न कि मुझे पेपर दे दें, कुछ कापियाँ भी—और 'माडरेशन' के लिए बुला लें तो अच्छा है।"

मैंने कहा, "मैं ये सब काम डीन से आपके करवा दूँगा। पर आपने मुझे पहचानने में थोड़ी देर कर दी थी।"

बेचारे क्या जवाब देते? अशुद्ध बेवकूफ मैं—मजा लेता रहा कि वे क्लास वन के अफसर नहीं, चपरासी की तरह मेरे पास से बिदा हुए। बड़ा आदमी भी कितना बेचारा होता है।

एक दिन मई की भरी दोपहर में एक साहब आ गये। भयंकर गर्मी और धूप। मैंने सोचा कि कोई भयंकर बात हो गयी है, तभी ये इस वक्त आये हैं। पसीना पोंछकर वियतनाम की बात करने लगे। वियतनाम में अमरीकी बर्बरता की बात करते रहे। मैं जानता था कि मैं निक्सन नहीं हूँ। पर वे जानते थे कि मैं बेवकूफ हूँ। मैं भी जानता था कि इनकी चिन्ता वियतनाम नहीं है।

घण्टे-भर राजनैतिक बातें हुईं।

वे उठे तो कहने लगे, "मुझे जरा दस रुपये दे दीजिए।"

मैंने दे दिये और वियतनाम की समस्या आखिर कुल दस रुपये में निपट गयी।

एक दिन एक नीतिवाले भी आ गये। बड़े तैश में थे।

कहने लगे, "हद हो गयी। चेकोस्लोवाकिया में रूस का इतना हस्तक्षेप! आपको फौरन वक्तव्य देना चाहिए।"

मैंने कहा, "मैं न रूस का प्रवक्ता हूँ न चेकोस्लोवाकिया का। मेरे बोलने से क्या होगा?"

वे कहने लगे, "मगर आप भारतीय हैं, लेखक हैं, बुद्धिजीवी हैं। आपको कुछ कहना ही चाहिए।"

मैंने कहा, "बुद्धिजीवी वक्तव्य दे रहे हैं। यही काफी है। कल वे ठीक उलटा वक्तव्य भी दे सकते हैं, क्योंकि वे बुद्धिजीवी हैं।"

वे बोले, "याने बुद्धिजीवी बेईमान होता है?"

मैंने कहा, "आदमी ही तो ईमानदार और बेईमान होता है। बुद्धिजीवी भी आदमी ही है। वह सूअर या गधे की तरह ईमानदार नहीं हो सकता। पर यह बतलाइए कि इस समय क्या आप चेकोस्लोवाकिया के कारण परेशान हैं? आपकी पार्टी तो काफी नारे लगा रही है। एक छोटा-सा नारा आप भी लगा दें और परेशानी से बरी हो जायें।"

वे बोले, "बात यह है कि मैं एक खास काम से आपके पास आया था। लड़के ने रूस की लुमुम्बा यूनिवर्सिटी के लिए दरख्वास्त दी है। आप दिल्ली में किसी को लिख दें तो उसका सिलेक्शन हो जायगा।"

मैंने कहा, "कुल इतनी-सी बात है। आप चेकोस्लोवाकिया के कारण परेशान हैं। रूस से नाराज हैं। पर लड़के को स्कालरशिप पर रूस भेजना भी चाहते हैं।"

वे गुमसुम हो गये। मुझ अशुद्ध बेवकूफ की दया जाग गयी।

मैंने कहा, "आप जाइए। निश्चिन्त रहिए— लड़के के लिए जो मैं कर सकता हूँ, करूँगा।"

वे चले गये।

बाद में मैं मजा लेता रहा। जानते हुए बेवकूफ बननेवाले 'अशुद्ध' बेवकूफ के अलग मजे हैं।

मुझे याद आया गुरु कबीर ने कहा था—'माया महा ठगनि हम जानी।'

सम्मान और फ्रेक्चर

इन दिनों मेरे चरण के दर्शन के लिए बहुत लोग आ रहे हैं। यों ब्राह्मण का बेटा हूँ, उम्र भी काफी है, पर चरण छूनेवाले इधर ध्यान ही नहीं देते थे। वे आचार्यों और उच्च वर्ण के नेताओं के चरण छूने में व्यस्त थे। ये श्रद्धेय सवेरे चरण-स्पर्श का नाश्ता करते हैं। भयंकर शीत में भी पाँव चादर के बाहर रखते हैं, जिससे श्रद्धालु को चरण तलाशने में तकलीफ न हो। फिर साबुन से सारे शरीर को तो नहाकर स्वच्छ कर लेंगे, पर चरणों को गन्दा रखेंगे - श्रद्धालु को यदि चरणों की रज चाहिए, तो उसका इन्तजाम भी तो होना चाहिए।

अब चरण मेरे भी तो देखे जा रहे हैं और स्पर्श भी किये जा रहे हैं। जिन्हें मेरी सूरत से भी नफरत है, वे भी दुनियादारी निभाने आते हैं, चरण देखते हैं, हाथ फेर-कर पूछते हैं—दर्द कहाँ है? अब तो कई बुजुर्ग भी, जिनके चरण मैं खुद छूना चाहता था, पर जिन्होंने अपने सामाजिक आचरण से मुझे मौका नहीं दिया, वे भी मेरे चरण पर हाथ फेर देते हैं।

एकाएक मेरे चरण इतने पवित्र क्यों हो गये ? इनमें श्रद्धा के कीड़े नहीं आये, एक पाँव में छोटा-सा 'फ्रेक्चर' हो गया है। हड्डी तिड़क गयी है। प्लास्टर चढ़ा है और मैं इस 'फ्रेक्चर' को बड़े प्यार से पाले हूँ कि साहित्य और समाज की सेवा ने नहीं, इस 'फ्रेक्चर' ने बड़ों-बड़ों से पैर छुलवा दिये। मुझे प्लास्टर निकलने की जल्दी नहीं है। ठीक होने के बाद भी यों ही, शौकिया बँधा रहे, तो शहर में जो वंचित रह गये हैं, वे भी आकर चरणों की रज ले जायें। मैं एक सम्मान लेकर आया हूँ।

'फ्रेक्चर' हुआ कैसे ? यह 'शुभचिन्तकों' और कुछ लेखकों के लिए शोध का विषय हो गया है। जल्दी ही कुछ को डॉक्टरेट मिलेगी। अपनी तरफ से इतना जानता हूँ कि टेलिफोन के तारों के लिए लम्बा गहरा गड्ढा खोदा गया था। मेरे साथ दो आदमी और थे, जो उसी होटल में ठहरे थे। हम गड्ढा पार करने लगे, तो पाँव फिसले। वे दोनों मौका देखकर चलनेवाले थे। वे फौरन लुढ़क गये और फिर उठ खड़े हुए और धूल पोंछ डाली। मैं लुढ़का नहीं। बायें पैर से पार करने लगा, तो टखने के पास 'किच्च' से कुछ हुआ। मुझे बाद में पछतावा भी हुआ कि मैं भी क्यों नहीं लेट गया। गिर क्यों नहीं गया ? गिरने के बड़े फायदे हैं। पतन से न मोच आती, न फ्रेक्चर होता। कितने ही लोग, मैंने कितने ही क्षेत्रों में देखे हैं, जो मौका देखकर एकदम आड़े हो जाते हैं। न उन्हें मोच आती, न उनकी हड्डी टूटती। सिर्फ धूल लग जाती है, पर यह धूल कपड़ों में लगती है, आत्मा में नहीं। वे उसे झाड़ लेते हैं, और इस शान से चलते हैं, जैसे आड़े होकर गिरे ही नहीं।

बात यह है कि हड्डी टूटने के लिए हड्डी चाहिए। किसी ने सुना है कि किसी केंचुए का कभी 'फ्रेक्चर' हुआ ? उसकी हड्डी ही नहीं है। लहरिया मारकर किल-बिलाकर बड़े-बड़े गड्ढे पार कर लेता है। यह अलग बात है कि मेंढक उसे निगल लेता है। पर जिसकी हड्डी नहीं है, उसकी यह नियति है कि मेंढक-जैसा फुदकनेवाला 'बास' उसे निगल जाय। मेरे दोनों पाँवों में फ्रेक्चर हो चुके हैं। अब रीढ़ की हड्डी बची है। इसकी मैं बड़ी सावधानी से रक्षा करता हूँ। बहुत आदमियों की रीढ़ की हड्डी नहीं होती। वे बहुत लचीले होते हैं। उन्हें चाहे तो आप बोरे में भी डालकर ले जा सकते हैं। ले ही जाते हैं। मैं लगातार देख रहा हूँ कि राजनीति और साहित्य में बहुत लोग आपरेशन करवा के रीढ़ की हड्डी निकलवा लेते हैं। फिर इन्हें चाहे बोरे में भर लीजिए या सूटकेस में डाल लीजिए और कुली पर लदवाकर चाहे जहाँ जाइए।

सम्मान और पुरस्कार के प्रति मैं शंकालु हूँ। सम्मान से आत्मा में मोच आती है और पुरस्कार से व्यक्तित्व में 'फ्रेक्चर होता है। एक जगह मेरा सम्मान हुआ था और थोड़ा पुरस्कार भी दिया गया था। देनेवाले रईस थे, पर मुझे लगा था कि ये मुझे उसी तरह दे रहे हैं, जैसे मछली को दाना चुगाते हैं। उनके लिए मछली को दाना चुगाने और लेखक को पैसा देने में कोई अन्तर नहीं था। दूसरी आशंका मेरी यह भी थी शासकीय माहौल है। कहीं यह समारोह कलाकारों का राहतकार्य न हो जाय। 'मस्टर रोल' से मुझे बड़ा डर लगता है।

पर जिस शालीनता, विनयशीलता और खूबसूरती से समारोह हुआ, उससे मुझे खूब अच्छा लगा। चापलूसी कर रहा हूँ भविष्य के लिए। (है न ?) बड़ी-सी माला पहनायी गयी। तरह-तरह के अनजाने रंग-बिरंगे फूलों की बड़ी माला। वजनदार माला गर्दन झुकाने के काम आती है। तीन-चार किलो की माला गर्दन में डाल दो तो अच्छी-अच्छी अकड़ी गर्दनें झुक जाती हैं। मुझे तो गेंदे की माला पसन्द है। सर्वहारा फूल है, चाहे जहाँ पैदा हो जाता है। न खाद चाहिए, न माली -- और पंखुड़ियाँ तीर की तरह। आभिजात्य फूल मुझे पहचान में ही नहीं आते। यों अब सुना है, बड़े अफसरों की तरक्की इस बात पर निर्भर करने लगी है कि किसके पास कितने तरह के 'कैक्टस' हैं। भटकटैया को प्रतिष्ठा मिल गयी, इस सभ्यता में।

'कौन ठगवा नगरवा लूटल हो'--कबीर का यह पद कुमार गन्धर्व ने खूब मस्ती से गाया। मैं चाहता था वे यह भी गाते-- 'चली कुलबोरन गंगा नहाय के !' साहित्यिक चर्चा की तीन बैठकों में आखिरी बैठक में 'ठगवा' ने 'नगरवा' लूट लिया। कुछ बुद्धिजीवी बेचारे कहाँ तक बरदाश्त करते ? 'मैं' और 'तू' ही वह 'ठगवा' है जो नगरवा लूटने लगा। विषय गम्भीर थे। भारतीय चिन्तनधारा, भारतीय दर्शन में द्वन्द्व का अभाव, ब्रह्म जिज्ञासा, मार्क्सवादी सौन्दर्य-शास्त्र आदि। ये सब किनारे पड़े रह गये और 'रमैया की दुलहन ने' बाजार लूटना शुरू कर दिया।

दर्शन से लोग फौरन व्यक्तिगत छींटाकशी और व्यक्तिगत कमजोरियों पर आ गये। विषय सामने खड़ा हुआ घूरकर जवाब माँग रहा था। मगर उसकी तरफ पीठ करके हम लोगों ने अपने विषय अलग निकाल लिये। मुझे भी लगा कि बहुत-से विषय पुराने पड़ गये। अब शोध नये विषयों पर होना चाहिए। 'प्रेमचन्द के नारी पात्र' पर कब तक शोध होती रहेगी ? अब लेखकों के व्यक्तिगत चरित्र पर शोध होना चाहिए। जैसे इसी पर कि क्या यह सच है कि एक शहर में जैनेन्द्र ने भाषण में कहा---आपने बुलाया। मैं आया। सका सो कहा। न सका, सो न कहा। न आता, तो भी आता। आया, तो भी नहीं आया। आपने मुझे धन दिया। पर घर लौटूंगा तो बच्चे पूछेंगे कि हमारे लिए क्या लाये। मुझे निरुत्तर मत कीजिए। सुना है, इधर घी अच्छा होता है। तो तीन-चार किलो घी डब्बे में रख दीजिए ! बाकी तो सब माया है। अच्छा घी ही परम सत्य है। (यह बात मुझे एक शोधार्थी लेखक ने ही बतायी थी।)

इस पर भी शोध हो सकती है कि कौन लेखक पत्नी को महीने में कितनी बार पीटता है---अमावस्या की काली रात में पीटता है, ग्यारस के व्रत के बाद पीटता है या पूर्णिमा की चाँदनी की छटा में पीटता है---

चाँदेर हाँसि बाँध भेगेछे
उछले पड़े आलो
ओ प्रियतम ! तुमि
लात घूंसा मारो।

रवीन्द्रनाथ माफ करेंगे। उन्होंने कहा है---'ओ रजनीगन्धा, तोमार गन्ध सुधा

ढालो।' पर हमें गम्भीर शोध करना है। इस तरह के शोधकर्मी को नीचे का प्लेट लेना चाहिए, जिससे वह ऊपर की धमाचौकड़ी का साहित्यिक विश्लेषण कर सके।

और भी इस तरह के विषय हैं।

एक गम्भीर लेखक ने कहा, "यह क्या व्यक्तिगत छीछालेदर हो रही है। विषय पर आओ। ऐतिहासिक परिप्रेक्ष्य में हमें चीजों को देखना है।"

ऐतिहासिक परिप्रेक्ष्य में क्या देखेंगे?

हम तो गलत पढ़े इतिहास की अवैध सन्तानें हैं।

बहरहाल प्लास्टर बँधा है। एक साथ दो पुरस्कार लेकर आया हूँ। प्रशस्ति-पटल भूल जाऊँगा। पर कड़ी ठण्ड में जब यह चोट कसकेगी, तब सम्मान की याद दिलायेगी।

मुझे विश्वास है, यह लेख यथा-स्थान पहुँचा दिया जायेगा और कहा जायेगा—'देखिए, किस नमक-हराम को पुरस्कार दे दिया!'

पिटने-पिटने में फर्क

[यह आत्म-प्रचार नहीं है। प्रचार का भार मेरे विरोधियों ने ले लिया है। मैं बरी हो गया। यह ललित निबन्ध है]

बहुत लोग कहते हैं—तुम पिटे। शुभ ही हुआ। पर तुम्हारे सिर्फ दो अखबारी वक्तव्य छपे। तुम लेखक हो। एकाध कहानी लिखो। रिपोर्ताज लिखो। नहीं तो कोई ललित निबन्ध लिख डालो। पिट भी जाओ और साहित्य-रचना भी न हो। यह साहित्य के प्रति बड़ा अन्याय है। लोगों को मिरगी आती है और वे मिरगी पर उपन्यास लिख डालते हैं। टी-हाउस में दो लेखकों में सिर्फ माँ-बहन की गाली-गलौज हो गयी। दोनों ने दो कहानियाँ लिख डालीं। दोनों बढ़िया। एक ने लिखा कि पहला नीच है। दूसरे ने लिखा—मैं नहीं, वह नीच है। पढ़नेवालों ने निष्कर्ष निकाला कि दोनों ही नीच हैं। देखो, साहित्य का कितना लाभ हुआ कि यह सिद्ध हो गया कि दोनों लेखक नीच हैं। फिर लोगों ने देखा कि दोनों गले मिल रहे हैं। साथ चाय पी रहे हैं। दोनों ने माँ-बहन की गाली अपने मन के कलुष से नहीं दी थी, साहित्य-साधना के लिए दी थी। ऐसे लेखक मुझे पसन्द हैं।

पिटाई की सहानुभूति के सिलसिले में जो लोग आये, उनकी संख्या काफी होती थी। मैं उन्हें पान खिलाता था। जब पान का खर्च बहुत बढ़ गया, तो मैंने सोचा

पीटनेवालों के पास जाऊँ और कहूँ —'जब तुमने मेरे लिए इतना किया है, मेरा यश फैलाया है, तो कम-से-कम पान का खर्च दे दो। चाहो तो एक बेंत और मार लो। लोग तो खरोंच लग जाय तो भी पान का खर्च ले लेते हैं।'

मेरे पास कई तरह के दिलचस्प आदमी आते हैं।

आम तौर पर लोग आकर यही कहते हैं,—'सुनकर बड़ा दुख हुआ। बड़ा बुरा हुआ।'

मैं इस 'बुरे लगने' और 'दुख' से बहुत बोर हो गया। पर बेचारे लोग और कहें भी क्या?

मगर एक दिलचस्प आदमी आये। बोले, "इतने सालों से लिख रहे हो। क्या मिला? कुछ लोगों की तारीफ! बस! लिखने से ज्यादा शोहरत पिटने से मिली। इसलिए हर लेखक को साल में कम-से-कम एक बार पिटना चाहिए। तुम छह महीने में एक बार पिटो। फिर देखो कि बिना एक शब्द लिखे अन्तर्राष्ट्रीय ख्याति के होते हो कि नहीं। तुम चाहो तो तुम्हारा यह काम मैं ही कर सकता हूँ।"

मैंने कहा, "बात सही है। जब जरूरत होगी, आपको तकलीफ दूंगा। पर यार, ज्यादा मत मारना।"

पिटा पहले भी हूँ।

मैट्रिक में था तो एक सहपाठी रामेश्वर से मेरा झगड़ा था। एक दिन उसे मैं ढकेलते-ढकेलते कक्षा की दीवार तक ले गया। वह फँस गया था। मैंने उसे पीटा। फिर दोनों में अच्छे सम्बन्ध हो गये। स्कूली-लड़ाई स्थायी नहीं होती। पर वह गाँठ बाँधे था। हमारे घर से स्कूल डेढ़ मील दूर था। एक दिन हम दोनों गपशप करते शाम के झुटपुटे में आ रहे थे कि वह एकाएक बोला, "अरे, यह रामदास कहाँ से आ रहा है? वह देखो।" मैं उस तरफ देखने लगा। उसने बिजली की तेजी से मेरी टाँगों में हाथ डाला और वह पटकनी दी कि मैं नाले के पुल से नीचे गिर पड़ा। उठा। शरीर से, ताकत से, मैं डेवढ़ा पड़ता था। सोचा, इसे दमचूं। पर उसने बड़े मजे की बात कही। कहने लगा, "देखो, अदा-बदा हो गये। अपन अब पक्के दोस्त। मैंने तुम्हें कैसी बढ़िया तरकीब सिखायी है।" मैंने भी कहा, "हाँ यार, तरकीब बढ़िया है। मैं काफी दुश्मनों को ठीक करूँगा।" फिर मैंने चार विरोधियों को वहीं आम के झुरमुट में पछाड़ा। तरकीब वही—साथ जा रहे हैं। एकाएक कहता—अरे, वह उधर से श्यामसुन्दर आ रहा है। वह उधर देखने लगता और मैं उसकी टाँगों में हाथ डालकर सड़क के नीचे के गढ़े में फेंक देता।

यह तो स्कूल की पिटाई हुई।

लिखने लगा, तो फिर एक बार पिटाई हुए। आज से पन्द्रह-बीस साल पहले। मैं कहानियाँ लिखता और उसमें 'कमला' नाम की पात्री आ जाती। कुछ नाम कमला, विमला, आशा, सरस्वती ऐसे हैं कि कलम पर यों ही आ जाते हैं।

मुझे दो चिट्ठियाँ मिलीं—'खबरदार, कभी कमला कहानी में आयी तो ठीक कर दिये जाओगे। वह मेरी प्रेमिका है और तुम उससे कहानी में हर कुछ करवाते

हो। वह ऐसी नहीं है।'

मैं बात टाल गया।

एक दिन सँकरी गली से घर आ रहा था। आगे गली का मोड़ था। वहीं मकान की पीछे की दीवार थी। एक आदमी चुपचाप पीछे से आया और ऐसे जोर से पीछे से धक्का दिया कि मैं दीवार तक पहुँच गया। हाथ आगे बढ़ाकर मैंने दीवार पर रख दिये और सिर बचा लिया, वरना सिर फूट जाता। बाद में मालूम हुआ कि वह शहर का नम्बर एक का पहलवान है। मैंने कमला को विमला कर दिया। लेखक को नाम से क्या फर्क पड़ता है।

पर यह जूनवाली ताजा पिटाई बड़ी मजेदार रही। मारनेवाले आये। पाँच-छः बेंत मारे। मैंने हथेलियों से आँखें बचा लीं। पाँच-सात सेकण्ड में काम खत्म। वे दो वाक्य राजनीति के बोलकर हवा में विलीन हो गये।

मैंने डिटाल लगाया और एक-डेढ़ घण्टे सोया। ताजा हो गया।

तीन दिन बाद अखबारों में खबर छपी तो मजे की बातें मेरे कानों में शहर और बाहर से आने लगीं। स्नेह, दुख की आती ही थीं। पर—

—अच्छा पिटा।

— पिटने लायक ही था।

—घोर अहंकारी आदमी।

—ऐसा लिखेगा तो पिटेगा ही।

—जो लिखता है, वह साहित्य है क्या ? अरे, प्रेम-कहानी लिख। उसमें कोई नहीं पिटता।

कुछ लेखकों की प्रसन्नता मेरे पास तक आयी। उनका कहना था—अब यह क्या लिखेगा ? सब खत्म। हो गया इसका काम तमाम। बहुत आग मूतता था। पर मैंने ठीक वैसा ही लिखना जारी रखा और इस बीच पाँच कहानियाँ तथा चार निबन्ध लिख डाले और एक डायरी-उपन्यास तिहाई लिख लिया है।

सहानुभूतिवाले बड़े दिलचस्प होते हैं। तरह-तरह की बातें करते हैं। बुजुर्ग-बीमार-वरिष्ठ साहित्यकार बाबू रामानुजलाल श्रीवास्तव ने अपनी मोटी छड़ी भेजी और लिखा, "अब यह मेरे काम की नहीं रही। मेरी दुनिया अब बिस्तर हो गयी है। इस छड़ी को साथ रखो।"

लाठी में गुन बहुत हैं, सदा राखिए संग···

एक अपरिचित आये और एक छड़ी दे गये। वह गुप्ती थी, पर भीतर का फलक नहीं था। मूठ पर पैने लोहे का ढक्कन लगा था, जिसके कनपटी पर एक बार से आदमी पछाड़ खा जाय।

मेरे चाचा नम्बर एक के लठैत थे। वे लट्ठ को तेल पिलाते थे और उसे 'दुख-भंजन' कहते थे। मुहल्ले के रंगदार को, जो सबको तंग करता था, उन्होंने पकड़ा। सामने एक पतले झाड़ से बांधा और वह पिटाई की कि वह हमेशा के लिए ठाक हो गया। मैंने ही कहा, "दादा, इसे अब छोड़ दो।" उन्होंने छोड़ दिया, मगर कहा,

"देख, मैंने 'दुखभंजन' से काम नहीं लिया। गड़बड़ की तो 'दुखभंजन' अपना काम करेगा।"

वह 'दुखभंजन' पता नहीं, कहाँ चला गया। उनकी मृत्यु हो गयी पर वे शीशम की अपनी छड़ी छोड़ गये हैं।

एक साहब एक दिन आये। एक-दो बार दुआ-सलाम हुई होगी। पर उन्होंने प्रेमी मित्रों से ज्यादा दुख बताया। मुझे आशंका हुई कि कहीं वे रो न पड़ें।

वे मुझे उस जगह ले गये, जहाँ मैं पिटा था। जगह का मुलाहजा किया।

—कहाँ खड़े थे?

—किस तरफ देख रहे थे?

—क्या वे पीछे से चुपचाप आये?

—तुम सावधान नहीं थे?

—कुल पाँच-सात सेकण्ड में हो गया?

—बिना चुनौती दिये हमला करना कायरता है। सतयुग से चुनौती देकर हमला किया जाता रहा है, पर यह कलियुग है।

मैं परेशान। जिस बात को ढाई महीने हो गये, जिसे मैं भूल जाना चाहता हूँ, उसी की पूरी तफतीश कर रहा है। कहीं यह खुफिया विभाग का आदमी तो नहीं है? पर जिसका सब खुला है, उसे खुफिया से क्या डर!

वे आकर बैठ गये।

कहने लगे, "नाम बहुत फैल गया है। मन्त्रियों ने दिलचस्पी ली होगी?"

मैंने कहा, "हाँ, ली।"

वे बोले, "मुख्यमन्त्री ने भी ली होगी। मुख्यमन्त्री से आपके सम्बन्ध बहुत अच्छे होंगे?"

मैंने कहा, "अच्छे सम्बन्ध हैं।"

वे बोले, "मुख्यमन्त्री आपकी बात मानते हैं?"

मैंने कहा, "हाँ, मान भी लेते हैं।"

मैं परेशान कि आखिर ये बातें क्यों करते हैं। क्या मकसद है?

आखिर वे खुले।

कहने लगे, "मुख्यमन्त्री आपकी बात मानते हैं। लड़के का तबादला अभी काँकरे हो गया है। ज़रा मुख्यमन्त्री से कहकर उसका तबादला यहीं करवा दीजिए।"

पिटे तो तबादला करवाने, नियुक्ति कराने की ताकत आ गयी—ऐसा लोग मानने लगे हैं। मानें। मानने से कौन किसे रोक सकता है! यह क्या कम साहित्य की उपलब्धि है कि पिटकर लेखक तबादले कराने लायक हो जाये। सन् 1973 की यह सबसे बड़ी साहित्यिक उपलब्धि है। पर अकादमी माने तो।

बचाव पक्ष का बचपन

सुरेश मेरा 'लँगोटिया यार' है। बचपन में साथ पढ़े हैं। साथ कक्षा में मूँगफली खाते पकड़े जाने पर पिटे हैं। अब लँगोट आमतौर पर नहीं पहने जाते। 'अण्डरवेअर' (चड्डी) पहनी जाती है। इसलिए अब 'लँगोटिया यार' नहीं, 'चड्डी यार' होते हैं। लँगोट सख्ती से कसी जाती थी, तो यारी भी मजबूत होती थी। अब चड्डी ढीलमपोल होती है, इसलिए यारी भी ढीलमपोल हो गयी है। पर कुछ दोस्त अभी भी लँगोट युग में हैं—जैसे सुरेश।

सुरेश पहले शिक्षक था। कुछ साल 'पापड़ बेले'। फिर बेलन फेंककर एक छोटा-सा साप्ताहिक पत्र एक छोटे से शहर से निकाला। पत्र वह मुझे भेजता था। स्वभाव से वह शुरू से तीखा रहा है। अपने पत्र में तिलमिला देनेवाली तीखी बातें लिखता। साथी गरीब जनता का है। बड़े लोग उससे इतने जलते-भुनते हैं कि कई का भुरता बन चुका है। बस मसाला डालकर खाने की देर है।

वह मुझे समय-समय पर लिखता है। एक चिट्ठी में लिखा—पत्र बिकता खूब है। खूब पढ़ा जाता है। पर आमदनी बिकने से नहीं, विज्ञापनों से होती है। किसी तरह परिवार का खर्च चल जाता है। बहुत आर्थिक कष्ट होता है, तो हल्का-सा 'पीला' भी हो जाता हूँ—उन पत्रकारों की तरह नहीं, जो लखपति होने के लिए गहरे 'पीले' होते हैं। मैं तो सिर्फ केसरिया होता हूँ—साल में दो-तीन बार।

तरकीब यूँ है। पुल बन रहा है। बड़े ओहदे के इन्जीनियर हैं, छोटे इन्जीनियर हैं। ठेकेदार हैं। पुल बन रहा है। देश की संस्कृति इतना विकास कर चुकी है कि अब जाँच की तकलीफ उठाये बिना भी यह निश्चित कहा जा सकता है कि पैसा खाया जा रहा होगा, भ्रष्टाचार होगा ही। जब उद्घाटन-भाषण पूरा होने के पहले ही पुल गिर जाता है, तो जाँच-पड़ताल, जाँच कमीशन वगैरह की जरूरत ही नहीं है। यह युग-सत्य है और सत्य को स्वीकार करना ही चाहिए। पहले 'असत्य' से शर्म आती थी, अब सत्य से शर्म आती है।

तो, प्यारे भाई, जब तंगी होती है, तो 'एक नागरिक' के नाम से मैं पुल के बारे में भ्रष्टाचार का समाचार कम्पोज करवाता हूँ। पत्रकारिता की कई तरकीबें होती हैं—'सुना जाता है—', 'अफवाह है कि—', 'ज्ञात हुआ है कि—', 'अनेक नागरिकों के दस्तखत' आदि।

तो मैं कम्पोज किया मैटर लेकर चीफ इन्जीनियर के पास जाता हूँ। कहता हूँ—'शहर में बड़ी चर्चाएँ हैं। पचीसों पत्र छपने को आ रहे हैं। हम पत्रकारों का भी कर्तव्य है। मैं जानता हूँ कि आप जैसे कर्तव्य-निष्ठ और ईमानदार अफसर के होते हुए भ्रष्टाचार हो नहीं सकता (भ्रष्टाचार के सम्मान में वैसे डिपार्टमेण्ट उसका अभिनन्दन करनेवाला है), पर हम नागरिकों की शिकायत कब तक दाबे रहें? यह मैटर परसों के अंक में जा रहा है।'

साहब कहता है—'मैं जानता हूँ कि आप एक आदर्श पत्रकार हैं। झूठ कभी नहीं छापते। आप चाय पीजिए। मैं आधा घण्टे में जाँच करता हूँ।' वह दूसरे कमरे में ठेकेदारों और इन्जीनियरों को बुलाता है। सलाह करके लौटता है।

कहता है—'इतना बड़ा काम है। कहाँ-कहाँ देखा जाय? पर मैं आपकी जागरूकता की तारीफ करता हूँ। मैं अब बड़ी सख्ती से काम को देखूंगा। पर हम लोगों को सचेत रखने के लिए आपके जैसा पत्र निकलना जरूरी है। यह हम लोगों के हित में है। आप बड़ी सेवा कर रहे हैं और बड़ी कठिनाई से कर रहे हैं।'

फिर वह दो हजार के नोट मेरे हाथ में देकर कहता है—'यह हम लोगों की विनम्र सहायता है पत्र के लिए।' मैं ले आता हूँ। समाचार फिर इस तरह देता हूँ—'चीफ इन्जीनियर का आश्वासन! भ्रष्टाचार न होगा, पुल बढ़िया बनेगा। जनता अफवाहों पर ध्यान न दे। पूरी ईमानदारी और मुस्तैदी से काम हो रहा है।'

इसमें मेरी बेईमानी बिल्कुल नहीं है। बेईमानी से लेना बेईमानी नहीं होती। फिर समाचार ऐसा बनाता हूँ कि पुलवाले समझते हैं कि यह हमारे पक्ष में है। मगर जनता सही हालत समझ लेती है।

तो दोस्त, यों चल रहा है। अब मैं सामाजिक और राजनैतिक मामलों में भी थोड़ा सक्रिय हो गया हूँ। तीखे भाषण देता हूँ, तीखा लिखता हूँ। हजारों की संख्या में जनता सुनती है। पर कुछ लोग नाराज रहते हैं। जनता जिस बात पर ताली पीटती है, उसी पर कुछ लोग रोते हैं। जनता को रूमाल से इनके आँसू पोंछना चाहिए।

एक राजनैतिक दल जो मुनाफाखोरों का समर्थक है, मुझसे बहुत नाराज। मुझे धमकियाँ मिलतीं, पर मैं दबा नहीं।

आखिर एक दिन सूनी सड़क पर रात को उन्होंने मुझे पीट दिया। धमकी दी कि अभी तो पिटे ही हो, आगे जान जायेगी।

जनता में हल्ला मचा। पीटनेवाले एक राजनैतिक दल के। रोष दूर-दूर तक फैला। जनता ने विशाल जुलूस निकाला और मैं खुद न रोकता तो बड़ी हिंसा होती। आखिर पुलिस को सक्रिय होना पड़ा। केस बना। मेरे साथ पिस्तौल लेकर एक पुलिसवाला चलने लगा। याने पिटने से—अच्छे काम से नहीं—वी. आई. पी. हुआ।

अब यार, मजे की बात सुनो। दल की बदनामी से वे लोग परेशान। अगर बात सिद्ध हो गयी कि हमारे दल ने मारा तो बड़ी बदनामी होगी। लोग जो साथ हैं, बिचकेंगे। क्या करें? घटना को क्या रूप दें कि बदनामी न हो। आखिर उनके महान बुद्धिवादियों ने यह रास्ता निकाला—यह मामला न राजनैतिक कारणों से हुआ, न सामाजिक। सुरेशजी ने एक कालेज की लड़की को छेड़ दिया था और उसके भाई सुरेशजी को पीट गये। यह प्रचार खूब उन्होंने किया। कहा—'हमारी पार्टी को क्या मतलब? कोई बहन को छेड़ेगा, तो भाई पीटेंगे ही।'

तुम जानते हो मैं पचास का हो गया। सब मुझे जानते हैं। मैं सड़क पर लड़की को कैसे छेड़ सकता हूँ। चाहूँ तो घर में ही औरतें बुला सकता हूँ—चुपचाप। बड़ा लड़का अभी डाक्टर हुआ है। छोटा कामर्स में एम. ए. कर रहा है। लड़की दसवीं में पढ़ती है। भानजी बी. ए. में पढ़ती है।

और मैं सड़क पर लड़की को छेड़ता हूँ। जब यह मूर्खतापूर्ण झूठ सुना गया तो लड़के, लड़की, भानजे, भतीजे खूब हँसे। कहने लगे, 'आप इस उम्र में लड़की को छेड़ते हैं। हमारा चान्स मारते हैं।' फिर गम्भीर हो बोले, 'ये लोग फँस गये हैं। पकड़ लिये गये हैं। केस चलेगा। पर अपने को बदनामी से बचाने के लिए, ये हमारे परदादा की उम्र के ज्ञानी लोग, कोई और बात नहीं सोच सकते थे?' भानजी ने कहा, 'मामा, हम सब क्लास की लड़कियाँ खूब हँसीं इस मूर्खता और बदमाशी की बात पर।'

दोस्त, मैं चाहता हूँ, वह लड़की अदालत में हाजिर हो और बयान दे। मैं उसे कम-से-कम देख तो लूँ। कौन भाग्यशालिनी है वह? जहाँ तक उस दलवालों की औरतों का सवाल है, एक भी इस योग्य नहीं कि छेड़ी जाय। बल्कि लोग डरते हैं कि कहीं ये देवियाँ न छेड़ दें।

प्यारे भाई, तुम जानते हो, जवानी में सब कुछ-न-कुछ करते हैं—वरना जवानी बेकार है। जवानी की दूकान बन्द कर देनी चाहिए और लवणभास्कर चूर्ण बेचना चाहिए, बूढ़ों के लिए।

मैं छह-सात साल एक स्कूल में मास्टर रहा। मास्टर होना एक अभिशाप है। आपने कोई प्रेमिका पटायी है। मिलने की जगह तय कर रखी है। पर एकाएक एक विद्यार्थी निकलता है। पूछता है, 'सर, कैसे खड़े हैं?' घबराकर मास्टर कहता है, 'रिक्शे का इन्तजार कर रहा हूँ।' वह कहता है, 'सर, मैं साइकिल पर जाकर अभी चौराहे से रिक्शा ले आता हूँ।'

बेचारा मास्टर कहता है, 'नहीं, त्रिपाठी मास्साब भी आ रहे हैं। हम दोनों को तिवारी मास्साब के यहाँ जाना है। तुम जाओ।'

मैं जिस स्कूल में पढ़ाता था, वहाँ टीचर्स-ट्रेनिंग कालेज की छात्राएँ अभ्यास के लिए आया करती थीं। हम लोग उन्हें बताते थे कि इस तरह पढ़ाना चाहिए। जो विषय पढ़ाने के लिए वे लिखकर, तैयार करके लातीं, उसमें मैं साथ बैठकर सुधार करवाता। इसे तब 'लेसन प्लान' बोलते थे। कुछ तो ऐसी आती थीं कि देख लो तो शाम को खाना नहीं खाया जाता था। पर कुछ जवान और सुन्दरी भी आती थीं। मेरे बारे में यह बात फैल गयी थी कि मैं सो रहा होऊँ, आधी रात को, और कोई जगाकर कहे कि हमें इस विषय का 'लेसन प्लान' बनवा दीजिए, तो मैं अधनींदी हालत में ही पूरा मसौदा बोल देता था। इतनी पकड़ मुझे आ गयी थी। मैं 'एक्सपर्ट' कहलाता था।

तो सबसे अधिक भीड़ स्कूल के कामन-रूम में मेरे पास ही होती। मैं जवान और खूबसूरत। अपने को दे देने में कोई हर्ज न माननेवाली जवान स्त्रियाँ भी मेरे पास

आती थीं। सारे स्कूल में हल्ला कि यह सुरेश मास्टर 'लेडी किलर' है। औरतों से घिरा रहता है।

एक मुझे अच्छी लगी। गम्भीर, बहुत सुन्दरी, समझदार, शीलवान—याने सबसे अलग। मैं आकर्षित हुआ। वह भी।

पर सवाल यह कि गुरु मामला छेड़े कैसे? मास्टर की बड़ी दुर्दशा इस मामले में है। शोहदे का रास्ता आसान है।

मैंने सोचा, कविता ठीक रहेगी सिलसिले के लिए।

मैं उसके नोट्स देखते हुए गुनगुनाता 'बच्चन' को—

'तुम गा दो मेरा गान अमर हो जाये।
सुन्दर और असुन्दर जग में मैंने क्या न सराहा?
इतनी प्रेममयी दुनिया में मैं केवल अनचाहा।

(बच्चन ने यह झूठ कहा था। पर कविता में झूठ नमक होता है)

देखूँ आज रुकी है किसकी आ मुझ पर अभिलाषा।
तुम छू दो मेरा प्राण, अमर हो जाये।'

तुम जानते ही हो परसाई, कि मेरा स्वर बहुत अच्छा है। वह सुनती और मुझे लगता वह मुग्ध हो रही है।

पर अन्त में वह कहती, 'सर, इस समीकरण को कैसे पढ़ाना है?'

कम्बख्त गणित में उलझी थी। गणितवाली से प्रेम कैसे हो सकता है? बाद में उसने गणित में डॉक्टरेट कर ली। पर मैं यदि शादी कर लेता, तो वह बिस्तर में 'वेरियेबिल्स' पर बहस करती।

फिर एक मुसलमान युवती सुन्दरी आयी। उर्दू उसे खूब आती थी। उर्दू मैंने बहुत पढ़ रखी थी। सोचा—इसे उर्दू में पटाया जाय। पर वह इस तरह आती जैसे माफी माँगने आ रही है—'माफ कीजिए। आपका कीमती वक्त जाया कर रही हूँ। आप बहुत मेहनत करते हैं। हम सब शुक्रगुजार हैं। तवारीख में मुझे ये कल पढ़ाना है। मैंने तो तैयार कर लिया है, मगर आपकी नजरे इनायत हो जाय!'

वह कापी मेरे सामने रख देती। मैं टेबिल के नीचे पैर हिलाते-हिलाते शेर गुनगुनाता। उर्दू से पटाना था न!

मैं गुनगुनाता—

'आह को चाहिए इक उम्र असर होने तक
कौन जीता है तेरी जुल्फ़ के सर होने तक।'

वह सचमुच उर्दू कविता की बहुत प्रेमी जानकार थी।

वह कहती—

'शमअ हर रंग में जलती है सेहर होने तक।'

मैं कहता, पर मक़ते का शेर बड़े ग़ज़ब का है—

'हमने माना कि तग़ाफुल न करोगे लेकिन
खाक हो जायेंगे हम तुमको खबर होने तक।'

उसे पता नहीं क्यों आँसू आ गये। उसे भूतपूर्व प्रेमी की याद आ गयी होगी। आँसू पोंछते-पोंछते वह बोली—

'दिल ही तो है न संग-ओ-खिस्त दर्द से भर न आय क्यों?
रोयेंगे हम हज़ार बार, कोई हमें रुलाय क्यों?

मैंने कहा, इसका मक़ता बहुत अच्छा है—

'गालिबे ख़स्ता के बग़ैर कौन से काम बन्द हैं?
रोइए ज़ार-ज़ार क्या, कीजिए हाय-हाय क्यों?'

भली लड़की थी। कहने लगी, 'आप इतनी उर्दू कविता पढ़े हैं? आप तो हिन्दी के विद्वान हैं। अदीब भी हैं।"

मैंने कहा, 'देखिए, आदमी के जजबात एक होते हैं। जबान तर्जेबयाँ में फर्क होता है। मुझे गालिब आधा याद है। मीर भी। जिगर भी। और हिन्दी कवि तो खूब पढ़े हैं। अंग्रेजी भी।'

लड़की बड़ी चतुर थी। सीनियर केम्ब्रिज पास थी। कहने लगी, 'कोई अंग्रेजी सुनाइए।'

मैंने कहा, 'सुनाता हूँ पर वह मुहब्बत की नहीं है।' मैंने सुनाया शेक्सपीअर—

'गुडनेम इन मैन एण्ड वीमैन, डीअर माई लार्ड
इज दी इमीडियेट ज्वेल आफ देअर सोल्स
हू स्टील्स माई पर्स स्टील्स ट्रेश
इट वाज माइन, इट इज हिज, एण्ड मे बी
स्लेव टू थाउजैण्ड्स
बट ही हू स्टील्स माई गुडनेम
स्टील्स समथिंग
विच नाट एनरिचेज हिम, बट मेक्स मी पूअर इनडीड।'

वह समझ गयी।

उसका काम खत्म हो चुका था। कहने लगी, 'ग़ालिब का अपने मन का एक शेर सुना दीजिए।'

मैंने सुना दिया—

'ये लाश बेकफ़न असदे-खस्ता जाँ की है
हक मगफ़रत करे, अजब आज़ाद मर्द था?'

उसे आँसू आ गये। प्रेमी की याद आ गयी होगी। उसकी शायद मौत हो गयी होगी।

कहने लगी, 'जिगर!'

मैंने सुना दिया—

'अभी से तुझको नागवार है हमदम
वो हादसात जो रवाँ-दवाँ गुज़रे।'

सोचा—इसका असर पड़ेगा।

पर उठते-उठते बोली, 'आप इधर टाइम क्यों बरबाद करते हैं ? आपको सीधे अदब में कूद पड़ना चाहिए। कमाल है। इतने शेर जबानी ! एक दिन उन्हें लेकर आऊँगी। वे आपसे मिलकर खुश होंगे।'

मैंने पूछा, 'कौन ?'

उसने कहा, 'मेरे मँगेतर हैं। कालेज में उर्दू पढ़ाते हैं।'

तो यार परसाई, एक तो गणित में समीकरण के कारण गयी और दूसरी का मँगेतर था। तीसरी, जिससे मुझे उम्मीद थी—उसने मुझे दावत दी। मैं गया। पर वहाँ उसके पति और दो बच्चे थे।

'नमस्ते अंकिलजी !'

'नमस्ते अंकिलजी !'

मैं अधपेटा उठ गया।

फिर मैंने इस मामले में स्थायी नौकरी छोड़कर 'फ्री लांसिग' किये। इसमें काफी सफल रहा। तुम जानते ही हो। फिर घर बसा लिया। रात को दो-चार घर ट्राई किये जायें, इससे अच्छा है, एक ही घर हो।

पर इस उम्र में जब मैं पचास का हूँ, ये पीटनेवाले अफवाह फैला रहे हैं कि मैंने लड़की छेड़ी। मैं जानता हूँ—लड़कियाँ गहरा मेकअप करके कालेज आती हैं, इस उम्मीद से कि उन पर ध्यान जाय। लड़के मोहित हों। न मोहित हों तो निराश होती हैं। पर वे गुण्डागर्दी नहीं चाहतीं।

शाम को मिलती हैं तो मजे में बातें करती हैं, 'यार, आज तुमने कितनों की जान ली ?'

लड़की कहती है, 'सिर्फ दस की।'

दूसरी कहती है, 'अरे यार, हम तो सिर्फ सात को मार पायीं।'

तो प्यारे परसाई, इस उम्र में सुरेश को वह गौरव दिया गया है, जो जवानी में मिलना था। लेट हो गया। फिर भी उनका आभारी हूँ।

पर मैं बहुत खुश हूँ कि इनकी नजर में बूढ़ा नहीं माना जाता।

बस एक ही कष्ट है। क्या 'डिफेंस' (बचाव पक्ष) में इतनी अक्ल नहीं थी कि कोई और कारण ढूँढ़ लेते। मुझसे ही पूछ लेते तो मैं कोई तरकीब बता देता।

पर यह गौरव मेरे भाग्य में था कि इस उम्र में चौराहे पर खड़ा होकर लड़की पर आवाज कसूँ—जालिम, इधर भी तो देख लिया करो। कहूँ—

'मेरे अल्लाह मुझे दो पल की ज़िन्दगी दे दे
उदास मेरे जनाज़े से जा रहा है कोई।'

पर प्यारे परसाई, कविता से छेड़छाड़ हो नहीं सकती।

और नये 'वीर' युवकों की तरह मैं छेड़ नहीं सकता। यह कायर छेड़ होती है।

पर एक पुरातन पार्टी ने मुझे यह गौरव दिया, यह क्या कम है ?

फिर उसी नर्मदा मैया की जय

[होशंगाबाद के जल-प्रलय पर लेखक के नोट्स]

भाई की ससुराल होशंगाबाद में है और उसकी पत्नी तब वहीं प्रलय के बीच थी। होशंगाबाद सरीखा महाविनाश खड़गवासला के बाद दूसरा नहीं हुआ।

मेरी ननिहाल होशंगाबाद के उस पार शाहगंज में है। 1926 का पूरा महाप्रलय कहलाता था। विशेषज्ञ कहते थे—एक शताब्दी में ऐसा पूर नहीं आया। अब कहते हैं—पाँच शताब्दियों में इस साल सरीखा पूर नहीं आया। विशेषज्ञ को आदमी से नहीं, आँकड़ों से मतलब है। पाँच सौ साल पहले होशंगाबाद बसा था, इसका क्या सबूत ? इसका सबूत कबीरदास के पास ही होगा। पर इस बार के पूर और विनाश-लीला के लिए शब्द नहीं हैं। व्यंग्यलेखक ने देखा, तो सारा व्यंग्य भूल गया।

मैं 1926 में ननिहाल में था। दो-ढाई साल का था। नर्मदा बढ़ रही थी। मैं पानी में डूब रहा था। हर आदमी आत्म-रक्षा में लगा था। जब मैं डूब रहा था, मेरी माँ एकदम कूद पड़ी। मेरी टाँग पकड़ी और खींच लायी। उस समय माँ-बेटे दोनों बह जाते और मर जाते। पर मेरी माँ ने जान देने का तय करके मुझे बचा लिया। माँ इसी तरह की होती है। सबकी माँ। इस वीरबाला सरस्वती ने भी उसी 'माँ' भावना से सैकड़ों लोगों को बचाया। यह 'माँ' ही कर सकती है।

तब माँ जान की कीमत पर मुझे नहीं बचाती तो हरिशंकर परसाई जैसा आदमी इस दुनिया में न होता। मेरे होने से कुछ मित्रों, देशवासियों को खुशी है, पर बहुत लोगों को दुख भी है। वे सोचते हैं—यह बदमाश 1926 में ही क्यों नहीं मर गया ? झंझट ही दूर हो जाता।

'नर्मदा मैया' से मेरा लगाव इस तरह का है। मैं नर्मदा के तट पर पैदा हुआ, उसी नर्मदा में डूब रहा था और अब उसी नर्मदा को दो बार देखकर आ चुका हूँ। मै नर्मदा-पुत्र ही हूँ।

जिनके घर-बार बह गये, बच्चे डूबकर मर गये, वे मेरे साथ रेल के डब्बे में थे। पर जब नर्मदा रास्ते में आयी तो वे पाँच पैसे डालकर, हाथ जोड़कर कहते—'जै नर्मदा मैया' !

मैं सोचता रह गया। जिनका सबकुछ अभी इसी नर्मदा ने नष्ट कर दिया है, उसी की 'जय' बोल रहे हैं। यह क्या मामला है ? मुझे याद आया, कृषि-सभ्यता से यह श्रद्धा चली आ रही है। यह भारतीय मानस से मिटेगी नहीं। नदी जीवनदायिनी भी है और विनाशकारिणी भी। पर विनाश के बाद जीवन वहीं फिर बस जाता है और नये विनाश की राह देखता है। विनाश को भूलकर जीवन फिर वहीं आ जाता है। जिजीविषा बड़ी प्रबल होती है। मनुष्य मृत्यु पर विजय पाने की

हर क्षण कोशिश करता है, घायल हो जाता है, पर फिर लड़ने को तैयार हो जाता है।

नर्मदा से मेरा बड़ा घना लगाव है। उन घाटों पर हमने कितनी बार बैठकर आधी रात तक गीत गाये हैं? कितनी बार हमने पूर्ण चन्द्र को नर्मदा में देखा है? कितनी बार बरसात में डोंगी या लाठी के सहारे या चट्टानों पर से लहर को बचा-कर मैंने पार नहीं किया है? कितनी बार मैंने नर्मदा में सैर नहीं की है, तैरा नहीं हूँ? मैं बिल्कुल नर्मदा-पुत्र हूँ। लेखक देखने गया था, मगर भावुक हो गया। इसी पूज्या नदी का पुत्र, इसी का पानी पिया, इसी में नहाया-तैरा, इसी ने विनाश कर दिया। मैं थोड़ी देर तो स्तब्ध खड़ा रहा।

मेरा एक भावात्मक लगाव नर्मदा से है। पर ऐतिहासिक और समाजशास्त्रीय दृष्टि भी है। कृषि-युग में पम्प नहीं थे, बिजली नहीं थी, ट्यूबवेल नहीं थे। तब नगर नदियों के किनारे बसते थे—पीने को पानी भी, सिंचाई भी, फसल भी और आवागमन का मार्ग भी। तभी से यह श्रद्धा चली आ रही है कि जिसने विनाश कर दिया, उसे भी 'जय नर्मदे'। पर इस जमाने में भी बाढ़ से बचाव का इन्तजाम न हो, यह बात प्राकृतिक मानकर भी शर्मनाक है।

आदमी जगह छोड़ेगा नहीं। पर विज्ञान और टैक्नालाजी कहाँ चली गयी? जहाँ हर कभी बाढ़ आती है, वहाँ पहले से इन्तजाम क्यों नहीं? आसपास सर्वे क्यों नहीं? खतरे के स्तर पर पहुँचने पर नीची बस्तियाँ खाली क्यों नहीं करायीं?

खैर, छोड़ूँ। मैं बताऊँ कि एक मनुष्य के पतन की जितनी गहराई है, उससे अधिक ऊँचाई मनुष्यता के उत्थान की है। मुझे लोगों ने बताया कि इटारसी के लोगों ने घर खोल दिये थे: 'दुखी भाइयो और बहनो—आओ। हमारे घर में जो है, तुम्हारा है। जितना है, बनाओ और खाओ। आगे हम इन्तजाम करते हैं।' ट्रकें भरकर पका भोजन जाता था। मध्यमवर्ग की महिलाओं ने गहने बेच दिये और कहा—'गहने के बिना आदमी नहीं मरता। अन्न के बिना मरता है। बेच दो इन गहनों को और खाने का सामान लाओ।' लोगों ने कहा—'इटारसी नहीं होता और ऐसे मानवी लोग न होते, तो न जाने कितने हजार लोग मर जाते!' जो दूकान करते हैं, मुनाफा कमाते हैं, उन लोगों में से भी जो पशु नहीं, आदमी थे, दूकानें और गोदामें खोल दीं। भोपाल तक से लोग खाने का सामान लाकर दे जाते थे। न जाने कहाँ-कहाँ से सहायता आयी।

इधर मेरे शहर में मीठे तेल में बेकार हुए डीजल को मिलाया जाता है, पर उधर कुछ लोग दूकानें खोल देते हैं कि 'ले जाओ! कोई भूखा न मरे।' कैसा विरोधाभास है! आदमी कब लकड़बग्घा हो जाये और कब करुणा-सागर—ठिकाना नहीं है।

मनुष्य कितना जटिल है। कितना समस्यामूलक है। कितना क्रूर है, कितना दयालु है!

मैं उन सबकी जय बोलता हूँ, जिनने सिद्ध किया कि मैं अभी भी मनुष्य हूँ!

लेकिन बाकी जो बचे वे बिलबिलाते कीड़े हैं, जो सभ्यता के सड़े भात में पैदा हो जाते हैं।

मैं दूरबीन से आसपास देख रहा था। कहीं गाँव का निशान नहीं।

मैंने जानबूझकर नहीं बताया कि शाहगंज मेरी ननिहाल है। फायदा भी क्या? परिवार यहाँ-वहाँ नौकरी कर रहा है। घर होगा, जो खत्म हो गया होगा। पचासों गाँवों का निशान नहीं है। कोई बूढ़ी नानी या मौसी मर गयी होगी। क्या होता है? इतनी नानियाँ और मौसियाँ मर गयीं। मेरी भी मर गयी हो।

मगर फिर भी मेरी आँखों में आँसू आ गये। यहाँ मालाखेड़ी था, इस तरफ शाहगंज, उस तरफ बुदनी है—पचासों गाँव मेरे ध्यान में आये। कितने दिनों मैं इस धूल में लोटा हूँ। पर अब यहाँ कुछ नहीं।

दिल्ली में यमुना के उस पार सैकड़ों गाँव हर साल बहते हैं, पर लोग बरसात के बाद फिर वहीं झोंपड़ी-झुग्गी बना लेते हैं। मुसीबत को जिसने बन्धु बना लिया है, उससे आदमी को क्या डर?

फिर मुझे याद आता है—मेरी ननिहाल कहाँ गयी? बची कि बह गयी? लोग मरे कि बचे? मेरे परिवार के लोग बचे कि मर गये?

मैंने किसी से नहीं पूछा। बताया भी नहीं। इतनी ननिहालें नष्ट हो गयीं, इतने बच्चे मर गये, इतनी औरतें एक के बाद दूसरा बच्चा नदी में छोड़ती जाती थीं कि कम-से-कम एक तो बच जाय। वहाँ अपना छोटा-सा दुख लेकर मैं क्यों बैठूं?

मैंने कालिज के लोगों की तारीफ सुनी। बहुत अच्छा राहत-कार्य किया। लोग आते और पका या बिना पका खाना देकर बिना नाम बताये चले जाते। फोटोग्राफर नहीं लाते थे। इसी तरह के कई राहत-कार्य चले।

आँसू पोंछकर मैं जब निपटा तो एक सज्जन ने कहा, "कुछ तो कहिए।"

मैंने कहा, "शब्द कहने में समर्थ नहीं हैं। समर्थ कर्म है। कर्म करो। जीवन मृत्यु पर विजय पायेगा। विज्ञान से, आन्दोलन से, क्रान्ति से। इस बीच कितने ही लोग मरेंगे। पर जीने के लिए कितने लोग नहीं मरे? जीने के लिए मरना भी पड़ता है।"

और फिर याद आया, मेरी ननिहाल···

मैंने कहा—छोड़ो। आत्म-रक्षा की कोशिश कीड़ा भी कर लेता है। फिर वे तो मनुष्य हैं।

फिर किनारे पर लोगों का समवेत स्वर—'जय नर्मदे'!

आदमी और नदी का सम्बन्ध हमेशा रहेगा।

उस बहादुर मत्स्यगन्धा सरस्वती की याद आयी। वह बाहर गयी थी।

मन्त्री उईके ने साहस और आदमियत का काम किया कि क्रुद्ध भीड़ में चले गये। वह भीड़ किसी को भी चीरकर फेंक देती। अफसरों का पिटना स्वाभाविक है।

पर लोग खुश-फुस कर रहे थे कि पुलिस अफसर को सट्टेवालों ने पीटा था। खैर, जाँच चल रही है। यह भी लोगों ने बताया कि हिंसा को राजनीति का सिद्धान्त माननेवाले एक दल ने उपद्रव कराये।

मैं सोचता हूँ, सोलह वर्ष की केवट बच्ची में यह साहस कहाँ से आया? साहस और लोग भी जताते हैं। दूसरों की प्राण-रक्षा भी करते हैं।

पर आत्म-रक्षा आदमी पहले करता है। जब खुद सुरक्षित हो जाता है, तब दूसरे की रक्षा करता है। दूसरा वह होता है, जो थोड़ा खतरा उठाकर दूसरे को बचाता है। इतना खतरा नहीं लेता कि अपनी जान चली जाय।

पर यह साहस बिल्कुल अलग है। समुद्र-सरीखा हाल है। तेज लहरें हैं। चट्टानें छिपी हैं। ऐसे में कोई लड़की यह मानकर कि मैं तो निश्चित मरूँगी, दूसरों को बचाने निकल पड़े। अपनी मौत के बारे में तय करके दूसरों की प्राण-रक्षा करने निकल पड़ना—यह कैसा साहस है!

मुझे लगता है--इसमें वही भावना है, जो मेरी माँ में मुझे बचाते वक्त थी—मातृत्व की भावना। छोटी केवट लड़की उस वक्त माँ हो गयी होगी और सोचा होगा—बच्चों को बचाना है। साथ ही मानवी करुणा। इस भीतरी भावना ने बाहरी शारीरिक सामर्थ्य से मिलकर उसके हाथों से डोंगी चलवायी होगी। यह केवल शारीरिक साहस नहीं है, गहरा है, भीतरी है।

उसका सम्मान हो रहा है। उसने वे रुपये बाढ़-पीड़ितों के लिए दे दिये।

तब कलेक्टर ने बैंक में उसका खाता खुलवाया और उसे ड्राफ्ट या चेक दिये जाने लगे।

इधर मेरे शहर में भी सार्वजनिक सम्मान हुआ। पचासों मालाएँ गले में डल रही हैं। जय बोली जा रही है। पर लड़की न प्रसन्न, न उत्तेजित, न भावुक। ऐसे बैठी रही, जैसे झोंपड़े में, घर में बैठी है और उसने कोई खास काम नहीं किया है।

स्कूली बच्चे पच्चीस-पचास पैसे जेब-खर्च का लाकर दे रहे थे।

पर बड़ी-बड़ी संस्थावाले, जो चार-छः हजार का डिनर करते हैं, वायदा करके भी नहीं आये। और भी लखपति, करोड़पति नहीं आये। उनके दस्तखतों-सहित लिस्ट आयोजन के मन्त्री के पास थी। संचालन मैं कर रहा था। भोला-सा मन्त्री बोला, "अब दानदाताओं के नाम पढ़ते जायें। वे आकर माला पहनायेंगे और ड्राफ्ट देंगे।"

मैंने कहा, "वे तुम्हारे दानदाता यहाँ मुझे नहीं दिख रहे हैं। नाम पढ़ेंगे और कोई नहीं आया तो बड़े शर्म की बात होगी। वे तो अपनी शर्म ऊँचे दामों पर बेच चुके, पर अपनी अभी बची है।"

यह समाचार अखबारों में छप गया।

मैंने सोचा—इनकी आत्मा बीमार तो है, पर अभी मरी नहीं है। साँस चल रही है। शायद ये उसे कुछ भेजें।

फिर याद आयी मुझे—ननिहाल !

नर्मदा से ही नष्ट लोगों की—'नर्मदा मैया की जय !'

और याद आता है—मनु !

हिमगिरि के उत्तुंग शिखर पर
बैठ शिला की शीतल छाँह,
एक पुरुष भीगे नयनों से
देख रहा था प्रलय-प्रवाह ।

एक बड़ी चोरी

अखबार के आधे पृष्ठ में यह समाचार छपा है—अमुक प्रान्त के मुख्यमन्त्री के महल में चोरी हो गयी । कई लाख की । हीरे, मोती, नोट । थालियाँ सोने की । कुर्सी सोने की । मेज सोने की । गिलास सोने के । आदमी—नहीं, आदमी महल से चोरी नहीं गया । जाता, तो वह भी सोने का होता ।

इस समाचार को मैं पढ़ता गया और दुखी होता गया । सोने की थाली—हाय ! सोने की कुर्सी—हाय ! सोने का गिलास—हाय ! हाय ! पिछले वर्षों अपीलें होती रही हैं कि राष्ट्र की रक्षा के लिए सोना चाहिए । मगर जो सोना विधाता ने चोरों के नाम लिख दिया था, वह राष्ट्र को कैसे मिलता ? यों तो राष्ट्र में चोर भी शामिल हैं और कभी-कभी राष्ट्र की रक्षा का नारा सबसे ऊँचा चोर ही लगाते हैं । राष्ट्र की रक्षा से कभी-कभी चोरों की रक्षा का मतलब भी निकलता है ।

खैर, इस चोरी से मैं दुखी हूँ, इसलिए नहीं कि मुख्यमन्त्री के घर हो गयी । सारे मुख्यमन्त्रियों के घर चोरी हो जाये, मुझे क्या मतलब ! चौथे चुनाव के बाद से तो हर मुख्यमन्त्री, भूतपूर्व मुख्यमन्त्री, अभूतपूर्व मुख्यमन्त्री और उदीयमान मुख्यमन्त्री खुद एम. एल. ए. चुरा रहे हैं । वे दूसरे के घर में विधायक चुराने के लिए घुसते हैं कि इधर कोई चोर उनके घर से सोने की थालियाँ चुरा लेता है । घाटा नहीं होता । एक विधायक आजकल सोने की थाली से ज्यादा कीमत का होता है । दुख मुझे इसलिए भी नहीं है कि मैं चोरों में एक नहीं था और कोई सोने की थाली मेरे हाथ नहीं लगी । दुख मुझे इसका है कि ऐसी चोरी मेरे घर नहीं हुई । इतनी बड़ी चोरी होने का अपना एक गौरव है, सुख है । मेरे घर तो कोई छोटी चोरी भी नहीं हुई । मेरा नाम चोरों की फेहरिस्त में है ही नहीं । मेरी कभी जेब भी नहीं कटी । मैं भीड़-भाड़ में जाता हूँ । रेल, सिनेमा, प्रदर्शनी में रोज जेब कटने के समाचार सुनता हूँ, मगर जेबकट मुझे कोई टुच्चा आदमी समझकर छोड़ देते हैं । चोरों और जेबकटों में कभी मेरा नाम उठता होगा, तो वे इस तरह टाल जाते होंगे,

जैसे कांग्रेस अध्यक्ष किसी वार्ड मेम्बर को टाल देता है। जो लेखक साहित्य में 'रिकगनिशन' (मान्यता) नहीं मिलने की शिकायत करते हैं, वे मुझे तो देखें—मुझे तो जेबकट तक 'रिकगनिशन' नहीं देते। तुम्हें आलोचकों से शिकायत है और मुझे जेबकटों से। इस कथन से यह मतलब न निकाला जाय कि मैं आलोचक और जेवकट को एक ही प्रकार के आदमी समझता हूँ।

पिछले महीने पड़ोस के दो मकानों के दरवाजे टूटे, तो मुझे उम्मीद हुई कि अब अपना नम्बर आनेवाला है। मैंने पीछे के दरवाजे में दो ताले जड़े, जिससे चोर समझें कि इस घर में बहुत माल है। मैं रोज रात को कुछ होने की आशा करता। पर सुबह ताले वैसे ही लटके देखकर दुखी होता। कोई चोर हमें 'सीरियसली' नहीं ले रहा था। शायद वे आपस में मेरी हँसी भी उड़ाते हों—इस बेवकूफ को देखो; दो ताले जड़ रखे हैं। भीतर तालों की कीमत के बराबर भी पैसे न होंगे। एक रात पानी गिरने लगा तो हम लोग भीतर चले। मेरे भानजे ने दरवाजा खोला, तो चौंका और कहा—भीतर दो आदमी हैं। मोमबत्ती जलाकर चोरी कर रहे हैं। मैंने सोचा, अन्ततः चोर मेरी अवहेलना नहीं कर सके। चोर इस मामले में फिर भी आलोचक से बेहतर है—आलोचक तो जिन्दगी-भर लेखक की अवहेलना कर देते हैं। मैंने सोचा, प्रतिष्ठा का क्षण सम्मुख है। हल्ला करके मुहल्ले को इकट्ठा कर लेते हैं। इसके पहले एक बार जाँच कर लेना ठीक समझा। चोरों के और मेरे सम्बन्धों में काफी तनाव आ गया था और मैं उन पर विश्वास खो चुका था। मुझे फिर भी शक था कि वे मेरे घर आये हैं। मैंने दरवाजा फिर खोलकर देखा—सामने की दीवार पर टँगे चित्र के काँच पर हम मामा-भानजे की परछाईं थी और दूर के एक बल्ब का मन्द प्रतिबिम्ब। भानजे को इसी से भ्रम हो गया था। मैं निराश हो गया। दार्शनिक हो जाने के सिवा कोई रास्ता नहीं था। सोचा, अपने घर में अपना ही प्रतिबिम्ब चोर बना हुआ है। हर आदमी बाहर है अपने से—और भीतर उसी की परछाईं चोर बनकर घूम रही है। हमें पता नहीं रहता, पर हम खुद अपने लिए ही चोर हैं। मैं खुद अपने भीतर से कब से चोरी करके माल बाजार में बेच रहा हूँ।

कुछ दिन दर्शन ने इच्छा को दबा दिया। लेकिन फिर प्रदर्शन की चाह ने दर्शन को दबा दिया। इस बड़ी चोरी के समाचार को ज्यों-ज्यों पढ़ता हूँ, सोचता हूँ, अपने घर यह चोरी होती, तो कैसा अच्छा लगता। समाचार कहता है—पुलिस मन्त्री, पुलिस के इन्स्पेक्टर जनरल, उनके डिप्टी वगैरह फौरन मौके पर पहुँच गये। शायद इस वक्त मन्त्रिमण्डल की आपत्कालीन बैठक चल रही हो। शायद गृहमन्त्री को इस्तीफा देना पड़े।

मैं कल्पना कर रहा हूँ, अगर मेरे घर चोरी होती, तो उसकी अखबारी 'पब्लिसिटी' कैसी होती।

इस तरह का समाचार छपता—

'गत रात्रि हिन्दी लेखक हरिशंकर परसाई के घर में चोरी हो गयी। इस घटना से समस्त हिन्दी साहित्य क्षेत्र में हर्ष व्याप्त है। हमारे संवाददाता ने जब

परसाईजी से सम्पर्क किया तो उन्होंने चुराये गये सामान का विवरण देते हुए बताया कि लगभग पचास हजार रुपये तो नगद थे। पिछले दिनों अपने ईमान को नीलाम करने से यह रकम उन्हें मिली थी, यह लोगों को याद होगा। उन्होंने बताया कि एक सोने का कलम और कलमदान था। यह वही कलम है, जिससे गणेशजी ने व्यास से 'डिक्टेशन' लिया था। गणेशजी यह कलम उनके पूर्वजों को उनके लिए दे गये थे। एक जोड़ी सोने के कुण्डल भी थे, जो कालिदास परसाईजी के पूर्वजों को दे गये थे। एक सोने का टी-सेट भी था। परसाईजी का कहना है कि यह टी-सेट भारतेन्दु हरिश्चन्द्र अपने जबलपुर प्रवास के मौके पर मुझे दे गये थे। इन बातों को सुनकर हिन्दी के एक दूसरे लेखक श्रीकान्त वर्मा ने माथा ठोंककर कहा—ये भी आखिर 'फ्रॉड' निकल गया।

'इस घटना का समाचार सुनकर हिन्दी साहित्य सम्मेलन के अध्यक्ष बाबू गोविन्ददास ने कहा—मैं इसे हिन्दी के प्रति चोरों का अन्याय मानता हूँ और इसका विरोध करता हूँ। भारतीय चोरों में यदि राष्ट्रभाषा का तनिक भी गौरव है, तो उन्हें अंग्रेजी लेखकों के घर में चोरी करनी चाहिए। मैं परसाईजी से भी कहना चाहता हूँ कि यदि वे 'सत्साहित्य' लिखते, तो उनके घर में चोरी न होती। आशा है, वे भविष्य में चोरों के डर से ही सत्साहित्य लिखेंगे। समस्त सत्साहित्य चोरों के डर से लिखा हुआ होता है।'

अपनी चोरी की 'पब्लिसिटी' की यह कल्पना मैं किये बैठा हूँ, जब भी सुअवसर आये। मगर मुश्किल यह है कि चोरों का 'स्टैण्डर्ड' बढ़ गया है और पसन्दगी बदल गयी है। वे लेखक के घर की तरफ नहीं देखते, लेखक को ही चुराकर ले जाते हैं। जेबकट भी ऊँचे हो गये हैं। जो लेखक अपने को अपनी ही जेब में रखकर चलते हैं, उन्हें खतरा है। कोई जेब काटकर उन्हें ले जायेगा।

प्रेम-पत्र और हेडमास्टर

गुरु लोगों से मैं अभी भी बहुत डरता हूँ। उनके मामलों में दखल नहीं देता। पर मेरे सामने पड़े अखबार की यह खबर मुझे भड़का रही है। खबर है—एक लड़का रोज एक प्रेम-पत्र लिखता था। वे हेडमास्टर के हाथ में पड़ गये। उन्होंने उसे स्कूल से निकाल दिया। संवाददाता ने लिखा है—हेडमास्टर साहब के इस नैतिक कार्य की सर्वत्र प्रशंसा हो रही है।

होती होगी। संवाददाता अक्सर स्थानीय हाईस्कूल के पढ़े हुए होते हैं और वे पोस्टमास्टर तथा हेडमास्टर के बड़े भक्त होते हैं। मैं तो यह कल्पना कर रहा हूँ कि

लड़कों को निकाल देने के बाद हेडमास्टर ने क्या किया होगा। वे तुष्ट भाव से अपने कमरे में बैठे होंगे। अपने प्रिय चमचे से कहा होगा—मास्साब, मुझे अनैतिकता बिल्कुल बरदास्त नहीं है। इस मामले में मैं बहुत सख्त हूँ। चमचे ने कहा होगा—मास्साब, आपने बहुत अच्छा किया जो उसे निकाल दिया। ये आजकल के लड़के बहुत प्रेम करने लगे हैं। हमारी इतनी उम्र हो गयी, बाल-बच्चे हो गये, पर कोई बता दे, कभी प्रेम किया हो तो!

खुश होकर हेडमास्टर साहब छिपकर सिगरेट पीने पाखाने में चले गये होंगे।

और वे अध्यापक राधाकृष्ण के प्रेम के पद पढ़ाने कक्षा में चले गये होंगे—'पूछत कान्ह कौन तुम गौरी?' अर्थात् कृष्ण भगवान राधा से पूछते हैं···

सोचता हूँ, गुरु का क्या यही फर्ज है कि प्रेम-पत्र देखा और सजा दे दी? पर वे जिन मानवीय आचरण-सूत्रों से बँधे हैं, उनके हिसाब से कुछ और कर भी नहीं सकते। वे लड़के से यह तो कहते नहीं कि बेटा, तू हम सबसे श्रेष्ठ है। तू रोज एक प्रेम-पत्र लिखता है। तुझे धन्य है। पर प्रेम-पत्र बहुत पवित्र चीज है। वह हेडमास्टरों के स्पर्श से दूषित हो जाता है। प्रेम और हेडमास्टर की दुश्मनी होती है। भूल से तेरे प्रेम-पत्र हमारे हाथ पड़ गये थे। आगे सावधानी बरतना, जैसे हम पाखाने में सिगरेट पीते हैं। भले और बुरे में सिर्फ ढके और खुले का फर्क होता है।

कोई अध्यापक ऐसा नहीं कहेगा। वह रसखान का पद अलबत्ता रस से पढ़ा देगा—'तुम कौन-सी पाटी पढ़े हो लला, मन लेहु पै देहु छटाँक नहीं।' उस जमाने के ये स्कूल हमारे 'पब्लिक स्कूल' जैसे होंगे, जिनमें कृष्ण जैसे उच्चवर्गीय पढ़ते होंगे। उच्चवर्गीय की 'पाटी' अलग होती है।

यों स्कूल में कुछ भी सीखा जा सकता है। मैंने बेईमानी और मिलावट स्कूल में गणित के जरिये सीख ली थी। वह ऐसा सवाल होता था—एक ग्वाला 40 पैसे सेर के हिसाब से 15 सेर दूध खरीदता है। वह उसमें 10 सेर पानी मिलाकर 30 पैसे सेर के भाव से बेच देता है। बताओ, उसे कितना लाभ हुआ? वैसे तो यह गणित है, पर बेईमानी का लाभ भी बताता है। अभी भी लड़के ऐसे सवाल सीखते हैं और बेईमानों की पीढ़ियाँ पैदा होती जाती हैं।

बेईमानी चाहे सीख लो, प्रेम-पत्र मत लिखो। घृणा-पत्र चाहे जितने लिखो। अध्यापकीय दृष्टि में अक्सर सुखदायक चीजें अनैतिक होती हैं। खेल तक बुरा माना जाता है। मैं जब पढ़ता था, तब ऐसे पाठ होते थे—राम अच्छा लड़का है। वह खेलता नहीं है। अध्यापकीय दृष्टि में जिन्दगी व्याकरण की पुस्तक हो जाती है।

अध्यापक की पत्नी मायके से भीगा-सा पत्र लिखती है। छोटे भाई से डाक के डिब्बे में डलवाती है। कह देती है—हाथ डालकर देख लेना, कहीं अटका न रह जाये। जवाब का इन्तजार करती है। जवाब आता है···तुम्हारी बहुत याद आती है। हाँ, दो पृष्ठों की चिट्ठी में तुमने व्याकरण की भूलें की हैं। तुम्हारा व्याकरण बहुत कमजोर है। वहाँ बहुत समय मिलता होगा। भाइयों से पुस्तकें लेकर अपना व्याकरण ठीक कर लेना।

अध्यापिका को अपने प्रेमी का पत्र भी मिलता होगा, तो पहली बात उसके मन में यही उठती होगी कि 'बड़ी बहनजी' को बताकर लिखनेवाले को डाँट पड़वा दूँ।

एक सीनियर प्रोफेसर साहब ने उस दिन बताया—कालेज में ताजा एम. ए. अध्यापक मेरे विभाग में आया। खूब प्रतिभावान है और सुन्दर। एक दिन उसने मुझसे रिपोर्ट की कि दो-तीन दिनों से कोई मेरी साइकिल की हवा निकाल देता है। मैंने पता लगाया, तो एक लड़की निकली। यों वह बड़ी अच्छी लड़की थी। मगर यह क्या हरकत? मैंने बुलाकर डाँटा। वह रोने लगी। उस दिन से साइकिल की हवा नहीं निकली।

मगर उस बेवकूफ नये लेक्चरर की तो जिन्दगी की हवा निकल गयी। सीनियर प्रोफेसर को कोई कैसे समझा सकता है कि सर, यह अनुशासन का मामला नहीं है। आप समझेंगे नहीं, क्योंकि आपकी साइकिल की हवा कभी नहीं निकली। आपने उस लड़की को मार डाला।

फिर सोचता हूँ, माना यह बड़ी क्रूरता है, पर वे और क्या करते? क्या यह कहते कि हवा काफी निकल चुकी, अब चिट्ठी लिखने की स्टेज आ गयी।

अध्यापक को ज़रा ज्यादा खींच दिया। मुझे डर लगने लगा। कैफियत देता हूँ। अध्यापक बुरा न मानें। वे जिम्मेदार नहीं हैं। वे तो एक फार्मूला लागू करनेवाले हैं। बनानेवाले दूसरे हैं, जो सदियों से बनाते रहे हैं। नैतिकता के ये फार्मूले बड़े दिलचस्प हैं। जैसे यही कि पाँव छूने से भावना बदल जाती है।—क्यों रे, तू उस औरत को बुरी नजर से देखता है। उसे आज से बहन मानना। चल, उसके चरण छू। उसने डरकर पाँव छू लिये। नियामक सन्तुष्ट हो गये कि मामला 'पवित्र' हो गया। वे भूल गये कि पाँव शरीर का एक अंग है और उस आदमी की बहुत दिनों की उसे छू लेने की साध पूरी करा दी गयी। वह तो रोज चरण छू सकता है।

यह जो 'पवित्र' सम्बन्धवाला मामला हमारे यहाँ चलता है, यह न जाने क्या-क्या करवाता है। बड़ी साँसत में डालता है आदमी को। लड़कियों के कालेज के फाटक पर छुट्टी के वक्त बेचारा भला-सा लड़का खड़ा है। उससे पूछो—क्यों खड़े हो यहाँ? वह घबड़ाकर कहता है—सिस्टर को ले जाना है। और मैंने देखा है, कई बेचारों की कलाई से लेकर कन्धे तक राखी बँधी होती है। लाचारी है। कोई और सूरत रखी ही नहीं है।

मुहल्ले में स्त्री-पुरुष की नजरों पर डण्डा लेकर बैठे रहनेवाले राधाकृष्ण के प्रेम-विलास के पद आँखें बन्द करके गर्दन हिलाते हुए गद्गद भाव से सुनते हैं—हरे नमः। वह भजन है। राधा और कृष्ण का मामला है। पवित्र है। एक जगह भजन हो रहे थे। भजनीक ने सूरदास का पद गाया—आज हरि नयन उनींदे आये! आगे इसमें रति-चिह्नों का वर्णन है। भक्त डोलते हुए सुन रहे थे। भगतजी ने पूछा—इस पद में जो है, वह आपको समझ में आता है? वे बोले—हाँ-हाँ, राधा-कृष्ण का है। हरि, हरि! गर्दन हिलाने लगे। यही अगर संस्कृत में हो, तो और पवित्र होता है।

जो समझ में न आये, वह पवित्र होता है। कुछ लोग संस्कृत के हर छन्द को प्रभु-प्रार्थना समझते हैं। 'कुट्टनी चरितम्' को भी ऐसे सुनेंगे, जैसे प्रार्थना सुन रहे हैं। ऐसे ही कुछ लोग उर्दू के हर शेर को हास्यरस का समझते हैं। शेर सुना और ही-ही करने लगे। भाव चाहे करुण हो। 'किस्मत में है मरने की तमन्ना कोई दिन और' —वाह, वाह, तमन्ना ! ही-ही-ही-ही !

इधर का यह आदमी अपने को दुनिया में सबसे पवित्र और नैतिकतावादी मानता है। ऊपर सब ठीक किये रहता है, भीतर अन्तर्विरोध पालता है। अश्लील से अश्लील पद भक्तिभाव से सुनेगा, मगर साधारण आदमी की भाषा में लिखा प्रेम-पत्र पढ़कर भन्ना उठेगा।

यही आदमी कहता है कि हम कोई क्रान्ति नहीं करेंगे, क्योंकि क्रान्ति में हिंसा होती है। हम अहिंसावादी, दयालु, मानवतावादी लोग हैं। हम बुद्ध, महावीर और गाँधी के देश के लोग हैं। मगर इसी आदमी ने अब तक लगभग बीस लाख हिन्दू-मुसलमान दंगे में मार डाले हैं। इतने में दस क्रान्तियाँ हो जाती हैं। यह आदमी पश्चिम के लोगों को लोभी, भौतिकतावादी वगैरह कहता है। मगर यही निर्लोभी आध्यात्मिक आदमी मक्खन में स्याही सोख और बेसन में 'सोप स्टोन' मिलाकर बेचता है। दवा तक में मिलावट करके वह मौत से अपना मुनाफा बढ़ा लेता है।

मगर यह अन्तर्विरोध अध्यापक या सुधारक की परेशानी नहीं है। उनका रास्ता सीधा है। वे उचित ही करते हैं। पर मार्क ट्वेन की एक बात मुझे याद आ रही है। उस सिरफिरे ने कहा है कि आदम ने सेब इसलिए खा लिया कि उसे खाने की मनाही थी। अगर उसे साँप खाने से मना किया होता, तो वह साँप को खा जाता।

दूसरे के ईमान के रखवाले

पहले जिन चीजों पर दुःख होता था, अब उन पर क्रोध आने लगा। क्रोध पाप का मूल कहा जाता है—यानी अब अपनी पाप करने की 'स्टेज' आ गयी। मगर अक्रोध क्या पाप नहीं है ? अक्रोध बैल को पिटवाता है और क्रोध साँड की पूजा करवाता है। अपने व्यक्तित्व को चाबुक के लिए निमन्त्रण-पत्र बनाना क्या पुण्य होता होगा ? और क्या सारे बैल स्वर्ग जाते होंगे ? अक्रोध के ऐसे पुण्य से क्रोध का पाप अच्छा लगने लगा है। सुना है, बिहार के भूखों की आँखों में भी पीड़ा के साथ लाल डोरे दिखने लगे हैं। शायद पुण्य-पर्व शुरू हो गया। जिस गति से सामूहिक दुःख क्रोध में बदलता जायेगा, उसी गति से दुःख कम होता जायेगा। 'हाय' को 'क्यों बे' में

और 'धिक' को 'धत्' में जल्दी बदल जाना चाहिए। फिर निकम्मे सदियों तक पाप-पुण्य का फैसला करते रहें। वे तो अभी भी फ्लैटों में बैठे 'अस्तित्व के प्रश्न' की आध्यात्मिक पीड़ा का मजा ले रहे हैं।

कैसी बात कही है! मसीही अन्दाज में! अब मैं चाहूँ तो हाथों की अँगुलियों को फँसाकर, घुटने पर रखकर, मूर्ख की तरह खाली आँखों से आसमान देखते हुए बैठा रहूँ। लोग कहेंगे—ज्ञानी अभी-अभी एक तत्त्व की बात कहकर दूसरी की तलाश कर रहा है। मिलते ही फिर कहेगा। मैं चाहूँ तो कुछ न बोलूँ और लोग कहें—ज्ञानी के मौन में भी स्वर होते हैं। सुनो, तत्व-कथन हो रहा है।

मगर ज्ञानी न जाने क्यों मनहूस हो जाता है। फूल उसे दिखाओ तो वह उसकी जड़ का कीचड़ देखने लगता है और उदास हो जाता है—हाय, यह सौन्दर्य मिथ्या है। इसके मूल में कीचड़ है। अज्ञानी तब ज्ञानी से पूछता है—ज्ञानीजी, फूल ही मिथ्या क्यों है? कीचड़ मिथ्या क्यों नहीं है? ज्ञानी कहेगा—वत्स, ज्ञान का सार ही यह है कि जो सुन्दर है, वही मिथ्या है। कुरूपता सत्य है। जो अच्छा है, वही निस्सार है। जो बुरा है, वह सब ठोस है। वैसे तो जगत का वैभव ही मिथ्या माया है। तब अज्ञानी पूछता है—अगर सब मिथ्या माया है, तो मठ की गद्दी के लिए शंकराचार्य हाई कोर्ट में मुकदमा क्यों लड़ते हैं? हम अज्ञानियों को कीचड़ की सत्यता इसलिए तो नहीं बतायी जाती कि ज्ञानी खुद फूल झपट ले?

अज्ञानियों के ऐसे टेढ़े सवालों के डर से ही मेरी ज्ञानी बनने की हिम्मत नहीं होती। यों सम्भावनाएँ सब हैं। अभी तो अज्ञानी की तरह क्रोध कर रहा हूँ। पिछले दिनों काफी अविस्मरणीय क्रोध कर डाले हैं मैंने। पिछला महत्त्वपूर्ण क्रोध एक साहित्यिक समारोह के मौके पर आया था। कुछ साहित्यिक समारोह यज्ञ की तरह किये जाते हैं। करनेवाले इसे बड़ा पवित्र अनुष्ठान मानते हैं (यानी बताते हैं) और कुछ विश्वास पैदा करना चाहते हैं कि ज्यों ही मन्त्र-स्वर और यज्ञ-धूम आकाश में व्याप्त होंगे, मेघ बरसेंगे, भूमि अन्न उगल देगी और हिन्दी के सारे लेखकों का कल्याण होगा। और कहीं यह साहित्यिक यज्ञ नहीं हुआ, तो सृष्टि के नाश का डर है। संयोजकों की भारी पलकों और कपाल की रेखाओं से, बस्ता दबाये जमीन देखती हुई चिन्तित चाल से यही लगता है कि दुनिया की जिम्मेदारी इन्होंने ले ली है। मगर चतुर लेखक ऐसे पवित्र समारोह से छड़कता है, जैसे चतुर अनाथ बालक अनाथालय से बचता है—वह जानता है वहाँ बाजा बजाकर चन्दा माँगना पड़ेगा। ऐसा समारोह क्योंकि यज्ञ होता है, उसके लिए आहुति भी खोजी जाती है। अगर अश्वमेध कोटि का यज्ञ है, तो घोड़े की प्रकृति का लेखक खोजा जायेगा। ऐसे समारोहवालों से पहले ही पूछ लेना चाहिए—आपका उद्देश्य पवित्र तो नहीं है? कहीं आप बिलकुल निःस्वार्थ भाव से तो यह समारोह नहीं कर रहे हैं? यदि उद्देश्य पवित्र हो और करनेवालों का कोई स्वार्थ ही न हो, तो बच जाना चाहिए। जो आदमी स्वार्थ का बिल्कुल विसर्जन कर दे, वह बहुत खतरनाक हो जाता है। वह दूसरे के प्राण तक ले लेना अपना नैतिक अधिकार समझता है।

पर कभी-कभी चतुर आदमी भी गच्चा खा जाते हैं। नागार्जुन खा गये। सैकड़ों मील दूर पटना से बुलाकर उनके दम पर कवि-सम्मेलन जमाकर संयोजक ने उन्हें तीसरे दर्जे का किराया दिया और कुहनी तक हाथ जोड़कर सिर उन पर रखा और झुक गये। यह मुद्रा ही लाख रुपये की होती है। पता नहीं, इसकी कहाँ ट्रेनिंग मिलती है। मैंने बहुत कोशिश की, बनती ही नहीं है। वृद्ध आचार्यों से तरुण शिष्य इसे सहज ही सीख लेते हैं।

मुझे ऐसी विनय पर गुस्सा आता है। न जाने क्या बात होती है ऐसी विनय में जो चिमटी काटती है। तबीयत हुई कि उनके हाथ और सिर इसी तरह बाँधकर रस्सी नागार्जुन के हाथ में दे दूँ, कि ले बाबा, ले जा पटने। नागार्जुन साधु रह चुके हैं। क्रोध को जीतना (या प्रगट न होने देना) साधु की ट्रेनिंग में आता है। अब 'कोर्स' बढ़ गया है—जुलूस निकालना, संसद को घेरना और पेट्रोल छिड़ककर माया में आग लगाना भी साधु को सीखना पड़ता है। तो नागार्जुन ने पूर्व-स्मृति के कारण कह दिया—यह भी मत दीजिए। मुझे तो साधु बनने का मौका आया नहीं था। मैंने अधम संसारी की तरह क्रोध कर डाला।

संयोजक होशियार होते हैं। उन्होंने जवाब दिया—यह तो साहित्य का ही काम था। सभी ने यथायोग्य योगदान किया। फिर नागार्जुनजी के प्रति हमारे मन में इतनी श्रद्धा है कि उसके सामने कितने भी रुपये तुच्छ हैं।

जिसे देना है, वह लेनेवालों को रुपये की तुच्छता सदियों से सिखा रहा है। पर मूढ़ लेनेवाला सीखता ही नहीं है।

मैंने कहा—तो अब आप लाउडस्पीकरवाले से भी कहेंगे—भई, यह तो साहित्य का काम था। फिर तुम्हारे प्रति हमारे मन में अगाध श्रद्धा है, इसलिए किराया मत लो।

संयोजक समझे कि मैं हास्य रस पैदा कर रहा हूँ। हँसना बरी होना है। बरी उन्हें होने नहीं दिया। पूछा—बिजलीवाले और शामियानेवाले के प्रति भी आपके मन में श्रद्धा होगी?

जवाब मिला—इनके प्रति श्रद्धा क्यों होगी?

—इसलिए इन्हें पूरे पैसे देंगे। नागार्जुन के प्रति श्रद्धा है, इसलिए उन्हें पैसे नहीं देंगे।

अब वे समझे कि यह तो हास्य रस नहीं है। रौद्र से बीभत्स रस हुआ जा रहा है। वे शान्त रस पर आ गये। कहने लगे—रुपये खत्म हो गये हैं। एक हजार एक जगह से आनेवाले हैं। तब मनीआर्डर से और भेज देंगे।

सुना है, भगवान ने एक बार स्वर्ग में कवि-सम्मेलन करवाया था और कवि से कहा था—तुम जाओ। पैसा बाद में भेज देंगे। तब कवि ने कहा था—प्रभु, बाद में कोई नहीं भेजता। मैं रुक जाता हूँ, आप पैसे का प्रबन्ध कर लीजिए। मैं तो लेकर ही जाऊँगा। इस मामले में भगवान का भी भरोसा नहीं।

इस बात को इतना क्यों खींच रहा हूँ? साधारण-सी बात है। अक्सर होती

है। बात यह है कि मैं तय नहीं कर पा रहा हूँ कि कौन ठीक है—मैं या संयोजक ? मैं मान बैठा कि वे लोग कर्त्तव्य से गिर रहे हैं। और वे कहते होंगे कि हम लोग इतना-सा साहित्य के प्रति कर्त्तव्य भी नहीं करना चाहते। नाप बदले-से लगते हैं। दूसरे से उसका कर्त्तव्य कराना अपना कर्त्तव्य करने से बड़ा कर्त्तव्य है। संयोजक हमसे अपना कर्त्तव्य कराने का कर्त्तव्य कर रहे होंगे। इस तरह वे ठीक हुए और हम गलत।

देखता हूँ हर आदमी दूसरे के ईमान के बारे में विशेष चिन्तित हो गया है। दूसरे के दरवाजे पर लाठी लिये खड़ा है—क्या कर रहे हैं साहब ?—इसके ईमान की रखवाली कर रहा हूँ ?—मगर अपना दरवाजा तो आप खुला छोड़ आये हैं ! —तो क्या हुआ ? हमारी ड्यूटी तो इधर है।

एक लेखक दिल्ली, बम्बई, प्रयागादि घूमकर आता है, तो बड़ी चिन्ता से मुझसे कहता है—सब ईमान बेच रहे हैं। जानता हूँ, उधर कहता होगा कि जबलपुरवालों का भी बिक रहा है। सस्ता बिक रहा है। दूसरों का ईमान बिकने की चिन्ता में बेचारा दुबला होता जा रहा है। मैं पूछता हूँ—कैसे बिक रहा है ईमान ? थोक या फुटकर ? अगर किसी के पास ज्यादा ईमान हो जाये, तो जमा करना यों ही कानून में जुर्म है। उसे तो निकालना ही पड़ेगा। यह बेचारा किस-किसके ईमान की रखवाली करेगा ? कहीं बाजार में पिट जाने का दुःख तो इसे नहीं हो रहा है ? सोचकर घुनता होगा—हाय, लोगों का रद्दी, सड़ा हुआ ईमान धड़ल्ले से बिक रहा है, मगर हमारे शुद्ध ताजा ईमान के दाम ही नहीं लग रहे हैं।

एक खानदानी रईस मेरे बारे में चिन्तित हैं। उन्हें लगता है मैं नौकरी नहीं करता, तो कोई काम ही नहीं करता। कहते हैं—निठल्ला है। अरे, इन्सान को काम करना चाहिए। वे इन्सान हैं और रोज इतना काम करते हैं—सुबह से सोचते रहते हैं कि शाम को क्या खायेंगे। रात को यह सोचते-सोचते थककर सो जाते हैं कि सुबह नाश्ते में क्या खायेंगे।

मैं हैरत में हूँ कि दूसरों का कितना ध्यान आदमी रखने लगा है। अच्छी चीजें दूसरों के लिए छोड़ रखी हैं, बुरी खुद ले ली हैं।

—हमारे लिए आपने क्या रखा है, भैया साहब ?

—त्याग, बलिदान, निःस्वार्थ !

—और अपने लिए ?

—क्षुद्र स्वार्थ ! नीच लोभ !

—हमारे लिए आपने क्या छोड़ रखा है, राष्ट्ररत्नजी ?

—सेवा, पद के प्रति निर्मोह !

—और खुद क्या ले लिया है ?

—घृणित पदलोलुपता !

अच्छी चीजें दूसरे के लिए छोड़ देनेवालों के प्रति मुझ जैसे का क्रोध नाजायज है। कृतज्ञ होना चाहिए कि उन्होंने सब अच्छी चीजें हमें दे दी हैं। खुद बेचारे क्षुद्र चीजों को भुगत रहे हैं।

इनाम और ईमान

ज्याँ पाल सार्त्र नाम का जो वह आदमी पेरिस में रहता है, बड़ा बदमाश है। वह मेरे पाँच सौ रुपये डुबाये दे रहा था।

अभी मुझे एक किताब पर एक राज्य सरकार ने पाँच सौ रुपये का पुरस्कार दे दिया। जनता का पैसा इसी तरह बरबाद किया जाता है। अपनी जिन्दगी का यह दूसरा इनाम है। पहला इनाम स्कूल में 'लांग-जम्प' यानी लम्बी कूद पर मिला था और दूसरा यह साहित्य की 'हर्डल' रेस पर।

बीच के बीस-पचीस साल मैं बिना इनाम के जिन्दा रह लिया। जीवन-शक्ति बेशर्मी का दूसरा नाम है।

स्कूल में दूसरी बार इनाम नहीं मिला, क्योंकि फिर कूदा ही नहीं। इधर साहित्य में अभी तक इनाम नहीं मिला, क्योंकि ज़रा अकड़ू तबीयत का आदमी हूँ। किताबें इनाम के लिए नहीं भेजता। हर साल हवाई जहाज की तरह लाखों रुपये मेरे सिर पर से उड़ जाते हैं। देखता हूँ, कुछ लोगों को इनाम लेने की आदत पड़ जाती है। न मिले तो तबीयत खराब हो जाती है। दिल्ली में मेरे दोस्त नौटंकीलाल बता रहे थे कि एक साल उन्हें इनाम नहीं मिला तो पेचिश हो गयी थी।

इस बार किताब भेजे बिना इनाम कैसे मिल गया? क्या सरकारें ज्यादा सुसंस्कृत हो गयी हैं? नहीं, सरकारें तो वैसी ही असंस्कृत हैं। पर बिना किताब भेजे भी इनाम लेने की एक तरकीब है, जो आगे खुलेगी।

इनाम तो मिल गया। पर वह जो ज्याँ पाल सार्त्र नाम का आदमी पेरिस में रहता है, वह मेरे पाँच सौ रुपये डुबाये दे रहा था। हम उसके विचारों के नहीं, अदा के दीवाने हैं। यों तो वह कहता है—'दमन और शोषण से मुक्त होने पर मनुष्य जिससे परिभाषित होता है, उसे 'संस्कृति' कहते हैं।' मगर हम न दमन से मुक्त होते, न शोषण से—और सुसंस्कृत हैं। उसकी वह जाने! हम तो लेखक की अदा देखते हैं। किस अदा से उसने नोबुल पुरस्कार ठुकरा दिया था। उसने कहा था, इस पुरस्कार को लेने से यह आभासित होगा कि मेरी सहानुभूति पश्चिम के साथ है। हिन्दी में इसे यों कहेंगे—लोग समझेंगे मैं पश्चिम के हाथ बिक गया।

मुझे इनाम की खबर मिली, तो सार्त्र की यह अदा एकदम ध्यान में आयी। सोचा, मैं भी एक वक्तव्य देकर पुरस्कार लेने से इन्कार कर दूँ। ऐसा करने ही वाला था कि एकाएक आत्मबोध हो गया। आत्मबोध क्या है? स्वार्थ की रक्षा के लिए मनुष्य की अन्तरात्मा से जो तर्क उठता है, उसे आत्मबोध कहते हैं। तर्क ऐसा उठा—बिकते वे हैं, जो नमकहलाल होते हैं। जिसका खा लेंगे, उसी के हो जायेंगे। बेचारे बड़े कमजोर होते हैं। पर नमकहराम कभी नहीं बिकते। जिसका खायेंगे उससे लड़ेंगे। सार्त्र होगा नमकहलाल—उसे बिकने का डर है। हम हैं नमकहराम।

हम नहीं बिक सकते। जिस पत्तल में खाना, उसी में छेद करना—यह आत्म-विश्वास जिसे हो, वह कभी नहीं बिक सकता।

वैसे लेखक को बिकने का डर हमेशा लगा रहता है। अभी पंजाब सरकार ने डेढ़ लाख रुपये पत्रकारों और लेखकों को बाँट दिये हैं, तो बड़ा हल्ला मचा है कि यह सरकार हमें खरीदना चाहती है। मैं कहता हूँ, नमकहराम हो जाओ। पैसा खाओ और मत बिको। मगर लेखकों की मुश्किल यह है कि बाजार में खड़े हैं और डर भी रहे हैं कि कहीं बिक न जायें। जिसे बिकने का इतना डर है उसे बाजार में नहीं, गौशाला में होना चाहिए। हिन्दी में तो बाजार-इन्स्पेक्टर भी हैं, जो छड़ी और डायरी लेकर बाज़ार में घूम रहे हैं और रिकार्ड कर रहे हैं कि किसे किसने खरीद लिया। असफल लेखक अक्सर बाजार-इन्स्पेक्टर हो जाते हैं। जो अच्छी कीमत पर बिकने में सफल नहीं हुए, वे भी बाजार-इन्स्पेक्टर हो जाते हैं। मेरे एक दोस्त ही हो गये हैं। वे हर दस-पन्द्रह दिनों में किसी के बिकने की खबर मुझे दे जाते हैं। सुना है, मेरे बिकने की खबर भी वे दूसरों को देते हैं।

वह बात रही जा रही है कि बिना किताब भेजे इनाम कैसे मिल गया। प्रकाशक ने पूछा कि किताब भेज दें। मैंने लम्बी चिट्ठी लिखी कि मैं किताब नहीं भेजता। लेखकों से किताबें मँगवाना और वह दरख्वास्त जैसा फार्म भरवाना अपमानकारक है। प्रकाशक ने कहा—आप मत भेजिए, हम भेजे देते हैं। मैंने जवाब दिया—आप जो उचित समझें, करें। मैं पीठ फेरकर बैठ गया। मगर गर्दन घुमाकर बार-बार देख लेता था कि इनाम सड़क पर आ रहा है या नहीं। इसी को लेखक की ईमानदारी कहते हैं—पीठ फेर ली, मगर गर्दन घुमाकर देख भी रहे हैं। यह तरकीब मैंने बचपन में ही सीख ली थी। मेरे पिताजी ब्राह्मण कहलाते थे। मैं ब्राह्मण-भोजों में जाया करता था। पचीस-तीस सालों के अनुभवी ब्राह्मणों को खाते देखता था। लड्डू परोसनेवाला आता, तो वे 'नहीं-नहीं' कहते हुए जोर से गर्दन हिलाते और पत्तल को दोनों हाथों से ढाँप लेते। पर दोनों हाथों के बीच में लड्डू डालने की जगह छोड़े रखते।

परोसनेवाला उस जगह में से लड्डू डाल देता। ब्राह्मण देवता लड्डू खा लेते, क्योंकि अन्न ब्रह्म है और ब्रह्म को खाना ब्राह्मण का धर्म है। वह ट्रेनिंग आज काम आयी। प्रकाशक के पास वह मेरी चिट्ठी साहित्य के इतिहास-लेखकों के लिए सुरक्षित है। वे लिख सकेंगे कि यह बड़ा निर्लिप्त लेखक था। इधर पाँच सौ का ड्राफ्ट भी मैंने भुना लिया है और एक बढ़िया पंखा खरीद लिया है। साहित्य के मुनीम लोग जब 1969 की जनवरी में 1968 के साहित्य की रोकड़ मिलायें, तब इस पंखे को न भूलें। यह पंखा 1968 के हिन्दी साहित्य की महान उपलब्धि है।

इज्जत से रहना है, तो छोटे शहर में रहना चाहिए। जहाँ से निकल जाता हूँ, लोग कहते हैं—इन्हें इनाम मिला है। बम्बई, कलकत्ता में नोबुल पुरस्कारवाला भी दिन-भर घूमे, तो उसे कोई पहचानेगा नहीं। कुछ लोग इसे शहर का गौरव मान रहे हैं। मेरे मुहल्ले के लोग इसे मुहल्ले का गौरव मान रहे हैं—हमारे नेपियर

टाउनवाले को इनाम मिला है। राइट टाउनवाले किसी को नहीं मिला।

मुझसे ज्यादा खुशी उस दूकानदार को हुई, जिसकी उधारी पड़ी है। उन्होंने मुझे बड़े प्रेम से पान खिलाया। बोले—बड़ी खुशी हुई हमें। मैं खुशी का कारण जानता हूँ—बकाया चुकने की उम्मीद। उनके हृदय से उद्गार निकल रहे होंगे—धन्य है यह लेखक, जो बकाया चुकाने लायक हो गया। धन्य है साहित्य जो लेखक को हमारी उधारी चुकाने लायक बनाता है। साहित्य सचमुच महान है।

गालिब की पारसाई

तमाम दुबों, चौबों, तिवारियों, वर्माओं, श्रीवास्तवों, मिश्रों को चुनौती है—बता दे कोई, अगर ग़ालिब के पूरे दीवान में कहीं किसी का जिक्र हो। कबीरदास ने अलबत्ता हमारे पड़ोसी पाण्डेजी का नाम लिया है—"साधो पाण्डे निपट कुचाली।" इससे पाण्डेजी कबीर से बहुत नाराज हैं। मगर ग़ालिब ने लगातार दो शेरों में परसाईजी को याद किया है। मुलाहजा हो—

पए-नज्रे-करम तोहफ़ा है शर्मे-ना-रसाई का।
ब-खूं-गल्तीदा-ए-सद-रंग दावा पारसाई का।
न हो हुस्ने-तमाशा दोस्त रुसवा बेवफाई का।
बमुहरे-सद-नजर साबित है दावा पारसाई का।
(पारसाई का अर्थ है पवित्रता)

मेरा दावा इन शेरों से साबित हो जाता है। कहता हूँ सच कि झूठ की आदत नहीं मुझे।

ग़ालिब ने मेरे लिए इतना किया है कि खुदा और प्रेमिका के बाद परसाई को याद किया है। मेरा भी उनके प्रति कुछ फर्ज हो जाता है। मैं पूरी कोशिश कर रहा हूँ कि उनकी याद के जलसे कामयाब हों। इस साल टोटल 17,315 समारोह ग़ालिब की याद में होंगे। इतने समारोहों के उद्घाटन के लिए इतने साधारण विद्वान् नहीं मिलेंगे। पर देश में पंचायती विद्वानों की कमी नहीं है। कल ही एक पंचायती विद्वान का भाषण सुन रहा था। वे कह रहे थे—'ग़ालिब? अहा! ग़ालिब महान कवि थे, अहा! ग़ालिब महान शायर थे, अहा! मिर्ज़ा ग़ालिब का क्या कहना है, अहा!'

मैं पंचायती विद्वान की तकलीफ देखकर बहुत दुःखी हुआ। तय किया कि इस तकलीफ को दूर करूँगा। मैं सारे पंचायती विद्वानों के लिए एक नमूने का भाषण लिख दे रहा हूँ जिससे उनकी तकलीफ दूर होगी, ग़ालिब के समारोह सफल होंगे

और ग़ालिब के प्रति मेरा फर्ज भी निभ जायेगा—हक़ तो ये है कि हक़ अदा न हुआ।

जो वेद नहीं पढ़े, वे भी वैदिक धर्म मानते हैं। जो शास्त्र नहीं पढ़े, वे शास्त्रों में विश्वास रखते हैं। जो ग़ालिब को नहीं समझते, वही ग़ालिब को समझा सकते हैं। ग़ालिब ने खुद कहा है—

जो ग़ालिब को नहीं समझे
वही उसे सही समझे।

अगर ग़ालिब इस उम्दा शेर को अपने गले डालने से इन्कार करें तो यह मीर को दे दिया जाये। अगर मीर भी इसकी जोखम न उठाना चाहें तो इसे मेरा ही मान लिया जाय।

इस बुनियाद पर अब भाषण खड़ा होता है—

भाइयो और बहनो,

बड़ी खुशी की बात है कि सौ साल पहले ग़ालिब की मृत्यु हो गयी थी। अगर वे सौ साल पहले न मरते, तो आज हमें यह समारोह करने का सुनहला अवसर न मिलता। हम ग़ालिब के आभारी हैं कि उन्होंने हमें यह चांस दिया।

आप पूछेंगे कि ग़ालिब कौन है? यह प्रश्न ग़ालिब के समय में भी लोग पूछते थे। ग़ालिब प्रचार से दूर रहते थे। कोई नहीं जानता था कि ग़ालिब कौन है।

ग़ालिब खुद भी नहीं जानते थे कि वे ग़ालिब हैं। एक दिन एक आदमी ग़ालिब के घर आया और उसने नौकर से पूछा—क्यों जी, यह तो बताओ, ग़ालिब कौन है? नौकर पड़ोसियों के पास जाकर बोला—

पूछते हैं वे कि ग़ालिब कौन है।
कोई बतलाए कि हम बतलाएँ क्या।

पड़ोसियों को भी नहीं मालूम था। नौकर ने उस आदमी से कहा—यहाँ कोई ग़ालिब-फ़ालिब नहीं रहता। उधर लकड़ी के टाल पर पूछो। ऐसे थे ग़ालिब। और आज के इन कवियों को देखो जो खुद अपना ढोल पीटते फिरते हैं।

मैं आज आपको एक रहस्य की बात बताता हूँ। ग़ालिब शायर थे। शायर ही नहीं, कवि भी थे। मुसलमान जिसे शायर कहते हैं, हिन्दू उसे कवि कहते हैं। बात एक ही है—राम कहो चाहे रहीम। मैं तो हिन्दू-मुस्लिम भाई-भाई का सिद्धान्त मानता हूँ। हमारे महात्मा गाँधी कहा करते थे—

एक साथ सब मिलकर गाओ
प्यारा भारत देश हमारा
झण्डा ऊँचा रहे हमारा।

भाइयो, ग़ालिब विश्व के महान कवि थे। वे विश्व के ही नहीं, भारत के भी महान कवि थे। सिर्फ भारत के ही क्यों उर्दू के भी महान कवि थे। मैं तो उन्हें हिन्दी का कवि भी मानता हूँ। हिन्दी-उर्दू में कोई भेद नहीं है। हिन्दू लोग जिसे हिन्दी कहते हैं, मुसलमान उसे उर्दू कहते हैं। सच पूछा जाय तो ग़ालिब महान भारतीय

परम्परा के कवि थे, क्योंकि वे जुआ खेलते थे। हमारे यहाँ जुआ खेलनेवाले को 'धर्मराज' कहते हैं। ग़ालिब कलियुग के 'धर्मराज' ही थे।

अब मैं ग़ालिब की शायरी पर प्रकाश डालूंगा। ग़ालिब ग़ज़ल लिखते थे। वे ग़ज़ल ही नहीं, शेर भी लिखते थे। शेर लिखना बड़ा खतरनाक काम है। ग़ालिब खानदानी सिपाही थे, इसलिए शेर से डरते नहीं थे और उसे लिख देते थे। दुनिया में सिकन्दर सरीखे बहादुर हो गये हैं, पर शेर एक भी नहीं लिख सके। यह तो ग़ालिब का ही दम था। और आज के ये कवि कुत्ते से डर जाते हैं। ये कायर क्या शेर लिखेंगे!

भाइयो, ग़ालिब ने बहुत दुःख भोगे। एक कोई गुण्डा तो खंजर लेकर उनके पीछे ही पड़ा रहता था। उसका नाम 'सितमगर' था। सितमगर नाम का यह गुण्डा ग़ालिब को जिन्दगी-भर तंग करता रहा। दिल्ली की पुलिस उससे मिली हुई थी, और उस पर कोई कार्यवाही नहीं करती थी। धिक्कार है चह्वाण साहब की पुलिस को।

ग़ालिब को पुलिस भी तंग करती थी। एक दिन वे थककर सड़क पर बैठ गये। पुलिसवाला आया और उन्हें उठाने लगा। ग़ालिब ने बड़ी लाचारी से कहा—'बैठे हैं रहगुज़र पे हम कोई हमें उठाये क्यों?' पुलिसवाले ने उन्हें घसीटकर किनारे कर दिया। ग़ालिब रोने लगे। किसी राहगीर ने पूछा—'अरे भाई, रो क्यों रहे हो?'

ग़ालिब ने जवाब दिया—'रोयेंगे हम हज़ार बार कोई हमें सताये क्यों?' यानी अगर पुलिसवाला हमें सतायेगा, तो हम क्यों नहीं रोयेंगे!

दिल्ली में दूसरे शायर ग़ालिब को द्वेष के कारण तंग करते थे। वे ग़ालिब की बदनामी करने के लिए कविताएँ लिखते थे और उन्हें फैलाते थे। एक शायर कहता था कि दिल्ली में ग़ालिब की आबरू ही नहीं है। वह लिखता है—

बना है शह का मुसाहिब फिरे है इतराया
वर्ना शहर में ग़ालिब की आबरू क्या है।

ज़रा सुनिए, ये बदमाश कैसी-कैसी बातें उस महान कवि के बारे में कहते थे—

काबा किस मुँह से जाओगे ग़ालिब
शर्म तुमको मगर नहीं आती।

ये दिलजले कवि-सम्मेलनों में ग़ालिब को अपने लोगों से हूट करवाते थे। परेशान होकर ग़ालिब कलकत्ता के कवि-सम्मेलन में चले गये। वहाँ भी स्थानीय प्रतिभाओं ने उन्हें हूट किया। कलकत्ता में भी वे उखड़ गये।

ये ऐसे नीच लोग थे कि जब ग़ालिब मर गये और उनके प्रशंसक रोने लगे, तो इन्हें बुरा लगा। ग़ालिब के लिए इतने लोग रोयें! कलेजे पर साँप लोट गया। कहने लगे—

ग़ालिबे-खस्ता के बग़ैर कौन से काम बन्द हैं
रोइएज़ार-ज़ारक्या, कीजिए हाय-हाय क्यों।

आखिर ग़ालिब ने भी इन दुष्टों से निपटने का निश्चय कर लिया। उन्होंने कहा—

कोई दिन गर जि़न्दगानी और है
हमने जी में अपने ठानी और है

यानी हमने ठान ली है कि जितनी जिन्दगी बची है, उसमें इन दुष्टों से गिन-गिनकर बदला लेना है।

भाइयो, ग़ालिब के कष्टों का अन्त नहीं था। उन्हें दिल की बीमारी भी थी। उनके हार्ट में हमेशा दर्द होता रहता था और वे इतने परेशान थे कि जो मिलता उसी से पूछते—'आखिर इस दर्द की दवा क्या है?' दिल्ली में उन दिनों कोई अच्छा हार्ट-स्पेशलिस्ट नहीं था। उन्होंने कलकत्ता में जाँच करायी, दवा भी ली, पर कोई फायदा नहीं हुआ। आखिर निराश होकर उन्होंने कह दिया—'मौत से पहले आदमी ग़म से नज़ात पाय क्यों?'

धिक्कार है हेल्थ मिनिस्टर को! इतने बड़े कवि के इलाज का इन्तजाम नहीं कर सके। संसद में इस बात पर किसी को प्रश्न उठाना चाहिए।

दिल की ही नहीं, ग़ालिब को पेट की बीमारी भी थी। उनके पेट में दर्द होता रहता था। दिल्ली के एक हकीम से उन्होंने दवा ली थी। एक दिन हकीम चाँदनी चौक में मिल गये। पूछा—'ग़ालिब साहिब, पेट का दर्द कैसा है?' ग़ालिब ने जवाब दिया—

दर्द मिन्नतकशे-दवा न हुआ
मैं न अच्छा हुआ बुरा न हुआ।

यानी तबीयत में कोई फर्क नहीं है। दर्द जैसा-का-तैसा है। उर्दू साहित्य के एक विद्वान ने खोज की है कि ग़ालिब के पेट के दर्द का कारण शराब थी। हाय! अपने डाक्टर बनर्जी साहब उस वक्त दिल्ली में होते, तो ग़ालिब को अच्छा कर देते। कवि का दुर्भाग्य देखिए कि डाक्टर बनर्जी उनके मरने के बाद पैदा हुए। इसी को विधि की विडम्बना कहते हैं।

अब मैं आपको बताता हूँ कि मैं ग़ालिब को बड़ा कवि क्यों मानता हूँ। दुनिया के किसी कवि ने मरने के बाद कविता नहीं लिखी। ग़ालिब एकमात्र कवि हैं, जिन्होंने मरने के बाद भी कविता लिखी। गेटे, शेक्सपियर, कालिदास, रवीन्द्रनाथ, किसी ने भी मरने के बाद एक लाइन नहीं लिखी। पर ग़ालिब मरने के बाद भी लिखते रहे। उन्होंने मरनेके बाद अपनी लाश के बारे में यह लिखा—

यह लाश बेकफ़न असद-ख़स्ता जाँ की है
हक़ मगफ़रत करे अजब आज़ाद मर्द था।

इतना ही नहीं, उन्होंने यह भी बता दिया कि वे परदेश में मरे थे। वे मरे नहीं थे, बल्कि मारे गये थे। इस शेर को देखिए—

मुझको दयारे-ग़ैर में मारा वतन से दूर
रख ली मेरे ख़ुदा ने मेरी बेकसी की शर्म ।

शासन क्या सो रहा है। वह पता क्यों नहीं लगाता कि परदेश में ले जाकर किसने ग़ालिब को मारा ?

भाइयो, अब मैं अत्यन्त भरे हृदय से ग़ालिब का एक संस्मरण सुनाता हूँ। शाम उतर रही थी। दिल्ली में हल्की सर्दी पड़ने लगी थी। मैं चौक में घूम रहा था। मैंने देखा, फर्गुसन साहब की दूकान से ग़ालिब शराब खरीद रहे हैं। मैं उनके पास गया। मैंने कहा—'ग़ालिब साहब, तुझे हम वली समझते जो न बादाख़्वार होता।' ग़ालिब थोड़ा झेंप गये। बोले—'आप इधर कैसे ?' मैंने कहा—'मैं घण्टेवाले हलवाई के बगल की दूकान पर भाँग पीने जा रहा हूँ। चलिए, आपको भी पिलाऊँ।' ग़ालिब मेरे साथ हो लिये। मैंने उन्हें बढ़िया केसरिया भंग पिलवायी। बाद में उन्होंने कहा—'भंग तो शराब से भी ज्यादा मजा देती है।' मैंने कहा—'यही तो भारतीय संस्कृति का मजा है।'

यह मेरी उनसे आखिरी मुलाकात थी। इसके बाद मैं जबलपुर आकर रहने लगा। सोचता हूँ, यदि मैं दिल्ली में ही रहता तो ग़ालिब की शराब पीने की आदत छुड़वा देता। मगर होता है वही, जो मंज़ूरे-ख़ुदा होता है।

भाइयो, ऐसे थे ग़ालिब जिनकी शताब्दी आज हम मना रहे हैं।

क्या भगवान भी टाँग खींचते हैं ?

इस बार सचमुच सबकुछ बैठे-ठाले ही हो रहा है। बैठे-ठाले रिक्शा दुर्घटना में फँस गये, बैठे-ठाले टाँग तोड़ ली और अब बैठे-ठाले यह लिखा जा रहा है।

चोट-खायी टाँग को मलहम से लीपते हैं और सेंकते हैं। तन का यह हाल है। और मन का ? कुछ लोगों को दर्द होता है, तब मन में अच्छी बातें आती हैं। उनकी टाँग तोड़ दीजिए, तो वे अच्छी बातें करने लगते हैं। गला दबाने से तो उनके बहुत ऊँचे विचार हो जाते हैं। मुझे ऐसा नहीं होता। दर्द में भी वैसी ही बुरी बातें सूझती हैं। कोई अच्छी बात मन में उठती है, तो टाँग तड़क उठती है और अच्छी बात दब जाती है। देख रहा हूँ, सारी अच्छी बातें किसी तड़क से दब रही हैं। इस देश के सारे शरीर में अन्दरूनी चोटें हैं, वे तड़कती हैं और अच्छी बातें दबा देती हैं। लगान-माफी की अच्छी बात उठती है, तो फौरन दो-चार जगह दंगे हो जाते हैं। यह पुरानी चोट है, जो जब-तब तड़क उठती है।

पर बात मुझे अपनी चोट की करनी है। पहला सवाल पूछा जाता है—कहाँ

यह दुर्घटना हो गयी ? मुझे बताने में शर्म आती है। ठीक चर्च के सामने रिक्शा उलट गया। देवस्थान को बदनाम करने का मेरा इरादा नहीं है। चर्च कभी-कभी जायका बदलने के लिए ऐसा कुछ कर बैठती है। ओ. हेनरी की एक कहानी का आवारा ठण्ड और भूख से बचने के लिए जेल जाना चाहता है। वह तरह-तरह के उपद्रव करता है, पर गिरफ्तार नहीं होता। वह चर्च के फाटक पर आता है। वहाँ प्रार्थना हो रही है। उसका हृदय बदल जाता है और वह अच्छा आदमी बनने का निश्चय कर लेता है। इसी वक्त पुलिसमैन आता है और उसे आवारागर्दी में गिरफ्तार कर लेता है।

मेरी इस दुर्घटना में दोष चर्च का नहीं, मेरी प्रकृति का है। मेरी तीन दुर्घटनाएँ हो चुकी हैं और तीनों देवस्थान के सामने हुईं। साधारण जगह मेरी दुर्घटना होती नहीं है, तो मैं क्या करूँ ? पहली दुर्घटना राम मन्दिर के सामने हुई। एक डाक्टर मित्र के स्कूटर पर से गिर पड़ा था। डाक्टर ने पटका था, इसलिए चोट नहीं आयी। दूसरी बार भैंसासुर बाबा की मढ़िया के सामने गिरा था। तब चेहरे पर चोट आयी थी। असुर लोग मेरे चेहरे से नफरत करते हैं। और तीसरी यह चर्च के सामने, जब भगवान का ध्यान मेरे पाँवों की तरफ चला गया। अब तो मुझे ऐसा लगता है, ये सारे मन्दिर-मस्जिद मेरे हाथ-पाँव तोड़ने के लिए ही बने हैं।

एक शुभचिन्तक कह रहे थे---अभी तो बहुत-से देवस्थान बचे हैं। अगर हर देवस्थान के सामने तुम्हें पटकनी खानी ही है, तो एक दिन जान-बूझकर सहकारी बैंक के पास के चौराहे पर गिर लो, वहाँ आमने-सामने चार देवस्थान हैं---गुरुद्वारा, मस्जिद, शिव मन्दिर और देवी का मन्दिर। एक पटकनी में चार देवस्थान निपट जायेंगे।

मुझे क्या मालूम कि भगवान् भी आजकल टाँग खींचने लगे हैं। जानता तो उनके घर के सामने से निकलता ही नहीं !

मित्रों का कहना है कि यह कोई आकस्मिक घटना नहीं है। इसमें भगवान् की योजना है। तुम कहते हो, वह है ही नहीं। उसने बता दिया कि मैं इतना तो जिन्दा हूँ ही कि तुम्हारी टाँग तोड़ सकूँ। मेरा खयाल था कि भगवान् पाँच लड़कियों के बाद लड़का देकर अपने होने का सबूत देता रहता है। मगर वह तो टाँग तोड़कर अपना होना सिद्ध करने लगा !

चर्च पर बड़े अक्षरों में लिखा है---'एसेम्बली ऑफ गॉड !' शायद उस वक्त भगवान की संसद का अधिवेशन चल रहा होगा ! संसद ने सोचा होगा कि यह आदमी भगवान पर ही नहीं, संसदीय लोकतन्त्र पर भी विश्वास खोता जा रहा है। लिहाजा यह ईश्वरीय संसद निश्चय करती है कि इस आदमी का रिक्शा यहीं उलट दिया जाय और इसकी टाँग तोड दी जाय।

दूसरा सवाल पूछा जाता है---कैसे ? जवाब देता हूँ, रिक्शा बहुत तेज भाग रहा था। दो साइकिलों को बचाने में एक से टकराया और उलट गया। अकारण तेजी से यह सब हुआ। पता नहीं बिना कारण के खतरनाक तेजी को लोग क्यों पसन्द

करते हैं। एक युवक बहुत तेज स्कूटर चलाता है, खतरनाक 'कट' लगाता है। मैंने समझाया, धीरे और सावधानी से चलाया करो। अगर तुम्हारी मरने की ही इच्छा हो, तो मुझे बताना। मैं कोई बड़ा उद्देश्य बता दूंगा, उसके लिए मर जाना। अभी अपने को बचाकर रखो। शायद आगे किसी अच्छे कारण से मरने का मौका मिल जाय। इसमें क्या लुत्फ है कि स्कूटर से या साँप के काटने से मर गये। कितने लोग हैं, जिन्हें मरना किसी और कारण से था मगर मर किसी और कारण से जाते हैं। मरना किसी क्रान्तिकारी आन्दोलन में था। मगर इस बीच प्रेमिका धोखा दे गयी, तो नदी में कूदकर मर गये।

बहुत-से लोग नहीं जानते कि बहादुरी और बेवकूफी में फर्क है। वे समझते हैं, बहादुरी कर रहे हैं, मगर हो रही है बेवकूफी। वे साहस के किस्से सबने पढ़े होंगे, जिनमें साहसी कहता है—बरसात की उफनती नदी आमन्त्रण दे रही थी। जी हाँ, उफनती नदी बेवकूफों को तो आमन्त्रण देती ही है।

तीसरा सवाल पूछा जाता है—कब? मैं कहता हूँ—दिन में चार बजे। इससे कुछ लोग निराश होते हैं। दिन की दुर्घटना में कोई सम्भावना नहीं होती। रात की दुर्घटना होती, तो उसमें बहुत सुखद सम्भावनाएँ होतीं। एक खास तरह के शुभ-चिन्तक कहते—हूँ...रात की बात है। इतनी रात को ये हजरत कहाँ से आ रहे थे? उधर क्यों गये थे? भई, अपने को यह रिक्शेवाली बात तो झूठ मालूम होती है। मामला कुछ और ही है। मगर बात दिन की है, और काफी लोग निराश हैं। गवाह पक्के न होते, तो मैं खुद इनके सुख के लिए कह देता कि रात की बात है। मगर मजबूर हूँ। मुझे दुख है कि मैं रात को नहीं गिरा। आगे खयाल रखूंगा। रात को ही दुर्घटनाग्रस्त होने की कोशिश करूँगा।

पहले दो दिन घटना का जो वर्णन मैंने किया, वह काफी अच्छा रहा। बड़ा प्रभाव पैदा करता था। रिक्शा उलटना रेलगाड़ी उलटने जैसा लगता था। लेकिन अब दर्द के साथ वर्णन का रस भी कम हो गया है। उस रोमांचक घटना का वर्णन अब सपाट हो गया है। पहले दो दिन जो सुन गये, वही फायदे में रहे। लेकिन कुछ दुष्ट भी होते हैं। एक मित्र छठवें दिन देखने आये। बोले—यों तो मैं सबकुछ लोगों से सुन चुका हूँ। मगर आप चाहें तो आप भी कह लें। अब तो वर्णन पाँचेक वाक्यों में निपट जाता होगा, कह डालिए।

लेकिन एक सच्चे मित्र ने एक शाम को बड़ी गम्भीरता से कहा—तुम्हारी अखबारवालों से बड़ी दोस्ती है। तुमने अखबार में समाचार क्यों नहीं छपा दिया? अच्छा रहता। मैंने कहा—लोभ मेरे मन में भी आया था पर चाय और पान के खर्च के कारण इच्छा को दबा लेना पड़ा। मुझे खुद शर्म है कि इतनी चोट भी खायी और वह अखबार में भी न छपी।

दर्द की प्रकृति भी बड़ी विचित्र होती है। पाँव और जाँघ में सबसे ज्यादा चोट लगी थी। इन दो जगहों में बहुत दर्द था। बस यही दो दर्द हैं। मगर ये दर्द अब कम हुए तो मालूम हो रहा है, कुहनी में, घुटने में और कन्धे में भी दर्द है। बड़ा दर्द

छोटे दर्दों को दबा रखता है। जब वह कम होता है, तब छोटे दर्द उभर आते हैं। चीन और पाकिस्तान से जब लड़ाई होती है, तो अन्न-आन्दोलन नहीं होते। भूख का दर्द दब जाता है, हर देश का कोई बड़ा दर्द होता है, जो छोटे दर्दों को दबाये रखता है। कुछ देश तो एकाध बड़ा दर्द पाले ही रहते हैं। अमरीका साम्यवाद का दर्द पाले है, तो नीग्रो-समस्या, बेकारी और गन्दी बस्तियों की समस्या के दर्द दबे रहते हैं। मगर छोटे दर्द भी होशियार हो गये हैं। बीच-बीच में एकाध तड़क दे देते हैं।

चुनाव और सुशील लेखक

लोग चुनाव में खड़े होने के बहाने ढूंढ़ते हैं। कोई कहता है, मित्रों के आग्रह से खड़ा होना पड़ा। किसी को जनता मजबूर करती है। यह अक्सर झूठ होता है। मित्र किसी को चुनाव लड़ने की सलाह देकर झंझट क्यों मोल लेंगे? प्रेम की तरह चुनाव लड़ने की भावना हृदय में अपने-आप पैदा होती है और फिर जैसे प्रेमी को समझाना असम्भव है, वैसे ही उम्मीदवार को। दोनों कफन का पेशगी इन्तजाम कर लेते हैं।

चुनाव लड़ने का सबसे वजनदार कारण मेरे पास है। मुझे गुप्तचर विभाग के लोगों ने सलाह दी है। यह गौरव इस महादेश में सिर्फ मुझे मिला है। पण्डित नेहरू होंगे 'हृदय-सम्राट', पर खुफिया विभाग ने उन्हें भी चुनाव लड़ने की सलाह न दी होगी। खुफिया हृदय-सम्राट तो मैं ही हुआ। कल सुबह की बात है। घर के पास के चौराहे पर खुफिया विभाग के दो अधिकारी मिल गये। पान-तमाखू हुआ। शहर के हालात की चर्चा हुई। इसी सिलसिले में एक ने कहा—इस बार तो आप भी चुभाव लड़ेंगे। दूसरे ने जोड़ा—लड़ जाइए। आपके चान्स अच्छे हैं। मेरे ओंठ तक सवाल आ गया था—आपने कैसे जाना? मैं उसे भीतर ही गुटक गया। मुझे याद आ गयी एक मित्र के उस दिलचस्प साले की, जो हर बात पर पूछता था—आपने कैसे जाना? एक दिन मैंने कहा—आज तो आप बहुत सुन्दर लग रहे हैं। उसने फौरन पूछा—आपने कैसे जाना? अगर कोई कहे कि सूर्य चमक रहा है, तो वह पूछेगा—आपने कैसे जाना?

पूछा नहीं, पर मन में सवाल उठता रहा कि इन लोगों ने कैसे जाना कि चान्स अच्छे हैं। सोचा, ये लोग जनता से सम्पर्क रखते हैं। पता लगाते रहते हैं। इनसे इस क्षेत्र के नागरिकों ने कहा होगा कि अगर इस क्षेत्र से परसाईजी इस बार खड़े नहीं हुए, तो हम लोग कहीं और जा बसेंगे। तमाम जगहों से ऐसे लोग खड़े होते हैं, जिनके उम्मीदवार होते ही जनता इलाका छोड़ने की सोचती है। इस बार

परसाईजी को कहीं का 'मेम्बर' हो जाना चाहिए। मैंने सोचा, कम-से-कम जनता को विस्थापित होने से बचाने के लिए मुझे चुनाव लड़ लेना चाहिए। 'मेम्बर' बहुत लुभावना शब्द है। एक साहब नगरपालिका के मेम्बर हो गये थे। वे अग्रवाल थे। पर आगे उनका उपनाम मेम्बर हो गया—रामकिशन अग्रवाल से रामकिशन मेम्बर हो गये। आगे भी यही उपनाम चल रहा है। दो बेटे हैं—शिवप्रसाद मेम्बर और रामप्रसाद मेम्बर। एक मेम्बर सारे कुल को मेम्बर बना देता है।

मेरे मन में मोह पैदा हो गया। मैं कोई तपस्वी नहीं हूँ, पर राजनैतिक महत्त्वाकांक्षा जरूर मेनका है। पहले विश्वामित्र-जैसे तपस्वी को मोह में फँसाती थी, अब मुझ-जैसे मामूली हिन्दी-लेखक पर अपना रूप और कौशल खर्च करती है। मैं हाथ जोड़कर कहता हूँ—सिस्टर, बड़े-बड़े सुनामधन्य श्रद्धेय, पुरस्कृत और अभिनन्दित लेखकों के पास जा। साहित्य के तपोवन के ऋषियों को क्या तू नहीं पहचानती? मैं तो इस आश्रम का 'बटुक' हूँ। उसने कहा—पहचानती हूँ और जानती भी हूँ कि जो जितना बड़ा ऋषि होता है वह उतनी ही जल्दी फिसलता है। वह तो बैठा-बैठा अप्सरा की राह ही देखा करता है। उनसे तो हमारी दासी ही निबट लेती है। बटुक ज़रा कठिन होता है। आजकल हम उसी पर ध्यान दे रही हैं।

बड़ी उलझन में पड़ गया हूँ। सपने देखने लगा हूँ। आखिर यह बात उठी कैसे कि मैं चुनाव लड़ूँगा। शायद लोग कहते होंगे—यह आदमी नौकरी नहीं करता, राजनीतिवालों के साथ देखा जाता है, भाषण ज्यादा देता है, लोगों में ज्यादा मिलता-जुलता है, कुर्त्ता, पाजामा, जाकिट, शेरवानी पहनता है—आखिर यह चुनाव क्यों नहीं लड़ता! अरे, या तो नौकरी कर या चुनाव लड़! कुछ और लोग कहते होंगे—यह कितना ही निर्लिप्त बने, देख लेना, यह एक दिन जरूर चुनाव लड़ेगा। इसकी सारी बनावट चुनाव लड़नेवाले जैसी है। साहित्य के आदमी की अन्तिम परिणति साहित्येतर किसी क्षेत्र में होती है। जो कवि कहलाता रहा, उसकी मृत्यु पर सिर्फ कांग्रेस कमेटी की शोक-सभा होती है। एक साहित्यकार की शव-यात्रा में किराना व्यापारी ज्यादा थे। एक वयोवृद्ध लेखक की वर्षगांठ सर्वोदयवाले ही मनाते हैं। एक 'स्टेज' के बाद लेखक साहित्य की जमीन से उड़कर राजनीति, व्यवसाय या नौकरी के पेड़ पर बैठ जाता है। लोग सोचते होंगे कि यह भी अब उड़ा, अब उड़ा। मगर हर उड़ने के मौसम के बाद मैं फिर इन्हीं सड़कों पर दिख जाता हूँ। वे कहते होंगे—इस कम्बख्त के पंख ही नहीं हैं। इतने पेड़ खड़े हैं। ज़रा पंख फड़फड़ाये तो पेड़ पर पहुँच जाये। पर इसे तो जमीन ने बाँध रखा है। तब कुछ सयाने कहते होंगे—इसे सीधा मत समझो। घाघ है। साधु बना हुआ मौका ताक रहा है। किसी दिन यह जरूर चुनाव लड़ेगा।

नौकरी या चुनाव, ये दो विकल्प मुझे कई सालों से दिये गये हैं। कुछ लोग ऐसे भी हैं जो मेरे प्रति मात्र करुणा रखते हैं। वे यह नहीं मानते कि मैं महत्त्वाकांक्षी हूँ। उनका खयाल है कि इस बेचारे को पढ़ा-लिखा होने के बावजूद नौकरी नहीं

मिलती। बड़ा खराब जमाना आ गया। एक वयोवृद्ध अध्यापक सहज दया से कहते हैं—बेचारा खासा पढ़ा-लिखा है। हिन्दी अच्छी लिख लेता है। पर इसे नौकरी नहीं मिलती। इधर रेडियो की शाखा खुली, तो उन्होंने लोगों से कहा—अब इसकी नौकरी लग जायेगी। कुछ महीने बाद मुझसे पूछा—क्यों, नौकरी लगी ?

मैंने कहा—नहीं। उन्होंने कहा—तुमने कोशिश ही नहीं की होगी। एक आदमी जो खुद उठाईगीरा है, जब भी मुझे मिलता है, कहता है—कहीं चिपक जाओ। ऐसे कब तक बेकार घूमते रहोगे।

मैं शायद कुछ 'हो जाने' का महत्त्व समझता नहीं हूँ। साहित्य का अदना-से-अदना सेवक भी यह समझता है। एक साहित्यिक बन्धु मुझे जब-तब मिल जाते हैं। पाँच-दस मिनट साहित्यिक चर्चा करते हैं। वह इस तरह होती है—

वे—माचवेजी हिन्दी परामर्शदाता हो गये।

मैं—हाँ।

—अज्ञेय 'दिनमान' के सम्पादक हो गये।

—हाँ।

—भारती तो पहले ही भरती हो गये थे।

—हाँ।

—सुरेश अवस्थी अकादमी के मन्त्री हो गये।

—हाँ।

—कमलेश्वर भी बम्बई जा रहे हैं।

—हाँ, सुना है।

—बच्चन राज्यसभा के सदस्य हो गये।

—हाँ।

—राकेश के बारे में अभी कुछ नहीं सुना!

—अभी तक तो नहीं।

—दिनकरजी ने अच्छा हाथ मारा।

—(चुप)

—और क्या चल रहा है ?

—सब ठीक है।

—अच्छा, चलूँ।

—अच्छा।

लगभग ऐसा ही वार्तालाप हर मुलाकात में होता है। जो 'हो' जाते हैं, उनसे उनका दूर का भी सम्बन्ध नहीं है, पर हिन्दी के एक सेवक के नाते, वे यह जानकारी रखना और देना अपना कर्त्तव्य समझते हैं कि कौन लेखक किस नौकरी पर है। क्या लिखा जा रहा है, इसमें हिन्दी के सेवक को कोई दिलचस्पी नहीं।

अब तक पाठक कहने लगा होगा—बड़ा पाखण्डी है। देखो, ऐसी बात कर

रहा है, जैसे इसे कोई लोभ ही नहीं है। लोभ से कोई अछूता नहीं है। नकारने का कारण हमेशा निर्लोभ ही नहीं होता। तुलसीदास ने मनसबदारी नकार दी थी, यह कहकर कि 'अब तुलसी का होहिंगे नर के मनसबदार।' मगर उन्हें भी विश्वास था कि अपना पट्टा रघुवीर के दरबार में लिखा गया है। तुलसीदास ने सोचा होगा—मनसबदारी में बड़ी झंझट है। अपनी चादर छोड़कर न जाने कैसा जामा और चोगा पहनना पड़ेगा। वर्दी चपरासी की भी होती है और मनसबदार की भी। दरबार में खास ढंग से उठना, बैठना, झुकना पड़ेगा। अपने से नहीं बनेगा। हटाओ इस झंझट को। महाकवि के मन में वर्दी और चोगे के डर से ही शायद निर्लोभ पैदा हो गया हो। और कुम्भनदास ने जब कहा—'सन्तन कहा सीकरी सों काम'—तो उनके मन का चोर भी आगे बोल गया—'जिनके देखे दुख उपजत है, तिनको करबो पड़ै सलाम।' हटाओ ऐसी राज-कृपा को। दोनों वर्दी और चोगे के डर से शायद दरबार से दूर रहे। क्या पता मैं भी वर्दी-चोगे के डर से ही निर्लोभ का अभिनय कर रहा हूँ।

खुफिया विभागवालों की बात से भी यही मालूम होता है कि यह मान लिया गया कि यह आदमी ऊँची नौकरी के नाकाबिल है। अब सिर्फ चुनाव बचा। यह चुनाव लड़ेगा। तभी उसने कहा था—आपके चान्स अच्छे हैं। तो क्या लड़ जाऊँ? मगर चुनाव का अपना रिकार्ड अच्छा नहीं है। दो चुनाव लड़वाये हैं और दोनों में हार हुई। एक मित्र के चुनाव में गली-गली, चौराहे-चौराहे इतने भाषण दिये थे कि गला खराब हो गया। पर वे हार गये। हार की शाम को जो सभा हुई उसमें कई हजार आदमी उनकी हार से दुखी और क्रुद्ध बलवा करने पर उतारू थे। मैंने सोचा, इतना लोकप्रिय आदमी कैसे हार गया। जितने लोग उनकी हार से दुखी थे, उनके आधे भी अगर उन्हें वोट देते, तो वे जीत जाते। जनता का यह मजाक मुझे पसन्द नहीं। वोट नहीं देंगे, मगर हारने पर दुखी होंगे। जिन्होंने वोट नहीं दिया, वे ज्यादा दुखी होते हैं। एक दूसरे मित्र को राज्यसभा का चुनाव लड़वाया। विधायक विश्राम-गृह के कमरे में बैठे हर रोज शाम को हिसाब लगाते कि विधायक लोग पार्टी के निर्णय को भंग करके हमारे मित्र को वोट देने के लिए उतावले हो रहे हैं। मत गिने गये तो पाया कि जितने मिले उससे दस गुने लोगों ने वायदे किये थे। जनता तो जनता, विधायक भी मजाक करते हैं। एक नेता ने मुझे बताया कि उनके साथ बड़ा बेरहम मजाक हो गया। कहने लगे—एक कस्बे में हमने दो घण्टे चुनाव का भाषण दिया। श्रोता मुग्ध थे। रात को एक वृद्ध सज्जन आये। बोले—वाह साहब, क्या तकरीर की है। मजा आ गया। आपका मुँह है कि कोई पोल है—निकलता ही जाता है। मजा आ गया। खैर, वोट तो हम लोग आपकी पेटी में नहीं डालेंगे, मगर सबेरे आपकी एक तकरीर और हो जाये! हमने रात को ही उस गाँव से डेरा उखाड़ दिया।

मैं जनता के ऐसे मजाक से बहुत घबड़ाता हूँ। मगर जो इससे घबड़ाता है, वह चुनाव कभी नहीं लड़ सकता। ऐसी स्थिति में खुफिया विभाग की सलाह का कोई

महत्त्व नहीं रह जाता। तब मैं सिवा इसके और क्या कहूँ कि अरे, यह राजनीति अप्सरा है, जो तपस्वी साहित्यकार को पथभ्रष्ट करती है।

इससे पेशेवर राजनेता बहुत खुश होंगे। कहेंगे— देखो, कितना सुशील लेखक है! राजनीति को पथभ्रष्ट करनेवाली अप्सरा मानता है। वह घृणित है। सचमुच लेखकों, कलाकारों, अध्यापकों, बुद्धिजीवियों को राजनीति से क्या मतलब? उन्हें इस प्रपंच में नहीं पड़ना चाहिए। मैं उनसे कहता हूँ—जनाब! लेखक, अध्यापक, बुद्धिजीवी अगर राजनीति से बाहर रहे, तो भीतर कौन बचे? आप जैसे अपढ़, गँवार, असभ्य, असंस्कृत और भ्रष्ट लोग! यह देश ऐसे लोगों के हाथ में सौंपना है या नहीं, यह भी तो सोचना पड़ेगा। जब भी हमारा बस चलेगा, हम आपका कान पकड़ेंगे और बाहर निकाल देंगे। हमें इतना सुशील समझना तुम्हारे लिए खतरनाक होगा।

छुट्टीवाला शोक

मेरा एक सहपाठी सारे राज्य में दो दिनों की छुट्टी कराके मर गया और मैं हीन-भावना से ग्रस्त बैठा हूँ। सोचता हूँ और चिन्तित होता हूँ कि अभी तक एक घण्टे की छुट्टी कराके मरने का इन्तजाम भी नहीं कर पाया। हम दो फूल एक साथ फूले थे—स्कूल में एक ही बेंच पर बैठते थे, साथ मूंगफली खाते थे, एक ही किताब से नकल करते थे। मगर किस्मत जुदा-जुदा हो गयी—वह छुट्टी करा गया और मैं शोक-सभाओं में उसके गुण गा रहा हूँ।

आज स्कूल मास्टरी की याद बहुत सता रही है। वह नौकरी न छोड़ता तो स्कूल में एक दिन की छुट्टी और शोक-सभा होती। बहुत घटिया शिक्षकों की बहुत शानदार शोक-सभाएँ मैं खुद करा चुका हूँ। एक पतली आशा है—जिस स्कूल में मैं कई साल काम कर चुका हूँ, वहाँ शायद छुट्टी हो जाय। मगर नहीं होगी। वहाँ मैंने हड़ताल करायी थी और अभी मैनेजर वही है। वह छुट्टी नहीं करेगा। मैनेजर बदल जाय, तो आशा है। पर मेरे-जैसे दस के मरने तक मैनेजर नहीं बदलेगा। मैनेजर अमर है, अध्यापक क्षणभंगुर है।

मेरा वह सहपाठी पहले ठेकेदार हुआ, फिर विधायक, फिर मन्त्री। मन्त्री रहते हुए मरना उसने ठीक समझा। अस्थिर सरकारों के दौर में छुट्टी कराके मरना है तो ठीक वक्त चुनना पड़ता है। कुछ दिनों की देर कर देता, तो पुनर्गठित मन्त्रि-मण्डल में न रहता और तब मुहल्ले के स्कूल की छुट्टी भी न होती। ऐसा साधकर मरा है वह मेरा यार कि उसका शासकीय शोक खत्म होते ही नया मन्त्रिमण्डल

बन गया। ऐसा साधकर मरा है कि इतवार भी साफ बच गया। अपनी छुट्टी उसने अलग करवायी। वरना मैंने ऐसे-ऐसे बेवकूफ देखे हैं, जो बीस-बीस साल मन्त्री रहकर भी शनिवार की रात को मर जाते हैं और उनकी छुट्टी इतवार में समा जाती है।

उसके हृदय की गति ठीक वक्त देखकर रुक गयी। यों उसका हृदय तो ठेकेदारी के दौर में ही फेल हो गया था। देश के इस दौर में हृदय को सही-सलामत रखकर कोई तरक्की नहीं कर सकता। ठेकेदारी सभ्यता की यह बड़ी वैज्ञानिक देन है कि सफल आदमी बन्द हुए हृदय को लेकर भी जिन्दा रहता है। ठेकेदारी करते-करते ज्यों ही उसका हृदय फेल हुआ, वह विधायक हो गया। विधायकों की परिचय-पुस्तिका में उसका फोटो-समेत परिचय छपा था। पत्रकार उससे सवाल करते थे, वह जवाब देता था। विश्व-शान्ति का नुस्खा उसके पास था, पर वह बताता नहीं था। ऊँचे हकीम ऐसा ही करते हैं। एक दिन इण्टरव्यू के दौरान पत्रकार ने उससे पूछा—आपकी हॉबी (शौक) क्या है? उसने कहा—मेरी हॉबी मानवतावाद है। मैंने कहा—यार, मानवतावाद भी क्या हॉबी है? उसने कहा था—हाँ, गाँधीजी की हॉबी भी तो मानवतावाद थी।

मैं आश्वस्त हो गया था कि जिसकी हॉबी मानवतावाद है, वह और ऊँचा जायेगा। वह ऊँचा गया और ठीक वक्त चुनकर मर गया। सरकारी शोक की घोषणा हो गयी। झण्डे झुक गये। स्कूल से लौटते लड़के से मैंने पूछा—वापिस क्यों आ गये? उसने कहा—छुट्टी हो गयी। कोई मर गया। जिला कचहरी के बाबू ने कहा—छुट्टी हो गयी। कोई मन्त्री मर गया। सरकार के हुक्म से सारा प्रदेश शोक में डूबा है। लड़के जिसे जानते नहीं, उसके शोक में गिल्ली खेल रहे हैं। बाबू लोग दुःख में ब्रिज खेल रहे हैं। साहब लोग सुबह तक पी रहे हैं—कल तो छुट्टी है। उधर धर्मराज मेरे सहपाठी से पूछते होंगे—जिसके मरने पर लोग छुट्टी मना रहे हैं, हँस-खेल रहे हैं, शराब पी रहे हैं, वह बड़ा बुरा आदमी रहा होगा। तुम्हें नर्क क्यों न दिया जाय? उसके वकील ने तब कहा होगा—योर लार्डशिप, जिसने मरकर लाखों दुखी प्राणियों को दो दिन की छुट्टी दी, खेलने-खाने का मौका दिया, वह इतने पुण्य से ही स्वर्ग का अधिकारी हो जाता है। आपने गज़ेटेड छुट्टियों के दिनों मरनेवालों तक को स्वर्ग दिया है। फिर यह तो इतवार तक को बरकाकर मरा है।

लेकिन मैं अभी उसे 'स्वर्गीय' नहीं कह सकता। बात यह है कि इधर निगरानी आयोग के सामने उसके विभाग के अकाल-राहत कार्य के घपले का मामला है। परलोक में अभी उसका मामला पेण्डिंग में होगा और वह किसी धर्मशाला में बैठा निगरानी आयोग के फैसले की राह देख रहा होगा। मगर सरकारी सूत्रों का कहना है कि इधर राहत कार्य का पैसा खाने से उधर उसका केस नहीं बिगड़ेगा। भगवान का समानान्तर राहत कार्य चलता है। उसी के अन्तर्गत मन्त्री, अफसर और ठेकेदार पैसा खाते हैं। उसने क्षुद्र मनुष्यों की सरकार का पैसा नहीं खाया। उसे भगवान की राहत योजना का पैसा मिला था।

मैंने एक शोक-सभा में उसके विषय में भावुकतापूर्ण भाषण दिया था। कहा

था—उनके रिक्त स्थान की पूर्ति होना बहुत कठिन है। (जो अकालग्रस्त मवेशियों का घास तक खा जाय, ऐसा आदमी रोज पैदा नहीं होता)। आगे कहा था—हमारा कर्त्तव्य है कि उनसे प्रेरणा लेकर उनके काम को आगे बढ़ायें। (याने अगले अकाल में राहत का पैसा हम लोग खायें)। राहत विभाग के लोग सचमुच बहुत दुखी थे। रो रहे थे। कहते थे—ऐसा दरियादिल अब कोई नहीं बचा। फिर आँसू पोंछकर बोले—मगर साला हम लोगों को फँसाकर चला गया। मुझे भी लगता है कि मेरे सहपाठी को प्रसिद्ध:राहत घपला काण्ड: को रफा-दफा कराके जाना था।

सरकारी शोक खत्म हो चुका है। इस देश में एकमात्र शोक सरकारी होता है। कभी-कभी मेरा मन किसी शोक से रोने को होता है पर नहीं रोता, क्योंकि सरकार का हुक्म नहीं है। जलपाईगुड़ी में हजारों आदमी बाढ़ में मर गये, पर झण्डा नहीं झुका और न सरकार ने इसे शोक के लायक समझा। यह प्राइवेट दुःख है। बंगाल में मन्त्रिमण्डल नहीं है। अगर होता और कोई मन्त्री बाढ़ के वक्त मर जाता तो सरकार कहती—लोगो, तुम्हारे बाप, भाई, माँ, पत्नी, पुत्र मर गये हैं, सो ठीक है। कीड़ो, तुम तो मरते ही रहते हो। मगर यह जो हमारा नायाब हीरा मर गया है, इसके लिए दो दिन शोक मनाओ। दो दिनों तक उसके शोक में वे लोग भी छुट्टी पर रहेंगे, जो मरनेवालों को बचा रहे हैं। आगे चलकर तो बेटे को सरकार से मंजूरी लेनी पड़ेगी—हुजूर, मेरा बाप मर गया है। आपकी आज्ञा हो तो मैं रो लूँ। सार्वजनिक शोक सिर्फ राजनीतिवालों का होता है। राष्ट्र सिर्फ उन पर आँसू बहाता है, जो राजनैतिक सत्ता पर रहते हुए मर जाते हैं। निराला होंगे युगान्तरकारी कवि, पर वे इलाहाबाद नगरपालिका के सदस्य तक नहीं थे। उनका शोक सार्वजनिक क्यों हो? बड़ा-से-बड़ा कवि मर जाय, राष्ट्र की बला से। पर अगर पुलिस मन्त्री मर जाय तो राष्ट्र फूट-फूटकर रोता है—हाय, रोज लाठीचार्ज करवानेवाला मेरा लाड़ला चला गया। अब कौन ऐसा मिलेगा, जो इतनी रुचि से लाठीचार्ज करायेगा।

अभी जब हरिजन जिन्दा जलाये जा रहे थे, तब मुझे लगा था कि यह राष्ट्रीय शोक का मौका है—राष्ट्रध्वज फड़फड़ाकर फट पड़ेगा, संविधान के आँसू निकल पड़ेंगे, गाँधीजी की मूर्ति सिर ठोंक लेगी। पर कुछ नहीं हुआ। गाँधीजी ने 'हे राम' कहा होगा। पर राम ने खुद शम्बूक हरिजन को मारा था। वे कोई 'एक्शन' ले नहीं सकते थे। वे पहले से कमिटेड हैं।

मेरी समझ की भूल थी। इस साल गाँधी-शतवार्षिकी है। कम-से-कम सौ हरिजन तो जलाने ही पड़ेंगे। अभी तक चार के जलाने की खबर आयी है। सवर्णो, ज़रा जल्दी करो। कुछ शर्म खाओ। दो महीने में चार हरिजन जलाओगे, तो आगामी 2 अक्तूबर तक सौ कैसे पूरे होंगे?

किसी सर्वोदयी ने तब कहा था—हरिजन भी इसी मातृभूमि के बेटे हैं। सही है। अभी मेरे देखते बीस-पच्चीस इन बेटों के झोंपड़े मातृभूमि की देह पर से उखाड़े गये हैं। वह जमीन उनकी नहीं थी। पर उनकी कहीं भी जमीन है क्या? जितनी

जमीन मुर्दे को मिल जाती है, उतनी ही इन्हें झोंपड़ी डालने के लिए चाहिए। मगर इन बेवकूफों की गलती यह है कि ये उतनी जमीन जीवित अवस्था में चाहते हैं। देखते नहीं कि सारे हक मुर्दों के हिस्से में हो गये हैं।

सभी मातृभूमि के बेटे हैं—सही है। पर मातृभूमि के एक स्तन में दूध है, दूसरे में जहर। ये जहरवाले स्तन से लगे हैं। कभी बच्चा दूसरे स्तन की तरफ मुँह बढ़ाता है, तो थप्पड़ पड़ जाता है। जो दूधवाले स्तन से लगे हैं, उन्होंने तो स्तन में दुहने की मशीन लगा ली है। स्वचालित दुग्ध-दोहन यन्त्र। वे निहायत अश्लील ढंग से दूध पीते हैं।

इधर यह माता दोनों से एक-सी भक्ति की माँग भी करती है। मातृभूमि की भक्ति इन्कम-टैक्स के हिसाब से तय होनी चाहिए। अब के देश पर हमला हो तो दुश्मन के सामने पहली कतार में उन्हें खड़ा करो, जिनके ऊपर सबसे ज्यादा आयकर बकाया है। जिसने दूध पिया है वह चुकाये भी। यह नहीं कि जहर पीनेवाला पच्चीस रुपये महीने पर सिपाही हो गया—उसने जान देकर मातृभूमि के किसी हिस्से की रक्षा कर ली। और हमने, जहाँ वह मरा है, वहाँ कारखाना डाल दिया, उसके खून पर नयी फैक्टरी।

तुम फिर बहके परसाई। लौटो—'शोक' पर लौटो। अच्छा लौटा। बात सार्वजनिक शोक की थी न। एक बात से आगाह कर देना चाहता हूँ। बड़ों की मृत्यु की छुट्टी से एक खतरनाक बात पैदा हो रही है। कर्मचारियों को छुट्टी का लालच लग गया है। वे जब किसी बूढ़े मन्त्री को या नगर परिषद के सदस्य को देखते हैं, तो जैसे भूखा रसगुल्ले को देखता है। सोचता—अहा, सत्तर के हो गये भैयाजी! सालेक में छुट्टी दिलाते ही हैं। भैयाजी, ज़रा जल्दी करिए न, छह महीने से कोई शोक की छुट्टी नहीं हुई। एक दिन की छुट्टी तो दिलाइए।

शहादत जो टल गयी

हिन्दी के लिए शहीद होने का मौका अभी आया था, पर वह टल गया। हिन्दी माता मुझे धिक्कारती होगी। मेरा अपराध नहीं है। मैं तो प्रस्तुत था, पर ड्राइवर ने ऐन मौके पर बस को खाई में गिरने से बचा लिया। ड्राइवर हिन्दी-द्रोही है, जिसने एक हिन्दी-लेखक को शहीद नहीं होने दिया।

सवाल उठ खड़ा होगा कि बस-दुर्घटना और हिन्दी-भक्ति का क्या सम्बन्ध है? है—आगे बताऊँगा। अभी थोड़ी देर 'सस्पेंस' पैदा करने का इरादा है।

शहीद होने की इच्छा बचपन से ही है। एक नेता हम लड़कों की प्रभात-फेरी

निकलवाया करते थे। गाते थे—'आओ, प्यारे वीरो आओ, मातृभूमि पर बलि-बलि जाओ।' एक दिन गिरफ्तारी का मौका आया। हम सब उनके 'प्यारे वीर' एक जगह इन्तजार करने लगे कि अब नेता आयेंगे और हमारा नेतृत्व करेंगे। हम शहीद हो जायेंगे। पर खबर आयी कि वे पाखाने में छिप गये हैं। हम लोग स्कूल चले गये। नेता पाखाने में छिप जाय, तो अनुयायियों को स्कूल चले जाना चाहिए। बाद में वे पकड़ लिये गये। पुलिस जानती है कि डरा हुआ देशभक्त 'बेडरूम' में नहीं, पाखाने में छिपता है। 'बेडरूम' में छिपनेवाले वीर 18वीं शताब्दी तक होते थे। रनिवास उनका इन्तजार करता रहता था कि वीर भागकर अब आये, अब आये।

अब हम प्यारे वीर क्या करते? हमारी स्कूल में हाज़िरी लग चुकी थी। जिसकी कहीं हाज़िरी लग जाय, वह शहीद कैसे हो सकता है। नेता को पहचानने में भूल हो गयी थी। एक क्रान्तिकारी कवि को पहचानने में भी भूल हुई जा रही थी। उन्हें कविता में क्रान्तिदेवी के उरोज दिखते थे। एक दिन उन्होंने कविता पढ़ी, तो ऐसा लगा कि आज इन्हें क्रान्तिदेवी कहीं मिल जाय तो ये बलात्कार कर लें। हम छोटे लोगों ने तब आपस में कहा कि यारो, फिलहाल क्रान्तिकारिता छोड़ो। पहले इनसे क्रान्तिदेवी का शील बचाओ। क्रान्ति करने की तरह ही जरूरी है, क्रान्ति के शील की रक्षा। असावधानी के कारण दुनिया में कई क्रान्तियों का शीलभंग हो चुका है।

शहीद होने की इच्छा अभी भी पूरी होती नहीं दिखती। योगी बनने की भी इच्छा थी। महेश योगी का रुतबा देखकर बचपन की यह इच्छा फिर जागी। तब मैं योग का अर्थ 'टोटल' समझता था। गणित कमजोर था, इसलिए सोचा, अपने से 'योग' नहीं बनेगा। अब समझ आ रहा है कि योगी का 'टोटल' जरा बाद में होता है—जैसा महेश योगी का अब हो रहा है। रोकड़ शाम को मिलायी जाती है। मैं दूकान खुलते ही मिलाने लगा और घबड़ा गया।

योगी भी नहीं बन सका। वैसे लोग कहते हैं कि योगी बनने की 'स्टेज' आ रही है। शहादत और योग में से एक चुनना पड़ा तो मैं योग चुनूँगा। क्रान्तिकारी वैसे भी आगे चलकर आश्रम खोलते ही हैं।

उस बस ड्राइवर ने कैसे मुझे धोखा दिया, बताता हूँ। रात की बस में ग्वालियर से जबलपुर आ रहा था। रास्ते में हिन्दी-भक्तों ने तमाम अंगरेजी के 'रोड साइन' मिटा दिये थे। उनकी जगह हिन्दी में लिखे नहीं गये थे। आन्दोलनकारी तो सिर्फ मिटाता है, बनाता थोड़े ही है। लोक-कर्म विभाग ने भी हिन्दी में चेतावनी नही लिखी थी। वह लोककर्म विभाग है न! जब लोक मिटाने का कर्म करने पर तुला हो, तब विभाग क्यों दखल दे? एक बड़ा बोर्ड मिटा था। आगे समझ में आया कि उस पर लिखा होगा—'डेंजरस कर्व अहेड'—आगे खतरनाक मोड़ है। खतरनाक मोड़ ही नहीं, खाई भी थी। बस तेजी में थी। ठीक मोड़ पर ड्राइवर सँभल गया। उसने बड़ी कुशलता से बस को बचा लिया। किर्र-किर्र की आवाज हुई, झटका लगा, सोते और ऊँघते मुसाफिर एकदम चैतन्य हो गये। डर अच्छा टॉनिक है। बस तीन-चार

इंच से ही बची होगी।

अगर बस गिर जाती, तो हम मर जाते। मरते तो बहुत लोग, पर मेरा मरना भाषा के इतिहास में विशेष महत्त्व रखता। मैं हिन्दी का लेखक हूँ। मेरी मौत इसलिए होती कि अंगरेजी की चेतावनी ड्राइवर ने नहीं ली। अंगरेजी में चेतावनी लेकर जीने से मरना बेहतर। अगर मैं रेलगाड़ी के सामने गिरकर मरने पर उतारू हूँ और कोई कहे—मृत्यु का वरण मत करो, तो मैं नहीं मरूँगा पर कोई कहे—'डोन्ट डाई' तो मैं फौरन मर जाऊँगा। भाषा पहले, प्राण बाद में। प्राणों से ज्यादा भाषा प्यारी होती है, क्योंकि मुर्दा भी तो मातृभाषा की जय बोलता है। इसीलिए बहुत-सी बातें मुर्दों को ध्यान में रखकर की जा रही हैं।

ड्राइवर ने मेरे साथ धोखा किया। मुझे हिन्दी के लिए शहीद नहीं होने दिया। अगर मर जाता, तो कितनी शोहरत होती। आखिर मैं भी तो उन्हीं संस्कारों का बेटा हूँ, जो जिन्दगी को नकारकर मृत्यु के बाद सार्थकता चाहते हैं। बड़ी शोहरत होती। मेरी आत्मा किसी कोने से साथी लेखकों को ईर्ष्या से जलते देखती। जुलूस निकलता, जय के नारे लगते और टिप्पणियाँ छपतीं—'अमुक लेखक हिन्दी के लिए शहीद हो गया। लिखकर उससे हिन्दी की कोई सेवा नही हुई। कुछ हँसी-मज़ाक लिख लेता था। पर इस मौत से वह हिन्दी-सेवकों का नेता हो गया। सारा हिन्दी-संसार उसके सामने नतमस्तक है।'

हिन्दी आन्दोलन के प्रमुख नेता आदर प्रगट करने के लिए अपना झण्डा मेरे हाथ में दे देते, यह सोचकर कि बाद में ले लेंगे। पर मुर्दा जकड़ जाता हैं। झण्डा मेरे हाथ में जकड़ जाता। खींचतान करते, पर झण्डा छूटता नहीं। वे रोने लगते। लोग समझते वे शहीद के लिए रो रहे हैं, पर वास्तव में वे अपना झण्डा छिन जाने के कारण रो रहे होते।

आन्दोलनों की यही 'ट्रेजेडी' कभी-कभी हो जाती है। इनके झण्डे मुर्दों के हाथ में यह सोचकर दे दिये जाते हैं कि चाहे जब छीन लेंगे—आखिर मुर्दा ही तो है। पर मुर्दा झण्डे को जकड़ लेता है और अपने साथ चिता पर ले जाता है। कितने ही झण्डे मुर्दों के साथ चिता पर चले गये हैं।

लेकिन यह सब झूठ है। मैं कोई बेवकूफ नहीं हूँ कि जान देकर शहीद होऊँ। मैं भी बिना मरे शहीद होना चाहता हूँ। होते देखता हूँ, इसलिए होना चाहता हूँ। हो नहीं सकता, इसलिए जिन्दा शहीदों से ईर्ष्या करता हूँ। मैंने समझ लिया है कि होश-हवास में मैं किसी भी भाषा का नेता नहीं बन सकता, क्योंकि होश-हवास में मैं वह कर नहीं सकता, जो साहित्य या भाषा में नेता बनने के लिए करना पड़ता है। मेरी एकमात्र उम्मीद 'एक्सीडेण्ट' है, और एक्सीडेण्ट हो नहीं रहा है। इसलिए बड़ा फ्रस्ट्रेशन है।

भाषाओं को लेकर इतने आन्दोलन हो गये। मैं क्या उनमें शरीक नहीं हो सकता था? इतने खूबसूरत भाषायी दंगे हो गये। मज़ा आ गया। इस महान देश में हर पवित्र और पूज्य चीज दंगे के काम आती है। दुनिया में कहीं भी गाय की

पूजा नहीं होती, इसलिए वह दूध के काम आती है। यहाँ गाय पूजी जाती है, इसलिए दंगे के काम आती है। गाय के दूध से जिन बच्चों को पुष्ट होना चाहिए, वे गाय के दंगे में मारे जाते हैं। वाह माता! दुनिया में भाषा अभिव्यक्ति के काम आती है। इस देश में भाषा दंगे के काम आती है। पहले मैं बड़ा भोला था। भाषाओं को मैं बड़ी भली प्यारी बहनें समझता था—'भाषाभगिनी' कितना मधुर लगता था। अनुप्रास तो और मोहित करता था। पर अब समझ गया हूँ कि ये सब चुड़ैलें हैं। कई देवियाँ, अनुभव के बाद चुड़ैलें लगती हैं। किशोर नोट कर लें। ये भाषा-भगिनियाँ, जो चुड़ैलें हो गयी हैं, एक-दूसरी के घरवाले की तनख्वाह देखकर जलती हैं और लड़ती हैं।

उस रात बस में बैठे-बैठे यही सोच रहा था। रात आधी से ऊपर हो गयी थी। बाकी मुसाफिर सो गये थे या ऊँघ रहे थे। मेरे दायें और बायें सटकर बैठे यात्रियों से मैंने पाँच-छह घण्टों में एक बात भी नहीं की थी। सुखद यात्रा का एक नुस्खा यह है कि बगलवाले से बातचीत का सम्बन्ध मत जोड़ो। सम्बन्ध जोड़ा कि वह तुम्हारा चैन हराम कर देगा। सवाल पर सवाल करेगा। एक सवाल जिसने मुझे बहुत 'बोर' कर दिया है वह है—क्यों साहब, इस देश का आखिर क्या होगा? एक बार मैंने खीझकर कह दिया था—मैं क्या जानूं? जिनका देश है, उनसे पूछो। मैं न देश का मालिक, न उसका चौकीदार! उसे बुरा लगा। उसने कहीं मेरी रिपोर्ट की होगी। वह देशभक्त था। यों तो सूअर भी मातृभूमि को प्यार करता है। मगर मातृभूमि से उसे कौन चीज लेकर खाने का अधिकार है, यह हम सब जानते हैं।

मेरे वे दोनों अपरिचित सहयात्री अब नींद की झोंक में मेरी गोद में पड़े थे। रात बहुत बदमाश होती है। अपरिचित को गोद में डाल देती है। नींद आते ही उन्होंने मुझे माँ या प्रेमिका समझ लिया होगा। या सिर्फ बिस्तर समझा हो। मगर मैं जाग रहा था। सोचकर परेशान हो रहा था। और ड्राइवर को देख रहा था कि इसे ऊँघ तो नहीं आ रही। झाड़ देखता, खम्भे देखता—कहीं इनसे बस टकरा तो नहीं जायगी। पुल आता तो आशंकित, सचेत हो जाता।

कबीर ने कहा है—

सुखिया सब संसार है खावै और सोवै।
दुखिया दास कबीर है जागै और रोवै॥

बाकी यात्री झाँसी में खाकर ललितपुर में सो गये थे। मैं जाग रहा था और रो रहा था। चौकन्नापन का टैक्स हरएक को चुकाना पड़ता है। कोई शरीर के स्तर पर चुकाता है, कोई चेतना के स्तर पर। जो इस टैक्स की चोरी कर लेते हैं, वे बड़े सुखी होते हैं।

मेरठ के दंगे के वक्त मैं दिल्ली में था। लेखक मित्र बड़े परेशान थे। सोच रहे थे, लेखकों का एक सम्मेलन इस बढ़ती साम्प्रदायिकता और फासिस्टवाद पर विचार करने के लिए बुलाया जाय। कम-से-कम एक चेतावनी देने का कर्त्तव्य तो

लेखकों को करना चाहिए। तब एक नये प्रतिष्ठित कवि से भी बात की। उसने कहा —मैं तो कवि हूँ। मेरा काम कविता करना है। मुझे इस सबसे क्या मतलब ? और वह डोसा खाने लगा। खावै और सोवै।

यह तो ठीक है मगर सभी जागनेवाले रोते नहीं हैं। 'या निशा सर्वभूतानां तस्यां जागृति संयमी।' पर रात में सिर्फ संयमी ही नहीं जागते। अभी एक विश्वविद्यालय की बैठक में गया था। सौ-एक सदस्य होंगे। सब-के-सब सचेत, निःस्वार्थी और ईमानदार। इतने ईमानदार आदमी मैंने एक साथ कभी नहीं देखे थे। एक-दो ईमानदारों को तो मैं सह लेता हूँ। मगर पचासों ईमानदारों के बीच जी घबड़ाने लगता है। अभ्यास नहीं है। वे सब जाग रहे थे, सब चिन्तित थे। सब चौकन्ने थे और सब, विश्वविद्यालय के हित के लिए मरे जा रहे थे।

मगर—हरएक की बात में दाँव-पेच। सोचा, कबीरदास से कहूँ, बाबा मामला इतना सरल नहीं है कि 'जागै और रोवै।' जमाना जटिल हो गया है। यह भी होता है कि जागै और लूटै !

असफल कवि-सम्मेलनों का सफल अध्यक्ष

पैसे के लोभ में आदमी अध्यक्ष बन जाता है। ऐसा एक आदमी मैं हूँ। कोई पैसा दे तो मैं फौरन आदमी से अध्यक्ष हो जाता हूँ, जैसे बड़े वेतन के लोभ में कई लोग आदमी से हेडमास्टर हो जाते हैं। सैकड़ों समारोहों की अध्यक्षता मैं कर चुका हूँ। इनमें ज्यादा कवि-सम्मेलन हैं। कवि-सम्मेलन मैं अच्छा जमा देता हूँ। सब कवियों को ऐसा जमा देता हूँ कि श्रोता यह तय ही नहीं कर पाते कि कौन कवि अच्छा है और कौन घटिया। ऐसे घटिया कवियों का मैं बड़ा प्यारा अध्यक्ष हूँ। जितना भी घटिया कवि हो, उसे मैं उतना ही ज्यादा जमा देता हूँ। जब वह पढ़ता है, तब मैं मग्न होकर खूब जोर से सिर हिलाकर दाद देता हूँ। लोग समझते हैं कि रचना विशिष्ट है। अभी लोगों को यह भ्रम बना हुआ है कि अध्यक्ष उनसे ज्यादा समझदार होता है। वे मेरा सिर हिलता देखकर या तो दाद देने लगते हैं या चुपचाप सुन लेते हैं—यह सोचकर कि चीज ऊँची है और अपने सिर पर से निकली जा रही है।

अध्यक्षता के काफी संकटपूर्ण क्षणों में से गुजर चुका हूँ। एक शहर के कालेज के स्नेह-सम्मेलन में पहुँचा था। कालेज में प्रवेश करने लगा तो देखा कि फाटक के दोनों तरफ 'स्वागतम्' के बदले प्रिंसिपल का कार्टून बना था और उन्हें गालियाँ

लिखी थीं। समझ गया कि अपनो कब्र यहाँ खुदकर तैयार है। कवि-मण्डली के साथ मंच पर पहुँचा तो सामने विकट हुल्लड़ करते हजारेक लड़के। कई के हाथों में हाकी-स्टिक। कवि पढ़ने के लिए खड़ा होता, तो तरह-तरह की बोलियाँ चालू हो जातीं और गगनभेदी हूटिंग होती। ऐसी व्यवस्थित हूटिंग मैंने कहीं और नहीं देखी। कोई कवि दो पंक्तियों से ऊपर नहीं पढ़ सका। मैं कहता—'कवि-सम्मेलन समाप्त कर दिया जाय?' वे जोर से चिल्लाते—'नहीं, चलने दीजिए।' एक प्रोफेसर साहब को सूझा कि मंच पर बैठी एकमात्र कवयित्री को पेश कर दिया जाय, तो लड़के शान्त हो जायेंगे। कवयित्री अधेड़ थी। पर प्रोफेसर साहब ने माइक पर कहा—'अब कलेजा थामकर बैठिए। जिनका आप बड़ी बेताबी से इन्तजार कर रहे थे, वह आपके सामने आ रही हैं।' गुरु आखिर गुरु ही है। इस हल्के रिमार्क से हुल्लड़ और बढ़ा। अधेड़ कवयित्री को जवान लड़कों की आवाजकशी का सुख मिला। तभी बिजली गुल हो गयी। कवयित्री से मैंने पूछा—'क्या आप अब भी कविता पढ़ेंगी?' वह बोलीं—'हाँ, लेकिन लाइट तो आ जाने दीजिए।' मैंने मान लिया कि रानी लक्ष्मीबाई के बाद यह दूसरी वीर नारी इस देश में हुई। लक्ष्मीबाई अंग्रेजों की फौज से लड़ी होंगी, पर ऐसे माहौल में कविता पढ़ने की हिम्मत उनकी भी न होती। वह माइक के सामने खड़ी हुईं, तो खूब जोर की आवाजें आने लगीं। दो पंक्तियों पर वह बैठ गयीं। इस वक्त मुझे पकड़ सूझ गयी। मैंने कहा—'दोस्तो, मैं जबलपुर का रहनेवाला हूँ और जो यह मामला आप कर रहे हैं, उसमें हमारे शहर के लोग उस्ताद माने जाते हैं। हमारे शहर के लड़के भी बड़े जोरदार हैं, पर आप उनसे बहुत ऊँचे निकल गये। हमारे लड़के तो जवान लडकियों को छेड़ते हैं, पर आप तो अम्मा को भी छेड़ लेते हैं।'

बात कुछ ऐसी चिपकी कि सन्नाटा छा गया। मैंने बगल में बैठे कवि रामविलास शर्मा से कहा—'यह जो सेंध बन गयी है, इसमें से तुम फौरन निकल जाओ।' रामविलास तीन मिनट की कविता सकुशल पढ़कर शान से बैठ गये।

मुसीबत यह कि लड़के न सुन रहे थे, न कार्यक्रम खत्म करने देते थे। आखिर अलौकिक शक्ति ने रक्षा की। इन्द्र ने जोर की वर्षा भेजी और हमारी जान बचायी।

एक कवि-सम्मेलन में मेरे एक मित्र कवि ने मेरी बड़ी आफत की। विरोधी गुट के लोगों ने उन्हें खूब पिलायी और जब कवि-सम्मेलन जोर पर था, उन्हें लाकर छोड़ गये—जैसे सभा बिगाड़ने को साँड छोड़ दिया जाता है। वह झूमते हुए मंच पर चढ़े और पढ़ रहे कवि से माइक छीनने लगे। बोले—'मैं पढ़ूँगा।' मैंने समझाया—'इनके बाद पढ़ना।' वह बोले—'नहीं, मैं पढ़ूँगा। मैं इस क्षेत्र का लाड़ला कवि हूँ। जनता मुझे सुनने आयी है।' मैंने फिर उसे रोका तो वह उखड़ गया—'तुम्हें किसने अध्यक्ष बनाया? तुम गद्य लेखक हो। तुम कवि-सम्मेलन के अध्यक्ष कैसे हो सकते हो? मैं अध्यक्ष हूँ। मैं पढ़ूँगा।' वह मेरा दोस्त है। बेतकल्लुफी के सम्बन्ध हैं। मैंने कान में कहा—'मैं तुझे लात मारूँगा।' उसने माइक पर जोर से कहा—

'सुन लीजिए, यह कहते हैं, मुझे लात मारेंगे। इस क्षेत्र के लाड़ले कवि को यह लात मारेंगे और आप देखते रहेंगे।'

मैंने तथा और लोगों ने भी बहुत कोशिश की, मगर क्षेत्रीय लाड़ले ने कवि-सम्मेलन उखाड़ दिया। अध्यक्ष की ऐसी गत और कहीं नहीं हुई होगी।

एक और समारोह में मैंने देखा कि दस-पन्द्रह लोग जहाँ-तहाँ खड़े हैं और बार-बार आवाज लगा रहे हैं। वे पेशेवर उखाड़ू थे। मैंने समझाया, प्रार्थना की, डाँटा भी, पर वे बाज नहीं आये। मैं असहाय हो गया था। आखिर एक तरकीब सूझी। मैंने कहा—'ये आवाज करनेवाले सुनना नहीं चाहते, पर उनके आसपास के लोग सुनना चाहते हैं।' अब जब कोई बीच में आवाज करे, तो आसपास के चार-छः लोग उसके चरणों पर गिरकर कहें—'प्रभो, हमें सून लेने दीजिए।' कुछ लोगों ने मेरी इस सलाह को गम्भीरता से ले लिया। अगली बार जब आवाजें आयीं तब दो जगह लोग सचमुच आवाजक के चरणों पर गिर पड़े। वह झेंपकर वहाँ से चले गये। बाकी विघ्नकारी इस डर से चुप खड़े रहे कि कहीं लोग उनके चरणों पर न गिर पड़ें।

हाल में ही एक असफल कवि-सम्मेलन की अध्यक्षता करके लौटा हूँ। इस बदनामी से बाजार में साख को बड़ा धक्का पहुँचा है। उस शहर में अच्छे कवि-सम्मेलनों की लम्बी परम्परा है। सारा शहर कवि-सम्मेलन की मानसिकता से ग्रस्त है। बड़े शौक से, बहुत पैसा खर्च करके वे लोग कवि-सम्मेलन करते हैं। मंच पर कवियों से घिरा पहुंचा। एक कवि ने फौरन एक चार पंक्तियों का पद लिखा, जिसमें मेरी प्रशस्ति थी। मैं अध्यक्ष था न! मैंने कहा—'मैं यहाँ हाजिर हूँ। यहाँ मत पढ़िए। कहीं और पढ़िए और मुझे कार्ड लिखकर सूचित कर दीजिए कि पढ़ दिया।' वह बोले—'इसमें क्या हर्ज है। ये तो मेरे हृदय के उद्‌गार हैं।' मैंने कहा—'मगर आपके हृदय के उद्‌गार से मेरा तो नाश हो जायगा।'

खैर, कविता-पाठ शुरू हुआ। एक, दो, तीन—सब उखड़ा-उखड़ा। संयोजक मेरे पास आकर घबराकर बोले—'कुछ करिए साहब! कवि-सम्मेलन जम नहीं रहा। लोग शिकायत कर रहे हैं।' मैंने कवियों से कहा। उन्होंने सारी तरकीबें लगायीं। एक ने खूब जोर से कविता पढ़ी—'ऐ अयूब, माओ और चाऊ, सुनो, तुम्हें भारत का नौजवान कच्चा चवाने आ रहा है!' इससे भी कुछ खास नहीं हुआ। तब दूसरा फार्मूला काम में लाया गया—'आजा मोरे बालमा तेरा इन्तजार है।' इससे भी स्कूली लड़के ही हँसे। संयोजकों के चेहरे उतर रहे थे। मैंने सोचा, मैं ही कुछ करूँ। मैंने अपनी दो-तीन लघु कथाएँ सुना दीं। दो जमीं, तीसरी सपाट हो गयी। थोड़ी देर बाद मेरे पास चिट आ गयी कि हम कविता सुनने आये हैं। आप कहानी सुनाकर समय क्यों नष्ट करते हैं। मैं और पस्त हो गया। एक काव्य-प्रेमी बेहद पीकर मंच पर बैठ गये। वह विचित्र आवाज करके एकदम टिटहरी हो गये—टाँगें आसमान की तरफ तान दीं। यह देखकर श्रोताओं में हलचल मच गयी। एक आदमी उन्हें लेकर बाहर चला और मैंने माइक पर कहा—'उन्हें तमाखू

लग गयी है।' उधर से सैकड़ों आवाजें आयीं—'तमाखू नहीं लगी।' थोड़ी देर और खींचकर मैंने कवि-सम्मेलन समाप्त कर दिया। श्रोता निराश और संयोजक दुखी।

रात का एक बजा होगा। संयोजक लोग दरियाँ, गद्दे, तकिये लेकर जो गये, तो सुबह दस बजे तक लौटे ही नहीं। जहाँ कवि उतरे थे, वहाँ का नौकर भी गायब। उसे भी कवि-सम्मेलन की असफलता का आघात लगा था। कवि सबेरे बाल्टी लेकर कुएँ से पानी लाये और शौचादि से निवृत्त हुए। मैं जरा अघोरी प्रवृत्ति का आदमी हूँ। तमाखू मुंह में डाले बिस्तर पर बैठा-बैठा देख रहा था। कवि परेशान थे। गाड़ियों का वक्त हो रहा था, बिस्तर बँधे रखे थे, मगर संयोजक पैसा देने नहीं आ रहे थे। सुबह से कई खबरें भेज चुके थे। पर कोई नहीं आ रहा था। कवि मुझसे बोले—'आप अध्यक्ष हैं। हमारे पैसे दिलाइए।' मैंने कहा—'अध्यक्ष तो मैं रात को था। अब नहीं हूँ। वैसे भी काम सफाई का दारोगा करता है, पर मजदूरी ओवरसियर देता है। मैं तो दारोगा हूँ। वह ओवरसियर है।'

एक कवि 'पान के ठेले' से लौटकर आये, तो बहुत घबराये हुए थे। कहने लगे—'ठेले पर लोग बात कर रहे थे कि कवि-सम्मेलन फेल हो गया है, इसलिए संयोजक लोग कवियों के आधे पैसे काटनेवाले हैं।'

इस बात से सन्नाटा खिंच गया। कवि क्रोधित थे और दुखी भी। आखिर ग्यारह बजे संयोजक लोग आये—निहायत पस्त और परेशान, जैसे महीने-भर से बीमार हों। मैंने कहा—'आप लोगों ने कवियों की कोई खबर ही नहीं ली।' वे बोले—'अरे साहब, हमारा तो मुँह काला हो गया। शहर में मुंह नहीं दिखा सकते। चन्दा देनेवालों को क्या जवाब देंगे?' एक कवि ने कहा—'इसमें हमारा क्या कसूर? आपके श्रोता ही ऐसे थे।' संयोजक तैश में बोले—'श्रोता हमने कल ही तो पैदा करके नहीं बैठा दिये थे। पचीसों सालों से श्रोता हैं वे। पर ऐसा कभी नहीं हुआ।'

इसके बाद वे लोग सचमुच आधा-आधा पैसा देने लगे। तब चख-चख शुरू हुई। कवियों ने कहा—'हमें इतने रुपये देने की चिट्ठी लिखी थी।' संयोजक ने कहा—'नहीं साहब, इतने की चिट्ठी नहीं लिखी। चिट्ठी दिखाइए।'

एक कवि चिट्ठी लेते आये थे। उन्होंने मुझे दे दी। मैंने दिखाकर कहा—'इसमें दो सौ रुपये देना लिखा है। अब आप शायद खुफिया-विभाग की रिपोर्ट बुलायेंगे। चाल-चलन अच्छा होगा, तो पूरे पैसे देंगे।'

लगभग एक घण्टे तक बहसबाजी के बाद पैसा मिला और कविगण स्टेशन चले गये।

मैं सिर पकड़कर बैठ गया। काफी दर्द था। वह क्षण उपस्थित था, अब मैं तय कर लेता कि अब कभी अध्यक्षता नहीं करूँगा। पर कर नहीं सका। अध्यक्ष की पतंगे की तरह स्मृति नहीं होती। बार-बार लौ से जलता है, पर हर बार भूल जाता है कि इससे जला था। फिर लौ से लिपटने पहुँच जाता है।

गुड़ की चाय

आजकल मैं गुड़ की चाय पीता हूँ, तो ऐसा लगता है, जैसे शहीद हो रहा हूँ। हम छोटी-छोटी चीजों से मरते-जीते हैं। मध्यमवर्गीय आदमी शक्कर के अभाव में गुड़ की चाय पीता है, तो सोचता है, इसके आगे भगतसिंह का बलिदान कुछ नहीं है। अगर भारतवासी 1920 से 1930 तक गुड़ की चाय पीते, तो 1931 में ही देश आजाद हो जाता।

मुझे शिकायत नहीं है। देश का बकाया चुका रहा हूँ। स्वतन्त्रता आन्दोलन में हम जेल नहीं गये थे। जो गये थे, वे शक्कर की चाय पीते हैं। हम नहीं गये, तो गुड़ की पीते हैं। गलती अपनी ही है। मगर तब हमें किसी ने बताया ही नहीं कि अभी जेल चले जाओगे, तो आगे शक्कर की चाय पियोगे और मजे में 'कन्सेण्ट्रेशन कैम्प' चलाओगे। उसी देश के नाम पर कोई शक्कर की चाय पीता है और कोई गुड़ की। गुड़ की पीनेवाला अब पूछने लगा है—क्या यह मेरा देश है? शायद नहीं। देश दूसरों का है। मैं तो इसमें किराये से रहता हूँ। जब मुझसे देशभक्ति की माँग की जायेगी, तब सोचूंगा कि किराये की जमीन के लिए प्राण दूं कि नहीं। या पहले जमीन अपने कब्जे में करके फिर उसके लिए लड़ूँ? इस देश का आम आदमी अपनी ही जमीन से बेदखल कर दिया गया है। वह अपने ही मकान में किराये से रहता है।

ये किरायेदार आजकल गुड़ की चाय पीते हैं और रोते हैं। बहुत लोगों के चेहरे गुड़ के डले की तरह हो गये हैं। कल एक के घर चाय पी रहा था, तो लग रहा था, जैसे मृत्यु-भोज में शरीक हूँ। उस आदमी ने बड़ी पीड़ा से कहा—क्या करें, शक्कर मिलती ही नहीं। ऐसा भाव था जैसे इसकी माँ मर गयी हो और यह कह रहा है—भैया, हमारी माताजी शक्कर देवी की मृत्यु हो गयी। मैं कहता—राम-राम, बड़ा बुरा हुआ। क्या बीमारी थी माताराम को? वह जवाब देता—बीमारी कुछ नहीं थी। चार-पाँच दिन पहले तक माताजी बाजार में चल-फिर रही थीं। फिर अफसरों और कालाबाजारियों ने उन्हें मार डाला। मैं पूछता—भैया, माताराम के क्रिया-कर्म तो अच्छी तरह कर दिये न? वह माथा ठोककर कहता—कहाँ कर पाये! उन लोगों ने लाश तक नहीं दी। चुपचाप कहीं गाड़ दी। मैं उसे समझाऊँगा—खैर, माताजी तो गयीं। उनकी इतनी ही उम्र थी। पर तुम्हारा बाप गुड़ अभी जिन्दा है। उसकी खैर मनाओ।

यों खैर मनाने से कुछ नहीं होता। मारनेवाला पालनेवाले से बड़ा हो गया है। देखा तो नहीं, पर सुना है कि पहले दाने-दाने पर खानेवाले का नाम लिखा रहता था। कौन लिखता था, यह आस्तिक जानते होंगे। पर अब वही दाने-दाने पर काला बाजारवाले का नाम लिखने लगा है। दाने पर खानेवाले के बदले, उसके बिना मरनेवाले का नाम खिलकर काले गोदाम में डाल देता है!

किससे कहें? संयमी और नैतिकवादी अर्थमन्त्री से शिकायत करने की हिम्मत

नहीं होती। वे कह देंगे --चाय पीते ही क्यों हो? चाय से वासना बढ़ती है। नीम की पत्ती पीसकर पिया करो। उनसे अन्न के अभाव की शिकायत करो, तो वे कहेंगे ---ज्यादा खाने से पाचन-क्रिया खराब होती है। तब कोई पूछेगा---जिन्दा रहें कि नहीं? वे शान्ति से जवाब देंगे—इस मल-मूत्र की खान पापमय देह का क्या मोह!

यह सब कहते वक्त भी बदनीयती मुझमें है। सोचता हूँ—झूठे बनाकर कई लोग परमिट ला रहे हैं, तो मैं भी ले आऊँ। हर आदमी बेईमानी की तलाश में है और हर आदमी चिल्लाता है, बड़ी बेईमानी है। परमिट का एक मान्य कारण माता या पिता का श्राद्ध है। कई लोग इस कारण से ले आते हैं। बेटा कहता होगा--- पिताजी, और किसी तरह शक्कर नहीं मिलती। आपके श्राद्ध के बहाने से ही मिल सकती है। बूढ़ा यों ही चटोरा होता है। वह कहता होगा---बेटा, शक्कर के लिए मैं दस बार मरने को तैयार हूँ। तू तो ले आ। मगर मैं यह भी नहीं कर सकता। माता-पिता परमिट के झंझट से पहले ही चले गये थे। इतने साल बाद उनके श्राद्ध के लिए शक्कर माँगूँ तो यह धाँधली बहुत बड़ी हो जायेगी। यों माता-पिता बहुत उपयोगी चीजें हैं—उनकी मौत की झूठी घोषणा से शक्कर मिलती है। इस जमाने में हर आदमी को ऐसे मौके पर काम आने के लिए माँ-बाप जरूर रखना चाहिए। हम नहीं रख पाये, तो पछताते हैं।

लेकिन छोटे आदमी का बाप सचमुच मर जाये, तो भी कोई निश्चित नहीं कि शक्कर मिल जायेगी। एक छोटा आदमी अपने पिता के श्राद्ध के लिए शक्कर की दरख्वास्त लेकर पहुँचा। वह जानता था कि पिता को स्वर्ग में तभी जगह मिलेगी, जब यहाँ से ब्राह्मण धर्मराज को खबर भेज देंगे कि इसके बेटे ने हम लोगों को लड्डू खिला दिये हैं। वरना शक्कर की मारी आत्मा भटकती फिरेगी। पर खाद्य अफसर ने उससे कह दिया --पन्द्रह दिन पहले दरख्वास्त देना चाहिए। श्राद्ध मौत के ग्यारह दिन बाद होता है। पन्द्रह दिन पहले दरख्वास्त कैसे देता? इस घटना से छोटे आदमियों के बापों को सबक लेना चाहिए कि बेटे को मरने का प्रोग्राम एकाध महीना पहले बता देना चाहिए। छोटे आदमी को चाहे जब मर जाने की सुविधा भी नहीं है। उसे नोटिस देकर मरना चाहिए, वरना उसकी आत्मा की दुर्गति होगी। बड़े आदमी का बाप चाहे जब मर सकता है, और उसका तुरन्त श्राद्ध करके, उसे फौरन स्वर्ग भेजा जा सकता है। छोटे आदमियों के बाप आजकल बडे बदतमीज हो गये हैं—चाहे जब मर जाते हैं।

यही छोटे लोग त्योहारों पर शक्कर माँगते हैं। शक्कर अक्सर त्योहारों पर गायब हो जाती है। मैं पिछले दो-तीन सालों से शक्कर के बर्ताव का अध्ययन कर रहा हूँ और दावे से कह सकता हूँ कि वह बिलकुल धर्मनिरपेक्ष है। वह मुहर्रम पर गायब होती है, तो जन्माष्टमी पर भी। हमसे ज्यादा 'सेक्यूलर' है। इतना ही नहीं, मुहर्रम पर ब्लैक में चार रुपये किलो मिलकर वह मुसलमानों को कर्बला की ट्रेजेडी का एहसास कराती है, और जन्माष्टमी पर इसी भाव मिलकर देवकी और वसुदेव की मुसीबत का बोध कराती है। नन्द इसलिए तो उफनती यमुना में से कृष्ण को

निकालकर नन्दग्राम ले गये थे कि कंस के राज में बच्चे के दूध के लिए शक्कर नहीं मिलती।

बहुत लोग कहते हैं कि कितना अच्छा होता, अगर खाने-पीने की चीजें एम. एल. ए. की तरह सहज उपलब्ध होतीं। गेहूँ, चावल, शक्कर सब 'ब्लैक' में दब गये हैं, मगर हर राज्य में एम. एल. ए. खुले बाजार में हैं। हर पार्टी, हर राजा और हर रानी सौदा पटा रहे हैं। एक पार्टी का राजा दूसरी पार्टी के राजा की लड़की से अपने कुमार की शादी लगा रहा है और दहेज में धन-दौलत नहीं, सिर्फ पन्द्रह एम. एल. ए. माँग रहा है। मुझे सुनकर लगा, जैसे पन्द्रह बोरे शक्कर माँग रहा है। हर एम. एल. ए. मुझे शक्कर का बोरा मालूम होता है।

खाद्य विभाग के अधिकारियों को देखकर भी मुँह में पानी आता है। वे भी शक्कर के बोरे मालूम होते हैं। कहीं के खाद्य अधिकारी की लोग शिकायत करते थे कि ये उपभोक्ता भण्डारों को मंजूर हुई शक्कर रोक देते हैं और तब चौगुने दाम पर व्यापारियों को शक्कर बेचने का सुभीता देते हैं। मैंने एक अखबार के जरिये लोगों से कहा था कि शक्कर के मामले में लगातार गोलमाल करते-करते साहब खुद मीठे हो गये होंगे। वे 'सेकरीन' की एक बड़ी टिकिया हो गये होंगे। अब उन्हें अगर पानी में डालकर थोड़ा हिलाओ, तो पानी मीठा हो जायेगा। उस पानी की चाय बनाकर पी सकते हैं। लोग अपने कुओं का पानी इस तरह मीठा करके मजे में उसकी चाय पियें।

कितना अच्छा सुझाव था। मगर कुछ भद्र लोग मेरे माथे पर चढ़ बैठे—यह कैसी बात करते हो? लोगों को हिंसा के लिए उभारते हो? कानून और व्यवस्था तोड़ना चाहते हो? चौथे आम चुनाव के बाद यों ही बहुत हलचल है। देश को इस वक्त स्थिरता चाहिए—'स्टेबिलिटी' चाहिए।

इन 'स्टेबिलिटी' वालों को मैं जानता हूँ। इनकी अच्छी बँधी आमदनी होती है। घर होता है, फर्नीचर होता है, फ्रीज होता है, बीमे की पालिसी होती है, 'वीक एण्ड' होता है, बच्चे कान्वेण्ट में होते हैं। ये इस बीमार आराम की निरन्तरता में खलल नहीं चाहते। यही 'स्टेबिलिटी' का नारा लगाते हैं।

अस्पताल के प्राइवेट वार्ड में पलँग पर एक आदमी पड़ा है। मुलायम गद्दा है, तकिया है, कूलर है। उसे फलों का रस पड़े-पड़े मिल जाता है। विटामिन मिल जाते हैं। बिस्तर पर ही 'एनीमा' लगा दिया जाता है। उससे कहो—यार, ज़रा बाहर घूम-फिर आओ। वह कहेगा—नहीं, मुझे 'स्टेबिलिटी' चाहिए...।

परमात्मा का लोटा

एक छोटे-से आलोचक ने उस दिन मुझसे कहा--अब आप कुछ शाश्वत साहित्य लिख डालो।

मैंने फौरन तय किया कि सूर्य पर लिखूंगा। पुराना बहुत-सा कथा साहित्य इसीलिए तो आज तक पढ़ा जाता है कि उसका पहला वाक्य होता है—पूर्व में भगवान भुवन भास्कर उदित हो रहे थे। या यह होता था—पश्चिम में भगवान अंशुमाली अस्ताचलगामी हो रहे थे। ये लेखक भगवान भुवन भास्कर को चैन नहीं लेने देते थे। जब लेखक के आसपास ऊँची अटारियाँ बन गयीं, और सूर्य का उगना-डूबना नहीं दिखा, तब भगवान् अंशुमाली को फुरसत मिली। फिर भी कुछ हठी हाथी-दाँत की मीनार पर बैठकर उसका उदय देखने लगे।

समीक्षक ने कहा है, तो मुझे मानना ही होगा। सनद रहे कि साहित्य में मैं उस लड़के की तरह आज्ञाकारी रहा, जिसकी स्कूल में फीस माफ रहती है।

अपनी तरफ से कोशिश करके हमने कभी सूर्य नहीं देखा। वह और हम साथ-साथ नहीं उठते। दिख गया तो देख भी लेते हैं। यों तो उस मन्त्री को भी अक्सर देख लेते हैं, जो चार दल बदल चुका है। ईमान को लपेटकर उसने कुर्सी की गद्दी के नीचे रख लिया है। देख लेते हैं, तो कोई दोष नहीं लगता। लगा भी तो घर जाकर नहा लेते हैं।

रात की गाड़ी से भोपाल जाता हूँ, तो सुबह बुदनी स्टेशन के आगे की पहाड़ियों में होती है। किस काली पहाड़ी के शिखर पर उगता हुआ सूर्य दिख जाता है। मुझे यह दृश्य अच्छा नहीं लगता। लगता है, कोई काली कुरूपा स्त्री माथे पर रेखड़ी पहने हो। यह दृश्य जिन्हें लुभाता है, उनके घर में काली कुरूपा पत्नी होगी, जो फूहड़ शृंगार करती होगी। कुरूपा पत्नी आदमी के सौन्दर्य-बोध का दायरा बढ़ाती है। सुन्दर पत्नीवाले की सौन्दर्यानुभूति सीमित हो जाती है।

पिछले महीने मैंने सूर्य को निकलते देखा, तो लगा जैसे राष्ट्रपति शासन लागू हो गया। चन्द्रमा का सप्तर्षि मन्त्रिमण्डल और नक्षत्रों की विधान-सभा भंग। संविद के घटकों में पटी नहीं। अब गृहमन्त्री का किरणों का डण्डा है और हम।

पुराने जमाने के ऋषि उगते सूर्य को इसलिए देख लेते थे कि जंगल में रहते थे और जानवरों के डर के मारे नींद नहीं आती थी। डर भी सौन्दर्यानुभूति को बढ़ाता है। जेबकट पुलिस की पगड़ी के लाल तुर्रे को उत्सव का वन्दनवार समझता है। हम ऋषि नहीं हैं, इसलिए घर में देर तक सोते हैं और उधर जब सूर्य निकलता है, तब हम उसे सपने में देख लेते हैं। सपना बड़ी सुभीते की चीज है। जो हो रहा है, उसमें हिस्सा न लेकर उसे सपने में देखा जा सकता है। सपनों में क्रान्तियों में भाग लेकर लहूलुहान हुए बहुत लोग मिल जायेंगे। उनसे खून का सबूत माँगना नासमझी है, क्योंकि रक्तपात सपने में हुआ था।

शहर में सूर्य अटारियों के पीछे छिपकर उगने लगा है। देख रहा हूँ, बड़ों-बड़ों का उदय छिपकर अटारियों के पीछे होने लगा है। मेरा एक दोस्त एकाएक कहीं चला गया। महीने-भर बाद मालूम हुआ कि वह दिल्ली में छिपकर उदित हो चुका है। अब वह सिर पर आ गया है और तप रहा है।

उगते सूर्य को देखना हो तो किसी अटारी की ऊपरी मंजिल पर चढ़ो। ऊपरी मंजिल पर तो हम किसी मामले में नहीं गये। फिर किसी का उदय देखने के लिए ऊँचा उठ जाना आसान नहीं है।

एक बात और है। उगते सूर्य को देखने की ताब नहीं है। हम तो चाँदनी में छाता लगाकर चलनेवाले लोग हैं। सदियों से हम चाँदनी में छाता लगाते आये हैं। एक बार मैं एक अन्तर्राष्ट्रीय सम्मेलन में विदेश गया था। देखा कि विदेशी लोग रात को बड़ी देर तक नाचते, गाते, आनन्द मनाते रहते। मगर भारतीय ठीक वक्त पर सात्विक भोजन करके, कुनकुने पानी के साथ तीन चुटकी त्रिफला चूर्ण लेकर सो जाता या छिपकर औरत को देखता। चाँदनी में वह हमेशा छाता लगा लेता है। हम दो-तीन मित्र विदेशियों का गाना, बजाना, नाचना देखते रहे। नाचनेवाले को हम भगवान् 'नटराज' मानते हैं, मगर खुद नाचना बुरा समझते हैं। सारी चाँदनी देवताओं को दे रखी है, सारी धूप आदमी ने ले ली है।

एक रात विदेशियों ने हम लोगों से भी कुछ गाने को कहा। क्या गायें? उन्होंने सुझाया—कोई राष्ट्रीय भावनावाला गीत गाइए। मन में जो गीत आया वह था—'शरण में आये हैं हम तुम्हारी, दया करो हे दयालु भगवन !' स्कूल में कई साल यह प्रार्थना-गीत गाया था। मगर लगा कि वर्तमान में भी यही गीत वास्तविक राष्ट्रीय भावना को व्यक्त करता है। किस-किसको भगवान नहीं मानते? किस-किस की शरण नहीं गये? बड़े अमेरिका से गेहूँ ले लिया और छोटे-से थाईलैंड मे भी चावल ले लिया। दया करो हे दयालु भगवन्। यह सच्चा राष्ट्रीय गीत है—'शरण में आये हैं हम तुम्हारी, दया करो हे दयालु भगवन्।'

पर इस गीत को गाने का मन नहीं हुआ। मेरे साथी का खूब मजे का मूड था। वे बोले—ये कोई अपनी भाषा नहीं समझते। वही नौटंकीवाला गा दो—'मैंने लाखों के बोल सहे, सितमगर तेरे लिए।' और उन्होंने गाना चालू कर दिया। विदेशी लोगों ने अपने साजों से संगत दी। वे बड़े श्रद्धाभाव से भर गये थे, क्योंकि उनकी समझ से यह कोई राष्ट्रीय गीत था। खत्म होने पर वे वही औपचारिक वाक्य बोलने लगे—वाह, राष्ट्रीय भावनाओं से ओतप्रोत गीत है। इसमें आपके देश की लम्बी उज्ज्वल परम्परा के तत्व हैं।

हम उनसे क्या कहते? नासमझो, जिस लम्बी उज्ज्वल परम्परा की तारीफ कर रहे हो, वह तो चाँदनी में छाता लगाकर चलती है। वह कुनकुने पानी के साथ तीन चुटकी त्रिफला खाकर बिस्तर पर लेटी है। उसका हाजमा खराब है—सदियों से। जब हाजमा अच्छा था तब समूची जातियों को पचा लेती थी। जब से हाजमा बिगड़ा है, उसे उलटी हो रही है। हम तो इस परम्परा से नफरत करते हैं और

लाखों के बोल सहते हैं।

अभी ग्वालियर से रात की बस से सफर करके सुबह उतरा, तो फिर उगता सूरज दिख गया। मैंने कहा—यार, इतने साल हो गये। पूर्व से निकल रहे हो। बड़े दकियानूस हो।

वह बोला बड़ी गम्भीरता से—रोशनी देनेवाले दिशा नहीं बदला करते। और जो दिशा तथा फोक़स बदलते रहते हैं वे क्या रोशनी नहीं देते? नहीं, वे रंगमंच के स्पॉट लाइट होते हैं। मेरे बहुत भ्रम टूटे। कई समीक्षकों को मैं सूर्य समझता था। वे मात्र स्पॉट लाइट हैं। रंग बदलते हैं और फोक़स। कभी कोई पत्रिका 'नयी कहानी' आन्दोलनवालों के हाथ थी तो नयी कहानी का दर्शन लिखकर छपाते थे। फिर प्रगतिवादी के हाथ में आ गयी तो फौरन सामाजिक यथार्थवाद पर फोक़स साध लिया। अगर दिगम्बर पीढ़ी की कोई बड़ी पत्रिका हो जाय, तो फौरन कपड़े उतार-कर नंगे हो जायेंगे। स्पॉट लाइट के ईमान की बराबरी सूर्य क्या करेगा।

उदय होते सूर्य की बात बहुत हो गयी। अब अस्त होते सूर्य की बात करता हूँ। मेरे बरामदे से यह दिख जाता है। जब फुरसत होती है, देख लेता हूँ। शाम को डूबते सूरज को देख रहा था। निर्मल मन का कवि होता, तो सोचता कि नीले सरोवर में कमल खिला है। इतना निर्मल मन हम कहाँ से लायें। मुझे सूर्य उस पुलिस अफसर के कपाल के टीके की तरह लग रहा था जिसने मेरे एक दोस्त को झूठे फौजदारी मामले में फँसा दिया है। वह बड़ा-सा लाल टीका लगाता है। शायद हनुमान का सिन्दूर है। मैंने उससे कहा था—साहब, यह टीका क्या झूठ पचाने के लिए लवणभास्कर चूर्ण है? वह हँस दिया।

मेरे सामने की झोंपड़ी के सामने एक आदमी बैठा हुआ, एकटक डूबते सूर्य को देख रहा था। वह बड़ा सौन्दर्य-प्रेमी मालूम होता है। पर ज्यों ही सूर्य डूबा, वह लोटा उठाकर पास के नाले में उतर गया।

इस आदमी के मन में क्या प्रतीक उभरता होगा? वह सूर्य को परमात्मा का लोटा समझता है। सूर्य के लोटे को उठाकर परमात्मा क्षितिज के नाले में उतर जाता है, क्योंकि परमात्मा के घर में पाखाना नहीं है। जब तक इस आदमी का अपना पाखाना नहीं बन जाता, यह सूर्य को परमात्मा का लोटा समझता रहेगा। सूर्य को कुछ अपनी इज्जत का खयाल है या नहीं? किसी का लोटा होना, चाहे वह परमात्मा का ही क्यों न हो, बड़ी बेइज्जती की बात है।

अभिनन्दन

पहले मेरा दूसरा विचार था। यह कि लेखक को आदरणीय होने से बचना चाहिए। आदरणीय हुआ कि गया। एक लेखक से मैंने एक दिन पूछा—दादा, कुछ दिनों से आपका लिखना नहीं हो रहा है? उन्होंने कहा—तुम्हें नहीं मालूम कि पिछले साल मेरा अभिनन्दन हो चुका? तुम साहित्य में रहते हो या किराना व्यापार में?

मैं साहित्य में ही रहता था, रहना भी चाहता था। मैंने तय किया कि अपने को कभी आदरणीय नहीं होने दूँगा। जब-जब आदरणीय होने का खतरा पैदा होता, मैं कोई बेवकूफी या उचक्कापन कर जाता। लोग कहते—अभी लड़कपन नहीं गया। छोटे शहरों में आदरणीयता से बचने का सबसे अच्छा तरीका यह है कि आदरोत्सुकों के बीच बैठकर आप कभी अपने मुँह से 'अलकोहल' की सुगन्ध निकल आने दें। सम्मान कुछ साल टल जायेगा। हिन्दी की यह परम्परा है कि भाँग के गन्नाटेवाले का सम्मान अलकोहल की गन्धवाले से पाँच साल पहले हो जाता है। बड़े शहर में यह उपाय कारगर नहीं होता, मगर वहाँ आदर करनेवाले भी तो बहुत कम होते हैं। प्रतिभा को वहाँ खतरा आदर से नहीं होता, आदर पाने की कोशिश से होता है। बहुत-से बुजुर्ग साहित्यकार इन बड़े शहरों में हैं, जिनका सारा दिन अनादर करनेवालों से बदला लेने की तरकीबों में गुजरता है।

लेकिन ये मेरे पहले के विचार हैं। अब तो मैं सोचता हूँ कि जल्दी-से-जल्दी अपना सम्मान या अभिनन्दन करवा लेना चाहिए। पिछले दो-तीन वर्षों में काफी अभिनन्दन हो गये। इनमें से कुछ की रिपोर्ट मुझे मिली और कुछ मैंने आँखों से देखे। पचास सालवालों के हो गये। हिन्दी में अभिनन्दन की उम्र घट रही है। पहले पचहत्तर साल पर होता था। अब अगर लेखक में दम है तो पचास पर हो जाता है। मैं चालीस से आगे बढ़ रहा हूँ और उधर अभिनन्दन की उम्र घट रही है। जिस गति से मेरी उम्र बढ़ रही है, उसी गति से अभिनन्दन की उम्र घटे तो ही वह सुनहरा दिन आ सकता है, जब मेरे कारण शहर में मालाओं के दाम बढ़ जायेंगे। तब फायदा कराने के कारण नगरमाली संघ की तरफ से भी एक माला मेरे गले में पड़ सकती है। साहित्य के बाहर के कुछ लोगों को माला पहनाने के लिए तैयार रखना चाहिए। साहित्यवालों का कोई भरोसा नहीं। हो सकता है, अभिनन्दन करनेवालों में दो गुट हो जायें और ठीक उसी सुनहरे दिन वे लड़ बैठें और समारोह चौपट कर दें। इसलिए चतुर साहित्यकार अपने साथ दूकानदार, डाकिये, पुलिसमैन, आबकारी दारोगा आदि रखते हैं।

लेकिन अभिनन्दन कराना है, तो उसकी पृष्ठभूमि पहले से बनानी चाहिए, इशारे छोड़ते जाना चाहिए। एक दिन हम कुछ लोग बैठे थे। दो साहित्यिक आपस में बातें कर रहे थे—

—हम भी पचास पार कर गये।

—पचास तो हम भी पूरे कर ही रहे हैं।

—तीस साल साहित्य-सेवा करते हो गये।

—हमें भी तीसेक साल होने को आये।

—अब युवकों को अपना कर्त्तव्य समझना चाहिए।

—हाँ, अपना कर्त्तव्य हम कर चुके। अब युवक अपना कर्त्तव्य करें।

युवकों ने सुना। इशारे को समझा। अपने कर्त्तव्य पर वे विचार भी करने लगे। चार-छः बार युवकों को इस तरह उनके कर्त्तव्य की याद दिलायी गयी, तो जल्दी ही दोनों का अभिनन्दन हो जायेगा। शेष जीवन में यहाँ सुख और बाद में आत्मा की सद्गति। लेकिन हर युवक अपना कर्त्तव्य एक ही नहीं समझता। कुछ युवक ऐसे भी हैं, जिन्हें उनके कर्त्तव्य की याद दिलाओ, तो वे आपको साहित्य से बाहर ढकेलने लगेंगे। वे अपना यही कर्त्तव्य समझते हैं।

इसीलिए मैंने उन सुशील आदमियों से बात की, जो सम्मान वगैरह करते ही रहते हैं।

मैंने कहा, "साहित्य-सेवा करते हमें भी काफी साल हो चुके। अब हमारा भी कुछ हो जाय।"

उन्होंने पूछा, "क्या हो जाय?"

मैंने कहा, "यही सम्मान, अभिनन्दन वगैरह।"

उन्होंने कहा, "पचास के हो जाओ, तब विचार करेंगे।"

मैंने कहा, "यारो, उसमें तो बहुत देर है। देह क्षणभंगुर है। बीमारियाँ फैली हैं। सड़कों पर ट्रैफिक बढ़ गया है। पचास के पहले ही चल दिये, तो आत्मा की सद्गति नहीं होगी।"

वे बोले, "तो हम क्या करें? इतनी जल्दी कैसे कर दें? लोग क्या कहेंगे?"

मैंने कहा, "सरकारी नौकरी में किसी की उम्र 'कण्डोन' हो जाती है, यानी उम्र ज्यादा हो तो कम मानकर उसकी नियुक्ति हो जाती है। साहित्य में क्या उम्र बढ़ाकर अभिनन्दन नहीं किया जा सकता?"

वे बोले, "किया जा सकता है। हमने किया भी है। मगर तुम्हारा नहीं हो सकता। तुम न किसी का फायदा कर सकते हो, न नुकसान। तुम्हारे नाम से पैसा भी इकट्ठा नहीं हो सकता।"

यह सरासर धाँधली है। जब तक अभिनन्दन व्यक्तिगत हाथों में रहेगा, ऐसी ही धाँधली होगी। सरकार को अभिनन्दन का राष्ट्रीयकरण कर लेना चाहिए। शिक्षा मन्त्रालय या सांस्कृतिक मन्त्रालय अपने हाथ में ले ले। सबसे अच्छा तो यह है कि गृह-विभाग को सौंप दिया जाय। वह अपनी पुलिस के द्वारा जिसका चाहेगा अभिनन्दन करवा देगा—जैसे हाल ही मध्यप्रदेश और उत्तरप्रदेश में कॉलेजों में घुसकर पुलिस ने आचार्यों का अभिनन्दन किया।

व्यक्तिगत क्षेत्र में अभिनन्दन रहा तो अपना कभी नहीं होगा। सामर्थ्य ही नहीं है। सामर्थ्यवानों का मैंने होते देखा है। एक बड़े नेता और हिन्दी-सेवी का ऑल

इण्डिया में जब-तब कुछ होता रहता है। कैसे होता है, यह तब मालूम हुआ, जब एक मित्र ने उनकी एक चिट्ठी मुझे बतायी। लिखा था—'आप अपने शहर में मेरा जन्म-दिन समारोह मनाने के लिए तीन सौ रुपये ले गये थे। पर न आपने समारोह किया, न रुपये लौटाये। कम-से-कम रुपये तो लौटा दीजिए।'

माई गॉड, एक-एक शहर में कराने में तीन सौ रुपये लगते हैं! हम तो एक मुहल्ले के समारोह का खर्च भी नहीं उठा सकते। सारी जिन्दगी सिर्फ आदर करते गुजर जानेवाली है।

मेरे एक मित्र ने मुझे समझाया कि अभिनन्दन तीन तरह से होते हैं—कुछ तो अपने-आप हो जाते हैं—याने जिसमें श्रद्धेय को माला पहनने और मुस्कराने के सिवा कुछ नहीं करना पड़ता। कुछ कराये जाते हैं—जिनमें सारा काम श्रद्धेय को करना पड़ता है, पैसा इकट्ठा करने से लेकर अभिनन्दन-पत्र छपाने तक। कभी-कभी शामियाना भी उन्हीं को तनवाना पड़ता है। फिर माला पहनकर मुस्कराया भी वही करते हैं। कुछ अभिनन्दन मिश्रित होते हैं—यानी कुछ लोग अभिनन्दन करने को उत्सुक रहते हैं, पर उन्हें प्रोत्साहित करना पड़ता है और उनकी मदद करनी पड़ती है। इनमें पहले प्रकार के अभिनन्दन बहुत कम होते हैं, अधिकांश अभिनन्दन के पात्रों को अपने ही पुरुषार्थ पर निर्भर रहना पड़ता है।

मेरी निराशा को कम करने के लिए मेरे मित्र ने कहा—तुम साहित्यिकों के पीछे ही क्यों पड़े हो? वे अगर नहीं करते हैं, तो दूसरों से करा लो। अमुक साहब को जानते हो न? उन्हें राजनीति में सम्मान नहीं मिला, तो उन्होंने साहित्य में करवा लिया। एक दूसरे सज्जन हैं जिन्हें चुनाव टिकट तक नहीं मिला। वे निराश नहीं हुए। उन्होंने अपने मोहल्ले की सेवा-समिति से मानपत्र ले लिया। तुम चाहो तो अपने मुहल्ले की सहकारी समिति से मानपत्र ले सकते हो। सम्मान का रास्ता कोई एक ही नहीं है। एक मोर्चे पर हार रहे हो, तो दूसरा खोल दो। जब साहित्य के लोग सेठों और नेताओं का अभिनन्दन करते हैं तो लेखक कोशिश करके 'चेम्बर ऑफ कामर्स' से भी मानपत्र ले सकता है। सारे क्षेत्रों के पिटे हुए आदमी जब साहित्य में आकर सम्मान ले लेते हैं, तब साहित्य में पिटे आदमी को भी दूसरे क्षेत्र में कोशिश करनी चाहिए।

मुझे कुछ धीरज बँधा। पर मैंने कहा—यार, साहित्य के सम्मान की बात ही अलग है। वे जैसा सम्मान करते हैं, वैसा दूसरे नहीं कर सकते। कोऑपरेटिववाले मेरी तारीफ में बढ़िया कविताएँ तो नहीं लिख सकते। यह तो साहित्यवाले ही कर सकते हैं। व्यापारी भी कितना ही दाम बढ़ाने का अभ्यासी हो, कवि सरीखी अति-शयोक्ति नहीं कर सकता। इसीलिए बड़े-बड़े देवताओं की लालसा रहती है कि हम साहित्य में सम्मान पायें।

मैंने अपनी इच्छा को दबा लिया था। सोचा, ईश्वर चाहेगा, तभी सम्मान होगा। मुझ जैसे मनुष्य के सामर्थ्य के बाहर की यह बात है।

पर एक दिन मैंने एक अभिनन्दन-समारोह देख लिया और इच्छा की आग

भड़क उठी।

एक श्रद्धेय का सम्मान था। वे सचमुच बहुत लोगों के श्रद्धा के पात्र हैं। श्रद्धा मन में रहे तो कोई बात नहीं, प्रकट होने लगे तो कभी-कभी हास्यास्पद हो जाती है। इस समारोह में श्रद्धा का प्रकटीकरण दुर्लभ मनोरंजन का कारण बन रहा था। सबसे अच्छी बात तो यह थी कि अश्रद्धा श्रद्धा की अपेक्षा जोर से बोल रही थी।

श्रद्धेय विद्वान ब्राह्मण हैं। उनका नाम कृष्ण का पर्यायवाची है। वे उपकुलपति भी हैं।

एक श्रद्धा प्रकट करनेवाले विद्वान कायस्थ थे।

उन्होंने कहा—श्रीकृष्ण ने बड़े-बड़े काम किये, पर उपकुलपति वे नहीं हो सके थे। अब इस रूप से उपकुलपति बने। (मेरे मुँह से 'हाय' निकल पड़ी।)

यह सुनकर हॉल में ब्राह्मण विद्वान गद्‌गद हो गये और कायस्थ विद्वान खिन्न हुए।

विद्वान ज्यों-ज्यों बढ़ता जाता है, त्यों-त्यों जात-परजात का बोध भी बढ़ता जाता है। इसी को ज्ञान कहते हैं। यही अपनी आत्मा को पहचानना है।

एक दृश्य मेरे हृदय पर अंकित हो गया है। पैण्ट पहने हुए श्रद्धालु चरण छू रहे थे। जब वे कठिनाई से झुकते, तो मुझे डर लगता कि पैण्ट अब फटा, अब फटा। पैण्ट जिन लोगों ने चलाया है, उनमें चरण छूने की परम्परा नहीं है। हमें पैण्ट भी पहनना है और चरण भी छूना है। इससे पैण्ट फट जाने का खतरा पैदा हो जाता है। मेरा अभिनन्दन जब होगा, तब मैं सर्कुलर निकाल दूंगा कि जिन्हें चरण छूना है, वे कृपया धोती पहनकर आयें। मैं अपने अभिनन्दन में कोई भद्दा दृश्य उपस्थित नहीं होने देना चाहता।

इस अभिनन्दन ने मुझे उतावला कर दिया। मैं फिर उन लोगों की खोज कर रहा हूँ, जो इस पवित्र कार्य को हाथ में ले लें। यदि जल्दी ऐसे लोग नहीं मिले, तो मुझे अखबारों में 'टेण्डर' बुलाने की विज्ञप्ति देनी पड़ेगी। इतना बड़ा देश है, कहीं तो भले लोग होंगे ही।

न्याय का दरवाजा

मुहावरे उलटे पड़ने लगे।

मुहावरे के मुताबिक झूठ का पर्दा उठाओ, तो सत्य नंगा बैठा दिखता है। सत्य को झूठ से ज्यादा शर्म आती है।

न्याय का दरवाजा भी अभी खटखटाया और इस मुहावरे को भी उलटा

पाया। कुछ गरीब आदमियों पर झूठा फौजदारी मुकदमा चला दिया गया था। हमने उनकी तरफ से न्याय का दरवाजा खटखटाया। खयाल था, न्याय दरवाजे के पास ही ड्यूटी पर बैठा रहता होगा। खटखटाया कि बाहर आया। बड़ी देर तक खटखटाने के बाद भी जब दरवाजा नहीं खुला तो चिन्ता हुई। क्या बात है? कहीं न्याय 'सिक लीव' (बीमारी की छुट्टी) पर तो नहीं चला गया? बूढ़ा हो गया है और अक्सर बीमार हो जाता है।

आखिर हम दरवाजा तोड़कर भीतर घुस गये। सुनसान था। बाथरूम का दरवाजा ठेला, तो एक नंगा नहाते दिखा।

हमने कहा—तुम न्याय हो न! जल्दी कपड़े पहनो। बात करनी है।

उसने कहा—मैं न्याय नहीं, अन्याय हूँ। नंगा ही रहता हूँ। अन्याय को क्या शर्म: न्याय और मैं जुड़वाँ भाई हैं। एक-सी शक्ल है। लोग उसके धोखे में मुझसे मिल लेते हैं।

हमने पूछा—दोनों में कुछ फर्क तो होगा।

उसने कहा—हाँ, है। देखो न, मैं ऐंचकताना हूँ। तुम समझते हो किसी और को देख रहा हूँ, पर देख तुम्हीं को रहा हूँ। मेरा भाई न्याय काना है। एक ही तरफ देखता है। अब वह बहरा भी हो गया है।

हमने कहा—तो फिर खटखटाने पर दरवाजा कौन खोलता है?

उसने कहा—मैं खोलता हूँ। यही तो मजा है। लोग मुझे न्याय समझ लेते हैं।

हमने पूछा—तुम दोनों भाई किसके बेटे हो?

उसने कहा—'एविडेंस ऐक्ट' हमारा बाप है और 'इण्डियन पेनल कोड' माँ है।

हमने कहा—हमें तो न्याय से मिलना है। वह कहाँ है?

उसने कहा—अभी पिछले दरवाजे से पुलिस कोतवाली गया है। आता ही होगा।

अच्छा, क्या ख़लील जिब्रान बनने की कोशिश कर रहे हो? नहीं, न्याय-निवास की पोल खोल रहा हूँ। न्याय का दरवाजा खटखटानेवालो, तुम आगे का दरवाजा खटखटाते हो और वह पिछले दरवाजे से पुलिस से हिदायतें लेने चला जाता है। न्याय बहरा है। खटखटाहट सुन ही नहीं सकता। वह जो एक ऐंचकताना दरवाजा खोलता है, अन्याय है। महज दरवाजा खटखटाने से जो मिलता है, वह अक्सर अन्याय होता है। दरवाजा तोड़े बिना न्याय नहीं मिलता।

अच्छा, अब क्या नक्सलपन्थी बनने की कोशिश कर रहे हो? नहीं, यह खिताब बिना कोशिश के चिपक जाता है। अभी मैंने अखबार में लिख दिया कि पुलिस ने छात्रावास में घुसकर बेकसूर लड़कों को क्यों पीटा, तो बात चल पड़ी कि यह भी नक्सलपन्थी हो गया। खटमल काटता है तो भी लगता है, यह नक्सलपन्थी की बदमाशी है। बच्चा दूध के लिए रोता है, तो बाप उसकी माँ से कहता है—'उसे

दूध मत पिलाना। वह भूखा नहीं है। नक्सलवादी हो गया है और आतंक पैदा कर रहा है।'

पोल तो सत्य की भी जब-तब खुल जाती है। भगवान को साक्षी करके अदालतों में जितना झूठ बोला जाता है, उतना भगवान की पीठ पीछे नहीं। आदमी ढीठ हो गया है और सत्यनारायण के सामने झूठ सुनने का शौक बढ़ गया है। धर्म अच्छे को डरपोक और बुरे को निडर बनाता है। झूठ ज़रा-से पवित्र सहारे से चढ़कर सत्य की बर्थ पर लेट जाता है—वह सहारा गंगाजी हो, जनेऊ हो, धर्म हो, ईश्वर हो।

यह जो आदमी गवाह के कटघरे में खड़ा है, भगवान को साक्षी बना चुका है—प्रभु, आओ, मैं आपके सामने झूठ बोलने को उत्सुक हूँ। वह पढ़ा-लिखा, सभ्य, सुन्दर आदमी है। पुलिस को जब ऐसा आदमी झूठी गवाही देने के लिए मिल जाता है, तो पुलिस-लाइन के हनुमान के सामने नारियल फोड़ा जाता है। हनुमान का भी कमाल है। यह कई तरह का होता है—'दुश्मन फटकार हनुमान', 'संकट मोचन हनुमान', 'पुलिस महावीर', और पूना में वेश्याओं के मुहल्ले में जो हनुमान है, उसका नाम है—'छिनाल मारुति'। यह जो हिन्दुस्तानी आदमी है, अद्‌भुत है। इसके पास छिनाल मारुति भी है और हिजड़ों की मसजिद भी। बात हनुमान की नहीं, झूठे गवाह की थी। इन्स्पेक्टर उसे बरामदे में इस शान से लिये फिर रहा था, जैसे सत्यवादी हरिश्चन्द्र को झूठी गवाही के लिए पकड़ लाया हो।

गवाह पूरी कोशिश सच्चा दिखने की कोशिश से कर रहा है। अगर ठीक ढंग से झूठ बोल गया तो वह सच मान लिया जायेगा। ठीक ढंग से बोले गये झूठ को सत्य कहते हैं। वह आत्मविश्वास बटोरकर चारों तरफ देखता है। आत्मविश्वास-पूर्ण झूठ सत्य माना जाता है। आत्मविश्वासहीन सत्य भी झूठ हो जाता है। सत्य दिखने के लिए झूठ को 'मेकप' भी चाहिए। उसने चेहरे पर स्नो-पाउडर मल रखा है। वह बढ़िया सूट पहने है। आखिर सत्य क्या है? बढ़िया कपड़े पहने हुए झूठ।

उसका मुँह देखता हूँ। होंठ ज्यादा फटे हैं। दाँत बाहर निकलने को हमेशा तत्पर रहते हैं। झूठे और बक्की आदमी का मुँह ऐसा हो जाता है। झूठे दो तरह के होते हैं—चुप्पा और भड़भड़िया। चुप्पा परिपक्व झूठा होता है। वह एक-दो वाक्यों में झूठ जमा देता है। भड़भड़िया सोचता है, अभी झूठ जमा नहीं। इसलिए वह उसके समर्थन में आठ-दस वाक्य भड़भड़ाकर बोल जाता है। इस धक्के से जबड़े फैलते जाते हैं। इसके जबड़े इसी तरह फैल गये हैं। इसका मुँह पके फोड़े की तरह है, जिसमें झूठ का मवाद भरा है। ज़रा छेड़ने से मवाद बह निकलेगा।

वह खाँसकर गला साफ करता है। रूमाल मुँह पर फेरता है। लगता है, गवाही देने नहीं आया, न्याय की बेटी को ब्याहने दूल्हा बनकर आया है।

सरकारी वकील सधे-सधाये सवाल पूछता है और वह सधे-सधाये जवाब देता है। उसने अमुक आदमी को मृतक को लाठी मारते देखा था।

उसे लाठी दिखायी गयी, जिसे उसने किसी पुराने दोस्त की तरह पहचान

लिया।

उसे एक पत्थर का टुकड़ा दिखाया गया। उसने पत्थर भी पहचान लिया—यही वह पत्थर है, जो वहाँ पड़ा था।

मैंने बगल में खड़े वकील दोस्त से कहा—यार, यह क्या अन्धेर है। यह किसी पत्थर के टुकड़े को कैसे पहचान लेगा ?

उसने कहा—चुप रहो, एविडेन्स ऐक्ट के मुताबिक ठीक है।

गवाह को खून-लगी मिट्टी दिखायी गयी। उसने मिट्टी को भी पहचान लिया।

मैंने वकील दोस्त से कहा—यह तो और बड़ा अचरज है। इसने मिट्टी को भी पहचान लिया। उसने कहा—चुप्प, एविडेन्स ऐक्ट !

मैंने सोचा—अब वकील इसे शीशी में बन्द एक मक्खी दिखायेगा। पूछेगा—इस मक्खी को पहचानते हो ? गवाह कहेगा—यह वही मक्खी है, जो मारपीट के वक्त वहाँ भनभना रही थी। मैंने पहचान लिया। इसकी शक्ल मेरी माँ से मिलती है।

एविडेन्स ऐक्ट ! इसका कमाल है।

हरिश्चन्द्र ने जिस ब्राह्मण को सपने में दान दिया था, उसे अगर जायदाद पर कब्जे के लिए अदालत जाना पड़ता, तो वह भी दो-चार चश्मदीद गवाह खड़े कर देता। वे कहते—हमारे सामने इस विप्र को राजा हरिश्चन्द्र ने दान दिया था। वकील पूछता—उस वक्त तुम कहाँ थे ? वे कहते—हम भी राजा साहब के सपने में ही थे।

बचाव पक्ष का वकील 'क्रॉस एक्जामिनेशन' के लिए खड़ा हुआ। यह भयंकर चीज है। एक बार मेरे भी पलस्तर उखड़ चुके हैं। मैं सच बोल रहा था, पर वकील ने दो मिनिट में मेरे सत्य को पसीना ला दिया था।

गवाह तैयार होता है। मुँह पोंछता है। फेफड़ों में आक्सीजन भरता है।

वकील पूछता है—वारदात की जगह से तुम कितनी दूर थे ?

वह मुँह खोलता ही है कि वकील कहता है—जल्दी नहीं। सोचकर बोलो।

'सोचकर बोलो'—यह सुझाव गवाह को गड़बड़ा देता है। उसे लगता है, जितना सरल मामला वह समझता है, उतना है नहीं। सवाल कठिन है। सोचना चाहिए।

वह सरकारी वकील को अभी अपनी दूरी दस कदम बता चुका है।

अब सोचकर बोलता है—दस-पन्द्रह कदम दूर था।

वकील—अच्छा, दस-पन्द्रह कदम पर थे ?

गवाह—हाँ, यही पन्द्रह-बीस कदम।

वकील—तो पन्द्रह-बीस कदम दूर खड़े थे।

गवाह—हाँ, बीस-पच्चीस कदम समझ लीजिए।

तीन सवालों में वह पन्द्रह कदम पीछे हट गया। अगर वकील सवाल करता

जाता, तो वह वारदात की जगह से पाँच मील दूर भी हो जाता। पर वह खुश है कि उसने वकील को 'कन्फ्यूज' कर दिया।

—तुम मौके पर, कितने बजे पहुँचे? जल्दी नहीं। सोचकर बोलो।

—डेढ़-दो बजे।

—अच्छा, डेढ़-दो बजे पहुँचे।

—हाँ, यही दो-ढाई बजे।

—अच्छा, दो-ढाई बजे तुम वहाँ पहुँचे थे।

—हाँ, यही ढाई-तीन बजे समझ लीजिए।

—मृतक की उम्र कितनी थी?

—पच्चीस-तीस साल।

—अच्छा, वह पच्चीस-तीस साल का था।

—हाँ, तीस-पैंतीस साल का रहा होगा।

—याने उसकी उम्र तीस-पैंतीस साल थी।

—हाँ, यही पैंतीस-चालीस साल की होगी।

कई दिन लगातार मैं साक्ष्य का यह खेल देखता रहा। मैं हैरान कि बाहर तो सच्चा आदमी ढूँढ़े नहीं मिलता, मगर अदालत में इतने सच्चे किन अनजान कोनों से निकलकर इकट्ठे हो जाते हैं। झूठ बोलने के लिए सबसे सुरक्षित जगह अदालत है। वहाँ सुरक्षा के लिए भगवान और न्यायाधीश हाजिर होते हैं।

मेरा वकील दोस्त कहता है—यह सब कानून के मुताबिक है। अगर न्यायाधीश साक्ष्य पर विश्वास करता है, तो फाँसी। अगर नहीं करता, तो रिहाई।

साक्ष्य एक ही है, मगर उसी से आदमी को फाँसी हो सकती है, और उसी से छूट भी सकता है। उसी साक्ष्य के आधार पर एक न्यायाधीश आदमी को फाँसी के लायक समझता है और दूसरा उसे निर्दोष।

वकील दोस्त से कहता हूँ—आदमी के इस न्याय को मशीन ज्यादा दिन बरदाश्त नहीं करेगी। किसी दिन यहाँ न्यायालय की जगह बड़ा कम्प्यूटर होगा। उसमें तुम वकील, गवाह, न्यायाधीश सब डाल दिये जाओगे। कम्प्यूटर चलेगा और तुममें से किसी के चमड़े पर फैसला अंकित होकर आ जायगा।

ये तीन-चार लोग जो झूठे फँसाये गये हैं, सड़क के किनारे टाट और टट्टे की झोंपड़ी बनाकर रहते हैं। इन्होंने फाँसी पर टँगने के लिए पैसे भी खर्च किये हैं—वकील लगाये हैं, पुलिस को पैसा खिलाया है।

सिर्फ यह नहीं है कि ईसा अपना सलीब खुद ढो रहा है या सूली पर टँगा है। ईसा को अपने पाँवों पर अपने हाथों से कील ठोकने को मजबूर किया जा रहा है और वह कह रहा है—पिता, इन्हें हरगिज माफ मत करना, क्योंकि ये साले जानते हैं, ये क्या कह रहे हैं।

संस्कारों और शास्त्रों की लड़ाई

मेरे एक दोस्त हैं। वैज्ञानिक दृष्टिवाले आधुनिक बुद्धिवादी। कट्टर मार्क्सवादी हैं। परिवार से नाता तोड़कर बीसेक सालों से राजनैतिक कार्यों में लगे हैं। उनका भी कोई है, मुझे पता नहीं था। पर उनका भी कोई था। पिछले हफ्ते वे प्रयाग की गाड़ी में मुँडे सिर मिल गये।

पूछा, "कहाँ जा रहे हो?"

बोले, "प्रयाग।"

लोग चोरी करने जाते हैं, तब इस शहर को इलाहाबाद कहते हैं। पिण्डदान करने जाते हैं, तब प्रयाग कहते हैं।

पूछा, "मुण्डन किसलिए?"

बोले, "फादर की मृत्यु हो गयी।"

मैंने कहा, "मुझे पहली बार मालूम हुआ कि आप भी फादर रखते थे।"

यों कोई बुरी बात नहीं है। जिनकी हैसियत है, वे एक से ज्यादा भी बाप रखते हैं—एक घर में, एक दफ्तर में, एक-दो बाजार में, एक-एक हर राजनैतिक दल में। इधर एक आदमी है, जिसके परसों तक पैंतीस बाप थे। कल संविद सरकार टूट रही थी तो पन्द्रह रह गये। आज वह सरकार थम गयी तो उसके अड़तीस हो गये हैं।

मुझे उनके पिता की मृत्यु का कतई दुख नहीं था। उन्हें मैं जानता नहीं था। फिर वे अस्सी के थे और उनके मरने से कोई अनाथ नहीं हुआ था। दोस्त को भी दुख नहीं था, कुछ पछतावा जरूर था।

मुझे उसकी चिन्ता थी जिसे उन्होंने बीस सालों से सच्चा पिता मान रखा था—याने मार्क्सवाद की। उन्होंने खुद अपने हाथों मार्क्सवाद का मुण्डन कर दिया था।

उनके हाथ में एक छोटी-सी थैली थी। मैंने पूछा, "इसमें क्या है?" बोले, "उनकी राख है। तुम्हें इतना भी नहीं मालूम?"

मैंने कहा, "मैं समझा, इसमें द्वन्द्वात्मक भौतिकवाद है, जिसका संगम में विसर्जन होगा।"

पहले वे चिढ़े। फिर कहने लगे, "यार, यह बड़ा विकट संघर्ष है। एक तो संस्कार और फिर परिवार की भावना।"

इस संघर्ष से मैं अनजान नहीं। चाचा की मृत्यु के बाद मैंने श्राद्ध नहीं करने का एलान कर दिया। मेरी जो फजीहत हुई, मैं ही जानता हूँ। उनके करनेवाले और भी थे। चाचा मेरे भरोसे तो परलोक गये नहीं थे। मुझ-जैसे के भरोसे कोई परलोक क्या, यह लोक भी नहीं बनायेगा।

मेरे मन में एक ही सवाल था—अगर किसी सामाजिक क्रान्ति में बौद्धिक

विश्वास के साथ कोई लगा हो, और तभी चाची कह दे कि बेटा, तुम्हारे चाचा की आत्मा को दुख होगा, परलोक में उनकी दुर्गति हो जायगी तब क्रान्तिकारी क्या करेगा ? परिवार की भावना की रक्षा भी तो करनी पड़ती है। तब क्या वह यह कहेगा कि चाची, अगर तुम्हारी यह भावना है तो मैं क्रान्ति को छोड़े देता हूँ।

मेरे एक और दोस्त हैं। मुझसे ज्यादा वैज्ञानिक दृष्टि-सम्पन्न, विचार और कर्म दोनों से क्रान्तिकारी। मैं ही उनसे ज्ञान और प्रेरणा लेता रहा हूँ। एक दिन मैंने उन्हें धोती पहने, पालथी मारे सत्यनारायण की कथा पर बैठे, रँगे हाथों पकड़ लिया।

मुझे लगा, जैसे एम्बुलेंस की गाड़ी ने ही मुझे कुचल दिया हो।

मैंने दूसरे दिन उनसे पूछा—झूठ नारायण, यह तुम्हारी क्या हरकत है ? उसने कहा—यार, 'मदर इन ला' (सास) ने बहुत जोर डाला था।

मेरा खयाल था, 'मदर इन ला' सास से अलग किस्म की होती होगी। नहीं, सिर्फ तजुर्बे का फर्क है।

यह जो 'मदर इन ला' कहलाती है, क्रान्ति की दुश्मन होती है। क्रान्तिकारी का पहला और सबसे बड़ा संघर्ष 'मदर इन ला' से निपटना है। बात यह है कि वह बीवी दे देती है। बीवी कर्त्तव्य को आगे बढ़ाते हुए बच्चे दे देती है। तब 'मदर इन ला' आकर कहती है— लाला, अपना नहीं तो बच्चों का तो खयाल करो।

लाला की क्रान्तिकारिता भ्रान्तिकारिता में बदल जाती है।

'मदर इन ला' के शिकार बीस-पच्चीस क्रान्तिदर्शियों की हड्डियाँ तो इधर मेरे पास ही रखी हुई हैं। और लोगों के पास भी होंगी।

संस्कार और शास्त्र की लड़ाई बड़ी दिलचस्प होती है। संस्कार और अर्थशास्त्र की एक लड़ाई मैंने साफ देखी।

एक शहर में दो साल पहले किसी सांस्कृतिक आयोजन में गया था। एक साहित्यिक रुचि के सज्जन बहुत पीछे पड़े कि मेरे घर चाय पीने चलिए। हर बार आग्रह के साथ वे यह जरूर जोड़ते—सरिता ने भी कहा है। समझा, सरिताजी इनकी पत्नी होंगी। साहित्य पढ़ती होंगी। कुछ कविता वगैरह भी लिखती होंगी। चाय पीने पहुँचा, तो बैठक से उन्होंने पर्दे की तरफ मुँह करके मेरे आने की घोषणा कर दी। दुविधाग्रस्त अर्द्ध आधुनिक परिवारों में इसके बाद क्या होता है, इसका मुझे बहुत अनुभव है। पत्नी आती है। नमस्ते के बाद बने-बनाये वाक्य बोलती है—हम आपकी कहानियाँ पढ़ते रहे हैं। इतनी हँसी आती है, इतनी हँसी आती है कि बस कुछ मत पूछिए ! इसी वक्त उसे याद आता है कि 'दाम्पत्य संहिता' का नियम 73 कहता है—'पत्नी अपना स्वतन्त्र मत व्यक्त न करे। व्यक्त करना जरूरी हो, तो उसमें पति को शामिल करे।' वह पति को शामिल कर लेती है— क्यों, वह कौन-सी कहानी पढ़ी थी हम लोगों ने पिछले हफ्ते ?

अगर बच्चा भी हुआ, तो 'अंकलजी' को उससे नमस्ते कराया जाता है। कहा जाता है—अंकल तुम्हें बहुत मजेदार कहानी सुनायेंगे। कभी मुझसे वहीं बच्चे को

कहानी सुना देने का आग्रह भी किया जाता है। नुस्खे मेरे पास सब तरह के रहते हैं। प्रौढ़ों के लिए डायबिटीज का नुस्खा भी रखता हूँ और बच्चों के लिए कुकुर-खाँसी का भी। मैं बच्चे को राक्षस की कहानी फौरन सुना देता हूँ। आग्रह हो तो उनके ससुर को भी कृष्ण-सुदामा की कहानी सुना दूँ।

बैठक में मैंने सोचा कि अब सरिताजी बाहर आयेंगी और वही यान्त्रिक चर्चा चलेगी। बड़ी देर हो गयी। सरिताजी तो क्या, नालीजी भी नहीं निकलीं। सोचा, चाय लेकर आयेंगी। पर थोड़ी देर बाद साँकल बजी। पति महोदय भीतर गये और चाय की ट्रे लेकर आ गये।

भीतर से एक बिल्ली निकली। उस घर में बिल्ली एकमात्र मादा थी, जो पर्दा नहीं करती थी।

साँकल धातु युग से चली आती घरेलू 'कॉलबेल' है। सरिताजी कुछ संस्कार अपने घर से लेकर आयी होंगी, कुछ यहाँ मिले होंगे। वह पाँव दरवाजे की तरफ बढ़ाती हैं तो हाथ साँकल पर चला जाता है।

मगर जब यह स्थिति है, तो इस आदमी ने बार-बार क्यों कहा था— सरिता ने भी आने को कहा है। इस दृश्य में सरिता का कुल इतना 'रोल' है कि वह नेपथ्य में साँकल बजाती है। अगर इस आदमी को सरिता को भी मंच पर लाना है तो साँकल को निकाल फेंकना चाहिए। मगर तब वह थाली बजाने लगेगी।

दो साल बाद अभी फिर उस शहर में गया। वे फिर मुझे चाय के लिए ले गये। इस बार उन्होंने नहीं कहा कि सरिता ने भी आग्रह किया है। उसने नेपथ्यवाला हिस्सा नाटक से काट दिया होगा। मैं बैठक में पहुँचा। उसने पर्दे की तरफ मुँह करके मेरे आने की घोषणा नहीं की। पर जरा देर बाद ही सरिताजी ट्रे लेकर बाहर आयीं। एकाध औपचारिक बात की, फिर घड़ी देखी। बोलीं—आप लोग चाय पियें। मेरा तो स्कूल का वक्त हो गया। वे चप्पल फटफटाती सीढ़ी से उतर गयीं।

श्रीयुत सरितापति बोले—स्कूल में नौकरी कर ली है। आजकल एक की कमाई से पूरा नहीं पड़ता।

समझ गया, अर्थशास्त्र ने संस्कार को धोबी-पछाड़ दे दी।

हमारे जमाने में नारी को जो भी मुक्ति मिली है, क्यों मिली है? आन्दोलन से? आधुनिक दृष्टि से? उसके व्यक्तित्व की स्वीकृति से? नहीं, उसकी मुक्ति का कारण महँगाई है। नारी-मुक्ति के इतिहास में यह वाक्य अमर रहेगा—'एक की कमाई से पूरा नहीं पड़ता।'

अर्थशास्त्र संस्कारों के सीने पर चढ़कर गला दबा रहा है। इधर एक लड़के ने लड़की को उसी की इच्छा से भगाकर 'सरकारी शादी' कर ली। लड़का योग्य, सुन्दर और अच्छी नौकरीवाला। पहले लड़की की माँ के संस्कारों ने जोर मारा और उसने हाय-तोबा मचाया। अर्थशास्त्र से यह बरदाश्त नहीं हुआ। उसने संस्कारों को एक पटकनी दी। माँ ने सोचा वह जो पन्द्रह हजार दहेज के लिए रखे थे, साफ बचे। फिर पन्द्रह हजार में भी इतना अच्छा लड़का नहीं मिलता। उन्होंने कार्ड

बाँटकर दावत दे दी।

अच्छी माँ क्यों न यह इच्छा करे कि कोई अच्छा लड़का लड़की को भगाकर शादी कर ले और हमें बाद में बता दे, तो हम एक भोज दे दें।

लड़ाई शास्त्रों की भी आपस में होती है। अर्थशास्त्र जब धर्मशास्त्र के ऊपर चढ़ बैठता है, तब गोरक्षा आन्दोलन के नेता पण्डित द्वारकानाथ जूतों की दुकान खोल देते हैं और 'कॉफ लेदर' (बछड़े का चमड़ा) के जूते बेचते हैं। गाय के बछड़े के चमड़े के जूते को हाथ में भागवत की तरह लेकर, ग्राहक से कहते हैं—यह जूता बड़ा मुलायम होता है। पहले 'कॉफ लेदर' विलायत से आता था, पर अब अपने देश में भी उतरने लगा है। अपना देश भी काफी आगे बढ़ गया है।

सड़क पर जुलूस में होते हैं तब कहते हैं—गोहत्या के कारण देश गिर गया है। दुकान पर होते हैं तब कहते हैं—बछड़े का चमड़ा उतरने के कारण देश आगे बढ़ गया है। दोनों ही बातें सही हैं। देश गिरा जरूर, पर फिर घिसटता हुआ आगे भी बढ़ा और उनके कारखाने तक आ गया। वहाँ उन्होंने देश का चमड़ा उतारकर उसके जूते बना लिये और बेचने लगे।

शिकायत मुझे भी है

मगर मेरी शिकायत यह नहीं है कि वैज्ञानिक को देश में ही नौकरी और अनुसंधान की सुविधा क्यों नहीं मिली। क्यों उसे दूसरे देश में अनुसंधान करके विदेशी की हैसियत से नोबुल पुरस्कार मिला? क्यों नहीं यह गौरव इसी देश को मिला?

डा. खुराना के मामले को लेकर ये शिकायतें कुछ लोग सोच रहे हैं। मगर मुझे शिकायत नहीं। विदेशों से हम गेहूँ, चावल वगैरह मँगाकर खाते हैं, मगर उसके दाम चुकाने की हैसियत है नहीं। उसके चुकाने में अगर प्रतिभाएँ दे देते हैं, तो क्या बुरा है? तुमने गेहूँ दिया—लो, चार वैज्ञानिक ले जाओ। मुझमें कोई प्रतिभा नहीं है, मगर मेरे बदले में अगर एक किलो गेहूँ भी मिलता हो तो मैं बिकने को तैयार हूँ। प्रतिभा को यहीं रखकर क्या करेंगे? वह खाने के काम भी तो नहीं आती।

मगर लोग हैं कि चिल्ला रहे हैं—नौकरशाही जीनियस (महान् प्रतिभा) को पनपने नहीं देती।

यह शिकायत बेबुनियाद है। मैंने बड़े बाबू से पूछ लिया है। उन्होंने कहा—वैज्ञानिक के पास 'एम्प्लायमेण्ट एक्सचेंज' का कार्ड था? मैंने कहा—बहुत करके नहीं था। बड़े बाबू बोले—तो फिर कैसे नौकरी मिलती? कार्ड लेकर आता, तो मैं

ही कहीं 'चिपका' देता।

थूक लगाकर बड़े बाबू टिकिट चिपकाते हैं तो थोड़ा थूक ज्यादा लगाकर प्रतिभा को भी चिपका देते। मगर कार्ड चाहिए और प्रतिभा पर थोड़ी गोंद तो होनी चाहिए। किसी को चिपकाने के लिए कोई पास से गोंद थोड़े ही खर्च करेगा। लोग क्या मिलते नहीं हैं? ऐसे-ऐसे मिलते हैं जिनके शरीर से गोंद के झरने बहते रहते हैं।

कार्ड तो मैं ही सौ-पचास लिखाकर किसी रोजगार दफ्तर से दिलवा देता। इसमें 'सदाचार' वगैरह की बात करना व्यर्थ है। लोग बकते बहुत हैं, पर इसका ठीक अर्थ नहीं जानते। एक साहब ने मुझे समझा दिया था। उनके पास मैं पाँच सौ रुपया घूस लेकर पहुंचा, तो वे बोले—सदाचार सप्ताह चल रहा है। कुछ तो शर्म करो। हजार रुपये के काम के लिए पाँच सौ दे रहे हो। यही तुम्हारा सदाचार है? मैं शरमा गया था।

प्रतिभाओं के बड़े साहब की भी मुझसे बात हो चुकी है। उन्होंने समझाया—भई, ये तुम्हारे प्रतिभावान लोग, एल. डी. सी. और यू. डी. सी. को बरकाकर निकलना चाहते हैं। एक वैज्ञानिक को मैंने चिपका दिया था। एक दिन वह बड़ी फुर्ती में कहीं चला जा रहा था। हमारे एल. डी. सी. ने उसे पकड़ लिया। पूछा—कहाँ जा रहे हो? उसने कहा—प्रयोगशाला। एक बढ़िया चीज सूझ गयी है। एल. डी. सी. ने उसका हाथ पकड़कर कहा—ऐसे नहीं जा सकते। 'थ्रू प्रापर चैनल' जाओ। लौटो। वह 'थ्रू प्रापर चैनल' समझा ही नहीं। वह उसे इंग्लिश चैनल समझा और पार कर गया। सुना है इंग्लिश चैनल अपनी 'प्रापर चैनल' से कम चौड़ी है। सैकड़ों सालों की मेहनत से हमारी यह 'प्रापर चैनल' बनी है। तुम्हारी ये प्रतिभाएँ उसे तोड़ना चाहती हैं। राष्ट्रीय सम्पत्ति का ऐसा नुकसान कौन बरदाश्त करेगा?

मैंने एक मन्त्रीजी से भी इस मामले में बात करके देखी है। उन्होंने कहा—हमने तो जी, छठवीं कक्षा की किताब में पढ़ा था कि न्यूटन ने सेब गिरते देखकर ही कोई खोज कर ली थी। और वाट नाम के लड़के ने जी, उबलती केतली से ही खोज कर ली थी और वह कौन था जी, हाँ, आर्कमेडीज़, उसने तो नहाते-नहाते खोज कर ली थी। पर आज के इन वैज्ञानिकों को तो बड़ा तामझाम चाहिए। मैं कहता हूँ जी, इतने आम गिरते हैं, पर उन्हें देखकर कोई खोज क्यों नहीं करता? वैज्ञानिक रोज नहाता है, पर खोज नहीं करता। हमने तो जी छठवीं की किताब में पढ़ा था...

मैंने कौम के रहनुमा से भी बात कर ली है। उसने कहा—यह देश पछतावे पर जी रहा है। यह पछतावा खाता है। पछतावा इसका 'स्टेपल फूड' (मुख्य खाद्य) है। अगर पछतावे में कमी पड़ जायेगी तो देश मर जायेगा। पछतावों की नयी-नयी फसल जरूरी है, देश के जिन्दा रहने के लिए।

अगर प्रतिभाओं की कद्र होने लगे, तो पछतावा कम हो जायेगा और देश भूखा मर जायेगा। इसलिए जो हुआ, देश के स्वास्थ्य के लिए अच्छा हुआ।

सबसे मैंने पूछ लिया है। मेरी शिकायत यह नहीं है कि अपनी प्रतिभाओं की क़द्र यहाँ क्यों नहीं होती।

मेरी शिकायत है कि 'इण्डियन पेनल कोड' याने भारतीय दण्ड संहिता को साहित्य का नोबुल पुरस्कार क्यों नहीं मिला अभी तक ?

भारतीय दण्ड संहिता अपना महान् महाकाव्य है। वह एकमात्र 'क्लासिक' है। वह काव्य है और धर्मग्रन्थ भी। सारा जातीय जीवन इसी ग्रन्थ से संचालित हो रहा है। इसी की प्रेरणा से हम राष्ट्रीय जीवन की सिर्फ एक ही साधना कर रहे हैं। उसे 'लॉ एण्ड आर्डर' याने 'कानून और व्यवस्था' कहते हैं। सारी प्रतिभा हमने कानून और व्यवस्था की साधना में लगा दी, फिर भी 'भारतीय दण्ड संहिता' को अभी तक नोबुल पुरस्कार नहीं मिला—यह मेरी शिकायत है।

'भारतीय दण्ड संहिता' अगर महाकाव्य है, तो जब-तब रचे जानेवाले अध्यादेश ललित गीत हैं। इनका संग्रह अगर 'नव गीतांजलि' के नाम से छप जाय, तो पश्चिम के मनीषी 'गीतांजलि' के धोखे में इसे नोबुल पुरस्कार दे देंगे। वे समझेंगे रवीन्द्र-नाथ अपनी प्रतिभा के शिखरकाल में अध्यादेश लिखा करते थे। सच्चे कवि की पहचान यही है कि वह अध्यादेश लिख सकता है या नहीं।

मेरी शिकायत यह भी है कि जिसने सबसे पहले पुलिस की लाठी के दोनों सिरों पर लोहे के गुंट्टे लगाये, उसे भौतिकशास्त्र का नोबुल पुरस्कार क्यों नहीं मिला ?

उस दिन अखबारों में पढ़ा कि देश अश्रुगैस में आत्मनिर्भर हो गया, तो समझ गया कि 'रिनॉसाँ' हो गया। यों तो पिछले बीस सालों से इस देश में हर चीज अश्रु-गैस में बदलती जा रही है। यह अजब रासायनिक क्रिया चल रही है। दुनिया के वैज्ञानिक शोध करें कि देश में गेहूँ और शक्कर अश्रुगैस में कैसे बदल जाते हैं। महँगाई, कालाबाजारी, सूखा और बाढ़ भी अश्रुगैस में बदल जाते हैं। मुझे तो लगता है, पूरा देश ही अश्रुगैस का एक कारखाना है। दुनिया-भर को हम सप्लाई कर सकते हैं। फिर भी अश्रुगैस कम पड़ती थी, तो दूसरे देशों से मँगाते थे। ऐसे देश भी हैं, जिनकी अश्रुगैस में यह खूबी है कि उससे दूसरे लोगों के आँसू ही निकलते हैं। हम ऐसी बहुत-सी गैस बाहर से मँगाते थे। खिलाने का इन्तजाम चाहे न हो, पर रुलाने का इन्तजाम तो सरकारों को पूरा रखना ही पड़ता है। विदेशी गैस से आँसू आते थे, तो राष्ट्र को शर्म आती थी। अब अपनी ही गैस से जितना चाहो रोओ और रुलाओ।

मेरी यह भी शिकायत है कि जिसने अश्रुगैस में देश को आत्म-निर्भर बना दिया उसे शान्ति का नोबुल पुरस्कार क्यों नहीं मिला ?

पुलिस मन्त्री महाकवि है। 'मेघदूत' लिखता है। लिखता है—'आषाढस्य प्रथम दिवसे'—(आगे सरल हिन्दी में)—आषाढ़ के प्रथम दिन जब आकाश में श्याम मेघ छाये थे, सुहावना मौसम देख, यक्ष ने गोली चलाने का हुक्म दे दिया। थोड़ी देर में आकाश ने मनुष्य के रक्त से धरती की माँग भर दी। यह देख यक्ष को प्रिया की

याद सताने लगी। उसने मेघ के द्वारा प्रिया को सन्देश भेजा। हे मेघ, तू उड़कर उत्तर में मेरी प्रिया के पास जा। जब तू तीर्थराज प्रयाग पहुँचेगा, तब वहाँ विश्वविद्यालय में पुलिस अश्रुगैस छोड़ रही होगी। तू वहाँ बरसना मत। पानी से गैस का असर खत्म हो जायेगा। अगर बरसा तो सख्त कार्यवाही की जायेगी। जब तू कानपुर पहुंचेगा तब वहाँ लाठीचार्ज हो रहा होगा। तू वहाँ भी मत बरसना। पानी गिरने से भीड़ तितर-बितर हो जायेगी और पुलिस को सिर फोड़ने का सुख नहीं मिलेगा। जब आगरा पहुँचेगा, तब मूसलाधार बरसना, जिससे सड़क पर का खून धुल जाय। वहाँ जाँच-कमीशन आनेवाला है। जब तू सुन्दर इन्द्रप्रस्थ पर पहुँचेगा तब वहाँ गोली चल रही होगी। तू नीचे मत उड़ना। गोली लग जायेगी।

हे मेघ, उड़ता हुआ तू मेरी प्रिया के पास पहुँचकर कहना—प्रिये! (यह मेरी तरफ से कहना। अपनी तरफ से नहीं, वरना साले, दस साल जेल में सड़ा दूंगा)। कहना, यक्ष ने सन्देश कहलाया है कि इधर 'लॉ एण्ड ऑर्डर' की हालत अभी अच्छी नहीं है, इसलिए कुछ दिन और 'कण्ट्रोल रूम' में रहूँगा।

मेरी शिकायत है कि इस काव्य पर साहित्य का नोबुल पुरस्कार क्यों नहीं मिलता?

सड़क बन रही है

सामने सड़क वन रही है। मैं बैठा-बैठा देख रहा हूँ। गिट्टियों को कुचलनेवाला भयंकर रोलर दिन-भर धड़धड़ाता रहता है। बचपन से देख रहा हूं, यह सड़क का रोलर वैसा ही भयंकर और बेडौल है। इस बीच दुनिया के सारे कुचलनेवाले सुडौल हो गये। साम्राज्यवाद ने पहले की कुरूपता त्यागकर सुन्दर रूप ले लिया है। कुचलनेवाले को निरन्तर सुडौल होते जाना चाहिए, तभी कुचले जानेवाले उसे अपने ऊपर चलने देते हैं। मगर यह रोलर वैसा ही विकर्षक है। उसे नहीं मालूम कि खूबसूरत डीजल इंजन चलने से आत्महत्याओं की संख्या बढ़ी है। अगर यह रोलर होता, तो एक भी गिट्टी उचककर न भागती।

यह सड़क कौन बनवा रहा है? क्यों बनवा रहा है? अभी तो चुनाव के कई महीने हैं। अभी से पैसा क्यों बरबाद किया जा रहा है? निर्वाचन-केन्द्रित जनकल्याण में सड़क मतदान के एक दिन पहले ही बननी चाहिए।

यह क्या ऊटपटाँग सोचने लगा। पिछले कुछ सालों में मन की ऐसी वृत्ति हो गयी है कि अच्छी चीज़ भी देखता हूँ, तो बुरी बातें मन में आती हैं। पहले कोयल का स्वर स्वाभाविक मीठा लगता था। अब वह कूकती है, तो शक होता है कि

इसने किसी संगीत विद्यालय में नौकरी के लिए दरख्वास्त दी है और सिफारिश कराना चाहती है। कोई आदमी मुहल्ले में 'मौत मट्टी' में ज्यादा शामिल होता है, तो सोचता हूँ, यह अगली बार वार्ड मेम्बरी का चुनाव लड़ेगा। जिसे वोट नहीं चाहिए, वह क्यों किसी के दुःख में शामिल होगा ?

सड़क बन रही है तो यह अच्छी बात है। यह बिना मिलावट के अच्छी बात है। मगर मन में मिलावट हो गयी है। तो मैं बैठा-बैठा सोच रहा हूँ कि इस सड़क में से किसका बँगला बन जायेगा ? किसके अहाते की दीवार उठ जायेगी ? बड़ी इमारतों के पेट से बंगले पैदा होते मैंने देखे हैं। एक होस्टल की इमारत शहर में बनी और बँगला पैदा हुआ तो 4-5 मील दूर उपनगर में गिरा। बड़ा चमत्कारी प्रसव है। आल्हा-ऊदल की कथा में ऐसा प्रसंग है कि भैंस गढ़ महोबे में ब्याई तो बच्चा फर्रुखाबाद में जाकर गिरा। इमारत से बँगला प्रगट होना तो स्वाभाविक है, पर सड़क के पेट से बँगला पैदा होना चमत्कार है—भैंस के पेट से कुत्ता पैदा होने की तरह। सड़क बनवाने के पुण्य के प्रताप से ऐसा होता होगा। दशरथ की रानियों को यज्ञ की खीर खाने से पुत्र हो गये थे। पुण्य का प्रताप अपार है, अनाथालय में से हवेली पैदा हो जाती है।

बुरी बातें हैं ये। मगर मैं क्या करूँ ? मन में उठती हैं, तो क्या सारी जिम्मेदारी मेरी है ?

अच्छा, सड़क पर लौटता हूँ और कुछ मीठी बात सोचता हूँ। पहले यह सड़क ऊबड़-खाबड़ थी, गिट्टियाँ निकली हुई थीं। सुन्दरियाँ इस सड़क पर चलतीं तो डरता कि कहीं पाँवों में गिट्टी न गड़ जाये। जब सड़कें नहीं थीं, 'गैल' थी तब गैल चलती सुन्दरी के पाँव में काँटा गड़ता था। इस प्रसंग का वह खूब प्रचलित लोक-गीत सबने सुना होगा—'काँटा लागा रे बालमवा मोसे गैल चली ना जाय।'—नायक काँटा निकालता था। यह बड़ा रसमय प्रसंग होता था। चतुर नायिका जान-बूझकर काँटा गड़ा लेती थी या बिच्छू से कटवा लेती थी। अब कंक्रीट की सभ्यता ने रस-धारा के ऊपर पक्का पुल बना दिया है। ऊपर से अछूते निकल जाइए। कंक्रीट की सड़कों पर काँटे नहीं गड़ते, दुर्घटना होती है; और दुर्घटना कोई रसमय प्रसंग नहीं है—गो प्रेम की फिल्म इससे भी बन सकती है। स्त्री की जिन्दगी में कातरता के मौके कम होते जा रहे हैं। एक ही मौका बढ़ा है—जब वह परीक्षा में फेल होती है। मगर यह भी कातरता से ज्यादा लज्जा का प्रसंग है।

कातरता का एक दृश्य और इन सड़कों पर दिखता है। नायक स्कूटर को तेज दौड़ाता है, तब पीछे की सीट पर बैठी नायिका डरकर उसे जकड़ लेती है। पुराने जमाने में नौका-विहार में ऐसे प्रसंग आते थे। भय-कातर सुन्दरी पुरुष को हमेशा अच्छी लगी है। बेवकूफ हो, तब तो और अच्छी लगती है। पुरुष पूछता है—'तुमने वह कबूतर कैसे उड़ा दिया ?' सुन्दरी ने दूसरा भी उड़ाकर कहा—'ऐसे !' पुरुष इस बेवकूफी पर मुग्ध हो जाता है। वाह, कितनी उच्च कोटि की मूर्खा है। यह प्रसंग प्रेम और राजनीति दोनों के इतिहास में चला गया।

कातर और बेवकूफ स्त्री पुरुष को क्यों अच्छी लगती है ? शायद इसलिए कि उसका अपना भिन्न व्यक्तित्व तो दूर, अस्तित्व तक नहीं हो पाता। वह पूरी तरह किसी का हिस्सा बनकर रह जाती है। बहुत-सी स्त्रियाँ होती हैं जो उम्र और शिक्षा के बावजूद जीवित प्राणी न होकर किसी का 'लगेज' होती हैं। उनका अपना स्वर नहीं होता, वे सिर्फ प्रतिध्वनि होती हैं। बुद्धि, भावना, इच्छा तक अपनी नहीं होती। अगर उनसे पूछा—देवीजी, आज मौसम कैसा है ? तो वे आसमान की तरफ न देखकर उसकी तरफ देखेंगी, जिसका हिस्सा हैं। इस आशय से कि क्यों, बता दें कि नहीं। क्या बतायें ? तुम्हीं न इन्हें बता दो कि कैसा मौसम है।

फिर सड़क की बात करता हूँ। मुहल्ले के सारे आवारा कुत्ते पिट चुके। बच्चों को गिट्टी के ढेर मिल गये। मिट्टी के ढेले से कुत्ते को मारने में वह मज़ा नहीं है, जो गिट्टी से मारने में। बच्चों को आवारा कुत्तों को मारने का अभ्यास हो जाये, तो अच्छा है। आगे चलकर ये देश को सँभालेंगे। एक ही आशंका है—इन्हें ऊँची नस्ल के कुत्तों को मारने का अभ्यास नहीं हो रहा है। ऊँची नस्ल का चाहे कुत्ता ही क्यों न हो, दबंग होता है। जूठन चुराकर खानेवाले घटिया कुत्ते ही पिट रहे हैं। 10 किलो अनाजवाला जेल जा रहा है, 10 ट्रक चोरी से बेचनेवाला अटारी में बेखटके रहता है। पाँच रुपये घूसवाला पकड़ा जाता है, पाँच लाखवाला पकड़नेवाले को 'डिसमिस' करा देता है। अल्सेशियन पर ये बच्चे भी गिट्टी नहीं फेंकते।

मेरे सामने एक कैलेण्डर टँगा है। तस्वीर में एक बच्चा फौजी पोशाक पहने बर्फ पर बैठा है। सामने शिवलिंग है और बगल में राइफल संगीन के जरिये बर्फ में गड़ी है। बच्चा हाथ जोड़े बैठा है। स्कूल जाते हुए बच्चे का चित्र नहीं है। पाकिस्तान में भी स्कूल जाते बच्चे का चित्र नहीं मिलेगा। चीन में भी नहीं। सब जगह राइफल। इधर तो बच्चा राइफल के साथ शिव को नमन कर रहा है। पाकिस्तान का बच्चा किसकी मूर्ति का नमन करता होगा ? मूर्तिपूजा वहाँ है नहीं और अय्यूबखाँ देवता नहीं बने। चीन में माओ-त्से-तुंग देवता बन गये हैं। तो राइफल और माओ की मूर्ति चीनी बच्चे के सामने होगी। हमारे यहाँ का सिख ट्रक ड्राइवर कहता है—रास्ता खराब था जी, मगर वाहे गुरूजी की किरपा से मजे में चले आये। हिन्दू ड्राइवर कहता है—ईश्वर की कृपा से रास्ता ठीक कट गया। मुसलमान ड्राइवर कहता है—खुदा का शुक्र है कि ट्रक किसी तरह आ गया। चीन का ड्राइवर कहता है—माओ के विचारों के प्रताप से बिना दुर्घटना के ट्रक आ गया। बिना देवता के शायद आदमी का काम नहीं चलता। देवता बदलते जायें, यह अलग बात है। अमरीका के कैलेण्डर का बच्चा किसे नमन करता होगा ? क्या राइफल और लिंकन को ? लिंकन को नमन करके क्या वह वियतनाम जाता होगा ? अभागा बच्चा होगा वह।

यों ये सभी बच्चे अभागे हैं, दुनिया-भर के, जिनके सामने इनके बुजुर्ग राइफल और देवता को रख देते हैं। यह मेरे सामने का बच्चा भी कम अभागा नहीं है। इसके हिस्से का दूध राइफल पी रही है।

बहुत 'वल्गर' (गँवारू) है यह चित्र। मगर यह देशभक्ति का चित्र है। मुझे लगता है, दुनिया में कहीं का हो, देशभक्त थोड़ा 'वल्गर' होता ही है।

गिट्टी के ढेर में से बची कचूमर मुहल्ले के बच्चे लाकर घरों के सामने डाल रहे हैं। कीचड़ से बचाव होगा। बच्चों को सफलता का रहस्य मिल रहा है। जो सड़क पर की चीज़ को घर में डाल ले, वह इस जमाने में सफल होता है।

रोलर फिर धड़धड़ाता आ गया है। सोचता हूँ, यह कुचलने की ताकत कायम रखकर थोड़ा सुडौल क्यों नहीं हो जाता। गुजरे ज़माने का उपनिवेशवादी कब तक बना रहेगा? मॉडर्न क्यों नहीं होता?

डेंगू, अध्यात्म और लेखक

इधर एक बीमारी फैली है। नाम उसका भयंकर है—'डेंगू'। तेज बुखार और शरीर में बहुत पीड़ा। जोड़ टूट जाते हैं। जनभाषाओं में 'हड्डीतोड़ बुखार' कहलाती है। हिम्मततोड़ भी है। अगर इस बीमारी का नाम 'डेंगू' न होकर 'मधुरिमा' होता, तो बीमारी के पहले कोई डरता नहीं। हो जाती, तो दर्द कम अखरता। मरीज सोचता, यह तो मधुरिमा है। तपेदिक का नाम 'राज्यक्ष्मा' कितना अच्छा है। और 'कारोनरी थ्राम्बासिस' से रोगी समझ ही नहीं पाता कि ज़रा देर में खटिया खड़ी होनेवाली है। रोग कितना ही बुरा हो, नाम अच्छा होना चाहिए। अमरीकी शासक हमले को 'सभ्यता का प्रसार' कहते हैं, तो वह इतने बुरे नहीं लगते। बम बरसते हैं, तो मरनेवाले सोचते हैं कि सभ्यता बरस रही है। चीनी नेता लड़कों के हुल्लड़ को 'सांस्कृतिक क्रान्ति' कहते हैं, तो पिटनेवाला नागरिक सोचता है कि मैं सुसंस्कृत हो रहा हूँ। सांस्कृतिक क्रान्तिवाले सुन्दर बालवाले नागरिक को पास की नाई की दूकान में घसीटकर उसका सिर घुटवा देते हैं। बाल सँवारना बुर्जुआ प्रवृत्ति है न! घुटे सिर पर जब नागरिक हाथ फेरता होगा, तो कहता होगा—वाह, सिर पर सांस्कृतिक क्रान्ति हो गयी। धन्य है नाई का क्रान्तिकारी उस्तरा! यह 'सांस्कृतिक क्रान्ति' और आगे बढ़ी, तो कभी आदमी की तरह रहना भी बुर्जुआ प्रवृत्ति घोषित हो जायेगा। तब किस जानवर की तरह जीना क्रान्तिकारी जीवन कहलायेगा? अभी मालूम हो जाये तो शुरू कर दिया जाये।

कह रहा था कि रोग कितना ही बुरा हो, उसकी कठोरता कम करने के लिए हम कम-से-कम इतना तो कर ही सकते हैं कि उसका मीठा-सा नाम रख दें। आश्रम के नाम से चकलाघर चले तो भला ही लगता है। नैतिक सुधार के नाम से अगर लड़कियाँ भगायी जायें, तो किसी को एतराज नहीं होता। डेंगू का नाम 'मधुरिमा'

होता, तो मेरा यह दोस्त घबड़ाकर न कहता—अरे यार, हमें भी डेंगू हो गया। दृश्य दूसरा होता। मैं पूछता—क्यों ? बिस्तर पर क्यों पड़े हो ? वह मुस्कराकर कहता—थोड़ी मधुरिमा है। मीठा-मीठा दर्द हो रहा है। मगर नाम के डर के कारण वह 101 डिग्री बुखार में ही आध्यात्मिक ज्ञान बड़बड़ा रहा था। यों बिना बुखार के वह द्वन्द्वात्मक भौतिकवाद की बात करता है। बुखार में वह जीव, ब्रह्म और माया की बात कर रहा था। संसार असार है। शरीर नाशवान है। आत्मा अमर है। ब्रह्म ही सत्य है। मैंने कहा—यार, तू बड़ा भाग्यवान है। ऋषि-मुनि जिन्दगी-भर तपस्या करते थे, तब उन्हें अध्यात्म-बोध होता था। और बाधाएँ कितनी थीं—अप्सरा की, दूसरे ऋषि से ईर्ष्या की। मगर तुझे सिर्फ 101 डिग्री बुखार में ही अध्यात्म-बोध हो गया। क्या डेंगू आध्यात्मिक बीमारी है ? तपस्या और बुखार में क्या कोई फर्क नहीं है ? क्या अध्यात्म एक तरह का 'डिलीरियम' है ? अगर है तो इस वक्त शहर में हजारों ज्ञानी हैं। वे डेंगू के बुखार के जरिये आध्यात्मिक भूमिका में पहुँच गये हैं।

यों मुझे शक हुआ कि यह कुछ अभिनय कर रहा है। मैंने कहा भी कि यार, 101 डिग्री में इतना अध्यात्म नहीं आता। 105 या 106 में आ सकता है। तुम थोड़े बुखार में नाटकीय सम्भावनाएँ खोज रहे हो। राजनीति से लेकर बुखार तक में नाटकीयता प्रभावित करती है। चुनाव में ऊँची जाति का सम्पन्न उम्मीदवार किसान के घर जाकर कहता है—दद्दा, आज तो हम तुम्हारे घर रोटी खाकर ही जायेंगे। बाद में किसान सारे गाँव में कहता फिरता है—इत्ते बड़े आदमी हैं, पर घमण्ड बिल्कुल नहीं है। (सावधान ! यह नुस्खा पहले आम चुनाव का है। आगामी चुनाव में कोई उम्मीदवार या नाउम्मीदवार इसे काम में न लाये। नुकसान का जिम्मेदार मैं नहीं। बात यह है कि जनता की समझ लगातार बढ़ती गयी है, पर नेता की उतनी ही रह गयी)। बात चुनाव की नहीं, नाटकीयता की है। बिना नाटक के बड़े काम करो, कोई चर्चा नहीं होती। इसका सबसे 'ट्रेजिक' उदाहरण शत्रुघ्न है। दशरथ के चारों लड़कों में सबसे कम नाम इसी का हुआ। बाकी तीनों भाइयों में खूब नाटकीयता थी। मर्यादापुरुषोत्तम की तो बात ही निराली है। लक्ष्मण अजब नाटकीयता से पत्नी को छोड़कर भाई के साथ हो लिये। उन्हें तो अमर होना था। भरत खड़ाऊँ रखकर नन्दी ग्राम जा बसे। सब जिम्मेदारी से बरी। बेचारा शत्रुघ्न एक तो गृहस्थी चलाता रहा—गृहस्थी चलाना बनवास से बड़ा पराक्रम है। फिर राज्य का शासन चलाता रहा। यह बड़ा काम था। अगर वह ऐसा न करता, तो राम लौटकर क्या पा लेते ? पर शत्रुघ्न की कोई खास कद्र नहीं हुई। उसने नाटकीय अन्दाज में कुछ नहीं किया।

शत्रुघ्न का दृष्टान्त मैंने इसलिए दिया कि यह अध्यात्म में डूबे मेरे मित्र के डिपार्टमेण्ट का जान पड़ता है। वह भुनभुनाया—जिसे डेंगू नहीं हुआ, वह इस कष्ट को नहीं समझ सकता। तुम्हें (ईश्वर चाहेगा) होगा, तब जानोगे कि यह नाटक है या नहीं। जानने के लिए होना जरूरी है। इसलिए लोग लेखक के लिए दुख भोगना

जरूरी समझते हैं। नहीं होता तो देने लगते हैं। मुझे डेंगू के दुख की अनुभूति होनी चाहिए। तुलसीदास को बालतोड़ हुआ था। वे पके बालतोड़ को छूने की पीड़ा को चरम पीड़ा मानते थे। लिखा है कि राम के राज्याभिषेक की तैयारी की बात सुनकर कैकयी को ऐसी पीड़ा हुई जैसे पका बालतोड़ छू दिया हो। महाकवि को जरूर बालतोड़ हुआ था, वरना वे ऐसा न लिखते। यह रिसर्च डाक्टरेट के लायक है।

मुझे डर पैदा हो गया। मित्र आध्यात्मिक भूमिका में था और कह रहा था कि तुम्हें डेंगू होगा। शुद्ध मन से कही गयी बुरी बात जरूर फलवती होती है। क्षुब्ध कामना उतनी कारगर नहीं होती। पुराणों में तपस्वियों के वर और शाप का अनुपात 1 : 3 है। कोई भी टोटल करके देख सकता है। सिद्ध पुरुष गाली ज्यादा देते हैं और भक्त सुनकर खुश होते हैं। मैं डरा कि कहीं इस बीमार मित्र की बात सही न हो जाये। डर मेरे चारों तरफ है। शहर की आबादी का लगभग एक तिहाई हिस्सा हमेशा बिस्तर पर पड़ा रहता है। कम्पाउण्डरों को डाक्टरों का दर्जा मिल गया है। जिन डाक्टरों के पास कोई टिंक्चर लगवाने भी नहीं जाता था, उनके दिये हुए 'एण्टी बायोटिक्स' लोग खा रहे हैं।

कहते हैं, डेंगू अपनी मौलिक बीमारी नहीं है। बाहर से आयी है। फ्लू भी सुना है, जापान से आया है। सांस्कृतिक आदान-प्रदान की सन्धियाँ होती हैं, मगर रोग आ जाते हैं। बीमारियाँ अन्तर्राष्ट्रीय हो गयीं। हम बाहर की बीमारी ग्रहण करने के लिए बहुत तत्पर रहते हैं। हमने अपनो कोई बीमारी किसी को दी हो, मैं नहीं जानता। निर्यात अपना कमजोर है—सामान का हो, चाहे बीमारी का। सुना है, भारतीय गाँजा और भाँग पश्चिम में बहुत पसन्द किये जाते हैं। ये धार्मिक नशे हैं। साधु गाँजा पीकर त्रिकालदर्शी हो जाता है। आल्डस हक्सले भी मानता था। नशों के बदले में हम बीमारी ले लेते हैं। पश्चिम को और नशा चाहिए, पूर्व को और बीमारी चाहिए। ज्यों-ज्यों पश्चिम का नशा बढ़ता जाता है, त्यों-त्यों इधर ज्यादा बीमारी भी बढ़ती जाती है। अपनी अर्थव्यवस्था को डेंगू हो चुका है। लेटती है तो उठा नहीं जाता। बिठा दो, तो लुढ़क जाती है। पूछता हूँ—माताजी, यह क्या हो गया ? कहती है—बेटा, डेंगू हो गया। बाहर से 'इनफेक्शन' आया था। मेरे बेटे रुपये को भी डेंगू हो गया था। कितना दुबला गया बेचारा।

यह 'इनफेक्शन' कौन फैलाता है ? कहते हैं, आम तौर पर मच्छर इसे फैलाते हैं। मच्छरों को बीमारी ढोने के सिवा कोई काम नहीं। शेर, हाथी या बैल 'इनफेक्शन' नहीं ढोते। मच्छरों से सावधान रहना चाहिए। वे अब अन्तर्राष्ट्रीय सम्पर्कवाले हो गये हैं। जो बीमारी की जगहें हैं, वहाँ अपने यहाँ से मच्छरों को नहीं जाने देना चाहिए। वे बीमारी ले आयेंगे। भारत सरकार को इसका विशेष ध्यान रखना चाहिए। बीमारी देनेवाले देशों को अपने यहाँ से मच्छर न भेजा करें। पहले की असावधानी का नतीजा भुगत रहे हैं। डेंगू लग गया अर्थ-व्यवस्था को।

(लेखक को डेंगू हो गया। यह लेख इतना ही लिखा हुआ 8-10 दिनों तक

पड़ा रहा।)

बीमारियाँ असहनशील हो गयी हैं। वे अपना मजाक और आलोचना बर्दाश्त नहीं करतीं। मैं डेंगू के सम्बन्ध में मजाक कर रहा था। उसने बदला ले लिया। मुझे दबोच लिया। मेरा डर बढ़ गया है। बीमारियाँ बदले पर उतर आयी हैं। मैंने कई बीमारियों को नाराज किया है। अगर वे सब सामाजिक, राजनैतिक, धार्मिक बीमारियाँ जिनका मैंने उपहास किया, बदला लेने लगीं तो लेखक का क्या होगा? क्या बीमारियों से समझौता कर लूं? कह दूं कि तुम सब खूब फैलो। तुम्हारी जय हो। बस, मुझे बचाती जाओ।

और अन्त में

(पत्र-निबन्ध)

1

मूल्यों का विघटन

प्रिय भाई,

आपका पत्र मिला। आपने चाहा है कि मैं 'कल्पना' में प्रतिमास, नियमित रूप से व्यंग्य स्तम्भ लिखूं। यह प्रस्ताव मुझे मंजूर है; पर मेरी भी कुछ शर्तें हैं :

1. 'नियमित' का अर्थ मेरे लिए, 'जब मन चाहे तब लिखना' है। अंग्रेजी में इस स्थिति को 'मूड' कहते हैं पर मैं इस शब्द का प्रयोग नहीं कर रहा, क्योंकि आप 'अंग्रेजी हटाओ' आन्दोलन चला रहे हैं। बात यों है कि आसपास ऐसी भीषण घटनाएँ हो जाती हैं कि मनःस्थिति बिगड़ जाती है—मसलन, मेरे घर के सामने के नीम की पत्तियाँ झड़ गयी हैं और मेरा मन बेहद उदास हो गया है। शहर में घोर दंगा भी हुआ है और मैं तनिक विचलित नहीं हुआ। पर इस नंगे, अपत्र नीम को देखकर मेरा मन रोता है। जब तक इसमें कोंपलें न आ जायें, मैं एक शब्द नहीं लिख सकता। इधर लोग दंगे से परेशान हैं, पीड़ितों के लिए हाय-हाय करते हैं, शान्ति और सद्भाव के लिए प्रयत्न करते हैं। किसी को परवाह नहीं है कि मेरे सामने के नीम के पत्ते झड़ गये हैं। क्या किया जाय ? 'मूल्यों का विघटन' जो हो रहा है।

2. आम पत्रिकाएँ 'पत्रं पुष्पं' देती हैं। मैं 'पत्रं पुष्पं' बहुत पा चुका। अब 'फलं तोयं' लूंगा। फल खाकर पानी पीना चाहता हूँ। फूल सूंघकर पत्ते कानों में बहुत खोंस चुका।

3. जितना पारिश्रमिक आपने प्रस्तावित किया है, उतने से काम नहीं चलेगा, क्योंकि आप देख ही रहे हैं, 'मूल्यों का विघटन' हो रहा है। मैं उससे डेवढ़ा लूंगा और यह रकम मेरे-आपके बीच एक रहस्य रहेगी। अपने शत्रुओं को मैं दुगनी बताऊँगा और आपके शत्रुओं को आधी, जिससे मेरे शत्रु जलेंगे और आपके शत्रु प्रसन्न होंगे। मेरे इस प्रचार का खण्डन करने का अधिकार आपको नहीं होगा।

4. पारिश्रमिक आपको कम-से-कम एक वर्ष बाद भेजना होगा, जब मैं 15-20 तगादे के कार्ड लिख चुकूं। यदि इससे पहले आप भेज देंगे तो मैं स्वीकार नहीं करूंगा, क्योंकि तब मुझे वह रकम चोरी की लगेगी और आपको लगेगा कि आप लूट लिये गये। मेरे हर तगादे पर आपको यह उपदेश देने का हक होगा कि साहित्य-रचना, अन्ततः तपस्या ही है और लेखक को परचून की दूकान खोलकर पेट भरते

हुए, अपनी रचनाएँ प्रकाशक को बिना मूल्य देना चाहिए। प्रकाशक अगर सामने यह कहे, तो ऐसा अच्छा लगता है कि उसका मुँह चूम लेने को जी चाहता है। मेरा खयाल है कि लेखक-प्रकाशक में ऐसा सुलझा हुआ समझौता हो जाना चाहिए, क्योंकि आप देख ही रहे हैं, 'मूल्यों का विघटन' बड़ी तेजी से हो रहा है।

5. साहित्य-रचना के सम्बन्ध में मैं कुछ मर्यादाएँ मानता हूँ, जैसे यही कि विद्या, साहित्य, कला का अधिकारी केवल ब्राह्मण है। जिन विप्रगुरु के चरणों में बैठकर मैंने विद्या पायी है, वे पहले विद्यापति ठाकुर को कवि ही नहीं मानते थे, क्योंकि 'ठाकुर' से उन्हें कवि ठाकुर होने का भ्रम हो गया था। फिर, जब उन्हें बताया गया कि मैथिल ब्राह्मणों में 'ठाकुर' उपनाम होता है, तब उन्होंने विद्यापति को महान् कवि घोषित किया। ऐसे निष्ठावान हैं मेरे गुरु! और आज ऐसी निष्ठा विशेष आवश्यक है, क्योंकि आप देख ही रहे हैं, 'मूल्यों का विघटन' हो रहा है।

6. इस पत्र के साथ मैं आपको अपने शत्रुओं और मित्रों की दो 'लिस्टें' (ओफ! शान्तं पापं) नामावलियाँ भेज रहा हूँ। अपने स्तम्भ में मैं शत्रुओं को उखाड़ूँगा और आपका कर्तव्य होगा, जड़ों में मठा डालना। मित्रों को मैं जमाऊँगा, और आप जड़ों में खाद देंगे। आप भी इसी तरह मुझे अपने शत्रुओं-मित्रों की नामावली भेज सकते हैं। मैं अपना कर्तव्य पहचानता हूँ। हमें इसी पद्धति से काम करना चाहिए, क्योंकि आप देख ही रहे हैं, 'मूल्यों का विघटन' हो रहा है।

7. मैं अपने को निर्दल घोषित करता हूँ, और जहाँ तक जानता हूँ, आप भी अपने को यही बताते हैं। आइए, हम मिलकर एक नया दल बना लें —'निर्दलीय दल'!' आप और मैं मिलकर प्रयत्न करेंगे, तो शीघ्र ही अपना दल बड़ा और शक्तिशाली हो जायेगा। हिन्दी साहित्य के कल्याण के लिए दल बनाना आवश्यक है, क्योंकि आप देख ही रहे हैं, 'मूल्यों का विघटन' हो रहा है।

8. अपने दल को बढ़ाने के लिए हमें कुछ अपने नये लेखक भी बनाने चाहिए। मेरे 7, 10 और 13 वर्षों के तीन भानजे हैं। मैं इनकी रचनाएँ भेजूँगा और आप छापने को बाध्य होंगे। 3-4 रचनाओं के बाद, मैं अपने स्तम्भ में, इन्हें हिन्दी के इस दशक की सबसे प्रधान 'उपलब्धि' सिद्ध कर दूँगा। जो नहीं मानेगा, उसे मैं देख लूंगा—मेरे हाथ में स्तम्भ जो है। आप अपने घर के बच्चों के लिए भी ऐसे ही प्रयत्न करें। इस समय अपने घर के जितने लेखक हो जायें, उतना ही अच्छा होगा, क्योंकि आप देख ही रहे हैं, 'मूल्यों का विघटन' हो रहा है।

9. स्तम्भ शुरू करते ही मैं यह प्रचार करने लगूँगा कि अब तो 'कल्पना' पर मेरा कब्जा हो गया। आप मेरे इस दावे का खण्डन नहीं कर सकेंगे। जिसे दल चलाना है, उसका कब्जा किसी पत्रिका पर होना ही चाहिए, क्योंकि आप देख ही रहे हैं, 'मूल्यों का विघटन' बड़ी तेजी से हो रहा है।

10. मैं योजनाबद्ध साहित्य-व्यापार करता हूँ। मेरा भी एक संगठन है, जिसमें 50-60 मित्र हैं। आप इन्हें 'पाठक' कह सकते हैं। मैंने इन्हें पेशगी डाक खर्च दे रखा है और—मेरी रचना कहीं छपते ही ये सम्पादक को प्रशंसा-पत्र लिख देते हैं।

ये आपको भी मेरे स्तम्भ के विषय में लिखेंगे और आपको इन पत्रों को छापना होगा। इन पत्रों के लिए जो डाक-खर्च लगेगा, उसमें से आधा आपको देना होगा। इस प्रकार के पाठकों की आज बहुत आवश्यकता है, क्योंकि आप देख ही रहे हैं, 'मूल्यों का विघटन' हो रहा है।

11. जब स्तम्भ शुरू हुआ है, तो वह किसी दिन बन्द भी होगा। तब मैं आपकी बदनामी करूँगा और आप मेरी करेंगे। सही कारण बताने का अधिकार न मुझे होगा, न आपको। आप यह कह सकेंगे कि मैं स्तम्भ में व्यक्तिगत राग-द्वेष में जाता था और मैं यह कहूँगा कि आपके पत्र की नीति ही ढुलमुल है। आज सत्य कारण नहीं बताया जा सकता, क्योंकि आप देख ही रहे हैं, 'मूल्यों का विघटन' हो रहा है।

आप इन शर्तों पर विचार कर लें और यदि आपको ये स्वीकार्य हों, तो इस पत्र को ही पहली किस्त मानकर आगामी अंक में छाप दें। मेरे नीम में कोंपल आ जायेंगे, तब मैं आगामी क़िस्त लिख भेजूंगा।

आशा है प्रसन्न हैं।

पारिश्रमिकाभिलाषी
ह. शं. प.

2

क्षणवाद का चक्कर

प्रियवर,

पिछले अंक के लिए मैं आपको स्तम्भ नहीं भेज सका और आपने सम्पादकीय चातुर्य से दुनिया को यह बता दिया कि मेरे नीम में कोंपलें नहीं आयीं। सच यह है कि कोंपलें तो आ गयी थीं; पर लेखक की और मजबूरियाँ भी होती हैं। मैंने स्तम्भ लिख लिया था, लिफाफे में बन्द करके जीभ से गोंद-दानी का काम भी ले चुका था और डाक में छोड़ने जा ही रहा था कि अचानक आसमान में घटाएँ छा गयीं। मैं वहीं बैठ गया। 'मन मत्त मयूर' होकर अनुप्रास साधने लगा। मैं जानता हूँ कि यह छायावादी संस्कार है और नये लेखक के नाते मुझे घटाएँ नहीं देखनी चाहिए थीं, बल्कि किसी के बगीचे में जाकर 'कैक्टस' को सहलाना था। पर मैं उस क्षण छायावादी संस्कारों से आक्रान्त था। एक छायावादी कवि के साथ 3-4 महीने रहने का अपराध मैंने किया था। जब घटा उमड़ती, तो वे वहीं ढेर होकर बैठ जाते और आत्म-विभोर हो पूछते, 'भाई, क्या तुम मुझे बता सकते हो कि बादलों में से वह कौन आभामय झाँकता है?' मैं कहता, 'कोई नहीं है; बिजली चमक रही है।' वे कहते,

'नहीं, बिजली में कौन हँसता है ? तारों में कौन झिलमिलाता है ?' मैं उत्तर दे नहीं पाता, तो वे मेरी संवेदनहीनता पर तरस खाकर कहते, 'तुम्हारी आँखें केवल स्थूल देख पाती हैं; मेरी स्थूल के भीतर की सूक्ष्म सत्ता को खोजती हैं।' बादलों में, नक्षत्रों में, विद्युत् में, फूलों में, फूलवालियों में कौन है ? हिन्दी कविता के उस 'कुतूहल-युग' में कौन, क्या, कोई, किसी आदि सर्वनामों ने कवियों का बड़ा साथ दिया। यों इन सर्वनामों ने हर युग के कवि को संकट से बचाया है। 'फिर किसी की याद आयी !'—इसमें जिसकी याद आयी है, उसका नामोल्लेख करने से कवि झंझट में पड़ सकता है। मान लीजिए, विभा की याद आ रही है। अब अगर कवि लिखे, 'फिर विभा की याद आयी !' तो विभा के पिता, भाई या पति बेचारे से मारपीट करने आ पहुँचेंगे। इसलिए अनिश्चयवाचक सर्वनाम 'किसी' से काम चलाया गया।

हाँ, तो छायावादी संस्कारों से बाध्य होकर मैं लिफाफा लिये बैठ गया और बादलों की ओर देखने लगा। लेखकों के लिए बादलों से खाद्य-पदार्थ किसी दिन बरसेंगे—मुझे विश्वास है। विश्वास का आधार है—एक कवि ने हाल ही में भुखमरी से तंग आकर आत्महत्या कर ली थी, तब हिन्दी की सबसे वयोवृद्ध पत्रिका के वयोवृद्ध सम्पादक ने लिखा था कि कवि ने आत्महत्या क्यों कर ली ? जीने के कितने आधार हैं—ये उमड़ते-घुमड़ते मेघ, ये झिलमिलाते तारे, यह उफनता सागर, यह हँसती चाँदनी, ये मुसकुराते फूल ! सम्पादक, फिर वयोवृद्ध सम्पादक, कभी झूठ नहीं बोलते। मैं आशा से बादलों को देखता रहा। सहसा युग-परिवर्तन हो गया और मैं नयी कविता के युग में आ गया। अब तो नये 'आयाम' खुल गये। 'अव्यक्त सत्ता' से छूटा, तो 'क्षण की सत्ता' में फँस गया। मैं तुरन्त उस क्षण की गहराई में डूब गया और यह कविता लिख डाली—

मेघ, नाला, मेंढक, बिच्छू और मैं

!
! ! — — — ... ...
! ... ! ... !—! ! ! !
... ...

क ख
ग घ ! !

य र ल व
श ष स ह
क्ष त्र ज्ञ ! ! !

छायावादियों का सहारा अनिश्चयवाचक सर्वनाम था, तो नये कवि का सहारा विस्मयादिबोधक चिह्न हैं— यह रहस्य मैं उसी क्षण समझ गया। कविता पूरी करते

ही एक नये कवि, जो नयी कविता के व्याख्याकार भी हैं, आ पहुँचे। रचना देखकर बोले, "वाह, तुमने क्षण को उसकी पूरी गहराई, गरिमा और सम्पूर्णता के साथ अभिव्यक्त किया है। मैं कहता हूँ, तुम कहानी निबन्ध का पचड़ा छोड़ो। कविता लिखो। तुम्हें क्षण की अच्छी पकड़ है।"

बस भाई, उस क्षण की सत्ता के प्रभाव में आकर मैंने लिफाफा फाड़ डाला। मैं उस क्षण भूल गया कि पिछले क्षण मैंने ही वह स्तम्भ लिखा है और अगले क्षण उसे डाक में छोड़नेवाला हूँ। यदि पीछे और आगेवाले क्षण की याद रखूं और यह मानूं कि प्रस्तुत क्षण पिछले से सम्बद्ध है और आगेवाले क्षण से उसका कारण बनकर जुड़ेगा, तो सच्चा 'क्षणवादी' हो ही नहीं सकता। मुझे हर क्षण को अलग पकड़ना है। यह बड़ा कठिन है; एकदम हठयोग है। धूल मुट्ठी में भरकर तो उठायी जा सकती है, पर कोई अगर रस्सा लेकर एक-एक कण को बाँधने लगे, तो कण तो नहीं बँधेगा, रस्सी में गाँठें अलबत्ता पड़ जायेंगी। जैसा कण, वैसा क्षण ! मैं एक-एक क्षण को चेतना की रस्सी से बाँधने का प्रयत्न कर रहा हूँ और अभी तक कितनी ही गाँठों का धनी हो गया हूँ। अब क्या करूँ ? एक ही रास्ता है—इन गाँठों को प्यार करने लगूं, इनकी जय बोलूं और इन्हें गौरव से सजाऊँ।

मैंने कहा न, क्षण की साधना हठयोग है। आज एक क्षण की असावधानी में मेरी उँगली में पिन चुभ गयी। ज्यों ही रक्त निकला, मैं पिछले क्षण से टूट गया और भूल गया कि पिन चुभी है। चिल्ला उठा कि साँप ने काट खाया ! संयोग से पास ही बैठे एक मित्र ने स्थिति सँभाल ली, वरना पागल समझ लिया जाता।

क्षणवादियों को यदि किसी देवता की आवश्यकता हुई, तो मैं पतंगे को कुल-देवता बनाने का सुझाव दूंगा। पतंगा हर क्षण को अलग-अलग जीता है। इस क्षण दीपक से झुलसता है और अगले क्षण भूल जाता है कि यह लौ है, जिससे अभी जला है। वह फिर लौ से टकराता है। वह पूर्ण क्षणवादी है। हर क्षण उसी क्षण की गहराई में डूबा रहता है।

बन्धु, क्षण-साधना के लाभ मुझे दिखने लगे हैं। मुझ जैसे गैर-जिम्मेदार आदमी की गैर-जिम्मेदारी को एक दर्शन मिल गया है और जिस कमजोरी से आज तक लज्जित होता रहा, उससे अब गौरवान्वित हो सकूंगा। बाहर समाज में हारने पर घर में क्षण की चादर ओढ़, चैन से सो सकूँगा। पुराने जमाने में पराजित राजा को रनि-वास में ही चैन मिलती थी; क्षण आज के हारे योद्धा का रनिवास ही है। जब युग ललकारेगा, माँग करेगा, तब मैं क्षण की सीपी में बन्द होकर मोती बनाऊँगा। सबसे बड़ा लाभ तो यह है कि पीठ पर से इतिहास का बोझ उतरता है और पंचवर्षीय योजनाओं की व्यर्थता समझ में आने लगती है।

सुना है, आप कश्मीर हो आये। तब तो 2-4 सौ कहानियों के लिए सामग्री ले आये होंगे। लोग तो एक दिन कश्मीर में रहकर जिन्दगी-भर कश्मीर की कहानियाँ लिखते हैं।

पत्र लम्बा हो गया। पर इतना वक्तव्य आवश्यक था। इससे मेरे स्तम्भ की 'रचना-प्रक्रिया' समझने में मदद मिलेगी।

क्षण-साधक
ह. शं. प.

3

वर्षा-विद्रूप

प्रिय बन्धु,

पिछले पत्र में मैंने लिखा था कि किस प्रकार बादल देखकर मैं क्षण की गहराई में डूब गया। जब उबरा तो देखा कि पानी झमाझम बरसने लगा है। पहले तो भाई भवानीप्रसाद मिश्र की 'बरसात आ गयी रे!' कविता का पाठ किया। फिर मन एकदम रामचरितमानस के वर्षा-प्रसंग तक उड़ गया। सोचा कि जब लोग वैदिक प्रतीक लेकर आधुनिक काव्य रच लेते हैं, तो क्या मैं गोस्वामीजी का पल्ला पकड़कर नया वर्षा-वर्णन नहीं कर सकता? अन्तर का स्वर बोला—अवश्य कर सकते हो। बस मैंने 'श्री गुरुचरण सरोज रज निज मन मुकुर सुधार', वर्षा-ऋतु के सौन्दर्य का वर्णन ठीक रामचरित-मानसीय ढंग पर कर डाला। सो, सुहृद जनों के अवलोकनार्थ यहाँ लिख रहा हूँ—

हे लक्ष्मण, मेघ घमण्डी लेखकों की तरह गरज रहे हैं और हाथ में कोई पत्रिका न होने के कारण मेरा मन डरता है।

बादल आकाश में आंचलिक कथाओं की तरह छा गये हैं और उनमें बिहार के पूर्णिया जिले के नक्शे बन-बिगड़ रहे हैं।

मेंढक चारों ओर टर्रा रहे हैं, जैसे नये कवि रचना-प्रक्रिया पर चर्चा कर रहे हों।

हे लक्ष्मण, तालाब पानी से लबालब भर गये हैं, मानो बादलों ने इनकी रायल्टी का पूरा हिसाब कर दिया हो।

देखो, बादलों में कभी-कभी बिजली चमक जाती है, जैसे दो-चार महीने में किसी पत्रिका में कोई अच्छी कविता दिख जाती है।

हे लक्ष्मण, जरा सावधानी से चलो। घास में साँप छिपे हैं, जैसे छद्मनाम के पीछे लेखक छिपा है जो दिखता नहीं है, सिर्फ काटता है।

उधर सुनो। एक मेंढक बड़ी प्रसन्नता से खूब जोर से टर्रा रहा है, जैसे किसी लेखक की पुस्तक माध्यमिक कक्षाओं के पाठ्यक्रम में आ गयी हो।

पक्षी घोंसलों से सिर निकालकर बार-बार झांक रहे हैं, जैसे बड़े लेखक लिखना छोड़, उत्सुकता से प्रतिनिधि मण्डलों में विदेश जाने का मौका ताक रहे हों।

हे भाई, यह पक्षी वृक्ष से उड़कर यहाँ घर की मेहराब में बैठ गया, जैसे परम आंचलिक 'रेणु' मौसम खराब देखकर, ग्राम-जीवन से उठकर शहरी मध्यमवर्ग पर आ गये हैं।

हे लक्ष्मण, देखो; पर्वत बूंदों के आघात सह रहा है। ऐसा लगता है जैसे 'कण्टेम्परेरी इण्डियन लिटरेचर' में हिन्दी साहित्य पर लेख लिखकर, हिन्दी लेखकों के कटु शब्द सह रहे हैं।

उस गधे को देखो। वह मैदान की सारी घास चर जाने की महत्त्वाकांक्षा से कितना प्रसन्न है, जैसे कोई लेखक एक विध्वंसक लेख लिखकर साहित्यिक नेता बनने के मनसूबे बांधे।

हे लक्ष्मण, इस सूखे वृक्ष में एक फुनगी फूट आयी है, जैसे किसी चुके हुए सयाने लेखक को 'पद्म-भूषण' की उपाधि मिल गयी हो।

भाई, इस नाले को देखो। थोड़े से पानी से यह इस कदर फूल गया है मानो इसे आकाशवाणी का कोई कार्यक्रम मिल गया है और यह बड़ी फुर्ती से आकाशवाणी केन्द्र जा रहा है।

हे लक्ष्मण, यह पगडण्डी घास में उसी तरह छिप गयी है, जिस तरह रहस्यवादी भाषा में कथा-साहित्य की समीक्षा छिपी जा रही है।

हे भाई, यह मयूर कलगी साधकर कैसे हर्ष से नृत्य कर रहा है, मानो लेखक किसी पुस्तक पर सरकारी पुरस्कार पा गया हो।

हे लक्ष्मण, इस बड़े वृक्ष पर बैठे पक्षी चहचहा रहे हैं, जैसे भक्तमण्डली हिन्दी के आचार्य के गुणगान कर रही है। और वृक्ष झूम रहा है जैसे आचार्य प्रशंसा से झूम उठते हैं।

हे भाई, सूखे खल्वाट पर्वत पर भी कुछ हरियाली छा गयी है, जैसे किसी भूतपूर्व लेखक ने अनायास संस्मरण की पुस्तक छपा ली हो।

हे लक्ष्मण, इस नीलकण्ठ को देखो। इसे देखकर मुझे वैसे ही प्रसन्नता होती है, जैसी राजधानी के लेखकों को प्रसार-मन्त्री के दर्शन से होती है।

हे भाई, इन बछड़ों को देखो। वर्षा के आघात से घबराकर ये इस पुराने मकान की छाया में सहमे खड़े हैं, जैसे सम्पादकों द्वारा दुरदुराया गया उदीयमान लेखक किसी मठाधीश का सहारा लेता है।

हे लक्ष्मण, यह सूखा कुआँ भर गया है, जैसे लेखक सहसा प्रकाशक हो गया हो।

हे भाई, ये पतंगे दीपक के आसपास ऐसे मँडरा रहे हैं, जैसे शोध-छात्र विश्वविद्यालय के आचार्य के आसपास मँडराते हैं। और आचार्य उनकी स्वतन्त्र प्रतिभा के पंख जला रहे हैं।

हे लक्ष्मण, तुम उस छाते को लेकर बाहर मत निकलो। उसमें बड़े-बड़े छेद हैं।

तुम्हारी हालत उस लेखक जैसी हो जायेगी, जो कमजोर समीक्षक की छाया-तले चलता है। हे भाई, यह छाता तुम्हें धोखा दे जायेगा। तेज हवा से यह उलट जायेगा और तुम उस लेखक की तरह संकट में पड़ जाओगे, जिसका समीक्षक उसे प्रक्षेपित करके, हट जाता है।

बन्धु, वर्षा-वर्णन यहीं समाप्त होता है। इसमें बिम्ब-प्रतीक सब नये हैं, शब्द की चाहे न हो, पर अर्थ की लय तो है ही; आधुनिक भाव-बोध भी है। कोशिश करके इसे 'नयी कविता' में शामिल करवा देना। यदि इस व्यंग्य-खण्ड को स्वीकार किया गया, तो मैं प्रोत्साहित होकर चौथे सप्तक तक 25-30 कविताएँ लिख ही डालूंगा। शेष भविष्य के गर्भ में है।

आशा है, आप सब सानन्द हैं।

सस्नेह

ह. शं. प.

4

साहित्य के गतिरोध

प्रिय बन्धु,

इधर मैं एक आंचलिक उपन्यास के लिए सामग्री जुटा रहा हूँ। आप जानते हैं कि मुझे यूँ ही काफी देर हो गयी है। देखते-देखते एक के बाद एक अंचल उठते गये। 'रेणु' ने पूर्णिया जिला उठाया और फिर गढ़वाल उठा, काश्मीर गया, समुद्री अंचल उठा, बस्तर भी हाल ही में उठ गया। मेरे पड़ोसी बुन्देलखण्ड को, भूत-वर्तमान-भविष्य समेत बाबू वृन्दावनलाल वर्मा ने ले लिया है। सुना है, कोई भाई मालवा पर भी कब्जा कर रहा है। अंचल उठते गये और मैं बैठा-बैठा देखता रहा, जैसे अच्छी लड़कियाँ उठती जायें और दुबेजी क्वाँरे बैठे रहें। तमाम अंचलों पर लेखकों के कब्जे हो गये; एक जागीरदारी खत्म हुई तो साहित्यिक जागीरदारी जम गयी। अब कोई अंचल बचा नहीं। अगर किसी लेखक के अंचल पर मैं लिख डालूं और वह मुकदमा दायर कर दे तो? मैं एक दिन इसी चिन्ता में मशगूल था कि अब हिन्दी कथा-साहित्य का क्या होगा? इससे भी अहम सवाल है — मेरा क्या होगा?

मेरा एक मित्र आया। मैंने कहा, "मित्र, अब तो कोई अंचल खाली नहीं है। हिन्दी माता की गोद काहे से भरी जायेगी? माँ भारती का क्या भविष्य होगा?" उसने कहा, "पहले तुम आँसू पोंछो, फिर जरा स्पष्ट बात करो। हिन्दी माता पर ऐसा क्या संकट आ गया? मुख्यमन्त्रियों ने राष्ट्रीय एकता के हल्ले में अंग्रेजी को अनन्त

काल तक चलाने का निश्चय कर लिया है। अब हिन्दी उसी तरह निश्चिन्त रह सकती है जिस तरह अंग्रेजों की छत्रछांया में देशी रजवाड़े रहते थे।" मैंने कहा, "दोस्त, तुम समझे नहीं। मेरा मतलब है कि कथा-साहित्य में गतिरोध आ गया।" इस पर वह हँस पड़ा। कहने लगा, "तुम किस मुँह से गतिरोध का नारा लगाते हो? यह वही कह सकता है जो स्वयं रास्ते पर रोड़ा बनकर अड़ गया है। क्या तुमने ऐसे लेख कहीं पढ़े—

हिन्दी कविता में गतिरोध

—पं. विद्यानन्दन पाण्डे

अर्थात् पं. विद्यानन्दन पाण्डे हिन्दी कविता में गतिरोध हैं। तुम तो किसी के रास्ते में नहीं हो। तुम क्यों हल्ला मचाते हो?"

मैंने कहा, "मुझे मेरी चिन्ता है। आंचलिकता का भूत भागा जा रहा है और चाहता हूँ कि उसकी लँगोटी छीन लूं। पर कोई अंचल मेरे लिए खाली नहीं है।"

वह बोला, "तुम फिजी द्वीप के निवासियों के जीवन पर लिखो। वह भी एक सुदूर अंचल है।"

मैंने कहा, "न मैंने फिजी देखा, न वहाँ के निवासी देखे और न उनके जीवन का अध्ययन किया।"

मित्र बोला, "इसकी क्या जरूरत है? मैं तुम्हें फिजी सरकार के प्रकाशन विभाग की पुस्तिकाएँ दे दूंगा। उनमें तुम्हें निवासियों के नाम, गाँवों के नाम और व्यवहार की चीजों के नाम मिल जायेंगे। कुछ प्रथाओं का भी अनुमान हो जायेगा। इतने से तो तुम ऐसा प्रामाणिक उपन्यास लिख सकते हो कि फिजी के लेखक भी चकरा जायें।"

उसने मुझे पुस्तिकाएँ लाकर दीं। उन्हें पढ़कर मुझमें बड़ा आत्मविश्वास जाग उठा। मुझे विश्वास हो गया कि किसी जीवन के मध्य में रहनेवाले लेखक से अच्छा उस जीवन के बारे में वह लिख सकता है जो प्रकाशन विभाग की पुस्तिकाएँ पढ़ता है। पर मैं फिजी अंचल पर नहीं लिखूंगा। मुझे यहीं अपने पास एक खाली अंचल मिल गया है। मैं एक मुहल्ले पर आंचलिक उपन्यास लिखूंगा।

मुहल्ले का नाम है—बाबूपुरा; मेरे उपन्यास का नाम होगा—'बाबूपुरा परिकथा।' नाम पसन्द आया आपको? बाबूपुरा में अंचल होने के सब गुण मौजूद हैं। अंचल में दूर की घटनाओं की अनुगूंज होती है। बाबूपुरा में भी होती है। शहर के दूसरे छोर पर दंगा हुआ था, पर बाबूपुरावासी दिन-रात काँपते रहते थे।

बन्धु, अंचल तो अच्छा हाथ लग गया। अब नायक चाहिए। मेरे सामने नमूने के लिए परम आंचलिक रेणु की 'परती परिकथा' है। इसी के अनुसार नायक की व्यवस्था करनी है। पर 'परती परिकथा' का नायक है कौन? आप कहेंगे—जित्तन या जितेन्द्र बाबू। मैं नहीं मानता। मैं 4 सालों से इस पर विचार कर रहा हूँ और इस निष्कर्ष पर पहुँचा हूँ कि नायक वह कुत्ता मीत है। इस कुत्ते के चरित्र का लेखक

ने अधिक कुशलता से विकास किया है। आरम्भ से अन्त तक उसके चरित्र में एक संगति है जो जित्तन के चरित्र में नहीं है। मीत का व्यक्तित्व उपन्यास में आद्योपान्त व्याप्त है। हर अध्याय में, हर प्रसंग में वह हाजिर है। किसी-किसी अध्याय का तो आरम्भ ही उसकी वाणी से होता है—भौं-भौं-भौं-भौं ! मीत बहुत समझदार और जिम्मेदार है। खेतों में ट्रैक्टर चलवाते समय किसानों का एक दल जित्तन का विरोध करने आता है। उस क्षण मीत की कर्त्तव्य-भावना जाग्रत होती है। वह जानता है कि नायक वह है, जित्तन नहीं है; और इस समस्या को हल करना उसकी जिम्मेदारी है। वह जित्तन को बोलने भी नहीं देता और खुद किसानों पर टूट पड़ता है। वह वीर है, कर्त्तव्यनिष्ठ है। और वह शहीद की मौत मरता है जो नायक होने के लिए बहुत जरूरी है। यदि मुझे 'परती परिकथा' जैसा उपन्यास लिखना है, तो किसी पशु को नायक बनाना पड़ेगा। इस मुहल्ले में एक अच्छा बकरा था, जो घरों में घुसकर अनाज खा जाता था। पर पिछले महीने ही बीमारी से मर गया। मैंने उसे जाँचकर रखा था। यदि वह जीवित रहता तो उसे उपन्यास का नायक बनाता। अभागा मर गया और मुझे उलझन में डाल गया।

जित्तन, नायक मीत का साथी है। आदमी में जितने गुणों की कल्पना की जा सकती है, वे सब उसमें हैं। ऐसे पात्र पुराणों में होते हैं। एक तो वह जमींदार का बेटा है। फिर उसके पिता पर एक मेम न्यौछावर हो गयी थी। जिस पर मेमसा'ब मुग्ध हो जायें, वह महान् पुरुष होता है। जित्तन न जाने कहाँ-कहाँ क्रान्ति करने के लिए घूमता रहता है और अन्त में उदास और निराश होकर अपने गाँव लौट आता है। रेणु ने प्रसंग निकाल-निकालकर उसके अलौकिक गुण बतलाये हैं। वह छद्म-नाम से स्त्रियों की पत्रिका में स्तम्भ भी लिखता है। उसके सब काम ऐसे चामत्कारिक हैं जैसे हनुमान के। हनुमान भी कभी छोटे और कभी बड़े हो जाते थे। वे पूँछ को चाहे जितनी लम्बी कर सकते थे। ऐसा ही अद्भुत व्यक्ति जित्तन है। भारत के भूतपूर्व नरेश और जमींदार यदि इस प्रकार उपन्यासों में आना स्वीकार लें, तो साहित्य का कितना भला हो। जित्तन ही एक ऐसा व्यक्ति है, जो हर बार ठीक है। सब गलती करते हैं, पर वह कभी कोई गलती नहीं करता। बस्तर के भूतपूर्व नरेश प्रवीणचन्द्र भंजदेव पर उपन्यास लिखा जा सकता था। पर एक तो बस्तर के रेणु के ध्यान में वह आया नहीं; फिर उसने शादी भी कर ली। बाबूपुरा में एक बरखास्त-शुदा सरकारी अफसर है। वह घूस के पैसे से ठाठ से रहता है, उसकी स्त्री मर गयी है, बेटा आवारा हो गया है और लड़की भाग गयी है। यह आदमी भी जित्तन की तरह अकेले ही क्रान्ति करना चाहता है। जब मुहल्ले के लोग इसके साथ हो जाते हैं, तब यह उनसे एकदम दूर हो जाता है और उल्टा काम करने लगता है। इस तरह नायक के साथी या उपनायक की समस्या यह बरखास्त अफसर हल कर देता है।

अब ताजमनी की तरह एक प्रेमिका चाहिए जो जीवन-भर पास रहकर भी दूर रहती है। वह 'पवित्र प्रेम' करती है। 'पवित्र प्रेम' अपनी पिछले दरवाजे की

नैतिकता की एक विशेषता है। एक स्त्री मेरी नजर में है, पर वह बरखास्त अफसर साहब से अन्त तक 'पवित्र प्रेम' कर सकेगी, इसमें मुझे शक है।

इसके बाद सब आसान है। इस अंचल के कुछ पक्षियों की बोलियाँ इकट्ठी कर रहा हूँ। जब कोई पक्षी बोलता है, मैं उसके स्वर को लिपिबद्ध कर लेता हूँ। अभी तक इतनी बोलियाँ इकट्ठी की हैं —

कौआ—काँव-काँव

गोरैया—चिरिप-चिरिप

मुर्गी—किड़ी-कों-कों

इन बोलियों को उपन्यास में जगह-जगह जमा देने से वातावरण बनेगा।

मैं अंचल की स्त्रियों द्वारा गाये जानेवाले लोक-गीत भी चुन रहा हूँ। मुश्किल है कि ये मध्यमवर्गीय स्त्रियाँ सिनेमा के गीत गाती हैं! मैं लोकप्रिय सिनेमा गीतों की धुनों का पार्श्व-संगीत दूँगा।

आप देखेंगे कि मैंने काफी तैयारी कर ली है। अब मैं यह देख रहा हूँ कि किस राजनैतिक दल का समर्थन मेरे लिए सबसे लाभदायक होगा। रेणु ने जो गलती की है, वह मैं नहीं करूँगा। उन्होंने हर दल के नेता की गलतियाँ बतायी हैं। इसलिए कोई उनसे पूरी तरह खुश नहीं है। कामरेड मकबूल तक की भूल बतायी है। फिर भी 'परती परिकथा' की प्रशंसा प्रगतिवादियों ने सबसे अधिक की है। इतनी उदारता के पात्र रेणु नहीं थे, क्योंकि कामरेड मकबूल को उन्होंने हर बार ठीक नहीं बताया है। रेणु अपने भाग्य को सराहें कि बीसवीं कांग्रेस हो गयी। मैं सोचता हूँ कि बूढ़ों ने जो सबसे नया दल, स्वतन्त्र दल, बनाया है, उससे कुछ समझौता करूँ। शीघ्र ही मसानी से पत्र-व्यवहार करके उपन्यास की राजनीति तय करता हूँ।

सबसे बड़ा प्रश्न यह है कि मेरे बरखास्त अफसर साहब का उद्देश्य क्या होगा? इस विषय में 'परती परिकथा' से कोई निर्देश नहीं मिलता। जित्तन बाबू नहीं जानते कि वे क्या करना चाहते हैं। जो भी स्थिति सामने आती है, उसमें वे पराक्रम बताकर अलग हो जाते हैं। अन्त में वे एक नाटक करते हैं। स्वतन्त्र दल की सलाह से मैं अपने उपनायक को स्वतन्त्र उद्योगनीति का योद्धा बनाऊँगा। इस तरह यह उपन्यास आंचलिक कथा साहित्य में आगे की कड़ी हो जायेगा।

इस सम्बन्ध में आपके कुछ सुझाव हों, तो तुरन्त मुझे लिख भेजें।

आपका

नव आंचलिक

ह. शं. प.

5

अंचल चाहिए

प्रिय भाई,

पिछला पत्र छपने से बड़ी गड़बड़ हुई। शिकायतों का ढेर लग गया। एक 'सजग पाठक' (अर्थात् वह विद्यार्थी जिसके पाठ्यक्रम में पुस्तक-विशेष हो) ने लिखा है—'मालूम होता है, आपने 'परती परिकथा' बिना पढ़े ही स्तम्भ लिख दिया। पढ़ते तो जानते कि जित्तन का कुत्ता मीत 'बॉख-बॉख' बोलता है, 'भौं-भौं' नहीं, जैसा आपने लिखा है। आपके इधर के कुत्ते भौं-भौं करते होंगे। पर आपको जानना चाहिए कि हर अंचल का कुत्ता एक-सा नहीं बोलता। आपने किसी अच्छे समीक्षक की तरह पुस्तक पढ़े बिना लिख मारा।'

ऐसी चिट्ठियों को तो मैं सह गया पर मुसीबत चिट्ठी से बाहर भी आयी। मुझे क्या मालूम कि बाबूपुरा के बाबू लोग भी आपकी पत्रिका पढ़ते हैं। उनका एक प्रतिनिधि-मण्डल परसों आया और मुझसे बोला—'सुना है, आप हमारे मुहल्ले पर कोई आंचलिक उपन्यास लिख रहे हैं। अगर यह सही है, तो हम आपसे यह माँग करते हैं कि आप यह इरादा त्याग दें।' मैंने उनसे बहस करने की कोशिश की। लोभ दिया कि मैं उनके उपेक्षित मुहल्ले को अमर कर रहा हूँ। भय दिखाया कि इतिहास उन्हें कभी क्षमा नहीं करेगा कि उन्होंने साहित्य की धारा को हठ के बाँध से रोका। वे सब तर्क दिये, जो आंचलिकता के समर्थकों ने पिछले 5-6 सालों में दिये हैं। उन लेखों के लेखकों को यह जानकर दुख होगा कि उन तर्कों का कोई असर नहीं हुआ। प्रतिनिधिमण्डल ने कहा—'सो सब ठीक है। पर हम आंचलिकता के सख्त खिलाफ हैं! या तो आप इरादा छोड़िए या मुहल्ला छोड़िए। अगर आपने हमारे बारे में कुछ लिखा तो आपकी खैर नहीं है।'

बन्धु, उनके भय से मैं भागकर भोपाल आ गया हूँ और एक मित्र के घर में छुपकर पत्र लिख रहा हूँ। अब समझ में आ रहा है कि रेणु पूर्णिया छोड़ प्रयाग और पटना में क्यों रहते हैं; नागार्जुन 'बाबा बटेसरनाथ' छपने के बाद से कलकत्ता, प्रयाग और बम्बई क्यों भागते फिरते हैं, कृष्णचन्द्र बम्बई में बैठकर काश्मीर की कहानियाँ क्यों लिखते हैं और बस्तर के आंचलिक बम्बई में नौकरी क्यों करने लगे हैं। जिसने जिस अंचल पर लिखा, वह उस अंचल से उखड़ा।

यहाँ मित्रों ने समझाया कि हर बड़ा लेखक अपने को बचाकर लिखता है। मकानों की बेहद कमी है। अगर बाबूपुरा के लोगों ने तुम्हें भगा दिया, तो कहाँ रहोगे? भारत में हजारों अंचल हैं। नक्शा उठाकर देख लो। बच्चों की भूगोल की पुस्तक पढ़कर देखो। कितने ही अंचलवादी रोते हैं कि हाय, हमारे सुन्दर अंचल पर किसी ने उपन्यास नहीं लिखा। तुम इनमें से किसी सुदूर अंचल को चुन लो।

मैंने किसी अच्छे लेखक की तरह मित्रों की सलाह मान ली है। बाबूपुरा पर

अब मैं नहीं लिखूंगा, क्योंकि अंचल मिल जाते हैं; मकान नहीं मिलते। मैं किसी सुदूर ग्रामीण अंचल की खोज में हूँ। इसके लिए मैं 'वधू चाहिए' के ढंग पर 'अंचल चाहिए' का विज्ञापन देना चाहता हूँ। विज्ञापन से जब परिणयनिराशों को वर या वधू मिल जाते हैं, तो क्या मुझे महज अंचल न मिलेगा ? विज्ञापन नीचे दे रहा हूँ, जिसे निःशुल्क छापें।

अंचल चाहिए

हिन्दी के एक यशःप्रार्थी लेखक को एक ऐसे सुदूर अंचल की आवश्यकता है, जो जबलपुर से 200 मील दूर हो और जहाँ आवागमन के साधन इतने अल्प और दुर्लभ हों कि अंचलवासियों को लेखक तक आने में कम-से-कम एक महीना लगे और समीक्षक तो उसे देखने कभी न पहुँच सकें। ऐसे अंचल के निवासी यदि अपने अंचल पर उपन्यास लिखवाना चाहते हैं, तो अपने यहाँ के कम-से-कम पाँच पंचों से निम्न-लिखित प्रश्नों के उत्तर लिखवाकर भिजवाएँ। वही उत्तर विचार के योग्य होंगे, जिन पर वहाँ के तहसीलदार और थानेदार की सही होगी।

प्रश्न : (1) आपके अंचल की भौगोलिक और प्राकृतिक स्थिति कैसी है ?

(अ) जमीन परती है या उपजाऊ ?

(आ) नदियों, पहाड़ों और तालाबों के क्या नाम हैं ?

(इ) बाढ़ आती है या नहीं ?

(ई) फसल क्या होती है ?

(नदियों, पहाड़ों और ग्रामों की स्थिति न लिखी जाय। ये कहाँ हैं, इसे कल्पना से जमा लेने का अधिकार लेखक को होगा)।

(2) आबादी कितनी है और किस प्रकार की है ?

(अ) कितने 'टोले' या 'बाड़े' हैं और उनमें किन जातियों के कितने लोग रहते हैं ?

(आ) ये जातियाँ आपस में अवश्य लड़ती होंगी। कुछ घटनाएँ लिखिए।

(3) यदि आपका क्षेत्र अंचल है, तो वहाँ मालगुजार तो होंगे ही। किसी एक मालगुजार की लड़की के सम्बन्ध में यह विवरण दीजिए —

(अ) अवस्था, वर्ण, फैशन आदि।

(आ) क्या वह किसी से प्यार करती है ?

(इ) गाँव के डॉक्टर और शिक्षक से उसके कैसे सम्बन्ध हैं ? उसके बारे में और क्या अफवाहें फैली हैं ?

(ई) उसे कौन कवि और चित्रकार पसन्द है ?

(उ) उसे रवीन्द्र के कौन-से गीत पसन्द हैं ?

(4) आपके अंचल में नैतिकता की क्या स्थिति है ? कम-से-कम पाँच पति-व्रताओं के अनैतिक सम्बन्धों का विवरण दीजिए।

(5) आपके अंचल में कौन पक्षी तथा पशु पाये जाते हैं ? (पुलिस को छोड़कर)

(अ) उनकी बोलियों को लिपिबद्ध कीजिए।

(आ) हाथी आपके यहाँ पशु माना जाता है या पक्षी ? उसकी चिंघाड़ या चहक की लिपि लिखिए।

(6) कम-से-कम 10 स्त्री और 10 पुरुषों के नाम लिखिए।

(7) आपके यहाँ निम्नलिखित को क्या कहते हैं—

(अ) डॉक्टर —डगदर, डाकथर, या दवाई हाकिम ?

(आ) पोस्टमैन—चिट्ठीरसा, पुट्टमन, पुट्टटम या कारटवाला ?

(इ) माइक्रोफोन—भोंपू, माइफो, मकड़ीफों ?

(ई) डेवलपमेण्ट—डेलमेण्ट, डबलामेण्ट, डोलमेण्ट ?

(8) कम-से-कम पाँच ग्रामगीत लिख करके भेजिए जिनमें एक होली का तथा एक बेटी की विदा का हो।

(9) आपके अंचल में कौन जानवर विशेष रूप से साथ रखा जाता है ? कुत्ता, बिल्ली, बकरा या साँड ?

(10) क्या आपके अंचल में ईसाई मिशनरी हैं ? पादरी और आदिवासी नारी तथा आदिवासी पुरुष और पादरी की लड़की के प्रेम के पाँच उदाहरण लिखिए।

(11) अंचल में प्रचलित गालियों के कम-से-कम 10 नमूने लिखिए।

(12) आपके जागीरदार पर निम्नलिखित व्यक्ति क्या अत्याचार करते हैं ? ग्रामसेवक, शिक्षक, पटवारी, भूदानी, मण्डलेश्वर, कम्युनिस्ट नेता।

(13) आप अपने अंचल में उपन्यास की कितनी प्रतियाँ बिकवाने का जिम्मा लेंगे ?

(14) क्या आपकी राज्य सरकार पुरस्कार देती है ? और क्या आप लेखक को पुरस्कार दिलवा सकेंगे ?

(15) क्या आपकी ग्राम-पंचायत लेखक को कुछ भेंट देकर सम्मानित करेगी ?

विशेष सूचनाएँ—कृपाकर अपने अंचल की समस्याओं के बारे में कुछ न लिखें। कल्पना से आपकी समस्याओं का चित्रण करना लेखक का अधिकार है। लेखक भी 15 वर्षों से शहर में रहता है और सब जानता है।

सामाजिक सम्बन्धों का चित्रण लेखक अपनी मेधा से करेगा। इस सम्बन्ध में सुझाव अमान्य होंगे।

चरित्रों का निर्माण लेखक अपने ऊपर से करेगा। उपन्यास का नायक वह सब करेगा, जो लेखक चाहकर भी नहीं कर पाया।

जैसा कि प्रश्न 13 से स्पष्ट है, उसी अंचल पर उपन्यास लिखा जायेगा जो सबसे अधिक प्रतियाँ बिकवायेगा। विभिन्न अंचलों से प्राप्त उत्तरों को पाँच प्रकाशकों के सामने खोला जायेगा और सबसे अधिक प्रतियाँ खपानेवाला अंचल प्रकाशकों के बीच नीलाम किया जायेगा। जो प्रकाशक लेखक को सबसे अधिक रुपये देगा, उसी के लिए लेखक उपन्यास लिखेगा। उपन्यास का आकार प्रकाशक

की इच्छानुसार होगा।

प्रश्नों के उत्तर 13 अक्टूबर तक 'कल्पना' के पते पर भेजे जायें।

बन्धु, इस विज्ञापन को इसी माह छाप दें, तो मेरा बड़ा उपकार होगा। मैं नवम्बर के दूसरे सप्ताह तक उपन्यास लिख डालना चाहता हूँ।

आशा है, सानन्द हैं। 'कल्पना' अच्छी निकल रही है। सभी अच्छा लिख रहे हैं। सब रचनाएँ बढ़िया हैं। सम्पादकीय लेख सर्वश्रेष्ठ हैं।

शुभाकांक्षी

ह. शं. प.

पुनश्च (सर्वथा गोपनीय और अछाप्य)

भाई, विज्ञापन जरूर छाप देना। 400 पृष्ठों का उपन्यास लिखना है। कम-से-कम 10-12 पृष्ठों की सामग्री तो दिलवा दो। बाकी तो मैं पूरा कर लूँगा।

ह. शं. प.

6

पुस्तकों के समर्पण

प्रिय बन्धु,

इधर मेरी एक-दो किताबें छप रही हैं। किताब में कुछ चीजें जरूरी होती हैं— भूमिका, सम्मति और समर्पण। भूमिका मैंने लिख ली; सम्मति के काफी दूर से हाथ जोड़ लिये; पर समर्पण का लोभ नहीं जीत सका। जब पुस्तक लिखी है, तो किसी-न-किसी को समर्पित करनी ही चाहिए। असमर्पित पुस्तक का न जाने क्या भविष्य होता है। लोग तो अनुवाद और संकलन तक समर्पित कर देते हैं; मेरी तो मौलिक रचना है। पर समर्पित किसे करूँ और कैसे करूँ?

इस मामले में निर्देश पाने के लिए मैं पुस्तकों की दूकान पर गया और जब विभिन्न प्रकार के समर्पण देखे तो आँखें खुल गयीं। हिन्दी में पुस्तकों के समर्पण तो शोध का विषय हैं। पता नहीं, विश्वविद्यालयों का ध्यान इस तरफ क्यों नहीं गया? बन्धु, कोई आचार्य मुझ जैसे दुर्विनीत की बात क्यों मानेंगे? मानते, तो बताता कि 'हिन्दी साहित्य में नारी' जैसे मोटे विषय पर शोध न करवाकर 'पुस्तकों के समर्पण' जैसे बारीक विषय पर कराओ।

मैंने थोड़ी देर ही पुस्तकें देखीं, और मुझे जो सामग्री मिली, उसे संक्षेप में शोध-छात्रों के हितार्थ इस पत्र में दे रहा हूँ। कृपा करके इसे जैसे का तैसा छापकर हिन्दी शोध-कार्य को आगे बढ़ाने का पुण्य बटोरें।

पुस्तकें दो प्रकार की होती हैं: वे, जो लिखी जाती हैं और समर्पित की जाती हैं; तथा वे, जो समर्पण के लिए ही लिखी जाती हैं। पहले प्रकार की 'आदर्शवादी' पुस्तकें कही जा सकती हैं और दूसरे प्रकार की 'उपयोगितावादी'। इन समर्पण-प्रधान उपयोगितावादी पुस्तकों के समर्पणों का विश्लेषण करने से समस्त जाति की आर्थिक, नैतिक और सामाजिक स्थिति का इतिहास लिखा जा सकता है। एक उदाहरण से बात स्पष्ट हो जायेगी। एक लेखक ने 1945 से 1955 तक की अपनी पुस्तकें मानव की दुर्जय शक्ति जैसी अमूर्त भावनाओं को समर्पित कीं। 1956 से उन्होंने किसी राज्य के शिक्षामन्त्री और प्रकाशन मन्त्री को समर्पित करना शुरू कर दिया। मित्र, अमूर्त से मूर्त तक की यह यात्रा अपने भीतर जीवन के गम्भीर रहस्य छिपाये हुए है। इस श्रद्धा-परिवर्तन से स्पष्ट होता है कि भारतीय अर्थ-तन्त्र में ये दस वर्ष गिरावट के थे। इस काल में जनता की क्रय-शक्ति इतनी कम हो गयी थी कि वह पुस्तकें नहीं खरीदती थी। लेखकों की आय बहुत गिर गयी। उनमें जो दूर-दर्शी और व्यवहार पटु थे, उन्होंने मन्त्रियों को पुस्तकें समर्पित कीं, जिसका सुपरिणाम यह हुआ कि पुस्तक की हजारों प्रतियाँ सरकार ने खरीद लीं और लेखक की आर्थिक हालत ठीक हो गयी। इस एक समर्पण से पूरे दशक की राजनैतिक, आर्थिक, सामाजिक, नैतिक और आध्यात्मिक दशा का इतिहास लिखा जा सकता है।

सैकड़ों पुस्तकों के समर्पणों का वर्गीकरण मैंने किया है और मेरे मत में समर्पण इतने प्रकार के होते हैं:

1. जीवन-सुधार समर्पण, 2. टालू समर्पण, 3. भीरु समर्पण, 4. दीदी-भाभी-वादी समर्पण, 5. लक्ष्यहीन समर्पण, 6. मजबूर समर्पण और 7. उचक्का समर्पण।

'जीवन-सुधार समर्पण', जैसा नाम से ही स्पष्ट है, लेखक का जीवन सुधारते हैं। यदि लेखक बेकार है, तो नौकरी दिलाते हैं; नौकरी में है, तो मुस्तकिल कराते हैं; मुस्तकिल हैं, तो तरक्की दिलाते हैं। यही समर्पण पुस्तकों को पाठ्यक्रम में लगवाते हैं। इन्हीं समर्पणों के प्रताप से सरकार इकट्ठी पुस्तकें खरीदती है। ऐसे समर्पण पाने के अधिकारी मन्त्रीगण, उपकुलपति, आकाशवाणी के अधिकारी, बड़े नेता आदि होते हैं। एक प्राध्यापक लेखक तरक्की चाहता है। उससे ऊपर दो प्राध्यापक हैं। इन्हें लाँघकर उसे आगे बढ़ना है। वह एक पुस्तक छपायेगा, जिसे उपकुलपति या विभागाध्यक्ष को समर्पित करेगा। उसमें कुछ ऐसे फिकरे होंगे—'जिनके आशीर्वाद से मेरी प्रतिभा की आँखें खुलीं—' इस समर्पण से लेखक एकदम आगे बढ़ा दिया जायेगा। इन पुस्तकों का महत्त्व 'विनय पत्रिका' से कम नहीं है। मैंने एक पुस्तक अभी देखी, जो एक मन्त्री महोदय की पत्नी को समर्पित है। मैंने सोचा, और अच्छा होता, यदि लेखक समर्पण के नीचे लिख देता—

कबहुँक अम्ब अवसर पाइ,

मेरिऔ सुधि द्याइवी कछु करुण कथा चलाइ।

एक विश्वविद्यालय में एक प्राध्यापक को तरक्की दे दी गयी। उसके साथी को बुरा लगा। वह तरक्की का हकदार अपने को समझता था। उसने एक पुस्तक उप-कुलपति को सर्मपित कर दी। मुझे लगा, उसके नीचे इसे लिखना था—'मैं बैरी सुग्रीव पियारा। कारण कवन नाथ मोहि मारा।'

टालू समर्पण में लेखक सब अधिकारियों को टाल जाता है। समर्पण पाने के कई अधिकारी हैं—मित्र, पत्नी, प्रेमिका (एँ), अफसर आदि। एक को सर्मपित करने से उस वर्ग के शेष नाराज होते हैं। तब लेखक टालता है—'मित्रों के नाम' या 'जिनसे पथ पर स्नेह मिला—उन्हें' आदि।

पत्नी के नाम किया गया समर्पण 'भीरु समर्पण' है। जब किसी पुस्तक को पत्नी के नाम सर्मपित देखता हूं, तो मेरी आँखों में लेखक की दयनीय मूरत झूल जाती है। यों कुछ लेखक घुमा-फिराकर सर्मपित करते हैं—'मेघदूत की प्रथम पंक्ति के द्वितीय शब्द से जिसका नाम ध्वनित होता है—' पर बात छिपती नहीं कि बेचारे ने पत्नी को सर्मपित किया है। वे भी बेचारे बड़े भीरु होते हैं, जो प्रेमिका के नाम का केवल पहिला अक्षर लिखकर सर्मपित करते हैं—'सु—के नाम!' सुनीता का पूरा नाम लिखने में यह खतरा है कि उसका बाप या भाई लेखक को पीटेगा, इसलिए 'सु—के नाम'। 'सु'—समझ ही जायेगी। शेष से मतलब नहीं। स्थूल से सूक्ष्म की यह यात्रा बड़ी भीरुतासूचक है।

दीदीवाद उतना ही पुराना है जितना दादावाद। कुछ लोग 'पवित्र प्रेम' करते हैं। वे 'दीदी' को पुस्तक सर्मपित करते हैं। अब भाभियों को भी सर्मपित होने लगी हैं। दीदी और भाभी सगी नहीं होतीं, मुँहबोली होती हैं, क्योंकि 'पवित्र प्रेम' तो इन्हीं से हो सकता है। जो इनकी तसवीर भी दे देते हैं, वे बड़े दूरदर्शी हैं। चित्र से बिक्री बढ़ती है। ऐसे 'समर्पण' में दुर्घटनाएँ भी हो जाती हैं। एक बड़े लेखक की पुस्तक के पहिले संस्करण में समर्पण था 'बहन अमुक को'। दूसरा संस्करण होने तक 'बहन अमुक' पत्नी हो गयीं। लेखक ने आगामी संस्करणों में समर्पण ही निकाल दिया। और एक लेखक ने अपनी पुस्तक 'भाभी' को सर्मपित की थी। अब सुना है, वे भाभी का खाना-खर्चा दे रहे हैं।

लक्ष्यहीन समर्पण वे हैं, जिनसे कोई खुश नहीं होता। ये क्रिकेट में 'वाइड बॉल' (अंग्रेजी हटाओ आन्दोलन के अनुसार—'चौड़ी गेंद') की तरह होते हैं। इनका कोई लक्ष्य नहीं। ये ऐसे होते हैं—'मानव की आस्था के नाम'।

मजबूर समर्पण, पुस्तक छपाने के लिए पैसा देनेवाले को किया जाता है। द्विवेदी युग में देशी नरेशों और सेठों को इस तरह कई पुस्तकें सर्मपित हुईं। इतिहास साक्षी है। जब कोई लेखक न बिकनेवाली पुस्तक लिख लेता है और कोई प्रकाशक उसे छापने को तैयार नहीं होता, तब वह किसी सुनाम-धन्य सेठ को सिद्ध करता है। उसके पैसे से पुस्तक छपाता है और उसे सर्मपित कर देता है। लेखक का ग्रन्थ

निकल जाता है और सेठ का नाम साहित्य के इतिहास में चला जाता है।

उचक्के समर्पण भी मैंने देखे। नमूना पेश है—'स्वयं को!' 'अपने शत्रुओं को!'

बन्धु, मैं अपने लिए कोई समर्पण का नमूना खोजने गया था, पर वहाँ जाकर शोध करने लगा। विषय बहुत गम्भीर है। सामग्री अथाह है; दो-चार विश्वविद्यालय के शोध विभाग इसमें डूब सकते हैं। जिनके पास विषयों का टोटा है, उन्हीं के हितार्थ हिमालय के संन्यासी की रामबाण बूटी की तरह मैंने इस विषय को विज्ञापित कर दिया। शेष आचार्यों के हाथ है।

सस्नेह

ह. शं. प.

7

नया 'महाप्राण' चाहिए

प्रिय बन्धु,

एक माह हो गया। इस बीच महाप्राण निराला ने भी देह त्याग दी। अब हम क्या करें? उस दिन मुझे कुछ सूझ ही नहीं रहा था। तभी एक शोक-सभा में एक नेता ने कहा—'निरालाजी जो काम छोड़ गये हैं, उसे हमें पूरा करना है!' मैं बड़ा परेशान कि निराला कौन-सा काम छोड़ गये हैं, जिसे अब ये पूरा करेंगे! निराला तो कविता लिखते थे, तो क्या ये दलीय स्तर पर काव्य-रचना करवायेंगे? एक मित्र ने बतलाया कि इनका मतलब है कि निराला चुनावों के पहले चले गये; हम चुनाव जीतकर उनकी आत्मा को बता देंगे।

उनका मतलब चाहे जो हो, उनके उद्‌गार से मुझे अपने कर्त्तव्यों का ध्यान आया। हम हिन्दीवालों को बहुत काम करने हैं। निराला के निधन से 'महाप्राण' का पद खाली हो गया है। इस पद पर हमें किसी की नियुक्ति करनी है। मामूली तहसीलदार मर जाता है तो चार दिनों में दूसरा तहसीलदार आ जाता है। पर हिन्दी के 'महाप्राण' का पद महीने-भर से खाली है। अन्य भाषाभाषी क्या कहते होंगे?

सबसे पहले हमें नये 'महाप्राण' की नियुक्ति करनी चाहिए। हिन्दी का कोई अपना 'लोक-सेवा-आयोग' तो है नहीं कि झट आवेदन-पत्र बुलवाकर पट नियुक्ति कर दे, इसलिए हिन्दी के प्रकाशक और लेखक मिलकर एक 'महाप्राण-निर्माण-संघ' बनायें। फिर किसी प्रतिभावान लेखक को पकड़कर उस पर टूट पड़ें। वह रोये तो उससे कहें कि रो मत, हम तुझे 'महाप्राण' बना रहे हैं। कई पतंगे एक साथ टूट पड़ें

तो दीपक बुझ सकता है। हम क्या 'महाप्राण' नहीं बना सकेंगे? जब सब मिलकर उसे 'महाप्राण' कहेंगे; तब वह आत्मघाती निरपेक्षता अपना लेगा। वह किसी से कुछ नहीं माँगेगा; बाँट देगा। वह रायल्टी का हिसाब नहीं करेगा। वह अधिकार छोड़ता जायेगा और क्रोध करता जायेगा। वह अपना कोई काम नहीं करेगा और हम भी उसका कोई काम नहीं करेंगे। वह पागल हो ही जायेगा और शराब भी पीने लगेगा। तब हम हल्ला मचायेंगे कि हमारा महाप्राण पागल हो गया! हमारा महाप्राण शराब पीता है। तब हम उसे 'पवित्र' स्थानों से निकालेंगे और वह किसी गन्दी कोठरी में पड़ा मर जायेगा। हम जगह-जगह आत्म-सन्तोष से महाप्राण की कमजोरियों का बखान करेंगे और अपने को परम पवित्र बतलायेंगे।

लेकिन एक आदमी ने मुझसे हाल ही में कहा—'अगर ठीक ढंग से, यानी व्यावसायिक ढंग से उपयोग किया जाय, तो 'महाप्राण' का पद बड़े लाभ का है। निराला को तो कुछ नहीं आता था। उससे पद का उपयोग करते ही नहीं बना। अगर तरकीब से काम लेता, तो पैसा पा सकता था, संसद का सदस्य हो सकता था, प्रतिनिधि मण्डलों में विदेश जा सकता था, सम्मान और इनाम पा सकता था और 'भारत रत्न' तक की उपाधि पा सकता था। अपने स्मारक तक का इन्तजाम कर जाता—मगर निराला से कुछ नहीं बना।'

बन्धु, बात पते की है। जब चपरासी से लेकर मन्त्री तक, हर पद के लाभ हैं, तब 'महाप्राण' का पद लाभहीन क्यों होगा? मुझे बताया गया कि कुछ 'लघुप्राण' योजनाबद्ध तरीके से 'महाप्राण' बनने के प्रयत्न में लगे हैं। सुना है, कुछ सम्पन्न लघुप्राणों ने निराला के आसपास के लोगों को लोभ देकर यह कहलवाना चाहा है कि अन्तिम समय निराला ने हमारा नाम लिया था। इस तरह 'महाप्राण' का खिताब अपने-आप सरककर, उनके पास आ जायेगा। इसके बाद 'लघुप्राण'जी का प्रचार-विभाग काम शुरू कर दे। ऐसे लेख लिखे जायें—

'निराला ने लघुप्राणजी का नाम रटते-रटते प्राण त्यागे।...लघुप्राण ने भी बड़ी तपस्या की है। साहित्य-साधना के पथ पर बढ़ते हुए उनके चरण काँटों से क्षत-विक्षत हो गये हैं। घोर विपत्ति में भी वे अविचल रहे। उनके पिता का मासिक खर्च 5 हजार रुपया था, पर लघुप्राणजी सिर्फ एक हजार में महीना काट रहे हैं। इस घोर दारिद्र्य में भी वे अबाध गति से शाश्वत साहित्य रचते रहे। अपनी पुस्तकों पर लेख लिखवाने के लिए उन्होंने हजारों रुपये बहा दिये। इस त्याग की विश्व-साहित्य में समता नहीं है। 'राम की सत्ता पूजा' नामक काव्य पर भारत के सब पुरस्कार प्राप्त करने के लिए उन्होंने घोर परिश्रम किया। अपने उपन्यास 'किराये का भाट' विश्वविद्यालयों के पाठ्य-क्रम में शामिल कराने के लिए उन्होंने कितने ही आचार्यों की सेवा की। लघुप्राणजी एक अपराजित पौरुष के धनी हैं। वे महात्मा हैं। हिन्दी के सच्चे 'महाप्राण' वही हैं।'

बन्धु, ऐसा कोई लघुप्राण अगर 'महाप्राण' बन जाय, तो हिन्दी का भी गौरव बढ़े। उसकी मृत्यु पर प्रधानमन्त्री, मुख्यमन्त्री आदि सब श्रद्धांजलि अर्पित करेंगे।

संसद में भी शोक-प्रस्ताव पारित होगा। सरकार खुद उसका स्मारक बनवायेगी। हिन्दी का नाम बढ़ेगा। निराला ने तो हिन्दी का नाम डुबाया। उसकी मृत्यु पर किसी ने कुछ नहीं कहा और कोई कुछ कहे भी क्यों? राष्ट्र को कवि की जरूरत नहीं है; पुलिसमैन की जरूरत है। और फिर निराला न अच्छे कपड़े पहनता था, न अच्छे मकान में रहता था। उच्चवर्ग को छोड़कर मछुओं और मल्लाहों में बैठता था। कीमती विदेशी शराब नहीं पीता था; ठर्रा पीता था। ऐसे आदमी की मृत्यु पर कोई राजनेता बोल पड़ता, तो राष्ट्र की प्रतिष्ठा धूल में मिल जाती। इसलिए बन्धु, सब मिलकर इस बार ऐसा प्रयत्न करो कि कोई अच्छा आदमी 'महाप्राण' बने।

काम बहुत हैं। अभी तो मुझे निराला की चिट्ठियाँ खोजनी हैं। इन्हें छपाने का मौसम आ गया। (कान में कहूँ : निराला ने मुझे एक भी चिट्ठी नहीं लिखी क्योंकि जब मैं होश में आया, निराला पागल हो चुका था। पर चिट्ठियाँ छपाऊँगा जरूर!) इन चिट्ठियों के छपने से लोग यह जान लेंगे कि निराला के मुझसे कितने निकट के सम्बन्ध हैं। मैं देख रहा हूँ, कई लोग साहित्य में इसीलिए जी पा रहे हैं कि उनके पास बड़ों की चिट्ठियाँ हैं। जैसे किसी की गुप्त चिट्ठी को लेकर कुछ पीत-पत्रकार 'ब्लैकमेल' करते हैं, उसी तरह का 'ब्लैकमेल' साहित्यिक चिट्ठियों से भी होता है।

बन्धु, निराला का बाजार बढ़ गया। गाँधीजी की मृत्यु के बाद गाँधीजी का बाजार भी बढ़ गया था। लोगों ने रात-भर में गाँधी पर कविता-पुस्तक लिखकर सुबह छपने को दे दी। महान् हास्यास्पद रचनाएँ थीं ये। उपराष्ट्रकवि 'दिनकर' की ये पंक्तियाँ देखिए—

गाँधी की अर्थी नहीं चली
अर्थी यह भारत माता की

राष्ट्र-गौरव के कवि ने जल्दबाजी में भारत माता की ही अर्थी निकाल दी! उस समय गाँधी का बाजार था। माल जल्दी दूकान पर लाना था। इस समय निराला का बाजार है। कविता तो मुझसे बनती नहीं; संस्मरण अवश्य लिखूँगा। एक संस्मरण के मसौदे में से कुछ टुकड़े दे रहा हूँ, जिनसे निराला की महानता प्रकट होती है—

'···निरालाजी मुझे बहुत चाहते थे। मुझसे कभी संकोच नहीं किया। वे आर्थिक कष्ट में रहते थे। और जब जरूरत होती थी, मुझसे रुपया माँग लेते थे। मैं पत्र पाते ही उन्हें तुरन्त रुपये भेज देता था। सैकड़ों रुपये मैंने उन्हें भेजे।'

'···वे बेहद विनयी थे। मुझे याद है, जब मैं उनसे पहली बार मिला, तो वे हाथ जोड़कर झुक गये। मैं तो उनकी विनय देखकर दंग रह गया। मैंने कहा कि आप महान कवि हैं। आप इस प्रकार क्यों झुकते हैं? उन्होंने सहज भाव से कहा—मैं आपकी महान् प्रतिभा को नमन कर रहा हूँ। ऐसे विनयी थे निराला।'

'···लखनऊ की वह घटना मैं कभी नहीं भूलूँगा। बड़ा भारी सम्मेलन था। निराला नर-नाहर की तरह मंच पर बैठे थे। मुझे भीड़ में देखा, तो एकदम उठे और मेरी ओर बढ़े। सब लोग भौंचक कि ये कहाँ जा रहे हैं। मेरे पास आकर, मेरा हाथ

पकड़कर बोले—आप यहाँ कैसे खड़े हैं? चलिए मंच पर। मैंने बहुत आनाकानी की पर वे खींचकर ले ही गये और मंच पर अपने पास बिठाया।'

'···वे जब भी कुछ लिखते, मुझे अवश्य बताते थे। मैं जो सुझाव देता, उसे वे एकदम मान लेते थे। 'तुलसीदास' की पाण्डुलिपि उन्होंने मुझे भेजी और लिखा कि इसे ध्यान से देख जाइए और जहाँ गलती हो, बताइए। मैंने उसमें कई जगह भूलें बतायीं और उन्होंने वे ठीक कर लीं। कितने कवि अपनी भूल सुधारने के लिए इस तरह तैयार रहते हैं।'

बन्धु, कुछ इस तरह के संस्मरण मैं लिखनेवाला हूँ। इनकी कोई पकड़ नहीं है। निराला यह कहने तो आयेंगे नहीं कि यह झूठ है। इन संस्मरणों से निराला का चाहे जो हो, यह बात तो प्रकट हो ही जायेगी कि उन्हें मैंने रुपये भेजे, वे मेरे सामने झुकते थे, मुझे महान् प्रतिभावान समझते थे, वे मुझसे अपनी कविताएँ ठीक करवाते थे।

हम लोगों को निराला-स्मारक भी बनवाना चाहिए। हमारा देश खँडहर-प्रेमी है। हम खँडहरों की हिफाजत लाखों के खर्च से करते हैं, क्योंकि उन्हें विदेशी पर्यटकों को दिखाना पड़ता है। इनसे उन्हें भारतीय संस्कृति का ज्ञान होता है। निराला का भारतीय संस्कृति से कोई मतलब नहीं था; पर निराला-स्मारक संस्कृति का प्रतीक होगा। इसीलिए हम कवि की अपेक्षा कवि के स्मारक को अधिक महत्त्व देते हैं। निराला की रक्षा करने की कोई जरूरत ही नहीं थी। जरूरत है स्मारक बनाने की।

स्मारक-निर्माण भी व्यवसाय हो सकता है। स्मारक बनवानेवालों की आर्थिक हालत सुधर जाती है। मरे के नाम पर हमारे देश में काफी धन मिल जाता है। स्मारक-निर्माण करानेवाले अगर चतुराई से काम लें, तो स्मारक के साथ उनका अपना मकान भी बन सकता है। मकान भी निराला-स्मारक ही होगा। बन्धु, मुझे भी मकान बनवाना है। मैं बेघरबार हूँ। अगर मुझे आप लोगों की मदद मिल जाय, तो निराला की स्मृति में मेरी भी हवेली बन जाय। बनाऊँ स्मारक समिति? आप यदि सहायता करेंगे, तो आपका नाम भी कहीं-न-कहीं खुदवा दूंगा। आप अमर हो जायेंगे और इतिहास को भी धोखा दे सकेंगे। जब हम स्मारक बनवायेंगे तो हमें हक होगा कि अपनी कविता खुदवा लें या अपना नाम खुदवा लें।

बन्धु, हिन्दीवालों को बहुत काम करने हैं। हमारी जिम्मेदारियाँ आदमी के मरने के बाद शुरू होती हैं। हम इलाज में पैसा खर्च नहीं करते; उसे श्राद्ध के लिए बचाकर रखते हैं।

निराला के लिए कुछ करना ही चाहिए। वह अगर सरकारी लेखक होता, तो सारा काम सरकार कर देती। उसकी सबसे बड़ी गलती यही तो थी कि वह सरकारी नहीं हुआ।

आपने भी कुछ योजनाएँ बनायी होंगी। मुझे सूचित कीजिए। ऐसे मामले मिल-कर अच्छे होते हैं।

आशा है, आप लोग प्रसन्न हैं। (निराला की मृत्यु से नहीं।)

सस्नेह

ह. शं. प.

8

जैनेन्द्र का अदर्शन

प्रिय बन्धु,

पिछले महीने पत्र नहीं लिख सका। यों बन्धुवर रेणुजी के 'उत्साहवर्धक' पत्र के बाद लिखना लाजिमी था। पर मैं बहुत व्यस्त और परेशान रहा। व्यस्त किस काम में था और परेशान क्यों रहा, यह समझाऊँगा। मैं अपने राज्य की राजधानी के चक्कर काटने में व्यस्त रहा। आपको यह बात पटेगी नहीं। आप कहेंगे कि राजधानी है, तो वहीं बस जाना लेखक का कर्त्तव्य है। चक्कर क्यों लगाते हो? मैं बसने का सिलसिला ही जमाने का प्रयत्न कर रहा था। जब से सुना कि पंजाब सरकार ने दो 'राजकवि' नियुक्त कर दिये हैं तब से मेरा मन बड़ा चंचल हो उठा है। मैं कोशिश में था कि मेरी राज्य सरकार को भी सुमति आ जाय और वह मुझे 'राजलेखक' नियुक्त कर दे। पर सब व्यर्थ! मेरी राज्य सरकार बहरी है। उधर पंजाब में 'प्रतापसिंह रासो' की रचना पूरी हो चुकी है और इधर 'राजकवि' की अभी नियुक्ति ही नहीं हुई।

राजधानी से निष्फल श्रम करके लौटा तो मुझे सपने आने लगे। बड़ा परेशान रहा। तरह-तरह के सपने, जिनका अर्थ मैं समझ ही नहीं सकता। ऐसी चीजें दिखती हैं, जो फ्रॉयडीय प्रतीकों के भी दायरे में नहीं आतीं। आप बड़े दादा बनते हैं—भला बताइए, सपने में अगर जैनेन्द्र कुमार दिखें तो क्या अर्थ हुआ? हाँ, एक रात मुझे साक्षात् जैनेन्द्र दिखे। दिखे ही नहीं, मेरी बातचीत भी उनसे हुई। पूरा सपना बताता हूँ। मैं रास्ता भूल गया हूँ। मुझे स्टेशन जाना है। मैं सड़क पर खड़ा हूँ कि कोई मिले, तो उससे स्टेशन का रास्ता पूछ लूं। इतने में एक छोटे कद का शुभ्र खादीधारी व्यक्ति वहाँ से निकला। मैंने कहा—'ज़रा सुनिए।' वह रुका और उसने मेरी ओर देखा। मैंने पहचाना—अरे, ये तो जैनेन्द्रकुमार हैं! सोचा कि जो जैनेन्द्र जीव और ब्रह्म का; श्रेय और प्रेय का, अस्ति और नास्ति का, नीति और अनीति का पता बताते हैं, उनसे स्टेशन-जैसी तुच्छ भौतिक वस्तु का पता क्या पूछूं! मैं हिचकिचाया। वे बोले, 'पूछो!' मैंने कह दिया, 'मुझे कुछ नहीं पूछना, माफ कीजिए।' वे कहने लगे, 'रोका है तो पूछना होगा। सभी पूछते हैं।' मैंने कहा, 'मुझे

कुछ नहीं पूछना।' वे बोले, 'पर मुझे तो उत्तर देना है। अपने लिए नहीं, तो कम से कम उत्तर के लिए पूछो। प्रश्न चाहे तुम्हारी मजबूरी न हो; पर उत्तर मेरी मजबूरी है।' जब मैंने देखा कि जैनेन्द्र स्वयं हठ कर रहे हैं, तब मैंने सोचा कि स्टेशन का पता पूछ लूँ। इसके पहले निश्चित करने के लिए मैंने कहा, 'माफ कीजिए। आपका नाम जैनेन्द्र कुमार है न?' उन्होंने क्षितिज पर दृष्टि जमाते हुए कहा, 'नाम? सो, कैसे कहूँ? नाम गुणवाचक है कि व्यक्तिवाचक? हाँ, हूँ भी और नहीं भी हूँ। कह दिया जाता हूँ, तो जैनेन्द्र हूँ! कोई न पुकारे तो नहीं हूँ!' मेरा समाधान नहीं हुआ। मैंने पूछा, 'त्यागपत्र, परख, विवर्त आदि उपन्यास आपने ही लिखे हैं न?' वे मुस्कुराये। कहने लगे, 'लिखे हैं—यह कैसे कहूँ? हाँ, दो-चार उपन्यास मेरे नाम भी हैं। लिखे गये हैं। न लिखा जाना क्या वश की बात है?'

मैं बड़ी दुविधा में पड़ा कि स्टेशन का रास्ता पूछूं या नहीं। आखिर पूछ ही बैठा, 'जैनेन्द्रजी, कृपा कर मुझे स्टेशन का रास्ता बता दें, किस तरफ है?' प्रश्न सुनकर वे चिन्तन में डूब गये। अर्धोन्मीलित नयनों से शून्य में देखते रहे। फिर बोले, 'स्टेशन? हाँ, होगी तो रास्ता भी होगा। स्टेशन हो भी सकती है और नहीं भी। होने का क्या अर्थ? और नहीं होना क्या? स्टेशन है—यदि कोई साक्षी है। साक्षी के बिना अस्तित्व कैसा? मैं किस ओर बताऊँ!' मैं बड़ी उलझन में पड़ गया। घबड़ाकर कहा, 'मुझे सिर्फ यह बतला दीजिए कि इधर पूर्व की ओर है या उधर पश्चिम की तरफ। फिर मैं आगे किसी से पूछ लूंगा।' जैनेन्द्र हँसे। बोले, 'पूर्व और पश्चिम का निर्णायक मैं कौन? दिशाएँ तो सापेक्ष हैं। पूरब क्यों पूरब है? पश्चिम के सम्बन्ध से ही पूरब हुआ। ऐसे ही पश्चिम। तो कैसे कहूँ? दिशाएँ सत्य हैं; स्टेशन यथार्थ है। सत्य के सन्दर्भ में यथार्थ की स्थिति कैसे निश्चित हो?'

मुझे याद है, इसके बाद मैं चिल्ला उठा था। नींद खुली तो रोशनी करके अपने कमरे को अच्छी तरह पहचाना; तब कहीं सो सका।

सपनों की कोई शुमार है! एक दिन प्रेमचन्द की परम्परा पर बहस करते-करते सो गया। सपने में गोबर आ पहुंचा, होरी का लड़का। अब तो बूढ़ा हो गया है। कहने लगा, 'मेरी परम्परा कहाँ है? मेरा लड़का कहाँ है?' मैंने कहा, 'भई, मैं नहीं जानता। जिस चाल में तू रहता है, उधर से मैं एक बार निकला था। मुझे चाल के जीवन पर एक कहानी लिखनी थी। तब तेरा लड़का कारखाने जाता दिखा था। गोबर, तुमने व्यर्थ ही गाँव छोड़ दिया। आज सरपंच बनने का मौका तुम्हें मिल सकता था।' गोबर बोला, 'मेरा एक लड़का गाँव में ही है। मालगुजार ने जो परती जमीन-भूदान में दी थी, उसका एक हिस्सा उसे मिल गया है। उसकी परम्परा के बारे में ही मैं तुमसे पूछ रहा हूँ।' मैंने कहा, 'सो मैं कुछ नहीं जानता। मैं गाँवों की तरफ नहीं जाता। शहर में रहता हूँ। प्रेमचन्द की बात अलग थी। अब उनकी परम्परा का बँटवारा हो गया है। अगर गाँव की तरफ जाऊँगा, तो मार्कण्डेय मुझे गिरफ्तार करवा देगा और इधर मोहन राकेश शहर बदल करा देगा। कहीं का न रहूँगा। किसी कस्बे में शरण लेना चाहूँगा, तो कमलेश्वर मोटर-स्टैण्ड के गुण्डे पीछे

लगा देगा और सड़क के भागे को सत्तावन में से किसी गली में शरण नहीं मिलेगी। अगर तुम्हें अपने गाँववाले बेटे के विषय में जानना है, तो नागार्जुन, रेणु, मार्कण्डेय या शिवप्रसाद सिंह के सपने में जाओ। यहाँ क्यों आये ?'

मुझे क्या मालूम कि गोबर के पीछे खड़े हुए प्रोफेसर मेहता सुन रहे हैं। गोबर को हटाकर वे आगे आये और बोले, 'अगर तुम शहरी हो, तो बताओ कि मेरी परम्परा कहाँ है ? मेरा बेटा ?' मैंने हँसकर कहा, 'क्या मजाक करते हैं, प्रोफेसर साहब ! आपका बेटा भी था ? आप तो क्वाँरे रहे। डाक्टर मालती ने आपको टरका दिया था।' मेहता ने कहा, 'मैं अपने मानस-पुत्र के बारे में पूछ रहा हूँ। मेरे उस प्रिय शिष्य के क्या हाल हैं, जिसका मैंने अपने अनुरूप निर्माण किया था ?' मुझे याद आया। कहा, 'हाँ, मेहता साहब, उसे मैं जानता हूँ। वह बड़ा उदास रहता है।' 'उदास क्यों रहता है ?' मेहता परेशान हो गये। मैंने कहा, 'यह मैं भी नहीं जानता। मैंने एक दिन उससे पूछा कि भाई, उदास क्यों रहते हो ? उसने कहा कि मैं बुद्धिजीवी हूँ इसीलिए उदास हूँ। मेहता साहब, मैं उसकी बात नहीं समझा। और प्रश्न किये, तो उसने सिगरेट के धुएँ के छल्ले बनाये और उन्हें देखता हुआ कहने लगा कि प्रसन्न रहना गँवारी है; उदास रहना बौद्धिकता का लक्षण है। प्रोफेसर मेहता दुखी हुए। कहने लगे, 'मैंने तो उसे काम करना और खुश रहना सिखाया था।' मैंने कहा, 'मेहता साहब, वह कहता है कि काम करना और खुश रहना पुरानापन है। काम नहीं करना और उदास रहना आधुनिकता है। आपका मानस-पुत्र जब शहर में उदासी की सुविधा नहीं पाता, तब पहाड़ों पर उदास रहने के लिए चला जाता है। वह कहता था कि उसके पास पश्चिम से बुद्धिमानों की चिट्ठी आयी है कि इधर हम सब उदास हो गये हैं; तुम भी उदास हो जाना। बस, तभी से वह उदास रहने लगा है। उसे आधुनिकता ग्रहण करना है न !' मेहता सन्नाटे में आ गये। बोले, 'यह बात मेरी समझ में नहीं आयी। हाँ भई, मैं पुराना आदमी हूँ। अच्छा वह जो बड़े उद्योगपति थे, तनखा साहब; उनके बेटे के क्या हाल हैं ?' मैंने बताया, 'वह कभी-कभी आपके पुत्र के साथ दिखता है। वह कभी-कभी आधुनिक हो जाता है। एक बार हम तीनों भिलाई का इस्पात कारखाना देखने गये। आपका बेटा और मैं तो उस निर्माण को देखकर प्रसन्न हुए पर तनखा का बेटा उदास हो गया। मैंने कारण पूछा, तो आपके बेटे ने बताया कि इसे आधुनिक भावबोध हो गया है ? मैंने कहा कि कारखाने को देखकर मुझे जो प्रसन्नता हो रही है, वह क्या आधुनिक भावबोध नहीं है ? उसने उत्तर दिया कि आधुनिकता भी कई तरह की होती है। तनखा का लड़का मानता है कि हम जब आधुनिक होंगे, तब विदेशी पूंजीवाद चला जायेगा और भारतीय पूंजीवाद विकसित होगा, व्यक्तिगत उद्योग चलेंगे, व्यक्ति स्वतन्त्र होगा। उसकी यही आधुनिकता है। जब यहाँ वह सार्वजनिक उद्योग को फलते-फूलते देखता है, तब उदास हो जाता है। यही उसका आधुनिक भावबोध है। आप भी आधुनिक हैं; वह भी आधुनिक है। पर दोनों की आधुनिकता के अलग-अलग अर्थ हैं। मेरी आधुनिकता आप दोनों से भिन्न है।'

मेहता को यह सब बातें समझ में नहीं आयीं। वे कुछ बड़बड़ाते हुए चले गये।

बन्धु, इस-इस तरह के साहित्यिक सपने आते हैं, जिनसे परेशान हूँ। ऐसे में स्तम्भ कैसे लिखा जाय?

और क्या हाल है?

सस्नेह

ह. शं. प.

9

साहित्य शोध-प्रक्रिया

प्रिय बन्धु,

इधर हिन्दी-शोध पर बहुत चर्चा हो रही है। 'कल्पना' में ही सालेक पहले श्री स. ही. वात्स्यायन ('अज्ञेय' जी का गद्य-नाम) ने लिखा था कि शोध अलग चीज है और हिन्दी-शोध अलग। जैसे कई लोगों की नजरों में कविता अलग चीज है और नयी कविता अलग। और अब, जल्दी ही, कहानी से नयी कहानी अलग हो रही है।

शोध का बड़ा हल्ला है। साहित्य के डाक्टरों, कम्पाउण्डरों, नर्सों और मलहम-पट्टी करनेवालों का क्रम लगा है। ऐसे में, जो शोध न करे वह अभागा। अभागा होने से बचने के लिए ही मैंने भी किसी विषय पर शोध करने का इरादा एक मित्र पर प्रकट किया, तो उसने पूछा, 'तुम्हारी दादी हैं?' मैंने कहा कि वह तो बहुत पहले सिधार गयीं। उसने कहा 'तुम सचमुच अभागे हो। दादी होतीं तो तुम 'आंचलिक शोध' कर सकते थे।' मैं उसकी बात समझा नहीं। आंचलिक कथा से तो मेरा परिचय है पर हिन्दी में 'आंचलिक शोध' भी होती है, यह मैं नहीं जानता था। मेरे भले मित्र ने समझाया, 'आंचलिक शोध यों होती है—अपनी दादी के पास बैठकर उनके अंचल के 100 गीत लिख लो। उनका वर्गीकरण कर दो—विवाह के गीत, गौने के, फाग के, धान कूटने के आदि। फिर हर गीत पर टिप्पणी लिख दो। आरम्भ में एक लम्बा 'प्राक्कथन' लिखकर इस शोध-प्रबन्ध को उसी तरह रख दो जिस तरह तुलसीदास ने रामचरितमानस की पाण्डुलिपि हनुमानजी के हस्ताक्षर के लिए रख दी थी। अगर तुम्हारी भक्ति सच्ची है तो कोई आराध्य आचार्य रात को आकर पोथी पर हस्ताक्षर कर जायेंगे! बस, तुम्हारा प्रबन्ध हिन्दी भाषी उसी तरह गले लगा लेंगे जिस तरह हनुमान की मंजूरी के बाद रामचरित-मानस को शीश पर चढ़ाया है। 'डाक्टरी' तो तुम्हें यों ही मिल जाती। पर तुम्हारी

दादी ही नहीं हैं।' मुझे इस नुस्खे की जानकारी नहीं थी। मैं बहुत पछताया। प्रार्थना की कि हे भगवान्, किसी भी हिन्दी के एम. ए. की दादी उसे पी-एच. डी. मिलने के पहले न मरे।

मित्र पछताने से क्या होता है! मैंने दूसरा विषय चुना—'छायावादी काव्य में नारी'। यह विषय इसलिए चुना कि मुझे 'प्रसाद' की दो पंक्तियाँ याद हैं—'नारी तुम केवल श्रद्धा हो, विश्वास-रजत-नग पग-तल में!' विषय तय करके मैंने छायावादी काव्य-ग्रन्थ उठाये और उन पंक्तियों को रेखांकित करने लगा, जिनमें नारी, स्त्री, कामिनी, शुभे, सुभगे, रूपसि, प्रेयसी, सजनी, सखि, प्रिये, सुन्दरी आदि में से कोई शब्द आया हो, तभी मेरा एक अन्य मित्र आया जिसे शोध का अनुभव है। उसने कहा, 'यह क्या कर रहे हो!' मैंने कहा, 'क्यों? छायावादी काव्य में नारी को खोज रहा हूँ।' उसने तरस खायी। बोला, 'ऐसे शोध-कार्य नहीं होता। तुम्हें तो शोध का अ आ नहीं मालूम। मेरे भाई, तुम्हें छायावादी काव्य में नारी की शोध नहीं करना है। शोध दूसरे विषयों की होती है पर डिग्री अन्त में इसी विषय पर मिल जायेगी।' मैं चकरा गया! आखिर वे कौन-सी चीजें हैं, जिनकी शोध होगी और इस विषय में पी-एच. डी. मिल जायेगी! मैंने शस्त्र-समर्पण कर दिया। तब मेरे अनुभवी मित्र ने मेरे शोध-कार्य की रूपरेखा बना दी, जो शोधोत्सुक छात्रों के लाभार्थ यहाँ दे रहा हूँ—

विषय—छायावादी काव्य में नारी

शोध-कार्य की रूप-रेखा

आरम्भिक—(अ) ऐसे आचार्य की शोध करना जो किसी विषय का विशेषज्ञ न हो, पर जिसके सम्बन्ध अन्य विश्वविद्यालयों में ऐसे हों कि डिग्री दिला दे। (विशेषज्ञ से दूर रहना, क्योंकि वह कष्ट देता है।) (आ) ऐसे आचार्य को निर्देशक के रूप में प्राप्त करना।

शोध-प्रक्रिया

प्रथम चरण—आचार्य की रुचियों की शोध—वे सब्जी कौन-सी पसन्द करते हैं, लौकी या बैंगन। वस्त्र कौन-से धारण करते हैं? पान कौन-सा खाते हैं? तम्बाकू कौन-सी? मनोरंजन का माध्यम—सिनेमा, संगीत, नाटक, निन्दा या मिथ्याभाषण?

द्वितीय चरण—आचार्या तथा आचार्य-सन्तति की रुचियों का शोध।

विशेष—आचार्या की ईर्ष्या-पात्रा नारियों के चरित्रों की शोध।

तृतीय चरण—आचार्य के साहित्यिक और गैर-साहित्यिक शत्रुओं की तालिका बनाना और हरेक की व्यक्तिगत कमजोरियों की शोध करना—जहाँ कमजोरियाँ न मिलें, वहाँ अपनी प्रतिभा का उपयोग करके कमी को पूरा करना।

चतुर्थ चरण—उपरिलिखित शत्रुओं की हानि करने के साधनों की खोज। इस बात पर ध्यान रखना कि वहाँ किसका हित-साधन हो रहा है। उसमें यथाशक्य

बाधक होना।

पंचम चरण—आचार्य की साहित्य-सम्बन्धी मान्यताओं की शोध करना (यदि हों तो) और उनके मुख से झरनेवाले निर्णयात्मक वाक्यों को मन्त्री की तरह रट लेना जैसे—'प्रेमचन्द प्रचारक है !', 'यशपाल नारेबाज है।', 'उग्र गन्दा है !', 'नया साहित्य कचरा है !'

'नयी कविता—हुश्ट !'

षष्ठम चरण—आचार्य की महत्त्वाकांक्षाओं की शोध करना जैसे (क) पद-सम्बन्धी, (ख) सम्मान-अभिनन्दन सम्बन्धी, (ग) प्रशस्ति-श्रवण, (घ) अपने ऊपर पुस्तक लिखवाना आदि।

सप्तम चरण—आचार्य की सेवाओं के प्रकारों की शोध। (कहा है—सेवा से मेवा मिलता है)। सेवाओं के प्रकार; यथा, जरूरतें पूरी करना, बाजार से खरीदा आम बनारस से लाया बताना, पान खिलाना, बच्चों को नाटक दिखाना, सौदा-सुलुफ कर देना, प्रशंसा-लेख लिखना, फोटो खिंचवाना आदि।

शोध-प्रक्रिया को इस तरह सात चरणों में बाँटकर उसने रूपरेखा तैयार कर दी और कहा, 'अब इस रूपरेखा के अनुसार कार्य करो। कार्य क्या करना है, यह रूपरेखा से ही स्पष्ट हो जाता है। जैसे प्रथम चरण के अन्तर्गत तुम्हारा कार्य होगा, आचार्य के घर में लौकी पहुँचाना, उनके लिए डिब्बे में पान लिये रहना, उनके शत्रुओं की निन्दा करते रहना। (अपने मित्र हों तो भी, क्योंकि शोध पतिव्रत-धर्म है)। षष्ठम चरण के अन्तर्गत आचार्य के सम्बन्ध में लेख लिखना, उनकी ओर से पुस्तक लिख देना, उनके सम्मान का सिलसिला जमाना, उनकी तस्वीर छपाना आदि कार्य होंगे।'

मैंने कहा, 'जब यह शोध-कार्य पूरा हो जायेगा, तब डिग्री किस विषय पर मिलेगी ?'

उसने कहा, 'क्यों, जो विषय तुम्हारा है उसी पर मिलेगी, याने 'छायावादी काव्य में नारी' पर।'

बन्धु, रूपरेखा तैयार है। इस पर कार्य करने का साहस जुटा रहा हूँ। अभी आचार्य के प्रति निष्ठा जाग्रत करने में लगा हूँ। रोज पाठ करता हूँ—'नाते सकल, राम तें मनियत सेवक सेव्य जहाँ लौं !'

और सब ठीक ही है।

सस्नेह

ह. शं. प.

पुनश्च (गोपनीय)

बन्धु, जैसा कि आप समझ गये होंगे, यह सब मैंने ईर्ष्या से प्रेरित होकर लिखा है। अभी तक मैं पी-एच. डी. नहीं हुआ, इसलिए ईर्ष्याग्रस्त हो गया हूँ। पर यह बात अपने तक ही रखना।

ह. शं. प.

10

एक लाख का इनाम

प्रिय बन्धु,

दुनिया के आकाश और भारत के साहित्याकाश, दोनों में एक साथ हलचल मच गयी। उधर क्रिसमस द्वीप पर बम विस्फोट हुआ; इधर दिल्ली में एक लाख के इनाम की घोषणा हुई। दोनों विस्फोट एकसाथ हुए—पता नहीं किसने किसके साथ समय साधा ! भारतीय लेखक की हालत अजीब हो गयी है। अदना-से-अदना लेखक के चेहरे पर मुझे एक लाख का चेक चिपका दिखता है।

भारी हलचल है। पुरस्कार के पक्ष में और विपक्ष में लोग बोल और लिख रहे हैं; 'जय' और 'धिक्' के नारों से आसमान ऐसा भर गया है कि प्रेमीजनों को रेडियो सीलोन के गाने सुनने में कठिनाई पड़ रही है। लोग मुझसे कहते हैं कि तुम इस पर कुछ क्यों नहीं बोलते। मैं कहता हूँ, मैं चुप हूँ। मैं चुप हूँ क्योंकि मुझे इनाम चाहिए। जिसे इनाम चाहिए, वह चुप ही रहेगा। जो इनाम की आलोचना कर रहे हैं, वे अपना भविष्य बिगाड़ रहे हैं। उन्हें इनाम नहीं मिलेगा। जो जय बोल रहे हैं, उन्हें भी नहीं मिलेगा क्योंकि इनामदाता जानते हैं कि ये 'लॉटरी' और वर्ग-पहेली के इनामों की भी इसी तरह जय बोलते हैं। इनाम उन्हें मिलेगा, जो चुप हैं। शीतयुद्ध में तटस्थ देशों को लाभ मिलता है; भिलाई और रूरकेला दोनों हाथ आते हैं। इसीलिए हम चुप हैं। हमें यह इनाम लेना ही है।

मेरे सामने प्रश्न यह है कि यह इनाम कैसे मिलेगा। घोषणा को ध्यान से पढ़ने पर मेरे हाथ 'कला की दृष्टि से' शब्द पड़े। यही योजना की पकड़ है। विशुद्ध कला की दृष्टि से जो ग्रन्थ श्रेष्ठ होगा, उसी पर इनाम मिलेगा। आप जानते हैं कि हर कला विकसित होते-होते 'कलाबाजी' हो जाती है। इसलिए जो आगे देखता है, जो भविष्य-द्रष्टा है, वह कला को छोड़कर 'कलाबाजी' पर ध्यान देता है। जो लोग इनाम के पक्ष-विपक्ष में बोल रहे हैं, वे 'कला' को दृष्टि में रखकर सोच रहे हैं। वे भूल रहे हैं कि साहित्य-रचना कला की सीमा से आगे बढ़कर 'कलाबाजी' तक पहुँच गयी है। जो कला में अटके रहेंगे, उनका भविष्य बिगड़ेगा।

मैं जब स्कूल में पढ़ता था, तब हर साल किसी लड़के को सर्वोत्तम आचरण पर इनाम मिलता था। इनाम का निर्णय हेडमास्टर साहब, ड्रिल मास्टर की सलाह से, करते थे। सर्वविदित है कि स्कूलों में लड़कों के आचरण पर नजर रखने की जिम्मेदारी ड्रिल मास्टर पर होती है। जिन लड़कों को इनाम पाना होता, वे इन दोनों की निगाह में अच्छे लड़के बनने का प्रयत्न करते थे। वे दिन में दस बार हेड-मास्टर को 'नमस्ते सर !' कहते थे। जहाँ कहीं हेडमास्टर दिख जाते एकदम झुक-कर 'नमस्ते सर !' छोटी छुट्टी में, बड़ी छुट्टी में, स्कूल बन्द होने पर, खेल के मैदान

में हर बार 'नमस्ते सर !' कहते थे। इसी तरह ड्रिल मास्टर को खुश करते थे। बड़े मन से कवायद करते, उनका हर काम करने को तैयार रहते, उनके लिए पास के बगीचे से अमरूद तोड़कर ले आते। साल के अन्त में अच्छे आचरण के लड़के का नाम घोषित होता और वह इनाम पा जाता। कभी ऐसा भी होता कि जो अपने को सबसे अच्छा लड़का सिद्ध करता, उसे न मिलकर इनाम दूसरे को मिल जाता, क्योंकि यह दूसरा लड़का स्कूल कमेटी के किसी सदस्य का कोई होता। मगर एक बात विचित्र होती—जिसे इनाम मिलता, वह लड़कों के बीच में बहुत निकम्मा और सत्त्वहीन माना जाता। साल-भर इनाम लेने की कोशिश में वह ऐसी 'कला-बाजियाँ' करता कि जब उसे इनाम मिलता तो हमें लगता एक हममें से सबसे निकम्मे, दब्बू और व्यक्तित्वहीन लड़के को चुन लिया गया। फिर भी कोशिश होती ही थी, क्योंकि इनाम बड़ी चीज है।

बन्धु, स्कूल की सीखी बातें जीवन-भर काम आती हैं। इनाम पाने की इस तरकीब के उपयोग करने का अब मौका आया है। हेडमास्टर को 'नमस्ते सर' का सिलसिला जमाता हूँ। ड्रिल मास्टर को खुश करने के प्रयत्न भी करूँगा। लोगों ने घोषणा के बाद जैसा वातावरण बना दिया है, उसमें कई लोग कोशिश करने में झेंपेंगे। जो साहस से काम लेगा, उसे इनाम मिल जायेगा।

बन्धु, लोग अटकलें लगाने लगे हैं—अमुक को मिलेगा, अमुक प्रकार के साहित्य को मिलेगा, अमुक विचारधारावालों को मिलेगा। उधर से जवाब आता है कि निर्णय निष्पक्ष होगा। मैं कहता हूँ, इस मामले में हमें नाई की शिक्षा ग्रहण करनी चाहिए। नाई रे नाई, मेरे सिर में कितने बाल? नाई ने निहायत संजीदगी से कहा—'अभी सामने आये जाते हैं!' पहला इनाम साल-भर में मिल ही जायेगा। उसी से पता लग जायेगा। और मान भी लिया जाय कि पक्षपात होगा, तो क्या गलत होगा? कोई पैसा भी दे गाँठ से और आप उसे बतायें भी कि अमुक को दे दो! कोई सार्वजनिक चन्दे का पैसा तो है नहीं।

बन्धु, भारतीय लेखक, विशेषकर हिन्दी लेखक विचित्र होता है। वह सर से कफन बाँधे रहता है। इसे पैसा नहीं दो तो शिकायत करता है कि लेखक को कुछ नहीं मिलता। और पैसा देने लगो, तो दूर भागता है। पैसे की कीमत ही नहीं समझता वह। घोषणा-पत्र में इसी नासमझी को ध्यान में रखकर समझाया गया है कि हे लेखक, तुझे पाठक मिलने से उतनी खुशी नहीं होती, जितनी पैसा मिलने से। इतना साफ समझाने पर भी कोई न समझे तो वह अभागा है। भई, हम तो हेडमास्टर को 'नमस्ते सर' कहेंगे।

सस्नेह

ह. शं. प.

11

सम्मान की भूमिका

प्रिय बन्धु,

एक लम्बे अरसे से मैंने पत्र नहीं लिखा। इस बीच बड़ी-बड़ी घटनाएँ घट गयीं। मेरे जीवन में वह महान् क्षण आया, जो जिन्दगी में एक-दो बार ही आता है। बहुतों की जिन्दगी में यह इतनी देर से आता है कि इसमें और पिण्ड-दान में कोई अन्तर नहीं रह जाता। क्या आपका वह क्षण आ चुका? यानी क्या कभी आपसे लोगों ने आपकी जन्मतिथि पूछी?

गलतफहमी की भूमिका तैयार हो गयी न! नहीं, वह बात नहीं हुई। हुआ यह कि एक दिन मेरे पास 2-3 नव तरुण आये; बिल्कुल ताजा, रवे। आते ही मुझसे पूछा, 'आपकी जन्म-तिथि क्या है?' अब मैं इस अप्रत्याशित प्रश्न से अचकचा गया। आप जानते हैं कि जन्म-तिथि पूछने के कई प्रयोजन हैं, जिनमें एकाध बहुत भयावह है। एक आयु तक यह प्रश्न बड़ा मीठा लगता है; इसके बाद पूछनेवाले को गाली देने का मन होता है। मैं बड़ी उलझन में पड़ा। आखिर यह क्यों पूछते हैं? इन्हें कौन-सी तारीख बता दूँ। आप जानते हैं कि प्राचीन ऋषियों से लेकर बाबू-गिरी के आधुनिक उम्मीदवार तक किसी ने अपनी सही जन्म-तिथि नहीं बतलायी। विश्वामित्र तक ने मेनका से अपनी सही उम्र छिपायी थी। मैंने नवयुवकों से पूछा, 'आखिर बात क्या है? क्या काम आ गया मेरी जन्म-तिथि से?' उनमें से एक जो सबसे अधिक विनयशील था, बोला—'जी, बात यह है कि आपको भी लिखते 12-13 साल तो हो ही गये। आप भी अब सयाने हो रहे हैं। आप कुछ न कहें, पर हम लोग अपना कर्त्तव्य जानते हैं और निभाना भी चाहते हैं।'

बन्धु, जब मैंने इस संकेत को समझा तब सुख-विह्वल हो गया। वे लोग मेरा जन्म-दिन मनाना चाहते थे; मेरा सम्मान करना चाहते थे। क्यों ऐसा करना चाहते थे? क्योंकि मुझे 12-13 साल लिखते हो गये थे और मैं 40 के पास आ लगा हूँ। यह वह अवस्था है, जब लेखक, पाठ्य-पुस्तकों में आ जाता है और मदरसे में प्रतिष्ठा पा जाता है। जिसका मदरसे में प्रवेश हो जाये, वह लेखक बड़ा हो जाता है। उसका सम्मान होना ही चाहिए। इधर मेरी एक-दो चीजें पाठ्य-पुस्तकों में संकलित हो गयी हैं, जिन्हें उन लड़कों ने पढ़ा होगा। उन्होंने मेरे प्रति अपने कर्त्तव्यों को समझा होगा।

'आपको भी तो लिखते 12-13 साल हो ही गये हैं!'—सोचता हूँ अगर 12-13 साल चोरी करते हो जाते, तब भी क्या ये लड़के आते और कहते, 'आपको भी चोरी करते 12-13 साल हो गये। आप कुछ न कहें, पर हम तो अपना कर्त्तव्य समझते हैं। अपनी जन्म-तिथि बता दीजिए!' वे तब भी आते, भारत में सबकुछ उम्र के

मुताबिक मिलता जाता है। उम्र पर शादी होती है, उम्र पर बच्चे होते हैं। अगर आदमी ऐसा हुआ जिसका साहित्य, राजनीति, जनसेवा या दूकान के माध्यम से जनता से सम्पर्क रहा तो ज्यों ही वह साठ पर पहुँचा कि लोगों ने उसका अभिनन्दन किया। कोई पूछे– क्यों भाई, अभिनन्दन क्यों कर रहे हो? इन्होंने ऐसा क्या किया?···कुछ नहीं साहब, साठ के हो गये हैं। यही बड़ा पराक्रम है! अभिनन्दन करके उसे छोड़ देते हैं कि अब तुम्हारी मर्जी पर है कि किस दिन दुनिया छोड़ो।

एक बार एक नेता के अभिनन्दन के लिए जो अपील निकली, उसमें लिखा था—'अमुकजी 70 वर्ष के हो गये। इधर उनका स्वास्थ्य भी बहुत गिरता जा रहा है। इसलिए हमारा कर्त्तव्य है कि अविलम्ब उनका अभिनन्दन समारोह आयोजित करें।' इसका खुला अर्थ यह हुआ कि भाइयो, जिस मौके का हम इन्तजार कर रहे थे, वह आ पहुँचा। अमुकजी की चलाचली की बेला आ पहुंची। उनके देह-त्याग के पहले उनका अभिनन्दन कर डालें, जिससे उनकी आत्मा की छटपटाहट बन्द हो। यों कुछ लोग कहते हैं कि धन और सम्मान मौत के इतने पास न मिलकर पहले मिल जाय, तो जीवन कुछ और लम्बा और उपयोगी हो जाय। पर इसमें झंझट है। किसे दें और किसे न दें—इस पर झगड़े खड़े होंगे। उम्र का सूत्र सीधा है। उम्र एक सर्वमान्य उपलब्धि है। उसकी इज्जत में किसी को आपत्ति नहीं।

मैं एक वयोवृद्ध साहित्यकार पर कभी-कभी व्यंग्य कर देता हूँ। मुझसे कुछ लोगों ने कहा कि ऐसा नहीं करना चाहिए। मैंने समझाया कि वे ऐसे-ऐसे पाखण्ड खड़े करते हैं, उनके कर्म ऐसे हैं। तो उन नीतिवानों ने जवाब दिया, 'कुछ भी हो। आखिर वे वयोवृद्ध हैं!' जरा इस नीति पर गौर करो, बन्धु! कर्म को मत देखो, उम्र देखो। इतना सुलझा हुआ सिद्धान्त मानव समाज में कैसे चलता है, जिसका हर सिद्धान्त उलझा हुआ है।

मुझे याद आता है—हम स्कूल में पढ़ते थे तब मुहल्ले में एक बूढ़े लालजी भैया रहते थे। वे समय काटने के लिए स्कूल के बच्चों को बुलाकर उनके साथ पत्ते खेलते थे। यों उनके विषय में सभी कहते थे कि वे बहुत निकृष्ट आदमी हैं—शराब पीते हैं, जुआ खेलते हैं, आदि। उन्होंने हमें दाँव लगाकर पत्ते खेलना सिखाया। वे हमें बराबर पैसे दे देते और दाँव लगवाते। खेल खत्म होने पर वे पैसे ले लेते। इस तरह हार-जीत का आर्थिक पक्ष गायब हो जाता। जुए की प्राथमिक शिक्षा उन्हीं से हम लोगों को मिली। उन्होंने हमें ऐसी उच्च कोटि की गालियाँ भी सिखायीं, जैसी पुलिस के ज्ञान-कोश में भी नहीं होतीं। एक दिन उनका 'हृदय असफल' (हार्टफेल) हो गया और वे देवताओं के बच्चों को जुआ सिखाने स्वर्ग बुला लिये गये। हाँ, खास बात तो भूल ही गया। एक बार मुहल्ले में किसी प्रसंग में एक समिति बनी और सबने एक मत से लालजी भैया को उसका अध्यक्ष बनाया। हम बच्चों को बड़ा आश्चर्य हुआ। हमने अपने अभिभावकों से पूछा कि इतने बुरे आदमी को आप लोगों ने यह सम्मान का पद क्यों दे दिया? हमें जवाब मिला, 'कुछ भी हो, वे वयो-वृद्ध हैं।' उसी छोटी उम्र से मेरे मन में उम्र के प्रति श्रद्धा पैदा हो गयी और कर्म

का स्थान दूसरा हो गया। अब किसी बूढ़े शराबी को देखता हूँ तो उसके प्रति युवक सदाचारी से अधिक आदर पैदा होता है। कुछ भी हो, वह वयोवृद्ध है। अगर कोई वृद्ध आपको पत्थर मारे और आप उसको रोकें तो दो-चार नीतिवान आपको घेर-कर कहेंगे, 'उन्हें कुछ मत कहो।' आप कहेंगे, 'पर वह मुझे पत्थर जो मार रहा है।' नीतिवान कहेंगे, 'कुछ भी करें, वे वयोवृद्ध हैं।'

पिछले सालों में कुछ वयोवृद्धों ने तमाम नये साहित्य को कचरा कहने का धन्धा उठाया, तो नये लेखकों ने उन पर जवाबी हमला बोल दिया। तब कुछ नीतिवानों ने सलाह दी, 'उन लोगों से कुछ मत कहो; वे वयोवृद्ध हैं।' पौधों को यह हक नहीं है कि वे अपने ऊपर छाये वट-वृक्ष का प्रतिरोध करें। उन्हें उससे कहना चाहिए, 'हे वयोवृद्ध, तुम चाहे हमें न पनपने दो, पर हम तुम्हारा आदर करेंगे। तुम कुछ भी करो; तुम वयोवृद्ध हो। तुम्हारी सबसे बड़ी उपलब्धि यह है कि तुमने जन्म लेने के लिए हमसे पहले का समय चुना।'

बन्धु, उम्र का क्या अर्थ है? अनुभवों का भण्डार और कर्मों का समाहार। इन्हीं का आदर हम करते हैं। जिन्दगी-भर घूस लेकर 'रिटायर' हुए वयोवृद्ध को जब हम सम्मान देते हैं तब यही कहते हैं, 'हे वयोवृद्ध, हम आपके जीवनव्यापी घूसखोरी के अनुभवों को प्रणाम करते हैं। कुकर्मों का जो ढेर आपने लगाया है, उसका हम आदर करते हैं।'

आपको क्या यह नहीं लगता कि डाकू मानसिंह के प्रति अन्याय हो गया? मुझे तो कसकता है। डाकू मानसिंह को पुलिस ने 80 वर्ष की अवस्था में मार डाला। यह नीति-विरुद्ध हुआ। धर्म और संस्कृति के रक्षक जो राजनैतिक दल हैं, उन्हें इसके विरुद्ध आन्दोलन करना था। वे भी कर्त्तव्य भूल गये। उचित यह होता कि मानसिंह के पास पुलिस का एक प्रतिनिधि मण्डल जाता और कहता, 'दस्युराज, आप वयोवृद्ध हैं। आप 10-15 डाके और डालिए।'

बन्धु, जब से वे लड़के आये मेरा विश्वास और दृढ़ हो गया। सब उम्र से होगा—'समय पाय तरुवर फरें केतिक सींचौ नीर !'

कर्म से क्या होता है? अगर मैं आगामी 20-22 वर्ष तक दूसरों की रचनाएँ चुराकर अपने नाम से छपाऊँ तो भी साठ साल पूरे होते-होते, ये लड़के (जो तब प्रौढ़ होंगे) फिर मेरे पास आयेंगे और कहेंगे, 'आपने चाहे 20 वर्षों में सिर्फ साहित्यिक चोरी की हो पर अब आप साठ के हो गये। चलिए, आपका अभिनन्दन करें।'

मित्र, अगर वयोवृद्ध गण इसे पढ़कर नाराज हों तो उन्हें समझाना कि यह सब उनके पक्ष में ही लिखा है। अपना भी यही पक्ष है। सब अपना भविष्य बनाते हैं।

और क्या हाल है? सम्पादक-मण्डल के एकमात्र क्वाँरे [राजा दुबे] के विवाह के उपलक्ष्य में 'कल्पना' को नियमित कर डालो।

सस्नेह

ह. शं. प.

12

देशभक्ति से गद्दारी

प्रिय बन्धु,

उस दिन जब अखबार में पढ़ा कि आपके शहर में एक बेचारा गरीब आदमी रहता है, तो आप सब लोगों के प्रति सहानुभूति से मन भर गया। उस गरीब आदमी की करुण कथा से दुष्ट चीनियों के कठोर दिल भी पानी-पानी हो जायेंगे।

चीनी आक्रमण के बाद से अब तक, अजीब चीजें देख रहा हूँ। अमीर गरीब हो गये और गरीब अमीरों-जैसा व्यवहार करने लगे। मजदूरनी ने कान की बाली उतारकर दे दी और सेठानी ने हार देखकर कहा कि हाय, यह नहीं रहा, तो जिन्दा कैसे रहेंगी। जिसे नीचा समझते थे वह ऊँचा हो गया और जिसे ऊँचा समझ रहे थे, वह जाने कैसे सिकुड़कर बालिश्त-भर का हो गया। जनता एकदम एक होकर, बलिदान की भावना से तनकर खड़ी हो गयी, मगर नेता और सिकुड़ गया। पहले जनता ऊँचा मुँह बा करके नेता की बात सुनती थी; अब जनता को नीचा मुँह करके नेता को देखना पड़ता है।

बन्धु, अवसर को पकड़ना बड़ी भारी विद्या है। द्वितीय महायुद्ध में 'बने' बूढ़े सेठ ने बेटे से कहा, 'बेटा, मैं उस लड़ाई में बना था; तू इस लड़ाई में बन आना।' बेटा योजना बनाने लगा। पैसेवालों ने जब देखा कि 'राष्ट्रीय सुरक्षा कोष' के नाम से फिर हमारे पैसे पर संकट आया तो वे जगह-जगह खुद माँगनेवाले हो गये—यानी राष्ट्रीय सुरक्षा समितियों में घुस गये। जो माँगनेवाला है, वह या तो देने से बच जाता है या कम देकर छूट जाता है। जिनसे भारी रकम लेनी थी, जब वे ही याचक बनकर माँगने निकल पड़े, तो अपने वर्ग के आर्थिक हितों की काफी रक्षा हो गयी। कुछ ऐसे दृश्य दिखने लगे—जिससे कम-से-कम एक हजार की उम्मीद है और जो बड़ी आसानी से इतना दे देगा, उसके पास सधे-बधे माँगनेवाले पहुँचे और कहा, 'भैयाजी, सौ रुपये से एक कौड़ी कम नहीं लेंगे।' भैयाजी, जो एक हजार तक देने के लिए जी कड़ा कर चुके हैं, यह सुनकर पहले तो खुशी सँभाल नहीं पाते, फिर नाटक करते हैं, 'नहीं, नहीं, सा'ब, सौ बहुत हो जायेगा। आजकल धन्धे में क्या रखा है?' माँगनेवाले जोर देंगे, तो वह महान् बलिदान की मुद्रा में सौ का नोट देकर हाथ जोड़ लेगा। वह मन-ही-मन कहेगा, 'अपने ही लोग माँगनेवाले हैं तो नौ सौ बच गये!' इस तरह मध्यम वर्ग और मजदूर वर्ग को बचानेवाले कोई नहीं थे। वास्तव में, इन लोगों ने देश-रक्षा के काम में किफायत करने की कल्पना भी नहीं की।

जगह-जगह जो समितियाँ बनीं, उनमें वे लोग प्रमुख रूप से शामिल हुए, जो दूसरे महायुद्ध में अंग्रेज सरकार की 'वार फण्ड कमेटी' में थे। इस सरकार की 'वार

फण्ड कमेटी' बनी, तो इसमें भी वे हैं। और अगर चीन का कब्जा हो जाय (जो कभी नहीं, कभी नहीं होगा), तो वे उसकी 'वार फण्ड कमेटी' में भी हो जायेंगे और कहेंगे, 'सा'ब, हम उन लोगों में नहीं हैं जो बार-बार अपने सिद्धान्त बदलते हैं। हम तो शुरू से सरकार के साथ थे, सो अब हैं। अंग्रेज सरकार थी, तो हम उसके साथ थे फिर देशी सरकार बनी, तो हम उसके साथ भी थे। और अब आप आये हैं, सा'ब, तो हम आपके साथ भी हैं। हम सिद्धान्त के पक्के हैं, सा'ब !'

एक जगह से जब हम दस रुपये राष्ट्रीय सुरक्षा कोष के लिए लेकर चलने लगे, तो देनेवाले ने दूसरे से कहा, 'यहाँ तो यह लगा ही रहता है। कभी दुर्गा-पूजा का चन्दा, कभी गणेशोत्सव का, कभी ये !'

जिसके घर में हजारों तोले सोना है और जिसकी पत्नी चलता-फिरता सर्राफा बाजार है, वह एक तोला लेकर सुरक्षा-कोष में देता है और फौरन अखबार की तरफ भागता है कि दूसरे दिन 'स्तुत्य दान' के नीचे नाम छप जाय।

मगर बन्धु, यह सब कहना खतरनाक हो गया है। आप कहें, तो आरोप लगा देंगे कि यह एकता भंग करता है, वर्ग-द्वेष पैदा करता है—यह 'गद्दार' है ! यह शब्द खूब जबान पर चढ़ा है। यदि कोई सौदा लेने जाय और दूकानदार कम तोले, तब यदि ग्राहक कहे, 'यार, पूरा तौलो। डण्डी क्यों मारते हो ?' तो दूकानदार हल्ला मचा सकता है, 'यह गद्दार है।' भीड़ इकट्ठी हो जायेगी। जगह-जगह डण्डी मारी जा रही है और इसकी तरफ इशारा करनेवाला 'गद्दार' कह दिया जाता है।

इधर मैंने एक बहुत बड़े नेता का भाषण सुना। अखिल भारत में वे दूसरी श्रेणी के नेता होंगे। प्रचारित हुआ था कि वे चीनी आक्रमण का विश्लेषण करेंगे, भारतीय जनता के कर्त्तव्य बतलायेंगे और इस सन्दर्भ में जनमत को शिक्षित करेंगे। मैं बड़ी आशा से सुनने गया। उनका शिक्षाप्रद भाषण हो रहा था। वे कह रहे थे, 'चीन में न माँ होती है, न बहिन, न स्त्री। सब गोलमाल रहता है। और चीनी लोग मेंढक खा जाते हैं, कुत्ता खा जाते हैं। साँप-बिच्छू न जाने क्या-क्या खाते रहते हैं।' जाग्रत और काफी समझदार जनता को इस तरह वे शिक्षित और उत्साहित कर रहे थे। मैंने उनके कई भाषण सुने हैं और मेरा अभी तक खयाल था कि जब वे खुशी से बोलते हैं, तब मूर्खता के चरम बिन्दु पर पहुँचते हैं। मेरी धारणा बदल गयी। वे जोश में चरम बिन्दु छूते हैं। यों जहाँ अथाह सागर है वहाँ क्या हिसाब लगाना कि यहाँ दस फुट कम गहरा और यहाँ पाँच फुट अधिक गहरा !

चीन से लड़ने की तैयारी का पहला कदम क्या हो ? मेरी अल्पमति के अनुसार पहले यह तय हो जाना चाहिए कि सबसे पहले चीन के इस इरादे की चेतावनी किसने दी थी। पचीसों आदमी कह रहे हैं कि देखो, हमने पहले ही आगाह कर दिया था। कोई कहता है, मैंने सन् '70 में ही चेतावनी दे दी थी। दूसरा कहता है मैंने सन् '56 में कह दिया था। तीसरा कहता है, मैंने तो सन् '50 में बता दिया था। और चौथा कहता है कि मैं तो बचपन में ही कहता था कि देखो, एक दिन चीन हमला करेगा। बन्धु, चीन की लड़ाई से बड़ी लड़ाई यह है कि किसने पहले कहा

था। इसका निर्णय कैसे हो ? मैं सोचता हूँ कि कागज के टुकड़ों पर कहनेवालों के नाम लिखकर किसी बच्चे से एक टुकड़ा उठवा लिया जाय। जिसकी किस्मत जोरदार होगी, उसे श्रेय मिल जायेगा और तब हम चीन से लड़ने की तैयारी करेंगे।

सब दलों के नेताओं के मुँह से दो वाक्य सुनता हूँ— (1) हमें मतभेद भुलाकर एक हो जाना चाहिए और; (2) इस समय किसी दल को अपने हितों को आगे नहीं बढ़ाना चाहिए। ये बड़े अच्छे उद्गार हैं। लेकिन इन दो वाक्यों के बाद के जो 100 वाक्य होते हैं, वे भेद डालनेवाले और अपना हित आगे बढ़ानेवाले होते हैं। इसलिए जब मैं किसी के श्रीमुख से ये वाक्य सुनता हूँ, तो समझ जाता हूँ कि इनका मतलब है कि हम भेद डाल रहे हैं, मगर तुम मतभेद भुला दो। और यह कि हमारे सिवा कोई और अपने हित आगे न बढ़ाये, सिर्फ हमें अपने हित आगे बढ़ाने दो।

बन्धु, इस हल्ले के बीच जब सुनता हूँ कि राष्ट्रीय एकता हो गयी तो सोचता हूँ कि जनता तो एक हो गयी, मगर नेता और बिखर गये। पक्की एकता अगर किसी की हुई तो वह है, प्रतिक्रियावादी की। इसे राष्ट्रीय एकता कहना चाहो तो कहो।

बहुत लोग ऐसी बौखलाहट से सरकार को गाली देते हैं, गोया, यह देश केवल सत्ताधारी दल का है और चीन से उसी की लड़ाईहो रही है। मुझे एक सेठ की कहानी याद आती है। सेठ की दूकान के आसपास उसके कुछ दुश्मन रहते थे। वे उसकी दूकान में आग लगाना चाहते थे। सेठ ने एक चौकीदार रख लिया था। एक रात किसी ने आकर सेठ से कहा कि तुम्हारी दूकान में कोई आग लगा रहे हैं। सेठ ने कहा—मैंने चौकीदार तो रख दिया है। अगर आग लग गयी तो चौकीदार को निकाल दूँगा। फिर किसी ने आकर कहा कि सेठ, दूकान जल रही है; जाकर बुझाओ। सेठ ने कहा—मेरा चौकीदार वहाँ है। अगर दूकान जली, तो उसे नौकरी से निकाल दूँगा। दूकान स्वाहा हो गयी। चौकीदार भी निकल गया। दूकान ही नहीं बची, तो चौकीदार क्या करेगा ! इस समय चीनी आक्रमण के सन्दर्भ में बहुत लोग चौकीदार को बरखास्त करने में अधिक रुचि ले रहे हैं—आग बुझाने में कम।

पत्र लम्बा होता जा रहा है। मगर एक जरूरी बात तो लिखूँगा ही। कुछ देशभक्तों को यह लग रहा है कि गाँधीजी की हत्या करनेवालों को जेल से रिहा कर दिया जाय, तो चीन को हटाना आसान हो जायगा। इसी खास मौके पर उनकी रिहाई की माँग करना इस बात का सबूत है कि राष्ट्रपिता के हत्यारों की सहायता के बिना राष्ट्र मजबूत नहीं होगा। मेरा तो विचार है कि चोर-डाकुओं को भी रिहा कर दें, जिससे नागरिक सुरक्षा अपने-आप हो जायगी।

हो सकता है, आपके विचार दूसरे हों। पर चिट्ठी लिखना, और मन की बात लिखना मेरा फर्ज है। सो लिखी।

आशा है, सब कुशल-मंगल है।

सस्नेह

ह. शं. प

13

चीनी हमला और भ्रमजाल

प्रिय बन्धु,

पिछले अंक में कैलाश वाजपेयी की चीनी आक्रमण के सन्दर्भ में रचित कविता पढ़ी ! अच्छी लगी। युद्ध की पृष्ठभूमि पर रचित साहित्य के सम्बन्ध में आपकी टिप्पणी भी पढ़ी।

मैं खुद कई दिनों से सोच रहा हूँ कि मैं क्या करूँ। सुनता हूँ कि अमुक ने एक सप्ताह में ही दस कविताएँ, सात लेख लिख डाले। रोज ही अगणित चीन-विरोधी और राष्ट्रवादी कविताएँ, लेख, कहानियाँ पढ़ता हूँ। और तब सोचता हूँ कि मैं हमेशा फिसड्डी रहा—मैंने अभी तक सिर्फ दो कहानियाँ और 5-6 स्तम्भ लिखे हैं, लेकिन इनमें भी वे जोरदार शब्द नहीं आये जो अन्य की रचनाओं में हैं, जैसे गद्दार, नीच, कमीने, अफीमची, बदमाश, धोखेबाज आदि। एक कवि कहता है—दुष्ट चीनी, हम तुझे चीनी (शक्कर) बनाकर चाय में घोलकर पी जायेंगे। दूसरा कहता है—हम पेकिंग पर तिरंगा गाड़ देंगे। (विजयी विश्व तिरंगा प्यारा!)। तीसरी कविता में कहा गया है—साले अफीमची, हम तुझे अफीम खिलाकर मार डालेंगे। कल मैंने 'उग्र' की कविता पढ़ी जो आरम्भ होती है, के 'बले माँ तुम अबले' और आगे 'बलबूते' जैसी तुकों की मजबूरी के कारण यह लिखा गया कि तेरे डर से बैरी 'मूतें' ! मुझे एक चिट्ठी मिली है कि हम लोग चीनी आक्रमण के 'उपलक्ष्य' में एक पुस्तक निकाल रहे हैं; आप भी इसमें एक रचना छपा लीजिए।

बन्धु, युद्ध आया, तो युद्ध-साहित्य अवश्य लिखा जायेगा। पर अगर चीन से अपनी दुश्मनी 5 साल चली, तो हर साहित्यकार की कम-से-कम 100 रचनाएँ तो हो ही जायेंगी। मगर सौ रचनाओं के लिए गालियाँ हम कहाँ से लायेंगे? या हम वीर हैं और शत्रु का नाश कर देंगे, यह कितनी तरह से कह सकेंगे? और जब कोई युद्ध की पृष्ठभूमि पर लिखा गया हमारा साहित्य देखेगा, तो उसमें गाली और वीर वाक्य के सिवा और क्या पायेगा?

चीन ने आक्रमण किया, तो साहित्यकार पर विभिन्न प्रकार से प्रतिक्रियाएँ हुईं। क्रोध सबको आया, घृणा भी पैदा हुई। साथ ही राष्ट्र-गौरव और राष्ट्र-भक्ति की चेतना बहुत तीव्र हुई। यह तो सबको समान ही हुई। अभिव्यक्ति के रूप और प्रयोजन में बहुत विभिन्नताएँ आयीं। एक तो भारतीय साहित्यकार और, विशेषकर, हिन्दीवाला बहुत ही भोला होता है। उसके पास 'आत्मा' नाम की एक ऐसी चीज होती है, जो सब कुछ सहज कर देती है। उसकी आत्मा में जो सहज उठ आता है, वह सत्य होता है। अब मुश्किल यह है कि कभी-कभी अशिक्षा ही आत्मा बन जाती है—कभी स्वरक्षण का छिपाव भी आत्मा का रूप ले लेता है, कभी-कभी आत्म-छल

आत्म-ज्ञान बन जाता है। कभी अवसरवाद भीतर बैठकर बोलता है और हम समझते हैं कि यह हमारी शुद्ध आत्मा बोल रही है। यह 'आत्मा' बहुत अविश्वसनीय चीज है। एक तो यह बाहर नहीं देखने देती है और भीतर, न जाने क्या-क्या बातें सुझाती रहती है।

तो आत्मा ने कहा—क्रोध और घृणा! फिर कहा—राष्ट्र महान् है। साहित्यकार ने यह सब कह लिया और ठीक कह लिया। साधारण आदमी के मन में भी यही सब उठा और इसे उठना चाहिए। मगर इसके बाद, अशिक्षा ने आत्मा को दबाया और कहा कि अब मैं बोलूंगी। बोली कि चीन धर्म नहीं मानता और भारत धर्म मानता है, इसलिए यह धर्म-युद्ध है। धर्म के नाम पर अपना देश न्योछावर होता है। धर्म के नाम पर विधवाओं को बेचने से लेकर दंगे तक हम कर लेते हैं। धर्म से जो बात उठी, तो कई लेखकों को एकदम ईश्वर याद आने लगा। उन्हें लगा कि चीन से लड़ना है, तो अपनी तरफ ईश्वर होना ही चाहिए। यही एक चीज है, जो चीन के पास नहीं है और अपने पास है। बन्धु, काफी लेखक धर्मोन्मुख और ईश्वर-शरणागत हो गये हैं।

अशिक्षा ने आत्मा बनकर फिर कहा कि चीन ने हमला किया और चीन समाजवाद मानता है (साम्यवाद ही कह लो), तो समाजवाद बुरा हुआ और राष्ट्र-प्रेम का सीधा मतलब समाजवाद-विरोध हुआ। भोले लेखक को विश्वास हो गया कि सारे संकट की जड़ यही समाजवाद है; क्योंकि चीन ने समाजवादी होने के कारण ही हमला किया है। बन्धु, राष्ट्र-प्रेम का मतवाला लेखक उस सबका विरोधी हो गया, जो शोषण समाप्त करता है, मनुष्य को न्याय दिलाता है, पूंजी के अत्याचार समाप्त करता है। मैं सोचता हूँ कि अगर ब्रिटेन से ऐसा ही झगड़ा होता तो क्या 'आत्मा' यह कहती कि प्रजातन्त्र मुर्दाबाद! प्रजातन्त्र ही सब झगड़ों की जड़ है। चीनी आक्रमण ने जीवन-भर समाजवादी रहे लेखक का मूल सिद्धान्त पर से ही विश्वास उठा दिया। उसने प्रतिक्रियावाद को राष्ट्रीयता समझ लिया और मयूर की तरह नाचने लगा। मैंने कहा न, लेखक बेचारा बड़ा ही भोला है—उसने इसे 'आस्था का संकट' (क्राइसिस ऑफ फेथ) कहा और इस गर्व से कहा कि अब हम पश्चिम के लेखक की बराबरी पर आ गये। उसकी आस्था पर संकट है, तो क्या हमारी आस्था पर नहीं है?

फिर कुछ लोगों के भीतर से आत्मा बोली। इस बार वह उन लोगों के भीतर से बोली जो अब ऊँचे पदों पर या अच्छे धन्धों में है, पर किसी समय प्रगतिशील आन्दोलन में प्रमुख रूप से शामिल थे। भारत में अच्छी नौकरी लगने या अच्छा धन्धा जमने तक हर बुद्धिमान क्रान्तिकारी होता है। इसके बाद वह अंग समेटने में लग जाता है। आधी जिन्दगी क्रान्ति का बिगुल फूंकने में जाती है और शेष आधी कैफियत देने में कि नहीं, मैं वैसा नहीं हूँ। बन्धु, असली संकट में यही लोग पड़े। आत्मा ने कहा—अरे बाप रे! साम्यवादी चीन ने हमला किया है। हम कभी जनता की क्रान्ति की बात करते थे। अपने पीछे वह कलंक लगा ही है। कहीं इस समय

वह बात फिर उठी तो ? इस आर्त्तनाद को भी आत्मा की आवाज समझा गया। और तब सफाई का साहित्य लिखा गया कि अरे भाई, हम वे नहीं हैं। वह सब बहुत बड़ा है। समाजवाद बुरा, आर्थिक न्याय की बात धोखा, जनता का नाम सिर्फ एक नारा ! देखो, हम तो शुद्ध प्रतिक्रियावादी हैं। अब हमारे राष्ट्रीय होने में क्या शक है ? चीनी आक्रमण के बाद जो झपाटे से कारखानों से कविताएँ, लेख आदि निकले, उनका यही मकसद था। यह भी आत्मा की ही आवाज है कि जब तक कोई आन्दोलन अपने को लाभ पहुँचाये, तब तक उसमें रहना चाहिए। और जब उस विश्वास के कारण थोड़ा नुकसान उठाने का मौका आ जाये, तो झट दूर होकर उस सबको बुरा कहना चाहिए। अगर ऐसा करनेवाला बुद्धिमान् हो, तो वह इस शुद्ध अवसरवाद को एक ठोस दर्शन देकर उसे वन्दनीय भी बना सकता है।

एक 'तीज-त्यौहारवादी' लेखक होता है, जो दिवाली आने पर दीपोत्सव पर लिखता है और सूरदास की जयन्ती पर लिखता है—'भारत में फिर से आ जा कवि सूरदास प्यारे !' स्थितियाँ इसके लिए पर्व बनकर आती हैं---राखी है, वसन्तोत्सव है, होली है, और चीनी आक्रमण है। कोई पर्व उससे बिना लिखे बच नहीं सकता। इस लेखक-वर्ग से न कुछ ठोस की उम्मीद करनी चाहिए, न उससे शिकायत करनी चाहिए। पर्व आया है और पत्र-पत्रिकाएँ इस तरह की चीजें छाप रही हैं, तो वह लिखेगा।

लेकिन बन्धु, बड़े और सफल लेखकों से आप प्रश्न जरूर पूछ सकते हैं कि भाई हमने तुम्हारी और भी रचनाएँ पढ़ी हैं। यह एक युद्ध की पृष्ठभूमि पर भी पढ़ी। क्या कारण है कि यह रचना उनसे बहुत हल्की पड़ती है ? क्या इस सत्य को तुमने उतनी तीव्रता से अनुभव नहीं किया जितनी तीव्रता से उन रचनाओं के सत्य को ? मसलन तुमने कुण्ठा की बहुत अच्छी कविताएँ लिखी हैं। क्या कुण्ठा तुम्हारे लिए अधिक अनुभूत सत्य है और चीनी आक्रमण बहुत कम ?

बन्धु, लेखकों ने युद्ध देखा नहीं है। न उर्वसीयम देखा, न लद्दाख। जैसे यूरोप के कई लेखकों ने प्रथम और द्वितीय विश्व-युद्धों में भाग लिया या युद्ध के संवाददाता के रूप में कार्य किया, वैसे अपने यहाँ तो मौका आया ही नहीं। जब देश पर आक्रमण हुआ तो युद्ध की पृष्ठभूमि पर लिखना जरूरी हुआ। बेचारे ने समझा कि युद्ध की पृष्ठभूमि का मतलब सिर्फ गोली चलाना, सिपाही का मरते-मरते भी चार दुश्मनों को मारना, सिपाही की बीवी का गर्व करना कि मेरा पति देश के लिए शहीद हुआ। ये सब बातें यों ठीक हैं। पर इनसे बाहर न लेखक ने देखा, न उसका मानस इनसे आगे कुछ अनुभव कर पाया। चीनी आक्रमण ने एक झटका देकर देश के नागरिक को उठा दिया। उसके जीवन-क्रम में और मन:स्थिति में आश्चर्यजनक परिवर्तन हो गये। गृहिणी किफायत करके सुरक्षाकोष में देती है, वधू आभूषणों को देश के लिए त्यागती है, बच्चे चीनी और भारतीय टोली बनाकर खेलते हैं, भजन-मण्डलियों ने अपने भजनों में चीनी आक्रमण को समाविष्ट कर लिया है, दफ्तर में देर से पहुँचने-वाला कामचोर अलाल मुंशी समय से पहले पहुँचने लगा है। कितनी ही बातें हैं, जो

आसपास हो रही हैं, उर्वसीयम में नहीं हो रहीं। मगर लेखक को लगता है कि यह सब कुछ नहीं—गोली चलाना ही युद्ध-साहित्य का विषय है। अब कृष्णचन्द्र (जो उर्दू में 'कृशनचन्दर' हैं) तो कश्मीर में रहे हैं, तो बर्फीली घाटियाँ बम्बई में बैठकर भी दिख जाती हैं। इन घाटियों में गोली चलवाना और मरते हुए सिपाही से वीरोक्तियाँ कहलाना आसान है। मगर हमारे लिए तो बर्फीली घाटियाँ, गोलाबारी और सिपाही सभी नये हैं। अब अगर हम मात्र इसी को युद्ध-साहित्य का विषय मानें तो काफी पोची रचना निकलेगी। यह एक दौर था, जो निकला जा रहा है। गोलाबारी और वीरोक्ति के दायरे से बाहर अब हम आने लगे हैं। मगर चीन से शिकायत का काव्य अभी उसी गति से चल रहा है—धोखेबाज, तूने भाई के साथ दगा किया ! इसे कब तक रोयेंगे ?

बन्धु, कहीं यह न समझ लेना कि इस सन्दर्भ में कुछ ठोस लिखा ही नहीं गया। कुछ रचनाएँ बहुत ठोस हुई हैं। पर अधिकांश घर से अखबार के दफ्तर जाते हुए रास्ते में लिखी गयी हैं। हमें जल्दी ही गोलाबारी, ग्लानि और वीरोक्ति से आगे बढ़ जाना चाहिए, वरना युद्ध-साहित्य की रचना सिखाने के लिए भी कहीं कोई अमरीकी या ब्रिटिश 'मिशन' भारत न बुलाना पड़े।

आजकल मैं तो 'आल्हा' पढ़ रहा हूँ। वीर-काव्य है, बहुत उत्तेजक। मेरे एक मित्र ने बताया है कि उनके गाँव में चौपाल पर 'आल्हा' हो रहा था। ज्यों ही वाचक ने पढ़ा, 'जिनके बैरी सम्मुख बैंठे, तिनके जीवन को धिक्कार'। त्यों ही एक आदमी उठा और तलवार खींचकर उसने सामनेवाले का सिर काट लिया। वह उसका बैरी था और 'जिनके बैरी सम्मुख बैंठे, तिनके जीवन को धिक्कार।' मैंने कहा— तब तो सारे देश में अगर 'आल्हा' का पाठ कराया जाय तो वीरता का एकदम ज्वार आ जाय। मेरे दोस्त ने कहा—पर उसमें एक खतरा है। जब पढ़ा जायेगा 'जिनके बैरी सम्मुख बैंठे तिनके जीवन को धिक्कार !' तब श्रोताओं में से स्वतन्त्री कांग्रेसी का गला घोंटेगा, जनसंघी साम्यवादी की गर्दन नापेगा और प्रजा-समाजवादी तथा समाजवादी एक-दूसरे की गर्दन को पकड़कर कहेंगे कि हम विलयन की वार्ता कर रहे हैं। इस सम्भावना की कल्पना करके मैं घबड़ा गया। 'आल्हा' का पाठ होने लायक वातावरण देश में नहीं है। मैं भी अब 'आल्हा' पढ़ता हूँ, तो देख लेता हूँ कि आसपास कोई सुन तो नहीं रहा है। अपनी गर्दन सबको प्यारी होती है।

यहाँ सब ठीक चल रहा है। वहाँ भी पहले से ठीक है, क्योंकि पत्रिका समय पर निकलने लगी है।

सस्नेह

ह. शं. प.

14

भाषा, अज्ञान और उन्माद

प्रिय बन्धु,

मैं इन दिनों हिन्दी के बारे में ही सोचता रहा हूँ। हिन्दी—मेरी मातृ-भाषा, मेरी राष्ट्र-भाषा, मुझे रोटी दिलानेवाली भाषा। 'निज भाषा उन्नति अहै सब उन्नति कौ मूल—' भारतेन्दु ने कहा था। सुभाषित तो मुझे बहुत याद आते रहे हैं। तुलसीदास ने प्रतिगामी संस्कृत-भक्तों से कहा था—'संसकिरित है कूप जल भाषा बहता नीर !' और कबीर ने 'प्रेम' से सारा झगड़ा ही खतम कर दिया था—'का भाषा का संसकिरित प्रेम चाहिए साँच !' बन्धु, संस्कृत और 'भाषा' यानी लोकभाषा में से लोकभाषा को बुद्धिमानों ने 4-5 सौ साल पहले ही चुन लिया था। पर मैं अभी भी कुछ लोगों को कहते सुनता हूँ कि संस्कृत को राष्ट्र-भाषा बना दिया जाय। बन्धु, ये तुलसी-कबीर के पहले के लोग, अगर इनका वश चले तो, सचिवालय में यज्ञ-वेदी बनवा दें और हम सबको लँगोटी लगाकर घुमायें।

सुभाषित अभी भी सुनता-पढ़ता हूँ—कुछ नमूने आप भी देखें—

1. 'हिन्दी में दो ही ग्रन्थ तो हैं—रामचरितमानस और रेलवे टाइम टेबल।' 'लिंक' साप्ताहिक में छपे एक तमिल 'विद्वान' के पत्र में यह सूक्ति मुझे मिली।

2. 'हिन्दी में छः ठो जासूसी उपन्यासों और छः ठो यौन उपन्यासों के सिवा और है क्या ?'—यशपाल से बंगला के एक बड़े सम्पादक ने कहा। जब यशपाल ने कहा कि अच्छा, आप एक भी हिन्दी उपन्यास का नाम बताइए, तो विद्वान् सम्पादक ने जवाब दिया—'हम बोला न, हम तो पढ़ा नई। जो सुना सो बोलता।'

3. 'अंग्रेजी के हट जाने से राष्ट्र खण्ड-खण्ड हो जायेगा। और दक्षिण पर हिन्दी का साम्राज्यवाद प्रसारित होगा।'—राजगोपालाचारी, जो अणु-बम से लेकर क्षय के टीकों तक, सब विषयों के विशेषज्ञ हैं !

हिन्दी विरोधी सूक्तियों की गिनती नहीं की जा सकती। अब ज़रा हिन्दी-नेताओं के तर्क देखिए—

1. 'जिस भाषा में सूर और तुलसी हैं, उस हिन्दी के सिवा और कौन राष्ट्र-भाषा हो सकती है।'

100 में से 90 हिन्दी-भक्त इसे बड़ा प्रबल तर्क मानते हैं और इसे कहकर आसपास देखते हैं कि हिन्दी-विरोधी ढेर हुए कि नहीं। तब कोई बंगला-भक्त उठकर कहता है—'जिस भाषा में रोवीन्द्रनाथ नेई हुआ, वह राष्ट्र-भाषा कैसे हो सकती है ? आमार सोनार बांगला !' हिन्दी-भक्त सहम जाता है, 'हाँ यार, रवीन्द्र-नाथ तो सचमुच बंगला में हुए थे।'

2. 'मैं तो कहता हूँ कि जो हिन्दी का विरोध करता है, वह राष्ट्र-द्रोही है।'

सबसे बड़े हिन्दी-नेता के मुँह से मैंने यह वाक्य प्रवासी बंगला सम्मेलन में सुना।

3. 'बंकिमचन्द्र बनर्जी, शरच्चन्द्र मुकर्जी, काजी नजरुल मुसलमान और खलील जिब्रान आदि बंगाली के महान लेखकों ने कहा था कि हिन्दी भारत की राष्ट्र-भाषा होगी तब ये छोटे-छोटे बंगाली हिन्दी का विरोध क्यों करते हैं?'

एक हिन्दी-नेता ने अपने अविस्मरणीय भाषण में कहा और इस पर ताली भी पिटी।

बन्धु, जब संविधान बना था और हिन्दी को उसमें प्रतिष्ठा मिल गयी थी, तब हिन्दी के साहित्यकार तो संयत रहे थे, पर हिन्दी के नेताओं ने काफी धमाचौकड़ी मचायी थी। उस दौर में, मुझे भी लगने लगा कि सचमुच हिन्दीवाले 'अटक से कटक' और 'कश्मीर से कन्याकुमारी तक' धींगा-मुश्ती मचाकर सबसे हिन्दी मनवा लेंगे। उस वक्त कोई अहिन्दी भाषी पूछता, 'तोम हिन्दी वाला?' तो हम तनकर कहते, 'हाँ, हाँ, हम हिन्दीवाला! गड़बड़ मत करना।' और अब, मित्र, यह हाल हो गया है कि कोई अहिन्दी भाषी पूछता है, 'तोम हिन्दीवाला?' तो हम हाथ जोड़कर, सिर झुकाकर कहते हैं, 'हाँ साहब, अगर आप माफ करें, तो हम हिन्दीवाला।' बन्धु, आज जो हमारी हालत हो गयी है, उसके लाने में 'हिन्दी वीरों' की कुछ कम जिम्मेदारी नहीं है।

बन्धु, हिन्दीवालों ने व्यावहारिक मामला, जो अर्थ और राजनीति से जुड़ गया है, भावुकता से हल करना चाहा—'जय हिन्दी, जय हिन्दी माता, हे जननी!' अच्छे आजीवन मार्क्सवादी जो 'वैज्ञानिक दृष्टि' की कसमें खाते हैं, 'हे' और 'हाय' के लहजे में हिन्दी का पक्ष-समर्थन करते रहे हैं। हिन्दी का मसला गौ माता का मसला हो गया। ये भक्त नौटंकी के धरमदास लगते थे, जिसने 'धरम' पर जान दे दी—'धरम के कारने जी धरमदास ने देखो जान गवाँई—धरम के कारने जी···गड़-गड़-गड़-गड़-गड़ गड्ड-गड्ड!' (नगाड़ा)। इनमें से अधिकांश हिन्दी-भक्तों के बेटे और बेटी हिन्दी नहीं पढ़ते, वे अंग्रेजी पब्लिक स्कूल में अंग्रेजी पढ़ते हैं और घर में भी माँ-बाप से अंग्रेजी बोलते हैं। बड़े-बड़े हिन्दी लेखकों के बेटे-बेटी 'डैडी-ममी' करते हैं। अगर आप सूची बनाना चाहें, तो मैं ही 8-10 नाम बता सकता हूँ। मैंने देखा कि हिन्दी से रोटी और यश कमानेवाला पिता, जो बाहर हिन्दी के लिए हाय-हाय करता है, अपने बेटा-बेटी को हिन्दी से अनभिज्ञ और भारतीयता से शून्य देखता है, तब बहुत गर्व का अनुभव करता है—हमारे बच्चे गवाँरों की तरह हिन्दी नहीं सीखते! बन्धु, इसी तरह इन चार हिन्दी राज्यों के मन्त्रियों और सचिवों और ऊँचे अफसरों के बेटा-बेटी भी अंग्रेजी स्कूलों में ही अंग्रेजी माध्यम से पढ़ते हैं। विधान-सभा में शिक्षा-मन्त्री वक्तव्य देते हैं कि हमने हिन्दी स्कूलों की ऐसी उन्नति कर दी, मगर मन्त्रीजी अपने बच्चों को इन 'उन्नत' स्कूलों में नहीं भेजते। क्या कारण है? जैसा मैंने सन् 1958 में 'वसुधा' के एक सम्पादकीय में लिखा था (अपनी ही उक्ति का उद्धरण सिर्फ माचवे ही नहीं देते, मैं भी दे लेता हूँ), 'अंग्रेजी से एन्जीनियर

बनता है और हिन्दी से पटवारी। उच्चवर्ग का आदमी अपने बेटे को एन्जीनियर बनायेगा और निम्न-मध्यमवर्ग का आदमी पटवारी।' बन्धु, इस भयंकर मिथ्याचार में हिन्दीवाले भी तो फँसे हैं और तब दक्षिणवाला सोचता है कि अगर हिन्दी से ही ऊँची नौकरी मिलेगी, हिन्दी-पत्रकारिता से ही जीविका चलेगी, हिन्दी से ही ऊँची शिक्षा मिलेगी, तब मेरा क्या होगा? इस मौके पर राजनीतिक नेता प्रकट होता है और मामले को हाथ में लेकर उलझाता जाता है।

बन्धु, व्यावहारिक सुविधा, अर्थ और राजनीति का मसला है यह। मगर इसमें प्रेम और घृणा की भावुकता आ गयी है। डॉ. रघुवीर ने इसे हिन्दू साम्प्रदायिकता का रूप ही दे दिया। उन्हें जनसंघ का अध्यक्ष होना था। उन्होंने रूढ़ व्यावहारिक शब्दों को आर्य समाज मन्दिर में ले जाकर उनका शुद्धि-संस्कार किया और फकीरेलाल वहाँ से जगत्कारु होकर निकला। हिन्दी-विरोधियों ने इस 'रघुवीरी' नाम से जानी जानेवाली शब्दावली को लेकर हिन्दी भाषा का कितना उपहास किया है। उपहासकर्त्ताओं में से अधिकांश ने वे शब्द-कोश देखे तक नहीं होंगे। उनमें सबकुछ निरर्थक नहीं है, काफी श्रम का भी है। मगर रेल, टाई, टेबल—आदि के पर्यायवाची शब्द लेकर खूब मजाक उड़ाया गया। विद्वानों ने भी ऐसा किया। अंग्रेजी आचार्य प्रोफेसर देव का मैंने एक भाषण सुना जिसमें वे हिन्दी का मजाक यह कहकर उड़ा रहे थे कि हिन्दी में 'नेकटाई' को 'कण्ठ लंगोट' कहते हैं। ठेठ सड़क छाप बात विद्वान ने कही। मजा यह है कि यह बहुचर्चित, उपहास साधक 'कण्ठ लंगोट' शब्द उस अभागे रघुवीर के शब्द-कोश में नहीं है। मगर मजाक के लिए चल रहा है। गर्व ज्ञान का होते देखा है। मगर हिन्दी के मामले में अज्ञान गर्व का विषय हो गया है। 'हम तो हिन्दी पढ़ा नेई' गर्वपूर्वक कहा जाता है। भारतीय साहित्य के अंग्रेजी व्याख्याताओं का अज्ञान तो बहुत ही भयंकर है। कुछ महीने पहले अंग्रेजी में भारतीय लेखक खुशवन्तसिंह ने एडिनबरा के सम्मेलन में भारतीय साहित्य पर जो भाषण दे मारा, उसमें सिर्फ आर. के. नारायण की तारीफ की। नारायण अंग्रेजी में लिखते हैं, जिसे खुशवन्तसिंह 'बाँच' लेते हैं, और फिर उनकी एक किताब की भूमिका ग्राहम ग्रीन ने लिखी है। यों नारायण मुझे भी पसन्द है, लेकिन क्या भारतीय भाषाओं में और कुछ नहीं लिखा जा रहा है? खुशवन्तसिंह को मालूम चाहे कुछ न हो, लेकिन बोले बिना वे रह नहीं सकते—वे विदेशों में 'भारतीय' जो कहलाते हैं। ऐसे व्याख्याता कई हैं। अभी मैंने एक वैक पत्रिका में हिन्दी कविता पर लेख पढ़ा, जिसमें केवल निराला और दो फिल्मी गीतकारों के नाम ही थे। लेखक निराला का नाम सुनने से बच नहीं पाया होगा और फिल्मी गीत उसने शौक से सुने होंगे। लेख लिखने को इतना काफी है!

बन्धु, यह हिन्दी का मामला ही नहीं है, अपनी जमीन से उखड़ जाने का मामला है। श्रीलंका के पत्रकार तर्जी विटार्शा ने 'द ब्राउन साहब' में लिखा है कि ब्रिटेन के नव स्वतन्त्र उपनिवेशों से गोरे साहबों के जाने के बाद जिन 'ब्राउन साहबों' का सब जगह कब्जा हो गया है वे अपनी जमीन से उखड़े हुए घोर असंस्कृत

लोग हैं। वे इन देशों का अपना सहज राष्ट्रीय सांस्कृतिक रूप ग्रहण ही नहीं करने देते।

अच्छा, जय हिन्दी !

सस्नेह
ह. शं. प.

15
नयी कहानी और धन्धेवाले

प्रियवर,

महीनों बाद चिट्ठी लिख रहा हूँ और आपको एक झंझट में घसीट रहा हूँ। जिस अखबार पर दो-चार मानहानि के मुकदमे न चलते रहें वह अखबार नहीं, सिनेमा का पर्चा हुआ ! और जिस मासिक पत्रिका में कोई विवाद न चलता रहे, वह पत्रिका नहीं, 'कल्याण' है। 'उर्वशी' की समीक्षा और डॉ. भगवतशरण उपाध्याय के लेख को लेकर जो विवाद हो रहा है, वह शुभ है। मैं चाहता हूँ कि एक और बहस शुरू करिए। बहस होगी—'नयी कहानी' और 'पुरानी कहानी' पर। इसकी जमीन मैं देता हूँ; इमारत आप तानें।

कुछ लोग कहतें हैं कि हम जो कहानी लिखते हैं, वह 'नयी कहानी' है। वे यह भी कहते हैं कि कुछ और लोग जो लिखते हैं, वह 'पुरानी कहानी' है। तब वे 'कुछ और' लोग कहते हैं कि तुम लोग जो लिखते हो, वह 'कहानी' ही नहीं है। तीसरा स्वर तब मसीहाई अन्दाज से आता है—'अरे भाई, क्यों झगड़ते हो ? तुम भी अच्छा लिखते हो, वे भी अच्छा लिखते हैं। सभी अच्छा लिखते हैं। न कुछ नया है, न कुछ पुराना। संसार असार है। दो दिन की जिन्दगी है। बने सो भला कर लो। कम-से-कम हमें तो साधु मानो !'

मगर हिन्दी में कोई किसी को तब तक साधु नहीं मानता जब तक वह पाठ्य-पुस्तक समिति का सदस्य न हो जाय। साधुओं की बात किसी ने नहीं मानी और झगड़ा इस वक्त खूब जोर पर है। पहिले तो मैंने समझा कि यह झगड़ा कहानी से कहानी का है। पर बाद में देखा कि झगड़ा उम्र से उम्र का है। वरना ऐसा क्यों न होता कि पचास से ऊपर की उम्र का कोई कहानीकार ताल ठोंककर कहता कि हाँ, नयी कहानी लिखी जा रही है और मैं लिख रहा हूँ। नयी कहानी के ये लक्षण हैं, जो मेरी कहानी में पाये जाते हैं। मेरी ही नहीं, मेरी उम्र के इन-इन लेखकों में पाये जाते हैं। अब बोलो 20 से 40 के बीच के बच्चो !

ऐसा किसी ने नहीं कहा। अब भी कह दे, तो बहस का रुख ही पलट जाय। जनसंघ तक ऐसा कर लेता है कि मुसलमानों को सदस्य बनाकर कहता है कि लो, हम भी धर्म-निरपेक्ष, असाम्प्रदायिक ! अब बोलो, 'सेकुलर डेमोक्रेट्स !'

मैं देख रहा हूँ कि यह झगड़ा आयु-विभागों के बीच ही चल रहा है। इस पर इसी दृष्टि से विचार करना चाहिए और इसका हल खोजना चाहिए।

इसमें मूल गलती तो समय की है जो बदल जाता है। दूसरी गलती दुनिया की है, जो बदलती रहती है। हमें 'काल देवता' से प्रार्थना करनी चाहिए कि तू बदल मत। ब्रह्मा का एक दिन तो तू हमारे लाखों वर्षों के बराबर बनाता है, पर हमारा वर्ष इतनी जल्दी बदल देता है। इसी तरह दुनिया से प्रार्थना करनी चाहिए कि तू देख कि तेरे बदलने के कारण हिन्दी साहित्य पर संकट आ गया है। क्या तू कहानीकारों के भले के लिए कम-से-कम एक शताब्दी भी एक करवट सोयी नहीं रह सकती ?

अगर समय और दुनिया अपनी विनती नहीं सुनते, तो फिर भारत सरकार का ध्यान इस तरफ दिलाना चाहिए। शान्ति और सुरक्षा के लिए सरकार को इस मामले में हस्तक्षेप करना भी चाहिए। साहित्य में यह झगड़ा इसलिए खड़ा होता है कि कोई लेखक पहले और कोई पीछे पैदा होता है। अगर लेखकों के जन्म को नियमित कर लिया जाय, तो झगड़ा खतम हो सकता है। चाहे संविधान में संशोधन ही क्यों न करना पड़े, पर यह कानून बन जाय कि हर शताब्दी के किसी निश्चित वर्ष में ही कहानीकार पैदा हो सकता है। ज्योतिषियों से गणना करवा ली जाय कि कौन वर्ष कहानीकारों के जन्म के लिए शुभ है। उस वर्ष जितने कहानीकार चाहें पैदा हो जायें, हो जायें; आगे-पीछे नहीं। मान लीजिए शताब्दी का नवाँ वर्ष निकला। अब नवें में पैदा होनेवालों में से ही कुछ लोग कहानी लिख सकेंगे। इसके पहिले या बाद में जन्म लेनेवाला कोई कहानी लिखेगा, तो वह कानूनन जुर्म होगा। जब एक ही साल पैदा हुए लेखक कहानी लिखेंगे तो न कोई नयी कहानी होगी और न कोई पुरानी। तब हर कहानी शताब्दी की कहानी होगी, जो अभी दशक की कहानी होती है। तब इस पीढ़ी का कहानीकार आगामी पीढ़ी के कहानीकार को नहीं देख सकेगा, क्योंकि हर वर्षगाँठ पर हमारी शुभकामना के बावजूद कौन लेखक 100 साल जीता हैं। इसी तरह का एक वर्ष कवि के पैदा होने के लिए तय हो जाय, तो नयी कवितावालों को भी चैन मिले और डॉ. नामवरसिंह 'क्षण-भर' नहीं, दिन-भर मजे में नयी कविता पर बैठें या लेटें या सो जायें, कोई कुछ नहीं कहेगा; बल्कि लाकर खाना खिला देगा।

बन्धु, इधर एक नये दृष्टिकोण से इस संघर्ष को देखा गया है। किसी ने कहा है कि यह सारा झगड़ा धन्धे का है। नया लेखक बाजार में अपना माल खपाना चाहता है, इसलिए जमे हुए व्यापारियों के माल को घटिया कहता है। यह साहित्यिक विवाद नहीं, आर्थिक स्पर्धा है। अगर यही बात है, तो मामला सहज ही हल हो सकता है। एक पत्रिका निकले जिसका नाम 'पुरानी कहानी' हो, जो

हर कहानी का पारिश्रमिक 500 रु. दे। अब कौन माई का लाल नया लेखक ऐसा है, जो 500 रु. के लोभ में 'पुरानी कहानी' नामक पत्रिका में 'नयी कहानी' न छपाये? बस, इस तरह पैसे से फँसाकर अपने को नया कहनेवाले हर लेखक को 'पुरानी कहानी' की जिल्दों में बाँध दें और तब दुनिया को बता दें कि ये नये कहलानेवाले वास्तव में पुराने हैं। बन्धु, इस तरह 'नयी कहानी' का नाम ही इस भूतल से मिट जायेगा। झगड़ा भी खतम हो जायेगा।

मुझे ये नाम ही गलत लगते हैं। नये लेखक कहते हैं कि हम नयी वास्तविकता का चित्रण कर रहे हैं और पुराने लेखक पुरानी वास्तविकता का। यों मैंने कुछ नयों को भी पुरानी वास्तविकता का चित्रण करते देखा है। अगर नयी और पुरानी वास्तविकता का ही भेद है तो पुरानी वास्तविकतावाली कहानी को 'ऐतिहासिक कहानी' क्यों नहीं कहते? इस तरह दो चीजें रह जायेंगी—कहानी और ऐतिहासिक कहानी। ऐतिहासिक कहानी लिखने का हर एक को हक है और यह कोई बुरी बात भी नहीं है। मुझे तो 25 साल पहिले के वे भेद अच्छे लगते हैं—सामाजिक कहानी, धार्मिक कहानी, ग्रामीण कहानी, सास-बहू की कहानी, ऐतिहासिक कहानी, वीरता की कहानी, हास्यरस की कहानी। कुछ इसी तरह के प्रकरण शुरू में नये कहानीकारों ने भी बनाये थे, जब वे शहरी और देहाती कहानी की महत्ता पर बहस करते थे। उस वक्त कस्बे की कहानी भी बन गयी थी। मैं उम्मीद कर रहा था कि यह भेद और सूक्ष्म होता जायेगा और आगे तहसील की कहानी, थाने की कहानी, मुहल्ले की कहानी होगी। फिर एक भेद होगा दस हजार की आबादी के कस्बों की कहानी, दूसरा होगा सत्तर हजार के शहर की कहानी, फिर तीस लाख के महानगर की कहानी। आगे चलकर 'हिल स्टेशन' और 'रेडियो स्टेशन' और 'सेनेटोरियम' की कहानियाँ होंगी।

यह हुआ नहीं। साहित्य ने मोड़ ले लिया और झगड़ा नयी और पुरानी कहानी में चल पड़ा। इसे बढ़ावा देना हर सचेत सम्पादक का कर्त्तव्य है। इसलिए आप भी अखाड़े में मिट्टी डालें। लड़नेवाले आसपास लँगोट बाँधे खड़े हैं।

तबियत अब अच्छी है। अगले वर्ष का भविष्य-फल भी एक पत्र के दीपावली अंक में पढ़ा। अच्छा है। सिर्फ दोस्तों और सम्पादकों से सावधान रहने की चेतावनी दी है।

सस्नेह

ह. शं. प.

16

उर्वशी प्रसंग

प्रिय बन्धु,

जनवरी का अंक देखा और उसमें भी 'उर्वशी' विवाद पर टिप्पणियाँ पढ़ीं। पता नहीं 'उर्वशी' थी या नहीं, अगर अभी भी है, तो कहाँ है ? कहीं हो, इतना निश्चित है कि उस उर्वशी को लेकर देवताओं में इतना विवाद न छिड़ा होगा, जितना इस 'उर्वशी' के कारण हम लोगों में छिड़ा।

मुझे सबसे चतुर वे लगे जो इस विवाद में चुप रहे—जैसे खुद मैं। जब आपकी चिट्ठी आयी, तो मैं सोच में पड़ गया। सोच का एक कारण तो यह था कि 'उर्वशी' वाला विषय ज़रा वैसा है—यानी जैनेन्द्रजी इस मामले को 'सुनीता' से लेकर अब तक हल करने की कोशिश कर रहे हैं, पर अभी तक वह उनसे भी हल नहीं हुआ, तो मैं क्यों इसमें पड़ूँ ? सोचा, आगे जब मौका आयेगा, तो चरम आसक्ति और विरक्ति के एक ही क्षण का एक-दो घण्टे अध्ययन करूँगा—मुक्तिबोध चाहे इसे 'कृत्रिम मनोविज्ञान' कहते रहें।

लेकिन सोच का दूसरा कारण बड़ा था। मुझे पता लगाना था कि 'दिनकर' कौन हैं, क्या करते हैं, उनकी कैसी पहुँच है ? खुश हो गये, तो अपना क्या साथ देंगे और नाराज हो गये, तो क्या बिगाड़ देंगे ? किसी भी पुस्तक की समीक्षा करने से पहले ये बातें जानना जरूरी होता है। इसके बिना निष्पक्ष मत नहीं बनाया जा सकता। यह जानकारी भी मुझे चाहिए थी कि 'दिनकर' पर्दे के पूर्व में हैं कि पश्चिम में याने उनके पास चिट्ठियाँ पूर्वी यूरोप से आती हैं कि पश्चिमी यूरोप से। इसके लिए दिल्ली जाकर डाकिये से पूछताछ करनी पड़ती। इतनी फुरसत मुझे उस वक्त थी नहीं। मैंने तय किया कि इस मामले में चुप ही रहूँगा।

चुप रहा, निष्क्रय नहीं रहा। 'मेरे नगपति मेरे विशाल' कविता मैंने फिर खोजी और एक दोस्त को पढ़कर सुनायी। उसने कहा—यह आदमी पुनरुत्थानवादी है। यह आगे चलकर वर्णाश्रमधर्म पर पहुँच सकता है। मैंने कहा—नहीं, यह आदमी उग्रराष्ट्रवादी अगर है, तो कुछ जनवादी भी है। इसकी 'दिल्ली' कविता पढ़कर देखो और फिर जिसने इतिहास-संस्कृति का अध्ययन प्रस्तुत किया है तथा भारत की संस्कृति को समन्वित संस्कृति के रूप में देखा है, उसके बारे में ऐसी आशंका नहीं हो सकती। यह सुनकर उस मेरे दोस्त ने 'परशुराम की प्रतीक्षा' मेरे सामने खोलकर रख दी और कहा, इसकी भूमिका में प्राचीन हिन्दू आदर्शों में आस्था प्रकट की गयी है और राष्ट्र के उन्नयन के लिए परशुराम की प्रतीक्षा इन्हें है। इन्हें यह याद नहीं रहता कि परशुराम की जाति के लोग नम्बूदरी ब्राह्मण समाजवाद में विश्वास करने लगे हैं। भावना पर टिका हुआ पुनरुत्थानवादी राष्ट्रवाद बड़ा मोहक लगता

है, पर वह आगे चलकर 'फासिज्म' हो जाता है। चीनी हमले के बाद बहुत-से स्तम्भ चरमरा उठे। कुछ को परशुराम याद आया, कुछ को शिवाजी और कुछ को सुदर्शन चक्रधारी। उद्वेलित होनेवालों का भरोसा नहीं कि वे कब किस बात पर उद्वेलित हो उठें। चीनी हमले के बाद बहुत लोग उद्वेलित हुए और उस उद्वेलन का एक निष्कर्ष यह निकला कि ब्राह्मणों को राज दिलानेवाले परशुराम की प्रतीक्षा होने लगी।

मेरे दोस्त के इस लम्बे आरोप-पत्र का 'उर्वशी' से कोई सम्बन्ध नहीं था, उर्वशीकार के राजनैतिक व्यक्तित्व से जरूर था। मुझे भी कुछ हैरानी जरूर हुई कि उग्रक्रान्तिवादी कवि जब प्रौढ़ हो जाता है तब काम और अध्यात्म के रहस्य में क्यों डूब जाता है? सन् '42 के क्रान्तिकारी अच्युत पटवर्द्धन आश्रम क्यों खोल लेते हैं? आदमी उसी दिशा में प्रौढ़ क्यों नहीं होता? दिशा बदलकर प्रौढ़ क्यों होता है? प्रेम का कवि प्रौढ़ होने पर और गहरे प्रेम का कवि न होकर गिरिधर की नीतिभरी कुण्डलियाँ क्यों लिखता है? अभिनेता प्रौढ़ होने पर फिल्मनिर्माता क्यों होता है? पता नहीं ऐसा क्यों होता है? मिश्रित अर्थव्यवस्था के कारण तो ऐसा नहीं होता? अशोक मेहता जानें।

कारण कुछ भी हो, 'उर्वशी' आयी और बड़ी धूम के साथ आयी। 'कल्पना' में बहुत लोगों ने शिकायत की है कि 'उर्वशी' का सुनियोजित प्रचार किया गया कि ऐसा काव्य दूसरा नहीं है, कि 'कामायनी' तो इसके सामने छोटी पड़ गयी। मुझे इसमें कोई असाधारणता नहीं लगती। हिन्दी में हर 10-5 सालों में एक किताब निकलती है, जो अपने से पहले की सब किताबों को काट देती है। दफ्तर में प्रचलित भाषा में वह बाकी सब किताबों को 'रॉइट आफ' कर देती है। 'उर्वशी' ने 'कामायनी' वग़ैरह को 'राइट आफ' कर दिया, तो यह प्रचलित तन्त्र के अनुसार ही हुआ। हिन्दी में एक बात और होती है—हर 15-20 साल बाद घोषणा की जाती है कि बस अब इसके आगे साहित्य बढ़ ही नहीं सकता। डॉ. रमाशंकर शुक्ल 'रसाल' मानते रहे कि 'उद्धव-शतक' के बाद हिन्दी में कविता ही नहीं हुई। पर कविता का दुर्भाग्य कि वह हुई। इसी तरह आचार्य वाजपेयी कई साल तक मानते रहे कि 'अंचल' के बाद हिन्दी कविता खतम हो गयी। पर फिर उलटा हो गया। हिन्दी कविता तो खतम नहीं हुई; कवि 'अंचल' अलबत्ता खतम होते भये। साहित्य की इस अनियमनशीलता को क्या कहा जाये।

मुझे ज़रा भी अजब नहीं लगता कि 'उर्वशी' के आने की खबर 'मुगल-ए-आजम' चित्र की तरह दी गयी, यद्यपि हमारे शहर में आकर वह सिर्फ दो सप्ताह चला। उसमें एक ही बात आकर्षक थी कि दिलीप कुमार ने प्रेमियों का 'श्रमिक संघ' बनाया है, नारे लगवाये हैं और शायद 'इण्टक' से सम्बद्ध भी करवाया है। तो प्रचार से मुझे शिकायत नहीं। प्रचार के हम अभ्यस्त हैं। जिसके पास प्रचार के माध्यम हैं और जो समर्थ है, वह प्रचार करेगा ही। वह क्या दूसरे असमर्थों की तरह अपने प्रचार के लिए दूसरों का मुँह देखेगा। मेरे इधर एक सम्पन्न नेता का

एक अखबार पहले निकलता था, जिसमें रोज उनकी तारीफ छपती थी। लोग उनकी आलोचना करते, तो मैं कहता था कि अपने ही अखबार में अगर वह अपनी तारीफ छपाता है, तो तुम्हें क्यों एतराज हो ? अखबार तुम्हारा है कि उसका ? हाँ, अगर कोई दूसरा अखबार उसकी तारीफ़ छापे तो उँगली बराबर उठाओ। पर वह तुम्हें उँगली उठाने का ऐसा मौका ही न देगा। खुद अपना प्रचार करना और करवाना सामर्थ्य की बात है। कितनी ही श्रेष्ठ पुस्तकें निकल जाती हैं और उन पर कोई ध्यान नहीं देता क्योंकि उनके लेखक और तरह से सामर्थ्यहीन हैं। अब 'दिनकर' एक विश्वविद्यालय के उपकुलपति हो गये हैं। अब अगर विश्वविद्यालय का समूचा हिन्दी-विभाग 'उर्वशी' के प्रचार में लग जाय, तो कोई हिन्दीवाला क्या बिगाड़ लेगा ?

इधर मैं कुछ दिनों से दिल्ली में हूँ। मेरे एक लेखक मित्र ने बताया कि चीनी हमले के बाद जब 'दिनकर' उद्वेलित होकर वैसी कविताएँ लिख रहे थे, तब एक दिन मैंने उनसे पूछा कि क्या सचमुच आपके ऐसे ही विश्वास हैं ? 'दिनकर' ने जवाब दिया --- विश्वास तो मेरा नहीं है; पर मैं देश को उभारना चाहता हूँ। अगर यह बात सही है, तो उस कवि की महानता में क्या शक है, जिसके विश्वास कुछ हैं और वह लिखता ठीक उनके प्रतिकूल है। ऐसा 'ईमान' कवि में नहीं, महत्त्वाकांक्षी राज-नीतिक नेता में होता है। मुझे याद आता है, कोई 7-8 साल पहले 'उग्र' ने 'समाज' में 'बिन्दु-बिन्दु विचार' स्तम्भ के अन्तर्गत 'दिनकर' के सम्बन्ध में लिखा था कि कवि में राजनीतिज्ञ और नेता उसी तरह छिपे रहते हैं; जिस तरह मरी भैंस के चमड़े में जूते और सूटकेस !

बन्धु, जिसने 'मेरे नगपति मेरे विशाल' कविता ध्यान से पढ़ी थी, वह जानता था कि एक दिन यह कवि परशुराम की प्रतीक्षा करेगा और काम तथा अध्यात्म में गोते लगायेगा। वह जरूर 'जन-पथ' पर चलते-चलते 'गेलार्ड' में बैठ जायेगा।

'उर्वशी' पर जो प्रतिक्रियाएँ हुईं, उनसे मेरे सारे अनुमान गलत साबित हो गये। हिन्दी में अनुशासन खतम हो गया। लोहे की दीवार की जगह पर्दा लग गया है, जिसे खिसकाकर कोई भी इस तरफ से उस तरफ आ-जा सकता है। मैं देखता हूँ कि डॉक्टर रामविलास शर्मा ने 'उर्वशी' की तारीफ की है, जबकि 'अज्ञेय' ने उसे कोई महत्त्व ही नहीं दिया, बल्कि दोष ही बताये हैं।

अन्त में, मेरे मन में एक शंका उठती है। कहीं 'उर्वशी' के सुनियोजित प्रचार में उपाध्यायजी भी तो शामिल नहीं हैं? वह लेख लिखकर उन्होंने 'उर्वशी' का जितना प्रचार कराया है, उतना तो 'दिनकर' ने भी नहीं कराया। आप पूछकर देखिए उपाध्यायजी से।

और सब ठीक है। इधर दिल्ली में हूँ। 'कॉफ़ी हाउस' और 'टी हाउस' के लेखकों के दर्शन रोज शाम को करता हूँ। यह अलग विषय है, जिस पर आगे कभी लिखूंगा।

सप्रेम

ह. शं. प.

17

कहानी, आक्सीजन पर

प्रिय बन्धु,

मेरी पिछली चिट्ठी से ऐसा अनुमान लगाया गया होगा कि इस बार मैं दिल्ली के साहित्यिक अखाड़ों पर लिखूँगा। मगर मैं लिख रहा हूँ बम्बई के बारे में। अच्छा सफल लेखक वही है, जो दिल्ली की तरफ मुँह करे और चला जाय बम्बई। ऐसे सफल लेखकों की एक लम्बी सूची बन सकती है जिनकी दिशा कुछ दिखती है पर वे जा रहे होते हैं किसी और दिशा में। कितने ऐसे हैं जो 'प्रगतिशील' के खिताब से सुशोभित होते थे, पर थे वे किशोर रूमानवाले। कितने ऐसे हैं जो क्रान्तिवादी बताते थे, पर थे किसी अच्छी नौकरी की तलाश में। ऐसे भी हैं, जो गाँधीवादी होने का प्रचार करते हैं, पर हैं केवल यौनाक्रान्त। ये सभी सफलता की ओर निरन्तर कदम बढ़ाते गये हैं।

तो मैं दिल्ली का इशारा करके जो बम्बई उड़ गया, सो सिर्फ इस कारण कि 'धर्मयुग' में एक कहानी छपी और फिर उस पर बहस छपी। कहानी चाहे अमर न हो, पर उस पर बहस साहित्य में अमर हो सकती है। कहानी छपने के तीसरे दिन भुला दी जायेगी, ऐसी सम्भावना अगर हो तो उस पर तीन-चार सप्ताह विवाद चलाना चाहिए। इस तरह यदि कहानी को 'आक्सीजन टेण्ट' में रख दिया जाय, तो उसकी साँस हफ्तों चल सकती है।

बन्धु, एक कहानी जैनेन्द्र कुमार ने लिखी और उसे 'धर्मयुग' में छपाया। उसे लाखों पाठकों ने और सैकड़ों लेखकों ने पढ़ा होगा। पाठक पढ़कर बोला—ये अब कैसा लिखने लगे! और कहानी आयी-गयी हो गयी। पर लेखक ने उसे पढ़ा और कहा—इस पर बहस होनी चाहिए। बहस चली, रमेश बक्षी ने सोचा कि नये कथा-साहित्य का भला इसी में है कि पुराने लेखक की हर रचना पर, जो ध्यान देने के काबिल भी नहीं हैं, गम्भीरता से बहस की जाय। जैनेन्द्र कुमार को सपने में भी कल्पना नहीं थी कि यह कहानी ऐसी महत्त्वपूर्ण है कि इसे लेकर कथा-साहित्य का भूत, भविष्य, वर्तमान तय होने लगेगा। अब वे दिल्ली बैठे भोपाल की तरफ आँखें किये बम्बई की ओर देख रहे हैं और हँस रहे हैं कि कहो, नये लोगों, कैसा फँसाया। तुम मुझे कहानी लेखक ही नहीं मान रहे थे। मैंने एक रद्दी कहानी पर तुमसे हफ्तों बहस करवायी। इतनी बहस तो मेरे तथाकथित 'विचारों' पर भी नहीं हुई।

बन्धु, नये लेखकों को इस पर विचार करना चाहिए कि रमेश बक्षी ने अपनी तरफ से उक्त कहानी पर बहस छेड़ी या जैनेन्द्र कुमार की तरफ से। जैसा मुझे शक है, भगवतशरण उपाध्याय ने 'दिनकर' की प्रार्थना पर 'उर्वशी' की कटु आलोचना

की थी, वैसे ही, मुझे लगता है, जैनेन्द्र के प्रोत्साहन से ही रमेश बक्षी ने उनकी कहानी की आलोचना की है। इस शक का एक कारण और है। रमेश बक्षी के प्रति जैनेन्द्र कुमार आत्मीयता अनुभव करते ही होंगे। दोनों की समस्या एक है—रमेश बक्षी कीं उम्र अभी छोटी जरूर है, पर वह आगे चलकर प्रौढ़ा हो ही जायेगी। तब तक प्रौढ़ा से बात करने का साहस भी आ जायेगा। जब साहस आ जायेगा, तब जैनेन्द्र कुमार का शेष काम पूरा हो सकेगा।

वह कहानी अभी भी 'आक्सीजन टेण्ट' में रखी है। अगर उसके प्राण निकल गये तो नये लेखक ही उसके लिए स्तूप बनवायेंगे और मेला भरवायेंगे। पिछले 10 सालों में साहित्य के क्षेत्र में रचना और समीक्षा सम्बन्धी बड़े-बड़े काम हुए हैं। पर सबसे महत्त्वपूर्ण काम यह हुआ है कि अच्छी रचनाओं को छोड़कर बुरी रचनाओं पर विवाद आयोजित हुए हैं। इससे अच्छी रचना करने के लिए लेखक के मन में उत्साह घटता गया है और वह लगातार बुरी रचना करने की कोशिश करता रहा है। इसमें बहुत लेखक सफल भी हो गये हैं। कहा है—अध्यवसाय सफलता की कुंजी है।

बन्धु, अगर रमेश बक्षी आदि ने जैनेन्द्र कुमार की प्रार्थना पर विवाद नहीं उठाया, तो उनके इरादे दूसरे मालूम होते हैं। ये लोग शायद यह सोचते हैं कि एक बुरी कहानी पर यदि हम बहस चलायेंगे, तो जैनेन्द्र कुमार बुरी कहानी लिखने का लाभ समझकर लगातार बुरी कहानियाँ लिखेंगे। अच्छी कहानी लिखने से कुछ नहीं होता; बुरी कहानी लिखने से चर्चा होती है। जिसे चर्चा करानी है, वह अच्छी कहानी क्यों लिखे? बुरी क्यों न लिखे? जैनेन्द्र लाख घपले में हों, मगर इतनी लाभ-हानि की बात तो समझते हैं। अतः वे अब बड़ी तेजी से बुरी कहानियाँ लिख-लिखकर साहित्य को भेंट करते जायेंगे। इस तरह नयी पीढ़ी को पुरानी पीढ़ी से बुरी कहानियाँ लिखवाने का श्रेय मिलेगा। नये साहित्य की श्रेष्ठता तभी सिद्ध होगी, जब पुराने लोग घटिया लिखेंगे। हम लोगों को खुद कुछ अच्छा लिखने की जरूरत नहीं है। हम सिर्फ इतना करें कि घटिया रचनाओं पर बहस करके और घटिया लिखवाते जायें।

बन्धु, इससे नये लेखकों को लाभ होगा, जैनेन्द्रादि को भी होगा। पर साहित्य के भण्डार में एक के बाद एक घटिया चीजें गिरती जायेंगी।

उस कहानी को नापसन्द करनेवालों ने एक बात कोई समझ की नहीं कही। यह कोई आलोचना नहीं हुई कि क्रिस्टीन कीलर पर जैनेन्द्र जैसे लेखक ने क्यों लिखा? वे न लिखते, तो कौन लिखता? मुझे कोई दूसरा नाम बताओ। नहीं बता सकते। इसका मतलब है कि हिन्दी में यदि उस पर लिखना पड़ता, तो उसे जैनेन्द्र ही लिखते। यही हिन्दी साहित्य की नियति है और यही जैनेन्द्र की भी।

इसमें कोई आश्चर्य की बात भी नहीं है। कौन दूसरा लेखक है, जिसने तीस साल पहले 'स्ट्रिपटीज' में रुचि दिखायी हो? सिवा जैनेन्द्र के कोई नहीं। सुनीता के जैसी 'स्ट्रिपटीज' की है, उसी से दिशा मिलती थी कि आगे जाकर जब भी कोई

'स्ट्रिपटीज' का मौका आयेगा, तो उसे जैनेन्द्र ही करायेंगे। रमेश बक्षी अपनी औकात पहचानें। इस उम्र में जब वे किस्से पर किस्सा घड़कर भी कुछ नहीं पाते, जैनेन्द्र 'स्ट्रिपटीज' करा चुके थे। आगे भी जब ऐसे प्रसंग आयेंगे, उनका निर्वाह जैनेन्द्र ही करेंगे।

पिछले महीने नयी और पुरानी पीढ़ी के लेखकों की इतनी ही उपलब्धि हुई—एक पुराने लेखक ने घटिया कहानी लिखी और नयों ने उसका प्रचार करके घटिया लेखन को प्रोत्साहन दिया।

और सब ठीक है। आशा है, आपके उधर भी शीघ्र ही कोई विवाद खड़ा होगा।

सप्रेम

ह. शं. प.

18

बीमार मुक्तिबोध और हम

प्रिय बन्धु,

कल भोपाल से लौटा। वहाँ पक्षाघात से पीड़ित मुक्तिबोध की चिकित्सा हो रही है।

मुझे माचवे का वह लेख याद आया जो उन्होंने मुक्तिबोध के बारे में 'धर्मयुग' में लिखा था। उस लेख से मेरे विश्वास को बड़ा धक्का लगा। मुझे पूरा विश्वास था कि वे इस घटना पर कविता लिखेंगे। दिल्ली में एक शाम को जब कॉफ़ी-हाउस में लेखक मित्रों में चर्चा चल रही थी कि इस पर कौन, क्या लिखेगा, तब मैंने बड़े विश्वास से कहा था कि बन्धुवर माचवे फौरन एक कविता लिखेंगे। कविता का कच्चा मसौदा भी मैंने बताया था। मगर देखता हूँ कि उन्होंने तो लेख लिख दिया। इससे मेरी बड़ी किरकिरी हुई।

इसी सिलसिले में मैंने सोचा कि क्यों न मैं कुछ और लेखकों की तरफ से कवि की बीमारी की प्रतिक्रिया लिख दूं। यदि उन्हें पसन्द आ जायें, तो यह उन्हीं की मान ली जायें।

जहाँ तक माचवेजी का सवाल है, वे मेरे विश्वास को इस तरह झुठला नहीं सकते। उन्हें कविता तो लिखना ही होगा—चाहे वे हवाई जहाज में सफर करते हुए लिखें या दातौन करते हुए।

फ़िलहाल यह कविता उनकी मंजूरी के लिए पेश करता हूँ—

मुक्तिबोध की बीमारी पर

० प्रभाकर माचवे

तार-सप्तक, लेख, कविता, डायरी, कामायनी

पुनर्विचार

सुन रहा हूँ हो गये तुम बन्धुवर बीमार।
याद है उज्जैन, शिप्रा, महाकालेश्वर
नहीं गये कभी रामेश्वर ?
 लन्दन, टोरन्टो, पेरिस, न्यूयार्क, बुडापेस्ट
 जाओगे, जाओगे मेक नो हेस्ट
किया था न्यूयार्क रेडियो से दो घण्टे कविता-पाठ
क्या बात है ! खूब है इमेज और थाट !
तुम बीमार हो सुनकर दुःखी हम
ट्वीडलडम TWEEDLEDUM

[बस स्टैण्ट पर लिखित]

निवेदन है कि 'कवि न होहुं नहिं चतुर कहाऊँ'—इसीलिए इसमें भाषा-दोष और छन्द-दोष वगैरह हो सकते हैं। पर हमें तो कविता की आत्मा देखनी चाहिए। अब और कुछ लेखकों-कवियों की तरफ से मसौदे पेश करता हूँ—

श्री मैथिलीशरण गुप्त (हिन्दी के दद्दा)

रोग-शोक, आधि-व्याधि का घर है मानव-देह,
हे राम, उसे चंगा करो, बरसा औषध-मेह।

श्री जैनेन्द्र कुमार

रोग क्या? और नीरोग कैसा? रोग में नीरोग है और नीरोग में रोग है। जीना जिसे कहा जाता है, उसका यही भोग है। हम सभी रोगी हैं। हम स्वस्थ हैं—यह सोचना ही रोग का लक्षण है। रोग नहीं तो स्वस्थ होने की चेतना क्यों? हम न रोगी हैं, न स्वस्थ हैं। हम मात्र हैं। और यह होना भी एक रोग है।

['समय और तुम' से]

श्री माखनलाल चतुर्वेदी (हिन्दी के दादा)

मेरे कवि, मेरे मनमोहन, मेरी मनुहारों और दुलारों के देवता! जिसकी सूझें पंख पसारे प्रतिभा के आकाश में उड़ रही हैं, जिसका ईमान पीढ़ियों को बल दे रहा है, जिसके बोल कोटि-कोटि कण्ठों की जवानी गा रहे हैं, जिसकी आन और बान पर पीढ़ियाँ बलिपन्थी होती हैं, जिसके पेट के ऊपर हृदय और उसके भी ऊपर मस्तिष्क है—वह दुलारा कवि बीमार है। वह जल्दी अच्छा हो और तरुणाई के सपने सँजोये।

अमृतराय (हिन्दी के राजकपूर)

एक जमाना था, जब मुक्तिबोध और मैं—'हंस' में काम करते थे। मेरा बाप प्रेमचन्द उन दिनों जिन्दा था ('वसुधा' में प्रकाशित प्रेमचन्द-सम्बन्धी एक लेख का

शीर्षक अमृतराय ने 'मेरा बाप' दिया था)। प्रेमचन्द से मुक्तिबोध ने सरलता सीखी और मैंने भाषा। प्रेमचन्द कलम के सिपाही थे; मैं कलम का कप्तान हूँ। सुना है मुक्तिबोध बीमार हैं। मेरी शुभकामनाएँ उनके साथ हैं।

ख्वाजा अहमद अब्बास

(तर्ज हिन्दी ब्लिट्ज की 'आजाद कलम')

शायर बीमार है।

जनता का शायर बीमार है; कवि बीमार है।

भूखी जनता, नंगी जनता, बेघर जनता, बेसर जनता, बेपैर जनता का शायर बीमार है—

आज शेक्सपियर बीमार है, मिल्टन बीमार है, बायरन बीमार है, शेली बीमार है, कीट्स बीमार है, व्हिटमैन बीमार है, मायकोवस्की बीमार है, रवीन्द्र बीमार है, ग़ालिब बीमार है, ज़ौक बीमार है—

मगर—

जैसा किसी फिल्म के गाने में कहा गया है—'दुनिया के लोग, ए दुनिया के लोगो, लो हिम्मत से काम। सबकी खबर रखनेवाला है राम।' जमाना बदलेगा। यह तारीक रात खतम होगी और सारे जमाने में सेहत का सूरत चमकेगा, आफताब चमकेगा, दिनकर चमकेगा, भगवान भास्कर चमकेगा।

सेहत का सूरज सड़क पर, गली पर, महल पर और झोपड़ी पर चमकेगा। बागीचे, नदी और तालाब पर चमकेगा। पहाड़ों और समन्दरों पर चमकेगा। जेल-खाने और कचहरी पर चमकेगा। जच्चाखानों और अस्पतालों पर चमकेगा।

और तब सब सेहत पायेंगे—गरीब और अमीर सेहत पायेंगे, बूढ़े, बच्चे और औरतें सेहत पायेंगी। बाबू, मुंशी, मेहनतकश और मजदूर को सेहत मिलेगी। शायर, फनकार, अदीब और नक्काश को सेहत मिलेगी।

जिन्दगी हँसेगी—बस चन्द दिन और मेरी जान चन्द ही दिन और!

हमारे सिर पर सूरज होगा। हम सब खुशी से नाचेंगे, गायेंगे। और हम उस सूरज से कहेंगे—चौदहवीं का चाँद हो, या आफताब हो; जो भी हो तुम खुदा की कसम लाजवाब हो!

सोहनसिंह 'जोश'

(तर्ज लेफ्ट-सेक्टेरियन)

साम्राजी भेड़ियों ने और सरमायादारी के गुर्गों ने आखिर एक तरक्की-पसन्द शायर को लकवा लगा ही दिया। हमें जनता के दुश्मन इन साँपों का मुँह कुचलना है। हमें एक होकर इस हमले का मुकाबला करना है। कोई बात नहीं, बाशशाओ! जिन्दाँ से निकलने की खातिर पाबन्दये-जिन्दाँ और सही!

भई, अभी इतनी ही रचना कर सका हूँ। इतना करके ही मुझे डर लगने लगा है और मैं इन सबसे क्षमा-याचना के 'मूड' में आ गया हूँ। फिर भी इसे भेज तो रहा ही हूँ।

आपका

ह. शं. प.

19

सचेतन कहानी

प्रिय बन्धु,

आजकल नित्य ही कहीं-न-कहीं 'कहानी' पर बहस होती है और बड़े मजे के वक्तव्य सुनने को मिलते हैं।

एक दिन मैं एक 'क्लासिकल' होटल में चाय पी रहा था। 'क्लासिकल' होटल वह है, जिसमें जलेबी दोने में दी जाती है और पानी ऊपर से पिलाया जाता है। आधुनिक होने के लिए ऐसे होटल चाय भी रखने लगे हैं। मैं बैठा-बैठा एक पत्रिका के पन्ने पलट रहा था। मेरी नजर दिल्ली में हुई 'मनीषा' की गोष्ठी की रपट पर पड़ी। मैंने पढ़ा, डॉ. नामवरसिंह ने कहा कि 'नयी कहानी' मेरा दिया हुआ नाम नहीं है। कौन कहता है कि मैंने 'नयी कहानी' का नाम चलाया। इसी समय मेरी नजर दीवार पर टँगे रवि वर्मा के उस चित्र पर पड़ी जिसमें मेनका विश्वामित्र को अपनी (और ऋषि की भी) लड़की दे रही है और विश्वामित्र परेशान हो हाथ उठाकर उसे अस्वीकार कर रहे हैं। अवैध सन्तान के बाप की घबड़ाहट मुझे समझ में आती है। मुझे विश्वामित्र और नामवरसिंह की अदा में एक साम्य दिखा। यों, मैं जानता हूँ कि नामवरसिंह 'नयी कहानी' के पिता नहीं हैं, मगर लोग खूबसूरत बच्चे को गोद भी तो ले लेते हैं। अगर 'नयी कहानी' खूबसूरत बच्ची है और नामवरसिंह में अतृप्त वात्सल्य है, तो गोद ले लेने में क्या हर्ज है? लोक-लाज से इतना थोड़े ही घबड़ाया जाता है! अब उनका क्या होगा, जो दसों सालों से इस दम पर कहानी लिख रहे थे कि डॉ. नामवरसिंह उसे नयी कहानी कहते हैं! जो भरोसा करके साथ हो ले, उसे इस तरह बियाबान में तो किताब बेचनेवाले भी नहीं छोड़ते। फिर डॉ. साहब तो आलोचक हैं।

दूसरा आकर्षक वक्तव्य श्रीकान्त वर्मा ने दिया। उन्होंने कहा कि कविता लिखना ऊँचे दर्जे का काम है और कहानी लिखना घटिया काम है; कवि जब ऊँचा काम करना चाहता है, तब कविता लिखता है और घटिया काम करना चाहता है, तब कहानी लिखता है। किसी कवि के मन में कोई घटिया काम करने की, जैसे जेब काटने की, इच्छा हो तो वह जेब न काटकर एक कहानी लिख लेगा। मात्र कहानीकार और कवि-कहानीकार में यही अन्तर है। मात्र कहानीकार जेब काटने की इच्छा होने पर जेब काटेगा, मगर कवि कहानी लिखेगा। यही बात कहानीकार कवि पर लागू होती है। 'अश्क' कहानीकार हैं, मगर जब-जब उनकी इच्छा कोई घटिया काम करने की हुई है, जैसे पीछे से किसी को लत्ती मार देने की, उन्होंने कविता लिख दी है। राजेन्द्र यादव भी कभी-कभी फौजदारी मामले को टालने के लिए कविता लिखते हैं।

श्रीकान्त ने सिर्फ दो को नया कहानीकार माना है। इससे अधिक उदार तो कुँवरनारायण हैं, जिन्होंने पाँच को माना है। कुँवरनारायण ने श्रीकान्त का भी नाम लिया है, मगर श्रीकान्त ने उनका नाम नहीं लिया। दोस्ती क्या इसी तरह निभती है ? श्रीकान्त पिछले 10 सालों से मेरा बड़ा प्यारा दोस्त है, मगर उसने मेरा नाम भी नहीं लिया। साहित्य के मूल्यांकन में अगर लोग दोस्तों को ही भूल जायेंगे, तो मान-दण्ड कैसे स्थिर होंगे ? आलोचना के क्षेत्र में अराजकता का यही तो कारण है कि कुछ लोग दोस्तों को हमेशा याद रखते हैं और कुछ लोग हमेशा भूल जाते हैं।

इसी गोष्ठी में एक और कहानी का जन्म हुआ, जिसका नाम रखा गया 'सचेतन' कहानी। अब 'नयी कहानी' और 'सचेतन कहानी' की व्यूह-रचना हो रही है। लेकिन आगे हर 6 महीने में कहानी के लिए एक नये नाम की जरूरत पड़ेगी। ऐसे नाम अभी से सोचकर रखने चाहिए। कुछ नाम मैं सुझाता हूँ—

अचेतन कहानी, रेचन कहानी, विरेचन कहानी, विवेचन कहानी, रामावतार चेतन कहानी।

मुझे अब यह समझ में आने लगा है कि कहानी लिखना कोई अच्छा काम नहीं है। मगर अच्छा काम तो जेब काटना भी नहीं है। फिर उसे लोग क्यों करते हैं ? क्योंकि पैसे मिलते हैं, कहानी लिखने से भी पैसे मिलते हैं न !

पिछला महीना दिलचस्प वक्तव्य का महीना था। डॉ. प्रभाकर माचवे ने कहीं कहा कि रोटी से आदमी के विचार नहीं बनते। बात बिल्कुल ठीक है। मगर मेरा नम्र निवेदन है कि रोटी पर जो घी चुपड़ा जाता है, उससे तो बनते होंगे।

अभी पिछले महीने की 'ज्ञानपीठ पत्रिका' मेरे हाथ में आ गयी। कर्तारसिंह दुग्गल ने लेख लिखा है कि मैं क्यों लिखता हूँ। वे क्यों लिखते हैं, देखिये—

"मैं लिखता हूँ क्योंकि दिल के इस कोने में एक दुलहिन छिपी बैठी है। इस हसीना का आशकार करना है। इसके यौवन की एक झलक दिखाना है।"

—हाय-हाय !

काश, हमारे दिल के उस कोने में भी बैठी होती ! या हमें वह कोना मालूम होता, जहाँ वह अक्सर बैठा करती है।

बन्धु, दुग्गलजी-जैसे सहज भाग्यशाली सब थोड़े ही हैं।

पत्र समाप्त होता है। अब एक मिथ्या औपचारिक वाक्य लिखना बाकी है—आशा है आप सानन्द हैं।

सस्नेह

ह. शं. प.

20

आत्मसम्मान की शैलियाँ

प्रिय बन्धु,

मैं जो ये चिट्ठियाँ आपको लिखता हूँ, इनके बारे में एक मित्र का कहना है कि ये बहुत सीधी-सी होती हैं यानी गऊ चिट्ठियाँ होती हैं। मैंने उनसे पूछा, यानी कैसी चिट्ठी लिखी जाय। उन्होंने सम्पादक के नाम पत्रवाले स्तम्भ की परम्परा बतायी और कहा—'कुछ ऐसा लिखो—अजी सम्पादकजी महराज, जय बम भोले की! आगे जो है सो जानना कि मैं कल शाम को एक लोटा भंग छानकर खटिया पर लेटा, तो मुझे तीनों लोकों में लेखकों के तम्बू गड़े दिखने लगे। हर तम्बू के सामने तलवार लिये साहित्य का सन्तरी खड़ा है और भीतर साहित्य के नवाब जलतरंग सुन रहे हैं। इतने में बिगुल बजने लगा, साहित्य के सिपाही लड़ने लगे और साहित्य के साहब चिक उठाकर देखने लगे।'

मैंने कहा—मुझसे ऐसा लिखते नहीं बनेगा।

मित्र बोले—कैसे बनेगा? विजया छानो तो ऐसा लिख सकते हो। तुम लोगों में मस्ती नहीं है, पस्ती है। हम लोग न विजया छानते, न 'भारत-भारती' ढालते।

मैंने टोका—यह 'भारत-भारती' क्या है? यह तो राष्ट्रकवि के आदि-ग्रन्थ का नाम है। हमने भी तब गाया था—'भगवान् भारतवर्ष में गूँजे हमारी भारती।'

मित्र ने कहा—हम तो देशी शराब को 'भारत-भारती' कहते हैं, विदेशी को 'आंग्ल भारती'। गाँजे को 'शीघ्रबोध' कहते हैं और यह 'तुरती' से अधिक सुसंस्कृत नाम है। तुम बदरी विशाल पित्ती को लिखना। वे हिन्दी के लिए लड़नेवाले हैं। उन्हें ये नाम जरूर पसन्द आयेंगे।

बन्धु, मैं उनके आदेशानुसार लिख रहा हूँ। उस वक्त तो मैंने उन्हें एक-दो नाम खुद सुझा दिये।

मैंने कहा—अफीम को 'लघु कौमुदी' कह सकते हो। और अगर राष्ट्रकवि के ग्रन्थों पर से ही नशों के नाम रखना है, तो चरस को 'जयद्रथ-वध' क्यों नहीं कहते?

वह हिन्दी पारिभाषिक शब्दावली को मेरी देन स्वीकार करके चला गया और मैं पूरे होशोहवास में आपको यह सीधा-सा पत्र लिखने बैठ गया। 'क ख ग' में प्रकाशित आपका लेख 'साहित्यिक पत्रकारिता' अभी पढ़ा है। पहले तो सोचा कि लेख की तारीफ कर दूँ, पर फिर विवेक के कहने से इरादा त्याग दिया। सम्पादक की तारीफ करने में खतरा यह रहता है कि वह उसे पाठकों के पत्र में छाप देता है। गैर-सम्पादक लेखक के साथ यह डर नहीं रहता।

इस लेख में आपने बड़े दर्द से लिखा है कि हिन्दी-लेखकों में आत्म-सम्मान नहीं है। मेरा आपसे मतभेद है। शायद आप इस शब्द का वह अर्थ नहीं निकालते,

जो आम लेखक निकालते हैं। गलत अर्थ-बोध के कारण आप व्यर्थ दुःखी होते हैं और सही अर्थ निकालने के कारण हम सुखी हैं। आत्म-सम्मान का अर्थ हुआ, अपना सम्मान करना अथवा लेना। इस अर्थ में तो मुझे चारों तरफ हिन्दी में आत्म-सम्मान ही आत्म-सम्मान दिखता है। बहुत कम लेखक ऐसे मिलेंगे, जो सम्मान लेने में कमजोर पड़ेंगे।

आत्म-सम्मान की समस्या वहाँ खड़ी होती है, जहाँ लेखक देखता है कि दूसरे मेरा सम्मान करने की तरफ कुछ ध्यान नहीं देते। वह इस चुनौती को स्वीकारता है और 'आत्म-सम्मान' के लिए कमर कस लेता है। कठिनाइयाँ कितनी भी सामने आयें, वह अन्ततः आत्म-सम्मान करने-कराने में सफल हो ही जाता है।

जो बहुत समर्थ हैं, वे तो अपने अभिनन्दन का आयोजन स्वयं कर लेते हैं। खुद धन का इन्तजाम कर देते हैं, अभिनन्दन-ग्रन्थ छपवा देते हैं और चार आदमी बुलाकर उसे उनके हाथ से ले भी लेते हैं।

लेकिन जो इतने सामर्थ्यवान नहीं हैं, वे भी आत्म-सम्मान के रास्ते निकाल लेते हैं। आचार्यों की चंगुल में ज्यों ही कोई शोध-छात्र फँसा कि वे उससे लेख लिखवाना शुरू करवा देते हैं, 'आचार्य अमुक की समीक्षा-शैली।' एक भी पी-एच. डी. आपको हिन्दी में नहीं मिलेगा, जो ऐसे लेख लिखे बिना डिग्री पा गया हो।

खुद अपने बारे में लेख लिखकर उसे किसी दूसरे के नाम से छापने भेज देना तो आत्म-सम्मान की क्लासिकल शैली है। यह युग-परीक्षित है और—और युग-स्वीकृत भी।

इधर आत्म-सम्मान की कुछ नयी शैलियाँ भी प्रकट हुई हैं। जब मैं एक विद्यालय में पढ़ाता था, तो एक प्रतिष्ठित प्रौढ़ लेखक-कवि मुझसे कहते थे कि अपने विद्यार्थियों से कहना कि परीक्षा में 'मेरा प्रिय कवि' पर लेख लिखने को कहा जाय, तो मेरे विषय में लिखें। अपने बारे में एक लेख उन्होंने मुझे लिख करके भी दिया था। मैंने लड़कों को वह लिखा दिया। परीक्षा में यह पूछा भी गया क्योंकि प्रश्न-पत्र उक्त लेखक ने ही निकाला था। जब लेखक इतना सतर्क है कि परीक्षा-कापी में भी यश खोजता है, तब आप कैसे कहते हैं कि लेखकों में आत्म-सम्मान नहीं है।

'तू मेरी तारीफ कर; मैं तेरी करूँ'—वाली आत्म-सम्मान की शैली तो सर्व-विदित है ही। यह पुरानी होकर भी नयी है। देवताओं की भी यही शैली है। शिव उमा से राम की तारीफ करते थे और राम सीता से शिव की। दोनों देवता गुट बनाकर चलते थे।

और भी शैलियाँ हैं। मेरे एक मित्र ने मुझे बताया कि हिन्दी में ऐसे शोध-प्रबन्ध भी लिखे जा रहे हैं, जिनमें छात्र अपने बड़े भैया, उनके 2-4 दोस्त और डिग्री दिला देनेवाले अध्यापक के ही नाम भरता है; बाकी कुछ नहीं। यह भी सोचता हूँ कि अगर छोटा भाई शोध-प्रबन्ध लिख डाले तो अपने कृतित्व से चाहे 'शोक-समाचार' के बाद ही मर जाऊँ, पर प्रबन्ध में तो अमर हो ही जाऊँगा।

तो बन्धु, आपको हिन्दी जगत् की सही जानकारी नहीं है। कोई आत्म-

सम्मान की तरफ से गाफिल नहीं है।

आप शायद इस बात से दु:खी हैं कि लाभ पाने के लिए लेखक झुकते हैं, जी-हुजूरी करते हैं, चापलूसी करते हैं। दाता की प्रशंसा अपनी पुरानी परम्परा है। आज यदि लेखक इनाम पाने, नौकरी पाने और तरक्की पाने के लिए थोड़ा कर लेता है, तो क्या बुरा है?

मैं पिछली मई में बस से यात्रा कर रहा था। बस सरकारी थी। बस का ड्राइवर बड़ा अक्खड़ और जिन्दादिल आदमी था। रास्ते में एक जगह सड़क के किनारे सागौन की एक बल्ली कटी पड़ी थी। उसने बस रोकी और कण्डक्टर से कहा—यार जमना, हफ्ते-भर से यह बल्ली यहाँ पड़ी है। पड़े-पड़े इसका 'कैरेक्टर' (आचरण) खराब हो रहा है। इसे उठा लो। कण्डक्टर ने बल्ली उठाकर बस पर रख ली।

बीच के एक स्टेशन पर बस रुकी। सवारियाँ पानी पीने और पान खाने के लिए उतरीं। सामने की चाय की दूकान पर उस समय दूसरी बस से उतरे राज्य परिवहन के एक अफसर खड़े थे और उनके आसपास एक-दो ड्राइवर-कण्डक्टर थे, जो साहब के बच्चे से पूछ रहे थे—'बाबा, जलेबी खाओगे?' कुछ राजनीतिक बात चल पड़ी। साहब के किसी मत से हमारा ड्राइवर भनभना उठा और उसने साहब को राजनीति समझाना शुरू कर दिया। 10-15 सुननेवाले उसकी बात से सहमत और प्रभावित हो गये और साहब की बोलती बन्द हो गयी और पानी धीरे-धीरे उतरने लगा।

बसें रवाना होने का समय आया, तो वह कर्मचारी, जो साहब की बातों पर दाँत निपोर रहा था और बाबा से जलेबी खाने का आग्रह कर रहा था, साहब के साथ बस की तरफ चला।

मैं उनके ठीक पीछे था। मैंने सुना, उस कर्मचारी ने कहा—'साहब, यह ड्राइवर यूनियन में है!'

मुझे विश्वास है, कहनेवाले की तरक्की हुई होगी और उस मेरे ड्राइवर को नुकसान पहुँचा होगा।

जिन लेखकों के कारण आप परेशान होते मालूम होते हैं, वे सिर्फ यह कहते हैं—'साहब, हम यूनियन में नहीं हैं, बाकी सब यूनियन में हैं।'

पुरस्कार का मौका होता है, तो ये कहते हैं—'साहब, अमुक तो यूनियन में है। उसे पुरस्कार कैसे? हम यूनियन में नहीं हैं।'

ऊँची नौकरी का मौका आता है, तो ये कहते हैं—'साहब, हम यूनियन में नहीं हैं।'

तरक्की का मौका आता है, तब ये कहते हैं—'साहब, हम यूनियन में नहीं हैं। फलाँ तो यूनियन में है।'

कुल इतना इशारा ये करते हैं और इनका फायदा हो जाता है।

मगर ये भी तो आखिर आत्म-सम्मान करते हैं।

नहीं जनाब, आपकी चिन्ता व्यर्थ है। सब अपना-अपना आत्म-सम्मान सँभाल रहे हैं।

आपका

ह. शं. प.

21

भावना का भोजन

प्रिय बदरी विशालजी,

जब यह चिट्ठी हैदराबाद पहुँचेगी, तब आप शायद जेल में होंगे। आपने महँगाई के खिलाफ सत्याग्रह किया है, ऐसा मैंने अखबारों में पढ़ा था।

एक 'सज्जन' मुझसे कह रहे थे कि आप साहित्यिक लोग महँगाई, मुनाफाखोरी वगैरह के चक्कर में क्यों पड़ते हैं? आप लोग तो कलाकार हैं। आपको तो सुन्दर-सुन्दर कल्पनाएँ करनी चाहिए। आप लोग इन क्षुद्र भौतिक चीजों में क्यों पड़ते हैं।

उन 'सज्जन' की बात ध्यान देने योग्य है। मैंने क्षुद्र भौतिक चीजों को बिल्कुल छोड़ दिया है और मैं भावना खाता हूँ, कल्पना पीता हूँ, दर्शन का नाश्ता करता हूँ और कला के कपड़े पहनता हूँ। मुझे गेहूँ और चावल के भाव से मतलब नहीं। शक्कर बाजार में है या नहीं—इसका मुझे कोई ज्ञान नहीं।

बन्धु, आप भी व्यर्थ ही जेल गये। मुनाफाखोरी, कालाबाजारी वगैरह तो हमारी संस्कृति में है; बहुत पहिले से है। सब जानते हैं कि कृष्ण 'माखन-मिश्री' खाते थे। माखन-शक्कर क्यों नहीं खाते थे? किसी ने इस पर विचार किया है? बात यह है कि गोकुल के व्यापारियों ने शक्कर दबा ली थी। बाजार में शक्कर थी नहीं, और जो थी भी वह कालाबाजार में बिकती थी। इसलिए योगिराज भगवान् कृष्ण को मिश्री खानी पड़ी; जैसे हम लोग गुड़ की चाय पीते हैं। जिन व्यापारियों ने भगवान् के अवतार को शक्कर नहीं मिलने दी, वे अगर हमें गेहूँ-चावल से वंचित करें तो आश्चर्य क्या है? और अनुचित भी क्या है? यह तो होता आया है, भगवान् के सामने हुआ है, बल्कि भगवान् ने खुद भुगता है।

मुझे और कारणों से भी आप लोगों के महँगाई-विरोधी आन्दोलन गलत लगते हैं। सरकार के नेताओं ने और सरकार के बाहर के नेताओं (जैसे अतुल्य घोष) ने कहा है कि महँगाई तो विकासशील अर्थव्यवस्था का लक्षण है। अब अगर हमें अर्थ-व्यवस्था का विकास करना है, तो महँगाई और बढ़ानी होगी। इन आन्दोलनों का नतीजा अगर यह निकला कि महँगाई कम हो गयी, तो इसका अर्थ हुआ कि आर्थिक

विकास रुक गया। इसीलिए जो लोग भी महँगाई कम करने की माँग करते हैं, वे सब देश के आर्थिक विकास को रोकना चाहते हैं। ऐसे लोगों को जेल में न डाला जाय तो क्या उन्हें सरकार सौंप दी जाय?

दूसरी बात यह है कि आप लोगों को अभी यही नहीं मालूम कि देश की हालत इतनी खराब क्यों है? आप लोग अर्थशास्त्र, राजनीतिशास्त्र, समाजशास्त्र वगैरह पढ़कर अपने-आपको 'वैज्ञानिक' दृष्टिवाला समझकर विश्लेषण करते हैं और निष्कर्ष निकालते हैं। मगर सच्चा शास्त्र आप लोगों ने नहीं पढ़ा। वह गुरु गोलवलकर ने पढ़ा है, इसीलिए उन्हें साफ समझ में आ रहा है कि सारी खराबी का कारण यह है कि धर्म का ह्रास हो गया है। उन्होंने हाल के एक भाषण में कहा भी है। धर्म अगर रहता तो गड़बड़ होती ही नहीं। तब मैं, जिसके पूर्वज ब्राह्मण कहलाते थे, सत्यनारायण की कथा कहता और भीख माँगता। आप साहित्य में न पड़कर खाता-बही लिखते और धन्धा करते। तब लालबहादुर 'शास्त्री' नहीं हो सकते थे, क्योंकि कायस्थ को शास्त्र पढ़ने का अधिकार ही नहीं होता। सब अपनी-अपनी जगह होते और अपना-अपना काम करते।

आप लोग सरकार से आखिर यह माँग क्यों करते हैं कि वह अनाज का व्यापार अपने हाथ में ले और बैंकों का राष्ट्रीयकरण करे? गुरुजी ने हाल ही में कहा है कि सरकार का काम व्यापार करना नहीं है; सरकार कोई बनिया नहीं है! आप पूछेंगे कि फिर सरकार का क्या काम है? देखिए, सरकार का काम है, फौज इकट्ठी करके किले जीतना। आज रायगढ़ के किले पर हमला कर दिया, कल सिंहगढ़ जीत लिया, परसों सूरत को लूट लिया। यह सरकार किले तो जीतती नहीं है, बनियागिरी करना चाहती है। जनता के लिए अनाज और शक्कर की जिम्मेदारी न महाराज शिवाजी ने ली, न राणा प्रताप ने और न छत्रसाल ने। फिर वर्तमान युग की सरकारों से आप लोग यह क्यों कराना चाहते हैं?

मेरा तो यह सुझाव है कि इस झंझट को यहीं खतम कर देना चाहिए। सरकार बिल्कुल इस मामले से हट जाय। जो गेहूँ अमरीका और केनेडा से बुलवा लिया है, उसमें से उन व्यापारियों का गेहूँ वापिस कर दे जिनका छिपा गेहूँ जब्त किया था। उनसे सरकार माफी माँगे, कहे — लो भाई, अपना गेहूँ। इसे फिर से दबा लो। सरकार वर्णाश्रम धर्म को भूल गयी थी, इससे गलती हो गयी। फिर भी गेहूँ बच जाय, तो अखबारों में विज्ञप्ति छपा दे कि गेहूँ आ गया है; जिन व्यापारियों को दबाना हो, वे आकर बन्दरगाहों से ले जायें। ऐसा करने से एक धर्मसम्मत व्यवस्था तो कायम हो ही जायगी।

बन्धु, आप तो जानते ही हैं कि दाने-दाने पर खानेवाले का नाम लिखा रहता है। अगर मेरा नाम केलिफोर्निया के गेहूँ के दाने पर लिखा है तो मुझे भारत का गेहूँ खाने के लिए कैसे मिल सकता है? आखिर ईश्वरीय विधान भी तो कोई चीज है? जब पाकिस्तान के चावल पर अपना नाम लिखा है, तो भारत में पैदावार बढ़ाने से क्या होगा?

मुझे तो ऐसा लगता है कि जब हमारा नाम अमरीकी गेहूँ पर ही लिखा है तो क्यों न भारत सरकार केलिफोर्निया में कुछ खेत ले ले और अपने देश की खेती उन खेतों पर हो। भारत का कृषि विभाग अगर केलिफोर्निया में अन्न उत्पादन कराये तो क्या हर्ज है? जब अमरीका दूसरे देशों में सैनिक अड्डे बना लेता है, तो क्या हम अमरीका में अपनी खेती भी नहीं कर सकते? हमने देख लिया कि भारत की भूमि तो कुछ देती नहीं। इसलिए जहाँ की भूमि देती है वहीं हमें खेत खरीद लेना चाहिए। हमारे गेहूँ के खेत अमरीका और केनेडा में हों, चावल के खेत बर्मा और पाकिस्तान में और गन्ने की खेती हम मलयेशिया में करें। तब कम-से-कम यह सन्तोष तो रहेगा कि अपने ही खेतों की उपज हम खा रहे हैं।

मुझे विश्वास है कि इस चिट्ठी को पढ़कर आपको अपने आन्दोलन की व्यर्थता समझ में आ जायेगी।

इस बार मैंने साहित्यिक जगत की हलचल के बारे में नहीं लिखा। बहुत लोग इन आखिरी पृष्ठों को पलटायेंगे और निराश होंगे। कुछ प्रसन्न भी होंगे।

आशा है, कारागार में कोई महाकाव्य आप जरूर लिख रहे होंगे।

बुजुर्गों ने कहा—

कारागार निवास स्वयं ही काव्य है।
कोई कवि बन जाय सहज सम्भाव्य है॥

सस्नेह
ह. शं. प.

22

मुक्तिबोध—मौत और महानता

प्रिय बन्धु,

पिछले महीने आपको पत्र नहीं लिख सका। बात यह हुई कि 11 तारीख को मुक्तिबोधजी की मृत्यु हो गयी और मैं दिल्ली चला गया। वहाँ जाकर देखा कि मुक्तिबोध तो महान मान लिये गये। मुझे कल्पना हुई कि मुक्तिबोध अपने खास लहजे में इस पर यों प्रतिक्रिया व्यक्त करते—'वाह पार्टनर, यह भी बड़े मजे की बात है। वह साहब! यह भी खूब है!' मुक्तिबोध जब मृत्यु के पास पहुँच गये, तब बतानेवालों ने बताया कि यह तो असाधारण है। और जब उनकी मृत्यु हो गयी तब बताया कि वह तो महान् था। जो इतने सालों से कहते रहे थे कि मुक्तिबोध कविता नहीं लिखते, भाषण देते हैं, वे भी जय बोलते पकड़े गये। मार्क्सवादी विश्वासों के

कारण जो उन्हें कवि नहीं मानते थे, वे भी कहने लगे कि उन विश्वासों के 'बावजूद' वह बड़ा कवि था। और जो प्रगतिशील कठमुल्ले, सिर्फ नारों की समझ के मालिक होने के कारण, उसके विकट बिम्बों को और उन्हें गूँथते विचारों को नहीं समझते थे, वे भी मानने लगे कि हाँ, यह बड़ा कवि था।

मुझे मुक्तिबोध की आवाज सुनायी देती है--'वाह पार्टनर, ज़रा यह मजा भी देखो। वाह साहब, यह भी खूब रही।'

मैं सोचता हूँ, अगर मुक्तिबोध जीवित रह जाते, तो क्या होता ? तो क्या लोग सही बात बतलाते ? मुझे शक है, अभी और दबाये रहते। और अगर एक मुख्यमन्त्री और प्रधानमन्त्री उन्हें विशेष व्यक्ति के रूप में मानकर उनकी चिकित्सा में दिलचस्पी न लेते तो ? मुझे शक है, बहुत शक है—कि यदि वे मामूली अस्पताल के जनरल वार्ड के किसी बिस्तर पर पड़े-पड़े दम तोड़ते, तो भी लोग कुछ समय और और उनके बारे में सत्य को दबाये रहते। सही मूल्यांकन के लिए अभी भी लेखक को कितनी परिस्थितियाँ पैदा करनी पड़ती हैं—कठिन बीमारी, मुख्यमन्त्री, प्रधानमन्त्री, मौत ! मुझे पता है कि जो 50-60 मील भोपाल देखने नहीं आये, वे विह्वल होकर 400 मील दिल्ली दौड़ते गये—लगभग मूर्च्छित-से होकर ! प्रधानमन्त्री ने मरनेवाले को बुलाया था न !

मुझे मुक्तिबोध का अट्टाहास फिर सुनायी देता है—'वाह साहब, यह भी खूब है !'

इस बात को यहीं छोड़ता हूँ।

एक नयी बात हुई। अभी उस दिन मुझे कृष्णचन्द्र का गधा मिल गया। वही गधा, जिसने अपनी आत्म-कथा लिखी है।[1]

मुझे वह सड़क पर मिल गया। मैंने पूछा—कहिए गधाजी, कहाँ से आ रहे हैं?

वह नाराज-सा होकर बोला—क्या तुम नहीं जानते ? तुमने क्या मेरी किताब नहीं पढ़ी ? मैं अभी नेफा से आ रहा हूँ।[2]

मैंने पूछा—क्या किया वहाँ ?

वह बोला—वहाँ मैंने देशभक्ति का उपदेश दिया। फिर सीमा पार करके चीन चला गया और वहाँ चाऊ-एन-लाई से भी मिला। उससे मैंने बातचीत की।

मैंने कहा—यह तो तुमने ठीक किया। मगर इससे निष्कर्ष ऐसे निकल सकते हैं, जिनसे तुम भी आफत में पड़ सकते हो और अपने लेखक को भी डाल सकते हो।

गधे ने कानों के प्रश्नचिह्न खड़े कर लिये और आदतन उत्सुकता से देखने लगा।

मैंने कहा—तुम्हारे इस बयान से यह मतलब निकल सकता है कि चीनी हमले के बाद देशभक्ति के उपदेश गधे देते थे और चीनी नेताओं से वार्ता करने भी गधे ही गये थे।

1. सन्दर्भ : 'एक गधे की आत्म-कथा'।
2. सन्दर्भ : 'एक गधा नेफा में' (कृष्णचन्द्र)

उसने कहा—यह मतलब कहाँ से निकलेगा ?

मैंने कहा—तुम्हारे इस प्रकाशित बयान से। अच्छा, बताओ, चीन की तरफ से किसने बात की ?

—चाऊ-एन-लाई ने।

—और अपनी तरफ से ?

—मैंने।

मैंने कहा—फिर ?

वह बोला—लेकिन मैंने इस नजरिये से इस चीज को देखा ही नहीं।

मैंने कहा—यही तो बात है, गधा परशादजी, कि जो नजरिया बन गया सो बन गया। दुनिया बदल जाय, पर नजरिया नहीं बदल सकता। पत्थर की आँख है, जिसकी पुतली नहीं हिलती।

मैंने सोचा, यह कृष्णचन्द्र का गधा है; इसे बहुत-सी अन्दरूनी बातें भी मालूम होंगी। इससे कुछ जानकारी हासिल कर लूँ।

मैंने कहा—एक प्रतिष्ठित प्रगतिशील लेखक के गधे होने के कारण, तुम्हें प्रगतिवादी आन्दोलन की बहुत-सी बातें मालूम होंगी। ज़रा यह तो बताओ, पहले कुछ प्रगतिवादी होते थे और कुछ प्रतिक्रियावादी होते थे और वे एक-दूसरे पर प्रहार करते थे और भिन्न-भिन्न भाषाएँ बोलते थे। मगर अब ऐसा क्यों होता है कि दोनों तरह के बुजुर्ग एक ही मोर्चे पर आ जाते हैं, एक ही भाषा बोलते हैं और पिछले 10-11 वर्षों के साहित्य को निकृष्ट कहते हैं ?

गधे ने कहा—इसमें अचरज की क्या बात है ?

मैंने कहा—यही कि अगर मान-मूल्यों की ही बात होती, तो जो प्रगतिवादी के लिए 'बुरा' होगा, वह प्रतिक्रियावादी के लिए 'अच्छा' होगा। ऐसा ही तो होता आया है। अब क्यों नहीं होता ? क्या सब सयाने प्रगतिशील प्रतिक्रियावादी हो गये हैं या सब पुराने प्रतिक्रियावादी प्रगतिशील हो गये हैं ?

गधे ने समझदारी से सिर हिलाया। बोला—मैं समझा। तुम्हारा मतलब यह है कि पिछले 10-12 वर्षों के लेखन को शिवदानसिंह चौहान भी कोई 'उपलब्धि' नहीं मानते और वे भी नहीं मानते जो चौहान साहब के विचारों के विरोधी हैं। देखो भाई···।

मैंने टोका—कृपा करके मुझे 'भाई' मत कहो। कोई लेखक सुन लेगा तो बदनामी होगी। लोगों में विनोद-चेतना है नहीं, इसलिए किसी मजाक को लेकर वे महीनों सिर धुनते रहते हैं।

गधा बोला—खैर, तुम्हें भाई नहीं कहूँगा। मगर जो पूछा है, वह समझ तो लो। देखो, मान-मूल्य कोई साहित्यिक या दार्शनिक ही तो होते नहीं हैं। व्यावसायिक मूल्य भी होते हैं। उनका भी ध्यान रखना पड़ता है। फिर, जैसा तुमने कहा, एक ही तरफ लगातार कई साल देखने से, एक ही बिन्दु देखते रहने से, आँख पथरा जाती है। फिर उसकी पुतली नहीं घूमती। जिनकी पथरा गयी है, उनके लिए

क्या करोगे ? तुम दूसरी आँखें लगवाने की कोशिश करोगे, तो वे बुरा मानेंगे। वे अपनी आँखों को ठीक मानते हैं। दूसरी बात यह है कि कोई कितनी ही प्रगति बघारे, 20-25 सालों में वह यथास्थिति से चिपक जाता है। उसे पकड़े रहता है। प्रतिक्रियावादी कहलानेवाला तो पहले से ही उसे पकड़े रहता है। दोनों मिलकर उसे जकड़ लेते हैं कि सब यहीं थमा रहे। यही हो रहा है।

वह थोड़ी देर सिर नीचा किये चिन्तन करता रहा और मैं उसकी बात को समझने की कोशिश करने लगा।

उसने सिर ऊँचा किया। बोला—बात समझ में आयी? देखो, यह तो एक चक्र है। हर 10-15 साल में आगे बढ़नेवाला एक ही जगह पाँव पटकने लगता है। वह 'शास्त्री' हो जाता है। शास्त्री वह जो दुनिया के हालात को सच्चा न माने, शास्त्र-वचन को सच्चा माने। जिन प्रगतिशीलों की तुम शिकायत कर रहे हो, वे शास्त्री हो गये हैं। शास्त्र में लिखा है कि रोना विदेशी है और बूर्जुआ प्रवृत्ति है, तो तुम उनके सामने घड़ों रो लो तब भी वे यही कहेंगे—नहीं, तुम नहीं रो रहे हो। तुम्हारे भीतर का विदेशी रो रहा है। देशी और खासकर प्रगतिशील देशी, न रोता है, न निराश होता है, न गाना गाता है। वह सिर्फ 'सरफरोशी' करता है।

गधे ने कान फड़फड़ाये। बोला—अब मैं चला। अपने लेखक को आगे का हाल बताना है। वह इन्तजार कर रहा होगा। उसे चौथी किताब लिखना है।

गधा चला गया। और मैं थोड़ी देर दुविधा में खड़ा रहा कि इस वार्तालाप की चर्चा किसी से करूँ या न करूँ। चर्चा करने से लोग हँसेंगे कि हम तो शंका-समाधान के लिए परिचर्चा करते हैं, और यह गधे से पूछता है। फिर सोचा कि आपको लिख ही दूँ। लिख रहा हूँ। इसका जो भी मतलब निकले।

सस्नेह

ह. शं. प.

23

लघुता की कुण्ठाएँ

प्रिय बन्धु,

पिछले पत्र को पढ़कर कुछ लोगों ने मुझसे कहा कि तुमने मुक्तिबोध का विषय उठाकर उसे बीच में ही छोड़ दिया। इस सम्बन्ध में और लिखा था। लिखने को बहुत है। विचित्र प्रतिक्रियाएँ हिन्दी जगत् में इन महीनों हुई हैं।

मुक्तिबोध जब तक भोपाल में थे, तब तक हिन्दी के लेखक और कवि बेचारे बड़ी दुविधा में थे। जिनकी मुक्तिबोध के प्रति आत्मीयता थी या जो उनके कवि

की विराटता को समझते थे, वे तो बिना दुविधा के उनकी सेवा में लगे थे। मगर कुछ के मन में बड़ी धुकधुकी थी। इनमें दो तरह के लोग थे— एक तो वे जो 'अखिल भारतीयता' के लिए बहुत सचेत रहते हैं और दूसरे वे जो जीवन-कला में 'आभिजात्य' के लिए हर क्षण सचेष्ट रहते हैं। जिन्होंने घासलेट के तेल की ढिबरी के प्रकाश में चटाई पर बैठकर पढ़ाई की, वे जब 'अभिजात' बनते हैं, तो सच्चे अभिजात से ज्यादा सचेत होते हैं। बेचारे नहीं जानते कि आभिजात्य के संस्कार कई पीढ़ियों में पड़ते हैं; वे सिर्फ बगीचे में नागफनी लगाने और पर्दों का कपड़ा बदलने से नहीं आते। तो साहब, जो 'अखिल भारतीयता' वाले थे वे सोचते थे कि यह मुक्तिबोध का मामला कुछ 'प्राविंशल' है। (लेखक की प्रार्थना—इस शब्द को बदलकर हिन्दी शब्द न रखें।) अगर हमने इसमें दिलचस्पी ली और यह खबर कहीं दिल्ली, प्रयाग और कलकत्ता पहुँची, तो अपनी बड़ी बदनामी होगी। लेखक हम पर हँसेंगे और हमारे स्तर के बारे में शक करने लगेंगे। हम कैसे मुँह दिखायेंगे! तो बन्धु, ये बेचारे 'जाऊँ' और 'न जाऊँ' की दुविधा में पड़े बड़े दयनीय लगते थे।

जो 'आभिजात्य' के दीवाने थे, वे इस तरह सहानुभूति का दान करते थे, जैसे कट्टर ब्राह्मण, कपड़े बचाता हुआ हरिजन के कटोरे में ऊपर से रोटी छोड़ता है। उन्हें लगता था कि यह आदमी अपनी जाति का है ही नहीं। उन दिनों तरह-तरह की दिलचस्प बातें सुनायी पड़ती थीं। कहीं से खबर आती थी कि ये लोग मुक्तिबोध का क्या बनायेंगे? फरिश्ता या पैगम्बर? फिर कहीं से सुनायी पड़ता कि वह तो कवि ही नहीं है। ये पिछड़े हुए लोग हैं, जो उसका आदर्शीकरण कर रहे हैं। फिर कोई निहायत आत्म-पावित्र्य के लहजे में कहता—अरे, यह आदमी तो—'निस्ट' है! (जी हाँ, पूरा शब्द कहते डरते थे और आसपास देख लेते थे।) और यह पट्टी चिपकाकर उसके बारे में अपना अन्तिम निर्णय देकर चले जाते थे।

मगर बन्धु, खलबली तब मची जब मुक्तिबोध दिल्ली गये। बड़े सवाल हुए—कैसे जा रहे हैं? प्रधानमन्त्री ने बुलाया है। अच्छा! खर्च कौन देगा? प्रधानमन्त्री! अच्छा! कहाँ इलाज होगा? मेडिकल इन्स्टीट्यूट में। अच्छा! कैसे हो गया यह प्रबन्ध? प्रधानमन्त्री ने खुद दिलचस्पी ली। अच्छा!—अब लगा कि मामला अखिल भारतीय हो गया। अब तो जो इसमें दिलचस्पी लेगा, वह भी अखिल भारतीय होगा, अन्तर्राष्ट्रीय भी हो सकता है। इतने में खबर फैली कि आभिजात्य के महासंचालक ने भी मुक्तिबोध को बड़ा कवि मान लिया है और उसे अपना लिया है।

अब बहुत दिलचस्प नाटक शुरू हुए। इसका आनन्द दर्शकों ने तो लिया ही, अभिनेताओं ने भी एक-दूसरे की अदाकारी का मजा लिया। इतने में एक और गजब हो गया। अंग्रेजी के एक पत्र में मुक्तिबोध के साहित्य पर अंग्रेजी में एक लेख लिखा गया, जिसमें उनकी बहुत तारीफ की गयी। तो सोचा कि अगर अंग्रेजीवाले भी इसे मानते हैं, तब तो यार, यह बड़ा कवि होगा। यह प्रतिक्रिया ठीक उस देहाती की प्रतिक्रिया-जैसी थी, जो गोरे साहब को देखकर अभिभूत हो जाता था।

अब मजे की बातें हुईं। दार्शनिक अन्दाज में कहा जाने लगा कि वह 'शब्द' का नहीं, 'आत्मा' का कवि था। नये अभिजाती ने उस मरकटैया-जैसे व्यक्तित्व के कवि की अमलतास के प्रतीक से श्रद्धांजलि अर्पित की। और तरह-तरह की बातें हुईं। हम सब अपने को बहुत आत्मसचेत और स्वतन्त्रचेता साहित्यकार मानते हैं न!

वह तो चला गया। अब अपना और क्या कर्त्तव्य बचा? अभी कर्त्तव्य बहुत बकाया है। अब उसके शुभचिन्तकों में आपसी खींचतान मचनी चाहिए। अलग-अलग लोग उसके शुभचिन्तक रहे, पर अगर एक-दूसरे के शुभचिन्तक नहीं हैं तो उनके सामने अभी बहुत काम हैं। वे एक-दूसरे को बदनाम कर सकते हैं और ऐसा वातावरण पैदा कर सकते हैं कि आगे कोई किसी की सहायता करने में डरे। इससे बड़ा काम यह होगा कि कोई लेखक किसी की झंझट में नहीं पड़ेगा और सब अलग-अलग अकेले मरेंगे।

दूसरा काम यह है कि अगर किन्हीं की आपसी लड़ाई चली आ रही है, तो इस प्रसंग में एक-दूसरे से बदला लिया जा सकता है। जो अब प्रतिवाद नहीं कर सकता, उस मुक्तिबोध के शब्द अब बड़े मजे में उपयोग में आ सकते हैं। मुझे यह देखकर खुशी होती है कि हिन्दी-लेखक बड़ा सचेत है और उसने फौरन जहाँ-तहाँ यह काम शुरू कर दिया है।

राजनांदगाँव छोटी जगह है मगर वहाँ के लोगों ने कवि को बहुत प्यार और आदर-सम्मान दिया। पिछले जन्मदिन पर वहाँ महाविद्यालय में एक समारोह किया गया। वहाँ एक पुस्तकालय भी मुक्तिबोध की स्मृति में स्थापित कर दिया गया है। मगर संयोजकों ने बताया कि कुछ लोग कह रहे हैं कि मुक्तिबोध के नाम से ये लोग अपने को आगे बढ़ा रहे हैं! मैंने कहा—भई, वे शायद ठीक कह रहे हैं। तुमने तो काम किया मगर आगे उन्हें बढ़ जाना चाहिए था जिन्होंने कुछ नहीं किया। तुम कुछ ऐसा करो कि तुम्हारे काम से वे आगे बढ़ जायें। कोई भी भला काम तब तक पवित्र नहीं होता जब तक हमें उसका श्रेय न मिल जाय। यह बहुत सुलझी हुई विचार-प्रणाली है और इसे ग्रहण करनेवाला हमेशा आश्वस्त रहता है। वह जानता है कि सिर्फ उसी बारात में शामिल होना चाहिए, जिसमें खुद दूल्हा हो। जिस बारात में हम दूल्हा न हों, उस पर अपने छज्जे से पत्थर फेंकना चाहिए।

एक दूसरी तरह के लोग हैं जो स्थायी रूप से 'हाय-हाय' की मनःस्थिति में रहते हैं और सस्ते फिल्मी नायक की तरह नारे लगाते हैं—'हाय रे समाज, तू कितना अन्यायी है। हाय, हम कितने निर्मम और कठोर हैं कि हमने उसे मर जाने दिया और अब हम उसकी जय बोलते हैं!' ये लोग आत्म-पावित्र्य से आक्रान्त हैं और एकांगी विचार इनके होते हैं। यह आसान होता है, क्योंकि इसमें सब पक्षों से समस्या पर विचार करने की मानसिक मेहनत नहीं करनी पड़ती। भावुकता से भरी आत्मग्लानि बड़ी अच्छी लगती है, कहनेवाले को भी और सुननेवाले को भी। ये बेचारे चारों तरफ तलवार घुमाते हैं, क्योंकि ये नहीं जानते, शत्रु कौन है। इनकी

बात को भावुकता से अलग करके देखा जाय, तो उसका यह अर्थ निकलेगा कि मुक्तिबोध की चर्चा ही न हो। क्यों न हो। क्योंकि हम 'पापियों' ने पहले नहीं की। तो क्या हम 'पापी' अब भी न करें? नहीं, अगर चर्चा करनी ही होगी, तो 'मैं' करूँगा।

कुछ ऐसे हैं, जो कहते हैं चर्चा तो हो, लेकिन ज़रा हमें बताकर हो। लिखा जाय, तो पहले हमें बता दिया जाय। ये जब भी मुक्तिबोध के बारे में कुछ लिखा पढ़ते हैं, तो कहते हैं—'छिः क्या लिखा है!' इनकी स्थिति ऐसी है कि जो सही है, वह तो इनके पास जादू की डिबिया में बन्द है। वे तो डिबिया खोलेंगे नहीं, सिर्फ 'छिः-छिः' करेंगे। ये लोग मृतक के गुण-वर्णन को उसके प्रति अन्याय समझते हैं। इनके हिसाब से महाकाव्य-रचयिता टुच्चे आदमी ठहरेंगे।

मगर इन सबसे अलग, वे बैठे हैं जो न भावुक होते हैं, न जिन्हें कोई ग्लानि होती है और न जो शोकग्रस्त होते हैं। वे बहुत निर्लिप्त भाव से, सारी भावनाओं से मुक्त होकर, यही देखते रहे हैं कि इस मामले में से अपना क्या बन सकता है। ये हिसाब से चलते हैं और मुनाफे के अन्दाज से पूंजी लगाते हैं। ये सटोरिये चालाकी से बाज़ारभाव के उतार-चढ़ाव देखते हैं और दाँव लगा देते हैं। ये मौके को ज्वार के भुट्टे की तरह डण्ठल से पकड़कर उसके सारे दाने झाड़ लेते हैं। अर्थी पर फेंके गये पैसे बटोरना भी तो एक काम है, और कुछ लोग करते ही हैं।

बन्धु, पिछले दिनों ये सब दिलचस्प बातें होती रही हैं और मैं देखता रहा हूँ कि बात किन्हीं भी मूल्यों की करें, जिन मूल्यों से परिचालित होते हैं, वे साहित्य के बाहर के होते हैं, शायद बाजार के होते हैं।

और सब पहले जैसा ही है। आशा है, आप लोग सानन्द हैं।

सस्नेह

ह. शं. प.

24

ईश्वर और रॉयल्टी

प्रिय बन्धु,

कभी-कभी मुझे बड़ी ग्लानि होती है। मुझे लगता है, मैं बहुत निकृष्ट आदमी हूँ और लेखक तो खैर हूँ ही नहीं।

इसी महीने दो-तीन कारण ऐसे हो गये जिनसे मुझे आत्मग्लानि होती रही है। उपयोग कर सको, तो आत्मग्लानि भी बढ़िया चीज है, इसके रस से कविता बनती

है। मगर मैं कवि हूँ नहीं, इसलिए भोगता हूँ और उपयोग कर नहीं पाता।

ग्लानि का कारण बताता हूँ। अभी मैंने अपने एक आदरणीय लेखक का लेख पढ़ा, जिसमें उन्होंने कहा है कि मैं ईश्वर को खोज रहा हूँ। पढ़कर मैं तो चकरा गया। सोचा, एक मैं हूँ कि रॉयल्टी खोजता हूँ, पारिश्रमिक खोजता हूँ या गेहूँ, चावल और शक्कर खोज़ता हूँ। और इधर ये हैं कि रॉयल्टी खोजते हैं न पारिश्रमिक। न पुरस्कार की कोशिश करते, न मान-सम्मान चाहते। उन्हें गेहूँ-चावल से भी मतलब नहीं है। वे तो बस ईश्वर खोजते हैं। वही उन्हें रॉयल्टी दिलवाता है, वही पारिश्रमिक बढ़वाता है और वही गेहूँ-चावल पहुँचाता है।

मैंने निश्चय किया कि मैं भी सबकुछ छोड़कर ईश्वर को खोजूंगा। पर फिर सोचा कि जब इन्हें अभी तक वह नहीं मिला, तो मुझ अधम को क्या मिलेगा। ये जब कुछ पता-ठिकाना उसका बता देंगे, तब मैं भी उधर ही उसे खोजूंगा।

मेरे एक मित्र ने मुझे बताया है कि जो लोग ईश्वर को खोजते हैं, खुद उन्हें ईश्वर खोजता फिरता है। ये ईश्वर को खोजते इस गली में मुड़ते हैं, तो पीछे आता ईश्वर उस गली में मुड़ जाता है। इस तरह जिन्दगी-भर यह भूल-भुलैया चलती रहती है। आज तक आमना-सामना नहीं हुआ। होता यह है कि दोनों एक-दूसरे को यह बताते हैं कि हम तुम्हें खोज रहे हैं मगर हर बार एक-दूसरे को टरकाते हैं। पता नहीं यह क्या खेल है। अपने से यह आध्यात्मिक खेल नहीं बनता, इसलिए ग्लानि होती है। ऐसी ही ग्लानि मुझे तब होती है जब किसी आत्मान्वेषी का सामना होता है। सालों ये अपनी आत्मा की खोज करते हैं, जैसे वह अफ्रीका का जंगल हो। पूरी जिन्दगी में भी अपनी आत्मा की खोज पूरी नहीं होती। अपनी आत्मा से निबटें, तो दूसरों की आत्माओं को खोजें। अनेक आत्माएँ इन्तजार करती रहती हैं कि ये हमारी भी खोज करेंगे मगर उन्हें अपनी आत्मा से ही फुरसत कहाँ मिलती है! ऐसे आत्मान्वेषी से मेरा सामना होता है तो मैं उसी तरह अपने को हीन अनुभव करता हूँ जिस तरह शेरपा तेनजिंग के सामने करूँगा। सोचता हूँ, कितनी विराट् यह आत्मा है कि उसको खोज जिन्दगी-भर पूरी नहीं होती। और यह एक मेरी है—छोटी-सी।

ग्लानि मुझे इस महीने तब भी हुई, जब एक आस्थावान लेखक ने मुझे डाँटा। वे कहने लगे—'तुम लोग सबके-सब आस्थाहीन हो। कहीं तुम्हारी आस्था नहीं है। किन्हीं मूल्यों के प्रति तुम आस्थावान नहीं हो।'

मैं चुपचाप उनके पीछे हो लिया कि पता तो लगाऊँ कि इनकी आस्था कहाँ है। मैं भी वहीं आस्था जोड़ लूंगा। तो मैंने देखा कि वे पाठ्य-पुस्तक समिति के सदस्यों के घर एक के बाद एक जा रहे हैं। इसके बाद वे राजधानी पहुँचे और वहाँ शिक्षा-मन्त्री की सीढ़ियों पर घण्टे-भर खड़े-खड़े धूप तापते रहे। फिर तीन दिन वहाँ रहकर वे यह प्रयत्न करते रहे कि मुझ पर सिर्फ एक बार मुख्यमन्त्री की नजर पड़ जाय। सिर्फ एक कृपा-कटाक्ष के लिए वे लालायित थे। शाम को मैंने उनसे पूछा—आपकी आस्था कहाँ है? उन्होंने कहा—देखा नहीं तुमने? पाठ्य-पुस्तक समिति में,

शिक्षामन्त्री में और मुख्यमन्त्री में मेरी आस्था है। तुम्हारी तो इनमें भी नहीं है। मैंने कहा—मगर किन मूल्यों में आस्था है! वे बोले—जो पुस्तक मैं पाठ्यक्रम में लगवा रहा हूँ, उसका मूल्य पौने पाँच रुपये है। इसमें मेरी कट्टर आस्था है। मैं इसे कम नहीं करने दूँगा। और जैसा कि शिक्षामन्त्री ने आश्वासन दिया है और जैसा मुख्यमन्त्री की करुणामय दृष्टि से विदित होता है, अगर मेरी 2 पुस्तकें पुस्तकालयों के लिए खरीद ली गयीं, तो कुल मूल्य लगभग 25 हजार रुपये होगा। तुम लोगों-सरीखा मैं नहीं हूँ कि किसी मूल्य में आस्था न हो।

बन्धु, अमूर्त मूल्य मेरे लिए अब स्थूल हो गये। मैं उन्हें पहचानने लगा। और मूल्यवानों के, आस्थावानों के तमाम चरित्र मेरी समझ में आने लगे। मैं समझ गया कि किन मूल्यों की स्थापना के लिए कोई प्रतिष्ठित लेखक मन्त्रियों की आरती उतार रहा है। कोई क्यों किसी कौड़ी के नेता की आरती उतार रहा है? कोई क्यों हिसाब रखता है कि किस राजपुरुष की जन्म-तिथि कब पड़ती है? क्यों कोई सुनामधन्य लेखक राज्यों के मुख्यमन्त्रियों और केन्द्र के मन्त्रियों के चरितगायन के लिए तुलसी-दास से ज्यादा तत्पर रहते हैं? क्यों कोई अपनी बीवी को नौकरी देनेवाले के बारे में लेख लिखते हैं? क्यों कोई अपने को परमश्रेष्ठ और आस्थावान लेखक मानकर प्रकाशन-व्यवसाय के मालिकों के बाबा लोगों को घण्टों खिलाते हैं?

ये सब आस्थावान लोग हैं। इन्होंने सारी आस्था को ऐसा पचा लिया कि हमारे लिए बची ही नहीं। आस्था की धारा बहती हुई हम तक आ रही थी कि इन्होंने राह में ही उसे चुल्लू से पी लिया। अब हम कहाँ से पायें? सही है कि इधर आस्था नहीं आयी।

ईश्वर में आस्था हो सकती थी, मगर उसके नाम से इन आस्थावानों ने सूद-खोरी शुरू कर दी। प्रजातन्त्र का यह हाल किया कि एक बोतल शराब रात को पिलाकर सवेरे उसने अपनी पेटी में मतपत्र गिरवा लिया। न्याय की संस्थाओं को खरीदकर जेब में रख लिया। भ्रष्टाचार पकड़नेवाले सरकारी कर्मचारी को बरखास्त कर दिया। लुटेरों की रक्षा के लिए पुलिस तैनात कर दी और लुटनेवालों को अध्यात्म सिखाने लगे। लायक को नौकरी नहीं दी और नालायक को ऊँचा पद दिया। पैसा लेकर नम्बर बढ़ा दिये। चापलूसों को श्रेष्ठ पुरुष समझकर गले से लगाया। बड़े-बड़े विद्यावान, कलावान टुच्चे सत्ताधारियों के आसपास मँडराने लगे और पछताते रहे कि अगर हमारी दुम होती तो कितने काम आती। हर बार असत्य से, अन्याय से, अत्याचार से समझौता किया।

और शाम को किसी सभा में जब उजले कपड़े पहनकर पहुँचे तो बड़े पवित्र अन्दाज में बोले—हाय, आज के लोगों में कोई आस्था नहीं है। किन्हीं मूल्यों के प्रति निष्ठा नहीं है।

बन्धु, आस्थावानों ने बड़ी आफत कर रखी है। इनके जो मूल्य हैं, उन्हें यदि ग्रहण न करें, तो ये हम जैसे 'मूल्यहीनों' को मिटा देंगे। मिथ्याचार से बड़ा कोई मूल्य अस्तित्व में इस वक्त नहीं है।

तभी तो ग्लानि होती है, जब किसी आस्थावान का सामना हो जाता है। उसकी आस्थाएँ कितनी फलवती निकलीं। और अपनी भटकटैया बंजर में रोपी हुई है।

इसके सिवा बाकी सब ठीक है।

सस्नेह

ह. शं. प.

25

मृत्युकामी लेखक

प्रिय बन्धु,

पिछले माह पत्र नहीं लिख सका। मुझे उन दिनों चक्रवर्ती राजगोपालाचारी का डर लगा रहता था कि मैंने लिखा और उनकी धमकी आयी कि अगर हिन्दी में लिखेगा, तो देश निकाला कर दूंगा। फिर मैंने अखबार में आप लोगों के मुख्यमन्त्री का वक्तव्य पढ़ा कि आन्ध्र में कुछ पुरुषों को कहीं से चूड़ियाँ और कुमकुम भेजा गया, जिससे प्रोत्साहित होकर वे उपद्रव करने लगे। भारतीय नर मर्दानगी दिखाने को जितना उतावला रहता है, उतना विवेक या अक्ल दिखाने को नहीं रहता। इन दिनों जो वक्तव्य मैं पढ़ता था उनसे यह आशंका भी होती थी कि यदि मैंने जन-भाषा में लिखा और जन उसे समझ गया, तो देश की एकता खण्डित हो जायेगी। इन दिनों बहुत लोग इंग्लैण्ड के टोरी दल की तरफ से तर्क दे रहे थे। टोरी दल कहता था कि अंग्रेजों के शासन के हटने से यह देश छिन्न-भिन्न हो जायेगा। भारतीय टोरी कहते हैं कि अंग्रेजी भाषा के हटने से देश छिन्न-भिन्न हो जायेगा। उपद्रव तक के लिए अपने पास मौलिक तर्क नहीं होते। कुतर्क भी उन्हीं से उधार।

इन दिनों मुझे दूसरी उलझन परेशान कर रही है। यहाँ बैठे-बैठे मैं बड़े शहरों में रहकर लिखनेवाले तरुणों की रचनाएँ पढ़ रहा हूँ। इनमें अधिकांश मृत्यु-कामी लगते हैं। कोई तो यहाँ तक कहता है कि हम मर गये। कोई कहता है, हम मरना चाहते हैं। कोई कहता है, हम मार डाले गये। एक ने तो मृत्यु की घोषणा कर दी और जब मैं भागता बड़े शहर गया तो देखा कि वे बैठे कलोल कर रहे हैं और साहित्यिक शतरंज की गोटें जमा रहे हैं; वजन बढ़ गया है, चेहरा प्रसन्न है और कपड़े अच्छे हैं। मैं हैरान कि ऐसी कैसी मौत, जिससे वजन बढ़े, प्रसन्नता हो और आदमी सम्पन्न भी होता जाय। मौत ऐसी अच्छी होती हो, तो हम सौ बार मरने को तैयार हैं।

मैंने एक मित्र से पूछा, तो उसने बताया कि ये मरनेवाले पुरानी मौत नहीं

मरते, आधुनिक मौत मरते हैं। आधुनिकता के दो लक्षण हैं—नीचे संकरी मोरी का पतलून और ऊपर सिर में मौत। मैंने पूछा कि यार, यह मौत इनके सिर के भीतर कैसे आ गयी? उसने जवाब दिया कि इनका विश्वास है कि जो अपने को मरा हुआ नहीं समझता, वह आधुनिक नहीं है। इनका यह भी खयाल है कि इन्हें यन्त्र ने पीस दिया है। कुछ लोग ऐसे हैं, जो मौत का सीधे विदेशों से आयात करते हैं। ट्रान्स एटलाण्टिक एअरवेज और ब्रिटिश ओवरसीज एअरलाइन्स कारपोरेशन से इनके लिए ताजा मौत आती रहती है।

बन्धु, मृत्यु-कामियों का मैंने विश्लेषण करने की कोशिश की है। अधिकांश बड़े शहर के 'यन्त्र' से पीड़ित हैं और उन्हें लगता है कि 'यन्त्र' उन्हें मार रहा है। पता लगाने से मालूम हो रहा है कि इनमें 90 फीसदी मूल रूप से देहाती हैं, याने देहातों और कस्बों से महत्त्वाकांक्षा लेकर बड़े शहर में आ गये हैं। शहर का हाल देखकर पहले तो ये चमत्कृत हुए, मगर फिर इन्हें गाँव की याद आने लगी। यादें आने लगीं कि गाँव में अम्मा बीमार थीं तो सारा गाँव हमारे आँगन में आ गया था; चाचा मरे थे, तब सारे कस्बे के लोग शव-यात्रा में शामिल थे, कस्बे में मैं बाहर निकलता तो सैकड़ों आदमी 'पालागी' करते थे, कितने ही आदमी मुझसे अपनी चिट्ठी पढ़वाने आते थे। मगर हाय, इस दिल्ली में और इस कलकत्ता में कोई नहीं मिलने आता, कोई 'पालागी' नहीं करता, कोई चिट्ठी नहीं पढ़वाता। हम तो मर गये। इस 'यन्त्र-सभ्यता' ने हमें मार डाला! ये उस देहाती की तरह हैं जो बैलगाड़ी पर शहर गया और स्टेशन पर रेलगाड़ी देखने लगा। पहले तो वह रेलगाड़ी देखकर अभिभूत हुआ—वाह, न बैल जुते न घोड़े, पर भागती कैसी सरपट है! लेकिन, जब उसके बैल बिदककर भागे, तो वह चिल्लाया—अरे मार डाला इस राक्षसी ने!

बहुतेरे नवतरुण ऐसे ही देहातीपन के कारण मृत्यु-कामी हो गये हैं। उनके ग्रामीण संस्कार उन्हें परेशान करते हैं। उनके बैल बिदक गये हैं। इन्हें गाँव में रहकर आंचलिक कथाएँ लिखनी चाहिए और देहाती अध्यापक के गौरव के साथ जीना चाहिए। मगर सबसे अधिक यही अपने को 'आधुनिक' बताने में लगे हैं। उन्हें इतनी-सी बात समझ में नहीं आती कि जो यन्त्र के साथ न रह सके, वह 'आधुनिक' कैसे हो सकते हैं।

दूसरी एक और बात इसी देहातीपन से जुड़ी है। गाँव की प्राथमिक शाला में जो लड़का प्रथम आकर सरपंच के हाथ से इनाम पाता है, वह इस उम्मीद से शहर आता है कि मुझे पहुँचते ही कम-से-कम उपकुलपति बना दिया जायेगा। यों अब उपकुलपति ऐसे होने भी लगे हैं। इस महत्त्वाकांक्षा का कुल कारण यह है कि गाँव की पाठशाला में वह पहला आता था। मगर शहर में जब ऐसा नहीं होता, तो उसका जी घबड़ाता है और वह कहता है, हम तो मारे गये। हमारा जीवन निरर्थक, शून्य, रिक्त हो गया। बस, इस झटके में वह 'आधुनिक' हो जाता है।

बन्धु, ये मृत्यु-कामी 'आधुनिक' मुझे बहुत पिछड़े हुए, देहाती मालूम होते हैं। इनमें बहुतों को आधुनिक जीवन और उसकी समस्याओं का कोई बोध नहीं होता।

वे आधुनिकता को पहनी गयी पोशाक कहते हैं और उसी तरह व्यवहार करते हैं, जिस तरह देहात का लड़का शहर की सड़क पर के ठेले से तैयार सस्ती पतलून खरीदकर गाँव लौटता है, तो उसे पहनकर अपने को 'बाबूसाब' कहलवाता घूमता है। कई को निराशा, व्यर्थता और विफलता का अनुभव केवल इसलिए होने लगता है कि और किसी की कोई अच्छी रचना उसे छपी दिख गयी है या किसी का वेतन बढ़ गया है या किसी का नाम किसी लेख में आ गया है या किसी के बड़े आकार की तसवीर कहीं छप गयी है। इतना काफी है इन आधुनिकधर्मा लोगों को मौत की प्रेरणा देने के लिए।

बन्धु, देहाती भोला भी होता है। वह नहीं जानता कि उसे यन्त्र पीस रहा है या यन्त्रवाला। कोई उससे कह देता है कि यन्त्र जिन्दगी को पीस रहा है, तो वह चीखने लगता है। कोई उससे कह देता है कि जिन्दगी से बदबू आ रही है, तो वह नाक पर रूमाल रख लेता है। किसी ने उससे कह दिया कि दिल्ली में कुल उतनी ही स्त्रियाँ हैं, जितनी कनॉट प्लेस में घूमती मिलती हैं और होटलों में शराब पीती हैं—तो उसने यह भी मान लिया। उसने फिर न मुहल्ले में देखा, न घर में। इनमें तो स्त्रियाँ हैं ही नहीं।

बन्धु, आखिर इनसे ऐसा कौन कह देता है? मुझे लगता है, दुनिया-भर में जो सभ्यता पर काबिज थे, उनके हाथों से वह छूट रही है। उसे खूब विकृत करके, मानवीयता से रीता करके, खोखला करके, सौंप देना चाहते हैं। जब क़िसी के मकान पर कब्जा किया जाता है, तो कभी वह गुस्से में फर्श के पत्थर उखाड़कर, पलस्तर गिराकर, खिड़की और दरवाजे को बिगाड़कर मकान सौंप देता है। जो उस पर कब्जा करता है, वह इन सब चीजों को अगर सजावट समझकर ग्रहण कर ले, तो उसकी समझ और रुचि को क्या कहा जाय। आज यही हो रहा है। सभ्यता का अमानवीकरण करके, उसका पलस्तर उखाड़कर, उसे गन्दा, बदबूदार और विकृत बनाकर दिया जा रहा है और लेनेवाले इस सबको उसका आधुनिक श्रृंगार समझकर गौरव से ले रहे हैं। जीवन के व्यापक अमानवीयकरण के प्रयत्न से लड़ने के बदले देहाती आधुनिक उसे स्वीकार कर लेता है।

बन्धु, मुझे भी तरह-तरह के कष्ट हैं, घोर विपत्तियाँ आती हैं, अन्याय का भी कुछ कम शिकार नहीं होता। पर मुझे न मौत की कामना होती, न जिन्दगी की बदबू आती, न आदमी बिलबिलाता कीड़ा लगता, न व्यर्थत्व का अनुभव होता। तब मुझे डर लगता है कि कहीं ऐसा तो नहीं कि मैं आधुनिक नहीं हूँ—क्योंकि मरण-कामना तो आधुनिक फैशन ही है। अब तो ममता, सहानुभूति और करुणा मन में पैदा होती हैं, तब भी शंका होती है कि कहीं यह पिछड़ापन तो नहीं है। अमानवीयता भी तो आधुनिक फैशन है।

आजकल इसी उलझन में दिन बीत रहे हैं, अपने। इसके सिवा बाकी सब ठीक है।

आपका

ह. शं. प.

पुनश्च : अभी याद आया, एक 'यौनधर्मा आधुनिकता' भी होती है। उसकी चर्चा अगले पत्र में करूँगा। —परसाई

26

कथा की आधुनिका

प्रिय बंन्धु,

मेरे एक परिचित हैं, जिन्हें पढ़ने का शौक है। वे मुझसे पुस्तकें ले जाते हैं और किसी भी भाषा के अच्छे पाठक की तरह अक्सर लौटाना भूल जाते हैं। मैं अभी तक उन्हें इसी दृष्टि से देखता था कि यह उन आदमियों में से हैं, जिसे जो भी पुस्तक मिल जाय, रात को दो घण्टे पढ़कर सो जाता है। क्या पढ़ रहा है, और क्यों पढ़ रहा है, इससे उसे मतलब नहीं। जैसे दर्शन की किताब पढ़ लेगा, वैसे ही शिकार की कहानियाँ।

पर कल उसने मुझे एक जोर का धक्का दिया। मैं उसे एक मशहूर लेखक का उपन्यास देने लगा, जो अपने को बहुत आधुनिक मनवा चुके हैं और यह भी प्रचार करवा चुके हैं कि मैं आधुनिक मनुष्य की आन्तरिकता का चितेरा हूँ। पुस्तक देखकर उन सज्जन ने रख दी और कहा—एक बात मुझे साफ-साफ बताइए कि आप मुझे क्या समझकर टाल देते हैं। मैं इस सवाल के लिए तैयार नहीं था, इसलिए मैंने उन्हें ही कहने के लिए उकसाया। उन्होंने कहा—आप शायद यह समझते हैं कि मैं जो कुछ हाथ पड़ जाय, उसी को पढ़ लेता हूँ। लेकिन ऐसा मैं नहीं हूँ। अभी तक तो मैं अपठनीय किताबों को, आपकी भावना का खयाल करके चुपचाप ले जाता था और रख लेता था। पर अब यह बोझ मुझसे ढोया नहीं जायेगा। मैं आपसे साफ कहता हूँ कि मैं इस उपन्यास को हरगिज नहीं पढ़ूँगा।

मन तो हुआ कि कह दूँ, फिर आप मेरी किताबों का ही बार-बार पाठ किया कीजिए। पर इतना बेशर्म अहंकार बताते नहीं बना। मैंने कहा— इसे क्यों नहीं पढ़ेंगे? ये तो मशहूर लेखक हैं, बिल्कुल आधुनिक। ये आधुनिक प्रेम के ही उपन्यास-कहानियाँ लिखते हैं।

उन्होंने कहा— फिर भी मैं इसे इसलिए नहीं पढ़ूँगा कि मेरा नाम कई सालों से मतदाता सूची में आ गया है। जब तक मैं भारत गणराज्य का मतदाता नहीं था, तब तक इनके उपन्यास-कहानी पढ़ लेता था।

मैंने पूछा—क्या संविधान में ऐसा संशोधन हो गया है कि जो मतदाता हो जाय, वह इनकी कृतियाँ न पढ़े?

उन्होंने कहा—नहीं, ऐसा संशोधन तो नहीं हुआ है। पर क्या आप किसी कालेज के तरुण को 'कल्याण' पढ़ने के लिए मजबूर कर सकते हैं तो फिर किसी बालिग को इनकी कृतियाँ पढ़ने के लिए क्यों मजबूर करते हैं? अगर आप जाँच करें तो पायेंगे कि मतदाताओं में सिर्फ 5 प्रतिशत पाठक इनके हैं। बड़ा सुभीता हो अगर आप लोग अपनी कृतियों के मुखपृष्ठ पर ही छपवा दिया करें—'उच्च माध्यमिक शाला का उपन्यास' या 'बी. ए. प्रथम वर्ष का उपन्यास' या 'बी. ए. अन्तिम की कहानियाँ'। इससे यह सुभीता होगा कि जो जिसके योग्य होगा, वह उसे पढ़ लेगा।

बन्धु, इस आदमी ने मुझे काफी हैरान कर दिया। मेरे प्रिय लेखकों की मूर्तियों पर उसने हथौड़े मारना शुरू कर दिया। वह मुझे अक्सर मिल जाता है और अटपटी बातें करने लगता है। उसकी बहुत-सी बातें मुझे याद हो गयी हैं। कुछ नीचे दे रहा हूँ :

—तुम्हारे इन आधुनिक लेखकों ने शरच्चन्द्र की सावित्री को भोजनालय की नौकरी से इस्तीफा दिलवाकर उसे किसी दफ्तर में 'स्टेनो' या हवाई जहाज में परिचारिका बना दिया है। वे समझते हैं, यह आधुनिक स्त्री हो गयी। इनसे ज्यादा होशियार बंगला का नया लेखक शंकर है। उसने सावित्री की उसी जगह तरक्की कर दी है। उसे मामूली भोजनालय से निकालकर चौरंगी के आलीशान होटल 'शाहजहाँ' में कुमारी गुहा के नाम से रखवा दिया है और बाद में आत्महत्या भी करवा दी है।

—तुम लोग जब प्रेम उपन्यास लिखते हो, तो स्थानीय डिग्री कालेज की प्रथम वर्ष की लड़कियों को ध्यान में रखकर लिखते हो। इस हिसाब से लिखते हो कि कुसुम, कुमुद और सुधा इसे पढ़कर पसन्द करेंगी और लेखक का पता लगाकर उसके घर चली आयेंगी और कहेंगी—आपने हमारे लिए लिखा, तो हम चली आयीं। जब कुसुम की शादी हो जाती है, उसके बच्चे हो जाते हैं और वह गृहस्थी चलाने लगती है, तब तुम उसे भूल जाते हो।

—मैंने अभी तुम्हारे ही साथी एक लेखक का उपन्यास पढ़ा। उसमें प्रेमिका लगभग 100 पृष्ठों में रेस्तराँ में बैठी है और वही-वही बातें कर रही है; लगभग 25 पृष्ठों में वह फोन पर बात करती है और 40 पृष्ठों में सहेली से लिपटकर उन बातों का सार बताती है। याने लगभग 165 पृष्ठों में वही तीन-चार बातें लिखी गयी हैं। इतने पृष्ठों में वह जहाँ-की-तहाँ है।

—तुम्हारे कुछ लेखक ऐसा सोचते हैं कि जिस औरत को नंगा करा सकें, वही आधुनिक है। अभी तक तो स्त्री का शरीर देखे बिना भी दर्जनों बच्चे होते रहे हैं। अब हर उपन्यास-कहानी की औरत नंगी है, पर बच्चा एक भी नहीं। ऐसे-ऐसे लेखक हैं, जो अगर 5-6 साल की बच्ची को भी बरामदे में फ्रॉक पहनकर खड़ी देखते हैं, तो सड़क पर से नीचे झाँकते हैं।

—कुछ लेखक स्त्री के शरीर का इस तरह अन्दाज करते हैं, जैसे कसाई बकरे के शरीर का। कुछ इस तरह देखते हैं, जैसे डॉक्टर आपरेशन करते वक्त देखता है।

इसी तरह की और भी बातें वह करता रहता है। मैं आजकल बड़ा अनमना रहने लगा हूँ। अगर अपना पाठक ऐसा दुष्ट हो गया है, तो हम लेखकों का क्या होगा? अगर पाठक की रुचि और समझ का स्तर उठेगा, तो लेखक को भी समझ का स्तर उठाना होगा। यह काम बड़ा कष्टकर होगा। अभी तक तो 18-19 साल की उम्र से ऊपर जाने की जरूरत नहीं पड़ती थी। अब तो उम्र भी बढ़ानी पड़ेगी।

यही चिन्ता आजकल सता रही है। यों बाकी सब ठीक है।

सस्नेह

ह. शं. प.

27

सामाजिक बीमारी का टीका

प्रिय बन्धु,

इन दिनों कुछ लेखक बड़ी गड़बड़ पैदा कर रहे हैं। एक तो उन्होंने वियतनाम पर बमवर्षा के विरोध में वक्तव्य दे दिया। दूसरे, 'कल्पना' के पिछले अंक में रघुवीर सहाय ने भारतीय बुद्धिजीवी याने लेखक-कलाकार-अध्यापक वर्ग की निष्क्रियता और विचार-भीरुता पर एक लेख ही लिख डाला।

इन चीजों से बुद्धिजीवी के आराम में खलल पड़ता है। जिसके मन में न सवाल उठते हैं, न शंका पैदा होती है, वह सुखी होता है। लेखक-अध्यापक समूह अगर सुख की जिन्दगी जीना चाहता है, तो लोगों को क्यों अखरता है? लेखक पोथे पर पोथे लिखता जाता है, पचासों किताबों को थप्पी लगा लेता है, मगर अपनी एक पंक्ति के बारे में भी उसके मन में शंका नहीं उठती। वह परम सुखी है। लेखक अपनी एक छोटी-सी अलग दुनिया बना लेता है, उसके आसपास लेखकीय अहंकार और निरपेक्षता की दीवार खड़ी कर लेता है। इस दुनिया में बाकी दुनिया की समस्याएँ नहीं झाँक सकतीं। इस दुनिया में न अपना देश है न कोई दूसरा। उसमें न वियतनाम है, न कांगो, न रूस और न अफ्रीका। कभी-कभी इसमें चीन अपने ऊपर कविताएँ और कहानियाँ लिखवाने के लिए झाँकता है। इसमें पाकिस्तान की भी पहुँच नहीं है। रावलपिण्डी पर तिरंगा फहरानेवाली कविता मैंने तो कोई नहीं पढ़ी। इस दुनिया में सिर्फ लेखक हैं, पत्र-पत्रिकाएँ हैं, सम्पादक हैं और प्रकाशक हैं। इस दुनिया में भी गुटबाजी है और शीत-युद्ध भी इसमें चलता है। इस दुनिया की सारी समस्या है--अपने को बढ़ाना और दूसरों का बढ़ावा रोकना, अपना छपना और पैसे पाना; दूसरों का न छपना और न पैसे पाना। अपने यश की वृद्धि और

दूसरों के यश का नाश। आगे बढ़कर, इस दुनिया में पाठ्य-पुस्तकें, ऊँची नौकरी, पुरस्कार समितियों की सदस्यता और प्रतिनिधि मण्डलों में विदेश-प्रवास और आ जाते हैं। इस दुनिया में लेखक बड़े आराम से जिन्दगी गुजार देता है। ऐसे 'जतन से' जिन्दगी की चदरिया ओढ़ता है कि 'जस की तस' धर देता है। उसके इस आत्म-तोष को झटका देकर उसे परेशान क्यों किया जाये? वह कभी-कभी ही चौंकता है, जैसे तब जब सार्त्र अल्जीरिया की मुक्ति के आन्दोलन का समर्थन करता है और फ्रान्सीसी सैनिकों से अल्जीरिया में न लड़ने का अनुरोध करता है। वह तब भी ज़रा चौंकता है जब बर्ट्रेण्ड रसेल अमरीकी हस्तक्षेप की निन्दा करता है। पहले तो वह इन्हें भी तुच्छ समझता है। लेखक और बुद्धिजीवी होकर इन मामलों में क्यों पड़ते हैं? फिर वह यह सोचकर अभिभूत होता है कि ये लोग पश्चिम के हैं; पश्चिम के हैं तो धन्य हैं। भारतीय लेखक और बुद्धिजीवी अरब देशों और अफ्रीकी देशों के लेखकों से भी पीछे सोचता है और पश्चिमी बुद्धिजीवी के सामने बड़ी हीनता का अनुभव करता है। मुझे याद है, पिछले नवम्बर में विश्वशान्ति सम्मेलन में लेखकों की बैठक में मुल्कराज आनन्द जब गद्गद होकर आत्मउत्प्रेक्षणमय भाषण दे रहे थे तब बार-बार कहते थे—'माई फ्रेण्ड सार्त्र, माई फ्रेण्ड शोलोखोव—' बार-बार इन्हें 'मित्र' कहने से हीनता की भावना बड़े दयनीय ढंग से प्रकट हो रही थी। तब संयुक्त अरब गणराज्य के एक तरुण प्रतिनिधि ने डॉक्टर साहब को फटकारा। उसने साफ कहा कि जब हम कहते हैं कि सार्त्र हमारे सम्मेलन में आयेंगे, तब हम हीनता की भावना से ग्रस्त होते हैं। सार्त्र नहीं आयेंगे, तो क्या होगा? एशिया और अफ्रीका के लेखकों और बुद्धिजीवियों को इस हीनता का त्याग करना चाहिए और स्वतन्त्र तथा आत्म-सम्मानपूर्ण ढंग से सोचना चाहिए। मैंने देखा, डॉक्टर साहब परेशान थे। बाद में यह उनकी परेशानी मोहन राकेश ने और बढ़ा दी थी।

राजनीति के बारे में लेखक तभी सोचता है जब मुख्यमन्त्री, शिक्षामन्त्री या प्रधानमन्त्री बदलता है या पुरस्कारों का या विश्वविद्यालयों के विभागाध्यक्षों और उपकुलपतियों की नियुक्ति का मौसम आता है। सुनामधन्य लेखक तब एकदम जागरूक हो जाते हैं, देश की समस्याएं उन्हें पीड़ित करने लगती हैं और वे लेखक लिखकर बता देते हैं कि अमुक मन्त्री देश को स्वर्ग बना देंगे। पत्र-पत्रिकाओं में पत्रकारों द्वारा नहीं, लेखकों के द्वारा लिखे वे लेख देखे होंगे, जिनमें मन्त्रीजी की प्रतिभा, सरलता, त्याग, सज्जनता और दृढ़ता के गीत होते हैं। ये सचित्र होते हैं और चित्रों के शीर्षक होते हैं–'मन्त्रीजी अध्ययन कक्ष में, मन्त्रीजी बच्चे को चूमते हुए, मन्त्रीजी पूजा करते हुए और मन्त्रीजी शौच जाते हुए!' ऐसा लेख निकलते ही समझा जा सकता है कि लेखक की प्रतिभा दरवाजे पर किस पद या लाभ की भीख माँगने खड़ी है।

अध्यापकों की भी अपनी अलग दुनिया है। हिन्दी, संस्कृत, दर्शन और इतिहास विभागों के अध्यापक तो अखबार भी नहीं पढ़ते, क्योंकि उनके विषय इस संसार से सम्बन्धित ही नहीं हैं। वे अपनी दुनिया में नहीं रहते। दूसरों की दुनिया भी विश्व-

विद्यालय के भीतर ही होती है। विश्वविद्यालय की कार्य-कारिणी समिति सुरक्षा परिषद् के बराबर होती है। मैं पिछले कई सालों से देख रहा हूँ कि 2-3 अध्यापक रोज, तीसों दिन बारहों महीने, पूरे खाली समय में सिर्फ विश्वविद्यालय की राजनीति की बात करते हैं। इस दुनिया की समस्याएँ हैं—पर्चे जाँचने को प्राप्त करना, तरक्की पाना, पुस्तकें पाठ्यक्रम में लगवाना, समितियों में सदस्य होना। कभी-कभी अध्यापक की दुनिया फैलती है और दूसरे विश्वविद्यालय से मिल जाती है। तब अध्यापक वहाँ से पर्चा जाँचने को ले आता है। उसे कुल उतने में दिलचस्पी है और उतना ही वह समझना चाहता है, जितना विश्वविद्यालय के अहाते में है। उससे यह उम्मीद करना नाजायज है कि वह उस दुनिया के बाहर भी देखे और उसमें दिलचस्पी ले। पिछले महीने मैंने राजनीति के एक अध्यापक से कहा—चलिए, नगर-परिषद् में वियतनाम की समस्या पर चर्चा है। आप भी उसमें भाग लीजिए। उसने हँसकर कहा—इस वक्त ज्वलन्त समस्या वियतनाम की नहीं है, कापियाँ जाँचने की है। मुझे याद है, जब आचार्य कृपलानी संसद का चुनाव जीते थे, तब सुबह ही मेरी मुलाकात राजनीति के एक अध्यापक से हो गयी। मैंने कहा—कृपलानी जीत गये। उन्होंने कुल इतना कहा—हाँ, अब संसद में बड़ा मजा आयेगा। कृपलानी की राजनीति से सहमत होने की बात नहीं है। बात यह है कि अध्यापकजी को इसमें सिर्फ संसद का 'मनोरंजन' समझ में आया।

बन्धु, इन सबके शिष्यों से क्या उम्मीद की जा सकती है। वे भूखे रहते हुए भी गल्ले के गोदाम पर धावा नहीं बोलेंगे, मगर सिनेमाघर पर पत्थर फेंकने जरूर इकट्ठे हो जायेंगे, क्योंकि उन्हें बिना टिकट नहीं घुसने दिया गया। ये विद्यार्थी उपद्रव करते हैं, विद्रोह नहीं। जापान के विद्यार्थियों ने आइसनहावर को अपनी भूमि पर पाँव नहीं रखने दिया था, दक्षिण कोरिया के विद्यार्थी वर्ग ने आन्दोलन करके तानाशाह सिगमन री को निकाल दिया, पाकिस्तान के विद्यार्थी भी अयूबशाही के खिलाफ विद्रोह करते हैं। मगर अपने आचार्यों के पढ़ाये देश के ये रतन सिनेमा के 'गेटकीपर' और 'बस कण्डक्टर' के खिलाफ आन्दोलन करते हैं।

बन्धु, अभी की खबर है कि अमरीका के विश्वविद्यालय राष्ट्रपति जानसन की विदेश-नीति के प्रति विद्रोह प्रकट कर रहे हैं। अपना हर विश्वविद्यालय इस तरह की बात को विद्या के क्षेत्र के बाहर की मानता है। वहाँ आचार्यों के झगड़ों और उपकुलपति को लेकर दलबन्दियों के द्वारा ही विश्वचेतना व्यक्त होती है।

यह सब इसलिए लिख रहा हूँ कि आप व्यर्थ लेखक-बुद्धिजीवी के आराम में खलल न डालें। उस परमहंस के तो अन्तर में नाद उठता रहता है। उसे बाहर से क्यों पुकारते हो?

और सब ठीक है।

सस्नेह
ह. शं. प.

28

मातृभाषा और रतौंद

प्रिय बन्धु,

जुलाई की 'कल्पना' में 67 लेखकों के नाम से 'भाषा वक्तव्य' छपा है और 8 लेखकों के नाम से एक 'कार्यक्रम'। दोनों वक्तव्य मातृभाषाओं के प्रयोग और अंग्रेजी के निष्कासन के सम्बन्ध में हैं। कार्यक्रम पेश करनेवाले लेखकों ने मित्रों से सुझाव भी माँगे हैं। मैं इन सब लेखकों का मित्र हूँ (गो यह असम्भव लगता होगा कि एक लेखक का मित्र होने पर दूसरे का कैसे हुआ जा सकता है), इसलिए सुझाव देना अपना हक और फर्ज समझता हूँ।

मेरा सुझाव है कि सामान्य लोगों के पहले लेखकों के मातृभाषा प्रयोग के सम्बन्ध में कुछ व्यवस्था कर लेनी चाहिए। हर हिन्दी-लेखक को मजबूर नहीं किया जा सकता कि वह मातृभाषा का प्रयोग करे और अंग्रेजी का न करे। मेरा सुझाव है कि हिन्दी के लेखकों से पूछ लिया जाय कि उनमें कौन बच्चों के 'पिताजी' या 'बाबूजी' हैं और कौन 'डैडी' या 'पापा'। जिन लेखकों ने वक्तव्य पर दस्तखत किये हैं, उनमें कुछ दस्तखत करते वक्त 'डैडी' थे, यह मैं निश्चयपूर्वक कह सकता हूँ। इनके घरों में बच्चे तक माता से मातृभाषा नहीं बोलते। इन 'डैडियों' की एक सूची बन जानी चाहिए। उसी सूची में उन लेखिकाओं के भी नाम लिखे जायें, जो 'ममी' हैं। विवाहिता लेखिकाओं में जो 'प्रिये' नहीं 'डार्लिंग' हैं, वे भी इसी सूची में रखी जायें। 'अविवाहित' लेखिकाओं के भविष्य के खयाल से अभी उन्हें सभी सूचियों से मुक्त रखा जाय! अब एक सूची ऐसी बन जायेगी जिसमें 'डैडी', 'ममी', और 'डार्लिंग' हैं याने वे हिन्दीभक्त हिन्दी-लेखक जिनके घरों में भी अंग्रेजी बोली जाती है। इनके बच्चे बेचारे माँ तक से उसकी भाषा में बात करने से वंचित हैं। इनके यहाँ प्रेम से लेकर प्रार्थना तक में अंग्रेजी का ही प्रयोग होता है। इनसे यह आशा करना कि ये मातृभाषा बोलेंगे और बच्चों को अंग्रेजी माध्यम के स्कूल में न भेजेंगे, अन्याय है। हमें लेखकों की एक सभा बुलाकर यह तय कर लेना चाहिए कि कितनी आमदनी तक लेखक 'पिता' रह सकता है और कितनी आमदनी पर उसे 'डैडी' हो ही जाना चाहिए। अगर हजार रुपये प्रतिमास वेतनवाला लेखक 'डैडी' होता है और अगले साल उसकी नौकरी छूट जाये जिससे वह 3-4 सौ में गुजर करने लगे, तो उसे फिर 'पिता' हो जाना चाहिए। जो 'डैडी' हो, उसे कार्यक्रम के मुद्दे 5 से बरी कर देना चाहिए। (मुद्दा 5 कहता है कि अपने बच्चों को ऐसे स्कूलों में न भेजें, जहाँ शिक्षा का माध्यम अंग्रेजी हो।) ऐसे लोगों को मातृभाषा आन्दोलन की तरफ से यह काम देना चाहिए कि वे मंच पर और अखबार में छाती पीट-पीटकर मातृभाषा के लिए इस तरह रोयें, जैसे माताजी का इन्तकाल हो गया हो। इससे बड़ा असर पड़ेगा।

सवाल मातृभाषा के प्रति प्रेम, उसके लिए संघर्ष और थोड़े त्याग का नहीं है। सवाल यह है कि भारतीय होने की जो शर्म है, उसे किस तरह धोया जाय। दूसरा सवाल है, बच्चों का भविष्य कैसे बनाया जाय। जिस देश में मोर्चे पर फौज के लिए जानेवाले चावल को कालाबाजार में बेचकर बच्चों का भविष्य बनाया जाता है, वहाँ भारतीय भाषा के लेखक बच्चे को अंग्रेज बनाकर उसका भविष्य क्यों न सुधारें! उसे हिन्दी पढ़ाकर क्या पटवारी बनाना है? जो हिन्दीभक्त और हिन्दी-लेखक गरीब नहीं हैं उन्हें हरगिज मातृभाषा को नहीं अपनाना चाहिए। जिन्हें बच्चों को इन्जीनियर, डाक्टर बनाना है, विदेश भेजना है, आई. ए. एस. में और विदेश सेवा में भेजना है, वे आपकी 'हिन्दी फिन्दी' के चक्कर में क्यों पड़ें?

'सार्वजनिक कार्य' के मुद्दे 3 की बन्दिश भी मेरी दृष्टि में गलत है। निमन्त्रण-पत्र आखिर अंग्रेजी में क्यों छपें? मुझे शादियों के इसी मौसम में एक निमन्त्रण-पत्र मिला—'मिस्टर एण्ड मिसेज फुन्दीलाल रिक्वेस्ट दी प्लेजर ऑफ दी कम्पनी ऑफ मिस्टर एण्ड मिसेज···एट दी वेडिंग सेरेमनी ऑफ देअर सन छिद्दीलाल···' फुन्दीलाल के पहले दो लड़कों की शादी के निमन्त्रण-पत्र हिन्दी में थे, जिन पर ऊपर गणेश का चित्र था। इस बीच फुन्दीलाल की मोटर सुधारने की दूकान कारखाना बन गयी है और कई पीढ़ियों में घर में पहला व्यक्ति छिद्दीलाल बी. ए. हो गया है। अगर निमन्त्रण-पत्र अंग्रेजी में न हो तो कैसे मालूम हो कि फुन्दीलालजी की दूकान बड़ी हो गयी है और छिद्दीलाल बी. ए. हो गये हैं। हिन्दी में निमन्त्रण-पत्र छपने पर लोग कहने न लगेंगे कि अरे, यह वही फुन्दीलाल है! बन्धु, अंग्रेजी की बात का स्तर ही अलग होता है। मैंने तो गोरेलाल शर्मा को अंग्रेजी में विलाप करते भी देखा है और मुझे बहुत अच्छा लगा है। चाचा की मृत्यु पर वे रोकर मुझसे बोले थे—'बिरदर, ही लव्ड मी भेरी मच!' यह मजा मातृभाषा में रोने में नहीं है।

एक और बात ये मित्र भूलते हैं। अंग्रेजी में भद्दे नाम भी अच्छे लगते हैं। कौन जान सकता है कि सी. एल. वर्मा वास्तव में छकौड़ीलाल हैं? खुन्नेलाल शान के साथ के. एल. हो जाते हैं। इस सुविधा को वे क्या समझें जो श्रीकान्त और मनोहर श्याम हैं! यह तो वही समझ सकता है, जिसे फूलचन्द नाम मिला है और जो पी. सी. वैश्य लिखता है।

बन्धु, अंग्रेजी के नाश के ये सब तरीके गलत हैं। मेरा विचार है, अंग्रेजी को हम इतना भ्रष्ट कर दें और उसे इतना बिगाड़ दें कि वह शर्म के मारे मुँह छिपाकर यहाँ से भाग जाये। केन्द्रीय मन्त्रिमण्डल में रामसुभगसिंह और पाटिल जैसी अंग्रेजी बोलते हैं, वैसी अगर 1000 नेता बोलने लगें, तो बेचारी अंग्रेजी यहाँ एक मिनिट न टिके। घोर हृदयविदारक अंग्रेजी बोलते हैं, ये लोग! 'इज बाज सुड बुड'—बड़े आत्मविश्वास से बोलते हैं। इनसे पूछो तो ये कहेंगे—'जरा इंगलिस बीक है!' शास्त्रीजी भी अपने ढंग से मातृभाषा-आन्दोलन में योग देते हैं, जब वे बार-बार 'बाई एण्ड लार्ज' के बिना आगे नहीं बढ़ते और शान्ति-सम्मेलन में गम्भीरता से कह देते हैं—'एण्ड लेट द वर्ल्ड रेस्ट इन पीस!'

ये कुछ सुझाव फिलहाल मैंने दिये हैं। अगर इन पर अमल करने को आप लोग तैयार हों, तो आगे और भी उपयोगी बातें बताऊँ।

बाकी सब ठीक है।

आपका

ह. शं. प.

29

लघु पत्रिकाएँ

प्रिय बन्धु,

पिछले अंक में श्री रमेश उपाध्याय ने 2-4 अंक निकलनेवाली छोटी पत्रिकाओं के सम्बन्ध में कुछ बातें उठायी हैं। वे परेशान मालूम होते हैं कि इतनी अल्पजीवी पत्रिकाएँ क्यों निकलती हैं। उन्होंने शायद कभी कोई पत्रिका नहीं निकाली, इसलिए वे पत्रिका निकालने के रहस्य से और उसके सुख से भी परिचित नहीं हैं। मैंने निकाली है, मैं जानता हूँ।

हिन्दी भाषा में पत्रिकाएँ यों कम ही निकलती हैं। अधिकांश पत्रिकाएँ ऊबे हुए रेलवे मुसाफिर के लिए निकाली जाती हैं। उन्हें देखते ही पहिचाना जा सकता है। भद्दी स्त्री, भद्दे कपड़े, भद्दे ढंग से पहिने (या खिसकाये ?) इन पत्रिकाओं के कवर पर होती है और पीछे पूरे पृष्ठ पर विज्ञापन होता है, जिसमें कोई परोपकारिणी देवी 'बहिनों' की बीमारी दूर करने के लिए आतुर होती है या कोई संन्यासी नष्ट जीवन नौजवान का जीवन सुधारने के लिए तैयार रहते हैं। कुछ कहानी-पत्रिकाएँ भी ऐसा रंग-रूप ले चुकी हैं और इनमें हर कहानी का पल्ला खिसका रहता है। यह तो होना ही था, क्योंकि पश्चिम से आनेवाली दर्शनशास्त्र की पुस्तक के कवर पर भी स्कर्ट खिसकाये स्त्री का चित्र बिक्री के खयाल से चिपका रहता है। कुछ पत्रिकाएँ, जो कथा मासिक हैं, अच्छी निकलती हैं। फिर 2-3 साहित्यिक पत्रिकाएँ हैं, जो लेखकों, साहित्य के विद्यार्थियों और अध्यापकों के विशेष काम की हैं। यहाँ आप उम्मीद कर रहे होंगे कि लिखूंगा --और इनमें 'कल्पना' का विशिष्ट स्थान है। (अच्छा, इतनी मुंहदेखी मैंने की।)

लेकिन इनके अलावा भी जो पत्रिकाएँ निकलती, बन्द होती रहती हैं, उनके विषय में कुछ लोग चिन्तित हैं। ये पत्रिकाएँ क्यों निकलती हैं ? कुछ लोग शौक के लिए पत्रिका निकाल देते हैं। जैसे घर के अहाते में बगीचा लगाते हैं, वैसे ही पत्रिका के दो-चार अंक निकाल देते हैं। जैसे नयी कार का इन्हें शौक होता है, वैसे ही नयी

पत्रिका का शौक 4-6 महीने में पूरा हो जाता है, तब ये बन्द कर देते हैं। यह शौक व्यक्तिगत भी होता है और सामूहिक भी। जब सामूहिक होता है, तब 10-15 लोग मिलकर कहते हैं—चलो यार, पत्रिका निकालें। जैसे चार यार कहते हैं—चलो यार, झूला झूलें। ऐसी पत्रिका शिशु की तरह निर्दोष होती है—उससे न किसी का बुरा होता है, न भला। उसके माता-पिता को अलबत्ता उसे खिलाने में सुख मिलता है।

कुछ लोग न जाने क्यों और कैसे अपनी विशेष जिम्मेदारी मानने लगते हैं कि हमें साहित्य में फैली गन्दगी को साफ करना है। वे बड़े भोलेपन से घोषणा करते हैं कि हाय, आज साहित्य के क्षेत्र में कितनी गन्दगी है! हाय, लेखकों के कितने गुट हैं! हाय, लेखक एक-दूसरे पर कैसे प्रहार करते हैं! हाय, नैतिक मूल्यों का कितना पतन हो गया है। हमसे यह नहीं देखा जाता। हम अपनी पत्रिका के द्वारा इस गन्दगी को दूर करके साहित्य में स्वस्थ वातावरण निर्मित करेंगे और स्वस्थ मूल्यों को प्रतिष्ठित करेंगे। हिन्दी का साहित्यिक बड़ा भोला होता है। वह बड़े-बड़े दायित्व ले लेता है। आपने सुना होगा कि हिन्दी के एक प्रतिष्ठित नीतिवान लेखक फिल्मी दुनिया में काम करने गये, तो एक मित्र को पत्र में उन्होंने पहिले तो उस दुनिया की गन्दगी, अनैतिकता और दुराचार का हृदयस्पर्शी चित्र खींचा और अन्त में लिखा—खैर, अब मैं यहाँ आ गया हूँ। ऐसी पत्रिकाएँ, जो गन्दगी साफ करने के लिए पैदा होती हैं, स्वयं गन्दगी बढ़ाने लगती हैं।

ऐसी अल्पजीवी छोटी-छोटी विज्ञापनहीन पत्रिकाएँ निकालनेवालों को कोई खास आर्थिक लाभ देती हैं, यह मैं नहीं मानता। कभी किसी को वार्षिक ग्राहक बनाकर फिल्म देख ली जाय, यह बात अलग है। अधिकांश में इन पत्रिकाओं के निकाले जाने का उद्देश्य आर्थिक लाभ कम और साहित्य में प्रतिष्ठित होना ज्यादा होता है। रचना करके साहित्य में प्रतिष्ठित होना कष्टकर है। पत्रिका निकालकर ऐसा आसानी से होता है! कविता, कहानी, उपन्यास लिखने से कम मेहनत पत्रिका निकालने में पड़ती है और प्रतिभा तो कम लगती ही है। आज सड़कों का उपयोग छूट गया है, सब पगडण्डियाँ खोजते हैं। साहित्यिक सफलता की जो इमारत है, उसमें 'लिफ्ट' भी लग गये हैं। ऊँची मंजिल पर पहुँचने के लिए सीढ़ियों से चढ़कर कोई पाँव क्यों दुखाये? यश:प्रार्थी 'लिफ्ट' में चढ़ता है और हर लेखक को 'लिफ्ट' का चपरासी समझता है जो बटन दबाकर उन्हें ऊपरी मंजिल में छोड़ आये। जो लेखक 'लिफ्ट' का बटन नहीं दबाता, उसे यश:प्रार्थी गाली देने लगते हैं। ऐसी कुछ पत्रिकाएँ 'लिफ्ट' होती हैं। मगर मैंने कहा न, हिन्दी का लेखक बड़ा भोला होता है। वह समझता है कि पत्रिका निकालने का काम करनेवाला बिना लिखे लेखक मान लिया जायेगा। उसे यह समझ में नहीं आता कि दवा बेचनेवाला वस्त्र-विक्रेता संघ का मन्त्री नहीं बन सकता। यह बनने के लिए उसे कपड़े बेचना ही पड़ेगा।

श्री उपाध्याय को इन पत्रिकाओं से जरूरत से ज्यादा भय लग गया है और उन्होंने इसी से सम्बद्ध करके लेखकीय स्वतन्त्रता और शासकीय या राजनीतिक

हस्तक्षेप का सवाल उठा दिया है। लेखक की स्वतन्त्रता, शासन से सहयोग या असहयोग, दल और लेखक आदि को लेकर पिछले दस सालों में बहुत नट-कौतुक देख चुका हूँ। सरकार से बिल्कुल असहयोग—यह नारा बहुत साल पहले कुछ लेखकों ने बड़े आत्म-पावित्र्य की अदा से लगाया था। किस सरकार से असहयोग? कांग्रेस के अवाड़ी अधिवेशन के बादवाली सरकार से ही असहयोग क्यों? क्या इसी-लिए कि उसके बाद सरकार ने 'समाजवाद' का नारा अपना लिया, योजनाओं में सार्वजनिक क्षेत्र को एक हिस्सा दे दिया और उद्योगों के राष्ट्रीयकरण की बात चल पड़ी? गो 'समाजवाद' का नाम लेकर भी काम क्या हुआ है; यह सब जानते हैं। कितना गोलमाल उस नारे ने पैदा किया, यह भी देख रहे हैं। मगर, अगर वह सरकार यह नारा न लगाती, पूंजीवाद का अपने प्रकृत रूप में विकास होने देती, तो लेखकों को सरकार से अपनी रक्षा की चिन्ता क्या इतनी सताती? तब भी क्या सांस्कृतिक स्वतन्त्रता और नैतिक पुनरुत्थान के नारे इतने ही जोर के होते? क्या नैतिक पतन इसीलिए नहीं हो गया है और संस्कृति इसीलिए संकट में नहीं पड़ गयी है कि साधारण जन ने अपने अधिकार माँगना शुरू कर दिया है?

इस बात में विवाद की गुंजाइश नहीं रह गयी कि लेखन को सरकार या राज-नीतिक दल नियोजित नहीं कर सकते और न लेखक को आदेश देकर लिखवा सकते। मगर लेखक गल्लेबाजार का सांड़ भी तो नहीं है। कहीं कोई दायित्व-बोध तो उसे करना ही पड़ेगा।

लेखक जिस स्वतन्त्रता की बात करता है, उसका रूप कुछ ऐसा है—जो तनख्वाह नहीं देता, उसे गाली देना और जो तनख्वाह देता है, उसे गाली न देना या समर्थन देना। अगर मासिक वेतन भारत सरकार से नहीं मिलता, तो लेखक भारत सरकार को गाली देगा; मगर जिस सेठ से वेतन मिलता है, उसे और उसके वर्ग को गाली नहीं देगा। यही लेखकीय स्वतन्त्रता है। मगर यह स्वतन्त्रता है कि चतुरता है? ऐसा चतुर लेखक ही भीड़ को भी तुच्छ समझता है और उससे दूर रहता है। कारण यह है कि जिससे उसे तनख्वाह मिलती है, उसे सबसे बड़ा खतरा इसी भीड़ से होता है। ऐसे ही लेखक यह प्यारा विश्वास भी पालते हैं कि जो भी व्यवस्था हो, वह सिर्फ लेखक के फायदे को ध्यान में रखकर बने। बाकी जन-समाज का चाहे जो हो। यही वह भी सोचता है, जो उसे तनख्वाह देता है। स्वतन्त्रता के सम्बन्ध में वेतन देनेवाले वर्ग और वेतन लेनेवाले लेखक का जो यह मत-साम्य है, इससे स्वतन्त्रता की सारी पोल खुल जाती है।

हमसे पहले के लेखक कविता-कहानी भी लिखते थे और स्वतन्त्रता-संग्राम में जेल भी जाते थे। मगर हम यह समझते हैं कि सिर्फ 2-4 कविता-कहानी से ही हम दुनिया को बदल देंगे। जमाने ने कुछ ऐसा पलटा खाया है कि जो शर्म की बात है, वह गर्व की बात हो गयी है।

पत्रिकाएं निकालने और आलोचना-प्रत्यालोचना होने से कोई अराजकता नहीं फैलती। डर तब होता है, जब व्यक्तिगत राग-द्वेष और ईर्ष्या को ऊंचे सिद्धान्तों का

जामा पहनाया जाता है, विरोधी पर इस ठाठ से प्रहार किया जाता है, जैसे हम किसी ऊँचे आदर्श के लिए संघर्ष कर रहे हैं। संकट साहित्य के सही मूल्यांकन नहीं होने का है। दूसरी समस्या लेखक को यह बोध कराने की है कि वह किसी समाज से सम्बद्ध एक आदमी भी है।

उपाध्यायजी ने लिखा है कि यदि ऐसा ही चला, तो सरकार को लेखकों पर अंकुश लगाना पड़ेगा, या सम्यवाद का दौर चला, तो वह अंकुश लगायेगा। मेरा विचार है, ये दोनों ऐसा नहीं करेंगे और न इन्हें ऐसा करना चाहिए। कई तरह की सरकारों ने ऐसा करके देख लिया और अपने को गलत पाया। रूस और पूर्वी यूरोप के देशों की साम्यवादी सरकारों ने भी लेखकों को पहले बाँधा और फिर माना कि यह गलत हुआ। भारत में जो दल के हिसाब से लेखन को नियोजित करने का प्रयत्न करते रहे, वे भी असफल हुए। फिर प्रयत्न करेंगे तो फिर असफल होंगे। मगर, जैसा मैंने पहले कहा है, लेखक किसी देवता के नाम पर छोड़ा गया गल्ला-बाजार का साँड़ भी नहीं है, जो अपनी नस्ल के मद में मस्त घूमे और लोगों को सींग मारे। कुछ लेखकों को अपनी नस्ल का मद सीमा से ज्यादा चढ़ा हुआ है।

इस बार लम्बी चिट्ठी लिख गया, और देर से भेज भी रहा हूँ। उम्मीद है, काम आ जायेगी।

आपका

ह. शं. प.

30

भारत-पाक युद्ध और मेरी तलवार

प्रिय बन्धु,

देखिए, फिर विचार होने लगा कि भारत-पाक संघर्ष में लेखकों का क्या कर्त्तव्य है। गोष्ठियाँ और परिचर्चाएँ हो रही हैं, जिनमें इन विषयों पर बहस होती है—युद्ध और लेखक, युद्ध और लेखक का दायित्व। संघर्ष या संकट जब सामने आता है, तब हम सबके कर्त्तव्य में शामिल न होकर, परिचर्चा करने बैठते हैं कि अब हम क्या करें। आबकारी विभाग में किसी परिचर्चा की खबर मुझे नहीं मिली, जिसमें विषय हो—'भारत-पाक युद्ध और आबकारी दरोगा के कर्त्तव्य !' मगर हैजा फैल जाय, तो लेखक टीका न खुद लगायेंगे, न पड़ोसियों को प्रेरित करेंगे, बल्कि तुरन्त परिचर्चा आयोजित करेंगे, जिसमें इन विषयों पर बहस होगी—हैजा और लेखक का दायित्व : हैजे के सन्दर्भ में। अति आधुनिकों की परिचर्चा के विषय

ये होंगे—हैजा : एक सौन्दर्य-शास्त्रीय विश्लेषण या मृत्यु-बोध : हैजे के सन्दर्भ में। इस लड़ाई के दौर में मैं ऐसे लेखकों के नाम जानना चाहता हूँ जिन्होंने हवाई हमले से बचाव की शिक्षा ग्रहण की हो। नहीं, हमें पहले बहस करके तय करना है कि युद्ध पर कविता हो या न हो; अगर हो तो कैसी हो। इस बार सन् '62 की तरह सड़क-सड़क कवियों ने दुश्मन की चटनी नहीं बनायी। बड़े दुःख की बात है कि 'भुट्टो' को 'भुट्टे'-सा न भूनकर इतना बढ़िया अनुप्रास यों ही खो दिया। शायद विजय कविता के लिए अनुकूल नहीं पड़ती। जब सेना दुश्मन की चटनी नहीं बना पाती, तब कवि को वह काम करना पड़ता है। युद्धबन्दी की शाम को रेडियो पाकिस्तान पर वहाँ के कवि हमारी चटनी बना रहे थे। ठीक वही हो रहा था, जो अपनी आकाशवाणी से सन् '62 में हुआ था। खुशी की बात है कि परमपिता ने इस बार काव्य-रचना का मौका पाकिस्तान को दिया। उनका वीर-रस हास्य-रस हो रहा था।

सुनता हूँ राजधानी और प्रयागादि में मँजे हुए लेखकों-कवियों ने कहा कि हमें तलवार उठा लेना है और हमें नफरत भी करना है। ये दोनों काम मैं भी करना चाहता हूँ, जानना चाहता हूँ कि तलवार किस पर उठाऊँ। सीमा पर सीमित युद्ध होने पर भीतर जनता के सशस्त्र प्रतिरोध की गुंजाइश होती नहीं है। अब प्रयाग, जबलपुर या हैदराबाद का लेखक तलवार निकाल भी ले, तो किस पर चलाये? सीमा पर जो हैं, उनकी तलवारें निकलने के लिए अपने कहने की राह तो देख नहीं रही होंगी। मैं नफरत भी करना चाहता हूँ। यों मैं युद्धमात्र से नफरत करता हूँ—मगर यह सुनकर 'देशभक्त' खबर लेने आ जायेंगे कि तुम हतोत्साह करते हो। मैं पाकिस्तान के तानाशाहों से और चीन के युद्धोन्मादियों से भी नफरत करता हूँ—पर उन पर मेरी नफरत का क्या असर पड़ेगा! तब किस पर तलवार निकालूँ और किससे नफरत करूँ? एक जमात है, जो मुझे बताती है कि दूर मत जाओ; यहीं तलवार चलाओ और यहीं नफरत करो। ये रोज शाम को खुद भी लाठी और 'क्षुरिका' चलाना और नफरत करना सीखते हैं। यह बाहरी शत्रु से लड़ने की तैयारी नहीं है, क्योंकि बाहरी शत्रु से तो तोप और टैंक से लड़ा जायेगा। इनकी लड़ाई तो भीतरी ही होगी। ये शायद इसी देश के लोगों से इस देश की रक्षा करना चाहते हैं। सोचता हूँ, क्या इसी जमात की भाषा जाने-अनजाने हमारे इन वरिष्ठ लेखकों के मुख से नहीं निकल रही है? और तब सवाल उठता है कि पाकिस्तान के शासकों से यह बात किस तरह भिन्न है? वे भी लोगों को नफरत करना और तलवार भाँजना ही सिखा रहे हैं?

पर बन्धु, प्रश्न परेशानी है। वे परम सुखी हैं, जिन्हें सवाल नहीं घेरते। उन्होंने प्राथमिक शाला की अपनी गणित की पुस्तक के सिर्फ उत्तर के पन्ने फाड़कर रख लिये हैं। सवाल जाने बिना भी, जवाब उनके पास तैयार रहते हैं।

ऐसा ही सीधा जवाब यह है कि भेड़िये से लड़ना है, तो भेड़िया बनो। बहुत लोग इस देश में यही समझा रहे हैं। वे नहीं मानते कि भेड़िये से आदमी यों लड़

सकता है कि वह बन्दूक दाग देता है। इससे भेड़िया मर जाता है और आदमी बच रहता है। यह इन्हें स्वीकार नहीं। वे चाहते हैं कि एक भेड़िये के मरने के बाद दूसरा भेड़िया बचा रहे, जो अपने अहाते में रहे। मगर भेड़िये का क्या भरोसा? अपना भेड़िया पाकिस्तानी भेड़िये से लड़ने के बदले उससे दोस्ती भी कर सकता है। तब अपना क्या होगा? पशु पर इतना भरोसा करना ठीक नहीं लगता। कुछ लोग कहेंगे कि ऐसी बातों से देश का मनोबल कम होता है। मैं पूछता हूँ—भेड़िये में क्या मनुष्य से अधिक मनोबल होता है?

कभी-कभी तो यह प्रश्न भी उठता है कि यह देश है किसका। राष्ट्रीय सुरक्षा कोष में वेतन देकर जब आदमी अनाज लेने पहुँचता है, तो व्यापारी दुगने या तिगुने दाम पर देता है। देश के लिए त्याग करके उसकी रक्षा करने की शपथ दोनों साथ लेते हैं। तब साधारण आदमी सोचता है कि देश किसका? मेरा या इस मुनाफाखोर का? यह जब देश की रक्षा का नारा लगाता है, तब किससे देश की बात करता है? और किसके लिए यह देश की रक्षा करवाना चाहता है? मुनाफाखोर कहीं यह तो नहीं कहता कि मेरे देशवासियो, तुम तन, मन, धन देकर इस देश की रक्षा कर लो और मुझे सौंप दो। मैं इसे निचोड़ लूँगा। तुम हर बार इसकी रक्षा करके मुझे देते जाओ और मैं निचोड़ता जाऊँगा। यह जायदाद मेरी है। तुम लोग तो चौकीदार हो। इसमें देशभक्ति भी डर से पैदा होती है। इधर जब डर फैला कि यहाँ भी दो-चार दिन में बम गिरेंगे, तो बाजार में भाव गिर गये। मैंने एक आदमी से पूछा कि क्या देशभक्ति पैदा हो गयी? उसने कहा—हाँ, पर डर के कारण देशभक्ति पैदा हो गयी है। वे लोग सोचते हैं कि जल्दी माल बेचकर नकद हाथ कर लो। भागना पड़ा तो नकद लेते जायेंगे। बन्धु, युद्ध बन्दी हो गयी, तो डर गया और देशभक्ति भी गयी। अब फिर दाम बढ़ गये।

कुछ लोग इस देश को अनाथालय समझते हैं। जब उनसे राष्ट्रीय सुरक्षा के लिए द्रव्य माँगा जाता है, तो उन्हें ऐसा लगता है, जैसे अनाथालय के लड़के बैण्ड बजाकर उनकी हवेली के सामने चन्दा माँगने खड़े हैं। वे राष्ट्रीय सुरक्षा कोष में उसी तरह देते हैं, जैसे अनाथालय का चन्दा देते हैं। और अब इधर दबा अनाज निकालने के लिए सरकार ने भी अन्नदान चालू कर दिया है। सरकारी कर्मचारी अब अन्नदान माँग रहे हैं। मैंने कहा न, लोग देश को अनाथालय मानते हैं, जिसका काम दान से चलता है—भूदान, ग्रामदान, अन्नदान!

बन्धु, इन सबके प्रति रोष-भरी कोई कविता मुझे सुनने को नहीं मिली। ये भी देश के दुश्मन हैं, जो उसे भीतर से कमजोर कर रहे हैं। और वे भी दुश्मन हैं जो ठीक वही मानते हैं जो पाकिस्तान मानता है—कि धर्म से राष्ट्रीयता तय होती है। वे लगभग सात करोड़ लोगों को इस राष्ट्र के सदस्य ही मानने को तैयार नहीं हैं। वे वही कर रहे हैं, जो पाकिस्तान चाहता है। उनसे क्या हम किनारा काट जायें?

बन्धु, यह लड़ाई लम्बी भी चल सकती है। जिन देशों ने कई साल तक लगातार हिटलर की बर्बर फौजों से लड़ाई लड़ी, वे क्या अपने कवियों के उन्माद के दम

पर लड़ते रहें ? वे अधिक ठोस निश्चय और संयमित साहस से वर्षों लड़ सके और पशु बनने से बराबर इन्कार करते रहे।

इस देश के साधारण जन का आततायी से लड़ने का जो दृढ़ और संयमित निश्चय इन दिनों प्रकट हुआ है, उसके सामने अपना यह कोरा युद्धोन्माद छिछोरापन लगता है। एक वृद्ध ने मुझसे कहा—भैया, तुम लोग अब और क्या कहोगे ? तुलसीदासजी ने राम से थोड़े में सब कहलवा दिया कि 'रण में हमहिं प्रचारै कोई, लड़े सुखेन काल किन होई !' काल से भी लड़ने के लिए जिसने तलवार निकाल ली है, उससे अब क्या कहें कि और तलवार निकाल ले ! उसे जरूरत उन विश्वासों की है, जिनसे उसका मनोबल बना रहे, वह पागल न हो और तलवार उठाने का सही उद्देश्य न भूले।

और सब ठीक चल रहा है। आशा है, उधर भी ठीक ही होगा।

आपका

ह. शं. प.

31

नाम बदलने से क्या है ?

बन्धु,

पाकिस्तान से लड़ाई खत्म होने के बाद से तबियत में कुछ गिरावट आ गयी थी। कोई उत्तेजना नहीं रही और रिक्त-सा लगने लगा था। मेरे देश के लोग मुझ-जैसे छोटे लेखक का भी बड़ा खयाल रखते हैं। उन्होंने बनारस (नहीं वाराणसी, वरना सम्पूर्णानन्दजी नाराज हो जायेंगे) में धर्मयुद्ध छेड़ दिया। लीजिए, फिर जिन्दगी ताजी हो गयी और लगने लगा कि तूफानी हलचलवाले प्राणवान देश में रह रहा हूँ। खबर मिली कि बनारस की सड़कों पर विश्वविद्यालय के हजारों लड़के शंख-घड़ियाल लेकर, हर हर-हर महादेव का नारा लगाते हुए, धर्म की रक्षा के लिए निकल पड़े। मैं उस दृश्य को देखना चाहता था। देखना चाहता था कि धर्म के रक्षक 'ड्रेनपाइप' पहने थे कि नहीं, उनकी शिखाएँ थीं या नहीं, वे जनेऊ पहने थे या नहीं। बन्धु, बनारस के समाचार पढ़ता, तो ऐसा लगता जैसे 'कथा सरित्सागर' की कोई कथा पढ़ रहा हूँ जिसमें कथाकार कहता है—'अति प्राचीन काल में, शंकर के त्रिशूल पर स्थित वाराणसी नगरी में एक विश्वविद्यालय था। उसकी स्थापना महामना पं. मदनमोहन मालवीय ने की थी।'

बन्धु, धर्म का तत्त्व बड़ा जटिल है। उसका स्वरूप भी बदलता रहता है।

जिस विश्वविद्यालय के नाम से 'हिन्दू' शब्द निकलने से धर्म नष्ट होने का डर है, उसका शिलान्यास विधर्मी, 'म्लेच्छ' अंग्रेज ने किया था। जिस अलीगढ़ विश्वविद्यालय के संविधान में परिवर्तन करने से, अब इस्लाम खतरे में पड़ जाता है, वह भी 'काफिर' अंग्रेजों के आशीर्वाद पाता था। उस वक्त हिन्दू धर्म और इस्लाम दोनों के रक्षक अंग्रेजों का कृपा-कटाक्ष पा लेने को उत्सुक रहते थे। अंग्रेज साहब पण्डित और मौलवी दोनों से ज्यादा पूज्य होता था। जो आज हिन्दू धर्म की रक्षा के नारे लगाते हैं और जो इस्लाम की रक्षा के लिए सम्मेलन करते हैं, वे सब अंग्रेजी की गुलामी कायम रखने में सहयोगी थे। सारे स्वतन्त्रता आन्दोलनों को दबाने में धर्मात्मा लोग अंग्रेजों के सहायक थे। यानी, तब धर्म की रक्षा गुलाम बने रहने में होती थी। स्वतन्त्रता के बाद अंग्रेज मालिक चले गये, तो बेचारा धर्म अरक्षित रह गया। तो अब धर्म की रक्षा गुण्डों ने अपने हाथों में ले ली है। अलीगढ़ में और बनारस में धर्म की रक्षा इन्होंने की। हिन्दू गुण्डा इस वक्त हिन्दू धर्म का रक्षक है और मुसलमान गुण्डा इस्लाम का। 'धर्म' क्या है? तो धर्मराज ने उत्तर दिया— 'धर्म वह है जिसकी रक्षा या तो विदेशी साम्राज्यवादी करे, या गुण्डा।'

बन्धु, जो हुआ, उसने यही सिखाया है कि नाम बदलने से कुछ नहीं होता! बीमारी पेट के भीतर है। ऊपर मलहम चुपड़ने से दूर नहीं होती। लेकिन गमले में खेती करवाके खाद्य-समस्या हल करनेवाले नेताओं का खयाल रहा है कि नाम से ही सबकुछ होता है। कुछ साल पहले नेताओं ने सोचा था कि प्रजातान्त्रिक और समाजवादी भावना जातिसूचक उपनामों को निकाल देने से ही जड़ जमा लेगी। तो घोषणा करके श्रीमन्नारायणजी अग्रवाल सिर्फ श्रीमन्नारायण रह गये। नाम मात्र से काम चल गया। फिर नेताओं ने सोचा कि जो हम कर रहे हैं उसे एक अच्छा नाम दे दें। नाम से ही देश के लोग सन्तुष्ट हो जाते हैं। तो उसे 'समाजवाद' नाम दे दिया गया। बनारस का नाम बदलने पर भी झंझट हो चुकी है। सम्पूर्णानन्दजी ने पुराना-से-पुराना नाम बताया—वाराणसी! काशी नहीं। अब मुश्किल यह है कि इस देश का साधारण आदमी 'काशी विश्वविद्यालय' कह लेता था, पर 'वाराणसी विश्वनाथ' नहीं कह पाता। इससे विश्वनाथ की महिमा घटी, इसकी परवाह 'जम्बूद्वीप' वालों ने नहीं की।

बन्धु, मुझे लगता है सरकार धर्मनिरपेक्षता की जाँच कर रही थी। पाकिस्तान से लड़ाई के दिनों में एकता के नारों से सरकार समझी कि बस, हो गया काम। ऊपर के नेताओं में बात हुई होगी—क्यों गुरु, देश में कैसी एकता स्थापित हो गयी! न कोई हिन्दू रहा, न कोई मुसलमान; सब भारतीय हो गये। दूसरे ने कहा होगा— उस्ताद, ज़रा परीक्षा हो जाय। विश्वविद्यालयों में से साम्प्रदायिक शब्द निकाल दिया जाय। बनारस में परीक्षा शुरू हो गयी। सरकार पहले परीक्षा ले रही थी, बाद में उसी को परीक्षा देनी पड़ी। मन्त्रियों, संसद-सदस्य और नेताओं के दिलों पर की धर्मनिरपेक्षता की पट्टी उतरी तो वहाँ 'हर-हर महादेव' लिखा मिला। अन्न-आन्दोलनों को दबाने के लिए बहादुरी से गोली चलवानेवालों के होश उड़ गये

जब अपने दल के लोग ही 'हर-हर महादेव' में शामिल हो गये। कुछ लोगों को चुनाव जीतने की आदत पड़ गयी है। उन्हें डर लगा रहता है कि कहीं मतदाता नाराज न हो जायें। बनारस के संसद-सदस्य ने देखा कि क्षेत्र में साम्प्रदायिकता फैल गयी है, तो उसने कहा कि मेरे मतदाताओ, अगर तुम्हें साम्प्रदायिकता पसन्द है, तो लो, मैं भी साम्प्रदायिक हुआ जाता हूँ। ऐसे लोग अगर देखें कि क्षेत्र में डाकुओं का प्रभाव है, वे डाकुओं के पक्ष में होकर यह बता सकते हैं कि मैं कोई कम डाकू नहीं हूँ। चुनाव जीतने की आदतवाले, मत पाने के लिए साम्प्रदायिक क्या, डाकू, चोर और जेबकट भी बन सकते हैं। इस तरह परीक्षा हो गयी और सरकार और संसद बुरी तरह फेल हो गये। मेरे सामने अखबार है जिसमें चेहरे बने हैं और नीचे नारा है—'हम सब एक हैं।' इसे इस तरह लिखना चाहिए—'हम एक-दूसरे से नफरत करते हैं। एक-दूसरे से डरते हैं। मगर हम एक हैं।'

बन्धु, अजब स्थिति है इन विश्वविद्यालयों की। एक बड़ा मिथ्याचार चला करता है। नेता लोग कहते हैं—विद्यार्थियों को राजनीति से दूर रहना चाहिए। और फिर सब उन्हें अपनी राजनीति के लिए काम में लाते हैं। स्वस्थ राजनीति को विश्वविद्यालय में निषिद्ध करके वहाँ गुरुओं की गुट-राजनीति को भर दिया गया है। इस गुरु के चेले उस गुरु को उखाड़ते हैं। और इस खाली जगह में 'सांस्कृतिक' लोग घुस गये हैं। राष्ट्रीय स्वयंसेवक संघवाले पहुँचें और कहा—राजनीति हरगिज मत आने दो। पर हम तो शुद्ध सांस्कृतिक संगठन हैं। हमें शाखा लगाने दो। लग गयी। उधर जमाते-इस्लामीवाले पहुँचे और कहा—सियासत निहायत गन्दी चीज है। मगर हम तो इस्लामी तहजीबवाले हैं। हमें आने दो। नतीजा यह है कि जो गुरु लालकिले के मैदान में घोषणा करते हैं कि प्रजातन्त्र, धर्मनिरपेक्षता और समाजवाद इस देश में नहीं चल सकते, उनके चेले लड़कों को शंख-घड़ियाल लेकर हाँकने लगे हैं। जो समझदारी की बात करते हैं, उनकी सभा में वे पत्थर फेंकते हैं और छुरी चलाते हैं। देखिए, विद्यार्थी राजनीति से कैसे साफ बच गये! वे ऐसे भोले हो गये कि विज्ञान, टेक्नालाजी, राजनीति, दर्शन तो पढ़ते हैं, मगर शंख बजाकर कोई भी उन्हें सड़कों पर निकाल सकता है। जिस सप्ताह ये लोग बनारस में फासिस्टों के हाथों में धर्म के नारे पर खेल रहे थे, उसी सप्ताह अमरीकी लड़के-लड़कियाँ अपने दूतावास के सामने अपनी सरकार की वियतनाम-नीति के खिलाफ प्रदर्शन कर रहे थे। हमारे लड़के राजनीति से बिल्कुल दूर हैं; इसलिए धर्म की लड़ाई लड़ते हैं। ये 10 हजार जो बनारस में 'हिन्दू' शब्द के लिए मर-मिटने को तैयार हो गये थे, अगर कालाबाजार और मुनाफाखोरी के खिलाफ कफन बाँध लेते, तो सारे देश की खाद्य-व्यवस्था सुधर जाती। लेकिन यह राजनीति हो जाती, जिसे हमारे 'पवित्र' सत्ताधारी पसन्द नहीं करते। और धर्म के साथ मुनाफाखोरी का हमेशा सह-अस्तित्व रहा है।

बन्धु, सुबह पाकिस्तान को और शाम को चीन को कुचल देने की घोषणा करनेवाली सरकार को पसीना आ गया, जब स्वदेशी फासिस्टों से सामना हुआ।

मैंने देखा है, बहुत-से आचार्य; लेखक और कवि भी 'धर्म और संस्कृति' शब्द सुनते ही विह्वल हो जाते हैं और कहने लगते हैं—इसमें क्या बुरा है? इन भोलों को कौन समझाये कि यह धर्म-संस्कृति नहीं है, गन्दी खतरनाक राजनीति है। बाबू गोविन्ददास और डॉक्टर वासुदेवशरण अग्रवाल आदि समझा रहे हैं कि यह शब्द कितना व्यापक समन्वयकारी और सांस्कृतिक परम्परा का वाहक है। ये जाने किस जमाने की बात कर रहे हैं। क्यों समझने से इन्कार करते हैं कि आज शब्द का उपयोग अत्यन्त संकीर्ण और देशघाती राजनीति के लिए हो रहा है।

बात लम्बी होती जा रही है। इसलिए अब बन्द करता हूँ। इतना ही पढ़कर लोग कहेंगे कि लेखक नेता की तरह बात कर रहा है। इससे 'साहित्य की पवित्रता' के भंग होने का डर भी कुछ लोगों को लगेगा। ऐसी बातें साहित्य में ज़रा नीचे 'अस्तर' की समझी जाती हैं न! ऊँचे 'अस्तर' की बात बेखबरी में ही होती हैं। ऐसी ऊँचाई अपने में अभी नहीं आयी।

और सब ठीक ही है।

सप्रेम

ह. शं. प.

32

अपना तमाशा अब कहाँ होगा?

प्रिय बन्धु,

एक लम्बे अरसे के बाद आपको पत्र लिख रहा हूँ। इन महीनों में राष्ट्रीय और अन्तर्राष्ट्रीयक्षेत्रों में कई महत्त्वपूर्ण घटनाएँ घटीं—जैसे दगाल 'नाटो' से अलग हुए और मेरे सिर में चोट लगी। कुछ और घटनाएँ भी हुईं। जैसे राज्यों और केन्द्र की अकादमियों ने लेखकों को पुरस्कृत किया, बंगाल में विकट खाद्य-आन्दोलन हुआ, हमारे शहर के बाजार में एक दिन अचानक ईश्वर की तरह चावल प्रकट हो गया, कलकत्ता में कथा-समारोह हुआ, दिल्ली में 'क्रुद्ध' रूसी युवतेशेंको कविता-पाठ कर गया और बता गया कि हमारा क्रोध दूसरे प्रकार का है। इधर जबलपुर में, सुना है, एक समारोह में 2-3 सौ आदमी 'दिनकर' 'का' 2 घण्टे इन्तजार करते रहे क्योंकि 'दिनकर' मालिश करवा रहे थे। फिर सुना, उन्होंने माला तोड़कर फेंक दी। मुझे लगा, दिनकर भी क्रुद्ध कवि हो गये, 'परशुराम की प्रतीक्षा' समाप्त हुई।

इधर हम कहानीकारों में दो पराक्रमों की चर्चा है—एक तो यह कि कलकत्ता

के कथा-समारोह में जैनेन्द्रजी ने चारों तरफ से 'झेलकर' अपने को स्थापित किया और दूसरा यह कि राजेन्द्र यादव ने हिन्दी-कहानी पर डिमाई आकार के 80 पृष्ठों का लेख लिखा है, जो अक्षर प्रकाशन से 10 पाइण्ट मोनोटाइप में छपकर प्रसिद्ध हुआ है। पंहिले पराक्रम को मैंने देखा है और दूसरे को पढ़ा है। कलकत्ता में मुझे विश्वास हो गया कि कथा-सम्बन्धी किसी भी समारोह की सफलता के लिए जैनेन्द्र की उपस्थिति जरूरी है। और जैनेन्द्रजी भी जानते हैं कि उनके लिए कथा-समारोह जरूरी है। इस समारोह में कोई नया लेखक स्थापित नहीं हुआ, स्थापित हुए सिर्फ जैनेन्द्रजी। उन्होंने पहली गोष्ठी में ही ऐसा कुछ कह दिया कि बाद के तीन दिन जो लेखक भी मंच पर आता, मंगलाचरण के रूप में जैनेन्द्रजी पर प्रहार करके आगे बढ़ता। गाँवों के बाहर इधर एक 'चिथरयाऊ' बेर होती है। जो भी वहाँ से निकलता है, एक चिन्दी फाड़कर उस पर अटका देता है। हम सब यही कर रहे थे और जैनेन्द्रजी सामने बैठे मुसकुराते रहते थे। अन्त में जब वे मुसकुराने से ऊब गये, तब क्रोधित हो गये। जैनेन्द्रजी ने एक जवाब में सबको निरुत्तर कर दिया। कहा—ये लोग कहते हैं कि सब बदल गया। क्या बदल गया? मैं साठ साल का हुआ पर मेरी बीवी तो बदली नहीं। अपनी बीवी नहीं बदली तो दुनिया नहीं बदली—इस सहज विश्वास से बड़ी ताकत मिलती है।

बन्धु, इस समारोह की सफलता का सबूत मुझे वहीं मिल गया। मैं संस्कृति-संसद के नीचे खड़ा था कि तीन आदमी परेशान-से आये। मुझसे पूछा—क्यों साहब, अपना अब कहाँ होगा? मैंने कहा—अमुक जगह होगा। कितने बजे से होगा? 7 बजे से होगा। क्यों साहब, अपना सवेरे भी हुआ था? हाँ, हुआ था! अरे हमें तो पता ही नहीं चला और हो गया? वे ऐसे आदमी लगते थे, जिन्हें साहित्य या उसके विवाद से कोई मतलब नहीं। पर वे पूछते फिर रहे थे कि इनका अब कहाँ होगा। मैं खुश हुआ। अब कोई यह आरोप नहीं लगा सकता कि लेखक जनता से दूर है। मैं सोचता हूँ कि लेखक चन्दा करके पाठकों का सम्मेलन बुलवायें और पाठक हम लोगों के बारे में क्या कहते हैं, यह सुनें। पर मेरे सुझाव पर कुछ लेखक कहेंगे —पाठक? पाठक क्या होता है? उससे हमें क्या मतलब? पाठक तो घटिया लेखक का होता है; साहित्य का नहीं। पाठकों के सम्मेलन से सबसे ज्यादा लाभ इन्हीं का होगा।

इधर हवाई जहाज की गड़बड़ के कारण रूसी कवि युवतेशेंको (सही-सही उच्चारण दिल्लीवाले ही जानते हैं) दिल्ली रुक गया। वहाँ उसने कविता-पाठ किया। यह रूस का क्रुद्ध कवि कहलाता है। पर अब यह भी कम क्रुद्ध कवि माना जाता है, क्योंकि नये कुछ कवि इससे भी क्रुद्ध हैं। मैंने युवतेशेंको की तस्वीरें कविता पढ़ते हुए देखीं—सबमें क्रुद्ध कवि खुश नजर आता है। कवि कितने ही क्रोध में हो, उससे कविता पढ़ने को कह दो, तो वह खुश हो जाता है। साम्यवादी देशों में भी युवकों को क्रोध आता है, यह हाल ही में मालूम हुआ है। यह पहले से रहा होगा, प्रकट अभी हुआ है। हंगरी, पोलैण्ड वगैरह के युवकों का क्रोध थोडा पहले प्रकट

हो गया था। इनके क्रोध का अध्ययन करके एक हंगरी के प्राध्यापक ने लिखा था कि एक अनमने नाराज युवक से मैंने पूछा कि क्या तुम प्रतिक्रियावादी हो ? उसने जवाब दिया —हम प्रतिक्रियावादी नहीं हैं। हम 'शंका' कर रहे हैं—क्रियाओं के इस यन्त्रीकरण के प्रति, जीवन के इस एक-से ढंग के प्रति। मेरे पिता एक दिन बहुत प्रसन्न थे क्योंकि उनके कारखाने में लक्ष्य से ऊपर उत्पादन हो गया था। मैंने कहा—तो इससे क्या हुआ ? यह तो हर साल होता रहता है। इस पर वे बिगड़ पड़े।

बन्धु, हंगरी के युवक का क्रोध यन्त्रीकरण के प्रति है, युवतेशेंको का क्रोध 'गलतियों' के प्रति है, सख्त नौकरशाही और जड़ हुए मूल्यों के प्रति है। उससे दिल्ली में यह कहलवाने की बहुत कोशिश की कि उसका क्रोध व्यवस्था के प्रति है; पर उसने कहा—नहीं। अमरीका के नाराज युवक अपने राष्ट्रपति से नाराज हैं और अपने कपड़ों से भी। अपने देश में भी नाराज युवक हैं। ये किससे नाराज हैं ? मेरे एक मित्र का लड़का हाल ही में नाराज हुआ है। उसने पतली मोरी का पैण्ट सिलवा लिया है। एक दूसरा युवक अभी तक दाढ़ी बनाता था। कुछ महीने पहले वह एकाएक नाराज हो उठा और उसने दाढ़ी बढ़ा ली। सैकड़ों युवक मेरे सामने ही नाराज होते जाते हैं और चुस्त पैण्ट पहनकर दाढ़ी रखते जाते हैं, पर यह स्पष्ट नहीं होता कि ये नाराज किससे हैं।

बन्धु, साहित्य के क्रुद्ध लोग और रहस्यमय हैं। एक तो जितना क्रोध उन्हें होना चाहिए, उतना है नहीं। अपने देश में क्रुद्ध युवक की परम्परा भी नहीं है। दुर्वासा से लेकर राजगोपालाचारी तक क्रुद्ध वृद्धों की परम्परा है। इस देश के युवक को नया-नया क्रोध आया है। जमने में देर लगेगी। मैं देख रहा हूँ कि जो अपने को बहुत क्रोधी बताते हैं वे रचनाओं में अपने मरने की बात करते हैं। यह कैसा क्रोध है ? क्रोध आता है, तो जिस पर आया है, उसे मारा जाता है। यह कैसा क्रोध है, जिसमें अपने को ही मारा जाय ? शायद यह पता नहीं है कि क्रोध किस पर है। ऐसे एक क्रोधी कवि से मैंने पूछा कि यार, यह कैसा क्रोध है। उसने कहा—तुम्हारी समझ में नहीं आयेगा। यह आध्यात्मिक क्रोध है। सचमुच, मुझे आध्यात्मिक क्रोध समझ में नहीं आता। आध्यात्मिक क्रोध शायद विश्वामित्र का था, जिन्होंने त्रिशंकु को बीच में लटका दिया था। कई बार ऐसा होता है कि हम तय करते हैं कि आगामी महीने-भर हम क्रोध करेंगे। पर यह समझ में नहीं आता कि किस पर क्रोध करें। या, अगर क्रोध का पात्र पहचान भी लेते हैं, तो उस पर क्रोध करने के परिणाम भुगतने को तैयार नहीं रहते। पर क्रोध करने का हमने तय कर लिया है। तब 'हम किसी बेचारे' की तलाश करते हैं। इस तलाश में यह तथ्य हाथ लगता है कि सबसे बेचारे तो हम ही हैं। तब हम अपने कपड़े फाड़ लेते हैं, बाल नोंच लेते हैं और नाखून से सीना फाड़ लेतें हैं। अपने को जितना बुरा कहा जा सकता है, कह लेते हैं। यह क्रोध अलग ढंग का है और बहुत-से लोग जो अपने को 'क्रुद्ध' कहते हैं, मुझे इसी प्रकार के लगते हैं। असमर्थ और दिशाहीन क्रोध अपने ही कपड़े फड़वाता है।

पर जैसा मैंने कहा, हम धीरे-धीरे क्रोध सीख जायेंगे। वृद्धों ने अभी-अभी तो हमें क्रोध करने की इजाजत दी है।

बाकी सब ठीक हैं।

आपका
ह. शं. प.

33
मूर्खों और ढोंगियों का घेरा

प्रिय बन्धु,

'कल्पना' का दो महीनों का संयुक्तांक वह भी देर से मिला। साहित्यिक पत्रिका का संयुक्तांक उसके बारे में डर पैदा करता है। आशा है, सब कुशल है। 'वसुधा' के हमने काफी संयुक्तांक निकाले थे। एक बार तो तीन महीने का एक निकाला था। फिर शर्म आने लगी, ग्राहकों को भी और हमें भी, तो बन्द ही कर दी गयी।

इन दिनों साहित्य का बाजार ठण्डा है, राजनीति का गर्म है। चुनाव के साल 'शीत' ऋतु भी गर्म होती है।

साहित्य में देख रहा हूँ कि नापसन्दगी का दौर चल रहा है। पसन्द करते-करते जब 'आलोचक या विद्वान पाठक' ऊब आता है, तब वह स्वाद बदलने के लिए नापसन्द करने लगता है। कुछ साल नापसन्द करता है और फिर पसन्द करने लगता है। इतने विशेषांक और संकलन निकल रहे हैं, मगर कोई चीज पसन्द नहीं आ रही है। बड़ी मेहनत से, सजधज के साथ लेखक या सम्पादक विशेषांक या संकलन निकालता है। फिर हम इन्तजार करते हैं कि देखें, कौन क्या कहता है। लगभग सब एक-सी बात कहते हैं-- एक भी रचना उच्चकोटि की नहीं है। अच्छे लेखकों की घटिया रचनाएँ संकलित हैं। यह कहना सही भी हो सकता है और यह आदत भी हो सकती है। यह आदत जहाँ तक मुझे याद है, 'धर्मयुग' के 'कथा-दशक' से शुरू हुई। इससे जो हैरानी हिन्दी में पैदा हुई, उससे यह उद्‌गार हृदय के अन्तरतम से निकला—इतनी रचनाओं में एक भी अच्छी नहीं। बस, आदत पड़ गयी। अन्तरतम की भी आदत बन जाती है। इससे समीक्षकों का काम बहुत आसान हो गया। उन्हें संकलन या विशेषांक की खबर-भर मिल जाय, वे उसे देखे बिना भी मत दे देंगे— एक भी रचना अच्छी नहीं है, बड़ी निराशा होती है।

अभी 'नयी धारा' का समकालीन कहानी विशेषांक कमलेश्वर ने सम्पादित

किया है। उस पर दो मत ही मैं अभी तक पढ़ पाया हूँ। ये मत किसी भी विशेषांक पर किसी भी जमाने में दिये जा सकते हैं। इनकी कोई पकड़ नहीं है।

आजकल शायद रचना-युग नहीं, वक्तव्य-युग चल रहा है। मुझे बहुत ज्ञान-वर्द्धक और दिलचस्प वक्तव्य पढ़ने को मिल रहे हैं। इसी विशेषांक में लेखकों से सवाल पूछा गया था— क्या तुम अकेलापन अनुभव करते हो? इस सवाल का साधारण आदमी के लिए दूसरा मतलब होता है। उससे पूछो—भैया, क्या तुम अकेले हो? वह कहता है—नहीं, शादी हो गयी। पर यही सवाल लेखक से पूछिए। वह मुंह बन्द करके गम्भीर बनेगा। फिर ज़रा-सी ओंठ खोलकर कहेगा—अकेलापन? हूँ! मैं देखता हूँ··· वगैरह।

'नयी धारा' के इस विशेषांक में लेखकों ने इस प्रश्न के जवाब दिये हैं। कुछ ने तो सीधे जवाब दे दिये हैं—हम अकेले नहीं हैं, सबके साथ हैं। कुछ ने मुझे बहुत निराश किया है। मैं उन्हें अकेला मान रहा था, पर वे कहते हैं कि हम अकेले नहीं हैं। कुछ वक्तव्य अपनी पेचीदगी और अदा के कारण मुझे बहुत अच्छे लगे। एक-दो नमूने पेश करता हूँ।

सर्वेश्वरदयाल सक्सेना और रघुवीर सहाय एक ही संस्था में, एक ही छत के नीचे, काम करते हैं। वहीं श्रीकान्त वर्मा, मनोहरश्याम जोशी वगैरह भी काम करते हैं। अब ज़रा वक्तव्य देखिए—

सर्वेश्वर कहते हैं—'सच तो यह है कि मैं चारों ओर मूर्खों, कायरों, और ढोंगियों से घिर गया हूँ—उनसे ही लड़ता हूँ, जूझता हूँ, पराजित होता हूँ और फिर जयी बन जाता हूँ, फिर-फिर लड़ने, जूझने और पराजित होने के लिए।' (पृष्ठ 129)

और रघुवीर सहाय जो सर्वेश्वर के साथ ही काम करते हैं, लिखते हैं—'मैं गधों, आधे पागलों और मक्कारों के लिए जिम्मेदारी महसूस करता हूँ—' (पृष्ठ 123)

दोनों वक्तव्यों को अलग-अलग और फिर मिलाकर पढ़िए। दिलचस्प सन्दर्भ निकलने लगते हैं।

इसी सन्दर्भ में केशवचन्द्र वर्मा कहते हैं—'अगर मुझे एक छड़ी से चाहे जिस किसी को जी-भर पीटने का एक सार्वजनिक अधिकार मिल जाय, तो मैं लिखना बिल्कुल बन्द करके अपने कटे हुए जीवन से सन्तुष्ट रह सकने की कोशिश कर सकता हूँ।'

अब मैं आपको बतलाता हूँ कि कोई क्यों लिखता है और क्या होता कि वह न लिखता। संयोग से 'ज्ञानपीठ पत्रिका' का ताजा अंक मेरे सामने है और उसमें संयोग से सर्वेश्वरदयाल का ही वक्तव्य है। उन्हीं के शब्दों को सुनें कि वे कविता न लिखते यदि—हिन्दी के आज के प्रतिष्ठित कवियों में एक भी ऐसा होता जिसकी कविताओं से कवि को एक व्यापक जीवन-दर्शन मिलता—हिन्दी के गण्यमान्य आलोचकों में एक भी आलोचक ऐसा होता जिसने प्रयोगवादी या नयी कविता के

बारे में एक भी समझदारी की बात कही होती। -- हिन्दी का एक भी जागरूक पाठक ऐसा होता जिसने हिन्दी की वर्तमान विभूतियों की नयी लिखी जानेवाली रचनाओं पर असन्तोष न प्रकट किया होता।

सीधी बात है। किसी दूसरे कवि से पूछो तो वह न जाने क्या उलझन-भरी बातें करता है। मगर सर्वेश्वर की बात सुलझी है। उन्होंने देखा कि एक भी कवि ढंग का नहीं है और एक भी आलोचक समझदार नहीं है। पाठक को है असन्तोष। यह देख उन्होंने कहा—अच्छा, अगर ऐसा है तो मैं ही कविता लिखने लगूँ। अगर दूसरे कोई अच्छे कवि होते और आलोचक भी ठीक होते, तो कविता लिखने की प्रेरणा उन्हें हरगिज नहीं होती। इस वक्तव्य में आगे उन्होंने और भी कारण बताये हैं—जैसे मठाधीशों, राजनेताओं और मक्कार लेखकों के कारण मजबूरी में उन्हें कविता लिखनी पड़ी है। याने सर्वेश्वर को रचना की प्रेरणा बुरे लेखकों, मठाधीशों, बदमाशों से मिली है। मैं सोचता हूँ, हम भी कितने खराब लोग हैं कि बेचारे एक भले आदमी को तंग करके उससे कविता लिखवाते हैं। क्यों नहीं हम लोग थोड़े अच्छे हो जाते कि बेचारे को राहत मिले।

बन्धु, इन दिनों गर्मी का मौसम वक्तव्य पढ़कर गुजार रहा हूँ। इनसे थोड़ी ताजगी आ जाती है, दिमाग भी साफ होता है।

आशा है, आप सानन्द हैं।

सस्नेह

ह. शं. प.

34

संवाद का मौसम

प्रिय बन्धु,

लगभग ढाई साल बाद फिर चिट्ठी लिख रहा हूँ। आशा है, उधर आन्ध्र में सब ठीक होगा और हरिजनों को जिन्दा जलाने की क्रिया को कानूनी रूप मिल गया होगा।

पूछा जा सकता है, फिर चिट्ठी क्यों लिख रहे हो? स्तम्भ को फिर अवतार लेने की ऐसी क्या जरूरत पड़ गयी? क्या इन वर्षों में 'धरम की हानि' हो गयी? क्या 'असुर, अधम, अभिमानी' बहुत बढ़ गये?

ऐसा कुछ नहीं हुआ। अभिमान बढ़ा नहीं, टूटा ही है। अपनी हिन्दी के पुराने अभिमानी चन्दन लगाकर किसी-न-किसी देव-मन्दिर में प्रभु के सामने खड़े हो गये

हैं। नये अभिमानी टाई की गाँठ ठीक करते साहब या साहबान के कमरे में घुसकर कहते हैं — सर (या मेडम) आप चाहे न मानें, पर आप अकवि हैं। साहब या मेडम उवाच—अगर तुम मुझे अकवि मानते हो, तो अपनी तरक्की के कागजात ले आओ। नौकरी और तरक्की की दरख्वास्त जैसी नयी कविता में लिखी जाती है, वैसी ही अकविता में। दोनों में 'अर्थ' की लय होती है।

बन्धु, चिट्ठी लिखने का कारण यह है कि इस वक्त हिन्दी में 'संवाद' का मौसम चल रहा है। 'आलोचना' में नामवरसिंह ने लिखा है कि अज्ञेय ने कहा था कि हमें नयी पीढ़ी से संवाद की स्थिति पैदा करनी चाहिए। शब्द की गेंद अगर उछली है, तो अच्छे खिलाड़ी उसे लोकेंगे ही। देख रहा हूँ, तमाम पत्र-पत्रिकाओं में चतुर खिलाड़ी 'संवाद' की गेंद को लोक रहे हैं। संवाद शुरू भी हो गये हैं 'बुखार में' कविता के बाद नामवरसिंह और श्रीकान्त वर्मा में संवाद बन्द हो गया था। अब शुरू हो गया लगता है। नामवरसिंह ने सोचा होगा, अब बुखार उतर गया, इसलिए बात हो सकती है। श्रीकान्त ने सोचा होगा, इन्होंने बीमारियाँ ढूँढ़ना बन्द कर दिया है तो बात हो सकती है। धर्मवीर भारती और नामवरसिंह का जो संवाद चला, सो आपने पढ़ ही लिया होगा। कमलेश्वर के एक तरफ साधारण प्रेत बोलते हैं और दूसरी तरफ अय्याश प्रेत। बेचारे को दोनों तरह के प्रेतों से 'संवाद' करना पड़ता है। दोनों तरह के प्रेत कमलेश्वर से कहते हैं —प्रेत तुम भी हो। फर्क यह हो सकता है कि हम बबूल पर बैठे हैं तो तुम पीपल पर।

संवाद इतने होने लगे हैं कि हिन्दी में संविद बनने की सम्भावना बढ़ गयी है। पिछले चुनाव के वक्त दलों में संवाद होने लगे थे, तो जगह-जगह संविद बन गयी थी। संविद बनना कोई बुरा नहीं है। पर फिर दल-बदल होता है और अन्ततः अल्पमत की सरकार बन जाती है। डर है, हिन्दी में कहीं अल्पमत की सरकार न बन जाय। जो भगवान को मंजूर होगा वही होगा। मैंने तो यह सोचा कि इस सुहावने संवादी मौसम में हमारा-आपका संवाद भी क्यों न हो जाय। और मैं चिट्ठी लिखने बैठ गया। संवाद जरूर चाहिए। पर इसके सम्बन्ध में तीन प्रश्न एकदम उठते हैं— संवाद कैसे होगा? क्या होगा? किस भाषा में होगा? संवाद होने के लिए मुँह आमने-सामने होने चाहिए। आपको याद होगा, 10-12 साल पहले 'कल्पना' में अज्ञेय की एक कविता छपी थी, जिसका सार था—तू मेरे पीछे-पीछे मेरे पगचिह्नों पर पाँव रखता, मुझे मुँह भर-भर गाली देता हुआ चला आ। मेरी तो तुझे पीठ ही दिखेगी, क्योंकि मैं तुझसे आगे हूँ। इस स्थिति में संवाद नहीं हो सकता। पीठ और मुँह में बोलचाल कैसे होगी? तभी से इन्तजार हो रहा था कि कभी पीठ में जीभ निकलेगी तो बात करेंगे। आगेवाली पीढ़ी की पीठ में जब जीभ निकल आती है, तब संवाद होने लगता है। देर चाहे लगे, पर पीठ में जीभ निकलती जरूर है। लगता है, हाल ही में जीभ किसी मजबूरी में निकल आयी है और संवाद की स्थिति पैदा हो गयी है। अगर यही जीभ 6-7 साल पहले निकल आयी होती, तो अब तक ढेर सारी बातचीत हो जाती। मगर जीभ अपना वक्त लेती है।

दूसरी बात है—संवाद क्या होगा। इधर पड़ोस में दो पीढ़ियों का संवाद महीने में एक-दो बार सुनता हूँ। एक वजीफा प्राप्त सज्जन हैं, जिनका बैंक में उत्कोच-अर्जित बहुत पैसा है। उनका जवान लड़का है जो नौकरी करता है। इनमें जब संवाद होता है तो गाली-गलौज होती है। लड़का बाप से स्कूटर खरीदने के लिए रुपये माँगता है और बाप बेटे की तनख्वाह में से पान-सिगरेट के लिए पैसे माँगता है। दोनों में सिर्फ इन मुद्दों पर ही संवाद होता है। साहित्य की दो पीढ़ियों के संवाद की बात उठी तो मुझे ये पड़ोस के संवादी याद आ गये। कहीं ऐसा तो नहीं है कि यह पीढ़ी की जमा-पूँजी में से स्कूटर के लिए रुपये माँगे और वह पीढ़ी इनसे पान-सिगरेट का खर्च माँगे—और इसी को हम लोग साहित्यिक संवाद कहने लगें।

तीसरी बात है, संवाद की भाषा की। सुन रहा हूँ—इस पीढ़ी को अपना मुहावरा मिल गया है। मगर उस पीढ़ी को भी अपना मुहावरा मिल गया होगा। अलग-अलग मुहावरों में संवाद कैसे होगा? यह पीढ़ी कहेगी—'सन्त्रास'! तो वह पीढ़ी कहेगी—हमारे 'कोर्स' में यह शब्द नहीं था। वह पीढ़ी कहेगी – आत्मान्वेषण, दायित्व! तो यह पीढ़ी कहेगी—इन शब्दों की पढ़ाई बीस साल पहले बन्द हो गयी थी।

बन्धु, मुहावरा तो खोज लें, लेकिन जिम्मेदार लोग उसे रहने दें, तब न। मैं भी मुहावरा खोजता हूँ। मगर मेरे साधारण मुहावरे भी टिक नहीं पाते। एक रचना में मैंने लिखा—'बलात्कार'। बहुत बड़े सेठजी के पत्र ने उसे छापा—'अपहरण'। बलात्कार को संस्कार दे दिया। बात यह है कि सेठजी की तरफ से लाइसेन्स के लिए सचिवों को लड़कियाँ भेंट की जाती हैं। उनके पत्र में अगर 'बलात्कार' छप जाता, तो कितनी अनैतिक और भद्दी बात हो जाती। दूसरी रचना में मैंने लिखा—'पेशाब', मगर वह छपा 'लघुशंका'। मैं मजबूरी समझ गया। अगर 'पेशाब' छप जाता, तो सेठजी को शक्कर की बीमारी हो सकती थी। उन्हें 'डायबिटीज' से बचाने के लिए अगर मेरे मुहावरे का बलिदान हो गया तो कोई हर्ज नहीं।

बन्धु, मुहावरे के इस हश्र से डरकर ही कुछ लोग 'देह की राजनीति' जैसे मुहावरे प्राइवेट ढंग से चला रहे हैं। और संवाद भी प्राइवेट कारणों से, प्राइवेट मुद्दों पर, प्राइवेट भाषा में ही ज्यादा हो रहे हैं। इस सम्बन्ध में आगे कभी लिखूँगा।

आपका

ह. शं. प.

०००

परसाई रचनावली

राष्ट्रीय-अन्तर्राष्ट्रीय परिदृश्य को लक्षित व्यंग्य निबन्ध

राजकमल प्रकाशन

परसाई रचनावली

4

सम्पादक मण्डल

कमलाप्रसाद

धनंजय वर्मा

श्यामसुन्दर मिश्र

मलय

श्याम कश्यप

ISBN : 978-81-267-1011-9 (सम्पूर्ण सेट)

मूल्य : ₹ 7200
छह खंडों का सम्पूर्ण सेट

पहला संस्करण : जनवरी, 1985
आठवाँ संस्करण : 2023

प्रकाशक : राजकमल प्रकाशन प्रा.लि.
1-बी, नेताजी सुभाष मार्ग, दरियागंज
नई दिल्ली-110 002
शाखाएँ : अशोक राजपथ, साइंस कॉलेज के सामने, पटना-800 006
पहली मंजिल, दरबारी बिल्डिंग, महात्मा गांधी मार्ग, प्रयागराज-211 001
वेबसाइट : www.rajkamalprakashan.com
ई-मेल : info@rajkamalprakashan.com

मुद्रक : बी.के. ऑफसेट
नवीन शाहदरा, दिल्ली-110 032

PARSAI RACHANAVALI-4
Edited by Kamla Prasad, Dhananjay Verma, Shyamsunder Mishra, Malay, Shyam Kashyap

1984

निकल जाते हैं। यह पतित संस्कृति है। भारतीय संस्कृति पोथियों में है, रविशंकर के सितार में है, इन्द्राणी रहमान की नृत्य मुद्राओं में है, बिरजू महाराज की थिरकन में है, नंदलाल बोस के चित्रों में है, रवि ठाकुर के काव्य में है और है म्यूजियमों तथा संग्रहालयों में। पतित संस्कृति यह सड़क पर है। जहाँ नारी पूजी जाती है वहाँ देवता रमते हैं — इसका अंदाजा हम देखते हैं और बिना हस्तक्षेप के निकल जानेवाली नपुंसक सुसंस्कृत जाति के दर्शन करते हैं। पति के मरने के बाद विधवा को भांग-धतूरा पिलाकर परिवार के लोग पति की चिता में डालकर सती करते रहे हैं जिससे उसकी जायदाद पर कब्जा करें। यह भी भारतीय संस्कृति। औ मैंने पायी, मगर

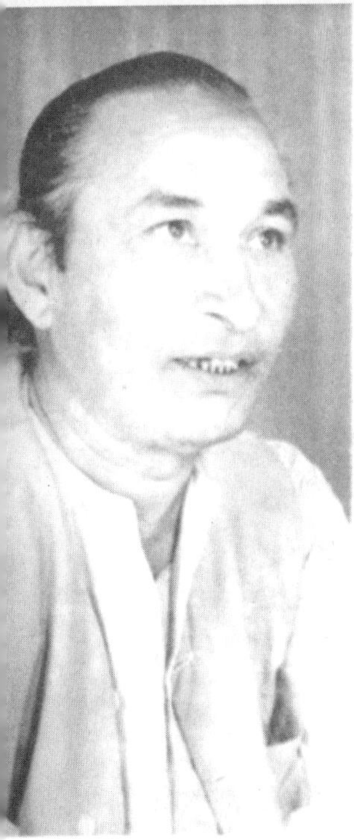

तभी उस श्रद्धालु ने कहा - आप तो हमेशा गौ-ब्राह्मण-कन्या के पाँव छूते हैं। मेरा पानी उतर गया। उसने मुझे मात्र 'बम्हन' समझा था।

1966

1965

बचपन गोदी में : 1968

श्री परसाई की वैज्ञानिक जीवनदृष्टि और व्यापक यथार्थ

श्री हरिशंकर परसाई के लेखन की शुरुआत मानवीय अहसास और मानवीय सम्बन्धों की तलाश से हुई थी, और आज हम जब उनके छत्तीस वर्ष के सम्पूर्ण लेखन पर दृष्टिपात करते हैं, तो स्पष्ट होता है कि उन्होंने अपने अहसास और सम्बन्धों के दायरे का इतना विस्तार कर लिया है कि वहाँ तक विश्व के इने-गिने रचनाकार ही पहुँच पाते हैं। उनकी रचनाओं में इस देश में रहनेवाले करोड़ों साधारण जनों की आशा, आकांक्षाएँ, जीवन-संघर्ष और सम्भावनाएँ व्यक्त होती हैं। रचनाकार के रूप में परसाई ने इन सभी लोगों की जिन्दगी को बहुत करीब से देखा है, और स्वयं सामान्य आदमी की जिन्दगी को अपने जीवन में जिया है— जहाँ संघर्ष के साथ अभाव था, जहाँ अभाव के साथ सम्पूर्ण युग की बौद्धिक समझ थी, और जहाँ बौद्धिक समझ के साथ अनुभव और ज्ञान से अधिक वैज्ञानिक होती जीवनदृष्टि थी।

यह जीवनदृष्टि वह बिन्दु है, जहाँ से परसाई के भीतर का रचनाकार सामाजिक, राजनैतिक और सांस्कृतिक जीवन के प्रत्येक अन्तर्विरोध को उसकी सम्पूर्ण इयत्ता में देख लेता है, और यहीं से वह इतना आकुल हो जाता है कि उसके पास लम्बी-चौड़ी कलात्मक भूमिका की गुंजाइश नहीं रह जाती कि एकदम सामने प्रस्तुत हो रहे यथार्थ की अभिव्यक्ति के लिए आवश्यक तैयारी के साथ रचे-बुने शिल्प को गढ़ने की जद्दोजहद उठाये, और उसे किसी सुविचारित शिल्पकारिता में परिणत करने की कोशिश करे। दृश्य के भीतर व्यक्त हो रहे यथार्थ को बेनकाब कर देने की व्याकुलता ही उनके लेखन का केन्द्रीय तत्व है। सुनिश्चित रूप से इस यथार्थ का आजादी-प्राप्ति के पश्चात् पिछले छत्तीस वर्षों में विस्तार हुआ है, और वर्गसमाजी व्यवस्था का ऐसा स्वरूप विकसित हुआ है, जहाँ मानवीय अहसास और मानवीय सम्बन्धों के विकास में बाधा ही नहीं पड़ी, अपितु वे पूरी तरह से टूट-फूट गये हैं। समाज ने अपनी धिक्कार की शक्ति नष्ट कर दी है, और व्यक्ति परिस्थितियों से भयभीत और आक्रान्त होता हुआ अन्ततः बार-बार उस सामूहिक भूमिका की

तलाश करता है, जिसके माध्यम से इन सर्वथा अमानवीय और घातक हो रही स्थितियों से निजात पा सके। इस पूरे दौर में मध्यवर्गीय चरित्रहीनता और अवसरपरस्ती के जितने रूप उजागर हुए हैं उनका तख़मीना कहीं एक जगह तो प्रस्तुत नहीं किया जा सकता, किन्तु परसाई के लेखन के हवाले से बेखटके उन अन्तर्निहित तथ्यों को पेश किया जा सकता है, जिनके कारण इस शताब्दी के उत्तरार्ध में औसत आदमी के जीवन में आदमी बने रहने की सम्भावनाएँ लगातार कम होती गयी हैं।

उनकी रचनाओं में राजनैतिक, सामाजिक, धार्मिक और आर्थिक विसंगतियों का सम्पूर्ण लेखा-जोखा उपलब्ध होता है। इन विसंगतियों के प्रति रचनाकार की दृष्टि मात्र व्याख्यात्मक नहीं है, वे इन्हें सांस्कृतिक और सामाजिक परिप्रेक्ष्य में उभारते हैं, और उन कारणों की तह तक जाते हैं, जो इन्हें जन्म देते हैं। प्रत्येक विसंगति सुनिर्धारित कार्यक्रम या योजना की परिणति है। यह व्यवस्था की अधिरचना का परिणाम है, और इसके कारण समाज के आर्थिक, सामाजिक और राजनैतिक चरित्र के भीतर विद्यमान हैं। इन सबके निर्माण में सत्ता-केन्द्रित वर्गसमाजी व्यवस्था का मूलाधार क्रियाशील रहता है, और अन्ततः सांस्कृतिक और सामाजिक विघटन की प्रक्रिया को उत्प्रेरित करता है, जिसके कारण जीवन-संघर्ष उन अमानवीय स्थितियों के भीतर जारी रहता है, जहाँ से सामान्य आदमी को इस बात का अवकाश नहीं मिलता कि वह अपने परिवेश को रचनेवाली शक्तियों के चरित्र की पड़ताल कर सके। इस पूरे वातावरण के भीतर रचनाकार उन तथ्यों की खोजबीन कर लेता है, जिनके कारण मानवीय जीवन निरन्तर और अधिक कष्टप्रद एवं अमानवीय होता जा रहा है। 'खुदा से लड़ाई की सज़ा' नामक रचना में यह तथ्य स्पष्ट होता है कि "शोषकों के वर्ग-स्वार्थों को जब कोई चुनौती देता है, तो उस वर्ग के प्रवक्ता कहते हैं—यह आदमी खुदा से लड़ रहा है। खुदा को प्राइवेट सम्पत्ति का रक्षक और शोषण का एजेण्ट तभी से बना लिया गया था, जब मनुष्य ने उसके होने की कल्पना की थी।"

परसाई के लेखन में पिछले छत्तीस वर्ष के जीवन का विश्वसनीय आकलन उपलब्ध होता है। यदि इस जीवन के दस्तावेज इकट्ठे करने हैं, तो आप बेखटके परसाई के सम्पूर्ण लेखन को एक साथ सुनिश्चित क्रम में सँजोकर इसे इस देश की जिन्दगी का विश्वसनीय इतिहास बना सकते हैं, जहाँ जनसाधारण से लेकर बड़े-से-बड़े राजनैतिक नेता, प्रशासक, बुद्धिजीवी, मध्यवर्गीय, अध्यापक, डाक्टर, वकील, थानेदार, विश्व के बड़े-बड़े राष्ट्रनायक, कूटनीतिज्ञ, युद्धशास्त्री, प्रेमी, प्रेमिकाएँ, अवसरवादी पदलोलुप राजनीतिज्ञ, साहूकार, पूंजीपति, राजनैतिक और सामाजिक घटनाएँ, अपराध, अनाचार, दिशाहीनता, शोषण के अमानवीय रूपान्तर, अकाल, भुखमरी, बाढ़, युवा-आक्रोश, जन-आन्दोलन, साम्प्रदायिक दंगे, धार्मिक अनाचार और इन सबसे बेखबर मध्यवर्गीय शालीनता से आक्रान्त रचनाकार और कलाकारों के साथ

धार्मिक छद्म के भीतर जकड़े हुए पण्डे, पुजारी, महात्मा, भगवान, नये पन्थों के संचालक और अध्यात्मवादी—सभी एक साथ मिल जायेंगे।

सचमुच, परसाई का रचना-क्षेत्र बहुत व्यापक है। यहाँ इस देश का सम्पूर्ण समवर्ती इतिहास, वातावरण और सामाजिक एवं सांस्कृतिक परिवेश तो उपस्थित है ही, विश्व का प्रत्येक राजनैतिक, सामाजिक और सांस्कृतिक घटनाक्रम यानी सम्पूर्ण विश्व-स्थिति और उसके भीतर कार्यशील विभिन्न शक्तियों के घात-प्रतिघात भी मौजूद हैं, जहाँ वे विश्व की सम्पूर्ण मानवीय चेतना के साथ एकाकार हो जाते हैं। विश्व का एक भी राष्ट्रनायक या राजनेता ऐसा नहीं है, जिसने मानवीय संघर्ष को बढ़ाने या कमजोर करने में अपनी भूमिका निभायी हो, और परसाई की दृष्टि के सामने न आया हो। दूसरे महायुद्ध के बाद से आज तक जितने भी अमेरिकी राष्ट्रपति, ब्रिटिश प्रधानमन्त्री, सोवियत राष्ट्रपति और पार्टी सचिव या प्रधानमन्त्री हुए हैं, उन सबके बारे में परसाई ने लिखा है। उन्होंने गुट-निरपेक्ष आन्दोलन में कार्यरत तीसरे विश्व के राजनेताओं के चरित्रांकन और विश्व के विभिन्न क्षेत्रों में साम्राज्यवाद के विरुद्ध जूझनेवाले व्यक्तियों के साथ ही उस अमानवीय रीति-नीति का भी पर्दाफाश किया है, जो विश्व मानवीयता को युद्ध की मानव-संहारक विभीषिका में झोंकती है। यह लेखन मात्र विवरणमूलक चित्रण नहीं है, अपितु कलात्मक चित्रांकन है, जहाँ इनसे सम्बन्धित व्यक्तित्व और शक्तियाँ अपनी चरित्रगत वर्गीय विशिष्टताओं के साथ रचना के भीतर आकार ग्रहण करती हैं, रचनाकार की व्यंग्यात्मक सामर्थ्य के माध्यम से पात्र बनती हैं, और अन्ततः पाठक की इनसे सम्बन्धित समझ विस्तृत और व्यापक होती है।

निबन्ध विधा के रूप में ज्ञानशील साहित्य की जरूरतों के साथ ही आत्मिकसृजन की सम्भावनाओं को पूरा करता है। अक्सर साहित्यिक संरचना के रूप में निबन्ध की भूमिका को लेकर कहा जाता है कि यह विधा ज्ञानशील और भावनाशील साहित्य के बीच दोनों के निर्धारित क्षेत्रों में सन्तरण करती है। आत्मपरक निबन्धों की शुरुआत भारतेन्दुकाल में ही हो गयी थी, और इस सन्दर्भ में बालकृष्ण भट्ट और प्रतापनारायण मिश्र जैसे रचनाकारों की रचनाओं से स्पष्ट होता है कि इस विधा की रचनात्मक सम्भावनाएँ अन्य विधाओं की तुलना में अधिक स्पष्ट रहती हैं, क्योंकि भाव-सम्प्रेषण और विचार-सम्प्रेषण की दोहरी पद्धति के माध्यम से निबन्ध एक कारगर कला-रचना के रूप में पाठक की बोधक्षमता और ज्ञान-ग्रहणशीलता की वृद्धि करने में समर्थ होता है। रचनाकार और पाठक के बीच अन्तर्सम्बन्धों की जिस भूमिका का निर्माण आत्मपरक विचारशील निबन्धों के माध्यम से होता है, वह साहित्य की दूसरी विधाओं में उतना सार्थक आकार ग्रहण नहीं कर पाती। रचनाकार और पाठक के बीच इस सरोकार की सृष्टि आसान नहीं है, अतः इसका सीधा सम्बन्ध रचना की अन्तर्वस्तु के साथ है। निबन्ध-रचना की सीमा के बारे में भी तात्विक दृष्टि से कोई अन्तिम बात नहीं की जा सकती। तत्वतः सभी स्वीकार करते हैं, कि निबन्ध अपनी अन्तर्वस्तु के माध्यम से विचार और तत्सम्बन्धी

आन्तरिक भावों का उनकी सम्पूर्णता में सम्प्रेषण करता है।

परसाई के आत्मपरक विचारशील निबन्धों में मूलतः दो तरह की रचनाएँ हैं—एक तो वे जहाँ रचनाकार राजनैतिक घटनाओं के पीछे कार्यशील सामाजिक, राजनैतिक, सांस्कृतिक और आर्थिक तथ्यों को स्पष्ट करता है, और उन्हें राष्ट्रीय और अन्तर्राष्ट्रीय वस्तुस्थिति, जो मूलतः वर्गसमाजी समाज-व्यवस्था की इस दौर की मूलभूत नीति का अंग है, यानी केन्द्रीय यथार्थ है, उससे घटना विशेष के सम्बन्धों का खुलासा करता है। यह वस्तु न तो आसान है, और न ही इतनी उजागर कि हम अपने दैनिक जीवन-अनुभवों के दौरान उसे आसानी से समझ सकें। दूसरे तरह के आत्मपरक विचारशील निबन्धों की अन्तर्वस्तु स्पष्टतया हमारे सामने प्रस्तुत सामाजिक और सांस्कृतिक यथार्थ के भीतर से व्यक्त होती है, और अपनी बुनावट के दौरान इस व्यवस्था के भीतर कार्यशील सामाजिक और सांस्कृतिक विसंगतियों को स्पष्ट करती है। यहाँ व्यक्तित्व के विघटन से लेकर आचरणहीनता और नैतिक स्खलन के लिए उत्तरदायी उन सभी सूत्रों की निर्धारित वर्गसमाजी भूमिका मौजूद रहती है, जहाँ आक्रामक व्यंग्य के माध्यम से ही वह बेनकाब की जा सकती है, और इन रचनाओं का पाठक अन्ततः रचनाकार की मूलभूत प्रपत्ति या विश्लेषण से सहमत होता हुआ इस यथार्थ को निर्मित करनेवाली व्यवस्था के वर्गस्वार्थ को समझने के लिए बाध्य होता है। परसाई किसी एक साहित्यिक विधा की सम्भावनाओं के भीतर ही सीमित नहीं रहते। वे मानो साहित्य की प्रत्येक विधा की सम्भावनाओं को एकबारगी परीक्षित कर लेना चाहते हैं, जिससे वे अपने दौर की समूची विद्रूपता के एकीकृत यथार्थ को बेनकाब कर सकें।

इस स्तर पर उनके आत्मपरक विश्लेषणात्मक निबन्धों का क्षेत्र अत्यधिक व्यापक है। इन निबन्धों की शुरुआत भी परसाई के लेखन के प्रारम्भिक दिनों से जुड़ी है और यहीं विषय क्षेत्र की वह विविधता भी आकार ग्रहण करती है, जहाँ सामाजिक, राजनैतिक, पारिवारिक, सांस्कृतिक एवं कलात्मक जीवन का प्रत्येक पक्ष उनके निबन्धों का विषय बनता है। यहीं मानवीय अहसास और मानवीय सम्बन्धों की व्यापकता का वह धरातल भी निर्मित होता है, जहाँ जीवन की रोजमर्रा पैदा होनेवाली आर्थिक और सामाजिक समस्याएँ सीधे जिन्दगी को कुरेदना शुरू करती हैं। वे मानवीय संचेतना के संघर्षवाही रूपों को आकार देती हैं। यह आकार ही अन्ततः उस क्षेत्र को निर्धारित करता है, जो रचना के मानवीय सरोकार को सीधे संचेतना और संवेदनशीलता के साथ जोड़ता है। यह संवेदनशीलता मानवीय सरोकारों की व्यापक संचेतना के जागरूक होते ही आकार ग्रहण करना शुरू करती है, और इसी जागरूकता के साथ संचेतना के अनुभवमूलक सन्तरण के दौरान संवेदना और संचेतना की अन्तरक्रिया के भीतर से गुजरती हुई व्यापक होती जाती है। मैं नहीं जानता कि किसी और रचनाकार ने निबन्ध की इस आत्मविधायिनी क्षमता का

इतना समर्थ उपयोग किया है, जितना हरिशंकर परसाई ने अपने लघुकाय आत्मपरक निबन्धों में किया है।

इस दृष्टि से जब हम उनके सन् '60 से पहले के लगभग तेरह वर्ष के दौरान लिखे गये निबन्धों का अध्ययन करते हैं, तो न केवल आकार ग्रहण कर रहे सामाजिक, राजनैतिक, सांस्कृतिक और आर्थिक यथार्थ की अन्तर्विरोधी प्रकृति को ही देख पाते हैं, अपितु उन सम्भावनाओं की विचारभूमि को भी समझने में सफल होते हैं, जो परसाई के पिछले तेईस वर्ष के लेखन को बेहद चुटीला और मर्मान्तक बनाती है। यहाँ व्यंग्य का वह प्राथमिक उन्मेष अब विद्रूपता और विसंगति को उजागर करने का सशक्त माध्यम बन जाता है, जहाँ यह बात सामने आती है कि परसाई के समूचे लेखकीय व्यक्तित्व को पिछले 36 वर्षों के दौरान केवल हिन्दी व्यंग्य लेखन की भूमिका के माध्यम से ही समझा जा सकता है। कतिपय समीक्षकों ने यह प्रपत्ति प्रस्तुत की है कि परसाई ने व्यंग्य को साहित्य की कारगर विधा के रूप में प्रतिष्ठित किया है। यह कथन किस सीमा तक परसाई के कलात्मक लेखन की क्षमता को व्यक्त करता है, इसे वही समीक्षक अधिक बेहतर जानते होंगे, किन्तु मुझे अभी भी सन्देह है कि इनमें से कितने इस सौन्दर्यशास्त्रीय मूलभूत सवाल को समझ पाये हैं कि जब किसी रचनाकार की शैली में निहित मूलभूत विशिष्टता को ही विधा बना दिया जाता है, तो वह किस तरह अपनी अन्तर्वस्तु के यथार्थ के साथ जुड़े सम्बन्धों को जीवन की व्यापकता के भीतर रेखांकित और मूल्यांकित करती है ? या केन्द्रीय यथार्थ जब अन्तर्वस्तु बनता है, तो कैसे वह मात्र व्यंग्य के द्वारा ही सम्प्रेषित होता है ? मुझे लगता है कि परसाई के महत्त्व को केवल व्यंग्य के माध्यम से व्यक्त करने की जल्दबाजी में उनकी उस भूमिका को छोटा बना देने की चेष्टा काम करती रही है, जो उन्हें सामान्य पाठकों के बीच सर्वाधिक लोकप्रिय और सबसे अधिक समझे जानेवाले हिन्दी लेखक के रूप में प्रतिष्ठित करती है।

श्री हरिशंकर परसाई का पहला आत्मपरक विश्लेषणात्मक निबन्ध 'इण्डियन टाइम' नामक शीर्षक से 20 दिसम्बर, 1947 के जबलपुर से प्रकाशित 'प्रहरी' साप्ताहिक में प्रकाशित हुआ था। इस निबन्ध का सूत्र वाक्य है—"इण्डियन-टाइम कहकर हम समय की पाबन्दी के उत्तरदायित्व से अपने को मुक्त कर लेते हैं ?" इसी तरह उनकी तार्किक पद्धति का कारगर रूप 'साहित्य में ईमानदारी' शीर्षक से प्रकाशित निबन्ध में मिलता है—"सारा जीवन राजनैतिक दाव-पेंच में बिताकर फुरसत के समय एकाध पुस्तक लिखकर यदि कोई मन्त्री डॉक्टरेट का अधिकारी हो सकता है, तो अपना सारा जीवन साहित्य को अर्पण करनेवाला तपस्वी माखनलाल और पदुमलाल मन्त्री क्यों नहीं हो सकता ?" (जनवरी, 1948)। व्यंग्य के परसाईनुमा प्रयोग भी उल्लेखनीय हैं—"विप्रों के पल्ले दो गुण बचे हैं—भोज और धूर्त्तता—सो भाई हम तो इन्हीं गुणों की रक्षा करते हैं।" (अप्रैल, 1948), "हाय री किस्मत ! यह मालगुजार तो बैल के अलावा कुछ सोच ही नहीं सकता।" (अक्तूबर, 1949), "पण्डितजी मन्त्रियों को गमले में लगाते हैं।" (जनवरी,

1955)। इन उदाहरणों के साथ परिभाषापरक लाक्षणिकता का यह स्वरूप भी द्रष्टव्य है—"भारतीय बनिया संस्कृति—एक अलग ही संस्कृति है। इस संस्कृति का लक्षण है कि किसी भी मामले में आदमी के मन में पहिले यह विचार आता है कि मैं इसमें कहाँ बेईमानी कर सकता हूँ।" (अप्रैल, 1958)। इन उद्धरणों के अतिरिक्त इसी दौर में रचनाकार की निर्णायक आलोचनात्मक सामर्थ्य का स्वरूप इस उद्धरण से व्यक्त होता है कि "विधान पंगु है। इस गरीब खाद्याभाव के देश का घी और अन्न जलानेवाले लोगों का स्थान ऊँची गद्दी नहीं, बल्कि कारागार होता।" (1958)।

इन सभी उद्धरणों को एक साथ प्रस्तुत करने का उद्देश्य रचनाकार के रूप में परसाई के आत्मपरक विचारप्रधान निबन्धों की उन क्षमताओं को रेखांकित करना है, जहाँ सामाजिक और मानवीय सरोकारों के यथार्थपरक रूपों के प्रति उनकी संचेतना सुनिश्चित सामाजिक आसन्नता का निर्माण करती है। यह आसन्नता पाठक और रचनाकार की दोहरी भागीदारी को एक साथ आकार देती है, और जीवन-यथार्थ के प्रति पाठक की उस अन्तर्भेदी दृष्टि को निर्मित करती है, जिसके माध्यम से केवल उसकी बोधक्षमता का ही निर्माण नहीं होता, अपितु उस कारगर जागरूकता की भी सृष्टि होती है, जिसके कारण वह व्यवस्था की यथास्थितिवादी शक्तियों के चरित्र को अच्छी तरह पहचान लेता है। अपने पाठकों के साथ परसाई की रचनाओं की यह भागीदारी बहुत पहले सन् 1950 के आसपास निर्मित हो गयी थी, यही कारण है कि आज उनके पाठकों की संख्या किसी भी रचनाकार से अधिक है, और उनमें मोटर ड्राइवर, रिक्शा चलानेवाले, खोंचेवाले, कारखानों में काम करनेवाले, अध्यापक, वकील, डाक्टर, पुलिस अफसर, नागरिक अधिकारी, राजनीतिज्ञ, मध्यवर्गीय छोटे व्यापारी, सुशिक्षित मध्यवर्गीय स्त्रियाँ, स्कूल और महाविद्यालय-विश्वविद्यालय के छात्र और छात्राएँ—समाज के सभी वर्गों और सभी रोजगारों से सम्बन्धित लोग शामिल हैं। इनमें वे पाठक भी हैं, जो परसाई के लेखन में मौजूद आक्रामकता से तिलमिलाते हैं, खीझते हैं और परेशान होते हैं। वे भी हैं, जो परसाई के लेखन से जीवन-विवेक की शिक्षा ग्रहण करते हैं, और पहले की तुलना में अपनी भूमिका को अधिक सुचारु बना लेने की चेष्टा में लीन हो जाते हैं। इनमें वे पाठक भी हैं, जो पर्दे के पीछे चलनेवाले राजनैतिक, सामाजिक और सांस्कृतिक नाटक की वस्तुस्थिति समझने के लिए उनकी रचनाओं को पढ़ते हैं, और उनकी आगे प्रकाशित होनेवाली रचनाओं की प्रतीक्षा करते हैं। राष्ट्रीय राजनीति से लेकर अन्तर्राष्ट्रीय राजनीति के साथ जुड़ी घटनाओं के बारे में परसाई की मर्मान्तक टिप्पणियों, आत्मपरक विश्लेषणात्मक रचनाओं की क्षमता तब स्पष्ट होती है, जब उनके पाठक इन रचनाओं के माध्यम से इन घटनाओं के बारे में अपने दृष्टिकोण का निर्धारण करते हुए देखे जाते हैं।

यही कारण है कि परसाई के लेखन से दक्षिणपन्थी भटकाव में संलग्न यथास्थितिवादी परेशान होते हैं, और उन्हें अपना वर्ग-शत्रु मानते हैं। सत्तावर्ग आक्रान्त और चिन्तित होता है, और उन्हें अपना सशक्त विरोधी मानता है। पिछले कई वर्षों के दौरान उनके लेखन पर दोनों ओर से हमले हुए हैं। 'जानकी-जीवन यात्रा' की वैभवपूर्ण समृद्धि-सेवा में संलग्न साहित्यकारों ने भी उनके लेखन को अपने लिए खतरा करार दिया है, और सत्ताधारी वर्ग ने भी इसे अपने निहित स्वार्थों के विरुद्ध माना है। पंजाब में चल रहे अकाली आन्दोलन की विसंगतिपूर्ण भूमिका के बारे में 'सुनो भई साधो' के अन्तर्गत प्रकाशित रचनाओं के विरुद्ध बरेली में 'अमर उजाला' नामक दैनिक के कार्यालय के सामने सिखों ने प्रदर्शन किये, और जबलपुर 'नयी दुनिया' में उन भटके हुए लोगों ने अपनी प्रतिक्रियाएँ व्यक्त कीं, जो इसके पहले इस मुद्दे पर अपनी 'पहचान' छिपाये रखना चाहते थे। श्री परसाई पर 21 जून, 1973 को राष्ट्रीय स्वयंसेवक संघ से सम्बन्धित दो युवकों ने उनके निवास स्थान पर पहुँचकर आक्रमण किया और 24 एवं 25 जून को स्थानीय समाचार-पत्रों में उनका वक्तव्य 'मेरा लिखना सार्थक हो गया' प्रकाशित हुआ। इन दो घटनाओं से स्पष्ट होता है कि इससे रचनाकार के रूप में उनके लेखन की केवल सार्थकता ही प्रमाणित नहीं होती, अपितु इस लेखन की प्रभावक्षमता भी व्यक्त होती है। उनकी रचनाएँ हथियार हैं, जिन्हें प्रतिक्रियावादी तत्त्वों की रीति-नीति और यथास्थितिवादी मानसिकता को तोड़ने के लिए प्रयुक्त किया जा सकता है।

परसाई का लेखन आत्यन्तिक सामान्यीकरण की पद्धति का शिकार नहीं होता, और वे किसी मूलभूत समस्या के लिए उत्तरदायी तत्त्वों की सीधी पहचान कर लेते हैं, तथा जनसाधारण के बीच उन्हें इस तरह से अलग कर देते हैं कि सभी लोग उन तत्त्वों की राष्ट्रीय एकताविरोधी भूमिका से अवगत हो जाते हैं। वे इन तत्त्वों की राजनैतिक महत्त्वाकांक्षाओं और मानवविरोधी भूमिका से भी परिचित हो जाते हैं, एवं उन अन्तर्राष्ट्रीय पूँजीवादी राष्ट्रों की उस कूटनीति को भी जान जाते हैं, जिसके कारण इन राष्ट्रीय विघटनकारियों को इन अन्तर्राष्ट्रीय विघटनकारियों से आवश्यक आर्थिक सहायता और पूंजीवादी प्रतिक्रियावादी समाचार-पत्रों से जरूरी समर्थन मिलता है। आसाम और पंजाब की अलगाववादी राष्ट्रविरोधी गतिविधियों के पीछे इन दोनों तरह की राष्ट्रीय और अन्तर्राष्ट्रीय विघटनकारी शक्तियों की भूमिका का पर्दाफाश इस दौरान लिखी गयी परसाई की रचनाओं में उपलब्ध होता है। यह रचनाकार द्वारा साधारणीकरण की अन्तर्वस्तु की रचना के दौरान अपनायी गयी प्रक्रिया है, जो छोटे-छोटे सूत्र वाक्यों के रूप में रचना के भीतर अलग-अलग कई स्थलों में व्यक्त होती है। सबसे अधिक आश्चर्य तो तब होता है, जब हम देखते हैं कि परसाई की रचना इतना महत्त्वपूर्ण काम इतने छोटे आकार के बावजूद पूरा कर लेती है। इन आत्मपरक विश्लेषणयुक्त निबन्धों में से कोई भी निबन्ध चार या पाँच पृष्ठ से बड़ा नहीं होता और पाठक सात या आठ मिनट के भीतर यात्रा करता हुआ, चाय पीता हुआ या पान के ठेले के सामने लग रहे पान

की प्रतीक्षा करता हुआ आसानी से पूरा पढ़ लेता है। परसाई की रचनाओं को पढ़ने के लिए न तो सुसज्जित ड्राइंगरूम की आवश्यकता होती है और न डनलप-पिलो-वाले बेडरूम की, जहाँ उन सुनामधन्य रचनाकारों की रचनाओं को पढ़ा जाता है, जो वर्तमान आधुनिकता से त्रस्त और निराश प्रेमी और प्रेमिकाओं की दुर्वहनीय पीड़ा को आत्मविघटन और आत्महत्या की क़गार पर लाकर खड़ा कर देती हैं। यहाँ वैज्ञानिक संस्कृति और वैज्ञानिक सभ्यता के तिरस्कार का वह वात्याचक्र भी नहीं है, जिसे आधुनिकतावादी लेखन में प्रस्तुत किया जा रहा है, और जिसके द्वारा इतिहासहीनता, आसन्न संकट, कुण्ठा, सन्त्रास, विकलांगता आदि की सृष्टि कर यह प्रमाणित किया जा रहा है कि इस संकट से मुक्ति सम्भव नहीं है। मनुष्य चारों ओर से जकड़ा हुआ है। पूरा दौर मानवघाती है, और आत्महत्या के सिवाय किसी और तरीके से व्यक्तिगत स्वतन्त्रता को प्रमाणित नहीं किया जा सकता।

परसाई अपने लेखन के माध्यम से सुचिन्तित वैज्ञानिक दृष्टिकोण और संस्कृति की राष्ट्रीय वैज्ञानिक धारणाओं को एक साथ उनकी सम्पूर्ण अन्तरक्रिया के सुनिश्चित परिणामों के माध्यम से व्यक्त करते हैं, जहाँ सांस्कृतिक अन्तर्विरोधों के साथ ही उनकी ऐतिहासिक सामाजिक परिणति का तात्त्विक रूप भी हमारे सामने प्रस्तुत होता है। इसी स्वरूप का अभाव आधुनिकतावादियों को क्षणवादी इतिहास-हीनता के वात्याचक्र में फँसाता है, जबकि परसाई को इतिहास की मानवीय विकास की अग्रगामी धारणाओं के साथ जोड़ता है। वे अतीत के वैज्ञानिक दृष्टियुक्त परीक्षण, वर्तमान के आलोचनात्मक विश्लेषण और भविष्य की मानवीय समाधान-मूलक अवधारणाओं से एक साथ साक्षात्कार करने में समर्थ होते हैं। यह यथार्थ-वादी सौन्दर्यचिन्तन का वह आयाम है, जहाँ सम्पूर्ण सांस्कृतिक इतिहास सुपरिचित परिणाम के रूप में रेखांकित और केन्द्रीयकृत होता है।

आत्मपरक लघुनिबन्धों की शक्ति का अपरिमेय विस्तार इस खण्ड में प्रकाशित रचनाओं की केन्द्रीय विशेषता है। पिछले 20 वर्षों में भारतीय जीवन के भीतर प्रस्तुत हो रहे विकासशील यथार्थ के राजनैतिक, सामाजिक, सांस्कृतिक और आर्थिक आधारों और उनके भीतर कार्यशील यथास्थितिवादी, परिवर्तनकारी और भविष्य को मानवीय सम्भावनाओं से युक्त करनेवाली वैज्ञानिक शक्तियों की सही पहचान परसाई के लेखन की प्रमुख चिन्ता रही है। वे इस तथ्य से भी व्याकुल और दुखी हुए हैं कि भारत में यथास्थितिवाद को सुरक्षित रखनेवाली सांस्कृतिक, धार्मिक प्रवृत्तियाँ किस तरह पुनरुत्थानवादी ताकतों को उन्मादकारी स्तर तक उभारने में समर्थ हुई हैं। उनकी इस सामर्थ्य का उपयोग अन्ततः राष्ट्रीय और क्षेत्रीय स्तर पर कार्यशील तत्त्वों के माध्यम से अन्तर्राष्ट्रीय दुष्चक्रों के नियोजक विश्वपूंजीवाद के संरक्षकों द्वारा किया जा रहा है। विश्वपूंजीवादी शक्तियों का यह हमला सामाजिक, सांस्कृतिक, राजनैतिक और आर्थिक क्षेत्र में एक साथ होता है,

और उनके प्रचार-माध्यम, जो कि प्रत्येक देश के भीतर उनका समर्थन करनेवाली शक्तियों द्वारा नियोजित होते हैं, किस तरह सम्बन्धित देश के जनसाधारण को अपने षड्यन्त्रों में हिस्सा लेने के लिए बाध्य करते हैं। इन शक्तियों द्वारा 1967 से सभी क्षेत्रों में एक साथ क्रियाशील होने की भूमिका ही 1973-74 में उस स्थिति का निर्माण करने में समर्थ होती है, जहाँ एक ओर जनआक्रोश उभार के एक विशिष्ट स्तर पर पहुँचता है, और दूसरी ओर यथास्थितिवादी पुराणपन्थी और दक्षिणपन्थी पूंजीवादी शक्तियाँ एक साथ इसका मनचाहा उपयोग कर उस तथा-कथित राजनैतिक सत्ता-परिवर्तन का वर्गसमाजी प्रजातान्त्रिक नाटक पूरा करने में समर्थ होती हैं, जिसके दौरान न तो जनता की मूलभूत समस्याओं का समाधान-मूलक स्वरूप स्पष्ट हो पाता है और न उस राष्ट्रीय मुक्ति संघर्ष का नियोजन ही हो पाता है, जो इस व्यवस्था के भीतर निजी स्वामित्व की सम्पत्ति सम्बन्धी धारणा के कारण अत्यधिक जरूरी हो गया है। इस निरर्थक परिवर्तन का एक और घातक परिणाम होता है कि देश की पूँजीवादी शक्तियाँ, जो अपने सम्पूर्ण विकास के लिए स्वतन्त्रताप्राप्ति के बाद से निरन्तर 1977 तक एक विशिष्ट सत्ताधारी राजनैतिक दल की रीति-नीति और समर्थन पर निर्भर रही हैं, यह निर्णय लेने पर बाध्य होती हैं कि इस तरह का सत्ता-परिवर्तन उनके हित में नहीं है, अतः उन्हें उसी तरह की राजनैतिक शक्ति का समर्थन करना चाहिए, जो एक ओर उन्हें जरूरी वित्तीय और आर्थिक नीतिमूलक आधार प्रदान कर सके और दूसरी ओर उन आमूल परिवर्तनकारी वैज्ञानिक दृष्टियुक्त राजनैतिक शक्तियों से उनकी रक्षा कर सके, जो वैज्ञानिक समाजवाद के माध्यम से उनकी केन्द्रीय स्थिति को पूर्णतया नष्ट करने में समर्थ हैं। पूंजीवाद, वैज्ञानिक समाजवाद की ऐतिहासिक परिवर्तनकारी शक्ति और ऐतिहासिक विकास के दौरान अपनी स्वतः छिन्न-भिन्न होनेवाली स्थिति को जानता है।

भारतीय जीवन और प्रजातान्त्रिक जनवादी शक्तियों के ध्रुवीकरण की प्रक्रिया अत्यधिक जटिल अन्तर्वस्तु है, जो इस दौरान उपस्थित केन्द्रीय यथार्थ के विभिन्न सामाजिक, राजनैतिक, सांस्कृतिक और आर्थिक रूपों की सृष्टि करती है। इसकी प्रकृति और उसे नियोजित करनेवाले विभिन्न सूत्रों को समझना आसान नहीं है। यही कारण है कि कई बार भावनात्मक मानवतावादी इन समस्याओं के आदर्शवादी भावनात्मक समाधान प्रस्तुत करते हैं, और इन तथाकथित समाधानों की भावनात्मकता में कुछ समय के लिए जनसाधारण को मोहाविष्ट कर लेते हैं। इस तरह के समाधानों की असफलता मोहभंग की सृष्टि करती है, तब तक वर्ग-समाजी तथाकथित अर्थशास्त्री और चिन्तक दूसरे व्यामोह की सृष्टि कर लेते हैं, और पुनः जनता को उस नये व्यामोह की चपेट में समेट लेते हैं। दूसरे महायुद्ध के बाद के दौर में वर्गसमाजी व्यवस्था सम्पूर्ण वर्गसमाजी या तथाकथित स्वतन्त्र विश्व में इसी तरह व्यामोहकारी वात्याचक्रों के माध्यम से स्वयं को बचाये हुए है, और इस दौरान निरन्तर अपने संस्थानक साधनों को और अधिक मजबूत एवं जन-

विरोधी बनाती जाती है।

भारत-जैसे विकासशील देश में इन संस्थानों का पिछले छत्तीस वर्षों के भीतर हुआ विकास यह स्पष्ट करता है कि राज्याश्रित पूँजीवाद और राज्य द्वारा स्थापित संस्थानक पूँजीवाद का वर्ग-स्वार्थ समान है। कई बार यह विश्वास भी पैदा किया गया है कि राज्य द्वारा स्थापित संस्थानक-प्रणाली अन्ततः जन-व्यवस्था है जो सामान्यजन की परिवर्तनकारी आकांक्षा की परिपूर्ति में सहायक होगी, और उससे परिवर्तन के दौरान जरूरी वैज्ञानिक, औद्योगिक, आधुनिक आधार उपलब्ध हो सकेगा। यदि पैदा किये गये विश्वास को आधार बनाया जाय, तो स्पष्ट होगा कि राज्य द्वारा स्थापित संस्थानक-प्रणाली के आमूल परिवर्तन के लिए सुचिन्तित वैज्ञानिक उपयोग तभी सम्भव है, जब राज्य की सत्ता ऐसी राजनैतिक शक्तियों के हाथ में हो, जो वैज्ञानिक समाजवाद पर विश्वास करती हैं। भारतीय वर्गसमाजी राजनीति और प्रजातान्त्रिक चेतना का जनवादीकरण ऐसी समवर्ती प्रक्रियाएँ हैं, जिनके बीच संघर्ष और सन्तरण का वैज्ञानिक नियोजन स्वचालित तन्त्र के रूप में नहीं किया जा सकता। स्पष्ट है कि इसके लिए आवश्यक कार्यनीति का पालन करना पड़ता है। यह कार्यनीति वर्तमान सत्ताधारी वर्ग का इष्ट नहीं है।

श्री परसाई ने अपने आत्मपरक विश्लेषणात्मक और आलोचनात्मक निबन्धों में इन सम्पूर्ण परिस्थितियों के भीतर कार्यशील वर्गसमाजी पूंजीवाद की समर्थक सभी शक्तियों की पहचान कर ली है और उनके वर्गचरित्र और व्यक्तिगत विशिष्टताओं को एक साथ प्रस्तुत किया है। उन्होंने राष्ट्रीय स्तर पर कार्यशील शक्तियों और व्यक्तियों को भी बेनकाब कर दिया है, जो इस देश के केन्द्रीय संघर्ष को भोथरा बनाते हैं, और अन्तर्राष्ट्रीय पूंजीवाद के सरगना राष्ट्रों के बताये हुए रास्ते पर जबरदस्ती इस देश की जनता को ले जाना चाहते हैं। वे इस उद्देश्य की पूर्ति के लिए साम्प्रदायिक दंगे करवाते हैं, धार्मिक पुनरुत्थानवादी उत्सवधर्मिता की सृष्टि करते हैं, क्षेत्रीय भावनाओं का विस्तार करते हैं और क्षेत्रीय नेताओं में राजनैतिक सत्ता-प्राप्ति की महत्त्वाकांक्षा की सृष्टि करते हैं। ऐतिहासिक विकास के दौरान प्रस्तुत आर्थिक, भाषायी, भौगोलिक और सांस्कृतिक अन्तर्विरोधों को उभारकर वे इस देश की ऐतिहासिक राष्ट्रीयता को नष्ट कर देना चाहते हैं, जिससे विघटन के द्वारा इसे कमजोर बना दिया जाय, और आर्थिक दृष्टि से यह उपमहाद्वीप पुनः विश्व पूंजीवाद की समर्थक शक्तियों का आर्थिक और राजनैतिक चारागाह बन जाय। इस खण्ड की अधिकांश रचनाओं की अन्तर्वस्तु इस यथार्थ की विभिन्न स्थितियों और राजनैतिक, सामाजिक और सांस्कृतिक घटनाओं पर आधारित है। इनका विषय-क्षेत्र व्यापक है, और कई बार अन्तर्वस्तु का सन्तरण स्थानीय, क्षेत्रीय, राष्ट्रीय और अन्तर्राष्ट्रीय फलक पर एक साथ होता है।

इस खण्ड के अन्तर्गत प्रकाशित रचनाओं का क्रम 1948 से 1983 तक के भारतीय

और अन्तर्राष्ट्रीय परिदृश्य को व्यक्त करता है। इस दौरान निर्मित सामाजिक, राजनैतिक, आर्थिक और सांस्कृतिक जीवन के भीतर जिन विसंगतियों और दुरभिसन्धिमूलक अन्तरस्थितियों की संरचना हुई है, उनमें से लगभग सभी रचनाकार की संचेतना का अंग बनी हैं। इन सभी निबन्धों के विषय तात्कालिक सन्दर्भों के भीतर से उत्पन्न हुए हैं, किन्तु रचनाकार की मर्मभेदी वैज्ञानिक ऐतिहासिक दृष्टि के कारण उनमें मानवीय जीवन की विवेकदृष्टि का ऐसा प्रसार निहित है जिसके कारण वे मात्र वर्तमान जीवन-रूपों से सम्बद्ध साहित्य, राजनीति, धर्म, संस्कृति, परम्परा, दर्शन आदि पर ही टिप्पणियाँ प्रस्तुत नहीं करते, अपितु उस व्यापक हो रहे जीवन की सम्भावनाओं और मौजूदा वर्गसमाजी शक्तियों की प्रकृति की ओर भी इंगित करते हैं, जिसके कारण व्यक्ति-केन्द्रित दृष्टिकोण न केवल हास्यास्पद बन जाता है, अपितु उसके द्वारा संचालित सम्पूर्ण रीति-नीति ही समय के विरुद्ध दयनीय चेष्टा के रूप में व्यक्त होने लगती है। परसाई की व्यंग्यात्मक शैली की यह पारदर्शी भूमिका है, जिसके कारण प्रत्येक कार्यपद्धति और गतिविधि के लिए निर्धारित छद्म पूरी तरह बेनकाब हो जाता है। 1978 से 1979 के बीच प्रकाशित लघु निबन्धों की सम्पूर्ण अन्तर्वस्तु राजनैतिक है, और इनमें मूलतः उन नेताओं का चरित्र और दिशाहीन राजनीति स्पष्ट होती है, जो 1977 के संसदीय चुनावों के बाद सत्ता में पदारूढ़ हुए थे। इन निबन्धों में महात्मा गाँधी को चिट्ठी पहुँचे, जाँच कमीशन : सरकार का कुल्ला, सम्पूर्ण क्रान्ति के खोमचे, नया महाभारत, नाग-यज्ञ, हीनता का अतिराष्ट्रवाद, शर्म ! शर्म !! संस्कृति, समाजवादी छवि, हरि अनन्त हरि कथा अनन्ता, राजनीतिक गाँजा-जैसी रचनाएँ उल्लेखनीय हैं। इन और दूसरी रचनाओं में सबसे महत्त्वपूर्ण निर्णायक सूत्र वाक्य हैं, जहाँ से अनुभवपूर्ण विवेक झांकता है—

'संन्यास लेनेवाला राजनीतिक उस साधु की तरह है जो सुबह से ईश्वर-चिन्तन के बहाने भोजन-चिन्तन करता है। दोपहर को माल खाकर शाम तक ईश्वर-चिन्तन के बहाने नारी-चिन्तन करता है, और अँधेरा होने पर किसी भक्तिन के घर में घुस जाता है।' (राजनीतिक गाँजा)।

'कांग्रेसी को उलझन नहीं है। वह सीधा साफ सोचता है। वह तो सत्ता के पास खिसकेगा रेंगता हुआ। अभी देख रहा है।' (तुसी हुकुम करो जी !)।

'इसका अर्थ है, वे जीवन-मूल्य घातक हैं, जिनके प्रणेता गाँधीजी थे। दया, करुणा, मानवीयता, धर्म-निरपेक्षता, प्रेम—इनके लिए गाँधीजी थे। पर इनसे देश का नुकसान हो रहा था। इसीलिए गोडसे-जैसे महान देशभक्त ने उन्हें मारकर बचा लिया। धन्य है, वह बलिदानी वीर !'

'सांस्कृतिक लहर यह है। गोडसे सही था। उसकी मान्यताएँ सही थीं। वही मान्यताएँ हमारी जाति के हित में हैं और वे मान्यताएँ हैं—घृणा, नफरत, संकीर्णता, साम्प्रदायिकता, हिंसा, द्वेष, हत्या ! तो क्या हम जनता पार्टी की उस नयी संस्कृति को मान लें जिसके तत्त्व हैं—ओछापन, टुच्चापन, नफरत, अविश्वास, नीचता, कमीनापन, संकीर्णता, द्वेष, हिंसा, हत्या।'

'मान लें तो क्या हम आदमी रह जायेंगे? शायद हम कुत्ते हो जायेंगे। नहीं, कुत्ते भी नहीं होंगे। कुत्ता वफादार होता है और इस संस्कृति में कोई किसी के प्रति वफादार नहीं होता।' (शर्म! शर्म! संस्कृति)।

'आत्मनिर्भरता और स्वाधीनता की चिन्ता छोड़ें। इस देश की राजधानी कैलीफोर्निया में बन रही है।' (हरि अनन्त, हरि-कथा अनन्ता)।

'आप हमें उपदेश न दें। इस देश का आम हिन्दू-मुसलमान साम्प्रदायिक नहीं है। पर जिनकी राजनीति और अर्थनीति ही साम्प्रदायिकता पर है, उन्हें हमारे बाप भी नहीं समझा सकते।' (सर्वोच्च युग)।

और आगे प्रकाशित उनकी रचनाओं के उदाहरण देखने से स्पष्ट होता है कि रचनाकार कैसे वर्तमान सन्दर्भों के माध्यम से उस जीवन-यथार्थ की सृष्टि करने में समर्थ होता है, जो आम आदमी की चिन्ता को और अधिक घनीभूत करता है:

'मेरे असत्य के रासायनिक प्रयोग चल रहे हैं। मैं मिट्टी से शक्कर बनाने की विधि खोज लूंगा।' (अभाव की दाद)।

'राजनैतिक अवसरवाद की पुंगी जब उसी फेफड़े की साँस से बजती है, जिसमें सत्ता की दम हो, तब मतवाद, सिद्धान्त और आइडियालॉजी का कोई उपयोग नहीं रहता।' (राजनीतिक पुंगी)।

'अगर कोई यह पता लगा ले कि संघ और गाँधी शान्ति प्रतिष्ठान के देशी-विदेशी दाता कौन हैं, तो बात समझ में आ जायेगी। दोनों के मालिक एक हो सकते हैं।" (चोर के चन्दन कण्ठी)।

'यज्ञ में वास्तव में अन्न, घी, शक्कर नहीं जलते—विवेक स्वाहा! बुद्धि स्वाहा! तर्क स्वाहा! विज्ञान स्वाहा!' (हरिजन को पीटने का यज्ञ)।

'फासिस्टवाद मगरमच्छ की तरह है। संघ का फासिस्टवाद भी मगरमच्छ है। वह एक-एक कर निगलता है।' (गाँधीवादी के असत्य के प्रयोग)।

'मजहब इन्सान को सुसंस्कृत न बनाकर बर्बर बना दे तो मजहब को क्यों गले में लटकाये रखा जाता है।' (इस्लाम के कोड़े)। 'हम दूसरी जातियों पर थूकें तो वह अपने ही ऊपर गिरेगा। हमारा सौभाग्य यह है कि हमारे शंकराचार्य उन्माद पैदा नहीं कर सकते जैसा कि अयातुल्ला और इमाम कर सकते हैं। शंकराचार्यों की इस अक्षमता ने हमें बहुत बचाया। पर उन्माद बालासाहब देवरस तो पैदा कर सकते हैं।' (वही)। 'वैदिक युग में जो कारीगर देवता के बराबर माना जाता था, वह स्मृतियों में शूद्र हो गया। यह पतन है।' (हस्ती मिटती नहीं हमारी)। 'क्रान्तिकारिता एक और स्कॉच की बोतल है। इनमें से जो खास क्रान्तिकारी होते हैं, वे फैलोशिप लेकर अमेरिका चले जाते हैं या किसी मल्टीनेशनल में।' (अतिक्रान्तिकारी)। 'चरित्रवान और चरित्रहीन में कुल इतना फर्क है—एक पकड़ा नहीं जाता और दूसरा पकड़ा जाता है।' (हल्ला और कलंक का तन्त्र)। 'खोमैनी के इस्लाम से हारने के बाद 'खलीफा' जिमी कार्टर को मजबूर होकर ईसाई करुणा और अहिंसा का हथियार इस्तेमाल करना पड़ा है।' (खुदा की चिड़ियाँ)। 'यह महायज्ञ है

अमेरिकी हितों की रक्षा के लिए, इसमें हवन होना है, कुछ द्रव्यों का जिससे यज्ञ-धूम आकाश में छा जाये, और देवता प्रसन्न हों।' (मानव आत्मा और अमेरिकी हूटर)। 'प्रेमचन्द जयन्ती लगभग पूरी हो चुकी है। जैनेन्द्र ने चादर उतारकर बक्से में रख दी है। जतन से ओढ़ी थी, और जस-की-तस धर दी। यह चदरिया वे प्रेमचन्द को ओढ़ाना चाहते थे, मगर प्रेमचन्द फुर्ती से खिसक गये।' (प्रेमचन्द की असलियत)। 'अब जमीन और प्रापर्टी मज़हब से भी बड़ी होती है।' (मेरी तरह खुदा का भी खाना खराब है)। 'वाशिंगटन, जैफरसन, एडम्स, लिंकन, रूजवेल्ट की परम्परा तो खैर खत्म हुई। अब कोई वैसा राष्ट्रपति शायद ही हो।' (क्या रीगन की खटिया खड़ी नहीं हुई)।

'जो चूहे की तरह देश की आत्मा को भीतर से कुतरकर खाते रहे हैं, उन्होंने मेनन को देशद्रोही करार दे दिया था।' (अब कृष्णमेनन की याद क्यों?)।

इस खण्ड के निबन्धों में सम्पूर्ण राजनैतिक जीवन अपने सम्पूर्ण राष्ट्रीय-अन्तर्राष्ट्रीय सन्दर्भों के साथ व्यक्त हुआ है। यह व्यापक यथार्थ है, जिसकी सुनिश्चित वर्गसमाजी, राष्ट्रीय और अन्तर्राष्ट्रीय इयत्ता है।

हिन्दी साहित्य लेखन में परसाई ने केवल मात्र विधाओं की सीमाओं को ही नहीं तोड़ा, उन्होंने साहित्य और कला की राजनीति से सर्वथा अलग पहचान को भी तोड़ा है। आधुनिक जीवन की नियोजक शक्तियों में राज्य की भूमिका सर्वाधिक महत्त्वपूर्ण है। वह केवल सामाजिक जीवन की रीति-नीति में ही हस्तक्षेप नहीं करता, अपितु उन सांस्कृतिक, आर्थिक और शैक्षणिक क्षेत्रों का भी नियोजन और निर्धारण करता है, जिनके भीतर से साहित्य की अन्तर्वस्तु और उसकी भूमिका का विकास होता है। परसाई अपनी रचनाओं की केन्द्रीय अन्तर्वस्तु के यथार्थ की संरचना के दौरान समवर्ती राजनीति की वस्तुस्थिति को प्रमुख आधार के रूप में प्रस्तुत करते हैं। वे यथार्थवादी रचनाकार हैं। वे उस यथार्थ की निर्धारक राजनैतिक शक्तियों के वर्गचरित्र और सत्ता-स्वार्थ पर सीधे आक्रमण करते हैं, और अपने पाठकों को वर्गसमाजी राजनीति की जनविरोधी घातक भूमिका से अवगत कराते हैं। इन रचनाओं की समवर्तितता उनकी ऐतिहासिक सीमा है, जिसके अन्तर्गत एक सम्पूर्ण दौर का जीवन-यथार्थ और उसे निर्धारित करनेवाले राजनैतिक सन्दर्भ अपनी सम्पूर्ण चरित्रमयता के साथ हमारे सामने प्रस्तुत होते हैं।

690, पूर्वी निवाडगंज, जबलपुर
10 अक्तूबर, 1983

डॉ. श्यामसुन्दर मिश्र

रचना-क्रम

राष्ट्रीय-अन्तर्राष्ट्रीय परिदृश्य को लक्षित
व्यंग्य निबन्ध

अपील का जादू

एक देश है ! गणतन्त्र है ! समस्याओं को इस देश में झाड़-फूंक, टोना-टोटका से हल किया जाता है ! गणतन्त्र जब कुछ चरमराने लगता है, तो गुनिया बताते हैं कि राष्ट्रपति की बग्घी के कील-कांटे में कुछ गड़बड़ आ गयी है। राष्ट्रपति की बग्घी की मरम्मत कर दी जाती है और गणतन्त्र ठीक चलने लगता है।

सारी समस्याएँ मुहावरों, नारों और अपीलों से सुलझ जाती हैं। साम्प्रदायिकता की समस्या को इस नारे से हल कर लिया गया—हिन्दू-मुस्लिम, भाई-भाई !

एक दिन कुछ लोग प्रधानमन्त्री के पास यह शिकायत करने गये कि चीजों की कीमतें बहुत बढ़ गयी हैं। प्रधानमन्त्री उस समय गाय के गोबर से कुछ प्रयोग कर रहे थे। वे स्वमूत्र और गाय के गोबर से देश की समस्याओं को हल करने में लगे थे।

उन्होंने लोगों की बात सुनी। चिढ़कर कहा, "आप लोगों को कीमतों की पड़ी है ! देख नहीं रहे हो, मैं कितने बड़े काम में लगा हूं ? मैं गोबर में से नैतिक शक्ति पैदा कर रहा हूं। जैसे गोबर गैस, वैसे 'गोबर नैतिकता'। इस नैतिकता के प्रकट होते ही सबकुछ ठीक हो जायेगा। तीस साल के काँग्रिसी शासन ने देश की नैतिकता खत्म कर दी है।"

एक मुँहफट आदमी ने कहा, "इन तीस में से बाईस साल आप भी काँग्रिस के मन्त्री, मुख्यमन्त्री और उप-प्रधानमन्त्री रहे हैं। तो तीन-चौथाई नैतिकता तो आपने ही खत्म की होगी !"

प्रधानमन्त्री ने गुस्से से कहा, "बको मत। तुम कीमतें घटवाने आये हो न ! मैं व्यापारियों से अपील कर दूंगा।"

एक ने कहा, "साहब, कुछ प्रशासकीय कदम नहीं उठायेंगे ?"

दूसरे ने कहा, "साहब, कुछ अर्थशास्त्र के भी तो नियम होते हैं।"

प्रधानमन्त्री ने कहा, "मेरा विश्वास न अर्थशास्त्र में है, न प्रशासकीय कार्यवाही में। यह गाँधी का देश है। यहाँ हृदय-परिवर्तन से काम होता है। मैं व्यापारियों से नैतिकता की अपील कर दूंगा। वे कीमतें एकदम घटा देंगे। अपील से उनके दिलों में मैं लोभ की जगह त्याग फिट कर दूंगा। मैं सर्जरी भी जानता हूँ।"

रेडियो से प्रधानमन्त्री ने व्यापारियों से अपील कर दी—व्यापारियों को नैतिकता का पालन करना चाहिए। उन्हें अपने हृदय में मानवीयता को जगाना चाहिए। इस देश में बहुत गरीब लोग हैं, उन पर दया करनी चाहिए।

अपील से जादू हो गया।

दूसरे दिन शहर के बड़े बाजार में बड़े-बड़े बैनर लगे थे—

'व्यापारी नैतिकता का पालन करेंगे। मानवीयता हमारा सिद्धान्त है। कीमतें एकदम घटा दी गयी हैं।'

जगह-जगह व्यापारी नारे लगा रहे थे—'नैतिकता! मानवीयता!' वे इतने जोर से और आक्रामक ढंग से ये नारे लगा रहे थे कि लगता था, चिल्ला रहे हैं—'हरामजादे! सूअर के बच्चे!'

गल्ले की दूकान पर तख्ती लगी थी—गेहूँ सौ रुपये क्विंटल! ग्राहक ने आँखें मलीं। फिर पढ़ा। फिर आँखें मलीं और फिर पढ़ा। वह आँखें मलता जाता और पढ़ता जाता। उसकी आँखें सूज गयीं, तब उसे भरोसा हुआ कि यही लिखा है।

उसने दूकानदार से कहा, "क्या गेहूँ सौ रुपया क्विंटल कर दिया? परसों तक तो दो सौ रुपये था।"

सेठ ने कहा, "हाँ, अब सौ रुपये के भाव से देंगे।"

ग्राहक ने कहा, "ऐसा गजब मत कीजिए। आपके बच्चे भूखे मर जायेंगे।"

सेठ ने कहा, "चाहे जो हो जाये, मैं अपना और परिवार का बलिदान कर दूंगा, पर कीमत नहीं बढ़ाऊँगा। नैतिकता और मानवीयता का तकाजा है।"

ग्राहक गिड़गिड़ाने लगा, "सेठजी, मेरी लाज रख लो। दो सौ पर ही दो। मैं पत्नी से दो सौ के हिसाब से पैसे लेकर आया हूँ, सौ के भाव से ले जाऊँगा, तो वह समझेगी कि पैसे मैंने उड़ा दिये और गेहूँ चुराकर लाया हूँ।"

सेठ ने कहा, "मैं किसी भी तरह सौ से ऊपर नहीं बढ़ाऊँगा। लेना हो तो लो, वरना भूखे मरो।"

दूसरा ग्राहक आया। वह अक्खड़ था। उसने कहा, "ऐ सेठ, यह क्या अन्धेर मचा रखा है। भाव बढ़ाओ, वरना ठीक कर दिये जाओगे।"

सेठ ने जवाब दिया, "मैं धमकी से डरनेवाला नहीं हूँ। तुम मुझे काट डालो, मार डालो, पर मैं भाव बढ़ाऊँगा नहीं। नैतिकता और मानवीयता भी कोई चीज है।"

एक गरीब आदमी झोला लिये दूकान के सामने खड़ा था। दूकानदार आया और उसे गले लगाने लगा। गरीब आदमी डर से चिल्लाया—अरे, मार डाला! बचाओ! बचाओ!

सेठ ने कहा, "तू इतना डरता क्यों है?"

गरीब ने कहा, "तुम मुझे दबोच जो रहे हो! मैंने तुम्हारा क्या बिगाड़ा है?"

सेठ ने कहा, "अरे भाई, मैं तो तुझसे प्यार कर रहा हूँ, प्रधानमन्त्री ने मानवीयता की अपील की है न!"

एक दूकान पर ढेर सारे चाय के पैकेट रखे थे। दूकान के सामने लगी भीड़ चिल्ला रही थी—चाय को छिपाओ। हमें इतनी खुली चाय देखने की आदत नहीं

है। हमारी आँखें खराब हो जायेंगी।

उधर से सेठ चिल्लाया —मैं नैतिकता में विश्वास करता हूँ। चाय खुली बेचूंगा और सस्ती बेचूंगा। कालाबाजार बन्द हो गया है।

एक मध्यवर्गीय आदमी बाजार से निकला। एक दूकानदार ने उसका हाथ पकड़ लिया। उस आदमी ने कहा, "सेठजी, इस तरह बाजार में बेइज्जत क्यों करते हो! मैंने कह तो दिया कि दस तारीख को आपकी उधारी चुका दूंगा।"

सेठ ने कहा, "अरे भैया, पैसे कौन माँगता है? जब मर्जी हो, दे देना। चलो, दूकान पर चलो। कुछ शक्कर लेते जाओ। दो रुपये किलो।"

उस आदमी ने कहा, "दो रुपया किलो! अरे, बाप रे! परसों तक तो पाँच रुपये किलो थी। नहीं, मैं इतनी सस्ती नहीं खरीदूंगा।"

सेठ ने कहा, "खरीदना पड़ेगा। मैं तो तुम्हें शक्कर देकर रहूंगा, मेरा धर्म है।"

सेठ ने जबर्दस्ती उसके झोले में शक्कर डलवा दी।

दो दिन बाद सरकारी कर्मचारियों का जुलूस निकला। वे बाँहों पर काला पट्टा लगाये थे। वे कीमतें बढ़ाने की माँग कर रहे थे। उनका कहना था—हमें अभी बोनस और महँगाई-भत्ता मिला है, इसके हिसाब से कीमतें बढ़नी चाहिए। पर इधर कीमतें एकदम घटा दी गयी हैं। ऐसा कभी नहीं हुआ। यह हमारा अपमान है। हम कोई भिखमंगे नहीं हैं। हमारी भी नैतिकता है। सस्ता सामान खरीदना बेईमानी है। व्यापारी दाम बढ़ायें, वरना हम धरना देंगे।

शाम को बाजार में पथराव हो गया। भीड़ ने नारे लगाये—भाव बढ़ाओ! जनता की माँग पूरी हो! भाव घटानेवालों का नाश हो!

सारे देश में आन्दोलन फैला था। व्यापारी अपने हठ पर थे और जनता अपने हठ पर। कोई झुकने को तैयार नहीं था।

विदेशी पत्रकार हैरत में थे। दुनिया के इतिहास में यह नयी बात हो रही थी। वे अपने अखबारों में रिपोर्ट भेज रहे थे—यह विचित्र देश है। जो हो रहा है, वह सपना मालूम होता है। दुनिया-भर में कीमतें घटाने के लिए आन्दोलन होते हैं, यहाँ कीमतें बढ़ाने के लिए आन्दोलन हो रहे हैं। लोग सस्ता माल खरीदने को तैयार नहीं हैं। प्रधानमन्त्री की नैतिकता और मानवीयता की एक अपील से व्यापारी एकदम त्यागी हो गये हैं। उधर जनता अपनी नैतिकता पर डटी है। हजारों लोग लाठी-चार्ज में घायल हो गये हैं, कितने ही व्यापारी पिट चुके हैं। अराजकता की स्थिति आ रही है।

बड़ी खराब हालत थी।

आखिर जनता के प्रतिनिधि चेम्बर ऑफ कॉमर्स के अध्यक्ष के पास पहुँचे। कहा—भाईजी, अपने व्यापारियों को समझाइए। देश का तो खयाल कीजिए। मुद्रा-स्फीति का खयाल कीजिए। लोगों की क्रयशक्ति पर ध्यान दीजिए। व्यापारियों के इस रवैये से देश की अर्थव्यवस्था टूटी जा रही है। आप लोग भाव बढ़ाइए।

चेम्बर ऑफ कॉमर्स के अध्यक्ष ने जवाब दिया—अब हम क्या कर सकते हैं? हमारी नैतिकता और मानवीयता को प्रधानमन्त्री ने क्यों उकसाया? अब जनता नतीजा भुगते।

प्रतिनिधि मण्डल ने हाथ जोड़कर कहा—भाई साहब, जनता की हालत बहुत खराब है। लोगों को पेचिश हो रही है, क्योंकि वे सस्ता अनाज खा रहे हैं। बच्चा दूध का घूंट लेता है और कै कर देता है, क्योंकि उसमें सस्ती शक्कर मिली है। लोग चाय का घूंट लेते हैं तो मतली आती है, क्योंकि चाय सस्ती है। लोग कुरता पहनते हैं, तो शरीर खुजलाने लगता है, क्योंकि कपड़ा कम रेट का है। स्त्री बघार लगाती है, तो उसे चक्कर आ जाता है, क्योंकि तेल सस्ता और शुद्ध है। कुछ कीजिए। देशवासियों की जान खतरे में है।

चेम्बर ऑफ कॉमर्स के अध्यक्ष ने कहा—आप लोग अब प्रधानमन्त्री के पास ही जाइए। वही स्थिति को ठीक कर सकते हैं।

प्रतिनिधियों ने प्रधानमन्त्री से बात की। सुनकर प्रधानमन्त्री ने कहा—आप लोगों ने ही मुझे व्यापारियों से अपील करने को मजबूर किया था। देख लिया मेरी अपील का जादू! खैर, मैं स्थिति को ठीक कर दूंगा।

प्रधानमन्त्री ने फिर रेडियो पर व्यापारियों से अपील की—व्यापारियों ने मेरी अपील को गलत समझ लिया था। इस गलतफहमी के कारण ही देश में दुखद स्थिति पैदा हो गयी है। मैंने व्यापारियों से सामान्य नैतिकता और मानवीयता का पालन करने को नहीं कहा था। व्यापारी को अपनी विशिष्ट व्यावसायिक नैतिकता का ही पालन करना चाहिए। आशा है, वे अब स्थिति को सामान्य बनायेंगे। मैं अपनी पहले की अपील वापस लेता हूँ।

दूसरे दिन बाजार पहले जैसा हो गया और लोगों ने राहत की साँस ली।

मुंशी एम. ओ. मथाई

मेरे भी शुभचिन्तक हैं! जब चौधरी चरणसिंह तक के शुभचिन्तक हैं, तो मेरे भी हो सकते हैं। तो मेरे एक शुभचिन्तक ने कहा—तुम कब तक यों कलम घिसते रहोगे? अरे जमाने की नब्ज को पहचानो। एकाध किताब ऐसी लिखो कि सनसनी फैल जाये। लोगों के दिल और दिमाग पर छा जाये। तुम्हें तो भारतीय जन की रुचि की पहचान ही नहीं है।

मैंने सोचा, सलाह यह ठीक दे रहा है! ठीक चरणसिंह को राजनारायण की तरह सलाह दे रहा था। मैंने कहा, "यार, किस विषय पर लिख दूं? भारतीय मन

की चिन्ता का मुख्य विषय क्या है ?"

मेरा खयाल है, आम आदमी की दिलचस्पी इस बात में है कि हेमामालिनी की माँ हेमा की शादी के बारे में क्या तय करती है। हेमा और धर्मेन्द्र के बारे में जो हल्ला है, वह कहाँ तक सच है। क्या कबीर बेदी परवीन बाबी के पास लौट आयेगा ? बेचारी परवीन ! कितनी दुखी है। और बेचारी नीतूसिंह की वह हिसाबी अनुशासनी माँ कब बेटी पर शिकंजा ढीला करेगी ? लोग चक्कर लगाते हैं और नीतू की माँ उसे कसे रहती है। तमाम लड़के-लड़कियाँ इन चीजों से परेशान हैं। उनके माँ-बाप भी बेटा-बेटी की चोरी से परेशान हैं। रेखा शादी करेगी, यह सुनकर बेटा भी बेहोश हो जाता है और बाप भी। अमीर भी इसी में रुचि लेता है और गरीब भी। गरीब जानता है कि एक बार का भोजन जितने पैसों में आता है, उससे कम में सिनेमा का टिकट आता है। बोलो, लिख दूँ कुछ फिल्मी ?

शुभचिन्तक ने कहा, "समझ तुम्हारी ठीक है, पर इस समय मार्केट देखो। मार्केट है गाँधी, नेहरू और इन्दिरा का। इन पर लिखो। फिल्मी अन्दाज में ही लिखो, सनसनी पैदा करो। देखो कितनों ने किताबें लिख डालीं।"

मैंने कहा, "वे तो बहती गंगा में हाथ धो रहे हैं।"

शुभचिन्तक ने कहा, "नहीं, वे बहती गंगा में शौच कर रहे हैं। तुम भी कर डालो।"

मैंने कहा, "पर गाँधी और नेहरू की नीतियों पर लिखें तो कैसा रहेगा ? नेहरू की विदेशनीति, समाजवाद, औद्योगीकरण, विश्व-शान्ति आदि की सनसनीखेज आलोचना कर दूँ।"

शुभचिन्तक ने कहा, "अरे यार, इन चीजों को कितने लोग समझते हैं ? अरे इन नेताओं को औरत और दारू से मारो। औरत और दारू के वार से सारी नीतियाँ पिट जाती हैं। तुमसे चरणसिंह, नानाजी देशमुख, राजनारायण खुश होंगे। मोरारजी को छोड़ो, वे न खुश होते हैं न नाखुश। स्केण्डल ! समझे ?" मैंने कहा, "पर कोई-कोई नये मन्त्री और नेता के बारे में भी औरत और दारू की बात सुनते हैं।"

शुभचिन्तक ने कहा, "मैं समझ गया, तुम्हारा मतलब किनसे है। उनकी बात अलग है। वे भारतीय संस्कृति के हिसाब से करते हैं। रखैल रखेंगे मगर सांस्कृतिक ढंग से उससे राखी बँधवायेंगे, उसे धर्म-बहन बनायेंगे, तब वह रखैल होगी। नेता ज्यादा बूढ़े हुए तो धर्म-पुत्री बनाकर रखेंगे। तुम नमूने के लिए एम. ओ. मथाई और वेद मेहता की किताबें पढ़ डालो।"

मथाई पर बहुत लोगों को गुस्सा है, पर मैंने जब उसकी किताब पढ़ी तो मुझे बार-बार आँसू आये। बड़ी दया आयी बेचारे मथाई पर। बेचारा नेहरू के बँगले में उनके साथ रहा, मगर पूरे बँगले में सिर्फ गन्दी नाली सूंघता रहा। पूरा बँगला छोड़कर बेचारा गटर में सोता रहा। नेहरू का व्यक्तित्व समन्दर था। उसमें बेचारा मथाई लोटे की तरह पड़ा रहा, बाल्टी भी नहीं बना। नेहरू अन्तर्राष्ट्रीय तथा राष्ट्रीय हलचलों के केन्द्र थे, मगर बेचारा मथाई यही देखता रहा कि कौन दारू

पीता है, कौन नशीली गोलियाँ खाता है, कौन औरत पटाता है, कौन औरत मर्द पटाती है। बेचारा! नेहरू तो नीतियाँ बनाते थे, मगर मथाई बेचारा ऑक्सफोर्ड डिक्सनरी सीने से चिपटाये सोता रहा।

मैं मथाई की लिखी हर बात को सही मानता हूँ और इसीलिए मुझे उस पर दया आती है। इतना योग्य आदमी और बेचारा मुंशी का मुंशी रहा। क्या दुर्घटना है!

मथाई के सामने पन्तजी, शास्त्रीजी वगैरह स्वयंसेवक की तरह थे। वह कहता था–तुम इधर बैठो। तुम उधर जाओ, मगर मथाई बेचारा खुद मुंशी का मुंशी बना रहा।

मौलाना आजाद दारू पीकर लड़खड़ाते थे। उन्हें सँभालने के लिए एक तगड़ा आदमी मथाई ने रख दिया था। कितना महान आदमी है, मगर बेचारा मुंशी का मुंशी रहा।

भिलाई इस्पात कारखाना सार्वजनिक क्षेत्र में मथाई ने ही बनवाया था। बचा लिया पब्लिक सेक्टर को, वरना रूसी साम्यवादी भिलाई कारखाना किसी सेठ को दे देते और समाजवादी नेहरू ऐसा हो भी जाने देते। नेहरू 1927 में रूसी योजना समझ आये थे। 1939 में कांग्रेस ने योजना आयोग बना दिया था। नेहरू समाजवादी थे। वे सार्वजनिक उद्योग क्षेत्र स्थापित करने के लिए कटिबद्ध थे। यह सब गलत है। भिलाई कारखाना तो सार्वजनिक क्षेत्र में खुलवाया मथाई ने, मगर बेचारा मुंशी का मुंशी बना रहा।

नेहरू के भाषणों के मसौदे भी मथाई सुधारता था, पर खुद रहा मुंशी का मुंशी।

मथाई ने चार्ली चेप्लिन के साथ शराब पी थी, पर सिनेमा का गेटकीपर भी नहीं बन पाया। मुंशी का मुंशी रहा!

सबसे ज्यादा दया मथाई पर तब आती है, जब वह कृष्ण मेनन पर लिखता है। कृष्ण मेनन को छोटा आदमी सिद्ध करने के लिए बेचारे को पाँच अध्याय लिखने पड़े। छोटे आदमी को छोटा सिद्ध करने के लिए इतनी मेहनत की। मेनन ने इस मथाई को कितना तंग किया होगा। मेनन के राजनैतिक कामों को ही लोग जानते हैं, मगर सही बात मथाई बताता है। मेनन नशीली गोलियाँ खाता था और लड़कियाँ फंसाता था। कितना छोटा था मेनन और कितना बड़ा है मथाई, पर बेचारा मुंशी का मुंशी रहा।

नेहरू की स्त्रियों की चर्चा करते समय बेचारा मथाई और दीन हो जाता है। वह सोचता है कि कुछ खोल रहा हूँ, पर नेहरू ने खुद ही संसद में एक बार कह दिया था—हाँ, मृदुला साराभाई कुछ साल तक मेरी मित्र थीं। नेहरू खुद ही ऐसा कह गये तो मथाई क्या खोले? बेचारा मुंशी का मुंशी रहा।

निर्भय दर्शन

गालिब को भी नींद रात-भर नहीं आती थी। मुझे भी नहीं आती।

गालिब परेशान थे कि जब मौत का एक दिन मुअय्यन है, तो नींद क्यों रात-भर नहीं आती ? मौत की तो चिन्ता नहीं, फिर कौन-सा डर, कौन-सी चिन्ता ?

खैर, गालिब के तो और भी मामले थे—यही इश्क-विश्क, उधारी वगैरह। मुझे तो यह कुछ नहीं है। फिर भी रात को तय करता हूँ कि चैन से सोऊँगा, पर नींद बार-बार खुल जाती है।

अब तो आपातकाल नहीं है। दूसरी आजादी आ गयी है। जनता सरकार बन गयी है। हमारे प्यारे-प्यारे नेता मन्त्री हो गये। हमारे नेता बार-बार कहते हैं—अब निर्भय हो जाओ, बिल्कुल मत डरो—हम तो हैं !

हाँ, कह सकते हैं कि महँगाई की चिन्ता से नींद नहीं आती होगी। ऐसा भी नहीं है। हम समझ गये हैं कि ठीक मौसम आने पर महँगाई मिटेगी। हम सरकार से मिले थे। इसी महँगाई की शिकायत लेकर। सरकार ने कहा था—देखो भैया, कैसी झमाझम बरसात हो रही है। ज़रा बरसात खत्म होने दो।

हम कुछ महीने बाद फिर गये, तो सरकार ने कहा—देखो भैया, कैसी कड़ाके की ठण्डी पड़ रही है। ऐसी ठण्ड में भला महँगाई कैसे घटेगी ?

हम फिर थोड़े समय बाद गये, तो सरकार ने कहा—देखो भैया, अब तो बजट का समय है। ज़रा बजट पास हो जाने दो।

हम थोड़े समय बाद फिर गये तो सरकार ने कहा—देखो भैया, कैसी विकट गरमी पड़ रही है। ज़रा गरमी निकल जाने दो।

तो हम बारह मास रो लिये। अब महँगाई की कोई चिन्ता नहीं है। मौसम ही नहीं आ रहा।

फिर भी, नींद नहीं आती।

कल की ही बात बताता हूँ। शाम को मन अच्छा था। थोड़ा-सा दुख था कि दिल्ली नगर निगम के उप-चुनाव में जनता उम्मीदवार हार गया। यह छोटी बात है। मुझे चैन था। सोचा, रेडियो पर समाचार सुन लें, फिर मजे में सोयेंगे। रेडियो पर हमारे एक महान नेता की चेतावनी आयी—आजादी अभी भी खतरे में है, जन-तन्त्र पर अभी भी खतरा है।

मेरी नींद गायब हो गयी। मैं दरवाजे पर भीतर से ताला लगाकर सोया था। थोड़ी नींद आती और घबड़ाकर उठ बैठता। खिड़की से बाहर झाँककर देखता—कहीं कोई हमला तो नहीं कर रहा है, फिर लेटता। झपकी लगती, कुत्ता भौंकता। मैं फिर घबड़ाकर बाहर देखता। जरूर हमला हो गया। गयी आजादी, गया जन-तन्त्र !

हम पूरे विश्वास से इन सरकारी नेताओं से पूछते हैं—हुजूर, हमें बता तो

दीजिए कि किससे इस देश की आजादी को खतरा है? हमें हमले की दिशा तो मालूम हो जाये। हम पत्थर जमा कर लेंगे और हमलावर पर पत्थर फेंकेंगे। सच बताओ, क्या रानी एलिजाबेथ फिर से यहाँ वाइसराय भेज रही हैं? या मुहम्मद गोरी हमला करनेवाला है? चंगेजख़ाँ तो नहीं आ रहा है? कहीं क्लाइव फिर से अवतार धारण करके ब्रिटिश साम्राज्यवाद जमाने तो नहीं आ रहा? हमें सच बता दो, हम तैयार रहेंगे। आखिर देश की आजादी को किससे खतरा है?

ये सरकारी नेता तीन-चार दिन कहते हैं—डरो मत। और पाँचवें दिन कहते हैं—डरो! तो हमारा तीन-चार दिन का खाया-पिया भस्म हो जाता है और हमारी नींद उड़ जाती है।

और जनतन्त्र को किससे खतरा है? केन्द्र में चुनी हुई सरकार है और वह आपकी है। राज्यों में चुनी हुई सरकारें हैं। वोट हम दे रहे हैं। आप ले रहे हैं। फिर जनतन्त्र को किस कोने से कौन नष्ट करनेवाला है? कौन संसद भंग कर देगा? कौन तानाशाही कायम करेगा?

क्या भगवान ऐसी हरकत करेगा? पर भगवान तो मोरारजी भाई की सलाह से चलते हैं।

एक रहस्य और मुझे तंग करता है। जिस दिन इन्दिरा गाँधी कहीं भीड़ देखकर कह देती हैं कि जनता पार्टी की नीतियाँ गलत हैं, उसी दिन सरकारी जनता पार्टी के नेता दिल्ली से चिल्ला पड़ते हैं—आजादी खतरे में है। जनतन्त्र खतरे में है!

शायद इन्दिरा गाँधी उधर हिन्द महासागर के किसी द्वीप में फौज इकट्ठी कर रही हैं। वे दिल्ली पर हमला करेंगी, दिल्ली जीत लेंगी, फिर अपने उसी द्वीप को लौट जायेंगी और दिल्ली में अपना वाइसराय रखेंगी। भारत गुलाम हो जायेगा। जनतन्त्र खत्म हो जायेगा।

ऐसा होनेवाला हो, तो हमें डरानेवाले ये नेता हमें साफ बता दें। हम सोच लेंगे कि गुलाम तो होना ही है—चैन से तो सोओ।

हमें निर्भय बनानेवालों से बड़ी परेशानी है। हमने मुहल्ले में रखवाली के लिए एक जंगबहादुर पहरेदार रखा था। हर घर से उसे पैसा मिलता था।

उसने कहा था—सा'ब, आप लोग बिल्कुल मत डरना। चैन से सोओ। मैं तो हूँ।

पर कुछ दिन बाद जंगबहादुर ने एक हरकत चालू की। वह रात को दरवाजे खटखटाकर लोगों को जगा देता। रात में दो-तीन बार ऐसा करता।

हमने कहा, "जंगबहादुर, तूने तो कहा था कि आप लोग बेफिक्र सोओ। पर अब तू हमें डराकर जगाता है। तेरे जैसे बहादुर के रहते हुए हम डरते हैं।"

जंगबहादुर ने कहा, "सा'ब, सही बात तो यह कि मुझे डर लगता है, इसलिए अपना डर भगाने को मैं आपको जगा लेता हूँ।"

कहीं ये सरकारी नेता हमारे जंगबहादुर की तरह तो नहीं कर रहे हैं? इन्हें डर लगता है तो ये चिल्लाते हैं—लोगो, जागते रहो। आजादी खतरे में है।

जनतन्त्र पर संकट है।

कुछ समझ में नहीं आता कि कौन जनतन्त्र नष्ट करनेवाला है। जयप्रकाश नारायण कहते हैं कि फासिस्टवाद बढ़ रहा है। वे सही कहते हैं, फासिस्ट सत्ता में हिस्सेदार हो गये हैं।

ये जितने भूतपूर्व कांग्रेसी और समाजवादी जनता पार्टी में हैं, इन्हें ये फासिस्ट अपने संघ के 'सरस्वती शिशु मन्दिर' में दूध पिलाने ले जानेवाले हैं। मोरारजी शुद्ध दूध सेवन करते हैं न!

कहीं और से जनतन्त्र को खतरे का डर बतानेवाले कहीं इस तरकीब से खुद हमारे जनतन्त्र का हरण न कर लें। मेरे साथ ऐसा हो चुका है। मैं स्कूल में पढ़ता था, तब रामेश्वर नाम के एक लड़के से मेरी नहीं पटती थी। वह मुझे पीटना चाहता था।

एक दिन वह और मैं सड़क पर खड़े थे। रामेश्वर ने कहा, "देख, तेरे पीछे कोई तुझे मारने को आ रहा है।" मैंने पीछे देखा, तभी उसने मेरी टाँग में हाथ डालकर मुझे पटक दिया।

जनता पार्टी के नेता उसी रामेश्वर-सरीखी तो हमारे साथ नहीं करनेवाले हैं? इधर कह रहे हैं—देख, उधर से कोई तेरी आजादी छीनने आ रहा है। हम उधर देखने लगें तो यही हमारी आजादी छीन लें।

मैं हाथ जोड़कर कहता हूँ—मालिको, हमें क्यों डराये मारते हो? आखिर तुम उस बात को इतना गुप्त क्यों रखे हो? इतना छिपाते क्यों हो? साफ बता दो न कि हमारी आजादी कौन छीननेवाला है? कौन जनतन्त्र के लिए खतरा है?

अनशन की पवित्र क्रिया

अनशन फायदे की चीज है, बशर्ते ज्यादा न खिंचे और मौसम्बी का रस पिलाने के लिए कोई ठीक-ठाक बड़ा आदमी मिल जाये।

आदमी बड़ा तो हो ही, ठीक भी होना चाहिए। जैसे शिलान्यास के लिए, वैसे ही अनशन तुड़वाने के लिए आदमी मौसम के हिसाब से ठीक होता है।

कुछ साल पहले, जब जयप्रकाश नारायण सम्पूर्ण क्रान्तिकारी नहीं हुए थे, और खाली थे, तब वे अनशन तुड़वाने का काम किया करते थे। उनकी बड़ी 'डिमाण्ड' थी। वे मौसम्बी का झोला टाँगे घूमते थे। उनके भरोसे लोग आमरण अनशन से कम करते ही नहीं थे। जानते थे, जयप्रकाश बाबू तीन-चार दिनों में 'रघुपति राघव राजा राम' करवाके मौसम्बी का रस पिला देंगे। अब वे बीमार हैं।

इस समय मार्केट में सबसे ऊपर मोरारजी भाई हैं। उनके हाथ में मौसम्बी के रस का गिलास देखकर अनशनी का वजन बढ़ जाता है।

इन्दिरा गाँधी का मार्केट कभी था, अब बिल्कुल नहीं है। अब तो वे हाथ जोड़ें, तो भी कोई उनके हाथ से रस नहीं पियेगा। हाँ, देवराज अर्स अनशन करें तो वे जरूर पी लेंगे।

मोरारजी भाई अकड़ू हैं, लट्ठमार बात कर देते हैं। आर्यसमाजी नेता शालवाले और किसी रजाईवाले ने कुछ दिन हुए, अनशन तोड़ने से पहले कह दिया था कि मोरारजी के आग्रह से वे अनशन तोड़ रहे हैं।

मगर 'दुष्ट' मोरारजी ने कह दिया — न मैंने उनसे अनशन करने को कहा था, न तोड़ने को। दुष्टता है। जिसे अनशन तोड़ना है, वह आखिर किसी का नाम तो लेगा ही कि उनके आग्रह पर अनशन तोड़ रहा है! यह तो वह नहीं कह सकता कि मरने से डर रहा है। खैर, बाबू जगजीवनराम ने रस पिलाकर लाज रख ली।

बाबूजी ने शायद जिन्दगी में पहली बार अनशन तुड़वाया है। आगे उनके अच्छे चांस हैं। जिन्दगी में कोई अच्छा काम लेट नहीं होता — चाहे नयी पार्टी बनाना हो या अनशन तुड़वाना।

मोरारजी भूल गये कि उन्होंने भी गुजरात में चुनाव के लिए अनशन किया था। तब वे भी आग्रह और रस के गिलास पर आँखें लगाये थे। इन्दिरा गाँधी ने बेइज्जती से उनका अनशन तुड़वाया था। कहा था—बूढ़े हैं। स्वतन्त्रता की लड़ाई में शामिल थे। उनकी जान बचा लेनी चाहिए। मैं मानवीयता के कारण उनकी बात मान लेती हूँ। यानी बूढ़े पर दया करके कह रही हूँ—दद्दा, अब रोटी खा लो। मत रूठो!

अनशन पवित्र क्रिया है। किसी भी माँग पर हो सकता है। दूसरे की बीवी हड़पने के लिए भी आदमी अनशन कर सकता है। नैतिक प्रभाव और जनमत का दबाव पड़े, तो दूसरे की बीवी मिल सकती है। कुल मामला अच्छा 'इशू' बनाने का है।

आर्यसमाजी शालवाले ने गुरुकुल काँगड़ी को 'इशू' बना लिया था। पवित्र विवाद यह था कि कांगड़ी विश्वविद्यालय, दवाओं के कारखाने और दूसरी चीजों पर किस गुट का कब्जा हो। कुल प्रापर्टी का पवित्र झगड़ा था, जो आर्य धर्म बन गया था।

सब पवित्र झगड़े प्रापर्टी के ही होते हैं। चेले आगे चलकर गुरु के पन्थ को धन्धा बना लेते हैं और प्रापर्टी धर्म हो जाती है।

स्वामी दयानन्द के चेले हैं ये। प्रापर्टी पर लड़ते हैं। कबीर के चेलों ने भी कबीर समाज रजिस्टर्ड बना लिया है। कबीर सिर पीटते होंगे कि मैं भी रजिस्टर्ड हो गया।

गुरु नानक के चेले गुरुद्वारे पर कब्जे के लिए बयान निकाल लेते हैं। ब्रह्म ही सत्य है, जगत मिथ्या है, सब माया है —यह शंकराचार्य सिखाते हैं, पर सोने के

सिंहासन पर बैठते हैं और सोने के कमण्डल से पानी पीते हैं।

कुछ साल पहले मठ पर कब्जे के लिए दो शंकराचार्यों में मुकदमेबाजी हुई थी। शंकराचार्य खड़े हैं कोर्ट में— प्रापर्टी के लिए !

राजघाट पर अगर फूल चढ़ाने के लिए पैसे लिये जाने लगें, तो गाँधी की समाधि पर कब्जे के लिए अनशन करने को तीन जत्थे बैठ जायेंगे—इन्दिरा कांग्रेस, रेड्डी कांग्रेस और जनता पार्टी। कुछ अचरज नहीं कि बालासाहब देवरस भी अनशन पर बैठें कि गाँधी पर हक हमारा है। वे संघ के स्वयंसेवक थे, उनका श्रद्धा-टैक्स हम वसूल करेंगे।

इधर एक और दिलचस्प अनशन चला। मध्यप्रदेश की राजधानी भोपाल है, जहाँ का तालाब मशहूर है। और भी खूबियाँ हैं। यहीं की विधानसभा में एक शुद्ध जनसंघी विधायक ने उपाध्यक्ष को जूता फेंक-मारकर संस्कृति समझायी थी।

भोपाल के पास ही कई साल पहले ईरान के शाह और अब बरखास्त शाहबानू सुरैया के लिए शिकार का इन्तजाम किया गया था। शिकार कामयाब रहा। शाह की गोली से शेरनी मरी। तब शेर ने आँखें उठाकर खूबसूरत सुरैया को देखा और वह भी ढेर हो गया। यह सच है। भोपाल के लतीफेबाज गवाह हैं।

इसी भोपाल में शुद्ध संघी वीरेन्द्र कुमार सखलेचा बिराजते हैं। इन्होंने कांग्रेस भवन के लिए कुछ साल पहले दी गयी जमीन का अलाटमेण्ट रद्द कर दिया। चरणसिंह कांग्रेस से आसमान, यानी झण्डा छीननेवाले हैं, सखलेचा ने जमीन छीन ली।

अब कांग्रेस दो हो गयी हैं और कांग्रेसी अब वह नहीं रहा कि मुँह की मक्खी उड़ाने के लिए किसी को पुकारे। लड़ाकू हो गया है। तो इन्दिरा कांग्रेसवाले जमीन पर कब्जा करने का सत्याग्रह करके गिरफ्तार होने लगे।

यह देखकर रेड्डी कांग्रेस के नेता मुख्यमन्त्री के फाटक पर अनशन करने लगे। जनता सरकार की पुलिस सत्याग्रह कर रही है। मजा यह है कि अगर अनशन सफल हो गया, तो दोनों तरह के कांग्रेसी उस जमीन पर आमने-सामने अनशन पर बैठ जायेंगे। जो बाद में अनशन तोड़ेंगे, उनका कब्जा जमीन पर हो जायेगा।

एक बार हम भी अनशन के चक्कर में फँस गये थे। खुद अनशन नहीं किया था, दूसरे के अनशन में फँस गये थे। हमारे एक मित्र कांग्रेसी हैं। आदमी भले हैं। तबादले में कभी पैसा नहीं खाया, इस हद तक निकम्मे हैं। आदर्शवादी हैं।

एक बार उन्होंने तय किया कि प्रदेश कांग्रेस की शुद्धि के लिए नौ दिन का उपवास करेंगे।

हमने समझाया—इस समय सारे कांग्रेसी विधानसभा के टिकटों की छीन-झपट में लगे हैं, उन्हें शुद्ध होने की फुरसत नहीं है। चुनाव के बाद जब उन्हें फुरसत मिले, तब उन्हें शुद्ध कर लीजिए। थोड़े दिन और अशुद्ध रहें तो कोई बड़ा नुकसान देश का नहीं होगा।

पर वे नहीं माने। उनकी पवित्र आत्मा से आवाज आने लगी थी। वे अनशन पर बैठ गये। अखबारों में समाचार छप गया। उनके आसपास हम गैरकांग्रेसी कुछ

मित्र ही थे, जो ऊदबत्तो जला देते और नींबू का पानी पिला देते।

शुद्ध होनेवाले कांग्रेसी नहीं आये। आखिर हम घबड़ा गये। शुद्धीकरण के लिए हम लोग ही बचे थे। तीसरे दिन से हमने उनसे कहना शुरू कर दिया--बड़ा नैतिक प्रभाव पड़ गया अनशन का। कांग्रेसियों में हलचल है, आत्मपरीक्षण चल रहा है।

पाँचवें दिन हम उन्हें राजी कर पाये कि अनशन तोड़ दें। बहुत अधिक नैतिक प्रभाव पड़ चुका, अब ज्यादा की जरूरत नहीं है।

शाम को हमने एक आदमी से रवीन्द्रनाथ का गीत गवाया—'यदि तेरी पुकार पर कोई साथ न आये, तो तू अकेला ही चल...' और आदमी से रस पिलवाया।

कांग्रेस की शुद्धि हुई, हम झंझट से बचे। शुद्ध करनेवाले चार-पाँच दिनों बाद मुर्गा खाने लगे।

जाँच कमीशन : सरकार का कुल्ला

इस रफ्तार से कमीशन बैठ रहे हैं कि अब मुझे डर लगने लगा है। किसी भी दिन यह दुर्घटना घट सकती है कि मेरे बारे में कोई जाँच कमीशन बैठ जाये, या मैं ही किसी कमीशन का सदस्य नामजद कर दिया जाऊँ।

कोई सरकार से शिकायत कर दे या अखबारों में हल्ला मचा दे कि हरिशंकर परसाई की हालत खराब है, तो किसी दिन सुबह रेडियो पर सुनूँ कि मेरी सही हालत की जाँच के लिए एक कमीशन बिठा दिया गया है।

या किसी दिन यह खबर सुनूँ कि क्योंकि हरिशंकर परसाई बेकार है, और कोई न्यायाधीश इस समय खाली नहीं है, इसलिए परसाई को फलाँ जाँच कमीशन का सदस्य नियुक्त किया जाता है।

जब तक जस्टिस खोसला इस काम में लगे थे, बेफिक्री थी। वे नेताजी सुभाष बोस की मृत्यु से लेकर अकादमी तक की जाँच कर लेते थे। पर अब तो दिन में चार के रेट से कमीशन बैठ रहे हैं।

अब कोई आदमी सुरक्षित नहीं है। एक दिन ऐसा आयेगा, जब इस देश के आधे आदमियों की जाँच हो रही होगी; और बाकी आधे जाँच कमीशनों में होंगे।

कितनी समस्याएँ हैं, जिनकी जाँच होनी हैं! कुत्ता खास ढंग से लघुशंका क्यों करता है? मरुस्थल में, जहाँ न झाड़ है न खम्भा, वहाँ का कुत्ता क्या बिना लघुशंका के रह जाता है?

बिल्ली अपने बच्चों को जगह-जगह क्यों ले जाती है? उसकी जचगी का कोई

स्थायी प्रबन्ध हो सकता है या नहीं ?

गधा इस तरह दार्शनिक चिन्तन में क्यों मशगूल रहता है ? उसके चिन्तन के अनुसार वेदान्त की व्याख्या के प्रकाशन की क्या व्यवस्था की जा रही है ?

सरकार इस तरह कमीशन बिठाती है, जैसे हम कुल्ला करते हैं। जाँच कमीशन सरकार का कुल्ला ही है। मुंह साफ करने के लिए कुल्ला कर लिया, और नकली दाँतों का सेट लगा लिया।

प्रधानमन्त्री दक्षिण भारत के चुनाव दौरे पर गये। वहाँ पार्टी के लोगों ने कहा कि इधर हरिजन आदिवासियों को तकलीफें हैं। इनके वोट भी बहुत हैं। कुछ कीजिए।

प्रधानमन्त्री ने घोषणा कर दी—हम हरिजन आदिवासियों की सही हालत की जाँच के लिए एक कमीशन और बिठा रहे हैं।

अब इन्दिरा गाँधी कह सकती थीं कि हमने दस कमीशन बिठाये थे। एक कमीशन-वाले को वोट दोगे या दस कमीशनवाले को ?

हरिजन आदिवासियों की हालत पर कमीशन तो अशोक ने भी बिठाया था। उसकी रिपोर्ट अभी तक नहीं आयी।

अकबर ने भी टोडरमल की अध्यक्षता में गरीबी-उन्मूलन के लिए एक कमीशन बिठाया था। इतिहासकार खोज करें कि उसकी रिपोर्ट कहाँ है।

कौरव-पाण्डव-विवाद सुलझाने के लिए भी कमीशन बिठाया गया था, पर कमीशन के सामने गवाही देते-देते दोनों पक्ष बोर हो गये।

वीरों का काम लड़ना है कि गवाही देना ? कमीशन की कार्रवाई इसी तरह चली तो कलियुग के अन्तिम चरण में जनता सरकार के समय इसकी रिपोर्ट बनेगी। इससे अच्छा है, लड़कर मामला निपटा लो।

न्यायी जहाँगीर भी कमीशन बिठाता था। भूखों की रोटी की समस्या पर उसने कमीशन बिठाया। पर जब कमीशन की रिपोर्ट आयी, तब मालूम हुआ कि शिकायत करनेवाले भूखे मर चुके। रिपोर्ट फाइल्ड !

सरकार ने हरिजनों व आदिवासियों की समस्या पर इस तरह कमीशन बिठाया है, जैसे अभी पहली बार मालूम हुआ है कि कुछ ऐसे प्राणी भी हैं जो हरिजन और आदिवासी कहलाते हैं।

प्राणिशास्त्रियों ने अभी इन जीवधारियों को खोजा है। ये हिन्द महासागर के किसी सुदूर द्वीप में या पहाड़ों की कन्दराओं में रहते आये हैं। हम इन्हें बिल्कुल नहीं जानते।

ये तो जनता सरकार की खोज है। अभी तो यही तय करना है कि ये मनुष्य हैं या नहीं, स्तनपायी हैं या और कुछ। पानी में रहते हैं कि हवा में। ये सब बातें मालूम होने के बाद इनकी समस्याओं पर विचार होगा।

अगर यह सही है कि इन्हें जिन्दा भून दिया जाता है तो यह पता लगाना पड़ेगा कि 'चिकन रोस्ट' और 'हरिजन रोस्ट' में कौन ज्यादा स्वादिष्ट है। तन्दूरी मुर्गे

की अपेक्षा तन्दूरी हरिजन की बिक्री की कितनी सम्भावना है।

लोग चिल्लाते रहे कि हुजूर दर्जनों कमीशन बैठ चुके हैं, सैकड़ों रिपोर्टें हैं। इनकी समस्याएँ सब जानते हैं। किताबों में छपती है, अखबारों में छपती है। हर आदमी जानता है, क्या सरकार नहीं जानती? नहीं। सरकार को रेडीमेड जानकारी से सरोकार नहीं। उसे अपने कमीशन के मार्फत जानकारी चाहिए।

सरकार को कोई समस्या हल करनी नहीं है। उसके वश की बात नहीं है। जब समस्या हल न करनी हो, या वह हल न होती हो, तो कमीशन बिठा दो। भूखा रोटी माँगता हो तो उससे कहो—मुँह खोल। वह मुँह खोले तो उसमें कमीशन डाल दो—ले, जिन्दगी-भर जुगाली करता रह।

सड़क पर दंगा होता हो तो चतुर आदमी गली में से निकल जाता है। कमीशन वह गली है, जिसमें से सरकार छिपकर निकल जाती है क्योंकि आम सड़क पर समस्याएँ जमघट किये हैं।

चतुर सरकार मुँह पर कपड़ा डालकर, लचकती-फचकती, फुरती से कमीशन की गली से निकल जाती है और उधर समस्याएँ हुड़दंग करती रहती हैं।

अब तो आम आदमी कमीशनी हो गया है। कमीशन उसकी जिन्दगी में घुस गया है। वह कमीशन के ढर्रे पर सोचता है, समझता है। उसे हल करने में झंझट है तो समस्या को वहीं खड़ी रहने दो—बस, कमीशन बिठा दो। मियाँ-बीवी घर में रोज लड़ेंगे, समझौता नहीं करेंगे, पड़ोसी का जाँच कमीशन बिठा देंगे। पड़ोसी झगड़े के कारणों की जाँच करेगा और इधर मियाँ-बीवी लड़ते जायेंगे।

इस सरकार ने लोगों को कमीशन प्रेमी बना दिया है। हर आदमी कमीशन की लाइन पर सोचने लगा है।

इधर मुहल्ले में एक चोपड़ा साहब का मकान है। उन्होंने गन्दे पानी की नाली ऐसी बना ली है कि पड़ोस के खन्ना साहब के अहाते में पानी आता है।

कल खन्ना साहब ने मुझसे इसकी शिकायत की। इतने में चोपड़ा साहब भी आ गये। वे कहने लगे कि साहब, नाली तो यहीं से जायेगी। चोपड़ा साहब ने कहा—और मैं कहता हूँ कि नाली इधर से नहीं जायेगी। मैंने कहा—इस समस्या का हल यह है कि या तो चोपड़ा साहब नाली को दूसरी तरफ मोड़ दें या खन्ना साहब जबरदस्ती उधर मोड़ दें।

उन दोनों ने कहा—देखिए साहब, हम दोनों जनता पार्टी में हैं। हम अपनी सरकार के आदर्श के मुताबिक इस समस्या का हल करना चाहते हैं। नाली तो वहीं रहेगी—बस, एक कमीशन बैठ जाये, आपकी अध्यक्षता में।

मैं तो बच निकला। पता नहीं यह आफत किसके सिर पर आयी।

अपने-अपने भगीरथ

वाराणसी में डॉ. सम्पूर्णानन्द की मूर्ति की स्थापना हो गयी। यह अच्छा हुआ। कायस्थ की मूर्ति की स्थापना हो गयी तो आगे किसी ब्राह्मण की मूर्ति भी लग जायेगी। कमलापति त्रिपाठी का रास्ता खुल गया।

मूर्ति का अनावरण बाबू जगजीवन राम ने किया। उनका भविष्य उज्ज्वल है। आगे वे किसी ब्राह्मण की मूर्ति का अनावरण करेंगे।

मगर चमार ने कायस्थ की मूर्ति को छू लिया। कुछ लोगों को लगा कि इससे कायस्थ की पवित्रता भंग हो गयी, यानी कायस्थ की पवित्रता से चमार की अपवित्रता जोरदार है, तभी तो पवित्रता को अपवित्रता ने नष्ट कर दिया।

कुछ लोगों ने गंगाजल से मूर्ति को धो दिया। वह पवित्र हो गयी। अच्छा होता, जगजीवन राम को ही पहले गंगाजल से धोकर शुद्ध कर लेते।

हरिजन का अपमान हो, उस पर अत्याचार हो, तो कुछ रस्में अपने यहाँ अदा की जाती हैं, जैसे शादी में नवग्रह पर पैसे रखवाकर मन्त्र पढ़े जाते हैं।

इन मन्त्रों से न यजमान का फायदा होता है, न भगवान का, न उन ग्रहों का। फायदा होता है पुरोहित का।

तो रस्में अदा हुईं। अखबारों में हल्ला हुआ—जगजीवन राम का अपमान! हरिजनों की तौहीन! अपराधियों को सजा दी जाये!

इसी समय संसद बैठ गयी। वहाँ भी हल्ला हुआ—धिक्कार है! अरे, तुम क्यों नहीं बोल रहे? जी, बोलता हूँ—धिक्कार है! और तुम क्यों नहीं बोलते? तुम्हारी पार्टी के लोगों ने ही किया होगा? नहीं-नहीं, धिक्कार है! धिक्कार है! अपराधियों को दण्ड दिया जाये। जी, जरूर दिया जायेगा। जाँच की जाये। जरूर की जाये। सरकार सुस्त है। नहीं, सरकार चुस्त है…

इसमें न मतलब जगजीवन राम की प्रतिष्ठा से है, न हरिजनों के कल्याण से। गंगा भी पवित्र नहीं है। कुल मामला राजनीतिक दाव-पेंच का है, राजनीतिक लाभ का है।

राजनीतिक लाभ के लिए शुद्ध ब्राह्मण गोमाता का मांस मन्दिर में डालकर हिन्दू-मुस्लिम दंगा करवा देता है।

राजनीतिक लाभ मिलता हो तो राजनीतिक शूरमा अपनी धर्मपत्नी से पेमेण्ट पर किसी से बलात्कार करवाके हल्ला कर सकता है कि अमुक जाति के आदमी ने मेरी पतिव्रता को भ्रष्ट किया।

हरिजन-कल्याण के मामले में भी हमारी नीति बड़े पवित्र पाजीपन की है। हरिजन को मन्दिर-प्रवेश कराते हैं और उधर उसकी झोंपड़ी में आग लगा देते हैं।

धर्म, उपकार और दया की पाखण्ड-महिमा अपार है। सुबह नियम से मछलियों को दाना खिलाते हैं और रात को 'फिश करी' खाते हैं।

सुबह भूखों को गेहूँ बाँटते हैं और दोपहर को अनाज बेचने आये किसानों को तौल और भाव में लूट लेते हैं।

सुबह आदमी को दाना खिलाया और लंच में आदमी की 'करी' खा ली।

जगजीवन राम बिल्कुल भ्रम में न पड़ें कि उनकी प्रतिष्ठा की किसी को चिन्ता है। कतई नहीं है। उन्हें इतने सालों मन्त्री रहने पर अनुभव हुआ होगा कि लड़के की नौकरी के लिए परम ब्राह्मण उनके चरण छूते रहे हैं।

वे रक्षा-मन्त्री हैं। रक्षा-उत्पादन कारखाने में नट-बोल्ट की सप्लाई का ठेका देने का वचन दें, तो मैं इस देश के सबसे बड़े ब्राह्मण को उनके चरणों में डाल दूँ।

वे तो मन्त्री हैं। हरिजन थानेदार और हरिजन रेवेन्यू इन्स्पेक्टर के चरण भी श्रेष्ठ ब्राह्मण छूते हैं।

जगजीवन राम के अपमान का वैसे ही पवित्र राजनीतिक उपयोग हुआ, जैसा आन्ध्र के तूफान का। जैसे तूफान को धन्यवाद, वैसे ही जगजीवन बाबू को धन्यवाद।

कुल चिन्ता यह थी कि विधानसभाओं के चुनाव देखते हुए किस पार्टी के सिर पर यह पाप का घड़ा फोड़ दिया जाये। अरे, ये इन्दिरा कांग्रेसवालों की हरकत है! हाय, कितने हरिजन विरोधी हैं! नहीं-नहीं, हमने यह नहीं किया, रेड्डी कांग्रेस-वालों ने किया।

मैं हैरान हो जाता हूँ इस देश की जाति-चेतना से। मुझसे एक दिन एक कायस्थ मित्र ने कहा, "फलाँ शहर का कायस्थ समाज जयप्रकाश बाबू का अभिनन्दन करने-वाला है।"

मैंने कहा, "क्यों?"

उसने कहा, "इसलिए कि जयप्रकाश कायस्थ हैं।"

मैंने कहा, "यार, मुझे तो पता नहीं था कि वे कायस्थ हैं।"

मित्र ने कहा, "पर कायस्थों को तो पता है! सबके लिए वे लोकनायक हों, पर अपने लिए कायस्थ हैं।"

अभी महेश योगी यहाँ आये थे। उनका प्रवचन हुआ।

मुझे एक आदमी ने बताया कि वहाँ कायस्थों की बड़ी भीड़ थी।

मैंने पूछा—क्यों? उसने कहा—महेश योगी कायस्थ हैं न, श्रीवास्तव हैं। अपने यहाँ गन-कैरिज फैक्टरी में सुपरवाइजर थे।

इधर गहोई वैश्य समाज मैथिलीशरण गुप्त की जयन्ती मनाता है।

मैंने पूछा—तुम लोग यह जयन्ती क्यों मनाते हो?

उन लोगों ने जवाब दिया—वे हमारी जात के हैं, गहोई हैं।

मैंने पूछा—इन महाकवि में क्या विशेषता है? उन्होंने कहा—वे हमारी जाति के हैं।

खैर, एक काण्ड तो यह जगजीवन बाबू का हो गया। मूर्तियाँ आगे भी लगेंगी, अनावरण भी जगजीवन राम करेंगे। तो राजनीतिवाले आगे ज्यादा व्यवस्थित ढंग

से हरिजन-कल्याण करें। हर पार्टी अपने-अपने गंगाजल से धोनेवाले तैयार रखें।

पहले जनता पार्टी की टोली गंगाजल से मूर्ति धोकर हल्ला करे कि इन्दिरा कांग्रेसियों ने यह कुकृत्य किया।

फिर इन्दिरा कांग्रेसवाले मूर्ति को धोयें और हल्ला हो कि जनता पार्टी के लोगों ने यह काम किया।

फिर रेड्डी कांग्रेसवाले धोयें और हल्ला हो कि इन्दिरा कांग्रेसियों ने यह किया।

कम्यूनिस्टों को बदनाम करने के लिए गंगाजल से काम नहीं चलेगा। इसके लिए उन्हें मूर्ति को डामर से पोतना पड़ेगा।

मुझे विश्वास है, राजनैतिक लाभ के लिए ये लोग अपने बापू के मुँह पर भी खुशी से डामर पोत देंगे।

कविवर अटलबिहारी

कह गिरिधर कविराय
सुनो हो धुर के बाठी···

(अर्थात् क्या अटलबिहारी कवि हैं? कैसे हैं? क्यों हैं?)

बहुत लोग मुझसे पूछते हैं—क्या अटलबिहारी वाजपेयी कवि हैं? मैं कहता हूँ—अगर सिर्फ कवि कहोगे तो पिटोगे। वे महाकवि हैं, मगर टेम्परेरी महाकवि हैं।

कुछ कवि होते हैं और कुछ माने जाते हैं। निराला, पन्त कवि थे, अटलबिहारी कवि माने जाते हैं। निराला, पन्त परमानेण्ट कवि थे, अटलबिहारी पदेन यानी 'एक्स ऑफीशियो' कवि हैं, टेम्परेरी हैं।

वे मन्त्री हैं, राजा हैं। जब तक मन्त्री हैं, कवि माने जायेंगे। जिस दिन मन्त्री नहीं रहेंगे, उस दिन वही लोग जो हें-हें कर रहे हैं और गर्दन हिलाकर वाह-वाह कर रहे हैं, उन्हें हूट करेंगे।

यह बात अटलबिहारी जानते हैं। वे चतुर हैं।

छायावादी, प्रगतिवादी, प्रयोगवादी कवि होते थे, इधर एक नयी इमर्जेन्सी काव्य-धारा बही है और बहुत-से इमर्जेन्सी कवि हो गये हैं।

ये इमर्जेन्सी में जेल में थे। वहीं उन्होंने कविताएँ लिखीं। ये कवि, फिर भी, न माने जाते, अगर नयी सरकार में मन्त्री या मुख्यमन्त्री न होते।

मैथिलीशरण गुप्त ने लिखा है—राम तुम्हारा चरित स्वयं ही काव्य है, कोई

कवि बन जाय सहज सम्भाव्य है।

इन इमर्जेन्सी कवियों के लिए कहा जायेगा—कारागार निवास स्वयं ही काव्य है, कोई कवि बन जाय सहज सम्भाव्य है।

ऐसे कवि अटलबिहारी हैं, हिमाचल प्रदेश के मुख्यमन्त्री शान्ताकुमार हैं, मध्यप्रदेश कला परिषद के अध्यक्ष और सहकारिता मन्त्री हरिभाऊ जोशी हैं।

यह वही 'कुख्यात' कला परिषद है, जिसके 'कुख्यात' सचिव अशोक वाजपेयी हैं, जिन्हें निकालने की कोशिश में भोपाल की जुम्मन मियाँ की गली के लेखक से लेकर आल इण्डिया स्तर के लेखक, सम्पादक, बुद्धिजीवी लगे हैं।

ये ईमानदार लोग हैं। पहले कहते थे, यह अशोक वाजपेयी इमर्जेन्सी का समर्थन नहीं करता, इसे निकालो। अब कहते हैं, यह इमर्जेन्सी का समर्थन करता था, इसे निकालो।

ये ईमानदार बुद्धिजीवी हैं। आम बुद्धिजीवी कुछ शर्मीले होते हैं, ये बड़े बेहया ईमानदार बुद्धिजीवी हैं। खैर, मुझे अशोक वाजपेयी से मतलब नहीं।

मैं तो देख रहा हूँ कि बड़े-बड़े साहित्य-मनीषी मन्त्रियों को घेरते हैं। कहते हैं—साहब, आप कवि हैं।

मन्त्री कहता है—नहीं भाई, मैं कवि नहीं हूँ। मैंने कोई कविता नहीं लिखी।

मनीषी कहते हैं—महामना, आप अपने को नहीं जानते। हम जानते हैं, आप कवि हैं। आपके बँगले के आसपास जो सुगन्ध फैल रही है, उसी से हम जान गये कि यहाँ कोई कवि रहते हैं। कालिदास जहाँ रहते थे, वहाँ अभी भी सुगन्ध आती है।

मन्त्री कहते हैं—भई, वह तो रातरानी की सुगन्ध है।

मनीषी कहते हैं—आपके सामने क्षुद्र रातरानी क्या है? आप रात-राजा हैं। आपकी सुगन्ध है।

तभी मन्त्री आवाज देते हैं—बैरा, चाय जल्दी लाओ। थोड़ा नाश्ता भी बनाओ।

मनीषी चौंककर कहते हैं—अहा, क्या काव्य है! इसे जरा यों तो कहिए

'जल्दी चाय बनाओ बैरा
नाश्ता फौरन लाओ मेरा!'

मन्त्री दुहराते हैं। मनीषी कहते हैं—और काव्य कहते किसे हैं? दो पंक्तियों की गागर में आपने हिन्द-महासागर भर दिया है। अरब सागर भी इसी गागर में है। कैसी उदात्त भावना, कैसा ललित शब्द-चयन, कैसी उत्तम तुक! वाह! इसे छपना चाहिए।

लो, एक इमर्जेन्सी कवि और पैदा हो गये।

राजा लोग हैं, वे जो कहें सो कविता। दरबारी सिर धुनते हैं।

किस्सा है। एक छोटी रियासत दतिया के राजा थे। दतिया के राजा के दरबार में एक कवि आया। सोचा होगा, कविता सुनाकर कुछ इनाम पा जाऊँगा।

राजा साहब ने कहा—हाँ, कविजी, सुनाओ कविता।

कवि ने एक अच्छी कविता सुनायी। राजा ने मुँह बिगाड़ लिया। वे खुद कवि थे न!

कहने लगे—अरे, यह भी कोई कविता है! क्या रखा है इसमें! हमसे कविता सुनो—

'पेरिस की शान क्या मेरी दतिया के सामने
तख्ते सुलेमाँ क्या मेरी खटिया के सामने
फिरंगी की तोप क्या मेरी लठिया के सामने
जन्नत की हूर क्या मेरी पठिया के सामने!'

सारे दरबारी झूमने लगे, कवि भाग गया।

अटलबिहारी चतुर आदमी हैं। वे समझेंगे कि मन्त्रियों की कविता वैसी ही होती है, जैसी श्रेष्ठ यह दतिया के राजा की कविता है। राजा लोगों की बात निराली है।

अब सवाल है कि अटलबिहारी 'कैदी कविराय' के नाम से कुण्डलियाँ ही क्यों लिखते हैं? अगर प्राचीन कवियों की ढब पर ही लिखना है, तो तुलसीदास हैं, सूरदास हैं, कबीरदास हैं। तुलसीदास की लाइन पर ही लिख सकते थे—

'मो सम कौन कुटिल खल कामी।
जो पद दियो ताहि को भूल्यो, ऐसो नमकहरामी!'

पर अटलबिहारी ने गिरिधर कविराय के ढंग पर ही कुण्डलियाँ क्यों लिखीं? कारण है। गिरिधर कविराय की सबसे प्रसिद्ध कुण्डलिया है—

'लाठी में गुन बहुत हैं, सदा राखिये संग।'

इस कुण्डलिया का अन्त यों है—

'कह गिरिधर कविराय सुनो हो धुर के बाठी
सब हथयारन छोड़ हाथ में रखिये लाठी।'

अटलबिहारी राष्ट्रीय स्वयंसेवक हैं। बचपन से संघ की शाखा में लाठी भाँजते रहे हैं। लाठी का यह मोह छूटता नहीं है। उन्होंने पाया कि गिरिधर कविराय के पास अपनी वह संगिनी लाठी है, तो तय किया कि अपने कवि गिरिधर कविराय हैं। हम भी 'कैदी कविराय' बनेंगे और कुण्डलिया लिखेंगे।

अटलबिहारी राजा हैं, चतुर हैं, बात समझेंगे वे। चमचे नहीं समझेंगे, वे मनीषी हैं। गँवार चमचा समझता है, मनीषी चमचा कुछ नहीं समझता।

हास्यास्पद अच्छी बात

कोई कहे—हमें सदाचार का पालन करना चाहिए, निःस्वार्थ सेवा करनी चाहिए, सत्य बोलना चाहिए, देश को आगे बढ़ाना चाहिए; तो सुननेवाला क्या प्रतिक्रिया करेगा?

सुन लेगा। प्रेरित हो या न हो, गम्भीर रहेगा। टाल देगा। हँसेगा तो हरगिज नहीं। ये कोई हँसने की बातें तो हैं नहीं।

मगर ऐसी बातों पर अब हँसी भी आने लगी है। इसका अहसास मुझे कल अचानक हुआ।

मेरे साथ मेरे दो मित्र बैठे थे। समाचार सुनने के लिए रेडियो लगाया तो सुनायी पड़ा—भगवान महावीर के स्मारक का शिलान्यास करते हुए प्रधानमन्त्री श्री मोरारजी देसाई ने कहा कि हमें भगवान महावीर के उपदेशों को जीवन में उतारना चाहिए।

सुनकर हम तीनों अनायास हँस पड़े। मैंने बाद में दोस्तों से कहा—ज़रा इस बात पर गौर करो कि इतनी अच्छी बात पर हँस क्यों दिये! भगवान महावीर एक महापुरुष। उनके उपदेश बहुत अच्छे। मोरारजी भाई भी अच्छे आदमी। फिर हम हँसे क्यों?

पहले नहीं हँसते थे। मन्त्री या नेता मौका देखकर उसी हिसाब से कुछ अच्छी बातें कह जाता है। उसकी आदत है, उसको बुरा नहीं मानते।

डाकू मानसिंह के जन्म-दिन के उत्सव में उसे बुलाओ तो मन्त्री कहेगा—हमें मानसिंह के आदर्शों को अपने जीवन में उतारना चाहिए।

जेबकतरों के सम्मेलन में वह कहेगा—जेबकतरों पर ही देश का निर्माण निर्भर है। सरकार जेबकतरों के विकास के लिए पूरी कोशिश करेगी।

अनाथालय के उत्सव में मन्त्री ने कहा—हम तो देश का इतना विकास करना चाहते हैं कि मुहल्ले-मुहल्ले में अनाथालय और घर-घर में विधवाश्रम हो।

तो मन्त्री-नेता ऐसी बात कह ही देते हैं। हम उन पर ध्यान नहीं देते।

पर हम हँसे क्यों? मोरारजी भाई कोई जोकर नहीं हैं, गम्भीर आदमी हैं। भगवान महावीर के उपदेशों में हास्यरस नहीं है, फिर हम क्यों हँसे?

स्वास्थ्य मन्त्री कहता है—डाक्टरों को निःस्वार्थ भाव से सेवा करनी चाहिए।

हम हँस पड़ते हैं।

शिक्षा मन्त्री कहता है—शिक्षा का उद्देश्य नौकरी नहीं, चरित्र निर्माण है।

हम हँस पड़ते हैं।

कोई मन्त्री कहता है—शासकीय कर्मचारियों को जनता की सेवा करनी चाहिए।

हम हंस पड़ते हैं।

कोई नेता कहता है—व्यापार में नैतिकता का पालन करना चाहिए।

हम हँस पड़ते हैं।

ये तो मेरे जैसे लेखकों के पेट पर लात मारने लगे। मैं हास्य-विनोद, व्यंग्य लिखता हूँ। यही मेरी रोजी-रोटी है। मगर मैं कितनी मेहनत करता हूँ, हास्यास्पद चरित्र और स्थिति-निर्माण करता हूँ, मुहावरे खोजता हूँ, भाषा साधता हूँ, सिर ठोककर लिखता हूँ, तब भी नहीं हँसा पाता।

और ये नेता-मन्त्री कुल इतना करते हैं कि कहीं ऐसी बात कह देते हैं—मानव सेवा ही धर्म है, और लोग हँसने लगते हैं।

मैं इनसे कहता हूँ—देश के भाग्यविधाता, कुछ मेरा भी खयाल करो। हमें कौन पढ़ेगा और कौन सुनेगा? हम तो भूखे मर जायेंगे। जिसे हँसना होगा, तुम्हारा कोई भाषण सुन लेगा या वक्तव्य पढ़ लेगा। घण्टों हँस-हँसकर लोटपोट हो जायेगा।

हो क्या गया है? क्या इतने सालों में ये अच्छी-अच्छी बातें ही मजाक बन गयी हैं? या हम लोगों का स्वभाव हँसने का हो गया है? या तुम्हारा मुँह ऐसा हो गया है कि इससे निकली गम्भीर, अच्छी बात भी मजाक बन जाती है?

अभी एक आदमी आया था। कहने लगा—तुमने सुना? नये मुख्यमन्त्री कहते हैं कि हम स्वच्छ, सदाचारी प्रशासन देंगे। वह हँसने लगा।

मैंने कहा, "यार यह बात तो ठीक है। इस पर हँसते क्यों हो?"

उसने कहा, "हँसूंगा नहीं? अरे वे कहते हैं—स्वच्छ प्रशासन देंगे! ही-ही-ही-ही! स्वच्छ प्रशासन? वाह! ही-ही-ही-ही!"

कैसे सुकर्म किये हमारे नेतृत्व वर्ग ने कि किसी अच्छे उपदेश की बात उनके मुँह से सुनकर हँसी लगती है।

कितनी कड़ी और लगातार मेहनत की है इन लोगों ने हर आदर्श को मजाक बना देने के लिए! 1947 में देशसेवा की बात सुनकर गम्भीरता से प्रेरित होते थे, 1978 में हँसते हैं। 1947 में मानवीयता की बात गम्भीर बात थी, 1978 में मानवीयता की बात मजाक हो गयी।

ये हमारे भाग्य-विधाता सारे महापुरुषों की दुर्गति कर रहे हैं। बुद्ध, महावीर, गाँधी, सबको हास्यास्पद बना रहे हैं। ये डरते हैं कि कहीं कोई मन्त्री हमारा नाम लेकर अच्छी बात न कर दे, लोग हँसेंगे।

मन्त्री कहता है—गोस्वामी तुलसीदास ने कहा है, 'परहित सरस धरम नहीं भाई!'

तुलसीदास की दुर्गति हो गयी।

मन्त्री कहता है, 'साँच बराबर तप नहीं, झूठ बराबर पाप!'

कबीरदास का कबाड़ा हो गया।

मन्त्री कहता है—कृष्ण ने कहा है कि कर्म करो, फल की आशा मत करो।

कृष्ण सिर धुनते हैं। सोचते हैं कि चाहे पाण्डव भीख माँग लेते, पर अच्छा

होता कि मैं अर्जुन को उपदेश न देता। मेरा उपदेश इस मन्त्री के मुखारविन्द से निकलकर हास्यास्पद हो गया है।

मैं परेशान हूँ। मेरी रोटी छीनी जा रही है। मैं कोशिश करके हँसाता हूँ, ये सहज ही हास्यास्पद हैं।

मुझे देशवासियों की भी चिन्ता है, हँसेंगे तो मर जायेंगे।

डण्डा और बाँसुरी

मैं इस आशंका से परेशान हूँ कि जल्दी ही जाँच कमीशनों का काम खत्म हो जायेगा। मैं घबड़ा जाता हूँ।

मैं तब भी घबड़ा जाता हूँ जब सोचता हूँ, ऐसा न हो कि रेडियो पर लता मंगेशकर के गाने बन्द हो जायें।

जाँच कमीशनों की रिपोर्ट और लता मंगेशकर के गाने, ये दोनों हमारे जीवन में रस भरते हैं। जिन्दगी जीने लायक है; क्योंकि इसमें लता मंगेशकर और जाँच कमीशन है।

हमारे दिन इस खुशी-खुशी में गुजर रहे हैं—खाना, सोना, लता और कमीशन ! रात को लता को सुनकर सोते हैं—'जब रात है ऐसी मतवाली, तो सुबह का आलम क्या होगा ?' सुबह उठते हैं तो लता को सुनते हैं—'जुर्म-उल्फत की हमें लोग सजा देते हैं !'

रात को किशनचन्द का बयान सुनकर सोते हैं, दूसरे दिन आर. के. धवन का बयान सुनते हैं।

यह क्रम साल-भर से चल रहा है। फिल्में देखना छोड़ दिया था। अमिताभ, धर्मेन्द्र, राजेन्द्र कुमार, हेमा मालिनी, शबाना आजमी— कुछ नहीं। यशपाल कपूर, आर. के. धवन, किशनचन्द, नवीन चावला, रुखसाना सुलताना—यही हैं हमारे सितारे।

पर अब क्या होगा ? एक जाँच कमीशन का काम तो खत्म हो रहा है, दूसरों का भी हो जायेगा। 'ऐ मेरे वतन के लोगो, जरा आँख में भर लो पानी ! जो शहीद हुए हैं उनकी, जरा याद करो कुरबानी !'

आज समझ में आ रहा है कि किसी कौम के ज़ीवन में संगीत और जाँच कमीशन का क्या महत्त्व है। अब क्या होगा ? हम 'आज शाह कमीशन में' के टाइम पर रेडियो लगायेंगे और वहाँ कुछ और अण्डबण्ड आ रहा होगा। लगेगा, जैसे लता मंगेशकर विलाप कर रही है।

मैं रेडियो की तरफ देखता हूँ और ठण्डी साँस लेता हूँ—हाय, अब तू वे प्यारी-प्यारी बातें नहीं सुनायेगा। जी चाहता है, तुझे तोड़ दूँ। ऐसे रेडियो से क्या फायदा जो जाँच कमीशन की रिपोर्ट न दे। डण्डा अच्छा इस बाँसुरी से, जो बजे ही नहीं।

मैंने अपना दुख अपने दोस्त से कहा—यार, अब जीवन नीरस ही जायेगा। बिना जाँच कमीशन जिन्दगी को अब बोझ की तरह ढोना पड़ेगा।

मेरे दोस्त ने धीरज दिया—निराश मत होओ। भारत भूमि वीरप्रसू है। इसने राणा प्रताप और शिवाजी पैदा किये हैं। जिस भारतमाता की कोख से बुद्ध, महावीर और गाँधी पैदा हुए हैं, वह कोख ऐसी सूनी नहीं हो गयी है कि नये संजय, यशपाल कपूर और धवन पैदा न कर सके। अनन्त सम्भावना है भारत माता के गर्भ में। होंगे, होंगे पैदा नये नरपुंगव।

फिर चरणसिंह पर भरोसा करो। वे साल-भर से दूध में शक्कर की जगह जाँच कमीशन डालकर पी रहे हैं। उन्हें बिना कमीशन चैन नहीं पड़ेगा। जाँच कमीशनों की सम्भावनाएँ रोज हो रही हैं।

मैंने अखबार उठाया, पढ़ा। मैं खुश हो गया। अहा! कान्तिभाई देसाई इन दिनों गैरसंवैधानिक सत्ता के केन्द्र हो गये हैं, संजय गाँधी की तरह। संजय युवकों के नेता, कान्तिभाई अधेड़ों के।

मोरारजी भाई की बहू याने कान्तिभाई की पत्नी ने कलकत्ता में प्रधानमन्त्री के सरकारी जहाज का जलावतरण किया। बहूजी की क्या हैसियत है? यह वैसा ही हुआ, जैसे मेनका गाँधी बोकारो की धमन भट्ठी का उद्‌घाटन करे।

चरणसिंह के रिश्तेदार एक डाक्टर गैरसंवैधानिक सत्ता बन गये हैं। आजकल स्वास्थ्य मन्त्रालय इन्हीं डाक्टर के इशारे पर चल रहा है।

देवीलाल के लड़के ओमप्रकाश ने बंसीलाल के लड़के सुरेन्द्रसिंह की जगह ले ली है। ओमप्रकाश का दरबार लगता है, ओमप्रकाश हरियाना के प्रशासन में बेहद हस्तक्षेप कर रहे हैं।

शान्तिभूषण ने अपने बहनोई को इलाहाबाद हाई कोर्ट का मुख्य न्यायाधीश बनाने के लिए न्यायमूर्ति चन्द्रशेखर का तबादला करवाया। जनता सरकार में भाई-भतीजावाद ही नहीं, साला-बहनोईवाद भी पनप रहा है।

गुजरात के मन्त्री लल्लूभाई सेठ का घपला। ताड़-तेल के ठेके के मामले में लगभग सात करोड़ के घपले की सम्भावना।

चरणसिंह को 'किसान बन्धु' का मुकुट पहनाने के लिए जो किसान रैली दिल्ली में आयोजित की गयी थी, उसके लिए कई लाख चन्दा किस-किसने दिया? जिन बसों और ट्रकों से किसान लाये गये, वे किसके थे? उनका किराया किनने दिया? क्या यह सही है कि इस रैली में पुलिसमैन किसानों के लिबास में शामिल थे?

जयप्रकाश नारायण को दी गयी नब्बे लाख की थैली की रकम कैसे वसूल की गयी? सूत्रों का कहना है कि इसके लिए शासकीय मशीनरी का दुरुपयोग किया गया। गरीब चपरासियों तक से जबरन पैसा वसूल किया गया।

जयप्रकाश नारायण के अमृत महोत्सव में जो हुल्लड़ हुआ, वह मुख्यमन्त्री कर्पूरी ठाकुर ने कराया था। कर्पूरी ठाकुर को मालूम था कि जयप्रकाश नारायण राजनैतिक भाषण देंगे, जिसमें उनकी आलोचना होगी। इसे रोकने के लिए कर्पूरी ठाकुर ने खुद उस रैली का आयोजन कराया, जिसने उपद्रव करके जयप्रकाश को बोलने से रोका।

हरि अनन्त, हरि-कथा अनन्ता
कहहिं सुनहिं सब मिलि बुध सन्ता!

अनन्त स्केण्डल हैं इस पवित्र भूमि में। हिमालय जिसका मुकुट है, जिसके चरण सागर धोता है, गंगा-यमुना जिसके हृदय प्रदेश में शोभित हैं, जिसमें राम और कृष्ण जैसे अवतार हुए, जिसमें दुर्योधन, शकुनि, विभीषण पैदा हुए, उस देव-भूमि में सरकार बदलने से स्केण्डल नहीं रुक सकते।

हे चरणसिंह, नये जाँच कमीशन बिठाओ, जिससे तुम्हारे और मेरे जीवन में रस का संचार होता रहे।

यह देश इतना गया-बीता नहीं है कि नये 'स्केण्डल' पैदा न हों। जब अमरीका में 'वाटरगेट' के बाद भी स्केण्डल हो रहे हैं, तो भारत तो देव-भूमि है।

लाल बुझक्कड़

मेरे मुहल्ले में कुत्ते ने एक आदमी को काट लिया। बात आयी-गयी हो जानी चाहिए थी, पर हुई नहीं।

देश का जैसा राजनीतिक वातावरण है, उसमें कोई बात आयी-गयी नहीं हो रही है।

तो लोगों में चर्चा चल रही है—इन्हें उसी कुत्ते ने क्यों काटा, दूसरे कुत्ते ने क्यों नहीं काटा? फिर कुत्ते ने इन्हीं को क्यों काटा? दूसरे आदमी को क्यों नहीं काटा? ऐन होली के मौके पर क्यों काटा? पहले भी काट सकता था।

रोज ही इस आदमी का और कुत्ते का आमना-सामना होता रहा है, पर कुत्ते ने दक्षिण में इन्दिरा गाँधी की जीत के बाद ही क्यों काटा? यह मरियल, दब्बू, पिलपिला कुत्ता इसी वक्त काटने पर उतारू क्यों हो गया?

बड़े अहम सवाल हैं ये। कुत्ते के इस काटने में राजनीतिक दाव-पेंच मालूम होते हैं।

साल-भर से देशवासियों की मानसिकता ऐसी हो गयी है कि जो चीज जैसी है, वैसी नहीं मानी जाती। उसमें राजनीति तलाशी जाती है।

इधर मच्छर बहुत तंग कर रहे हैं। मेरे पड़ोसी कहते हैं बहुत मच्छर हैं और बड़े-बड़े हैं।

मैं कहता हूँ—गर्मी आ गयी है और पास में नाला लगा हुआ है। मच्छर तो होंगे ही।

पड़ोसी कहते हैं—नहीं साहब, यह बात उतनी 'सिम्पल' नहीं है। अभी कुछ दिन पहले ही लखनऊ विधानसभा में हुल्लड़ हुआ है। उसके बाद ही मच्छरों की यह विध्वंसक कार्रवाई तेज हुई है। यह खुलेआम हिंसा है।

सामने मैदान में घास है और एक डबरा। डबरा हाल की बारिश में भर गया है। दो भैंसें धूप से परेशान होकर डबरे में लोट रही थीं। मेरे साथ जनता पार्टी का एक आदमी था, वह भैंसों को पत्थर मारने लगा।

मैंने कहा—लोटने दो भैंसों को, तुम्हारा क्या लेती हैं?

उसने कहा—कर्नाटक, आन्ध्र में इन्दिरा जीत गयी हैं, तो साली भैंसें किल्लोल कर रही हैं।

ऐसा माहौल है। मैं किससे पूछूं? एक लाल बुझक्कड़ हैं, राजनारायण। वे ही बूझते हैं—

लाल बुझक्कड़ बूझते और न बूझे कोय,
पाँव में चक्की बाँध के हिरना कूदा होय।

मैं क्या राजनारायण से पूछूँ कि कुत्ते ने क्यों काटा? मच्छर क्यों भनभनाये? भैंस क्यों लोटी? राजनारायण जनता पार्टी के मुँह हैं, जो चरणसिंह के सिर पर लगा है। सिर चरणसिंह खुद हैं। अफवाह है कि इस सिर में दिमाग भी है। भुजाएँ जनसंघ है। ऐसी यह मूर्ति है।

राजनारायण बूझेंगे—उस कुत्ते को इन्दिरा गाँधी ने भड़काया था। उसने एक कुत्ता-ब्रिगेड बनायी है। वह उपद्रव कराके फिर अपनी तानाशाही कायम करना चाहती है। मच्छरों तक को उसने खून-खराबा करने के लिए उकसा दिया है। देखते नहीं हो, घोड़े किस कदर हिनहिनाते हैं। गधे रेंकते हैं, कौए काँव-काँव करते हैं। सब वही करा रही है।

मेरी बड़ी मुश्किल है। मैं मानना चाहता हूँ कि इन्दिरा गाँधी खत्म हो गयीं। उनमें कोई शक्ति नहीं है, कोई उनके साथ नहीं है, जनता ने उन्हें त्याग दिया है।

मगर ये जनता के नेता मुझे यह मानने का सन्तोष नहीं लेने देते। इन्हें कहना तो यह चाहिए था कि इस देश में इन्दिरा गाँधी के कराये कुछ नहीं हो रहा है, मगर ये कहते हैं कि जो कुछ भी हो रहा है, वह उन्हीं के कराये हो रहा है।

पटना में लोकनायक के सम्मान में ऊँची जाति के लोगों ने शानदार हुल्लड़ किया। जनता-नेताओं ने कहा—यह इन्दिरा गाँधी ने कराया।

फिर नीची जाति के लोगों ने हुल्लड़ किया। जनता नेताओं ने कहा—यह भी इन्दिरा गाँधी ने कराया।

सही बात यह है कि दोनों हुल्लड़ों का नेतृत्व जनता पार्टी के नेताओं और

'सम्पूर्ण क्रान्तिकारियों' ने किया।

दिल्ली विश्वविद्यालय के कुलपति के दफ्तर पर छात्र संघ के नेताओं ने हमला किया। ये लोग आर. एस. एस. के हैं। जनता पार्टी के नेताओं ने कहा—हमला इन्दिरा गाँधी ने करवाया।

यानी आर. एस. एस. भी इन्दिरा गाँधी के कहने पर चल रहा है।

फिर छात्र संघ के दफ्तर पर हमला हुआ। ज़नता नेता कहते हैं—यह भी इन्दिरा गाँधी ने कराया।

कर्नाटक में ग्रोवर आयोग के सामने प्रदर्शन हुआ। जनता नेता कहते हैं—यह इन्दिरा गाँधी ने कराया।

कहीं हड़ताल हो गयी—इन्दिरा गाँधी ने करायी।

गुण्डों ने बाजार लूट लिया—इन्दिरा गाँधी ने लुटवाया।

कहीं डाका पड़ा—इन्दिरा ने डाका डलवाया।

कहीं चोरी हो गयी—इन्दिरा गाँधी ने करवायी।

किसी की जेब कट गयी—इन्दिरा गाँधी ने कटवायी।

मैं यह नहीं कहता कि इन्दिरा गाँधी संन्यासिनी हो गयी हैं, वे सिर्फ भगवद्-भजन करती हैं।

मेरा रोना तो यह है कि जनता पार्टी के नेता यह कहते हैं कि जो कुछ इस देश में हो रहा है, वह इन्दिरा गाँधी करवा रही हैं। हम कुछ नहीं करवा रहे हैं। कुछ करवाने की ताकत उनमें है, हममें नहीं है।

लोग उनके कहने से जूता-पत्थर फेंकते हैं, हमारे कहने से शान्त नहीं रहते। हम कहते हैं, महँगाई घटी है, पर वह नहीं घटी है। हम कहते हैं, भ्रष्टाचार मिटा है, जो नहीं मिटा है। हम कहते हैं, कानून-व्यवस्था की हालत अच्छी है, जबकि वह बहुत खराब है। यानी जो-जो नहीं है, उस-उसकी जिम्मेदारी तो जनता नेता ले लेते हैं; और जो है, उसका श्रेय इन्दिरा गाँधी को दे देते हैं।

आखिर इन्दिरा गाँधी की वापसी के लिए राह में फूल कौन बिखेर रहे हैं? यही जनता पार्टीवाले।

इस देश का आदमी फिर सोचने लगा है। एक दिन लोग जनता नेताओं से कहेंगे—भैया लोगो, तुम कहते हो कि इस देश में जो भी होता है, वह इन्दिरा गाँधी कराती हैं, उनकी मर्जी के बिना पत्ता भी नहीं हिलता। तो भैया, तुम्हें राज करने का क्या हक है? तुम उसी को सत्ता सौंप दो और रूमाल से हाथ पोंछ लो।

बड़े ज़ुल्म, छोटे ज़ुल्म

जनता सरकार का भक्त होने के नाते उसकी पहली वर्षगाँठ पर मैं यह घोषणा करना चाहता था कि इस एक साल में हिमालय बना लिया गया है और गंगा खोद ली गयी है।

30 साल के कांग्रेसी शासन ने प्रोजेक्ट हिमालय और गंगा को ठण्डे बस्ते में डाल रखा था।

दुनिया की किसी सरकार ने एक साल में पहाड़ खड़ा नहीं किया और न नदी खोदी।

सरकार चालू वर्ष में उस नदी को पूरा करने का ठेका भी ले रही है, जो फरहाद ने छोड़ दी थी।

यह क्लेम मैं करना चाहता था, मगर झंझट आ गया। एकदम विरोधियों का खयाल आया। ये कमबख्त कहेंगे—अगर हिमालय और गंगा का श्रेय लेते हो तो फिर दक्षिण के समुद्री तूफान और दिल्ली के बगूले की जिम्मेदारी भी लो। ये भी जनता सरकार के ही कारनामे हैं।

एक पार्टी की सरकार 30 साल बाद हटी हो और दूसरी पार्टी की सरकार बनी हो, तो यह बताना ही पड़ता है कि पहले कुछ नहीं हुआ। जो हुआ है, वह इस एक साल में ही हुआ है।

मैं चुप हूँ। विरोधियों के कारण जनता सरकार की सच्ची उपलब्धियाँ भी नहीं बता सकता।

मैं चाहता हूँ कि जनता सरकार कानून में संशोधन करे कि 1977 तक कुछ भी काम हुआ है, यह कहना देशद्रोह है।

इसी तरह जवाहरलाल नेहरू का नाम लेना और उन्हें कोई श्रेय देना भी देशद्रोह है। इस जुर्म में फाँसी की सजा भी हो सकती है, पर क्योंकि जनता सरकार दयालु है, इसलिए आजीवन कारावास काफी होगा।

यह धाँधली कब तक चलेगी कि जनता पार्टी के कुछ नेता भी कहते हैं कि यह कहना गलत है कि पिछले तीस सालों में कुछ नहीं हुआ! ये नेता चन्द्रशेखर, जगजीवन राम और बहुगुणा आदि हैं।

ये जनता पार्टी में इन्दिरा गाँधी के एजेण्ट हैं। यही लोग जवाहरलाल नेहरू का भी नाम लेते हैं और उन्हें कुछ अच्छे कामों का श्रेय देते हैं।

क्या ये नहीं जानते कि जवाहरलाल इन्दिरा गाँधी के पिता थे! क्या ये भूल गये कि जवाहरलाल ने योजनाबद्ध विकास शुरू किया और सोवियत रूस से घनिष्ठ सम्बन्ध बनाये? उनके इन देशघातक कामों को कौन माफ करेगा?

दुख की बात है कि मोरारजी भाई भी यदाकदा जवाहरलाल की तारीफ कर देते हैं। चन्द्रशेखर, जगजीवन राम, बहुगुणा वगैरह को जिन्दगी-भर के लिए जेल

में डाल देना चाहिए। मोरारजी भाई को दस साल की सज़ा होनी चाहिए। इससे पार्टी में एकता अपने-आप आ जायेगी। यही लोग तो पार्टी की एकता में बाधक हैं।

जनता पार्टी की सच्ची क्रान्तिकारी 'स्पिरिट' चरणसिंह, राजनारायण, जॉर्ज, नानाजी और अटलबिहारी में है।

ये ईमानदार लोग हैं। ये ईमानदारी से मानते हैं कि पिछले तीस सालों में इस देश में एक चूहेदानी तक नहीं बनी। जवाहरलाल नेहरू नाम का कोई आदमी इस देश में नहीं हुआ। इन्दिरा गाँधी के पिता का नाम जवाहरलाल नेहरू था, पर वह प्रधानमन्त्री नहीं था, क्लर्क था—सच्ची 'जनता' भावना यह है।

जो कुछ हुआ है, वह इस एक साल में ही हुआ है। मैं झूठ नहीं बोलता। मैं जनता पार्टी के नेताओं की तरह ही सत्यवादी हूँ— वे तो महान सत्यवादी हैं; और मैं उनका दासानुदास एक क्षुद्र सत्यवादी तो हूँ ही।

लीपत्सिग उद्योग मेले में भारत को स्वर्ण पदक मिला। यह शुभ खबर सबने सुनी होगी।

इस मेले में भारतीय माल और मशीनरी बहुत ऊँचे दर्जे की मानी गयी। लोगों को बताना जरूरी है कि इस देश में मशीन बनाने का काम पहली बार, मार्च '77 में जनता सरकार ने शुरू किया।

दूसरा उदाहरण लीजिए। लीबिया में भारत हेवी इलेक्ट्रिकल्स को एक अरब का ठेका मिला है। इतना बड़ा ठेका पहले कभी नहीं मिला। मिल भी कैसे सकता था? भारत हेवी इलेक्ट्रिकल्स की स्थापना तो मार्च '77 में जनता पार्टी ने की। इससे पहले यह नहीं था। होता भी तो इन्दिरा गाँधी और उनके पिता की बेईमान सरकारों को कोई ठेका देता ही नहीं।

जनता सरकार की ही दुनिया में यह साख है कि उसे कुछ ही महीनों में ठेके मिलने लगे। बनियेपन में इस सरकार की कितनी प्रतिष्ठा है!

तीसरा एक और गौरव। जनता पार्टी-सरकार के एक वर्ष में दस लाख यात्रियों ने एयर इण्डिया से यात्रा की। यह अब तक का रेकार्ड है।

मेरा पहले तो यह खयाल था कि एयर इण्डिया मार्च 1977 में ही चालू हुआ। पर नहीं, वह पहले से है। लेकिन पहले कांग्रेस सरकार होने से लोग डर के मारे वायु-यात्रा नहीं करते थे। जनता सरकार ने सबको भयहीन कर दिया, तो लोग बेखटके हवाई जहाज से सफर करने लगे।

तमाखू का रिकार्ड उत्पादन हुआ है। गाँजा और भाँग की पैदावार भी बढ़ी है। प्रधानमन्त्री ने कह ही दिया है कि कीमतें घटी हैं। खरीदनेवाला अगर इसे नहीं मानता तो कसूर उसी का है।

मगर लोग चिल्लाते हैं कि अपराध बढ़े हैं। कानून, व्यवस्था, सब भंग हो गयी। मैंने एक पुलिस-अफसर से पूछा था।

उसने कहा—साहब, बात यह है कि अभी हम जनता सरकार के लोगों को

पहचान नहीं पाये। कौन अपराधी, गुण्डा, बलात्कारी, दारू उतारनेवाला, लुटेरा जनता नेताओं का अपना है, इसकी सही पहचान अभी हमें हो नहीं पायी है। जब हो जायेगी, तब हम जनता पार्टी के अपराधियों को छोड़ देंगे और दूसरों को पकड़ लेंगे।

हरिजनों पर जुल्म भी इस साल में कम हुए हैं। चौधरी चरणसिंह ने कहा है कि पहले मेजर (बड़े) जुल्म होते थे, अब माइनर (छोटे) जुल्म होते हैं।

जिन्दा जला देना एक माइनर जुर्म है। कुल यही हो रहा है।

फिर अत्याचार की क्वालिटी भी सुधरी है। पहले एक साथ दस हरिजन जलाये जाते थे, अब दो-दो करके पाँच किस्तों में जलाये जाते हैं।

फिर भी अगर जनता विश्वास नहीं करती है, तो अटलबिहारी वाजपेयी ने अपने जोशीले भाषण में कह दिया है कि अगर तीन महीने में सरकार ने जनता का विश्वास प्राप्त नहीं किया, तो मैं सरकार से इस्तीफा दे दूंगा।

अटलबिहारी 'हम' को छोड़कर 'मैं' हो गये हैं।

विदेश मन्त्री बदनाम भी नहीं होता। महँगाई के मामले में गाली खायें प्रधान-मन्त्री, धारिया। गुण्डागर्दी हो तो दोष लें चरणसिंह। उद्योगों के मामले में बदनामी जॉर्ज फर्नांडिस की। अटलबिहारी को कोई दोष ही नहीं देता।

इसलिए अटलबिहारी अब 'मैं' की छवि बना रहे हैं। वे समझाना चाहते हैं कि मोरारजी, चरणसिंह, जगजीवन राम सब असफल हैं। प्रधानमन्त्री मुझे बनाओ। जनता के एकमात्र रखवाले वही हैं, पार्टी भी वही हैं और सरकार भी वही।

मुर्दे का मूल्य

बैलाडिला में मजदूरों पर गोली चल गयी। मजदूर छँटनी के विरोध में आन्दोलन कर रहे थे। वे शान्तिपूर्ण आन्दोलन कर रहे थे, पैंतालीस दिनों से। इतने दिनों तक शान्तिपूर्ण आन्दोलन न खदानों के अधिकारियों को अच्छा लग रहा था, न शासन को, न पुलिस को।

दो-चार दिनों का शान्तिपूर्ण आन्दोलन अच्छा लगता है। पैंतालीस दिनों तक कौन धीरज रखे बैठा रहेगा कि अब भगवान की दया से गोली चलाने का शुभ अवसर मिलेगा। आखिर ऊबकर अधिकारियों ने एक दिन शान्तिपूर्ण को अशान्ति-पूर्ण बना दिया।

बेचारे कब तक बन्दूक लिये इन्तजार करते रहते ? पुलिस ने औरतों पर लाठी चला दी। वे कँटीले तारों में से फँसती, उलझती, फटी साड़ी, फटी चोली, आधी

नंगी, पूरी नंगी, अपनी झोंपड़ियों में अपने मर्दों के सामने पहुँचीं। मर्दों ने औरतों को अधनंगी देखा।

जो शान्तिपूर्ण था, वह अशान्तिपूर्ण हो गया। अधिकारियों की मनोकामना पूरी हुई। पुलिस ने गोलियाँ भर लीं। भगवान सबकी सुनता है। भगवान के राज में देर है, अन्धेर नहीं है।

मध्यप्रदेश के मुख्यमन्त्री ने ऐसी शान्ति और प्रसन्नता से बयान दिया, जैसे शतचण्डी यज्ञ की सफलता बता रहे हों। कुल नौ आदमी पुलिस की गोली से मारे गये, वे कहते हैं।

एक ने कहा—नौ नहीं, सौ मारे गये हैं।

मुख्यमन्त्री ने देखा—हाँ, कांग्रेसी है। दूसरे ने कहा—यह तार मेरे पास है। पाँच सौ मजदूर मारे गये हैं।

मुख्यमन्त्री ने देखा—हूँ, मोतीवाला वोरा है, इन्दिरा कांग्रेसवाला। तीसरे ने कहा—बहुत ज्यादा मौतें हुई हैं, तथ्यों को छिपाये जा रहे हैं।

मुख्यमन्त्री ने देखा—हाँ, है तो जनता पार्टी का, पर कमबख्त समाजवादी है। रघु ठाकुर का भड़काया हुआ है।

मुख्यमन्त्री ने अपने जनसंघी साथियों की तरफ देखा। वे आँखों से कह रहे थे—अरे सखलेचा, तेरी अकल क्या काली टोपी में ही रखी रह गयी! नौ भी क्यों कहा? कह देता कि एक भी नहीं मरा। जो पता लगाने जाते, उन्हें भी मार डालते। किसे मालूम होता है!

अब मुख्यमन्त्री ने मौत का हिसाब किया—बिल्कुल बनिये की तरह। खून की कीमत तय करके दे दी। देखो भाई, तुम्हारे आलू के इतने पैसे हुए, बैंगन के इतने और टमाटर के इतने। न भूलचूक, न लेना-देना।

जो मरा, उसके परिवारवालों को पाँच हजार रुपये देंगे। जो ज्यादा घायल होकर अस्पताल में हैं, उसे हजार रुपये। जिसकी सिर्फ मरहम-पट्टी हुई है, उसे ढाई सौ रुपये। हो गया हिसाब साफ!

अब फायरिंग के शिकार लोगों के परिवार की औरतें यों बात करती हैं—हमारी तो किस्मत फूट गयी। हमारे मर्द को मामूली मरहम-पट्टी हुई है तो हमें सौ ही मिलेंगे। तू भागवान है बाई, कि तेरा मर्द मर गया तो तुझे पाँच हजार मिलेंगे। हमारा मर्द तो शुरू से निखट्टू है। इस चमेली का घरवाला फिर भी ठीक है। अस्पताल में पड़ा है तो हजार रुपये तो मिलेंगे। हमारे मर्द से तो इत्ता भी न बना।

सरकार ने मरनेवालों के परिवारों का मनोबल कितना ऊँचा उठा दिया है। लोग रोटी के बदले गोली खाने को तैयार हैं। सरकार के लिए भी रोटी से गोली सस्ती पड़ती है। वह रोटी की जगह गोली सप्लाई कर देती है।

सखलेचा कहते हैं—मजदूरों को भड़काने के लिए बंगाल से लोग आये थे, यानी ज्योति बसु ने भेजा होगा। सब कम्युनिस्टों की बदमाशी है। भूखे आदमी को यही कम्युनिस्ट तो बताते हैं कि वह भूखा है, वरना हमारा सीधा-सादा मजदूर क्या

जाने कि वह भूखा है !

कर्पूरी ठाकुर कहते हैं—चार हरिजन मारे गये। ठीक है, पर सरकार ने तो उन्हें नहीं मारा। जमींदारों ने मारा। हम उनका पेमेण्ट क्यों करें ? खैर, हम तो उदार हैं। हर मरे हुए के लिए दो हजार दे देते हैं। रेट काफी घटा दिया है सरकार ने।

सरकार चीजों की कीमत कम करने के लिए कटिबद्ध है। हमने आदमी की कीमत काफी घटा दी है। जनता सरकार की यह सबसे बड़ी सफलता है। प्याज की कीमत चाहे बढ़ जाये, पर हम आदमी की कीमत हरगिज नहीं बढ़ने देंगे।

चेन्ना रेड्डी कहते हैं—हैदराबाद में जो हुआ, वह नक्सलवादियों ने कराया।

रामनरेश यादव कह देते हैं—इन्दिरा कांग्रेसियों ने कराया।

तीन परदे हैं—इन्दिरा कांग्रेस, कम्युनिस्ट और नक्सलवादी। मुख्यमन्त्री की अक्षमता, अपराध, निकम्मेपन से जब उसका चेहरा विकृत होकर भेड़िये जैसा हो जाता है तब वह इन्दिरा कांग्रेस, कम्युनिस्ट या नक्सलवादी के परदे से अपने घिनौने चेहरे को छिपा लेता है।

इन मुख्यमन्त्रियों से अब काम नहीं माँग सकते, रोटी नहीं माँग सकते, तनख्वाह नहीं माँग सकते, न्याय नहीं माँग सकते। इनसे अब सिर्फ एक ही माँग की जा सकती है—मरनेवाले आदमी की कीमत बढ़ाओ, हुजूर ! पाँच हजार बहुत कम होते हैं। सब जिन्सों के दाम बढ़ गये हैं, आदमी का भी दाम बढ़ाइए।

सात हजार कर दें, हुजूर ! आदमी हम शुद्ध सप्लाई करेंगे। मिलावट नहीं होगी। जितना चाहिए उतना माल सप्लाई करेंगे। आप जितने चाहें उतने आदमी मार डालिए। इसी मुआवजा बढ़ाने की माँग को लेकर आन्दोलन हो जाये। देखें, फायरिंग के बाद एक-एक आदमी के शिकार के पाँच हजार देते हैं कि सात।

हमारे कठोरमुख गृहमन्त्री को आदमी से मतलब ही नहीं है। उन्होंने आदमी को आँकड़े में बदल दिया है। हम कहते हैं, गोलीचालन से आदमी मरे। गृहमन्त्री के लिए आँकड़े मरने हैं। हम समझते हैं, हरिजन जलाये जाते हैं। गृहमन्त्री मानते हैं कि हरिजन नहीं, आँकड़े जलाये गये।

गृहमन्त्री हर बार आँकड़े निकालकर बता देते हैं—देखो, इस परम मोदमयी रसभीनी वसन्त ऋतु में इन्दिरा सरकार के राज में 177 आदमी मारे गये थे, जबकि इसी वसन्त ऋतु में हमारे राज में कुल 140 आदमी मारे गये, यानी इन्दिरा गाँधी का सीजन अच्छा रहा। हमारा कुछ कम पड़ गया।

मैं कहता हूँ कि गृहमन्त्री अपने विभाग की माँगों के साथ संसद से यह भी मंजूरी ले लें कि 37 आदमी गोली से और मारे जायें। फिर राज्य सरकारों को सर्कुलर भेज दें कि जल्दी आँकड़े पूरे करो। हरिजनों को जलाने के मामले में भी अगर इन्दिरा गाँधी के सीजन से चरणसिंह का सीजन घटिया जा रहा हो, तो ऊँची जातिवालों और भूपतियों से कह दें कि आँकड़े पूरे करो।

महान नेता : महान चिन्ता

बात में से बात निकलती है। अमरीकी अखबारों में एक सनसनीखेज खबर छपी कि नन्दादेवी पर 1966 में सी. आई. ए. ने प्लूटोनियम यन्त्र रखा था, जिससे गंगा का पानी तथा वातावरण रेडियोधर्मी हो जायेगा।

अब हम जैसे नासमझ करोड़ों देशवासियों को यह चिन्ता हुई कि इससे पानी और हवा द्वारा जहर फैलेगा। दूसरी चिन्ता यह हुई कि सी. आई. ए. की इस देश में खतरनाक घुसपैठ है।

मगर हम नीचे दर्जे के देशभक्त हैं, ऊँचे दर्जे के देशभक्त ये हमारे नेता हैं। उन्हें हमारे जैसी ओछी चिन्ता नहीं हुई। हम ओछे हैं, तो हमारी चिन्ता ओछी है। ये नेता महान हैं, इनकी चिन्ताएँ महान हैं।

इनकी चिन्ता गंगा का पानी नहीं थी। वह यह थी कि यह पाप का घड़ा किसके सिर पर फोड़ दिया जाये। यही फर्क है।

हमारी ओछी चिन्ता पन्तनगर का नरसंहार है, मगर जिस चिन्ता से चरणसिंह दौड़कर लखनऊ गये, वह चिन्ता थी रामनरेश यादव की गद्दी बचाने की। दो-चार सौ आदमी और मार डाले जायें, मगर अपने रामनरेसवा को मुख्यमन्त्री रहना चाहिए।

चिन्ता-चिन्ता में फर्क है। मोरारजी भाई की चिन्ता थी कि देशवासियों को आश्वस्त कर दिया जाये कि वह यन्त्र भारत और अमरीका की सरकारों के समझौते से रखा गया था।

मगर अटलबिहारी वाजपेयी की चिन्ता थी कि इससे ऐसा बम फोड़ा जाये कि इन्दिरा गाँधी की धज्जियाँ उड़ जायें।

उन्होंने माचिस भी लगायी, पर मोरारजी ने बम को सुर्र-फटाका बना दिया था और यह फिस्स करके रह गया।

अटलबिहारी ने तैश में कहा कि इन्दिरा गाँधी हम विरोधियों को अमरीका-परस्त वगैरह कहती हैं, और खुद सी. आई. ए. से यह यन्त्र रखवा लिया।

अटलबिहारी की तैश जायज है, अगर बात में से बात निकलती है।

इन्दिरा के विरोधी तो मोरारजी भाई, लिमये, जॉर्ज, चन्द्रशेखर आदि भी हैं। इन्हें तैश नहीं आया, अटलबिहारी को ही क्यों आया ?

इन्दिरा अक्सर कहा करती थीं कि इस देश में सी. आई. ए. की गतिविधियाँ चल रही हैं, देश में बहुत-से लोग अमरीकापरस्त हैं, मगर उनके इतना कहने से कोई नहीं भड़का। अटलबिहारी ही क्यों भड़के ?

जैसा कि अब्राहम लिंकन कहा करते थे, 'एण्ड दैट रिमाइण्ड्स मी आफ ए स्टोरी'।

ख्रुश्चेव राष्ट्रसंघ में भाषण दे रहे थे। उस समय राष्ट्रसंघ में अमरीकी

प्रतिनिधि रिचर्ड निक्सन थे।

ख्रुश्चेव के किसी रिमार्क से निक्सन उत्तेजित हो खड़े हो गये और कहा—अध्यक्ष महोदय, ये हमारे राष्ट्रपति का अपमान कर रहे हैं।

ख्रुश्चेव ने कहा—इससे मुझे एक पुरानी कहानी याद आ रही है। रूस में क्रान्ति के पहले जब सम्राट जार का राज था, दो देहाती रेल में बैठे बातें कर रहे थे। एक देहाती ने कहा—जार बेवकूफ है। वहीं एक पुलिसवाला बैठा था, उसने देहाती से कहा—तुम हमारे जार को बेवकूफ कहते हो?

देहाती ने घबड़ाकर कहा—नहीं-नहीं, मैं तो जर्मन जार के बारे में कह रहा था। पुलिसमैन ने कहा—मुझे धोखा मत दो। अगर बेवकूफ है, तो वह अपना जार ही है। तुमने अपने जार को गाली दी है।

निक्सन भी समझते हैं कि कोई अपमान के लायक है, तो उनका राष्ट्रपति है।

यह सही है कि इन्दिरा गाँधी कहती थीं कि देश में अमरीकापरस्त लोग गड़-बड़ कर रहे हैं, यह भी कहती थीं कि सी. आई. ए. के लोग तोड़फोड़ में लगे हैं।

पर ये भी नहीं बोले, वे भी नहीं बोले, बोले तो अटलबिहारी कि हमें बदनाम किया जा रहा है।

अगर बेवकूफ है, तो वह हमारा जार ही है। तुम जार को गाली दे रहे हो।

पर बात-से-बात निकली है। इन्दिरा गाँधी 74-75 में और भी कई बातें कहती थीं।

अमरीकी टेलीविजन के एक इण्टरव्यू में इन्दिरा गाँधी ने कहा था—जनसंघ कुछ नहीं है, वह आर. एस. एस. है। इसका लोकतन्त्र में विश्वास नहीं है। ये लोग लोकतन्त्र की दुहाई दे रहे हैं।

यह ऐसा ही है जैसे एक लड़के ने अपने माँ-बाप को मार डाला। जब वह अदालत में पेश किया गया तो उसने न्यायाधीश से कहा—हुजूर, मुझे माफ किया जाये। मैं अनाथ हूँ।

इसका जवाब अटलबिहारी के खाते में बकाया है।

अगर बेवकूफ है, तो वह अपना जार है। तुमने अपने जार को गाली दी।

वाजपेयीजी के गुरु की किताबों में लिखा है कि लोकतन्त्र अच्छी पद्धति नहीं है। इसमें एक-दूसरे की आलोचना की जाती है और दोष निकाले जाते हैं। हिटलर की तारीफ भी है। कहा गया है कि हिटलर ने जर्मन जाति का गौरव बढ़ाया और उसे शक्तिशाली बनाया।

अटलबिहारी के सामने दो साफ रास्ते हैं: (1) वे कह दें कि मैं अपने गुरु के इन विचारों का विरोधी हूँ। मैं हिटलरशाही को बुरा मानता हूँ और लोकतन्त्र में विश्वास रखता हूँ; क्योंकि संघ की विचारधारा से मेरा विरोध है, इसलिए मैं संघ से इस्तीफा देता हूँ। या (2) वे कह दें, मैं पूरी तरह गुरू के विचारों को मानता हूँ। मैं तथा संघ, जो लोकतन्त्र में हिस्सा ले रहे हैं, यह हमारा ढोंग है। हम लोकतन्त्र का नाश करने के लिए लोकतन्त्र में घुसे हैं।

अटलबिहारी न यह कहेंगे न वह और हम अपने भाग्य को सराहेंगे कि कितने ऊँचे दर्जे का, सुसंस्कृत सच्चा आदमी हमें विदेश मन्त्री के रूप में मिला है ! दोनों तरफ के फौजी तानाशाहों को देखकर उसके नयनों से कैसे स्नेह के आँसू झरने लगते हैं !

अपने पास कोई सबूत नहीं है कि कौन अमरीकापरस्त है और कौन सी. आई. ए. का सहयोगी है।

हम तो यह देखते आ रहे हैं कि कुछ काम इस देश में ऐसे होते रहे हैं जो अमरीकी शासन और सी. आई. ए. को पसन्द आते थे।

देश में साम्प्रदायिक दंगे जब-तब होते रहे हैं, इन्हें कराने में संघ के रोल के बारे में अखबारों में छपता रहता है। पुलिस और खुफिया-विभाग की फाइलों में भी ये तथ्य हैं। जो जाँच कमीशन बैठे, उनकी रिपोर्टों में भी संघ पर दंगों की जिम्मेदारी डाली गयी है।

वाजपेयी के संघ ने सी. आई. ए. के इशारे पर दंगे नहीं कराये होंगे, अपने विवेक से कराये होंगे।

पर ये दंगे सी. आई. ए. को बहुत पसन्द आये, यह संयोग ही है।

मगर अगर बेवकूफ है, तो वह अपना जार है।

संघ ने हिन्दी-पागलपन से उत्तर और दक्षिण में भेद डालने की कोशिश की। यह सी. आई. ए. के कहने मे नहीं, अपने विवेक से किया होगा।

पर सी. आई. ए. को उत्तर और दक्षिण के विभाजन का प्रयास पसन्द आता है।

जनसंघ और उसके वाजपेयी भारत की विदेश नीति की हमेशा आलोचना करते रहे हैं। यह भी सी. आई. ए. के इशारे पर नहीं, अपने विवेक से किया होगा।

सी. आई. ए. को यह बात पसन्द आयी। सी. आई. ए. ने हमारी विदेश नीति कभी पसन्द नहीं की।

गोरक्षा को लेकर जनसंघ ने अटलबिहारी के नेतृत्व में जो संसद पर हमला करवा दिया था, यह संसदीय लोकतन्त्र पर एक प्रहार था। ऐसा सी. आई. ए. के कहने से नहीं, अपने विवेक से किया होगा।

पर यह विवेक सी. आई. ए. को पसन्द नहीं आया। सी. आई. ए. हर देश में लोकतन्त्र को खत्म करना चाहती है।

यह संयोग की बात है कि जो-जो संघ करता रहा है, वह सी. आई. ए. को पसन्द आता रहा है। इससे यह सिद्ध नहीं हो जाता कि संघ सी. आई. ए. का एजेण्ट है।

पर वाजपेयी को तैश में आकर इस तरह प्रतिवाद भी नहीं करना चाहिए, क्योंकि, अगर बेवकूफ है तो वह अपना जार है।

और क्या कहूँ ! काबा किस मुंह से जाओगे गालिब ?

कैकेयी कुपित है

कैकेयी फिर अस्पताल के कोपभवन में है। जनता पार्टी फिर संकट में है। पर जब तक मेरा यह लिखा छपेगा, तब तक यह संकट टल जायेगा और नया संकट पैदा हो जायेगा। एक संकट से दूसरे संकट तक लुढ़कना ही जनता पार्टी की गतिशीलता है।

रिकार्ड रहे, इसलिए लिख रहा हूं।

कैकेयी, यानी चरणसिंह फिर अस्पताल के कोपभवन में हैं। कोपभवन से चिट्ठी लिखना कैकेयी की पुरानी आदत है। जब रानी लखनऊ में थीं, तब बलरामपुर अस्पताल के कोपभवन से धमकी देती थीं। कैकेयी दिल्ली आयी, तो प्रधानमन्त्री के चुनाव के वक्त, मार्च 1977 में, विलिंग्डन अस्पताल के कोपभवन से चिट्ठी लिख दी थी।

कैकेयी ने विधान सभाओं के चुनावों के समय चुनाव आयोग की फाइल से अपनी चिट्ठी ही उड़ा ली थी, जिससे जनता उम्मीदवारों को किसान चुनावचिह्न ही न मिलता। यह काम ऐसा ही हुआ जैसे पड़ोसिन की मुरगी चुराना।

इस बार कैकेयी आल इण्डिया मेडिकल इन्स्टीट्यूट के कोपभवन से चिट्ठी लिखती हैं—जाओ, मैंने तलाक दे दिया ! त्यागपत्र !

बूढ़े राजा दशरथ, यानी मोरारजी भाई परेशान होते हैं—सामन्तों में हलचल मचती है। कैकेयी तलाक दे रही हैं, उसके साथ काफी संख्या में दरबारी हैं।

बूढ़े राजा दशरथ कैकेयी को मनाने कोपभवन पहुँचे। बड़े प्यार से उन्होंने कैकेयी का हाथ पकड़ा, तो कैकेयी ने हाथ झटक दिया—'मानहुँ सरोष भुजंग भामिनि विषम भाँति निहारई।'

सर्पिणी की तरह बिफरकर कैकेयी ने राजा की तरफ देखा।

राजा दशरथ ने मनाना शुरू किया। तुलसीदास पहले ही इस प्रसंग को लिख गये हैं—

> 'बार-बार कह राउ सुमुखि
> सुलोचनि, पिकवचनि
> कारन मोहि सुनाउ
> गजगामिनी निज कोप कर।'

दशरथ ने कितने विशेषण लगा दिये, चरणसिंह कैकेयी के लिए—सुन्दर मुखवाली, सुन्दर आँखोंवाली, कोयल जैसे स्वरवाली, हथिनी जैसी चालवाली जो कहे, वही कर देता हूं।

> 'कहु केहि रंकहि करौं नरेसू,
> कहु केहि नृपहि निकासौं देसू।'

बोल प्यारी कैकेयी, किस रंक को राजा बना दूं, और किस राजा को देश-निकाला दे दूं।

कैकेयी नहीं पिघली। तब दशरथ ने कहा—बोल, तेरे लिए क्या करूँ!

तब कैकेयी ने भन्नाकर कहा—राजन, तुम कपटी हो। दिल्ली के सामन्त और हरियाना के कुछ दरबारी मिलकर मेरे भरत, यानी देवीलाल को गद्दी से उतारना चाहते हैं। तुम भी इस षड्यन्त्र में शामिल हो। हाय, मेरा कोई नहीं है। मेरे भरत के पीछे सब पड़े हैं। मैं रो-रोकर मर जाऊँगी, मैं राज्य छोड़ दूँगी।

दशरथ ने कहा—प्रिये, मैं कपट नहीं कर रहा हूँ।

कैकेयी ने कहा—कपट नहीं कर रहे हो तो हरियाना के दरबारियों की मीटिंग अपने महल में क्यों बुलायी?

दशरथ ने कहा—हे कोमल कण्ठवाली, तेरे भरत को यह सिद्ध करना है न कि दरबारियों का बहुमत उसके साथ है।

कैकेयी ने कहा—क्यों? वह राजा है। राजा को बहुमत नहीं चाहिए। वह चण्डीगढ़ में अपना बहुमत बता देगा। तुम्हारे महल में तो मेरा भरत कदम नहीं रखेगा।

दशरथ ने फिर समझाया—हे मृगनयनी! लोग कहते हैं कि चण्डीगढ़ में तुम्हारा भरत दरबारियों को दबायेगा, कुछ को देश-निकाला दे देगा, कुछ को झूठे मामलों में फँसा देगा। वह असंवैधानिक काम करेगा।

कैकेयी ने कहा—हमारे चौधरी कुल में संविधान को कोई नहीं मानता। संविधान मानना तुम्हारे कुल की रीति होगी। मेरा भरत हरियाना में कुछ भी कर सकता है। दिल्ली के सामन्त उसका कुछ नहीं बिगाड़ सकते!

दशरथ ने माथा नीचा कर लिया। धीरे-से कहा—वह तलाक की चिट्ठी तो वापस ले लो प्रिये!

कैकेयी ने कहा—उसकी बात मत करो। अब तुम जाओ। हमारा जी अच्छा नहीं है। हमें तंग मत करो। और सुन लो, मेरे गोद-लिये रामनरेश का बालबांका नहीं होना चाहिए। ये हरियाना और उत्तर प्रदेश मेरे पिता ने मेरे दहेज में दिये थे। यह इलाका मेरा है। यह तुम्हारे साम्राज्य का हिस्सा नहीं है। इस जागीर पर तुम्हारी हुकूमत नहीं चलेगी।

दाढ़ीवाले चन्द्रशेखर गये। बोले—काकी, क्यों नखरे करती है। जब देखो, तब पाँव पटकने लगती है। तू तो ऐसे तिरिया चरित्र में राज ही डुबा देगी। इस्तीफा वापस ले ले।

कैकेयी ने कहा—सुन चन्द्रशेखर, मेरा हठ बालहठ है। तेरी दाढ़ी नोंच लूंगी, देवीलाल गया तो तू भी जायेगा।

कैकेयी के कोप से सारे सामन्त परेशान हैं। क्षत्रप अपनी सेना सजा रहे हैं।

कुछ लोग कहते हैं, इसमें मन्थरा राजनारायण हैं। वे कहते हैं—

काने खोड़े कूबड़े, कुटिल कुचाली जान,
तिय विशेष पुनि चेरि कहि, भरत मातु मुसकान।

पर राजनारायण कुछ नहीं बोल रहे हैं। वे मनाने भी नहीं गये।

अधिकांश जनता सामन्त कहते हैं—चरणसिंह का इस्तीफा दुर्भाग्यपूर्ण है।

अँगरेजी के अनफार्चुनेट ने यह जो दुर्भाग्यपूर्ण शब्द दे दिया है, इससे आदमी कहीं भी बिना बंधे साफ निकल जाता है।

अटलबिहारी चतुर हैं। कहते हैं—कुछ नहीं है, कुछ स्वभावगत मामला है। काकी कैकेयी का स्वभाव कुछ तीखा है, बाकी तो पार्टी में पूरी एकता है।

मगर जार्ज फर्नांडिस ने मुँहफट बात कह दी है—यह सारा झंझट सत्ता हड़पने के लिए है।

यानी सब सत्ता हड़पने में लगे हैं। चरणसिंह अपने खास जाट के तरीके से, जनसंघ अपनी कुटिल मिठास से।

और इस देश की बीमार जनता? इस बीमार जनता से इन डाक्टरों ने, नेताओं ने कहा था—तेरी सब बीमारियाँ हम दूर कर देंगे। गरीबी का रोग मिटा देंगे। बेकारी की बीमारी दूर होगी। छुआछूत का बुखार उतरेगा।

जनता अस्पताल के बिस्तर पर पड़ी कराह रही है।

और डाक्टर लोग एक-दूसरे को गाली देते हुए एक-दूसरे में इंजेक्शन की सुई छुरी की तरह घुसेड़ रहे हैं।

दर्द ही दवा

यह चिट्ठी मुझे सड़क पर पड़ी मिली। चिट्ठी प्रधानमन्त्री मोरारजी भाई के नाम है। शायद लिखनेवाले की लापरवाही से चिट्ठी सड़क पर गिर गयी, या लिखनेवाले के पास लिफाफा खरीदने के लिए पैसे न होंगे, या उसने प्रधानमन्त्री को चिट्ठी भेजने की अपेक्षा उतने ही पैसों की बीड़ी पीना बेहतर समझा हो।

यह चिट्ठी प्राइवेट है, पर जैसे चन्द्रशेखर ने जयप्रकाश नारायण की प्राइवेट चिट्ठी पब्लिश कर दी, वैसे ही मैं इसे छपवा रहा हूँ।—

परम पूज्य मोरारजी भाई,

मैं इस देश का एक अनजाना नागरिक हूँ। मुझे आप नहीं पहचानते। हम पैंसठ करोड़ भारतवासियों में नब्बे फीसदी बिना चेहरे के आदमी हैं। हमारी कोई पहचान नहीं है। हम आदमी भी नहीं हैं।

राजनीतिज्ञों के लिए हम नारे और वोट हैं; बाकी के लिए हम गरीबी, भूख, बीमारी और बेकारी हैं। मुख्यमन्त्रियों के लिए हम सिरदर्द हैं और उनकी पुलिस के लिए हम गोली दागने के निशाने हैं।

मैं आपको इसलिए लिख रहा हूँ कि अब आप हमारी चिन्ता न करें, अपनी

करें। हम देख रहे हैं कि हमें भयहीन करते-करते आप खुद भयग्रस्त हो गये हैं। हमें आपसे कुछ नहीं चाहिए। गरीबी आप मिटा नहीं सकते, बेकारी आपसे नहीं मिटेगी, कीमतें आपसे नहीं घटेंगी, भ्रष्टाचार आपसे नहीं मिटेगा, शराबबन्दी भी आपसे नहीं होगी।

जनार्दन ठाकुर ने लिखा है कि आपकी पीठ फिरने पर अटलबिहारी 'पियो-पियो' चिल्लाने लगते हैं, और खबर है कि आपके निजी सचिवालय में भी दारू बराबर चल रही है।

आपसे कुछ होगा नहीं।

हम भयहीन के साथ-साथ आशाहीन भी हो गये हैं। रोज गोली चलती है, जिसके धमाके से हमारा भय चला गया है। घर के बाहर निकलने पर कोई छुरा घुसेड़ सकता है, यह हम जानते हैं। इसलिए हमारा डर गया, पर आप अब चेहरे से डरे हुए लगते हैं। बार-बार लोगों को भयहीन होने की सलाह देते-देते खुद आपको लगा होगा कि जरा इस भय का स्वाद तो लिया जाये।

यह भय? आपने स्वाद के लिए चटनी की तरह भय चाटा, पर वह आपके गले में अटक गया।

भाईजी, भय आपका सही है। छँटनी से कौन नहीं डरता? इस समय आपकी पार्टी में छँटनी की बात चल रही है। आप 'ओवर एज' हो गये हैं।

बात यह है भाईजी कि जूनियरों की शिकायतें भी सही हैं। जनता सरकार को ज्यादा-से-ज्यादा पाँच साल रहना है, और इन पाँच सालों में 10-12 को प्रधान; मन्त्री होना है। मगर, अकेले आपने ही सवा साल खींच दिया।

चरणसिंह तो बहुत बीमार रहते हैं। वे तो ज्यादा इन्तजार नहीं कर सकते। फिर बाबू जगजीवनराम हैं। हमारे बाबूजी बिना प्रधानमन्त्री बने ज्यादा दिन कैसे रह सकते हैं!

तब इनमें से कोई प्रधानमन्त्री रहेगा और ये रिटायर होते जायेंगे या मरते जायेंगे। इसलिए समय बचाने के लिए तीनों बूढ़ों को एक साथ हटाओ, बारी-बारी से नहीं। अगर आपका स्वास्थ्य अच्छा है, तो आपको यह हक नहीं मिल जाता कि आप दूसरों को बूढ़ा करते जायें।

इसीलिए नानाजी देशमुख ने नारा दिया कि साठ से ऊपर के नेता पद छोड़ दें और 'रचनात्मक' काम करें।

पद पाने से बड़ा रचनात्मक काम कौन-सा है। कुरसी पर बैठकर उस कुरसी की मरम्मत करते जाना रचनात्मक काम है। आप तीनों क्या अब गाँधी आश्रम में भैंस दुहने का रचनात्मक काम करेंगे? नानाजी खुद तो यह 'ध्वंसात्मक' काम कर रहे हैं कि तीनों सयानों को गिराने की कोशिश में हैं।

नानाजी ने 'लोकनायक' का भी समर्थन ले लिया। जब तक लोकनायक हैं और नानाजी देशमुख का वह हाथ है, जिस पर उन्होंने पुलिस की लाठी झेलकर जयप्रकाश को बचाया था, तब तक लोकनायक नानाजी की बात मानेंगे।

नानाजी लोकनायक के संजय गाँधी हैं। जैसे इन्दिरा गाँधी संजय को अपना एकमात्र रक्षक मानती हैं, वैसे ही लोकनायक नानाजी को। संजय ने इन्दिराजी को मिटाया, नानाजी लोकनायक को नहीं मिटायेंगे, क्योंकि उनके पास मिटने को कुछ है ही नहीं।

भाईजी, इधर जनसंघियों ने समाजवादी जार्ज को भी घेरकर छह युवा, यानी कम बूढ़े मन्त्रियों का एक वृद्ध सुधारक गुट बना लिया है। वे कहते हैं, या तो तीनों बूढ़े मतभेद दूर करें, या हट जायें।

ये लोग समझते हैं कि पीढ़ी राजनैतिक दल होती है। ये यह भी समझते हैं कि कम उम्रवाला ज्यादा उम्रवाले से ज्यादा प्रगतिशील होता है। इस हिसाब से तो बूढ़े डाँगे से संघ का स्वयंसेवक ज्यादा प्रगतिशील होगा, जो यज्ञ करने से पाकिस्तान के टैंक बिगाड़ सकता है।

भाईजी, ये कम बूढ़े सौदेबाजी में लगे हैं। वैसे, जैसा आप लोग कहते हैं, जनता पार्टी में बुनियादी सिद्धान्तों को लेकर मतभेद नहीं हैं।

ये बुनियादी सिद्धान्त हैं—कोई समस्या हल न करना, झूठ बोलना, गुटों को बढ़ाना, मूर्खों के स्वर्ग में रहना। इन सिद्धान्तों पर सब एकमत हैं।

बाकी बातें छोटी-छोटी हैं, जैसे चरणसिंह द्वारा कान्तिभाई के सुकर्मों की जाँच करवाने की बात।

धृतराष्ट्र अपने बेटे दुर्योधन को रोक नहीं सके थे, तो महाभारत हो गया था। ये लोग छोटा-मोटा महाभारत करना चाहते हैं।

पर आप ज्ञानी हैं। आँखों की पट्टी मत खोलिए। और कान्तिभाई को रोकिए भी मत। और भी छोटी-छोटी चीजें हैं।

भाईजी, आप इन बूढ़ों की धौंस में मत आइए। आप तो रामभक्त हैं, राम-चरितमानस का पाठ करते हैं। उसमें राम-रावण युद्ध के प्रसंग में लिखा है—परतहु बेर कटक संहारा!

यानी जब गिरता था तब भी कटक का संहार करता था, कुचल देता था। आप भी जब गिरने लगें तब कटक का संहार कर दें। आप राष्ट्रपति को सलाह देकर लोकसभा भंग करवा दें।

अब धोती पहन लो

सम्पूर्ण क्रान्ति हो गयी। दूसरी आजादी आ गयी। क्रान्तिवीर सत्ता में आ गये, पर परम्पराएँ वही हैं। भाषा तक उसी भ्रष्ट कांग्रेसी शासन की है, जो तीस साल से चली आ रही है।

चन्द्रभानु गुप्त और कमलापति त्रिपाठी में पार्टी के अन्दर जो प्रेमाचार होता था, उसे मतभेद या विवाद कहते थे। अब देवीलाल और उनके विरोधियों में जो होता है, या निर्गुनिया रामनरेश यादव और उनके विरोधियों में जो होता है, उसे भी मतभेद कहा जाता है। लोकनायक ने भाषा की क्रान्ति नहीं करायी। यह जो हो रहा है, उसे मतभेद नहीं, कुछ और कहना चाहिए।

मतभेद तो तब होगा, जब मत होगा। और मत तब होगा, जब मति होगी। जब मति ही नहीं है तो कहाँ का मत और कहाँ का मतभेद? यह कुछ और है।

देवीलाल की लड़ाई भजनलाल वगैरह से क्या दार्शनिक मतवाद के कारण है? क्या देवीलाल अद्वैतवाद मानते हैं और उनके विरोधी द्वैतवाद---इसलिए झगड़ा है!

क्या रामनरेश यादव की लड़ाई सत्यप्रकाश मालवीय वगैरह से डार्विन के विकासवाद के सिद्धान्त को लेकर है? रामनरेश यादव ने यह तो नहीं कहा कि मेरा विश्वास डार्विन के विकासवाद में है और बन्दर से मनुष्य के विकास के बीच की जो कड़ी है, वह राजनारायण हैं। राजनारायण वह 'मिसिंग लिंक' हैं।

और न सत्यप्रकाश मालवीय ने यह कहा कि डार्विन का विकासवाद झूठा है। रामनरेश राजनारायण की छवि बनाने के लिए डार्विन का उपयोग कर रहे हैं।

ये मतभेद नहीं हैं। इनके लिए सही शब्द हैं---स्वार्थभेद, गुटभेद, पदभेद, जाति-भेद वगैरह। चन्द्रशेखर को बयान देना चाहिए---हरियाना में जो स्वार्थभेद हो गया था और जिससे गुटभेद तथा पदभेद पैदा हुए थे, वह समाप्त हो रहा है। हरियाना में कोई मतभेद नहीं है।

ये जो प्रेम-प्रसंग चलते हैं, इन्हें मतभेद नहीं कह सकते। चरणसिंह अगर कान्तिभाई की जाँच कराते हैं तो क्या मोरारजी भाई और उनमें जो है, वह मतभेद है? चरणसिंह बाप की इतनी बड़ी नौकरी लेना चाहते हैं और बेटे को जेल में डालना चाहते हैं।

यह दोनों गाँधीवादियों में गाँधीजी के सिद्धान्त को लेकर मतभेद थोड़े ही है।

सब एकमत हैं कि अपना भला करना, जनता का कोई ध्यान न रखना, मूर्खों के स्वर्ग में रहना, सत्ता के लाभ के पानी से अपने-अपने खेत सींचना ही मतैक्य है।

बिहार में जो हो रहा है वह भी मतभेद नहीं है। चन्द्रशेखर को यह बयान देना चाहिए---बिहार में कर्पूरी और गैरकर्पूरी जनता पार्टीवाले सिर पर सींग बाँधकर जंगल-नाच कर रहे हैं। पार्टी हाईकमान इससे चिन्तित है।

हाईकमान ने सुझाव दिया है कि ये लोग सींग निकालकर नाचें। सींग पेट में घुसने से कुछ लोग मर सकते हैं। इससे पार्टी की ताकत कम होगी।

हाईकमान ने यह भी सिफारिश की है कि नाचते समय ये लोग धोती कसकर बाँधा करें, वरना धोती खुल जाने से जनता पार्टी की सही छवि प्रगट हो जायेगी।

मध्य प्रदेश में जनसंघियों और गैरजनसंघियों के सम्बन्ध भी मतभेद नहीं हैं। दोनों गुट हर हफ्ते दिल्ली जाते हैं। अब इनके बारे में जनता के केन्द्रीय कार्यालय से

जो प्रेस नोट जारी किया जायेगा, उसकी भाषा क्या होगी ? मैं बनाये देता हूँ।

'···मध्य प्रदेश के दोनों गुटों के नेता आज प्रधानमन्त्री से मिले। प्रधानमन्त्री यह देखकर खुश हुए कि वे सब नंगे हैं। नंगापन एकता को मजबूत करता है। एक धोती पहने हो और दूसरा नंगा हो, यह फूट का लक्षण है। नंगे-नंगे में कोई भेद नहीं होता है। पार्टी में नंगेपन से एकरूपता आती है···'

प्रधानमन्त्री ने कहा—मालूम होता है कि आप लोग नग्न-नृत्य करते-करते यहाँ आ गये। अच्छा, रघु ठाकुर ! तुम अब धोती पहन लो। और कुशाभाऊ ठाकरे ! आप 'अधोवस्त्र' धारण करें। आप लोगों के दिल्ली की सीमा में प्रवेश करते ही मैंने आर्डर कर दिया था कि शाम तक सारे शहर में फोटो लेने की मनाही है। अब आप लोग फोटोग्राफरों को रोजी कमाने दें।

उस पतित कांग्रेस शासन में भी कहते थे—तीन हरिजन जिन्दा जलाये गये, पाँच हरिजन जिन्दा जलाये गये। अब दूसरी आजादी में भी उसी भाषा का प्रयोग हो रहा है।

जिस शासन में जनसंघ प्रमुख है और जो वर्णभेद को मानता है और भारतीय संस्कृति का रक्षक है, उसमें संस्कारमयी भाषा का प्रयोग होना चाहिए। यह कहना चाहिए—अमुक गाँव में उच्च-वर्ण लोगों ने हरिजन मेघयज्ञ आयोजित किया—इसमें पाँच हरिजनों की आहुति दी गयी। इनमें एक स्त्री और एक बच्चा भी था। यज्ञ-धूम के साथ पाँचों की आत्माएँ स्वर्ग पहुँच गयीं। ऐसा हमारे विशेष संवाद-दाता ने स्वर्ग से सूचित किया है।

यज्ञ के बाद हरिजनों के अनाज, बरतन और सामान को बेचकर उस धन से ब्राह्मण-भोजन का आयोजन किया गया। विप्रों के आशीर्वाद से सूखी खेती लहलहा उठी।

वैसे परम्पराएँ मुश्किल से छूटती हैं। इंग्लैण्ड में सैकड़ों साल पहले संसद की किसी सीट पर बम रखा गया था। तब यह परम्परा बनी होगी कि बैठक के पहले लालटेन से एक आदमी हर सीट को देख ले कि बम तो नहीं रखा है।

अब जबकि बिजली की रोशनी से हाल जगमगाता रहता है, तब भी एक आदमी लालटेन से सीटों को देखता है। परम्परा है। कंजरवेटिव अंग्रेजों के देश में अगर क्रान्ति हो जाये और शुद्ध वामपन्थी सरकार बन जाये तो भी वे शायद 'गाड सेव दी किंग' गायेंगे।

पर भारत में तो क्रान्ति हो गयी। परम्पराएँ टूटनी चाहिए। नयी सच्ची भाषा का प्रयोग होना चाहिए। प्राइवेट में ये नेता लोग जिस भाषा का प्रयोग करते हैं, वही पब्लिक में आनी चाहिए—

—उसकी माँ की···उसकी भैण दी···

क्या हर्ज है ? खुली हुई सरकार है, खुला समाज है। चरणसिंह ने मोरारजी की टोपी उतार ली। बाबू जगजीवनराम ने चरणसिंह को लग्गी मार दी। देवीलाल

ने विरोधियों की मूँछें उखाड़ लीं। कर्पूरी ठाकुर ने चुटैया काट ली। ऐसी क्रान्तिकारी भाषा चाहिए।

प्रधानमन्त्रित्व ही जीवन है

मोरारजी भाई विदेश हो आये। अच्छा हुआ। न जाते तो भी अच्छा होता। वे अच्छी-अच्छी बातें कह आये, न कहते तो भी अच्छा होता। अच्छी बातों से नि:शस्त्रीकरण नहीं होता। वे अच्छी-अच्छी प्राइवेट बातें भी कह आये।

उन्होंने कहा—मैंने तीस साल की उम्र में .ब्रह्मचर्य-व्रत ले लिया था। हर आदमी को दो-तीन बच्चों के बाद ब्रह्मचर्य-व्रत ले लेना चाहिए। यह भी अच्छी बात है। एक ही समस्या है, अगर पत्नी ब्रह्मचर्य-व्रत न ले तो क्या होगा? पति व्रत लिये बैठे हैं और पत्नी ने नहीं लिया है। इस शारीरिक जरूरत के लिए कौन-सा नैतिक रास्ता मोरारजी भाई निकालेंगे?

इधर भारत में असन्तोष है कि ब्रिटिश पत्रों ने मोरारजी भाई की यात्रा को महत्त्व नहीं दिया।

लोग पत्रकारों और विदेशी राजनेताओं की कठिनाई नहीं समझते। वे लोग तो हर मिनिट दिल्ली पर कान लगाये थे। दिल्ली में क्या हो रहा है?

दिल्ली में तो राजनारायण, चरणसिंह के हुक्म से सबको बरखास्त कर रहे थे। चन्द्रशेखर बरखास्त! जनता कार्यसमिति डिसमिस! 1969 से इन्दिरा गाँधी का साथ देनेवाले जगजीवनराम और बहुगुणा डिसमिस! भूतपूर्व कांग्रेसी बरखास्त!

वे लोग तो हर मिनिट इन्तजार कर रहे होंगे कि अब खबर आयी कि मोरारजी भाई डिसमिस! वे अखबार तो समाचार बनाकर रखे हुए होंगे—मोरारजी देसाई आउस्टेड इन ब्लडलेस कूप! याने, रक्तहीन सत्ता-झपट में मोरारजी भाई निकाल फेंके गये।

ब्रिटिश प्रधानमन्त्री केलेहन सोचते होंगे—जब मैं इनसे बात करूँगा तब तक ये प्रधानमन्त्री रहेंगे भी कि नहीं। ऐसा भी तो हो सकता था -केलेहन द्वारा दिये गये भोज में मोरारजी भाई दूध पी रहे हैं, तभी केलेहन का सचिव आकर उनके कान में कुछ कहता है। केलेहन उठकर मोरारजी भाई के पास आकर कहते हैं—मिस्टर देसाई, दिल्ली से खबर आयी है कि आप प्रधानमन्त्री नहीं रहे। अब आप खाना-पीना बन्द कर दीजिए, क्योंकि यह भोज प्रधानमन्त्री के लिए है, और आप प्रधानमन्त्री रहे नहीं। आप ये फल रूमाल में बाँध लीजिए, और रास्ते में खा

लीजिएगा।

यह अनहोनी नहीं है। ऐसा हो चुका है। एन्क्रूमा इसी तरह गये थे। सुकर्ण एक से अधिक बार विदेश थे, तब अपदस्थ कर दिये गये थे। पर वे स्वदेश लौटकर फिर राष्ट्रपति हो जाते थे। तो केलेहन की यह चिन्ता सही थी कि मैंने मोरारजी से बातें तो कर लीं, पर पता नहीं वे न्यूयार्क पहुँचने तक प्रधानमन्त्री रहते हैं या नहीं। समुद्र के ऊपर, जब हवा में हों, तभी न निकाल दिये जायें।

मोरारजी न्यूयार्क पहुँचे होंगे तब जिमी कार्टर को खबर दी गयी होगी कि वे आ गये। कार्टर ने पूछा होगा, आ तो गये, पर वे अभी प्रधानमन्त्री हैं या नहीं। मोरारजी का भाषण राष्ट्रसंघ में था। राष्ट्रसंघवाले भी बड़े संकट में पड़े होंगे। महासचिव कुर्त वाल्डहीम बार-बार पूछते होंगे—क्यों ? क्या खबर है ? ये अभी प्रधानमन्त्री हैं न ! जब मोरारजी का भाषण हो गया होगा, तब इन्हें चैन मिला होगा।

अपनी पार्टी के प्रधानमन्त्री की ऐसी दुर्गति पार्टी के नेताओं ने कभी नहीं बनायी होगी। जिमी कार्टर ने अपने सहायकों से कह रखा होगा—दिल्ली का ध्यान रखना। अगर ये प्रधानमन्त्री न रहें तो फौरन बताना। मैं बात बन्द कर दूंगा। न्यूयार्क से मोरारजी भाई सान फ्रान्सिसको गये थे। वह तो राजकीय यात्रा थी, पर बीच में दिल्ली से खबर आती कि वे प्रधानमन्त्री नहीं रहे, तो अमरीकी शासन उनसे हवाई यात्रा का किराया और दूध, फल आदि के दाम वसूल कर लेता।

बड़ी कठिनाई थी। जिमी कार्टर भी पसोपेश में होंगे कि मैं यूरेनियम किसे दे दूं ? दिल्ली में इनकी पार्टी और सरकार का तो यह हाल है। मैं यूरेनियम दे दूँ और वहाँ चरणसिंह और नानाजी देशमुख आधा-आधा बाँट लें तो ? जगजीवनराम कहेंगे—हमारी लोकतन्त्री कांग्रेस के साथ हमेशा अन्याय किया गया है। अब हम आगे बरदाश्त नहीं करेंगे। हम कम-से-कम एक टन यूरेनियम लेंगे। और कहीं शाही इमाम ने ऐलान कर दिया कि आधा टन यूरेनियम जामा मस्जिद भेजो, वरना जेहाद बोल दिया जायेगा और सरकार को गिरा दिया जायेगा, तो ?

अमरीकी पूंजीपति भी बेचारे संकट में पड़े थे। विदेशी पूंजी के लिए पूरे दरवाजे खोल दिये गये हैं। सारे सुभीते दिये ग़ये हैं, पर विदेशी पूंजी भारत आने में हिच-किचा रही है। उसे स्थिरता चाहिए, मगर दिल्ली में यह हाल है।

अँगरेजी में कहते हैं, पूंजी 'शाई' यानी शर्मीली है। जनता शासन विदेशी पूंजी से कहता है—तू चल न मेरे साथ। मगर विदेशी पूँजी किसी पत्नी की तरह कहती है—पहले तुम्हारी नौकरी तो पक्की हो जाये, तब तुम्हारे साथ चलकर रहूँ। अभी तो तुम रोजनदारी पर हो। किसी भी दिन मालिक कह सकता है कि कल से काम पर मत आना, तब तुम मुझे कैसे पालोगे ? मुझे तो अभी मायके में ही रहने दो।

मेरी सलाह है कि एक स्थायी प्रधानमन्त्री रखा जाये और एक अस्थायी, संविधान में संशोधन कर लिया जाय। लोक सेवा आयोग द्वारा एक स्थायी प्रधान-मन्त्री की नियुक्ति कर ली जाये। यह बाकायदा स्थायी सरकारी नौकर हो। यही

स्थायी प्रधानमन्त्री विदेश यात्रा पर जाया करे। इससे विदेशी राजनेता बिना हिचक के बातें करेंगे, आखिर उसकी नौकरी पक्की है।

मोरारजी भाई या जो भी हो, प्रधानमन्त्री बने रहें, पर दिल्ली न छोड़ें। वे रोजनदारी पर हैं, पक्की नौकरी पर नहीं हैं। किसी भी दिन चरणसिंह और नानाजी उनसे कह सकते हैं कि कल से काम पर मत आना, हिसाब कर लो। मोरारजी भाई ने राष्ट्रसंघ में कठोपनिषद् के नचिकेता-यम संवाद का उल्लेख किया था। यह संवाद जीवन और मृत्यु के रहस्यों के बारे में है।

नचिकेता ने पूछा—मृत्यु क्या है? यम ने जवाब दिया—मैं ब्रह्माण्ड के दौरे पर हूँ और मुझे बताया जाये कि मैं पद से हटा दिया गया। यही मृत्यु है। और जीवन क्या है? यम ने कहा—प्रधानमन्त्री रहना ही जीवन है।

मुझे उन दिनों बड़ी भयावह कल्पनाएँ होती थीं। वाशिंगटन में मोरारजी भाई हों और दिल्ली से खबर पहुँचे कि वे प्रधानमन्त्री नहीं रहे, तो क्या होगा?

वे कान्तिभाई से कहेंगे—कान्ति, अब वापसी के किराये का कहीं से इन्तजाम करो। किसी से उधार लो या भारतीयों से चन्दा करो। वापसी का बुकिंग तो प्रधानमन्त्री के लिए था, सो हम रहे नहीं। तुम्हारा कोई दो नम्बरी सिलसिला यहाँ हो तो उसी में से किराये के पैसे लो।

तब कान्तिभाई कहेंगे—सोच लीजिए, वापस लौटें कि यहीं रह जायें। वापस लौटें और कहीं शाह कमीशन बैठ गया, तो?

परछाईं-भेदन

मामूली मकान होता, मामूली आदमी रहता और मामूली उठाईगीरे उसे खाली कराने आते, तो मैं ही दो-चार गुण्डे भेज देता कि उन्हें पीट-पाटकर भगा दो।

मगर वह राष्ट्रपति भवन है। उसमें रहनेवाले राष्ट्रपति हैं। खाली करानेवाले प्रतिष्ठित गाँधीवादी और समाजवादी हैं। मैं कुछ नहीं कर सकता। काण्ट हेल्प!

वैसे राष्ट्रपति खुद ही उस भवन को छोड़ने की इच्छा प्रकट कर चुके हैं। और अब तो खबर यह है कि राष्ट्रपति प्रधानमन्त्री के छोटे बँगले में रहने के इच्छुक हैं। मोरारजी भाई को अपने घर पर जबरन कब्जा किये जाने का डर है। लाइन में पीछे खड़े चरणसिंह और जगजीवनराम भी परेशान हैं।

गाँधीवादी कहते हैं—यह गाँधी का देश है। इस देश का राष्ट्रपति ऐसे आलीशान भवन में शान-शौकत से रहे, धिक्कार है। राष्ट्रपति को छोटे मकान में सादगी से रहना चाहिए।

समाजवादी कहते हैं—जिस देश के अस्सी फीसदी लोग गरीबी से भी निचले स्तर पर जीवनयापन कर रहे हों, नंगे और भूखे हों, जिनके सिर पर छत न हो, उस देश का राष्ट्रपति ऐसे शानदार महल में रहे, धिक्कार है !

राष्ट्रपति को घर से निकालने की माँग दोनों कर रहे हैं। किसी गाँधीवादी ने किसी प्राइवेट अटारीवाले के सामने अनशन कभी नहीं किया कि तू अपनी इमारत के कमरे गरीबों को रहने के लिए दे, वरना मैं प्राण त्याग दूंगा। किसी समाजवादी ने किसी बड़े मकान-मालिक को चुनौती नहीं दी कि तू अगर यह मकान गरीबों के बच्चों के छात्रावास के लिए नहीं देगा, तो हम हमला बोल देंगे।

गाँधीवादी और समाजवादी, दोनों पगडण्डी माँगते हैं। आसान रास्ता माँगते हैं। अखबारों की सुर्खियाँ माँगते हैं, फूल-मालाएँ माँगते हैं, स्टण्ट माँगते हैं; इसलिए बेचारे राष्ट्रपति भवन के पीछे पड़े हैं। जब यह शोर करने से क्रान्ति की रस्म अदा हो जाती है कि प्रधानमन्त्री जवाहरलाल नेहरू पर रोज 25 हजार रुपये खर्च होते हैं (थे), तो वर्गसंघर्ष कराके समाजवादी क्रान्ति की झंझट में कौन पड़े ?

पचास शब्दों और पाँच मुहावरों में समाजवाद निपट जाता हो, तो ज्यादा करने की क्या जरूरत ? राष्ट्रपति छोटे घर में रहें और हरिजन आग में झोंके जाते रहें, तो भी गाँधीवाद निभ जाता है।

गाँधीजी की समाधि पर अपने आपको देश के लिए समर्पित करने की शपथ लें, और लौटकर देश को अपने लिए समर्पित करा लें—तो भी गाँधीवाद निभ जाता है। हरिजन की जमीन छीन लें, उसे कुएँ से पानी न भरने दें, मगर उसे मन्दिर में प्रवेश कर लेने दें, तो भी गाँधीवाद का पालन हो जाता है।

गरीब की रोटी छीनी जा रही है—यह नारा लगाते रहें, मगर जो रोटी छीनता है, उससे न उलझें, तो समाजवाद की रस्म भी पूरी अदा हो जाती है। सरकार को गरीबों के लिए मकान बनवाने के लिए मजबूर न करें, मगर राष्ट्रपति से भवन खाली करा लें, तो समझो समाजवाद का लक्ष्य पूरा हो गया।

हम प्रतीकों से लड़ते हैं, छाया पर हमला करते हैं। अर्जुन ने मछली की परछाईं पानी में देखकर ही उसे बाण से छेद दिया था, पर आज के हमारे धनुर्धर तो मछली को छोड़कर उसकी परछाईं को ही बाण मारते हैं। शेर उधर खड़ा है, मगर वीर जमीन पर पड़ती उसकी छाया पर गोली दागते रहते हैं।

पूजा में सड़ी सुपारी रखकर, भगवान को धोखा देकर भी धर्मात्मा बने रहते हैं। जमीन छीनते नहीं, भूदान माँगते हैं। सम्पत्ति पर सार्वजनिक अधिकार कायम नहीं करते, हाथ फैलाकर दे दे राम ! दिला दे राम, कहकर सम्पत्ति दान माँगते हैं।

खादी के थान की आरती करके हल्दी-अक्षत चढ़ाने से गाँधीवादी अर्थव्यवस्था कायम हो जाती है। सड़क का नाम 'गाँधी मार्ग' रख दिया, सो गाँधीजी के रास्ते पर तो आसानी से चलते ही रहेंगे। हाथ का पिसा आटा और शुद्ध घी खाते हैं, उसे पचाने के लिए पदयात्रा करते हैं। नीम की दातौन करते हैं, तो सर्वोदय क्रान्ति हो

जाती है।

सेठ की गद्दी पर बैठकर उससे चन्दा लेते हैं और उठते वक्त चुपचाप गद्दी को ब्लेड से काट देते हैं—यह पूंजीवाद का नाश हो गया और समाजवादी क्रान्ति हो गयी। गाँधीजी को मैं पाखण्डी नहीं कहता, पर सरोजिनी नायडू ने कहा था—लोग नहीं जानते कि गाँधीजी को गरीब रखने में हमारा कितना खंर्च होता है।

राष्ट्रपति यदि वह भवन खाली कर दें, तो आखिर गाँधीवाद और समाजवाद कैसे आ जायेगा? एक हल्ला होगा, और वह भी सिर्फ एक दिन। हल्ला भी नहीं होगा, समाचार मात्र बनेगा कि भारत के राष्ट्रपति अपना भवन छोड़कर मामूली बँगले में रहने लगे।

हमें हल्ला पसन्द है, पर इससे ज्यादा हल्ला तो प्रधानमन्त्री के मूत पीने का होता है। हर हफ्ते या तो कोई पत्रकार उनसे पूछ लेता है, या वे खुद कहते हैं और दुनिया-भर में छपता है कि भारत के प्रधानमन्त्री मूत पीते हैं।

यह राष्ट्रपति भवन अँगरेज साम्राज्यवादी अपने वाइसराय के लिए बना गये थे। पर वे तो संसद-भवन भी बना गये थे। उन्हें वाइसराय के लिए इतना विशाल भवन नहीं बनाना था, पर वाइसराय नाचते थे, तो डांस-हॉल भी बनवाया। राष्ट्रपति नाचते नहीं हैं, तो वह फालतू है। पर आगे फ्रेंक एंटनी राष्ट्रपति हो गये तो नाचने का हॉल काम आ जायेगा या कोई आदिवासी राष्ट्रपति हो गया तो इसमें लोकनृत्य हुआ करेंगे।

अगर राष्ट्रपति इसे छोड़ दें तो हम इसका क्या करेंगे? क्या इसे गिरा देंगे? गिरायेंगे नहीं, तो इसके रख-रखाव में खर्च तो लगेगा ही। फिर वह बगीचा—मुगल गार्डन? उसे नष्ट कर देंगे, क्योंकि उस पर खर्च होता है? उस अहाते में क्या खेती करेंगे? उस खेती से क्या इतना अनाज पैदा हो जायगा कि संसद-सदस्यों के पेट भर सकें?

वर्गसंघर्ष के नाम से कँपकँपी आती है। ट्रस्टीशिप अच्छी है। चीन में तो एक ही कपड़ा चेयरमैन माओ और मजदूर पहनते थे। यहाँ रंगीन विज्ञापनों और प्रचार से तरह-तरह के कपड़े बेचे जाते हैं। इस कपड़े के सूट से लड़की प्रेम करने लगती है, और इस साड़ी के पहनने से राजकुमार शादी करने को तैयार हो जाता है।

दस फीसदी के लिए बननेवाले इन कपड़ों से नब्बे फीसदी गरीब और मध्यम वर्ग का शोषण होता है। इन कपड़ों के कारण असंख्य गरीब और मध्यवर्गीय लड़के-लड़कियाँ हीनता की भावना से घुटकर नष्ट हो जाते हैं।

ये अच्छे कपड़े न पहन पाने की शर्म में फेल हो जाते हैं, पढ़ाई छोड़ देते हैं, माँ-बाप को इन कपड़ों की फाँसी लग जाती है।

क्रान्ति कर लो, तब चीन या किसी समाजवादी देश की बात करो।

मगर व्यवस्था नहीं बदलेंगे, राष्ट्रपति भवन पर नारे लगाकर जयजयकार कर पायेंगे।

सम्पूर्ण क्रान्ति की प्याऊ

जब बड़े-बड़े नेता कहते हैं तो वे जरूर बिकते होंगे।

एक अरसे से मेरी भी इच्छा रही है कि एक दो संसद-सदस्य, विधायक या लोकल नेता ही खरीदकर रख लूं, कभी काम आयेंगे। लोग केसर, कस्तूरी और संखिया भी वक्त पर काम आने के लिए घर में रखते हैं।

अभी तक मेरी इच्छा पूरी नहीं हुई। मेरे नगर के सेठ ने तो चुंगी की चोरी के बल पर देशसेवा करने के लिए कार्पोरेशन के दो-तीन सदस्य तिजोरी में रख छोड़े हैं, मेरी हैसियत नहीं है। मैं तो कांग्रेस या जनता पार्टी का एक कर्मठ कार्यकर्ता भी नहीं खरीद सकता।

एक निर्दलीय विधायक पर मेरी नजर थी। चीज अच्छी थी। वह निर्दलीय था, इसलिए 'क्लियरेंस सेल' में सस्ता मिल रहा था।

पर मैंने जब तक पैसे जुटाये, तब तक वह सत्तारूढ़ पार्टी में चला गया। उसकी कीमत दस गुनी हो गयी। अब मेरे पैसों से उसके जूते भी नहीं खरीदे जा सकते थे।

अदना आदमी हूँ। छोटा मुँह है। बड़ी बात कहूँ तो मुँह फट जायेगा। मैं नहीं कहता।

बड़े नेता कहते हैं कि ये बिकते हैं। जब स्टाकिस्ट ही कहे कि हमारे गोदाम के माल पर ग्राहक टूट पड़ रहे हैं तब भरोसा करना पड़ता है।

कांग्रेस के नेता लगातार कहते रहे हैं कि हमारी पार्टी के लोगों को देशी और विदेशी थैलीशाह खरीदने की कोशिश करते हैं। जनता पार्टी के नेता भी कहते हैं कि हमारी पार्टीवालों को पैसेवाले खरीदना चाहते हैं।

इन्दिरा गाँधी कहती थीं कि विरोधियों को सी. आई. ए. ने खरीद लिया है। अब जनता पार्टी के अखबार कहते हैं कि इन्दिरा गाँधी के बँगले में सी. आई. ए. के लोग आते-जाते पाये जाते हैं। यानी, भारतीय लोकतन्त्र का हाल यह है कि हर पार्टी के लोग बिकाऊ हैं; जिसे जरूरत हो, खरीद ले।

बड़ा नेता जब पार्टीवालों को सावधान करता है कि खबरदार, तुम्हें खरीदने की कोशिश हो रही है, वह अपनी पार्टीवालों को आदमी नहीं, कद्दू, बैंगन, लौकी समझता होगा। बैंगन और लौकी नहीं जानते कि वे बिकनेवाले हैं।

राजनीतिवाले ये आदमी हैं, छलछन्द के उस्ताद हैं, दाँवपेंच करते-करते जिनकी तीसरी दतौड़ी आ गयी है, इन्हें क्यों आगाह किया जाता है कि तुम्हें कोई खरीद लेगा? ये क्या कद्दूभाई बैंगनभाई पटेल और लौकीदेवी हैं? बैल भी अगर किसी के हाथ नहीं बिकना चाहता तो रस्सी तुड़ाता है और सींग मारता है।

मैं तो मानना चाहता हूँ कि न कोई खरीदता है, न बेचता है। सब ईमानदार

हैं, सब त्यागी हैं। मैं मानना चाहता हूँ कि जनता पार्टी के चुनावों में जो सैकड़ों जीपें, कारें दौड़ती हैं, विमान और हेलिकाप्टर उड़ते हैं, कार्यकर्ताओं को थकान हरण के लिए शाम को जो दारू पिलायी जाती है, इस सबके लिए बेहिसाब पैसा गरीब किसानों से दस-दस पैसे के हिसाब से चन्दे में आता है।

इन्दिरा कांग्रेस भी चुनाव में सैकड़ों जीपें, कारें दौड़ाती है, प्रचार व खर्च करती है। यह धन भी हाल ही में बँटी कांग्रेस सदस्य पेट काटकर इकट्ठा करते होंगे।

मैं तो विश्वास करना चाहता हूँ कि धन का कहीं हस्तक्षेप नहीं है, मगर मेरे श्रद्धेय नेता मुझे विश्वास नहीं करने देते। लोकनायकजी को सम्पूर्ण क्रान्ति के लिए जो लगभग एक करोड़ रुपया मिला, उसके ट्रस्टी कौन हैं? रामनाथ गोयनका और रामकृष्ण बजाज! मामूली आदमी को तो लोकनायक भी बेईमान मानते हैं, उसे ट्रस्टी नहीं बनाते। लोग तो यह भी कहते हैं कि सम्पूर्ण क्रान्ति पूंजीपतियों ने चलायी थी।

इससे भी आगे चलकर लोग कहते हैं कि सन् 1948 से ही जयप्रकाशजी समाजवादी और बाद में प्रजासमाजवादी दल को बिड़ला के पैसे से चलाते थे।

यानी, समाजवादी क्रान्ति करने की जरूरत नहीं है, पूंजीपति खुद क्रान्ति खरीदकर हमें बाँट देगा।

क्रान्ति आखिर क्या है? प्याऊ है, जिसे पैसेवाला खोल देता है और हम उसका खैराती पानी पीते हैं? सम्पूर्ण क्रान्ति की प्याऊ भी तो लोकनायक ने गोयनका वगैरह से खुलवा दी है।

विदेशी धन की बात पर भी हम विश्वास नहीं करना चाहते, पर नेता कुछ और कहते हैं। जब पण्डित नेहरू के जीवन काल में इन्दिराजी कांग्रेस की बेबी अध्यक्ष थीं, तब उन्होंने कहा था कि प्रजा समाजवादी पार्टी को विदेशी पैसा मिलता है।

पण्डित नेहरू ने एतराज किया था कि ऐसी गैरजिम्मेदाराना बात नहीं कहते। तब डॉक्टर लोहिया ने, जिन्होंने प्रजा समाजवादी पार्टी से अलग अपनी एक और समाजवादी पार्टी बना ली थी, कहा था—हो सकता है प्रजा समाजवादी पार्टी विदेशी पैसा लेती हो। मैं जब उस पार्टी का मन्त्री था, तब मेरे पास विदेशी पैसे लेने का आफर आया था, जो मैंने ठुकरा दिया था। अब मैं उस पार्टी में नहीं हूँ, शायद वे अब लेने लगे हों।

अशोक मेहता लोहिया के बाद मन्त्री हुए थे। वही अशोक मेहता, जो अमरीकी पूंजीपतियों को सलाह देते थे कि भारत में पीछे की सीट से ड्राइव किया करो। अशोक भाई से पूछ लिया जाये।

चौधरी चरणसिंह साहब को यह डर नहीं है कि उनके लोगों को खरीदकर कोई इन्दिरा गाँधी को भेंट कर देगा कि लो बहनजी, ये संसद-सदस्य और विधायक राजीव के बेटे के खेलने के लिए हैं; और यह भालोद का एक चमकदार गुटनेता है,

इसे मेनका गाँधी की अँगूठी में जड़वा दीजिए।

चरणसिंह को डर है कि कहीं भालोद के लोगों को खरीदकर जगजीवनराम, बहुगुणा और चन्द्रशेखर को प्रेमोपहार में न दे दिया जाय।

चौधरी बेफिक्र रहें। जब वे और जनसंघ मिलकर कब्जा करने की कोशिश करेंगे, तब जनता पार्टी तो टूटेगी ही। अटलबिहारी ने कहा था कि जनता पार्टी का जन्म कारावास में हुआ है, वह कृष्ण है। तो कृष्ण अपने काम पूरे करेंगे ही।

पदों की माखन चोरी हो गयी, पूतनावध हो गया, कंस मारा गया, उग्रसेन सिंहासन पर बैठ गये, कौरव-पाण्डव युद्ध हो गया, द्रौपदी का चीरहरण भी हो गया।

अब कृष्ण को करने के लिए क्या बचा?

अब बचा यादवों का आपस में लड़कर अपना नाश करना।

वह भी होनेवाला है। कृष्ण-लीला पूरी होकर रहेगी।

नया महाभारत

द्रौपदी का चीरहरण हो गया। द्रौपदी चरणसिंह, दुर्योधन मोरारजी भाई, दुःशासन' चन्द्रशेखर, शकुनी नानाजी देशमुख। महाभारत चालू हो गया।

कौरव-पाण्डव सेनाओं के बीच में खड़े अर्जुन अटलबिहारी कह रहे हैं—हे कृष्ण, तुमने द्रौपदी को साड़ी न दी तो कोई बात नहीं, पर मुझे तो बताओ कि मेरी विजय काहे में है?

कृष्ण ने कहा—तू दोनों का बना रह, और मौका पाते ही पार्टी अध्यक्ष या प्रधानमन्त्री हो जा। एक तरफ मोरारजी का समर्थन करता जा, और इधर चरण-सिंह को भी पटाये रख।

जनसंघ खुद यह अफवाह फैलाता रहे कि नानाजी कांग्रेसियों के बहुत अधिक पास चले गये हैं, इसलिए अटलबिहारी और उनके मतभेद हैं। देख, चन्द्रशेखर को कभी अकेला जयप्रकाश के पास मत जाने देना। नानाजी हमेशा उससे चिपके रहें।

भीष्म पितामह लोकनायक पटना में शर-शैया पर पड़े हैं। उन्हें कौरव और पाण्डव दोनों ने बाणों से छेद दिया है। वे चिल्लाते हैं—मैं भुजा उठा-उठाकर कहता हूँ, पर मेरी कोई नहीं सुनता।

यह नया महाभारत विचित्र है। इसमें कौरव-पाण्डव समझ में नहीं आते। वे बदलते रहते हैं। आज यह सेना इस तरफ से लड़ रही है, तो कल उस तरफ से।

भीम राजनारायण गदा लेकर दहाड़ रहे हैं—मैं दुःशासन का खून पिऊँगा, मैं

दुर्योधन को गदा-प्रहार से मार डालूंगा, मैं इन कौरवों को बता दूंगा कि बनारस की भाँग और मथुरा के पेड़े में क्या ताकत होती है।

द्रौपदी रो रही है—मेरा कुल इतना अपराध है कि मैंने कहा था कि अन्धे के बेटे अन्धे ही होते हैं। मैंने कान्तिभाई के भ्रष्टाचार की जाँच करने को कहा था। इसी पर मुझे भरी सभा में नंगा किया गया।

मैंने इनके लिए क्या नहीं किया? जनता पार्टी तो मैंने बनायी, गाड़ी मैंने स्टार्ट की। गाड़ी चलने लगी, तो ये लोग उसमें चढ़ गये। मैंने ही मोरारजी को प्रधानमन्त्री बनाया, नहीं तो जगजीवनराम हो गये होते। और मोरारजी मुझसे चपरासी जैसा व्यवहार करते हैं। मुझे निकाल दिया, मेरा अपमान किया।

मगर वह रिक्शावाला उस दिन कह रहा था—सा'ब, हफ्ते-हफ्ते दाल खाने को नहीं मिलती।

मैं किसके दर्द पर रोऊँ? इस गरीब को दाल नहीं मिलती इस पर? या चरण-सिंह वगैरह के विस्थापन पर? किसका दुख बड़ा है? चरणसिंह इस तरह हल्ला कर रहे हैं जैसे उन्हें भूखा मारा जा रहा हो।

पेट पर हाथ मार-मारकर रो रहे हैं। उनका पद गया, पार्टी पर से कब्जा जा रहा है, सत्ता का रोबदाब जा रहा है, शाही शानो-शौकत जा रही है, जाट-साम्राज्य-वाद का सपना टूट रहा है, देश मुट्ठी से छूटा जा रहा है।

मुकुट और सिंहासन जाने का विकट दुख है यह। जो सत्ता ही खाते हैं, सत्ता ही पीते हैं, सत्ता का नाश्ता करते हैं—उनके खानपान छूटने का दुख यह मूर्ख रिक्शावाला क्या जाने?

रिक्शावाला कहता है—सा'ब, हफ्ते-हफ्ते दाल खाने को नहीं मिलती।

ये भाग्यविधाता कहते हैं—मेरी पीठ में छुरा भोंक दिया गया! इसी तरह कभी-कभी इन्दिरा गाँधी चीखती फिरती थीं—जगजीवनराम ने मेरी पीठ में छुरा भोंक दिया। गोया लोग अपने पेट को छोड़कर इनकी पीठ की रखवाली करें।

अपना पेट खाली रहे, खाली पेट बच्चे बिलबिलायें, मगर हमारा कर्तव्य है कि हम इनकी पीठ बचाये रहें। कोई छुरा मारने लगे तो कहें कि तू उनकी पीठ को बख्श दे और हमारे पेट में छुरा घुसेड़ दे?

जनता पार्टी के हमारे इन भाग्यविधाताओं का हाल यह है कि छुरा घुसेड़ने के डर से एक-दूसरे की तरफ पीठ नहीं करते। छुरा हाथ में लिये एक-दूसरे पर नजर रखे गोल-मोल घूमते रहते हैं। जरा किसी की पीठ फिरी, कि छुरा घुसा!

मोरारजी की पीठ जरा फिरी थी कि छुरा चल गया था। वे तो मोटी चमड़ी के आदमी हैं, इसलिए फिसल गया। इधर चरणसिंह ने अपने जाट अक्खड़पन में पीठ फेर दी, तो उसमें छुरा घुस गया। चरणसिंह को मौका लगेगा तो वे चन्द्रशेखर और मोरारजी की पीठ में छुरा घुसेड़ देंगे।

जनसंघ की चतुराई यह है कि वह दूसरे को उकसाकर छुरा चलवाता है और फिर घायल की मरहम-पट्टी करने लगता है। बाकी गुट एक-दूसरे को छुरे घुसेड़

चुकेंगे, तब आखिरी छुरा जनसंघ चलाकर कब्जा कर लेगा।

और वह रिक्शावाला कहता है—सा'ब, हफ्ते-हफ्ते दाल खाने को नहीं मिलती!

मैं क्यों रोऊँ चरणसिंह के लिए? वे तो अपील-जैसी कर रहे हैं कि देश-वासियो! मेरे लिए विलाप करो। मगर राजनीति में रोनेवाले के साथ जनता विलाप नहीं करती। इन्दिरा गाँधी रोयी थीं, तब भी लोगों ने उनके साथ विलाप नहीं किया था। फिर आप होते कौन हैं कि आपके साथ लोग रोयें? क्या हैं आप? बासठ करोड़ आदमी इसीलिए जीते हैं कि आपके हाथ से सत्ता खिसकने लगे तो वे रोने लगें?

अब तो स्कूली बच्चे भी हँसने लगे। इन बुजुर्ग नेताओं ने हमारे बच्चों का बचपन छीन लिया। बच्चे कहते हैं—जब ये बड़े लोग हमारे सरीखा करने लगे हैं तो हम अब क्या करें।

ये बच्चे ही कल तक इस तरह की शिकायतें करते थे—अम्मा, भैया ने हमें चिमटी काट ली। गुरुजी, इसने हमारी पेंसिल छीन ली। मास्साब, इसने हमें लत्ती मारी थी। आज ये बच्चे गुमसुम गम्भीर बैठे हैं। वे देख रहे हैं कि उनका बचपन नेताओं पर सवार हो गया है।

राजनारायण—चन्द्रशेखर ने मुझे लत्ती मार दी।

चरणसिंह—मोरारजी ने मेरे कान में पेंसिल कोंच दी।

मगर हमें आपके लिए जरूर रोना चाहिए, क्योंकि—

आप हैं आप, आप सब कुछ हैं।

और हैं और, और कुछ भी नहीं!

रिक्शावाला कुछ भी नहीं में आता है। मगर गुस्ताख कहता है—सा'ब, हफ्ते-हफ्ते दाल खाने को नहीं मिलती।

लोग कहते हैं कि इन्होंने महात्मा गाँधी की समाधि पर शपथ ली थी कि हम जनता की सेवा के लिए अपने-आपको अर्पित कर देंगे। शपथ सही ली थी, उसे पूरी भी कर रहे हैं। सचिवालय के अहाते में गाँधीजी की दूसरी समाधि बना रहे हैं, सभी खुदाई में लगे हैं।

रिक्शावाला कहता है—सा'ब, हफ्ते-हफ्ते दाल खाने को नहीं मिलती।

मुझे एक डर है, यह रिक्शावाला और इस जैसे करोड़ों लोग कहीं यह न सोचने लगें कि अपने इन नेताओं की ही दाल बना ली जाये।

सुनें, तो इन महामनाओं से कहूँ कि इस देश में सिर्फ जनता पार्टी और इन्दिरा गाँधी ही नहीं बसते, बासठ करोड़ से ऊपर लोग हैं। आपको पता नहीं है?

तुम्हारी बज़्म के बाहर भी एक दुनिया है।

मेरे हुजूर, बड़ा जुर्म है यह बेखबरी, और जुर्म की सजा मिलती है। हुजूर! यह महाभारत फिर रुक जायेगा, क्योंकि सत्ता में रहने के बारे में सब एकमत हैं। सत्ता-प्रेम के बुनियादी कार्यक्रम पर कोई मतभेद नहीं है। महाभारत की इस

तैयारी में योद्धाओं ने एक-दूसरे के हथियार देख लिये हैं और व्यूह-रचना समझ ली है। दूसरी लड़ाई का शंखनाद होनेवाला है। यह एकता का 'रोलिंग प्लान' है।

फुलिशम् वल्गरम् फूहड़म्

भोपाल का समाचार अखबार में छपा है। एक स्त्री फिल्म देखकर लौट रही थी। एक आदमी भी फिल्म देखकर लौट रहा था। रास्ते में आदमी औरत को अपने घर ले गया और बलात्कार कर लिया।

वे कौन-सी फिल्म देखकर लौट रहे थे?

जी, सत्यम् शिवम् सुन्दरम्!

राजकपूर को इस फिल्म के प्रचार में इस घटना का उपयोग भी कर लेना चाहिए—सत्यम् शिवम् सुन्दरम् की महान सफलता! फिल्म देखकर आदमी ने बलात्कार किया—सत्य की विजय हुई, शिव की स्थापना हुई, सुन्दर का सम्मान हुआ।

मेरा दोस्त कहता है—यह फिल्म बड़ी प्रेरणादायक है। नायिका जीनत अमान उतनी ही पोशाक पहनती है जितनी ईडन के बगीचे में ईव ने पहनी थी। ईव ने टाँगों के बीच के हिस्से को जैतून के पत्ते से ढाँका था। यह नायिका रूपा ऊपर चोली सरीखी कुछ पहने है और टाँगों पर भी कुछ कपड़ा लपेटे है। मगर यह ढाँकना खोलने जैसा है। वह बार-बार दिखाती है—ऐ लोगो, तुम जानते हो मैं क्या ढाँके हूँ। ठहरो बताती हूँ। सारी फिल्म में वह बताती है। पूजा, आरती हो रही हो, बड़े-बूढ़े बैठे हों, सड़क चल रही हो, यह लड़की ऊपर और नीचे के दोनों 'पाइण्ट' मटकाती ऐंठती रहती है। तो फिल्म में एक ही बात बच जाती है, बलात्कार। उस आदमी ने बलात्कार करके फिल्म पूरी कर दी।

सच पूछो तो सिनेमा हाल में बैठे हर आदमी की इच्छा बलात्कार करने की होती है और हर औरत को डर लगता है कि कहीं मुझी से बलात्कार न हो जाये।

मैंने कहा—यार, तुम कुछ थोथे पवित्रतावादी हो। क्या फिल्म बनाने का काम विनोबा भावे को सौंप दें, जिससे हर स्त्री माता के रूप में ही हो और स्त्री-पुरुष ब्रह्मचर्य का पालन करें। शादी के बाद वर, वधू के चरणों में सिर रखकर कहे—तू मेरी माँ है। फिल्म में जरूरत हो तो चुम्बन, अंगप्रदर्शन वगैरह होना चाहिए। स्त्री नग्न भी की जाये तो कोई हर्ज नहीं है।

मेरे दोस्त ने कहा—पर जरूरत हो तब तो। जरूरत ही नहीं है। यह पुजारी की लड़की है। अगर लड़की लगभग नंगी रहती है, तो पुजारीजी नंगे क्यों नहीं

रहते ? फिर कहानी का भी कमाल है। लड़की गाती अच्छा है, पर चेहरा एक तरफ से जला है। उस जले हिस्से को छिपाकर वह एक इन्जीनियर से प्रेम कर लेती है। शादी हो जाती है। शादी के बाद चेहरे का जलापन खुलता है तो इन्जीनियर उससे नफरत करने लगता है। तब वह जो पत्नी है, जलापन छिपाकर प्रेमिका बनकर उससे मिलती है। एक ही स्त्री पत्नी भी है और प्रेमिका भी, पर इन्जीनियर साहब जान नहीं पाते। फिर उसे बच्चा भी हो जाता है।

मेरे खयाल से कहानी और अच्छी हो सकती थी। वह लड़की पत्नी और प्रेमिका के अलावा गाय भी हो सकती थी। पत्नी के रूप में पति से लड़ती, प्रेमिका के रूप में प्रेम करती और गाय बनकर सुबह-शाम दूध देती। फिल्मों की यही वास्तविकता है।

और जहाँ तक अंग-प्रदर्शन का मामला है—युवती अपनी मरी हुई माँ की लाश के पास बैठी हुई विलाप कर रही है, पर टाँग उघाड़ना नहीं भूलती। और हमारा युवक ! बाप मर गया हो तो कुलाँचें मारकर, बकरे की बोली बोलकर, लड़की को आँख मारकर कहता है—जानेमन, मेरा बाप मर गया है। यह सब हमारे जीवन की स्वाभाविकता है।

फिल्म-कथा में और भी खूबियाँ हैं। बाढ़ आती है, बाँध टूटता है, तब अध-जली पत्नी उनके लिए 'सुन्दरम्' हो जाती है। वे पुल को छोड़कर औरत को पुकारते फिरते हैं। पता नहीं वह इन्जीनियर डिसमिस हुआ या नहीं।

राजकपूर ने उस हृदय-परिवर्तनवाले प्रेमवीर को बचा लिया होता। एक्सी-डेन्ट से कुरूपा सुन्दर लगने लगती है, जिससे नफरत करते हैं, वह प्यारी हो जाती है। यह फिल्मी 'सत्यम्' है। रेल पटरी से उतर जाये तो सुन्दर युवक सबसे कुरूप स्त्री से कहेगा—तुम कितनी सुन्दर हो, मैं तुमसे प्यार करता हूँ। वह कहेगी—अभी तक तो मुझे कुरूप समझकर मेरी तरफ देख भी नहीं रहे थे, अब क्यों ? युवक कहेगा—देखो, रेल पटरी से उतर गयी न, एक्सीडेन्ट हो गया, इसलिए। दो साँड लड़ते-लड़ते ठेले को उलटा देते हैं, तो इस एक्सीडेन्ट से भी हमेशा लड़नेवाले पति-पत्नी घोर प्यार करने लगते हैं।

कहते हैं, राजकपूर सत्यम् शिवम् सुन्दरम् फिल्म बनाने की सोलह साल से सोच रहे थे। बेवकूफी भी बहुत तपस्या लेती है। एक ऊँचे दर्जे की बेवकूफी सोचने में सोलह साल लग गये।

इधर दुनिया की हर जाति के मनीषी हजारों सालों से यह समझने की कोशिश कर रहे हैं कि सत्य क्या है, शिव क्या है, सुन्दर क्या है ? इनमें कौन ग्रहण करने योग्य है ? पर वे तो अभी तक नहीं समझ पाये, राजकपूर और उनके कहानी लेखक ने सत्य, शिव और सुन्दर का रहस्य समझ लिया। अब राजकपूर अपनी बन्दर एक्टिंग छोड़कर ऋषि हो सकते हैं। मियाँ, दार्शनिक फिल्म बना डाली है।

यह तो मैंने कहा, प्रसंगवश कह डाला। आम फिल्म सत्यम् शिवम् सुन्दरम् जैसी ही होती है। इनका नाम फुलिशम् वल्गरम् फूहड़म् बड़े मजे में हो सकता है।

दूसरे सिरे पर 'जय सन्तोषी माता' विराजी हैं और भक्तिनियों को और अन्धविश्वासी तथा मूर्खा बना रही हैं।

मैं आमतौर पर फिल्में अब नहीं देखता। बिना देखे जान जाता हूँ। ऊटपटाँग कथा, अवास्तविक जिन्दगी, भद्दापन, फूहड़पन, संगीतमय मूर्खता—यानी गाने, चोली पलट और साड़ी उलट सौन्दर्यबोध, उचक्कापन, कुरुचिपूर्ण रंग-सज्जा, असम्भव स्थितियाँ—इन सबसे मिलकर सफल फिल्म बनती है।

मैं एक फिल्म देख लेता हूँ, तो एक सप्ताह इस अपनी दुनिया में लौटने में लगता है। फिल्म ऐसी किसी दुनिया में पहुँचा देती है कि अपनी इस दुनिया में मैं अजनबी अनुभव करता हूँ, त्रास अलग होता है। एक दोस्त के साथ मैं एक फिल्म देखने गया। इतना त्रास हुआ कि इण्टरवल में उठ गये। घर लौटने को रिक्शे में बैठे तो रास्ते-भर बात नहीं की। इसके बाद तो महीने-भर बोलचाल बन्द रही। उसे शिकायत थी कि मैं उसे ठेलकर फिल्म में ले गया था और वह मुझे दोषी मानता था।

कहा यह जाता है कि ये फिल्में क्रान्ति में सहायक हो रही हैं। मान लो, इस देश में कोई लेनिन प्रकट हो जाये और क्रान्ति की प्रक्रिया शुरू कर दे। लेनिन आवाज दे कि चलो, क्रान्ति की निर्णायक लड़ाई के लिए बढ़ो आगे वीरो! तो लोग कहेंगे—आप ही करो क्रान्ति, हम अभी 'जय सन्तोषी माता' देख रहे हैं। हमें जीनत अमान को पूरा तो देख लेने दो। रंग में भंग मत करो।

कपूर, चोपड़ा, सिप्पी, कुप्पी वगैरह लेनिन से कहेंगे—अरे साहब, यहाँ तो क्रान्ति की जरूरत ही नहीं है, यहाँ वर्ग-भेद मिट चुका। यह फिल्म देखिए, इसमें गरीब आदमी की लड़की से रईस का लड़का शादी कर लेता है। इस फिल्म में हरिजन की लड़की से ब्राह्मण का लड़का शादी कर लेता है। नर-नारी की भी बराबरी हो गयी। नारी हीन नहीं रही। यह फिल्म देखिए, इसमें लड़की ऐसे हमलावर ढंग से लड़के के पीछे पड़ी है कि लड़का 'ओ अम्मा' चिल्लाकर भागता है। अब क्या जरूरत है क्रान्ति की कामरेड लेनिन?

एक मादा—दूसरी कुड़ी

कमला दास मलयालम और अंग्रेजी की प्रतिष्ठित कथा-लेखिका और कवयित्री हैं। अमृता प्रीतम पंजाबी और हिन्दी की प्रतिष्ठित कथा-लेखिका और कवयित्री हैं। दोनों ने आत्मकथा लिख डाली। कमला दास की आत्मकथा है—'मेरी कहानी', और अमृता प्रीतम की—'रसीदी टिकिट'।

पढ़ मैंने काफी पहले ली थीं, इन पर कुछ कहने से मैं अभी तक डर रहा था, क्योंकि दोनों 'लिबरेटेड' (मुक्त) स्त्रियाँ हैं। कम-से-कम इनके तेवर तो ऐसे ही हैं। पता नहीं ये किन-किन चीजों से मुक्त हो गयी हों। इनकी मुक्ति के जाल में फँस जाओ, तो फजीहत। हाँ, मुक्ति की भी जंजीरें होती हैं।

इन आत्मकथाओं को पढ़कर लगा कि इन मुक्त-नारियों ने, बौद्धिक नारियों ने, अपने को उन जंजीरों से और ज्यादा कसकर बाँध लिया है जो नारी को गुलाम बनाती हैं—यानी मांस और अति भावुकता।

कमला दास की आत्मकथा का नाम होना चाहिए था—एक मादा की कहानी। यह किसी स्त्री की कहानी नहीं है, लेखिका की तो कतई नहीं। शुद्ध मादा की कहानी है। यह बकरी या गाय की कहानी भी हो सकती है। बकरी या गाय को कम-से-कम घास-पत्ती की तो चिन्ता होती है। कमला दास को यह चिन्ता भी नहीं है। बकरी या गाय का 'सेक्स' का एक समय होता है, कमला दास का बारहमासा है।

बकरी या गाय बच्चे को दूध पिलाती या चाटती है, कमला दास ने अपने आदमजादों से ऐसा किया हो, इसका कोई आभास किताब में नहीं मिलता। पति से घृणा या प्रेम का कोई रिश्ता नहीं, वह केवल अतिकामुक नर है। समलैंगिक भी है। पति समेत जिन भी नरों से लेखिका के सम्बन्ध रहते हैं, उनमें से किसी से भी लेखिका का कोई भावात्मक लगाव नहीं है। एक बौड़म है जो लेखिका को देवी मानकर दूर से आरती ही करता रहता है।

पूरी कथा में एक ही बात है—चूमा-चाटी, दबोच लेना, मसल देना, बिस्तर पर चले जाना। कभी इच्छा से, कभी अनिच्छा से। मैं हर अध्याय इस आशा से खोलता कि इसमें कुछ और होगा, पर वही-वही होता है।

अमृता प्रीतम की आत्मकथा में भी आदमी हैं—साहिर, इमरोज और पति। अमृता प्रीतम में खूब रंगीन भाषा, शैली की अदाएँ, अतिभावुकता, सस्ती भावना वगैरह हैं। ठोस यथार्थ जिन्दगी अमृता प्रीतम के लिए केवल लिजलिजी, कहीं-कहीं फफूंदी हुई भावुकता के समान है।

साहिर के सीने पर कभी किशोरावस्था में अमृता प्रीतम ने कड़वा तेल मला था। कहती हैं—चाहती थी हमेशा इसी तरह तेल मला करूँ। (यानी बेचारा साहिर जिन्दगी-भर बीमार रहे)। इस घटना को इतनी बार अमृता प्रीतम कह चुकी हैं, और लोग पढ़ चुके हैं कि बेचारे साहिर के सीने पर फफोले आ गये होंगे, इतनी मालिश हुई है।

मेरा अन्दाज है अमृता प्रीतम के इस बार के बयान से बेचारा साहिर खुद परेशान होगा, बल्कि शरमाता होगा। 'लिबरेशन' का, अमृता प्रीतम की ही जबानी, यह हाल है कि उनका लड़का पूछता है—ममी, मैं क्या साहिर अंकल का बेटा हूँ? यह मुक्ति है, जिसमें बेटा माँ से पूछे कि ये जो मर्द तेरे आसपास हैं, इनमें कौन मेरा बाप है। मुझे मेरे बाप की तलाश है।

अमृता प्रीतम का मजा यह है कि अभी तक उन्होंने किशोरावस्था पार नहीं की। वे वही 18 साल की 'कुड़ी' बनी हैं। जिन्दगी ने उन्हें कुछ नहीं सिखाया, अनुभव उनके लिए बेकार गये।

कमला दास की आत्मकथा पढ़ते हुए लगा, जैसे किसी मांसाहारी होटल के सामने खड़ा हूँ, जिसके साइन बोर्ड पर लिखा है—यहाँ बढ़िया चिकन, कबाब, मुर्गमुसल्लम, बिरयानी मिलते हैं। रेडियो फिल्मी गाना चीख रहा है—जा रे पीछा छोड़ मुझ मतवाली का, रूप सहा नहीं जाये नखरेवाली का—हो ऽ!

अमृता प्रीतम की आत्मकथा पढ़ते हुए लगा, जैसे 'दिलबहार' होटल के सामने खड़ा हूँ जिसकी दीवारें चटक और गहरे लाल-हरे रंगों से पुती हैं, अभिनेत्रियों के अधनंगे फोटो टँगे हैं, रेडियो फिल्मी गाना चीख रहा है—अँखियाँ मिला के, जिया भरमा के, चले नहीं जाना—हो ऽ!

कमला दास की आत्मकथा कबाब की प्लेट है।

अमृता प्रीतम की आत्मकथा लस्सी का गिलास है, जिस पर झाग हैं।

एक अधेड़ औरत है या बूढ़ी—ओंठ रंगे हैं, चेहरे पर पाउडर पुता है, आँखों में सुरमा, बालों से टपकता तेल है, चोटी, फुन्दे हैं, सलमा-सितारे हैं। यह भी एक किशोरी के हावभाव दिखाकर, मटककर कह रही है—हम वैसी नहीं हैं। यह 'रसीदी टिकिट' की स्त्री है।

दूसरी प्रौढ़ा है। वह आदमी को कान पकड़कर बिस्तर पर ले जाती है। जब उसे छोड़ती है, तब भोली बच्ची की तरह कहती है—हमें यह सब अच्छा नहीं लगता।

मुझे इन आत्मकथाओं को पढ़ने के पहले कतई भ्रम नहीं था कि मैं सावित्री-सत्यवान की कथा पढ़नेवाला हूँ। मैं कोई सतही नैतिकतावादी और पवित्रतावादी भी नहीं हूँ। मैं लेखिकाओं से कहता हूँ कि खोलकर बताना हो, तो अब बता दो। मगर सवाल यह है कि आप खामख्वाह बताने पर तुली क्यों हैं?

उमर ढल जाये। इस उम्र में न घरवाले को दूसरी मिले न अपने को दूसरा। बच्चों को ऐसे दीक्षित कर लिया हो कि वे 'सेक्स' को आइस्क्रीम समझते हों। परिवार और समाज की जरूरत नहीं रह गयी हो—इनसे या तो बाहर निकल गयी हों या ऊपर उठ गयी हों। तब लेखिका सोचती है—बहादुर बन जाओ। वर्जनाओं को खत्म करो। ऐसा अपने बारे में लिखो कि लोग चौंकें, सनसनी फैले, विवाद हो।

मैं इन लेखिकाओं को भरोसा दिलाना चाहता हूँ कि जो इन्होंने लिखा है, वह चौंकानेवाला नहीं, उबानेवाला है। इसे पढ़कर लेखिका के साहस पर दाद देने की इच्छा नहीं होती, उस पर दया आती है।

सवाल उठता है कि ये प्रबुद्ध लेखिकाएँ इतने साल कहाँ रहीं? ऐसा लगता है, किसी देश, किसी समाज में नहीं रहीं। रही होतीं तो इस समाज की हलचल, धड़कन, स्पन्दन, द्वन्द्व कहीं तो इस लेखन में आता। कुछ नहीं तो कम-से-कम

लेखकीय अनुभवों और संघर्षों की ही याद की जाती। पर ऐसा लगता है कि ये जिन्दगी-भर हिन्द महासागर के किसी निर्जन द्वीप में रहीं जहाँ केवल 2-3 या कुछ और अधिक मर्द थे। खाने-पीने का सामान आसमान से उतर आता था, कपड़े हवा में उड़कर चले आते होंगे। ऐसे बियाबान द्वीप में लगता है इन प्रबुद्ध लेखिकाओं ने जिन्दगी गुजार दी—केवल शरीर और सपनों पर।

अगर कोई वैज्ञानिक अपनी पूरी आत्मकथा में यही लिखे कि वहाँ मैंने पुलाव खाया, फिर वहाँ गया तो बढ़िया मुर्गा खाया, फिर उधर का बढ़िया आम खाया, उस जगह की मलाई बहुत अच्छी है—तो क्या यह वैज्ञानिक की आत्मकथा हुई? यह तो एक चटोरे की जीवनी हुई।

पाठक लोग तो पैसे खर्च करके इसलिए ये किताबें खरीदते हैं कि ये लेखिकाओं की आत्मकथाएँ हैं। पढ़कर सोचते हैं—क्या इन लेखिकाओं को अपने बारे में सिर्फ इतनी-सी बात कहनी थी।

ये आत्मकथाएँ कुल इतना बताती हैं कि लेखक जब अपने बारे में लिखता है, तब लेखक कतई नहीं रहता। आखिर ये लेखन कर्म और धर्म से भी तो 'लिबरेटेड' हैं।

अमरत्व-अभियान

दीवारों पर एक विज्ञापन लिखा देखता हूँ—धरमसी मोरारजी का। यह कोई खाद बनाने का कारखाना है। पहले तो सोचा कि मोरारजी भाई के नाम से भी कारखाने, संस्थाएँ, कालेज खुलने लगे। पर याद आया कि धरमसी मोरारजी कारखाने के विज्ञापन तब भी होते थे, जब अपने मोरारजी भाई देसाई बियाबान में थे। तब धरमसी मोरारजी कारखाने की खाद बाजार में बिकती थी और मोरारजी देसाई अपनी राजनैतिक महत्त्वाकांक्षा के खेत में खुद खाद बने हुए थे।

सम्पूर्ण क्रान्ति हो गयी, अब नाम-क्रान्ति चालू है। नाम की बड़ी महिमा है। सन्तों ने राम के नाम को राम से भी बड़ा माना है। राम को उलटा जपने से—मरा-मरा कहने से खुद राम खुश हो गये, याने बुद्धू बन गये और कहनेवाले को बैकुण्ठ ले गये। नाम-क्रान्ति जरूरी है। जनता मन्त्री देखता है—नेहरू मार्ग, नेहरू विश्वविद्यालय, नेहरू पार्क, इन्दिरा मार्केट, इन्दिरा संगीत विश्वविद्यालय। धत्तेरे की! उसी नेहरू खानदान का नाम जिसने देश का नाश कर दिया।

संजय ने हम पर बड़ी कृपा की कि एक कबाड़ी की दूकान तक उसके नाम से नहीं मिलती। अगर 'संजय कबाड़खाने' भी खुल जाते तो कितना गुस्सा आता हमें।

'संजय कबाड़खाने' का नाम 'कान्ति भाई कबाड़खाना' करना पड़ता। इधर एक शहर में एक जनता मन्त्री ने देखा कि पत्थर पर खुदा है---इन्दिरा मार्केट। वे गुस्से से लाल हो गये। अफसरों से कहा—हटाओ इस पत्थर को। इस मार्केट का नाम आज से 'जनता मार्केट' होगा। मन्त्री ने कह तो दिया, पर अखबारों में वहाँ के दूकानदारों की शिकायतें छपने लगीं कि नाम बदलने से हमारा नुकसान होगा। इन्दिरा मार्केट कई सालों से हमारा पता है, इस नाम से हमारी चिट्ठियाँ आती हैं, इस पते पर ग्राहक आते हैं। रिक्शा और टैक्सीवाले हमारा यही पता जानते हैं, बाहर के फुटकर व्यापारी स्टेशन से सीधे इस पते पर आ जाते हैं। इन्दिरा मार्केट नाम बदलने से हमारे धन्धे पर बुरा असर पड़ेगा। एक व्यापारी तो अदालत चला गया और अदालत ने 'स्टे' दे दिया। इन्दिराजी का नाम अदालती 'स्टे' पर चल रहा है। इन दिनों उन पर जो मुकदमे चल रहे हैं, वे तो 'स्टे' नहीं हुए, पर जगह-जगह उनका और उनके पिता का जो नाम खुदा है, उसे जरूर 'स्टे' मिल गया है।

मैं कहता हूँ, यह सांस्कृतिक क्रान्ति हो जाये कि नेहरू खानदान के नाम सब जगह से निकाल दिये जायँ। मोतीलाल नेहरू तक के नाम से संस्थाएँ हैं। मूल अपराध तो मोतीलाल नेहरू का है, जिन्होंने जवाहरलाल को पैदा किया और जवाहर-लाल इस दुष्ट स्त्री के पिता हुए जिसने हमें 19 महीने जेल में रखा। और फिर भी हम देख रहे हैं जवाहर चौक और इन्दिरा मार्केट! मौलाना आजाद को अभी छोड़ दो, थोड़ी धर्मनिरपेक्षता की इमेज बनाना है। जब जनसंघ की शुद्ध राष्ट्रीय सरकार बनेगी तब मौलाना को देख लेंगे।

पर अब मुश्किल यह है कि नये जनता नेताओं के नाम रखें तो किसके रखें? मोरारजी के नाम से कृषि विश्वविद्यालय हो जाये, तो चरणसिंह छाती पर चढ़ बैठेंगे। चरणसिंह के नाम से मार्केट कर दें तो जगजीवनराम नाराज। जयप्रकाश अस्पताल कर दें तो कृपलानी को बुरा लगे।

इधर एक संस्था के भवन का शिलान्यास 1976 में विद्याचरण शुक्ल से करवा लिया था। उनके नाम का पत्थर लग गया था। श्यामाचरण शुक्ल मुख्यमन्त्री थे। भाई के नाम का खयाल करके वे अनुदान दे ही देते, पर लोकसभा चुनाव में विद्याचरण हार गये। अब संस्था के लोगों पर ईमान का संकट आ गया। उन्होंने रातों-रात विद्याचरण शुक्ल के नाम का पत्थर हटा दिया। आगे सोचने लगे—अब किससे दुबारा शिलान्यास करा लें? कैलाश जोशी से? पर उनकी तो चला-चली की बेला है। सखलेचा मुख्यमन्त्री हो जायेंगे तो बुरा मानेंगे। तो फिर बालासाहब देवरस से करा लें, मुख्यमन्त्री तो संघ का ही होगा, पर इसमें युवा जनतावाले हुड़-दंग करेंगे। फिर कहीं समाज कल्याण मन्त्री समाजवादी हो गया तो वह अनुदान नहीं देगा।

यही दिक्कत है। अमरता के मामले में भी जनता पार्टी में घटकवाद है। हम तो चाहते हैं कि दूसरी आजादी के नेताओं के नाम अमर कर दें। पहली आजादी-वालों में सिर्फ गाँधीजी का नाम रहेगा, क्योंकि जनसंघ ने उन्हें माफ कर दिया है

और चरणसिंह जूनियर गाँधीजी हैं। सुभाष बोस को भी अमर होने की हम इजाजत दे देंगे, क्योंकि उनके सैन्यवाद के कारण संघ ने उन्हें अपना स्वयंसेवक बना लिया है। बाकी को हम मिटा देंगे। उनकी जगह दूसरी आजादी के वीरों को अमर करेंगे, वे चाहे हमेशा पेरोल पर रहे हों, चाहे माफी माँगकर छूटे हों। हम तो इमरजेन्सी के दौरान चोरी, बलात्कार आदि में जेल जानेवालों को भी अमर करने का हौसला रखते हैं, पर पाँचों घटक अमरता का 'कोटा' तय कर लें।

कहीं ऐसा न हो कि हम किसी संगठन कांग्रेसी से शिलान्यास कराने का तय करें और उधर 'भारतीय लोकदल' वाले विरोध में रैली करने लगें। हमें झंझट नहीं चाहिए। हम प्रदेश जनता पार्टी के अध्यक्ष के पास जाकर कहें कि हम एक जुआ क्लब खोल रहे हैं। क्लब का नाम किसी जनता नेता के नाम पर रखकर उसे अमर करना चाहते हैं, आप तय कर दीजिए। अध्यक्ष रिकार्ड देखकर बतायें—संगठन कांग्रेस और भारतीय लोकदल के कोटा में तो कोई नहीं बचा। समाजवादियों में कुछ बकाया हैं। तुम अमुकजी के नाम पर क्लब का नाम रख लो। इन्हें शोभा भी देगा, क्योंकि समाजवादी राजनीति में जुआ खेलते रहे हैं।

सरकार इस अमरता के मामले में जल्दी करे। सरकारी संस्थाओं के नाम बदल दे। गैरसरकारी संस्थाओं से कहे कि नाम बदलो, वरना अनुदान बन्द कर देंगे।

पोस्टल विभाग को आदेश दे दिये जायें कि जिन पत्रों पर जवाहरलाल का टिकट हो, वे बैरंग कर दिये जायें। राष्ट्रपति एक अध्यादेश जारी कर दें कि मार्च 1977 के बाद जो बच्चे पैदा हुए हों उनके नाम जवाहर, इन्दिरा, संजय न रखे जायें। जिनके रख दिये गये हों वे फौरन बदल दें, वरना उनकी नागरिकता छिन जायेगी।

इस सांस्कृतिक क्रान्ति के लिए बहुत काम करना है। मेरी जनता पार्टी नेताओं और मन्त्रियों से अपील है कि फिलहाल महंगाई, गरीबी, बेकारी आदि समस्याओं को छोड़ें। ये इहलोक के कर्म हैं, जो इन समस्याओं को न हल कर सकते हैं, न अमर हो सकते हैं। असल बात पर ध्यान दें। इतनी सड़कें, मुहल्ले, संस्थाएँ, इमारतें, कांजी हौस, गुसलखाने, अनाथालय पड़े हैं, इन पर अपने नाम चिपकाकर अमरता पहले पक्की कर लें।

कमलापति त्रिपाठी को देखो, उस्ताद हैं। प्रेमचन्द की मूर्ति बनवा दी, स्थापित करवा दी और उस पर खुदवा दिया कि इस मूर्ति का खर्च कमलापति त्रिपाठी ने दिया। प्रेमचन्द घिसते रहे कलम, कमलापति ने सिर्फ मूर्ति बनवा दी, वे प्रेमचन्द की तरह ही अमर हो गये।

कमलापति त्रिपाठी ने कौन-सा पराक्रम किया? प्रेमचन्द की मूर्ति बनवा दी अपने खर्च से। कमलापति त्रिपाठी में कौन-सी विशेष प्रतिभा है? यही कि वे प्रेमचन्द की मूर्ति अपने खर्च से बनवा सकते हैं। हिन्दी लेखकों में कुछ शर्म बची हो तो वे चन्दा करके त्रिपाठीजी के पैसे लौटा दें, ब्याज भी दे दें।

खैर, हम जनता वीरों की बात करें। एक झिझक है, आदमी अमर वह होता है, जिसका नाम खुदा देखकर, यह न पूछा जाये कि यह क्या था।

राजनारायण-सरीखे श्रेष्ठ वीर के नाम पर हम अस्पताल कर दें, तो हमारी पीढ़ी के लोग तो उसमें इस डर से नहीं जायेंगे कि वहाँ बिना बेहोश किये हनुमान चालीसा से ऑपरेशन कर देंगे। आगेवाले पूछेंगे ये राजनारायण कौन थे? खैर, हम उनके यश का प्रबन्ध कर लेंगे। हम रामकथा में डलवा देंगे कि राजनारायण किष्किन्धा में सुग्रीव के सेनापति थे। हम अमर किये बिना नहीं मानेंगे।

अभूतपूर्व भूतपूर्व

लोग मोरारजी भाई पर दबाव डालकर गलत परम्परा न डलवायें। जाँच हमेशा भूतपूर्व प्रधानमन्त्री के बेटे की होती है, वर्तमान के बेटे की नहीं। यही स्वस्थ परम्परा है। मोरारजी भाई अभी भूतपूर्व नहीं हुए, वे 'अभूतपूर्व' जरूर हैं। वे कान्ति भाई की जाँच होने देकर एक अस्वस्थ परम्परा नहीं शुरू करेंगे। उनके जैसे स्वस्थ आदमी से ऐसी अस्वस्थ बात लोग कराना चाहते हैं?

जो विरोधी नेता ऐसी गन्दी माँग कर रहे हैं, वे यह सोचें कि आगे भी वे प्रधानमन्त्री, मुख्यमन्त्री होंगे, तब उनके लड़कों की भी जाँच होगी। मैं तो कहता हूँ संविधान में यह आ जाये कि किसी मन्त्री के बेटे की जाँच तब तक नहीं हो सकेगी जब तक वह भूतपूर्व न हो जाये।

राजनैतिक सत्ता हो, सुभीते हों, पैसा हो, आसपास चापलूस और फायदा उठानेवाले हों, तो मन्त्री का वह लड़का कट्टर मूर्ख होगा जो पैसा, दारू, औरत न करे। और कोई राजनीतिज्ञ ऐसा नालायक बेटा पैदा नहीं करता। ऐसी कोई मन्त्री-पत्नी, ऐसी नालायक सन्तान को कोख में नहीं रखती। यही स्वस्थ परम्परा है।

स्वस्थ परम्पराएँ पड़ रही हैं। यह क्या कम स्वस्थ परम्परा है कि सरकार बनने के डेढ़ साल बाद भी यह विवाद है कि मोरारजी को प्रधानमन्त्री बनाना उचित था या नहीं। डेढ़ साल तक प्रधानमन्त्री रहे आदमी के बारे में यह सवाल इस तरह उठ रहा है जैसे स्कूल मास्टर कहते हों—इस लड़के प्रकाश को प्रोमोशन देना कुछ ठीक नहीं हुआ। आगे की क्लास में वह चल नहीं पा रहा है। तिमाही में उसने अच्छे नम्बर नहीं लिये।

कोई पटना में लेटे सयाने से और कोई दिल्ली में लुढ़के सयाने से पूछता है—क्यों महात्मा, मोरारजी को प्रधानमन्त्री बनाकर क्या आपने ठीक क्या? सयाना

कहता है—शायद भूल हुई, मगर तब दूसरा रास्ता भी क्या था। मजबूरी जो थी।

पटनावाले सयाने ने एक दिन कहा—मोरारजी ने कोई काम नहीं किया, वे निकम्मे सिद्ध हुए हैं। पर दो दिन बाद लोकनायक कहते हैं—मोरारजी ने बहुत अच्छा काम किया है। मैं उनसे सन्तुष्ट हूँ।

पटनावासी सयाने को आगे कोई दस रुपया भी उधार नहीं देगा, दूधवाला रोज दूध के दाम ले लेगा—क्या ठिकाना कल आप बदल जायें।

और एक परम्परा पड़ी है—सामूहिक सहयोग की, एकता की।

चरणसिंह कभी कहते हैं—कान्तिभाई पर भ्रष्टाचार के आरोप हैं, फिर कह देते हैं—नहीं, आरोप नहीं थे, अफवाह थी। चन्द्रभानु गुप्त एक दिन कहते हैं मधुलिमये ने जो चन्दा किया था, न तो उसे ज़मा किया, न हिसाब दिया। दो दिन बाद कह दिया—मैंने ऐसा कहा ही नहीं। सबने चन्दा जमा किया था और हिसाब भी दिया था।

मधुलिमये प्रधानमन्त्री को कान्तिभाई के भ्रष्टाचार के बारे में चिट्ठी लिखते हैं। तीन दिन बाद वे सार्वजनिक रूप से उस चिट्ठी को अस्वीकार करते हैं।

लोग व्यर्थ ही जनता पार्टी में एकता की माँग करते हैं। एक हैं। कितनी एकता है। सब जिस वक्त चाहें एक साथ बेईमान हो जाते हैं। फिर तय करते हैं कि ईमानदार हो जायें, तो एक साथ ईमानदार भी हो जाते हैं।

एक नयी परम्परा और पड़ रही है। होता यह था कि सत्ताधारी दल अपने घोषणा-पत्र के कार्य ही पूरे नहीं करता था। जनता पार्टी पहले उन कामों को पूरा कर रही है जो घोषणा-पत्र में नहीं हैं। घोषणा-पत्र में यह नहीं है कि हम एक-दूसरे की पोलें खोजेंगे और खोलेंगे। नेता की खोलेंगे, उसके बेटा-बेटी की खोलेंगे, रिश्तेदारों की खोलेंगे।

पार्टी और सरकार की सारी मशीनरी कलंक-निर्माण, कलंक-शोध और कलंक-उद्‌घाटन में लगी है। बाबू 'सुरेशकुमार का सेक्स-काण्ड' जिस चतुराई से नियोजित किया गया, उससे स्तर बहुत बढ़ गया है। नैतिकता का स्तर तो बढ़ा ही है, स्टण्टबाजी, अपराध-तत्व भी आ गये हैं।

किसी दिन राजनारायण कह देंगे कि मेरे पास मोरारजी और जगजीवनराम के भी औरतों के साथ नंगे फोटो हैं। कितने गन्दे हैं ये लोग। अरे, करना हो सो करो, पर फोटो क्यों खिचाते हो! इसी नैतिक रूप में युद्ध आगे बढ़ा तो मन्त्रियों और नेताओं की बूढ़ी बीवियाँ भी सावधान हो जायें। बचपन में जब वे फ्रॉक पहनकर खेलती होंगी, तब की कोई फोटो खोज ली जायेगी और कहा जायेगा—देख लो इसे, अमुक की पत्नी है यह। छी छी छी छी!

अब तो हम भारतवासियों को ग्लानि होने लगी। हम अपराधी हैं। हमने अपराध किया जो हमारा भला करने का काम इन्हें सौंप दिया। अब ये जो राजघाट पर हमारा भला करने की कसम खा चुके हैं।

हम हाथ जोड़कर कहते हैं—हमारे उद्धारको, हमें अपना भला नहीं कराना,

तुम हमारा भला कतई मत करो, तुम्हारे इतने बलिदान से हमें अपने छोटे-मोटे भले नहीं करवाने। तुम हम पर मेहरबानी करके गोबर खाना और नाली का पानी पीना बन्द कर दो।

कुत्ता : अन्दर का और बाहर का

इन दिनों भगवान, सूचना और प्रसारणमन्त्री लालकृष्ण आडवाणी पर बहुत खीझे हुए हैं। ये भगवान रजनीश हैं। नाराजी का कारण है। रजनीश के आश्रम पर कुछ विदेशी फिल्म बनाना चाहते थे, मगर आडवाणी ने इसकी अनुमति नहीं दी। भगवान का प्रचार रोक दिया।

अगर किण्डरगार्टन के बच्चे की फोटो न खिचायी जाये, तो वह भी चीखने-चिल्लाने लगता है, फिर यह तो फिल्म का मामला है जिससे पश्चिम में प्रचार होता है। पश्चिम को हमारा सबसे बड़ा निर्यात इन्हीं साधुओं, योगियों, भगवानों का है। पश्चिम में खपत न होती तो इतने चमत्कारी अलौकिक पुरुष यहाँ पैदा नहीं होते।

भगवान की नाराजी जायज है और वे इसे अखबारों में प्रगट भी कर रहे हैं। यों वे तभी से खीझे हैं, जब विदेशी कार के लिए उनका टेण्डर नामंजूर हो गया था। किसी सेठ ने उनसे ऊँचा टेण्डर भरकर, कार हड़पकर यह सिद्ध कर दिया कि पैसा 'भगवान' से बड़ा होता है। ये सेठ लोग तो ऐसे ही 'भगवान' को खरीदने का टेण्डर भी भरते हैं।

लोगों का कहना है कि सेठ उन्हें कभी का खरीद चुके। वैसे मैं तो 'भगवान' के द्वारा टेन्डर भरना एक लीला मानता हूँ। उन्हें कारों की कमी थोड़े ही है। भगवान कृष्ण को माखन की कमी नहीं थी, पर वे माखन-चोरी-लीला करते थे। ये टेण्डर-लीला करते हैं।

खीझ में रजनीश सबको कोस रहे हैं। अपने को सुकरात और ईसा भी कहते हैं, जैसे आडवाणी ने उन्हें जहर पिला दिया हो या सूली पर टाँग दिया हो। आडवाणी ने सिर्फ उनकी फिल्म नहीं बनने दी है। रजनीश सुकरात और ईसा की तरह शहीद होना चाहते हैं, पर मुश्किल यह है कि उन्हें शहीद बनाने की किसी को फुरसत नहीं है। उनकी हालत उस आदमी की तरह है जो कफन लिये चिल्ला रहा है कि मेरे ऊपर कफन डालो ताकि मैं शहीद हो जाऊँ, पर कोई कफन डालने कू खालीच नइं। वे कहते हैं---अरे, मुझे सूली पर चढ़ाओ, और लोग कहते हैं—यह फालतू मेहनत कौन करे? हमें अपने काम हैं।

कुल मिलाकर रजनीश एक बेचारे आदमी हैं। जन्म से जैन। उन्होंने जैनों से

शुरू-शुरू में कहा होगा—बहुत सालों से कोई तीर्थंकर नहीं हुए हैं। आप लोग चाहो तो मैं पचीसवाँ तीर्थंकर हो जाऊँ। जैनों ने कहा होगा उनसे—हो जाओ, हम मदद करेंगे। पर जैनों की मदद लेकर रजनीश कृष्ण की कुछ ऐसी लीलाएँ करने लगे जो जैनों को पसन्द नहीं आयीं।

तो जैनों ने अपने भावी तीर्थंकर को छोड़ दिया। तब रजनीश ने लेखक जैनेन्द्र की चिलम भरी। उनसे अदाएँ, मुद्रा, अटपटी भाषा, मुहावरे आदि सीखे और 'भगवान' हो गये।

चेले हो गये, चेलियाँ हो गयीं। सेठ आने लगे, सेठानियाँ सत्संग करने लगीं। सेठानियाँ तो रसोइया और घरेलू नौकर का भी सत्संग करती हैं। उनका सत्संग दस-पन्द्रह रुपये में करती हैं, भगवान का सत्संग हजार में कर लिया। सत्संग खरीदने के मामले में रसोइया और 'भगवान' एक ही जैसे हैं, उनके लिए।

इधर मैंने रजनीश के कुछ खीझ-भरे लेख पढ़े। वे दुखी हैं, निराश भी हैं, 'फ्रस्ट्रेशन' है उन्हें। फ्रस्ट्रेशन शायद महेश योगी के अन्तर्राष्ट्रीय कारोबार के कारण हो। जो हो, वे एक बेचारे आदमी लगते हैं। बेचारा आदमी वह होता है जो समझता है कि मेरे कारण तमाम हलचल हो रही है, पर वास्तव में उनके कारण कोई छिपकली भी कीड़ा नहीं पकड़ रही है। बेचारा आदमी वह होता है, जो समझता है कि मेरे सब दुश्मन हैं, पर सही यह है कि कोई उस पर ध्यान नहीं देता। बेचारा आदमी वह होता है जो समझता है कि मैं वैचारिक क्रान्ति कर रहा हूँ और लोग उससे सिर्फ मनोरंजन करते हैं। वह आदमी सचमुच बड़ा दयनीय होता है जो अपने को केन्द्र बनाकर सोचता है।

रजनीश गाँधीजी पर खीझे हैं। कहते हैं कि गाँधी को राष्ट्रपिता मत कहो, क्योंकि उन्हें बुढ़ापे में स्वप्नदोष होता था और वे औरतों के साथ सोते थे। गाँधीजी के 'सेक्स' के मामले धन्धे हो गये हैं। हाल में यह धन्धा वेद मेहता ने किया है। गाँधीजी ने स्त्री के साथ सोने का 'ब्रह्मचर्य का प्रयोग' सबको बताकर किया था। प्रोफेसर निर्मल कुमार बोस की इस पर पहली किताब है। प्यारेलाल ने भी इस पर लिखा है। रजनीश इसी बात को भोंडे तरीके से पीटते हैं।

मैं तो गाँधीवादी नहीं हूँ, पर यह तो ऐतिहासिक तथ्य है कि गाँधीजी ने दुनिया का एक बड़ा जन-आन्दोलन चलाया था और इधर ये 'भगवान' रजनीश जुए के अड्डे-सरीखा एक आश्रम चलाते हैं।

रजनीश कहते हैं—मैं मुक्त हूँ। वे होंगे मुक्त। पूर्ण मुक्त होंगे। मुक्त भी बहुत-से लोग होते हैं। हरामखोर भी मुक्त होता है, क्योंकि वह किसी के प्रति कोई दायित्व अनुभव नहीं करता। उन्हें शिकायत है कि समाज और सरकार उनका विरोध करते हैं। मगर जो वास्तव में समाज है, वह उनकी परवाह नहीं करता। विरोध का सवाल ही नहीं है। अखबारों में उन्हें लेकर जो कभी-कभी विवाद होता है, वह तो पेपर का प्रसार बढ़ाने की तरकीब है। और मेरे-जैसे लेखक जो कभी-कभी लिख देते हैं सो इसलिए कि वे हमारे विषय हैं और इस लिखने का हमें पैसा

मिलता है। हम 'भगवान' पर मुफ्त में नहीं लिखते। इसे गम्भीरता से नहीं लेना चाहिए कि समाज विरोध कर रहा है।

सेक्स और नर-नारी सम्बन्ध, विवाह आदि पर जो वे कहते-लिखते हैं, वह भी कोई हड़कम्प मचानेवाला नहीं है। हर कदम पर मानवीय सम्बन्धों का पुनः परीक्षण होता है। बरट्रेण्ड रसेल, सिमोन डि बाऊवा, सार्त्र वगैरह ने भी इन सम्बन्धों पर नये सिरे से विचार किया।

रजनीश कहते हैं कि वे मानव-भविष्य देखते हैं और भविष्य में उनकी बात मानी जायेगी। मगर मनुष्य का भविष्य तो समाजवाद है। जिसका विरोध रजनीश करते हैं। याने वे अतीतगामी हुए, पतनशील पूंजीवाद के प्रवक्ता, एक मर रही व्यवस्था के वकील। समाजवाद का विरोध करना राजनीति है, इसलिए वे खुद राजनीतिक भी हुए।

मगर वे कहते हैं कि मैं अपने आश्रम में राजनीतिकों और कुत्तों का प्रवेश निषिद्ध कर दूंगा, मगर वे खुद भी तो राजनीतिक हैं, यानी भीतर बैठा कुत्ता दूसरे कुत्तों को भीतर नहीं आने देगा।

आडवाणी और रजनीश को नहीं लड़ना चाहिए। दोनों भाई हैं। जो आडवाणी की पार्टी को चन्दा देते हैं, वही रजनीश को भी। आडवाणी की पार्टी भी समाजवाद-विरोधी है और रजनीश भी। पूंजीपति वर्ग की रक्षा के लिए आडवाणी की पार्टी भी है और रजनीश भी हैं। दोनों एक ही सेठ के चौकीदार हैं। एक की दिन की ड्यूटी है और दूसरे की रात की। दो चौकीदारों का झगड़ा मुझे अच्छा नहीं लगता।

पशुपतिनाथ के लिए अफीम

राष्ट्रीय विपदा पर कुछ रस्में निभाना जरूरी होता है, जैसे विवाह में सात फेरे फिरना होता है। अकाल की, बाढ़ की, भूकम्प की रस्में तय हैं। पहली रस्म है—दृश्य-दर्शन! प्रधानमन्त्री, मन्त्री, नेता वगैरह विमान से बाढ़ का लुभावना दृश्य देखते हैं—वाह, एक शताब्दी में ऐसा सुन्दर दृश्य किसी को नहीं दिखा था। हमारी आँख धन्य हो गयी। इस बार भी राष्ट्रपति, प्रधानमन्त्री, नेता वगैरह ने सारे जहाँ से अच्छे इस हिन्दोस्ताँ के गुलिस्ताँ की बुलबुलों को डूबते, उतराते, पेड़ों और छतों पर टँगे, हाय-हाय करते देखा।

एक्स्ट्रा प्रधानमन्त्री इन्दिरा गाँधी ने किराये के विमान से बाढ़ का सौन्दर्य देखा—इण्डिया का हाल मुकदमों से घिरी इन्दिरा-जैसा ही है। प्रधानमन्त्री कोई

भी हो, इन्दिराजी हमेशा एक्स्ट्रा प्रधानमन्त्री रहेंगी। जैसे अमरीका का राष्ट्रपति कोई भी हो, रिचर्ड निक्सन हमेशा एक्स्ट्रा राष्ट्रपति रहेंगे।

मैं विमान किराये से नहीं ले सका। मेरे प्रदेश के मुख्यमन्त्री तो अभी एकाएक सरकारी विमान से नेपाल, भगवान पशुपतिनाथ के दर्शन करने चले गये थे। पशुपतिनाथ ने बुलाया होगा। अब कुछ लोगों ने हल्ला कर दिया कि भगवान पशुपतिनाथ ने उनसे अफीम मँगायी थी, सो लेकर गये थे। यह झूठ है। नेपाल में अफीम-गाँजा की कमी नहीं है। कुछ और लोग कहते हैं कि वे राजा महेन्द्र से आर. एस. एस. के लिए पैसा लेने गये थे। हिन्दू राष्ट्र की स्थापना होने ही वाली है और सम्राट के रूप में राजा महेन्द्र का राजतिलक होगा, तो अश्वमेध यज्ञ का खर्च लेने सखलेचा गये थे, यह भी झूठ है।

जिस आर. एस. एस. के तीन मुख्यमन्त्री हैं, उसे बाहर से पैसा लाने की जरूरत नहीं है। पर महेन्द्र के राजतिलक के मामले में थोड़ा विवाद होगा। बम्बई के एक मशहूर साप्ताहिक पत्र, जो 'उड़न छू' पत्रकारिता और सुभीते के ईमान के लिए भी जाना जाता है, के 'मुहावरा वीर'—सम्पादक आर्य मिहिर रजाशाह पहलवी का क्लेम पेश करेंगे, गो इस समय आर्य मिहिर की दुर्गति हो रही है। खैर, वक्त आने पर देखा जायेगा।

बात राष्ट्रीय विपदा की रस्मों की हो रही थी। बाढ़ आने के बाद उसके कारण बताने की रस्म अदा होती है। हमारे देश में सबसे तेज वैज्ञानिक दिमाग तो राज-नारायण का है, जो 'हनुमान चालीसा' से आपरेशन कर सकते हैं।

राजनारायण का कहना है—किसी के पाप के कारण दिल्ली में ऐसी बाढ़ आयी। पहले तो इन्दिरा गाँधी के पाप के कारण विपत्तियाँ आती थीं, इस बार मोरारजी के पाप के कारण बाढ़ आयी है। उनका पाप है कि उन्होंने राजनारायण को, जो हनुमान के अवतार हैं, मन्त्रिमण्डल से निकाल दिया। ऐसे पाप से पहले भी विपत्तियाँ आ चुकी हैं। अकबर के जमाने में काशी में किसी ने हनुमान की मूर्ति खण्डित कर दी थी, तो काशी पर हनुमान की सेना ने, लाल मुँह के बन्दरों ने धावा बोल दिया था। यह समझ में नहीं आता कि अकबर के महल पर धावा क्यों नहीं बोला?

कारण बताओ की रस्म अदायगी में आगे तकनीकशाह और विशेषज्ञ आते हैं। हमारी आधी जिन्दगी नौकरशाही ने तबाह की है और आधी तकनीकशाह ने। ये तकनीकशाह और विशेषज्ञ बताते हैं कि बंगाल की खाड़ी में वायु में जो 'डिप्रेशन' आ गया था, वह बढ़ा है साहब, और राजस्थान पहुँचा और मुड़कर उत्तर-पश्चिम की तरफ आ गया।

समझ गये? नहीं समझे साहब, हम जड़बुद्धि हैं। अच्छा, तो इतना समझ सकते हो कि बाढ़ का कारण मानसून का 'मिसबिहेवियर' यानी दुर्व्यवहार है। यानी मानसून का चाल-चलन भी इस देश में बिगड़ गया। क्या सुरेशकुमार—सुषमा का असर पड़ गया? मर गये क्या एम. ओ. मथाई? जिन्दा हैं तो मानसून के चाल-चलन

पर लिखें न !

आगे आता है नौकरशाह सचिव, उपसचिव। वह झट फाइल निकालता है, देखता है। अभी तक बाढ़-नियन्त्रण के लिए चार सौ करोड़ रखे थे, अब सात सौ करोड़ कर देते हैं। वह रेडियो के माध्यम से झाड़ पर टँगे, छतों पर अटके, डूबते लोगों को खबर पहुँचाता है—ऐ लोगो ! अब बेफिक्र हो जाओ। मरने से बिल्कुल मत डरो।

बाढ़ नियन्त्रण के लिए सात सौ करोड़ कर दिये हैं। इस निर्भयता-दान से मुझे कुछ याद आ रहा है। स्टेशन पर मुसाफिर उतरा तो एक होटल के एजेण्ट ने उसे पकड़ा और कमरा तय किया। एजेण्ट थोड़ा यहाँ-वहाँ हुआ। इतने में दूसरे होटल के एजेण्ट ने मुसाफिर को पकड़ा। इस होटल का किराया कुछ कम था, तो मुसाफिर उसके साथ चला गया।

मुसाफिर इस दूसरे होटल के अपने कमरे की बालकनी पर खड़ा था कि पहले होटल का वह एजेण्ट आ गया। वह चिल्लाया—ए मुसाफिर ! बेईमान, झूठा, मुझे दगा दे गया, मैं तुझे मार डालूंगा।

मुसाफिर डरा तो दूसरे होटल का वह एजेण्ट बोला--अरे डर मत। यह अगर तुझे मारेगा तो मैं इसके चार मुसाफिर मार डालूंगा।

इसके बाद है आरोप-प्रत्यारोप की रस्म। इन्दिरा कांग्रेस ने और कम्युनिस्ट पार्टी ने आरोप लगाया कि दिल्ली प्रशासन ने सारा राहत कार्य आर. एस. एस. को सौंप दिया है। राहत देने में भी पक्षपात हो रहा है। यह तो होगा ही, राज जो उनका है।

मैं तो कहता हूं, अगर बाढ़ के शुभागमन की आशा पहले से होती तो रोटी लपेटने के लिए भगवा रंग के कागज तैयार कराये जाते, उन पर बालासाहब देवरस का चित्र होता, दीपक का निशान होता। पता नहीं चरणसिंह अपना निशान कब वापस ले लें। ऐसे कागज में लपेटकर रोटी बाढ़ पीड़ितों को दी जाती।

राजनीति है, पोचा मानवतावाद नहीं। जहाँ तक पक्षपात का सवाल है, केदारनाथ साहनी उन मोहल्लों के बाढ़ पीड़ितों को रोटी क्यों दें, जिनमें जनसंघ को कम वोट मिले थे। अराष्ट्रीय तत्त्वों को साँप की तरह कौन पालेगा ? कम्युनिस्ट पार्टी को भी यह समझना चाहिए कि साहनी उन मजदूरों को रोटी क्यों देंगे जो दत्तोपन्त ठेंगड़ी के भारतीय मजदूर संघ को ठेंगा दिखाकर, लाल झण्डा लेकर निकल पड़ते हैं।

अभी तो राजनीतिवाले यह हिसाब लगा रहे होंगे—इस क्षेत्र में अमुक पार्टी के ज्यादा वोटर बरबाद हुए न ! अच्छा हुआ, और मर जाते तो और अच्छा होता।

व्यापारी भी अपनी रस्म बखूबी निभा रहा—माल दबा, कीमतें बढ़ा दीं, सड़ा अनाज बेचना शुरू कर दिया होगा। उसकी अपनी नैतिकता है। यह उतराती लाशें इकट्ठा करके कहेगा —यह खाइये साहब। निहायत लजीज। ठण्डे पानी में 'फराई' किया हुआ आदमी है। पूड़ी की तरह फूल गया है। बाढ़ की सारी परम्परागत रस्में भी अदा हो रही हैं।

एक और एक तीन

कहते हैं कि सर्वोदयी से कुछ कहने पर गौहत्या का पाप लगता है। मगर गायें जब दिल्ली में रैली निकालने लगें तब? खबर है कि सर्वोदयी भी दिल्ली में रैली निकालनेवाले हैं। जीव-शास्त्रियों का कहना है कि शरीर में जिस अंग का उपयोग खत्म हो जाता है, वह अपने आप झड़ जाता है। इस हिसाब से सर्वोदय को खत्म हो जाना चाहिए।

पर कुछ अंग ऐसे होते हैं, जो शरीर को कुछ न देकर, शरीर के ही रस से जीवित रहते हैं। फिर लकवा लगा पाँव भी किसी काम का न होकर शरीर में अटका रहता है। सर्वोदय ऐसा ही अंग है, जो झड़ नहीं रहा। आगे चलकर सर्वोदयी नागा बाबाओं की टोली-जैसे हो जायेंगे, जिन्हें कुम्भ पर देखने विदेशी पर्यटक आया करेंगे।

वे हैरत से देखेंगे कि ये वे लोग हैं जो दान से सामाजिक-आर्थिक क्रान्ति करना चाहते थे। ये वे लोग हैं जो मन्त्र और प्रवचन से डॉक्टर बर्नार्ड से भी पहले आदमी का हृदय बदल देते थे। इन्होंने अपने बारे में कुछ महिमाएँ स्थापित कर रखी हैं। संयमी हैं, अहिंसक हैं, मानवतावादी हैं, त्यागी हैं, शीलवान हैं, मगर बिना कमाये दान के धन पर दही खाने और शहद चाटनेवाले ये कर्मकाण्डी बड़े जड़ और विचित्र होते हैं।

मेरे साथ विदेश-यात्रा पर एक सर्वोदयी भी थे। उन्होंने झोले में दो डिब्बे रखे थे। मैंने पूछा कि इनमें क्या है तो उन्होंने कहा—एक में ताड़ का गुड़ और दूसरे में शहद। ऐसी आत्मवंचना से उन्होंने कहा जैसे डिब्बों में भारत का आध्यात्मिक सन्देश ले जा रहे हों। मैंने कहा—ये आप लोग क्या अटपटा करते हैं? विदेश में ताड़ के गुड़ और शहद के बिना क्या आप नहीं रह सकते? उन्होंने कहा—इसमें अटपटा क्या है? गाँधीजी भी तो गोलमेज परिषद में गये थे तो लन्दन अपनी बकरी ले गये थे। मैं निरुत्तर हो गया था। सही है, बीसवीं शताब्दी के बड़े मुक्ति आन्दोलन के नेता अपनी बकरी लन्दन ले गये और दूसरे नेता महामना गंगाजल के मटके ले गये थे।

इस देश में हर साइज के गाँधी होंगे ही। मैंने सर्वोदयी से मजाक में कहा था आश्रम में तो विनोबा के कारण कर नहीं पाते होंगे, इधर विदेश में मदिरा-पान कीजिए और मुर्गा, बकरा खाइए। वे क्षुब्ध हुए। मुझ पापी से उन्होंने बात नहीं की आगे।

तो सर्वोदयी अब दिल्ली में रैली करेंगे। किसलिए? सरकार पर नैतिक दबाव डालने के लिए। दिल्ली के मन्त्री और नेता बड़े नैतिकतावादी हैं। वे सुधरना चाहते हैं। पर क्या करें, कोई उन पर नैतिक दबाव ही नहीं डालता। हम इन्तजार कर रहे हैं कि कोई आये और हम पर नैतिक दबाव डाले। हम फौरन सुधर जायेंगे। तो

सर्वोदयी बोले—ठहरो, हम आ रहे हैं। तुम थोड़े दिन और सुधरना रोके रखना। हमारी रैली निकल जाये, तब सुधरना।

सर्वोदय के बड़े 'बाबा' पवनार में अटपटी बात कहते हैं और लोग अर्थ खोजते रहते हैं। भारत की अर्थव्यवस्था सार्वजनिक और निजी क्षेत्र पर किसी ने बाबा की राय माँगी तो बाबा ने कहा—एक और एक मिलकर हमेशा दो नहीं होते, कभी तीन भी होते हैं। और बाबा मौन !

अब अर्थशास्त्री टेबल पर सिर पटककर इसका अर्थ लगायें। मन्त्र दे दिया बाबा ने। डिप्टी बाबा ने इन्दिरा गाँधी की सरकार को गिराने के लिए आन्दोलन छेड़ दिया और इस हेतु सर्वोदय आन्दोलन को भी तोड़ दिया। बड़े बाबा ने इन्दिरा गाँधी को आशीर्वाद देकर मौन व्रत ले लिया। अब निर्मला देशपाण्डे इन्दिरा गाँधी की छाया हैं और पटनावाले जनता पार्टी के सर्वोदयी बाबा अपना सिर पीट रहे हैं कि मेरी कोई नहीं सुनता। मोरारजी को प्रधानमन्त्री बनाने के लिए सिद्धराज जैसे बड़े-बड़े सर्वोदयी षड्यन्त्र करते रहे और अब सर्वोदयी, मोरारजी एण्ड कम्पनी को सुधारने के लिए नैतिक दबाव डालने हेतु रैली कर रहे हैं।

पवनार आश्रम में बड़े-बड़े काम होते हैं—सफाई होती है, नियम से प्रार्थना होती है, प्रवचन होते हैं, नीम का दतौन किया जाता है, सात्विक पौष्टिक भोजन किया जाता है। परोपजीवी की साधना है यह। और 30-35 स्त्रियों से ब्रह्मचर्य का पालन करवाया जा रहा है। पता नहीं, उन बेचारियों पर क्या बीतती होगी—या वे सब बाबा को धोखा दे रही होंगी।

भूमिहीनों और छोटे किसानों को बड़े किसान संगठित होकर मार रहे हैं, बेदखल कर रहे हैं। सर्वोदयी नहीं बोलेगा। सर्वोदयी से कहो कि क्या छोटे किसान और भूमिहीन भी संगठित होकर मारें। वह कहेगा—नहीं-नहीं, हिंसा हो जायेगी। मगर बड़ा किसान जो कर रहा है वह क्या हिंसा नहीं है ? नहीं, बड़े की हिंसा अहिंसा होती है। क्या पूँजीवाद को समाप्त कर दें ? नहीं-नहीं, पूँजीपतियों को मत छूना। वही तो इतने सालों से आश्रम का खर्च चला रहे हैं।

एक समय था जब लग रहा था कि इस देश में वर्गसंघर्ष तीव्र होगा, समाजवाद कहीं आ न जाये, तेलंगाना में भूमि के लिए संघर्ष छिड़ ही गया। तो देशी और विदेशी पूँजीवादियों ने पूछा—कौन रोकेगा इसे ? विनोबा ने कहा—मैं रोकूंगा, सर्वोदय करूँगा, दान और भीख में सर्वहारा को उलझाऊँगा। बस, तुम मुझे पब्लिक में जिन्दा रखो। कुछ बाद में जयप्रकाश ने कहा—मैं रोकूंगा। नयी जवानी का मार्क्सवाद मैंने छोड़ा। सन् 47-48 का लोकतान्त्रिक समाजवाद भी छोड़ा। सर्वोदय करूँगा। दान में, भीख में, हृदय-परिवर्तन में सर्वहारा को उलझाये रखूंगा। बस, मुझे किसी कदर पब्लिक में जिन्दा रखो। वक्त पर मैं काम आऊँगा।

और जयप्रकाश 74-75 में वक्त पर काम आये। 25 साल पहले विनोबा और जयप्रकाश का सार्वजनिक जीवन खत्म हो जाना चाहिए था। इनके किये कुछ नहीं हुआ। पर उद्योगपतियों, पूंजीपतियों के अखबारों ने इन्हें जिन्दा रखा। देशी

और विदेशी एजेन्सियों का पैसा सर्वोदय संगठन को मिलता रहा। शोषकों के पैसे से, साम्राज्यवादियों के पैसे से ये लोगों को भरमाते रहे। पर कुछ नहीं हुआ। आज वर्गसंघर्ष तीव्रतर हो गया है और जयप्रकाश कहते हैं—अगर वर्गसंघर्ष हुआ तो मैं उसका विरोध नहीं करूँगा।

तो सर्वोदयी दिल्ली में रैली करेंगे, नैतिक दबाव डालेंगे। इनकी माँगें बड़ी मासूम हैं—

- मन्त्री और संसद-सदस्य कम वेतन और भत्ता लें तथा सादगी से रहें।
- रेलों में एक ही क्लास हो और मन्त्री भी उसी में चलें।
- राष्ट्रपति छोटे घर में रहने लगें।

हो जायेगा हृदय-परिवर्तन। मन्त्री एअरकण्डीशनर निकलवा देंगे, मन्त्री दूसरे दर्जे में यात्रा करेंगे जिससे दूसरे दुश्मन मन्त्री के गुण्डे उसे मार डालें और राष्ट्रपति एक झुग्गी के सामने मण्डप के नीचे जिमी कार्टर को पट्टे पर बैठाकर सामने पत्तल में दही, शहद, गुड़ खिलायेंगे।

उतर गयी लाल टोपी

'जिन्दा कौमें पाँच साल इन्तजार नहीं करतीं', यह प्रसिद्ध वाक्य डॉक्टर लोहिया का है जो हर समाजवादी की जबान पर रहा है। कोई सभा हो या सेमिनार, अगर वहाँ कोई समाजवादी हाजिर है, तो वह जरूर कहेगा—'जिन्दा कौमें पाँच साल इन्तजार नहीं करतीं।' अगर न कहें, तो लगता था समाजवादी क्रान्ति आज कुछ अलसायी हुई है। इसके मुँह पर पानी के छींटे मारना पड़ेगा। वह कांग्रेस के एकछत्र शासन का जमाना था। अब समाजवादी सत्ता में भागीदार हैं। अब उनसे पूछो कि जिन्दा कौमें कब तक इन्तजार करती हैं! क्या कौम मर गयी जो अनन्त काल तक इन्तजार करेंगी? अब कौम, समझौता-फार्मूला पर जिन्दा रखी जा रही हैं।

समाजवादियों का काम लोहिया के दिये हुए 4-5 मुहावरों और 15-20 शब्दों से चल जाता रहा है। इसके आगे उनका शब्द-ज्ञान बढ़ा ही नहीं। लोहिया खुद तो बड़ी जानदार, तीखी, बेलौस भाषा गढ़ते थे। राजनीति में उनके योगदान का चाहे जो मूल्य आँका जाये, यह निश्चित है कि एक जानदार और समर्थ भाषा बनाने में उनका काफी योग है। यह बात ही लोग भूल जाते हैं।

लोहिया गहरे चिन्तक के साथ ही आन्दोलनकारी भी थे। पार्टी की सामर्थ्य न होने से वे कोई सिलसिलेवार आन्दोलन नहीं चला पाये। वे प्रतीक विद्रोह करते थे—ग्वालियर की रानी सिन्धिया के खिलाफ मेहतरानी को चुनाव लड़वा देना,

किसी पुल का मन्त्री के पहले जबरदस्ती उद्घाटन करके गिरफ्तार हो जाना, सऊदी अरब के शाह द्वारा इन्दिरा गाँधी को भेंट किये गये हार का मामला उठाना, वगैरह। अब तो गैरकांग्रेसी सरकार है, तब उस हार का पता क्यों नहीं लगवाया जाता ?

पता नहीं क्या हुआ, लोहिया का ज्ञान तो नहीं बँटा, पर उनका जुझारूपन, दुस्साहसिकता, भंगिमा, अदाएँ और अटपटापन समाजवादियों ने ले लिया। लोहिया जानते थे कि यह देश ऐसा है कि यहाँ गाय के बछड़े की पीठ पर एक पाँव और निकला हो तो भीड़ उमड़ती है और उसकी पूजा होती है, तो उनके चेलों ने समझा कि जो भी अटपटा करोगे, वही क्रान्ति होगी।

संसद में राजनारायण फर्श पर लेट जायेंगे तो यह 'शवासन-क्रान्ति' हो गयी। बाहर अंग्रेजी साइनबोर्डों पर से अंग्रेजी नहीं, रोमन लिपि हटाकर देवनागरी कर दी जाये, तो यह 'हिन्दी क्रान्ति' हो गयी। फिर संसद में एक औद्योगिक घराने की तरफ से दूसरे औद्योगिक घराने के खिलाफ भी क्रान्ति की गयी।

असल में भारत में समाजवादी आन्दोलन का विकास विचित्र ही हुआ। जयप्रकाश के नेतृत्व में समाजवादी कांग्रेस से निकले और पहले ही आम चुनाव में इनका सफाया हो गया। बड़ी निराशा की स्थिति थी। दादा कृपलानी भी कांग्रेस से निकले और किसान मजदूर प्रजा पार्टी बनायी। चाहते तो थे कि पार्टी का नाम किसान, मजदूर, ठेलेवाला, खोमचेवाला, फेरीवाला, रिक्शावाला पार्टी हो, परन्तु साथियों ने कहा कि बड़ा हो जायेगा।

अब दादा कृपलानी की क्रान्ति का तरीका यह है कि वे 'क्रान्ति खेल' खेलते हैं। वे खुद ही गेंद फेंकते हैं और फिर बल्ला लेकर खुद ही रन बनाने दौड़ते हैं। इसमें उनसे न कोई विकेट गिरता, न कोई रन बनता है। मोरारजी भाई को प्रधानमन्त्री बनाने के मामले में भी दादा यही खेल खेल रहे थे। बहरहाल, दादा और जयप्रकाश की पार्टी एक हुई और प्रजा समाजवादी पार्टी बनी। बाद में दादा के हठ तथा लोहिया की उग्रता से कुछ लोग परेशानी में पड़े। दादा निर्दलीय हो गये। जयप्रकाश विनोबा के पास 'विनम्र-क्रान्ति' करने चले गये।

लोहिया की उग्र आन्दोलनकारिता से बेचैनी थी। लोग समाजवाद लाना तो चाहते थे, पर शालीनता और विनय से। बर्नार्ड शा ने कहा था—'आई वाण्ट रेवेल्यूशन टू कम, बट बीइंग एन एवरेज कावर्ड, आई वाण्ट इट टू कम इन ए जेन्टलमेनली मैनर'—'मैं चाहता हूँ कि क्रान्ति आये पर एक औसत कायर होने के नाते चाहता हूँ कि वह भलमनसाहत से आये।' जयप्रकाश समेत समाजवादी कायर तो नहीं थे पर वे चाहते थे कि समाजवाद भलमनसाहत से आये। इधर अशोक मेहता रह गये थे जिनके कुल्ले में भी आँकड़ों के कीटाणु पाये जाते हैं। अशोक मेहता कांग्रेस के दरवाजे से बाहर निकलते थे और खिड़की से भीतर घुस जाते थे।

लोहिया ने अलग समाजवादी पार्टी बनायी। फिर कुछ लोग मिले तो संयुक्त समाजवादी पार्टी बनी। फिर टूटी और राजनारायण, कर्पूरी ठाकुर, रविराय वगैरह

ने अपने समाजवाद को चरणसिंह के हल में जोत दिया। समाजवादी को 'मास्टर' जरूरी है। एक मास्टर लोहिया चले गये तो दूसरा मास्टर चाहिए था—चरणसिंह मिल गये।

नेहरू थे तब वे इन समाजवादियों को बहुत ताकत दिया करते थे। तब नेहरू को गाली देना 'समाजवाद' कहलाता था। ये नारे थे—'नेहरू देश का नाश कर रहा है', 'नेहरू पाखण्डी है', 'नेहरू पर रोज पच्चीस हजार रुपये खर्च होते हैं।'

जगह-जगह बिखरे इन समाजवादियों का संगठन नहीं था। कोई पहचान नहीं थी। जयप्रकाश ने पहचान देना चाही थी। उन्होंने आदेश दिया था कि समाजवादी लाल टोपी पहनें। लोहिया ने विरोध किया, हम क्या वर्दी पहनेंगे! फिर लड़कों को सरकारी नौकरी पाने में दिक्कत होने लगी, क्योंकि पुलिस रिपोर्ट पहुँच जाती थी तो लाल टोपी उतर जाती।

नेहरू के बाद शास्त्रीजी आये। अगर वे जीवित रहते तो समाजवादी आन्दोलन को धक्का पहुँचता। वे नेहरू खानदान के नहीं थे। भगवान महान है। सबकी खबर रखता है। इन्दिराजी आयीं और फिर दूसरे युवक हृदय सम्राट संजय का राजनीति में अभिषेक हुआ, तो बढ़ा समाजवादी आन्दोलन—'यह नेहरू की बेटी दिल्ली के तख्त पर बैठी है', 'महारानी देश का नाश कर रही है', 'राजकुमार संजय को गद्दी के लिए तैयार कर रही है', 'मारुति, मारुति—माँ रोती, माँ रोती' अच्छे नारे मिले।

वैसे समाजवादियों में काफी अच्छे लोग हैं। लड़ाकू हैं, निष्ठावान भी हैं। जनता पार्टी में वे और वामपन्थी भूतपूर्व कांग्रेसी ही अच्छे हैं। वे लड़ भी रहे हैं। आर. एस. एस. से मधुलिमये लगातार संघर्ष कर रहे हैं। राज्यों में, विशेषकर मध्य-प्रदेश में, युवा समाजवादी आर. एस. एस. वर्चस्व से डटकर लड़ रहे हैं, जार्ज को छोड़ो।

समाजवादियों की याद मुझे मधुलिमये के पिछले दिनों के लेखों और वक्तव्यों के कारण आयी। लिमये जनता नेताओं में सबसे बड़े 'हेवनाट', सर्वहारा हैं। उन्हें कुछ नहीं मिला। वे विदेशनीति और अर्थनीति पर अच्छी सुलझी हुई बातें कर रहे हैं। मगर आर. एस. एस. मोरारजी के साथ है तो लिमये चरणसिंह के—यह चलेगा नहीं। आर. एस. एस. तो मोरारजी से नाजायज फायदे लेकर चरणसिंह से मिलेगा ही। दोनों सामन्तवादी हैं। आर. एस. एस. अभी आधुनिक पूंजीवाद का फासिस्ट संगठन नहीं बना।

एक बात और—लिमये, राजनारायण से हाथ जोड़कर कह दें कि तुम मेरी बातों का सार्वजनिक समर्थन मत किया करो। मेरी समझ और इरादे में शक होने लगता है।

नफरत की राजनीति

गाँधी जयन्ती पर जितना झूठ बोला जाता है, उतना कुल मिलाकर साल-भर में नहीं बोला जाता। दूसरे दिन झूठ बोलने में थोड़ा खटका लगता है। 2 अक्तूबर को बेखटके झूठ बोला जाता है। 2 अक्तूबर को असत्य-पर्व के रूप में मनाना चाहिए। विनोबा अगर प्रस्ताव करें तो यह सरकार भी, जो उनके प्रतिद्वन्द्वी पटनावासी 'बाबा' की है, इस दिन को 'असत्य-पर्व' घोषित कर देगी।

इस गाँधी जयन्ती को भी सब झूठ बोले। दो गाँधीवादियों—जे. पी. और जे. बी. (बिस्किटवाले नहीं) के असत्य से बने प्रधानमन्त्री, दूसरे के बेटे की जाँच करानेवाले और अपने को बचानेवाले सत्यनिष्ठ प्रधानमन्त्री से लेकर 1977 के चुनाव में गर्देराह होकर भी 'आँधी' के साथ होनेवाले विधायक तक ने झूठ बोला। मुख्यमन्त्रियों ने झूठ बोला। वे सिद्धान्त घोषित किये जिनमें उनका विश्वास नहीं है। मन्त्री भी झूठ बोले। छल, फरेब, झूठ, झूठे वादे, पाखण्ड, मिथ्याचार से पूर्ण यह 'असत्य-पर्व' मना लिया गया।

राजघाट पर प्रार्थना झूठी, सूत कातना झूठा, प्रधानमन्त्री के सन्देश झूठे, अखबारों को दिये गये वे इण्टरव्यू झूठे, जिनमें मोरारजी भाई यह जरूर कहते हैं कि मैंने गाँधीजी को सलाह दी थी कि वे स्त्रियों के कन्धों पर हाथ रखकर न चला करें। बेचारे गाँधीजी को आखिर मोरारजी ने डाँट ही दिया। उधर अमरीका में अटलबिहारी गाँधी जयन्ती को झूठ बोले। वे राष्ट्रीय असत्य का विदेश विभाग सँभालते हैं। उन्होंने कहा कि राष्ट्रसंघ की विषयसूची देख लीजिए, इनमें शान्ति निःशस्त्रीकरण, जातिभेद-विरोध आदि विषय हैं। ये गाँधीजी की देन हैं।

दो साल पहले तक अटलबिहारी एटम बम बनाने की माँग करते थे। उनका जीवन मुसलमानों को नम्बर दो का आदमी, राष्ट्रद्रोही और विदेशी मानते बीता है।

नफरत की राजनीति से इतने ऊँचे चढ़े वाजपेयी अब जाति-भेद, नस्लभेद के खिलाफ हो गये हैं। वे नये गाँधीवादी हैं, पर हम उनकी बात नहीं मानेंगे। वे इतना कर दें कि जिन सरसंघ चालक देवरस के सामने वे पद्मासन में फर्श पर बैठते हैं, उनसे एक बार—सिर्फ एक बार, गाँधीजी को सार्वजनिक रूप से 'राष्ट्रपिता' कहलवा दें। वे नहीं कहेंगे। कहेंगे तो स्वयंसेवक पूछेंगे कि इतने सालों तक हमें क्यों सिखाते रहे कि गाँधी हिन्दू राष्ट्र का शत्रु था, वह मुसलमानों का पक्षधर था, राष्ट्रद्रोही था, अब उसे 'राष्ट्रपिता' क्यों कहते हो?

इतना झूठ! आइन्स्टाइन ने प्रतिपादित किया था कि 'इनर्जी' (ऊर्जा) में वजन होता है। बिजली के करण्ट में वजन होता है, तो झूठ में भी वजन होता होगा।

वैज्ञानिक गाँधी-जयन्ती के झूठ को तौलें। कई टन वजन का झूठ होगा। यह

हमारी राष्ट्रीय सम्पत्ति है। इस धनझूठ में ऊर्जा भी होगी। वे एटम वैज्ञानिक जिन्हें मोरारजी ने अमरीका को खुश करने के लिए बेकार कर दिया है, इस टनों झूठ में से ऊर्जा पैदा करें। हमारे पास अब झूठ ही पूँजी है। झूठ कच्चा माल है, झूठ का कारखाना है, मशीनें हैं और उत्पादन भी झूठ का है।

इस गाँधी जयन्ती पर कई राष्ट्रीय कार्यक्रम शुरू हुए। प्रौढ़ शिक्षा की बात मैं बाद में करूँगा, अभी 'अन्त्योदय' नाम के रहस्यमय अजूबा कार्यक्रम की, जो चल तो पहले से रहा है, पर गाँधी जयन्ती को इसका चरम-बिन्दु आ गया।

सर्वोदय के बाद अन्त्योदय दूसरा धोखा है--इस देश के गरीबों के साथ। धोखों का आविष्कार करने में यह देश बहुत आगे है। विश्व औद्योगिक मेलों में अगर धोखे भी भेजे जायें तो पहला इनाम मिल जाये।

गाँधी जयन्ती को एक कमाल हुआ। फोर्ड फाउण्डेशन के साहब जार्ज बण्डी ने भैरोंसिंह शेखावत के सामने अन्त्योदय कार्यक्रम के अन्तर्गत गरीब ग्रामीणों को कर्ज बाँटे और ग्रामीणों ने बण्डी साहब के चरण छुए। भैरोंसिंह का भैरव न जाने कहाँ चला गया था जो अपने देशवासियों को एक विदेशी पूँजीवाले के चरणों पर डाल रहे थे। भैरोंसिंह जनसंघी हैं, जहाँ राष्ट्रप्रेम, राष्ट्रगौरव, राष्ट्रवाद का बड़ा हल्ला है।

या शेखावत के राष्ट्रगौरव की यही ट्रेनिंग है कि जिस गाँधी ने ब्रिटिश साम्राज्य-वाद को खत्म किया उसी के जन्मदिन पर डालर साम्राज्यवाद के सामने सिर झुका रहे थे। इतने साल के भगवा ध्वज-प्रणाम का यही नतीजा कि अमरीका को प्रणाम करने लगे। शेखावत को क्या पता नहीं है कि खुद अमरीकियों ने यह तथ्य खोला है कि फोर्ड फाउण्डेशन के मारफत सी. आई. ए. षड्यन्त्र करती है।

बड़ा कार्यक्रम चालू हुआ है—राष्ट्रीय प्रौढ़ शिक्षा का। पाँच साल में पाँच सौ करोड़ का। यह हो जाय तो बहुत अच्छा है। स्वागत योग्य है, पर इसमें होगा क्या? जो शिक्षा चल रही है, उसका यह हाल है कि पुलिस शहर में चोर भी पकड़ती है और विश्वविद्यालयों में परीक्षा भी कराती है, बड़े-बड़े लोग रेडियो पर बोलते हैं, भाषण देते हैं कि शिक्षा से चरित्र का निर्माण होता है। सुनकर, सोचता हूँ कि फिर इस शिक्षा ने बोलनेवाले को चरित्रहीन क्यों बना दिया ?

ये राजनैतिक पदों, शासकीय पदों पर आसीन लोग, खाते-पीते सुखी लोग कहते हैं—शिक्षा का उद्देश्य जीविकोपार्जन या नौकरी पाना नहीं है। शिक्षा का उद्देश्य मनुष्य को चरित्रवान बनाना है—याने हमें इस शिक्षा से चरित्रवान बेकार, चरित्रवान भुखमरे, चरित्रवान चोर, चरित्रवान जेबकतरे मिलेंगे, चरित्रवान जीविका कमानेवाला नहीं मिलेगा। यही शिक्षा का सही उद्देश्य है।

यह सही लगता है कि भारत में मोरारजी भाई ने प्रौढ़ शिक्षा के दो-ढाई करोड़ रुपये राष्ट्रीय स्वयंसेवक संघ को देकर देवरसजी से सौदा कर लिया है कि उन्हें प्रधानमन्त्री बनाये रखा जायेगा। मोरारजी का सत्य, ईश्वर, राष्ट्रहित तो केवल पद है, वे गाँधी के नाम पर उसी विकृत राष्ट्रघाती विचारधारा से सौदा करते हैं,

जिसने गाँधी को मारा।

असल में मोरारजी भाई की एक महत्त्वाकांक्षा यह भी है कि वे जब स्वर्ग सिधारें तब राजकीय सम्मान के साथ। जिसे राजकीय सम्मान से दफन होना है, वह कुछ भी कर सकता है। उनका शव तोपगाड़ी पर चले, जुलूस हो, सलामी दी जाये, शोक धुन हो और झण्डा झुके, यही वे चाहते हैं। देवरस ने उनसे कह दिया कि हमारी बात मानते जाओ तो हम तुम्हारी राजकीय अन्त्येष्टि करा देंगे।

मोरारजी का संघ से यह समझौता म्यूनिख-समझौता-जैसा है। मोरारजी की इच्छा चेम्बरलेन होने की है। वे चेम्बरलेन-जैसा एक छाता हाथ में रखा करें। 1938 में ब्रिटिश प्रधानमन्त्री नेविल चेम्बरलेन ने नाजियों से अत्यन्त अनैतिक, बेईमानी और मूर्खतापूर्ण म्यूनिख-समझौता किया था। इसी समझौते के बाद हिटलर ने विश्वयुद्ध छेड़ा था। म्यूनिख-समझौता समाजवादी रूस के खिलाफ था।

दिल्ली का यह समझौता देश की जनतन्त्री और वामपन्थी ताकतों के खिलाफ है। म्यूनिख-समझौते ने यूरोपीय फासिस्टों को बढ़ाया, दिल्ली-समझौता भारतीय फासिस्टों को बढ़ायेगा। म्यूनिख-समझौते ने विश्व-युद्ध कराया, जबकि दिल्ली का यह समझौता गृह-युद्ध करायेगा। मोरारजी चेम्बरलेन की तरह ही काला मुँह करके इतिहास में जाना चाहते हैं, तो उन्हें कौन रोक सकता है?

बेमिसाल

मोरारजी का अपना अलग सत्य है, बिल्कुल व्यक्तिगत—तभी वे अलीगढ़ के विकट दंगे के बाद जनता पार्टी के कार्यकर्त्ताओं से अहमदाबाद में कहते हैं कि तुम लोग जनता के बीच जाओ और लोगों को समझाओ कि देश में शान्ति और व्यवस्था की स्थिति अच्छी है। मेरी सलाह है कि जनता पार्टीवाले लोगों को यह समझाने जायें तो साथ पुलिस ले जायें, वरना वहीं शान्ति और व्यवस्था भंग हो जायेगी, लोग जूते मारने लगेंगे। ये पुलिस से घिरे नेता लोगों से कहें—भाइयो, आज देश में शान्ति और व्यवस्था की स्थिति बहुत अच्छी है। इसका यही सबूत देख लो कि तुमसे यह बात कहने के लिए भी हमें पुलिस-संरक्षण की जरूरत पड़ी।

बहुत अच्छी स्थिति है। मोरारजी, लोगों को जैसा नैतिकतावादी और पवित्र बनाना चाहते हैं वैसे वे बन रहे हैं—गुण्डों, अपराधियों, उठाईगीरों के डर से नारियाँ शीलवती हो रही हैं। वे घर से बाहर शाम के बाद नहीं निकलतीं। वे फिल्में भी इस डर से नहीं देखतीं कि उन्हें खलनायक उठा ले जायेगा। बदचलन स्त्रियाँ पतिव्रता हो गयी हैं, वे गुण्डों के डर से अब प्रेमी से मिलने नहीं जातीं।

लोभ और मोह भी छूट रहा है। स्त्रियाँ चेन नहीं पहनतीं और पुरुष अँगूठी नहीं पहनते। मेरे घर शाम को आनेवाले एक मित्र तो घड़ी बाँधकर भी नहीं आते। लोग जेब में पैसे लेकर नहीं चलते। लड़कियाँ स्कूल-कालेज नहीं जायेंगी और आगे चलकर प्रौढ़ शिक्षा योजना को सफल बनायेंगी। आदमी एकदम ऊँचा उठ गया है--'मोरारजी भाई!'

अलीगढ़ में जो हुआ, वह दो सम्प्रदायों में दंगा नहीं था। यह मुसलमानों पर आर. एस. एस. का हमला था—मन्त्रिमण्डल और पुलिस के संरक्षण में हुआ गृह-युद्ध था। इसे थोड़ा पहले होना था।

दिल्ली में रंगभेद, नस्लवाद और जातिवाद के खिलाफ एक अन्तर्राष्ट्रीय सम्मेलन हुआ था। अभी जिस दिन दिल्ली में यह सम्मेलन शुरू हुआ, उसी दिन अगर ये राष्ट्रवादी और सांस्कृतिक लोग अपना मुँह अलीगढ़ में काला कर लेते, तो राष्ट्रपति से इस सम्मेलन का उद्घाटन कराने की जरूरत नहीं पड़ती। ये लोग खुद सम्मेलन में जाकर कह सकते थे--हमने अलीगढ़ में सांस्कृतिक विधि से आपके सम्मेलन का उद्घाटन कर दिया है, अब आपको राजघाट जाने की भी जरूरत नहीं है। राजघाट में जिसकी समाधि है, उसे हमने ही इसलिए ठिकाने लगा दिया था कि वह कहता था कि मनुष्य सब एक हैं।

अलीगढ़ में अब शान्ति है। दंगों में शान्ति स्थापना का भी तरीका बन गया है। दंगाइयों को जिन्हें मारना है, उन्हें पुलिस खुद मार डालती है और कहती है—लो, तुम्हारा काम हमने कर दिया, अब तुम शान्त हो जाओ। घर और जलाना हो तो जरा कर्फ्यू लग जाने दो। बलात्कार भी कर्फ्यू में ही कर लेना। कर्फ्यू में ये सब काम बड़े अच्छे ढंग से हो जाते हैं और शोर भी नहीं होता। लूटमार में पुलिस को हिस्सा भी मिल जाता है। मरघट में जब चिताएँ और राख ही है तो शान्ति अपने आप हो जाती है।

सब लोग कुछ भी चिल्लायें, एक स्वर से कहें कि आर. एस. एस. ने दंगा कराया, मगर किसी संघी पर कार्यवाही नहीं होगी।

संघ रामनरेश सरकार में हिस्सेदार है। अगर रामनरेश यादव को अपनी सरकार बनाये रखना है, तो संघ को मुसलमानों, हरिजनों, भूमिहीनों पर हमले करने देने होंगे। वे कितने भी आदमी मार डालें, घर जला दें, लूट लें, जमीन पर कब्जा कर लें, रामनरेश या कर्पूरी ठाकुर उनका कुछ नहीं बिगाड़ सकते। इन दोनों भूतपूर्व समाजवादियों को राज्य के आधे मुसलमानों और हरिजनों के खून के बदले मुख्यमन्त्री पद स्वीकार है।

जिन उत्तर भारत राज्यों में संघ के मुख्यमन्त्री हैं, वहाँ तो मुख्यमन्त्री खुद मकान में आग लगाकर दंगे का उद्घाटन कर सकते हैं। मोरारजी भाई भी कुछ नहीं कर सकते। वे इसी शर्त पर प्रधानमन्त्री हैं कि संघ को मनमानी करने दें।

अलीगढ़ का दंगा हिन्दू-मुस्लिम दंगा नहीं था। जिस जगह दंगा हुआ वहाँ के मुसलमानों को भगाकर, उनकी जमीन पर कब्जा करके वहाँ संघी सेठों की दूकानें

या कारखाने खुलने हैं अथवा अटारियाँ खड़ी होनी हैं। यही हिन्दू धर्म और संस्कृति के नारे का सही प्रयोजन है।

इन्दौर में जब भारत केसरी चन्दगीराम आये थे तब झूठी अफवाह इन्हीं संघियों ने उड़ायी कि चन्दगीराम पर मुसलमानों ने अमुक बाजार में एसिड बल्ब फेंक दिया। उस बाजार पर हमला हो गया। बाजार में मुसलमानों की दूकानों की कतारें थीं। इन मुसलमानों को भगाकर वहाँ संघियों और उनके साथियों की दूकानें जो जमानी थीं।

अभी मुझे एक श्रमिक नेता बता रहे थे। एक मुसलमान का बीड़ी उद्योग है। बीड़ी मजदूर भी मुसलमान हैं, क्योंकि वह मुहल्ला ही मुसलमानों का है। मजदूरों ने मजदूरी बढ़ाने के लिए आन्दोलन किया। जब उनका जुलूस मुसलमान उद्योगपति के महल के सामने पहुँचा तो जानते हैं, भीतर से कौन निकले? राष्ट्रीय स्वयंसेवक संघ के लोग। उन्होंने हिन्दू-मुसलमान दंगा कराकर आन्दोलन को नष्ट करने की कोशिश भी की, याने हिन्दू जाति, धर्म और संस्कृति के ये रक्षक भाड़े पर मुसलमान उद्योगपति की तरफ से भी दंगा करा सकते हैं। इन्हें ईरान का शाह भी जन-आन्दोलन कुचलने के लिए भाड़े पर ले सकता है और जेयरसे मोबुतू भाड़े पर बुलायें तो वहाँ भी चले जायेंगे। हिन्दू जाति के सबसे बड़े दुश्मन यही हैं, जैसे मुसलमानों के दुश्मन जमायते-इस्लामीवाले।

दोनों का लोकतन्त्र पर भी विश्वास नहीं है, इसीलिए दोनों में कोई झगड़ा नहीं है। इन मामलों में अटलबिहारी वाजपेयी की उदार बातों पर विश्वास नहीं किया जा सकता। जिस दिन अटलबिहारी संघ के हाई कमान से मतभेद रखने लगेंगे, उसी दिन उनके नाम से 'शोध संस्थान' खोल दिया जायेगा। इस बात को अटलबिहारी जानते हैं।

जनता पार्टी के संसद सदस्य रामसिंह ने कहा है कि आर. एस. एस. का सम्बन्ध सी. आई. ए. से है। बहुत-से जानकार कहते हैं। अमरीकी राजदूत गोहीन भी मानते हैं कि भारत में सी. आई. ए. का जाल है। सी. आई. ए. का एक बड़ा जासूस स्मिथ भारत में था, वह बाद में रूस चला गया। उसने भारत में सी. आई. ए. की हरकतों का पर्दाफाश किया है। उसने लिखा है कि 1966 का गोरक्षा आन्दोलन सी.आई.ए. ने कराया था। हमें याद है, आर. एस. एस. ने साधुओं को लेकर संसद पर हमला किया था। वहाँ अटलबिहारी वाजपेयी ने भाषण किया, गोली चली थी। कई लोग मारे गये। संघियों ने कामराज को मार डालने की कोशिश भी की थी।

यह सब सी. आई. ए. ने कराया था। स्मिथ की बात झूठ नहीं हो सकती, क्योंकि उसके बताये कई भारतीय एजेण्टों पर कार्यवाही हो चुकी है और वे जेल में हैं।

एक बड़ा सवाल खड़ा होता है। पहले तो संघ विपक्ष में था, अब राजसत्ता में है। एक तरह से राजसत्ता पर उसी का ही कण्ट्रोल है।

अगर संघ के सी. आई. ए. से अब भी सम्बन्ध हैं और सी. आई. ए. के निर्देश

चल रहे हैं, तो क्या भारत सचमुच प्रभुसत्तासम्पन्न राष्ट्र है? वियतनाम, चिली, ईरान आदि की तरह ये न जाने कब इस देश में अमरीका को बुला लेंगे। इनके शासन नें रहते क्या वास्तव में भारत एक प्रभुसत्तासम्पन्न राष्ट्र रह गया है?

राजनीतिक गाँजा

इधर एक बनवारीलाल कई साल रहे। मैं उन्हें जानता था। एक दिन अचानक उन्होंने संन्यास ले लिया। गेरुए वस्त्र धारण किये और एक मन्दिर में डेरा डाल दिया। भजन, पूजन, आरती, रामधुन में बनवारी लीन हो गये। एक दिन सुना कि बनवारी गिरफ्तार हो गये। वे मन्दिर के अहाते में गाँजे की खेती करने लगे थे। बनवारी जमानत पर छूटे तो मैंने कहा—बनवारी, यह क्या सुनते हैं? उसने कहा —आपने ठीक ही सुना है—भैया।

मैंने पूछा—तो संन्यास लेने के बाद तुम्हें गाँजा उगाने की प्रेरणा हुई। बनवारी ने जवाब दिया—भैया, सच बात यह है कि मैं गाँजा उगाने के लिए ही संन्यासी हुआ था। पहले भी यह गाँजा, चरस का काम चोरी-छिपे करता था। सोचा, संन्यासी बनने से यह काम और अच्छा होगा। पर भैया देखो, धर्म का तो इस देश में नाश हो गया। पुलिस संन्यासियों को पकड़ने लगी है।

जब कोई राजनीतिक संन्यास लेने की घोषणा करता है, तब मुझे अपने इस बनवारी की याद आती है। सोचता हूँ, अब यह राजनीति का गाँजा मन्दिर में बेखटके उगायेगा। राजनीति से संन्यास, उससे बड़ी राजनीति करने के लिए लिया जाता है।

दस गरीबों को दाना बाँटा जाता है, हजारों गरीबों को लूटने के लिए भभूत रमाकर नदी के किनारे बैठा साधु नहाती हुई स्त्रियों को देखता है। धूनी लगाये हुए महात्मा डाकुओं को पुलिस की हलचल की जानकारी देते हैं। बम भोले के नाद के साथ अग्नि तपते साधु की धूनी में चोरी का सोना गलाया जाता है। बड़े-बड़े काम होते हैं संन्यास से।

अभी राजनीति से संन्यास नानाजी देशमुख ने लिया है। वे पटना गये। तामझाम, टीम-टाम, प्रचार, जयप्रकाश-आशीष के साथ राजनीति से संन्यास लेने की घोषणा कर दी; साथ ही कह दिया—खबरदार, मुझे मनाने की कोशिश मत करना। मैं अपना निर्णय बदलूंगा नहीं। राजनीति का पिण्डदान गया में नहीं, कदमकुआँ पटना में होता है, जहाँ बार-बार राजनीति का पिण्डदान करके उसे फिर जीवित कर लेनेवाले जयप्रकाश विराजते हैं।

नानाजी ने जयप्रकाश के आन्दोलन का भी बारीकी से अध्ययन किया है। उसकी विशेषताएँ और कमजोरियाँ दोनों वे जानते हैं। वे जानते हैं कि जयप्रकाश ने युवकों के उठाईगीरापन को क्रान्ति कैसे बनाया था। वे यह कमजोरी भी जानते हैं कि उठाईगीरापन को जयप्रकाश संगठित नहीं कर सके थे, नानाजी कर सकते हैं।

नानाजी अभी तक तो वह हाथ दिखाते रहे हैं, जो वे कहते हैं, जयप्रकाश की पुलिस-लाठी से रक्षा करते हुए उन्होंने तुड़वाया था। यों तो सी. आई. डी. का आदमी जयप्रकाश की रक्षा के लिए तैनात था। उसका कहना है कि उसने पुलिस-वाले को पिस्तौल दिखाकर जयप्रकाश को बचाया था और नानाजी वहाँ थे ही नहीं। तो हाथ कैसे, कहाँ टूटा ? लोगों के हाथ-पाँव और कर्मों में भी टूटते हैं, पर नानाजी की बुजुर्गी देखते हुए ऐसी कोई कल्पना मुझ-जैसा दुष्ट आदमी भी नहीं कर सकता।

राजनीति से संन्यास, निराशा में जयप्रकाश ने भी बहुत पहले ले लिया था, फिर भी वे लोहिया गुट को हटाने के लिए पार्टी के नागपुर अधिवेशन में चले गये थे। वे बार-बार राजनीति के बाहर-भीतर होते रहे हैं। राजनीति ने उन्हें नहीं छोड़ा।

राँड तो धरम निभा ले, पर रँडुए निभाने दें तब तो। संन्यास मोरारजी भाई को भी जबरदस्ती दिलाया जा चुका है। वे 'कामराज' योजना के तहत मन्त्रिमण्डल से निकले। मोरारजी कामराजित हुए थे, कोई 'कामपराजित' न समझ ले।

अटलबिहारी वाजपेयी ने भी साल-भर पहले मन्त्रिमण्डल से तीन महीने में निकलने की घोषणा की थी। लोगों के दिल बैठे जाते थे कि साजन ने अब 'जोग' लिया, अब लिया। हर तीन महीने बीतने पर हम कलेजे को पत्थर करने लगते थे, पर अटलबिहारी सोचते हैं कि मैं छोड़ तो दूं, पर उसके बाद जो तूफान उठेगा, उसे कौन सँभालेगा ?

लोग अटकल लगाते हैं कि नानाजी ने राजनीति से संन्यास क्यों लिया ? क्या निराशा में 'नारि मुई घर सम्पत नासी, मूंड़ मुंड़ाय भये संन्यासी'। पर नानाजी के न नारी है न घर, सम्पत्ति दीनदयाल शोध संस्थान है, जहाँ इस ज्ञान का शोध कराते हैं कि पूरी जाति को अज्ञानी कैसे रखा जा सकता है। विफलाशा में भी उन्होंने संन्यास नहीं लिया, क्योंकि संघ के राजनैतिक हौंसले बहुत बुलन्द हैं। तो क्या हृदय-परिवर्तन हो गया? पर संघ के स्वयंसेवक का हृदय-परिवर्तन नहीं होता। विचार-परिवर्तन का सवाल नहीं उठता, क्योंकि उसकी विचार करने की मशीन पहले ही निकाल ली जाती है। फिर क्या नानाजी का संघ की हाईकमान में अव-मूल्यन हो गया है ? क्या उनका 'मधोकीकरण' कर दिया गया ?

बलराज मधोक जनसंघ के अध्यक्ष के रूप में भारतीयों का फिर से भारतीय-करण करने में लगे थे, याने दूध को पानी से धोकर शुद्ध कर रहे थे कि उन्हीं का 'मधोकीकरण' कर दिया गया। मधोक ने अलग लोकतान्त्रिक जनसंघ बनाया जिसने यह सिद्ध किया कि जिसके वे अध्यक्ष रहे, वह जनसंघ लोकतान्त्रिक नहीं है। नहीं,

नानाजी का 'मधोकीकरण' नहीं हुआ। फिर क्या हुआ ?

संन्यास लेनेवाला राजनीतिक उस साधु की तरह है जो सुबह से ईश्वर-चिन्तन के बहाने भोजन-चिन्तन करता है, दोपहर को माल खाकर शाम तक ईश्वर-चिन्तन के बहाने नारी-चिन्तन करता है और अँधेरा होने पर किसी भक्तिन के घर में घुस जाता है।

मुझे फिर अपने उस बनवारी की याद आती है जिसने संन्यास लेकर गाँजे की खेती शुरू कर दी थी। मुझे एक दूसरे संन्यासी का स्मरण होता है, जो भभूत में पर्गोलेक्स मिलाकर लोगों को बाँटता था और उनके पेट साफ होने पर अपनी तपस्या के प्रताप के पैसे वसूलता था। मुझे उस संन्यासी की भी याद आती है, जो किसी घर में चिमटा गाड़कर उसे खाली कराकर दूसरे को कब्जा दिला देता है। एक संन्यासी अभी पकड़ा गया है, जो धर्मपुत्रियों को बकरी की तरह बेचता है।

राजनीति से संन्यास उससे बड़ी राजनीति करने के लिए ही तो लिया जाता है।

नानाजी कहते हैं कि वे अब समाज-कल्याण करेंगे। राजनीति की जिसमें छूत न लगे ऐसा समाज-कल्याण कौन-सा होगा ? क्या वे लोगों से समाधि लगवायेंगे ? लोगों को अनहद नाद सुनवायेंगे ? 'प्रभु मोरे अवगुन चित न धरो' गवायेंगे ? 'मो सम कौन कुटिल खल कामी' गवायेंगे ?

वे कहते हैं, मैं सामाजिक-आर्थिक परिवर्तन के लिए कार्य करूँगा। राजनीति से बिल्कुल अछूता सामाजिक-आर्थिक परिवर्तन कैसा होता है, मैं तो नहीं जानता। नानाजी जानते होंगे।

नानाजी कहते हैं—मैं युवकों को संगठित करके सामाजिक क्रान्ति करवाऊँगा, पर युवकों से जयप्रकाश पहले ही सम्पूर्ण क्रान्ति करा चुके, अब क्रान्ति बची कहाँ जो आप करायेंगे ? और नानाजी, युवक नाम की कोई जाति होती है क्या ? जैसे ब्राह्मण या चमार होते हैं ? क्या पीढ़ी कोई राजनैतिक दल होती है ?

अरे, एक ही पीढ़ी के तो डाँगे और देवरस हैं। कौन-से युवकों से नानाजी क्रान्ति करायेंगे ? बहुत-से युवक साम्यवादी हैं ? क्या इन्हें नानाजी क्रान्तिवाहिनी में शामिल करेंगे ? और समाजवादी युवकों को, वामपन्थी विचारवाले युवकों को, प्रगतिशील युवकों को ! यह अधर्म नानाजी नहीं करा सकते। ये सब चाण्डाल हैं। इनके स्पर्श से पवित्र क्रान्ति की ऊँची जाति चली जायेगी।

तो फिर कौन युवक बचे ? वही 'नमस्ते सदावत्सले मातृभूमे' वाले, यानी नानाजी संघ का संगठन और शक्ति बढ़ाने में लगेंगे। 1982 में दिल्ली पर कब्जा करना है।

दूसरा काम संन्यासी को और करना है। 6 अरब रुपया प्रौढ़ शिक्षा में खर्च होगा। उत्तर भारत में जनसंघ की या तो सरकार है या वह सरकार में शामिल है, तो प्रौढ़-शिक्षा कार्यक्रम के पैसे से नानाजी संघ को फैलायेंगे। यह संन्यास है।

अब जनता पार्टीवाले तो संन्यासी से बेवकूफ नहीं बनेंगे। वे सब चाल जानते

हैं। काँग्रेसी भी जानते हैं, कम्युनिस्ट भी जानते हैं। रहे हम सामान्य भारतीय जन। तो नानाजी, हम तो बेवकूफ बनने को तैयार हैं, बनाइए!

मायाविनी! मायाविनी! बनवारी तुम कहाँ हो—भैया! मन्दिर के बगीचे में गाँजे के नये पौधे लग रहे हैं, मेरे भाई।

लुच्चन की भीड़

यों ही बैठे-बैठे अखबारों में विज्ञापन देखना भी बड़ा दिलचस्प अनुभव है। 'इलाज कराने में शर्म कैसी' से लेकर, कम्प्यूटर तक के विज्ञापनों का मैं मजा लेता हूँ। इस पृष्ठ पर बिहार के कतरियासराय नाम के कस्बे के सफेद दाग मिटाने की दवाई के पाँच केमिस्टों के विज्ञापन छपे हैं। बिहार अद्भुत है। एक कस्बे ने सफेद दाग की दवा में विशेषज्ञता हासिल कर रखी है।

बिहार में ही एक जगह झूमरीतलैया है, जितने संगीत-प्रेमी यहाँ हैं उतने सारी दुनिया में नहीं हैं। बिहार अद्भुत है। जितने मन्त्रिमण्डल यहाँ बनते और बिगड़ते रहे हैं, उतने दुनिया में कहीं नहीं।

और अब तो यह सिद्ध हो गया है कि जितने मर्द मन्त्री और नेता बिहार में हैं उतने कहीं नहीं। इनकी तुलना में बाकी राज्यों के मन्त्री जनाने मालूम होते हैं। हर हफ्ते किसी के व्यभिचार की कथा छपती है। अब तो 'काल बॉय' भी चल गये। सद्गृहस्थ कोई साप्ताहिक पत्र खरीदते हैं, तो उसमें से बिहारवाला पन्ना फाड़कर घर ले जाते हैं। बिहार के हाल पढ़कर लड़का-लड़की के बिगड़ने का डर जो है।

इन दिनों लहसुन की टिकियों के विज्ञापन पहले से बहुत ज्यादा आ रहे हैं। इसका श्रेय हमारे प्रधानमन्त्री को है। उन्होंने यह प्रचारित कर रखा है कि उनके अच्छे स्वास्थ्य के कारणों में एक लहसुन का सेवन भी है। अगर मोरारजी भाई 1982 तक प्रधानमन्त्री रह गये तो भारतीय वैज्ञानिक यूरेनियम को छोड़ 'यूरिनम' से ऊर्जा पैदा करने लगेंगे।

चित्रकूट में शरद पूर्णिमा पर दमे की दवा बाँटनेवाले परोपकारी बाबाओं के विज्ञापन भी होते हैं। अब यहाँ ज्यादा बाबा हो गये हैं, पहले एक ही बाँटते थे। तब मैं भी अपने दमाग्रस्त बहनोई को लेकर गया था। खीर में पत्तियों का चूरा खिलाया गया। फिर आदेश हुआ कि कामतानाथ पहाड़ी की परिक्रमा करो। इस परिक्रमा में बाबा के भक्तों और चित्रकूट के घाट के सन्तों ने स्त्रियों की घेराघेरी की।

अपने बूढ़े, लगभग आधे अन्धे, दमाग्रस्त ससुर को लेकर एक मास्टर साहब

भी आये थे। वे परिक्रमा में ससुर को छोड़कर एक लड़की के पीछे पड़ गये। ससुर चिल्ला रहे हैं—शिवनारायण, तुम किधर चले गये। हमें न दिखता, न चलते बनता। शिवनारायण मास्टर साहब उस लड़की की माँ की सेवा में लगे थे। ससुर ने उन्हें जो 'सप्लाई' की थी, वह 3-4 बच्चे पैदा करके ढल चुकी होगी।

ढली हुई औरत के बाप की सेवा करने की बेवकूफी शिवनारायण जैसे बुद्धिमान मास्टर नहीं कर सकते। वे ताजा लड़की की माँ की सेवा में लगे थे। चित्रकूट के घाट पर भइ लुच्चन की भीड़!

कपड़ों के विज्ञापनों में मेरी बड़ी दिलचस्पी है। वैसे तो यह भी दिलचस्प ही है कि किसी खास कम्पनी की सिगरेट निकालो तो उसे जलाने के लिए कम्पनी एक सुन्दरी भी साथ देती है। बीड़ी के साथ यही मुश्किल है कि कोई खूबसूरत स्त्री उसे नहीं जलाती। सैकड़ों रंगीन विज्ञापन कपड़ों के देखे हैं। इस समय मेरे सामने जो विज्ञापन है, उसमें एक युवक एक खास मिल के कपड़े का सूट पहने खड़ा है। उसके चेहरे पर निहायत मूर्खतापूर्ण हँसी है। एक लड़की दायें और एक बायें बाजू से उसे दाँत निकालकर, मुग्ध होकर देख रही है। एक लड़की पीछे से झाँक रही है।

बगल में मामूली कपड़े पहने एक दूसरा युवक हीनता अनुभव करता हुआ, उस महँगे कपड़ेवाले को प्रशंसा से देख रहा है। विज्ञापन में लिखा है—अमुक मिल के कपड़ों की बड़ी शान रही—आज कालेज के उत्सव में।

किसी विज्ञापन में मैंने यह लिखा नहीं देखा कि अमुक कपड़ा पहनने से युवक फर्स्ट क्लास आ गया। कहीं यह विज्ञापित नहीं होता—कितना चरित्रवान है, अमुक मिल का कपड़ा पहनता है न!

बुद्धि, विद्या, चरित्र का अवमूल्यन हो गया है। इनसे कोई मतलब नहीं। वे विज्ञापन में दिखाते हैं—मूर्खतापूर्ण सौन्दर्य या सौन्दर्यमयी मूर्खता। समझदार लड़कियाँ अच्छे कपड़ों से सजी हुई बेवकूफी पर मर मिटती हैं। सवाल है कि इस पूरे माहौल में बुद्धिमान, चरित्रवान, मगर मामूली कपड़े पहननेवाले युवक की क्या नियति है?

मेरे एक अध्यापक मित्र ने बताया—इन विज्ञापित कपड़ों को कुछ सम्पन्नों के लड़के पहनकर आते हैं कालेज में। वे उच्चता के अहंकार में लीन रहते हैं। पढ़ते-लिखते नहीं, गुण्डागिरी करते हैं और लड़कियों को छेड़ते हैं। अच्छे लड़के हीनता की भावना से दबे-दबे रहते हैं। उनका पढ़ने में मन नहीं लगता। बहुतों को जीवन ही व्यर्थ लगता है, क्योंकि वे वैसे कपड़े नहीं पहन सकते। वे अपमान और अवहेलना सहते हैं। मैंने इसी हीनता के कारण बहुत होशियार लड़कों को फेल होते देखा है। गरीब मध्यमवर्ग के लड़के माँ-बाप को तंग करते हैं। उनसे वैसे कपड़ों के लिए पैसे माँगते हैं। घर में कलह मची रहती है। माँ-बाप पेट काटकर कभी-कभी लड़के को वैसे कपड़े खरीद देते हैं। कितने लड़कों का और उनके परिवारों का जीवन नष्ट हो रहा है। कितने ही लड़के आवारा हो जाते हैं।

एक सज्जन ने मुझसे कहा—मेरे लड़के ने तो कमाल ही कर दिया! मैंने

उससे कहा कि अपनी हैसियत नहीं है—हर साल बदलते फैशन के ये कपड़े खरीदने की। उसने कहा—दिनेश के पिता ने तो उसे खरीद दिये हैं। मैंने कहा—दिनेश का बाप तो घूस लेता है। यह सुनकर लड़के ने तपाक से कहा—आपकी ईमानदारी से क्या फायदा (?) जब आप अच्छे कपड़े नहीं पहना सकते।

यानी लड़कों को यह पछतावा होने लगा है कि उन्होंने गलत बाप चुन लिया। लड़कों को ईमानदार बाप निकम्मा लगता है। लड़का चाहता है कि मेरा बाप घूस-खोर हो जाये। बाप का अवमूल्यन हो गया। पढ़ी-लिखी, गुणवती, सुन्दर लड़की को लगता है कि यह सब बेकार है। मेरा बाप अगर बेईमान होता तो मेरे लिए अच्छा पति तो खरीद देता!

ये कपड़े, जो 5 या 7 प्रतिशत के लिए बनते हैं, 50-60 प्रतिशत का शोषण करते हैं। ये विज्ञापन सही अर्थ में अश्लील होते हैं। पर हम विवश हैं, इसे बड़ी शान से 'उपभोक्ता-संस्कृति' कहते हैं। हम उत्पादक के लिए मनुष्य नहीं, उपभोक्ता हैं। हमारा कुल इतना उपयोग है कि हम खरीददार बने रहें।

अगर बैल सूट पहनने लगे तो वह मनुष्य से ज्यादा इज्जतदार हो जायेगा, क्योंकि वह उपभोक्ता हो जायेगा। यदि पृथ्वी पर भेड़ियों की आबादी बढ़ जाय और वे सूट पहनने लगें तो उत्पादक अपने वैज्ञानिकों से यह घोषणा करा देंगे—प्रकृति ने भेड़िये को मनुष्य से ऊँची नस्ल का बनाया है। भेड़िया ही वह महामानव या अतिमानव है जिसकी कल्पना मनीषियों ने की है, सबसे ऊपर भेड़िया सत्य है।

उत्पादक संघ के मन्त्री का भाषण मैंने पढ़ा था। वे कहते हैं—हम मानवता-वादी हैं। हम मनुष्य से प्यार करते हैं, क्योंकि वह उपभोक्ता है। जो उपभोक्ता नहीं है, उस मनुष्य का हमारे लिए कोई महत्त्व नहीं है। हमारा कर्त्तव्य है हम उपभोक्ता बढ़ायें, उनकी हैसियत बढ़ायें। मनुष्यजाति की परम्परा कायम रहे जिससे हमें उपभोक्ता मिलते जायें।

अपनी औकात हमें समझ लेना चाहिए। आज तो युद्ध सामग्री भी उपभोक्ता सामान हो गयी है। इसकी खपत के लिए जरूरी अगर लड़ाई है तो वह उत्पादक के लिए नैतिक है। लड़ाई से हथियारों के खरीददार बढ़ेंगे। हम लाख, करोड़, दो लाख, दो करोड़ मनुष्य मर जायें तो कोई बात नहीं, हथियारों के उपभोक्ता तो बढ़ जायेंगे। मेरा यह कतई मतलब नहीं कि लोग लँगोटी लगायें, चिथड़े पहनें। सब अच्छे-अच्छे बढ़िया कपड़े पहनें, मगर यह जो वर्तमान माहौल है, इसमें कुछ लोग अपनी फूहड़, अश्लील, गन्दी सम्पन्नता बताकर बाकी को मनुष्यजाति से नीचे उतारने में लगे हैं। बेईमान आदमी पैदा करने के लिए खाद दिया जा रहा है और ईमानदारी की फसल बिना पानी सूख रही है।

नाग-यज्ञ

जो आदमी लगातार कई साल काफी मात्रा में अफीम खाता है, कहते हैं, उसे साँप के काटने का जहर नहीं चढ़ता। वह विष-प्रभाव से मुक्त हो जाता है। 31 सालों से इस देश के लोगों को भी जमकर ऐसी अफीम खिलायी गयी है कि भ्रष्टाचार काटता है, तो जहर नहीं चढ़ता। अब तो जो आदमी भ्रष्टाचार की बात करता है, वह पिछड़ा हुआ है।

कोई भ्रष्टाचार की कहानी पढ़ता हूँ, तो लगता है यह लेखक पिछड़ा हुआ है। कई आदर्शवादी और भावुक लोग अभी भी हाय-हाय करते हैं। मेरे प्रोफेसर भूगर्भ-शास्त्री मित्र, जो आज मिले, ऐसे ही कच्चे आदमी हैं। वे तो नम्बर बढ़ाने और नकल कराने के मामूली मामले पर ही हाय-हाय करने लगते हैं। वे इन दिनों भूमिगत पानी का अध्ययन करने को एक पिछड़े इलाके में पड़े हैं। भूगर्भशास्त्री पत्थरों का, धातुओं का, पानी का पता लगाते हैं, मगर यह खोज नहीं कर पाते कि इस देश का ईमान कहाँ व कितनी परतों के नीचे दफन है।

भूगर्भशास्त्री मित्र दौरे से लौटे हैं। कहने लगे—मैं तो दंग रह गया देखकर। पूरे इलाके में नलकूप सरकार ने लगवाये हैं, मगर पानी नहीं मिलता। मैंने कहा—इसमें दंग होने की कोई बात नहीं। नलकूप पानी पिलाने के लिए लगाये गये हों तो पानी निकले। वे तो प्रचार के लिए हैं कि सरकार ने इतने नलकूप लगवाये। वे आँकड़ों के लिए हैं। रेडियो, समाचारों, अखबारों, भाषणों और बुलेटिनों के असंख्य शब्दों को निचोड़कर कोई पानी निकाल सके तो निकालकर पी ले। मगर आप फिर भ्रष्टाचार की पिटी-पिटाई बात करने लगे।

प्रोफेसर साहब ने कहा—भ्रष्टाचार नहीं है यह। अगर दस बोरे आटे की सप्लाई करके पन्द्रह बोरे के दाम ले लिये जायें तो यह भ्रष्टाचार हुआ। मगर सड़ा जहरीला आटा दिया जाये जिसे खाकर लोग मरें, तो यह भ्रष्टाचार नहीं, नर-संहार है, यह जाति-संहार है, 'जिनोसाइड' है। चंगेज खाँ कत्लेआम करवाता था, तो उसे क्या भ्रष्टाचार कहेंगे? वह नर-संहार था। इन नलकूपों का मामला भ्रष्टाचार का नहीं, नर-संहार का है। आदमी को प्यासा मारना, भ्रष्टाचार नहीं, नर-संहार है। उस इलाके में दो से तीन सौ फुट नीचे तक नल डालना चाहिए, मगर डाले हैं सिर्फ पचास फुट! तो फरवरी के बाद पानी निकलना बन्द हो जाता है, पानी का अकाल। रिकार्ड में दो सौ फुट है, मगर वास्तव में है पचास फुट।

मेरे साथ रेस्ट हाउस में एक इन्जीनियर भी था। कहा कि प्रोफेसर साहब, रिकार्ड में दो सौ फुट ही नल है, मगर यह दो हिस्सों में जुड़ा है—पचास फुट जमीन में गड़ा है और बाकी डेढ़ सौ फुट पाइप हमारे पेटों में है। आप एक्स-रे कराकर देख लीजिए। नीचे से लेकर ऊपर तक हम सबके पेट में आप पाइप पायेंगे। हमारे पेट में आप सीमेण्ट की बोरियाँ, डामर के ड्रम, नट, बोल्ट सब पायेंगे।

मैंने इन्जीनियर से पूछा—क्या कभी गाँववालों को पानी मिलेगा? उन्होंने कहा—हजार साल तो नहीं मिलेगा, आगे की भगवान जाने। हजार साल यह नल पचास फुट से नीचे नहीं खिसकेगा। कैसे खिसकेगा? यह सरकार मरेगी, तो दूसरी वैसी ही आयेगी। आज का मन्त्री मरेगा, तो दूसरा वैसा ही सपूत मन्त्री होगा। यह 'प्लानर' मरेगा तो उसका बेटा उसकी जगह बैठेगा। मैं मरूँगा तो मेरा बेटा मेरी जगह इन्जीनियर होगा और इसी रेस्ट हाउस में आपके बेटे से यही बातें करेगा। मैं तो कहता हूँ, यह कौम जब हम सबको पत्थर की दस परतों के नीचे दफना देगी, तब जमीन अपने आप फटेगी और पानी के सोते फूटेंगे।

जब तक हम जमीन के ऊपर हैं, तब तक पानी नीचे रहेगा। हम अपने पाँवों से पानी को नीचे ही दबाये हैं। अगर प्यासों में दम है तो ऊपर से नीचे तक के हम सबको जमीन में गहरे गाड़ दें, फिर पानी ही पानी होगा। जब तक हम हैं, हम कसम खाये हैं कि लोगों को पानी नहीं पीने देंगे। आपके 'कोकाकोला वीर' जॉर्ज फर्नांडिस ने कहा था कि बड़े शर्म की बात है कि देश में लाखों गाँवों में पीने का पानी नहीं है, मगर कोकाकोला मिल जाता है। अब यह हाल है कि बस स्टैण्ट पर पहले 'कोका' मिल जाता था, मगर आज न पानी मिलता है और न कोकाकोला!

इन्जीनियर दिलचस्प आदमी था। उसने कहा—आपको याद होगा प्रोफेसर साहब कि पण्डित नेहरू ने 1947 में कहा था कि मुनाफाखोर बिजली के खम्भे से लटका दिया जायेगा। इसके जवाब में व्यापारी ने बिजली के खम्भों की सप्लाई में ही मुनाफाखोरी कर ली। जहाँ तक सरकार का सवाल है, वह लोगों को पानी नहीं पिला सकती। हाँ, एक अर्थ में पानी पिला भी रही है। तीस साल इस कांग्रेसी सरकार ने जनता को 'पानी पिलाया', अब जनता सरकार कुछ साल पिलायेगी!

मैंने इन्जीनियर से कहा—अगर मैं आपकी रिपोर्ट कर दूँ, तो?

उसने कहा—कर दीजिए, मगर जिससे रिपोर्ट करेंगे, उसे भी तो मैं पाइप खिलाता हूँ। वह सीधे पाइप नहीं खाता। मैं पाइप खाता हूँ और फिर उसके मुँह से मुँह लगाकर उसमें पाइप डाल देता हूँ और वह निगल जाता है। आप शायद मन्त्री से रिपोर्ट करना चाहें। पर तीन मन्त्री तो मेरे हैं। अब कौन बचा? आप भगवान से ही रिपोर्ट कर सकते हैं, पर उससे हम डरते नहीं हैं। भगवान की लड़की की शादी हो तो उसका इन्तजाम भी हम कर सकते हैं।

प्रोफेसर साहब, एक-दूसरे के ऊपर निगरानी रखनेवाले जो लोग हैं, उनसे तो काम और सुभीते से होता है। जितने निगरानीवाले, उतनी ही मलाई गायब। आपको वह कथा मालूम है न—

'एक राजा था। वह रोज शाम को भाँग का गोला खा लेता था। फिर होश रहता नहीं था। उसने नौकर को हुक्म दे रखा था कि तुम मेरे मुँह में आधा सेर मलाई डाल दिया करो।

नौकर ने देखा कि इन्हें होश तो रहता नहीं है, इसलिए वह एक पाव उनके मुँह में डालने लगा और एक पाव खुद खाने लगा। राजा को शक हुआ तो उसने

उस पर निगरानी के लिए नौकर रख दिया। अब वे दोनों नौकर मिलकर मलाई खाने लगे और राजा की मलाई कम हो गयी।

तब राजा ने एक और नौकर निगरानी के लिए रख दिया। अब राजा की मलाई और कम हो गयी। उसने एक और नौकर उन सब पर निगरानी के लिए रखा। अब मलाई तो नौकर खा जाते और राजा की मूँछों पर मलाई चुपड़ देते।

राजा शिकायत करता तो कहते --'अन्नदाता ! सब मलाई खिला दी आपको। देखिये, अभी तक आपकी मूँछों पर लगी है।'

तो साहब, इस देश के लोग वास्तविक राजा हैं। इन्हें आश्वासनों, वायदों की भाँग खिला दी गयी और सारी मलाई चुपड़कर धोखा दे रहे हैं। लोग भाँग खाना छोड़ दें, होश में आ जायें और अपने इन नौकरों की गर्दन मापें। वरना यही होगा।

आप विशेषज्ञ हैं। आपका फर्ज है पता लगाकर बताना कि यहाँ इतने गहरे पर पानी है।

और हमारा फर्ज है उस पानी को ऊपर न आने देना।

लोग खाली घड़े लेकर पानी की माँग करते हुए जुलूस निकालते हैं और उन पर लाठीचार्ज हो जाता है। पानी माँगना कानून और व्यवस्था भंग करना है। हमारा कुछ नहीं बिगड़ता। पानी दबाना कानून और व्यवस्था का साधक है। तो प्रोफेसर साहब, इस देश के लोगों को जनमेजय की तरह नाग-यज्ञ करना चाहिए। बहुत नाग हो गये हैं। इन्हें यज्ञ-वेदी में झोंकना चाहिए ! स्वाहा ! स्वाहा ! पर नागों के रक्षक कई इन्द्र भी हैं।

ऋषि पूछते हैं --तक्षक अभी तक नहीं आया, वह कहाँ है ? जवाब मिलता है --तक्षक इन्द्र के सिंहासन के नीचे छिपा है। इन्द्र उसकी रक्षा कर रहा है। तो ऋषियों का स्वर उठता है--'तो, इन्द्र भी स्वाहा ! समझे प्रोफेसर साहब ? इन्द्र भी स्वाहा ! बल्कि पहले इन्द्र ही स्वाहा !'

मैंने कहा--प्रोफेसर साहब, बड़े ज्ञानी इन्जीनियर से भेंट हो गयी आपकी। यह शायद आपकी सबसे बड़ी शोध है। प्रोफेसर ने कहा --हाँ, वह इन्जीनियर बेईमानी की इतनी खुराक ले चुका था कि उसके भीतर से ईमान बोलने लगा था। उसने कहा--प्रोफेसर साहब, इस व्यवस्था की चादर फटकर तार-तार हो गयी है और रफूगर उसमें पैबन्द लगाने की कोशिश कर रहे हैं। तार-तार में कहीं पैबन्द लगता है। चादर ही बदलनी पड़ेगी, जनाब।

तुसी हुकुम करो जी !

पवनारवाले बाबा ने तालीं बजायीं ! पटनावाले बाबा ने मौन धारण कर लिया !

जबलपुरवाला यह बाबा न पहले बोला, न बाद में।

जब जयप्रकाश ने चिकमगलूर चुनाव पर अपील जारी की, तब कुछ लोगों ने मुझसे कहा कि तुम भी बोलो। मैंने जवाब दिया—भई, बात यह है कि मैं बोल तो दूं, पर उसके बाद जो तूफान खड़ा होगा, उसे कौन सँभालेगा ? जवाहरलाल नेहरू तो रहे नहीं, जो सँभाल लेते। उन लोगों ने मुझे मूर्ख अहंकारी समझा होगा, पर मौन मूर्ख, मुखर मूर्ख से फिर भी अच्छा होता है। मुखर को बाद में मौन होना पड़ता है।

जो होना था, वह हो गया। जॉर्ज फर्नांडिस अगर चिकमगलूर में मुँह बन्द रखते, तो वीरेन्द्र पाटिल को लगभग दो हजार वोट और मिलते। जॉर्ज ने तो वीरेन्द्र पाटिल की उम्मीदवारी खत्म करके, उन्हें पीछे ढकेलकर, नन्दना और उस अभागिन लड़की गायत्री को उम्मीदवार बना दिया था। उस बेचारी गायत्री के दुखी माता-पिता को अब चैन मिला होगा।

जॉर्ज तो 'गायत्री-ज्योति' निकाल रहे थे। उसके नाम से संस्था खोल रहे थे। ज्योति खत्म हो गयी, संस्था भी नहीं खुलेगी, पर लड़की के अध्यापक पिता ने सरकार से जो पाँच हजार रुपये लेने से इन्कार कर दिया था, इस नुकसान को जॉर्ज ने पूरा किया या नहीं ? लड़की की मृत्यु से सब दुखी थे, मगर जार्ज ने कहा होगा— 'फाईन ! गॉड सेण्ट !!' चुनावी राजनीति गोबर के पहाड़ की किन ऊँचाइयों तक चढ़ती है !

जॉर्ज कहते हैं कि हार इसलिए हुई कि लोगों को जनता सरकार के कामों की जानकारी नहीं थी। वह तो ठीक ही हुआ। अगर जानकारी हो जाती तो जमानत जब्त हो जाती।

मैं जनता पार्टी नेताओं का आत्मविश्वास और साहस शुरू से देख रहा था, अब भी देख रहा हूँ।

इन्दिरा गाँधी के जीतने की कोई उम्मीद नहीं है।

—जरा एक गिलास पानी देना।

इन्दिरा गाँधी कम-से-कम एक लाख मतों से हारेंगी।

—जरा पंखा खोलना।

इन्दिरा गाँधी के संसद में आने से कोई फर्क नहीं पड़ेगा।

—जरा पसीना पोंछ लूं।

इन्दिरा गाँधी की जीत से जनता पार्टी पर कोई असर नहीं पड़ेगा।

—जरा पेय की बोतल देना।

मैंने देखा, सात तारीख की रात से वही लोग मिठाई बाँट रहे थे, रोशनी कर रहे थे, पटाखे छोड़ रहे थे, जिन्होंने 1977 में जनता पार्टी की जीत पर यह सब

किया था।

जनता सरकार के बीस महीनों की सबसे बड़ी उपलब्धि यही है कि उसने फूल को धूल में, गुलाल को डामर में और जिन्दाबाद को मुर्दाबाद में बदल लिया। यही सम्पूर्ण क्रान्ति है।

अब बड़बोलापन इन्दिरा गाँधी के सिवा सब कांग्रेसी कर रहे हैं। बहनजी की शिक्षा बढ़ी है। पहले वे 'म' कहती थीं, अब उन्हें 'हम' कहना भी आ गया।

और जनता पार्टी के नेता कहते हैं—

इन्दिरा की जीत तानाशाही प्रवृत्ति की जीत है।

—मगर यह जीत सीमा सुरक्षा दल की मशीनगन से नहीं, मतपेटी से हुई है।

इन्दिरा गाँधी की जीत लोकतन्त्र के लिए शर्म की बात है।

—मगर 'लोक' ने ही तो उन्हें वोट दिये हैं।

वैसे इन्दिरा कांग्रेस के बहुत-से नेता जब 'समाजवाद' की बात करते हैं, तो अच्छा मनोरंजन होता है। सी. एम. स्टीफन जब समाजवाद की बात करेंगे तो मनहूस भी हँस देगा। ऐसे ही राजा कर्णसिंह जब चन्द्रजीत यादव के बगल में बैठकर समाजवाद की प्रेस कान्फ्रेंस लेते हैं, तब कब्ज का मरीज भी हँस पड़ता है।

कुछ बड़ा उलट-फेर जल्दी तो होता नहीं है। कांग्रेस का भी भला ही होगा, दुविधा मिटेगी। ग्रह-योग ऐसे ही हैं। ए. ओ. ह्यूम द्वारा दरख्वास्तें देने के लिए स्थापित कांग्रेस, जो बाद में लड़ाकू पार्टी हो गयी और 1947 तक रही, अद्भुत पार्टी है। इसमें ही बाकी सब पार्टियाँ हैं। इसमें गाँधीवादी, मार्क्सवादी, समाजवादी, मुस्लिम लीगी, हिन्दू महासभाई, अकाली—सब हैं।

पिछले तीस सालों में कांग्रेस-मैन में कुछ आदतें पड़ गयी हैं। पहली आदत है—सत्ता में या सत्ता के पास या सत्ता में शामिल रहना। इसके बिना उसकी हालत जल बिन मछली की हो जाती है। कांग्रेसी को मन्त्री, संसद-सदस्य, विधायक होना चाहिए; मेयर, नगरपालिका और जनपद-अध्यक्ष होना चाहिए; कमीशनों बोर्डों, कार्पोरेशनों वगैरह का अध्यक्ष होना चाहिए। फिर जो कांग्रेसी बचा वह 'रचनात्मक' कार्य करता रहा है।

रचनात्मक कार्य यानी लोगों को लाइसेन्स, परमिट दिलाना, उनके तबादले कराना, उनकी नियुक्ति कराना, कभी-कभी उनकी जमानत कराना, केस उठवाना, सार्वजनिक जमीन पर कब्जा करवाना, तस्करियों, जुआड़ियों को सुरक्षा प्रदान करना वगैरह। ये सब 'रचनात्मक कार्य' ही तो हैं।

दूसरी आदत है—उसे एक नेता चाहिए, जो फैसले ले और हुक्म दे। उसकी जय बाकी कांग्रेसी बोलें और वोट पायें। पहले ऐसे नेता जवाहरलाल नेहरू थे, बाद में इन्दिरा गाँधी हुईं।

इस समय एक कांग्रेस में हुक्म देनेवाला नहीं है और दूसरी कांग्रेस में हुक्म ही हुक्म है। यही कांग्रेस का संकट है। सरदार स्वर्णसिंह से कहा जाता है कि आप अध्यक्ष हैं, फैसला लीजिए और हुक्म दीजिए, तभी स्वर्णसिंह को याद आ जाता है

कि अमरीका में उनकी लड़की और दामाद हैं, जिन्हें अरसे से नहीं देखा। जिन्होंने तीस साल 'तुसी हुकुम करो जी' किया है, उनसे अब खुद हुक्म करते नहीं बनता। कांग्रेस के इन नेताओं ने कभी फैसले नहीं किये, कभी हुक्म नहीं दिया।

जवाहरलाल तो पूछ लेते थे—इस बारे में आपका क्या खयाल है? इन्दिराजी ने सोचा कि पापू फालतू पूछते थे। इनका कोई खयाल हो तो पूछा जाये। इनका तो खयाल ही नहीं है। कांग्रेसी नेता को सत्ता से हर हालत में चिपके रहना था। वह जानता था, नेहरू के बाद इन्दिरा उसे सत्ता से चिपकाये रखेंगी। तो उससे पूछो या मत पूछो, वह जय बोलेगा और हाथ जोड़कर कहेगा—'तुसी हुकुम करो जी!'

इन्दिराजी ने एक और कमाल किया। उन्होंने जिले के नेता की तरफ देखा, वह धन्य हुआ। देवी का कृपा-कटाक्ष पड़ा।

यशवन्तराव चव्हाण कहते हैं—इन्दिराजी को सहयोगी नहीं, अरदली चाहिए। मगर आप जैसे इतने बड़े-बड़े नेता क्या अनाथालय के बच्चे थे, जिन्हें पकड़कर अरदली बना दिया गया? वे अरदली क्यों बना सकीं? और आप क्यों अरदली बने रहे? अनाथालय से निकले लड़के से पूछो कि 'तू अरदली क्यों बना?' तो वह कहेगा--पेट के लिए। इन नेताओं से पूछो कि तुम अरदली क्यों बने रहे, तो ये कहेंगे, सत्ता के लिए।

चव्हाण ने यह बात 1977 में तब कही, जब मुगल सल्तनत टूट चुकी थी और जो जहाँ था, वहीं का नवाब बन गया था। चव्हाण महाराष्ट्र के नवाब बनते-बनते सतारा जिले के भी नहीं रहे।

इन्दिराजी ने कहा—तुम जिले में क्यों पड़े हो, तुम तो 'आल इण्डिया' नेता होने के काबिल हो, तो ये जिला-स्तर के लोग दिल्ली पहुँच गये। इन्दिराजी इनसे पूछती थीं—क्यों जी, क्या यह सही है कि सूर्य के उगने पर सुबह होता है? ये जवाब देते--नहीं मैडम, सही यह है कि जब आप कहती हैं, तब सुबह होती है। अगर आप न कहें, तो हजार सूरज भी सुबह नहीं ला सकते। इन्हीं में एक कवि थे, देवकान्त बरूआ, जो कहते थे—इन्दिरा इज़ इण्डिया!

मगर तब क्या होता अगर कांग्रेस 1977 में जीत जाती? चव्हाण अरदली ही बने रहते। खुशी-खुशी बने रहते। चौकस रहते कि मैडम कहीं अरदली बदल न दें। इन्दिराजी कहतीं—जरा राजीव के बच्चे को पार्क में घुमा लाओ, तो चव्हाण बच्चे को पार्क घुमाने चल देते!

कांग्रेसी को उलझन नहीं है। वह सीधा साफ सोचता है। वह तो सत्ता के पास खिसकेगा रेंगता हुआ, अभी देख रहा है। बाकी कांग्रेसी नेता के पास आयेंगे, तीस साल से आदत पड़ी है—'तुसी हुकुम करो जी!' बाकी बचे समाजवादी--तो तीसरा मोर्चा!

समाजवादी छवि

साथी चन्द्रशेखर !

तुम मुझे भूल गये होंगे। मैं भी अपना नाम तुम्हें नहीं बताता। हम दोनों आचार्य नरेन्द्रदेव के चेले थे। उन्होंने हमें समाजवाद सिखाया था। मुझे तब पता नहीं था कि तुम्हें, प्रिय चेला होने के कारण, उन्होंने अलग से अपने गुरु के नाम पर बट्टा लगाना भी सिखा दिया था, जो तुम अब कर रहे हो। खैर! हम दोनों ने साथ-साथ 'प्रजा समाजवाद' किया। प्रजा समाजवाद का सिद्धान्त था—कांग्रेस में घुसने का रास्ता खोजना। पहले अशोक मेहता ने रास्ता खोजा और कांग्रेस में घुस गये। उनकी सीनियर दाढ़ी से अपनी जूनियर दाड़ी अटकाकर तुम भी घुस गये। फिर तुमने रास्ता बन्द कर दिया और मैं नहीं घुस सका। मैंने निराशा में जयप्रकाश नारायण की तरह राजनीति ही छोड़ दी। वे अखबारों में बयान देने लगे और मैं गुमनाम चिट्ठियाँ लिखने लगा। इसी सिलसिले में यह चिट्ठी है। मुझे आशा है गुमनामी में से कोई सूरत निकलेगी और मैं कम-से-कम अपनी तहसील का 'लोकनायक' तो हो ही जाऊँगा।

मेरे युवा तुर्क ! इन दिनों तुम्हें दो चिन्ताएँ हैं—पार्टी की छवि सुधारना और राष्ट्रीय स्वयंसेवक संघ को बचाना। प्यारे, ये दोनों बातें एक साथ नहीं हो सकतीं। संघ बचता है, तो पार्टी की छवि बिगड़ती है। पार्टी की छवि सुधारने का मतलब है, संघ से तुम्हारा सम्बन्ध टूटना। तुम दोनों असम्भवों को साधना चाहते हो। तुम दूध में खटाई भी डालते हो और चाहते हो कि दूध फटे भी नहीं। यह सर्कस भी तुम कर देखो, हाथ-पाँव मत तोड़ लेना।

साथी ! तुम्हें जनता पार्टी की छवि की क्यों पड़ी है। जब कोई जनता पार्टी की छवि बनाने की बात करता है, तब मुझे ऐसी बदचलन औरत की याद आती है, जो सिन्दूर से जोरदार माँग भरकर पतिव्रता दिखना चाहती है। वह चरित्र नहीं सुधारती, छवि सुधारना चाहती है। वह माँग भरकर यारों की तलाश करती है।

प्यारे ! तुम्हारी पार्टी एक प्रकृति-वैचित्र्य है—'फ्रीक ऑफ नेचर' ! सब भगवान की गाथा है। भगवान कभी-कभी दो मुँह का बच्चा पैदा कर देता है। तुम्हारी इस पार्टी को भगवान ने ऐसा पैदा किया है, जैसे किसी के तीन कान हों, तीन नाक हों और आँखें तलुए में हों। अब इसकी छवि तुम किस सर्जरी और सौन्दर्य प्रसाधन से बनाओगे ? मेरे यार ! ऐंचकताना की आँख में सुरमा लगाने से छवि नहीं बनती, फिर यह पार्टी तो कैंसर से पीड़ित बिस्तर पर पड़ी कराह रही है और तुम उसके चेहरे पर स्नो-पाउडर मलकर चाहते हो कि कोई उस पर मुग्ध होकर शादी कर ले ! ना, जो पार्टी बूढ़ी ही जन्मी है और जन्म से बीमार है, तुम चाहते हो वह जवान छोकरी की तरह नखरे करे। वह कितनी भद्दी लगेगी। बुढ़िया के मुँह में गंगाजल और तुलसी डालो और कहो—माई, 'राम-राम' कहो ! गणिका और

अजामिल तर गये थे राम-नाम से !

दोस्त ! तुम्हारी पार्टी के कुछ लोग सोचते हैं कि अपनी छवि दूसरे की छवि बिगाड़ने से सुधरेगी। वे जवाहरलाल नेहरू की छवि बिगाड़ने में लगे हैं। बदशक्ल औरत विश्व-सुन्दरी के मुँह पर रंग पोतकर ऐलान करती है कि मैं विश्व-सुन्दरी हूँ। तुम्हारा जो हाईकंमान उज्जैन-सम्मेलन में मंच पर विराजमान था, उसमें से आधे की नाक कटी हुई थी। इन लोगों ने एक-दूसरे की नाक काट ली है, तुम नकटों के तो नेता हो।

नकटों की इस कतार की किस सौन्दर्य-प्रसाधन से छवि बनाना चाहते हो? छवि तो और बन जाती, अगर वहाँ राजनारायण आ जाते। तब पार्टी-झण्डे को एक तरफ से राजनारायण खींचते और दूसरी तरफ से तुम। झण्डा बीच में से फट जाता। तब नानाजी देशमुख संघ का भगवा ध्वज तुम्हें देकर कहते कि इसे फहराओ, यह भगवान का बनाया हुआ है। यह नहीं फटता। भोले समाजवादी ! नकटे तो यह मानने लगे हैं कि नकटेपन में एक आन्तरिक आध्यात्मिक सौन्दर्य होता है। इनकी छवि अब नहीं सुधरेगी।

साथी ! तुम्हारे चेहरे पर संघ की चेचक के जो दाग पड़ गये हैं, उन्हें तुम कैसे मिटाओगे ? वे नानाजी नहीं 'नानीजी' हैं, जिन्होंने तुम्हें राजनीति में अनाथ बालक समझकर गोद ले लिया है। तुम्हें याद है, पूतना राक्षसी ने कृष्ण को दूध पिलाकर मारना चाहा था। यह 'नानीजी' हमारे समाजवादी चन्द्रशेखर को दूध पिलाकर मार रही हैं, उन्हें तुम्हारे पूर्व रूप की याद थी।

हम यह मानते थे कि तुम संघ के फासिस्टवाद के कट्टर विरोधी हो। सोचा था, तुम कृष्ण की तरह संघ के नाग का दमन करोगे। पर हम देख रहे हैं कि नाग वंशी बजा रहा है और कृष्ण नाच रहे हैं। हमें उस दिन का इन्तजार है जब तुम चड्डी पहनकर, काली टोपी लगाकर, लाठी लिये संघ की शाखा में जाओगे। तुम, जॉर्ज, वगैरह सोशल डेमाक्रेट हो। तुम्हारी किस्मत ही यह है कि तुम फासिस्टों का राष्ट्रवाद और अपना समाजवाद मिलाकर 'नात्सीवाद' बनाओ। यह तुम्हारे पुरखे कर चुके हैं, तुम लोग भी करोगे।

सब कह रहे हैं कि मुसलमानों पर हमले संघ आयोजित करता है। दो आदमी इस बात को नहीं मानते—बालासाहब देवरस और चन्द्रशेखर। तुम कहते हो कि अगर संघ दंगे करवाता है, तो उन राज्यों में दंगे नहीं होते जहाँ भूतपूर्व संघी मुख्य-मन्त्री हैं ? ऐसा मालूम होता है कि राजनीति में तुम्हारी समझ और हैसियत वालण्टियर की है। अरे, यह भी संघ की योजना से हो रहा है, इसे क्या तुम नहीं समझते ? जहाँ संघ का मुख्यमन्त्री नहीं है, वहीं वे दंगे करायेंगे और इस तरह सिद्ध करेंगे कि संघी के सिवा बाकी मुख्यमन्त्री अक्षम हैं, अयोग्य हैं। योग्य और सक्षम केवल संघी मुख्यमन्त्री हैं, इसलिए सब जगह संघ का मुख्यमन्त्री बनाओ। यह मोटी-सी बात तुम्हारे दिमाग में चोटी के रास्ते नहीं घुसती तो क्या दाढ़ी के रास्ते भी नहीं घुसती।

मैं तुम्हारी कठिनाई समझता हूँ। तुम्हें सरकारें रखना है, इसके लिए तुम्हें संघ को मनमानी करने देना होगा। तुम्हें फासिस्टों की गोद में बैठकर उनकी फीडिंग बाटल से दूध पीकर, तोतली बोली में बोलना पड़ेगा——इन्दिरा की तानाशाही से सावधान ! तो तुम खुलकर कह दो कि रामनरेश यादव की सरकार रखने के लिए तुम्हें दस हजार मुसलमान और पन्द्रह हजार हरिजनों की बलि चढ़ानी है। केन्द्र में जनता सरकार रखने के लिए तुम्हें दस लाख मुसलमानों, पन्द्रह लाख हरिजनों के सिर सत्ता देवी को चढ़ाना है। तुम 'चन्द्रशेखर' हो, वैसे भी तुम्हें मुण्ड-माल चाहिए ही।

तुम्हारी छवि किन लोगों में बिगड़ी है ? एक तो मुसलमानों में। तो तुम उनसे कहो कि तुम पर अत्याचार तुम्हारे भले के लिए किये जाते हैं। जो मुसलमान संघ के द्वारा मारा जाता है, वह 'स्वर्ग' जाता है। स्वर्ग जन्नत से अच्छा है, यह हमने एक कमीशन भेजकर पता लगवा लिया है।

हरिजनों से कहो कि तुम भगवान के पाँव से पैदा हुए हो। जब आदमी चलेगा तो बोझ पाँव पर पड़ेगा, सिर पर नहीं। कुचले जाकर अपना धर्म निभा रहे हो।

भूमिहीनों से कहो—आदमी को कुल कितनी जमीन चाहिए—6 या 7 फुट। इतनी जमीन में ही तो वह गाड़ा जाता है, तो वह जमीन तुम्हें मरने के बाद मिल जायेगी।

लूटपाट, हत्या, अपहरण, बलात्कार खूब हो रहे हैं। तो तुम कहो—लोभ छोड़ो, जो लूट लिया गया, वह तुम्हारा था नहीं। बलात्कार की शिकार स्त्रियों से कहो कि जो हुआ वह रजनीश के विचार से 'समाधि' है, अपना सौभाग्य मानो।

बनाओ छवि प्यारे समाजवादी !

कहते हो कि तुम मन्त्रिमण्डल में शामिल नहीं होओगे। तो क्या तुम खुद मन्त्रि-मण्डल बनाओगे ? है ऐसा चांस ? क्या देवरसजी मोरारजी को छोड़कर तुम्हें ले रहे हैं ?

शर्म ! शर्म ! संस्कृति

मैं सही संस्कृति सीखना चाहता हूँ। असंस्कृत, बल्कि कुसंस्कृत आदमी हूँ। जनता पार्टी के नेता कहते हैं कि हम देश को नयी राजनैतिक संस्कृति दे रहे हैं। संस्कृति अविभक्त यानी 'टोटल' होती है। मैं इस संस्कृति को समझकर ग्रहण करना चाहता हूँ। वैसे तो अपने राष्ट्रीय स्वयंसेवक संघ ने 'संस्कृति का सदाव्रत' खोल रखा है। पर यह है महासागर और मैं ठहरा फूटा लोटा, संस्कृति का जल ठहरता ही नहीं।

रवीन्द्रनाथ ने कहा कि भारत महामानव सागर है, जिसके तीर पर अनेक जातियाँ बसी हैं। मगर संघ कहता है कि भारत एक कुआँ है, जिसमें मेंढक और साँप रहते हैं। रवीन्द्रनाथ की बात गलत है, यह संघवाली सही है।

बहरहाल, मैं बड़े ध्यान से जनता पार्टी की इस नयी संस्कृति का अध्ययन कर रहा हूँ—यह संस्कृति आचरण में कैसे प्रतिफलित होती है? बड़ी सुन्दर है ना!

बाबू जगजीवनराम ने इन्दिरा गाँधी को, जीत पर बधाई का फोन कर दिया। बाबूजी भारतीय राजनीति के सदाबहार नेता हैं, जैसे अशोककुमार फिल्म के सदाबहार हीरो। बाबूजी जैसा सदाबहार राजनीतिक पुरुष दुनिया में मिलना मुश्किल है। बाबूजी ने लहर में फोन कर दिया होगा, कोई पेंच भी हो सकता है। विशुद्ध मानवीय शिष्टाचारवश फोन किया होगा—जीते को बधाई और हारे को सहानुभूति देना ही चाहिए—मगर जनता-संस्कृति काम करने लगी।

—सुना तुमने! उन्होंने बधाई का फोन कर दिया। सरासर कर दिया, बेधड़क कर दिया।

कौन ने?

—बाबूजी ने, बधाई दे दी इन्दिरा गाँधी को! बहुत बेजा बात है, कोई चाल है इसमें।

—शर्म नहीं आती, इस आदमी को। देख लेना, यह धोखा देगा।

चरणसिंह का सांस्कृतिक घटना-चक्र और शानदार है। खबर उड़ गयी कि चरणसिंह ने भी बधाई का फोन किया था। संस्कृति चालू हो गयी—

—चौधरी ने बधाई का फोन कर दिया, सरासर कर दिया!

—अरे, बड़े कपट से किया। यह चौधरी जाँच के बहाने मेडिकल इन्स्टीट्यूट गया और वहाँ से फोन किया।

—अरे, यह चौधरी डुबा गया। इसका भरोसा नहीं। याद है, यह इन्दिरा गाँधी से समझौता करके मुख्यमन्त्री हो गया था।

—मगर कितने शर्म की बात है! उन्हें बधाई देता है।

इस नयी संस्कृति में मोरारजी भी फँसे। उन्होंने कहीं कह दिया था कि लोकसभा में मैं इन्दिरा गाँधी का स्वागत करूँगा। इससे पार्टी में हड़कम्प मच गया—देखा, उस राक्षसी का स्वागत करेंगे ये, शर्म नहीं आती! अरे ये कांग्रेसी सब एक हैं। तो मोरारजी भाई से कैफियत तलब की जाने लगी। मोरारजी करें आदमी हैं. करें! वे गाँधीवादी, सत्यवादी, नैतिकतावादी, स्पष्टवादी हैं। अपनी पवित्रता और महानता का उन्हें इतना विश्वास है कि वे श्रीलंका के राष्ट्रपति जयवर्द्धन से कह सकते थे—सारनाथ वगैरह आप क्यों भटकते हैं? मैं तो आपके सामने बुद्ध बैठा हूँ, मगर ऐसे मोरारजी यह जवाब नहीं दे सके!

कोई भी बालिग, जो सज़ायाफ्ता या पागल न हो, चुनकर लोकसभा में आ सकता है और क्योंकि उसे जनता ने चुना है, उसका स्वागत होना चाहिए। नहीं, मोरारजी ने घिघियाते हुए कहा—मेरा मतलब था कि यहाँ लोकसभा में हम उनसे

आमने-सामने निपट लेंगे।

और संस्कृति लीजिए। इन्दिरा गाँधी लोक सभा में गयीं तो जनता पार्टीवाले चिल्लाये —शर्म! शर्म! यह किसके लिए शर्म? क्या इसकी शर्म कि हम हार गये? या चिकमगलूर की जनता को शर्म भेजी जा रही थी? जनता का मनचाहा वोट देने पर शर्म भेजी जाये, यह नयी संस्कृति है क्या? इन्दिरा गाँधी के नमस्ते के जवाब में मोरारजी और जगजीवनराम ने मुस्कराकर नमस्ते कर लिया।

—गजब हो गया। दोनों ने उसके नमस्ते का जवाब दे दिया।

—अरे, मुस्कुराकर नमस्ते किया।

संस्कृति और भी है। उसकी बीवी के बारे में पता लगाओ, उसके लड़के की नयी कोई अश्लील तस्वीरें हासिल करो। मोरारजी का कोई 'सेक्स' का मामला नहीं है! अरे, '82 साल के होने से क्या होता है। फलाँ की नौकरानी जवान है, पता लगाओ क्या मामला है। अमुक के बँगले में वह कौन औरत आती है?

जनता की नयी संस्कृति—यानी ओछापन, टुच्चापन, उथलापन, नीचता, कमीनापन, नफरत, अविश्वास, अशिष्टता, दोमुहाँपन!

क्या इस नयी संस्कृति को हम लोग अपना लें?

एक और सांस्कृतिक लहर आयी है। इससे मैं अभिभूत हूँ। यह नाथूराम गोडसे की लहर है। आखिर यह क्या बात है कि पिछले साल-डेढ़ साल से गाँधी हत्याकाण्ड पर इतना लिखा जा रहा है। गोपाल गोडसे तथा दूसरे साथियों के लेख छप रहे हैं। गोडसे की लेखक माडखोलकर की चिट्ठी छपती है। गोडसे की जेल की दिनचर्या बतायी जाती है। उसके अदालत में व्यवहार और फाँसी पर जाने का विवरण छप रहा है।

मैं समझना चाहता हूँ, इस संस्कृति को। किसी की जीत पर बधाई न दें, नमस्ते का जवाब न दें, कोई बीमार पड़ जाये तो उसका हाल न पूछें, बीमार के इलाज का प्रबन्ध न करें, किसी के बेटे की शादी पर काला पट्टा बाँध लें, क्यों? क्योंकि विरोधी पार्टी या गुट में है। चरणसिंह की तबियत का हाल मोरारजी नहीं पूछ सकते। राजनारायण, जगजीवनराम के नमस्ते का जवाब नहीं दे सकते।

इस सबका कोण क्या है? यह इतिहास नहीं है। यह ढंग से भी नहीं लिखा जा रहा है कि जिससे यह प्रगट हो कि स्वतन्त्रता आन्दोलन के महान नेता, एक महान मानवतावादी को संकीर्ण साम्प्रदायिक नफरत की मदिरा पिये एक सिरफिरे ने मार डाला।

यह बताया जा रहा है कि गोडसे कितना आदर्शवादी था। वह एक महत् उद्देश्य से प्रेरित था। वह बहुत दयालु था। वह हिन्दुओं की हालत से दुखी था। वह श्रेष्ठ देशभक्त था। वह देश का अहित होते नहीं देख सकता था। उसके विचार पवित्र और ऊँचे थे। वह आत्मबलिदानी था, वीर था। वह गीता हाथ में लेकर फाँसी के तख्ते तक गया था। उसकी भस्म एक पात्र में रखी है, जो वज्र बनेगी।

यह सब हमारे दिमागों में अभी ही क्यों बिठाया जा रहा है? क्या इसलिए

कि गोडसे के लोग सत्ता पर कब्जा कर चुके हैं।

इसका अर्थ है, वे जीवन-मूल्य घातक हैं जिनके प्रणेता गाँधीजी थे। दया, करुणा, मानवीयता, धर्म-निरपेक्षता, प्रेम – इनके लिए गाँधीजी थे, पर इनसे देश का नुकसान हो रहा था। इसीलिए गोडसे जैसे महान देशभक्त ने उन्हें मारकर देश को बचा लिया। धन्य है वह बलिदानी वीर!

सांस्कृतिक लहर यह है। गोडसे सही था, उसकी मान्यताएँ सही थीं। वही मान्यताएँ हमारी जाति के हित में हैं, और वे मान्यताएँ हैं—घृणा, नफरत, संकीर्णता, साम्प्रदायिकता, हिंसा, द्वेष, हत्या! तो क्या हम जनता पार्टी की इस नयी संस्कृति को मान लें, जिसके तत्त्व हैं—ओछापन, टुच्चापन, नफरत, अविश्वास, नीचता, कमीनापन, संकीर्णता, द्वेष, हिंसा, हत्या।

मान लें तो हम क्या आदमी रह जायेंगे? शायद हम कुत्ते हो जायेंगे। नहीं, कुत्ते भी नहीं होंगे। कुत्ता वफादार होता है और इस संस्कृति में कोई किसी के प्रति वफादार नहीं होता। तो क्या सूअर? नहीं, माना कि सूअर मैला खाता है, पर वह किसी का नुकसान नहीं करता, वह बाल और चर्बी भी तो देता है।

तो फिर हम इस जनता-संस्कृति से कौन-सा जानवर हो जायेंगे? मुझे तो कोई जानवर इतना पतित नहीं मालूम होता।

जातिनिरपेक्ष बलात्कार

मैं उन सज्जन से कह रहा था कि सरकार ने जो भी वादे किये हैं वे पूरे होंगे और समय से पूरे होंगे। उसका समयबद्ध कार्यक्रम चल रहा है—टाइम बाउण्ड प्रोग्राम! जिस पार्टी और सरकार ने अपने नाश तक का समयबद्ध कार्यक्रम चला रखा है, वह दूसरे वादे जरूर समय से पूरे करेगी।

उन्होंने कहा—सरकार ने वादा किया था कि हरिजनों पर अत्याचार बन्द कराये जायेंगे, पर अभी बिहार के बाजितपुर गाँव पर एक जमींदार के गुण्डों ने हमला किया। हरिजनों को मारा, उनके मकान जलाये और हरिजन औरतों से बलात्कार किया। यह तो वैसा ही हुआ कि चंगेजखाँ या नादिरशाह फौज लेकर आया और मार-काट, लूटपाट करके चलता बना।

मैंने उन्हें समझाया—जनाब! आपको पूरी बात नहीं मालूम। प्रधानमन्त्री का बयान पढ़िए। जब संसद में हंगामा हो रहा था कि उस गाँव में हरिजनों पर अत्याचार हुए, प्रधानमन्त्री ने बड़ी संजीदगी से, बड़े विश्वास से कहा—यह कहना गलत है कि वहाँ सिर्फ हरिजनों पर अत्याचार हुए। गाँव में ज्यादा गैर-हरिजन हैं,

उन पर भी अत्याचार हुए।

प्रधानमन्त्री का मतलब है कि दो हरिजन स्त्रियों से बलात्कार हुआ तो एक गैर-हरिजन से भी हुआ। यानी यह खालिश हरिजन-बलात्कार नहीं हुआ, उसमें गैर-हरिजन बलात्कार भी मिल गया। हरिजन-सुरक्षा में हमने कितनी बड़ी प्रगति की है कि चार हरिजन औरतों से बलात्कार होता है, तो लगे-हाथ दो गैर-हरिजन औरतों से भी कर लिया जाता है। सरकार ने अत्याचारियों को इतना सिखा ही दिया है कि सिर्फ हरिजन औरतों से बलात्कार मत किया करो, साथ में सन्तुलन के लिए गैर-हरिजन औरत को भी निपटाया करो। वादा पूरा करने की दिशा में यह एक महत्त्वपूर्ण कदम नहीं है क्या ?

उन्होंने कहा—ठीक है, मगर दस सालों में बेकारी खत्म करने के वादे का क्या होगा ? हर साल बेकारी घट नहीं, बढ़ रही है। दस साल में तो और आज से दुगुने बेकार हो जायेंगे।

मैंने कहा—सरकार ने मार्च, 1977 में दस सालों में बेकारी मिटाने का वादा किया है। आप देखेंगे कि मार्च, 1987 में इस देश में एक भी बेकार नहीं रहेगा।

उन्होंने पूछा—मगर कैसे ?

मैंने कहा—वाइरस से। जैसे 'वाइरस' से यह 'एनसेफीलाइटिस' बीमारी फैली है, वैसे ही 'अन-एम्प्लायमेण्ट वाइरस' से ! काम चालू है, योजनाबद्ध काम हो रहा है।

उनकी समझ में बात आयी नहीं। मैंने समझाया—सरकार शोध-संस्थानों में अन-एम्प्लायमेण्ट वाइरस पर शोध करवा रही है। बड़े-बड़े वैज्ञानिक लगे हैं, यह वाइरस बन जायेगा। इसकी विशेषता होगी कि यह सिर्फ बेकार आदमी को लगेगा और उसे मार डालेगा। तो मार्च, 1987 में जब वादा पूरा करने का वक्त आयेगा तब सरकार यह वाइरस छोड़ देगी। तीन दिन में देश के सारे बेकार मर जायेंगे। जब एक भी बेकार जिन्दा नहीं रहेगा, तो बेकारी मिटी कि नहीं ?

1997 में याने 10 साल बाद फिर वाइरस छोड़ देंगे, नयी बेकारी खत्म। किसी और आर्थिक कार्यक्रम से बेकारी समाप्त होने की सम्भावना न होने से सरकार ने यह रास्ता अपनाया है।

वे बोले—आप ऊटपटाँग बातें बहुत करते हैं। मेरी तो अभी समस्या है लड़के की, इन्जीनियरी की डिग्री लिये बैठा है, मगर कुछ नहीं हो रहा है।

मैंने कहा—आपका लड़का तो 'सेल्फ एम्प्लायमेण्ट' कर रहा था न, सरकार ने कितने सुभीते दिये हैं इसके लिए—विशेष रियायत, तरजीह, बैंक और फाइनेंस कार्पोरेशन से कर्ज—और क्या चाहिए ?

वे उदास हुए। कहने लगे—शायद आपकी बात ही ठीक है। मेरा लड़का 1987 में मरकर ही बेकारी से मुक्ति पायेगा। उसके सेल्फ एम्प्लायमेण्ट की गर्दिश भी सुन लीजिए—मैं जिन्दगी-भर साफ-पाक आदमी रहा। मैंने लड़के को भी यही सिखाया, यही संस्कार दिये और उसने यही सीखा भी।

मैंने टोका --आपने गलत बात सिखायी और उसने सीख भी ली। उन्होंने कहा---टोकिए मत, पूरी बात सुन लीजिए। लड़का योग्य इन्जीनियर है। नौकरी मिलती नहीं। सोचा, छोटे-मोटे ठेके लेने लगे लोककर्म विभाग के। हमारी हैसियत है बहुत कम। हम ज्यादा पैसा लगा नहीं सकते। अब ठेकेदार के रूप में रजिस्ट्रेशन के लिए सालवेंसी-सर्टिफिकेट लगता है, यानी सम्पत्ति चाहिए। सम्पत्ति है नहीं, तो एक सम्पत्तिवाले की सालवेंसी ली। उसने करार किया कि ठेके के मुनाफे में से इतने फीसदी मैं लूंगा।

खैर, माना। अब उसके एटार्नी की हैसियत से रजिस्ट्रेशन कराना था, सो लगाये चक्कर दफ्तर के और साहब के! मगर कुछ नहीं हुआ। तब दफ्तर के बाबू ने कहा---आप नये आदमी हैं, किसी पुराने आदमी से पूछ लीजिए। इसका मतलब था, भेंट चढ़ाओ, चढ़ायी और रजिस्टर्ड हुए।

टेण्डर भरने का वक्त आया। टेण्डर का फार्म लेने जायें तो बाबू कभी कह दें कि फार्म खत्म हो गये, कभी कह दें कि अभी छपकर नहीं आये। आखिर एक दिन कहा---तारीख नजदीक आ रही है। आप नये आदमी हैं, पुराने आदमी से पूछ लीजिए। पुराने आदमी ने बताया कि पैसे खिलाओ और फार्म लो। खैर, यही किया ---टेण्डर भरा। टेण्डर मंजूर हो गया, पर साहब का आर्डर नहीं मिल रहा है, काम शुरू करने के लिए। चक्कर लगा रहे हैं। बड़ा बाबू कहता है--- आप नये आदमी हैं, किसी पुराने से पूछ लीजिए। पुराने से पूछकर साहब और बड़े बाबू को पैसा खिलाया, तब आर्डर हुआ!

अब साहब काम शुरू हुआ। अच्छा मैटीरियल लगाया। पूरा नाप, पूरा सीमेण्ट-चूना, अच्छा काम बिल्कुल स्टैण्डर्ड! मगर इन्जीनियर उसे पास ही नहीं कर रहे हैं। हम विनती कर रहे हैं कि साहब, पास कर दीजिए तो पैसा मिले, जिससे आगे काम हो। किसी ने सुझाव दिया---नये आदमी हो, किसी पुराने से पूछ लो। पुराने से पूछकर इन्जीनियर को पैसा खिलाकर पास कराया।

अब साहब बिल बनवाना था। वह टाला जा रहा था। आखिर वही सलाह मिली --नये आदमी हो, किसी पुराने से पूछ लो। पुराने से पूछा और बिल बनवाने की भेंट दी। अब बिल पास होना था। फिर चक्कर लगाते हैं, फिर सलाह मिली--- नये आदमी हो, किसी पुराने से पूछ लो। पूछा और बिल पास कराई के पैसे दिये। अब पेमेण्ट होना था। जब भी जाते, जवाब मिलता---चेक बन रहा है, एकाउण्टेन्ट से मिल लो। हम कहें कि चेक कोई उपनिषद है, जिसकी रचना हो रही है। फिर वही --नये आदमी हो, किसी पुराने आदमी से पूछ लो। पूछा और भेंट चढ़ाकर चेक लिया।

अब साहब, कुछ रुपये रोक लिये जाते हैं जो साल-भर बाद मिलते हैं। अभी पिछले महीने उन्हें लेने के लिए चक्कर लगाये। कुछ नहीं हुआ। फिर सलाह मिली ---नये आदमी हो, किसी पुराने आदमी से पूछ लो। फिर भेंट चढ़ायी, तब अभी पैसे मिले हैं। अभी हमने हिसाब लगाया कि धन्धे में क्या कमाया। हिसाब के बाद मैंने

लड़के से कहा—इस धन्धे से ज्यादा फायदेमन्द तो यह है कि मैं तुझे अपनी पेंशन से पालूँ। यह सेल्फ-एम्प्लायमेण्ट है। साहब! नये आदमी हो, पुराने आदमी से पूछ लो। आखिर पुराने आदमी के पास इस नयी पीढ़ी को सिखाने के लिए क्या है? मैंने कहा—दिव्य ज्ञान, झूठ, फरेब, बेईमानी, मक्कारी।

वे बहुत दुखी और निराश थे। कहने लगे—कभी-कभी सोचता हूँ कि क्या इस देश में ईमानदारी से कुछ नहीं कर सकते। शायद ईमानदारी से सिर्फ मर सकते हैं। मैंने कहा—नहीं साहब, ईमानदारी से मर नहीं सकते। आप अपनी सच्ची बीमारी से नहीं मरेंगे, नकली दवाइयों से मरेंगे।

सर्वोच्च युग

मोरारजी भाई,

परम पवित्र जी, यह एक अदने बुद्धिजीवी का पत्र है, आवेदन-पत्र नहीं। यह कान्तिभाई की लिखित शिकायत भी नहीं है। तारीख 23 दिसम्बर को किसान रैली हुई। अब आप प्रधानमन्त्री रहेंगे या नहीं—पता नहीं। कोई सरकार भी है या नहीं—पता नहीं, कुछ भी पता नहीं। इतिहास में आपका शासन-काल 'पता नहीं युग' कहलायेगा।

अगर आप इसके छपने तक प्रधानमन्त्री न रहें, तो इस पत्र को पढ़ लें। न रहें तो इसे न पढ़कर भजन की पोथी पढ़कर अगला जन्म सुधारें। इसे आपकी पार्टी का आगामी प्रधानमन्त्री पढ़ेगा, वह हठी और सनकी चाहे आप जैसा न हो, बाकी मामलों में ऐसा ही होगा। आप सबकी राजनीति की नस्ल एक ही है। आप इमर्जेन्सीवंशीय हैं।

आपके हठ और सनक की बात निकल आयी है। अगर टी. एन. कौल की बात सही है, तो आपने ही राष्ट्रपति निक्सन को 1968 में नाराज किया था। आपने उनके लिए शाकाहारी भोजन का इन्तजाम कराया था और शराब भी नहीं ढालने दी थी। इससे निक्सन नाराज हो गये। अगर आप हठी और सनकी हैं तो निक्सन टुच्चे और विचारहीन, जो किसी देश से इसलिए नाराज हो गये कि वहाँ उन्हें दारू नहीं पिलायी गयी।

ऐसा तो हमारे यहाँ रिक्शावाला या कुँजड़ा करता है कि धन्नू, तूने मुझे ठर्रा नहीं पिलाया, देख लूंगा तुझे मैं। यों राष्ट्राध्यक्षों, राजाओं, महाराजाओं में समझ इतनी ही होती है, जो उन पर बोझ न बने। वे फालतू समझ नहीं ढोते, वे समझ के कुली नहीं होते। आप भी समझ के कुली नहीं हैं। ब्रिटिश साम्राज्य के महाराजा

जार्ज थे। उनके साम्राज्य में सूर्य कभी नहीं डूबता था, पर उनकी समझ का सूर्य शायद कभी उगा ही नहीं। जब गाँधीजी और वाइसराय लार्ड इरविन की मुलाकात होने वाली थी तब राजा साहब को कोई राजनैतिक चिन्ता नहीं थी। उनकी चिन्ता बड़ी सुन्दर थी। 'हिज मेजेस्टी' ने इरविन को लिखा—मैं तो यह सोचकर दुखी हूँ कि तुम्हारे बढ़िया गलीचे गाँधी के पैरों से गन्दे हो जायेंगे। 'हिज इम्पीरियल स्टूपिडिटी' की समझ का कमाल है।

मुझे आपको इसलिए लिखना पड़ रहा है कि आपने अभी बुद्धिजीवियों को उपदेश दे डाला। आपके उपदेश अखिल ब्रह्माण्ड में गूँजते रहते हैं और चाँद-तारों तक पहुँचते हैं। चाँद पर गये अन्तरिक्ष वैज्ञानिकों को पृथ्वी पर अपने कण्ट्रोल स्टेशन के संकेत बाद में सुनायी देते हैं, आपके उपदेश पहले। अभी आपने दुनिया के नृतत्वशास्त्रियों (एन्थरापालाजिस्ट) को उपदेश दे डाला और कहा कि भारत में शोध की बड़ी सम्भावनाएँ हैं। मैं तो कहता हूँ यहाँ जीवशास्त्रियों के लिए भी बड़ी सम्भावनाएँ हैं। यहाँ आप जैसे जीव-जन्तु हैं, जैसे दुनिया में कहीं नहीं हैं।

जिसे आप उपदेश देने लगें, उसकी दुर्गति हो जाती है। खैरियत उसी की है जिस पर आपका ध्यान न जाय।

आपने बुद्धिजीवियों को उपदेश दिया कि आप लोग देशवासियों को सही रास्ता दिखाकर साम्प्रदायिक वैमनस्य दूर करें। बुद्धिजीवियों के साथ यह दुर्घटना अक्सर होती है कि वे किसी मन्त्री को अपने चरण छूने के लिए बुलाते हैं, मगर मन्त्री उपदेश देने लगता है। भाई जी, क्या अभी तक बुद्धिजीवी साम्प्रदायिक उन्माद पैदा करते रहे हैं? जो साम्प्रदायिक द्वेष पैदा करते हैं वे एक तो बुद्धिजीवी नहीं हैं, वे प्रचारक और ढिंढोरची हैं। इनमें संघ के एक इतिहासकार कहलानेवाले ओक साहब हैं, जो इतिहास कांग्रेस में हूट होते हैं। और भी हैं जो लिखते हैं कि मोहम्मद पैगम्बर का झण्डा भगवा था। मलकानी हैं, कई हैं। आर. एस. एस. का 'आर्गनाइजर' है, तो जमाते इस्लामी का 'रेडियेन्स' निकलता है। ये साम्प्रदायिक द्वेष फैलाते हैं, मगर क्या इन्हें आप रोक सकते हैं? न इन्दिरा सरकार रोक सकती थी, न आपकी सरकार रोक सकती। तो आप किन बुद्धिजीवियों से अपील करते हैं? अगर बुद्धिजीवी साम्प्रदायिक सद्भाव हेतु लिखें, तो क्या उसे आप लिखने देंगे? नहीं लिखने देंगे, क्योंकि आपका मुँह नानाजी देशमुख के कब्जे में है और गर्दन बालासाहब देवरस पकड़े हैं।

महामहिम, वे बुद्धिजीवी ही हैं, जिनकी इतिहास-पुस्तकों पर आपने प्रतिबन्ध लगा दिया है—रोमिला थापर, विपिन चन्द्र और हरबंस मुखिया। इन्होंने मध्ययुग का सही वैज्ञानिक इतिहास लिखा, जिसमें यह नहीं बताया है कि हिन्दू-मुसलमान का एक ही काम था—लड़ना। यह नहीं सिद्ध किया कि मुसलमानों का एक ही काम था—हिन्दू स्त्रियों को भ्रष्ट करना। शिवाजी के कमाण्डर मुसलमान थे, प्रताप के कमाण्डर मुसलमान थे, अकबर और औरंगजेब के कमाण्डर हिन्दू थे। मुसलमान रसखान ने कृष्ण-भक्ति का काव्य लिखा। मुसलमान जायसी ने अवधी में महाकाव्य

लिखा। रहीम ने अवधी में दोहे लिखे, ऐसे दोहे—

चित्रकूट में बस रहे, रहिमन अवध नरेस।
जा पर विपदा पड़त है, सो आवत यहि देस।

मगर नानाजी देशमुख ने आपको एक पर्चा दिया और कहा कि ये इतिहास-पुस्तकें गलत हैं, अराष्ट्रीय हैं, इन्हें बन्द करो। नानाजी के संघ को तो साम्प्रदायिक द्वेष फैलाना है, उसकी राजनीति इसी पर निर्भर है। 'शाखा' में ये लोग लड़कों को मुसलमानों का डर दिखाकर भरती करते हैं, उन्हें नफरत सिखाते हैं, मुसलमानों के अत्याचारों की कथा सुनाते हैं, याने पहले हिन्दू लड़के को कायर बनाते हैं और फिर कहते हैं कि संगठित हो जाओ – याने दस कायर मिलकर एक वीर बनता है।

यह इतिहास चाहिए नानाजी को। डॉ. एस. गोपाल ने कहा है—मैं जानता हूँ कि जनता पार्टी में कई अहंकारी मूर्ख हैं। तो जब आपका शासन उनके भरोसे टिका है जो साम्प्रदायिक द्वेष कायम रखना चाहते हैं, तब आप बुद्धिजीवियों को सद्भाव पैदा कैसे करने देंगे ? जो साम्प्रदायिक सद्भाव पैदा करनेवाले लेखक और सम्पादक हैं, उन्हें तो सरकार नौकरियों से निकलवा रही है। सही मार्ग बतानेवालों के हाथ से तो आप टार्च छीनते रहे हैं। आप क्या कह रहे हैं और कहना क्या चाहते हैं ? आप लोग क्यों बुद्धिजीवियों को उपदेश देने की मूर्खता करते हैं ? बुद्धिजीवियों की कोई बात आप लोग नहीं मानते, उनकी सुनकर अपने को ज़रा भी नहीं सुधारते। आप बुद्धिजीवी को बरदाश्त नहीं कर सकते, क्योंकि आपका सारा काम अबुद्धि और कुबुद्धि से चलता है। आपको बुद्धिजीवी नहीं, 'छू' कहने पर भौंकनेवाले कुत्ते चाहिए, आप कुत्ते पालिए और बुद्धिजीवियों पर छोड़िए।

आप लोगों ने बुद्धिजीवियों को दो नस्लों में बाँट दिया है – इमर्जेन्सी बुद्धिजीवी और गैर-इमर्जेन्सी बुद्धिजीवी। आप कितने दीन हैं कि आपके लिए बुद्धिजीवियों का वर्गीकरण भी इन्दिरा गाँधी ही कर रही हैं। आपके लालकृष्ण आडवाणी कहते हैं कि जिन बुद्धिजीवियों ने इमर्जेन्सी का समर्थन किया था, ये राजनैतिक विषयों पर रेडियो से बोल नहीं सकेंगे।

इसका क्या मतलब ? क्या आपके सत्ता में आने से आधे बुद्धिजीवी मूर्ख हो गये ? आप जब सत्ता से हटेंगे तब क्या उनकी बुद्धि वापस आ जायेगी ? याने बुद्धि भी इन्दिरा गाँधी के साथ आ और जा रही है। आप इतने सँकरे दिमाग के हैं कि यह मान ही नहीं सकते कि बुद्धिजीवियों ने बुद्धि से ही इमर्जेन्सी का समर्थन किया था और बुद्धि से ही आपका विरोध कर रहे हैं।

आप समझते हैं, सब कुत्ते थे जो दुम हिला रहे थे। पर वे आपके सामने दुम क्यों नहीं हिला रहे हैं ? कुत्ता मालिक नहीं परखता, केवल रोटी और जंजीर देखता है। इस देश की जनता जिसके पैसे से आपका रेडियो चलता है, उसके साथ यह बेईमानी है, नमकहरामी है कि उसे एक खासे तबके के बुद्धिजीवी की बात न सुनने दें। यह भेद और बुद्धिजीवी पर यह बंदिश फासिस्ट कार्यवाही नहीं तो और क्या है ?

आप हमें उपदेश न दें। इस देश का आम हिन्दू-मुसलमान साम्प्रदायिक नहीं है। पर जिनकी राजनीति और अर्थनीति ही साम्प्रदायिकता पर है, उन्हें हमारे बाप भी नहीं समझा सकते। फिर जिनका नाश होना चाहिए, उन्हें समझाने की झंझट मोल नहीं ली जाती।

हरि अनन्त, हरि कथा अनन्ता

अभी तक तो ऐसा होता था कि लिखने बैठे तो गणेश का स्मरण करके श्रीगणेशाय नमः लिखकर आगे अपने विषय पर लिखने लगते थे। पर अब गणेश का स्मरण नहीं होता, 'वन्देवाणी विनायकौ' भी भूल गये। अब कलम उठाते ही मोरारजी भाई का पवित्र स्मरण हो आता है। मोरारजी ने विघ्नेश गणेश का पोर्टफोलियो भी ले लिया।

लिखने बैठा तो अखबार की एक खबर पर ध्यान चला गया। लिखा है कि राजनारायण का कहना है कि मोरारजी दिन में 10 बार झूठ बोलते हैं। यह सरासर गलत है। मोरारजी दिन में 10 बार नहीं, सिर्फ 7-8 बार झूठ बोलते हैं। झूठ का उनका औसत सवा सात होता है। राजनारायण के पास आँकड़े ठीक नहीं हैं। फिर परिभाषा में फर्क है। जिसे हम पापी, नारकीय, कीड़े, असत्य कहते हैं, वह परम पवित्र तपोनिष्ठ मोरारजी के लिए सत्य है। गाँधी की स्टाइल पर वे 'मेरे असत्य के प्रयोग' भी लिख रहे हैं। वे सत्य आचरण भी करते हैं। इस सत्य को परखिए—लोकसभा में वे भूतपूर्व प्रधानमन्त्री को अपने बेटे के घोटाले को दबाने के आरोप में सज़ा दिला रहे थे और उसी समय उसी संसद में वर्तमान प्रधानमन्त्री के बेटे के घोटालों पर प्रश्न भी नहीं पूछने दे रहे थे। घोटालों की बात छोड़िए, कोई कान्तिभाई के स्वास्थ्य के बारे में भी प्रश्न नहीं कर सकता था। बेचारे कान्ति भाई को संजय की तरह पूर्ण यश पाने के लिए पिता के पदत्याग या निष्कासन तक इन्तजार करना पड़ेगा।

यह कान्तिभाईवाला मामला असल में इन्द्र का षड्यन्त्र है। मोरारजी के तप से इन्द्रासन डोल उठा। इन्द्र थर-थर काँप रहा था। इसी समय नारद आ गये। इन्द्र ने हाथ जोड़कर कहा—मुनिवर, मेरा सिंहासन अब जा रहा है। मोरारजी भाई अपने तप से मुझे निकालकर मेरे सिंहासन पर बैठ जायेंगे। कोई उपाय बताइए, प्रभु!

नारद ने कहा—इन्द्र, तुम क्या तप भंग करने के उपाय जानते नहीं हो? जो करते आये हो, वही करो। ऐसा कहकर नारद ने एक आँख दबाकर भद्दा-सा इशारा

किया। इन्द्र ने कहा—मुनिश्रेष्ठ, वह उपाय कर चुका और फेल रहा। मैंने उर्वशी, मेनका, रम्भा भेजी थीं, पर वे रोती हुई लौट आयीं कि हमारे रूप का इतना अपमान कभी नहीं हुआ। मोरारजी ने हमें डाँटकर भगा दिया। नारद ने सोचकर कहा—देखो इन्द्र, हर एक का तप 'काम' से भंग नहीं होता। किसी-किसी तपस्वी का तप 'अर्थ' से भंग होता है। जो तपस्वी एक भोजन में 30-40 रुपये के फल-मेवे खाता है, वह 'अर्थ' से भ्रष्ट होगा। तू इस काम में कुबेर की सहायता ले। कुबेर से कह कि भरत-खण्ड में कोई कारखाने डाले, कारोबार करे और उसमें तपस्वी के पुत्र को उलझाये, तब तपस्वी का तप भंग होगा। अब इन्द्र की नीच हरकत पर इन्द्रसभा में प्रश्न होना चाहिए। भारत की राज्यसभा या लोकसभा में यह मामला उठ ही नहीं सकता। लीजिए, मोरारजी का स्मरण करके आगे लिखना चाहता था, पर लिखने लगा उनका पुराण। हरि अनन्त, हरि कथा अनन्ता!

इन दिनों देश के वैज्ञानिक बड़े निराश हैं। वे शिकायत कर रहे हैं। वे कहते हैं कि यह सरकार वैज्ञानिक कार्य को प्रोत्साहन नहीं देती। हतोत्साह करती है। सरकार की दृष्टि विज्ञान-विरोधी है। हम लोग तो पिछले इतने सालों से देश को विज्ञान और तकनीक में अति आधुनिक और आत्म-निर्भर बनाना चाहते थे, पर यह सरकार हमें काम नहीं करने देती।

ये वैज्ञानिक ये नहीं सोचते कि हर काम किसी प्रयोजन से होता है। इस सरकार का प्रयोजन क्या है? विज्ञान से वह प्रयोजन कैसे सिद्ध होगा। इस सरकार का प्रयोजन सरकार बने रहने में है, इसके सिवा कोई प्रयोजन नहीं है। इसे वैज्ञानिक नहीं, तान्त्रिक सिद्ध कर सकते हैं, इसलिए तान्त्रिक का महत्त्व है, वैज्ञानिक का नहीं। कोई वैज्ञानिक तन्त्रविद्या से, अनुष्ठान से नेताओं के शत्रु का नाश कर सकता है, मूठ फेंक सकता है, चुड़ैल जगा सकता है, मारण अनुष्ठान कर सकता है, भूत को जगा सकता है, कर्णपिशाची सिद्ध कर सकता है जो सबके भेद दे, शव को जगाकर उससे शत्रुनाश करा सकता है?

नहीं कर सकता तो इस देश में वैज्ञानिक कार्य का क्या प्रयोजन? इसीलिए तो हर मन्त्री, नेता वैज्ञानिक नहीं, तान्त्रिक और ज्योतिषी रखता है। वैज्ञानिक कोई ऐसी खोज करें जिससे इन्दिरा गाँधी को लकवा लग जाय, कोई ऐसा आविष्कार करें कि इस मतपेटी के वोट उस मतपेटी में चले जायें, कोई ऐसी चीज़ ईजाद करें जिसमें नारे लगाते ही आदमी की आँखों से आँसू निकलने लगें और कोई ऐसा आविष्कार करें जिससे झूठ में से सत्य की गन्ध आये।

जिस देश के प्रधानमन्त्री को पता नहीं है कि दुनिया में साबुन बनने लगा है, जिस देश का स्वास्थ्य मन्त्री 'हनुमान चालीसा' से 'एनिस्थीशिया' का काम लेना जानता है, जिस देश का किसान नेता ट्रैक्टर में बैल जोतना चाहता है, जिस देश की एक 'राष्ट्रीय' पार्टी गायत्री मन्त्र से डीजल एंजिन चलाना चाहती है, उस देश में विज्ञान को प्रोत्साहन कोई क्यों देगा?

रही आत्मनिर्भरता की बात, तो यह सरकार ईमान तक में आत्मनिर्भर नहीं

है। ईमान की कमी पड़ती है, तो वाशिंगटन से बुला लेती है। आत्मविश्वास कम पड़े तो नानी पालखीवाला एक पैकेट में भेज देते हैं। अक्ल की कमी पड़ती है तो अमरीकी राजदूत से पूछ लेते हैं कि यह कैंप डेविड कहाँ है और वहाँ क्या काम होता है।

आत्मनिर्भरता की झंझट कौन मौल ले? दुनिया में इतना विज्ञान और तकनीक है और वे देने को भी तैयार हैं, तो देश में इनके विकास की क्या जरूरत है?

जॉर्ज फर्नांडिस भारत में पश्चिमी जर्मनी के वाणिज्य दूत हैं। वे जर्मनी से बहु-राष्ट्रीय कम्पनियाँ बुला रहे हैं, मय विज्ञान और तकनीक के! इन सम्पूर्ण क्रान्तिकारियों ने तो क्रान्ति का भी आयात कर लिया था। यह बात सैकड़ों बार कही जा चुकी है। अभी लिखा है बंगाल के मुख्यमन्त्रियों के एक निजी सहायक चक्रवर्ती ने, कि मेरे पास फोन पर 'टेप' करके जो बातचीत का ब्यौरा आता था उससे मालूम होता था कि बहुत-से नेताओं और पत्रकारों के सम्बन्ध पश्चिमी देशों के एजेण्टों से थे और उन्हें ये लोग जानकारी देते थे। पश्चिमी देश षड्यन्त्र करके कुछ राज्य-सरकारों और इन्दिरा सरकार को गिराना चाहते थे।

सम्पूर्ण क्रान्तिकारी, जो अब सरकार में हैं, हम कायरों को यह बता दें कि भारत-विरोधी पश्चिमी देशों के एजेण्टों से मिलकर अपने देश की निर्वाचित सरकारों को गिराना क्या देशभक्ति है? तो फिर कृपाकर यह भी बता दें कि देशद्रोह क्या है?

वैज्ञानिक झंझट पैदा न करें। सबकुछ उनके बिना भी हो जायेगा। बीजू पटनायक ने 300 करोड़ का एक सौदा रूस से तोड़कर एक प्राइवेट कम्पनी से कर लिया है। इस कम्पनी का सहयोग एक पश्चिमी बहु-राष्ट्रीय कम्पनी से है। इससे विज्ञान और तकनीक विदेश से आ जायेगी। बीजू भिलाई को भी नीलाम करके प्राइवेट कम्पनी को दे देंगे। जनसंघ तब तक साइंस का विकास न होने देगा, जब तक 'हिन्दू राष्ट्र' न हो जाये। अभी यह देश विदेशियों के हाथ में है। एक म्लेच्छ अहिन्दू पारसी अणु विज्ञान का सर्वेसर्वा है। एक मुसलमान वायु सेनापति है। छीः, छीः शान्तम् पापम्! पूर्ण हिन्दू राष्ट्र होगा और जड़ बुद्धि 'शाखामृगों' का राज इस किष्किन्धा पर होगा, तब विज्ञान का विकास करने दिया जायेगा।

अगर वैज्ञानिक कुछ काम करना ही चाहते हैं, तो एक काम करें। प्रदूषण को रोकने के उपाय करें। इन जनता नेताओं के शरीर से झूठ, फरेब, छल, कमीनापन की दुर्गन्ध निकलकर वातावरण में समा रही है। इसमें जहर है, बीमारी फैलेगी। वैज्ञानिक इस जनता-प्रदूषण को किसी तरह रोकें।

आत्मनिर्भरता और स्वाधीनता की चिन्ता छोड़ें। इस देश की राजधानी केलिफोर्निया में बन रही है।

सर्कस मण्डली का शासन

सामान्य हालातों की बात अलग है, पर भारत में जब 30 साल बाद सम्पूर्ण क्रान्ति हुई हो, दूसरी आजादी आयी हो, तब क्रान्तिकारी सरकार से कोई देश कहे कि अपनी सर्कस मण्डली हमारे देश भेज दीजिए, तो कैसा लगेगा? श्रीलंका ने यही हरकत की है।

हमारे देश में भरतनाट्यम है, कत्थक है, नाटक मण्डलियाँ हैं, उस्ताद बिस्मिल्ला खाँ हैं, अमजद खाँ हैं, रविशंकर हैं, बिरजू महाराज हैं, इन्द्राणी रहमान हैं, लता मंगेशकर हैं, मुहम्मद रफी हैं। इन्हें छोड़कर श्रीलंका कहता है कि ज़रा अपनी सर्कस मण्डली हमारे देश के दौरे पर भेज दीजिए, लोग आपका सर्कस देखने को बहुत उत्सुक हैं।

यह अजब बात है कि हम तो फ़ैज़ अहमद फ़ैज़, मेंहदी हसन, मलिका पुखराज को बुलायें और हमसे दूसरे देश सर्कस मण्डली बुलायें। हम तो यह विचार करें कि किस देश में संगीत, नाटक, नृत्य, काव्य में क्या हमारे लायक श्रेष्ठ है, मगर दूसरे देश के लोग यह देखें कि भारत में इस समय कौन-सा सर्कस चल रहा है और कौन मण्डली अच्छा सर्कस कर रही है?

हमें स्वतन्त्र हुए 32 साल होने को आये। सर्कस इस देश में पहले भी होता रहा है, सर्कस मण्डलियाँ भी पहले से हैं, पर किसी देश की यह जुर्रत नहीं हुई कि हमारी सर्कस कम्पनी को आमन्त्रित करे। हम धर्म, संस्कृति, नृत्य, संगीत, काव्य बाहर भेजते रहे हैं। कहाँ तो अशोक ने महेन्द्र और संघमित्रा को बौद्धधर्म का सन्देश देकर श्रीलंका भेजा था, और यह वक्त कि हमारी सर्कस मण्डली बुलायी जा रही है। उधर जो बोधिवृक्ष तब का लगा है, उसके आसपास सर्कस होगा।

मैं अपना यह दुख सक्सेना साहब को बता रहा था। मैंने कहा – यह टुच्चा-सा देश लंका, जिसे रामचन्द्र एक बार जीत चुके हैं, जिसे हमने धर्म दिया, संस्कृति दी, चावल भी देते हैं, उसकी यह बदतमीजी कि हमारी सर्कस मण्डली बुलाता है, हमारा मजाक करता है, अपमान करता है। मैं प्रधानमन्त्री होता तो कूटनीतिक सम्बन्ध तोड़ लेता। कम-से-कम राष्ट्रसंघ के महासचिव को शिकायत तो कर ही देता कि श्रीलंका की यह शत्रुतापूर्ण कार्यवाही है।

सक्सेना ने विचारकर कहा – देखिए, कोई भी देश यह देखता है कि दूसरे देश में कौन-सी 'एक्टिविटी' प्रमुख रूप से हो रही है। नाट्य, संगीत, काव्य की साधना विशेष हो रही है, या कुछ और। वह देश खुद किस चीज का प्रचार सबसे ज्यादा कर रहा है। जनता सरकार आने के बाद से विदेशियों को यह समझ में आ रहा है कि भारत में सबसे ज्यादा सर्कस हो रहा है। रोज सर्कस के नये-नये करतब दिखाये जाते हैं।

विदेशियों को तो विश्वास हो गया है कि अब भारत का शासन सर्कस मण्डली

कर रही है। सरकार में राजनीतिक नहीं, सर्कस के खेल दिखानेवाले हैं। आदमी ही नहीं, शेर, भालू, चीता, गेंडा, बारहसिंगा भी हैं। प्रधानमन्त्री का चमड़ा गेंडे का है, चरणसिंह की गाँधी टोपी के नीचे बारह सींग हैं, जगजीवनराम चीते की तरह दबे हुए शिकार को ताकते हैं, जनसंघ का तोता है जो बोलता है, मिट्ठू ! महात्मा गाँधी ! महात्मा गाँधी ! अब बताइए, दूसरे देश के लोग सर्कस मण्डली ही तो बुलायेंगे।

मैंने कहा—पर हमारा अपमान तो हुआ, हमारी कला और संस्कृति की साधना की तो उपेक्षा हुई।

सक्सेना ने कहा—कला और संस्कृति से क्या फायदा ? इनसे कहीं राज चलता है ? 1977 में एकाएक एक सर्कस मण्डली बनी थी—जनता पार्टी। इसके सामने ग्रेट ईस्टर्न सर्कस, जेमिनी सर्कस, वगैरह मात खा गये।

मधुलिमये ने अभी एक लेख में लिखा है न, कि इमर्जेन्सी उठने के बाद एक महीने में नहीं, 4-5 महीने बाद चुनाव होते तो जनता पार्टी बनती ही नहीं। असल में हमें आपस में लड़ने का मौका ही नहीं मिला। 3-4 महीने का समय मिलता तो हम आपस में लड़ते और एक पार्टी नहीं बनती। अब देखिए, सर्कस की तरह जो मण्डली राजनैतिक पार्टी बन गयी, वह जब सरकार बना बैठी, तो सर्कस के खेल-तमाशे ही तो दिखायेगी। जब दूसरे देश के लोग यह अखबारों से जानेंगे तो यही तो कहेंगे—साहब, हमारे देश में भी सर्कस दिखाइए। सुनते तो बहुत हैं, आँखों से भी देख लें।

मेरा देश-भक्त और जनता पार्टी-भक्त मन फिर भी नहीं माना। मुझे बराबर लग रहा था कि यह श्रीलंका सरकार की सरासर गुस्ताखी है कि वह सब छोड़कर हमारी सर्कस मण्डली बुलाये। मगर सक्सेना ने कहा—कोई भी आदमी वही चीज तो बुलाता है, जिसका हम खुद प्रचार और विज्ञापन करते हैं। अब अपने अखबार उठाकर देख लो ! रोज पहले ही पृष्ठ पर किस चीज का प्रचार होता है ? सर्कस के खेल का। रोज हम देश में और विदेशों में सर्कस का प्रचार करते हैं, तो बुलानेवाले सर्कस ही तो बुलायेंगे। इसमें आप बुरा क्यों मानते हैं ? मुझे तो यह गौरव की बात मालूम होती है।

कांग्रेस में भी कम खिलाड़ी नहीं हैं। बिना पेडिल विकास की साइकिल चलानेवाले कांग्रेस में हैं, पर कांग्रेसियों के 30 साल के राज में कभी हमारा सर्कस नहीं बुलाया गया। पर जनता सरकार को दो साल भी नहीं हुए कि श्रीलंका से निमन्त्रण आ गया—सा'ब, अपना सर्कस हमारे देश में भी दिखाइए, मजा आ जायेगा।

सक्सेना आगे बोलते गये—भई, दुनिया में कोई इस सर्कस की बराबरी नहीं कर सकता, जिसमें पता ही नहीं चलता कि मैनेजर कौन है—मोरारजी, चरणसिंह चन्द्रशेखर या देवरस ? सभी खिलाड़ी हैं और सभी मैनेजर हैं। आँखों पर पट्टी बाँधकर आर्थिक योजना की गाड़ी चलाते हैं और सोना बेच देते हैं। सिर के बल बिजली के तार पर चलते हैं, अन्धे राष्ट्रवाद के कुएँ में मोटर साइकिल चलाते हैं,

कपड़ों में आग लगाकर ऊपर से कूदते हैं, कार में बैल जोतकर हाँकते हैं, उलटे पाँव चलते हैं, शीर्षासन करते हैं, एक-दूसरे को लात, घूँसा मारते हैं, एक-दूसरे की धोती खींचते हैं, परस्पर गाली देते हैं, थूकते हैं, लत्ती मारते हैं; और फिर एक-दूसरे के गले में हाथ डालकर हँसते हुए दर्शकों के सामने आकर कहते हैं– आप लोगों का बहुत-बहुत शुक्रिया कि आपने हमारा खेल पसन्द किया।

मैंने कहा --मोरारजी भाई भी तो श्रीलंका की राजकीय यात्रा पर जानेवाले हैं, उन्होंने निमन्त्रण स्वीकार कर लिया है।

सक्सेना ने कहा – ऐसा है क्या ? तो फिर लंकावाले डबल खर्च क्यों कर रहे हैं ? अकेले मोरारजी भाई ही पूरी सर्कस मण्डली के बराबर हैं। वे कई खेल दिखा सकते हैं। कुछ समय पहले श्रीलंका के राष्ट्रपति जयवर्द्धन भारत आये थे न, वे 15 दिन बौद्ध तीर्थों की यात्रा करते रहे। तीर्थ-यात्रा तो एक बहाना थी, वे वास्तव में यहाँ के सर्कस का अध्ययन करने आये थे।

श्रीलंका में भी तो भारत-सरीखा ही हुआ है न ? अपनी श्रीमती गाँधी, तो उनकी बन्दरनायके। अपने मोरारजी, तो उनके जयवर्द्धने। जयवर्द्धन एक बार फिर, भारत से ज्ञान और प्रकाश लेने आये थे। वे अपने सर्कस से बहुत प्रभावित हुए थे। उन्होंने लौटकर वहाँ हमारे सर्कस की बहुत तारीफ की और उसे बुलाया, समझे ?

मैंने कहा—तो चरणसिंह और राजनारायण को यह मालूम था कि सर्कस मण्डली श्रीलंका जानेवाली है, तभी वे जल्दी मन्त्रिमण्डल में फिर घुस जाना चाहते थे, जिसमे सर्कस मण्डली में विदेश जा सकें।

मेरा सूना जन्म-दिन

इस बार मैं किसी के दिल को चोट नहीं पहुँचाऊँगा। मैं इस दर्दनाक हकीकत से वाकिफ हूँ कि कुछ लोग इस पन्ने को पलटते ही गुस्से से कहते हैं—इस हरामजादे ने फिर ऐसा-वैसा लिखा होगा। मुझे बताया गया है कि वे 'हरामजादे' से भी ऊँचे किस्म के शुभ शब्दों का इस्तेमाल करते हैं जो शुद्ध भारतीय संस्कृति होने के कारण न माँ-बहनों के सामने कहे जा सकते, न छापे जा सकते। मैं इन दुखी लोगों को विश्वास दिलाता हूँ कि आज उन्हें कोई शिकायत न होगी। इसे बेखटके पढ़ें। आज मैं खुद पिटा हुआ बैठा हूँ और सबकी सहानुभूति चाहता हूँ।

हुआ यह कि मेरा जन्मदिन था। यह जन्मदिन भी सूना निकल गया। अब के भी दिन बहार के यों ही गुजर गये। दिन-भर में कुल तीन आदमी माला लेकर आये। उधर चरणसिंह के पिछले जन्म-दिन पर हजारों जाटों की, जिन्हें कोई-कोई किसान भी कह देते हैं, रैली निकली थी और अगले जन्म-दिन पर उन्हें 75 लाख की थैली भेंट की

जानेवाली है।

वे शतायु हों और पूरे एक करोड़ रुपया लिये बिना इस असार-संसार को कदापि न त्यागें। इधर मैं एक पिद्दी बैठा हूँ, जिसके जन्म-दिन पर कुल तीन साहित्यिक माला लेकर आये। माना कि उत्तर प्रदेश और हरियाणा में जाट बहुत हैं, मेरे पास कोई देवीलाल भी नहीं हैं, पर मेरे इस शहर में लेखक-कवि क्या कम हैं?

यहाँ का एक-एक कवि सवा लाख जाटों को उखाड़ सकता है। चरणसिंह हमारे एक कवि की कविताएँ एक घण्टा सुन लें तो उन्हें कभी दिल का इलाज न कराना पड़े, दिल उन्हें बिल्कुल बरी कर दे। मगर आये कुल तीन। लगता है दल-बदल कर गये। गयाराम हो गये।

चार आदमी इस शिशुदल के पिता होने का दावा करते हैं - जयप्रकाश, कृपलानी, चरणसिंह और मोरारजी। इस दल की वल्दियत तय नहीं है—कृष्ण की तय है, मेरी तय है। तो इस अगस्त के महीने में कुछ ऐतिहासिक घटनाएँ हुई हैं कृष्ण-जन्म, लोकमान्य तिलक का जन्म, भारत को आजादी मिलना और मेरा जन्म होना। बाकी सब मनाये गये, सबका समारोह हुआ, मेरा ही कुछ नहीं हुआ। कुल तीन आदमी आये। वे सोचते होंगे कि यहाँ मालाओं का ढेर होगा। पर उन्होंने देखा कि उनकी पहली माला है और शायद आखिरी भी। कहते होंगे—किस टुच्चे के पास आ गये!

गलती मेरी भी है, कुछ किया ही नहीं। मैं कुछ लोगों से कह तो सकता था कि अमुक तारीख को मेरा जन्म-दिन है। मेरे शहर में कई साहित्य और संस्कृति की संस्थाएँ हैं, जो तरह-तरह के समारोह करती हैं। एक-दो संस्थाएँ ऐसी हैं जिनकी मीटिंग सिर्फ किसी की मृत्यु पर शोक प्रकट करने के लिए होती है। मैं इन कई संस्थाओं को इशारा कर सकता था कि मेरा भी जन्म-दिन पड़ रहा है। इस शहर के अखबारों के सम्पादकों से मेरे अच्छे सम्बन्ध हैं। इनसे कह देता तो ये बलात्कार, अपहरण, हत्या, दारू की भट्ठी के शुभ समाचारों के बाद जो जगह बचती, उसमें कहीं मेरे जन्म-दिन का समाचार डाल देते।

मैंने उन तीन आदमियों से यह तक नहीं कहा कि लौटते में अखबार में समाचार देते जाना। मुझे किसी को बताना तो चाहिए था। अकर्मण्य हूँ। अपना कुछ नहीं होगा। ठीक से अर्थी निकल जाये तो गनीमत है। कितने लोग जन्मदिन मनवा लेते हैं। समाचार छपता है, तब मालूम होता है कि वे अभी जिन्दा हैं। अपना तो कुछ नहीं बिगड़ता, पृथ्वी पर ही बोझ रहता है और शेषनाग 'ओवर लोडिंग' से परेशान होता है।

वैसे मैंने भी कुछ पुण्य किये हैं। काफी लोगों के जन्म-दिन मनवाये हैं। बड़े कठिन मामले डील किये हैं। मेरे एक वरिष्ठ साहित्यिक बन्धु का जन्म-दिन पहली अप्रैल को पड़ा है। उन्हें समझ होती तो इस दुर्घटना को एक दिन आगे-पीछे कर सकते थे। उन्होंने पिता तो ठीक चुना, पर जन्म-दिन गलत चुन गये। हम उनका

जन्म-दिन मनाने का सिलसिला जमाते तो लोग कहते—तुम बेवकूफ बनाते हो। अरे, पहली अप्रैल है, 'ऑल फूल्स डे'---सब बेवकूफों का दिन। और ये सज्जन हैं विद्वान्, साहित्यिक, वरिष्ठ पत्रकार। ये पहली अप्रैल को कैसे पैदा हो सकते हैं ! तब हमने बड़ी कठिनाई से उन्हें समझाया—भैया, ऑल फूल्स डे का दूसरा मतलब होता है। इसका मतलब है---जो सबको बेवकूफ बनाता हो, उसका जन्म-दिन।

लोगों ने जब इस परिभाषा से उन सज्जन का चरित्र मिलाया, तब उन्हें विश्वास हुआ कि उन्होंने पहली अप्रैल को अवतार लिया होगा। फिर उनका जन्म-दिन धूमधाम से मना। ऐसे-ऐसे कठिन पुण्य-कर्म मैंने किये हैं और अब मेरी तरफ ध्यान ही नहीं दिया जाता।

हविस तो मेरी जन्म-दिन से आगे की है। मैं अभिनन्दन चाहता हूँ। एक बुजुर्ग सज्जन हैं। वे अभिनन्दन, स्मारिका, स्मारक, मूर्ति-स्थापना के बड़े शौकीन हैं। कई का अभिनन्दन कर चुके हैं। कई प्रतिष्ठित आदमी उनके भरोसे चैन से मर गये। कोई गली-कूचे उनके नाम पर करा देंगे। वैसे इन सज्जन का कर्त्तव्य आदमी के मरने के बाद ही शुरू होता है, फिर भी अपवाद होते हैं यह सोचकर मैंने उनसे बड़े संकोच से कहा – मुझे भी लिखते तीस साल हो गये। उन्होंने कहा—बहुत अच्छी बात है। लिखते जाओ। मैंने कहा—अमुक तारीख को मेरा जन्म-दिन पड़ता है। उन्होंने कहा— यह भी बहुत अच्छी बात है। मैंने कहा—अब मेरा अभिनन्दन करा दीजिए। अभिनन्दन मैं लिख भी लूंगा और छपा भी लूंगा। हैसियत होती तो अभिनन्दन ग्रन्थ भी तैयार करवा लेता। खैर, जोड़-तोड़कर समारोह का खर्च मैं दे दूंगा। आप अभिनन्दन करा दीजिए। उन्होंने पूछा—कौन-सा जन्म-दिन है? मैंने बताया— पचपनवाँ। उन्होंने कहा—अभी 'अण्डरएज' हो, साठवें जन्म-दिन पर करेंगे। मैं साठ साल से पहले किसी लेखक को हाथ नहीं लगाता। मेरा भी एक स्टैण्डर्ड है।

मैंने मिन्नत की—देखिए, आदमी की उम्र घटाकर उसे सरकारी नौकरी दे दी जाती है तो क्या मेरी उम्र बढ़ाकर अभिनन्दन नहीं किया जा सकता। पाँच साल बहुत होते हैं। तब तक हम दोनों को जिन्दा रहना पड़ेगा। आपका तो खैर पक्का है, मेरा ही भरोसा नहीं है। मैं कभी भी टें बोल सकता हूँ। बिना अभिनन्दन-पत्र लिये उस लोक में क्या मुँह लेकर जाऊँगा। उन्होंने कहा— अगर ऐसा हो ही गया, तो तुम बेफिक्र रहो। मैं तुम्हारे नाम का पत्थर कहीं लगवा दूंगा।

मैं तो निराश हूँ। खैर, अगले साल पहले से कोशिश करूँगा। आशा है सहयोग मिलेगा, पर अपनी जन्म-तारीख बताना मैं फिर भूल गया।

प्रेमचन्द की असलियत

किसी बड़े आदमी की जयन्ती करने से बहुत फायदे हैं। इससे करनेवाले की तन्दुरुस्ती बढ़ती है और उम्र लम्बी होती है। कायाकल्प होता है। नया जन्म होता है। जो तारा डूब रहा होता है, वह चमत्कार से एकदम ऊपर उठ आता है। अपने नाम के राम जो जन-उपेक्षा के कारण बनवास कर रहे होते हैं, यश की अयोध्या लौट आते हैं। जयन्ती मनाने से मनानेवाले की सार्वजनिक पहचान अगर मिटती होती है, तो फिर बन जाती है। जैसे लोग यह भूल रहे थे कि जैनेन्द्रकुमार कौन हैं, कहाँ हैं, क्या करते रहे हैं, क्या कर रहे हैं। लोगों से अब कह सकते हैं कि देख लो, पहचान लो, समझ लो- ये हैं वयोवृद्ध लेखक जैनेन्द्रकुमार, जो प्रेमचन्द के बारे में बोल और लिख रहे हैं। सुनो, पढ़ो, वे क्या कहते हैं। वे कहते हैं कि समाज में न कोई शिकारी है, न शिकार। सभी शिकारी भी हैं और शिकार भी। सबहिं नचावत राम गोसाईं। इसलिए शोषण से मुक्ति का संघर्ष व्यर्थ है। सार्थक यह है कि तुम भी किसी का शोषण करने लगो, और लिखने की सार्थकता है कि औरत को बिना कारण नंगी कराओ—जैसे जैनेन्द्र ने बिना कारण नंगी करायी है।

मध्यम और छोटे स्तर पर भी सत्प्रयास हुए। एक शहर की बात मुझे बतायी गयी। कोई स्वतन्त्रता-सेनानी हैं। धनवान हैं, खानदानी रईस हैं, झूठी कम आमदनी बताकर स्वतन्त्रता-सेनानियों की पेंशन लेते हैं। हरिजन-उद्धार कर चुके हैं। सर्वोदय में अस्त हो चुके हैं। जीवन-भर साहित्य का काम भी करते रहे हैं। उनके बारे में यह बोध हो गया था कि वे या तो विदेश में बस गये हैं या संन्यास लेकर वन में अन्तर्धान हो गये हैं। अब तो उनके अपने ही छपाये निमन्त्रण-पत्रों से, अपने ही खर्च और प्रयासों से आयोजित जन्म-दिवस के सार्वजनिक भव्य समारोहों के समाचार भी नहीं छपते। एकाएक मालूम हुआ, वे हैं। यहीं हैं। सक्रिय हैं। छापे में भी हैं। यह कैसे मालूम हुआ? वे प्रेमचन्द जयन्ती कर रहे थे। उन्होंने इसके लिए एक समिति बना ली थी। जयन्ती के बाद उनका दूसरे आयोजकों से अखबार में विवाद चला। जुलाई जयन्ती के यश में गुजरा। अगस्त जयन्ती के विवाद-यश में। इतने में 'हिन्दी दिवस' चौदह सितम्बर आ गया। वे जन्म से हिन्दी बोलनेवालों में जाकर भाषण देने लगे कि तुम्हें हिन्दी बोलनी चाहिए।

जयन्ती के बहुत फायदे हैं। जातियों का गौरव बढ़ता है। मैथिलीशरण गुप्त की जयन्ती मनाने से यह प्रकट हो जाता है कि वे गहोई हैं। अग्रवालो, तुम उन्हें मत हथिया लेना। प्रेमचन्द जयन्ती पर जो समिति बनी, उसमें ब्राह्मण का वर्चस्व हो गया। नगर के दो-तीन कायस्थ साहित्य-सेवियों की उपेक्षा हो गयी। उन्होंने कायस्थों को इकट्ठा करके कहा—प्रेमचन्द कायस्थ थे। इन ब्राह्मणों ने षड्यन्त्र करके उन्हें हथिया लिया है और हम कायस्थों का बायकाट कर दिया है। चलो, समारोह में आनेवाले कायस्थ मन्त्री से कहें कि वे न जायें। प्रेमचन्द आखिर कायस्थ

थे। वे श्रीवास्तव थे। सक्सेना उन पर अधिकार न करें।

जयन्ती करने से और भी फायदे हैं। सरकारी अनुदान और चन्दा मिलता है, जिससे आत्मा का उन्नयन होता है।

जयन्तियाँ ऐसी ही होती हैं। हम प्रेमचन्द के लिए कुछ नहीं कर सकते। वे अपने और सबके लिए खुद ही कर गये। वे पढ़े जाते हैं और उनके लिखे पर विचार होता है। अगर वे पढ़े जानेवाले कथा-लेखक न होते और विचारणीय न होते, तो हजारों जयन्ती-समारोहों से भी उनका कुछ नहीं सधता। उनकी जीवनी उनके पुत्र ने लिख ही दी है। विश्वविद्यालयों में उन पर शोध लगातार हो रहा है। बाहर के लोग अगर प्रेमचन्द पर ज्यादा सोच-विचार करने लगें तो शोध करके प्रोफेसर होने-वाले के पेट पर लात लगेगी। प्रेमचन्द के साहित्य को पढ़कर तो भारत सरकार किसानों की हालत सुधार नहीं देगी। जमीनें बेदखल होंगी ही। कुत्ते-बिल्ली के नाम से जमीन करायी ही जायेगी।

अब करने को रह क्या गया? ऐसा ही, जैसा कानपुर में हो गया। डॉ. शिवकुमार मिश्र ने बताया कि वहाँ एक मीटिंग हुई। कहा गया कि प्रेमचन्द को प्रेमचन्द कानपुर ने बनाया। एक विद्वान ने बताया कि प्रेमचन्द की रखैल थी। दूसरे दिन एक अखबार में बड़े टाइप में यही शीर्षक था—'प्रेमचन्द की एक रखैल थी।' या कमलकिशोर गोयनका की तरह बता सकते हैं कि प्रेमचन्द कंजूस थे। या प्रभाकर माचवे तकिये पर लोटते हुए कह सकते हैं कि प्रेमचन्द गरीब हो सकते हैं, पर भूखे नहीं रहते थे। अब हमारी यह सिद्ध करने में कोई दिलचस्पी नहीं है कि प्रेमचन्द भूखे रहते थे। अगर सिर्फ भूखे ही रहते तो कौन-सा बड़ा काम कर लेते। या भूखे मरने से ज्यादा आदरणीय कैसे बन जाते।

मगर जैसा 'दिनमान' में रघुवीर सहाय ने लिखा है—प्रेमचन्द खतरनाक लेखक हैं। उन्होंने उन्हें दूसरे कारणों से खतरनाक बताया है। प्रेमचन्द इस साल और कारणों से खतरनाक हो गये। प्रेमचन्द ने इस साल जितनी खींचतान करायी, उतनी न रवीन्द्रनाथ ने करायी, न शरतचन्द्र ने। खींचतान यह कि प्रेमचन्द के विचार क्या थे? उनके विश्वास क्या थे? अमृतराय ने पहले तो कह दिया था कि गाँधीजी और प्रेमचन्द दोनों गुरुभाई थे। वे दोनों टालस्टाय और थोरो दोनों से सीखे थे। लोग खुश कि अमृतराय ने प्रेमचन्द को मार्क्स से साफ बचा दिया है। अब टालस्टाय की बात तो सही है, मगर थोरो का असर दोनों पर नहीं है। थोरो के उस निबन्ध 'सिविल डिस-ओबीडियेन्स' का ही प्रभाव कहा जाता है, पर प्रेमचन्द के साहित्य में कहीं भी सिविल नाफरमानी अथवा असहयोग नहीं है और गाँधीजी ने खुद लिखा है कि थोरो को पढ़ने के पहले ही मैं अपना आन्दोलन शुरू कर चुका था। उस निबन्ध को पढ़कर मेरे विचारों की पुष्टि हुई। यह मैं तथ्यपरकता के उद्देश्य से कह रहा हूँ।

मगर बखेड़ा तब खड़ा हुआ जब विश्वशान्ति परिषद् ने प्रेमचन्द जयन्ती मनाने की घोषणा की। दिल्ली में एक समारोह आयोजित कर दिया जिसमें प्रेमचन्द

के सिवा जातीय संस्कृतियों की रक्षा पर सेमिनार थी। ऐसा आयोजन 'नाटो' की तरफ से होता तो कोई झंझट नहीं थी, मगर विश्वशान्ति परिषद् की दखलन्दाजी नागवार थी बहुत लोगों को। इन्होंने हल्ला किया—देखो इन कम्युनिस्टों की गुस्ताखी, प्रेमचन्द को, हिन्दी माता और भारत माता के उस सपूत को अब मार्क्सवादी सिद्ध करेंगे। सावधान! ये लोग कौन हैं। फफूंदे हुए गाँधींवादी और पुरातत्व संग्रहालय से पायी मानसिकतावाले जनसंघी रुझान के बुद्धिजीवी तथा प्रोफेसर। फफूंद से पेनिसिलिन बनता है जो रोगाणुओं को पास फटकने नहीं देता। फफूंदे हुए दिमागों में वैचारिक पेनिसिलिन बन जाता है, जिससे नये विचारों के रोगाणु उस पर असर नहीं करते। स्वस्थ दिमाग के इन लोगों ने प्रेमचन्द की रक्षा करने का संकल्प कर डाला। अब निकले सेनापति खोजने। रास्ते में उन्हें खिसकती हुई चादर सँभालते जैनेन्द्रकुमार मिल गये।

उनसे प्रार्थना की गयी तो वे प्रेमचन्द की रक्षा करने को तैयार हो गये, और बहुत लोग आ गये सेना में। कहा जाने लगा कि प्रेमचन्द तो शुद्ध गाँधीवादी थे। गाँधी संघियों को अब पसन्द आने लगे हैं। इन्होंने कहा—अहा, प्रेमचन्द भारतीय परम्परा और हिन्दू संस्कृति के रक्षक थे और हिन्दू संयुक्त परिवार को टूटने नहीं दिया। मगर अमृतराय ने इस पवित्र वातावरण में कहीं लिख दिया कि प्रेमचन्द ने सन् 1920 में किसी दोस्त को लिखा था कि मेरा विश्वास बोल्शेविक सिद्धान्तों में हो गया।

प्रेमचन्द के अपने विकास पर ध्यान दिया नहीं जा रहा। 1917 के 'सेवासदन' में तो आश्रम में समस्या चली जाती है, तब उत्तर भारत में आर्य समाज के सिवा कोई आन्दोलन नहीं था। गाँधीजी के आन्दोलन तब नहीं थे। महाराष्ट्र में उग्र राष्ट्रवादी तिलक थे जो गरीबों और मजदूरों और नीची जातियों में भी जाते थे, जिससे महाराष्ट्र के ब्राह्मण नेता उन्हें 'तेली-तम्बोली' का नेता कहते थे। मगर प्रेमचन्द बढ़े। जैसे पाठक प्रेमचन्द को पढ़ता है तो अपने जमाने के यथार्थ को नंगा देखने लगता है, उसके वास्तविक अर्थ खोजता है, सही व्याख्या करता है। मैट्रिक पास करते-करते मैंने प्रेमचन्द को पढ़ लिया था।

हमारी पाठ्य-पुस्तक में उनकी 'नमक का दारोगा' कहानी भी थी। मेरा मन गद्‌गद था इस कहानी को पढ़कर। वाह, दरोगाजी का कैसा हृदय-परिवर्तन होता है। फिर आगे यथार्थ को समझते-समझते मैं इस निष्कर्ष पर पहुँचा कि बहुत लोगों के हृदय होता ही नहीं है। उनका हृदय कैसे बदलेगा, या बहुतों का हृदय तलुवे में होता है, जिसे वे कुचलते चलते हैं। इसी तरह प्रेमचन्द ने समझ लिया था कि पूंजीवादी सभ्यता अमानवीयकरण करती है। महाजनी सभ्यता यही है। वह शोषक और शोषित—दोनों का अमानवीयकरण करती है। इससे शोषक क्रूरता से शोषण करता है और शोषित मानवी गरिमा को खोकर शोषण कराता जाता है। 'कफ़न' के घीसू और माधव का भी अमानवीयकरण हो चुका है।

प्रेमचन्द जयन्ती लगभग पूरी हो चुकी है। जैनेन्द्र ने चादर उतारकर बक्से में

रख दी है। जतन से ओढ़ी थी और जस की तस धर दी। यह चदरिया वे प्रेमचन्द को ओढ़ाना चाहते थे, मगर प्रेमचन्द फुर्ती से खिसक गये।

जहरीली शराब

एक प्रसिद्ध राष्ट्रीय दैनिक पत्र के पहले पृष्ठ पर रोनाल्ड रीगन का समाचार तथा इन्दिरा गाँधी का महत्त्वपूर्ण नीति वक्तव्य तीन-तीन कॉलम शीर्षक से छपे हैं और वहीं दो कॉलम शीर्षक से समाचार छपा है दिल्ली का—जहरीली शराब पीकर दो मरे। रीगन और इन्दिरा गाँधी की लगभग बराबरी का समाचार है यह, जिसमें दो आदमी पीकर जो स्वर्ग में पहुँचे तो लौटे ही नहीं।

हरियाणा में कुछ दिन पहले जो बहत्तर आदमी मिलावटी शराब पीकर मरे थे, यह समाचार इतनी प्रमुखता से छपा था, जैसे तीसरा विश्वयुद्ध छिड़ गया हो। फिर हरियाणा कांग्रेस के सत्ताधारी और असन्तुष्ट गुटों को नशा चढ़ गया और वे एक-दूसरे को भ्रष्टाचारी कहने लगे। शराब पीकर मरने या स्त्री के भगाये जाने के समाचार आखिर इतनी अहमियत क्यों रखते हैं? हमारे मन में एक साथ वर्जना और आकर्षण होते हैं। शराब के प्रति वर्जना, औरत भगाने के प्रति वर्जना। मगर उसी मन में यह भी होता है—कि पीनेवाले काश हम होते, या औरत भगानेवाले काश हम होते! इन कार्यों के लिए जो हमारे मन में धिक्कार-भाव है, उसमें खासी रूमानियत और इच्छा मिली होती है।

दिल्ली की आबादी पचास लाख तो होगी। इनमें से कम-से-कम एक लाख ने मिलावटी या हाथभट्टी का गैरकानूनी ठर्रा पिया होगा। इस एक लाख में से सिर्फ दो मरे। इससे ज्यादा तो स्कॉच पीकर मरे होंगे, जिसका समाचार नहीं छपा। स्कॉच से मौत की प्रतिष्ठा है। ठर्रे से मौत घटिया है।

हरियाणा में अगर राजनेताओं, अफसरों और ठेकेदारों ने मिलकर मिलावटी शराब का धन्धा किया तो वह शराब सिर्फ दो कस्बों की कलालियों में थोड़े ही बिकी होगी, जहाँ बहत्तर मर गये। वह सारे हरियाणा में पी गयी होगी, मगर मरे सिर्फ बहत्तर। बाकी और चंगे हो गये। लोग हरियाणा के आदमियों के स्वास्थ्य की तारीफ क्यों नहीं करते?

बंसीलाल, देवीलाल और भजनलाल ने हरियाणा के लोगों का ऐसा अच्छा स्वास्थ्य बनाया है कि वे मिलावटी जहरीली शराब पीकर पचा लेते हैं। इसे 'जहरीली शराब काण्ड' कहकर बदनाम नहीं करना चाहिए। यह हरियाणा में 'हेल्थ सर्वे' कराया गया होगा! वाह पट्ठो! हरियाणवियो, जहरीली मिलावटी शराब

पीते हो और सिर्फ बहत्तर मरते हो।

पीते साधारण गरीब लोग हैं, मगर चढ़ती राजनेताओं को है। हरियाणा में आयाराम-गयाराम के समुद्र-मन्थन से निकले रत्न भजनलाल को चढ़ी और बलवन्त-राय तायल को भी चढ़ी। कांग्रेस (इ) के सन्तुष्ट और असन्तुष्ट—दोनों गुटों की आत्मा से ब्रह्म बोलने लगा। किसी की कुण्डलिनी दो पैग में जाग्रत होती है, तो किसी की तीन पैग में। कोई-कोई एक पैग में ही अंग्रेजी बोलने लगता है। दोनों गुटों की कुण्डलिनी जाग्रत हुई, तो दोनों एक-दूसरे को बेईमान कहने लगे। अर्थ हुआ कि समूची कांग्रेस (इ) ईमानदार है, मगर अलग-अलग गुट बेईमान हैं—जैसे समूची जनता पार्टी ईमानदार थी, मगर अलग-अलग पाँचों गुट बेईमान थे, ऐसा वे खुद कहते थे।

शराब से आदमियों का मरना, दंगा होना, ज्यादा बलात्कार होना, डाके पड़ना हर राज्य के असन्तुष्टों के लिए वरदान होते हैं। वे फौरन दिल्ली जाते हैं और कांग्रेस-अध्यक्ष से कहते हैं—मैडम, एक सौ एक बलात्कार, सात दंगे, अठारह डकैतियाँ, सत्तावन मौतें शराब से हो चुकीं। पार्टी की बड़ी बदनामी हो रही है। मन्त्रिमण्डल बदलने दीजिए।

मुझे समझ में नहीं आता कि लोगों को संयमी बनाने के लिए कुछ लोग क्यों हमेशा परेशान रहते हैं। कोई सरकार न आज तक शराबबन्दी कर सकी, न कर सकेगी। न यह इस्लाम के नाम से सम्भव है, न महात्मा गाँधी के नाम से। शराब-बन्दी तो कमाई करके पीने का सुभीता दिलाती है। महाराष्ट्र में शराबबन्दी काफी साल रही, मगर सारे महाराष्ट्र में शराब मिलती थी। जहाँ विनोबा भावे, वहाँ भी—वर्धा में। सस्ती और सुभीते से नहीं मिलेगी, तो चोरी से उतारी हुई लोग पियेंगे। इसका इन्तजाम पुलिस और आबकारीवाले ही करते हैं।

वैदिक आर्यों ने गेहूँ पैदा करना बाद में शुरू किया, पहले सोमरस खोज लिया। रोटी बाद में देखी जायेगी, दारू का इन्तजाम पहले कर लो। सामवेद में साठ-पैंसठ श्लोक सोम की स्तुति में कहे गये हैं। ऐसी-ऐसी बातें कही गयी हैं—हे सोम, तू मेरी स्नायुओं में प्रवेश करके मुझे शक्तिशाली बना। मैं दोनों हथेलियों के बीच पृथ्वी को मसल दूँ। मालूम होता है, ऋषि को ज्यादा चढ़ गयी होगी।

गाँधीजी का पुण्य प्रताप भी मद को रोक नहीं पाया। उनके आश्रम सेवाग्राम में भी नहीं रुका। स्वतन्त्रता के पहले सन् '37-'38 की बात है। गाँधीजी के आग्रह थे, जिनका पालन वे चेलों से कराते थे। एक था—विवाह कराके पति-पत्नी से ब्रह्मचर्य का व्रत लिवा देना। यह सधता नहीं था। सब तो महात्मा नहीं थे। तो परस्त्री और परपुरुष से सम्बन्ध होने से ब्रह्मचर्य खण्डित नहीं होता था।

गाँधीजी ने आश्रमवासियों को नीरा पीने की सलाह दी। ताड़ के दूध को नीरा कहते हैं। यह मीठा और पौष्टिक होता है। नीरा का सूर्य की धूप में 'फरमेण्टेशन' होता है और बन जाती है ताड़ी। आश्रमवासी सूर्योदय से पहले नीरा पीने लगे। कुछ सच्चे गाँधीवादियों की पवित्र आत्मा में बोध हुआ कि नीरा को ताड़ी बनाकर

पीने में ज्यादा मजा है, वे ताड़ी बनाकर पीने लगे।

एक दिन कुछ गाँधीवादियों को ज्यादा चढ़ गयी। वे उत्पात करने लगे, बकने लगे। तब के आश्रमवासी ने मुझे बताया कि वे बक रहे थे—बड़ा महात्मा बना है! सबको बेवकूफ बनाता है। गाँधीजी को मालूम हुआ। महादेव भाई ने उनसे कहा—यह आपकी नीरा का प्रताप है। उन दिनों अखबारों में और जहाँ-तहाँ इस नीरा-काण्ड की बहुत चर्चा थी। जिन गाँधीवादियों ने महात्मा के पुण्य की छाया में चोरी से ताड़ी बनाकर पी ली, वे नशाबन्दी कैसे लागू कर सकेंगे! अगर गैरकानूनी शराब के धन्धे में उनका हिस्सा होता है, तो यह भी गाँधीवाद के अनुकूल है।

इसे कोई रोक नहीं सकता। अच्छी और सस्ती मिल जाय, तो चोरी से भट्टी लगाना बन्द हो जाय, मगर राजनेता ढोंगी होता है। विधान सभा में विधायक शोर मचाते हैं कि अवैध शराब काण्ड की जाँच करायी जाय, दोषी लोगों को पकड़ा जाय और उन्हें सज़ा दी जाय। इस देश में कोई अपराध उनकी जानकारी और सहयोग के बिना नहीं होता, जिन पर उसे रोकने की जिम्मेदारी है। पुलिस और आबकारीवालों को मालूम होता है कि कहाँ-कहाँ, कौन-कौन इस धन्धे को करते हैं। वे सहयोग देते हैं। सहयोग के लिए उनका हफ्ता बँधा होता है।

हर विधायक जानता है कि उसके क्षेत्र में दारू कहाँ उतारी जाती है और कौन यह काम करते हैं। हर विधायक और संसद सदस्य जानते हैं कि इस सड़क पर किस-किस होटल में शराब मिलती है, मगर वे रुकवाते नहीं। पुलिस और आबकारीवाले अगर छापा मारें, तो नेताजी बीच में पड़कर मामला सँभाल भी लेते हैं। पुलिसवाले जरूरतमन्द को खुद बता देते हैं कि कहाँ मिल जायेगी। अगर कहीं, पुलिस छापा मारे, तो वहाँ के ग्राहकों को बता देती है कि दो-तीन दिन आप फलाँ अड्डे से ले लीजिए।

सब जानते हैं। सब तो खुला है। जाँच करवाने में मजिस्ट्रेटों का समय क्यों नष्ट करते हैं और विधायक दिन-दिन-भर विधानसभा में झूठा सात्विक रोष क्यों दिखाते हैं। परिवार-नियोजन की तरह इन नेताओं को कुछ 'ढोंग नियोजन' भी तो करना चाहिए।

दौड़ प्रधानमन्त्री-पद की

आज 22 तारीख है। अभी रेडियो से खबर आयी है कि ऑल इण्डिया अन्ना डी. एम. के. के दो मन्त्रियों को चरणसिंह ने 'गेट आउट' कर दिया। ए. डी. एम. के. ने अपने चुनाव-घोषणा-पत्र में बाबू जगजीवनराम को प्रधानमन्त्री मान लिया है।

यह सुनते ही चौधरी ने बाला पजनूर को बुलाकर कहा होगा—कहो बाला सुब्रह्मण्यम, बाबूजी तुम्हारे प्रधानमन्त्री होंगे? मैं नहीं होऊँगा? बाला पजनूर ने कहा–मैं सुब्रह्मण्यम नहीं, पजनूर हूँ। चौधरी ने कहा होगा—हाँ-हाँ, मैं सब बालाओं को जानता हूँ। तुम मन्त्रिमण्डल से नदारद! और वह तुम्हारी साथिनी सत्यवती या सत्यपाणी मुत्थू जो भी हो, वह भी बरखास्त। तुम लोग बँगले खाली करो।

देवराज अर्स ने कहा है—हमारी पार्टी चरणसिंह को प्रधानमन्त्री बनाने को बचनबद्ध नहीं है। बाबूजी उस विवाहोत्सुक आदमी की तरह चौकन्ने हैं, जो देखता रहता है कि किस लड़की की सगाई टूट रही है।

बाबूजी ने झट अर्स की तरफ सन्देशा भेजा—अब तुम्हारी चरणसिंह से टूट ही गयी है, तो आओ अपनी बात हो जाय। तुम क्वाँरी तो रहोगी नहीं। किसी को तो करना है। मैं क्या बुरा हूँ!

इस वक्त तक मतदान का पहला दौर शुरू हो चुका होगा। नये गठबन्धन हो चुके होंगे। मगर ये भी गिनती के बाद बदलेंगे। एक मजेदार बात हो रही है। जगजीवनराम कहते हैं—लोकदल की इन्दिरा कांग्रेस से गुप्त बातचीत हो रही है। फौरन राजनारायण कहते हैं—हमारी कोई गुप्त बातचीत इन्दिरा कांग्रेस से नहीं हो रही है, जगजीवनराम की ही गुप्त बातचीत इन्दिरा कांग्रेस से हो रही है। चरणसिंह कहते हैं—देवराज अर्स की गुप्त बातचीत इन्दिरा गाँधी से चालू हो गयी है। अर्स जवाब देते हैं—तुम्हारी बातचीत ही उनसे लम्बे अरसे से चल रही है।

जनता नेता, लोकदल नेता, अर्स कांग्रेस नेता—सबकी बात चल रही है। ये जन-सभाओं में दहाड़ते हैं और अखबारों में बयान देते हैं कि हमें तानाशाह इन्दिरा गाँधी से कोई मतलब नहीं है। हम उसे दुबारा सत्ता में आने नहीं देंगे।

ये झूठ बोलते हैं। ये जनता को मूर्ख बनाने की बातें हैं। ये एक तरफ इन्दिरा गाँधी को हराने की कोशिश भी कर रहे हैं, दूसरी तरफ इन्हें यह लगने लगा है कि सत्ता में हिस्सेदारी उसी के मारफत आ रही है।

मुश्किल यह है कि पौने तीन सालों से उसे अछूत घोषित करके रखा है। राजनैतिक भंगिन! 12 विलिंगडन क्रिसेण्ट के सामने की सड़क से ये निकलते थे, तो घर आकर नहाते थे। अब उस अछूत को छू भी कैसे लें? लोग क्या कहेंगे? मगर सत्ता के बिना भी कैसे जीवित रहें? ऐसा जीवन व्यर्थ है।

हालत यों हो गयी है—किसी चमार ने पैसा पैदा कर लिया। उसने गाय-भैंस पाल ली। उसके घर घी होने लगा। वह मिट्टी के एक बर्तन में घी लेकर गाँव के पण्डितजी के घर पहुँचता है। कहता है—पण्डितजी, आपके लिए घी लाया हूँ। घी देखकर पण्डितजी ललचाते हैं। फिर आसपास देखते हैं कि मुहल्ले में कोई देख तो नहीं रहा है। आसपास लोग हैं। वे क्या कहेंगे कि मैं चमार का घी ले रहा हूँ।

वे कहते हैं—वैसे तो हम चमार का घी लेते नहीं हैं। पर अब तू ले ही आया है तो बर्तन जमीन पर रख दे। हम तेरे हाथ से घी नहीं लेंगे।

चमार बर्तन जमीन पर रख देता है। पण्डितजी उस पर पानी के छींटे डालते हैं और घर में ले जाते हैं।

राजनैतिक ईमानदारी की गाय इन सबकी बिकाऊ है। पर एक तो गौ माता है, दूसरे जात-बिरादरी के लोग क्या कहेंगे। तो पण्डितजी गाय की रस्सी कसाई के हाथ में नहीं देते, उसे जमीन पर रख देते हैं। कसाई से पैसे हाथ में नहीं लेते। जमीन पर रखवाते हैं। कसाई गाय की रस्सी उठा लेता है और पण्डितजी पैसे उठा लेते हैं। देख लो लोगो, हमने ईमानदारी की गाय कसाई के हाथ में नहीं दी और न उससे हाथ में पैसे लिये। ऐसा राजनैतिक ईमानदारी का माहौल है। हमें—जनता को—समझ में नहीं आता कि हम मनुष्यों को चुन रहे हैं या केंचुओं को, जिनके हड्डी ही नहीं है।

बहादुर आदमी चौधरी चरणसिंह हैं। उन्होंने महात्मा गाँधी को भी ठोंक दिया। जवाहरलाल नेहरू की मिट्टी पलीद तो वे पहले ही कर चुके। अब उन्होंने महात्मा गाँधी की दो गलतियाँ बता दीं – खिलाफत आन्दोलन का समर्थन और सरदार पटेल पर नेहरू को तरजोह देना।

पहली गलती से पाकिस्तान बना और दूसरी से नेहरू तथा इन्दिरा के राज में देश बरबाद हुआ। यानी देश के टुकड़े करने की जिम्मेदारी महात्मा गाँधी की।

चरणसिंह के कथन का अर्थ यह निकलता है कि सबसे बड़े देशद्रोही महात्मा गाँधी ही थे। महात्मा गाँधी निपट गये। अब कौन बचा? अब सिर्फ भगवान बचे। उनकी गलती भी चरणसिंह बतायेंगे। भगवान की गलती यह है कि उन्होंने तीन व्यक्तियों का पैदा होना नहीं रोका—मोरारजी, जगजीवनराम और इन्दिरा गाँधी।

यह कमाल चरणसिंह का ही है कि हर चुनाव-दौरे से, हर बयान से अपने दल की कुछ सीटें खुद कम कर लेते हैं। उन्हें सीटों का लोभ नहीं है। ऐसा त्यागी राज-नेता दूसरा नहीं है जो अपनी सीटें इस तरह छोड़ता जाये।

चुनाव की घोषणा के बाद अन्दाज था कि लोकदल को सौ सीटें मिलेंगी। चरणसिंह ने नरेन्द्रसिंह से कहा—सौ सीटें बहुत होती हैं। मैं किसान का बेटा हूँ, बनिये का नहीं। इतना लोभ नहीं करूँगा।

और चरणसिंह ने सीटें काटना शुरू कर दिया।

हर प्रचार-दौर में दो-चार सीटें काट आते। हर बयान से दो-चार सीटें खोते। पिछले सप्ताह पर्यवेक्षकों का अन्दाज था कि लोकदल को पचास सीटें मिलेंगी। इस हफ्ते तक चौधरी ने पैंतीस कर दीं।

सबसे ज्यादा ध्यान खींचनेवाला चुनाव-क्षेत्र रायबरेली का है। वहाँ इन्दिरा गाँधी के खिलाफ ग्वालियर की विजयाराजे सिन्धिया लड़ रही हैं, जिनका जोर है कि रिकार्डों में उनके नाम के आगे 'राजमाता' रखा जाये।

विजयाराजे अभी भी सभाओं में वही रोना रोती हैं कि इमर्जेन्सी में मुझे मामूली जेल में रखा गया। मेरे सेल के सामने ही पाखाना था। मेरी प्रजा, तुम्हारी

आँखों में आँसू हों तो मेरे लिए गिराओ।

अटलबिहारी वाजपेयी जब ग्वालियर क्षेत्र में भाषण देते थे तब ऐसा लगता था कि तिहाड़ जेल के उस पाखाने की बदबू विजयाराजे से ज्यादा इन्हें आ रही है। वाजपेयी रोने-रोने को होते थे। विजयाराजे ने इमर्जेन्सी में सोना दबाया था। सोना दबानेवाले को जेल नहीं होना चाहिए, उसकी आरती उतारी जानी चाहिए, ऐसी मान्यता है।

वे न देश के लिए जेल गयीं, न प्रजातन्त्र के लिए—वे छिपी हुई दौलत के लिए जेल गयी थीं।

विजयाराजे सिन्धिया शुरू में कांग्रेस में थीं, तब वे पूरे मध्य प्रदेश को ग्वालियर राज्य समझती थीं। तब मुख्यमन्त्री द्वारकाप्रसाद मिश्र थे। उन्होंने कहा —अब तो ग्वालियर भी तुम्हारा नहीं है। तब विजयाराजे सिन्धिया जनसंघ में आ गयीं।

अब वे पूरे मध्य प्रदेश को ग्वालियर रियासत समझने लगीं। तब देवराज ने उनसे कहा कि मध्य प्रदेश चड्डीवालों का है।

इन्दिरा गाँधी का बेटा संजय है तो विजयाराजे का बेटा माधवराव है। इन्दिरा और संजय की राजनीति एक है। विजयाराजे और माधवराव की राजनीति परस्पर-विरोधी है।

माधवराव इन्दिरा कांग्रेस में हैं और गुना से चुनाव लड़ रहे हैं। विजयाराजे कहती हैं—मैंने एक बेटा खो दिया तो क्या हुआ, मुझे लाखों बेटे मिल गये।

माधवराव कहता है—मेरी माँ को सरदार आंग्रे बहकाकर जनसंघ में ले गया। सरदार आंग्रे विजयाराजे के सलाहकार, मैनेजर, अभिभावक सबकुछ हैं।

पहले यह लगता था कि नाटक है। यशोदा ने कृष्ण को पाला-पोसा, मगर उसे राजा बना नहीं सकती थीं। इसलिए उसे देवकी को सौंप दिया—ले, इसे राजा बनाना। कम-से-कम डिप्टी राजा जरूर बनाना। मेरा क्या है।

सँदेसो देवकी सौ कहियो
मैं तो धाय तिहारे सुत की,
किरपा करत ही रहियो।

मगर अब लगता है कि बेटे को अपना राजनैतिक भविष्य माँ से अलग दिख गया है। उसने एक सभा में ग्वालियर में कहा—इस सरदार आंग्रे ने हमारे परिवार को बरबाद कर दिया। इसने मेरी माँ को बहका दिया है।

रायबरेली के लोगों ने बहकानेवाले और बहकी हुई दोनों को देख लिया होगा। ये बहकी हुई भी प्रधानमन्त्री बनने के सपने देखती हैं।

महात्मा गाँधी को चिट्ठी पहुंचे

यह चिट्ठी महात्मा मोहनदास करमचन्द गाँधी को पहुँचे। महात्माजी, मैं न संसद-सदस्य हूँ, न विधायक, न मन्त्री, न नेता। इनमें से कोई कलंक मेरे ऊपर नहीं है। मुझमें कोई ऐसा राजनीतिक ऐब नहीं है कि आपकी जय बोलूं। मुझे कोई पद भी नहीं चाहिए कि राजघाट जाऊँ। मैंने आपकी समाधि पर शपथ भी नहीं ली।

आपका भी अब भरोसा नहीं रहा। पिछले मार्च में आपकी समाधि पर मोरारजी भाई ने भी शपथ ली थी और जगजीवन बाबू ने भी। मगर बाबूजी रह गये और मोरारजी प्रधानमन्त्री हो गये। आखिर गुजराती ने गुजराती का साथ दिया !

जिन्होंने आपकी समाधि पर शपथ ली थी, उनका दस महीने में ही 'जिन्दाबाद' से 'मुरदाबाद' हो गया। वे जनता से बचने के लिए बाथरूम में बिस्तर डलवाने लगे हैं। मुझे अपनी दुर्गति नहीं करानी। मैं कभी आपकी समाधि पर शपथ नहीं लूंगा। उसमें भी आप टाँग खींच सकते हैं।

आपके नाम पर सड़कें हैं—महात्मा गाँधी मार्ग, गाँधी पथ। इन पर हमारे नेता चलते हैं। कौन कह सकता है कि इन्होंने आपका मार्ग छोड़ दिया। वे तो रोज महात्मा गाँधी रोड पर चलते हैं।

इधर आपको और तरह से अमर बनाने की कोशिश भी हो रही है। पिछली दीवाली पर दिल्ली के जनसंघी शासन ने सस्ती मोमबत्ती सप्लाई करायी थी। मोमबत्ती के पैकेट पर आपका फोटो था। फोटो में आप आर. एस. एस. के ध्वज को प्रणाम कर रहे हैं। पीछे डॉक्टर हेडगेवार खड़े हैं।

एक ही कमी रह गयी। आगे पूरी हो जायेगी। अगली बार आपको हाफ पैण्ट पहना दिया जायेगा और भगवा टोपी पहना दी जायेगी। आप मजे में आर.एस.एस. के स्वयंसेवक के रूप में अमर हो सकते हैं। आगे वही अमर होगा, जिसे जनसंघ करेगा।

कांग्रेसियों से आप उम्मीद मत कीजिए। यह नस्ल खत्म हो रही है। आगे गड़ाये जानेवाले कालपात्र में एक नमूना कांग्रेस का भी रखा जायेगा, जिससे आगे आनेवाले यह जान सकें कि पृथ्वी पर एक प्राणी ऐसा भी था। गेंडा तो अपना अस्तित्व कायम रखे है, पर कांग्रेसी नहीं रख सका।

मोरारजी भाई भी आपके लिए कुछ नहीं कर सकेंगे। वे सत्यवादी हैं। इसलिए वे अब यह नहीं कहते कि आपको मारनेवाला गोडसे आर. एस. एस. का था।

यह सभी जानते हैं कि गोडसे फाँसी पर चढ़ा, तब उसके हाथ में भगवा ध्वज था और होंठों पर संघ की प्रार्थना—नमस्ते सदा वत्सले मातृभूमे। पर यही बात बतानेवाला गाँधीवादी गाइड दामोदरन नौकरी से निकाल दिया गया है। उसे

आपके मोरारजी भाई ने नहीं बचाया।

मोरारजी सत्य पर अटल रहते हैं। इस समय उनके लिए सत्य है प्रधानमन्त्री बने रहना। इस सत्य की उन्हें रक्षा करनी है। इस सत्य की रक्षा के लिए जनसंघ का सहयोग जरूरी है। इसलिए वे यह झूठ नहीं कहेंगे कि गोडसे आर. एस. एस. का था। वे सत्यवादी हैं।

तो अब महात्माजी, जो कुछ उम्मीद है, बालासाहब देवरस से है। वे जो करेंगे, वही आपके लिए होगा। वैसे काम चालू हो गया है। गोडसे को भगतसिंह का दर्जा देने की कोशिश चल रही है। गोडसे ने हिन्दू राष्ट्र के विरोधी गाँधी को मारा था।

गोडसे जब भगतसिंह की तरह राष्ट्रीय हीरो हो जायेगा, तब तीस जनवरी का क्या होगा? अभी तक यह 'गाँधी निर्वाण दिवस' है, आगे 'गोडसे गौरव दिवस' हो जायेगा। इस दिन कोई राजघाट नहीं जायेगा, फिर भी आपको याद जरूर किया जायेगा।

जब तीस जनवरी को गोडसे की जय-जयकार होगी, तब यह तो बताना ही पड़ेगा कि उसने कौन-सा महान कर्म किया था। बताया जायेगा कि इस दिन उस वीर ने गाँधी को मार डाला था। तो आप गोडसे के बहाने याद किये जायेंगे। अभी तक गोडसे को आपके बहाने याद किया जाता था।

एक महान पुरुष के हाथ से मरने का कितना फायदा मिलेगा आपको? लोग पूछेंगे—यह गाँधी कौन था? जवाब मिलेगा—वही, जिसे गोडसे ने मारा था।

एक संयोग और आपके लिए अच्छा है। 30 जनवरी 1977 को जनता पार्टी बनी थी। 30 जनवरी जनता पार्टी का जन्म-दिन है। अब बताइए, जन्म-दिन पर कोई आपके लिए रोयेगा? वह तो खुशी का दिन होगा।

आगे चलकर जनता पार्टी पूरी तरह जनसंघ हो जायेगी। तब 30 जनवरी का यह महत्त्व होगा—इस दिन परमवीर राष्ट्रभक्त गोडसे ने गाँधी को मारा। इस पुण्य के प्रताप से इसी दिन जनता पार्टी का जन्म हुआ, जिसने हिन्दू राष्ट्र की स्थापना की।

आप चिन्ता न करें, महात्माजी! हमारे मोरारजी भाई को न कभी चिन्ता होती है, न वे कभी तनाव अनुभव करते हैं। चिन्ता क्यों हो उन्हें? किसकी चिन्ता हो? देश की? नहीं। उन्होंने तो ऐलान कर दिया है—राम की चिड़िया, राम के खेत! खाओ री चिड़िया, भर-भर पेट! तो चिड़िया खेत खा रही हैं और मोरारजी को कोई चिन्ता, कोई तनाव नहीं है।

बाकी भी ठीक चल रहा है। आप जो लाठी छोड़ गये थे, उसे चरणसिंह ने हथिया लिया है।

चौधरी साहब इस लाठी को लेकर जवाहरलाल नेहरू का पीछा कर रहे हैं। जहाँ नेहरू को पा जाते हैं, एक-दो हाथ दे देते हैं। जो भी नेहरू की नीतियों की वकालत करता है, उसे चौधरी आपकी लाठी से मार देते हैं।

उस दिन चन्द्रशेखर ने कहीं कह दिया कि नेहरू की उद्योगीकरण की नीति सही थी और उससे देश को बहुत फायदा हुआ है।

चरणसिंह ने सुना तो नौकर से कहा—अरे, लाना गाँधीजी की लाठी!

लाठी लेकर चौधरी चन्द्रशेखर को मारने निकल पड़े। बेचारे बचने के लिए थाने गये तो थानेदार ने कह दिया—पुलिस चौधरी साहब की है। वे आपको मार रहे हैं, तो हम नहीं बचा सकते।

आप हरिजन वगैरह की चिन्ता मत कीजिए। हर साल कोटा तय रहता है कि इस साल गाँधी जयन्ती तक इतने हरिजन मरेंगे। इस साल 'कोटा' थोड़ा बढ़ा दिया गया था, क्योंकि जनता पार्टी के नेताओं ने राजघाट पर शपथ ली थी।

उनकी सरकार बन गयी। उन्हें शपथ की लाज रखनी थी। इसीलिए हरिजनों को मारने का 'कोटा' थोड़ा बढ़ा दिया गया। खुशी है कि कोटे से कुछ ज्यादा ही हरिजन मारे गये।

आप बेफिक्र रहें, आपका यश किसी-न-किसी रूप में सुरक्षित रहेगा।

आपका

एक भक्त

असिस्टेण्ट लोकनायक

नानाजी देशमुख ने अपने-आपको असिस्टेण्ट लोकनायक नियुक्त कर लिया। वे पाँच सालों से जयप्रकाश नारायण के साथ हैं। पुलिस ने जब जयप्रकाश नारायण पर डण्डा चलाया था, तब नानाजी ने उसे हाथ पर रोका था।

नानाजी को आशा थी कि लोकनायक खुद ही उन्हें असिस्टेण्ट लोकनायक नियुक्त कर देंगे। देर दिखी, तो नानाजी ने अपना नियुक्ति-पत्र खुद टाइप कर लिया। उस पर लोकनायक के दस्तखत करके उसे जारी कर दिया। अब नानाजी सम्पूर्ण क्रान्ति करेंगे। सम्पूर्ण क्रान्ति के लिए उन्होंने माँग की है कि जो साठ साल से ऊपर के हैं, वे सत्ता से हट जायें, और युवकों को मौका दें।

क्रान्ति इस देश में भुनी हुई मूँगफली हो गयी है। इसके खोमचे लगे हैं। जिसे देखो, वही पचीस पैसे में क्रान्ति की मूँगफली का पुड़ा लेता है, और छीलकर खाने लगता है। कोई-कोई तो छिलके समेत खा जाते हैं—जैसे चरणसिंह ने अपने सामन्ती दल का नाम भारतीय क्रान्ति दल रख लिया था।

तो नानाजी देशमुख अब सम्पूर्ण क्रान्ति करेंगे। मुझे उम्मीद थी कि मोह-भंग की स्थिति से गुजरनेवाले लोकनायक नानाजी से कहेंगे—नानाजी, बाबाजी, फूफाजी,

काकाजी, मैं हाथ जोड़ता हूँ, आप आगे क्रान्ति न करें। जितनी क्रान्ति हो गयी है, उसी से मैं बहुत परेशान हूँ। जो नब्बे लाख रुपये मुझे सम्पूर्ण क्रान्ति के लिए मिले हैं, उनमें से पचास लाख मैं आपको दे देता हूँ, क्रान्ति न करने के लिए। इतनी पेमेण्ट में आप मान जाइए और क्रान्ति मत कीजिए। मेरी और दुर्गति मत कराइए।

पर जिनकी किस्मत में निराश होना ही लिखा है, ऐसे जयप्रकाश फिर निराश होने के लिए चक्कर में आ गये, और नानाजी को आशीर्वाद दे डाला।

कुछ लोगों का खयाल है कि नानाजी वे नब्बे लाख पूरे हड़पने की कोशिश में हैं। मैं ऐसा नहीं सोचता। नानाजी के संगठन रा. स्व. सं. को पैसे की कमी नहीं है। गुप्तदान और दक्षिणा का बेहिसाब पैसा है। फिर उनके तीन मुख्य तथा कई मन्त्री हैं। ये चाहे जितना पैसा दिला देंगे।

नानाजी तो यह चाहते हैं कि सम्पूर्ण क्रान्ति का हेड ऑफिस कदमकुआँ पटना से उठकर झण्डेवालान, नयी दिल्ली में दीनदयाल उपाध्याय शोध संस्थान में आ जाये। वह आ रहा है।

नानाजी चतुर हैं। उन्हें जल्दी भी है। वे चाहते हैं, साठ साल के ऊपर के नेता सत्ता से हट जायें। जब उनसे पूछा गया कि क्या उनका मतलब मोरारजी, चरणसिंह और जगजीवनराम से है, तो नानाजी ने कहा—नहीं, मैंने उनका नाम नहीं लिया, ये तीनों नेता सत्तर से ऊपर के हैं। यानी नानाजी के शरीर-विज्ञान के मुताबिक साठ से ऊपर आदमी बूढ़ा हो जाता है, पर सत्तर के बाद फिर जवान हो जाता है।

संघ का विज्ञान अलग है, जैसे उसका इतिहास अलग है। डॉक्टर और वैज्ञानिक खून के 'टाइप' बताते हैं, मगर संघ मानता है—इन 'टाइप्स' के अलावा एक टाइप 'हिन्दू' खून भी होता है।

संघवाले मानते हैं कि हिन्दू पूर्वजों ने अन्तरिक्ष यान बनाया था। अचरज इसी बात का है कि अन्तरिक्ष यान बनानेवालों ने साइकिल क्यों न बना ली।

नानाजी का, यानी संघ का सम्पूर्ण क्रान्ति का अगला कदम है—जनता पार्टी और सरकारी पदों से गाँधी टोपी को हटाओ।

मोरारजी, चरणसिंह और जगजीवनराम गाँधी टोपीवाले हैं। इनकी जगह काली टोपी आनी चाहिए। इटली के मुसोलिनी के अनुयायी काले कुरतेवाले थे, भारत में काली टोपीवाले हैं।

मैं नानाजी से सहमत हूँ। ये गाँधी टोपीवाले सम्पूर्ण क्रान्ति के रास्ते में बाधक हैं। ये अब कुछ ही बचे हैं। ये गाँधीजी के नेतृत्व में ब्रिटिश साम्राज्यवाद से लड़े थे। इनमें साम्राज्यवाद-विरोध और राष्ट्रवाद के शक्तिशाली संस्कार हैं। नानाजी, उनका संगठन, उनके बुजुर्ग ब्रिटिश साम्राज्यवाद से लड़े ही नहीं।

इनका राष्ट्रवाद मुस्लिम-विरोध पर टिका था, और टिका है। अब इसमें कम्युनिस्ट-विरोधी भी शामिल हैं। इन राष्ट्रप्रेमियों, राष्ट्रवादियों का उस ब्रिटिश साम्राज्यवाद से, जो भारत माता का शोषण करता रहा, कोई झगड़ा ही नहीं था।

ये गाँधी टोपीवाले अपने राष्ट्रवाद और साम्राज्यवाद-विरोध के कारण अमेरिका और पश्चिमी देशों को पसन्द नहीं हैं।

इस गाँधी टोपी के कारण ही तो अमेरिका यूरेनियम नहीं दे रहा है। इन तीनों गाँधी टोपियों की जगह काली टोपियाँ हो जायें, तो अमेरिका कल यूरेनियम दे देगा।

कुछ मामला जनता पार्टी पर और सरकार पर कब्जा करने का है। मकान पर कब्जा करना है। और मकान पर कब्जा करने का वही तरीका है। खिड़की से पेटी-बिस्तर मकान में डाल दिये, फिर बाहर से हल्ला किया कि हमारा सामान रखा है, मकान हमारा है। कब्जा हमें दो।

राजी-बाजी से कब्जा नहीं मिला तो लठैत बुला दरवाजा तोड़कर घुस गये।

संघ पेटी-बिस्तर, अटलबिहारी वाजपेयी और लालकृष्ण आडवाणी को खिड़की से, मकान के अन्दर डाल चुका है। अब नानाजी बाहर से दरवाजा खटखटा रहे हैं—अरे भैया, दरवाजा खोलो, हमारा मकान है। हमारा सामान रखा है। हमारे पेटी-बिस्तर पड़े हैं, नहीं खोलते तो हम लठैत बुलाकर जबरदस्ती कब्जा कर लेंगे।

इस मकान-कब्जा क्रान्ति की बड़ी प्यारी-प्यारी अदाएँ हैं। अटलबिहारी ने कहा कि तीन महीने में यदि जनता सरकार जनता का विश्वास प्राप्त नहीं कर सकी, तो मैं मन्त्रिमण्डल से इस्तीफा दे दूंगा। धन्य हैं।

इस्तीफे की घोषणा मनानेवालों को ध्यान में रखकर की जाती है। जैसे आमरण अनशन की घोषणा दूसरे दिन मुसम्मी का रस पिलानेवाले को ध्यान में रखकर की जाती है। इमेज बन रही है—देश का दर्द बस अटलबिहारी को ही है। त्यागी अटलबिहारी ही हैं। जनता सरकार के मालिक अटलबिहारी ही हैं।

और इमेज बन रही है। अटलबिहारी मोरारजी भाई से शिकायत करते हैं अपने ही संगठन के कट्टर संघी डॉक्टर स्वामी की—

यह स्वामी हमें छेड़ता है, कक्काजी! हम तो अच्छी हैं। हमारा चालचलन बढ़िया है। हम गन्दी बातों में नहीं पड़तीं, पर यह शोहदा स्वामी हमारी गैल रोक लेता है। हमारी गगरिया में कंकड़िया मारता है। अब बताओ—कैसे जाऊँ जमना के तीर। हम तो लाज से मरी जाती हैं।

सब जानते हैं, यह मिली-भगत है—अटलबिहारी की सर्वमान्य इमेज बनाने के लिए। संघ की योजना सुविचारित है। अटलबिहारी का हाल उस चंचला नारी-सरीखा है, जो चाहती है कि सारा शहर उस पर जान दे।

इसके लिए वह मुहल्ले के एक छोकरे को एक रुपया देकर कहती है कि तू मुझे सड़क पर छेड़ना। छोकरा छेड़ेगा तो हल्ला होगा, और शहर में बात फैलेगी कि हाँ यार, यहाँ कोई 'मारु' रहती है उस मुहल्ले में, गजब की है यारो!

सब हिसाब से हो रहा है। सब योजना से हो रहा है। काली टोपी की सम्पूर्ण क्रान्ति है यह।

चिरन्तन क्रान्तिकारी जॉर्ज फर्नांडिस अब कम बोलते हैं। उद्योगों के बोझ से कन्धे झुक गये हैं। जॉर्ज को मालूम हो कि इधर मध्यप्रदेश में एक संघी मन्त्री लोगों से कह रहा था---पता नहीं ये समाजवादी कब मरेंगे। 'समाजवादी' के पहले जो शुभ गालियाँ जोड़ी ग़यी थीं, उनकी कल्पना जॉर्ज कर लें।

जॉर्ज ने एक नोट लिखा है कि जनता पार्टी के घटक एक-दूसरे को नष्ट करने में लगे हैं। मेरा कहना है इन घटकों को अधिकार है एक-दूसरे को नष्ट करने का। खो-खो खेलने से कोई किसी को नहीं रोक सकता।

पर जब वह स्टेज आये, जब इस खेल में घटकों का नहीं, देश का नाश होने लगे, तो ज़रा हमें पहले बता दिया जाये, ताकि जन साधारण खिलाड़ियों को कान पकड़कर मैदान से निकाल दे।

खुदा से लड़ाई की सजा

ईरान में एक आदमी को मौत की सज़ा इस जुर्म में दे दी गयी कि वह खुदा से लड़ता हुआ पकड़ा गया। मैं गप्प नहीं मार रहा हूँ। वहाँ की समाचार एजेन्सी ने जो खबर प्रसारित की है, उसके शब्द हैं—

—ऑन ए चार्ज ऑफ फाइटिंग गॉड ? ईरान में इस्लामी अदालतें हैं, जिनका मजिस्ट्रेट मुल्ला होता है। आम आदमी की समझ में यह बात नहीं आयेगी कि आखिर वह आदमी खुदा से कैसे लड़ रहा होगा। क्या पत्थर मार रहा होगा ? मगर खुदा निराकार है। खुदा की मूर्ति भी नहीं होती, जिसका कोई अपमान कर दे। तो यह आदमी कैसे खुदा से लड़ रहा होगा ? कोई गवाह भी तो होगा। ऐसा तो नहीं हुआ कि खुदा, जिसकी 'हॉट लाइन' सिर्फ मुल्लाओं तक है, ने मुल्ला मजिस्ट्रेट से शिकायत की हो कि यह आदमी भी मुझसे लड़ता है और मैं दीन, कमजोर और शक्तिहीन होने के कारण उससे अपनी रक्षा नहीं कर सकता। तब मुल्ला ने कहा होगा—परवरदिगार, तू चाहे कमजोर हो पर तेरे नाम से अयातुल्ला खोमैनी ने हमें बहुत ताकत दे रखी है। मैं उसे दोजख के रास्ते पर कर देता हूँ।

आम आदमी की समझ में यह बात मुश्किल से आयेगी कि हजारों आदमी ईरान में इस जुर्म में मारे जा रहे हैं कि वे 'खुदा' से लड़ते हैं।

आम आदमी की समझ में यह बात भी नहीं आयेगी कि सुन्नी राष्ट्रपति जिया-उल-हक़ ने नये टैक्सों की घोषणा रेडियो या अखबारों के जरिये से नहीं की, वे जामिया मस्जिद के बुर्ज पर चढ़े और वहाँ से 'जकात' और 'उशर' करों की घोषणा की। यानी खुदा के सिर पर चढ़कर खुदा की इच्छा से कर लगाये। मगर जब शिया

मुसलमानों ने 'जकात' के विरोध में जुलूस निकाले, तो उनका नेतृत्व भी खुदा के ही प्यारे बन्दे शिया मुल्ला कर रहे थे। शिया और सुन्नी दोनों का खुदा एक है। मगर वही खुदा जिया-उल-हक़ से कर लगवाता है और वही शिया मुल्लाओं से उन करों का विरोध करवाता है। कबीरदास ने ऐसा ही देखकर सिर पीट-पीटकर अपना कपाल फोड़ लिया था, मगर—इन दोउन राह न पायी।

मार्टिन लूथर ने भी भगवान से लड़ाई की थी। उसने स्वर्ग में सुख का इन्तजाम करने के टिकट लोगों को बेचकर पोप को पैसा नहीं भेजा। मार्टिन लूथर को भी मौत की सज़ा हुई थी।

गैलीलियो और ब्रूनो ने खोज करके बताया कि पृथ्वी सूर्य के आसपास घूमती है। मगर पादरियों ने कहा कि भगवान ने हमसे कहा है कि मैं सूर्य को स्थिर पृथ्वी के आसपास घुमाता हूँ। तुम वैज्ञानिको, ईश्वर से लड़ते हो। उन पर पादरियों की अदालत में मुकदमा चला और ब्रूनो को मौत की सज़ा हुई।

तेल-देशों की हुकूमतें इस बात को भी खुदा से लड़ाई मानती हैं कि युवक-युवती का प्रेम हो जाय। साल-भर पहले सऊदी अरब की एक शहजादी और उसके प्रेमी को मौत की सज़ा हुई थी। मगर यही इस्लाम के पक्के खुदा के भक्त, रण्डीबाजी करने बम्बई आते हैं। दुबारा गुप्त रोगों का इलाज कराने आते हैं।

इधर ब्रह्म की वाणी वेद अगर शूद्र के कान में पड़ जाय, तो उसके कान में पिघला शीशा डालने का विधान शास्त्रकारों ने किया। मनु ने नास्तिकों को, लोकायतिकों को, वेद-विरोधियों को बस्ती से खदेड़ देने और यातनाएँ देने का आदेश दिया है। यह भगवान की हिफाजत के लिए।

आम आदमी की समझ में प्रभु की यह माया कठिनाई से आती है। मगर स्पष्ट समझानेवाले भी हुए हैं। चाणक्य का राजा को निर्देश है—निष्कण्टक राज करने के लिए राजा प्रजा में अज्ञान और अन्धविश्वास फैलाये। राजा का यह कर्तव्य माना गया है कि वह अज्ञान और अन्धविश्वास प्रजा में फैलाये। इससे निष्कण्टक राज होता है। चाहे अयातुल्ला खोमैनी हो, चाहे जनरल जिया; अगर निष्कण्टक राज करना है तो प्रजा में अज्ञान और अन्धविश्वास फैलाना जरूरी है।

राज-सत्ता, अर्थ-सत्ता और धर्म-सत्ता जब बहुजन समाज को यथास्थिति में रखना चाहते हैं, शोषण की परम्परा को बनाये रखना चाहते हैं, तब यह काम खुदा या भगवान के मारफत, भगवान के नाम से करते हैं। अयातुल्ला खोमैनी खुदा का हुक्म सुनाता है और जिया-उल-हक़ मस्जिद से करों की घोषणा करता है।

ईरान में आखिर खुदा से लोग किस तरह लड़ते होंगे। अगर लोग रोजगार माँगते हैं, तो यह खुदा से लड़ाई है। महँगाई की शिकायत करना खुदा से लड़ाई है। सामाजिक न्याय माँगना खुदा से लड़ाई है। आर्थिक न्याय माँगना खुदा से लड़ाई है। मजदूरों का उचित वेतन माँगना खुदा से लड़ाई है। शोषण की शिकायत करना खुदा से लड़ाई है। मुनाफाखोरी का विरोध करना खुदा से लड़ाई है। उद्योगों

और बैंकों के राष्ट्रीयकरण की माँग करना खुदा से लड़ाई है। भूमिहीनों का जमीन माँगना खुदा से लड़ाई है। समता की माँग करना खुदा से लड़ाई है। समाजवाद की बात करना तो सबसे गन्दी लड़ाई है। खुदा से लड़नेवाले की पहचान बहुत आसान हो गयी है। इसलिए न गवाह की जरूरत है, न आरोप सिद्ध होने की। मुल्ला की अन्तरात्मा में खुद खुदा बैठा रहता है।

सदियों से अज्ञान और अन्धविश्वास फैलानेवाली इन ताकतों ने सामान्य पीड़ित जन के मन में ऐसी झूठी श्रद्धाएँ, निष्ठाएँ और विश्वास जमा दिये हैं कि गुलाम आजाद होने को तैयार नहीं होता। अन्याय का शिकार न्याय स्वीकार करने को प्रस्तुत नहीं। वंचित अधिकार की प्राप्ति से मुँह मोड़ता है। शोषण का शिकार शोषणहीन व्यवस्था का खुद विरोध करने लगता है। जब तक वास्तविकता की सही पहचान कराके सही चेतना का निर्माण नहीं किया जाता, मुक्ति दिलानेवाला खुद उनके विरोध का शिकार होता है, जिन्हें वह मुक्त कराना चाहता है।

अफगानिस्तान में समाजवादी सरकार के बाद भूमि-सुधार लागू हुए। हजारों एकड़ों के भूमि-मालिक खानों की जमीन छीनकर भूमिहीन किसानों को दी जाने लगी। सदियों से वंचित और शोषित भूमिहीन किसानों से जब कहा—उस खान की जमीन में से ये बीस एकड़ तुम ले लो, तो कई ने जवाब दिया—लाहौल विलां कूवत! दूसरे की जमीन पर कब्जा कैसे कर लें? अरे, क्या दोजख की आग में जलना है! कयामत पर खुदा को क्या जवाब देंगे! तौबा-तौबा! हमें नहीं चाहिए किसी की जमीन!

इधर अगर कोई ब्राह्मण जूतों के पास बैठे चमार से कहे—चौधरी, इधर हमारे पास बैठो, तो वह जवाब देगा—अरे पण्डितजी, हमारा का धरम नहीं है। बताओ भला, हमारो का जे धरम है कि आपकी बराबरी से बैठें। पूरब जनम में ऐसे पाप किये तो अब फल भोग रहे हैं। अब पाप करेंगे तो भगवान अगले जनम में सजा देगा।

शोषकों के वर्ग-स्वार्थों को जब कोई चुनौती देता है, तो उस वर्ग के प्रवक्ता कहते हैं—यह आदमी खुदा से लड़ रहा है। खुदा को प्राइवेट सम्पत्ति का रक्षक और शोषण का एजेण्ट तभी से बना लिया गया था, जब मनुष्य ने उसके होने की कल्पना की थी।

ये वे त्यागी नहीं हैं

हमारा यह भ्रम कि हमारे लोकतन्त्र की जड़ें मजबूत हैं, टूट चुका है। हम समझते थे, यह लोकतन्त्र वटवृक्ष है। कैसी भी आँधी आये, उखड़ेगा नहीं। रोपा इसी उद्देश्य

से था। मगर सिद्धान्तहीन, बेईमान, गैरजिम्मेदार हमारे नेताओं ने उसे गमले का पौधा बना दिया है। अब यह हाल है कि कोई भी बैल, गधा, भैंसा उस पर मुँह मारकर पत्ते नोंच लेता है। अभी यह पौधा उखड़ा तो नहीं है, मगर गर्दिश में है। गलती हमारी भारतीय जनता की भी है। हमने समझ लिया कि पाँच साल में एक बार वोट देना ही लोकतन्त्र है। जिसका ज्यादा हल्ला हो, उसे वोट दे दो। नसबन्दी का एक केस बिगड़ने से तो हमने राजनैतिक फैसले लिये हैं—बड़े राजनैतिक फैसले।

जिन्हें पाँच साल को चुन दिया, उन्होंने अपने को ही देश मान लिया। वे मुँह खोलकर अपने भीतर वैसे ही भारत को बताने लगे, जैसे कृष्ण ने अर्जुन को अपने मुँह में सारा ब्रह्माण्ड दिखाया था।

मुझसे एक आदमी कह रहा था—क्यों साहब, इस बात पर कोई विश्वास करेगा कि इन नेताओं में बहुत से अंग्रेजी राज में देश के लिए जेल गये थे ? मैं लड़के से कहता हूँ तो वह जवाब देता है—नहीं, बाबूजी, वे कोई दूसरे होंगे। ये वे नहीं हैं जो देश के लिए कोई कष्ट उठायें, त्याग करें।

लोग तरह-तरह की बातें करते हैं। पता नहीं, इन भाग्यविधाताओं को ये बातें कोई बताता है या नहीं। एक सज्जन कह रहे थे—जिन्हें यह लगता है कि मेरे प्रधानमन्त्री या मन्त्री हुए बिना जीवन ही व्यर्थ है, वे वहीं यमुना में डूब क्यों नहीं मरते ! महात्मा गाँधी की समाधि की परिक्रमा करें और यमुना में डूब जायें। यहाँ नहीं तो स्वर्ग या नर्क में ही प्रधानमन्त्री या मन्त्री हो जायेंगे। इसी तरह राज्यों में जिन्हें लगता है कि मुख्यमन्त्री या मन्त्री हुए बिना जीवन व्यर्थ है, वे अपने प्रदेश की पवित्र नदी में डूब मरें। हर राज्य में पवित्र नदियाँ हैं। उत्तर प्रदेश, बिहार में परम पावन गंगा है। लखनऊवाले प्रयागराज में डूब जायें, पटनावाले भी गंगा में डूब सकते हैं। भोपालवाले नर्मदा मैया में डूब जायें।

ये जो करतब दिखा रहे हैं, उन्हें देखकर लोग कहते हैं—क्यों साहब, ये लोग इमर्जेन्सी में जेल में थे ? अच्छा, नहीं थे। पर अब क्या ये सिद्ध नहीं कर रहे हैं कि इनमें से अधिकांश जेल में ही रहने के काबिल हैं, सचिवालय के काबिल नहीं। जिन्दगी-भर की राजनैतिक विफलता से पीड़ित जयप्रकाश नारायण नाम के आदमी ने अपने व्यक्तित्व को टूटने से बचाने के लिए घोर निराशा के क्षण में सम्पूर्ण क्रान्ति का नारा दे दिया था। सारे विफल राजनैतिक पुरुष इकट्ठे हो गये थे। प्रेत जाग गये थे। ये सब हवा में नकारात्मक वोट पाकर सत्ता में बैठ गये। आज ये एक-दूसरे के बारे में वही कह रहे हैं जो इनके बारे में इनके विरोधी कहते थे।

मुझसे एक सज्जन बड़े दुख से कह रहे थे—ये हमारे बड़े-बड़े नेता हैं। हमारे भाग्यविधाता हैं। पर ये इस तरह बिलबिला रहे हैं जैसे तहसीलदार और नायब तहसीलदार सस्पेण्ड हो गये हों। ये चाहते हैं कि हम लोग भी इनके लिए रोयें। तो क्या जनता का कर्तव्य कुल इतना है कि वह तहसीलदारों और नायब तहसीलदारों

को नौकरी पर बहाल कराये।

सम्पूर्ण क्रान्ति के सेनापति पटना में हैं और धांधली से मोरारजी को प्रधानमन्त्री बनानेवाले दूसरे पुरुष पुरातन मद्रास में प्रभुदास पटवारी की कोठी में पड़े रहते हैं। पहले हर तीसरे दिन 'डायलिसिस' पर रहते हैं, मद्रासवाले सनकी हो गये हैं; मगर, दोनों इस देश की राजनीति को निर्देशित करना चाहते हैं।

पटनावाले लोकनायक मोरारजी को जनता पार्टी का नेतृत्व छोड़ने के लिए पत्र लिखते हैं, तो राजनारायण कहते हैं कि यह पत्र जालसाजी है। जब लोकनायक पाँच घण्टे के लिए डायलिसिस पर पड़े होंगे, तब उनसे बिना पढ़े दस्तखत करवा लिये होंगे। चन्द्रशेखर कहते हैं कि यह चिट्ठी उन्हें बहकाकर लिखायी गयी है। मैं भी उनसे चिट्ठी लिखवा सकता हूँ। (क्या बहकाकर ?) मद्रासवाले पुराण पुरुष बयान देते हैं तो दिल्ली में लोग कहते हैं कि सनक में बयान दिलवा लिया होगा। राजनीति यों चल रही है। लोकतन्त्र को ऐसे लोग राह दिखा रहे हैं।

चन्द्रशेखर, जिनसे प्रेसिडेण्टी तो नहीं बनी, पर बात उन्होंने कल बड़े मार्के की कह दी। यह बात शायद सबके सामूहिक चिन्तन का निचोड़ है। वे कहते हैं—समस्या इसलिए हल नहीं हो रही है कि सिद्धान्तों का गलत आग्रह किया जा रहा है। सिद्धान्त का सही आग्रह क्या होता है और गलत आग्रह क्या होता है, मैं नहीं जानता। मैं तो सिद्धान्त का आग्रह मात्र जानता हूँ, पर चन्द्रशेखर के गलत आग्रह का अर्थ समझना चाहिए। उनका मतलब है कि धर्मनिरपेक्षता के सिद्धान्त के कारण संघ को त्यागना 'गलत' आग्रह है। सही आग्रह क्या है ? सम्प्रदायवाद के खिलाफ होते हुए भी साम्प्रदायिक संघ के साथ मिलकर सरकार बनाइए और जब संघ दंगा कराये, तो कहिए कि संघ ने नहीं कराया, यह सिद्धान्त का सही आग्रह है।

चन्द्रशेखर का गलत आग्रह का एक मतलब और है—इन्दिरा गाँधी और उनकी कांग्रेस को अछूत मानना। वैसे राजनैतिक शब्दों का इस्तेमाल अभी भी गड़बड़ है।

इन्दिरा गाँधी को अंग्रेजी में 'अथॉरिटेरियन' कहा जाता है और हिन्दी में 'तानाशाह'। अथॉरिटेरियन की हिन्दी तानाशाह कतई नहीं है। सत्तावादी, अधिकारवादी या प्रभुतावादी कह सकते हैं, मगर संघ का पूरा चरित्र-वर्णन 'साम्प्रदायिक' से नहीं होता, वह फासिस्ट है।

सिद्धान्तों के आग्रह की जहाँ तक बात है, जिन्हें संघ की नीति नहीं पटती, वे जनता पार्टी से बाहर आ गये। मगर जो संघ की नीति के विरोधी हैं, ऐसे कुछ उसके साथ तालमेल बिठाये हैं। यह सिद्धान्त का 'सही' आग्रह है। इनमें कुछ प्रजा-समाजवादी हैं, जिनका समाजवाद से कोई मतलब नहीं है। ये वे लोग हैं जिन्होंने दादा कृपलानी की एक राजनैनिक सनक से कांग्रेस से बाहर आकर कृषक मजदूर प्रजा पार्टी बना ली थी। फिर संगठन कांग्रेस के लोग हैं, जो मोरारजी के कारण अटके हैं। ये 'जेहि-तेहि भाँति पड़ौ रहों कृपासिन्धु दरबार' वाले हैं। रहे बाबूजी, इन्हें सिद्धान्त की बीमारी कभी हुई ही नहीं। बाबूजी को सिद्धान्तों का जुकाम तक

नहीं होता। वे सोचते थे —चरणसिंह गये, मोरारजी को नेता पद से हटाता हूँ, बनता हूँ प्रधानमन्त्री।

समाजवादी अच्छे हैं। जाँबाज लोग हैं। मगर मधुलिमये कम्युनिस्ट पार्टियों के साथ मिलकर मोर्चा बनाना चाहते हैं, जबकि जॉर्ज की सोशलिस्ट इण्टरनेशनल आत्मा को यह गवारा नहीं, समाजवादी चिरन्तन क्रान्तिवाले हैं।

हस्ती मिटती नहीं हमारी

यह कुछ बात क्या है साहब, कि हमारी हस्ती मिटती नहीं। यह मत पूछिए कि जी कैसे रहे हैं। हमारी हस्ती तो नहीं मिटती। दौरे-जहाँ हमेशा हमारा दुश्मन रहा है। ज्ञानी कहते हैं —यह 'कुछ बात' जो हमारी हस्ती नहीं मिटने देती, हमारी संस्कृति है। यह सही हो सकता है।

मगर मुझे याद आता है, जब हम कस्बे में रहते थे तब हमारे मुहल्ले में एक 'पिटनी बहू' कहलाती थी। उसका पति उसे हर दो-तीन दिनों में पीटता था। वह रोती-चीखती थी। वह विरोध नहीं करती थी। पति पीटकर चल देता। पिटनी बहू मुँह धोती, माँग सुधारती, टीका फिर से लगाती और ढोलक लेकर मुहल्ले की औरतों के साथ गाने लगती।

कुछ बात है कि हस्ती मिटती नहीं हमारी।

वह कुछ बात क्या है?

अभी देख रहा हूँ, मध्यवर्गीय पाठक बाबू झोला लिये कुर्सी पर बैठे हैं। बड़ी महँगाई है —वे कहते हैं—मुनाफाखोरों ने आफत कर रखी है। अभी व्यापारियों ने आठ दिन दूकानें बन्द कर रखी थीं। पाठक बाबू और कुछ नहीं कर सकते थे, तो दूकान के सामने बनियों के नाम पर थूक तो सकते थे। उन्होंने थूका भी नहीं। नवें दिन जब दूकान खुली तो वे झोला लिये बढ़ी हुई कीमत का सामान खरीदने खड़े थे। आज दीवाली है। वे कुर्सी पर बैठते हैं, फिर उठते हैं, फिर बैठते हैं। महँगाई ने कमर तोड़ दी है।

राष्ट्रपति का मुनाफाखोरी-विरोधी अध्यादेश एक सुर्रू पटाखा निकला। इस उम्मीद से पटाखे में माचिस लगायी थी कि यह बम की तरह फूटेगा, मगर वह 'फुस्स' करके रह गया। पाठकजी हिम्मत करके उठते हैं। दीवाली है। बरस-भर का त्योहार है। बाजार जाते हैं। महँगा खरीदते हैं। उधारी करते हैं। शाम को वही पाठकजी दीये जला रहे हैं। मिठाई खा रहे हैं। बच्चों के साथ पटाखे छोड़ रहे हैं।

कुछ बात है कि हस्ती मिटती नहीं हमारी।

यह 'कुछ बात' क्या है जो पिटनी बहू और पाठकजी में है कि उनकी हस्ती मिटती नहीं। यह हमारी जाति अपने को दुनिया में महानतम मानती है। अपनी संस्कृति को श्रेष्ठतम मानती है। वेदों को ज्ञान-विज्ञान का भण्डार मानती है। मगर इससे पूछो कि फिर औद्योगिक क्रान्ति इस पवित्र भूमि में न होकर यूरोप में शुरू क्यों हुई, तो वह कहती है कि वह तो तुच्छ 'भौतिकवाद' है। इस जाति में क्या है जो इसकी हस्ती नहीं मिटती? इसमें वही बात है, जो पिटनी बहू में है। इस जाति का आदमी पिट लेता है और फिर उत्सव मनाने लगता है। बाहर गड़बड़ हो तो घर के भीतर कोने में छिप जाता है। समुद्र में डर हो तो उबरे में पड़ा रहता है। पाँव फैलाने को जगह नहीं माँगता, बल्कि पाँव सिकोड़कर सीने से लगाये पड़ा रहता है। ऐसे आदमी की हस्ती कोई मिटा नहीं सकता। उसकी हस्ती कोई मिटाने की झंझट भी क्यों करेगा? और उसकी हस्ती की परवाह भी क्यों करेगा?

और इस कौम के रहनुमाओं का हाल देखिए। संघ के सरसंघ चालक देवरस हिन्दू धर्म और जाति के एकमात्र रक्षक बनते हैं। अभी अमेरिकी पत्र में ही छपा है कि अमेरिकी दवाई कम्पनियाँ वहाँ प्रतिबन्धित दवाएँ भारत सहित कई देशों को भेजती हैं। ये दवाएँ अमेरिका में प्रतिबन्धित हैं, क्योंकि ये घातक पायी गयीं। इन्हें भारत के हिन्दुओं को बेचकर खिलाया जाता है। इतना ही नहीं, जिन दवाओं की परीक्षा करनी होती है, वे भी भारत भेजी जाती हैं। इन्हें हिन्दुओं पर 'टेस्ट' किया जाता है—जैसे चूहे, बन्दर और सूअर पर 'टेस्ट' किया जाता है। बहुत लोग इसकी निन्दा कर रहे हैं। पर बालासाहब देवरस या उनके किसी सिपहसालार के मुँह से एक शब्द नहीं निकल रहा। ये क्यों नहीं कहते—खबरदार, अमेरिकी कारखानेवालो, तुम हिन्दू को चूहे, बन्दर, सूअर नहीं मान सकते। तुम्हें 'धिक्कार' है। ये दवाएँ यहाँ भेजना बन्द करो। ऐसा ये लोग क्यों नहीं कहते? बात यह है कि मामला अमेरिका का है। वह धर्म की स्थापना भूतल पर कर रहा है। अमेरिकी पूंजीपति को हिन्दू को चूहा और सूअर समझने का अधिकार है। भारतीय पूँजीपति को तो है ही। अमेरिकी सरकार को जंगी बेड़ा भेजकर हिन्दुओं को उठाने का अधिकार है। हिन्दू का कर्तव्य है कि वह अपने पर चूहे की तरह अमेरिकी दवा का प्रयोग कराये और अमेरिकी बेड़े से डरे। यही हिन्दू गौरव है। यही हिन्दू राष्ट्र की नीति है। यही हिन्दू धर्म है। यही भारतीय संस्कृति है। धन्य है ये जाति, धर्म, संस्कृति के रक्षक!

क्या इसीलिए कुछ बात है कि हस्ती मिटती नहीं हमारी। महँगाई को रोयेंगे, लेकिन दीवाली ठाट से ही मनायेंगे। जैसे-जैसे महँगाई बढ़ती है, वैसे-वैसे उत्सव बढ़ते हैं। पिछले साल शहर में दो सौ पचास दुर्गा प्रतिमाएँ रखी गयी थीं। इस साल और महँगाई बढ़ी तो तीन सौ प्रतिमाएँ हो गयीं। पिछले साल भी दीवाली पर रोशनी और धूम-धड़ाका था, पर इस साल महँगाई बढ़ी तो ड्योढ़ा हो गया। बड़ी उत्सव-प्रेमी जाति है हमारी। बीच में जो कुछ भी हुआ हो, वैदिक आर्यों की वह

मस्त 'स्पिरिट' अभी इस भारतीय जन में बाकी है। वैदिक आर्य उत्सव-प्रेमी था। मस्त था। खाता-पीता, नाचता था। गेहूँ पैदा करना उसे पहले नहीं आता था, पर उसने तब भी वह सोमलता खोज ली थी, जिससे सोमरस निकलता था। यानी घर में रोटी का ठिकाना नहीं है पर दारू की भट्टी जरूर खोले बैठे हैं। वह आर्य देवों को भी यज्ञ में बुलाता था—तुम भी पीओ। खाओ। हमें बल दो। अन्न दो। गायें दो। शत्रुनाश करो। वे ऋषि कुछ ज्यादा पी गये होंगे जिन्होंने सोम की स्तुति में कई श्लोक कहे। यह आर्य देव के सामने गिड़गिड़ाता नहीं था। तू दयालु-दीन है, तू दानी है, भिखारी···या मो सम कौन कुटिल खल-कामी···या अब मैं नाच्यो बहुत गोपाल, काम-क्रोध को पहर चोलना कण्ठ विषय की माल···वह यह कुछ नहीं कहता था। वह स्वाभाविक रूप से काम और क्रोध में उड़कर लिप्त होता था। यह दीनता, हीनता, नकार, गिड़गिड़ाहट बाद में आयी पर वह वैदिक आर्य की उत्सव-प्रियता अभी थोड़ी है।

आगे उपनिषदों से ब्रह्म प्रकट हुए। जगत मिथ्या हुआ। माया हुआ। मोक्ष-प्राप्ति जीवन का उद्देश्य हो गया। जीवन को नकारने का धर्म आया स्मृतियों तक तो यह हो गया कि ब्रह्म को मानो चाहे न मानो, मूर्तिभंजक हो या मूर्तिपूजक, भक्तिमार्गी हो या ज्ञानमार्गी, शैव हो, वैष्णव हो, आस्तिक हो, नास्तिक हो—कोई बात नहीं। ब्रह्म को मारो गोली। ईश्वर को भाड़ में जाने दो। पर खबरदार, जो वर्ण-व्यवस्था है, उसे मानना पड़ेगा। केवल यही धर्म है। वर्ण धर्म। सामाजिक-आर्थिक शोषण की जो यह व्यवस्था है, इसे मानना ही धर्म है। माना कि तुम नीचे वर्णों के लोगों को दुख है, पर यह तो पूर्वजन्म के कर्मों का फल है। इस जन्म में पुण्य करो तो अगले जन्म में ब्राह्मण भी बन सकते हो। इस जन्म में तो तुम्हारे लिए कुछ हो नहीं सकता। पुण्य क्या है? ऊँचे वर्णों की सेवा करो और फल की चाह मत करो, चूं-चपड़ मत करो, अगले जन्म में तुम्हें सुख मिलेगा।

वैदिक युग में जो कारीगर देवता के बराबर माना जाता था वह स्मृतियों में शूद्र हो गया। पतन है। अभी मेरे पास एक युवक आया था। वह ब्राह्मण है। उसने एम. ए. किया है। उसने अपने साथ पढ़नेवाली कायस्थ लड़की से शादी कर ली, अब लड़की के माता-पिता उसे भेजते नहीं पति के पास। इधर इस युवक ने मुकदमा दायर कर रखा है। वह कह रहा था—मेरे ससुर कहते हैं कि तुम ब्राह्मण हो। पूज्य हो। हम तुम्हारे चरणों की पूजा करते हैं, पर तुम्हारे इस विवाह से जो सन्तान होगी, वह 'वर्णसंकर' होगी। यह अधर्म है। यह पाप हम नहीं कर सकते।

इसी कारण हमारी हस्ती तो नहीं मिटती, पर हम जिन्दा भी नहीं रहते। महँगाई का इतना रोना रोते हैं, मगर उधर देखो—कीमती साड़ियों की दूकानों पर, आभूषणों की दूकानों पर, महँगे कपड़ों की दूकानों पर, कॉस्मेटिक्स की दूकानों पर भीड़ लगी है। कहाँ बढ़ी है गरीबी? किनके लिए बढ़ी है? वे कौन हैं जिनके लिए महँगाई उनकी समृद्धि का कारण है। हजारों दीनहीन जन रोशनी देखते सड़क से गुजरते हैं, इन्हें गुस्सा नहीं आता कि एक-दो दूकानों को लूट लें, आग लगा दें।

ऐसा 'प्रोटेस्ट' नहीं करते। इसलिए इनकी हस्ती तो नहीं मिटती, पर ये जिन्द भी नहीं रहते।

ये मिट्टी के दीये जलाकर लक्ष्मी की पूजा कर लेते हैं, पर ऐसे लक्ष्मी नही मिलती। लक्ष्मी की उत्पत्ति की कल्पना अद्भुत है। वह समुद्र-मन्थन से अन्य रत्नों के साथ निकली थी। समुद्र-मन्थन अकेले देवों ने नहीं किया था। उसके लिए दानवों का सहयोग लिया था। जब रत्न निकले तो दानवों को तो मदिरा पिला दी और लक्ष्मी को विष्णु ले उड़े।

यानी बिना 'दानवत्व' के इस व्यवस्था में लक्ष्मी नहीं मिलती। दानवत्व ग्रहण करो। पूजा से कुछ नहीं होता। यह लक्ष्मी कमल के फूल पर बैठती है, कितनी फूहड़ता है! यह क्या फूल कोई कुर्सी या दरी है? यह फूल पर बैठने का फूहड़पन हमारे नवधनाढ्य वर्ग में आ गया है। समृद्धि 'वल्गर' बना दी गयी है।

और हस्ती हमारी मिटती नहीं है। मगर हम जीते भी नहीं हैं। पूरी कौम ही 'पिटनी बहू' हो गयी है।

इस्लाम के कोड़े

रावलपिण्डी में एक मैदान में आठ-दस हजार की भीड़ है। पाकिस्तान मे सभा हो नहीं सकती, जुलूस निकाले नहीं जा सकते। दस-बारह आदमी कहीं इकट्ठे हों तो फौरन वहाँ पुलिस या मिलिटरी का जवान आ जाता है। फौजी तानाशाह इन्सानों से डरता है। अलग-अलग इन्सानों से कम डरता है, पर इकट्ठे इन्सानों से बहुत डरता है। तानाशाह एक डरपोक आदमी होता है। अगर पाँच गधे भी साथ-साथ घास खा रहे हों, तो तानाशाह को डर पैदा होना है कि गधे भी मेरे खिलाफ साजिश कर रहे हैं। (हालाँकि गधे अपनी बिरादरीवाले के खिलाफ साजिश नहीं करते।)

फिर यह आठ-दस हजार की भीड़ कैसी है? न मेला है, न ईद का बाजार, न क्रिकेट टेस्ट।

यह जनरल जिया के इस्लामी उत्सव की भीड़ है। इस्लामी अदालत ने कुछ आदमियों को कोड़ों की सजा दी है। वे टिकटिकी से बाँधे गये हैं। बदन नंगा है। हत्या के अपराध में जेल भुगत रहे खूँखार कैदियों को महीने-भर से बढ़िया खाना खिलाकर तगड़ा किया गया है और कोड़े मारने का अभ्यास कराया गया है। अपराधी को कोड़े पड़ते हैं, खून का झरना फूटता है, मांस का लोथड़ा निकलता है, वह चीखता है। इधर पाँच-दस हजार लोग, जो मनुष्य हैं, हैरान नहीं हैं, जो सुसंस्कृत हैं, खुदा पर यकीन रखते हैं, ताली बजाते हैं, खुशी मनाते हैं। बीच-बीच में

'अल्ला हो अकबर' की आवाज गूँजती है।

आदमी स्वभाव से क्रूरता पसन्द नहीं करता है। क्रूरता से आदमी नफरत करता है। वह क्रूरता की तरफ से मुँह फेर लेता है, मगर यहाँ लोग तमाशा देख रहे हैं, ताली बजा रहे हैं, खुश हो रहे हैं।

यह क्या है ? यह उन्माद है, जिसे तानाशाह जिया और मुल्ला लोगों ने पैदा किया है। इसी उन्माद के भरोसे वे लोकतन्त्र को दबाये रखना चाहते हैं। इसी उन्माद के दम पर तानाशाह अपने को सत्ता में रखना चाहते हैं। इसी उन्माद से जनता के अधिकारों की माँग को दबाया जा रहा है। यह इस्लाम का उन्माद है, जो पाकिस्तान और ईरान में उखाड़ा जा रहा है। कोई कल्पना नहीं कर सकता कि चौबीसं घण्टे खुदा के करीब रहनेवाले, लोगों को नमाज पढ़ानेवाले परम धार्मिक मुल्ला इतने क्रूर होते हैं।

मजहब इन्सान को सुसंस्कृत न बनाकर बर्बर बना दे, तो मजहब को क्यों गले में लटकाये रखा जाता है। फौजी तानाशाह कभी लोकप्रिय नहीं होता, वह हैवानी ताकत से सत्ता पर कब्जा करता है—बन्दूक और टैंक की ताकत से। अब जनता को भ्रम में रखने के लिए उसे मजहबी हैवान चाहिए जो अज्ञान और अन्ध-विश्वास को ही सच्चा धर्म बताये। ऐसे हैवान उसे मुल्ला, पण्डित, पादरी के रूप में मिल जाते हैं। ये आम लोगों को सिखाते हैं, इस्लाम क्या है ? इस्लाम कोड़े लगाना, हाथ काटना, आँखें निकाल लेना है। इस्लाम बुर्का है। देखो, कोड़े लग रहे हैं सरेआम !

जनरल जिया ने इस्लामी हुकूमत कायम कर दी। इस्लाम जिन्दाबाद ! जनरल जिया जिन्दाबाद ! अब कोई जरूरत नहीं है आर्थिक सुधार की, बेकारी मिटाने की, मजदूरी बढ़ाने की। कोई जरूरत नहीं है नागरिक अधिकार बहाल करने और चुनाव कराने की। सबकुछ अल्ला मियाँ जन्नत में देंगे। इधर मत माँगो, यह रहस्य है इस दृश्य का कि कोड़े लग रहे हैं और हजारों लोग ताली बजा रहे हैं। मगर जिया जानते हैं कि यह तरकीब भी कारगर नहीं होगी। वह कहीं भागेंगे। पर कहाँ भागें ? सुना है उनके बीवी-बच्चे अमेरिका में हैं और वहाँ उन्होंने प्रॉपर्टी खरीद ली है। मगर अब अमेरिका में भी जालिम शाह और तानाशाह सुरक्षित नहीं हैं।

ईरानी छात्रों ने अमेरिकी दूतावास में साठ अमेरिकी बन्धक रखकर अमेरिका की सरकार को मजबूर कर दिया कि वह शाह को अमेरिका से भगा दे। जनरल जिया जमाअते इस्लामी के अपने सलाहकार इमाम से पूछते होंगे —हमें कहाँ पनाह मिलेगी ? जिस देश जायेंगे वहीं के दूतावास को ये लड़के घेर लेंगे और मुझे वहाँ से निकलवा देंगे। मुल्ला अपनी सीमित अक्ल के हिसाब से कहता होगा कोई फिक्र नहीं। कोई जगह नहीं मिले, तो एक जगह है, जहाँ आप मजे में रह सकते हैं। वह जगह है जहन्नुम !

उधर ईरान में भी जनता ने जानें देकर जो इन्कलाब किया, उसे अयातुल्ला,

मुल्ला और इमाम खत्म कर रहे हैं। इस समय वहाँ यह हाल है कि कोई भी भीड़, जिसे किसी मुल्ला का समर्थन प्राप्त है, कोई भी बेवकूफी, दुस्साहस या जुल्म करे, वह क्रान्ति माना जाता है। सरकार 'एक कल तक थी, मगर अदालतें मस्जिद में लगती हैं।' फौज को और पुलिस को मुल्ला हुकुम देते हैं। मुल्ला लोग भीड़ को इस्लाम के नाम पर चाहे जिस पर छोड़ देते हैं। इन्साफ शरीअत के मुताबिक हो रहा है। मुल्ला काजी है। अब्बू मियाँ ने मुल्ला की बकरी को पत्ती नहीं खाने दी, तो अब्बू मियाँ ने इस्लाम के हिसाब से जुर्म किया है। उन्हें पाँच कोड़े लगाये जायें। इब्राहीम ने मुल्लाजी के घर कल मुफ़्त गोश्त नहीं भेजा तो इस्लाम खतरे में पड़ गया है। इब्राहीम को दस दिन की जेल की सज़ा दी जाती है।

इन अयातुल्लाओं को आर्थिक-सामाजिक स्थितियों की न कोई जानकारी है, न वे उसे सुधारना चाहते हैं। अन्तर्राष्ट्रीय राजनीति का भी सीमित ज्ञान है। धार्मिक नेताओं की फासिस्ट सत्ता कायम करने के लिए ये लोकतान्त्रिक और जनवादी ताकतों को खत्म करने पर तुले हैं। तूदेह पार्टी, फदायीन और मुजाहदीन शाह के विरोध के आन्दोलन में सबसे आगे रहे हैं। ये कट्टर साम्राज्यवाद-विरोधी हैं। मगर मुल्ला लोग अब इनकी मौत माँग रहे हैं, धार्मिक नेता इस्लाम के नाम पर ईरानियों का अमानवीयकरण करने में लगे हैं। रेडियो पर संगीत बन्द कर दिया गया है। टेलीविजन पर स्त्री दिखाने का सवाल ही नहीं है। कविता भी मारी जायेगी। संस्कृति का नाश होगा—धर्मान्धों के हाथ। ईरानी क्रान्तिकारी स्त्री के हाथ में राइफल होती है और चेहरे पर चादर।

अभी एक स्टण्ट और हो रहा है। तीन वेश्याओं को गोली मार दी गयी। धर्म में सीधे सवाल के सीधे जवाब होते हैं और ये धर्मान्ध बेवकूफों को सन्तुष्ट भी करते हैं। ये औरतें वेश्या क्यों हुईं? शोक के लिए हुईं। बदचलन हैं। ठीक। गोली मार दो। इस आदमी ने रोटी क्यों चुरायी? बेईमान है। ठीक, जेल भेज दो।

अयातुल्ला का दिमाग यह समझाने के काबिल नहीं है कि आर्थिक सुधार नहीं हुए तो घर-घर में रण्डियाँ हो जायेंगी। औरत भूख के कारण वेश्या होती है। और ज़रा उन मुल्ला लोगों से पूछा जाये, जो तीन बीवियाँ रखे हैं। जनाब, एक बीवी तो काफी हुई आपके साथ सोने, रोटी बनाने और बच्चा पैदा करने के लिए, फिर ये बाद की दो बीवियाँ किसलिए? ये तो रण्डियाँ ही हुईं न, जिन्हें आपने रोटी-कपड़े पर रख छोड़ा है, आपके जिस्म की ख्वाहिश पूरी करने के लिए, या आप खुद 'मर्द' वेश्या हैं जो तीन औरतों की जरूरत पूरी कर रहे हैं। अब शरीअत के मुताबिक या तो आप गोली खाइए या इन औरतों को गोली मारिए।

धार्मिक उन्माद पैदा करना, अन्धविश्वास फैलाना, लोगों को अज्ञानी और क्रूर बनाना राजसत्ता, धर्मसत्ता और पुरुषसत्ता का पुराना हथकण्डा है। हिन्दू पीछे नहीं हैं मुसलमानों से। बालासाहब देवरस खुश होंगे कि हमारे कौटिल्य ने स्पष्ट आदेश दिया है कि राजा को प्रजा में अज्ञान और अन्धविश्वास का प्रचार करना चाहिए। यह राजा का कर्त्तव्य है, निष्कण्टक राज करने के लिए। जिया और खोमैनी हमारे

कौटिल्य का आदेश ही मान रहे हैं। देखा, हिन्दू धर्म और संस्कृति का जोर! हमारे स्मृतियों, विधानों में भी ऐसे दण्ड देने का आदेश है, जिनके नाम से रोंगटे खड़े हो जाते हैं। उन्माद पैदा करके लोगों को क्रूर बनाने, हैवान बनाने में भी हम किसी से कम नहीं हैं। अभी तीन माह पहले एक बीस साल की लड़की को मृत पति की चिता में डालकर 'सती' कर दिया गया। उसे जिन्दा जलाया गया।

हमारी सामान्य नर-नारी किसी की कटी अंगुली भी नहीं देख सकते। पर वही हजारों दयालु नर-नारी उस चिता के आसपास खड़े लड़की को जलते देख रहे थे। उसकी चीख को 'सती मैया की जय' में डुबा रहे थे। इन दयालु स्त्री-पुरुषों को क्या हो गया था? इन्हें भी धार्मिक और परम्परागत उन्माद से हैवान बना दिया गया था। और अब हजारों स्त्रियाँ साल-भर तक सती की चिता में नारियल चढ़ायेंगी। इनमें बदचलन जरूर आगे रहेंगी —सती की पूजा में। कबीरदास ने कहा है—'चली कुल-बोरनी गंगा नहाय कै'। कुल-बोरनी ज्यादा गंगा नहाती है।

हम दूसरी जातियों पर थूकें तो वह अपने ही ऊपर गिरेगा। हमारा सौभाग्य यह है कि हमारे शंकराचार्य उन्माद पैदा नहीं कर सकते, जैसा कि अयातुल्ला और इमाम कर सकते हैं। शंकराचार्यों की इस अक्षमता ने हमें बहुत बचाया। पर उन्माद बालासाहब देवरस तो पैदा कर सकते हैं। उनमें अयातुल्ला भी हैं और जनरल जिया भी हैं। अगर उनकी कल्पना का हिन्दू राष्ट्र हो गया तो यहाँ हिन्दुओं की वही दुर्गति होगी जो ईरान और पाकिस्तान में मुसलमानों की हो रही है। यहाँ भी हिन्दुओं को सरेआम कोड़े पड़ेंगे, उनके हाथ काटे जायेंगे, उन्हें बैल की तरह गाड़ी में जोता जायेगा।

राजनैतिक स्लो-पॉयजनिंग

लोग हैरत में हैं कि आखिर यह जनता पार्टी इतनी जल्दी क्यों टूट रही है? आत्महत्या करने पर क्यों उतारू है? रोज या तो धतूरा खाती है, या टिक्-ट्वेण्टी खा लेती है या काँच निगल लेती है। कभी कुएँ के कगार पर कूदने जाती है, कभी रेल-लाइन पर लेटती है।

असल में जनता पार्टी को अपनी जिन्दगी का कोई भरोसा नहीं है, इसलिए वह जल्दी में है। कांग्रेस तो यह सोचती थी, विश्वास करती थी कि हमें अनन्तकाल तक राज करना है, इसलिए उसे जल्दी नहीं थी। न टूटने की जल्दी, न मरने की। मगर जनता पार्टी को यह विश्वास भी नहीं है कि पाँच साल जिन्दा रहेगी, इसलिए हरेक को जल्दी है।

अगर किसी आदमी से कह दिया जाये कि तुम सिर्फ एक साल जिन्दा रहोगे, तो वह सोचेगा -- एक साल तो कुल जिन्दगी है। आगे तो जीना नहीं है। इसलिए जब तक जिन्दगी है, मौज-मजा कर लो। वह शराब पीयेगा-खायेगा, रण्डीबाजी करेगा और कुल छह महीने में मर जायेगा। ऐसे आदमी को जयप्रकाश नारायण और कृपलानी समझायेंगे कि अरे भाई, यह क्या करते हो? कुछ अपने स्वास्थ्य का तो खयाल रखो। तो वह जवाब देगा---कैसा स्वास्थ्य? अरे, जब एक ही साल जीना है तो मौज-मजा क्यों न कर लें।

जनता पार्टी एक ऐसा प्राणी है जिसे प्रकृति-वैचित्र्य कहते हैं। इसका आकार मनुष्य का है, सिर बारहसिंघा का है, दिमाग बन्दर का है, मुंह भालू का, दिल खरगोश का, पेट हाथी का, पाँव घोड़े का। बारह सींगों से यह दल हमला करना चाहता है, तो खरगोश का दिल रोक देता है। घोड़ों के पाँवों से दौड़ना चाहता है तो बन्दर का दिमाग वहीं कौतुक कराने लगता है। भालू खाऊँ-खाऊँ करता है और हाथी का पेट भरता ही नहीं है।

जनसंघ का रोल सियार का है, वह इस जानवर में होकर भी इसमें नहीं है। जनता पार्टी के इस जंगल में जनसंघ सियार है। सबको बुद्धू बनाता है। शेर के पास जाकर कहता है---वह हाथी आपको जंगल का राजा नहीं मानता। उस टुच्चे की इतनी हिम्मत! फिर हाथी के पास जाकर कहता है---आपका इतना डील-डौल और वह पिद्दी शेर अपने को जंगल का राजा कहता है।

इससे भी मीठी बात और उससे भी मीठी बात। सामने कुछ, पीछे कुछ। पिंजरा कन्धे पर पींजन और हाथ में मुठिया लिये जा रहा था रुई धुनकने। किनारे पर बैठे सियार श्रेष्ठ धूप ले रहे थे। सियार ने कहा----

कांधे धनुष हाथ में बाना,
कहाँ चले दिल्ली सुलताना?

पिंजारा फूलकर कुप्पा हो गये। जवाब दिया।

जंगल का राजा, फलों का खाना,
बड़े की बात बड़े पहचाना!

पिंजारा जरा आगे निकला तो सियार चिल्लाये---

कांधे पींजन हाथ में मुठिया,
कहाँ चले रे बैना दुखिया?

पिंजारा गुस्से से मुड़ा तो सियार भाग चुके थे।

मगर इतिहास बनाने का हरेक को हक है। तपेदिक के मरीज को इतिहास बनाने का हक है, तो जनता पार्टी को भी है। वह बना रही है। पश्चिम में नंगों के क्लब हैं। वे लोग नग्नता का दर्शन बनाये हुए हैं। ये जनता नेता भारतीय संस्कृति से अपने को ऐसे ढाँके हैं जैसे 'सत्यम् शिवम् सुन्दरम्' में जीनत अमान कपड़े से अपने को ढाँकती है।

हर नेता दूसरे की धोती खींचता है। कुछ तो शुरू से ही सिर्फ चड्डी पहने हैं।

ये नाड़ा खींचते ही नंगे हो जाते हैं। चरणसिंह तो कान्तिभाई का नाड़ा खींचकर मोरारजी को नंगा कर रहे हैं। अभी मधुलिमये ने भी नाड़ा खींचा। उनका कहना है—कान्तिभाई ने अस्सी लाख रुपया जनता पार्टी के चुनाव कोष के लिए इकट्ठा किया। यह क्यों किया? किस हैसियत से किया? तो नंगई के पुराने उस्ताद चन्द्रभानु गुप्त ने मधुलिमये की चड्डी का नाड़ा खींच दिया। कहा—कान्तिभाई तो चुनाव फण्ड समिति का सदस्य है। उसने मेरे आदेश से पैसा इकट्ठा किया।

पर मधुलिमये और नानाजी देशमुख तथा उनके लोगों ने जो पैसा इकट्ठा किया था वह जमा क्यों नहीं किया? वह कहाँ है? वह तो उन्होंने अपने ही गुटवालों को बाँट दिया था।

हजार साल बाद इतिहास का विद्यार्थी पढ़ेगा—12 अगस्त, 1978 को एक बर्बर कबीले ने दिल्ली पर हमला किया। इस कबीले का सरदार चरणसिंह नाम का एक दुस्साहसिक योद्धा था। यह तूफानी दस्ता लाठी और पत्थर से लैस था। ये आक्रमणकारी नारा लगा रहे थे—लाठी-गोली खायेंगे, चरणसिंह को बचायेंगे। इन्होंने राजा मोरारजी देसाई के किले पर हमला कर दिया।

राजा के रक्षक दल और हमलावरों में जमकर युद्ध हुआ। हमलावर कबीले-वाले खदेड़ दिये गये। किला फतह होते-होते बच गया। कबीले का सरदार और बड़ी फौज लेकर हमले की तैयारी करने लगा। इस हमले से महमूद गजनवी और चंगेजखाँ के हमलों की याद ताजा हो गयी। सरदार चरणसिंह जब किले पर अपना झण्डा चढ़ाने के लिए पहुँचे तो उन्हें युद्धस्थल पर ईंटें, पत्थर और घायल योद्धा पड़े दीखे।

यों मरीज असंयम करके जल्दी मरने की कोशिश कर रहा है, पर उसे बार-बार समझौते की ऑक्सीजन दे दी जाती है।

फिर एक समझौते की ऑक्सीजन दी जायेगी।

इन जनता नेताओं की अपनी नावें डूब चुकी थीं। इन्हें एक बड़ा पटिया तैरता मिल गया और उस पर ये बैठ गये। परस्पर दुश्मन, इन्होंने यह तय किया कि हम एक-दूसरे पर थूकेंगे, गाली देंगे, पर इतना धक्कम-धक्का नहीं करेंगे कि सब डूब जायें।

मगर लहरें तेज उठ रही हैं।

हल्ला और कलंक का तन्त्र

पिछले साल-सवा सला से यह देश हल्लों पर चल रहा है। कलंक-कथाओं पर जी रहा है। सारे देश में ज्ञान-विज्ञान के क्षेत्र में रिसर्च का एक ही विषय है—

स्कैण्डल !

इन्दिरा गाँधी, उनके पिता और उनके पिता के स्कैण्डलों के शोध का समापन तो हो गया नयनतारा सहगल से, जिन्होंने अपनी माँ विजयलक्ष्मी पण्डित की कुण्ठाओं में से इन्दिरा गाँधी सम्बन्धी एक किताब लिख डाली। वैसे श्रद्धामाता अभी भी मार्केट में हैं। साधु-संन्यासिनियों का मार्केट देर तक चलता है।

अब जनता पार्टी के नेताओं के हल्ले होने लगे। कई दिनों से हल्ला हो रहा है कि बिहार के एक मन्त्री सचिवालय के अपने दफ्तर से लगे कमरे में एक स्त्री के साथ अपने पिछड़े प्रदेश का विकास करते पाये गये।

अपनी भाषा की इतनी ही हैसियत है, जो हुआ या जिसका झूठा हल्ला है, उसका जिक्र मैं इसी प्रतिष्ठा की भाषा में कर सकता हूँ। अंग्रेजी में कहते हैं—'काम्प्रोमाइजिंग सिचुएशन' में पाये गये। हिन्दी पत्रकारिता में इसे 'सन्दिग्ध अवस्था' और 'आपत्तिजनक स्थिति' कहा गया।

मैं अपनी भाषा की दरिद्रता पर रो रहा था कि साहित्य के एक अध्यापक नारे की तरह बोले—अरे, क्या नहीं है आखिर हमारे देश में ?

सब है। आचार्यों ने इस सेक्स के मामले को बहुत बारीक काता है। गरम-से-गरम शब्द और मुहावरे हैं, पर अगर तुम्हें कुनकुनी अभिव्यक्ति ही चाहिए तो यों कहो—मन्त्री महोदय एक स्त्री के साथ 'मधुमती भूमिका' में पाये गये।

अच्छा, मंजूर। काव्यशास्त्र से खींचा गया यह 'मधुमती भूमिका' चल जायेगा। हल्ला इस बात पर नहीं है कि सचिवालय में पाये गये। मैं पूछता हूँ, इसमें क्या गलत है ? जिस देश में मन्दिरों में प्रभु के सामने यह सब होता हो, रजनीश नाम के एक भगवान 'सम्भोग से समाधि तक' ले जा रहे हों; मशहूर योगी और ब्रह्मचारी पतिव्रताओं से बिस्तर में योग, यानी टोटल करते हों, वहाँ सचिवालय में एक मन्त्री मधुमती भूमिका में उतर गये, तो क्या गजब हो गया ?

आखिर सचिवालय में ही तो विकास की सारी योजनाएँ बनती हैं। कहते हैं, वह स्त्री उन्हीं की पार्टी की है। तो वे पार्टी का काम ही कर रहे थे—पार्टी में भावनात्मक एकता स्थापित कर रहे थे। अगर देवीजी दूसरे घटक की हों, तब तो और भी मजबूत भावनात्मक एकता हुई होगी।

सम्पूर्ण क्रान्ति से निकले तपे हुए वीर, मोरारजी भाई द्वारा बनाये गये भयहीन, लोकनायक के पुण्य प्रताप के नीचे रहनेवाले मन्त्री साहस के साथ सचिवालय में स्त्री के साथ मधुमती भूमिका में न आयेंगे तो क्या भागकर बियाबान में जायेंगे।

जनता सरकार ने जनता के लोकतान्त्रिक अधिकार बहाल किये हैं। इन अधिकारों का उपयोग करके लोग औरतें भगा रहे हैं, बलात्कार कर रहे हैं, तो क्या मन्त्री ही इस अधिकार से वंचित रह जायेगा ?

क्या सच है, क्या झूठ, अपने को पता नहीं। मन्त्री कहते हैं—झूठ है। उस दिन एक महिला पार्टी सदस्या पति के साथ मिलने आयी थी। कोई बात नहीं। कोई-कोई पति खुद पहुँचा जाते हैं। मन्त्री का आरोप है कि जनसंघी उन्हें बदनाम करने

के लिए यह झूठी अफवाह फैला रहे हैं। मैं इसे नहीं मानता।

जनसंघी को बचपन से ही शाखा में चरित्र की शिक्षा दी जाती है। उसे पूरी तरह सिखा दिया जाता है कि स्त्री माता है। हर स्त्री को माता समझो। वह माता-स्वरूप किसी स्त्री के सेक्स के मामले की बात नहीं उड़ा सकता है। फिर वह भारतीय संस्कृति और परम्परा का भक्त है।

ऋषि-मुनि चाहे जिस स्त्री से कह देते थे—शुभे, मैं तेरे साथ रमण करना चाहता हूँ। और स्त्री धर्मभाव से समर्पण भी कर देती थी। वह डरती थी कि मना करने पर ऋषि उसे भस्म कर देंगे। जैसे स्त्री डरती है कि मन्त्री की बात न मानी, तो नौकरी से निकाल देंगे।

वेदव्यास के पिता ने योगबल से कुहरा पैदा करके नाव में ही तरुणी का भोग कर लिया था, जिसने व्यास को जन्म दिया। और फिर व्यास ने पाण्डु और धृतराष्ट्र पैदा करके वंश बढ़ा दिया था। आध्यात्मिक शक्ति से सम्पन्न ऋषि-मुनि इस मामले में 'फ्री-लांसिंग' करते थे। पुत्रेष्टि यज्ञ कर दिया करते थे। ऐसी परम्परा में विश्वासी जनसंघी हरगिज स्त्री सम्बन्धी बदनामी नहीं उड़ायेंगे।

यों सच भी हो तो मन्त्रीजी को चिन्ता करने की जरूरत नहीं है। भारत में इस मामले में अभी तक सिर्फ एक मन्त्री को पद छोड़ना पड़ा है। ये गौरवशाली थे केरल के मन्त्री पी. के. चाको, जो एक रेस्ट हाउस में पार्टी सहयोगिनी के साथ मधुमती भूमिका में पाये गये थे।

यों सब जानते हैं, होता सब है। चरित्रवान और चरित्रहीन में कुल इतना फर्क है—एक पकड़ा नहीं जाता और दूसरा पकड़ा जाता है। जिसकी दबी है, वह चरित्र-वान और जिसकी खुल गयी वह चरित्रहीन।

यों राजनीति और स्त्री के मामले बहुत पुराने हैं। बूढ़े होते हुए सीजर को क्लियोपेट्रा ने ऐसा पटाया कि उसके बेडरूम में रहने लगे। फिर एण्टनी को तो उसने एक तरह से घरजमाई ही बना लिया था। हमारे जमाने में ब्रिटेन के रक्षा-मन्त्री प्रोफ्यूमो को पटाकर विषकन्या क्रिस्टीन कीलर मैकमिलन-मन्त्रिमण्डल को ही चबाये जा रही थी।

मेरा कहना है—अगर मन्त्री और नेता किसी स्त्री की राजी-बाजी से मधुमती भूमिका में आ जायें, तो न अनुचित है, न अनैतिक और अगर दुनिया में कोई और जगह न मिलती हो, और इस काम के लिए सचिवालय का उपयोग करना लाजिमी हो, तो हाजिर है इमारत। अगली रोलिंग योजना में सचिवालय में सामन्ती विलास-कक्ष बनवा दिये जायेंगे।

एक ही बात है, बलात्कार न हो। बलात्कार शरीर-बल से ही नहीं होता, भय और लोभ से भी होता है। प्रोफेसर पी-एच. डी. का लोभ देकर छात्रा का भोग करता है, तो यह बलात्कार होगा। नौकरी से निकालने का डर दिखाकर साहब मातहत का भोग करता है, तो यह भी बलात्कार होगा। नेता पार्टी टिकट देने के लोभ से भुवनमोहिनी त्रिपुर-सुन्दरी को प्राप्त करता है तो यह भी बलात्कार हुआ।

मन्त्री के पास तो देने के लिए बहुत भय और बहुत लोभ है। कहीं बलात्कार न हो जाये। भैंसे-जैसे मोहक मन्त्रियों के पास औरतें प्रेम से पीड़ित होकर ही थोड़े आती हैं।

गाँधीवादी के असत्य के प्रयोग

आज 28 जुलाई है। दोपहर बाद चरणसिंह प्रधानमन्त्री-पद की शपथ ले लेंगे। मोरारजी आखिरी बार गाँधीवादी सत्य का झटका देकर राजनीति से संन्यास ले चुके। आखिरी 'सत्य' यह था कि राष्ट्रपति को धोखा देने की कोशिश की। अपने समर्थकों की लिस्ट में कांग्रेस के सदस्यों के नाम दे दिये। यह झूठ था। पर इतना झूठ गाँधीवादियों के लिए पवित्र है। सोचा यह था कि इस झूठी लिस्ट पर धाँधली में राष्ट्रपति से मन्त्रिमण्डल बनाने का निमन्त्रण ले लेंगे। फिर सरकार बनाने के बाद दबाव और लोभ से बहुमत कर ही लेंगे। पर यह धोखा नहीं चला।

मोरारजी संन्यास लेंगे। दो फायदे हैं। वे कहते रहे हैं कि मैं ईश्वर और सत्य की खोज में लगा हूँ, जबकि वे हमेशा पदों की खोज में रहे। अब शायद उन्हें यह सत्य पकड़ में आया हो कि पद ईश्वर नहीं है। वे अब सच्चे ईश्वर की खोज कर सकते हैं। दूसरा फायदा भी है। कान्तिभाई को बचाने का एक ही तरीका है कि संन्यासी हो जायें। इस देश की भावना यह है कि साधु-संन्यासी के बेटों को माफ कर दिया जाता है। लोग कहते हैं—'कुछ भी हो भैया, आखिर उसका बाप साधू है। छोड़ो उसे, नहीं तो साधू की आत्मा कलपेगी।' मगर मोरारजी के संन्यास का भी क्या भरोसा? घर में चोरी हो जाने पर कोई-कोई कहते हैं—'अब तो दुनिया से मन ऊब गया। सब माया है।' निराशा की नैतिकता भी स्थायी नहीं होती।

पर लोकनायक दुःखी हैं। कहते हैं—'मेरा लगाया बाग उजड़ रहा है।' बहुत अच्छा हो रहा है। उन्होंने बाग़ में कोई गुलाब और आम नहीं लगाये थे, जो फूल और फल देते। उन्होंने बबूल और भटकटैया लगाये थे, जिनके काँटे चुभने लगे थे। बाग़ नहीं उजड़ता तो काँटे-ही-काँटे बिछ जाते और राह चलना मुश्किल हो जाता।

अभी मेरे पास दो-तीन मित्र बैठे थे। एक ने कहा—ये लोग इतिहास की कूड़ेदानी में जायेंगे।

दूसरे ने कहा—नहीं जायेंगे। इतिहास की कूड़ेदानी में सीमित जगह है। इतने सबको वहाँ कैसे भरेगा इतिहास? कुछ खास-खास को ही इतिहास की कूड़ेदानी में जगह मिलेगी। बाकी सब इतिहास के रास्ते में धूल की तरह पड़े रहेंगे और कुचले जायेंगे।

राजनारायण की जय चरणसिंह से ज्यादा हो रही है। अब कोई राजनारायण को जोकर नहीं कहता। राजनारायण ने महत्त्वपूर्ण सैद्धान्तिक लड़ाई लड़ी है। वे अब किसी तीर्थ में दाढ़ी मुड़ाने जायेंगे। इन्दिरा गाँधी को हराने के बाद राजनारायण ने विन्ध्यवासिनी देवी की शरण में मुण्डन कराया था। आठ-दस दिन बाद अखबारों में समाचार छपा कि देवी के गहने चोरी चले गये। यह है राजनारायण का पराक्रम। पता नहीं इस बार किस देवी-देवता की शामत आयी है।

मुझे अपने 'बाबूजी' की बड़ी चिन्ता थी। इनका बँगला और तनखा गयी। बाबूजी का बँगला और तनखा जाने लगती है तो उनकी तबीयत खराब हो जाती है। पर देखो, बाबूजी जनता संसदीय दल के नेता हो गये। उनका बँगला भी रह गया और तनखा भी। बाबूजी को दरबार में पड़े रहना आता है—वह दरबार नेहरू का हो, नन्दा का हो, शास्त्रीजी का हो, इन्दिरा गाँधी का हो या मोरारजी का। जनता पार्टी बालासाहब देवरस का दरबार है। यहाँ भी बाबूजी पड़े हैं। अगर चव्हाण या चरणसिंह के दरबान सहमत होते तो उस दरबार में भी बाबूजी घुस जाते। बाबूजी सब कहीं 'विनय-पत्रिका' लिखते हैं—

'कबहुँक अम्ब अवसर पाइ
मेरि औ सुधि धाइबी कछु
करुण कथा चलाय।'

हे माता, प्रभु के सामने कुछ करुण कथा चलाना जिससे उनका दया का 'मूड' बने। फिर अवसर पाकर मेरी याद दिलाना कि एक बेचारा जगजीवनराम दीन-दुखी पड़ा है। उस पर कृपादृष्टि हो जाय, प्रभु, तो वह प्रधानमन्त्री हो जाय। बाबूजी ने यशवन्तराव चव्हाण से कहा—अगर मुझे प्रधानमन्त्री बनाते हो तो मैं भी अपने साथियों समेत बाहर आ जाता हूँ। चव्हाण ने ऐसा वादा नहीं किया तो बाबूजी ने नानाजी को फोन लगाकर कहा—नानाजी, इन्दिरा गाँधी की तानाशाही चरणसिंह के सहयोग से फिर जिन्दा हो रही है। हमें जनता पार्टी को संगठित करके उससे लड़ना है।

फासिस्टवाद मगरमच्छ की तरह है। संघ का फासिस्टवाद भी मगरमच्छ है। वह एक-एक कर निगलता है। जनता पार्टी में यही सिलसिला चल रहा है। चन्द्रशेखर निगल लिये गये। उनकी एक टाँग ही बाहर दिख रही है। टाँग को पकड़ कृष्णकान्त भी मगर के मुँह में जा रहे हैं। जयप्रकाश में इतनी ताकत नहीं रही कि वे चन्द्रशेखर की टाँग पकड़कर बाहर खींच लें। जनता सरकार संकट में आयी तो चन्द्रशेखर जयप्रकाश से सलाह लेने नहीं गये। वे बालासाहब देवरस से सरकार बचाने की प्रार्थना करने नागपुर गये। चन्द्रशेखर की कोशिशों में कमी नहीं रही। अगर राष्ट्रपति दो-तीन दिन का समय और देते तो चन्द्रशेखर चम्बल की घाटी में डाकू गिरोहों के सरदारों से सलाह लेने आनेवाले थे।

बाबूजी का भला हो। रहे वे सिण्डीकेटी कांग्रेसी जो 1969 में खत्म हो चुके थे। और वे प्रजा-समाजवादी जो लोहिया के उग्र कार्यक्रम से भाग खड़े हुए थे।

मुझे चरणसिंह की बातें सुनकर बड़ा मजा आ रहा है। वे पहले ही बयान में कहते हैं—हम वर्गविहीन समाज की स्थापना करेंगे। पता नहीं यह सुनकर भूपेश गुप्त और राममूर्ति से चाय पी गयी या नहीं। चौधरी साहब समाजवाद का भी समर्थन करने लगे। सब दिनों का फेर है। पहले ऐसा था कि कोई चौधरी साहब के सामने 'समाजवाद' शब्द कहता तो वे नौकर से कहते थे—ज़रा मेरा डण्डा उठाना। उनका एक ग्रन्थ है—'सहकारी खेती की शवपरीक्षा'। मगर वास्तविकता आदमी को बहुत सिखा देती है।

चौधरी साहब को यह भ्रम शायद हो कि यह सारे संघर्ष मेरी महत्त्वाकांक्षा के लिए हुए हैं।

वे प्रधानमन्त्री न बनते अगर राजनारायण ने खुले मैदान में और संगठनात्मक रूप से संघर्ष न किया होता। मधुलिमये ने बहुत प्रभावशाली ढंग से इस हिन्दू फासिस्टवाद का सही चरित्र उभारा और लोकतान्त्रिक तथा वामपन्थी शक्तियों की एकता का प्रयत्न किया। यह लोकतान्त्रिक और वामपन्थी एकता का नतीजा है कि वे प्रधानमन्त्री हुए हैं। वे अपने को राजा सूरजमल जाट द्वितीय न समझने लगें।

इस समय सीधा बँटवारा है राजनैतिक शक्तियों का। लोकतान्त्रिक, गैर-साम्प्रदायिक और प्रगतिशील शक्तियाँ बनाम साम्प्रदायिक, फासिस्ट शक्तियाँ। सीधी लड़ाई है। अभी संघ कई पैंतरे लेगा, घोषणाएँ करेगा, वादे करेगा। बाबूजी के साबुन को घिसकर उजला होने की कोशिश करेगा। जो उस पर विश्वास करेगा, उसे राजनीति छोड़कर मूँगफली बेचना चाहिए या सट्टा लिखना चाहिए।

इस वक्त राजनीतिज्ञों को दुश्मन नम्बर एक तय करना होगा। राजनैतिक जड़ता बड़ी खराब चीज है। जो इन्दिरा गाँधी को दुश्मन नम्बर एक अभी भी मानते हैं, उन्हें सोचना पड़ेगा। साम्यवादी दल और समाजवादियों ने और कांग्रेस ने यह सोचा है और दुश्मन नम्बर एक संघ को मान लिया है। मार्क्सवादी अभी शास्त्र पलट रहे हैं। नम्बूदरीपाद का स्कूल में गणित कमजोर रहा होगा। वे चरणसिंह से कहते हैं कि इन्दिरा कांग्रेस के तिहत्तर छोड़ो तो हमारे बाईस तुम्हारा समर्थन करेंगे। ये बाईस क्या गुरु गोविन्दसिंह के सिपाही हैं जो एक सवा लाख के बराबर होता है। इन्दिरा कांग्रेस तो चरणसिंह का समर्थन करती ही। बिना माँगे भी करती। इन्दिरा ने कोई धर्मादा नहीं खोला है।

वे राजनीतिज्ञ हैं। जनता सरकार को गिराने में उनका हित है। उनके सिद्धान्तों की जीत भी है। उनकी पार्टी लगातार संघ से लड़ रही है। सैद्धान्तिक लड़ाई है यह फासिस्टवाद के खिलाफ। नदिया जिले में जो भयंकर साम्प्रदायिक दंगा हुआ, उसके बाद भी मार्क्सवादियों को दुश्मन नम्बर एक समझ में नहीं आता।

हीनता का अतिराष्ट्रवाद

आज मुझे सरकारी तौर पर, अधिकृत रूप से यह बताया गया कि सूरदास महान कवि थे; और सन्त भी थे। एक मन्त्री ने सूर-पंचशती समारोह में यह शासकीय घोषणा की। अब मैं बेफिक्र हो गया। अतः बिना डर के सूरदास का नाम ले सकता हूँ।

जब से इतिहास की कुछ किताबें प्रतिबन्धित हुई हैं, तब से मुझे लग रहा था कि दूसरी आजादी की सरकार, मान्यता-प्राप्त कवियों की सूची जारी करेगी। इन सरकारी कवियों के सिवा किसी दूसरे कवि को मानने, पढ़ने-पढ़ाने पर प्रतिबन्ध लग जायेगा।

हीनता की भावना से जो कायर अतिराष्ट्रवाद इस देश में पैदा हुआ है, उसे हकीम वीरूमल तथा चाँदनी चौक दिल्ली के हकीमों की जरूरत पड़ती है। इन राष्ट्रवादियों के लिए कवियों में चन्दबरदाई और भूषण जैसे कवि ही जरूरी हैं। 'आल्हा' दुनिया का सबसे महान महाकाव्य माना जायेगा—भैंसी ब्याई गढ़ महोबे में, पड़वा गिरो कनौजे जाय।

और कालिदास ? पढ़ना-पढ़ाना बन्द, वासना को उभारता है, जिससे राष्ट्रीय शक्ति क्षीण होती है। निराला और मुक्तिबोध ! राष्ट्रद्रोही और कम्युनिस्ट मालूम होते हैं, और हमारी विराट बुद्धि की पकड़ में भी नहीं आते।

सूरदास को शासकीय मान्यता मिल गयी। बूढ़ा अन्धा कृतार्थ हो गया। मन्त्रीजी ने यह भी घोषणा की कि सूरदास सन्त थे। मैं तो उन्हें विलासी मानता था। वे लिखते हैं—

आज हरि नयन, उनींदे आये।
बिन गुन माल, पयोधर मुद्रा,
कंकन पीठ गड़ाये।

कृष्ण कहीं रात गुजारकर आये हैं। आलिंगन के कारण वक्ष पर बिन धागे की माला के और उरोजों के निशान हैं, और पीठ पर कंगन गड़ने की छाप है। बताइए, विलासी नहीं तो और क्या ?

पर मन्त्री ने घोषणा की कि वे सन्त थे। मैं मान गया। मानना पड़ा। मन्त्री ने सूरदास को सर्टिफिकेट दिया—मैं सूरदास को कई वर्षों से जानता हूँ। वे महान् कवि और सन्त हैं। जहाँ तक मेरी जानकारी है, इनका चाल-चलन अच्छा है। कृष्ण के दरबार में मैं इनकी नियुक्ति की सिफारिश करता हूँ।

अच्छा समारोह था। साहित्य के रसिक और जिज्ञासु तो कम ही थे। कुछ आचार्य थे, जिन्हें तबादले के बारे में बातचीत करनी थी।

कुछ को अच्छी जगह तबादला कराना है। कुछ वे थे जो आदतन 'हें-हें' वाले हैं। वे कांग्रेसी मन्त्री के पाँवों को भी चिपटते थे, और जनता के मन्त्री के पाँवों को

भी लिपटते हैं। सरकारी अफसर और पुलिसवाले थे। पुलिसवाले परेशान थे। कहते होंगे—ये सूरदास, तुलसीदास वगैरह बहुत तंग करने लगे हैं। ड्यूटी लग जाती है। इन्हें तो दफा एक सौ सात में डाल देना चाहिए।

विद्वानों के भाषण भी बड़े ज्ञानवर्धक हुए।

मंच पर मन्त्री थे। विद्वानों को इस बात का ध्यान रखना जरूरी था। एक विद्वान को सूरदास के सन्दर्भ में भी आपातकाल याद आ गया। वे बोले—शासक वर्ग जब अपने स्वार्थों की पूर्ति के लिए आपातकाल की वायवीय स्थितियों को वास्तविक अथवा कानूनी स्वरूप प्रदान कर लोक को उत्पीड़ित करता है, तो क्रान्ति का शंखनाद गूंज उठता है।

आचार्य का मतलब होगा कि सूरदास के समय मुगल शासकों ने 'इमर्जेन्सी' लगायी थी और सूरदास ने मथुरा में सम्पूर्ण क्रान्ति के संगठक के नाते उसके खिलाफ संघर्ष किया।

इमर्जेन्सी के दौरान भी, और अब भी, मन्त्री को देखते ही विद्वान 'इमर्जेन्सी' की बात करने लगते हैं। तब उसके समर्थन में बोलते थे, अब विरोध में बोलते हैं।

पर मैं बाबू जगजीवनराम की तारीफ करूँगा। इमर्जेन्सी में हुए एक साहित्य-सम्मेलन में आयोजकों ने जगजीवनराम को बुला लिया। मुझे बुरा लगा। क्यों इस मन्त्री को लाद लिया? अब सुनो इनका आपातकाल और बीस-सूत्री भाषण।

पर जगजीवनराम लगभग सवा घण्टा केवल साहित्य और भाषाशास्त्र पर बोले, गहरे आचार्य की तरह।

उनके मुँह से आपातकाल और बीस-सूत्री कार्यक्रम एक बार भी नहीं निकला। मजा यह है कि हम लेखकों में अनेक आपातकाल और बीस-सूत्री कार्यक्रम का उल्लेख करने से नहीं चूके।

आचार्यों की बात गूढ़ होती है। एक आचार्य ने कहा—उन्होंने (सूरदास ने) अपने युग की विलासिता, आलिंगन, चुम्बन, परिरम्भन, नखाघात आदि को कृष्णार्पित कर उसे पवित्र बना दिया और सम्पूर्ण हिन्दू जाति को सदैव के लिए पाप और हीनता की ग्रन्थि से मुक्त कर दिया।

क्या अर्थ हुआ? यह कि चुम्बन-आलिंगन पाप है, पर कृष्ण को अर्पित करके यह करो तो वह पवित्र हो जाता है। ईसाई और मुसलमान कृष्ण को अर्पित करके चुम्बन-आलिंगन नहीं करते, इसलिए वह पाप हो जाता है।

हिन्दू यदि कृष्ण को अर्पित करके बलात्कार करे, तो क्या वह पवित्र है? और पुलिस उसे छोड़ देगी? फिर हीनता ग्रन्थि तो उसे होती है जो आलिंगन-चुम्बन नहीं कर सकता। उसे नहीं होती, जो करता है।

बात शुरू की थी मन्त्री से, और आ गया विद्वान पर—हालांकि उस समारोह में विद्वानों का नम्बर दसवाँ होगा। मुख्य अतिथि और सूरसाहित्य के माने हुए एक विद्वान का भाषण अखबार में पाँच लाइनों में छपा, और मन्त्री का भाषण डेढ़

कॉलम में। विद्वान वहाँ आखिर क्यों जाते हैं, जहाँ कोई मन्त्री हो ! शेर की बराबरी से बन्दर सरकस में क्यों बैठता है ?

मैं यह नहीं कहता कि मन्त्री अयोग्य होते हैं। कतई नहीं। यह भी मानता हूँ कि पद के कारण उन्हें कई जगह जाना पड़ता है, या वे खींचे जाते हैं, पर कई बार बड़ी अजब स्थिति पैदा होती है।

एक बार निराला जयन्ती में एक मन्त्री ने कहा—अब निराला का शेष काम हम पूरा करेंगे। मैं तो घबरा गया। बाप रे ! अगर ये निराला का शेष काम पूरा करने लगे तो क्या होगा ? लाहौल विला कूवत !

एक मन्त्री तुलसी जयन्ती पर बोल रहे थे। वे राम की महिमा बताने लगे—राम एक महान् बाटनिस्ट (वनस्पतिशास्त्री) थे। अहिल्या एक फॉसिल (जीवाश्म) थी। आजकल के बाटनिस्ट तो फॉसिल का केवल अध्ययन करते हैं, पर राम ने उस फॉसिल को स्त्री बना दिया।

तीस सालों से मन्त्री लोग यही कर रहे हैं-- उद्घाटन, विमोचन। पुल का उद्घाटन मन्त्री न करे तो वह गिर जाये। नहर का उद्घाटन मन्त्री न करे तो वह सूख जाये। विज्ञान गोष्ठी का उद्घाटन मन्त्री न करे तो सारे वैज्ञानिक मूर्ख हो जायें। धोबी-सम्मेलन का उद्घाटन मन्त्री न करे तो धोबी कपड़ा धोना भूल जाये। हालाँकि रामकथाओं में इसका उल्लेख नहीं मिलता, पर मुझे विश्वास है कि राम ने लंका जाने को जो पुल बनवाया था, उसका उद्घाटन जरूर करवाया होगा।

मन्त्री यह काम करें, पर थोड़ा अदल-बदलकर किया करें।

पुल का उद्घाटन लोक-कर्म मन्त्री ही क्यों करें ? पुल तो उन्हीं का बनवाया है। उन्हीं की प्रॉपर्टी है।

यह तो ऐसा ही हुआ कि कोई सेठ विधवाश्रम बनवाकर खुद उसका उद्घाटन करने लगे और कहे--मैंने जनता के लाभ के लिए यह विधवाश्रम बनवा दिया है। मैं चाहता हूँ अधिक-से-अधिक स्त्रियाँ विधवा हों और इसका लाभ उठायें।

कांग्रेसी मन्त्रियों ने हर अवसर पर मुख्य अतिथि होने, उद्घाटन करने, आशीर्वाद देने का शुभ कार्य तीस साल किया। आखिर वे हूट होने लगे। जनता मन्त्री नये हैं। अभी चल जायेंगे। उनमें नये का उत्साह है। बाइज्जत बुलाये जाने का पहली बार उन्हें सौभाग्य प्राप्त हुआ है। अभी तक तो चौराहे पर चिल्लाते थे कि यह सरकार भ्रष्ट है। अब मंच पर माला पहनकर बैठते हैं।

इनके हूट होने में देर लगेगी। देर हो, पर अन्धेर नहीं होगा। ये जरूर हूट होंगे। प्रक्रिया चालू हो गयी है। मुजफ्फरपुर में जब लालकृष्ण आडवाणी टेलीविजन केन्द्र का उद्घाटन कर रहे थे, तब नारे लगे थे—टी. वी. नहीं, रोटी चाहिए !

आडवाणी को कह देना चाहिए था— सरकार आपकी माँग मंजूर करती है। टेलीविजन पर रोटी भी दिखायी जायेगी।

खुदा की चिड़ियाँ

हर धर्म को माननेवाले कुछ कथाओं में विश्वास करते हैं। एक यह कथा है—

पुराने जमाने में एक बार ईथोपिया के राजा ने हाथियों की सेना लेकर मक्का पर हमला कर दिया। तब एक चमत्कार हुआ। आसमान पर चोंच में कंकड़ लेकर अनगिनत चिड़ियाँ छा गयीं। चिड़ियों ने हाथियों पर कंकड़ बरसाये तो हाथी भाग खड़े हुए। यह चमत्कार है। वैसे यह चमत्कार तब नहीं हुआ जब कुछ छापामारों ने काबा पर कब्जा कर लिया था। कोई चिड़िया आसमान में नहीं उड़ी। कोई कंकड़ नहीं गिरा। खुदा के इन्साफ का कोई ठिकाना नहीं। कभी अपने ही घर पर कब्जा करवा देता है, कभी हज को जा रहे मुल्ला की स्टेशन पर जेब कटवा देता है। कौन जानता है उसकी लीला को!

इस्लामी देशों के विदेश मन्त्री जो अभी इस्लामाबाद में सम्मेलन करके निपटे हैं, पिछली जनवरी से यह उम्मीद कर रहे थे कि इस बार अल्ला मियाँ की चिड़ियाँ नहीं, बाज अफगानिस्तान और रूस के आसमान में छा जायेंगे। उनकी चोंच में खुदाई मिसाइलें होंगी। ये मिसाइलें रूस में मास्को पर बरसेंगी। अफगानिस्तान में रूसी फौजों पर बरसेंगी। मगर फिर खुदा का इरादा बदल गया। कोई चिड़िया आसमान में नहीं गयी। लिहाजा जनवरी में जिन इस्लामी विदेश मन्त्रियों ने यह फैसला किया था कि बबरक करमाल नाम का कोई आदमी नहीं है, उन्होंने अभी फैसला किया है कि बबरक करमाल कोई आदमी है, और हम उससे बात भी कर लेंगे।

कमजोरी खुदा की नहीं, उस आदमी की है, जो दुनिया में खुदा का 'वाइसराय' है, जिस पर इस्लाम की रक्षा की जिम्मेदारी है। जनरल जिया, सऊदी अरब के शाह, शेख और तेल सेठ सब उम्मीद किये बैठे थे कि खुदा का यह नुमाइन्दा जिमी कार्टर अफगानिस्तान से रूसियों को खदेड़कर बबरक करमाल की सरकार को गिरा देगा।

अभी जब इस्लामी सम्मेलन हो रहा था, तभी जनरल जिया ने एक इण्टरव्यू में लगभग गिड़गिड़ाते हुए जिमी कार्टर के लिए जो कुछ कहा, उसका मतलब कुछ ऐसा निकलता है—हुजूर, आपको सख्ती से काम लेना चाहिए। आप बहुत नरम हैं। आप आजाद दुनिया के रखवाले हैं। यही जिया जब कभी खीझकर कार्टर-विरोधी बयान दे देते हैं, अमेरिका की मदद को 'मूँगफली' कह देते हैं, तब यह नहीं समझना चाहिए कि पूँछ ने कुत्ते के खिलाफ विद्रोह कर दिया है। यदि पूँछ के भाग में खुजली उठती है कभी-कभी तो पूंछ को दीवार या खम्भे से रगड़कर खुजली खुजाने की आजादी दी जाती है।

जिमी कार्टर आखिर कौन से इस्लाम की रक्षा करें? लीबिया, सीरिया, अलजीरिया के शासक सच्चे मुसलमान नहीं हैं, क्योंकि वे अपने देश में सामाजिक-

आर्थिक सुधार कर रहे हैं। किसी रूप में समाजवाद ला रहे हैं। दोजख में इनकी जगह तय है, क्योंकि इसके साथ ही ये अमेरिका के चमचे नहीं हैं।

अयातुल्ला खोमैनी भी सच्चे मुसलमान नहीं हैं, क्योंकि उन्होंने कार्टर के माने हुए सच्चे मुसलमान रजाशाह पहलवी को इस्लाम के नाम से ही क्रान्ति करके भगा दिया। कार्टर ने इन अयातुल्ला के खिलाफ ही ताकत बतानी चाही तो ऐसा हुआ कि कार्टर को माँ की गोद में सिर रखकर रोना पड़ा और माँ बेटे के सिर पर हाथ फेरकर कहने लगी—पूअर जिमी ! बन्दियों को छुड़ाने और खोमैनी को उड़ाने गये हेलीकॉप्टर और विमान आपस में टकराकर नष्ट हो गये। ईरानी कहते हैं—वैसा ही हुआ जैसा ईथोपिया के हाथियों के साथ हुआ था।

एक ब्रिटिश पत्रकार ने, जो वियतनाम में भी अमेरिकी 'बहादुरी' का गवाह है, लिखा है कि अमेरिका का यह कहना झूठ है कि हेलीकॉप्टर आसमान में लड़ गये। असल में हेलीकॉप्टर उड़े ही नहीं। खड़े होते और फिर गिरते तो उनके पहियों में खराबी आती, पर पहिये तो उनके दुरुस्त थे। यानी वे जमीन पर ही पड़े-पड़े जले। जो विमान उनमें पेट्रोल भरनेवाला था, वह अँधेरे में टकरा गया और आग लग गयी। 'परम्परागत' कौशलहीनता (ट्रेडीशनल इन-एफिशिएन्सी) कहा है। ईरानी लेकिन यही मान रहे हैं कि अल्ला की चिड़ियों ने इस्लाम के दुश्मन को मार भगाया।

खोमैनी इस्लाम से हारने के बाद 'खलीफा' जिमी कार्टर को मजबूर होकर ईसाई करुणा और अहिंसा का हथियार इस्तेमाल करना पड़ा है। हमला नहीं करेंगे, किसी को मारेंगे नहीं, गोली नहीं चलायेंगे, बम नहीं डालेंगे। इससे हिंसा होती है। खून बहता है। हाय, सूली पर टँगे ईसा का खून कैसा बह रहा था। ईरान को सारी सप्लाई बन्द कर दी जायेगी। खाने का सामान और दवाइयाँ भी। आदमी को भूख से मारना हिंसा नहीं है। आदमी को बिना दवा के मार डालना हिंसा नहीं है। न गोली मारी जाती, न खून निकलता। गाँधीजी इस अहिंसा को नहीं सीख सके।

किसी देश की जनता को अन्न और दवा से वंचित करके मार डालना समस्या का शान्तिपूर्ण हल खोजना है। पर इस ईसाई उपाय में यूरोप के दोस्त देशों ने अड़ंगा डाला। खासकर फ्रान्स के राष्ट्रपति गिस्का दिएस्ताँ बहुत तंग कर रहे हैं डालर पोप को। मुझे कल्पना आती थी कि किसी दिन सुबह जिमी कार्टर दिएस्ताँ के दरवाजे पर खड़े होंगे, सन्तरी पूछेगा—क्या चाहते हो ? राष्ट्रपति से मिलना चाहता हूँ। कहाँ से आये हो ? अमेरिका से। अमेरिका में कहाँ से ? वाशिंगटन से। क्या काम करते हो ? नौकरी करता हूँ, ह्वाइट हाउस में। क्या नाम है तुम्हारा ? जिमी कार्टर। सन्तरी सेक्रेटरी से कहता। सेक्रेटरी थोड़ी देर बाद लौटकर कहता—मिस्टर कार्टर, राष्ट्रपति अभी व्यस्त हैं, फिर कभी आइए। मगर नये विदेश सचिव एडमण्ड मस्की ने पहली बार मुँह खोला और सबको बता दिया कि मैं साइरस वान्स जैसा नहीं हूँ। मैं शुद्ध अमेरिकी 'लट्ठ विवेकी' आदमी हूँ। मस्की ने एतराज किया था कि राष्ट्रपति दिएस्ताँ ब्रेझनेव से अमेरिका की सहमति के बिना

क्यों मिले। इस पर, फ्रान्स के विदेश मन्त्री ने फटकारा, 'तुम कौन हो, जी ? हमें ब्रेझनेव से मिलने के लिए किसी की मंजूरी की जरूरत नहीं है।'

दुनिया में ये सारी गड़बड़ियाँ इसलिए हैं कि दूसरे महायुद्ध के बाद से दुनिया के अमन-चैन के लिए अमेरिकी योजना चल नहीं रही है। ई. एच. कर ने कहा है—जानकर या अनजाने अमेरिका उन्नीसवीं शताब्दी के ब्रिटेन की नकल करना चाहता है। तब ब्रिटिश साम्राज्य आधी दुनिया में फैला था और सब कहीं अमन-चैन था। दूसरे महायुद्ध के बाद अमेरिका ब्रिटेन का यही उन्नीसवीं शताब्दी का रोल अदा करना चाहता था। मुझे याद है, बचपन में सयानों के मुँह से सुनता था—रानी विक्टोरिया के राज में बड़ा अमन था।

अमेरिका दुनिया को रानी विक्टोरिया के राज का अमन-चैन देना चाहता था। लन्दन के बदले वाशिंगटन से एशिया, अफ्रीका में गवर्नर और गवर्नर जनरल नियुक्त होते। अमेरिकी फौज दूर देश में होती। सब जगह रानी विक्टोरिया के राज की तरह अमन-चैन होता। मगर इस अमन-चैन की योजना में सोवियत रूस के कारण बाधा पड़ी। यह हम पिछड़े हुए अफ्रीकी, एशियाई लोगों की बदनसीबी है कि रूस के कारण हमें अमेरिकी अमन-चैन नहीं मिल सका।

कोशिश में कमी नहीं की अमेरिका ने। वियतनाम हो या कम्बोडिया या पाकिस्तान या ईरान अथवा कांगो या यूगाण्डा या ईजिप्त या कोरिया, अमेरिका सत्ता गुटों से वैसी ही दरख्वास्त माँगता रहा है जैसी नौकरी के लिए माँगी जाती है—आवश्यकता है वियतनाम में एक सरकार की। न्यूनतम योग्यताएँ—

1. सत्ता-गुट उच्चवर्गीय हो।
2. भ्रष्ट हो।
3. खूब अमानवीय हो।
4. नीच हो।
5. जिससे जनता नफरत करती हो।

ऐसे योग्य व्यक्ति या गुट को अमेरिका शासक नियुक्त करेगा और जनता के दमन के लिए पैसा और हथियार देगा। फौज भी देगा। नोट—उन उम्मीदवारों को विशेष पसन्द किया जायेगा, जिन्हें घर से निकलते ही जनता के जूते खाने पड़ते हैं। इस योग्यता के फोटो-प्रमाण दिये जायें। ऐसे योग्य शासक अमेरिका जगह-जगह नियुक्त करता रहा है, जिससे गृहयुद्ध हुए हैं, क्षेत्रीय युद्ध हुए हैं। भुट्टो जैसा कोई शासक भ्रष्टता से मुक्त होकर लोकप्रिय होने लगता है, तो उसे मार डाला जाता है। ये सारे शासक देश में भारी तबाही के बाद आखिर धूल में मिलते हैं।

मगर इरादे अमेरिका के नेक होते हैं। जगह-जगह तानाशाह बिठाकर या शाहों को समर्थन देकर रानी विक्टोरिया के राज जैसा अमन-चैन कायम करना चाहता है। मगर नेक काम में सोवियत रूस आड़े आता और अब कैसे बुरे दिन आ गये हैं कि पाकिस्तान और सऊदी अरब जैसे देशों के पवित्र मुसलमान नेताओं को ब्रेझनेव और करमाल से बात करनी पड़ेगी।

ईरान के विदेश मन्त्री कुतुबजादे साहब फरमाते हैं कि हम करमाल से बात करेंगे, पर उनकी सरकार को मान्यता नहीं देंगे। कुतुबजादे साहब, जिस करमाल ने आपके इस्लामी उन्माद के अहंकार को तोड़कर आपको बात करने पर मजबूर कर दिया है, उसकी कुछ हैसियत तो होगी। कुतुबजादे कहते हैं कि अफगान सरकार वहाँ है, जहाँ अफगान विद्रोही जड़ें खा रहे हैं और लड़ रहे हैं। कुतुबजादे यह छिपाते हैं कि उनकी कल्पना की अफगान सरकार पेशावर तथा दूसरे पाकिस्तानी शहरों के बढ़िया होटलों में है, जहाँ अफगान रईस, जमींदार और शोषक स्कॉच शराब के साथ मुर्ग-मुसल्लम खा रहे हैं। और इस्लाम के नाम पर यह हंगामा इसलिए है कि इने-गिने अफगान फाइवस्टार होटल में मुर्ग-मुसल्लम खाते रहें और बाकी असंख्य जड़ें खाते रहें।

मगर अफगान-समस्या अब है क्या ? अफगान-समस्या तो हल हो चुकी है।

अतिक्रान्तिकारी

मेरी एक अतिक्रान्तिकारी से मुलाकात हो गयी। एक बेचारा मामूली क्रान्तिकारी होता है, जो क्षेत्र में काम करता है। भूखा रहता है। सूखी रोटी और प्याज झोले में लेकर चलता है, पिटता है, जेल जाता है। यह मामूली क्रान्तिकारी है। एक अतिक्रान्तिकारी होता है, विशिष्ट। यह दिन में दाढ़ी 'ट्रिन' कराता है, कॉफ़ी हाउस में बैठकर कॉफ़ी पीता है, बिटर कॉफ़ी। क्रान्ति एक कड़वी चीज है। कॉफ़ी में शक्कर डली हुई आयी हो, तो चम्मच से उसे निकालकर टेबिल पर डाल देता है, जिस पर मक्खियाँ भिनकती हैं। सिगरेट के कुन्दे को ऐश-ट्रे में नहीं, कॉफ़ी के कप में डालता है। सिगरेट को ऐसे क्रोध से मरोड़कर बुझाता है, जैसे बुर्जुआ का गला घोंट रहा हो। दिन में यह क्रान्तिकारी मार्क्स, लेनिन, माओ के जुमले याद करता है, रात को दोस्तों के साथ शराब पीता है और क्रान्तिकारी जुमले दुहराता है। फिर मुर्गा इस तरह खाता है, जैसे पूंजीवाद को चीथ रहा हो।

मेरी जिस क्रान्तिकारी से भेंट हुई, वह दूसरे प्रकार का विशिष्ट था। दाढ़ी बड़ी मेहनत से सजायी हुई थी। बढ़िया कुरता-पाजामा। झोला भी उत्तम। सुनहरे फ्रेम का चश्मा। क्रान्तिकारी के स्थानीय साथी ने परिचय दिया—सी. पी. आई. (एम. एल.) के उत्तर प्रदेश के सेक्रेटरी हैं। मैंने पूछा—एम. एल. के तो कई गुट हैं। एक से ज्यादा लाइनें हैं। आप किस गुट के हैं --सत्येन्द्र नारायणसिंह के या खोकोन मजुमदार ? या नेगी के साथ हैं ? लिन पियाओ लाइन अभी भी मानते हैं या डेंग सियाओ पिंग की कोई नयी लाइन है ? सी. पी. आई. (एम. एल.) का एक गुट तो

सी. आई. ए. ने भी बना रखा है। क्रान्ति का इतना बड़ा कारोबार हो रहा हो और उसमें सी. आई. ए. का शेयर न लगा हो, तो यह असम्भव है।

सवाल और रिमार्क मैंने एक साथ नहीं कर डाले, बातचीत में आते गये। उनका कहना था कि उनकी पार्टी इन सबसे अलग है। ये जितने गुट सी. पी. आई. (एम. एल.) के हैं, सब भ्रष्ट विचारधारा रखते हैं। हम लोग मार्क्सवाद-लेनिनवाद को उसके सही अर्थ में ग्रहण करते हैं। फिर उन्होंने वे मुहावरे मुख से निकाले और वे वक्तव्य दिये जिनसे हम लोग अच्छी तरह परिचित हैं—सामाजिक साम्राज्यवादी रूस और अमेरिकी साम्राज्यवादी में साठ-गाँठ है। दोनों मिलकर बाकी दुनिया पर कब्जा कर रहे हैं। इनमें अन्तर्विरोध को बढ़ायेंगे। अफगानिस्तान के मामले में यही अन्तर्विरोध प्रकट हो रहे हैं। सामाजिक साम्राज्यवादी रूस अफगानिस्तान पर कब्जा करना चाहता है। हम अमेरिका की मदद से इसका विरोध कर रहे हैं। रूसी साम्राज्यवादी पहला दुश्मन है—एनिमी नम्बर वन! फिदेल कास्त्रो उधर रूसी साम्राज्यवादी का एजेण्ट है। इधर वियतनाम का फामवान डांग एजेण्ट है।

अच्छा कामरेड, अपने देश के बारे में भी तो कुछ सोचते होंगे? देश के बारे में क्या सोचना है? भारतीय एकाधिकार पूँजीपतियों और रूसी साम्राज्यवादियों ने मिलकर इन्दिरा कांग्रेस की सरकार बनवा दी है। इस सरकार को हथियारबन्द संघर्ष से गिराना है। आर्म्ड क्लास वार! ये अकाल-राहत कार्य क्या है? इन्दिरा गाँधी की इमेज बनाकर उसका शिकंजा मजबूत करने के लिए है। ज्योति बसु भी राहत कार्य खोलकर प्रतिक्रान्तिकारियों का साथ दे रहा है। तो कामरेड, जो लोग प्यासे मर रहे हैं, उन्हें पानी पिलाने से क्या क्रान्ति पीछे हटती है? तो प्याऊ बन्द कर देने से क्रान्ति नजदीक आ जायेगी? लोग भूख-प्यास से मर जायेंगे, तो क्या ठीक होगा? रेवोल्यूशन करना है तो आदमी के मरने की क्या चिन्ता? तो कामरेड, अगर पाँच लाख आदमी गन्दा पानी पीकर हैजे से मर जायें तो क्या क्रान्ति हो जायेगी? क्या दस्त की बीमारी से भी क्रान्ति होती है?

ये बातें भी एक साथ नहीं हुईं, होती गयीं। क्रान्तिकारी ने कृषिशास्त्र में एम. एस-सी. तीन-चार साल पहले कर लिया था। पिता लोक-कर्म विभाग में अफसर थे। रिटायर हो गये हैं। उनके पास डेढ़ सौ एकड़ जमीन है। युवा क्रान्तिकारी फॉर्म चलाते हैं। मैंने पूछा—कॉमरेड, आपके फॉर्म पर खेत-मजदूर तो होंगे। उन्हें मिनिमम वेज (न्यूनतम मजदूरी) आप क्या देते हैं? मुझे पता नहीं। हिसाब पिताजी देखते हैं। कॉमरेड, खेत-मजदूरों से काम आप लेते हैं और मजदूरी पिता पर छोड़ देते हैं। आपके पिता न्यूनतम वेतन नहीं देते होंगे, यह पक्का है। और आप अपने पिता से न्यूनतम मजदूरी दिलाते नहीं हैं। तो मार्क्सवाद-लेनिनवाद के हिसाब से क्रान्ति के लिए हमेशा दूसरे के बाप की तलाश करना चाहिए। अपने बाप को खून चूसने की सुविधा दी जाती है क्रान्ति में। उस खून का एक हिस्सा क्रान्तिकारी बेटा भी पीकर सर्वहारा का नेतृत्व करने बढ़ जाता है।

ये अतिक्रान्तिकारी अपनी पार्टी के संगठन या प्रचार के काम से नहीं आये थे।

कई साल पहले अमेरिकी सहयोग से खुले कृषि विश्वविद्यालय की मार्फत अमेरिका में 'फैलोशिप' प्राप्त करने की कोशिश के लिए आये थे।

क्रान्तिकारी की यह नस्ल नयी नहीं है, पहले भी थी। अब बढ़ गयी है। कई सालों से देख रहा हूँ। अच्छी नौकरी लगने पर घूस लिखाकर पुलिस रिपोर्ट ठीक कराता है। अच्छा धन्धा जमने पर मार्क्सवाद की जगह दो नम्बरी दर्शन का अध्ययन करता है। जवानी में जैसे अच्छे कपड़े, अच्छे जूते, अच्छी टाई का शौक होता है, वैसे ही सम्पन्न घरों के कुछ युवकों को क्रान्ति का शौक हो जाता है। क्रान्तिकारिता को वे एक और अच्छा सूट, एक और अच्छी टाई, एक और अच्छा जूता समझते हैं। इससे शोभा बढ़ती है, प्रतिष्ठा बढ़ती है। क्रान्तिकारिता नया फैशन है। कुछ दिन ये क्रान्तिकारी 'हीरो' बनकर उछल-कूद करते हैं। मैं कुछ क्रान्तिकारियों को जानता हूँ जिनकी बाकी जिन्दगी इस प्रचार को धोने में गुजरती है कि वे कम्युनिस्ट थे। क्रान्तिकारिता, जिसे उन्होंने कभी द्वार पर रंगोली की तरह सजाया था, अब पाँवों में काँटे की तरह चुभती है। उसे वे नष्ट कर देना चाहते हैं। वे अखबारों में समय-समय पर बयान छपाते हैं कि यह 'दुष्टप्रचार' है कि मैं कम्युनिस्ट हूँ। मैं कभी भी कम्युनिस्ट नही था। ऐसा वे नौकरी में सुरक्षा और तरक्की के लिए करते हैं।

एक विश्वविद्यालय है, जिसके बारे में प्रचार है कि वहाँ वामपन्थी भरे हैं। वहाँ खूब आन्दोलन होते हैं। कहते हैं, वहाँ उग्रवामपन्थी भी बहुत हैं। खूब पोस्टर लगते हैं। प्रचार साहित्य बटता है। बहसें होती हैं। मैंने एक वरिष्ठ अध्यापक से कहा—आपका विश्वविद्यालय तो वामपन्थ का गढ़ है। वामपन्थी दलों को बहुत कॉडर मिलता होगा आपके यहाँ से। उन्होंने कहा—'हाँ, सी. पी. आई., सी. पी. आई. (एम.) के भी बहुत हैं। अतिउग्रवादी वामपन्थी भी हैं। पर वामपन्थी दलों को बहुत कम कार्यकर्त्ता मिलते हैं। अधिकांश लड़के उच्चवर्ग के हैं, खाते-पीते घरों के। वामपन्थी कहलानेवाला यह विश्वविद्यालय वास्तव में सम्पन्नों का है। बढ़िया खाते हैं, पीते हैं, पहनते हैं। बहस एय्याशी है। नारे मनोरंजन हैं। क्रान्तिकारिता एक और स्कॉच की बोतल है। इनमें से जो खास क्रान्तिकारी होते हैं, वे फैलोशिप लेकर अमेरिका चले जाते हैं या किसी मल्टीनेशनल में।

वामपन्थी रूप धारण करके क्रान्तिकारिता का नाटक करने से इन युवकों की कीमत बढ़ती है बाजार में। वे अपने खरीददार को जानते हैं। उसे माल की 'क्वालिटी' दिखाते हैं। क्रान्तिकारिता के पानी में जो मछली ज्यादा उछलती और उतराती है, उसे अमेरिकी बगुला उतनी ही फुर्ती से पकड़ता है।

काशीनाथसिंह की एक बहुत अच्छी कहानी है ऐसे झूठे क्रान्तिकारी पर। क्रान्तिकारी कॉमरेड साथियों में बैठकर गुरिल्ला युद्ध की योजनाएँ बनाते हैं। फिदेल कास्त्रो, चेग्वेवारा, माओ, हो ची मिन्ह का नाम जपते हैं। कॉमरेड की शादी कर दी जाती है और वे कर लेते हैं। कार में अपनी दुल्हन को लेकर आ रहे हैं। सोच वे क्रान्ति ही रहे हैं। नारी उनके लिए अर्थहीन है। उन्होंने क्रान्ति का वरण किया है। रास्ते में पहाड़ी मिलती है। वे कहते हैं—गुरिल्ला युद्ध के लिए यह बढ़िया जगह

है। कार को झटका लगता है। उनकी पत्नी सहारे के लिए कन्धे पर हाथ रख देती है। क्रान्तिकारी हाथ अलग करके कहते हैं—यह कन्धा बन्दूक के लिए है, स्त्री का हाथ रखने के लिए नहीं।

आगे क्रान्तिकारी अपने चोर सामन्तवादी ससुर से अपने राजनैतिक प्रभाव का उपयोग करके छोटे भाई को नौकरी दिलवाते हैं। बहन की ससुराल से भी लाभ लेते हैं। समझौते करते हैं। फायदे उठाते हैं। हू-हू करते हैं। मगर क्रान्ति के तेवर कायम रखे हैं। एक बार बहन की ससुराल गये हैं। वह भी सामन्ती परिवार हैं। वहाँ कोई उनसे कह देता है कि छोटे मालिक भी क्रान्तिकारी हैं। रात को आँगन में वे और उनकी बहन का देवर सो रहे हैं। क्रान्तिकारी उस युवा से क्रान्ति की बातें कर रहे हैं। वर्ग युद्ध की योजना पर चर्चा कर रहे हैं। गुरिल्ला युद्ध की रणनीति तय कर रहे हैं—बहुत रात हो जाती है, तो वह लड़का खीझकर कहता है—'भाई साहब, अब ज्यादा 'बोर' मत कीजिए। आप भी सोयें और मुझे भी सोने दीजिए।'

मानव-आत्मा और अमेरिकी हूटर

पाताल से लेकर अन्तरिक्ष तक और समस्त चराचर सृष्टि के कण-कण में व्याप्त अमेरिकी हितों को जब वास्तविक या कल्पित खतरा पैदा होता है, तब स्वतन्त्रता और मानव-अधिकारों के तथाकथित रखवाले दुनिया-भर में झूठ, फरेब और छल के हूटर बजाकर मानव-आत्मा को जगाने लगते हैं।

आधी नींद में डूबी आँखें मलती मानव-आत्मा पूछती है—क्या हुआ? जवाब मिलता है—उठो। अमेरिकी हित खतरे में पड़ गये हैं। स्वतन्त्रता खतरे में है। मानव-अधिकारों का हनन हो रहा है। मानव-गरिमा धूल में मिल रही है।

अमेरिकी हित पवित्र है। यों तो जगत मिथ्या है, पर सत्य है तो अमेरिकी हित है। अमेरिकी हित अपरिभाषित है। ब्रह्म का जिज्ञासु 'नेति-नेति' कहता बढ़ता जाता है। अमेरिकी हित का जिज्ञासु हर बिन्दु पर 'इति-इति' कहता है। दुनिया में अगर कोई पुनीत कर्म है तो अमेरिकी हितों की रक्षा। मनुष्यो, सर्वधमान्, परित्यज्य मेरी (अमेरिका की) शरण में आओ। मैं तुम्हारे सब पापों का क्षय करके तुम्हारे जीवन को दिव्य बनाऊँगा। यदि ऐसा नहीं करते तो अधमो, तुम्हारा यह जीवन दूभर हो जायेगा और मृत्यु के बाद नर्क-यातना भोगोगे।

अमेरिकी हित बहुत छुईमुई चीज है। ज़रा में मुरझाने लगती है। अमेरिकी अस्मिता उस औरत की तरह है, जिसकी तरफ देखने से ही उसका सतीत्व भंग हो जाता है। मान लीजिए हम अपने घर में बैठे गाना गा रहे हैं या पकौड़े खा रहे

हैं। हो सकता है, वाशिंगटन में राष्ट्रपति जिमी कार्टर यह समझ रहे हों कि हमारे गाना गाने और पकौड़े खाने से अमेरिकी हितों को खतरा पैदा हो रहा है। अब हमारे पीछे सी. आई. ए. लग जायेगी। हमें गाना गाते वक्त मारने की कोशिश होगी। हो सकता है हमारे पड़ोस में सैनिक अड्डा ही खोल दिया जाये। कार्टर धमकी देंगे कि हम अमेरिकी हितों की रक्षा के लिए बल-प्रयोग भी कर सकते हैं।

ऐसी कौन-सी बात है जिससे अमेरिकी हित खतरे में न पड़ते हों। किसी देश में आर्थिक-सामाजिक सुधार होने लगें, तो अमेरिकी हितों को खतरा पैदा हो जाता है। राष्ट्रों की स्वाधीनता अमेरिकी हितों को खतरा। विकास करता देश भी खतरा। पड़ोसी देशों में भाईचारा अमेरिकी हितों को खतरा। दो देश आपस में लड़ रहे हैं तो भी अमेरिकी हितों को खतरा है। अगर कोई सरकार प्रगतिशील है, तो खतरा। कोई देश शान्ति से रहना चाहता है तो वह भी अमेरिकी हितों को खतरा पैदा करता है। किसी देश में लोकतन्त्र हो तो वह भी खतरा। किसी देश में लोकप्रिय नेतृत्व भी खतरा। कोई देश आत्मनिर्भर होने लगे, तो खतरा। कोई देश अपनी नीतियाँ खुद तय करे तो खतरा। रूस से किसी देश के अच्छे सम्बन्ध हों, तो भी अमेरिकी हितों को खतरा है। खतरे-ही-खतरे हैं। किसी भी दयालु आदमी को दया आयेगी अमेरिकी शासकों पर। बेचारे भले, मानवतावादी, परोपकारी, न्यायी लोग कितने खतरों से घिरे रहते हैं।

इन खतरों से अपने हितों की रक्षा करने के लिए अमेरिका को उपाय करने पड़ते हैं। वह पैसे से दबाता है। अनाज से दबाता है। तकनीक से दबाता है। सी. आई. ए. षड्यन्त्र करता है। सरकारें पलटायी जाती हैं। हत्या कराते हैं। देशों को आपस में लड़वाया जाता है। सारी दुनिया में जगह-जगह सैनिक अड्डे बनाये जाते हैं। खुला हस्तक्षेप किया जाता है। अफ्रीकी देश आजाद न हो जायें कहीं, हो भी जायें तो वहाँ लोकप्रिय सरकार न रह पाये। लोकतन्त्र तो कहीं किसी भी हालत में नहीं रहना चाहिए। बंगलादेश में शेख मुजीब की हत्या करके वहाँ लोकतन्त्र खत्म कर दिया। चिली में एलेण्डे की निर्वाचित सरकार को गिरा दिया। लेटिन अमेरिका में प्रगतिशील आन्दोलनों को कुचल दिया जाना चाहिए। वियतनाम में साम्यवाद के प्रसार को रोकने के लिए लाखों आदमी मार डाले। तबाही ढहाई। वहाँ से पिटकर भागे, यह बात जरूर दुखदायी है।

अब अफगानिस्तान में फिर अमेरिकी हितों को खतरा पैदा हो गया है। इधर अल्ला की जमीन तेल-ही-तेल देती है। अमेरिका में जीसस के 'फादर' ने ज्यादा तेल पैदा नहीं किया। इधर फारस की खाड़ी के देश लगे हैं, जिनसे अमेरिका की दो-तिहाई तेल की पूर्ति होती है। उधर सऊदी अरब बगैरह हैं। जहाँ इस्लाम है, वहाँ तेल है। उधर अमेरिका में, ब्रिटेन में, फ्रान्स में, चर्च में रोशनी इस्लाम के तेल के बिना नहीं हो सकती। इस सारे तेल-क्षेत्र की रखवाली अमेरिका का हवलदार ईरान का शाह करता था। वह खुद अब पनाह माँगता भटक रहा है। अयातुल्ला खोमैनी का अयातुल्ला वाशिंगटनी से झगड़ा है। इधर अफगानिस्तान में 1978 की

साम्यवादी क्रान्ति के बाद कार्ल मार्क्स घुस आया है। अमेरिकी हितों को इसी से खतरा है। इस तेल-क्षेत्र से मार्क्स के कारण अमेरिकी कण्ट्रोल जाता लग रहा है।

अफगानिस्तान में तो मार्क्स और मोहम्मद का समझौता हो गया है। दूसरे मुस्लिम देशों में भी मार्क्स और मोहम्मद में समझौते होने लगे हैं। अधिकतर मुस्लिम देशों में या तो सामन्तशाही है या फौजी तानाशाही। इन दोनों को इस्लाम और अल्ला मियाँ की सख्त जरूरत है, शोषक सत्ता बनाये रखने के लिए। सऊदी अरब के शाह को, शेखों को, तानाशाह जिया-उल-हक़ को, रेडीमेड लोकतान्त्रिक तानाशाह जिया-उल-रहमान को सत्ता के लिए इस्लाम जरूरी है।

अल्ला के सिवा कोई सहारा नहीं है तानाशाहों और जालिमशाहों को। इसीलिए अमेरिका के इशारे पर इस्लामाबाद में इस्लामिक सम्मेलन हुआ है। इस्लामी बम बनाने की बात फिर गर्म हो गयी। रूसी फौजें अफगानिस्तान में आ जाने से अमेरिका की वह योजना फेल हो गयी कि पाकिस्तान की तरफ से घुस-पैठिये भेजकर और भीतरी षड्यन्त्र करके अफगानिस्तान में सत्ता पलट दी जाय और वहाँ अमेरिका की कठपुतली बिठा दी जाय।

तेल-क्षेत्रों पर से कब्जा हटने के खतरे को देखते हुए जिमी कार्टर अयातुल्ला वाशिंगटनी बन गये हैं। उधर अयातुल्ला खोमैनी उनके आदमियों को कैद किये हैं। मगर उम्मीद है कि आगे चलकर दोनों अयातुल्लाओं में समझौता हो जायेगा। मजहबी उन्माद की पूँजीवाद से ही पटती है।

अमेरिकी हितों की साधना के लिए .धर तनाव जरूरी हैं। तनाव से डर पैदा किया जाता है। डर से हथियार की बिक्री होती है। कुछ समय से हथियारों के मार्केट में गिरावट थी। अब मार्केट बढ़ेगा। इससे अमेरिका के हथियारों के कारखानों का माल बिकेगा। कारखानेवाले जिमी कार्टर से खुश होंगे और कहेंगे कि तुम दुबारा राष्ट्रपति हो जाओ। तनाव के लिए अमेरिका को अड्डे चाहिए। यह सेवा करने के लिए पाकिस्तान हमेशा तैयार रहा है। जिया-उल-हक़ को चुनाव टालते जाने के लिए तनाव जरूरी हैं। वे कहेंगे ---बेवकूफ पाकिस्तानियो, तुम्हें लोकतन्त्र की पड़ी है, इधर इस्लाम खतरे में है। चुप रहो। पाकिस्तान ने लगातार फौजी तानाशाही के कारण अपने को एक पेशेवर गुण्डा बना दिया है। उसे पैसे दे दो, लाठी दे दो और कह दो कि जा, उस शरीफ आदमी को पीछे से लाठी मार आ। गुण्डा बार-बार पिटता है मगर पेशा नहीं छोड़ता। पेट का सवाल है। अमेरिका पाकिस्तान को फिर पैसा और हथियार दे रहा है। आसपास के शरीफों को सावधान हो जाना चाहिए।

अमेरिकी हितों की साधना के इस महायज्ञ में सारे देशों को शामिल होना चाहिए। यह पुण्य-कर्म है। असली गुट-निरपेक्षतावादी सरकार अगर रहती, तो हवन में बेझिझक हिस्सा ले लेती। पर सरकार बदल गयी है। इन्दिरा गाँधी का ग्यारह साल अमेरिकी सरकार से पाला पड़ा है। उन्हें लॉर्ड केरिंगटन आये थे समझाने कि भारत को भी खतरा पैदा हो गया है। यह खतरा रूस से है।

पाकिस्तान को अमेरिकी हथियार देने से भारत को चिन्ता की जरूरत नहीं है। पहले की बात दूसरी थी। ये जो हथियार हैं उन्हें जादू-टोना करके भेजा गया है। ओझा-औलिया ने झाड़-फूंक कर दी है। अगर पाकिस्तान इन हथियारों का मुँह भारत की तरफ करेगा तो वे चलेंगे ही नहीं। तोप फिस्स करके रह जायेगी। बम फूल बनकर गिरेगा, मेडम गाँधी! जिमी कार्टर के दूत भी आये थे—कार्टर साहब इस पूरे क्षेत्र की सुरक्षा की जिम्मेदारी लेने को तैयार हैं।

इधर अपने देश में भी समझदार लोग सरकार और जनता को अक्ल दे रहे हैं। इनमें वे अक्लमन्द मानवतावादी भी हैं जो वियतनाम में अमेरिका द्वारा नरसंहार को 'मानवतावाद के लिए संघर्ष' कहते थे। बम्बई में मसानी, मधु मेहता वगैरह की मीटिंग हो चुकी है। मसानी भारत के लिए लाइन तय करके दे चुके हैं—रूस को हमलावर घोषित करो। रूस से मैत्री-सन्धि भंग करो, अमेरिका की छाया में इस पूरे क्षेत्र की सुरक्षा संगठित करो।

पर सुरक्षा किससे? सवाल ज़रा अटकता है। बाकी सब ठीक है। अमेरिका, अमेरिका के पश्चिमी समर्थक और भारत के अपने ये वाशिंगटनी देशभक्त जो चाहते हैं, उसका मतलब स्पष्ट है। भारत का शत्रु और मित्र खुद भारत तय नहीं करेगा, अमेरिका तय कर देगा। भारत कहता है—जनाब, चीन हम पर एक बार हमला कर चुका है, पाकिस्तान तीन बार। चीन हमारी जमीन दबाये बैठा है। पाकिस्तान हमारा आधा कश्मीर दबाये बैठा है, बाकी हमारे कश्मीर पर भी दावा करता है। खतरा हमें इन दोनों देशों से है। हमें इनके खिलाफ सुरक्षा का इन्तजाम करना है। अमेरिका कहता है—नहीं। तुम्हें खतरा रूस से है। खतरा हम बतायेंगे या तुम खुद तय करोगे? भारत कहता है—मगर हमारे रूस से तीस साल के सम्बन्ध हैं। हमारी मैत्री-सन्धि भी है। रूस हमारी हर समय मदद करता रहा है। अमेरिका और अमेरिकी लॉबी का कहना है—ये सब फालतू बातें हैं। खतरा रूस से है। देखो, रूस अफगानिस्तान में आ ही चुका, अब बीच में सिर्फ पाकिस्तान है। पाकिस्तान को अगर उसने रौंद दिया तो सीधे भारत में घुस आयेगा। यह भी तो सोचो, तीन प्रदेशों में कम्युनिस्ट सरकारें हैं।

यह महायज्ञ है, अमेरिकी हितों की रक्षा के लिए। इसमें हवन होना है कुछ द्रव्यों का, जिससे यज्ञ-धूम आकाश में छा जाय और देवता प्रसन्न हों। इस यज्ञकुण्ड में भारत को झोंक देने की कोशिश हो रही है। गनीमत है कि अब 'असली' गुट-निरपेक्षतावाली सरकारी नहीं रही।

कैण्टीन में विधायक

एक राजनीतिक पत्रकार के साथ विधानसभा की कैण्टीन में बैठा था। ठीक सामने एक विधायक बैठा था। उसके सामने चाय का प्याला रखा था। वह भुनभुनाया-सा प्याले को देख रहा था। प्याले में मक्खी गिर गयी। विधायक बड़बड़ाया— कैसा ढीला शासन है! लॉ एण्ड आर्डर बिल्कुल खत्म हो गया। दिन-दहाड़े चाय में मक्खी गिर जाती है। हाईकमान कोई ध्यान नहीं दे रहा है।

साथी ने कहा—यह एक असन्तुष्ट विधायक है। यह मन्त्री नहीं हुआ। इसका गुट मार खा गया। इसका आदमी, या वह जिसका आदमी है, मन्त्रिमण्डल में नहीं लिया गया।

विधायक ने दूसरा कप बुला लिया। गरम चाय को तीन घूँट में निगलकर कप रख दिया। कप को इस तरह देखता रहा, जैसे सरकार गिरा दी हो।

बगल की टेबिल पर भी एक विधायक बैठा था। वह किसी से कह रहा था— भला आपका काम नहीं होगा तो किसका होगा? मैं आज ही बाबूजी से बात कर लूंगा।

उस आदमी ने मिठाई, समोसे और चाय का बिल चुका दिया।

मेरे साथी ने कहा—यह सन्तुष्ट विधायक है। इसके गुट का मन्त्रिमण्डल है। इसके 'बाबूजी' मन्त्री हैं।

सन्तुष्ट और असन्तुष्ट विधायक में यह खुला फर्क है कि सन्तुष्ट का बिल दूसरा चुकाता है और असन्तुष्ट को अपना बिल खुद चुकाना पड़ता है। असन्तुष्ट जब सन्तुष्ट हो जाता है तब उसका बिल चुकानेवाले निकल आते हैं।

इस तरफ एक और विधायक बैठा था, उससे मेरे साथी ने कहा—कहिए, बंसलजी, क्या हाल है? उसने कहा—हाल क्या है साहब, बस डिग्निफ़ाइड क्लर्की कर रहे हैं। हम तो, भाई, अनुशासन में बँधे हैं। मगर आप पेपरवाले लोग भी कुछ नहीं लिखते।

वह उठ गया तो मेरे साथी ने कहा—यह अल्पसन्तुष्ट है। इसे मन्त्री नहीं बनाया गया, मगर इसके साथ आठ विधायक हैं। पटाये रखने को इसे मार्केटिंग सोसाइटी का चेयरमैन बना दिया गया है। यह सन्तोष और असन्तोष के बीच झूल रहा है। वर्तमान मुख्यमन्त्री के प्रति वफादारी बरतता है, पर उधर असन्तुष्ट गुट के नेता से सौदा करता है कि मुझे मन्त्री बनाओ तो अपने आठ साथी लेकर तुमसे मिल जाऊँ।

मेरे साथी ने कहा—अब मैं तुम्हें परम सन्तुष्ट दिखाता हूँ।

वह मुझे एक मन्त्री के चैम्बर में ले गया। मन्त्री आरामकुर्सी पर बैठा था। उन्होंने मेरे मित्र से कहा—ठीक है, आपका काम हो जायेगा। शाम को बँगले पर आ जाइये। मन्त्री ने दो पान मुँह में ऐसे डाले जैसे फायरमैन इंजिन में कोयला

ठूँसता है। वे पान चबाते हुए फिर लुढ़क गये। ऐसा लगा जैसे जेठ की दुपहरी में बैल ने भरपेट घास खाया हो, पानी पिया हो और आम की छाँह में बैठकर जुगाली कर रहा हो।

विधायकों की दो जातियाँ होती हैं--सन्तुष्ट और असन्तुष्ट। इनकी बाहरी पहचान कुछ नहीं है, सिवा इसके कि असन्तुष्ट थोड़ा भुनभुनाया रहता है। उसके चेहरे पर तनाव रहता है। ऐसा कुछ नहीं है कि सन्तुष्ट विधायक तिलक लगाता है और असन्तुष्ट कान में जनेऊ डाले रहता हो। ये दोनों जातियाँ कांग्रेस सरकार के जमाने में भी थीं, अब भी हैं।

कांग्रेसं एक पार्टी थी। उसमें कुछ अनुशासन था। इसलिए कांग्रेस का असन्तुष्ट भीतर-ही-भीतर धुँधियाता था। उसका नशेमन जब जलता था तो उस पर अनुशासन की मिट्टी डाल दी जाती थी। पर जनता पार्टी तो पार्टी नहीं है। इसमें पाँच पार्टियाँ हैं।

कांग्रेस में एक असन्तुष्ट होता था, जनता में चार होते हैं। चमन में यहाँ धुआँ उठता है और वहाँ धुआँ उठता है। चन्द्रशेखर और मोरारजी भाई हरियाणा में फायर ब्रिगेड लेकर पहुँचते हैं, तो खबर आती है कि पटना में भीषण अग्निकाण्ड।

पार्टी का विश्वास प्राप्त करो।

मुख्यमन्त्री ने पार्टी में बहुमत खो दिया।

असन्तुष्टों की माँग—मन्त्रिमण्डल इस्तीफा दे।

राजनीति में जब एक गुट पिट जाता है तो वह असन्तुष्ट होकर जनता के दुखों पर विलाप करने लगता है—हाय ! जनता की हालत कितनी खराब है। पीने को पानी नहीं मिलता। दाम आसमान पर चढ़ गये हैं। गुण्डागिरी का यह हाल है कि माताएँ-बहनें सड़क पर नहीं निकल सकतीं। हाय, जनता की हालत देखकर रोना आता है।

ये असन्तुष्ट आँसू पोंछने के लिए चार-चार रूमाल रखते हैं। जो धोती पहनते हैं उनकी धोती आँसुओं से भीग जाती है।

जब ये असन्तुष्ट सत्ता में पहुँचकर सन्तुष्ट हो जाते हैं, तब इनकी जगह नये असन्तुष्ट आकर जनता की हालत पर रोने लगते हैं। देवीलाल को अगर बहुमत न मिलता तो इस समय वे जनता के दुख से इतना रो रहे होते कि उत्तर भारत की नदियों में बाढ़ आ जाती।

सन्तुष्ट और असन्तुष्ट का झगड़ा और बढ़ेगा। हर रोज नये सन्तुष्ट और असन्तुष्ट बनेंगे। रोज सरकारें गिरूँ-गिरूँ करेंगी। आखिर समाधि पर (गाँधीजी की) जो शासन पैदा हुआ था उसे जल्दी-से-जल्दी समाधि में पहुँचना है। राजघाट, शान्तिवन, विजयघाट के बाद अब पराजयघाट बनने लगा है।

जब रोज ही सन्तुष्ट का खेल होना है, रोज ही विश्वास और अविश्वास होना है, तो मेरा एक सुझाव है--हर विधायक एक बिल्ला लगाया करे। बिल्ले के एक तरफ लिखा हो—सन्तुष्ट, दूसरी तरफ लिखा हो--असन्तुष्ट।

विधायक अगर सन्तुष्ट है तो बिल्ले को इस पहलू लगाये। असन्तुष्ट है तो उसे पलट ले। जब विधानसभा बैठे तो सचिव बिल्ले गिन ले। अगर सन्तुष्ट बिल्ले ज्यादा हैं तो उस दिन सरकार रह सकती है।

अगर किसी दिन असन्तुष्ट बिल्ले ज्यादा हो गये, तो अध्यक्ष आदेश दे—यह सरकार गिर गयी, असन्तुष्ट लोग अपना नेता चुन लें, जो मन्त्रिमण्डल गठित करे। सारे विधायक अपने बिल्ले पलट लें। जो सन्तुष्ट थे वे असन्तुष्ट हो जायें और जो असन्तुष्ट थे वे सन्तुष्ट हो जायें।

ऊँची जातियों का आरक्षण

पिछड़ी जातियों के लिए आरक्षण-विरोधी आन्दोलन के एक नेता मेरे पास आये थे। वे मेरा समर्थन चाहते थे। मैंने सोचा—ये या तो इस कारण आये हैं कि इन्हें पता लग गया है कि मैं ब्राह्मण कुल में जन्मा हूँ, या इसलिए कि इन्हें मेरी न्याय-बुद्धि पर भरोसा था। मेरे उपनाम 'परसाई' से मेरी जाति का पता नहीं लगता। लोग सोच सकते हैं कि 'पारसा' (फारसी) से बना है यह 'परसाई'। यह कोई मुसलमान है या पारसी है, मगर लगानेवाले पता लगा लेते हैं कि मैं ब्राह्मण हूँ। एक बार हमारे एक बन्धु ने मुझे और एक दूसरे मित्र को जो उपनाम से घोषित ब्राह्मण हैं, भोजन के लिए बुलाया। हम उनकी बैठक में बैठे। भीतर कुछ पूजा हो रही थी। उन्होंने कहा—ज़रा देर और है। आज 'वाइफ' के व्रत पूरे हुए हैं न, पूजा के बाद ब्राह्मण-भोजन होगा। उन्हें मेरी जाति का पता लग गया था। हम समझे थे कि उसने हमें मित्र के नाते भोजन के लिए बुलाया है, मगर उसने हमें ब्राह्मण समझकर बुलाया था। मैंने प्रार्थना की—प्रभु, अगर ब्राह्मण को खिलाने से पुण्य-लाभ होता हो तो आज हमें चण्डाल बना दे। इस दुष्ट के हाथ पुण्य न लगे, जिसने हमें मात्र ब्राह्मण समझ रखा है।

मेरे उपनाम के साथ यही दिक्कत है—पाण्डे, मिश्र, शर्मा नहीं। न सक्सेना, श्रीवास्तव है। न चौहान, अग्रवाल, माहेश्वरी। इधर इस विश्वविद्यालय में काम करने आ गया हूँ तो सब विभागों में शोध का विषय है—परसाई की जाति क्या है। पी-एच. डी. के लायक काम हो गया। शोध से पता चला कि ब्राह्मण हैं। डी. लिट्. या डी. एस. सी. के लिए कौन-सा ब्राह्मण है? कान्यकुब्ज, सरयूपारी या सनाढ्य? मैं विवश हूँ। कुछ नहीं कर सकता। इस समाज में ब्राह्मण धर्म परिवर्तन करके ईसाई या मुसलमान तो हो सकता है, मगर कायस्थ नहीं हो सकता। मैं कितनी भी घोषणा करूँ कि मैं चमार हो गया, पर माना जाऊँगा ब्राह्मण ही।

आरक्षण-विरोधी आन्दोलन के नेता जिन्हें शर्माजी कहें, अपनी मान्यता के बारे में काफी आश्वस्त थे। कहने लगे—कैसा अन्याय है! कम नम्बर हों तो भी हरिजन लड़के-लड़की को मेडिकल और इन्जीनियर कॉलेज में भरती कर लिया जाता है। नौकरी में भी जगहें सुरक्षित हैं। फिर प्रमोशन की दस पोस्ट हों तो तीन उन्हें मिल जाती हैं। हम पढ़े-लिखे योग्य लोग क्या इसलिए वंचित हों कि हमने ऊँची जाति में जन्म लिया है?

मैं समझ गया—हजारों साल पहले ऊँची जातियों ने यह मान लिया था—जो कुछ भी समाज में उपलब्ध है, हमारा है। वंचित रहना नीची जातियों का धर्म है। मान, प्रतिष्ठा, धन—सब ऊँची जातियों का अधिकार है। स्कूल में मेरे साथ एक नाई का लड़का पढ़ता था। वह मुझसे ज्यादा होशियार था। मुझे गणित पढ़ाता था और नकल भी कराता था। वह आता तो कहता—हरिशंकर, नमस्ते। मेरे चाचा ने उसे डाँटा—तू नाई होकर नमस्ते करता है। पालागी किया कर। उन्हें क्या पता कि उन जैसे श्रेष्ठ ब्राह्मण के भतीजे को वह नाई पढ़ाता और नकल कराता है।

मुझे एक इन्जीनियर ने बताया—हमारे रेस्ट हाउस में एक दिन दो पड़ोसी जिलों के कलेक्टर ठहर गये। दोनों युवा आई. ए. एस.—एक ब्राह्मण और दूसरा हरिजन। मैंने ब्राह्मण कलेक्टर से कहा—सर, आप दोनों का खाना डाइनिंग रूम में लगवा दूँ? वे बोले—नहीं, हम अपने कमरे में खायेंगे। वैसे तो शराब और मुर्गे से जाति-भेद मिटता है, मगर इन ब्राह्मण कलेक्टर ने जाति बचाकर शराब पी और मुर्गा खाया। अगर हरिजन कमिश्नर या सेक्रेटरी होता तो खुद ब्राह्मण कलेक्टर उन्हें कमरे से खाने के लिए बुलाकर लाते। यह भेद एक पीढ़ी में तो नहीं मिटेगा। कम-से-कम तीन पीढ़ियाँ लगेंगी। इस कलेक्टर का लड़का इन्जीनियर होगा और उसका लड़का डॉक्टर। रहन-सहन, जीवन-पद्धति बदलेगी। सांस्कृतिक स्तर बढ़ेगा। तीन पीढ़ी की उच्चवर्गीयता उसे मोची से ब्राह्मण बना देगी।

मैंने कहा—शर्माजी, सब कहीं रिजर्वेशन हो जाय तो कैसा रहे? ऊँची जातियों के लिए भी आरक्षण हो जाय।

बलात्कार हरिजन स्त्रियों से होते हैं। क्यों नहीं तीस फीसदी बलात्कार ऊँची जातियों की स्त्रियों से हों। आखिर उनका हक है। बलात्कार ऊँची जातियों के लोग, ब्राह्मण, ठाकुर, राजपूत करते हैं। उनसे कहा जाये कि पहले तीस फीसदी अपनी जाति की स्त्रियों को निपटाओ, तब हरिजन स्त्रियों की तरफ बढ़ो।

शर्माजी की आँखें क्रोध से लाल हो गयीं। प्राचीन काल में इस विप्र-क्रोध से मैं भस्म हो जाता, मगर इस कलियुग में नहीं हुआ। ब्राह्मण ने वह तेज खो दिया है, क्योंकि अब वह यज्ञ-कार्य छोड़कर बाटा शू की दूकान में नौकरी करता है और भंगी को भी अपने हाथ से जूते पहनाता है। मेरे शहर में एक जिलेटिन फैक्टरी है, जिसमें उत्पादन हड्डी से होता है। इसमें कायस्थ काम कर रहे हैं। धन की ताकत और उत्पादन की पद्धति से जाति टूट जाती है, पावित्र्य भावना खत्म हो जाती है।

आदिम औजारों से सड़क पर जूते सीनेवाला चमार है। जूतों के कारखाने में चमार काम करे तो वह चमार नहीं, कारीगर होता है और ऊँची जाति के मध्यवर्गियों में बैठता है।

शर्माजी ने कहा—परसों यहाँ रेल-दुर्घटना हुई। दो गाड़ियाँ टकरा गयीं। दोनों के ड्राइवर हरिजन थे और शराब पिये थे। बताइए भला ऐसा करते हैं ये लोग। मैंने कहा—शराब पीकर तो ब्राह्मण भी गाड़ी चलाते हैं। मैं जानता हूँ। आप भी जानते हैं। नियम है कि जब ड्राइवर इन्जिन पर जाने लगता है तब उसकी साँस की परीक्षा की जाती है कि इसने अल्कोहल तो नहीं लिया है। ऐसी ही परीक्षा गाड़ी छोड़ने पर होनी चाहिए। पर यह नहीं होती। यानी प्रशासन ढीला है। हरिजन और ब्राह्मण दोनों पीकर चला लेते हैं।

शर्माजी को मैं कुछ भी नहीं समझा सका। ऐसे लोग अपने पक्ष के बारे में निश्चित होते हैं, मगर समाज के इस हिस्से के लिए आखिर क्या किया जाये? हजारों सालों से इन्हें ज्ञान-विज्ञान से वंचित रखा गया।

राम शम्बूक का सिर काटते रहे और द्रोणाचार्य एकलव्य का अंगूठा कटवाते रहे। इन लोगों को अछूत रखा, गन्दी सेवाएँ करायीं। जीवन-स्तर गटर में डाल दिया। आत्म-सम्मान छीना। पशुवत इनसे बुरा व्यवहार किया। इनके झोंपड़े जलाये। इनकी स्त्रियों से बलात्कार किया। सब ऊपर उठते गये और इन्हें लात मारकर ढकेलते गये। सदियों इनका शोषण हुआ है। इनके साथ अन्याय हुआ है। लोकतन्त्र आया है तो इन्हें जीवन-सुधार की कुछ विशेष सुविधाएँ दी जा रही हैं। इस पर देशव्यापी झंझट खड़ी हो गयी है। आरक्षण-विरोधी आन्दोलन चल रहे हैं।

कहते हैं—नीची जाति के लोग बराबरी की स्पर्धा में अपना हक लें। ऐसा कहनेवाले सदियों से 'हैण्डिकेप रेस' में अपने को आगे रखे हैं। आखिर ढिबरी और बिजली के बल्ब में बराबरी की स्पर्धा कैसे हो सकती है। हरिजन लड़का ढिबरी में पढ़ता है। ऊँची जाति का लड़का बिजली के प्रकाश में पढ़ता है। उसके पास पूरी किताबें नहीं होतीं। इसके पास खूब किताबें होती हैं। यह ट्यूशन लगा सकता है। इसके माँ-बाप पढ़े-लिखे हैं, उसके अपढ़-गँवार। यह प्रभाव या पैसे से नम्बर बढ़वा सकता है। ढिबरी और बल्ब में बराबरी की स्पर्धा नहीं हो सकती है।

रवीन्द्रनाथ ने लिखा है—मेरे देशवासियो, तुमने अपने ही लोगों पर सदियों बहुत अत्याचार किये हैं। तुम्हें इस पाप का फल भोगना होगा। तो ब्राह्मणो, पाप का फल भोगो। चमार कलेक्टर के चरण छुओ।

राजनीतिक पुंगी

आदमी और पुंगी में क्या फर्क है ? आदमी खुद बोलता है और पुंगी बजायी जाती है। पुंगी में सिर्फ खाली पोल होती है, उसमें स्वर नहीं होता। पुंगी का स्वर उसी आदमी का स्वर होता है, जिसके हाथ में वह है और जो उसे फूंक रहा है। पिछले तीन सालों में इस देश के बहुत से राजनेताओं ने यह सिद्ध कर दिया है कि वे राज-नीतिज्ञ नहीं, मेले में मिलनेवाली दो टके की पुंगी हैं, जिसे कोई बच्चा भी बजा सकता है। कुछ बड़े नेता पुंगी का परिष्कृत रूप शहनाई हो सकते हैं, जो खुद नहीं बजते।

कोई मामूली विधायक जो अब भूतपूर्व है, मगर आशावान है, 1965 से 1975 तक ग्यारह साल इन्दिरा गाँधी की पुंगी थे। 1977 में इन्दिरा गाँधी की हार के बाद, वे जनता पार्टी में चले गये। पहले इस पुंगी को जगजीवनराम ने बजाया, बाद में चरणसिंह ने। 1980 में इन्दिरा गाँधी जीत गयीं। ये अब इन्दिरा-ज़ी की पुंगी हैं। इन्होंने संजय गाँधी की पुंगी बनने की कोशिश की मगर स्थानीय युवा कांग्रेसियों ने कहा कि यह पुंगी पुरानी है, सड़ी है, फटे स्वर निकालती है। वे अब इन्दिरा गाँधी की पुंगी हैं और इन्दिरा नयी-पुरानी, ताजा और सड़ी सब तरह की पुंगी बजा लेती हैं। मगर भजनलाल जैसे लोग पुंगी नहीं शहनाई हैं, वे अपने साथ सारी पुंगियाँ लेकर चले आये। कर्णसिंह पुंगी की तरह नहीं, शहनाई की तरह बजते हैं। राजा साहब हैं। बहुगुणा 1977 में पुंगी से बढ़कर पुंगी बजानेवाले हो गये। तीन साल पुंगियाँ बजाते रहे। 1980 में उन्हें बोध हुआ कि पुंगी से तरक्की करके इन्दिरा गाँधी की शहनाई हो सकते हैं। वे शान से समारोह के साथ शहनाई की तरह इन्दिरा गाँधी के हाथों में गये, मगर कुछ दिनों बाद उन्हें पता चला कि वे शहनाई नहीं, वही पुंगी माने जा रहे हैं और इन्दिराजी के नौकर-चाकर उन्हें बजाना चाहते हैं।

स्थानीय स्तर की छोटी पुंगियों से लेकर मध्य क्वालिटी की असंख्य पुंगियाँ हैं और राष्ट्रीय स्तर की शहनाइयाँ हैं, जिन्होंने 1977 से 1980 तक तरह-तरह के स्वर निकाले हैं। इनमें वे भी हैं, जिनके फेफड़ों में दम नहीं है, पर जो पुंगियाँ बजाने का हौसला रखते हैं और उनके फेफड़ों में दमा हो गया और वे फिर पुंगी हो गये हैं।

1977 में पुंगी बोलती थी—देश को इन्दिरा गाँधी से बचाना है। 1980 में वही पुंगी बोल रही है—देश को इन्दिरा गाँधी ही बचा सकती हैं। 1977 में पुंगी बोलती थी—इन्दिरा गाँधी लोकतन्त्र का नाश करनेवाली तानाशाह हैं। 1980 में वही पुंगी बोलती है—लोकतन्त्र की रक्षा इन्दिरा गाँधी ही कर सकती हैं। 1977 में पुंगी बोलती थी—इन्दिरा गाँधी के हाथ काट डालो। 1980 में वही पुंगी बोलती है—इन्दिरा गाँधी के हाथ मजबूत करो।

जनता पार्टी में जो पाँच तरह के नेता शामिल थे, वे किसी-न-किसी की पुंगी या शहनाई रह चुके थे। जगजीवनराम इन्दिरा गाँधी की शहनाई थे, राजनारायण डॉ. लोहिया की पुंगी थे। मोरारजी इन्दिरा की शहनाई रह चुके थे। आडवाणी, बाजपेयी देवरस की शहनाई हैं। चन्द्रशेखर इन्दिरा गाँधी और जयप्रकाश की पुंगी थे। मगर 1977 के बाद इनमें से हर नेता ने अपने को उस्ताद बिस्मिल्ला खाँ समझ लिया और बाकी को शहनाई। हर एक-दूसरे को बजाने की कोशिश करने लगा। नतीजा सबने देखा है। संगीत के नाम पर कोलाहल और विलाप होता रहा।

इन बुर्जुआ गुटों में सबसे अच्छे वादक देवरस हैं। इनकी पुंगियाँ और शहनाइयाँ पक्की हैं। वे दूसरे हाथों में नहीं जातीं। न दूसरे के स्वर से बजती हैं। कभी-कभी औंधी जरूर बजने लगती हैं। लाखों पुंगियाँ हैं बालासाहब की। अटलबिहारी बाजपेयी, आडवाणी, नानाजी देशमुख शहनाइयाँ हैं। अद्‌भुत हैं ये शहनाइयाँ। बजाते देवरस हैं, पर भ्रम होता है कि शहनाई के अपने भी फेफड़े हैं और वह अपना स्वर निकाल रही है। देवरस गजब के कलाकार हैं। उस्ताद बिस्मिल्ला खाँ से बड़े-बड़े राग बजाते हैं। राग तोड़ते हैं, राग मिलाते हैं। राग बदलते हैं। ठुमरी वही है, जो हेडगेवार दे गये थे, मगर देवरस कभी उसे मिश्र खमाज में बजाते हैं, कभी पीलू में। राग मारू होता है, मगर लगता जयजयवन्ती है। जनता पार्टी में एक होकर जिन्होंने राष्ट्रीय विकल्प बनाया था, वे आपस में एक-दूसरे के विकल्प बनने लगे। नतीजा यह हुआ कि विकल्प टूटा और कांग्रेस का कायाकल्प हो गया।

राजनैतिक अवसरवाद की पुंगी जब उसी फेफड़े की साँस से बजती है, जिसमें सत्ता की दम हो, तब मतवाद, सिद्धान्त और आइडियालॉजी का कोई उपयोग नहीं रहता।

एक बँधी-बँधायी पद्धति से पुंगियाँ बज रही हैं 1980 की जनवरी से। पहले नेता कहता है—मेरे चरणसिंह से, या देवराज अर्स से या चन्द्रशेखर से मतभेद हैं। यह पहला स्टेप है। दूसरा स्टेप—चरणसिंह या अर्स या चन्द्रशेखर तानाशाही प्रवृत्ति से काम लेते हैं। मेरा उनसे मतभेद है। तीसरा स्टेप—छोड़ रहा हूँ। मैं अभी स्वतन्त्र रहूँगा और साथियों से सलाह करके भविष्य का राजनैतिक कार्यक्रम तय करूँगा। इसके बाद उसमें राष्ट्रीय भावना बड़े जोर से जागती है। राष्ट्रीय भावना उससे ऐसी तीव्रता से उठती है जैसे पेट में गैस का दर्द उठता है। चौथा स्टेप—राष्ट्र इस समय संकटों में फँसा है। इन्दिरा गाँधी ही राष्ट्र को संकट से बचा सकती हैं। मैं उनके हाथ मजबूत करने कांग्रेस (इ) में जा रहा हूँ। मुझे कोई पद नहीं चाहिए। मैं तो कांग्रेस के एक अदना सिपाही की हैसियत से काम करूँगा। यह बनी-बनायी पद्धति है। जैसे ही किसी के पेट में राष्ट्रीय भावना का दर्द उठता है, मैं समझ जाता हूँ कि यह इन्दिरा कांग्रेस में जा रहा है। कर्णसिंह में राष्ट्रीय भावना जाग्रत हो चुकी है। यशवन्तराव चव्हाण में राष्ट्रीय भावना का जागना शुरू हो गया। अगर बाबू जगजीवनराम को राष्ट्रीय भावना की कद्र होने की आशा

होती, तो अब तक उनका पूरा शरीर राष्ट्रीय भावना से भर जाता और वे राष्ट्र को संकट से उबारने में मदद करने इन्दिरा गाँधी के पीछे खड़े हो जाते।

अभी-अभी 'राष्ट्रीय भावना' नरेन्द्रसिंह में जागी है। नरेन्द्रसिंह चरणसिंह के दाहिने हाथ रहे हैं। किसान सम्मेलन के मन्त्री हैं। चरणसिंह के जन्मदिन पर किसान रैली आयोजित करनेवाले यही नरेन्द्रसिंह हैं। चरणसिंह की शहनाई थे ये। चरणसिंह—किसान नेता, माओ-त्से-तुंग के बाद एशिया में दूसरा उतना ही बड़ा, मगर गैर-माओवादी किसान नेता।

चरणसिंह ऐसे प्रधानमन्त्री रहे हैं कि जा रहे थे संसद, रास्ता भूलकर राष्ट्रपति भवन चले गये और इस्तीफा दे दिया। ऐसे वीर हैं कि लड़ाई के मैदान में लड़कर नहीं मरे, जहर खाकर मर गये।

ये चरणसिंह अब छः पार्टी मोर्चे में हैं, जो महँगाई-विरोधी आन्दोलन करेगा। मगर नरेन्द्रसिंह कहते हैं कि यही चरणसिंह शक्कर के घोटाले के लिए जिम्मेदार हैं। इन्होंने शक्कर मिल-मालिकों का पक्ष लिया और गन्ना-उत्पादक किसानों को उचित मूल्य नहीं दिया। यही शक्कर के मूल्य के खिलाफ आन्दोलन करेंगे। मगर चरणसिंह इस मोर्चे में रहेंगे नहीं। इसमें कम्युनिस्ट के नजदीक जाते हैं, तब नाक पर कपड़ा रख लेते हैं, वे रहे भी तो मोर्चे के राजा बनकर रहना चाहेंगे और राजा उन्हें बनने नहीं दिया जायेगा।

नरेन्द्रसिंह यह आरोप लगाकर लोकदल से बाहर हो गये हैं कि चरणसिंह तानाशाह हैं। अभी तक नरेन्द्रसिंह इन्हीं चरणसिंह के नेतृत्व में इन्दिरा गाँधी की तानाशाही के खिलाफ लड़ रहे थे। नरेन्द्रसिंह भी राष्ट्र को बचाने लिए कौन-से रास्ते से जाते हैं, यह अभी स्पष्ट नहीं है।

इन पुंगियों और शहनाइयों को जो सत्तादल में भी हैं और विरोधी गुटों में भी, व्यक्तिगत अवसरवाद की मूढ़ता से यह समझ में नहीं आ रहा है कि जनता इस मूड में आ रही है कि तमाम सुरे और बेसुरे बाजों को तोड़कर फेंक देगी और शंख बजायेगी।

अभाव की दाद

हमारे भगतजी कहते हैं—भैयाजी, अभाव की दाद जब लाइलाज हो जाय, तब उसे खुजाने का मजा लेना चाहिए। इसीलिए मैं रोज बाजार जाता हूँ। वहाँ खुले बाजार में शक्कर नहीं होती। कालाबाजार में पूछता हूँ तो सात रुपये से हर दो दिनों में पचीस पैसे बढ़ते-बढ़ते अब ग्यारह रुपये किलो हो गयी है। मैं सिर्फ भाव

पूछता हूँ, खरीदता नहीं। इस भाव खरीद लूं तो दाद खुजाने का मजा नहीं आयेगा। पके हुए बालतोड़ फोड़े को छूने की प्राणान्तक पीड़ा होगी। घर लौटकर चैन से सोता हूँ।

मैं स्वतन्त्रता की लड़ाई में जेल गया था। मगर जेल में चाय के लिए शक्कर मिलती थी।

भगतसिंह फाँसी चढ़े, पर सुबह की मीठी चाय पीकर 'इन्कलाब जिन्दाबाद' के नारे के साथ चढ़े थे। मैं रोज बिना इन्कलाब का नारा लगाये फाँसी पर चढ़ रहा हूं। बलिदान मेरा भगतसिंह से आगे बढ़ गया है। दो आजादियाँ आ चुकी हैं, तीसरी आजादी की तैयारी है। सुभाष बोस ने नारा दिया था--तुम मुझे खून दो, मैं तुम्हें आजादी दूंगा। तीसरी आजादी का नेता उठेगा। वह नारा देगा—तुम मुझे ईमान दो, मैं तुम्हें शक्कर दूंगा।

भैयाजी, वास्तव में किसी क्रान्ति से सामान्य आदमी को आजादी नहीं मिलती। वह हमेशा गुलाम रहता है। आजादी हमेशा शासक और शोषक वर्ग को मिलती है। इसलिए सामान्य आदमी शगल के लिए क्रान्ति करे तो उसे प्रहसन (मजाकिया नाटक) की तरह करे, क्रान्ति को कभी गम्भीरता से नहीं करना चाहिए। यह नाटक हमेशा दुखान्त होता है।

भगतजी दर्द ताजा करने के लिए रोज बाजार जाते हैं। शाम तक 'सिनिक' हो जाते हैं। अखबार लेकर मेरे पास आ बैठते हैं। कहते हैं—भैयाजी, आप उन लेखकों में से हैं न जो अखबारों में हास्य-व्यंग्य के कॉलम लिखकर रोजी-रोटी कमाते हैं। आपका धन्धा अब चौपट हो रहा है।

सरकार के मन्त्री आपके पेट पर लात मारते हैं। इनके बयान रोज छपते हैं, जिन्हें पढ़कर लोग लोट-पोट हो जाते हैं। मैं तो रोज सबेरे ये बयान पढ़ता हूं। खूब हँसता हूँ और तबीयत ताजा हो जाती है, तो बाजार चल देता हूँ। देखो यह खाद्य और आपूर्ति मन्त्री का बयान! कहते हैं—सरकार जमाखोरों और मुनाफाखोरों से सख्ती से निपटेगी। ये 1947 से यही कह रहे हैं। अगर सख्ती से निपटते तो अभी तक मुनाफाखोरों के वंश मिट जाते।

अभी उस दिन अखबार पढ़ते-पढ़ते मैं इतने जोर से हँसा कि पान की पीक कुरते पर गिर गयी। पत्नी ने कहा, 'यह तुम्हें हो क्या गया है? इतना हँसते हो, कुरते खराब करते हो।' मैंने कहा, 'पगली, बात ही हँसने की हो रही है। पढ़ यह, व्यापारी और उद्योगपति कहते हैं हम समाज के प्रति अपना दायित्व समझते हैं। हम सस्ते दाम पर लोगों को चीजें उपलब्ध कराने में सरकार से सहयोग करना चाहते हैं। देखा, कितने दयालु हैं ये लोग और सरकार से इनका ऐसा सुन्दर सहयोग हुआ है कि शक्कर बाजार से गायब हो गयी। है न हँसी की बात।' भैयाजी, जब ये मन्त्री और व्यापारी रोज हास्य-रस की छटा बिखेर रहे हैं तो तुम्हारे ये कॉलम कौन पढ़ेगा? रोजी-रोटी का दूसरा इन्तजाम करो। कहीं मास्टर-वास्टर हो जाओ।

भगतजी का कहना है—भैयाजी, इन सरकारों की धमकियों से भले आदमियों के सिवा कोई नहीं डरता। खेत में आदमी का पुतला बनाकर आदमी के कपड़े पहनाकर एक पुतला खड़ा करते हैं किसान, इसे 'स्केअर क्रो' कहते हैं। इसके डर से कौवे फसल न खायें, ऐसी आशा की जाती है। मगर भैयाजी, ये कौवे बड़े चतुर, बड़े काइयाँ हैं, ये जानते हैं यह सिर्फ पुतला है। यह हाथ नहीं चला सकता, पत्थर नहीं मार सकता। तो ये कौवे सरकार के इस पुतले के सिर पर बीट करके खुश-हाली की फसल खा रहे हैं। सरकार कीमतें क्या घटायेगी, वह तो अपने शरीर पर से कौवों की बीट साफ करने में ही उलझी हुई है।

भगतजी खूब खुश रहते हैं। कहते हैं—हमें देश के लिए बलिदान करने का मौका मिला है। देश किसका है? देश हमारा नहीं है। हमारे लिए यह देश एक धर्मशाला है, देश इन्हीं शोषक और शासक वर्ग का है। धर्मशाला में रहनेवाले मुसाफिर का कर्तव्य है कि वह धर्मशाला के मालिक की खुशहाली के लिए प्राण भी दे दे।

भैयाजी, शक्करवाली चाय में वह मजा नहीं है, जो शक्कर के इस नाटक को देखने में है। केन्द्र सरकार कहती है—देश में शक्कर की कमी नहीं है। काफी भण्डार है। राज्य सरकारें कहती हैं—शक्कर की बिल्कुल कमी नहीं है। उत्पादक और व्यवसायी कहते हैं—देश में शक्कर काफी है। मगर वह शक्कर है कहाँ? क्या वह ईथर बनकर हवा में मिल गयी या उसकी भाप बन गयी जिससे इस मौसम में अच्छी वर्षा हो रही है।

ज़रा मजा देखो भैयाजी, शक्कर के उत्पादक सरकार से कहते हैं—यह शक्कर रखी है चार सौ पचास रुपये क्विण्टल के रेट की, इसे उठा लो और बाँटो जनता को। लोगों को त्योहार पर शक्कर नहीं मिल रही है, तो हमारी आँखों में आँसू आ रहे हैं। केन्द्र सरकार राज्य सरकार से कहती है—उठाओ शक्कर के स्टॉक और बाँटो मुनासिब कीमत पर। राज्य सरकारें केन्द्र सरकार से कहती हैं—आप बड़ी हैं, रानी हैं, हम छोटी हैं, आपकी बन्दी हैं, आपके सामने हम स्टॉक उठाने की गुस्ताखी कैसे करें? उठा भी लें तो हमारा खाद्य-मन्त्री घर-घर जाकर शक्कर सप्लाई थोड़े ही कर सकता है। हमारे पास वितरण की मशीनरी नहीं है, फिर ये उत्पादक हमें और आपको चक्कर दे रहे हैं।

तो भैयाजी, शक्कर उत्पादक और बड़े व्यापारी डांस डायरेक्टर हैं जो इन सरकारों को मनचाहा नाच नचवा रहे हैं—कत्थक नाचो, भरत-नाट्यम नाचो, मणिपुरी नाचो। तुम फीकी चाय इस नृत्य को देखते हुए पीओ। चाय मीठी लगेगी।

भगतजी फिर जोर से हँसते हैं। कहते हैं—वे शक्कर से भरी तीन मालगाड़ियाँ अभी नहीं मिलीं जो महाराष्ट्र से मध्यप्रदेश के लिए चली थीं। ये कोई तीन क्विण्टल के बोरे नहीं हैं, इंजिन लगी हुई तीन पूरी रेलगाड़ियाँ हैं, जिनमें से हरेक में साठ-सत्तर बोगियाँ होंगी। ये चुरा ली गयीं। क्या चोरों ने प्राइवेट रेलवे लाइन डाल रखी है, जिन पर रेल गाड़ियों को घुमाकर पाताल-लोक ले गये?

भैयाजी, इस तरह तो तुम किसी दिन सुनोगे कि ताजमहल चुरा लिया गया और स्मगलिंग करके अमेरिका को बेच दिया गया। अमेरिका का कोई राष्ट्रपति अपनी बीवी को शाहजहाँ जैसा प्यार नहीं करता था। लिंकन की तो अपनी बीवी से बिल्कुल नहीं पटती थी इसलिए वहाँ कोई ताजमहल जैसा स्मारक नहीं बना। और भैयाजी, किसी दिन महादेव शंकर को बदनीयती पैदा हुई तो वे गंगा को समेटकर फिर जटा के कालाबाजार में छिपा लेंगे। तब क्या होगा अपनी नहरों का और बिजलीघरों का ?

भगतजी कहते हैं—भैयाजी, सरकार सब एक जैसी भली और ईमानदार होती हैं। सबके तर्क एक जैसे होते हैं। जनता पार्टी शासन में जब दिल्ली में बहुत हत्याएँ होने की शिकायत हुई तो मोरारजी भाई ने पुलिस से हत्याएँ रोकने के लिए नहीं कहा। हुक्म दिया कि न्यूयॉर्क और लन्दन में होनेवाली हत्याओं के आँकड़े बुलाये जायें। आँकड़े मिल गये तो कहा—बेवकूफो, न्यूयॉर्क और लन्दन में हर हफ्ते औसतन इतनी हत्याएँ होती हैं। मैं क्या जिमी कार्टर और मार्गरेट थैचर से घटिया शासक हूँ, कि मेरी दिल्ली में कम हत्याएँ हों।

अब यह सरकार कहती है—दुनिया-भर में मुद्रास्फीति है। हर देश में कीमतें बढ़ी हुई हैं। सारी दुनिया में शक्कर की कमी है। मेरी सरकार, तो ये दूसरे देश अपने देश को शक्कर क्यों बेच रहे हैं ?

भगतजी इन दिनों वैज्ञानिक हो रहे हैं। रासायनिक प्रयोग कर रहे हैं। कहते हैं—भैयाजी, गुड़ की चाय बहुत अच्छी बनती है। रात को गुड़ पानी में डालकर रख दो, सबेरे ऊपर का झाग निकाल दो। अब उसे चूल्हे पर चढ़ा दो। उबल जाये तब चाय, दालचीनी, अदरक, तुलसी की पत्ती और काली मिर्च डालो। भैयाजी, एक बात और सुनो, अगर गुड़ का 'फरमेन्टेशन' हो जाये तो दारू उतारकर पीओ। मैंने कहा—भगतजी, मगर अब तो गुड़ भी बहुत महँगा हो गया और बाजार से गायब हो रहा है। भगतजी कहते हैं—चिन्ता मत करो, भैयाजी, मेरे असत्य के रासायनिक प्रयोग चल रहे हैं। मैं मिट्टी से शक्कर बनाने की विधि खोज लूंगा।

बॉक्सर मोहम्मद अली

कार्टर ने मुक्का-वीर मोहम्मद अली को पकड़ा था। उसने जो छाले हाथ में दिये, उनसे कार्टर तड़प रहे हैं। कोई देश हो या कोई आदमी हो, अमेरिकी पूंजीवाद-साम्राज्यवाद के खेल में वे ताश के पत्ते होते हैं।

चीन एक ताश का पत्ता है। अमेरिकी नेता कहते हैं—वी विल प्ले दी चाइना

कार्ड ।

पड़ोसी देशों को सबक सिखाने को आमादा अठारहवीं शताब्दी की पलीते की बन्दूक लेकर वियतनाम में लड़ने जानेवाले चीनी वीरों को मालूम है कि उन्हें ताश का पत्ता समझा जा रहा है । शायद 'जोकर' समझा रहा है ।

मोहम्मद अली भी 'कार्ड' है, दुनिया मानती रहे कि वह महान खिलाड़ी है । कार्टर को उसकी प्रतिष्ठा का उपयोग करना है । आदमी की हर योग्यता और मजबूरी का उपयोग करना है । वायलिन-वादक से जिमी कार्टर कहेंगे कि एशिया जाओ और वहाँ नफरत का राग बजाओ । गीत-गायक से जिमी कार्टर कहेंगे—दुनिया में घूमो और घृणा के गीत गाओ । कवि से कहेंगे —मानवतावाद छोड़ो । मानवतावाद हमारे दुश्मन को मदद पहुँचाता है । मानवतावाद 'अन-अमेरिका. एक्टिविटी' है । संहार का काव्य लिखो । उन्माद पैदा करो, घृणा पैदा करो ।

धर्म-गुरुओं से जिमी कार्टर कहेंगे—जीसस ने यह गलत कहा था कि पिता उन्हें माफ कर, क्योंकि वे नहीं जानते वे क्या कर रहे हैं । रूसी जानते हैं कि वे क्या कर रहे हैं । उन्हें कतई माफ मत करना । हाँ, हम नहीं जानते, हम क्या कर रहे हैं । आदमी के दुर्भाग्य का भी कार्टर को उपयोग करना है । दुर्भाग्य भी कार्ड है । अभागे कोढ़ी से कार्टर कहेंगे कि तू तो भाग्यवान है । जा, दुनिया में प्रचार कर कि मुझे रूस ने गैसों के प्रयोग से कोढ़ दे दी । काने आदमी से कहेंगे कि प्रचार कर कि ब्रेझनेव ने मेरी इस आँख में अँगुली घुसेड़ दी जिससे मेरी आँख फूट गयी ।

पहलवान मोहम्मद अली को 'कार्ड' बनाकर अफ्रीका में खेला था । वह चक्कर में पड़ गया, जैसे चक्कर में सीधे-भोले पहलवान पड़ जाते हैं । मोहम्मद अली दुनिया का महानतम पहलवान है । पर है अपने लच्छू गुरु, हनीफ उस्ताद और पंचम पहलवान की तरह । मोहम्मद अली काला है । बहुत अच्छा है । मुसलमान है, यह और अच्छा है । तेल भी मुसलमान है । मुस्लिम-मुस्लिम भाई ।

मोहम्मद अली को अफ्रीका भेजा कि कालों को यह काला समझा देगा कि रूस तुम्हारा शत्रु है, अमेरिका मित्र है । इसलिए मास्को ओलम्पिक का तुम बहिष्कार करो । पर अफ्रीकियों ने कहा—ब्लेक ब्रदर, रूस हमारा दोस्त रहा है । रूस इधर स्वाधीनता-संग्राम का समर्थन करता है । अमेरिका अत्याचारी गोरी सरकारों का समर्थक है । ब्रदर, तू तो बिटर गया । तो मोहम्मद अली ने ऐलान किया—मुझे धोखा दिया गया । कार्टर ने मुझे सच बात नहीं बतायी । मेरा गलत काम के लिए उपयोग किया जा रहा है । कार्टर का यह पत्ता कट गया । उधर अमेरिका में नीग्रो वोट भी चले गये ।

ऐसे ही हमारे भले, भोले, सच्चे पहलवान लच्छू गुरु एक चक्कर में पड़ गये थे । चुनाव में एक आबकारी ठेकेदार खड़ा हो गया था । उसने लच्छू गुरु की चापलूसी करके उन्हें अपना चुनाव-प्रचार करने के लिए राजी कर लिया था । जब लच्छू गुरु प्रचार करने निकले तो लोगों ने कहा—गुरु, किस नीच जालिम का प्रचार कर रहे हो ! तुम क्या उसे जानते नहीं ? अरे, दूध-बादाम के लिए पैसे कम पड़ते थे तो

हमसे कहते। वह ठेकेदार क्या मुफ्त की दारू पिलाता है। लच्छू गुरु ने ठेकेदार को गालियाँ दीं और उसके खिलाफ प्रचार करने लगे। अभी लच्छू गुरु पूछ रहे थे— भैया, एक बात बताओ। यह जिमी कार्टर नाम का आदमी क्या दारू का ठेकेदार है ?

दो साल पहले मोहम्मद अली रूस की यात्रा पर गया था। उसका यात्रा-वृत्तान्त जो 'मास्को-न्यूज' में छपा था, उसी के आधार पर स्मृति से बताता हूँ। अली अपने साथ दो वकील भी ले गया था। जब उससे रूसी मेजबानों ने पूछा कि वकील साथ क्यों लाये हो तो उसने भोलेपन से जवाब दिया—हमें रूस के बारे में जो बताया गया है उसे ध्यान में रखकर मुझे वकील लाना जरूरी लगा। यहाँ कुछ भी हो सकता है। हो सकता है मुझे लौटने नहीं दिया जाय। तब वकील काम आ सकते हैं। यहाँ मुझे यह मजेदार खबर याद आ रही है, जो कभी पढ़ी थी। खबर यह थी कि मोलोटोव जब रूसी प्रतिनिधि मण्डल लेकर पहली बार वाशिंगटन गये तो हवाई अड्डे पर बहुत-से अमेरिकी—ज्यादातर स्त्रियाँ, उत्सुकता से खड़े थे।

हवाई जहाज से जब रूसी उतरे तो उन्हें देखकर अमेरिकी निराश हुए। निराश क्यों हुए ? इसलिए कि हवाई जहाज से आदमी उतरे। उन्हें प्रचार-माध्यमों से बताया गया था कि रूस में आदमी नहीं, भालू रहते हैं।

बहरहाल तीन-चार दिन रूस में रहने के बाद अली ने पत्रकार-वार्ता में कहा— हमें अपने देश में रूस के बारे में सब झूठ बताया गया। रूसी तो बहुत अच्छे लोग हैं। सुसंस्कृत हैं। वे शान्ति चाहते हैं। इस पर एक अमेरिकी पत्रकार ने कहा— तुम्हें शायद सिखा-पढ़ा दिया है। अली ने गुस्से से कहा—तुम जंगखोर हो। फिर धमकी दी घूंसा दिखाकर—बाद में मिलना, तुम्हें बताऊँगा।

इस अली को कार्टर ने खेल-कूटनीति करने भेजा और फेल हो गया। खेल-कूटनीति भी बड़ी बचकानी कूटनीति है। वह फेल भी हो गयी। मास्को ओलम्पिक का बहिष्कार करने को न ओलम्पिक समिति तैयार है, न ज्यादातर देश। मगर यह भी क्या कूटिनीति है। मुझे याद आता है, ऐसा तो हम बच्चे करते थे। हम खेलने निकलते थे। साथी से कहते थे—चल नन्दू, खेलेंगे। नन्दू कहता— मैं नहीं चलता। मैं इस चन्दू के साथ खेलूंगा। इसने कल मुझे लत्ती मारी थी। मेरी इससे 'कट्टी' है। हम चन्दू से पूछते कि तूने इसे लत्ती क्यों मारी। चन्दू कहता—अरे, यह छुट्टी में मेरी डेस्क पर बैठ गया था।

अली ब्रेझनेव से मिला। ब्रेझनेव ने उसे गले से लगाया और गाल चूमा। बाद में अली ने पत्रकारों को बताया—ब्रेझनेव महान नेता हैं। मुझे पूरा विश्वास है कि वे शान्ति चाहते हैं। मैंने पहली बार दूसरे मनुष्य के सामने अपने को छोटा महसूस किया। उससे पत्रकार ने पूछा—तुमने उनसे अपने अगले मुक्केबाजी के मुकाबले के बारे में बात की होगी ? अली ने पट से जवाब दिया—हमने छोटी चीजों पर बात नहीं की। विश्वशान्ति के बारे में बातें कीं।

इसी तरह की बचकानी आज की कूटनीति है। अमेरिका रूस को अनाज नहीं

देगा। ऐसा ही हमारा नन्दू कहता था। उसे अच्छा जेब-खर्च मिलता था। वह चिवड़ा खरीदता और थोड़ा-थोड़ा हम लोगों को देता। कहता—इस चन्दू को नहीं दूंगा। इससे मेरी 'कट्टी' है। चन्दू छीनकर न खा ले इसलिए नन्दू चिवड़े के दोने में थूक लेता और चन्दू को अँगूठा दिखाकर कहता—ले, अब कैसे खायेगा। मैंने थूक लिया।

मुझे जिमी कार्टर नन्दू की तरह लगते हैं, जो चिवड़े के दोने में थूककर रूस को अँगूठा दिखा रहे हैं। अगर यह बचकानी कूटनीति नहीं है तो पतनशील कूटनीति है।

हम लोग क्या करें कार्टर की मदद के लिए? हमारी सरकार तो मान नहीं रही है। हाँ, हमारे यहाँ तान्त्रिक हैं जो 'मारण' और 'उच्चाटन' अनुष्ठान करते हैं। 'मारण' मन्त्र में आदमी मर जाता है। 'उच्चाटन' से भेद पड़ता है।

हमारे यहाँ जादू-टोनेवाले हैं, जो मन्त्र पढ़कर 'मूठ' फेंकते हैं। इसे 'मूठ मारना' कहते हैं। मुट्ठी-भर चने टोनिया फेंकता है। बम्बई से तो चने जाकर छर्रे की तरह कलकत्ता में यजमान के दुश्मन को लगते हैं। ये जादुई मिसाइल हैं, जो न रडार पर दिखते हैं और न रोके जा सकते हैं। सी. आई. ए. इन जादू-टोनावालों की सेवा ले। भारत इतना ही योग दे सकता है, गर्म होते हुए शीत-युद्ध में।

राजनैतिक नौटंकी

दिलचस्प हालात हैं। जनता पार्टी के नेता चौबीस घण्टे तनाव में हैं, परेशान रहते हैं। चन्द्रशेखर और हेगड़े पार्टी दफ्तर की सीढ़ी पर सिर पकड़े बैठे हैं। बाबूजी की जीर्ण मुस्कान में खीझ है। आडवाणी, वाजपेयी लाल-पीले और सफेद होते हैं। यह सब जनता पार्टी के मार्फत देश को बचाने के लिए हो रहा है—ऐसा ये नेता प्रकट करते हैं।

जिन देशवासियों के भले के लिए ये परेशान हैं, वे इन पर हँसते हैं। सुबह अखबारों में रोज पढ़ने को मिलता है—बाबूजी अकड़े। बाबूजी ढीले हुए। बाबूजी ने माफी माँगी। बाबूजी कहते हैं—माफी नहीं माँगी। वाजपेयी कहते हैं—बाबूजी के कारण पार्टी हारी। बाबूजी कहते हैं—संघ के कारण पार्टी हारी। वाजपेयी कहते हैं—बाबूजी बूढ़े और निकम्मे हैं। बाबूजी कहते हैं—मैं जवान और शक्तिशाली हूँ। बाबूजी और वाजपेयी पंजा लड़ाकर तय करेंगे कि कौन जवान है। सुरेन्द्रमोहन अस्पताल में भर्ती हुए। मोरारजी जनता पार्टी के लिए जान दे देंगे।

जादूगर कहता है—साहबान, इस लड़की को मैंने बीच से काट डाला है। अब

मैं इसे जोड़ता हूँ। लोग कहते हैं—हाथ की सफाई है। जादूगर जनता पार्टी को टोप बताता है—साहबान, इस टोप में क्या है? कुछ नहीं। अब देखिए, इस टोप में से क्या निकला—मुर्गा। साहबान, निकालिए पचीस-पचीस पैसे। कल आपका यह खादिम दूसरे नये खेल दिखायेगा।

हारे हुओं पर हँसने का मेरा मन नहीं करता, मैं स्वभाव से दयालु आदमी हूँ, मगर ये नेता लोग मुझे गुदगुदी करते हैं। 1977 में सम्पूर्ण क्रान्तिकारियों का वीर रस का गम्भीर नाटक शुरू हुआ था यह, मगर यह जल्दी ही मजाकिया नौटंकी हो गया। इसमें राजा थे—मुकुट पहने—हीरों की माला पहने सिंहासन पर।

पहले राजा मोरारजी थे। उनके उत्तराधिकारी जगजीवनराम हुए। राजपुरोहित थे—नानाजी देशमुख। सेनापति थे—चन्द्रशेखर। राजकवि थे—अटलबिहारी वाजपेयी। महामात्य थे—चरणसिंह। राजविदूषक थे—राजनारायण। बढ़िया नाटक था। राजनैतिक नाटक। मगर जल्दी ही पात्रों ने अपना रोल बदल दिया। राजा ने कहा—मैं विदूषक बनूंगा। विदूषक के रोल पर दर्शक ज्यादा ताली बजाते हैं। राजपुरोहित नानाजी ने कहा—मैं नाई का रोल करूँगा। राजकवि अटलबिहारी ने कहा—मैं वीर रस की कविता नहीं पढ़ूँगा। शाखा में बहुत पढ़ चुका हूँ। दादरा गाऊंगा—नजरिया की मारी मरी मेरी गुइयाँ। चन्द्रशेखर सेनापति ने कहा—हम पालकी ढोनेवाले कहार बनेंगे। महामात्य चरणसिंह ने कहा—जब राजा विदूषक हो गया है, तो महामात्य का क्या काम। मैं लुटेरा हमलावर बनूंगा और गद्दी पर कब्जा करूँगा। राजनारायण ने कहा—जब सेनापति पालकी ढो रहा है, तो मैं चरणसिंह का सेनापति हो जाता हूँ।

अब पहले राजा मोरारजी और अब राजा जगजीवनराम मुकुट पहने, हीरों की माला डाले, कमर पर हाथ रखकर नाच रहे हैं और हुल्लड़ कर रहे हैं। सीटी बजा रहे हैं, आँख मार रहे हैं। बकरे की बोली बोल रहे हैं। राजपुरोहित नानाजी देशमुख चन्दन लगाये, माला डाले नाई बन गये। नाई का स्वभाव होता है कि वह बातूनी होता है। वह जिस 'मालिक' की हजामत बना रहा होता है, उसकी तारीफ करता है और बाकी की निन्दा। मालक, सरपंच तो आपको होना चाहिए। बाकी सब बेकाम हैं।

नानाजी मोरारजी की हजामत करते-करते कहते—आपको ही प्रधानमन्त्री रखेंगे हम! चरणसिंह की दाढ़ी छीलते हुए कहते—चौधरी साहब, आप जैसा दृढ़ व्यक्ति प्रधानमन्त्री होना चाहिए। मोरारजी तो बहुत ढीले हैं। जॉर्ज फर्नांडिस की भी हजामत करते हुए नानाजी कहते—जॉर्जजी, देश को युवा और समाजवादी नेतृत्व चाहिए। आपको हम प्रधानमन्त्री बनायेंगे।

जगजीवनराम की नाक का बाल काटते हुए नानाजी कहते—बाबूजी, अब आप एकमात्र राष्ट्रीय नेता हैं। आपकी योग्यता और सक्षमता का पूरा लाभ देश को मिलना चाहिए। आपको हम प्रधानमन्त्री बनायेंगे।

जनता पार्टी को तोड़ने का श्रेय न चरणसिंह को है, न राजनारायण को है, न

मधुलिमये को। श्रेय के हकदार नानाजी देशमुख हैं। भारत सरकार पर संघ जल्दी कब्जा कर ले, इस हड़बड़ी में जनता पार्टी टूटी। और पार्टी पर पूरा कब्जा रहे, इस कोशिश में दुबारा टूटेगी।

इस वक्त हाल बहुत मजेदार है। बिखरी हुई फौज को सेनानायक दिल्ली से पुकारते हैं—वीरो, एकजुट हो जाओ। घबराओ मत। एकता बनाये रखो, विजय हमारी होगी। यह सुनकर सैनिक कहते हैं—इन सेनापतियों का क्या भरोसा? चलो, शत्रुपक्ष में मिल जायें। उस दिन रेडियो बुलेटिन सुनकर दिल्ली में जनता पार्टी के नेता अपनी पार्टीवालों को प्रोत्साहित कर रहे थे—जनता पार्टी एक राष्ट्रीय आवश्यकता है। हमें पार्टी को सुसंगठित और मजबूत बनाना है। इस आवाहन से जनता पार्टीवाले बहुत प्रोत्साहित हुए। तीसरे बुलेटिन में मैंने सुना कि जनता पार्टी को संगठित और मजबूत बनाने के लिए महाराष्ट्र पार्टी के मन्त्री भास्कर साहब पार्टी छोड़कर कांग्रेस (इ) में चले गये। भास्कर साहब ने सोचा कि पार्टी तो ये हमारे नेता भी आगे-पीछे छोड़ेंगे। इसलिए हम पहले छोड़ देंगे, तो इनसे मजबूत रहेंगे।

बेचारे जनसंघ की हालत दर्दनाक है। ये लोग लौटकर जनसंघ होना नहीं चाहते। मगर कार्यकर्ता कहते हैं कि नीची जाति के आदमी को नेता माना तो धर्म भ्रष्ट हुआ ही, ऊँची जातियों के वोट भी नहीं मिले।

स्वयंसेवकों की हालत इसलिए खस्ता है कि इन्दिरा गाँधी के साथ उन्नीस महीने की इमर्जेन्सी की सुखद याद जुड़ी है। ये लोग दुबारा शहीदाना सुख और गौरव को नहीं भोगना चाहते। तो देवरस संगठन को बचाने के लिए इन्दिरा सरकार को सहयोग की भेंट लेकर द्वार पर खड़े हैं। उधर आडवाणी बयान देते हैं कि हम देवरसजी से सहमत नहीं हैं।

संगठन और राजनीति कर्म दोनों को निभाने के लिए सरकस कम्पनी के दो खिलाड़ी दो रास्तों पर चल रहे हैं। पर दर्शक समझते हैं कि इनमें मतभेद नहीं है। ये एक ही उद्देश्य की डोरी से बँधे हैं।

बाबूजी के बारे में लोग अटकलें लगा रहे हैं—क्या वे सी. एफ. डी. फिर बनायेंगे? मगर अब बचा क्या? छोटी सी. एफ. डी. (बहुगुणा), जो बड़ी सी. एफ. डी. बनकर उधर चली गयी थी, वेटिंगरूम में है। लोग अन्दाज करते हैं। इन्दिरा गाँधी ने बाबूजी से कहा है कि जनता पार्टी को तोड़कर तहस-नहस कर दो कि उन्हें विधान सभाओं में उम्मीदवार न मिलें। हर तोड़फोड़ पर दस नम्बर मिलेंगे। तो बाबूजी बाजार में जाने के पहले अपनी कीमत बढ़ा रहे थे।

तो बाबूजी रोज पोस्टमैन की राह देखते थे कि अब नियुक्ति-पत्र आया, अब आया। और आखिरी डाक के बाद बयान देते कि हमें जनता पार्टी को मजबूत बनाना है। हमें मिलकर तानाशाही से लड़ना है, क्योंकि तानाशाह ने आखिरी डाक तक मुझे नौकरी नहीं दी है।

लौह-पुरुष और मोम-पुरुष

देवराज अर्स के दाँत में भी दर्द था और वे दिल्ली में इन्दिरा कांग्रेस की मीटिंग में नहीं आये थे। तोड़नेवाले के दाँत में दर्द होता है। अभी तक चरणसिंह की कमर में और पीठ में दर्द होता था। अगर सूरजकुण्ड-वास में दाँत का दर्द हो जाता तो तभी जनता पार्टी टूट जाती। पर तब चरणसिंह की पसलियों में दर्द था। इन्तजार करते-करते अब चौधरी के दाँत में दर्द हुआ है। अब पार्टी टूटेगी।

मैं इतना आशावान नहीं हूँ। पता नहीं चरणसिंह का कौन-सा दाँत है, जिसमें दर्द है। लगाया हुआ दाँत तो नहीं है। फिर बहुत-से लौह-पुरुष लड़ाई के वक्त मोम-पुरुष हो जाते हैं। जोड़-तोड़ हो रहा है। धमकियाँ दी जा रही हैं। थैलियाँ खुल गयी हैं। गरीबपरवर नोट लिये बैठे हैं। अपीलें हो रही हैं—जनता सरकार गिरी तो लोकतन्त्र का क्या होगा? (लोकतन्त्र बचा हो तो उसका कुछ होगा?) हाय! अस्थिरता आ जायेगी।

जनता पार्टी और सरकार का जो रहा है, उसे खालिस जबलपुरिया अपने मुहावरे में कह रहे हैं—'खटिया खड़ी हो रही है, गुरु!' जिस राजनारायण को जोकर समझते थे, उसने असलेट दे दी। सरकार का गुड़ बँट रहा है। लकड़ी पहुँच गयी। तुलसी लाओ। गंगाजल मुँह में डालो।

लोग बहुत खुश हैं। रविराय इस्तीफा देते हैं, तो मिठाई खाते हैं। बहुगुणा इस्तीफा देते हैं, तो रम की बोतल खुल जाती है।

यह क्या और कैसे हो रहा है। रावण सभा ने राजनारायण की पूँछ में आग लगाकर सोचा था कि वानर अब चीखता हुआ भाग जायेगा, मगर हनुमान लंका के महलों के कंगूरों पर चढ़ गया और—

उलट-पलट लंका सब जारी
कूद परेउ कपि सिन्धु मझारी।

यह सब जो हो रहा है, राजनारायण के वानरपन या जोकरपन के कारण नहीं हो रहा है। यह मजाक नहीं है। लोग बच्चे नहीं हैं जो बन्दर-बँदरिया का नाच देखकर खुश हो रहे हों। असल में राजनारायण ने बुनियादी समस्या उठायी है। लोकतन्त्र या फासिस्टवाद—देश को तय कर लेना है। यह बुनियादी प्रश्न न उठाते तो राजनारायण का साथ कोई नहीं देता।

यशवन्तराव चव्हाण को अविश्वास का प्रस्ताव रखते समय क्या पता था कि मेरे हाथ से कोई ऐतिहासिक काम हो रहा था। वे समझते थे कि दो-तीन दिन बहस होगी और प्रस्ताव गिर जायेगा। मगर शाम को चव्हाण की समझ में आया कि मुझे इतिहास ने फिर उठा लिया। उन्होंने दुबारा दाढ़ी बनायी। शेरवानी बदली। चेहरे पर गरिमा ओढ़ी और इतिहास-पुरुष बनकर बँगले में बैठ गये।

इतिहास ने चव्हाण को बार-बार सोते से जगाकर उछाला है। 1962 में चीनी

हमले के समय, भारतीय दक्षिणपन्थियों ने जब कृष्ण मेनन से इस्तीफा दिलवाया था, तब प्रान्तीय नेता चव्हाण को उठाया और दिल्ली में फेंककर उन्हें राष्ट्रीय नेता बना दिया। तब अखबारों में ऐसा छपा था, 'सह्याद्रि हिमालय की रक्षा के लिए चला !' शिवाजी फिर उत्तर भारत की ओर ! तब संघी स्वयंसेवक कहते थे— चव्हाण परमपूज्य गुरुजी के पास गये और चरण छुए। गुरुजी ने बड़ी देर तक उपदेश दिया, आशीर्वाद दिया कि तुम्हारी जय होगी।

छत्रपति शिवाजी को समर्थ रामदास का आशीर्वाद ! उन्हीं परमपूज्य गुरुजी के चेले अटलबिहारी वाजपेयी, हमलावर चीन में अभी 'हें-हें' मुद्रा में माओ के सुभाषित माओवादियों को ही सुना रहे थे।

सब ठीक चल रहा था। नानाजी लोकनायक को लेकर वायुसेना के विमान से पटना जा रहे थे। साथ में चन्द्रशेखर को भी ले लिया था। नानाजी ने कहा— लोकनायकजी, आप नागपुर में मत रुकिए। उस पवनारवाले बाबा को दर्शन मत दीजिए। उसकी क्या हैसियत है ! इन्दिरा गाँधी ग्यारह साल प्रधानमन्त्री रहीं, पर एक बार भी वायुसेना के विमान से नहीं घुमाया। देखिए, आपकी सेवा में जनता सरकार ने पूरी वायुसेना रख दी है। उस पवनार की गाय को नीचे से रँभाने दो और राजा परीक्षित वायु-मार्ग से निकल जाये।

पटना जाकर नानाजी ने कहा—लोकनायकजी, अब आप पटना में आराम कीजिए। वहाँ बम्बई में खाने-पीने का बन्धन था। यहाँ आप कबाब खाइए, कीमा खाइए, मुर्ग-मुसल्लम खाइए। चिन्ता बिल्कुल मत कीजिए।

लोकनायक ने कहा— पर नानाजी, देश की चिन्ता तो होती ही है।

नानाजी ने कहा—जब देश आपने मुझे सौंप दिया है, तो अब क्या चिन्ता ! मैं सब ठीक कर लूंगा। यह देखिए, इस हाथ पर मैंने पुलिस की लाठी झेलकर आपको बचाया था।

नानाजी ने चन्द्रशेखर से कहा—चलो बच्चा, घर चलें। अच्छे लड़के यहाँ-वहाँ अकेले नहीं घूमते। दुनिया बहुत खराब है। बहकानेवाले घेरने को घूमते हैं।

दिल्ली जाकर नानाजी ने कहा—बच्चा चन्द्रशेखर, अब सो जाओ, मैं लोरी गा दूं—लल्ला-लल्ला लोरी, दूध की कटोरी।

लोकनायक ने कहा—ज़रा चन्द्रशेखर का खयाल रखिए।

नानाजी ने कहा—आप निश्चिन्त रहिए। मैं चन्द्रशेखर को बिगड़ने नहीं दूंगा।

सुबह सोकर उठे, तो देखा खटिया उठ रही है। जो भी जनता पार्टी से निकले हैं और निकल रहे हैं, वे सब एक ही बात कह रहे हैं— आर. एस. एस. वालों के साथ हम नहीं बैठ सकते। दोनों कांग्रेस, दोनों कम्युनिस्ट पार्टियाँ, दूसरे गुट और व्यक्ति एक ही बात कह रहे हैं—संघ को निकालो। अब 'दोहरी सदस्यता' का मामला नहीं रहा। इस मुहावरे को छोड़ देना चाहिए। अब सीधा-सीधा विभाजन है—हिन्दू राष्ट्र के नाम पर संघ या लोकतन्त्र।

अभी भी जनता पार्टी में कुछ लोग कहते हैं—दोहरी सदस्यता का मामला हल हो जाये, तो पार्टी और सरकार अभी भी बच सकती है। यह छल है। संघ के राजनेता तैयार हो जायेंगे कि लो, हम लिखकर देते हैं कि हमने संघ छोड़ दिया, पर क्या वे सचमुच छोड़ देंगे? वे नहीं छोड़ेंगे, वे फिर पार्टी पर कब्जा करने की कोशिश करेंगे। जो लोकतान्त्रिक लोग हैं, वे अपने को और देशवासियों को धोखा देते हैं? एक फार्मूला और चल रहा है—नेतृत्व बदल दो। यानी मोरारजी की जगह कोई दूसरा 'बँधुआ' प्रधानमन्त्री बन जाये और सरकार बच जाये।

इसी वक्त दिल्ली में पानी की व्यवस्था चौपट हो गयी। यहाँ लोग कहते हैं कि जनता पार्टीवालों ने ही यह तोड़-फोड़ की है।

संसद-सदस्य प्यासे मरेंगे तो अपने-अपने घर भाग जायेंगे और अविश्वास पास ही नहीं होगा। दिल्ली के जानकार कहते हैं कि यह संकट इसलिए आया है कि दिल्ली का संघी शासन अपनी संघी भारतीय मजदूर संघ की यूनियन को थोपना चाहता है, जिसके सदस्य ही नहीं हैं। पिछले महीने बृजलाल वर्मा ने अपने तीन सदस्योंवाले भारतीय मजदूर संघ के कारण जबलपुर में आर. एस. एस. की आठ-दस दिन की हड़ताल करवा दी और मुझे जून के दूसरे हफ्ते छोड़ी हुई डाक अब मिल रही है।

कुछ लोग यह भी कहते हैं कि जनता नेताओं ने लोकसभाध्यक्ष से कहा कि अविश्वास प्रस्ताव पर मतदान तारीख 32 जुलाई को कराइए। हेगड़े ने कहा—मगर 32 जुलाई तो होती ही नहीं है। नेताओं ने कहा—जी हाँ, इसीलिए तो कहा—अविश्वास प्रस्ताव पर कभी मतदान ही नहीं होगा।

बालासाहब देवरस राष्ट्र के लिए सचमुच दुखी हैं। कहते हैं—इस राजनैतिक विवाद में संघ का नाम व्यर्थ घसीटा जा रहा है—अरे, हम साधु-सन्त हैं। भगवान का भजन कर रहे हैं। हमें क्यों छेड़ते हो, बच्चा!

हरिजन को पीटने का यज्ञ

दो समाचार अखबारों में पिछले दिनों छपे। दोनों घटनाएँ इन्दौर के आसपास की हैं। दोनों घटनाएँ महान हैं। दोनों हमारे गौरव को बढ़ाती हैं। इन्दौर के पास एक करोड़ की लागत से एक यज्ञ हुआ। धन्य है! उसी के आसपास एक हरिजन दूल्हा घोड़े पर सवार होकर निकला तो सवर्णों ने उसे और बारातियों को पीटा। यह भी धन्य है! एक ही क्षेत्र में दो पवित्र कर्म हो गये। हरिजन को पीटना खुद एक यज्ञ है। घुड़सवार दूल्हे को पीटना तो अश्वमेध यज्ञ है। हरिजनों की बस्ती में आग लगाना राजसूय यज्ञ है।

मैं इन दोनों यज्ञों से खुश हूँ। यों कुछ दुष्ट लोग यज्ञ का विरोध भी कर रहे थे। युवा जनता ने तो घोषणा की थी कि वे यज्ञ रोकने के लिए सत्याग्रह करेंगे, पर फिर उन्हें समाजवाद से फुरसत नहीं मिली होगी। या शायद संघ से उनका समझौता हो गया हो कि तुम यज्ञ में सहायक बनो और हम दूर कहीं नारे लगायेंगे। मन्त्रोच्चार में नारों से कोई बाधा नहीं पहुँचेगी। समाजवाद की प्रगतिशीलता और यज्ञ वगैरह की जड़ता का सह-अस्तित्व हो सकता है। लोगों का एतराज़ था कि एक करोड़ का अन्न, शक्कर, घी आदि आग में झोंक दिये जायेंगे।

देश में जब करोड़ों आदमियों को अन्न खाने को नहीं मिलता, तब ये धार्मिक पाखण्डी उसे आग में झोंकेंगे। मेरे खयाल से यह यज्ञ करानेवाले समय-समय पर परीक्षा करते रहते हैं कि देश का अविवेक और पौरुषहीनता अभी बरकरार है कि नहीं। लोग देखते रहे कि हमारा अन्न, घी, शक्कर आग के हवाले किया जा रहा है और वे जय बोलते हैं। यानी लोग अभी अविवेकी और कायर हैं। इन लोगों से डरने की अभी कोई जरूरत नहीं है। इन्हें लम्बे समय तक शोषित रखा जा सकता है। यज्ञ में वास्तव में अन्न, घी, शक्कर नहीं जलते—विवेक स्वाहा! बुद्धि स्वाहा! तर्क स्वाहा! विज्ञान स्वाहा!

जो यज्ञ करते हैं वे जानते हैं कि यज्ञ से कोई देवता प्रसन्न नहीं होता। जिन मन्त्रों का उच्चारण किया जाता है, वे अगर संस्कृत से हिन्दी में कर दिये जायें तो प्राइमरी स्कूल की किताब के लायक हैं। पुजारी जानता है, भगवान चाहे कहीं और हों मगर मन्दिर में तो कतई नहीं हैं। मुसलमान जानता है कि खुदा कहीं होगा तो मस्जिद के बाहर होगा, यहाँ तो नहीं है। मगर अपना धन्धा इसी में सुरक्षित है कि लोगों को विश्वास दिलायें कि यज्ञ से उनका कल्याण होगा। मन्दिर और मस्जिद में की गयी पुकार भगवान एकदम सुनता है। सीधी 'हॉट लाइन' है।

मैंने जब पढ़ा कि यज्ञ और हरिजन दूल्हे की पिटाई एक साथ हुई तो मुझे लगा कि अगर भगवान होता और वह न्यायी होता, तो वह यज्ञ-कुण्ड में यज्ञ करनेवालों को ही डाल देता। यज्ञ करनेवाले ही स्वाहा हो जाते, यह सबसे ऊँचा नरमेध यज्ञ होता। मगर भगवान भी इस सरकार की तरह विफल गति कायर है, जो नरमेध यज्ञ जमशेदपुर, अलीगढ़ या हरिजन बस्तियों में कराता है। क्या यज्ञ में और हरिजन दूल्हे के पिटने में कोई सम्बन्ध है? क्या यज्ञ के प्रताप से ही हरिजन दूल्हा पिटा? दोनों में सम्बन्ध है। यज्ञ करने और करानेवाले ऊँची जाति के लोग होते हैं। वैदिक युग में ब्राह्मण ने यज्ञ की तकनीक पर एकाधिकार कर लिया था। तकनीक का मामला है। तब क्षत्रियों ने तत्त्व-चिन्तन से ब्राह्मणों को पीटा। मगर ब्राह्मण उस्ताद हैं। उसने फिर कर्म-काण्ड फैलाया और सारे समाज को जकड़ लिया।

बच्चा जब माँ के पेट में आता है तभी से पोथी-पत्री और पूजा शुरू हो जाते हैं। आदमी पैदा हुआ तो ब्राह्मण तैयार बैठा है। फिर चालू होता है लम्बा सिलसिला—छठी, नामकरण, मुण्डन, कनछेदन, जनेऊ, विवाह—सब में है ब्राह्मण! आदमी मर जाये तो तेरहवें दिन ब्राह्मण भोजन करके दक्षिणा ले जायेंगे। आगे जब तक

उसका वंश चलेगा, हर साल पितृपक्ष में ब्राह्मण भोजन करेगा उसी के नाम से और दक्षिणा ले लेगा। हरिजन दूल्हा यज्ञ के कारण ही पिटा। यज्ञ तथा इस तरह की दूसरी चीजें इसीलिए करायी जाती हैं कि समाज उन्हीं पुरानी परम्पराओं में जकड़ा रहे। उसी भेद-भाव को माने, जाति-भेद माने, ऊँच-नीच माने, अन्धविश्वास में जकड़ा रहे। यज्ञ करने और करानेवालों का यही उद्देश्य है कि वही पिछड़ी हुई रुग्ण मानसिकता बनी रहे, जिससे वर्ण और वर्ग-भेद बने रहें। वही मानसिकता बनी रहे कि हरिजन दूल्हा घोड़े पर बैठे तो ऊँची जाति के लोग भड़ककर कहें—देखो इस 'चमरे' की हिम्मत, हमारे सामने घोड़े पर बैठता है।

कुछ चतुर लोग बड़े काइयाँपन से इस सबको सही बताने की कोशिश करते हैं। एक सज्जन मुझसे कह रहे थे—यज्ञ से विश्व-कल्याण होगा। मैंने कहा—महाराज, विश्व-कल्याण होगा अमेरिका और रूस में निःशस्त्रीकरण सन्धि से। विश्व-कल्याण होगा चीन की आक्रामकता रोकने से। विश्व-कल्याण होगा शोषण के खत्म होने से। क्या इस यज्ञ का असर जिमी कार्टर और डेंग सियाओ पिंग पर पड़ेगा?

वे कहने लगे—यज्ञ-धूम से वातावरण शुद्ध होता है। मैंने कहा—आपको पता नहीं है कि कारखानों की चिमनियों से निकलनेवाले धुएँ ने यज्ञ-भूमि को दबा दिया है। इन्दौर की मिलों के धुएँ के सामने आपके इस यज्ञ के धुएँ की क्या बिसात है। मथुरा में जो तेल-शोधक कारखाना खुल रहा है, उसके वायु-प्रदूषण की रोक के लिए आसपास कितने हजार यज्ञ-वेदियाँ बनेंगी? उत्तरप्रदेश का सारा घी तो ये यज्ञ-वेदियाँ भस्म कर देंगी।

इन दिनों यज्ञों की बाढ़ आयी है, नये-नये भगवान और देवियाँ अवतार ले रहे हैं। चमत्कार का दावा करनेवाले लोग प्रकट हो रहे हैं। यह अनायास नहीं है। इसके पीछे योजना है। इस योजना का उद्देश्य है जनता को पिछड़ा हुआ रखना, उसकी समझ को वैज्ञानिक न होने देना, उसे अन्धविश्वासी और दकियानूस रखना, उसे भाग्यवादी और संघर्षहीन बनाना। कुछ उद्देश्य है कि लोग परिवर्तनकामी न हों, वे सड़ी-गली व्यवस्था से विद्रोह न करें। शोषक-वर्ग सामान्य जन का बेखटके शोषण करता रहे। यह एक देशव्यापी षड्यन्त्र है, जिसमें राजनीतिज्ञ, सरमायेदार, बुद्धिजीवी आदि शामिल हैं।

हर कहीं तो देवी-देवता प्रकट हो जाते हैं। गोरखपुर के आसपास के किसी गाँव में पार्वती प्रकट हो गयी थीं। सोलह-सतरह साल की एक लड़की, जिसके बालों का जूड़ा फिल्मी पार्वती की तरह बना दिया गया था, हल्ला कर दिया गया कि यह तो साक्षात् पार्वती है। सोती नहीं है। रात-दिन शंकर का नाम लेती रहती है। खाना नहीं खाती। पानी नहीं पीती। मगर स्वस्थ है। चमत्कार है। श्रद्धालु उमड़ने लगे। पूजा होने लगी। भेंट चढ़ने लगी। खासा पैसा इकट्ठा होने लगा।

अब विज्ञान की आँखें। मेडिकल कॉलेज के तीन डॉक्टर पहुँचे और कहा कि हम उस लड़की की जाँच करना चाहते हैं। श्रद्धालुओं ने आँखें निकालकर कहा—

तुम देवी की जाँच करोगे ? साक्षात् पार्वती की जाँच करनेवाले तुम कौन ? डॉक्टरों ने कहा—हमने सुना है कि देवी कुछ खाती-पीती नहीं है, पर टट्टी-पेशाब तो करती होगी। हम उसकी टट्टी-पेशाब की जाँच करना चाहते हैं। अब देवी का धन्धा करने-वालों ने समझ लिया कि पोल खुलेगी। उन्होंने हाँका लगाया भक्तों को कि अरे देखो, ये पापी डॉक्टर देवी की टट्टी-पेशाब की जाँच करना चाहते हैं, मारो सालों को ! आखिर विज्ञान वहाँ से दुम दबाकर भागा।

यह एक योजनाबद्ध षड्यन्त्र है, जिसे यथास्थितिवादी और पुरातन-पन्थी इस देश में चला रहे हैं। पर मुझे यह समझ में नहीं आता कि मेरी बाद की पीढ़ी के लोग और कॉलेज के पढ़े तरुण इस चक्कर में क्यों पड़ रहे हैं ? ये तरुण जिन्हें मुझसे अधिक वैज्ञानिक और प्रगतिशील होना चाहिए, जिन्हें परिवर्तन के संघर्ष का नेतृत्व करना चाहिए, जिन्हें विद्रोही की भूमिका निभाना चाहिए वे क्यों अपने बाप के बाप की पीढ़ी के हो रहे हैं। अपनी भ्रामकता और निराशा में कोई रास्ता न दिखने के कारण ही तो ये इस भाग्यवादिता के चक्कर में नहीं पड़ रहे हैं।

बिना माइण्ड के लाइकमाइण्डेड

पिछले काफी दिनों से वातावरण में 'लाइकमाइण्डेड' (समान विचारवाले) की ध्वनि व्याप्त है। गैरकम्युनिस्ट दलों में पहले व्यक्ति और गुट की सत्ता-महत्त्वाकांक्षा की आपसी टकराहट होती है, जिसे वे 'विचार' की टकराहट बताते हैं। दल टूटते हैं, गुट बनते हैं। गुट टूटते हैं, उपगुट बनते हैं। इतने में चुनाव आ जाते हैं। तो सब अलग-अलग चिल्लाते हैं—'लाइकमाइण्डेड' लोग मिल जाओ। सीटों का तालमेल बिठा लो। 'अरे भाई, है कोई लाइकमाइण्डेड ? हो, तो इधर आओ। तुम्हारे-हमारे माइण्ड मिलना चाहते हैं। पर्यावरण पर जितना असर इस 'लाइकमाइण्डेड' की ध्वनि का है, उतना कारखाने के धुएँ और धूल का भी नहीं। कोई राजनीति वैज्ञानिक नहीं है, जो इस प्रदूषण से रक्षा कर सके।

सुबह उठो तो अखबार में 'लाइकमाइण्डेड', बातचीत में 'लाइकमाइण्डेड', रात के आखिरी रेडियो बुलेटिन में 'लाइकमाइण्डेड', सपने में 'लाइकमाइण्डेड'। सुबह चिड़िया चहकती है, तो लगता है कि ये सब 'लाइकमाइण्डेड' हो गयीं, जबकि वे यह खुशी जाहिर करती हैं कि अब उजाले में कीड़े बीनकर खायेंगे। गाय रँभाती है तो लगता है—यह 'लाइकमाइण्डेड' को पुकार रही है, जबकि वह घास की माँग कर रही है। कुत्ते एक साथ भौंकते हैं, तो भ्रम होता है कि ये 'लाइकमाइण्डेड' हो गये, मगर वे सिर्फ आशंका से पीड़ित होते हैं। चिड़िया, गाय, कुत्ते के 'सिद्धान्त-

निपोरन' का माइण्ड से कोई सम्बन्ध नहीं होता। उसका सम्ब्रन्ध कीड़े, घास या आशंका से होता है। हमारे ये नेता, उपनेता, अतिरिक्त नेता, चमचा और छुटभैया, चपरगट्टू और बजरबट्टू जब लाइकमाइण्डेड की पुकार मचाते हैं, तब उसका माइण्ड से कोई मतलब नहीं होता। वह पुकार राजनीति से प्राप्य कीड़े या घास की होती है या भविष्य डूबने की आशंका की होती है।

मौके-मौके के मुताबिक खास सूत्र और मुहावरे उछलते रहते हैं। जब जनता पार्टी और सरकार बनी थी, तब 'भावनात्मक' एकता उछली थी।

पाँच ऐंचक-बेंचक दलों में आपसी झंझट पैदा होती तो नेता कहते थे—कोई झंझट नहीं है। कोई मतभेद नहीं है। बस 'भावनात्मक एकता' हो रही है। गोया स्वार्थों, महत्त्वाकांक्षाओं और मान्यताओं की टकराहट न हो। कुल मामला भावना से सम्बन्धित है। ये उन्नीस महीने की जेल से छूटे थे। जेल में आदमी भावुक हो जाता हैं। कुछ नेताओं की जेल डायरी मैंने पढ़ी है। इनमें भावुकता है। किसी-किसी को मित्रों की पत्नियों के दुःख की पीड़ा सताती है, जैसे चन्द्रशेखर काफी भावुक हो गये हैं। फ़ैज़ अहमद फ़ैज़ की ये पंक्तियाँ भी उन्हें याद आती हैं—

'हम अहले कफस तनहा भी नहीं हर रोज़ नसीमे सुबहे वतन
यादों से मुअत्तर आती है अश्कों से मुनव्वर जाती है।'

चन्द्रशेखर भावुक हैं। सूखे ठूंठ तो दो ही हैं—मोरारजी और चरणसिंह। इनमें पत्ती और फूल नहीं आते। ठूंठ कौवों के आराम और बीट करने के काम आते हैं।

फूलहिं फलहिं न ठूंठ
जदपि सुधा बरसहिं जलद।

तो जेल से छूटे इन भावुक लोगों ने समझा कि राजनीति के मामले आशिक-माशूक के मामले हैं। तो होने लगी भावनात्मक एकता—प्रेम-निवेदन, उलाहना और हाय-उसाँस। नानाजी देशमुख मधुलिमये के चक्कर लगाकर गाते होंगे—'कभी-कभी मेरे दिल में खयाल आता है। जमीं पे तुझको बुलाया गया है मेरे लिए।' यह भुला दिया गया कि लिमये का कट्टर विरोध आर. एस. एस. से है। अटलबिहारी वाजपेयी की विदेशनीति के विरोधी थे लिमये। और बाबू जगजीवनराम, चरणसिंह से विह्वल होकर कहते होंगे, 'जब कुछ न बनं सके तो तमाशा बना दिया। मजनूं मुझे और आपको लैला बना दिया।' भावना का मामला है। यह भुला दिया गया कि हरेक को प्रधानमन्त्री बनना है—कम-से-कम एक-दूसरे को नहीं होने देना है।

यह भावनात्मक एकता का दौर दिलचस्प था। हर घटक दूसरे को दबाकर पार्टी और सत्ता पर कब्जा करने की कोशिश में था। प्रमुख चार-पाँच नेता एक-दूसरे को मिटा देने की कोशिश में लगे थे।

भावनात्मक एकता गयी, तो 'लाइकमाइण्डेड' का दौर आ गया। ये चार जनता पार्टियाँ और एक कांग्रेस (अर्स) है। इनमें एक बात में विचार-साम्य है—अपने अस्तित्व को बचाना। इनके नेता जो कुछ समय पहले तक फिल्म के सुपर स्टार थे, अब भीड़ में खड़े एक्सट्रा हो गये हैं। राजसत्ता गयी। पार्टी में सत्ता की

कशमकश हुई। पार्टी टूटी, गुट में सत्ता। गुट टूटा तो उपगुट में सत्ता। संसद या विधान सभा की सदस्यता। यह जो 'लाइकमाइण्डेड' की पुकार है, उसमें विचार का कोई महत्त्व नहीं है।

गाँधीवाद, समाजवाद, धर्मनिरपेक्षता की जो बात की जाती है, वह खास अर्थ नहीं रखती। मूल है, जो भी हाथ पड़ जाय, सत्ता पा लेना। एक पक्का गाना चल रहा है, जिसके बोल हैं—'प्रभु, मैं सत्ता कैसे पाऊँ।' इसे कोई भैरवी में गाता है, कोई बिहाग में, कोई जयजयवन्ती में। बाकी गाँधीवाद, समाजवाद और धर्म-निरपेक्षता तो साज हैं। गाँधीवाद तबला है, समाजवाद सारंगी और धर्मनिरपेक्षता हारमोनियम। मगर गाने के बोल वही हैं—प्रभु, मैं सत्ता कैसे पाऊँ।

लाइकमाइण्डेड की इस तलाश के बीच चरणसिंह ने अपने दल को राजनैतिक 'सेंक्चुअरी' (रक्षितवन) में रख लिया है। इधर शिकार की मनाही है, और सबने मिलकर भारतीय जनता पार्टी को बहिष्कृत कर दिया है, जैसे हैजा और चेचक जैसी संक्रामक बीमारी के मरीज को अलग रखा जाता है। जहाँ तक माइण्ड का सवाल है, राजनारायण का कहना है कि चरणसिंह के पास यह है ही नहीं या कभी था तो मशीन ही खराब हो चुकी है। बहुगुणा ने बहुत पहले कहा था कि चौधरी का दिमाग पटरी से उतर गया है। मगर एंजिन वही पटरी से उतरता है, जो लाइन पर दौड़ रहा हो।

चरणसिंह के दिमाग का इंजिन तो 'लोको शेड' में पड़ा है। राजनारायण ने अपने को हनुमान से लक्ष्मण बनाकर तरक्की की थी, फिर वे भरत हो गये। जब उनके राम चरणसिंह अयोध्या लौटे तो ये भरत उनकी खड़ाऊँ लेकर बड़े भाई पर पिल पड़े। बोले—राज्य तो मैंने सँभालकर रखा और अब आप राजा बनने आ गये। अयोध्या का असली राजा मैं हूं। बन्दरों के साथ रहकर आपका दिमाग खराब हो गया है। अगर आप राजा बनने की हठ ही करते हैं तो मैं चार जिले अलग करके नया राज्य बना लूंगा और उसका राजा हो जाऊँगा। वैसे चरणसिंह का लोकदल और संघी भारतीय जनता पार्टी असली लाइकमाइण्डेड हैं।

लाइकमाइण्डेड के हिसाब से अर्स कांग्रेस और इन्दिरा कांग्रेस में कोई फर्क नहीं है। देशी-विदेशी नीति, अर्थनीति एक है, मगर दोनों के एक नहीं होने के कारण हैं—व्यक्तियों की टकराहट और उधर इन्दिरा कांग्रेस के दरवाजे पर कड़ी चेकिंग। अब वहाँ बिना चाल-चलन के प्रमाण-पत्र के किसी को प्रवेश नहीं दिया जा रहा है, और अंकल को चाल-चलन का सर्टिफिकेट भतीजे देने लगे हैं। फिर बाबू जगजीवन-राम को सांस्कृतिक क्रान्ति भी करनी है। उस दिन बहुगुणा के त्यागपत्र की खबर सुनकर बाबूजी चिल्ला पड़े थे— अर्स, यह बहुगुणा हुआ 'लाइकमाइण्डेड'। अब कांग्रेस कल्चर को पुनर्जीवित करना शुरू हो गया। बाबूजी टिकट-वंचित और केबिनेट-वंचित कांग्रेसियों को अर्स-कांग्रेस के अनाथालय में भरती करके कहेंगे—लो, इसे कहते हैं कांग्रेस कल्चर—वैसे गैर-कम्युनिस्ट विरोधी गुटों में सब से ठीक, समझदार और सन्तुलित लोग यही हैं, जो अर्स-कांग्रेस में हैं।

मगर चिन्ता यह है कि कहीं बाबूजी को भतीजे ने 'गुड कण्डक्ट' सर्टिफिकेट दे दिया और ये लिन-पिआओ कांग्रेस (इ) में घुस आये, तो कांग्रेस की सांस्कृतिक क्रान्ति अधूरी रह जायगी। मेडम माओ की तरह अकेली तारकेश्वरी क्या कर लेंगी, जब 'गेंग ऑफ फोर' ही टूट जायेगा।

ईश्वर की सरकार

प्रधानमन्त्री और विदेशमन्त्री कहते हैं कि दुनिया में भारत की प्रतिष्ठा बहुत बढ़ी है।

किसने एकाएक भारत की प्रतिष्ठा बढ़ा दी? क्या भारतीय जनता ने बढ़ायी है? मैं एक भारतीय जन की हैसियत से कह सकता हूँ कि हमने पिछले दिनों ऐसा कोई कर्म नहीं किया जिससे भारत की प्रतिष्ठा बढ़े। 'आई प्लीड नॉट गिल्टी।' हमारा कोई कसूर नहीं। हमारे बावजूद भारत की प्रतिष्ठता बढ़ गयी हो तो हमारी जिम्मेदारी नहीं। हम रात को सोये हैं और कोई खिड़की से घर में सोना डाल जाय, तो सबेरे धनवान हो जाना हमारी जिम्मेदारी नहीं है।

हम तो पहले जैसे ही हैं। वही कर रहे हैं। भूखे मरते हैं और चुप रहते हैं। महँगाई बरदाश्त करते हैं, बेखटके बच्चे पैदा करते हैं, घटिया फिल्में देखते हैं, कच्ची दारू उतारते हैं और पीकर मरते हैं। हरिजनों को जिन्दा जलाते हैं, कृष्णार्पण करके घूस लेते हैं, सस्पेण्ड होने पर ग्रहशान्ति करवाते हैं।

हमने कुछ ऐसा नया नहीं किया, जिससे भारत की प्रतिष्ठा बढ़े। हमने सिर्फ इतना किया कि नकारात्मक वोट देकर जनता सरकार को बन जाने दिया। यह भी हमने इसलिए किया कि इन्दिरा सरकार ने हमारे बच्चा पैदा करने के गृह-उद्योग पर रोक लगा दी थी।

नहीं, हमने भारत की प्रतिष्ठा नहीं बढ़ायी। भारत की प्रतिष्ठा बढ़ी है, तो हमारी सरकार ने बढ़ायी है।

इस सरकार ने एक बार फिर विश्व को सिद्ध करके बता दिया है कि ईश्वर है। अगर ईश्वर न होता तो यह सरकार चल नहीं सकती थी। जहाँ पार्टी और सरकार में सब एक-दूसरे की टाँग पीछे से पकड़े हैं, फिर भी गोल-गोल चल रहे हैं, यह किस की लीला है। क्या मनुष्य के वश की यह बात है? नहीं, यह सर्वशक्तिमान ईश्वर की लीला है। सरकार ने ईश्वर में विश्वास जगाकर भारत की प्रतिष्ठा बढ़ायी है। आखिर सिद्ध हुआ कि भारत विश्व का गुरु है। बिन पग चलै सुने बिन काना—यह सिद्ध कर दिया।

भारत की प्रतिष्ठा कई तरह से बढ़ायी गयी है। दुनिया में कोई सरकार ऐसी न हुई है, न होगी, जो लगातार जमानत पर रहे और रोज जिसकी पेशी होती हो। हमारी सरकार को यह गौरव प्राप्त है। यह ऐसी सरकार है जिसका गृहमन्त्री, प्रधानमन्त्री के बेटे और अपने साथी मन्त्रियों पर भ्रष्टाचार के आरोप लगाकर, और सबको बेईमान कहकर अलग हो गया है और फिर उन्हीं बेईमानों में लौट आने को लपलपा रहा है। देश पर वह सरकार राज कर रही है जिसे उसी के गृहमन्त्री ने भ्रष्टाचारी कह दिया है।

यह ब्रजलाल वर्मा कहते तो न मानते। क्योंकि उन्हें अभी टेलीफोन और टेली-ग्राम का फर्क नहीं मालूम। आरिफ बेग कहते तो भी कोई बात नहीं थी, क्योंकि वे तो सभामंच पर अपने संघी मास्टरों को खुश करने के लिए 'भारत माता! मेरी भारत माता!' कहकर रोने लगते हैं। भ्रष्टाचार के आरोप भूतपूर्व लौहपुरुष चरणसिंह ने लगाये हैं। और वही फिर मन्त्रिमण्डल में जाने के लिए रो रहे हैं। चरणसिंह ने उस शोहदे की तरह काम किया है जो मुहल्ले की किसी स्त्री को चिट्ठी लिखता है और लोगों से कह भी देता है कि वह औरत बदचलन है। उसके पास लोगों के प्रेमपत्र आते हैं। फिर उस औरत से कहता है—तू बदनाम तो हो ही गयी है, अब मेरे पास ही आ जा।

इस सरकार को अपनी बदनामी के लिए विरोध पक्ष की जरूरत ही नहीं है। यह अपनी बदनामी खुद कर लेती है। यह विरोध पक्ष की मोहताज नहीं है। आत्म-निर्भर है। इससे भी भारत की प्रतिष्ठा बढ़ी है।

भारत की प्रतिष्ठा बढ़ायी है प्रधानमन्त्री ने जो अपनी सरकार की नीतियों का काम और स्वमूत्रपान का अधिक प्रचार करते हैं। प्रधानमन्त्री ने दुनिया के सबसे बड़े सरकस को चलाकर भी बता दिया है। उनकी सरकार और पार्टी सरकस है, जिसमें गेंडा, बारहसिंघा, सियार, जंगली भैंसा वगैरह हैं। मोरारजी को दुनिया के सबसे बड़े सरकस का मैनेजर होने का गौरव प्राप्त है।

भारत की प्रतिष्ठा इसलिए भी बढ़ी है कि पुलिस लाठीचार्ज अब नहीं के बराबर है। इससे दुनिया के लोग समझते हैं कि पुलिस बहुत दयालु हो गयी है। पर हमारी पुलिस अब सीधे गोली चलाती है, लाठीचार्ज के झंझट में नहीं पड़ती। गोली बनाने के कारखाने जनता के पैसे से चलते हैं। उनमें बना माल जनता के काम आना चाहिए।

इस सरकार ने नारी को अभूतपूर्व सम्मान दिया है। इन्दिरा गाँधी नाम की नारी के डर से पूरी सरकार काँपती रहती है। इतना सम्मान दुनिया में किसी नारी को नहीं दिया। 'यत्र नार्यस्तु पूज्यन्ते रमन्ते तत्र देवता।' इस सरकार ने यह भी बता दिया है कि सरकार नीतियों से नहीं, डर से चलती है। अगर इन्दिरा गाँधी का डर नहीं होता तो यह सरकार कभी की टूट जाती।

भारत की प्रतिष्ठा हमारे विदेशमन्त्री ने भी बढ़ायी है, जिन्होंने झूठ बोलने का दुनिया में रिकार्ड कायम किया है। यह विदेशमन्त्री मास्को में ऐसा बोलता है जैसे

भारत लौटकर फौरन साम्यवादी क्रान्ति में लग जायेगा। उधर साइरस वांस से ऐसी बातें करता है जैसे भारत 'सेंटो' में शामिल हो ही रहा है। और अगर अखबारों में छपनेवाली खबरें सही हैं, तो भारत को क्रिस्टीन कीलर ख्याति का प्रोफ्यूमो मिलनेवाला है।

मैं भूल रहा हूँ। बहुत प्रतिष्ठा बढ़ायी हमारे राजनारायण ने। उन्होंने दुनिया के सामने यह सिद्ध कर दिया है कि भारत इतना प्रौढ़ लोकतन्त्र है कि यहाँ सरकार पागलखाने को सौंप दी जाय, तो भी देश चलता रहेगा। प्रतापी राजनारायण ने विन्ध्यवासिनी देवी के सामने मुण्डन कराया था। इसका शुभ परिणाम यह हुआ कि कुछ दिनों बाद देवी के वस्त्र और आभूषण चोरी चले गये। जिसका ऐसा चमत्कार है, वह अगर सरकार में रहे तो कोई भी देश हम पर हमला नहीं कर सकता। राजनारायण उसके सिपाहियों की वर्दी और बन्दूक की चोरी करवा देंगे।

दुनिया के एकमात्र स्वास्थ्य मन्त्री रहे राजनारायण, जिन्होंने ऑपरेशन का एक नया तरीका बताकर सर्जनों को चकरा दिया—यह कि 'हनुमान चालीसा' का पाठ करके ऑपरेशन करना चाहिए। हनुमानभक्त राजनारायण ने हनुमान चालीसा ठीक पढ़ा है। उसमें लिखा है—

महावीर विक्रम बजरंगी,
कुमति निवार सुमति के संगी।

विक्रम बजरंगी तो ठीक है, पर उसके आगे है—सुमति निवार कुमति के संगी। सही पाठ यही है। 'सुमति' का निवारण करके 'कुमति' के संगी हो जाओ। राजनारायण ने यही सीखा है।

तो भारत की प्रतिष्ठा अगर बढ़ी है तो इसकी तोहमत जनता के सिर पर नहीं मढ़ी जाय। इसकी जिम्मेदारी हमारी इस सरकार की है।

नूरजहाँ : यादें*

ग़ज़ल उसने छेड़ी मुझे साज़ देना,
ज़रा उम्रे-रफ़्ता को आवाज़ देना।

आहें न भरीं शिकवे न किये
कुछ भी न जुबाँ से काम लिया

* करण्ट, 27 फरवरी, 1982

तिस पर भी मुहब्बत छिप न सकी
जब तेरा किसी ने नाम लिया
हम दिल को पकड़कर बैठ गये
हाथों से कलेजा थाम लिया।

नूरजहाँ ने फिल्म में यह कव्वाली गायी थी, तब वह भी जवान थी और हम भी जवान थे। फिर नौका-विहार करते हुए नूरजहाँ ने गाया था—'हवा में उड़ता जाये, मेरा लाल दुपट्टा मलमल का।' तब वह भी जवान थी और हम भी जवान थे।

35 साल बाद नूरजहाँ भारत आयी। पाकिस्तान की सनकी तानाशाही ने नूरजहाँ के भारत में गाने पर रोक लगा दी। मेंहदी हसन ने गाया, मगर नूरजहाँ को पाकिस्तान सरकार ने क्यों नहीं गाने दिया?

एक तरह से अच्छा ही हुआ। हमारी पीढ़ी के जिन लोगों ने नूरजहाँ को जवानी में गाते देखा—सुना था, उन्हें बड़ा सदमा लगता, लगभग बुढ़ा गयी नूरजहाँ को देखकर। अभी हमने काननबाला का चित्र देखा—चश्मा लगाये, श्वेतकेशी बुढ़िया नाती-पोतों को खिला रही है। बड़ा बुरा लगा। प्रथमेश बरुआ के साथ अभिनय करती कानन को हमने देखा-सुना था—'दूर देश का रहनेवाला आया देश पराये।' ···और याद आया, कानन ने सहगल के साथ कलेजा उलीच दिया था।

नूरजहाँ 35 साल बाद आयी तो पुरानी किशोरावस्था और जवानी की यादें ताजा हो गयीं। पहली अवाक् (साइलेण्ट) फिल्म हमने देखी थी—भक्त बोधन। प्रवासी सिनेमा भी होते थे। टिकट के पीछे लिखा रहता था—'यह टिकिट सिर्फ एक आदमी के लिए है। नशा करके ऊधम करनेवाले को बाहर निकाल दिया जायेगा। मशीन फेल होने पर पैसा वापस नहीं किया जायगा।' एक आदमी पर्दे के सामने कोने में एक छड़ी लिये खड़ा रहता था। वह छड़ी से पात्र बताकर—यह बतलाता था कि वह पात्र क्या बोल रहा है। वह डॉयलॉग बोलता था। अगर उसे देर हो जाती या वह भूल जाता तो दर्शक चिल्लाते थे—अबे, बता न, तेरा बाप क्या बोल रहा है। स्वर को बाँधना तब विज्ञान को आ चुका था। तवे का बाजा—ग्रामोफोन चल चुका था और पहला गाना जो हमने सुना था वह था—'छोटी-बड़ी सुइयाँ री, जाली का मेरा काढ़ना।'

फिर देखा पहला सवाक चित्र —अछूत कन्या। अशोककुमार देविकारानी। हमारे कस्बे से तीसरा स्टेशन था—हरदा। यहाँ टाकीज था। 'अछूत कन्या' चल रहा था। जो देख आते वे चर्चा करते और हमारा जी ललचाता। हम अब मैट्रिक में पढ़ते थे। हम तीन दोस्त रोज शाम को स्टेशन घूमने जाया करते थे। एक शाम हरदा जानेवाली रेलगाड़ी खड़ी थी। हम तीनों उसमें बिना टिकिट बैठ गये। अपने घर में हमने नहीं बतलाया था। हरदा पहुँचे। चटाई का टिकिट लेकर 'अछूत कन्या' देखा।

'मैं वन का पंछी बनके वन-वन डोलूँ रे
मैं वन की चिड़िया बनके वन-वन डोलूँ रे

तू डाल-डाल मैं पात-पात बिन पकड़े
कभी न छोड़ूँ रे।'

हमारे मन में अशोककुमार और देविकारानी बस गये। शादी करेंगे तो किसी अछूत की लड़की से, अगर वह देविकारानी जैसी हुई। सुबह की गाड़ी से जब बिना टिकिट घर लौटे तो तीनों की खूब पिटाई हुई। बहुत तकलीफ सही है हमने अशोक-कुमार और देविकारानी के लिए। अभी हमने देविकारानी का चित्र उनके पति चित्रकार निकोलस रोरिक के साथ देखा। बूढ़ी हो गयी है और मोटी हो गयी है। आदमी चाहे बूढ़ा हो जाय, पर जिस स्त्री को उसने जवानी में पसन्द किया है, उसे बूढ़ी देखकर उसे दुःख होता है।

अशोककुमार की दूसरी फिल्म 'बन्धन' तब देखी, जब मैं खण्डवा में नया-नया अध्यापक हुआ था। 20-21 साल की उम्र होगी। अशोककुमार खण्डवा के रहने-वाले हैं। उनके पिता वहाँ वकील थे। किशोरकुमार मेरा छात्र था। जब 'बन्धन' फिल्म लगी, तो खण्डवा में हल्ला—अपना अशोककुमार हीरो। हमने फिल्म देखी। अशोककुमार युवा अध्यापक हैं। हम भी युवा अध्यापक थे। लीला चिटनीस कस्बे के प्रतिष्ठित परिवार की लड़की है। अशोककुमार लड़कों से गाना गवाते हैं—

चल चल रे नौजवान
कहना मेरा मान मान—
चल रे नौजवान!

हमारे अध्यापक मन को, यह अध्यापक के प्रेम की फिल्म बहुत भा गयी थी। रूमानी हीरो में मुझे अशोककुमार सबसे पसन्द है। सुन्दर, सौम्य, शरीफ, कोमल। 'हीमेन' की परम्परा फिल्मों में बाद में आयी। लात, घूंसे, तेरी ऐसी-तैसीवाला हीरो बाद में आया। सुन्दरी उचक्के पर मोहित होने लगी। अशोककुमार के जमाने की बात दूसरी थी। तब देवदास होता था, जो एक आत्मघाती मोह का शिकार हो जाता था। जो किशोर दिलीपकुमार और सहगल को देवदास के रूप में देखते थे, वे मन में यह रूमान पालते थे कि किसी दिन वे क्षय रोग की आखिरी स्टेज़ में पारो के घर के सामने पहुँचेंगे और मर जायेंगे।

धन्धे की मजबूरी में अशोककुमार को एक फिल्म में हमने हाथ में तलवार लिये लड़ते देखा। बहुत भद्दा लगता था। दिलीपकुमार तभी से पसन्द है—दूसरे के लिए हर बार बलिदान करनेवाला। अच्छा भाई, तुझे यह पसन्द है, तो तू ही इससे शादी कर ले। हम कहीं जाकर रोयेंगे और हमेशा तुम दोनों का भला करते रहेंगे। तभी सोहराब मोदी के पारसी थियेटर के डॉयलॉग भी फिल्म में सुने थे—सुन लो और आँख खोलकर देख लो। मोतीलाल को तभी देखा था और अपना ये सबसे अच्छा अभिनेता था। अद्भुत था।

उन दिनों फिल्मों में समाज-सुधार की हल्की-सी कोशिश होती थी। इसके बाद के युग में 'इण्टरटेनमेण्ट' और ग्लेमर प्रमुख हो गये। दस गाने, चार नाच, यह चटक, वह मटक, जमीन-आसमान के कुलाबे एक किये, रंगीन और खूबसूरत बेवकूफियों

को जोड़ा और बॉक्स ऑफिस कर दिया। पिछले दशक से सामाजिक समस्याएँ फिल्मों में आने लगी हैं, जबसे शिक्षित, चेतन और वामपन्थी विचारधारा के डायरेक्टर होने लगे हैं। मगर 'आवारा' से मशहूर हुए राजकपूर अभी भी निरर्थक 'सत्यं, शिवं, सुन्दरं' बना लेते हैं। रहते किस दुनिया में हैं और फिल्म किस दुनिया की बनाते हैं।

हाँ, याद आया, अपने भी एक चार्ली थे—चार्ली चैपलिन की तरह मूँछें रखते थे। बाद में चार्ली चैपलिन की तरह मूँछें राजकपूर ने भी रखीं। अपने चार्ली में मूँछों के सिवा चार्ली चैपलिन का कुछ नहीं था। यों देवानन्द ग्रेगरी पेक बन रहे थे और एक रिचर्ड बर्टन भी थे। सुरैया ग्रेटा गार्बो होते-होते बच गयी। अपने चार्ली हँसी पैदा करने की कोशिश करते थे। कैसी हँसी रात को सो रहे हैं। खटमल काटते हैं, तो 'ओ मेरी माँ' चिल्लाते हैं।

जिन दिनों नूरजहाँ गाती थी, तब सब अपना-अपना गाते थे, खुर्शीद कानन, अशोककुमार और दिलीपकुमार भी। तब 'बैक ग्राउण्ड म्यूजिक' नहीं था। बाद में तो सबके कण्ठ से लता मंगेशकर और मोहम्मद रफी गाने लगे।

पहले की यह खबर गलत थी कि नूरजहाँ के भारत में गाने पर रोक लगी है। नूरजहाँ ने समारोह में गाया 'अनमोल घड़ी' का गाना 'आवाज दे कहाँ है' बहुत पसन्द किया गया। 60 साल की उम्र में जवानी का स्वर था—

ग़ज़ल उसने छेड़ी मुझे साज़ देना
ज़रा उम्रे रफ़्ता को आवाज़ देना।

लोकतन्त्र की नौटंकी*

कुछ लोग कहते हैं—चेन्ना रेड्डी क्या बुरे थे! दूसरे कहते हैं—अंजैया भी क्या बुरे थे! वैसे तो बहुत पहले संजीव रेड्डी भी बुरे नहीं थे और ब्रह्मानन्द रेड्डी भी बुरे नहीं थे। ये सब अच्छे हैं। अच्छे-ही-अच्छे आन्ध्र के मुख्यमन्त्री हुए हैं। वेंकटराम रेड्डी जो अभी मुख्यमन्त्री हुए हैं, वे भी अच्छे हैं। सभी अच्छे हैं—सो 'आर दे ऑल, आर ऑनरेबल मैन!' मगर हैदराबाद में एक हफ्ता जो नाटक हुआ वह जरूरी था। लोकतान्त्रिक प्रक्रिया का एक चक्र पूरा हो गया। अब मैं भारत में लोकतन्त्र के भविष्य के बारे में पूर्ण आश्वस्त हूँ। लोकतन्त्र का पाँव अंगद के पाँव की तरह जम गया है। अब लोकतन्त्र विरोधी 100 रावण भी इस पैर को उखाड़ नहीं

* करण्ट, 13 मार्च, 1982

सकते।

दिलचस्प और अर्थवान नाटक रहा यह हैदराबाद में, लोकतन्त्र की नौटंकी थी। 'सरुप' थे। नगाड़े थे। डॉयलॉग थे। रहस्य था। तिलिस्म था। चमत्कार था। बर्नार्ड शॉं ने हैदराबाद और दिल्ली में होनेवाली नौटंकी देखी होती तो दूसरा 'एपिल कार्ट' लिखता।

नगाड़े की चोट पर उद्घोषक ऐलान कर रहा था—अंजैया जा रहे हैं। अंजैया इस्तीफा दे रहे हैं। लो, अंजैया ने इस्तीफा दे दिया। अब विधान सभा पार्टी का दूसरा नेता चुना जायगा। दूसरा नेता। दूसरा मुख्यमन्त्री !!

कांग्रेस का हाईकमान है। एक केन्द्रीय पार्लियामेण्टरी बोर्ड है। लेकिन इन दोनों के ऊपर भी एक आलाकमान है, इन्दिरा गाँधी। दिल्ली में केन्द्रीय पार्लियामेण्टरी बोर्ड ऐलान करता है आन्ध्र के नये नेता का चुनाव होगा। आखिर यह लोकतन्त्र है, मजाक नहीं।

नारायणदत्त तिवारी और मूपनार पर्यवेक्षक नियुक्त किये गये। ये दोनों अपने सामने आन्ध्र विधायक-दल के नेता का चुनाव करायेंगे। नारायणदत्त और मूपनार ने सूटकेस में मतपेटी और मतपत्र रखे और उड़ गये हैदराबाद। घर्र-घर्र—घर्र !

विधायक-दल बैठा है। नारायणदत्त तिवारी और मूपनार बैठे हैं। दोनों पर्यवेक्षक हैं। पर्यवेक्षक कहते हैं—हमें केन्द्रीय पार्लियामेण्टरी बोर्ड ने भेजा है।

विधायक कहते हैं—यह क्या होता है ? क्यों भेजा है ?

नारायणदत्त कहते हैं—आप लोग अंजैया की जगह नया नेता चुन लो।

विधायक पूछते हैं—नेता साथ में लेकर आये हो ?

मूपनार कहते हैं—हम नेता क्यों लायेंगे ? नेता तो तुम्हें चुनना है।

विधायक पूछते हैं—किसे नेता चुनना है ? कुछ खबर लेकर आये हो ? नाम लाये हो ?

नारायणदत्त ने कहा—हम कोई नाम नहीं लाये। आप लोग चुनने को स्वतन्त्र हैं।

विधायक बोले—हमें स्वतन्त्र नहीं होना।

मूपनार ने कहा—ये मतपेटी और मतपत्र हैं। मतपत्र पर नेता का नाम लिखकर मतपेटी में डालो।

विधायक बोले—दूसरी पेटी खोलो। उसमें से नेता निकालो।

नारायणदत्त ने कहा—हम दिल्ली से कोई नेता नहीं लाये।

विधायक बोले—नहीं लाये तो आता होगा। बताओ कौन आ रहा है ?

नारायणदत्त ने कहा—दिल्ली से नेता नहीं भेजा जायगा। तुम्हें ही चुनना है।

विधायकों ने कहा—ऐसा नहीं होता। नेता भेजा जाता है।

मूपनार ने कहा—नहीं, ऐसा नहीं होगा। नेता चुनने का तुम्हें लोकतान्त्रिक अधिकार है।

विधायकों ने कहा—हमें नेता नहीं चुनने का भी लोकतान्त्रिक अधिकार है।

नारायणदत्त ने कहा—तुम मेंसे हरेक को मत देने का अधिकार है।

विधायकों ने कहा—हममें से हर एक को मत नहीं देने का भी अधिकार है। छुपाओ मत। हमें बताओ, इन्दिराजी ने किसे नामज़द किया है।

तभी खबर फैली कि दिल्ली से गृहराज्य मन्त्री वेंकट सुबैया आ रहे हैं। शोर हुआ—आ गये! दिल्ली से भेजे हुए आ गये! इन्दिराजी ने वेंकट सुबैया को नेता बनाकर भेज दिया। दिल्ली का विमान रुका। वेंकट सुबैया उतरे। कई कांग्रेसी नेता मालाएँ लेकर बढ़े—बधाई है। आन्ध्र के नेता मुख्यमन्त्री का स्वागत है। वेंकट सुबैया घबड़ाये। बोले—ऐसी जल्दबाजी मत करो। मुझे नारायणदत्त तिवारी और मूपनार से तो मिलने दो।

विधायकों ने कहा—उनसे क्या पूछना है?

वेंकट सुबैया ने कहा—उनसे पूछना है कि आप लोगों ने नया नेता किसे चुना।

विधायकों ने कहा—उनसे क्या पूछना है; हमने चुना ही नहीं। आपको इन्दिराजी ने भेजा है तो हमने आपको ही चुना।

वेंकट सुबैया ने कहा—नहीं, नहीं, मैं तो पहले से तय दूसरे कार्यक्रम के लिए आया हूँ।…और किसी तरह से बचकर राज्य अतिथिगृह पहुँचे।

वहाँ भी मालावालों ने उन्हें घेरा। आ गये! दिल्ली से भेजे हुए आ गये! आन्ध्र के नये मुख्यमन्त्री का स्वागत है! बेचारे वेंकट सुबैया बड़े परेशान! क्या सचमुच इन्दिराजी ने पर्यवेक्षकों को यह आदेश देकर भेजा है कि मुझे चुनवा दें? क्या इन लोगों ने मुझे बाकायदा चुन लिया है? मामला क्या है?

उधर नारे लग रहे हैं—वेंकट सुबैया जिन्दाबाद! आन्ध्र के नये मुख्यमन्त्री वेंकट सुबैया! वेंकट सुबैया ने घबड़ाकर कहा—मैं तो मन्दिर जा रहा हूँ। और अतिथिगृह से भाग गये।

पर्यवेक्षकों ने दिल्ली बात की—ये विधायक नेता नहीं चुनना चाहते।

हाईकमान ने कहा—उनसे नेता चुनवाओ। एक लोकतान्त्रिक प्रक्रिया पूरी होनी चाहिए।

पर्यवेक्षकों ने कहा—पर वे चुनने को तैयार नहीं हैं। हम क्या जबरदस्ती उनके हाथ पकड़कर उनसे मतपत्र भरवायें? वे कहते हैं कि दिल्ली का फरमान बताओ। इन्दिराजी ने किसे नामज़द किया है?

हाईकमान ने कहा—इन्दिराजी कहती हैं कि मुझे वैसे ही बदनाम किया जाता है कि मैं अधिनायकवादी हूँ। मैं किसी को नामज़द नहीं करूँगी। विधायक स्वतन्त्र मत से नेता चुन लें।

पर्यवेक्षकों ने यह बात विधायकों से कही। विधायकों ने कहा—हमारा स्वतन्त्र मत यह है कि इन्दिराजी जिसे कहें उसे हम अपना नेता मान लेंगे। हम मतपत्र पर इसके सिवा कुछ और लिखने को तैयार नहीं हैं। पर्यवेक्षकों नें दिल्ली यह खबर कर दी।

लोकतान्त्रिक प्रक्रिया के नाटक में घोर सस्पेन्स का क्षण है यह ! अब क्या होता है ? क्या वेंकट सुबैया नये नेता बनाये जाते हैं ? क्या दिल्ली से उन्हीं का नाम आता है ?

उधर दिल्ली में पर्दे के पीछे कुछ होता है। केन्द्रीय पार्लियामेण्टरी बोर्ड बैठता है और तय करता है कि वेंकटरामा रेड्डी नये नेता होंगे।

लोकतांत्रिक प्रक्रिया का नाटक समाप्त होता है। वेंकट सुबैया स्टेज से गायब हैं। वेंकटरामा स्टेज पर हैं। कहते हैं—मैं अपने साथी विधायकों से सलाह करके मन्त्रिमण्डल के नाम तय करूँगा और दिल्ली में नेताओं से मशविरा करके मन्त्रि-मण्डल बनाऊँगा।

बाजारभाव पति का*

जब दो प्राचीन महान् सभ्यताओं का मिलन होता है, तब वे उज्ज्वल तत्त्व प्रकट होते हैं, जो दोनों सभ्यताओं में हैं। भारत की सभ्यता बहुत प्राचीन और गौरवमयी है। ग्रीक की सभ्यता भी बहुत प्राचीन और गौरवमयी है। दोनों सभ्यताओं में कौन-सी गौरवमयी और उज्ज्वल परम्परा है, यह तब मालूम हुआ जब ग्रीक विदेश-मन्त्री की धर्मपत्नी भारत के महिला संगठन के सदस्यों के बीच दिल्ली में गयीं। उन्होंने क्या कहा ?

ग्रीक विदुषी ने कहा—ग्रीस में भी दहेज-प्रथा है।

इसे जानकर मेरे विशुद्ध भारतीय हृदय में आनन्द भर गया। महान् सभ्यताओं का यही होता है। महान् सभ्यता जब बीच में आकर सड़ती है तब उसमें अछूत-प्रथा, सती-प्रथा और दहेज-प्रथा की बीमारियाँ पैदा होती हैं। न हमारे प्राचीन ग्रन्थों में दहेज-प्रथा का उल्लेख है न उधर सुकरात, प्लेटो, अरस्तू ने इसका जिक्र किया। हमारे देश में तो ऐसा था कि पचासों कृपाकांक्षी युवक एक कतार में बैठे रहते थे और युवती किसी एक पर कृपा करके उसके गले में जयमाला डाल देती थी। बाद में, मध्ययुग में, जब व्यवस्था सड़ी तो वर बिकने लगे।

ग्रीक महिला ने सुकरात और अरस्तू की तरह एक बार फिर ज्ञान-ज्योति बढ़ायी और भारत में शादी के बाजार में लड़के बेचनेवालों के मनोबल को उठाया है। कोई हम ही लड़के नहीं बेचते। ग्रीस में भी लड़के बिकते हैं। महान् सभ्यताओं में यह प्रथा होती ही है। दहेज न लाने या कम लानेवाली बहू को जलानेवालों का

* करण्ट, 27 मार्च, 1982

भी नैतिक बल बढ़ा है। ग्रीस में भी बहुएँ जलायी जाती होंगी। बहू को त्रास देने-वाली सासें भी खुश होंगी कि ग्रीस में भी सास बहू को सताती है। एक सभ्यता से दूसरी सभ्यता प्रेरणा पाती है।

ग्रीक महिला से यह और पूछना था कि ग्रीस में सौदा कैसे तय होता है। क्या कहा जाता है? इस जानकारी से हमें सौदाबाजी के नये तरीके सीखने को मिलते। एक सभ्यता दूसरी सभ्यता से इसी तरह सीखती है। भारत में जो तरीका है, वह ग्रीक विदुषी सीख लेती, तो वहाँ कुछ बाजारभाव बढ़ता।

हमारे यहाँ लड़के का बाप दाँत निपोरकर बेशर्मी का संकोच करते हुए लड़की के बाप से कहता है, 'कौन हम माँगते हैं—आपसे। जो देंगे अपनी लड़की को ही तो देंगे। हम भी आधुनिक विचारों के हैं। हम भी प्रगतिशील हैं। मगर धरम थोड़े ही छोड़ा जाता है। बाप-दादों की रीति है।'

ऋषि-मुनियों की परम्परा है। आखिर हमने भी तो लड़के पर कुछ खर्च किया है। हमने उसे इतना पढ़ाया है—गोया आपकी लड़की से शादी न करनी होती तो हम बेटे को गँवार रखते। इन लोगों को जचकी का खर्च भी ले लेना चाहिए। आखिर हमने आपकी लड़की का पिता होने के लिए ही तो बेटा पैदा किया था। माँ ने उसे 9 महीने पेट में रखा तो इसका किराया वसूल कर सकती है।

कुछ लोग तो सीधा टेण्डर मँगाते हैं। लड़का इन्जीनियर है, इतना काफी है। इस पर टेण्डर आने लगते हैं। लड़के का बाप टेण्डर रखता है। नया टेण्डर देने-वाले से कहता है—कानपुर के शुक्लजी की तरफ से 35 हजार, इलाहाबाद के अवस्थीजी की तरफ से 40 हजार, लखनऊ के तिवारीजी की तरफ से 45 हजार की बात आ चुकी है। अब आप अपनी बता दीजिए।

टेण्डरवालों को कभी-कभी दुर्घटनाग्रस्त भी होना पड़ता है। मेरी जानकारी में एक घाघ पिता लड़के के लिए टेण्डर मँगाकर रखते जाते थे। 50 हजार पर बोली आ गया थी। लड़का दूर एक शहर में नौकरी करता था। एक दिन उसकी चिट्ठी आयी कि प्रेम-विवाह कर लिया है, आशीर्वाद दीजिए।

पिता ने सिर ठोंक लिया और लिख दिया कि तू आज से हमारा लड़का नहीं रहा। ठीक भी है। जो मात्र शादी के एक्सीडेण्ट से 50 हजार न ला सके वह किस काम का लड़का।

टेण्डरवाले कभी-कभी एक और चक्कर में पड़ जाते हैं। ऊँची बोली के इन्तजार में लड़के की उम्र निकल जाती है। तब उसे किसी शादी के सीजन में 'क्लीअरेन्स सेल' में सस्ते माल की तरह निकाल देते हैं। मेरे पड़ोस में एक पण्डितजी ने अपने बेटे को कीमत के इन्तजार में 38 साल का कर लिया। अब लड़का घबड़ा गया। पिता भी घबड़ाये। घबड़ाकर 'क्लीअरेन्स सेल' की तख्ती लगा दी। सस्ता लगा दिया है माल! नाम मात्र के 5 हजार में माल उठा लेने दिया।

ग्रीस विदुषी से पूछना था कि क्या ग्रीस में भी ऐसा होता है। और ग्रीस में दहेज कम लाने पर स्त्री को जलाया जाता है? क्या ग्रीस में मिट्टी के तेल की सप्लाई

अच्छी है।

क्या वधू जलाने के लिए अलग से अच्छी 'क्वालिटी' का तेल बाजार में मिलता है और जब काफी संख्या में औरतें जला दी जाती हैं, तब क्या उच्च-मध्यवर्ग की ऊबी और अलसाई औरतें विरोध में संसद के सामने प्रदर्शन करती हैं और नारे लगाती हैं—'वीमेन आर नाट फॉर बर्निंग', स्त्रियाँ जलाने के लिए नहीं हैं।

नयी पीढ़ी से उम्मीदें बाँधी जाती हैं। मगर वह नयी पीढ़ी ही है, जिसका सौदा बीच बाजार हो रहा है। आधुनिक और प्रगतिशील बननेवाले युवकों को भी मैंने देखा है। युवक कहता है, मैं तो दहेज के खिलाफ हूँ। लेकिन फादर नहीं माने। मैं फादर का बहुत आदर करता हूँ। कई तो वहीं मण्डप में मचल जाते हैं बच्चे की तरह, जो टाफी के लिए मचलता है। हम तो स्कूटर लेंगे!

जैसे-जैसे काला धन बढ़ रहा है, विवाह के बाजार में वर की कीमत बढ़ रही है। पहले मामूली इन्जीनियर की कीमत अगर वह लोक कर्म या सिंचाई विभाग में है, 30 हजार होती थी, तो अब 50 हजार है। इतने विकास कार्य चल रहे हैं कि बेहद काला पैसा मिलता है। आज एक सब-इन्जीनियर की कीमत ज्यादा है, विश्वविद्यालय के आचार्य की अपेक्षा। और अब एक नयी नस्ल पैदा हो गयी है। लड़का क्या करता है? यही 20 सूत्री में लगा है। भविष्य उज्ज्वल है। 50 हजार से कम में नहीं पड़ेगा।

मोटी कमर की नजाकत*

देश में व्याप्त किसी भी बुराई के बारे में नेता और मन्त्री चिन्ता प्रगट कर दें तो इससे उनका जी हल्का होता है। मन का मैल मिटता है। मनोबल बढ़ता है। इधर हम प्रजाजनों को भी अच्छा लगता है कि ये हमारे भाग्यविधाता चिन्तित हैं।

दूसरे महायुद्ध के दौर में चर्चिल ने नारा दिया था—'ब्लड, स्वेट एण्ड अर्स' —खून, पसीना और आँसू! बमबारी से काफी नष्ट लन्दन की सड़कों पर जब कभी चर्चिल निकलता था तो उसकी आँखों में लोग आँसू देखकर कहते थे—ही रीयली केअर्स! वह हमारी चिन्ता करता है। इससे लोगों को ढाँढ़स बंधता था और विश्वास जागता था।

हमारे नेताओं को भी चिन्ता प्रगट करते देखकर हमें ढाँढ़स बँधता है और विश्वास जागता है। अँगरेजी में कहते हैं —'वी आर कन्सर्न्ड' और हिन्दी में—हम

* करण्ट, 17 अप्रैल, 1982

चिन्तित हैं। हम प्रजाजनों को कभी-कभी क्षोभ भी होता है कि हमारे कारण ये चिन्तित हैं। हरिजन-संहार हो, भुखमरी हो, बीमारी हो; जिन्हें रोकना चाहिए, वे जब चिन्ता प्रगट करते हैं, तब रस्म अच्छी तरह अदा हो जाती है।

ज्यादा जोश आया तो सरकारी नेता कहते हैं—हमने इस बुराई को मिटाने के लिए कमर कस ली है। वे बार-बार कमर कसते हैं और कमर लगातार मोटी होती जाती है। तब हमें चिन्ता होती है कि हमारे कारण इनकी सुडौल कमर बेडौल होती जाती है।

सौवीं बार अभी नकली दवाइयों की धड़ल्ले से बिक्री पर चिन्ता प्रगट की गयी। यों जहाँ 60 फीसदी से अधिक लोग गरीबी की रेखा के नीचे हों, वहाँ इस बात की परवाह नहीं होनी चाहिए कि आदमी दवा खाता है या नहीं। खाता है तो असली खाता है या नकली। पेट में अनाज ही नहीं है तो असली-नकली दवा में कोई फर्क नहीं है। मिट्टी खा लेने से भी उतना ही फायदा होगा, जितना दवा खाने से। ये 60 फीसदी बहुमतवाले भाग्यवान ही अगर ये दवाएँ खाकर मरते तो कोई चिन्ता की बात नहीं होती। मगर नकली दवाइयाँ सच्चा समाजवाद निभाती हैं। वे गरीब को भी मिलती हैं और अमीर को भी। वे अस्पतालों में भी खरीदी जाती हैं। इन नकली दवाइयों को मतदाता भी खाता है और वह नेता भी, जिसे वह चुनता है।

शिकायत जब ऊँचे स्तर से उठती है तब उसकी अहमियत होती है और चिन्ता होने लगती है। दिल्ली में मामूली लोगों के बच्चों की रोज ही हत्या होती है। मगर महत्त्वपूर्ण व्यक्ति के बच्चों की हत्या हो तो उस अपराध का स्तर बढ़ जाता है। हत्यारों की बार-बार फोटो छपती है, प्रेस-इण्टरव्यू होते हैं और वे अन्तर्राष्ट्रीय ख्याति पा जाते हैं। ऊँचे स्तर के लोगों तक जब ये दवाएँ पहुँचीं, तब ऊँचे स्तर की चिन्ता हुई।

यों चिन्ता की बात खास नहीं है। जिस देश में नकली-ही-नकली चलता हो और वह असली-जैसा लगता हो, उस देश में नकली दवाओं की खास चिन्ता नहीं होनी चाहिए।

- यहाँ की राजनीति नकली। चाहे जो राजनैतिक गुट ठीक विरोधी राजनीति-वाले गुट से मिलकर मोर्चा बना लेता है और शासन की कुर्सी पर बैठ जाता है।
- विचारधारा नकली। समाजवाद में विश्वास रखनेवाला सामन्तवादियों से जा मिलता है।
- वादे नकली। विश्वनाथ प्रतापसिंह वादा करते हैं कि हरिजनों की सामूहिक हत्या रोकूँगा और इस वादे के बाद ही 10 हरिजन और मार डाले जाते हैं।

कौन बनाते हैं ये नकली दवाएँ? हमारे यहाँ एक शब्द प्रचलित है—एण्टी सोशल एलीमेण्ट। असामाजिक तत्त्व, पाकिटमार, हाथ-भट्टी की शराब उतारनेवाले, चेन खींच लेनेवाले वगैरह को असामाजिक तत्त्व कहा जाता है। ये नकली दवाएँ कौन बनाते हैं? जिम्मेदार लोग कह देते हैं—असामाजिक तत्त्व, जैसे जेब काटना

और क्लोरोमाईसटिन बनाना एक-सा काम हो; जैसे ठीक उसी प्रकार की दवा, असली रंग, कैप्सूल, लेबिल, पैकिंग आदि बनाना वैसा ही काम है जैसे हाथ-भट्टी से दारू उतारना।

नकली दवा बनाने में छोटी-मोटी फैक्टरी लगती है। याने ये वे सड़कछाप असामाजिक तत्त्व नहीं हैं, जिन्हें यह नाम मिल गया है। वे पैसेंवाले प्रतिष्ठित लोग हैं, जिनके द्वारा ये नकली दवाएँ बनायी जाती हैं। इनके बड़ों से कनेक्शन होते हैं। रोकथाम और सज़ा दिलानेवाली मशीनरी भी ये पटा रखते हैं। अगर यही वे असामाजिक तत्त्व हैं, जो नकली दवाएँ बनाते हैं, तब तो कोई चिन्ता की बात ही नहीं है क्योंकि सारा देश ही इन प्रतिष्ठित 'असामाजिक' तत्त्वों के हाथों में है। ये हर चीज तो नकली दे रहे हैं। नकली चीजों से यहाँ के आम आदमी की प्रकृति मेल खा गयी है। उसे फायदा होगा, तो नकली दवा से ही, असली से नहीं। इसलिए नकली दवाओं के प्रसार को रोकने का अभियान एक तरह से देशवासियों के हित में नहीं है। मगर फैशन है चिन्ता प्रगट करने और कमर कसने का, तो यह रस्म बराबर निभती जानी चाहिए।

देशी नकली दवाएँ तो हैं ही, मगर 'फारेन' की दीवानगी भी है। देशी सिगरेट अच्छी होती है, मगर विदेशी सिगरेट की बात ही निराली है। देशी नकली दवाएँ ही केवल हम खायें, यह हमारी राष्ट्रीय भावना को तो सन्तुष्ट करती है, पर अन्तर्राष्ट्रीय स्तर नहीं बनता। हमें आधुनिक बनाने का और अन्तर्राष्ट्रीय स्तर देने का जिम्मा पश्चिमी देशों ने ले रखा है। विज्ञान लो, तकनीक लो, पैसा लो, फैशन लो, जीवन-पद्धति लो, इतना सब लोगे तो दवाएँ भी लेनी होंगी।

सरकार के नेता और दूसरे लोग कहते हैं कि भारत में अमरीका की वे दवाएँ चलती हैं, जो अपने देश में प्रतिबन्धित हैं। ये प्राणघातक हैं। अमरीका में आदमी रहते हैं। वहाँ इन दवाओं की बिक्री नहीं हो सकती। मगर दवाएँ बिकनी चाहिए, जिससे मुनाफ़ा आता रहे। इसलिए जरूरी है कि ऐसे प्राणी खोजे जायें जो देखने में आदमी लगते हों, मगर जिन्हें गोरे साम्राज्यवादी जानवर समझते रहे हैं। ऐसे आदमीनुमा 'गिनीपिग' उन्हें एशिया-अफ्रीका में मिल जाते हैं और वे प्रतिबन्धित दवाएँ इन लोगों को बेची जाती हैं, जिन्हें खाकर ये मरते हैं। पूंजीवाद के हिसाब से यह पूरी तरह नैतिक है।

और यह भी नैतिक है कि विभिन्न स्वास्थ्य संगठनों के माध्यम से बीमारियाँ फैलायी जायें। माँग बढ़ेगी तो बिक्री ज्यादा होगी। लो भाई काले आदमियो, बीमारी भी लो और दवाइयाँ भी लो। तरह-तरह के प्रयोगों के द्वारा बीमारी के मच्छर पैदा किये जाते हैं।

अभी पाकिस्तान में यह रहस्य खुला कि वहाँ मलेरिया उन्मूलन का जो कार्य-क्रम अमरीकी विशेषज्ञ चला रहे थे, वह वास्तव में घातक पीला बुखार के मच्छरों को पैदा करने का प्रयोग था। इन मच्छरों के विष की परीक्षा के लिए आदमी चाहिए। तो दस-पाँच रुपये देकर वहीं के आदमी पकड़ लिये जाते थे कि ज़रा

डाक्टरों की मदद करो। इनको मच्छरों से कटाकर देखा जाता था कि वे कामयाब हैं या नहीं। इस तरह के मच्छर पैदा करने का कार्यक्रम कुछ साल पहले हरियाणा में भी कहीं चला था।

चिन्ता की विशेष बात नहीं है। देशी मानवतावादी भी नकली दवाओं से पैसा कमाते हैं और विदेशी मानवतावादी भी। इन दोनों तरह के मानवतावादियों से पिण्ड छूटना कठिन है, क्योंकि इनके मददगार मानवतावादी भी बहुत हैं।

विचार मंच*

इस देश में सिर्फ दो विचार मंच हैं—'लोहिया विचार मंच' और 'संजय विचार मंच।' विचार मंच की स्थापना दो तरह से होती है—कोई विचारक हो तो उसके नाम से विचार मंच इसलिए बनता है, ताकि उसके विचारों के आधार पर उसके अनुयायी विचार करेंगे, दूसरे कोई विचारहीन हो, लेकिन दूसरे कारणों से मशहूर हो, तो इसलिए विचार मंच की स्थापना होती है कि उसने तो विचार नहीं किया, मगर बाकी लोग विचार करें। लोहिया विचारक थे, इसलिए लोहिया विचार मंच है। संजय विचार में कोरे थे, इसलिए संजय विचार मंच है। इस समय आत्म-समर्पित डाकू मलखानसिंह का नाम बहुत है, इसलिए 'मलखानसिंह विचार मंच' की स्थापना हो सकती है। आपातकाल और जनता पार्टी शासन काल में संजय गाँधी ने युवक कांग्रेस को संगठित किया था और उसे एक तूफानी दस्ता बनाया था, देश-भर में जहाँ-जहाँ भी उठाईगीरे राजनीति करना चाहते थे, संजय के इस 'माफिया' में शामिल हो गये थे। संजय तब भारत-भाग्यविधाता बन गये थे, तब यदि प्रश्न उठता कि इन्दिरा के बाद कौन ? तो जवाब मिलता—'संजय गाँधी !'

इन्दिराजी की राजनैतिक शक्ति, आपातकाल का आतंक और संजय का गिरोह युवक कांग्रेस—इनके सम्मिलित प्रताप से संजय की झाँकी निकलती थी, मुख्यमन्त्री और मन्त्री उन पर न्यौछावर होते थे, उनकी आरती उतरती थी, वे मन्त्रिमण्डल बनाते और भंग करते थे। कांग्रेस में लगभग सभी नेता संजय के चापलूस हो गये थे। संजय से असहमत होने का साहस किसी में नहीं था। उनसे 'नहीं' कोई नहीं कह सकता था। उन्हें सलाह देने की गुस्ताखी कोई नहीं करता था। अनन्तप्रसाद शर्मा 1980 के चुनाव के बाद उड्डयन मन्त्री थे। संजय सुरक्षा-नियमों के विरुद्ध हवाई जहाज उड़ाते थे। इसकी रिपोर्ट अनन्तप्रसाद शर्मा के पास

* करण्ट, 18 सितम्बर, 1982

थी। मगर अनन्तप्रसाद शर्मा ने संजय को मना नहीं किया—आपको मरना हो तो मर जाइए, मगर आपको नेक सलाह देकर हम नाराज नहीं करेंगे और संजय चापलूसों के प्रोत्साहन से मर गये। जब संजय इतने बड़े हो गये, तो अखबारवालों ने अपना फर्ज़ समझा कि अखबार उनके इण्टरव्यू लेने लगे। जर्मन पत्र 'सर्ज' ने उनका इण्टरव्यू छापा, भारतीय पत्रों में भी उनके सुभाषित छपते रहते थे। राजनैतिक आर्थिक अपढ़पन से विभूषित संजय विचार प्रगट करते थे। वे एक मूढ़ प्रतिक्रियावादी, समाजवाद विरोधी, विचारहीन विचारक थे। वे अगर जीवित रहते, तो इन्दिराजी को भी विचारहीन दुस्साहसी बना देते।

ऐसे विचारक हुल्लड़बाज युवा नेता के नाम से विचार मंच खुलना जरूरी था। सो खुला और उसकी अध्यक्षा हुई—उनकी सुन्दरी विधवा मेनका। आपातकाल और जनता पार्टी शासन में संजय-मेनका और उनके तूफानी उठाईगीरे अनुयायियों का उपयोग इन्दिराजी के लिए था। कैसे-कैसे रत्न तब अपरिचय के सागरतल से निकलकर ऊपर आ गये थे—जगदीश टाइटलर, कमलनाथ, अर्जुनदास, अन्तुले और गुण्डूराव भी—तभी के तूफानी हैं। संजय की मृत्यु के बाद इन्दिराजी की समस्या थी—संजय के सिपहसालारों को 'कण्टेन' करने की। जगदीश टाइटलर नम्बर एक सफदरजंग में दफ्तर ही खोलकर बैठ गये थे। इन्दिराजी ने उन्हें विदा किया। कमलनाथ के दफ्तरों पर 'इनकम टैक्स' के छापे पड़े, वे ठण्डे पड़े।

मगर मेनका को तो कुछ करना ही था। संजय की युवती पत्नी, प्रधानमन्त्री की बहू, महत्त्वाकांक्षिणी, तत्परता से प्रोत्साहित होनेवाली, चतुर माँ की बेटी अगर खानदानी धन्धे—राजनीति में न आये, तो क्या दूसरी शादी करके और बच्चे पैदा करे? इस देश में सबसे आसान काम राजनीति करना है। जिस देश में राजनैतिक पार्टी सिद्धान्त और कार्यक्रम से नहीं, व्यक्तियों की सनक से बनती हो, वहाँ मेनका एक और पार्टी बना ले, यह ठीक ही है। 1985 के आम चुनाव तक इस देश में 100 पार्टियाँ हो जानी चाहिए।

इस महान देश की ही यह महिमा है कि अगर आदमी सनकी हो और उसके पास पैसा हो या कहीं से मिल जाय, तो वह अपने नाम से पार्टी बना सकता है। जगजीवनराम की जनता (जे) है, शरद पवार की (एस) है। कर्पूरी ठाकुर का लोकदल (के) है, चरणसिंह जल्दी ही अपने दल को लोकदल (सी) बना लेंगे। अभी मेरा और सम्पादक महावीर अधिकारी का झगड़ा नहीं है। दोनों क्रान्ति की बात करते हैं। दोनों की सम्मिलित महत्त्वाकांक्षा है, पर अगर महत्त्वाकांक्षाएँ अलग हो जायें, दोनों में टकराव हो जाय, तो मैं बना लूंगा क्रान्तिदल (एच) और अधिकारी बना लेंगे क्रान्तिदल (ए)।

भारतीय राजनीति में ऐसे-ऐसे नेताओं के दल हैं, जो सिर्फ कार्टून बनानेवाले के काम के रह गये हैं। चरणसिंह और जगजीवनराम आखिर किनकी सेवा कर रहे हैं? इनकी फोटो कम छपती है, कार्टून ज्यादा छपते हैं। ये 'कार्टूनिस्ट' के आदर्श हैं। भारत के विकास में इनका योगदान इतिहास में नहीं जायगा। ये कार्टूनों से

अमर होंगे। एक तरफ सूखे, कटीले मरुस्थल हैं। अस्सी-अस्सी साल के बूढ़े, खूँसट, कुरूप, बुझे हुए नेता पार्टियाँ बनाये बैठे हैं। ऐसे में एक सुन्दर जवान स्त्री पार्टी बना ले, तो समझो मरुस्थल में हरियाली आ गयी। सास-बहू के झगड़े में से एक पार्टी का जन्म होगा। मेनका ने देख लिया है, या उसके सलाहकारों ने उसे बता दिया है कि असन्तुष्ट कांग्रेसी संजय के नाम से निकलकर जमा हो सकते हैं। खबर तो यहाँ तक है कि जगन्नाथ मिश्र ने भी मेनका को रुपये दिलवाये हैं। आगे मुख्यमन्त्री पद से निकलना पड़े और मैडम गाँधी नाराज हों, तो मेनका की पार्टी में आ सकते हैं। अन्तुले को और गुण्डूराव को भी एक पाँव मेनका की तरफ करना चाहिए।

मेनका की पार्टी का काम चालू हो गया है। लखनऊ में अकबर अहमद ने संजय विचार मंच का जलसा करके काम शुरू कर दिया था। अब वे कहती हैं कि एक लाख 'मेम्बर' बन चुके। एक दिलचस्प राजनैतिक खेल हो रहा है। संजयवादी ही संजयवादी से लड़ रहा है। दिल्ली स्टेशन पर मेनका के साथ आये कल्पनाथ सोनकर की पिटाई दिल्ली के कांग्रेसियों ने कर दी। कल्पनाथ सोनकर संजयवादी हैं और युवक कांग्रेसी हैं। दिल्ली युवक कांग्रेस के नेता जगदीश टाइटलर हैं, जो संजय के दाहिने हाथ हैं। अगर वास्तव में कल्पनाथ की पिटाई हुई है, तो पिटाई की है संजय के अनुयायियों ने ही। याने संजय के इन्दिरा विरोधी साथी कांग्रेस छोड़ेंगे और मेनका के साथ आयेंगे, तो उनकी लड़ाई उन संजयवादियों से होगी, जिन्हें इन्दिरा गाँधी ने पालतू कर लिया है। यह एक ही कुल के लोगों की आपसी लड़ाई होगी। यादव यादव से लड़ेंगे।

पार्टी बनाने को मेनका को देशी और विदेशी पैसा मिलेगा। एक और दक्षिणपन्थी प्रतिक्रियावादी दल बनेगा। 'भारतीय जनता पार्टी' मेनका को गोद ले सकती है, मगर तब पंजाब में राजनीति करने में दिक्कत होगी। चरणसिंह मेनका की पार्टी से दोस्ती कर सकते हैं, सास से लड़ने के लिए विद्रोहिणी बहू को साथ लेना ठीक रहेगा।

मगर मैडम गाँधी भी तो आखिर कुछ करेंगी ही। सास-बहू के बीच में संजय का लड़का वरुण है, जो हफ्ते में एक बार प्रधानमन्त्री निवास आता है। इन्दिराजी उसे हफ्ते में दो बार बुला लेंगी। इससे मेनका नरम पड़ेगी। फिर वे मेनका को एक-दो बार विदेश यात्रा पर साथ ले जायेंगी। और इन्दिराजी यह भी कर सकती हैं कि मेनका को कोई राजनैतिक पद दे दें तब अकबर, अहमदों और कल्पनाथ सोनकरों का क्या होगा!

जन्नत*

अखबार में पढ़ा कि मध्य प्रदेश की सरकार केरल में ओणम् उत्सव पर जहरीली शराब पीकर कुछ लोगों के मरनेकी खबर से इतनी पवित्र संवेदनशीलता से रोगग्रस्त हुई कि राज्यपाल से अध्यादेश जारी करवा दिया कि जहरीली शराब पिलानेवालों को मृत्युदण्ड दिया जायेगा। मध्य प्रदेश के मुख्यमन्त्री अर्जुनसिंह संवेदनशील माने जाते हैं। साहित्य, कला, संस्कृति विभाग का भव्य 'भारत भवन' है। पुरस्कार हैं। सांस्कृतिक कार्यक्रम हैं। मगर कुछ लोग कहते हैं कि यह फिजूलखर्ची है। यही पैसा अगर सुन्दर जुआघर बनवाने में लगाते, तो उसकी कुछ सामाजिक उपयोगिता होती। सच्ची संस्कृति जुआ खेलना है। धृतराष्ट्र अन्धे थे। अगर उनकी आँखें होतीं, तो वे जुआ के खिलाफ अध्यादेश निकाल देते और महाभारत-युद्ध नहीं होता। ऐसा कुछ लोग सोचते हैं। मगर मैं कहता हूँ कि महाभारत फिर भी होता। जुए के आदी युधिष्ठिर और दुर्योधन किसी डोम के झोंपड़े में सूअरों के बीच छिपकर जुआ खेल लेते।

एक दूसरे ढंग से संवेदनशील जगन्नाथ मिश्र हैं। अपने बेटों, पोतों, परपोतों के लिए धन इकट्ठा करना और भाई-भतीजों को मालदार बनाना उत्तम प्रकार की संवेदनशीलता है। इस संवेदनशीलता की जो खबरें अखबारों में छपती हैं, वे 'अश्लील' हैं। इनसे जनता की नैतिकता गिरती है। जब लोग जानेंगे कि मुख्यमन्त्री खाते हैं तो वे भी खाने लगेंगे। इससे बिहार राज्य का नैतिक पतन होगा। इसे रोकने के लिए ही प्रेस विधेयक बनाया गया है। कितने संवेदनशील मुख्यमन्त्री हैं। ओणम् पर केरलवासियों ने डटकर शराब पी होगी। लाखों नहीं, करोड़ों ने पी होगी। पैसेवालों ने 'व्हिस्की' पी होगी, गरीबों ने ठर्रा। सीलबन्द बोतल के ठर्रे में भी मिलावट हो जाती है—और साथ ही भट्टी की शराब का तो कहना ही क्या है। ताजा और शुद्ध माल, करोड़ों पीनेवालों में सिर्फ 50-60 मरे। इतने तो ज्यादा अमृत पीने से भी मर जाते। मोरारजी भाई के शिवाम्बु का ज्यादा पान कर लें, तो भी मर सकते हैं। केरल के ये 50-60 जब मरे, तब नशे में स्वर्ग का आनन्द ले रहे थे। ऐसी मौत किसे नसीब होती है। कहते हैं नाटक-लेखक आगा हश्र कश्मीरी की मौत वेश्या के कोठे पर सम्भोग के बाद 'हार्टफेल' होने से हुई। इस पर जोश मलीहाबादी ने टिप्पणी की—'इसने जन्नत पहले भोगी, और मरा बाद में। आम लोग पहले मरते हैं और बाद में जन्नत भोगते हैं।'

अध्यादेश का इरादा बहुत अच्छा है। मुख्यमन्त्री ने जन-सहयोग भी माँगा है। जनता तो किसी तरह की गड़बड़ नहीं चाहती। मगर अवैध शराब का धन्धा सहकारिता के सिद्धान्त पर चलता है। शहरों में धड़ल्ले से खुले रूप में अवैध

* करण्ट, 25 सितम्बर, 1982

शराब बिकती है। पुलिस का हफ्ता बँधा है। 'एक्साइज'वालों का हफ्ता बँधा है। अक्सर स्थानीय विधायक और नेता का सहयोग इस धन्धे में होता है। जनता का तो ऐसा है कि वह जाकर पीती है। अगर उसमें से कुछ मर गये तो वही जनता क्रोधित होती है और कलाली पर हमला कर देती है। जहरीली शराब बेचनेवाले को सज़ा देने की माँग करती है। मगर पकड़े कौन और सज़ा कौन दिलाये? जिनके जिम्मे ऐसे अपराधी को पकड़ने का काम है, वही तो अपराध करवाते हैं। जिस पार्टी की सरकार है, उसके निर्णयों को कार्यान्वित कराने का दायित्व उस पार्टी के 'केडर' और नेताओं का है। मगर इस 'केडर' को और नेतावर्ग को पहले से मालूम होता है कि शहर में अवैध शराब का धन्धा कौन कर रहे हैं, जुआ कौन खिला रहे हैं। कोई बिगड़े दिमाग का अफसर अगर अपराधी को पकड़ ले, तो यही उसे बचाने कोतवाली पहुँच जायेंगे। अगर ऊपरी दबाव और जन-आन्दोलन से उसे पकड़ने को मजबूर भी हुए, तो 'केस' कमजोर बना देंगे। इससे अच्छा तो यह है कि पार्टी आलाकमान यह आदेश जारी करे कि स्थानीय पार्टी विधायक या पार्टी नेता, पहले शराब को चखकर देखें। अगर उससे कुछ न हो, चरम आनन्द ही हो, तो उस शराब को बिकने दें। पर नेता को कुछ हो गया, तो एक ही बलि के बाद उसकी बिक्री बन्द हो जायेगी।

अध्यादेश में भ्रष्टाचार के लिए भी कड़ी सज़ा का प्रावधान है। मगर भ्रष्टाचार की सूची में कुछ ऐसे कार्य भी शामिल कर लिये गये हैं, जो वास्तव में सदाचार हैं। ठेकेदार-अफसर में जो स्नेह-सम्बन्ध सदियों से बना है, उसे भ्रष्टाचार पता नहीं किस तर्क से मान लिया गया है। इस स्नेह-सम्बन्ध के कारण ही निर्माण-कार्य होते हैं। पुल बनते हैं, जो साल-भर में ही तिड़कने लगते हैं। सरकारी इमारतें बनती हैं, जो पहली बरसात में ही धसकने लगती हैं। सड़क बनती है, जिस पर बनते ही गड्ढे पड़ने लगते हैं। ठेकेदारों की सम्पन्नता और अफसरों के सुखी जीवन का रहस्य यही ठेकेदार-अफसर प्रेम-सम्बन्ध है। इसमें मन्त्री, विधायक, नेता का भी स्नेह मिल जाता है, तो यह घोल अमृत हो जाता है। इससे परिवार के परिवार अमर होते हैं। इस तरह के सम्बन्ध नैतिक होते हैं।

आजकल सीमेण्ट-नैतिकता चल रही है। अन्तुले सीमेण्ट-नैतिकता में गये। गुण्डूराव भी सीमेण्ट-नैतिकता का ही सुफल भोगेंगे। सरकारी निर्माण-कार्य में सीमेण्ट की चोरी करना नैतिकता है, जो युगों से चली आ रही है। झूठे बिलों का भुगतान भी इन्हीं स्नेह-सम्बन्धों के कारण होता है जो नैतिक है। अगर ठेकेदार-अफसर के स्नेह-सम्बन्ध भ्रष्टाचार मान लिये गये, तो बहुत-सी नैतिकता खत्म हो जायेगी।

भ्रष्टाचार की सूची में नाजायज तरीके से तबादला कराना भी है। यह भी गलत है। तबादले की एक बँधी-बधाई नैतिक पद्धति है। अफसर या मन्त्री से सम्बन्ध होने से तबादले होते हैं। फिर तबादले करने के रेट बँधे हैं। लोककर्म विभाग के रेट ऊँचे हैं। शिक्षा-विभाग के रेट कम हैं। यह एक ईमानदार प्रक्रिया है। किसी थाने

में जुए की आमदनी बहुत है, तो वहाँ जो थानेदार अपना तबादला करायेगा, उसे काफी भेंट देनी ही होगी। जनता सरकार के जमाने की एक वारदात मुझे बतायी गयी थी। एक शहर में एक बहुत दयालु शहर कोतवाल आ गया। पहलेवाले कोतवाल दो हजार रुपए में जुए का फड़ खुलवाते थे तो नया कोतवाल पाँच सौ रुपयों में खुलवाने लगा। सारे जुआड़ी खुश। नये-नये फड़ खुलने लगे। किसी ने दयालु कोतवाल का तबादला करवा दिया। शहर में जन-आन्दोलन हो गया। कोतवाल को कुछ नहीं करना पड़ा। जुए के फड़वालों ने 15 हजार रुपये चन्दा किया और एक नेता को खिलाकर तबादला रद्द करवाया। तबादले के इस तरीके को भ्रष्टाचार मानना नासमझी है।

इस अध्यादेश का अगर पालन हो गया, तो विधायकों का सबसे बड़ा रचनात्मक काम बन्द हो जायेगा? वे बेकार हो जायेंगे। मई-जून में जब शिक्षा-विभाग के तबादलों का 'सीजन' आता है, तब उस गर्मी में बहार आ जाती है। अध्यापक, विधायक को मनाते हैं। उसे लेकर भोपाल जाते हैं। उसे अच्छी शराब पिलाते हैं। अच्छे होटल में खाना खिलाते और तबादला होता या कैंसिल होता है। सार्वजनिक क्षेत्र में सबसे व्यापक और बड़ा उद्योग यह तबादले कराना और रद्द कराना है। वैसे लोग 'शूरवीर' हैं। अध्यादेश के बावजूद यह उद्योग चलायेंगे।

'मध्य प्रदेश विनिर्दिष्ट भ्रष्ट आचरण निवारण अध्यादेश' बहुत अच्छा है। सरकार के इरादे नेक हैं। सामाजिक जीवन को स्वच्छ करने की कोशिश है यह। पर शासन और राजनीति के लोग अमल होने दें, तब तो।

ब्यूटी एण्ड दी बीस्ट*

आज का दिन बहुत शुभ है। 30 सितम्बर की सुबह अखबार उठाते ही जो फोटो देखा, उससे तबीयत खुश हो गयी और आशा बँधी कि आज का दिन हँसी-खुशी और सफलताओं का दिन है। क्या है इस फोटो में? मेनका और राजनारायण पुलिस थाने में बैठे हैं। सुन्दरी मेनका के साथ छोटी दाढ़ी बढ़ाये, रूमाल सिर पर लपेटे, भारी-भरकम भदेस राजनारायण? मुझे एक पुरानी फिल्म की याद आयी—'ब्यूटी एण्ड दी बीस्ट!' चरणसिंह जैसे अशुभदर्शन खूसटों के साथ काम करते-करते राजनारायण ने जिन्दगी गुजार दी। अब इस उम्र में और राजनैतिक दुर्गति के इस दौर में नेताजी को एक जवान सुन्दरी का साथ मिला है। राजनारायण हनुमान के

* करण्ट, 16 अक्तूबर, 1982

अवतार हैं। वे पहले डॉक्टर लोहिया के हनुमान थे। डॉक्टर लोहिया की स्त्री मित्र थीं, पर उनमें से किसी का किसी रावण ने हरण नहीं किया था, इसलिए इन हनुमान को कोई मौका नहीं मिला भगायी हुई स्त्री का पता लगाने का। चरणसिंह की भी कोई भगायी नहीं गयी थी। हनुमान को अब एक सुन्दरी मिली है, जो विधवा है और ससुराल से निकाली हुई है। स्त्री संकट में है तो हनुमानजी फौरन मदद के लिए आ गये हैं।

मगर त्रेतायुग के हनुमान का चरित्र कलियुग आते ही बदल गया है, विकसित हो गया है। त्रेता के हनुमान ने सीता का पता लगाया, रावण की लंका जलायी और युद्ध में सेनापति की हैसियत से लड़कर रावण के पक्ष को हराया। ये कलियुगी हनुमान ऐसे हैं कि सीता का पता लगाने को जायें, तो रावण से ही मिल जायें और उसके मन्त्रिमण्डल में शामिल हो जायें। इधर राम इन्तजार में बैठे हैं कि हनुमान सीता का पता लगाकर अब आये, अब आये। उधर हनुमान लंका में स्वास्थ्य मन्त्री के कक्ष में बैठे भाँग चढ़ाकर मथुरा के पेड़े खा रहे हैं।

राजनारायण निर्बल के बल हैं। हारनेवाले को पूरी तरह हरानेवाले हैं। बियाबान में खड़ी एक अबला पुकार रही है कि मैं सास की सतायी हुई हूँ, कोई मेरी मदद करो। वह चण्डीगढ़ जाकर कहती है कि मैं पंजाब की बेटी हूँ। देखो, यह उत्तरप्रदेश की सास मुझे सता रही है। पंजाब की बेटी है, तो सन्त जनरैलसिंह भिण्डरावाला की शरण में भी जा सकती थी, पर तब ऑल इण्डिया राजनीति नहीं कर सकती थी। ऑल इण्डिया पालिटिक्स उत्तरप्रदेश से ही शुरू होती है, तो मेनका अमेठी चली आयी। इधर उत्तरप्रदेश में वह हादसा हो गया कि जहाँ वे ठहरी हुई थीं, उसी रेस्ट-हाउस में उनके एक समर्थक को गोली से मार डाला गया। इस जुर्म में मेनका के ही तीन सबसे बड़े सिपहसालार गिरफ्तार कर लिये गये। अबला अब क्या करे? कौन उसकी मदद करे? अकस्मात आधुनिक हनुमान राजनारायण प्रगट होते हैं और कहते हैं—सुन्दरी, रो मत, अब मैं आ गया। चल मेरे साथ। मैं तेरी पालिटिक्स लड़ूंगा।

मगर राजनारायण का मदद का, सेवा का, भक्ति का उज्ज्वल रिकार्ड है। वे जनता पार्टी की जीत के बाद विन्ध्येश्वरी देवी के मन्दिर गये थे। वहाँ उन्होंने मुण्डन करवाया। स्नान किया, देवी-पूजा की, आठवें दिन देवी का ही मुण्डन हो गया। देवी के आभूषण चोरी हो गये। यही हनुमानजी जनता पार्टी तोड़ने के लिए जिम्मेदार हैं। ये चरणसिंह की महत्त्वाकांक्षा-पूर्ति के लिए संजय से मिले थे। कांग्रेस का समर्थन चरणसिंह के लिए तय किया था। लोकदल को अलग करके जनता पार्टी को तोड़ा था, मोरारजी को अपदस्थ किया था। चरणसिंह कांग्रेस के समर्थन से प्रधानमन्त्री तो बन गये, मगर कुछ ही दिन बाद कांग्रेस ने समर्थन वापस ले लिया और चौधरी संसद न जाकर राष्ट्रपति के पास चले गये और इस्तीफा दे दिया। चरणसिंह की दुर्गति की जिम्मेदारी इन्हीं हनुमानजी की है, जिन्होंने कुछ दिन तक चौधरी के लक्ष्मण का पद धारण किया, फिर उनके कुत्ते के रूप में 'आफिशिएट'

किया। बाद में चरणसिंह को तानाशाह कहकर लात मार दी और अलग हो गये।

राजनारायण की कृपा खतरनाक है। क्या पता वे इन्दिरा गाँधी से मिले हों और संजय विचार मंच को नष्ट करने के लिए मेनका के रक्षक बन गये हों। हमें इस लड़की की खैर मनाना चाहिए, जिससे सीताराम केसरी कहते हैं कि गाँधी उपनाम त्यागकर तुम फिर मेनका आनन्द हो जाओ।

अकबर अहमद डम्पी के नेतृत्ववाले संजय विचार मंच के तीन प्रमुख नेता उस हत्या के सिलसिले में गिरफ्तार हुए हैं। मेनका कहती हैं कि मेरी गिरफ्तारी भी हो सकती है और मेरी जान को खतरा है।

हो सकता है, इन्दिराजी डम्पी वगैरह को अभी इसी स्टेज पर डम्प कर देना चाहती हों, फिर संजय विचार मंच और अपनी बहू को भी 'डम्प' कर दें। जिस संगठन के कार्यक्रम का शुभारम्भ दिल्ली स्टेशन पर मारपीट और रेस्ट-हाउस में हत्याकाण्ड से हो वह संगठन रह गया तो आगे बड़े-बड़े रचनात्मक कार्य कर सकता है, खासकर जब संजय वीरों को भड़कानेवाली खूबसूरत जवान औरत हो। सुन्दरी अगर जवानों को लानत भेज दे, तो सिर उतर जाते हैं और उतार लिये जाते हैं! संजय कोई लेनिन और गाँधी तो थे नहीं कि कोई सुनियोजित और सुसंगठित क्रान्तिकारी आन्दोलन चलाते। वे तूफानी दस्तों के सिपहसालार थे, जो छुटपुट उपद्रव करते थे। पाँच सूत्री कार्यक्रम में कुछ बुरा नहीं है और न उसे करने से कोई रोकता है। पेड़ लगाने से कौन रोकता है। डम्पी लगायें पेड़, जिन्हें बाद में बकरी चर जाय, क्योंकि उनकी रखवाली करनेवाले तो कोई हैं नहीं। सड़कें साफ करने से कौन रोकता है। संजयवादी झाड़ू लें और सड़कें साफ करें। पाँच सूत्र से ज्यादा सूत्र कर लो। छठवाँ सूत्र यह जोड़ लो कि लोग रोज नहायें, मगर गन्दी बस्तियों के उन्मूलन में जिनकी झोंपड़ी पर बुलडोजर चल जाय, वे रहें कहाँ? बड़े आदमियों की इमारतें खूबसूरत दिखें, इसके लिए झोंपड़ियाँ नष्ट कर दी जायें, और इस सुधार में तुर्कमान गेट जैसी गोली चले, तो फिर पूंजीवादी समाजवाद ही इस देश में आयेगा।

संजय ने तो तुर्कमान गेट पर गोली चलवाकर पूंजीवादी समाजवाद का आरम्भ कर दिया था। राजीव यह काम नहीं कर सकते। राजीव न खुद तूफानी हैं, न ही वे तूफानी दस्ते के कमाण्डर हो सकते हैं। मुझे तो लगता है कि राजीव को व्यर्थ ही नौकरी छुड़वाकर इन्दिराजी राजनीति में लायीं। मगर 'वी आर नेहरूज' यह अहसास पीछा नहीं छोड़ता। इसी अहसास ने मेनका गाँधी को इस रास्ते पर ढकेला। आखिर मैं भी नेहरू खानदान की हूँ। मैं भी पार्टी बना सकती हूँ। मैं भी नेतृत्व कर सकती हूँ। अगर मेनका कर्नल आनन्द की बेटी मात्र होती, तो संजय की मौत के बाद वह भी रुखसाना सुलताना की तरह डम्प हो जाती। यह ज्यादा अच्छा होता उसके भविष्य के लिए। सीताराम केसरी जैसे नेता जब मेनका को पुनः आनन्द बन जाने की सलाह देते हैं, तो इसमें लड़की का भला तो है। वह 'कामनर' हो गयी, तो माँ की तरह शादी करके फिर गृहस्थी बसा लेगी।

मगर इन्दिराजी के सिपहसालार जब रोज-रोज मेनका का नाम लेते हैं और

उसकी आलोचना करते हैं, तब वे उसका रुतबा बढ़ाते हैं, मेनका को महत्त्वपूर्ण बनाते हैं। मेनका पर अखबारों में सम्पादकीय लिखे जा रहे हैं।

कमी जो थी, वह हनुमान राजनारायण ने पूरी कर दी। हर उपद्रव की जगह ये हनुमानजी पहुँच जाते हैं। मेनका के साथ होने से हनुमान जो सुस्त पड़े थे, उठकर खड़े हो गये हैं और फिर उड़ने को तैयार हैं। 'ब्यूटी एण्ड दी बीस्ट' की यह जोड़ी देशवासियों के उदास मन को मनोरंजन देगी।

राजनीतिक कुत्ते*

कुत्ता पाल लेना आसान है। बड़ा स्वामिभक्त जानवर है, कुत्ता-मालिक उसे अपने दुश्मन बता देता है और वह उन पर झपट पड़ता है। कुत्ता अपने दुश्मन भी तय करता है और कभी-कभी चेन तुड़ाकर उन पर झपट पड़ता है। कभी यह पालतू कुत्ता पागल हो जाय, तो फिर वह मालिक का हुक्म भी नहीं मानता और चाहे जिसे काटता है। मालिक को उलाहने बरदाश्त करना पड़ते हैं। लोग मालिक को गाली देते हैं, जिसने पागल कुत्ता पाल रखा है। मालिक की हालत खस्ता हो जाती है।

अमरीका ने इजराइल नाम का कुत्ता पाल रखा है। इस कुत्ते को भड़काकर वह पश्चिम एशिया के देशों को आतंकित करता रहा है। पर इस कुत्ते ने अपने दुश्मन भी तय किये और चेन से छूटकर उन पर झपटने लगा। पिछले कुछ अरसे से यह कुत्ता पागल हो गया है। पिछले दिनों इस कुत्ते का पागलपन इस कदर बढ़ा कि इसने लेबनान में कहर ढा दिया। सबसे भयंकर काण्ड जो इजराइल ने किया वह था, हजारों फिलिस्तीनी नागरिकों की हत्या, जिसमें स्त्री और बच्चे भी शामिल थे। इस काण्ड से दुनिया के लोगों की आत्मा काँप उठी। सबने इसकी कठोरतम शब्दों में निन्दा की और पागल कुत्ते के मालिक अमरीका की तरफ दोष का इशारा किया। मालिक को पागल कुत्ते को डाँटना पड़ा, मगर कुत्ता नियन्त्रण से बाहर हो चुका है। पहले कुत्ता दुम हिलाता था, अब दुम में दाँत निकल आये हैं। दुम कुत्ते को हिलाती है और काटती भी है।

इजराइल के जंगखोर कारनामों का इजराइल में ही विरोध हो रहा है। हजारों इजराइली नागरिक अपनी सरकार की इस नीति के खिलाफ प्रदर्शन कर रहे हैं। इजराइली संसद में बेगिन सरकार की कड़ी आलोचना की गयी। सेना भी विद्रोही हो गयी है और रक्षामन्त्री को लेने के देने पड़ गये हैं।

* करण्ट, 23 अक्तूबर, 1982

दुनिया के हर देश ने इजराइल की निन्दा की है। मगर इस जंगखोरी और पागलपन का स्रोत कहीं और है। अमरीकी सरकार की विश्व-व्यापी व्यूह-रचना तनाव-निर्माण और डर दिखाने की नीति में है। इसके साथ जुड़ा है हथियार-निर्माण और दूसरे उत्पादनों की बहुराष्ट्रीय कम्पनियों का मुनाफा। दुनिया के हर क्षेत्र में अमरीकी सैनिक अड्डे हैं। ऐसे देश हैं जो अमरीकी हथियार और डालर लेते हैं और उसके गुलाम हैं। दुनिया-भर में तनाव है। किसी भी दिन किसी पागलपन से विश्व-युद्ध हो सकता है और कुछ मिनिटों में मनुष्यजाति का सफाया हो सकता है। अमरीका के पैसेवालों ने जमीन के अन्दर तलघर बना रखे हैं, जिनमें वे खाने-पीने का सामान लेकर पड़े रहेंगे। वे समझते हैं कि बच जायेंगे, मगर विशेषज्ञ कहते हैं कि वे वहाँ बीमार होंगे। बाहर निकलेंगे तो जहरीली वायु और रेडियो एक्टिविटी से मारे जायेंगे।

इस सारी लड़ाई की तैयारी के साथ ही दुनिया के लोगों का विवेक भी जाग्रत है और शान्ति की शक्तियाँ ताकतवर होती जा रही हैं। अमरीका में ही युद्ध के विरोध में और शान्ति के पक्ष में जन आन्दोलन होते हैं। लाखों आदमियों की रैली निकलती है और वे व्हाइट हाउस को घेर लेते हैं। इधर यूरोप के देश जो कभी अमरीका का हुक्म बजाते थे, उससे छिटक गये हैं। ये रूस के पड़ोसी हैं और सम्भावित युद्ध में पहले शिकार यही होनेवाले हैं। इनके रूसी गुट से व्यापारिक सम्बन्ध भी हैं। सबसे पहले फ्रांस ने अमरीका का पिछलग्गू होने से इन्कार किया। मार्गरेट थ्रैचर जो अमरीकी प्रशासन की पूर्ण वफादार मानी जाती थी, यह कहकर हट गयी कि रूस हमारा पड़ोसी है और हम उससे अच्छे सम्बन्ध बनाना चाहते हैं। पश्चिमी जर्मनी का यह रहा है कि पिछले अमरीकी विदेशमन्त्री एलेक्जेण्डर हेग जब इस आशा से बान पहुँचे कि स्वागत होगा, तो उनके विरोध में लाखों लोगों का प्रदर्शन उनके सामने था। वे लोग अमरीका के खिलाफ और शान्ति के पक्ष में नारे लगा रहे थे। पश्चिमी जर्मनी और ब्रिटेन खास वफादारों में थे। रूस से गैस पाइप लाइन के मामले में लगभग पूरा यूरोप अमरीका के खिलाफ है। अमरीका कहता है कि रूसी गैस मत लो, मगर ये देश कहते हैं कि हम लेंगे, इससे हमारा फायदा है।

इधर अपने तरफ यह हाल है कि हिन्दमहासागर में सैनिक अड्डे बनाये जा रहे हैं, पाकिस्तान को हथियारों से लैस किया जा रहा है और भारत के लिए खतरा पैदा हो गया है। इस सन्दर्भ में पिछले दिनों दिल्ली में हुई शान्ति रैली को देखना चाहिए। शान्ति का आन्दोलन जो कभी कुछ बुद्धिजीवियों, वैज्ञानिकों और मानवतावादियों का आन्दोलन था, अब जन आन्दोलन हो गया है।

दूसरे महायुद्ध के बाद के आरम्भिक वर्षों में शान्ति को खतरा देखकर ब्रिटिश दार्शनिक बर्ट्रेण्ड रसेल ने शान्ति के पक्ष में कार्य करने के लिए वैज्ञानिकों और बुद्धि-जीवियों की 'कमेटी ऑफ हण्ड्रेड' बनायी थी। ये लोग शान्ति के पक्ष में जनमत बनाने की कोशिश करते रहे। पर यह कोई सुनियोजित आन्दोलन नहीं था। इसमें काफी संख्या में वामपन्थी थे। बाद में विश्व शान्ति परिषद् गठित हुई। इसमें भी

मुख्यतः दुनिया के वामपन्थी थे। पर और लोग भी इसमें थे। भारत के गाँधीवादी विचारकों में जे. सी. कमारप्पा और महेशदत्त मिश्र आरम्भ से ही इसमें शरीक थे और देश के शान्तिवादी और मानवतावादी बुद्धिजीवी इस संगठन में शामिल थे। धीरे-धीरे इसका दायरा बढ़ गया और आज यह व्यापक जन आन्दोलन हो गया है। इसे दुनिया-भर में और राष्ट्रसंघ में मान्यता प्राप्त है।

दिल्ली की इस रैली में शामिल पार्टियाँ थीं—दोनों कम्युनिस्ट पार्टियाँ, सोशलिस्ट पार्टी, डेमोक्रेटिक सोशलिस्ट पार्टी (बहुगुणा), जनवादी पार्टी (चन्द्रजीत यादव), वर्कर्स एण्ड पीजण्ट्स पार्टी। इस रैली की विलक्षणता और शालीनता की तारीफ दक्षिणपन्थी अखबारों ने भी की है।

मेरे मन में सवाल उठता है—क्या शान्ति की चिन्ता केवल वामपन्थियों की चिन्ता है? दूसरे किस दूसरी दुनिया में रहते हैं कि उन्हें इस दुनिया में शान्ति से मतलब नहीं है? हिन्दमहासागर में सैनिक अड्डे और पाकिस्तान की हथियारबन्दी क्या वामपन्थियों के लिए खतरा है? दक्षिणपन्थी लोग किसी दूसरे भारत में रहते हैं? और समाजवादी जॉर्ज फर्नांडिस वगैरह? ये तो वामपन्थी हैं। ये क्यों नहीं शान्ति और भारत की सुरक्षा के लिए चिन्तित हैं। चरणसिंह के 'के. जी. बी.' एजेण्ट बहुगुणा को तो शान्ति और भारत की सुरक्षा की चिन्ता है, मगर चरणसिंह को क्यों नहीं है? मोरारजी भाई क्या शान्ति नहीं युद्ध चाहते हैं? और भारतीय जनता पार्टी के लोग? अटलबिहारी वाजपेयी जब विदेशमन्त्री थे, तब बड़े ललककर पाकिस्तान और चीन गये थे। चीन में जब वे थे, तभी उसने वियतनाम पर हमला कर दिया था। वाजपेयी को सुब्रह्मण्यम स्वामी ने फँसाया था। क्या अटलबिहारी को शान्ति की चिन्ता नहीं है? क्यों नहीं ये सब दल और नेता भी शान्ति के लिए कोई प्रदर्शन करते? माना कि वामपन्थी दलों के साथ रैली करने में अपनी विशिष्ट 'आइडेण्टिटी' गुम जाने का डर है, तो आइडेण्टिटी समेत शान्ति के लिए प्रदर्शन कर सकते हैं। अगर यही तय कर लिया है कि अपना अस्तित्व अलग है, अपनी दुनिया अलग है, तो फिर प्रेतों से कोई अपील करना बेकार है।

डॉक्टर सुब्रह्मण्यम स्वामी इजराइल गये हैं। यात्रा शुभ हो। मगर किसलिए तीर्थयात्रा करने गये हैं। सफाई देते हैं कि मैंने इजराइली सरकार से कह दिया है कि मैं तुम्हारी लेबनान की कार्यवाही का समर्थन नहीं करता। मगर आपको उन्होंने इस मौके पर आमन्त्रित क्यों किया? या आपने अपने को इस मौके पर आमन्त्रित क्यों करवा लिया? यह कोई सद्भावना और मित्रता की यात्रा का मौका है, क्या स्वामी उन्हें डाँटेंगे? किस हैसियत से डाँटेंगे? क्या डॉक्टर स्वामी उनका उत्साहवर्द्धन करने गये हैं?

सबको सन्मति दे भगवान*

भ्रष्टाचार की बात अब करना वैसा ही है, जैसे सत्यवादी हरिश्चन्द्र की कथा सुनाना। 'सत्यवादी' हरिश्चन्द्र की कथा जितनी पुरानी है, उतनी ही पुरानी है इस देश के भ्रष्टाचार की कथा। प्राइमरी स्कूल में जब हरिश्चन्द्र की कथा पढ़ायी जाती है, तब वह नयी लगती है और चौंकाती है। वाह, कितना सत्यवादी राजा था! सपने में जिसे दान दे दिया, जागने पर उसकी खोज कराके उसे राज दे देता है। खुद चाण्डाल के यहाँ नौकरी करता है और अपने बेटे के क़फन के टैक्स के रूप में अपनी पत्नी से उसकी आधी साड़ी माँगता है। पर यही कथा जब बी. ए. के कोर्स में पढ़ाई जाय, तो छात्र कहेगा—कितने पिछड़े हुए लोग हैं ये प्रोफेसर! अरे यह कथा तो हम प्राइमरी में पढ़ चुके और साल-दर-साल दुहराते हैं। नयी कथा पढ़ाएँ या इसी कथा को नया बनायें।

इस कथा को यों बनाएँ: हरिश्चन्द्र ने सपने में एक ब्राह्मण को राज्य दान में दे दिया। सुबह उन्होंने सपने को याद किया और सोचा, यह सपनेवाला ब्राह्मण है, जिसकी नजर मेरे राज पर लगी है। यह कभी भी आकर भीख में राज्य माँग सकता है। यह किसी राजा को उकसाकर मेरे राज्य पर हमला करवा सकता है। उन्होंने मन्त्री को हुक्म दिया—पता लगाओ इस शक्ल-सूरत के ब्राह्मण का और उसे मेरे सामने हाजिर करो। वह ब्राह्मण राजा के सामने लाया जाता है। राजा उससे कहता है—क्यों रे अधम, स्वप्न में मुझे बेखबर जानकर मेरा राज्य दान में लेता है। राजा सिपाही को हुक्म देता है—इस बम्हन का सिर काट लो!

सत्यवादी की कथा इस तरह नवीन होती है। ऐसा नहीं कि वही प्राइमरी की कथा दुहराते चले जा रहे हैं। ईमानदारी इस देश में लुप्त चीज हो गयी है। बेईमानी इतनी पुरानी बात हो गयी है कि अब कोई बेईमानी की बात करे, तो लगता है, बड़ा पिछड़ा हुआ आदमी है। अब कौन-सी बात चौंकाती है? अखबार में कभी-कभी समाचार छपता है—'ईमानदारी अभी जिन्दा है!' मजमून होता है—एक रिक्शावाला सवारी को छोड़कर लौटा, तो उसने देखा कि रिक्शे में नोटों से भरा एक बटुआ पड़ा है। वह तुरन्त उन सज्जन के घर गया, जिन्हें उसने अभी छोड़ा था और उनका बटुआ वापस किया। इस जमाने में भी ईमानदारी जिन्दा है।

यह समाचार कभी नहीं छपता कि एक सज्जन ने डेढ़ रुपये में रिक्शा ठहराया, मगर सिर्फ एक रुपया रिक्शेवाले को दिया। उसने 50 पैसे और माँगें, तो उसे पीटकर भगा दिया।

सन् 1947 के बाद 4-5 साल तक भ्रष्टाचार की बात पिछड़ी नहीं लगती थी। वह चौंकाती थी, उस पर क्रोध आता था। मगर आज मैं भ्रष्टाचार की बात

* करण्ट, 30 अक्तूबर, 1982

करूँ तो लोग कहेंगे – यह परसाई समय से पिछड़ गया है। यह पुरानी बात करता है। इसे नयी बात नहीं सूझती क्या? नयी बात कभी-कभी पुरानी बात में से निकलती है। अर्थव्यवस्था की तरह हमारी मिश्रित नैतिकता है। औद्योगिक विकास की तरह नैतिकता का विकास हो रहा है और नये-नये गुल खिलते हैं।

यह जो मैं हादसा बयान कर रहा हूँ, भ्रष्टाचार की नैतिकता में एक नयी बात है। ऐसा पहले कभी नहीं हुआ। व्यापारियों और सेल्सटैक्सवालों के मधुर सम्बन्ध वैदिक काल से चले आ रहे हैं। कभी इस मामले में विवाद की स्थिति नहीं आयी।

पहली बार मध्यप्रदेश के रायपुर शहर में विवाद खड़ा हो गया। जो बताया जा रहा है, वह यों है—एक सेल्सटैक्स अफसर एक व्यापारी के पास पहुँचे और उससे काफी बड़ी रकम माँगी—कई हजार। उसने देने से इनकार किया और अफवाह है कि अफसर के मुँह पर कालिख भी पोत दी। अब तक चला। व्यापारियों के संगठन ने बयान छपाया और ऊपर रिपोर्ट की कि यह अफसर बहुत भ्रष्ट है। इसे निलम्बित किया जाय और इसकी सम्पत्ति की जाँच की जाय।

याने व्यापारियों को सामान्य भ्रष्टाचारी अफसर प्रिय हैं, पर ज्यादा भ्रष्टाचारी उनमें नैतिकता जगा देता है। इधर अफसर उन अतिरिक्त अधिकारों से लैस था, जो उसे हाल ही में भ्रष्टाचार निवारण अध्यादेश (जो अब कानून बन गया है) के तहत प्राप्त हैं। व्यापारी संगठन ने शहर बन्द का नारा दिया और एक दिन सारी दूकानें बन्द रहीं। अब छत्तीसगढ़ बन्द का आह्वान किया है और पूरे छत्तीसगढ़ में बाजार एक दिन बन्द रहेंगे। यह आन्दोलन सरकारी अफसरों के भ्रष्टाचार के खिलाफ है। उधर अफसर भी संगठित संघर्ष कर रहे हैं, उन्होंने भी पूरे क्षेत्र में व्यापारियों से निपट लेने की तैयारी कर ली है।

यह इस देश में एक नयी बात है। अफसर को भ्रष्टाचारी कौन बनाता है? व्यापारी। और व्यापारी को भ्रष्टाचार करने की छूट कौन देता है? अफसर! एक पवित्र कार्य में ये दोनों लगे हैं। इनमें लड़ाई होना वैसा ही है, जैसे प्रभु के दो भक्तों में लड़ाई। प्रभु के चरणामृत को लेकर झगड़ा है यह। तूने ज्यादा चरणामृत ले लिया, तूने भोग में से ज्यादा मिठाई ले ली। व्यापारी शिकायत करते हैं कि सब अफसर भ्रष्ट हैं, मगर उन्हें भ्रष्ट तो व्यापारियों ने ही बनाया है। अब यह शिकायत करना कहाँ तक जायज है कि ये लोग भ्रष्ट हैं? वे अगर भले बने हैं तो आपने ही उन्हें भला बनाया है। अफसर भी शिकायत नहीं कर सकते। भ्रष्टाचार के तरीके व्यापारियों को अफसर ही सिखाते हैं। सेल्सटैक्स की चोरी व्यापारी एक तो अपनी प्रतिभा से करता है, दूसरे उसे अफसर अतिरिक्त शिक्षण देते हैं।

रही अफसर की सम्पत्ति की जांच। अगर अफसर के पास बहुत-सी सम्पत्ति है, तो वह दी हुई व्यापारियों की ही है। अपनी दी हुई सम्पत्ति की जाँच की माँग करना मुझे नैतिक नहीं लगता। यह तो अपनी ही सम्पत्ति की जाँच की माँग-जैसी हो गयी।

फिर सवाल यह है कि जांच कौन करे? अफसर अकेला तो खाता नहीं है। वह

नीचे भी खिलाता है और ऊपर भी खिलाता है। ऊपर जो जाँच करनेवाला है, वह भी तो खाता होगा।

मैंने एक जानकार से पूछा कि यह मामला क्या है। उसने कहा—अगर यह सही है कि अफसर ने इस समय बड़ी रकम की माँग की, तो उसे सीजन की पहचान नहीं है। अच्छे गर्म सीजन में जब खूब धन्धा चल रहा हो, तब अफसर जो माँगें, व्यापारी फौरन दे देता है, उसे बहस करने की फुरसत ही नहीं होती है। मगर इस वक्त सीजन ठण्डा है। इस ठण्डे सीजन में बड़ी रकम माँगना गलत है। अफसर ने मौसम का खयाल नहीं रखा। मौसम का खयाल नहीं रखने से नुकसान होता है। विकट ठण्ड के मौसम में कोई अगर सिर्फ बनियान पहने रहे, तो उसे निमोनिया हो जायेगा।

मेरी तो बहुत सद्भावना व्यापारियों और अफसरों के प्रति है, उनमें हमेशा से प्रेम सम्बन्ध रहे हैं। मैं इन दोनों के प्रभु से प्रार्थना करता हूँ कि दोनों पक्षों को ऐसी प्रेरणा दे कि उनमें पहले जैसे प्रेम-सम्बन्ध फिर स्थापित हो जायें—सबको सन्मति दे भगवान!

विज्ञापन-संस्कृति

'ब्लिट्ज़' के मालिक-सम्पादक आर. के. करंजिया का मैं कई कारणों से आदर करता हूँ। उनकी बढ़िया अँगरेजी भाषा, राजनैतिक समझ, साहसी पत्रकारिता, सेल्समैनशिप और शोमैनशिप। उनकी इज्जत मेरी नजर में तब और बढ़ी थी, जब ईरान के जालिम राजा 'आर्य मिहिर' रजाशाह पहलवी की तारीफ में वे विशेषांक निकालते थे। इसका पवित्र कारण आर्थिक होगा, दूसरा कारण यह कि करंजिया के पुरखे भी ईरानी थे।

मगर पिछले हफ्ते करंजिया के प्रति मेरा आदर चरम बिन्दु पर पहुँच गया, जब एक रंगीन पत्रिका में कपड़े के रंगीन विज्ञापन में मैंने करंजिया को मॉडल के रूप में खड़ा देखा। अभी तक मैं इन विज्ञापनों में कालेज के छोकरे-छोकरी को देखता था। एक बौड़म लड़का जो पढ़ने में फिसड्डी होगा, बढ़िया सूट पहने, मूर्ख मुद्रा बनाये खड़ा है और 2-3 लड़कियाँ गद्‌गद होकर कह रही हैं—आज तो कालेज के जलसे में बड़ी शान रही तुम्हारी, क्योंकि तुम ग्रेवीरा मिल के कपड़े का सूट पहने हो! उपभोक्ता संस्कृति में गधे को भी ग्वालियर रेयान की पोशाक पहनाकर

* करण्ट, 1 जनवरी, 1983

विज्ञापन में खड़ा कर सकते हैं, इन शब्दों के साथ—वाह ! यह गधा घुड़दौड़ में प्रथम आया, क्योंकि यह ग्वालियर रेयान की पोशाक पहने है।

मगर बुजुर्ग, मशहूर, गम्भीर, इज्जतदार, बुद्धिजीवी करंजिया किसी बौड़ग मॉडल की तरह कपड़े के विज्ञापन में खड़े हैं, कारण क्या है ? क्या जवानी की हविस अब पूरी हो रही है ? क्या और पैसा कमाना जरूरी था ? क्या इतना यश काफी नहीं था, जो मॉडल बनकर या सर्कस कम्पनी के रोल से बढ़ाया जा रहा है ?

कुछ कारण समझ में नहीं आता। 'पान पराग' खाकर आनन्द से मगन हुए जलाल आगा और सूट पहने सन्तुष्ट करंजिया में कोई फर्क नहीं है।

यह दूसरा विज्ञापन है, डबलपेजी रंगीन। यह 'दिग्ज़ाम' कपड़े का विज्ञापन है, जिसमें क्रिकेट खिलाड़ी नवाब पटौदी और सांसद माधवराव सिन्धिया सूट पहने बैठे हैं। ऊपर अँगरेजी में बड़े अक्षरों में छपा है—दिग्ज़ाम प्रेजेण्ट्स दी कनेसर्स ऑव दी ईयर ! 'कनेसर' यानी पारखी, गुणग्राहक। इस साल जिन्होंने दिग्ज़ाम कपड़े के गुणों को पहचाना उनमें दो प्रमुख हैं—नवाब पटौदी और माधवराव सिन्धिया। नवाब पटौदी तो खैर 'स्टार' हैं, मगर माधवराम सिन्धिया लोकसभा के सदस्य हैं। लोकसभा के सदस्य की प्रतिष्ठा है। माधवराव मन्त्रिमण्डल में जाने के उम्मीदवार हैं। एक गम्भीर माने जानेवाले सांसद कपड़े के विज्ञापन में मूढ़ मुस्कान लिये बैठे हैं। माधवराव को क्या चाहिए ? पैसा उनके पास बहुत है। प्रतिष्ठा भी है, जो अपनी माँ और आंग्रे से लड़ाई के कारण बढ़ी ही है। उनकी खूबसूरती बिना दिग्ज़ाम के कपड़े के भी प्रगट होती है। अगर सांसद और नेता पोज़ देने लगे, तो क्या होगा ? क्या जगजीवनराम चाँदनी चौक दिल्ली की ताकत की दवाओं के विज्ञापन में आ जायेंगे ? एक 'खानदानी शफाखाना' है, जो कोई 'ताकत के बादशाह' चलाते हैं। खोई हुई जवानी और ताकत मिलती है। इसके विज्ञापन में सदाबहार जगजीवनराम बैठे मुस्कुरा रहे हों तो ?

सबसे ज्यादा चौंकानेवाला विज्ञापन यह मेरे सामने है। रंगीन दो पृष्ठों का विज्ञापन। 'विमल' के कपड़ों का विज्ञापन है। इसमें सूट पहने, पगड़ी बाँधे खड़े हैं कौन ? कल्पना नहीं कर सकते। ये हैं, लेफ्टिनेण्ट जनरल जे. एस. अरोड़ा—परम विशिष्ट सेवा मेडल प्राप्त, पद्मभूषण भी। ऊपर कोने में एक चित्र है, जो वास्तविक होगा, जिसमें जनरल अरोड़ा 1971 में ढाका में जनरल नियाजी का समर्पण स्वीकार कर रहे हैं। अरोड़ा मामूली आदमी नहीं हैं। वे लेफ्टिनेण्ट जनरल रहे हैं। वे फौज के अफसर हैं। फौज का अनुशासन होता है । मर्यादा होती है। सार्वजनिक व्यवहार के नियम होते हैं। विज्ञापन में कहीं यह नहीं लिखा है कि अरोड़ा 'रिटायर्ड जनरल' हैं। अगर वे अभी सेवा में हैं, तो यह कैसी बात है कि वे एक कपड़े का विज्ञापन कर रहे हैं। क्या लेफ्टिनेण्ट जनरल-सा ऊँचा अफसर चीजों की बिक्री बढ़ाने का काम कर सकता है ? क्या सुरक्षा-विभाग से उन्हें इसकी अनुमति मिल गयी थी ? एक वीर जनरल जिसने लड़ाइयों का संचालन किया, जिसे अनेक सम्मान मिले, वह सिविलियन पोशाक में 'विमल सूटिंग' का विज्ञापन

करता है। जनरल, कमीशन एजेण्ट या हॉकर का काम कैसे करने लगा ? कल अगर इस कपड़े की पोल खुले, इसकी क्वालिटी स्टैण्डर्ड से नीची पायी जाय, तो जनरल अरोड़ा एक फरेब में भागीदार सिद्ध होंगे। अगर सरदारजी जनरल को आमदनी बढ़ानी थी, तो बीवी के नाम से डेरी खोल लेते। व्यापार में बहुत कुछ झूठ, फरेब और धोखा होता है। अगर फौज के जनरल व्यापार के फरेब में शामिल होने लगे तो सेना की विश्वसनीयता का क्या होगा ? जो जनरल कपड़े का विज्ञापन करके पैसा लेता है, वह पैसे के लिए कुछ और भी कर सकता है।

अगर जनरल अरोड़ा सेवा में हों तो उनसे कैफियत तलब करके उन पर कार्यवाही करना चाहिए। अगर वे 'रिटायर' हो गये हैं, तो भी उनसे पूछताछ करना चाहिए और इस सम्बन्ध में रक्षा मन्त्रालय को कठोर नियम बना देना चाहिए। जनरल की पेंशन बन्द कर देना चाहिए। अगर बड़े-बड़े लोग जिनकी अपने क्षेत्र में सेवाओं से ख्याति है इस तरह विज्ञापन के लिए अपने को बेचने लगें तो क्या होगा ? इसका कोई अन्त नहीं। कल मोरारजी भाई 'गार्लिक पर्ल्स' लहसुन के कैप्स्यूल के विज्ञापन में होंगे---मेरे स्वास्थ्य और दीर्घ जीवन का रहस्य---ये लहसुन की गोलियाँ ! इन्दिरा गाँधी 'रुद्राक्ष' के विज्ञापन में होंगी। चरणसिंह किस चीज के विज्ञापन में होंगे, वे 'जिन्दा तिलस्मात' के विज्ञापन में मुस्कुराते होंगे। राजनारायण होंगे 'बुलवर्कर' के विज्ञापन में। आगे शंकराचार्य होंगे विज्ञापन में कि इस कम्पनी का पीताम्बर मैं पहनता हूँ, इसीलिए शंकराचार्य हूँ। किसी दिन कबीरदास विज्ञापन में होंगे--'जो कपड़ा मैं बनाता हूँ, वह नहीं पहनता। मैं मफतलाल के कपड़े का अँगरखा पहनता हूँ।'

दत्ता सामन्त की नौ महीने की हड़ताल के बावजूद इन महीनों में बढ़िया कपड़ों के खूब विज्ञापन हो रहे हैं और बिक्री भी खूब है। जानकार कहते हैं कि पुराना स्टाक ऊँची कीमतों पर निकल रहा है। उधर मिलें बन्द हैं और इधर बाजार कपड़ों से भरा है। परम्परागत विचारधारा पर आधारित संगठित प्रतिष्ठित ट्रेड यूनियन आन्दोलन की दुर्गति करके यह जो नया दत्ता सामन्त टाइप ट्रेड यूनियन नेता पैदा हुआ है, यह श्रमिक आन्दोलन की क्या गति करेगा ? दत्ता सामन्त किनके हित के लिए लड़ रहे हैं ? अगर देश में 50 दत्ता सामन्त हो जायें, तो क्या क्रान्ति हो जायगी ? 'मनी एण्ड माफिया' के इस श्रमिक आन्दोलन पर मैं आगे कभी लिखूंगा।

राजनीति की नौटंकी*

इधर एक छोटे जिले में नौटंकी में एक एक्टर हमेशा वीर अमरसिंह राठौर या देवता-शंकर-हनुमान का रोल करता है। वह बहुत लोकप्रिय है। लोग उसे चाय पिलाते और पान खिलाते हैं। अगर वह उठ खड़ा हो और ऐलान कर दे कि मैं 'नरसिंहपुर देशम' नाम की पार्टी बना रहा हूँ, तो क्या होगा? ऑल इण्डिया पार्टियों के नेता फौरन भागकर उसके पास आयेंगे। चरणसिंह, जॉर्ज फर्नांडिस, अटलबिहारी वाजपेयी, चन्द्रशेखर वगैरह चिल्लायेंगे— अरे, चलो भागो! नरसिंहपुर में नौटंकी का हीरो नौरंगीलाल नेता हो गया। 5-6 सीटें वहाँ विधानसभा की हैं। एक-दो हाथ लगें तो ही बहुत है। अब नौरंगीलाल हीरो बीड़ी पीते हुए बैठे हैं और ऑल इण्डिया नेता उनसे देश की समस्याओं पर चर्चा कर रहे हैं। नेता लोग कहते हैं—नौरंगीलालजी, देश की हालत इस समय बहुत खराब है। इन्दिरा गांधी ने सब चौपट कर रखा है। आर्थिक व्यवस्था बहुत खराब है। मुद्रास्फीति बढ़ रही है। 'रिसेसन' चल रहा है। इस समय आप जैसे नेता ही देश को बचा सकते हैं। हम आपके साथ हैं।

अब नौटंकी एक्टर नौरंगीलाल को न मुद्रास्फीति समझ में आती, न 'रिसेसन'! उन्हें यह समझ में नहीं आता कि वे इतने बड़े देश को कैसे बचा लेंगे। वे कैसे इन्दिरा गाँधी से टक्कर लेंगे। वे नौटंकी में तो सामनेवाले एक्टर से दहाड़कर कह लेते हैं। खबरदार, पैर आगे बढ़ाया तो तलवार घुसेड़ दूंगा, मगर सरकार से यह कैसे कहेंगे? एक सिपाही को देखकर तो घबड़ा जाते हैं।

वे ऑल इण्डिया पार्टी के नेताओं से कहते हैं—भैया, इधर एक गड़बड़ हो गयी है। फलाँ गाँव में ब्राह्मण की लड़की ठाकुर के साथ भाग गयी है। उसका पता लगाना है। ऑल इण्डिया के नेता कहते हैं—यह भी उसी इन्दिरा गाँधी की करतूत है, उसी ने ठाकुरों को इतना बढ़ावा दे रखा है कि ब्राह्मण की लड़की को भगा ले जाते हैं। हम सब आपके साथ हैं। आप बनाइए, 'नरसिंहपुर देशम' पार्टी। उसके नेता आप नौरंगीलाल। आपके नाम के आगे-पीछे कुछ होगा। चौधरी हैं न आप? तो आप चौधरी नौरंगीलाल 'नरसिंहपुर देशम' पार्टी के संस्थापक अध्यक्ष। हमारे चरणसिंह भी चौधरी हैं। अपना संयुक्त मोर्चा बना लिया जाय।

संयुक्त मोर्चा बन जाता है। चौधरी नौरंगीलाल नौटंकी के वीर ठाठ से घूमते हैं। ऑल इण्डिया नेता लोग पत्रकारों को बुलाते हैं। नौरंगीलाल पत्रकारों से कहते हैं—हम ये सब देश-विदेश की बात नहीं समझते। हम पढ़े-लिखे नहीं हैं। मगर इज्जत सबकी होती है। एक गरीब ब्राह्मण की लड़की को ठाकुर का लड़का लेकर भाग जाय। कैसा अन्याय है। हम नौटंकी में तलवार चलाते हैं, तो सड़क पर भी

* करण्ट, 8 जनवरी, 1983

चला सकते हैं।

ऑल इण्डिया नेता और पत्रकार मिलकर नौरंगीलाल को जातिवाद के खिलाफ लड़नेवाला बना देते हैं। उन्हें भ्रष्टाचार, कुशासन और इन्दिरा की तानाशाही के खिलाफ मोर्चा बनानेवाला स्थापित कर देते हैं और बेचारे नौरंगीलाल सिर्फ आल्हा पढ़ते हैं—'बड़े लड़ैया महोबेवाले : जिनके बैरी सम्मुख बैठे : तिनके जीवन को धिक्कार !'···विरोधी पार्टियाँ हिसाब लगाती हैं कि नौटंकी नेता का रुतबा इतना बढ़ गया है कि 20 सीटें तो पक्की आयेंगी। इन सीटों के बँटवारे के लिए खींचतान मचती है। शरद पवार, चरणसिंह, जॉर्ज वगैरह में नौरंगीलाल सिर्फ एकसूत्री कार्यक्रम लेकर चल रहे हैं कि उस ब्राह्मण की लड़की का पता लगाया जाय, जिसे ठाकुर भगा ले गया है।

अखिल भारतीय पार्टियों की यह हास्यास्पद दुर्गति दयनीय है। कहीं कोई बाबा, कोई तान्त्रिक, कोई पाखण्डी साधु खड़ा हो जाय, तो ऑल इण्डिया नेता उसे घेर लेंगे, उसे नेता बना लेंगे। इनका ऑल इण्डियापन तहसील में सिकुड़ जाता है। जब कोई सैद्धान्तिक आधार नहीं होता, कार्यक्रम नहीं होता, आत्मविश्वास नहीं होता, तो सयाने नेता भी फिल्मी हीरो, चमत्कारी साधु और नौटंकीवीर के चक्कर लगाते हैं और संयुक्त मोर्चा बनाते हैं।

फिल्मी राजनीति तमिलनाडु से शुरू हुई और उसकी नकल पर आन्ध्र में एन. टी. रामाराव, एम. जी. रामचन्द्रन बनने का ख्वाब देख रहे हैं। अन्ना द्रविड़ मुनेत्र कज़गम का तो फिर भी कोई सिद्धान्त है, कार्यक्रम है, काम है। करुणानिधि की डी. एम. के. भी ऐसी ही है। इनके आदि नेता ई. वी. रामस्वामी नाइकर—बड़े उग्र सुधारक थे। वे क्रान्ति के बाद रूस गये थे और उन्होंने लौटकर कहा था कि यह अहिंसा वगैरह कुछ नहीं—सीधा सशक्त वर्ग-संघर्ष होना चाहिए। वे ब्राह्मण-विरोधी, उत्तर भारत-विरोधी, हिन्दी-विरोधी और आर्य-विरोधी थे। वे राम और सीता के विरोधी थे। इनकी खिल्ली उड़ाते थे। मगर उनकी हास्यास्पद ट्रेजडी यह थी कि वे अपने नाम से 'राम' नहीं निकाल सके। वे रामस्वामी ही रहे। रावणस्वामी नहीं हुए।

एम. जी. रामचन्द्रन ने सारे सिद्धान्तों को झाड़-बुहारकर राजनीति को शुद्ध फिल्मी कर दिया। वह एक खूबसूरत हीरो है, हमेशा गरीबों-पीड़ितों का पक्ष लेता है। अत्याचारियों से लड़ता है और लोगों को खुशहाल करता है। जब वह फिल्म में ऐसा करता है, तो वास्तविक राजनैतिक जीवन में भी ऐसा ही करेगा।

फिल्मी राजनीति के नये 'हीरो' आन्ध्र के एन. टी. रामाराव हैं। ये फिल्म में देवता बनते हैं। देवता पूजे जाते हैं, भक्तगण आरती करते हैं, देवता जनता का कल्याण करते हैं। अगर रामाराव फिल्म में देवता के रोल में जनकल्याण करते हैं, तो राजनीति में भी करेंगे। यह विश्वास देवता और भक्तों, दोनों में है। रामाराव आन्ध्र के रामचन्द्रन बनना चाहते हैं। मगर सीधे आदमी हैं। मैंने उनका प्रेस इण्टरव्यू पढ़ा है। सेट पर बिना स्क्रिप्ट के जैसे हीरो अटपटा बोलता है, वैसा ही वे पत्रकारों

से बोले। न स्क्रिप्ट है न डाइरेक्टर। बेचारा हीरो करे क्या? बेचारा हमारे नौटंकी के नौरंगीलाल सरीखा है, जो ब्राह्मण की भगाई लड़की का पता अभी तक नहीं लगा पाया। मगर ऑल इण्डिया नेता घेरे हैं। एक्टर रामाराव, संयुक्त मोर्चा बनाओ इन्दिरा कांग्रेस के खिलाफ। वैसे इन्दिराजी भी कम फिल्मी नहीं हैं, वे तमिलनाडु के दूसरे फिल्मी करुणानिधि को समेटे हुए हैं।

ये सब नेता क्षेत्रीयता की निन्दा करते हैं। जातिवाद, भाषावाद के खिलाफ हैं। मगर किसी कस्बे में कोई बाबा राजनीति में खड़ा हो जाय, तो उसे ये ऑल इण्डिया नेता घेर लेते हैं।

एक वर्ष बड़े ही आनन्द से गुजर गया है···मेरे सामने पड़े पुराने अखबार में एक फोटो है, जिसमें बाल ठाकरे, जॉर्ज फर्नांडिस और शरद पवार मंच पर बैठे हैं। धन्य है दत्ता सामन्त और शरद जोशी को!

गौ माता की सेवा में डिस्को संगीत*

धर्म पर लगातार आघात हो रहे हैं, मगर पता नहीं क्यों 'नरवर धीर धर्म धुर धारी' ज्ञानी, धर्म और साम्प्रदायिकता की राजनीतिवाले कुछ नहीं कर रहे हैं और न परम मूढ़ ध्यान दे रहे हैं। मुझे आशंका है कि धर्म की ऐसी दुर्गति हुई, तो जल्दी धर्म स्थापना के लिए प्रभु का अवतार होगा।

और तब अपने-पराये, अच्छे-बुरे सब मारे जायेंगे, जैसा कृष्णावतार में हुआ था।

अब यही देखिए। बम्बई में सरकारी डेरी है, वहाँ गौमाताएँ हैं। उन्हें 'डिस्को' संगीत सुनाया जाता है, जिससे वे अधिक दूध देती हैं। डिस्को पाश्चात्य म्लेच्छ संस्कृति की चीज है। हमारी पवित्र गौ माता तो कृष्ण की मुरली सुनकर दूध देती थी। क्या इस देश में मुरली बजानेवाले नहीं हैं, जो गौ माता को 'डिस्को' सुनना पड़ता है? यह हमारी संस्कृति पर पाश्चात्य संस्कृति का हमला है। बात इतनी ही नहीं है। गौमाता ज्यादा दूध तब देती है, जब उसे नाज़िया हसन का संगीत सुनाया जाता है। नाज़िया हसन मुसलमान हैं। मुसलमान का संगीत सुनकर हमारी गौमाता ज्यादा दूध दे, यह शर्म की बात है। पाप की हद है। मगर हमारा कोई नेता कुछ नहीं बोल रहा है, न कर रहा है। इस मामले में आन्दोलन हो सकता है, दंगे की भी सुनहरी सम्भावना है।

* करण्ट, 15 जनवरी, 1983

मगर न विश्वहिन्दू परिषद् कुछ कर रही है, न बालासाहब देवरस कुछ बोल रहे हैं। अटलबिहारी वाजपेयी ने 1965 में गौमाता के लिए संसद पर हमला करवा दिया था। वे भी चुप हैं। पुरी के शंकराचार्य को तो बोलना था। लगता है सब पंजाब में उलझे हैं। सबको सन्त लोंगोवाल और सन्त जरनैलसिंह भिण्डरावाले ने उलझाये रखा है। मैं ही हूँ जो भक्तिभाव से कहता हूँ—गौमाता तू भी 'इम्पोर्टेड' के चक्कर में पड़ गयी। तू भी 'सेकुलर' हो गयी।

यह सीजन इतनी धार्मिक, राजनैतिक सम्भावना से भरा था, मगर इसका कोई उपयोग नहीं हुआ। दशहरा और मुहर्रम एक ही दिन पड़े, जिस दिन दुर्गा-प्रतिमाओं का विसर्जन, उसी दिन ताजियों का विसर्जन। या अली! और जय दुर्गा! —एक साथ! देशव्यापी दंगों के शुभ नक्षत्र मिले थे। मगर कहीं कुछ नहीं। धनुष जब कोई नहीं उठा सका, तो राजा जनक ने कहा—वीर विहीन मही मैं जानी! मेरा शहर बहुत जानदार है। यहाँ दंगों की दीर्घकालीन उज्ज्वल परम्परा है। एक ही मार्ग से दुर्गा-प्रतिमाएँ निकलती हैं और ताजिये भी। सुन्दर सुयोग था, मगर पूरी शान्ति रही। इसके लिए मैं किसे धिक्कार दूँ?

जिला प्रशासन को, पुलिस को, नेताओं को या नागरिकों को, जिनमें साम्प्रदायिक सद्भावना इस शर्मनाक हद तक आ गयी है।

मगर इस शहर में दूसरा चमत्कार हुआ। दुर्गा-प्रतिमाएँ नर्मदा नदी में विसर्जित की जाती हैं। कागज और लुगदी की प्रतिमा बह जाती है और गल जाती है। भारी प्रतिमा डूब जाती है। इस बार देखा गया कि पाटन की प्रतिमा का विसर्जन तो हुआ, मगर दूसरे दिन देखा कि दुर्गाजी चट्टानों के बीच सीधी खड़ी हैं। आसपास जल बह रहा है। दैवी चमत्कार, दुर्गा की महिमा! जल में सीधी खड़ी हो गयी और भीड़, अपार भीड़! भक्तों की भीड़, भजन-कीर्तन! दर्शनार्थी उमड़ रहे हैं। इधर हवन हो रहा है, उधर रम और ठर्रे की बोतलें खुल रही हैं। इधर भजन हो रहे हैं, उधर 'ट्विस्ट' नाच हो रहा है। अपूर्व भीड़ और हंगामा। पुलिस बार-बार पसीना पोंछती है। पाकिटमार, चोर, आवारा, अपराधी दुर्गा की कृपा से कर्मकार्य में लगे हैं। और दुर्गा खड़ी-खड़ी मुस्कुरा रही है। पण्डितों की पंचायतें बैठी हैं कि प्रतिमा का अब क्या किया जाय। क्या देवी को अनन्त काल तक खड़ी रहने दें। शासन की चिन्ता है कि अगर देवी ऐसे ही खड़ी रही तो चौबीस घण्टे अनन्त काल तक यहाँ पुलिस फोर्स रखनी पड़ेगी। दुर्गा कहीं खड़ी रही तो मन्त्रिमण्डल का राजनैतिक भविष्य क्या होगा।

5-5 रुपये में नारियल बिकता था। एक रुपये का एक समोसा, डेढ़ रुपया कप चाय!

दुर्गा को आखिर यह क्या सूझी? हुआ यह था कि लकड़ी के पटिये पर प्रतिमा खड़ी थी। वह बही तो पटिया चट्टानों के बीच फँस गया। पीछे से जोर से पानी का रेला आया तो उसके जोर से प्रतिमा खड़ी हो गयी। दो दिन बाद प्रतिमा को दोबारा विसर्जित कर दिया गया।

बढ़िया मौका था, जब नारा दे दिया जाता कि धर्म-विरोधियों ने यह हरकत की है। धर्म की जय हो! आखिर 1985 के चुनावों की तैयारी भी तो करना है। मगर धिक्कार है, कुछ नहीं हुआ।

परम्परा से भाग्यवादी, चमत्कार विश्वासी, वैज्ञानिक दृष्टि से हीन हमारे इस, अति प्राचीन समाज में हर कुछ अलौकिक होकर पुजने लगता है। निराकार ब्रह्म से लेकर प्रेत तक की पूजा होती है। बहुत साल पहले उड़ीसा में अंगुल में एक 10-12 साल के लड़के को चमत्कारी बना दिया गया था। वह रोग की दवा बाँटता था। पत्रकारों ने खूब प्रचार किया। ट्रान्सपोर्टवाले, दूकानदार, प्रशासन अधिकारी सब इस प्रचार में शामिल थे।

महिषासुर मर्दिनी दुर्गा की बात हम कर रहे हैं। मैंने अपने वामपन्थी मित्रों से कहा जिस मनीषी ने दुर्गा की कल्पना की होगी, वह मार्क्सवादी होगा। दुर्गा असुरों का याने समाज के अत्याचारी शोषकों का दमन करती थी। महिषासुर को मारने की ताकत किसी एक देवता में नहीं थी, तब सब देवताओं ने अपनी-अपनी शक्ति दुर्गा को दी। इस समूहशक्ति से दुर्गा ने महिषासुर को मारा। शोषितों को यह सिखाया जा सकता है कि तुम अलग-अलग असुर शोषक से नहीं लड़ सकते। अपनी-अपनी शक्ति संगठन को दो और इस समूह शक्ति से महिषासुरों का नाश करो।

ईसा और गाँधी*

क्षमा, करुणा और प्रेम के मसीहा ईसा, अपनी सलीब खुद ढोकर उस पर चढ़नेवाले ईसा ने कहा—'व्हाट यू डू अनटू दिस लास्ट आव दीज़ माई ब्रदरन, यू डू अनटू मी।' 'अनटू दिस लास्ट' पुस्तक रस्किन ने लिखी, जिससे गाँधीजी प्रभावित हुए और उसका अनुवाद किया। 'अनटू दिस लास्ट' से 'अन्त्योदय' और 'सर्वोदय' का जन्म हुआ, जो आगे चलकर राष्ट्रीय पाखण्ड में उदात्त होकर 'स्वयमोदय' बन गये। गाँधीजी परम वैष्णव थे। वैष्णव करुणा की बराबर सिर्फ ईसाई करुणा है। वैष्णव जन तो तेणे कहिये, जे पीर पराई जाणै रे—नरसी मेहता ने गाया। गाँधीजी की मण्डली भी गाती थी। ईसा का गरीबों से प्यार गाँधीजी की तरह ही था—'ब्लेसेड आर दी पूअर फार दे विल इनहेरिट दी किंगडम ऑव गाड।' मगर गरीब अगर 'धन्य' होकर रह जाते तो कभी भी ईश्वरीय राज के अधिकारी नहीं होते। यह कार्ल मार्क्स

* करण्ट, 29 जनवरी, 1983

ने बताया कि गरीब धन्य हो, मगर गरीबो धन्य नहीं है। गरीबों का ईश्वरीय राज्य पर अधिकार क्षमा से नहीं, संघर्ष से होगा और ईसा ने जिस ईश्वरीय राज्य की आशा गरीबों को दी थी, वह समाजवादी देशों में पूरी हो रही है। मगर ईसा के सत्य हुए वचन से पोप नफरत करते हैं, पादरी डरते हैं और मदर टेरेसा 'सफरिंग' न होने से अपनी निरर्थकता का बोध करती हैं।

ईसा का जन्म-दिन, ईसा के जन्म के इलाके में बम के धड़ाकों के साथ मनाया गया और ईसा की करुणा से प्रभावित परम वैष्णव गाँधीजी के गुजरात, बड़ौदा में साम्प्रदायिक आग, लूट और हत्या से।

जब यह कालम छपेगा, तब तक शायद बड़ौदा में शान्ति हो जाय या अगले दंगे की योजना बन रही हो। इस देश में साम्प्रदायिक दंगे का उन्माद मिर्गी के फिट की तरह कुछ शहरों में आता रहता है। अलीगढ़, मुरादाबाद, मेरठ और अब त्रिवेन्द्रम वगैरह में। मिर्गी के फिटग्रस्त को जूता सुंघाया जाता है, जिससे वह होश में आ जाता है। मगर इन शहरों में साम्प्रदायिक दंगा करानेवाले नेताओं, रहनुमाओं को आज तक जूता नहीं सुंघाया गया। ये मिर्गी के स्थायी फिट के आनन्द में रहते हैं।

बड़ौदा में इतिहास बना, इस इतिहास का जिक्र अभी क्या, सौ साल बाद भी किया जायगा और सबक सीखे जायेंगे। बड़ौदा में दंगा 18 महीनों से हो रहा है। यह सामुदायिक विकास जैसा चला या क्रान्ति की निरन्तरता जैसा अमल हुआ। इस बीच दो गाँधी जन्म-दिवस और एक निर्वाण-दिवस मन गये।

एटनबरो की 'गाँधी' फिल्म बन गयी और दिखा भी दी गयी। 'रघुपति राघव राजाराम' और 'ईश्वर अल्ला तेरे नाम' गा लिया गया। 'सबको सन्मति दे भगवान' भी गाया गया, जिससे दुर्गति आयी। भजन भी दो नम्बरी हो गये। जहाँ नेता, व्यापारी, शासक, धर्मगुरु, समाज सेवक सब दो नम्बरी हो गये, वहाँ भगवान एक नम्बरी रहकर क्या अपनी दुर्गति करायें? क्या ईमानदार अफसर की तरह जंगली इलाके में तबादले का वनवास भोगें? भगवान भी दो नम्बरी हो गया।

बड़ौदा हमारी राष्ट्रीय शर्म का स्मारक हो गया। बड़ौदा भारत का सबसे बड़ा आकर्षक पर्यटन केन्द्र हो गया। ताजमहल पिट गया, अजन्ता-एलोरा को शर्म आने लगी, खजुराहो की नग्न मूर्तियों ने शर्म के मारे कपड़े पहन लिये। पर्यटकों के लिए ये कोई आकर्षण नहीं रहे, राष्ट्रीय उपलब्धियाँ भी भिलाई, दुर्गापुर, राँची, की एच. एम. टी., भोपाल का हैवी इलेक्ट्रिकल्स, बंगलूर का अन्तरिक्ष अनुसन्धान केन्द्र, भाखड़ा नंगल आदि नहीं रहे। राष्ट्रीय उपलब्धि बड़ौदा का 18 माही दंगा हुआ। विदेशी राष्ट्राध्यक्ष और नेता आते हैं, तो उन्हें दिल्ली से आगरा भेजते हैं, ताजमहल देखने के लिए और भेजते हैं भाखड़ा नंगल। उन्हें अब दिल्ली से सीधे बड़ौदा भेजना चाहिए। वे हमारे राष्ट्रीय गौरव को नहीं, राष्ट्रीय शर्म को देखें। भारत का पर्यटन विभाग विज्ञापन प्रसारित करे—'विजिट इण्डिया, सी दी ग्रेटेस्ट वण्डर आव वर्ल्ड बड़ौदा! ए सिटी इन रायट फार 20 मन्थ्स कण्टीन्यूअसली, ए सिटी इन महात्मा गाँधीज़ गुजरात, ए सिटी इन रायट्स फार 20 मन्थ्स विथ स्टेट एण्ड सेण्ट्रल

गवर्नमेण्ट्स रूलिंग ब्लिसफुली। नेशनल इण्टीग्रेशन कौन्सिल रोस्टिंग···' ऐसा विज्ञापन करें। लाखों विदेशी पर्यटक आयेंगे—'इण्डिया ए लैण्ड ऑव वर्ल्ड' के विश्वासवाले। अरबों डालर और पाउण्ड मिलेंगे।

माधवसिंह सोलंकी जानते थे कि बड़ौदा में महान् पर्यटन आकर्षण की सम्भावनाएँ हैं। तभी उन्होंने पहले गृहमन्त्री सेठी को यह कहकर आने से मना किया कि अभी हम आपके दौरे का इन्तजाम नहीं कर सकते। आखिर सेठी एक महत्त्वपूर्ण पर्यटक थे, जो बड़ौदा का सौन्दर्य देखने आ रहे थे।

पुलिस और सामान्य प्रशासन के अफसरों को तरक्की मिले और वे पद्मश्री से विभूषित किये जायें। माधवसिंह सोलंकी को 'भारत रत्न' की उपाधि मिले। उन सब कांग्रेसियों को पद्मविभूषित किया जाय, जो शान्ति स्थापना करके एक-दूसरे की टाँग खींच रहे थे। भारतीय जनता पार्टी के गुजरात अध्यक्ष को गुजरात स्टेट का डिक्टेटर बना दिया जाय !

शायद हजारवीं बार जाँच होगी कि दंगा क्यों हुआ। फाइलें बढ़ाना है न सचिवालय में। जितनी जाँच कमेटियों, कमीशनों और शासकीय मशीनरी की जाँच-फाइलें बढ़ रही हैं, उतनी ही साम्प्रदायिकता बढ़ रही है। अब सैयद शहाबुद्दीन 45 मुस्लिम संसद-सदस्यों को लेकर मुसलमानों की अलग से रक्षा करने पर उतारू हैं, तो उधर बालासाहब देवरस अलग से हिन्दुओं की रक्षा करने को उतावले हैं।

बड़ौदा में दो गुट हैं—एक गुट हिन्दुओं का, दूसरा मुसलमानों का। दोनों में झगड़ा हुआ, मार-पीट हुई। इससे इस्लाम खतरे में पड़ गया और हिन्दू धर्म का नाश होने लगा। धार्मिक उन्माद फैल गया। खुदा गैरकानूनी शराब की बोतल में रहते हैं और भगवान विष्णु थककर क्षीरसागर में नहीं अवैध मदिरा-सागर में विश्राम करते हैं।

भ्रष्टाचार-वितरण का कार्यक्रम*

भगवान की कृपा से डिप्टी लौकिक भगवान रामाराव की सरकार स्वर्ग-सुख प्रजा को उपलब्ध कराने में सफल हो रही होगी, साधुओं का परित्राण हो रहा होगा, दुष्कृत्य करनेवालों का विनाश हो रहा होगा, धर्म की स्थापना हो रही होगी—क्योंकि इसी के लिए 'सम्भवामि युगे-युगे···' ऐसा गीता में कृष्ण ने कहा है।

* करण्ठ, 5 फरवरी, 1983

रामाराव के वचन के अनुसार दो रुपये किलो चावल मिलने लगा होगा, हालांकि केन्द्र की 'इशू प्राइस' ही दो रुपये से ऊपर है। यानी भगवान के नये कर लगे होंगे। यह भी शुभ है।

अब बात, भ्रष्टाचार से मुक्त सरकार 'देशम्' को देने की। इसमें इन्दिराजी ने शक पैदा कर दिया है। वे कहती हैं कि तेलुगुदेशम् में वे लोग विधायक चुने गये हैं, जिन्हें हमारी पार्टी से भ्रष्टाचार के आरोप में निकाला गया था। इनमें से चार मन्त्री बनाये गये। यानी, इन्दिराजी के अनुसार, भ्रष्टाचारहीन सरकार का शुभारम्भ चार भ्रष्ट मन्त्री बनाने से हो गया। यह भी शुभ है।

अगर इन्दिराजी की बात आगे बढ़ायी जाय, तो जनता पार्टी, लोकदल (दोनों), लोकतान्त्रिक समाजवादी दल (बहुगुणा), जनवादी पार्टी (चन्द्रजीत यादव), कांग्रेस जे (जगजीवनराम)---इनमें से किसी की भी या मिली-जुली सरकार बने, वह भ्रष्ट होगी, क्योंकि इन सबमें भूतपूर्व कांग्रेसी हैं, जो इन्दिराजी के अनुसार भ्रष्टाचार के आरोप में कांग्रेस से निकाले गये थे। कांग्रेस ने समाजवादी कार्यक्रम के अन्तर्गत एक ही बुनियादी काम किया कि अपना जमा किया हुआ भ्रष्टाचार सब पार्टियों को बाँट दिया। एकाधिकार समाप्ति की दिशा में भ्रष्टाचार-वितरण एकमात्र महत्त्वपूर्ण कार्य है।

इन पार्टियों से तो भ्रष्टाचारहीन सरकार की कोई आशा नहीं है, बची कम्युनिस्ट पार्टियाँ और भारतीय जनता पार्टी, जिनमें कांग्रेस से भ्रष्टाचार लेकर गये हुए लोग नहीं हैं। बंगाल और त्रिपुरा में कम्युनिस्ट सरकारें हैं। केरल में भी कम्युनिस्ट सरकारें रही हैं। इन पर भ्रष्टाचार का आरोप किसी ने नहीं लगाया, दूसरी शिकायतें जरूर कीं। जैसे यह कि बंगाल की वामपन्थी सरकार मार्क्सवाद का प्रचार करती है—गोया कम्युनिस्टों को पूंजीवाद और हिन्दू राष्ट्र का प्रचार करना चाहिए। इसी तरह जहाँ भारतीय जनता पार्टी की सरकार हो, उसे साम्य-वाद का प्रचार करना चाहिए। अब बची भारतीय जनता पार्टी, यानी जनसंघ, यानी राष्ट्रीय स्वयंसेवक संघ; इससे भ्रष्टाचारविहीन सरकार देने की बड़ी आशा है।

मगर 1977 से 1980 तक सत्ता में रहकर 3 सालों में ही जनसंघ ने कांग्रेस के 20 सालों के पुण्य को धूल में मिला दिया। भ्रष्टाचार में इन लोगों ने कांग्रेस को चूना लगा दिया, नीचा दिखा दिया। कांग्रेस को शर्म से मुह छिपाना पड़ा। इन्होंने बता दिया कि कांग्रेस के पास अगर भ्रष्टाचार के कुण्ड हैं, जिनसे नहरें निकलती हैं और वह अगर कुण्ड से बाल्टी द्वारा भ्रष्टाचार का पानी निकालती है, तो हम नहरों से भ्रष्टाचार सींचते हैं। इनमें भी श्रेष्ठतम वे रहे, भ्रष्टाचार में, जो संघ की शाखा से 'चरित्र' का शिक्षण लेकर आये थे। यह संस्कृति का शुभ लक्षण है। मैंने संघ के एक नेता से कहा—आप लोग शाखा में युवकों का चरित्र निर्माण करने का दावा करते हो, मगर ये युवक जब दूकान पर बैठते हैं या नौकरी में जाते हैं, तो भ्रष्टाचार क्यों करते हैं? उन्होंने ईमानदारी से जवाब दिया---क्या किया

जाय ? व्यवस्था ही ऐसी है। मैंने कहा—भाई सा'ब, ठीक यही बात कार्ल मार्क्स कहता है। बात निकल पड़ी, तो बता दूँ। भारतीय मजदूर संघ के अध्यक्ष दत्तोपन्त ठेंगड़े ने एक लेख में लिखा है—पण्डित दीनदयाल उपाध्याय की तरह ही कार्ल मार्क्स भी एक चिन्तक थे। तरह ही ! इससे अच्छा मजाक 1982 में कोई और नहीं हुआ। बहुत विनोदी हैं—ठेंगड़ेजी !

कर्नाटक में भगवान का अवतार नहीं हुआ। इसलिए जो भगवान के भरोसे होगा, सो होगा। भगवान ने भजनलाल को सलाह के लिए बुलाया है, इतना मुझे मालूम है। रामकृष्ण हेगड़े जनता में विलीन क्रान्ति रंगा पार्टी के नेता हैं। मगर जनता आलाकमान में डॉक्टर सुब्रह्मण्यम स्वामी उनके खिलाफ हैं। बंगारप्पा मुख्यमन्त्री बनना चाहते थे। वे नहीं बने। वे मन्त्रिमण्डल के बाहर रहकर हेगड़े मन्त्रिमण्डल को समर्थन देंगे। इस समर्थन का प्रमाण भी मिल गया। हेगड़े-समर्थक बंगारप्पा से प्रेम-चर्चा करने जा रहे थे कि रास्ते में उन्हें बंगारप्पा-समर्थकों ने पीट दिया। सहयोग का यह रूप चल रहा है, सब अनित्य है। 23 निर्दलीय हैं—एक-एक निर्दलीय सवा लाख के बराबर होता है। 'वाह गुरुजी दी फतह' होती है, सवा लाख रुपयों में। हो सकता है कि क्रान्ति रंगा पार्टी जनता पार्टी के कण्ठ में से बाहर कूद पड़े—अभी वह पेट में नहीं गयी है, जिससे पचा ली जाय। हो सकता है, महान् दर्शन भजनलालवाद चल जाय और भजनलाली नैतिक शास्त्र काम करने लगे। निर्दलीय खरीद लिये जायें।

कांग्रेसी 81 हैं ही। बंगारप्पा और उनके समर्थक आखिर बाहर गये हुए कांग्रेसी ही तो हैं। इन्दिराजी के सिद्धान्त के हिसाब से जो कांग्रेसी पार्टी छोड़कर बाहर जाता है, वह भ्रष्टाचारी होने के कारण कांग्रेस से निकाला हुआ माना जाता है। यह भ्रष्टाचारी जिस पार्टी में गया है, उससे धोखा करके 'डबल' भ्रष्टाचारी हो जाता है। तब इन्दिराजी के लिए वह सदाचारी हो जाता है और कांग्रेस में सम्मानपूर्वक ले लिया जाता है और मन्त्री बना दिया जाता है। जब आप यह पढ़ रहे हों, तब तक शायद ऐसा न भी हो, पर मेरा अनुमान है कि जो भी होगा, छह महीने बाद ही होगा।

दूसरा तत्त्व है—कांग्रेस का निस्वार्थ सेवक, इन्दिराजी का सिपाही, इन्दिराजी के हाथ मजबूत करनेवाला। जब इन्दिराजी के हाथ खुद बहुत मजबूत होते हैं, तब यह निस्वार्थ सेवक अपनी आखिरी अंगुली उनके हाथ से छुआ देता है। जब इन्दिराजी के हाथ कमजोर हो जाते हैं, तब यह निस्वार्थ सेवक अपने हाथ बचाकर भागता है और उनके दुश्मन से हाथ मिला लेता है। निस्वार्थ सेवक से खतरनाक कोई और नहीं होता। पार्टी को मजबूत रखने के लिए स्वार्थी सेवक ही अच्छे होते हैं। ये अपने नेता को लेकर हर माह दिल्ली जाते हैं। इन्दिराजी से मिलते हैं और प्रदेश की खराब हालत बताकर कहते हैं—आप वर्तमान मन्त्रिमण्डल को बर्खास्त करके उन्हें पार्टी के निस्वार्थ सेवक बना दीजिए। हम निस्वार्थ सेवा से ऊब चुके। अब दूसरों को यह सम्मान दीजिए। हम कब तक आपके सिपाही रहें, अब तो हमें

हवलदार बनाइए। ये निस्वार्थ सेवक किसी सरकार को टिकने नहीं देते। कर्नाटक में कांग्रेस के निस्वार्थ सेवक काफी हो गये हैं। इन्दिराजी को इन्हें सँभालना पड़ेगा।

एक सफदरजंग में इंका का गीताज्ञान*

दक्षिण में कांग्रेस पार्टी की हार के बाद ताजा हाल यह है कि 'पार्टी माँ' की मौत पर भाई एक-दूसरे के गले लिपटकर रो रहे हैं—अरी मैया! तू एकदम हमें छोड़ गयी। कुछ बीमारी का भी पता नहीं चला। अरे भैया लोगों, हम सब अनाथ हो गये। हमारी माँ नहीं रही। अब हमारा क्या होगा? यह विलाप-मुहूर्त ही कांग्रेस की एकता का क्षण होता है। अपूर्व एकता—लाश के आसपास! मगर दूसरे ही क्षण वे भाई एक-दूसरे को गुस्से से देखते हैं। एक भाई दूसरे से कहता है—तूने माँ को मार डाला। तूने परवाह नहीं की कि वह बीमार है। साला, मटरगस्ती में लगा रहा सत्ता पाकर। दूसरा जवाब देता है—अरे, माँ को तूने मारा। घर से पैसे लेकर उसके लिए दवा लेने निकलता था और पैसों की दारू पी जाता था। बेचारी बिना दवा से मर गयी। तू घर से निकल जा। दूसरा भाई चिल्लाता है—घर से मैं क्यों निकलूँ? तू निकल, घर पर मेरा कब्जा है।

हर राज्य में कांग्रेस के घर पर, यानी सरकार पर कब्जे के लिए भाइयों में कई सालों से झगड़ा चल रहा है। अदालत केवल एक है—सुप्रीम पोलिटिकल कोर्ट—1, सफदरजंग में। हर प्रदेश की राजधानी से मकान पर हक बतानेवाले भाई गवाह लेकर प्रधान न्यायमूर्ति इन्दिरा गाँधी अदालत में हर 15 दिन में हाजिर होते हैं। कभी 'समन' आता है, कभी बिना 'समन' चले जाते हैं। मुकदमा चलता जाता है। एक भाई के हक में फैसला हो जाता है तो दूसरे भाई मुकदमा दायर कर देते हैं। इधर मकान की हालत खराब होती जाती है। छत टूटने लगती है, दीवार गिरने लगती है, दरवाजे चोर ले जाते हैं। समझदार पड़ोसी भाइयों से कहते हैं—अरे, तुम मकान का तो कुछ खयाल करो। वह गिर रहा है। उसकी मरम्मत कराओ। भाई जवाब देते हैं—कौन मरम्मत में खर्च करे। हम मरम्मत करें और कल उस पर अदालत से दूसरे भाई का कब्जा हो जाय तो? हमें पैसा बरबाद नहीं करना है, जिसे कब्जा मिलेगा, वही मरम्मत करायेगा।

कर्नाटक और आन्ध्र में आखिर मकान गिर गया। कांग्रेसी भाई सड़क पर आ गये। कुछ इस झाड़ के नीचे खड़े हैं, कुछ उस झाड़ के नीचे और वहीं से एक-दूसरे

* करण्ट, 12 फरवरी, 1983

को गाली दे रहे हैं। कहते हैं, आन्ध्र में कांग्रेस इसलिए हारी की बार-बार मुख्यमन्त्री बदले; और कर्नाटक में इसलिए हारी कि मुख्यमन्त्री नहीं बदला।

उधर नं. 1, सफदरजंग में दो कमरे नये खुल गये हैं—एक 'विलाप-कक्ष' और दूसरा 'लात-जूता कक्ष'। हार के बाद जिन मुख्यमन्त्रियों और प्रदेश कांग्रेस के नेताओं को दिल्ली बुला लिया था, वे अभी तक घर नहीं लौटे हैं। घरवाले परेशान हैं। लापता की तलाश के विज्ञापन अखबारों में छपनेवाले हैं— घर लौट आओ। बच्चों का खयाल करो। माँ की तबीयत बहुत खराब है। हारे तो हारे। कोई तुमसे कुछ नहीं कहेगा। किराया न हो तो बिना टिकिट चले आओ। आगे बिना टिकिट चुनाव लड़ने का अभ्यास हो जायेगा।

सफदरजंग के 'विलाप-कक्ष' में कांग्रेस नेता एक-दूसरे से लिपटकर रोते हैं—भैया, 'पार्टी माँ' मर गयी। अब क्या होगा। हम एक ही माँ के जाये हैं। हम सब अनाथ हो गये। खूब विलाप होता है। बगीचे के पेड़-पौधे रोते हैं। फूल रोते हैं। घास की आँखों से आँसू टपकते हैं। सारा वातावरण मातम का है। नेता आँसू पोंछते हैं। दुख की जगह मन में घृणा और क्रोध आते हैं। अब वे 'लात-जूता कक्ष' में जाते हैं और जो रो रहे थे वे आपस में लात, जूते, घूंसे चलाते हैं। चीख-चिल्लाहट होती है। सुनकर कांग्रेस के दिल्ली में सबसे प्रमुख सचिव मूपनार आते हैं।

मूपनार वे हैं जो हर राज्य में पर्यवेक्षक बनाकर भेजे जाते हैं। राज्य में उनकी आँखों पर पट्टी बाँध दी जाती है और वे लौटकर इन्दिराजी को रिपोर्ट देते हैं कि मैंने कुछ नहीं देखा।

मूपनार कहते हैं—पार्टी माँ मरी नहीं है। अस्पताल में है। उसकी हड्डियाँ टूट गयी हैं। प्लास्टर चढ़ा है। तुम लोगों ने ठीक से माँ की सेवा की। नेता कहते हैं—सेवा करने से ही तो माँ की हड्डियाँ टूटी हैं। हम माँ के हाथ-पाँव दबा रहे थे। यह मुझसे नाराज हो गया और गुस्से में माँ के पाँव पर ऐसे जोर से दोनों हाथ मारे कि उसकी हड्डी टूट गयी। दूसरा नेता कहता है—तूने इसी तरह मेरे ऊपर गुस्सा करके माँ के हाथ पर वार किया, तो उसकी हड्डी टूट गयी, हाथ-पाँव तोड़नेवाले हम बेटे ही तो हैं।

इतने में आर. के. धवन आकर कहते हैं—आप सब लोगों को इन्दिराजी बुला रही हैं। वे इन्दिराजी के पास जाते हैं। इन्दिराजी को देखते ही ये आवाजें उठाने लगते हैं—

—भोंसले को बरखास्त कीजिए।

—बसन्त दादा पाटिल को मुख्यमन्त्री बनाइए।

—नहीं, अन्तुले को मुख्यमन्त्री बनाइए।

—अर्जुनसिंह को बहुत साल हो गये। श्यामाचरण को बनाइए।

—अर्जुनसिंह को रहने दीजिए।

—जगन्नाथ मिश्र का पाप का घड़ा भर गया। उसे हटाइए।

—जगन्नाथ मिश्र को हटाया तो बिहार का नाश हो जायगा।

—शिवचरण माथुर का जल्दी फैसला कीजिए।

इन्दिराजी ने कहा—शान्त हो जाओ। देखो, मैं रुद्राक्ष की माला पहनती हूँ। रुद्राक्ष—याने रुद्र की, याने शंकर की आँख। कौन-सी आँख? जिससे वह सब दिखता है जो साधारण दो आँखों से नहीं दिखता। मुझे वह दिखता है, जो तुम लोगों को नहीं दिखता। फिर मैं गीता पढ़ती हूँ। तुम गीता पढ़ते हो?

नेता जवाब देते हैं—जी हाँ, हम सिनेमा के गानों की गीता पढ़ते हैं…

इन्दिराजी ने कहा—मेरा मतलब है, श्रीमद्भगवद्गीता जिसमें कृष्ण ने अर्जुन को उपदेश दिया है। मैंने अभी फिर गीता पढ़ी है, उसमें से दूसरा अध्याय अभी पढ़ा है। इसमें स्थितप्रज्ञ-दर्शन है। 'स्थितप्रज्ञ' का अर्थ समाधि है और यही आदमी है, जो दिल्ली जीत सकता है।

लेकिन उन्होंने समझा, गलत समझा, कि यह आदमी दिल्ली की खटिया खड़ी कर देगा और दिल्लीवालों को चपरासी बनाकर छोड़ेगा! इसलिए दौड़ पड़े, सबके सब, इन्दिरा मैया की ओर।

एच. के. एल. भगत—पण्डित अटलबिहारी वाजपेयी को खामख़ा लिपट रहे हैं कि वे लोकसभा को छोड़ें और चुनाव के मैदान में आयें। अगर ऐसा होगा तो भगतजी उन्हें दिखा देंगे कि उनके मुकाबले वे एक मामूली-से कांग्रेसी मुसलमान को जिताकर ले आते हैं कि नहीं!

एच. के. एल. भगत कुछ ज्यादा ही हवा ले रहे हैं। उनकी पहली भूल तो यह कि उन्होंने 'मामूली' शब्द का इस्तेमाल किया और वह भी दिल्ली के मुसलमान के लिए। उन्होंने लालकिले और जामा मस्जिद की तरफ पीठ करके भाषण या बयान दिया होगा, वरना नीले चश्मे के अँधेरे में उन्हें सार्वदेशिक राजनीतिक यथार्थ की मामूली झलक तो मिल ही जाती।

जनाबे आली! दिल्लीवालों ने कांग्रेस को वोट दिया है, इन्दिरा गाँधी को वोट दिया है। जुबानदराजी के लिए नहीं, बल्कि काम करने के लिए दिया है, ताकि कांग्रेस पंजाब की समस्या का हल खोजे, असम की उलझनों को सीधा करे। भारतीय जनता पार्टी को कुछ दिन की तातील पर भेजा है, ताकि हिन्दू-सिख समुदाय के विवाद राजनीतिक रंग न पकड़ते जायें और असम में 'बाहरी लोगों' यानि कि मुसलमानों के साथ कोई ज्यादती न होने पाये। यह मुल्क सही मायनों में धर्मनिरपेक्ष उसूल का पाबन्द हो गया है। आप हमारे पण्डितजी यानी पं. अटलबिहारी वाजपेयी को व्यर्थ न ललकारें। ब्राह्मण को सताकर कोई भी आदमी इस देश में कामयाब नहीं हो सकता, हाँ! और आपको तो पूरा आदमी होने में भी अभी देर लगेगी।

और साहब! यह पण्डित अटलबिहारी वाजपेयीजी को कौन-सी कविता मार गयी कि भाजपा से इस्तीफा ही दे मारा। इस्तीफे का खेल बड़ा खतरनाक होता है। आपने देखा कि श्रीमती इन्दिरा गाँधी ने इस्तीफा देने के प्रस्ताव पर विचार

तक कभी नहीं किया। एक बार इस्तीफा दिया कि आदमी लटक जाता है। कांग्रेस के कितने मुख्यमन्त्री इस्तीफा देकर लटके हुए हैं!

भारतीय जनता पार्टी में सब-के-सब साधू-सन्त ही नहीं हैं। एक-से-एक खुर्राट नेता आपकी पार्टी में खामोश होकर प्रतीक्षा कर रहा है।

आपको इस बात से तस्कीन नहीं मिलती कि जीता-हारा कोई भी हो, लेकिन भाषण सुननेवालों की सबसे ज्यादा संख्या आपकी ही सभाओं में रही। जनता पार्टी के दिनों के कुछ नेता ऐसे तो हैं, जिन्हें सुनने कोई जाता ही नहीं। यह सोचिए कि अगर भारतीय मतदाता कर्नाटक और आन्ध्र प्रदेश से कांग्रेस की छुट्टी कर सकता है, तो वह दिल्ली से आपकी छुट्टी क्यों नहीं कर सकता! हमारे और आपके पूज्य पिता तो गरीब ब्राह्मण थे। दिल्ली का तख्त विरासत में तो हमें नहीं दे गये हैं।

आप हमारी बात मानिए। भाई लोग कहें कि इस्तीफा वापस ले लो, तो वापस ले लीजियेगा। आप अध्यक्ष रहेंगे, तो भारतीय जनता पार्टी के फिर से सत्ता में आने की सम्भावनाएँ बनी रहेंगी। वैसे भी आप विरोध करते हुए ही अच्छे लगते हैं। आपकी वाणी का ओज ललकारते हुए ही निखार पाता है। सत्ता पाकर तो आप हलुआ-पूड़ी खाने में लग जाते हैं। आप समझ गये न?

कहाँ है भारत-भाग्यविधाता ?*

गणतन्त्र दिवस, 26 जनवरी को शहर में स्वप्रेरणा से लोगों ने सजावट की थी। झण्डे लगाये थे, लाउडस्पीकरों पर राष्ट्रीय गीत हो रहे थे, द्वार बनाये गये थे, लोग आपस में गले मिल रहे थे और मेरे पड़ौसी पिकनिक पर गये थे। रात को पटाखे छूटे। रोशनी हुई। गीत-संगीत हुआ। आर्केस्ट्रा बजा। कवि-सम्मेलन हुए। मुशायरे हुए।

महँगाई, गरीबी, अभाव और संकट के बावजूद आम लोगों ने आत्म-प्रेरणा से उत्फुल्ल होकर गणतन्त्र में विश्वास प्रकट किया। इसमें राजनेताओं का कोई योग न था। चार साल पहले इसी दिन 'कस्तूरबा स्मारक' पर झण्डा कौन चढ़ाये, इस विवाद में दो नेताओं ने एक-दूसरे की टेंटरी पकड़ ली थी, पिस्तौलें निकल आयी थीं। और सैकड़ों लोग, जिन्हें प्रभावित करने की दोनों नेताओं में होड़ लगी थी, कह रहे थे—देखो, दोनों कितने चूतिये हैं! साले, आज के दिन भी झण्डा चढ़ाने को

* करण्ट, 19 फरवरी, 1983

झगड़ रहे हैं। कैसे नीच हैं!···दोनों ने कैसे ठोस मूर्खतापूर्ण टुच्चेपन से जनता का प्यार प्राप्त किया।

26 जनवरी को जब जनता उल्लास से लोकतन्त्र और गणतन्त्र में विश्वास व्यक्त करती है, तब लोंगोवाल अकालियों से विधानसभा और संसद से इस्तीफे दिलवा रहे हैं और भजनलाल हरियाणा के कांग्रेसियों से ऐसे ही इस्तीफे दिलवा रहे हैं। आसाम में दक्षिणपन्थी नेता चुनाव का बहिष्कार करके उपद्रव, आगजनी एवं हत्या करवा रहे हैं।

हुआ यह कि लोकतन्त्र के रास्ते पर आम आदमी तो आगे बढ़ गया क्योंकि उसका ध्यान चलने पर ही है, मगर नेता पीछे रह गये। वे एक-दूसरे को लत्ती मारकर गिराते हैं, फिर उठते हैं, हाथ-पाँव की चोट सहलाते हैं, एक-दूसरे पर थूकते हैं, फिर लात मार गिरते-गिराते हैं, धूल चाटते हैं—गोया वहीं लड़ते-झगड़ते भाड़ झोंक रहे हैं और जनता आगे निकल गयी है। नेता जब मंच पर खड़ा होकर कहता है—भाइयो, तुम्हें देश का निर्माण करना है, तो लोग फुसफुसाते हैं—इसलिए कि तुमने देश का नाश कर दिया है। छात्रों की सभा में नेता कहते हैं—युवको, तुम्हें चरित्रवान होना है, तो लड़के कहते हैं—इसलिए कि तुम चरित्रहीन हो और सुधर नहीं सकते। आज नेता जब उपदेश देने लगता है तो लोग कहते हैं—यह उल्लू का पट्ठा 30 साल पहले भी यही बोलता था—आज हम आजाद हैं। लड़के कहते हैं—हमारे फादर ने भी यही बेवकूफी इसके मुँह से सुनी थी। जनता बहुत आगे निकल गयी है। नेता बहुत पीछे पड़ा हुआ बेईमानी और अज्ञान के पत्थर पर सिर पटक रहा है।

इधर धर्म के क्षेत्र में काशी के भगवान विश्वनाथ त्रिशूल और ताण्डव नृत्य के बावजूद, संहार की शक्ति के बावजूद, अपने सोने की रक्षा चोरों से नहीं कर पाये। भभूत लपेटनेवाला जब सोना जोड़ने लगता है, तब यही होता है। उससे बड़े चोर हाथ साफ कर देते हैं। आखिर उत्तरप्रदेश सरकार ने कहा—प्रभु भोलानाथ, औढरदानी, आपसे माया सँभालते नहीं बनती। इसे हम सँभालेंगे। यह लो अध्यादेश अधिग्रहण का। अब तुम डमरू बजाओ। अब हमारा प्रशासक आपके सामने आपका पैसा खायेगा और आपको शिव! शिव! कहना पड़ेगा। भगवान के सोने की चोरी के शक में जो पकड़े गये हैं, उनमें मन्दिर के प्रधान महन्त भी शामिल हैं। भगवान भी नेता की तरह चमचे से हार जाते हैं।

गणतन्त्र दिवस पर राष्ट्रीय 'जनगणमन अधिनायक जय हे भारत भाग्य-विधाता' जगह-जगह गाया गया।

आगे इसमें रवीन्द्रनाथ ने गाया है—पंजाब, सिन्ध, गुजरात, मराठा, द्राविड़, उत्कल, बंग, विन्ध्य, हिमाचल, यमुना, गंगा, उच्छल जलधि तरंग···तव शुभ नामें जागे···

रवीन्द्रनाथ ने एक और गीत में कहा है—भारत महामानवसागर के तीर पर कितनी जातियाँ इकट्ठी हैं। ये आर्य हैं, वे द्रविड़ हैं, ये शक, हूण, ईसाई, मुसलमान

सब भारत महामानव-सागर में एक होकर सुख से रहें। भाषा, धर्म, क्षेत्र, जाति, नस्ल के बावजूद भारत की एकता का सपना था यह मानव कवि का।

अगर रवीन्द्रनाथ ठाकुर आज होते और उनका स्वास्थ्य ठीक होता तो मैं उनसे कहता—गुरुदेव! आप सन्त भिण्डरावाला और सन्त लोंगोवाल से मिल लीजिए। रवीन्द्रनाथ कहते—वे दोनों सन्त हैं, मैं मामूली कवि हूँ। उन्हें आदरपूर्वक लिवा लाओ। मैं कहता—गुरुदेव! मैंने उनसे यहाँ आने के लिए कहा था। पर वे कहते हैं कि यह रवीन्द्रनाथ कौन है? ज्ञानी जैलसिंह का आदमी तो नहीं है। उससे कह देना—राज करेगा खालसा! गुरुदेव कहते—जब पंजाब की आधी आबादी ज्ञानियों की है और एक तिहाई सन्तों की तो मुझ अज्ञानी की बात कौन मानेगा?

मैं उन्हें बताता कि गुरुदेव, विन्ध्याचल ने हिमालय पर चढ़ाई की घोषणा कर दी है। सह्याद्रि जबरदस्ती नीलगिरी पर संघ की शाखा लगा रहा है, कावेरी के जल पर तमिलनाडु और कर्नाटक में युद्ध होनेवाला है। पवित्र नदियों का जल ज़हर हो गया। सतलुज के अमृत जल के कारण पंजाब, हरियाणा और राजस्थान के नेता जनता को जहर पिलाने को तैयार हैं। 'हे चिरसारथि, तब रथचक्रे मुखरित पथ दिन-रात्री'—वह चिरसारथी कहाँ गया? 'दारुण विप्लव' में उसकी 'शंखध्वनि' नहीं बज रही है। छोटे स्वार्थों की टुच्ची लड़ाई में बकरे की बोली बोल रहे हैं—नेता!

रवीन्द्रनाथ को कर्नाटक विधानसभा का हैरतअंगेज़ दृश्य जरूर दिखाता। शपथ-ग्रहण समारोह है। नये विधायक बैठे हैं। दर्शकों की गैलरी भी भरी है। पहली बार गैरकांग्रेसी सरकार बनी है। बड़ा उत्साह है। विधायक शपथ ले रहे हैं कन्नड़ भाषा में। महाराष्ट्र एकीकरण समिति के एक सदस्य ने मराठी में शपथ ली तो हुल्लड़ शुरू। कन्नड़ में शपथ लो। अजित सेठ ने उर्दू में शपथ ली तो हुल्लड़, गाली-गलौज़। एकमात्र अन्ना डी. एम. के. के सदस्य भक्तवत्सलम् ने तमिल में शपथ ली तो कन्नड़ नेता नारायण कुमार ने उनका शाल खींच दिया। गैलरी में दर्शकों को आशा थी कि वे भक्तवत्सलम् की लुंगी खींचेंगे। वे चिल्लाये—भक्त-वत्सलम् को बाहर निकालो! अब विधान सभा में कांग्रेसियों, जनता पार्टीवालों, भारतीय जनता पार्टीवालों और विभिन्न भाषावालों में गाली-गलौज, हाथापाई और नेताओं से प्रेरणा पाकर गैलरी की जनता ने लात, घूँसे, जूते चालू कर दिये हैं। हम नेता की बुरी हरकत का फौरन अनुकरण करते हैं। नेता अगर कोई औरत भगा ले जाये, तो उसके हजारों अनुयायी औरत भगाते हैं। पर कोई नेता ठीक कर चुकाये, तो इससे उल्टी प्रेरणा पाकर उसके अनुयायी कर-चोरी करते हैं।

रवीन्द्रनाथ घबड़ाकर कहते हैं—खिसकने का रास्ता बताओ। मैं उन्हें बाहर निकालकर कहता हूँ—यह तो छोटी-सी वारदात है। पंजाब को खालिस्तान बनाना चाहते हैं। एम. जी. रामचन्द्रन कहते हैं कि तेलगुदेशम् की विजय द्रविड़ संस्कृति की आधी विजय हो गयी। रामचन्द्रन ने धमकी दी है कि अगर रेलवे ने हिन्दी चलायी तो विप्लव हो जायेगा। उधर 'जय छत्तीसगढ़ पार्टी' और 'गोंडवाना पार्टी'

और गुरुदेव, बड़ौदा में 18 माही दंगा, मुरादाबाद, मेरठ, अलीगढ़ में दंगा सफल हो गया है। हिन्दू राष्ट्र की माँग देवरस तेज करते हैं। देश को छोटे-छोटे क्षेत्रों में, भाषाई इकाइयों में, साम्प्रदायिक आधार पर, सांस्कृतिक समूहों में, जाति में, वर्ण में, बाँटने की तैयारी कर रहे हैं—हमारे बौने नेता। भारत की एकता नष्ट करने के आसार हैं। भारत भाग्यविधाता कहाँ है आपका ?

अभी मेरे सामने जो अखबार है उसमें रीगन के आदेश पर सी. आई. ए. ने भारत को क्षेत्र, भाषा, सम्प्रदाय तथा अन्य आधारों पर बाँटकर देश की एकता नष्ट करके उसे कमजोर बनाकर अपने कब्जे में लाने की जो गुप्त योजना बनायी है, यह प्रगट होकर छपी है।

मैंने इस योजना को पढ़ा। हम ठीक वही कर रहे हैं जो सी. आई. ए. की योजना में है। मैं तमाम क्षेत्रीय, भाषाई, साम्प्रदायिक नेताओं की तरफ से यह पत्र रोनाल्ड रीगन को लिख रहा हूं—

'मोस्ट एक्जाल्टेड इम्पीरियल मेजेस्टी, इतिहास में हम जब-जब आपस में लड़े हैं, हमने अपनी समस्या के हल के लिए बाहरी हमलावर बुलाया है। आपने कृपाकर इस बार सी. आई. ए. को भेज दिया। हम आपके कृतज्ञ हैं। हम सी. आई. ए. से पूरी तरह सहयोग करेंगे। बस, ज़रा पैसे की सप्लाई बढ़ा दीजिए। गैरों की हुकूमत में ही हम एक होते हैं। अँगरेजों को आइ रिमेन, योर मोस्ट ओबीडियेण्ट सर्वेण्ट लिखने की हमारी आदत थी। हम आपको और नम्रता से लिखते हैं—'परमिट अस टु रिमेन योर मोस्ट फालन एण्ड रेचेड स्लेब्ज।'

सारे भारत माता के भक्त नेता इस पर कृपाकर दस्तखत कर दें।

छिनाल : नेता या जनता ?*

इस देश का राजनेता जनता को बदचलन औरत समझकर उसे तरह-तरह से फुसलाता है—अपनी नेताई छवि से, वादों से, नारों से, उछल-कूद से, लोभ से, छाती-पीट से, अश्रुपात से, हिन्दूवाद से, गाँधीवाद से, समाजवाद से—गाने गाता है, सीटी बजाता है, हाव-भाव करता है। मगर कभी जनता पलटकर इस नेता को चप्पल जड़कर कहती है—हरामजादे, मैं क्या तुझे जानती नहीं हूँ, तू शोहदा है। मैं कोई बदचलन औरत नहीं हूँ। दक्षिण भारत में जनता ने कांग्रेसी नेताओं को जमकर चप्पलें मारीं। कांग्रेसमैन इन्दिराजी की 'छवि' पर भरोसा किये था। मगर दक्षिण

* करण्ट, 26 फरवरी, 1983

भारत में अच्छे 'ब्यूटी पार्लर' नहीं हैं। फिर श्रृंगेरी मठ का शंकराचार्य, जिसने मध्यप्रदेश में इन्दिराजी को आशीर्वाद दिया था, दक्षिण जाकर बदल गया। भभूत-वालों का भरोसा नहीं।

कांग्रेसमैन ने एन. टी. रामाराव को कोई धर्मेन्द्र और अमिताभ बच्चन समझा था, जिनकी दुनिया स्टूडियो, कैमरा, ग्लैमर, कमाई, स्केण्डल और टैक्सचोरी है। दक्षिण भारत का फिल्मी हीरो पर्दे के सिवा समाज में भी काम करता है, समाजसेवा करता है, संस्थाएँ चलाता है, सामाजिक आन्दोलनों में हिस्सा लेता है। कांग्रेसमैन बेचारे को यह भी पता नहीं था कि पड़ोसी केरल में न्यूनतम मजदूरी 30 रुपये तक है, मगर पास में ही कर्नाटक में 8 रुपये। कांग्रेसमैन इन सब झंझटों में नहीं पड़ता। वह इन्दिराजी की छवि देखता है।

दिल्ली जाते हुए रास्ते में एक और भभूतधारी शंकराचार्य पड़ते हैं—स्वामी स्वरूपानन्द। इनका आशीर्वाद उत्तर भारत में काम कर गया। फिर धीरेन्द्र ब्रह्मचारी भी आध्यात्मिक हैसियत रखते हैं। कुल मिलाकर कांग्रेस जीती। छवि लौट आयी। लखनऊ, भोपाल, पटना, जयपुर में कांग्रेसमैन कुनकुने वसन्त में छवि की चादर ओढ़कर सो गया है। वह सिर्फ भ्रष्टाचार के लिए उठता है।

मगर दिल्ली की जनता ने भारतीय जनता पार्टी नेताओं को चप्पल मारी। अटलबिहारी दिल्ली की जनता को अपने दल की रखैल समझते थे। अटलबिहारी ने तो यहाँ तक कह दिया था कि दिल्ली की जनता बदल-बदलकर सत्ता सौंपती है—एक बार कांग्रेस को तो एक बार हमें। मगर दिल्ली की जनता ने चप्पल मारकर कहा—मैं क्या छिनाल हूँ, जो एक बार कांग्रेसमैन के साथ और दूसरी बार संघी के साथ सोती है। इस चप्पल से घबड़ाकर अटलबिहारी वाजपेयी ने भारतीय जनता पार्टी के अध्यक्षपद से इस्तीफा दे दिया, जो अब तक वापस ले लिया होगा। अटल-बिहारी वाजपेयी भी छवि का धन्धा करते हैं। उनका इस्तीफा 'ब्यूटी पार्लर' में जाने की तरह है। पद पर चिपका रहनेवाला नेता, जब इस्तीफा देता है, तब वह 'मेकप' करता है। पार्टी के लोग मना रहे हैं। पार्टी का क्या होगा? देश का क्या होगा? आपका तेजस्वी व्यक्तित्व है, ओजस्वी वाणी है। देश को आपकी जरूरत है। याने वाजपेयी अब 'ब्यूटी पार्लर' से, चेहरे को सँवारकर, दाग मिटाकर, बाल सँवारकर, स्नो, पाउडर, लोशन चुपड़वाकर, झुर्री मिटवाकर निकलेंगे। नेता ऐसा होता है, अटलजी सरीखा। पार्टी की हार को अपने सिर पर ले लिया। छवि लौट आयी।

संघवालों का ख्याल है कि दिल्ली में अभी वही पंजाबी हिन्दू रहते हैं, जो 1947 में भागकर आये थे। वे कट्टर हिन्दू साम्प्रदायिक थे। मगर संघ को यह नहीं मालूम कि वे बूढ़े होकर मर चुके। अब जो वोटर है, वह उस हिन्दू का जो 1947 में आया था, पोता है। मगर भारतीय जनता पार्टी इस नये वोटर के दादा के वोट पर निर्भर थी, जो दूसरे लोक में वोट कर रहा है। जाटों ने भी धोखा दिया। सिखों ने तो देशद्रोह कर डाला। अकाली दल के मना करने पर भी वोट देने चले गये।

भारतीय जनता पार्टी का भरोसा था कि दिल्ली प्रशासन पर कब्जे का मतलब है पूरे उत्तर भारत पर कब्जा, आगे देश पर कब्जा। कांग्रेस का विकल्प—'आल्टर-नेटिव'! असल में मुश्किल यह खड़ी हो गयी है कि वाजपेयी आर. एस. एस. के होकर, गैर आर. एस. एस. का रोल करना चाहते हैं, जिसमें एक हाथ में गाँधीवाद है और दूसरे में समाजवाद—सच्चे नहीं, प्लास्टिक के गाँधीवाद और समाजवाद। संघ के नेताओं को यह पसन्द नहीं। संघ के स्वयंसेवक अखबारों में चिट्ठियाँ लिखकर शिकायत करते हैं कि ये बाहर से आये भारतीय जनता पार्टीवाले हमारा अपमान करते हैं। हमें चड्डीवाले और काली टोपीवाले कहते हैं, यह चल नहीं सकता। पर अटलबिहारी इस पार्टी को छोड़ भी दें, तो बाहर की राजनीति में ज्यादा-से-ज्यादा राजनारायण होंगे। वे जगजीवनराम भी बन सकते हैं। मगर 'भारत के भावी प्रधानमन्त्री' तो उन्हें यह पार्टी कहती है—ऐसा उठानेवाला उन्हें और कहाँ मिलेगा? आर. एस. एस. का समर्थन है तो वे भारत के भावी प्रधानमन्त्री हैं।

लालकृष्ण आडवाणी या सुन्दरसिंह भण्डारी 'आल्टरनेटिव' नहीं हैं, क्योंकि इनकी 'इमेज' नहीं है। उत्तम इमेजवाले सिर्फ वीरेन्द्रकुमार सखलेचा हैं, जिन पर मुख्यमन्त्री-पद से आर्थिक भ्रष्टाचार करने का मुकदमा दायर हो गया है। भारत के भावी प्रधानमन्त्री-पद के सखलेचा एक योग्य दावेदार हैं।

कांग्रेसमैन को अब 1985 तक चैन करना चाहिए। मैडम की 'इमेज' फिर बन गयी। 20 सूत्री कार्यक्रम पर 'अमल' करने को इन्दिरा गाँधी बार-बार जोर देती हैं। कांग्रेसमैन बराबर 'अमल' कर रहा है। ये 20 सूत्र अफीम की 20 गोलियाँ हैं। राजस्थान में अफीम खाने को 'अमल' करना कहते हैं। इन्दिराजी 30 सूत्री कार्यक्रम दे दें, तो कांग्रेसमैन महीने-भर नशे में पड़ा रहे। अभी तो 10 दिन होश में रहकर वह सब करना पड़ता है, जिसका नाम भ्रष्टाचार हो गया है।

इन्दिराजी तथा दूसरे लोग सोचते हैं कि दक्षिण में हार भ्रष्टाचार के कारण हुई। माना, मगर दिल्ली में तो जीत भ्रष्टाचार के रहते हुए हुई या उसके कारण ही हुई। भ्रष्टाचार खत्म होने से भी बहुत लोग नाराज होंगे, जो भ्रष्टाचार के कारण ही सम्पन्न होते हैं।

बाकी चिन्ता कांग्रेसमैन को नहीं करनी है। राज तो उसे दिल्ली पर करना है, सो हो गया। दिल्ली की प्रधानमन्त्री इन्दिराजी रहेंगी ही, बाकी हिन्दी प्रदेश भारतीय जनता पार्टी को दे देंगे। आन्ध्रप्रदेश रामाराव के पास, तमिलनाडु रामचन्द्रन के पास। असम में किसी का राज न रहे, तो भी चलेगा। बिहार को जगन्नाथ मिश्र बाबाओं या डाकुओं को दे देंगे। सिर्फ दिल्ली में जीतने से वहाँ भारत सरकार कांग्रेस की बन ही जायेगी। कांग्रेस को 1985 के चुनावों की तैयारी करने की जरूरत ही नहीं है।

राष्ट्रसंघ के इन भुक्खड़ सदस्यों को भगा दो*

श्रीमती जीन के. कर्कपैट्रिक साहिबा,
राष्ट्रसंघ में अमरीकी प्रतिनिधि।

मैडम,

आपके एक गुप्त लेख को लेकर इस पिछड़े देश में बहुत शोर-शराबा हुआ, जो रीगन हुजूर के हुक्म से सी. आई. ए. ने कार्यवाही के लिए अपने तमाम दूतावासों और एजेंसियों को भेजा है। इसमें शोर करने लायक कोई बात नहीं है। यही है—भारत में तोड़फोड़, साम्प्रदायिक दंगे, क्षेत्रीय झगड़े, अराजकता, देश के कई खण्ड करना, देश को तोड़ना, उसका प्रभाव कम करना, राजनैतिक अड़चनवालों की हत्या करना, गुटनिरपेक्ष देशों का नेतृत्व छीनना, एक देश के भीतर 20-22 देश बनवा देना, इस देश की स्वाधीनता और अहंकार को नष्ट करना—खासकर इन्दिरा गाँधी के प्रभाव को देश में और अन्तर्राष्ट्रीय क्षेत्र में खत्म करना।

इनमें कोई बात बुरी नहीं है। कई राजनैतिक दलों ने आपकी इस योजना की निन्दा की है, जोश से कसम खायी है, कि इस षड्यन्त्र को नाकाम करेंगे। आपको, रीगन साहब को, सी. आई. ए. को और अमरीकी प्रशासन को गालियाँ दी जा रही हैं, देश-भक्ति का उन्माद आ गया है। आपने 2-3 माह पहले भी 2-3 सौ खास लोगों में भाषण दिया था कि राष्ट्रसंघ हमारी जमीन पर है, हम इसे हर साल 2 अरब डालर देते हैं, मगर राष्ट्रसंघ वर्ग-संघर्ष और समाजवाद का प्रचार करता है। राष्ट्रसंघ हमारी बहुराष्ट्रीय कम्पनियों के मुनाफे का विरोध करता है। राष्ट्रसंघ अमरीकी हितों के विरुद्ध जाता है।

मैडम, आपके रोने में मैं शरीक हूँ। दुनिया-भर से आये छोटे-छोटे फड़तूस लोग आपका दिया अन्न खाते हैं, आपका दिया पानी पीते हैं, आपकी हवा से साँस लेते हैं, आपकी जमीन पर चलते हैं, आपके आसमान के तले रहते हैं और अमरीकी पूंजीवाद साम्राज्यवाद के खिलाफ काम करते हैं। मैडम, इतिहास ऐसा मजाक कभी-कभी करता है। कार्ल मार्क्स नाम का एक आदमी हो गया है। वह बहुत बुरा आदमी था। वह सबसे बड़े साम्राज्य ब्रिटिश साम्राज्य और ब्रिटिश पूंजीवाद की राजधानी लन्दन में रहकर वहीं का अन्न खाकर, पानी पीकर, वहीं की लाइब्रेरी में बैठकर पूंजीवाद और साम्राज्यवाद की कब्र खोदने के लिए लिख रहा था। कितना अच्छा होता, अगर अँगरेज सरकार उसे निकाल देती। मगर इतिहास को जब न्याय करना होता है, तब वह अन्यायी के हाथ में ही कुदाली देकर कहता है—अपनी कब्र खोद! मैडम, मैंने आपको पहले भी सलाह दी थी कि इन राष्ट्रसंघ के सदस्यों का

* करण्ट, 5 मार्च, 1983

राशन-पानी बन्द कर दो। ये कम्बख्त भूखे-प्यासे मरेंगे, तो भाग जायेंगे।

मैडम, आपके इस लेख और सी. आई. ए. की योजना की बहुत लोगों ने निन्दा की है, ताल ठोंकी है, कसमें खायी हैं, देशभक्ति का इज़हार करके आपकी योजना को विफल करने की घोषणा की है। बहुत लोग बोले हैं, राजनीतिज्ञ बोले हैं, बुद्धिजीवी बोले हैं, छात्र बोले हैं, मजदूर बोले हैं, मगर बहुत लोग नहीं बोले।

मैं आपके खिलाफ नहीं बोला। डॉक्टर सुब्रह्मण्यम स्वामी नहीं बोले, चरणसिंह नहीं बोले, मोरारजी भाई नहीं बोले, अटलबिहारी वाजपेयी नहीं बोले, उनके मालिक बालासाहब देवरस नहीं बोले, पाँचों शंकराचार्य नहीं बोले, बलराज मधोक नहीं बोले, विजयाराजे सिन्धिया नहीं बोलीं। ये नहीं बोलनेवाले, बोलनेवालों से कम देशभक्त नहीं हैं। इनमें से बहुतेरे स्वाधीनता चाहते हैं। मगर इनकी स्वाधीनता-चेतना बड़ी कोमल है। ये उस निर्बल अनाथ लड़की की तरह हैं, जिसे किसी धर्म-पिता ने पाला है। लड़की जवान होती है, तो उसके शुभचिन्तक पड़ोसी उससे कहते हैं—यह धर्मपिता तुझे गुण्डों को बेचना चाहता है। लड़की की आँखों में आँसू आ जाते हैं और वह कहती है—नहीं, नहीं, पिताजी ऐसा नहीं कर सकते। वे तो बहुत अच्छे हैं। ये जो नहीं बोले या जो कहते हैं कि यह खबर ही झूठी है, वे धर्मपिता द्वारा पाली गयी अनाथ लड़कियाँ हैं। जब कोई कहता है कि धर्मपिता तुम्हारा बुरा करना चाहता है, तो अनाथ निर्मल कन्याओं को आँसू आ जाते हैं। नहीं, नहीं, पिताजी की बुराई मत करो। मैडम, इन्हें एकदम सोवियत रूस की याद आ जाती है। ये कहते हैं—रूस बहुत खराब आदमी है। उसने इन्दिरा गाँधी नाम की क्रूर औरत को पटा लिया है और उनसे हम बेचारियों पर जुल्म करवाता है।

मैडम, इस देश के एक ही अखबार ने आपके लेख और सी. आई. ए. की योजना को छापकर धारावाहिक धिक्कार चलाया। मैडम, अगर ये लेख सच्चे हैं, तो खुल कैसे गये? क्या के. जी. बी. ने पता लगाकर भण्डाफोड़ कर दिया? या आपके यहाँ 'डबल एजेण्ट' हैं, जो उधर की खबर इधर बता देते हैं। दुनिया में दुष्ट लोग भरे हैं। इनके बीच आप जैसी शीलवती, मंगलमुखी, सन्नारी, कूटनीतिज्ञ को सावधान रहना चाहिए। मगर मैं कहता हूँ कि आपका लेख वास्तविक है, जिसने दूसरे महा-युद्ध के बाद अमरीकी राजनीति, कूटनीति और तीसरी दुनिया के प्रति अमरीका के बर्ताव का अध्ययन किया है। वह जानता है कि आप लिखेंगी, तो यही लिखेंगी। कोई भ। अमरीकी शासक वर्ग का आदमी लिखेगा, तो यही लिखेगा। वह कुछ और लिख ही नहीं सकता। उसकी आदत पड़ गयी है।

उसके दिमाग का 'कण्डीशनिंग' हो गया है। यह तो आपका छोटा-सा लेख है। अगर आपसे कहा जाय कि 'न्यू टेस्टामेण्ट' पुराना हो गया, आप 'लेटेस्ट टेस्टामेण्ट' लिख दीजिए तो आप एक अच्छी ईसाई की तरह, 'लेटेस्ट टेस्टामेण्ट' भी ऐसा ही लिखेंगी, जैसा यह लेख है। आप जीसस के मुँह से भी यही कहलवायेंगी—भारत तथा अन्य देशों में तोड़फोड़, उपद्रव, अर्थव्यवस्था का नाश, विभाजन, स्वाधीनता का अपहरण आदि। मैडम, अमरीकी शासक वर्ग का यह चरित्र है कि वह अनुभव

से कभी कुछ नहीं सीखता।

जैसी आदमी की आदतें बन जाती हैं, वैसी ही देशों की बन जाती हैं। एक आदमी की आदत बात-बात में 'साला' कहने की है। वह कहता है—फिर मैं साला रेलवे स्टेशन गया। इस आदमी ने पिता को पत्र लिखा, तो ऐसा—परमपूज्य 'साले' पिताजी को प्रणाम! मैडम, आदत की बात है। माना कि यह लेख आपने नहीं लिखा था, मगर आप कोई भी लेख लिखतीं, तो उसमें यही तो लिखतीं।

आपकी सरकार को इन्दिरा गाँधी की विदेशी नीति से नफरत है, जो इस देश की विदेश नीति है। इन्दिरा गाँधी इस नीति को सख्ती और विवेक से चलाती हैं। ज़रा अहंकारी हैं। आपके हेनरी किसिंजर ने ही अपनी किताब 'व्हाइट हाउस ईयर्स' में लिखा है कि 1977 में जब इन्दिरा गाँधी हमारे राष्ट्रपति निक्सन से मिलीं, तो उनसे ऐसा व्यवहार किया, जैसे वह घटिया मनुष्य हो। इससे निक्सन के भीतर छिपी हीनता और असुरक्षा की भावना बाहर आ गयी, फिर निक्सन को एक घण्टे इतिहास पढ़ा दिया।

भला जिस कौम का इतिहास कुल 300 सालों का हो और संस्कृति हो ही नहीं, उसके नेता को कहीं इतिहास पढ़ाया जाता है। हमारे देश के कुछ लोग यह हरकत करते हैं। वे भैंस के आगे बीन बजाते हैं। इस पर हमारी भैंस वही प्रतिक्रिया करती है, जो आपके रीगन ने आन्द्रोपोव के प्रस्ताव पर की है।

मैडम, जो हुआ सो हुआ। आगे भी यही होगा। कब तक परेशान होंगी, गलती हमारी है। दूसरे महायुद्ध के बाद ब्रिटिश साम्राज्यवाद के हाथ-पाँव टूट गये थे। वह अपनी विश्वव्यापी जायदाद सँभालने लायक नहीं रहा था, तो उसने यह जायदाद अपने चचेरे भाई अमरीका को दे दी थी कि तुम इसे सँभालो। हमें इसे मान लेना था और अमरीका से कहना था कि आप अपना वाइसराय यहाँ भेज दो। मगर यह हमारी हिमाकत थी, जो हमने कहा कि हम स्वाधीन राष्ट्र हैं, यह हमारा झण्डा, यह राष्ट्रगीत, यह संविधान, यह संसद, यह हमारी विदेश नीति, यह हमारा मित्र, ये हमारे हमसफर—यह गलती हो गयी। आप क्षमा करें। रीगन साहब क्षमा करें, सी. आई. ए. क्षमा करें। आप लोगों के रहते किसी देश को स्वाधीन रहने की हिमाकत करने का अधिकार नहीं है। जान फास्टर डलेस ने कहा था कि गुट-निरपेक्षता अनैतिक है, तो हम सब लोग तो अनैतिक बने हुए हैं, मैडम!

मैडम कर्क पैट्रिक, आप चिन्ता न करें। हममें बहुत लोग जिम्मेदार हैं। वे लोग वही कर रहे हैं, जो आप चाहती हैं। हमारे यहाँ दो तरह के देशभक्त हैं—भारतीय देशभक्त और अमरीकी देशभक्त। अमरीकी देशभक्त आपका काम कर रहे हैं और करवा रहे हैं। बाकी रिपोर्ट आपको डॉक्टर स्वामी भेजेंगे। मैं तो उनका अर्दली हूँ।

आपका शुभचिन्तक
एक क्षुद्र डर्टी इण्डियन

आवारा युवकों के ज़रिये आवारा क्रान्ति*

संजय राष्ट्रीय मंच बन गया। एक और राष्ट्रीय विकल्प हो गया। अब कुल मिलाकर 15 राष्ट्रीय विकल्प हो गये।

संजय राष्ट्रीय मंच क्यों बन गया और कैसे बन गया ?

इसलिए बन गया कि यह बीसवीं सदी का उत्तरार्द्ध है और भारत में लोकतन्त्र है। इसके बनने का कारण वास्तव में मध्ययुगीन या उससे भी प्राचीन है।

मध्ययुग होता तो यह पार्टी नहीं बनती। यह राजमहल के भीतरी झगड़ों का मामला है, लोकतन्त्र का नहीं। मध्ययुग होता तो राजमहल एक सफदरजंग में, राजीव गाँधी और उनके बीवी-बच्चों को जहर दे दिया जाता और मेनका रजिया सुल्तान बनने की तैयारी करती या मेनका को संजय की चिता में डालकर सती बनाकर वहाँ समाधि बना देते। उससे पहले का प्राचीन युग होता, तो चाणक्य-नीति से राजीव के पास 'विषकन्या' भेज दी जाती, जो उसे खत्म कर देती।

लोकतन्त्र में मध्ययुगीन सामन्तवाद और प्राचीन कुलराज चलाने का नतीजा है यह कि प्रधानमन्त्री की विधवा बहू इस देश को परिवार की जागीर मानकर सास से हिस्सा माँगती है और जेठ को बेदखल करना चाहती है।

यह नहीं होता, तो संजय के नाम से मेनका राष्ट्रीय पार्टी बनाती ही नहीं ! मेनका इसके पहले संजय की समाधि पर जाती है, उससे भी पहले अमेठी की धूल माथे पर लगाती है, क्योंकि उस धूल पर पति के पवित्र चरण पड़े थे। 'चूड़ी फोड़' और 'सिन्दूर पोंछ' पतिव्रता का नाम अगर 'सावित्री' होता, तो वह पति के पीछे-पीछे यमराज के पास तक चली जाती, मगर नाम है 'मेनका' और बूढ़े तपस्वी कई विश्वामित्र सत्तालोलुप—जगजीवनराम, चरणसिंह, मोरारजी देसाई—तैयार बैठे हैं। मेनका का उपयोग करके वे सत्ता-स्वर्ग चाहेंगे या इन्दिरा गाँधी को सत्ता से हटाना चाहेंगे। सत्ता से हटाना बुढ़ापे में सत्ता पाना जैसा सुख है। कई अधेड़ भी किसी मेनका के इन्तजार में सत्ताहीनता का तप कर रहे हैं। कांग्रेस के भीतर भी बहुत असन्तुष्ट सत्तालोलुप तपस्वी हैं। इन सबका तपोभंग मेनका कर सकती है और वे तपस्वी तैयार हैं। मगर अभी वह देश के युवकों को ही पुकार रही हैं।

इन्दिराजी ने 'इमर्जेन्सी' में और उसके बाद संजय को जो करने दिया या उससे करवाया, उसका फल वे भोग रही हैं। इन्दिराजी के खुशामदियों ने संजय को 'विवेकानन्द' और 'ईसा' बनाया था। लगभग अपढ़ संजय को कई दार्शनिकों और कार्ल मार्क्स से बड़ा क्रान्तिकारी चिन्तक बना दिया था। चापलूस संजय को ही 'भारत भाग्यविधाता' मानकर उसकी 'जय हे ! जय हे !' करते थे। अवसरवादी संजय की पालकी ढोते थे। जवाहरलाल नेहरू की उम्र के नेता अपने नाती के चरण

* करण्ट, 7 मार्च, 1983

छूते थे। ये सब झूठे थे। ये सब इन्दिराजी को खुश करना चाहते थे, उनसे लाभ चाहते थे। तब यह सिद्ध हो गया था कि अगर किसी वयोवृद्ध नेता से कोई कहता कि संजय के 5 जूते खा लो, तो इन्दिराजी तुम्हें मन्त्री या मुख्यमन्त्री बना देंगी, तो वह संजय के पास जाकर कहता, 'परमपूज्य भारत भाग्यविधाता, मुझे 10 जूते मार लो और इन्दिराजी को सूचित कर दो, तो मेरा उद्धार हो जाय।' उठाईगीरे, आवारा, अपराधकर्मी, टैक्सचोर, दो नम्बरी युवकों की भीड़ उस 'युवक हृदय सम्राट' के आसपास थी, क्योंकि प्रधानमन्त्री के प्रताप की छाया में वे सारे काले धन्धे और कर्म करते थे। सबको छूट थी। ऐसा नेता कहाँ मिलेगा, जो इतिहास का सबसे बड़ा चिन्तक हो, लेनिन से बड़ा क्रान्तिकारी हो, जिसकी माता पूरी राजसत्ता अपने बटुए में रखे हो और जिसकी 'लिबरेटेड मॉडल' सुन्दरी बीवी हो।

वही गिरोह, जिसे इन्दिराजी ने बनने दिया, जिसे 1980 के बाद से नेस्तनाबूद या 'कण्टेन' नहीं कर पायीं, न जाने देशी-विदेशी किन इन्दिरा विरोधी और देश-विरोधी ताकतों की मदद से, खुद इन्दिराजी को तंग कर रहा है। मेनका एक खूबसूरत प्रतीक है, 'सिम्बल' है, नाटकीय सिम्बल है। क्रूर सास के द्वारा घर से बाहर निकाली गयी, पतिपरमेश्वर को समर्पित विधवा बहू अनाथ, दुखियारी, अबला बनकर घूम रही है, कभी आँसू निकाल देती है, कभी बेटे को गोद में लेकर दिखाती है, लोगों की सहानुभूति बटोरकर पालिटिक्स कर रही है। समर्थक प्रचार करते हैं—कैसी कठकरेजा सास है! बहू और पोते को गली-गली कर दिया! उसके घरवालों का पैसा डकार लिया, जायदाद दबा ली। कैसी समर्पित सुन्दरी अबला है, कहती है—'मेरे तो गिरिधर गोपाल, दूसरा न कोई! मैं अपने पतिदेव के सिद्धान्तों पर चलकर देशवासियों का भला करूँगी!'

मगर अबला अपनी 'प्रापर्टी' सास से माँगने के पहले 3-4 लाख टैक्स जमा करती है, तो वह 'प्रापर्टी' आयी कहाँ से? वह कितनी है? जवाहरलाल नेहरू की मृत्यु के समय उनके बैंक में सिर्फ 25 हजार रुपये जमा थे। नेहरू परिवार में सब नौकरी करनेवाले हैं—इन्दिराजी प्रधानमन्त्री की नौकरी करती रही हैं। राजीव पाइलट की नौकरी। संजय आवारा थे, उनकी 'मारुति' कम्पनी डूब गयी। फिर 'प्रापर्टी' आयी कहाँ से? और राष्ट्रीय पार्टी बनाने के लिए कई करोड़ रुपये लगते हैं, यह सब जानते हैं। अबला, विधवा, अश्रुपात करती हुई राष्ट्रीय विकल्प की पार्टी बना रही है, तो इसके लिए करोड़ों रुपये कहाँ से आयेंगे? कौन हैं जो देंगे? और वे क्यों देंगे?

मेनका ने पार्टी की घोषणा करते हुए कहा—'जैसे पूरा देश महात्मा गाँधी के पीछे चलता था, वैसे ही देश के नवयुवक संजय गाँधी के अनुयायी हैं। खैर, यह तो बड़ी खुशी की बात है कि महात्मा गाँधी के बाद दूसरा युवा महात्मा हुआ मगर वे देश के 'सारे' युवक कौन हैं, जो संजय के अनुयायी हैं। सैकड़ों युवक तो मेरे सम्पर्क में भी हैं। उनमें से एक भी संजय का नाम नहीं लेता, तो संजय के अनुयायी कहाँ पैदा होते हैं? किस नस्ल के हैं? मैं उन्हें देख तो लूँ। फिर संजय महान चिन्तक थे,

तो उनके दार्शनिक, सामाजिक, आर्थिक, राजनीतिक बहुमूल्य विचारों के ग्रन्थ तो होंगे, जैसे कार्ल मार्क्स के हैं। मुझे मेनका गाँधी या अकबर अहमद 'डम्पी' बता दें, तो मैं उनका अध्ययन कर लूं।

मेनका का कहना है कि उनकी पार्टी काले धन को खत्म करेगी। मगर कोई बुर्जुआ पार्टी काले धन के बिना नहीं चल सकती, न चुनाव लड़ सकती है। मेनका की पार्टी भी काले धन पर चलेगी। 1980 के चुनावों में कांग्रेस और जनता पार्टी दोनों ने कम-से-कम 100-100 करोड़ रुपये खर्च किये होंगे। यह धन कहाँ से आया? यह काला धन नहीं है, तो क्या सफेद है?

बहरहाल, 'संजय राष्ट्रीय मंच' को कोई समझदार आदमी गम्भीरता से नहीं लेगा। यह अखिल भारतीय पार्टी भी नहीं बनेगी। एक बार अगर मेनका अपनी पार्टी को अखिल भारतीय बनाने के लिए देश का दौरा कर लें, तो यह पार्टी खत्म हो जायेगी। खत्म इसलिए हो जायेगी कि रंग-बिरंगी पत्रिकाओं ने भूतपूर्व 'मॉडल' मेनका का रेखा, राखी, शबाना की तरह प्रचार कर रखा है। उसे लोग सामने एक बार देखना चाहते हैं। खासकर इसलिए कि वह इन्दिराजी की बहू है। एक दौरे से लोगों की उत्कण्ठा खत्म हो जायेगी और वे उसकी पार्टी में दिलचस्पी लेना बन्द कर देंगे। आम लोगों की दिलचस्पी मेनका में है, पार्टी में नहीं, न उसके 'कल्याणकारी' कार्यक्रम में, न संजय की 'फिलासफी' में।

मेनका और उसकी पार्टी का, जितनी भी वह हो, एक ही उपयोग, एक ही मूल्य है, जिसे अँगरेजी में 'नुइसेंस वेल्यू' कहते हैं। याने 'तंग करने की उपयोगिता।' तंग किसे करना? निश्चित ही इन्दिरा गाँधी को। मेनका के जो खुर्राट गुरु हैं, वे उसका उपयोग इन्दिरा गाँधी को तंग करने के लिए करेंगे। इन्दिरा गाँधी को 'ब्लैकमैल' करने की कोशिश करेंगे। राजनैतिक अर्थ में, अपढ़ मेनका घोर दक्षिणपन्थी राजनीति करेगी। दक्षिणपन्थी प्रतिक्रियावादी प्रेस उसका प्रचार करेगा। उसकी 'इमेज' बनायेगा। इन्दिरा गाँधी-विरोध, रूस के प्रति घृणा, साम्यवाद के भय के कारण भ्रमित, बुद्धिभ्रष्ट, विवेकत्यागी बूढ़े और अधेड़ प्रतिष्ठित नेता मेनका का उपयोग करेंगे। खासकर पिछले दिनों हुए गुटनिरपेक्ष सम्मेलन में इन्दिरा गाँधी ने जो स्पष्ट अमरीकी साम्राज्यवाद, पूंजीवाद-विरोधी भाषण दिये और सम्मेलन के निर्णय जैसे अमरीका-विरोधी हुए, इससे भारत में अमरीकी देशभक्त बहुत नाराज हैं। ये मेनका को प्रोत्साहित करेंगे। उसे 'जॉन आव आर्क' बनायेंगे। मेनका का उपयोग जनसंघी भी करेंगे, अकाली भी और चरणसिंह भी! कुल इतना तंग करने का राजनैतिक उपयोग है इस गुड़िया का, जिसकी आँखों में अमेठी के लिए आँसू आ जाते हैं। बाकी, यह कोई पार्टी नहीं है, अमरीका जरूर बड़ी खुशी से मदद करेगा। सी. आई. ए. का लाड़-दुलार अबला को मिल ही रहा होगा।

इन्दिराजी की समस्या है—1980 के चुनाव में संजय गाँधी जो सैकड़ों भूत-प्रेत, संसद और विधानसभाओं में घुसेड़ गये हैं, उन्हें इन्दिराजी 'कण्ट्रोल' कर पायेंगी या नहीं। ये तंग कर सकते हैं। शंकर जब कमजोर होते हैं, तब भूत-प्रेत

उसका डमरू छीनने लगते हैं। वह वक्त गया, जब राजनैतिक सत्ता सिर्फ इन्दिराजी के मार्फत चलती थी, तब भूत-प्रेत 'कण्ट्रोल' में रहते थे। अब इन्दिराजी के पास राजनैतिक सत्ता और लाभ की 'सोल एजेन्सी' नहीं है। मेनका के खड़े हो जाने, उसका प्रचार होने, उसे शक्ति की 'इमेज' देने का काम जब पूरे जोर से दक्षिणपन्थी प्रतिक्रियावादी करेंगे, तब कांग्रेस के भीतर के ये संजय के भूत-प्रेत क्या करेंगे, यह सवाल है, वरना मेनका शून्य से अधिक नहीं है। युवकों को पुकारने से क्या होता है? युवक तो आर. एस. एस. में भी हैं और कम्युनिस्ट पार्टियों में भी। कौन-से युवकों का आह्वान कर रही हैं—मेनका गाँधी? आवारा युवकों ने क्रान्ति कर डाली हो, ऐसा उदाहरण तो इतिहास में नहीं है, मगर इतिहास बनता भी है। हो सकता है, कोई 'आवारा क्रान्ति' का इतिहास बननेवाला हो।

राजनैतिक मुख्य धारा क्या है?*

'लाइकमाइण्डेड' की ध्वनि राजनैतिक वातावरण में फिर है। जिन नेताओं, गुटों और पार्टियों को 2-3 महीने पहले ही एक-दूसरे की बदबू के कारण इत्र का रूमाल नाक पर रखकर भी पास जाना बरदाश्त नहीं था, उन्हें एक-दूसरे के शरीर से गुलाब, चमेली और मोंगरे की सुगन्ध आती हुई अनुभव होती है। अटलबिहारी के शरीर से रातरानी की खुशबू निकल रही है, क्योंकि संघ की योजना रात के अँधेरे में बनती है। वसन्त में पुष्पधन्वा कामदेव के कोमल तीर दक्षिणपन्थी नेताओं के हृदयों को छेद रहे हैं, विरह-वेदना उठ रही है, परस्पर आलिंगन की चाह उठ रही है। राजनारायण जैसे कबूतर प्रेमपत्र लेकर उड़ रहे हैं।

अखबारों में 'वर चाहिए' या 'वधू चाहिए' विज्ञापन जैसे छपते हैं, वैसे ही राजनेताओं के बयान छप रहे हैं कि 'समान विचारधारा' के दलों को मिल जाना चाहिए। जिनकी कुण्डली मिल गयी है, 36 गुण नहीं तो अवगुण ही मिल गये हैं, उन्हें अग्नि के आसपास सात फेरे लगाना चाहिए। लग्न का बहुत शुभ मुहूर्त है यह, जिसमें सामूहिक विवाद हो रहे हैं।

1985 के लोकसभा चुनावों को सिर्फ दो साल बचे हैं। किन्हीं राज्यों में मध्यावधि चुनाव भी हो सकते हैं। आन्ध्रप्रदेश और कर्नाटक में यह सिद्ध हो गया है कि कांग्रेस को हराने के लिए जरूरी नहीं कि आपातकाल पहले लगे। नेता जेलवास का सुख भोगें। 2500 कैलरी प्रतिदिन का पौष्टिक आहार रोज करके मोटे हों, लाल

* करण्ट, 12 मार्च, 1983

हों, जीर्ण-रोगों का मुफ्त इलाज करायें (गुप्त रोगों का भी) और बाहर स्वस्थ, मोहक शरीर लेकर निकलें और कहें–जेल में हम पर बहुत अत्याचार हुए। देखो हमारे क्षीण शरीर की दुर्दशा। रिक्शावाला ज्यादा पैसे माँगने लगा और जनता पर इन्दिरा की तानाशाही ने जो अत्याचार किये, उन्हें सुन-सुनकर हम जेल में रोते थे। तुम्हारे विश्वास के लिए हम अभी रोकर बताते हैं। हाय, प्यारी जनता को बहुत दुख दिये गये। हमारा कलेजा बाहर निकल रहा है—कोई आकर उसे भीतर डालो!

यह सब जरूरी नहीं है अब, इमरजेन्सी लगवाने की कतई जरूरत नहीं है। कांग्रेस आसानी से हरायी जा सकती है। हीरो ही नहीं 'विलेन' भी हरा सकता है। बस, विकल्प चाहिए। जनता के सामने विकल्प पेश करने की जरूरत है। जनता उसे राजसत्ता सौंप देगी।

मगर विकल्प कौन? कैसा? यही सवाल अहम है? शेर ने कहा—मैं संन्यास ले रहा हूँ। मेरे बाद कौन जंगल का राजा होगा? कौन है मेरा विकल्प? चीते ने कहा—मैं तुम्हारा विकल्प हूँ। भेड़िये ने कहा—मैं तुम्हारा विकल्प हूँ। हाथी ने कहा—मैं तुम्हारा विकल्प हूँ। मैं राजा बनूँगा। तब सियार ने कहा—इनमें अकेला कोई शेर का विकल्प नहीं बन सकता। मैं समान विचारधारावालों का एक संगठन बनाता हूँ, जिसमें लोमड़ी, मैं, सूअर, जंगली कुत्ता, लकड़बग्घा, गैंड़ा वगैरह होंगे। यह महागठबन्धन लोकतान्त्रिक होगा। बस, मैं ज़रा सलाह करके अपनी 'केबिनेट' बना लूं। इसे सत्ता सौंपकर सिंहराज, आप संन्यास ले लें।

मेरा मतलब यह नहीं है कि इन्दिराजी सिंहनी हैं और बाकी सियार और गैंड़ा वगैरह। मैं तो यह कहना चाहता हूँ कि असुरक्षित जंगल-जैसा राजनैतिक वातावरण देश में है।

सबसे पहले राजनारायण ने बहुगुणा की पार्टी डी. एस. पी. तोड़ी। राजनारायण आधे सियार हैं और आधे गैंड़ा। नरसिंह अवतार जैसे हैं। मगर बहुगुणा की समझ को क्या कहा जाय कि पार्टी बनाते हैं, तो तोड़नेवाला साथ रखते हैं। राजनारायण ने कहा है—मैं चरणसिंह, चन्द्रशेखर, कर्पूरी ठाकुर, अटलबिहारी वगैरह से मिलकर संयुक्त मोर्चा बनाऊँगा। राजनारायण को संयुक्त मोर्चा जरूरी है, क्योंकि आगे तोड़ने के लिए उनके सामने कुछ नहीं है—और बिना तोड़ने में लगे उन्हें न बनारस की भाँग का मजा आता है, न मथुरा के पेड़े का।

दो महीने पहले ऐसा हाल था कि जिस नेता के पास जाओ यह प्रस्ताव लेकर कि हम परस्पर विलीन हो जायें, वही कहता था—नहीं, हम अपनी आइडेण्टिटी (अलग पहचान) नहीं खोना चाहते। सियार, गैंड़ा, लकड़बग्घा, यहाँ तक कि नेवले तक को अपनी 'आइडेण्टिटी' की महानता का एहसास था और उसकी रक्षा की चिन्ता थी। मगर अब वही आइडेण्टिटीवाले कहते हैं कि आइडेण्टिटी की ऐसी-तैसी। गयी वह भाड़ में, एक हो जाओ। बाबू जगजीवनराम कहते हैं—समान विचारधारावालों को मिल जाना चाहिए।

विकल्प कौन? अभी जयपुर में भारतीय जनता पार्टी की कार्यकारिणी की

बैठक हुई, जिसमें दिल्ली की हार से घबड़ाये अटलबिहारी त्यागपत्र की छली नैतिकता का 'मेकअप' करके आत्मविश्वास की नौटंकी कर रहे थे। उन्होंने पत्रकारों से कहा — भारतीय जनता पार्टी अकेली कांग्रेस (ई) का विकल्प है। हम किसी से मिलेंगे नहीं। मैं भी यही मानता हूँ कि राज तो हम ब्राह्मणों का ही होना है। विवाद छोटा-सा है कि राज चिरपावन ब्राह्मणों का हो, देवरस की जाति के या वाजपेयी की जाति के कान्यकुब्ज ब्राह्मणों का ?

मगर वाजपेयी ने यह भी कहा—हम कम्युनिस्टों के सिवा बाकी पार्टियों से चुनावी तालमेल करेंगे। मगर राजनैतिक अछूत प्रथा को भी नहीं मानते—यानी कम्युनिस्टों से भी तालमेल कर सकते हैं। भारतीय जनता पार्टी से कम्युनिस्ट पार्टियों ने ही नहीं, दूसरे दलों ने भी समझौता नहीं करने का फैसला पिछले महीनों किया। याने वाजपेयी खुद अछूत हैं। यह भंगी की मंगलमयी घोषणा है कि हम अछूत प्रथा में विश्वास नहीं करते।

इधर जनता पार्टी की राष्ट्रीय कार्यकारिणी ने बंगलूर में प्रस्ताव पास किया है। राजनेताओं के बयान छप रहे हैं कि समान विचारधारावाले दलों को मिल जाना चाहिए, जिनकी कुण्डली मिल गयी है। कुछ गुण नहीं तो राजनैतिक मुख्य-धारा क्या है ? मेरे घर के पास से एक नाला बहता है—ओमती। इसमें सारे शहर का गन्दा पानी बहता है। यह बरसात में तो बड़ी नदी हो ही जाता है, गर्मी में भी लबालब भरा बहता है। उधर 8 किलोमीटर दूर परम पावनी पाप विनाशिनी, बिजली-योजनाओं के भ्रष्टाचारियों को सम्पन्न करनेवाली नदी नर्मदा मैया गर्मी में पतली रेखा की तरह बहती है।

मुख्य धारा कौन-सी है ? इस गन्दे ओमती नाले की या पवित्र नर्मदा की ? राजनैतिक मुख्य धारा वह है, जिसमें चाहे मैला उतराता हो, पर जिसमें बहने से सत्ता के द्वीप पर पहुँचा जा सकता है। दक्षिणपन्थी ऐसी ही सत्ता तक पहुँचाने-वाली किसी गन्दी मुख्यधारा की तलाश में हैं। जनता पार्टी अपने को वह मुख्य धारा मानती है, जिसमें बाकी सब मिल जायें।

'लाइकमाइण्डेडनेस' फालतू झंझट है। एक ही विचारधारा है—सत्ता में पहुँचने की। न गाँधीवाद, न समाजवाद, न साम्यवाद। जनता पार्टी के प्रस्ताव में कहा गया है—हमें 1977 की ज्योति फिर से जलानी चाहिए। 1977 से 1980 तक जली ज्योति के फैलाये अन्धकार को लोग भूले नहीं हैं।

तब हर नेता नंगा था और हर एक के हाथ में मोमबत्ती थी। ऐसी पवित्र ज्योति थी वह ! धीरे-धीरे बिल्ली की तरह दबकर, आहट के बिना ठहरकर, आस-पास देखकर, सभी बिल्लियाँ सत्ता की तरफ बढ़ रही हैं, जिसे ये चूहा समझती हैं। मगर 1977 से '80 तक जनता ने देख लिया कि हर बिल्ली दूसरी बिल्ली के लिए चूहा है।

मगर जिसे भुला दे रहे हैं, वह जनता है। ये नेता जो पाँच साल और बढ़ा गये हैं, समझते हैं कि अब तो हम कामदेव हो गये हैं और जनता सुन्दरी हमारे गले में

माला डालने को उत्सुक है। मगर इन कामदेवों का काम जनता देख चुकी है। 'गैर-कांग्रेसवाद' कोई विचारधारा नहीं है।

जनता अपनी बुनियादी जरूरतें समझती है। वह नेताओं को भी जानती है। 3 साल ही हुए हैं। कोई त्रेता से द्वापर युग नहीं आ गया है कि आप भगवान का नया रूप लेकर आ गये हैं। आन्ध्र, कर्नाटक और दिल्ली में जनता ने बहुत समझकर वोट किया है। जनता आगे बढ़ गयी है और नेता पीछे रह गया है—

काफिले तो बहुत तेज रौ थे
मगर,
रहबरों के कदम लड़खड़ाते रहे।

उन्हें धर्म नहीं, आन्दोलन चाहिए*

सिख खुश हैं कि धर्म सम्बन्धी माँगें सरकार ने स्वीकार कर लीं। अकाली नेता दुःखी हैं और घबड़ाहट में हैं कि धार्मिक माँगें स्वीकार कर ली गयीं। धर्म की जय पर सबसे दुःखी ही वे हैं, जो सबसे जोर से 'धर्म की जय' बोल रहे थे। यह परिस्थिति का व्यंग्य है कि जो माँग आप कर रहे थे, वह मान ली गयी तो आप दुखी हैं और गुस्से में हैं कि माँग मान लीं गयी। जैसे हिन्दू साम्प्रदायिक नेता माँग करते हैं, आन्दोलन करते हैं, धमकी देते हैं कि मन्दिर के पास बूचड़खाने में गोहत्या बन्द की जाय। सरकार यह माँग मान लेती है और गाय काटना बन्द हो जाता है, तो वही गौभक्त नेता हताश और दुखी होकर कहते हैं— यह धोखा है। वे चाहते थे कि गाय कटती जाय और आन्दोलन चलता जाय, जिससे वे दंगा करा सकें, साम्प्रदायिक उन्माद फैला सकें, नेता बने रह सकें, धर्म की राजनीति करें, चुनाव लड़ें और गौमाता के भक्तों के वोट से जीतें। मगर गौमाता का कटना बन्द हुआ तो वह खुद हत्यारी हो गयी। नेताओं के पेट में सींग घुसेड़ दिये।

यही हाल अकाली नेताओं का हो गया। वे रेडियो से गुरुवाणी और भजनों के प्रसारण की माँग कर रहे थे। इससे काफी सिख उनके साथ थे। मगर अब जब रेडियो से गुरुवाणी सुनकर आम सिख खुश हैं तो अकाली नेता को गुरुवाणी गाली लगती है। रेडियो जैसे उनका नाम लेकर गाली दे रहा है।

सन्त लोंगोवाल वगैरह को अब गुरुग्रन्थ साहब गाली की किताब लगता है, क्योंकि इसका रेडियो से पाठ होने से सिखों का उन्माद कम हो गया और अकालियों

* करण्ट, 26 मार्च, 1983

की नेतागिरी ढीली हो गयी, अनुयायी कम हो गये।

इन्दिरा गाँधी ने दूसरी धार्मिक माँग भी मान ली। अमृतसर के स्वर्णमन्दिर तथा दूसरे गुरुद्वारों के आसपास शराब, गोश्त, और तम्बाकू की बिक्री बन्द हो। मगर बाकी अमृतसर में शराब और गोश्त बिकेगा। गुरुद्वारा के पास रहनेवाले सिख शहर की दूसरी दूकानों से शराब की बोतल खरीदें और घर में ठीक गुरुओं के पास पियें। फिर गुरुद्वारा के पास की दूकान बन्द करवाने की माँग का क्या मतलब? मतलब यह कि अकाली नेताओं को चिन्ता थी कि गुरुद्वारा के आस-पास बोतल बिकती रही, तो कहीं गुरु न बिगड़ जायें। उन्हें गुरुओं के शराबी हो जाने की सम्भावना का डर था। तो अब गुरुओं को तो बिगड़ने से बचा लिया। भक्त पियें। पंजाब में सबसे ज्यादा शराब की खपत है। अकाली, गैरअकाली सब पीते हैं। यह ग्रन्थ साहब में लिखा होगा कि धार्मिक सिख डटकर पियें, पर गुरु को गन्ध भी न आने दें। गुरुओं ने यह भी कहा होगा कि सोना 'स्मगल' करो और गुरु-द्वारे में रख दो, हत्या करो और गुरुद्वारे में घुस जाओ; बाहर चार-सौ-बीसी करो, चोरी करो, और गुरुद्वारे में आ जाओ, गुरु रक्षा करेंगे। यह सब गुरुग्रन्थ साहब में लिखा होगा। सन्त और ज्ञानी ने पढ़ा होगा। मैं तो अज्ञानी और अपढ़ हूँ।

तो आम सिख खुश, मगर अकाली नेता की 'प्राकृतिक गैस' निकल रही है कि आन्दोलन का पागलपन कम हो रहा है। इन्दिराजी ने यह भी मान लिया कि सिख 9 इंच की छुरी लेकर हवाई यात्रा कर सकते हैं। मगर 9 इंच के छुरों से हवाई जहाज का अपहरण हो सकता है, यह इन्दिराजी भूल गयीं। वे यह भी भूल गयीं कि कल शैव लोग आन्दोलन करेंगे कि हमें त्रिशूल लेकर विमान यात्रा करने दी जाय। आगे कोई पन्थ माँग करेगा कि मुझे रिवाल्वर लेकर हवाई यात्रा करने दी जाय, तब क्या होगा?

एक माँग और थी अकाली नेताओं की—कि हिन्दी फिल्मों में तथा बाहर सिखों का जो मजाक उड़ाया जाता है, वह बन्द किया जाय। इसे कोई सरकार बन्द नहीं कर सकती। सरदारों के बारे में जो लतीफे प्रचलित हैं, उन्हें कोई कैसे रोके? अँगरेजों ने आयरिशों के बारे में लतीफे बना लिये हैं, जर्मन लोग रूसियों के बारे में लतीफे बनाते हैं। रूसियों ने अमरीकनों के बारे में लतीफे बना रखे हैं। मगर सरदारों के बारे में सबसे अच्छे लतीफे खुद सरदार सुनाते हैं। मैंने सरदारों के बारे में सबसे अच्छे लतीफे सिख लेखक राजेन्द्रसिंह बेदी के मुँह से सुने और सबसे गन्दे लतीफे दूसरे सिख लेखक-पत्रकार खुशवन्तसिंह लिखते-सुनाते हैं। पहले इनके मुँह बन्द किये जायें। राजेन्द्रसिंह बेदी ने बंगाली और सिख की संवेदनशीलता के बारे में लतीफा सुनाया—

एक बंगाली फिल्म लगी थी। वह 'कामेडी' (सुखान्त) थी। फिल्म देखकर बाहर निकले बंगाली से किसी ने पूछा—मोशाय, कैसी फिल्म है? बंगाली ने आँसू पोंछते हुए कहा—सुन्दर, अनेक सुन्दर कामेडी! और फिर आँसू पोंछने लगा। दूसरे थियेटर से 'ट्रेजेडी' (दुखान्त) फिल्म देखकर सरदारजी निकले। किसी ने

पूछा—सरदारजी, कैसी फिल्म थी? सरदार ने अट्टहास करके कहा—अरे फर्स्ट क्लास ट्रेजेडी बाश्शाओ! साले हीरो-हीरोइन दोनों मारे गये!

इन चीजों को कौन सरकार रोक सकती है। जनरल जिया के बारे में पाकिस्तान में खूब लतीफे हैं।

असल में अकाली नेता को धर्म से कोई मतलब नहीं है। धर्म से इन्हें फायदा भी कुछ नहीं है। धन्धे में चार-सौ-बीसी, काला बाजारी, टैक्सचोरी, तस्करी, हत्या, धोखाधड़ी के बाद गुरुद्वारे में गुरुवाणी सुनने, भजन करने, अरदास करने से क्या फायदा? इकबाल ने कहा है—

मेरा सर बसिज्दा हुआ कभी
तो हरम से आने लगी सदा—
तेरा दिल तो है सनम आशना
तुझे क्या मिलेगा नमाज़ में।

अकाली नेताओं को चण्डीगढ़ चाहिए और पंजाब में अकाली-सरकार चाहिए। कुछ कश्मीर-सरीखी पोजीशन चाहिए। धर्म कतई नहीं चाहिए। मगर इन्दिरा गाँधी धर्म दे रही है और कहती है कि दूसरे मसलों पर आगे बात करो। जवाब में ढीले पड़े हुए अकाली नेता सन्त लोंगोवाल को कहना पड़ता है—हम बात नहीं करेंगे। हमारी सारी माँगें मानो, वरना सड़क पर निपट लेंगे। लोंगोवाल को यह कहना पड़ता है क्योंकि उधर स्वर्णमन्दिर में वह सन्त भिण्डरावाला बैठा, कट्टर, धर्मान्ध, हठी—जिसके पास उन्मादी अतिवादी सिखों की हथियारबन्द फौज है, वह आफत कर देगा नरम पड़नेवाले अकाली नेताओं की। अकाली नेता इस तरह फँस गये हैं।

ये विदेशी हैं। ये अभारतीय हैं। संविधान में ऐसी व्यवस्था होनी चाहिए कि ऐसों को जहाज में भरकर हिन्द महासागर में भारतीय जलसीमा के बाहर अन्तर्राष्ट्रीय समुद्र में डाल दिया जाय। ऐसी ही अन्तर्राष्ट्रीय जलसमाधि 'खालिस्तान' वालों को दी जाय।

इधर भी धर्म के क्षेत्र में सब बहुत अच्छा चल रहा है। स्वामी स्वरूपानन्द ने 'परमहंसी गंगा' नाम से भव्यस्थल निर्माण किया है, जहाँ 'त्रिपुर सुन्दरी' की मूर्ति की प्राण-प्रतिष्ठा इन्दिराजी द्वारा पूजा से हुई थी, जिसके 'पुण्य' से वे दक्षिण में चुनाव हारीं। यह सुन्दर पर्यटनस्थल है। शंकराचार्य शतानन्द के तीन चेले थे। विष्णुदेवानन्द, स्वरूपानन्द, महेशप्रसाद श्रीवास्तव। महेशप्रसाद श्रीवास्तव कायस्थ हैं, तो शंकराचार्य हो नहीं सकते थे। वे महेश योगी बने, अन्तर्राष्ट्रीय हुए और अब वे सारे शंकराचार्यों को उनकी माया समेत खरीदने की हैसियत रखते हैं। अभी विष्णुदेवानन्द इस क्षेत्र में आये। उनके साथ स्थानीय भक्त समुदाय था। उन्हें इस क्षेत्र में गोटेगाँव के पास स्वरूपानंन्द के भक्तों ने रोका। स्वरूपानन्द मठ पर अधिकार का केस हार गये थे और विष्णुदेवानन्द जीत गये थे। दोनों के भक्तों में मारपीट की नौबत आ गयी थी। सिर फूटते भक्तों के, पर विष्णुदेवानन्द लौट गये।

मेरी सलाह है कि भक्त एक-दूसरे के सिर न फोड़ें...शंकराचार्यों को आपस में कुश्ती लड़ लेने दें। डाकुओं के भी क्षेत्र तय होते हैं। मोहरसिंह के क्षेत्र में माधोसिंह डाका नहीं डालता था। जेबकतरों के भी रेल के डिब्बे तय होते हैं। एक डिब्बे का जेबकतरा दूसरे के डिब्बे में मुसाफिर की जेब नहीं काटता। शंकराचार्य लोग डाकू और जेबकतरों से ही नैतिकता सीख लें। क्षेत्र तय कर लें, जिससे भक्त न झगड़ें।

अब अफवाह फैला दी गयी है कि आधी रात को शेर त्रिपुर सुन्दरी के दर्शन करने आता है। चमत्कार है। त्रिपुर सुन्दरी शैवों, शाक्तों और अघोरियों की देवी है। सम्भवतः यह सांख्य दर्शन की प्रकृति भी है। पण्डित हजारीप्रसाद द्विवेदी की 'बाणभट्ट की आत्मकथा' में अघोर भैरव बाणभट्ट से कहता है—'देख रे, त्रिपुर सुन्दरी तुझे जिस रूप में मोहित करे, उसे उसी रूप में ग्रहण कर।' अब यों कहा जाय—'त्रिपुर सुन्दरी तुझे यदि कालाबाजारी, मुनाफाखोरी, तस्करी, चार-सौ-बीसी के रूप में मोहित करती है, तो उसे उसी रूप में ग्रहण कर, धर्म की जय!'

अभी स्वरूपानन्द ने कहा कि गायत्री मन्त्र का पाठ और अनुष्ठान केवल ब्राह्मण को और पुरुष को करना चाहिए। यदि स्त्री तथा दूसरी जातियों के लोग गायत्री का पाठ करेंगे, तो उन्हें नुकसान होगा। मन्त्र संस्कृत में है जिसे अब बहुत कम लोग जानते हैं, इसलिए मन्त्र रहस्यमय हो जाता है। फिर लय है और ध्वनि है। ऐसा ही कुरान की आयतों में है, जो अरबी में है, जिसे बहुत कम मुसलमान समझते हैं। पादरी तो बाइबिल पढ़ने को दूसरे लोगों को प्रेरित करते हैं, पर स्वरूपानन्द अपने लोगों को ही अपना मन्त्र नहीं बोलने देते। आधुनिक कविता में भी लय और ध्वनि है। आधुनिक कविता भी मन्त्र है। यह क्या मन्त्र नहीं है?

उदास लोगो!
उठो और फैसला दो
उठो और जिसने कल तुम्हें कुचला था
उसे घोड़े की नाल बना दो।
रात अब भी मौजूद है।

यह भी मन्त्र है। बड़ा जोरदार है।

वेद छपे मिलते हैं बाजार में। मन्त्र भी मिलते हैं। ऋचाओं और मन्त्रों को पढ़ने से कैसे रोका जा सकता है। किसी का एकाधिकार नहीं है। गायत्री मन्त्र है—

ॐ भूर्भुवः स्वः तत्सवितुर्वरेण्यम् भर्गो देवस्य
धीमहि धियो यो नः प्रचोदयात्।

इसमें कोई चमत्कार नहीं है। इसे स्त्री, अछूत, हरिजन, शूद्र, मुसलमान, ईसाई सब पढ़ें। चाहें तो पाठ करें, अनुष्ठान करें। पर इससे कुछ मिलनेवाला नहीं है।

विधायकों की महँगी गरीबी*

आदरणीय विधानसभा सदस्यो,

यह चिट्ठी आपको एक अदना भारतीय लिख रहा है, जिसके वोट से आप विधायक बनते हैं, विधानसभा विश्रामगृह में रहते हैं, सब्सिडाइज़ किया हुआ सस्ता भोजन मेस में करते हैं। विधानसभा कैण्टीन में बारह-पन्द्रह रुपयों में बिकनेवाला तला हुआ मुर्गा आप सिर्फ छः रुपये में खाते हैं। आप चमचों से सेवा लेते हैं, फ्री में कारों में घूमते हैं। यह सब मेरे भारतीय नागरिक के पैसे से करते हैं। बड़ा खर्च उठाता हूँ, मैं तुम्हारे लिए। एक बार सरोजिनी नायडू ने एक विदेशी पत्रकार से कहा था––'यू डू नाट नो हाऊ मच इट कास्ट्स अस टु कीप गाँधीजी पूअर!' यानी तुम नहीं जानते कि गाँधीजी को गरीब रखने के लिए हमें कितना खर्च करना पड़ता है। जनता की, जनता के द्वारा, जनता के लिए सरकार कैसे अपने ही लिए हो जाती है, यह अब्राहम लिंकन को नहीं मालूम था। हमें मालूम है।

आप विधायक हैं। हमारा भाग्य निर्णय करते हैं। हमारा जीवन आपके हाथों में है। हमारे चरित्र और आचरण के आप नियामक हैं। आप ही भ्रष्टाचार निवारण कानून बनाते हैं। आप ही हमारी आमदनी और खर्च अपने हाथ में रखते हैं। आप ही रोटी महँगी करते हैं। आप ही रोटी सस्ती करते हैं। आप हमारे वास्तविक भाग्यविधाता हैं। इसलिए हम चाहते हैं कि आप आराम से रहें, सुख से रहें, स्वस्थ रहें।

जब उमाशंकर दीक्षित दिल्ली में कांग्रेस के हेड टिकिट बाबू थे, तब कई साल विधायक रहे एक वयोवृद्ध (ज्ञान की उम्र नामालूम) नेता फिर विधानसभा का टिकिट लेने पहुँचे। दीक्षितजी ने कहा—क्या आप यह नहीं समझते कि आपकी अब आराम करने की उम्र है। नेता ने जवाब दिया—मुझे विधानसभा में ही आराम मिलता है।

मुझ-जैसा अदना करदाता भारतीय आश्वस्त हुआ कि विधानसभा सिर्फ आराम करने की उत्तम लोकतान्त्रिक संस्था है। मुझे जब कभी ऐसा मालूम होता है कि आपको किसी कारण क्लेश है। मैं चिन्तित हो जाता हूँ।

शायद किसी मुख्यमन्त्री ने यह आदेश दे दिया था कि इस साल शिक्षा-विभाग में कोई तबादले नहीं होंगे। तब आपमें से बहुतेरे बहुत दुखी और परेशान थे। आप लोगों ने मुख्यमन्त्री के इस आदेश का विरोध भी किया था। मुख्यमन्त्री का आदेश सरासर अन्यायपूर्ण था। मास्टरों का घर एक जगह से हटकर दूसरी जगह ज़ाय, इसे रोकने के लिए—इस क्षुद्र बात के लिए विधायक के कोमल दिल को ठेस पहुँचाना बिल्कुल गलत है। मास्टर-वास्टर जानवर हैं—आज इस चरागाह

* करण्ट, 19 मार्च, 1983

में, कल उस चरागाह में। मगर तबादले का सीजन विधायक के लिए वसन्त है। वासन्ती बयार बहती है। सुन्दर फूल खिलते हैं। उद्दीपनकारी वातावरण होता है। विधायक स्वर्गसुख में होता है, शिक्षा-विभाग तो लीद करनेवाला मुहकमा है।

कुछ ऐसे विभाग हैं, जो सोने और हीरे का दस्त करते हैं। इन विभागों में जब तबादले कराने या रुकवाने का काम विधायक करता है, तब उसे सोने से तौलने की इच्छा होती है। किसी मुख्यमन्त्री ने तो हर विधायक को अधिकार दे दिया था, कि तुम पाँच तबादले करवा या रुकवा सकते हो। कितना भावात्मक कार्य था यह ! इस देश का हर आदमी जानता है कि तबादले के जीवन को सफल, सार्थक और सुखी बनाने के लिए पैसे जरूरी हैं।

श्रद्धास्पदगण, आप लोग हमारे लिए आचरण-संहिता बनाते हैं। आप महान हैं। हम आपका मंगल चाहते हैं। आज जो मैं आप विधायकों को लिख रहा हूँ, यह इसलिए कि मैंने एक समाचार पढ़ लिया है, जिससे मुझे आप लोगों के बारे में चिन्ता हो गयी है। समाचार यह है—सरकार ने बताया है कि विधायकों की चिकित्सा में 32-35 लाख खर्च हुए। ऐसे आँकड़े हर साल दिये जाते हैं कि विधायकों के इलाज पर 25 लाख या 30 लाख, या 35 लाख खर्च हुए। मैंने पहले भी चिन्ता तो की, पर आपको लिखा नहीं। इस बार मैं इतना घबड़ा गया कि आप लोगों को सार्वजनिक पत्र लिखकर छपवा रहा हूँ, ताकि आप सब पढ़ लें, जनता भी पढ़े और चिन्तित हो कि हमारे विधायकों को जिन्हें हमने चुनकर स्वस्थ भेजा था, कैसी बीमारियाँ हो गयीं कि उनके इलाज पर हमारा 32 लाख रुपया खर्च हो गया। वैसे 32 लाख नहीं, 32 करोड़ रुपये हम आपके स्वास्थ्य के लिए खर्च करने को तैयार हैं। पर हम जानें तो कि आप लोगों को कौन-सी कठिन बीमारियाँ हो गयीं कि 32 लाख रुपये इलाज में लगे। विधायक बनने के पहले भी तो आप बीमार पड़ते रहे होंगे, तब क्या ओझा की झाड़-फूँक से आप अच्छे हो जाते थे?

श्रद्धेय, आप लगभग सवा तीन सौ विधायक हैं। इनमें से औसतन सवा दो सौ विधान सभा-सदस्य अधिवेशन के समय राजधानी में विधायक विश्रामगृह में रहते हैं। वहाँ आप लोगों के चिकित्सा केन्द्र हैं, जहाँ रात-दिन डॉक्टर बैठता है। जरूरी दवा फौरन मँगाकर देता है। फिर मेडिकल कॉलेज का अस्पताल है आपके लिए, यूनानी शफाखाना भी है। आपमें से आखिर कितनों को कौन-से कठिन रोग हो जाते हैं कि इलाज में 32 लाख रुपये लग जाते हैं। विधानसभा में जब अविश्वास का प्रस्ताव होता है, तब आप सब लोग वहाँ पहलवानों की तरह स्वस्थ दिखते हैं, फिर आप सख्त बीमार कब पड़ जाते हैं कि 32 लाख खर्च करना पड़ता है?

मैं बहुत चिन्तित था, तो मैंने उन डॉक्टरों से पूछा जो वहाँ आपकी सेवा में तैनात रहते हैं। उन्होंने बताया। यह बताने के पहले मैं आपको एक बात बता दूँ। मैं रूस यात्रा करके लौटा तो एक जगह मेरा भाषण था। मैंने बताया कि रूस में 3-4 शहरों में डबलरोटी खरीदनी नहीं पड़ती। लोग स्टोर जाकर जरूरत की रोटी

सुबह और शाम बिना दाम के ले आते हैं। मेरे भाषण के बाद दो विधायकों ने मुझसे पूछा—क्यों साहब, कोई कितनी भी रोटी मुफ्त ला सकता है! मैंने कहा—हाँ, ला सकता है। पर जरूरत की ही लायेगा। सुबह फिर ताजा रोटी मिल जायगी। अगर टोकरी भरकर कोई ले आये तो रोटी खराब हो जायगी। विधायकों का यह आशय था कि अगर कोई चीज मुफ्त मिल रही है, तो फिर टोकरी या बोरे में भरकर ले जाना चाहिए। यह घटना आपकी मानसिकता और मुख्य चेतना बताने के लिए मैंने बयान की।

अब सुनिए। डाक्टरों ने बताया कि बीमार बहुत कम विधायक पड़ते हैं। मामूली-सा बुखार होता है, जिसकी मामूली दवा हम देते हैं। फिर ये 32 लाख किस तरह खर्च होते हैं?

डाक्टरों ने कहा—हमारी नाक में दम है। काफी विधायक हैं जो हर 3-4 दिनों में आकर कहते हैं—कमजोरी लग रही है, ताकत की दवाई की शीशी, प्रोटीन का डिब्बा और थ्रेपटिन बिस्किट का डिब्बा दे दीजिए। 3-4 दिन बाद आकर फिर ताकत की दवा की शीशी, प्रोटीन का डिब्बा और थ्रेपटिन बिस्किट का डिब्बा ले जाते हैं। इतना सब 3-4 दिन में कोई खा ले, तो मर जाय। जिन्हें कोई बीमारी नहीं वे भी ये चीजें ले जाते हैं। उधर यूनानी दवाखाने का हकीम रोता है कि विधायकों के लिए याकूती (ताकत की) दवा बनाते-बनाते परेशान है। इतनी दवा से तो एक-चौथाई शहर की मर्दानगी लौट आये।

मैंने डाक्टर से पूछा—ये इन दवाओं का क्या करते हैं? डाक्टरों ने कहा—घर भेज देते हैं। दोस्तों में बाँट देते हैं और क्या होता है। इस अखबार में पढ़ लीजिए। अखबार में समाचार था कि विधायकों के नाम निकाली गयी दवाएँ शहर की कुछ खास दूकानों में बेची जाती हैं।

श्रद्धेय, आप हमारे लिए आचरण-संहिता बनाते हैं, मुझे आपसे कुछ नहीं कहना है। मुझे सिर्फ आपके स्वास्थ्य की चिन्ता है। चाहे 32 करोड़ खर्च हों, आप स्वस्थ, सम्पन्न, खुश रहें।

आपका एक श्रद्धालु
भारतीय करदाता
नागरिक

ये माजरा क्या है रीगन साहब !*

जनाब रीगन साहब,

यह चिट्ठी आपको देर से मिलेगी, हालाँकि मैं गुटनिरपेक्ष सम्मेलन समाप्त होते ही लिख रहा हूँ। हमारे इधर डाक की व्यवस्था बहुत गड़बड़ चल रही है। वैसे आपको अपने दूतावास और सी. आई. ए. से समाचार मिल चुके होंगे। मगर इनका भरोसा आप कम किया कीजिए। ये गलत खबरें देते हैं। हमारे अखबार के क़ामिक कॉलम में छपा था कि पिछली बार जब इन्दिरा गाँधी से आपकी भेंट हुई थी, तब आपने कहा था—आप महान स्त्री हैं। आखिर आप महात्मा गाँधी की बेटी हैं। जब इन्दिराजी ने कहा कि मैं जवाहरलाल नेहरू की बेटी हूँ। तब आपने कहा—हाँ, जवाहरलाल नेहरू का नाम सुना है। मगर हमारा दूतावास हमें ठीक जानकारी नहीं देता। यह सही है, मगर आपका अपना अज्ञान तो काबिले-तारीफ है। अज्ञानता राजनेता की शोभा है। किसी ने लिखा है कि ब्रिटेन के किसी अर्थ-मन्त्री के सामने सचिव ने कागजात रखे, जिनमें आँकड़े थे। मन्त्री ने पूछा—यह 'डॉट' (.) क्यों फालतू लगा दिया जाता है। अर्थमन्त्री दशमलव नहीं जानते थे। हमारे यहाँ भी एक स्वास्थ्य मन्त्री मेडिकल कालेज मुआइना करने पहुँचे, तो वहाँ उन्हें 'रेडियोलाजी' का बोर्ड दिखा। उन्होंने डीन से कहा—हमारा रेडियो खराब हो गया है। यहाँ से किसी को उसे ठीक करने भेज देना।

खैर छोड़िए। कामिक कॉलम में गप्प लिखी होगी, और अमरीकी प्रशासकों को रूज़वेल्ट के बाद से अपने अज्ञान पर गर्व रहने लगा है। उन्हें इस बात पर भी गर्व है कि हम अनुभवों से, चाहे वे कितने ही विकट हों, कभी कुछ नहीं सीखते। पहले के राष्ट्रपति बेवकूफ रहे होंगे जिन्हें कुछ सीखने की जरूरत पड़ती होगी। आपके सामने लिंकन, जेफर्सन वगैरह बहुत छोटे हैं।

देखिए, मैं मूल बात भूल रहा हूँ। चिट्ठी मैं इसलिए लिख रहा हूँ कि जैसा आपने चाहा था, गुटनिरपेक्ष शिखर सम्मेलन सफल होकर समाप्त हो गया। सब कह रहे हैं कि सम्मेलन बहुत सफल रहा। राजनेता, अखबार, बुद्धिजीवी, साधारण आदमी सब कहते हैं कि बहुत सफल रहा, पर सफल कैसे रहा? इस सम्मेलन में 101 देशों के नेताओं में से 80 ने आपको गालियाँ दीं। सभ्य गालियाँ दीं। बाकी बचे 21 ने गालियाँ तो नहीं दीं, पर जब आपको गालियाँ दी जाती थीं, तब वे मुण्डी जरूर हिलाते थे। यानी सम्मेलन की सफलता इस बात से नापी जाती है कि वहाँ कितने लोगों ने आपको कितनी और किस-किस तरह की गालियाँ दीं और यह कि लोग तालियाँ पीट रहे थे। अगर दुनिया की राजनीति का यही स्टैण्डर्ड हो गया है, तो जिस देश के पास 15-20 करोड़ खर्च करने को हैं, वह एक छोटा-सा सम्मेलन

* करण्ट, 2 अप्रैल, 1983

बुला लेगा। वहाँ राजनेता आपको गालियाँ देंगे और अखबारों में हल्ला मचेगा कि सम्मेलन सफल हुआ। जनाब, आप इससे परेशान तो नहीं होते होंगे। यह तो इण्डिया है, आपके दोस्त और अहसान से दबे पश्चिमी जर्मनी, फ्रांस, इटली और ब्रिटेन के लोग भी शान्ति-रैली निकालते हैं, आपको गाली देते हैं कि आप हत्यारे हैं और बाद में ऐलान करते हैं कि रैली सफल रही। कम-से-कम अपनी भाभी मार्गरेट थैचर से तो कहिए कि गाली बन्द करवायें। मगर आप स्टण्ट फिल्मों के पके हुए एक्टर हैं। स्टण्ट एक्टर को कोई लात मारकर धूल चटा देता है, तो वह उठता है, धूल झाड़ता है और अकड़कर घोड़े पर बैठकर फिर पिस्तौल तान लेता है।

आपको आपका दूतावास नहीं बतायेगा। वह रहस्य मैं बताता हूँ। यह सम्मेलन इसलिए सफल हुआ कि आपने इन्दिरा गाँधी को पत्र लिखा था कि आप इस सम्मेलन की सफलता की कामना करते हैं और विश्व में शान्ति चाहते हैं। ऐसा ही सन्देश रूसी नेताओं का भी आया था। पर उसे दिल्ली में मजाक ही माना गया। ये रूसी नेता शान्ति-शान्ति हमेशा ही चिल्लाते रहते हैं। इनका क्या भरोसा, मगर रीगन साहब ने सफलता चाही है तो अब सम्मेलन को सफल करना ही होगा। तो साहब, भारत सरकार, राजनेता और दिल्ली के लोग शहर को सजाने में लग गये। अहा, कैसी सतरंगी सजावट की! चौराहों की छटा देखने लायक! और सम्मेलन-स्थल विज्ञान भवन और उसके आसपास तो ऐसी सजावट जैसे रईस की बारात आ रही हो। फर्क सिर्फ इतना कि रईस का फूहड़पन सजावट में नहीं था।

साहब, यह सब किसलिए? यह सौन्दर्य क्यों बिखेरा गया था? ऐसा विश्वास लोगों का था कि आप खुद पधारेंगे। इतनी ललकभरा पत्र था आपका इन्दिराजी को कि अखबारों में पढ़कर लोग कहते थे—रीगन साहब का मन नहीं मानेगा। वे बड़े भावुक हैं। वे कशिश में खिंचे चले आयेंगे। खुले नहीं, तो रूप और वेश बदलकर आ सकते हैं। जब मोरारजी भाई के प्रेमवश काने मोशे डयान कानापन छिपाकर आ गये थे, तो मेकअप कराके आप काने बनकर भी आ सकते थे। वैसे कानापन हमारे यहाँ अपशकुन माना जाता है। मंगल कार्य में काने को लोग नहीं चाहते हैं। आप मालिक हैं। आप ऐंचकताना बनकर भी आ सकते थे, जो ज्यादा खतरनाक माना जाता है।

शायद आप आये हों।

सम्मेलन में आपकी बहुत तारीफ हुई! ऐसा लगता था कि भगवान है ही नहीं, या रिटायर हो गया है। दुनिया में भगवान को जो करने के लिए जिम्मेदार माना जाता है, उससे ज्यादा करने के लिए आपको माना गया। हमारे यहाँ शंकर भगवान को विश्व का संहारक माना गया है। इस सम्मेलन में विश्व का संहारक आपको लगभग सबने कहा, यानी हमारे भगवान की आपने खटिया खड़ी कर दी। अब बजायें डमरू और नाचें।

ज़रा देखिए किन-किन कर्मों के लिए आपको जिम्मेदार माना गया।

साम्राज्यवादी—अमरीका, शोषक—अमरीका, मल्टीनेशनल, जंगखोर—

अमरीका, दखलन्दाज—अमरीका, स्वाधीनताशत्रु—अमरीका, षड्यन्त्रकारी—अमरीका, लड़ानेवाला—अमरीका, शान्ति का दुश्मन—अमरीका, देशों की गरीबी का जिम्मेदार—अमरीका, युद्ध भड़कानेवाला—अमरीका, दुनिया का नाश करनेवाला—अमरीका। इतने पराक्रम पर आपको हमारे यहाँ के दस महावीर चक्र और दस परमवीर चक्र मिल जाते।

रीगन, आपके भक्त सिंगापुर ने प्रयत्न किया था विघ्न डालने का, उनके विदेश मन्त्री ने पहले तो वादा दिया था कि कम्पूचिया का मामला नहीं उठायेंगे और आम राय मानेंगे। मगर बैठक में मामला उठा दिया और उस पर मतदान की माँग करने लगे। ये दोमुँहापन है, जो भक्तों का सद्‌गुण है। पर उन पर कई देश इस तरह झपट पड़े, जैसे मुहल्ले में अकस्मात आ गये पागल पर लोग झपटते हैं। इसके बाद प्रधानमन्त्री और विदेशमन्त्री सिंगापुर लौट गये। हिन्दी अखबारों में छपा—भाग खड़े हुए! अँगरेजी में छपा—फ्लेड अवे! यह जानकर आप खुश होंगे। जनरल जिया-उल-हक़ ने भी आपके सेवक का फर्ज़ अदा किया। पर वे फौजी वर्दी में नहीं थे, इसलिए खुद डर रहे थे।

मेरी प्रार्थना है कि फिदेलकास्त्रो का सवा दो घण्टे का भाषण कतई न पढ़ें। एक तो उसने यह कहा कि मुझे तथा मेरे साथियों की रीगन प्रशासन हत्या करना चाहता है। मेरा खयाल है, यह गलत है। आपकी हैसियत सूअर मारने की है, सो क्यूबा में आपने दो साल पहले बीमारी फैलाकर हजारों सूअर मार डाले थे। कास्त्रो को मारने की आपकी हैसियत नहीं है। मगर सवा दो घण्टे वह बोलता रहा और कविता जैसा बोलता रहा और आप पर आरोप-पर-आरोप लगाकर धिक्कारता रहा। धिक्कार का सवा दो घण्टे लम्बा काव्य कहीं नहीं मिलेगा। आप इसे पढ़ेंगे, तो अस्पताल जाना पड़ेगा।

मेरी सलाह है कि आप इन्दिरा गाँधी का भाषण भी मत पढ़िए। इन्दिराजी स्त्री हैं, आभिजात्य है, पालिश्ड है, सुरीली आवाज है, शब्द भी वे दूसरे इस्तेमाल करती हैं। बड़ी मीठी लगती हैं, मगर बातें उन्होंने वही कहीं जो फिदेलकास्त्रो ने जोश और गुस्से से कही थीं—जी हाँ, ठीक वही बातें। दोनों ही एक जैसे हैं। इस दुष्ट संसार में किसी का भरोसा नहीं।

मैडम कर्क पेट्रिक तक मेरा शोक सन्देश पहुँचाने की कृपा कीजिए। आपके आशीर्वाद से सम्मेलन सफल रहा।

आपका भक्त
एक गरीब इण्डियन

मनुष्य का गोश्त बच्चे भी क्यों न चखें ?*

जो शासक जितना अधिक भ्रष्टाचारी हो, उसे प्रजा को सदाचारी बनाने का उसी अनुपात में प्रयत्न करना चाहिए। यह निर्देश चाणक्य का नहीं है। पर हमारे जमाने में अगर चाणक्य का अवतार होता, तो दूसरा चाणक्य यही नीति-निर्देश शासकों को देता। वर्तमान शासक यही नीति अपना रहे हैं। बिहार के मुख्यमन्त्री जगन्नाथ मिश्र हैं। कोई भी हिन्दी या अंगरेजी का साप्ताहिक पत्र उठाता हूँ, तो उसमें 4-5 पृष्ठ जगन्नाथ मिश्र की भ्रष्टाचार-कथा के होते हैं। दैनिक अखबारों में तो रोज ही यह पुण्यकथा टुकड़े-टुकड़े आती है। रामायण में तो 7 काण्ड हैं, मुख्यमन्त्रियों के सौ-सौ काण्डों के महाकाव्य बन चुके हैं। मैं अब साप्ताहिक पत्र खोलते डरता हूँ। पत्र के कवर पर अगर जगन्नाथ मिश्र का चित्र हो, तो इस डर से कि भीतर 'स्टोरी' होगी, मैं उस पत्र को पढ़ता ही नहीं। इनका यशोगान पढ़ते-पढ़ते लोग तंग आ गये हैं।

मगर मिश्रजी की आध्यात्मिक उदात्त भावना को देखिए कि वे बिहार के युवा छात्रों को सदाचारी बनाना चाहते हैं। यह सारे देश में विश्वविद्यालयों में परीक्षाओं का मौसम है। बिहार में 'लार्ज स्केल' (बड़े पैमाने) पर परीक्षाओं में नकल हो रही है। दूसरे भ्रष्ट साधन अपनाये जा रहे हैं, जैसे पेपर आउट करना। जगन्नाथ ने नकल तथा भ्रष्ट तरीके रोकने के लिए कठोर कार्यवाही करने के आदेश दिये हैं। महाराष्ट्र में पहले अध्यादेश था, जो अब कानून बन गया है। इसके मुताबिक नकल करनेवाले छात्र को जेल की सजा और जुर्माना होगा। पेपर आउट करने-कराने पर भी जेल होगी। पेपर आउट कराने के लिए पिता या अभिभावक, जो भी पैसे देगा, उसे भी सज़ा होगी।

यह मौसम परीक्षा का ऐसा है कि अध्यापकगण खतरे में रहते हैं। अध्यापक उदास है और भयभीत स्वर में कहता है—कल से 'इनविजिलेशन' की ड्यूटी लग गयी है। यानी अदालत में फाँसी की सज़ा हो गयी है, बस टँगने की देर है। नकल पकड़ने गये, तो सिर फूटता है या छुरा घुसता है, कुछ ठिकाना नहीं। विश्वविद्यालय अध्यापकों के उड़नदस्ते परीक्षा-केन्द्रों पर भेजते हैं, तो उन पर पत्थर बरसते हैं। मेरी जानकारी में एक महाविद्यालय में तो उड़नदस्ते पर पत्थर फेंकने का नेतृत्व खुद प्रिन्सिपल कर रहे थे। वहाँ सामूहिक नकल हो रही थी। एक लॉ कालेज में सामूहिक नकल की परम्परा ही पड़ गयी थी। वहाँ की कापियाँ जाँचने के लिए दिल्ली विश्वविद्यालय के अध्यापक के पास गयीं, तो बेचारे ने वे कापियाँ वापस कर दीं इस नोट के साथ कि मुझमें इन कापियों को जाँचने की योग्यता नहीं है। ये छात्र नहीं हैं, वरन् कानून की 'अथॉरिटी' (अधिकारी विशेषज्ञ) हैं।

* करण्ट, 9 अप्रैल, 1983

इनके बराबर ज्ञान तो मुझमें भी नहीं है। दादा लोग हैं। छुरा खुला हुआ डेस्क पर रखकर किताब से नकल करते हैं। एक-दो को जानता हूँ, जिन्होंने डेस्क पर छुरा रख-रखकर एम. ए. और एल. एल. बी. कर लिया और छुरा दिखा-दिखाकर प्रोफेसर से थीसिस लिखवाकर पी-एच. डी. भी कर ली। दादा लोग अध्यापकों की ड्यूटी लगा देते हैं। परीक्षा-केन्द्र के पास मकान में हर जरूरी विषय के अध्यापक पुस्तकें लिये बैठे रहते हैं। पेपर आता है और वे एक-एक प्रश्न के उत्तर साइक्लो-स्टाइल कराके परीक्षा-भवन में भेजते जाते हैं। एक कालेज की प्रबन्ध समिति का सदस्य था। परीक्षा के वक्त यों ही पहुँचा, तो धूप में 25-30 युवक खड़े हैं, जो भीतर अपने-अपने चेलों को प्रश्नों के उत्तर भेज रहे हैं। मैंने प्रिन्सिपल से कहा-- जब इस नैतिकता को स्वीकार ही कर लिया गया है, तो इन लोगों को तकलीफ क्यों हो, इनके लिए शामियाना लगवा दो और ठण्डे पानी के घड़े रखवा दो।

और भी उज्ज्वल बात यह है कि कुछ अध्यापक खुद नकल करवाते हैं। ज्यों ही जासूस ने खबर दी कि उड़नदस्ता आ रहा है, सारी किताबें बाथरूम में छिपा दीं। खतरा टल गया, तो फिर किताबें निकाल लीं।

उन्नीस-बीस नहीं, तो पन्द्रह-बीस का फर्क पड़ सकता है। पर होंगे वही मूल्य। शिक्षण केन्द्रों में कम भ्रष्टाचार नहीं है। गुरुकुलों, ऋषि-मुनियों, शिक्षा की पवित्रता, आदर्श आदि की बात करना पाखण्ड है। जो यथार्थ है, वह यह कि शिक्षा के क्षेत्र में पढ़ने और पढ़ानेवाले आमतौर पर भ्रष्ट हैं। अपवाद जरूर है, अनुपात भी कम है। पर वस्तुस्थिति यही है, इसे लोग जानते हैं।

पर भ्रष्ट शासक, भ्रष्ट समाजनेता, भ्रष्ट उपदेशक, भ्रष्ट तथाकथित देश-सेवक छात्रों को सदाचारी बनाना चाहते हैं, तो अच्छी बात है। महान् चीनी लेखक लूशुन की बहुत मशहूर कहानी है—'एक पागल की डायरी।' इसमें अन्त में वह 'पागल' लिखता है—'हम चार हजार सालों से मनुष्य का गोश्त खा रहे हैं। बच्चों ने इसे नहीं चखा है। इन बच्चों को बचाओ।'

हमारी प्राचीन सभ्यता और संस्कृतिवाली जाति भी पाँच हजार सालों से मनुष्य का मांस खा रही है, सिर्फ मनु महाराज के नियम देख लीजिए—जैसे शूद्र यदि द्विज का नाम भी घृणा से ले, तो उसके मुँह में लोहे की गरम छड़ ठूंस दी जाय। यदि शूद्र राजा या ब्राह्मण को उसका कर्त्तव्य बताने की धृष्टता करे, तो उसके मुँह और कान में गरम तेल डाल दिया जाय, मगर यदि ब्राह्मण शूद्र को मार डाले, तो उसे उतना ही प्रायश्चित करना पर्याप्त होगा, जितना सूअर और कुत्ते को मारने के लिए।

हैं न हम लोग मनुष्यभक्षी सदियों से? और हम मनुष्य खानेवालों ने असम के छात्रों को, जिन्होंने नरमांस का स्वाद नहीं लिया था, नरमांस खाना सिखा दिया है। अच्छा है कि दूसरी जगह के छात्रों को हम नरभक्षी बनने से बचाना चाहते हैं।

इन कड़े कानूनों से नकल रुकेगी, यह कुछ निश्चित नहीं। कौन नकल पकड़ेगा? कौन झंझट लेगा? कौन खतरा उठायेगा। पुलिस क्या एक बला और मोल लेगी?

जिन पर 10-10 गिरफ्तारी के वारण्ट हैं, ऐसे छात्र-नेता तो पुलिस के साथ दारू पीते हैं। नेता को गिरफ्तार करके छात्र-हुल्लड़ की मुसीबत पुलिस क्यों बुलाये? डर से डरपोक लड़के नकल न करें, इतना हो सकता है।

साधारण गरीब और निम्न-मध्यवर्ग के लड़के पढ़ना चाहते हैं, ईमानदारी से परीक्षा भी देना चाहते हैं। वे जल्दी डिग्री लेकर नौकरी करना चाहते हैं, जिससे परिवार की गर्दिश कम कर सकें।

माँ-बाप अपना पेट काटकर उनके लिए फीस और पुस्तकों का इन्तजाम करते हैं। छोटे भाई-बहिन फटे कपड़े पहनते हैं—बड़े भैया की पढ़ाई और नौकरी के लिए। ऐसे लड़के सौ में नब्बे होते हैं। मगर इनके दुश्मन होते हैं, बिना उद्देश्य, बिना ध्येय के हुल्लड़बाज छात्र-नेता, जो दस-पन्द्रह साल विश्वविद्यालयों और कालेजों में आतंक पैदा कर हरामखोरी कर जिन्दा रहते हैं। ये सम्पन्न घरों के या सामन्ती अपराधी पारिवारिक संस्कार के, या जीवन में अपराध को ही धन्धा बनानेवाले होते हैं। नकल यही करते और करवाते हैं।

इनकी दुर्गति भी होती है क्षणिक, जब किसी कठोर पुलिसवाले से पाला पड़ जाता है। इधर एक विश्वविद्यालय के 2-3 कालेजों में पुलिस की निगरानी में परीक्षा होती है। पुलिस थानेदार इन रंगदारों से कह देता है—सालो, खिड़की के बाहर झाँका कि कनपटी फट जायगी। परीक्षा हॉल से किसी बहाने ऊधम करके बाहर निकले तो इतने डण्डे पड़ेंगे कि दोनों टाँगें टूट जायेंगी। तो परीक्षा शान्ति से हो जाती है। बस पेपर निकालने का काम कान्स्टेबलों को और जाँचने का काम हवलदारों को दे दिया जाय, तो शिक्षा-व्यवस्था ठीक हो जायगी।

आम अच्छे लड़के भी नकल क्यों करते हैं? एक तो इस कारण कि बहुत अध्यापक पढ़ाते नहीं हैं। क्लास ही नहीं लेते। इन अध्यापकों के लिए भी दण्ड की व्यवस्था होनी चाहिए। फिर भला लड़का भी सोचता है कि दूसरे कई नकल कर रहे हैं, उनका ऊँचा स्थान हो जायगा और मैं क्लास नहीं पाऊँगा। तीसरा कारण है नकल का सर्वव्यापी वातावरण। उसे बुरा नहीं माना जाना।

मूल है—बेकारी की समस्या! सारी बुराइयोंकी जड़ है बेकारी की सम्भावना। अगर शिक्षा की निश्चित योजना और उद्देश्य हो, अगर डिग्री मिलते ही युवक को नौकरी मिलना तय हो, तो लड़के मन लगाकर पढ़ेंगे और ईमानदारी से परीक्षा देंगे। अभी बहाने बनाकर परीक्षाएं टलवाते हैं। पास होने पर नौकरी पक्की हो तो वे हाथ जोड़कर कहेंगे—सर, दो महीने पहले ही परीक्षा ले लीजिए, ताकि हम जल्दी नौकरी पर चलें। बिना बेकारी खत्म किये ये कोई समस्याएँ हल नहीं होंगी।

सरकारों ने छात्रों के लिए तो दण्ड-विधान कर दिया। मगर गुरुओं के लिए? किसी चाणक्य या मनु से गुरु के लिए भी दण्ड-विधान बनवा लेते। जो मोटा वेतन लेते हैं, पर पढ़ाते नहीं। जो पक्षपात करते हैं, जो धनियों से पैसे लेकर पहला दर्जा देते हैं, जो गुरुपत्नी के लिए सोने की चेन लेकर डॉक्टरेट देते हैं, जो गरीब आदिवासी छात्रों को 8-8 महीने स्कॉलरशिप नहीं लेने देकर भूखा मारते हैं, जो शोध-

छात्रों की फेलोशिप आधी खुद खा जाते हैं, जो द्वेष के मारे मेधावी तरुणों की जिन्दगी बरबाद करते हैं। इनकी भी नाक-कान काटने, आँख फोड़ने, जीभ काटने का दण्ड-विधान होना चाहिए। बहरहाल, हम तो 5 हजार सालों से मनुष्य का मांस खा रहे हैं। जिन्होंने उसे नहीं चखा है, उन्हें बचाने की कोशिश करें। मेरा एक ही प्रश्न है—जब सत्ताधारी और नेता तथा सारे बड़े लोग जानते हैं, मानते हैं और जिनके पास जीवन से प्रमाणित यह सत्य है कि दुराचरण से ही सुख, सफलता और सम्पत्ति मिलते हैं तो सदाचार सिखाकर इन छात्रों की जिन्दगी क्यों बरबाद करने पर तुले हैं?

दस्यु सुन्दरी और कोयला सुन्दरी*

'दस्यु सुन्दरी' विशेषण से अखबारों में प्रचारित फूलन से जो लोग ऊब गये हैं, उनके लिए मेरे पास एक नया आकर्षण है। 'दस्यु सुन्दरी' जिसे कहा जाता है, वह फूलन कुरूप है। गँवार है। बदजबान है। भेड़ियों की मादा है। वह सुन्दरी कतई नहीं है। मैंने उसके 100 फोटो तो देखे होंगे। वह कुरूप है, घृणास्पद है। एक पत्रकार ने लिखा है—जो उसके शरीर की बदबू बरदाश्त कर सके, वह उसके साथ सो सकता है, बशर्ते वह मर्द दूसरे इच्छुकों को गोली मारने की हिम्मत रखता हो। अगर वह आकर्षक है, तो पुलिस अफसर भी उसे सुगन्धित साबुन से नहलाकर उसके साथ सो सकता है। गाँव की लड़की, गँवार बूढ़े से ब्याही, परिवार में चचेरे भाई की हत्या करने को तैयार। इलाके में हिंसा, कोई भी किसी को मार डाले। जिसमें लाठी और बन्दूक का दम हो वही उस लड़की से बलात्कार कर ले, पुलिस शक में उसे बन्द कर ले, छूटने पर डाकू उठा ले जायें। जिस डाकू में दम हो, वह उसी की रखैल हो जाय। औरत साथ होने से डाकू गिरोह रूमानी हो जाता है। जवान औरत बन्दूक चलाती है, डाकू गिरोह के साथ है, तो वह पत्रकारों के लिए 'दस्यु सुन्दरी' हो जाय। फिर वह समर्पण करे, तो खासा नाटक हो और वह मेनका, रम्भा, उर्वशी हो जाय। पत्रकार ने पूछा—तुम 7-8 दिनों से कहाँ छिपी थीं। सुन्दरी के मधुर मोहक स्वर निकले—तेरी माँ की—में!

गुटनिरपेक्ष सम्मेलन को अखबारों में कम जगह दी गयी, फूलन को ज्यादा जगह मिली। पाठक इस देश का महामूर्ख मान लिया गया है। उसे विश्वशान्ति से बड़ी फूलन लगती है। फिदेल कास्त्रो जैसा क्रान्तिकारी 'हीरो' फूलन से. एक बटा

* करण्ट, 23 अप्रैल, 1983

दस प्रचार पा रहा था।

यह मूल्यगत चेतना है। अपराधप्रियता है। मादा के प्रति जंगली प्रवृत्ति है। हल्की मानसिकता है। श्लथ, कर्मशील, जीवन की उत्तेजना की माँग है। क्रान्ति-कर्म न कर पाने की कायरता के इलाज के लिए फूलन ताकत की गोली है। आदिम हिंसा के प्रति आकर्षण है। समाज को न बदल पाने की नपुंसकता को इस हत्यारी औरत के बहाने छिपाया जा रहा है। शर्म पूरी चली गयी होती, तो फूलन को 'जान ऑव आर्क' बना देते। शोषित वर्ग में पैदा हुई एक अभागिन दयनीय लड़की बदमाशों के चक्कर में पड़ते-पड़ते डाकुओं द्वारा उड़ा दी गयी। मजबूरी में उसने बन्दूक ली, क्रूर हुई, अपराध करने लगी। आत्मरक्षा के लिए उसे जरूरी था कि वह इस या उस डाकू के साथ सोये, हत्या करे, आतंक फैलाये मगर वह 'दस्यु सुन्दरी' हो गयी। रूमानी हो गयी। जिस जाति में बच्चे की बलि को धर्म-साधना माना जाय, विधवा को पति की चिता में डाल देना नैतिकता माना जाय, जिस धर्म में ऐसी कथा हो कि मोरध्वज और उसकी पत्नी भगवान को खुश करने के लिए बेटे को आरी से चीरते हैं, जिस देश में मनु महाराज विधान देते हैं कि यदि द्विज शूद्र को मार डाले तो वह उतना ही प्रायश्चित करे, जितना सूअर या कुत्ते को मारने पर—उस जाति की संवेदना, मूल्यचेतना, मानव-गरिमा की भावना, अध्यात्म चेतना को फूल चढ़ाये जायें या उस पर थूका जाय।

बहरहाल, जो फूलन से ऊब गये हैं, उनके लिए मेरे पास दूसरा मसाला है। यह दस्यु सुन्दरी नहीं, 'कोयला सुन्दरी' है। 'कोयला सुन्दरी' का मतलब यह नहीं कि काली है। वह गोरी और वास्तविक सुन्दरी भी हो सकती है। जो अखबार आज का मेरे सामने है, उसमें वह 'ठग सुन्दरी' बतायी गयी है। वह रिपोर्ट के अनुसार मध्यवर्गीय है। इसलिए उसमें रूमानी और चमत्कार की ज्यादा सम्भावना है। उसका नाम नीतू है। याद करो—नीतूसिंह एक सुन्दर अभिनेत्री है, जो फिलहाल पर्दे पर नहीं, पर्दे में है। वह नीतू देवी अपने तथाकथित पति के साथ मेरे पास के नगर कटनी में कोयले की ठगी कर रही थी। अपने को राजस्थान के बहुत बड़े कोयला व्यवसायी बताकर वे कटनी में कोयला व्यापारियों से पेशगी लेकर ऑर्डर बुक कर रहे थे। सुन्दरी नीतू ने कुछ धन्धे से और कुछ रूप से एक व्यापारी से 30 हजार का ड्राफ्ट ले लिया और उसे भुना भी लिया। वे लोग कटनी से लगभग 150 किलोमीटर दूर इमलई में पकड़ लिये गये। 'कोयला सुन्दरी' इन लाइनों के लिखने तक जेल में है।

जमानतें होती होंगी। मगर इस ठगनी 'कोयला सुन्दरी' को छोड़ना नहीं चाहिए। इसमें अनन्त सम्भावनाएँ हैं। यह मध्यवर्गीय मालूम होती है। अपराधी जीवन में प्रवेश कर गयी, तो यह बदबूवाली सुन्दरी नहीं रहेगी, इसका स्टेण्डर्ड रहेगा। हो सकता है, आगे यह हाथ में पिस्तौल ले ले। इसे छोड़ना नहीं चाहिए। पुलिस 'स्टोरी' बनाये, पत्रकार-लेखक उसे रूमानी करें, अतिशयोक्ति से ज्यादा उत्तेजक बनायें और छपने दें इसके वास्तविक और कल्पित किस्से। गल्ती इस

'कोयला सुन्दरी' ने यह की कि गिरफ्तार हो गयी। इसे 'सरेण्डर' करना था मध्य-युगीन राजकीय शान से। मगर इसे 'सरेण्डर'-प्रवीण पेशेवर एजेण्ट नहीं मिले, वरना वक्त लेकर गिरे हुए भारतीय मन को उछालती, अखबारों का सर्क्युलेशन बढ़ाती, कुछ को वीर और कुछ को कूटनीतिज्ञ बनाती। खैर, सम्भावना अभी भी है। जो व्यवस्था कुलवधू को त्रास दे-देकर रण्डी के कोठे पर बिठा सकती है, वह मध्यवर्गीय ठगनी को दुर्दान्त दस्युनेत्री भी बना सकती है।

हमारी महान् जाति दो स्थितियों में जी रही है—एक तो इसका स्नायु-तन्त्र ढीला हो गया है, सो इसे दस्यु सुन्दरी-कथाओं जैसा उत्तेजक रस चाहिए। या इसे कोई चिन्ता अपनी और अपने देश की नहीं है, घी से तर माल खाकर यह जाति लेटी है, पेट पर हाथ फेरती है। इसे मन-बहलाव के लिए—'टरम-पम-पम' जैसे संगीत-रिकार्ड चाहिए। सब चैन है। असम में चैन, पंजाब में चैन। बजट ने स्वर्ग-सुख ला दिया। कोई संघर्ष नहीं। व्यवस्था-परिवर्तन की कोई जरूरत नहीं। इस देश का कवि बेरुत-हत्याकाण्ड पर कविता लिखता है, निकारागुआ पर कविता लिखता है। वह अन्तर्राष्ट्रीय संवेदना रखता है। वह उस बच्चे की तरह है, जिसे माँ सूट-टाई पहना देती है और बाप सिखा देता है—'माई नेम इज़ रोनाल्ड रीगन आई लिव्ह इन व्हाइट हाउस!' तुतलाते हुए बोलता है, मगर है अन्तर्राष्ट्रीय बोधवाला।

भारतीय कवि भारत के एक प्रदेश असम के नेल्ली में हुए हत्याकाण्ड पर कविता नहीं लिखता। नेल्ली हत्याकाण्ड बेरुत के हत्याकाण्ड से अधिक जघन्य है। बेरुत में हत्याकाण्ड युद्ध की स्थिति में हुआ था। असम में दो कौमों में युद्ध नहीं चल रहा है, मगर किसी भारतीय कवि को नेल्ली हत्याकाण्ड ने उद्वेलित नहीं किया। भारतीय कवि अपने स्वार्थ और दूसरे के नुकसान को साधने में काइयाँ है मगर बाकी मामलों में निपट बोदा है, भौंदू है। वह साम्प्रदायिक और संकीर्ण भी है। नेल्ली हत्याकाण्ड इस साम्प्रदायिक कवि-चेतना को सुख ही देता है। आखिर वह जाहिल है और राजनैतिक शक्तियों को भी नहीं समझता। जिन बड़े नेताओं और पार्टियों ने यह कराया, उन्हें वह नहीं जानता। जानता है तो उन्हें धिक्कारते हुए डरता है। बेरुत हत्याकाण्ड पर लिखेगा क्योंकि कोई यहूदी उसे इस्राइल से मारने नहीं आयेगा। नेल्ली हत्याकाण्ड पर लिखेगा तो आसपास के ही संगठित उन्मादी पीट देंगे। इसलिए पप्पू, भारतीय कवि बेटा, चुप ही रहो और टाफी चूसो। लिखना होगा तो ऐलेन ग्रिन्सबर्ग लिख देगा।

बात मैं कर रहा था दस्यु सुन्दरी के प्रचार की और 'कोयला सुन्दरी' की सम्भावनाओं का यह सब जो प्रचार हो रहा है, यह बलात्कार है। बलात्कार कई रूपों में होता है। हम सिर्फ उसे बलात्कार मानते हैं जिसे छुरा दिखाकर किया जाता है और बाद में हत्या कर दी जाती है या उसे बलात्कार मानते हैं, जिसकी रिपोर्ट पुलिस में होती है। मगर ऐसे बलात्कार असंख्य होते हैं, जिनमें न छुरा दिखाया जाता है, न गला घोंटा जाता, न पुलिस में रिपोर्ट होती है।

एक प्रोफेसर हैं, जो यह डर दिखाकर कि तूने मेरी बात नहीं मानी, तो तुझे क्लास वन नहीं लेने दूंगा या तुझे पी-एच. डी. नहीं मिलने दूंगा—इस धमकी से लड़कियों को सम्भोग के लिए मजबूर करते हैं। वे बलात्कार करते हैं। ऐसों को लोग जानते भी हैं। इस बलात्कार की सज़ा भी कठोर कारावास होना चाहिए। ऐसे प्रोफेसर हैं जो महत्त्वाकांक्षिणी छात्राओं से मालिश करवाते हैं—धमकी से। ऐसे अफसर हैं, जो प्रमोशन रोकने या सस्पैण्ड करने, या इन्क्रीमेण्ट रोकने की धमकी देकर विभाग की छोटी नौकरीवाली स्त्रियों को हम-बिस्तर होने को मजबूर करते हैं। यह भी बलात्कार है। इसकी सज़ा भी 6 साल का कठोर कारावास है—या विश्वविद्यालय अथवा दफ्तरों के अहाते में इन बलात्कारियों को नंगा करके इनके कूल्हों की जूतों से मालिश होनी चाहिए। ये अधिक हिंसक बलात्कारी होते हैं।

पूछा जायगा—ये स्त्रियाँ राजी क्यों होती हैं? मेरा जवाब है—राजी नहीं, मजबूर होती हैं घृणित वनमानुष के साथ सोने को। मगर मेरा प्रतिप्रश्न है—ऋषि विश्वामित्र ने कुत्ते को मारकर उसका मांस क्यों खाया था? जवाब मिलेगा—आपद्धर्म! जी हाँ, यही आपद्धर्म!

खैर छोड़िए, उस कोयला सुन्दरी के पीछे पड़िए या कोई नयी दस्यु सुन्दरी खोजिए। देश में अमन-चैन है। मसालेदार पान चबा रहे हैं। पेट पर हाथ फेर रहे हैं। नींद आने में देर है, कोई उत्तेजक चीज चाहिए।

एक गरीब और गरीब-परवर संवाद*

महामहिम राष्ट्रपति रोनाल्ड रीगन
मुकाम नामालूम
डिस्ट्रिक्ट—ऑव कोलम्बिया
तहसील—नामालूम
थाना—नामालूम।

गरीब-परवर,

एक महीने में मेरा आपको यह दूसरा खत है। मेरी मजबूरी है कि मैं आपको बार-बार लिखूँ और हर चिट्ठी शोक-संवेदना हो जाय और आपकी हिम्मत बढ़ाये। मनोवैज्ञानिकों का कहना है—ए बुली इज़ ए कावर्ड! यानी जो बार-बार डराये-

* करण्ट, 30 अप्रैल, 1983

धमकाये कि हाथ-पाँव तोड़ दूंगा, जान ले लूंगा, वह भीतर से वास्तविक रूप में कायर होता है। गली के दुमदबाऊ कुत्ते भौंकते रहते हैं, काटते नहीं। बहादुर कुत्ता भौंकता नहीं, थोड़ा गुर्राता है और उचककर आदमी की गर्दन में दाँत घुसेड़ देता है। मुझे बहुत बुरा लगता है, जब लोग आपको 'बुली' कहते हैं। आपको फिल्मी जिन्दगी की दूसरी आदत यह पड़ी है कि आप युद्ध और शान्ति जैसे मसलों को भी गम्भीरता से नहीं लेते, हल्के ढंग से लेते हैं, मजाक में लेते हैं। फिल्मी जीवन में आप जानते थे कि यह लड़ाई-वड़ाई, पिस्तौलबाजी, सब मखौल है। वास्तव में आपको मरना तो है नहीं, इसलिए इधर-उधर पिस्तौल दागो। दस पिस्तौलवालों के बीच में घुस जाओ। सब नाटक है। मखौल है। सोवियत नेता यूरी आन्द्रोपोव ने कहा है कि रीगन युद्ध और शान्ति के मसलों को, जिनसे विश्वमानवता चिन्तित है, हल्के ढंग से, उथलेपन से, मखौल से—'पिलपेण्टली' लेते हैं। मुझ-जैसे आपके भक्त को ऐसे रिमार्कों से बुरा लगता है। मैं उम्मीद करता हूँ कि आप अब गुरु-गम्भीर, दबंग-प्रभावी होनेवाले हैं। दुनिया के लोग आपकी जय बोलनेवाले हैं कि तभी आप जोकर जैसा मखौल और बातें करने लगते हैं। लोग हँसने लगते हैं। अब लोग कहते हैं—चार महीने के अपने कार्यकाल में ही यूरी आन्द्रोपोव ने आपको चार कूटनीतिक मातें दे दी हैं और सिद्ध कर दिया कि कूटनीति को अभी आप बच्चे की तरह 'फीडिंग-बाटल' से गटक रहे हैं। यह शर्मनाक बात है। आप फौरन प्रौढ़ हो जाइए। देखिए आन्द्रोपोव ने अभी गम्भीर प्रस्ताव किया था—रूस, अमरीका दोनों अणु-शस्त्रों का उत्पादन फौरन बन्द कर दें। फिर ऐसे हथियारों को बनाने के साधन खत्म कर दें। फिर मौजूदा हथियारों को किस्तों में बराबरी से नष्ट करते जायें। इससे किसी के पास भी न हथियारों को बनाने के साधन रहेंगे न हथियार। दुनिया के लोग मरने से बच जायेंगे। विश्व-शान्ति हो जायेगी।

इस प्रस्ताव से दुनिया बहुत प्रभावित हुई। हम आशा कर रहे थे कि आप या तो इस प्रस्ताव को स्वीकार कर लेंगे या इससे भी अच्छा, गम्भीर मानवतावादी प्रस्ताव रखेंगे। मगर आपने यह क्या किया मेरे हुजूर! हम-जैसे आपके प्रेमियों की नाक काट दी। आपने कहा—हम ऐसी 'एण्टीबालिस्टिक मिसाइलें' बना रहे हैं, जो रूस की मिसाइलों को बीच हवा में ही नष्ट कर दें। इससे मिसाइलें नष्ट हो जायेंगी और आदमी नहीं मरेंगे। बहुत खूब! मिसाइलें आदमी हैं और दोस्त हैं। वे चलकर एक जगह गले मिल जायेंगी—अमरीकी-रूसी भाई-भाई! मगर जनाब, मिसाइलें तो मिसाइलें हैं, अगर कोई दिशाभ्रष्ट हो गयी तो? लक्ष्यभ्रष्ट हो गयी तो?

मगर आप इससे भी आगे बढ़ गये। न जाने आपके सलाहकार कहाँ के वृहस्पति हैं। आपने फरमाया—हम जो 'एण्टीबालिस्टिक मिसाइलें' बनायेंगे, उनमें से आधी सोवियत रूस को दे देंगे। इससे यह होगा कि रूस की मिसाइलें छूटेंगी, तो हमारी ए. बी. एम. उन्हें बीच में नष्ट कर देंगी और हमारी मिसाइलें छूटेंगी, तो रूस को जो हमने ए. बी. एम. दी हैं, वे उन्हें बीच में नष्ट कर देंगी। लीजिए, खून-खराबा

होगा नहीं। एक-दूसरे की मिसाइलें नष्ट होती रहेंगी, यानी एक टूर्नामेण्ट होगा स्कूली।

इस प्रस्ताव का क्या अमल होगा। आप एण्टीबालिस्टिक मिसाइलें बनाते जायेंगे और रूस उस उत्सुक बच्चे की तरह देखता जायेगा, जिसे आधा लड्डू देने का वादा कर दिया है। आप ये मिसाइलें बनाते जायेंगे। जब 100 बन जायेंगी, तब 50 उठाकर आन्द्रोपोव से कहेंगे—लो ब्रदर, ये 50 तुम ले लो। 50 हमारे पास रहीं। अब तो बराबर हो गये न! आपका खयाल क्या यह है कि रूस इस पर विश्वास कर लेगा। रूस चुप बैठा देखता रहेगा कि आप ए. बी. एम. बना रहे हैं। और खुद कुछ नहीं बनायेगा? क्या दुनिया आप पर विश्वास करेगी कि आप दुश्मन से हथियार बाँट लेंगे? मेरा खयाल है, सब आप पर विश्वास करेंगे। कारण यह है कि दूसरे महायुद्ध के बाद जबसे अमरीका, विश्व-राजनीति में आया है, लगातार ऐसी ईमानदारी का बर्ताव करता गया है कि आपके ईमान पर दुश्मन भी शक नहीं करता।

मगर दुष्ट लोग हैं जो कहते हैं कि बदमाश लड़का दूसरे लड़के से कहता है—यह लड्डू हम आधा बाँट लेंगे, मैं आधा काट लेता हूँ और खा जाता है। दूसरा लड़का टापता रहता है। यानी आप इतने नादान बच्चे हैं, जो सोवियत नेताओं को बच्चा समझते हैं। मेरा पोता मुझसे कहता है—आप 'नाटी ब्वाय' हैं। ढाई साल का बच्चा अपने भोलेपन में 'नाटी ब्वाय' का अर्थ नहीं जानता। वह मुझे बच्चा कहता है और समझता है। आप भी मम्मी से टाफी लेकर मुँह में रखकर कहते हैं—आन्द्रोपोव इज़ ए गुड ब्वाय। रीगन साहब, आपके इस प्रस्ताव पर लोग कहते हैं—हाऊ चाइल्डिश! हाऊ रिडिकुलस! हाऊ स्टुपिड! मुझे सुनकर शर्म आती है—आपके पास तो शर्म को खुद शर्म आती है। लोग कहते हैं—या तो रीगन पागल हो गये या मजाक करते हैं।

आन्द्रोपोव ने कहा है—रूस अमरीका की फौजी ताकत को कभी भी अपने से बढ़ने नहीं देगा यानी रूस आपको हमेशा उन्नीस रखेगा। इक्कीस नहीं होने देगा।

फिर भी आप बेहिसाब पैसा हथियारों पर खर्च कर रहे हैं। इस पैसे से दुनिया-भर की गरीबी मिट सकती है। अमरीका में भी बहुत गरीब लोग हैं, उनकी गरीबी भी मिट सकती है। मगर आपके शासन और प्रचार-माध्यमों ने लगातार रूस की भयंकरता के प्रचार से आम अमरीकी को डरू बना दिया है। अपनी जनता को लगातार भयभीत रखना कैसी बुद्धिमानी है? 1962 में क्यूबा में जब रूसी राकेट लग रहे थे, तब इसे अमरीका में टेलीविजन पर दिखाया जाता। इससे अमरीकी इतने भयभीत थे कि हर एक को लगता था कि मेरे सिर पर राकेट गिरनेवाला है। अभी भी आप अपनी जनता को लगातार डर में रखते हैं और इस डर के बहाने उससे हथियारों के लिए पैसे ले लेते हैं। उधर रूसी नेता अपनी जनता को सावधान तो रखते हैं पर भयभीत नहीं रखते। निडर रखते हैं। सावधान और भयभीत में बड़ा फर्क है, रीगन साहब!

इधर रूसी नेताओं ने नयी हरकत शुरू कर दी है। वे सीधे विश्व की जनता से, देशों की संसदों से, विधान मण्डलों से अपील कर रहे हैं कि दबाव डालकर निःशस्त्रीकरण कराओ और अपने जीवन की रक्षा करो। आन्द्रोपोव सरकारों को छोड़कर दुनिया के आम आदमियों से अपील करते हैं। यह अपील अमरीका की आम जनता से भी की जाती है। इसके नतीजे बहुत खराब निकल रहे हैं। जर्मनी में, जहाँ आपकी प्रिय क्रिश्चियन डेमोक्रेटिक पार्टी सत्ता में आ गयी है, जर्मन लोग मिसाइलों के खिलाफ जुलूस निकाल रहे हैं। यही ब्रिटेन में हो रहा है। यही इटली और फ्रान्स में हो रहा है। यही अमरीका में हो रहा है। यूरोप की जनता तो आपके खिलाफ हो गयी, सरकारें भी अब रूस-विरोधी नहीं रहीं, मगर आप, जिन्हें ये यूरोप के लोग अपना बुरा करनेवाला मानने लगे हैं, जबरदस्ती उनके मित्र, शुभचिन्तक और रक्षक बनने पर आमादा हैं। वे कहते हैं—मेहरबानी करके हमारी रक्षा की जिम्मेदारी छोड़ दो। आप कहते हैं—हम जबरदस्ती तुम्हारी रक्षा करेंगे, चाहे तुम न भी चाहो। वे कहते हैं—रूस हम पर हमला नहीं करेगा। आप कहते हैं—तो हम रूस को उकसाकर तुम पर हमला करवायेंगे, ताकि हम तुम्हारी रक्षा कर सकें।

रीगन साहब, आप भी सीधे विश्व की जनता से अपील कीजिए, जैसी आन्द्रोपोव करते हैं। आपका पक्ष भी प्रभावी और मानवतावादी है। आप कुछ इस तरह की अपील प्रसारित करें—

'विश्व की जनता से मैं सीधे अपील करता हूँ कि मानवता के कल्याण में वह अमरीका का साथ दे। हम विश्व का कल्याण चाहते हैं। हम सम्पूर्ण मनुष्यजाति को सुखी, उन्नतिशील और सुरक्षित करना चाहते हैं। मनुष्यजाति सुखी होगी— साम्राज्यवाद से, पूंजीवादी शोषण से, जातिभेद से, रंगभेद से, नस्लवाद से, इस्राइल-जैसे फासिस्टी नरसंहार से। मानव-कल्याण होगा हमारी बहुराष्ट्रीय कम्पनियों द्वारा गरीब देशों की लूट से, छोटे देशों की आपसी लड़ाई से, हमारे हथियारों की बिक्री से। मनुष्यजाति के कल्याण के लिए जरूरी है—तीसरी दुनिया हमारी निगरानी में रहे। उनकी राष्ट्रीय स्वाधीनता खत्म हो, लोकतन्त्र खत्म हो और हमारे द्वारा नियुक्त तानाशाह राज करें। अविकसित और विकासशील देशों का अपना विकास बन्द हो और वे अपना भला हम पर छोड़ दें। हम मानवजाति के कल्याण के लिए इतना सब करना चाहते हैं, पर रूस इस पवित्र मानवतावादी काम में अड़ंगा डालता है। हम विश्व की जनता से अपील करते हैं कि अपने कल्याण के लिए हमारा साथ दे। विश्व-कल्याण के लिए हम आणविक युद्ध भी कर सकते हैं और आशा करते हैं कि दुनिया-भर के मनुष्य खुशी से भरकर हमें समर्थन देंगे।'

ऐसी सीधी अपील किये बिना काम चलेगा नहीं, रीगन साहब !

आशा है, होश दुरुस्त हैं।

आपका सेवक

एक गरीब भारतीय

क्रान्ति और भ्रान्ति*

प्रिय चन्द्रशेखरजी,

आपकी पदयात्रा समाप्त हो गयी होगी। आपका स्वास्थ्य भी ठीक होगा। मधु दण्डवते ने आपको लगभग दूसरा महात्मा गाँधी ही कह दिया। पैदल चलने से इस देश में राजनेता महात्मा गाँधी या विनोबा भावे होता है। आपको इसी वक्त पदयात्रा करके महात्मा गाँधी बन जाना जरूरी था, क्योंकि जल्दी ही फिर 'फ्रण्ट', 'एलायन्स', 'मर्जर' जैसा कुछ बननेवाला है। उसका नेतृत्व जनता पार्टी करे या जनता पार्टी में बाकी दल विलीन हो जायें, ऐसा इन्तजाम करना है। इसके लिए आपको, जनता पार्टी अध्यक्ष को महात्मा गाँधी बन जाना बहुत जरूरी था। पदयात्रा न अटलबिहारी ने की, न चरणसिंह ने, न जगजीवनराम ने, तो ये कोई महात्मा गाँधी नहीं हुए। आपकी ही पार्टी में एक बिना पैदल चले जूनियर महात्मा गाँधी मोरारजी जरूर बैठे हैं। मगर अध्यक्ष आप हैं, तो भावी प्रधानमन्त्री की लिस्ट में आपका नम्बर पहला हो गया। अटलबिहारी भी आगामी प्रधानमन्त्रियों की लिस्ट में हैं, पर उन्होंने पदयात्रा नहीं की, क्योंकि वे इस दुविधा में हैं कि गाँधी बनें या गोलवलकर। वे गाँधी बनने लगते हैं कि उनकी पार्टी के मालिक संघवाले कहते हैं—खबरदार, गाँधी मत बनना। दूसरे, 'परमपूज्य' भी हमारे यहाँ होंगे नहीं, इसलिए दाढ़ी बढ़ाकर 'परमपूज्य' बनने की कोशिश भी मत करना। लगाम तेरे मुँह में है। आँखों के आसपास के पट्टे हमने निकाल लिये हैं और तू आसपास देख सकता है। मगर लगाम की रस्सी हमारे हाथ में है, तू इधर-उधर बहक नहीं सकता। हम तुझे अपने गिरोह की तरफ से आगामी प्रधानमन्त्री घोषित करते हैं।

चन्द्रशेखरजी, अटलबिहारी पिछड़ गये हैं। राजीव गाँधी ने जरूर थोड़ी पदयात्रा की है, पर वे अभी कांग्रेस के स्वयंसेवक हैं। गाँधी उपनाम जरूर है, पर वे महात्मा गाँधी हो नहीं सकते। वे बेकारी की समस्या से पीड़ित एक्स-पाइलट हैं। अगर वे आगामी प्रधानमन्त्री हैं भी, तो कांग्रेस (इ) के हैं। मगर उनके पीछे उनके छोटे भाई की विधवा पड़ी है। अभी वह अमेठी में राजीव का विकल्प है। जीत गयी तो इन्दिरा गाँधी का विकल्प हो जायगी। आप अगर अपनी लेनिन-दाढ़ी की क्रान्तिकारिता से उस सुन्दरी को अपनी पार्टी में ला सकें तो अच्छा रहेगा। एकाध सुन्दरी युवती पतिव्रता पार्टी के लिए ताकत होती है। तारकेश्वरी बूढ़ी और तेजहीन हो चुकी हैं। वे काम की रही नहीं। बूढ़े रँडुए मोरारजी को संतुलित करने के लिए युवती सुन्दरी पार्टी में चाहिए। मेनका कह देंगी---देखो विश्वामित्र, तुम अपने को आगामी प्रधानमन्त्री के रूप में पेश नहीं करोगे, तो मोरारजी मान जायेंगे और आपका रास्ता साफ हो जायेगा।

* करण्ट, 14 मई, 1983

चन्द्रशेखरजी, आप समाजवादी हैं, आचार्य नरेन्द्रदेव के चेले हैं। आप कांग्रेस में युवातुर्क रहे हैं, विपक्ष के दूसरे नेताओं से आपकी छवि अच्छी है। कोई खास कलंक-कथा आपके बारे में प्रचलित नहीं है। यों छोटी-मोटी बातें छोड़िए। ऐसी बातें तो लोग अटलबिहारी वाजपेयी के बारे में भी कहते हैं। 1975 से 1979 तक नानाजी देशमुख ने आपका जितना 'आत्मोत्थान' कर दिया था, उतना ही है। अच्छा होता कि पदयात्रा में नानाजी को भी साथ ले जाते। इस देश को दूसरे विनोबा की भी तो जरूरत है। पवनार आश्रम में बाबा का पद 'वेकेण्ट' पड़ा है और दान-अनुदान आते जा रहे हैं। पवनार आश्रम के व्यवस्थापक अखबारों में विज्ञापन तो छपा नहीं सकते --'वाण्टेड ए सर्वोदयी बाबा टू फिल दी वेकेन्सी काज़्ड बाई विनोबा भावे।' नानाजी पदयात्रा करके सीधे पवनार आश्रम में दाढ़ी बढ़ाकर 'पी-कैप' लगाकर विनोबा की कुटी में स्थापित हो सकते थे। देर हुई तो इन्दिरा गाँधी कहीं वहाँ अपना बाबा या साध्वी न बिठा दें।

खैर छोड़िए नानाजी को। मैं आपको एक गम्भीर, चिन्तित आदमी मानता हूँ। पदयात्रा में आप जो-जो कहते रहे हैं, मैं उस पर ध्यान देता रहा हूँ। आपने कहा कि इस देश की जनता सोयी है, उसे जगाना है। कौन जगायेगा? क्या नेता जागे हुए हैं? क्या चरणसिंह और मोरारजी भाई को आप जागे हुए नेता मानते हैं? ये तो अठारहवीं शताब्दी में सो गये थे और अभी तक जागे नहीं हैं। क्या आप अटलबिहारी और लालकृष्ण आडवाणी को जागा हुआ मानते हैं? ये तो और पहले, पन्द्रहवीं शताब्दी में सो गये थे और तब से जागे नहीं। और उनके सिपहसालार बालासाहब देवरस तो पौराणिक काल से सोये हैं और अभी भी सो रहे हैं। ये कैसे जनता को जगायेंगे? इनका भला तो जनता के भी सोये रहने में है। जनता अगर जाग गयी, तो वह इन्हें डण्डे मारेगी कि तुमने हमें ठीक वक्त पर क्यों नहीं जगाया? जाग्रत नेता तो मुझे जगजीवनराम ही लगते हैं, जिन्होंने घोषणा की थी कि मेरा 'वैज्ञानिक समाजवाद' में विश्वास है और बाद में जनसंघ के भावी प्रधानमन्त्री के रूप में चुनाव लड़ लिया था।

आप दुखी हैं--भ्रष्टाचार से, बेईमानी से; आप दुखी हैं जनता के त्रास से, शोषण से; आप चिन्तित हैं--गरीब और अमीर के बीच की खाई से। आप चाहते हैं कि परिवर्तन हो। आपकी चिन्ता है कि शान्ति व सहानुभूति से यदि परिवर्तन नहीं हुआ, तो हिंसक क्रान्ति होगी।

चन्द्रशेखरजी, इस देश में यह रस्म पड़ गयी है कि जो क्रान्ति की जितनी ज्यादा बात करता है, वह उतने ही जोर से वास्तविक क्रान्ति को रोकना चाहता है। विनोबा ने भूदान से, 'क्रान्ति' की घोषणा की, पर उनका उद्देश्य वास्तविक 'भू-क्रान्ति' रोकना था। जयप्रकाश ने तो क्रान्ति ही नहीं, 'सम्पूर्ण क्रान्ति' की घोषणा की थी। यह क्रान्ति हुई और जनता पार्टी की क्रान्तिकारी सरकार बनी। ढाई साल के जनता पार्टी शासन में जो हुआ, नेताओं ने जो किया, उसे जनता ने भोगा है। अगर 1977 वाली ही 'क्रान्ति' वास्तविक क्रान्ति थी, तो आपका पढ़ना-लिखना

सब बेकार गया। अनुभव बेकार गये। राजनीति और इतिहास का बोध बेकार गया। यह 'भ्रान्ति' थी, 'क्रान्ति' नहीं थी। वह एक सर्कस था, जिसमें चीता, शेर, भालू, लकड़बग्घा पिंजड़े से निकाल दिये गये थे।

क्रान्ति की परिस्थितियाँ होती हैं, तो क्रान्तिकारी संगठन बनता है। तब संगठित क्रान्तिकारी संघर्ष होता है और वास्तविक क्रान्ति होती है। मगर क्रान्तिकारी परिस्थितियाँ कौन नहीं बनने दे रहे हैं? वास्तविक क्रान्तिकारी संगठन कौन नहीं बनने दे रहे हैं? जवाब है—आप लोग। आप लोग, यानी 'क्रान्ति' को स्कूली बच्चे के पहाड़े की तरह रटनेवाले लोग—आप, जॉर्ज फर्नांडिस, लिमये, राजनारायण, कर्पूरी ठाकुर, मधु दण्डवते वगैरह। आप लोगों ने 'क्रान्ति-क्रान्ति' चिल्लाते हुए अनाथ बच्चे की तरह अपने को बुर्जुआ राजनीति की गोद में डाल दिया है। यह बुर्जुआ राजनीति पूतना है, जिसने दूध पिलाकर आप लोगों के भीतर की क्रान्तिकारिता को मार डाला है। कोई क्रान्तिकारी संगठित शक्ति इस देश में फ़िलहाल नहीं है। जिस 'क्रान्ति' की आशंका आप कर रहे हैं, वह उपद्रव, हिंसा, अराजकता होगी --बिखरी हुई। अगर आप सरकार का बदलना क्रान्ति समझते हैं, तो आपको मुबारक! फिर 1977 जैसे इकट्ठे हो जाइए और बदल दीजिए दिल्ली में सरकार। यह सरकार गरीब और अमीर के बीच की खाई पाट देगी, जैसी पहले पाट चुकी है। पाट देगी न?

आप समाजवादी हैं। आचार्य नरेन्द्रदेव के चेले हैं। आचार्यजी का विश्वास मार्क्सवाद में था, यह आप जानते ही होंगे। तो मेरे प्यारे समाजवादी, तुमने और तुम्हारे समाजवादी साथियों ने क्यों नहीं एक संयुक्त वामपन्थी मोर्चा बनाया? जो बदलाव तुम्हारी कल्पना में है, वह समाजवाद का बदलाव है—पूरा बदलाव। मगर इसके लिए साथ तुम किनका चाहते हो? उनका, जो बदलाव के विरुद्ध हैं। सामन्ती पूंजीवादी ताकतों की मदद से तुम समाजवाद लाना चाहते हो। अभी तुमने फिर पुकार लगायी है अटलबिहारी को--आकर मिल जाओ, मगर संघ को छोड़कर आना। भारतीय जनता पार्टी 'संघ' का राजनीतिक मोर्चा है, यह तुम जानते हो, तो अटलबिहारी वगैरह संघ को छोड़कर कैसे आयेंगे। आप पत्तों से कहते हो कि पेड़ छोड़कर, सूखकर आ जाओ। अगर वे कहें भी कि हमने संघ छोड़ दिया, तो क्या तुम विश्वास कर लोगे? अगर विश्वास कर लोगे, तो तुम पार्टी अध्यक्ष के लायक नहीं, किण्डरगार्टन के लायक हो। वे नहीं छोड़ेंगे और उनका धर्म तथा साम्प्रदायिकता के मार्फत चुनाव-प्रचार भी चालू हो गया है।

चरणसिंह को भी तुम बुलाते हो। वे क्या समाजवाद आने देंगे। 1954 में नागपुर कांग्रेस में चरणसिंह ने सहकारी खेती का विरोध किया था, कहा था कि यह तो साम्यवाद है। वे तो जमींदारी और ताल्लुकेदारी लौटाना चाहते हैं और तुम गरीब तथा अमीर के बीच की खाई पाटना चाहते हो उन्हीं की मदद से?

बहरहाल, मेरे समाजवादी दोस्त, बना लो एक अति बुर्जुआ संयुक्त मोर्चा और उससे समाजवादी क्रान्ति करा दो। प्रधानमन्त्री बन ही जाओ। मोरारजी आड़े नहीं

आयेंगे। उन्होंने एक पत्रकार-वार्ता में कहा था कि मेरी महत्त्वाकांक्षा सत्य और ईश्वर के पाने की है, सत्य वे पा चुके। असत्य के सफल प्रयोग को सत्य कहते हैं, यह उन्होंने जान लिया। रहा ईश्वर, तो ईश्वर के बाद मोरारजी अपने को मानते हैं। भक्तों के कर्मों से जिस दिन ईश्वर का हार्टफेल हुआ, उसी दिन मोरारजी 'प्रोमोट' होकर ईश्वर हो जायेंगे।

मेरी तरह खुदा का भी खाना-खराब है*

कार्ल मार्क्स ने अगर कहा है—धर्म मनुष्यों के लिए अफीम है, तो कुछ यों ही नहीं कह दिया है। धर्म की अफीम के नशे में भूले लोगों का शोषण हम देख रहे हैं। हम गिरोह-के-गिरोह, संगठन-के-संगठन 'अफीमचियों' के कारनामे देखते रहते हैं। मगर मार्क्स का यह आखिरी वाक्य है। इसके पहले उन्होंने धर्म के बारे में और भी बहुत कहा है, जैसे धर्म जनता के दुख-दर्द और प्रतिशोध की अभिव्यक्ति है। अफीम का नशा अफीम से नहीं उतरता, जैसे काँटे से काँटा निकल जाता है। इस्लाम की अफीम का नशा, हिन्दू धर्म की अफीम से नहीं उतरता—इससे तो डबल नशा हो जाता है। अफीम जिसे ज्यादा चढ़ गयी हो, डाक्टर उसे जबरदस्ती पानी पिला-पिलाकर उल्टी कराते हैं, तब पेट खाली होता है और नशा उतरता है।

तमाम झूठे विश्वासों, मिथ्याचारों, कर्मकाण्डों, तर्कहीन धारणाओं, पाखण्डों को कण्ठ में अंगुली डाल-डालकर और पानी भरकर उल्टी करानी पड़ती है, तब धर्म की अफीम का नशा उतरता है। अगर यह न किया जाय तो आदमी जहर से मर जाता है। जातियों के कण्ठ में भी तर्क की अंगुलियाँ डाली जाती हैं। सही विचारों का ताजा पानी उसके पेट में जबरदस्ती भरा जाता है, तब उल्टी होती है, अफीम निकलती है और जाति को होश आता है। वरना ज्यादा नशे से जातियाँ मर जाती हैं, कौमें मर जाती हैं।

कभी-कभी दिलचस्प और दर्दनाक हालत पैदा होती है। कोई गुरु, मठाधीश, तानाशाह, अयातुल्ला, इमाम, शंकराचार्य, संघ का सरसंघ चालक, जमायते इस्लामी के मुल्ला भोले-विश्वासी लोगों को धर्म की अफीम खिलाते हैं। वे नशे में पड़े रहते हैं और अफीम खिलानेवाले उनकी जेब खाली करते जाते हैं, कपड़े उतरवा लेते हैं, अँगूठी छीन लेते हैं—यानी मज़हब की अफीम के नशे में पड़ी जनता को लूटते जाते हैं। मगर कभी ऐसा भी होता है कि अफीमची शाह, तानाशाह या धर्म

* करण्ट, 21 मई, 1983

के नेता को पकड़कर उसके मुंह में जबरदस्ती धतूरा डालते हैं, तब अफीम खिलाने-वाले की दुर्गति होती है। धतूरा पागल बनाकर मार डालता है।

वाल्तेयर जिन्दगी-भर ईसाई धर्म की अफीम से लड़ता रहा। सामन्तवाद और पादरीवाद की उसने बहुत बखिया उधेड़ी। वह सचेत करता रहा--लोगो, इस अफीम को मत खाओ। उसका दिमाग ज्वालामुखी जैसा था, जिसमें से सामन्तवाद और पादरीवाद, पोपवाद के खिलाफ व्यंग्य का लावा निकलता था। कितनी ही किताबें और पम्फलेट हैं उसके। उसने एक जगह लिखा है—

एक आदमी ईसाई बनाया जाता है। वह नीचे खड़ा है और ऊपर मंच पर पादरी है। ईसाई धर्म में 'कन्फेशन' (पाप स्वीकार) का बड़ा महत्त्व है। पादरी उससे कहता है—जीसस का आदेश है कि अपने पाप स्वीकारो। तुम मेरे सामने अपने पाप स्वीकारो। वह नया ईसाई अपने पाप स्वीकार लेता है। फिर वह मंच पर चढ़ता है। पादरी का हाथ पकड़कर उसे नीचे ढकेलता है। कहता है—अब मैं यहाँ खड़ा होऊँगा और तुम मेरी जगह खड़े होओ, नीचे। अब तुम अपने पाप स्वीकारो, क्योंकि जीसस ने कहा है— एक-दूसरे के सामने अपने पाप स्वीकार करो। मैं पाप स्वीकार कर चुका। अब तुम मेरे सामने अपने पाप स्वीकार करो। ऐसा ही ईसा का आदेश है। पादरी नहीं उतरता तो नया ईसाई उसे ढकेलकर कहता है—बास्टर्ड! हरामजादे! स्वीकार कर अपने पाप!

ये पूजनीय पादरी पिछली शाम चर्च में प्रार्थना करने आ रही जवान लड़की से झाड़ी में बलात्कार कर चुके थे।

अफीम खिलानेवाले को धतूरा खिलानेवाला मिल जाता है—और धतूरा प्राणलेवा होता है।

राष्ट्रीय स्वयंसेवक संघ के नेता भी प्राचीन हिन्दू धर्म, संस्कृति (ये रूढ़ि को ही संस्कृति मानते हैं) आदि को अफीम खिलाते हैं। इन्हें, संस्कृति क्या है, यह नहीं मालूम। ये पुरातनता का नशा देते हैं। एक स्वयंसेवक का विवाह वैदिक रीति से हो रहा था। उनके नागपुर के एक पूज्य नेता संयोग से शहर में थे। वे कार में बैठकर स्वयंसेवक को आशीर्वाद देने आये पर उसे सूट और टाई पहने देखकर वे क्षुब्ध हुए और बिना आशीर्वाद दिये लौट गये। दूसरे दिन वह अपने पूज्य नेता के पास पहुँचा। चरण छूकर बोला--आप क्या अप्रसन्न हैं। आप बिना आशीर्वाद दिये लौट आये। नेता ने कहा—जब वैदिक पद्धति से विवाह करते हो, तो सारा वातावरण वैदिक युग का होना चाहिए--वेश-भूषा भी। तुम सूट और टाई पहने थे, तुम्हें कोर्ट में शादी करनी थी। तुम्हारे विवाह में वैदिक वातावरण नहीं था। स्वयंसेवक की बुद्धि का जो दरवाजा शाखा में बन्द हो गया था, वह रात को प्रिया के स्वस्थ भोग से खुल गया था। उसने विनम्रता से कहा—यदि ऐसा ही है, तो आपको मोटरकार में नहीं, रथ में बैठकर आना था।

पाकिस्तान में जनरल जिया और मुल्लों ने जिन्हें अफीम खिलायी वे इन्हीं को धतूरा खिलाने पर आमादा हैं। इस्लाम! इस्लाम! इस्लाम! दिन-भर हर मुहल्ले

की मस्जिद से इस्लाम, रेडियो खोलो तो इस्लाम, टेलीविजन लगाओ तो पर्दे पर मुल्ला तकरीर करता हुआ, बैंक इस्लामी, कानून इस्लामी, अदालत इस्लामी, कोड़े की मार इस्लामी। पत्थरों से अवैध बच्चे को मार डालना इस्लाम, बजट को मस्जिद की मीनार पर खड़े होकर खुदा की तरफ से पढ़ना इस्लाम, दाढ़ी बढ़ाना इस्लाम। जब भी वक्त मिले नमाज पढ़ने लगो। सातवीं सदी के मक्का-मदीना में रहो। यह माहौल जनरल जिया और मुल्लों ने बना रखा है। बहुत लोगों पर मजहब की अफीम चढ़ गयी है। मगर ये 25 फीसदी से ज्यादा नहीं हैं। बाकी लोकतान्त्रिक, प्रगतिशील लोग आधुनिक जनतन्त्र की माँग कर रहे हैं और आज चुनाव हो जाय, तो जिया और मुल्ले हार जायेंगे। मगर नशे को एक के बाद एक 'किक' चाहिए, वरना नशे का चढ़ाव उतर जाता है। इस्लाम के अफीमचियों ने अदालत में मुकदमा दायर किया है कि जनरल जिया की दाढ़ी नहीं है, इसलिए वे इस्लामी हुकूमत के प्रेसीडेण्ट नहीं रह सकते। इसी तरह सुप्रीम कोर्ट के प्रधान न्यायाधीश भी उस पद पर नहीं रह सकते, क्योंकि उनके भी दाढ़ी नहीं है। इस्लाम में मुसलमान को दाढ़ी रखना जरूरी है, ऐसा लिखा है। यह मजहब के नशे का एक और 'क्रिक' है। पैगम्बर मुहम्मद के जमाने में ब्लेड नहीं बनते थे। उस्तरे चाहे थोड़े-से बनते हों, मगर मोथरे होंगे। तलवार बनाने लायक लोहा जरूर था उस वक्त। तो लोग दाढ़ी रखते थे। प्राचीन ग्रीक भी दाढ़ी रखते थे। भारत के प्राचीन ऋषियों की दाढ़ी उनकी 'यूनिफार्म' नहीं थी। यह धर्म का मामला नहीं है।

मगर अब बिजली के रेजर से जिया दाढ़ी बनाते हैं, लोशन लगाते हैं, इत्र लगाते हैं। उन्हें दाढ़ी बढ़ानी पड़ेगी। आगे इस्लाम के नशेवाले कहेंगे—अब खजूर खाओ और भेड़ का दूध पीओ। कार छोड़ो, ऊँट पर बैठो। नशे में एक के बाद एक 'किक' जरूरी है। इस्लाम की अफीम के नशे में ऐसा हुआ कि जहाँ जमीन खाली दिखी, वहीं मस्जिद बना ली। ऐसी हजारों मस्जिदें बन गयीं पाकिस्तान में। ये लोगों की प्राइवेट जमीनों पर बनी हैं या सरकारी जमीन पर। अब जमीन और 'प्रापर्टी' मजहब से बड़ी होती है। अकबर इलाहाबादी ने कहा है—

खूब कह गये हैं भाई घूरन
दुनिया रोटी है औ' मजहब चूरन।

तो लोगों ने सबसे ऊँची इस्लामी अदालत 'मजलिसे-शूरा' में दरख्वास्त की कि ये मस्जिदें हमारी जमीन पर बना ली गयी हैं। 'मजलिसे-शूरा' ने फैसला दिया कि ये जो मस्जिदें बनायी गयी हैं, कानूनन मस्जिदें नहीं हैं। ये गैरकानूनी इमारतें हैं। इन्हें गिरा दिया जाय। फैसला सही है! जिसे 'बुनियादी इस्लाम' कहते हैं, वह बहुत लोकतान्त्रिक है, मगर वह कुल 60 साल रहा। इसके बाद सामन्तवाद आ गया। मस्जिद, इबादतखाना तब, जब इस्लामी विधान के मुताबिक बने—जमीन का मालिक खुद मस्जिद बनवाये या दूसरा बनवाये, या कई लोग बनवायें, बन जाने पर जमीन का मालिक ऐलान करे सार्वजनिक रूप से कि मैं इबादत के लिए यह मस्जिद मुसलमानों को देता हूँ। दूसरे के झोंपड़े को तोड़कर पैसेवाले मुसलमानों

ने वहाँ मस्जिद बनायी है, तो पहले कभी खलीफा ने हुक्म दिया कि इस मस्जिद को गिराओ और इसकी जगह उस गरीब की झोंपड़ी बनाकर दो।

अब मजा यह है कि पाकिस्तान में इस हुक्म के खिलाफ आन्दोलन हो रहा है। लोग माँग कर रहे हैं कि मस्जिदें न गिरायी जायें, मगर सबसे ऊपर की इस्लामी अदालत कहती है कि ये मस्जिदें हैं ही नहीं। ये गैरकानूनी इमारतें हैं। इनमें खुदा है ही नहीं। इन्हें गिराओ!

अब क्या होगा? क्या जिया की सरकार इन गैरकानूनी मस्जिदों को तोड़ेगी? मेरा खयाल है इन्हें जेल बना दें। किसी को कोई एतराज नहीं होगा। मुसलमान जनता भी खुश, खुदा भी खुश, अदालत भी खुश और जमीन का मालिक भी खुश। उसकी दान की हुई जमीन पर बेगुनाहों को बन्द करने के लिए जेल बनी, तो उसका तो जन्नत में अभी से रिजर्वेशन हो जायगा। मगर नमाजी आन्दोलन कर ही रहे हैं। नशे में 'किक' पर 'किक' चाहिए। मगर मस्जिदें तोड़ी गयीं तो? शायद 'मजाज' का शे'र है—

दिल खुश हुआ है मस्जिदे-वीरान देखकर
मेरी तरह खुदा का भी खाना-खराब है।

सामूहिक आत्महत्या की होड़*

मैडम इन्दिरा गाँधी,

मेरी आपसे दस्तबस्ता दरख्वास्त है कि आप यह न कहें कि मध्यावधि चुनाव नहीं होंगे। आप चुप रहें। आप कह देती हैं कि मध्यावधि चुनाव नहीं होंगे, तो दूसरी पार्टियों के नेता कहते हैं—होंगे, जरूर होंगे। तैयारी करो। मैडम जरा मौसम देखिए। इतनी भयंकर गर्मी। फिर बिहार की गर्मी। ऐसे मौसम में दो बूढ़े कागभुसुण्डि और गरुड़—जगजीवनराम और चरणसिंह—बिहार पहुँचते हैं। पटना में दोनों एक मंच पर विराजमान होकर सभा करते हैं। मुझे 20-22 साल पुरानी एक फिल्म का गाना याद आता है—'दिल्ली से आया भाई टिंकू और उसका भाई पिंकू।' ये बेचारे एअरकण्डीशण्डवाले बूढ़े मई की दोपहरी में एक साथ बिहार में घूम रहे हैं। चरणसिंह को हरिजनों को यह बताना है कि मैं हरिजन विरोधी नहीं हूँ—देखो, तुम हरिजनों का नेता मेरे गले मिल रहा है। तुम लोगों की झोपड़ियाँ जो जलायी जाती हैं और तुम्हारी जो सामूहिक हत्या होती है, मेरी बिरादरी के

* करण्ट, 28 मई, 1983

लोगों के द्वारा सो तो फाग खेली जाती है। मैडम, ये वही हरिजन-प्रेमी चरणसिंह हैं, जिन्होंने 1977 में तब के विलिंगडन अस्पताल से यह कहकर कि मैं उस चमरे के अण्डर में काम नहीं करूँगा, जगजीवनराम को प्रधानमन्त्री नहीं बनने दिया था। अब दोनों गले मिल रहे हैं, नाच रहे हैं और कहते हैं कि हम दोनों की पार्टियाँ मिलकर कांग्रेस का विकल्प हैं। आपको इन बूढ़ों को मई की दोपहरी में नचवाने में क्या मजा आता है। आप 'सेडिस्ट' हैं, आपको परपीड़न में सुख मिलता है। आप क्यों कहती हैं कि मध्यावधि चुनाव नहीं होंगे।

जगजीवनराम पटना की सभा में कहते हैं—युवको को क्रान्ति करना चाहिए। पता नहीं वे कौन-सी क्रान्ति चाहते हैं? क्या वे युवकों से वैसी क्रान्ति कराना चाहते हैं, जैसी उनके अपने बेटे सुरेश ने की थी, जिसकी फोटो आपकी तब प्यारी बहू मेनका ने 'सूर्या' में छापी थीं। जगजीवनराम जानते हैं कि क्रान्ति बिहारी नेता कराता है। जयप्रकाश बिहारी थे। उन्होंने सम्पूर्ण क्रान्ति करायी थी और तब जनता पार्टी की सरकार बनी थी। अगर चरणसिंह प्रधानमन्त्री बनने का हठ करेंगे तो जगजीवनराम दूसरे 'लोकनायक' बनकर सन्तुष्ट हो जायेंगे।

इधर मध्यप्रदेश में भूतपूर्व सुन्दरी, अब वृद्धा, तारकेश्वरी अपनी कोमल काया को कष्ट दे रही हैं। कस्बे-कस्बे जा रही हैं और आपकी तथा आपकी कांग्रेस की आलोचना कर रही हैं। यह तारकेश्वरी दो बार आपकी कांग्रेस में लौटी थीं, मगर उसकी बेइज्जती हुई तो वह बाहर हो गयीं। वह दो बार कांग्रेस में क्यों घुसी थीं? सत्तालोलुपता के कारण और देश का नाश करने में आपकी मदद के लिए—क्योंकि उनका यही आरोप है कि आप और आपकी पार्टी सत्तालोलुप तथा देश का नाश करनेवाली हैं। इस बेचारी को अगर आपने सत्ता और देश-नाश में भागीदार बना लिया होता, तो यह इस गर्मी में धूप खाती न घूमती। इस बेचारी की कुल तकलीफ यही है कि देश का नाश हो रहा है और इस महान् कार्य में उसकी कोई भागीदारी नहीं है।

मैडम गाँधी, आप अगर यह नहीं कहतीं कि मध्यावधि चुनाव नहीं होंगे, तो तारकेश्वरी बेचारी ठण्डे कमरे में दिल्ली या पटना में यह गर्मी काटतीं।

सबसे ज्यादा तकलीफ आप भारतीय जनता पार्टी को दे रही हैं—खासकर अटलबिहारी वाजपेयी जैसे भले आदमी को। सबसे ज्यादा विश्वास अटलबिहारी को है कि आप मध्यावधि चुनाव करायेंगी। क्या आपने चुपचाप उनके कान में कह दिया है। मैडम, इन लोगों की कठिनाई आप नहीं जानतीं। ये वे लोग हैं जो 'हिन्दू राष्ट्र' के लिए कवायद करते हैं और दंगे कराते हैं। इस हिन्दू राष्ट्र में चुनाव होना ही नहीं था। या तो सरसंघ चालक डिक्टेटर हो जाते या चक्रवर्ती सम्राट हो जाते महाराजा डॉ. कर्णसिंह, या उदयपुर के महाराणा भागवतसिंह जो विश्व हिन्दू परिषद के अध्यक्ष हैं या साम्राज्ञी हो जातीं विजयाराजे सिन्धिया। चुनाव की मुसीबत इन भोले स्वयंसेवकों पर लादी गयी है। इनसे 1979 में बालासाहब देवरस ने कह दिया था भोपाल में कि ढाई साल में भारत पर अपना राज हो जायगा। यह टेप

कर लिया गया था और बाद में झंझट खड़ी हुई थी। 1980 में बदनाम होकर जनता पार्टी ही सत्ता से गिर गयी। जनसंघ बदनाम हो गया था, तो पार्टी का नाम रख दिया भारतीय जनता पार्टी। पर लोग अभी भी उसे 'जनसघ' कहते हैं। कन्हैयालाल चोरी के जुर्म में साल-भर जेल में रहे। लौटे तो नाम बदल लिया और अखबारों में छपा दिया कि नया नाम 'घसीटेलाल' है। मगर लोग फिर भी कहते हैं—यह चोर है कन्हैयालाल, सज़ायाफ्ता। वह कहता है—मैं कन्हैयालाल नहीं, घसीटे-लाल हूँ। लोग कहते हैं—अरे नाम बदलने से क्या होता है? है तो तू चोर। यह मुसीबत है इस पार्टी की। फिर लोकतन्त्र में एक मुसीबत यह भी है इनकी कि जिन्हें 10-12 साल की उम्र से मुसलमान से नफ़रत करना सिखाते हैं, उनसे अटलबिहारी क़हते हैं कि सिकन्दर बख्त और आरिफ बेग की शोभायात्रा निकालो। शोभायात्रा के बाद स्वयंसेवक घर जाकर नहाता है, गंगाजल छिड़कता है और भगवान से क्षमा माँगता है।

मैडम, अभी इस पार्टी की राष्ट्रीय समिति की बैठक हुई, जिसमें वाजपेयी का 'राष्ट्रीय लोकतान्त्रिक मोर्चा' का प्रस्ताव आर. एस. एस. वालों ने नहीं माना। संघ इसकी पूंजी है, जिससे यह राजनैतिक दूकान खुली है। संघवाले नेता कहते हैं—हम अपनी विशिष्ट पहचान नहीं खोयेंगे। हम अकेले कांग्रेस का विकल्प हैं। मैडम, इस पार्टी की समस्या यह है कि काम सियार का करो, मगर शेर दिखो। कितना कठिन है।

मध्यावधि चुनाव की तैयारी के लिए पार्टी-अध्यक्ष ने स्वयंसेवकों को काम करने के आदेश दे दिये हैं। वे शहर में तो काम करते ही हैं, गांव-गांव में फैल गयें हैं। वे धार्मिक पर्वों पर धर्म और ऋषि-मुनियों के नाम पर घरों पर भगवा ध्वज लगाते हैं। यह मनोवैज्ञानिक तरकीब है। आप गाँवों के गरीबों के वोटों से जीतती हैं, तो स्वयंसेवक खेत-मजदूरों, भूमिहीनों, हरिजनों के हितों की रक्षा करेंगे? किससे रक्षा करेंगे? क्या बड़े भूमिपति, पुराने जमींदार से, जो इनके शोषक हैं? नहीं, इन्हीं की तो भारतीय जनता पार्टी है। ये संघर्ष करायेंगे सरकारी कर्मचारियों से और आपकी तथा आपकी पार्टी की छवि का नाश करेंगे।

मगर इन्दिराजी, यह क्या अत्याचार है आपका। मध्यावधि चुनाव की आशा में स्वयंसेवक अभी 'दक्ष' की पोजीशन में कर दिया गया है। अगर मध्यावधि चुनाव नहीं हुए, तो सारे स्वयंसेवक ढाई साल तक 'संघ-दक्ष' की स्थिति में कैसे रहेंगे? वे तब तक 'आ-राम' की पोजीशन में हो जायेंगे। क्या आप उनकी ऐसी हालत करना चाहती हैं?

मैडम, सारे राजनैतिक दलों में हलचल है, चुनाव की तैयारी है, मगर आपकी पार्टी में आराम है। कांग्रेसमैन कोई काम नहीं कर रहे हैं—बस, एक काम कर रहे हैं, एक-दूसरे को उखाड़ने का। इसी में कर्नाटक आपने खोया, आन्ध्र खोया। पंजाब में कांग्रेसमैन को यह चिन्ता नहीं है कि अपने राज्य को जलने से बचा लें, अकाली दल से मिलकर निपट लें। वहाँ के कांग्रेसियों का यह है कि पंजाब चाहे जल जाय,

कांग्रेस पार्टी का चाहे नाश हो जाय, मगर मौके का फायदा उठाकर दरबारासिंह को हटा दिया जाये। यही काम कांग्रेसी मध्यप्रदेश में कर रहे हैं, यही बिहार में, यही उत्तरप्रदेश में, यही हरियाणा में। कांग्रेसमैन अभी भी नहीं समझ रहा है कि वह वक्त गया, जब राजनैतिक सत्ता इन्दिरा गाँधी के मार्फत आती थी। अब काम और विश्वास से सत्ता मिलेगी—और इन दोनों का अभ्यास कांग्रेसमैन को 15-16 सालों से नहीं रहा। इधर मध्यप्रदेश में कांग्रेसमैन की लड़ाई भारतीय जनता पार्टी से नहीं है, कांग्रेस के दूसरे गुट से है।

चुनाव चाहे अभी हों, 6 महीने बाद हों या 1985 में हों, आपकी पार्टी का जीतना बिल्कुल निश्चित नहीं है। आपकी पार्टी में आपकी कार्यप्रणाली से यह हालत हो गयी है कि एक नाव में बैठे लोगों में यह स्पर्धा मची है कि पहले कौन छेद कर दे। डूबेंगे सब, मगर पहले छेद करने की होड़ है। ऐसी सामूहिक आत्महत्या की तैयारी अद्भुत है, जिसमें यह कोशिश हो रही है कि जहर तो सब खा रहे हैं मगर हर एक चाहता है कि मैं उसे मरा हुआ देखकर मरूँ।

लोगों को आपकी या आपकी पार्टी की हार की चिन्ता नहीं है, देश की चिन्ता है। देश का क्या होगा? भारत-भर में चाहे पार्टी हार जाय, आप दिल्ली की प्रधानमन्त्री रहेंगी ही। अभी जीती हैं। फिर अश्वमेध यज्ञ करके चक्रवर्ती हो जायेंगी। वही इन्द्रप्रस्थ हो जायेगी दिल्ली!

क्या रीगन की खटिया खड़ी नहीं हुई?*

अमरीकी राष्ट्रपति रोनाल्ड रीगन को मैं वास्तविक रूप से द्रवीभूत होकर मार्मिक शोक और संवेदना का सन्देश भेजनेवाला था। जैसा उनके साथ हुआ, भगवान किसी के साथ न करें। ज्ञानी जैलसिंह के साथ भी न करे। मैं इस राष्ट्रपति को पसन्द करता हूँ—रीगन को। रीगन अमरीका के एम. जी. रामचन्द्रन हैं—फिल्मी हीरो रामचन्द्रन में और रीगन में फर्क यह है कि रामचन्द्रन फिल्मों में गरीबों, पीड़ितो के रक्षक बनते हैं, मगर रीगन बेकसूरों, गरीबों, भले आदमियों को मारनेवाले बनते हैं—37 फिल्मों में। वाशिंगटन, जेफरसन, एडम्स, लिंकन, रूजवेल्ट की परम्परा तो खैर खत्म हुई। अब कोई वैसा राष्ट्रपति शायद ही हो। जान केनेडी के बाद लुच्चों, टुच्चों, ओछों और दगाबाजों की कतार लग गयी, व्हाइट हाउस में।

मैं रीगन को शोक-सन्देश भेजने की बात कर रहा था। उनकी बड़ी करारी

* करण्ट, 3 जून, 1983

हार हुई है गत चुनावों में। रीगन रिपब्लिकन पार्टी के हैं। विरोधी डेमोक्रेटिक पार्टी है। चुनाव के नतीजे ये हैं—

प्रतिनिधि सदन—डेमोक्रेट—263

रिपब्लिकन—124

सीनेट—डेमोक्रेट—20

रिपब्लिकन—12

गवर्नर—डेमोक्रेट—27

रिपब्लिकन—8

कितनी बुरी हार हुई है रीगन की रिपब्लिकन पार्टी की। मुझे तो आँसू आ गये। सुना है डॉ. सुब्रह्मण्यमस्वामी तो आघात से बेहोश हो गये। मैंने शोक और संवेदना का पत्र लिख लिया था और इस अंक में वही छपता। पर मुझे उसे फाड़कर फेंक देना पड़ा। मेरे आँसू बेकार गये। मेरी संवेदना शर्म बन गयी। हुआ क्या?

हुआ यह कि रीगन का बयान मैंने पढ़ा—आई एम प्लीज्ड विद दी रिज़ल्ट्स (मैं नतीजों से खुश हूँ)। मैं क्या खाक दुःख प्रकट करूँ, जब हारनेवाला कहता है कि मैं खुश हूँ। मैं कौन होता हूँ नाखुश होनेवाला। निक्सन और जिमी कार्टर ने कुछ ऐसी नयी नैतिक मान्यताएँ बनायीं कि यह समझना कठिन है कि अमरीकी प्रशासन के लिए क्या शर्म की बात है और क्या गौरव की। अक्सर गौरव की बात पर वहाँ राष्ट्रपति को शर्म आने लगती है। मगर रीगन हार से खुश क्यों हैं? हार बहुत बुरी हुई है। अपने यहाँ कहते हैं—पट्टा साफ हो गया, खटिया खड़ी हो गयी, दिन में तारे दिखने लगे, नाक कट गयी, मूँछें नीची हो गयीं। मगर खटिया खड़ी होने पर रीगन खुश क्यों हैं? वे कहते हैं—'आई हैव बीन एबिल टु कन्टेन वर्स डिफीट', यानी इससे बुरी हार को मैंने रोक लिया। इसका अर्थ हुआ कि हालात ऐसे हैं कि इससे भी बुरी हार होती, पर उतनी हार रीगन ने होने नहीं दी।

ऐसा होता है। दो पहलवान कुश्ती लड़ रहे थे। एक पहलवान को दूसरे ने चित कर दिया, पर लोगों ने शोर मचाया कि अभी बिल्कुल चित नहीं हुआ तो जीतनेवाले पहलवान ने उसे दुबारा और फिर तिबारा चित कर दिया। हारे हुए पहलवान से शहर में लोगों ने पूछा—उस्ताद, क्या रहा कुश्ती का नतीजा? सुना है, आप तीन बार चित हो गये? पहलवान ने कहा—मैं कुश्ती के नतीजे से खुश हूँ। मैंने हाथ-पाँव टूटने से बचा लिये।

यह भी एक खुशी होती है। रीगन को यही खुशी है।

मगर यह हुआ क्या? सब कहते हैं कि यह तो रीगन में अविश्वास का प्रस्ताव पास हो गया। अमरीकी संविधान कुछ और होता, तो रीगन को इस्तीफा देना पड़ता या शर्म होती, तो भी उन्हें इस्तीफा दे देना था। 2 साल पहले ही अमरीकी जनता ने भारी मतों से इस रिपब्लिकन 'हांक' (बाज) को चुना था, क्योंकि जिमी कार्टर ने अमरीका को बहुत नीचा दिखाया था। मगर दो सालों में ही अमरीकी जनता

इससे इतनी नाराज हो गयी।

जानकारों का कहना है कि अमरीकी आदमी जितना इस समय डरा हुआ है, उतना कभी डरा नहीं था। वह आज बहुत असुरक्षित महसूस कर रहा है और अपने डर तथा असुरक्षा के लिए वह रीगन की नीतियों को जिम्मेदार मानता है। रीगन ने सोवियत रूस के साथ कठोर और बदतमीजी का व्यवहार किया, जिससे तनाव बढ़ा और युद्ध का खतरा बढ़ा। अमरीकी आदमी युद्ध नहीं चाहता। वहाँ शान्ति के लिए रैलियां होती हैं। युद्ध की विभीषिका अमरीकी नागरिक ने भोगी नहीं है, मगर यूरोप ने दूसरे महायुद्ध में क्या भोगा है, इसकी जानकारी तो केवल 'मिलिटरी इण्डस्ट्रियल काम्प्लेक्स' को है, जो युद्धोन्मादी है।

अमरीकियों को इतने माध्यमों से जानकारी मिलती है कि वे यह मानने को कतई तैयार नहीं हैं कि सोवियत रूस कोई दब जानेवाला देश है। वह पीढ़ी अभी जिन्दा है, जिसने 1962 के क्यूबा संकट के समय रातें डरते हुए बिना सोये गुजारी हैं, क्योंकि क्यूबा में सोवियत राकेट लगे हुए थे। वे रूस की चोट करने की ताकत जानते हैं। उन्हीं के, अमरीकी विशेषज्ञ अखबारों में लेख लिखकर बता रहे हैं कि रूस के पास इतना पावर है, मगर रीगन इस तरह धमकी देते हैं रूस को, जैसे वह चूहा हो। डर जायेगा। आम अमरीकी जानता है कि हमारा राष्ट्रपति झूठा है। वह शायद सनकी भी है। यह किसी दिन सनक में लड़ाई छेड़ देगा, तो हम मारे जायेंगे।

दूसरे, अमरीकी आदमी को, लेबनान में रीगन के समर्थन से जो नृशंस कृत्य इस्राइल ने किये, उनसे बहुत आघात पहुँचा है। इस अमानवीयता को अमरीकी भावना बरदाश्त नहीं कर रही है। उनकी नजर में अपना राष्ट्रपति बेकसूरों, स्त्रियों और बच्चों का हत्यारा है।

समझदार अमरीकी यह भी महसूस करने लगे हैं कि पूरे पश्चिमी यूरोप ने हमें छोड़ दिया है। यूरोप सोवियत-विरोध में हमारे राष्ट्रपति का साथ नहीं दे रहा है। यूरोपवासियों को अपनी सुरक्षा की चिन्ता है। वे सनकी अमरीकी राष्ट्रपति के लिए अपना बलिदान नहीं करना चाहते। उनके रूस से व्यापारिक सम्बन्ध भी हैं।

समझदार अमरीकी यह भी जानता है कि तीसरी दुनिया हमारे खिलाफ है। गुटनिरपेक्ष देशों के रूस से मित्रता के सम्बन्ध हैं। अमरीकी अनुभव करता है कि हम दुनिया में अकेले पड़ गये हैं और हमारा राष्ट्रपति डालर तथा राकेट और मिसाइल लिये बैठा है। ये हमारे नाश के कारण बननेवाले हैं।

आर्थिक हालात ऐसे हैं कि रीगन की अर्थनीति को मजाक में 'रीगनामिक्स' कहने लगे हैं। इस अर्थनीति में सबसे ज्यादा पैसा हथियारों पर खर्च किया जाता है और बहुत-सा पैसा परोपकार में खर्च किया जाता है। यह परोपकार क्या है?

अखबार में खबर है कि 20 करोड़ डालर मध्य अमरीका में गड़बड़ी करने के लिए एलाट किये गये हैं। इस्राइल को भी परोपकार के मद में से कई करोड़ डालर दिये जाते हैं। भारत को धमकाने के लिए जो अरबों डालर और हथियार पाकिस्तान को दिये जाते हैं, वे भी परोपकार के मद में हैं। दुनिया में हर जगह रीगन 'परोपकार'

के लिए डालर दे रहे हैं। मगर हवन करते हाथ जलता है। रीगन को जनता ने रिजेक्ट कर दिया।

बेकारी बढ़ी है, मुद्रास्फीति है, महँगाई है। राकेट और मिसाइल भोजन के काम आते, तो अमरीकी नागरिक उनका एक टुकड़ा खाकर सो जाता।

इन और दूसरें कई कारणों सें रीगन की हार हुई, मगर खुशी है कि उन्होंने खटिया पूरी खड़ी होने से रोक ली। मैं जो शोक-सन्देश भेज रहा था कि प्यारे, हमेशा के लिए चौपट हो गये तुम—यह जानकर आश्चर्यचकित और गद्‌गद हूँ कि इस हार से रीगन में ऐसी आशा और स्फूर्ति आयी है कि वे 1984 में दुबारा राष्ट्रपति का चुनाव लड़ने की तैयारी कर रहे हैं। इसके लिए उन्होंने अपने विश्वास का पार्टी सेक्रेटरी नियुक्त कर दिया है। इस स्टप्टी सनक की मैं तारीफ करता हूँ।

भ्रष्टाचार के सेम्पल*

किसी-किसी दिन का आरम्भ बड़ी आशा और उत्साह से होता है। सुबह शहर के दैनिक पत्र पढ़ता हूँ और दिल्ली के अखबारों को भी देखता हूँ। स्थानीय दैनिकों में स्थानीय समाचारों का पृष्ठ रोज किन्हीं सनसनीखेज खबरों से भरा होता है। खासकर प्रेमी द्वारा भगायी गयी पतिव्रताओं के समाचार अच्छे लगते हैं। इनसे विश्वास होता है कि दुनिया में प्रेम अमर है। या समाचार छपता है कि किसी के यहाँ जुआ पकड़ा गया और पुलिस ने तीस रुपये बावन पैसे बरामद किये। इससे सन्तोष होता है कि शहर में लाखों रुपयों का जुआ मजे में पुलिस के संरक्षण में चल रहा है। इस लाखों के जुए पर मोटा पर्दा डालने के लिए ही यह तीस रुपये बावन पैसे की विशाल रकम का जुआ पकड़ा गया है। जो कुल 30 रुपये का जुआ खेलते हैं वे मुफलिस भुक्खड़ पुलिस को क्या देंगे ? उन्हें तो 'नमूने' के लिए पकड़ा जाना ही है। उनकी हालत आम की उस फाँक की तरह है, जो आम बेचनेवाला काटकर ग्राहक को चखाता है, जिससे वह दो-चार किलो आम खरीद ले। हमारे देश में छोटा आदमी हमेशा 'सेम्पल' के काम आता है, और कटता है बड़ों की भलाई के लिए।

दिल्ली के अखबार में ज्यादातर दहेज के लालचियों द्वारा वधू की हत्या के समाचार रोज आते हैं। ज्यों-ज्यों काला धन्धा और धन बढ़ रहा है, त्यों-त्यों दहेज के कारण हत्याएँ बढ़ रही हैं। फिर महानगर के मध्यवर्ग का अमानवीकरण ज्यादा हो चुका। मेरा शहर भी मेरे देखते-देखते सवा लाख से बढ़कर तेरह लाख आबादी

* करण्ट, 11 जून, 1983

का हो गया। आधुनिक हो गया। कारखाने हैं। खासा मध्यवर्ग है। डिस्को है। अमानवीकरण मध्यवर्ग का काफी हो चला है। कुछ दिन पहले घरों में काम करने-वाली एक औरत बहुत बीमार हो गयी थी। उसे अस्पताल में भर्ती कराना था। बिना किसी अँगरेजी बोलनेवाले मध्यवर्गी की सहायता के उस गरीब को अस्पताल में भर्ती नहीं किया जाता। उसका परिवार बाहर गया था। उसके साथ उसका छोटा लड़का था। उसने 4-6 मध्यवर्गियों से मदद के लिए कहा, पर हर एक ने जवाब दिया—जिसके घर में काम करती है वह भर्ती कराये न। हमें क्या मतलब। मैंने सुना तो समझ गया कि इस शहर में मध्यवर्ग का अमानवीकरण हो चुका है। कुछ बचे हैं। उनमें से एक ने उसे भर्ती कराया। आठ-दस घरू मजदूर परिवार झोंपड़ों में रहते हैं। अगर किसी मध्यवर्गीय के घर में आग लग जाय, वह सहायता के लिए चिल्लाये और ये मजदूर कह दें—हम क्यों आग बुझायें? जो आपके घर में काम करती है वही बुझाये, तो बाबू साहब का क्या होगा?

खैर, छोड़िए, नस्ल आदमियत से बदलकर जानवरों की हो रही है तो क्या किया जाय? मैं आज जिस खबर को पढ़कर खुश हूँ, वह बताता हूँ। इस खबर को पढ़कर मुझे विश्वास हो गया है कि भ्रष्टाचार को इस देश में अब अपना काला मुँह छिपाने के लिए जगह नहीं मिलेगी। बेचारा भ्रष्टाचार कहाँ जाकर शरण लेगा—पाकिस्तान में? या सिंगापुर में? या हांगकांग में? बड़े क्रूर ढंग से भ्रष्टाचार को देश-निकाला दिया जा रहा है। यह 'एमनेस्टी इण्टरनेशनल' के लायक केस है या आगामी ब्रिटिश संसद इसकी निन्दा कर सकती है।

शीर्षक और निष्कर्ष बाद में बताऊँगा। पहले जो ब्यौरा छपा है, वह पढ़िए—पुलिस को सुराग मिलने पर डी. आई. जी. 'क' साहब के आदेश पर एस. पी. 'ख' साहब के नेतृत्व में घेरा डाला गया। इसमें अमुक थाने के थानेदार 'ग' साहब, तथा तमुक सर्किल इन्स्पेक्टर थे। हथियारबन्द पुलिस दस्ते ने इन अफसरों के नेतृत्व में जंगल के निकासीवाले मार्ग को शाम के धुँधलके में घेर लिया। चारों तरफ से निकल भागने के रास्ते सशस्त्र पुलिस ने सील कर दिये और सब चौकस हो गये। पुलिस का घेरा इतना सघन था कि खरगोश भी बचकर नहीं भाग सकता था।

इस तैयारी से क्या अन्दाज लगता है? यही न कि किसी डाकू गिरोह का घेराव किया जा रहा है। मगर यह सब पराक्रम क्यों किया गया? किन खूँखारों को पकड़ने के लिए? क्या वे खूँखार दुर्दम दानव पकड़ लिये गये? जी हाँ, समाचार कहता है—'रँगे हाथ' पकड़ लिये गये। कौन रँगे हाथ पकड़ लिये गये? समाचार कहता है—एक जंगल-नाकेदार पन्द्रह रुपये लेकर दो गाड़ी जलाऊ लकड़ी की चोरी करवा रहा था। वह रँगे हाथ पकड़ लिया गया। उसके पास से पन्द्रह रुपये भी बरामद कर लिये गये। वे बैलगाड़ियाँ भी पकड़ ली गयीं। पुलिस की सक्रियता और सफलता की सर्वत्र प्रशंसा हो रही है।

समाचार में यह भी जुड़ सकता था—प्रधानमन्त्री को खुफिया एजेन्सी 'रा' से सूचना मिली तो उन्होंने मुख्यमन्त्री को तत्काल आदेश दिये और तब यह कार्यवाही

की गयी। इस मौके पर इन्दिराजी आ जातीं, मुख्यमन्त्री आ जाते, तो पुलिस के साथ फोटो भी खिंच जाता, जिसमें दो गाड़ी जलाऊ लकड़ी और जंगल विभाग का सबसे नीचे का गरीब नौकर नाकेदार जिसने सिर्फ पन्द्रह् रुपये लिये, वह भी होता। तैयारी डाकू रमेश सिकरवार को पकड़ने के लिए मालूम होती है, मगर पकड़ा गया पन्द्रह् रुपये लेनेवाला नाकेदार !

मैं यह नहीं कहता कि नाकेदार भ्रष्टाचार नहीं करता। करता है, पर कितना करता है ? लाखों रुपये के जंगल बड़े अफसर ठेकेदारों से कटवा देते हैं। इन अफसरों की इमारतें पुलिस, भ्रष्टाचार-निवारण विभाग, निगरानी विभाग और लोकायुक्त की छाती पर खड़ी होती हैं। सब देखते हैं। सब जानते हैं। जब अखबारों में और विधानसभा में जंगलों की चोरी से कटाई का हल्ला होता है, तब तामझाम के साथ नाकेदार को पकड़ लेते हैं। इससे लाखों खानेवाले अफसर साफ बच जाते हैं। शासन की सक्रियता सिद्ध हो जाती है। नाकेदार 'सेम्पल' है। छोटे सेम्पल का बलिदान जरूरी है—बड़ों को बचाने के लिए।

बी. डी. ओ. तथा दूसरे अफसरों के भ्रष्टाचार का इधर कुछ दिनों से हल्ला था। अखबारों में शिकायतें छप रही थीं। भ्रष्टाचार निवारण करनेवालों को सक्रियता बताना जरूरी हो गया था। मैं इन्तजार कर रहा था कि कौन 'सेम्पल' का बलिदान होनेवाला है। एक दिन खबर छपी—दो ग्रामसेवक किसानों से घूस लेते रँगे हाथ गिरफ्तार। ग्रामसेवक बेचारा चपरासी से भी नीचे दर्जे का होता है।

सेम्पल को हमेशा बलिदान होना चाहिए बड़े स्टाफ के लिए। थाने के दोनों तरफ के होटलों में रोज सैकड़ों बोतलें गैरकानूनी शराब की खुलती हैं। वहाँ पुलिस-वाले भी मुफ्त में पी आते हैं। मगर कहीं किसी कोने में किसी गुमटी पर कलेक्टर, एस. पी., आबकारी अफसर, दलबल समेत 'रेड' करेंगे और दो बोतल शराब बरामद करेंगे। जो बेचारा कुल दो बोतलों का धन्धा करता है, वह क्या खिलायेगा पुलिस और आबकारी विभाग को ? उसे तो 'सेम्पल' बनकर बलिदान होना ही पड़ेगा उन बड़े होटलवालों के लिए, जो हजारों की पिलाते हैं और भ्रष्टाचार पकड़नेवालों को हजारों खिलाते हैं।

एक बार बहुत शोर मचा कि शक्कर की जमाखोरी और कालाबाजारी बहुत हो रही है। शासन के अफसर इन बड़े-बड़े जमाखोरों को खूब जानते हैं। मगर इन्हें बचाना भी है और अपनी कर्तव्यनिष्ठा तथा सक्रियता का सबूत भी देना है। यानी किसी 'सेम्पल' का बलिदान करना जरूरी है। तो उन्होंने एक टपरे में छोटी-सी दूकान लगानेवाले के पास से 7 किलो शक्कर पकड़ ली और इस बहादुराना कार्यवाही को अखबारों में छपवा दिया। सिंचाई विभाग में अगर करोड़ों के घोटाले का हल्ला हो, तो 1-2 क्लर्कों को तैयार रहना चाहिए 'सेम्पल' के रूप में बलिदान के लिए। बड़े इन्जीनियर, जो लाखों खा रहे हैं और ठेकेदार जो लाखों के झूठे बिलों का भुगतान करा रहे हैं, नहीं पकड़े जायेंगे।

इस व्यवस्था में कोई भी अकेला पैसा नहीं खाता। सब मिलकर खाते हैं—

खानेवाले भी और उन्हें पकड़नेवाले भी। इसलिए वास्तविक बड़े भ्रष्टाचारी कभी नहीं पकड़े जायेंगे। पकड़े जाने लगें तो इस देश के तीन-चौथाई मन्त्री, सांसद और विधायक जेल में होंगे। भला, लोकतन्त्र का ऐसा नाश कौन देशभक्त करना चाहेगा?

एक बार हर क्षेत्र में 'विजिलेन्स कमिश्नर' (निगरानी आयुक्त) नियुक्त किये गये थे—भ्रष्टाचार उन्मूलन के लिए। ये राजनीति के लोग थे। नेता थे। ये अपने क्षेत्र के सबसे प्रसिद्ध भ्रष्टाचारी थे। इन्होंने भ्रष्टाचार का 'उन्मूलन' नहीं किया, उसे नियोजित कर दिया। कैसी जनसेवा की है।

मेरा कहना है कि भ्रष्टाचार मिटाने की जितनी मशीनरी है, जितने विभाग हैं, सब खत्म कर दिये जायें। इनके रहते भ्रष्टाचार मिट नहीं सकता, क्योंकि इनकी समृद्धि के लिए भ्रष्टाचार जरूरी है। इन विभागों को बन्द करने से अरबों रुपये बचेंगे, जिनसे सिंचाई और बिजली की योजनाएँ चल सकती हैं।

अब कृष्ण मेनन की याद क्यों?*

कृष्ण मेनन की अब तारीफ करने से मेनन का तो कोई फायदा नहीं है। वे मर चुके। उनकी राजनैतिक हत्या 1962 में कर दी गयी थी। बहुत-से चूहे अगर मिलकर शेर पर हमला करें, तो वे उसे काट-काटकर मार डाल सकते हैं। यही मेनन के साथ हुआ। मेनन ने चुपचाप सर्वोच्च न्यायालय में वकालत शुरू कर दी। अन्तर्राष्ट्रीय संगठनों, जैसे विश्वशान्ति संगठन, में काम करते रहे। वे विश्व के महान राजनीतिज्ञ और बुद्धिवादी बने रहे। एशिया, अफ्रीका और लेटिन अमेरिका के लोग कृष्ण मेनन को देवता मानते थे, क्योंकि मेनन ने उनकी स्वाधीनता तथा आत्मसम्मान के लिए बहुत काम किया था और अपने देश के तथाकथित मिडिलची भ्रष्ट राजनैतिक पिद्दी खुश थे कि उन्होंने एक परम बुद्धिमान देशभक्त को देश की सेवा से वंचित कर दिया। जो चूहे की तरह देश की आत्मा को भीतर से कुतरकर खाते रहे हैं, उन्होंने मेनन को देशद्रोही करार दे दिया था। 1962 के चीनी हमले के समय जिन राजनैतिक श्वानों ने सिर्फ कौए देखे थे, वे एक मोर को देखकर भौंकने लगे और भौंक-भाँककर उसे खदेड़ दिया। पर पिछले कुछ दिनों से कृष्ण मेनन की तारीफ का दौर आया हुआ है।

अभी रक्षामन्त्री आर. वेंकटरमन ने ठीक कहा है—देश मेनन का चिर ऋणी

* करण्ट, 18 जून, 1983

रहेगा। मेनन न देश की सुरक्षा-सामग्री के उत्पादन का वैज्ञानिक आधार डाला और सुरक्षा के मामले में देश को आत्मनिर्भर बनाने की कोशिश की। 1965 और 1971 के युद्धों में जो भारत की शानदार जीत हुई, उसका बहुत बड़ा श्रेय मेनन के कल्पनाशील सुरक्षा-कार्यक्रम को है। वी. एन. गाडगिल जब सुरक्षा उत्पादनमन्त्री बने, तब 6 महीनों में ही उन्होंने स्वीकारा कि मैं भी मेनन का विरोध करता था, पर अब मैं महसूस कर रहा हूँ कि सुरक्षा उत्पादन की इस तरह योजना बनाकर मेनन ने देश का कितना भला किया और देश के लिए उनके दिमाग में कौन-कौन-सी योजनाएँ थीं। मैं पूछता हूँ–1962 में क्या वो. एन. गाडगिल दूध पीते थे ? या उस उल्लू की तरह थे, जिससे किसी ने कह दिया कि तेरे कान कौआ ले गया, तो उसने अपने कान टटोलकर नहीं देखे और चिल्लाने लगा –मेरे कान कौआ ले गया। 1962 में अधिकांश कांग्रेसियों के कान कौए ले गये थे। दक्षिणपन्थी विरोधियों का तो सधा हुआ षड्यन्त्र था। एक षड्यन्त्र के तहत कृष्ण मेनन की राजनैतिक हत्या की गयी थी। उनके बारे में अफवाहें बेवकूफ नहीं उड़ाते थे, सधे हुए बुद्धिमान षड्यन्त्रकारी उड़ाते थे—इस विश्वास के साथ कि कम समझ के राजनीतिज्ञ और सामान्य लोग मान लेंगे कि कौआ कान ले गया। कृष्ण मेनन जवानी में लन्दन चले गये थे, जहाँ वे 1947 तक यानी लगभग 35 साल रहे। उन्होंने यूरोप में भारत की स्वाधीनता के लिए जनमत तैयार करने हेतु 'इण्डिया लीग' की स्थापना की। वे हेराल्ड लास्की के प्रिय छात्र थे। हेराल्ड लास्की उनकी बुद्धि से चमत्कृत थे। नेहरू ने कहा था— मेनन हैज़ ए क्लोसल इण्टलेक्ट। ब्रिटिश लेबर पार्टी के नेता माइकेल फूट ने मेनन स्मारक भाषण में कहा था—मेनन वाज़ इण्टलेक्चुअल ऑफ इण्टलेक्चुअल्स। पेंगुइन पाकेट बुक्स मेनन ने ही शुरू की थी। वे एक प्रकाशक 'गाडलेहेड' के सलाहकार थे। ब्रिटेन में भी उनके ज्ञान और तीव्र बुद्धि का लोहा माना जाता था। मेनन ने बैरिस्ट्री पास कर ली, पर वकालत नहीं की। वे पूरा समय भारत की स्वाधीनता के लिए प्रचार और प्रयत्न में लगाते थे। वे पत्रों में लिखते थे, भाषण देते थे। उन्हें यूरोप में कांग्रेस का प्रतिनिधि बनाया गया था। किसने बनाया था, तत्कालीन कांग्रेस-महामन्त्री आचार्य कृपलानी का वह पत्र था। यही कृपलानी बाद में मेनन को राजनैतिक फाँसी के तख्ते पर भेजनेवालों में एक थे। मेनन जवाहरलाल नेहरू के मित्र और सलाहकार थे। वे पश्चिम की राजनीति की जानकारी नेहरू को देते रहते थे।

मेनन कभी फटा पैण्ट पहनते थे। कभी भूखे भी रहते थे। मगर लगातार धन से भारत की स्वाधीनता के लिए काम करते रहते थे। मेनन का इतना महत्त्व था कि ब्रिटिश लेबर पार्टी और सरकार उनसे सलाह लेती थी। जब लेबर सरकार का सर स्टफर्ड क्रिप्स के नेतृत्व में केबिनेट मिशन भारत आया था, तब मेनन दिल्ली में थे। भारत को स्वाधीनता देने की प्रक्रिया के लिए उन्होंने ही वाइसराय लार्ड माउण्टबेटन का नाम सुझाया था—लार्ड माउण्टबेटन जब कांग्रेसी नेताओं से बातचीत कर रहे थे, तब मेनन सलाह के लिए दिल्ली में थे। 1945 में कांग्रेस के नेताओं के जेल से छूटने के बाद बम्बई में ऑल इण्डिया कांग्रेस कमेटी की बैठक हुई, तब मेनन नेहरू के साथ ही

दिल्ली से बम्बई गये थे। मगर कांग्रेसी उन्हें विचित्र विदेशी मानते थे।

मेनन के बारे में कई किस्से हैं सच्चे-झूठे। वे अद्भुत बौद्धिक शक्ति-सम्पन्न, परम मेधावी, समर्पित व्यक्ति थे। उनका व्यक्तित्व बहुत रोबदार और जबान तीखी थी। वे बेवकूफों और पाखण्डियों को बरदाश्त नहीं करते थे। विरोधी को वे तीखी जबान से काटकर फेंक देते थे। किसी भी अँगरेज से अच्छी अँगरेजी उन्हें आती थी।

मेनन के बारे में लेख काफी लिखे गये हैं। पटना के 'सर्च लाइट' के भूतपूर्व सम्पादक के. एम. जॉर्ज ने मेनन की अच्छी जीवनी लिखी है। मेरी सेटन ने नेहरू पर अपनी किताब में मेनन के बारे में बहुत लिखा है। 'हू आफ्टर नेहरू' में भी मेनन पर लेख हैं। मेरी सेटन ने तो लिखा है कि एक बार 3-4 दिन के भूखे मेनन अपने कमरे में बेहोश पड़े थे। हेराल्ड लास्की उन्हें देखने पहुँचे, तब दरवाजा तोड़कर उन्हें बाहर निकाला गया।

1962 में मेनन का यह हश्र हुआ कैसे? मौलाना आजाद ने अपनी किताब 'इण्डिया विन्स फ्रीडम' में लिखा है—सरदार पटेल के और मेरे लगभग हर मामले में मतभेद थे। मगर मेनन के बारे में हम सहमत थे कि वह खराब आदमी है। क्यों खराब आदमी है? साफ है—इसलिए कि मेनन आधुनिक विचारों का एक वामपन्थी बौद्धिक है, जिसकी बात नेहरू मानते हैं। यानी आजादी के पहले से कांग्रेस के भीतर के दक्षिणपन्थी मेनन के खिलाफ थे, उससे डरते थे और कांग्रेस में बहुमत दक्षिण-पन्थियों का था। मेनन को सिर्फ नेहरू के दबंग व्यक्तित्व के कारण स्वीकार किया गया। 1947 में वे भारत में बस गये थे। उन्होंने ब्रिटिश नागरिकता नहीं ली थी। 1958 तक वे किसी पद पर नहीं रहे। वे दुनिया में नेहरू द्वारा प्रतिपादित भारत की नीतियों का प्रचार करते रहे। 'नॉन एलाइनमेण्ट' शब्द मेनन का दिया हुआ है। भारतीय संविधान का 'प्रीएम्बल' (भूमिका) मेनन ने लिखा है। अपने व्यक्तित्व, समझ और चातुर्य से कई विश्व-समस्याएँ सुलझाते रहे। वे संयुक्त राष्ट्रसंघ में भारतीय प्रतिनिधि मण्डल के नेता कई साल रहे। वे एक महान् कूटनीतिज्ञ थे।

1958 में वे रक्षामन्त्री बनाये गये। उन्हें दूसरे महायुद्ध का यूरोप का अनुभव था। वे युद्ध के बारे में ब्रिटिश सलाहकार मण्डल के सदस्य थे। अभी वेंकटरमन ने कहा है, के. एम. जॉर्ज ने भी लिखा है कि हथियारों का तकनीकी ज्ञान मेनन को इतना था कि बड़े-बड़े विशेषज्ञ चकित रह जाते थे। मुझे सुरक्षा संस्थानों के विशेषज्ञों ने बताया कि हम लोग महीनों के परिश्रम से जो तकनीक तैयार करते थे, मेनन उसे 15 मिनट में समझा देते थे। उन्हें तोपों, टैंकों, बमवर्षक विमानों का पूरा तकनीकी ज्ञान था। रणनीति के बारे में भी वे किसी जनरल से कम नहीं जानते थे। विशेष तोपों और नेट जैसे बमवर्षक विमानों का निर्माण मेनन की बुद्धि का नतीजा था। वे भारत को ताकतवर और युद्ध सामग्री में आत्मनिर्भर बनाना चाहते थे। वे अविवाहित थे। उनके बेटे और दामाद तो थे नहीं, जिन्हें ठेके दिलाकर, या सरकारी माल की चोरी कराकर उन्हें करोड़पति बनाने का काम हो। वे रात-दिन काम करते

थे। मेनन कुछ 2-3 घण्टे सोते थे, यह सब जानते थे। वे फौज के उपयोग का सारा सामान फौजी फैक्टरियों में बनवाने लगे। देशी-विदेशी प्राइवेट कम्पनियों से पहले बहुत ऊँचे दामों पर ट्रक, जीप और दूसरे वाहन खरीदे जाते थे। मेनन ने इनका निर्माण फौजी कारखानों में शुरू किया। इससे ये कम्पनियाँ और उनसे लगे राजनेता नाराज हुए। अमेरिकी शासन कृष्ण मेनन से उनके अन्तर्राष्ट्रीय रोल के कारण नाराज था। बहुराष्ट्रीय फौजी सामग्री बनानेवाली कम्पनियों के मुनाफे पर चोट पड़ी, इससे भी वे नाराज थे।

सुरक्षा उत्पादन का अर्थ कोई दाल-भात पकाना नहीं है। चूल्हे पर रखे और पक गये। इसमें कई साल लगते हैं। नयी-नयी चीजें आती हैं। दुनिया के साथ चलना पड़ता है। सुरक्षा की तैयारी का मतलब सिर्फ फौज खड़ी करना और तोप गोला बनाना नहीं है। विश्व की राजनीति समझनी पड़ती है। मित्र और शत्रु तय करना होता है, इस हिसाब से तैयारी करनी पड़ती है कि भविष्य में किससे लड़ाई हो सकती है। चीन से लड़ाई की कल्पना न नेहरू को थी, न मेनन को। बार-बार चाऊ एन लाई ने आश्वस्त किया था कि भूमि-विवाद के लिए चीन कभी सैनिक कार्यवाही नहीं करेगा। फिर भी मेनन ने ऊँचे पैमाने पर लड़ाई की तैयारी शुरू कर दी थी। जॉर्ज ने मेनन की जीवनी में लिखा है कि मेनन ने पेकिंग में चाऊ एन लाई से बात करके यह हल निकाला था कि विवादास्पद इलाके को भारत चीन को 99 साल की 'लीज़' पर दे देगा। नेहरू को फार्मूला पसन्द आया, पर गोविन्दबल्लभ पन्त ने इसे नामंजूर कर दिया। इस प्रस्ताव के बारे में कहीं और नहीं पढ़ा, पर किसी ने इसका खण्डन भी नहीं किया।

सरदार पटेल के बाद कांग्रेस पार्टी पर गोविन्दबल्लभ पन्त का कब्जा हो गया था। वे दक्षिणपन्थी थे। समाजवाद विरोधी, यानी मेनन विरोधी भी। जॉर्ज ने लिखा है—नेहरू, मेनन और चाऊ के फार्मूले से बहुत उत्साहित थे। विवाद एक शताब्दी टल जाता। दोनों पन्तजी के बँगले पर गये। बीमारी के कारण पन्तजी बाथरूम में बहुत देर बैठते थे, वहीं फाइलें भी निपटाते थे। पन्तजी बाथरूम में थे। नेहरू ने बाथरूम के बाहर से उनसे बात की। वह फार्मूला बताया। पन्तजी ने कड़ी आवाज में भीतर से कहा—नहीं जवाहर, मैं इस फार्मूले को नहीं मानूंगा, कांग्रेस पार्टी भी नहीं मानेगी। नेहरू और मेनन उदास लौट गये। कह नहीं सकते कि इस समझौते का पालन चीन करता या नहीं। पर मेनन ने समस्या का हल तो खोजा।

मेनन से नाराजगी के दूसरे भी कारण थे। पहली बार फौजी अफसरों को ऐसा बॉस मिला था, जो सब बारीकियाँ समझता था। जो फौजी मामलों का अद्भुत जानकार था। जो परम बौद्धिक था, जिसकी विश्व-दृष्टि थी, जो खुद कठोर परिश्रम करता था और दूसरों से करवाता था। अफसरों के लिए ऐसा मन्त्री असुविधाजनक था। मेनन के पहले कैलाशनाथ काटजू और महावीर त्यागी रक्षा-मन्त्री थे। ये टाल जाते थे, क्योंकि जानते नहीं थे। अफसरों की मनमानी की आदत पड़ी थी, जिसे मेनन ने तोड़ा। वे ऐय्याश और अलाल थे। मेनन ने उनसे काम

करवाया। संसदीय लोकतन्त्र में जरूरी है कि फौज पर निर्वाचित सरकार का नियन्त्रण हो। राष्ट्रपति तीनों सेनाओं के प्रधान होते हैं। यदि लोकतान्त्रिक नियन्त्रण ढीला हुआ तो सेना की महत्त्वाकांक्षा बढ़ जाती है, जो खतरनाक है। 1962 की लड़ाई के बदनाम लेफ्टिनेण्ट जनरल बी. एन. कौल ने एक किताब लिखी थी— 'दी अनटोल्ड स्टोरी।' यह किताब अपनी सफाई के लिए और मेनन को बदनाम करने के लिए लिखी थी। मगर खुद कौल ने यह लिखा है कि ये बड़े अफसर विदेशी दूतावासों से, विशेषकर अमरीकी दूतावास के लोगों से मिलते थे—रक्षामन्त्री और प्रधानमन्त्री के सिर के ऊपर से। फौजी अफसर अमरीकी राजदूत से क्यों मिले? सब लोग जानते हैं कि अमरीकी दूतावास के मार्फत सी. आई. ए. षड्यन्त्र करती है। मेनन ने बी. एन. कौल को बुलाकर पूछा कि तुम अमरीकी राजदूत से क्यों मिले। कौल ने कुछ बहाना बनाया कि व्यक्तिगत सम्बन्धों के कारण मिला, जैसे अमरीकी राजदूत कौल के साढ़ूभाई हों। मेनन ने कहा— यह अनुशासन भंग है। मेरी अनुमति के बिना तुम किसी राजनयिक से नहीं मिल सकते। कौल के अमरीकी राजनयिकों से फिर भी गुप्त सम्बन्ध चलते रहे। तब कौल ने लिखा है— मुझे एक दिन मेनन ने बुलाकर कहा, जनरल कौल तुम अमरीकी नागरिकता क्यों नहीं ले लेते?

थल-सेनाध्यक्ष जनरल थिमैया ने भी नेहरू से मेनन की शिकायत की थी। दोनों के मतभेद की खबरें पत्रों में छपी थीं। नेहरू ने यह कहकर बात को समाप्त कर दिया था कि मेनन और थिमैया के मतभेद 'टेम्परामेण्टल' (स्वभावगत) हैं। पर वास्तविकता यह थी कि खुद थिमैया के अमरीकी दूतावास से सम्बन्ध थे। ये क्यों थे? यह बात क्या मेनन समझते नहीं थे। मेनन ने थिमैया को भी डाँटा था। असल में 36 अफसर थे, जो इंग्लैण्ड में सेण्डहर्स्ट मिलिटरी कालेज में पढ़े थे। ये अपने को कुछ ऊँची नस्ल का मानते थे। इनका गुट था, जिसके नेता जनरल थिमैया थे। इस गुट को मेनन ने तोड़ा। देश के हित में यह जरूरी था। बड़े अफसर मेनन से नाराज हुए, पर छोटे अफसर और सिपाही मेनन के भक्त थे। मेनन ने संसद में इनके वेतन और सुविधाएँ बढ़ाने के लिए बहुत लड़ाई लड़ी। रिटायर्ड सिपाहियों के भविष्य के लिए सुविधाएँ बढ़वायीं। उनके परिवारों के कल्याण के लिए बहुत कुछ किया।

यह सही है कि मेनन की जबान तेज थी। वे सख्त बोलते थे, लेकिन सख्त उसी से बोलते थे, जिसे वे बदमाश, अहंकारी और गलत मानते थे। एक दिन जब वे अपने ऑफिस में घुस रहे थे, तब उन्होंने दरवाजे पर खड़े चपरासी को बहुत डाँटा। न चपरासी को अँगरेजी समझ में आती थी न मेनन को हिन्दी। बाद में उन्होंने अपने सचिव को बुलाया। चपरासी को बुलाया। सचिव से कहा कि इसे समझा दो कि मैंने जो डाँटा उसका मुझे बहुत दुख है। मेनन की तेज जुबान और तत्काल मुँहतोड़ जवाब के सैकड़ों उदाहरण हैं। दिल्ली में एक अफ्रो-एशियाई सम्मेलन में मेनन भाषण के बीच में ऐसे चुटीले वाक्य बोलते जाते थे—आई हैव नेवर बीन टू दी सोवियत यूनियन, आलदो सम पीपुल थिंक आई वाज़ बार्न देअर! एक पत्रकार ने पूछा—आर यू ए कम्युनिस्ट? मेनन ने जवाब दिया—आई रिप्लाई टु क्वश्चन्स,

नाट टु इनसिनुएशन्स ! यानी मैं प्रश्न का जवाब देता हूँ। तुम यह प्रश्न आरोप की तरह पूछ रहे हो। मैं आरोप का जवाब नहीं दूंगा। राष्ट्रसंघ में ब्रिटिश विदेशमन्त्री ने मेनन की अँगरेजी भाषा पर आक्षेप किया। मेनन ने तत्काल जवाब दिया—आई डू नाट नीड योर सजेशन ऑन दी इंग्लिश लेंगुएज। आई हैव लर्न्ट इट व्हाइल यू हैव पिक्ड इट अप ! यह सही है कि अपनी जबान और तीखे स्वभाव के कारण मेनन शत्रु बनाते थे, पर वे इनसे कई गुने मित्र अपने कार्यों से बनाते थे। असल में उनके शत्रु राजनैतिक कारणों से बने थे। बहुत लोग ईर्ष्या-द्वेष तथा अपने छोटेपन के कारण मेनन के विरोधी हो गये थे। बहुत लोग उनसे डरते थे। भारतीय दक्षिणपन्थी और भारत में अमरीकी 'लॉबी' उनके खिलाफ षड्यन्त्र व झूठा प्रचार करते थे।

वित्तमन्त्री श्री देसाई सुरक्षा के लिए पर्याप्त धन नहीं देते थे। जब मेनन ने लोकसभा में सुरक्षा के लिए धन की माँग की तो गाँधीवादी आचार्य कृपलानी ने कहा—यह महात्मा गाँधी का देश है। हमने अहिंसा से स्वाधीनता की लड़ाई जीती है। हमें इतना पैसा हथियारों पर खर्च करने की क्या जरूरत है ? कुछ पुराणपन्थी कहते थे—हमारे ऋषियों ने जो तप किया था, उससे हिमालय पर बिजली की तरंगें लहराती रहती हैं। वहाँ से कोई घुस नहीं सकता। मेनन 1958 से 1962 तक कुल चार साल रक्षामन्त्री रहे। उनके सामने सुरक्षा की तैयारी करने में भी अड़ंगे डाले गये। चार साल कुछ नहीं होते। फिर भी मेनन ने काफी तैयारी कर ली थी और भविष्य की बुनियाद डाल दी थी। पर चीन से पहाड़ी लड़ाई लड़ने की पूरी तैयारी नहीं थी।

चीन ने अचानक हमला किया। चीन से तनाव था, पर हमले की आशंका नहीं थी। इस हमले के बहुत कारण हो सकते हैं। चीनी नेता रूस पर 'हेगेमनी' (चौधराहट) का आरोप लगाते हैं। मगर एक किताब है—'फ्रॉम कार्ल मार्क्स टू माओ-त्से-तुंग।' इस किताब में एक वाकया है। रूसी प्रधानमन्त्री ख्रुश्चेव जब पेकिंग यात्रा पर आये थे, तब माओ ने उनसे कहा—तुमने यूरोप को सँभालने का अधिकार नहीं दिया। तुम्हें एशिया को सँभालने का अधिकार किसने दिया ? माओ के कथन से सिद्ध होता है कि वे खुद 'चौधराहट' इस क्षेत्र पर करना चाहते थे। वियतनाम पर चीन का शर्मनाक हमला किसी तर्क से सही नहीं था, सिवा चौधराहट के। इसी पुस्तक में माओ का यह कथन है—चीन में क्रान्ति के लिए मार्क्सवाद की जरूरत नहीं है। यहाँ क्रान्ति के लिए चीनी जनता, उसका इतिहास, संस्कृति, परम्परा, प्रकृति और चरित्र को जानना चाहिए। याने माओ पूरे मार्क्सवादी भी नहीं थे। भारत पर हमले का एक बड़ा कारण रूस को छेड़ना और उसके रुख को उजागर करना था।

देश में कानाफूसी होने लगी थी—मेनन सुरक्षा कारखानों में हथियार नहीं कप-बसी बनवाता है, मेनन चीन से मिला है। भारतीय सिपाही हिमालय की बर्फीली चोटी पर नंगे पाँव खड़े हैं। ये बातें संसद-सदस्यों ने भी कहीं। किसी ने यह नहीं सोचा कि आदमी दस कदम तो बर्फ पर चल नहीं सकता, ये सिपाही मीलों बर्फ पर

चलकर चोटी पर कैसे पहुँच गये? शायद हर देश में इस तरह के परम 'ज्ञानी' संसद-सदस्य होते हैं। इंग्लैण्ड में जब पहले-पहल भाप के इंजिन से रेलगाड़ी चली, तो संसद में कुछ सदस्यों ने यह कहकर विरोध किया—इस गाड़ी को न बैल खींचते हैं न घोड़े। यह अपने-आप चलती है। जरूर इसमें 'ईविल स्पिरिट' (अशुभ प्रेतात्मा) है। इससे देश को नुकसान होगा।

चीनी हमले के पहले ही दौर में मेनन पर हमला हुआ। यह वास्तव में नेहरू पर हमला था। नेहरू-मेनन दोनों का सिर दक्षिणपन्थी चाहते थे। अमरीका ने इशारा किया कि मेनन को मन्त्रिमण्डल से निकालोगे, तभी शस्त्र-सहायता करेंगे। संसद में दिन-भर मेनन पर हमला होता रहा और मेनन अपनी जगह बैठे-बैठे सुनते रहे। हमला शुरू किया उन्हीं आचार्य कृपलानी ने, जिन्होंने पहले कहा था कि महात्मा गाँधी के देश को हथियारों की क्या जरूरत है? अब वे कह रहे थे, मेनन ने देश की सुरक्षा की तैयारी नहीं की। उनकी मृत्यु हो चुकी है, पर जब इतिहास का मामला है तब मृत व्यक्ति के बारे में भी साफ बात कहना जरूरी है। आचार्य कृपलानी शेक्सपीअर के नाटक 'जूलियस सीज़र' के पात्र कैसियस की तरह लगते थे। कैसियस ने सीज़र की हत्या का षड्यन्त्र रचा था। सीज़र को कैसियस के बारे में सचेत किया गया था—याने, कैसियस हैज़ एलीन एण्ड हंग्री लुक। ही थिंक्स टू मच सच मेन आर डेन्जरस।

खैर, मेनन ने इस्तीफा दे दिया। संसद में बयान भी नहीं दिया जो उनका अधिकार था।

वे चुपचाप, जिन्दगी में पहली बार, 65 वर्ष की उम्र में सुप्रीम कोर्ट में वकालत करने लगे और जल्दी ही वकीलों में प्रमुख हो गये। वे राजनीति से भी रिटायर नहीं हुए। वे अन्तर्राष्ट्रीय संगठनों में काम भी करते रहे। उनकी मृत्यु पर इन्दिरा गाँधी ने कहा था—एक ज्वालामुखी बुझ गया। इन्दिराजी ने यह भी कहा—वे मुझे पाँच मिनिट के लिए बुलाते थे और घण्टा-भर बहुत-सी बातें समझाते थे।

किसी नेता ने 1965 में और 1971 में यह नहीं कहा, जब मेनन जीवित थे, जो अब कहा जा रहा है—कि हमारी जीत का काफी श्रेय मेनन के काम को है। अब कहा जा रहा है। कोई बेशर्म तथाकथित देशभक्त पछताता नहीं है कि मेनन यदि रक्षामन्त्री बने रहते तो देश आज कितना ताकतवर होता।

उनकी मृत्यु के थोड़ा पहले कुछ ब्रिटिश अमरीकी पत्रकार अस्पताल में उनसे मिलने आये। कुछ दिन पहले पोखरन परमाणु विस्फोट किया गया था। पत्रकारों ने यही बात उठायी। मेनन ने अपनी उसी तीखी आवाज में कहा—यस, वी हैव डन इट। डू यू थिंक वी हैड बीन प्लेइंग मार्बल्स ऑल दीज़ ईयर्स?—हाँ, हमने विस्फोट किया। क्या तुम समझते हो हम इतने सालों से बच्चों की तरह गोलियाँ खेल रहे थे।

भूत के पाँव पीछे

पेंशन और पुरानी यादों पर गुजर करनेवाले एक वृद्ध रिटायर्ड सज्जन के पड़ोस में रहता था। पड़ोसी से नमस्कार और श्वेत केशों का सम्मान—शिष्टाचार के इन दो तत्त्वों के कारण मुझे इनके पास घण्टों बैठना पड़ता। मैं वहाँ से निकलता तो 'नमस्कार' करता, नमस्कार करते ही बुला लिया जाता; बुलाकर बिठा लिया जाता और बिठाकर उनके बीते समय की गाथाओं का श्रोता बनाया जाता। मैं उनकी आत्मकथा सुनता और फिर शहर में कहीं अन्यत्र मकान ढूँढ़ने निकलता। बड़ी दूर से वे शुरू करते—'परसाईजी, सन् 1922 की बात है। तब मैं लखनऊ में था'··· मैं तीन वर्ष तक उनकी कथा का श्रोता रहा और तब तक वे 1921 से 1925 तक आ पाये थे।

अद्भुत स्मरण-शक्ति थी उनकी! किस सन् में कहाँ थे और उनका खर्च कितना था, सब उन्हें याद था। कुछ यों चलते थे—'मैं यहीं जबलपुर में रहता था, गुरु के तिगड्डे पर। मुझे तब पचहत्तर रुपये मिलते थे। मगर क्या सस्ता जमाना था! अब मेरे ही यहाँ चार आदमी थे। और खर्च! यही समझ लो दस रुपये का अनाज, पाँच रुपया मकान-किराया, डेढ़ रुपये का घी—घी उस वक्त आठ आने सेर मिलता था, डेढ़ रुपये का घी हुआ और एक रुपया नाई-धोबी का, एक रुपये में तेल-साबुन और डेढ़ रुपया फुटकर खर्च। जोड़ो कितने हुए?'

वे मेरी ओर 'टोटल' के लिए देखते। मैं क्या खाक टोटल करता? मैं तो मुश्किल से सुनता था। वे ही जोड़ करते—'दस और पाँच—पन्द्रह, पन्द्रह और डेढ़—साढ़े-सोलह, साढ़े-सोलह और एक—साढ़े-सत्रह और एक और ढाई—तो कुल बीस हुए। और तुम नहीं मानते तो पाँच और सही। बस पच्चीस से एक कौड़ी ज्यादा नहीं; तुम बुरा मानो चाहे भला! पूरे पचास रुपये हर महीने बचते थे।'

ऐसा उल्लास उनके मुख पर आता, मानो अनायास कहीं से पचास रुपये उनकी मुट्ठी में आ गये हों। फिर मेरे कान के पास मुँह लाकर बड़े विश्वास से कहते—'हर दो महीने में बच्चे की माँ के लिए एक जेवर बनवाता था।' ऐसे मुग्धनयन हो जाते मानो अपनी नवपरिणीता को प्रेम से अँगूठी पहिना रहे हों।

एक दूसरे रिटायर्ड सज्जन का अल्प साथ रहा। वे अँगरेज अफसरों के किस्से सुनाया करते थे। ग्रीनफील्ड और बटलर साहब की मातहती में वे रहे थे और उनकी कृपा जीवन का आधार बन गयी थी। अक्सर सुनता था—'ग्रीनफील्ड साहब मेरे ड्राफ्टिंग से बड़े खुश थे। मेरे ड्राफ्ट पर आँख मूँदकर दस्तखत कर देते थे।'

हम तरुण इस रस को नहीं समझ सकते। यह शौक नहीं है, मजबूरी है। जीवन बहुतों को इस अवस्था में मजबूरी हो जाता है। जीने का अर्थ करना होता है। पर वे करें क्या? हिन्दुस्तान में इतनी मक्खियाँ भी नहीं हैं कि सब वृद्ध उन्हें मारते-मारते शेष जीवन गुजार दें। हाँ, कुछ को मैंने एक काम और करते देखा है—'बेटा-बहू'

से आठों पहर लड़ने का। इससे बड़ी चहल-पहल में दिन कट जाते हैं। आखिर इन्हें जीना तो है। वे कहाँ जियें ? वर्तमान—जिसमें आशा-उत्साह नहीं, महत्त्वाकांक्षा नहीं, बल नहीं, सामर्थ्य नहीं - उन्हें बड़ा भयावना लगता है। वे भूत में भाग जाते हैं। भूत का कम्बल ओढ़कर ये वर्तमान की ठिठुरन से बचते हैं।

ये सहानुभूति के अधिकारी हैं। पर एक और प्रकार के अधिकारी होते हैं जिनकी हर बात 'हमारे ज़माने में' से शुरू होती है। ये वर्तमान के सबकुछ को बड़ी हिकारत से देखते हैं और विगत के सबकुछ को श्रेष्ठ समझते हैं। कुछ इस तरह बातें होती हैं इनकी--'आजकल की लड़कियाँ मुँह उघारे सड़कों पर घूमती-फिरती हैं, हमारे जमाने में घर से बाहर पैर रखने की मजाल नहीं थी।···आजकल के मास्टर तो बस ! हमारे ज़माने में मास्टर को देखता तो लड़का पेशाब कर देता था···आजकल का कपड़ा तो एकदम रद्दी होता है; हमारे ज़माने में एक कपड़ा तीन पीढ़ियाँ पहनती थीं।'

ऐसे लोग 'भूत' होते हैं। भूत के पाँव पीछे होते हैं, ऐसा कहा जाता है। कुछ लोगों के दिमाग के पाँव पीछे होते हैं—ये मानसिक भूत हुए। इनके लिए जो बीत गया, वह परम श्रेष्ठ होता है, वर्तमान अत्यन्त हेय और उनकी यह कृपा है कि वर्तमान में जीकर वे उसे गौरवान्वित कर रहे हैं। ऐसे एक 'भूत' एक दिन 'हमारे ज़माने' के कपड़े, फर्नीचर, मास्टर, प्रोफेसर, बैल और कुत्ता आदि की तारीफ कर रहे थे। बातें भेड़ाघाट के जलप्रपात पर होने लगीं। मैंने कहा, "लगभग पचास फीट ऊपर से पानी गिरता है।" वे फौरन बोले, "अरे, अब क्या रखा है भेड़ाघाट में। हमारे ज़माने में सौ फीट ऊपर से गिरता था।" उनका ज़माना कोई प्रागैतिहासिक काल नहीं था, हमसे 20-25 साल बड़े होंगे।

कुछ लोगों के सिर पर जातीय 'भूत' सवार रहता है। वे इस बात को कहते हुए नहीं थकते कि हम प्राचीन ऋषियों के वंशज हैं। हम आर्यों की सन्तान हैं। इनके कुछ बने-बनाये फिकरे होते हैं— 'प्राचीन काल में दूध-दही की नदियाँ बहती थीं (शायद क्षीर-सागर में गिरती होंगी !), यह आर्यों की भूमि है, तपोभूमि है··· आठों पहर सामगान होता था — हरिश्चन्द्र ने सत्य के लिए सबकुछ दे दिया··· राम-से राजा, सीता-सी नारी, भरत-सा भाई, भीष्म-से वीर···' यह सब गर्व का कारण हो सकता है, इसमें हमें कोई एतराज नहीं। पर यह भूत बनकर सिर पर सवार हो, तब तर्क का तन्त्र-मन्त्र फूंककर भूत उतारना पड़ेगा। इनसे अगर कहें कि उस युग में आदमी स्त्री तक को जुए के दाँव पर लगा देता था, एक धोबी के कहने से ही पत्नी को त्याग देता था तो वे कहनेवाले को पापी और जाति-द्रोही करार दे देंगे। एक 'भूत' से मैंने एक दिन कहा, "राम ने तपस्या करनेवाले शूद्र का मस्तक काट लिया। बेचारे शूद्र उस युग में कितने पद-दलित हो गये थे ! कैसा अन्याय था !" तो मुझे जवाब मिला, "अब तो यह खराब ज़माना आ गया है, वरना ऐसा कहनेवाले का भी शिरच्छेद हो जाता।"

एक दिन चौराहे पर व्यावसायिक कथा-वाचक कथा के बीच में प्रसंग निकाल-

कर प्राचीन काल की 'असूयंम्पश्या' नारियों की प्रशंसा और वर्तमान शिक्षिता नारियों की निन्दा कर रहे थे—'सूरज की किरन जीवन-भर नहीं मिलती थी उन्हें, पति के सिवा किसी अन्य पुरुष का जीवन में मुँह नहीं देखती थीं। घर से बाहर नहीं जाती थीं—इतनी लज्जाशील होती थीं। और अब मुँह खोले घूमती हैं, कालेज जाती हैं, सिनेमा जाती हैं। लाज-सरम सब गयी।" इसी समय एक 17-18 साल की लड़की सड़क पर से साइकिल पर निकली। सड़क पर लोग जमा देखे, तो घण्टी बजाती हुई चिल्लायी—'ए, ए हटो, रास्ता दो। हटो, हटो।' भीड़ में हलचल हुई, रास्ता बना और लोगों के तितर-बितर होने से कथा थोड़ी देर रुक गयी। मुझे लगा, जैसे हमारे रास्ते को रोके हुए भूत को वर्तमान ललकारकर कह रहा है—'ए हटो ! रास्ता दो।'

हर युग के भूत से वर्तमान की कुश्ती हुई है। कालिदास की अवहेलना जब केवल उनकी नवीनता के कारण होने लगी, तो उन्हें ललकारना पड़ा कि जो पुराना है वही श्रेष्ठ नहीं है।

प्राचीन के गीत और प्राचीन की पूजा जाति को आवश्यक है, पर इससे शक्ति और प्रेरणा मिले तो ठीक है। पर कुछ लोग वर्तमान के सूर्य के प्रकाश में काम नहीं करना चाहते; भूत की चादर ओढ़ टाँगें फैलाकर सो जाते हैं। बौना आखिर अपने पूर्वज की छः फुटी तस्वीर कब तक दिखाता फिरेगा और इससे उसका कद कैसे बढ़ेगा ?

एक दिन मैंने देखा कि एक तगड़ा लड़का सड़क पर से अपने बरामदे में खड़े दूसरे लड़के को ललकार रहा था—'हिम्मत हो तो बाहर आकर लड़ ले।' और वह दूसरा लड़का वहीं बरामदे में से उसे मुँह चिढ़ा रहा था। भूत के गीत गानेवाले और वर्तमान में अकर्मण्य रहनेवाले मुझे उस बरामदेवाले लड़के की तरह लगते हैं—बाहर मैदान में ताल ठोंकते हुए वर्तमान से भिड़ने की इनमें हिम्मत नहीं होती; ये भूत के बरामदे में से उसे मुँह चिढ़ाते हैं।

कबीर और श्रोता

कबीरदास के पदों में जब इस पंक्ति पर आता तो मेरे मन में बड़ी लुभावनी, बड़ी मधुर कल्पना उठती। 'कहत कबीर सुनो भाई साधो !' कबीरदास चबूतरे पर बैठे हैं, सामने साधु-मण्डली है। कबीर अपना नया पद सुना रहे हैं और साधुगण भाव-विभोर, गद्‌गद, झूमते दाद दे रहे हैं—'वाह ! वाह ! क्या बात है कबीरजी ! कमाल कर दिया !' एक अनुमान यह भी बैठता था कि बार-बार 'कमाल है !' सुनते-सुनते

ही कबीर ने बेटे का नाम कमाल रख दिया होगा।

मुझे तब कविता लिखने का नया शौक था। लिखता कम, सुनाता ज्यादा। श्रोताओं की खोज में घूमा करता और जब कोई कविता सुनाने का आग्रह करता, तो ऊपर से उदासीनता या अनिच्छा का नाट्य करता, पर मन में कहता—'जो लिखेगा वह झख मारकर सुनायेगा ! उसे चैन कहाँ पड़ती है ?' कवि-सम्मेलनों में 'जीअर' को 'चीअर' समझता और एक कविता पढ़ने के बाद, यदि दूसरी की फरमाइश न होती, तो मुझे ऐसा लगता कि अन्य कवियों ने मेरे खिलाफ षड्यन्त्र कर रखा है। यह मुझे पीछे मालूम हुआ कि अपने हाथ से फरमाइशी चिटें लिखकर दोस्तों को पहिले ही बाँट देना चाहिए, जिससे वे समय पर मेरी माँग कर लें। पर तब तक मैं कविता लिखना छोड़ चुका था। मुझे जल्दी ही समझ में आ गया कि कविता करना अपने से नहीं बनता। बहुत लोगों को यह बात जिन्दगी-भर समझ में नहीं आती। ज्ञान बिरलों के ही हिस्से में आता है। बुद्ध को तो वृक्ष के नीचे ही सद्ज्ञान प्राप्त हो गया था और हम अट्टालिकाओं में बैठकर भी विश्व-नाश की योजनाएं बनाते हैं।

एक दिन मैंने एक दोस्त को कबीरदास के काव्य-पाठ की यह कल्पना सुनायी। कहा, "बड़े भाग्यवान थे, कबीर। साधु लोग उनकी कविता सुनते थे और दाद देते थे और हमें कहीं खटीक मुहल्ला, कहीं कंजड़ टोला में जाकर और वक्त-बे-वक्त, मुण्डन-कन्छेदन या विवाह-गौना में कविता सुनानी पड़ती है !" दोस्त मेरा बड़ा दुष्ट है। बोला, "तुम भ्रम में हो। क्या तुम समझते हो कि वे साधु काव्य-प्रेमी थे और समझकर दाद देते थे ? भाई साहब, वे तो इसलिए दाद देते थे कि काव्य-पाठ के बाद कबीरदास उन्हें लँगोटी के लिए कपड़ा बाँटते थे। वे 'पेमेण्ट' वाले श्रोता थे, जैसे मुझे तुम चाय पिलाकर सुना लेते हो।"

हाँ, ठीक है। मैं चाय पिलाकर सुनाता था। अब यह बताने में कोई शर्म नहीं आती। अब तो सोचता हूँ कि हर रचनाकार यही चाहता है कि कोई उसकी कृति देखे, सुने, दाद दे, प्रशंसा करे। बाइबिल का प्रथम अध्याय पढ़ते समय मुझे ऐसा लगा कि इस विश्व-काव्य के रचयिता ईश्वर ने, जब अनेक छन्दमय यह काव्य रचा, तो जरूर आसपास प्रशंसक को खोजा होगा और जब कोई न दिखा होगा, तो अपनी रचना की खुद ही दाद दे ली—'एण्ड गॉड सा दैट इट वाज़ गुड !' आदम का निर्माण करके उसके कन्धे पर हाथ रखकर जरूर पूछा होगा—'क्यों, मियाँ आदम कैसी सृष्टि की है मैंने ? तुम्हें पसन्द आयी ?' तब आदम ने कहा होगा—'वाह ! वाह ! क्या बात है। कमाल कर दिया है।' यह सुनकर तृप्त ईश्वर घर जाकर चादर ओढ़, पैर फैला सो गये होंगे—गॉड इज़ इन हैवन एण्ड आल इज़ वैल विद दी वर्ल्ड !

पर कोई हमसे इस सृष्टि-महाकाव्य की आलोचना कराये ! अनातोले फ्रान्स ने की थी। एक पात्र, एक विद्रोही हँसोड़ लड़का अपने बाप से कहता है—'पिताजी, या तो ईश्वर संसार में बुराई रोकना चाहता है, पर रोक नहीं सकता। या न रोकना

चाहता है न रोक सकता है। अगर रोकना नहीं चाहता तो विकृत मति का है। अगर रोक नहीं सकता तो निर्बल है। अगर न रोकना चाहता है न रोक सकता है तो विकृत भी है और निर्बल भी। पर यदि रोकना चाहता है और रोक भी सकता है, तो आखिर रोकता क्यों नहीं?' पता नहीं ईश्वर पर इसका क्या प्रभाव पड़ा। बहुत सम्भव है कि कलाकार के स्वभाव के अनुसार इस आलोचना को द्वेष-प्रेरित मान लिया होगा।

आलोचना कलाकार की तासीर के अनुकूल नहीं बैठती। उसे प्रशंसा ही चाहिए। एक बार हम लोगों ने तय किया कि लेखक-कवि, पखवाड़े में एक बार अपनी रचनाएँ सुनायें और उनकी आलोचना हो। पहिली गोष्ठी में 15 कवि आये। कविताएँ पढ़ी गयीं, आलोचना भी हुई। दूसरी बैठक में सिर्फ सात आये, तीसरी में पाँच और चौथी में दो। सोचा कि आलोचना बन्द हो या गोष्ठी। आलोचना खेत रही, गोष्ठी चलती रही।

कवि को श्रोता चाहिए और उनसे केवल दाद। जब ऐसा रंग देखा तो हमने, कर्तव्यवश, एक ही बुलन्दी से दाद देना शुरू किया। थोड़े ही दिनों में खबर फैल गयी कि मैं अच्छा श्रोता हूँ और खूब दाद देता हूँ। रचना किसी की भी हो, कैसी भी हो, मैं दाद एक-सी देता। मैं हर वर्ष 50-60 रचनाओं को 'मास्टरपीस' घोषित करता। इसके बाद मुझे जो मुसीबतें झेलनी पड़ीं, मैं ही जानता हूँ। अगर हनुमान-सरीखा सीना फाड़कर बताऊँ तो कलेजे में सैकड़ों घाव मिलेंगे—रहस्यवादी गीतों के गोल-गोल छेद, छायावादी कविता की हल्की खरोंचें, प्रगतिवादी काव्य के घन के निशान और प्रयोगवादी कविताओं के ऐंचक-बेंचक डिजाइनदार सूराख!

एक बार तो मुझे ऐसा भी लगा कि मेरी शक्ल में कोई ऐसी बात है कि मैं धैर्यवान श्रोता मालूम होता हूँ। एक साहित्यिक आयोजन में शामिल होने एक नगर गया था। सुबह उठकर दाढ़ी पर हाथ फेरा, तो एक कार्यकर्ता एक नाई को बुला लाया। नाई ने दाढ़ी बनाते-बनाते मेरे व्यक्तित्व की खूब जाँच की, बढ़े हुए बाल और बेतरतीब कपड़े। आजकल यही पहचान है कलाकार की। हममें से अनेक सप्रयास अपनी धज को बिगाड़ते हैं। मैंने एक कवि को कवि-सम्मेलन में जाने से पहिले आईने के सामने खड़े होकर सावधानी से अपने बाल बिगाड़ते देखा था। नाई मुझे ताड़ गया। बोला, "आप शायद कवि हैं?" मैंने कहा, "नहीं।" उसने छोड़ा नहीं। देखते-देखते बोला, "कुछ हैं जरूर आप।" मैंने कहा, "मैं कुछ लिखता हूँ।" उसने हाथ में उठाया उस्तरा रख दिया। कहने लगा, "मैं भी कुछ-कुछ कविता लिखता हूँ। एक मैं आपको सुनाता हूँ। यह मैंने प्रेम के बारे में लिखी है।" उसने एकदम गाना शुरू कर दिया। प्रेम की कविता खत्म होते ही बोला, "और यह गरीब आदमियों के बारे में लिखी है।" मैं उसका कपड़ा ओढ़े, साबुन लिपटाये बैठा था। और वह सुना रहा था। चूँ-चपट कर नहीं सकता था, क्योंकि अभी वह उस्तरा चलानेवाला था और कविता के खून का बदला मेरे खून से ले लेता। चार कविताएँ सुनीं, तब मेरी दाढ़ी बनी। पर मेरी मति ही उस दिन भ्रष्ट हो गयी थी। सबेरे-

सबेरे कविता सुनना अपशकुन होता है, ऐसा मुझे उस दिन अनुभव हुआ ! मैंने उससे मालिश करने को कहा। वह बोला, "यहाँ तो तेल लाया नहीं हूँ। नीचे सेलून में चलिए, वहीं अच्छी मालिश कर दूंगा।" मैं लोभ में चला गया। उसने मुझे कुर्सी पर बिठाया, पान खिलाया और तब दराज खोलने लगा। मैं समझा कि वह कोई बढ़िया तेल की शीशी निकालनेवाला है। पर उसने एक कापी निकाली और बोला, "मैंने कहानियाँ भी लिखी हैं। एक सुनाता हूँ।" भूमिका बाँधते हुए कहने लगा, "आजकल कालेज के लड़के-लड़कियाँ प्रेम बहुत करने लगे हैं। यह बड़ी खराब बात है। अपने देश में पहले प्रेम नहीं होता था। जब से अंग्रेज आये, देश में प्रेम फैल गया। मैंने इसी पर कहानी लिखी है।" उसने कहानी सुना दी। पूछा, कैसी है ? मैंने कहा, "बहुत अच्छी।" तो वह बोला, "अच्छा एक गरीब आदमी पर भी लिखी है। सेठ गरीब आदमी की औरत की अस्मत लूट लेता है, उस कहानी में।" मैंने जान का खतरा उठाकर कहा, "मुझे एक प्रोग्राम में जाना है, शाम को सुनेंगे।" उसने मन मारकर मालिश कर दी। जाते वक्त बोला, "मैं एक कविताओं की पुस्तक छपाना चाहता हूँ। आप उनमें कुछ सुधार कर दीजिए।" मैंने कहा, "ऊपर मेरे एक कवि मित्र भी ठहरे हैं, उन्हें दिखाओ, वे बढ़िया कर देंगे।" वह कापी लेकर ज़ीना चढ़ गया। पता नहीं क्या हुआ, पर वह मित्र दिन-भर मुझसे नहीं बोला।

श्रोता फँसाने की एक खास 'स्ट्रेटजी' होती है। मैं अगर आपको सुनाना चाहता हूँ तो मैं आपके पास जाऊंगा, आपकी रचनाओं की प्रशंसा करूँगा, फिर कहूँगा—आपने इस बीच क्या नया लिखा ? कुछ सुनाइए न ! आप निश्चित ही एकाध चीज सुनायेंगे। आपकी एकाध चीज बरदाश्त करके मैं संकोचपूर्वक कहूँगा—मैंने भी थोड़ा लिखा है। वैसे तो कुछ लिखना नहीं आता। फिर भी जो कुछ बन सका··· यह एक गीत है। मैं लगातार सुनाता जाऊँगा। कुछ लोग बड़े बहादुर होते हैं। वे यह संकोच भी नहीं पालते। बैठते ही शुरू कर देते हैं। एक तो मुझे ऐसे भी मिले जो कहते हैं—यह एक अन्तर्राष्ट्रीय गीत सुना रहा हूं। इसमें भारतीय शास्त्रीय संगीत की धुन है, कर्नाटक संगीत भी और पश्चिमी संगीत भी। वे एक ही गीत में सभी धुनें निकालते।

अब मैं कैसे फँसाता हूँ ? पिछली गर्मी में 'सुनास' से पीड़ित आया कवि मेरे घर। प्रेमी और कवि मौसम नहीं देखते। दो घड़ी दम भी नहीं ली और बोला, "कहिए, इस बीच क्या नया लिखा ?" अब मैं इतना भोला तो रहा नहीं कि यह समझूं कि भर दोपहरी में कोई मेरे पास यह पूछने आयेगा कि मैंने क्या लिखा ? मेरी क्या प्रगति है ? मैं मकसद समझा। सुरक्षा-प्रबन्ध भी कर लिया है। एक हाइड्रोजन बम हमेशा पास रखता हूँ। मैंने कहा, "हाँ, एक लघु उपन्यास लिखा है। सुनाता हूँ। यही डेढ़ सौ पृष्ठों का होगा।" वह परेशान हुआ। बोला, "वाह, आजकल आप बड़ी स्पीड से लिख रहे हैं। अभी ज़रा जलाऊ लकड़ी की गाड़ी घर पहुँचा दूं। बरसात का इन्तजाम करना है। कल आऊँगा।" वह भागा सो आज तक नहीं आया। यह लघु उपन्यास फकीर की ताबीज की तरह सब अलाय-बलाय से

मेरी रक्षा करता है। मेरी बदनामी फैल गयी—अरे भाई, उसके यहाँ मत जाओ। वह कम्बख़्त उपन्यास सुना देता है आजकल। मेरे पास अब कम सुनानेवाले आते हैं। अब तो मैं कह देता हूँ कि ज्योतिषी ने गणना करके बताया है कि मेरी कुण्डली में ऐसे ग्रह पड़े हैं कि मेरी मौत कविता सुनते-सुनते होगी।

अभी भोपाल गया तो एक दोस्त ने बड़े दर्द से बताया कि एक शायर ने बड़ा चकमा देकर पूरी ग़ज़ल सुना ली। कहने लगे, "मैं होटल में चाय पीने घुसा ही था कि वे एक कुर्सी से उठे और तपाक से हाथ मिलाकर बोले—'आइए, आइए, वल्लाह, आप तो ईद के चाँद हो गये। चाय पीजिए।' चाय पीते-पीते मैंने कसम खायी कि हरगिज नहीं सुनूंगा। ज्यों ही ये कहेंगे कि एक नयी ग़ज़ल कही है, त्यों ही उठ दूंगा। चाय खत्म की ही थी कि वे बोले—'जनाब, आपको देख लेता हूँ तो तबियत खुश हो जाती है। वरना इस शहर से अदब तो उठ ही गया है। कोई नहीं है जिसे दो घड़ी अदब पर बात करने की तमीज़ हो। पुराने अदीबों में सिर्फ़ आप बचे हैं। अब देखिए न, फलाँ साहब को कल मैंने ग़ज़ल सुनायी तो कहने लगे कि यह शेर कमजोर है।' उन्होंने एक शेर सुनाया। बोले—'इसे मैं ग़ज़ल का सबसे ताकतवर शेर मानता हूँ। और वह शेर जो वाकई कमजोर है, इसकी बड़ी बुलन्दी से दाद देने लगे।' उन्होंने दूसरा शेर भी सुनाया। और तब बोले—'ये अशआर इस ग़ज़ल के हैं।' और तब वे पूरी ग़ज़ल सुना गये। मैं सँभल भी न पाया था कि मेरा काम तमाम हो गया।"

कवि-सम्मेलनों में भी श्रोताओं की बड़ी कमी पड़ने लगी है। एक मित्र ने मुझे बताया कि हमने श्रोता जुटाने का बड़ा अचूक नुस्खा तैयार किया है। समझाने लगे—'हमने नियम बना लिया है कि जो कवि अपने साथ दस श्रोता लायेगा, उसे एक कविता सुनाने का मौका मिलेगा। जो बीस लायेगा, वह दो सुना सकेगा।' तभी किसी ने कहा—'नुस्खा तो अच्छा है। मगर, मान लीजिए कवि अपनी कविता सुनाकर अपने श्रोताओं को लेकर चलता बने, तो? आखिर वे श्रोता उसके अपने हैं।'

अप्रिय सत्य का श्रोता और वक्ता दुर्लभ है। नीति-वाणी है। पर अब अप्रिय काव्य के वक्ता बढ़ गये हैं और श्रोता दुर्लभ हो गये हैं। मैं भाग्य को सराहता हूँ कि जल्दी ही कविता करना बन्द कर दिया। वरना इस गिरे ज़माने में श्रोता ढूँढ़ता कहाँ फिरता? पूरा 'सिनिक' हो गया हूँ। अब तो 'कहत कबीर सुनो भाई साधो' पढ़कर एक दूसरी ही कल्पना मन में आती है। कबीर के सामने बैठे ये साधु आपस में गुलगपाड़ा कर रहे हैं या हूटिंग, और कबीर बार-बार उन्हें मना रहे हैं—'सुनो भाई साधो, ज़रा सुन तो लो। बस, ये अन्तिम पंक्तियाँ हैं। इसके बाद तो मैं तुम्हें लँगोटी का कपड़ा बाँटनेवाला हूँ!'

शोभा बढ़ाने के लिए

विवाह के निमन्त्रण-पत्रों में छपा होता है—'इस शुभ अवसर पर पधारकर शोभा बढ़ाइए।' परसों एक शादी के शामियाने के नीचे बैठा था। बड़ी भीड़ थी। तीन रुपये घण्टा के हिसाब से काफी सस्ता हंगामा मचानेवाला लाउडस्पीकर चालू था—'जवान हो या बुढ़िया—कुछ भी हो औरत जहर की है पुड़िया···' लड़के की शादी थी और गीत उससे कह रहा था कि मूर्ख, जहर की पुड़िया निगलने बाजे-गाजे के साथ जा रहा है तू! न जाने किस मातृ-भक्त ने यह गीत रचा है। इस हंगामे के नीचे दबा शहनाई का स्वर एक कोने में सिसक रहा था। मशीन के स्वर से आदमी के स्वर की क्या तुलना!

गलीचों पर तकियों के सहारे कई वी. आई. पी. लुढ़के थे। उन पर दौड़ते-दौड़ते मेरी नजर एक आदमी पर अटक गयी, जैसे चलते-चलते राह में बड़ा बोल्डर आ गया हो। जी हाँ, बोल्डर ही था। सेठ जैरामदास बिराजे थे। विशाल स्थूल देह। स्थूल देह वैसे कोई बुरी नहीं होती, अगर वह बेडौल और डरावनी न हो। पर जैरामदास के नाक, कान, आँखें, भौं, मुख ठीक वैसे ही थे, जैसे नहीं होने चाहिए। गनीमत यह कि यथास्थान थे। गाढ़े काले शरीर पर बगुला-पंखी मलमल का कुरता, सिर पर लाल पगड़ी और ललाट पर चन्दन की सुनहली छाप। व्यक्तित्व टैक्नीकलर। उनके आसपास कई रूपवान पुरुष बैठे थे, जैसे ग्रहण-लगे चन्द्रमा के आस-पास नक्षत्र-मण्डल। सेठजी कालाबाजारी में फँस चुके थे।

मैंने जेब से निमन्त्रण-पत्र निकाला। लिखा था, 'पधारकर शोभा बढ़ायें।' सोचा, यही कार्ड जेब में रखे सेठ जैरामदासजी विराजमान हैं। क्या उन्होंने निमन्त्रण का मजमून नहीं पढ़ा? अगर पढ़ा है, तो यहाँ, जहाँ शोभा बढ़ाने के लिए लोग बुलाये गये हैं, वे शोभा घटाने कैसे आ पहुँचे? लड़केवालों ने बड़ा आदमी जानकर संकोचवश कार्ड भेजकर एक रस्म अदा की, पर सेठजी को तो अपनी औकात जानना चाहिए था। जब ताजा धुला कुरता पहिना है, कलफ-लगी पगड़ी बाँधी है और आने के पहिले आईने के सामने खड़े हुए हैं, तो शोभा की ओर से बिल्कुल बेखबर न होंगे। पर जिस चोले को गीता ने बड़े मजे में, 'वासांसि जीर्णानि' की उपमा दे दी है, वह क्या हर बारात में बदला जाता है? वह तो एक ही बार, जीवन की अन्तिम बारात में और अपनी ही बारात में बदला जाता है, जब चार के कन्धों पर सवार होकर, किसी अनजाने से मिलने चला जाता है। कबीर ने कहा है—'दुलहिन चल तोरे पिया बुलायी।' दुलहिन की बारात होती है वह। जैरामदास को तो अभी इसी चोले से कई शादियों की शोभा बिगाड़नी है।

पर अब चोले पर ज्यादा नहीं हँसूंगा। जायसी ने मुझ-जैसे हँसोड़ों के मुख पर तमाचा जड़ा है—'मोहि का हँसेसि कि कोहरहि?' घड़े पर क्या हँसता है, कुम्हार पर हंस।

तो क्या निमन्त्रण-पत्रों में यह व्यर्थ ही लिखा रहता है कि शोभा बढ़ाइए? क्या इससे कोई मतलब नहीं कि पधारनेवालों से शोभा बढ़ती है या घटती है? यह कौन-सी शोभा है जो बेडौल, कुरूप व्यक्तियों की उपस्थिति से भी बढ़ जाती है? सेठ जैरामदास ऐसी कौन-सी शोभा बढ़ा रहे थे कि पान-वितरक और इत्र-चुपड़क उन्हीं के आसपास मँडरा रहे थे? इधर मेरे पास तारुण्य की दीप्ति से दमकते, लावण्यमय युवक, रूप की किरणें बिखेर रहे थे; पर उनकी किसी को परवाह नहीं थी। जरूर जैरामदास में कोई आन्तरिक शोभा है।

विवाहवाले लोग भी शोभा की ओर से उदासीन नहीं थे—बढ़िया शामियाना, रंगीन गलीचे, दूधिया ट्यूबलाइट और अब तो नीली वर्दीवाला 'सिक्ख बैण्ड' भी आ गया था। ये सब शोभा के लिए थे। दूल्हे का चाचा उधर बैण्डवालों से कह रहा था—'भाई ज़रा देर और।' इधर सेठ जैरामदास उठने लगते तो हाथ जोड़कर कोई सामने खड़ा हो जाता—'सेठजी, थोड़ी देर और बैठिए।' सिक्ख बैण्ड में और सेठ जैरामदास में कोई साम्य जरूर है और साम्य ही शोभा बढ़ाता है।

सिक्ख बैण्ड शहर का सबसे प्रतिष्ठित बैण्ड है और सेठ जैरामदास शहर के प्रतिष्ठित व्यापारी, एम. एल. ए. और कई संस्थाओं के अध्यक्ष। नीली वर्दी पहिने सिक्ख बैण्ड की पार्टी खड़ी है और प्रकृति-प्रदत्त काली चर्म-वर्दी पहिने सेठ जैरामदास बैठे हैं। दोनों इसलिए बुलाये गये हैं कि लड़केवाले लोगों पर यह गर्व प्रगट कर सकें कि देख लो, हमारे यहाँ सिक्ख बैण्ड भी है और सेठ जैरामदास भी। द्वार पर बैण्ड बजता देख और आँगन में बड़े-बड़े आदमियों को बैठा देख बड़ा गर्व होता है। दूसरे लोगों पर भी यह प्रभाव पड़ता है कि इसके यहाँ शादी में बड़ा बढ़िया बैण्ड आया है और शहर के बड़े-बड़े लोग बैठे हैं। यह मामूली आदमी नहीं।

यही बड़प्पन प्रगट करने की सुविधा जो अपनी उपस्थिति से देता है, वही शोभा बढ़ाता है। सिक्ख बैण्ड, ट्यूबलाइट और जैरामदास इसीलिए बुलाये जाते हैं।

मैंने अपने एक मित्र से जो शहर के मेयर हैं और खूब प्रतिष्ठित हैं, कहा था कि इस विवाह के मौसम में सिक्ख बैण्ड और आपकी बड़ी पूछ है। आपको भी सैकड़ों निमन्त्रण-पत्र आते हैं। दोनों से विवाह की शोभा बनती है। पर वे लोग बैण्डवालों को तो पैसे देते हैं और आपसे मुफ्त में शोभा बढ़वाते हैं। बहुत कम लोग आपको स्नेह या आत्मीयता के कारण बुलाते हैं। अधिकांश इसलिए बुलाते हैं कि वे लोगों को यह बता सकें कि उनके यहाँ आप आये हैं। मैंने सलाह दी कि वे भी सिक्ख बैण्ड की तरह 'रेट' बाँध लें और जो पैसा दे उसी के यहाँ जाकर शोभा बढ़ायें। विश्वास दिलाया कि लोग उन्हें पैसा देकर भी बुलावेंगे और वे देखेंगे कि एक 'सीज़न' में उनकी कमाई सिक्ख बैण्ड से बहुत अधिक होगी, क्योंकि बैण्ड तो एक दिन में दो तीन जगह बज सकेगा, जबकि वे सात-आठ जगह शोभा बढ़ा सकेंगे। मेरी सलाह उन्होंने नहीं मानी। कोई नेता इसे कर देखे। शोभा की धुन ऐसी जबरदस्त होती

है कि लोग उन्हें पैसा देकर बुलवायेंगे।

समाज के सामने शोभा बनाने की भावना बड़ी बलवती होती है। किसी भी समय आदमी इसे नहीं भूलता कि दूसरे उसे देख रहे हैं और उनकी नजरों में उसे जँचना चाहिए। मेरे एक भूतपूर्व पड़ोसी बड़े सजे रहते थे। टाई तो शायद सोते समय भी बाँधे रहते थे। एक सुबह उनकी बच्ची की मृत्यु हो गयी। वे कमरे में गये और सूट पहिनकर बरामदे में आ बैठे। मैं पहुँचा, तो रोये भी अंग्रेजी में—'यार, आय लव्ड हर वेरी मच!' सुना है बम्बई-कलकत्ता में रोने के लिए पेशेवर लोग होते हैं। व्यापारी शहर है। अगर किसी सेठ के यहाँ कोई मर गया, तो घर के लोग और रिश्तेदार दूकान छोड़कर रोने में समय कैसे बरबाद करें? इसलिए रोनेवालों को मजदूरी दे दी, आप दूकान चले गये। इधर रोने से मातम की शोभा भी बन गयी।

मौत पर भी शोभा का खयाल रहता है। डिनर-सूट और ईव्हनिंग सूट होते हैं, तो मातम की भी तो विशेष पोशाक होती है। मेरे एक दोस्त के पिता की मृत्यु हुई, तो उनके सिर के बाल भी घुटे। घुटी खोपड़ी पर वे टोपी लगाये, चौराहे पर मिल गये। उन्होंने टोपी उतारी और मुझसे मुस्कराकर पूछा—'क्यों? कैसा लगता हूँ?' एक प्रतिष्ठित नेता को मैंने उनके पिता की विशाल-यात्रा में देखा। बड़ा जुलूस था और अखबारवाले तथा कैमरेवाले भी थे। नेता का ध्यान पिता की मौत से बिल्कुल हट गया था; वे कैमरे के प्रति सतर्क थे। हर प्रयास कर रहे थे कि अच्छा बढ़िया स्नेप आ जाय।

कभी गाँव में आत्मीय की मृत्यु पर स्त्रियों का विलाप सुनिए। लयबद्ध क्रन्दन होता है; विलाप में भी संगीत होता है। विलाप के परम्परागत निश्चित शब्द होते हैं; उनमें मृतक का नाम या रिश्ता जोड़कर स्त्रियाँ लय से रोती हैं। कभी गाँव के बाजार में दो भिन्न दूरस्थ गाँवों से आयी हुई स्त्रियों को गले लगकर किसी वर्षों पहिले मरे रिश्तेदार की याद करके रोते देखिए।

उदयशंकर भट्ट का एक नाटक है—'बड़े आदमी की मौत।' नाटक में बेटे को बाप की मृत्यु पर दुखी होने की ज़रा फुरसत नहीं है। वह शव-यात्रा के जुलूस की शोभा का प्रबन्ध करने में लगा है। गवर्नर को तार किया कि नहीं? संस्थाओं के मन्त्रियों को फूल लेकर बुलाया कि नहीं? फोटोग्राफर? बैण्ड? फूल-मालाएँ? उत्साह और प्रसन्नता से प्रबन्ध कर रहा है, जैसे बारात जा रही हो।

मुझे लगता है, जो जितना सभ्य है, वह उतनी ही अधिक शोभा साधने की फिक्र में रहता है। यूरोप और अमेरिका तो बहुत सभ्य हैं। (काले रंगवालों को आदमी नहीं मानते, यह अलग बात है।) यहाँ के लोग सामाजिक शोभा के लिए बड़े व्यग्र होते हैं। अंग्रेजी में एक निबन्ध है—'सीइंग पीपुल ऑफ।' लेखक है मेक्स बीरबोहम! इसमें स्टेशन पर विदा देनेवाली एक कम्पनी का जिक्र है। अमेरिकन लोग इंग्लैण्ड घूमने आते हैं। उन्हें अगर स्टेशन पर विदा देने और रूमाल हिलानेवाला कोई न हो तो उन्हें बुरा मालूम होता है। उनकी सुविधा के लिए स्टेशनों पर पेशेवर विदा देनेवाले हैं। यात्री उन्हें पैसे दे देता है और वे गाड़ी पर आकर आत्मीय की तरह

यात्री को विदा देते हैं। आवश्यकता हो तो रोने भी लगते हैं। इस प्रकार की विदा से अन्य यात्रियों पर प्रभाव पड़ता है और उस यात्री की भी शोभा बनती है।

लेकिन फिर भी शोभा प्रधान हो जाती है, वस्तु गौण। पालिश की परत है, पर जूता गायब। जैसे शोभा के लिए धारण किया गया निब और स्याही से हीन फाउण्टेनपेन। ऐसे पेन बारातियों के पास ज्यादा होते हैं। अभी एक बारात में गया, तब यह जाना। बारात चलने के घण्टों पहिले से तरुण, प्रौढ़ और वृद्ध सभी सज रहे थे। मैंने किसी काम के लिए पेन माँगा। मेरे करीब चार-पाँच सजे हुए तरुण पैन खोंसे बैठे थे। पर एक का पेन भी चालू नहीं था—किसी में स्याही नहीं; किसी में निब नहीं। सब शोभा के लिए थे, लिखने के लिए नहीं। उन तरुणों की यह शोभा-सज्जा न्यायोचित थी। वरना विवाहवाले घर में एकत्र, वधू की वे सुसज्जित, अलंकृत सहेलियाँ किसे देखतीं और उन्हें कौन देखता? सैकड़ों गज जार्जेट बरबाद न हो जाता!

बिना स्याही के पेन की तरह ही शोभा बहुत देखता हूँ। वन-महोत्सव में समारोहपूर्वक, फोटो में खिंचकर, हार पहिनकर मन्त्री एक पौधा लगाता है और महीने-भर में पौधा सूख जाने दिया जाता है। दानदाता हाथों में गेहूँ भरकर फोटो खिंचाता है; तब दाना भिखारी की झोली में डालता है। नेता श्रमदान करने के वक्त, सड़क पर गेंती हाथों में थामे खड़ा रहता है। जब कैमरा 'क्लिक' करता है, तब गेंती जमीन पर पटककर, रूमाल से हाथ पोंछ मोटर में बैठकर चल देता है।

काम और शोभा का सम्बन्ध कपड़े और रंग का है। हम कपड़े पर रंग चढ़ाने के बदले, रंग पर कपड़ा चढ़ाने के प्रयास में हैं। यह नहीं होता, इसलिए कुण्डों में रंग घोले बैठे हैं और कपड़े के अभाव में नंगे होते जा रहे हैं। नंगे आदमी के पास रंग का कुण्ड? क्या बात है इस शोभा की!

सड़ी सुपारी की संस्कृति

बचपन की बात है। तब परिवार में भगवान की पूजा-स्तुति बहुत होती थी। अब तो कई वर्षों से मुझे ईश्वर की जरूरत ही महसूस नहीं हुई। हार के किसी क्षण में लक्ष का भरोसा खोकर अलक्ष का सहारा लेने की बात मन में आयी; उस समय भी मुझे लिन-यू-तान के इन शब्दों ने पूजा-स्तुति से बचा लिया—'मैं ईश्वर पर विश्वास करता हूँ पर प्रार्थनाओं के द्वारा उसे तंग करना नहीं चाहता।' (यूँ मैं विश्वास भी नहीं करता)। मैंने तकलीफ देना उचित नहीं समझा। लेकिन बचपन में मैं परिवार के साथ था। एक दिन किसी पूजा का आयोजन था। माँ ने मुझको

दो पैसे देकर कहा, "जा, बाजार से पूजा की सुपारी ले आ। बारह मिलेंगी।" अविकसित विचार-शक्ति की उस अवस्था में भी मुझे ईश्वर के इस 'चीप टेस्ट' पर आश्चर्य हुआ। मैं देखता आ रहा था कि परिवार में ईश्वर को सब लोग सर्वशक्तिमान, सर्वज्ञ, सर्वश्रेष्ठ मानते थे। जब घी खतम होने लगता तो माँ हम बच्चों को सूखी रोटी खिलाती और शेष घी भगवान की आरती के लिए रख लेती। उनका सिंहासन बहुत ऊँचे पर रहता था और वे मनुष्यों से चार-छै फीट की ऊँचाई पर शयन करते थे। ताजे फूल उनके शरीर पर सजाये जाते थे। जब उन्हीं भगवान के लिए मैं एक पैसे में छः वाली काली सड़ी सुपारी लाया तो इस भक्ति के बारे में बड़ी शंकाएँ उठीं। पिताजी जो सुपारी खाते थे, वह एक पैसे में दो आती थीं—बड़ी-बड़ी, अच्छी गोल। और भगवान की पूजा की यह सुपारी ऐसी कि खाने के काम ही न आ सके। माना कि हमने भगवान को कभी सुपारी काटकर खाते नहीं देखा, पर क्या संसार-भर के सड़े माल का उन्हीं को ठेका दे दिया है? मैंने सोचा, कि जैसा लोगों का विश्वास है, अगर भगवान की असंख्य आँखें हैं तो क्या वह उनमें से किसी आँख से भी यह न देख पाता होगा कि अच्छी और कीमती सुपारी तो भक्त खा लेता है और सस्ती तथा रद्दी सुपारी मेरे हवाले कर देता है।

फिर होली के मौसम में देखता कि बाजार में एक खास तरह का नारियल मिलता है, जिसे 'होली का नारियल' कहते हैं। यह सड़ा होता है और चार पैसों में मिल जाता है, जबकि अच्छा तीन आने में मिलता है। हम होलिका देवी को सड़े नारियल देते हैं और खुद अच्छे खाते हैं।

उस समय ये सब चीजें मेरे बाल-मन को मथ डालती थीं। कई बार मुझे लगा कि ये सब लोग भगवान को उस मूर्ख धनवान-जैसा मानते हैं, जो ज़रा-सी चापलूसी से फूलकर थैली खोल देता है और जिसे कोई भी बुद्धू बना सकता है।

देखता था कि सम्पन्न लोग पण्डितों से अपने मंगल के लिए ईश्वर-जप कराते थे। उस समय जप का रेट आठ आने हजार था। पता नहीं अब क्या है। पण्डित आकर कहता—'भैया सा'ब, ग्रहों की खराब दशा चल रही है। दस हज़ार जप कराओ।' सम्पन्न धर्मभीरु आदमी कहता—'पण्डितजी आप ही कर दो। लेकिन रेट ज्यादा है। चार रुपये दूँगा।' पण्डित चार रुपये में सौदा तय कर लेता और मन्दिर में जाकर रोज आधा-आधा घण्टे तक कुछ बुदबुदाया करता। पता नहीं ईश्वर का नाम लेता या यजमान को गाली देता था कि इसका नाश हो जाय। कमबख्त ने बहुत ही कम पैसे दिये! मजदूरी पर हरिस्मरण कराने से आखिर क्या लाभ होगा? क्या इनका ईश्वर इतना जड़बुद्धि है कि यह भी न समझ पाता होगा कि मेरा स्मरण यह पण्डित कर रहा है, इसलिए फल भी इसी को मिलना चाहिए। पर सम्पन्न आदमी किराये पर जप कराके बड़े सन्तोष का अनुभव करता है, मानो वह अपने भगवान से साफ कह देता है—'हे ईश्वर, मुझे तो फुर्सत नहीं है। मुझे दूकान जाना है। इस पण्डित को पैसे दे दिये हैं, यही तुम्हारी स्तुति गा देगा।'

लेकिन पण्डित-पुजारी को शायद ईश्वर के अस्तित्व और उसकी शक्ति में

सबसे कम विश्वास होता है। मुल्ला से अधिक अच्छी तरह इस बात को और कौन जानता है कि मस्जिद में खुदा बिल्कुल 'एबसेण्ट' है। गिरजाघर में ईसा कभी नहीं रहता, इसका सबसे अधिक विश्वास पादरी को ही होता है। लेकिन धर्म इन सबके लिए क्रयशील सम्पत्ति है। ये सब धर्म के व्यापारी हैं। भारत में जितना व्यवस्थित धन्धा ब्राह्मण का है, उतना मारवाड़ी का भी नहीं। छिपकली गिरने में उसकी जरूरत; नया चूल्हा या नया झाडू शुरू करने में पण्डित की दस्तन्दाजी, मकान की नींव रखने में पण्डित और मकान गिराने में भी पण्डित की दक्षिणा और मुहूर्त। मनुष्य के जन्म के पहले से ही ब्राह्मण का धन्धा शुरू। जन्म लेते ही वह पकड़ लेता है। नामकरण, जन्म-कुण्डली, छठी, अन्नप्राशन, सभी में पण्डित-पुजारी चाहिए। फिर विवाह उसके बिना होगा नहीं। फिर गौना, फिर बच्चों का जन्म, यहाँ तक कि मृत्यु के समय भी गोदान लेने के लिए हाजिर है, क्योंकि यहाँ दी गयी गऊ ही उस लोक में बैतरणी पार कराती है। मरने के बाद भी छुटकारा नहीं। श्राद्ध में वह दान ले जाता है और मिठाई खा जाता है। फिर छःमासी, बरसी में वह हाजिर है। और जब तक मृतक के खानदान में एक भी आदमी जीवित है, तब तक वह हर साल पितृ-पक्ष में आयेगा और मृत के नाम पर भोजन करके दक्षिणा ले जायेगा। मारवाड़ी भी शरमा जाय इस व्यापार के सामने।

सड़ी सुपारी की संस्कृति इसी व्यापार की उपज है। भिखारी को देने के लिए जब सड़ा माल खोजा जाता है, तब हम इसी सड़ी सुपारी की संस्कृति के प्रभाव में होते हैं। मिथ्याचार, आडम्बर, छल-कपट से सामाजिक जीवन में हित साधना, बुराई करके भी भले बने रहना, दूसरे को धोखा देकर स्वार्थ साधना, दूसरे को बुद्धू बना सकने को परम कला मानना—ये सब उसी सड़ी सुपारी की संस्कृति के अंग हैं। जो दूसरे के लिए है, वह खराब होना ही चाहिए। जो अच्छा है वह अपना है। खोटी सुपारी पूजा में, खोटा नारियल होली में, सड़ा माल भिखारी के कटोरे में, खोटा पैसा भिखारी के हाथ में।

इस ज़माने में यदि इन्द्र दधीचि के पास हड्डी माँगने आते तो दधीचि भी किसी सर्जन को बुलाकर कहते—देखो मेरे शरीर में 'फाल्स रिब्ज' हैं, उनमें से एकाध टुकड़ा इसे काट दो, जिससे ये टल जाय। आज दानवीर कर्ण होता तो वह भी जाली नोट रखता। हरिश्चन्द्र तो बिना अदालत गये एक कौड़ी भी उस ब्राह्मण को न देते।

अकथ कथा है। एक बार मेरे पड़ोसी के यहाँ रोज शाम को आरती, पूजा-स्तुति होने लगी। शंख-घड़ियाल बजने लगे। भगवत्-भक्ति का कारण यह था कि बड़े लड़के पर घूसखोरी का मुकदमा चल रहा था। गोया भगवान् को भी कोई घूसखोर अफसर मान लिया, जिसे घूस के पैसे में से प्रसाद वगैरह चढ़ाकर अपनी ओर किया जा सकता है; जैसे दफ्तरों में जो घूस ली जाती है उसमें एक हिस्सा बड़े साहब का भी होता है। एक सज्जन मुझे हाल ही में दाढ़ी और केश बढ़ाये हुए मिले। माथे पर त्रिपुण्ड लगाते और शंकर की पूजा करने जाते। मैंने एक मित्र से

पूछा—क्यों भाई, इस संन्यास और भक्ति का क्या अर्थ ? वे बोले—इन पर ग़बन का मुकदमा चल रहा है !···मनुष्य को तो धोखा दिया ही, भगवान को भी धोखा।

सोचता हूँ कि जिस देश की संस्कृति की इतनी महत्ता है, जिसका दर्शन संसार-भर में श्रेष्ठ समझा जाता है, जिसके धर्म और दानशीलता की कथाएँ दुनिया में फैली हैं, उसके सामाजिक जीवन में सड़ी सुपारी कब घुस पड़ी ? कभी पुरोहित-ब्राह्मण ने यहाँ के सामान्य जन को सिखाया होगा कि भगवान को खोटी सुपारी दो, पर मुझे खरे पैसे देना। उसने यह सोचा होगा कि सड़ा भात अतिथि देव के लिए है और गरम भोजन मेरे लिए। उसने खोटा पैसा भिखारी के हाथ में रखकर सोचा होगा कि ईश्वर को सिक्के की पहिचान ही कहाँ है ?···इस पर अगर ज्यादा खोज करने लगा तो कोई सस्ती-सी 'डाक्टरेट' दे देगा। इसलिए, विषय को छोड़ता हूँ किसी 'रिसर्चस्कॉलर' के लिए।

परन्तु यह सड़ी सुपारी की संस्कृति ऐसी फैल गयी है कि घर से निकलते ही इसके दर्शन होने लगते हैं—पान की दूकान पर सड़ी सुपारी, चाय के गुड़ को दबाने के लिए इलायची के दाने, दूध में निर्मल जल, मक्खन में सफेद ब्लाटिंग पेपर, खोवे में सिंघाड़े का आटा, दवा में पानी, शुद्ध घी में मूँगफली का तेल।

कथावाचक को हम उपकुलपति बना देते हैं, जुआड़ी को मन्त्री बना देते हैं, अयोग्य को ऊँचा पद और सुयोग्य को नीची जगह, शोषक को शोषितों का नेता, सिंह को भेड़ों के ट्रेड यूनियन का अध्यक्ष, चोर को मजिस्ट्रेट, घूस लेनेवाले को घूस पकड़नेवाला—सब यूँ ही बना देते हैं।

सड़ी सुपारी की संस्कृति में यही होता है।

सबसों मिलिए धाय !

बम्बई मेल के तीसरे श्रेणी के डिब्बे में जिसने जगह पा ली, वह अगर परलोक जाय और देवता लोग उसे अनधिकारी समझ स्वर्ग में न घुसने दें, तो भी वहाँ लड़-झगड़कर वह एक कमरा तो ले ही लेगा ! सैकड़ों मील से आनेवाले यात्री रेल के डिब्बे को उसी प्रकार अपना घर समझते हैं, जिस प्रकार देवता स्वर्ग को। वे किसी छोटे स्टेशन से नये मुसाफिर का चढ़ना देखकर वैसे ही क्रुद्ध होते हैं, जैसे त्रिशंकु को सदेह स्वर्ग आते देखकर देवतागण कभी क्रुद्ध हुए थे। सामूहिक कोलाहल से ही बेचारे को परेशान कर देते हैं।

भारत में एकता का दुर्लभ दृश्य देखना हो तो मेल के किसी डिब्बे के मुसाफिरों में देखिए। पहले चाहे वे पेटी, बिस्तर, सीट आदि विषय पर काफी झगड़ चुके हों,

पर ज्यों ही कोई मुसाफिर डिब्बे के दरवाजे के पास आया कि वे सब आपसी मत-भेद भुलाकर एक साथ चिल्लाते हैं—जगह नहीं है ! जगह नहीं है ! आगे जाओ ! आगे के डिब्बे बिल्कुल खाली हैं ।

उस दिन मित्रों ने मुझे जबरदस्ती मेल के डिब्बे में ढकेल तो दिया, पर मेरे उन 'विश्वामित्रों' को क्या मालूम कि मेरी हालत त्रिशंकु से भी बदतर हो जायगी। मित्रगण कह रहे थे — भीतर पहुँच गये, यही क्या कम है। धीरज से जगह बना लेना । अब हम चलते हैं ।

वे चले गये, और मैंने डिब्बे में नजर दौड़ायी । खौलती कड़ाही-जैसा था ! सबकी मेरी ओर क्रुद्ध दृष्टि ! मैं खिड़की पर टिका खड़ा था और मेरी हालत गुण्डों के बीच फँसी नारी की तरह थी ।

मैं बड़ी देर तक दरवाजे से चिपका त्रस्त मन ले, निरीह नयनों से टुकुर-टुकुर देखता रहा । एकाएक पास की एक बेंच के एक सज्जन ने पूछा—आप कहाँ रहते हैं ?

मैंने कहा — जबलपुर ।

वे थोड़ी देर मौन रहे । मैं समझ गया कि मामला खत्म हो गया । सोचा, यह भलामानस किसी सड़ियल कस्बे का होगा, जिसका सबसे बड़ा कारखाना आटे की चक्की और सबसे बड़ा अफसर थानेदार होगा । इतने बड़े नगर-निवासी को सामने देखकर ईर्ष्या से जल गया । मुझे ओ हेनरी की 'प्राइड ऑफ सिटीज़' कहानी याद आयी। कुछ क्षण बाद वह फिर बोला—वहाँ जबलपुर में दीनदयाल पाण्डेको जानते हैं आप ? तुलाराम चौक पर जिनकी दूध की दूकान है !

तुलाराम चौक मैं जानता हूँ, पर दूधवाले की वहाँ कोई दूकान है, यह मुझे बिल्कुल खयाल ही नहीं था। मेरा बड़े-से-बड़ा दुश्मन भी मुझ पर यह आरोप नहीं लगा सकता कि मैं दूध पीता हूँ । मैं तो दूध पीना गँवारों का काम समझता हूँ। मैं चाय पीता हूँ और मुझे चाय में दूध की जरूरत उसी प्रकार पड़ती है, जैसे झूठ में मिलाने के लिए सत्य की। चाय में एक चम्मच दूध के लिए मैं दीनदयाल को जानूँ, यह जरूरी थोड़े ही है ! मैं दीनदयाल पाण्डे को बिल्कुल ही नहीं जानता था । मेरे लिए वे तुलाराम चौक में भी रह सकते हैं, और खटीक मुहल्ले में भी। पर मैंने अपने सुभीते के लिए दीनदयाल पाण्डे का तुलाराम चौक में रहना मंजूर कर लिया और उन्हें जानने की 'रिस्क' भी ले ली ।

मैंने जवाब दिया—पाण्डेजी को ? वाह, उन्हें कौन नहीं जानता ? तुलाराम चौकवाले न ? खूब जानता हूँ उन्हें। रोज दूध पीता हूँ, उनके यहाँ !

इस अन्तिम वाक्य को बोलकर मैं बहुत डरा। यदि कोई मुझे गौर से देखता तो यही सोचता कि या तो मैं झूठ बोल रहा हूँ या दीनदयाल पाण्डे दूध में बहुत पानी मिलाकर बेचते हैं। पर इतना गौर करने की फुरसत किसे थी ! प्रश्नकर्ता महोदय एकदम खिल उठे और बोले—पाण्डेजी अपने साले होते हैं। आइए, बैठिए। उन्होंने पाँव समेटे और बिस्तर पर मुझे जगह दी। भक्तों ने नाम की बड़ी महिमा

गायी है। दीनदयाल पाण्डे के नाम लेने से ही उनके बहनोई ने मुझे बैठने की जगह दे दी। अजामिल ने केवल 'नारायण' नाम लेकर स्वर्ग में प्रवेश पा लिया था। मुझे लगता है कि उस समय 'नारायण' का बहनोई, 'गेटकीपर' की ड्यूटी पर होगा।

वे बातचीत में ज्यों-ज्यो गहरे उतरते गये, त्यों-त्यों मैं घबराता गया। वे पूछने लगे—उनके उस मकानवाले 'केस' का क्या हुआ ? मैं बड़ी उलझन में पड़ा। प्रश्न से नहीं समझ सका कि दीनदयालजी मकान-मालिक हैं, या किरायेदार। मैंने अटकल से जवाब दिया—आप तो जानते ही हैं ये दीवानी मामले सालों चलते हैं। (क्रिकेट में 'वाइड बाल' फेंकने के लिए बदनाम था मैं !) अभी सँभला भी न था, कि वे दूसरा सवाल पूछ बैठे—और रघुनाथ की तबीयत कैसी है, अब ? रघुनाथ हजार साल तक जियें और उनका सिर तक न दुखे; मेरा इससे क्या बनता-बिगड़ता है ? पर अपने सम्बन्धियों को इतना तो कह दें कि वे अपरिचित होकर, परिचित होने का ढोंग रचकर ट्रेन में बैठने-भर की जगह पानेवाले मुसीबतज़दा लोगों से उनकी तबीयत का हाल न पूछा करें। छुटकारा नहीं था। जवाब देना ही था। बोला— बीच में बहुत खराब हो गयी थी, पर अब अच्छी है—(फिर 'वाइड बाल' फेंकी ! 'अललटप्पू' !) मन-ही-मन काँप उठा !

पर वे चौंके, उनकी आँखें चौड़ी हो गयीं। चिन्तित-से बोले—बहुत खराब हो गयी थी ? लो बताओ भला ! और हमको खबर तक नहीं ? बात बिगड़ रही थी। मैंने सँभाला—अब आप तो जानते ही हैं कि पण्डितजी को एक जान और लाख जंजाल। भूल गये होंगे (बात जमी !) वे बोले—हाँ, सो तो है ही—पर रघुनाथ बेचारा शुरू से ही मुसीबत भोग रहा है।···

इस तरह मैं निभाता गया और आगे चलकर खाने का डिब्बा भी दीनदयाल-वाली आत्मीयता से खुला। उनके वामांग में उनकी पत्नी, याने पाण्डेजी की बहिन, विराजमान थी और ज्यों ही मेरी दृष्टि उन पर पड़ती मेरा मन काँप जाता। उस समय मेरी समझ में आया कि भारत में पर्दा-प्रथा का क्या महत्त्व होता है, उससे समाज को कितना सुभीता है ! नहीं तो शायद मेरी 'पोल' का पर्दाफाश हो जाता !

इसी सिलसिले में हाल ही की घटना याद आयी। एक दिन मेरा मित्र सुरेन्द्र बिना लाइट की साइकिल चलाता पकड़ा गया। संयोग से मैं वहीं खड़ा था। सिपाही उसका नाम, पिता का नाम नोट कर रहा था। साइकिल-चालान के वक्त लोग अपना नाम बदलते हैं तो बल्दियत भी ! एक बार मेरे नाम भी वारण्ट आ गया था, बिना बत्ती साइकिल चलाने का। गाँधीजी की मृत्यु पर डॉक्टर राधाकृष्णन ने कहा था कि आगामी पीढ़ियाँ शायद यह विश्वास नहीं करेंगी कि ऐसा आदमी भी इस पृथ्वी पर रहता था ! मेरे सम्बन्ध में भी अगली पीढ़ियाँ इस बात पर विश्वास नहीं करेंगी कि एक 'पाँच फीट नौ इंच' का शहरी जवान साइकिल चलाना नहीं जानता था ! खैर, मैंने पेशी पर कहा कि इन दस सालों में अगर मुझे एक भी आदमी यह कह दे कि उसने मुझे एक बार भी साइकिल पर डबल नहीं, सिंगल देखा है तो मैं जुर्माना देता हूँ। इस बार अदालत में सत्य की जीत हुई, झूठी रिपोर्ट जिरह में पकड़ी गयी।

कोर्ट समझ गया कि किसी भले आदमी ने अपने बदले मेरा नाम लिखा दिया था। हाँ, तो सुरेन्द्र उस समय कोई राजेन्द्र नाम लिखा ही रहा था कि मैंने कहा—क्यों तिवारी, आखिर पकड़ लिये गये न। कितनी बार कहा था कि एक चिमनी ही टाँग लो! मैं नजदीक आ गया। चालान की रंगत ही बदल गयी!

सिपाही ने पूछा—आप तिवारी हैं?

सुरेन्द्र बोला—हाँ।

—कौन जिला?

—परतापगढ़।

झूठ बोला कमबख्त! इसी गोंडवाने में सात पीढ़ियों से रह रहा है।

सिपाही गद्गद हो गया। बोला—हम भी परतापगढ़ के हैं, मिसिर हैं।

कहाँ का चालान, यहाँ तो प्रेमालाप आरम्भ हो गया! सिपाही ने चालान की किताब, पाकेटबुक जेब में रखी और बाहर निकाल लिया तम्बाकू-सुपारी का बटुआ।

अगर कोई मुझसे पूछे कि भारतीयों के चरित्र की सबसे बड़ी विशेषता क्या है, तो मैं कहूँगा—मौके-बेमौके अनायास परिचय बढ़ाना, आत्मीयता पैदा करना। आदमी को अपनी आत्मा में समेट लेने के लिए भारतीय कितना आतुर रहता है। आपको रेलगाड़ी के डिब्बे में बैठे पाँच मिनट बीते कि बगलवाला हमसफर आपसे नाम-धाम, जाति, धन्धा, वेतन, बाल-बच्चों का 'हाजिरस्टाक' और आनेवाले 'माल' की तफसील पूछ लेगा। उतरते-उतरते आपका पता उसकी नोटबुक में होगा, और उसका आपकी नोटबुक में। दोनों एक-दूसरे को पहुँचते ही चिट्ठी लिखने का वादा करेंगे, जो अक्सर उसी तत्परता से टूटेगा भी।

आप इलाहाबाद में घूम रहे हैं कि आपको एक मुकर्जी बाबू मिल गये, जिनके चचेरे भाई का साढ़ू जबलपुर के राइट टाउन में रहता है। आप उसे न जानते होंगे, पर मुकर्जी बाबू यह मानने को तैय्यार नहीं। आप उसका वहाँ होना मात्र स्वीकार करने से मुकर्जी बाबू के मेहमान हो सकते हैं।

अपरिचित को एकदम अपना लेने और प्रथम भेंट में मनुष्य को आत्मीयता की परिधि में खींच लेने की इतनी वेगवती आतुरता शायद ही किसी जाति में हो। यों तो सुनते हैं कि मेहमान के लिए अफगानी आनन-फानन जान पर खेल जाते हैं।

परिचय में कुछ लोग, विशेषतः अंग्रेज, बड़े औपचारिक ढंग से व्यवहारकुशल होते हैं, सामाजिक शिष्टाचार के बँधे-बँधाये नियमों में बहुत ही जकड़े रहते हैं। बर्नार्ड शॉ ने इस प्रवृत्ति की बड़ी खिल्ली उड़ायी है। किसी आदमी के द्वारा परिचय पाये बिना दो अंग्रेज शायद आपस में बोलेंगे भी नहीं। रेलगाड़ी में साथ-साथ सफर कर रहे हैं। पार्क की एक बेंच पर घण्टों बैठे हैं, पर बातचीत नहीं करेंगे, चूँकि परिचय नहीं है। इससे एक लाभ जरूर है। आदमी समय की बरबादी से बच जाता है। बे-बुलाये आकर जो लोग हमारा समय चर जाते हैं, उन परिचय-प्रवीण 'बतरस-लालची' गप्पी आदमियों से तो बच ही जाते हैं।

पिछले साल नये मकान में आया तो आधा घण्टा नहीं हुआ था कि एक पड़ोसी आये। बोले—आइए परसाईजी, चाय पी लीजिए। अभी तो आप आये ही हैं। सामान खुला भी न होगा। मैं झिझका। वे बोले—आप संकोच न करें, मुझे घर का आदमी ही समझें। शर्माजी आपके मित्र हैं। वे मेरे रिश्तेदार होते हैं। (साले कहा या बहनोई, याद नहीं)।

मैं तो इस आत्मीयता-भरे स्वागतम् की गर्मी से बस पिघल ही गया।

भारत में प्रायः कुछ ऐसी ही मान्यता है कि यदि कोई आदमी पड़ोसियों से बोले-चाले नहीं, मिले-जुले नहीं तो वह आदमी जरूर बदमाश है। एक बार बड़े मजे की घटना घटी। मुहल्ले में एक नया आदमी आ बसा। अकेला, होटल में खाने-वाला, किसी दफ्तर का टाइपिस्ट। मुहल्ले में किसी से बोल-चाल नहीं। आमदरफ्त कतई बन्द। चौबीस घण्टे में दरवाजे पर सिर्फ दो बार ताले-कुण्डी खटकने की आवाज होती थी। कुछ दिन बाद ही उसके बारे में कानाफूसी होने लगी। अटकल-पच्चियाँ भिड़ीं। कुलावे मिलाये गये। कयास के लगाने में माहिर कहते—बड़ा खतरनाक मालूम होता है, जरूर कोई बदमाश है। या फिर सी. आई. डी. (गुप्तचर विभाग) का आदमी है। यहाँ के लोगों की रिपोर्ट लिखकर भेजता होगा।

उसके विरुद्ध वातावरण बनने लगा। लोग बड़े गौर से देखने लगे।

आखिर एक दिन जब वह दफ्तर से लौट रहा था, दो-चार आदमियों ने उसे रोककर कहा—ए बाबू साहब, आप जानते हैं यह भले आदमियों का मुहल्ला है। ···उनकी मुद्रा न पूछिए। आवाज में धमकी थी और यह स्पष्ट सूचित हो रहा था कि वे उसे बुरा आदमी समझकर वहाँ नहीं रहने देना चाहते।

वह भी इस बात को समझ गया और तमतमा उठा। बड़े आवेश में उसने पहली बार मुंह खोला—त-त-त-त-त—तो, क-क-क—क्या, म-म—मैं भला अ-अ—आदमी···न-न—नहीं···हु-हु-हु-हु—हूँ।

रहस्य खुल गया। बेचारा बहुत ज्यादा हकलाने के कारण मौन और अलग-अलग रहता था।

तुलसी ने 'सबसों मिलिए धाय' का आदेश दिया है, क्योंकि न जाने किस वेश में नारायण मिल जाये। लेकिन नारायण से मिलने की ट्रायल में न जाने कितने···।

प्रशंसा की प्रशंसा में

कोई गाली दे, तो बदले में गाली दी जा सकती है। कोई घूंसा मारे, तो बदले में दो घूंसे जमाये जा सकते हैं। लेकिन कोई प्रशंसा करे, तो रास्ता इतना सहज नहीं

होता। आम रिवाज है— उस प्रशंसा को नामंजूर कर देना। याने अगर यह कहा जाय कि आप परम विद्वान हैं, तो जवाब में कहना चाहिए कि मैं परम मूर्ख हूँ! अगर कहा जाय कि आप सिंह हैं, तो जवाब यह होगा कि मैं तो निरी बकरी हूँ।

जब कोई हमारी तारीफ करता है, तब मनःस्थिति एक विचित्र प्रकार की होती है। हम तुरन्त मुख पर लज्जा और संकोच पोत लेते हैं, दाँत निपोरते हुए 'हें-हें' शब्द निकालकर कहते हैं, 'अजी साहब, मैं किस लायक हूँ। आप व्यर्थ ही प्रशंसा कर रहे हैं।' मुख से प्रशंसा को अस्वीकार करके कानों से प्रशंसा के अमृत को गटकते जाते हैं। प्रशंसा प्राप्त करते हुए आदमी का मुख दयनीय और हास्यास्पद होता है। उस समय उसके मुख पर वही दीनता और कृतज्ञता के भाव होते हैं, जो भिखारी के मुख पर होते हैं, जब कोई उसे अनायास एक-दो आने दे देता है। हास्यास्पद तो बहुत ही होता है। अगर कोई उस समय की अपनी विकृत मुखाकृति को आईने में देख सके, तो जिन्दगी-भर तारीफ करनेवाले को मुँह न दिखाये। दो अवसरों पर आदमी का चेहरा बहुत विकृत और हास्यास्पद होता है—प्रशंसा स्वीकार करते समय और प्रणय-निवेदन करते समय! बुद्धिमान से बुद्धिमान मनुष्य इन दोनों अवसरों पर बहुत मूढ़ लगता है।

अहं को दबाना शिष्टता मानी जाती है। प्रशंसा को नामंजूर करते समय हम इसी अहं को दबाने का प्रयास करते हैं। भीतर मन में यह अभिलाषा शायद जाग्रत रहती है कि हे उदार, हमें प्रशंसा बड़ी अच्छी लग रही है, थोड़ी और बढ़ाओ भाई! अरे, तुमने तो प्रशंसा बन्द कर दी! अरे निष्ठुर, तुम क्या वाणी के इतने रंक हो कि 4-6 वाक्य और नहीं बोल सकते? लेकिन ऊपर हम उसका विरोध करते जाते हैं। भीतर कुछ होने और बाहर कुछ निकलने के कारण, इन दो विरोधी भावों के संघर्ष से, हमारे मुख पर एक ऐसा अजब भाव आता है कि हम हास्यास्पद हो जाते हैं। प्रशंसा चाहकर भी अपने को प्रशंसा के अयोग्य बताते हैं। याने अहं के तीर की अनी पर विनय का फूल लगा देते हैं; बन्दूक के गले में हार पहिनाते हैं। यह सभ्यता है, शिष्टता है। यह पाखण्ड नहीं है क्या? पर सभ्यता शायद इसलिए है कि हमारा मूल रूप इससे छिपता है। अपने मूल रूप को जितना अधिक ढाँकने में मनुष्य सफल हुआ है, वह उतना ही सभ्य कहलाया है।

लेकिन भीतर का चोर मौके-बेमौके बोल ही जाता है। एक कवि का परिचय एक नये व्यक्ति से कराते समय कह दिया, 'आप नगर के प्रसिद्ध कवि हैं।' उस समय तो कवि ने मन मारकर संकोच बतलाया, लज्जा प्रकट की, पर दूसरे दिन एक अन्य आदमी से बोले, 'वह साला, मुझे नगर का कवि कहता है। अरे मैं अखिल भारतीय ख्याति का कवि हूँ।'

प्रशंसा चाहना शायद देवत्व है। तभी तो हर देवता की प्रशंसा के लिए दुनिया की हर भाषा में अगणित ग्रन्थ रचे गये हैं। हमारे यहाँ विष्णु सहस्रनाम, शिवस्तोत्र, दुर्गासप्तशती और पुराण—सब देवताओं की प्रशंसा से भरे हैं। लगता है, देवताओं ने मनुष्य को खूब बुद्धू बनाया। हजारों वर्षों तक हर जाति के श्रेष्ठतम मस्तिष्कों

को, मनीषियों को अपनी प्रशंसा करने के काम में ही लगा रखा। और इन देवताओं में इतनी-सी शिष्टता नहीं निकली कि एकाध बार कह देते—हें-हें, मैं किस लायक हूँ ! क्यों मेरी प्रशंसा करते हो ?

पर मनुष्य ने भी देवता को कुछ कम बुद्धू नहीं समझा। उसने यह मान लिया कि देवता नितान्त मूर्ख और अन्धा होता है, जो ज़रा-सी प्रशंसा से प्रसन्न हो काम कर देता है। तभी, दिन-भर झूठ बोलकर हम शाम को उसकी स्तुति गाते हैं, घूस लेकर घूस के पैसे में से उसे भी मिठाई अर्पित करके उसकी प्रशंसा करते हैं, पाप करके उसकी आरती उतार देते हैं। सोचते हैं कि वह शक्तिवान होते हुए भी मूर्ख है और ज़रा-सी तारीफ में पसीजता है।

लेकिन उस दिन दिल्ली में मनुष्यों में श्रेष्ठ एक मनुष्य ने वह किया, जो करने की शिष्टता बड़े-से-बड़े देवता में आज तक नहीं आयी। जवाहरलाल नेहरू ने अभिनन्दन-पत्र पढ़नेवाले के हाथ से कागज छीन लिया और तैश में कहा, "यह क्या बदतमीजी है ! मेरे सामने मेरी प्रशंसा ? मेरे पास यह सब सुनने को समय नहीं है।"

अब देवता तो बड़ी बुद्धिमानी से सिर हिलाकर कह सकते हैं—वाह, हमारी अशिष्टता तो कम-से-कम स्पष्ट है। हमारा अहं छिपा हुआ तो है। पर तुम्हारे इस मनुष्य ने जब प्रशंसा पर क्रोध दिखाया, तब क्या उसने यह नहीं चाहा कि उसकी प्रशंसा में यह और जोड़ दिया जाय कि यह व्यक्ति बिल्कुल निराभिमानी है, अपनी प्रशंसा तक नहीं चाहता ?

सन्तों में शायद प्रशंसा की वृत्ति न हो। वे शायद अहं को जीत पाये हों। गोस्वामीजी ने कहा था—

काव्य-विवेक एक नहिं मोरे,
सत्य कहौं लिखि कागद कोरे।

लेकिन हमारे मन में बार-बार यह प्रश्न उठा कि यदि गोस्वामीजी यह विश्वास करते कि उन्होंने सफेद कागज काले किये हैं, तो क्या वे अपने ग्रन्थों को प्रकाश में आने देते ? क्या वे एक छन्द भी लिखते ? आज का कवि तो जब छन्द लिखता है तो यही सोचता है कि यह छन्द कालिदास की टक्कर का है। यह अहं अगर उसके भीतर जाग्रत न हो, तो वह एक शब्द भी न लिखे !

बर्नार्ड शॉ ने इस मार्ग को सीधा बना दिया था। वह स्वयं अपनी प्रशंसा कर लेता था। एक बार किसी ने कहा कि आप दुनिया की सर्वोत्तम 100 पुस्तकों के नाम बताइए। शॉ ने सहज भाव से उत्तर दिया कि यह तो असम्भव है क्योंकि मैंने अभी तक केवल 17 पुस्तकें ही लिखी हैं। उससे किसी ने कहा कि आप स्वयं ही अपनी इतनी प्रशंसा क्यों करते हैं, तो उसने कहा—'क्यों, मैं क्या समर्थ नहीं हूँ ? जब मैं स्वयं अपनी प्रशंसा कर सकता हूँ, तो दूसरे का मुहताज क्यों होऊँ ?'

वह बड़ा आदमी था। 'समरथ' को दोष नहीं लगता, ऐसा कहा जाता है। पर सामान्य जन जब दोनों काम अपने सिर पर ले लेता है, तब ज़रा उपहास का पात्र

हो जाता है। कुछ लोग दोनों भार माथे पर लाद लेते हैं—काम भी कर रहे हैं और उसकी तारीफ भी खुद ही कर लेते हैं। कभी-कभी जब अन्य आदमी यह देखते हैं कि यह भला आदमी तो दोनों काम कर लेता है—स्वयं प्रशंसा करने का काम भी माथे पर लादे है—तो फिर वे सोचते हैं कि अब इसकी प्रशंसा करने का काम हम क्यों करें? बेचारा बड़े घाटे में आता है।

दफ्तर से लौटकर आये तो बोले—साहब से झगड़ा हो गया। हमने आज तक किसी की नहीं सुनी। आत्मसम्मान के लिए नौकरी पर लात मार देते हैं। हमने साहब से साफ कह दिया कि अपनी नौकरी धरे रहो।

हमें दाद देनी पड़ी उनकी हिम्मत की, यद्यपि हम जानते थे कि वे साहब के सामने भीगी बिल्ली बन जाते हैं।

हमारी अपनी प्रशंसा जब कोई करता है, तो हम उदासीनता का नाट्य करते हैं, अनसुनी करने का अभिनय करते हैं, गम्भीरता का भाव धारण करते हैं। कुछ बोलते नहीं। उसे प्रशंसा करने का पूरा समय देते हैं। जब वह समाप्त करता है तब हमें उस पर गुस्सा आता है! हम सोचते हैं कि प्रशंसा अनन्त क्यों नहीं होती! क्या यह भला आदमी इतना नहीं जोड़ सकता था कि आपने विश्व साहित्य में युग परिवर्तन कर दिया है। आप अमर ग्रन्थों के रचयिता हैं।

उस समय मन में अकुलाहट के साथ हर्ष का एक अजब-सा मेल होता है, जिसकी तुलना केवल विरहिणी की मधुर पीर से हो सकती है।

सभा-सोसाइटियों में तो जो जितना अधिक झूठ बोल सके, वह उतना ही बड़ा हो जाता है। जब किसी व्यक्ति को अध्यक्ष बनाकर उसके सम्मान में उसकी प्रशंसा की जाती है, तब वह अपने भाषण में यह अवश्य कहता है कि मैं तो इसके योग्य नहीं हूँ, आप लोगों ने स्नेहवश मुझे यहाँ बिठा दिया है। इसका अर्थ यह हुआ कि सभा के सदस्य बहुत मूर्ख हैं, जो एक अयोग्य व्यक्ति को सभापति के आसन पर बिठाये हैं। खैर, मुख से चाहे जो निकलता हो, पर भीतर मन में तो यह भाव सिर उठाये ही रहता है कि मुझसे योग्य आदमी दीपक लेकर ढूंढ़ने से भी नहीं मिलता।

प्रशंसा करने से बड़े काम होते हैं, लेकिन उसके लिए पात्र-कुपात्र का विचार करना होता है। प्रशंसा के जाल में सरलता से फँसता है—मध्यम स्थिति का आदमी। जो बड़ा है, वह इसलिए कि प्रशंसा से उसका पेट आधा तो भर ही गया होगा, या इसलिए कि वह इस जाल को देख लेता है, फँसेगा नहीं। निपट निम्न श्रेणी का आदमी प्रशंसा को उपहास समझकर नाराज हो जायगा। पर मध्यमार्गी जानता है कि वह निपट निकृष्ट नहीं है। उसके मन में बड़ा कहलाने की हविस भी होती है। वह अपना छोटापन बखूबी जानता है, फिर भी बड़े स्थान को देख ललचाता है। किसी मूर्ख से कहें कि तू परम विद्वान है, तो वह क्रोधित होगा। निपट निर्बल से कहें कि यह तो बड़ा बली है, तो वह मारने दौड़ेगा, पर साधारण पढ़े-लिखे से विद्वान कहने पर वह खुश होगा। स्कूल मास्टर को प्रोफेसर कहिए, छोटे बाबू को बड़ा बाबू कहिए, थानेदार को सर्किल साहब कहिए, संवाददाता को

सम्पादक कहिए—सब खुश होंगे। पर अगर पुलिस कान्स्टेबिल को इन्स्पेक्टर कहा, तो वह बुरा मानेगा। मिडिलची से अगर परम विद्वान कहा जाय, तो वह लड़ने पर आमादा हो जायेगा। पर बेचारा मध्यवर्ग का आदमी हर जगह शिकार होता है—मुद्रास्फीति हुई तो मध्यवर्ग की आफत, कर लगा तो मध्यवर्गी की जेब छेदवाली हो गयी, रूढ़ियों का सारा बोझ मध्यवर्ग के सिर पर, सारे समाज की निराशा और विफलता को ढोनेवाला मध्यवर्गी !

एक बार शहर में एक वृद्ध प्रोफेसर आये जो 'हेमलेट' रटे थे। यूनियन जैक, क्रिकेट और शेक्सपियर लेकर अंग्रेज लोग हर उपनिवेश जाते थे। यूनियन जैक उखड़ गया, पर शेक्सपियर और क्रिकेट जमे रहे। शेक्सपियर और क्रिकेट पर अँगरेज लोग भी इतने लट्टू न होंगे, जितने हम भारतवासी। शेक्सपियर के उद्धरण जब प्रोफेसर साहब धारा-प्रवाह देने लगे, तो हम सब उन पर मुग्ध हो गये। मुझे कमजोर समझा होग। उन्होंने, तभी मुझसे कहा कि तुम 'जीनियस' हो। बस मैं उनका परम विश्वासी मित्र बन गया। साल-भर बाद जब वे चले गये, तब शहर के सैकड़ों आदमी उनके लिए रोये—वे लोगों का हजारों रुपया खा गये थे।

पर बात प्रशंसा की कहनी है। मैं जब उनके पास जाता, तो वे पूछते—'क्यों मिस्टर, अमुक मिला था ?' मैं हाँ कहता तो वे पूछते—'हमारा बारे में क्या बोलता था ?' मैं कहता कि वह बोलता था कि आप बड़े विद्वान हैं। बस वे 'हा-हा' कहकर खुशी व्यक्त करते और पूछते—'और क्या कहता था हमारा बारे में ?' मैं एक-आध घण्टे बैठता। उतनी देर में वे केवल यही पूछते—'अमुक मिला था ? तमुक मिला था ? हमारा बारे में क्या बोलता था ?' मैं मन से गढ़कर कहता रहता। कभी कह देता कि वह कुछ नहीं बोलता था, तो वे आँखें फाड़कर गुर्राकर पूछते—'ऐं, हमारा बारे में कुछ नहीं बोलता था ?'

मैं अब सोचता हूँ कि मैं जिसे उसने 'जीनियस' कहा था, वास्तव में बड़ा मूर्ख निकला। मेरे भी और मेरे मारफत मेरे मित्रों के भी वे बहुत रुपये ले गये। लेकिन प्रशंसा के जाल से बचना आसान नहीं।

व्यर्थ की बात*

कोई-कोई नासमझी की बात युगों तक समझदारी के रूप में चलती रहती है। 15 साल पहिले मैंने अपने विद्यार्थी-जीवन में जिस बेवकूफी को सुना था उसे आज फिर

* वसुधा, अक्तूबर, 1958

सुना। आज एक स्कूल में कोई उत्सव था। स्कूल के मालिकों ने एक नेता को भाषण देने के लिए बुला लिया था। सुबह से शाम तक सारा साल जिन बेचारे बच्चों को भाषण और उपदेश ही सुनना पड़ता है, उन्हें उत्सव के दिनों भी भाषण-दण्ड दिया जाता है। कई स्कूलों से निकलने और निकाले जाने के अनुभव के कारण जानता हूँ कि नेता को स्कूल के मालिक इसलिए बुलाते हैं कि उन्हें उसके आसपास मँडराने और सामने पहुँचने पर दाँत निपोरने का मौका मिल जाता है। सचमुच कुछ ऐसे लोग हैं जिन्हें दुख होता है कि हाय रे! हमारी दुम न हुई!

उक्त उत्सव में मैं गया। नेता ने ठीक वही बात दुहरायी, जो मैंने दसवीं कक्षा में अपने स्कूल के उत्सव में सुनी थी। कस्बे का हाईस्कूल था, इसलिए पुलिस थानेदार के सम्मान में भी हम लोगों की क़वायद होती थी। यह इज्जत आज पुलिस-मन्त्री को भी नसीब नहीं है। सही है, जो पुराने अफसर ठण्डी आह से कहते हैं, 'भैया, अफसरों का पुराना रोब-दाब नहीं रहा अब।'

उस बड़े आदमी ने तब जो उपदेश दिया था वही आज सुना—'बालको! तुम में ही महापुरुष छिपे हैं। तुम्हीं में से आगे चलकर गाँधी और सुभाष, तुलसी और रवीन्द्र, शिवाजी और प्रताप होंगे। प्रयत्न करने से क्या नहीं होता! तुममें से हर एक महापुरुष हो सकता है।'

15 साल उस भाषण को सुने हो गये। हमारे सहपाठियों में एक भी महापुरुष नहीं हुआ, होने के रास्ते पर भी कोई नहीं दिखता। विजयकुमार स्कूल में कुश्ती-चैम्पियन था। बड़ा तगड़ा, निर्भीक लड़का। सोचा था, यह शिवाजी जरूर बनेगा। पिछले साल मिला था, मेरे सपनों का शिवाजी। जंगल दफ्तर में मुंशी है। स्त्री मर गयी है और चार बच्चे छोड़ गयी है। दफ्तर से लौटकर रोटी बनाता है और बच्चे खिलाता है। एक और सहपाठी था; उपनाम रखा था—'सरसिज'! कैम्प-फ़ायर में हम उसी के बनाये गीत गाते थे। उम्मीद थी कि यह जरूर रवीन्द्रनाथ बनेगा। 2-3 साल पहिले मैं अपने बहनोई से भेंट करने जेल गया था (राजनैतिक कैदी थे, किसी की चोरी नहीं की थी), वहाँ देखा कि 'सरसिज', मेरा भावी रवीन्द्रनाथ, जेलर है। हिन्दुस्तान के लाखों स्कूल-कालेजों में लाखों बड़े आदमी, हर साल महापुरुष बनने का उपदेश देते हैं, मगर महापुरुष तो इने-गिने ही हुए।

तब कई बार ऐसे उद्बोधक भाषण करनेवाले से पूछने का लालच होता है कि जब प्रयत्न करने पर महापुरुष बना जा सकता है, तो तुमने प्रयत्न क्यों नहीं किया? तुम तो एम. एल. ए. ही रह गये। प्रयत्न से छः फुटे क्यों नहीं हो गये, बौने क्यों रह गये? रास्ते में एक चर्च पड़ता है। उसमें एक पादरी हर शाम को टाई ठीक करता हुआ भोले ईसाइयों को ईश्वर से मिलने का मार्ग बताता है, जिसे खुद उसने नहीं देखा।

स्कूल की ही किताब में लांगफेलो की एक अच्छी कविता पढ़ी थी। हमारे शिक्षक ने इसे रटवा दिया था। उसमें की इन चार पंक्तियों पर तो वे फिदा थे—

Lives of great men all remind us
We can make our lives sublime
And departing leave behind us
Footprints on the sands of Time.

शिक्षक महोदय इन पंक्तियों का कई बार समवेत पाठ करवाते, आँखें बन्द करके मगन हो कहते—'वाह ! क्या कही है !' और सोचते कि उनके सब विद्यार्थी महापुरुष हुए ही जाते हैं। अब वे नहीं रहे। उनकी आत्मा को शान्ति मिले—हम में से कोई महापुरुष नहीं हुआ।

अध्यापक नाराज होंगे, उन्हें मुँहजोरी पसन्द नहीं। पर देखता हूँ कि जिन्होंने उपदेश नहीं माना, स्कूल से भाग गये, शिक्षकों ने जिन्हें बुरा लड़का कहा—उनमें से कई महापुरुष हो गये। और रोज बस्ता लादे, समय पर स्कूल में हाजिर होने-वाले, सब पाठ याद कर लेनेवाले, पण्डितजी के सामने हमेशा नत-मस्तक रहनेवाले असंख्य Good boys पिद्दी रह गये। जिसे गुरुवर्ग Good boy कह दे, उसे अपनी जिन्दगी बरबाद समझनी चाहिए।

एक बार सोचा कि इतने लोग महापुरुषों के मार्ग पर चलने के लिए कहते हैं, लांगफेलो की बात तो दुनिया में फैली है, जरा महापुरुषों के पद-चिन्हों पर चलकर देखूं। पहिले मन में ही चला—सुभाष उस समय सबसे बड़े 'हीरो' थे। उन्होंने स्कूल त्याग दिया था और अंग्रेज प्रोफेसर को चाँटा मारा था। तुलसीदास ने भरी जवानी में अपनी स्त्री को त्याग दिया था। रामदास विवाह-मण्डप में 'सावधान' सुनते ही भाग खड़े हुए थे। कबीर कपड़े की बिक्री के पैसे साधुओं को बाँटकर भूखे पड़े रहते थे। सूरदास ने अपनी आँखें फोड़ ली थीं। वाल्टेयर ने दरबारियों को 'गधा' कहा था और दूसरे की औरत ले भागा था। शिवाजी ने बचपन में ही लूटमार शुरू कर दी थी। टालस्टाय ने सम्पत्ति त्याग दी थी। मेरा माथा भन्नाने लगा था। इनमें से एक भी अपने से नहीं बनेगा। सोचा, इससे अच्छा है 'गुड बॉय' बनो।

कहा जायगा कि महापुरुषों की ये सब विचित्रताएँ याद करके ही क्यों पाँव पीछे हटा लिया ? उनके अन्य कर्मों का अनुकरण क्यों नहीं किया ? एकाध कदम आगे तो बढ़ाया होता ! लेकिन ऊपर जो गिनाये हैं, वे पहिले ही कदम हैं। इसके रखे बिना दूसरा कदम आगे नहीं रखा जा सकता। महापुरुष मूल रूप से विद्रोही होता है, विद्रोही हुए बिना वह महान् हो ही नहीं सकता। भीतर विद्रोह की यह ज्वाला जितनी बलवती होगी, उतना ही महान् उसका जीवन होगा। तुलसी का पत्नी-त्याग और वाल्टेयर का दूसरे की स्त्री लेकर भागना, टालस्टाय का सर्वस्व त्याग और रवीन्द्रनाथ की स्कूल से नफरत—ये सब किसी-न-किसी रूप में उसी विद्रोह की आग के बाहरी चिन्ह हैं। इस विद्रोह की आग की चेतना का अनुभव ही पहिला कदम है। और यह आग उपदेश-उद्बोधन की दियासलाई की सींक से नहीं जल सकती ! कोई महापुरुष किसी सेकेण्डरी स्कूल की नवीं कक्षा की अन्तिम पंक्ति में दबा हुआ इन्तजार करता न बैठा होगा कि कोई एम. एल. ए. या मन्त्री मुझे

प्रोत्साहित करेगा, तब मैं एकदम उठकर महापुरुष बन जाऊँगा। दुनिया के इतिहास-पुराण में एक हनुमान ही हैं, जिन्हें एक जाम्बवन्त की जरूरत थी। हर हनुमान को समुद्र लँघाने के लिए जाम्बवन्त नहीं चाहिए। पर आसपास देखता हूँ, तो जाम्बवन्त ही जाम्बवन्त नजर आते हैं। हनुमान-जैसी छलाँग मारनेवाला बिरला ही मिलता है। एडीसन ने कहा था —Genius is one percent inspiration and ninety-nine percent perspiration. मगर एडीसन अगर अपनी सहज वैज्ञानिक प्रतिभा के बिना सारी उम्र पसीने से कुएं भर देते तो क्या स्वयं महापुरुष हो जाते? रेलगाड़ी में कोयला झोंकनेवालों का तो टनों पसीना बह जाता है, पर अगर बहुत बढ़े तो ड्राइवर हो गये। एडीसन की आत्मा में विद्रोह की चिनगारी थी। हर नवीन अनुसन्धान करनेवाला विद्रोही होता है, वह प्रकृति से विद्रोह करता है। प्रकृति हर चीज को जमीन की ओर खींचती है। राइट बन्धुओं ने विद्रोह किया—उन्होंने वस्तु को आसमान में उड़ाया। 'महाजनो येन गतः सपन्थः'—युधिष्ठिर ने धर्म का मार्ग यों समझाया था। मगर महाजन के मार्ग पर चलकर आदमी लुच्चा, बदमाश, उठाईगीरा भी हो सकता है। किसी 'महाजन' के पन्थ पर अगर सब चलने लगें, तो दुनिया में उसके बाद कोई महाजन पैदा नहीं होगा। क्योंकि हर महाजन का रास्ता अलग होता है—एक ही रास्ते पर भेड़ों का झुण्ड चलता है, महाजन नहीं चलते। अपने भारतीय 'महाजन' अलबत्ता एक ही 'टाइप' के, एक पन्थ के पन्थी होते हैं—सूदखोर, सौ देकर दो सौ लिखनेवाले, तराजू में डण्डी मारनेवाले और कपड़ा नापने में गज पीछे खसकानेवाले; बोरे में ऊपर अच्छा अन्न और नीचे मिट्टी भरनेवाले!

पर सबके-सबको एकदम महापुरुष बना देने की क्या जरूरत आ पड़ी है? हर आदमी को 'महाजन' बना देने से कैसे काम चलेगा? अच्छे 'लघुजन' क्या हमें नहीं चाहिए?

('लघुजन' से मेरा तात्पर्य उस 'लघुमानव' से नहीं है जिसकी कमजोरी, कुण्ठा, घृणा, अनास्था की स्तुति कुछ लोग गाते हैं)। मेरा तात्पर्य है, सामान्य मनुष्य में बसनेवाली महानता से। महाभारत की उपकथा है—युधिष्ठिर ने यज्ञ किया। इतना दान किया कि ब्राह्मण-साधु उनकी जय बोलने लगे। वहाँ एक नेवला आया। उसका आधा शरीर स्वर्ण का और आधा सामान्य नेवले-जैसा हाड़-मांस का। उसने कहा—क्या व्यर्थ प्रशंसा कर रहे हो युधिष्ठिर के दान की। मैंने एक ऐसा दानी देखा है जिसके सामने युधिष्ठिर का दान फीका पड़ जाता है। एक समय एक देश में अकाल पड़ा। एक ब्राह्मण अपनी पत्नी, पुत्र और पुत्र-वधू के साथ रहता था। वे कई दिन के भूखे थे। एक दिन ब्राह्मण कहीं से कुछ जौ बीनकर लाया। ब्राह्मणी ने उन्हें पीसकर चार भाग किये और चारों खाने बैठे ही थे कि द्वार पर भूखा पथिक आया। ब्राह्मण ने उसे आदर से बिठाया और अपना हिस्सा उसे खिला दिया। पर उसे तृप्ति नहीं हुई। तब ब्राह्मण की पत्नी ने उसे अपना हिस्सा खिला दिया, इसके बाद ब्राह्मण के पुत्र और पुत्र-वधू ने भी उसे अपना हिस्सा दे दिया। चारों भूखे रहे। मैं वहाँ से निकला। पृथ्वी पर जो आटे के पवित्र कण गिर गये थे उनसे मेरे जितने

शरीर का स्पर्श हुआ, उतना शरीर सोने का हो गया। तब से जहाँ भी दान और भोज की बात सुनता हूँ, जाकर जूठन में लोटता हूँ कि शरीर का शेष भाग भी स्वर्ण का हो जाय, पर अभी तक ऐसा नहीं हुआ। सुना था, युधिष्ठिर बड़े धर्मात्मा और दानी हैं। सोचा, उनके यहाँ की जूठन के स्पर्श से शेष शरीर सोने का हो जायगा। पर देखता हूँ कि उस गरीब ब्राह्मण के दान के सामने युधिष्ठिर का दान बहुत हल्का है। महाभारतकार ने 'लघुजन' की महत्ता को ही प्रगट किया है। उसके सामने धर्मराज सम्राट युधिष्ठिर की ऊँचाई झुक जाती है। सामान्य मनुष्य में जो त्याग, करुणा, सहानुभूति, परोपकार, साहस आदि होते हैं, उन्हीं पर यह दुनिया टिकी है।

पर इस 'लघुजन' की ओर सबसे कम ध्यान दिया गया। सन्तों, धर्मोपदेशकों की एक पंक्ति लगी है। एक कहता है—सर्वस्व त्याग दो, शरीर को तरह-तरह के कष्ट दो। दूसरा कहता है—12 वर्ष तक पाँव पर खड़े रहो। तीसरा कहता है—साँस रोको, योग करो। चौथा कहता है—सबकुछ छोड़कर आठों याम ईश्वर-चिन्तन करो। पाँचवाँ कहता है—संसार मिथ्या है, माया है, इसे त्यागो। छठवाँ कहता है—मनुष्य शरीर ही अधम है, पाप का परिणाम है।

भला, साधारण बाल-बच्चेदार, श्रम करके जीनेवाले मानव को इतनी फुरसत कहाँ? जिन्दगी पूरी ईश्वर से साक्षात्कार करने के प्रयास में अगर सब लगाने लगे, तो इस दुनिया का काम कैसे चलेगा? इतना निठल्ला यहाँ कौन बैठा है?

सब सन्तों ने जो कुछ कहा है, सन्तों के लिए ही कहा है।

इसीलिए शायद इन महान् बनने के उपदेशों और उद्‌बोधनों से किसी का लाभ नहीं है। साधारण आदमी उनका पालन नहीं कर सकता। अगर पालन करने लगे, तो मजे में उसकी जिन्दगी बरबाद हो सकती है। और जिसे महान् होना ही है, वह महान् होने के लिए इन उपदेशों की राह नहीं देखेगा। उसे खुद राह दिखती है।

सूर और तुलसी का नये सिरे से अध्ययन*

[सागर विश्वविद्यालय की डी. लिट. की डिग्री के लिए प्रस्तुत किया गया।
लेखक—पं. लम्बकर्णजी]

अबके माधव मोहि उधार।
मगन हौं भव-अम्बुनिधि में,
कृपासिन्धु मुरार॥

* प्रहरी, 4 मार्च 1950

महात्मा सूरदास के इस पद का अर्थ लोग अभी तक यही लगाते आये हैं कि सूरदास कृष्ण से कहते हैं कि हे भगवान, मेरा उद्धार कर लो।

बड़ी शोध के बाद यह जाना गया है कि इस पद का अर्थ यह कदापि नहीं। खोज के अनुसार उक्त पद का वास्तविक अर्थ यह है—

महात्मा सूरदास माधव नाम के एक महाजन से रुपये उधार लिया करते थे। परन्तु सूरदासजी समय पर रुपया वापिस नहीं करते थे। एक दिन जब सूरदास सेठ माधवदास के पास रुपया उधार माँगने गये, तब माधवदास ने साफ कह दिया, 'महाराज, बहुत हो गया। आप लेना-ही-लेना जानते हैं, देना नहीं सीखे। जब देखिए, हाथ पसारे चले आये। अब तो आपको एक कौड़ी भी नहीं मिलेगी।'

तब सूरदासजी ने उसी समय पद रचकर सुनाया—'अबके माधव मोहि उधार!···हे भाई माधवदास, अबकी बार तो तू मुझे उधार और दे दे। चाहे फिर कभी मत देना!'

सर समीप गिरजा गृह सोहा।
बरनि न जाइ देखि मनु मोहा॥

जनकपुर में सीताजी के स्वयंवर का अवसर था। सीताजी गिरिजा याने पार्वती की पूजा करने 'गिरिजा गृह' याने 'पार्वती मन्दिर' को गयी जो तालाब के पास था।

यह अर्थ भी सर्वथा मिथ्या मालूम होता है। हमने खोज की है और वास्तविक अर्थ यह है—

सर समीप याने तालाब के पास एक ईसाइयों का गिरजाघर था, जिसमें एक पादरी रहता था, जिसका नाम रेवरेण्ड फादर बर्निगजाय था। गोस्वामीजी ने इस शब्द का अवधी रूप 'बरनि न जाइ' लिखा है। और इस पादरी ने जब राम-लछमन की सुन्दर जोड़ी देखी तो उसका मन मोहित हो गया।

टिप्पणी : त्रेता में आर्यावर्त में जगह-जगह ईसाई लोगों की मिशनें खुल गयी थीं और लोगों को ईसाई बनाया जाता था। ऐसी ही एक मिशन जनकपुर में भी थी।

कबहुँक हौं यह, रहनि रहौंगो।
श्री रघुनाथ कृपालु-कृपा तें, सन्त सुभाव गहौंगो।

एक दिन तुलसीदासजी एक 'सेण्ट' (इत्र) बेचनेवाले की दूकान पर गये और उससे एक 'सेण्ट' की शीशी की कीमत पूछी। तुलसीदासजी की 'रहनि' याने 'स्टैण्डर्ड ऑफ लिविंग' बड़ा नीचा था। उस 'सेण्ट' वाले ने इनसे कह दिया—'महाराज, माँगो खाओ। सेण्ट-वेण्ट के चक्कर में न पड़ो। तन पर लँगोटी के सिवा कुछ है नहीं और कीमत पूछेंगे सेण्ट की! हैं पैसे? ले लो। बीस रुपये की शीशी है। असली रूह है।'

गोस्वामीजी के पास दो-चार आने कमण्डल में पड़े होंगे। उन्हें 'सेण्ट' वाले का व्यवहार बड़ा बुरा लगा। उन्होंने कहा—

'कबहुँक हौं यह, रहनि रहौंगो।

श्री रघुनाथ कृपालु-कृपा तें, सन्त सुभाव गहौंगो।'···अर्थात् अरे, हे सेण्ट विक्रेता ! मैं कभी तो ऐसा रहूँगा याने मेरा स्टैण्डर्ड ऑफ लिविंग कभी तो ऐसा अच्छा होगा। और यदि रघुनाथजी की कृपा हुई तो बहुत जल्दी मैं अच्छा पहिनने-खाने लगूंगा और तब मैं तेरा यह 'सेण्ट' (सन्त) इसी भाव में (सुभाव-सोभाव) खरीदूंगा (गहौंगो)। तू समझता क्या है ?

इतना कहकर गोस्वामीजी क्रोध से वहाँ से चल दिये।

माधव मो समान जगमाही।

सब विधि हीन, मलीन; दीन, अतिलीन विषय कोऊ नाहीं।

तुलसी के इस पद की प्रथम पंक्ति में मूल रामचरितमानस में 'माधव मोसलमान जगमाही' पाठ मिलता है--ऐसी खोज हमने की है। 'ल' अक्षर किसी प्रति में नहीं छप पाया होगा। इसलिए अशुद्ध पाठ अभी तक प्रचलित है, जिससे वास्तविक अर्थ में गड़बड़ी पड़ती है।

इस पद का ठीक अर्थ यह है—

गोसाइंजी के समय में हिन्दू लोग मुसलमानों को बड़ी बुरी दृष्टि से देखते थे। उन्हें म्लेच्छ, विषयी, उपद्रवी आदि कहते थे। तुलसीदासजी तो सबको समान भाव से देखते थे। उन्हें भय हुआ कि कहीं इन हिन्दुओं के कहने से भगवान मुसलमानों को कोई दण्ड वगैरह न दे दें। इसलिए उन्होंने कहा है—

माधव मोसलमान जग माहीं।

सब विधि हीन, मलीन, दीन, अतिलीन विषय कोउ नाहीं॥

अर्थात् हे माधव ! जो ये हिन्दू लोग द्वेष से मुसलमानों की बुराई आपसे करते हैं सो ये मुसलमान वैसे नहीं हैं। जग में सारे मुसलमान सब प्रकार से हीन, मलीन, विषयलीन नहीं हैं। इनमें अच्छे लोग भी हैं। और ऐसा कोई नहीं है जो सब प्रकार से हीन, मलीन, विषयहीन हो। सबमें 'दीन' याने धर्म है। इसलिए हे भगवान, तू सबका भला करना।

आगे चले बहुरि रघुराई।

ऋष्यमूक परबत नियराई॥

रामचन्द्रजी आगे बढ़े और ऋष्यमूक पर्वत के पास आये।

अनेक विद्वानों की निगाह से जो बात छूट गयी वह यह है कि गोस्वामीजी अंग्रेजी के भी बड़े विद्वान थे और उन्होंने बड़े विशाल दृष्टिकोण से काम लेकर रामचरितमानस में यत्र-तत्र अंग्रेजी शब्दों का प्रयोग किया है। जैसे इसी चौपाई में—

'नीअर' शब्द अंग्रेजी का है और उसका अर्थ है 'पास' या 'समीप'।

इसमें 'आई' की सन्धि से 'नियराई' शब्द बना, जिसका अर्थ है पास आये।

‘इण्डियन टाइम’*

अक्सर लोगों को कहते हुए सुनते हैं—भाई, यह तो ‘इण्डियन टाइम’ है। ‘इण्डियन टाइम’ कहकर हम समय की पाबन्दी के उत्तरदायित्व से अपने को मुक्त समझ लेते हैं। सभा में, भोज में, उत्सव में, मिलने-जुलने में—कहीं भी देख लीजिए, समय दिया जायेगा 8 बजे का और कार्य प्रारम्भ होगा 9 बजे। अब यदि आप भलेमानस हैं और आठ बजे ही पहुँच गये हैं तो उकताकर साढ़े-आठ बजे अवश्य ही पूछेंगे कि भाई अब तो 8 का 8-30 हो चला। आखिर कार्यारम्भ क्यों नहीं किया? और आपको उत्तर मिलेगा वही—हें-हें साहब, आठ बजे तो ‘इण्डियन टाइम’ था! ऐसा हैरान कर रखा है इस ‘इण्डियन टाइम’ ने कि श्रोता उपस्थित हैं तो वक्ता गायब! और वक्ता उपस्थित हैं तो श्रोता नहीं हैं, क्योंकि दोनों समझते हैं कि यह तो ‘इण्डियन टाइम’ है।

मैं नहीं कह सकता कि ‘इण्डियन टाइम’ का ठीक-ठीक इतिहास क्या है परन्तु ऐसा मालूम होता है कि हमारी समय-पालन की ओर उदासीनता को देखकर ही अँगरेज लोगों ने हमें यह अपमानजनक ‘खिताब’ दिया होगा। अँगरेज लोग समय के पाबन्द सुने जाते हैं, इसलिए जब उन्होंने देखा कि यहाँ तो 8 बजे का अर्थ 8-30 और कभी-कभी 9 भी होता है तो उन्होंने इस रबड़ की तरह फैलनेवाले समय को ‘इण्डियन टाइम’ कहा। इस प्रकार हमारे समय का नामकरण संस्कार हुआ और हम ‘खिताब’ को गौरव के साथ धारण करके ही नहीं बैठ गये वरन् उसकी सार्थकता सिद्ध करने में भी कुछ न उठा रखा। भारत-भूमि कुछ ऐसी उपजाऊ है कि बाहर से आयी हुई चीज यहाँ खूब फलती-फूलती है। विदेश से आयी हुई प्लेग हमारे गाँव-गाँव में पहुँच गयी और प्लेग की तरह आयी अँगरेज जाति भी खूब फली-फूली। ज़रा भूरे-भूरे अँगरेज ‘बाबा’ लोगों को देख लीजिए, मेरे कथन की सत्यता सिद्ध हो जायेगी। फिर अँगरेज का दिया हुआ यह ‘इण्डियन टाइम’ क्यों न पनपता? यह हमारे गले का हार बन गया। बात कुछ-कुछ ऐसी ही हुई कि कोई हमसे कहे—‘तुम मूर्ख हो!’ और हम तुरन्त प्रसन्नता से कहें—‘जी हाँ,’ तथा अपने समाज में ‘हम मूर्ख हैं’ ऐसा तमगा लगाकर घूमें। ‘इण्डियन टाइम’ की भी बात ठीक ऐसी ही है। आज जिस गौरव और प्रसन्नता के साथ हममें से अधिकांश ‘इण्डियन टाइम’ कहते हैं, उसे देख-सुनकर अपनी नासमझी पर शर्म आती है। गुलाम वृत्ति का इससे अधिक उपयुक्त उदाहरण और क्या मिलेगा कि शासकों का दिया अपमानजनक नाम भी शासित जाति बड़ी शान और प्रसन्नता के साथ अपनावे। हम लोग ‘नेटिव’ हैं न!

धीरे-धीरे हमारे सब कामों से समय का पालन विलीन हो गया और फलस्वरूप समय तो नष्ट हुआ ही, इसमें एक-दूसरे के प्रति विश्वास भी नहीं रहा। हम यदि

* प्रहरी, 20 दिसम्बर, 1947

किसी को 11 बजे भोजन के लिए आमन्त्रित करें तो न तो उसे इस बात का विश्वास होता है कि भोजन 11 बजे मिल जायेगा और न हमें यह विश्वास है कि वह 11 बजे आ ही जावेगा। किसी को 8 बजे मिलने का समय देकर न हम ही घर पर मिलते हैं न हम स्वयं किसी से समय पर मिलते हैं। इन छोटे-छोटे व्यापारों में समय से उत्पन्न अविश्वसनीयता हमारे जीवन के अन्य भागों में फैल गयी है और यह हमारी एक बड़ी सामाजिक बुराई बन गयी है। आपस का अविश्वास सामाजिक संगठन की जड़ ही काट रहा है।

अशिक्षित वर्ग में यह बुराई किसी सीमा तक क्षम्य है। परन्तु जब उच्चशिक्षा प्राप्त समाज में आदरणीय व्यक्ति भी इसके शिकार बन जायें तो उनसे हम क्या कहें? मुझे एक घटना याद आ गयी। एक बड़े प्रतिष्ठित विद्वान को एक बार विद्यार्थियों की सभा में भाषण देने के लिए मैंने निमन्त्रित किया था और उन्होंने 4 बजे आने का वचन भी दे दिया था। इधर विद्यार्थी लोग 3-30 बजे से ही प्रतीक्षा में बैठे थे परन्तु 4-30 बजे तक उक्त महाशय का कोई पता नहीं। 4-30 बजे के बाद मैंने विद्यार्थी कार्यकर्त्ता को उनके पास भेजा तो उसने देखा कि वे बैठे हुए ताश खेल रहे हैं। बेचारा विद्यार्थी बोला, "सब विद्यार्थी 3-30 बजे से बैठे हैं। आप नहीं पधारे।" और उनका हँसकर उत्तर था, "अरे मैंने सोचा 4 बजे तो 'इण्डियन टाइम' है। चलो अभी आता हूँ।" और उसके बाद वे नहीं आये। विद्यार्थी बैठे-बैठे चले गये। मुझे अपने पतन पर तरस आया, इस गुलाम वृत्ति पर लज्जा आयी और सच कहूँ तो उन 'प्रतिष्ठित विद्वान' पर गुस्सा आया। यह बुराई इतनी व्यापक हो गयी है कि अब तो हर वर्ग के आदमी अपने सभी काम समय के बाद करने में ही अपनी शान समझते हैं। समय पर काम करना छुकड़पन समझते हैं और सोचते हैं हमारे बड़प्पन में बट्टा लगेगा।

इस 'इण्डियन टाइम' वाली आदत का प्रत्यक्ष और अप्रत्यक्ष रूप से हमारे व्यक्तिगत जीवन पर यह प्रभाव पड़ा है कि हमारे अधिकांश काम अधूरे ही रह जाते हैं। जहाँ एक घण्टा लगना चाहिए वहाँ दो घण्टे लगते हैं और इस प्रकार हिसाब लगाने पर हमारी पूरी आयु का आधा भाग व्यर्थ ही चला जाता है। कितना भयंकर सत्य है! दो सौ वर्षों तक हमारे सिर पर सवार होकर अंग्रेजों ने हमसे तो बहुत कुछ लिया और साथ ले गये, परन्तु हम बड़े घाटे में रहे कि उनसे समय की पाबन्दी भी नहीं सीख सके। महात्मा गाँधी समय का कितना ध्यान रखते हैं और आश्रम-वासियों में भी नियमितता की आदत डालते हैं। उनकी कमर से लटकती हुई घड़ी शोभा के लिए नहीं है, उसका प्रत्येक मिनिट उनकी दिनचर्या को नियमित बनाता है। लोग आश्चर्य करते हैं कि वे इतना सब काम कैसे कर लेते हैं। एक बार एक प्रसिद्ध अमेरिकन पत्रकार से मिलते समय गाँधीजी ने एक घण्टा समाप्त होते ही तुरन्त उसके सामने घड़ी कर दी, जिसका अर्थ था कि तुम्हें दिया हुआ एक घण्टा समाप्त हो गया, अब तुम कुटिया से जाओ। उस पत्रकार ने बाद में लिखा था, "मैं संसार के सब महान व्यक्तियों से मिला था परन्तु समय का पाबन्द इतना अधिक

किसी को नहीं पाया। अन्य लोगों को तो मैं बातचीत में खींचकर दूर ले गया, परन्तु गाँधीजी को मैं भुलावा नहीं दे सका।" हमारे राष्ट्रनायक जीवन के सब प्रश्नों में हमारा नेतृत्व कर सकते हैं परन्तु हम हैं कि आँखें बन्द किये उसी गलत रास्ते पर चलना पसन्द करते हैं। समय पर काम न कर सकने के कारण हम अपने वचन पालने में भी असमर्थ रहते हैं और यह हमारे चरित्र की बड़ी कमजोरी है।

अन्य देशों में 'इण्डियन टाइम' सरीखी कोई अपनी चीज़ है या नहीं—यह तो नहीं जानता, परन्तु हमारे लिए तो यह कलंक है—यह निश्चित है। 'इण्डियन टाइम'—नाम से कोई मेरा विरोध नहीं है, परन्तु जिस बुरे अर्थ में वह प्रयुक्त होता है—स्वयं हमारे द्वारा—वह अत्यन्त अहितकर, लज्जाजनक है। 'इण्डियन टाइम' का अर्थ गाँधीजी का टाइम हो जाय और हम सब वैसे ही नियमित हो जावें तो यह नाम भी रहा आवे, कोई हर्ज नहीं। अन्यथा इस अपमानपूर्ण 'खिताब' को तो अब फेंक देना चाहिए। हमारी हँसी दूसरे अब बहुत कर चुके।

साहित्य में ईमानदारी*

प्राचीनकाल में राजदरबारों में भाटों का होना सुनते आये हैं। ये भाट राजा की अतिरंजित प्रशंसा करके पुरस्कार पाते थे। एक-एक छन्द पर एक-एक सौ-सौ और हजार-हजार मुद्राएँ मिलने की बात भी सुनी जाती है। रीतिकाल में भाट तो रहे ही, राजकवि भी रखे जाने लगे जो राजा की प्रशंसा में छन्द बनाकर सुनाते थे, क्योंकि 'जिसका खाना उसका गाना' के अनुसार दाता की प्रशंसा करना ही चाहिए। भूषण, बिहारी, मतिराम, केशव, देव आदि कवि किसी-न-किसी राजा की छत्रछाया में पलते थे। इन्हें सम्मान भी कभी-कभी प्राप्त हो जाता, जैसी कि भूषण की पालकी को छत्रसाल द्वारा उठाये जाने की कथा है। इनमें से अधिकांश कवियों ने श्रृंगार ही लिखा क्योंकि वही जरा श्रोता को सस्ता पड़ता है; और फिर साल में दो-चार बार स्वयंवरों में जानेवाले तथा महलों में स्त्रियों का 'पिंजरा पोल' खोल रखनेवाले विलासी नरेशों को 'पतली कमर' और 'तिरछी नजर' के सिवा भाता ही क्या? यदि इन योग्य कवियों की प्रतिभा को राजदरबार के अन्तर्गत बन्दी बनाकर न रखा गया होता, तो आज हिन्दी का भण्डार अधिक भरा-पूरा होता।

अँगरेजी शासन के प्रारम्भिक काल में भी यह परम्परा यदाकदा कवियों ने निभायी और 'अंग्रेजी राज्य महा सुखकारी' सरीखी और 'दिल्ली दरबार'-

* प्रहरी, 18 जनवरी, 1948

सरीखी कविताएँ इस शताब्दी के प्रारम्भिक काल में भी सुनायी पड़ती थीं। परन्तु इसके बाद ही कविता का क्षेत्र महल से हटकर झोंपड़ी बन गया, उसका विषय व्यक्ति को छोड़कर समष्टि हो गया। प्रजातन्त्र की भावना को लेकर जो जन-जागरण हुआ तो साहित्य कोटि-कोटि मूक भारतीयों की वाणी बन गया। सरकारी भृकुटि की अवहेलना कर हमारे अनेक साहित्यकों ने ईमानदारी के साथ देशवासियों-के दग्ध हृदयों का चित्र खींचा। अनेक कवि व लेखक जेल गये, यातनाएँ सहीं, बलिदान किये, परन्तु सच्चे रहे। सरकार की मुँहदेखी कहनेवालों को काफी जिल्लत उठानी पड़ी। 'जीत गयी सरकार हमारी, जीत गयी सरकार' वाली कविता बनानेवाले एक मध्यप्रान्त के ही कवि की दो साल पहिले सड़कों पर जो आफत हुई उसकी याद करके अब भी हँसी नहीं रुकती।

परन्तु इधर कुछ दिनों से दिख रहा है कि 'इतिहास पलटता है' के सिद्धान्त पर रीतिकाल फिर आ रहा है। साहित्य-सेवी जनता-जनार्दन की सेवा छोड़कर देवी चंचला और सरकार की सेवा में पुनः रत दिखायी देते हैं। इस प्रकार का साहित्य, साहित्य नहीं रहता बल्कि बाजार का भटा-भाजी हो जाता है और वह साहित्यकार एक कुँजड़ा। उस तरह की कुंजड़ाई चल रही है। कैसे? यह आगे बतलाता हूँ।

आजकल देश के विभिन्न विश्वविद्यालयों में मन्त्रियों को 'डॉक्टर ऑफ लिटरेचर' (साहित्य मर्मज्ञ) की उपाधियाँ देने में जो होड़ लगी हुई है, उसे देखकर अचम्भा और दुख दोनों होते हैं। दही-बड़े की तरह यहाँ साहित्य की डॉक्टरेट पैसे की दो मिल रही हैं। अब ज़रा पानेवालों की लिस्ट देख लीजिए! अधिकांश मन्त्री लोग हैं। राजनैतिक जीवन में हम उनकी कदर करते हैं, उनके त्याग, सेवा और बलिदान के हम कायल हैं, परन्तु फिर भी साहित्य की उपाधि के योग्य तो साहित्यिक ही है, राजनीतिक नहीं। इन उत्साही विश्वविद्यालयों से कोई पूछे कि तुम साहित्यिकों को सम्मानित कर रहे हो या मन्त्रियों को, शासकों को या दूसरे शब्दों में 'राजा' को? यदि इन्हें साहित्यिकों को सम्मानित करने की इतनी लगन और उतावली है तो आँख खोलकर साहित्य के पुजारियों को ढूँढें, उन्हें मिलेंगे। सारा जीवन राजनैतिक दाँव-पेंच में बिताकर फुरसत के समय एकाध पुस्तक लिखकर यदि कोई मन्त्री 'डॉक्टरेट' का अधिकारी हो सकता है, तो अपना सारा जीवन साहित्य को अर्पण करनेवाला तपस्वी माखनलाल और पदुमलाल मन्त्री क्यों नहीं हो सकता? महादेवी वर्मा, निराला, रामनरेश त्रिपाठी साहित्य में किसी भी मन्त्री से बित्ता-भर ऊँचे हैं। इन्हें क्यों नहीं पदवी देते? और हिन्दी साहित्य सम्मेलन के इस वर्ष के सभापति कई भाषाओं के विद्वान, विद्वानों द्वारा सम्मानित महापण्डित राहुलजी को क्यों नहीं 'डॉक्टरेट' मिलती? शर्म की बात है कि जयशंकर प्रसाद का अध्ययन करके लोग डॉक्टरेट पाने की तैयारी में हैं परन्तु प्रसादजी को किसी ने नहीं पूछा। साहित्य-सेवा में अपने शरीर को तिल-तिल क्षय करनेवाले 'निराला' को तो पागलखाना भेजने की तैयारी हुई और कारों पर घूमनेवाले मिनिस्टरों और गर्वनरों को डॉक्टरेट मिलने की। मैं इन अन्धे उपाधि देनेवालों से पूछता हूँ कि तुम लोग इस प्रकार

साहित्य के नाम पर क्यों बेईमानी करने पर उतारू हो।

और पिछले महीने बड़े दिन को इसी जबलपुर महानगरी में 'कृष्णायन' के कवि के अभिनन्दन में जो कुछ हो गया उसे देख-सुनकर भाई हमारी तो गर्दन नीची हो गयी थी। और जब मैंने सिर उठाकर देखा तो प्रत्येक विचारशील व्यक्ति की गर्दन नीची पायी। ख्यातिप्राप्त साहित्यिक प्रोफेसरों ने मन्त्री कवि की प्रशंसा में जिस विवेकहीनता, ज्ञानहीनता और आत्मसम्मानहीनता का परिचय दिया था, उसको देखकर तो स्वयं उस नाटक के नायक—मन्त्रीजी भी दंग रह गये। तुलसी, वेदव्यास, वाल्मीकि तक को नहीं छोड़ा—मन्त्री की तारीफ के लिए।

और सुनिए। ये जो कवि-सम्मेलन कभी-कभी हो जाते हैं, इनमें देखा जाता है कि कोई मन्त्री, गर्वनर या सेठ बुलाकर सभापति बना दिया जाता है। कवि-सम्मेलन का सभापति बनने का अधिकार सर्वश्रेष्ठ कवि को है। महात्मा गाँधी और नेहरूजी भी कवि-सम्मेलन के सभापतित्व के योग्य तो नहीं हैं। मैं तो उनका भी ऐसा करना ठीक नहीं मानता। कवि बेचारा खून को पानी करके कविता रचे और सम्मान मिलने का मौका आवे तो कोई 'सरकारी आदमी' 'दाल-भात में मूसरचन्द' बन जावे। वाह, खूब न्याय है! उस दिन प्रान्त के राजा के सभापतित्व में वह कवि-सम्मेलन भी मध्यकाल के किसी राजदरबार से कम थोड़े ही था। गवर्नर साहब को भागने की पड़ी थी और कविगण मानते ही नहीं थे। सुनाते ही जाते थे। मुझे सन्देह है, गवर्नर साहब बेचारे हिन्दी-कविता समझते भी हैं या नहीं। वे दक्षिण भारतीय हैं।

तो इसीलिए मैं कह रहा था कि रीतिकाल आ रहा है—आ चला है। तो मेरा यह कहना है कि प्रत्येक मन्त्रिमण्डल एक राजकवि नियुक्त कर ले जो विधानसभा के अधिवेशन के प्रारम्भ में और अन्त में प्रत्येक मन्त्री की प्रशंसा के छन्द सुनाकर इनाम पा जावे। जब वे लोग 'केशवदास के भाल लिख्यो विधि रंक को अंक बनाय सँवारयो' और 'कहाँ लों बखान करौं तेरी करबाल को' सुन लेंगे तो दूसरे साहित्यिकों को चैन तो पड़ेगी।

हमारी भाषा पर अँगरेजी प्रभाव*

यह स्वीकार किया जाता है कि अँगरेजी भाषा और साहित्य के संसर्ग से हमारे साहित्य को बड़ा लाभ पहुंचा है तथा उसके कुछ अवहेलित अंगों की पुष्टि हुई है,

* प्रहरी, 21 मार्च, 1948

विशेषकर कथा-साहित्य व निबन्ध-साहित्य को बड़ा प्रोत्साहन मिला है और उनकी अभिवृद्धि हुई है। परस्पर आदान-प्रदान से शब्द-भण्डार में भी वृद्धि हुई है तथा पश्चिमी विचारधाराओं से हमारा परिचय भी अँगरेजी के माध्यम द्वारा ही हुआ है।

परन्तु जहाँ एक ओर अँगरेजी के प्रभाव से हमारी भाषा अधिक समृद्धिशालिनी हुई, वहीं दूसरी ओर उस पर कुछ अवांछनीय प्रभाव पड़े बिना भी न रह सका। अँगरेजी शासन में अँगरेजी भाषा का प्रभुत्व रहा और जनसाधारण की प्रवृत्ति अँगरेजी बोलने और लिखने की ओर हुई। यह समय ही ऐसा था कि भारतीयता को त्याज्य मानकर लोग अँगरेजी वेश-भूषा, आचार-विचार तथा भाषा की ओर विशेष रूप से आकर्षित हुए। अँगरेजी वस्त्र पहिने हुए एक 'निरक्षर भट्ट' भी अभी तक विशेष सम्मान का पात्र बन जाता था और अभी भी जब तक हम किसी के मुँह से अँगरेजी के दो-चार शब्द नहीं सुन लेते तब तक उसके सुसंस्कृत और सुशिक्षित होने में सन्देह ही बना रहता है।

इसका परिणाम यह हुआ कि इस भाषा से सर्वथा अनभिज्ञ आदमी भी मौके के लिए अँगरेजी के दो-चार शब्द जेब में डाले रहता है। 'हिन्दी इंग्लिश टीचर' नाम-धारी पुस्तकें रटकर कई आदमी चलते-फिरते शब्दकोष अभी भी बने हुए हैं। ऐसी पुस्तक जिसके मुखपृष्ठ पर प्रकाशक ने 30 दिन में अँगरेजी सिखाने की 'गारण्टी' (उसी का शब्द) देने का दुस्साहस किया था, मेरा एक पड़ोसी प्रतिदिन प्रातःकाल उठकर वेद-मन्त्रों की तरह रटता था। यह पुस्तक पद्य में थी और एक पद मुझे अभी भी याद है।

पानी 'वाटर' लाओ 'ब्रिंग'।
'फार' लिए, महाराज 'किंग'॥

पद्य का अर्थ और उद्देश्य बिल्कुल स्पष्ट है!

इस अँगरेजी प्रेम के फलस्वरूप शिक्षित वर्ग में एक खिचड़ी भाषा प्रचलित हो गयी जिसमें आधे शब्द हिन्दी के तथा आधे अँगरेजी के होते हैं, और हिन्दी व्याकरण के अनुसार ही सब योजना होती है। ऐसी एक असांस्कृतिक बेसिर-पैर की भाषा हमारा शिक्षित समाज बोलने लगा है और अनुकरण के सहारे अल्पशिक्षित तथा अशिक्षित लोगों ने भी कुछ अंशों में अपना लिया है। एक कोने से दूसरे कोने तक आपको शिक्षित आदमी कुछ इस प्रकार की भाषा बोलते हुए मिलेंगे—

"मैं आपसे 'हार्ट टु हार्ट टाक' करना चाहता हूँ।" "उसके 'ईयर्स' को किसी ने 'पायजन' कर दिया है।" और "तुम्हारे 'फादर' ने मेरे 'अंकिल' से एक 'बण्डरफुल' बात कही।"

अब इसे हम कौन-सी भाषा कहें? इसे हम अँगरेजों द्वारा हमारा सांस्कृतिक नाश ही तो कहेंगे। यह बुराई हममें से प्रत्येक में न्यूनाधिक मात्रा में पायी जाती है। पुत्र पिता को अँगरेजी में पत्र लिखता है और 'पूज्य पिताजी' की अपेक्षा 'डीयर फादर' में अधिक सम्मान तथा भक्ति देखता है। कुछ हिन्दुस्तानी साहबों ने तो यहाँ

तक किया कि अपने बच्चों को पिता को 'पापा', माँ को 'ममी', और चाची को 'आण्टी' सम्बोधन करना सिखाकर अपना जातिगत कालापन धोकर गौरांग साहब बन जाने का प्रयत्न किया।

कुछ लोग यह कहते हैं कि हमारी भाषा में कुछ प्रचलित शब्दों का अभाव है इसलिए बोधगम्यता की दृष्टि से अँगरेजी शब्दों का प्रयोग अनिवार्य-सा हो जाता है। परन्तु ध्यान से देखा जाय तो हमारे पास यदि कमी पड़ी तो केवल संज्ञा शब्दों की ही पड़ सकती है और इस प्रकार के प्रचलित संज्ञा शब्द जो हमारी भाषा में घुलमिल गये हैं, सर्वथा ग्राह्य हैं —जैसे टेबिल, मोटर आदि ! परन्तु यह क्या है— "मैं तुम्हारी 'सक्सेस' के लिए 'गॉड' से 'प्रे' करूँगा।" क्या हमारे पास 'सफलता', 'ईश्वर' और 'प्रार्थना' सरीखे सरल और सुबोध शब्द नहीं हैं ? हमारी भाषा में क्रिया-पदों की तो कमी है ही नहीं। यथार्थ बात तो यह है कि बोलचाल की भाषा में अँगरेजी शब्दों का बाहुल्य हमारी भाषा की तथाकथित दरिद्रता के कारण नहीं है, बल्कि आत्मप्रदर्शन की भावना के कारण है। अँगरेजी शब्दों का प्रयोग कर बोलनेवाला समझता है कि मेरी गहरी विद्या-बुद्धि का श्रोता पर प्रभाव पड़ रहा है।

यह तो हुई बोलचाल की भाषा की खराबी। शुद्ध साहित्यिक हिन्दी में भी कुछ विचित्र-से मुहावरे और प्रयोग आ गये हैं जो अँगरेजी से शाब्दिक अर्थ करके ले लिये गये हैं। इस बात से कोई इन्कार नहीं करता कि हमारी भाषा की पाचन-शक्ति तीव्र होनी चाहिए और उसे अन्य भाषाओं के शब्द व मुहावरे 'धड़ाके से' पचाते जाना चाहिए, तभी तो भाषा जीवित रहेगी, उसकी वृद्धि होगी, उसका दायरा अधिक विस्तृत होगा और वह अधिक बोधगम्य होगी। भाषा की जठराग्नि प्रचण्ड होनी चाहिए और उसे अन्य भाषाओं के शब्दादि निगलने को प्रस्तुत रहना चाहिए। परन्तु यहाँ सतर्कता की आवश्यकता है। हम यह देख लें कि हम कहीं सड़ा-गला माल तो नहीं निगल रहे हैं ? कहीं कंकड़-पत्थर पर ही तो अपनी जठराग्नि की परीक्षा नहीं कर रहे हैं ? जो कुछ हम खा रहे हैं वह ठीक पका हुआ भी है या अधकच्चा ही है ? इस प्रकार का भोजन तो उदर में विकार उत्पन्न कर देगा। इसी प्रकार के प्रयोगों और मुहावरों की बात मैं कह रहा हूँ। साहित्यिकों के मुख और लेखनी से कुछ ऐसे मुहावरे निकलते देखे गये हैं—

"अब हमारा कार्य प्रारम्भ होने जा रहा है।" 'प्रारम्भ होने जा रहा है' अँगरेजी के 'is going to start' का शाब्दिक अनुवाद है, जो अनावश्यक और बेढंगा-सा लगता है। 'प्रारम्भ होनेवाला है' पर्याप्त है और उसी अर्थ को व्यक्त करता है। एक और उदाहरण देखिए—

"प्रसन्नता की बात है आप 'भाग्योदय' पत्र के साथ बाहर आ रहे हैं।"

यह भी अनुवाद है 'We are glad that you are coming out with Bhagyodaya.' यह शाब्दिक अनुवाद है। मैंने जब यह वाक्य एक हिन्दी के अच्छे ज्ञाता को सुनाया तो बड़े हँसे और बोले, "लोग पूरी अँगरेजी को ही हिन्दी बनाने

जा रहे हैं, जिससे भाषा का स्वरूप बिगड़ ही रहा है।" अँगरेजी के कई मुहावरे और कहावतें हिन्दी में आयी हैं और भाषा की वृद्धि में सहायक हुई हैं। परन्तु हम उत्साहवश अवैज्ञानिक रीति से पूरी अँगरेजी भाषा को हिन्दी बना डालने के कार्य में लग जावें, इससे भाषा की स्वाभाविकता नष्ट होती है।

अँगरेजी मिश्रित खिचड़ी भाषा तो अब अधिक नहीं चलनी चाहिए। इसे बन्द करने के लिए प्रयास करना पड़ेगा और समय भी लगेगा, क्योंकि जिस रंग को चढ़ने में डेढ़ सौ वर्ष लग गये वह सहज ही कैसे उतर जावेगा ? इस भाषा से हमारा सांस्कृतिक पतन साफ झलकता है। इससे यह मालूम होता है कि हमारी भाषा लँगड़ी है, इसलिए पग-पग पर अँगरेजी का सहारा चाहती है।

'पूजिय बिप्र सील-गुनहीना'*

ढोल, गँवार और शूद्र के साथ नारी को भी तुलसीदासजी ताड़ना का अधिकार दे ही गये। 'पाताल में पैंठ जल बोर' लानेवाली 'लुटिया-डोर' को अपनाकर, गोस्वामीजी हृदय-सागर की तली में पैठकर राम-भक्ति जैसा अमूल्य रत्न लाकर देनेवाली बेचारी ब्राह्मणी को तो त्याग ही चुके थे, नहीं तो लड़-भिड़कर, वाक्य-प्रहार और अश्रु-प्रहार करके वह ब्राह्मणी इस अर्द्धाली में से 'नारी' शब्द कटवा देती। आज यदि गोस्वामीजी जीवित होते तो अखिल भारतीय महिला परिषद् अवश्य एक लम्बा-चौड़ा प्रस्ताव पास करती, एक 'डाइरेक्ट एक्शन' (मुस्लिम लीग सरीखा नहीं) का कार्यक्रम बनाती और 'नारी' शब्द मानस के अगले संस्करणों में न आने देती। पर जो होना था सो हो गया ! पता नहीं इस चौपाई के बनने के पश्चात् नारी का सम्मान बढ़ा या घटा। परन्तु पास-पड़ोस में सप्ताह में एकाध बार किसी अच्छे मुहूर्त में कर्ण-प्रिय 'धम-धम' का शब्द सुनायी पड़ ही जाता है, जिसे सुनकर मुझे ढाँढ़स बँधता है कि हे भगवान ! इस गिरी हुई हालत में भी हिन्दू जाति चारों वेदों के सार रूप रामायण के नीति-वाक्यों को नहीं भूली है।

दूसरा अधिकार ब्राह्मण कुलोत्पन्न गोस्वामीजी अपने जाति भाइयों को दे गये हैं। 'पूजिय बिप्र सील-गुनहीना। नहिन सूद्र गुन-ज्ञान प्रवीना ॥' यह अर्द्धाली इस महान् घोर कलियुग में भूसुरों की 'जीवन-मूर' बन गयी है। पता नहीं गोस्वामीजी को 'पीर-बबर्ची-भिश्ती-खर' वाली उक्ति मालूम थी या नहीं। परन्तु वे परम ज्ञानी और राम के अनन्य भक्त यह तो सम्भवतः जान गये थे कि आगामी काल के विप्र

* प्रहरी, 11 अप्रैल, 1948

निकम्मे और मूढ़ निकलेंगे । तभी तो वे अपनी यह चौपाई उनके नाम वसीयत कर गये हैं। और यह वह सम्पत्ति है जिसे हजार पीढ़ियाँ खावें, तब भी न चुके। वे कहते हैं कि जो विप्र शील-गुणहीन हो उसी को पूजो (शील-गुणयुक्त को नहीं) । यह इसलिए कि जो शील-गुणयुक्त होगा वह तो कहीं भी कमा खायेगा । रोटी के लाले तो शील-गुणहीन को ही पड़ेंगे। सो उसके लिए गोस्वामीजी आदेश दे ही गये हैं कि 'शील-गुणहीन विप्र को ही पूजो ।' सम्भव है मेरे इस अर्थ से कुछ ऐसे भक्त लोग जो बिना समझे गद्‌गद होकर रामायण सुनते हैं और 'आरति सिरी रामायनजी की' गाते हैं, सहमत न हों । परन्तु मेरा अर्थ स्वाभाविक है और सम्भवतः गोस्वामीजी के मन में भी यही भाव होगा ।

और वाह रे हिन्दू समाज ! इस उपदेश को अक्षरशः अपनाये बैठा है। देख लीजिए, विप्र का व्यापार जितना जमा हुआ है उसे देखकर तो मारवाड़ी भी झेंप जावे । धर्म सबसे अनिवार्य 'कमोंडिटी' हो गयी । पता नहीं सरकार इस पर क्यों नहीं कर लगाती । जन्म से लेकर मृत्यु तक और मृत्यु के पश्चात् भी पिण्डदान, सज्जादान (शय्यादान) और फिर श्राद्ध तथा हर साल कुँवार के माह में कौओं के साथ-साथ विप्र को भी 'आओ-आओ' की पुकार लगती है। कौन बचा है इससे ? चूल्हा रखाने का मुहूर्त, साड़ी पहिनने का मुहूर्त, उत्तर-दक्खन का दिशाशूल, छिपकली का शकुन, हाथ की रेखा जिसमें दूध-पूत लिखा हुआ, विवाह का मुहूर्त, और 'जा बाई को बेटा कब हू है' और 'का हू है ?' और वशीकरण, उच्चाटन, मारण और किराये का जप और मजदूरी से पूजा, अमावस, पूनों का सीधा । कौन बचा है इस घेरे के बाहर ?

ज़रा और चलिए आगे। हमारे यहाँ का पानीवाला जो अँगूठे का निशान लगाकर तनख्वाह लेता है—वह भी 'पण्डित' कहा जाता है। सत्यनारायण की कथा के 'सेठ की कथा' और 'लीलावती-कलावती कन्या' के स्थान पर हिन्दी की चौथी पुस्तक के पाँच पाठ पढ़ आनेवाला भी पूज्य पण्डित ! दान के श्लोक की जगह गिरधर की कुण्डलियाँ कहनेवाला सुपात्र भी पण्डित महराज ! म्यूनिसिपैलिटी के नल का निर्मल जल नर्मदा मैया के जल के नाम पर बिना नहाये तिलक लगाकर यजमान के हाथ पर डालनेवाला भी 'भूसुर !' श्राद्ध में पेट भरने पर लड्डू में शक्कर कम बनलानेवाला भी 'ब्राह्मन देवता !' सावन में साहब की कुर्सी को राखी बाँधकर दो पैसे लेनेवाला भी विप्र ! होली-दिवाली को इनाम माँगनेवाला भी पण्डितजी! साहब का भक्ष्याभक्ष्य खाना बनानेवाला भी जनेऊधारी 'महाराज !' और—छठवीं कक्षा का विद्यार्थी इतिहास में रटता है—"आर्यों में ब्राह्मण उसे कहते थे जो विद्वान, धर्मात्मा, चरित्रवान हो, और यज्ञ, देव-पूजा तथा पठन-पाठन करता हो ।"

रही पहचान की बात, सो या तो ललाट पर चन्दन का रजिस्टर्ड ट्रेडमार्क या शरीर पर तीन तागेवाला जनेऊ। तीन तागे, जो पेशाब व टट्टी के समय कान में डालने के काम आते हैं ! यहीं उसका माहात्म्य, यही उसकी प्रतिष्ठा, यही उसकी सार्थकता। एक दिन एक ब्राह्मण कुमार को बिना जनेऊ कान में लपेटे 'बाबा' ने शौच जाते

हुए देख लिया और बहुत डाँटा। भोला ब्राह्मण कुमार बोला—'बाबा, मुझे दस्त साफ होता है। जब कब्ज की शिकायत होगी तब कान में लपेट लूँगा।' बेचारा सीधा लड़का समझा था कि जनेऊ इसलिए कान में डालते हैं, जिससे दस्त साफ हो।

एक मसखरे ब्राह्मण मित्र एक दिन कहने लगे कि बनिये की जनेऊ चाबी बाँधने के काम आती है और ब्राह्मण की जनेऊ कसम खाने के। इन्हीं 'सज्जन' का कहना है कि विप्रों के पल्ले दो गुण बचे हैं—भोज और धूर्तता ! सो भाई, हम तो इन्हीं गुणों की रक्षा करते हैं। और सब गुण तो एक-एक कर चले गये, बस यही दो बचे हैं। कहीं ये भी न हाथ से निकल जायें। इनकी रक्षा करनी ही चाहिए। इन गुणों के अस्तित्व में तो कोई सन्देह नहीं। भगवान से प्रार्थना करनी चाहिए कि हे भगवान, ऋषियों की सन्तान में ये दो गुण तो रहने दे।

मगर कबीर तो कह चुके हैं कि—

कलि का बाम्हन मसखरा,
ताहि न दीजे दान।
कुटुंब सहित नरकै चला,
संग लिये जिजमान॥

परन्तु गोस्वामीजी ने लाज रख ली—'पूजिय बिप्र सील-गुनहीना !'

'जो दिल खोजौं आपना'*

आज जब और कुछ हँसने को नहीं मिला तो अपने-आप पर हँसने को मन चाहा। संसार का हर आदमी दूसरे के लिए हास्य का विषय है, हर आदमी दूसरे की निगाह में विचित्र है। पर विनोद हर एक को नहीं मिला। इसीलिए हँसी इतनी दुर्लभ है—इस रुदन से आक्रान्त संसार में अगर आदमी ईमानदारी से पक्षपात रहित होकर अपने भीतर देखे तो निस्सन्देह उसे अपने से अधिक हास्यास्पद आदमी न मिले।

अभी मैं बुखार में पड़ा हूँ। कोई ऐसा जोर का बुखार नहीं है, पर जब मित्र आते हैं तो मानो बुखार भी साथ ले आते हैं मेरे लिए। मैं कुछ अधिक कराहने लगता हूँ, कुछ अधिक दुख को चिपका लेता हूँ चेहरे पर, कुछ बातचीत में अधिक बीमारी लपटा लेता हूँ, नेत्रों में अधिक पीड़ा भरने की कोशिश करता हूँ। मैं उन्हें मानो जताना चाहता हूँ—देखो, मैं कितना पीड़ित हूँ। यह मत समझना कि मैं कम

* प्रहरी, 21 अक्टूबर, 1949

बीमार हूँ। और अगर तुम मुझे सहानुभूति देना ही चाहते हो तो उसमें थोड़ी-सी और बढ़ाओ न ? अभी मैं अपने इसी ढोंग पर हंस रहा था।

अगर आदमी अपने मन का एक्स-रे रोज लेकर रोज देख पाता तो कोई तो घण्टों हँसता, कोई आत्महत्या कर लेता, कोई भस्म रमा लेता, कोई पागल हो जाता।

अभी-अभी एक मित्र आये थे। साथ में एक अपरिचित को भी लेते आये थे। मेरा उनसे परिचय कराते हुए बोले, "आप ही हैं श्री ··! हिन्दी के अच्छे···हैं। बड़े···आदमी हैं।" मैंने झट गम्भीरता धारण कर ली, कोशिश की कि भीतर का सारा ज्ञान चेहरे पर आ बैठे, नयनों में महापुरुषी सरलता दिखे, बातचीत में विद्वत्ता चमक उठे। कोई ऐसे शब्द ढूँढ़ने चाहिए जो अपने साथ ज्ञान का सर्टिफिकेट बिना मढ़ाये ही सही, रखते तो हों। जरा मुझे मित्र पर गुस्सा भी आ रहा था। कैसा मामूली-सा परिचय कराया ? अरे और भी तो कह सकता था —'आपने साहित्य में युग परिवर्तन कर दिया है, आप प्रथम पंक्ति के समालोचक हैं, आप महान् उपन्यासकार हैं।' पर उसके नहीं कहने से क्या होता है। मैं अपनी बातचीत से सिक्का जमा लूंगा।

मैंने उनसे पूछा, 'आपका—आपका किस ओर अधिक झुकाव है ?' मैं टटोल रहा था। एकाध मौका अगर मिल जाता तो मैं उस पर पैर जमाकर उनको अपनी विद्वत्ता से भयभीत कर देता।

वे बोले, 'मेरा खेती की ओर विशेष झुकाव है।'

मैंने मन-ही-मन माथा ठोंक लिया। मैंने एक प्रयास फिर किया —'मेरा मतलब है आप कैसी पुस्तकें पढ़ना अधिक पसन्द करते हैं ?'

'मैं—मैं तो 'कल्याण' पढ़ता हूँ···' वे बोले। हाय री तकदीर ! 'कल्याण' भी कोई साहित्य है। हे गीता प्रेसवालो ! मत जुल्म करो हम गरीब साहित्यिकों पर। ये 'कल्याण' पढ़नेवाले न तो 'छायावाद' समझते हैं न 'रहस्यवाद'। 'प्रगतिवाद' तो छू भी नहीं गया इन्हें। न इन्हें मनोवैज्ञानिक विश्लेषण से दिलचस्पी है न इन्हें 'आइडियलिस्टिक रीयलिज्म' से कोई सरोकार। इन्हें इस बात की भी चिन्ता नहीं कि वर्तमान साहित्यकार ने यौन-समस्या को कैसे सुलझा लिया है। और हिन्दी में नित नये प्रयोग हो रहे हैं और ये आँखें मूंदे रामधुन लगा रहे हैं।

मेरे मित्र ने मेरे नयनों की पीड़ा-विवशता पढ़ ली। वे बोले, "आप बारेगाँव के मालगुजार हैं। बड़े धार्मिक वृत्ति के पुरुष हैं।"

मालगुजार ! अरे ईश्वर ! (प्रगतिशील का ईश्वर नहीं होता इसलिए जब मैं ईश्वर का नाम ले रहा हूँ तो आप उसे अन्दाज ही मानें।) मालगुजार को क्या मैं चाटूं ?

अरे कोई सम्पादक होता तो मैं अपना फोटो उसे दे देता और कह देता—'इसे तो रखिए, रचना मैं बाद में भेज दूंगा।' अगर नवोदित अथवा 'उदितोत्सुक' आलोचक होता तो मैं उससे कहता कि यह नयी पुस्तक है मेरी। इस पर आप

समालोचना लिखिए। और मैं उसे एक प्रति उसी समय इस शर्त पर देता कि जो अच्छाई मैं उसे बताऊँ, वही वह आलोचना में लिखे। अगर और भी छोटा लेखक होता तो मैं उससे कहता कि 'हमारे प्रान्त के साहित्यिकों के विषय में बहुत कम लिखा गया है। बाहर हमारे यहाँ के आदमियों को बहुत कम लोग जानते हैं। आप सरीखे तरुण साहित्यकारों को इस ओर कदम उठाना चाहिए।' और फिर मैं अपनी दो-चार रचनाएँ उन्हें सुनाकर मेरा ब्लाक दे देता और कहता—'इस दिशा में मैं ही आपकी सहायता थोड़ी-बहुत कर सकता हूँ।' और मेरी एक-दो रचनाएँ उसे सौंप देता।

या अगर यह बेचारा गर्दिश का मारा, सम्पादकों द्वारा उपेक्षित लेखक होता तो मैं उससे कहता—'मैं तो अब भाई जो कुछ बढ़ना था; बढ़ चुका। अब तो तुम लोगों को बढ़ाना चाहता हूँ।'

पर यह कम्बख्त मालगुजार। मध्ययुग की सामन्तशाही की परम्परा का अन्तिम प्रतिनिधि। इससे क्या कहूँ? इसके घर में कोठी-सी थल-थल करती हुई पटेलन होगी जो सबेरे-सबेरे—'घम्मर-घम्मर करै मथानी' गाकर मठा बिलोती होगी। यह अभागा क्या समझेगा मेरी 'कनक छरी-सी' सूक्ष्म छायावादी नायिका को? यह जो दिन-भर भैंसों के सींग गिना करता है; और बैलों के पुट्ठों में आर गुचता रहता है—क्या समझेगा कि आज का प्रगतिशील लेखक जीवन को किस दृष्टिकोण से देखता है! कम्बख्त के जीवन में ज़रा 'रोमांस' नहीं, और 'रोमांस' नहीं याने जीवन ही नहीं। और मैं इस निर्जीव को कैसे समझाऊँ कि मेरी 'भ्रमर खड़ा है द्वार, पट खोलो तो कलिके···' इस पंक्ति में कितनी यथार्थता भरी है, कितनी प्रगति है। मैंने इसी एक पंक्ति से समाज को मध्ययुग की खाई से एकबारगी निकालकर नये युग के पथ पर खड़ा कर दिया है। इस पटेल को, जो दिमाग में यह हिसाब लगा रहा है कि अबकी बार भूरी भैंस, पड़ा जनेगी या पड़िया—मैं कैसे समझाऊँ कि पुरुष का प्रेम-याचना करना ही यथार्थ है, चिरन्तन सत्य है। कालिदास ने कला का गला घोंट दिया, लजीली शकुन्तला से कमल-दल पर दुष्यन्त को पत्र लिखवाकर। 'मेघदूत' में कालिदास ने अपनी गलती स्वीकार कर ली—यक्ष से ही सन्देशा भिजवाया मेघ के द्वारा। यही सत्य है। पुरुष ही याचना करता है। भौंरा ही जाता है कली के द्वार, कली भौंरे को बुलाने नहीं पहुँचती।

एक ही पंक्ति में मैंने युग-परिवर्तन कर दिया। पर इस सिर पर काली टोपी धरे बैठे हुए पटेल को क्या समझाऊँ! क्या समझेगा यह मूर्ख कि कितने बड़े साहित्य-मनीषी के सामने बैठा हुआ है।

मैं बड़ा परेशान था। मैंने अपनी एक पुस्तक इसके सामने कब से पटक रखी है। पहले उल्टी पड़ी थी। अक्षर उल्टे थे, इसलिए यह पटेल पढ़ न पाता होगा, यह सोचकर मैंने वह 'बाई दि वे' सीधी कर दी। पर मेरा नाम पुस्तक पर छपा देखकर भी यह अत्याचारी मुझसे इतना भी नहीं पूछता कि क्या यह किताब मेरी है। पर यह मूढ़ तो दीवालों पर ताक रहा है कि कहीं उसे 'राम पंचायत' का चित्र मढ़ा

हुआ दिख जाय। कहीं राधा-कृष्ण की ही फोटो दिख जाती तो वह हाथ जोड़ लेता। कैसा अरसिक, कैसा कलाविहीन 'पुच्छ विषाणहीन' पशु है यह !

लेकिन यह फिर है किस मर्ज की दवा ? गाँव से शुद्ध घी अलबत्ता भेज सकता है, पर आज के साहित्यकार में शुद्ध घी पचाने की ताकत नहीं है। आफत कौन मोल ले। यह गेहूँ, चावल भी भेज सकता है, पर अगर नाके पर पकड़ लिये गये तो मुफ्त बदनाम हो जाऊँगा। हाँ, खीर नहीं खायी कई सालों से—शुद्ध दूध क्यों न मँगा लूँ। पर फिर सोचा, इस मालगुजार के ईमान का क्या भरोसा ? पानी मिलाकर भी तो भेज सकता है ?

'कल्याण' पढ़ता है तो क्या हुआ ? लेकिन यह है फिर किस मर्ज की दवा ? पूछूं, शायद 'यूनिवर्सिटी' का मेम्बर हो—वोट ही माँग लूं। पर यह मूढ़ पाठशाला को ही विश्वविद्यालय समझता होगा। फिर पूछूं, शायद किसी पुरस्कार निर्णायक समिति का सदस्य हो—शीलादेवी पुरस्कार या देवबाकर पारितोषक समिति का निर्णायक। फिर सोचा, पूछूं शायद कोई गाँव का आदमी, इसकी परजा का लड़का, रेडियो में नौकर हो—तो कहलवा दूं कि मेरी कविता, नाटक ज़रा ज्यादा आया करें रेडियो पर !

पर मुझे यह मालगुजार किसी काम का ही नहीं मालूम होता।

सहसा उसने जमुहाई ली और मेरे मित्र से बोला, "चलें, ज़रा रामजी भाई के यहाँ से बैलों की झूल ले लें। अच्छी जोड़ी लाया हूँ मेला से सिंगाजी के।"

हाय री किस्मत ! यह मालगुजार तो बैल के अलावा कुछ सोच ही नहीं सकता।

वह उठा। मैंने चाहा चलते-चलते उससे कह दूं, अगर आप अपने गाँव में कभी कोई साहित्यिक समारोह करायें तो मैं भाषण देने को या कविता-पाठ करने को या सभापति बनने को तैयार हूँ। अन्य साहित्यिक आपको दस चक्कर लगवायेंगे, पर मैं तुरन्त चल दूंगा। ताँगा नहीं, रिक्शे पर ही चल दूंगा या अगर आप गाँव से घोड़ा भेज दोगे तो उसी पर चला आऊँगा।

पर मैं यह भी नहीं कह पाया और वह चला गया।

ऋतुराज आया है !*

कुछ बेखबर किस्म का हूँ। इधर दुनिया में वसन्त छा गया और मुझे ऋतुराज का आगमन तब मालूम हुआ जब अभी-अभी मेरी पड़ोसिन और पड़ोसी में झगड़ा हो

* प्रहरी, 5 फरवरी, 1950

गया। और झगड़े की तह में कारण स्वरूप भी बैठे हैं महाराज ऋतुराज। छोटी-सी बात थी। पड़ोसिन ने पति से पीला रंग मँगाने के लिए चार पैसे माँगे, और पतिदेव झल्ला उठे—'नहीं हैं पैसे-वैसे। सबेरा हुआ, और पैसे की माँग। क्या मेरे पास पैसों का झाड़ लगा है?' बेचारी चार ही पैसे तो माँग रही थी—पुरानी सफेद धोती को बसन्ती करके तनिक देर बाहर की झलक में भीतर की अँधियारी डुबा देना चाहती थी। उसे भी गुस्सा आया और वाग्युद्ध शुरू हो गया पति-पत्नी में और उधर कवि लोग गला फाड़-फाड़कर चिल्लाये जा रहे हैं कि वसन्त भी संयोग कराता है—

'आवतहीं बनिहैं कर्ताहि, बीर वसन्तहिं आवन दै री!' उधर कवि किताबें छपवाकर घोषणा कर रहा है कि 'जब तरु से लतिका का अन्तर, मधुऋतु में कम हो जाता हो....' और उधर मेरे पड़ोसी मुँह-फुलाये एक-दूसरे से दूर बैठे हैं।

सोचता हूँ जैसे जिन्दगी में हर चीज की 'वेल्यूज़' बदल गयी है, हमारे समय तक आते-आते वसन्त भी पैसों का मुहताज़ हो गया है।

एक समय था जब "बीथिन में, ब्रज में, नवेलिन में, बेलिन में, वनन में, बागन में, बगरो वसन्त है।" यह काव्य नहीं, 'केटलाग' है। पर आज न वीथि, न ब्रज, न बेली है, वन है न बाग है। रही 'नवेली' की बात—सो यह कुछ बताने की बात तो है ही नहीं और अगर बतायी भी जाय तो ऐसी ही बतायी जायगी कि यह कोई द्वापर नहीं है जो—

'विहरत हरिरिह सरस वसन्ते
नृत्यति जुवति जनेन समम सखि
विरह जनस्य दुरन्ते।'

आज तो अगर कोई इस युग का 'कन्हैया' किसी लावण्यमयी राधे से यही कह दे 'खेलन चलहु संग मिलि जोरी' तो यकीन मानिए, कन्हैयाजी का लम्बे अरसे तक 'हेयर कटिंग' का खर्च बच जाय।

मेरा क्या कसूर अगर मुझे मधुमास का आगमन मालूम न हो? न बीथी, न नवेली, न बेली, न बाग और न वन। खिड़की में बैठा हूँ। खिड़की के आगे ही सड़क के उस पार सामनेवाले मकान की टट्टी का 'एक्जिट' (exit) है, और मेरी खिड़की के पास ही म्यूनिसिपल की गन्दी नाली है जो साल में एक बार म्यूनिसिपल प्रेसीडेण्ट की वर्षगाँठ पर साफ होती है। मैं सोचता हूँ यह दिन म्यूनिसिपल अध्यक्ष का जन्म-दिन है या टट्टी का और नाली का? नाली और टट्टी के सहयोग से पवन की शह पाकर जो ये दुर्गन्ध उड़ रही है, उसे सबकी-सब मलयानिल भी परास्त नहीं कर सकती। सामने ऊँची दीवाल है। आधे दिन तक सूरज की किरणों से पहिचान भी नहीं होने देती।

वैसे मैं ऐसा मूर्ख तो नहीं हूँ कि यह ज्ञात हो जाने पर भी कि वसन्त आ पहुँचा है, कर्त्तव्य से विमुख हो जाऊँ। कागज-कलम लेकर बैठा हूँ—कवि हूँ न मैं। वह कवि ही क्या जो वसन्त पर कविता न लिख सके और उस वसन्त से जेठ अच्छा

जिसमें भाव न आवें ! ज़रा देखो उस 'सेनापति' को —

सेनापति माधव
　　महीना में पल्लास तरु
　　　　देखि-देखि भाव
　　　　　　कविता के मन आये हैं ।

क्या व्यथ की बात कर देते हैं कवि लोग भी। गोया हम अपना सजा-सजाया शहर का कमरा छोड़कर जंगल-जंगल पलाश की तलाश में घूमते फिरें, तब तो भाव आयेंगे। पर, बेचारा सेनापति भी तो पुराना ही कवि ठहरा। आज होता तो शहर के तिमंजिले पर बैठकर, कैंची सिगरेट पीकर, बैसाख के महीने की दोपहरी में वन-प्रान्तर के किसी कोने की वसन्त-श्री का वर्णन करके लिखकर रख लेता, जिसे वसन्त आने पर छपवा लेता।

मैं इस समय कागज-पेंसिल लेकर बैठ तो गया हूँ, पर मन में न 'मंजरिन रसाल कुंज' आ रहा है, न 'पिककूजन' न 'भ्रमर गान'। मैं सोच रहा हूँ, मेरी चप्पल की जो पट्टी टूट गयी है उसे जुड़वाने के लिए पैसे कहाँ से प्राप्त करूँ। मेरे जीवन की कविता है यह फटी चप्पल !

इस ज़माने में मेरा ही यह हाल हो सो बात नहीं है। हमारा भाई ही है न पन्त। हम सभी तो कहते हैं कैसा कोमल भावुक हृदय पाया है ? ऋतुराज के अंक में ही मानो पला है। कण्ठ में कोकिल की कूक मानो समा गयी है। पर बेचारे उसका भी मन बैठ गया है—मेरे जैसा। मैं नहीं जानता उसकी भी चप्पल फट गयी है अथवा जूता ? बेचारा बराबर मन को जगाता है—

खिलतीं मधु की नव कलियाँ
खिल रे, खिल रे मेरे मन !

उधर दुनिया-भर में घोषणा हो गयी कि मधुमास पधार गया और इधर कवि बन्द मन को डाँट रहा है—अबे खिल बे !

लेकिन एक बात और देखी है। आधुनिक कवियों का वसन्त से कोई विशेष मतलब नहीं है, शायद वसन्त को इनसे कोई मतलब नहीं। 'निराला' का कुकुरमुत्ता जब 'अबे सुन बे गुलाब !' कहकर सौन्दर्य के पीछे लाठी लेकर दौड़ता है, तब बेचारा किस्मत का मारा सौन्दर्य पन्त को अगर कौए में छिपा दिख जाय तो आश्चर्य ही क्या ? कहते हैं ये कौवे से—

'तरु की नग्न डाल पर बैठे, लगते तुम चिर सुन्दर।' अब अगर कोयल में तनिक भी लाज होती तो कहीं जाकर जहर खा लेती या कम-से-कम कुछ दिन वाणी अनशन करके ही 'रिमार्क विथड्रा' करने की माँग कर लेती। पर इस कोयल का भी कोई ठिकाना है ? मौके-बे-मौके, जहाँ देखो वहीं। अभी मेरे सामनेवाले मकान पर से बोल रही थी, और मैं देखने लगा कि इस मकान पर क्या आम फूला हुआ है। लेकिन पन्त ने कोयल को अपमानित करने में ज़रा कोर-कसर नहीं रखी। इस काले कुरूप, काने, विष्टासेवी, दुष्ट कौवे से कहते हैं—

शुभ्र ज्योति का तुम पर कभी, प्रभाव न पड़ता किंचित
रंग नहीं चढ़ता जिस पर वह
यती व्रती है निश्चित !

मैंने कहा न कि आज तो हर एक चीज का मापदण्ड बदल गया है। प्रकाश की अन्धकार के द्वारा पराजय आज अभिनन्दनीय हो गयी है और सूरदास अगर आज होते तो 'सूरदास खल कारी कामरि चढ़ै न दूजो रंग' में संशोधन करके 'खल' के स्थान पर 'सन्त' रखते, यद्यपि इससे मात्रा-दोष हो जाता। पर नवीन युग में जन्म होने के कारण यह दोष 'प्रयोग' में शामिल कर लिया जाता।

वसन्त पंचमी का आधा दिन ढल गया है, पर मेरे पड़ोसी-पड़ोसिन में अभी समझौता नहीं हुआ। कैसे बेसमझ लोग हैं। अरे एक वह भी तो है जो साल-भर वसन्त की आस लगाये रहता है—

यही आस अटक्यो रहो, अलि गुलाब के मूल
हुइहै फेरि वसन्त ऋतु, इन डारन वे फूल।

और एक ये हैं जो जागते नहीं। उधर मधुमास आकर दरवाजा खटखटा रहा है।

पर पति के चार पैसे के बिना तो ऋतुराज भी विमुख होकर चला गया। एक अंग्रेजी कवि कहता है—

Love in a hut, with water and a crust.
Is Love forgive me, cinders, ashes dust.

गरीबी के प्रेम को राख-मिट्टी मानता है यह कवि। पर हमारे रहीम तो बड़े भयंकर आशावादी हैं—

टूटी खाट घर टपकत, टटिऔ टूट।
पियकै बाँह सिरहनवा सुख कै लूट॥

हम नहीं कह सकते, रहीमजी का उस समय क्या हाल था जब वे 'मधुकरी' माँगकर खा रहे थे, और यारों से यारी छुड़वाकर विपत्ति के मारे चित्रकूट में बस रहे थे।

फक्कड़ कबीर इस मामले में हमें सबसे मस्त लगा। वसन्त आया करे चाहे जाया करे। हमें क्या परवाह ?

'जौ बिछुड़े हैं पियारे से भटकते दर-बदर फिरते। हमारा यार है हम में, हमन को इन्तजारी क्या ?' देखो कैसा अँगूठा बताकर बैठ गया वसन्त को !

"बाबूजी किराया मिल जाय। तीन महिने हो गये।" मकान का मालिक अपनी मनहूस सूरत लेकर सामने आ गया। मुझे बड़ा क्रोध आया। कैसा मनुष्य है ? इसको तनिक खबर नहीं ऋतुराज के आगमन की ? कैसा अरसिक है ? मनुष्य ने मनुष्य को इस लायक ही नहीं रहने दिया कि वह प्रकृति के सहज वैभव में डूबकर आनन्द ले सके। अगर वह क्षण-भर के लिए सागर में गोता लगाना चाहता है तो दूसरा मनुष्य आकर उसे पीछे खींचता है, "बाबूजी किराया मिल जाय।" मैं कुछ वर्ड्सवर्थ

सरीखा खिन्न हो गया इस भर-वसन्त में। प्रकृति की सौन्दर्य-सुषमा देखकर कवि का हृदय रो उठता है, "हाय ! इधर मनुष्य ने मनुष्य का क्या हाल कर डाला !"

And its my faith that every flower enjoys the air
it breathes
And much it grieved my heart to think what man
has made of man.

अब मेरा मूड ही बदल गया। कल्पना के आसमान में उड़ना नहीं बनता। जमीन पर पाँव रखूँगा। कठोर यथार्थवादी बन रहा हूँ। सोचता हूँ प्रकृति क्या किसी का बन्धन मानती है। उसके भण्डार में कमी ही क्या ? महाराज अनंग एक-मात्र अधिपति हैं इस वैभव के। न उनकी चप्पल फटी है, न उनसे मकान-मालिक किराया माँगता है, न रति से चार पैसे के लिए उनका झगड़ा ही हुआ है ! पर यहाँ तो झंझटें हैं। अगर उत्तेजना में, भावुकता में बह गये और गुलाब का इत्र खरीद लिया तो 'राशन' काहे का आवेगा ?

ऐसा ही बार-बार का धोखा खाया हुआ, पीड़ित कवि होगा बेचारा जो रो उठा--'अपने तो यौवन का हुआ अन्त, अब आये या जाये बसन्त !'

व्याख्यान देना सीखिए !*

आश्चर्य की बात है कि वैष्णव कवियों और भक्तों की दृष्टि से यह बात कैसे छिपी रह गयी कि उनके नटनागर, राधारमण बिहारी, माखन चोर, मनमोहन कृष्ण अपने जमाने के सबसे अच्छे व्याख्यानबाज़ थे। यदि द्वापर में 'डिबेट' की प्रथा होती और निर्णायक लोग पक्षपात न करते और सभापति समय के पहिले घण्टी न बजाते और श्रोता भी बीच में ही बिठाने के लिए ताली का प्रयोग न करते तो हमारे कृष्ण सबसे अधिक नम्बर पाकर प्रथम पारितोषक ले जाते। हमारी तो चर्चिल को इस बुढ़ापे में सलाह है कि यदि उसे ऐसा व्याख्यान सीखना है जिससे महायुद्ध हो जाय तो यहाँ आकर किसी वैष्णव मठाधीश की लँगोटी धोवे और कृष्ण की सुबह-शाम आरती करे तो तृतीय महायुद्ध कराने में अवश्य सफल हो जावेगा। वैसे घबड़ाने की बात नहीं है। इन मठों में जैसा भोजन उसे मिलेगा वैसा इंग्लैण्ड के बादशाह को भी कभी नसीब न हुआ होगा, क्योंकि हम हिन्दुस्तानी बड़े धार्मिक हैं। हमने इन मठों को काफी धन दे रखा है जिससे इनमें पलनेवाले सण्डे-मुसण्डे, 'सच्चरित्तर',

* प्रहरी, 15 फरवरी, 1950

दण्ड-बैठक के पसीने की कमाई खानेवाले तथाकथित साधु लोग भगवान कृष्ण के 'चोरजार-शिरोमणि' के आदर्श को फैलावें जिससे 'धर्म' की जय हो और 'पाप' समूल नष्ट हो जावे।

हाँ, तो कह यह रहा था कि हमारे कवियों ने 'वन में वृषभानुकुमारि मुरारि रमे' इत्यादि तो कहा है पर यह नहीं कहा कि कृष्ण ने ही महाभारत करवाया केवल एक व्याख्यान देकर। आप कहेंगे कि वाह जी, तुम अच्छे हो। कृष्ण ने शान्ति के लिए प्रयत्न किया था और तुम कहते हो कि उन्होंने महाभारत कराया था। तो मेरा उत्तर यह है कि यदि कृष्ण, पाण्डव की नाक अर्जुन को, जो नैतिक डर से हताश होकर, धारा सभा के निद्राप्रिय सदस्यों की भाँति पीछे खिसककर रथ में बैठ गया था, यदि कृष्ण एक व्याख्यान देकर जोश में न लाते तो क्या महाभारत होता? क्या जादू था! अब आप यह पूछ सकते हैं कि उस काल में कोई अन्य प्रसिद्ध व्याख्यानबाज़ था? हाँ था। ऊधौ महाराज भी अपने को बड़ा 'बकता' समझते थे। तो जिस प्रकार कुत्ते को देखकर कुत्ता गुर्राता है और गर्दभ, गर्दभ से खुर-प्रहार का आदान-प्रदान करने लगता है उसी प्रकार इन दोनों बड़े वक्ताओं में नहीं पटी। सो कृष्ण ज़रा चालाक थे। उन्होंने बड़ी तरकीब से ऊधौ की पीठ ठोंकी और ताव चढ़ाकर गोपियों को व्याख्यान देने भेज दिया। अब आप पूछेंगे कि क्या ऊधौ ऐसे मूर्ख थे जो बढ़ावे में आ गये। पर बात ज़रा हृदय से सम्बन्धित है। स्त्रियों की सभा में व्याख्यान देने का भी मौका कौन चूकना चाहेगा। यदि सभाओं में, श्रोताओं में स्त्रीजाति न होती तो हमारे युग में ही वक्ताओं की पैदायश शायद एक-चौथाई रह जाती। स्त्री श्रोताओं का ही प्रताप है जो हमारे अजबसिंहजी और श्वानमुखजी टाई बाँध, मुँह पर चूना पोत, सभा-सोसाइटियों में 'प्रेम लपेटे अटपटे' बैन बोलकर वक्ता बनने लगे हैं। सो बेचारे ऊधौ भी चाहे द्वापर के हों पर थे तो आदमी ही—मुँह में पानी आ ही गया। कहते हैं उन्होंने उसी दिन नाई से दाढ़ी बनवायी, मूँछों को तलवार सरीखा कटाया, आँखों में सुरमा लगाया, अँगरखे की तनी सिलवायी, जूतों में तेल दिया, उबटन मलवाया, टोपी तिरछी लगायी—और हाँ खिज़ाब भी लगाया क्योंकि 'केशव केसन अस करी' वाली अवस्था आ गयी थी। कोई-कोई पुराणकार ऐसा भी कहते हैं कि ऊधौ ने दुपट्टे के छोर में एक 'सैफ्टी रेज़र', साबुन की बटिया तथा एक ऐने का फूटा टुकड़ा भी बाँध लिया था और गोकुल की सीमा पर पहुँचकर एक पेड़ के नीचे बैठकर अपनी दाढ़ी घोंटी थी।

यह भी सुना है कि ऊधौ महाराज दो दिनों तक इस डर से नहीं नहाये कि कहीं बालों का रंग धुल न जाय। खैर, जो भी हो, इस महान वक्ता ऊधौ ने जब व्याख्यान शुरू किया तो गोपियाँ रोने लगीं। ऊधौ समझे कि हमने बाजी मार ली। परन्तु इसी समय गोपियों ने अपने समाज में एक डिबेट ही रख दी, जिसका विषय था—निराकार ब्रह्म या साकार ब्रह्म। एक तरफ निराकार का पक्ष लेकर ऊधौजी बोल रहे थे, दूसरी ओर साकार का पक्ष लेकर गोपियाँ। पर यहाँ ऊधौ का वही हाल हुआ जो उस वक्ता का होता है जो व्याख्यान घर से रटकर जाता है। ऊधौ तो रटा-

रटाया व्याख्यान उगलने लगे। उधर गोपियों ने ऐसे तिरछे प्रश्न किये कि ऊधौजी की अकल ठिकाने आ गयी।

वहाँ से भागे और कृष्ण से जाकर कहने लगे—हौं ता कितारथ हो गयो, उनकी पदरज पाय।

कृष्ण ने मन में कहा—अब कभी व्याख्याता बनने का दम नहीं भरेगा।

यह तो हुई द्वापर की बात। कलियुग की इस बीसवीं शताब्दी में व्याख्यान का महत्त्व कम नहीं हुआ। मुझे भी यह सीखना पड़ा, क्योंकि विवाह का जो टेण्डर भरकर लड़की के पिता के पास भेजना था उसमें एक खाना था —क्या व्याख्यान देना जानते हैं? सो मैंने यह कला सीखी। कुछ नुस्खा पाठकों को भी दिये देता हूँ—

सबके पहिले नेता मित्रों के साथ मेहतरों की भीड़ में नारे लगाइए, लाल झण्डा ज़िन्दाबाद। पर आजकल ज़माना खराब है, पुलिस का खयाल रखिए। नीली पगड़ी को देखते ही निकटतम गली में भाग जाइए। इस प्रकार जब साहस आ जावे तब मंच पर आइए। काम ज़रा कठिन है। मैंने अत्यन्त गोरे मुखों को मंच पर पहुँचते ही काला पड़ते देखा है। तो इन शब्दों से प्रारम्भ करिए—'आज हम स्वतन्त्र हो गये हैं।...' अभी दस-पाँच साल तक यह वाक्य कहने की गुंजाइश है। साथ ही अगर आपके होश-हवाश ठीक हों और बन सके तो घूँसा दिखाइए। यदि घबड़ाहट अधिक बढ़े तो उसी वाक्य को कई बार कहिए—'हम स्वतन्त्र हैं, तो हम स्वतन्त्र हैं, याने हम स्वतन्त्र हैं, इसलिए हम स्वतन्त्र हैं।' या घबराहट मिटाने के लिए बनावटी खाँसी का भी प्रयोग कर सकते हैं। पसीना आ जाय तो उसे रूमाल से पोंछ लेना चाहिए। बार-बार बटन खोलने और लगाने से भी घबराहट कम हो जाती है। आप चाहें तो बार-बार कान में अँगुली भी डाल सकते हैं। आँख का मैल भी पोंछ सकते हैं। अगर आपके पास चश्मा है तो उसे बार-बार निकालने और लगाने से भी घबड़ाहट कम हो सकती है। आप चाहें तो खिड़की से बाहर शून्य पर दृष्टि गड़ा दीजिए और सभा की ओर मत देखिए। या दरवाजे के बाहर ऐसी दृष्टि लगाइए, मानो आप किसी की प्रतीक्षा कर रहे हों। यदि आप थरथराने लगें तो तुरन्त सभापति की ओर देखें और टेबिल पकड़ लें, क्योंकि सबसे सहानुभूतिपूर्ण सुख सभापति का ही होता है।

इस प्रकार जब आपके पैर जमने लगें तो आगे अभ्यास करिए। फिर तो आप श्रोताओं के कान खा जावेंगे, अनिद्रा की बीमारी का इलाज करने लगेंगे, घण्टे-भर बककर भी कुछ नहीं बोलेंगे और कहेंगे—हम पाकिस्तान को एक सेकण्ड में फूंककर उड़ा देंगे।...तब तालियाँ बजेंगी और फिर आप ज़रा मुस्कराइए।

पाँच मिनट में*

मस्तिष्क को जब कुछ विशेष विचारने योग्य नहीं रहता तब वह एक बात से दूसरी बात पर स्वच्छन्दता से कूदता चलता है और विभिन्न विचारों की श्रृंखला बन जाती है। मैं एक तस्वीर देख रहा हूँ। कमरे में निष्क्रिय पड़ा हूँ। पाँच मिनट के विचारों की यह एक लड़ी—

···इस तस्वीर के नीचे की कील निकल गयी है। कहीं गिर न जाय। अच्छी तस्वीर है। नारी का चित्र है। गोद में बालक है और हाथ में भिक्षा-पात्र। मातृत्व और भिक्षा! मैथिली बाबू ने भी कुछ ऐसी ही बात कही है—'आँचल में है दूध और आँखों में पानी!'

···नारी भी बड़ी समस्या रही है, आदिकाल से। कल 'बाणभट्ट की आत्मकथा' पढ़ रहा था। महामाया कहीं कहती है—'नारी प्रकृति है, पुरुष को बाँधने में उसकी सफलता है पर उसकी मुक्ति में उसकी सार्थकता है।'

···और कैसी अद्भुत नारी है वह बाणभट्ट की भट्टिनी! बाण तो कवि है। आवेश में आकर कवि-स्वभाव के वशीभूत निरर्थक शब्दों का जाल रचता है। पर भट्टिनी कैसी शान्ति से कहती है—'उत्तेजित न होओ भट्ट!' और भट्ट अपनी क्षुद्रता से लज्जित हो चुप हो जाता है।

···और शरत की वह भारती भी कैसी अद्भुत है।

···मनु ने तो नारी को श्रद्धा के उच्चतम आसन पर प्रतिष्ठित कर दिया है—'यत्र नार्यस्तुपूज्यन्ते रमन्ते तत्र देवता', लेकिन दूसरे दार्शनिक जगत्गुरु शंकराचार्य ने बिल्कुल उल्टी बात ही कह दी है—'द्वारं किमेकं नरकस्य नारी।'

लेकिन ये पण्डित, पुजारी, धर्म-गुरु हमेशा आदमी को नर्क का भय क्यों दिखाते हैं? और स्वर्ग का लोभ भी? सातवें आसमान के ऊपर जैसे स्वर्ग की स्थिति की कल्पना है, वैसे ही कहीं पृथ्वी के नीचे नर्क होता होगा।

···कहते हैं स्वर्ग में बड़ा आनन्द है। सुन्दर अप्सराएँ होती हैं, जो आपके साथ विमान पर सैर करती हैं। डॉक्टर भगवानदास ने कहीं लिखा है शायद कि 'क्या वहाँ धर्म-परायण स्त्री को भी सुन्दर-सुन्दर पुरुष इसी तरह सैर-सपाटा करने को मिलते हैं।' इस मामले में धर्मग्रन्थ, पण्डे, पुरोहित—सबके-सब चुप हैं!

···लेकिन जगदीश तो कहता था कि अगर हमसे पूछा गया कि तुम स्वग में रहोगे या नर्क में, तो हम तो नर्क में रहना पसन्द करेंगे क्योंकि वहाँ अपने सब मित्र मिलेंगे। वहीं आनन्द करेंगे। स्वर्ग तो बड़ा नीरस लगेगा। वहाँ सब नीरस सदाचारी होंगे।

···और यह जगदीश भी कैसा मजे का आदमी है। पिछली बार मिला था तो

* प्रहरी, 4 मार्च, 1951

कहता था—'भाई, हमारा दाम्पत्य-जीवन बड़ा दु:खमय हो गया है, क्योंकि मेरे ससुर अब छोटे साहब से बड़े साहब हो गये हैं।'

···हाँ, और यही जगदीश जब मेरे साथ ट्रेनिंग कालेज में पढ़ता था तो रोज सबेरे अपनी पत्नी के चित्र के सामने हाथ जोड़कर खड़ा होता था और कहता था—'हे देवि ! तेरा यह पति तेरे साथ कभी धोखा नहीं करेगा, जीवनपर्यन्त एक पत्नी-व्रत पालन करेगा।' इसका कारण यह नहीं है कि वह चरित्रवान है, बल्कि यह कि वह इतना डरपोक है कि किसी स्त्री की ओर देखने की उसकी हिम्मत ही नहीं पड़ सकती।

···है भी ऐसा ही। कई लोग इसीलिए भले कहलाते हैं कि वे इतने डरपोक होते हैं कि अपने अधिकारों के लिए कभी नहीं खड़े हो सकते।

···डरपोक शब्द के उपयोग की वह घटना कभी भूली न जायगी। पड़ोस में एक बंगाली महाशय आकर रहने लगे थे। हिन्दी नहीं आती थी, सीख रहे थे। एक दिन मुहल्ले में झगड़ा हो गया। वे मुझसे कहने लगे—सी. पी. का लोक (मुँह पर घृणा का भाव लाकर) बिल्कुल 'नीडर' अमारा बंगाल का लोक (मुट्ठी बाँधकर जोश से) बहुत 'डरपोक !'

···एक दिन मुझसे पूछने लगे—'बाबू, मौजे (मजे) में है ?' मैं समझा मोजे (स्टाकिंग्स) की बात पूछ रहे हैं।

···अरे, मेरा ऊनी मोजा तो फट गया है और वर्षा गयी, शरद ऋतु आयी। और जूते भी तो फट गये पर नये खरीदने के लिए पैसे नहीं हैं। जूते फट गये हैं और पैसे नहीं हैं—किसी विवशता है ! बड़ा गरीब देश है अपना।

···लेकिन लड़ाई के बाद ऐसी हालत तो लगभग सभी देशों की हुई। इंग्लैण्ड भी तो बड़ी कठिनाई से उबर पा रहा है। एक बार किसी अंग्रेज लेखक ने लिखा था कि इंग्लैण्ड के बादशाह को सप्ताह में दो अण्डे मिलते हैं।

···अण्डा होता तो अच्छी चीज है। जहाँ शुद्ध दूध नहीं मिलता वहाँ अण्डा कमी पूरा कर सकता है। मैं भी खाता पर क्या करूँ, घर में बूढ़ी दादी तुरन्त ही गृह-त्याग कर देंगी।

···ये पुराने लोग भी पुरानी जर्जर रूढ़ियों को और विचारों को कायम ही रखना चाहते हैं। लेकिन जो इन्हें चुनौती दे, वह सुकरात की तरह जहर का प्याला पिये।

···सुकरात कैसा अद्‌भुत आदमी था और कैसा ईमानदार ! मरने से कुछ क्षण पहिले मित्र से कहता है—'अरे भाई, उस आदमी की एक मुर्गी हम पर उधार है। जरूर वापस कर देना।'

···बड़े विचित्र दार्शनिक हो गये हैं। एक वह ग्रीस का 'टब-फिलासफर' था, जो मनुष्य की नैसर्गिक अवस्था को ही उत्तम मानता है। कला, विज्ञान, सभ्यता, संस्कृति उसके पतन के सहायक हैं। 'टब' में पड़ा रहता था—नाखून और बाल बढ़ाये।

···और वह भारतीय दार्शनिक भी बड़ा अजब था, जो एक गाँव के घर पर उपले सूखते देखकर सोचने लगा कि यह तो ठीक है कि गाय गोबर करती है, पर यह कैसे सम्भव है कि गाय घर पर गोबर करे !

···योगी अरविन्द भी नहीं रहे। 'लाइफ डिवाइन' पहिले तो दस रुपये में मिलती थी, अब पन्द्रह रुपये में हो गयी। दर्शन तक में 'ब्लैक मार्केट' होने लगा।

···क्या कालाबाजार मिट नहीं सकता। एक बार पण्डित नेहरू ने कहा था कि कालाबाजार करनेवाले को बिजली के खम्भे से लटका देंगे। पर आज तक हमने किसी को लटका नहीं देखा।

···पर बेचारे नेहरू क्या करें। कितनी समस्या है, सिर पर। शरणार्थी, काश्मीर, खाद्य—सब समस्या बनकर खड़े हैं, और अभी बिहार में भूकम्प हो गया।

···भूकम्प ईश्वर का कोप है, जो इस रूप में फूट पड़ा है। भारत, जो युगों से अपने ही समाज के अंगों को पीसता, कुचलता, अपमानित करता चला आ रहा है, उसका फल भी तो भुगतना चाहिए। भूकम्प, भूडोल-पीड़ित की हुंकार से ही तो फटता है। ऐसा खयाल रवीन्द्रनाथ का भी था।

···मगर बूढ़े सियाने कहते हैं कि 12 वर्ष में जब शेषनाग फण बदलता है, तब भूडोल होता है। लेकिन अब तो हर साल भूकम्प होने लगा ! क्या शेषनाग जल्दी-जल्दी फण बदलने लगा ? क्या पृथ्वी का भार बढ़ गया है। या शेषनाग बूढ़ा हो चला, जो ज्यादा देर तक एक फण पर धरती को रख नहीं सकता ?

···अन्य पौराणिक रूपकों की तरह यह भी कोई रूपक होगा। समाज तथ्य को छोड़कर रूपक को ही पकड़े बैठा है।

···जैसा रावण के दस सिरवाला रूपक ! रावण के दस सिर थे और उन पर एक सिर गधे का था। रूपक का स्पष्ट अर्थ निकलता है कि रावण यद्यपि एक ही सिरवाला था, पर उसका मस्तिष्क दस मस्तिष्कों के बराबर था। ऐसा पण्डित था वह ! पर बुद्धि पर हमेशा गधापन सवार रहता था। तभी तो वह दूसरों की स्त्रियों को उठा लाता था। बिना बुलाये स्वयम्वर में पहुँच जाता है। यह ग्यारहवाँ गधे का सिर हुआ।

···पर बेचारा गधा भी कैसा तिरस्कृत जानवर है ! इसकी सहनशीलता, सीधापन और गम्भीर उदासी ही तो इस अपमान का कारण नहीं है ? उसका भोलापन ही शायद उसे 'मूर्ख' विशेषण दिलवाता हो ! ये तो सन्त के लक्षण हैं। ऐसी सहनशीलता सन्तों में होती है। गोस्वामीजी ने कहा है न—

बूंद अघात सहहिं गिरि कैसे।
खल के वचन सन्त जन जैसे ।।

···तुलसी ने बड़ी अकाट्य बातें लिखी हैं। एक किंवदन्ती सुनी थी—काशी में एक ढोंगी, दम्भी संन्यासी जो तुलसी का विरोधी था, एक रास्ते से जा रहा था कि उसे सुनायी पड़ा, एक आदमी गा रहा है—'बूंद अघात सहहिं गिरि कैसे। खल के

वचन सन्त जन जैसे।' उसने उस आदमी से पूछा कि यह कहाँ की चौपाई है। उसने उत्तर दिया कि यह तुलसीकृत रामायण की है। अब वह दुष्ट साधु तुलसीदास की झोंपड़ी के सामने पहुँचा और उन्हें जोर-जोर से बुरी-बुरी गालियाँ देने लगा। थोड़ी देर तक तो गोस्वामीजी सुनते रहे, फिर एक डण्डा लेकर उसकी ओर झपटे। वह उपहास करके बोला—'बस-बस महाराज, हो गयी परीक्षा! तुम बड़े ढोंगी हो! तुम्हीं ने लिखा है न—बूंद अघात सहहिं गिरि कैसे। खल के वचन सन्त जन जैसे। लिखते तो यह हो और मेरी दो-चार गाली सुनकर ही आप मारने चले आये!'

गोस्वामीजी ने हँसकर उत्तर दिया—'मालूम होता है तुमने पूरी मानस नहीं पढ़ी। उसमें यह भी तो लिखा है—अतिशय रगड़ करै जो कोई। अनल प्रगट चन्दन तें होई।'

गोसाईंजी की उस चौपाई को स्त्रियाँ बड़ा बुरा मानती हैं, जिसमें ढोल, गँवार, शूद्र और पशु के साथ नारी को भी 'ताड़न' की अधिकारिणी बतलाया गया है।···

···एक यह नारी है बेचारी, हाथ में भिक्षा-पात्र और गोद में बालक!

···लेकिन तस्वीर की कील निकल गयी। गिर जायगी—अरे अर्जुन, जरा एक कील और पत्थर तो ला!

गुण्डों ने सिर घुटाये!*

नागपुर का समाचार उस दिन पढ़ा तो अपने सिर पर हाथ फेरा और जब देखा कि बाल बहुत बढ़ गये हैं तो डर लगा कि कहीं गुण्डों में गिनती न हो जाय।

समाचार यह था कि नागपुर के अनेक गुण्डों ने अपने लम्बे बाल कटाकर प्रतिज्ञा की है कि वे अब गुण्डागिरी नहीं करेंगे।

याने गुण्डों का हृदय-परिवर्तन हो गया!

मगर इन भाइयों ने बाल कटाकर बड़ी मुश्किल खड़ी कर दी। बड़े बाल बढ़ाना और उन्हें एक दिन कटाना—यह गुण्डों का काम हो गया। तो हम उस दिन लम्बे बाल कटाने नाई की दूकान जा रहे थे, सो एकदम रुक गये कि लोग कहेंगे, यह लो, इसका भी हृदय-परिवर्तन हो गया। याने हम भूतपूर्व गुण्डे तो कहला ही जाते।

पुलिस जब गुण्डों को पकड़कर बन्द कर रही हो, तब यदि गुण्डे बाल कटाकर प्रतिज्ञा करें कि भाई, कान पकड़ते हैं, आज से भले आदमी बन गये; तो यह विशुद्ध हृदय-परिवर्तन ही माना जायगा। और जब गुण्डा अभियान खत्म हो जाय, और

* प्रहरी, 9 जनवरी, 1954

पुलिस वैसी ही ढील दे रखे, तब गुण्डागिरी करने को मन हो जाय तब भी यह विशुद्ध हृदय-परिवर्तन ही कहलायगा। जैसी स्थिति देखी जाय वैसा हृदय-परिवर्तन कर लेना बड़ा लाभदायक है। इसे विनोबा भावे भी मानते होंगे।

बम्बई के व्यापारी कालाबाजार से करोड़ों कमाकर जब यह देखें कि अब तो पूँजीवाद का नाश सामने है, तब सम्पत्ति-दान की घोषणा करना—सच्चा हृदय-परिवर्तन है। पिंजड़े में फँसा चूहा जब यह कहे कि अब कभी इस घर में नहीं आऊँगा तब यह उसका वास्तविक हृदय-परिवर्तन ही कहलायेगा! जमीन छिनने के आसार दिखते ही जमींदार चार हजार एकड़ में से 100 एकड़ भूदान में देकर जय-जयकार करा ले, तब यह भी उसका हृदय-परिवर्तन होगा। इससे आगे के चुनावों में वोट भी मिलेंगे।

इस तरह हृदय-परिवर्तन सब जगह चला है। इन गुण्डा भाइयों का हृदय-परिवर्तन हो गया, तो कोई अचरज की बात नहीं है। अनुकूल अवसर आने पर फिर हृदय-परिवर्तन हो जायगा। हृदय ही तो है!

हृदय-परिवर्तन पुलिस का भी हो गया है। जुए के फड़ों की रक्षा पुलिस करती है, इस बात को लोग सामान्य रूप से मानने लगे हैं। आगामी पीढ़ी तो शायद यही विश्वास करेगी कि जुए के अड्डों की रक्षा करना, पुलिस की ड्यूटी थी। गुण्डों को अभयदान देना भी पुलिस का ही कर्त्तव्य है। पर गुण्डागिरी बढ़ी और पुलिस के शैथिल्य की बदनामी उड़ी तो पुलिस ने कहा—भाई रे, हृदय-परिवर्तन करो! बस लो, उनका हृदय-परिवर्तन हो गया! वे गुण्डों को पकड़ने लगे। लेकिन गुण्डों को भाई पुलिसवालों से डरने की कोई बात नहीं। अनुकूल अवसर आने पर फिर पुलिस का हृदय-परिवर्तन हो जायगा! हृदय ही तो ठहरा!

हृदय-परिवर्तन की कथा अनन्त है। विधानसभा में शराबबन्दी के लिए भाषण देकर तथा पुलिस की शिथिलता के लिए क्रोध जाहिर कर तथा समाज के नैतिक पतन के लिए आँसू बहाकर जब एम. एल. ए. बाहर आते हैं तब हमारे आसपास ही अगर वे जुआ खेलते हैं और बोतलों के कार्क खोलते हैं, तो यह भी कोई बुरी बात नहीं है। यह केवल हृदय-परिवर्तन है! जब फिर विधानसभा की बैठक होगी, तब फिर हृदय-परिवर्तन हो जायेगा। हृदय ही तो ठहरा!

समाजवाद की सुबह-शाम निन्दा करनेवाले अधिकांश कांग्रेसी जब एक दिन सुनते हैं कि पण्डित नेहरू ने स्वयं कह दिया है कि भारत में समाजवादी व्यवस्था कायम करना ही उनका ध्येय है, तो दूसरे दिन से हर छुटभैया और बड़भैया समाजवाद का उच्चारण करने लगता है। यह क्या है? यह हृदय-परिवर्तन है। उन्हें न समाजवाद समझ में आता है, न साम्यवाद! उन्हें इतना समझ में आता है कि पण्डित नेहरू कांग्रेसियों को वोट दिला सकते हैं। इसी समझदारी के कारण पण्डित नेहरू के स्वर में स्वर मिलाया जाय। तब भी हृदय-परिवर्तन होगा!

हृदय-परिवर्तन होता हो तो हो, पर बाल कटाना अच्छा नहीं। अब जब तक वे भाई लोग पुनः गुण्डागिरी करना आरम्भ न कर दें तब तक क्या किसी भले आदमी की हिम्मत बाल कटाने की हो सकती है!

15 अगस्त को*

अखबारों में समय-समय पर पढ़ते रहते हैं कि अमुक देश के स्वतन्त्रता-दिवस को आनन्द में मग्न नागरिकों में से पाँच सौ के लगभग मोटरों से दबकर और नावों से गिरकर मर गये; अमुक देश के 4 लाख आदमियों ने स्वातन्त्र्य देवी की प्रतिमा को फूल चढ़ाये। सुना करते हैं कि इतने बड़े पर्व के दिन लोग रंग-बिरंगे कपड़े पहिने, आनन्दोल्लास में मग्न धूम मचाते हुए, गाते हुए, नाचते हुए, खाते हुए और पीते हुए सड़कों पर निकलते हैं। कोई थियेटर में है, कोई पिकनिक में, कोई नाच देख रहा है, कोई गाना सुन रहा है।

दूर के ढोल सुहावने लगने की बात मान भी लें, तो भी इस बात से कौन इन्कार कर सकता है कि यह आनन्द मनाने का सबसे बड़ा पर्व होता है, हर देश का। मैं उन आदमियों में से नहीं हूँ कि जिसे 'हाय ! राम !' के सिवा कुछ और कहना नहीं आता; जिसे देश में पतन-ही-पतन नजर आता है, जिसे लगता है कि हम रसातल को छूने ही वाले हैं। फिर भी ये आँखें हैं जो देखती हैं और यह मस्तिष्क है जो सोचता है।

तो पन्द्रह अगस्त को इतने बड़े इस शहर में आनन्द और उल्लास का निशान भी नहीं ! नागरिकों में से एक के मुख पर भी हर्ष की एक किरण भी न होगी। आखिर हो क्या गया है ? क्या हमारी जाति ही इतनी गम्भीर है कि इसका मुँह तो बेर-सा लटका रहता है ? और क्या मुंह को बुरा बना लेने में ही जीवन की महत्ता आँकी जाती है ? क्या हमारा सारा जीवन-दर्शन उदास-दर्शन है ? क्या हर आदमी, यहाँ का, दार्शनिक हो गया है कि सुख और दुख उसे स्पर्श नहीं करते ? इतना बड़ा पर्व निकल जाय और स्पन्दन न हो !

सबेरे शहर के मध्य में कांग्रेस का झण्डाभिवादन का आयोजन ! तो राष्ट्रीय पर्व को भी इस क्षुद्रता से कांग्रेसी उठ नहीं पाया कि अपने झण्डे और अपने भजन का मोह छोड़कर राष्ट्र के झण्डे को सलामी दिलवा ले। उस आयोजन में हर नागरिक आखिर कैसे भाग ले, जिसमें कांग्रेसी नेता नागरिक से धोखे से अपने झण्डे की सलामी दिलवा ले।

नयी पीढ़ी स्कूल में है। उसका यह हाल है कि कसी-कसाई, शिक्षकों की नजरों के काँटेदार तारों से घिरी, खम्भों और रस्सों में कैद स्कूली बच्चों की इस भीड़ को देखकर दया आती थी। वे वहाँ जबरदस्ती क्यों बिठाये गये थे ? भाषण सुनने के लिए ! साल-भर सबेरे से शाम तक शिक्षकों के भाषण और इस पर्व पर नेताओं के भाषण—पिटे-पिटाये, निस्तेज, अरुचिकर, उबानेवाले, घृणित ! भूखे पेट से लड़के जब इन नीरस भाषणों को सह रहे थे तो ऐसा लगता था कि बूचड़खाने

* प्रहरी, 22 अगस्त, 1954

में पशु इकट्ठे किये गये हैं। इन्हें मिठाई मिलती, कपड़े मिलते, खेल दिखाये जाते, झण्डियाँ बाँटी जातीं, तो ये जानते कि स्वतन्त्रता-दिवस हर्ष का दिवस है। लेकिन हाय री बगुला भक्ति ! और हाय री मनहूस तबियत ! इन्हें उल्लू नेता भाषणों के कोड़े मार रहे हैं।

शाम का फिर भाषणों का प्रोग्राम। भाषणों के विषय, शब्द, पूर्णविराम, अर्द्ध-विराम—सब 7-8 साल पहले से चले आते हुए। आखिर कोई आदमी इस बात को कहाँ तक सुनेगा कि देश महान है, और इसे आगे बढ़ाना है, और सबको परिश्रम करना चाहिए, आदि-आदि ! आज तो नागरिक अगर लाउडस्पीकर के चोंगा को देखता है तो वहाँ से भाग देता है—'बाप रे ! भागो, नहीं तो भाषण सुनना पड़ेगा !'

बकवास करनेवालों का राज है।

स्वतन्त्रता का एक अर्थ तो भावात्मक होता है ! 'हम स्वतन्त्र हैं'—इस प्रकार का उल्लास का भाव उठता है। पर इस भाव-मात्र पर आखिर कितने वर्षों तक पूरी-की-पूरी जाति को भुलाया जा सकता है ! स्वतन्त्रता का दूसरा अर्थ भी है—अच्छा खाना, अच्छे कपड़े, अच्छा मकान, शिक्षा, चिकित्सा, काम ! इनके बिना उल्लास-रस आखिर किस 'टंकी' से खींचा जायगा ? आज इनके अभाव की बात करनेवाले को, देश को खरीद लेनेवाले लोग, 'देशद्रोही' तक कह देते हैं। लेकिन जलती हुई आँखों के इन अस्थिपंजरों से, इन बेकार घूमते हुए नौजवानों से, इस निरन्न, निर्वस्त्र जन-समूह से आनन्द-उत्सव की कौन उम्मीद करेगा ? स्वतन्त्रता के भाव पर अब ये जी नहीं सकते अधिक दिन ! स्वतन्त्रता स्वयं साध्य ही बनी रहे तो निरर्थक हो जाती है। स्वतन्त्रता मनुष्य की बेहतरी के लिए जरूरी शर्त है। वह साधन है।

अब शुद्ध जहर भी नहीं !*

कुछ इसलिए जीते हैं कि मौत नहीं आती और अगर ऐसा कोई दुखी आदमी संखिया लेकर मौत को नेवता दे आय कि 'देवी चन्द घण्टों में आकर सब जगमग-जगमग कर देना !' तो मौत बुरा मान जाती है, रूठ जाती है कि उसकी पूजा शुद्ध संखिया से नहीं की गयी। पूंजीवाले ने जीना तो दूभर कर ही दिया है, मरने भी नहीं देता कमबख्त !

संखिया में मिलावट की बात संसद में कही गयी, सो अखबार में छपी कि

* प्रहरी, 5 सितम्बर, 1954

संखिया खाकर सोया हुआ दुखी परिवार प्रातःकाल जीवन लेकर जाग उठा, क्योंकि व्यापारी भाई ने संखिया में भी मिलावट की थी। कौन कहता है कि हमारे यहाँ व्यापारी भाई राष्ट्र-निर्माण में और जन-कल्याण में योगदान नहीं कर रहा है? अरे वह तो सरासर मौत को परास्त कर रहा है।

लेकिन अब आफत तो उन शपथ खानेवालों की आ गयी जो बात-बात पर कह उठते थे कि 'भई जहर खाने को भी एक पैसा नहीं है।' हम कहते हैं, अगर आपके पास एक पैसा भी हो तो आप जहर पा कहाँ सकते हैं?

यह बेईमानी की बात हमें बड़ी अजब लगती है। पर व्यापारी भाई को यह माँ के दूध की घुट्टी के साथ पिलायी जाती है। अभिमन्यु ने माता के गर्भ से ही चक्र-व्यूह तोड़ना यों सीख लिया था कि अर्जुन ने द्रौपदी को रात्रि को वह समझाया था और अभिमन्यु गर्भ में से सुन रहे थे। क्षत्रिय अगर अपनी स्त्री से युद्ध की बातें कर सकता है तो क्यों रोजगारी अपनी धर्मपत्नी को यह भी नहीं बतलायेगा कि उसने शक्कर में कितनी हड्डी मिलायी! जरूर ऐसा होता होगा, तभी तो ये सब 'बेटाराम' बचपन से ही मिलावट सीख जाते हैं। अरे साहब, मोर के बच्चे को नृत्य सिखाने के लिए कोई 'डांसिग मास्टर' लगा रहता है? कोयल का बच्चा अपनी 'कुहू' किस संगीत-विद्यालय में सीखता है?

कुछ दिनों पहिले मैं एक दवाई की दूकान पर बैठा था। एक सज्जन आये। एक दवा माँगी। बोले—'ब्रिटिश पैकिंग' चाहिए।

'इण्डियन पैकिंग' नहीं! मैंने जिज्ञासा प्रकट की तो मुझे बताया गया कि यह दवा बनती इंग्लैण्ड में ही है। वहाँ से शीशी में भी भरकर आती है, और बड़े-बड़े बर्तनों में भी, जिसे बम्बई या कलकत्ते की फर्में भरकर 'पैक' करती हैं। यह अपेक्षाकृत बहुत सस्ती होती है, पर ग्राहक महँगी दवा चाहता है—केवल पैकिंग के लिए! स्पष्ट है कि ब्रिटिश पैकिंग में यह विश्वास उपजाने की शक्ति है कि जो माल होगा शुद्ध होगा। पर अगर वही बम्बई में बन्द हुई तो बम्बई का विक्रेता उसमें पानी मिला देगा, यह भी विश्वास उतना ही दृढ़ है। लेकिन सोचता हूँ तो शर्म से गल जाता हूँ कि यह है हमारा राष्ट्रीय चरित्र कि हमारे पैकिंग पर ही किसी को विश्वास नहीं है।

और कुछ वर्षों पहिले किसी पत्र में पढ़ा था कि एक इटालियन मोची इंग्लैण्ड में चौराहे पर जूतों की मरम्मत की दूकान खोलकर बैठ गया था। इटालियन मोची अच्छे माने जाते हैं और इस मोची का परिवार तो बहुत अच्छा काम करने के लिए बहुत प्रसिद्ध था। एक दिन एक लेखक उस दूकान पर रुका और जूती की मरम्मत करायी। देर लगती देख उसने कहा कि भाई, जल्दी करो। इतनी देर क्यों लगा रहे हो? तो मोची ने कहा कि महाशय, मुझे एक अच्छी परम्परा को निभाना है।

विदेशों में सबकुछ बहुत अच्छा है और हमारे देश में सबकुछ बहुत खराब—ऐसी बात अब दकियानूसी मूर्ख ही कहते हैं। पर हमारे यहाँ अगर देहात का शुद्ध घी शहर के व्यापारी के पास आये और उसी समय ग्राहक कहे कि ला भाई मुझे

तौल दे, तो वह कहेगा—'ज़रा ठहर जाइए। इसमें मूँगफली का तेल मिला लेने दीजिए। मुझे एक महान् परम्परा को निभाना है।'

हमारे व्यापारी का नीति, दर्शन अलग है! किसी वस्तु को देखकर पहिले उसके मन में यही बात आती है कि उसमें किस अनुपात में बेईमानी चलेगी! हमारे दूध में अरारोट, घी में चर्बी, शक्कर में हड्डी, दवा में पानी—वह कर्त्तव्य समझकर ही मिलाता है। पिछले किसी साल में सुना था कि आस्ट्रेलिया ने हमारे यहाँ से कुछ माल खरीदा था। नमूना तो बढ़िया भेज दिया, पर माल जब भेजा तो मिलावट! 'जीप-स्केण्डल' और 'जौ-स्केण्डल'—कितने दिनों तक विवाद के विषय बने रहे संसद में।

मुझे तो लगता है कि व्यापारी भाई का सौन्दर्य-बोध भी हमसे भिन्न है। यह मेरे सामने राम और सीता के अत्यन्त सुन्दर चित्रोंवाला कैलेण्डर टँगा है। पर राम-सीता के ठीक माथे पर, चित्र के बीचों-बीच बड़े भद्दे अक्षरों में उसकी दूकान का विज्ञापन छपा है, सौन्दर्य अछूता रहे, यह उसे कहाँ स्वीकार है। वह बगीचे के सुन्दर गुलाब के फूलों को देखकर हिसाब लगाता है कि इनका गुलकन्द कैसा बनेगा? जब आकाश में काली घटाएँ छा जाती हैं, पुरवइया बहती है, वन-प्रान्तर में मयूर नाच उठता है तब व्यापारी भाई का मन भी नाचता है यह सोचकर कि अब अनाज महँगा होगा और एक के चार होंगे। उषा के अरुण सौन्दर्य पर भी वह मुग्ध होता है कि चलो अब चोरों का भय नहीं रहा।

मर्कटकुमार!*

ज्योतिषी अक्सर हाथ देखते हैं या जन्म-कुण्डली देखते हैं। रेखाओं से या ग्रहों से वे मनुष्य के भविष्य का पता लगा लेते हैं। लेकिन एक तरीका और है जिससे मनुष्य का भविष्य जाना जा सकता है—तस्वीरें, याने 'फोटोग्रूप्स।' इसे चाहें तो आप 'फोटोलॉजी' कह सकते हैं। पर यह विद्या है बहुत वैज्ञानिक और इसका निर्णय शत-प्रतिशत ठीक निकलता है। उन ज्योतिषियों की बात छोड़ दीजिए जो बच्चे को देखकर कह देते हैं कि बच्चा बड़ा आदमी होगा; इसके आसपास मोटरें चक्कर लगायेंगी और बच्चा बड़ा होकर चौराहे का पुलिसमैन हो गया। नहीं, 'फोटोलॉजी' विद्या इससे अधिक विश्वसनीय है।

उदाहरण के लिए भाई मर्कटकुमार को लीजिए। हम एक दिन उनके कमरे में

* प्रहरी, 10 अक्टूबर, 1954

गये। मर्कटकुमारजी की विद्यार्थी-जीवन से लेकर अब तक की तस्वीरें दीवालों पर टँगी दिखीं। एक ग्रुप कक्षा का था—मर्कटकुमार कक्षा-शिक्षक की कुर्सी के पीछे खड़े हैं; गर्दन बायीं ओर तनिक तिरछी करके। फिर एक स्कूल का ग्रुप है—यहाँ भी मर्कटकुमार हैडमास्टर की कुर्सी के ठीक पीछे वैसे ही गर्दन झुकाये। तीसरा ग्रुप कालेज का है—मर्कटकुमार प्रिन्सिपल के ठीक पीछे खड़े हैं। चौथा ग्रुप कालेज यूनियन का है, जिसमें शिक्षामन्त्री की कुर्सी के पीछे मर्कटकुमारजी खड़े हैं। एक ग्रुप पण्डित हृदयनाथ कुंजरू के साथ का था, जिसमें कुंजरूजी के ठीक पीछे मर्कटकुमार खड़े हैं। एक ग्रुप में अपने अफसर की कुर्सी के ठीक पीछे। मर्कटकुमार बड़ी अदा से गर्दन बायीं ओर लचकाकर अफसर के मुख के बहुत समीप करके खड़े हैं, मानो उनका चुम्बन लेने ही वाले हैं।

अब बताइए यह कितनी बड़ी कला है। सबसे प्रधान आदमी के ठीक पीछे हमेशा खड़े हो जाने की क्षमता प्राप्त कर लेना, बड़ी साधना का परिणाम है।

और यह साधना हर मर्कटकुमार को अफसर बना देती है। इससे आगे यों होता है—

मर्कटकुमार सरकारी मुहकमे में नौकरी करने लगे—क्लास टू के कर्मचारी हो गये। और क्लास टू के कर्मचारी के नाते 'क्लास वन' के अपने अफसर को परम पिता से ज़रा ऊँचा आसन देकर जिन्दगी में चल पड़े। एम. एल. ए., सरकारी नेता, शासन के अफसर, बड़े डाक्टर, बड़े वकील—बस इन गिने-चुने बड़े आदमियों में बैठना-उठना उन्होंने आरम्भ किया। इस बैठने का रूप ठीक वही है जो श्वान देव का मालिक के आसपास दुम मिलाकर बैठने का होता है। बाकी 99.9 प्रतिशत जो आदमी समाज में होते हैं वह मर्कटकुमारजी के लिए नहीं हैं। मर्कटकुमार ने जवानी में कन्धे झुकाकर, गर्दन डालकर, मुख पर गम्भीरता लाकर, हाथ में छड़ी रखकर, सूखी हँसी हँसकर, मन्द-मन्द चलकर—इस प्रकार यौवन के हर निर्बन्ध अधिकार को त्यागकर अफसरी के योग्य अपने को बनाया।

मर्कटकुमार कुछ कविता-अविता, लेख-वेख भी लिख लेते थे। जिस प्रकार सुअर का व्यापारी सुअर का मांस, हड्डी, बाल, आँतें सबकुछ व्यापार के काम में लाता है उसी प्रकार मर्कटकुमार ने कविता, लेख और भाषण को अफसरी के लिए उपयोग किया।

एक बार एक मन्त्री नागपुर से शहर में आये। मर्कटकुमार ने उनके सम्मान में भाषण दे दिया—जिस प्रकार सूर्य इतनी दूर आकाश में रहता है फिर भी वह पृथ्वी को प्रकाश और जीवन देता है, उसी प्रकार आप दूर नागपुर में रहकर भी इस नगर के वासियों को जीवन देते हैं।

फिर मर्कटकुमारजी ने सोचा कि विभागीय सचिव को भी प्रसन्न करना चाहिए। सचिव के पुत्र की शादी हुई तो मर्कटजी ने एक कविता लिखकर अपने खर्च से छपवाकर बाँटी। कविता मंगलगीत के रूप में थी।

वे अफसरों, विधान-सभासदों, सचिवों, नेताओं के घर में होनेवाले जन्म-मरण,

शादी, मुण्डन, कंछेदन आदि की जानकारी रखते और समयोचित कविता या लेख लिख देते। भेंट तो देते ही।

कवि-सम्मेलन में जाते तो वहाँ जो सबसे प्रधान नेता, मन्त्री या पण्डित होता उससे कहते कि मैं तो सिर्फ आपको सुनाने आया हूँ। अपनी सुनाकर, दूसरे की बिना सुने वे चल देते।

और एक बार एक मन्त्री ने तर्ज 'आल्हा-ऊदल' पर एक महाकाव्य लिखा, जिसकी प्रशंसा में एक सभा में मर्कटकुमार ने कहा—ग्रन्थ विश्व में अद्वितीय है। होमर, गेटे, तुलसी, वाल्मीकि, कालिदास सबको ये पीछे छोड़ गये हैं।

निरन्तर सात वर्षों तक मर्कटकुमारजी ने खुली पद-पूजन की साधना की और आठवें वर्ष उन्हें वरदान मिला। वे सब अच्छों-अच्छों को पीछे छोड़कर अफसर हो गये।

पेटी-बिस्तर खो गये हैं!*

एक दिन सुबह भाई ने भीतर के कमरे में आकर कहा कि एक सज्जन मिलना चाहते हैं, बाहर बैठे हैं। मैं बाहर आया तो एक 20-22 साल की अवस्था के युवक ने दोनों हाथ जोड़कर कहा—'प्रणाम चाचाजी!' और अत्यन्त श्रद्धापूर्वक मेरे चरणों पर उसने मस्तक रख दिया। मैं तो स्तब्ध रह गया। इतनी भक्तिपूर्वक मुझे किसी ने आज तक प्रणाम नहीं किया—करते हैं लोग प्रणाम—कोई कूटनीति से, कोई भय से, कोई स्वार्थ से, कोई उपहास से; पर ऐसा निश्छल नमन कहाँ पाया था हमने अभी तक।

और हमारा हृदय उल्लास से आन्दोलित होने लगा तथा दिमाग इस उलझन में पड़ गया कि आखिर विश्व के किस अनजाने कोने से यह श्रद्धालु भतीजा एकाएक प्रगट हो गया और अपने चाचा की सेवा में उपस्थित हो गया।

अच्छे भतीजे ने चाचा की उलझन ताड़ ली। बोला—'चाचाजी, आपने मुझे पहिचाना नहीं? मैं प्रोफेसर हरिनारायण शर्मा का पुत्र हूँ। वे ही जो 'फलाँ' विश्व-विद्यालय में हिन्दी के आचार्य हैं।'

शर्माजी को मैं जानता था, पर उनका पुत्र इतना बड़ा और विनयी हो गया, यह मैं नहीं जानता था। प्रोफेसर और शिक्षकों के लड़के बड़े तो हो जाते हैं पर विनयी नहीं होते, बड़े उद्धत होते हैं। खैर, जब पुत्र ही सामने खड़ा है तो सन्देह की

* प्रहरी, 10 अक्टूबर, 1954

गुंजाइश कहाँ है ?

मैंने पूछा, "कैसे आये ?"

शर्माजी का अच्छा पुत्र और मेरा परम भतीजा बोला, "बात यह है चाचाजी, कि अम्मा को लेने खण्डवा गया था—नाना के यहाँ ! रात को हम लोग रेल में थे तो न जाने किस साले बदमाश ने हमारे बिस्तर और पेटी चुरा लिये। पेटी में पैसे थे। अब जबलपुर में लाइन बदलती है, इसलिए यहाँ से टिकिट लेना पड़ेगा। खाने को कुछ नहीं है। पिताजी ने कह दिया था कि कोई तकलीफ हो तो जबलपुर में चाचाजी से बताना। इसलिए चाचाजी, अब कम-से-कम 30) का प्रबन्ध तो करना ही पड़ेगा।"

कुछ आभास पाकर मैंने पूछा, "तुम्हारी माँ कहाँ है ?"

वह तपाक से बोला, "धर्मशाला में स्टेशन के पास !"

मैंने कहा, "चलो, मैं तुम्हारे साथ चलता हूँ। उन्हें ले आता हूँ। यहाँ बहिनें हैं, इनके साथ रहेंगी। फिर अगली गाड़ी से भेज देंगे।"

प्रस्ताव सुनकर वह बड़ा निराश और परेशान हो गया। लड़खड़ाता हुआ बोला, "बात यह है चाचाजी कि उन्हें तो मैं एक परिचित के यहाँ फिलहाल कर आया हूँ।"

उसकी उस भावरूपिणी अस्तित्वविहीना माँ को पहिचानकर मैंने कहा, "उन्हें तुम लेकर यहीं आ जाओ, फिर सब ठीक हो जायेगा।"

उसने 'अच्छा' कहा और इस भाव से उठा मानो उसका सर्वस्व खो गया है। वह चला गया और अपनी माँ को लेकर आज तक नहीं आया।

इसके बाद और इसके पहिले भी अनेक आदमी इसी तरह आते कि फलाँ जगह से फलाँ जगह जा रहे थे कि रास्ते में पेटी-बिस्तर खो गया।

और मुझे ऐसा लगा कि दुनिया में शायद यह बात फैल गयी है कि मैं बहुत बुद्धू आदमी हूँ। दूसरी बात यह है कि हिन्दी का लेखक या तो वास्तव में बुद्धू होता ही है, या बुद्धू बनने के अवसर की ताक में रहता है और सरलता के गर्व के साथ बुद्धू बन जाता है।

साहित्यिक की इस दे देने की 'कमजोरी' या 'शक्ति' को शायद अन्य लोग जानते हैं। तभी तो गत वर्ष लगभग एक दर्जन कवियों और लेखकों के बिस्तर और पेटी इस अभागे जबलपुर स्टेशन पर ही खो गये और वे यहाँ के साहित्यिकों के सिवा और किसके पास जाते ? एक-दो के रेल-किराये का प्रबन्ध हम लोगों ने करा दिया था।

एक दिन हम लोगों के बैठने के उस अड्डे पर एक नवयुवक आये। हमारा नाम पूछा और बोले, "मैं आपकी तलाश कर रहा था। मैं कवि हूँ। बिहार का रहने-वाला हूँ।"

बिहार का रहनेवाला यह तीसरा कवि था जो इसी हेतु आया था। क्या बिहार में यह बात फैल गयी है कि मध्यप्रदेश के साहित्यकार लोग बड़े बुद्धू और दे देनेवाले होते हैं? या उन्हें इसका अनुभव हो गया है कि मध्यप्रदेशवाले बिहारवालों को बड़ा

प्यार करते हैं ?

खैर, उक्त कविवर बोले, "साहित्य चर्चा हो जाय ! मैंने हाल ही में कुछ गीत लिखे हैं—सुनिए।" और उन्होंने काफी सुरीले कण्ठ से 2-3 गीत सुनाये।

फिर मुझसे बोले, "आपके गीत भी बड़े गहरे होते हैं। मैंने आपका गीत-संग्रह पढ़ा है। सुनाइए न !"

अब मेरी मुसीबत देखिए। मैं कवि ही नहीं हूँ। मैंने जिन्दगी में शायद एक भी गीत नहीं लिखा और यह भला आदमी एक पूरी पुस्तक मेरे सिर पर थोप रहा है। पर मैंने उसे निराश नहीं किया। बात टाल दी।

थोड़ी देर बाद वे बोले, "मैं हैदराबाद गया था। वहाँ एक कवि-सम्मेलन था। परसों का चला हूँ मैं वहाँ से—"

उनके आगे बोलने के पहिले ही मैं बोल उठा, "रास्ते में आपके बिस्तर-पेटी चोरी चले गये होंगे ?" वे हतप्रभ तो हो ही गये। पर बोले, "जी हाँ, यही मुसीबत आ पड़ी है।"

एक दिन एक मित्र की दूकान पर बैठा था कि एक अत्यन्त संजीदा वृद्ध महाशय आये। आकर बेंच पर बैठ गये, हाँफने लगे।

मित्र ने पूछा, "कहिए !"

वे बोले, "ज़रा ठहरिए। मुझे सँभल जाने दीजिए। दमा चलता है।"

वे सँभलकर बोले, "मैं इन्दौर के फलाँ जगह का रिटायर्ड तहसीलदार हूँ। इधर इलाहाबाद से आ रहा हूँ। साथ में पत्नी है। रास्ते में सामान चोरी चला गया। अब मैं तार करके घर से रुपया मँगवा लेता हूँ। तो मुझे 1/- तार का तथा दो बार के भोजन का 4/-, इस तरह 5/- मिल जायें।"

वृद्ध इतने सौम्य और निर्मल भाव तथा रूप के थे कि हम सबने कहा कि वास्तव में संकटग्रस्त हैं। उन्हें 5/- दिये गये। पर तीन दिन बाद एक दूसरी दूकान पर वे मुझे फिर मिले और फिर वही—'ठहर जाइए, सँभल लेने दीजिए। दमा चलता है। इन्दौर का रिटायर्ड तहसीलदार हूँ। रेल में सामान चोरी चला गया'—

यह तो चलेगा ही। लोगों के पास पैसा नहीं है; काम नहीं है—आखिर वे जियेंगे ही। पर इनमें ऐसे भी हैं जो काम नहीं करना चाहते, यही करना चाहते हैं। परिणाम यह हुआ है कि सच्चे मुसीबतज़दा आदमियों का भी अब कोई भरोसा नहीं करता।

माँ और भाई*

चौराहे की पान की दूकान के सामने जो एक तख्त पड़ा है उस पर 4-6 आदमी रोज शाम को बैठते हैं ! क्यों बैठते हैं ? वे शायद इसीलिए बैठते हैं कि उन्हें कहीं बैठना होता है और जहाँ बैठने की सुविधा मिल गयी वहीं बैठ गये । लेकिन और लोगों से पूछेंगे तो और भी अनेक कारण बतलाये जावेंगे—कारण—करनेवाले के काम में निवास नहीं करता, देखनेवाले के मन में निवास करता है ।

खैर ! बैठनेवाले बैठते हैं और सामने से निकलते रहते हैं—बच्चे, बूढ़े, युवा, नवोढ़ा, प्रौढ़ा, गौरांगिनी और श्याम ! गर्वीले और दीन, दलित और आततायी, मनुष्य, मानव देव और मानव पशु !

उस शाम को कुछ ऐसा सूझा कि मूँगफली और नमकीन सेव खाये जायें । हाजिर हो गये । और खा रहे थे कि इसी समय एक भिखारिणी एक बच्चे को छाती से चिपकाये आयी। उसके पीछे दो लड़के और थे—छोटे-छोटे, निपट घिनौने, कृशकाय, काले और कुरूप ! ठण्ड थी और वे चिथड़ों में किसी तरह आधे लिपटे थे ।

भिखारी को देखकर एक नफरत-सी पैदा होती है । सभ्य देश में भिखारी नहीं होते, ऐसा हम समझते हैं । भीख देना भीख को प्रोत्साहन देना है । भिखारी ढोंगी होते हैं और काम नहीं करके भीख माँगते हैं—ऐसे कुछ खयालात हमारे हैं! लेकिन मुझे दो-चार आदमी रोज ऐसे मिल जाते हैं कि जो काम माँगते हैं । और इस विशाल देश में काम नहीं है । मनुष्य ने अपनी स्वाभाविक स्वतन्त्रता को त्यागकर राज्य के हाथ में जो अपने-आपको समर्पित कर दिया है, तो इसीलिए तो कि वह उसे खाना, कपड़ा, निवास और काम तो कम-से-कम देगा ही । पर वह उसे उपदेश ही देता है ।

इस भिखारिणी को देखकर एक मित्र की दया उमड़ पड़ी और उन्होंने उसे एक आना दे दिया । वह चली ही थी कि वे दोनों लड़के भी सामने आ गये और हाथ खोलकर घिघियाने लगे । हमने कहा, "जाओ । दे तो दिया तुम्हारी माँ को एक आना !"

और वे बोले, "वह हमारी माँ नहीं है बाबूजी । हमारे माँ-बाप ही नहीं हैं ।"

वह स्त्री भी निरपेक्ष रूप से आगे बढ़ गयी । लड़के घिघिया रहे थे—'वह हमारी माँ नहीं है ।'

एक मित्र ज़रा भावुक थे । बोले, "देखो तो बेटा माँ को माँ नहीं कह पाता । शायद वह माँ भी यह कहे कि ये दोनों उसके बेटे नहीं हैं ।"

दूसरे बोले, "हमने इन्सान का इस काबिल ही नहीं रखा कि वह माँ को माँ कह सके । एक पैसा पा जाने के लिए ये माँ को त्यागने के लिए मजबूर हैं। वह इनकी

* प्रहरी, 21 नवम्बर, 1954

माँ नहीं है।"

लड़के घिघिया रहे थे—'हमारी माँ मर गयी बाबूजी !'

हममें से एक ने एक पैसा एक के हाथ पर रख दिया और बोले, "जाओ।"

दूसरे ने हाथ फैला दिये।

दस कदम भी न गये होंगे कि बड़ा लड़का झपटा और छोटे के हाथ से सेव छीनने लगा। छोटे ने मुट्ठी बाँध ली और बड़े ने दाँतों से काटकर मुट्ठी खोलवाने का प्रयत्न किया। दोनों गुँथ गये। घूंसे, तमाचे और दाँतों के आघात आदान-प्रदान करते हुए वे दोनों उभरी मिट्टी पर लोट-पोट हो गये।

केवल थोड़े सेव के लिए।

मित्र ने कहा, "अब ये दोनों भाई भी नहीं हैं।"

छोटे ने चीत्कार की—माँ ! माँ !

और वह माँ लौटी। आकर उसने दोनों के मर जाने की कामना की ! जिन्हें प्राणों का रस पिलाकर पाला था, उनके मर जाने की कामना उस माँ ने की। तब एक घूँसा बड़े को मारकर उन्हें छुड़ाया।

सेव धूल में बिखर गये थे। और वे दोनों सब बैर भुला बड़ी उतावली में धूल में से बीन-बीनकर खा रहे थे।

महायज्ञ या पाखण्ड-यज्ञ*

हमारे सबके कन्धों के ऊपर एक सिर है। इस बात को हम भारतीय होकर भी नहीं भूले हैं, यह मानकर ही ये पंक्तियाँ लिखी जा रही हैं। जो यह समझते हैं कि उनका सिर केवल सहस्त्रों कुप्रथाओं और अन्ध-विश्वासों को ढोने के लिए ही है—सोचने-समझने के लिए नहीं—उनको रुष्ट होने का पूर्ण अधिकार देकर मैं यह कह रहा हूँ।

आजकल 'यज्ञ' और 'महायज्ञ' के विभिन्न आयोजन हो रहे हैं। जबलपुर शहर में गत वर्ष ही एक महायज्ञ हुआ था और एक आयोजन इस वर्ष फिर हो रहा है। पर्चों में, लाउडस्पीकरों पर और प्रेस में आयोजकों द्वारा इस बात का बड़ा प्रचार किया जा रहा है कि 'लोकमंगल' के लिए यह यज्ञ हो रहा है ! 'लोक' शब्द के घेरे में आप हम सब आते हैं, अतएव यह देखना जरूरी है कि हमारे मंगल के लिए जो यह आयोजन होता है उससे हमारा क्या मंगल होता है।

* प्रहरी, 13 जनवरी, 1955

इन यज्ञों का रूप यह है—

आयोजन की प्रेरणा देनेवाले होते हैं मठाधीश लोग। इनके साथ होते हैं अनेक 'साधु' नामधारी और 'पण्डित' नामधारी लोग, भूतपूर्व राजा-महाराजा या रानी-महारानी, सेठ-साहूकार और पूँजीपति लोग। लेकिन असल में जिन लोगों का यह सब गोरखधन्धा होता है वे हैं साम्प्रदायिक नेता जो संकीर्ण साम्प्रदायिक भावनाओं को जगाकर राजनैतिक सत्ता हथियाना चाहते हैं। प्रतिक्रियावादी तत्वों को हमेशा पूँजीपति वर्ग का सहयोग मिलता रहा है। अँगरेजकाल में ये लोग सरकार के साथ थे और स्वतन्त्रता संग्राम के सिपाहियों के विरुद्ध। आज ये प्रतिक्रियावादी साम्प्रदायिक तत्त्वों के साथ हैं। और इन्हें यह मालूम है कि यह भारतीय समाज जो अभी भी 84 प्रतिशत निरक्षर है, अत्यन्त धर्मभीरु, श्रद्धाशील और सहज विश्वासी है। धर्म और भगवान का नाम लेकर इस समाज से आप चाहे जो करवा लीजिए। कुसंस्कारों, कुप्रथाओं और मिथ्या विश्वासों में आपादमस्तक ढँके हुए विशाल जनसमूह का उपयोग बिल्कुल उस तरह किया जा रहा है जिस तरह कारखानेवाला 'कच्चे माल' का उपयोग करता है।

तो ऊपर लिखे चार-पाँच प्रकार के निहित स्वार्थवाले वर्ग इसका आयोजन करते हैं और प्रचार के द्वारा भोली जनता से हजारों रुपये इकट्ठे कर लेते हैं। वेदी बनती है और मनों घी, टनों अनाज और मूल्यवान द्रव्य आग में झोंक दिया जाता है। इस प्रकार धर्म के रूपक से मोहित जनसमाज को एकत्र करके साम्प्रदायिक-राजनैतिक कला के नेता लोग साम्प्रदायिक जहर उगलते हैं, उनका ध्यान बड़ी समस्याओं से हटाकर गाय और भैंस पर लगा देते हैं। 20-25 दिन सैकड़ों 'साधु', पण्डित और महन्त नामधारी लोग माल उड़ाते हैं और नर-नारियों से दण्डवत् करवाते हैं।

कुल यह आयोजन है। इसमें लोकमंगल कहाँ है, इसे भी खुर्दबीन से खोजना पड़ेगा। यज्ञ को इसमें शामिल करके यह कहा जाता है कि धर्म से लोक-कल्याण होता ही है। आज से हजारों वर्ष पूर्व वैदिक काल में यज्ञ-क्रिया का आरम्भ हुआ था और समय बीतते पशुबलि से लेकर नरबलि तक इसमें इतने पाखण्ड और मिथ्याचार आ गये थे कि गौतम बुद्ध ने इस काण्ड का विरोध किया था और मनुष्य से कहा था कि किसी बात को इसलिए आँखें बन्द करके न मान लो कि वह किसी शास्त्र में लिखी है या किसी महापुरुष के द्वारा कही गयी, बल्कि अपने मस्तिष्क से विचार करो और उचित-अनुचित का निर्णय करके कर्म करो। आज से हजारों साल पहिले के भारतीय मनीषियों ने तत्कालीन परिस्थिति के अनुसार और भविष्य में भी भरसक देखकर धर्माचरण की व्यवस्था निश्चित की थी। परन्तु वे यह भी कह गये हैं कि युग के अनुसार धर्म का रूप बदलता है। आखिर यह धर्म भेड़ों का धर्म नहीं है, मनुष्यों का धर्म है। उस समय यज्ञवेदी के आसपास ज्ञान और लोकमंगल की साधना होती थी। अब केवल कुछ निठल्लों की 'पेट-मंगल' की साधना होती है।

'यज्ञ' का अर्थ घी को आग में झोंकना मात्र नहीं है। वह जाति मूर्ख और

अभागी है जो बहुमूल्य खाद्य पदार्थों को आग में झोंक देती है। मनों घी जला दिया जाता है और इस देश के बच्चों को घी खाने को नहीं मिलता! कितने मन अन्न झोंक दिया जाता है और इधर मनुष्य भूख से मर रहे हैं! कहाँ का लोकमंगल है इसमें? इसमें केवल उन लोगों का पेट भरता है जो युगों से निठल्ले हैं और भोली जनता के मुफ्त के माल पर गुलछर्रे उड़ाने के आदी हैं। ये 'साधु' कहलाते हैं पर होते क्या हैं ये वे जानें, उनके भगवान जानें—कुछ हम भी जानते हैं। भारत में साधु पहले भी होते थे, पर वे समाज से खाने को लेते थे तो समाज को बदले में देते भी थे—वे समाज को पढ़ाते थे, ज्ञान देते थे, समाज-सेवा करते थे और आजकल के हमारे साधु? ये समाज से केवल लेने का रिश्ता पाले हैं। समाज के हिताहित से बिल्कुल निरपेक्ष, उसकी अर्थव्यवस्था पर बोझ बनकर लदे हैं।

मनुष्य से बड़ा कोई नहीं है। मनुष्य का जिससे कल्याण होता है वही धर्म है। जो मनुष्य का हित करता है, वही साधु है। जो मनुष्य को ऊपर उठाता है, वही सन्त है। ईश्वर की सत्ता भी मनुष्य ने इसीलिए स्वीकार की है कि वह त्राता है, रक्षक है, लोक-हितकारी है! इसलिए मानव-कल्याण के अतिरिक्त कोई कसौटी नहीं है।

आज 'यज्ञ' का अर्थ बदल गया है। किसी महत् उद्देश्य की पूर्ति के लिए कार्य करना ही यज्ञ था। तब ये आज के यज्ञ करानेवाले तो यज्ञ-विध्वंसक दानवों के साथ थे! आज उत्पादन बढ़ाना यज्ञ है; अशिक्षित देशवासियों को पढ़ाना यज्ञ है, उद्योग-धन्धों का विस्तार करना यज्ञ है; विकास-योजनाओं में श्रम देना यज्ञ है; कारखानों में काम करना यज्ञ है; ग्राम-सुधार के लिए कार्य करना यज्ञ है। ये सब यज्ञ हैं आज के युग के। भारत के करोड़ों तथाकथित 'साधु' अगर सच्चा यज्ञ करना चाहते हैं तो उन्हें कहीं सिंचाई की नहर खोदना चाहिए, जमीन को फोड़कर खेती के लायक करना चाहिए, अपढ़ों को पढ़ाना चाहिए। यही आज का युगधर्म है; ये ही आज के यज्ञ हैं! बिना काम किये जो खाता है उसे कौन-सा नर्क मिलता है, यह उनके धर्मग्रन्थों में कहीं जरूर लिखा होगा।

और समझदार नागरिक ज़रा सोचें कि उनके दान का अधिकारी कौन है? भूखा गरीब आदमी या चर्बीदार साधु या पण्डित की पदवीवाला? वे तथा उनकी माता तथा बहिनें जिनके आगे मस्तक झुकाने पहुँचती हैं; वे कैसे हैं, उनके कर्म क्या हैं, वे कितने पावन व निष्कलुष हैं यह भी तो सोच लें! और उन्हें क्या यह समझ में नहीं आता कि धर्म के नाम पर उन्हें बुद्धू बनाकर कई लोग क्षुद्र राजनैतिक स्वार्थ पूरा कर रहे हैं। वे यह भी तो समझें कि समाज को इसी प्रकार भीरु, अन्धविश्वासी और कुसंस्कारी रखकर ही वे उसका शोषण कर सकते हैं! जो लोग इस आयोजन में सबसे अधिक उत्साही दिखें उनके पूर्व इतिहास पर ज़रा गौर करके देखिए कि वे धर्म पर मर मिटनेवाले हैं, या स्वार्थ पर!

धार्मिक भावनाओं पर आघात करने का इरादा कतई नहीं है। लेकिन इतिहास इस बात को बतलाता है कि शोषकों ने हमेशा शोषण करने के लिए धर्म और अन्ध-

विश्वासों का सहारा लिया है। इसीलिए सावधान होने की बात है। आज समाज में केवल मन्त्रोच्चार करने और पूजा करने के लिए ही एक वर्ग की आवश्यकता नहीं है। कभी रही होगी और तब उसे समाज ने 'ब्राह्मण' कहा होगा। आज की जटिल समाज-व्यवस्था में एक वर्ग केवल शेष वर्गों के श्रम का भाग छीनकर खाय, यह उचित नहीं।

विधान पंगु है। वरना इस गरीब खाद्याभाव के देश का घी और अन्न जलानेवाले लोगों का स्थान ऊँची गद्दी नहीं, बल्कि कारागार होता। ऐसे कृत्य ही समाज-विरोधी कृत्य कहलाते हैं।

गुलाब की खेती करो!*

मध्यप्रदेश हिन्दी साहित्य सम्मेलन भी एक अजब-सी चीज है। इसका अध्यक्ष अद्भुत! इसका काम अद्भुत! राज्य के मुख्यमन्त्री को अभिनन्दन ग्रन्थ देने की तैयारी भारत में सबसे पहिले इसी सम्मेलन ने की है। और अब एक ऐसा कमाल कर दिखाया कि दुनिया के किसी कोने में, किसी भी समय, किसी भी साहित्य में नहीं हुआ।

वसन्तोत्सव मनाने का एक नया ढंग बतलाया है इस सम्मेलन में! अभी तक तो वसन्तोत्सव पर संगीत, नृत्य, काव्य, गायन, नाटक आदि कलात्मक कार्यक्रम होते थे लेकिन ये पुराने पड़ गये और साहित्य सम्मेलन के अध्यक्ष नयी बात सोचते-सोचते ही इतने क्षीण दुर्बल हो गये हैं। तो उन्होंने तय किया कि वसन्तोत्सव पर पुष्प-प्रतियोगिता हो!

पुष्प-प्रतियोगिता भी गेहूँ-प्रतियोगिता और साँड-प्रतियोगिता की तरह एक प्रतियोगिता है, जिसमें भाग लेनेवाले माली नहीं हैं, साहित्यकार हैं। इस अनूठी योजना के अनुसार साहित्य सम्मेलन ने विज्ञप्ति निकाली थी कि इस वसन्तोत्सव पर साहित्य संस्थाएँ कवियों और लेखकों से कहें कि वे अपने-अपने घर से एक-एक गुलाब का फूल लावें और उत्तम पुष्पों पर पुरस्कार दिया जावे।

दाद देते हैं हम साहित्य सम्मेलन के मालिकों की सौन्दर्य-चेतना की! गुलाब का फूल? सबसे सुगन्धित पुष्प, सुन्दर पुष्प! नूरजहाँ गुलाब-जल में स्नान करती थी साहब! और इंग्लैण्ड में तो कभी सफेद और लाल गुलाब को लेकर युद्ध ही हो गया था—Battle of Roses, और अपने पण्डित नेहरू शेरवानी में गुलाब की कली

* प्रहरी, 13 जनवरी, 1955

लगाते हैं। पण्डितजी मन्त्रियों को गढ़ते हैं और साहित्य सम्मेलन के अध्यक्ष खुद मन्त्री हैं। पण्डितजी मन्त्रियों को गमलों में लगाते हैं।

इसलिए गुलाब के फूल की क्या बात है? मगर आप ज़रा कल्पना कीजिए कि पुष्प-प्रतियोगिता हो रही है; आप अच्छे कवि हैं पर आपके यहाँ बगीचा नहीं है। तब आपको कहीं ऐसा लगा कि हाय रे, हम कहीं मिनिस्टर के बँगले के माली हुए होते! उन लोगों की बात छोड़िए जो दूसरे के बगीचे का गुलाब लेकर पहुँच जावेंगे—भाई, उन्हें तो दूसरे की कविता और कहानी उड़ाते-उड़ाते अभ्यास हो गया। पर सचमुच के साहित्यकार की तो मुसीबत ही है!

मालिको! गुलाब तो बहुत अच्छा होता है, पर आप लोगों ने हमें इस लायक रहने ही कहाँ दिया है कि हम गुलाब लगा सकें! हमारे इसी शहर में एक ही कवि ऐसे हैं जिनके यहाँ गुलाब का पौधा हमने देखा है, पर वह भी माली के अभाव में साहित्य सम्मेलन के अध्यक्ष की बनावट और 'साइज' का फूल देता है! एक और कवि हैं जो तीसरी मंजिल पर रहते हैं। एक वे भी अच्छे कवि हैं जिनका घर तीन गलियों और तीन 'सौरभमयी' नालियों के बीच में है। यहाँ भी गुलाब कहाँ? एक हैं जिनके घर के सामने लघुशंका करने के लिए भी जगह नहीं है! ये सब अच्छे साहित्यकार हैं, पर इनके यहाँ गुलाब हो नहीं सकता। आप होने दें तब तो होगा! इस देश में हर कवि और लेखक के घर के सामने गुलाबवन हो, ऐसे समय के आने को आप भरसक रोक रहे हैं। यदि सबके घर में बगीचा हो गया, तो आपके बगीचे का क्या महत्त्व रह जायेगा?

तो पता नहीं कहाँ-कहाँ के साहित्यकार गुलाब लाये। नागपुर में तो प्रतियोगिता हुई ही होगी। और वहाँ अध्यक्ष तथा प्रधानमन्त्री के भव्य बँगलों में भव्य बगीचे हैं, यह हम जानते हैं। इनाम भी उन्हीं को मिल गया होगा। यह भी अच्छा ही है। वैसी ही बात हुई जैसे कोई पुरस्कार समिति का अध्यक्ष स्वयं पुरस्कार ले ले। इसमें व्यर्थ का झगड़ा बचता है।

वसन्तोत्सव पर कविता, कहानी या नाटक या संगीत की प्रतियोगिता क्यों नहीं हुई? प्रश्न उठता है, पर उत्तर सरल है। किसी के पास साहित्य है; किसी के पास गुलाब के फूल हैं। और जब गुलाब के फूलवाले के हाथ में अधिकार होगा, तो गुलाब का ही बोलबाला होगा। यह कैसे हो सकता था कि इस अवसर पर प्रदेश के कवियों के काव्य-कुसुम के एक-दो गुच्छे प्रकाशित हो जाते! पर गुलाब के फूल के आगे कविता को कौन पूछता है?

श्री रामवृक्ष बेनीपुरी को मालूम हो कि हम लोग गेहूँ खाये बिना ही 'गुलाब' की ओर चल पड़े हैं! साहित्य सम्मेलन के मालिको, खूब फलो, फूलो। हर साल नयी सनक को सिर पर सवार करो। गुलाब के पौधे को सींचो, कलाकारों को मुरझाने दो! चाहो तब तक गद्दी पर आसीन रहो। और कवियो, लेखको! छोड़ो साहित्य-सृजन! गुलाब की खेती करो और अगले साल फूलों से अध्यक्ष को तौलो!

वन्य पशुओं की रक्षा*

मध्यप्रदेश सरकार ने इस 4 साल की बड़ी जिन्दगी में एक 'शाबास' का काम किया है। हमारे 'पास' होता तो हम भी टोप उतारते सरकार के इस निश्चय के अभिनन्दनार्थ कि वह मध्यप्रदेश के जंगली जानवरों की रक्षा का प्रबंध कर रही है।

डार्विन साहब हमारे लिए सिद्धान्त छोड़ गये हैं कि जो जानवर परिस्थिति के अनुकूल अपने को नहीं बदल सकते, उनकी जाति का ही अन्त हो जाता है। कितने बड़े-बड़े जानवर जो इस धरती को अपने पदाघात से डुलाते थे, अब नहीं हैं। वे परिस्थिति के अनुकूल बदल नहीं पाये। इन बेचारों के Fossils देखकर ही हम उनकी विशालता का अन्दाज लगाते हैं।

सरकार बहुत समझदार है। विकासवाद के परीक्षित सिद्धान्तों की उसको बड़ी जानकारी है। इसीलिए वह बड़ी बुद्धिमानी का काम कर रही है। जानवरों की रक्षा का उपाय कर रही है, वरना आज के बड़े जानवरों के सम्बन्ध में जानकारी के लिए भविष्य प्राणिशास्त्र का विद्यार्थी Fossils ही ढूंढ़ता फिरता।

सवाल उठता है कि आखिर इसी वक्त सरकार को यह क्यों सूझा कि वन्य जीवन की रक्षा की जाय। इसमें भी विकासवाद का सिद्धान्त निहित है। इस समय परिस्थितियाँ बहुत तेजी से बदल रही हैं---सामाजिक, आर्थिक, धार्मिक, राजनैतिक सब क्षेत्रों में बड़े परिवर्तन हो रहे हैं। और सरकार जानती है कि कई जानवर ऐसे हठीले हैं कि वे बदल नहीं सकते। इसलिए उन बेचारों की जाति ही नष्ट हो जायगी।

अब हमारी सरकार की दूरदर्शिता की तारीफ कीजिए। आज से सैकड़ों साल आगे दृष्टि ले जाइए। सोचिए, उस समय प्राणिशास्त्र के विद्यार्थी के मन में खोज करते-करते प्रश्न उठेंगे---

1. बीसवीं शताब्दी का कांग्रेस मण्डलेश्वर कैसा था ?
2. जिसे पूंजीपति कहते थे वह प्राणी कैसा होता था ? उसके कितने पेट होते थे ? उसका दिल पेट में होता था कि नाक में ?
3. कांग्रेसी एम. एल. ए. नामक प्राणी के सींग कहाँ होते होंगे ? जब उसके सिर ही नहीं होता था तो सींग की स्थिति कैसे जानें ?
4. उस समय के मन्त्री के कितने मुँह थे ? एक मुँह से तो इतने भाषण नहीं दे सकता था ?
5. उस समय के पुलिस अफसर की आँखें सिर के ऊपर होती थीं या तलवों में? प्रश्न इसलिए उठता है कि सामने होतीं, तो उसके सामने अपराध क्यों होते ?

* प्रहरी, 20 फरवरी, 1955

6. नेता नाम का प्राणी कैसा था? उसके पाँव क्या भूत की तरह पीछे थे? यदि नहीं थे तो वह समाज को पीछे क्यों ले जाता था?

7. उस समय का राजनीतिज्ञ कैसा था? क्या उसके दो मुँह थे? क्या वह गिरगिट की जाति का था? आखिर वह रंग कैसे बदल लेता था?

8. सरकारी कवि और लेखक की दुम कितनी लम्बी होती थी।

इस तरह के अनेक सवाल उस समय का जीवशास्त्र का विद्यार्थी भारत के किसी विश्वविद्यालय के अध्ययन कक्ष में पूछेगा। तब कितनी कठिनाई उसके सामने और उसके प्रोफेसरों के सामने आवेगी। आखिर उसकी ज्ञान की पिपासा को कैसे शान्त किया जायगा?

आपने अन्दाज लगाया हमारी आगामी पीढ़ियों की कठिनाइयों का? परिस्थितियाँ बदल रही हैं। ऊपर गिनाये गये अनेक जीवधारी अपने को बदल नहीं पा रहे हैं। तो क्या उनकी जाति समाप्त नहीं हो जायगी? और यदि समाप्त हो गयी तो भविष्य के भारतवासी इस 20वीं शताब्दी के अजब जीव-जन्तुओं के बारे में क्या जान पावेंगे?

लेकिन इस कठिनाई को हमारी सरकार ने सुलझा दिया है। सरकार अनेक 'सेंक्चुअरी' खोल रही है जिनमें ये प्राणी पाले जावेंगे और सुरक्षित रखे जावेंगे, ताकि उनकी जाति समाप्त न हो जाय। अब अगर सन् 2555 का कोई प्राणिशास्त्र का अध्येता ऐसे सवाल अपने प्रोफेसर से पूछेगा तो वह प्रोफेसर उसे एकदम चिकली की 'सेंक्चुअरी' में ले जायगा और उसे बतलायेगा—'वत्स! देखो अपनी जिज्ञासा को शान्त करो। वे सब जीव-जन्तु किलोलें कर रहे हैं। अपने पूर्वजों को देखो।' विद्यार्थी आश्चर्य से आँखें फाड़कर देखेगा। कहेगा - 'हम-जैसे होकर भी ये हमसे कितने भिन्न हैं?'

तो हे दूरदर्शी सरकार! हमारी बधाई लो। शीघ्र ही इन प्राणियों को 'सेंक्चुअरी' में रखो नहीं तो परिवर्तन हो रहा है। ये Fossils हो जावेंगे। या कहीं शिकार होने लगा तो? पर हमारा एक सुझाव है। जब इनकी लिस्ट बने तो हमसे भी पूछ लिया जाय। कुछ जीवधारियों के नाम हम भी जोड़ देंगे।

एक बात और। कुछ प्राणी अब तक Fossils बन चुके हैं और प्रतिदिन समाज, साहित्य, राजनीति, धर्म आदि के क्षेत्रों में सैकड़ों प्राणी Fossils बन रहे हैं। इनके चिन्ह भी अजायबघर में रखे जावें।

हमारा आज का नारा—चलो सेंक्चुअरी की ओर!

चाहिए ! चाहिए !! चाहिए !!!*

रोज सुनते हैं कि फलाँ नेता या फलाँ मिनिस्टर ने भाषण में बड़े जोर से कहा—'वर्तमान शिक्षा-पद्धति अत्यन्त दूषित है। इसमें आमूल परिवर्तन करना चाहिए।' भारत के राष्ट्रपति, प्रधानमन्त्री, शिक्षामन्त्री, राज्यों के मन्त्री, नेता, व्यापारी नेता सब कह रहे हैं—'शिक्षा-पद्धति को बदलना चाहिए।' 'बदलना चाहिए' की बात राष्ट्रपति ने कम-से-कम 50 बार कही होगी, पण्डित नेहरू ने 200 बार और हर मन्त्री ने कम-से-कम 500 बार—'बदलना चाहिए ! बदलना चाहिए !'

लेकिन 8 साल हो गये, बदली नहीं ! कहीं घर में आग लगती है तो देखते हैं कि सब चिल्लाते हैं—'पानी लाओ ! पानी लाओ !' पर पानी कोई एक-दो ही लाते हैं ! शेष केवल चिल्लाते हैं !

हमारे मन्त्रिगण भी इसी प्रकार के कर्मशील आदमी हैं। वे भी हमसे यही कहना चाहते हैं कि भाई, हम केवल कहेंगे कि यह करना चाहिए। हम करेंगे नहीं। यदि हम ही कहें और हम ही करें तो गड़बड़ हो जायगी। काम बाँट लेना चाहिए। हम कहें और कोई अन्य करें। जो कहेगा वह करेगा नहीं। ईमानदारी का उपदेश देनेवाला अगर खुद ईमानदारी बरतेगा तो गड़बड़ होगी। सत्य का उपदेश देनेवाले को मिथ्या बोलना चाहिए। और इस तरह 'चाहिए'-'चाहिए' की गूँज होती रहती है। इस उपदेश के धुएँ के मारे दम घुटा जा रहा है।

आखिर हमारे मन में सवाल उठता है—शिक्षा-पद्धति बदलेगा कौन ? सारी शिक्षा की व्यवस्था सरकार ने अपने हाथों में ले ली है। विश्वविद्यालयों की शिक्षा का संचालन मन्त्री या राज्यपाल के कुलपतित्व में होता है। तब बदलेगा कौन ? जिन्हें बदलना है वे चिल्लाते हैं—बदलना चाहिए ! तो बदल क्यों नहीं देते !

लेकिन नहीं। इससे गड़बड़ होगी। बदल गयी तो भाषण देने का मजा निकल जायगा। इसलिए कमीशन बिठाना चाहिए, रिपोर्टें तैयार कराना चाहिए—पर बदलना नहीं चाहिए। 8 साल हो गये हैं, कोई बात नहीं। 800 सालों तक हम भाषण देंगे—बदलना चाहिए ! पर बदलेंगे नहीं।

* प्रहरी, 27 फरवरी, 1955

परीक्षा और पतझड़*

विश्वविद्यालयों की परीक्षाओं का मौसम है यह। अभी वसन्त आया है और पीछे लगी ये परीक्षाएँ आ गयीं। पतझड़ की भी क्या बात है कि वसन्त का पीछा नहीं छोड़ता। प्रकृति में रंग है, इधर असंख्य युवक-युवतियों के मुख का रंग गायब! बाहर चाँदनी बिछी रहे, भीतर कमरे में मच्छरों की भनभन के बीच रात-भर लैम्प जलेगा। ऐसा मनहूस समय है यह।

और सबेरे साइकिलों पर, रिक्शों में और पैदल ये विद्यार्थी हाथ में कागज लिये घबड़ाहट-भरे चले जाते हैं, जैसे कोई निरपराध सूली पर चढ़ने जा रहा हो। ये बड़ी-बड़ी इमारतें, जिन्हें विद्या के केन्द्र कहकर हम लोग शर्म ढाँकते हैं, वास्तव में बूचड़-खाने हैं। दो-दो साल पढ़ने के बाद भी जब ये बेचारे इस कदर घबड़ाते हुए जाते हैं तो लगता है कहीं कोई गलती है—इनके पढ़ानेवालों में गलती है या इस पद्धति में ही गलती है? पढ़ानेवाले पढ़ाते नहीं हैं और पढ़नेवाले पढ़ते नहीं हैं, पर दोनों एक-दूसरे की शिकायत करते हैं। और नेता लोग बड़ी समझदारी से गर्दन हिलाकर कहते हैं कि यह शिक्षा-पद्धति ही दोषपूर्ण है, इसे बदलना चाहिए। याने बदलना तो चाहिए पर बदलने का काम कोई जादूगर या भगवान कर जाय तो कर जाय, ये स्वयं नहीं करेंगे।

और इसी तरह चल रहा है। सबेरे कालेजों के द्वार पर कुछ लोग पहिले पहुँच जाते हैं। उन्हें एक आवश्यक कार्य निभाना होता है—लड़कियों को 'गार्ड ऑफ आनर' देना पड़ता है। कालेज की सड़क पर, बरामदे में, आपको ये दोनों ओर लाइन लगाये खड़े मिल जावेंगे, जैसे राष्ट्रपति को फौजी सलामी दी जा रही हो। अपनी पढ़ाई से आधा घण्टा बचाकर वस्त्र और बालों को सजाकर, मुख पर सौन्दर्य लेपन किया जाता है, सो आखिर किस काम आयगा। फिर एकाध उर्दू की ग़ज़ल, एक-दो 'रिमार्क', एकाध आवाजकशी, साड़ी की प्रशंसा, दिल का दर्द, इससे मन ज़रा हल्का होता है, पेपर अच्छा होता है।

सड़क पर गुण्डों का भी त्योहार है! जो पढ़ नहीं पाये वे पढ़नेवालों से बदला लेंगे ही। कालेजों के आसपास, चौराहे पर, सड़कों पर, होटलों के सामने, पान की दूकानों पर इनके गिरोह आपको दिख जावेंगे। नौकरों की तरह बेचारे घण्टों खड़े-खड़े बाई के आने की राह देखते रहते हैं और जब वे आती हैं तब इनका सारा पौरुष आवाज़कशी में परिणत हो जाता है। बेचारे कितने सबेरे उठते हैं, कुरूपता को कितनी मेहनत से धोते हैं, वस्त्रों को किस कदर सावधानी से पहिनते हैं। भगवान इनको प्यार क्यों नहीं दिलवाता?

आजकल किताबें नहीं पढ़ी जातीं। प्रोफेसरों का भी काम नहीं रह गया। प्रोफेसरों

* प्रहरी, 10 अप्रैल, 1955

के सारे साल के वेतन की दस गुनी कीमत के नोट्स बिकते हैं बाजार में, जिनमें प्रश्न लिखे रहते हैं और उत्तर भी। यही नोट्स गरीबनिवाज हैं, अशरण-शरण हैं। उन्हें प्रढ़ने से विद्यार्थी पढ़ने से बच जाते हैं। 2) के नोट्स में सारा ज्ञान भरा पड़ा है। वह मूर्ख ही है जो पूरी किताबें पढ़ता है। प्रोफेसर भी सोचते हैं कि आखिर इनके उद्धारक 'नोट्स' ही हैं, हमारे पढ़ाने या नहीं पढ़ाने से इनका कुछ बनता-बिगड़ता नहीं है! इस तरह जब विद्यार्थी पढ़ने से मुक्त हो जाते हैं, तो वे अन्य जरूरी कामों में मन लगाते हैं---हुल्लड़, उपद्रव, छेड़छाड़, हड़ताल, मारपीट आदि-आदि! नोट्स खरीद संकने की जिसमें क्षमता है, उसे पढ़ने की जरूरत नहीं।

इधर रोज सुनते हैं कि फलाँ पेपर फलाँ ने निकाला है और ये प्रश्न आ रहे हैं। कहीं यह कि सागर से ये प्रश्न आये हैं। ये तो पूछे ही जायेंगे। या यह कि फलाँ आचार्य की लड़की परीक्षा में बैठ रही है, या फलाँ का भतीजा बैठ रहा है; उन्हें ये प्रश्न बताये गये हैं। इस तरह आनेवाले प्रश्न मालूम हो गये। फिर परीक्षा खत्म हो गयी तो यह पता लगा लिया जाता है कि कौन-सा पेपर कौन जाँच रहा है और उसकी किससे दोस्ती है और जिनसे दोस्ती है, वे हमारे कोई हैं कि नहीं! यदि वे हमारे कोई हैं तो नम्बर मनमाने मिल जायेंगे, इसमें तनिक भी शक नहीं। फिर यह भी सुन लेते हैं कि रुपयों से नम्बर खरीदे जा सकते हैं।

इतनी मेहनत करनी पड़ती है विद्यार्थी को। पेपर आउट करना, नकल करने के लिए पायजामा में कागज छिपाना, नोट्स की नकल करना, नम्बर बढ़वाने की कोशिश। फिर भी लोग आरोप लगाते हैं कि विद्यार्थी मेहनत नहीं करते। झूठ है। वे व्यर्थ का श्रम नहीं करते। जो काम जरूरी है, उसी को करते हैं।

कोई यह पूछे कि ये लाखों लड़के पढ़ते क्यों हैं? सच्चा कारण तो वे ही जानें। हम इतना जानते हैं कि उन्हें कुछ और करने का नहीं है, इसीलिए पढ़ते हैं। वरना क्या बी. ए. पास करके सब आई. ए. एस. होनेवाले हैं? इनकी आँखों के सामने शून्य होता है। वे नहीं जानते वे क्या करेंगे। इस देश में कोई युवक नहीं जानता कि उसका आखिर होगा क्या? वह क्या करेगा? वह यह भी जानता है बी. ए. करने से कुछ होता नहीं है। जब तक फेल होता जाता है, विद्यार्थी कहलाता है। जब पास हो जायेगा तब बेकार कहलायेगा। और हम उससे कहते हैं, पढ़ने में मन लगाओ।

पुलिस जनता की सहायक है*

पिछले 8-10 दिन बड़ी निश्चिन्तता से कटे। साल में 10-5 दिन के लिए पुलिस जनता की सहायक बन गयी थी। लेकिन वर्ष में 365 दिन जो होते हैं। शेष दिन पुलिस जनता के लिए कुछ और होती है। तभी 10-5 दिन तक तख्ती लगाकर घूमना पड़ता है कि 'पुलिस जनता की सहायक है।'

यह सहायक होने की बात सरकारी बात है। इसे सरकारी उदाहरण देकर ही समझाना पड़ेगा। पहले राजस्व विभाग में पटवारियों, रेविन्यू इन्स्पेक्टरों को अच्छे आचरण का भत्ता मिलता था। यह कुछ लोगों को मिलता था, कुछ को नहीं मिलता था। जिन्हें मिलता था वे तो अच्छे आचरणवाले थे। पर जिन्हें नहीं मिलता था, वे? इससे एक बात और समझ में आयी कि सरकार के इस मुहकमे में 'अच्छा आचरण' एक विशेष योग्यता मानी गयी, जो यदि किसी में हो तो उसे उसका भत्ता मिलेगा। याने अच्छा आचरण न होना कोई बुरी बात नहीं, पर हो तो और अच्छा।

इसी तरह पुलिस का हाल है। पुलिस जब तख्ती लगाकर घोषणा करे कि हम जनता के सहायक हैं तो उसका अर्थ यह निकला कि हे जनता! हम जानते हैं कि तुम हमें अपना दुश्मन मानती हो। हमारे कार्यों से तुम्हें हम अभी तक विश्वास नहीं दिला पाये हैं कि हम तुम्हारे सहायक हैं। इसीलिए कहने की जरूरत पड़ गयी कि हम तो तुम्हारे सहायक हैं। कम-से-कम अब तो हमें सहायक समझो।

पर गौर से देखा जाय तो पुलिस जनता की बड़ी सहायक दिखेगी।

जनता को जुआ खेलना पड़ता है। बड़े-बड़े खेलते हैं। एम. एल. ए. तक खेलते हैं। अब अगर पुलिस सहायता न करे तो क्या जनता का इतना जरूरी काम 'जुआ' हो सकता है? इसीलिए पुलिस जुआ खेलने में सहायता करती है। फड़ की रक्षा करती है। सिर्फ चाय-पान के लिए कुछ लेती है।

जनता को प्रदर्शनी में, टूर्नामेण्ट में बिना टिकिट घुसने का काम भी पड़ता है। तो पुलिस यहाँ भी उसकी सहायता करती है। वह जनता को बिना टिकिट भीतर घुस जाने देती है।

जनता गरीब है, इसलिए एक साइकिल पर दो आदमी बैठकर काम चलाते हैं। तब पुलिस ही सहायता करती है। वह पकड़ तो लेती है, पर दो-चार आने लेकर छोड़ देती है। अगर अदालत के सामने पेश कर दो तो 10-5 रुपये जुर्माना हो। जनता के इस पैसे को वह बचा देती है। याने जनता की सहायता करती है।

जनता को गुण्डागिरी करना भी जरूरी है। तो पुलिस फिर यहाँ भी सहायक है। उसे कभी-कभी कुछ देते जाइए, फिर चाहे जिस चौराहे पर हुल्लड़ करिए।

* प्रहरी, 24 अप्रैल, 1955

इसी से मिलती-जुलती सहायता बड़े लोग ऊँचे स्तर पर करते हैं। बड़े मामले में अगर पकड़ लिये गये तो उसे बड़े अफसर सुलझा देंगे। ज़रा बड़ी रकम लगेगी।

इस तरह सामाजिक जीवन के हर क्षेत्र में पुलिस जनता की सहायक है। हर अच्छे काम में मदद करती है। फिर भी जब कुछ सिरफिरों को यह बात समझ में नहीं आती, तो पुलिस को तख्ती लगाकर और लाउडस्पीकर से घोषणा करके यह जाहिर करना ही पड़ता है कि मूर्खो ! अब तो समझो। हम तुम्हारे सहायक हैं।

डीनइंज नामक एक अंग्रेज विचारक ने अपने निबन्ध में लिखा है—राज्य टैक्स-दरोगा या ड्रिल-सार्जेण्ट के रूप में ही साकार होता है। पिछले मार्च में जब केन्द्रीय बजट पेश किया गया तब हमारी जरूरत की चीजों पर लगाये टैक्स ने हमें याद दिलायी कि हम भारत गणतन्त्र राज्य में रहते हैं जो समाजवादी ढाँचा स्वीकार चुका है। वरना हम राज्य को क्या जानते हैं? इसी तरह जब खदान में गोली बरसती है या दंगल में हुल्लड़ होता है या चौराहे पर गुण्डागिरी होती है तब खाकी वर्दी के सिपाही को देखकर याद आता है कि हम किसी राज्य में रह रहे हैं।

लेकिन फिर भी अगर हम भूल जावें, तो सड़क पर नीली गाड़ी निकल जाती है जिस पर लिखा रहता है—'पुलिस जनता की सहायक है।' और हमें फौरन याद आता है कि हम मध्यप्रदेश राज्य के निवासी हैं जो 'पुलिस-राज्य' है और जिसमें पुलिस गुण्डों की सगी माँ और भले नागरिकों की सौतेली माँ होती है।

नाममात्र का समाजवाद*

लो भाई समाजवाद आ चला ! श्रीमन्नारायण अग्रवाल केवल श्रीमन्नारायण हो गये !

और अपने बाबू (सेठ) गोविन्ददास केवल गोविन्ददास रह गये !

याने भारत में जातिहीन समाज की स्थापना हो गयी। समाजवाद की जय बोलनी पड़ेगी !

दुनिया में एक नयी मिसाल रख दी कांग्रेस ने। बिल्कुल नये तरीके से यह समाजवाद आया है, क्योंकि मार्क्सवाद तो बहुत पुराना पड़ चुका।

समाजवाद वर्गसंघर्ष से आता है ? नहीं। समाजवाद वैधानिक प्रक्रिया से आता है ? नहीं। समाजवाद केवल नाम बदलने से आता है। नाम बदलने से आदमी

* प्रहरी, 30 अप्रैल; 1955

का रूप, रंग, गुण, धर्म, विचार सब बदल जाते हैं ! उधर शेक्सपियर कह गया है तो कहने दो—

> What is there in a name. Rose with any other name will smell as sweet.

(नाम में क्या रखा है ? गुलाब को कोई भी नाम दो, वह उतना ही मीठा महकेगा।)

आज यदि शेक्सपियर होता तो कहता—

> What is there in a name. A Congressman with any other name will be as corrupt.

(नाम में क्या रखा है ? कांग्रेसमैन को कोई भी नाम दो, वह उतना ही भ्रष्टाचारी होगा।)

पर न अब शेक्सपियर है, न उसकी बात लागू होती है। नाम बदलने से सब बदलने लगा।

तो अब समाजवाद आने में कोई देर नहीं है, और न कोई कठिनाई। राष्ट्रीयकरण और समाजीकरण की पुकार लगानेवाले चिल्लाते ही रहे और इधर एक छलाँग में कांग्रेसी समाजवाद ले आया और—

> With one stride comes socialism.

अब सेठ करोड़ीमल का नाम गरीबदास रख दिया जायगा !

सेठ घनश्यामदास बिड़ला का नाम हो जायगा—सुदामाप्रसाद।

सेठ रामकृष्ण डालमिया हो जावेंगे—दरिद्रदास।

ठाकुर सरदारसिंह हो जावेंगे—भिखारीलाल।

सुल्तान अली हो जावेंगे—मुफलिसअली।

अपने बाबू सेठ गोविन्ददास नाम के अन्त में 'दास' लगाये ही हैं। कोई कठिनाई नहीं। पहले कभी मारवाड़ी पगड़ी उतार दी थी। अब मारवाड़ा 'सेठ' सिर पर से उतर गया और समाजवाद आ धमका !

लेकिन यह बात मजाक की बात नहीं है। कांग्रेस अपने उद्देश्य के प्रति ईमानदार है। अवाड़ी अधिवेशन में समाजवाद की घोषणा करते समय कांग्रेस के मन में 'नाममात्र' का समाजवाद ही था। और अब नाम ही बदल रहे हैं। अपने निश्चयों पर कांग्रेस अभी भी दृढ़ है। 'नाममात्र' का समाजवाद लाने का निर्णय था उसका और अब वह केवल नाम बदल रही है।

'नाममात्र' का समाजवाद आ गया।

ज़रा अपने-अपने नाम सँभालो। इस समाजवाद में अपने नाम ही पराये हो जानेवाले हैं।

गुड़िया सम्मेलन*

'पण्डित नेहरू ने अन्तर्राष्ट्रीय गुड़िया सम्मेलन का उद्घाटन किया।'

—एक समाचार

अन्तर्राष्ट्रीय गुड़िया सम्मेलन दिल्ली में ही क्यों हुआ? लन्दन या न्यूयार्क में क्यों नहीं हुआ? यहाँ तक कि टोकियो में भी नहीं हुआ।

और पण्डित नेहरू ने ही इसका उद्घाटन क्यों किया? चर्चिल या बुल्गानिन ने क्यों नहीं किया? च्यांग काई शेक तक से उद्घाटन नहीं कराया गया।

यह कोई संयोग की बात नहीं है कि यह गुड़िया सम्मेलन भारत में ही हुआ और नेहरूजी ने ही इसका उद्घाटन किया। इसमें मतलब है कोई।

तो बड़ा मतलब है इस सम्मेलन में। विगत 7 वर्षों के स्वतन्त्र भारत की महान् परम्पराओं की महत्ता स्वीकार करके ही यह सम्मेलन यहाँ किया गया है। हमारे यहाँ हर दिन गुड़िया सम्मेलन होते रहते हैं। अभी अवाड़ी में अखिल भारतीय गुड़िया सम्मेलन हुआ था जिसका उद्घाटन, संचालन, निर्देशन सब पण्डित नेहरू ने किया। (कांग्रेस अधिवेशन)

इतनी सारी गुड़ियाँ दुनिया में कहीं एकसाथ इकट्ठी न हुई होंगी—लाखों। सब एक रंग की—सफेद! सबके सिर पर एक ही सफेद मुकुट, लेकिन आकृति अलग-अलग। और इतनी सारी गुड़ियाँ तरह-तरह के रंगीन धागों से 'नट' से बँधी हुईं—कोई 'पद' के पीले धागे से, कोई 'इनकमटैक्स-चोरी' के हरे धागे से! सबके-सब धागे सूत्रधार के हाथ में।

और सूत्रधार ने धागा खींचकर कहा—'समाजवादी नाच दिखाओ, मेरी गुड़ियो!' तो सब गुड़ियाँ हाथों को मटकाकर नाचने लगीं और गीत गाने लगीं—'समाजवादी ढंग! समाजवादी ढंग!!' सोशलिस्टिक पैटर्न!

और अभी हाल में ही नागपुर में भी एक अखिल भारतीय गुड़िया सम्मेलन हो गया, जिसका नाम था 'भारत सेवक समाज!' इसमें भी वैसी ही गुड़ियाँ थीं। वही सूत्रधार!

अब ज़रा राज्यों की विधानसभाओं में जाकर देखिए—कहीं तीन सौ गुड़ियाँ बैठी हैं, कहीं दो सौ। वे मन से कुछ नहीं करतीं, ये कुछ सोचती ही नहीं, क्योंकि गुड़ियों के पास कहीं दिमाग भी होता है? तो इनको नचाने के लिए भी बड़े सूत्रधार ने छोटे-छोटे बचकाने सूत्रधार नियुक्त कर दिये हैं, जो इनके सूत्र को खींचते हैं तो ये एकदम नाचने लगती हैं। इन गुड़ियों के हाथ से एक-एक धागा बंधा है, जिसे ज़रा खींचते ही इनके हाथ उठने लगते हैं।

* प्रहरी, 21 मार्च, 1955

भारत की परम्परा महान् है। ग्रीक नाटकों से पहिले से यहाँ गुड़ियों का नाच होता रहा है। हमारा नाट्यशास्त्र सबसे पुराना है। कोई भी देख ले कि आज भी वह परम्परा कायम है। जगह-जगह गुड़िया सम्मेलन होते हैं। गुड़ियों के देश में गुड़िया सम्मेलन न हो तो क्या जापान में होगा? और भारत के सबसे बड़े गुड़िया नचानेवाले व्यक्ति का नाम है—जवाहरलाल नेहरू!

इसीलिए ठीक ही छपा है—दिल्ली में पण्डित नेहरू ने अन्तर्राष्ट्रीय गुड़िया सम्मेलन का उद्घाटन किया।

समाचार-पत्रों में आगे यह नहीं कहा गया है कि किस देश से कौन-सी विशेष गुड़िया आयी।

उत्सुकता रह गयी कि इस गुड़िया सम्मेलन में भाग लेने के लिए अमेरिका ने अपनी गुड़ियाँ च्यांग काई शेक, मोहम्मद अली आदि भेजीं कि नहीं।

समाजवादी ढाँचे में साहित्य*

चीजों के आकार बदल रहे हैं कि वे समाजवादी ढाँचे में फिट हो जावें। ढाँचा तो बदल नहीं सकता। हजारों सालों के जो ढाँचे बने हुए हैं उनमें अब एक नया ढाँचा, समाजवादी ढाँचा मिल गया है और अब दौड़ लगी है कि कौन इस ढाँचे में फिट होता है। जिनके सिर पर कल लाल टोपी थी उन्होंने उसे उतारकर आज सफेद लगा ली है—समाजवादी ढाँचे में फिट होने के लिए। जो कल जननेता थे वे आज सरकारी नौकर हो गये हैं—समाजवादी ढाँचे में फिट होने के लिए।

अब साहित्य की बारी है। इस क्षेत्र में भी बड़ी हलचल है—समाजवादी ढाँचे में ढलने की। मध्यप्रदेश इस मामले में अगुआ है। दो साल पहिले साहित्य सम्मेलन के अध्यक्ष के रूप में वित्तमन्त्री को प्रतिष्ठित करके समाजवादी ढाँचे की व्यवस्था अबाड़ी अधिवेशन के लगभग डेढ़ साल पहिले यहाँ शुरू हो गयी थी। और जब 'मोर हिन्दी भवन' की हर इंट इसी ढाँचे को मजबूत कर रही है। (मोर एक बड़े सेठ हैं)।

तो जब सर्वत्र समाजवादी ढाँचे की व्यवस्था हो जायगी तब शासन-विधान भी बदलेगा ही और हर क्षेत्र के नये कानून बनेंगे और साहित्य विभाग के लिए भी नये कानून बनेंगे। मध्यप्रदेश में इस नवीन समाजवादी ढाँचे का जो प्रयोग चला हुआ है, उसका अध्ययन करके और उसकी सफलता से अभिभूत होकर 'अघोर भैरव' भावी

* प्रहरी, 22 मई, 1955

विधान-निर्माताओं के सामने समाजवादी ढाँचे के शासन-विधान के साहित्य विभाग के लिए नियमों का एक कच्चा मसौदा पेश करता है—

साहित्य विभाग

परिभाषा—साहित्य के अन्तर्गत निम्नलिखित वस्तुएं मानी जावेंगी--

1. कागज पर छपा हुआ हर एक शब्द जिसमें 'रामचरितमानस' से लेकर साबुन के लेबिल तथा 'नई धारा' से लेकर प्रगति की पत्रिकाएँ आवेंगी।

2. वे सब कविताएँ, कहानियाँ, उपन्यास और निबन्ध जो मन्त्रियों, उप-मन्त्रियों और अफसरों के दिमागों में हैं और जो लिखे नहीं जा सके ! यह साहित्य भी लिखित साहित्य की तरह ही पारितोषिक के योग्य माना जावेगा।

3. वे पाण्डुलिपियाँ जो अफसर लेखकों ने दफ्तरों में ही टाइपिस्टों से सरकारी कागज पर टाइप करायी हैं।

4. मन्त्रियों के भाषण मौलिक रूप में अर्थात् अखबारनबीसों द्वारा सुधारकर छापे हुए रूप नहीं।

5. अन्य चीजें, जो सरकार समय-समय पर इसके अन्तर्गत लाना चाहे।

विधान

1. जैसे जल, थल और वायुसेना का प्रधान राष्ट्रपति होता है, वैसे ही राज्य के साहित्य सम्मेलन का सभापति मुख्यमन्त्री या वित्तमन्त्री होगा।

2. उक्त मन्त्रियों की असमर्थता हो तो उनके द्वारा नामजद कोई सरकारी साहित्यकार होगा।

3. सभापति जब तक चाहे तब तक पद पर रह सकेगा। उसे नवीन चुनाव कराने को बाध्य नहीं किया जा सकेगा। एक सभापति चाहे तो जीवन-भर भी सभापति रह सकता है और वह यदि वसीयतनामे में लिख जावे तो उसके बाद उसका पुत्र होगा। इस मामले में साहित्य सम्मेलन व्यक्तिगत सम्पत्ति ही माना जावेगा।

4. हर सभापति कम-से-कम एक इमारत बनवायेगा। चूंकि मन्त्री ही सभापति होगा, इसलिए इसमें आर्थिक कष्ट नहीं होगा। बड़े व्यापारियों से दान लेना चाहिए और बदले में उनको काली सुविधाएँ देना चाहिए।

5. इमारत का निर्माण होते ही नया निर्वाचन होगा। अतएव इमारत का निर्माण-काल ही तत्कालीन सभापति का कार्य-काल होगा।

6. सम्मेलन की ओर से अभिनन्दन-ग्रन्थ केवल मन्त्रियों को भेंट किये जा सकेंगे। सबके पहिले इसे पाने का अधिकार मुख्यमन्त्री को होगा। तत्पश्चात् एक के बाद एक सब मन्त्रियों को अभिनन्दन-ग्रन्थ भेंट किये जावेंगे।

7. देश का जनसमाज जिनके ग्रन्थ पढ़ता और पसन्द करता है, उन्हें अभिनन्दन ग्रन्थ कभी नहीं दिया जा सकेगा (जन-सुरक्षा के खयाल से यह निषेधात्मक

आदेश लागू किया जाता है)।

8. अभिनन्दन-ग्रन्थ के लिए काम करनेवाले लोग विशुद्ध रूप से असाहित्यिक होना चाहिए—इनमें असफल कवि, असफल लेखक, असफल सम्पादक, सरकारी नौकर, सेठ-साहूकार आदि शामिल होंगे।

9. इन काम करनेवालों को साहित्य सम्मेलन भरपूर खर्चे और भत्ता देगा। याने वर्धा से आने पर भी बम्बई से आने का किराया माँगा जाय तो देना होगा। और मित्र के यहाँ भोजन करके भी 5 रु. भोजन-खर्च माँगा जाय तो भी बिना आनाकानी देना होगा।

10. अभिनन्दन-ग्रन्थ में मन्त्री, नेता, सेठ, साहूकार, व्यापारी आदि का प्रचार होगा, इन्हीं की तस्वीरें होंगी। राज्य की वास्तविक साहित्यिक गतिविधियों का इस ग्रन्थ से लेशमात्र भी सम्बन्ध नहीं होना चाहिए।

11. सरकार हर वर्ष लोक सेवा आयोग के जरिये राज्य के साहित्यकारों से 'लाइसेन्स' के लिए प्रार्थनापत्र मँगवायेगी। इनमें जिन साहित्यकारों को योग्य समझा जावे उन्हें एक-एक बिल्ला दिया जायगा। इस बिल्ले को प्राप्त किये बिना कोई कवि या लेखक एक लाइन भी लिखेगा तो उस पर कानूनी कार्यवाही की जायगी। (इस बिल्ले का आकार-प्रकार रेल्वे कुली के बिल्ले के समान होगा)।

12. इसका बिल्ला लगानेवाला साहित्यकार 'सरकारी साहित्यकार' कहलायेगा और उसे ही रेडियो पर भाषण देने को बुलाया जायगा, उसे ही सरकार इनाम देगी, उसी की चीजें छापेगी।

13. इन सरकारी साहित्यकारों के अतिरिक्त जो लोग बिना बिल्ला लगाये साहित्य-सृजन करेंगे, वे कानून की निगाह में वही अपराध करेंगे जो चोरी से शराब उतारनेवाले करते हैं।

सिनेमा की बात*

कल रात को एक हिन्दी फिल्म देखने जाना पड़ा। 'जाना पड़ा' में जो मजबूरी है वह छिपी नहीं है। बम्बइया फिल्म-निर्माताओं की कृपा से ऐसा हो गया है कि हिन्दी फिल्म देखने जाना दण्ड भुगतने जैसा लगता है। हिन्दी, जिसके आगे लगा है उस 'फिल्म' के बारे में मेरी यह राय जानकर टण्डनजी और गोविन्ददासजी को गुस्सा जरूर आयगा। पर मेरा खयाल है ये दोनों सज्जन फिल्म कभी देखते न होंगे। जो

* प्रहरी, 19 जून, 1955

देख लेगा वह जरूर पछतायगा। उन दो-चार फिल्मों को छोड़ दीजिए जो साल में बन जाती हैं। बाकी सब एक रंग की।

तो कलवाली फिल्म का यह प्लाट कि एक लड़के से एक लड़की मिली—दोनों ने साथ गाने गाये, दोनों ने तारों की छाया में कसमें खायीं कि हम एक-दूसरे के हो गये। बस इसी बीच एक 'दाल-भात में मूसरचन्द' आ गया और नायिका ने आँखों में 'केमिकल आँसू' लाकर कहा कि मैं आत्महत्या कर लूंगी। तब नायक ने समझाया। शादी दूसरे से हो गयी। तब दोनों गाने गाने लगे—विरह के। एक ने बम्बई से दो पंक्तियाँ गायीं तो दूसरी ने—इलाहाबाद से आगेवाली दो गा दीं। फिर नायक विक्षिप्त हो गये और नायिका की रट लगाते सड़कों, बियाबानों में घूमने लगे। और गाने? लगभग 15! मिलने का गाना, आँखें लड़ाने का गाना, शादी में 2-3 गाने, बिछोह के गाने, मरने के गाने, बाप की मौत का गाना, साँप के काटने का गाना, और अब कुछ दिनों में सुन लीजिए—टट्टी जाने का गाना, कुल्ला करने का गाना! फिर नाच? जितनी औरतें हैं, सब नाचती हैं। राय साहब की प्रेम-मग्न बेटी जब पार्टी के बाद नाचती है तो अपने वक्ष को खूब जोर से उमेठती है और साड़ी को लगभग घुटने तक उघाड़ती है। बाप और माँ देख रहे हैं! ताली बजा रहे हैं।

ऐसी फिल्में हमने लगभग 100 तो अभी तक देखी होंगी। नाम ही बदलते हैं—जमना की जगह कामिनी और सुरेन्द्र की जगह नरेन्द्र! पर नरेन्द्र और कामिनी ठीक वही करते हैं जो सुरेन्द्र और जमुना करते थे!

इधर कुछ दिनों में कुछ यह भी देखा है कि गाँव की मेंड़ पर बिरजू और लक्ष्मी 'बॉल डांस' करते हैं—ठीक हॉलीवुड स्टाइल पर! नकल फटकारने में भी अकल की जरूरत होती है, यह हमारे फिल्म-निर्माताओं को बिल्कुल नहीं मालूम। एक नमूना लीजिए मुफ्त!

एक अँगरेजी फिल्म में एक दृश्य था—नायिका स्नान कर रही है। गलती से नायक स्नानागार का दरवाजा खोलता है, त्यों ही वह एकदम 'आई एम सारी' कहकर हट जाता है और दरवाजा बन्द कर देता है—बड़ी शिष्टता और शालीनता से!

अब बम्बइया भाइयों ने इस दृश्य को चुरा लिया। हिन्दी फिल्म में आ गया। वहाँ कैसा आया। यह भी हमने देखा—

नायिका स्नान कर रही है। नायक गलती से दरवाजा खोल देता है। तो नायिका एकदम मुड़ती है और नैन मटकाकर कहती है—'क्यों चोरी करते हो?' कैसा भौंड़ा और भद्दा!

इधर कुछ डाकुओं, गुण्डों की फिल्म बनने लगी हैं, जिनमें लड़की डाकू से प्रेम करने लगती है। बस मैं देखता हूँ कि अनेक किशोर बिल्कुल उन डाकुओं जैसा अभिनय करते हैं, मारपीट करते हैं, क्योंकि डाकू से लड़की प्यार करने लगती है।

अपने यहाँ एक और प्लाट बहुत मँज गया है—गरीब आदमी की बेटी का बड़े आदमी के बेटे से प्यार या बड़े आदमी की बेटी से गरीब आदमी के बेटे से प्यार।

फिर वह बड़े आदमी का बेटा या बेटी बड़ी उदारता से कहते हैं कि कोई बात नहीं कि तुम गरीब हो—प्रेम में सब बराबर होते हैं। इनकी घटनाएँ भी बड़े मजे की होती हैं। कार-दुर्घटना से अक्सर प्रेम होता है। कुबेर-कन्या कार दौड़ाती आ रही है। बेकार गरीब युवक बेखबरी से चल रहा है। कार का धक्का उसे लगता है। बस कुबेर-कन्या उतरती है, प्रेम हो जाता है। वह जब होश में आता है तब पूछता है—'मैं कहाँ हूँ ? आप कौन हैं ?' कन्या प्रेम करने लगती है। फिर वह दूसरे कमरे में जाकर एक प्यार का गाना गाती है !

इतने बार फिल्म में 'एक्सीडेण्ट' से प्यार होता है कि कभी-कभी हम सोचते हैं कि हम वास्तव में दुनिया में हैं कि चल बसे। हमने इतने सालों की जिन्दगी में कभी किसी सुन्दरी की कार से किसी नवयुवक के जख्मी होकर प्यार होने की घटना नहीं देखी। हम भी अनेक बार ऐसी ही इच्छा लेकर निकले कि किसी कुबेर की सौन्दर्य-मयी पुत्री की मोटर से हमारा भी कोई अंग टूट जाय, लेकिन बाकी जिन्दगी तो सुधर जाय ! पर आज तक ऐसा नहीं हुआ। मैं तो आज भी हाथ जोड़कर कहता हूँ कि हे कारों पर चलनेवाली कोमलांगियो ! मुझ अकिंचन पर भी तो एक बार दया करो। मैं सड़क पर काफी बेखबर चलता हूँ। तुम अपनी कार में चुपचाप आओ और मुझे कुचल दो। मेरी एकाध हड्डी तोड़ दो, पर मुझे प्यार तो करो। मैं सच कहता हूँ, पुलिस में रिपोर्ट नहीं करूँगा। सिनेमा में पुलिस रिपोर्ट कहाँ होती है ? वहाँ तो प्यार ही होता है।

कितने वर्षों से मैं प्रार्थना कर रहा हूँ लेकिन आज तक किसी कार से तो क्या, सुन्दरियों के रिक्शे तक से मैं नहीं टकराया। सुन्दरियों से लदे सैकड़ों रिक्शे मेरे पास से उपेक्षा से निकल जाते हैं और मुझे धक्का तक नहीं लगता। कब मुझ पर किसी की कृपा होगी ?

एक और 'टाइप' है—'आरती शंकर की' और 'पधारो शंकरजी' वाली धार्मिक फिल्म ! इन्हें आप देखें और सिर खुजलावें कि आखिर कौन धर्म इन्हें स्वीकार करेगा ? धार्मिक और ऐतिहासिक फिल्में विदेशों में भी बनती हैं पर बड़ी जिम्मेदारी से। हमारे यहाँ 'ऐरागैरा नत्थू खैरा' से कहानी लिखा ली और अण्ट-शण्ट पर्दे पर ला दिया। न जाने कितनी ऐतिहासिक फिल्में हमने देख डाली हैं पर सबमें एक प्लाट—बाबर की जीत एक लड़की ने करायी, तानसेन को महत्ता एक लड़की ने दिलायी, पोरस एक लड़की के कारण हारे। इन लोगों की शक्ति, कला-कौशल, बुद्धि सब बेकार ! एक कोने से एक स्त्री आती है और धूल से उठाकर इनको आसमान पर चढ़ा देती है। और सीता, पार्वती वगैरह इश्किया ग़ज़ल गाती है—सो तो है ही।

एक बात और है। इन फिल्मों में प्रेम 'मरने' के लिए है, 'जीने' के लिए नहीं। नायक और नायिका बरबाद होते ही हैं—पागल होते या मर जाते हैं। गोया प्रेम कोई जहर है, जिसने चखा कि मर गया। प्रेम करके मरना ही चाहिए, इस बात को ऐसा जमा दिया है इन्होंने कि जब-तब आपको जुम्मा तालाब में प्रेमियों के शव

उतराते मिल जाते हैं। सिर्फ फिल्म में ही नहीं—लगभग सब पतनशील कलाओं में प्रेम को ज़हर बना दिया गया है—वह प्राण, शक्ति, स्फूर्ति, आनन्द, देनेवाला नहीं है। वह मारनेवाला है, पागल करनेवाला है, निष्क्रिय करनेवाला है।

अब बस ! नहीं तो वे जो टिकिटघर की खिड़कियाँ तोड़ते हैं—इस जनतन्त्र के सच्चे राजा लोग—वे ही मेरे ऊपर टूट पड़ेंगे।

बेचारा भ्रष्टाचार*

अब भ्रष्टाचार की आफत आयी। मध्यप्रदेश सरकार ने भ्रष्टाचार जाँच समिति की नियुक्ति कर दी है। समिति नियुक्त होते ही भ्रष्टाचार बन्द हो जावेगा। हमारे यहाँ समिति नियुक्त होते ही काम हो जाता है। जैसे खाद्य समिति नियुक्त होते ही पैदावार बढ़ जाती है, बाढ़ समिति बनते ही नदियों में बाढ़ आना बन्द हो जाता है, साहित्य परिषद् बनते ही जमीन में से कविताएँ निकलने लगती हैं, शुक-सारिका गीत गाने लगते हैं, कुत्ते भौंकते हैं तो कविता में। कमेटी बिठाते ही हमारे यहाँ काम हो जाता है। कोई आदमी जाकर कहे कि हमारे घर में आग लग गयी है तो सरकार फौरन समिति बिठा देगी और समिति बैठी कि आग बुझी।

अपने यहाँ भूखे आदमी के लिए समिति है, नंगे के लिए समिति है, रोगों के लिए समिति है, किसान के लिए समिति है, ईमानदार के लिए समिति है, बेईमान के लिए समिति है। अगर चोरी करना राष्ट्रीय धन्धे के रूप में मान लिया जाय तो सरकार एक विशेषज्ञ समिति बिठायगी जो चोरी करने के बारे में सलाह देगी।

तो अब भ्रष्टाचार जाँच कमेटी बन गयी। लोग बहुत चिल्लाते थे कि भ्रष्टाचार बहुत होता है। अब तो भले आदमियो ! कमेटी ही बैठ गयी। अब तुम क्या कर लोगे ? सरकार की बात आम लोगों की समझ में तो आती नहीं है। सरकार से भ्रष्टाचार की शिकायत करोगे तो, भ्रष्टाचार बन्द नहीं करेगी, कमेटी बिठायगी। अन्नाभाव की शिकायत करोगे तो अन्न पैदा नहीं करायगी, अन्न कमेटी बिठायगी। सरकारी काम ऐसा ही होता है।

तो यह भ्रष्टाचार समिति जो बैठी है, सो सब ईमानदार आदमियों की बैठी है। निष्पक्ष आदमी हैं, जो किसी से डरते नहीं। उनमें से किसी के 3-4 लाख के बँगले हैं, 2-4 लाख के शेयर हैं। ये सरकारी नौकर थे और रिटायर होते ही ये सब बन गये। पैसा कहाँ से आया ? यह पूछने का कोई अधिकार हमें नहीं है, क्योंकि वे

* प्रहरी, 12 जून, 1955

अब भ्रष्टाचार की जाँच करेंगे। हमारा सुझाव तो यह है कि इस समिति में वे ही आदमी लिये जायें जो राज्य-भर में सबसे अधिक भ्रष्टाचारी माने जाते हैं, क्योंकि ये ही लोग तो सब हथकण्डे जानते हैं। भला ईमानदार आदमी बेचारा क्या जाने भ्रष्टाचार के दाँव-पेंच ! वैसे यह समिति विशेष बुरी नहीं है !

इस समिति का काम भी बड़ा जोरदार है। यह केवल शिकायत करेगी और दण्ड देना सरकारी अफसरों के हाथ में होगा। याने यह समिति एक लेटर बॉक्स का काम देगी। इसमें चिट्ठियाँ डालो, सरकारी अफसर खोलेंगे, पढ़ेंगे, फाड़कर फेंकेंगे। जब सरकारी अफसर पहले ही से दण्ड देते आये हैं तो यह समिति क्यों? इसलिए कि भ्रष्टाचार के खिलाफ आवाज बढ़ गयी थी। और जब किसी बात की आवाज बढ़ जाती है, तो सरकार कमेटी बिठाती है। कमेटी बिठाने का यह अर्थ है कि आवाजें बन्द हों। भ्रष्टाचार ? वह पूर्ववत् चले। बल्कि बढ़े, क्योंकि जब कमेटी बैठ गयी है तो कौन कह सकता है कि भ्रष्टाचार की जाँच नहीं होती ? कमेटी की छाया में हे भ्रष्टाचार, अब फूलो-फलो !

अब भ्रष्टाचार का रास्ता बहुत सीधा हो गया है ! अफसर घूस लेगा, कमेटी के पास शिकायत होगी। कमेटी पता लगायेगी कि यह अफसर किसका कौन है ? याने किस मन्त्री, डिपार्टमेण्टल हैड, नेता या मित्र का रिश्तेदार है। अगर इनमें कोई है तो वह निर्दोष छूटेगा। यदि नहीं है तो दण्ड पायगा। तो वे कौन हैं जो किसी के कोई नहीं हैं ? गरीब बाबू और गरीब चपरासी ! तो ये ही दण्ड पावेंगे। सबेरे 500 रु. घर में घूस लेकर अफसर 12 बजे आठ आने ले लेनेवाले चपरासी का न्याय करेगा और दण्ड देगा और इस तरह भ्रष्टाचार बिल्कुल बन्द हो जायगा।

हमारा सुझाव है कि जब 10-15 बाबू और चपरासी भ्रष्टाचार में दण्ड पा जावें तो इसी कमेटी को 'भ्रष्टाचार सलाहकार समिति' का रूप दे दिया जाय। इतने दिनों के अनुभव से वे भ्रष्टाचार के तरीके सीख ही जावेंगे। इसलिए यही समिति अफसरों को तरीके सिखाये। इससे बड़ा लाभ होगा। जब अफसर लोग इस प्रकार चतुराई से भ्रष्टाचार करना सीख जावेंगे कि किसी को मालूम न हो तो जनता आवाज ही नहीं उठायेगी और तब शासन की बदनामी भी न होगी। तब कौन कह सकेगा कि भ्रष्टाचार होता है। इसलिए सरकार को चाहिए कि जाँच करने के स्थान पर भ्रष्टाचार सिखाने का प्रयोग करे। सब हल्ला-गुल्ला इसलिए होता है कि ये अफसर लोग कहीं कोई भूल कर जाते हैं, और शासन बदनाम होता है। इसलिए विशेषज्ञों की समिति इस कला में शिक्षा प्रदान करे, ताकि शासन की बदनामी न हो।

हम उस बुरे दिन का इन्तजार कर रहे हैं, जब कोई अफसर भ्रष्टाचार में दण्डित होगा।

यह युग 'मिसफिट' का है ![*]

भारत का विधान जिस समय बन रहा था तब एक सुझाव दिया गया था कि विधानसभाओं के सदस्यों की कुछ शैक्षणिक योग्यता निर्धारित की जाय। पर बहुमत ने इसे काट गिराया। इस तरह संसद, विधानसभा और मन्त्रिमण्डल में उन लोगों के लिए भी रास्ता साफ हो गया, जो निरक्षरता और अज्ञान से चिपटे हुए हैं।

परिणाम बहुत भयावह है। प्रजातन्त्र में सबसे बड़ा दोष है तो यह कि इसमें योग्यता को मान्यता नहीं मिलती, लोकप्रियता को मिलती है। हाथ गिने जाते हैं, सिर नहीं तौले जाते। जो कुछ निश्चित मत अपनी पेटी में गिरवा सके वह सबकुछ हो जाता है। और यह शायद हमारे ही जनतन्त्र में होता है कि गुण्डे भी चुनाव में जीतकर शासन करने पहुँच जाते हैं। जुए के फड़ चलानेवाले, शराबखोरी करनेवाले, गुण्डागिरी करनेवाले बड़े-बड़े निर्वाचित पदों पर हमारे ही प्रदेश में हैं। यह प्रजातन्त्र है भाई !

यह 'मिसफिट्स' का युग है भाई ! जिसे जुआड़खाना चलाना चाहिए वह मन्त्री है; जिसे डाकू होना चाहिए वह पुलिस अफसर है; जिसे दलाल होना चाहिए वह प्रोफेसर है; जिसे जेल में होना चाहिए, वह मजिस्ट्रेट है; जिसे कथावाचक होना चाहिए, वह उपकुलपति है। जिसे जहाँ नहीं होना चाहिए, वह ठीक वहीं है।

अकल की बात आयी, तो देखा कि जिन मन्त्रियों को जो विभाग सँभालना पड़ते हैं उनके बारे में जानकारी शून्य ! सचिव और विभागीय अफसर लोग मन्त्री के नेत्रों पर पट्टी बाँधकर उनकी अंगुली पकड़कर चलाते हैं—और वे चलते हैं। न चलें तो मान-प्रतिष्ठा, माला, मंच, माइक्रोफोन, बँगला, कार, चपरासी आदि कैसे मिलें ?

बात पुरानी हो गयी फिर भी ताजी है कि किसी राज्य के स्वास्थ्य मन्त्री ने एक अस्पताल का निरीक्षण करते समय एक रोगी को देखा, जिसका इलाज चल रहा था और डाक्टर से पूछा—'इसकी पोस्टमार्टम रिपोर्ट कहाँ है ?'

पड़ोसी प्रान्त के स्वास्थ्यमन्त्री एक बार एक अस्पताल का निरीक्षण करने गये तो उन्हें बतलाया गया कि यह कमरा 'रेडियोलाजिस्ट' का है। उन्होंने झट मुड़कर सेक्रेटरी से कहा, 'अपना रेडियो खराब हो गया है; उसे यहीं सुधरने के लिए भेज देना।'

और अब ताजे किस्से। एक कांग्रेसी और प्रतिष्ठित कांग्रेसी के द्वारा ये किस्से मालूम हुए हैं—

वे मध्यभारत के एक मन्त्री के पास गये उनसे मिलने। वे एक अखबार के हिस्सेदार हैं और पुस्तक प्रकाशक भी। उन्होंने अंग्रेजी में लिखा अपना 'विजिटिंग

* प्रहरी, 24 जुलाई, 1955

कार्ड' मन्त्रीजी के पास भिजवाया। थोड़ी देर बाद मन्त्रीजी कार्ड हाथ में लेकर बाहर आये और बोले—'देखिए साहब, मैं बीमा वगैरह नहीं करवाता।' वे बेचारे चकित हुए और बोले—'नहीं, नहीं साहब, मैं बीमा-एजेण्ट नहीं हूँ।' तब मन्त्रीजी ने पूछा—तो फिर ये 'कारट' का है?

मन्त्री प्रवर कार्ड को पढ़ नहीं पाये थे और अन्दाज कर पाये थे कि इस तरह के कार्ड बीमा एजेण्टों के पास होते हैं।

दूसरे मन्त्री से मिले और प्रार्थना की कि उनकी प्रकाशित पुस्तकें राज्य में चलायी जावें। मन्त्री बड़ी सौम्य, सरल और संकोचहीन मुद्रा में बोले—'मुझे कितना रुपया देंगे आप?' वे बेचारे चकित हुए, पर मन्त्री के मुख पर वही निर्मलता, जो गाँधीजी की प्रार्थना-सभा में बैठकर किसी समय रामधुन लगाने में रहती थी। 'रामधुन' की ट्रेनिंग का ही यह परिणाम है कि आज ऊँचा कांग्रेसी भी सौम्य मुद्रा में पवित्र भाव से घूस की माँग कर देता है।

पर ये मन्त्री बहुत सुलझे हुए विचार के निकले। कहने लगे—'साहब, चौंकिए मत। यह पैसा मेरे घर में नहीं जायगा। सब कांग्रेस के काम आयगा। आप तो खुद कांग्रेसी हैं, इसलिए बात को समझ सकते हैं। बात यह है कि अगर इस तरह पैसा इकट्ठा न किया जाय तो कांग्रेस का काम कैसे चले? और अगर कांग्रेस का काम न चला तो हम मन्त्री कहाँ रहेंगे। और तब आप लोगों की किताबें कौन चलावेगा? इसलिए यह तो पारिवारिक समझौता सरीखा है, हम लोगों का। अब परसों ही प्रान्तीय कांग्रेस की यहाँ बैठक है। सब सदस्यों को मुझे मार्ग-व्यय और भत्ता देना पड़ेगा, नहीं तो कोई नहीं आयगा। अब मैं अगर आप लोगों से नहीं लूँ तो आखिर इन लोगों को कहाँ से दूँ? जरा आप हमारी समस्या भी देखिए!' बड़ा सुलझा दिमाग पाया है मन्त्री ने।

एक और प्रसिद्ध किस्सा है। एक भगवद्भक्त मन्त्री के बँगले में कुछ कारीगर 'रेफ्रिजरेटर' सुधारने के लिए बुलाये गये। उन्होंने देखा कि रेफ्रिजरेटर के भीतर भगवान की मूर्ति रखी है—सिंहासन पर। चन्दन, हल्दी, अक्षत और पुष्पों से सज्जित। पूछने पर मालूम हुआ कि मई के माह की गर्मी में भगवान को तकलीफ न हो, इसलिए उन्हें रेफ्रिजरेटर में रख दिया गया था।

अभी ऐसा ही चलेगा। जब तक इस देश के लोगों को केवल 'रामधुन' लगाना और जय बोलना सिखाया जायगा तब तक ऐसे होते रहेंगे—जीवित मरीज की 'पोस्टमार्टम रिपोर्ट' माँगनेवाले मन्त्री, धार्मिक उत्साह से घूस माँगनेवाले मन्त्री, दिन को न्याय करके रात को जुआ खिलानेवाले अफसर और विधानसभा में भ्रष्टाचार विरोधी भाषण देकर अपनी दूकान पर घूस देने के लिए एक 'एक्सपर्ट' रखनेवाले उद्योगपति एम. एल. ए.।

उपवास से वर्षा*

यह प्रेस ट्रस्ट का समाचार है। प्रेस ट्रस्ट बड़ी विश्वस्त समाचार एजेन्सी है। उसका नाम ही 'ट्रस्ट' से बना है, फिर विश्वास कौन नहीं करेगा ? तो समाचार यह है कि बड़ौदा के पास किसी गाँव में संन्यासियों ने 7 दिन तक उपवास किया। परिणाम हुआ कि आठवें दिन झमाझम पानी बरसने लगा।

प्रेस ट्रस्ट संवाददाता ने देखा कि 7 दिन तक साधुओं ने तपस्या की और आठवें दिन उसने देखा कि पानी बरसा। अब तपस्या और पानी का सम्बन्ध भला क्यों नहीं जुड़ेगा ? इस ऋतु में मानसून आता है; एक मेघपुंज सहज ही उस ओर आया और बरस गया। यह बात प्रेस ट्रस्ट के जानने लायक नहीं है। प्रेस ट्रस्ट को तर्क और विज्ञान से क्या मतलब ?

तो विश्वस्त एजेन्सी का समाचार है, इसलिए जरूर मानना पड़ेगा कि साधुओं की तपस्या सफल हुई। वे भूखे रहे कि उनके खाली पेटों से एक खास तरह की वायु निकलकर पश्चिमी सागर तक गयी और एक मेघ-समूह को लपेटकर ले आयी और बड़ौदा में बरसा दिया।

अब मान लीजिए बड़ौदा के इस गांव में 20 साधु तपस्या कर रहे थे और जयपुर के पास 40 साधु तपस्या कर रहे थे, तो वह बादल का टुकड़ा बड़ौदा न जाकर जयपुर जायगा क्योंकि एक जगह 20 हार्स पावर है तो दूसरी जगह 40 हार्स पावर ! हिसाब के सुभीते के लिए 'हार्स पावर' मान लिया गया है। है असल में 'पाखण्ड पावर'।

इस प्रकार यह बात सिद्ध हुई कि साधु लोग अगर चाहें तो मेघ कहीं भी बरसवा सकते हैं। इसलिए भारत सरकार को कुछ लाख साधु मासिक वेतन पर रखने चाहिए। इसे आगामी पंचवर्षीय योजना में शामिल करना चाहिए। सिंचाई योजनाओं पर जितना खर्च हो रहा है उसे बन्द करके साधुओं की एक जमात फौज की तरह रखनी चाहिए। जैसा सेना के चार कमाण्ड हैं, वैसे ही इस 'मेहसेना' के चार कमाण्ड स्थापित करने चाहिए। फिर जहाँ वर्षा की जरूरत हो वहाँ इस सेना का एक दस्ता रवाना कर देना चाहिए। बस साधु तपस्या करेंगे, उसी समय अरब सागर में भाफ बनेगी और बादल एकदम उस स्थान को दौड़ आवेंगे। हमारी खाद्य समस्या हल हो जावेगी।

लेकिन जैसे सरकार सैनिकों की खुराक वगैरह का अच्छा प्रबन्ध करती है वैसे ही इनको भी रबड़ी-मलाई आदि का इन्तजाम करना चाहिए। याने जैसे नागरिकों को भूखे रखकर भी सेना को माल खिलाया जाता है, वैसे ही इन साधुओं को भी। अगर साधु हट्टे-कट्टे होंगे तो अधिक तपस्या कर सकेंगे।

* प्रहरी, 31 जुलाई, 1955

अपने देश में यह बात जमेगी भी, क्योंकि हमारे यहाँ अभी भी बुखार की दवाई ओझा का मन्त्र है; हैजे की दवा झाड़-फूंक है, टाइफाइड में पण्डित द्वारा शनि की पूजा होती है। जब वर्षा के लिए साधुओं की फौज रखी जायगी, तब इस देश की जनता बहुत खुश होगी। फिर तो सिनेमा के आरती के रिकार्ड बजेंगे।

लेकिन वैज्ञानिक युग है, इसलिए डर लगता है। फिर इस देश के प्रधानमन्त्री बहुत वैज्ञानिक दृष्टिवाले हैं। एक बार बिहार में भूकम्प हुआ था। गाँधीजी ने कहा कि हरिजनों पर जो हम अत्याचार करते हैं, उसके परिणामस्वरूप परमात्मा ने यह दण्ड हमें दिया है। तब पण्डित नेहरू ने कहा कि यह क्या व्यर्थ की अन्धविश्वास-पूर्ण और अवैज्ञानिक बात कह दी। हरिजनों पर सबसे अधिक अत्याचार तो दक्षिण में होता है और भूकम्प हुआ है बिहार में। अब यह कैसी बात है कि दक्षिण के लोगों के पाप का परिणाम बिहार के लोगों को भुगतना पड़े।

वैसे सन्त विनोबा ने पिछले साल जरूर आशाप्रद बात कही थी। जब वे बीमार पड़े तो उन्होंने दवा लेना नामंज़ूर कर दिया। कहने लगे कि भगवान का भरोसा है। अगर मेरी मौत नहीं आयी है तो मैं बच जाऊँगा। अब अगर सन्त की बात सारा देश मान ले, तो क्या हो। ज़रा इसका अन्दाज लगाइए।

पण्डित नेहरू के कारण शायद साधुओं का सदुपयोग न हो सके। इसलिए मेरी सलाह है कि हिन्दू महासभा, जनसंघ वगैरह को मिलाकर करपात्री महाराज को सब शासन सौंप देना चाहिए। तब बस सब ठीक हो जायेगा। वर्षा वगैरह भी ठीक समय पर होगी, फसल होगी—बल्कि तपस्या से कारखाने चलेंगे, मन्त्र से बिजली बनेगी।

सन्देश बो दिये गये !*

15 अगस्त आया और गया।

आज याद करते हैं कि क्या हुआ, तो स्मरण हो आता है कि सबने सन्देश दिये।

प्रधानमन्त्री का सन्देश,
पं. पन्त का सन्देश,
पं. रविशंकर शुक्ल का सन्देश,
श्री ओमप्रकाश का सन्देश,

* प्रहरी, 21 अगस्त, 1955

श्री मोरारजी देसाई का सन्देश,

और लालाराम वाजपेयी का भी सन्देश।

सबने जनता के नाम सन्देश दिये।

सब सन्देशों में एक ही बात कही गयी—हर भारतीय को निस्वार्थ सेवा करनी चाहिए, श्रम करना चाहिए, विकास-योजनाओं में सहयोग देना चाहिए।

ठीक बात है। हर भारतीय को निस्वार्थ सेवा करनी चाहिए, क्योंकि जब वे स्वार्थ का त्याग कर देंगे, तब वह स्वार्थ जो लावारिस पड़ा रहेगा उसे वे हड़प लेंगे, जो सरकार के दल के हैं। इसलिए हे भारतीयो! तुम सब स्वार्थ त्यागो और कांग्रेसी बड़े भैयों और छुटभैयों को हड़प लेने दो। तभी देश का कल्याण होगा। भारत सेवक समाज जैसी संस्थाओं में तुम सिर्फ काम करो, दान दो, पर सारा हिसाब-किताब और श्रेय कांग्रेसी भाइयों के लिए छोड़ दो!

रही श्रम करने की बात! सो भाइयो, यहाँ श्रम कौन नहीं करता? मन्त्रिगण रोज श्रम करने की पुकार लगाते हैं, पर क्या उन्हें यह नहीं मालूम कि हर शहर में हजारों बेकार युवक श्रम देने के लिए घूमते हैं। इनका श्रम कोई नहीं लेता। इधर उस श्रम की बाढ़ आयी है जिसका कोई उपयोग नहीं है। वह स्वस्थ जीवन को उजाड़ रहा है, उधर पुकार मची है कि श्रम करो। आखिर कैसा श्रम चाहिए तुम्हें? किसका श्रम चाहिए तुम्हें? अगर तुम्हें आदमी का श्रम चाहिए तो इतने आदमी तो बेकार हैं। नहीं, तुम्हारे मन में कुछ और है।

यह सन्देश देना एक फैशन है। हर मन्त्री को, हर नेता को देना चाहिए। श्रम करने की पुकार लगाना, निर्माण के लिए आवाहन करना—यह सब फैशन के रूप में स्वीकार कर लिये गये हैं। पर यही हमारा दुर्भाग्य है। आवाहन को फैशन बना दिया गया है, इसीलिए कोई उस पर ध्यान नहीं देता। आवाहन का उत्तर देनेवालों की इस देश में कमी नहीं है, आवाहन पर न्यौछावर होने की भावना मरी नहीं है। गोआ संग्राम के आवाहन पर हजारों आदमी गोली से मरने के लिए पहुँच गये। यह देश कमजोर नहीं है, यहाँ के लोग मुर्दादिल नहीं हैं। पर आवाज की ताकत पर लोग इकट्ठे होते हैं और यह ताकत उस कण्ठ में होती है जिसका धारण करनेवाला विश्वास प्राप्त कर लेता है, जो वास्तव में जनसेवक होता है।

क्या बात है कि रोज आवाहन होता है और कहीं कोई नहीं जाता काम करने! कारण स्पष्ट है। जो आवाहन करते हैं, उनकी वाणी की ताकत गयी, उन्होंने विश्वास खो दिया! लोगों में कोई उत्साह नहीं पैदा होता।

गाँधीजी की आवाज पर लोग इकट्ठे होते थे। सुभाष की आवाज पर लाखों युवक प्राण देने को एकत्र हुए थे। विनोबा की आवाज पर आज भी लोग घर से निकल पड़ते हैं। पर मन्त्रियों और नेताओं की आवाज पर कोई नहीं आता। आज सुभाष होते या गाँधी होते और वे आवाज लगाते कि चलो, बाँध बाँधना है, सड़कें बनाना है, खेत साफ करने हैं, तो लोग आते।

ज़रा आवाहन करनेवाले किसी निर्मल क्षण में गहराई से सोचें कि उनकी

आवाज में ताकत क्यों नहीं है।

आवाहन पर काम होते हैं। चीन के माओ-त्से-तुंग और चाऊ-एन-लाई की आवाज पर लाखों युवक कुदाली लेकर निकल पड़े थे। उनमें विश्वास होगा तभी तो। हमारे नेता विश्वास खो चुके। आज वे सरकार संभाले हुए हैं। दौरे पर जाते हैं तो कांग्रेसी लोगों की भीड़ जयध्वनि करती है, तो वे समझते हैं कि हम लोकप्रिय हैं। पर वे यह नहीं जानते कि इन्हें या तो टिकिट चाहिए या कोई लाभ चाहिए। ये सब झूठा उत्साह दिखाते हैं।

और अगर कोई श्रम करना भी चाहे, विकास-कार्य में योग देना भी चाहे तो कहाँ जाय? कैसा करे? क्या काम करे? अनेक लोग पूछते हैं कि भाई ये नेता लोग कहते हैं परिश्रम करो। हम परिश्रम कहाँ करें? कौन-सा काम करें? सब काम तो सरकारी है और डिब्बों में बन्द है। हवा नहीं लगती। अब आदमी कहाँ जाये? घर के सामने खम्भा गाड़कर उस पर चढ़े-उतरे?

यह सब सन्देशबाजी रस्म-अदाई है। स्वागत समारोह में, स्वतन्त्रता दिवस पर, उद्घाटन पर कुछ कहना चाहिए। इसलिए बड़े लोग छोटों को सन्देश दे देते हैं।

बेचारे संसद-सदस्य!*

हमें राज्यसभा में पण्डित नेहरू का वह वक्तव्य बहुत बुरा लगा जिसमें उन्होंने इस बात की आलोचना की कि संसद-सदस्य राजकीय भोजों में अपने मामा, काका, काकी, बेटे, नानी, पोती तक को ले आते हैं।

प्रसंग यह था कि रूसी नेताओं के स्वागत में आयोजित राष्ट्रपति के भोज में बहुत से संसद-सदस्यों को आमन्त्रित नहीं किया गया और कुछ आमन्त्रित सदस्यों से दुर्व्यवहार हुआ तथा जगह तक नहीं मिली।

पण्डितजी 'डिस्कवरी ऑफ इण्डिया' लिखकर समझते हैं कि उन्होंने भारत को पूरी तरह से जान लिया। परन्तु हमारी संस्कृति के इस मूलभूत तत्त्व को भी वे नहीं जानते कि घर में एक को न्योता दिया जाता है तो सब परिवार जाता है। गाँव में एक ब्राह्मण को निमन्त्रण दे आये तो भोजन के वक्त पूरा परिवार हाथ में लोटा-गिलास लिये हाजिर मिलेगा। यहाँ इस बात का खयाल नहीं किया जाता कि एक को निमन्त्रण है। एक को निमन्त्रण है तो सबको निमन्त्रण है। जनक के यहाँ से

* प्रहरी, 27 नवम्बर, 1955

राम-लक्ष्मण को स्वयंवर का निमन्त्रण नहीं आया था पर वे गुरु विश्वामित्र के निमन्त्रण को ही निमन्त्रण मानकर जा धमके और चारों भाई ब्याह कर आये। अब अगर राम भी पण्डित नेहरू सरीखा सोचते तो न सीता उनकी पत्नी होती, न सीता-हरण होता और न रावण का वंश मारा जाता। तब भारत का इतिहास ही दूसरा होता और पण्डितजी की 'डिस्कवरी ऑफ इण्डिया' तो लिखी ही नहीं जाती।

इसलिए पण्डितजी को जानना चाहिए भारतीय संस्कृति 'बाहुल्य की संस्कृति' (Civilisation of abundance) है, 'अभाव की संस्कृति' नहीं है। यहाँ एक को निमन्त्रण देने पर अगर एक ही जाय तो वह असभ्य और दरिद्र माना जाता है। संसद-सदस्य अपने साथ चाचा, मामा, फूफा, बेटा-बेटी, नाती-पोती को ले जाकर भारत की सच्ची संस्कृति का रूप रूसी नेताओं को दिखाना चाहते थे। पर पण्डितजी ने यह होने नहीं दिया।

फिर भी वे लोग बधाई के पात्र हैं; जो दूसरों की जगह पर जाकर जम गये। वे और अधिक बधाई के पात्र हैं, जो बिना बुलाये पहुँच गये। ये दोनों विशुद्ध भारतीय संस्कृति के प्रतीक हैं। दूसरे की जगह हड़प लेना हमारी सांस्कृतिक विशेषता है। बस में, मोटर में, सिनेमा में, रेल में दूसरे की जगह पर बैठ जाना और फिर हाथापाई करना भारत में ही देखने को मिलेगा। इन सब लोगों का परिचय बुल्गानिन से विशेष रूप से कराना चाहिए था।

और जो बिना बुलाये आ धमके उन्हें तो 'भारत रत्न' की पदवी मिलनी चाहिए। हमारी संस्कृति में मंगल कार्यों में बुलाये जाने की आवश्यकता नहीं समझी जाती, बिना बुलाये ही पहुँच जाते हैं। सत्यनारायण की कथा में प्रसाद के वक्त बेबुलाये पहुँचना और अपने सब बच्चों का (यहाँ तक कि अजन्मे का भी) अलग-अलग हिस्सा लेना, हमारी प्रथा है। इसलिए राष्ट्रीय आतिथ्य के इस मंगल कार्य में कुछ लोग बिना बुलाये पहुँच गये, तो अच्छा ही था। वे न पहुँचते तो भारतीय संस्कृति धूल में मिल जाती।

फिर पण्डितजी इस बात पर बिगड़ पड़े कि रूसी नेताओं के आने तक आमन्त्रित लोगों ने प्लेटें खाली कर दी थीं। यह भी हमारी संस्कृति के अनुकूल ही हुआ। अन्न हमारे यहाँ देवता माना गया है, ब्रह्म माना गया है। अन्नदेव तश्तरी में बैठा-बैठा हमारी ओर ताका करे और हम विदेशी अतिथियों की राह देखें? भला यह कैसी बात है? भला अन्नदेव का अपमान किया जायगा, तो अतिथियों के लिए? हरे, हरे, इस धर्म-प्राण देश में ऐसा नहीं हो सकता।

पण्डितजी को इसका लाभ लेना चाहिए था। हमारी संस्कृति की इन विशेषताओं से परिचय कराना था। बुल्गानिन को घुमाकर दिखाना था—देखिए, बुल्गानिन साहब, ये इतने लोग दूसरों की जगहों पर आ धमके हैं, क्योंकि हमारी संस्कृति है कि सबै भूमि गोपाल की यामें अटक कहाँ? और ये देखिए, ये लोग बिना बुलाये आये हैं क्योंकि मांगलिक समारोहों में बुलाने की जरूरत नहीं समझी जाती। और ये तश्तरियाँ आपके आने के पहिले साफ हो गयी हैं, क्योंकि अन्न देवता को

अधिक देर तश्तरी में इन्तजार नहीं कराना चाहिए। उसे तुरन्त उदरस्थ करना चाहिए।

इतना अगर पण्डितजी कर देते तो कम-से-कम 10 सांस्कृतिक प्रतिनिधि-मण्डलों का काम एक घण्टे में घर बैठे हो जाता।

नवयुग का शंख नाक से नहीं फूँका जाता*

उस दिन दिल्ली में आयोजित सरकारी कवि-सम्मेलन रेडियो पर सुन रहे थे। हिन्दी और उर्दू के कवियों का मिला-जुला दरबार था।

गणतन्त्र का पर्व और सरकारी कवि-सम्मेलन—एक प्रकार से कविताओं की विषयवस्तु पूर्व निश्चित थी, जैसे आर्डर देकर एक खास साइज का जूता बनवाया जाय।

तो कविताएँ हुईं और लगभग सब कविताएँ नवयुग, क्रान्ति और राष्ट्रीयता की थीं।

यहाँ हिन्दी कविताओं की ही बात करता हूँ।

दिनकर व भवानी मिश्र की कविताएँ तो अच्छी लगीं।

मुकुल का स्वर और पाठ मुकुल जैसा ही था।

नीरज ने मुग्ध किया जनता को। कविता को समझने की कोशिश की तो यह मतलब निकला कि मरण ही सत्य है, चिरन्तन है, मरण ही जीवन है—यह तो चार पंक्तियों में कहा और शेष एक पंक्ति में कहा कि इसलिए, कोई बुझ रहा हो तो उसे उभार दो! हम मन में सोचते ही रह गये कि मरण ही सत्य है तो कमबख्त को बुझने दो न! क्यों उसे उकसाकर मिथ्या में लाते हो।

और बच्चन! विलायत से लौटने के बाद से, विशेषकर बड़े अफसर होने के बाद से, बच्चन बहुत खराब लिख रहे हैं। न जाने क्यों? दीपावली के धर्मयुग में उनकी प्रणय-पत्रिका पढ़ी तो ऐसा लगा कि कोई गँवार औरत से मिल बैठने की बात दोस्तों से कर रहा है। नमूना पेश है—

> 'हमने पास बिस्तर कर लिया था···
> जानती हो क्या कर गुजरने के लिए।'

और उस रात रेडियो पर की कविताएँ निहायत पोची। बच्चन बार-बार कह रहे थे—'ज़रा ध्यान दीजिए। इसको समझिए।' मानो हमारे सामने उपनिषद्

* प्रहरी, 29 जनवरी, 1956

खोल रहे हैं। घेर-घेरकर सुना रहे हैं। पास बैठे एक मित्र बोल उठे---बिल्कुल 'दिन में दो-दो बार करें हम मेकलीन्स' की शैली है।...स्वर में बवण्डर भरे थे, कविता में कुछ दम नहीं।

और सुमन ने तो बहुत 'ओवर-एक्टिंग' किया। उन्हें मुगालता हो गया है कि आजकल जिस मंच पर वे होते हैं वहाँ वे ही सर्वोपरि होते हैं, सब पर छा जाते हैं। तो शरद मेघ की तरह गरज-गरजकर छाने लगे। लेकिन दी नहीं एक बूँद। सुमन का 'ओवर एक्टिंग' बहुत बेमतलब था। कविता बहुत पोची। फिर एक ही जगह तीन-तीन पढ़ने का मोह!

सुमनजी आजकल कविता सटीक पढ़ते हैं। उनकी कविता इतनी ऊँची व गूढ़ हो गयी है कि इस देश के मूढ़, मतिमन्द श्रोता समझ नहीं पाते। इसलिए बीच में समझाते जाते हैं। कालेज के क्लास रूम से बेचारे ऊपर ही नहीं उठ पाते।

सुमन को नेहरू का नाम बार-बार लेने का कोई प्रयोजन पड़ गया है। उस रात 4-6 बार लिया। कहीं बच्चन को दिल्ली में स्थापित देखकर वहीं कहीं बैठ जाने का जुगाड़ तो नहीं भिड़ा रहे हैं?

सब करें। पर भाई मेरे यह क्या कविता है---

'गाँधी सागर को नेहरू की नहर में बहाओ!'

इसका मतलब? मर्यादा नहीं छोड़नेवाले खारे सागर की नहर कौन निकालेगा? और क्यों निकालेगा? नदी, तालाब की नहरें ही निकलती हैं भाई! 'नेहरू की नहर?' वाह!

सोचता हूँ ये बड़े-बड़े कवि कैसे होते जा रहे हैं?

जवाब मिलता है कि ये नवयुग के शंख को नाक से फूंक रहे हैं।

नवयुग, राष्ट्रीयता और शान्ति को ये लोग फैशन के रूप में अपनाते हैं, धर्म के रूप में नहीं।

नवयुग का शंख फूंकने के लिए कलेजे से वायु निकालनी पड़ती है, वह नाक से नहीं बजता।

नवयुग का आवाहन, राष्ट्रीयता-जैसे विषय पर लिखने के लिए अपने भीतर वैसी अनुभूति जगानी पड़ती है! सामाजिक चिन्तनधारा में बहा जाता है, किनारे पर खड़े होकर लहरों का हिसाब नहीं किया जाता। जन-जीवन की पीड़ा, शक्ति और आकांक्षा मन के भीतर बिठाना पड़ती है। तब प्रभावमयी कविता बनती है, जिसके लिए 'ओवर एक्टिंग' नहीं करना पड़ती, जिसकी टीका नहीं करनी पड़ती। जनवाद फैशन नहीं है, युगधर्म है।

साधुओं के लिए काम !*

योजनामन्त्री नन्दा साहब पूर्ण रूप से योजनामय हैं।

अभी एक वेदान्त सम्मेलन में योजनामन्त्री ने भाषण दिया तो साधुओं के लिए एक योजना रच डाली। कहा कि आगामी पंचवर्षीय योजना में साधुओं को समाज के नैतिक तथा आध्यात्मिक स्तर को उठाने का काम देना चाहिए। भारत में इस समय लगभग 10 लाख साधु हैं।

10 लाख सरकारी आँकड़ा है। वास्तव में इससे दुगने होंगे। सरकारी आँकड़े कभी कम और कभी ज्यादा होते हैं। सरकार की गोली या सरकार की रेलगाड़ी से मरे आदमियों के आँकड़े कम दिये जाते हैं और सरकार के द्वारा किये गये जन-हित के काम के आँकड़े अधिक !

तो अब इन लाखों साधुओं को काम दे दिया गया।

हमारे राज्य में यह काम पहले ही शुरू कर दिया गया। दूधाधारीमठ, रायपुर के महन्त विश्वविद्यालय कोर्ट के मेम्बर बना दिये गये, जिससे विश्वविद्यालय का नैतिक और आध्यात्मिक स्तर बढ़ेगा। नन्दा पीछे पड़ गये और सुकुलजी आगे बढ़ गये।

योजना बहुत अच्छी है। सरकार 2-4 करोड़ रुपये बजट में अलग से साधुओं के लिए रख दे, जिससे उनका भोजन वगैरह का प्रबन्ध हो और कुछ करोड़ के जौ, तिल, शक्कर, घी आदि उन्हें दे दें और कहें—लो महात्माओ, यज्ञ में इन्हें झोंको और नैतिक स्तर बढ़ाओ।

नेताओं और मन्त्रियों को नैतिक स्तर की बड़ी चिन्ता है। याने जीवन-स्तर चाहे रसातल को चला जाय, नैतिक स्तर हिमालय के शिखर पर चढ़ा रहना चाहिए। यह स्थिति ही अयथार्थ और असम्भव है।

हमारा खयाल है इन लाखों साधुओं से दूसरा काम लेना चाहिए, लेकिन वह काम नन्दा तो नहीं ले पावेंगे। काम यह है कि इन हट्टे-कट्टे नरों से देश की पड़ती जमीन फुड़वाना चाहिए, खेती का काम कराना चाहिए। इनमें अधिकांश तो निरक्षर भट्ट हैं। नैतिक स्तर के बारे में तो वे ही जानते हैं, उनके भगवान भी जानते होंगे; कुछ हम भी अनुमान लगा सकते हैं। इसलिए कुछ और काम तो इनसे होगा नहीं। इन्हें खेतों पर जुटा देना चाहिए। भूमि उर्वरा हो जायगी साधुओं की तपस्या के प्रभाव से। पुराने ज़माने में यही होता था। जब कहीं अकाल पड़ता था तब साधु हल चलाते और फसल लहलहा उठती थी।

साधुओं और मठाधीशों को वर्षों से पसीना नहीं आया होगा। जब खेत में पसीने की बूंदें गिरेंगी तो सन्तों के पसीने के प्रताप से भूमि सोना उगलेगी। बड़ा

* प्रहरी, 12 फरवरी, 1956

मज़ा आ जायगा मठाधीश को हल चलाते देखकर।

लेकिन नन्दाजी और उनकी सरकार तो यह कर नहीं पावेगी। इसलिए साधुओं की यह पीढ़ी तो बिना श्रम के गुलछर्रे उड़ा सकती है। लेकिन नयी भरती न करें क्योंकि इन बेचारे निठल्लों को आगे कोई नहीं बरदाश्त करनेवाला है। आगे समाजवाद है, जिसमें काम के बिना कोई अपाहिज और रोगी ही खा सकेगा—तगड़े 'साधु' कहलानेवाले नहीं।

कांग्रेसी मिनिस्टर और कम्युनिस्ट कुआँ!*

खबर सनसनीखेज है। मध्यप्रदेश के एक भोपाल निवासी मिनिस्टर के लिए कम्युनिस्ट पार्टी के दफ्तर के कुएँ का पानी रोज जाता है।

रोज सबेरे एक ठेले में इतवारी स्थित कम्युनिस्ट कुएँ में से पानी ले जाया जाता है।

तरह-तरह के सवाल उठते हैं।

शहर में बहुत कुएँ हैं, फिर भी इसी कुएँ का पानी क्यों चुना गया?

यह पानी अच्छा है, इसका क्या सबूत?

कांग्रेस अनुशासन के मुताबिक यह बात कहाँ तक ठीक बैठती है कि कांग्रेसी मिनिस्टर कम्युनिस्टों का पिलाया पानी पियें?

कम्युनिस्ट अपने कुएँ का पानी कांग्रेसी मिनिस्टर को क्यों पीने देते हैं?

इस सम्बन्ध में कम्युनिस्टों का कहना है कि हम तो आजकल बड़े-बड़े कांग्रेसियों को 'पानी पिला' रहे हैं। उनका खयाल है कि इस पानी में साम्यवाद के कीटाणु हैं जो सीधे दिल और दिमाग पर असर करते हैं।

हमारा खयाल है कि मन्त्री की तासीर को यह पानी नुकसान पहुँचायेगा, इससे उनकी 'सियासी सेहत' खराब होगी। काटजू साहब को अपने सहयोगियों की सेहत ठीक रखनी चाहिए और एक नया कुआँ मन्त्री के बँगले के अहाते में खुदवा देना चाहिए। मन्त्री इस तरह दूसरों के कुओं पर भटकें, यह ठीक नहीं।

सुना है रूस से कोई नया चूर्ण आया है, जो भारत की तमाम कम्युनिस्ट पार्टियों को बाँटा गया है। इसे पानी में मिला देने से पीनेवाले के विचार एकदम बदल जाते हैं।

श्रीमन्नारायणजी को इस रहस्य का तुरन्त पता लगाना चाहिए और अवैध रूप से आनेवाले इस चूर्ण पर रोक लगानी चाहिए।

* प्रहरी, 5 मई, 1957

बच्चों पर अलाउन्स !*

बजट में एक बात बिल्कुल भारतीय संस्कृति के अनुकूल अनायास हो गयी—हर बच्चे पर 300 रुपये से 600 रुपये तक अलाउन्स !

ऋषियों का आदेश है—प्रजा का तन्तु कहीं टूटने न पाये !

हमारे अर्थमन्त्री भारतीय संस्कृति के रक्षक के रूप में युगों तक याद किये जावेंगे।

प्राचीन आर्य धर्मपत्नी से कहता था—आर्ये ! मुझे 11 पुत्र दे !

'उग्र' की वह कहानी पढ़ी होगी जिसमें ब्राह्मण गंगदत्त—104 पुत्रों का पिता—हर पुत्र के लिए माला का एक मनका जोड़कर बोला, प्रिये ! एक पुत्र और दे। 'सुमेर' लगाकर माला पूरी कर लूं।

अब एक बालक पर 300 रुपये से 600 रुपये इनाम !

याने 'ग्रो मोर फुड' के साथ 'ग्रो मोर चिलरन' का नारा लगेगा। ठीक भी है—अन्न बढ़ेगा, तो खानेवाले भी बढ़ाना चाहिए।

इसलिए अब बच्चों की फसल बढ़ेगी।

मध्यवर्ग के आदमी के 5-6 बच्चे—जिन्हें भर-पेट भोजन नहीं दे पाता, ठीक से तन नहीं ढाँक पाता, ठीक से शिक्षा नहीं दे पाता, बड़े होने पर या तो आवारा हो जावें या कहीं बाबू-चपरासी। एक-दो लड़कियाँ हुईं, तब तो जिन्दगी ही नष्ट हो गयी। माँ-बाप की भी और उनकी भी।

एटम युग का आदमी आदिम युग के आदमी-सा असहाय है बिल्कुल प्रकृति का गुलाम ! विज्ञान की आश्चर्यजनक देन से बिल्कुल बेखबर !

नये बजट में बच्चों पर टैक्स लगाना था, या एक सीमा से अधिक सन्तति पर जुर्माना। इस कदर सन्तानोत्पत्ति को एक राष्ट्रीय अपराध घोषित करना चाहिए।

जमीन उतनी ही, उत्पादन कम, गरीबी बढ़ती हुई। अगर इस 'रेट' से जन-संख्या बढ़ती गयी, तो भुखमरों और नंगों की एक पूरी जाति हो जायगी विश्व के इस भाग में।

प्रधानमन्त्री जो बार-बार परिवार नियोजन पर जोर देते हैं, उसमें बड़ा अर्थ है। मगर भारतवासी हजार साल पहिले के जमाने में रहना बड़ा पसन्द करता है।

योजना-आयोग के सदस्य पाटिल ने विनोबा से एक बार परिवार-नियोजन के बारे में कहा, तो विनोबा ने उत्तर दिया—'सरकार हमारी नौकर है, हमने उसे हमारे बच्चों की सेवा का काम दिया है। नौकर को क्या हक है कि वह मालिक से कहे कि मालिक, सन्तान कम पैदा करो। अगर उससे काम नहीं सँभलता है, तो वह जाय। हम दूसरा नौकर रख लेंगे।'

* प्रहरी, 9 जून, 1957

बात थोड़ी हद तक तो ठीक है। पर यदि मालिक के घर में खाने को न हो, कपड़े न हों और बच्चे बढ़ते ही जावें, तो नौकर कहाँ से उनका पालन करें?

बम-विस्फोट बन्द*

आजकल अखबार खोलने पर दो समाचार मुख्य रूप से पढ़ने को मिलते हैं। पहिला, रूस द्वारा अणुअस्त्र-परीक्षण पर एकतरफा रोक और दूसरा, परीक्षा में बैठनेवाले विद्यार्थियों द्वारा लड़ाई-झगड़ा, मारपीट, हो-हुल्लड़...!

जहाँ तक अणुबम-परीक्षण बन्द करने का सवाल है, अमरीका को यह अच्छा नहीं लगा कि विश्वशान्ति और मानवता के हित में अणु-परीक्षण बन्द हो। अमेरिका का कहना है कि यह तो प्रोपोगेण्डा के लिए किया गया है।

अमरीका की बात यों है—जब रूस अणुबमों का परीक्षण करता था तब अमेरिका कहता था कि देखो वह रूस परीक्षण कर रहा है। दुनिया को खतरे में डाल रहा है। अब जब उसने परीक्षण बन्द कर दिया तो अमेरिका कहता है कि प्रोपोगेण्डा कर रहा है।

अब विद्यार्थियों की बात लें। विद्यार्थियों का विरोध परीक्षा से है। कठिन प्रश्न यदि परीक्षा में आ गये तो विद्यार्थी परीक्षा भवन से हट जायेंगे, क्योंकि उनका हक है कि आसान प्रश्न आवें जिन्हें वे साल-भर बिना पढ़े भी कर सकें। वैसे उनकी वास्तविक माँग यह है कि प्रश्नपत्र एक महीने पहिले अखबार में छप जायें। न छपने से उन्हें असुविधा होती है। ठीक पढ़ने के वक्त पर उन्हें यह पता लगाना पड़ता है कि किसने पेपर निकाला है, उसमें क्या आया है। उनकी माँग न्यायोचित है।

उनकी दूसरी माँग यह है कि परीक्षा-भवन में उन्हें नकल करने दी जाय। इस सम्बन्ध में हमारा सुझाव है कि उन्हें परचा दे दिया जाय और कह दिया जाय कि वे घर से करके ले आयें। इससे परीक्षा का बहुत-सा खर्च बच जायगा। ये दोनों माँगें पूरी नहीं होने से 'सत्याग्रह' होगा। उनकी बात क्यों नहीं मानी जायगी, जबकि हमारे यहाँ प्रजातन्त्र है। जनता चाहेगी जैसा शासन होगा, तो विद्यार्थी चाहेंगे वैसी परीक्षा क्यों न होगी। यदि वे लिख देंगे कि मध्यप्रदेश की राजधानी काठमाण्डू है, तो इसे सही मानना पड़ेगा, क्योंकि यह उनका जनतान्त्रिक निर्णय है।

जहाँ तक परीक्षकों का सवाल है, उनमें कुछ यह समझते हैं कि जितना कठिन परचा निकालता है वह उतना ही महान विद्वान माना जाता है, इसलिए परचा ऐसा

* प्रहरी, 6 अप्रैल, 1958

निकालना चाहिए जो खुद अपने से न बने।

निरीक्षक लोग नकल कराना अपने कर्त्तव्य में शामिल समझते हैं लेकिन वे उन्हीं को कराते हैं जो अपने हों या जिनकी ट्यूशन के हों। इसलिए इस समाजवादी व्यवस्था में हर निरीक्षक को बीस रुपया अलग से नकल कराने के देना चाहिए, जिसमें सबको यह सुविधा मिल जाय।

कालेजों की पढ़ाई का यह हाल कि 'अघोर भैरव' के पास इम्तहान के मौके पर कुछ विद्यार्थी किताबें लिये आते हैं। कभी तो ऐसा हुआ है कि मुझे ही किताबों के पन्ने फाड़ने के लिए चाकू देना पड़ा है। जब किताब खुलती है तो ताजे छपे कवर की महक उड़ती है। पूछता हूँ कि अभी तक किताब खुली क्यों नहीं तो जवाब मिलता है कि प्रोफेसर ने खुलवायी ही नहीं। और फिर यह कि अमुक प्रोफेसर तो पढ़ाते ही नहीं हैं, अमुक धर की बात किया करते हैं और अमुक तो कोरे आ जाते हैं। इस तरह जो पढ़ाये जाते हैं, वे हुल्लड़ और नकल न करें तो क्या करें!

जब तक कालेज का प्रोफेसर तहसीलदारी के लिए लालायित रहेगा और रीडर आई. ए. एस. की परीक्षाओं में बैठेगा, तब तक कालेजों में अच्छे पढ़ानेवाले आ ही नहीं सकते।

लेकिन विश्वविद्यालय और शिक्षा मन्त्रालय कोई कमजोर नहीं हैं कि परीक्षा-पद्धति को बदल दें। वे बराबर दो साल की पढ़ाई का इम्तहान तीन घण्टे में लेते रहेंगे।

हारा कांग्रेसी कहाँ जाय ?*

हारा कांग्रेसी कहाँ जाय ?

केवल कांग्रेसी ही नहीं, बल्कि मन्त्री भी रहा हो, 5 सालों तक खूब तपा हो और फिर आम चुनाव में हार गया हो, तो उसका क्या हो ? उसे कहाँ जगह है ?

ऐसे लोगों के सम्बन्ध में कांग्रेस और कांग्रेस सरकार की नीति साफ हो गयी है—ऐसे आदमी को किसी विश्वविद्यालय का उपकुलपति बना दिया जाय।

हमारे मन्त्री चन्द्रभानु गुप्त को लखनऊ विश्वविद्यालय का उपकुलपति बनाने की कोशिशें चल रही हैं।

अपने राज्य में एक, कई बार हमारे भूतपूर्व मन्त्री, उपकुलपति है ही।

* प्रहरी, 28 अप्रैल, 1958

जो जनता का विश्वास खो दे उसे शिक्षा-विभाग में भेज देना चाहिए। शिक्षा-विभाग कचरे की टोकरी है। जो सामान बेकार होता जाय उसे इसमें फेंकते जाना चाहिए।

जिनका कक्षा में मुंह न खुले, जो विद्यार्थियों को देखकर काँप जावे, उन्हें प्रोफेसर बना देना चाहिए। जो अफसर सब जगह नालायक सिद्ध हो गये उन्हें तरक्की देकर शिक्षा-विभाग का अफसर बनाना चाहिए।

बात चल रही है कि जबलपुर विश्वविद्यालय का उपकुलपति किसे बनाया जाय ? हमारे राज्य में इस बार किसी मन्त्री को हारने का सौभाग्य प्राप्त नहीं हुआ। इसलिए हमारा खयाल है, महन्तजी को बना देना चाहिए। जब वे एक फुट लम्बा तिलक लगाकर गद्दी पर बैठेंगे तो मालूम होगा, त्रेतायुग के कोई ऋषि तपोवन के विश्वविद्यालय में बैठे हैं।

जब दूधाधारीमठ के महन्त सागर विश्वविद्यालय के कोर्ट के सदस्य हो सकते हैं, तो महन्त लक्ष्मीनारायण दास उपकुलपति क्यों नहीं ?

शर्मनाक

'भारतीय बनिया संस्कृति' एक अलग ही संस्कृति है। इस संस्कृति का लक्षण है कि किसी भी मामले में आदमी के मन में पहिले यह विचार आता है कि मैं इसमें कहाँ बेईमानी कर सकता हूँ।

लोगों को याद होगा कि एक बार भारतीय बनियों ने मलाया को अच्छी अलसी का नमूना दिखाकर फिर रद्दी अलसी भेज दी थी। बड़ी बदनामी हुई थी। एक बार ईजिप्त से भी अच्छे माल का भाव करके, बोरों में ऊपर-ऊपर अच्छा माल और फिर नीचे कचरा भरकर भेज दिया था।

अभी एक और घटना हो गयी।

एक बड़े प्रसिद्ध और नामधारी होटल में रूसी दूतावास के सांस्कृतिक सचिव को ठहराया गया—15 रु. रोजपर। दो दिन ठहरकर जाते वक्त उन्होंने बिल माँगा तो उन्हें 45 रु. का बिल दिया गया। उन्होंने पूछा कि 45 रु. किस हिसाब से हुआ, तो जवाब मिला कि आपने तीन दिन ठहरने की बात की थी, इसलिए तीन दिन का लगा दिया है। दो दिन ठहरने पर तीन दिन का किराया लगाया जाना जब उन्होंने गलत बताया, तो झट 30 रु. का दूसरा बिल बना दिया गया।

पहिलेवाले बिल के दो टुकड़े करके होटल के अधिकारी ने फेंक दिये जिन्हें रूसी भाई ने उठा लिया।

और उसमें देखा कि 2 दिन के ही 45 लगाये गये हैं। तब वह बहुत बिगड़ा और बोला कि रुपया चाहे जितना ले लो, पर ऐसी बेईमानी मत करो। हम विदेशी लोग आपके चरित्र और आपकी संस्कृति के बारे में क्या धारणा लेकर जावेंगे?

खैर, उस भाई को समझाया गया कि यह 'बनिया संस्कृति' है। भारत की जन-संस्कृति नहीं है। भारत की जन-संस्कृति उसने तब देखी थी, जब नौका-विहार करने के बाद उसने 5 रु. मल्लाहों को दिये, तो वे यह कहते हुए लौटाने लगे कि आप तो हमारे मेहमान हैं, आप से पैसा नहीं लेंगे।

देशवासियों के नाम सन्देश

[भूतपूर्व प्रधानमन्त्री मोरारजी देसाई के 1977 में भाषणों और सन्देशों से प्रेरित]

ऐसा भी हो सकता है कि परिस्थितियाँ मुझे ऐसी उछाल दें कि मैं शासक पार्टी और सरकार का बड़ा नेता बन जाऊँ। प्रधानमन्त्री भी बन सकता हूँ। तब मुझे देशवासियों के नाम सन्देश प्रसारित करना पड़ेगा। मैं आशाओं और आश्वासनों से भरा यह सन्देश प्रसारित करूँगा :

मेरे देशवासियो,

मैंने आप लोगों को 'देवियो' और 'सज्जनो' नहीं कहा। जब से उस स्त्री (इन्दिरा गाँधी) ने आपात्काल लगाकर हम लोगों को तंग किया है, मैं किसी स्त्री को 'देवी' नहीं कहता। पहले मैं प्रार्थना में 'सीताराम' और 'राधाकृष्ण' कहता था, पर अब केवल 'रामकृष्ण' कहता हूँ। मेरी सलाह है कि आपमें जिनका नाम सीताराम है, वे उसे रामचरन कर लें; और राधाकृष्ण अब कृष्णदास हो जायें। अगर आप जल्दी ऐसा नहीं करेंगे तो मैं गृहमन्त्री से कह दूंगा और वे आपको 'दुरुस्त' कर देंगे।

आप लोगों ने हम पर विश्वास करके हमें सत्ता सौंपी। ऐसा आपने पहली बार नहीं किया है। पहले भी आप विश्वास करके ही सत्ता सौंपते रहे हैं। तो, जैसे पिछली सरकार ने आपके विश्वास को फलीभूत किया, वैसे ही हम भी करेंगे। हम उनसे किसी कदर हेठे नहीं पड़ेंगे।

देश के सामने बहुत समस्याएँ हैं। पिछली सरकार ने समस्याएँ-ही-समस्याएँ छोड़ी हैं। आखिर हम क्या हैं? हम भी तो पिछली सरकार की छोड़ी हुई समस्या हैं। तो देश की सबसे बड़ी समस्या गरीबी और बेकारी है। हम दस वर्षों में गरीबी

और बेकारी खत्म कर देना चाहते हैं। मगर आप कहेंगे कि यह बहुत जल्दी है। बीस साल में खत्म होना चाहिए। खैर, हम समझौता कर लेते हैं—पन्द्रह सालों में गरीबी और बेकारी मिटायेंगे। आप भी खुश, हम भी खुश। पर मैं आपसे साफ कहे देता हूँ कि आप कितना भी जोर डालें, पन्द्रह साल से एक दिन भी ऊपर हम गरीबी और बेकारी नहीं चलने देंगे। आपको भला लगे, चाहे बुरा।

दूसरी समस्या महँगाई की है। सरकार जानती है कि मुनाफाखोरी हो रही है। पर मुनाफाखोरी मिट सकती है यदि लोग महँगी चीजें खरीदने से इन्कार कर दें। गेहूँ महँगा है तो मत खरीदिए। दाल महँगी है तो मत खरीदिए। जब लोग खरीदेंगे ही नहीं तो मुनाफाखोर किसे बेचेगा? मुनाफाखोरी अपने आप खत्म हो जायेगी। अब आप कहेंगे कि नहीं खरीदेंगे तो खायेंगे क्या? मैं पूछता हूँ, क्या दाल-रोटी से ही पेट भरता है? आप फल और दूध का सेवन कीजिए। फिर भी इस मामले में सरकार अपना कर्त्तव्य करेगी। हम महँगाई पाँच साल, तीन महीने और बारह दिन में खत्म कर देंगे।

हरिजनों की समस्याएँ भी हैं। ये समस्याएँ इसलिए पैदा हुईं कि इन लोगों को 'हरिजन' कहा जाता है। हमारे विशेषज्ञ विचार कर रहे हैं कि इन्हें कौन-सा दूसरा नाम दिया जाय। जब हरिजन ही नहीं होंगे तो हरिजन समस्या भी नहीं रहेगी। न रहेगा झाड़, न बजेगी बाँसुरी—झाड़ से मेरा मतलब बाँस से है। अब नया नाम खोजने और उसे बदलने में समय लगेगा। हम इस समस्या को सात साल, चार महीने और तेरह दिनों में खत्म कर देंगे।

लोग कहते हैं कि तस्करी बढ़ी है। पर तस्कर तो रोटरी क्लबों में नैतिकता पर भाषण दे रहे हैं। वे अपने ही लोगों के बीच हैं। मैंने तस्करों से बात की है। उनका स्तर उठ गया है। वे अब अन्तर्राष्ट्रीय नहीं, अन्तरग्रही तस्करी करना चाहते हैं। इसके लिए उन्हें कुछ अन्तरिक्षयान चाहिए। हम इस बारे में अमेरिका से बात कर रहे हैं। हम खुद भी अन्तरिक्षयान बना रहे हैं। जब तस्करों को अन्तरिक्षयान की सुविधा मिल जायेगी, तब वे चाँद से यूरेनियम लाकर अमेरिका में बेचा करेंगे। पर तब तक उन्हें अभ्यास बनाये रखने के लिए यहीं तस्करी करने दी जायेगी। मेरा विश्वास है, हम आठ साल, तीन महीने और सात दिनों में तस्करी खत्म कर देंगे।

भ्रष्टाचार की समस्या पर भी हमारा ध्यान है। इसे खत्म करने के लिए हम नये और सदाचारी मनुष्य पैदा करेंगे। हमारे वैज्ञानिकों ने ऐसी दवाएँ और इंजेक्शन खोज लिये हैं, जो गर्भवती को दिये जायेंगे तो सदाचारी बच्चा पैदा होगा। हम भ्रष्टाचार को गर्भ में ही खत्म कर देंगे। यह उपाय हम तत्काल चालू कर रहे हैं। यदि दवा और इंजेक्शन नकली नहीं हुए, तो परिणाम शुभ होगा। अब नौ महीने तो गर्भ के हो गये। इसके बाद लगभग बीस-इक्कीस साल में आदमी कार्यक्षेत्र में आयेगा तो भ्रष्टाचार बीस साल, नौ महीनों में खत्म हो जायेगा।

मैं तो शराबबन्दी भी तुरन्त लागू करना चाहता हूँ। पर मन्त्रिमण्डल में इस

बारे में मतभेद है। आप जानते हैं, सरकार का संयुक्त उत्तरदायित्व होता है। हमें एक-दूसरे को समझाने में पाँच साल लगेंगे। यदि इस अवधि में सारा मन्त्रिमण्डल विरोधी हो गया तो तत्काल शराबबन्दी लागू हो जायेगी। पर यदि पीनेवालों ने मुझ-जैसों को भी मदिराप्रेमी बना दिया तो मैं आपसे कहूँगा कि नशाबन्दी देश के हित में नहीं है।

शिक्षा की समस्या भी है। असल में यह शिक्षा की समस्या अंकों की समस्या है। प्रश्न है : 10+2+3 हो या 10+3+2 हो। 10 के बाद 2 हो या 3, यह समस्या है। हम लोग इस समस्या को चार साल, दस महीने और बीस दिनों में सुलझा लेंगे।

और भी कई समस्याएँ हैं। लोग पान का पीक सड़क पर थूक देते हैं। ढोर कहीं भी गोबर कर देते हैं। कुत्ते भौंकते हैं। साँप काटते हैं। गधे रेंकते हैं। भैंस दूध में पानी की मिलावट करती है। जानवर खुलेआम प्रेम-व्यापार करते हैं। सूअर मैला खाता है। शेर बिना पकाये गोश्त खा जाता है।

हम इन सबको ठीक करेंगे, पर कोई काम बदले की भावना से नहीं करेंगे। यदि हम कुत्ते के लघुशंका के तरीके पर पाबन्दी लगाते हैं तो हम यह सब इस बदले की भावना से नहीं कर रहे हैं कि वह हम पर भौंकता था। हम उसका नैतिक उत्थान करना चाहते हैं। इन सब सुधारों में भी पन्द्रह साल, सात महीने और तीन दिन लग जायेंगे।

हम नागरिकों के स्वास्थ्य की समस्या भी सुलझायेंगे। मलेरिया और कैंसर ये दो रोग हमें दूर करने हैं। हमारे स्वास्थ्य मन्त्री ने खोज कर ली है कि ये दोनों रोग एक ही तरह के मच्छर से होते हैं। इन मच्छरों को नष्ट करने की दवा भी उन्होंने खोज ली है। यह दवा बाहर मलेरिया के मच्छरों को मारने के लिए छिड़की जायेगी और यही दवा कैंसर के मच्छरों को मारने के लिए आदमी के पेट में भी छिड़की जायेगी। इस तरह हम नौ साल, एक महीना और दस दिनों में मलेरिया तथा कैंसर को खत्म कर देंगे।

हम जनता का नैतिक उत्थान भी करेंगे। हमें ज्ञात हुआ है कि पिछले शासन के काल में पातिव्रत धर्म में काफी गिरावट आयी है। सरकार इससे चिन्तित है। मैं जब नजरबन्दी में था, तब समय काटने के लिए मैंने 'रामचरित मानस' का पाठ कई बार किया। उसमें उत्तम नारी का यह लक्षण बताया गया है :

उत्तम कर अस बस मन माहीं।
सपनेहु आन पुरुष जग नाहीं॥

कुछ दुष्ट इसका उलटा अर्थ निकालते हैं कि उत्तम नारी वह है जिसके लिए सपने में भी कोई परपुरुष नहीं होता—अर्थात् सब अपने ही होते हैं। ऐसे दुष्टों के खिलाफ सरकार कानूनी कार्यवाही करेगी। हम दस साल, आठ महीने और दस दिनों में इस देश में पातिव्रत धर्म की पुनःप्रतिष्ठा कर देंगे।

अब जोड़िये कि ये सारी समस्याएँ कितने सालों में सुलझ जायेंगी। गरीबी

और बेकारी खत्म करने के लिए 15 साल, महँगाई 5 साल 3 महीने 12 दिन—इस तरह जोड़कर देखें तो सारी समस्याएँ सिर्फ 101 साल, 1 महीना और 15 दिनों में हल हो जायेंगी।

जयहिन्द।

धर्मक्षेत्रे कुरुक्षेत्रे

चुनाव हो गये। नतीजे आ रहे हैं। 'कार्यकर्त्ता' अब कहीं नहीं दिखता। चुनाव के दिनों में यह एक नयी नस्ल पैदा होती है—कार्यकर्त्ता। सच्चा कार्यकर्त्ता वह है जो पार्टी को 'पालटी' बोलता है, विरोधी को 'चुनैटी' देता है और जिसकी सारी कोशिश यह होती है कि उम्मीदवार से ज्यादा-से-ज्यादा पैसे चाय-नाश्ते के लिए झटक ले। वर्षा और शीत की सन्धि बेला में पतंगे बल्ब के आसपास मँडराते हैं। वे मुझे कार्यकर्त्ता लगते हैं और बल्ब उम्मीदवार। फिर पतंगे लोप हो जाते हैं, बल्ब बराबर जलता रहता है। कार्यकर्त्ता अब सिर्फ तब दिखेगा, जब किसी की जमानत दिलानी होगी, पुलिस केस दबाना होगा या तबादला कराना होगा।

बड़ा शोर था इस चुनाव का।

घोषणाएँ की जाती थीं कि यह चुनाव धर्मयुद्ध है; कौरव-पाण्डव-संग्राम है। धृतराष्ट्र चौंककर संजय से कहते हैं—ये लोग अभी भी हमारी लड़ाई लड़ रहे हैं। ये अपनी लड़ाई कब लड़ेंगे? संजय कहते हैं—इन्हें दूसरों की लड़ाई में उलझे रहना ही सिखाया गया है। ये दूसरे की लड़ाई लड़ने-लड़ते ही मर जाते हैं।

धर्मयुद्ध है, तो बड़े भाई युधिष्ठिर को जरूर जुआ खेलने की लत पड़ गयी होगी। कौन कौरव और कौन पाण्डव—यह मेरी समझ में नहीं आ रहा था। देख रहा था कि जो अपने को पाण्डव कहते हैं, वही द्रौपदी को चौराहे पर नंगा कर रहे थे। और अब देख रहा हूँ कि कुछ पाण्डव कौरवों से भीतर-ही-भीतर मिले हैं और कुछ कौरव पाण्डवों से।

किस हेतु है यह धर्मयुद्ध? सुई की नोक के बराबर जमीन के लिए? या इसलिए कि द्रौपदी बाल बिखराकर बिफरती हुई पतियों को धिक्कार रही थी?

राजनीति का ज्ञानी कहता है—इस चुनाव के 'इश्यूज़' समझो। यह चुनाव संविधान और न्यायपालिका का भाग्य-निर्णय करेगा। संविधान पवित्र है। वह बदला नहीं जा सकता। न्यायपालिका सर्वोच्च है। यह संविधान की रक्षा करती है।

वह संविधान की पोथी पर हल्दी-अक्षत चढ़ाकर उसकी पूजा करता है। मैंने

पूछा—इसकी पूजा क्यों करते हो ? वह जवाब देता है—क्योंकि यह 20-22 साल पहले लिखा गया था।

मैं पूछता हूँ—इसे किसने लिखा ? क्यों लिखा ? किन परिस्थितियों में लिखा ? लिखनेवालों के विचार-मान्यताएँ क्या थे ? उनकी क्या कल्पना थी ? किन जरूरतों से वे प्रेरित थे ? देशवासियों के भविष्य के बारे में उनकी क्या योजना थी ?—क्या वे सवाल इस पोथी के बारे में पूछना जायज नहीं हैं ?

वह कहता है—कतई नहीं। जो पहले लिखा गया है, उसके बारे में कोई सवाल नहीं उठाना चाहिए। वह तर्क से परे है। पहले लिखे की पूजा और रक्षा होनी चाहिए। वह पवित्र है। भोजपत्र पर जो लिखा है वह आर्ट पेपर पर छपे से ज्यादा पवित्र होता है।

दूसरा ज्ञानी कहता है—देखो जी, संविधान एक औजार है, जिससे कुछ बनाना है। संविधान को आदमी बनाता है, आदमी को संविधान नहीं बनाता है। इस औजार से मनुष्य का भाग्य बनाना है।

मैं पूछता हूँ—पर बनाने में औजार घिस जाय या टूट जाय तो ?

जवाब देता है—तो मरम्मत कर लेंगे या दूसरा औजार ले आयेंगे।

मैं देखता हूँ—एक ज्ञानी इस औजार को रोज निकालता है, उसे साफ करता है, उस पर पालिश करता है और डब्बे में रखकर उसे ताले में बन्द कर देता है।

वह औजार से बनाता कुछ नहीं।

पूछता हूँ—इस औजार से कुछ बनाओगे नहीं ?

वह कहता है—नहीं, बनाने से औजार बिगड़ जायेगा। हमारा कर्त्तव्य है, औजार की रक्षा करना। यह जो मजबूत तिजोरी है, वह न्यायपालिका है। इसमें हमने पालिश करके संविधान को रख दिया है। अब वह सुरक्षित है।

मैं पूछता हूँ—और तुम या हम-जैसे लोगों का क्या होगा ? हमारा कहीं अस्तित्व है ? हम क्या सिर्फ पहरेदार हैं ?

उसी ज्ञानी के जवाब से ऐसा लगता है, जैसे न्यायपालिका को संविधान का गर्भ रह गया था, जिससे हम करोड़ों आदमी पैदा हो गये। हम संविधान और न्यायपालिका के व्यभिचार की अवैध सन्तानें हैं। तभी तो हमें कोई नहीं पूछता।

न्याय देवता का मैं आदर करता हूँ। पर एक न्याय देवता सेशन कोर्ट में बैठता है, दूसरा हाईकोर्ट में और तीसरा सुप्रीम कोर्ट में। सेशनवाला न्याय देवता मुझे मौत की सजा दे देता है। मैं जानता हूँ, मैं बेकसूर हूँ। उधर हाईकोर्ट में बैठा न्याय देवता बड़ी बेताबी से मेरा इन्तजार कर रहा है कि यह मेरे सामने आये तो मैं इस निर्दोष को बरी कर दूं। पर मैं उसके सामने जा नहीं सकता क्योंकि मेरे पास 5-6 हजार रुपये नहीं हैं। न्याय देवता मेरी तरफ करुणा से देखता है और मैं उसकी तरफ याचना से—पर हम आमने-सामने नहीं हो सकते। अगर मैं 5-6 हजार खर्च कर सकूँ तो फाँसी से बच सकता हूँ।

कौन-सा न्याय देवता सच्चा है—सेशनवाला जो फाँसी देता है या हाईकोर्ट-

वाला जो बरी करता है ? छोटे आदमी के लिए छोटे देवता और बड़े आदमी की बड़े देवता तक पहुँच ! छोटे आदमी का भाग्य-निर्माता गाँव के बाहर के बेर-वृक्ष के नीचे रखा लाल पत्थर और बड़े आदमी के लिए रामेश्वर का देवता।

दिन-भर इन चीजों में दिमाग उलझा रहा। संविधान, न्यायपालिका, संसद, मूलभूत अधिकार ! शब्द! संविधान का शब्द ! उस शब्द का अर्थ, अर्थ-भेद ! लिखा शब्द—ब्रह्म।

शाम को रिक्शे में बैठा लौट रहा था। रिक्शावाला बात करने लगा। मैं रिक्शे में अक्सर बैठता हूँ और जल्दी न हो तो रिक्शावाले से बात करता चलता हूँ।

मैं उससे पूछता हूँ—तुमने वोट दिया था ?

उसने कहा—नहीं साहब, फालतू हाथ पर काला धब्बा लगवाने से क्या फायदा अपना ?

मतदान का 'पवित्र' अधिकार जिसे कहते हैं, उसे यह रिक्शावाला हाथ पर काला धब्बा लगाना कहता है।

वह कहता है—2-3 घण्टे लगते हैं, वोट डालने में। इतने में 2-3 रुपये कमा लेते हैं, जिससे बच्चों का पेट रात को भरता है। वोट दे दें, तो बच्चे भूखे रहें। बाप के वोट देने के शौक के लिए बच्चे भूखे क्यों रहें ? बताइए साहब !

मैंने कहा—तुम क्या वोट की कीमत नहीं जानते ?

उसने कहा—जानता हूँ। एक वोट से हार या जीत हो सकती है। मेरे एक वोट से कोई जीत सकता है। पर उससे मेरा क्या फायदा ? हम लोगों का कोई भी तो भला नहीं करता। सब मजा-मौज करने लगते हैं। जब-जब हमने वोट दिया है, उसके बाद हमारी मुसीबत और बढ़ गयी है। यह वोट ही पाप की जड़ है। तो हमने वोट देना ही बन्द कर दिया।

संसदीय लोकतन्त्र पर आस्था रखनेवाले को परेशानी होगी कि बहुत लोग वोट को पाप की जड़ मानने लगे हैं।

ज्ञानियों की बहुत बातें मैं सुन चुका था। अब इस अज्ञानी की बातें सुन रहा हूँ।

वह कहता है—साहब, इन सबमें होड़ लगी है कि कौन हमें भूखा मार ले। हमारा क्या है ? किस्मत में जितना है, उतना मिल जाता है।

वह क्रोध से किस्मत पर आ जाता है। इस देश के ज्ञानी या अज्ञानी सबकी यह विडम्बना है कि वह क्रोध से फौरन किस्मत पर आ जाता है।

रात को बहुत देर तक नींद नहीं आती। ज्ञानियों की और अज्ञानी रिक्शेवाले की बातें मन में गूँजती हैं।

नींद आती है, तो मैं एक सपना देखता हूँ—

मैं ऊबकर एक अजनबी प्रदेश में पहुँच गया हूँ।

वहाँ लोग जुलूस निकाल रहे हैं, प्रदर्शन कर रहे हैं। वे माँग कर रहे हैं—सरकार हमें भूखा रहने दे। हमें भूखा मरने का अधिकार है। यह सरकार हमारे

इस अधिकार को छीन रही है। हमें ऐसी सरकार नहीं चाहिए।

सरकार की तरफ से जवाब दिया जाता है—सरकार अपनी तरफ से पूरी कोशिश करती है कि जनता भूखी रहे। पर कुछ पैदावार हो जाती है, तो हम क्या करें? उसे किसी को तो खाना ही पड़ेगा। आप लोगों को थोड़ा-थोड़ा अन्न देना सरकार की मजबूरी है।

जनता कहती है—नहीं, हमें यह सरकार नहीं चाहिए। हम सरकार बदलेंगे। हमें वह सरकार चाहिए, जो हमें भूखा रखे। सरकार की बहानेबाजी नहीं चलेगी। फिर से चुनाव हो।

मैं सपना देख रहा हूं। निर्वाचन का निश्चय हो जाता है।

जिस मुद्दे पर चुनाव हो रहा है, वह है—'जनता को कैसे भूखा मारना है।'

राजनैतिक पार्टियाँ प्रचार-कार्य में लगी हैं।

पार्टी नम्बर 1 कहती है—हम जनता को वचन देते हैं कि हम सत्ता में आते ही खेती बन्द करा देंगे। अन्न ही पैदा नहीं होगा तो जनता भूखी रहेगी ही।

जनता कहती है—नहीं, अन्न तो खूब पैदा होना ही चाहिए। फिर भी हमें भूखा रहने देना चाहिए। अन्न पैदा नहीं होगा, तो हमारा राष्ट्रीय गौरव नष्ट हो जायेगा।

पार्टी नं. 2 वादा करती है—हम अन्न तो पैदा होने देंगे। पर उसे महँगा इतना कर देंगे कि लोग खा नहीं सकेंगे।

जनता कहती है—यह खेल हम बहुत देख चुके। इससे हमें सन्तोष नहीं। हम नये ढंग से भूखा मरना चाहते हैं।

तब पार्टी नं. 3 मंच पर आती है। वह कहती है—हम अन्न की पैदावार खूब बढ़ायेंगे, पर साथ ही चूहों का भी सघन उत्पादन होगा। जनता को अन्न-उत्पादन का गौरव भी मिलेगा, और चूहों के अन्न खा जाने के कारण भूखा मरने का सुख भी।

जनता कहती है—यह पार्टी हमें पसन्द है। इसी की सरकार बनेगी। हम बाहुल्य में भूखा मरना चाहते हैं।

सरकार बन जाती है। सघन खेती का कार्यक्रम लागू होता है। साथ ही चूहों का सघन उत्पादन भी चलता है। अच्छी-अच्छी नस्ल के चूहे—आदमी से बड़े कद-वाले, आदमी से दुगने पेटवाले।

अन्न पैदा होता है और चूहे उसे खा जाते हैं।

जनता खुश होती है और सरकार की जय बोलती है।

साल-पर-साल निकल जाते हैं। फसल चूहे खा जाते हैं। आदमी की पीढ़ियाँ खुशी-खुशी भूखी मर रही हैं।

एक साल अकाल पड़ जाता है।

चूहों के खाने के लिए अन्न नहीं है।

चूहे सरकार को घेरते हैं—हमने अपने को आदमी से बड़ा बनाने के लिए

लगातार 'ओवरईटिंग' किया है। हमारी खाने की आदत पड़ गयी है। हमें खाने को दो।

सरकार कहती है—ज़रा धीरज रखो। अगली फसल तक रुक जाओ।

चूहे कहते हैं—धीरज हमें नहीं है। हम भूखे हैं। तुम्हीं ने हमें खाने की लत लगायी है। अब हमारा पेट भरो।

सरकार कहती है—पर हम तुम्हारा पेट किस चीज से भरें ?

चूहे बेताब हैं। वे भूख से तिलमिला रहे हैं। वे कहते हैं—तुम नहीं जानते पर हम जानते हैं कि हमें अब क्या खाना चाहिए।

और मैं देखता हूँ चूहे दाँत किटकिटाकर भिड़ जाते हैं।

पहले चूहे संविधान को कुतरकर खा जाते हैं।

फिर चूहे सरकार को खा जाते हैं, संसद को खा जाते हैं, न्यायपालिका को खा जाते हैं।

मेरी नींद खुल जाती है।

संवैधानिक बहस करनेवाले ज्ञानी मुझे याद आते हैं। फिर याद आता है, वह रिक्शावाला।

क्या अर्थ है, इस सपने का ? पता नहीं।

पर त्रिजटा सीता से कहती है—

यह सपना मैं कहौं विचारी
हुइ है सत्य गये दिन चारी।

मेरे जेबकट के नाम

प्यारे भाई,

तूने भोपाल स्टेशन पर रेल के डिब्बे के भीतर दस आदमियों के बीच मेरी जेब काट ली थी। आशा है तू मुझे भूला नहीं होगा। जेब में 175 रु. थे। गिन लेना। अगर पाँच-दस कम हों तो अगली बार मैं पूरे कर दूंगा। मैं यह नहीं चाहता कि मेरे मन में तो यह रहे कि 175 रु. गये और तेरे हाथ सिर्फ 170 रु. पड़ें। यह पैसे की बात नहीं है। दस-पाँच इधर-उधर हुए तो क्या फर्क पड़ता है। बात भावना की है। भावनात्मक बेईमानी मैंने कभी नहीं की।

दोस्त, तूने मेरा बड़ा उपकार किया। चौरासी लाख योनियों में भटकने के बाद तो मानव-देह मिलती है। मनुष्य का जीवन सिर्फ एक बार मिलता है और जेब काटने का गौरव सिर्फ मनुष्य को विधाता ने दिया है। कुत्ते की जेब नहीं

कटती। मगर वह आदमी भी कितना अभागा है, जिसकी एक बार भी जेब न कटे। ऐसी बेमानी जिन्दगी जी जाय कि उस पर जेबकट का भी ध्यान न जाय। मैं आत्म-ग्लानि से पीड़ित था। उम्र बढ़ रही है, न जाने कब कूच का डंका बज जाय। बिना जेब कटे उस लोक में किस मुंह से जाऊंगा? प्यारे, मैं तो खुद जेबकट की तलाश में था। तूने उतनी परेशानी फालतू उठायी। तू मुझसे कह देता कि मैं जेबकट हूँ, तो मैं खुद ही कहता—मैं तेरा कब से इन्तजार कर रहा हूँ। ले, मेहरबानी करके मेरी जेब काट ले। मेरा जीवन सार्थक कर।

दोस्त, वर्तमान सभ्यता जेबकटी की सभ्यता है। हर आदमी दूसरे की जेब काट रहा है। इस सभ्यता में अपनी जेब बचाने का तरीका यह है कि दूसरे की जेब काटो। सिर्फ उसकी जेब सुरक्षित है, जो दूसरे की जेब पर नजर रखता है। मेरी जेब इसलिए कटी कि मैं अपनी जेब पर ही ध्यान दे रहा था। अगर मैं पास की बर्थ के सेठ की जेब पर ध्यान देता तो मेरी जेब कभी नहीं कटती।

दोस्त, तेरा-मेरा धन्धा एक है। मैं भी जेबकट हूँ। मैं लोगों की जेब में रखे अनुभव निकालकर लिखता हूँ। अनुभवों से भरी कई जेब मैंने काटी हैं। तूने मुझ जेबकट की जेब काट ली। विचार की बात यह है कि नाई नाई से बाल-कटायी के पैसे नहीं लेता, तो क्या एक जेबकट को दूसरे जेबकट की जेब काटनी चाहिए? एक धन्धेवालों में जो नैतिकता होती है, उसका पालन तुझसे हुआ या नहीं, यह सोचना तेरा काम है। मैं तो कृतार्थ हूँ कि तूने मेरा जीवन सार्थक कर दिया। मैंने कभी लिखा था कि आदमी कचहरी जानेवाला जानवर है। आज कहता हूँ—आदमी वह जानवर है जिसकी जेब कटती है।

मगर यार, इतने लोगों में तूने मुझे कैसे छाँट लिया? मैं बार-बार अपनी जाकेट की उस जेब को टटोलता था, जिसमें नोट रखे थे। बात यह है कि मैं टुच्चा आदमी हूँ। लोग तो हजारों रुपये जेब में रखे रहते हैं और ध्यान नहीं देते। पर मैं सौ-पचास रुपये लेकर चलता हूँ, तो भी टटोलता रहता हूँ। तूने ताड़ लिया होगा कि मैं ओछा आदमी हूँ, जिसे रुपये लेकर चलने का अभ्यास नहीं है।

या तूने मुझे कोई मालदार आदमी समझ लिया होगा। इधर कुछ मोटा हो गया हूँ। जाकेट पहन लेता हूँ, तो किराने का व्यापारी लगता हूँ। शरीर ने धोखा दे दिया। पिछले साल मेरे पास दो तगड़े कसरती जवान आये। बोले—'हमारी व्यायामशाला का वार्षिकोत्सव है। उसमें आप प्रमुख अतिथि हों, ऐसी हमारी प्रार्थना है।' मैं बड़े पसोपेश में पड़ा। इन लोगों ने मुझे क्या समझ लिया है? लेखक और व्यायामशाला? मैं अगर मरियल लेखक होता तो क्या ये मुझे मुख्य अतिथि बनाते? मैं कुरते की आस्तीन चढ़ाकर जब निकलता हूँ, तब लगता है उस्ताद शागिर्दों को रियाज कराके नहा-धोकर बादाम खरीदने निकले हैं। मैंने उनसे कहा—'वीरो, यह गौरव दारासिंह या चन्दगीराम को दो। मैं बहुत तुच्छ हूँ।' वे नहीं माने और मुझे जाना पड़ा। इस शरीर ने मेरी क्या-क्या गत नहीं करायी। व्यायाम-शाला में भिजवाया और जेब कटवायी।

दोस्त, मैं तेरी बुद्धि की दाद देता हूँ। तूने मुझे समझ लिया। तू सेठ पर नहीं रीझा। तू जानता था कि सेठ के पास जायेगा तो वह तेरी ही जेब काट लेगा। हम लेखक लोग मनुष्य के मन और चरित्र का अध्ययन करते हैं। पर तूने जैसा अध्ययन मेरा कर लिया वैसा मैं किसी पात्र का नहीं कर सका। असल में लेखक तुझे होना चाहिए और मुझे जेबकट। न जाने कब से तू मेरे पीछे पड़ा था। तुझे याद होगा, मैं कण्डक्टर और एक मुसाफिर के बीच का झगड़ा निपटा रहा था। तभी तूने समझ लिया होगा कि मेरी प्रकृति ऐसी है कि दूसरों के मामले में कूद पड़ता हूँ। तूने यह भी ताड़ लिया कि कोई कठिनाई बताये तो मैं मदद के लिए दौड़ पड़ता हूँ। तूने इसी दाँव से मुझे मारा। मुझे अब विश्वास हो गया कि दूसरे की मदद करना बड़ी बुरी आदत है। जिसे इसकी लत पड़ जाती है, उसकी जेब कटती है। तुझे तो याद होगा ही कि तूने डब्बे के उस कोने में खड़े होकर मुझे बुलाया था। मैंने देखा, तेरी आँखें लाल थीं। तू पागल-जैसा लग रहा था या गाँजा पिये लग रहा था। तूने कहा था—इदर आओ, इदर आओ, बर्थ नहीं मिलता, सीट नहीं मिलता—हम परदेशी आदमी हैं। तेरा यह दाँव चला नहीं। तू मुझे अलग ले जाकर लूटना चाहता था। पर पगले, उसमें छीना-झपटी होती। हो सकता था, तू गिरफ्तार हो जाता। मैंने यह खतरा देख लिया था। इसीलिए मैं सीट से उठा नहीं और कहा—कण्डक्टर से बात करो। तब तू मेरे पास आ गया और अपने हाथ मेरे कन्धों पर रख दिये। तूने मेरी आँखों में भरपूर देखा। मैंने तेरी आँखों में देखा। मुझे लगा ही नहीं कि तू जेबकट है। अगर मैं समझ जाता कि तू जेबकट है तो तुझे गले लगा लेता। मैं समझा तू या तो पागल है या नशे में है। लिहाजा मैं आत्मरक्षा के लिए तैयार हो गया। तय किया कि तूने गड़बड़ की तो मैं तुझे मारूँगा—एक घूंसा नाक पर, एक जबड़े पर, और लात पेट पर। तू बड़ा ऊँचा कलाकार है। तूने मेरा ध्यान जेब से किस चतुराई से हटा दिया। वाह!

इसी क्षण तेरा साथी मेरे बायें तरफ से आया। उसने मेरे कान के पास मुँह लगाकर कहा—ये ईरानी है। अपनी भाषा नहीं समझता।

और उसने मेरी जेब से वह लिफाफा निकाल लिया जिसमें नोट रखे थे। प्यारे, मैं न घड़ी बाँधता, न बटुआ रखता; कार्य अनन्त हैं! बार-बार घड़ी क्या देखना। मैं लेखक हूँ। जिस प्रकाशन-प्रतिष्ठान के रुपये होते हैं, उसी के लिफाफे में मैं रख लेता हूँ। कभी भी इस प्रतिष्ठान का पैसा उस प्रतिष्ठान के लिफाफे में नहीं रखता। आदमी को लिफाफे के बारे में बहुत सावधान होना चाहिए। लिफाफा दुरुस्त है तो सब ठीक है। फिर पूंजीवाद के अन्तर्विरोध को मैं जानता हूं। एक प्रकाशक का पैसा दूसरे के लिफाफे में रख दूं तो हो सकता है, लिफाफा रुपयों को लील जाय।

दोस्त, यह सब घटना मैंने इटारसी के बाद जोड़ी। इटारसी तक मुझे पता नहीं था कि मेरा पैसा निकल गया। इटारसी में मैंने टटोला तो पाया, लिफाफा गायब है। तब मुझे समझ आया कि तू जेबकट था। दो स्टेशन मैंने दुःख मनाया। फिर सोचा—पैसे भी खोये और दुःख भी भोगूं। मैं कैसा बेवकूफ हूँ। मैं चैन से सो गया।

तू यह सब पढ़कर शायद दुखी होगा। नहीं, दुखी होने की जरूरत नहीं, भाई। मैं भी जेब काटने में उस्ताद हूँ। हाँ, तरीका दूसरा है। तूने मेरी जेब काटी तो मैंने महावीर स्वामी की जेब काट ली। महावीर जयन्ती पर भाषण देकर मैंने कुछ ज्यादा ही रुपये कमा लिये। तू अपने मन से ग्लानि को निकाल दे। तूने मेरा उपकार ही किया है। मेरी जेब कट गयी है, यह जानकर मेरे दोस्तों ने मेरे लिए रुपये का इन्तजाम कर दिया। तू 175 रु. ले गया था न। मैंने 500 रु. कमा लिये। 200 रु. तो महावीर स्वामी की जेब काटने से मिले। 300 रु. दो दोस्तों ने मिलकर दे दिये। अब तू हिसाब कर। तेरे हाथ कुल 175 रु. लगे। मेरे 175 रु. गये, पर, 500 रु. मिले। यानी इस पूरे मामले में मैं 325 रु. के फायदे में रहा। अब बता—तू बड़ा जेबकट है या मैं हूँ!

दोस्त, क्या-क्या योजनाएँ बनायी थीं। मित्रों ने कहा—अखबार में विज्ञप्ति दे देते हैं कि परसाईजी की जेब कट गयी है, इसलिए उनका हर मित्र उन्हें एक रुपया दे। मैंने इसे नामंजूर कर दिया। कहा—'यारो, मुझे जिन्दा रहने दो। अगर रुपये नहीं आये तो लगेगा मैं इस भ्रम पर जिन्दा था कि मेरे दोस्त हैं। भरम टूटने से आदमी मर जाता है।'

तब मित्रों ने कहा—'अच्छा, तो फिर तुम्हारी फोटो छापकर उसके नीचे लिख दें—इस आदमी की जेब कट गयी है। यह जिस किसी को मिले, इसे एक रुपया दे दे।'

यह योजना भी मुझे पसन्द नहीं आयी। तब मित्रों ने कहा—'अच्छा, गुमशुदा की तलाश शीर्षक के नीचे छपवाते हैं—प्रिय परसाई, तुम सिर्फ पौने दो सौ रुपयों के कारण कहीं छिप गये। लोग तो करोड़ों रुपयों की कालिख से पुता चेहरा नहीं छिपाते। तुम जहाँ कहीं भी हो, चले आओ। पौने दो सौ रुपयों का प्रबन्ध तुम्हारे दोस्त कर देंगे।'

मेरे प्यारे जेबकट दोस्त, जेब काटने के मामले में मैं तेरा चाचा होता हूँ। इस जेबकटी का उपयोग करता तो हजारों कमा सकता था।

भोपाल में मेरे अजीज दोस्त रहते हैं। वहीं जेब कटने से उनका भी इम्तहान लगे हाथ हो गया।

प्यारे, आगे जब तू मेरी जेब काटे तो बताकर काटना। हम मिलकर वह योजना बनायेंगे कि दोनों मालदार हो जायें।

आशा है तू मेरी दम पर अभी तो सुखी होगा ही।

शुभकामनाओं सहित तेरा प्रिय मित्र—

प्रेम पुजारी : अगर मैं फिलम बनाता

मेरे मकान के पास सड़क है। सड़क है तो लाजिमी है कि फिल्मों के विज्ञापन प्रसारित करते लाउडस्पीकर घूमेंगे ही। एक दिन मैंने सुना—'आइए और सारदा थियेटर के सुनहले पर्दे पर देखिए इस वर्ष की सर्वश्रेष्ठ फिल्म प्रेम पुजारी ! प्रेम पुजारी !'

मुझे अपने कस्बे के मन्दिर के पुजारी की याद आ गयी। वे सच्चे प्रेम पुजारी थे और एक भक्तिन को लेकर भाग गये थे। धर्म पूजा से निभ जाता था। अर्थ चढ़ोत्तरी से। तीसरा नम्बर काम का है। भक्तिन भगवान के प्रेम में विभोर मन्दिर में आती थी कि पुजारीजी बीच में आ गये। जब भगवान का भोग खाते हैं तो भगवान की भक्तिन को लेकर क्यों नहीं भाग सकते ? वे भाग गये और अमर प्रेम-पुजारी हो गये, क्योंकि भक्तिन के परिवारवालों ने उनकी अच्छी पिटाई की।

मैं इसी आशा से फिल्म देखने गया कि हमारे पुजारी-जैसी ही कोई स्टोरी होगी। पर वहाँ दूसरी ही स्टोरी थी। देवानन्द प्रेम पुजारी है और उसकी वहीदा रहमान से शादी होती है। कहानी कुल इतनी ही है। सुना है पहले यह फिल्म पाँच मिनट की थी। यह जब बम्बई में दिखायी गयी तो देवानन्द स्टेज पर आकर बोला—प्यारे दर्शको ! यह फिल्म मेरी वहीदा से शादी के लिए बनायी गयी है। आप देखिए, पाँच मिनट में हुई जाती है। तभी दर्शक चिल्ला पड़े—नहीं, ढाई घण्टे बाद होगी। ज़रा धीरज रखो। हमने ढाई घण्टे के पैसे दिये हैं। हम ढाई घण्टे कुछ-न-कुछ देखेंगे, तब शादी होने देंगे। गड़बड़ की तो आग लगा देंगे।

बेचारा डाइरेक्टर-लेखक-नायक देवानन्द मजबूर हो गया। उसने किसी तरह ढाई घण्टे की कहानी बनायी।

देवानन्द सिपाही है। वहीदा नर्तकी है। चीनी हमला होता है। यहाँ नायक में आदर्श डालना जरूरी है। वह अहिंसक और युद्ध का विरोधी है। वह चीनियों से दया के कारण नहीं लड़ता। लड़ता तो सबको अकेला ही मार डालता क्योंकि वह मामूली सिपाही नहीं, हिन्दी फिल्म का नायक है। कोर्ट मार्शल होकर उसे सज़ा होती है। वह जेल से निकल भागता है, क्योंकि हिन्दी फिल्म का नायक है। तभी संयोग देखिए कि उसे एक हवाई जहाज उतरता हुआ मिल जाता है, जिसे चला रही है जहीदा। दूसरी औरत मिल जायेगी तो नायक उसके साथ हो जायेगा, लेकिन इससे वहीदा के साथ उसकी शादी में कोई विघ्न नहीं आयेगा। इतनी शिक्षा फिल्म दर्शक की हो चुकी है।

हवाई जहाज मिल गया है, और चलानेवाली सुन्दर औरत है तो नायक क्या बेवकूफ है कि देश में ही वक्त खराब करेगा। वह जाता है लन्दन, पेरिस, मेड्रिड और जाता है नाइट क्लबों में। वह करता है जासूसी। तभी पाकिस्तानी हमला होता है। वह अहिंसा भूल जाता है क्योंकि उसे देश वापिस लौटना है, क्योंकि

वहीदा उसका इन्तजार कर रही है। पर शादी से पहले उसे कोई पराक्रम तो बताना ही है। वह अकेले ही अपने गाँव की रक्षा पाकिस्तानी हमलावरों से कर लेता है। देश पर हमला हुआ था, तब वह अहिंसक था। गाँव पर हमला हुआ तो लड़ने लगा। चीनियों से लड़ने के वक्त अहिंसावादी हो गया, मगर पाकिस्तान के वक्त हिंसावादी हो गया। कहाँ हैं स्वतन्त्र पार्टी और जनसंघ के लोग? वे आवाज क्यों नहीं उठाते कि यह नायक चीनियों से मिला हुआ है।

जिसने अकेले पाकिस्तानियों को हरा दिया, उसके सामने खलनायक की क्या बिसात? नायक की वहीदा से शादी हो जाती है।

फिल्म देखकर मुझे लगा कि कसर रह गयी। इस कहानी में बहुत सम्भावनाएँ थीं। इतना लम्बा-चौड़ा केनवस। इतने विचित्र संयोग। नायक जेल से भाग जाता है। उसे ज़मीन पर खड़ा चीनी जासूस का हवाई जहाज मिल जाता है। वह लन्दन, पेरिस, मेड्रिड जा सकता है। लौटकर अकेला ही पाकिस्तानी हमलावरों को खदेड़ देता है। देवानन्द को सब संयोग मिल सकते हैं और वह सबकुछ कर सकता है, तो फिल्म में और भी चमत्कार भर सकता है। वह सिर्फ शादी में दिलचस्पी रखनेवाला हीरो तो है नहीं। वह डाइरेक्टर भी है। शादी तो पक्की है। पर दर्शकों के लिए कुछ और चमत्कार तथा संयोग तो डाल ही सकता था।

मुझ-जैसे मामूली कथा-लेखक से पूछ लेता तो मैं ही बता देता।

मसलन चीनी हमला। माना कि नायक अहिंसावादी है। मगर अहिंसा के भी तरीके हैं, हमलावर से निपटने के। देवानन्द वहीदा को लेकर गौरीशंकर की चोटी पर चढ़ जाता और वहाँ दोनों गाना गाते—'आज हिमालय की चोटी से फिर हमने ललकारा है। दूर हटो, ए चीनी लोगो हिन्दुस्तान हमारा है।' इस गाने को सुनकर सम्भव है कि चीनी फौज भाग जाती। लौटते वक्त उन्हें हिममानव मिल जाता। वह उन्हें खाने को दौड़ता। पास आने पर चौंक जाता। कहता—आप क्या वहीदा रहमान हैं? वहीदा कहती—हाँ, तुमने कैसे पहचाना? हिममानव कहता—मैंने आपको फिल्म 'प्यासा' में देखा था। वह गाते हुए नाचने लगता—'जाने क्या तूने कही, जाने क्या मैंने सुनी।' वहीदा यह बताये बिना कि यह गाना 'बैकग्राउण्ड' का है, वहाँ से देवानन्द का हाथ पकड़कर भाग जाती। क्या बढ़िया प्रसंग छोड़ दिया।

जब देवानन्द दुश्मन के जासूसी विमान में उड़ता है, तब भी बड़ी सम्भावनाएँ थीं। जहाज 'टेक आफ' कर रहा था, तभी वहीदा बाल बिखराये गाना गाते दौड़ती जाती और देवानन्द एक रस्सी डाल देता जिसे पकड़कर वहीदा विमान में चढ़ जाती। तब दोनों अफ्रीका के जंगलों में भी जा सकते थे। लन्दन, पेरिस में ही सबकुछ थोड़े रखा है। अफ्रीका के जंगलों में कोई वनमानुष वहीदा पर दीवाना हो जाता। वह उसका पीछा करता और देवानन्द वनमानुषों के नस्ल को ही खत्म कर देता। हिन्दी फिल्म के हीरो-हीरोइन के लिए क्या मुश्किल है!

माना कि देवानन्द वहीदा को रस्सी डालकर विमान में नहीं खींच सकता था क्योंकि उधर जहीदा बैठी थी। मगर क्या वहीदा दूसरे विमान से प्रेमी की खोज में

यूरोप के शहरों में नहीं जा सकती थी? वह गाती हुई लन्दन की सड़कों पर घूमती कि देवानन्द उसे मिल ही जाता। मैंने देखा है कि फिल्मों में बम्बई और कलकत्ता में नायिका नायक को इस तरह खोज लेती है जैसे वे चार-पाँच गलियोंवाले गाँव हों। लन्दन क्या कोई बड़ा शहर है? कुल छह-सात गलियों का गाँव है। हिन्दी फिल्म की नायिका वहाँ अगर पैदल ही घूमे तो उसे बेवफा नायक किसी गली में मिल ही जायेगा। जब नायक खुद ही डाइरेक्टर हो, तब तो और आसान है।

एक बात और पैदा हो सकती थी। देवानन्द अगर भाग गया था, तो वहीदा तो रह गयी थी। वह फौज में भरती हो जाती और पुरुष केप्टिन के रूप में मोर्चे पर जाती। वहाँ चीनी जनरल उस पर मुग्ध हो जाता। वहीदा उसे अपने रूप से बहकाकर उसका सिर काटकर ले आती और जवाहरलाल नेहरू के सामने रख देती। हिन्दी फिल्म की नायिकाओं ने क्या ऐसा नहीं किया है। इस स्थिति में तो नेहरूजी खुद तीन मूर्ति में दोनों की शादी करवाते। फिल्म 'हिट' होती।

मैं पूछता हूँ—अगर देवानन्द यूरोप गया था तो क्या अमेरिका नहीं जा सकता था? वहाँ जाकर क्या केप केनेडी से अपोलो 12 चन्द्रयान नहीं चुरा सकता था? उसे लेकर अपने गाँव जाता और वहीदा से कहता—चल, बैठ। ज़रा चांद की यात्रा कर आयें। दोनों चाँद पर उतरते और देखते कि चाँद काली मिट्टी का है। वहीदा गाती—चाँद का मुखड़ा क्यों शरमाया? देवानन्द जवाबी गाना गाता—बुद्धू, तुम्हें देखकर मुरझाया।

मुझे अफसोस है कि थोड़ी और कल्पना में कंजूसी करके कथा को बरबाद कर दिया। मैं डाइरेक्टरों की मदद के लिए हमेशा तैयार रहता हूँ, पर मुझसे कोई पूछता ही नहीं।

फिल्मी रोमांच

प्रिय जोशीजी महाराज,

इतने विशेषांक लगातार निकाल रहे हो कि पाठक को याद नहीं आता कि कोई लेख शिकार विशेषांक में पढ़ा था कि सिंगारदान विशेषांक में। हर बार विशेषांक में लिखते-लिखते लेखक को अविशेष होने का एहसास ही नहीं हो पाता। रहस्य-रोमांच विशेषांक का वक्त तो गुजर गया। मगर आगे फिल्म विशेषांक है। रहस्य-रोमांच की अनुभूति जगा ही रहा था कि फ्लू हो गया। बीमारी से भी रोमांच होता है। एक आदमी से मैंने पूछा था—तुम्हें रोमांच होता है? उसने कहा—हाँ, खूब जाड़ा देकर जब मलेरिया चढ़ता है तब रोमांच होता है। देख रहा हूँ

बीमारियों से अनुभूतियाँ पैदा हो रही हैं। बहुत लोगों को हिस्टीरिया से राष्ट्रवाद की अनुभूति पैदा होती है और जुकाम से मानवतावाद की। सोचा था, मेरा प्यारा फ्लू रोमांच का कम-से-कम एक लेख दे ही जायेगा। मगर वह धोखा देकर निकल गया। बीमारी से फायदा उठाना भी तो हर एक को नहीं आता; वरना ऐसे लोग भी हैं जो बीमारी के जरिये इनाम लेते हैं, किताबें बेचते हैं और पाठ्यपुस्तक में चले जाते हैं।

बहरहाल, सोचा कि एक चिट्ठी से दो विशेषांक मार दूं—रहस्य-रोमांच भी और फिल्म भी।

जिन्दगी सपाट है, उत्तेजनाहीन है। इसलिए लोग रोमांचित होने के लिए फिल्म देखते हैं। मगर मुझे फिल्में भी काम नहीं दे रही हैं। फिल्मवाले पूरी कोशिश करते हैं कि रहस्य बना रहे, दर्शक को रोमांच होता रहे, मगर मैं सब पहले से जान लेता हूँ। 'महबूब' फिल्म बड़ी उम्मीद से देखने गया। मगर 'कास्ट' देखते ही लगा, पूरी फिल्म देख ली। राजेन्द्रकुमार की शादी साधना से होकर रहेगी। फिल्म निर्माता ने दोनों को लाखों रुपये क्या इसलिए दिये होंगे कि वे किसी और से शादी कर लें। ज़रा सोचने की बात है। प्राण अगर है तो कहीं किसी स्टेज पर बाधक बनेगा या हीरो-हीरोइन को तंग करेगा या उनके घरवालों को तंग करेगा। अगर वह दुष्टता नहीं करेगा तो कल से कौन निर्माता उसे काम देगा। मेरे सामने पर्दे पर तरह-तरह के झाँसे देकर मुझे रोमांचित करने की कोशिश की जा रही है और मैं डाइरेक्टर से कहता हूँ कि यार, क्यों झाँसा देता है। राजेन्द्रकुमार और साधना की शादी तो होगी। झटपट करा दे तो घर जायें। हमारा और हीरो-हीरोइन का समय व्यर्थ क्यों नष्ट करता है? निम्मी? गानेवाली? मैं जानता हूँ, अन्त में वह पवित्र निकलेगी क्योंकि हीरो की बहन है। गँवार भी कह देगा कि हीरो की बहन पवित्र ही होती है। शम्मीकपूर और शर्मिला टैगोर अगर फिल्म में हैं तो कितने भी झटके दे, शम्मीकपूर को शादी शर्मिला से ही करनी पड़ेगी। कैसे नहीं करेगा? उसके बाप को करनी पड़ेगी।

प्यारे भाई, शेख मुखतार ने किसी भी फिल्म में किसी का नुकसान नहीं किया। हमेशा दुष्टों से लड़ा और अच्छों की मदद की। जिसका ऐसा क्लीन रिकार्ड हो, उसके बारे में मैं कैसे मान लूँ कि यह इस बार कुछ और कर बैठेगा। आखिर शराफत भी तो कोई चीज है। और मित्र 'साधू और शैतान' में बड़ी कोशिश की गयी कि मैं पहचान न पाऊँ कि शैतान ओमप्रकाश है या प्राण। मगर मैंने बैठते ही कह दिया—इस प्राण का कैरेक्टर मैं सौ फिल्मों में देख चुका हूँ। इस बार भी वह शैतानपन से बाज नहीं आयेगा। किसी ने देखा है कभी कि बेचारे ओमप्रकाश ने किसी का नुकसान किया हो। हमेशा भला और दुखी इन्सान रहा है वह। मैं कैसे मान लूँ कि इस फिल्म में वह एकाएक शैतान हो जायेगा।

एक फिल्म में बलराज साहनी, राजकपूर और वहीदा रहमान थे। मेरा दोस्त कह रहा था—यह लड़की बलराज से शादी करेगी। वह रहस्य का अनुभव करने

लगा था। मैंने कहा—चाहे जो बीच में हो जाये शादी राजकपूर से ही होगी। तुम्हें कभी याद है बलराज ने शादी की? वह शरीफ आदमी है। अगर वहीदा पीछे ही पड़ जाये तो भी वह कह देगा—नहीं, वह, मेरा भाई! अशोककुमार को तब से जानता हूँ, जब उसने शादी शुरू की थी। 'अछूत कन्या' में 'मैं वन का पंछी बन के वन-वन में डोलूंगा' गाता था। तब से जब तक शादी की उम्र रही, उसी ने हीरोइन से शादी की। मुझे कभी उसने रोमांच नहीं होने दिया।

बन्धु, फिल्मवाले पूरी कोशिश करते हैं कि मुझे रोमांचित कर दें। वे दूसरे लड़कों से शादी तय करा देते हैं। उसे वेदी पर बिठा देते हैं। हवन होने लगता है। पण्डित विवाह का मन्त्र पढ़नेवाले ही हैं। हॉल में बाकी दर्शक हाय-हाय कर रहे हैं। कोई-कोई कहते हैं—देखें अब क्या होता है। मगर मैं चैन से बैठा हूँ। मुझे मालूम है, शादी तो हीरो से ही होगी। वह पुरोहित बायीं आँख के कोने से डाइरेक्टर की तरफ देख रहा है कि जल्दी हीरो को भेजो। हीरो नोटों का बण्डल लेकर प्रकट होता है और हॉल के लोग चकित रह जाते हैं। मैं नहीं। मैं इस हीरो को पचास फिल्मों से जानता हूँ। हर बार तिकड़म करके पट्ठा शादी जमा लेता है। इस बार कैसे चूक सकता है?

मुझे रोमांचित करने के लिए डाइरेक्टर कभी-कभी अतिरिक्त प्रयत्न भी करता है, बेचारा। लड़के का दुष्ट मगर रईस बाप किसी तरह राजी नहीं हो रहा है गरीब हीरोइन से लड़के की शादी करने के लिए। मैं कथा-लेखक की कठिनाई समझता हूँ। दृश्य पर्दे पर आता है कि बाप पहाड़ी रास्ते से कार चला रहा है। नीचे हजार फुट गहरी खाई है। कैमरा तरह-तरह के कोण दिखाकर मुझे रोमांचित करने की कोशिश कर रहा है। मगर मैं जानता हूँ कि पिताश्री का अन्तिम समय आ गया। कहानी में यह साला बाप किसी तरह नहीं पट रहा है। यह कहानी को आगे बढ़ाने के लिए मारा जायेगा—डूबकर या कार-दुर्घटना में या साँप काटने से। मैं उसका गिरना और मरना शान्ति से ग्रहण कर लेता हूँ। क्या किया जाये? देह क्षणभंगुर है। सब डाइरेक्टर की इच्छा पर निर्भर है। फिल्म को आगे बढ़ाना है। तुम अगर रास्ते में खड़े हो तो तुम्हें मरना ही पड़ेगा।

गरीब-अमीर की फिल्में मुझे दिखाकर भी बड़ी कोशिश की गयी कि मैं रहस्य-रोमांच-पीड़ित हो जाऊँ। देखें अब क्या होता है? गरीब लड़की की शादी रईस प्रेमी से होती है या नहीं? ये सवाल ही मेरे मन में नहीं उठते। मैं जानता हूँ 'पैसा या प्यार' में प्यार जीतेगा। पिछले पचीस सालों से फिल्में देख रहा हूँ। पचीस सालों से रईस का बेटा गरीब की लड़की से शादी कर रहा है। फिर भी लोग पूंजीवाद के पीछे हाथ धोकर पड़े हैं। अजीब बदतमीजी है।

नहीं होता, कोई रोमांच नहीं होता। डाइरेक्टरो, तुम कितनी भी कोशिश करो। तुम हीरोइन को पहाड़ी की कगार पर खड़ी करते हो। नीचे नदी बह रही है। वह कूदनेवाली है। मुझे पाँच-सात मिनट, यह दृश्य दिखाते हो कि मैं हाय-हाय करने लगूं। रोमांचित हो जाऊँ। पर मैं जानता हूँ कि आत्महत्या की जगह 'भारत साधु

समाज' की तरफ से एक साधु तैनात है जो आत्महत्या करनेवाली सुन्दरियों को बचाता है। वह आयेगा और कूदती हुई प्रेमिका को पीछे से पकड़कर कहेगा—'बेटी ! निराश मत हो।' अगर वह कूद भी जाये तो भी मैं निश्चिन्त रहता हूँ। वहाँ नदी के किनारे या तो डाइरेक्टर ने तब तक हीरो को भेज दिया होगा, जो नदी में कूदकर उसे बचा लेगा, या कोई मल्लाह नाव लेकर तैयार होगा। ऐसी धाँधली हो नहीं सकती कि हीरोइन डूबकर मर जाय। अगर आधी फिल्म में वह मर गयी तो बाकी फिल्म में हीरो क्या करेगा ? कौन निर्माता इतना बेवकूफ है कि पैसे भी दे और डेढ़ घण्टा हीरो को बेकार रखे।

कोशिश जारी है। स्मगलरों की कार आगे है और पुलिस की पीछे। टेढ़े-मेढ़े रास्ते, घाटियाँ। स्मगलरों की कार बढ़िया है और ड्राइवर उस्ताद। दौड़ रही हैं मोटरें। डाइरेक्टर यह भुलावा देना चाहता है कि स्मगलर बच निकलेंगे। पर मैं जानता हूँ, पुलिस उनको पकड़ लेगी। अगर पुलिस ने स्मगलर नहीं पकड़े तो सेंसर बोर्ड फिल्म को पास नहीं करेगा। सेंसर बोर्ड के दो ही काम तो हैं— देशवासियों को चूमा-चाटी से बचाना और पुलिस का रिकार्ड उज्ज्वल रखना।

रेलगाड़ी आ रही है। लाइन पर लड़का खड़ा है। रेल सीटी दे रही है। लड़का हट नहीं रहा है। हाय, अब क्या होगा ? कुछ नहीं होगा। लड़का मर नहीं सकता। कोई अपना लड़का क्या फिल्म में रेल से कट मरने के लिए भेजेगा ? गाड़ी रुकेगी नहीं तो वह खुद उलट जायेगी और लड़का बच जायेगा। हो सकता है, आसपास डाइरेक्टरों ने किसी एक्सट्रा को छिपा रखा हो, जो लड़के को खींच लेगा।

जोशीजी, पूरी कोशिश करके भी ये लोग रहस्य-रोमांच पैदा नहीं कर सकते। मैं एक्टर-एक्ट्रेसों की नस-नस जानता हूँ। मैं कास्ट देखकर ही सारे रहस्य खोल देता हूँ। हीरो का चमचा है, तो उसकी शादी हीरोइन की चमची से पक्की है। यह विधाता का अमिट लेख है। दिलीपकुमार पर्दे पर दिखता है तो यह तय है कि उसकी शादी प्रेमिका से नहीं होगी। कितना भी प्रेम पक जाय, शादी दूसरे से होगी और यह शरीफ प्रेमी होने के कारण बदला भी नहीं लेगा—सिर्फ रोयेगा। जब उसकी प्रेमिका को कोई पटा लेता है तब मुझे कोई दुख नहीं होता। मैं जानता हूँ, पर्दे पर उसकी शादी हो ही नहीं सकती। वह विवाह-मण्डप में बैठ जाता है। विवाह का मन्त्र भी शुरू हो जाता है। मगर मैं जानता हूँ, एक-दो क्षणों में कुछ होगा, जिससे इसकी पत्नी कट जायेगी। उसे लाखों रुपये निराश होने और रोने के मिलते हैं। वह शादी करके क्या पेट पर लात मारेगा ? तीसरे दर्जे का एक्टर भी उसकी प्रेमिका को पटा सकता है। मैंने दस साल पहले कह दिया था कि इसकी शादी होगी, तो वास्तविक जीवन में ही होगी। दूसरी तरफ कपूर ब्रदर्स शादी के लिए ही बने हैं। शम्मी, पम्मी, लम्मी, कोई भी कपूर हो, कितनी भी बन्दर-एक्टिंग करे, मैं जानता हूँ यह गम्भीर प्रेमी बनेगा और हीरोइन शादी करके सारी उछल-कूद भुला देगी।

तुम्हीं बताओ, ऐसे में कोई रहस्य कहाँ से लाये ? कैसे रोमांच का अनुभव हो ? मुझे सिर्फ तब रोमांच होता है जब सिनेमा हॉल में बिजली फेल हो जाती है या

फिल्म बीच में कट जाती है या औरत को छेड़ने से हंगामा हो जाता है। इन स्थितियों के सिवा स्टण्ट-से-स्टण्ट फिल्म में भी कोई रहस्य-रोमांच नहीं।

अगर इस चिट्ठी को लेख का दर्जा हासिल हो, यानी यह थर्ड क्लास का टिकट लेकर गेटकीपर से दोस्ती के कारण फर्स्ट क्लास में घुस सके—तो इसे छाप देना।

तुम्हारा
हरिशंकर परसाई

मुक्तिबोध : एक संस्मरण

भोपाल के हमीदिया अस्पताल में मुक्तिबोध जब मौत से जूझ रहे थे, तब उस छटपटाहट को देखकर मोहम्मद अली 'ताज' ने कहा था :

उम्र-भर जी के भी जीने का न अन्दाज़ आया।
ज़िन्दगी छोड़ दे पीछा मेरा मैं बाज़ आया॥

जो मुक्तिबोध को निकट से देखते रहे हैं, जानते हैं कि दुनियावी अर्थों में उन्हें 'जीने का अन्दाज़' कभी नहीं आया। वरना यहाँ ऐसे उनके समकालीन खड़े हैं, जो प्रगतिवादी आन्दोलन के कन्धे पर चढ़कर 'नया पथ' में 'फ्रण्ट पेजित' भी होते थे, फिर पण्डित द्वारकाप्रसाद मिश्र की 'कृष्णायन' का धूप-दीप के साथ पाठ करके फूलने लगे और अब जनसंघ-राजमाता की जय बोलकर फल रहे हैं। इसे मानना चाहिए कि पुराने प्रगतिवादी आन्दोलन ने भी मुक्तिबोध का प्राप्य नहीं दिया। (बहुतों को दिया) कारण, जैसी स्थूल रचना की अपेक्षा उस समय की जाती थी, वैसी मुक्तिबोध करते नहीं थे। न उनकी रचना में कहीं 'सुर्ख परचम' था, न प्रेमिका को प्रेमी लाल रूमाल देता था, न वे उसे 'लाल चूनर' पहनाते थे। वे गहरे अन्तर्द्वन्द्व और तीव्र सामाजिक अनुभूति के कवि थे। मजे की बात यह है कि जो 'निराला' की सूक्ष्मता को पकड़ लेते थे, वे भी मुक्तिबोध की सूक्ष्मता को नहीं पकड़ते थे।

दूसरी तरफ के लोग उनके पीछे 'विह हण्ट' लगाये थे। उनके ऊबड़-खाबड़पन से आभिजात्य को मतली आती थी। वे उनके दूसरे खेमे में होने की बात को इस तरस के साथ कहते थे, जैसे—'ए गुड मैन फॉलन एमंग फेबियन्स'।

ऐसा भी नहीं है कि मुक्तिबोध को समझनेवाले लोग नहीं थे। पर निष्क्रिय ईमानदार और सक्रिय बेईमान मिलकर एक षड्यन्त्र-सा बना लेते हैं। मजे की बात यह है कि प्रगतिवादी सत्ता प्रतिष्ठान के नेता भी, जिन्हें 'प्रतिक्रियावादी' कहते थे, उन्हीं की चिरौरी करके उन्हें अपने बीच सम्मान से बिठाकर 'रिस्पैक्टेबिलिटी' प्राप्त करते थे, मगर जो अपना था उसे अवहेलित करते थे। वह तो अपना है ही,

उसकी नियति तय है --वह कम्बख्त कहाँ जायेगा ? पूर्वी यूरोप से साहित्य के आयात-निर्यात की जो फर्म है, उसके माल की लिस्ट में भी मुक्तिबोध की एक लाइन नहीं थी। हाँ, उन्हें बराबर भेजा जाता था, जिन्हें घर में 'फासिस्ट' कहा जाता रहा है।

मुझे याद है, जब हम उन्हें भोपाल के अस्पताल में ले गये और मुख्यमन्त्री की दिलचस्पी के कारण थोड़ा हल्ला हो गया, पत्रकार मित्रों ने प्रचार किया, तब कुछ लोग जो साहित्य की राजधानियों के थे या वहाँ से बढ़कर आये थे, यह कहते थे कि हम प्रान्तीयता से ग्रस्त लोग उसे 'हीरा' बना रहे हैं। हम लोग 'प्रॉविशियल' संस्कार के लोग कहलाते थे। प्रोफेसरान और ऊँचे लेखक उन्हें देखने शुरू-शुरू में इसलिए नहीं आते थे कि कहीं प्रयाग, दिल्ली और कलकत्ता में बदनामी न फैल जाय कि हम 'प्रॉविशियल' में दिलचस्पी ले रहे हैं। प्रयाग और दिल्लीवालों ने जब 'गेटपास' दे दिया और 'अदीब' ने 'टाइम्स ऑफ़ इण्डिया' में अँगरेजी में तारीफ़ कर दी, तब इनका दिलचस्पी लेने का साहस बढ़ा। बाद में तो लेख के शुरू में मुक्तिबोध की पंक्तियाँ मंगलाचरण के रूप में लिखने लगे—'वन्दे वाणी विनायकौ' होने लगा। उनकी मृत्यु के बाद फूल बाँटने की झपटा-झपटी में कबीर की चादर की बड़ी फजीहत हुई।

यह सब—बाई दी वे। मुझसे तो नामवरजी ने कुछ संस्मरणात्मक लिखने को कहा है। संस्मरणात्मक कुछ भी लिखने में अपने को बीच में डालना पड़ता है। संस्मरण की यह मजबूरी है। यह सावधानी बरतते हुए कि उनके बहाने अपने को 'प्रोजेक्ट' न कर दूँ, कुछ चीजें लिखता हूँ…गो सफल संस्मरण का वही गुण है, जिससे मैं बचना चाहता हूँ।

जबलपुर में जिस स्कूल में मुक्तिबोध ने नौकरी की थी, उसी में बाद में मैंने की। अपनी मुदर्रिसी का वह आखिरी दौर था, उनकी मास्टरी भी उसी अहाते में खत्म हुई थी। पुराने अध्यापक उनकी बात करते थे। साहित्य में (बल्कि पत्रकारिता में) मेरा प्रवेश तब हो चुका था। सुनता था, यहाँ 'तारसप्तक'वाले मुक्तिबोध रहते थे। उन्होंने 'प्रगतिशील लेखक संघ' की स्थापना की। फिर वे नागपुर प्रकाशन-विभाग में चले गये। तब मुक्तिबोध की नयी जवानी थी। छरहरे खूबसूरत आदमी थे। तब का उनका एक चित्र है, जो 'राष्ट्रवाणी' के मुक्तिबोध अंक में छपा है। बड़ी-बड़ी गहरी भावुक आँखें हैं। नाक बहुत 'सेंसुअस' है। शरीर सूख जाने पर भी मुक्तिबोध की आँखें धुंधली नहीं हुईं, सूखा चेहरा भी खूबसूरत रहा।

मैं कुछ लिखने लगा था। वे देखते रहते थे। मित्रों ने भी बताया होगा। मैं नागपुर शिक्षक-सम्मेलन के सिलसिले में गया था। मित्र मुझे उनसे मिलाने शुक्रवारा स्थित (शायद) उनके मकान पर ले गये। सच कहूँ, मुझे मुक्तिबोध से डर लगता था। मित्रों, प्रशंसकों में वे 'महागुरु' कहलाते थे। एक आतंक मेरे ऊपर था। मैं अपने अज्ञान में सिकुड़ा-सिकुड़ा पहुँचा। वे दरी पर पालथी मारे बैठे थे। पास पानी का लोटा और उस पर प्याला। हम लोग दरी पर बैठ गये। मुझसे बोले—आइए

साहब ! निहायत औपचारिक दो-चार मामूली बातें हुईं। यह जानकर कि मैं शिक्षकों के श्रम-संगठन के काम से आया हूँ, उन्होंने आँखें फाड़कर गौर से देखा। मुझसे न लिखने की बात की, न कोई तारीफ। चाय जरूर पिलायी। आगंतुक के बहाने खुद चाय पीने का मौका वे चूकते नहीं थे। यह मुलाकात बहुत सूखी रही। मुक्तिबोध मुझे शंका से देख रहे थे। जाँच रहे थे। वे एकदम गले किसी से नहीं मिलते थे। प्रकृति से वे शंकालु थे। किसी को जैसा-का-तैसा स्वीकार नहीं करते थे। बाद के कटु अनुभव और अकेलेपन ने यह शंका की प्रवृत्ति और बढ़ा दी थी। राजनाँदगाँव में तो वे कई लोगों की कल्पना में न जाने कैसे, कैसी तस्वीरें बनाकर परेशान हुआ करते थे। दिल्ली, कलकत्ता, प्रयाग के बहुत-से लोगों की इतनी अतिरंजित तस्वीर वे बनाते थे कि लगता ये सब विकट शैतान हैं, जबकि वे अपने काम में लगे तटस्थ लोग थे। शंका व असुरक्षा की भावना इतनी तीव्र हो उठी थी, बाद में, कि वह भयावह कल्पना करते रहते थे कि अमुक-अमुक लोग मेरे खिलाफ षड्यन्त्र कर रहे हैं—जबकि उन्हें अपना भला करने से ही इतनी फुरसत नहीं मिलती थी कि उनका बुरा करें। उनके मित्रों को शायद यह नहीं मालूम की मुक्तिबोध कभी-न-कभी भयंकर शैतान के रूप में उनकी कल्पना कर चुके हैं। सामान्य आदमी का वे एकदम भरोसा करते थे, लेकिन राजनीति और साहित्य के क्षेत्र के आदमी के प्रति शंकालु रहते थे। कोई सहज ही उनके समीप होना चाहता या उनकी मदद करना चाहता, तो वे सशंकित हो जाते। कहते—पार्टनर, इसका इरादा क्या है ? ज्यों-ज्यों उनकी मुसीबतें बढ़ती गयीं, ज्यादा कड़ुए अनुभव होते गये, उनके कई विश्वसनीयों का चारित्रिक पतन होता गया, उनकी शंका बढ़ती गयी। वे अपने को असुरक्षित अनुभव करते गये। अन्त के एक-दो साल तो वे अपने चारों तरफ डर के काँटे लगाकर जीते थे। उन्हें लगता, कोई भयंकर षड्यन्त्र चारों तरफ से उन्हें घेर रहा है। यह स्थिति तब बहुत तीव्र हो गयी, जब सरकार ने उनकी पुस्तक पर प्रतिबन्ध लगाया। इस बात को आगे लिखूंगा।

नागपुर में चार-पाँच दिन रहकर भी मैं उनसे दोबारा नहीं मिला। उन्होंने भी ऐसी कोई इच्छा नहीं की। यह सीधा कहलानेवाला आदमी, कुछ मामलों में बड़ा काँइयाँ था। वह चुपचाप बैठा जाँच रहा था। आगे साल-भर तक कोई सम्बन्ध नहीं रहा। एक दिन 'नया खून' का ताजा अंक खोला तो तीन कॉलम की एक टिप्पणी का शीर्षक था—'थॉट और परसाई की स्पिरिट में अन्तर है।' टिप्पणीकार—गजानन माधव मुक्तिबोध। मेरी एक कहानी का अनुवाद 'थॉट' ने छापा था। मुक्तिबोध ने 'थॉट' की राजनीति बतलायी थी और मेरी कहानी को जैसे 'मिसफिट' कहा था। चेतावनी थी कि ये पत्र प्रचार और पैसे का लोभ देकर कैसे किसी बनते लेखक को फँसाते हैं। मेरी उस कहानी का अर्थ 'थॉट' ने साम्यवादी व्यवस्था में 'रेजिमेन्टेशन' के सन्दर्भ में लगाकर छापा था। यों मेरी एक 'फैन्टेसी' को 'पाञ्चजन्य' ने पौराणिक कथा समझकर धर्मार्थ उद्धृत कर लिया था। अपनी समझ का उपयोग करने का हरएक को हक है।

मैंने उन्हें नहीं लिखा। वे भी चुप रहे। सालेक बाद जब 'वसुधा' निकालने की योजना बनी, तो मैंने उन्हें पत्र लिखा। वे भरे बैठे थे। बड़ा लम्बा पत्र आया। लिखा था कि 'नया खून' की उस टिप्पणी के बाद यहाँ लोगों ने मुझसे बार-बार कहा कि आपको बहुत बुरा लगा है। मैं दूर हूँ। लोगों से सम्पर्क होता नहीं है। सुनता रहता हूँ। सोचा, सीधे आपसे बात कर लूँ। मैं साफ बात करना पसन्द करता हूँ। आप मुझे साफ बताइए कि क्या उस टिप्पणी से आपको बुरा लगा?

मैं समझ गया, मेरी-उनकी निकटता को घटित न होने देने में किन्हीं लोगों ने अपना फायदा देखा होगा। अपना फायदा देखने का भी हरएक को हक है। बाद में पता चला कि इन लोगों ने अपने समकालीनों के लिए खुफिया विभाग भी खोल रखा था और जगह-जगह एलची नियुक्त कर रखे थे। हमारे मित्र, प्रमोद वर्मा जब तबादले पर जबलपुर आये, तब उन्हें हेड आफिस से चिट्ठी मिली थी कि यहाँ किससे सम्बन्ध रखना और किससे नहीं, इस बारे में अमुक से हिदायत ले लो। प्रमोद ने लिख दिया था कि शत्रु और मित्र मैं खुद बनाता हूँ। उस चिट्ठी को मुक्तिबोध के सामने हम लोगों ने पढ़ा और खूब हँसते रहे। खैर, ये स्थानीय मधुर पॉलिटिक्स की बातें हैं। मगर परिवेश से कटकर आदमी रह नहीं सकता। मुक्तिबोध-जैसे पारदर्शी सचाई के सरल आदमी को अपने आसपास की यह अविश्वसनीयता और अकेलापन दे देती थी।

'कामायनी : एक पुनर्विचार' को छापने के लिए एक पुस्तक-विक्रेता मित्र शेषनारायण राय राजी हो गये थे। वे पेशे से प्रकाशक नहीं हैं। पैसा लगा देने को तैयार थे। मुक्तिबोधजी पर उनकी श्रद्धा थी। तब मुक्तिबोध को कोई प्रकाशक नहीं मिलता था। पुस्तक का कम्पोजिंग चल रहा था, तब वे जबलपुर आये। तीन दिन हो गये, पर उन्होंने न किताब की बात की, न राय से मिलने की इच्छा। पहले तो रात-दिन पुस्तक छपने की लौ लगी रहती थी और अब यह विराग। मैंने कहा—आप प्रकाशक से तो मिल लीजिए। वे यहीं पास में रहते हैं। मुक्तिबोध खिन्न भाव से बोले—मिल लेंगे, पार्टनर। कोई उससे मिलने थोड़े ही आये हैं। मैंने कहा—सच बताइए मामला क्या है? वे बोले—अब तो पाण्डुलिपि दे ही चुके। अमुक साहब कह रहे थे कि आप बुरे फँस गये। वह राय तो बहुत खराब आदमी है। खैर! मैंने राय से कहा, राय हँसा। कहने लगा—वही साहब मुझसे कह गये कि तुम पैसा पानी में डाल रहे हो। उस किताब को कौन खरीदेगा? मुक्तिबोध उनका विश्वास करते थे। वे बड़े हैरान हुए। कहने लगे—आखिर उसने ऐसा किया क्यों? बाद में राय ने उन्हें रुपये पेशगी दिये। दूकान से वे कुछ किताबें भी ले गये। बहुत गद्‌गद थे। ऐसे मौके पर वे बच्चे की तरह हो जाते थे—वाह पार्टनर, आपका यह राय भी मजे का आदमी है। उसने इतने रुपये दे दिये। अगर उन्हें किसी से मुश्किल से सौ रुपये मिलने की उम्मीद है और वह दो सौ रुपये दे दे, तो वे चकित हो जाते। कहते—पार्टनर, यह भी बड़ी मजे की बात है। उसने तो दो सौ रुपये दे दिये। इतने रुपये कोई कैसे दे देता है। इस पुस्तक का प्रकाशन वे अपने ऊपर एहसान मानते थे।

राजनाँदगाँव से उन्होंने राय को अंग्रेजी में ऐसी चिट्ठी लिखी जो कोई लेखक प्रकाशक को नहीं लिखेगा। लिखा था—पुस्तक अच्छी छपनी चाहिए। मैं आपको लिखकर देता हूँ कि मुझे आपसे एक भी पैसा नहीं चाहिए, बल्कि आपका कुछ ज्यादा खर्च हो जाय, तो हरजाना देने को तैयार हूँ।

राजनाँदगाँव में वे अपेक्षाकृत आराम में रहे। शरद कोठारी तथा अन्य मित्रों ने उनके लिए सबकुछ किया। पर वे बाहर निकलने को छटपटाते थे। वे साल में एक-दो बार किसी सिलसिले में जबलपुर आते और खूब खुश रहते, रंगीन सपने में डूबते हुए कहते—पार्टनर, ऐसा हो कि एक बड़ा-सा मकान हो। सब सुभीते हों। कोई चिन्ता न हो। वहाँ हम कुछ मित्र रहें। खूब बातें करें, खूब लिखें-पढ़ें और जंगल में खूब घूमें। फिर कहते—आप राजनाँदगाँव आइए। वहीं कुछ दिन रहिए। बहुत बड़ा मकान है। कोई तकलीफ नहीं होगी। नो, नो, आई इनवाइट यू।

मुक्तिबोध की आर्थिक दुर्दशा किसी से छिपी नहीं थी। उन्हें और तरह के क्लेश भी थे। भयंकर तनाव में वे जीते थे। पर फिर भी बेहद उदार, बेहद भावुक आदमी थे। उनके स्वभाव के कुछ विचित्र विरोधाभास थे। पैसे-पैसे की तंगी में जीनेवाला यह आदमी पैसे को लात भी मारता था। वे पैसा देनेवाली पत्रिकाओं में लिखकर आमदनी बढ़ा सकते थे, पर लिखते नहीं थे। कहते—अपनी पत्रिका में लिखेंगे। बस मुझे तो कागज आप दे दीजिए। यों वे बहुत मधुर स्वभाव के थे। खूब मजे में आत्मीयता से बात करते थे। मगर कोई वैचारिक चालबाजी करे या ढोंग करे, तो मुक्तिबोध चुप बैठे तेज नजर से उसे चीरते रहते। उस वक्त उनके ओठ किसी बदमाश स्कूली लड़के की तरह मुड़ जाते। आपस में मित्रों में एकरस हो जाते, मगर तभी वर्ग-चेतना जाग उठती, तो अजनबी होने लगते। जबलपुर आये, तो मेरे घर पर एक मित्र हनुमान वर्मा से मुलाकात हुई। हनुमान कालेज में पढ़ाते हैं। खूब यारबाश आदमी हैं। दो-तीन दिन खूब मजे में उनसे मुक्तिबोध की जमती रही। फिर हनुमान अपने घर ले गया। वहाँ अच्छा-सा सोफा था। डाइनिंग-टेबिल भी थी। मुक्तिबोध को खटका लग गया। वे शिष्ट व्यवहार करने लगे। लौटते वक्त रास्ते में मुझसे बोले—पार्टनर, इस आदमी से अपनी कैसे पट सकती है! उसका सोफा देखो, डाइनिंग-टेबिल देखो। यह अपनी दुनिया का आदमी नहीं है। ही बिलांग्ज टू ए डिफरेण्ट वर्ल्ड। मैंने कहा—कुल छः-सात सौ ही पाता है वह। अपनी ही दुनिया का आदमी है। पर यह बात गले उतरने में देर लगी।

वर्ग-चेतना के तीव्र बोध की दो-एक घटनाएँ दिलचस्प हैं। मुझ पर एक प्रकाशक ने कापीराइट का मुकदमा चला दिया था। मुक्तिबोध आये हुए थे। दिसम्बर का महीना था। भोजन करके वे सामने के मैदान में बैठे थे। मैं कचहरी जाने लगा, तो पूछा—पार्टनर, मैजिस्ट्रेट कौन है? मैंने नाम बताया। वे बोले—नाम से मालूम होता है कि वह नीची जाति का है। विदर्भ में होते हैं ये लोग। आप छूट जायेंगे। मैंने पूछा—यह अन्दाज आपको कैसे लगा? उन्होंने कहा—वह नीची जाति का है न! उसकी वर्ग-सहानुभूति लेखक के प्रति होगी, प्रकाशक के साथ नहीं। संयोग से

मुकदमा खारिज भी हो गया।

एक साहित्य-समारोह में एक वयोवृद्ध ब्राह्मण आचार्य थे। विवाद की स्थिति थी ही। आचार्य के मातहत एक अध्यापक ने भी भाषण में आचार्यजी का समर्थन किया। बाद में मुक्तिबोध अकेले में हम लोगों से बड़ी गम्भीरता से बोले—वह जो अध्यापक है, उसकी सहानुभूति हमारी तरफ है। नौकरी के लिए आचार्य की बात बोल रहा था। वह जाति का अहीर है न ! वह हमारा ही साथ देगा, ब्राह्मण आचार्य का नहीं।

पर एक दूसरे मौके पर दूसरी ही तरह की बात कहकर उन्होंने हमें चौंकाया। एक आदमी बड़ा ओछा व्यवहार कर रहा था। हम सब लोगों की पीठ-पीछे निन्दा करता था। मुक्तिबोध सुनते-सुनते बोले—पार्टनर, वह जात का लोधी है न ! इसीलिए।

मुक्तिबोध विचारों से आधुनिक लेकिन इसके साथ ही वैज्ञानिक व्यवहार में कई बातों में बिल्कुल सामन्ती। किसी को अपने घर में साग्रह खाना खिलाना, अपनी हैसियत से बाहर खातिर करना उनकी खास प्रकृति थी। लगता था, कोई पुराने ठाकुर साहब हैं, जिन्हें मूँछें मुड़ाना पड़ेगा, अगर मेहमानवाज़ी में कमी आयी। एक बार नागपुर में जब वे तीव्र ज्वर में 'नया खून' के टीन के नीचे काम कर रहे थे, मैं पहुँच गया। भर-दोपहर में पास की दूकान पर मुझे मिठाई खिला लाये, तब चैन पड़ी। मैंने बहुत मना किया, पर वे कहते—नहीं साहब, आप आये हैं, तो कुछ खाना तो पड़ेगा। पक्षाघात से जब वे पीड़ित थे, तब हम उन्हें भोपाल के लिए लेने पहुँचे। उस हालत में भी वे हड़बड़ा रहे थे कि इनके लिए क्या कर दिया जाय। कहने लगे—आप मेरे मेहमान हैं। आप मेरे यहाँ क्यों नहीं ठहरेंगे, कोठारी के यहाँ क्यों? कोठारी से भी शिकायत की—क्यों साहब, यह क्या हरकत है? इन्हें आपने रास्ते में क्यों रोक लिया? इसमें बनावट नहीं थी। उनकी सच्ची ममता थी, उनके आन्तरिक संस्कार थे। वे नयी-से-नयी वैज्ञानिक उपलब्धि से मुग्ध होते थे, पर परिवार-नियोजन के खिलाफ थे। परिवार-नियोजन को पूंजीवादी सभ्यता की प्रवृत्ति मानते थे। विचारों के मामले में जितने सधे हुए, जिन्दगी की व्यवस्था में उतने ही लापरवाह। स्वास्थ्य के प्रति अत्यन्त असावधान थे। सम्बन्धों में लचीले, मगर विचारों में इस्पात की तरह। कहीं कोई समझौता नहीं। पैसे-पैसे के लिए तंग रहते थे, पर पैसे को लात भी मारते थे। कभी बिल्कुल निस्संग हो जाते, कभी मोहग्रस्त।

मुक्तिबोध विद्रोही थे। किसी भी चीज से समझौता नहीं करते थे। स्वास्थ्य के नियमों और अर्थशास्त्र के सिद्धान्तों से भी नहीं। उनकी राजनीति है, यह बात सर्वविदित थी। नागपुर में सरकारी नौकरियों में थे, तब उनके पीछे साम्यवाद-विरोधी भूत लगे रहते थे। उनके विचारों ने कभी उन्हें नौकरी में ऊपर नहीं उठने दिया। राजनाँदगाँव के प्राइवेट कालेज की नौकरी उन्हें अनुकूल पड़ी। वहाँ उन्हें लोगों ने बड़े श्रद्धा-प्रेम से रखा।

मुक्तिबोध भयंकर तनाव में जीते थे। आर्थिक कष्ट उन्हें अंसीम थे। उन जैसे रचनाकार का तनाव साधारण से बहुत अधिक होगा भी। वे सन्त्रास में जीते थे। आजकल सन्त्रास का दावा बहुत किया जा रहा है। मगर मुक्तिबोध का एक-चौथाई तनाव भी कोई झेलता, तो उनसे आधी उम्र में मर जाता। मृत्यु से दो साल पहले वे जबलपुर आये थे। रात-भर वे बड़बड़ाते थे। एक रात चीखकर खाट से फर्श पर गिर पड़े। सँभले, तब बताया कि एक बहुत बड़ी छिपकली सपने में सिर पर गिर रही थी।

उन दिनों उनकी पुस्तक 'भारत : इतिहास और संस्कृति' पर प्रतिबन्ध लग चुका था। वह पुस्तक कोर्स में लग चुकी थी। उसके खिलाफ आन्दोलन करानेवाले मुख्यत: दूसरे प्रकाशक थे। आन्दोलन में जनसंघ प्रमुख था। इसके साथ ही गैर-साम्प्रदायिक पत्रों के भी बिके हुए सम्पादक थे। जनसंघ उनके पीछे पड़ गया था। राजनांदगाँव में उसके स्वयंसेवक उन्हें परेशान करते थे। उस वक्त विद्वान् लेकिन अधिकारहीन राज्यपाल था और भ्रष्ट तथा मूर्ख मुख्यमन्त्री। राज्यपाल ने डेढ़ घण्टे बात की, बात मानी भी, पर कहा —मैं क्या कर सकता हूँ ! मुख्यमन्त्री के पोर्टिको के पास मुक्तिबोध घण्टे-भर खड़े रहे। वह बँगले से निकला तो ये बात करने बढ़े। बात शुरू ही की थी कि बोला—उसमें अब कुछ नहीं हो सकता। इन्होंने कहा—पर आप मेरी बात तो सुन लीजिए। वह बोला—मेरे पास इतना वक्त नहीं है। मुझे जरूरी काम है।

जबलपुर लौटे तो बहुत टूटे हुए और बहुत क्रोधित। वह आदमी चट्टान-जंसा था। लेकिन इस घटना ने उनके भीतर भय और असुरक्षा की भावना पैदा कर दी थी। वे बेहद उत्तेजित थे। इस प्रतिबन्ध से उनकी अपार क्षति हुई। यदि पुस्तक चलती, तो उन्हें इतनी रायल्टी मिलती कि सारा संकट खत्म हो जाता। व्यक्तिगत क्षति का आघात तो था ही। पर इस पूरे काण्ड को व्यापक राजनीतिक सन्दर्भ में देखकर वे बहुत त्रस्त थे। कहते थे—यह नंगा फासिज्म है। लेखक को लोग घेरें, शारीरिक क्षति की धमकी दें। इधर सरकार सुनने तक को तैयार नहीं। अभिव्यक्ति की स्वतन्त्रता जा रही है। गला दबाकर आवाज घोंटी जा रही है।

'अंधेरे में' कविता का यही रचनाकाल है। उन दिनों मुक्तिबोध बहुत आशंकाग्रस्त थे। छोटी-से-छोटी बात उन्हें विचलित कर देती थी। चाबी जिस जेब में रखी होने की उन्हें याद थी, अगर वह उस जेब में नहीं है तो वे ऐसे सशंकित हो उठते थे, जैसे कोई बड़ा षड्यन्त्र उन्हें घेर रहा है। उन दिनों वे बहुत उत्तेजित होकर घण्टों बहुत जोर से बोलते रहते थे। गले की नसें तनी हुई साफ दिखती थीं। कनपटी लौकती थी, दम भर आता था और वे 'डबल स्ट्रांग' चाय की माँग करते थे।

अन्तिम बीमारी के महीने-भर पहले वे जबलपुर आये थे। हाथ और पाँव में एक्जिमा था। पाँव सूजे थे। वे नीम की बहुत-सी पत्ती पीसकर साथ ले आये थे। सुबह पाँवों को धोकर नीम की पट्टी करते। बहुत दुर्बल हो गये थे। बहुत परेशान थे। पर शारीरिक और आर्थिक कष्ट की बात लगभग नहीं करते थे। रात को

उन्होंने हम लोगों को 'अंधेरे में' कविता सुनायी थी। डेढ़ घण्टे के पाठ के बाद वे शिथिल होकर बिस्तर पर लुढ़क गये थे। हम लोगों ने उन्हें थोड़ी ब्राण्डी देकर सुला दिया था। सुबह बोले—पार्टनर, दवा बहुत अच्छी थी।

महीने-भर बाद ही उन्हें पक्षाघात हो गया। आदमी यह सोचने को मजबूर है कि अगर ऐसा हो गया होता, तो वैसा नहीं होता। बहुत-से मित्र यहाँ सोचते हैं, अगर वे तभी जबलपुर रुक गये होते तो बीमारी न बढ़ती। यहाँ मेडिकल कालेज में उन्हें कुछ दिनों के लिए भरती करा देने का हम लोगों ने तय किया था। पर उन्हें बीमार पिताजी से मिलने नागपुर जाना था। वे कह गये थे कि महीने-भर में मैं लौटकर आता हूँ और कुछ दिन रहकर यहीं आराम करूँगा और इलाज करूँगा। पर महीने-भर बाद उन्हें पक्षाघात हो गया। दिल्ली से जब मैं चल ही रहा था कि श्रीकान्त के नाम उनके पत्र से यह खबर मिली।

मुक्तिबोध अपनी बीमारी की भयंकरता जानते थे। वे जानते थे कि यह बीमारी प्राणान्त भी कर सकती है। शारीरिक कष्ट उन्हें बहुत था। छोटे-छोटे बच्चों के भविष्य की चिन्ता भी थी। रात कराहते बीतती थी। भोपाल के मित्र रात-भर कमरे के बाहर बरामदे में बैठे 'आई ग' (ओ माँ) और 'अग' (पत्नी को बुलाने के लिए) सुना करते थे। पर मुक्तिबोध का उत्साह कम नहीं हुआ था। वे टूटे नहीं थे। संज्ञाहीन होने के पहले तक वे बीमारी की शिकायत लगभग नहीं करते थे। वे साहित्य और राजनीति की बातें करते थे। खूब उत्साह से बोलते थे। कभी हम उन्हें स्वास्थ्य के बारे में झूठा भरोसा दिलाते तो वे पलकें नीची करके कहते—हाँ, पार्टनर। ठीक तो हो ही जायेंगे। उनके भाव से हम समझने लगे थे कि यह आदमी जानता है कि ये लोग मुझे दिलासा दे रहे हैं। वे संकेत से बता देते थे कि मैं सब जानता हूँ। मुझे क्यों बहलाते हो!

अपनी तरफ बढ़ती हुई मृत्यु को जो साफ देख रहा था, उसकी जिन्दगी की जकड़ कम नहीं हुई थी। यह किसी भी तरह जीवन से अटके रहने का घटिया मोह नहीं था। ऐसा नहीं था कि जीवन के सारे सन्दर्भ कटकर सिर्फ आत्म-मोह बचा हो। आत्म-मोह अन्तिम क्षण तक उस आदमी में नहीं आया। वह सिर्फ जीवन-सन्दर्भों में उलझा हुआ था। सिगरेट और चाय के लिए अलबत्ता वे बाल-हठ-जैसा करते थे। बाकी अपने बारे में कुछ नहीं। नेहरूजी की तबीयत कैसी है? देश की राजनीति किस ओर से गुजर रही है? साहित्य में इन दिनों क्या चला हुआ है? यही सब बातें वे करते थे। पीड़ा होती तो कराह देकर वे फिर वैसे ही नॉर्मल हो जाते थे।

बीमारी से लड़कर मुक्तिबोध निश्चित जीत गये थे। बीमारी ने उन्हें मार दिया, पर तोड़ नहीं सकी। मुक्तिबोध का फौलादी व्यक्तित्व अन्त तक वैसा ही रहा। जैसे जिन्दगी में किसी से लाभ के लिए समझौता नहीं किया, वैसे मृत्यु से भी कोई समझौता करने को वे तैयार नहीं थे।

वे मरे। हारे नहीं। मरना कोई हार नहीं होती।

जीते हुए उम्मीदवार के नाम

भैयाजी,

चाहता तो यह था कि ये सब बातें आपसे प्रत्यक्ष कहता, पर इस वक्त आप उन लोगों से घिरे होंगे, जिन्होंने आपको मत नहीं दिया। जो मत नहीं देते, वे बधाई देने पहले पहुँचते हैं। जो सबसे पहले आपके गले में माला डाले, उसे अपना सबसे बड़ा शत्रु समझिए। माला डालनेवालों को अगर आप अपना मानेंगे, तो अगली बार हार जायेंगे। जिससे ज्यादा लोग सड़क पर नमस्ते करते हैं, वह अक्सर हार जाता है। मैंने तो आपको मत दिया था, इसलिए मैं आपको बधाई देने नहीं आया। मैं यह चिट्ठी लिखकर डाक में छोड़ रहा हूँ।

भैयाजी, मैंने आपको मत तो दिया, पर आपके जीतने का मुझे बेहद दुःख है। आप पूछेंगे—ऐसा क्यों है ? फिर मत ही क्यों दिया ? बात यह है कि मत मैंने दया-वश दे दिया। उन दिनों आप जनता के दुखों पर रोते हुए घूम रहे थे। मैं तब आपके दुख पर रो रहा था। मेरी देखादेखी जनता भी रोने लगी थी। उम्मीदवार और जनता दोनों की आँखों में आँसू थे। जनता समझती थी कि आप उसकी हालत पर रो रहे हैं, पर वास्तव में आप अपनी पतली हालत पर रो रहे थे। इधर आप समझते थे कि जनता अपने कष्टों पर रो रही है, पर वास्तव में वह इसलिए रो रही थी कि हाय, अगर आप न जीते, तो आपका क्या होगा ? दोनों तरफ के आँसुओं ने ऐसी गलतफहमी पैदा की कि मत आपको मिल गये। आपको यह खुशफहमी बनी रहेगी कि जनता आपको चाहती है, जबकि वह आपसे नफरत करती है, मगर दयालु है। इधर जनता इस खुशफहमी में रहेगी कि आप उसके शुभचिन्तक हैं, जबकि आप सिर्फ अपने शुभचिन्तक हैं। खुशफहमी से नेता पनपता है, मगर जनता नष्ट होती है। यही इस देश में हो रहा है।

भैयाजी, अब आप कुछ दिन तो लाउडस्पीकर और चाय के बिलवालों के डर से बाहर नहीं निकलेंगे। बड़े-बड़े हार जो लोग लाये थे, वे आपके पैसे से लाये होंगे। छोटे हार अपने पैसे से लाये होंगे। बड़े हारों की कीमत आपने पेशगी दे दी होगी। ऐसी गलती मत किया करिए। अगर आप हार जाते तो वे कम्बख्त पैसे वापस नहीं करते। या उन हारों को जीते हुए के गले में डाल देते। मैं कह रहा था कि शामियाना वाला, लाउडस्पीकरवाला, चाय-पानवाला और पेट्रोलवाला—ये सब दो दिन तो भीड़भाड़ के कारण चुप रहते हैं, पर तीसरे दिन तगादा कर देते हैं। इन्हीं के डर के कारण सदस्य को घर में घुसे रहने की जरूरत पड़ती है जो आदत बन जाती है। वह फिर पाँच साल बाहर नहीं आता। पानी की तरह जीत की गर्मी से भाप बनकर उड़ जाता है। पाँचवें साल जब चुनाव के बादल उमड़ते हैं, तब वह भी जमीन पर आ जाता है और दिखायी देने लगता है। मेंढक भी पानी गिरते ही प्रकट हो जाते हैं। मैं नेता की मेंढक से तुलना नहीं कर रहा हूँ—जब आपका भाषण

सुनता हूँ, तो मेंढक की याद बरबस आ जाती है।

पिछले चुनाव में भी आप जीते थे। उसके बाद पाँच सालों तक आपके दर्शन क्षेत्र में किसी को नहीं हुए। इस बीच अपने क्षेत्र के तीन भक्तों को भगवान के दर्शन हो चुके हैं, मगर आपके नहीं हुए। आप भगवान की तरह फालतू थोड़े ही हैं कि चाहे जिसे दर्शन दे दें। मगर लोग नासमझ हैं। कहते हैं—पाँच सालों तक कहाँ रहे? मैंने आपकी तरफ से उन्हें समझाया भैयाजी उन बेशर्मों की तरह नहीं हैं जो कुछ काम नहीं करते, मगर शान से जनता में घूमते हैं। भैयाजी लज्जावान आदमी हैं। उनसे जनता का भला नहीं हुआ तो वे हयादार आदमी की तरह मुँह छिपाकर बैठे रहे। निर्लज्ज तो हैं नहीं कि बाहर निकल पड़ें। वे बैठे-बैठे जनता के कष्टों के लिए रोते रहते थे। पाँच साल जनता के लिए वे छिपकर रोये हैं।

भैयाजी, मेरे समझाने का असर पड़ा। जब आप चुनाव के समय प्रकट हुए तब लोगों को 'भये प्रगट कृपाला दीनदयाला' जैसा लगा। लोगों ने कहा—देखो, दीनों का सच्चा हितकारी आ रहा है। पाँच साल दीनों के दुख से रोता रहा, इसलिए आँखें कमजोर हो गयी हैं। हमें पहचान नहीं रहा है। आपने भी कमाल कर दिया। जिसका बाप दस साल पहले मर चुका है, उससे आप पूछते हैं—पिताजी तो अच्छी तरह हैं न? उसने जवाब दिया—स्वर्ग से इधर खबर नहीं आती। आप जायें तो पिताजी के हालचाल भेजिए! आप हँसकर टाल गये। चुनाव के वक्त हँसकर ही टालना चाहिए। जो हँसकर नहीं टाल सकता, वह हार जाता है। आप हँसकर टालने की विद्या में निपुण हैं।

जब 'दीनदयाला' प्रकट हो गये, तब दीनों ने कष्ट-कथा कहनी शुरू कर दी। एक गाँव के लोगों ने कहा—यहाँ रेलवे स्टेशन बन जाये, तो बड़ा सुभीता होगा। आपने कहा—रेलवे स्टेशन तो छोटी चीज है। मैं यहाँ हवाई-अड्डा बनवाऊँगा। आमतौर पर लोगों ने कहा कि महँगाई बहुत है। आपने जवाब दिया—मुझे पहले बताया क्यों नहीं? खैर, चुनाव के बाद तो किसी चीज की कीमत ही नहीं देनी पड़ेगी। एक जगह लोगों ने कहा—पानी की बड़ी तकलीफ है। आपने कहा—वह अब नहीं रहेगी। चुनाव के बाद मैं गंगा से पाइप-लाइन डलवा दूंगा। गंगाजल पियोगे तुम लोग। एक जगह आपने पूछा—मौसम तो यहाँ का ठीक रहता है न? लोगों ने कहा—मौसम तो ठीक ही रहता है। आपने कहा—नहीं-नहीं, मौसम खराब रहता है तो बताओ। मैं ठीक करवा दूंगा। अपने यहाँ मौसम का महकमा भी है। भैयाजी, हम सब लोगों को तब विश्वास हो गया कि आप स्वर्ग लाने ही वाले हैं। कुछ लोगों ने अशुभ कहावत जरूर कही कि 'बिना मरे' स्वर्ग नहीं मिलता। पर हमें विश्वास हो गया था कि आप हमें जीवित अवस्था में ही स्वर्ग का सुख दे देंगे। हमें सिर्फ इतना पुण्य करना है कि आपको वोट दे दें। जो आदमी महँगाई से लेकर मौसम तक ठीक कर सकता है, वह सर्वशक्तिमान से एकाध इंच ही छोटा पड़ेगा।

भैयाजी, अब तो यहाँ यह सवाल खड़ा हो गया है- हू आफ्टर भैयाजी?

भैयाजी के बाद कौन ? जवाहरलाल नेहरू के सन्दर्भ में यह सवाल उठता था—हू आफ्टर नेहरू ? यही सवाल आपके बारे में उठने लगा। बात यह है कि आपके बाद की दो पीढ़ियाँ इन्तजार करते-करते बूढ़ी हो गयीं कि आप सीट कभी छोड़ेंगे। जवानों को आपने बूढ़ा कर दिया। सीट नहीं छोड़ी। जवानों ने राजनीति छोड़ दी आपके कारण, अब आपकी जगह लेनेवाला कोई नहीं है। अब परेशान करनेवाला सवाल उठता है—हू आफ्टर भैयाजी ? मैं कहता हूँ—'हू' तो छोड़ो। इसकी कल्पना करो कि ह्वाट आफ्टर भैयाजी ? भैयाजी के बाद हमारा क्या होगा ? भैयाजी, हम बहुत घबराये हुए हैं। आप जल्दी कुछ ऐसा प्रबन्ध करें कि अनन्तकाल तक हमारे प्रतिनिधि बने रहें। अगर आप हमें अनाथ छोड़कर स्वर्ग सिधार गये, तो भी हम आपको ही अपना प्रतिनिधि चुनेंगे। किसी जिन्दा आदमी को हम वोट नहीं देंगे। अभी भी कहाँ देते हैं ! हम सरकार से कह देंगे कि भैयाजी स्वर्ग से ही हमारा प्रतिनिधित्व करेंगे। अभी भी वे यही करते हैं।

इस क्षेत्र की जनता आपसे बहुत-कुछ कराना चाहती है, पर आप सिर्फ महत्त्वपूर्ण काम ही किया करें। महँगाई, पानी की कमी, सड़कों की खराबी, शिक्षा आदि ऐसी बातें हैं जो साधारण हैं। आपको बड़े काम करने चाहिए। उदाहरण के लिए यहाँ जुए के काफी अड्डे हैं। जुआ एक महत्त्वपूर्ण गृह-उद्योग है। मगर इन लोगों को पुलिस कभी-कभी तंग करती है। इनकी रक्षा करना पहला कर्त्तव्य है। आप इनके और पुलिस के बीच एक समझौता करवा दीजिए। फिर बहुत लोगों की जमानत होने में कठिनाई आती है। यह काम भी आपके सुपुर्द है। इस क्षेत्र में ठाकुरों में काफी एकता है। यह अच्छी बात नहीं। आप कृपा करके ठाकुरों के दो दल करवा दीजिए। कभी-कभी लाठी चल जाय, तो सीट सुरक्षित रहेगी। इधर गाँजा-अफीम 'स्मगल' करनेवालों को भी तकलीफ होने लगी है। आप इनकी रक्षा कीजिए, जिससे आपके क्षेत्र के निवासी नशा करके दुःख भूल सकें।

इस बार मन्त्रिमण्डल में घुसने के आपके कैसे चांस हैं ? कोशिश पूरी कीजिए। आपको केबिनेट में देखकर हमें बड़ी खुशी होगी। अकर्मण्यता में आप किसी से कम नहीं हैं। फिर आपको मन्त्रिमण्डल में क्यों नहीं लिया गया ? इस बार अपने लिए नहीं तो कम-से-कम हमारे लिए मन्त्री हो ही जाइए।

मेरे योग्य सेवा बताइए।

आपका हितैषी

एक मतदाता

एक दीक्षान्त भाषण

[विश्वविद्यालयों के दीक्षान्त समारोहों का मौसम चल रहा है। एक विश्वविद्यालय में एक मन्त्री का दीक्षान्त भाषण मैंने भी सुना। भाषण ज्यों-का-त्यों यहाँ दे रहा हूँ।—ले.]

प्यारे विद्यार्थियो !

इस समारोह में छात्रों से ज्यादा पुलिस के सिपाही देखकर मेरा मन आनन्दित हो उठा है। देखिए, सिर्फ बीस वर्षों में हमने कितनी प्रगति कर ली। दुनिया में बहुत पुराने विश्वविद्यालय होंगे, पर वहाँ भी एक छात्र के पीछे एक पुलिसमैन अभी तक नहीं हो पाया। शासन को तो इस प्रगति का श्रेय है ही, आप लोगों को भी कुछ श्रेय है। मैं तो उस दिन की कल्पना कर रहा हूँ, जब आपमें से हर एक के बाथरूम में एक सिपाही होगा। अगर शासन और छात्रगण परस्पर सहयोग करते रहे और दोनों ने प्रयत्न किये, तो वह दिन दूर नहीं है जब उपकुलपति के आसन पर पुलिस थानेदार विराजमान होगा। आप इस दिशा में जो प्रगति कर रहे हैं, उसकी मैं प्रशंसा करता हूँ। शासन इस दिशा में जो करता है वह आप जानते ही हैं। विश्वविद्यालय और पुलिस को निकट लाने के लिए शासन पूर्ण प्रयत्न करेगा—यह आश्वासन मैं इस पवित्र अवसर पर आपको देता हूँ।

प्यारे छात्रो, आप तो अभी से हल्ला-गुल्ला और हूटिंग करने लगे। इतने उतावले मत होइए। मैंने अपनी सुविधा के लिए भाषण में हूटिंग के उपयुक्त कई स्थल रखे हैं। उन्हें आने दीजिए और तब मुक्त मुख से हूट कीजिए।

मैं आपको बतला दूँ कि मैं कोई विद्वान् या महापुरुष नहीं हूँ। प्रश्न उठता है कि फिर मैं दीक्षान्त भाषण के लिए क्यों बुलाया गया। जवाब साफ है। मैं अगर इस बार भी नहीं बुलाया जाता तो ग्राण्ट रुकवा देता। तब आप लोगों का पढ़ना बन्द हो जाता। आपका भविष्य अन्धकारमय न हो, यही सोचकर मैं दीक्षान्त भाषण देने आ गया हूँ।

आप लोग फिर शोरगुल करने लगे। आप शायद हूटिंग के मूड में आ गये हैं। मैं इसका बुरा नहीं मानता। इससे तो अभ्यास ही बढ़ता है। हमें आजकल हर जगह हूटिंग का सामना करना पड़ता है। अपढ़ जनता की हूटिंग से मैं ऊब उठा हूँ। आप जैसे शिक्षित नवयुवक मुझे हूट कर रहे हैं, यह काफी रिफ्रेशिंग लग रहा है। फिर यह मेरे लिए गौरव की बात है कि इस वक्त जब मेरे साथी, दूसरे मन्त्री गवर्नर लोगों के द्वारा हूट हो रहे होंगे, मैं एक विश्वविद्यालय में हूट हो रहा हूँ। इससे मेरा स्तर बढ़ता है।

शोरगुल, आवाजकशी और हूटिंग के मामले में मैं आप लोगों की क्षमता जानता हूँ। मैंने कोयल से पूछा था—बहनजी, आप पेड़ों पर बैठी क्या गाती हैं?

उसने कहा—पहले मैं शहर में गाती थी, पर विश्वविद्यालय के लड़कों ने हूट करके भगा दिया। इसीलिए पेड़ पर बैठकर गाना पड़ता है।

मैं यह भी जानता हूँ कि मोर पहले शहर के स्टेज पर नृत्य करता था। पर आप लोगों ने कंकड़ मारकर उसे भी जंगल में भगा दिया। मैं जानता हूँ कि मेरी जगह अगर बृहस्पति भी भाषण देते होते, तो वे भी हूट कर दिये जाते। आपके उपकुलपति उन्हें आमन्त्रित करके देखें। मैं दावे से कहता हूँ कि वे यहाँ आने से इन्कार कर देंगे। यह तो मेरा ही कलेजा है जो बोले जा रहा हूँ। मेरे साहस का कारण यह है कि मैं बृहस्पति की तरह ज्ञानी नहीं हूँ। ज्ञानी कायर होता है। अविद्या साहस की जननी है। आत्मविश्वास कई तरह का होता है—धन का, बल का, ज्ञान का। मगर मूर्खता का आत्मविश्वास सर्वोपरि होता है।

अब आप मंच पर कंकड़ फेंकने लगे हैं। मैं इस कार्यक्रम की तुलना जब पश्चिम के ऐसे ही कार्यक्रम से करता हूँ, तो मेरा मन भर उठता है। पश्चिम में ऐसे मौके पर अण्डे फेंके जाते हैं, पर हाय! भारत माता के इन लोगों को कंकड़ फेंकना पड़ता है। वे अण्डे नहीं खरीद सकते। देश की आर्थिक दुर्दशा का इससे बड़ा सबूत और क्या होगा कि हमारे होनहार नौजवान वक्त पर फेंकने के लिए अण्डे नहीं खरीद सकते। पर मैं आपसे कहता हूँ कि निराश मत होइए। हम पर भरोसा रखिए। हम देश का विकास कर रहे हैं। आप जल्दी ही अण्डे फेंक सकेंगे। मैं प्रतिज्ञा करता हूँ कि अपने जीवनकाल में आपसे नहीं, तो आपके लड़कों से अपने ऊपर अण्डे जरूर फिकवाऊँगा। इसके लिए चाहे मुझे सौ साल भी मन्त्री क्यों न रहना पड़े।

युवा मित्रो, आपने ताली बजाने का एक स्थल खो दिया। खैर, आगे ध्यान रखिए। मैं देख रहा हूँ कि आपमें से कुछ लड़कियों के पीछे खड़े होकर बकरे की बोली बोल रहे हैं। मैं जानता हूँ, अच्छी लड़कियाँ जानवर की बोली बोलनेवाले युवक से ही प्रेम करती हैं। मेरा लड़का एक लड़की के पीछे कुत्ते की बोली बोलता था। वह इतनी मुग्ध हुई कि उससे प्रेम करने लगी। अब दोनों की शादी भी हो गयी है। घर में मेरा लड़का 'भौं-भौं' करता है, तो बहू 'म्याऊँ' करती है। इससे परिवार का वातावरण सुखद रहता है।

युवको, देश को आपसे बड़ी आशाएँ हैं। देश का भविष्य आपको ही बनाना है। आप पूछेंगे—वर्तमान का क्या होगा? वर्तमान की चिन्ता आप न करें। वर्तमान को तो हम बिगाड़ रहे हैं। यदि हम वर्तमान को नहीं बिगाड़ेंगे तो आप भविष्य को कैसे बनायेंगे? आपको भविष्य बनाने का मौका देने के लिए ही हम वर्तमान को बिगाड़ रहे हैं। यह आपके प्रति हमारा दायित्व है। यदि हम आज न बिगाड़ेंगे, तो कल आपके लिए कुछ काम नहीं रह जायेगा। तब आप निठल्ले हो जायेंगे और यह देश पतन के गर्त में गिर जायगा।

आप युवक हैं, क्रान्तिकारी हैं। मैं आपके क्रान्तिकारी आन्दोलनों को बड़े ध्यान से देख रहा हूँ। जब आप बस-कण्डक्टर और सिनेमा-गेटकीपर के विरुद्ध क्रान्तिकारी आन्दोलन करते हैं, तब मुझे बड़ी खुशी होती है। जब तक आप बस-कण्डक्टर और

सिनेमा-गेटकीपर के विरुद्ध क्रान्तिकारी आन्दोलन करते रहेंगे, हम सुरक्षित रहेंगे। मैं आपसे अपील करता हूँ कि आप इन्हीं के खिलाफ आन्दोलन करते रहें। जिस दिन आप बुनियादी परिवर्तन के लिए आन्दोलन करने लगेंगे, उस दिन हम उखड़ जायेंगे। इसलिए आप सच्चे क्रान्तिकारी बनें। सच्चा क्रान्तिकारी कण्डक्टर, गेट-कीपर, चपरासी वगैरह से ही संघर्ष करता है।

अब मैं आपको कुछ सन्देश देता हूँ। हर आदमी को जीवन के सत्य को पकड़ लेना चाहिए और उसके लिए हर कर्त्तव्य करना चाहिए। मैंने समझ लिया कि मेरे जीवन का सत्य मन्त्री बनना है, इस सत्य को मैंने कभी नहीं छोड़ा। इस सत्य के लिए मैंने ईमान, धर्म सबका परित्याग किया, सत्य के लिए बड़े से बड़ा त्याग करना पड़ता है। मैंने किया और आप जानते हैं कि सत्य मुझसे कभी नहीं छूटा। किसी भी पार्टी का मन्त्रिमण्डल हो, मैं जरूर मन्त्री रहा। जिसका मन्त्रिमण्डल बना, मैं उसी का हो गया। सत्य को इसी तरह दाँतों से पकड़ा जाता है। आप मेरे आदर्श पर चलें। विश्वविद्यालय के जीवन में आप यदि तय कर लें कि आपका सत्य डिग्री लेना है तो इसके लिए पेपर आउट व नकल से लेकर अध्यापक से मारपीट तक करें। सत्य से बड़ा कुछ नहीं है।

मेरा दूसरा सन्देश यह है कि आप लोग राजनीति में भाग न लें। अगर आप राजनीति में भाग लेंगे, तो हमें राजनीति छोड़नी पड़ेगी। आप लोग चरित्रवान बनें। अगर आप चरित्रवान न बनेंगे, तो हमें बनना पड़ेगा—और हमारी अब चरित्रवान बनने की उम्र नहीं है। आप त्यागी बनें—आप त्यागी न बनेंगे, तो मजबूर होकर हमें त्यागी बनना पड़ेगा। आप ईमानदार बनें, आपके ईमानदार बन जाने पर हम ईमानदार बनने से बच जायेंगे वरना हमें इस ढलती उम्र में ईमानदार बनना पड़ेगा। इसमें कितना क्लेश होता है, इसे आप कच्ची उम्र के लड़के नहीं समझ सकते। मेरी इच्छा है कि आप देश के सच्चे सपूत बनें। अगर आप नहीं बनेंगे, तो हमें बनना पड़ेगा—और हमारी सच्चे सपूत बनने की उम्र नहीं रही। तरुण मित्रो, देश को आपका ही भरोसा है। आप पर देश भरोसा नहीं करेगा, तो उसे फिर हम पर ही भरोसा करना होगा और यह उसके लिए अच्छा नहीं होगा।

तरुण मित्रो, आपको यह विदित ही है कि आज इस समारोह में मुझे भी आपके साथ कानून की डाक्टरेट बिना किसी इम्तहान के पास किये, ससम्मान मिल रही है। यह बड़ी स्वस्थ परम्परा है कि जो परीक्षा पास न करे, उसे सम्मानपूर्वक डिग्री मिल जाय। आज मैं भी आपकी तरह छात्र हो गया हूँ। मेरे मन में छात्र-जीवन की सुखद स्मृतियाँ जाग उठी हैं। किसी कवि ने कहा है—'अहा, छात्र जीवन भी क्या है, क्यों न इसे सबका मन चाहे।'

डॉक्टर बनने की इच्छा मेरी बचपन से ही थी, पर अक्ल ने साथ नहीं दिया। यह इच्छा आज पूरी हो रही है। मैं जानता हूँ कि यदि मैं मन्त्री न होता, तो कानूनी डॉक्टर क्या कम्पाउण्डर भी मुझे कोई नहीं बनाता।

ओम् शान्ति शान्ति शान्ति !

लेखक : संरक्षण, समर्थन और असहमति

प्रदीप पन्त का एक पत्र मैंने 'मुक्तधारा' 23 दिसम्बर, 1973 के अंक में पढ़ा। इसके पहले भी सत्ता और लेखक के सम्बन्धों को लेकर ढेरों लेख लिखे गये हैं। हर चार-छह महीने में हम लेखक लोग कहीं गोष्ठी करतें हैं और लगभग उन्हीं शब्दों में उन्हीं बातों को दुहराते हैं। जब लगता है कि गोष्ठी हुए काफी महीने हो गये, तो फिर एक गोष्ठी करते हैं—विषय अमूमन वही होते हैं, नयी भाषा की तलाश, लेखक और उसका परिवेश, सत्ता और साहित्यकार। फिर लगभग उन्हीं शब्दों में उन्हीं बातों को दुहराकर सन्तुष्ट होते हैं कि जलसा कामयाब रहा।

जलसे बराबर कामयाब हो रहे हैं, पर सवाल जहाँ-का-तहाँ खड़ा है—राजनीतिक सत्ता और साहित्यकार का सम्बन्ध ?

इधर मध्यप्रदेश में भी राज्यपाल ने एक दिन लेखकों से मिलने के लिए उन्हें चाय पर बुला लिया था। मैं तो भोपाल निवासी हूँ नहीं, पर प्रतिक्रियाएँ मैंने पढ़ीं और सुनीं—जो गये, वे कहलाये पतित और बिके हुए और जो नहीं गये, वे क्रान्तिकारी ! और झगड़ा शुरू हो गया।

मैं जानता हूँ, सरकार 'शब्द' से अब डरने लगी है। वह साहित्यकार से सम्बन्ध स्थापित भी करना चाहती है। वह 'पेट्रोनाइज़' भी करना चाहती है। वह अपनी एक सांस्कृतिक 'इमेज' भी बनाना चाहती है। मोरारजी भाई ने भी तो लेखकों को बुलाया था।

सवाल यह है कि क्या कोई साहित्यकार बिल्कुल स्वतन्त्र रह सकता है ? लेखन से जीविका कमा सकता है ? सरकारी नौकरी में जाकर आर्थिक विकास-सम्बन्धी मन्त्री का भाषण लिखने से अपने को बचा सकता है ? क्या रेडियो, प्रकाशन विभाग और अकादमियों में जाने के लोभ को नकार सकता है ?

साथ ही दूसरी बातें भी उठती हैं—क्या रेडियो पर कलाकार की जगह भाँड़ की नियुक्ति लेखकीय अहंकार को तुष्ट करेगी ? अकादमियों में क्या गँवारों को बिठा दिया जाये ? प्रकाशन विभाग क्या अपढ़ों के हाथों में सौंप दिया जाये ?

विकास-सम्बन्धी मन्त्री का झूठा भाषण लिखने के लिए लेखक मजबूर है (उसे बीवी-बच्चे पालना है)। पर इसके बाद भी रचना में वह सही बात कहने के लिए कम-से-कम भीतरी ईमान से स्वतन्त्र है।

मजा यह है कि भारतीय लेखक एक साथ दो युगों में जीता है—मध्य युग में और आधुनिक युग में। वह कुम्भनदास की तरह घड़े बनाकर नहीं जीता, पर कहता है—'सन्तन कहा सीकरी सों काम।' वह रैदास की तरह जूते नहीं सींता, न कबीर की तरह कपड़े बुनता है—मगर बात उन्हीं के आदर्शों की करता है।

यह एक छद्म क्रान्तिकारिता है। इनाम लेने की कोशिश में पीछे नहीं, अकादमियों के लाभ के लिए बराबर प्रयत्नशील, अच्छी सरकारी नौकरी की बराबर तलाश में—मगर साथ ही यह नारा भी कि सरकार लेखक को खरीद रही है। आप तो बाजार में खुद माल की तरह बैठे हैं और खरीदार को दोष देते हैं कि कमबख्त हम लोगों को खरीद रहा है। फिर खरीदार क्या सिर्फ सरकार ही है? क्या इससे बड़े खरीदार नहीं हैं और क्या 'माल' बिक नहीं रहा?

सरकार का विरोध करना भी सरकार से लाभ लेने और उससे संरक्षण प्राप्त करने की एक तरकीब है। लेखक न अब 'बेचारा' रह गया है, न भोला। वह जानता है कि सरकार का विरोध करने से कभी-कभी समर्थन से अधिक फायदे मिलते हैं। सरकारें खुद चाहती हैं कि कुछ लेखक उनका विरोध करें। वे उन्हें पहचान लें और जो चाहिए दे-दिवा दें।

अति सरलीकरण के खतरे होते हैं। बदलते समाज में सरल फार्मूले भ्रम पैदा करते हैं। यशपालजी का यह कहना ठीक है कि सरकार अगर लेखक को संरक्षण देगी तो आपसे समर्थन की भी माँग करेगी। मगर फिर भी मुझे यह बात अति सरल लगती है।

सवाल है—कौन-सी सरकार? कैसी सरकार? उसका प्रोग्राम क्या है? वह किन मुद्दों पर समर्थन चाहती है? क्या हम अन्धे की तरह यह मान लें कि लेखक और सरकार का शाश्वत शत्रु-सम्बन्ध है या मित्र-सम्बन्ध? संसदीय लोकतन्त्र में क्या लेखक और सरकार के परस्पर सम्बन्धों पर फिर से विचार करने की जरूरत नहीं है? क्या यह सही नहीं है कि सरकार के टोटल विरोध की बात वही लेखक करते हैं, जिनके मजे में जिन्दगी गुजारने के लिए दूसरे जरिये हैं? क्या यह सही नहीं है कि कल जो मन्त्रियों के झूठे भाषण प्रेमपूर्वक लिखकर देते थे, आज सरकारी नौकरी छोड़कर दूसरे दरबार में चोबदार की हैसियत से 'क्रान्ति-शूर' की मुद्रा धारण करते हैं और सरकार की बुराई करते नहीं अघाते; क्योंकि 'प्रमोशन' कोई दूसरा फटकार ले गया—और सरकार-विरोध फायदे देता है।

मैं सरकारों का कटु आलोचक हूँ। मैं जानता हूँ केन्द्र और प्रदेशों की सरकारें कोई क्रान्तिकारी सरकारें नहीं हैं। इनकी आलोचना होनी ही चाहिए। पर सवाल है—'आलोचना टोटल होनी चाहिए या मुद्दों पर?' दूसरा सवाल है, क्या हम लेखक ऐसे किसी 'आन्दोलन में शरीक हैं जो इनकी जगह सच्ची क्रान्तिकारी, जनवादी सरकारों की स्थापना करे?' फिर यह 'संरक्षण' क्या चीज है? यह कोई अच्छा शब्द नहीं है। यह अक्सर पिछड़ी जातियों, आदिवासियों आदि के लिए काम में आता है। लेखक भी क्या इसी तरह के 'संरक्षण' का आकांक्षी है? और इसके साथ ही सरकार का समर्थन न करने की छूट भी चाहता है। आदिवासी छात्र जो सरकार से स्कॉलरशिप पाकर मजे में होस्टल में रहकर पढ़ता है, रोज सवेरे प्रार्थना के बाद प्रधानमन्त्री और मुख्यमन्त्री और आदिवासी मन्त्री की जय बोलता है। पर जब ये लड़के अलग बैठते हैं, तब कहते हैं कि—साले घटिया खाना खिला रहे हैं।

मैंने कहा है, अति सरलीकरण के खतरे हैं। क्या लेखकों की अलग दुनिया है? होगी। पर सहकारी दूकान उस दुनिया में नहीं है। वह इसी सब लोगों की दुनिया में है, जहाँ लेखक, हो सके तो, झूठे कार्ड पर भी शक्कर ले लेता है।

लेखक क्या सरकार की टोटल आलोचना करे? यानी अगर सरकार कोई ठीक योजना, योजना आयोग से बनवा रही है, तो भी क्या उसका विरोध ही करे—क्योंकि वह लेखक है और उसकी अलग दुनिया है? लूचाक ने कहा है कि कुछ भी प्रगतिशील कदम उठानेवाली सरकार की टोटल आलोचना करनेवाला बुद्धिजीवी अक्सर 'हीरो' बनने की कोशिश करता है, पर वह मूलतः क्रान्ति-विरोधी शक्तियों का एजेण्ट होता है। वह जनता का आक्रोश सरकार की तरफ करके उन ताकतों को बचा ले जाता है, जो यथास्थितिवादी और क्रान्ति-विरोधी होती हैं। गो वर्ग-सम्बन्ध दोनों के एक हैं। लेनिन ने कहा है—अतिक्रान्तिकारिता की बात करनेवाले बुद्धिजीवी अक्सर—बुर्जुआ के एजेण्ट होते हैं। वे सामाजिक क्रान्ति की तर्कपूर्ण, योजनाबद्ध और यथाविधि प्रक्रिया में अड़ंगा डालते हैं।

सवाल बुनियादी है। हमें उन्हें भारतीय परिस्थितियों में और नये परिप्रेक्ष्य में देखना है। इसमें न इन्दिरा गाँधी से मतलब है, न केदार पाण्डे से।

कोई लेखक समाजवाद-विरोधी नहीं है। इन लेखकों को यह भी मालूम होना चाहिए कि कालेजों और विश्वविद्यालयों की नयी पीढ़ी तुरन्त क्रान्तिकारी सामाजिक परिवर्तन चाहती है। वह इस 'डेमोक्रेसी' या 'संसदीय लोकतन्त्र' के धीमे और झूठे कार्यक्रम से सन्तुष्ट नहीं है। मुझे इस पीढ़ी के सम्पर्क के बहुत अनुभव हैं। ये तुरन्त परिवर्तन चाहते हैं—और बहुत परेशान हैं। ये आपकी 'एकेडेमिक' बहस पर लानत देते हैं।

यथार्थ यह है कि लेखक एक विशिष्ट प्रकार का व्यक्ति इस अर्थ में होता है कि वह मानव-जीवन के भविष्य के बारे में सोचता है, उसका एक स्वप्न होता है, कल्पना होती है। वह सामान्य लोगों से अधिक प्रबुद्ध भी होता है। उसका विशेष दायित्व है।

क्या हम सिर्फ इस प्रश्न में उलझे रहें कि सरकार लेखक को संरक्षण दे या न दे? लेखक सरकार का समर्थन करे कि न करे? संरक्षण और लाभ लेकर भी वह क्या सरकार को समर्थन देने के लिए प्रतिबद्ध है?

ये सवाल बुनियादी नहीं, सुविधा और असुविधा के सवाल हैं। मैं बहुत लेखकों को जानता हूँ, जो केवल सरकार-विरोध को 'आइडियालॉजी' मानते हैं। पर मैं पूछता हूँ कि अगर सरकार योजना बनाती है तो लेखक का रुख क्या होगा? अगर सरकार अन्न का राष्ट्रीयकरण कर रही है तो लेखकों का रुख क्या होगा? अगर कोई मुख्यमन्त्री (अपनी इमेज बनाने के लिए ही सही) जनता के जुलूस में शामिल होकर मुनाफाखोरी के विरुद्ध वातावरण तैयार करने में सहायक होता है—तो मैं उस जुलूस में जाऊँगा और उस मुख्यमन्त्री को मजबूर करूँगा कि वह जनता को बताये कि वह क्या करना चाहता है। इसके बाद वह कुछ नहीं करता है,

तो मेरा यह लेखकीय अधिकार और धर्म है कि मैं कहूँ कि तुम झूठे हो और 'स्टण्ट' कर रहे थे।

सवाल यह है कि लेखक अपने को आम जनता से जोड़ता है या नहीं। जोड़ता है तो वह हर सही जन-आन्दोलन में साथ देगा—वरना कमरे में बैठकर कविता लिखेगा—कि हम तो मर गये हैं, हम सूअर हैं, हमारी मरणतिथि यह है (हालाँकि ठाठ से जी रहे हैं)।

योजना को यदि विकास का मार्ग स्वीकृत कर लिया गया है—और है भी—तो मैं योजना का समर्थन करूँगा। मगर योजना के कार्यान्वयन की खामियों की मैं कड़ी आलोचना करूँगा।

जहाँ तक सरकार के हाथ बिकनेवाले मामले का सवाल है, लेखक सोचें कि पैब्लो नेरूदा अगर फ्रांस में चिली का राजदूत हो गया तो क्या वह राष्ट्रपति एलेण्डे के हाथों बिक गया? (दोनों दुनिया छोड़ गये)।

मेरी प्रार्थना है कि लेखक कुछ बातों को न भूलें—भारत में संसदीय लोकतन्त्र है। संसदीय लोकतन्त्र में लेखक सत्ता से अपना तालमेल कैसे बिठाये? क्या वह इस व्यवस्था का अंग हो गया है और 'संरक्षण' चाहता है? क्या वह 'समर्थन' देने को मजबूर हो गया है? या वह केवल 'स्टण्ट' करके लोगों को बेवकूफ बनाना चाह रहा है? या वह छद्म क्रान्तिकारिता ओढ़े हुए है?

भारतीय बुद्धिजीवी और लेखक को रचनात्मक ईमान तथा जन-आन्दोलन में सहभागिता के साथ इन प्रश्नों पर गम्भीरता से विचार करना चाहिए। उसे अपनी स्थिति को तय करना चाहिए। कभी-कभी 'एकेडेमिक' अन्दाज में (जो वास्तव में एकेडेमिक भी नहीं है) कुछ कह देने से कुछ नहीं होगा।

मैं चाहता हूँ, इस विषय पर विस्तृत चर्चा हो।

कबीर समारोह क्यों नहीं

मानस चतुश्शती समारोह होने में मुझे कोई एतराज नहीं है। कर लेने दिया जाये। कम-से-कम इतने बड़े और पूज्य कवि पर खुली बहस तो हो जाये। हिन्दू कवि और मुसलमान कवि, हिन्दू काव्य और मुस्लिम काव्य—ये 'संकीर्ण मूर्खताएँ' हैं। तुलसी के पहले उसी भाषा और उसी छन्द में मुसलमान कवि मलिक मुहम्मद जायसी ने 'पद्मावत' महाकाव्य लिखा था, जिसमें नायक हिन्दू और खलनायक मुसलमान था—इस तथ्य को लोग सामने नहीं आने देना चाहते। यह काव्य तब लिखा गया जब उत्तर भारत में सुल्तानों का राज हो गया था।

मैं उन आचार्यों की यह स्थापना नहीं मानता कि तुलसीदास ने हिन्दू जाति और धर्म को बचा लिया। वह अकबर था, जो इस देश के हिन्दू-मुसलमान दोनों को बचाना चाहता था। उसी ने सबसे पहले यह कल्पना की थी कि इस देश की राजनीतिक संरचना अन्ततः 'संघ राज्य' होगा—और वह हुई। इसीलिए वह आपस में लड़ते तीन-चार जिलों के मालिक क्षत्रिय राजाओं से कहता था—मैं कण्ठीमाला पहन लेता हूँ। चन्दन लगा लेता हूँ। आओ, एक संघ बना लें। पर ये राजा, जो हिन्दू थे, आपस में ही लड़ते थे। साम्प्रदायिक दृष्टि से इतिहास की व्याख्या करनेवाले राजा मानसिंह को बहुत कलंकित करते हैं और राणा प्रताप को 'हीरो' बनाते हैं—जबकि मानसिंह में राजनीतिक समझ थी और प्रताप शूरवीर होते हुए भी राजनीतिक समझ से हीन थे। जो लोग अकबर को रावण का प्रतीक मानकर 'जब-जब होइ धरम की हानी' राम के अवतार की प्रतीक्षा कर रहे थे, वे यदि अवतार लेते, तो पहले इन छोटे-छोटे हिन्दू राजाओं का नाश करते कि बेवकूफो, अपनी जाति को क्यों तोड़ रहे हो!

यों मध्ययुग के कवियों में कबीर के सिवा किसी में युगीन सामाजिक चेतना नहीं थी। सूरदास अति अन्तर्मुखी कवि थे, पर इसमें शक नहीं कि बाल-जीवन, संयोग और वियोग का इतना ऊँचा कवि कम ही मिलता है। यह सही है कि ब्राह्मण और दूसरे ऊँचे वर्णों ने कबीर को कवि नहीं माना, अवहेलना की। उसे गाली देनेवाला माना। अब भी होली पर जब गालियाँ गायी जाती हैं, तब गालियाँ शुरू होती हैं—'अरेरे सुनो कबीर'—याने आज भी कबीर गाली का पर्यायवाची है। जब कबीर की सौ कविताओं का रवीन्द्रनाथ ने अंग्रेजी में अनुवाद किया और खुलेआम स्वीकार किया कि मैंने कबीर से बहुत-कुछ लिया है तब कबीर को 'रिस्पेक्टेबिलिटी' मिली—क्योंकि रवीन्द्र आभिजात्य थे। दूसरा कोई ऐसा करता तब भी कबीर को प्रतिष्ठा न मिलती।

कबीर ने जीवन को आर-पार देखा था। समाज-व्यवस्था के पाखण्ड और अन्तर्विरोधों को समझा था। पाखण्ड को समझा था और तिलमिला देनेवाली चोट की थी। वह हिन्दू-मुस्लिम, ब्राह्मण-शूद्र के भेद का शत्रु था। मुझे आश्चर्य है कि कबीर को जिन्दा कैसे रहने दिया गया। चार-पाँच सौ साल पहले किसी की गर्दन उतार लेना आसान काम था। मुझे लगता है, कबीर अपने ज़माने का बड़ा गुण्डा भी रहा होगा और उसके हजारों लड़ाकू चेले उसकी रक्षा करते होंगे। वह केवल कबीर था, जो आज भी 'माडर्न' है और भारतीय समाज का सच्चा प्रतिनिधि कवि है।

वह कहता है—

तू बाम्हन बम्हनी का जाया
आन द्वार ते होके आया?
तू है तुरक तुरकनी जाया
भीतर खत्तन क्यों न कराया?

तुलसीदास का मूल्यांकन हम आज चार सौ साल बाद कर रहे हैं। हमें तुलसी के युग और उसके पहले के सन्दर्भ देखने होंगे। सही है कि तुलसीदास ब्राह्मणवादी थे। मध्ययुग में ब्राह्मणों का पतन हुआ। इसके पहले ब्राह्मणों ने ज्ञान-विज्ञान का शोध किया, विधान दिये। बहुत पहले के ब्राह्मण के चिन्तन को नकारा नहीं जाता। तब भी वह जातिवादी था। उसने क्षत्रिय विश्वामित्र को 'ऋषि' नहीं होने दिया। तब भी ब्राह्मण भूखा मरता था, पर वह बिना शिकायत के स्थिति से समझौता करके धर्म और समाज-चिन्तन में लगा रहता था।

यह भारतीय समाज की विचित्र स्थिति है कि ब्राह्मण, जो सबसे उच्च वर्ण का है, पुजता है, वही सबसे गरीब है। वह स्टेशन पर पानी पाँडे है, बड़े घरों में रसोइया है। सवा रुपये में 'सत्यनारायण' कर देता है। भीख माँगता है। विवाह में तरकीब से कुछ रुपये जरूर धरवा लेता है। 'ओम् शनि ग्रह—एक रुपया रखो। ओम् शुक्र ग्रह—सवा रुपया रखो।' सोचता हूँ इस बाह्मण में अक्ल होती तो यह नवग्रह के सिवा 'स्पुतनिक' पर भी रुपया रखवा लेता—'ओम् रूसी ग्रह—सवा रुपया रखो। ओम् अमरीकी ग्रह—एक रुपया रखो।'

बड़ी हद तक ज्ञान-विज्ञान की उपलब्धि के बाद इस ब्राह्मण का पतन शुरू हुआ। उसने राजसत्ता और अर्थसत्ता से समझौता किया। सामन्त की प्रशंसा के छन्द लिखकर स्वर्ण-मुद्रा पाने लगा और वणिक का शनि उतारने के लिए अनुष्ठान करके द्रव्य लेने लगा। पर साधारण विप्र फिर भी पूज्य, परन्तु गरीब और भिखमंगा रहा।

शोषक वर्ग के लिए जरूरी हो गया कि बहुसंख्यक शोषितों को ज्ञान-विज्ञान, संस्कृति आदि से वंचित किया जाये। उसे 'अछूत' करार दिया जाये और हीन सेवाएँ करायी जायें—क्योंकि सेठानी और राजकुमारी मैला साफ नहीं कर सकती थीं। फिर यदि यह शोषित वर्ग ज्ञान-विज्ञान पा गया, तो बराबरी का हो जायेगा, अधिकारों की माँग करेगा। तब ब्राह्मण ने ज्ञान की पोथी को लपेटकर रख दिया। दूसरों को नहीं पढ़ने दिया, न खुद पढ़ा। इस तरह विप्र खुद तो गँवार होता ही गया, निम्न वर्ण और हीन होता गया। यदि शम्बूक का प्रकरण सही है जिसकी गर्दन विप्र के आदेश से राम ने काटी थी, तो उसका अर्थ है कि वह शूद्र 'तपस्या' यानी ज्ञान-विज्ञान का अध्ययन कर रहा था। इससे अकाल पड़ा?

तुलसी में सामाजिक-धार्मिक चेतना थोड़ी थी—धार्मिक ज्यादा थी :

हरित भूमि तृण संकुल,
सूझ परहिं नहिं पन्थ।
जिमि पाखण्ड विवाद तें,
लुप्त होंहि सद्ग्रन्थ॥

पाखण्ड-विवाद से सद्ग्रन्थ के लुप्त होने की बात वे जानते थे। कई पन्थ, कई साधना-पद्धतियाँ थीं। इनमें आपस में झगड़े थे। 'रामचरितमानस' से ही मालूम होता है कि शैवों और वैष्णवों में संघर्ष थे। शैव पिटायी कर देनेवाले लोग थे।

वैष्णव 'भूल-चूक लेना-देना' होता है। तुलसी ने समन्वय की कोशिश की। राम से कहलवाया—'शिव का बैरी मेरा भी शत्रु है।' फिर लंका पर हमले के पहले राम ने शिवलिंग की स्थापना की, जिसमें पौरोहित्य के लिए रावण को बुलवाया। लंका की सभ्यता बहुत विकसित थी। विन्ध्य के दक्षिण के लोग असभ्य थे। बालि और सुग्रीव कुश्ती लड़े थे। हथियारों से नहीं लड़े थे। वे सभ्यता की उस स्टेज पर थे जहाँ सिर्फ मल्लयुद्ध हो सकता था। इन्हें धनुष-बाणवाले राम-लक्ष्मण के लिए अपने अनुयायी बनाना आसान था। फिर भी बालि ने राम को मरते-मरते धिक्कारा—"मारेहु मोहि व्याध की नाईं!"

हथियारों के निर्माण का विकास सभ्यता के विकास का एक दिलचस्प अंग है। ब्राह्मण भी हथियार उठाने लगे थे क्षत्रियों के खिलाफ। परशुराम लक्ष्मण से कहते हैं—

भुजबल भूमि भूप बिन कीन्ही
सहस बार महिदेवन दीन्हीं
सहस बाहु भुज छेदनहारा
परसु निहार नरेश कुमारा।

परशुराम ने सात-आठ फीट के डण्डे में एक धारदार फलक लगा लिया था—फरसा। यह शस्त्र के क्षेत्र में आविष्कार था। यह शस्त्र अपनी ब्राह्मण उपजाति 'नम्बूदरी' को दे दिया। फरसे से सात-आठ फीट की दूरी से प्रहार किया जा सकता है। शत्रु पास आ ही नहीं सकता। पर इधर भी ब्राह्मण ही ऐसे शस्त्रों के निर्माण में लगे थे, जिनसे और दूर से प्रहार किया जा सके। विप्र वशिष्ठ दशरथ के चारों पुत्रों को (जो सिर्फ यज्ञ करने से पैदा हो गये थे!) शस्त्र और शास्त्र दोनों की शिक्षा दे रहे थे और राम-लक्ष्मण धनुष-बाण से लैस थे। जनक के यहाँ रखा वह धनुष 'सेम्पल' का धनुष होगा। जब परशुराम ने राम-लक्ष्मण को इस शस्त्र-विद्या में निपुण पाया तो चकराये। कहा—

राम रमापति कर धनु लेहू,
खैंचहू चाप मिटे सन्देहू।

परशुराम 'फासिस्ट' थे। अपनी उपजाति को लेकर केरल चले गये। मजे की बात यह है कि उनकी जाति के नम्बूदरी ब्राह्मण आगे चलकर 'कम्युनिस्ट' हो गये।

मैं तुलसी के काव्य-वैभव की चर्चा इस लेख में नहीं कर रहा हूँ। उनके सोचने और मानने की बात कर रहा हूँ।

कितना ही बड़ा कवि हो, अपने युग की जमीन पर उसके पांव होंगे ही। जैसी राजनीतिक परिस्थिति थी, उसके हिसाब से वे सामन्तवाद के समर्थक थे। उनकी कल्पना एक 'बेनीवोलेण्ट मॉनर्क' की कल्पना थी और राम को उन्होंने ऐसा ही बनाया है। पर इस तरह की सत्ता के खतरे भी जानते थे—

को न राज-पद पाय नसाईं।

× × ×

जासु राज प्रिय प्रजा दुखारी,
सो नृप अवस नरक अधिकारी।

अँगरेजी में कहें तो—**'सेन्ड हिम टु हैल !'**

अपने युग की सड़ी मान्यता और दीमक खायी खोखली मर्यादा से विद्रोह करना विरले महाप्राण कवि के वश की बात है। यह सही है कि तुलसीदास ने लोकभाषा में साहित्य लिखकर कुछ लीक तो तोड़ी, पर मान-मूल्य उनके सामन्ती थे। फिर वे समर्पित भक्त थे। अपने आराध्य के दोष नहीं देखते थे। एक तुलसी के विद्वान ने मुझसे कहा कि लोकापवाद के भय से राम ने सीता का जो परित्याग किया, इसके लिए तुलसी ने उन्हें क्षमा नहीं किया। उत्तरकाण्ड में यह तो उन्होंने कहा है कि लक्ष्मण, भरत और शत्रुघ्न के दो-दो गुणवान पुत्र हुए। पर लव-कुश के बारे में कहा है—सीता के दो वीर गुणवान पुत्र हुए। राम का नाम ही नहीं लिया। मैंने कहा—यह भी तो हो सकता है कि तुलसी को धोबी की बात पर भरोसा हो गया हो। वे हँसने लगे।

तुलसी के अनुभवों का क्षेत्र विशाल था। जीवन-चिन्तन गहन था। जीवन की हर स्थिति के विषय में सोचा और निष्कर्ष में नीति-वाक्य बोले—

पर हित सरिस धरम नहीं भाई,
पर पीड़ा सम नहि अधमाई।

तमाम रामचरितमानस नीति-वाक्यों से भरा पड़ा है। ये काव्य नहीं 'स्टेटमेण्ट्स' (वक्तव्य) हैं। इनमें शाश्वत जीवन-मूल्यों की अभिव्यक्ति की भी कोशिश है—

सुर नर मुनि सबकी यह रीती,
स्वारथ लागि करहिं सब प्रीती।

इस बात से कोई इन्कार नहीं करेगा। हर स्थिति पर जड़े गये नीति-वाक्य लोगों की ज़ुबान पर हैं और वे लोकप्रिय हैं। कविता रामचरितमानस में नहीं, गीतावली और कवितावली में है। मानस में कथा और नीति-वाक्य हैं।

यह सही है कि सामन्ती समाज की सड़ी-गली मान्यताओं को तुलसी ने बल दिया। छोटे, कमजोर दलित वर्ग को और कुचलने के लिए एक धार्मिक पृष्ठभूमि और मर्यादा का बल दे दिया। ये दलित लोग थे—स्त्री और नीची जाति के लोग। पुनरावृत्ति होगी, पर—

ढोल गँवार शूद्र पशु नारी,
ये सब ताड़न के अधिकारी।
पूजिय विप्र सील गुण हीना,
शूद्र न पूजिय जदपि प्रवीना।

यह सीधी ब्राह्मण की घृणा है। शबरी के बेर राम को खिलाने और गुह-निषाद को चरण धुलवाकर राम के गले लगाने का कोई अर्थ नहीं।

नारी के प्रति तुलसी की शंका और दुराग्रह भी बहुत है। पतिव्रत धर्म अच्छी चीज है, क्योंकि इससे पारिवारिक जीवन सुखी रहता है—हालाँकि चालीस फीसदी परिवारों में रोते, पिटते और घुटते पतिव्रत धर्म निभा लिया जाता है।

स्त्री के वर्गीकरण में तुलसी कहते हैं—

उत्तम कर अस बस मन माहीं
सपनेहु आन पुरुष जग नाहीं।

पर दूसरी जगह कहते हैं—

भ्राता, पिता, पुत्र, भरतारी
पुरुष मनोहर निरखत नारी।

इसमें वह 'उत्तम' वाली भी आती होगी। यह क्या विरोधाभास है!

जीवन के अनुभवों के कारण ही हो, तुलसी स्त्री के मामले में 'सेडिज्म' (परपीड़न प्रमोद) के शिकार थे। यह उर्मिला पर सबसे अधिक लागू होता है। कल ब्याही हुई युवती को चौदह सालों में कवि ने बूढ़ी कर दिया। क्या लक्ष्मण और उर्मिला दोनों को राम की सेवा के लिए नहीं भेज सकते थे?

आज भी हरिजन जलाये जाते हैं, इसका सारा दोष तुलसी पर नहीं मढ़ा जा सकता—गो वे इसके प्रोत्साहक हैं। बात यह है कि मैंने रामकथा और रामलीला में स्वयं शूद्रों को अपने ही पीड़न के प्रसंग पर 'हरेनमः' करके गद्‌गद होते देखा है।

जिम्मेदारी हमारी है। हम भी शोषक हैं। हमने भी शूद्र को दबाया है। उसे शिक्षा और संस्कृति से वंचित करके आज भी उसे मध्ययुग की हालत में रखा है।

मध्ययुग में इस वर्ण ने विद्रोह भी किया। अपने कवि, अपने चिन्तक पैदा कर लिये—कबीर जुलाहा, रैदास चमार, कुम्भनदास कुम्हार। यह सही है कि ब्राह्मणों ने कबीर की शक्ति और प्रभाव देखकर उसे विधवा ब्राह्मणी का पुत्र मान लिया। बड़ी कृपा की। मौका आता तो ये मुहम्मद को ईश्वर का अवतार मान लेते।

तो मानस चतुश्शती हो। धूम-धाम से हो। मगर सिर्फ जय-जयकार न हो।

फिर 'कबीर समारोह' हो। कबीर, जिसने अपनी जमीन तोड़ी, भाषा तोड़ी और नयी ताकतवर भाषा गढ़ी, सड़ी-गली मान्यता को आग लगायी, जाति और धर्म के भेद को लात मारी, सारे पाखण्ड का पर्दाफाश किया, जो पलीता लेकर कुसंस्कारों को जलाने के लिए घूमा करता था।

वह योद्धा कवि था। महाप्राण था। सरकार को 'कबीर समारोह' अवश्य करना चाहिए मगर याद रहे, जगजीवनराम को उमाशंकर दीक्षित के साथ एक 'डिनर' खिलाने से कोई सामाजिक परिवर्तन नहीं होता।

प्राइवेट कॉलेज का घोषणा-पत्र

[एक पार्टी कॉलेज की स्थापना कर रही है। उसका एक घोषणा-पत्र तो अखबारों में छप चुका है। पर हिसाब की तरह, उस पार्टी ने घोषणा-पत्र भी दो बनाये थे। दूसरा, 'प्राइवेट घोषणा-पत्र' सच्चे हिसाब की बही में दबा हुआ था। उसकी नकल यहाँ दे रहा हूँ।—लेखक]

॥ श्री लक्ष्मीजी सदा सहाय ॥

हम फर्म बाबूलाल छोटेलाल के वर्तमान मालिक अपनी प्रसिद्ध फर्म की एक नयी शाखा खोल रहे हैं।

इस शाखा का नाम 'गोबरधनदास कॉलेज' होगा।

जैसा कि विश्व-विदित है, गोबरधनदास हमारे पूज्य पिता थे। वे अब इस असार-संसार में नहीं हैं, जिससे हमारी फर्म के सिवा बाकी सब निस्सार है।

हम जानते हैं कि शिक्षा के धन्धे में उतना फायदा नहीं है, जितना सीमेण्ट या चीनी के धन्धे में। इसलिए शिक्षा की एक दूकान खोलना, व्यापारी भाई हमारी बेवकूफी ही समझेंगे। वे कहेंगे कि कॉलेज क्यों खोलते हो? उसी पैसे से चीनी का स्टॉक क्यों नहीं भर लेते?

उनका कहना भी ठीक है। पर हम थोड़ी दार्शनिक भावना भी रखते हैं। नर-देह चौरासी कोटि योनियों के बाद मिलती है—ऐसा कथा में भी आता है। इसलिए जीवन में स्वार्थ और परमार्थ दोनों साधने चाहिए। परमार्थ क्या है? कोई ऐसा काम करना, जिससे लोग हमें दानी, त्यागी और समाज-सेवक समझें। इससे यश बढ़ता है। यश ही परमार्थ है। हमें एक काम ऐसा जरूर करना चाहिए, जिससे नाम अमर रहे।

हमारे दिवंगत पिताजी की अमर होने की बड़ी लालसा थी। पर वे अपने जीवन-काल में इसका प्रबन्ध नहीं कर सके, क्योंकि वे फर्म के काम में हमेशा व्यस्त रहे। यह भार अब हमारे सिर पर है। हम पिताजी को अमर करना चाहते हैं। पहले हम हर गर्मी में प्याऊ खुलवा देते थे। लोग स्टेशन के पास के चौराहे की 'श्री गोबरधनदास प्याऊ' को भूले न होंगे। पर हमने देखा कि प्याऊ से स्वर्गीय पिताजी का नाम सिर्फ गर्मी के महीनों में ही जीवित रहता है। बाकी दस महीने वे भुला दिये जाते हैं। जो गर्मी में रोज हमारी प्याऊ का पानी पीकर जिन्दा रहते हैं, वे भी सर्दियों में याद नहीं रखते कि वैशाख में हमारे पिताजी ने उन पर अहसान किया था। लोग बड़े कृतघ्न हैं।

प्याऊ से पिताजी बारहों महीने और सैकड़ों साल अमर नहीं रह सकते, यद्यपि इसमें खर्च कम बैठता है। पर किफायत से कहीं अमरता मिली है! हमने सोचा कि उनके नाम से एक धर्मशाला बनवा दें। जब तक इमारत रहेगी, तब तक तो उनका

नाम रहेगा ही। अगर कालान्तर में जमीन में समा गयी, तो भविष्य के पुरातत्त्व-वेत्ता उसे खोद निकालेंगे और पिताजी का नाम हमेशा के लिए इतिहास में चला जायेगा। पर कुछ सयानों ने समझाया कि समाजवाद का बड़ा हल्ला हो रहा है। आगे ज़माना खराब आ रहा है। अगर समाजवाद हो गया, तो कोई दीन-दुखी या भिखारी नहीं रहेगा। तब तुम्हारी धर्मशाला में ठहरेगा कौन ? और कौन तुम्हारे पिताजी का नाम-स्मरण करेगा ?

आखिर बहुत सोच-विचार के बाद हमने कॉलेज खोलने का निश्चय किया है।

कॉलेज खोलने से हमारे परिवार पर लगा एक कलंक भी मिट जायेगा। हमारे पूज्य पिताजी पढ़े-लिखे नहीं थे। यह बड़े शर्म की बात है कि जिसने इस फर्म का इतना विकास किया, वह बेपढ़ा था। पर जब आगामी पीढ़ियाँ उनके नाम का कॉलेज देखेंगी, तो यही समझेंगी कि गोबरधनदास बीसवीं शताब्दी के कोई महान् विद्वान या शिक्षा-शास्त्री रहे होंगे। तभी तो उनके नाम से लोगों ने कॉलेज खोला था। यह लाभ धर्मशाला या अनाथालय से नहीं मिल सकता था।

इस कॉलेज की स्थापना के लिए हमने एक लाख रुपयों का दान किया है। यह रहस्य कम लोग ही समझेंगे कि वास्तव में हमारी गाँठ से चालीस हजार ही गये हैं। साठ हजार तो इनकम-टैक्स के यों भी जाते। चालीस हजार में एक लाख के दान का श्रेय खरीद लेना, हमारे पिताजी की स्मृति के अनुकूल ही हुआ।

हम दूसरे व्यापारी भाइयों के पास गये और उनसे कहा कि हमारे पिताजी को अमर बनाने के कार्य में आप लोग भी मदद दें। उन्होंने भी सहर्ष पैसा दिया, क्योंकि आज हमारे पिता का काम अटका है, तो कल उनके बाप का अटक सकता है।

इस तरह तीन लाख रुपये इकट्ठे करके हम शिक्षा-मन्त्री के पास गये। शिक्षा-मन्त्री के प्रपितामह हमारे प्रपितामह की दूकान पर मुनीम थे। जब वे इस सम्बन्ध को भूलने लगते हैं, तब हम उन्हें याद दिला देते हैं। पिछले चुनाव में हमने अपनी जाति के सब वोट शिक्षा-मन्त्री को दिला दिये थे। हमने उनके सामने पिताजी को अमर बनाने की योजना रखकर कहा कि इसमें कुछ रुपये घटते हैं। शिक्षा-मन्त्री ने कहा कि वे तो मेरे भी पिता-तुल्य थे। मुझे फिर उसी क्षेत्र से चुनाव लड़ना है, इसलिए उनका आशीर्वाद चाहिए। मैं तो खुद उन्हें अमर करने की कोशिश में था और उनके नाम से एक विश्वविद्यालय खोलने का इरादा कर रहा था। आप अगर एक कॉलेज से ही सन्तुष्ट होते हैं, तो मैं सरकार की तरफ से आठ-दस लाख रुपये उनकी स्मृति में दे दूंगा और उनका यह स्मारक बनवा दूंगा।

इस तरह सिर्फ चालीस हजार की पूंजी लगाकर दस-बारह लाख की संस्था पर पूज्य पिताजी कब्जा कर लेंगे। उनकी देह नष्ट हो गयी है, पर जैसा गीता में कहा है, आत्मा नहीं मरती। उनकी आत्मा अभी भी उसी व्यावसायिक कुशलता से कार्य कर रही है।

संस्था का काम व्यवस्थित ढंग से चलना चाहिए। हम इसे एक आदर्श संस्था बनाना चाहते हैं। इस उद्देश्य से हमने इसके संचालन के लिए कुछ सिद्धान्त और

नियम बना लिये हैं, जिनका पालन आवश्यक है। नीचे हम इन्हें दे रहे हैं—

1. कॉलेज की इमारत बनाने का ठेका हमारे फूफाजी को ही दिया जायेगा। पिताजी की स्मृति के प्रति ईमानदार होने के लिए यह जरूरी है। उन्होंने शिव-मन्दिर चन्दे से बनवाया था, जिसका ठेका फूफाजी को ही दिया गया था।

2. यदि सरकार इमारत के निर्माण में हस्तक्षेप करे और इसका ठेका शिक्षा-मन्त्री के साले को दे, तो भी चूना-सीमेण्ट की सप्लाई हमसे करवानी होगी।

3. जब यह इमारत बन रही हो, तब यदि हमारा भी कोई मकान निर्माण के पथ पर हो, तो उसके सामान का उपयोग इसमें से हो सकता है, क्योंकि फर्म एक ही है।

4. जब तक हमारे मामाजी की स्टेशनरी की दूकान है, तब तक कॉलेज के लिए सारी स्टेशनरी उनकी दूकान से खरीदनी पड़ेगी। पिताजी मामाजी को बहुत चाहते थे और उन्होंने ही यह दूकान खुलवा दी थी। यदि किसी दूसरी दूकान से स्टेशनरी खरीदी गयी, तो पिताजी की आत्मा को क्लेश होगा।

5. बगीचे में आम, पपीता, कटहल आदि के वृक्ष लगाये जायेंगे और इनके फल हमारे घर भेजे जायेंगे। यह जिम्मेदारी प्रिंसिपल की होगी। इसमें भूल होने पर प्रिंसिपल के विरुद्ध अनुशासन-भंग की कार्यवाही की जायेगी।

6. हमारे खानदान में जब भी शादी होगी, कॉलेज की इमारत खाली करके बारात ठहराने के लिए देनी होगी। बिजली वगैरह का खर्च कॉलेज के हिसाब में जायेगा।

7. कॉलेज की व्यवस्था-समिति के अध्यक्ष हम होंगे। हमारे बाद हमारा लड़का होगा। यही परम्परा आगे भी चलेगी। हमारे पिता और माता के पक्ष के रिश्तेदार सदस्य होंगे।

8. अन्य सदस्य ऐसे होंगे, जिनका विद्या से बहुत दूर का रिश्ता हो। विद्वान लोग बाल की खाल निकालकर गड़बड़ पैदा करते हैं, क्योंकि यह एक व्यावसायिक प्रतिष्ठान है, इसलिए इसे चलाने में व्यापारी-वर्ग का अधिक हाथ रहेगा।

9. जैसा कि आरम्भ में ही घोषित कर दिया गया है, यह कॉलेज हमारी फर्म की एक शाखा है। इसलिए इसके प्रिंसिपल का दर्जा हमारी दूकान के हेड मुनीम के बराबर होगा और प्रोफेसर लोग मुनीम माने जायेंगे।

10. प्रिंसिपल को प्रतिदिन हमें दूकान पर 'जैरामजी की' करने आना पड़ेगा। जिस दिन वह न आयेगा, उस दिन का वेतन काट लिया जायेगा। अगर वह लगातार पन्द्रह दिनों तक नहीं आया, तो निकाल दिया जायेगा।

11. हर प्रोफेसर को हफ्ते में कम-से-कम एक बार हमें 'जैरामजी की' करने आना पड़ेगा। जो रोज आयेगा, उसके प्रिंसिपल बनने के चांस रहेंगे।

12. चपरासी को आधा समय कॉलेज में और आधा समय दूकान में काम करना होगा। उन्हें एतराज नहीं होना चाहिए, क्योंकि फर्म एक ही है।

13. हमारे खानदान के हर लड़के-लड़की की शिक्षा का सारा भार कॉलेज के

स्टाफ पर रहेगा। उन्हें घर आकर मुफ्त में पढ़ाना होगा और परीक्षा के पहले पेपर बताने से लेकर बाद में नम्बर बढ़ाने तक का काम उन्हें करना होगा।

14. प्रोफेसर का मुख्य कार्य पढ़ाना नहीं, बल्कि हमारे पास आकर हमारी चापलूसी तथा दूसरे साथियों की चुगली करना होगा। चुगली सुनने के लिए हम आधी रात को भी तैयार रहेंगे।

15. यदि हमारे परिवार में कभी कोई ऐसा नालायक लड़का हुआ, जो धन्धा न कर सके, तो उसे प्रोफेसर बनाना होगा।

हम होशोहवास में अपनी मर्जी से ये घोषणाएँ कर रहे हैं।

हम आशा करते हैं कि सब लोग हमारी मदद करेंगे, जिससे यह कॉलेज एक आदर्श संस्था बन सके।

इति। भूल-चूक लेनी-देनी।

तीसरी आजादी का जाँच कमीशन-1

इन दिनों मैं ईमानदारी से बहुत पीड़ित हूँ। नहीं, पेचिश की तरह मुझे ईमानदारी की बीमारी नहीं हुई है। पेचिश तो उन्हें हो रही है जिन्होंने वादे किये। मैंने कोई वादा नहीं किया। अभी मैंने अखबार में पढ़ा कि एक मन्त्री रेस्ट हाउस पहुँचते ही बाथरूम में चले गये। बाहर माँग पेश करनेवाले लोग थे। वे गये तो मन्त्री बाहर निकले। तभी दूसरा जत्था माँग करनेवालों का आया तो वे फिर बाथरूम में घुस गये। 5-6 बार देखकर रेस्ट हाउस का खानसामा उनके लिए डिनर में दही और खिचड़ी ले आया। मन्त्री बहुत नाराज हुए और मुर्गा लाने को कहा। रेल में चढ़े तो हर स्टेशन पर पाखाने में घुस जाते—माँग करनेवालों से रक्षार्थ।

तो पेचिश तो वादे करनेवालों को हो रही है और बाथरूम के किले में बन्द होकर वे बचाव कर रहे हैं। बाथरूम पर हमला नहीं होता। इतनी लड़ाइयाँ हुई हैं, किले तोड़े गये हैं, पर इतिहास में कहीं उल्लेख नहीं है कि बाथरूम पर गोला दागा गया। हिटलर तो बेवकूफ था। आत्महत्या क्यों की? बाथरूम में घुस जाता।

मुझे यह शिकायत नहीं है। मैं परेशान हूँ अपने आसपास की ईमानदारी से, ईमानदारी के देशव्यापी वातावरण से। यह मौसम मेरे स्वास्थ्य को रास नहीं आता। आखिर 'दूसरी आजादी' के हमारे भाग्य-विधाता इतने ईमानदार होकर हमें क्यों तंग कर रहे हैं। हमने क्या बिगाड़ा है। इन्होंने हमें समझा दिया है और हम मान गये हैं कि तीस साल तक हमारे रहनुमा बेईमान और स्वार्थी थे। अब ये नये भाग्य-विधाता बिल्कुल ईमानदार हैं। अखबार पढ़ता हूं तो इनकी ईमानदारी

के बयान और काम पढ़ता हूँ। वही रेडियो पर। कहाँ भाग जाऊँ मैं इस जालिम ईमानदारी से बचकर। कोई सूरत नजर नहीं आती। मैं हाथ जोड़कर कहता हूँ, हे भाग्य-विधाता, हमसे बरदाश्त नहीं होता। हमारी क्षमता भी तो देखो। हम इतनी ईमानदारी पचा भी पायेंगे? रोगी को देखकर पथ्य दिया जाता है। हम तीस सालों से उपवास कर रहे थे और तुम हमारा उपवास तुड़वा रहे हो पकौड़ों से।' लंघन तुड़वाते हैं तो पहले मूँग की दाल का पानी देते हैं। तुम भी हमें धीरे-धीरे ईमानदारी दो। लो, यह ईमानदारी का पानी पियो। अच्छा, अब यह ईमानदारी की पतली खिचड़ी खाओ। पच गयी? ठीक। अच्छा, अब यह ईमानदारी छोंकी हुई खाओ। थोड़ा चूरन भी ले लो। अच्छा, अब यह ईमानदारी का भरवाँ बैंगन खाओ। ऐसा धीरे-धीरे करना था। तुम तो मोतियाबिन्द के आपरेशन के बाद एकदम तेज रोशनी आँखों पर डालते हो। हमें बरदाश्त हो सके, इतनी ईमानदारी चाहिए। तुम बाद में जी भरकर ईमानदार हो लेना। जो ईमानदार होने पर आमादा हो, उसे कौन रोक सकता है।

मुझे स्वीकार है कि तीस सालों तक बेईमानों का शासन था। पर इन नये ईमानदारों में से लगभग आधे उन बेईमानों के साथ सत्ता में थे, बीस साल। इन्हें 1969 में बोध हुआ—अरे, हम तो बेईमानों के साथ हैं। ये अलग हो गये। तो दो-तिहाई बेईमान हुए और सिर्फ एक-तिहाई ईमानदार। कुछ को मार्च 1977 में बोध हुआ कि हम तो बेईमानों के साथ अभी तक रहे। इनमें एकाध ग्राम ही ईमान होगा। कुछ वे हैं जो 1967 में संविद शासन में सत्ता में शोभित हुए। ये बेईमानी के कारण सत्ता से हटे। ये बहादुर भी हैं। भैया, तब तुम बहादुर क्यों नहीं हुए? तब डर था। अब बहादुर क्यों हो गये? क्योंकि अब हम खुद डरावने हो गये हैं। तो भैया, बहादुरी की परिभाषा क्या है? डर हो तब दबे रहना और जब डर न हो, तब लट्ठ घुमाना।

फर्क क्या है? ये उसी पुराने कारखाने के ईमानदार हैं, जिसके भागीदारों में झगड़ा हो गया। कारखाना एक ही और माल भी एक ही। 'सूरज छाप' माल बाजार में बदनाम हो गया था तो लेबिल बदलकर उसे 'चाँद छाप' कर लिया। कुछ वे हैं जो उस बड़े कारखाने के आसपास अपनी छोटी 'एंसिलरी इण्डस्ट्री' खोले थे और नट-बोल्ट सप्लाई करते थे। अब ये बड़े सत्ता कारखाने में भागीदार हो गये हैं। हम तो विज्ञापन के चलाये चलते हैं। इस नये विज्ञापन में सजा हुआ नया छबीला शासन सिगरेट लिये है और सुन्दरी जनता उसे सुलगा रही है—मेड फार ईच अदर।

बेईमानी की जगह ईमानदारी फिट करने की प्रक्रिया चालू है। दूसरी आजादी आयी है। एक क्रान्ति हुई है। एक प्रदेश की सरकार ने सारी सहकारी समितियाँ भंग कर दीं। कहा—इनमें कई सालों से बेईमान जमे हुए हैं। बिल्कुल ठीक। अब इनमें सरकार ने अपनी पार्टी के पदाधिकारी नामजद कर दिये। तब लोगों ने शोर मचाया कि हम इन्हें जानते हैं। ये ख्याति-प्राप्त बेईमान हैं। मुझ-जैसा मूढ़ आदमी

भी सोचता है—क्या एक बेईमान की जगह दूसरा बेईमान फिट करना ही दूसरी आजादी है, क्रान्ति है ? हम क्या जुते हुए घोड़े हैं ? पहले कोचवान को दूसरे ने ढकेल दिया और खुद बैठकर हाँकने लगा। चाबुक मारकर कहता है— दौड़ रे घोड़े, क्रान्ति हो गयी। हमारी शायद यही नियति है कि एक बेईमान के हाथ से दूसरे बेईमान के हाथ में ट्रान्सफर होते रहें। यह बेईमानी का 'रोलिंग प्लान'— अनवरत योजना है।

तब एक युवक के फोटो सहित दीवार पर पोस्टर चिपकता था—युवकों का नेता। अब एक बूढ़े की फोटो सहित पोस्टर चिपकता है—किसानों का नेता। पहले ट्रक भर-भरकर लोग उसकी जय बोलने लाये जाते थे, अब इनकी जय बोलने लाये जाते हैं। लड़का बाप का वारिस होता आया है, मगर देख रहा हूँ बाप बेटे का वारिस होने लगा। तब पोस्टरों पर एक बेवकूफ जवानी थी, अब कठोर झुर्रियाँ हैं। बेवकूफ जवानी से छूटकर कठोर झुर्रियों की हुकूमत में आना ही क्रान्ति है। अति-शासन से शासनहीनता के दौर में आ जाना भी क्रान्ति है। भूतपूर्व की जगह अपूर्व ने ले ली।

सब तोते हैं। रटा-रटाया बोलते हैं। वे भी बोलते थे। ये भी बोलते हैं। ये तोते पिंजड़े में बन्द थे। हमने याने जनता ने पिंजड़ा खोलकर इन्हें मुक्त कर दिया। ये उड़कर पेड़ की डाल पर बैठ गये और चिल्लाने लगे—सीताराम। सीताराम। सब भयहीन हो जाओ। डरो मत। हमने तुम्हें आजाद किया है। सीताराम। सीताराम। हम तुम्हारी रक्षा करेंगे। तुम ज़रा उस 'औरत' को देखते रहना। वह यहीं कहीं आसपास होगी। कहीं फिर जाल न फैला दे। सीताराम। सीताराम। तुम निर्भय हो जाओ। हम तो अभी थोड़ा डरेंगे।

इन्हीं महीनों में जापान में जिस पार्टी की सरकार 28 साल से थी, वह हार गयी। दूसरी पार्टी की सरकार आ गयी। इस्राइल में 29 सालों से एक पार्टी की सरकार थी, वह पार्टी भी हार गयी। दूसरी पार्टी की सरकार आ गयी। इन देशों में सरकार बदली है। पर भारत में दूसरी आजादी आयी है। क्रान्ति हुई है। यहाँ सफाई-दरोगा अगर नौकरी से निकाल दिया जाय, तो उसे कारपोरेशन में क्रान्ति कहेंगे।

दूसरी आजादी लानेवाले सब दावेदार प्रणम्य हैं। जिन्दाबाद कुल नौ महीने में मुर्दाबाद हो गया। जनता की भावनाओं के गर्भ में बीज तो जिन्दाबाद का डाला गया था, पर पैदा मुर्दाबाद हो गया। मगर दावेदार जहाँ-के-तहाँ। अण्डरग्राउण्ड थे ? जी हाँ। कौन-सा पराक्रम किया ? किसी से पाँच पत्थर भी फिंकवाये ? नहीं, हम सिर्फ अपने को छिपाये रखे। जनता बहुत डरी हुई थी। नेताविहीन हो गयी थी। मई सन् 1942 में भी तो सारे नेता जेल में थे। पर तब जनता ने थानों को जला दिया था, जिलों पर अपना शासन स्थापित कर लिया था। लाखों आदमी बिना नेता के जेल चले गये थे। जनता क्या कायर होतीहै, वीरवर ? और पाकिस्तान में टैंकों से जनता लड़ी। बुरका छोड़कर औरतें लड़ीं। यह क्या कायर जनता है ?

मगर दावेदार नहीं मानेंगे। सबसे कॉमिक रोल क्रान्तिकारी बुद्धिजीवी का है।

वह यह है कि जो अपने को ईमानदार और वीर कह ले, वह हुआ। जो नहीं कहे, वह बेईमान, दब्बू, पिछलग्गू, स्वार्थी वगैरह सब हुआ। परमवीर चक्र अपने सीने पर अपने ही हाथों से खोंसना पड़ता है। कोई दस को बेईमान कहे तो कहनेवाला खुद ईमानदार सिद्ध हो जाता है। नये मन्त्रियों की पत्नियों के पास जाते हैं पेन्सिल-कापी लेकर बुद्धिजीवी। मन्त्रीजी को खाने में क्या पसन्द है? हमारे उनको तो चटपटी सब्जी भाती है। रबड़ी भी बहुत पसन्द है। मन्त्रीजी का घर में कैसा व्यवहार है? कभी-कभी गुस्सा करते हैं। राम राम कहो भैया। इत्ता अच्छा स्वभाव है कि कुछ पूछोई मत। चालीस साल हो गये, कभी हमसे कड़ी बात नहीं कही। गुलाब की छड़ी से भी नहीं मारा हमें। बच्चों को तो भौतई चाहते हैं। ऐसे हैं हमारे वो। यह छपा दिया बुद्धिजीवी ने।

क्रान्ति करने के दावेदार ऐसे हैं। तब मन्त्री के चरण छूते हुए फोटो खिंच गयी थी। उसे उन्होंने उलटा टाँग लिया है। कहते हैं—मैं इस तानाशाह के पाँवों पर चोट कर रहा था। पांव तोड़ रहा था। और क्या करते रहे? बाथरूम में रोज सौ गालियाँ उस तानाशाह को देता था (नल गवाह है)। और चुपचाप मारणमन्त्र का जप करता था। और 'दुर्गाजी' कहता रहा हूं। तब उस प्रधानमन्त्री के लिए और अब दुर्गा भागवत के लिए। मैं अटल हूं। स्वर नहीं बदलता। चाहे कोई सरकार हो, मैं 'हें-हें' ही करता हूँ।

शायद बर्नार्ड शॉ ने कहा है—जो कर सकता है, वह करता है। जो नहीं कर सकता, वह सिखाता है। इसी तरह जो शासन समस्याएँ हल कर सकता है, करता है। जो नहीं कर सकता, वह जाँच कमीशन बिठाता है। कमीशन यों उचित चीज है। वह गम्भीर बात भी है। पर उसे 'झुनझुना जाँच' भी बना सकते हैं। बच्चा भूखा है। रोता है। बाप कहता है—पता नहीं तेरी माँ फीडिंगबाटल कहाँ रख गयी। ले, अभी तो झुनझुना सुन और चुप रह। शासन एक रेलगाड़ी है। वह चलती है। शासक रेलगाड़ी में बैठे हैं। न वे चलते हैं, न गाड़ी को चलाते हैं। वे समय काटते हैं। मुसाफिर समय काटने के लिए मूंगफली खाता है—टाइम पास। नये शासकों के लिए जाँच कमीशन मूंगफली है—टाइम पास।

दूसरी आयी है तो तीसरी आजादी भी आयेगी। सब रहेंगे। मारुति काण्ड था तो सुग्रीव काण्ड हो जायेगा। किष्किन्धा में कमी थोड़े ही है। तीसरी आजादी में भी सब रहेंगे। कायर रहेंगे। टायर भी रहेंगे। तब कायर टायर हो जायेंगे। और जमूरे भी रहेंगे। जमूरे! हाँ उस्ताद। सब बतायेगा? बताऊँगा उस्ताद! साहब लोगों का दिल खुश करेगा? करूँगा उस्ताद!

दूसरी आजादी के जाँच कमीशनों के माध्यम से बहुत-सी बातें सामने आ जायेंगी। आपातकाल लागू करना, बन्दिशें, सेंसर, अत्याचार आदि। एक दौर की जांच-पड़ताल पूरी हो रही है।

तीसरी आजादी में इस दूसरी आजादी के दौर पर जांच-कमीशन बैठेगा। इसकी एक कल्पना आगे होगी।

तीसरी आजादी का जाँच कमीशन-2

जाँच कमीशन की सुनवायी शुरू थी। कमीशन को सुझाव दिया गया था कि सबसे पहले 'लोकनायक' जयप्रकाश नारायण की बात सुनी जाय। अगर पहली आजादी का जाँच कमीशन बैठता, तो वह सबसे पहले गाँधीजी को बुलाता। राम जेठमलानी ने कमीशन को लिखा था कि दूसरी आजादी के शासकों से मैंने बार-बार कानूनी ऊटपटाँग करा उनके पतन में योग दिया था। जयप्रकाश की राजनीतिक दुस्साहसिकता के बाद मेरी कानूनी दुस्साहसिकता शुरू हुई थी, इसलिए अगर जयप्रकाश को सबसे पहले नहीं बुलाया गया, तो मैं हेग के अन्तर्राष्ट्रीय न्यायालय में चला जाऊँगा।

कमीशन ने जयप्रकाश को ही सबसे पहले बुलाया। पटौदी हाउस के अहाते में भारी भीड़ थी। 'जिन्दाबाद' और मुर्दाबाद' के नारे लग रहे थे। पुलिस थी, आँसू गैस थी, बन्दूकें थीं। जयप्रकाश कार से उतरे। वह पूर्ण स्वस्थ थे। उनके दाहिने तरफ नानाजी देशमुख थे, जो रूमाल से अपना मुँह ढके थे, जैसे कोई-कोई बलात्कारी कचहरी में अपना चेहरा छिपा लेते हैं। दूसरी तरफ चन्द्रशेखर दाढ़ी मुड़ाये थे, जैसे कोई-कोई मुँहबोली नानी की मौत पर मुण्डन करा लेते हैं।

कमीशन के सचिव : लोकनायक जयप्रकाश नारायण गवाह की जगह पर आयें।

जयप्रकाश : यहाँ जयप्रकाश नारायण हैं, पर वह लोकनायक नहीं हैं। लोकनायक का खिताब मैंने तभी घबराकर छोड़ दिया था।

सचिव : अच्छा, केवल जयप्रकाश नारायण।

जयप्रकाश : यह 'केवल' क्या है ? क्या इसका मतलब 'ओनली' है ? मैं 'ओनली' जयप्रकाश नारायण नहीं हूँ। 'लोनली' जरूर हो गया हूँ। आप मुझे जयप्रकाश कहिए। मैंने 'नारायणत्व' भी त्याग दिया है। मैंने सब त्याग दिया है। अब मैं विनोबा की तरह सिर्फ स्वास्थ्य और अध्यात्म पर बात करता हूँ।

कमीशन : अच्छा, जयप्रकाशजी, आप यह बताइए कि क्या आप दूसरी आजादी लाये? यानी, क्या आपके नेतृत्व में आन्दोलन के फलस्वरूप दूसरी आजादी आयी ?

जयप्रकाश : आई प्लीड नॉट गिल्टी। मैं बेकसूर हूँ। दूसरी आजादी मेरे बावजूद आ गयी। मुझे कतई उम्मीद नहीं थी कि ऐसी दुर्घटना हो जायेगी। लोगों ने व्यर्थ मेरे ऊपर तोहमत लगा दी और मैं बदनाम हो गया।

कमीशन : पर सम्पूर्ण क्रान्ति का नारा तो आपने ही दिया था ?

जयप्रकाश : सही है, पर रिकार्ड है कि पूरी जिन्दगी मैंने वही नारा दिया, जो हो नहीं सकता। यह मेरी आदत है और नियति भी। 1952 के पहले आम चुनाव में मैंने नारा दिया था कि प्रजा समाजवादी दल सरकार बनायेगा। मेरे साथी

अशोक मेहता ने ऐलान किया था—वी विल स्वीप दि पोल्स। इस मुहावरे ने ही हमारे साथ मजाक किया। चुनाव के बाद एक कार्टून छपा था, जिसमें अशोक को मतदान-केन्द्र पर झाड़ू लगाते दिखाया गया था। हमारी पार्टी की खटिया खड़ी हो गयी। पार्टी का टूटना शुरू हुआ। मैं छिटककर विनोबा के पास चला गया। मैंने भूदान का नारा विनोबा के साथ दिया, पर भूमि नहीं मिली। ग्रामदान का नारा दिया, ग्राम नहीं मिले। मैं देशदान का नारा भी दे रहा था, पर जवाहरलाल ने नहीं देने दिया। मैंने जीवनदान का नारा दिया, पर मेरे सिवा किसी ने जीवन नहीं दिया। आखिर मैंने ही अपना जीवन वापस ले लिया। मैंने पार्टीहीन लोकतन्त्र का नारा दिया, वह नहीं हुआ। मैंने बुनियादी लोकतन्त्र का नारा दिया, वह नहीं हुआ। मैंने जनेऊ तोड़ने का नारा दिया, पर लोगों ने दो-दो जनेऊ पहन ली। मैंने नारा दिया—जाति तोड़ो, तो ऊँची और नीची जातिवालों में आपस में सिर-फुटौवल होने लगी। जो मैंने कहा, वह कभी नहीं हुआ। मेरे चाल-चलन का ऐसा बढ़िया रिकार्ड है। जीवन में पहली बार न जाने क्या उलटा-सुलटा हुआ कि सरकार बदली और इसका कलंक मेरे माथे मढ़ दिया गया। मैं बेकसूर हूँ।

कमीशन : आपने सम्पूर्ण क्रान्ति का नारा दिया था?

जयप्रकाश : हाँ। मैंने नारा दिया था कि 'सम्पूर्ण क्रान्ति अब नारा है, भावी इतिहास हमारा है।' मैंने विगत और वर्तमान इतिहास को एकदम काट दिया था।

कमीशन : सम्पूर्ण क्रान्ति क्या है? इसकी व्याख्या कीजिए।

जयप्रकाश : मैं नहीं जानता। जिन्दगी में जो भी मैंने किया, उसकी व्याख्या कभी नहीं कर सका। मेरे साथ यही दिक्कत है। मैं एक व्याख्याहीन जिन्दगी जीता रहा हूँ।

सरकारी वकील : क्या सम्पूर्ण क्रान्ति की कोई आइडियालॉजी थी?

जयप्रकाश : नहीं, आइडियालॉजी मेरी ही कभी नहीं रही। लोग कहते हैं, मेरी आइडियालॉजी 'कनफ्यूनिज़्म' रही है।

कमीशन : यानी 'कनफ्यूशियस' से इसका सम्बन्ध है?

जयप्रकाश : नहीं 'कनफ्यूजन' से।

कमीशन : क्या सम्पूर्ण क्रान्ति के लिए आपका कोई संगठन था?

जयप्रकाश : नहीं, संगठन मैं क्यों बनाने लगा। मैं तो संगठन तोड़ने का काम करता हूँ। समाजवादियों का संगठन तोड़ने का क्रम मैंने ही शुरू किया था। फिर मैंने सर्वोदय को भी तोड़ा।

सरकारी वकील : तो फिर आपके साथ सम्पूर्ण क्रान्ति करने को कौन था? क्या समाजवादियों का संगठन था?

जयप्रकाश : वकील साहब, आप तो जेठमलानी की तरह ही अनजान हैं। अरे साहब, समाजवाद में संगठन नहीं बनता, नेता बनता है। सब नेता होते हैं। सब लड़ाकू होते हैं, पर यह नहीं जानते कि किससे लड़ रहे हैं। समाजवादी के साथ संगठन नहीं होता, भीड़ होती है, जो बदलती जाती है। उसके पास कार्यक्रम नहीं,

मुहावरे होते हैं। समाजवादी मेरे साथ नहीं थे, कांग्रेस के खिलाफ थे, वे जयप्रकाश-समर्थक नहीं, इन्दिरा-विरोधी थे। वे इसी एक्सीडेण्ट से मेरे साथ हो गये।

कमीशन : तो फिर कौन संगठन था आपके साथ ?

जयप्रकाश : बताता हूँ। एक दिन मेरे पास जनसंघ के नेता नानाजी देशमुख आये। बोले, 'इन्दिरा गाँधी संघ को फासिस्ट कहती हैं। क्या आप भी उसे फासिस्ट मानते हैं ?' मैंने कहा, 'मैं उस हर चीज को नहीं मानता जो इन्दिरा या कम्युनिस्ट कहते हैं। फिर नानाजी, तुम मुझे इतने प्यारे लगते हो कि तुम फासिस्ट हो, तो मैं भी फासिस्ट होना पसन्द करूँगा। कम्युनिस्ट और फासिस्ट में चुनाव करना पड़े तो हम फासिस्ट को चुनेंगे। हमारा समाजवाद यही है।' तब नानाजी ने कहा, 'देखिए, आपके पास संगठन नहीं है और हमारे पास लोकनायक नहीं है। तो हम मिल जायें।' मैंने उनकी बात मान ली।

कमीशन : तो क्या संघ ने सम्पूर्ण क्रान्ति के लिए संघर्ष किया ?

जयप्रकाश : नहीं, संघर्ष नहीं किया। 'डूब पड़े तो हर गंगा' बोलने लगे। संघ के लोगों को संघर्ष की ट्रेनिंग नहीं है। वे कष्ट नहीं उठा सकते। वे लड़ाकू भी नहीं हैं। वे केवल संगठित षड्यन्त्रकारी हैं। वे जानते हैं कि सोलह महीने जेल में रहना पड़ेगा, तो वे पहले ही युवक कांग्रेस में भरती हो जाते। जेल में बेचारे बड़े दुखी रहे। बहुतों ने माफी माँग ली।

कमीशन : अच्छा, आपको आन्दोलन चलाने के लिए पैसा कहाँ से मिला ?

जयप्रकाश : यह नहीं बताऊँगा। शपथ ली थी। आई एम अण्डर ओथ।

सरकारी वकील : क्या विदेशी पैसा भी मिला था ?

जयप्रकाश : नहीं बताऊँगा। आई एम अण्डर ओथ।

कमीशन : आपने आन्दोलन क्यों चलाया ? कारण क्या था ?

जयप्रकाश : कारण कई थे। पहला तो यह कि मैं बेकार था। नक्सलवाद को रोकने की असफल कोशिश मैं कर चुका था। बेकार बैठा था। जमुहाई आती थी। दूसरा कारण यह कि महँगाई, भ्रष्टाचार आदि के नारे लगाकर कोई पागल भी भीड़ इकट्ठी कर सकता था और उससे पत्थर फिकवा सकता था। मैंने सोचा कि मैं तो आल इण्डिया हैसियत का···

कमीशन : क्या ?

जयप्रकाश : पागल नहीं, नेता। मैं आल इण्डिया हैसियत का नेता हूँ, लोगों के इस 'मूड' का फायदा क्यों न उठाऊँ। तीसरा कारण यह है कि मैं इन्दिरा गाँधी से नाराज था। मैं उनका चाचा जैसा हूँ, पर वे मेरी अवहेलना करती थीं। उनकी बुआ विजयलक्ष्मी भी इसी कारण उनसे नाराज थी।

सरकारी वकील : कोई राजनीतिक कारण भी था ?

जयप्रकाश : हाँ, मैं इन्दिरा सरकार को उखाड़ना चाहता था।

सरकारी वकील : यह तो अमेरिका और पश्चिमी यूरोप के देश भी चाहते थे। क्या आप उन्हीं का काम कर रहे थे ?

जयप्रकाश : मैं अपना काम कर रहा था और वे अपना। दोनों काम एक हो गये, तो यह प्रभु की इच्छा थी।

कमीशन : आप इन्दिरा सरकार से क्यों नाराज थे ?

जयप्रकाश : एक तो उनकी सरकार मजबूत थी। मजबूत सरकार हो, तो कुछ खास करने की गुंजाइश नहीं रहती। दूसरे, इन्दिरा गाँधी की सरकार 'बोल्शेविक' हो गयी थी। इससे मेरी आत्मा को क्लेश होता था।

सरकारी वकील : आपकी आत्मा ऐसी कैसी है ?

जयप्रकाश : मेरी लोकतान्त्रिक समाजवादी आत्मा में सर्वोदय और हताशा शामिल है।

कमीशन : तो क्या इन्दिरा गाँधी 'बोल्शेविक' है ?

जयप्रकाश : वह क्या है, यह तो बोल्शेविक भी नहीं जानते। मैंने तो देखा कि शासन में सब जगह बोल्शेविक घुसे हैं। नीतियाँ बोल्शेविक बनाते थे। फिर इन्दिरा गाँधी ने रूस से बीस-साला सन्धि कर ली थी। मुझे डर था कि देश कहीं वारसा गुट का सदस्य न हो जाये।

कमीशन : तो इसीलिए आपने इमरजेन्सी खत्म होने पर पाँच दलों की जनता पार्टी बनवा दी ?

जयप्रकाश : मैं इस जिम्मेदारी से भी इन्कार करता हूँ। मुझे व्यर्थ बदनाम किया गया। ये राजनीति के घुटे हुए नेता व्यावहारिक रूप में मेरे चाचा होते हैं। वे 1967 में मिलकर संविद सरकारें बना चुके थे। वे घबराये हुए थे। या तो मिलकर सरकार बनायें, या अलग-अलग जेल में जायें, यही तो विकल्प उनके सामने थे। वे एक हो गये। पर उन्हें एक होने का बहाना चाहिए था। तो वे कहने लगे कि जयप्रकाश के आग्रह से हम मिल गये। बदनामी मेरी हुई।

सरकारी वकील : मगर कहा तो यह जाता है कि आपने जनता सरकार बनवायी है।

जयप्रकाश : नहीं, नसबन्दी और जगजीवनराम ने जनता सरकार बनवायी। मैंने और कृपलानी ने मिलकर तो धाँधली से मोरारजी को प्रधानमन्त्री बनाया।

कमीशन : आप क्या जनता पार्टी के काम से खुश रहे ?

जयप्रकाश : क्या खुश रहा ? मुझे 'भारतरत्न' मिलने का वक्त आया, तो उन्होंने यह खिताब ही खत्म कर दिया।

सरकारी वकील : क्या आप जनता पार्टी के सदस्य थे ?

जयप्रकाश : नहीं, महात्मा गाँधी भी कांग्रेस पार्टी के सदस्य नहीं थे।

कमीशन : तो आप महात्मा गाँधी की तरह पार्टी को गाइड करते थे ?

जयप्रकाश : हाँ, मगर 'मिसगाइड' करता था।

कमीशन : क्या जनता सरकार ने जनता का कुछ भला किया ?

जयप्रकाश : जनता का भला करने को वह सरकार बनी ही नहीं थी। अगर भला करती, तो अपने उद्देश्य से गिर जाती।

कमीशन : तो सरकार क्या करती थी ?

जयप्रकाश : सरकार जनता को समझा रही थी कि बिना सरकार के कोई देश कैसे चलता है।

कमीशन : क्या आप जनता सरकार के गिरने से दुखी होंगे ?

जयप्रकाश : नहीं, सुखी होऊँगा। कहीं भी सरकार गिरे, मैं खुश होता हूँ।

तीसरी आजादी का जाँच कमीशन-3

दूसरी आजादी के पहले प्रधानमन्त्री मोरारजी देसाई तीसरी आजादी की सरकार के प्रधानमन्त्री बनने की कोशिश में भी थे, पर हो नहीं सके। वे इससे दुखी नहीं थे। उन्होंने समझ लिया कि ईश्वर की इच्छा है कि वे दस साल बाद, विश्व सरकार के पहले प्रधानमन्त्री बनें। इस आशा में स्वास्थ्य अच्छा बनाने में लगे थे। वे लहसुन की पाँच की जगह दस फलियाँ खाने लगे थे।

उन्हें जाँच कमीशन के सामने बुलाया गया। उन्हें वकीलों और साथियों ने सलाह दी थी कि वे यह कहकर बयान देने से इन्कार कर दें कि इससे गोपनीयता की शपथ भंग होगी, पर उन्होंने कहा—मैं दूसरे किस्म का आदमी हूँ। मैं वह कुछ नहीं करूँगा जो उस 'लेडी' ने किया। फिर जिन्दगी-भर मैं 'आ बैल मुझे मार' करता रहा हूँ। आखिरी वक्त क्या भागूँ ?

मोरारजी भाई प्रसन्न थे, जैसे आरोपों के जवाब देने नहीं, जाँच कमीशन का उद्‌घाटन करने आये हों। उन्होंने शपथ ली और झट न्यायाधीश की तरफ पंजा बढ़ाकर कहा—आपकी उम्र मुझसे बहुत कम है। ज़रा पंजा लड़ाकर देखिए।

कमीशन : आपको यहाँ पंजा लड़ाने नहीं बुलाया गया।

मोरारजी : पर मुझे तो कमीशन के सामने यह सिद्ध करना ही है कि नियमित जीवन, सात्विक जीवन और संयम से स्वास्थ्य कैसा अच्छा रहता है। मैंने 30 वर्ष की उम्र में ब्रह्मचर्य व्रत ले लिया था। मैं सुबह चार बजे उठता हूँ और रात नौ बजे सो जाता हूँ। मैं फल और दूध का सेवन करता हूँ। मैं रोज जीवन-जल पीता हूँ। मैंने मदिरापान कभी नहीं किया। मैंने मूत्र-पान का प्रचार किया और मदिरा का निषेध।

सरकारी वकील : इसका नतीजा यह हुआ कि लोग मूत्र में शराब मिलाकर पीने लगे।

कमीशन का वकील : वैसे तो मूत्र में भी 'अलकोहल' होता है। तभी आपको आदत लग गयी थी।

कमीशन : देखिए मोरारजी भाई, आप फालतू बातें मत कीजिए। जो पूछा जाये, उसी का जवाब दीजिए। बताइए, दूसरी आजादी कैसे आयी?

मोरारजी : सब ईश्वर की लीला है। सबहिं नचावत राम गुसाईं।

कमीशन : वे कारण और परिस्थितियाँ बताइए, जिनसे दूसरी आजादी आयी?

मोरारजी : हम लोग जेल में बन्द थे। मैं जेल में नहीं, रेस्ट हाउस में था। अच्छा खाता था, आराम करता था, गीता पढ़ता था और 'बोर' होता था। जब हम सब लोग बाहर आये तो सलाह की। हमारे सामने दो रास्ते थे—या तो इकट्ठा होकर राज करें या अलग-अलग जेल में रहें। जेल से हम ऊब चुके थे। इसलिए हमने पहला रास्ता चुना और जनता पार्टी बना ली। फिर हमने जनता को बतलाया कि इमरजेन्सी में उस पर कितने अत्याचार हुए।

सरकारी वकील : क्या जनता को पता नहीं था कि उस पर क्या अत्याचार हुए?

मोरारजी : नहीं, इस देश के लोग ऐसे ही हैं कि उन्हें बताना पड़ता है कि तुम पर क्या अत्याचार हुए। जब जनता मान गयी कि उस पर अत्याचार हुए तो उसने हमें वोट दे दिये और हमारी सरकार बन गयी।

कमीशन : क्या जयप्रकाश नारायण ने जनता पार्टी बनवायी? दूसरी आजादी क्या वे लाये?

मोरारजी : कतई नहीं। जयप्रकाश को तो राजनीति ही नहीं आती। वे तो लोकनायक इसलिए बन गये और श्रेय इसलिए मिल गया कि उन्हें प्रधानमन्त्री नहीं बनना था। इसके लिए उन्हें कुछ मुआवजा, हरजाना देना ही था। तो उन्हें 'लोक-नायक' बना दिया। लो भाई, तुम्हें भी कुछ मिल गया। अगर मैं कह देता कि मुझे प्रधानमन्त्री नहीं बनना, तो ये बदमाश मुझे 'लोकनायक' ही नहीं, ईश्वर बनाने को तैयार हो जाते। पर ईश्वर बनने में क्या रखा है? न चूड़ीदार पाजामा-शेरवानी पहन सकते, न सलामी ले सकते।

सरकारी वकील : तो आप जयप्रकाश को लोकनायक नहीं मानते।

मोरारजी : हुश्ट।

सरकारी वकील : वे दूसरी आजादी लाये, यह भी नहीं मानते।

मोरारजी : हुश्ट।

कमीशन : आप हुश्ट-हुश्ट क्या करते हैं। ठीक से जवाब दीजिए।

मोरारजी : मैं उन्हें कुछ नहीं मानता। मैंने उन्हें गैरसंवैधानिक सत्ता भी नहीं बनने दिया। वरना वे बूढ़े संजय गाँधी हो जाते।

कमीशन : तो आपने देश की क्या सेवा की?

मोरारजी : देश की कोई क्या सेवा कर सकता है? मैं क्या हिमालय को ऊँचा कर सकता हूँ। समुद्र को ढकेलकर आगे कर सकता हूँ? गंगा को अमरकण्टक से निकाल सकता हूँ? देश-सेवा क्या होती है? देश जैसा और जहाँ था, वैसा और वहाँ है।

सरकारी वकील : पूछने का मतलब यह है कि आपने देशवासियों की क्या सेवा की ?

मोरारजी : देशवासियों की मैंने यह सेवा की कि मैं प्रधानमन्त्री रहा।

कमीशन : यदि प्रधानमन्त्री रहना ही देशवासियों की 'सेवा' है तो यह 'सेवा' दूसरे लोग भी कर सकते थे।

मोरारजी : नहीं, समस्या यह थी कि देश को बहुत ज्यादा प्रधानमन्त्री मिल रहे थे। जरूरत सिर्फ एक की थी। मैं प्रधानमन्त्री न बनता तो कई प्रधानमन्त्री बन जाते। वे एक-दूसरे पर हमला करते।

कमीशन : आप अपने प्रधानमन्त्री बनने का श्रेय किसे देते हैं ? जयप्रकाश को ?

मोरारजी : नहीं, जगजीवनराम और चरणसिंह को। इनकी लड़ाई के कारण ही मैं प्रधानमन्त्री बना।

कमीशन : आप पर यह आरोप है कि आपका अपने मन्त्रिमण्डल पर कोई नियन्त्रण नहीं था। कोई दबाव नहीं था। आप जिन्दगी-भर कड़े आदमी माने जाते थे। पर प्रधानमन्त्री बनने पर आप ढीले हो गये।

मोरारजी : मैं क्या कड़ाई करता। क्या नियन्त्रण रखता। क्या दबाव डालता। मैं तो खैराती प्रधानमन्त्री था। बैगर्स आर नाट चूजर्स। न मेरा गुट, न मेरे पास कोई संगठन, न मेरे कोई अनुयायी। मैं किस दम पर अकड़ता। मैं इशारा करता कि मन्त्री बदलूंगा, तो वे कहते, प्रधानमन्त्री बदलेंगे। मैं कहता कि उस मन्त्री को ड्राप करूँगा तो वह कहता कि हम प्रधानमन्त्री को ड्राप करेंगे।

कमीशन : तो आपने ऐसी हालत में काम कैसे चलाया ?

मोरारजी : सब ईश्वर ने चलाया। मैंने कह दिया—राम की चिड़ियाँ राम के खेत, खाओ री चिड़ियाँ भर-भर पेट। मेरे मन्त्रिमण्डल में मेरे सिवा बाकी सब प्रधानमन्त्री थे। सबको छूट। चरणसिंह कारखानों में खेती करवा सकते थे, और जॉर्ज फर्नांडीज खेत में कारखाना खोल सकते थे। बहुगुणा समाजवाद ला सकते थे, और पटेल पूंजीवाद को मजबूत कर सकते थे। मैं सबको आशीर्वाद देता था।

कमीशन : इसका अर्थ हुआ कि आपकी पार्टी की कोई निश्चित नीति नहीं थी।

मोरारजी : थी। एक ही नीति थी—सत्ता में बने रहना। सत्ता में नहीं रहते तो जेल में रहते। सब आत्मरक्षा कर रहे थे। फिर पार्टी हो तो नीति हो। हमारी पार्टी थोड़े ही थी। शंकरजी की बारात थी। सब भूत-प्रेत—राजनारायण-जैसे। कोऊ मुखहीन विपुल मुख काहू—नाना वाहन नाना वेशा। मैं था शंकर, बारात तो मेरी ही थी। इसलिए मैं चुपचाप जहर पीता जाता था। मैं नशाबन्दी सम्मेलन का उद्घाटन करता और मेरा ही मन्त्री अध्यक्ष की कुर्सी पर नशे में धुत बैठा रहता।

कमीशन : मगर आप नशाबन्दी के पीछे इतने क्यों पड़े थे ? आप सफल हुए ?

मोरारजी : पीछे पड़ा था अपनी इमेज बनाने के लिए। नशाबन्दी और जीवन-

जल, ये दो चीजें तो थीं ही मेरे पास इमेज के लिए। जवाहरलाल नेहरू के पास तो बहुत चीजें थीं। मगर मैं नशाबन्दी में सफल नहीं हुआ। जो शराब की दूकान पहले एक लाख में नीलाम होती थी, वह मेरे प्रचार से डेढ़ लाख में होने लगी। जीवन-जल के प्रचार का नतीजा यह हुआ कि पार्टियों में मेरे पास विदेशी महिलाएँ इस डर से नहीं बैठती थीं कि कहीं मैं जीवन-जल से 'टोस्ट' न खाने लगूं।

कमीशन : आपके शासन में कानून और व्यवस्था की हालत बहुत खराब थी। इस बारे में आपको क्या कहना है ?

मोरारजी : मैं दोमुँही बात नहीं करता। मैं बार-बार लोगों से भयहीन होने की अपील करता था। मेरी अपील से कोई भला आदमी तो नहीं, पर अपराधी भयहीन हो गये। तो इससे मैं क्या करता। आदमी भयहीन होगा तो वह बैठकर जमुहाई तो लेगा नहीं। वह कुछ करेगा। तो अपराधी अपराध करते थे। यह उनका नागरिक अधिकार है। मैं नागरिक अधिकारों के हनन का विरोधी हूँ।

कमीशन : पर हरिजनों पर भी बहुत अत्याचार हुए थे।

मोरारजी : इसका हल्ला हुआ। बात यह है कि जगजीवनराम हरिजन हैं। वे प्रधानमन्त्री नहीं बने तो हल्ला मच गया कि हरिजन पर अत्याचार हो गया। आम हरिजनों पर अत्याचार रोकना गृहमन्त्री चरणसिंह का काम था। पर चरणसिंह अपने को खुद हरिजन समझने लगे, और इन्दिरा गाँधी के अत्याचारों से अपनी रक्षा करते रहे। वह पट्ठा सिर्फ इन्दिरा गाँधी से लड़ता रहा।

कमीशन : महँगाई के बारे में क्या कहना हैं ? सरकार ने कीमतें घटाने के लिए कोई कदम क्यों नहीं उठाये ?

मोरारजी : सरकार का काम शासन करना है, दूकान करना नहीं। फिर कीमत खरीददार और बेचनेवालों के बीच का मामला है। सरकार इसमें क्या करे ? मैंने अपनी तरफ से व्यापारियों से अपीलें बराबर कीं। उनका हृदय-परिवर्तन करना चाहा। उनका हृदय नहीं बदला। इसका मतलब है कि उनका हृदय पहले ही शुद्ध था।

सरकारी वकील : पर लोगों को तकलीफ तो बहुत हुई।

मोरारजी : सब ईश्वर की इच्छा है। देह धारण की है तो कष्ट तो होंगे ही— देह धरे को दण्ड है सब काहू को होय, ज्ञानी भोगे ज्ञान सो मूरख भुगतै रोय।

कमीशन : आप कहते थे कि आपके दिमाग में न कोई चिन्ता होती है, न तनाव। ऐसा कैसे हो सकता है कि इतने बड़े देश का प्रधानमन्त्री चिन्ता और तनाव से मुक्त हो।

मोरारजी : चिन्ता और तनाव उसे हो, जिसने देश की जिम्मेदारी ली हो। मैंने तो कोई जिम्मेदारी ली नहीं। सब ईश्वर पर छोड़ दी। हानि-लाभ जीवन-मरण जस-अपजस विधि हाथ। आदमी के किये कुछ नहीं होता। लोग भूखे हैं, गरीब हैं, पीड़ित हैं, तो यह ईश्वर की इच्छा है। मैं बीच में पड़नेवाला कौन होता हूँ। मुझे कभी-कभी थोड़ी-सी चिन्ता उस चरणसिंह के कारण होती थी। बस बाकी मेरा

स्वास्थ्य अच्छा रहा।

मोरारजी भाई ने इस वक्त कहा—मेरा खजूर खाने का समय हो गया है। मुझे खजूर खाने के लिए बीस मिनट का समय दिया जाये।

कमीशन ने कहा—आप जाइए और खूब खजूर खाते रहिए। कमीशन के सामने आने की जरूरत अब नहीं है।

आत्मकथ्य

गर्दिश के दिन

लिखने बैठ गया हूँ पर नहीं जानता सम्पादक की मंशा क्या है और पाठक क्या चाहते हैं, क्यों आखिर वे उन दिनों में झाँकना चाहते हैं, जो लेखक के अपने हैं और जिन पर शायद वह परदा डाल चुका है। अपने गर्दिश के दिनों को, जो मेरे नामधारी एक आदमी के थे, मैं किस हैसियत से फिर जीऊँ?—उस आदमी की हैसियत से या लेखक की हैसियत से? लेखक की हैसियत से गर्दिश को फिर जी लेने और अभिव्यक्त कर देने में मनुष्य और लेखक, दोनों की मुक्ति है। इसमें मैं कोई 'भोक्ता' और 'सर्जक' की निःसंगता की बात नहीं दुहरा रहा हूँ। पर गर्दिश को फिर याद करने, उसे जीने में दारुण कष्ट है। समय के सींगों को मैंने मोड़ दिया था। अब फिर उन सींगों को सीधा करके कहूँ— आ बैल, मुझे मार!

गर्दिश कभी थी, अब नहीं है। आगे नहीं होगी—यह गलत है। गर्दिश का सिलसिला बदस्तूर है, मैं निहायत बेचैन मन का संवेदनशील आदमी हूँ। मुझे चैन कभी मिल ही नहीं सकता। इसलिए गर्दिश नियति है।

हाँ, यादें बहुत हैं। पाठक को शायद इसमें दिलचस्पी हो कि यह जो हरिशंकर परसाई नाम का आदमी है, जो हँसता है, जिसमें मस्ती है, जो ऐसा तीखा है, कटु है—इसकी अपनी जिन्दगी कैसी रही है? यह कब गिरा, फिर कब उठा? कैसे टूटा? कैसे फिर से जुड़ा? यह एक निहायत कटु, निर्मम और धोबीपछाड़ आदमी है।

संयोग कि बचपन की सबसे तीखी याद 'प्लेग' की है। 1936 या '37 होगा। मैं शायद आठवीं का छात्र था। कस्बे में प्लेग पड़ी थी। आबादी घर छोड़ जंगल में टपरे बनाकर रहने चली गयी थी। हम नहीं गये थे। माँ सख्त बीमार थी। उन्हें लेकर जंगल नहीं जाया जा सकता था। भाँय-भाँय करते पूरे आसपास में हमारे घर ही चहल-पहल थी। काली रातें। इनमें हमारे घर जलनेवाले कन्दील। मुझे इन

कन्दीलों से डर लगता था। कुत्ते तक बस्ती छोड़ गये थे, रात के सन्नाटे में हमारी आवाजें हमें ही डरावनी लगती थीं। रात को मरणासन्न माँ के सामने हम लोग आरती गाते—जय जगदीश हरे, भक्त जनों के संकट पल में दूर करे। गाते-गाते पिताजी सिसकने लगते, माँ बिलखकर हम बच्चों को हृदय से चिपटा लेती और हम भी रोने लगते। रोज का यह नियम था। फिर रात को पिताजी, चाचा और दो-एक रिश्तेदार लाठी-बल्लम लेकर घर के चारों तरफ घूम-घूमकर पहरा देते। ऐसे भयकारी, त्रासदायक वातावरण में एक रात तीसरे पहर माँ की मृत्यु हो गयी। कोलाहल और विलाप शुरू हो गया। कुछ कुत्ते भी सिमटकर आ गये और योग देने लगे।

पाँच भाई-बहनों में माँ की मृत्यु का अर्थ मैं ही समझता था—सबसे बड़ा था।

प्लेग की वे रातें मेरे मन में गहरे उतरी हैं। जिस आतंक, अनिश्चय, निराशा और भय के बीच हम जी रहे थे, उसके सही अंकन के लिए बहुत पन्ने चाहिए। यह भी कि पिता के सिवा हम कोई टूटे नहीं थे। वह टूट गये थे। वह इसके बाद भी 5-6 साल जिये, लेकिन लगातार बीमार, हताश, निष्क्रिय और अपने से ही डरते हुए। धन्धा ठप्प। जमा-पूंजी खाने लगे। मेरे मैट्रिक पास होने की राह देखी जाने लगी। समझने लगा था कि पिताजी भी अब जाते ही हैं। बीमारी की हालत में उन्होंने एक बहन की शादी कर ही दी थी—बहुत मनहूस उत्सव था वह। मैं बराबर समझ रहा था कि मेरा बोझ कम किया जा रहा है। पर अभी दो छोटी बहनें और एक भाई थे।

मैं तैयार होने लगा। खूब पढ़नेवाला, खूब खेलनेवाला और खूब खानेवाला मैं शुरू से था। पढ़ने और खेलने में मैं सब भूल जाता। मैट्रिक हुआ, जंगल विभाग में नौकरी मिली। जंगल में सरकारी टपरे में रहता। ईंटें रखकर, उन पर पटिये जमाकर बिस्तर लगाता, नीचे जमीन चूहों ने पोली कर दी थी। रात-भर नीचे चूहे धमाचौकड़ी करते रहते और मैं सोता रहता। कभी चूहे ऊपर आ जाते तो नींद टूट जाती पर मैं फिर सो जाता। छह महीने धमाचौकड़ी करते चूहों पर मैं सोया।

बेचारा परसाई?

नहीं, नहीं, मैं खूब मस्त था। दिन-भर काम। शाम को जंगल में घुमाई। फिर हाथ से बनाकर खाया गया भरपेट भोजन—शुद्ध घी और दूध!

और चूहों ने बड़ा उपकार किया। ऐसी आदत डाली कि आगे की जिन्दगी में भी तरह-तरह के चूहे मेरे नीचे ऊधम करते रहे हैं, साँप तक सर्राते रहे हैं, मगर मैं पटिये बिछाकर पटिये पर सोता रहा हूँ। चूहों ने ही नहीं, मनुष्यनुमा बिच्छुओं और साँपों ने भी मुझे बहुत काटा है—पर 'जहर मोहरा' मुझे शुरू में ही मिल गया। इसलिए 'बेचारा परसाई' का मौका ही नहीं आने दिया। उसी उम्र से दिखाऊ सहानुभूति से मुझे बेहद नफरत है। अभी भी दिखाऊ सहानुभूतिवाले को चाँटा मार देने की इच्छा होती है, जब्त कर जाता हूँ, वरना कई शुभचिन्तक पिट जाते।

फिर स्कूल मास्टरी। फिर टीचर्स ट्रेनिंग और नौकरी की तलाश—उधर

पिताजी मृत्यु के नजदीक। भाई पढ़ाई रोककर उनकी सेवा में, बहनें बड़ी बहन के साथ। हम शिक्षण की शिक्षा ले रहे हैं।

फिर नौकरी की तलाश। एक विद्या मुझे और आ गयी थी—बिना टिकट सफर करना। जबलपुर से इटारसी, टिमरनी, खण्डवा, इन्दौर, देवास बार-बार चक्कर लगाने पड़ते। पैसे थे नहीं। मैं बिना टिकट बेखटके गाड़ी में बैठ जाता। तरकीबें बचने की बहुत आ गयी थीं। पकड़ा जाता तो अच्छी अंग्रेजी में अपनी मुसीबत का बखान करता। अंग्रेजी के माध्यम से मुसीबत बाबुओं को प्रभावित कर देती और वे कहते—लेट्स हेल्प दि पूअर बॉय।

दूसरी विद्या सीखी—उधार माँगने की। मैं बिल्कुल निःसंकोच भाव से किसी से भी उधार माँग लेता। अभी भी इस विद्या में सिद्ध हूँ।

तीसरी चीज सीखी—बेफिक्री! जो होना होगा, होगा, क्या होगा? ठीक ही होगा। मेरी एक बुआ थी। गरीब, जिन्दगी गर्दिश-भरी, मगर अपार जीवन-शक्ति थी उसमें। खाना बनने लगता तो उनकी बहू कहती—बाई, न दाल ही है न तरकारी। बुआ कहती—चल, चिन्ता नहीं। राह-मोहल्ले में निकलती और जहाँ उसे छप्पर पर सब्जी दिख जाती, वहीं अपनी हमउम्र मालकिन से कहती—ए कौशल्या, तेरी तोरई अच्छी आ गयी है। जरा दो मुझे तोड़ के दे। और खुद तोड़ लेती। बहू से कहती—ले बना डाल, जरा पानी जादा डाल देना। मैं यहाँ-वहाँ से मारा हुआ उसके पास जाता तो वह कहती—चल, कोई चिन्ता नहीं, कुछ खा ले।

उसका यह वाक्य मेरे लिए ताकत बना—कोई चिन्ता नहीं।

गर्दिश, फिर गर्दिश!

होशंगाबाद शिक्षा अधिकारी से नौकरी माँगने गये। निराश हुए। स्टेशन पर इटारसी के लिए गाड़ी पकड़ने के लिए बैठा था। पास में एक रुपया था, जो कहीं गिर गया था। इटारसी तो बिना टिकट चला जाता। पर खाऊँ क्या? दूसरे महायुद्ध का जमाना। गाड़ियाँ बहुत लेट होती थीं। पेट खाली। पानी से बार-बार भरता। आखिर बेंच पर लेट गया। 14 घण्टे हो गये। एक किसान परिवार पास आकर बैठ गया। टोकरे में अपने खेत के खरबूजे थे, मैं उस वक्त चोरी भी कर सकता था। किसान खरबूजा काटने लगे। मैंने कहा—तुम्हारे ही खेत के होंगे। बड़े अच्छे हैं। किसान ने कहा—सब नर्मदा मैया की किरपा है भैया! शक्कर की तरह हैं। लो खाके देखो। उसने दो बड़ी फाँकें दीं। मैंने कम-से-कम छिलका छोड़कर खा लिया। पानी पिया। तभी गाड़ी आयी और हम खिड़की से घुस गये।

नौकरी मिली जबलपुर के सरकारी स्कूल में। किराये तक के पैसे नहीं। अध्यापक महोदय ने दरी में कपड़े बाँधे और बिना टिकट चढ़ गये गाड़ी में। सामान के कारण इस बार थोड़ा खटका था। पास में कलेक्टर का खानसामा बैठा था। बातचीत चलने लगी। आदमी मुझे अच्छा लगा। जबलपुर आने लगा तो मैंने उसे अपनी समस्या बतायी। उसने कहा—चिन्ता मत करो। सामान मुझे दो। मैं बाहर

राह देखूंगा। तुम कहीं पानी पीने के बहाने सींखचों के पास पहुँच जाना। नल सींखचों के पास ही है। वहाँ सींखचों को उखाड़कर निकलने की जगह बनी हुई है। खिसक लेना। मैंने वैसा ही किया। बाहर खानसामा मेरा सामान लिये खड़ा था। मैंने सामान लिया और चल दिया शहर की तरफ। कोई मिल ही जायगा, जो कुछ दिन पनाह दे देगा, अनिश्चय में जी लेना मुझे तभी आ गया था।

पहले दिन जब बाकायदा 'मास्साब' बने तो बहुत अच्छा लगा। पहली तनख्वाह मिली ही थी कि पिताजी की मृत्यु की खबर आ गयी। माँ के बचे जेवर बेचकर पिता का श्राद्ध किया और अध्यापकी के भरोसे बड़ी जिम्मेदारियाँ लेकर जिन्दगी के सफर पर निकल पड़े।

उस अवस्था की इन गर्दिशों का जिक्र मैं आखिर क्यों इस विस्तार से कर गया? गर्दिशें बाद में भी आयीं, अब भी आती हैं, आगे भी आयेंगी पर उस उम्र की गर्दिशों की अपनी अहमियत है। लेखक की मानसिकता और व्यक्तित्व-निर्माण से इनका गहरा सम्बन्ध है।

मैंने कहा है—मैं बहुत भावुक, संवेदनशील और बेचैन तबीयत का आदमी हूँ। सामान्य स्वभाव का आदमी ठण्डे-ठण्डे जिम्मेदारियाँ भी निभा लेता, रोते-गाते दुनिया से तालमेल भी बिठा लेता और एक व्यक्तित्वहीन नौकरीपेशा आदमी की तरह जिन्दगी साधारण सन्तोष से भी गुजार लेता।

मेरे साथ ऐसा नहीं हुआ। जिम्मेदारियाँ, दुखों की वैसी पृष्ठभूमि और अब चारों तरफ से दुनिया के हमले—इस सबके बीच सबसे बड़ा सवाल था अपने व्यक्तित्व और चेतना की रक्षा। तब सोचा भी नहीं था कि लेखक बनूंगा। पर मैं अपने विशिष्ट व्यक्तित्व की रक्षा तब भी करना चाहता था।

जिम्मेदारी को गैर-जिम्मेदारी की तरह निभाओ!

मैंने तय किया—परसाई, डरो किसी से मत। डरे कि मरे। सीने को ऊपर-ऊपर कड़ा कर लो। भीतर तुम जो भी हो, जिम्मेदारी को गैर-जिम्मेदारी के साथ निभाओ। जिम्मेदारी को अगर जिम्मेदारी के साथ निभाओगे तो नष्ट हो जाओगे। और अपने से बाहर निकलकर सबमें मिल जाने से व्यक्तित्व और विशिष्टता की हानि नहीं होती, लाभ ही होता है। अपने से बाहर निकलो। देखो, समझो और हँसो!

मैं डरा नहीं। बेईमानी करने में भी नहीं डरा। लोगों से नहीं डरा, तो नौकरियाँ गयीं। लाभ गये, पद गये, इनाम गये। गैर-जिम्मेदार इतना कि बहन की शादी करने जा रहा हूँ। रेल में जेब कट गयी; मगर अगले स्टेशन पर पूड़ी-साग खाकर मजे में बैठा हूँ कि चिन्ता नहीं, कुछ हो ही जायेगा। और हो गया। मेहनत और परेशानी जरूर पड़ी। यों कि बेहद बिजली-पानी के बीच एक पुजारी के साथ बिजली की चमक से रास्ता खोजते हुए रात-भर में अपनी बड़ी बहन के गाँव पहुँचना और कुछ घण्टे रहकर फिर वही वापसी यात्रा। फिर दौड़-धूप! मगर

मदद आ गयी और शादी भी हो गयी।

इन्हीं सब परिस्थितियों के बीच मेरे भीतर लेखक कैसे जंन्मा, यह सोचता हूँ। पहले अपने दुखों के प्रति सम्मोहन था। अपने को दुखी मानकर और मनवाकर आदमी राहत भी पा लेता है। बहुत लोग अपने लिए बेचारा सुनकर सन्तोष का अनुभव करते हैं। मुझे भी पहले ऐसा लगा। पर मैंने देखा, इतने ज्यादा बेचारों में मैं क्या बेचारा! इतने विकट संघर्षों में मेरा क्या संघर्ष!

मेरा अनुमान है मैंने लेखन को दुनिया से लड़ने के लिए एक हथियार के रूप में अपनाया होगा। दूसरे, इसी में मैंने अपने व्यक्तित्व की रक्षा का रास्ता देखा। तीसरे, अपने को अविशिष्ट होने से बचाने के लिए मैंने लिखना शुरू कर दिया। यह तब की बात है, मेरा ख़याल है, तब ऐसी ही बात होगी।

पर जल्दी ही मैं व्यक्तिगत दुख के इस सम्मोहन-जाल से निकल गया। मैंने अपने को विस्तार दे दिया। दुखी और भी हैं। अन्याय-पीड़ित और भी हैं। अनगिनत शोषित हैं। मैं उनमें से एक हूँ। पर मेरे हाथ में कलम है और मैं चेतना-सम्पन्न हूँ।

यहीं कहीं व्यंग्य-लेखक का जन्म हुआ। मैंने सोचा होगा—रोना नहीं है, लड़ना है। जो हथियार हाथ में है, उसी से लड़ना है। मैंने तब ढंग से इतिहास, समाज, राजनीति और संस्कृति का अध्ययन शुरू किया। साथ ही एक औघड़ व्यक्तित्व बनाया। और बहुत गम्भीरता से व्यंग्य लिखना शुरू कर दिया।

मुक्ति अकेले की नहीं होती। अलग से अपना भला नहीं हो सकता। मनुष्य की छटपटाहट है मुक्ति के लिए, सुख के लिए, न्याय के लिए। पर यह बड़ी लड़ाई अकेले नहीं लड़ी जा सकती है। अकेले वही सुखी हैं, जिन्हें कोई लड़ाई नहीं लड़नी। उनकी बात अलग है। अनगिनत लोगों को सुखी देखता हूँ और अचरज करता हूँ कि ये सुखी कैसे हैं! न उनके मन में सवाल उठते, न शंका उठती है। ये जब-तब सिर्फ शिकायत कर लेते हैं। शिकायत भी सुख देती है। और वे ज्यादा सुखी हो जाते हैं। कबीर ने कहा है—

सुखिया सब संसार है, खावै और सोवै।
दुखिया दास कबीर है, जागै और रोवै।

जागनेवाले का रोना कभी खत्म नहीं होता। व्यंग्य-लेखक की गर्दिश भी खत्म नहीं होगी।

ताजा गर्दिश यह है कि पिछले दिनों राजनीतिक पद के लिए पापड़ बेलते रहे। कहीं से उम्मीद दिला दी गयी कि राज्यसभा में हो जायेगा। एक महीना बड़ी गर्दिश में बीता। घुसपैठ की आदत नहीं है, चिट भीतर भेजकर बाहर बैठे रहने में हर क्षण मृत्यु-पीड़ा होती है। बहादुर लोग तो महीनों चिट भेजकर बाहर बैठे रहते हैं, मगर मरते नहीं। अपने से नहीं बनता। पिछले कुछ महीने ऐसी गर्दिश के थे। कोई लाभ खुद चलकर दरवाजे पर नहीं आता। उसे मनाना पड़ता है, चिरौरी

करनी पड़ती है। लाभ थूकता है तो उसे हथेली पर लेना पड़ता है। इस कोशिश में बड़ी तकलीफ हुई। बड़ी गर्दिश भोगी।

मेरे-जैसे लेखक की एक और गर्दिश है। भीतर जितना बवण्डर महसूस कर रहे हैं, उतना शब्दों में नहीं आ रहा है, तो रात-दिन बेचैन हैं। यह बड़ी गर्दिश का वक्त होता है, जिसे सर्जक ही समझ सकता है।

यों गर्दिशों की एक याद है। पर सही बात यह है कि कोई दिन गर्दिश से खाली नहीं है। और न कभी गर्दिश का अन्त होना है। यह और बात है कि शोभा के लिए कुछ अच्छे किस्म की गर्दिशें चुन ली जायें। उनका मेकअप कर दिया जाये, उन्हें अदाएँ सिखा दी जायें—थोड़ी चुलबुली गर्दिश हो तो और अच्छा—और पाठक से कहा जाये—ले भाई, देख मेरी गर्दिश !

ooo

परसाई रचनावली

'सुनो भई साधो' तथा 'यह माजरा क्या है' (स्तम्भ लेखन)

राजकमल प्रकाशन

परसाई रचनावली

5

सम्पादक मण्डल

कमलाप्रसाद

धनंजय वर्मा

श्यामसुन्दर मिश्र

मलय

श्याम कश्यप

ISBN : 978-81-267-1011-9 (सम्पूर्ण सेट)

मूल्य : ₹ 7200
छह खंडों का सम्पूर्ण सेट

पहला संस्करण : जनवरी, 1985
आठवाँ संस्करण : 2023

प्रकाशक : राजकमल प्रकाशन प्रा.लि.
1-बी, नेताजी सुभाष मार्ग, दरियागंज
नई दिल्ली-110 002
शाखाएँ : अशोक राजपथ, साइंस कॉलेज के सामने, पटना-800 006
पहली मंजिल, दरबारी बिल्डिंग, महात्मा गांधी मार्ग, प्रयागराज-211 001
वेबसाइट : www.rajkamalprakashan.com
ई-मेल : info@rajkamalprakashan.com

मुद्रक : बी.के. ऑफसेट
नवीन शाहदरा, दिल्ली-110 032

PARSAI RACHANAVALI-5
Edited by Kamla Prasad, Dhananjay Verma, Shyamsunder Mishra, Malay, Shyam Kashyap

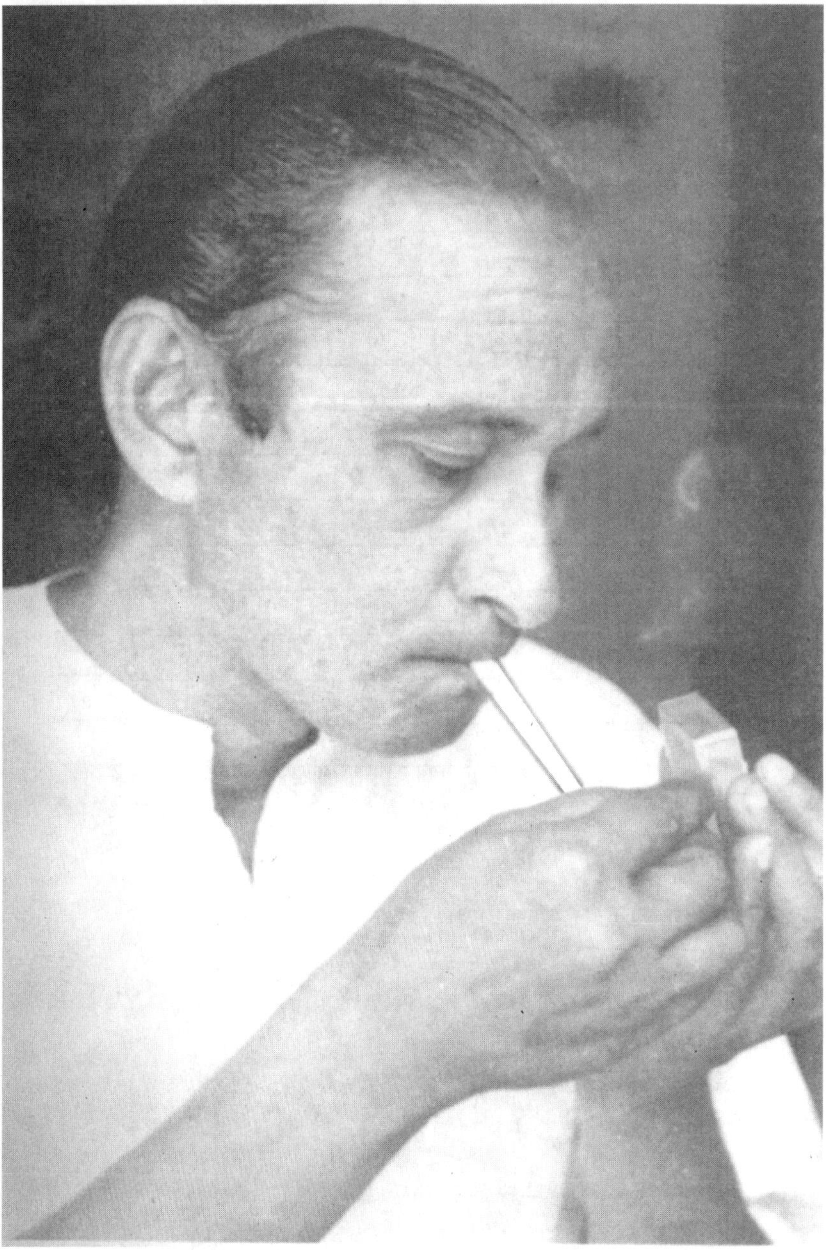

1966

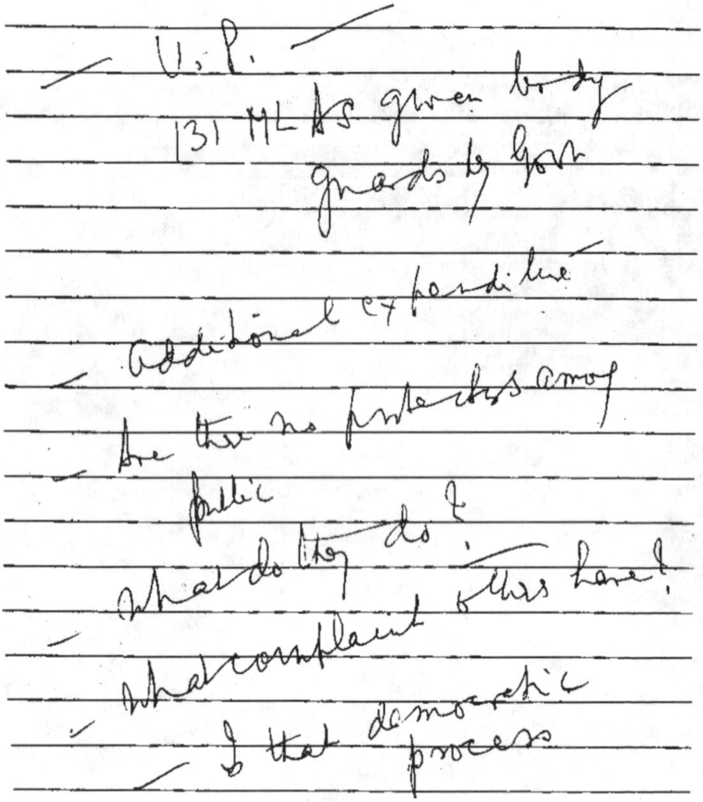

U.P.
131 MLAs given body guards by Govt
Additional expenditure
Are there no protectors among public
What do they do?
What complaint others have?
Is that democratic process

नोट्स जो बाद में निबंध की शक्ल अख़्तियार करते हैं

पढ़ो तो जानो ! सोनू के साथ : 1984

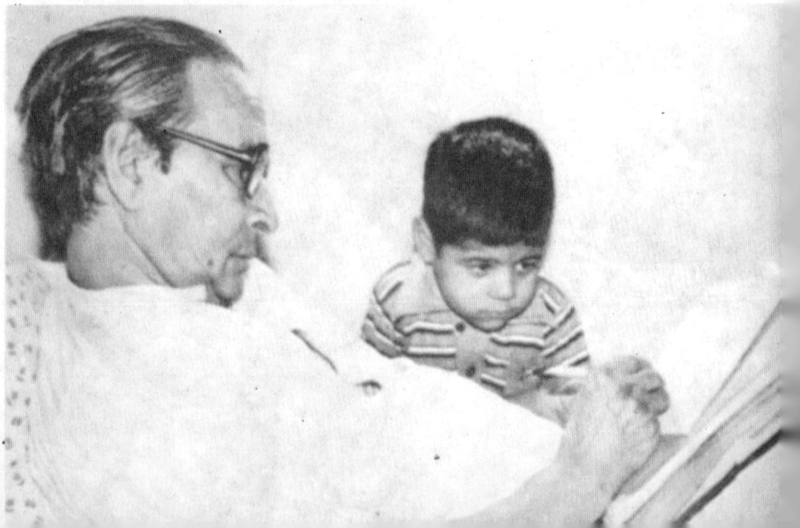

मुझको भी देखो गुड़िया : 1984

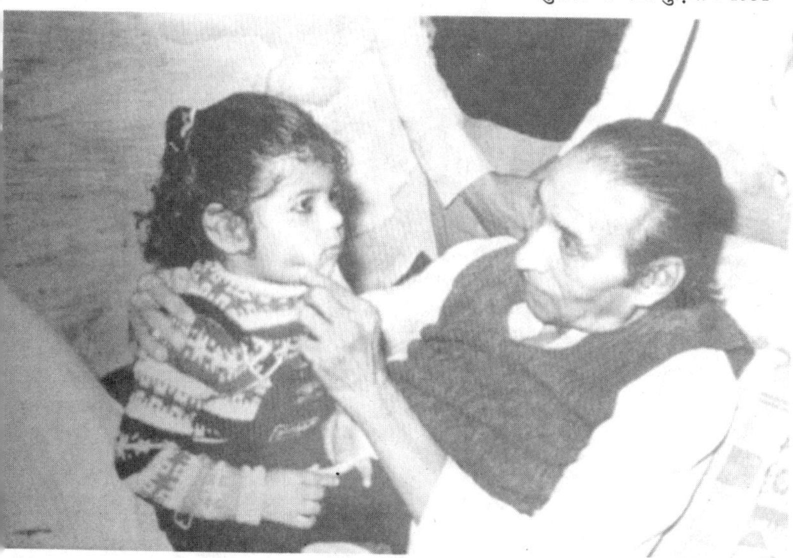

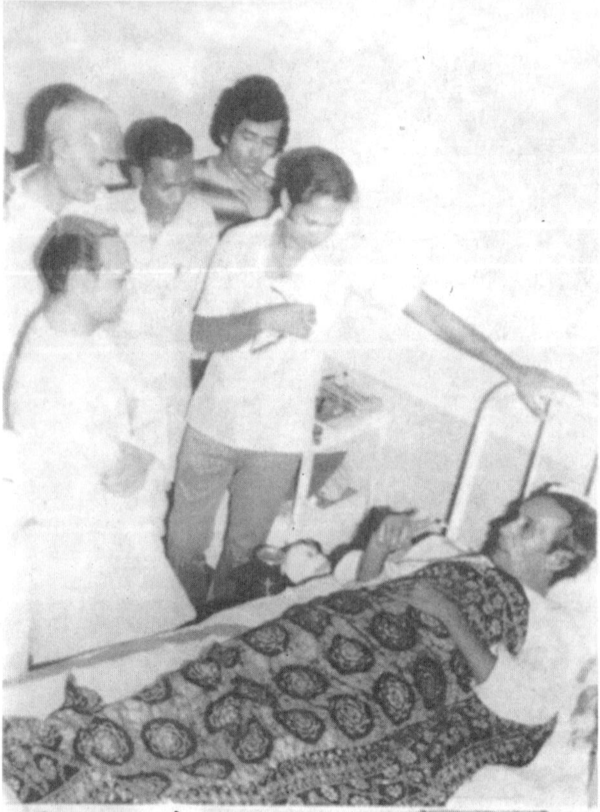

जबलपुर मैडिकल कॉलेज में लोककर्म मन्त्री परमानन्द पटेल के साथ : 1976

म.प्र. प्रगतिशील लेखक संघ, सतना अधिवेशन की अध्यक्षता करते हुए : 1976

व्यंग्य-स्तम्भ

इस खण्ड में परसाईजी के दो साप्ताहिक स्तम्भों की सामग्री संकलित है। 'नवीन दुनिया' (जबलपुर '59 में 'नयी दुनिया') में वे सन् 1957 से 'कबीर' के नाम से 'सुनो भई साधो' स्तम्भ लिख रहे हैं। 'जनयुग' नयी दिल्ली में सन् 1965 से (उसके प्रथम अंक से ही) 'आदम' के नाम से 'ये माजरा क्या है' लिख रहे हैं। ये दोनों स्तम्भ अभी भी वे लिख रहे हैं। ये स्थानीय से अन्तर्राष्ट्रीय घटनाचक्र को लिये हैं। घटना तात्कालिक हो पर उसके साथ आयाम बहुत व्यापक हो जाता है, और केन्द्र में मनुष्य तथा व्यापक प्रवृत्तियाँ होती हैं।

परसाईजी की कहानियों, निबन्धों, लघु-उपन्यास, फन्तासी की 20 पुस्तकें हैं। पर वे तीस सालों से कई नियमित स्तम्भ लिख रहे हैं। इन स्तम्भों को ध्यान में रखे बिना, लेखक के सम्पूर्ण व्यक्तित्व का बोध नहीं होगा। स्तम्भ परसाईजी का बहुत महत्त्वपूर्ण लेखन है। जितना लोकशिक्षण इन स्तम्भों ने किया है उतना शायद किसी संगठन, या पार्टी ने नहीं किया। जीवन यथार्थ की सटीक, तीखी आलोचना है, जिसमें पाठक के भीतर परिवर्तन की प्रेरणा जाग्रत होती है।

इन स्तम्भों का दायरा बहुत व्यापक है। महत्त्वपूर्ण व्यक्तियों के नाम इनमें हैं। तात्कालिक कोई घटना है। इसका परिचय देने की जरूरत नहीं। क्योंकि ये किसी जानी हुई प्रवृत्ति के प्रतिनिधि हैं।

—सम्पादक-मण्डल

परसाई के कॉलम

साहित्य के एक नये सौन्दर्यशास्त्र की जरूरत का एहसास

धनंजय वर्मा

फ्रान्सीसी और अँगरेजी लेखकों के एक बुनियादी फर्क का जिक्र करते हुए जान क्रूकशैन्क ने इसकी वजह बतायी है—भाषा और साहित्य की परम्पराओं का अन्तर। अलावा इसके एक बड़ा कारण यह भी है कि फ्रान्सीसी लेखक की अपने देश और समाज में एक खास हैसियत और दर्जा है। फ्रान्स में लेखक खासी लोकप्रियता और इज्जत का मालिक होता है। लेखक और बुद्धिजीवी होने के नाते अपनी जनता से उसके रिश्ते कुछ इतने नजदीकी होते हैं कि सामाजिक और राजनीतिक मसलों पर उसकी राय की कद्र की जाती है। वह न सिर्फ अखबार में कॉलम लिखता है, बल्कि घोषणापत्र भी जारी करता है और आम सभाओं में जनमत तैयार करता या बदलता है। उससे इस सबकी न सिर्फ उम्मीद की जाती है, बल्कि सामाजिक और नागरिक जिम्मेदारियों के जानिब उसकी भूमिका से उसकी हैसियत और दर्जा भी तय होता है।···

हिन्दी की हमारी जातीय परम्परा में भी लेखक-कवि की सामाजिक और मानवीय जिम्मेदारियों के प्रति एक गहरी चेतना रही है। मध्यकाल के सन्त कवियों—कबीर और तुलसी से लेकर आधुनिक युग में भारतेन्दु हरिश्चन्द्र और बालकृष्ण भट्ट, महावीरप्रसाद द्विवेदी और निराला, प्रेमचन्द और मुक्तिबोध तक इस चेतना का निरन्तर प्रवाह देखा जा सकता है। इस चेतना ने ही लेखन और सृजन को रचनात्मकता के नाम पर न तो अँधेरे बन्द कमरों में कैद किया और न उसे चन्द चुनिन्दा लोगों के मानसिक विलास तक महदूद किया। इस चेतना की ही वजह से उनके रचनात्मक लेखन की समृद्धि मुमकिन हुई।

लेकिन आधुनिकवाद के चक्कर में हमारे यहाँ ऐसे मध्यवर्गीय बुद्धिजीवियों की जमात भी बढ़ी जिन पर अँगरेजी मानसिकता इस कदर हावी है कि वो अपनी जड़ें भूलकर सारी दुनिया के साथ-साथ खुद को भी उसी अँगरेजी चश्मे से देखने-समझने और कूतने के आदी हो गये हैं। साहित्य पर वो विचार करेंगे तो 'लिटरेचर' के पर्याय के रूप में और फिर अपनी भारतीयता की तलाश में लेखन को या तो 'अँधेरे में चीख' बनायेंगे या फिर उसमें आदमी के तथाकथित 'बुनियादी अकेलेपन' का सन्नाटा बुनेंगे।

एक तरण पुष्कर में एक आदमी डूब गया। पुलिस ने मौके पर मौजूद एक अँगरेज से पूछताछ की—

"हाँ, मैंने उसे देखा। उसने ऊपर से छलांग लगायी और वह पानी के भीतर चला गया। वह चीखा-चिल्लाया भी, उसने हाथ-पाँव भी मारे लेकिन···

"उस अँगरेज ने अपना सिर आसमान की ओर उठाया और उसका निचला ओठ आगे की ओर लटक गया।"

"मगर आप तो सबकुछ देख रहे थे। आपने उसकी मदद क्यों नहीं की?" पुलिस का सवाल था।

"खेद है। हम लोग एक-दूसरे से परिचित नहीं थे।" अँगरेज ने अपने खास नकचढ़ेपन में जवाब दिया।···

और इस नकचढ़ेपन के चलते ही हमारे यहाँ भी अपरिचय और अकेलेपन, अजनबीयत और सन्त्रास के आधुनिकतावाद का बुखार लेखकों-कवियों पर चढ़ा और खूब चढ़ा। साहित्य को मनुष्य की व्यापक जीवनचर्या से काटकर, समाज के सदस्य और नागरिक की हैसियत से आयद जिम्मेदारियों से किनाराकशी करते हुए इस तथाकथित आधुनिकतावादी लेखक ने उसे रहस्यवादी भूलभुलैयों में भटकाया। उसने साहित्य की स्वायतता इतनी शुद्धतावादी, ऐकान्तिक और कलावादी बना दी कि किसी लेखक के द्वारा ज्वलन्त प्रश्नों पर आम नागरिक को जागरूक और चेतन बनाने का नागरिक-कर्म, लेखकीय कर्म से बाहर और गैरसाहित्यिक करार दिया जाने लगा। वो भूल गया कि सृजनात्मक लेखन की दुनिया भी इसी दुनिया का हिस्सा और नतीजा होती है और जब तक लेखक का सम्पर्क पूरे जीवन के विस्तार से न हो तब तक उसका अनुभव-बोध समग्र नहीं होता; कि संस्कृति, कला और साहित्य के इलाके में पवित्रता और शुद्धता की गुहार अब इतिहास-विरोधी हो चुकी है।

ठीक ऐसे ही माहौल में हरिशंकर परसाई का प्रवेश होता है। उन्होंने निबन्ध और कहानियाँ, रेखाचित्र और उपन्यास के अलावा और साथ-साथ अखबार के कॉलमों के जरिए उस नागरिक जड़ता और सामाजिक उदासीनता को भी तोड़ा जो पूरे समाज और खासकर उसके बुद्धिजीवी वर्ग में फैल चुकी है और एक खास कलावादी प्रवृत्ति के तहत जहाँ साहित्य-ही-साहित्य का स्रोत बचा रह गया है। परसाई का यह लेखन हमारी बेहद तात्कालिक और जरूरी दुनिया के रू-ब-रू है और हमें उससे मुठभेड़ की ताकत देता है। वह लेखन को एक ऐसा माध्यम बनाता है जो समकालीन मनुष्य के सुन्दर और उदात्त के साथ उसके विकृत और हास्यास्पद को भी उघाड़ता है और साहित्य को सजीव और प्रबोधक बनाता है। यहाँ शब्दों के जरिए पूरी दुनिया से लेखक के रिश्तों की पहचान की जाय तो दोनों को जोड़नेवाले रगों-रेशों की आंगिक संश्लिष्टता समझी जा सकती है। समकालीन मनुष्य और उसको घेरे हुए इस चौतरफा संसार के बारे में इस जगचेता लेखक का कितना गहरा और सूक्ष्म पर्यवेक्षण है और अपने समय के यथार्थ की आलोचनात्मक

अवधारणा वहाँ कितनी समृद्ध है, इसका सबूत है इस लेखन के प्रति आम पाठक की संवेदनात्मक प्रतिक्रिया और इसकी लोकप्रियता । इस लेखन को औपचारिक विधाओं के साँचे में फिट नहीं किया जा सकता । वह तो विधाओं के बाड़ों को तोड़ता हुआ एक ऐसे आलोचनात्मक यथार्थवाद से सम्पन्न है जिसमें बेहतर दुनिया के निर्माण की सृजनात्मक कल्पना सक्रिय है । यह महज संयोग नहीं है कि लेखन के समकालीन परिदृश्य में हरिशंकर परसाई उन चन्द लेखकों में-से हैं जो एक सामाजिक और नागरिक शक्ति के रूप में स्वीकृत और सम्मानित हैं । समकालीन साहित्य में हम ऐसे किसी दूसरे लेखक की मौजूदगी का एहसास ही नहीं कर पाते, जिसने अपने पाठकों को इस हद तक सामाजिक जागरूकता और राजनीतिक चेतना से सम्पन्न बनाया हो और उसकी मानवीय संवेदनशीलता को इतना उत्तेजित किया हो ।

परसाई के इस लेखन की सबसे बड़ी खासियत यह है कि वह साहित्य के ज्ञानात्मक और संवेदनात्मक विभाजन को नकारता है और दोनों के संश्लेष से साहित्य की ताकत और असर को बढ़ाता है । पता नहीं उस अँगरेज अफीमची—डी क्विन्सी—ने किस पिनक में साहित्य को 'ज्ञान' और 'शक्ति' के खानों में बाँट दिया और वह विभाजक रेखा बर्लिन की दीवार की मानिन्द आज भी साहित्य को दो अलग शिविरों में बाँटे हुए है । परसाई के लेखन में ऐसी कोई दीवार नहीं है । वह संवेदनात्मक उद्वेलन के साथ-ही-साथ हमें प्रबुद्ध भी करता है । उसमें अपने आसपास और दुनिया-जहान के बारे में जानकारियों के साथ ही नैतिक अवधारणाएँ पैदा करने की जो सिफत है उसी ने उसे एक ऐसी अन्तर्निहित ताकत दी है जो हमारे जमाने के बहुत सारे तथाकथित रचनात्मक और कलात्मक लेखन से गायब है । क्या परसाई के लेखन की यह ताकत उसकी रचनात्मकता और कलात्मकता का भी सबूत नहीं है ?

हमारी शताब्दी सामान्यतः स्वीकृत सीमाओं को तोड़ने के लिए उल्लेखनीय रही है । आज दार्शनिक मनोवैज्ञानिक संघटनाओं को भौतिक शब्दावली में समझ रहे हैं, भौतिकशास्त्री प्राकृतिक संघटनाओं की दार्शनिक व्याख्याएँ पेश कर रहे हैं । भावी इतिहासकार न तो विज्ञान और दर्शन को अलग-अलग खानों में बाँटकर देख सकेगा और न संज्ञान और संवेदना के इलाकों को इतनी कट्टरता से विभाजित कर पायेगा । जहाँ वैचारिक संवादों में सौन्दर्यात्मक संरचनाएँ होती हों, इतिहास-लेखन में जहाँ विज्ञान और कला की विशेषताएँ घुली-मिली हों और कविता विचार और सिद्धान्त-प्रसवा होती हो, वहाँ साहित्य की उच्चतर अन्विति को मंजूर करके ही कलाओं के विभिन्न माध्यमों में-से अभिव्यक्त मानव-सार की एकता का बोध हो सकता है । खासतौर पर तब जबकि कलाओं में अन्तर्निर्भरता और समान धर्मिता का शोर हो, साहित्य में विधाओं की जकड़बन्दी ही नहीं, साहित्य का ज्ञानात्मक और संवेदनात्मक विभाजन भी बेमानी है। आज ज्ञानात्मक संवेदना और संवेदनात्मक ज्ञान के अन्तर्लयन के बिना किसी वयस्क लेखन की उम्मीद ही नामुमकिन है। चुनाँचे तथा-कथित साहित्यिक-रचनात्मक लेखन और परसाई के इस तथाकथित अखबारी

कॉलम लेखन के बीच का आरोपित अन्तर क्या उसी अँगरेज अफीमची की पिनक की निरन्तरता का प्रमाण नहीं है, जिसके नतीजतन साहित्य के जानिब एक कलावादी और रूपवादी रवैया पनपता है।

परसाई के इस लेखन से साहित्य के एक ऐसे नये सौन्दर्यशास्त्र की जरूरत का एहसास होता है जिसमें तथ्यों और तर्कों की भी उतनी ही अहमियत और स्वीकृति हो जितनी कि कलात्मक कल्पना और सौन्दर्य संवेदना की; बल्कि उसकी कलात्मक कल्पना और सौन्दर्य संवेदना की बुनियाद भी तथ्य और तर्क हो, यथार्थ और वास्तविकता हो। क्योंकि ऐसा तो नहीं ही है कि तथ्य और सत्य, तर्क और ज्ञान की दुनिया एक है और कला और कल्पना या सौन्दर्य संवेदना की दुनिया अलहदा। दुनिया—वास्तविक दुनिया—तो एक ही है, महज उसे ग्रहण करने, उसका अनुभवबोध संचित करने के तरीके अलग-अलग हैं और सच पूछिये तो तरीके भी कहाँ अलग-अलग हैं, क्या दोनों ही मिलकर इस दुनिया को उसकी समग्रता में देखने के स्तर नहीं बन जाते?···यही वजह है कि परसाई का यह लेखन दुनिया की मौजूदा समकालीन जटिलता में एक साहसिक सफर, एक हरावल दस्ता और एक कुतुबनुमा की शक्ल एक साथ अख़्तियार कर लेता है। उसमें सतर्क बोध और आत्यन्तिक मानव सह-अनुभूति से उत्पन्न संवेदनात्मक आघातों की तल्ख और तात्कालिक सक्रियता होती है। वह ऐसा रचनात्मक साहित्य है जिसे ज्ञानात्मक साहित्य की तरह सही और गलत की कसौटी पर भी परखा जा सकता है और जो ईमानदारी और प्रामाणिकता की अन्तर्क्रिया की आधुनिक अवधारणा पर भी खरा उतरता है। उसमें रचनात्मक लेखन की अन्तर्वर्ती भावात्मक और भावनात्मक सचाई और ऊर्जा के साथ ज्ञानात्मक लेखन की प्रखर वैचारिकता और बौद्धिक सतर्कता का संश्लेष है। वह महज़ सहजज्ञान, कल्पना और सौन्दर्यानुभव तक नहीं रुकता, तार्किक विश्वसनीयता के लिए वह यथार्थ, वास्तविक और तथ्यात्मक दुनिया से भी उन्हें संयुक्त करता है। वहाँ सहजानुभूति और मूल्यनिर्णय अन्तर्लयित हो जाते हैं।

परसाई लेखकों की उस बिरादरी के हैं, जिसे महज़ साहित्यिक और कलात्मक ही नहीं, वैज्ञानिक और ऐतिहासिक, समाजशास्त्रीय और मानवबोधी संज्ञान के नुक्त-ए-नज़र से भी देखा-परखा जाता रहा है और जो कालान्तर में अपने समय के दस्तावेज बन गये हैं; जहाँ लेखन महज़ गवाह और दर्शक नहीं होता, वरन इतिहास की निर्णायक शक्तियों का पक्षधर और परिदृश्य में सक्रिय हस्तक्षेप होता है। यह साहित्य और लेखन का वह इलाका है जहाँ वैज्ञानिक दृष्टि लगातार एक कलाकार की कल्पना और सृजनात्मकता से स्फूर्त होती है और इतिहास-चेतना तथ्यों को सन्तरित करती हुई तात्कालिक घटनाओं के नाटकीय विन्यास में जिन्दा पात्रों से समकालीन इतिहास के मानव-अनुभवों की पुनर्रचना करती है। ऐसे लेखन से सामाजिक परिवर्तन भी होता है (जी हाँ), कि वह सामाजिक बदलाव का हथियार हो ज़ाता है। आखिर वो चार्ल्स डिकेन्स ही थे जो सामाजिक बदलाव की प्रेरणा देनेवाले लेखक के रूप में मशहूर हुए और जिनकी रचनाओं ने अँगरेज जाति की

सामाजिक संवेदनशीलता में न केवल इजाफा किया बल्कि उसे सामाजिक सुधार और परिवर्तन की जानिब सक्रिय भी किया। वाल्तेयर और रूसो, शॉ और रसेल, सार्त्र और कामू, गोर्की और मायकोव्स्की सरीखे सामाजिक-सक्रियतावादी लेखकों-कवियों की एक पूरी अन्तर्राष्ट्रीय बिरादरी है जिसने लेखन को सामाजिक जिम्मेदारी का औजार और नागरिक कर्म की तरह अपनाया। आखिर क्यों मायकोव्स्की ने खुद को 'कूड़ा साफ करनेवाला' कहा था और कविता की शुरुआत एक प्रयोजन से मानी थी? कविता और क्रान्ति उसके लिए एकरूप हो गयी थीं, उसने पोस्टर्स और विज्ञापन तक लिखे और अपनी कविता लेकर वह मजदूरों और किसानों के बीच भी गया।

मुनासिब होगा यहाँ यह याद कर लेना कि स्वच्छन्दतावादी आन्दोलन की लाक्षणिक विशेषता के रूप में जिस शैली, जिस मानसिकता और जिस उपलब्धि की सनद दी जाती है वह किसी तथाकथित रचनात्मक लेखक की नहीं, बल्कि रूसो की थी। उसने महज़ साहित्य को नहीं बल्कि पूरे समाज और व्यवस्था को चुनौती दी थी। उसका जीवन, व्यक्तित्व और लेखन दुनिया की रूढ़ व्यवस्था के खिलाफ जेहाद था। वह महज़ लेखक की स्वतन्त्रता की माँग नहीं करता, वह तो मनुष्य मात्र को स्वतन्त्र करना चाहता है कि वह स्वतन्त्र पैदा हुआ है लेकिन सब ओर बन्धनों से जकड़ा है। उसका स्वच्छन्दतावाद समाज के उन सारे पहलुओं—सरकार, कानून, धर्म और रीति-रिवाज—को चुनौती देता है जो यथास्थिति को बरकरार रखना चाहते हैं। उसके आदर्शों ने सारे फ्रांस को प्रभावित किया और क्रान्ति की मानसिकता तैयार की। फ्रांस की राज्यक्रान्ति और स्वच्छन्दतावाद उसी की बौद्धिक ख़मीर से पैदा हुए।...परसाई के इस लेखन का मानसिक संवेग भी यही है।

ऐसा लेखन अपने युग की साहित्यिक अभिरुचि को ही नहीं, सामाजिक अभिवृत्ति को भी बदलता है। यों भी साहित्यिक अभिरुचि का बदलाव पूरी सामाजिक संस्कृति और उसके सरोकारों का बदलाव होता है। इस लिहाज से परसाई के इस लेखन से न केवल समकालीन साहित्यिक परिदृश्य में सांस्कृतिक और बौद्धिक चेष्टाओं के प्रति हमारी रुचि में तब्दीली आयी है, बल्कि वह परिष्कृत और गहन रूप से मानवीय और सामाजिक हुई है। सौन्दर्यशास्त्रवादी और कलावादी रुझानों से हटकर वह नये सिरे से परिवर्तनकामी और क्रान्तिकारी हुई है। वो मसले और मुद्दे, वो लोग और इलाके, वो घटनाएँ और प्रसंग, वो मामले और सवालात जिन्हें कभी (और बाजवक्त तो अभी भी) साहित्य की चिन्ता और परिधि से बाहर मानने का रिवाज़-सा रहा है, उन पर परसाई न केवल हमारा ध्यान खींचते हैं बल्कि उन्हें अपने ज़माने के केन्द्रीय मुद्दों से भी संयुक्त करते हैं और इस तरह साहित्य की ज़मीन और परिसर को व्यापक और विस्तृत करते हैं। हम ऐसे ही साहित्य को श्लेगल के शब्दों में जाति के बौद्धिक जीवन का व्यापक सार कह सकते हैं। ऊपरी नज़र में वक़्ती, फौरी और स्थानीय मामलों पर एक अखबारी सपाटता और सरलता से लिखे गये इस लेखन के अन्तरतम में कालिरिज के उसी कवि का सधा हुआ रचनाकर्म

अन्तर्निहित है जो धैर्य से अध्ययन करता है, गहनता से मनन करता है, सूक्ष्मता से समझता है और इस पूरी प्रक्रिया में उसका संज्ञान उसकी सहजानुभूति और आदत में शुमार हो जाता है।

अपने इस लेखन में परसाई सिर्फ यह नहीं कहते कि 'दुनिया मुझे ऐसी दिखायी पड़ती है', वो एक कदम आगे बढ़कर यह भी कहते हैं कि चीजों, प्रसंगों और लोगों—याने कि मौजूदा यथार्थ के बारे में 'मेरा निर्णय यह है।' इस लेखन की अपनी एक संश्लिष्ट संरचना है। उसमें चन्द बिम्ब, प्रमुख रूप से उभरते हैं और चन्द सामान्यीकृत प्रतिबिम्ब उनमें अनुस्यूत होते हैं। ये बिम्ब होते हैं—प्रवृत्तियों और रीतियों के, व्यक्तियों और घटनाओं के, प्रतिक्रियाओं और संवेदनाओं के। यहाँ प्रतिबिम्बित चीजों, लोगों और प्रसंगों की एक अन्तर्निहित अन्विति होती है और यह अन्विति चीजों, लोगों और प्रसंगों को प्रतीकों में रूपान्तरित कर देती है। प्रेमचन्द के बाद अकेले परसाई हैं, जिन्होंने सपाट गद्य की अखबारी तात्कालिता को इतनी रचनात्मक उत्तेजना दी है कि उनके अनुभव, चरित्र और घटनाएँ अनायास प्रतीक और बिम्ब का दर्जा अख्तियार कर लेते हैं और समकालीन इतिहास के अनिवार्य प्रसंग बन जाते हैं। इन सबके ऊपर है उनकी समावेशी रचनात्मकता, जिसके अन्तर्गत सबकुछ एक विश्वदृष्टि और जीवन दर्शन से देखा, सुना, सोचा और समझा जाता है।

इस लेखन की काव्यात्मक अन्विति समझने के लिए उसकी ऊपरी सरल और आसान-सी लगनेवाली सतह के नीचे के उद्वेलन और आन्दोलन की प्रकृति को जानना जरूरी है, जिसमें परसाई की मानवीय करुणा और उनका सामाजिक और पवित्र और सुन्दर गुस्सा सक्रिय है। यह करुणा और गुस्सा हमारे समकालीन समाज के विद्रूप और व्यवस्था द्वारा दिये गये व्यापक अमानवीयकरण से उपजा है। उनके लेखन की संश्लिष्ट संरचना में भावना, विचार और नैतिक सरोकार एक सहजानुभूति में अन्तर्लयित हो जाते हैं। यहाँ यथार्थ की समग्रता को एक रचनात्मक आवेग से अनुभूत किया जाता है और उसके जरिये वो जिसे उद्घाटित करना चाहते हैं उसके प्रति हमारी आँखें ही नहीं खोलते, हमारे दिमाग के बन्द दरवाजों पर भी लगातार दस्तक देते हैं। वो उस ओर देखने के लिए हमें उकसाते हैं, उसके प्रति हमारी संवेदनात्मक प्रतिक्रिया की धार को भी सान पर चढ़ाते हैं। वो एक समाज-वैज्ञानिक की तरह बताते हैं कि सचाई यह है, वो एक नैतिक नागरिक की तरह प्रेरित करते हैं और एक कलाकार की तरह रहस्योद्घाटन करते हैं। इस उद्घाटन में उनकी दृष्टि अन्तर्भूत है, और दृष्टि में अन्तर्भूत है दृश्य, और दोनों में अन्तर्भूत है वह रोशनी जिसके बिना दृष्टि और दृश्य दोनों निष्क्रिय संघटनाएँ-भर रह जाते हैं। यही वजह है कि परसाई जिस व्यक्ति और वस्तु को उघाड़ते हैं वह सामान्य का माध्यम बन जाता है। उनके यहाँ गेटे की यह सीख सबसे अधिक सक्रिय है कि व्यक्ति को पकड़ो क्योंकि उसी के माध्यम से सामान्य को दिखाया और प्रस्तुत किया जा सकता है।

अपनी बेहद परिचित और जानी-पहचानी चौतरफा दुनिया को परसाई की

नज़र से देखने में यहाँ जिस रोमांच का एहसास होता है वह उस अचम्भे का होता है, उस नज़्ज़ारे का जो दिखता हुआ भी सामान्यतः अनदेखा रह जाता है। यह रोमांच अपने भीतर एहसास के इस स्पन्दन को भी समोये होता है कि यथार्थ और वास्तविकता कैसी दिखायी देती है जब कोई खोजी आँख उनकी ओर और उनकी तह में देखती है। यह रोमांच सत्य के उस अनायास उद्घाटन का भी होता है जो अपने विन्यास में सहज अनुभूति और तार्किकता से सम्पन्न होता है। परसाई की यही अन्वेषक दृष्टि है जो वास्तविक जीवन की हमारी लापरवाही, बेरुखी और भोथरेपन से हमें बचाती है। परसाई हमें अपनी अर्द्धजागृति और अर्द्धचेतना की उस लगभग सुन्न स्थिति से भी उबारते हैं जिसमें हमारी रोजमर्रा की तल्ख़ प्रतिक्रियाएँ और प्रभाव हमारी ही लापरवाही से गायब हो जाते हैं और हम अपने सामाजिक अनुभव की ऊर्जा और उसकी चारित्रिक विशेषता को नजरन्दाज कर जाते हैं। 'सचाई यह है और ऐसी है', यह एक ऐसा फ़ैसला है जो जिन्दगी को लगातार चौकसी और समग्रता में देखने से ही मुमकिन है और परसाई को पढ़ते हुए आप ऐसे तमाम फ़ैसलों तक पहुँच जाते हैं। हम उनसे मुतास्सिर भी इसीलिए होते हैं कि अपने लेखन के जरिये वो अपने ही उन अनुभवबिम्बों से हमें गुजारते हैं जो सोते-जागते अपनी जिन्दगी के दौरान हर पल और हर सिम्त संचित होते रहते हैं; लेकिन यहाँ उनका एक ऐसा रूपान्तरण पेश होता है जो न केवल अधिक सहज बल्कि अधिक परिपक्व और वयस्क भी होता है कि उन्हें यहाँ एक पसेमंजर, एक सन्दर्भ और एक परिप्रेक्ष्य मिल जाता है। यह लेखन हमें अपने चारों तरफ के नज़्ज़ारे और स्वाँग के प्रति जागरूक और चेतन भी बनाता है। वह हमें अपनी ही संवेदनात्मक प्रतिक्रिया और अनुभव को देखने-समझने के काबिल तो बनाता ही है, अपनी निजी और सीमित दुनिया के अँधेरे कोनों से बाहर निकालकर सारी मानवता की व्यापक दुनिया तक भी उठा देता है। और पूरे इस दृश्य-विस्तार की चिन्ता और सरोकारों से जोड़ देता है। इसकी वजह यह भी है कि परसाई चीजों, घटनाओं और लोगों के अभिनय और मुखौटों को जिस तरह उघाड़ते हैं, उसमें वो हमें हमेशा अपने साथ लिये चलते हैं—अपने अनुभव और संवेदनात्मक प्रतिक्रियाओं में शरीक करते हुए, उस दंश में भागीदार बनाते हुए जो उन्हें होता है, क्योंकि उनकी नियति भी उस कबीर की तरह है जिसने कहा था—

सुखिया सब संसार है, खावे अरु सोवै,
दुखिया दास कबीर है, जागे अरु रोवै।

धनंजय वर्मा

एफ-89/23, तुलसी नगर,
1250 क्वार्टर्स,
भोपाल-462003

रचना-क्रम

ये माजरा क्या है

स्तम्भ-लेखन :

'सुनो भई साधो' / 'यह माजरा क्या है ?'

तेरा मेरा मनुआँ कैसे इक होई रे।
मैं कहता हौं आँखिन देखी, तू कहता कागद की लेखी।
मैं कहता सुरझावनहारी, तू राख्यौ उरझाई रे।
मैं कहता तू जागत रहियो, तू जाता है सोई रे।
मैं कहता निर्मोही रहियो, तू जाता है मोही रे।
जुगन-जुगन समुझावत हारा, कही न मानत कोई रे।
तू तो रण्डी फिरै बिहण्डी, सब धन डारे खोई रे।
सतगुरु धारा निर्मल बाहै, वामैं काया धोई रे।
कहत कबीर सुनो भई साधो, तब ही वैसा होई रे।

नया खून—पुराना खून*

साधो, फिर चुनाव आ रहे हैं और फिर नये खून की पुकार उठ रही है। यह तीसरा चुनाव है और हर बार शोर मचता है कि इस बार नये खून को चांस देना चाहिए। हर बार यह मजाक अच्छा नहीं लगता। राजनीति की यह बीमारी तुम्हें भी लग गयी है और तुम भी कभी-कभी मेरा चमीटा उखाड़ने की बात करते हो।

साधो, नये खून की यह 'पद-लोलुपता' हम सयानों को बिल्कुल अच्छी नहीं लगती। क्या हो गया है इस पीढ़ी को ! दूध के दाँत भी नहीं टूटे और पद ग्रहण करने को लालायित हो गये। देखते नहीं हैं कि जो पदों पर हैं उनके 'दूध के दाँत' टूट गये और 'मलाई' के दाँत भी टूट गये और अब नकली दाँत लगाये हैं।

साधो, नये खून को सोचना चाहिए कि उसके सामने तो पूरी जिन्दगी पड़ी है, कभी भी पद पर बैठ सकेंगे। पर पुराने खून के दिन गिने-गिनाये हैं, उन्हें कुछ दिन और रह लेने दो। साधो, अगर केवल मानवतावादी दृष्टि से ही देखा जाय तो भी पुराने खून का जमे रहना उचित मालूम पड़ता है। जब विधानसभाओं और संसद के आधे से अधिक सदस्य एम्बुलेंस में सभा-भवन जाया करेंगे और हर सदस्य के बगल में एक डाक्टर बैठा करेगा, तब समझेंगे कि हमारा जनतन्त्र सयाना (मेच्योर्ड) हो गया।

साधो, तुम हँसते हो। सयानेपन के गुण नहीं जानते। सयानेपन में जो काम होते हैं उनसे मंगल होता है। दशरथ अगर कैकेयी से विवाह न करते तो राम को वन कौन भेजता ? और राम वन न जाते तो रावण का नाश कैसे होता ? साधो, समाज के मंगल के लिए दशरथ से सयानेपन में वैसी बात होना आवश्यक था। ऐसी ही बातें हमारे आज के ये राजा अगर करें; तो तुम उन्हें 'भूल' कहते हो। यह नहीं सोचते कि सयानेपन की 'भूल' से समाज का मंगल होता है। अधर्मी हो, साधो !

साधो, इस बात को दूसरी दृष्टियों से भी देखो। अँगरेजी में मुहावरा है— 'डाई इन हारनेस', यानी घोड़ा हो तो उसे कसे-कसाये और आदमी हो तो पद पर

* सन् 1962 के आम चुनावों के लिए पार्टी टिकटों की कोशिशें चल रही थीं। कांग्रेस में माँग उठ रही थी कि संसद, विधानसभाओं और मन्त्रिमण्डलों में 'नये खून' को, याने नये उत्साही युवक कांग्रेसजनों को लिया जाना चाहिए।

काम करते-करते मरना चाहिए। यह बड़े गौरव की बात है। राज-पद पर जो व्यक्ति कसा-कसाया मृत्यु को प्राप्त होता है उसकी अन्त्येष्टि राजकीय सम्मान के साथ होती है। जिन्हें राजकीय सम्मान से अन्त्येष्टि कराना है, वे पद क्यों छोड़ें? उनके इस समारोह की तस्वीरें खिंचेंगी, लड़का उन्हें बैठक में टाँगेगा और बताया करेगा—ये हमारे पिताजी···राजकीय सम्मान के साथ···इससे आगामी पीढ़ियाँ प्रेरणा प्राप्त करेंगी।

साधो, अगर पुराने खून के स्थान पर नया खून आ गया, तो बड़े पैमाने पर 'अनएम्प्लायमेण्ट' (बेकारी) बढ़ेगी। सयानों की बेकारी बड़ी खराब होती है। बेकार आदमी 'फ्रस्ट्रेशन' (हताशा) से पीड़ित रहता है और उपद्रव करता है। राजाजी बेकारी की समस्या से पीड़ित हैं, तो तुम देख ही रहे हो कि किस प्रकार उपद्रव कर रहे हैं। अभी उन्होंने साम्प्रदायिकता का जोरदार समर्थन किया था। और तुम्हें याद होगा कि एक बार वे बी. सी. जी. को लेकर राजकुमारी अमृत कौर से उलझ पड़े थे। इसलिए राष्ट्र का हित इसी में है कि पुराने नेता बेकारी की समस्या से पीड़ित न हों। उन्हें संस्मरण तक लिखने की फुरसत नहीं मिलनी चाहिए, वरना संस्मरण में ही ऐसा कुछ लिख देंगे कि गड़बड़ पैदा हो जायेगी।

साधो, पुराना आदमी अनुभवी होता है, वह मामूली गड़बड़ियों से घबड़ाता नहीं है। महाराष्ट्र में कहीं ज़रा-सी गड़बड़ होती है तो नया खून चव्हाण एकदम दौड़-धूप, डाँट-डपट करने लगता है। इधर अपने पुराने खून काटजू साहब हैं कि दंगे होते हैं, गोलियाँ चलती हैं, अर्थ-आयोग आलोचना करता है मगर वे धीर-गम्भीर बने बैठे रहते हैं। पुराने खून की यही विशेषता है। वह धीर-गम्भीर होता है। शास्त्र में ऐसे ही नायक को 'धीरोदात्त' कहा गया है, जिस पर नाटक और महाकाव्य लिखे जाते हैं।

साधो, पार्टी की दृष्टि से भी देखो। पुराने आदमी को चुनाव जीतने की सब तरकीबें मालूम हैं। वह जानता है कि किससे कैसे वोट लिया जा सकता है। उसका जीतना निश्चित है। नया आदमी एक चुनाव तो सीखने में ही हार जायगा। पार्टी नये खूनों को टिकटें देकर क्या चुनाव हारेगी?

साधो, ये सब बातें तुम्हारी समझ में शायद न आयी हों। मैं तुम्हें व्यावहारिक लाभ बताता हूँ। देखो, पुराना आदमी किसी पद पर नहीं रहेगा तो जनता को बड़ी तकलीफ होगी। तुम अपने पर से ही देखो—मान लो तुम्हारे पास गैरकानूनी गाँजा पकड़ा गया और तुम गिरफ्तार कर लिये गये। अगर कोई पुराना नेता राजकीय पद पर है, तो मैं उसे लेकर अफसरों के पास जाऊँगा और तुम्हें छुड़ा लूंगा। पुराने नेता के अफसरों से घनिष्ठ सम्बन्ध रहते हैं। नये नेता को कौन अफसर पूछता है! और नये आदमी से यह कहने में भी मुझे संकोच होगा कि अखाड़े के कुछ साधु गाँजा रखने के लिए पकड़े गये हैं, उन्हें छुड़वा दो। साधो, सयाना आदमी अभ्यास से चतुर हो जाता है। नया आदमी पाँच साल तो जनता की इस रीति से भलाई करना सीखने में ही गुजार देगा।

साधो, मैंने तुम्हें पुराने खून के लाभ समझाये। मैं उस दिन की कल्पना करके प्रसन्न हो उठता हूँ जब सचिवालय और विधान परिषदों के सामने एम्बुलेंस गाड़ियाँ खड़ी रहेंगी और राजकीय नेता स्ट्रेचर पर भीतर ले जाये जायेंगे, जनता के प्रति अपने कर्त्तव्य पूरे करने।

12.6.'61

मिलावट की सभ्यता

साधो, एक सप्ताह बीत गया, जब मैंने तुम्हारे सामने 'उम्मीदवार' और 'नाउम्मीदवार' की व्याख्या की थी। इस बीच तुममें से कई ने चुनाव टिकिट के लिए अर्जियाँ दे दी होंगी। तुम्हारी क्षीण संख्या देखकर मैं समझ गया कि तुममें से आधे, भोपाल या दिल्ली गये हैं—दूसरों की पत्ती काटने और अपनी गोट जमाने।

खैर, छोड़ो इस चक्कर को। मुझे तुमसे एक अक्ल की बात कहनी है। चुनाव-प्रपंच में फँसे तुम लोग इस बात पर ध्यान नहीं दे रहे हो कि हमारी सभ्यता पर विदेशों से प्रहार हो रहे हैं। हाल ही में भारत सरकार के एक ऊँचे अफसर ने कहा है कि विदेशों में भारतीय माल की खपत में कठिनाई आती है, क्योंकि भारतीय व्यापारी मिलावटी माल देते हैं। अफसर ने बताया कि स्विट्जरलैण्ड के व्यापारियों ने शिकायत की कि भारत से उन्होंने जो इलायची खरीदी उसमें कचरा मिला हुआ था।

साधो, बात बहुत गम्भीर है। ये विदेशी भारत को अभी तक समझ ही नहीं पाये हैं। भूल जाते हैं कि हमारी हजारों सालों की महान् संस्कृति है और यह समन्वित संस्कृति है, यानी यह संस्कृति द्रविड़, आर्य, ग्रीक, मुस्लिम आदि संस्कृतियों के समन्वय से बनी है। इसलिए स्वाभाविक है कि महान् समन्वित संस्कृतिवाले भारतीय व्यापारी इलायची में कचरे का समन्वय करेंगे, गेहूँ में मिट्टी का, शक्कर में सफेद पत्थर का, मक्खन में स्याहीसोख कागज का। जो विदेशी हमारे माल में 'मिलावट' की शिकायत करते हैं, वे नहीं जानते कि यह मिलावट नहीं है, 'समन्वय' है जो हमारी संस्कृति की आत्मा है। और चाहे कोई हमसे एक पैसे का पान भी न खरीदे, पर हम अपनी प्यारी प्राचीन संस्कृति को नहीं छोड़ सकते। साधो, मुझे उस अफसर पर बड़ा क्रोध है, जिसने शिकायत को स्वीकार किया। भारत सरकार को फौरन स्विस सरकार को एक विरोध-पत्र भेजना चाहिए कि तुमने मिलावट की शिकायत करके हमारी राष्ट्रीय संस्कृति का अपमान किया है। यदि तुम्हारी गरज हो तो खरीदो। हम जैसे तटस्थ विदेशनीति नहीं छोड़ रहे हैं; वैसे ही मिलावट की

सभ्यता नहीं छोड़ेंगे। कोई विदेशी 'शुद्ध' माल माँगकर भारतीय व्यापारी का अपमान न करे।

साधो, भारतीय व्यापारी को बड़ा गलत समझा जाता है। कोई नहीं समझता कि उसने भारत में एक नवीन सभ्यता का सूत्रपात किया है। अपनी पूर्ववर्तिनी सामन्ती सभ्यता से यह बिल्कुल भिन्न है। सामन्त इज्जत के लिए जान दे देता था, व्यापारी पैसे के लिए इज्जत दे देता है। सामन्त को कोई एक जूता मार देता था, तो वह मारनेवाले की जान ले लेता था और अपनी दे देता था। पर व्यापारी को कोई कहे कि एक जूता मारकर 5 रुपया दूँगा, तो वह कहेगा कि तू मुझे दस जूते मार ले और पचास रुपये दे दे—कमीशन काटकर चालीस में भी मार सकता है। साधो, यह हमारी नवीन 'महाजनी सभ्यता' है; जिसे न समझने के कारण विदेशी मिलावट की शिकायत करते हैं।

साधो, हमारे दूतावास कुछ काम नहीं कर रहे हैं। उन्हें भारत के सम्बन्ध में सही जानकारी विदेशों को देना चाहिए, जिससे कुप्रचार का प्रभाव न पड़े। न जाने किसने विदेशों में यह भ्रम फैला रखा है कि भारतीय व्यापारी बिना 'समन्वय' के माल भेजता है। हमारे दूतावासों को स्पष्ट रूप से बता देना चाहिए कि हमारे यहाँ किस चीज में किसकी मिलावट की जाती है। स्विस व्यापारी को अगर हमारा दूतावास पहिले बता देता कि भाई, इलायची में कचरा मिलाकर भेजा जाता है, तो इतना हल्ला-गुल्ला क्यों होता? स्विस व्यापारी हमारी इलायची को नमन करके स्वीकार करता और हमारी सरकार को लिखता कि धन्य है भारतीय व्यापारी, जो एक चीज मँगाने पर दो भेज देते हैं। यह भारतीय उदारता के अनुकूल ही है। अभी पश्चिम को भारत से बहुत कुछ सीखना है। आप हमें आशीर्वाद दें। हम लोग भी घड़ी के पुर्जों में मिलावट करने का प्रयत्न कर रहे हैं। इस बार तो इलायची में कचरा मिलाया है, आशा है अगली बार कचरे में इलायची मिलायी जायगी।

साधो, भलाई का इतना अनादर कभी नहीं देखा। लोग भारतीय व्यापारी को बदनाम करते हैं कि वे विदेशी व्यापार को धक्का पहुँचा रहे हैं, विदेशी बाजारों में भारत की साख मिटा रहे हैं। ये लोग कहते हैं कि 'स्विस वाच' और 'शेफील्ड के चाकू' की तरह विश्वसनीय वस्तु का नाम भारत के साथ नहीं जुड़ सकेगा। साधो, इनका सोचने का ढंग गलत है। ये यह नहीं देखते कि भारतीय व्यापारी मिट्टी से और कचरे से विदेशी मुद्रा कमा रहा है और भारत के विदेशी विनिमय को बढ़ा रहा है। जिस विदेशी मुद्रा के लिए और देश अपना अच्छा माल बाहर भेजते हैं, उसे भारतीय व्यापारी मिट्टी और कचरे के बदले में ले लेता है। पर उसकी इस राष्ट्र-सेवा पर कोई ध्यान नहीं देता।

साधो, मुझे प्रसन्नता है कि व्यापारियों को लेकर यहाँ राजनैतिक दल बन गये हैं। जिस दिन इनके हाथों में सत्ता आ जायगी, उस दिन संसार को भारतीय संस्कृति का पता लगेगा। तब बोरे में एक भी इलायची नहीं मिलेगी। तब 'ब्लडबैंकों' में शीशियों में पानी भरा रखा रहेगा। अभी तो यह सरकार संस्कृति छोड़ चुकी है,

इसलिए स्विस व्यापारी शिकायत कर लेता है कि इलायची में कचरा था। तब अगर ऐसी बदतमीजी करेगा, तो हम युद्ध की घोषणा कर देंगे।

साधो, कुछ भी हो; अपनी संस्कृति-सभ्यता नहीं छोड़े जाते। यह राष्ट्रीय विशेषता है और हम यह बच्चों को छोटी उम्र से ही सिखाते हैं। उनके संस्कार के लिए गणित में यह पढ़ाते हैं--एक ग्वाला 21 रु. मन के भाव से 2 मन दूध खरीदकर उसमें 20 सेर पानी मिलाता है और एक रुपये में दो सेर के भाव बेचता है, तो उसे कितना लाभ होगा ?

साधो, आगे चलकर यही बालक देश के कर्णधार बनेंगे, यही व्यवसायी होंगे और महाजनी सभ्यता का विकास करेंगे। साधो, 'संस्कृति' का नारा लगानेवाले दलों को यह मामला एकदम उठाकर आन्दोलन खड़ा कर देना चाहिए। नारे ये हो सकते हैं—'शुद्ध माल मुर्दाबाद ! मिलावटी संस्कृति जिन्दाबाद ! महाजनी सभ्यता अमर हो !'

26.6.'61

मक्खीमार सप्ताह*

साधो, आज तुम फिर काफी कम संख्या में आये हो। तुम्हें हर सप्ताह कुछ काम लग जाता है। पिछले सप्ताह तुममें से कई दिल्ली और भोपाल गये थे और जब लौटे तो कोई कहता था कि मुझे टिकिट मिल गयी, तो दूसरा उसे काटता था कि नहीं, इसे नहीं मिली। अब इस सप्ताह तुममें से कई मक्खी मारने चले गये हैं।

साधो, सरकार ने बड़ी सूझ-बूझ दिखायी। इस समय जब उम्मीदवार और नाउम्मीदवार टिकिट की भाग-दौड़ में लगे हैं, तब उसने 'मक्खी-मार सप्ताह' का आयोजन कर दिया। मक्खी मारने के लिए एक सप्ताह निश्चित करके सरकार यह विश्वास दिलाना चाहती है कि हम लोग 365 दिनों में केवल 7 दिन मक्खी मारते हैं, बाकी 358 दिन जमकर काम करते हैं। लेकिन आज ही एक सरकारी अफसर मुझसे कह रहा था कि अब बड़ी आफत है। सरकार कहती है, मक्खी मारो। मगर मक्खी बची हों तो मारें। सचिवालय से लेकर तहसील तक इतने कर्मचारी मक्खी मारा करते हैं कि अब मारने के लिए मक्खी ढूंढ़नी पड़ेगी। जो मक्खी हम सारा

* जुलाई का पहिला सप्ताह सरकार के स्वास्थ्य-विभाग ने 'मक्खी-मार सप्ताह' के रूप में मनाया था। इसमें अधिक-से-अधिक मक्खी मारने के लिए मन्त्रीजी ने जनता का आवाहन किया था।

साल मारा करते हैं, उसका हिसाब तो सरकार रखती नहीं है और जब मक्खी बची नहीं, तब हुक्म होता है कि मक्खी मारो।

साधो, सरकारी कर्मचारियों की कठिनाई मुझे समझ में आती है। वे बेचारे अब मक्खी ढूंढ़ते फिर रहे हैं। साधो, सरकार अपने कर्मचारियों को इसी तरह परेशानी में डालती रहती है। अभी पुलिस के लिए 'शिष्टाचार सप्ताह' आयोजित किया था। कहा गया कि इस सप्ताह पुलिस कर्मचारी नागरिक से शिष्ट बर्ताव करेंगे। उनका 'श्रीमानजी' से सम्बोधन करेंगे। बेचारे पुलिसवालों को बड़ी कठिनाई महसूस हुई। साधो, मैंने पुलिस शिष्टाचार के बड़े मजेदार दृश्य देखे। कुछ नमूने देखो—'बायें चल। पूरी सड़क तेरे बाप की है क्या, श्रीमानजी ?' 'साले, श्रीमानजी, ठीक-ठीक पता लिखा।' 'जूते पड़ेंगे तो सब बता दोगे, श्रीमानजी !' 'अबे श्रीमानजी के बच्चे, यहाँ क्यों घूम रहा है ?'—साधो, इस तरह पुलिस की परम्परा भी नहीं टूटी और 'शिष्टाचार सप्ताह' भी मन गया। मगर सप्ताह-भर मैं पुलिस की परेशानी देखता रहा और सोचता रहा कि जो बेचारे साल-भर 'शिष्टाचार' बरतते हैं, उन्हें एक सप्ताह 'दुष्टाचार' के लिए क्यों मजबूर किया जाता है ? और आज सोचता हूँ कि सरकार रोज ही मक्खी मारती है तो इस सप्ताह मक्खी-मारण को समारोह का रूप देने की क्या जरूरत ?

साधो, जहाँ पहिले एक सचिव था वहाँ अब पाँच हैं। काम तो एक का ही है। फिर वे पाँचों क्या करते हैं ? वे लोग अपने दफ्तर की मक्खियाँ बराबर बाँट लेते हैं और दिन-भर मारते रहते हैं। 40 मील दूर से आदमी जिले के सदर मुकाम आता है। 12 बजे तक दफ्तर के सामने साहब का इन्तजार करता है। पूछता है तो ज्ञात होता है कि साहब के बँगले में मक्खियाँ बहुत बढ़ गयी हैं, इसलिए वे बारह बजे तक बँगले पर बैठे मक्खियाँ मारा करते हैं। साढ़े बारह बजे साहब आते हैं। आधा घण्टा टेबिल पर बैठते हैं और 1 बजे लंच के लिए उठ देते हैं। 2 बजे लौटकर आते हैं और 1 घण्टे फिर टेबिल पर बैठते हैं। 3 बजे साहब दूसरे साहबों से तरक्की के बारे में बातें करते हैं और 4 बजे बँगले चल देते हैं। उस 40 मील दूर के आदमी को हुक्म होता है कि अगले महीने अमुक तारीख को आओ। साधो, साहब ने कितने घण्टे मक्खी मारी ? इधर कितने आदमियों ने दिन-भर मक्खी मारी ? अब बताओ, उस दफ्तर में एक भी मक्खी जिन्दा बची रहेगी ? और जब मक्खी है ही नहीं तो मक्खी-मार सप्ताह में क्या मारी जायेगी ? साधो, जब साहब मक्खी मारते हैं तो छोटे कर्मचारी कैसे पीछे रहेंगे ! बाबू 11 बजे दफ्तर आता है। पसीना पोंछकर दो गिलास पानी पीकर डकार लेता है। फिर घण्टे-भर टेबिल पर सिर रखकर पड़ा रहता है। इतने में चाय का वक्त हो जाता है। वह कैंटीन में जाकर बैठ जाता है। चाय पीकर गप्पें करता है। लौटकर घण्टे-भर काम करता है ! फिर इस-उसकी टेबिल पर जाकर टेबिल पर कुहनी रखकर कानाफूसी करता है। फिर एक-आधे घण्टे काम करके लौट आता है। अब बताओ, उस दफ्तर में मक्खी कैसे रह सकती है ? चौराहे पर दुर्घटना हो गयी। पूछा कि ट्रैफिक पुलिसमैन कहाँ था ? मालूम हुआ

है कि वह पास की होटल में बैठा मक्खियाँ मारता था। बी. ए. का विद्यार्थी मार्च में बताता है कि कोर्स अभी आधा ही हुआ है। पूछा, प्रोफेसर लोग साल-भर क्या करते रहे? जवाब मिला कि मक्खियाँ मारते रहे। शहर में दंगा हुआ। लोग पूछते हैं कि अफसरान क्या करते थे? जवाब देता हूँ कि बैठे मक्खियाँ मारते रहे। रिटायर्ड अफसर से पूछता हूँ आजकल क्या करते हैं। जवाब मिलता है, बैठे मक्खियाँ मारते हैं।

साधो, सरकार ने जिसे जहाँ रख दिया है, वह वहीं मक्खी मारा करता है। तो मक्खियाँ बची कहाँ? साधो, यह केवल सरकार की विनम्रता है, जो वह कहती है कि हमसे सब मक्खियाँ नहीं मर सकीं, इसलिए हम इस सप्ताह शेष सब मक्खियों को मार डालेंगे। नहीं सरकार बहादुर, आपके राज में मक्खियों की शामत आ गयी है। पूरी शासन की मशीनरी उनके पीछे पड़ गयी है। वे बेचारी पनाह माँगती हैं।

साधो, अगर इस पर भी सरकार समारोहपूर्वक मक्खी मारना ही चाहती है तो उसे सब दफ्तर, स्कूल-कालेज आदि एक सप्ताह बन्द कर देना चाहिए और हुक्म जारी कर देना चाहिए कि हर आदमी अपने घर में बैठा-बैठा मक्खी मारे।

साधो, आगे इस युग का इतिहास लिखा जायगा। इतिहासकार लिखेगा कि ज्यों ही भारत में राष्ट्रीय सरकार स्थापित हुई, त्यों ही हैजे की बीमारी समाप्त हो गयी। कारण यह था कि सरकार ने हुक्म दे रखा था कि हर सरकारी कर्मचारी का पहिला उद्देश्य मक्खी मारना है। भारत में उस युग में प्राणिशास्त्र का अध्ययन करनेवालों को मक्खी विदेश से बुलानी पड़ती थी, जिनके बदले में हाथी देना पड़ता था।

साधो, तुम भी जाओ और इस राष्ट्रीय अभियान में योग दो। जाओ, अपनी-अपनी बैठक में मक्खियाँ मारो। जनमेजय ने नागयज्ञ किया था, क्योंकि उसके पिता परीक्षित को नाग ने काट लिया था। सरकार मक्खी-यज्ञ कर रही है। पता नहीं किस राजा को मक्खी ने काटा?

3.7.'61

सांस्कृतिक हुल्लड़

साधो, हाल में एक सांस्कृतिक समारोह में गया। सोचा, हमारी संस्कृति सबसे प्राचीन और सबसे महान है। देखें, यह जीवन में किस तरह उतरी है।

साधो, वहाँ नृत्य, संगीत, नाट्य आदि हुए और कार्यक्रम देखकर मेरा मन खुश

हुक्षा। देखो, गलत मत समझना—नृत्य, संगीत, नाट्य देखकर खुश नहीं हुआ। वहाँ एक और कार्यक्रम हुआ, जिसका उल्लेख निमन्त्रण-पत्र पर नहीं था। साधो, वहाँ आवाजें कसी गयीं, गालियाँ बकी गयीं। कार्यकर्त्ता ने माइक पर कहा कि सभी माताएँ-बहिनें रुक जायें। यह सुनकर पुरुषों को याद आया कि उनका क्या कर्त्तव्य है। उन्होंने महिलाओं पर कागज वगैरह फेंके। साधो, कुछ लोग इसे हुल्लड़ कहते हैं। वे गलत हैं। साधो, वास्तविक सांस्कृतिक कार्यक्रम यही है। संयोजक समझते हैं कि नृत्य, संगीत, नाट्य हमारी सांस्कृतिक उपलब्धि के चिह्न हैं। यह सरासर झूठ है। इनके सिवा जो अन्य कार्यक्रम वहाँ होते हैं वही हमारी संस्कृति के चिह्न हैं। मगर इनका कोई उल्लेख निमन्त्रण-पत्र पर नहीं होता! यह धोखा है। सच्ची संस्कृति को छिपाकर झूठी संस्कृति को सामने लाना; सरासर धोखा है। साधो, हम लोग जब ऐसा कार्यक्रम करेंगे, तब निमन्त्रण-पत्र में छापेंगे कि इस समारोह में आवाजकशी, गाली-गलौज, हल्ला, स्त्रियों पर कंकड़ फेंकना, कुर्सियाँ तोड़ना आदि सांस्कृतिक कार्यक्रम होंगे। इसके साथ ही कुछ नृत्य-संगीत वगैरह भी हो जायगा, जिसके लिए दर्शक हमें क्षमा करेंगे। साधो, जिसे लोग 'हुल्लड़' कहते हैं, वही वास्तविक सांस्कृतिक कार्यक्रम है और नृत्य-संगीत वगैरह तो इसकी 'संगत' के लिए हैं, जैसे गाने में तबले की संगत होती है।

साधो, मन प्रसन्न हो गया। तुम्हें बताता हूँ कि जिसे लोग 'हुल्लड़' कहते हैं, वह सांस्कृतिक विकास किस तरह बताती है। साधो, हमारी संस्कृति में सत्य का बड़ा महत्त्व है। अगर संगीत हो रहा है, जो ऊँचे दर्जे का है, फिल्मी नहीं है और वह हमारी समझ में नहीं आ रहा है तो हमें क्या करना चाहिए? चुप बैठे रहना चाहिए? नहीं साधो, वह मिथ्याचार है। हमें हल्ला करके यह प्रगट कर देना चाहिए कि हमारे पल्ले नहीं पड़ रहा है। अपनी नासमझी को छिपाये रहना, पाखण्ड है। जो लोग आवाजें कसते हैं या बकरे की बोली बोलते हैं या बेमौके ताली पीटते हैं, वे इस बात की स्पष्ट घोषणा करते हैं कि हमारी समझ में नहीं आ रहा है। साधो, इस सत्य आचरण की प्रशंसा होनी चाहिए कि निन्दा? आखिर हम सत्यवादी हरिश्चन्द्र के देश के हैं!

साधो, हुल्लड़ में बहुत गहरे संकेत होते हैं। डार्विन नाम का एक वैज्ञानिक हो गया है। उसने सिद्ध किया था कि आदमी पहिले बन्दर था, फिर विकास करते-करते आदमी हुआ। बन्दर से आदमी तक के विकास की कड़ियों में से एक कड़ी नहीं मिलती। उसे 'मिसिंग लिंक' कहते हैं—याने गायब कड़ी। आधा बन्दर और आधा आदमी—ऐसा एक जीवधारी कभी पृथ्वी पर था, पर इसके चिह्न मिलते नहीं हैं। साधो, जब समारोह में कोई चिल्लाता है, हुल्लड़ करता है, तब वह विश्व के वैज्ञानिकों से कहता है, कि 'मिसिंग लिंक' तो मैं यहाँ बैठा हूँ, तुम कहाँ खोज रहे हो? साधो, भारत में ज्ञान की साधना निरन्तर होती रही है। इसीलिए इस देश के कुछ युवक जिनके पास विकासवाद का एक रहस्य है, उसकी घोषणा करते हैं। वैज्ञानिक ध्यान नहीं देते, यह उनकी गलती है। अपनी ओर से हम ज्ञान की साधना में पूरा

योगदान करते हैं।

साधो, लोग शिकायत करते हैं कि स्त्रियों से दुर्व्यवहार होता है। उन्हें छेड़ा जाता है, आवाजें कसी जाती हैं। एक तो मैं इसे कोई बुराई नहीं मानता। दूसरी बात यह है कि यह भी हमारे सांस्कृतिक विकास की निशानी है। साधो, तुम जानते हो, हमारे यहाँ आदमी को अच्छा बनाने के लिए शुरू से ही बड़ी कोशिश होती रही है। सोचा कि आदमी को स्त्री बुरा बनाती है--विश्वामित्र जैसे तपस्वी को बिगाड़ दिया तो बण्टूराम और टुटपुंजियाप्रसाद और बुद्धूलाल की क्या बिसात! साधो, इसीलिए नीतिवालों ने नियम बनाये कि स्त्री और पुरुष दूर-दूर रहें, परस्पर शत्रु समझें; कभी सम्पर्क में न आयें। कहा कि एकान्त में माता और बहिन से भी बात न करो। इस तरह सैकड़ों सालों से आदमी को अच्छा बनाने की साधना अपने समाज में चल रही है। और परिणाम तुम देख रहे हो--आशा से अधिक है। समारोहों में जब स्त्री-पुरुष इकट्ठे होते हैं, तब सैकड़ों सालों की यह साधना जोर करती है --स्त्री डरती-सहमती है और पुरुष यह देखकर आपे से बाहर हो जाता है कि उसका शत्रु सामने है। साधो, उसे अजीब लगता है। उसे लगता है कि स्त्री तो एक भिन्न किस्म का प्राणी है। यह प्राणी विचित्र है और वह वैसा ही भड़कता है जैसे अजनबी को देखकर कुत्ता भौंकता है।

साधो, अपने समाज में जो 'पिछले दरवाजे की नैतिकता' की साधना कई शताब्दियों से हो रही है, उसके सुपरिणाम हैं ये। आखिर बुरे और भले में खुले और ढँके का भेद तो है ही! साधो, इसी नैतिकता ने यह सिखाया कि स्त्री डब्बे में बन्द करके रखने की चीज है। हमारा समाज मुरब्बे का बड़ा शौकीन है। वह बगीचे से फल तोड़ लाता है, उसका मुरब्बा बनाकर रख लेता है और खाता रहता है। अब इस आधुनिक शिक्षा ने सब गड़बड़ कर दिया। स्त्रियाँ मुरब्बे के डब्बे में रहती नहीं हैं। वे जब बाहर दिख जाती हैं, तब इस देश के पुरुष की आत्मा को बड़ी चोट पहुँचती है। शताब्दियों के उसके करे-धरे पर पानी फिर रहा है। नैतिकता का नाश हो रहा है। संस्कृति का पतन हो रहा है। साधो, उसका कर्त्तव्य है कि वह इसका विरोध करे। वह विद्रोह में आवाजें कसता है, छेड़छाड़ करता है, गाली बकता है। अब बताओ, उसका यह सात्विक पवित्र विद्रोह क्या निन्दा का पात्र है?

साधो, लोग ऊलजलूल बातें करते हैं। वे कुछ नहीं समझते। अगर दो-चार हिन्दी फिल्में देख आयें, तो सब समझ में आ जाय। साधो, हर युवक स्त्री का प्रेम चाहता है। प्रश्न है---स्त्री प्रेम कैसे आदमी को करती है? इसका उत्तर शास्त्रों में नहीं लिखा। इसका उत्तर हमारे आज के नीति-शास्त्र याने फिल्में देती हैं। साधो, फिल्मों में देखो, अच्छी स्त्री हमेशा उचक्के से प्यार करती है। आजकल फिल्मों में किशोरकुमार बड़ा लोकप्रिय है। फिल्म में अच्छी स्त्री उसी से प्यार करती है। क्यों? इसलिए कि वह उचक्कापन करता है। साधो, जिस युवक को अच्छी स्त्री का प्यार चाहिए, वह उचक्कापन अवश्य करेगा। शरीफों को कोई स्त्री नहीं चाहती। यह अटल फिल्मी सत्य है।

साधो, तुम सब भोंदू हो। लोग जैसा कहते हैं, वैसा मान लेते हो। तुम जिसे हुल्लड़ कहते हो वह सांस्कृतिक आचरण है। तुम उसे हुल्लड़ कहना ही चाहते हो, तो सांस्कृतिक हुल्लड़ कहो। और यह मत भूलो कि सैकड़ों सालों की नैतिक साधना से हमें यह उपलब्धि हुई है। साधो, अगर तुम्हारे दिमाग साफ हो गये हैं, तो अगले समारोह में तुम भी लँगोटी लगाकर हुल्लड़ करना। तुम जिस दिन पिटकर आओगे, उस दिन मुझे बेहद खुशी होगी।

10.9.'61

पुलिस-शताब्दी समारोह

साधो, अगले महीने भारतीय पुलिस अपनी शतवार्षिकी मना रही है। इस वर्ष हम दो शतवार्षिकियाँ मना रहे हैं—कवि रवीन्द्रनाथ की और पुलिस की।* साधो, जिस साल रवीन्द्रनाथ का जन्म हुआ उसी साल 'पुलिस एक्ट' बना! तुम्हें यह संयोग विचित्र लगेगा, पर इसमें एक स्वाभाविक संगति है। काव्य और डण्डे का सहअस्तित्व हमारे यहाँ नया नहीं है। तुम जानते हो, अर्जुन ने पहिले कृष्ण से गीता सुनी और बाद में लड़ा। ज्ञान का डण्डे से हमेशा सहयोग रहा। काव्य और डण्डा भी साथ-साथ चला है।

साधो, कवि और पुलिस दोनों का उद्देश्य एक है—दोनों आदमी को अच्छा बनाना चाहते हैं। पर अच्छा बनाने के तरीके अलग-अलग हैं, क्योंकि आदमी के बारे में दोनों की मूल धारणा भिन्न है। कवि मनुष्य मात्र को अच्छा मानकर चलता है, पुलिस मनुष्य को बदमाश मानती है। कवि आदमी को बिना प्रमाण के बेईमान नहीं समझता, पुलिस किसी को बिना प्रमाण के ईमानदार नहीं समझती। कवि आदमी के मस्तिष्क और हृदय पर प्रभाव डालकर उसे ऊँचा उठाता है, पुलिस उसके शरीर पर चोट करके उसे ऊँचा उठाती है।

साधो, कवि और पुलिस में उद्देश्य की एकता है। मुझे तो हर पुलिसमैन कवि लगता है और पुलिस अफसर तो महाकवि लगता है। जैसे हर नगर में उदीयमान, उदित और अस्तमान अनेक कवि होते हैं, वैसे ही कान्स्टेबिल और हवलदार कई होते हैं। जैसे 4-6 प्रतिष्ठित कवि होते हैं, वैसे ही 4-6 बड़े पुलिस अफसर होते हैं और जब पुलिस के मुख से काव्य झरता है तब मजा आ जाता है। इन्स्पेक्टर जनरल किसी महाकवि से कम नहीं होता।

1. रवीन्द्र-शताब्दी समारोह और पुलिस-शताब्दी समारोह दोनों 1961 में हुए थे।

साधो, यह सुखद संयोग है कि रवीन्द्र-समारोह और पुलिस-समारोह एक साथ ही पड़े। हम जैसे रवीन्द्र समारोह मना रहे हैं वैसे ही उत्साह से पुलिस-समारोह मनायें। मैं नहीं जानता कि सरकार का क्या कार्यक्रम है। अपनी मति के अनुसार कुछ कार्यक्रम सुझाता हूँ।

साधो, इस अवसर पर चोर, उचक्कों, लुटेरों और जुआड़ियों को एक अभिनन्दन-ग्रन्थ पुलिस को भेंट करना चाहिए। इस ग्रन्थ में ये लोग पुलिस के संसर्ग में अपने सुखद संस्मरण लिखें। इसमें यह भी लिखा जाय कि उनके कार्यों में पुलिस ने किस प्रकार सहयोग दिया। साधो, अखिल भारतीय चोर-संघ, उचक्का-संघ आदि के अध्यक्ष पुलिस अफसरों को पुष्प-हार पहिनायें और अपनी कठिनाइयाँ बताकर उनसे सहायता की अपील करें।

साधो, इस अवसर पर पुलिस को पिछले 100 वर्षों की प्रगति का लेखा-जोखा प्रस्तुत करना चाहिए। जनता को यह बताना चाहिए कि किस प्रकार पिछले 100 वर्षों में पुलिस ने प्रगति की है। जिन मुद्दों पर विचार होना चाहिए उनमें से कुछ ये हैं—1. पिछले 100 वर्षों में अपराधी को छोड़ देने के तरीकों में क्या विकास हुआ है? 2. डायरी और रोजनामचा बदलने की कला ने क्या विकास किया है? 3. जिसने अपराध किया ही नहीं है उससे अपराध कबूल करवाने के तरीके, इस एक शताब्दी में कितने आगे बढ़ गये हैं? 4. जिसे पकड़ना है, उसके घर में गाँजा या अफीम किस तरह फेंका जाता है? 5. जिसे छुड़वाना है, उसका केस किस तरह कमजोर बनाया जाता है? 6. पुलिस के बदला लेने के तरीकों में क्या विकास हुआ है? 7. 1861 में कौन-सी गालियाँ दी जाती थीं और 1961 तक कौन नयी गालियों का निर्माण पुलिस विभाग ने किया है? 8. घूस लेने के तरीके किस तरह उन्नति करते गये हैं? 9. पिछले 100 वर्षों में हुए गोली-काण्डों का इतिहास!

साधो, ऐसा एक बड़ा ग्रन्थ अवश्य बनाना चाहिए। इसके साथ ही कुछ छोटी पुस्तिकाएँ भी निकलनी चाहिए। कुछ विषय मैं बताता हूँ— 1. घूस देने के तरीके। 2. जुआ कैसे खिलाना। 3. गोली-काण्डों की सुखद स्मृतियाँ। 4. डाकुओं से मेरे प्रेम-सम्बन्ध। 5. चोरों को उपयोगी हिदायतें। 6. सेंध लगाने की कला। 7. गाँजे की खेती। 8. औरत भगाने की विद्या। 9. अफसर वशीकरण मन्त्र। 10. सजा पाये अपराधियों से पुलिस के मधुर सम्बन्ध। 11. पुलिस शिष्टाचार-संहिता। 12. घूस का न्यायोचित बँटवारा। साधो, ऐसी पुस्तिकाएँ निकल जायें तो जनता को बडा सुभीता हो और पुलिस को भी। चोरी करने की कला यदि पुलिस बता दे तो न चोर को झंझट हो न उसे, जिसकी चोरी हुई है। यदि माल का मालिक यह जान ले कि यह चोरी सही विधि से हुई है तो वह रिपोर्ट करने की परेशानी क्यों उठाय? इधर पुलिस जब देख ले कि उसके द्वारा निर्धारित नियमों के अनुसार ही चोरी हुई है, तो वह भी मामला खारिज करके आराम करे।

साधो, इस वर्ष हमें यह भी तय करना है कि जो दो ज्वलन्त समस्याएँ हैं, उनमें पुलिस क्या करे। ये समस्याएँ हैं—डाकू और दंगे। साधो, यह तय हो जाना चाहिए

कि डाकू कौन और पुलिस कौन ? जिन्हें पुलिस डाकू कहती है, वे कहते हैं कि हम पुलिस हैं और जो खादी वर्दीधारी हैं, वे डाकू हैं। इसी तरह यह भी तय हो जाना चाहिए कि पुलिस का प्रथम कर्त्तव्य डाकुओं का दमन करना है या शरीफों का। साधो, दंगों के सम्बन्ध में भी पुलिस की नीति स्पष्ट हो जाना चाहिए। यदि दंगे के लिए पुलिस का सहयोग चाहिए, तो वह किन शर्तों पर मिलेगा। इससे दंगाइयों को भी सुभीता होगा।

साधो, तुम भी कभी-कभी चोरी से गाँजा रखते हो और पुलिस की कृपा से तुम्हारा कुछ बिगड़ता भी नहीं है। तुम भी 'साधु-मण्डल' की ओर से पुलिस का अभिनन्दन करो, जिसमें अपने पवित्र हाथों से चिलम भरकर पुलिस अफसरों को दो।

17.9.'61

गणेशजी और गधाजी*

साधो, आजकल गणेशजी, और गधाजी में चली हुई है। अभी तक 'ग' अक्षर पर गणेश कब्जा किये थे और बच्चे पढ़ते थे—ग गणेश का। बेचारा गधा युगों से गणेशजी की यह धाँधली देख रहा था कि कभी ऐसे लोग भी सत्ता प्राप्त करेंगे, जो मेरी कद्र करेंगे। साधो, बीसवीं शताब्दी आधी बीत जाने पर ऐसा समय आया और गधे ने हमला कर दिया। उसने गणेश को पाठ्य-पुस्तकों से निकाल बाहर किया और खुद जम गया। अब बच्चे पढ़ते हैं—ग गधे का।

साधो, बेचारे गणेश से किसे सहानुभूति न होगी। महाराज, तुम्हारी झाँकी बनती है, पूजा होती है, आरती होती है। शादी-विवाह के कार्डों पर तुम छपते हो—श्री गणेशाय नमः। मगर तुम पाठ्य-पुस्तक से निकाल दिये गये। तुम विघ्नों को हरनेवाले माने जाते हो, मगर अपनी प्रतिष्ठा में ज़रा-सा विघ्न नहीं हर सके! गधे ने तुम्हें परास्त कर दिया! हे विघ्नहर, अब तुम्हारा आवाहन कौन करेगा! आदमी बचपन से ही जब यह वर्णमाला सीखेगा तो तुम्हारी जगह गधे को स्मरण करेगा, क्योंकि सरकारी पाठ्य-पुस्तक में ग गधे का हो गया।

साधो, विधानसभा में बड़ा हो-हल्ला मचा। सदस्यों ने कहा कि युगों से ग

* मध्यप्रदेश सरकार के शिक्षा विभाग द्वारा प्रकाशित अक्षरबोध की पाठ्य-पुस्तक में 'ग—गधे का' हो गया। इसके पहिले 'ग—गणेश का' होता रहा है। इस परिवर्त्तन की अखबारों में आलोचना हुई थी।

गणेश का रहा है। उस पर गधे का अधिकार होना अशोभन है। साधो, ये सदस्य क्या कर सकते हैं? अगर इस बात पर मतदान हो जाय कि ग गणेश का है कि गधे का, तो गधा भारी बहुमत से जीत जायगा क्योंकि जिन्होंने उसे पाठ्य-पुस्तक में बिठाया है, उनका बहुमत है। यानी आज गणेश की अपेक्षा गधे को अधिक समर्थन प्राप्त है।

साधो, तुम नहीं जानते कि जिसे तुम मूर्खता का देवता मानते हो, वह किस तरह चतुराई से पिछले दरवाजे से पाठ्य-पुस्तक में घुस आया। बात पुरानी है। सन् 1954 में जब पुरानी मध्यप्रदेश सरकार ने 'बाल-भारती' खुद प्रकाशित करने का निश्चय किया, तब पुस्तकें तैयार करने के लिए एक कमेटी बिठायी जिसमें लेखक, प्रोफेसर और शिक्षा-शास्त्री थे। इन लोगों ने पुस्तकें तैयार करके दीं। प्रवेशिका में ग गणेश का ही था। जब ये लोग लौट आये, तब न जाने गधे को कैसे पता चल गया कि ग गणेश का है। बस, इधर विद्वानों की पीठ फिरी, उधर गधे ने शिक्षा-विभाग पर अपना प्रभाव डाला। उसने सीधे गणेश पर हमला किया। जब पुस्तकें छपकर प्रगट हुईं तो लिखनेवालों ने आश्चर्य से देखा कि गणेशजी निकाल दिये गये और ग पर गधे का कब्जा हो गया। साधो, गधा यहीं नहीं रुका। उसने उन लोगों से भी बदला लिया, जिन्होंने गणेशजी का समर्थन किया था। पुस्तकों में उनके नाम नहीं छपे, जिन्होंने उन्हें तैयार किया, बल्कि अफसरों के नाम छपे जिन्होंने गधे का समर्थन किया था। साधो, ग गधे का न होता, तो क्या ऐसा हो सकता था?

साधो, यह सिर धुनने की बात नहीं है। जो वस्तुस्थिति है, उसे स्वीकार करना चाहिए। तुम आज जागे हो, जब गधे ने गणेश को पाठ्य-पुस्तक में से निकाल दिया। मगर यह शीत-युद्ध कब से चल रहा है। जगह-जगह गणेश परास्त होता रहा है और गधा जीतता रहा है। शासन में, शिक्षा में, विश्वविद्यालय में, सार्वजनिक जीवन में सब जगह गणेश हार रहे हैं। पहिले दर्जेवाला सड़क नापता है और तीसरे दर्जेवाला अच्छी नौकरी पाता है। ऐसा क्यों? योग्य जन-सेवक नगर-पालिका का चुनाव हार जाता है और निरक्षर लोकसभा पहुँच जाता है। ऐसा क्यों? सर्वथा मन्दमति मुहकमे का अफसर होता है और बुद्धिमान उसी के मातहत मामूली बाबू बना रहता है। साधो, आखिर ऐसा क्यों होता है? इसीलिए तो कि गणेश हार रहे हैं, गधे से।

साधो, शिक्षामन्त्री ने बड़े साहस से स्थिति को स्वीकारा। उन्होंने जवाब दिया कि बच्चे गधे को गणेश की अपेक्षा अधिक जानते हैं और गधा गणेश की अपेक्षा जीवन के अधिक समीप है। यह सही है। इसीलिए बच्चों को शुरू से ही समझाना चाहिए कि बेटो, गणेश को भूल जाओ। उसका ज़माना गया। आज गधे का ज़माना आया है। इस ज़माने में सफलता के लिए गधे का स्मरण करो। पढ़ो--ग गधे का।

साधो, मुझे डर है, तुम सोचते होगे कि मैं गणेश का भक्त हूँ। नहीं, ऐसा नहीं। मैं न गणेश का, न गधे का। विधानसभा में इस पर जो विवाद खड़ा करते

हैं और जो गधे की हठ पर हैं, वे दोनों एक ही प्रभाव में हैं—गधे के प्रभाव में। यानी गधे का उपयोग दलबन्दी के लिए कर रहे हैं। साधो, मामला सुलझाना बहुत आसान है; ग गमले का कर दो। मगर मामला सुलझेगा नहीं, क्योंकि गणेश भाग गये हैं और ग गधे का हो गया है।

24.9.'61

बकरी पौधा चर गयी

साधो, तुम सुनते आ रहे हो कि बागुड़ खेत को खा गयी और नाव नदी को लील गयी और यह भेद किसी ने नहीं जाना। तुम इन उलटवासियों का दार्शनिक अर्थ निकाल लेते हो और रूपकों को समझ लेते हो! आज मैं तुम्हें एक समाचार सुनाता हूँ और तुम इस रूपक का अर्थ बतलाओ। समाचार भोपाल का है—सचिवालय के अहाते में जो वटवृक्ष पं. जवाहरलाल ने रोपा था उसे बकरी चर गयी। कहते हैं, पौधे के आसपास जो चबूतरा था उस पर बकरी चढ़कर पत्ते खा गयी। वहाँ जो चौकीदार था, वह भी पौधे को बचा नहीं पाया। इस समाचार को पढ़कर कुछ लोग आश्चर्य करते हैं, कुछ सरकार की गफलत को धिक्कारते हैं और कुछ क्रोध करते हैं। मगर साधुओं को किसी पर गुस्सा नहीं करना है। हमें ठण्डे दिमाग से इस रूपक का अर्थ निकालना है।

साधो, इस घटना में 4 बातें हैं—

(1) पौधा जवाहरलाल ने लगाया था।

(2) उसकी रक्षा के लिए आसपास चबूतरा बनाया, मगर बकरी उसी चबूतरे पर चढ़कर उसे खा गयी।

(3) बकरी, जो पौधा खा गयी,

(4) चौकीदार ने उसे खा जाने दिया।

साधो, रूपक के इन चारों अंगों पर ध्यान रखो। इसके साथ ही यह भी ध्यान रखो कि रक्षक चौकीदार में और भक्षक बकरी में कोई गुप्त समझौता है। हो सकता है, बकरी ने पौधे को खाकर जो भीतर-भीतर दूध बनाया, उसे चौकीदार को दुह लेने दिया हो। यानी पौधा दूध के रूप में थोड़ा चौकीदार को भी मिल गया हो।

साधो, अब अर्थ सुनो। पौधा जवाहरलाल ने लगाया, यह सही है। यह पौधा 10-12 साल पहिले ही लगाया गया था। प्रथम पंचवर्षीय योजना के समय यह पौधा लगाया गया था। यह है राष्ट्रीय विकास का पौधा। इसके आसपास तमाम योजनाओं के चबूतरे बनाये गये। जैसे—ब्लाक डेवलपमेण्ट, सहकारी आन्दोलन,

विभिन्न प्रोजेक्ट। इसकी रक्षा के लिए चौकीदार खड़े हो गये—यानी बड़े अफसर, मन्त्री और नेता। साधो, मगर ज्यों ही पौधा बढ़ा, भ्रष्टाचार की बकरी आयी। उसने चौकीदार से कहा—तू मुझे पौधा चर लेने दे। आखिर इसका दूध ही तो बनेगा। तू मुझे दुह लेना। चौकीदार ने बकरी को योजना के चबूतरे पर चढ़ जाने दिया और बकरी पौधा चर गयी।

साधो, विकास के पौधे को इस तरह चरा जा रहा है। तुम देखते हो कि ब्लाक डेवलपमेण्ट अफसर की जीप 10 मील दूर पान खाने आती है। आधे मील सड़क बनवाने का खर्च दो लाख रुपया है। योजना का सामान उठकर बाजार में बिकता है। नया पुल पहिली बरसात में ही बैठ जाता है, इमारत बनते ही तिड़क जाती है। बाँध की दीवार टूट जाती है और करोड़ों पानी में बह जाते हैं। सैकड़ों टन गल्ला सरकारी गोदाम में सड़ जाता है। लाख रुपये की संस्था के उद्‌घाटन में दो लाख लग जाते हैं। साधो, लोग इन चीजों का बड़े रोष से उल्लेख करते हैं। मैं कहता हूँ क्रोध मत करो। जवाहरलाल के लगाये पौधे को बकरी चर रही है।

साधो, जवाहरलाल जगह-जगह तरह-तरह के पौधे लगा रहे हैं और उन्हें तरह-तरह की बकरी चर रही हैं। इधर जवाहरलाल पौधा लगाकर पीठ फेरते हैं उधर बकरी चर जाती है। हाल ही में राष्ट्रीय एकता का पौधा लगा था। कितने ही नेताओं ने उसे भाषण से सींचा था। जवाहरलाल ने खाद दिया था। पौधा लगाकर जवाहरलाल मदुराई गये। उधर उत्तरप्रदेश की सम्प्रदायवाद की बकरी उसे चर गयी। जवाहरलाल ने 1950 में प्रजातन्त्र का पौधा लगाया था, उसे फासिज्म की बकरी चरने के लिए लपक रही है और चौकीदार उसे बढ़ने दे रहा है। जवाहरलाल कांग्रेस के भीतर एकता का पौधा मदुराई में लगाकर हाथ धो ही रहे थे कि मध्यप्रदेश कांग्रेस के दलों ने कहा कि टिकिट के मसले पर हम एकमत हो ही नहीं सकते। इसलिए यह काम लालबहादुर शास्त्री को सौंपा जाय। पद-लोलुपता की बकरी कांग्रेस की एकता के पौधे को चर गयी।

साधो, किस-किस पौधे को रोइए। तमाम चौकीदार बकरियों से मिले हैं और वे चरे जा रही हैं।

साधो, भोपाल सचिवालय के अहाते के पौधे को बकरी चर गयी, यह आज लोगों को दिखा। चर तो कब से रही है। पिछली फरवरी में इसी मध्यप्रदेश में राष्ट्रीय एकता के पौधे को बकरी चर गयी थी। साधो, अब तो एक बड़ा मजबूत भयानक बकरा छुट्टा घूम रहा है। यह धर्म और संस्कृति की कण्ठी पहिने फ़ासिज्म का बकरा है। यह जनतन्त्र के पौधे को तो क्या, झाड़ तक चर जायगा। इसके सींगों से चौकीदार भी डरने लगे हैं। साधो, इसने बकरियों को मात कर दिया है। यह वट-वृक्ष को चर जाने का हौसला रखता है।

साधो, जवाहरलाल से कहो कि पौधे लगाते हो तो उनके आसपास काँटों के तार लगवायें जिनसे बकरे-बकरियों के थूथड़े फूट जायें और चौकीदारों को या तो बदलें या उनका गला दबाकर दूध उगलवायें। और अगर पौधे लगाने का शौक है

तो उजाड़ू बकरे-बकरियों को काँजीहाउस में डालो। वरना तुम पौधे रोपोगे और ये चरते जायेंगे। और अखबार छापेंगे कि आज यहाँ का पौधा चर लिया और कल वहाँ का।

22.10.'61

नेहरू चाचा टिकिट दो!*

साधो, 14 नवम्बर बाल-दिवस है और यही पं. नेहरू का जन्म-दिन है। इस दिन बच्चे 'नेहरू चाचा की जय' बोलते हैं और नेहरू बच्चों को प्यार करते हैं। साधो, यह बहुत चालाक आदमी है। आजादी के बाद उसने सोचा कि अगर माँ-बाप से वोट लेना है, तो उनके बच्चों को प्यार करो। किसी के बच्चे से प्यार करो तो माँ-बाप बहुत प्रसन्न होते हैं। साधो, नेहरू भारत के तमाम बच्चों का चाचा बन बैठा। इस एक चाल से नेहरू ने सब दलों के नेताओं को परास्त कर दिया। दादा कृपलानी टापते रह गये, अशोक मेहता ने दाढ़ी बढ़ायी, 'चाचा' या 'मामा' नहीं बने, अजय घोष को भी 'चाचा' बनना कुछ बुर्जुआपन लगा। लोहिया ने अमरीकी तरुणियों के सौन्दर्य की तो वहुत तारीफ की, पर देश के बच्चों के चाचा नहीं बने।

साधो, कौन माँ-बाप ऐसे होंगे जो बच्चों के चाचा को वोट न दें। सोचते हैं— इतना बड़ा आदमी है, पर हमारे बच्चों को बहुत प्यार करता है। चलो इसे वोट दे दें। सो साधो, दो चुनाव तो बच्चों के माता-पिता से वोट लेकर नेहरू जीत गया। और अब जिनको 10 साल से भतीजे बनाये हैं, वे सब मतदाता हो गये हैं। जिन्होंने 10 साल नेहरू को चाचा कहा, वे सब उसे वोट देंगे। साधो, लोग कहते हैं कि पं. नेहरू बच्चों को बहुत प्यार करते हैं। मगर मैं कहता हूँ नेहरू माँ-बाप को 10 साल से बुद्धू बनाकर वोट ले रहा है। जब भी बच्चे को गोद में लिये नेहरू की तस्वीर छपती है, चुनाव-प्रचार हो जाता है। साधो, जो चतुराई चुनाव-चिह्न बैल लेने में है, वही बच्चा खिलाने में है।

साधो, मगर इस साल 14 नवम्बर को नेहरू अमरीका में थे और यहाँ बच्चे बाल-दिवस मना रहे थे। पं. नेहरू इस मौके पर अमरीका क्यों चले गये? तुम कहोगे कि यह संयोग की बात है, अमरीका यात्रा के लिए यही समय निश्चित हो गया था। तुम भोले हो साधो। अरे, नेहरू जान-बूझकर इस दिन देश से बाहर चले गये। तुम नहीं जानते कि इस बार लोगों ने बच्चों को सिखा-पढ़ाकर रखा था।

* इन दिनों कांग्रेस में चुनाव टिकिट के लिए दौड़-धूप मची थी।

नेहरू को इसका पता चल गया था। इस बार नेहरू किसी बच्चे को गोद में उठाकर चूमते और पूछते, बेटा तुम्हें क्या चाहिए ? तो सिखाया-पढ़ाया बच्चा कहता—'हमारे बाबूजी को टिकिट दे दीजिए, चाचाजी।' अरे, तुम हँसते हो। मैं सच कहता हूँ, ऐसा ही होता। नेहरू कहते - 'बेटा, तुम अपने लिए कुछ माँगो। मिठाई, खिलौने ?' बच्चा कहता—'नहीं चाहिए। हमारे बापूजी को टिकिट दे दीजिए।' अब पण्डितजी क्या करते ? बाल-हठ के सामने झुकना पड़ता। वे समझाते —'बेटा, बच्चों को टिकिट से क्या मतलब ? और टिकिट तो हाई कमाण्ड देता है।' पर बच्चा न मानता। वह कहता—'चाचाजी, हमको बुद्धू मत बनाइए। आप ही तो टिकिट देते हैं।' साधो, नेहरू खीजकर उस बच्चे को उतार देते और दूसरे को गोद में लेकर पूछते—'बेटा, तुम खिलौने लोगे ?' वह कहता—'नहीं चाचाजी, हम खिलौने नहीं लेते। हमारे पिताजी को राज्यपाल बना दीज़िए।' नेहरू इसे उतार दूसरे को उठाते। कहते—'तुम बड़े अच्छे लड़के हो। बोलो, तुम्हें क्या चाहिए ?' वह बच्चा कहता—'हमारे पिता को प्रतिनिधिमण्डल में विदेश भेज दीजिए।' साधो, कोई बच्चा पिता के लिए मन्त्री-पद माँगता, कोई दूतावास का पद माँगता। पण्डित नेहरू बच्चों के माँ-बाप के साथ पिछले 14 वर्षों से चालाकी कर रहे हैं। इस बार माँ-बाप ने उनसे बदला लेने का निश्चय किया था।

साधो, मगर नेहरू ने अमरीका जाकर सब योजना नष्ट कर दी। कल ही एक टिकिटार्थी बड़ी मायूसी से कह रहा था—'क्या बताएँ, सब गड़बड़ हो गया। लड़के को दिल्ली भेजनेवाले थे। साल-भर से उसे सिखा रहे थे कि मुन्ना, जब नेहरू चाचा पूछें तो कहना कि हमारे बाप को टिकिट दे दीजिए। मगर यह नेहरू तो बच्चों का ही नहीं, उनके बाप का भी चाचा निकला। देखा, ठीक मौके पर अमरीका भाग गया। मुसीबत यह है कि लड़के ने वह वाक्य रट लिया है, सो जिस-तिस से कहता है कि हमारे बाबूजी को टिकिट दे दीजिए। कल एक पुलिसमैन को देखा तो उससे कह उठा—'सिपाहीजी, बाबूजी को टिकिट दे दीजिए।' मैंने उसे समझाया कि इस बार नहीं तो 1967 में तुम्हारा आगामी बच्चा जरूर नेहरू चाचा से टिकिट ले आयगा। बस, बच्चों का सिलसिला मत टूटने देना। कोई बच्चा तुम्हारे लिए टिकिट ले ही आयगा।

साधो, नेहरू की गैरहाजिरी का दादा कृपलानी को फायदा उठाना था। उन्हें घोषित करना चाहिए था कि नेहरू चाचा है तो मैं मामा हूँ। मामा कृपलानी! बच्चे नारा लगाते 'मामा कृपलानी जिन्दाबाद !' साधो, चाचा की अपेक्षा बच्चों को मामा अधिक प्रिय होता है। इसमें एक ही खतरा है। दादा के चिड़चिड़े स्वभाव और क्रोध-भरी और डरावनी सूरत के कारण बच्चा मामा के पास आने से डरते। तो भी दादा हँसने और प्यार करने का अभ्यास कर लेते, तो ठीक हो जाता। अभ्यास से वात्सल्य भी आ जाता है। मगर दादा ने चांस खो दिया।

19.11.'61

जे. बी. कृपलानी और मंघाराम*

साधो, दादा कृपलानी मेनन के खिलाफ बम्बई से चुनाव लड़ रहे हैं। दादा स्वतन्त्र उम्मीदवार हैं, मगर स्वतन्त्र पार्टी में नहीं हैं। हर पार्टी के साथ चलने को तैयार हैं। फिलहाल उनका समर्थन प्रजा समाजवादी पार्टी, स्वतन्त्र पार्टी और जनसंघ कर रहे हैं। कल अगर मुस्लिम लीग चाहे तो उसे भी वे साथ ले सकते हैं।

साधो, दादा कृपलानी की किसी से नहीं पटी। जिसकी बीवी तक से न पटी और जो दादा को पी. एस. पी. के बियाबान में छोड़ कांग्रेस में चली गयी, उसकी किसी से कैसे पट सकती है।

साधो, जे. बी. कृपलानी का अब क्या होगा? हारने के बाद क्या करेंगे? साधो, अटकल मत लगाओ। इतिहास की नजर से देखो। आज से हजार साल बाद इतिहास के विद्यार्थी को खुदाई में कहीं जे. बी. मंघाराम के बिस्किट के टिन मिल जायेंगे। वह टिन देखकर प्रसन्न हो उठेगा और उसे लेकर अपने आचार्य के पास जायेगा। कहेगा—'सर, एक बड़ी महत्त्वपूर्ण खोज की है। हम लोग सुनते आ रहे थे कि बीसवीं शताब्दी में एक जे. बी. कृपलानी नाम का आदमी था।' यह आदमी बड़े चिड़चिड़े स्वभाव का था। वह 'सिनिक' था। यह दुबले-पतले शरीर का, मरियल, लम्बी नाक और लम्बे सूखे चेहरे का आदमी था जिसके मुख पर स्थायी खीझ का भाव रहता था। यह एक बार जवाहरलाल के पास दिखा तो मेनन ने उसकी तरफ इशारा करके, शेक्सपियर के 'जूलियस सीजर' नाटक के वाक्य कहे, जो केसियस की ओर संकेत करके सीजर से कहे गये थे—'यान केसियस हेज ए लीन एण्ड हंग्री लुक। ही थिंक्स टू मच। सच मेन आर डेन्जरस।'

साधो, केसियस भी ठीक दादा कृपलानी-जैसा था और उसने सीजर के खिलाफ षड्यन्त्र किया था। वही कृपलानी कर रहे हैं, अपने ज़माने के सीज़र के खिलाफ। साधो, वह शोधछात्र आगे अपनी खोज बढ़ायेगा। आचार्य से कहेगा—'सर, यह जे. बी. कृपलानी पहिले गाँधीजी के साथ था। उनसे भी इसकी नहीं पटती थी। बाद में इसकी जवाहरलाल से नहीं पटी। इसने अलग पार्टी बनायी जिसका नाम रखा—कृषक-मजदूर प्रजा-पार्टी। फिर यह अशोक मेहता से मिल गया और नयी पार्टी बनायी—प्रजा सोशलिस्ट पार्टी। इसकी अशोक मेहता से भी नहीं पटी। तब यह स्वतन्त्र हो गया और इसने भारत के सुरक्षामन्त्री कृष्ण मेनन के खिलाफ चुनाव लड़ा।'

साधो, यहाँ गुरु ऊबकर कहेगा—'यह तो सबको मालूम है। इसके बाद उसका क्या हुआ, यह अन्धकार में है। इस बारे में कुछ शोध करो कि जे. बी. कृपलानी का

* फरवरी '62 के आम चुनाव में जे. बी. कृपलानी समस्त समाजवाद-विरोधी ताकतों के समर्थन से कृष्ण मेनन के खिलाफ बम्बई (उत्तर) से लड़े थे और हारे थे।

इस चुनाव के बाद क्या हुआ ?'

साधो, वह शोध-छात्र बड़े गर्व से जे. बी. मंघाराम के बिस्किट का टिन अपने गुरु के सामने रखकर कहेगा—'सर, यह मुझे खुदाई में मिला है। इस पर जे.बी. मंघाराम खुदा हुआ है। यदि अभी तक प्राप्त तथ्यों को इससे मिलाया जाय, तो कृपलानी के शेष जीवन का पता लग सकता है। मेरा विश्वास है कि जे. बी. कृपलानी और जे. बी. मंघाराम एक ही आदमी के नाम थे। जे. बी. कृपलानी जब मेनन से हारा तो उसकी बड़ी बदनामी हुई। उसे राजनैतिक जीवन में खड़े रहने को जगह भी नहीं रही। कोई पार्टी उसे लेने को तैयार नहीं थी। तब उसने नाम बदलकर जे. बी. मंघाराम के नाम से बिस्किट कारखाना खोल दिया। उसका शेष जीवन बिस्किट बनाते और बेचते बीता। उसका कारखाना बड़ा रहा होगा। राजनीति में तो वह असफल रहा, पर बिस्किट के व्यवसाय में जरूर सफल रहा होगा। उसके बिस्किट के टिन अभी भी मिलते हैं और उसका नाम जीवित रखे हैं।'

साधो, उस शोध-छात्र को और भी ऐतिहासिक प्रमाण मिलेंगे। किसी दिन वह दौड़ता हुआ अपने आचार्य के पास आयेगा और एक रिकार्ड बजाकर सुनायेगा—

आओ बच्चो तुम्हें खिलायें टॉफी मंघाराम की,
इस डिब्बे पर सील लगी है जे. बी. मंघाराम की।

छात्र कहेगा—'सर, बीसवीं शताब्दी के उत्तरार्द्ध में बजाया जानेवाला यह रिकार्ड मुझे बड़ी खोज के बाद मिला है। इस गीत से मालूम होता है कि जे. बी. कृपलानी उर्फ मंघाराम के बिस्किट और टॉफी बहुत लोकप्रिय थे। इनके बारे में गीत बन गये थे। घर-घर में ये गीत गाये जाते थे। पिता जे. बी. के गीत गाता हुआ अपने बच्चों को टॉफी-बिस्किट देता था और इस आदमी का नाम हर बच्चे की जबान पर था। जो लोकप्रियता उसे राजनैतिक जीवन से नहीं मिली, वह कई गुनी बिस्कुट बनाने से मिल गयी। उसका नाम बड़े आदर के साथ पार्ले और मार्टन के साथ लिया जाता था।

साधो, भविष्य दादा कृपलानी को किस रूप में जानेगा, यह तुम समझ गये होगे। साधो, दादा का भविष्य उज्ज्वल है। साधु-सन्तों का कर्त्तव्य है कि मनुष्य का भविष्य सुधारने में मदद करें। जाओ साधो, मेनन के चुनाव-क्षेत्र में काम करो। दादा कृपलानी को जितने कम वोट मिलेंगे, उतनी ही बड़ी बिस्कुट फैक्टरी वे खोलेंगे। साधो, दादा को इतिहास ने जरूर भेजो।

3.12.'61

अष्टग्रही योग आ गया !*

साधो, 1961 गया। कल 1962 शुरू हो रहा है और अष्टग्रही योग भी सिर पर आ रहा है। कहते हैं बड़ा दुष्ट योग है यह। एक बार पहिले अष्टग्रही योग आया था तो महाभारत हुआ था। साधो, तुम ज़रा पण्डितों से पूछो कि अष्टग्रही योग के कारण महाभारत हुआ या महाभारत के कारण अष्टग्रही योग आया। यानी ग्रह अगर आदमी के मामलों में दखल देते हैं, तो क्या आदमी ग्रहों के मामलों में दखल नहीं दे सकता ? आदमी ने जब अपने अलग ग्रह बनाकर आसमान में छोड़ लिये हैं तो क्या ग्रहों पर उसका कुछ भी वश नहीं चलता।

साधो, मेरी बात कोई मानेगा नहीं। जो प्रत्यक्ष और तर्कपूर्ण है उसे कोई मानने को तैयार नहीं। जो अप्रत्यक्ष और रहस्यमय है, उस पर एकदम भरोसा होता है। अष्टग्रही योग होगा तो सारी दुनिया पर असर पड़ेगा। मगर घबड़ाये हुए सिर्फ हम लोग हैं। इसका कारण है। सब अनहोनी का ठेका अपने को मिल गया है। सबसे अच्छे ज्योतिषी अपने देश में होते हैं और ये चुनाव टिकिट से लेकर प्रलय तक की भविष्यवाणी करते हैं। दिल्ली में 7 जन्तर-मन्तर रोड के पास सैकड़ों ज्योतिषी चुनाव उम्मीदवारों को भविष्य बतला रहे हैं। साधो, जब प्रलय ही हो रहा है, तो चुनाव जीतने से क्या फायदा ?

साधो, भारतवासियों को चिन्ता करने की बिल्कुल जरूरत नहीं है। हमारे यहाँ का पण्डित-पुरोहित वर्ग इतना प्रबल है कि वह आठ ग्रहों को टाल देगा। ब्रह्माण्ड के जितने भी ग्रह और नक्षत्र हैं, उन सबका एग्रीमेण्ट अपने पण्डितों के साथ है। भारत का ब्राह्मण ग्रहों को मना लेता है। लड़की-लड़कों की कुण्डली में जब ग्रह नहीं मिलते और विवाह नहीं जमता, तब पुरोहित ही आकर समस्या हल करता है। वह हैसियत के अनुसार ग्रह-शान्ति की पूजा करा देता है और मंगल या शनि जैसे ग्रह प्रभाव छोड़ देते हैं। एक ब्राह्मण की पूजा से ग्रह शान्त हो जाता है। जब इस देश के हजारों ब्राह्मण ग्रहों की पूजा करेंगे, तब आठ क्या आठ सौ ग्रह भी शान्त हो जायेंगे।

साधो, तुम देख ही रहे हो कि उत्तरप्रदेश में ब्राह्मणों ने कार्तिक में ही होली मनवा दी। सरकार अगर हस्तक्षेप न करती, तो सारे देश में अभी होली जल जाती और अष्टग्रह टल जाते। ज्योतिषियों और पुरोहितों ने आठों ग्रहों से कह रखा था कि हम होली अभी करवा देते हैं, तुम शान्त हो जाओ। मुसलमान भी हिन्दुओं से पीछे नहीं हैं। उन्होंने भी मुहर्रम अभी मना लिया। साधो, ज्योतिष विद्या में अरब और भारत ही सबसे आगे रहे हैं। पता नहीं नास्सेर क्या कर रहा है। कासिम ने

* सन् 1962 में 'अष्टग्रही योग' आया था। ज्योतिषियों ने भय फैला दिया था कि वह बहुत अनिष्टकारक है। सारे भारत में भजन-पूजन और यज्ञ वगैरह हुए थे।

पता नहीं मुल्ला लोगों से क्या कह रखा है। वहाँ तो ग्रह-शान्ति के लिए कुछ हो ही नहीं रहा है।

साधो, अपना विचित्र हाल है। कहीं कोई भविष्य की बात सुनते हैं, तो हम विश्वास करते हैं कि अनिष्ट हम पर ही आयेगा। अष्टग्रही योग हो रहा है, तो आठों ग्रह आकर जम्बूद्वीप में भारत नामक देश पर इकट्ठे होंगे और प्रलय करेंगे। वे रूस, अमरीका, ब्रिटेन सबको छोड़ देंगे। वे सीधे भारत पर आयेंगे? इसलिए कि भारत में ज्योतिषी बहुत हैं और उन पर विश्वास भी किया जाता है। ग्रह बेचारे रूस जाकर क्या करेंगे? वहाँ न कोई भविष्य बतलायेगा और न ग्रहों की शान्ति के लिए यज्ञ और पूजा-पाठ करायेगा। ग्रह भी समझदार हैं। वे वहीं जाते हैं जहाँ लोग उनसे डरते हों।

साधो, आगामी आम चुनाव में तुम उसी दल को वोट दो जो ग्रह-शान्ति के लिए यज्ञ करवाये। अगर कोई पार्टी अपने चुनाव घोषणा-पत्र में यह कह दे कि हम एक हजार यज्ञ करायेंगे, तो उसको सब वोट मिल जायेंगे।

साधो, अष्टग्रहों को बुद्धू बनाने के प्रयत्न चालू हो गये हैं। जगह-जगह यज्ञ हो रहे हैं। हजारों-लाखों रुपये यज्ञ के लिए चन्दे में मिल जाते हैं। जहाँ अस्पताल या स्कूल के लिए फूटी कौड़ी गाँठ से नहीं निकलती वहाँ यज्ञ के लिए रुपये निकल आते हैं। इस उत्साह से यज्ञ हो रहे हैं कि सारे देश के वातावरण में धुआँ छा जायेगा और ग्रहों को दिखेगा ही नहीं कि भारत कहाँ है। बस, वे चीन की ओर चले जायेंगे। साधो, उन देशों का क्या होगा, जहाँ यज्ञ नहीं होते? वे तो बेचारे मारे गये। क्यों नहीं हमारी सरकार अपने दूतावासों के जरिये 100-100 ज्योतिषी और पुरोहित सब मित्र देशों में यज्ञ करने भेज देती? पाकिस्तान और चीन को एक भी पुरोहित न दिया जाये। इनसे अपनी दुश्मनी है।

साधो, इस ठण्ड को देखकर मुझे विश्वास हो गया है कि अष्टग्रही योग आ गया। ऐसी ही ठण्ड तब पड़ी थी जब कृष्ण सन्धि-प्रस्ताव लेकर दुर्योधन के पास गये थे। इसके बाद महाभारत युद्ध हुआ। इस बार की ठण्ड के बाद महाभारत होगा—यानी चुनाव होंगे। इन चुनावों में भी बड़ा अनिष्ट होगा।

साधो, अष्टग्रही योग के कुछ दुष्परिणाम तो मैं अभी बता सकता हूँ। हजारों उम्मीदवार हारेंगे, हजारों की जमानत जब्त होगी। लाखों-करोड़ों रुपये चुनाव-प्रचार में स्वाहा होंगे। यह क्या कम अनिष्ट है? क्या सरकार ऐसा नहीं कर सकती कि अष्टग्रह निकल जाने के बाद चुनाव करवाये? या इस एक साल के लिए शासन स्वामी करपात्रीजी को या शंकराचार्य को या महन्त दिग्विजयनाथ को सौंप दे? स्वामी, महन्त और शंकराचार्य को राजगद्दी पर देखकर अष्टग्रहों की नानी मर जायगी। धर्म के नारे का बल ग्रहों की भी समझ में आ जायेगा।

31.12.'61

चुनाव के नज्जारे

साधो, ज्यों-ज्यों चुनाव नजदीक आ रहा है, त्यों-त्यों अजीब नज्जारे नजर आ रहे हैं। मैंने तुम्हें बहुत पहिले बताया था कि चुनाव में दो तरह के आदमी खड़े होते हैं, उम्मीदवार और नाउम्मीदवार। नाउम्मीदवार में भी दो प्रकार होते हैं—समझदार नाउम्मीदवार और नासमझ नाउम्मीदवार। साधो, समझदार नाउम्मीदवार वह है जो यह जानता है कि वह हारेगा फिर भी वह लड़ता है। फिर भी क्यों लड़ता है? इसके कई कारण होते हैं, प्रगट, गुप्त! प्रगट कारण तो ऐसे होते हैं जैसे सांकेतिक विरोध के लिए ही लड़ना या किसी के वोट बँटाकर किसी अन्य को जितवाना। लेकिन गुप्त कारण गुप्त दान सरीखे होते हैं। कोई नहीं जानता कि गोबरगनेशजी क्यों खड़े हैं। पर गोबरगनेशजी जानते हैं कि वे इसलिए खड़े हैं कि किसी उम्मीदवार से कुछ मिल जाय तो बैठ जायें। साधो, ये सब समझदार नाउम्मीदवार हैं। इन सबके शिरोमणि हैं कृपलानी। वे कहते हैं, जब हारना ही है तब किसी छोटे आदमी से क्यों हारना? क्यों न प्रधानमन्त्री या सुरक्षामन्त्री से हारना? दादा कृपलानी जानते हैं कि वे हारेंगे। बड़े आदमी से हारने से प्रतिष्ठा बढ़ती है। मरना हो तो ओमती में क्यों डूबना? नर्मदा में क्यों नहीं डूबना? महासागर में क्यों नहीं डूबना? छोटी मछलियाँ शरीर को क्यों खायें? व्हेल खाय तो और अच्छा है। साधो, दादा कृपलानी के बड़े सुलझे हुए विचार हैं।

लेकिन एक नासमझ नाउम्मीदवार होता है। यह किसी कोने में पड़ा महत्त्वाकांक्षी दब्बू आदमी होता है। जब किसी पार्टी को किसी सीट के कतई जीतने की उम्मीद नहीं होती, तब वह ऐसे किसी दब्बू महत्त्वाकांक्षी को पकड़ती है। यह बेचारा समझता है कि मैं बहुत लोकप्रिय आदमी हूँ, यद्यपि मैं नहीं जानता। साधो, कई पार्टियाँ मूर्खों की खोज में बड़ी दक्ष होती हैं। जैसे राडार के पर्दे पर वायुयान की छाया पड़ती है वैसे ही इन पार्टियों की चेतना के पर्दे पर मूर्ख की तस्वीर उभरती है। हनुमान जब लंका गये थे तब समुद्र में एक ऐसी राक्षसी मिली थी, जो पक्षी की छाया पकड़कर उसे मुँह में खींच लेती थी। ये पार्टियाँ भी राक्षसी की तरह समाज में उड़ते अविवेकी पक्षियों को पकड़-पकड़कर निगलती रहती हैं। बेचारा नासमझ महत्त्वाकांक्षी खड़ा हो जाता है। और वह अपनी जीत के बारे में प्रधानमन्त्री से भी अधिक निश्चिन्त रहता है। वह समझता है कि सारा देश उस क्षण का इन्तजार कर रहा था कि कब ये खड़े हों और सारे वोट इनकी पेटी में डाल दें! साधो, आत्मविश्वास कई तरह का होता है—धन का, बल का, बुद्धि का। मगर मूर्खता का आत्मविश्वास इन सबसे बड़ा होता है। साधो, ऐसा बेचारा नासमझ उम्मीदवार सब जमा पूंजी खोकर बाद में पछताता है।

साधो, जब मैं लड़कों को पढ़ाता था, तब कई बार मेरे मन में इच्छा जागी कि मैं खड़ा हो जाऊँ। कारण यह था कि मुझे सबेरे से शाम तक हजारों लड़के सलाम करते

थे और मुझे लगता था कि सारी दुनिया मुझे सलाम कर रही है और मेरे इशारे पर चल रही है। अगर मैं खड़ा हो जाऊं तो सारे वोट मुझे मिल जायेंगे। मैं एक-दो बार चुनाव लड़ने से बाल-बाल बच गया। वे लड़के वोटर थोड़े ही थे। और होते तो क्या वे मुझे वोट दे देते? साधो, सलाम करनेवालों से हमेशा सावधान रहना चाहिए। जो सलाम देता है, वह वोट नहीं देता। साधो, मदरसेवाला इस भ्रम में आसानी से फँसता है। जब किसी पार्टी को नासमझ नाउम्मीदवार खोजना होता है तब वह स्कूल-कालेज की तरफ आती है।

साधो, पार्टियों के घोषणापत्र छप गये। सब अच्छे हैं। सब पार्टियों के घोषणा-पत्र पढ़ लेने के बाद यह समझ में नहीं आता कि देश का भला किसमें है। हर पार्टी हमें समझा देती है कि देश का भला हमारे द्वारा होगा। अब वोटर बेचारा क्या करे? राष्ट्रीयकरण से भी भला होगा और स्वतन्त्र उद्योग से भी। तो भला आखिर किससे होगा? तटस्थता की नीति से भी देश का कल्याण है और अमरीकी गुट में शामिल होने से भी। तो कल्याण काहे में है? साम्यवाद से भी भला होगा और पूंजीवाद से भी, तो आखिर भला किससे होगा? साधो, ये चुनाव घोषणापत्र ऐसे बनते हैं कि अगर अखिल भारतीय चोर महासभा भी घोषणापत्र निकाले तो उसे पढ़कर बिल्कुल विश्वास हो जायगा कि भारत का कल्याण चोरों को सत्ता सौंप देने में ही है। साधो, मैं तो हर एक से प्रभावित हो रहा हूँ। उस दिन जब प्रभावती राजे का भाषण सुना तो मुझे लगा कि बस इन्हें भारत की सत्ता सौंप देना चाहिए। फिर करपात्रीजी को सुना तो लगा कि इन्हें और प्रभावतीजी को देश सौंप दिया जाय तो भारत स्वर्ग हो जायेगा। (कहते हैं, मरे बिना स्वर्ग नहीं मिलता!) साधो, जब उस दिन धर्म-संस्कृतिवाली प्रभावती ने धर्म-संस्कृतिवाले ही जनसंघ की खिल्ली उड़ायी, तब मैं चकरा गया कि किसका धर्म सच्चा और किसकी संस्कृति भारतीय! साधो, भोले-भाले वोटर की बड़ी मुसीबत है।

साधो, मुझे कुछ भी नहीं सूझ रहा है कि किस पार्टी को वोट दे दूं। सभी तो अच्छे हैं। देश में इतनी बड़ी संख्या में इतने अच्छे लोग हैं, यह मुझे हर बार चुनाव के समय मालूम हो जाता है और मुझे बड़ी आशा बँधती है कि इस देश का भविष्य उज्ज्वल है।

मगर तुम पूछोगे कि इनमें से वोट किसे दें? साधो, जरा धीरज धरो। अभी तो ताश बाँटे ही जा रहे हैं। जब सब पत्ते हाथ में आ जायें, तब चाल चलोगे। अभी सब अच्छे आदमियों को देख लें। इन अच्छों में से हर अच्छा बाकी हर एक को बुरा बतायेगा। तब एक समय ऐसा भी आयेगा, जब हमें लगेगा कि सभी बुरे हैं। तब हम तय करेंगे कि किसे वोट दें।

7.1.'62

एक अच्छी घोषणा*

साधो, जिन्हें खड़े होना था खड़े हो गये। अब सिर्फ बैठने का मौका अपने हाथ में है।

मेरे सामने हर पार्टी के चुनाव घोषणापत्र पड़े हैं और इन्हें देखकर ऐसा मन होता है कि हर पार्टी को वोट दे दिया जाय। मगर वोट एक ही है। एक पार्टी को देने से बाकी पार्टियों के प्रति अन्याय हो जायगा। ये सभी अच्छे-अच्छे काम करना चाहती हैं।

साधो, इनमें सबसे ऊपर भारतीय जनसंघ का घोषणापत्र है। इसका आरम्भिक अंश बहुत अच्छा है। इसमें कहा गया है कि भारत एक प्राचीन राष्ट्र है, हिमालय से समुद्र तक एक संस्कृति है। भारत की माता के रूप में उपासना करते हैं। साधो, इससे मुझे बड़ा फायदा हुआ। मैंने तीसरी कक्षा में भूगोल और इतिहास में ये बातें पढ़ी थीं। इतने साल हो जाने से भूलने लगा था, तो इस घोषणापत्र ने तीसरी कक्षा के पाठ दुहरा दिये। अब मैं ये बातें पाँच साल तक नहीं भूल सकता।

साधो, इसमें और अच्छी बातें हैं। लिखा है कि जनसंघ धर्म-राज्य की अनिवार्यता को स्वीकार करता है। साधो, धर्म की प्रतिष्ठा की बात स्वतन्त्र पार्टी भी करती है। दोनों पार्टियों के धर्म के लक्षण मिला देने से बड़ा अच्छा नक्शा बनता है। ऐसे राज्य में भौतिक और आध्यात्मिक उत्कर्ष ही आदर्श रहेगा। यानी पूंजी-वालों का भौतिक उत्कर्ष होगा और गरीबों का आध्यात्मिक उत्कर्ष। साधो, मैं तो कहता हूँ कि धर्म-राज्य ही नहीं, जाति-राज्य और उपजाति-राज्य बनने चाहिए। तब देश का क्या होगा?

आगे कहा है कि जनसंघ लोकतन्त्र का अवलम्बन करेगा और अधिनायकवाद (डिक्टेटरी) का विरोधी है। यह भी बिल्कुल सत्य है। हाल ही में दिल्ली-पंजाब और उत्तरप्रदेश के जनसंघ के कुछ नेता यह कहकर पार्टी से अलग हो गये हैं कि जनसंघ में डिक्टेटरी चलती है, जनतान्त्रिक संगठन इनका नहीं है। राष्ट्रीय सुरक्षा के अन्तर्गत कहा गया है कि सेना को आधुनिकतम शस्त्रों से सज्जित किया जायगा। साधो, मेनन ने सेना को आधुनिक नहीं बनाया, वह तो लाठी, बल्लम और तलवार से सेना को सजाता है। बम-वर्षक विमान, तोपें और राकेट जनसंघ उसे देगा।

साधो, आगे मजेदार बातें हैं। भारत एकात्मक राज्य होगा, लेकिन सत्ता का विकेन्द्रीकरण होगा। भ्रष्टाचार बिल्कुल बन्द हो जायेगा। मन्त्रियों का वेतन 500 रु. होगा। साधो, 500 रु. किस हिसाब से होगा? महँगे जमाने के 500 रु. कि सस्ते जमाने के? जब घी आठ आने सेर हो जायेगा, तब 500 रु. देकर क्या करेंगे? और

* सन् '62 में जनसंघ का चुनाव-घोषणापत्र निकला। इसमें कुछ बड़ी दिलचस्प बातें थीं। धर्म, गो-रक्षा और हिन्दू-राष्ट्र का बड़ा जोर था। आर्थिक कार्यक्रम कुछ नहीं था।

जब व्यक्तिगत उद्योग को जनसंघ छूट देगा, तो मन्त्री भी तो व्यक्तिगत उद्योग से अधिक पैसा कमा लेंगे। इस मामले में नीति स्पष्ट नहीं है।

साधो, सबसे बड़ी आशा जनसंघ ने तुम-जैसे निठल्लों को दी है। घोषणा की है कि जिन्हें काम नहीं मिलेगा; उनका पेट भरने का दायित्व शासन लेगा। साधो, बड़े मजे रहेंगे। जब राज्य ही पालन-पोषण करेगा, तब काम करनेवाला तो बेवकूफ कहलायेगा। अधिक-से-अधिक आदमी निठल्ले हो जायेंगे। दिन-भर मक्खियाँ मारेंगे और शाम को जाकर सरकारी सदावर्त से रोटी ले आयेंगे। साधो, सरकार हमें काम करने पर मजबूर भी नहीं करेगी, क्योंकि इसी घोषणापत्र में कहा है कि व्यक्तिगत उद्योग को स्वतन्त्रता रहेगी और राज्य की शक्ति अमर्यादित नहीं रहेगी। व्यक्ति चाहे जो उद्योग कर सकेगा और चाहे तो कुछ भी न करेगा, पर सरकार को उसका पालन करना पड़ेगा। साधो, यही तो स्वर्ग कहलाता है। सब निठल्ले देवता हो जायेंगे।

साधो, आगे कहा है कि विदेशी पूंजी भारत में नहीं आ सकेगी। स्वदेशी मन्त्र का पुनर्जागरण होगा। अर्थात् भारत में विदेशी पूंजीवाद के स्थान पर देशी पूंजीवाद का विकास होगा। होना भी चाहिए। टाटा, बिड़ला, डालमिया ने क्या स्वदेशी आन्दोलन में इसीलिए चन्दा दिया था कि स्वतन्त्रता के बाद समाजवाद शुरू हो जाय?

साधो, इसमें कई क्रान्तिकारी घोषणाएँ हैं। जैसे यह कि आयुर्वेद को राष्ट्रीय चिकित्सा पद्धति बनाया जायगा। साधो, अगर तुम्हारी हड्डी टूट जायगी तो एक्स-रे नहीं करा पाओगे, क्योंकि एक्स-रे आयुर्वेद में नहीं है। कुत्ते के काटने पर इंजेक्शन नहीं लगवा सकते। दुनिया-भर के वैज्ञानिकों ने जो दवाएँ खोजी हैं, वे अपने किसी काम नहीं आवेंगी। वे अराष्ट्रीय हैं। अपने धर्म में मरना श्रेयस्कर है। अपनी राष्ट्रीय चिकित्सा से मरना अच्छा, दूसरे की दवा से जान बचाना अधर्म है।

साधो, आगे कहा गया है कि बिजली को गाँव-गाँव पहुँचायेंगे, पर ट्रैक्टर नहीं चलने देंगे। बिजली तक हम अगर आधुनिक होते हैं, तो हल तक पुरातन होना भी जरूरी है। और फिर ट्रेक्टर से जमीन अधिक गहरी खुद जाती है, जिससे धरती माता को कष्ट होता है। आगे कहा गया है कि सिर्फ गोबर का खाद दिया जायेगा; रासायनिक खाद नहीं। साधो, इसका उद्देश्य भी पवित्र है। खाद के गोबर के लिए गोवंश की वृद्धि होगी, तो गौशालाएँ खुलेंगी और गौशालाएँ खुलेंगी तो उनके मन्त्री और मैनेजर होने का बहुत लोगों को मौका मिलेगा और उनका जीवन सुधरेगा।

साधो, एक बात समझ में नहीं आयी। जनसंघ शासन सँभालने के बाद गौशालाएँ खोलेगा। अभी क्यों नहीं खोलता? गौ की रक्षा शासन सँभालने के बाद ही क्यों जरूरी होगी? क्या कांग्रेस राज की गायें बेचारी जनसंघ के रक्षण की अधिकारिणी नहीं हैं? गौ के सम्बन्ध में जनसंघ की नीति अपूर्ण है। उसने गोबर, दूध आदि उपयोग तो गाय के लिखे हैं मगर गौमाता के और भी उपयोग हैं। जैसे दंगा कराने के लिए भी होता रहा है। इसका भी उल्लेख होना था। लिखना था—'जब तक

जनसंघ शासन पर अधिकार नहीं कर लेता, तब तक गाय के रक्षण की आवश्यकता नहीं है। शासन हथियाने के बाद गौशालाएँ, डेरियाँ आदि खोलेगा। अभी गाय का उपयोग केवल दंगे के सिलसिले में हो सकता है।'

साधो, ये सब तो अच्छी बातें हैं। लेकिन इस सबसे अच्छी बात अन्त में लिखी है। यह घोषणा ऐसी है जिसे पढ़कर तुम्हारे हृदय खिल उठेंगे और तुम जनसंघ की पेटी वोटों से भर दोगे। इसी एक वायदे पर जनसंघ सारे भारत में जीत सकता है। किसी पार्टी के पास ऐसी जोरदार घोषणा नहीं है। साधो, वह घोषणा यह है कि जनसंघ महुआ कानून समाप्त कर देगा। महुआ में वह तत्त्व है, जिसे ग्रहण कर सारा राष्ट्र कलोल करने लगेगा। साधो, तुम उम्मीद करो कि तुम्हें गाँजा मुफ्त मिलने लगेगा। अब सोचो किस पार्टी को वोट दोगे।

22.1.'62

रानी : अमेरिकी और स्वतन्त्री*

साधो, अमेरिकी रानी चली गयीं। अमेरिका और यूरोप के लोग और अखबार-नवीस बड़े विचित्र हैं। जबसे केनेडी राष्ट्रपति हुए हैं, तबसे वहाँ यह प्रचार हो रहा है कि जेकलिन केनेडी पश्चिम की सबसे सुन्दर स्त्री हैं। साधो, उनके कपड़ों के फैशन चलने लगे, केश-सज्जा स्टेण्डर्ड हो गयी और अमरीका तथा यूरोप की उच्च-वर्गीय महिलाएँ पता लगाने लगीं कि आखिर जेकलिन केनेडी पेरिस में किस दर्जी से कपड़े सिलवाती हैं। साधो, एक साल के इस प्रचार के बाद बेचारी जेकलिन केनेडी ने अपने आपसे पूछा कि मैं दूसरों की नजरों में क्या हूँ? राष्ट्रपति की पत्नी? उसकी सलाहकार? बुद्धिमती स्त्री? प्रभावशालिनी स्त्री? और उत्तर में बेचारी ने पाया कि मैं केवल खूबसूरत स्त्री मानी जाती हूँ।

साधो, उस बेचारी को क्या मालूम कि ये अमेरिकी लोग हर बड़े आदमी की बीवी को विश्व-सुन्दरी मानते हैं। जब आइसनहावर राष्ट्रपति थे, तब अखबार-वालों ने जनमत संग्रह किया कि सबसे अच्छे कपड़े कौन पहिनती हैं। परिणाम निकला कि सबसे अच्छे वस्त्र आइसनहावर की वृद्धा पत्नी पहिनती हैं···चार्मिंग! तब किसी ने नहीं कहा कि जेकलिन केनेडी सबसे चार्मिंग हैं। अब केनेडी राष्ट्रपति

* इन दिनों राष्ट्रपति केनेडी की पत्नी सुन्दरी जेकलिन भारत-यात्रा पर आयी थीं। जयपुर की सुन्दरी रानी गायत्री देवी भी स्वतन्त्र पार्टी में शामिल होकर राजनैतिक हलचल कर रही थीं।

हो गये तो सबसे अच्छे कपड़े पहिननेवाली जेकलिन हो गयी। साधो, अपनी मदाम पण्डित जब अमेरिका में थीं, तो उनके चाँदी जैसे बालों की तारीफें होती थीं। उनकी कूटनीतिक बुद्धिमत्ता, संसदीय गुण आदि पर किसी का ध्यान नहीं था—'देट सिल्वर हेअर्ड चार्मिंग लेडी।' साधो, ये अमेरिकी ऐसे ही होते हैं। कुछ वर्ष पहिले तक जब चांग-काई-शेक चीन का मालिक था, अमेरिकी लोग मैडम चांग-काई-शेक की सुन्दरता के गीत गाते थे—वण्डरफुली चार्मिंग! अब चांग-काई-शेक के बुरे दिन आ गये, तो मैडम को कोई नहीं पूछता। वे कुरूपा हो गयीं! साधो, जिसका सितारा बुलन्द हो, उसकी बीवी सुन्दर होती है।

साधो, मैडम चांग-काई-शेक जब तक सुन्दरी मानी जाती रहीं, तब तक भारत का निमन्त्रण उनके दरवाजे पर रोज रखा रहता था। गाँधीजी तक ने सर्टिफिकेट दिया था कि मैडम बहुत खूबसूरत है। अब की जब नेहरू अमेरिका गये और उन्होंने देखा कि जेकलिन केनेडी के रूप के गीत गाये जा रहे हैं तो उन्होंने उससे कहा—'कभी हमारे तरफ भी आओ!' और जेकलिन आ गयी। जेकलिन अच्छे कपड़े लेकर आ गयी, साथ में अपनी सुन्दर बहिन को भी ले आयी। ठीक होली के मौसम में आ गयी।

साधो, जेकलिन घर से निश्चय करके चली थी कि सिद्ध कर दूँगी कि मैं सिर्फ खूबसूरत लड़की नहीं हूँ। और बार-बार कोशिश करती थी कि बता दूँ कि खूबसूरती से बड़े गुण भी मुझमें हैं—और हर बार यही सिद्ध होता था कि तुम खूबसूरत लड़की हो। तुम चाहे जो करो, हम तो तुम्हें सुन्दर मानेंगे। साधो, पत्रकार सम्मेलन में पं. नेहरू ने भी यही कहा था कि मिसेज़ केनेडी की यात्रा की सफलता का सबसे बड़ा कारण यह है कि वे बहुत खूबसूरत हैं। बेबी बड़ी अच्छी है!

साधो, यात्रा सफल रही। जेकलिन ने घुड़सवारी करके बतायी और सब लोगों ने कहा—वाह! फिर ताजमहल देखा और बोलीं—वाह, भव्य है! वण्डरफुल, मार्वेलस! फिर रेलगाड़ी से यात्रा की और कहा—वाह, बढ़िया यात्रा रही। वण्डरफुल! लोगों को देखा कि कोई खास दीवाने नहीं हैं, फिर भी कहा—वाह! कैसे अच्छे लोग हैं! वण्डरफुल पीपुल! और जाते-जाते कहा—वण्डरफुल कण्ट्री! अद्भुत देश है! महान देश है! साधो, ऐसी यात्रा से क्या लाभ हुआ? कहते हैं, अमेरिका और भारत में 'भावनात्मक एकता' बढ़ी। सही है—सुन्दर स्त्रियों के आने से भावनात्मक एकता तो बढ़ती ही है।

साधो, मगर दूसरी रानी को इस मौके पर मत भूलो—स्वतन्त्री जयपुर की रानी गायत्री देवी। अमरीकी रानी के रूप की प्रशंसा सुन-सुनकर स्वतन्त्री रानी का हृदय फटा जा रहा था, क्योंकि वे भी सुन्दर मानी जाती हैं। अगर अमरीकी रानी घुड़सवारी कर सकती हैं, तो स्वतन्त्री रानी पोलो खेल लेती हैं। स्वतन्त्री रानी ने अमरीकी रानी को उठाया और जयपुर में अपने महल में ले गयी। पता नहीं, वहाँ इनकी क्या बात हुई। सुना है, गायत्री देवी ने जेकलिन को अपने राजसी कपड़े, जेवर और हीरे-जवाहरात बतलाये और कहा—अब बता? कौन बड़ी? और

अमरीकी रानी ने झेंपकर कहा—'हाँ बाई, तुम्हारे बक्सा में हमसे ज्यादा कपड़े हैं।' इस तरह स्वतन्त्री रानी ने अमरीकी रानी पर रोब जमा लिया। सुना है, स्वतन्त्री रानी ने अमरीकी रानी से कहा कि ज़रा अपने 'उनसे' कहना कि हम राजा-रानियों के लिए कुछ करें। यहाँ तो अन्धेर मचा है। हमारे राज छीन लिये, हमारी पेंशन भी कम करनेवाले हैं। कहते हैं कि समाजवाद का ज़माना है, सबको काम करना चाहिए। भला बताओ, राजा-रानी भी काम करेंगे अब!

बहिन, खूबसूरत स्त्री भी कहीं काम करती है? सुन्दरी तो दूसरों से अपने काम करवाती है। पर क्या करें? हमने भी एक होटल खोली है। अब की जब पण्डित नेहरू अमेरिका पहुंचें, तो केरोलिन के बाबूजी से कहना कि इन्हें कुछ समझाओ तो! हमारा राज वापिस करा दो, बाई! और नहीं तो हमारे राजगोपालाचारीजी को प्रधानमन्त्री बनवा दो।

साधो, ऐसी ही कुछ बातें दोनों सुन्दर रानियों में हुई होंगी। मगर साधो, माया बड़ी ठगनी होती है। 'तिरगुन फाँस लिये कर डोलै, बोलै, मधुरी बानी।' और यह माया शिव के पार्वती बनकर और भक्त के पास भक्तिन बनकर बैठी है। यही माया ट्राय में हेलेन बनकर बैठी थी, मिस्र में क्लियोपेट्रा बनकर, चीन में मदाम चांग-काई-शेक बनकर! यही राजाजी की पार्टी में गायत्री देवी बनकर बैठी है! साधो, इस ठगनी से रहो हुशयार!

1.4.'62

भारत-सेवक समाज

साधो, जो भारत-सेवक समाज में हैं, उनके बुरे दिन आ गये। हाल ही में सरकार ने समाज को अनुदान बन्द कर दिया है और समाज के नेता की हालत देखकर रोना आता है। उन्होंने आँसू पोंछते हुए वक्तव्य दिया है कि अब हमें जनता की ओर मुड़ना पड़ेगा। साधो, मेरे मन में चोर है, सो बताता हूँ। जनता की ओर अगर अब मुड़ेंगे, तो अभी तक किसकी ओर मुड़े थे? सरकार की ओर? तो सवाल उठता है कि सरकार की ओर क्यों मुड़े थे? इसलिए कि सरकार पैसे देती थी। अब जनता की ओर क्यों मुड़ रहे हैं? क्योंकि अब सरकार पैसा नहीं देगी, इसलिए जनता से पैसा लेंगे।

साधो, भारत-सेवक समाजवाले लोग हैं बड़े चतुर। तुमने भारत की सेवा करने के लिए समाज बनाया। तुम्हारे मन में प्रश्न उठा कि 'भारत' कहाँ है? भारत की सेवा का क्या अर्थ? तुमने पवित्र मन से चिन्तन किया, तो अन्तरात्मा से उत्तर

आया कि जो पैसा दे, वही भारत है और उसी की सेवा हमें करनी है। पैसा देने-वाली सबसे बड़ी कम्पनी सरकार है, इसलिए हमने भारत के प्रधानमन्त्री को सबसे पहिले अपना अध्यक्ष बनाया और तमाम सरकारों से अनुदान लेना शुरू कर दिया। साधो, पिछले कई सालों से तुम्हारा काम सरकारी दान से चल रहा है। कोई पूछे कि यह 'काम' क्या है, जिसे आप करते हैं, तो इसका सीधा उत्तर है कि हमारा काम है सरकार से दान प्राप्त करना और उसे खर्च करना।

साधो, अब बड़ी मुश्किल पड़ी। तुम्हारे नेता ने कहा है कि सरकार के इस निर्णय से कुछ समय काम बन्द रहेगा। हाय! हाय!! काम बन्द हो जायगा, तो इस देश का क्या होगा? सरकार को इसकी तनिक चिन्ता भी है कि भारत-सेवक समाज का अनुदान बन्द होने से भारत का भविष्य अन्धकारमय हो जायगा। साधो, तुम्हारे नेता ने इस विलाप के बाद कहा है कि हम जनता के पास जायेंगे और काम फिर चालू हो जायगा। साधो, जनता से कहो कि हे भारत की जनता, हम तुम्हारे ही सेवक हैं। अभी तक हम तुम्हारी सेवा नहीं कर पाये, क्योंकि हमें सरकार पैसा देती थी। अब सरकार ने हमारे साथ धोखा किया। इसलिए हम अब तुम्हारे पास आये हैं; अब तुम हमें पैसा दो, क्योंकि पैसे के बिना हमारा काम रुक गया है।

साधो, सच पूछा जाय तो सरकार का यह निर्णय अप्रजातान्त्रिक है। सरकार के पास पैसा आखिर आता कहाँ से है? जनता का ही पैसा तो है। सरकार तो 'एजेन्ट' है। सरकार का काम है, जनता से पैसा वसूल करके भारत-सेवक समाज को देना। समाज अगर महाजन है, तो सरकार वसूली करनेवाला एजेन्ट। जब महाजन देखता है कि उसका वसूल करनेवाला एजेन्ट कर्जदारों से पैसे वसूल करके मुझे नहीं देता तब वह खुद कर्जदारों के पास जाकर वसूली करता है। साधो, जनता भारत-सेवक समाज की कर्जदार है। सरकार उसकी एजेन्ट है, जिसने उसके साथ धोखा किया। इसलिए भारत-सेवक समाज अब जनता के पास खुद जायगा। साधो, कई सालों बाद तुम्हें जनता की याद आयी; जनता कृतार्थ हो गयी। समाज को जनता के नाम अपील निकालनी चाहिए— हे देशवासियो, गाँधी-युग में 'सेवा' नामक जो धर्म था, उसे गाँधीजी के बाद धन्धा बना लिया गया है। इस धन्धे में जनता हमारी कर्जदार है। उससे वसूली का काम हमने सरकार को सौंपा था; पर सरकार धोखा दे गयी। इसलिए हम खुद जनता से वसूल करेंगे। साधो, अगर जनता कहे कि हमें सेवा नहीं करानी है तो उससे कहो कि तुम्हें सेवा नहीं करानी; पर हमें तो करनी है। हम बलात् सेवा करेंगे।

साधो, सारे भारत-सेवक समाज को रास्ता दिखा दिया उज्जैन जिले की शाखा ने। भारत-सेवक समाज की उस शाखा ने, सरकार से इमारत बनाने का ठेका ले लिया। कैसा क्रान्तिकारी कदम उठाया है। सेवा की संस्था जब तक ठेके न ले, वह चल नहीं सकती। साधो, उस शाखा ने बड़ी दूरदर्शिता से काम लिया। वे जानते हैं कि भारत के सब काम ठेके पर होते हैं—ईश्वरभक्ति ब्राह्मण ठेके पर करता है; नैतिकता का ठेका भारत साधु समाज ने लिया है। इसी तरह कुछ ने साहित्य और

कुछ ने कला का ठेका लिया है। नेतागिरी भी ठेके पर चल रही है। साधो, भारत-सेवक समाज को भी 'भारत कान्ट्रेक्टर्स लिमिटेड' के नाम से एक फर्म में बदल देना चाहिए। इससे पैसे की तकलीफ नहीं होगी। यह कम्पनी सरकार से भी ठेके लेगी। और जनता को अभी तक मूर्ख समझते रहे, तो आगे भी समझो। तुम तो भारत कान्ट्रेक्टर्स लिमिटेड के नाम से एक फर्म खोल दो।

30.4.62

रेलवे का दर्शन

साधो, तुम इन दिनों दो ही बातें करते हो। भारत सरकार के बजट की और रेल-भाड़ा बढ़ने की। साधु-सन्तों को इन दोनों चीजों से कोई सरोकार नहीं होना चाहिए। जिसे बाजार से चीजें खरीदकर लाना हो, वह शिकायत करे कि गरीब आदमी के उपयोग की चीजों पर और टैक्स लग गये। साधुओं को तो मुफ्त में चीजें प्राप्त करने का हक है। तुम्हें न चाय खरीदना, न शक्कर, न कपड़ा। गाँजा कभी-कभी खरीदना पड़ता है, सो साधुओं का खयाल करके धार्मिक वृत्तिवाले मोरारजी भाई ने गाँजे पर टैक्स नहीं बढ़ाया। साधो, इस लिहाज से इस बजट को 'साधुओं का बजट' कह सकते हैं क्योंकि एक तो मोरारजी भाई साधु पुरुष हैं, दूसरे गाँजे पर नया टैक्स नहीं लगा है। लोग इसे 'गँजेड़ियों का बजट' कहें तो भी अनुचित नहीं।

साधो, तुम रेल-किराये की शिकायत क्यों करते हो? जिसे टिकिट लेकर सफर करना है, वह अपनी जाने। साधुओं को तो भारत-भर में बिना टिकिट सफर करने का भगवा पास मिलता है। साधु को कोई नहीं छेड़ता। अगर टिकिट-कलेक्टर पूछ-ताछ भी करे, तो उसे पास बिठाकर उसका हाथ देखकर उसे बताना चाहिए कि वह तरक्की कब पायेगा। उसके कपाल पर भभूत का टीका करना चाहिए। वह टिकिट तो माँगेगा ही नहीं, ऊपर से गाँजे और रबड़ी के लिए रुपये दे देगा। साधो, तुम्हें तो सारे भारत में यात्रा करने का पास मिला है और तुम्हारा दर्जा संसद-सदस्यों से कम नहीं है। उन्हें भी पास मिलता है। मगर वे तुमसे नीचे हैं। उन्हें प्रथम श्रेणी का पास मिलता है पर तुम्हें सब श्रेणियों का मिला है। तुम चाहे जिस दर्जे में सफर कर सकते हो। तुम पाखाने में, पटिये पर और सीट के नीचे लेटकर भी सफर कर सकते हो। अगर गार्ड धार्मिक हुआ, तो उसी के डब्बे में उसके बेटे की ग्रह-दशा बतलाते चले जाओगे। अगर ड्राइवर के घर सन्तान नहीं हो रही है तो तुम सन्तान पाने का अनुष्ठान बताते हुए एंजिन में भी बैठकर जा सकते हो।

साधो, परेशान गृहस्थ होते हैं। अपना क्या है, 'माँग कै खैबो मसीत को सोइबो

लेबे को एक न देबे को दोऊ।' गृहस्थ अलबत्ता शिकायत करते हैं कि एक तो किराया बढ़ गया दूसरे रेलगाड़ियाँ कम हैं, इसलिए डब्बों में भीड़ होती है। हर डब्बा जेलखाना बन जाता है। साधो, इसमें अपराध गृहस्थों का कम नहीं है। रेल विभाग जिस रफ्तार से गाड़ियाँ बनाता है उससे तेज रफ्तार से तुम बैठनेवाले पैदा करते जाते हो। पिछले दस सालों से रेल विभाग गाड़ियाँ और एंजिन बनाने में लगा है, मगर तुमने दस सालों में 10 करोड़ बैठनेवाले और पैदा कर दिये। रेलवे क्या करे ? इधर एक डब्बा बनता है, उधर चार डब्बों की सवारियाँ पैदा हो जाती हैं। साधो, समस्या तब हल हो सकती है जब भारत के गृहस्थ एक साथ रेलमन्त्री से कहें कि आगामी दस सालों में हम कोई सवारी नहीं बढ़ायेंगे, तुम पूरी रेल-गाड़ियाँ बना लो।

साधो, डब्बों की भीड़ से लोग व्यर्थ परेशान होते हैं। असल में इससे राष्ट्रीय एकीकरण होता है। हिन्दू, मुस्लिम, सिक्ख, ईसाई सब एक-दूसरे के पसीने की खुशबू में डूब जाते हैं।

यदि डब्बे में जगह हो तो हिन्दू अलग बैठेगा, मुसलमान अलग और ईसाई अलग। ऐसी स्थिति में एकता नहीं हो सकती है। जब भीड़ होती है, तब मुसलमान और हिन्दू का एक शरीर और दो प्राण हो जाते हैं। नया मुसाफिर जब चढ़ने लगता है, तब हिन्दू, मुसलमान, सिक्ख, ईसाई एक स्वर से चिल्लाते हैं—'जगह नहीं है।' ऐसा लगता है कि कोई राष्ट्रीय नारा लगा रहे हों। मुझे रवीन्द्रनाथ की एक पंक्ति याद आ जाती है कि किसके आवाहन से हिन्दू, मुसलमान, पारसी, ईसाई, यवन यहाँ (भारत महामानव सागर के तीर पर) एकत्रित हो गये हैं ? मन से उत्तर आता है—जगह की कमी के आवाहन से ये एकत्रित हो गये हैं।

साधो, डब्बे में भीड़ होने से बड़े लाभ होते हैं। इससे मनुष्य में कई ऊँचे गुण आते हैं। एक तो सहनशीलता बढ़ती है। तुम्हारे बगल में अगर ऐसा आदमी बैठा है, जिसके शरीर से बदबू आ रही हो, तो तुम 4-6 घण्टों में इस हद तक सहनशील हो जाओगे कि खुशबू और बदबू में भेद नहीं कर पाओगे। साधो, मैंने एक बार ग्रैण्ड ट्रंक में 24 घण्टे एक ही जगह बैठे-बैठे और आदमियों के बीच कसे हुए यात्रा की। उस अभ्यास का नतीजा है कि मैं समाधि लगा सकता हूँ, हठयोग कर सकता हूँ। जो आदमी ग्रैण्ड ट्रंक में दिल्ली से मद्रास तक यात्रा कर ले, वह पहुँचा हुआ महात्मा है। मद्रास पहुँचने पर उसकी आरती उतारनी चाहिए। काँटों पर सोकर जो साधु हठयोग के करिश्मे दिखाते हैं, वे ज़रा तीसरे दर्जे में सफर करके बतायें। गनीमत है कि सीता लंका में थीं और हनुमान को उड़ना आता था। सीता मद्रास में होतीं, राम दिल्ली में होते और सफर रेल का होता, तब राम अगर हनुमान को सीता की खबर लाने के लिए कहते, तो वे दिल्ली स्टेशन पर ग्रैण्ड ट्रंक से कट जाते, पर उसमें चढ़ते नहीं।

साधो, दूसरा बड़ा लाभ यह है कि ऐसी यात्रा में इन्द्रिय-दमन का अभ्यास होता है। तुम कसे-कसाये बैठे हो, निकलने की जगह नहीं है। तुम सण्डास तक नहीं

जा सकते। तब तुम इन्द्रिय-दमन करोगे। साधो, जिसने इन्द्रियों पर विजय पा ली, उसने संसार पर विजय पा ली। जो लोग घण्टों डब्बे में टट्टी, पेशाव रोके बैठे रहते हैं, वे किसी इन्द्रिय-जीत सिद्ध से कम नहीं हैं। वे पूज्य हैं। वास्तव में रेल विभाग सारे राष्ट्र को इन्द्रिय-दमन सिखा रहा है। इससे हमारा नैतिक स्तर एकदम ऊँचा हो जायगा। इन्द्रिय-निग्रही राष्ट्र को फिर किसी से भय नहीं रहेगा।

साधो, जनता रेल विभाग के इन महान उद्देश्यों को समझने का प्रयत्न करे।

6.5.'62

'सरकार चिन्तित है'

साधो, स्वतन्त्रता-दिवस तुमने मना लिया। मगर पानी गिरने के कारण बाहर उत्सव नहीं हो सके। साधो, अंग्रेज कौम भी बड़ी चालाक है। इसने भारत छोड़ा तो दो चीजें ऐसी करती गयी कि तुम हमेशा इन्हें भुगतोगे। एक तो पाकिस्तान बनाया जो हमारे कुरते में सोते समय चींटी की तरह घुस गया और जब-तब काटता है। फिर वे लोग स्वतन्त्रता ऐसे मौसम में दे गये, जब खूब पानी बरसता है। कहते गये—लो हिन्दुस्तानियो, ऐसे मौसम में आजादी दे जा रहे हैं कि तुम ठीक से मना नहीं पाओ।

साधो, स्वतन्त्रता-दिवस के बाद मैंने अखबार उठाकर देखना चाहा कि कहाँ क्या हुआ। एक समाचार पर मेरी नजर पड़ी—खाने की चीजों में मिलावट से सरकार चिन्तित ! साधो, खाद्यउपमन्त्री श्री थामस साहब का वक्तव्य है यह। मैं सोचता रह गया। साधो, मैं देख रहा हूँ कि बेचारी सरकार हर मामले पर चिन्तित रहती जाती है। भाव बढ़ते हैं तो सरकार चिन्तित हो जाती है। इधर चोरी-हत्या आदि होते हैं, तो लोग मन्त्रीजी से शिकायत करते हैं। मन्त्रीजी कहते हैं कि सरकार बहुत चिन्तित है। उधर सरकार चिन्तित हो जाती है, इधर अपराध और बढ़ जाते हैं। रेल-दुर्घटनाएँ होती हैं, तो सरकार फिर वक्तव्य देती है कि बढ़ती हुई रेल-दुर्घटनाओं से सरकार चिन्तित है। सरकार चिन्ता में दुबली हो जाती है, पर दुर्घटनाएं कम नहीं होतीं। साधो, बढ़ती हुई कीमतों से सरकार चिन्तित है, बेकारी से सरकार चिन्तित है, शिक्षा के गिरते स्तर से सरकार चिन्तित है। साधो, मुझे सरकार पर बड़ी दया आती है। ये बेचारी चिन्ता के मारे सो कैसे पाती होगी ? सरकार अगर इस तरह चिन्तित रही, तो इस देश का क्या होगा।

साधो, सरकार तो चिन्तित होती है, मगर अपराधी चिन्तित नहीं होता।

बढ़ती कीमतों से सरकार को चिन्ता है, मगर मुनाफाखोर व्यापारी को जरा भी चिन्ता नहीं है। गुण्डागिरी से सरकार चिन्तित होती है, मगर गुण्डे चिन्तित नहीं होते। अब मिलावट से सरकार तो चिन्तित हो गयी है, मगर मिलावट करनेवाले बिल्कुल चिन्तित नहीं हैं। वे बेखटके मिलावट करते हैं।

साधो, मुझे यह स्थिति बड़ी विचित्र लगती है। इसमें चोर चिन्तित नहीं है, पुलिस चिन्तित है। जो अपराध करता है उसे कोई चिन्ता नहीं। मगर जो अपराध पकड़ते हैं, वे चिन्ता में दुबले हो गये हैं। साधो, ऐसा भी कभी समय आयगा, जब सरकार तो बिल्कुल चिन्तित नहीं होगी, मगर चोर, मुनाफाखोर और मिलावट करनेवाला चिन्तित रहेगा?

साधो, सारी समस्या इस बात पर निर्भर है कि चिन्तित कौन रहता है। जहाँ गलत काम करनेवाला चिन्तित न हो, वहाँ सही काम कैसे हो पायेंगे। हम बाजार से आटा लाते हैं तो तुम्हें चिन्ता रहती है कि कहीं मिलावट तो नहीं है। कहीं हम बीमार तो नहीं पड़ जायेंगे। मगर आटे में मिट्टी मिलानेवाला चिन्तित नहीं है। वह जानता है कि हमारा कोई कुछ नहीं बिगाड़ेगा।

साधो, तुम पूछोगे कि अपराधी चिन्तित कैसे होगा? तुमने सुना होगा कि हाल ही में सोवियत रूस में मिलावट के अपराध में दो आदमियों को फाँसी हो गयी। तुम कहोगे, अरे बाप रे! मिलावट पर फाँसी! पर मिलावट से एक आदमी की नहीं, समाज की हत्या होती है। एक हत्या से बड़ा अपराध है यह! ऐसी सजा तब हो सकती है जब कानून चले, पुलिस रिपोर्ट न बदले, साहब घूस न ले और वकील साहब अपराधी को बचाने न पहुँचें। साधो, मिलावट, मुनाफाखोरी आदि पर फाँसी हो जाय, तो फिर अपराधी चिन्तित होंगे, सरकार चिन्तित नहीं होगी।

पर साधो, इस दयावान देश में इतनी कठोरता नहीं हो सकती। यह धर्मप्राण देश है। यहाँ साँप को दूध पिलाया जाता है। यहाँ अपराधी को दण्ड कैसे मिल सकता है?

साधो, अभी हमें कुछ समय तक छूट देनी है, क्योंकि अभी तो अपने समाजवाद में ही मिलावट है। मिलावटी समाजवाद के जमाने में सबको चांस मिल रहा है। इसे 'सर्वोदय' भी कह सकते हैं। सर्वोदय, याने सबका उदय, सबका विकास। चोर का भी विकास! जब हम तय कर लेंगे कि विकास ईमानदार का होना चाहिए, बेईमान का नहीं, तब सरकार चिन्तित नहीं होगी, गलत काम करनेवाले चिन्तित होंगे।

साधो, बेचारी सरकारों से कहो कि मेरे सरकार, बहुत दुबले हो गये। अब चिन्ता बन्द करो। थोड़ी चिन्ता उनमें भी तो पैदा करो, जो आपको चिन्तित किये हुए हैं। इकतरफा चिन्ता आखिर कब तक चलती रहेगी?

30.8.'62

'बेटा, घर लौट आओ'

साधो, कभी तुम्हारा बेटा गुमा है ? यों तुममें अधिकांश तो निहंग हो, जिनके न आगे नाथ है, न पीछे पगहा ! मगर जो गृहस्थ हो गये हैं, उनका बेटा 16 से 24 साल की उम्र तक जरूर भागता है। तब बाप को याद आता है कि मेरा भी एक बेटा था, जो घर से भाग गया है और उसे वापिस आना चाहिए। साधो, बाप तो गुस्से से कह देता है कि बदमाश भूखा मरेगा, तो अपने आप आ जायगा। मगर उसकी माँ रो-रोकर जान देने लगती है। साधो, इसके बाद माँ-बाप में झगड़ा होता है कि किसके कारण लड़का भागा। माँ कहती है कि तुम उसे नहीं मारते तो वह न भागता; तुम बाप नहीं, राक्षस हो। तब बाप कहता है कि तुम्हीं ने उसे सिर पर चढ़ाकर रखा है। साधो, बाप गुस्सा करता है और माँ रोती है। हारकर बाप अखबार में विज्ञापन छपाता है कि—'बेटा श्रवणकुमार, लौट आओ। तुमसे कुछ नहीं कहेंगे। तुम्हारी बात मान लेंगे। किराये के पैसे न हों तो, हम तार से भेज देंगे। तुम्हारी माँ की हालत बहुत खराब है। जल्दी आ जाओ।'

साधो, इसके साथ ही बेटे की फोटो छापी जाती है और इनाम की घोषणा भी कर दी जाती है कि मेरा लड़का 18 वर्ष का, रंग गेहुँआ, ऊँचाई 5 फीट 4 इंच—इत्यादि। साधो, इसमें अक्सर भूल हो जाती है। अगर श्रवणकुमार काले हैं, तो उन्हें कोई नहीं पहिचान सकता। विज्ञापन में जब माँ-बाप रंग लिखने लगेंगे, तो माँ कहेगी—'अपने बेटे को कोई काला कहता है ? मेरा सरवन तो गोरा है !' साधो, श्रवणकुमार काले हैं, मगर विज्ञापन में रंग गोरा लिखाया जाता है। नतीजा यह होता है कि श्रवणकुमार मिलते कई लोगों को हैं, पर उन्हें पहिचान कोई नहीं पाता। सूरत-शक्ल तो पहिचान में आ जाती है, पर रंग में गड़बड़ हो जाती है।

साधो, इन विज्ञापनों में कई बातें महत्त्व की होती हैं। पहिली तो यह कि बेटाजी की जो बात पहिले नहीं मानी गयी, वह अब मान ली जायगी, क्योंकि वे भाग गये हैं। अगर बेटाजी कैमरा न मिलने के कारण भाग गये हैं, तो अब कैमरा मिल जायगा। अगर बेटाजी किसी से प्रेम करने लगे हैं और माँ-बाप उससे शादी नहीं करना चाहते, तो अब वे शादी कर लेने देंगे। साधो, लड़के के भागने से माँ-बाप का हृदय-परिवर्तन हो जाता है। इस सत्य को सर्वोदयी नहीं जानते, पर डाकू जानते हैं। डाकू सेठ के बेटे को उड़ाकर ले जाते हैं और तब कंजूस से कंजूस सेठ उदार हो जाता है और 10-15 हजार रुपये देकर बेटा ले आता है। साधो, सर्वोदयी इस पद्धति को अपनायें, तो डाकुओं का हृदय-परिवर्तन हो सकता है। सर्वोदयी डाकुओं के बेटों को चुराकर आश्रम में रख लें, तो डाकुओं का हृदय-परिवर्तन हो जायगा। साधो, बेटे के खो जाने से आदमी को अक्ल आ जाती है। जो लड़की पहिले अपने लड़के के योग्य नहीं लगती थी, वह योग्य लगने लगती है।

साधो, दूसरी महत्त्वपूर्ण बात विज्ञापन में यह होती है कि 'बेटा, कोई तुमसे

कुछ नहीं कहेगा; तुमसे कोई नाराज नहीं है।' साधो, इसका मतलब है कि श्रवण-कुमार परीक्षा में फेल हो गये और क्योंकि वे पूज्य पिताजी के स्वभाव को जानते हैं, भाग खड़े हुए। घर जायेंगे, तो बाप प्राण ले लेगा ! साधो, ऐसा विज्ञापन जो पिता छपाये, उसे फौरन गिरफ्तार कर लेना चाहिए। वह इतना क्रूर है कि उसका बेटा उससे डरकर भाग जाता है। साधो, बाप को गिरफ्तार करके पुलिस विज्ञापन छपाये कि चिरंजीव श्रवणकुमार, हमने तुम्हारे बाप को गिरफ्तार कर लिया है। तुम लौट आओ। श्रवणकुमार बेखटके लौट आयेंगे।

साधो, सपूतों के भी कई प्रकार होते हैं। एक वे होते हैं जो साल-भर आवारा-गर्दी करके परीक्षा में फेल होते हैं और भाग जाते हैं। ये जुलाई में उसी कक्षा में बैठने के लिए लौट आते हैं। एक वे भी होते हैं, जो फिल्मी हीरो बनने के लिए बेचैन रहते हैं। ये पर्दे पर देखते हैं कि अशोककुमार, दिलीपकुमार और किशोरकुमार से सब अच्छी-अच्छी एक्ट्रेसें प्रेम करती हैं। वे कल्पना करते हैं कि अगर हम हीरो हो जावें; तो सारे हिन्दुस्तान की स्त्रियाँ हमें पर्दे पर देखकर 'हाय' करके बेहोश हो जायेंगी और भारत की 15 करोड़ तरुणियाँ एक साथ हम पर न्यौछावर हो जायेंगी। साधो, ऐसे सपूत आईने में सूरत देखकर सोचते हैं कि हम किसी भी ऐक्टर से अधिक खूबसूरत हैं। उन्हें लगता है कि सारी अभिनेत्रियाँ वर्षों से हमारा इन्तजार कर रही हैं और हम ज्यों ही बम्बई पहुँचेंगे उनमें होड़ लग जायगी कि कौन श्रवणकुमारजी की हीरोइन हो। साधो, इस धुन में बेचारे चले जाते हैं, खाक छानते हैं, भूखे मरते हैं। तब कहीं उन्हें बाप का विज्ञापन पढ़ने को मिलता है—'बेटा, चले आओ···तुमसे कोई नाराज नहीं है···किराया न हो तो तार से मँगा लो···' श्रवणकुमार किराया मँगाकर घर लौट जाते हैं।

साधो, इनसे होशियार वे सपूत होते हैं, जो किराये का इन्तजाम पहिले से करके निकलते हैं। ये श्रवणकुमार घर से रुपया चुराकर भाग जाते हैं। वे जानते हैं कि बाप पुलिस में रिपोर्ट तो करेगा ही नहीं। इनसे भी चतुर वे होते हैं, जो किसी और के घर से रुपया चुराकर उसके बेटे को भी साथ ले जाते हैं। इसमें अपने घर का पैसा भी नहीं गया और साथ में बेटा होने के कारण, वह पुलिस में रिपोर्ट भी नहीं करता।

साधो, यह अच्छे बेटों की कथा है। इसमें मुख्य रोल माँ का है। उसका सहारा बाप भी होता है और बेटा भी। बाप जानता है कि माँ रो-रोकर मर रही है, यह पढ़कर लड़का लौट आयगा। और लड़का जानता है कि माँ किराया भिजवा देगी।

3.6.'62

बायें क्यों चलें ?

साधो, इधर कुछ दिनों से मुझे पुलिस ही पुलिस नजर आ रही है। सड़क पर, चौराहों पर, कालेजों के आसपास पुलिस ही पुलिस होती है। सड़कों पर चलना मुश्किल हो गया है। पुलिस-गाड़ी से लाउडस्पीकर पर आवाज आती है—बायें चलिए। साधो, मैं बड़ी मुश्किल में पड़ जाता हूँ। एक तरफ तो यह हाल है कि जरा भी बायें चले, याने 'वामपन्थी' हो जायें, उसका पीछा चोर-सरीखा होता है, उसकी आतमकथा सी. आई. डी. लिखती जाती है और उसे कोई सरकारी या गैर-सरकारी नौकरी कभी नहीं मिलती। दूसरी तरफ पुलिस खुद कहती है कि बायें चलो। बताओ मैं क्या करूँ? दाहिने बाजू चलने में बड़ा फायदा होता है। इसीलिए बेचारी पी. एस. पी. बायें किनारे से धीरे-धीरे सड़क पार करके दाहिने किनारे पर आ गयी है। साधो, कांग्रेस का यह हाल है कि आधी कांग्रेस बायें किनारे चल रही है और आधी दाहिने किनारे। सड़क के बीचों-बीच अवसरवादी चल रहे हैं। बायें बाजूवाले दाहिने बाजूवालों को आवाज लगाते हैं कि इधर आ जाओ, एक साथ मिलकर इस देश का निर्माण कर लें। मगर दाहिने बाजूवाले उनसे कहते हैं कि इस तरफ आने से देश का लाभ होगा। साधो, बीचवालों का यह हाल है कि कभी इस बाजू की जय बोलते हैं और कभी उस बाजू की। इस तरह पूरी सड़क पर यह मेला चल रहा है, और मुझसे यह पुलिसमैन कहता है कि बायें चलो!

साधो, मैं ही क्यों बायें तरफ चलूँ? मैं आसपास देखता हूँ कि मेरे-जैसे कई विद्रोही हैं। पुलिस लाख कहे, वे सड़क के बायें बाजू नहीं चलेंगे। ये सच्चे गाँधीवादी हैं। गाँधीजी 50 सालों तक पुलिस से लड़ना सिखाते रहे। भला यह कैसे हो सकता है कि उनकी मृत्यु के 15 साल बाद ही भारत से गाँधीवाद समाप्त हो जाय। जो सच्चे गाँधीवादी हैं, वे अभी भी पुलिस को कुछ नहीं समझते। जो पुलिस कहती है, उसका ठीक उलटा करते हैं। वे ठीक बीच चौराहे पर खड़े होकर दोस्तों से सिनेमा का कार्यक्रम तय करते हैं। वे बिना बत्ती साइकिल चलाते हैं। वे बीच शहर में तेज रफ्तार से ट्रक चलाते हैं। वे जुआ खेलते हैं, चोरी करते हैं, झगड़ा करते हैं, दंगा करते हैं। ये सब विद्रोही आत्माएँ हैं। इस शताब्दी के आरम्भ से इस देश में सत्याग्रह, असहयोग और अवज्ञा आन्दोलन चल रहे हैं। गाँधीजी के नेतृत्व में हमने ये आन्दोलन किये। उन्होंने हमें शिक्षा दी। हमने 50 वर्षों तक उन सबकी अवज्ञा करने का अभ्यास किया जो शासन चलाते हैं। इनमें पुलिस के प्रति हमारा विरोध विशेष रहा है। अब हम पक्के गाँधीवादी हो गये हैं। पुलिस कितनी भी कोशिश करे, हम उसकी बात नहीं मानेंगे। हम बायें नहीं चलेंगे।

साधो, मैं बड़ा खुश हूँ। अभी लोग काफी विद्रोही हैं। बहुत लोग बायें चलना अपमान का काम समझते हैं। उनसे यह ओछापन नहीं हो सकता कि पुलिस कहे और वे बायें चलने लगें। साधो, कल मैंने 5-6 तरुणों को बीच सड़क पर खड़े

खिलखिलाते देखा। आसपास से मोटरें निकल रही हैं, पर वे सब राजा विदेह की तरह बेखबर खड़े हैं। पुलिस की गाड़ी आयी, उनसे बाजू होने के लिए कहा, पर वे बहस करने लगे। मैंने सोचा, ये सच्चे गाँधीवादी वीर हैं। जान हथेली पर रखकर पुलिस का विरोध कर रहे हैं। अँगरेज पहिले ही चले गये, वरना उनकी गोलियाँ ये वीर ही सीने पर झेलते। ये सच्चे गाँधीवादी हैं। मेरा मन हुआ कि इनके चरण छू लूं। पर ज़रा आगे बढ़ा तो देखा कि बीच सड़क पर 4-5 भैंसें पड़ी हैं। ठेले निकल रहे हैं, मोटरें निकल रही हैं। मगर वे बैठी ही हैं। मेरे मन में दुविधा पैदा हुई कि कौन श्रेष्ठ है ? मैं किसके चरण छू लूं—बीच सड़क पर चलनेवालों या खड़े होनेवालों के या इन भैंसों के ? इनमें कौन बड़ा सत्याग्रही है ?

साधो, मुझे यह बायें चलाना बहुत गलत लगता है। संविधान में जो मौलिक अधिकार लिखे हैं उनमें एक यह भी है कि भारतीय नागरिक भारत में कहीं भी जा सकता है। जब वह कहीं भी जा सकता है, तो बीच सड़क से या दाहिने बाजू से क्यों नहीं चल सकता ? आखिर यह प्रजातन्त्र है, कोई तानाशाही तो है नहीं। हमें आजादी मिली है तो क्या इसलिए कि मनचाहा चल-फिर न सकें।

साधो, हमारे देश का आदमी नियम मान ही नहीं सकता। वह मुक्त आत्मा है। वह सड़क के बीच चलकर प्राण दे देगा, पर बायें नहीं चलेगा। मरकर स्वर्ग पहुँचेगा, तो वहाँ भी सड़क के नियम नहीं मानेगा। फरिश्ते कहेंगे कि बायें चलो, तो वह दाहिने चलेगा। साधो, आत्मा अमर है। सड़क पर की दुर्घटना से सिर्फ देह मरती है, आत्मा थोड़े ही मरती है। इस तुच्छ देह के लिए ज्ञानी इतना अनुशासन क्यों सीखे कि सड़क के बायें बाजू चले। साधो, मैं तो पुलिस का भक्त हूँ सो फौरन बायें बाजू हो जाता हूँ। मैं कायर हूँ। मगर उन्हें नमन करता हूँ, जो सड़क के कोई नियम नहीं मानते।

2.9.'62

शिक्षकों का कल्याण

साधो, अच्छा किया जो तुम शिक्षक नहीं हुए। मैंने भी अच्छा किया जो शिक्षा देना छोड़ दिया, वरना आज तुम्हारे-हमारे लिए लोग चन्दा करते। हाँ साधो, कल स्कूली बच्चे आये। कहने लगे कि चन्दा दीजिए। मैंने पूछा कि यह चन्दा किसलिए हो रहा है तो वे बोले कि यह चन्दा 'शिक्षक-कल्याण निधि' के लिए है। आज शिक्षक-दिवस है न !

साधो, मैं विधवाश्रम के लिए, अनाथालय के लिए, भिक्षुक-सदन के लिए चन्दा

देने का आदी हूँ, मगर शिक्षक का भी कल्याण होना है, यह मैंने कभी नहीं सोचा। तहसीलदारों के कल्याण के लिए कभी कोई चन्दा लेने नहीं आया, आबकारी और इनकमटैक्स के इन्स्पेक्टरों के कल्याण के लिए कोई निधि नहीं बनी। फिर शिक्षक के साथ यह पक्षपात क्यों होता है ? शिक्षक न अपंग है, न अनाथ। वह काम करता है; उसे वेतन मिलता है। फिर उसके कल्याण के लिए ऐसी निधि क्यों इकट्ठी होती है, जैसी विधवाओं के आश्रम के लिए होती है ?

साधो, और नौकरियाँ सरकार बहादुर की ब्याहता हैं; अध्यापकी विधवा है। इसका कोई नहीं है। सरकार बहादुर, जो अपनी चहेती नौकरियों के साथ आनन्द करती है, कभी-कभी बेचारी अध्यापकी को भूखा मरते देख लेती है और क्षणभर सहानुभूति से भरकर कहती है—अरे राम-राम, बेचारी बड़ी मुसीबत में है। इसकी कुछ सहायता करनी चाहिए। वह उसके लिए चन्दा शुरू करा देती है। और फिर अपनी चहेती नौकरियों के साथ आनन्द करने लगती है। साधो, जब स्कूली बच्चे अपने शिक्षकों के कल्याण के लिए निधि माँगते हैं; तब ऐसा लगता है, जैसे कोई बच्चा कटोरा आगे करके कहता है— बाबूजी, एक पैसा दे दो। मेरा बाप लँगड़ा है।

साधो, किसी का कल्याण करने के लिए पहिले उसे दयनीय बनाना चाहिए, अपाहिज बनाना चाहिए। इसके लिए वेतन कम हो, नौकरी अनिश्चित हो और पेंशन का कोई इन्तजाम न हो। ऐसा होने पर आदमी दयनीय हो जायगा। तब आप उसके लिए सहायता-कोष खोलिए। साधो, कोई-कोई सनकी राजा ऐसे होते थे कि अपने नौकर को कोड़ों से खूब पीटते थे, मगर उनकी चिकित्सा के लिए डाक्टर तैयार रखते थे। अपनी सरकार भी सनकी जमींदार है। शिक्षक को खूब कष्ट होने देगी, मगर कल्याण-निधि जरूर खोल देगी।

साधो, मुझे लगता है कि सरकार जानती है कि देश को शिक्षक वगैरह की कोई खास जरूरत नहीं है। देश को जरूरत है कलेक्टर की, पुलिस अफसर की और आबकारी अफसर की। इसीलिए इन मुहकमों के कर्मचारियों के लिए सहायता-कोष नहीं खुलता। शिक्षक एक गैरजरूरी चीज है। मगर क्योंकि उसे एकदम से मारा भी नहीं जा सकता, इसलिए उसे जिन्दा रखने के लिए कुछ चन्दा-वन्दा कर देना चाहिए।

साधो, परम्परा को ऋषि-मुनियों ने बिगाड़ा है। वे लँगोटी पहिनकर बिना वेतन लिये शिक्षा देते थे। मगर वे कुछ कम लोभी नहीं थे। पुराण पढ़ो। कथाएँ हैं कि अमुक गुरु ने शिष्य से गुरु-दक्षिणा में एक लाख गायें माँगी। यह भीख नहीं थी। अधिकार की माँग थी। साधो, वह अधिकार चला गया, अब केवल भीख बची रही। अब तो कोई शिष्य एक मुर्गी भी नहीं देगा।

साधो, शिक्षक-कल्याण के लिए इतनी हलचल देखी तो मुझे लगा कि नयी कल्याण-योजना चलाने की अपेक्षा यह अधिक अच्छा है कि जो योजनाएँ उसके कल्याण के लिए चल रही हैं, वे और आगे बढ़ें। ऐसी कई योजनाएँ हैं। मैं बताता हूँ।

साधो, शिक्षकों को गर्मी की छुट्टी में नौकरी से अलग कर दिया जाता है और जुलाई में फिर भरती कर लिया जाता है। यह ठीक भी है। जिन दिनों में लड़के-लड़की स्कूल न आयें, उन दिनों में शिक्षक का क्या काम ! साधो, इस प्रथा को और आगे बढ़ाना चाहिए। शिक्षकों को रोजाना मजदूरी पर रखना चाहिए जिससे इतवार तथा छुट्टियों की मजदूरी न देनी पड़े। सुबह चौक में शिक्षक इकट्ठे हों और स्कूलों के मैनेजर तथा इन्स्पेक्टर वहाँ से मजदूरी तय करके दिन-भर के लिए जरूरी शिक्षक ले आयें। इससे शिक्षकों का और कल्याण होगा।

साधो, दूसरी योजना यह है कि सारे स्कूल चलाने का काम व्यापारियों, बुक-सेलरों, असफल नेताओं, बेकार वकीलों और रंगदारों को दे देना चाहिए। ये सब मिलकर शिक्षक का कल्याण कर देंगे। इनका प्रयत्न होना चाहिए कि वेतन धीरे-धीरे कम करते जायें। अगर सरकार वेतन के मामले में दबाव डाले, तो रजिस्टर में 150 रु. पर दस्तखत कराके हाथ में 7० रु. दे या 150 रु. देकर 50 रु. स्कूल को दान ले ले। इससे भी कल्याण होगा।

साधो, जो सरकारी स्कूल में शिक्षक हैं, उनका तबादला भर-बरसात में होना चाहिए। सरकार अपने मौसम बतानेवाले विभाग से पूछे कि झड़ी कब लगनेवाली है। बस, उसी वक्त शिक्षक का तबादला कर दे। मैं देखता हूँ कि इससे शिक्षकों और उनके परिवारों का काफी कल्याण हो जाता है।

इस तरह बहुत-सी कल्याण-योजनाएँ हैं। करनेवाले करें।

9.9.'62

अमेरिकी छत्ता

साधो, पिछले महायुद्ध के बाद से दुनिया में एक खास किस्म के छत्ते बिक रहे हैं। ये अमेरिकी छत्ते या नाटो के छत्ते या सीटो के छत्ते कहलाते हैं। ये सब छत्ते असल में अमेरिकी कारखानों में बनते हैं। अमेरिका ने कहा, हमारे पास बहुत-से छत्ते हैं। जिस-जिसको जरूरत हो, हमसे कहे। हम उसे एक छत्ता दे देंगे। साधो, इस छत्ते से धूप और वर्षा से बचाव नहीं होता, हवाई हमले से बचाव होता है। लेकिन जैसे भीषण तूफान और वर्षा से छत्ता टूट जाता है या उलट जाता है, वैसे ही जोरदार हमले के सामने इस अमेरिकी छत्ते में छेद पड़ जाते हैं। याने इस छत्ते को खरीद लेने के बाद जरूरी नहीं है कि छत्तेवाला बच ही जायगा। यों यह छत्ता काम का जरूर है।

साधो, इस छत्ते में एक विशेषता यह भी है कि यह सिर्फ बचाता ही नहीं है,

मार भी करता है। तो अमेरिका ने दुनिया से कहा कि जिस-जिस देश को हमारा छत्ता चाहिए, ऊँचा हाथ करो। इस छत्ते को खरीद लेने के बाद हमले से बिल्कुल डर नहीं रहेगा। ज्यों ही हमला होगा, छत्ता खोल लिया जायगा। बोलो, किस-किस को चाहिए। साधो, दुनिया-भर में इस छत्ते के एजेण्ट घूम-घूमकर उसका प्रचार करने लगे और छत्ता बिकने लगा। यूरोप के कई देशों ने खरीदा। इधर एशिया में भी कई देशों ने खरीदा। अपने पड़ोसी पाकिस्तान ने फौरन दरख्वास्त दी कि हुजूर, कीमत हम अभी नहीं चुका सकते, मगर एक छत्ता हमें जरूर इनायत हो। हमें भारत से बड़ा खतरा है।

साधो, कई देशों ने छत्ते खरीद लिये। जब छत्ते आ गये, तब देखा कि इनके खोलने की चाबी नहीं है। फौरन अमेरिका खबर भेजी कि साहब, आप चाबी भेजना भूल गये, ज़रा जल्दी भेज दीजिए। उधर से जवाब आया—चाबी तुम्हें नहीं दी जायगी। तुम्हें छत्ता खोलना नहीं आता। जब तुम पर हमला हो, तब हमें खबर देना! हमारा आदमी आकर छत्ता खोल देगा। साधो, छत्ते खरीदनेवालों ने कहा कि सा'ब, यह तो बड़ी झंझट की बात हुई। हम पर हमला हो और हम छत्ता न खोल सकें, तो छत्ता किस काम का? कब हम आपको खबर देंगे और कब आप छत्ता खोलेंगे! इतने में तो हमारा काम-तमाम हो सकता है। आप तो चाबी हमें दे दीजिए! श्रीमान अमेरिकाजी ने जवाब दिया—देख भाई, हमारा छत्ता है कीमती! तुम उसे बिगाड़ दोगे। हमने तुम्हें मिट्टी के मोल दे दिया है, सो इसीलिए कि चाबी हमारे पास रहेगी। हम जब चाहेंगे, तब खोलेंगे। तुम्हारी लड़ाई हम लड़ेंगे और हमारी लड़ाई तुम लड़ना। साधो, खरीदनेवालों ने सोचा कि यह तो बड़ी अजीब बात हुई। हमला होगा तो छत्ता हम नहीं खोलेंगे। इनके दुश्मन जब देखेंगे कि हमने इनका छत्ता ले रखा है, तो वे हम पर हमला करेंगे। तब अगर अमेरिकाजी को विचार हुआ कि यह हमारी लड़ाई नहीं है, तो वे छत्ता नहीं खोलेंगे। याने जो हमने खरीदा है, हमारे काम का कम और उनके काम का ज्यादा है। साधो, कई लोगों ने हल्ला किया कि यह गलत है। ब्रिटेन में कई सयानों ने सरकार से कहा कि वह छत्ता किस काम का जिसे हम नहीं खोल सकते। जितने छत्तेवाले हैं, वे सब उनके दुश्मन तो हो गये जो अमेरिका के दुश्मन हैं, मगर छत्ता वे नहीं खोल सकेंगे। साधो, मगर बड़े के सामने बोला भी नहीं जाता। तमाम देश छत्ता लेकर बैठे हैं।

साधो, भारत में भी एजेण्ट आये थे और कहा था कि तुम भी एक छत्ता ले लो। मगर भारत ने कहा कि ऐसा छत्ता हमें नहीं चाहिए, जिसकी चाबी दूसरे के पास हो। इस छत्ते के लेने से अपने दुश्मन एकदम तय हो जाते हैं। आधी दुनिया को दुश्मन बनाकर हम नहीं चलना चाहते। हम तो अपना छत्ता बना लेंगे।

साधो, पड़ोसी पाकिस्तान को अमेरिका ने एक छत्ता दिया था। यह इसलिए दिया था कि इसे चीन के खिलाफ काम में लाना था। मगर पाकिस्तान छत्ता लेकर चीन से मिल गया। अब देनेवाला भी परेशानी में पड़ गया।

साधो, चीनी आक्रमण के बाद फिर यह बात हमसे कही जाने लगी कि हमें

छत्ता ले लेना चाहिए। अमेरिकी छत्ता कम्पनी के एजेण्ट भारत में भी हैं। उनके बड़े-बड़े दल हैं और अखबार भी हैं। बड़े-बड़े नेता भी एजेन्सी लिये हुए हैं। साधो, इन सबने हल्ला मचाया कि अमेरिकाजी हाथ में छत्ता लेकर चल चुके हैं और हमें हाथ जोड़कर छत्ता ले लेना चाहिए। हमारी कठिनाई देखकर उन्होंने कीमत बहुत कम कर दी है और वह भी उधार रहेगी। एक तरह से मुफ्त में ही छत्ता मिल रहा है। इस बार तो जरूर ही ले लो। साधो, ग्राहक को देखकर ग्राहक फिसलता है। छत्ता बेचनेवाला आशा रखता है कि अगर भारत ने छत्ता ले लिया तो एशिया, अफ्रीका के तमाम तटस्थ देश एक-एक छत्ता ले लेंगे।

साधो, आजकल देश में यही विवाद चल रहा है कि छत्ता लें कि नहीं लें। थोड़े-से लोग कह रहे हैं कि ले लो, मगर सरकार और जनता कह रही है कि ऐसा छत्ता अपने को नहीं लेना है। साधो, कमीशन एजेण्टों ने कुछ इस तरह हल्ला मचाया कि ऐसा लगा जैसे अमेरिका जबरदस्ती छत्ता लेकर हमारे पीछे पड़ा है। तब इन लोगों ने कहा कि नहीं, नेहरूजी ने उनसे माँगा था, तभी लेकर आ रहे हैं। साधो, तब नेहरू ने कहा कि हमने छत्ता माँगा ही नहीं। ऐसा छत्ता नहीं लेना चाहते जिसकी चाबी हमारे पास न हो और जिसे लेते ही आधी से अधिक दुनिया जो दोस्त है, दुश्मन हो जाय।

साधो, इस वक्तव्य के बाद बड़ा मजा आया। अमेरिका ने सोचा कि बड़ी विचित्र स्थिति पैदा हो गयी है। प्रधानमन्त्री कहते हैं कि हमने नहीं माँगा मगर भारत में हमारे कमीशन एजेण्ट कहते हैं कि हम छत्ता लेकर आ रहे हैं। इससे बदनामी हो रही है कि हम जबरदस्ती भारत के सिर पर छत्ता खोलने को उतावले हो रहे हैं। साधो, तब बेचारे अमेरिकी राजदूत गेलब्रेथ को कहना पड़ा कि बाबा, किसी ने छत्ता नहीं माँगा और न कोई देने को उतावला है। जो तुम नहीं माँगोगे, वह हम तुम्हें नहीं देंगे। साधो, देनेवाले की ऐसी फजीहत तुमने कभी देखी है? अब सोचो कि यह फजीहत किसने करायी? सारा झमेला उन्हीं कमीशन एजेण्टों ने खड़ा किया है।

3.3.'63

इम्प्रूवमेण्ट ट्रस्ट को सलाह

साधो, अपने शहर के ऊपर 'इम्प्रूवमेण्ट ट्रस्ट' बैठ गया है। जिस शहर पर यह बैठता है, उसका रूप पलट जाता है। यह शहर को सुनियोजित, सुन्दर, साफ बनाता है। यह शहर का एक तरह से नया निर्माण ही कर देता है।

साधो, इम्प्रूवमेण्ट ट्रस्ट से हम सबको बड़ी राहत मिलती है। अब कम-से-कम बिना शर्म के हम अपना शहर बाहरवालों को दिखा पायेंगे। अभी तो जब कोई मेहमान आता है, तो हम उसे लेकर फौरन भेड़ाघाट भागते हैं, जिससे वह हमारा शहर न देख पाय। यदि वह एक ही दिन के लिए आया है तो उसे रात को भेड़ाघाट से लौटाकर रात की ही गाड़ी से रवाना कर देते हैं। अपना शहर देखने से उसे हम बचा लेते हैं। साधो, मुश्किल तब आती है, जब कोई मेहमान 2-3 दिन ठहरता है। तब वह दिन में कहता है कि मुझे शहर दिखा दो। हम उसे सलाह देते हैं कि दोपहर में आराम करो, थकान मिटेगी, स्वास्थ्य को फायदा पहुँचेगा। साधो, इन तरकीबों से हम अपने शहर की इज्जत उसकी नजरों में बचा लेते हैं।

साधो, अब इम्प्रूवमेण्ट ट्रस्ट नगर को ऐसा बना देगा कि हम मेहमान से कहेंगे--भेड़ाघाट में क्या रखा है। आओ, शहर देखो। वह शहर देखेगा और तारीफ करेगा।

साधो, नगर को अच्छा बनाना है तो नागरिकों का सहयोग होना चाहिए। तुम भी यहाँ के नागरिक हो। मगर तुमने काम करने की आदत नहीं डाली है, इसलिए तुम सिर्फ सलाह दे सकते हो। यह भी एक बड़ा काम है। सलाह देना बहुत जरूरी है। मैं तुम्हारी तरफ से 'इम्प्रूवमेण्ट ट्रस्ट' को कुछ सुझाव देता हूँ।

साधो, शहर ऐसा हो कि जो एक बार उसे देख ले, कभी भूले नहीं। यह दो तरह से हो सकता है--एक तो यह कि उसे कोई ऐसा पाठ पढ़ाया जाय कि कभी न भूले। जैसे अपने शहर में आये हुए यात्री की जेब कट जाय, तो वह कभी भी अपने शहर को नहीं भूल सकता। या होटल में से जब वह निकले तो उसका सामान चला गया हो। वह शहर को हमेशा याद रखेगा। मगर ये चीजें नागरिकों के वश की हैं। इम्प्रूवमेण्ट ट्रस्ट जेबकटों और चोरों का प्रबन्ध नहीं कर सकता।

साधो, 'इम्प्रूवमेण्ट ट्रस्ट' के करने लायक कुछ काम बताता हूँ। पहिला जरूरी सुझाव तो यह है कि सड़कें ऐसी हों जैसी अपनी राजधानी भोपाल में हैं। भोपाल में सबसे बड़े बाजार इब्राहीमपुरा रोड पर से दो आदमी एक साथ नहीं निकल सकते। ऐसी सड़कें रहने से ट्राफिक कण्ट्रोल अपने-आप हो जाता है। जिस रास्ते पर ट्राफिक जा ही नहीं सकता, वहाँ कण्ट्रोल की शिकायत ही नहीं हो सकती।

साधो, अपने शहर को एक बड़ा वरदान प्रकृति ने दिया है। वह है ओमती नाला। कुछ लोग इसे नदी भी कहते हैं। यह सारे शहर में से होती हुई न जाने कहाँ विलीन हो जाती है। साधो, यह ओमती नाला, जो सारे शहर का गन्दा पानी लेकर चलता है, पतित-पावन है। इससे बड़े फायदे हैं। एक तो यह शहर की शोभा है। दूसरे इससे मच्छड़ पैदा होते हैं। मच्छड़ नींद नहीं आने देते। नींद नहीं आने से चोरी नहीं होती। लोग नहीं जानते कि इस नाले के कारण शहर का नैतिक स्तर कितना उठ गया है। इम्प्रूवमेण्ट ट्रस्ट को चाहिए कि नाले को और चौड़ा तथा गहरा बनवा दे। जो नालियाँ अभी इसमें नहीं मिलतीं, उन्हें भी इसमें मिला देना चाहिए।

साधो, दूसरा काम यह है कि शहर में जगह-जगह डेरियाँ, गौशालाएँ होनी चाहिए। इससे एक तो यह लाभ है कि मुहल्ले के बच्चों को वहीं दूध मिल जाता है और वे वीर बनते हैं। दूसरे, गोबर वगैरह से जो मच्छड़ पैदा होते हैं, वे नींद नहीं आने देते, जिससे चोरी नहीं होती। इस तरह शहर की ईमानदार परम्परा में डेरियों का बड़ा योगदान है।

साधो, शहर में घने मुहल्लों में ट्रकों के अड्डे होने चाहिए। ऐसा होने से नागरिकों में साहस और वीरता आयगी। जिस मुहल्ले में ट्रकों का अड्डा है, वह अपनी जान हमेशा हथेली पर लिये रहता है। वह मौत से डरता नहीं है। ऐसा आदमी यदि मोर्चे पर जाय, तो चीनियों से कैसा अच्छा लड़ेगा।

साधो, एक जरूरी सुझाव यह है कि सड़कों पर अच्छे गहरे गड्ढे बनवा देना चाहिए। हमारे समाज को बहुत सावधानी से फूंक-फूंककर कदम रखने की आदत डालना चाहिए। ज़माना खराब है। सड़क पर गड्ढे होने से आदमी सावधानी से कदम रखना सीखता है और जीवन में सफल होता है। इसी तरह सड़कों पर गिट्टी और पत्थर पड़े रहें, तो उनसे भी खतरे का सामना करने की आदत पड़ती है। ऐसा नगर वीरता से पूर्ण होगा। साधो, आये दिन होनेवाले दंगों और झगड़ों से शहर की वीरता प्रगट होती है और इस वीरता का कारण है, सड़कों पर के ये गड्ढे वगैरह।

साधो, इम्प्रूवमेण्ट ट्रस्ट को किसी शहर की संस्कृति और परम्परा को नष्ट करने का अधिकार नहीं है। यदि ऐसा होगा, तो आन्दोलन शुरू हो जायगा। हमारे शहर ने सुडौलपन, सुन्दरता और सफाई के मामले में एक उज्ज्वल परम्परा कायम की है। उसका निर्वाह करते हुए ट्रस्ट को अपना काम करना चाहिए। उसे कोशिश करनी चाहिए कि पानी की समस्या और 25 साल हल न हो और नलों के नीचे खोदे गये गड्ढ़ बढ़ते-बढ़ते कुएँ का रूप ले लें। तब हर टोंटी के नीचे एक कुआँ होगा और पानी की समस्या हल हो जायगी।

14.4.'63

किस्सा मुहकमा तालीमात

साधो, रिजल्ट खुल गये और आधे स्कूल भी खुल गये। हाईस्कूल इस साल 15 दिन पहिले खुल गये। लोग पूछते हैं कि साहब 1 दिन पहिले स्कूल खुलने से क्या फायदा। साधो, लोग नहीं जानते कि चीन का हमारी सीमा पर हमला हुआ है और संकटकालीन स्थिति चल रही है। 15 दिन पहिले स्कूल खुल जाने से चीन हट

जायगा। हमारे शिक्षा विभाग ने सोचा होगा कि संकटकालीन स्थिति में सुरक्षा के लिए तरह-तरह की तैयारियाँ हो रही हैं। हमें भी कुछ करना चाहिए। इन बेचारों के हाथ में स्कूल खोलना और बन्द करना है। सो उन्होंने 15 दिन पहिले स्कूल खोलकर बता दिया कि हम भी देश की सुरक्षा में पूरी तरह जुटे हैं।

साधो, प्रतापसिंह कैरों बड़ी अकड़ से कहता है कि मैं 20 लाख सिपाही तैयार कर रहा हूँ। उसकी अकड़ अब नहीं चलेगी। अब अपने मुख्यमन्त्री भी गर्व से कह सकेंगे कि हमने भी 15 दिन पहिले स्कूल खोल दिये। यों स्कूल पहिले खोलना और छुट्टियाँ कम करना, इन पर पहिले ही विचार करना था। अपने स्कूलों के हर दूसरे दिन तो छुट्टी रहती है। पर छुट्टी पहिले कम करते, तो शायद विद्रोह हो जाता। इसलिए समझदार सरकार ने संकटकालीन स्थिति में यह क्रान्तिकारी कदम उठाया है।

साधो, सुरक्षा के बारे में हम कितने सचेत हैं, यह बताने के लिए भर-बरसात में शिक्षकों और प्रोफेसरों का तबादला भी करना चाहिए। अभी तक तो तबादले के आदेश जारी नहीं हुए हैं। बरसात की राह देखी जा रही है। जब खूब घटा छा जाय और 8-10 दिन की झड़ी लगी हो, तब एकदम उज्जैन के मास्टर को हुक्म होना चाहिए कि तुम जगदलपुर जाओ। यों तो हर वर्ष शिक्षा विभाग तबादला करने के लिए बारिश की राह देखता रहता है और जब पढ़ानेवाला इधर घर में बरसात के लिए गल्ले, लकड़ी, कोयले का प्रबन्ध कर लेता है, तब हुक्म आता है कि तुम्हारा तबादला कर दिया गया। इस साल सब शिक्षकों और प्रोफेसरों के तबादले करने चाहिए और बरसात के बीच में करने चाहिए। तब वे समझेंगे कि देश पर हमला हुआ है और संकटकालीन स्थिति चल रही है। बरसात में बीवी-बच्चों और सामान समेत तबादले पर जाने से बड़ी वीरता नहीं है। बँगलों में आराम से बैठे अफसरों के हुक्म से ये लोग जब बरसते पानी में बीवी-बच्चों और सामान को लादकर तीन सौ मील दूर जायेंगे, तब भारत माता के वीर सपूत बनेंगे और अपने विद्यार्थियों को भी वीर बनायेंगे। इन तबादलों को देखकर चीन भी घबड़ा जायेगा, क्योंकि वह इसे फौजी हलचल समझेगा।

साधो, इस साल के रिजल्ट भी संकटकालीन स्थिति के अनुकूल ही हैं। कल एक साधु कहने लगा—बड़ा गजब हो गया। मेरा लड़का मैट्रिक में पहिले दर्जे में पास हुआ था। पर कालेजवालों ने पहिले इम्तहान में ही उसे फेल कर दिया। एक दूसरा साधु परीक्षा के दिनों में मेरे पीछे पड़ा रहा कि मैं किसी तरह लड़के को पास करा दूं। वह कहता था—बस, किसी तरह निकल जाय। मगर अभी कल-परसों वह लड़के के पहिले दर्जे में पास होने की मिठाई बाँट रहा था। वह खुश था, मगर मुझे उस पहिले दर्जे के लड़के पर दया आ रही थी। सोचता था, इस बेचारे को यह फर्स्ट क्लास ले डूबेगा। अब यह इसकी दम पर कालेज जायेगा, साइन्स कोर्स लेगा और पहिली परीक्षा में फेल होगा। फिर निराश होगा, विफलता की भावना से पीड़ित होगा। या तो टूटे मन से लुढ़कते-लुढ़कते बी. ए. करेगा या नौकरी कर लेगा या आवारा हो जायगा।

साधो, इस साल मैट्रिक में 7 हजार पहिले दर्जे में पास हुए हैं। इधर कालेज में साइन्स के पहिले इम्तहान में किसी विश्वविद्यालय में 8 फीसदी पास हुए हैं तो किसी में 13 फीसदी। याने पिछले वर्ष के 70-80 फीसदी फर्स्ट क्लास इस परीक्षा में फेल हो गये। साधो, मैट्रिक में सौ में से अस्सी पास होते हैं और आगेवाले डिग्री कोर्स के पहिले इम्तहान में सौ में से सिर्फ 8-10। लोग पता लगा रहे हैं कि गड़बड़ कहाँ है —यहाँ या वहाँ? याने स्कूल में या कॉलेज में। कुछ लोग कहते हैं कि कॉलेज में प्रोफेसर लोग पढ़ाते नहीं हैं। मैं कहता हूँ कि स्वतन्त्रता के बाद से हमारे देश की यही तो एक उज्ज्वल परम्परा पड़ी है कि जो जितने ऊँचे पद पर है वह उतना ही कम काम करेगा। बाबू से कम बड़े बाबू और बड़े बाबू से कम साहब और बड़े साहब तो बिल्कुल नहीं। इसी तरह प्रायमरी स्कूल के शिक्षक से कम मिडिल स्कूल का शिक्षक पढ़ायेगा, उससे भी कम हाईस्कूल का और उससे भी कम कालेज का। और विश्वविद्यालय का बड़ा आचार्य तो पढ़ायेगा बिल्कुल नहीं, आशीर्वाद देने की तनख्वाह पायेगा। इसलिए अगर कालेजों में पढ़ाई नहीं होती तो किसी को बुरा नहीं मानना चाहिए। वे राष्ट्र की एक परम्परा का विकास कर रहे हैं। और चीन से लड़ने के लिए हमें एक गैरजिम्मेदारी और बेईमानी की राष्ट्रीय परम्परा की सख्त जरूरत है। चीन अपने पड़ोसी देशों से बेईमानी करता है, तो हमें देश के भीतर ही बेईमानी करने का अभ्यास करना पड़ेगा। तब हम उसका मुकाबला कर सकेंगे। इसी तरह चीन की गैरजिम्मेदार हरकतों की बराबरी करने के लिए हमें भी गैरजिम्मेदार होना पड़ेगा। इसलिए पढ़ानेवालों की शिकायत व्यर्थ है।

अब साधो, जहाँ तक अच्छे नम्बर मिलने और पहिला दर्जा पाने का सवाल है, प्रायमरी से लेकर विश्वविद्यालय तक सब गुरु-कृपा से होता है। अपना युगों से विश्वास रहा है कि विद्या पढ़ने से नहीं आती, गुरु की कृपा से आती है। गुरु अगर प्रसन्न हो जाय, तो अपने प्रिय विद्यार्थी को एकलव्य का अँगूठा काटकर दे सकता है। साधो, ज्यादा पहिले दर्जे गुरु-कृपा से ही प्राप्त होते हैं। परीक्षा के पहिले लड़के का बाप मास्टर साहब को पान खिलाकर कहता है—मुन्ना की परीक्षा आ रही है। ज़रा देख लेना। और मास्टर साहब देख लेते हैं। इस तरह देखते-देखते ही मुन्ना पास होते जाते हैं और फिर पहिला दर्जा भी प्राप्त कर लेते हैं। इस साल जो 7 हजार फर्स्ट क्लास आये, उसका कारण यह बताते हैं कि काफी नम्बर गुरु लोगों के हाथ में ही थे।

साधो, हल्ला करना व्यर्थ है। जो हो रहा है ठीक ही हो रहा है। इधर सरकारी प्रकाशन 'बाल भारती' ऐसी दुर्लभ हो गयी है कि किताब बेचनेवाला कहता है, 'बाल भारती' तब मिलेगी, जब पहाड़े की पुस्तक भी खरीदोगे। कल वह कहेगा 'बाल भारती' तब मिलेगी, जब उसी कीमत का कचरा खरीदोगे। 'बाल भारती' चाहिए, तो चाहे जिस शर्त पर लेना होगा। यह भी शिक्षा के क्षेत्र में एक क्रान्ति ही हुई।

23.6.'63

पढ़नें और पढ़ानेवाले

साधो, स्कूल-कॉलेज खुल गये। पढ़ानेवाले, पढ़नेवाले, किताबें बेचनेवाले और खोमचेवाले सब काम में लग गये। दो महीने की छुट्टी मायूसी में बिताकर लड़कियों को छेड़नेवाले हर चौराहे पर पुलिसमैन की तरह ड्यूटी पर फिर तैनात हो गये। स्कूलों में भरती करनेवालों की इज्जत बढ़ी। फिर से परीक्षाएँ करानेवाले आन्दोलन में लग गये।

साधो, यह सब तो हर साल होता है। यह साल विद्यार्थियों के लिए नयी आशा लेकर आया है। यह आशा आयी है पंजाब के मुख्यमन्त्री सरदार प्रतापसिंह कैरों की तरफ से। उन्होंने नियम बना दिया है कि जिस-जिस शिक्षक के ज्यादा विद्यार्थी फेल होंगे, उसकी तरक्की रोक दी जायगी। साधो, अब विद्यार्थियों को कुछ करने की जरूरत नहीं है। सारा भार शिक्षक के सिर पर आ गया। अभी तो हम देखते थे कि परीक्षा के महीने-भर पहिले से विद्यार्थी पेपर आउट कराने के लिए दौड़-धूप करते थे और परीक्षा खत्म होने पर नम्बर बढ़वाने के लिए परेशान होते थे। पंजाब के विद्यार्थियों के ये सारे संकट कैरों साहब ने हर लिये। अब तो शिक्षक खुद पेपर आउट करेंगे और लड़कों को बतायेंगे। वही नम्बर बढ़ाने की कोशिश करेंगे। नहीं करेंगे तो उनकी तरक्की रुक जायगी।

साधो, अब तो नक्शा ही बदल गया। पास होना विद्यार्थी की गरज नहीं रही, शिक्षक की हो गयी। अब परीक्षा के कमरे में स्वयं शिक्षक नकल कराने आयेंगे। लड़का कहेगा कि हम नकल नहीं करते, सर ! तब शिक्षक हाथ जोड़ेगा—भैया, मेरी खातिर नकल कर ले। कम-से-कम मेरे लिए तो पास हो जा। तू पास नहीं होगा, तो मेरी तनखवाह नहीं बढ़ेगी। तब विद्यार्थी का हृदय अपने गुरु के प्रति करुणा से भर जायगा और वह उसके भले के लिए नकल कर लेगा।

साधो, इससे बड़ा भारी लाभ यह होगा कि बच्चों का चरित्र नहीं बिगड़ेगा। अब न वे बेईमानी करेंगे, न नकल करेंगे, न नम्बर बढ़वायेंगे। इससे उनका चरित्र-निर्माण अच्छा होगा। ये सब काम अब गुरु करेंगे। अब गुरु का चरित्र अच्छा बनाने की कोई ऐसी जरूरत भी नहीं है। साधो, बस अब एक ही चीज और करना चाहिए। विद्यार्थी के प्रवेश के समय उससे एक समझौता कर लेना चाहिए कि अगर पास नहीं हुआ, तो फीस वापिस कर दी जायगी।

साधो, पंजाब ने शिक्षा-पद्धति की क्रान्ति में फिर नेतृत्व ले लिया। यों पंजाब की विद्या-सम्बन्धी परम्पराएं पहिले से ही बहुत उज्ज्वल हैं। लड़ाई के जमाने में 100 रु. में पंजाब विश्वविद्यालय की बी. ए. की डिग्री घर बैठे मिल जाती थी। 200 रु. में एम. ए. की डिग्री मिल जाती थी और 300 रु. में पी-एच. डी. की। सारे भारत में लाखों अपढ़ों को उस जमाने में बी. ए., एम. ए. बनाया गया और शिक्षा-प्रसार में योगदान दिया गया। साधो, मगर दुनिया बहुत बुरी है। पुलिस ने

इन पुण्यवान शिक्षा-प्रसारकों को गिरफ्तार कर लिया और कुछ को जेल भी हुई। मगर अभी भी काफी लोग अच्छी नौकरियों पर ऐसे हैं, जिन्हें इन पुण्यवानों ने डिग्रियाँ दी थीं।

साधो, पंजाब की इसी उज्ज्वल विद्या-परम्परा में सरदार कैरों ने एक कड़ी और जोड़ दी कि शिक्षक यदि तरक्की चाहते हैं, तो विद्यार्थियों को किसी तरह से पास कराये। साधो, भारत के दूसरे हिस्सों की विद्या-परम्परा भी कोई विशेष पीछे नहीं है। विश्वविद्यालयों में तो गुरु-कृपा से ही डिग्री मिलती है। सब जानते हैं, पढ़ने से कुछ नहीं होता। अगर आचार्य की कृपा हो जाय, तो प्रतिद्वन्द्वी विद्यार्थी का अँगूठा काटकर वह प्रिय विद्यार्थी को दे देता है। राजा के लड़के और भील के लड़के में जो अन्तर तब था, वही अब है।

साधो, कल ही एक गृहस्थ मिला। कहने लगा, ज़रा फीस की इस रसीद को तो देखो। इसमें अँगरेजी के सब अक्षरों के नाम से 'फण्ड' लिया गया है। मैंने देखा कि अँगरेजी की लगभग पूरी वर्णमाला के 'फण्ड' बने हुए थे—ए. एफ. था, बी. एफ. था, जी. एफ. था और कई थे। साधो उस गृहस्थ ने एक और बात बतायी। कहने लगा, स्कूलों में कुछ गुप्त दान भी होता है क्या? बात यह है कि लड़के ने 10 रु. दिये, मगर रसीद 8 रु. की दी। कह दिया कि 2 रु. की रसीद नहीं दी जाती। साधो, मैं शिक्षा के रहस्यों को जानता नहीं हूँ। 'मसि कागद' ही नहीं छुआ। इतना जानता हूँ कि सरकार ने फीस लेना बन्द कर दिया है, तो फण्ड लिया जाने लगा है। और फण्ड फीस से ऊपर ही हैं। बच्चों के पिताओं को प्रसन्न होना चाहिए कि सरकार ने जो गुरु-दक्षिणा की परम्परा बन्द कर दी थी, वह स्कूल के मालिकों ने फण्ड के नाम से फिर चला दी।

साधो, वह गृहस्थ एक शिकायत करने लगा—देखिए, लड़का आठवीं में पढ़ता है और उससे 23 कापियाँ खरीदने को कहा है। ये लगभग 8 रु. की होती हैं। मुझे समझ में नहीं आता कि 23 कापियाँ क्यों चाहिए और एक डेढ़ दस्ते की कापियाँ क्यों चाहिए? इन लोगों ने मध्यवर्ग के लिए तो शिक्षा ही असम्भव कर दी है।

साधो, गृहस्थ की परेशानी सही है, लेकिन अज्ञान से उत्पन्न हुई है। शास्त्रों में कहा है कि अज्ञान ही दुख की जड़ है। बेचारा अज्ञानी गृहस्थ क्या जाने कि स्कूल क्यों खोले गये हैं? वे शिक्षा के लिए नहीं खोले गये। वे प्रकाशकों और पुस्तक-स्टेशनरी के व्यापारियोंको प्रोत्साहन देने के लिए खोले गये हैं। इसीलिए किताब के साथ कुंजी और नोट्स भी खरीदे जाते हैं और एक की जगह चार कापियाँ भी। शिक्षक तो बेचारा इस व्यवसाय में एक एजेण्ट है। माना कि वह खुद मध्यवर्ग का है। पर मध्यवर्ग की कठिनाई वह क्यों समझे? उसकी कठिनाई कौन समझा है?

साधो, एक बात और है। स्कूलों में सफाई पर बहुत जोर दिया जाता है और सफाई का अर्थ साफ-साफ लिखना नहीं, एक तरफ लिखना होता है। इस तरह एक की जगह दो कापियाँ लग ही जाती हैं। तर्क बेकार है कि संकटकालीन स्थिति में

दोनों तरफ क्यों नहीं लिखवाते। कागज क्यों नहीं बचाते, खर्च कम क्यों नहीं कराते? साधो, संकटकालीन स्थिति में सरकार ने अफसरों के लिए यह नियम नहीं बनाया कि वे दौरे पर पहिले दर्जे के बदले में दूसरे दर्जे में जाया करेंगे। तब संस्थाएँ क्यों खर्च कम करें?

साधो, संकट जिन पर आया है, वे भुगतें। शिकायत करने से क्या फायदा? तुम्हारे इतना हल्ला करने पर भी क्या कीमतें कम हो गयीं? वे बढ़ी ही हैं। तुम स्कूलों की शिकायत करोगे, तो वे और एक्स, वाई, ज़ेड फण्ड ले लेंगे और लड़के से 36 कापियाँ लाने को कहेंगे।

12.7.'63

भ्रष्टाचार-नियोजन आन्दोलन

साधो, के. संथानम की अध्यक्षता में एक भ्रष्टाचार जाँच समिति काम कर रही है। यह समिति पता लगा रही है कि भ्रष्टाचार कहाँ-कहाँ होता है और किस तरह होता है। इस समिति ने अखिल भारतीय व्यवसायी संघ से भी कहा कि हमारी जाँच में आप भी सहयोग दीजिए। बताइए कि भ्रष्टाचार कैसे होता है और उसे कैसे रोका जाय। के. संथानम को उन लोगों ने जवाब दिया कि हमें दुख है कि हम आपके साथ सहयोग नहीं कर सकते।

साधो, संथानम को गुस्ताखी का जवाब भरपूर मिल गया और वे बिलबिला गये। वे जगह-जगह इस बात को बताते हैं और कहते हैं कि मुझे बेचारे व्यवसायियों से सहानुभूति है। साधो, मुझे सहानुभूति संथानम से है। बेचारे को इसका जवाब मिल गया। बड़ों के बीच पड़ने का यही नतीजा होता है। विवियन बोस रिपोर्ट क्या प्रकाशित हो गयी है, हर छोटा-मोटा आदमी समझने लगा है कि वह व्यवसायियों को दबा सकता है। संथानम ने यही समझकर जबान लड़ाई और जवाब खाकर बैठ गये—जाओ, नहीं बताते! बने सो कर लो!

साधो, यह कमेटी जिस ढंग से बनी और जिस ढंग से काम कर रही है, वही गलत है। जब कोई चीज खूब हो जाती है, तब सरकार का काम है, उसे नियमित करना, जिससे सबको उसका लाभ मिल सके। गेहूँ की फसल आती है, तो सरकार उसके वितरण को नियमित करती है, जिससे सबको गेहूँ मिल सके। शक्कर के वितरण की भी नियमित व्यवस्था है। गेहूँ, शक्कर आदि की तरह भ्रष्टाचार भी हमारी जनता के उपयोग के लिए देश में काफी पैदा होता है, पर वितरण नियमित न होने के कारण जनता के एक बड़े भाग को उसका लाभ नहीं मिल पाता। समाज-

वाद सबका समान हित देखता है। पर हमारे यहाँ कुछ मुहकमे और कुछ वर्ग तो इसका पूरा लाभ उठाते हैं, और कुछ वंचित रह जाते हैं। सबको जो अवसर है, वह पोस्टआफिस या स्कूल में नहीं हैं। अवसर में यह असमानता हमारे समाजवाद की जड़ पर ही कुठाराघात करती है। साधो, संथानम कमेटी का काम था यह खोज करना कि सरकारी कर्मचारी और जनता के कौन वर्ग और तबके भ्रष्टाचार के लाभ से वंचित हैं और उन्हें उनका न्यायोचित लाभ दिलाना। शिक्षक को सिर्फ नम्बर बढ़ाने का मौका मिलता है जो बहुत कम है। संथानम कमेटी को सिफारिश करनी थी कि हर शिक्षक गर्मी की छुट्टियों में एक्साइज मुहकमे में काम करेगा। इसी तरह पोस्टआफिस का बाबू हर इतवार को रेलवे स्टेशन पर टिकिट कलेक्टर का काम करेगा। कॉलेज के लेक्चरर गर्मी की छुट्टी में लोक-कर्म विभाग में काम करेंगे। साधो, इस तरह भ्रष्टाचार का वितरण हो जाता और कोई शिकायत नहीं करता! जो उसके लाभ से वंचित रहते हैं, शिकायत वही करते हैं।

साधो, संथानम कमेटी का जो उचित काम था, उसे छोड़कर वह दूसरे काम में उलझ गयी। भ्रष्टाचार को रोकना उसी तरह है जैसे गेहूँ की फसल को नष्ट करना। बड़ी पार्टी से पैसे लेकर ठेका देना कोई आज की बात नहीं है। जिसे बड़ी पार्टी से 'पक्षपात' कहते हैं, वह सनातन है। नारद मुनि ने एक बार शादी करने के लिए विष्णु से उनका सुन्दर चेहरा माँगा था। पर विष्णु ने गरीब मुनि को बन्दर का चेहरा दे दिया। नारद गरीब न होते, बड़ी पार्टी के होते, तो क्या विष्णु उनके साथ यह सलूक कर सकते थे? हरगिज नहीं। साधो, बड़े को लाभ हर सत्ता में मिलता है, वह चाहे भगवान की सत्ता हो या कांग्रेस की। और इसी लाभ की पद्धति को लोग 'भ्रष्टाचार' कहते हैं। संथानम का काम यह था कि वे देखें कि 'बड़ी पार्टी' के साथ अन्याय तो नहीं हो रहा है। विवियन बोस कमेटी ने जो अत्याचार किया है, उससे बड़ी पार्टियाँ घबड़ा गयी हैं। संथानम का कर्तव्य था कि बड़ी पार्टियों को हिम्मत दिलायें और उन्हें नये रास्ते सुझायें।

साधो, मगर संथानम ने उलटा काम किया। विवियन बोस के मारे हुए बेचारे बड़े व्यवसायी यों ही मातम में हैं। ऊपर से उनसे आप पूछते हैं कि भ्रष्टाचार किस तरह होता है। यह तो ऐसा हुआ कि किसी का बाप मर गया हो, तो उससे जाकर कहना कि सुना है, तुम्हारे पिताजी का चाल-चलन अच्छा नहीं था।

साधो, यह मातमपुर्सी का मौका है। इसमें हिम्मत बँधाना चाहिए। व्यवसायियों से पूछना था कि भाइयो, बताओ किस मुहकमे से तकलीफ होती है? कम्पनी-कानून में क्या संशोधन करायें? कौन सेक्रेटरी पूँछ पर हाथ नहीं धरने देता? किस सेक्रेटरी ने अपनी लड़की की शादी में सारा इन्तजाम कर देने के तुम्हारे 'आफ़र' को नामंजूर कर दिया? कौन संसद-सदस्य तुम्हें नुकसान पहुँचाते हैं? किस मन्त्री से तुम्हें तकरार है? क्या केशवदेव मालवीय को मन्त्रिमण्डल से निकलवा दें? (हाँ सा'ब, बड़ी मेहरबानी होगी) और कृष्णमाचारी को? (नहीं सा'ब, वे तो ठीक रास्ते पर आते जा रहे हैं।) साधो, इस तरह की बातें व्यवसायी वर्ग से की होतीं,

तो वे प्रसन्न होकर सहयोग करते। मगर तुम उनसे पूछते हो कि भ्रष्टाचार रोकने के तरीके बताओ।

साधो, भ्रष्टाचार रोकने का इरादा ही गलत है। वास्तव में उसे सुनियोजित कर लेना चाहिए। व्यवसायी और उद्योगपति वर्ग से इसमें काफी सहयोग मिल सकता है। सरकार के विभिन्न मन्त्रालय नीलाम हो जाने चाहिए। जो सबसे बड़ी बोली लगाये, उसी का काम वह मन्त्रालय करे। जब अर्थ, तेल, वाणिज्य, निर्यात, उद्योग, बिजली आदि मुहकमे नीलाम हो जायेंगे, तो सारा काम एक सुनियोजित ढंग से चलेगा। जो उद्योगपति उद्योग-विभाग खरीद लेगा, उसी के उद्योग चलेंगे। दूसरे उद्योगपतियों से वह खुद महसूल लेकर उन्हें कारखाने खोलने देगा।

साधो, नीचे के स्तर पर तो ऐसी बिक्री बहुत पहिले से चल रही है। अभी उस दिन एक पुलिस इन्स्पेक्टर मिला। वह किसी छोटे गाँव में थाने पर तैनात है। कहने लगा, वहाँ हाईस्कूल नहीं है, बच्चों की पढ़ाई में कठिनाई होगी। मैंने कहा कि अमुक कस्बे में तबादला करा लो, तो वह बोला—वह थाना तो 3 हजार का है। बड़ा महँगा है। यह थाना हजार का है। फिर भी अच्छे हैं। साधो, इस तरह थानों की कीमत बँधी हुई है। रेलवे स्टेशन बिकते हैं। इनकम टैक्स और आबकारी के क्षेत्र भी बिकते होंगे। साधो, इससे निचले स्तर पर नियमितता आ गयी है। ऐसी ही नियमितता सब स्तरों पर आ जाय, तो ठीक हो।

साधो, संथानम ने भ्रष्टाचार को खत्म करने जैसे तुच्छ काम में व्यवसायी-उद्योगपति वर्ग का सहयोग माँगा, यह गलती की। वे इससे क्यों सहयोग करेंगे? अगर यह कहा होता कि हम मन्त्रालय नीलाम कर रहे हैं, आओ खरीदो, तो वे सहर्ष सहयोग देने आ जाते।

12.5.'63

बलिहारी गुरु आपकी

साधो, तुम्हें सद्‌गुरु की बड़ी तलाश है, मगर सद्‌गुरु तुम्हें मिला नहीं। तुम मुझे ही गुरु समझकर मेरे आसपास गुच्छा बनाये हो, मगर मैं भी सद्‌गुरु नहीं। सच्चा सद्‌गुरु प्रचार नहीं करता। वह छिपा रहता है और कभी-कभी उसकी झलक दिखायी पड़ती है। ऐसा एक सद्‌गुरु नागपुर में प्रगट हुआ है। तुम जाओ और उससे सच्चा ज्ञान प्राप्त करो।

साधो, नागपुर के इस सद्‌गुरु के बारे में मुझे भी अखबार के जरिये अभी मालूम हुआ। खबर छपी है कि एक स्कूल के हेडमास्टर सत्याग्रह कर रहे हैं। वे

11 से लेकर 5 बजे तक स्कूल में खड़े रहते हैं। एक क्षण भी नहीं बैठते। वे रोज यह खड़े रहने का सत्याग्रह करते हैं। कारण क्या है? यह कि उन्होंने देखा कि विद्यार्थियों में अनुशासन और नैतिकता कम हो गयी है। हेडमास्टर साहब का कथन है कि पहिले लड़के जो पैसा स्कूल में देते थे, उसकी रसीद नहीं माँगते थे, पर अब वे रसीद माँगने लगे हैं। इसका अर्थ है कि लड़कों में अनुशासन और नैतिकता की कमी हो गयी है। इससे हेडमास्टर साहब क्षुब्ध हैं और वे लड़कों को सुधारने के लिए सत्याग्रह कर रहे हैं।

साधो, वे लड़के इससे भी ज्यादा बुरे हैं। उन्होंने शिकायत की है कि स्कूल का मेनेजमेण्ट हमसे पैसा लेकर रसीद नहीं देता और उस पैसे का खुद दुरुपयोग करता है। साफ शब्दों में कहा जाय तो यह कि स्कूल के प्रबन्धक लड़कों से पैसा लेकर खा जाते हैं। मगर साधो, विद्यार्थी यह बात अपने मुँह से कहें, यह उनके पतन की सीमा बताता है। उनके पतन से सद्गुरु बहुत दुखी हुए और उन्होंने सत्याग्रह शुरू कर दिया।

साधो, अब ज़रा सद्गुरु की महिमा देखो। वे दान के उस सिद्धान्त को पुनः जीवित कर रहे हैं, जो हमारी प्राचीन संस्कृति का अंग है—यह कि बायाँ हाथ न जाने कि दाहिने ने क्या दिया है। साधो, सबसे उत्तम दान हमारे यहाँ गुप्त दान माना गया। तुम कहोगे कि यह इसलिए श्रेष्ठ माना गया है कि खानेवाले को सुभीता होता है। मगर तुम दुष्ट हो। तुम न धर्म समझते, न संस्कृति। साधो, उत्तम दान का यही लक्षण है कि कोई न जाने कि कितना दिया और वह कहाँ गया। अगर उसकी रसीद मिलेगी तो दान मिट्टी हो जायगा। और यदि देनेवाला यह जान गया कि उस पैसे से क्या हुआ, तो उसका अहंकार बढ़ेगा। और अहंकार पाप का मूल है, यह तुम जानते ही हो।

साधो, उस सद्गुरु ने सही रास्ता बता दिया है। जितनी सार्वजनिक संस्थाएँ हैं, उन्हें इस बात की सीख लेनी चाहिए। जहाँ-जहाँ चन्दा आता है, वहाँ बस रसीद का कोई काम नहीं। और चन्दा देनेवाले को यह पूछने का कोई हक नहीं कि हमारे चन्दे का क्या हुआ। इससे दान की महिमा घटती है। उसे देकर भूल जाना चाहिए। साधो, मैंने देखा है कि कई संस्थाएँ चन्दा इकट्ठा करनेवालों से हिसाब माँगती हैं। ऐसी संस्थाओं में सज्जन का निर्वाह नहीं हो सकता। जो सज्जन है, वह ऐसी संस्थाओं में कैसे रहेगा, जहाँ आदमी का विश्वास नहीं किया जाता?

साधो, आज मूल्यों का पतन हो गया है। कोई ज़माना था कि सपने में भी किसी को कुछ दे देते थे, तो उसे दिन में खोजकर उसका दान सौंप देते थे, और भूल जाते थे। और आज यह ज़माना आ गया है कि आदमी एक रुपया भी देता है तो रसीद माँगता है। साधो, स्कूली बच्चा जिसके दूध के दाँत नहीं टूटे, अपने गुरु से रसीद माँगता है। देखो, नयी पीढ़ी में कुसंस्कार किस तरह आ रहे हैं। यही देखकर उस हेडमास्टर का हृदय दुखी हुआ और उसने अपने प्यारे विद्यार्थियों में अच्छे संस्कार पैदा करने के लिए सत्याग्रह कर दिया।

साधो, लड़कों में अनुशासन नहीं रहा। प्राचीन काल में शिष्य गुरु को अँगूठा काटकर दे देता था और रसीद नहीं माँगता था। और आज रुपया-दो रुपया देता है, तो भी रसीद माँगता है। एक वह विद्यार्थी था जो अँगूठा दे देता था और एक यह है, जो गुरुजी को अँगूठा दिखाता है। आज अनुशासन कहाँ रह गया? आज विद्यार्थी इतना उद्दण्ड हो गया है कि वह गुरु से रसीद की माँग करता है।

साधो, उस सद्‌गुरु की चरण-रज जाकर लो। उसने तमाम सार्वजनिक संस्थाओं को गुरुमन्त्र दिया है। आज संस्थाओं की हालत इसीलिए खराब है कि वहाँ रसीदें चलती हैं और हिसाब माँगा जाता है। ऐसा अविश्वास जहाँ हो वहाँ कोई काम कैसे करेगा? कार्यकर्ताओं का मन फिर जाता है। ईमानदार आदमी के लिए ऐसी जगह काम करना सम्भव नहीं है। साधो, रसीद और हिसाब संस्थाओं को मार रहे हैं। तुम सद्‌गुरु के पास जाओ और उसका मन्त्र सर्वत्र फैलाओ। संस्थाओं को बचाओ।

20.10.'63

रेलवे में सुधार

साधो, रेलवे मन्त्री दासप्पा साहब ने पिछले दिनों कहा है कि रेल मुहकमा जनता को अधिक-से-अधिक सुभीते और आराम देने की कोशिश करे। मुझे रेलमन्त्री की यह बात अच्छी लगी। अब सिर्फ यह तय होना बाकी है कि वे कौन-से सुभीते हैं, जो जनता चाहती है और रेलवे दे सकती है।

साधो, सबसे पहिले तो यह तय हो जाना चाहिए कि साल में कितनी दुर्घटनाएँ होंगी और वे किन-किन गाड़ियों की होंगी। बजट में ही इस बात का प्रावधान होना चाहिए, जिससे जनता यह जान ले कि किन गाड़ियों में दुर्घटना होंगी। इससे दो लाभ होंगे—एक तो वे लोग जिन्हें दुनिया से ऊब नहीं आयी है, उन गाड़ियों में नहीं बैठेंगे। दूसरे हर दुर्घटना के बाद जाँच कमीशन बिठाने की झंझट से बचाव हो जायगा। साधो, अभी तो हमें पता ही नहीं रहता कि इस गाड़ी का आगे क्या होगा? इस सफर में कौन-से मील तक हम जिन्दा रहेंगे। साधो, मुझे एक पुराना कार्टून याद आता है। मुसाफिर टिकिटघर की खिड़की पर खड़ा हुआ है। टिकिट बाबू पूछता है—कहाँ का टिकिट चाहिए? मुसाफिर कहता है—बस, पहिले पुल तक का। साधो, समझदार मुसाफिर जानता है कि पहिले पुल तक जिन्दा रहे, तो आगे का टिकिट ले लेंगे। दूसरा टिकिट लेने से क्या फायदा, जब पहिले पुल के ही टूटने की सम्भावना है। साधो, जनता की राहत के लिए यह भी जरूरी है कि दुनिया के सब देशों की दुर्घटनाओं के आँकड़े तैयार रखे जायें। ज्यों ही दुर्घटना हो

और लोग आवाज उठायें, उन्हें आँकड़े बता दिये जायें कि कई देशों की अपेक्षा हमारे देश में दुर्घटनाएँ कम होती हैं। इससे जनता का भय और दुख कम होता है।

साधो, सबसे बड़ी समस्या चौथे दर्जे में सफर करनेवालों की है। तुम पूछोगे, चौथा दर्जा तो होता नहीं है। होता है। चौथा दर्जा स्टेशन पर गाड़ी खड़ी होने पर संडास में होता है और गाड़ी चलने पर डब्बे में। चौथे दर्जे का मुसाफिर बैठता सबके साथ ही है पर गाड़ी खड़ी होने पर संडास में घुस जाता है। इनके भी कुछ हक हैं। जब ये पकड़ लिये जाते हैं तब इन्हें घण्टों चेकिंग स्टाफ से बहस और अनुनय-विनय करना पड़ता है। इस मामले में सीधे नियम बन जाना चाहिए कि चौथे दर्जे का मुसाफिर पकड़े जाने पर पूरे किराये का कौन-सा अंश चेकिंग बाबू को दे दे और रसीद न ले। अभी तो रकम तय करने में बड़ी देर लग जाती है जिससे मुसाफिर को परेशानी होती है और रेल बाबू को भी पकड़े जाने का डर रहता है। अगर यह तय हो जाय कि पूरे किराये का पच्चीस प्रतिशत देना होगा, तो एक तो चौथे दर्जे के बहुत से मुसाफिर संडास में नहीं घुसेंगे और स्टेशन पर उतरकर एक चौथाई किराया बाबू की जेब में डालकर बाहर निकल जायेंगे।

साधो, तुमने कभी चौथे दर्जे में सफर किया हो, तो तुम उसकी मुसीबत जानो। मेरा तो यह हाल है कि जेब में टिकिट हो, तब भी टिकिट इन्स्पेक्टर को देखकर मुझे डर लगता है। इस डर को मैं यह सोचकर भगाता हूँ कि अपने पास तो टिकिट है, यह अपना क्या कर लेगा। साधो, मनुष्य की मूल प्रकृति है, बिना टिकिट सफर करना। यह टिकिट भी ले लेना उसकी कायरता है।

साधो, एक और मामला तय होना चाहिए। रेलवे के माल-विभाग के कर्मचारियों की क्या जरूरतें हैं और उन्हें जनता किस तरह पूरा करे, इस सम्बन्ध में स्पष्ट प्रबन्ध होना चाहिए। नियम बन जाना चाहिए कि अगर कोई चार टोकने फलों के किसी दोस्त को भेज रहा है, तो एक पाँचवाँ टोकना अवश्य भेजें, जिस पर पते की जगह लिखा हो—रेलवे स्टाफ के लिए। इससे सबको सुभीता होगा और फलों का पहुँचना भी पक्का हो जायगा। साधो, तरह-तरह की चीजें रेलवे स्टाफ के हाथों से गुजरती हैं—फल, मेवे, मिठाई, शक्कर, बादाम, किशमिश आदि। आखिर वे भी आदमी हैं और उनके भी बच्चे हैं। वे क्या इन चीजों को बाजार से खरीदें? यह तो बड़ा अन्याय है। वे अपना अधिकार जानते हैं। इसीलिए हम जो हौजरी दोस्त को भेजते हैं, उन्हें कभी रेल बाबू के बच्चे पहिनते हैं। हमारे किसी को भेजे फल रेलवे स्टाफ खाता है। साधो, अगर उनके लिए अलग से सामान बुक करा दिया जाय तो उन्हें बोरे में से शक्कर निकालने में इतनी दिक्कत न उठानी पड़ेगी।

साधो, रेलवे में अभी बहुत सुधार की गुंजाइश है। अगर जनता और रेलवे स्टाफ में सहयोग हो तो बहुत आराम से काम चल सकता है। फिर तो न बुकिंग क्लर्क की जरूरत पड़ेगी, न इन्स्पेक्टर की और न चेकिंग स्टाफ की। लोग मनचाहा सफर करेंगे और जो बनेगा, बाबू के हाथ में देकर चले जायेंगे।

11.5.'64

फिल्म डिवीजन के अँगरेज

साधो, हमने तारीख 27 को नेहरूजी से वायदा किया था कि हम आपके आदर्शों पर चलेंगे और हमने चलना शुरू कर दिया। नेहरू के पथ पर सबसे पहले कौन चल दिये, यह तुम नहीं जानते। मैं बताता हूँ। सबसे पहले याने नेहरूजी की मृत्यु के 24 घण्टे बाद ही भारत सरकार के फिल्म डिवीजन के लोग चल पड़े।

साधो, हम तो यह बात जानते ही नहीं, अगर कुछ अफ्रीकी देशों के राजदूत और रूसी राजदूत नम्रतापूर्वक सूचनामन्त्री को यह संकेत न करते कि साहब, फिल्म डिवीजन ने पं. नेहरू की शव-यात्रा की जो फिल्म तैयार की है, उसमें सारी रोशनी ब्रिटिश और अमरीकी नेताओं पर फेंक दी। वही-वही दिखाये गये हैं। शव-यात्रा में शामिल हम भी थे, मगर इधर बहुत कम ध्यान दिया गया है। साधो, पं. नेहरू के बाद जो सरकार बनी उसके नेताओं ने उस फिल्म को देखा और कहा कि इस फिल्म से करोड़ों देशवासियों को गलतफहमी होगी। इसमें सुधार किया जाय।

साधो, अब फिल्म डिवीजनवाले उसमें काट-छाँट करके नये हिस्से जोड़ रहे हैं। मगर मुझे इसमें एतराज है। फिल्म डिवीजनवालों ने ठीक ही किया था। वे लोग जानते हैं कि दुनिया में कोई आदमी है तो अँगरेज और दूसरे नम्बर पर अमेरिकी! ये दोनों अंग्रेजी बोलते हैं, जिसे फिल्म डिवीजनवाले भी बोल लेते हैं। फिर अंग्रेज लोग अभी-अभी तक हमारे माई-बाप रहे हैं और पुराने सरकारी नौकर उनकी जी-हुजूरी करते रहे हैं। स्वतन्त्र होने के बाद भी हमारे कितने अफसरों और सेक्रेटरियों को पछतावा होता रहता था कि हाय रे, हम भारतीय क्यों हुए। अंग्रेज क्यों नहीं हो गये! साधो, ये सब तबियत से, वेशभूषा से, विचारों से और आस्थाओं से अंग्रेज हैं। इन बेचारों ने देखा कि आजकल भारतीय होने का फैशन चल पड़ा है। तो वे फैशन के बतौर भारतीय भी हो जाते थे, याने खुले कालर का कोट न पहिनकर जोधपुरी बन्द गले का कोट पहिन लेते हैं—लीजिए साहब, भारतीय हो गये।

साधो, ये साहब को देखते ही पीढ़ियों से विह्वल होते रहे हैं। साहब याने अंग्रेज! बाद में जवाहरलाल इन्हें सिखाते रहे कि भारतीय, एशियाई और अफ्रीकी भी आदमी होते हैं और कोई घटिया आदमी नहीं होते। और रूस में भी आदमी हैं, वहाँ भेड़ियों की आबादी नहीं है। हमें भारतीय और एशियाई होने में शर्म करने की बात नहीं है।

साधो, जवाहरलाल ने जो कहा वो सुन तो लिया, मगर आत्मा कहती थी कि अंग्रेज की क्या बात है! जब भी अंग्रेज दिख जाता, दिल होता कि इसके पाँव की धूल लेकर कपाल पर लगा लें। मगर जवाहरलाल कहीं देख न ले, इस डर से मन-की-मन में ही रह जाती।

साधो, जब जवाहरलाल की आँखें मुंद गयीं, तो कोई डर नहीं रहा। वह गया, जो कहता था कि अरे, भारतीय बनो, एशियाई बनो, अफ्रीकियों को बन्धु मानो,

रूस को मित्र मानो। साधो, उसके जाने से खटका गया। पहिला ही मौका नौकर-शाहों को जो मिला तो अपने मौलिक रूप में आ गये।

साधो, फिल्म डिवीजन के लोग अँगरेजों और अमेरिकियों को देख रहे थे और बलि-बलि जा रहे थे। अहा, ये डगलस होम साहब हैं। वाह, क्या छवि है! वाह, इधर डीन रस्क साहब जा रहे हैं। अहा, कैसे पुण्य-दर्शन हैं। साधो, केमरेवाले माउण्टबेटन और रस्क की जय बोलते हुए उनके पीछे लग गये। फिल्म डिवीजन-वाले उनके पीछे-पीछे हो लिये जैसे कनाट प्लेस में भिखमंगे लड़के अँगरेज प्रवासी के पीछे साँप और नेवला लेकर पड़ जाते हैं और पैसा माँगते हैं—सर, स्नेक सर! सर, मान्गूज सर!

साधो, इन बेचारों ने भारतवासियों को यह दिखाना चाहा था कि पण्डितजी का सम्मान करने तो बस अँगरेज और अमेरिकी नेता ही आये थे। सबसे भारी दुख उन्हीं को था। सब जगह वही थे। हमारे सबसे बड़े हितचिन्तक वही हैं।

साधो, वह फिल्म तो अब सुधर रही है। मगर इन अफसरों का क्या होगा? ये तो टेम्स नदी को गंगा मानते हैं, केलिफोर्निया को बद्रीनाथ मानते हैं। वे दुनिया में सबसे ऊँची चोटी गौरीशंकर को नहीं मानते, न्यूयार्क की एम्पायर स्टेट बिल्डिंग को मानते हैं। जवाहरलाल इन्हें बरबस भारतीय बनाकर रखते थे। शास्त्रीजी को सबसे पहिला और बड़ा काम यही करना है कि सचिवालय के इन तीन-हजारी और चार-हजारी अंगरेजों को अपने सरीखी धोती पहिनायें। वरना ये शास्त्रीजी का दफ्तर टेक्सास में खोलने की कोशिश करेंगे।

15.6.'64

भूख मारने की जड़ी

साधो, आखिर हमारी खाद्य-समस्या का हल निकल ही आया। तुम कहोगे कि अनाज की कीमतें बढ़ती ही जा रही हैं; अनाज की कई भागों में कमी है फिर कैसे समस्या हल हो गयी? बात यह है साधो, कि हम समस्या को गलत समझ रहे थे। हम समझते थे कि हमारी समस्या यह है कि हमारे यहाँ अन्न की कमी है, पर वास्तव में हमारी समस्या यह है कि इस देश के लोगों को भूख लगती है। इसलिए अन्न ज्यादा पैदा करने या कीमतें घटाने की अपेक्षा हमें भूख को मारने या दबाने की कोशिश करनी चाहिए।

साधो, अब इस समस्या का हल निकल आया है। गुजरात में एक जड़ी खोजी गयी है, जिसे खाने से हफ्तों भूख नहीं लगती। पता लगाया है कि हमारे प्राचीन

ऋषि-मुनि इसी को खाकर भूख को तुष्ट करते थे और तपस्या करते थे।

साधो, हमारे प्राचीन ऋषि-मुनियों ने सारी भूखों के दमन की शिक्षा दी थी। भूख का दमन करते थे, तो खाद्य-समस्या पैदा नहीं होती थी। बल्कल पहिनते थे तो कपड़े की समस्या नहीं उठती थी। यौन-भूख का दमन करते थे, तो शादी की समस्या पैदा नहीं होती थी। अब हम खाना भी खाना चाहते हैं, कपड़े भी पहिनना चाहते हैं। इसलिए अनाज की समस्या भी पैदा होती है और कपड़े की भी।

साधो, अब सारी केन्द्र और राज्य सरकारें कीमतों पर नियन्त्रण करने की जिम्मेदारी से मुक्त हो सकती हैं। कोई जरूरत नहीं है कि सरकार अनाज का व्यापार अपने हाथ में ले। आगामी मुख्यमन्त्री-सम्मेलन में यह तय करना चाहिए कि हर राज्य की जमीन में इस भूख-हरण बूटी को खोजा जाय। तमाम जंगलों में साधु, फकीर और गुनिया को भेजकर इस बूटी का पता लगाना चाहिए। इसके लिए हर राज्य में एक अलग 'भूख-हरण बूटी विभाग' खोल लिया जाय और एक अलग 'भूख-हरण मन्त्री' हो। यह विभाग अपने राज्य की सारी जड़ी-बूटी इकट्ठी कर ले। इस जड़ी का एक टुकड़ा एक मन गेहूँ के बराबर होगा।

साधो, इस जड़ी को खोजकर व्यापारियों को बता दिया जाय। मेरा सुझाव है कि अपने राज्य के व्यापारियों को इस जड़ी का ठेका दे दिया जाय। वे इसे खुदवायेंगे और जिस दाम पर चाहेंगे, बेचेंगे। साधो, गल्ले की दूकानों की जगह इस जड़ी की दूकानें खोली जायेंगी। तुम दूकान पर जाओगे और जड़ी माँगोगे। कहोगे, मैं पिछले चार दिनों से भूखा हूँ। मुझे जड़ी चाहिए। दूकानदार पूछेगा—कितने दिन के लिए चाहिए, याने कितने दिन भूख मारना चाहते हो? तुम कहोगे—पन्द्रह दिन। वह तुम्हें एक माशा जड़ी दे देगा। साधो, तुम उसे खाकर पन्द्रह दिनों के लिए अन्न की समस्या से मुक्त हो जाओगे। तुम्हारी बला से कि गेहूँ कितने रुपये मन बिक रहा है।

साधो, गुजरात के गुणियों ने हर बार हमारी समस्या हल की है। गुजरात के गाँधीजी ने हमें आजादी दिलायी। गुजरात के मोरारजी भाई ने देश की आर्थिक समस्या हल कर दी। गुजरात के मनुभाई शाह समाजवाद की समस्या हल कर रहे हैं। उनके विचार से भारतीय समाजवाद वह है, जिसमें मजदूरों के संघर्ष से मुक्त होकर पूंजीवाद विकास करे। साधो, इस समाजवाद की व्याख्या से कार्ल मार्क्स भी कब्र में कराहने लगा होगा। ऐसे गुजरात ने हमारी भूख की समस्या भी निपटा दी।

साधो, केन्द्रीय सरकार का एक बड़ा सरदर्द दूर हो गया। सरकार व्यापारियों के डर के मारे कीमतों को घटाने के लिए कोई कड़ा कदम नहीं उठा पा रही है। राजस्थान सरकार ने तो घुटने ही टेक दिये। ऐसे वातावरण में धन्य है, उस गुजरात के गुणी को जिसने भूख को मारने की जड़ी खोज निकाली। साधो, अब पाटिल साहब को, भूख-मारण मन्त्री बना दिया जाय। वे इस जड़ी के द्वारा सारे देश की भूख मार देंगे।

साधो, तुम लोग भी अगर चाहो तो तुम्हारी जिन्दगी इस काम से बन सकती है। इसके पहिले कि असली जड़ी फैलें, तुम नकली जड़ी का व्यापार शुरू कर दो। कोई भी जड़ी खोद लाओ और उसे असली जड़ी सरीखा रंग-रूप देकर बेचना शुरू कर दो। इसके पहिले कि सरकार जड़ी पर नियन्त्रण लगाने की बात सोचे, तुम करोड़पति बन जाओ।

5.7.'64

मिलावट का हक

साधो, मैं तुमसे पूछता हूँ कि पिछले दिनों सबसे बड़ी घटना कौन-सी हुई ? क्या कहते हो ? कामनवेल्थ सम्मेलन ? अमेरिका में नागरिक अधिकार नियम का बनना ? नहीं साधो, तुम घटनाओं के मूल्य नहीं समझते। हमारे देश में एक छोटे-से शहर में ऐसी घटना घटी है, जैसी किसी भी देश में और किसी भी काल में नहीं घटी।

साधो, उस शहर का नाम है होशंगाबाद। पुण्य-सलिला नर्मदा नदी के घाट पर बसे पवित्र शहर में हलवाइयों का सम्मेलन हुआ जिसमें प्रस्ताव करके सरकार से माँग की गयी है कि मिलावट के सम्बन्ध में जो कानून है, उसे थोड़ा नरम किया जाय। साधो, इसका सीधा अर्थ यह है कि हमें मिलावट का कुछ अधिक सुभीता दिया जाय। ऊपर से प्रस्ताव सीधा मालूम होता है, पर भीतर से इसमें क्रान्तिकारी अर्थ है। हम जानते हैं कि देश में और कई दूसरे देशों में भी मिलावट होती है, मगर सब व्यापारी इस बात को छिपाते हैं। ऐसा साहस संसार के इतिहास में किसी व्यापारी वर्ग ने नहीं बताया कि खुल्लम-खुल्ला प्रस्ताव पास करके सरकार से माँग करे कि हमें मिलावट करने दो।

साधो, हमारे ही देश में और खासकर इस समय, ऐसा साहस व्यापारी वर्ग में क्यों प्रगट हुआ ? इसका कारण है कि विकास करते-करते हमारा देश उस स्थिति तक पहुँच चुका है, जहाँ मिलावट, मुनाफाखोरी, चोरी और घूस को अपना कानूनी हक माना जाने लगा है। साधो, रूस में मिलावट पर प्राणदण्ड होता है, मगर हमारे देश में मिलावट के सुभीते खुली सभा में माँगे जाते हैं।

साधो, नागरिक अधिकारों का एक नया युग इस देश में आया है। गृहमन्त्री नन्दा ने व्यापारी-मण्डल के प्रधान से भ्रष्टाचार समाप्त करने के लिए सहयोग माँगा, मगर उन्होंने चिट्ठी का जवाब भी नहीं दिया। इसका अर्थ है —हम सहयोग नहीं देंगे। किस बात में ? भ्रष्टाचार खत्म करने में। तो क्या आप भ्रष्टाचार को

चलने देना चाहते हैं ? यही तो अब तक हुआ।

साधो, इस नये युग में बहुत-सी चीजें जिनसे लोग शरमाते थे, खुलेआम होने लगी हैं। मिलावट के सुभीते माँगे जाते हैं। अब ज़रा आगे कल्पना करो कि हलवाइयों ने उदाहरण पेश किया है, तो और लोग क्या करेंगे। मैंने सुना है कि मुरैना के डाकू एक सभा करके सरकार से माँग करनेवाले हैं कि हमें डाका डालने के अधिक सुभीते दिये जायें। सरकार यदि जनता की सरकार है, तो कुछ दिनों के लिए पुलिस उस क्षेत्र से हटा लेगी। इसी तरह अखिल भारतीय चोर-सम्मेलन होगा और उसमें प्रस्ताव पास होगा कि पुलिस की गश्त से चोरी के मौके कम हाथ लगते हैं। सरकार से हमारी माँग है कि पुलिस की सख्ती कम करे। फिर एक दिन देश-भर के जेबकटों का सम्मेलन होगा, जिसमें व्यवसाय की कठिनाइयों पर विचार होगा। प्रस्ताव पास होगा कि क्योंकि पैसा भीतर की जेब में रखने से हमें काटने में अड़चन होती है, इसलिए सरकार कानून बनाय कि हर नागरिक को अपना पैसा बाहर की जेब में रखना होगा।

साधो, अगर इसी गति से हम आगे बढ़े, तो तुम सुनोगे कि किसी सरकारी अफसर ने अदालत में मुकदमा दायर किया है कि अमुक आदमी ने मुझे 'घूस' देने का वादा करके काम करा लिया। काम होने पर उसने मुझे घूस की रकम नहीं दी। लिहाजा उसे धोखाधड़ी के जुर्म में सजा दी जाय और मुझे मेरी रकम दिलायी जाय।

साधो, तुम अचरज मत करो। यह सब होगा। अभी तो सरकारी कर्मचारियों की नयी आचरण-संहिता बनेगी, जिसमें लिखा रहेगा कि किस काम के लिए कितनी घूस देनी होगी। तुम दफ्तर में दरखास्त लेकर जाओगे कि साहब, सौ साधुओं को भोजन कराना है। इसके लिए एक बोरा शक्कर का परमिट दिया जाय। साहब झट एक किताब निकालकर देखेगा कि एक बोरे शक्कर पर घूस की कौन रकम सरकार ने तय की है। साधो, वह कहेगा 10 रु. घूस लगेगी और तुम चुप-चाप 10 रु. देकर घूस की रसीद ले लोगे। तब कोई हल्ला भी नहीं होगा कि देश में भ्रष्टाचार है और दुनिया समझेगी कि यह देश बिल्कुल स्वच्छ हो गया।

साधो, हर काम जो डरते-डरते छिपाकर किया जाता है, उसे खुले रूप में कानूनन करने के दिन आ गये। तुम भी प्रस्ताव पास करके सरकार को भेजो कि हमें अपने आँगन में गाँजे की खेती करने का सुभीता दिया जाय।

12.7.'64

भूलें, शताब्दी-समारोह की

साधो, जबलपुर में म्युनिसिपल कमेटी का शताब्दी-समारोह हो गया। 1864 में इस शहर में म्युनिसिपल बनी, फिर 1952 में म्युनिसिपल कारपोरेशन बनी। साधो, इन 100 वर्षों में नगर की जो सेवा की गयी उसे याद करने का यह महापर्व था।

साधो, मैंने पूरा समारोह देखा। यों कार्यक्रम अच्छे हुए। खूब रोशनी हुई, सजावट हुई; चौराहे सुन्दर बन गये। भाषण हुए, कवि-सम्मेलन और मुशायरे हुए। सब बहुत अच्छा हुआ। मगर फिर भी बहुत कमी रह गयी। मुझसे संयोजक लोग पूछते तो मैं उन्हें सुझाता कि नगरपालिका की प्रगति में जिन लोगों ने विशेष योग-दान दिया है, उनका सम्मान इस समारोह में होना जरूरी है। साधो, उस कर्मचारी का सम्मान करना चाहिए था जिसने सबसे अधिक घूस ली। उसे समारोह के मंच पर बिठाकर मेयर खुद उसे माला पहिनाते और उसके हाथ में नारियल देते। इससे कर्मचारियों को प्रोत्साहन मिलता और उन्हें यह भरोसा होता कि हमारी सेवाओं की कद्र की जाती है।

साधो, इसी तरह उस व्यापारी का सम्मान होना भी जरूरी था, जिसने सबसे अधिक चुंगी-चोरी की। उसे तो एक खुली कार में बिठाना था। कार के सामने एक कर्मचारी पोस्टर लेकर चलता जिस पर लिखा होता—अमुक ने पिछले दो वर्षों में सबसे अधिक चुंगी की चोरी की। इसके बाद उन्हें मंच पर बिठाकर मेयर मान-पत्र अर्पित करते जिसमें लिखा होता कि आपकी नगर-सेवा के उपलक्ष में जीवन-भर आपको हम चुंगी से छूट देते हैं।

साधो, इसी तरह नगर निगम के उन सदस्यों का सम्मान होना था, जिन्होंने सबसे ज्यादा पार्टियाँ बदलीं। ये भी सम्मान के अधिकारी थे, जो दिन-भर निगम कार्यालय के आसपास रहते हैं, और लोगों का काम कराया करते हैं।

साधो, इस कारपोरेशन ने एक मामले में इतिहास बनाया है। यहाँ 7-8 महीने तक एक ऐसे मेयर रहे हैं जिनके बारे में हाईकोर्ट ने निर्णय दिया था कि वे वोटों की गड़बड़ी से मेयर चुने गये, इसलिए वे मेयर हुए ही नहीं। ऐसा कहीं नहीं हुआ होगा कि जो मेयर नहीं था वही 7-8 माह मेयर रहा। साधो, उन्होंने इतिहास बनाया है। उनका इस मौके पर सम्मान होना था। उनके साथ ही उस सदस्य का भी अभिनन्दन होना था, जिसने उस चुनाव में उनके पक्ष में वोटों की गड़बड़ी की थी। उन्होंने प्रजातान्त्रिक मूल्यों में हमारी आस्था बढ़ायी है।

साधो, इसी तरह उस नागरिक का सम्मान होना था जिसका सबसे अधिक बिना बत्ती की साइकिल चलाने में चालान हुआ। उस नागरिक का भी सम्मान होना था जो सबसे ज्यादा बार बिना बिल्ले की साइकिल चलाते पकड़ा गया। साधो, उस नागरिक की तलाश करनी थी, जिसने कभी बिल्ला नहीं लिया। उसकी तो

मूर्ति स्थापित होनी थी।

साधो, कितनी चीजें छूट गयीं। कई स्मृतियों को हमें स्थापित करना था। उस मुहल्ले का पता लगाना था जहाँ पिछले वर्षों में कभी पानी नहीं पहुँचा। वहाँ के निवासियों को मिठाई बाँटनी थी कि तुमने सहनशीलता में पहिला स्थान प्राप्त किया है। उस स्थान पर बन्दनवार लगाना था जिसकी कभी मरम्मत नहीं हुई। शहर का सबसे गन्दा मुहल्ला होने का जिसे गौरव है, उसकी विशेष सजावट करनी थी। साधो, उस रोगी की खोज करनी थी जिसे सबसे लम्बे समय तक पेचिस की बीमारी रही। वह हमारी जल-व्यवस्था का गौरव है। उसका सम्मान होना था और उसे दवाइयों का एक पैकेट इनाम देना था। साधो, उस आदमी का भी सम्मान करना जरूरी था जिसने सबसे लम्बे अर्से तक नगर निगम की जमीन पर कब्जा कर रखा। उस अधिकारी को भी इनाम देना था जिसकी मेहरबानी से वह ऐसा कर सका। इसी तरह उस नागरिक का सम्मान होना था जिस पर सबसे ज्यादा टेक्स बकाया हो।

साधो, शहर की उस नाली की खोज करनी थी जो सबसे गन्दी हो। उसके आसपास फूल बिछाना चाहिए था। उस मुहल्ले के नागरिकों को अलग से सम्मानित करना था जो सार्वजनिक शौचालय को जल्दी-से-जल्दी नष्ट कर देते हैं। जिस सड़क पर सबसे बड़े गढ़े हों उसके दोनों तरफ बन्दनवार लगाना था। उन ढोरों को अन्न खिलाना था जो हमेशा सड़क के बीच में बैठते हैं। उनके मालिकों को कुछ इनाम भी देना था।

साधो, शताब्दी समारोह में ये कुछ जरूरी और बुनियादी बातें भुला दी गयीं। मगर कबीर से पूछ लेते तो ऐसी गलतियाँ न होतीं।

7.9.'64

आखिर एकता क्यों हो?

साधो, तुमने उस दिन सुचेता कृपलानी* का भाषण सुना था, जो वे अपने प्रदेश के कांग्रेसियों को दे गयीं। उन्होंने बड़ी भावुकता से कहा था कि कांग्रेस संगठन में आपसी फूट समाप्त करके एकता स्थापित करनी चाहिए। यह कोई नयी बात नहीं है। सुबह जब अखबार खोलता हूँ तो नजर लगभग रोज ही बड़े टाइप में ऐसे शीर्षकों पर पड़ती है—'कांग्रेस में एकता स्थापित करो!' कामराज से लेकर हर

* सुचेता कृपलानी—उत्तरप्रदेश की तत्कालीन मुख्यमन्त्री।

मण्डलेश्वर यही कहता है। लेकिन साधो, इसमें एक बड़ी विचित्र बात है। सुचेताजी लखनऊ से जबलपुर या भोपाल आकर एकता की सलाह दे सकती हैं और बंगाल में भी। मगर यही सलाह लखनऊ में नहीं दे सकतीं। क्यों ?

साधो, इसका भी बड़ा रहस्य है कि हर नेता अपने क्षेत्र के बाहर जाकर एकता की सलाह देता है। केरल के शंकर और जॉर्ज* दोनों जब उत्तरप्रदेश जायेंगे, तब कहेंगे—हाय, आज कांग्रेस की हालत कितनी गिर गयी है। जगह-जगह दलबन्दी है। हमें दलबन्दी समाप्त करके कांग्रेस में एकता स्थापित करनी चाहिए। साधो, उनसे कोई पूछे कि भाइयो, तुम तो खुद केरल में लड़कर और अपनी सरकार गिराकर चले आ रहे हो ! वहीं एकता क्यों नहीं की ? तो वे जवाब देते हैं—केरल की बात दूसरी है। मैं तो उत्तरप्रदेश के कांग्रेसियों को सलाह दे रहा हूँ। साधो, उस दिन सुचेताजी से अगर पूछते कि देवीजी, आप तो खुद उत्तरप्रदेश में दलबन्दी में शामिल हैं। वहीं क्यों नहीं एकता स्थापित करतीं ? तो वे शायद कह देतीं—भई, उत्तरप्रदेश की बात अलग है। वहाँ तो कमलापति त्रिपाठी का गुट एकता भंग करता है। हम पूछते—तो देवीजी, एकता कैसे हो सकती है ? एकता का क्या स्वरूप है ? वे जवाब देतीं—एकता का अर्थ हर कांग्रेसी के लिए यह है कि सब मिलकर उसे मन्त्री बना दें। अगर त्रिपाठी गुट मुझे मुख्यमन्त्री बने रहने देने को तैयार हो जाय, तो एकता स्थापित हो जायेगी।

साधो, इस एकता की जरा परीक्षा कर लेनी चाहिए। एकता किसलिए ? एकता का उद्देश्य क्या ? मगर इसके पहले सवाल उठता है—कांग्रेसमैन होने का उद्देश्य क्या ? साधो, कांग्रेसमैन बनने का उद्देश्य है शासन में किसी पद पर हो जाना। मन्त्री से लेकर ग्रामपंचायत के सरपंच तक जो पद हैं, उन पर होना कांग्रेसमैन का लक्ष्य है। तब सवाल उठता है—एकता क्यों चाहिए ? एकता इसलिए चाहिए कि इससे दल बहुमत में होगा और तभी हम पद पर हो सकेंगे।

साधो, कुल मिलाकर यह निष्कर्ष निकला कि अखिल भारतीय राष्ट्रीय कांग्रेस, जिसे ए. ओ. ह्यूम ने शुरू किया था और जिसका नेतृत्व दादा भाई नौरोजी, तिलक, गाँधीजी आदि ने किया, जो गाँधीजी के नेतृत्व में देश की स्वतन्त्रता के लिए लड़ी, उस कांग्रेस का अब एकमात्र लक्ष्य यह है कि वह मुझे मन्त्री बना दे। अगर वह यह नहीं कर सकती, तो मुझे उसकी परम्परा से, उसकी राष्ट्रीय जिम्मेदारी से कोई मतलब नहीं है। इसीलिए जब-जब मैं मन्त्री नहीं बन पाता, तब-तब मुझे याद आती है कि हाय, इस महान संस्था में एकता नहीं है। एकता होती तो मैं मन्त्री बन गया होता।

साधो, शंकर एकता को रोते हैं, क्योंकि वे मन्त्री नहीं रहे। देशलहरा एकता का विलाप करते हैं, क्योंकि उनका मन्त्रिमण्डल नहीं है। मेहताब एकता को रोते हैं, क्योंकि उड़ीसा में वे मुख्यमन्त्री नहीं हैं। चन्द्रभान एकता के लिए परेशान हैं, क्योंकि

* शंकर और जॉर्ज—केरल के परस्पर विरोधी कांग्रेसी नेता।

वे मुख्यमन्त्री नहीं रहे। साधो, इस एकता का एक ही अर्थ है कि भाइयो, अपनी महान परम्परा को मत भूलो, अपने राष्ट्रीय दायित्व को समझो, फूट खत्म करो। यह फूट कांग्रेसजनों और देश को डुबा देगी। भाइयो, जागो, उठो और सब एक होकर मुझे मन्त्री बना दो। आप देखते नहीं हैं कि राष्ट्र पर इस समय घोर संकट आया है, क्योंकि मैं मन्त्री नहीं हूँ। यह संगठन के लिए बड़ी शर्म की बात है। हम स्वार्थी हो गये हैं। भाइयो, तुम लोग अपने स्वार्थ त्यागो, मन्त्री बनने की इच्छा का त्याग करो और सब मिलकर मुझे मन्त्री बना दो। भाइयो, आपने एक होकर अँगरेज सरकार को भगा दिया, तो क्या इस छोटी-सी राज्य सरकार को नहीं गिरा सकते। आपने एक होकर स्वतन्त्रता प्राप्त की थी, तो क्या मुझे मन्त्री नहीं बना सकते?

साधो, और जो मन्त्री बन गया है, वह एकता के बारे में तब चिन्तित होता है, जब उसका मन्त्रिपद खिसकने लगता है। वह कहता है कि—भाइयो, हमारे हाथ में देश की बागडोर है। हमें महान उत्तरदायित्व निभाना है। यह उत्तरदायित्व क्या है? यही कि मैं मन्त्री बना रहूँ। मगर मैं देख रहा हूँ कि कुछ कांग्रेसी मुझे हटाना चाहते हैं। इस देश पर संकट आ जावेगा। भाइयो, फूट ने देश का बड़ा नुकसान किया है। मैं कहता हूँ—दलबन्दी खत्म करो और सब एक होकर मुझे मन्त्री बना रहने दो।

साधो, एकता के नारे का यही रहस्य है। इसलिए जब सुचेता तुमसे एकता की अपील करें, तब उस पर ध्यान मत दो। उन्हें यहाँ की नहीं, लखनऊ की चिन्ता है। तुम्हें लखनऊ से क्या लेना-देना? तुम तो यहीं जोड़-तोड़ बिठाओ।

4.10.'64

कमेटियों पर कयामत*

साधो, कमेटियों पर कयामत आयी हुई है। पुराने मन्त्री तो कुछ नहीं करते पर नये मन्त्री अपनी ताकत पहिले कमेटियों पर ही आजमाते हैं। छागला साहब ने शिक्षा-मन्त्री होते ही पचीसों कमेटियाँ खत्म कर दीं। इन्द्रिराजी जब सूचना और प्रसारण मन्त्राणी हुईं, तो उन्होंने भी 40 कमेटियाँ एक दिन में भंग कर दीं।

साधो, यह क्या गजब है। नये मन्त्री को कमेटियों का उपयोग नहीं मालूम

* श्री छागला ने शिक्षामन्त्री और श्रीमती इन्दिरा गांधी ने सूचना और प्रसारण मन्त्री होते ही अपने-अपने विभाग की कई कमेटियाँ भंग कर दी थीं।

होगा। धीरे-धीरे ही वह जानता है कि कमेटी कितनी काम की चीज है। वह एक ढाल है जो मन्त्री को बचाती है। साधो, जिस चीज के बारे में मन्त्री निश्चित नहीं है और उसे करना नहीं चाहता उसे कमेटी को सौंप देता है। लोग माँग करें कि अमुक काम होना चाहिए। मन्त्री कहेगा—जरूर होना चाहिए, मगर जाँच-पड़ताल करके ठीक ढंग से होना चाहिए। हम इसके लिए एक कमेटी बनाते हैं। कमेटी इस पर विचार करके सरकार को रिपोर्ट देगी। साधो, ऐसा करके मन्त्री उस मामले से बरी हो जाता है। 2-3 महीने में जब कोई पूछेगा कि साहब, उस मामले का क्या हुआ, तो मन्त्री जवाब देगा – वह कमेटी के विचाराधीन है। 6 महीने बाद भी वह विचाराधीन होगा और तीन साल बाद भी। मन्त्री की पोजीशन बिल्कुल साफ रहती है। वह कहता है – हम यह नहीं कहते कि हमें अमुक काम करना नहीं है। करना तो है पर अभी मामला कमेटी के विचाराधीन है। रिपोर्ट आने पर ही कुछ हो सकता है।

साधो, ये कमेटियाँ भी ऐसी अद्भुत होती हैं कि कमेटी के सदस्य एक के बाद एक स्वर्गवासी हो जाते हैं, मगर रिपोर्ट नहीं बनती। तब ये स्वर्ग में बैठक करके वहाँ रिपोर्ट तैयार करते हैं। स्वर्ग के रात और दिन तो पृथ्वी के रात-दिन से बहुत बड़े होते हैं। यहाँ हमारे साल बीत जाते हैं, मगर स्वर्ग में एक दिन होता है। कमेटी सोचती है कि अभी तो एक दिन ही हुआ है, पर इधर हमारे कई साल गुजर जाते हैं। हम उकताते हैं, और खोजते हैं कि अभी तक रिपोर्ट नहीं आयी। हम नहीं जानते कि रिपोर्ट पृथ्वी पर नहीं बन रही है, स्वर्ग में बन रही है।

साधो, जो होशियार मन्त्री होते हैं वे इस कमेटी से निकालकर मामले को उस कमेटी में भेज देते हैं। उससे निकलेगा तो तीसरी में भेज देंगे। जब भी ऐसा मौका आयगा कि काम करना ही पड़ेगा, तब उसे एक नयी कमेटी को सौंप देंगे। अगर कमेटियाँ न हों तो सरकार के लेने के देने पड़ जायें। कमेटी वह दीवार है, जिसके पीछे सरकार छिप जाती है। इधर से पत्थर फेंके जा रहे हैं, मगर कमेटी की दीवार से टकराकर वे गिर रहे हैं।

साधो, एक बात और है। ये कमेटियाँ और भी सुभीते देती हैं। तुमने देखा होगा कि कमेटियों की बैठकें गर्मियों में अक्सर काश्मीर में होती हैं। कमेटियाँ अप्रैल तक दुबकी बैठी रहती हैं और ज्यों ही मई आया कि कूदकर श्रीनगर पहुँच जाती हैं। सारा साल इन्तजार करती हैं कि कब गर्मी आये और काश्मीर में कमेटी की बैठक करें। साधो, इससे काश्मीर की सैर सरकारी खर्च से हो जाती है। कमेटी अपने साथ बीवी-बच्चे भी ले जा सकती है और ठण्डाई में काम भी अच्छा हो जाता है। अब कमेटियाँ भंग हो गयी हैं, तो हजारों आदमियों की काश्मीर-यात्रा भी बन्द हो गयी। इससे काश्मीर सरकार की आमदनी कम हो जायगी। काश्मीर सरकार को केन्द्र से अपील करनी चाहिए कि कमेटियाँ भंग होने से काश्मीर की अर्थव्यवस्था पर बुरा असर पड़ेगा।

साधो, और भी सुभीते थे। कमेटियों के कारण रिश्तेदारों में आना-जाना हो

जाता था, शादी-विवाह निपट जाते थे। मान लो कमेटी के अध्यक्ष की ससुराल पटना में है, तो बैठक पटना में बुलायी जा सकती है। प्रयाग में साली की शादी है, तो एक बैठक प्रयाग में हो सकती है।

साधो, कमेटियों से मन्त्री की रक्षा होती थी और सदस्यों के भी कई काम होते थे। नये मन्त्री इन बातों को नहीं समझते। जब समझेंगे तब पछतायेंगे और फिर कमेटियाँ बनायेंगे।

11.10.'64

सदाचार और जुआ*

साधो, तुम लोग बात का बतंगड़ बनाते हो। अखबार में जो छप गया है कि किसी थानेदार ने जिला सदाचार-मण्डल के दफ्तर पर छापा मारा और मण्डल के सदस्यों को जुआ खेलते पकड़ा—सो मैंने भी पढ़ा है। मगर तुम उस खबर को लेकर इतना हल्ला क्यों मचा रहे हो? सदाचारियों ने अगर जुआ खेला, तो इसमें गलत क्या हो गया? तुम इस तरह आँखें फाड़े हो, गोया कोई बड़ी आश्चर्य की बात हो गयी हो। मैं पूछता हूँ, इसमें अनहोनी क्या हो गयी?

साधो, मैं दूसरी बात सोच रहा हूँ। मैं जानना चाहता हूँ कि उस पुलिस थानेदार का क्या हुआ? वह अभी तक सस्पेण्ट हुआ या नहीं? वश चलता तो मैं उसे बरखास्त कर देता। सदाचार-मण्डल भ्रष्टाचारियों को पकड़ने के लिए खुले हैं, सदाचार-मण्डल के सदस्यों को नहीं। अगर पुलिस इस तरह बर्ताव करेगी तो सदाचार-मण्डल काम कैसे करेगा? जो पुलिस उन्हें जुआ खेलते पकड़ सकती है, वह उनके आदेश कैसे मानेगी? आगे अगर सदाचार-मण्डल को किसी भ्रष्टाचारी को पकड़वाना होगा तो वह पुलिस से कहने की हिम्मत कैसे करेगा? वह झेंपेगा कि अभी तो मैं जुए में पकड़ा गया हूँ। अब मैं उसी पुलिस से कैसे कहूँ कि मुनाफाखोर को पकड़ लो। साधो, इससे गतिरोध पैदा होगा और सदाचार-समिति अपना काम नहीं कर पायेगी। सरकार को फौरन सारे प्रदेश में पुलिस को सख्त हिदायत देनी चाहिए कि सदाचार-समितियों के लोगों को कानून की छूट दी गयी है। उन्हें छेड़कर उनका नैतिक बल कम न किया जाय। इससे वे भ्रष्टाचार समाप्त करने में हिचकेंगे।

* बाद में राज्य सदाचार-समिति के अध्यक्ष का वक्तव्य निकला कि जिस सदाचार-समिति में जुआ पकड़ा गया, वह झूठी थी। वह अधिकृत सदाचार-समिति नहीं थी।

साधो, भ्रष्टाचारियों पर भी इस घटना का बुरा असर होगा। उनके सामने प्रश्न उठेगा कि क्या सदाचार है और क्या दुराचार। वे सोचेंगे कि जब सदाचार समितिवाले जुआ खेलते हैं तब जुआ खेलना तो सदाचार में शामिल होगा। इसी तरह प्रश्न उठेंगे कि घूस लेना और कालाबाज़ारी करना और टैक्स-चोरी करना भी सदाचार है या भ्रष्टाचार? कौन निश्चित कह सकेगा कि ये सदाचार में शामिल नहीं हैं?

साधो, तुम लोग परम्परा को भी भूल रहे हो। जो बाहर भ्रष्टाचार है, वही पवित्र स्थान में सदाचार है। बाहर सोना चुराकर गलाना दुराचार है, मगर साधु की अँगीठी में गलाना सदाचार है। बाहर स्त्री-संसर्ग व्यभिचार है मगर मन्दिर में सदाचार है। बाहर जिसे ग्रहण करना अनैतिक माना जाता है, उसे मन्दिर में देवदासी बनाकर रख लेना, पूरी तरह नैतिक है। बाहर नशा करना बुराई, पर मन्दिर में जब साधु चरस पीते हैं, तब वह पवित्र कर्म होता है। दुनिया के हर धर्म के धर्मस्थल में बुरा काम अच्छा बनाकर किया जाता है। जीव-हत्या तो वैसे पाप माना जाता है, मगर देवता के लिए मन्दिर में बकरे का बलिदान पवित्र अनुष्ठान होता है। तो साधो, सदाचार-समिति का दफ्तर भी एक तरह का मन्दिर है। जो काम बाहर बुरा है वह वहाँ शुभ हो जाता है। बाहर जुआ खेलना जुर्म है, पर सदाचार-समिति के दफ्तर में उसमें दोष नहीं है। वह कानून की पकड़ से बाहर है।

साधो, इसमें मुझे एक रहस्य और दिखता है, जो पुलिस की मोटी समझ में नहीं आया। शायद वे सदाचार-समितिवाले जुआ सिर्फ इसलिए खेल रहे हों कि देखें, इसमें ऐसी क्या बात है जो लोग इसे खेलते हैं। वे अनुभव लेकर, जुए को अच्छी तरह समझकर फिर जुआड़ियों को सुधारने के लिए निकलनेवाले होंगे। जब तक खुद न खेलें, तब तक वे कैसे जानें कि आखिर जुआ किस तरह की आकर्षक बुराई है। अगर यह सही है, तब तो वे सदाचार-आन्दोलन का काम ही कर रहे थे और पुलिस ने उनके काम में बाधा दी। साधो, हम तो पुराना धार्मिक परम्परावाले आदमी हैं। हम जानते हैं कि जब विष से सारी सृष्टि व्याकुल होने लगी, तब शंकर ने उसे अपने कण्ठ में रख लिया। सी तरह जब भ्रष्टाचार विष की तरह सर्वत्र फैल गया है और देश उससे त्रस्त है तब उसे किसी शंकर के कण्ठ में ही रखा जा सकता है। सारे भ्रष्टाचार को अगर सदाचार-समिति के अन्दर ही रख दें तो समाज उस विष से बच जायगा। मुझे लगता है, सदाचार-समिति के लोग यही कर रहे थे। वे जुआ खेलने के विष को सब जगह से समेटकर अपने कण्ठ में रख ही रहे थे कि इतने में पुलिस ने वह बदतमीजी की।

साधो, अगर पुलिस इस तरह सदाचार-समिति के काम में बाधक बनेगी तो इस समाज से भ्रष्टाचार कभी नहीं मिटेगा।

6.12.'64

मसानी* की नेक सलाह

साधो, तुम लोग महीने-भर से बहस कर रहे हो कि भारत एटम बम बनाये या न बनाये और कोई निर्णय नहीं कर पा रहे हो। लो, मीनू मसानी ने तुम्हारी सारी समस्या हल कर दी। उन्होंने दिल्ली में घोषणा कर दी कि भारत को एटम बम नहीं बनाना चाहिए। क्यों नहीं बनाना चाहिए? इसके जवाब में मीनू मसानी ने कहा कि अगर हमारे पास एटम बम हो भी गये, तो भी शास्त्री सरकार इतने कमजोर दिल की है कि वह किसी देश पर एटम बम नहीं गिराने देगी। इसलिए हमें अपनी एटमी रक्षा का भार अमेरिका को सौंप देना चाहिए।

साधो, समस्या का यह हल मुझे पसन्द आ गया। इससे हम सारी झंझटों से बरी हो जायेंगे। अपने यहाँ अमेरिका अपने बम लाकर रख देगा, उन्हें छोड़नेवाले आ जायेंगे। तब जब कभी उनका मन बम गिराने का होगा, वे शास्त्रीजी से पूछेंगे—हम कुछ बम गिरा दें किसी देश पर? अब शास्त्रीजी तो कमजोर दिल के हैं, वे 'नहीं' कह देंगे। तब वे मसानी से कहेंगे—साहब, शास्त्रीजी तो 'नहीं' कहते हैं। मसानी कहेंगे—मैंने तो तुमसे पहिले कहा था कि यह कमजोर दिल का आदमी है। वह बम नहीं गिराने देगा। पर तुम उसकी परवाह मत करो। तुम तो गिरा दो। साधो, वे अमरीकी चीन पर या वियतनाम पर या सीलोन पर बम गिरा देंगे। शास्त्रीजी पूछेंगे--मेरे मना करने पर भी तुमने बम क्यों गिराये? तो वे जवाब देंगे—हमें आपने नहीं, मसानीजी ने बुलाया है। हम उनकी बात मानेंगे।

साधो, यह सही है कि हम लोग कमजोर दिल के आदमी हैं, इसलिए हमें मजबूत दिलों के आदमियों के हाथों भारत को सौंप देना चाहिए। मजबूत दिल का आदमी सिर्फ अमेरिका में होता है। उनके सम्पर्क के कारण मसानी का दिल भी मजबूत हो गया है। इसलिए हम अमेरिकियों को एटम बम लेकर यहाँ बुला लें और उनसे कह दें—देखो भाई, हम लोग तो कमजोर दिल के आदमी हैं। हम बम गिराते वक्त 'नहीं-नहीं' कहेंगे, पर तुम हमारे 'नहीं' कहने पर बिल्कुल ध्यान मत देना। हमारे 'नहीं' कहते-कहते हुए भी तुम बम गिरा ही देना।

साधो, तब चारों तरफ अपनी धाक बैठ जायगी। अमेरिका को उत्तरी वियतनाम पर बम गिराना है तो वह हमारे देश के अड्डे से गिरा देगा। तब रूसी बम अपने देश पर गिर जायेंगे। इसी तरह अमेरिका अपने ही यहाँ से संयुक्त अरब गणराज्य पर भी बम गिरा सकेगा। लंका अगर और विदेशी कम्पनियों का राष्ट्रीय-करण करने लगा, तो वहाँ भी एक बम गिरा दिया जायेगा। हम तो 'नहीं' कहते रहेंगे, पर वे लोग मसानीजी से पूछ-पूछकर बम गिराते ही जायेंगे।

* मसानी—मीनू मसानी; स्वतन्त्र पार्टी के महामन्त्री और अमेरिकी नीतियों के प्रमुख समर्थक।

साधो, मेरा तो यह सुझाव है कि जब मसानी हमारे बीच एकमात्र मजबूत दिलवाले आदमी हैं, तो क्यों नहीं शास्त्री सरकार को भंग करके उन्हें ही भारत सरकार सौंप दी जाय ? इससे काम और आसान हो जायगा। अभी तो वाशिंगटन और दिल्ली बहुत दूरी पर हैं। तब हम मसानीजी से कह देंगे कि साहब, आप वाशिंगटन में ही भारत की राजधानी बना लीजिए। ह्वाइट हाउस के बगल में किसी इमारत को लेकर आप वहाँ बैठ जाइए और वहाँ अमेरिकी सरकार से परामर्श करके भारत पर शासन करिए। फिर दिल्ली में किसी सरकार की जरूरत ही नहीं है। आप वहीं से हुकम दे दीजिए कि फलाँ जगह एटम बम डाल दो। तो यहाँ बैठे अमेरिका के लोग बम डाल देंगे। हम लोग तो कमजोर हैं। हमसे यह काम बनेगा नहीं। आप जैसे मजबूत आदमी ही भारत की वीरता का आतंक पैदा कर सकते हैं।

साधो, मेरा मत अब निश्चित हो गया। तुम भी निश्चिन्त हो जाओ। अब सारा बोझ मसानीजी उठा लेंगे। हमें सिर्फ इतना करना है कि देश के कोने-कोने में जनमत तैयार करना है कि मसानी को भारत की सरकार सौंपो। साधो, सारे देश में कोटि-कोटि कण्ठों से यह नारा उठे और मसानीजी की जय बोली जाय। शास्त्री सरकार घबड़ाकर जनमत के सामने झुक जायगी और मसानीजी को सत्ता सौंप देगी। बस, फिर तो वे सब ठीक कर लेंगे।

साधो, मसानीजी से मुझे एक ही प्रार्थना करनी है कि साहब, अच्छे मजबूत दिल के अमरीकी यहाँ लाइए। वैसे नहीं जिन्होंने हिरोशिमा पर बम गिराया था। वे दोनों तो उस विनाश की ग्लानि से पागल हो गये हैं। दोनों ने एक बार आत्म-हत्या करने का भी तय कर लिया था। सुना है उनके सामने हिरोशिमा का नाम लो, तो वे रोने लगते हैं। साधो, अमेरिकी होकर इतने कमजोर दिल हैं उनके। मसानी साहब, ऐसों को न बुलवायें। खूब मजबूत दिल के अमेरिकी यहाँ आने चाहिए जिन्हें किसी भी काम की ग्लानि न होती हो। तब हमारा काम बनेगा।

27.12.'64

नया साल

साधो, सन् 1964 गुजर गया और 1965 शुरू हो गया। नये साल के शुरू में शुभकामना देने की परम्परा है। मैं तुम्हें शुभकामना देने में हिचकता हूँ। बात यह है साधो, कि कोई शुभकामना अब कारगर नहीं होती। मान लो, मैं कहूँ कि ईश्वर

नया वर्ष तुम्हारे लिए सुखदायी करें, तो तुम्हें दुख देनेवाले ईश्वर से ही लड़ने लगेंगे। ये कहेंगे, देखते हैं, तुम्हें ईश्वर कैसे सुख देता है। साधो, कुछ लोग ईश्वर से भी बड़े हो गये हैं। ईश्वर तुम्हें सुख देने की योजना बनाता है, तो ये लोग उसे काट-कर दुख देने की योजना बना लेते हैं।

साधो, मैं कैसे कहूँ कि यह वर्ष तुम्हें सुख दे। सुख देनेवाला न वर्ष है न मैं हूँ और न ईश्वर है। सुख और दुख देनेवाले दूसरे हैं। मैं कहूँ कि तुम्हें सुख हो। ईश्वर भी मेरी बात मानकर अच्छी फसल दे! मगर फसल आते ही व्यापारी अनाज दबा दे और कीमतें बढ़ा दे। तो तुम्हें सुख नहीं होगा। इसलिए तुम्हारे सुख की कामना व्यर्थ है।

साधो, तुम्हें याद होगा कि '64 के आरम्भ में भी मैंने तुम्हें शुभकामना दी थी। मगर पूरा साल तुम्हारे लिए दुख में बीता। हर महीने कीमतें बढ़ती गयीं। तुम चीख-पुकार करते थे तो सरकार व्यापारियों को धमकी दे देती थी। ज्यादा शोर मचाओ, तो दो-चार व्यापारी गिरफ्तार कर लेते हैं। अब तो तुम्हारा पेट भर गया होगा। साधो, वह पता नहीं कौन-सा आर्थिक नियम है कि ज्यों-ज्यों व्यापारी गिरफ्तार होते गये, त्यों-त्यों कीमतें बढ़ती गयीं। मुझे तो ऐसा लगता है, मुनाफाखोर को गिरफ्तार करना एक पाप है। इसी पाप के कारण कीमतें बढ़ीं।

साधो, मेरी कामना अक्सर उलटी हो जाती है। पिछले साल एक सरकारी कर्मचारी के लिए मैंने सुख की कामना की थी। नतीजा यह हुआ कि वह घूस खाने लगा। उसे मेरी इच्छा पूरी करनी थी और घूस खाये बिना कोई सरकारी कर्मचारी सुखी हो नहीं सकता। साधो, साल-भर तो वह सुखी रहा। मगर दिसम्बर में गिरफ्तार हो गया। एक विद्यार्थी से मैंने कहा था कि नया वर्ष सुखमय हो, तो उसने फर्स्ट क्लास पाने के लिए परीक्षा में नकल कर ली। एक नेता से मैंने कह दिया था कि इस वर्ष आपका जीवन सुखमय हो, तो वह संस्था का पैसा खा गया। साधो, एक ईमानदार व्यापारी से मैंने कहा था कि इस वर्ष समृद्धि हो, तो वह उसी दिन से मुनाफाखोरी करने लगा। एक पत्रकार के लिए मैंने शुभकामना व्यक्त की तो वह 'ब्लेक मेलिंग' करने लगा। एक लेखक से मैंने कह दिया कि नया वर्ष तुम्हारे लिए सुखदायी हो, तो वह लिखना छोड़कर रेडियो पर नौकर हो गया! एक पहलवान से मैंने कह दिया कि बहादुर, तुम्हारा नया साल सुखमय हो, तो वह जुए का फड़ चलाने लगा। एक अध्यापक को मैंने शुभकामना की, तो वह पैसे लेकर लड़कों को पास कराने लगा। एक नवयुवती के लिए सुख कामना की, तो वह अपने प्रेमी के साथ भाग गयी। एक एम. एल. ए. के लिए मैंने शुभकामना व्यक्त कर दी, तो वह पुलिस से मिलकर घूस खाने लगा।

साधो, मुझे तुम्हें नये वर्ष की शुभकामना देने में इसीलिए डर लगता है। एक तो ईमानदार आदमी को सुख देना किसी के वश की बात नहीं है। ईश्वर तक के नहीं। मेरे कह देने से कुछ नहीं होगा। अगर मेरी शुभकामना सही होना ही है, तो तुम साधुपन छोड़कर न जाने क्या-क्या करने लगोगे। तुम गाँजा-शराब का चोर-

व्यापार करने लगोगे। आश्रम में गाँजा पिलाओगे और जुआ खिलाओगे। लड़कियाँ भगाकर बेचोगे। तुम चोरी करने लगोगे। तुम कोई संस्था खोलकर चन्दा खाने लगोगे। साधो, सीधे रास्ते से इस व्यवस्था में कोई सुखी नहीं होता। तुम टेढ़े रास्ते अपनाकर सुखी होने लगोगे। साधो, इसी डर से मैं तुम्हें नये वर्ष के लिए कोई शुभ-कामना नहीं देता। कहीं तुम सुखी होने की कोशिश मत करने लगना।

10.1.'65

दुर्गापुर में जेबकतरे

साधो, दुर्गापुर में जो कांग्रेस का अधिवेशन हो रहा है, उसकी जो खबरें आ रही हैं, वे तुम पढ़ रहे होगे। क्या तुम जानते हो सबसे महत्त्वपूर्ण खबर वहाँ की क्या है? तुम कहोगे कि अधिवेशन ने शान्तिपूर्ण सहअस्तित्व पर प्रस्ताव पास किया या समाजवाद के निश्चय को दुहराया या निःशस्त्रीकरण की अपील की। नहीं साधो, महत्त्वपूर्ण खबर तुम अक्सर नजरन्दाज कर जाते हो। देखो, सबसे बड़ी खबर वहाँ की यह है कि स्वयंसेवकों के वेष में वहाँ कुछ जेबकतरे भी घुस आये थे और वे जेब काटते पकड़े गये।

साधो, यह खबर कांग्रेस के पूरे चरित्र को सूचित करती है। इससे कई निष्कर्ष निकलते हैं। कुछ पेशेवर जेबकतरों ने सोचा कि जेब काटने के लिए कांग्रेस में घुसना जरूरी है। मगर वहाँ घुसने के लिए कांग्रेसमैन होना जरूरी है। सो उन्होंने कांग्रेस स्वयंसेवकों का बिल्ला लगाया और कांग्रेस में घुस गये। एक बार घुसने के बाद उन्होंने जेब काटना शुरू कर दिया।

साधो, पकड़े चाहे आज गये हों, पर जेबकतरे सन् '47 से ही कांग्रेस के अन्दर घुस आये थे। जेबकतरे वहीं घुसते हैं, जहाँ उन्हें मालूम हो कि जेबों में कुछ है। सन् '47 के पहिले कांग्रेस की जेब में सिवा कष्ट और संघर्ष के कुछ नहीं था। इसलिए पहिले कभी नहीं सुना कि कांग्रेस अधिवेशन में जेबकतरे घुसे हों। मगर '47 के बाद जेबकतरों ने देखा कि जेब काटने का सबसे अच्छा सुभीता कांग्रेस के भीतर ही है। साधो, कई जेबकतरों ने बिल्ला लगा लिया और जेब काटने लगे।

साधो, सबके पहिले इन्होंने कांग्रेस की जेब में से उसकी प्रतिष्ठा काटी और उसे बाजार में बेच दिया। जगह-जगह जो हम कांग्रेस की प्रतिष्ठा का नीलाम देखते हैं, वह प्रतिष्ठा इन्हीं जेबकतरों ने काटी थी। हर साल जेबकतरे प्रतिष्ठा काटकर लाते थे और कस्बे से लेकर राजधानी के बाजार तक नीलाम करते थे। इसकी कीमत

भी अच्छी थी। स्वतन्त्रता संग्राम के इतिहासवाली, सत्तारूढ़ पार्टी की प्रतिष्ठा की एक टुकड़ा कौन नहीं रखना चाहेगा? साधो, तिजोड़ियों में, बैंकों में, लॉकरों में, खाता-बहियों में कांग्रेस की प्रतिष्ठा का एक-एक टुकड़ा लोगों ने खरीदकर रख लिया। कांग्रेस की जेब में वर्षों का संचित ईमान भी रखा था। जेबकतरों ने थोड़ा-सा ईमान भी काट लिया और उसे भी नीलाम कर दिया। इस जमाने में ईमान की भी अच्छी कीमत मिल जाती है, क्योंकि उसका स्टाक काफी कम हो गया है।

साधो, सन् '47 से ही ये जेबकतरे कांग्रेस का वेश धारण करके कांग्रेस में घुसे हैं। वेशभूषा, बातचीत और चालढाल से इन्हें पहिचानना कठिन है। इसलिए ये बेखटके घूमते रहे हैं और जेब काटते रहे हैं। लोग समझते हैं कि ये सेवा करनेवाले स्वयंसेवक हैं। वे नहीं जानते कि ये जेब काटनेवाले हैं। ये जेबकतरे भीतर-ही-भीतर अपनी जाति का विस्तार भी करते रहे हैं। जिन्होंने जिन्दगी में कभी यह काम नहीं किया, उनमें से भी कुछ को इन्होंने जेब काटना सिखा दिया। इस तरह प्रति वर्ष जेबकतरे बढ़ते गये और कांग्रेसमैन कम होते गये। अब तो यह स्थिति हो गयी है कि यह पहिचानना मुश्किल है कि कौन कांग्रेसमैन है और कौन जेबकतरा।

साधो, पिछले वर्षों से कांग्रेस अपनी जेब में एक बहुमूल्य चीज रखे हुए है, जिसे 'समाजवाद' कहते हैं। और चीजों की तरह इसे भी जेब में लापरवाही से डाल लिया है। जेबकतरे बड़े चतुर हैं। वे जानते हैं कि यदि इसे पूरा चुरा लिया, तो पकड़ जायेंगे और बड़ा हल्ला मचेगा। इसलिए वे उसमें से समय-समय पर थोड़ा-सा हिस्सा काट लेते हैं और बेच देते हैं। जब भी मौका मिला है। इन लोगों ने एक टुकड़ा समाजवाद का काट लिया है और कांग्रेस बेखबरी से चली जा रही है।

साधो, दुर्गापुर अधिवेशन में पहली बार वह बात पकड़ में आयी कि जो कांग्रेस का बिल्ला लगाये हैं, उनमें भी जेबकतरे हैं। मगर ये एक-दो नहीं हैं, पूरा गिरोह है। सवाल यह है कि क्या कांग्रेस ने बिल्ला लगाये सब जेबकतरों को पहिचान लिया है। जरूरी नहीं है कि वे सब स्वयंसेवक का बिल्ला लगाये हों। जेबकतरों में भी तरक्की पाकर बड़े नेता हो गये होंगे। सरकार में भी पहुँच गये होंगे, कार्यकारिणी में भी पहुँच गये होंगे और जूनियर जेबकतरों का पथ-प्रदर्शन करते होंगे और उन्हें बचाते होंगे। मेरी तो सलाह है कि कार्यकारिणी के सदस्यों को भी बैठक में जेब सँभालकर बैठना चाहिए। पता नहीं बगल में सीनियर कांग्रेसमैन बैठा है या सीनियर जेबकतरा?

यहाँ से वहाँ का आखिरी दौर

साधो, चुनाव के मतदान के लिए अब एक महीना बचा है और बड़ा दिलचस्प दृश्य है। यह ऐसा महाभारत है जिसमें यही तय नहीं है कि कौरव कौन है, और पाण्डव कौन। अन्त तक कौन कौरव रहेगा और कौन पाण्डव, यह भी तय नहीं है। कुछ ऐसा हो रहा है कि तीन दिन के युद्ध के बाद जयद्रथ दुर्योधन से कहता है—'मैं पाण्डव-दल में जा रहा हूँ, क्योंकि जीतने की आशा उन्हीं की है।' पाँचवें दिन के बाद कर्ण आता है और कहता है—'राजन, मैंने आपका नमक पटा दिया। अब मैं पाण्डवों की तरफ जा रहा हूँ। यह सिद्धान्त की बात है। वे मेरे भाई हैं। बीच में मतभेद हो गया था, पर हमारे आदर्श एक हैं। पण्डित नेहरू की जय!'

साधो, ताजा मामला। ब्रह्मानन्द रेड्डी का है। इसके पहले हेमवतीनन्दन बहुगुणा को चरणसिंह ने निकालकर उधर इन्दिरा कांग्रेस में भेज दिया। चरणसिंह ने बहुगुणा को रूसी जासूसी संस्था के. जी. बी. का एजेण्ट कहा था और बहुगुणा ने कहा था कि चरणसिंह का दिमाग पटरी से उतरा हुआ है। यानी एक पटरी से उतरे दिमाग के आदमी ने दूसरे को के. जी. बी. एजेण्ट कहा। चरणसिंह ऐसे ही जबर्दस्त नेता हैं। वे अपने गठबन्धन के लोगों पर ही तलवार चला रहे हैं। कम्युनिस्ट उनके साथ हैं, पर वे कम्युनिस्टों को देश के लिए खतरनाक कह रहे हैं। कम्युनिस्ट साफ! कांग्रेस (अर्स) उनके साथ है। कांग्रेस का विश्वास नेहरू की नीतियों पर है। चरणसिंह नेहरू की नीतियों की आलोचना करके अपने साथी कांग्रेसियों पर भी तलवार चला देते हैं। कांग्रेस से बिना सलाह किये अपनी लिस्ट जारी कर देते हैं। चरणसिंह ऐसी लड़ाई लड़ रहे हैं जिसमें पहले अपनी सेना का सफाया कर रहे हैं। या वे राजा हैं, बाकी रानियाँ। वे मध्ययुग के राजपूत योद्धा की तरह कर रहे हैं। जब योद्धा राजा के किले पर हमला होता था, तब पहले वह सारी स्त्रियों को आग के कुण्ड में झोंक देता था। फिर तलवार लेकर किले से बाहर निकलता था और दूसरों को काटकर कट जाता था।

साधो, राजनीति के अपने अलग सिद्धान्त होते हैं, नीतियाँ होती हैं। शब्द और मुहावरे होते हैं। रेड्डी ने कांग्रेस छोड़ी तो वहाँ हड़कम्प मच गया। घबड़ा रहे हैं। परेशान भी हैं। मगर तारकेश्वरी कहती है—अच्छा हुआ, कोढ़ निकल गया। कुछ घण्टे पहले तक रेड्डी कमल का फूल थे। छोड़ते ही वे कोढ़ हो गये। इसी तरह चरणसिंह, लिमये, बहुगुणा वगैरह ने जनता पार्टी छोड़ी थी, तब जनता-नेताओं ने कहा था—अच्छा हुआ। ये लोग पार्टी के कोढ़ थे। अब पार्टी शुद्ध हो गयी। साधो, कुछ समय पहले तक यही लोग इसी कोढ़ को पाल रहे थे। कोढ़ को मना रहे थे। चिरौरियाँ कर रहे थे। वादे कर रहे थे। दलगत राजनीति में जब तक कोई अपने साथ है, हीरा है। अलग हुआ तो कंकड़ है।

साधो, तुम पूछोगे कि ये नेता लोग लौटकर इन्दिरा कांग्रेस में क्यों जा रहे हैं।

वहाँ फायदा है, यह एक कारण जरूर है। पर दूसरा कारण भी है। ये सब नेता ठीक हैं। योग्य हैं। अनुभवी हैं। काम में चुस्त भी हैं। मगर इनकी जिन्दगी भर की आदत रही है कि इन्हें एक नेता चाहिए। पहले नेहरू थे, फिर इन्दिरा गाँधी हुई। नेता हो तो ये बहुत अच्छा काम करते हैं। पर जब इनसे कहा जाय कि तुम खुद नेता वन जाओ, तब ये मुसीबत में पड़ जाते हैं। यह काम इन्होंने कभी किया नहीं। 1977 के बाद में यह पहला मौका आया कि जब इन्हें खुद नेता बनना पड़ा। इन्होंने कोशिश की और आखिर अभी कहा कि भई, अपने सें नहीं बनती। हमें तो खुद नेता चाहिए। हम चले इन्दिरा गाँधी की पार्टी में।

साधो, तुम उम्मीद कर रहे थे कि बाबू जगजीवनराम भी आते ही हैं, पर अभी वे रुक गये हैं। दो दिन बाबूजी ने जनता-नेताओं को खूब झटके दिये। वे बीमार पड़ गये। नानाजी, आडवाणी, सुरेन्द्र मोहन फोन करते कि बाबूजी मीटिंग में आयें। उधर से बाबूजी का सचिव जवाब देता कि वे बीमार हैं। डाक्टरों ने 'पूर्ण विश्राम' की सलाह दी है। साधो, आखिर नानाजी वगैरह बाबूजी के निवास पर गये। बाबूजी तो सबेरे से ही बीमार पड़े हैं। डाक्टरों ने बोलने के लिए मना किया है। नानाजी ने कहा होगा—बताओ भला। बाबूजी तो शुभ ब्रह्ममुहूर्त में ही झूठ बोलने का मौका नहीं दे रहे हैं। तो साधो, जनता-नेताओं में एक-दूसरे को झूठ से मारने का दौर चल रहा है। झूठ के इस टूर्नामेण्ट के वाद कहीं चुनाव का काम शुरू होगा।

चरणसिंह की बाललीला

साधो, अब मैं इस निर्णय पर पहुँच गया हूँ कि भारत को चरणसिंह से अच्छा प्रधानमन्त्री न पहले मिला है, न आगे कभी मिलेगा। जवाहरलाल नेहरू, लालबहादुर शास्त्री, इन्दिरा गाँधी, चरणसिंह के सामने कुछ नहीं हैं। अद्भुत है यह आदमी। दूसरे देशों के राजदूत बड़े परेशान हैं कि अगर यह आदमी 1980 में 'पक्का' प्रधानमन्त्री हो गया, तो इससे कैसे निभायेंगे। इसकी कौन-सी बात मानेंगे। इसके गहन विचारों से तालमेल कैसे बिठायेंगे। ऐसे ही चरणसिंह के पहले के हनुमान और लक्ष्मण राजनारायण हैं। उनके जादुओं का किस्सा तुम रोज पढ़ते हो ? उन्होंने एक नया सिलसिला शुरू किया विदेशी राजदूतों को अपने घर बुलाकर उन्हें इत्र लगाकर राजनीति की बातें करने का। फिर वही जगजीवनराम ने किया। तो राजनारायण ने दुबारा राजदूतों को बुला लिया। सुना है, राजनारायण ने अपने चेलों से कहा कि हमारे घर इंग्लैण्ड की रानी विक्टोरिया, फ्रांस के राजा नेपोलियन

और अमेरिका के राष्ट्रपति ब्रेझनेव को भी बुलाओ। उन्हें बताया गया कि नेताजी विक्टोरिया और नेपोलियन तो बहुत पहले मर चुके और ब्रेझनेव रूस के राष्ट्रपति हैं।

साधो, चरणसिंह किसी औघड़ साधु की तरह कुछ भी बोल देते हैं। उन्हें यह खयाल नहीं रहता कि वे प्रधानमन्त्री हैं। इन्दौर में उनकी सभा में जनता पार्टी के लोगों ने ऊधम किया तो उन्होंने धमकी दे दी कि हम तुम्हारी सभाएँ उत्तरप्रदेश और हरियाणा में भंग करेंगे। यह बात प्रधानमन्त्री बोल रहे हैं। प्रधानमन्त्री का कर्तव्य है कि ऐसा प्रबन्ध करें कि किसी सभा में गड़बड़ न हो। मगर प्रधानमन्त्री खुद कह रहे हैं कि हम हुड़दंग करेंगे। तुमने इधर हमें लतयाया तो हम तुम्हें उधर लतया देंगे। बोलो, दुनिया का कौन प्रधानमन्त्री ऐसी अद्‌भुत बात कहेगा? कौन प्रधानमन्त्री अपने लोगों से कहेगा कि जाओ, उस सभा पर पत्थर फेंक आओ।

साधो, जब से लोकदल बना है, कांग्रेस और कम्युनिस्ट पार्टियों के साथ समझौता हुआ है, चरणसिंह कमाल कर रहे हैं। दो महीने पहले यह तय हुआ था कि लोकदल और कांग्रेस का एक ही घोषणापत्र होगा। कांग्रेसवाले खुश थे, पर चरणसिंह ने नेहरू की नीतियों की आलोचना शुरू कर दी। वे किसी सभा में कह आते या बयान दे आते कि नेहरू की नीतियाँ और कार्यक्रम देश के लिए घातक हैं। चौधरी इसी वक्त यह बात इसलिए कह रहे हैं कि नेहरू को छोटा सिद्ध करने से उनकी लड़की कमजोर होगी और उसकी पार्टी को वोट नहीं मिलेंगे। मगर ऐसा भाषण देकर जब चौधरी बँगले लौटते, संस्कार से नेहरू खानदान-विरोधी समाजवादी उनकी पीठ ठोंकते होते, तभी कांग्रेस के नेता कहते कि आप यह क्या बक रहे हैं। हम सब तो नेहरू की नीतियों के समर्थक हैं। हम उन नीतियों को छोड़ नहीं सकते। आपकी हमारी कैसे पटेगी? तो सबेरे चरणसिंह खण्डन जारी कर देते हैं कि मैंने तो वैसा कहा नहीं था। ये बदमाश अखबारवाले गलत छापते हैं। नेहरू की नीतियाँ तो देश के लिए बहुत फायदे की हैं।

साधो, साम्यवादियों के साथ चरणसिंह का खेल बहुत दिलचस्प है। दो महीने पहले चौधरी कहते थे—साम्यवादी गरीबों के पक्षधर हैं। इसलिए हमारी उनकी दोस्ती अटूट है। मगर धीरे-धीरे चरणसिंह बदलने लगे। वे कहने लगे, साम्यवादी दलों से मिलकर हमने कोई मोर्चा नहीं बनाया है। हम सिर्फ वोटों का तालमेल करेंगे। तिस पर भी नम्बूदरीपाद कहते रहे, हम लोकदल का समर्थन चुनाव के बाद भी करेंगे। मगर चौधरी के मन में तो कुछ और है। उन्होंने अभी कलकत्ता में कह दिया—कम्युनिस्टों का विश्वास संसदीय लोकतन्त्र में नहीं है और मार्क्सवादी कम्युनिस्टों को वोट देना खतरनाक है। साधो, यह बात चौधरी अपने सहयोगियों के बारे में कह रहे हैं। इधर तो यह तय कर रहे हैं कि कम्युनिस्ट भाइयो, ये सीटें हम तुम्हारे लिए छोड़ रहे हैं। इन सीटों में हम तुम्हारी मदद करेंगे और उधर मतदाताओं से कह रहे हैं: अरे लोगो, खबरदार! कम्युनिस्टों को वोट देना खतरनाक है।

साधो, और कमाल देखो चौधरी का। इन्दिरा गाँधी ने कहा था कि एक पुस्तक में हाल ही में छपा था कि 1971 के भारत-पाक युद्ध में मन्त्रिमण्डल के गुप्त निर्णय एक मन्त्री सी. आई. ए. से बता देता था। यानी कोई सी. आई. ए. से मिला हुआ था। यह बात पहली बार नहीं छपी है। 1971 में ही जैक ऐण्डरसन ने 'वाशिंगटन पोस्ट' में लिख दिया था कि पश्चिमी पाकिस्तान में भारतीय सेना के हमले की योजना एक मन्त्री ने सी. आई. ए. को बता दी थी। ऐसी ही बात एक और भूतपूर्व सी. आई. ए. एजेण्ट ने लिखी है, जो 1973 तक दिल्ली में था। उसने लिखा है कि कर्नल, जनरल और मन्त्री तक सी. आई. ए. से सम्बद्ध थे। यह सब बहुत भयावह है। तब रक्षामन्त्री थे बाबू जगजीवनराम। हम जानते हैं कि बाबूजी की पैसे के सिवा कोई विचारधारा नहीं है। उनकी सिर्फ पैसे की नैतिकता है। बल्कि कोई नैतिकता वे नहीं मानते। तो अंगुलियाँ उठने लगीं जगजीवनराम की तरफ। मगर साधो, इस प्रधानमन्त्री चरणसिंह को देखो। वे कहते हैं कि मैं उस व्यक्ति को जानता हूँ। वह इन्दिरा मन्त्रिमण्डल में था। जनता मन्त्रिमण्डल में भी था। हमारे मन्त्रिमण्डल में नहीं है। वह एक पार्टी का नेता है। हमारी सरकार जाँच करवा रही है। साधो, कोई पूछे कि चौधरी साहब, जब तुम जानते हो कि वह कौन है, तो जाँच किस बात की करवा रहे हो? और क्या प्रधानमन्त्री को ऐसी बातें करनी चाहिए।

साधो, ऐसे हैं चौधरी चरणसिंह जो इस महान देश के प्रधानमन्त्री हैं और आगे भी रहना चाहते हैं। तुम कहोगे—गुरू, यह आदमी तो बण्टाढार कर देगा! यह तो ग्राम-पंचायत का सरपंच होने लायक भी नहीं है। तुम कुछ भी कहो, चौधरी अपने को इतिहास का सबसे महान शासक मानते हैं और वे प्रधानमन्त्री बनने के लिए धोती कसकर, खोंसकर आमादा हैं।

मन्त्रियों का फोटो-खर्च

साधो, अभी मुख्यमन्त्री ने बताया कि मन्त्रियों की फोटो पर और उनके ब्लाक पर लगभग डेढ़ लाख रुपये खर्च हुए। यह कोई ज्यादा खर्च नहीं है। नये-नये मन्त्रियों पर इससे कहीं ज्यादा खर्च होना था, क्योंकि इनकी छवि बनाना एक बड़ा काम है। हर सरकार यह काम करती है। सूचना और प्रकाशन विभाग दो ही काम करता है—मन्त्रियों की फोटो लेना और छपवाना तथा जो नहीं हुई उस प्रगति की रिपोर्टें प्रचारित करना। साधो, मेरी शिकायत खर्च पर नहीं है। फोटो पर इससे दुगना खर्च भी होता तो वह जायज ही होता। मेरी शिकायत यह है कि इतना खर्च करके भी नतीजा उतना अच्छा नहीं निकल रहा है। मन्त्रियों की फोटुओं में वह बात, वह

अदा नहीं है जो इतने अभ्यास से आ जानी चाहिए थी। अधिकांश मन्त्री फोटो में घबराये मालूम होते हैं। ऐसा लगता है, जैसे पानी माँग रहे हों। वह लुनाई इनके चेहरे पर नहीं है जो मन्त्री के चेहरे पर होनी चाहिए। वह लुभावनी मुस्कान नहीं है। जगजीवन बाबू की फोटो देखो—हमेशा वही मुस्कान, जैसे चेहरे पर मुस्कान पेंच से कस दी गयी हो। माना कि उनका तीस साल का अभ्यास है। पर अटलबिहारी वाजपेयी तो पहली बार मन्त्री हुए हैं, मगर कोई भी फोटो देख लो तो वही चौड़ी मुस्कान जिसमें दाँत ही नहीं, जीभ तक दिखती है। अभी 'इलस्ट्रेटेड वीकली' के ताजा अंक के कवर पर उनकी फोटो देखी तो मैंने उनके मुख पर हथेली रख दी कि कहीं उनके मुख में मक्खी न घुस जाय।

तो साधो, हमारे प्रदेश के मन्त्रियों को अदाएँ साधना चाहिए। कब कितना मुस्कुराना, कैसे भाव लाना, कैसे देखना। अब यह क्या है कि मुख्यमन्त्री सकलेचा पुलिस परेड और कला-प्रदर्शनी में एक-जैसा चेहरा बनाये रहते हैं। ऐसा लगता है जैसे चित्रों से सलामी ले रहे हों। माना कि औसत मन्त्री को कला से कुछ लेना-देना नहीं होता, पर कला के सामने थोड़ा कोमल भाव लाने में क्या बिगड़ता है। अब यह भी क्या है कि संगीत-सभा में बैठे हैं, सितार बज रहा है और मुख्यमन्त्री के चेहरे पर क्रोध है कि रघु ठाकुर और विद्याभूषण ठाकुर को कैसे ठीक किया जाय।

एक चिनपुरिया हैं जो सहज मुस्काते और हँसते हैं। इन्हें मैं तीस सालों से हँसते-मुस्काते देख रहा हूँ। पवन दीवान अच्छा हँसते हैं, पर दाढ़ी-मूँछ के कारण हँसी उतनी खिल नहीं पाती। जो जनसंघ के मन्त्री हैं उनकी संस्कार की कठिनाई है। उन्हें कई सालों की ट्रेनिंग है। इस ट्रेनिंग के स्थायी भाव हैं—घृणा, क्रोध और आक्रामकता। ये भाव जम गये हैं। इसीलिए इन मन्त्रियों को छोटे-छोटे फूल-जैसे बच्चों के बीच भी देखो तो लगता है कि बच्चे को चाँटा मारनेवाले हैं। पर अभ्यास से क्या नहीं होता। 'करत-करत अभ्यास के जड़मति होत सुजान'। हमारे इन मन्त्रियों को जीवन में पहली बार मुस्कुराने, हँसने, भावुक होने का मौका आया है, इसलिए नहीं बनता, पर अभ्यास करें। धीरे-धीरे बन जायेगा और इनकी फोटो अच्छी आने लगेंगी। जब हुकुमचन्द कछवाय तक ने मुस्कुराने का अभ्यास कर लिया है तो सकलेचा को क्या संकोच है। वे सोचते होंगे कि मुस्कुरायेंगे तो फायरिंग कैसे करायेंगे। पर राजनीति में तो गले लगाकर गला काट लिया जाता है। अटलबिहारी वाजपेयी ने कैसे हँसते-हँसते बलराज मधोक को चीर दिया था। चरणसिंह ने अपनी कठोरता के बावजूद भाँगड़ा नाचकर फोटो खिंचा ली थी। मैं तो उस फोटो को देखकर दंग रह गया। बिल्कुल ताण्डव नृत्य है।

साधो, फोटो में हमारा पैसा ये मन्त्री बर्बाद न करायें। ये अदाएँ देने का अभ्यास कर लें। घर में बीवी, बच्चों के साथ ही अभ्यास कर लें। स्कूल में जायें तो छोटे-छोटे बच्चों को गोद में लेकर हँसने लगें और फोटो खिंचा लें। कभी झाबुआ चले जायें और आदिवासियों का लिबास पहनकर फोटो खिंचा लें। महिला मण्डल के उत्सव में जायें तो नारी मात्र को माता मानकर बौड़म चेहरा बना लें।

थोड़े रूमानी होकर फोटो खिंचायें। उन औरतों में आपकी सालियाँ भी तो हो सकती हैं। किसी से गले मिलें तो ऐसा चेहरा न बनायें कि उनकी जेब काटी जा रही है। साधो, मैं जानता हूँ, काफी दोष इन समाजवादियों का है। ये अपने करतबों से जनसंघी मन्त्रियों के चेहरों पर तनाव बनाये रखते हैं। मगर खुद समाजवादी मन्त्री तो मुस्कुराते-हँसते रहे। लोहिया तो अट्टहास करके हमला करते थे। ये लोग भी नाटक का मजा लें। साधो, मुझे प्रदेश के भविष्य के बारे में तब तक आशा नहीं बँधेगी, जब तक इन मन्त्रियों के खिले चेहरों की फोटो न देख लूँ। इन्हें हमारी खातिर थोड़ा खिल जाना चाहिए।

अकाली-निरंकारी सत्संग

साधो, कानपुर में 14 अकाली और निरंकारी आपस में कट मरे। इसके पहले अमृतसर में 17 मरे थे। धर्म की जय हुई। पन्थ की लाज रह गयी —भाई रे, ऐसा पन्थ हमारा। गुरुओं की वाणी का सही पालन हुआ। निरंकारी लोग अपने भवन में सत्संग के लिए एकत्र हुए थे। उनके प्रधान बाबा गुरुबचनसिंह भी दिल्ली से प्रवचन के लिए आये थे। कानपुर के अकालियों ने सोचा कि हमारे बिना इनका सत्संग अधूरा रहेगा तो वे बन्दूक और तलवार लेकर सत्संग करने पहुँच गये। दोनों तरफ से जमकर सत्संग हुआ। पुलिस आयी तो उसने भी गोली चलाकर सत्संग किया। इस तीन तरफ के सत्संग में 17 आदमी गुरु के प्यारे हो गये। 55 घायल अस्पताल में हैं। वाह ! गुरु की फतह हो गयी। भाई रे, राम कहो चित लाये !

साधो, तुम पूछोगे कि गुरु यह किस बात का झगड़ा है? अकाली और निरंकारी दोनों सिख हैं, फिर यह खूनी-सत्संग क्यों होता है ? साधो, शिया और सुन्नी भी तो दोनों मुसलमान हैं। फिर ये एक-दूसरे को छुरा क्यों घुसेड़ते हैं ? धर्म का रहस्य है कि पैगम्बरों और धर्मगुरुओं की बड़ी फजीहत उनके अनुयायी करते हैं। दोनों तरफ से जो बताया जाता है वही हम जानते हैं। पर शायद दोनों झूठ बोलते हैं। धर्म-पालन में झूठ का बहुत महत्त्व है। खैर, मामला यह है। बहुत साल पहले सिख धर्म में से एक निरंकारी पन्थ बना था। कहा गया था कि यह पन्थ मानवतावाद और शान्ति के प्रचार के लिए है। इसके दो बाबा पहले हो चुके हैं। पन्थ के वर्तमान प्रधान बाबा गुरुबचनसिंह हैं। ये लोग पीली पगड़ी पहनते हैं। ये हथियार भी रखते हैं। इनका एक सशस्त्र अर्द्ध-फौजी संगठन भी है। अकालियों की तरह निरंकारी भी दुनिया-भर में फैले हैं। शादी-ब्याह आपस में होते हैं।

अब साधो, अकाली पक्ष सुनो। अकालियों में तो 'ज्ञानी' और 'सन्त' ही सन्त

हैं। तो अकाली सन्त कहते हैं कि निरंकारी लोग ग्रन्थ साहब का अनादर करते हैं। बाबा गुरुबचनसिंह अपने को सच्चा 'गुरु' मानता है और अपनी ही वाणी चलाता है। वे यह भी कहते हैं कि निरंकारी भ्रष्ट हैं और ये स्त्री तथा मदिरा से कोई परहेज नहीं करते। अब साधो, स्त्री और मदिरा का तो ऐसा है कि वेदान्ती, पादरी मुल्ला, ज्ञानी—कोई नहीं बचता। अकाली भी सशस्त्र रहते हैं। अब तो उनकी सरकार भी है।

साधो, निरंकारी कहते हैं कि हम न गुरु का अपमान करते हैं न ग्रन्थ साहब का। हम तो हैं मानवतावादी। अकाल तख्त के हुक्म से हम लोगों का बायकाट कर दिया गया है। याने हुक्का-पानी और रोटी-बेटी बन्द। साधो, निरंकारी बाबा गुरुबचनसिंह का आरोप है कि अकाली लोग अलग से सिक्खिस्तान चाहते हैं।

साधो, यह सिक्खिस्तान अगर बन गया तो क्या होगा। पंजाब और शेरे-पंजाब होटलें सारे भारत में हैं। ये उठ जायेंगी। शेरे-पंजाब होटलों के बन्द होने से जिन्दगी कितनी नीरस हो जायेगी, इस चिन्ता में लोग हैं। भारत-भर में सिख ट्रान्सपोर्ट कम्पनियाँ चलाते हैं, ठेके लेते हैं, दूसरी नौकरियाँ और धन्धे करते हैं। सिक्खिस्तान बनने पर इन बेचारों का क्या होगा? लोग इनसे कहेंगे—सरदारजी! अब अपने देश जाइए न?

साधो, मामला न धर्म का है, न पन्थ का। मामला न ईश्वर का है, न गुरुओं का, न गुरुवाणी का। मामला महन्ती, मठाधीशी, तखत और गुरुद्वारे का है। मामला प्रापर्टी का भी है। दूसरी बात, झगड़ा राजनीति का भी है। पंजाब में अकाली दल की जनता पार्टी से खटक गयी और इधर जनता पार्टी निरंकारियों को पुचकार रही है।

साधो, हम तो दोनों से कहते हैं कि एक-दूसरे के सिर खूब प्रेम से काटो। गुरुओं के नाम पर मत काटो! बिना गुरुओं को उलझाये भी तो परस्पर गला काट सकते हो। साधो, उत्तरप्रदेश के पुलिस और खुफिया विभाग को भी हमें बधाई देनी चाहिए। यह तो हम साधुओं को भी समझ में आता है कि जहाँ निरंकारी इकट्ठे हों और बाबा गुरुबचनसिंह आयें, वहाँ कुछ होगा ही। मगर रामनरेश यादव की पुलिस और खुफिया तो किंडरगार्टन में पढ़ती है और टाफी खाती है। तभी तो पुलिस सिर कटने के बाद पहुँची।

बोल जमूरे, इस्तीफा देगा?

साधो, हमारे मन्त्री बड़े दिलचस्प हैं। वे इस्तीफा दे देते हैं और घर में पान के बीड़े लगवाकर बैठ जाते हैं कि मनानेवाले आयेंगे। वे जानते हैं कि प्रधानमन्त्री इतना

बेचारा हैं कि किसी चपरासी के इस्तीफे से ही घबड़ा जाता है। मन्त्रीजी बैठे हैं इस्तीफा भेजकर। घर में पकौड़े बन रहे हैं। मनानेवाले और मध्यस्थता करनेवालों का पद अब पक्का हो गया है। इसमें सबसे ऊँचे बीजू पटनायक हैं। बीजू आते हैं। कहते हैं, आपने इस्तीफा क्यों दे दिया? इस्तीफा-वीर जवाब देते हैं—मेरा मतभेद है। मैं हूँ ईमानदार आदमी! बीजू कहते हैं—यह तो सही है। बाकी सब बेईमान हैं। पर क्या आप इस्तीफे पर जोर दे रहे हैं? वे जवाब देते हैं—अभी तक तो जोर दे रहा था। पर अब आप कहते हैं तो जोर नहीं देता। लीजिए, पकौड़े खाइए।

साधो, राष्ट्रपति तक परेशान हैं कि ये लोग इस्तीफे की धमकी देते हैं, मगर इस्तीफा देते क्यों नहीं? ये मन्त्रिमण्डल से बाहर हो जायेंगे तो क्या इन्हें कोई शेर खा लेगा? इस्तीफा दे दें तो राष्ट्रपति लोकसभा भंग करके नये चुनाव करा दें। मगर साधो, इस्तीफा छोड़ने के लिए नहीं, इमेज बनाकर और चिपक जाने के लिए दिया जाता है। इस्तीफा देनेवाला कहता है—हे देशवासियो, तुम समझ गये होगे कि इन सब बेईमानों में एक मैं ही ईमानदार हूँ। मुझे पद का लोभ नहीं है। बाकी सब पदलोलुप हैं। मैं जनता का सच्चा सेवक हूँ। मेरा खयाल रखना।

साधो, जब सारा शरीर कुरूप हो तो तब नाक कहती है—और अंग चाहे जैसे हों, पर मैं तो सुन्दर हूँ। जनता सरकार का टोटल रूप तो बिगड़ गया है। इसलिए उसके अंग अलग-अलग अपना सौन्दर्य बता रहे हैं। जॉर्ज फर्नांडीज बार-बार इस्तीफे की धमकी देते हैं। वे पहले कहते थे—मैं बिड़ला साम्राज्य को कुचल दूँगा। मगर वे जानते हैं कि बिड़ला नाराज होंगे, तो जॉर्ज की नौकरी एक दिन भी नहीं रहेगी। तो क्रान्तिकारी जॉर्ज ने बिड़ला की जाँच बन्द करवा दी और जेनरेटर भी मँगा लेने दिये। और हुक्म करिए मालिक बिड़लाजी!

साधो, ताजा इस्तीफा-नाटक लालकृष्ण आडवाणी का है। मगर यह सिर्फ नाटक नहीं है। योजना के हिसाब से है। जनसंघ ही एक घटक है जो सुविचारित योजना से काम करता है और बाकी घटकों को पानी पिलाकर चूना लगाता है। साल-भर पहले जनसंघ के सबसे बड़े 'शोमैन' अटलबिहारी ने ऐलान किया था—अगर तीन महीने में जनता सरकार नहीं सुधरी तो मैं इस्तीफा दे दूँगा। वे कहना चाहते थे—देखो रे, मूर्ख भारतवासियो, सिर्फ जनसंघियों को देश का 'दर्द' है। हम ही उद्धारकर्ता हैं। बाकी सब स्वार्थी हैं। तुम देश हमें सौंप दो।

साधो, जनसंघ ने शुरू से एक के बाद एक सबकी इमेज बिगाड़ी। पहले चरणसिंह से कहा—चौधरी साहब, आपके रहते भ्रष्टाचार चले तो गजब हो गया। देखिए कान्तिभाई का मामला। बड़ी बदनामी हो रही है सरकार की। हम तो चाहते हैं आप-जैसा लौहपुरुष और ईमानदार नेता प्रधानमन्त्री हो। अब चौधरी ने कान्तिभाई का मामला उठा दिया। संसद में और अखबारों में हल्ला मचा। तब जनसंघ ने मोरारजी से कहा—चौधरी साहब आपके पीछे पड़े हैं। बड़ी गलत बात है कि मन्त्रिमण्डल में रहते हुए प्रधानमन्त्री को बदनाम करें। आप तो इस्तीफा माँग लीजिए। हम आपके साथ हैं। तो साधो, मोरारजी ने इस्तीफा ले लिया। अब

चौधरी और मोरारजी आपस में लड़कर एक-दूसरे के मुंह पर कालिख पोत रहे हैं। जनसंघ खुश है कि ये दोनों तो मिटे।

साधो, जहाँ तक अपने सदाबहार, बाबू जगजीवनराम का सवाल है, वे शुरू से कमजोर हैं। उनके कुल 25 साथी हैं। फिर रहा-सहा पुत्र सुरेशकुमार ने धो दिया। तो बाबूजी भी जनसंघ के रास्ते से हटे। अब साधो, राज्यसभा का यह अधिवेशन कान्तिभाई की जांच की माँग को लेकर ही खत्म हो गया। कोई काम नहीं हुआ। जनसंघ ने सोचा कि यह मौका है जब मोरारजी को एक और झटका दिया जाय और अपने को ऊँचा उठा लिया जाय। तो लालकृष्ण आडवाणी ने इस्तीफा दे दिया। आडवाणीजी, आपने क्यों इस्तीफा दिया ? भई हम तो साफ आदमी हैं। यह कान्ति भाई का मामला हमारी पवित्र आत्मा को अखरता है। आडवाणीजी, क्या आप इस्तीफे पर जोर दे रहे हैं ? नहीं, जोर नहीं दे रहे हैं, पर कुछ उचित कदम उठाना चाहिए। तो मन्त्रिमण्डल की उपसमिति बन गयी और आडवाणी दफ्तर जाने लगे। बोल जमूरे, आडवाणी कैसे हैं ? देवता हैं उस्ताद ! बोल जमूरे, मोरारजी कैसे हैं ? बेटे के मामले में दबते हैं उस्ताद ! बोल जमूरे, सबसे पवित्र और ईमानदार कौन है ? जनसंघ के नेता हैं उस्ताद ! आगे क्या होगा जमूरे ? उस्ताद, आगे मोरारजी को दबाकर अपने भैरोंसिंह शेखावत को गृहमन्त्री बनवा देंगे और भारत पर कब्जा हो जायेगा।

चरणसिंह चरणदास हुए

साधो, नाटक का एक सीन और खत्म हो गया। जरा देर को पर्दा गिर गया। बीड़ी, सिगरेट पी लो। दाद खुजा लो। दाँत खोद लो। जल्दी ही अगला सीन शुरू होगा। इस सीन के शुरू में हीरो चरणसिंह थे। वे सीन के अन्त में चरणदास हो गये। वीररस का नाटक है, मगर लगातार हास्य-रस चल रहा है। हर वीर विदूषक का रोल अदा कर रहा है और सच्चे विदूषक मन मारे बैठे हैं। नगाड़े बज रहे थे। या अली ! या अली ! पुकार मच रही थी। करबला में लाश बिछनेवाली थी। मगर अन्त यह हुआ कि चल भई, डिप्टी ही बना दे। मुहर्रम जो हो रहा था, वह ईद हो गया। जो शहीद हो, वह निहायत गँवार है।

साधो, गुरु चरणसिंह ने 'पंज प्यारा' के सिर माँगे थे, जब उन्हें इस्तीफा देना पड़ा था। इन पंज प्यारा में से चार प्यारा के सिर फिर धड़ से लग गये। वे फिर मन्त्री बना लिये गये। मगर सबसे प्रधान प्यारा राजनारायण का सिर कटा पड़ा है। हनुमान के 'राम' ने रावण से सन्धि कर ली और हनुमान वीरगति को नहीं,

दुर्गति को प्राप्त हुए। किसान सम्मेलन आफिस दो दिन पहले तक फौजी कमान का सदर मुकाम मालूम होता था, अब वहाँ झण्डा फटा पड़ा है और सन्नाटा है, क्योंकि सेनापति आत्मसमर्पण कर चुके।

साधो, 7-8 महीनों से रोज सबेरे अखबार उठाते ही पहला समाचार चरण-देसाई-युद्ध का होता था। चरणसिंह, याने क़िसानों के मसीहा। चरणसिंह, याने लौहपुरुष; जो टूट जाय पर झुकता नहीं। किसानों की सेना के सेनापति। सच्चे गाँधीवादी हैं। सत्य के लिए प्राण देने को तैयार रहते हैं। वे भ्रष्टाचार को कतई पसन्द नहीं करते। प्रधानमन्त्री के बेटे कान्तिभाई पर जो आरोप हैं उनकी जाँच करायेंगे। कोई आदमी चाहे कितना ही बड़ा हो, भ्रष्टाचार नहीं कर सकता। चरणसिंह ने कह दिया है—मैं पूर्व स्थिति क़ायम किये बिना मन्त्रिमण्डल में नहीं शामिल होऊँगा। दो उप-प्रधानमन्त्री बनाने का प्रस्ताव मैं स्वीकार नहीं करूँगा। टू इज ए क्राउड—दो तो भीड़ होती है। मैं भीड़ में शामिल नहीं होऊँगा।

मगर साधो, नाटक ने मोड़ ले लिया। इन सारे दिनों जब लगता था कि चरणसिंह किसानों का भला करने और भ्रष्टाचार मिटाने के अभियान में लगे हैं, वे वास्तव में कुर्सी की तरफ रेंग रहे थे। गर्म दिमाग के चेले दम दे रहे थे। चौधरी, झुकना मत। मगर चौधरी हर ऐसी पुकार पर और झुक जाते थे। कोई फार्मूला निकालो भाई। अब मुझसे बिना पद के रहा नहीं जाता। मेरी तबियत खराब हो जाती है। माना कि मैंने कहा था कि मन्त्रिमण्डल में नपुंसक लोग हैं। पर अब मोरारजी से कह दो कि मैं भी नपुंसक हो गया। अब मुझे जमात में शामिल कर लें।

साधो, प्रधानमन्त्री की खबर आयी। चौधरी जवाब देते हैं—आ जाऊँगा। पर गृह-विभाग नहीं मिलेगा। मत मिलने दो। कान्तिभाई भ्रष्टाचारी है क्या? मुझे नहीं मालूम। किसानों का क्या होगा? उनका भला हो चुका। किसान-सम्मेलन का क्या होगा? फिलहाल राजनारायण देखेंगे। जगजीवनराम भी उप-प्रधानमन्त्री होंगे। मुझे मंजूर है।

साधो, अपनी देहाती समझ से चौधरी समझते हैं कि सीनियर उप-प्रधानमन्त्री ही प्रधानमन्त्री, जैसे पब्लिक सर्विस कमीशन की सीनियारिटी लिस्ट हो। तरक्की अपने-आप होगी। मगर यह एक सीन का अन्त है। पर्दा उठनेवाला है और विदूषक फिर स्टेज पर आनेवाले हैं।

मुरादाबाद के बाद

साधो, मुरादाबाद की ईदगाह के भीतर सूअर घुसेड़ दिया गया और इलाहाबाद में जब मस्ज़िद के बाहर नमाजी निकले तो देखा कि दरवाजे पर सूअर मरा पड़ा है। जब वे भीतर गये थे, तब सूअर वहाँ नहीं था। मुरादाबाद के दंगे के बारे में कुछ लोग, जिनमें जनसंघी विशेष हैं, कहते हैं कि अरब देशों से आनेवाले पैसे से यह दंगा मुसलमानों ने ही कराया। मगर इनसे पूछा जाय कि कोई दंगा करने जाता है तो क्या अपने छोटे-छोटे बच्चों को लेकर जाता है। मुरादाबाद में ईदगाह की भगदड़ में 30-40 बच्चे कुचलकर मर गये थे। सवाल है—मुरादाबाद में ईदगाह में सूअर किसने घुसेड़ा ? इलाहाबाद में सूअर मस्जिद के दरवाजे पर किसने मारा ? क्या हिन्दुओं ने ऐसा किया ? वे कौन हिन्दू हैं और कौन मुसलमान ?

साधो, कटे सूअर से मुसलमान भड़कते हैं और कटी गाय से हिन्दू उत्तेजित होता है। यह सही है। यह स्वाभाविक भी है। मगर यह करते कौन हैं ? साधारण हिन्दू और साधारण मुसलमान यह नहीं करते। मगर ऐसा करनेवाले होते हिन्दू या मुसलमान हैं। उनका दंगे से क्या लाभ है ? या वे दूसरे के लाभ के लिए पैसा लेकर दंगा भड़काते हैं ? ये दूसरे कौन हैं जो पैसा खर्च करके दंगा करवाते हैं ? देशी हैं तो इस देश में उनके दंगे से कौन-से स्वार्थ पूरे होते हैं ? विदेशी हैं तो कौन विदेशी हैं और उनका क्या उद्देश्य है ?

साधो, पूंजीवाद और सामन्तवाद अपनी रक्षा के लिए जातिगत और सम्प्रदायगत द्वेष कायम रखते हैं। इसलिए जब-जब ये देखते हैं कि साम्प्रदायिक सद्भाव बन रहा है, तभी ये दंगा भड़काते हैं। जब ये देखते हैं कि हरिजनों और ऊँचे वर्ण के हिन्दुओं में सद्भाव है, तभी ये जातिगत दंगे करवा देते हैं। यह हमेशा चलनेवाली प्रक्रिया है। इसके साथ ही आर्थिक कारण तात्कालिक रूप से जुड़ जाते हैं। अलीगढ़ में ताले के व्यवसाय को छीनना है, मुरादाबाद में बर्तन का धन्धा है, जमशेदपुर में टाटा को मजदूर-संगठनों को तोड़ना है, जबलपुर में कपड़ा सेठों को बुनकरों के बनाये सस्ते कपड़े को बाज़ार से हटाना है। इसके साथ ही जुड़ा है गुण्डों, बदमाशों का दंगे में लूट का धन्धा। ये सब पूंजीवाद की शक्तियों का षड्यन्त्र होता है। ये ताकतें हिन्दू-मुसलमान दोनों में हैं। दोनों में इनके संगठन हैं। हिन्दुओं में जनसंघ (भाजपा) है तो मुसलमानों में जमायते-इस्लामी। हिन्दुओं में आर. एस. एस. है, तो मुसलमानों में जमायते-तुलवा जो श्रीनगर में विश्व मुस्लिम युवक सम्मेलन कर रहा था, जिसे शेख अब्दुल्ला ने रोक दिया। ये संगठन शोषक और शोषित, गरीब और अमीर की लड़ाई को बदलकर हिन्दू-मुसलमान की लड़ाई बनाते हैं, जिससे शोषक हिन्दू और मुसलमान दोनों का शोषण करते रहें। इसके लिए ये षड्यन्त्रकारी लोग हिन्दू-मुसलमान दोनों की धार्मिक विधियों में आये दिन पौराणिक कथा, प्रतीक आदि का उपयोग करके दोनों में उत्तेजना फैलाते हैं। मन्दिर और मस्ज़िद, गाय और सूअर

ऐसे ही प्रतीक हैं, जिनके बहाने भड़काया जाता है। वरना मुसलमान-मुसलमान आपस में लड़ते हैं। शिया-सुन्नी दंगा हिन्दू-मुस्लिम दंगे से कम नहीं होता। ईरान और ईराक लड़ रहे हैं, ईजिप्त और लीबिया की फौजें एक-दूसरे पर बम बरसा रही हैं। मगर बाहर के ये मुसलमान नेता विश्व स्लामिक बिरादरी और राष्ट्रीयता के नारे से उन देशों के मुसलमानो को, जहाँ वे अल्पसंख्यक हैं, राष्ट्रीय मुख्य धारा में मिलने से रोकने की कोशिश करते हैं। जमायते-इस्लामी यही काम करती है। मगर ऊंची जाति के हिन्दू और संघी नेता, तथा कुछ बुद्धिजीवी भी जो यह कहते हैं कि मुसलमान भारत की राष्ट्रीय मुख्य धारा में शामिल नहीं होते, वे, ऊँची जाति के मुख्य धारावाले हिन्दू अपनी ही धारा में से हरिजनों और नीची जातियों को उछालकर बाहर फेंकते हैं। ऊँची जाति के हिन्दू हरिजन हिन्दुओं की बस्ती पर वैसे ही हमला करते हैं, जैसे मुस्लिम-बस्तियों पर!

साधो, इसके साथ ही लगी है देश की अन्दरूनी राजनीति और अन्तर्राष्ट्रीय राजनीति। दक्षिणपन्थी प्रतिक्रियावादी दल जो अभी बुरी तरह हारे हैं, राष्ट्रीय एकता की बात कहते हैं, तो झूठ बोलते हैं। भारतीय जनता पार्टीवाले संघी जो जमशेदपुर और अलीगढ़ में अपने जनता शासन में नरसंहार कराते रहे, बेशर्मी से राष्ट्रीय एकता की बात करते हैं। लोकदल और जनता पार्टीवाले भी झूठ बोलते हैं। जमशेदपुर और अलीगढ़ के दंगे कर्पूरी ठाकुर और रामनरेश यादव ने कर लेने दिये थे, क्योंकि वे जनसंघ के समर्थन से अपना पद बचाना चाहते थे। ये दल दंगे रोकना नहीं चाहते, दंगे कराना चाहते हैं। दंगे इनकी राजनीति के लिए जरूरी हैं।

साधो, इसके साथ ही अमेरिका, चीन और पाकिस्तान की राजनीति का जाल है। अमेरिका इस क्षेत्र में चीन, पाकिस्तान और जापान के साथ मिलकर रूस का घेराव कर रहा है। इसमें भारत शामिल नहीं हो रहा तो भारत का भी घेराव किया जा रहा है। इसके साथ ही देश के भीतर उपद्रव और अस्थिरता की कोशिश की जा रही है। जो असम के उपद्रव करा रहे हैं और समझौता नहीं होने दे रहे हैं, वही दंगे करवा रहे हैं। जहाँ से पैसा असम के आन्दोलन के लिए आ रहा है, वहीं से दंगों के लिए आ रहा है। जो एजेण्ट उत्तर पूर्व में गड़बड़ी करवा रहे हैं वही इधर दंगे करवा रहे हैं। ये एजेण्ट उत्तर-पूर्व में ईसाई और इधर मुसलमान ही हों, ऐसा नहीं है। ये एजेण्ट हिन्दू भी हैं और बड़े-बड़े हिन्दू हैं। साधो, हम देश के आन्तरिक प्रतिक्रियावादी और बाहर के अमेरिकी साम्राज्यवादी षड्यन्त्र में फँसे हुए हैं और ये दोनों अपने गन्दे खतरनाक हाथ मिलाये हुए हैं।

सोन चिड़िया का शिकार

साधो, तुमने सोने की चिड़िया देखी है। मैंने तो नहीं देखी। कथाओं में और लोक-गीतों में सोन चिड़ियों के बारे में सुना है। सोन चिरैया दिख जाये तो शुभ होता है। हमें कभी दिखी नहीं तो हमारा कोई शुभ ही नहीं हुआ। तुमने भी नहीं देखी होगी। देख लेते तो तुम्हारा शुभ हो जाता और तुम भीख छोड़कर किसी मठ-मन्दिर में मलाई चाटते और भक्तिनों को सन्तान-प्राप्ति का आशीर्वाद देते। तुम्हारा दुर्भाग्य यह है कि कामधेनु की इच्छा करते हो, मगर बकरी हाथ पड़ती है।

साधो, सोन चिड़िया की बात यों निकली कि इसे लेकर विवाद मचा है। सऊदी अरब के शाहजादे बदर राजस्थान पधारे हैं। राजस्थान में एक जगह सोन चिड़िया है। शाहजादे अपने साथ बाज लाये हैं और उससे सोन चिरैया का शिकार कर रहे हैं। कुछ लोग विरोध कर रहे हैं कि देश में सोन चिड़िया की जाति ही खत्म हो जायगी। साधो, राजस्थान में जनसंघ की सरकार है और धर्म-संस्कृति का रक्षक जनसंघ गाय तो गाय, गणेश-वाहन चूहे की रक्षा के लिए भी आन्दोलन करता रहा। मगर मुख्यमन्त्री शेखावत ने एक विदेशी मुसलमान शाहजादे को हिन्दुओं के लिए शुभ सोन चिड़िया का शिकार कर लेने दिया। भारत सरकार भी राजी हो गयी, क्योंकि सऊदी अरब हमें तेल देता है।

साधो, भयंकर रूप से तेल से धनवान हुए इन शाहजादों, शेखों, तेलसेठों के शौक भारत में पूरे होते हैं या यूरोप तथा अमेरिका में, जहाँ इनकी बेवकूफियों के किस्से चलते हैं। अरब क्षेत्र के ये लोग आसपास से साम्यवादियों से घिर गये हैं। दक्षिण यमन साम्यवादी हो गया। उत्तरी यमन में क्रान्ति चल रही है। मगर ये शाह और शेख ईरान के शाह की दुर्गति के रास्ते पर जा रहे हैं। इस्लाम के नाम पर जनता को पिछड़ा हुआ रखे हैं। न कालेज खोलेंगे, न अस्पताल। शराबबन्दी तो है ही, औरत वहाँ नहीं दिखती, बुरका दिखता है—याने स्त्री के नाम पर चलती-फिरती कब्रें। तो साधो, अपार धन के मालिक ये लोग शौक पूरे करने भारत आते हैं। बम्बई में दारू पीते हैं और रण्डीबाजी करते हैं—मगर इस बात का ध्यान रखते हैं कि ऐसा करते वक्त सिर मक्का की तरफ रहे। मुझे एक अरब युवा बता रहा था कि तेल-शेख दो बार बम्बई आता है—एक बार रण्डीबाजी करने और फिर उससे पैदा हुई बीमारी का इलाज कराने। सऊदी अरब में इलाज का इन्तजाम नहीं है।

साधो, इन घोर पिछड़े हुए सम्पन्न देशों का विचित्र हाल है। ईरान के शाह के खिलाफ आन्दोलन चल रहा है। हजारों आदमी मर चुके। लोग, बच्चे तक टैंक और तोप का मुकाबला कर रहे हैं। कर्फ्यू लग जाता है तो लोग छतों पर चढ़कर नारे लगाते हैं—रजा शाह मुर्दाबाद! मगर शाह तख्त छोड़ नहीं रहे हैं। कहते हैं,

अपनी जनता की भलाई के लिए मेरा राज करना जरूरी है। उनसे कोई कहे—जहांपनाह, जिस जनता का भला आप करने पर तुले हैं, वह तो आपका मुर्दाबाद कर रही है। उसे आपसे भला कराना ही नहीं है। जनता का वश चलता तो आप-जैसे जालिम को वह काटकर फेंक देती। मगर शाह है कि पहलवी राजवंश की रक्षा करने पर आमादा है।

साधो, दुनिया से बेखबर, दुनिया की चाल से बेखबर ये लोग अपने पिछड़ेपन और सभ्यता को गर्व के साथ धारण करते हैं। तुम्हें हाल की घटना सुनाता हूँ। सऊदी अरब में दो लड़कियों की शादी दो लड़कों से तय हुई। लड़कियों की नहीं, बुरकों की शादी। लड़कियों के नाम लड़कों को नहीं मालूम और लड़कों के नाम बुरकों को नहीं मालूम। फिर किसे मालूम? बापों को मालूम! मगर काजी के सामने जब शादी होने लगी तब बाप नाम में गड़बड़ा गये। नतीजा यह हुआ कि काजी ने गलत शादी करा दी। इस दूल्हे का बुरका उसके साथ चला गया और उसका बुरका इसके साथ चला गया। 15-20 दिन बाद जब वे गलत जोड़े पति-पत्नी की तरह रह लिये, तब मालूम हुआ कि भूल हो गयी। अब देखें, इस समस्या का क्या धार्मिक समाधान निकालते हैं।

खुश करनेवाली खबरें

साधो, राजनीतिज्ञ ही राजनीति से परेशान हो गये। अखबार खोलते ही या रेडियो चालू करते ही सुनायी पड़ती है राजनीति। लोग मेरे पास आते हैं तो यह नहीं पूछते कि मेरी टूटी टाँग के क्या हाल हैं। वे पूछते हैं—अब इन्दिराजी क्या करेंगी? क्या सुप्रीम कोर्ट जायेंगी? मैं आशा करता हूँ कि वे मेरे दर्द के बारे में बात करेंगे। कुछ उपचार बतायेंगे। पर वे बातें करते हैं जाँच कमीशन की, चरणसिंह की, रेड्डी की। पर कभी-कभी खुशी की खबर सुनायी पड़ जाती है। आज रेडियो खोला तो पहले तो मंगल गान सुनायी पड़ा—जाँच कमीशन और इन्दिरा गाँधी। मैं किसे बधाई दूं—इन्दिराजी को या जनता सरकार को कि 11 सालों तक जिस तरह इन्दिराजी रेडियो पर छायी रहती थीं वैसे ही अब भी हार के बाद छायी हैं। हर रेडियो बुलेटिन में आधा समय तो इन्दिराजी ही ले लेती हैं।

खैर साधो, बाद में एक समाचार सुनाया गया कि उत्तरप्रदेश में एक अफसर दो हजार की घूस लेते पकड़ा गया। यह प्रान्तीय सेवा का अफसर है। यह समाचार इस तरह सुनाया गया जैसे चरणसिंह ने शेर को पकड़कर उसका गला घोंट दिया हो। देख लो, भ्रष्टाचार-उन्मूलन। एक अफसर पकड़ लिया। मुझे पहले तो दुख

हुआ। जिस मुहकमे का वह अफसर है, उसमें सिर्फ दो हजार तो क्लास फोर का आदमी लेता है। इस अफसर ने सिर्फ दो हजार लेकर डिपार्टमेण्ट की नाक कटा दी। डिपार्टमेण्ट को निन्दा-प्रस्ताव पास करना चाहिए। उस अफसर का मुंह काला करके गधे पर बिठाकर जुलूस निकालना था और नारे लगाना था—सिर्फ दो हजार, हाय! हाय! टुच्चा आदमी, हाय! हाय! मुझे याद है—मैंने एक पी. डब्ल्यू. डी. के इन्जीनियर से यों ही पूछ लिया था कि उनके मकान का किराया कितना है। इस पर उन्होंने मुझे इस तरह देखा था जैसे जूता मार देंगे। कहा था—मेरा अपना मक़ान है जी! सच है। मेरा सवाल इतना बेहूदा था कि कोई भी ओवरसीयर मुझे जूता मार सकता था।

साधो, इस समाचार से मुझे खुशी भी हुई। समाचार इतना बड़ा है कि अन्तर्राष्ट्रीय समाचारों के बीच उसे स्थान मिला। तुम पूछोगे—गुरु, खुशी किस बात की? खुशी एक तो इस बात की कि वह एक ऐसा अफसर है जो पुलिस और सतर्कता विभाग के लोगों को हिस्सा नहीं देता। वह बहादुर है। उसमें आत्मसम्मान है। जो खाता है, अकेले खा लेता है। यह इसी से सिद्ध होता है कि वह पकड़ा गया। बाँटकर खानेवाला कभी भी नहीं पकड़ा जाता।

साधो, दूसरी खुशी की बात यह है कि अब भ्रष्टाचार-उन्मूलन में ज्यादा दिन नहीं लगेंगे। गति अच्छी है। तीन महीने में एक भ्रष्टाचारी पकड़ा जाता है। भारत में सौ में से अस्सी सरकारी कर्मचारी भ्रष्ट हैं, इसे चरणसिंह, विनोबा और हवलदार जानते हैं। इतने भ्रष्टाचारियों को इस गति से पकड़ने में लगभग दस लाख साल लगेंगे। कोई ज्यादा नहीं हैं। आदमी को बन्दर से आदमी बनने में लगभग एक लाख साल लगे हैं। दस लाख सालों में आदमी विकास करते-करते कुत्ता बन जायगा, तब भ्रष्टाचार मिटेगा। याने नस्ल बदले बिना भ्रष्टाचार नहीं मिटेगा। जब तक आदमी की नस्ल है, भ्रष्टाचार रहेगा। हमारे शासक सब कालपात्री हैं। वे इतने आगे की योजना पर काम कर रहे हैं।

साधो, बड़ी सुखदायक खबरें पढ़ने को मिल जाती हैं। पुलिस भी कमाल करती है। अभी समाचार पढ़ा—खिरहनी में ढाई बोतल शराब जब्त। तीन आदमी गिरफ्तार। कमाल है। एक तो इतना बड़ा स्टाक—ढाई बोतल! और अपराधी तीन! उसी मुहल्ले से सैकड़ों बोतलें रोज शराब बिकती है। पुलिस उन्हें नहीं पकड़ेगी। एक तो उनकी भेंट देने की हैसियत है। दूसरे, पता नहीं इतना बड़ा दारू बेचनेवाला कभी विधायक हो जाय। पुलिस टुच्चे दारूफरोशों से कहती है—सालो, ये क्या दो-तीन बोतल बेचते हो। अरे सैकड़ों बेचो। तुम्हें भी कुछ मिले और हमें भी। वे कहेंगे—हुजूर! हम छोटे आदमी हैं। हमारी हैसियत नहीं है। सैकड़ों बोतल हम नहीं बेच सकते। पुलिस कहती है—नहीं बेच सकते साले तो चलो थाने!

साधो, और समाचार है। पुलिस ने तीन जुआड़ी पकड़े। सात रुपये पचास पैसे जब्त। कितनी बड़ी रकम। इन बेवकूफों की यह भी समझ में नहीं आता कि तीन आदमी कुल सात रुपये का जुआ खेलेंगे तो क्या पुलिस से एक बीड़ी पिलाकर बच

जायेंगे। कबीर ने ऐसे-ऐसे जुए के अड्डे देखे हैं जहाँ दूर-दूर के जुआड़ी हफ्तों रह-कर जुआ खेलते हैं। वहाँ घर-जैसा इन्तजाम है। गद्दों पर सोओ। खाने के लिए वहीं भीतर भोजनालय है। पीने के लिए बढ़िया-से-बढ़िया शराब है। बाल काटने नाई आता है। यहाँ लाखों का जुआ होता है। मैंने अड्डे के संचालक से पूछा कि पुलिस नहीं पकड़ती। उन्होंने कहा—पुलिस की मंजूरी से ही तो खोला है। अपना क्या है? सब पुलिस का प्रताप है। साधो, रसहीन राजनीति में ईमानदारी की ये खबरें बड़ा सुख देती हैं।

राजनारायण को फिर दौरा पड़ा

साधो, हम लोग मध्ययुग में, राजा-महाराजाओं के युग में लौट आये हैं। महाराज चरणसिंह 'जाटादित्य' अपने सिंहासन पर बैठे हैं। सिर पर गाँधी मुकुट है। महाराज क्रोध में हैं। दरबारी डर से काँप रहे हैं। वे हुक्म देते हैं—राजविदूषक को बुलाओ। चोबदार राजनारायण को बुलाते हैं। राजनारायण झुककर कहते हैं—महाराज, आपका मन खिन्न है। मैं कुछ विदूषकत्व करके आपका दिल खुश करूँ? बकरे की बोली बोलूँ? बन्दर बनकर ससुराल जाऊं? महाराज ने कहा—नहीं, हम क्रोध में हैं। हमें चाहिए शत्रुनाश! हम तुम्हें अपना प्रधान सेनापति बनाते हैं। तुम हमारे शत्रुओं का नाश करो। राजनारायण ने कहा—महाराज, मैं तो दरबारी विदूषक हूँ। मुझे आप सेनापति बना देंगे तो लोग क्या कहेंगे? महाराज चरणसिंह ने कहा—हम महाराज हैं। हम कुछ भी कर सकते हैं। जाओ, हमारे शत्रुओं का नाश करो।

साधो, आदेश पाकर विदूषक सेनापति महाराज के शत्रुओं का नाश करने में लग गये। उन्होंने महाराज से कहा—दीनबन्धु, प्रधानमन्त्री मोरारजी भाई विदेश गये हैं। उन्हें वहीं हुक्म भेज दूँ कि तुम डिसमिस किये गये? चरणसिंह ने कहा—नहीं, उसे लौटने दो। हम अपने सामने उसे दण्ड देंगे। तब तक तुम बाकी शत्रुओं का नाश करो। राजनारायण सिंह ने विनती की — महाराज, कहीं मोरारजी भाई ने लौटकर राष्ट्रपति को सलाह दे दी कि लोकसभा भंग करो तो अपनी तो खटिया खड़ी हो जायेगी। चरणसिंह को पसीना आ गया, पर महाराज ने धोती से पसीना पोंछकर कहा—देखो, हम वीर हैं। पसीना तो हमें गर्मी से आ गया था। हम डरते नहीं हैं। हम राष्ट्रपति का भी सामना कर लेंगे। हम लौहपुरुष हैं। हमारे हाथ-पाँव ही नहीं, दिमाग तक लोहे का है।

साधो, अब राजनारायण को शत्रुनाश का दौरा पड़ गया है। वे कहते हैं—ए

चन्द्रशेखर, तुम्हारी पार्टी प्रेसीडेण्टी एक मई तक थी, पर तुम अभी तक डटे हो। तुम्हें और तुम्हारी कार्यकारिणी को डिसमिस किया जाता है। गेटआउट ! यह सुनकर चन्द्रशेखर हँसने लगे। बोले—वाह राजनारायण, तुमसे अच्छा विदूषक पार्टी को दूसरा नहीं मिल सकता। राजनारायण ने कहा—मैं विदूषक की हैसियत से नहीं, सेनापति की हैसियत से बोल रहा हूँ। महाराज चरणसिंह का हुक्म है ! चन्द्रशेखर ने जवाब दिया—तुम अपने महाराज से कह देना कि हम उनकी प्रजा नहीं हैं।

साधो, मगर राजनारायण शत्रुनाश का काम बढ़ा रहे हैं। उन्होंने कहा—जिन लोगों ने 1969 से इन्दिरा गाँधी का साथ दिया था, वे जनता पार्टी के प्रति ईमानदार नहीं हैं। जगजीवनराम और बहुगुणा वगैरह डिसमिस। अपने पदों को छोड़ो और पार्टी में ठहरना है तो महाराजा के सिपाही की हैसियत से रहो। जगजीवनराम ने बहुगुणा से कहा—बकने दो। ज्यादा भाँग खा ली होगी।

साधो, अब राजनारायण की नजर सरकारी नौकरी पर पड़ी। इनमें भी शत्रु हैं। इनका भी नाश करना पड़ेगा। उन्होंने हुक्म दिया—ए विभागीय सचिवो, तुम्हारे दिमाग में जो अफसर और कर्मचारी इन्दिरा समर्थक हों, उन्हें डिसमिस करो और उनकी जगह भालोद या जनसंघ के आदमी रख लो। सचिवों ने कहा—पर सर, ऐसा किस नियम-कानून से किया जायेगा ? राजनारायण ने कहा—नियम-कानून हम नहीं मानते। हम क्रान्तिकारी हैं। महाराज का आदेश ही कानून है। सचिवों ने कहा – पर यह कैसे मालूम होगा कि कोई कर्मचारी इन्दिरा समर्थक है ? किसी के मन की बात हम कैसे जानें ? राजनारायण ने कहा—अरे, सूँघकर देखो। इन्दिरा समर्थक की बास आ जाती है। देखो ऐसे। और साधो, राजनारायण सचिवों को सूँघने लगे। सचिवों ने नाक पर रूमाल रखे और बाहर भागे। कहने लगे, दिल्ली में गर्मी बहुत पड़ रही है। इनके दिमाग पर असर पड़ गया है।

साधो, इस तरह सिपहसालार शत्रुनाश में लगे हैं। उन्हें एक ही कठिनाई है कि वे सेनापति की हैसियत से बोलते हैं मगर लोग समझते हैं कि विदूषक की हैसियत से बोल रहे हैं। इधर जनसंघी खुश हैं। वे कहते हैं कि अपन चुप रहो। बस इस पगले को और इसके नेता को चने के झाड़ पर चढ़ाते जाओ। इन्हें उनसे लड़वा दो। हमारा काम यह पगला और वह घमण्डी कर दे रहे हैं।

साधो, मुझे तो इस बात को सोचकर चिन्ता होती है कि हमारे देश के प्रधानमन्त्री से किसी देश का प्रधानमन्त्री और राष्ट्रपति कहीं बात ही नहीं करें। आखिर वे सोचेंगे कि हम इस प्रधानमन्त्री से बात करके क्या करेंगे, जिसकी सरकार और पार्टी की दिल्ली में यह नौटंकी हो रही है।

अब और लोकतन्त्र नहीं

साधो, हम साधुओं की बात कोई नहीं मानता। हमने सकलेचाजी, ठाकरेजी, रामानन्दसिंहजी से कहा था कि स्थानीय संस्थाओं के चुनाव मत कराओ। साधु-सन्त भविष्य देखते हैं। पर ये कहने लगे—हम तो लोकतन्त्र की स्थापना करनेवाले हैं। इतने सालों से इन संस्थाओं के चुनाव नहीं हुए। अब लोकतन्त्र के लिए चुनाव होना चाहिए। साधो, हमने सकलेचाजी और ठाकरेजी से कहा—अपनी हिन्दू संस्कृति में तो लोकतन्त्र होता ही नहीं है। राजशाही होती है या तानाशाही। लोकतन्त्र तो विदेशी पद्धति है, परकीय है। पर रामानन्दसिंह ने कहा कि हमारे समाजवाद में लोकतन्त्र होता है।

साधो, ऐसे लोकतन्त्र से क्या फायदा जिसमें अपनी पार्टी न जीते। सच्चा लोकतन्त्र वह है जिसमें अपनी पार्टी जीते। जिसमें विरोधी जीत जायें, वह भी कोई लोकतन्त्र है? अब देखो, जनपदों के चुनाव-नतीजे आ गये। कई जिलों में अपनी जनता पार्टी के आगे शून्य लिखा है। कई जिलों में खटिया पूरी तरह खड़ी हो गयी है। मुझे तो रोना आता है। लोकतन्त्र की यह दुर्गति हो गयी। शासन अपना। अफसर अपने। वनिये अपने। मालगुजार अपने। बड़े किसान अपने। चोर अपने। जुआड़ी अपने। गुण्डे अपने। सब अपने। मगर जनता अपनी नहीं। आखिर यह भी कोई लोकतन्त्र है। राजधानी भोपाल में ही अपनी पार्टी की दुर्गति हो गयी। हमने तो समझा था कि शिशु मन्दिर बढ़े हैं। संघ की शाखाएँ बढ़ी हैं। अलीगढ़ में हमने अभी राष्ट्रप्रेम और वीरता का परिचय दिया है। अब तो पूरी जनता अपनी हो गयी होगी।

मगर साधो, सब उलटा हो गया। जनता ने वोट नहीं दिये। अब लोग कहते हैं कि जनता पार्टी किस जनता की पार्टी है? क्या यह इसी देश की जनता पार्टी है या किसी दूसरे देश की जनता की पार्टी? अगर इसी देश की जनता पार्टी है तो क्या उस जनता की पार्टी है जो वोट नहीं देती। वोट नहीं देनेवाली जनता के नाम से जनता पार्टी कैसे चल सकती है? साधो, एक साल में ही जनता ने धोखा दे दिया। 1977 में क्या थे लोग और अब क्या हो गये हैं। हमने इनके लिए कितना किया। दूसरी आजादी दिलायी कि अब खुशी से लूटपाट करो, चेन उतारो, जेब काटो, औरतें भगाओ। हमने नसबन्दी खत्म की कि जितने चाहो उतने भारत माता के सपूत पैदा करो। दूकानदारों से कहा कि कमाओ। कारखानेदारों से कहा कि मजदूर वेतन माँगेंगे तो हम गोली चलवा देंगे। फिर भी इस जनता ने वोट नहीं दिये। इसी जनता को डेढ़ साल पहले हमने महान कहा था, बुद्धिमान कहा था, विवेकशील कहा था। अब इसे क्या कहें? जनता को गाली देते भी नहीं बनता। ऐसी जनता को तो देश-निकाला दे देना चाहिए।

साधो, कुछ लोग कहते हैं कि जनता को नंगापन पसन्द नहीं है। आदमी कुछ

न करे, किसी का भला न करे, चाहे तो अत्याचार कर ले; पर कपड़े न उतारे। नंगेपन से जनता को चिढ़ है। मगर साधो, इन्हें कौन समझावे कि कपड़े तो हमने कुछ महीने ही पहने थे। कपड़े पहनने की हमें आदत नहीं है। कपड़े पहनने में हमें अड़चन होती है। जब लोग हमें इतने सालों से नंगा ही देख रहे हैं तो अब नंगेपन से क्यों चिढ़ते हैं? चिकमगलूर में हमारे वीर जॉर्ज फर्नांडिस ने नंगापन दिखाया तो राजनारायण मन मसोसते रहे कि हाय, मैं नंगापन नहीं दिखा पाया। बच्चों के नंगेपन से माता जनता को नाराज नहीं होना चाहिए।

साधो, मेरी सलाह है कि आगे चुनाव न करायें। जबलपुर नगर निगम के चुनावों की घोषणा हो चुकी है। यहाँ तो और झंझट है। यहाँ दुविधा यह है कि जनता पार्टी को जितायें या अपने उन बन्धुओं को, जो टिकिट न मिलने के कारण जनाधिकार परिषद बनाये बैठे हैं। उनमें कई अपने ज्यादा प्यारे हैं। वे बचपन से शाखा में जा रहे हैं। साधो, कोई बहाना बनाकर निगम के चुनाव टाल दे। उस वक्त मकर संक्रान्ति पड़ती है। साल में एक बार यह पर्व पड़ता है। लोग नर्मदा में स्नान करेंगे कि अंगुली पर धब्बा लगवायेंगे। जहाँ धब्बा लगता है वहाँ कोढ़ हो जाती है। मकर संक्रान्ति तक चुनाव टाल दें। मौसम बहुत खराब है।

कैसे बुरे दिन आ गये

साधो, तुमने पुरानी धार्मिक कथाएँ सुनी होंगी, जैसे सत्यनारायण की कथा। सत्यनारायण की कथा के पाँच अध्याय हैं और हर एक में यह कथा है कि संकट में पड़े गृहस्थ ने सत्यनारायण की कथा करायी तो उसके संकट दूर हो गये और वह परम सुखी हो गया। जैसे एक अध्याय में एक व्यापारी, उसकी पत्नी लीलावती और पुत्री कलावती की कथा है। तुम कथावाचक, ब्राह्मण देवता से पूछो—पण्डितजी, वह कैसी कथा है जिसे सुनने से व्यापारी को सुख हुआ? वह यह कथा नहीं, कोई दूसरी होगी। साधो, पण्डितजी को नहीं मालूम कि वह कौन-सी कथा थी, क्योंकि वह है ही नहीं। वह तो यही कथा कहता है, जिसमें यह है कि कथा कराने से कितना फायदा होता है। यह है धन्धा ब्राह्मण देवता का। विद्वान और मूर्ख दोनों इस कथा को सुनते हैं और दान देते हैं। कोई नहीं कहता कि वह कथा तो सुनाओ।

मगर साधो, मैं तुम्हें कथा नहीं सुनानेवाला हूँ। मैं तो कह रहा था कि इन कथाओं के अन्त में श्रद्धालु हाथ जोड़कर कहता है—भगवान जैसे उनके दिन फिरे, वैसे सबके फिरें। अब अगर तुम जनसंघ की कथा सुनाओ तो श्रद्धालुओं की आँखों में आँसू आ जायेंगे और वे हाथ जोड़कर कहेंगे—भगवान, जैसे बुरे दिन इनके आये,

वैसे दुश्मन के भी न आयें'।

साधो, तुम कथा सुन ही लो। 1977 के आरम्भ में 'सम्पूर्ण क्रान्ति' नाम से जो राजनैतिक ठगी देश में हुई थी, उसमें 4-5 गिरोह शामिल थे। इन्होंने ठगी की, माल पर हाथ साफ किया और नक़ली दाढ़ी, जटा लगाकर सबने साधुओं का रूप धारण कर लिया। वे सब जनता-मन्दिर में रहने लगे। दिन में लोगों को धार्मिक उपदेश देते। भजन करते। रात को दाढ़ी-जटा उतारकर चोरी करने निकल जाते। यहाँ तक तो ठीक था। पर ये बनावटी साधु एक-दूसरे की चोरी भी करने लगे। सवेरे उठकर कोई कहता—रात को किसी ने मेरे सौ रुपये निकाल लिये। कोई कहता—मेरी मिठाई किसी ने चुरा ली। ये वारदातें बढ़ीं तो एक-दूसरे पर जासूसी होने लगी। बाकी 4 गिरोहों को पता चला कि जनसंघ नाम के बनावटी साधु बाकी सबकी चोरी करते हैं। अब आपस में झगड़ा होने लगा। बाकी गिरोहों ने कहा—देखो जनसंघी ठगो, भाइयो, जनता को सब मिलकर ठगो, यह तो ठीक है। पर तुम तो आपस में ही चोरी करते हो। अपने को सुधारो, वरना यह जनता-मन्दिर छोड़ दो। जनसंघी साधुओं ने कहा—मन्दिर हमारा है। हम इसमें अन्त तक रहेंगे। जिन्हें छोड़ना हो, छोड़ दें। साधो, दूसरे गिरोहों ने मन्दिर को छोड़ना शुरू कर दिया। चरणसिंह का गिरोह निकला, समाजवादी गिरोह निकला, बाकी जो बचे उन्होंने कहा—देखो, जनसंघी ठग साधुओ, तुम अब तो यह चोरी छोड़ो या दाढ़ी-जटा त्यागकर अपने सच्चे रूप में आ जाओ। चोरी और ढोंग करके तुम मन्दिर में नहीं रह सकते।

साधो, यह हालत जनसंघी की है। उसने अपना वास्तविक रूप छिपाकर जनता-मन्दिर में रहकर, साधु वेश धारण करके यह योजना बनायी थी कि बाकी गिरोहों पर हम कब्जा कर लेंगे। मन्दिर पर हमारा हक होगा। तब हम एकछत्र सत्ता लेकर मनमानी ठगी करेंगे। मगर साधो, बाकी गिरोहवाले भी चालाक निकले। आज उन्होंने यह हालत कर दी है कि लालकृष्ण आडवाणी कहते हैं—हम दूसरे दर्जे के नागरिक की तरह जनता पार्टी में नहीं रहेंगे। पर स्थिति यह है कि या तो राष्ट्रीय स्वयंसेवक संघ की गतिविधियों में भाग लेना छोड़ो या पार्टी छोड़ो।

साधो, जनसंघ न जनता पार्टी छोड़ना चाहता है, न आर. एस. एस.। जनसंघ अपने विगत रिकार्ड को समाप्त करके, जनता पार्टी नाम से व्यापक पैमाने पर काम करना चाहता था। जैसा बालासाहब देवरस ने 1979 में कहा था, संघ 10 सालों में देश की सरकार पर पूरा कब्जा करना चाहता था। बाकी घटक चूहे हैं। इन्हें हम एक-एक झपटे में साफ कर देंगे। ऐसा संघ का सोचना था। पर जब-जब झपटा मारना शुरू किया तो देखा कि जिन्हें चूहा समझे थे वे तो बिल्ली और बिलाव बनकर खड़े हो गये। यही एक दुर्घटना हो गयी। यों नानाजी देशमुख की कूटनीति जबरदस्त थी। उन्होंने पहले दौर में तो सदस्यता-बही अपने स्वयंसेवकों के सिवा किसी को दी ही नहीं। अपने ही लोग सदस्य हो जायें, तो चुनाव कराके पार्टी पर

कब्जा कर लो। पर दूसरे घटक जाग उठे। यह हो नहीं सका। नानाजी 5 नेताओं में से हर एक को प्रधानमन्त्री बनाने का वादा करते रहे। फिर आपस में लड़वाते रहे। फिर 1979 में तो सरकार पर कब्जा करने की योजना थी, पर जनता सरकार ही गिर गयी। हर कूटनीति फेल हो गयी। जनसंघी अछूत हो गये। कोई उनको छूना नहीं चाहता। साथ खाना नहीं चाहता। पल्ला बढ़ाना है। छू गया तो नहाना पड़ेगा।

साधो, एक गाँव के अछूतों ने ब्राह्मण के पास झोंपड़ियाँ बना लीं। उन्होंने सोचा—अब तो हम ब्राह्मण माने जायेंगे। कोई पूछता तो अछूत कहता—हम तो ब्राह्मणपुरा में रहते हैं। अछूतों ने अपनी गन्दी हरकतें नहीं छोड़ीं। ब्राह्मण परेशान होकर वह जगह छोड़कर यहाँ-वहाँ बस गये। अछूतों ने कहा—जाने दो। हम अब बेखटके रहेंगे। यह मुहल्ला तो ब्राह्मणपुरा ही कहलायेगा। हम ब्राह्मण माने जायेंगे। मगर लोगों ने उसे भंगी बस्ती कहना शुरू कर दिया। साधो, यही वह करुण कथा है। हो सकता है, ये दुखी लोग जनता पार्टी छोड़कर फिर जनसंघ हो जायें या कोई दूसरा नाम रखें।

महात्मा गाँधी भी निपट गये

साधो, चरणसिंह ने महात्मा गाँधी को भी ढेर कर दिया। उनकी भी दो गलतियाँ बता दीं। एक तो यह कि महात्मा गाँधी ने खिलाफत आन्दोलन का समर्थन किया जिसके कारण देश का विभाजन हुआ। दूसरी गलती यह कि उन्होंने सरदार पटेल पर पण्डित नेहरू को तरजीह दी। लो, महात्मा गाँधी भी निपट गये। अब कौन बचा? अब बचे भगवान। चरणसिंह भगवान की भी खबर लेनेवाले हैं। वे बतायेंगे कि भगवान ने यह गलती की कि इन्दिरा गाँधी, मोरारजी और जगजीवनराम का पैदा होना नहीं रोका।

साधो, जनता पार्टी के उम्मीदवारों में से एक राजमोहन गाँधी जबलपुर से ना-उम्मीदवार हैं। ना-उम्मीदवार को जैसा करना चाहिए वैसा ही वे कर रहे हैं। एक तो वे उन लोगों के साथ घूम रहे हैं और उन्हीं को चुनाव-प्रचार सौंप दिया है, जिन्होंने उनके महान पितामह महात्मा गाँधी की हत्या की खुशी में मिठाई बाँटी थी। गाँधीजी की आत्मा प्रसन्न होगी कि उनका पोता उन्हीं के हाथों में खेल रहा है। इतना ही नहीं। पोता आगे भी योग्य है। वह जनता पार्टी को ही गाँधीवादी मानता है। कटनी में राजमोहन गाँधी ने कहा कि पूर्व जनसंघ के लोगों में गाँधीवाद है। उनमें त्याग और संयम है। अब साधो, त्याग और संयम के सबसे ऊँचे

नमूने तो वीरेन्द्रकुमार सकलेचा ही हैं। वे जहाँ जाते हैं, लोग नारे लगाते हैं—भ्रष्टाचारी वापस जाओ। तस्कर वापस जाओ। अभी मोरारजी भाई ने दो दिन सकलेचा के साथ मध्यप्रदेश का दौरा किया। दौरे की समाप्ति पर मोरारजी ने कहा – मैं देश में जहाँ भी गया, मुझे प्यार और सम्मान मिला। पर मध्यप्रदेश में मुझे अपमान मिला और मेरी सभाओं में उपद्रव हुए। पता नहीं इसका क्या कारण है। कारण मोरारजी को चाहे पता न हो, हमें पता है। कारण तो उनके साथ ही चल रहा था।

साधो, जनता पार्टी के ना-उम्मीदवार राजमोहन गाँधी लोगों से कहते हैं कि मैं तो जबलपुर का हो गया। मैं बीवी-बच्चों को लेकर आ गया हूँ। लोग इस बात पर हँसते हैं। 1971 के चुनाव में इसी तरह उस समय राष्ट्रपति वी. वी. गिरि ने अपने बेटे शंकर गिरि को दमोह से टिकिट दिलवा दिया था। शंकर गिरि सभाओं में कुल इतना बोलते थे—हमको हिन्दी आता नयी। हम तो आपका हो गया। हम आगे इधर कूँई रहेगा। तुम लोक हमकू वोट देगा। नमस्कार। जीतने के बाद शंकर गिरि के दर्शन दमोह में किसी नें नहीं किये। साधो, बेचारे राजमोहन से किसी को यह आशा नहीं करनी चाहिए कि वे जबलपुर में रहेंगे। पंचगनी में उनका एम. आर. ए. का केन्द्र है। बम्बई से पत्र निकालते हैं। वे बम्बई में कई तरह के काम करते हैं, जिनमें कुछ खुले हैं, कुछ गुप्त। बीवी को वे ले आये हैं, यह तो ठीक ही है। इस ठण्ड के मौसम में समझदार आदमी रजाई और बीवी साथ रखता है।

साधो, मुझसे कई लोग वही-वही सवाल पूछते हैं कि क्या एम. आर. ए. का सम्बन्ध सी. आई. ए. से है। मैं पिछले हफ्ते बता चुका हूँ कि एम. आर. ए. नाम का संगठन अन्तर्राष्ट्रीय है। यह पूँजीवाद समर्थक है। समाजवाद विरोधी है। यह शोषण की व्यवस्था का समर्थक है। यह साम्राज्यवाद समर्थक है। अफ्रीकी देशों की आजादी का यह संगठन विरोधी रहा है। राजमोहन का यह कहना गलत है कि दूसरे महायुद्ध में एम. ने हिटलर के नाजीवाद का विरोध किया था। वास्तविकता दूसरी है। जर्मन पूँजीवाद फासिस्ट हो गया था और साम्राज्यवाद यूरोप के दूसरे पूँजीवादी देश इंग्लैण्ड, फ्रांस आदि लोकतान्त्रिक थे। पर ये भी साम्राज्यवादी थे। हिटलर ने पहले इन पूंजीवादी, साम्राज्यवादी, लोकतान्त्रिक देशों पर हमला किया। लाजिमी था कि एम. आर. ए., जिसका प्रधान केन्द्र लन्दन में था, लपेट में आता। पर एम. आर. ए. ने तब क्या किया था जब हिटलर ने रूस पर हमला किया था? तब क्या एम. आर. ए. ने रूस का समर्थन किया था? यह बात राजमोहन से पूछो। अगर वे हाँ कहे तो इसे झूठ मानो। अपने साम्यवाद और रूस विरोध के कारण तब एम. आर. ए. ने हिटलर का समर्थन किया था। यह इतिहास का तथ्य है। इसे अगर राजमोहन नकारते हैं तो वे झूठी पार्टी के हिसाब से ठीक ही कर रहे हैं।

साधो, राजमोहन ने और मोरारजी ने यह भी नहीं कहा है कि वे एम. आर. ए. में नहीं हैं। यानी वे हैं। वे यह कहते हैं कि एम. आर. ए. तो नैतिक उत्थान की

संस्था है। ठीक है। यह किस तरह का नैतिक उत्थान करती है। तुम्हारा गुरु भी साहित्य और पत्रकारिता में 30 सालों से है। हम लेखकों में भी एम. आर. ए. के लोग हैं। वे सबके-सब अमेरिका समर्थक हैं और हम इनसे लड़ते हैं। हम एम. आर. ए. के बारे में काफी कुछ जानते हैं। इसका सम्बन्ध सी. आई. ए. से है, बल्कि सी. आई. ए. ही इसे चलाती है। और पक्का प्रमाण चाहिए तो देता हूँ। 17 अप्रैल, 1974 को लोकसभा में भारत के तत्कालीन गृहमन्त्री उमाशंकर दीक्षित ने इन्द्रजीत गुप्त के प्रश्न के उत्तर में कहा था कि एम. आर. ए. का सम्बन्ध सी. आई. ए. से है। यह बयान किसी और का नहीं, भारत के गृहमन्त्री का है।

तो साधो, अगर राजमोहन एम. आर. ए. के हैं—जो कि वे नकारते नहीं हैं—तो वे सी. आई. ए. से भी सम्बद्ध हैं और हर देशवासी जानता है कि सी. आई. ए. कितना खतरनाक संगठन है। दुनिया-भर में यह षड्यन्त्र करता है। सरकारें गिराता है। देशों को तोड़ता है। हत्या वगैरह करवाता है। दंगे कराता है। सारी खुराफात करता है। यह संगठन देश के भीतर और बाहर भारत-विरोधी षड्यन्त्र करता है। सी. आई. ए. खुद स्वीकार करता है कि उसने ही शेख मुजीब की हत्या करायी थी। भारत-विरोधी सी. आई. ए. से सम्बद्ध होना कौन-सी देशभक्ति है, इसकी व्याख्या महात्मा गाँधी के पोते से ही कराओ।

बाँझ लोकसभा को तलाक

साधो, लोकसभा भंग हो गयी। वे हमारे भाग्य-निर्माता संसद-सदस्य जो ढाई साल और दिल्ली रहते, तनख्वाह-भत्ता पाते, सस्ते बँगले में रहते, पहले दर्जे में फ्री यात्रा करते, पटिये पर लौट आये। इनमें से आधे से अधिक लौटकर लोकसभा में नहीं पहुँचेंगे। इनकी वह 300 रुपये महीना पेंशन भी गयी, जो पूरी अवधि सदस्य रहने पर जिन्दगी-भर मिलती है। नुकसान बहुत हुआ।

साधो, यह लोकसभा बाँझ निकली। एक सरकार पैदा नहीं कर सकी। यह लोकसभा 1977 में आवारा औरत की तरह घर में घुस आयी थी। शुरू से इसे आवारापन से पैदा होनेवाले गुप्त रोग लगे थे। इसने पहली सरकार पैदा की तो वह जन्म से ही बीमार। उसका लिवर ही खराब था। देश इस बीमार सरकार के इलाज में और गरीब हो गया। यह सरकार ढाई साल में मर गयी। दूसरी सरकार आपरेशन से पैदा हुई और 24 दिनों में मर गयी। अब डाक्टरों ने कहा कि आगे यह औरत गर्भ धारण नहीं कर सकती। इसलिए इसे निकालकर एक स्वस्थ चरित्रवती नयी स्त्री लाना जरूरी है, जो एक स्वस्थ सरकार जन सके। तभी

राष्ट्रपति ने इस लोकसभा को भंग कर दिया। दिसम्बर में दूसरी लोकसभा का गृह-प्रवेश होगा।

साधो, सारी पार्टियों ने नये चुनाव का स्वागत किया है। सिर्फ जनता पार्टी ने स्वागत नहीं किया है। सिर्फ जनता पार्टी विरोध में है। इसके नेता प्रायः पीछे ही रहे हैं। इस देश में 67 करोड़ आदमी रहते हैं, चूहे नहीं। ये आदमी देख रहे थे कि ये आदरणीय जिन्हें चुनकर शासन करने भेजा था, दिल्ली में स्ट्रिपटीज कर रहे थे। देश में कोई सरकार ही नहीं थी। गुण्डों ने पुलिस का काम ले लिया था। व्यापारी मौत बेच रहे थे। इतने भद्दे, कमीने, झूठे और बेईमान लोग दिल्ली पहिले कभी नहीं भेजे गये थे। उठाईगीरों के हाथों में देश चला गया था।

साधो, चन्द्रशेखर और जगजीवनराम सबसे ज्यादा बौखलाये हुए हैं। संघ के लोग अपनी कूटनीति के हिसाब से शान्त हैं और उनको भड़का रहे हैं—लड़ जा पट्ठे! दाग दे गोली! चन्द्रशेखर वगैरह राष्ट्रपति पर आरोप लगा रहे हैं कि उन्होंने षड्यन्त्र करके जनता पार्टी सरकार नहीं बनने दी। संजीव रेड्डी को 1969 की याद दिला रहे हैं, जब वे राष्ट्रपति का चुनाव हारे थे। साधो, यह सही है कि संजीव रेड्डी एक घिसे हुए घाघ राजनीतिज्ञ हैं। वे न राधाकृष्णन की तरह दार्शनिक हैं न जाकिर हुसैन की तरह शिक्षाशास्त्री, न गिरि की तरह ट्रेड यूनियन-वाले हैं न फख़रुद्दीन की तरह सिर्फ कमजोर शरीफ आदमी। वे सक्रिय और चतुर राजनीतिज्ञ खिलाड़ी हैं। इस समय ऐसा ही राष्ट्रपति चाहिए था। 1969 में वे इन्दिरा गाँधी द्वारा प्रस्तावित उम्मीदवार थे। पर वे कांग्रेस के प्रतिक्रियावादी दादा लोगों से मिल गये। वे पाटिल, अतुल्य घोष, मोरारजी के आदमी हो गये। जनसंघ, स्वतन्त्र पार्टीवालों ने भी उन्हें अपना मान लिया। तब इन्दिरा गाँधी ने प्रगतिशील वी. वी. गिरि को खड़ा करके रेड्डी को हरवा दिया। वह राष्ट्रपति चुनाव प्रगति-शील और प्रतिक्रियावादी ताकतों की टक्कर था। रेड्डी जानते हैं कि जनता पार्टी के वही प्रतिक्रियावादी दादा लोग हैं, जिनकी कुसंगति करने से वे 1969 में हारे थे।

साधो, चन्द्रशेखर धमकी देते हैं कि हम राज्यसभा में राष्ट्रपति पर महाभियोग लगायेंगे। कैसे लगायेंगे? चन्द्रशेखर को प्राइमरी स्कूल का गणित भी नहीं आता। उन्होंने संविधान भी नहीं पढ़ा। राष्ट्रपति के खिलाफ महाभियोग का नोटिस ही तब स्वीकृत होता है जब कम-से-कम एक-चौथाई सदस्य उसका समर्थन करें। इस राज्यसभा में 61 सदस्यों का समर्थन चाहिए और इतने जनता पार्टी के हैं नहीं। फिर प्रस्ताव पास होने के लिए दो-तिहाई बहुमत चाहिए। चन्द्रशेखर क्या इतने सदस्य बाहर से स्मगल कर लाते?

साधो, जनता ने 1977 में वोट देकर लोकसभा बनायी थी, कुँजड़ों का बाजार नहीं बनाया था। मछली बाजार नहीं बनाया था। जनता ने लोकसभा में अपने प्रतिनिधि भेजे थे, जेबकतरे नहीं भेजे थे। जनता ने शासक भेजे थे, चोर नहीं भेजे थे। क्या राष्ट्रपति कुँजड़ों, जेबकतरों और चोरों को एक सरकार और बनाने का

मज़ाक करने देते। अगर वे जगजीवनराम को बुलाते तो चरणसिंह को भी बुलाना था। उन्होंने पिछली बार मोरारजी और चरणसिंह दोनों को बहुमत बनाने के लिए कहा था। चन्द्रशेखर और जगजीवनराम राष्ट्रपति के पास जाते थे। राष्ट्रपति से जगजीवनराम कहते थे—मैं सरकार बनाऊँगा। राष्ट्रपति पूछते थे—कितने सदस्य समर्थन में हैं? जवाब मिलता था—205। मगर बहुमत के लिए 270 चाहिए। राष्ट्रपति कहते थे—बाबूजी, यहीं बैठ जाओ और 270 की लिस्ट बना दो। मगर बाबूजी टालते थे। वही 205 लिये घूमते थे। इस बीच जगजीवनराम हफ्ते-भर के लिए हरिजन भी हो गये थे और माँग उठवा रहे थे कि हरिजन को प्रधानमन्त्री बनाओ। साधो, चन्द्रशेखर और जगजीवनराम का कहना था कि अभी हमें सरकार बना लेने दो, हम बाद में 205 के 270 कर लेंगे। यानी सत्ता में आने पर 60-70 बेईमानों के भरोसे जो सरकार चलाना चाहते हैं, उन्हें मौका न देकर राष्ट्रपति ने कहा— वापस जनता के पास जाओ। अगर जगजीवनराम को सरकार बना लेने देते तो 15-20 दिनों में वह भी गिर जाती। वैसे मैं सोचता हूँ कि जैसे दो पुराण-पुरुष निपट गये, वैसे ये तीसरे भी निपट जाते तो ठीक होता।

साधो, अब न इमर्जेन्सी का मुद्दा रहा न नसबन्दी का। रह गये हैं जनता सरकार के कुकर्मों के रिकार्ड। मुझे चिन्ता है, जनता पार्टी—अगर वह रही तो—किन मुद्दों पर चुनाव लड़ेगी।

अन्तुले का प्रतिभा-प्रतिष्ठान

साधो, इन्दिराजी के 17 दिन की विदेश यात्रा पर जाने के कारण अन्तुले फिलहाल भूतपूर्व होने से बच गये। मेरा अनुमान है, वे इन्दिराजी के लौटने पर भी भूतपूर्व नहीं होंगे। कारण यह है कि दो मुख्यमन्त्रियों—जगन्नाथ मिश्र और ज्योति बसु के भी ट्रस्ट हैं। यह बात खोली जा रही है। याने दो नये स्केण्डल जब सामने आ गये तो लोग उनके पीछे पड़ेंगे और अन्तुले का स्केण्डल भूल जायेंगे। मुहल्ले की नयी बहू की बदचलनी के किस्से चलते हैं और लोग यह भूल जाते हैं कि इसकी सास अपने जमाने में बहुत बदचलन थी। जब सारे गैर-कम्युनिस्ट ज्योति बसु के ट्रस्ट के पीछे पड़ेंगे और उसी क्रम में केदार पाण्डे के लोग जगन्नाथ मिश्र के पीछे लगेंगे, तब नये स्केण्डलों की गर्मी में तुम किसी से पूछोगे कि अन्तुले कौन था, तो लोग कहेंगे कि हमें नहीं मालूम या यह कि सुना है वह महाराष्ट्र का कोई सन्त था।

साधो, मुख्यमन्त्री-मन्त्री को निकालने की एक विधि होती है। ऐसा नहीं है कि तुम्हारी बदनामी फैल गयी तो तुम हार जाओगे। पार्टी की छवि के खयाल से मन्त्री

हटाये जाते हैं। हल्ला हुआ और निकाल दिया, इससे सिद्ध होता है कि हल्ला सही था और पार्टी भ्रष्ट है। इससे पार्टी की छवि बिगड़ती है। पहले इन्दिराजी महाराष्ट्र के अन्तुले समर्थकों से मिलीं नहीं, तो शोर मचा कि गये अन्तुले। आयेंगे वसन्त दादा पाटिल या रामराव आदिक। मगर बाद में इन्दिराजी अन्तुले के समर्थकों से मिल लीं और शोर हो गया कि अन्तुले टिक जायेंगे। साधो, मन्त्री या मुख्यमन्त्री जब काण्ड करता है तब उसका उत्तरकाण्ड नहीं होता। उसका तब किष्किन्धा काण्ड ही चलता है। जब मामला दब जाता है, नये मामले संसद का समय और अखबार का कागज बरबाद करने लगते हैं तब उससे चुपचाप कहा जाता है कि अब तुम खिसक जाओ, अब तुम्हारी जगह दूसरे को नया काण्ड करने का मौका दिया जायेगा।

साधो, ज़रा सोचो, आखिर अन्तुले ने ऐसा क्या किया? वह तो हम साधुओं के भले के लिए एक ट्रस्ट बना रहा था। गाँधीजी ने खुद ट्रस्टीशिप का सिद्धान्त प्रतिपादित किया है। कालाबाजारियों, मुनाफाखोरों को ट्रस्टी बना डालो तो वे समाज के धन के रखवाले हो जाते हैं। अन्तुले यह ट्रस्ट लेखकों, कलाकारों की सहायता के लिए बना रहे थे। जब यह मामला गर्म था तब मैं अस्पताल में था। मेरी बीमारी बहुत जल्दी इस ट्रस्ट की खबर से अच्छी होने लगी। विटामिन, एण्टी-बायटिक बेकार हो गये। इस खबर ने कि अन्तुले का ट्रस्ट हमारी सहायता के लिए बन रहा है, रामबाण औषधि का काम किया। मुझे सपने आते कि बम्बई से पैसा मेरे पास चला आ रहा था।

मगर साधो, इस देश में हर शुभ काम स्कैण्डल हो जाता है, बदनामी का बायस हो जाता है। अकालपीड़ित-राहत-कोष इकट्ठा होता है तो वह काण्ड हो जाता है। बाढ़पीड़ित-सहायता-फण्ड बन जाता है तो वह भी स्कैण्डल हो जाता है। कोई बदनाम हो जाते हैं। अन्तुले का यह शुभ कार्य भी स्कैण्डल हो गया। एक तो उन्होंने प्रतिभा प्रतिष्ठान के नाम में 'इन्दिरा' रख लिया। इन्दिराजी कहती हैं कि मैंने आशीर्वाद दिया था, नाम नहीं।

मगर साधो, हल्ला इस बात का ज्यादा है कि अन्तुले ने सीमेण्ट के परमिटों पर चन्दा लिया। मुझे इसमें कुछ गलत नहीं लगता। कोई राजा हरिश्चन्द्र और मर्यादा पुरुषोत्तम रामचन्द्र तो आकर चन्दा दे नहीं जाते। हनुमान भी अगर चन्दे में सोना दें तो वह लंका का दो नम्बर का होगा। सारे शुभ कार्यों के चन्दे उसी तरह के लोग देते हैं, जिनसे अन्तुले ने लिया। अगर हम साधु भी चन्दा करते हैं तो उन्हीं से करते हैं। अन्तुले ने गलत तो कुछ किया भी नहीं। वे बहुत करके बने रहेंगे या इन्दिराजी कह गयी हों, तो उनकी गैरहाजिरी में चले जायें।

भाजपा भ्रष्टाचार का विरोध कैसे करेगी ?

साधो, भारतीय जनता पार्टी भ्रष्टाचार विरोधी आन्दोलन करनेवाली है। सबसे निरर्थक आन्दोलन भ्रष्टाचार के विरोध का आन्दोलन होता है। भ्रष्टाचार विरोधी आन्दोलन से कोई नहीं डरता। एक प्रकार का यह मनोरंजन है जो राजनैतिक पार्टी कभी-कभी खेल लेती है, जैसे कबड्डी का मैच। इससे न सरकार घबड़ाती, न भ्रष्टाचारी घबड़ाते, न मुनाफाखोर, न कालाबाजारी। सब इसे शंकर की बारात समझकर मजा लेते हैं।

मगर साधो, कठिनाई यह है कि कोई पार्टी करे तो क्या करे ? जैसे चन्द्रजीत यादव करें तो क्या करें ? इस प्रश्न से घबड़ाकर चन्द्रजीत यादव ने बेकारी दूर करने के लिए 2 दिन का उपवास कर डाला। चन्द्रजीत यादव के दो दिन रोटी नहीं खाने से बेकारी कैसे मिटेगी, यह साधुओं की समझ में नहीं आता। बेकारी व्यवस्था, शिक्षा और अर्थनीति के कारण है। लोग इसलिए बेकार थोड़े ही हैं कि चन्द्रजीत यादव दाल-रोटी खा रहे हैं।

साधो, भारतीय जनता पार्टी के सामने भी यही भयंकर सवाल है—करें तो करें क्या ? पहले यह पार्टी जनसंघ थी और गोरक्षा-जैसे उत्तेजक आन्दोलन करती थी। मगर वह गाय अब दूध नहीं देती, सिर्फ गोबर देती है। इसलिए वह विनोबा के आश्रम में पड़ी-पड़ी जुगाली करती है। भारतीय जनता पार्टी आन्दोलन न करे तो पार्टी की इमेज कैसे रहे ? विदेशनीति पर आन्दोलन कर नहीं सकती। धर्म-परिवर्तन पर आन्दोलन के लिए जोरदार वातावरण ही नहीं बना। मजदूर आन्दोलन कर नहीं सकती, क्योंकि यह कम्युनिस्टों की हरकत है। मजबूर होकर उसे भ्रष्टाचार विरोधी आन्दोलन करना पड़ रहा है।

साधो, वैसे भ्रष्टाचार का विरोध करने के लिए सबसे काबिल पार्टी भारतीय जनता पार्टी ही है। इसमें कोई भ्रष्टाचारी नहीं है। इस पार्टी में व्यापारी बहुत हैं, मगर वे सब भ्रष्टाचारहीन लोग हैं। ठेकेदार हैं, वे भी भ्रष्टाचारी नहीं हैं। सरकारी नौकर हैं, वे भी भ्रष्टाचार नहीं करते। जब भारतीय जनता पार्टी का जुलूस निकलता है या सभा होती है, तो उसमें छँटे हुए सदाचारी और ईमानदार लोग होते हैं। तुम साधु कभी-कभी दुष्टों की तरह बात करते हो। कहते हो कि एक कालाबाजारी भी क्या भारतीय जनता पार्टी का सदस्य होने से ईमानदार हो जाता है ? मैं कहता हूँ कि हो जाता है। यह एक आध्यात्मिक चमत्कार है। अब तुम कहोगे कि गुरु, जब यह पार्टी जनसंघ नाम से जनता सरकार में थी, तब क्या ये लोग भ्रष्टाचार नहीं करते थे। कितने काण्डों की चर्चा तब चलती थी। साधो, वह सब भ्रष्टाचार नहीं था। एक नाटक था, लोक-शिक्षा के लिए। जनता को शिक्षित किया जा रहा था कि राजनैतिक पद पर रहकर भ्रष्टाचार कैसे होता है।

साधो, भ्रष्टाचार विरोधी आन्दोलन कैसे होगा ? वैसे ही होगा जैसे आन्दोलन

होते हैं। जुलूस निकालेंगे, जो नारा लगायेंगे—भ्रष्टाचार कौन बन्द करे। जो हमारे जुलूस में है या बाहर ? जो हमारे लोग हैं, वे भ्रष्टाचार बन्द नहीं करें। दूसरे लोग भ्रष्टाचार बन्द कर दें। बाजार मे जुलूस निकलेगा। नारे लगेंगे कालाबाजारी बन्द करो। याने जो हमारे जुलूस में हैं, वे तो कालाबाजारी करेंगे। जो हमारे लोग दूकानों पर बैठे हैं, वे भी करेंगे। बाकी सब कालाबाजारी बन्द करो। सरकारी दफ्तरों के सामने नारा लगाते हुए धरना देंगे कि भ्रष्टाचार बन्द करो और भीतर मजे में लेन-देन चल रहा होगा।

साधो, इस देश में हर आदमी दूसरे को सदाचारी बनाना चाहता है कि मैं तो भ्रष्टाचार करूँ पर दूसरा न करे, इसलिए नारे लगाऊँ। कांग्रेस की सरकार है तो भारतीय जनता पार्टी भ्रष्टाचार विरोधी आन्दोलन करती है। जब जनता पार्टी सरकार थी तब कांग्रेस भ्रष्टाचार विरोधी आन्दोलन करती थी। सदाचार, ईमानदारी, सद्गुण बड़े मूल्यवान हैं। पार्टियाँ इतनी स्वार्थी नहीं हैं कि ऐसे सद्गुण अपने पास रखें। वे दूसरों को बाँट देती हैं। खुद दुर्गुणों से काम चला लेती हैं। तुम साधुओं में जो तस्करी करते हों, बच्चे चुराते हों, चोरी से अफीम बेचते हों, औरतें भगाते हों वे सब भारतीय जनता पार्टी के भ्रष्टाचार विरोधी आन्दोलन में शरीक हो जाओ।

आन्दोलन दबानेवालों का आन्दोलन

साधो, जिनके डण्डे से सरकार आन्दोलन दबवाती थी, अब वही आन्दोलन कर रहे हैं। जो मुर्दाबाद का नारा लगानेवाले की गर्दन पकड़ लेते थे अब वही मुख्यमन्त्री मुर्दाबाद के नारे लगा रहे हैं। जो सड़कों पर जुलूस कण्ट्रोल करते थे वही जुलूस निकाल रहे हैं। 'हर जोर-जुल्म की टक्कर में संघर्ष हमारा नारा है' चिल्लानेवालों पर जो लोग जोर-जुल्म कर देते थे, वही अब यह नारा लगा रहे हैं। पुलिस-सिपाही संघर्ष की राह पर हैं।

साधो, पुलिस आन्दोलन पंजाब से भड़का। मगर वह कहीं और से भी भड़क सकता था। पेट की लड़ाई हर जमीन पर शुरू हो सकती है। सरकार के पास पुलिस कमीशन की अन्तरिम रिपोर्ट रखी है, उसकी सिफारिशें लागू नहीं की जा रही हैं। बढ़ती कीमतों के आँकड़े सरकार के पास हैं। जीवन-व्यय के आँकड़े हैं। सरकार को पुलिस-सिपाहियों की हालत मालूम है। मगर सरकार राष्ट्रीयता का ढोंग करने के लिए रानी विक्टोरिया की मूर्ति तो हटवाती है, मगर रानी विक्टोरिया के जमाने की पुलिस को अभी भी रख रही है। साधो, यह सही है कि पुलिस जुल्म करती है।

यह भी सही है कि वह भ्रष्टाचार करती है। मगर जो आन्दोलन कर रहे हैं, ये सिपाही हैं। ये वे नहीं हैं जो भ्रष्टाचार से ऐश करते हैं। ये वे हैं जिन्हें कोई ठेकेदार एक पौआ पिला देता है और अठन्नी भजिये के लिए दे देता है। इनके घरों की हालत देखो। बच्चों को देखो। ये सचमुच भुखमरी की हालत में जी रहे हैं और जहाँ तक भ्रष्टाचार का सवाल है, जब मुख्यमन्त्री के घोर भ्रष्टाचार की घटनाएँ सब जानते हैं, मगर उनकी नौकरी बरकरार है और आगे भ्रष्टाचार करने का मौका दिया जा रहा है तब मामूली पुलिस-सिपाही पर भ्रष्टाचार का इल्जाम लगाना और पेट भरने लायक तनख्वाह न देना कहाँ तक तर्कसंगत है। अगर ये सिपाही भ्रष्ट हैं तो मन्त्रियों को इनके चरणों की रज मस्तक पर लगानी चाहिए, क्योंकि ये गुरु हैं और मन्त्रियों की कुल दो साल की बारहखड़ी है।

साधो, भ्रष्ट मन्त्रियों की परेशानी है। प्रकाशसिंह बादल ने फौरन तनख्वाह बढ़ा दी। सिपाहियों ने पच्चीस माँगे थे पर बादल ने पचास बढ़ा दिये। पुलिसवाले कहते हैं कि हमें ये पचास खैरात की तरह नहीं चाहिए, हमारी यूनियन को मान्यता दें और यह स्वीकारें कि हमारे संघर्ष के फलस्वरूप ये रुपये हमें दिये जा रहे हैं। यूनियन बन जाने के पुलिस के अधिकार को रुस्तमजी भी मानते हैं। उत्तरप्रदेश के बनारसीदास ने फौरन एक महीने का वेतन दे दिया और हाथ जोड़कर कहा—बहादुरो, इतने से मान जाओ। मध्यप्रदेश के मुख्यमन्त्री सीधे-सीधी चले गये मगर पुलिसवाले उन्हें सीधा करने में लगे हैं। कहते हैं कि सकलेचा ने अपने आदमियों से ही यूनियन बनवा दी—सरकार संघी यूनियन, मगर पुलिसवाले इस चाल को समझ गये और उन्होंने कहा कि ये न हमारे नेता न यह हमारी यूनियन। हमें तो अभी नेता चुनना है। अब सकलेचा क्या स्वयंसेवकों से पुलिस आन्दोलन दबवायेंगे।

साधो, बादल कहते हैं कि पुलिसवालों को कम्युनिस्ट और इन्दिरा कांग्रेस भड़का रहे हैं। दूसरे मुख्यमन्त्री भी यही कहेंगे। जो मुख्यमन्त्री अपने भ्रष्ट राजनीतिक स्वार्थों के लिए तरह-तरह के जुर्म और पाप इसी पुलिस से करवाते हैं उन्हें यह देखने से मतलब नहीं है कि पुलिसवालों के बच्चे भूखे और नंगे तो नहीं हैं। क्या कोई राजनीतिक पार्टी भड़काये तब समझ में आता है कि हम भूखे-नंगे हैं? इन पुलिसवालों को पहले पता नहीं था कि हम और हमारे बच्चों की क्या हालत है? कम्युनिस्टों और इन्दिरा कांग्रेसियों ने ही उनसे पहली बार कहा होगा कि तुम भूखे रहते हो। तुम्हारे बच्चे भूखे और अधनंगे रहते हैं। तुम बच्चों को पढ़ा नहीं सकते। पुलिसवालों ने कहा होगा—हमें तो पता ही नहीं था। आप कहते हैं तो मान लेते हैं। आन्दोलन कर देते हैं।

साधो, बेचारे मुख्यमन्त्रियों को मैं क्या सलाह दूँ। क्या वे फौज को बुलाकर 'सरेण्डर' करायेंगे? मगर इस तरह फौज सोचेगी कि जब दंगे से लेकर शादी-ब्याह तक और पुलिस आन्दोलन तक हमारे बिना काम नहीं चलता तो क्यों न हम ही देश को सँभाल लें। साधो, मेरी सलाह है कि मुख्यमन्त्री जयप्रकाश नारायण के पास जायें और कहें—लोकनायकजी, आपने ही 1975 में पुलिस को विद्रोह करने

को उकसाया था मगर तब उसने विद्रोह नहीं किया और अब कर रही है। इस नयी सम्पूर्ण क्रान्ति से कैसे निपटें। मियाँ की जूती मियाँ के सिर पर पड़ने लगी। लोकनायकजी, यह क्या दूसरी सम्पूर्ण क्रान्ति है !

मास्को ओलम्पिक

साधो, अमेरिका के विरोध के बावजूद मास्को में ओलम्पिक खेल हो रहे हैं। अफगानिस्तान में, अफगान सरकार के आमन्त्रण पर, सन्धि के अन्तर्गत, रूसी फौजें आयी थीं, तब अमेरिका ने हल्ला मचाया था---हाय, हाय, अन्याय हो गया। स्वतन्त्रता पर हमला है यह ! इस्लाम पर हमला है। पाकिस्तान ने भी कहा—इस्लाम पर हमला हो गया। तथाकथित कम्युनिस्ट चीन ने भी कहा—रूसी साम्राज्यवादियों ने हमला कर दिया। साधो, तभी से कार्टर, जनरल जिया और हुआ-को-फेंग इस्लाम के लिए और अफगानों के लिए रो रहे हैं और गीले रूमाल निचोड़ रहे हैं। मगर खान अब्दुल गफ्फार खाँ का कहना है कि वे रोनेवाले महान मानवतावादी धार्मिक लोग खुद अफगानिस्तान पर कब्जा करना चाहते थे। 3-4 दिनों में कब्जा कर भी लेते, मगर रूसी फौजों ने आकर अफगानों की रक्षा कर ली।

साधो, अपनी धाँधली पर जब आँच आती है, तब अमेरिका को धर्म, मानवीयता, स्वतन्त्रता की याद आने लगती है। अमेरिका खुद वियतनाम पर 15 सालों तक गोले बरसाता रहा, लाखों वियतनामी मार डाले। पर यह शायद सच्चे ईसाई की तरह, ईसामसीह के उपदेशों के अनुसार कर रहा था। जब वियतनामियों ने पिटाई की और अमेरिका को वहाँ से भागना पड़ा, तब जाकर खुदा याद आया और हाथ जोड़कर वियतनामियों से भागने के लिए 24 घण्टे का समय माँगा। ईश्वर के नाम पर ! ईरान में हजारों मुसलमानों को शाह से मरवाया, लाखों को यातना दिलवायी, मगर तब खुदा याद नहीं आया। इस्लाम की चिन्ता तब नहीं हुई। खुदा याद तब आया जब ईरानियों ने 45 अमेरिकी बन्धक रख लिये।

साधो, अपने पवित्र क्रोध में जिमी कार्टर ने सारी दुनिया का आवाहन कर डाला कि मास्को ओलम्पिक का बहिष्कार करो। मगर खुद अमेरिका की ओलम्पिक कमेटी ने कहा कि हम तो भाग लेंगे। बड़ी रस्साकशी हुई। खिलाड़ी हठ पर थे कि हम तो मास्को जायेंगे। उनके राष्ट्रपति कह रहे थे कि मत जाओ। आखिर तरह-तरह की सख्ती करके उनका जाना रोका गया।

साधो, यूरोप में सबसे ज्यादा पिछलग्गू ब्रिटेन है। उसकी प्रधानमन्त्री आज-

केल मार्गरेट थैचर हैं, जिन्हें 'लौह महिला' कहा जाता है। ब्रिटेन के लार्ड कालिनिन विश्व ओलम्पिक के अध्यक्ष हैं। उन्होंने अपनी प्रधानमन्त्री से कहा—मैडम, ओलम्पिक खेल मास्को में होंगे। उन्हें रोका नहीं जायगा। ब्रिटिश ओलम्पिक समिति ने कहा कि हम प्रधानमन्त्री की बात नहीं मानते। हम मास्को जावेंगे। इधर आस्ट्रेलिया के खिलाड़ियों ने भी अपने प्रधानमन्त्री से कह दिया कि हम तो जायेंगे। फ्रान्स के राष्ट्रपति ने तो जिमी कार्टर से साफ कह दिया कि हम अपना निर्णय लेंगे। आप दबाव डालनेवाले कौन होते हैं।

साधो, नतीजा यह हुआ कि सिर्फ कुछ चमचे देशों ने ओलम्पिक खेलों का बायकाट किया है। ऐसे देश हैं—पाकिस्तान, इजराइल, ईजिप्त वगैरह। या सऊदी अरब जैसे देश, जहाँ शाह ने लोगों को फुटबाल और हाकी में अन्तर करना ही नहीं सिखाया। कुछ ऐसे देश हैं छोटे-छोटे, जिन्हें अमेरिका ने धमकी दी कि हम तुम्हें आर्थिक मदद बन्द कर देंगे। बाकी लगभग 100 देश मास्को ओलम्पिक में शान से भाग ले रहे हैं। भारत की टीम भी जा रही है।

साधो, मैं तो यह नहीं कहता कि अमेरिका ने अच्छा नहीं किया। इज्जत बच गयी। पिछले ओलम्पिक में अमेरिका तीसरे नम्बर पर था।

साधो, एक बात और है। अमेरिका में रूस के खिलाफ लगातार प्रचार होता है। इस प्रचार में बताया जाता है कि रूसी लोग कोई खूंखार आदमखोर हैं। वे भालू हैं। ऐसे प्रचार करने का नतीजा यह हुआ कि आम आदमी रूस के बारे में अनजान रह गया है और रूसियों से डरता है। अमेरिकी खिलाड़ी अगर रूस जाते भी तो घबड़ाते कि कहीं कोई रूसी उन्हें उठाकर खा न जाये। ऐसे घबड़ाते हुए खिलाड़ी हारकर आते। इसलिए अच्छा हुआ कि अमेरिकी टीम नहीं गयी।

साधो, यूँ पश्चिमी देशों, खासकर अमेरिका, की सरकार तथा पूंजीपति अपनी जनता को दूसरे देशों के बारे में अज्ञान में रखते हैं। भारत के बारे में भी वहाँ बहुत अज्ञान है। विजयलक्ष्मी पण्डित ने इसका दिलचस्प उदाहरण दिया है। स्वतन्त्रता के बाद हमारे यहाँ अन्न-संकट था। हमारी सरकार ने अमेरिका से गेहूँ की मदद माँगी। इस पर अमेरिका की सीनेट और कांग्रेस में विचार हुआ। इनकी हैसियत हमारी संसद-जैसी है। अब बड़े-बड़े नेताओं का अज्ञान देखो। अमेरिका के कुछ संसद-सदस्य कहने लगे—क्या ठिकाना है कि हमारे गेहूं का भारत में सही उपयोग होगा, उसे मनुष्य खायेंगे। वहाँ बन्दर और साँप को देवता मानते हैं। वे बन्दरों को गेहूँ खिला देते हैं और दूध बच्चों को न पिलाकर साँप को पिला देते हैं। हमारा गेहूँ बरबाद हो जायेगा !

बात यह है कि अमेरिका अपने सिवाय किसी को सभ्य मानता नहीं है।

तूफान के बाद

साधो, चुनाव के बाद हमारे महान नेताओं की जो प्रतिक्रियाएँ हो रही हैं वे हँसाती भी हैं और रुलाती भी हैं। अपने राजनारायण की अखिल भारतीय पार्टी को 9 राज्यों में 4 सीटें मिली हैं। कुल 4 सीटें अखिल भारतीय पार्टी को ! राजनारायण अद्‌भुत प्रतिभावान व्यक्ति हैं। उनके अन्दर कवि, जादूगर, जोकर, जासूस, और वैज्ञानिक एक साथ हैं। वे जब स्वास्थ्यमन्त्री थे तब उन्होंने कहा था कि ऑपरेशन के लिए बेहोशी की दवा देने की जरूरत नहीं है। मरीज के सामने डाक्टर, हनुमान चालीसा का पाठ करके ऑपरेशन कर सकते हैं। इस बयान पर दुनिया-भर के वैज्ञानिक चौकन्ने हो गये थे और भारत से हनुमान चालीसा की हजारों प्रतियाँ बुलाकर शोध कर रहे थे। अभी तक कोई ऑपरेशन हनुमान चालीसा से नहीं हुआ। राजनारायण की खोज सिद्ध करने के लिए उनका ही 'हनुमान चालीसा ऑपरेशन' करना चाहिए।

साधो, इन राजनारायण ने 1972 में चुनाव के बाद कहा था कि इन्दिरा गाँधी ने रूस से खास स्याही बुलायी थी। यह स्याही उड़ जाती है। इसके बाद मतपत्रों पर अपने उम्मीदवार के आगे निशान लगवाकर चुनाव जीत लिया। इस बार राजनारायण ने दूसरी बात कही। रूस से दोहरे मतपत्र छपकर आये थे। पेटियों में मतपत्र बदल गये और चुनाव जीत लिया। साधो, अगला चुनाव 1985 में जब ये लोग फिर हारेंगे, तब राजनारायण कहेंगे कि इस बार रूस से खास तौर से शिक्षित बन्दर वोट डालने के लिए बुलाये गये थे। मतदान केन्द्रों पर जो मतदाता दिख रहे थे वे भारतीय नागरिक नहीं, सिखाये हुए रूसी बन्दर थे।

साधो, तुम कहोगे—गुरु, राजनारायण की बात और कुत्ते की लात एक-जैसी होती है। तो चरणसिंह की बातों पर गौर करो। चौधरी चरणसिंह मामूली आदमी नहीं हैं। गम्भीर आदमी हैं। वैसे इन गम्भीर आदमियों में भी आपस में होड़ चलती रहती है कि कौन सबसे बड़ा जोकर हो जाये। चौधरी चरणसिंह इस महान देश के महान प्रधानमन्त्री रहे हैं। जैसे राहतकार्य के मस्टर रोलवाले रोजाना मजदूरी के मजदूर होते हैं वैसे ही चरणसिंह प्रधानमन्त्री रहे हैं। वे एक दिन भी संसद नहीं गये। जब उनसे कहा गया कि लोकसभा में जाकर बहुमत सिद्ध करो, तो वे वहाँ न जाकर राष्ट्रपति के पास चले गये और इस्तीफा दे दिया। ये चरणसिंह, भूतपूर्व प्रधानमन्त्री, विधानसभाओं के चुनाव में अपनी पार्टी की बुरी हार के बाद कहते हैं—आज भारतीय लोकतन्त्र के इतिहास का सबसे काला दिन है। साधो, भारतीय इतिहास यानी चरणसिंह का इतिहास। जाट नेता को जाटों ने भी वोट नहीं दिये। उनके मेरठ जिले में ही उनके उम्मीदवार हार गये। 15वीं शताब्दी के जड़ सामन्तवादी, जातिवादी नेता हार गये तो वह लोकतन्त्र का सबसे काला दिन हो गया ! चौधरी को यह ध्यान भी नहीं रहा कि मैं ऐसा कहकर भारतीय जनता

का अपमान कर रहा हूँ जिसने वोट देकर अपनी मर्जी के उम्मीदवार चुने हैं। चौधरी ने यह भी कहा है कि अब संसदीय लोकतन्त्र अर्थहीन हो गया है। चौधरी साहब की जीत से लोकतन्त्र अर्थपूर्ण हो जाता है और हार से अर्थहीन।

साधो, भारतीय जनता पार्टी ने अपनी शाखा टाइप प्रतिक्रिया प्रकट की है। लालकृष्ण आडवाणी ने कहा है कि इन्दिरा कांग्रेस का विकल्प हमारी भारतीय जनता पार्टी है। विधानसभाओं के चुनाव में कांग्रेस (इ) के बाद सबसे अधिक सीटें हम जीते हैं। आडवाणी गणित में कमजोर हैं। बंगाल, केरल और त्रिपुरा के वामपन्थी भी जोड़े जायें तो दूसरा नम्बर वामपन्थी मोर्चा का आता है, भारतीय जनता पार्टी का नहीं। यह कलेजा फाड़ देनेवाली बात आडवाणी मानना नहीं चाहते।

साधो, सबसे अच्छी मुझे कांग्रेस (अर्स) लगती है। उनकी पार्टी हारी। पार्टी के महामन्त्री बंकाबिहारीदास हारे तो उन्होंने पद से इस्तीफा दे दिया। मध्यप्रदेश कांग्रेस (अर्स) के अध्यक्ष ने भी इस्तीफा दे दिया। इस पार्टी की नन्दिनी सतपथी जीतीं और इस्तीफा दे दिया। इस पार्टी में जो हारा वह भी इस्तीफा दे रहा है और जो जीता वह भी इस्तीफा दे रहा है। मुझे ऐसी पार्टी बड़ी प्यारी लगती है। चरणसिंह को यह समझ में नहीं आया कि संसदीय लोकतन्त्र अर्थहीन नहीं हुआ, सूबेदारी अर्थहीन हो गयी।

यशोदा मैया का माखन

साधो, मैं एक दिलचस्प खेल देख रहा हूँ। तुम भी देख रहे हो। जो पूतना थी, वह एकाएक माता यशोदा हो गयी और हर ग्वाल-बाल उससे कहता है—मैया, माखन दे-दे। मैं इन्दिरा गाँधी की बात कर रहा हूँ। वे अभी तक पूतना मानी जा रही थीं। अब वे दयालु माता यशोदा हो गयीं। चरणसिंह कहते हैं—मैया, समर्थन का माखन दे-दे। तो जगजीवनराम कहते हैं—हट, तुझे नहीं मुझे देंगी। दे-दे मैया माखन! तेरे पाँव पड़ें! मोरारजी कहते हैं—इन्दिरा कांग्रेस के समर्थन से जनता सरकार बनाने में कोई हर्ज नहीं। याने माई से माखन ले लो! बाला साहब देवरस कहते हैं—मैंने तो 1977 के चुनाव जीतने के बाद ही जनता पार्टी के नेताओं से कहा था कि इन्दिराजी के खिलाफ कोई कार्यवाही मत करो, पर उन्होंने मेरी बात नहीं मानी। इसी का नतीजा है कि आज यह संकट जनता पार्टी पर आया। यानी बाला साहेब भी यशोदा मैया के मक्खन के आकांक्षी हैं। प्रियरंजनदास मुंशी भी अब तैयार हैं कि माता एक तरफ संजय गाँधी को बिठा ले और दूसरी तरफ उन्हें।

साधो, 1977 के शुरू से अब तक इन्दिरा गाँधी 'तानाशाह' कहलाती थी।

चरणसिंह कहते थे कि उन पर 'न्यूरेमबर्ग ट्रायल' जैसा मुकदमा चलाना चाहिए। चरणसिंह को इतिहास की जानकारी तो है नहीं। वे नहीं जानते कि न्यूरेमबर्ग के मुकदमे किनने किन पर क्यों चलाये थे। चरणसिंह कहते थे कि यह सरकार 'नपुंसक' है जो इन्दिरा गाँधी को सज़ा नहीं दे रही है। वही चरणसिंह अब इन्दिरा गाँधी को लिखते हैं—मैं बहुत 'आभारी' हूँ कि आप मेरा समर्थन कर रही हैं। मोरारजी अनाप-शनाप नहीं बोलते थे, क्योंकि उन्हें नैतिकता के उपदेश देने से फुरसत नहीं मिलती थी। पर विशेष अदालतों वगैरह के मामले उन्हीं के हाथों से हुए। घाघ राजनीतिज्ञ जगजीवनराम ने 1977 में कांग्रेस यह कहकर छोड़ दी कि वे इन्दिरा की तानाशाही के विरोधी हैं, जबकि इमरजेन्सी का बिल संसद में उन्होंने पेश किया था। बाबूजी को यह मालूम हो गया था कि इन्दिराजी उन्हें टिकिट नहीं देंगी और वे मन्त्री तो क्या, ग्राम-पंचायत के सरपंच भी नहीं बन सकेंगे। वे 'लोकतन्त्र के देवता' बनकर जनता पार्टी में आ गये। जॉर्ज फर्नांडिस साँस-साँस में इन्दिरा गाँधी को गाली देते थे। जनसंघ के नेता चतुराई से ऊपर ज्यादा नहीं बोलते थे पर भीतर सख्त-से-सख्त कदम उठाने के लिए वही दबाव डालते थे।

माधो, मगर यह क्या हो गया? अब यह नहीं कहा जाता कि इन्दिरा गाँधी को जेल भेजेंगे। यह भी नहीं कहा जाता कि ललितनारायण मिश्र की हत्या के षड्यन्त्र में शामिल होने के लिए इन्दिरा को फँसाया जायगा। यह भी नहीं कहा जाता कि इन्दिरा-तानाशाह का नाश करेंगे। अब भीतर से डरकर ऊपर से जोर से कुल इतना कहा जाता है कि विशेष अदालतें खत्म नहीं की जायेंगी। नेताजी, ये विशेष अदालतें किसलिए हैं? क्या लड़की छेड़ने के लिए हैं? क्या सरोंता चुराने के लिए हैं? कहते हैं—हम नहीं जानते। वे विशेष अदालतें हैं। तो क्या ये इन्दिरा गाँधी को सज़ा दिलाने के लिए हैं? हम नहीं जानते। बस, विशेष अदालतें हैं।

साधो, कुल मामला यह है कि लोकसभा में किसी के भी इन्दिरा कांग्रेस के बिना 270 नहीं होते और मध्यावधि चुनाव कोई चाहता नहीं, क्योंकि सब इतना नाम कमा चुके हैं कि चुनकर आने की दुबारा आशा नहीं है। 270 चाहिए। ये 270 इन्दिरा के बिना नहीं हो सकते। और कोई बेवकूफ ही ऐसा सोचेगा कि इन्दिरा गाँधी किसी सरकार को इसलिए सत्ता में रखेंगी कि वह उन्हें मुकदमे चलाकर जेल भेजे और कोई सरकार ऐसा कैसे करेगी कि कहे—बहनजी, बाहर तो कोर्ट से हम आपको सज़ा दिलाने की कोशिश कर रहे हैं, पर संसद में हमारी सरकार आप रहने देना।

साधो, इन्दिरा ने अभी जनसंघ के 'जमादार' और जगजीवनराम के 'हवलदार' रामसुन्दर दास की सरकार बचा दी। हरियाणा में भी भजनलाल संघ के जमादार हैं। उन्हें भी इन्दिरा गाँधी बचा रही हैं। इसलिए संघ के नेता भी उन्हें यशोदा मैया मानते हैं। संघ इस समय संकट में है। उसकी हालत उस अपंग-जैसी है जो गाँव के चबूतरे पर बैठा है और कोई भी उसे चपत मारकर निकल जाता है। वह चिल्लाता है—तेरे हाथ में कीड़े पड़ जायें। तेरा सत्यानाश हो जाय।

साधो, इन्दिरा गाँधी यह बता रही हैं कि केन्द्र में और राज्यों में वही सरकार रहेगी जिसका हम समर्थन करेंगे। वरना हम मध्यावधि चुनाव करा देंगे। इसीलिए सारे ग्वाल-बाल यशोदा मैया को घेरे हैं—मैया, हमें माखन दे। मैया कहती है—दूंगी प्यारे-प्यारे बच्चो, माखन दूंगी पर तुम ठीक नीतियों और सिद्धान्तों पर चलो।

दूसरी आजादी का अन्त

साधो, आओ बैठो। तुमने ढाई साल में दूसरी बार मिठाई बाँट दी, बाजे बजा दिये, रोशनी कर ली। राजनीति अगर सिद्धान्तों पर नहीं चली, बेईमानी और जोड़-तोड़ पर चली, तो तुम और हर महीने मिठाई बाँटो, हर महीने जिन्दाबाद और मुर्दाबाद करोगे। हर महीने सरकार बनेगी और गिरेगी।

साधो, मधुलिमये ने डेढ़ साल पहले कहा था कि अगर इन्दिरा गाँधी चार महीने बाद चुनाव करातीं तो जनता पार्टी बनती ही नहीं, क्योंकि हमें आपस में लड़ने का वक्त मिल जाता। हमें लड़ने का वक्त मिला नहीं और हमने एक पार्टी बना ली। यानी साधो, जो लड़ाई आपस में लड़ने का सुभीता इन्दिरा गाँधी ने नहीं दिया वह लड़ाई बाद में लड़ी गयी और जनता की क्रान्तिकारी सरकार गिर गयी। दूसरी आजादी का दौर खत्म हो गया। यह भी सिद्ध हुआ कि जिस आर. एस. एस. के कारण इन्दिरा गाँधी ने इमर्जेन्सी लगायी थी, उसी के कारण जनता सरकार गिरी। 'सम्पूर्ण क्रान्ति' का आन्दोलन उसी दिन फासिस्ट आन्दोलन हो गया था जिस दिन जयप्रकाश बाबू ने नानाजी देशमुख को लोकसंघर्ष समिति का संयोजक बनाया था। तुम नानाजी को नहीं जानते!

अद्भुत व्यक्ति हैं। राजनारायण कहते हैं कि नानाजी के एक मुँह में कई जीभें हैं। वे हर जीभ से अलग-अलग बात एक-सी कुशलता से बोलते हैं। वे एक साँस में दस परस्पर विरोधी बातें बोल जायेंगे। यह उन्हीं का कमाल है कि वे जनता पार्टी के 5 नेताओं में से हर एक को विश्वास दिलाते रहे कि हम आपको ही प्रधानमन्त्री बनायेंगे। कहते हैं जितनी निष्ठा महात्मा गाँधी की सत्य के प्रति थी, उससे ज्यादा निष्ठा नानाजी की असत्य के प्रति है। वे गाँधीजी से सवाये पड़ते हैं।

साधो, जब जनता सरकार की अर्थी सज गयी थी तब भी बड़ा कमाल हो रहा था। संघ के 2-3 नेता मोरारजी से कह रहे थे कि आप संसद में पार्टी के नेता बने रहिए। 2-3 कह रहे थे कि छोड़ दीजिए। 2-3 संघी नेता चन्द्रशेखर से कह रहे थे कि आप नेता हो जाइए और बाद में प्रधानमन्त्री। 2-3 अपने सदाबहार बाबूजी से कह रहे थे कि मोरारजी को हटाकर आपको नेता बना देते हैं। सब संघी भाई

थे। वे यह बतला रहे थे कि संघ में भी बड़ा मतभेद है। आखिर लोकतान्त्रिक दल हैं। यह बात कम लोगों को समझ में आ रही थी कि संघ के हाईकमान के फैसले के अनुसार ये सधे-बधे लोग तीन नेताओं को साधे हुए थे। अपने बाबूजी काइयाँ आदमी हैं। उन्होंने यशवन्तराव चव्हाण से फोन पर कहा कि मैं भी बाहर निकलकर तुमसे मिल जाता हूँ। अपने साथ बचे हुए सी. एफ. डी. के तथा हरिजन संसद-सदस्य ले आता हूँ। शर्त एक ही है—मुझे प्रधानमन्त्री बनाओ। चव्हाण ने जवाब दिया कि ऐसा वादा कोई नहीं कर सकता। बाबूजी ने फोन रख दिया और बाला साहब देवरस की स्तुति करने लगे। साधो, बड़ी कुशलता से संघ काम कर रहा था। सबको 'जी' लगाकर बोलते हैं ये लोग, और कुहनी तक हाथ मिलाकर जोड़ते हैं। चन्द्रशेखरजी, बाबूजी, चरणजी, बहुगुणाजी, ड्राइवरजी, कारजी, पेट्रोलजी, एंजिनजी, पहियाजी, सब जी ! मगर यह 'जी' खुल गया। उधरे अन्त न होहि निबाहू।

साधो, जब देखा कि आर. एस. एस. के कारण जनता सरकार गिर रही है, तब कई छल किये गये। सर कार्यवाह, राजेन्द्रसिंह ने कहा कि हम संघ के संविधान में परिवर्तन करके संसद-सदस्यों और विधायकों को संघ की दैनिक गतिविधियों में भाग लेने से छूट दे देंगे। समझे कि लो दुहरी सदस्यता का मामला निपट गया। चन्द्रशेखर और बाबूजी नाचने लगे, एक पतली कमर से और दूसरे मोटी कमरिया से—भाई, राजेन्द्रसिंहजी धन्य हैं ! राष्ट्र का आपने कितना उपकार किया है। राजनैतिक संकट को हल कर दिया। अब जनता पार्टी छोड़नेवालो, लौट आओ यहाँ हलाल होने के लिए। कम्युनिस्ट साथियो, तुम भी बेवकूफ बनो। हमारा समर्थन करो। चाहे राक्षसों की हो, पर सरकार स्थायी होनी चाहिए।

पर साधो, कोई बेवकूफ नहीं बना। सब जानते हैं कि यह सब झूठ है। हिटलर का मशहूर कथन है—जनता बड़े झूठ के जाल में छोटे झूठ की अपेक्षा आसानी से फँसती है, इसलिए बड़ा झूठ बोलें। यूरोप में फासिस्टों के बारे में कहा जाता था—अगर फासिस्ट कहे कि मैं खाना खाने जा रहा हूँ तो समझो कि वह पाखाना जा रहा है। यह असम्भव है कि संघ उग्र हिन्दू राष्ट्रवाद छोड़ दे, मुसलमानों, ईसाइयों से नफरत छोड़ दे, साम्प्रदायिकता छोड़ दे, लोकतन्त्र अपना ले। अगर वह ऐसा करेगा तो संगठन खत्म हो जायगा।

साधो, कोई क्रान्ति नहीं हुई है। चरणसिंह न कोई देवता है न क्रान्तिकारी। एक निकम्मी और देश घातक सरकार गिरी-भर है। एक ही बात हुई है और वही सबसे महत्त्वपूर्ण है। राजनैतिक शक्तियों का बँटवारा पहली बार सिद्धान्तों के आधार पर हुआ है। यह पहले होना था। राजनीति सीधी दो खेमों में बँट गयी है—एक खेमा है, लोकतन्त्र और धर्मनिरपेक्षता का और दूसरा है, सम्प्रदायवाद और फासिस्टवाद का। बिल्कुल साफ बँटवारा है। हर सोचने-समझनेवाले आदमी को अब पक्ष ले लेना होगा। तटस्थ कोई हो नहीं सकता। उन दयनीयों की बात छोड़ो जो ढाई सालों से चड्डी और काली टोपी धारण करने लगे थे और कल उन्हें फिर पेटी में रख दिया है।

बँधुआ मुख्यमन्त्री

साधो, बँधुआ मजदूरों की दर्दनाक हालत तुम्हें मालूम है। ये जीवन-भर गुलाम की तरह काम करते हैं। मालिक की गाली और मार खाते हैं। इनका कोई अधिकार नहीं होता। ये मालिक को इसी कारण नहीं छोड़ सकते कि इनका कम-से-कम आधा पेट भर जाता है। फिर मालिक इतना जबर होता है कि इन्हें छोड़ने नहीं देता। साधो, इन्दिरा सरकार ने बँधुआ मजदूरों की मुक्ति के लिए कोशिश की थी इमर्जेन्सी में, काफी बँधुआ मजदूर छूटे भी। मगर अब हालत और खराब है। अब बँधुआ राजनैतिक होने लगे। बिहार विधानसभा में चतुरानन मिश्र ने अभी कहा कि रामसुन्दरदास बँधुआ मुख्यमन्त्री हैं, इसीलिए हरियाणा के भजनलाल भी अभी बँधुआ मुख्यमन्त्री हुए हैं।

अब साधो, तुम पूछोगे कि बँधुआ मुख्यमन्त्री कैसा होता है? यह ठीक बँधुआ मजदूर सरीखा होता है। बँधुआ मजदूर वह होता है जिसकी अपनी जमीन नहीं होती। रामसुन्दरदास और भजनलाल की अपनी पार्टी में कोई जमीन नहीं है। ये दोनों बाबू जगजीवनराम की कांग्रेस फॉर डेमोक्रेसी के हैं। और कांग्रेस फॉर डेमोक्रेसी की ऐसी हैसियत नहीं है कि कोई उसका मुख्यमन्त्री कहीं हो। भूमिहीन किसान बंधुआ मजदूर बनने को तैयार होता है। भूमिहीन राजनेता बँधुआ मुख्य-मन्त्री या मन्त्री बनने को तैयार होता है। साधो, बँधुआ मजदूर दूसरे के खेत पर काम करता है। पर जब वह खेत के मचान पर होता है तब खेत को अपना ही समझता है, चिड़िया उड़ाता है, जंगली सूअर भगाता है। कोई मवेशी खेत में घुस आये तो चरवाहे को डाँटता है—तेरे बाप का खेत है। हालाँकि खेत उसके बाप का भी नहीं है। साधो, इसी तरह का मजदूर बँधुआ मुख्यमन्त्री होता है। वह मालिक के खेत की राजनीतिक चिड़ियों को भगाता है, सूअरों को भगाता है, उजाड़ ढोरों को हंकारता है। वह मालिक के भले के लिए खेत की रखवाली करता है। बँधुआ मजदूर को इस सबके बदले में कुछ खाने को दिया जाता है। बँधुआ मुख्यमन्त्री को पद, बँगला, कार और कुछ सुभीते मिल जाते हैं। बंधुआ मजदूर आत्मसम्मान नहीं रखता। आत्मसम्मान रखे तो भूखा मरे। बँधुआ मुख्यमन्त्री भी आत्मसम्मान नहीं रखता। आत्मसम्मान रखे तो निकाल दिया जायेगा।

साधो, रामसुन्दरदास और भजनलाल बँधुआ मुख्यमन्त्री कैसे हुए? तुम जानते हो कि जनता पार्टी में ब्राह्मण-क्षत्रिय-संघर्ष चल रहा है। जनसंघ की हैसियत ब्राह्मण की है और भारतीय लोकदल की क्षत्रिय की। परशुराम हाथ में फरसा लेकर ललकार रहे हैं—मैं सहस्रबाहु की भुजाएँ काट दूंगा। वे काट भी रहे हैं। यह दूसरी बात है कि परशुराम को दूसरे क्षत्रिय रामचन्द्र के सामने समर्पण करना पड़ा। तो पहिले, बिहार में, जनसंघ ने कहा कि चरणसिंह की भुजा कर्पूरी ठाकुर को काटेंगे। वैसे कर्पूरी काफी हद तक खुद बंधुआ बनने को तैयार था। उसने

जमशेदपुर में दंगा कर लेने दिया। दंगा करनेवालों पर कार्यवाही नहीं की। पर जनसंघ को पक्का बँधुआ चाहिए था।

अब साधो, अपने 'बाबूजी'—बाबू जगजीवनराम ने संघ के नेताओं से कहा—मालिक, हम तो पुश्तों से आपके बँधुआ मजदूर हैं। अभी आप एक आदमी को बँधुआ प्रधानमन्त्री बनाये हैं, आपकी कृपा हो तो मैं उनसे अच्छा बँधुआ प्रधानमन्त्री बन सकता हूँ। बिहार के लिए अपने पास से एक बँधुआ दूँ? बाबूजी ने बटुआ खोला और उसमें से रामसुन्दरदास को निकालकर कहा—यह कैसा रहेगा? संघ को पसन्द आ गया और रामसुन्दरदास मुख्यमन्त्री हो गये।

साधो, अपने बाबूजी दुनिया के सदाबहार—एवरग्रीन—राजनेता हैं। हरियाणा में जब देवीलाल को खदेड़ने का वक्त आया तो बाबूजी ने फिर बटुआ खोला और भजनलाल को निकालकर दे दिया। इस तरह रामसुन्दरदास और भजनलाल जनसंघ के खेत पर चिड़िया उड़ानेवाले बँधुआ मुख्यमन्त्री हैं। इनका सिर्फ इतना उपयोग होता है कि नाती-पोते घर में इनकी फोटो लगायेंगे और ोस्तों से कहेंगे—ये हमारे ग्रैण्ड फादर थे। ये मुख्यमन्त्री थे।

अपनी कब्र खोदने का अधिकार

साधो, मैं जानता हूँ कि इन दिनों तुम्हारा दिमाग किन बातों से परेशान है। तुम परेशान हो कि इन्दिरा गाँधी को 4 दिन की जेल हो गयी। उनकी लोकसभा-सदस्यता खत्म कर दी गयी। तुम इसे जनता पार्टी का अत्याचार कहते हो। पर तुम नहीं जानते कि जनता पार्टी नये लोकतान्त्रिक मूल्यों की स्थापना कर रही है। इन्दिरा गाँधी जनता पार्टी को कत्तई पसन्द नहीं है। ये लोग 'लेडी' से डरते भी बहुत हैं। मगर दो साल होने आये, किसी अदालत से उन्हें सज़ा दिला नहीं सके। जेल उन्हें हुई नहीं। जनता ने उन्हें वोट देकर लोकसभा में भेज दिया। भगवान ने भी जनता पार्टी की तरफ से उनके खिलाफ कोई कार्रवाई नहीं की। उनका स्वास्थ्य अच्छा रखा। ऐसी हालत में जनता पार्टी के पवित्र लोग लोकतान्त्रिक मूल्यों की रक्षा कैसे करते? उन्होंने महसूस किया कि हमारा तो बहुमत है। बाहर देश में चाहे लोग हमें मुर्दाबाद करते हों, लोकसभा में तो हमारा बहुमत है। हम इन्दिरा गाँधी की सदस्यता खत्म कर सकते हैं। लाखों नहीं, करोड़ों लोग उन्हें चुनकर भेजें, पर हम यहाँ बैठे 279 लोग सारे देश की जनता को अँगूठा बताकर उन्हें बाहर निकाल देंगे। हमारा बहुमत है। इन्दिरा फिर चुनकर आये, हम फिर निकाल देंगे। कोई भी आदमी जो हमें पसन्द नहीं, सदन में बैठ नहीं पायेगा। यह लोकतन्त्र की

सच्ची भावना है।

साधो, यह लोकतन्त्र चलेगा। जनता अपना प्रतिनिधि चुनकर भेजेगी और सरकार सिर्फ लोकसभा में बहुमत की दम से उसे निकाल बाहर करेगी। याने एक बार एक्सीडेण्ट से बहुमत पा लेनेवाली पार्टी 65 करोड़ भारतीयों के प्रतिनिधियों को संसद में नहीं घुसने देगी। इसे लोकतन्त्र कहते हैं, जिसमें लोक को लात मार दी जाती है। साधो, जिस दिन सकलेचा चाहेंगे अर्जुनसिंह को विधानसभा से निकाल देंगे। सकलेचा कहेंगे कि अर्जुनसिंह ने विधानसभा में एक पाँव कुर्सी पर रख लिया था। इससे सदन की मर्यादा भंग हुई। हम बहुमत में हैं, इसलिए हम अर्जुनसिंह को सदन की सदस्यता से निकालते हैं। निकलो अर्जुनसिंह! तुम्हें चुननेवाली जनता भाड़ में जाय।

साधो, लोग कहते हैं कि इसका भी खयाल नहीं किया गया कि बाकी सब पार्टियाँ इन्दिराजी को यह दण्ड देने के खिलाफ हैं। मार्क्सवादी पार्टी तक इस सज़ा के विरोध में थी। मोरारजी भाई को अपनी पार्टी के सदस्यों को नरम करना था। मगर मोरारजी भाई की हालत उस बूढ़े की-सी है, जिसके सब लड़के आवारा हैं और पत्थर फेंकते हैं। बूढ़ा समझाना चाहे तो आवारा लड़के कहते हैं—बाबा! घर में रहना है तो चुप बैठो, नहीं तो निकल जाओ।···साधो, अगर जनसंघ गुट चाहता हो कि इन्दिराजी को यह कड़ी सज़ा हो तो मोरारजी क्या विरोध कर सकते हैं? जनसंघ कहेगा—तो भाईजी! आप प्रधानमन्त्री नहीं रहेंगे। हम जाते हैं चरणसिंह के पास। और जॉर्ज फर्नांडिस-जैसे को भारत में तो कोई नहीं समझा सकता। जर्मनी के विली ब्राण्ट ही उन्हें समझा सकते हैं।

साधो, हिंसा, तोड़फोड़ बुरी चीज है। जिन कांग्रेसियों ने तोड़फोड़ या पत्थरबाजी की, बुरा किया। मगर जनसंघ के पत्थर पवित्र होते हैं। उन्होंने कांग्रेसियों पर पत्थर फेंके तो यह शुद्ध अहिंसा हुई। साधो, हँसी तब आती है जब जॉर्ज फर्नांडिस कहते हैं—जीसस! जीसस! ये कांग्रेसी हिंसा कर रहे हैं। कितनी बुरी बात है। हे पिता, इन्हें माफ मत करना। ये वही फर्नांडिस हैं जो बड़ौदा डाइनामाइट काण्ड में फँसे थे और जिन्हें मन्त्रिमण्डल में नहीं, जेल में होना था। उन्होंने डाइनामाइट अहिंसा धर्म के पालन के लिए इकट्ठे किये थे। ये वही फर्नांडिस हैं जिन्होंने कहा था कि मैंने 52 रेलगाड़ियाँ पटरी से उतारीं और यह कि हिंसा, तोड़फोड़ आदि हमारा अधिकार है।

साधो, विमान अपहरण भी विचित्र है। ऐसा लगता है जैसे डाका डालनेवाले बाँह पर पट्टा लगाये हों कि हम मोहरसिंह के गिरोह के हैं। हमें फलाँ-फलाँ ने डाका डालने भेजा। वे दो पाण्डे लखनऊ से विमान पर चढ़े। वाराणसी में विमान उतार दिया। अब वे डिस्ट्रिक्ट मजिस्ट्रेट से कहते हैं—'हम कांग्रेस इन्दिरा के हैं। आप संजय गाँधी और मोहसिना किदवई को फोन कर दें कि उनका बताया काम कर दिया।' वाह रे, अद्‌भुत अपहरणकर्ता! डाकू कलेक्टर से कहते हैं कि सरदार को फोन कर देना कि डाका डाल दिया। फिर साधो, अपहरणकर्ता अपना विमान कभी

नहीं छोड़ते। पर ये पाण्डे तो पर्यटकों की तरह दूसरे विमान में बैठकर लखनऊ चले गये। और फिर यह भी बता दिया कि सारी योजना कमलापति त्रिपाठी के बेटे ने बनायी थी। सब अद्‌भुत है। मगर लोग कहते हैं कि अपहरण का यह षड्यन्त्र जनता पार्टी ने किया है। इस बहाने वे और दमन करना चाहते हैं।

साधो, तुम पूछोगे कि गुरु, जनता पार्टी क्या पागल हो गयी ? देखो साधु, हर राजनैतिक दल को अपनी कब्र खोदने का हक है। जनता पार्टी से उसका यह मूल अधिकार कोई नहीं छीन सकता। वह पार्टी सर्वोच्च न्यायालय में याचिका दायर कर देगी कि हमें अपनी कब्र खोदने का अधिकार दिलाया जाय।

किस विधि नारि रचेऊ जग माहीं

साधो, जिस बात के लिए देश को चिन्ता होनी जरूरी है, उस बात को दिल्ली में होना चाहिए। बहुएँ सारे देश में दहेज कम लाने के कारण जलायी जाती हैं और यह घरु धन्धे का मामला मान लिया जाता है। मगर बहुएँ दिल्ली में जलायी जायें, और गरीब नहीं, मध्य या उच्चवर्ग की जलायी जायें, तो शोर होता है कि महिलाओं पर अत्याचार हो रहे हैं। बलात्कार निम्न वर्ग, विशेषकर हरिजन स्त्रियों के साथ देश-भर में होते हैं। यह शर्म की बात है कि निम्नतम वर्ग में इसका विरोध तक नहीं होता। वे इसे अपना भाग्य मानकर बैठे हैं। यदि कोई स्त्री पुलिस थाने में रिपोर्ट करने जाय कि उस पर बलात्कार हुआ, तो भारतीय पुलिस बड़ी मुस्तैदी से अपना कार्य करती है। पुलिसवाले खुद उस स्त्री पर प्रयोग करके पक्का कर लेते हैं कि जो हुआ वह ऐसा ही हुआ, जैसा हमने किया। किसी एकाध मामले का हल्ला होता है, सामाजिक और राजनैतिक कार्यकर्त्ता दिलचस्पी लेते हैं, तब कार्यवाही होती है। मगर दिल्ली में जब बलात्कार होते हैं, तब वह राष्ट्रीय समस्या होती है। जुलूस निकलते हैं, संसद पर प्रदर्शन होते हैं, संसद के भीतर सदस्य मामले को उठाते हैं।

साधो, पिछले दिनों स्त्रियों पर अत्याचार के विरोध में महिलाओं ने प्रदर्शन किये, विशेषकर बलात्कार के विरोध में। सचमुच बलात्कार से जघन्य अपराध कोई और नहीं है। इसमें दूसरे पक्ष को प्रतिरोध करने के लिए प्रकृति ने कुछ नहीं दिया। वह न केवल शरीर पर आघात है, बल्कि मानस और भावना पर भी। यह स्त्री के पूरे व्यक्तित्व को तोड़ता है। बलात्कार को 'पाशविक' कहा जाता है, पर यह पशु की तौहीन है। पशु बलात्कार नहीं करते। सूअर तक नहीं करता, मगर आदमी करता है। और साधो, इस अपराध को स्त्री-परिवारजन खुद छिपा लेते हैं, क्योंकि बदनामी का डर है। बलात्कारी इससे बेखटके हो जाते हैं। कोई मुकदमा

चलता भी है, तो अपराध सिद्ध करना कठिन होता है। स्त्री को सिद्ध करना होता है कि उसने विरोध किया। विरोध के प्रमाण देने होते हैं, यानी बलात्कारी को नोंचा हो, काटा हो तो उसके निशान। मगर बलात्कारी पिस्तौल या छुरा अड़ा दे, तो स्त्री समर्पण कर देती है। कानून 'समर्पण' को रजामन्दी मान लेता है और बलात्कारी निर्दोष छूट जाता है। साधो, बलात्कारी एक मनोवैज्ञानिक रूप से बीमार आदमी होता है। या ऐसा होता है कि जिसने संस्कारों से अपने यौन आवेग को नियन्त्रित करना नहीं सीखा। बलात्कार तब ज्यादा होते हैं, जब सज़ा का भय नहीं होता।

साधो, तुम कहोगे—गुरु, आज तो तुम अपराध-शास्त्र बघार रहे हो। देखो, हम बहुत पाखण्डी लोग हैं। हम अपने को प्राचीनतम और महान् संस्कृतिवाले कहते हैं, आदर्शवादी समझते हैं, नैतिक मानते हैं, मगर हमसे ज्यादा क्रूर और नीच जाति दुनिया में कोई नहीं। अफ्रीका के जंगली कबीलों में भी नारी पर उतने अत्याचार नहीं होते, जितने हम करते हैं और कहते हैं कि नारी पवित्र है, पूज्या है, माता है, जहाँ नारी की पूजा होती है, वहाँ देवता रमते हैं।

साधो, इसी महीने राजस्थान में कोटा के पास एक 65 साल की वृद्धा पति की चिता पर सती हो गयी, या करा दी गयी। सतीप्रथा के मूल में क्या विश्वास है? यह कि पुरुष के मरने पर स्त्री का जीवन खत्म हो गया। उसे मर जाना चाहिए। यानी स्त्री का अलग से कोई शरीर या मन नहीं है। आदमी के मरने पर उसके कुरते को या जूते को उसके साथ नहीं जलाते, पर स्त्री को जला देते हैं। धन्य है यह महान् संस्कृति। दुनिया में सतीप्रथा कहीं नहीं रही। ईजिप्त में अलबत्ता राजा के मरने पर उसके साथ रानी और नौकर भी गाड़ दिये जाते थे। पर यह सिर्फ राजा के लिए होता था।

साधो, हमारे यहाँ विधवा को धतूरा या भाँग पिलाकर नशे में करके जबरदस्ती चिता पर डाल देते रहे हैं। हजारों स्त्री, पुरुष, बच्चे इस दृश्य को मजे में देखते हैं। सती मैया की जय बोली जाती है। स्त्रियाँ, खासकर बदचलन औरतें चिता में नारियल चढ़ाती हैं, राख कपाल पर लगाती हैं, क्योंकि—चली कुलबोरन गंगा नहाय के! फिर प्रचार होता है—सती के बालों से ज्वाला निकली, सती के बैठते ही चिता में अपने-आप आग लग गयी। हम जनरल जिया को थूकते हैं, जो इस्लामी कानून के नाम से लोगों को खुले आम कोड़े लगवाता है और लोग देखते हैं। मगर हम हिन्दू धर्म के नाम पर अपनी बहन, बेटी और बहू को शताब्दियों से जिन्दा जलाकर उत्सव मनाते रहे हैं।

साधो, पिछले साल बाँदा जिले में 16 साल की लड़की को, जिसकी हाल ही में माँग भरी थी, ऐसे ही जला डाला था। अखबारों ने, सामाजिक कार्यकर्ताओं ने बहुत पुकार की कि यह हत्या है, परिवारवालों पर मुकदमा चलाया जाय। पर कुछ नहीं हुआ। धर्म की जय का मामला है। और अभी 65 साल की बुढ़िया को, ऐसा कहा जाता है कि बेटे-बहुओं ने पीछे पड़कर उसके पति के साथ जला दिया।

साधो, कानून है। जबरदस्ती या उकसाकर या प्रोत्साहित करके स्त्री को सती कराना जुर्म है। इसके लिए सज़ा का प्रावधान है। पर सज़ा दिलाये कौन? पुलिस जाँच करे और जुर्म कायम करे तभी तो सज़ा होगी। अब पुलिस का हाल देखो। पुलिसवाले इस कोटा के पासवाले गाँव तहकीकात करने पहुँचे, तो पहले सती की चिता के पास जाकर माथा टेका और राख कपाल पर लगायी। उन्होंने सिपाहिन, हवलदारन, थानेदारन और एस. पी. की साहबन को भी चिता में नारियल डालने भेजा होगा, जिससे ये पुलिस-पत्नियाँ पतिव्रता रहें! पराये मर्द की तरफ आँख न उठायें। ये हमारे पुलिसवाले क्या रोकेंगे अपराध! इण्डियन पेनल कोड तो सती मैया के साथ खाक हो गया।

बदलाहट कहाँ है?

साधो, इस समय देश-भर में यह लेखा-जोखा चल रहा है कि पिछले एक साल में किस क्षेत्र में कितनी प्रगति हुई। कहा जा रहा है—इतने भूमिहीनों को जमीन मिली, इतने लोग कर्ज से बरी हुए, कीमतें इतनी घटीं, उत्पादन इतना बढ़ा। यह सब ठीक है। पर मैं इस सबको सच्ची प्रगति नहीं मानता। सच्ची प्रगति का एक समाचार मुझे आज पढ़ने को मिला। अजमेर में सन्त ख्वाजा मोहिनुद्दीन चिश्ती की स्मृति में हर साल उर्स होता है। इस साल भी हुआ। लाखों भक्त आये। पुलिस की रिपोर्ट है कि इस साल सिर्फ बीस जेबकटी की वारदातें हुईं, जबकि पहले सैकड़ों होती थीं। वैसे तुम इसे प्रगति नहीं, अवनति भी कह सकते हो। धार्मिक समारोह जूते चुराने और जेब काटने के लिए होते हैं। यही सच्ची भक्ति है। अगर केवल बीस जेब कटें तो भक्तों की भक्ति में कमी हो गयी। देश की नैतिकता पीछे चली गयी। खैर, तुम यह कहो, मैं नहीं कहता। मैं खुश हूँ कि मुरीदों की जेबें नहीं कटीं। सन्त चिश्ती की दरगाह में एक दरवाजा है जो साल में एक बार खुलता है। इसी उर्स के समय। विश्वास फैला दिया गया है—जो इस दरवाजे में से निकल जाता है उसके लिए मरने के बाद स्वर्ग का दरवाजा भी खुल जाता है। बड़ा आसान नुस्खा है। जिन्दगी में कितने भी गुनाह करो पर दरवाजे में से निकल जाओ, स्वर्ग मिल जायेगा। मगर मैं सोचता हूँ उन मुरीदों के बारे में जिनका घर का दरवाजा टूटा है, पर जो पैसे उधार लेकर अजमेर शरीफ स्वर्ग का दरवाजा खुलवाने जाते हैं। जरूर स्वर्ग में कोई रजिस्ट्रार होगा। इस साल स्वर्ग का दरवाजा खुलवाने कम लोग गये। साधो, तुम लोग कहोगे कि यह तो बुरा हुआ। स्वयं की परवाह कम लोगों को रह गयी। पर मैं कहता हूँ, लोगों को इस जिन्दगी की परवाह अधिक हो गयी।

कुछ तो समझे कि सजदे से या दरवाजा पार करने से जन्नत नहीं मिलती। अभी तो इसका भी सबूत नहीं है कि जन्नत और दोजख है भी। इकबाल ने सजदे पर शक जाहिर किया है—

मेरा सर बसजदा हुआ कभी तो हरम से आने लगी सदा
तेरा दिल तो है सनम आशना तुझे क्या मिलेगा नमाज में।

बहरहाल साधो, मैं बदली हवाली की बात कर रहा हूँ। दक्षिण भारत में एक मन्दिर है जहाँ नियम है कि भक्त जूते उतारकर मन्दिर में जायें। यदि गरीब लोग नंगे पाँव मन्दिर आते, तो पुजारी कहता—जूते उतारकर आओ। वे कहते—जूते कैसे उतारें? हम तो नंगे पाँव आये हैं। पुजारी कहते—तो जाओ, जूते पहनकर आओ। फिर उतारो। तब भगवान के दर्शन कर सकते हो। साधो, पता नहीं जूता-चोर भगवान खुद है या पुजारी लोग। पर इस साल यह नियम टूट गया। भगवान के आदेश से नहीं, आपातकाल के डर से। साधो, अब तो शंकराचार्य भी बीससूत्रीय कार्यक्रम प्रवचनों में बोलने लगे। पहले वे बोलते थे—ब्रह्म सत्य है जगत मिथ्या है। पर बीससूत्रीय कार्यक्रम तो जगत है, माया है। शंकराचार्य ब्रह्म को छोड़कर माया में लिपट गये। यह नये ज्ञान के कारण नहीं हुआ, नये डर के कारण हुआ है। कहीं मठ की जायदाद न चली जाय, कहीं मीसा में बन्द न हो जायें।

साधो, एक स्वामीजी हैं। उनके प्रवचन मैंने पहले भी सुने हैं। वे लोगों को भगवान का स्वरूप समझाते थे और भगवान से मिलने का रास्ता बताते थे और खूब पैसे बटोर लेते थे। पता नहीं कितने भक्तों को उन्होंने भगवान से मिलवाया। प्रवचन रामायण पर भी—

माँगी नाव न केवट आना,
कहेहु तुम्हार मरम मैं जाना।

इस चौपाई को लेकर उन्होंने घिस डाला।

साधो, इस बार मैंने उन्हें फिर सुना। वे आत्मा को परमात्मा से नहीं मिलवा रहे थे। बीससूत्रीय कार्यक्रम पर बोल रहे थे और समाजवाद समझा रहे थे।

तो साधो, आपातकाल के डर से इन सबका ब्रह्म छूट गया। कुछ हुआ तो है। कुछ बदला तो है।

नैतिक लोगों के इस्तीफे

साधो, राजनेता की नैतिकता और ईमान ऐसी चीजें हैं जो मेंढक की तरह मौसम आने पर जाग उठती हैं। मेंढक कहीं दिखायी नहीं देता दूसरे मौसम में, मगर वर्षा

होते ही वह प्रकट हो जाता है और टर्र-टर्र करने लगता है। हमारे देश में अभी बरसात आयी है। जनता पार्टी का चुनाव में सफाया हो गया। कांग्रेस (आई) को विकट बहुमत मिल गया। लोकसभा में 1977 से जनसंघ के 90 सदस्य थे। अब 11 रह गये हैं। जनता पार्टी की राज्य सरकारों को भंग करने की माँग उठ रही है। घबराहट वातावरण में है। डर की हवा सनसना रही है। ऐसे सोहावने मौसम में सकलेचाजी की नैतिकता की मेंढकी एकदम जी उठी और टर्राने लगी। सकलेचाजी ने पार्टी के नेतापद से, यानी मुख्यमन्त्री के पद से इस्तीफा दे दिया।

साधो, सकलेचा कहते हैं कि मध्यप्रदेश में जनता पार्टी की हार का नैतिक दायित्व मेरा है, इसलिए मैं इस्तीफा दे रहा हूँ। मगर लोग दुष्ट हैं। वे कहते हैं सकलेचा भ्रष्टाचार की जाँच से बचने के लिए इस्तीफा दे रहे हैं। मोरारजी ने इसलिए जाँच नहीं करायी कि वे जनसंघ गुट के सहारे प्रधानमन्त्री थे। चरणसिंह ने इसलिए जाँच नहीं करायी कि वे रोजाना मजदूरी पर प्रधानमन्त्री थे। मगर अब इन्दिरा गाँधी प्रधानमन्त्री हो गयी। बेचारे सकलेचा सफाई देते फिर रहे हैं कि मैंने जाँच से बचने के लिए नहीं, नैतिक कारणों से इस्तीफा दिया है।

साधो, हम लोग खुश हैं इस बात से कि न शेखावत की नैतिकता जागी न शान्ताकुमार की, मगर हमारे सकलेचाजी की नैतिकता जाग गयी। जो दुष्ट कहते थे कि सकलेचाजी बहुत निर्लज्ज मुख्यमन्त्री हैं उनका मुँह भी काला हो गया। हारे शेखावत भी हैं, शान्ताकुमार भी। इन दोनों राज्यों से भी जनता पार्टी का सफाया हुआ है। मगर न शेखावत को लज्जा आयी न शान्ताकुमार को। लज्जा आयी तो हमारे सकलेचाजी को। वे लज्जा में पार्टी को नेतृत्व प्रदान कर रहे हैं। सच्चा राजनेता ऐसा ही होता है। वह जीत के बाद अनैतिक और निर्लज्ज हो जाता है। हार के बाद नैतिक और लज्जाशील हो जाता है।

साधो, अभी चार दिन पहिले ही सकलेचा ने कहा था कि नेतृत्व का कोई संकट नहीं है। हमारी सरकार मजबूत और स्थिर है। मगर चार दिन बाद ही ऐसा कौन-सा संकट पैदा हो गया कि सकलेचाजी को नैतिकता सताने लगी। हुआ यह है कि यह संकट जनसंघ के भीतर जोर से खड़ा हुआ है। खुद जनसंघी यह खुलेआम कह रहे हैं कि सकलेचा के कारण इतनी बुरी हार हुई है, वे जहाँ चुनाव-प्रचार के लिए गये वहीं वोट कम हुए। उनकी मेहनत के कारण ही पार्टी ऐसी बुरी हारी। साधो, जब नाव डूबने लगती है तो उसमें रखी भारी और बेकार चीजें नदी में फेंक देते हैं, जिससे वजन कम हो जाय। कचड़े का टोकना, मिट्टी, लकड़ी वगैरह नदी में फेंक देते हैं। सकलेचा जनता पार्टी की नाव पर बोझ हो गये थे और वह डूब रही थी। उनके विरोधी जनसंघी ज्यादा प्रबल हो गये थे और वे कहने लगे कि इस बोझ को नदी में फेंको और सरकार की नाव बचाओ। केन्द्र सरकार कहे कि बड़ा भ्रष्टाचार है, बड़ा कुशासन है, बड़ी धाँधली है तो जनता पार्टीवाले कह सकें—उसे तो हमने निकाल दिया। अब उजले चेहरे के मुख्यमन्त्री और मन्त्री लोग हैं। अब सरकार भंग मत कीजिए।

साधो, हम तो दयालु लोग हैं। सबका भला चाहते हैं। हमारा आशीर्वाद है कि सकलेचाजी खूब फलें-फूलें। काठमाण्डू के भगवान पशुपतिनाथ उन्हें अलाय-बलाय से बचायें। चिरंजीव ओमप्रकाश और जितने भी उनके चिरंजीव हों, खूब सुखी और सम्पन्न हों। कोई जाँच न हो। हम साधु हैं। हमें तो कुछ नहीं चाहिए। बस थोड़ा-सा गाँजा और अफीम मिल जाय तो ठीक से अध्यात्म-साधना हो। ये चीजें हमें सकलेचाजी दे ही सकते हैं।

साधो, तुम कहोगे कि गुरु, जब वे पद छोड़ रहे हैं, तब उन पर छींटाकशी क्यों करते हो। अब तो ओम् शान्तिः, शान्तिः, शान्तिः करो। साधो, यह छींटाकशी नहीं है, अभिनन्दन है। जितना गौरव मध्यप्रदेश को सकलेचाजी ने दिया उतना न किसी मुख्यमन्त्री ने दिया न कोई देगा। वे अमर हो गये इतिहास में और हमें कर दिया। फिर वे इस तरह छोड़ थोड़े ही देंगे। अभी शनिवार को मैं यह कह रहा हूँ। आज जनता पार्टी विधायक दल की मीटिंग है। हो सकता है कि अभी तक पार्टी में सकलेचा गुट प्रबल हो गया हो और उन पर जोर दे रहा हो कि प्रदेश के हित में आप ही बने रहिए। कोई दूसरा भी मुख्यमन्त्री हो गया तो उसे अपने सकलेचाजी तीन महीने में पागल सिद्ध कर देंगे और निकलवा देंगे। वे शाश्वत हैं, अमर हैं।

आरोप ही आरोप

साधो, राजनीतिवालों के ईमान का हक साधुओं से ऊँचा होता है। अलग भी होता है। राजनारायण को ही देखो। आजकल वे जनसंघ और आर. एस. एस. की बड़ी आलोचना कर रहे हैं। पहले भी संघ था। राजनारायण भी थे। अक्ल भी उनके पास अभी से कम नहीं होगी। वैसे कम चीज हो तो थोड़ा हेर-फेर भी ज्यादा होता है। मगर पहले राजनारायण संघ की आलोचना नहीं करते थे। वह उनके लिए परम पवित्र संगठन था। क्यों था? इसलिए कि तब जनसंघ चरणसिंह का साथ देता रहा। जब तक साथ देता रहा, अच्छा था। अब मोरारजी भाई का साथ दे रहा है, तो एकदम बुरा हो गया। यह राजनैतिक ईमानदारी कहलाती है।

साधो, मुझे तो बुरा यह लग रहा है कि राजनारायण ने अपने मुख्यमन्त्री पर फिर आक्षेप लगा दिया कि उन्होंने 50 करोड़ रुपये काठमाण्डू के बैंक में जमा किये थे। बुरा मुझे इस बात का लगता है कि कैसा भद्दा पैसे का आरोप हमारे मुख्यमन्त्री पर लगता है। उधर कर्पूरी ठाकुर को देखो। उन पर कैसा हसीन आरोप लगा है कि किसी नेपाली स्त्री से उनका प्रेम है। हम अभागे मध्यप्रदेश निवासियों के भाग्य में यह लिखा है कि हमारे मुख्यमन्त्री पर पैसों का आरोप लगे और उन बिहारियों का

भाग्य देखो कि उनके मुख्यमन्त्री प्रेमकाण्ड में लिप्त हैं। कैसा रूमानी आरोप है। सकलेचाजी पर भी यह आरोप लगता कि वे प्रेमिका से मिलने सरकारी जहाज से भागे थे, क्योंकि वहाँ 'निसिदिन बरसत नैन हमारे' हो रहा था, तो हमारा सीना खुशी से फूल उठता। पर यह क्या सूखा-सा पैसों का आरोप। हमारे प्रदेश के मन्त्री ऐसा कुछ नहीं कर रहे हैं कि जिसमें हमें गर्व हो। उधर बिहार के मन्त्रियों को देखो। हर हफ्ते गौरव का काम होता है—फलाँ मन्त्री फलाँ जगह रासलीला करता पकड़ा गया, अमुक मन्त्री ने नर्स को बुलाया। मजा है। हमारे मन्त्री इतने रूमान-विहीन क्यों हैं ? कुछ तो करें।

साधो, सकलेचाजी को व्यर्थ ही परेशान किया जा रहा है। कहते हैं उनकी नेपाल-यात्रा रहस्यमय थी। क्या रहस्यमय थी ? वे इसके पहले कलकत्ता गये थे, उद्योगपतियों को हमारे प्रदेश में कारखाने डालने के लिए समझाने ! खबर है कि उद्योगपतियों ने मुख्यमन्त्री से कहा—साहब, आपके बजाय कुशाभाऊ ठाकरे बात करते तो ठीक रहता। देखिए, आपके यहाँ सरकार होती है डाँवाडोल। 6 महीने में ही सरकार बदल गयी। आपका भी कुछ ठीक नहीं है। ऐसी हालत में हम ज्यादा-से-ज्यादा लैया करारी, झुनझुना, फुग्गा के कारखाने डाल सकते हैं।

साधो, सकलेचाजी कहते हैं कि मैं पहले सिक्किम जा रहा था पर मौसम खराब होने के कारण नहीं गया और नेपाल चला गया। अब यह भी कोई सवाल है कि सिक्किम क्यों जा रहे थे। अरे, सिक्किम पश्चिमी जर्मनी और जापान से कम नहीं है उद्योगों में। तो सिक्किम के उद्योग लेने गये होंगे। या वहाँ कोई सोने के भण्डार का पता उन्हें लगा होगा, उसे लेने गये होंगे, जिससे हम योजनाएँ चला सकें। साधो, जहाँ तक सरकारी विमान में जाने का सवाल है, तो शौक किसे नहीं होता। जब लड़के को पहली नयी साइकिल मिलती है तब वह उसमें दो-दो घण्टी लगाता है, फुग्गे लगाता है और टन्-टन्-टन्-टन्-टन् फुर-फुर-फुर-फुर करता हुआ अपने दोस्तों को दिखाता फिरता है—देख मेरी साइकिल। कैसी बढ़िया है। साधो, इसी तरह मुख्यमन्त्री बताते हैं—देख मेरा हवाई जहाज। अब तो अपने हवाई जहाज में ही चलता हूँ।

साधो, फिर सकलेचाजी ने विमान का किराया दे दिया है। वे मुफ्त में तो गये नहीं। जब किराया देकर गये तो फिर अफीम बेची हो या पैसे जमा किये हों, कोई दोष नहीं बनता। कोई जेबकतरा रेल में जेब काटते पकड़ लिया तो वह जेब से टिकिट निकालकर दिखा सकता है—यह देखो टिकिट। टिकिट लेकर सफर कर रहा हूँ। बिना टिकिट चलकर मैं जेब नहीं काटता। मेरे ऊपर कोई केस नहीं बनता।

साधो, राजनारायण वगैरह यह हमला बन्द करें। अफीम बेचने की बात बार-बार फालतू न उछालें। माना कि मन्दसौर और आसपास अफीम का रिकार्ड उत्पादन हुआ है, पर उसे बेचने के लिए तस्करों की सेवाएँ तो हाजिर हैं।

असुरक्षा की राजनीति

साधो, सदाबहार राजनीतिज्ञ बाबू जगजीवनराम, जो दिन को सूरजमुखी है और रात को रातरानी, असली जनता (जे) बनकर 10 दिन बाद उस असली को डुबाकर आखिर भूकम्प करने की घोषणा करके कांग्रेस (अर्स) वासी हो गये। उनकी आत्मा को कम-से-कम अब शान्ति मिले। कांग्रेस (इ) में अगर उन्हें कुछ आशा के साथ भरती होने को मिलता तो वे वहीं जाते। उन्हें अनाथालय की तलाश थी और सरकारी अनाथालय प्राइवेट अनाथालय से अच्छा होता है। पर उधर से कुछ इशारा नहीं मिला।

साधो, तुम सोचते हो कि यह क्या हो रहा है। जनता, जनता (एस), भारतीय जनता और जनता (जे) पर जनता पार्टियाँ हो गयीं। चरणसिंह का लोकदल हो गया और राजनारायण की जनता (एस)। एक-दूसरे से लड़ाई। एक-दूसरे की पोल उछालना। काट-छाँट। टाँग खींचना। इधर-से-उधर भागना। हाय मैया! पार्टी तोड़ना और बनाना। सुबह कुछ बोलना शाम को उससे उलटा। हड़कम्प। यह सब क्या है? आपस में इनका व्यवहार ऐसा है, जैसा इस चुटकुले में कहा गया है—एक आदमी के घर मेहमान आ गये। दो थालियाँ कम पड़ गयीं। वह पड़ोसी के घर से थालियाँ माँग लाया। जब वे लोग खाना खा रहे थे तब वह पड़ोसी अचानक वहाँ पहुँच गया। उसने देखा कि उसकी थाली में गोश्त खाया जा रहा है। उसे गुस्सा आया। उसने कहा, तुम मेरी थाली में गोश्त खा रहे हो, मैं तुम्हारी थाली में मैला खाऊँगा। इसी तरह का आचरण इनका रहा है। एक थाली में गोश्त खा रहा है तो दूसरा मैला खाने को तैयार है।

साधो, यह असुरक्षा की राजनीति है, एकमात्र असुरक्षा की! सुरक्षा या असुरक्षा का सम्बन्ध सत्ता से होने या नहीं होने से नहीं है। कम्युनिस्ट बहुत कम सत्ता में रहे। सीटें घटती-बढ़ती रहीं। मगर कम्युनिस्ट असुरक्षा महसूस नहीं करता, न असुरक्षा की राजनीति करता है। उसे न निराशा होती है, न घबड़ाहट। किसी कम्युनिस्ट ने दल-बदल नहीं किया। उसे अपनी विचारधारा में विश्वास है। उसकी आस्था अडिग है कि समाजवाद तो आयेगा ही। यह इतिहास की गति है। मगर साधो, ये लोग जो जनता पार्टी के नाम से सत्ता में रहे, तब भी असुरक्षा की राजनीति करते रहे। सत्ता के लिए हैं—मजबूत दीवारें हैं, फाटक बन्द हैं। पहरेदार लगे हैं मगर राजा साहब किले में बैठे-बैठे डर से काँप रहे हैं! समझदार समझाता है—राजा साहब, आप मजबूत किले में हैं। हथियारबन्द सैनिक आपकी रक्षा कर रहे हैं। आप क्यों डरते हैं? राजा जवाब देता है—सुनो, उधर दूर से शेर के दहाड़ने की आवाज आ रही है। सलाहकार कहता है—मगर हुजूर, आप मजबूत किले में हैं। राजा कहते हैं—किले में तो हूँ, मगर उधर जंगल में शेर है ना; डरना तो है। इन नेताओं का हाल सत्ता के किले में बैठकर भी इन राजा साहब सरीखा

था। याद करो तो जानोगे कि तीन साल सत्ता में रहकर ये हमेशा असुरक्षित महसूस करते रहे और जो भी उन्होंने किया वह असुरक्षा की भावना से।

साधो, अब ये सत्ता से बाहर हो गये हैं। तब तो और अधिक असुरक्षा से ग्रस्त हैं। इनका हाल ऐसा है कि कुछ आदमी रास्ता भूल गये। जो रास्ता भूल गये वे बियाबान जंगल में भटक गये। घना जंगल है। जंगली जानवर हैं। शाम हो गयी है, बादल घिर आये हैं। बिजली चमक रही है। वे कोई सुरक्षित स्थान खोजें, कोई टूटा-फूटा पुराना मन्दिर दिखता है! वे सब उसमें घुस जाते हैं, मूसलाधार वर्षा हो रही है। जंगल में शेर दहाड़ रहा है। मन्दिर में बौछार मार कर रही है। साँप-बिच्छू का डर है! छत से मिट्टी और पत्थर गिर रहे हैं। ऐसे में कोई उनसे कहे कि आओ, नीति और सिद्धान्त की बातें करें। आदर्शों की बातें करें, देशसेवा की बातें करें, तो वे खीझकर कहेंगे—क्या फालतू बातें करते हो जी—मेरे ऊपर तो छत की मिट्टी गिर रही है। अरे मुझे न जाने किस कीड़े ने काट लिया। मैं तो बिल्कुल भीग गया। साधो, वे सुरक्षित कोने में बैठने के लिए आपस में लड़ेंगे भी। यह जगह तेरी है क्या? तो क्या तेरे बाप की है। अरे क्या तेरे परदादा ने बनवाया था इसे? साधो, वे भटकने के लिए एक-दूसरे को दोष देंगे। तूने रास्ता चुना था। तूने भटकाया, अगर मेरी बात मानते तो यह मुसीबत नहीं आती।

साधो, ऐसी असुरक्षा की राजनीति चल रही है। मगर बाबूजी ने वादा किया है कि वे देश की राजनीति में सुधार लायेंगे।

टिकिट की खिड़की बन्द

साधो, चुनाव के टिकिट बन्द हो गये। टिकिट माँगनेवालों में सभी कांग्रेस (इ) यानी इन्दिराजी के सच्चे सिपाही थे। कोई पद नहीं चाहता। इन्दिराजी के नेतृत्व में जनता की सेवा मात्र करना चाहते थे। इन सच्चे सिपाहियों में वे भी हैं जो ढाई साल तक विरोध में रहकर इन्दिरा की तानाशाही से देश की रक्षा करने में लगे थे। जब इनसे देश की रक्षा नहीं हो सकी और वह 'तानाशाह' फिर सत्ता में आ गयी तो इन वीर सिपाहियों ने फौरन तानाशाह के दरबार में आकर कहा कि हम तो आपके ईमानदार सिपाही हैं। इन ईमानदार सिपाहियों ने भी टिकिट के लिए अर्जी दी थी और उनमें से अधिकतर को टिकिट नहीं मिला। अब इन ईमानदार सिपाहियों का पार्टी के प्रति क्या कर्तव्य है? यही कर्तव्य है कि अपनी पार्टी के उस सिपाही को हराने की कोशिश करें जिसे टिकिट दे दिया गया है। आखिर वे निःस्वार्थ सेवक हैं, पदलोलुप नहीं हैं, सच्चे सिपाही हैं। सच्चा सिपाही वह होता है जो उसी

खजाने को लुटवा देता है, जिसकी रक्षा के लिए वह तैनात है।

साधो, विरोध पक्ष का यह हाल है कि उसकी टिकिट पर दहेज लगने लगा है। लड़की की शादी में जैसे लड़कावाला दहेज लेता है वैसे ही दक्षिणपन्थी इन पार्टियों का टिकिट जब किसी को पेश किया जाता है, तो वह पूछता है—साथ में रुपये कितने दोगे ? गोया इन पार्टियों का टिकिट कानी लड़की है, जिस पर खासा दहेज लगता है। साधो, जनता पार्टी का यह हाल है; हर बार टूटती है और हर बार पुकारती है—इन्दिरा की तानाशाही से लड़ने को एक हो जाओ। फिर टूटते नेता नारा लगाते हैं—एक हो जाओ अधिनायकवाद से लड़ने के लिए। उस आदमी की तरह जो उफनती नदी में जान-बूझकर कूदता है और चिल्लाता है—बाढ़ से अपने को बचाना हमारा कर्तव्य है। बाढ़ से जमकर लड़ो, बाढ़ से लड़ना है, तो आप बाढ़ में कूद क्यों गये हैं। इन्दिरा के अधिनायकवाद से एक होकर लड़ना है तो आप लोग टूट क्यों रहे हो ! टूट-टूटकर पाँच टुकड़े जो हो गये, तब अभी बम्बई में नेता लोग इकट्ठे हुए और विचार किया कि हम एक हो जायें। एक होकर इन्दिरा गाँधी से लड़ें। सवाल है कि एक होकर ही लड़ना था तो आपस में क्यों लड़े ? अलग-अलग क्यों हुए ? हमें क्या पता था कि एक जनता पार्टी में इतनी 'असली' पार्टियाँ छिपी हैं।

साधो, ये 1977 में एक हो गये थे। जनता ने इन्हें राजसत्ता भी सौंप दी थी। केन्द्र और राज्य का शासन इन एक हुओं को सौंप दिया था, मगर इन्होंने इसके बाद क्या किया ? इनसे शासन करते नहीं बना। यूँ आपस में लड़-झगड़कर अलग होने लगे, जिससे आगे चलकर फिर एकता का अभियान चला सकें। मगर जनता कहती है कि अब तुम्हारी एकता से हमें डर लगने लगा है। तुम अलग-अलग रहते हो तो बुद्धिमान, कर्मशील और भले होते हो, मगर एक होने पर जड़, झूठे, नीच, निकम्मे हो जाते हो।

साधो, इन दक्षिणपन्थी विपक्षी दलों में जो भूतपूर्व कांग्रेसमैन हैं वे तो इसलिए इन्दिरा गाँधी से लोकतन्त्र की रक्षा कर रहे हैं, क्योंकि उन्हें इन्दिरा कांग्रेस में प्रवेश नहीं मिला। जगजीवनराम अगर स्वर्णसिंह की तरह मेंढक की पलटन में भरती हो सकते तो क्या वे आज इधर लोकतन्त्र की रक्षा करते होते ? जब तक इन्दिरा गाँधी बुला न लें तब तक वे लोग इन्दिरा गाँधी से लोकतन्त्र को बचाते जायेंगे।

साधो, असली जनता पार्टी तो भारतीय जनता पार्टी है, जिसके अध्यक्ष अबकी वही प्यारे अटलबिहारी वाजपेयी हैं, जिनका लच्छेदार भाषण तुम दो-तीन पुड़ा मूँगफली खाकर सुनते हो। आर. एस. एस का हर काम असली होता है। जनता पार्टी 1977 में बनाना भी संघ का असली काम था। गलती यह हो गयी कि शाखा में जैसे चड्डीवाले छोकरों को कवायद कराते हैं वैसे ही जनता पार्टी में बचकानी राजनीति करने लगे। मगर दूसरे नेता थे बूढ़े घाघ। कई घाट का पानी पिये हुए। कई अखाड़ों की धूल लगाये हुए। इन घाघों ने संघ की शिशु मन्दिरी राजनीति को ऐसे चित

कर दिया, जैसे कोई उस्ताद नये लड़के को कुश्ती लड़ना सिखाता है।

साधो, सिकन्दर बख्त, जेठमलानी, चनपुरिया वगैरह को छोड़ो। ये बाहरी लोग हैं। जनसंघ ही असली पार्टी है। इसलिए भारतीय जनता पार्टी नाम नकली है। यह पार्टी भी इन्दिरा के अधिनायकवाद से लड़ने का दावा कर रही है। वाजपेयी कहते हैं—सब एक होकर इन्दिरा की तानाशाही से लड़ो, मगर कोई पार्टी वाजपेयी की पार्टी को साथ देने के लिए तैयार नहीं है। वाजपेयी, चन्द्रशेखर, अर्स, चरणसिंह, जगजीवनराम से कहते हैं कि हमें भी साथ ले लो और ये जवाब देते हैं—वाजपेयीजी, हें-हें! वैसे आप अच्छे आदमी हैं मगर बात यह है कि ज़रा बदनामी होती है जात-बिरादरी में। बुरा मत मानिए। ज़रा दूर ही रहिए। तो साधो, भारतीय जनता पार्टी ने तय कर लिया कि हम अकेले ही लड़ेंगे। अछूतों को जब ब्राह्मणों, ठाकुरों ने पास नहीं आने दिया तो अछूतों ने घोषणा कर दी कि हम असली ब्राह्मण हैं। ये जो ब्राह्मण ठाकुर कहलाते हैं, नीच जाति के हैं। हम इनका छुआ पानी भी नहीं पीते। यह मजबूरी का ब्राह्मणवाद है साधो!

महात्मा गाँधी के खून का

साधो, चुनाव के नामांकन पत्र दाखिल हो गये। अब प्रचार का कार्य शुरू हो रहा है। महात्मा गाँधी का पुण्य सम्पूर्ण भारत पर मँडरा रहा था, और लोग आशा लगाये थे कि यह पुण्य हमारी भूमि पर गिरेगा। आखिर यह जबलपुर में गिर गया। यह पुण्य है—महात्मा गाँधी के पोते राजमोहन गाँधी, जो जनता पार्टी के टिकिट पर चुनाव लड़ रहे हैं। बहुत बड़ी बात है। उनका स्वागत है। उनके चरणों की रज भूमि पर पड़ी। हम धन्य हो गये। महात्मा गाँधी के हम भक्त हैं। उनका आभार हम उतार नहीं सकते। उनके बेटे, पोते आदि की सहायता के लिए हम कुछ भी कर सकते हैं। अगर राजमोहन गाँधी बेकार होते, गरीब होते, भूखे होते तो हम चन्दा करके उन्हें पाल देते। हम इतने अहसान फरामोश नहीं हैं कि महात्मा गाँधी के पोते को भूखा देखते।

मगर साधो, राजमोहन गाँधी को इस तरह का कोई कष्ट नहीं है। सम्पन्न हैं। वे मजे के खाते-पीते आदमी हैं। सम्पन्न हैं। पूंजीपति घरानों से उनके सम्बन्ध हैं। वे एक पत्र निकालते हैं अंग्रेजी में, जिसका नाम 'हिम्मत' है। इस पत्र को वे एशिया की आवाज कहते हैं। ये एशिया की आवाजवाले हम अधमों के बीच एक तुच्छ काम के लिए आ गये—चुनाव लड़ने! इन्हें रोटी नहीं चाहिए। इन्हें वोट चाहिए। और वोट है राजनीति का मामला। हमें सोचना पड़ेगा।

साधो, कठिनाई यह है कि उनका परिचय इसके सिवा कुछ है ही नहीं कि वे गाँधीजी के पोते हैं। ये राजमोहन गाँधी कौन हैं? गाँधीजी के पोते हैं। ये क्या करते हैं? गाँधीजी के पोते हैं। इनकी तारीफ? गाँधीजी के पोते हैं। इन्होंने कौन-सा राजनैतिक काम किया है? इनकी कोई देश-सेवा है? गाँधीजी के पोते हैं! यानी राजनीतिज्ञ नहीं हुए, गाँधीजी की बकरी हो गये। यही सब परिचय तो गाँधीजी की बकरी का है।

साधो, तुम पूछोगे कि गुरु, इन राजमोहन गाँधी को क्या सूझी? वे आखिर चुनाव क्यों लड़ रहे हैं। सुनो, उनके हौसले ऊँचे हैं। उन्होंने अपने पत्र 'हिम्मत' में लेख लिखा है—मैं क्यों खड़ा हूँ। इसमें उन्होंने लिखा है कि राजनीति बहुत गन्दी हो गयी है और चुनावों में बड़ा भ्रष्टाचार होता है। मैं इनके शुद्धिकरण के लिए चुनाव-मैदान में उतरा हूँ। बहुत अच्छी बात है। मगर सवाल उठते हैं। एक सवाल तो यह है कि एक आदमी राजमोहन गाँधी के चुनाव जीत जाने से सारे देश का राजनैतिक जीवन कैसे शुद्ध हो जायेगा। एक पिद्दी के शोरबे से सारी बारात कैसे भोजन कर लेगी? दूसरा सवाल यह है कि देश की राजनीति को सबसे गन्दा करने-वाली जनता पार्टी के माध्यम से शुद्धिकरण आप कैसे कर लेंगे। आप, आपका यह हाल है कि सफाई दरोगा खुद गटर में नहाने लगा। फिर सवाल यह है कि आपके चुनाव में क्या भ्रष्ट तरीके नहीं अपनाये जायेंगे? अगर अपनाये जायेंगे तो भ्रष्ट तरीके से जीतकर आप देश की राजनीति को शुद्ध कैसे करेंगे। डाका डालकर आप डाकू-उन्मूलन करने कैसे चल पड़े। आपके चुनाव का खर्च किन साधनों से आयेगा।

साधो, गाँधीजी भी लोकजीवन को शुद्ध करते थे। वे कैसे करते थे। वे उपवास करते थे। पर वे यह नहीं कहते थे कि मैं दूसरों को सुधारने के लिए उपवास कर रहा हूँ। उनके इस तरह के उपवास से तमाम लोग शुद्ध होते थे। अगर राजमोहन गाँधी सचमुच राजनैतिक जीवन को शुद्ध करना चाहते हैं, तो हम उनके लिए शामियाना लगा देते हैं। रामधुन गाने का इन्तजाम कर देते हैं। वे उपवास करें। यही गाँधीवादी मार्ग है, जो पोता होने के कारण उन्हें अपनाना चाहिए। उनके 10-12 दिन के उपवास का काफी असर पड़ेगा।

साधो, राजमोहन को क्या यह बताना पड़ेगा कि जनता पार्टी राष्ट्रीय स्वयं-सेवक संघ की पार्टी है। संघ हिन्दू साम्प्रदायिक संगठन है। इसी हिन्दू साम्प्र-दायिकता के उन्माद ने गाँधीजी की हत्या गोडसे से करायी थी। संघवाले कहते हैं कि गोडसे ने बहुत पहले संघ छोड़ दिया। पर उसके भाई गोपाल गोडसे ने लिखा है कि नाथूराम गोडसे ने फाँसी पर जाते समय वही मातृभूमि की वन्दना की थी, जो संघ की शाखाओं में की जाती है—नमस्ते सदा वत्सले मातृभूमि। तो नाथूराम गोडसे ने इस प्रार्थना को सीखा कहाँ। राजमोहन आखिर आप महान् पितामह की हत्या करानेवालों के उम्मीदवार कैसे हो गये!

साधो, राजमोहन गाँधी ने यह भी नहीं सोचा कि उनके पितामह ने जिस देश को आजाद किया, उसे ढाई साल में ही काफी नुकसान पहुँचानेवाली जनता पार्टी

में शामिल नहीं होना चाहिए और जनता पार्टी है कौन-सी ? जगजीवनराम का बिस्तर बँधता और खुलता है। वे चुनाव के बाद सौदा करके पार्टी छोड़ देंगे। बचे चन्द्रशेखर वगैरह, जनसंघी और प्रजा समाजवादी। इनमें संघी ही अन्त तक रहेंगे। वे अब लौटकर जनसंघी नहीं हो सकते, क्योंकि बलराज मधोक ने शुद्ध जनसंघ बना लिया है। बहुत करके राजमोहन गाँधी खुद जनता पार्टी छोड़ देंगे।

साधो, तुम पूछोगे कि गुरु, अब कर्तव्य क्या है ? जबलपुर के साधु का कर्तव्य नहीं जानते ? अरे एक आदमी पैसा लेकर चुनाव लड़ने आया है तो शहर की आर्थिक स्थिति सुधारो। उसके आसपास हो जाओ और पैसा खाओ।

साधो, राजमोहन गाँधी के एम. आर. ए. के आदमी होने की बात कही जा रही है। एम. आर. ए. यानी मॉरल रिआर्मामेण्ट, याने नैतिक पुनर्शस्त्रीकरण। नैतिकता का हथियार। नैतिकता का हथियार किसके खिलाफ ? मुख्यतः साम्यवाद के खिलाफ और साधारणतः सब पूंजीवाद विरोधियों और मानवतावादियों के खिलाफ ! यह सी. आई. ए. द्वारा चलाया जानेवाला संगठन है। यह अमेरिकी साम्राज्यवाद का समर्थक है। दूसरा एक संगठन और है—कांग्रेस फार फ्रीडम ऑफ कल्चर। इनका कहना है कि सांस्कृतिक स्वतन्त्रता केवल पूंजीवादी व्यवस्था में होती है। ये संस्थाएँ सबसे ज्यादा सक्रिय सन् '50 से '60 तक थीं। अब ठण्डी हैं, क्योंकि पोल खुल गयी है। इन संस्थाओं के सदस्य अपने देश के भले की अपेक्षा अमेरिका के हितों की ज्यादा रक्षा करते हैं। राजमोहन गाँधी की राजनीति, विदेशी सम्बन्ध और देशभक्ति इसी से समझी जा सकती है। मगर महात्मा गाँधी के खून हैं।

दो के बाद कभी-कभी

साधो, हरियाणा विधानसभा में नारों की लड़ाई हो गयी। कांग्रेस मन्त्री ने कहा—हमारा नारा है, पहला बच्चा अभी नहीं, दो के बाद कभी नहीं। मगर जनसंघ का नारा है—पहला बच्चा अभी-अभी, दो के बाद कभी-कभी। हालांकि एक जनसंघ सदस्य ने कहा कि यह हमारा नारा नहीं है। बात यह है कि परिवार नियोजन राष्ट्रीय कार्यक्रम हो गया है और इसमें बाधा डालनेवालों को सज़ा भी मिलती है। पर साधो, जनसंघ कहे कुछ, नीति उसकी यही है और मुझे पसन्द है। पहला बच्चा अभी पैदा कर लो। देरी मत करो। फिर दो के बाद कभी-कभी पैदा करो। इस तरह 7-8 तो कर ही लो। माँ और बेटी एक साथ बच्चा दें, यह आदर्श स्थिति है।

साधो, ज्यादा बच्चे पैदा करने के पीछे एक ठोस तर्क है। हमें हिन्दुओं की

संख्या बढ़ानी है। तभी मैं पहले भी जनसंघ के साथ माँग करता था कि नसबन्दी ईसाइयों और मुसलमानों की कराओ। हिन्दुओं की नहीं। वरना मुसलमानों आर ईसाइयों की संख्या बढ़ जायेगी। उधर मैं उन मुल्ला-मौलवियों से भी सहमत हूँ कि इस्लाम में परिवार नियोजन कुफ्र है — खूब मुसलमान पैदा करो।

साधो, इस तरह अपनी-अपनी जाति की संख्या बढ़ाने की होड़ लगी थी। हिन्दू नेता और मुसलमान नेता दोनों समझते थे कि गृहयुद्ध होगा और तब जो जाति संख्या में बड़ी होगी, वह जीतेगी। जनसंघी समझते हैं कि सारे हिन्दू चुनाव में उन्हीं को वोट देंगे। और जमाते-इस्लामी के नेता समझते हैं कि सारे मुसलमान, मुसलमान को ही वोट देंगे। इतने चुनाव हुए। देखा गया कि हिन्दू, मुसलमान को वोट दे देते हैं। ये सब गद्दार ही हुए और इन्हें सज़ा मिलनी चाहिए। कितने ही हिन्दू और मुसलमान कम्युनिस्ट हैं। याने नस्लवाद चल नहीं रहा। फिर भी कोशिश जारी रखनी चाहिए। भारत दुनिया-भर में नस्लवाद का विरोध करता है, भारत में तो वह होना ही चाहिए। कोई आगे चलकर पूछे कि नस्लवाद क्या है, तो हम बता सकें कि भारत में सबकुछ है। यह देखो, नस्लवाद — सेम्पल हीअर विथ।

साधो, ये 7-8 बच्चे जो होंगे वे क्या होंगे? भूखे मरेंगे, पूरे कपड़े नहीं होंगे? शिक्षा नहीं होगी। ये हिन्दू नहीं, नाली के बिलबिलाते कीड़े होंगे। ऐसे मनुष्यनुमा कीड़ों से ही कोई जाति ताकतवर और श्रेष्ठ होती है। इसलिए ऐसे आदर्श जाति भाई पैदा करते जाओ।

साधो, तुम पूछोगे कि जब जनसंघ परिवार नियोजन के विरोध में है, तो अब सम्मेलन क्यों करने लगा। एक कारण तो साधो, आपातकाल का डर है। दूसरा कारण उसका चरित्र है। मैं नहीं कहता, पर इन्दिरा गाँधी ने जो कहा वह बताता हूँ। एक विदेशी पत्रकार से इन्दिराजी ने कहा—हमारे देश में फासिस्ट संगठन हैं। प्रजातन्त्र-पद्धति के विरोधी हैं। पर ये प्रजातन्त्र की कसम खाते हैं और अब कह रहे हैं कि देश में प्रजातन्त्र का नाश हो रहा है। यह ऐसा ही हुआ कि एक लड़के ने अपने माँ-बाप को मार डाला। जब अदालत में पेश किया गया तो न्यायाधीश से कहता है —हुजूर, मुझे माफ किया जाय, मैं अनाथ हूँ।

बालभारती और कुंजी-पहाड़े

साधो, नया शिक्षा-सत्र शुरू हो गया और इधर छात्र-छात्राओं तथा उनके पिताओं में 'बालभारती' की हाय-हाय मच गयी। जुलाई-भर बाप अपना ही लड़का हो जाता है और बालभारती खोजता फिरता है। मुझे सड़क पर चिकित्सक मिल जाते

हैं। पूछता हूँ तो कहते हैं—बालभारती खरीदने जा रहा हूँ। मैं कहता हूँ—आपकी बालभारती पढ़ने की उम्र है क्या? आपको तो···पढ़ना चाहिए। वे कहते हैं—आपको तो मजाक करने की आदत है। आपके बीवी न बच्चे। बच्चे होते तो आप भी मान लेते कि ब्रह्म मिथ्या है और बालभारती सत्य है। ब्रह्म को चाहे पा लो, पर बालभारती पाना और इस लोक में पाना असम्भव लगता है।

साधो, अखबार सुबह देखता हूँ तो जगह-जगह के समाचार पढ़ने को मिलते हैं—बालभारती का अभाव। बालभारती नहीं मिलती। साधो, बालभारती राष्ट्रीयकृत पाठ्यपुस्तक है। इसके वितरक भी हैं। बोर्ड की सूचनाएं छपती हैं कि बालभारती काफी संख्या में है और ये-ये हमारे अधिकृत वितरक हैं। पर दूकानों पर नहीं मिलती।

साधो, मगर मिलती भी है तो ऐसे मिलती है। पुस्तक विक्रेता कहता है—बालभारती तब मिलेगी जब तुम उसकी कुंजी या पहाड़े की पुस्तक भी खरीदोगे। यह ठीक भी है। बच्चे अध्यापक से नहीं पढ़ते, कुंजी से पढ़ते हैं। अध्यापक तो फालतू वेतन पाता है। और पहाड़ा तो बहुत जरूरी है, क्योंकि जिन्दगी में एक दूनी दो करना है—माने एक के दो करना है और बिक्री-कर का झूठा हिसाब बनाना है।

साधो, सही बात यह है कि इन पुस्तकों के राष्ट्रीयकरण से बहुत नुकसान हुआ है, बहुतों को नुकसान हुआ। सबसे अधिक प्राइवेट पुस्तक प्रकाशकों को नुकसान हुआ है। वे मनमाने दाम पर मनमानी किताब सप्लाई करते थे। उन्हें तो बेहिसाब कमाई होती ही थी। फुटकर पुस्तक विक्रेता को भी खासी कमाई होती थी। अब प्रकाशक की कमाई तो गयी। फुटकर पुस्तक विक्रेताओं की भी कम कमाई होने लगी। फिर साधो, बोर्ड के उन सदस्यों को भी नुकसान हुआ, जो भेंट लेकर पुस्तक कोर्स में लगवा देते थे। मैं एक को जानता हूँ। कोई नहीं जानता था कि वे कवि हैं, पर बोर्ड के प्रभावशाली सदस्य हो गये थे। कविता ऐसी बही जैसे कारपोरेशन के सफाई-बाजों ने गन्दी नाली को साफ कर दिया हो। वे प्रकाशकों से पैसे भी लेते और अपनी पुस्तकें भी उनसे छपवाते। उस कचरे को वे कविता कहते। उनकी मर्जी है। वे अपने खोंमचे को भी महाकाव्य कह सकते हैं।

मगर साधो, प्रकाशक हारा नहीं है। बालभारती तो बच्चे झख मारकर लेंगे ही। क्यों न इसके साथ कुंजी और पहाड़ा लगा दो। और लगा दिया—जैसे बनिया कहे कि शक्कर तब दूंगा जब उसके साथ नमक भी खरीदो।

साधो, मुझे छोटे पुस्तक विक्रेताओं की चिन्ता है। वे क्या बेचें। मेरी सलाह है, वह बेचें जो देश में थूक गटक-गटककर पढ़ा जाता है। अपराध-कथा बेचो, व्यभिचार-कथा बेचो, तनाव-कथा बेचो, भाभी की तरकीब का उपन्यास बेचो। मास्टरजी को फँसाने की कथा बेचो। बलात्कार, लड़की का अपहरण, पतिव्रता के साथ भागना—ये पुस्तकें बेचो। ये बहुत हैं और रोज लिखी जा रही हैं। इन्हें बाप बेटे से छिपकर पढ़ता है और बाद में छिपाकर बेटा! छोड़ो बालभारती को और कुंजी-पहाड़ा को।

सिद्धान्तों का छुरा

साधो, उत्तरप्रदेश में रामनरेश यादव हार गये। भगवान यह शुभ दिन सब मुख्य-मन्त्रियों को दिखाये। 27 को कर्पूरी ठाकुर का ऐसा ही मंगल हो। यह शुभ दिन अपने सकलेचाजी की किस्मत में तब आ सकता है, जब जनता पार्टी का विश्वास चाहे प्राप्त हो, पर नागपुर का विश्वास उठ जाय। जनसंघ का यहाँ इतना बहुमत है कि मुख्यमन्त्री तो उन्हीं का होगा। साधो, लखनऊ में संघ ने तो यह कोशिश की थी कि मतदान की झंझट ही न हो। संघ में न सरसंघ चालक चुने जाते, न कार्यवाह, न प्रान्त प्रचारक, न नगर कार्यवाह। संघ ने यही भारतीय संस्कृति का तरीका अपनाया था कि न रामनरेश इस असार संसार में रहेंगे न मतदान का मौका आयेगा। पर रामनरेश के ग्रह अच्छे नहीं थे। उन्हें तो हारना था। इसलिए सिर्फ पेट में मामूली घाव हुआ।

साधो, उत्तरप्रदेश की जनता पार्टी का यह झगड़ा क्या है? तुम समझते होगे कि यह लड़ाई धर्मनिरपेक्ष और साम्प्रदायिक लोगों के बीच है। नहीं, ऐसा नहीं है। जनता पार्टीवालों पर उनका दुश्मन भी यह आरोप नहीं लगा सकता कि वे कोई सिद्धान्त का पालन करते हैं। वे इतने घटिया नहीं हैं कि सिद्धान्त से अपने को बाँध लें। यह सही है कि राजनारायण लगातार संघ पर हमले कर रहे हैं। यह भी सही है कि बीजू पटनायक ने कहा है कि दिल्ली और नागपुर, ये दो राजधानियाँ नहीं चल सकतीं। यह भी सही है कि एक मीटिंग में मोरारजी ने डॉक्टर स्वामी से कहा कि तुम कहते हो कि संघ एक सांस्कृतिक संगठन है तो क्या वह भरत नाट्यम और कुचिपुड़ी नृत्य करता है। यह सब सही है। मगर लड़ाई सिद्धान्त की है, यह कहकर जनता पार्टी के ऊँचे स्टैण्डर्ड को गिराओ मत।

साधो, अगर यह लड़ाई साम्प्रदायिक ताकतों के खिलाफ थी तो सी. एफ. डी. और संगठन कांग्रेस ने जनसंघ का साथ क्यों दिया? ये दोनों गैर-साम्प्रदायिक गुट हैं। चरणसिंह ने दिल्ली में दो दिन पहले अपने घर पर बाबू जगजीवनराम और बहुगुणा को भोजन भी कराया था कि ये मेरे रामनरेश को बचा लेंगे। पर बाबूजी और बहुगुणा ने घर लौटकर मुंह में अंगुली डालकर उल्टी करके वह भोजन निकाल दिया और जनसंघ का साथ देकर रामनरेश को गिरा दिया।

साधो, बात तो सीधी है। 1977 मार्च में जनसंघ और लोकदल ने उत्तर भारत को बाँट लिया था। लूट का माल था। चरणसिंह को उम्मीद हो गयी थी कि जनसंघ मुझे अब प्रधानमन्त्री बना देगा। पर इस बीच जनसंघ ने सोचा कि अपना काम मोरारजी से ज्यादा अच्छा निकलेगा। सो उसने मोरारजी का समर्थन करना तय कर लिया। यहीं से चौधरीजी की खटक गयी। चौधरी ने कहा कि हम जनसंघ को पानी पिलायेंगे और संघ ने कहा कि हम चौधरी साहब को तेली बना देंगे।

साधो, बाबू जगजीवनराम के लोकतन्त्री कांग्रेस गुट का मामला भी साफ है। चौधरी ने बाबूजी को मार्च 1977 में प्रधानमन्त्री नहीं बनने दिया था। फिर सुरेश-सुषमा-काण्ड को उठाकर उन्होंने बाबूजी की राजनैतिक हत्या की भी कोशिश की। बाबूजी चौधरी को माफ नहीं कर सकते। मोरारजी और बाबूजी चौधरी के खिलाफ एक हो गये। मोरारजी से बाला साहब देवरस ने कहा कि प्रधानमन्त्री तो वही रहेगा जिसे हम चाहेंगे। अभी हम तुम्हें चाहते हैं। बोलो, आदेश मानोगे? करो ध्वज-प्रणाम। मोरारजी ने कर लिया और जमकर कुर्सी पर बैठ गये।

साधो, बेचारे संगठन कांग्रेसी अगर गैर-साम्प्रदायिक रामनरेश को वोट दे देते तो उनके प्रधानमन्त्री को 'डिसमिस' कर दिया जाता। इसलिए उन्होंने महात्मा गाँधी की जय बोलकर संघ का साथ दे दिया और बाबूजी ने चौधरी से एक बदला ले लिया। अब अगर तुम इस लड़ाई में सिद्धान्त खोजते हो तो देखो कितने ऊँचे-ऊँचे सिद्धान्त हैं।

मण्डन करें–खण्डन नहीं

साधो, हम साधु हैं। कष्ट में पड़े आदमी के प्रति हमारे मन में दया उत्पन्न होती है। हमें उसकी सहायता करनी चाहिए। सब विधिके बनाये जीव हैं—चाहे इन्दिरा गाँधी हो, या चरणसिंह, या जगजीवनराम या बाला साहब देवरस। सबको विधाता ने बनाया है। ऐसा तो है नहीं कि किसी को ईश्वर ने बनाया हो और किसी को शैतान ने। हमें सबकी मदद करनी चाहिए।

साधो, इस समय बाला साहब देवरस संकट में हैं। वे कैफियत दे रहे हैं। प्रतिवाद कर रहे हैं। पत्रकारों से माफी भी माँग रहे हैं। बात क्या है? कुछ इतनी कि यू. एन. आई. ने समाचार दे दिया कि देवरसजी ने भोपाल में एक गुप्त मीटिंग में कहा कि संघ 10 साल में भारत में शासन पर कब्जा कर लेगा। 'हितवाद' ने इसकी पुष्टि कर दी। अब इसके खिलाफ प्रतिक्रियाएँ हो गयीं। डटकर विरोध हुआ। चन्द्रशेखर तक ने कहा कि ऐसा है तो हमें संघ से लड़ना पड़ेगा। परेशान होकर बाला साहब ने उज्जैन में खण्डन कर दिया कि मैंने ऐसा नहीं कहा।

साधो, फिर वे भोपाल आये। अब मुसीबत देखो। एक तो सकलेचा के ईमानदार आचरण से परेशानी। सकलेचा ने नाबालिग बेटे के नाम से जो जमीन खरीदी, उसकी डुगडुगी आयकर विभाग ने पिटवा दी। यों तो नाबालिग लड़के के नाम से ही नहीं, पेट के बच्चे के नाम से भी प्रापर्टी खरीद सकते हैं। पर सुना है कि सकलेचाजी ने वल्दियत नहीं लिखायी, माँ का नाम लिखाया है। ऐसा होता नहीं है। अमुक

वल्द अमुक ही लिखा जाता है। पर, बाप की जगह माँ का नाम लिखाना संघ की नैतिकता हो सकती है। तो एक तो बाला साहब को यह सिरदर्द ! फिर पत्रकारों ने कहा कि आप हमें झूठे, शरारती कहते हैं, तो भोपालवाले उस भाषण का 'टेप' सुना दीजिए। पहले तो कहा कि सुना देंगे, पर फिर नहीं सुनाया। तो पत्रकारों ने फिर हल्ला किया।

साधो, हम तो छोटे आदमी हैं। बाला साहेब बड़े हैं। पर छोटे भी काम आते हैं। शेर जब जाल में फँस गया था तब जाल को चूहे ने ही काटा था। हम चूहे हैं। पर देवरस साहब के जाल को काटने की कोशिश हमें करनी चाहिए। साधो, मैं बाला साहब को सलाह देना चाहता हूँ कि वे खण्डन न किया करें। खण्डन उस आदमी का कारगर होता है जिसके बारे में लोग यह विश्वास करते हों कि यह सच भी बोलता है। जब लोग यह माने बैठे हों कि ये तो हमेशा झूठ ही बोलते हैं, तब खण्डन को एक और झूठ मान लिया जाता है। मेरी सलाह है कि देवरसजी खण्डन किया ही न करें।

साधो, दूसरी सलाह यह है कि वे एक टेप फौरन तैयार करा लें, जिसमें यह न हो कि संघ 10 साल में शासन पर कब्जा कर लेगा। ऐसा टेप उन्हें उज्जैन में ही करा लेना था। असल में उन्हें हमेशा दो टेप रखने चाहिए -- एक सच्चा और दूसरा झूठा। आजकल तो फोटोग्राफी यह कमाल कर देती है कि स्त्री और पुरुष के अलग-अलग फोटो मिलाकर उन्हें सम्भोग की स्थिति में बता देती है। बाला साहेब दूसरा टेप दिल्ली में पत्रकारों को सुना दें।

साधो, कुछ बातें लोग मान चुके हैं। कितना भी खण्डन करो, वे नहीं विश्वास करेंगे। लोगों को विश्वास है कि संघ का राजनैतिक उद्देश्य है। वह एक राजनैतिक संगठन है। वह पहले जनसंघ के नाम से और अब जनता पार्टी के नाम से जनता व सत्ता पर कब्जा करना चाहता है। पर इसमें गलत क्या है ? इसमें शरमाने की क्या बात है ? हिन्दू राष्ट्र की जो कल्पना है, वह तभी तो साकार की जा सकती है, जब राजसत्ता हाथ में हो। सत्ता न होगी तो कार्यक्रम कैसे लागू किये जा सकेंगे ? इसलिए सत्ता पर कब्जा करना उत्तम उद्देश्य है। यह भी मान लेना चाहिए कि वह सत्ता तानाशाही होगी। इसमें क्या शर्म की बात है ? फिर उद्देश्य हिन्दू राष्ट्र ही होगा, चाहे अभी छल के लिए उसे भारतीय, ईरानी या अफ्रीकी कह लें। यह सब लोग जानते हैं। इनका खण्डन करने से कोई फायदा नहीं। यह भी लोग जानते हैं कि आर. एस. एस. आगामी चुनाव में डटकर भाग लेगा। वह जनता पार्टी का काम करेगा। स्वयंसेवक अभी से पत्थर फेंककर विरोधियों की सभाएँ भंग करने लगे हैं। अब यह भी नहीं कहना चाहिए कि संघ एक सांस्कृतिक संगठन है। लोग इस बात पर विश्वास नहीं करते, तो कहने से क्या फायदा ?

साधो, देवरसजी को मेरी सलाह है कि जो फार्मूले बेकार हो गये उन्हें छोड़ दें। साधो, बाला साहेब को बार-बार कहना चाहिए कि संघ 10 साल में सत्ता पर कब्जा कर लेगा। इससे स्वयंसेवकों का उत्साह बढ़ेगा। वे इस समय थोड़े हताश हैं,

क्योंकि राजनीति में मार खा गये हैं। मार इसलिए खा गये कि वही राजनैतिक तरकीब अपनायी जो स्कूल-कालेज के लड़कों के साथ करते हैं। संघ के नेताओं का सरोकार इसी उम्रवालों से होता है। वह ऐसी तरकीब है—प्रोफेसर शर्मा ने सुरेश, रमेश, दिनेश में से हर लड़के से अलग-अलग कह दिया कि तुझे फर्स्ट लाऊँगा। तीनों से काम कराते रहे। रमेश से सब्जी बुलवाते रहे, दिनेश से किराना बुलवाते रहे और सुरेश से कपड़े सिलवाते रहे। और अब रमेश के मुँह से निकल गया कि 'टॉप' मैं करूँगा, शर्मा सर ने वादा किया है। तो दिनेश ने कहा—अरे यार, यही तो शर्मा सर ने मुझसे कहा है। बड़ा बदमाश है ये शर्मा। हम तीनों को बेवकूफ बनाकर अपना काम करवा रहा है। साधो, यही कालेजी पॉलिटिक्स में गड़बड़ हो गयी। मोरारजी, जगजीवनराम, चरणसिंह, जार्ज, चन्द्रशेखर—हर एक से संघ कहता रहा कि तुम ही प्रधानमन्त्री बनोगे। दूसरा कोई नहीं। मगर यह कपट खुल गया। कोई बात नहीं। अभी 10 साल का समय है। बस, देवरसजी खण्डन न किया करें।

नेहरूका फोटो और नीतियाँ

साधो, छोटे लोग जब किसी दुर्घटनावश या भाग्यवश सत्ता के पदों पर पहुँच जाते हैं, तब वे ऊपर मुंह करके देखते हैं कि हमारे ऊपर कौन है। उन्हें ऊपर कोई दिख जाता है तो कुछ उस पर थूकने की कोशिश में अपने ऊपर ही थूक गिरा लेते हैं। कुछ अनमने हो जाते हैं।

साधो, एक ऐतिहासिक एक्सिडेण्ट से जब जनता पार्टी सत्ता में आयी तो इस कुनबे ने देखा कि ऊपर वह जवाहरलाल नेहरू है। इसी की बेटी ने इमर्जेन्सी लगायी थी। तो जार्ज फर्नांडिस जैसे लोगों ने ऊपर नेहरू पर थूका जो उन्हीं पर गिरा। और मोरारजी भाई जैसे लोग जो पहले नेहरूजी की नीतियों को कुनमुनाकर मानते थे, क्योंकि विरोध करने का न साहस था न हैसियत, वे केवल अनमने होकर रह जाते हैं। जार्ज फर्नांडिस की वीरता का यह हाल है कि वे खुद कहते हैं कि मेरे मन्त्रालय की गुप्त फाइलें भी टाटा-बिड़ला को मालूम हैं। मोरारजी भाई जब तक इन्दिरा गाँधी के डिप्टी थे, तब तक नेहरू जयन्ती में शामिल होते थे। अब अनमने होकर घर में रहते हैं। चरणसिंह आधुनिकता के विरोधी हैं। वे समाजवाद विरोधी रहे हैं। जब नागपुर कांग्रेस में नेहरू ने सहकारी खेती की बात की थी तो चरणसिंह ने विरोध किया था। चरणसिंह ने अभी कहा है कि वे साबुन का उपयोग नहीं करते। मोरारजी भाई के बराबर होने के लिए वे आगे यह भी कहने लगेंगे कि

मैं स्वमूत्र पान करता हूँ। अब मुझमें कौन-सा गुण कम है जो प्रधानमन्त्री नहीं बनाया जाता। साधो, कांग्रेस के बहुत-से नेता जो 1977 तक नेहरू की जय बोलते थे, नेहरू के जन्म और मृत्यु दिवस के समारोहों में शामिल होते थे, अब शामिल नहीं होते। अनमने हो जाते हैं। ये क्या पहले इन्दिरा गाँधी के डर के मारे नेहरू को मानते थे ? अगर इन्दिरा गाँधी फिर सत्ता में आ जायें और इन्हें तहसीलदार या थानेदार बना दें तो ये फिर नेहरू की जय बोलने लगेंगे।

साधो, तीसरी तरह के नेहरू को उखाड़ने की कोशिश में, हाथ तोड़ने की कोशिश में हाथ तोड़नेवाले जनसंघी हैं। जनसंघी बारीक राजनीति करते हैं। राजनैतिक ईमान से कोई सरोकार न होने के कारण ये पुनः इन्दिरा गाँधी का नेतृत्व स्वीकार कर सकते हैं। अटलबिहारी नेहरू की मौत पर रोये थे और बंगलादेश की मुक्ति के लिए इन्दिरा गाँधी को 'दुर्गा' कहा था। मगर साधो, सत्ता में आने के बाद वाजपेयी ने असली गुटनिरपेक्षता की नीति की घोषणा की और अमल करना शुरू किया। नेहरू की गुटनिरपेक्षता की नीति अमेरिका ने कभी पसन्द नहीं की।

अमेरिका की लाइन पर लाने के लिए अटलबिहारी ने 'असली' गुटनिरपेक्षता पर चलना शुरू किया। इसी के तहत साम्राज्यवाद विरोध, उपनिवेशवाद विरोध ढीला कर दिया। नतीजा यह हुआ कि गुटनिरपेक्ष आन्दोलन में, जिसका नेता अभी-अभी तक भारत था, अब अपनी कोई इज्जत नहीं है। अब वहाँ क्यूबा, लंका और वियतनाम की चलती है। साधो, इस्राइल और अमेरिका को खुश करने के लिए अटलबिहारी ने अरबों के समर्थन में ढील दिखायी। नतीजा यह हुआ कि बेचारा बहुगुणा तेल की खोज में दुनिया के चक्कर लगाता है और इधर अटलबिहारी तेल की पाइप लाइन चटकाने में लगे हैं। पर अभी अटलबिहारी अरब देशों की यात्रा से लौटे तो उनकी समझ की मरम्मत हो गयी है। अब वे 'असली' का नारा नहीं लगाते।

साधो, सम्पूर्ण क्रान्ति से पैदा हुए ये दूसरी आजादी के छोटे-छोटे मालिक अब देख रहे हैं कि नेहरू की चलायी नीतियाँ ही सही हैं। मगर उस बात को खुलकर स्वीकार भी नहीं कर पाते, क्योंकि छोटापन इसमें बाधा डालता है। तो नेहरू जयन्ती में शामिल नहीं होंगे। नेहरू के चित्र की तरफ से मुँह फेर लेंगे। इस पर हँसी आती है। मोतीलाल नेहरू के बेटे और इन्दिरा गाँधी के पिता, जो जवाहरलाल थे उनका अब न कोई बुरा हो सकता न भला। वे इससे परे हो चुके हैं। इतिहास को इससे कोई मतलब नहीं है कि नेहरू खूबसूरत थे, लाल गुलाब खोंसते थे, स्त्रियों को प्रिय थे। इतिहास को मतलब नेहरू की नीतियों से है। ये जनता पार्टीवाले उन नीतियों पर चलते हुए भी नेहरू का चित्र देखकर अनमने हो जाते हैं, तब उनके पिद्दीपन पर हँसी भी आती है और दया भी।

वसन्त की शीत लहर

साधो, आओ। अब बैठकर सोचें कि आखिर जबलपुर नगर निगम के चुनाव-नतीजे ऐसे कैसे हो गये। आखिर क्यों जनता पार्टी की दुर्गति हुई और जनाधिकार परिषद की मिट्टी पलीद हो गयी। हमें अपने मन को समझाना है और जनता को भी समझाना है। क्या कारण बतायें ? क्या रात को मत-पत्रों में गड़बड़ कर दी गयी ? यह कहें तो लोग उलटे कहेंगे कि सरकार तो जनता पार्टी की है, अफसर इन्दिरा गाँधी कांग्रेस के पक्ष में गड़बड़ क्यों करेंगे ? मतगणना में गड़बड़ी की बात भी कोई नहीं मानेगा। हाँ, यह कह सकते हैं कि जबलपुर के लोगों ने वोट नहीं दिये। वोट देने के लिए आन्ध्र और कर्नाटक के लोग बुलाये गये थे। पर इस पर भी लोग विश्वास नहीं करेंगे। तब क्या कारण बतायें ? देखो, वोट के दिन तो मौसम अच्छा था। तो वोट जनता पार्टी और जनाधिकार परिषद को मिले थे। पूरी उम्मीद थी कि जनता पार्टी और जनाधिकार परिषद के जीते हुए जनसंघी मिलकर नगर निगम पर कब्जा कर लेंगे। पर रात को ही शीतलहर चालू हो गयी। वसन्त पंचमी को जब वोट गिने जा रहे थे, बेहद ठण्ड और शीतलहर थी। इसी ने वोट इन्दिरा कांग्रेस के कर दिये। यह मौसम का छल है। जनता ने तो वोट दिये थे। जनता तो वोट दे देती है मगर इन्दिरा गाँधी मौसम को पैसा खिलाकर शीतलहर चला दे तो इसमें कोई क्या करे ?

साधो, यह नतीजा कोई आकस्मिक नहीं है। जनपदों और ग्राम पंचायतों में जनता पार्टी हार चुकी है। रायपुर नगर निगम तथा अधिकांश नगरपालिकाओं में इन्दिरा कांग्रेस का ही बहुमत आया है। याने जनता जिस पार्टी को अब वोट नहीं दे रही है, वही जनता की पार्टी है। जनाधिकार परिषद भी अच्छी है, और सबसे ज्यादा दुख मुझे उसी के लिए है। उसके सबसे बड़े नेता जेब में पिस्तौल लिये और कारतूसों की माला पहने घूमते थे। पर्चों पर उनका फोटो इन्दिरा गाँधी की तरह छपता था। मेयर उन्हें ही होना था। मगर 'जन' ने, जिसके अधिकार के लिए यह संगठन है, वोट ही नहीं दिया। 'जन-आधार' के बिना यह जनाधिकार परिषद रह गयी। पासे उलटे पड़ गये। 1977 में जिन संघियों को टिकिट नहीं मिले थे, उन्होंने यह जनाधिकार परिषद बनायी थी। यह संघ के हाईकमान का फैसला था। योजना यह थी कि जनता पार्टी के बाकी घटक तो टूट-फूट, मिट-मिटा जायेंगे। बचेगा जनसंघ। तब सब चोर एक होकर राज करेंगे। मगर इस गणित में 'जनता' को भुला दिया गया था। उसी जनता ने हराकर यह बता दिया कि हमें भूलने का यह नतीजा होता है।

साधो, समाजवादी मन्त्री जबरसिंह कहते हैं कि जनाधिकार परिषद के कारण जनता पार्टी हारी। यह कुछ हद तक ठीक है। बाबूराव परांजपे गुट के स्वयंसेवक जनता पार्टी के खिलाफ काम कर रहे थे और सब मिलकर यह भी मना रहे थे कि

खण्डवा में कुशाभाऊ ठाकरे हार जायें, क्योंकि ठाकरे और बाबूराव परस्पर विरोधी हैं। आर. एस. एस. की यह तथाकथित एकता और अनुशासन भी साफ सामने आ गये। जनाधिकारवाले कहते हैं कि वे जनता पार्टी के कारण हारे हैं। तो इन्दिरा कांग्रेस किसके कारण जीती ?

साधो, इन्दिरा कांग्रेस जनता पार्टी और जनाधिकार परिषद के संयुक्त प्रयास से जीती। श्रेय इन दोनों को जाता है। जनता पार्टी सत्ता में है। यह राज ही नहीं कर रही है। इसका काम कुछ यह रहा है—मोरारजी और चरणसिंह के झगड़े तथा नानाजी देशमुख के लटके। शासन यह सरकार करती ही नहीं है। कोई आदमी शाम के बाद सड़क पर निकल नहीं सकता। औरत तो दिन में भी बाहर नहीं निकल सकती। लोग कहने लगे हैं कि इससे तो इमर्जेन्सी अच्छी थी। फिर कान्ति और सुरेश की बदनामी संजय से आगे बढ़ गयी है। अभी भी खबर है कि जार्ज फर्नांडिस के चचेरे भाई दुबई में तस्करी करते हैं। जनता पार्टी और सरकार एक मजाकिया नाटक कर रही है, और लोग जोकरों को वोट देना नहीं चाहते। वे खलनायकों को भी वोट नहीं देना चाहते। जनाधिकार परिषदवाले कोई भी तो स्वर्ग से उतरे नहीं हैं। इन्हें लोग जानते हैं। इनकी राजनैतिक ईमानदारी से भी वाकिफ हैं।

साधो, अब क्या करें ? कोई उपाय करके नगर निगम को भंग करवायें। मगर खतरा यह है कि तब तो इतने वोट भी नहीं मिलेंगे। बड़ी मुश्किल है। समझ में नहीं आता। अब तो—

रहिमन चुप हो बैठिए, देख दिनन को फेर।
जब नीके दिन आइहैं, बनत न लगिहै बेर।

कचरे की महँगी टोकरी

साधो, लोग बड़ा हल्ला कर रहे हैं कि गुजरात के मुख्यमन्त्री के दफ्तर के लिए जो कचरे की टोकरियाँ खरीदी गयी हैं, उनमें से हर एक की कीमत दो सौ रुपयों से ऊपर है। लोग इसे फिजूलखर्ची, झूठी शान मानतें हैं। इसे जनता पार्टी के सादगी के वायदे के खिलाफ भी मानते हैं। मगर साधो, ये लोग उस मुख्यमन्त्री को ठीक से नहीं समझ रहे हैं। राजनीतिक पद अस्थिर है। पता नहीं कब छूट जाय। वह मुख्यमन्त्री जानता है कि एक दिन उसे कचरे की टोकरी में जाना पड़ सकता है। मुख्यमन्त्री रुपये-दो रुपये की टोकरी में तो जायगा नहीं। आखिर उसकी प्रतिष्ठा है। इसी प्रतिष्ठा के हिसाब से मुख्यमन्त्री के लिए दो सौ रुपये की कचरे की टोकरी

खरीद ली गयी है, जिसमें वह इज्जत के साथ जा सके। कुछ लोग अपनी कब्र पर लगाया जानेवाला पत्थर खुद तैयार करवा लेते हैं। कुछ अपना श्राद्ध खुद कर डालते हैं। ये लोग दूरदर्शी होते हैं।

साधो, मुख्यमन्त्रियों का कचरे की टोकरी में जाना शुरू हो गया। कैलाश जोशी गये। सुना है, उनके लिए कोई महँगी टोकरी नहीं खरीदी गयी थी। हिमाचल प्रदेश के शान्ताकुमार की टोकरी तैयार थी। पर वे फिलहाल जाते-जाते रुक गये। देवीलाल की टोकरी तैयार है। वे जब चाहें, उनका स्वागत है।

साधो, मध्यप्रदेश के नये मुख्यमन्त्री सकलेचाजी ने पहले ही बयान में बहुत अच्छी बातें कही हैं। हर मुख्यमन्त्री अच्छी बात कहता है। तीस सालों में हमारे मन्त्रियों ने भाषा का अवमूल्यन कर दिया है। अब लेखकों को मन्त्रियों के द्वारा प्रयोग की जानेवाली भाषा का प्रयोग करने में शर्म आती है। उस भाषा का अर्थ ही दूसरा हो गया है। बेचारे लेखकों को नयी भाषा बनानी पड़ रही है। अवमूल्यन की भाषा में सकलेचाजी ने कुछ बातें कह दी हैं – प्रदेश का अब विकास होगा, बेरोजगारी मिटेगी, हरिजनों, भूमिहीनों को जमीन मिलेगी, गाँव-गाँव में बिजली पहुँचेगी। सबसे बड़ी बात—मैं जनता पार्टी के घटकों से ऊपर उठकर काम करूँगा।

साधो, अब प्रदेश का विकास होगा। अभी तक विकास रुका हुआ था, क्योंकि 7 महीने से सकलेचा दिल्ली से भोपाल आकर बैठे थे और मुख्यमन्त्री नहीं हो रहे थे। सकलेचाजी का विकास रुका था तो प्रदेश का विकास तो रुकना ही था। अब सकलेचाजी गुलाब की तरह विकसित हो गये हैं, तो प्रदेश भी गेंदे की तरह खिल जायेगा। साधो, असल में विकास में कैलाश जोशी ने बड़ी बाधा डाली। समाजवादियों ने हवा भर दी तो वे मुख्यमन्त्री हो गये। कैलाश जोशी ने यह नहीं समझा कि जहाँ जनसंघ बहुमत में है वहाँ मुख्यमन्त्री वह होगा जिसे आर. एस. एस. अपने कार्यक्रम पूरे करने के लायक मानता है। कैलाश जोशी भ्रम में थे कि लोकतन्त्र आ गया है और मुझे बहुमत प्राप्त है। तो साधो, चालू हो गयी क्रान्ति की प्रक्रिया। कैलाश जोशी से कहा जाने लगा—ए समाजवादी, बीमार पड़ गये! अच्छा, अब इस्तीफा दे स्वास्थ्य के कारण! उन्होंने इस्तीफा दे दिया, पर वह मंजूर नहीं हुआ क्योंकि दूसरे प्रदेशों के जनता-मन्त्रियों का भी स्वास्थ्य खराब हो जाता। आखिर जोशीजी ने व्यक्तिगत कारणों से इस्तीफा दिया और सकलेचाजी का विकास हुआ। भगवान सबका ऐसा विकास करें।

साधो, इस बीच कुशाभाऊ ठाकरे और सुन्दरलाल पटवा भी खड़े हो गये थे कि हमारा विकास होगा, तभी प्रदेश का विकास हम होने देंगे। पर उन्हें संघ के नेताओं ने यह कहकर बिठा दिया कि आगे तुम्हारा भी विकास करा देंगे। अभी तो सकलेचाजी का विकास होने दो। तुम अपना-अपना विकास करने लगे तो कहीं किसी समाजवादी का विकास न हो जाय।

साधो, संघ की भाषा में प्रदेश या देश के विकास का अर्थ खास होता है।

विकास का अर्थ है, जगह-जगह संघ के कार्यकत्ताओं को फिट कर देना जिससे कुछ समय में शासकीय, अर्द्धशासकीय और सार्वजनिक मशीनरी पर उसका कब्जा हो जाय। यहीं देखो, सकलेचाजी ने कहा कि जनता की शिकायतों को दूर करने के लिए समितियाँ बनेंगी। इन समितियों में संघ के कार्यकर्ता होंगे। तब लोग समझ जायेंगे कि असली सरकार संघ ही है। बाकी कोई सरकार नहीं है। तुम्हें नल का कनेक्शन चाहिए, तो स्थानीय संघ के पास जाओ और जुए का फड़ चलाना है तो भी स्थानीय संघ से मंजूरी लो। विकास का यही अर्थ है। जनता पार्टी के भीतर के दलों में बाकी सबके तात्कालिक उद्देश्य हैं, केवल संघ के दूरगामी उद्देश्य हैं और वह उनके लिए धीरे-धीरे, चुपचाप, व्यवस्थित काम कर रहा है। इन उद्देश्यों की पूर्ति के लिए सकलेचा सक्षम हैं, इसलिए मुख्यमन्त्री बनाये गये हैं। वे हम-तुम जैसे टुच्चों का भला करने के लिए मुख्यमन्त्री नहीं हुए हैं।

तो साधो, सकलेचाजी बिजली देंगे। अच्छी बात है। मगर मेरी सलाह है कि हरिजनों को भूमि हरगिज न दें। इससे बड़े किसानों और ऊँची जाति के लोग उनसे नाराज होंगे। और यही जनसंघ समर्थक हैं। बेकारी तो मिट ही जायेगी, क्योंकि सकलेचाजी बेकारों को अपने घर में ही काम दे देंगे।

तो साधो, तमाशा देखो और खुश रहो। वायदे की रोटी खाओ। खुश हो जाओ कि अपने सकलेचाजी का विकास हो गया। भगवान करे आगे कुशाभाऊ ठाकरे का विकास हो जाये। जनता पार्टी में भूतपूर्व कांग्रेसी तो रोने लगे हैं। समाजवादी देर से समझता है और देर से रोता है। वे भी इस दूसरी आजादी से जल्दी तंग आ जायेंगे।

मन्त्रियों का जनसम्पर्क

साधो, मन्त्रियों ने जनसम्पर्क कर लिया। जनसम्पर्क एक पर्व होता है। इसे हर सरकार मनाती है, हर मन्त्री अपने ढंग से मनाता है। पहले एक मन्त्री थे। वे अचल सम्पत्ति थे और हैं। उनके मुखकमल में पान हमेशा भरा रहता है। एक बार जन-सम्पर्क सप्ताह में उन्होंने अपने छज्जे पर से पीक थूक दिया, जो एक आदमी पर गिरा। वे एकदम भीतर गये और चमचों से कहा—'बड़ा अनर्थ हो गया। मैंने एक आदमी पर पीक थूक दी।' चमचों ने कहा—'कोई बात नहीं। यह जनसम्पर्क सप्ताह है। हो गया आपका जनसम्पर्क।'

साधो, जनता मन्त्री नये हैं। यह उनका पहला जनसम्पर्क है। सुहागरात पर दुल्हन की तरह अभी लजाते हैं। इन मन्त्रियों में छवि की होड़ लगी है। किसका

समाचार अखबारों में ज्यादा अच्छा छपता है। किससे मिलकर लोग ज्यादा गद्‌गद होते हैं। कहते हैं—

सेवक भवन स्वामि आगमनू।
मंगल करन अमंगल हरनू॥

साधो, यह किसी पार्टी की सरकार तो है नहीं। 1967 जैसी संविद सरकार है। एक-दूसरे को खोदकर गाड़ देनेवाले लोग एक ही सरकार में हैं। तो इनके जिम्मे एक काम और है। जनसम्पर्क में जनसंघी मन्त्री समाजवादियों को उखाड़ने की कोशिश करता है और समाजवादी जनसंघियों को।

साधो, मन्त्री चाहे नये हों, पर तन्त्र वही है, और सरकारी अफसर भी वही हैं। यही अफसर जन को लाते हैं और सम्पर्क करा देते हैं। हांक लग जाती है गांवों में— चलो रे सालो, मन्त्री आये हैं। ऐ चमरो, चलो जल्दी। और सुन लो हरामजादो, कुछ अण्डबण्ड शिकायत की तो···! साधो, ये जन आते हैं। बड़ी मासूम-सी तकलीफ बताते हैं—मालक, पानी की बड़ी तकलीफ है। नदी यहाँ से बहुत दूर है। मन्त्री कहता है—कोई बात नहीं। हम उस नदी को खींचकर यहाँ ले आयेंगे। जनता सरकार तो समन्दर खींचकर लानेवाली है। नदी की क्या औकात?

साधो, मन्त्री की छवि बनाने का इन्तजाम करना पड़ता है। कोई ऐसा दीन-हीन आदमी लाना पड़ता है जिसे देखकर मन्त्री रो पड़े—'देख सुदामा की दीन दसा करुणा करके करुणानिधि रोये।' फिर अखबारों में यह समाचार छपता है—'जब मन्त्रीजी रो पड़े।' कोई ऐसा आदमी न आय तो अफसरों को डाँट पड़ती है कि ऐसा आदमी नहीं पेश कर सके, जिसे देखकर मन्त्री की आँखों में आँसू आ जायें। साधो, कभी-कभी तो अफसर अपने बाप को ही पेश कर देते हैं, जिसे देखकर मन्त्री रो पड़ते हैं।

साधो, इसी छवि को बनाने के चक्कर में साधु-मन्त्री रायपुर में झंझट में पड़ गये। साधु के दिमाग में यह बोझ है कि मुझे ढीला मन्त्री समझा जाता है। मुझे और किसी काम के लायक न समझकर जेल विभाग दे दिया गया है। तो बैरागी मन्त्री यह तय करके निकले थे कि मैं अपनी ताकत दिखा दूंगा। रायपुर में किसी गली में साधु की चप्पल कीचड़ में फँस गयी। साधु क्रोधित हुए। त्रेता या द्वापर होता तो साधु शाप दे देते कि सारी पृथ्वी का पानी सूख जाय। अगस्त्य ने समुद्र सोख लिया था। पर, हमारे साधु मन्त्री ने छत्तीसगढ़ पर दया की। साधो, साधु मन्त्री ने आदेश दिया—कारपोरेशन कमिश्नर को बुलाओ। कारपोरेशन कमिश्नर उस समय दूसरे मन्त्री की छवि बना रहे थे। वे जल्दी आ नहीं सके। त्रेता या द्वापर होता तो साधु कहता—कमिश्नर, तू भस्म हो जा। पर दया करके हमारे साधु ने केवल सस्पेण्ड किया। अब कारपोरेशन कर्मचारी हड़ताल पर हैं और 'पवन दीवान मुर्दाबाद' के नारे लगा रहे हैं। ऐसा शासन किसी मन्त्री का नहीं रहा।

और साधो, अम्बिकापुर में एक मन्त्री गये। उनके सामने सौ-डेढ़ सौ जनता आयी। मन्त्री ने एक से पूछा — तुम्हें कोई शिकायत है? उसने जवाब दिया— सा'ब,

सड़क बनाने के काम में लगे हैं पर मजूरी ठीक से नहीं मिलती। मन्त्री ने दूसरे से पूछा, फिर तीसरे से। सबने यही कहा कि मजूरी ठीक नहीं मिलती। यह भी कहा कि हम सड़क बनाने के काम में लगे हैं। साहब ने हमें यहाँ भेजा है।

साधो, यह तो ठीक है कि जनता न होगी तो लोककर्म विभाग के अफसरों ने मजदूरों को मन्त्री के सामने भेज दिया। भूल एक ही हुई। मजदूरों से कहना भूल गये कि देखो बे, मजदूरों के बारे में कुछ शिकायत मत करना। पर कोई डर की बात नहीं। लोककर्म विभागवालों का तो भगवान भी कुछ नहीं बिगाड़ सकते।

संसद में चुम्बन-विवाद

साधो, चुम्बन का विवाद एक बार फिर उठा। यों हम साधु-संन्यासियों को इस झमेले में नहीं पड़ना चाहिए। साधुओं को तो ऐसा है कि कभी चोरी-छिपे भक्ति से भगवान के नाम पर कुछ हो गया तो हो गया, वरना साधु तो पतित पावन है। चुम्बन का मामला संसारी जीवों के लिए है। कुछ कहते हैं कि फिल्मों में चुम्बन के दृश्य दिखाना चाहिए। कुछ इसका विरोध करते हैं। विरोध करनेवालों का यह तर्क है कि चुम्बन अश्लील है और उसके फिल्मी प्रदर्शन से लोगों की रुचि और नैतिकता पर बुरा प्रभाव पड़ेगा।

साधो, वैसे हम जानते हैं कि हमारे बम्बइया फिल्मवालों की कलादृष्टि और रुचि इतनी अच्छी है कि अगर उन्हें फिल्मों में चुम्बन दिखाने की छूट मिल गयी तो हम देखेंगे कि फिल्मों में नाक और कान चबाने के दृश्य आने लगेंगे। अभी शरीर-सौन्दर्य के प्रदर्शन की छूट है तो कपड़े खसकाना और उतारना होता रहता है। फिल्म-व्यवसाय ऐसे ऊँची किस्म के भौंड़ों के हाथों में है कि प्रेम के दृश्य में वे यह दिखाने की इच्छा रखते हैं कि प्रेमी-प्रेमिका एक-दूसरे को सलाद के साथ खा रहे हैं।

साधो, मगर फिल्मों में चुम्बन से बढ़कर विवाद इसी बात पर अटक गया कि चुम्बन अच्छा है या बुरा। जनसंघ के कँवरलाल गुप्त ने कहा—चुम्बन मात्र गन्दी चीज है। मन्त्री लालकृष्ण आडवाणी ने कहा—नहीं-नहीं, ऐसी बात नहीं है। वे लालकृष्ण हैं। यदि चुम्बन को गन्दा कह देते तो कृष्ण-लीला का क्या होता। आडवाणी भी जनसंघ के ही हैं। दोनों शाखा से आये हैं। दोनों की नैतिकता और चरित्र की शिक्षा भी एक ही हुई है। वैसे कुछ लोग कहते हैं कि जो कुछ भी सुन्दर और मानवीय है वह सब संघ में अनैतिक माना जाता है। हमें इससे मतलब नहीं। हमारी चिन्ता तो यह है कि अगर चुम्बन अनैतिक है और संस्कृति के प्रतिकूल है तो

कँवरलाल गुप्त चुम्बन की जगह कौन-से सांस्कृतिक-नैतिक तरीके से पत्नी से प्रेम प्रगट करते होंगे। प्रेम में कहीं लाठी तो नहीं मारते ? खैर, इस पर निर्णय तो अटल-बिहारी ही देंगे। हम छोटे लोग कुछ नहीं कह सकते।

साधो, एक संसद-सदस्य लाकप्पा ने पूछा कि भारतीय चुम्बन में ही क्या बुराई है। यह बात सोचने की है। भारत में विदेशी फिल्में भी दिखायी जाती हैं, जिनमें चुम्बन के दृश्य खूब दिखाये जाते हैं। टाँगें भी दिखायी जाती हैं। बहुत लोग अँगरेजी का अक्षर नहीं समझते, पर इन फिल्मों को जरूर देखते हैं। काये भैया कितै चले ? अरे ज़रा अँगरेजी फिल्म देखबे जा रये हैं। कौन-सी फिलम है भैया ? का पता कछू अँगरेजी नाम है। भैया, फिलम कछू नई समझें। चूमाचाटी देखबे जाते हैं। साधो, यदि चुम्बन दिखाने से चरित्र गिरता है तो इन विदेशी फिल्मों को भी रोक लगाना चाहिए। या शायद ऐसा हो कि अँगरेज अँगरेज का चुम्बन बुरा नहीं होता। उससे देखनेवाले पर बुरा असर नहीं पड़ता। वह गोरे साहब और मेम साहब का चुम्बन है। पर भारतीय भारतीय का चुम्बन अगर फिल्म में दिख गया तो जरूर बुरा असर पड़ेगा। विदेशियों का चुम्बन पवित्र होता है, भारतीयों का ही अपवित्र होता है। पता नहीं दुनिया में अपने को सबसे पवित्र जाति माननेवालों का प्रेम-प्रदर्शन कैसे अपवित्र हो गया ? शायद स्त्री की दहेज के लिए हत्या पवित्र कर्म मान लिया गया है।

साधो, दुहरी नैतिकता में जीनेवाले हम लोग कमाल करते हैं। कृष्ण की चीर-हरण-लीला को भक्तिभाव से सुनते हैं, क्योंकि वह भगवान कृष्ण का मामला है। पवित्र है। कालिदास और जयदेव के घने वासना-प्रसंगों को पढ़ने-पढ़ाने देते हैं, क्योंकि वे संस्कृत में, देववाणी में हैं और देवता या सामन्त के विलास के बारे में हैं। कालिदास या जयदेव ने यह कहीं नहीं लिखा है कि कोई नौकर नौकरानी का चुम्बन ले रहा था। छोटे, टुच्चे लोगों का प्रेम ही अनैतिक और अपवित्र होता है। सूरदास और विद्यापति ने भी बहुत गहरे विलास-प्रसंग लिखे हैं। पर वे राधाकृष्ण के हैं। भगवान कृष्ण की जय ! मगर साधारण आदमी के साधारण प्रेम-प्रदर्शन का चित्रण अगर हो जाय, तो वह अनैतिक हो जाता है।

साधो, जिन्हें चिन्ता है कि फिल्मों में चुम्बन देखकर लड़के-लड़की भ्रष्ट होंगे, उन्हें मैं बता दूं कि कामुक चित्र, कामुक किताब आदि अधेड़ और बूढ़े ज्यादा रुचि से देखते-पढ़ते हैं। और जो फुटपाथों पर बिकती हैं, उनके अधिक पाठक युवा वर्ग के नहीं, काकाजी, मामाजी और फूफाजी होते हैं। वे इन्हें रामायण में छिपाकर पढ़ते हैं। इनके ऊपर 'भजनावली' का कवर लगा लेते हैं। युवक-युवती बिना फिल्मों के भी बिगड़ना चाहेंगे तो बिगड़ेंगे। उनकी चिन्ता छोड़ो। पश्चिम के माँ-बाप ने उनकी चिन्ता छोड़ दी है। यहाँ भी, अगर यही समाज़-व्यवस्था रही तो छोड़ना पड़ेगा। व्यवस्था बदलना इस देश में पाप माना जाता है। इसी पाप का यह पुण्य फल है कि हम दोरंगी जिन्दगी जीते हैं। चुम्बन को गन्दा मानते हैं और खजुराहो की काम-लीला की मूर्तियों को ज्यादा से ज्यादा लोगों को दिखाने के लिए पर्यटन विभाग विज्ञापन करता है।

शाही दमन की बर्बरता

साधो, एक खबर चलती-चलती सऊदी अरब से आयी है। मक्का वहीं सऊदी अरब में है। वहाँ के एक शाह सऊद भारत-यात्रा पर आये थे। तब उनके लिए ऐसी चुम्बकीय कुर्सी और बिस्तर का इन्तजाम किया गया था कि उनका मुँह हमेशा मक्का की तरफ रहे। उन्होंने रेल से भी भारत-यात्रा की थी और उसमें भी उनकी कुर्सी ऐसी थी कि रेल किसी भी दिशा में जा रही हो, शाह का मुँह हमेशा मक्का की तरफ रहता था। ऐसे धर्मात्मा, सच्चे मुसलमान हैं ये शाही खानदान के लोग।

साधो, इसी शाही खानदान में एक घटना हो गयी। एक शाहजादी माशा ने एक मामूली आदमी से प्रेम कर लिया और शादी भी कर ली। घोर अनर्थ हो गया। शाही खून शाहजादी में था और उसके प्रेमी तथा पति में मामूली खून था। शाही खानदान को लगा कि उनकी पवित्रता नष्ट कर दी गयी। सज़ा मिलनी चाहिए। यह शाहज़ादी मामूली नहीं है, वर्तमान शाह खालेद के बड़े भाई की पोती थी। शाही खानदान ने माँग की कि शाहज़ादी और उसके पति को बीच बाजार में पत्थर मार-मारकर मार डाला जाय। यह माँग करनेवालों में शाहज़ादी के काका, मामा, फूफा, दादा, चाची, मौसी सब होंगे। लड़की ने मामूली आदमी से शादी कर ली तो शाही इज्जत चली गयी, मगर उसे मामूली आदमियों के बीच, बाजार में पत्थरों से मार डालने में शाही इज्जत बढ़ती थी। शाही इज्जत भी अजब चीज है। साधो, आजकल मौत की सज़ा बिजली की कुर्सी से, या एक खास गैस से भी दे दी जाती है। मगर शाही खानदान अपनी लड़की को बाज़ार में पत्थर से मरवा डालना चाहता था। पर, फिर शाहजादी के बाबा ने प्रार्थना की कि लड़की को गोली से मार दिया जाय जिससे तकलीफ कम हो। बड़ी दया करके उनकी यह बात मान ली गयी और बाजार में शाहज़ादी को गोली मार दी गयी तथा उसके पति की गर्दन तलवार से काट दी गयी। इश्क की सज़ा मिल गयी। शाही खानदान का अहंकार रह गया।

साधो, लोग इस घटना से बहुत दुखी हैं। ईसा ने एक बार देखा कि एक स्त्री को लोग पत्थर से मारने पर आमादा हैं। उन्होंने पूछा तो उन्हें बताया गया कि यह व्यभिचारिणी है। तब ईसा ने कहा—अच्छा, तो उसे पहला पत्थर वह मारे जिसने कोई पाप न किया हो। तो कोई पत्थर मारने को तैयार नहीं हुआ। साधो, ये शाही खानदान के लोग बड़े पवित्र होते हैं। प्रकृति ने तेल दे दिया है, जो सोना है। इस तेल की कमाई से ये तेली शेख और शाहजादे क्या नहीं करते। पैसा लेकर न्यूयार्क, लन्दन और पेरिस जाते हैं और वहाँ गोरी गणिकाओं के चरणों में लोटते हैं। बेहिसाब पैसेवाले इन गँवार शाहों और शेखों को अमेरिका में कैसे बेवकूफ बनाया जाता है, इसकी फिल्में बनती हैं। और शाहज़ादियाँ, बेगमें? जहाँ एक-एक शाही खानदान के पुरुष की अनगिनती बीवियाँ हरम में पड़ी हों, वे रातें कैसे गुजारती

होंगी, यह किसे मालूम। मगर फिर भी शाही पवित्रता अपनी जगह है। इन शाहों को मिश्र के शाह फारूख की याद नहीं होगी। जब कर्नल नासिर के नेतृत्व में वहाँ विद्रोह हुआ था तो शाह फारूख भागे-भागे फिरते थे। उनका शाही पानी उतर गया था। उन्हें तो उस देश में मरने का भी सुभीता नहीं मिला, जिस पर उन्होंने निरंकुश राज किया था। ये सऊदी अरब के शाही खानदान के आदिम बर्बर लोग तो शाहज़ादी और उसके पति को नाखूनों से भी मार सकते थे या दाँत से भी काट सकते थे। जंगली को सब हक है। वहाँ न कोई कानून मालूम होता है, न अदालतें हैं।

साधो, कई साल पहले इंग्लैण्ड के शाही खून पर भी संकट आया था। रानी एलिजाबेथ की छोटी बहिन एक फौजी कप्तान से शादी करना चाहती थी। फिर कप्तान में शाही खून नहीं मिला। आखिर शादी हुई मार्गरेट की एक फोटोग्राफर से। पोथी-पत्रा देखकर पता लगा लिया गया कि फ़ोटोग्राफर साहब के खानदान में कई पीढ़ी पहले शाही खून था। लो, फोटोग्राफर का उद्धार हो गया।

साधो, ये अरब शाह और शेख अजायबघर की चीजें हैं। मगर पेट्रोल का बेहिसाब पैसा है। इन्हें यह नहीं दिखता कि ये खून के कारण मारते हैं तो यूरोप के गोरे रंग के कारण मारते हैं। अफ्रीका में गोरे साँवले-कालों को ऐसे भी मारते हैं। अफ्रीका में बहुत मुसलमान भी हैं। इधर अमेरिका चाहे जब इस्राइल को उकसाकर अरबों की पिटाई करवा देता है। यही शाही अरब जो लड़की को मनचाही शादी करने पर मार डालते हैं, मानव-अधिकार की बात करते हैं। मानव-प्रतिष्ठा की बात कहते हैं। ये कहते हैं—फिलिस्तीनियों को अधिकार मिलना चाहिए। अपनी लड़की के खून से मुँह पोतकर कैसी अच्छी मानवीयता की बात कर लेते हैं।

साधो, हम भारतवासी इन अरब शाहों पर थूकना तो चाहते हैं, पर थूक अटक जाता है। हम किस मुँह से थूकें। हम भी तो हरिजन को जिन्दा जला देते हैं। मुर्गे को तो मारकर भूनते हैं, मगर हरिजन को जिन्दा भूनते हैं। हम थूकें तो थूक हमारे ही चेहरे पर गिरेगा।

मध्यप्रदेश नम्बर एक पर

साधो, जब शर्म की बात गर्व की बात बन जाय तब समझो कि जनतन्त्र बढ़िया चल रहा है। दूसरी आजादी के बाद सबसे अच्छा गणतन्त्र मध्यप्रदेश में चल रहा है। यह प्रदेश नम्बर वन पर है और रहेगा। देखो, इस समय विधानसभा का अधिवेशन दफा 144 की छाया में चल रहा है। तीस सालों में ऐसा कहीं कभी नहीं हुआ कि

विधानसभा का अधिवेशन चल रहा है और राजधानी में दफा 144 लगी हो। जनता ने इन्हीं प्यारे-प्यारे प्रतिनिधियों को वोट देकर विधानसभा में बिठाया है। सकलेचाजी इन्हीं प्रतिनिधियों को जनता के दर्शन से बचा रहे हैं। जनता इन्हें देख लेगी तो नजर लग जायेगी। यह कानून और व्यवस्था के लिए किया जा रहा है। किसी दिन सरकार पूरे मध्यप्रदेश में कर्फ्यू लगा देगी और कहेगी कि प्रदेश में सर्वत्र शान्ति है। साधो, ये सम्पूर्ण क्रान्तिवाले लोग हैं, जो कभी बिहार में और गुजरात में विधायकों को पकड़कर कहते थे कि विधानसभा में मत जाना।

साधो, मध्यप्रदेश कई मामलों में नम्बर वन है। मुख्यमन्त्री सबसे पहले यहीं बदले गये और ऐसे नाटक के साथ बदले गये कि बड़ी-बड़ी नाटक कम्पनियाँ हैरत में आ गयीं। मिनी मीसा भी सबसे पहले यहीं लगा। और साधो, अपने प्यारे मुख्यमन्त्री जब जनता को दर्शन देने दौरे पर निकले तो जैसा उनका स्वागत हुआ किसी मुख्यमन्त्री का नहीं हुआ होगा। मुर्दाबाद, जूता, चप्पल बड़ी उदारता से उनके स्वागत में फेंके गये और मुख्यमन्त्री ने खुश होकर धन्यवाद के रूप में पुलिस की लाठी बरसवा दी, गिरफ्तारियाँ करवा दीं। संसद-सदस्य कहते हैं कि पुलिस के साथ मिलकर 'संघ' के लोगों ने पिटाई की। यह भी अच्छा हुआ। संघ में लाठी की शिक्षा दी जाती है, उसका अभ्यास करने के लिए ऐसा मौका अच्छा रहता है। वैसे तो पुलिस की जरूरत ही नहीं है। जब सुशिक्षित संघ की पलटन है तो पुलिस पर फालतू खर्च बन्द कर देना चाहिए। संघ ही पुलिस बन जाय तो मुकदमे वगैरह की झंझट भी नहीं रह जायगी, अदालतों की जरूरत भी नहीं रहेगी। संघवाले वहीं मुकदमा कर लेंगे और वहीं सज़ा दे देंगे।

साधो, मुझे यह देखकर भी खुशी है कि बड़ी तेजी से संघ जनता के दिलों में जगह बनाता जा रहा है। इसका श्रेय मुख्यमन्त्री, युवा जनता और समाजवादियों को है। रोज शहरों में जुलूस निकालते हैं और नारे लगाते हैं—'आर. एस. एस. मुर्दाबाद।' साधो बार-बार यह नारा लोगों के कान में पड़ता है तो लोगों के मन में एक बढ़िया छवि संघ की बनती है। लोग मुझसे ही पूछते हैं—यह आर. एस. एस. क्या है? मैं कहता हूँ—यह एक अच्छा सांस्कृतिक संगठन है। लोग पूछते हैं—इसके साथ मुख्यमन्त्री का नाम क्यों लिया जाता है? मैं जवाब देता हूँ—मुख्य-मन्त्रीजी सांस्कृतिक आदमी हैं। वे इस संगठन के हैं। वे पुलिस के द्वारा संस्कृति का प्रचार करवाते हैं। तो लोग पूछते हैं—मगर इसका मुर्दाबाद क्यों होता है? मैं समझाता हूँ—तुम गलत सुनते हो। असल में जिन्दाबाद कहा जाता है। देखो साधो, संघ ने चालीस-पचास सालों में जितनी लोकप्रियता हासिल नहीं की, उतनी सकलेचा ने कुछ दिनों में ही अपने सुकर्मों से दिलवा दी।

साधो, मैं तो कहता हूँ मुख्यमन्त्री से कि ज्यादा देर नहीं करनी चाहिए। सचिवालय बल्लभ भवन पर भगवा झण्डा चढ़वा ही दो। लोग थोड़ा विरोध करेंगे, पर हम लोग पुलिस और अपनी प्राइवेट फौज से उसे दबा देंगे। देर नहीं करनी चाहिए। ये समाजवादी आपको चैन नहीं लेने देंगे। इनसे अपनी पट भी नहीं सकती।

हम हिन्दू राष्ट्रवाले और ये साम्प्रदायिकता विरोधी। हम सामन्तवाद और पूंजीवाद के रक्षक और ये समाजवाद में विश्वासवाले। हम साम्प्रदायिक तानाशाहीवाले और ये लोकतन्त्र के विश्वासी। पट ही नहीं सकती।

साधो, फिर इनके साथ संघ के विरोध में कम्युनिस्ट और कांग्रेसी भी हो गये हैं। ये सबके-सब अराष्ट्रीय हैं। तो जनता पार्टी तो टूटेगी। सरकारें भी गिरेंगी। इसीलिए मैं मुख्यमन्त्री से कहता हूँ कि कुछ ऐसा कर डालो जिससे मध्यप्रदेश को ही यह गौरव मिले कि पहली जनता सरकार यहीं टूटी। मुझे डर है, कहीं यह गौरव उत्तरप्रदेश या हरियाणा को न मिल जाय।

कौन कहाँ है ?

साधो, तुमने बच्चों को एक खेल खेलते देखा होगा। एक बच्चे की आँख पर पट्टी बाँध देते हैं। कुछ बच्चे उसके आसपास उछलते-कूदते हैं। उसे छूकर भागते हैं और पट्टी बाँधे बच्चा किसी बच्चे को पकड़ने की कोशिश करता है। यह अन्धपकड़ अपने राजनैतिक दलों में चल रही है। नेता आँखों पर पट्टी बाँधे हैं, हाथ फैलाकर पकड़ने की कोशिश करते हैं और आसपास के राजनीतिज्ञ उन्हें छूकर, चिकोटी काटकर भाग जाते हैं।

साधो, कांग्रेस, जो इस समय चव्हाण कांग्रेस है, में यही हो रहा है। चव्हाण के ही चमचे शरद पवार वगैरह कांग्रेस छोड़ गये और जनता पार्टी से मिलकर सरकार बना ली। इधर चव्हाण अनुशासन लागू कर रहे हैं। यह ऐसा हुआ कि शिक्षक को पढ़ाना नहीं है। आराम करना है। तो उसने लड़कों से चुपचाप कहा—इधर-उधर की खिड़की से खिसक जाओ और खेलो। लड़के खिसक गये और मास्टर साहब दिखाने के लिए छड़ी लेकर बरामदे में खड़े-खड़े चिल्ला रहे हैं—खबरदार, कोई लड़का क्लास से भागे नहीं। मैं उसे स्कूल से निकलवा दूंगा। चव्हाण ठीक मास्टर साहब की तरह बर्ताव कर रहे हैं। जो लड़के खुद ही स्कूल को बेकार समझकर छोड़ गये हैं, उन्हें धमकी दे रहे हैं कि तुम्हें स्कूल से निकलवा दूंगा। ऐसे में तो हेडमास्टर को भी चिन्ता होनी चाहिए कि अगर सब लड़के ही स्कूल छोड़ गये तो मैं किनका हेडमास्टर रहूँगा। मेरा तो पद ही चला जायगा। अगर कांग्रेसी ही चले गये तो चव्हाण किनके अध्यक्ष रहेंगे ? चतुर हेडमास्टर वह है जो लड़कों के पीछे-पीछे खुद उस बड़े स्कूल में चला जाय जहाँ वे लड़के गये हैं। उसे उस स्कूल में नौकरी मिल जायगी। मुझे आशा है कि चव्हाण भी अपने चेलों के पीछे-पीछे जनता पार्टी में चले जायेंगे।

साधो, बड़ा मजा आ रहा है। भाई, भाई को छोड़कर जबलपुर से भोपाल चला गया है। भोपाल में उसका कुछ सिलसिला जम गया है। इधर जबलपुरवाला भाई उसे चिट्ठी लिखता है कि भैया मुझे पक्का बताओ कि क्या तुम सचमुच भोपाल चले गये हो। इसमें पक्का और सचमुच बताने की क्या बात है ? वह तो जबलपुर छोड़-कर चला ही गया है। जो चला ही गया है उससे पूछ रहे हैं कि क्या तुम सचमुच चले गये। साधो, यही महाराष्ट्र में हो रहा है। वहाँ शरद पवार ने साथियों सहित प्रगतिशील कांग्रेस बना ली है और जनता पार्टी से मिलकर सरकार भी बना ली है। मगर महाराष्ट्र कांग्रेस के अध्यक्ष तिड़के शरद पवार व उनके साथियों को पत्र लिखकर पूछते हैं कि क्या तुमने सचमुच कांग्रेस पार्टी छोड़ दी है। वे तो मुख्यमन्त्री और मन्त्री बन चुके। आगे जनता पार्टी में चले जायेंगे। अभी धर्मशाला में हैं और. तिड़के ''क्या तुमने सचमुच घर छोड़ दिया।

साधो, कौन कहाँ है, किसके साथ है, पता नहीं। सब आँखों पर पट्टी बाँधकर टटोल रहे हैं। चरणसिंह ने टटोलते-टटोलते जनसंघ को पकड़ लिया और दोनों ने तीन-तीन राज्य बाँट लिये। दिल्ली में भी जनसंघ चरणसिंह के साथ चला। फिर एक दिन चरणसिंह ने पाया कि जनसंघ तो खिसक गया। उसे मोरारजी भाई ने पकड़ लिया। जनसंघ ने मोरारजी से कहा कि हम तो आपके साथ हैं। माँग लो चरणसिंह, राजनारायण से इस्तीफा। मोरारजी ने इस्तीफे माँग लिये। इसके बाद साधो, खेल आगे बढ़ा। जनसंघ और कुछ समाजवादियों ने कहा—हम तो तुम्हारे भी हैं और उनके भी हैं। अब तुम दोनों मिल जाओ। अब अटलबिहारी ने चरणसिंह से कहा—हम तो आपके ही साथ हैं। यह बीच में तो हमने एक खेल खेला था। चलो तुम्हें मोरारजी से मिलवा देते हैं।

साधो, मोरारजी समझ रहे हैं कि जनसंघ मेरे साथ है, मगर वह चौधरी के साथ चला गया। जनता संसदीय दल की कार्यकारिणी के चुनाव के मसलों पर जनसंघ और समाजवादियों ने मोरारजी से झगड़ा कर लिया।

साधो, जब आदमी की जिन्दगी का ठिकाना नहीं है, तो उसकी निष्ठा और ईमान का क्या ठिकाना ? अभी साँस चल रही है और अगले क्षण चली गयी। अभी इनके साथ है और अगले क्षण उन्हें छोड़ गये। मेरा सुझाव है कि ये जो 3-4 बड़े नेता हैं, वे रोज सबेरे, दोपहर और रात को सोते वक्त पूछ लिया करें—क्यों भैया, इस वक्त हमारे साथ हो कि नहीं।

डॉक्टर स्वामी सनकी नहीं है

साधो, इन दिनों फिर जनसंघ के अर्थशास्त्री डॉक्टर स्वामी अखबारों में विराजमान हैं। वे अर्थशास्त्री कहलाते हैं, पर आज तक इन्होंने अर्थशास्त्र की कोई बात नहीं की। भारतीय अर्थव्यवस्था की कोई बात कहते तो इस देश का कुछ लाभ होता। पर डॉक्टर स्वामी को इस देश का लाभ करना ही नहीं है, क्योंकि शायद वे इस देश के नहीं, अमेरिका के नागरिक हैं और एशिया में अमेरिकी साम्राज्यवाद के हितों को बढ़ा रहे हैं। शक ऐसा ही होता है। पहले तो वे ऊलजलूल शास्त्र की बातें करते थे। जैसे उन्होंने कह डाला कि सुभाष बोस की दो पेटियाँ जापान में रखी थीं। उन्हें जवाहरलाल नेहरू ने चुपके से बुलवा लिया और उनमें जो सोना तथा जवाहरात थे, उन्हें दो करोड़ रुपयों में बेचकर खा गये। तब हमें लगा था कि जवाहरलाल को पैसा खाना भी नहीं आता था। खाया भी तो इतना कम। इसी देश में अरबों खाने की तरकीब हम उन्हें बता देते।

मगर साधो, जिस डॉक्टर स्वामी को हम सनकी समझते थे वे चीन हो आये। वहाँ के नेताओं से भारत-चीन सीमा-विवाद पर बात कर आये। रूस-भारत सम्बन्धों पर बात कर आये। भारत-चीन समस्या को सुलझाने के सूत्र भी खोज लिये। साधो, लोग पूछते हैं कि ये डॉक्टर स्वामी किस हैसियत से गये थे? इन्हें किसने भेजा था? इनका खर्च किसने दिया? इन्हें भारत-चीन समस्याओं पर बात करने का क्या हक है?

साधो, विदेश मन्त्रालय कहता है कि हमने नहीं भेजा। प्रधानमन्त्री कहते हैं कि हमने भी नहीं भेजा। तो क्या डॉक्टर स्वामी ने अपने खुद की तस्करी कर ली। वे अपने-आपको 'स्मगल' करने के उस्ताद हैं। आपातकाल में वे तस्करी के माल की तरह अपने को देश के बाहर और भीतर करते रहते थे। उन्होंने चीनी दूतावास से निमन्त्रण लिया। चीनी दूतावास ने इसलिए निमन्त्रण दिया कि स्वामी रूस विरोधी हैं और अमेरिका समर्थक हैं। फिर उनके हांगकांग तक जाने का खर्च उस परिषद ने दिया, जिसके पदेन अध्यक्ष अटलबिहारी वाजपेयी हैं।

अब साधो, उनकी बातों से ऐसा मालूम होता है कि वे चीन और अमेरिका की तरफ से भारत से सौदा कर रहे हैं। ईरान, पाकिस्तान, जापान, चीन आदि को मिलाकर अमेरिका एक रूस विरोधी मोर्चा बना रहा है। पूरी कोशिश हो रही है कि भारत भी उसमें शामिल हो जाय। डॉक्टर स्वामी को भारत का भला नहीं देखना। वह भाड़ में जाय। अमेरिका का भला देखना है। अब ज़रा डॉक्टर स्वामी के अमृत वचन सुनो। कहते हैं, वास्तविक सीमा तो वह होती है जिसका उपयोग होता हो। याने हिमालय की उन जगहों को जिनका हम उपयोग नहीं करते, हम अपनी सीमा में नहीं मानें। यह राष्ट्रभक्ति है। राष्ट्र की अखण्डता यही है। जवाहरलाल नेहरू ने जब कहा था कि जिस जगह को लेकर भारत-चीन विवाद है,

वहाँ घास भी नहीं उगता, तब संघी वीरों ने कितना शोर मचाया था। तब जो चीन से बातचीत करके मामला तय करने के लिए कहते थे, उन्हें देशद्रोही कहा जाता था। और अब ये कौन-सी देशभक्ति की बात कह रहे हैं?

साधो, चीन मानता है कि विश्व-युद्ध अवश्य होगा। इससे ज्यादा वह यह मानता है कि उसका रूस से युद्ध होगा। डॉक्टर स्वामी कहते हैं कि चीनी नेता चाहते हैं कि रूस-चीन युद्ध में भारत तटस्थ रहे। पर भारत की रूस से बीस साल की सहयोग की सन्धि है। इसी सन्धि के दम पर तो बंगला देश-युद्ध के समय अमेरिका हस्तक्षेप करने की हिम्मत नहीं कर पाया था। आगे पाकिस्तान भारत पर हमला करे और उसकी मदद चीन तथा अमेरिका करे और रूस तटस्थ हो जाय, तब भारत की रक्षा डॉक्टर स्वामी कैसे करेंगे?

साधो, भारत की रक्षा तो डॉक्टर स्वामी को करनी नहीं है। वे तो अमेरिकी दूत हैं। इसलिए वे इस पिछड़े हुए देश को छोड़कर अमेरिका में बस जायें। भारत कोई अनाथ बालक तो है नहीं कि उसे चीन और अमेरिका गोद ले लें। डॉक्टर स्वामी सनकी हों, तिकड़मी हों, षड्यन्त्रकारी हों, हमें मतलब नहीं। मतलब इस बात से है कि वे जनसंघ के हैं और उसके प्रवक्ता हैं। तो क्या हम उनकी राष्ट्रभक्ति को ही संघ की राष्ट्रभक्ति मान लें? क्या हम यह मान लें कि संघ राष्ट्रभक्ति के नारे के जो ढोल बजाता है, उसमें यह पोल है। अगर ऐसा नहीं है तो हमारी तसल्ली के लिए बाला साहब देवरस यह ऐलान कर दें कि इस सनकी को हमने निकाल दिया।

मिल जाओ–मत मिलो

साधो, इन दिनों भूतपूर्व रेड्डी, वर्तमान स्वर्णसिंह और वास्तव में कांग्रेस (गयी) में विवाद चला है कि कांग्रेस (आई) से मिलें कि नहीं। सरदारजी तो आँख मिलाकर इशारा करके हवाई जहाज में चढ़ गये कि 'बाश्शाओ! मैं तो विदेश चला। तुम मेरी पीठ पीछे उधर मिल जाना। मेरी दाढ़ी-मूंछ की लाज भी रह जायेगी और तुम्हारी भी जिन्दगी सुधरेगी।' इधर साधो, कांग्रेसियों की हालत उन लजवन्ती नारियों की है, जो जाना तो चाहती हैं, पर शर्म आती है। एक दूसरी से कहती है—'तू चल न आगे।' दूसरी लजीली साड़ी का पल्लू दाँतों में दबाकर कहती है—'नहीं री, मुझे तो शरम आती है। वे जेठजी देख रहे हैं। चव्हाण साहब!'

साधो, जेठजी अभी हठ पकड़े हैं। मगर उनकी भी अवहेलना करके बसन्त दादा पाटिल, श्यामाचरण शुक्ल वगैरह एकता की वार्ता चला रहे हैं। इधर एकता-

वार्ता के कारण कई कांग्रेसी इन्दिरा कांग्रेस में कम्बल ओढ़कर मिल रहे हैं जिससे वे सीनियर हो जायें। चव्हाण के सामने मेंढकों से भरी एक टोकनी रखी है जिसकी हिफाजत करने का काम सरदारजी दे गये हैं। बेचारे चव्हाण किस-किस उचकते मेंढक को सँभालें। इस राजनीति में सिद्धान्त की बात करनेवाले जानते हैं कि सिद्धान्त कोई नहीं है, जैसे मुल्ला जानता है कि मस्जिद में खुदा नहीं है। दल-राजनीति में कुल मामला लाभ व पद का होता है। इस समय इन्दिरा कांग्रेस बढ़ती पर है। उनके लोग जीत रहे हैं। दो राज्यों में उनकी सरकार है। महाराष्ट्र में वे सरकार में हिस्सेदार हैं। ऐसे में आम कांग्रेसमैन वहाँ जायगा ही। उसके भविष्य का सवाल है। छल की भाषा में इसे सहयोग कह लो, चाहे एकता, चाहे विलीनीकरण, पर सही बात यह है कि नाला जब नदी में मिलेगा तो नदी रह जायेगी, नाला गायब हो जायगा।

साधो, कांग्रेसियों को यह नाच जनता नचवा रही है। जनता इन्दिरा गाँधी को वोट दे रही है। इन्दिरा की बदनामी, शाह कमीशन, चरित्रहनन, मुकदमें सब तो कर लिये गये। मगर, इस जनता के सामने किसी की नहीं चलती। वह इन्दिरा गाँधी को वोट फिर भी दे रही है। टब का पानी हो तो बदल लें, जनता को कैसे बदलें ?

साधो, जनता की ऐसी हरकत जापान में भी हुई। एक प्रधानमन्त्री थे तनाका साहब। उन पर आरोप लगा कि उन्होंने अमेरिका की लाकहीड कम्पनी से पैसा खाया। तनाका को प्रधानमन्त्री-पद छोड़ना पड़ा और वे पार्टी से भी निकाले गये। प्रधानमन्त्री हुए मिकी साहब। उनकी सरकार के न्यायमन्त्री ने तनाका की जाँच करायी, उन्हें गिरफ्तार कराया और मुकदमा चलवाया। तभी आम चुनाव हो गये। तनाका निर्दलीय की हैसियत से लड़े। जानते हो साधो, क्या हुआ ? तनाका चुनाव जीत गये और उन पर भ्रष्टाचार का मुकदमा चलानेवाले न्यायमन्त्री ? ये महाशय चुनाव बुरी तरह हार गये। और प्रधानमन्त्री मिकी साहब ? उनकी पार्टी को बहुमत नहीं मिला। तो क्या जापानी जनता ने भ्रष्टाचार को वोट दिया ? नहीं, जनता को तनाका की सरकार पसन्द थी।

तो साधो, इस कांग्रेस से उस कांग्रेस में लोग उसी तरह जा रहे हैं या जाना चाहते हैं जैसे कभी हिन्दू महासभा से जनसंघ में चले गये थे। हिन्दू महासभा साम्प्रदायिकता का दल पहले था। फिर हिन्दू साम्प्रदायिकता का दल जनसंघ बन गया। जनसंघ का बड़ा संगठन। जनसंघ बहुत सीटें भी जीतने लगा। तो हिन्दू महासभाई ने अपने दल का बिस्तर लपेटा और वे जनसंघ में आ गये। इसमें हिन्दू धर्म का सवाल नहीं था। सवाल सीटों और राजनैतिक भविष्य का था। दोनों कांग्रेसों के सिद्धान्तों में कोई फर्क नहीं है। पर, सीट दिलानेवाली कांग्रेस इन्दिरा-वाली हो गयी है। तो समझदार कांग्रेसजन इधर आयगा ही।

साधो, मगर चव्हाण और कुछ अन्य नेता हठ पर हैं। तुमने यह कभी नहीं देखा होगा कि कोई हार के बाद बहादुर हो जाय, पर ये कांग्रेस की हार के बाद

बहादुर हो गये हैं। अब चव्हाण वीरता से कहते हैं—इन्दिरा गाँधी में एकाधिकार-प्रवृत्ति है। वे सहयोगी नहीं, अरदली चाहती हैं। तो भैया सा'ब, तुम और तुम-जैसे सैकड़ों इतने साल अरदली क्यों बने रहे ? क्यों नहीं विरोध किया ? तब पार्टी में लोकतन्त्र क्यों नहीं कायम किया ? तब तो वे कहती थीं—चव्हाण, तुम गाय दुहो। ब्रह्मानन्द, तुम यह कागज दौड़कर ले आओ। स्वर्णसिंह, तुम ज़रा राजीव के बच्चे को घुमा लाओ। और तुम सब ऐसा ही करते थे। किसलिए ? क्या सिद्धान्त के लिए इन्दिरा गाँधी के अरदली बने थे ? नहीं, पद के लिए।

साधो, कल्पना करो कि 1977 के चुनाव में कांग्रेस जीत जाती तो क्या होता ? ये चव्हाण वगैरह क्या करते ? ये क्या कहते कि व्यक्तिवाद नहीं चलेगा। पार्टी में जनतन्त्र होगा। नहीं साधो, ये अरदली के अरदली रहते। ये तब उसी 'देवी' के आसपास मँडराते और कहते—'मैडम ! हमारा मन्त्रिमण्डल में पक्का कर दो न। हमें तो बहनजी इस बार गृहविभाग दे दो। मैडम ! हमें मुख्यमन्त्री बना दीजिए न।' साधो, ये सब अनाथालय के या किंडरगार्टन के बच्चे हो जाते और मैडम से झुनझुना या टाफी माँगते। मगर हार ने इनको व्यक्तित्व दे दिया है।

साधो, हम तो साधू हैं, सबका भला चाहते हैं। हम तो कहते हैं—तपोवीरो, देशभक्तो, जिधर सीट और पद पक्का लगे वहीं जाओ। राजनीति में शर्म केवल मूर्खों को ही आती है।

वे फिर आ रही हैं

साधो, कल मैं जनता पार्टी के एक नेता के घर बैठा था। उनका बच्चा रो रहा था। उसकी माँ उसे डराकर चुप कराने की कोशिश कर रही थी—अरे, चुप हो जा। बाबा आ रहा है। उठाकर ले जायेगा। पर बच्चा चुप नहीं हो रहा था। तब जनता-नेता ने बच्चे से कहा—अरे, चुप हो। इन्दिरा गाँधी आ रही है। झोली में डालकर ले जावेगी। यह सुनकर बच्चा एकदम चुप हो गया। साधो, मैंने जनता पार्टी के नेता से पूछा कि यह क्या चमत्कार है ? उन्होंने कहा—जो हाल हमारा, वही हमारे बच्चों का। अब भूत-प्रेत, बाघ, रीछ का डर नहीं रहा। अब तो कोई चिल्ला दे कि इन्दिरा गाँधी आ रही है, तो मैं खुद गुसलखाने में घुस जाता हूँ।

साधो, बात ठीक है। जनता-नेताओं में बड़ी घबड़ाहट है। वह वापिस आ रही है। दक्षिण में आ गयी। अरे, अब महाराष्ट्र में पहुँच गयी। वह तो गुजरात में पहुँच गयी। अरे बाप रे ! वह तो उत्तरप्रदेश में आजमगढ़ तक आ गयी। हाय, अब लखनऊ और दिल्ली कितनी दूर है ? साधो, ये नेता लोग इस तरह बात कर रहे हैं

जैसे हम मध्ययुग में हों। कोई विजेता फौज लेकर दक्षिण में घुसा और किले फतह करता हुआ महाराष्ट्र आ गया। वहाँ किला जीता और एक टुकड़ी गुजरात-विजय पर निकल पड़ी। विजेता उत्तर की तरफ बढ़ा और आजमगढ़ का किला जीत लिया।

साधो, डर सही है। जनता-नेता लोगों को सावधान कर रहे हैं—खबरदार, तानाशाही वापस आ रही है। मगर साधो, इसमें दिलचस्प बात यह है कि जिस जनता को इन्दिरा गाँधी से सचेत किया जा रहा है उसी जनता ने तो उसे वोट दिये हैं। लोगों से कहो कि तानाशाही से सावधान रहना, तो लोग कहते हैं—हाँ-हाँ, सावधान हैं। हमने उसे वोट दे दिया है। अब बताओ साधो, इस जनता का क्या करें? जब उस इन्दिरा गाँधी को यह जनता वोट दे रही है तो उसी जनता से कैसे कहा जाय कि तानाशाही वापस आ रही है। जनता पलटकर कहेगी—बको मत! कहाँ आ रही है तानाशाही? हमने तो वोट दिया।

साधो, इस जनता के मारे बड़ी परेशानी है। इसके आगे कुछ नहीं चलती। मार्च 1977 में यही जनता कितनी अच्छी थी। इसने इन्दिरा कांग्रेस के खिलाफ जनता पार्टी को वोट दिये थे। तब जनता-नेता कैसी तारीफ करते थे—भारतीय जनता बहुत समझदार है। लोगों में राजनैतिक समझ है। जनता बड़ी विचारवान है। धन्य है इस जनता को। साधो, उसी जनता ने एक साल बाद आजमगढ़ में जनता पार्टी के खिलाफ वोट दे दिये। आदमी वही हैं जिन्हें साल-भर पहिले विचारवान, बुद्धिमान और अच्छा कहा था, पर उन्होंने ऐसा किया। क्या वही लोग साल-भर में विचारहीन, मूर्ख और गँवार हो गये हैं? गुस्सा तो इन लोगों पर बहुत आता है। पर अगर लोगों को भला-बुरा कहो तो अभी तो उन्होंने हराया है, फिर पिटाई भी कर देंगे। इसलिए नारा लगाना ही बेहतर है कि इन्दिरा गाँधी की तानाशाही लौट रही है।

साधो, यह जनता सब गड़बड़ कर देती है। अपने सब हिसाब ठीक रहते हैं। चरणसिंह-जैसे लौहपुरुष के उम्मीदवार मैदान में उतरते हैं। राजनारायण नोटों से मन मोह लेते हैं। रामनरेश यादव एक-दो जगह और गोली चलवा देते हैं। पैसा भी है। कार्यकर्ता भी है। दिन-भर चुनाव का काम करो और शाम को दारू पी लो। सब इन्तजाम चुस्त-दुरुस्त! मगर ऐन मौके पर जनता धोखा दे गयी। इस बात का तो ध्यान ही नहीं रहा कि जनता कोई चीज है। साधो, यह प्रचार तो बहुत हुआ कि इन्दिरा गाँधी की सभाओं में भीड़ इकट्ठा करने के लिए शासकीय मशीनरी का उपयोग किया जाता था। ठीक है। पर अब इन्दिरा गाँधी का शासन नहीं है, फिर भी लाखों की भीड़ आती है। इसे कौन लाते हैं? अभी इन्दौर में कांग्रेस सम्मेलन में कई हजार आदमी बाहर से आये थे। इन्हें क्या सकलेचाजी ने शासकीय मशीनरी के द्वारा वहाँ भेजा होगा?

साधो, यह जनता बहुत खराब है। इसके मुंह नहीं लगना चाहिए। इस जनता से कहो कि देखो, तानाशाही वापस आ रही है। तो यह कह देगी—हाँ-हाँ, वह तो

हम वोट से ही ला रहे हैं। तुम्हारा क्या बिगड़ता है? जनता बहुत खराब है। आजमगढ़ की जनता को तो देश निकाला दे देना चाहिए।

जुलूस और चन्दावीर

साधो, अब्बास की कहानी 'सरदारजी' के विरोध में विशाल मौन जुलूस शान्तिपूर्वक निकल गया। कहानी विवादास्पद बनी रहेगी। कहानी में पाकिस्तान जाने को तैयार एक मुसलमान सिखों के बारे में बुरी बातें कहता है। पर उसका पड़ोसी सरदार अपनी जान देकर उसे दंगाइयों से बचाता है क्योंकि पाकिस्तान में उसे एक मुसलमान ने अपनी जान देकर बचाया था। कहानी का अर्थ जो लगाया जाये, फिलहाल 'सारिका' के सम्पादक कन्हैयालाल नन्दन को और उनके प्रतिष्ठान, टाइम्स ऑफ इण्डिया को धमकियाँ मिल रही हैं और पुलिस लगी है। अब्बास का हाल हमें पता नहीं।

साधो, जबलपुर में विरोध जुलूस निकल गया, यह कैसा हुआ। जुलूस न निकलता तो आक्रोश मन में घुमड़ता रहता और न जाने क्या रूप लेता। जुलूस न निकलता तो समझा जाता कि शहर में दम नहीं है। शहर में दम है और हमें इस पर गर्व है। इतिहास में 2 हजार सालों में सिर्फ एक हिन्दू-जैन दंगा हुआ है और वह इसी शहर में हुआ। इस शहर को भगवान महावीर भी जानते हैं और भगवान रामचन्द्र भी।

साधो, यह भी अच्छा हुआ कि जुलूस मौन रहा। समूह का बोलना अच्छा भी होता है और खतरनाक भी। समाज का कल्याण करनेवाले तैयार रहते हैं। वे देखते रहते हैं कि जुलूस बोले और वे जवाब में बोलें और कहीं से चार पत्थर फेंक दें। इससे दंगा हो जाय और समाज का कल्याण करनेवाले लूटपाट चालू कर दें। ये समाज के सेवक कुछ नहीं कर सके। वे दुखी होंगे। उनसे सहानुभूति है। कितना बुरा वक्त इस शहर में आ गया है कि इतना बड़ा जुलूस निकले और कुछ न हो। साम्प्रदायिक संगठन भी दुखी है कि सिखों ने कुछ नहीं किया। इतना बड़ा जुलूस निकला और कुछ नहीं हुआ। दो कुत्ते तो लड़ सकते थे। मगर उस दिन कम्बख्त कुत्ते भी नहीं लड़े। सारा मजा किरकिरा हो गया।

साधो, जुलूस के पहले जो प्रचार के लिए पर्चे बँटे थे और अखबारों में इश्तिहार छपे थे, उन्हें जरा फिर से देखो। इनमें उस कहानी के अंश हैं, आक्रोश है, सिखों की बहादुरी और महत्त्व का उल्लेख है। मगर इश्तिहार के अन्त में क्या लिखा है? 'सतश्री अकाल, जो बोले सो निहाल' नहीं लिखा है। 'वाह गुरुजी की फतह' नहीं

लिखा है। 'पंथ जिन्दाबाद' नहीं लिखा है। अन्त में लिखा है—

नोट—मौन जुलूस सम्बन्धी चन्दा कोई भी किसी व्यक्ति या संस्था को न दें।

साधो, यह बहादुर सिख जाति अगर डरी तो चन्दा इकट्ठा करनेवाले और खानेवाले से। इन चन्दावीरों ने सिखों को इतना परेशान कर डाला कि उन्हें ऐसा नोट देना पड़ा। यह चन्दावीर सारे उत्सवों, समारोहों, धार्मिक और सामाजिक कार्यों में सक्रिय होता है। मनुष्य के दुख-दर्द की सबसे ज्यादा चोट इसके दिल को लगती है। बाढ़ के विनाश से उसका दिल रो पड़ता है और वह चन्दा इकट्ठा करने निकल पड़ता है। अकाल-पीड़ितों की सहायता के लिए धन बटोरने लगता है। सिखों के अपमान से सबसे अधिक चोट इसी चन्दावीर को लगी और यह अपमान का बदला लेने को चन्दा बटोरने लगा। आखिर सिखों को नोट छापना पड़ा कि चन्दावीर जाति और पंथ की खिदमत काफी कर चुका, इसे और अधिक मौका न दिया जाये।

साधो, उत्सवों में सारी रौनक इस चन्दावीर के पराक्रम से होती है। इसी से गणेशोत्सव और दुर्गोत्सव की शान है। ऐसा उत्साह उस आदमी में नहीं मिलेगा जो चन्दा नहीं खाता।

साधो, यह चन्दावीर समाज के लिए बहुत उपयोगी है। इस समय वीर शिरोमणि महाराष्ट्र के मुख्यमन्त्री अब्दुल रहमान अन्तुले हैं जो खुले आम रसीद देकर चन्दा लेते हैं। ऐसा मुख्यमन्त्री दूसरा नहीं हुआ।

नये मन्त्रियों के करिश्मे

साधो, उत्तरप्रदेश के एक मन्त्री ने बड़ी मजेदार उथल-पुथल मचा दी। वे बाथरूम गये। वहाँ बिजली से पानी गर्म करने का इन्तजाम है। मन्त्रीजी गर्म पानी करके नहा लिये। लौट आये। मीटर बन्द नहीं किया। बाथरूम में विस्फोट हो गया। मन्त्री समझे कि मेरी हत्या के लिए मेरे राजनैतिक विरोधियों ने कोई बम वगैरह फोड़ा। बस, हल्ला हो गया। पुलिस आ गयी। जाँच शुरू हो गयी। अखबारों में सुर्खी में यह खबर छपी। अब साधो, जानकार कह रहे हैं, सामान फिट करनेवाली कम्पनी के लोग कह रहे हैं, कारखाने के प्रतिनिधि कह रहे हैं कि हुजूर, अगर उसे बन्द न किया जाय तो विस्फोट हो जाता है। मगर मन्त्री अभी भी समझे हैं कि उस कारखाने में खास किस्म का हीटर बनवाकर मेरे दुश्मनों ने मेरे बाथरूम में लगवा दिया, जिससे मैं मर जाऊं। आनन्द मार्ग की धमकियों और उनके सिलसिले के बीच ये मन्त्री भी शहीद बनने को उत्सुक हो गये। कहने लगे—यह फासिस्टवाद है।

साधो, उन्हें कौन समझाये कि हुजूर, यह मशीन का फासिस्टवाद है और

आपके दिमाग की अराजकता। जब कोई मनुष्य से मन्त्री हो जाता है तो उससे अटपटी बातें होने लगती हैं। कल तक चूल्हे के ऊपर गरम किये पानी से नहानेवाले मन्त्रीजी को किसी से पूछ लेना था कि बाथरूम में चूल्हा तो है नहीं, पानी कैसे गरम होता है? पर मन्त्री क्यों पूछें? वह सर्वज्ञान सम्पन्न होता है। वह संगीत समारोह में भी भाषण दे देता है और तेली सम्मेलन में भी। मन्त्री होते ही उसे कुछ सीखने की जरूरत नहीं होती।

साधो, मुझे इन मन्त्रियों और नेताओं के अजब-अजब आचरणों के किस्से मालूम हैं। वे सब सच्चे हैं।

साधो, इस उत्तरप्रदेशी मन्त्री ने मीटर बन्द नहीं किया था। फ्लश पाखाने में भी नेताओं ने कम कमाल नहीं किया। पुरानी विधानसभा नागपुर में थी। उन दिनों फ्लश पाखाना नयी चीज थी। तो विधायकों के निवास के पाखाने में लिखा होता था–इस्तेमाल के बाद जंजीर खींचिए। एक नये विधायक ने पाखाने के बाद जंजीर खींची। टंकी गड़गड़ायी और भलक की आवाज के साथ पानी निकला, तो विधायक महोदय चिल्लाकर बाहर भागे—अरे बाप रे, मर गया! आसपास के लोग इकट्ठा हो गये। उनसे पूछा —क्या हो गया? उन्होंने कहा—जान बच गयी। टंकी मेरे ऊपर गिर रही थी।

साधो, मन्त्री और नेता की बुद्धिमानी और भोलेपन के बड़े किस्से हैं। एक नेता इंग्लैण्ड की यात्रा से वापस लौटे तो गद्‌गद् थे। वे एक सभा में कह रहे थे—इंग्लैण्ड का क्या कहना है। हमारे देश में तो एम. ए. पास करने के बाद भी अंग्रेजी बोलना नहीं आता। पर इंग्लैण्ड में छोटे-छोटे बच्चे अंग्रेजी बोलते हैं!

साधो, मन्त्री होने पर एक तरफ तो आदमी यह भूल जाता है कि वह पहले क्या और कैसा था! फिर वह परम ज्ञानी भी हो जाता है। इसके साथ ही वह समझता है कि उसका स्तर एकदम बढ़ गया है। मध्यप्रदेश में भी एक उपमन्त्री हो गये थे। वे चटाई पर बैठकर लालटेन में पढ़े हुए आदमी थे। पर मन्त्री बनते ही उन्होंने कहा—इस बँगले में बड़ी गर्मी है। मुझे ऐसी गर्मी में काम करने का अभ्यास नहीं है। यह फर्नीचर भी घटिया है। साधो, उनके बँगले में एयर-कण्डीशनर लगने लगा और फर्नीचर नया आने लगा। पर जब यह इन्तजाम हुआ, तब तक मन्त्रिमण्डल का पुनर्गठन हो गया और वे मन्त्री नहीं रहे।

साधो, मुझे यों दिल्ली में नये-नये एक संसद-सदस्य मिले। वे लगभग अपढ़ थे। सुरक्षित सीट से आये थे। कहने लगे—मुझे तो इस बँगले में बड़ी गर्मी लगती है। चैन नहीं पड़ती। सोचता हूँ, कमरे में रेफिरिजरेटर लगवा लूँ।

जात-बदल शादी

साधो, तुम ये खबरें तो पढ़ते ही रहते हो कि हरिजनों पर सवर्णों के अत्याचार होते हैं। हम इन घटनाओं के इतने अभ्यस्त हो गये हैं कि हमें अब बुरा भी नहीं लगता। मगर एक हरिजन युवक ने कुछ ऐसा कर दिया कि सनसनी फैल गयी और अखबारों में खबर छप गयी। वह हरिजन युवक किसी दूसरे शहर में गया। वहाँ उसने अपने को ऊँची जाति का बताया और उस ऊंची जाति की एक लड़की से शादी कर ली। अपनी वधू को बाकायदा बिदा कराके वह अपने कस्बे ले आया। कुछ समय बाद उस कस्बे में लड़की-जातिवालों को यह पता चला तो उन्होंने लड़की के बाप को खबर दी। बाप आया, लडकी को साथ लिया और हरिजन युवक को पुलिस के सुपुर्द कर दिया।

साधो, कुल घटना इतनी ही है। मगर इसमें बड़े मजे हैं। पहली बात तो यह है कि लड़की के परिवार ने कैसे मान लिया कि यह अपरिचित युवक उनकी ही जाति का है। क्या वह जाति का सर्टिफिकेट ले गया था ? फिर लड़की के पिता को ऐसी क्या हड़बड़ी थो कि उसके परिवार को जाने बिना उस युवक से लड़की ब्याह दी ? याने क्या लड़की-लड़के का कुछ पहले से चल रहा था और लड़की ने ही लड़के से कहा होगा, कि तू मेरी जाति का बन जा। पता नहीं क्या मामला है ?

पर साधो, बाद में जो हुआ वह दिलचस्प है। वह लड़की उस हरिजन की पत्नी हो चुकी थी। साथ रहे तो शरीर-सम्बन्ध भी हो गया होगा। पर ऊँची जातिवालों ने लड़की को 'शुद्ध' करके फिर उसे अपनी जाति का बना लिया। उसकी जाति के कई घरों में उसे भोजन कराया गया और उसका जातिमिलौना हो गया। अब साधो, उस लड़की में क्या अशुद्ध हो गया था, जो अब शुद्ध हो गया। उसने हरिजन के साथ रोटी भी खायी और उसके साथ सोयी भी। शायद पेट में हरिजन का बच्चा भी रखे हो; फिर वह शुद्ध कैसे हो गयी। साथ ही सवाल यह है कि हरिजन के साथ से उसका क्या अशुद्ध हो गया ? हरिजन युवक भी और युवकों की तरह ही है। उससे सम्बन्ध होने पर लड़की को वैसा ही अनुभव हुआ होगा जैसा अपनी जाति के युवक के साथ होता। जाति तो दो ही हैं—नर और नारी। फिर अगर लड़की का उस हरिजन युवक से प्रेम रहा होगा तो वह अपनी 'शुद्धता' पर रो रही होगी। अपनी जातिवालों को गाली दे रही होगी—इस कमीनी जाति का ही नाश हो जाय !

साधो, जाति के बड़े मजे हैं। मैं हैरत में हूँ कि अगर जाति इतनी बुनियादी चीज है तो अलग-अलग जाति की अलग-अलग गन्ध होती। ब्राह्मण की गुलाब की गन्ध, वैश्य की चम्पा की गन्ध। तब वह हरिजन युवक धोखा नहीं दे सकता था। उसे सूंघकर लड़की का बाप कहता—तेरे शरीर से गेन्दा के फूल की गन्ध आ रही है। तू हरिजन है। मैं अपनी लड़की तुझे नहीं ब्याहूँगा या लड़के के सिर पर एक

सींग होता तो लड़की का बाप पहचान लेता कि यह हरिजन है। अगर लड़की का उससे प्रेम था तो प्रेम के पहले उससे पूछ लेती—तेरी जाति क्या है? हमारी ही जाति का है न? दूसरी जाति का हो तो मेरा तुझसे प्रेम नहीं हो सकता। प्रेम स्त्री-पुरुष में नहीं होता, जाति-जाति में होता है।

मगर साधो, मुसलमान को भी शुद्ध करके हिन्दू बना लेते हैं। लेकिन मुसलमान हिन्दू को बिना शुद्ध किये ही मुसलमान बना लेते हैं। फिर इस देश का मजा यह है कि हिन्दू मुसलमान तो हो सकता है, पर ब्राह्मण कायस्थ नहीं हो सकता। कोई ब्राह्मण कहे कि मैं जाति बदलकर कायस्थ होना चाहता हूँ तो उसे नहीं होने देंगे। पर वह मुसलमान होना चाहे तो हो जाने देंगे।

साधो, अपनी इच्छा पूरी करने के लिए जाति-रक्षा के भी बड़े सुभीते के नियम हैं। प्रेमचन्द के उपन्यास 'गोदान' में एक पण्डित मातादीन हैं। उनके चमारिन से सम्बन्ध हैं। पर उनकी जाति नहीं गयी। वे श्रेष्ठ ब्राह्मण ही बने हैं। उनका तर्क है—मैं उस चमारिन के हाथ की रोटी तो नहीं खाता। कुछ लोग कहते हैं—पर उस चमारिन का थूक तो चाटता है। पर थूक चाटने से जात नहीं जाती, रोटी खाने से जाती है। और पण्डित मातादीन चमारिन के हाथ की रोटी नहीं खाते। इसलिए शुद्ध हैं।

साधो, अपने कहने से कुछ नहीं होता। क्योंकि साधो, देखो जग बौराना। मैंने तो यहाँ तक कह दिया कि तू ब्राह्मण है तो क्या दूसरे द्वार से पैदा हुआ था? और तू मुसलमान है तो क्या माँ के पेट से खतना कराके आया था? पर कोई नहीं सुनता। लोग इसी बात से खुश हैं कि हरिजन के साथ रहकर, सारे सम्बन्ध करके भी लड़की फिर शुद्ध कर ली गयी।

रेल से परलोक

साधो, जयप्रकाश नारायण जेल से जसलोक गये। अब लोग रेल से परलोक जा रहे हैं। आजकल यह हाल है कि सफर करनेवाला आदमी चार बार बिस्तर खोलता और बाँधता है। बड़ी हिम्मत करके वह स्टेशन जाने को रिक्शा में बैठता है, तो इस तरह जैसे अर्थी पर चढ़ रहा है। उधर कबीर का पद बजता है—'हमको उढ़ावै चदरिया चलती बिरियाँ।' मुसाफिर के परिवार के लोग उसे डबडबाई आँखों से बिदा देते हैं। अगर रेल-दुर्घटनाएँ इसी तरह चलती गयीं तो आगे मुसाफिर यार-दोस्तों से इस तरह बिदा लेगा—'भैया, कहा-सुना भूल जाना। मेरी गलतियाँ माफ करना। मेरे लिए दुआ करना।' और लोग उसे 'राम-नाम सत्य है' के नारे के

साथ विदा करेंगे।

साधो, पुराने ज़माने में रेल और बस नहीं थी। दुर्गम और खतरनाक रास्तों से लोग तीर्थयात्रा करने निकलते थे तो सबसे अन्तिम विदा लेकर चलते थे। लौटने का कोई भरोसा नहीं था। कुछ लोग तो अपना श्राद्ध करके तीर्थयात्रा पर निकलते थे। वैसा ही अब होगा, जब लोग रेलयात्रा करने के पहले अपनी वसीयत कर देंगे। अब तो लोग यह भी सोचने लगे हैं कि जहाँ तक बने, बैलगाड़ी से सफर करो। मेरा एक भगत दिल्ली जा रहा था। मैंने उससे पूछा, 'गाड़ी में रिजर्वेशन हो गया?' उसने लम्बी साँस छोड़ी और हाय के साथ बोला, 'हाँ गुरु, हो गया।' ऐसे बोला, जैसे उसका रिजर्वेशन परलोक में हो गया हो।

साधो, परलोक जाने में कोई हर्ज नहीं। सबको जाना है। आया है सो जायगा राजा-रंक-फकीर। पर रेलवे से एक ही शिकायत है—टिकिट के पैसे बरबाद होते हैं। जाना इलाहाबाद है, मगर रास्ते में 'टें' बोल गये तो किराया तो बरबाद हुआ। मेरी रेलमन्त्री से एक अपील है। अब टिकिट की बिक्री तो बन्द कर दी जाय। टिकिट की जगह मुसाफिर को एक पर्चा दे दिया जाय। उस पर लिखा रहे—'यह मुसाफिर जबलपुर से सवार हुआ है। अगर यह इलाहाबाद जिन्दा पहुँच जाय तो इससे किराया वसूल कर लिया जाय।' इससे पैसे की बरबादी रुकेगी।

साधो, सब चिन्तित हैं। गृहमन्त्री चिन्तित हैं, रेलमन्त्री चिन्तित हैं। ये कहते हैं कि किसी संगठित गिरोह का काम है यह। फिशप्लेट निकालना, लाइन उखाड़ना, पटरी पर पत्थर रखना, राड रखना—यह सब किसी संगठित गिरोह का काम है। इनसे पूछो कि हुजूर यह कौन गिरोह है, तो ये कहते हैं कि यही तो हमें नहीं मालूम। गृहमन्त्री चौधरी हैं, लौह-पुरुष भी हैं। पर वे टीन-पुरुष की तरह हो गये हैं। उनकी सारी ताकत तो अकेली इन्दिरा गाँधी से लड़ने में खत्म हो रही है। चौधरी रोज सबेरे बहादुर की तरह उठते हैं और शाम तक इन्दिरा उन्हें ढीला कर देती हैं।

साधो, यह सरकार आँकड़ों पर जिन्दा है। दुर्घटनाएँ हो रही हैं तो उनकी रोकथाम को फिलहाल छोड़ो। पहले आँकड़े निकालकर बताओ कि पिछले साल इन्हीं महीनों में इससे ज्यादा दुर्घटनाएं हुई थीं, और ज्यादा आदमी मर गये थे। हमने कम मारे, यही क्या कम है?

साधो, असल में ठीक 'अन्धेर नगरी' का नाटक हो रहा है। अन्धेर नगरी के चौपट राजा का फाँसी का फन्दा तो तैयार था, पर उसमें फिट होनेवाली गर्दन की तलाश थी। किसी गर्दन में फन्दा ढीला होता तो किसी में गाढ़ा। आखिर जब ठीक साइज की गर्दनवाला आदमी मिला तो उसे फाँसी दे दी गयी। यह सरकार भी दोष का फन्दा लिये है और ठीक गर्दन की तलाश में है। राजनारायण तो हमेशा, पूँछ में आग लगाये लंका जलाने को तैयार रहते हैं। वे कहते हैं, यह तोड़फोड़ हारे हुए कांग्रेसी कर रहे हैं। अपने श्रेष्ठ मन्त्री ब्रजलाल वर्मा और आगे हैं। वे कहते हैं—यह कांग्रेस और कम्युनिस्टों का काम है। पर अभी गृहमन्त्री ने फन्दा किसी के गले में डाला नहीं है।

साधो, मुझे तो अच्छा ही लग रहा है। देश में उत्तम वातावरण बना है। सबको दूसरी आजादी मिल गयी है। कीमतें बेधड़क बढ़ाओ। कोई रोक नहीं, चोरी करो, डाका डालो, लूटो, आग लगाओ और डरो मत। गुण्डा 'क्रान्तिकारी' हो गया। अपराधी विद्रोही है। उपद्रवी विप्लवी है। और सरकार सिर्फ कमीशन बिठा रही है।

ऐसे वातावरण में फिश प्लेटें न निकलें, गाड़ी न उलटायी जायें, विस्फोट न किया जाय तो मैं कहूँगा, देश के लोग मूर्ख और कायर हैं। पर मैं खुश हूँ कि लोग छूट का सही उपयोग कर रहे हैं। ऐसे वातावरण में कोई भरी पिस्तौल लेकर प्रधानमन्त्री के कमरे में घुस जाय तो यह सरकार और उसके लिए बड़ी तारीफ की बात है।

बिना जवाब की आवाजें

साधो, आओ बैठो। कहो कहाँ से आ रहे हो? बड़े व्यस्त लग रहे हो। हाँ, यह समय साधु-सन्तों के लिए अच्छा नहीं है। सज्जनों पर मार पड़ रही है। सच्चे हार रहे हैं और झूठे जीत रहे हैं। किसने कल्पना की थी कि हरिजन-हितरक्षक महान नेता जगजीवनराम जनता पार्टी छोड़ देंगे और एक पत्ता तक नहीं हिलेगा, लँगड़ा कुत्ता तक नहीं भौंकेगा। हम तो कल्पना करते थे कि दूसरा सूर्यग्रहण लग जायेगा या उल्कापात होगा। यह तो कुछ हुआ नहीं। ऊपर से चन्द्रशेखर ने कहा कि मैं बाबूजी का आभारी हूँ। उन्होंने पार्टी छोड़कर बड़ी कृपा की। जैसे बाबूजी, शरीर में कोई ट्यूमर हों जो कट गया। या कोई फोड़ा हो जिसे काटकर मवाद निकाल दिया गया हो।

साधो, राजनीति में हारे हुए की बड़ी दुर्गति होती है। बाबूजी की हालत मेले में खोये हुए बच्चे-जैसी हो गयी है। बच्चा रोता हुआ चिल्लाता है—पापा, अम्मा! कोई दयालु पूछता है—क्या नाम है तेरे पापा का? नहीं मालूम। तेरी अम्मा कौन है? नहीं मालूम। कहाँ रहता है? नहीं मालूम। बच्चे को कुछ नहीं मालूम। ऐसे में माँ-बाप ही बच्चे को खोज लें तो गनीमत है। बाबूजी भी पापा, अम्मा को पुकारते तो हैं, पर नाम उन्हें नहीं मालूम। लोग पूछते हैं कि आप अब क्या करेंगे? क्या कार्यक्रम है? तो वे जवाब देते हैं—मैं धर्मनिरपेक्षता, समाजवाद और लोकतन्त्र के लिए काम करूँगा। वे फाटक पर मानो खड़े रहते हैं और सड़क पर निकलनेवाले से कहते हैं—ए भाई साहब, किधर जा रहे हो? इन्दिराजी की तरफ जा रहे हो तो कह देना, मैं लोकतन्त्र, समाजवाद और धर्मनिरपेक्षता के लिए काम करूँगा।

साधो, बाला साहब देवरस की हालत भी कोई अच्छी नहीं है। वे भी सन्देश भेजते हैं, मगर जवाब नहीं आता। 1979 में संघ ने भारत सरकार पर कब्जा करना चाहा था। पर इसी कोशिश में जनता पार्टी टूट गयी और सरकार गिर गयी। तब संघ ने पार्टी पर कब्जा करने की कोशिश की और काफी हद तक यह हो भी गया। मगर यह जगजीवनराम ? संघ बड़े मजे में मलाई खा रहा था कि एकाएक दाँतों के बीच बड़ा-सा कंकड़ आ गया। इस कंकड़ का नाम जगजीवनराम है। बाबू-जी ने कहा—मेरा नाम पार्टी की तरफ से प्रधानमन्त्री के लिए उछालो और टिकिटें मेरी सहमति से बाँटो। वरना मैं बीमार हूँ। डाक्टरों ने बात करने के लिए मना किया है। संघ को उनकी शर्त माननी पड़ी।

मगर साधो, 1980 के चुनाव में यह सिद्ध हो गया कि जिस संघ के संगठन का इतना हल्ला है, जिसमें लाखों समर्पित स्वयंसेवक हैं, उसकी जड़ें जनता में नहीं हैं। ये स्वयंसेवक मत नहीं दिला सकते। संघ के नारों का भी लोगों पर कोई असर नहीं है।

साधो, बाला साहेब की हालत उस आदमी की तरह है जो समुद्र के किनारे खड़ा हुआ आवाज लगा रहा है, मगर उधर से प्रतिध्वनि नहीं आती। वे बार-बार कहते हैं--इन्दिरा गाँधी बदल गयी है। संघ उनसे सहयोग करेगा। हम पूछते हैं —बाला साहेब, उधर से कोई खबर आयी ? वे जवाब देते हैं—नहीं, कोई खबर नहीं आयी। वे कहते हैं—संघ संजयजी और उनकी युवा कांग्रेस से सहयोग करेगा। उनसे पूछते हैं—देवरसजी, उधर से कोई खबर आयी ? वे जवाब देते हैं--नहीं भैया, कोई खबर नहीं आयी।

साधो, बड़ा कठिन खेल है यह। स्वयंसेवक अब फिर जेल जाने को तैयार नहीं हैं। ऐसे हिन्दू राष्ट्र और भारतीय संस्कृति को दूर से नमस्कार, जिसके लिए दूकान छोड़कर जेल जाना पड़े। बाला साहेब ने स्वयंसेवकों को आश्वस्त किया होगा—घबड़ाओ मत। मैं इन्दिरा गाँधी और संजय से सहयोग कर लेता हूँ। तुम्हें जेल नहीं जाना पड़ेगा। मुनाफाखोरी और जमाखोरी करते हुए ही भारतीय संस्कृति निभ जावेगी।

साधो, उधर संघ के ही राजनीति में अधेड़ हुए स्वयंसेवक आडवाणी और वाजपेयी कहते हैं—इन्दिराजी नहीं बदलीं। हम उनसे सहयोग नहीं करेंगे। हम उनकी तानाशाही से संघर्ष करेंगे। साधो, संगठन को सरकार का सहयोगी बनकर उसे बचाना और संगठन के ही दूसरे लोगों से विरोधी राजनीति कराना – यह दोनों हाथ उठाकर तार पर चलने-जैसा सर्कस का खेल है। मान लो, इन्दिरा सरकार देवरसजी का सहयोग स्वीकार ले तो क्या होगा ? संघ के स्वयंसेवक, कांग्रेसियों के साथ काम करेंगे और संघ के ही स्वयंसेवक, जैसे सकलेचा, पटवा कांग्रेस के विरुद्ध चुनाव लड़ेंगे। तब स्वयंसेवक कांग्रेस का काम करेंगे या सकलेचा का ? और जब अटलबिहारी वाजपेयी इन्दिरा सरकार के खिलाफ दिल्ली में रैली निकालेंगे तब क्या उसमें वही स्वयंसेवक नहीं होंगे, जो संजय के साथ भी काम करते हैं। दोनों

बातें कैसे सम्भव होंगी, यह मेरी समझ में नहीं आता। पर मेरी अक्ल भी तो बाला-साहब की अक्ल से ज्यादा मोटी है। मुझे तो याद आता है, कैकेयी का— दशरथ से वर माँगने पर उनकी प्रतिक्रिया पर—यह रिमार्क—दुई कि एक सँग होहिं भुआलू। हँसहु ठठाइ फुलाउब गालू॥

अब सहकारिता काण्ड

साधो, मध्यप्रदेश में काण्ड-पर-काण्ड हो रहे हैं। रामायण के सात काण्डों में से आधे-से तो हो चुके। पूरी कथा में न जाने कितने काण्ड होंगे। पहले मिनी मीसा काण्ड हुआ, जिसमें समाजवादियों ने विद्रोह किया। पर मीसा वापिस नहीं हुआ, वह अध्यादेश कायम है अभी। फिर मुख्यमन्त्री काण्ड, जो काफी करुण है। कैलाश जोशी बीमार हैं कि नहीं हैं। हैं तो कौन-सी बीमारी है। क्या उन्हें कोई इनफेक्शन लग गया है? क्या किसी ने टोना-टोटका कर दिया? उनकी दवा करायें या झाड़-फूंक करायें? समाजवादी अभी भी सब क्या जोशी के समर्थक हैं या आधे-से सकलेचा ने पटा लिये? ये बड़े अहम सवाल इस काण्ड में उठते रहे। अब जोशी हँसते-खेलते दिल्ली से लौट आये।

और साधो, अब यह सहकारिता काण्ड हो गया। यह तो बिल्कुल किष्किन्धा काण्ड हो गया। बिल्कुल सुग्रीव के गिरोह-जैसा काम हो गया। जनसंघी सहकारिता मन्त्री ने एक अध्यादेश द्वारा सारी सहकारी समितियाँ भंग कर दीं और उन पर कब्जा करके पदाधिकारी नामजद कर दिये। यह बहुत अच्छा हुआ। जनसंघ को लोकतन्त्र वैसे ही अड़चन का पड़ता है। अभी मैंने हिमाचल प्रदेश के जनसंघी मुख्य-मन्त्री श्री शान्ताकुमार का कथन पढ़ा। उन्होंने कहा कि बहुत-से काम इसलिए नहीं हो पाते कि 'वोट' का ध्यान रखना पड़ता है। कितनी सच्ची बात है। वोट की झंझट न हो, चुनाव न लड़ना पड़े, याने लोकतान्त्रिक पद्धति न हो, तो न लोकमत का डर, न सत्ता जाने का डर। खूब डटकर मनचाहा करो।

साधो, इसी सिद्धान्त को सहकारी क्षेत्र में लागू कर दिया गया। चुनी हुई समितियाँ भंग! जनसंघी प्रमुख पदों पर बिठा दिये और कहीं-कहीं कोई समाज-वादी भी डाल दिया, जैसे दाल में जीरा। मगर समाजवादियों ने फिर बखेड़ा खड़ा कर दिया और नामजदगी वापस लेनी पड़ी। मुझे दया उन पर आती है जो आज अध्यक्ष बन गये थे और कल हटा दिये गये। मगर वे निराश न हों, आगे बनाये जायेंगे।

साधो, मैं, तुम, सब सहकारिता के सुन्दर रूप को जानते हैं। सहकारी

आन्दोलन गरीबों और मध्यवर्ग के फायदे के लिए चलता है। और फायदा जो होता है, सब जानते हैं। इससे वर्ग बदला जाता है। कई मध्यवर्गी लोग सहकारी आन्दोलन से उच्चवर्गी हो गये। यह कितनी उन्नति हुई। जनता पार्टी का यह कहना सही है कि ये समितियाँ स्वार्थी कांग्रेसियों के कब्जे में थीं। यह भी सही है कि इन पर बेईमान लोग कब्जा किये हुए थे।

साधो, अब सवाल यह है कि यह दूसरी आजादी आयी है और क्रान्ति हुई है तो कुछ बदलना तो चाहिए, न बदले तो जनता कहेगी कि क्रान्ति हुई ही नहीं। अब क्रान्ति तो यही हो सकती है कि पुराने बेईमानों की जगह नये बेईमान बिठाये जायें। पुराने स्वार्थियों की जगह नये स्वार्थी फिट हों। यही तो क्रान्ति है। सारे देश में मार्च के चुनाव के बाद यही तो बुनियादी परिवर्तन हुआ है कि पुराने बेईमान की जगह नया बेईमान बैठ गया है। यह अच्छा भी है। पुराने बेईमानों से जनता बोर हो गयी थी। नये बेईमान के आने से उसे ताजगी का अनुभव हुआ।

तो साधो, बेचारे सहकारिता मन्त्री ने इतना ही तो किया था कि पुराने स्वार्थी की जगह नया स्वार्थी बिठा दिया। जनता को यह हक है कि उसे नया-नया स्वाद मिले। फिर जनसंघ को जल्दी-से-जल्दी सारी जनतान्त्रिक संस्थाओं पर कब्जा भी तो करना है। और जनता पार्टी के समाजवादियों को सिर्फ हल्ला करना है! भीड़ बुलाकर जमीन-आसमान एक करते हुए क्रान्ति की दहाड़ लगाना है! दोनों ही ठीक कर रहे हैं। समाजवादी साथी न संगठन बढ़ायें, न काम बढ़ायें। शोर करें। और जनसंघ धीरे-धीरे सब निगल ले। तब समाजवादियों को सन्तोष होगा कि क्रान्ति सम्पूर्ण हो गयी।

टेलीविजन की हाय-हाय!

साधो, बेचैनी की हद तक पहुंचकर शायर ने कहा था—

अब तो घबड़ाके ये कहते हैं कि मर जायेंगे
मर के भी चैन न पाया तो किधर जायेंगे।

साधो, शायर को तो माशूका की जुदाई की घबड़ाहट थी और उसकी बेवफाई की। मुझे बेचैनी यह है कि टेलीविजन भोपाल में लग गया, इन्दौर में लग गया, रायपुर में लग गया। छत्तीसगढ़ के गाँव-गाँव में टेलीविजन पहुंच गया, मगर मेरे इस अभागे शहर में टी. वी. नहीं लगा, जिसे कई गौरव प्राप्त हैं—विनोबा भावे ने इसे 'संस्कारधानी' कहा और पण्डित नेहरू ने इसे 'गुण्डों का शहर' कहा। यह शहर जिसने महेश योगी और रजनीश पैदा किये। यह शहर, जहाँ रामनिवास

मूँदड़ा नाम के मशहूर आर्थिक जादूगर की शिक्षा हुई, और जिनके उज्ज्वल कारनामों के कारण अर्थमन्त्री टी. टी. कृष्णमाचारी को इस्तीफा देना पड़ा था। यह शहर, जहाँ दारासिंह भी पिटे और पंकज मलिक भी। यह वह शहर है जहाँ प्रसिद्ध नर्तकी सितारादेवी प्रोग्राम के बाद बम्बई लौटने लगी तो उसके पास किराये के पैसे भी नहीं थे। यह शहर, जहाँ किसी दब्बू शहर से आये सुपरिन्टेण्डेण्ट पुलिस ने मुझसे कहा—आपके शहर में जब तक किसी को दो चाँटे न मारो, वह अपना नाम ही नहीं बताता। इस बहादुर कलाप्रेमी शहर में टेलीविजन नहीं है।

साधो, मुझे शर्म आती है। कोई भोपाल या दिल्ली का दोस्त आ जाता है तो मैं उसके सामने अपने को चूहा समझने लगता हूँ—इसके शहर में टेलीविजन है और मुझ क्षुद्र के शहर में सिर्फ रेडियो स्टेशन है। रेडियो स्टेशन के लिए भी हम कितने बेचैन थे। जब खुला और पहला प्रोग्राम कविता-पाठ का हुआ तो मेरे एक कवि मित्र ने रेशमी कुरता पहना और खूब इत्र भी लगाया। उनका खयाल था कि कविता के साथ खुशबू भी ब्राडकास्ट होगी। साधो, शायर की तरह मैं भी घबड़ाकर कहता हूँ कि अब तो मर जायेंगे। तुम लोग कहो तो मैं टेलीविजन के लिए आमरण अनशन कर दूँ। गन्दा पानी नल का हम पी लेंगे। नर्मदा का पानी तब मिलेगा, जब कोई भगीरथ अवतार लेगा। अभी तो भस्मासुरों के हाथों में शहर का भाग्य है। हरयाणा में गाँव-गाँव में ट्यूबवैल लगे हैं। यहाँ नल के नीचे जमीन में गड्ढा करके बाल्टी भरते हैं। सड़क पर ऐसे गढ़े हैं कि गर्भवती का गर्भपात हो जाय। आसपास के गाँव में खेत-मजदूरों, ठेकेदारों के मजदूरों को न्यूनतम मजदूरी से आधी भी नहीं दी जाती। इस सबके लिए कोई दुखी नहीं। किसी को शर्म नहीं। दरिद्रता से कोई परेशान नहीं। कोई इन चीजों के लिए आन्दोलन नहीं करता। मगर उच्चवर्ग और उच्च-मध्यवर्ग और काले पैसेवाला वर्ग अपने जीवन को व्यर्थ समझता है, क्योंकि उसके घर में टेलीविजन नहीं है। वह घर नहीं, मरघट है, जिस पर 'एन्टेना' नहीं लगा। यह ऐसा वर्ग है कि इसके एक आदमी को पड़ोसी के घर में 'कट ग्लास' के कप में चाय पिलायी गयी। वह बड़ी उदासी से 'कट ग्लासों' को देखता रहा और घर लौटकर आत्महत्या कर ली। उसके पास वैसे 'कट ग्लास' नहीं थे। मध्यवर्ग का यह संघर्ष है।

साधो, सोचता हूँ, मैं आमरण अनशन कर ही दूँ। मर जाऊँगा, तो आखिर एक साधु ही तो मरा। बाकी हजारों की जानें तो बच जायेंगी, जिनका इस घबड़ाहट में हार्टफेल होनेवाला है कि शहर में टेलीविजन नहीं है। मगर मेरे मरने से भी टेलीविजन नहीं आया, तो वही सवाल खड़ा होगा—मर के भी चैन न पाया तो किधर जायेंगे। मगर मेरे अनशन करके मरने से टेलीविजन आ गया, तो तुम मेरी समाधि पर ये शब्द खुदवा दोगे—'यहाँ चिरनिद्रा में सोया है कबीरदास, जिसने इसलिए आत्मबलिदान किया कि जिससे हजारों बेशर्म, फूहड़, सुविधाभोगियों और असंस्कृत, दो नम्बरियों के प्राण बच जायें, जो टेलीविजन के बिना उत्सर्ग हो जाते।'

साधो, एक वर्ग ऐसा है, जो कभी किसी चीज के लिए नहीं लड़ता। लड़ना

इसके स्वभाव में है ही नहीं। यह वर्ग केंचुए की तरह है। इसकी रीढ़ की हड्डी नहीं होती। मेरुदण्डविहीन वीरों का वर्ग है यह। यह जूतों पर सिर रखकर सुविधा लेनेवाला वर्ग है। यह चूहे की तरह स्वस्थ जीवन-मूल्यों को कुतरता है। यह दो-मुँहा, दो-रूपी होता है। समाज की किसी समस्या से इसे मतलब नहीं। यह दिखावट में जीता है। खोखली, अर्थहीन जिन्दगी। इसे टेनिस और क्रिकेट में फर्क नहीं मालूम मगर यह रेडियो पर क्रिकेट कमेण्टरी लगाये रहता है, जिससे मुहल्ले के लोग कहें—कल्चर्ड हैं ये। क्रिकेट खेलते हैं। इस वर्ग को चाहिए वे सब चीजें, जो उसके खोखलेपन को भरती हैं। इनमें यह टेलीविजन भी है, जिसके अभाव में यह वर्ग मरा जा रहा है।

साधो, तुम कहोगे—गुरु, क्या तुम टेलीविजन के इतने विरोधी हो। नहीं, तुम गलत समझे। मैं टेलीविजन चाहता हूँ। मैं तो टेलीविजन-जैसी चीजों को लेकर झूठी प्रतिष्ठा की भावना की बात बता रहा था। हमें समस्त ज्ञान-विज्ञान का उपयोग करना है। देर-सबेर पूरे देश में टी. वी. होगा। छोटे-छोटे अफ्रीकी देशों में टेलीविजन है। टेलीविजन ज्ञान और मनोरंजन के लिए अच्छा है। एक ही बात है—इससे सामाजिक जीवन कम हो जाता है या खत्म हो जाता है। शाम से ही टेलीविजन से चिपक जाते हैं. तो पहले जिनसे शाम को मिलते-जुलते थे, उनसे मिलना-जुलना बन्द हो जाता है।

साधो, टेलीविजन लगेगा तो तुम मजे के अनुभव पाओगे। दो-एक साल पहले दिल्ली से एक अफसर यह पता लगाने आये थे कि यहाँ टेलीविजन की सम्भावना कितनी है। मैंने उनसे कहा—यहाँ बहुत सम्भावना है। आप पासवाले मेन रोड से आगे बढ़ते जाइए। दोनों तरफ साठ फीसदी मकान घूसखोर अफसरों या दो नम्बरी ठेकेदारों के हैं। ये सब टेलीविजन लेंगे। साधो, मुश्किल पड़ेगी मध्यवर्ग को। मुहल्ले में एक-दो के घर पर एण्टेना लगेगा तो बाकी मध्यवर्ग को कठिन यातना होगी। उसके घर टी. वी. आ गया और मेरे घर नहीं। मेरी भी क्या जिन्दगी है। व्यर्थ ही गयी। बीवी और बच्चे कहेंगे—उनके घर टी. वी. आ गया। आप भी ले आओ न। हमें नीचा देखना पड़ता है। मध्यवर्गी नैतिक साहस जुटाकर कहेगा—भई, वे लोग ऊपरी आमदनीवाले हैं। मैं तो एक पैसा नहीं खाता। साधो, तब बीवी कहेगी—तुम्हारी ईमानदारी को क्या शहद लगाकर चाटें। किस काम की यह ईमानदारी जिससे बच्चों के लिए टेलीविजन न ला सको। तुम्हारे बच्चे दूसरे के घर टेलीविजन पर फिल्म देखने जाते हैं। ये क्या भिखारी के बच्चे हैं? तो साधो, टेलीविजन कई जिन्दगी-भर के ईमानदारों को बेईमान बनायेगा। वे घूस लेंगे। ऊपरी आमदनी करेंगे और टेलीविजन खरीदेंगे।

हार के बाद धरना

साधो, मध्यप्रदेश में म्युनिसिपिल चुनावों में बुरी तरह हारने के बाद भारतीय जनता पार्टी के नेता कैलाश जोशी तथा सुन्दरलाल पटवा अगर मुख्यमन्त्री के निवास के सामने धरने पर न बैठते, तो कहाँ जाते? तुम्हीं बताओ। इनके साथ सकलेचा भी बैठते, मगर वे नैतिक संकट में हैं। उन पर मुख्यमन्त्री पद पर रहते हुए भ्रष्टाचार करने के मुकदमें चल रहे हैं। अगर वे भी अर्जुनसिंह सरकार द्वारा चुनाव में शासकीय हस्तक्षेप व भ्रष्टाचरण के विरोध में धरना देते, तो वैसा ही होता जैसे छलनी सूपे के दरवाजे पर इस आरोप के साथ धरना दे रही है कि सूपे में बहुत छेद हैं। साधो, पटवा और कैलाश जोशी ने हाथ जोड़कर सकलेचा से कहा होगा कि आप हमारे साथ धरना मत दीजिए। हमारी बदनामी होगी। हँसी उड़ेगी। वैसे सकलेचा को धरने पर बैठने का अधिकार है, क्योंकि वे जहाँ से विधायक हैं, वहाँ की नगरपालिका में भी बी. जे. पी. हारी है। हारी वहाँ भी है जहाँ से पटवा और कैलाश जोशी विधायक हैं। ये तीनों हारे हुए एक साथ धरने पर बैठ सकते थे पर सकलेचा के बैठने से बदनामी होती, पार्टी की 'स्वच्छ' छवि धूमिल होती और 'छवि' बनाने के लिए हर पार्टी सिंगार कर रही है। विधवा भी सिन्दूर लगा रही है।

साधो, तुम पूछते हो—धरने पर बैठने से क्या फायदा? क्या मुख्यमन्त्री हुक्म निकाल देते कि प्रदेश में जहाँ-जहाँ भारतीय जनता पार्टी हारी है वहाँ-वहाँ वह जीती हुई मानी जाय। नहीं, मुख्यमन्त्री यह नहीं कह सकते। पर मुश्किल यह है कि ये शीर्षस्थ नेता जाते तो कहाँ जाते? पार्टी आफिस जाते तो वहाँ दूसरे छोटे नेता इन्हें घेरते कि बताओ पार्टी क्यों हारी? घर जाते तो स्थानीय कार्यकर्ता इन्हें घेरते और पूछते कि हम क्यों हारे? ये स्थानीय कार्यकर्ता संघ के स्वयंसेवक होते हैं। ये कट्टर होते हैं। इनसे 25 सालों से कहा जा रहा है कि कल हिन्दू राष्ट्र हो जायगा। सरकार अपनी होगी। राष्ट्रपति भवन पर भगवा ध्वज लहरायगा। कल नहीं तो परसों। परसों नहीं तो तरसों जरूर। 1979 में जब जनता सरकार थी, तब इनसे कहा गया था कि ढाई साल में दिल्ली में संघ की सरकार होगी। मगर 1980 में इन्दिरा गाँधी की सरकार बन गयी और इनके हाथ सिर्फ वीरेन्द्रकुमार सकलेचा के भ्रष्टाचार का यश बचा। ये कब तक धीरज रखें? स्वयंसेवक विश्वास में बूढ़े हो गये। मगर जो नगरपालिकाएँ हाथ में थीं, वे भी निकल गयीं।

साधो, ये नेता क्या कहें पार्टीवालों से। यह तो कह नहीं सकते कि इन्दिरा गाँधी ने रूस से स्याही बुलायी थी इन चुनावों के लिए। यह बात 1971 के चुनाव में कह चुके। अब स्वयंसेवक भी इसे झूठा प्रचार मानता है। तो साधो, बताओ कि ये नेता कहाँ जाते और क्या करते? ये नागपुर जाते तो देवरस डाँटते। दिल्ली जाते तो अटलबिहारी डाँटते। इसलिए इन्होंने तय किया कि मुख्यमन्त्री के फाटक पर

धरने पर बैठ जाओ। धरने पर बैठे, सत्याग्रह पर बैठे, अनशन पर बैठे आदमी से कोई कुछ नहीं कह सकता। ये लोग निर्दोष, नैतिक और पवित्र हो जाते हैं।

साधो, दुख हमें भी है। जो पार्टी राष्ट्रीय विकल्प है, जिसे आगे अनन्त काल तक 'यावच्चन्द्र दिवाकरौ' (उन्हीं का शब्द) हमारे ऊपर राज करना है, उसकी यह हालत हमारा दुर्भाग्य ही है। बड़े विवाद के बाद अभी इस पार्टी ने राष्ट्रीय लोकतान्त्रिक मोर्चा बनाने का फैसला लिया है। सब पार्टियों को अटलबिहारी आमन्त्रित कर रहे हैं कि आ जाओ, मिल जाओ, इकट्ठे हो जाओ। मगर इन पार्टी-नेताओं का कहना है—भैया, हम सुबह से नहाकर घर से निकले हैं। तुम्हें छू लेंगे तो, फिर नहाना पड़ेगा। आजकल पानी की तंगी चल रही है। दूर से ही जैरामजी की कर लो।

साधो, कोई पार्टी पास नहीं आ रही है। आखिर कारण क्या है? गाँधीवाद और समाजवाद ने सब कबाड़ा कर दिया। ये दोनों पाप हैं, जिन्हें यह समझकर बी. जे. पी. ने अपना लिया था कि अब लोग हमें वे नहीं समझेंगे, जो हम हैं। मगर लोग समझते हैं। लोगों को वही मूल रूप पसन्द है जो गोरक्षा आन्दोलनों और साम्प्रदायिक दंगों का था। हर दंगे की रिपोर्ट में तो भारतीय जनता पार्टी का नाम आता है। गाँधीवाद और समाजवाद वह चादर है जिसमें छुरा छिपाया जाता है। यह लोगों को दिखता है।

साधो, मेरी सलाह है कि इस पार्टी को अपने पहले के शुद्ध रूप में आ जाना चाहिए। गाँधीवाद और समाजवाद ने इस शुद्धता को बहुत नुकसान पहुँचाया है। कोई इस पार्टी को न गाँधीवादी मानता न समाजवादी। तो पार्टी पुन: विश्वास कैसे प्राप्त करे। एक ही रास्ता है—शुद्ध रूप में आ जाय। मेकअप उतार दे। गोरक्षा आन्दोलन करे और शुद्ध हिन्दू साम्प्रदायिक हो जाये। तब लोगों का विश्वास लौट आयगा।

साधो, ग्वालियर में, जहाँ पार्टी की उपाध्यक्षा विजयाराजे सिन्धिया हैं, नगर निगम पर भारतीय जनता पार्टी का कब्जा हो गया, और दिल्ली में जहाँ अध्यक्ष अटलबिहारी हैं, नगर निगम में पार्टी हार गयी। इसलिए अब पार्टी अध्यक्ष विजयाराजे सिन्धिया को हो जाना चाहिए और भारत सरकार पर कब्जा करने के लिए दिल्ली में रहना चाहिए। अटलबिहारी अपने परिवार में ग्वालियर लौट आयें और शादी कर लें। यही भविष्य है।

—

ओला-पानी क्यों बरसे ?

साधो, इस गर्मी के मौसम में बरसात आ गयी है और उत्तरी भारत में ओले गिर रहे हैं, बर्फ पड़ रहा है। इतनी बारिश हो रही है कि पंजाब की नदियों में बाढ़ आ गयी है। गेहूँ की फसल अभी खलिहानों में है और उसका नाश हो रहा है। कोई कहते हैं, अप्रैल में ऐसा मौसम सौ सालों में नहीं हुआ। कोई कहते हैं—दो सौ सालों में ऐसा नहीं हुआ।

साधो, कुछ लोग कहते हैं कि दुनिया-भर में वातावरण में अणु विस्फोटों के कारण गड़बड़ी पैदा हो गयी है और मौसम बदल गये हैं। ऐसा हो सकता है। मगर भारत पर तो इसका असर नहीं होना चाहिए। यहाँ तो लगातार साल-भर से शतचण्डी और सहस्त्र कुण्डी यज्ञ देश-भर में हो रहे हैं, जिनका धुआँ मन्त्रों की ध्वनि के साथ वातावरण में छाया है। यह मन्त्रसिद्ध यज्ञधूम तो बड़े-से-बड़े एटमी विस्फोट के प्रभाव को खत्म कर सकता है। यह अलग बात है कि जिस मठ में लगातार यज्ञ होता है, देवी बैठी हैं, सिंह देवी-दर्शन को आता है, वहाँ चोर घुसकर चोरी कर ले जाते हैं। धर्म, अनुष्ठान, मन्त्र, यज्ञ का जोर एटमी शक्ति को तो नष्ट कर सकता है, मगर चोरों से हार जाता है। ज्यादा सही यह है कि धर्म, यज्ञ, मन्त्र वगैरह चोरों की सहायता करते हैं। हर तरह के चौर कर्म—घूस, कालाबाजारी, मुनाफाखोरी, राजनैतिक बेईमानी, पाखण्ड सबकी साधना धर्म की मदद से होती है।

साधो, हमारे धर्म-कर्म कल्याण करने में फेल हो गये। प्रधानमन्त्री हर मन्दिर, मस्जिद, गुरुद्वारा, मजार जाती हैं, पूजा करती हैं। रुद्राक्ष की माला पहनती हैं। हर शंकराचार्य का आशीर्वाद लेती हैं। मगर प्रधानमन्त्री की धार्मिकता आसमान से गिरनेवाली इस विपत्ति को नहीं टाल पायी। चार दिन पहले प्रधानमन्त्री जम्मू में काश्मीरी पण्डितों के बीच थीं। ये जम्मू के ब्राह्मण ही हैं, जिन्होंने काश्मीर में साम्प्रदायिकता फैलायी, इन्हीं के मारफत जनसंघ काश्मीर में घुसा था। प्रधानमन्त्री इन्हीं के बीच गयी थीं, क्योंकि देश से जातिवाद, सम्प्रदायवाद को मिटाना है। मगर जब प्रधानमन्त्री पूज्य ब्राह्मणों के बीच बैठी थीं, तभी ओला-पानी गिर रहा था और फसल चौपट हो रही थी। कहाँ गया वह ब्रह्मतेज ? अगस्त्य ऋषि ने तो समुद्र पी लिया था। ब्राह्मण के शाप से सूरज-चाँद काँपने लगते थे। मगर ये ब्राह्मण, जिनके बीच प्राधानमन्त्री थीं—ओला-पानी नहीं रोक सके।

साधो, लगता है प्रधानमन्त्री, जो लगातार धार्मिक स्थलों को जाती हैं, मठाधीशों, धर्माचार्यों का आशीर्वाद लेती हैं, बाबाओं के दर्शन करती हैं, खुद इतना धर्म-बल इकट्ठा कर चुकी हैं कि उन्हीं ने ये बादल कहीं रूस की तरफ से बुलवाये और बर्फ, ओले, पानी गिरवा दिये। अभी दिल्ली में गुटनिरपेक्ष शिखर सम्मेलन हुआ था। उसमें 101 देशों के राज्याध्यक्षों ने अमेरिका की निन्दा की। इससे रूस खुश हुआ। अमेरिका में भी तो दैवी शक्ति है। जहाँ धन होता है वहीं देवता होते हैं, वहीं

दैवी शक्ति होती है। अमेरिकी शासकों के पास यह दैवी शक्ति है। राष्ट्रपति रीगन को तो भूत-प्रेत सिद्ध हैं। रोनाल्ड रीगन ने ही शायद दैवी और भूतप्रेत शक्ति से बर्फ, ओले, पानी गिरवा दिये हों। और कराओ गुटनिरपेक्ष सम्मेलन दिल्ली में, और दो अमेरिका को गाली। अब भोगो नतीजा। जॉर्ज फर्नांडिस ठीक कर रहे थे, जो गुटनिरपेक्ष सम्मेलन में बाधा डालने की कोशिश कर रहे थे। वे जानते थे कि यह सम्मेलन हो गया तो इस देश पर विपत्ति आयेगी। अब जॉर्ज छत्तीसगढ़ के गरीबों का भला करने वहाँ पहुँच गये हैं और छत्तीसगढ़ी लोग कहते हैं कि यह बला कहाँ से आ गयी। अगर जॉर्ज को छत्तीसगढ़ से लोकसभा की सीट नहीं मिली, तो वे पश्चिमी जर्मनी से विपत्ति बुलवाकर छत्तीसगढ़ पर गिरा देंगे।

साधो, यह सब शासन की गलत नीतियों के कारण होता है। इन्दिरा गाँधी की विदेश नीति का नतीजा है। रूस से दोस्ती किये बैठी हैं, और आधा रूस बर्फ से ढँका रहता है। यह बर्फ वहीं से उड़कर आया है। मेरी बात पर तुम्हें विश्वास न हो, तो डॉक्टर सुब्रह्मण्यम स्वामी से पूछ लो। वे सारे रहस्य जानते हैं। वे सर्वव्यापी हैं। उन्हीं ने जनता सरकार के विदेशमन्त्री अटलबिहारी को चीन भेजा था, और चीनी नेताओं से कहा था—इस वाजपेयी के चीन में रहते वियतनाम पर हमला कर दो, जिससे इसकी दुर्गति हो जाय। मैं इसे पार्टी में 'डाऊन' करना चाहता हूँ।

साधो, चरणसिंह से पूछो तो वे कहेंगे-ये ओले, पानी सब इन्दिराजी का षड्यन्त्र है। यह लोकदल को खत्म करने की हरकत है। देख लो, उत्तर प्रदेश और हरियाणा के बड़े-बड़े जाट किसानों का गेहूँ बरबाद हो गया। मैं इसे गन्दी राजनीति कहता हूँ। अरे, इन्दिरा गाँधी को ओले बरसाना है तो आन्ध्र और कर्नाटक पर बरग्वायें न, जहाँ वे हारी हैं। या कम्युनिस्ट बंगाल पर ओले बरसायें। पर लोकदल और नहीं टूटेगा। इसमें अकालियों की भी बदमाशी है। सन्त भिण्डरावाला ने स्वर्ण मन्दिर से कुछ जादू किया होगा, जिससे ये ओले-पानी बरसे। अब साधो, सन्त भिण्डरा-वाला से पूछो तो वे कहेंगे—हमारी माँगें सरकार ने नहीं मानीं, तो मैंने ओला-पानी गिरा दिये। तुम कहोगे—पर इससे सबसे ज्यादा नुकसान तो पंजाब के सिखों का हुआ है। सन्त कहेंगे—सो तो ठीक है। सद्गुरु का यही उपदेश है कि दूसरे पर गुस्सा आय, तो जिद में अपने ही पाँव पर कुल्हाड़ी मार लो। हम आन्दोलन से यही अक्ल का काम कर रहे हैं।

साधो, मोरारजी से पूछो तो वे कहेंगे—यह सब उस 'लेडी' की करामात है। मैं प्रधानमन्त्री होता, तो ओले-पानी नहीं बरसते। मैं जब प्रधानमन्त्री था, तब सूखा जरूर पड़ा, मगर पानी नहीं बरसा। साधो, अटलबिहारी कहेंगे—यह सब इन्दिराजी मध्यावधि चुनाव कराने के लिए करवा रही हैं। वे प्राकृतिक संकट के बहाने मध्यावधि चुनाव करायेंगी। साधो, तुम कहोगे, गुरु, इस हिन्दू राष्ट्र के रक्षक बाला साहब देवरस को क्यों भूल रहे हो? साधो, देवरसजी बहुत सुलझे हुए विचारों के हैं। वे कहेंगे—अरब देशों से जो पैसा आ रहा है जिससे हिन्दू मुसलमान बनाये जा रहे हैं, इस पाप के कारण इन्द्रदेव ने यह दण्ड दिया है।

छात्र और लाउडस्पीकर

साधो, छात्र-शक्ति को तुम समझते ही हो। इसके मसीहा एक हरबर्ट मार्क्यूस हो गये हैं जो मानते थे कि अकेले छात्र क्रान्ति कर सकते हैं। यह सिद्धान्त गलत सिद्ध हुआ। पर कई शहरों में छात्र रोड ब्लाक करके सैकड़ों ट्रकों को रोक रखते हैं और यातायात को 'व्यवस्थित' करा देते हैं। खस्ता हालत सड़क पर धरना देकर नगर निगम या नगरपालिका को उसे सुधारने के लिए मजबूर कर देते हैं। ये लोक-कल्याण के काम हैं। छात्रों की तारीफ करनी चाहिए। यों दुष्ट लोग इन पुण्य कार्यों में भी छात्र-नेताओं के बारे में ऐसी बातें कहते हैं, जो साधुओं को नहीं सुननी चाहिए। छात्र किसी भी दिन 'नगर बन्द' करवा देते हैं। बाजार बन्द करवा देते हैं। हड़ताल करवा देते हैं। जिस चौराहे पर नेता अपना अड्डा बना लें, उसकी होटलें और दूकानें सुरक्षित नहीं रहतीं। छात्र वीर हैं। वे क्रान्तिकारी हैं। आतंककारी हैं।

मगर साधो, ये वीर सबको जीत सकते हैं। सबको आतंकित कर सकते हैं। पुलिस से भी भिड़ सकते हैं। मगर एक जगह यह छात्र-शक्ति हार जाती है। वीर छात्र लाउडस्पीकर के चोंगे से हार जाते हैं। परीक्षा के इस मौसम में छात्रों की दीन हालत देखकर किसी को भी दया आ जायगी। जो कल ट्रक के सामने खड़े थे, वे आज किताब सामने रखे सिर ठोंक रहे हैं, क्योंकि आसपास लाउडस्पीकर कोलाहल कर रहे हैं। अब छात्र धमकी नहीं देते, हाथ जोड़ते हैं, रोते हैं और अखबारों में अपीलें छपाते हैं कि छात्रों का परीक्षा का समय है, मेहरबानी करके रात को ज्यादा देर तक लाउडस्पीकर न बजाओ। ये पुलिस से अपील करते हैं, जिलाधीश से अपील करते हैं कि इन लाउडस्पीकरों से हमारी रक्षा करो।

साधो, बड़ी दयनीय स्थिति है छात्र-वीरता की। वास्तव में रो वे छात्र-छात्राएँ रहे हैं जो न धरना देते, न ट्रक के सामने खड़े होते, न मुठभेड़ करते। ये ईमानदारी से पढ़ते हैं। ये सौ में से नब्बे हैं। मुसीबत इन नब्बे फीसदी छात्र-छात्राओं की है। लड़ाकू छात्रनेता चाहें तो धमकी देकर, दो-चार चोंगे फोड़कर इस कोलाहल को बन्द करवा सकते हैं। मगर वे इस मोर्चे पर नहीं लड़ते। यह पढ़ाई का मोर्चा है और पढ़ाई नेता को खुद करनी नहीं है। पढ़ने लगा तो नेता नहीं रह जायगा। नेता तो 20 सालों से कई विश्वविद्यालयों में पड़े हैं। वे पढ़कर बाहर निकलते ही नहीं। उन्हें नेता रहना है।

साधो, दूसरी बात यह है कि छात्रों के अपने माँ-बाप, काका, मामा, फूफा, दादाजी, नानाजी लाउडस्पीकर पर आधी रात तक कथा और भजन कराते हैं। इन्हें छात्र कैसे रोकें? फिर मुहल्ले में शादियों में रात-भर लाउडस्पीकर बजते हैं। वधू-पक्ष के लोगों से कैसे कहें कि यह हल्ला बन्द कर दो। लोग कहेंगे कि ये कन्या की शादी में बाधा डालते हैं।

साधो, कानून है। कानून लागू करनेवाले शासक और पुलिस भी है। मगर वे लाउडस्पीकर का हल्ला बन्द नहीं करवा सकते। तुम पूछोगे, गुरु कारण क्या है? देखो, लाउडस्पीकर पर कथा या भजन हो रहे हैं। यह धर्म का मामला है। भगवान की स्तुति इतने जोर से हो रही है कि वह प्रभु जो अब बहरा हो चुका, सुन ले। भगवान की स्तुति में पुलिस बाधा क्यों डाले? कहीं भगवान नाराज हो गये, तो ऊपरी आमदनी मार देंगे। फिर धर्म का मामला है। कहीं कोई नेता निकल पड़ा और पुलिस से उलझ बैठा कि धार्मिक कार्य में दखल क्यों देते हो? शान्ति भंग हो जायगी, दंगा हो जायगा। अब पुलिस क्या करे? ऊपर रिपोर्ट हो गयी तो लाइन अटैच। यही असहायता पुलिस की शादी के समारोह में होती है। बारात में एस. पी. साहब हैं और वधू की तरफ से कमिश्नर साहब स्वागत कर रहे हैं, तो मामूली पुलिसवाला कैसे कहे कि लाउडस्पीकर बन्द करो।

साधो, किराये से लाउडस्पीकर देना काफी बड़ा धन्धा है। लाउडस्पीकर अपने घर बजवाना प्रतिष्ठा की निशानी है। बच्चे का मुण्डन हो गया और लाउडस्पीकर नहीं बजा, तो बच्चा क्या किसी भिखमंगे का है? फिर ये जो मन्दिरों से, गुरुद्वारे से सुबह 5-6 बजे से ही भजन-कीर्तन लाउडस्पीकर पर करते हैं, ये भक्त नहीं हैं। ये पेट भरने और परिवार पालने के लिए भजन गाते हैं।

साधो, जो लोग लाउडस्पीकर पर भजन-कीर्तन कराते हैं, उन्हें हम साधू लोग सच्ची बात बता दें। उधर दूसरे लोक में भगवान और यमराज के दफ्तर में नोट होता जाता है कि इस आदमी के कारण इतने लड़के-लड़की पढ़ नहीं पाये, इतने फेल हो गये, इतनों के नम्बर कम आये, इतने मरीज नींद न आने से मर गये। तो साधो, लाउडस्पीकर पर भजन-कीर्तन कराने से इनका नर्क जाना तो पक्का हो गया। ये पाप कर रहे हैं। इस लोक में भी इनका नुकसान होगा। ये लोग यह लोक और परलोक दोनों बिगाड़ रहे हैं। भगवान कोई बेवकूफ, चापलूसी-पसन्द तो है नहीं। वह सब समझता है। दूसरों के कानों में जबरदस्ती भजन, कथा, कीर्तन डालना पाप है। इधर की पुलिस छोड़ देती है पर यमराज की पुलिस नहीं छोड़ेगी।

साधो, बेटी की शादी करनेवाले भी सोचें। लड़की को तो सबकी मंगलकामना चाहिए कि तुम्हारा विवाहित जीवन सुखी हो। मगर लाउडस्पीकर से परेशान मुहल्ले के लोग क्या मंगलकामना करते होंगे? भैया, बेटी के बाप, तू लोगों की नाराजी के साथ बेटी को ससुराल क्यों भेजता है?

साधो, हम इसमें कुछ नहीं कर सकते। पढ़नेवाले छात्र-छात्राओं से हमारी सहानुभूति है। पुलिस और प्रशासन पर भी हमें दया आती है कि वे बेचारे इतने असहाय हैं। छात्रों की ताकत इस चोंगे के सामने खत्म हो चुकी है। शोर ने उन्हें कायर बना दिया है। यह कोलाहल कभी नहीं रुकेगा। इसे रोकने में कोई समर्थ नहीं है।

भारतीय राजनीति का बुलडोजर

साधो, बहुगुणा को हम लोग चतुर राजनीतिज्ञ मानते हैं। यह अलग बात है कि इन्दिराजी संकट में बहुगुणा के घर गयीं और संजय से 'मामाजी' के चरण छुवाये और बहुगुणा पिघल गये कि मेरी 'बहना' संकट में है और राखी की लाज रखने के लिए इसकी रक्षा करना ही पड़ेगी। 31 सूत्रों के बहाने बहुगुणा कांग्रेस (इ) में चले भी गये और महामन्त्री बनाये गये। बहुगुणा समझे कि मैं मैडम के बाद नम्बर दो हो गया, पार्टी और देश में, मगर वास्तव में इन्दिराजी उनसे 'दो नम्बरी' कूटनीति कर रही थीं। जब बहुगुणा आल इण्डिया कांग्रेस कमेटी के दफ्तर में निष्काम महामन्त्री के रूप में बैठे-बैठे 'बोर' हो गये और फुरसत में उन्हें बोध हुआ कि मैडम उन पर भरोसा नहीं करतीं और उन्हें रस्से में बाँधकर कुए में डाल चुकी हैं, डूबने-भर की देर है तो वे सँभले, कांग्रेस के अन्धकूप से बाहर आये और लोकतान्त्रिक समाजवादी दल बनाया।

साधो, बहुगुणा ने यह अच्छा किया। चरणसिंह ने जिन्हें के. जी. बी. का एजेण्ट कहा था, वे बहुगुणा प्रगतिशील विचारों के हैं। उनकी छवि भी है। वे लोकप्रिय भी हैं। मगर नया दल बनाना, नया घर बनाने की तरह है। बहुगुणा छोटा ही घर बना रहे थे, आधा कच्चा, आधा पक्का। दीवारें उठ गयी थीं दल की। ऊपर खपरैल और एसबेस्टस की चादरें डाल ली थीं। मगर साधो, घर बनानेवाला साथ में बुलडोजर क्यों रखे ? बुलडोजर मकान बनाने का सामान नहीं है, मकान गिराने की मशीन है। बहुगुणा-जैसे चतुर आदमी ने मकान बनाया तो साथ में बुलडोजर भी रखा। तुम पूछोगे—यह बुलडोजर कौन ?

साधो, भारतीय राजनीति में बुलडोजर राजनारायण हैं। बहुगुणा के दल का मकान आधा-सा बना था कि राजनारायण नाम का बुलडोजर चला और आधा-सा मकान गिराकर चला गया। राजनारायण ने लोकतान्त्रिक समाजवादी दल तोड़ दिया—यानी अपने साथियों को लेकर, बहुगुणा पर आरोप लगाकर, पार्टी से बाहर हो गये।

साधो, राजनारायण नाम का बुलडोजर डॉक्टर लोहिया के जीवन-काल में भी अपनी ही समाजवादी पार्टी के झोंपड़े पर चलता था। लोहिया पेट्रोल चुपचाप निकलवा लेते थे इसलिए उनके जमाने में वह घर जमींदोज नहीं हुआ। मगर लोहिया की मृत्यु के बाद बुलडोजर में चौधरी चरणसिंह ने बैल जोतकर समाजवादी झोंपड़ी को तोड़ दिया।

साधो, राजनारायण का कहना है कि उनके बहुगुणा से दो मतभेद हैं—पहला यह कि बहुगुणा अफगानिस्तान में रूसी फौज की उपस्थिति का विरोध नहीं करते। दूसरे वे असम में चुनाव का विरोध नहीं करते। मगर वास्तविक कारण यह है कि सत्ता तक पहुँचने का रास्ता बहुगुणा की पार्टी में से नहीं है, जो कम्युनिस्ट पार्टियों

के साथ वाम लोकतान्त्रिक मोर्चे में शामिल है। सत्ता का रास्ता दक्षिणपन्थी दलों के गठबन्धन से निकलता है, जैसा 1977 में हुआ था। यानी राजनारायण 1977 वाली जनता पार्टी फिर बनाकर, 1985 में चुनाव जीतकर, दिल्ली में सरकार बनाकर, हनुमान चालीसा से आपरेशन करानेवाले स्वास्थ्यमन्त्री फिर बनना चाहते हैं।

साधो, बुलडोजर का कहना है कि मैं चरणसिंह से मिलूंगा, यानी अगर चरणसिंह चाहेंगे तो वे फिर उनका कुत्ता बनने को तैयार हैं। फिर तरक्की करके कुत्ते से हनुमान बनेंगे और फिर लक्ष्मण। वे चन्द्रशेखर से बात करेंगे। कर्पूरी ठाकुर से बात करेंगे। अटलबिहारी से बात करेंगे कि आर. एस. एस. को छोड़कर बाकी भारतीय जनता पार्टी को लेकर इस महागठबन्धन में शामिल हो जाओ और 1977 जैसी जनता पार्टी बन जाय।

साधो, बुलडोजर की योजना अच्छी है। मगर अटलबिहारी संघ को छोड़ नहीं सकते। संघ के बिना भारतीय जनता पार्टी कुछ है ही नहीं। अब तो शाखा के बाहर से आये तत्त्वों को पदों से निकालकर वहाँ 'तपे हुए' (जड़ता की अग्नि में) स्वयंसेवक स्थापित किये जायेंगे। याने भारतीय जनता पार्टी गठबन्धन में आयेगी, तो नेतृत्व बाला साहब देवरस के हाथों में होगा।

साधो, 1977 में जनता पार्टी नाम का यह मकान बना था। यह विचित्र था। इसके ड्राइंगरूम का फर्श मिट्टी का था और पाखाने का फर्श मोजेक का। इसमें एक दरवाजा 16वीं सदी का था और दूसरा 20वीं सदी का। इसकी छत ऐसी थी कि पड़ोस के मकानों का पानी भी इसी घर में आता था। इस मकान के बगीचे में बबूल और भटकटैया के सुन्दर काँटे खिले थे। इस मकान के हर कमरे में दूसरे कमरे में चोरी करने के लिए सेंध बनी थी। हर कमरे का रखवाला दूसरे कमरे के रखवाले पर बन्दूक ताने था। इस मकान पर रोज बदल-बदलकर रंग पोता जाता था। आज काला पुता है, तो कल पीला हो जायेगा।

साधो, राजनारायण अगर बुलडोजर हैं तो राष्ट्रीय स्वयंसेवक संघ डाइनामाइट-फैक्टरी है। उस जमाने में बुलडोजर राजनारायण बाहर से इस मकान को गिरा रहे थे और नानाजी देशमुख चुपचाप, रात के अँधेरे में, मकान के नीचे संघ के डाइनामाइट रख रहे थे।

साधो, आखिर एक दिन होनी हो गयी। बाहर से बुलडोजर ने जनता भवन तोड़ना शुरू किया और साथ ही संघ के डाइनामाइट फूटकर मकान को उड़ाने लगे। जनता पार्टी भवन टूटकर उड़ गया—कोई यहाँ गिरा कोई वहाँ गिरा। साधो, बुलडोजरजी अब फिर मलबे को एकत्र करके जनता-मकान बनाना चाहते हैं। मकान शायद बन जाय, क्योंकि यह दक्षिणपन्थियों की भाग्यरेखा है। भाग्य में यह भी लिखा है कि डाइनामाइट और बुलडोजर फिर वही करेंगे। हम बुलडोजर की सफलता की कामना करते हैं—बुलडोजर की सफलता गिराने में है।

महान दर्शन भजनलालवाद

साधो, भारत महान् देश है। यह दार्शनिकों का देशहै। नये-नये दर्शन यहाँ जन्म लेते और पनपते हैं। द्वैतवाद, अद्वैतवाद, विशिष्ट द्वैतवाद, वैशेषिक, न्याय, स्याद-वाद, शून्यवाद, पूर्णवाद आदि प्राचीन काल के दर्शन हो गये। राजनैतिक दर्शन में भी हमारे चाणक्य पश्चिम के मेकियावेली के बाप होते हैं। शासकों को जितनी लुच्चई, बदमाशी, झूठ, पाखण्ड, छल, कपट, अत्याचार—चाणक्य ने सिखाये उतने दुनिया के किसी राजनैतिक गुरु ने नहीं सिखाये। हमारे शासक जो जनता में अज्ञान, भाग्यवाद, अन्धविश्वास फैलाते हैं, यह चाणक्य की ही शिक्षा है। चाणक्य ने लिखा है कि जनता को मूढ़ और अन्धविश्वासी कर देने से राजा निष्कण्टक राज करता है। यज्ञों की भरमार, कथा-प्रवचन, चमत्कार, तन्त्र-मन्त्र, योगी, स्वामी और भगवान—ये सब शासक और शोषक वर्ग के द्वारा प्रोत्साहित किये जा रहे हैं। यह चाणक्य-नीति है।

साधो, पिछले कुछ सालों से एक नये राजनैतिक दर्शन ने इस देश में जन्म लिया है और वह खूब बढ़ रहा है। वह दर्शन है—भजनलालवाद ! तुम्हें मालूम ही है कि भजनलाल अन्तर्राष्ट्रीय ख्याति के राजनैतिक, दार्शनिक और साधक हो गये हैं। उन्हें कब से रोनाल्ड रीगन बुला रहे हैं, 2-4 लाख डालर देने को तैयार हैं, कि वे वाशिंगटन पहुँचकर कुछ डेमोक्रेट सदस्य खरीद दें। पर भजनलाल को राष्ट्र की सेवा से फुरसत नहीं है। इन्दिराजी उन्हें कैजुअल लीव नहीं दे सकतीं।

साधो, तुम पूछोगे कि यह भजनलालवाद दर्शन है क्या ? गुरु, इसके सिद्धान्त तो बताओ। रुको, गुरु बताता है। इस दर्शन का गहन चिन्तन 1977 से 1980 के बीच हुआ। इसके दार्शनिक पिता तो भजनलाल हैं, मगर देवी की प्रेरणा और आशीष के बिना दर्शन सुफल नहीं देता। दार्शनिक, प्रातःस्मरणीय, निगम-आगम-पारंगत भजनलाल को देवी इन्दिराजी का आशीर्वाद था। लोग इसे 'दलबदल' कहकर हल्का करते हैं, बदनाम करते हैं। इसे अवसरवाद कहते हैं, पद-लोलुपता कहते हैं, मगर यह नयी राजनैतिक नैतिकता का सम्पूर्ण दर्शन है। इसके फल आन्ध्र, महाराष्ट्र, गुजरात में दिख रहे हैं और यह फैल रहा है।

साधो, दर्शन जो आज की स्थिति में लागू हो रहा है वह ऐसा है—सत्ताधारी पार्टी कांग्रेस (इ) में अगर हम और हमारा गुट राज्य में सत्ता में नहीं है तो जन-कल्याण और विश्व-कल्याण की कोई सम्भावना नहीं है। विश्व विनाश की ओर जा रहा है। देश का भविष्य अन्धकारमय है। देश और विश्व के कल्याण के लिए हमें और हमारे गुट को सत्ता में आना चाहिए। कांग्रेस (इ) के निस्वार्थ 'सेवक' रहकर, इन्दिरा के सिपाही बनकर उनके हाथ मजबूत करने की तपस्या बहुत हो चुकी। अब तप का फल मिलना चाहिए। पार्टी के प्रति निष्ठा और ईमानदारी पाप की ओर प्रेरित करते हैं। अब कांग्रेस (इ) में रहने से कल्याण नहीं। चुनाव-टिकिट मिलना

निश्चित नहीं। टिकिट मिल भी गया और विधायक बन भी गये तो मन्त्री बनना निश्चित नहीं। भजनलालवाद निश्चितता का दर्शन है। इसमें पद ब्रह्म सत्य है, और सत्य मिथ्या हैं। इस दर्शन के अनुसार जनता के कल्याण के नाम पर विद्रोही कांग्रेसी हो जाओ। पार्टी से बाहर गुट ले आओ। फिर चुनाव लड़ो। कोशिश यह करो कि खुद और गुट के लोग जीतें और कांग्रेस के बहुमत में कमी रह जाय। अब आप तथाकथित निष्ठावान कांग्रेसी से ज्यादा बड़े हो गये। कांग्रेस को सरकार बनाने के लिए 8-10 विधायक चाहिए। अब आप सौदा कीजिए। 3-4 लाख रुपये लीजिए और मन्त्रीपद पक्का कीजिए। और कांग्रेस में लौट जाइए यह घोषणा करके कि 'देश का भविष्य इन्दिराजी के हाथों में ही सुरक्षित है। देश का वही कल्याण कर सकती हैं। हमें देश-हित में इन्दिराजी के हाथ मजबूत करना है, हालाँकि हम खुद लूले हैं।'

साधो, कांग्रेस के अपने निष्ठावान, ईमानदार विधायक टापते रह जायेंगे और हम ठाठ से मन्त्री बन जायेंगे—हालाँकि यह वैसा ही हुआ जैसे मैले की तलाश में सूअर मन्दिर में घुस जाता है और वहाँ उसे भगवान का पवित्र मैला खाने को मिल जाता है।

साधो, यह नया राजनैतिक दर्शन है। यही भजनलालवाद है। यह दर्शन फैल रहा है और इसकी प्रेरणादायिनी देवी परेशान हो रही है। साधो, इस देश के लोग अब जन-कल्याण करनेवालों, निस्वार्थ देशसेवकों, गरीबों पर बलि चढ़नेवालों से बहुत तंग हो चुके हैं। वे हाथ जोड़कर कहते हैं—हमें बख्शो! हमें छोड़ो। हमें चैन लेने दो। मेहरबानी करके हमारा कल्याण करना छोड़ो। और उन्हें जवाब मिलता है—तुम्हारा कल्याण कौन बेवकूफ कर रहा है? हम तो हमारा कल्याण कर रहे हैं। तुम अपने कल्याण के भ्रम से परेशान क्यों होते हो?

अभी दिल्ली दूर है

साधो, दिल्ली नगर निगम और महानगर परिषद् के चुनाव के नतीजे तुमने देख लिये। कर्नाटक और आन्ध्रप्रदेश की हवा दिल्ली की तरफ बढ़ रही है—ऐसा कुछ लोगों का खयाल था, मगर उत्तर भारत से शीतलहर दक्षिण की तरफ चल पड़ी और बीच में ही मध्यप्रदेश पार करते-करते इस शीतलहर ने इस हवा को जमाकर बर्फ बना दिया। अटलबिहारी वाजपेयी तथा कुछ दूसरे नेता यह कहते थे कि दक्षिण की हार के बाद अपनी 'इमेज' बनाने के लिए इन्दिरा गाँधी कुछ करतब करेंगी। कुछ सोचते थे कि पोखरन-जैसा कोई विस्फोट करेंगी। कोई विस्फोट तो इन्दिरा

गाँधी ने नहीं किया, मगर यह हरकत तो की ही कि उत्तर भारत के पहाड़ी इलाके में बर्फ गिरा दी और भर-वसन्त में शीतलहर चला दी, जिससे भारतीय जनता पार्टी का वसन्त भादों की रात-जैसा अँधेरे में रोने लगा। अटलबिहारी अब वकीलों से सलाह लें कि क्या इस हथकण्डे पर चुनाव-याचिका हो सकती है? हो सके तो पूरे चुनाव ही कैंसिल हो सकते हैं। राम जेठमलानी से पूछना चाहिए।

साधो, डॉक्टर सुब्रह्मण्यम् स्वामी ने, जो पहले अटलबिहारी के साथ ही जनसंघ के नेता थे, साम्प्रदायिकता को भारतीय जनता पार्टी की हार का कारण बताया है। डॉक्टर स्वामी आधुनिक प्रतिक्रियावादी हैं और अटलबिहारी मध्ययुगीन प्रतिक्रियावादी हैं। दोनों में फर्क है। डॉक्टर स्वामी अमेरिका-जैसा आधुनिक विज्ञान और तकनीकवाला पूंजीवाद चाहते हैं। अटलबिहारी राष्ट्रीय स्वयंसेवक संघ के हैं, इसलिए अगर हवाई जहाज बन भी जाय तो उसमें नागपुर के आदेश से बैल जोते जायेंगे। अपने सब बढ़िया पाइलट हरवाहे हो जायेंगे। खैर साधो, स्वामी का यह आरोप गलत है कि भारतीय जनता पार्टी ने साम्प्रदायिकता उभारी। भारतीय जनता पार्टी तो 'ईश्वर अल्ला तेरे नाम' हो गयी है, क्योंकि उसने गाँधीवादी समाजवाद की उपासना आरम्भ कर दी है।

साधो, लोगों ने इन्दिराजी को जीत के लिए बधाई दी ही है। जवाब में मेरा अन्दाज है, उन्होंने कहा होगा कि यह सफलता राजीव के कारण मिली। ऐशियाड की सफलता के लिए जब इन्दिराजी को बधाई दी जाती थी, तो वे कहती थीं— 'इसका श्रेय तो राजीव को है।'

इन्दिराजी ने दक्षिण के चुनावों के पहले दो शंकराचार्यों का आशीर्वाद लिया था—दक्षिण के श्रृंगेरीमठ के शंकराचार्य का और नये, मध्यप्रदेश के पाँचवें शंकराचार्य, स्वरूपानन्द का। पर वे दक्षिण में चुनाव हार गयीं यानी दक्षिण के शंकराचार्य क्षेत्रीय भावनावाले निकले। पर उत्तर के पाँचवें शंकराचार्य के आशीष से वे दिल्ली में जीत गयीं। ये पाँचवें शंकराचार्य हैं, पाँचवें सवार हैं और लोककथा के अनुसार सिर्फ पाँचवाँ सवार ही घोड़े पर सवार होता है। बाकी किस पर सवार होते हैं, तुम जानते ही हो।

साधो, भारतीय जनता पार्टी की हार पर मुझे दुख है। यह दुख और गहरा होता है, जब यह समझ में आता है कि हार की सबसे बड़ी जिम्मेदारी अटलबिहारी पर है। उन्होंने यह वक्तव्य न दिया होता और पार्टी के पेपरों ने उसका इतना प्रचार न किया होता तो पार्टी न हारती। उस वक्तव्य में अटलबिहारी ने कहा था कि दिल्ली की जनता बदल-बदलकर शासन सौंपती है। एक बार कांग्रेस को शासन देती है और दूसरी बार जनसंघ (अब भाजपा) को। यानी अब हमारी बारी है। गोया शासन-सत्ता न हुई, गेंद हुई। पापा एक बार गेंद पप्पू को देते हैं और फिर मुन्नू को। बारी-बारी से दोनों बेटे खेलो। यों फायदा होता है। वैसे पंजाब में अकाली और भारतीय जनता पार्टी साथ हैं पर सिख जानते हैं कि उनकी असली लड़ाई संघ की हिन्दू साम्प्रदायिकता से है। सिख भूले नहीं हैं कि कुछ साल पहले संघ ने 'हिन्दी

रिक्छा आन्दोलन चलाया था और सिर फूटे थे। 'रक्षा' का उच्चारण 'रिक्छा' करते थे—हिन्दी रिक्छा आन्दोलन!

साधो, हमें तो दुख यही है कि भारतीय जनता पार्टी के दिल्ली में सत्ता में नहीं आने से गाँधीजी का बहुत नुकसान हो गया। पिछली बार जब जनसंघ का शासन था तो वाजिब दाम पर जो मोमबत्तियाँ दीवाली पर बिकवायी थीं, उनके पैकेट पर एक चित्र था, जिसमें गाँधीजी संघ के ध्वज को प्रणाम करते दिखाये गये थे। इस बार अगर भारतीय जनता पार्टी को शासन मिल जाता तो गाँधीजी का पूरा उद्धार हो जाता। इस बार मोमबत्ती के पैकेट पर गाँधीजी चड्डी और काली टोपी पहने हुए ध्वज को प्रणाम कर रहे होते। यह चित्र दफ्तरों, संस्थाओं, स्कूलों में भी लग जाता। रिचर्ड एटनबरो की फिल्म 'गाँधी' से जो काम नहीं हुआ, वह इस चित्र से हो जाता। मगर गाँधीजी की किस्मत ही खराब है कि अपनी ही पार्टी को हरवाते हैं।

साधो, दिल्ली का सुलतान सूफी सन्त निज़ामुद्दीन औलिया से नाराज था। सुलतान दक्षिण की तरफ से लौट रहा था कि आगरा के पास उसने कहा–मेरे दिल्ली पहुँचने पर निज़ामुद्दीन मार डाला जायेगा। जब यह खबर सन्त निज़ामुद्दीन को दी गयी तो उन्होंने कहा—हनोज़ दिल्ली दूरस्त! यानी अभी दिल्ली दूर है। और हुआ यह कि दिल्ली पहुँचने के पहले ही सुलतान खुद मर गया। अभी दिल्ली दूर है।

हरिजनों का ब्राह्मण भोजन

साधो, अखबारों के समाचार और उनके शीर्षक कभी-कभी अनर्थ निकालते हैं, तो कभी गम्भीर अर्थ, जिन पर विचार करना चाहिए। एक दिन मैंने एक सम्पादक मित्र को उनके अखबार में छपे समाचार का एक शीर्षक बताया। वह शीर्षक था—

विवाहित युवती से बलात्कार
(हमारे संवाददाता द्वारा)

साधो, हम दोनों खूब हँसे। पत्र के संवाददाता ने यह समाचार भेजा है, यह मतलब था प्रेस का। पर मतलब दूसरा निकल गया कि हमारे संवाददाता द्वारा विवाहित युवती से बलात्कार किया गया!

साधो, कभी-कभी इस तरह के शीर्षक के समाचार पढ़ता हूँ—'रिक्शावाले की ईमानदारी' या 'ईमानदारी अभी जिन्दा है।' समाचार यह होता है कि रिक्शा में बैठकर आया आदमी अपना बटुआ भूल से छोड़ गया। रिक्शावाले ने देखा और उनके घर जाकर बटुआ वापस कर आया। ऐसे शीर्षक और समाचार पर ध्यान से

सोचो। यह वैसा ही समाचार है जैसा यह कि आदमी ने कुत्ते को काटा। कुत्ते का आदमी को काटना आम, स्वाभाविक और मानी हुई बात है। मगर चमत्कारिक बात यह हुई कि आदमी ने कुत्ते को काटा। ऐसे ही पूरे समाज में बेईमानी है, यह आम, स्वाभाविक और मानी हुई बात है। मगर कभी-कभी इससे उलटी अस्वाभाविक बात भी हो जाती है कि रिक्शावाला सवारी का बटुआ हड़पता नहीं है, लौटा देता है। ईमानदारी कितनी दुर्लभ है कि कभी-कभी अखबार का शीर्षक बनती है। साधो, ऐसी खबर और शीर्षक का दूसरा गहरा अर्थ भी है। वह यह कि गरीब लोग बेईमान होते हैं। जो गरीब नहीं होते, वे ईमानदार होते हैं। इन बेईमान गरीबों में कोई रिक्शावाला या मजदूर ईमानदारी का काम कर बैठता है। यह चमत्कार है, जैसे दो सिरवाले बच्चे का पैदा होना। इसलिए यह समाचार विशेष रूप से छपना चाहिए।

साधो, ऐसा ही समाचार मैंने अभी पढ़ा। समाचार सभी पत्रों में छपा है। समाचार यह है कि केरल में एक मन्दिर में ब्राह्मण भोजन में हरिजनों को शामिल किया गया। यह बहुत बड़ा समाचार बना है। मगर यह शर्मनाक समाचार है। किसी भी हिन्दू को इस समाचार को पढ़कर अपने सिर पर पाँच जूते मारना चाहिए कि मैं कितना पतित हूँ कि स्वामी दयानन्द के जाति-भेद विरोधी आन्दोलन, गाँधी-जी के हरिजन-उद्धार आन्दोलन, अछूतप्रथा-विरोधी कानून आदि के बावजूद आजादी के 36 साल बाद भी कहीं हरिजन ब्राह्मणों के साथ बैठकर खा ले, तो वह चमत्कारी समाचार बनता है। यह साधारण, आम बात नहीं हुई।

साधो, ब्राह्मण भोजन की परम्परा बहुत पुरानी है। वर्ण-व्यवस्था में ब्राह्मण विधायकों ने क्षत्रिय को लड़ने का काम दिया, वैश्य को व्यापार का और शूद्र को शारीरिक श्रम और सबकी सेवा का। खुद अपने लिए ब्राह्मण ने कौन-सा काम रखा? कोई काम नहीं। सिर्फ चरण छुआना, आशीर्वाद देना और दक्षिणा, भेंट और भोजन लेना। फिर ब्राह्मण ने पौरोहित्य की तकनीक पर एकाधिकार कर लिया। आदेश दिया कि कोई शूद्र अगर वेद-पाठ सुन रहा हो, तो उसके कानों में पिघला हुआ शीशा डाल दो। साधो, कर्महीन ब्राह्मण ने इतना जरूर किया कि फुरसत में चिन्तन किया और ज्ञान-विज्ञान समाज को दिया।

साधो, इस पुरोहित, ज्ञान-विज्ञान के अन्वेषी ब्राह्मण वर्ग का पेट पालने की जिम्मेदारी समाज ने अपने ऊपर ले ली और 'ब्राह्मण भोजन' नाम की प्रथा चल पड़ी। शादी-विवाह में, मृतक-श्राद्ध में, पर्वों पर सामूहिक ब्राह्मण भोजन अभी भी होते हैं। डाकू भी डाका डालने के बाद अक्सर पाप-मुक्त होने के लिए ब्राह्मण भोजन कराते हैं। इतना व्यवस्थित धन्धा मारवाड़ियों और गुजराती सेठों का भी नहीं है, जितना ब्राह्मण का। बच्चा पैदा होने से पहले यह धन्धा चालू हो जाता है। लड़का होगा या लड़की और कब होगा, यह ब्राह्मण बताता है। फिर उसके जन्म पर ब्राह्मण हाजिर है। छठी पर। हर माह आशीर्वाद देता है। अन्नप्राशन पर। मुण्डन पर। जनेऊ पर। विवाह पर। फिर उसके बच्चों का सिलसिला। जब आदमी मरता है तो ब्राह्मण अन्तिम संस्कार कराता है। फिर श्राद्ध पर भोजन करता और दक्षिणा लेता

है। फिर प्रयाग, गया, वाराणसी में पिण्डदान के लिए बैठा है। इतना ही नहीं, जब तक मरनेवाले के खानदान में कोई भी है, तब तक पितृपक्ष में उसकी मरण-तिथि पर ब्राह्मण भोजन करता है और दान लेता है।

साधो, इस ब्राह्मण ने समाज के एक बड़े हिस्से को शूद्र बनाकर, अछूत बनाकर, शिक्षा-संस्कृति से वंचित करके जो पाप किया, उसका फल वह अभी भी भोग रहा है। शारीरिक श्रम नहीं करने से और कोई उत्पादन नहीं करने से ब्राह्मण पूज्य से घटकर दीन, भिखमंगा हो गया। भिक्षा को अपना धन्धा मानने लगा। सुदामा पत्नी से कहते हैं—औरन को धन चाहिए बावरी, ब्राह्मन को धन केवल भिच्छा।

साधो, ब्राह्मण दरिद्र, दीन और निकम्मा हो गया। यह मनु महाराज की कृपा है। इस देश की दुर्गति करनेवाले दो महामनीषी हैं—वर्ण-व्यवस्था स्थापित करनेवाले मनु और जगत को मिथ्या बतानेवाले शंकराचार्य!

साधो, अब हाल यह है कि हरिजन अफसर बनकर बैठा है और ब्राह्मण देवता उसके चपरासी हैं। अछूत की छाया अपने ऊपर नहीं पड़ने देनेवाले ब्राह्मण का अब क्या हाल है? ब्राह्मण ने जूते की दूकान में सेल्समैन की नौकरी कर ली है और चमार डिप्टी कलेक्टर हो गया है। चमार साहब जूते खरीदने दूकान पर आता है तो ब्राह्मण देवता सेल्समैन अपने हाथ से उसे जूता पहनाकर कहते हैं—सर, यह जूता आपको फिट बैठता है।

साधो, जब यह हाल हो गया है, तब यह समाचार चमत्कारिक नहीं होना चाहिए कि ब्राह्मण भोजन में हरिजन भी शामिल हुए। यह आम बात हो जाना था। मगर यह विरली और खास बात अभी भी बनी हुई है, यह हमारे लिए शर्म की बात है। मगर हरिजनों की कृपा है कि उन्होंने ब्राह्मणों को अपने साथ भोजन कर लेने दिया।

निगम भंग की मिठाई

साधो, एक दिन अखबार में खबर छपी कि कोई नगर निगम 'भंग' हो गयी। लोग मिलते वही बात कहते—नगर निगम भंग हो गयी। अखबार का शब्द जबान पर चढ़ जाता है। मगर यह शब्द बहुत खराब है—भंग हो गयी। यानी मेयर और पार्षद 'भंग' कर दिये गये। बड़ा कड़वा शब्द है यह। अपमानजनक भी है। भंग होना क्या होता है? पुराने जमाने में लुटेरे फौजी नेता मूर्तियाँ भंग करते थे और उनके भीतर के सोना, हीरा, जवाहर लूट ले जाते थे। ये जो नगर निगम के 40-50 आदरणीय सदस्य हैं, कोई मूर्तियाँ हैं जो लुटेरी सरकार ने भंग कर दीं? साधुओं

में तो ऐसी भाषा है कि वे अपने को 'मूर्ति' कहते हैं। किसी गृहस्थ के द्वार पर साधु जायेंगे और गृहस्वामी से कहेंगे—भोजन करेंगे भगत ! तीन मूर्तियाँ हैं—यानी तीन साधुओं का पेट तुम्हें भरना है। अपने को मूर्ति कहने की जरूरत साधु को क्यों पड़ी ? इसलिए कि लोग मूर्तिपूजक हो गये हैं। मूर्ति को भगवान मानते हैं। भूखे आदमी को रोटी नहीं देंगे, उसे भूखा मर जाने देंगे। पर मन्दिर की मूर्ति को हजारों रुपयों के आभूषण चढ़ा देंगे। साधु जानता है कि आदमी के नाम से या साधु के नाम से कोई कुछ नहीं देता। इसलिए अपने को मूर्ति कहो—हम तीन मूर्तियाँ हैं भगत !

साधो, अँगरेजी में जिस शब्द का उपयोग किया जाता है, वह है 'डिज़ाल्व्ड'—दी कार्पोरेशन इज़ डिज़ाल्व्ड। यह भंग से कम कठोर है। भंग से तो ऐसा लगता है, जैसे नगर निगम कोई कद्दू है, जिस पर सरकार ने जोर से हथौड़ा मारा तो वह टुकड़े-टुकड़े हो गया और जैसे निगम के निर्वाचित माननीय सदस्य को बदचलनी के कारण कान पकड़कर अहाते से निकाल दिया।

साधो, लोकतन्त्र के हिसाब से भाषा और मुहावरे शालीन होने चाहिए। अँगरेज तो साम्राज्यवादी थे, मगर राजभक्ति उनमें थी। इसलिए कठोर-से-कठोर काम के लिए भी महिमामय सम्राट के गौरव के अनुकूल भाषा का इस्तेमाल करते थे। उनके आर्डर ऐसे होते थे—दी वाइसराय इज़ प्लीज़्ड टु टर्मिनेट दी सर्विसेज ऑफ कमिश्नर मिस्टर डेनियल बैली एस्क्वायर ! नौकरी से निकालने की कितनी मीठी भाषा है। डेनियल साहब के नाम के आगे 'मिस्टर' है और पीछे है, 'एस्क्वायर'। और नौकरी से निकालते वक्त वाइसराय 'प्लीज़्ड' हैं, खुश हैं। साधो, शासकों की भाषा ऐसी होनी चाहिए और अखबारनवीसों को भी दुर्घटना में शालीन भाषा का प्रयोग करना चाहिए। यह संस्कृति की माँग है। तहजीब की बात है। लखनऊ की पुरानी नवाबी की तहजीब जिनमें बाकी है, उनकी भाषा और मुहावरा देखिए। खबर मिले कि कोई साहब बीमार हैं तो उनकी मिजाजपुर्सी करने जायेंगे तब कहेंगे—सुना है, आपके दुश्मनों की तबियत नासाज़ है। देखिए, यह नहीं कहा कि आप बीमार हैं। आप बीमार क्यों हों ? आपके दुश्मन बीमार हों। अब अगर बीमार कह दे कि अब तबीयत अच्छी है, तो पूछनेवाला क्या कहे ? क्या वह कहे—बड़ी खुशी की बात है। या कहे—बड़े अफ़सोस की बात है। वह पहले कह चुका है कि आपकी नहीं, आपके दुश्मनों की तबीयत खराब है। दुश्मन की तबियत अच्छी है, तो अफसोस की बात तो होगी ही। तो झंझट से बचने के लिए पूछनेवाला कह देता है—'इंशा अल्ला !' याने अल्ला चाहे तो तबियत ठीक कर दे, या चाहे तो मार डाले। उसी की जिम्मेदारी है। हम इस झंझट में नहीं पड़ते।

साधो, शासन को भी कुछ मलहमनुमा भाषा का प्रयोग करना चाहिए या जिस रूमाल से गला घोंटें उस पर खूब इत्र छिड़क ले। मेम्बरी खुशबू के साथ खतम होनी चाहिए। नगर निगम को भंग करने का हुक्म ऐसा हो तो—नगर निगम के निर्वाचित सदस्यों और पदाधिकारियों ने अब तक जनता की सेवा करने का जो भार अपने कोमल कन्धों पर वहन किया, उसके लिए सरकार आभारी है। उन्हें कष्ट देने के

लिए सरकार लज्जित है। सरकार प्रसन्नतापूर्वक तारीख 6 मार्च 1983 से जनसेवा का यह भार उनके कुसुम-स्कन्धों से उतार रही है। आशा है, वे आनन्द का अनुभव करेंगे।

साधो, मगर यह कैसी फूहड़ भाषा अखबारों में छपती है—नगर निगम भंग! इसके बाद के दिन के अखबारों में तो हद हो गयी। ऐसे समाचार छपे—

निगम भंग होने से जनता में हर्ष!
जगह-जगह मिठाई बाँटी गयी!

साधो, यह क्या बदतमीजी है। संस्कृति हम भुला बैठे। अत्याचारी, भ्रष्टाचारी, हत्यारा और बलात्कारी भी जब मरता है, तब भी यह नहीं कहा जाता या लिखा जाता कि सर्वत्र हर्ष व्याप्त है। कहा और लिखा जाता है—वे एक लगनशील जन-सेवक थे। सद्‌गुणों की खान थे। उन्हें लोग बहुत प्यार करते थे। उनके निधन से सर्वत्र शोक व्याप्त है। उनके रिक्त स्थान की पूर्ति निकट भविष्य में सम्भव नहीं है।

साधो, अखबारवाले क्या बड़े सत्यवादी होते हैं। बहुत-सी झूठ खबरें वे छापते रहते हैं। क्या हर्ष और मिठाई बाँटनेवाली बात को अखबार दबा नहीं सकते थे? या ऐसी खबर क्यों नहीं छाप सकते थे—

निगम भंग होने से जनता में हाहाकार!
पार्षदों के द्वारों पर बिलखती जनता की भीड़!

साधो, सवाल है, मिठाई कौन ने बाँटी। लोग कहते हैं–बी. जे. पी. वालों ने। मैं नहीं मानता। बी. जे. पी. वाले अपने खर्च से मिठाई नहीं बाँटते, दूसरों से वे बँटवाते हैं। अपने पैसे से उन्होंने मिठाई एक ही बार बाँटी थी—30 जनवरी, 1948 को। मिठाई बाँटी आम नागरिकों ने। उन नागरिकों ने अपने प्यारे पार्षद के बरखास्त होने पर मिठाई बाँटी, जिसकी जीत पर उन्होंने उसे मालाओं से लाद दिया था, उसकी जय बोली थी और मिठाई बाँटी थी। साधो, पार्षदों से पूछो कि भाई साहब, आपने कौन-सा लोकमंगल कर दिया कि यह गति हुई।

तीन बूढ़े और आठ जवान

साधो, जनता पार्टी सरकार में एकाएक तीन बूढ़े हो गये और आठ जवान हो गये। मोरारजी भाई, जिनके सिरदर्द की खबर भी नहीं आती, एकाएक बूढ़े करार दिये गये और अटलबिहारी, जो एक साल में तीन बार अस्पताल में भरती हो चुके,

जवान हो गये। पता नहीं एच. एम. पटेल कब जवान हो गये और कैसे हो गये। पन्द्रह साल तो उन्हें रिटायर हुए हो गये। वे तब वित्त सचिव थे और इतिहासप्रसिद्ध मूंदड़ा काण्ड में फँसे थे। वे अपने अर्थमन्त्री टी. टी. कृष्णमाचारी को निगल गये थे। आई. सी. एस. होने के कारण वे जेल नहीं गये, उन्हें रिटायर हो जाने दिया गया। वे फिर स्वतन्त्र पार्टी में चले गये। इन जवानों में समाजवादी जॉर्ज फर्नांडिस भी हैं और उड़ीसा के भूतपूर्व मुख्यमन्त्री बीजू पटनायक भी।

साधो, ये आठ हैं जिन्हें बोध हुआ कि हम जवान हैं। बाकी तीन बूढ़े हैं। ये हैं मोरारजी भाई, चरणसिंह और जगजीवनराम। साधो, जवानों में राजनारायण को नहीं लिया, क्योंकि वे चरणसिंह के चमचे हैं और अभी किंडरगार्टन में पढ़ते हैं। पेड़ा खाने की उम्र है। इन जवानों को अहसास किसने कराया कि तुम जवान हो।

साधो, हर हनुमान को एक जामवन्त चाहिए। हनुमान समुद्रतट पर बैठे सोच-विचार में फँसे थे। समुद्र लाँघकर लंका पहुँच सकता हूँ या नहीं। तभी जामवन्त ने कहा—

तुम अतुलित बल-बुद्धि निधाना
का चुप साध रहा हनुमाना।

साधो, यह सुनकर हनुमान को अपने बल का बोध हो गया और वे उड़ गये। जवान मन्त्रियों के जामवन्त हैं, नानाजी देशमुख। उन्होंने ही कहा—साठ साल से ऊपर के नेताओं को रिटायर होकर युवा लोगों को सत्ता सौंप देना चाहिए। नानाजी ने इन जवानों से कहा—धिक्कार है तुम्हारी जवानी को! अरे उठो! निकालो तीनों बूढ़ों को और सत्ता हथिया लो। साधो, जामवन्तजी ऐसे ही बोल पड़े। इसके पहले किष्किन्धा के हाईकमान की मीटिंग दिल्ली में हुई थी, जिसमें प्रमुख संघी नेताओं ने यह तय किया था कि नानाजी यह नारा देंगे मगर बाला साहब देवरस कहते रहेंगे—राम! राम! वे तीनों नेता तो सन्त हैं। मैं नानाजी से सहमत नहीं हूँ। यहीं यह भी तय हुआ था कि बकने का काम बीजू पटनायक और जॉर्ज से करवाया जावेगा। संघ का मन्त्री चुपचाप घोड़े के ढाई घर की चाल चलेगा।

साधो, इसके बाद नानाजी जयप्रकाश के पास गये और कहा—एक भरोसौ एक बल एक आस बिस्वास। लोकनायकजी, मेरी बात ठीक है न? आप समर्थन करते हैं? लोकनायक ने कहा—नानाजी, मैं तुम्हारी हर बात का समर्थन करता हूँ क्योंकि पुलिस की जो लाठी मेरे ऊपर चल रही थी, उसे तुमने अपने हाथ पर झेल लिया था। तुम चिरन्तन क्रान्तिकारी हो। मेरे लिए तुम वही हो, जो माओत्से तुंग के लिए लिन पियाओ थे। मैं बयान देता हूँ कि युवकों को काम करने का मौका दिया जाय। साधो, अपने लोकनायक का यह हाल है कि वे हर तरह के जवान को क्रान्ति के लिए प्रेरित करते हैं। कोई जवान जेबकतरा उनके पास जाय तो उससे भी वे कहेंगे—तुम्हें मेरा आशीर्वाद है। तुम जेब काटकर क्रान्ति करो। तुम इन्दिरा गाँधी का बटुआ चुरा लाओ तो मैं तुम्हें 'क्रान्तिवीर' की उपाधि दूंगा।

साधो, अब आठ युवा क्रान्ति में लगे हैं। ये लोग मानते हैं कि जवानी शरीर की

होती है, बुद्धि की नहीं। इनमें अति आधुनिक समाजवादी जॉर्ज भी हैं और वैदिक युग के दिमागवाले जनसंघी अटलबिहारी भी। मगर ये शरीर देख रहे हैं, मानसिकता नहीं। साधो, ये कहते हैं कि तीनों सयाने नेता एकमत हो जायें या कुर्सी छोड़ दें। ये तीनों सयानों के पास आते हैं और कहते हैं—दादाजी, काकाजी, बाबूजी आप एक हो जाइए न। देखिए, आपकी फूट से कितना नुकसान हो रहा है। हम आजमगढ़ का चुनाव हार गये। सुना है इनसे मोरारजी भाई ने कहा—ए लौंडो, मुझे मत सिखाओ राजनीति। तुम्हारे तो अपने-अपने दल बने हुए हैं। तुम आपस में लड़ते हो। तुम्हारे चेले राज्यों में एक-दूसरे का मुर्दाबाद कर रहे हैं। ईमान से बोलो, क्या जनसंघ सचमुच विलीन हो गया है? मुझे एकता सिखाने आये हो। देखो, ज्यादा गड़बड़ करोगे तो मैं राष्ट्रपति को सलाह देकर लोकसभा भंग करवा दूंगा। फिर गली-गली वोट मांगना और वोट तुम्हें मिलेंगे नहीं। चौधरी साहब कैकेयी की तरह अस्पताल के कोपभवन में हैं। उनकी उत्तरप्रदेश, हरियाणा और बिहार की जागीर में दुश्मन घुस रहे हैं। बाबू जगजीवनराम तो ठीक वक्त पर ठीक बात बोलते हैं।

साधो, सब जानते हैं कि तीन सयानों में एकता असम्भव है। आठ जवान भी आपस में दुश्मन हैं। इधर चन्द्रशेखर और मधुलिमये भी जयप्रकाशजी से पूछने के लिए गये थे कि आप कहें तो हम दोनों भी जवान हो जायें। साधो, यह हाल है। तुम तो ईश्वर में विश्वास करते हो। पर अब तो नास्तिक भी ईश्वर को मानने लगा है। आखिर वह कौन है जो जनता सरकार को चला रहा है? वह ईश्वर ही है। ईश्वर के सिबा किसी में यह शक्ति नहीं है कि जनता सरकार को चलाये।

वैष्णवजन और चौधरी की पीर

साधो, इन दिनों 'टिन पुरुष' चरणसिंह एक काम बड़ी मुस्तैदी से कर रहे हैं। सबेरे पत्रकारों से कहते हैं—मेरी मन्त्रिमण्डल में लौटने में कोई दिलचस्पी नहीं है। शाम को उन्हें लगता है, कहीं मोरारजी भाई उन्हें भूल न गये हों, तो रात गये फिर पत्रकारों से कह देते हैं—मेरी मन्त्रिमण्डल में लौटने में कोई रुचि नहीं है। रात को सोते हैं। मोरारजी भी सोते हैं। सुबह चरणसिंह को फिर आशंका होती है कि कहीं रात-भर में मोरारजी भाई उन्हें भूल न गये हों, तो पत्रकारों से फिर कह देते हैं—मेरी मन्त्रिमण्डल में लौटने में कोई रुचि नहीं है। साधो, ये वक्तव्य रोज अखबारों में छपते हैं। मुझे समझ में नहीं आता कि चरणसिंह रोज क्यों कहते हैं कि मेरी मन्त्रिमण्डल में लौटने में कोई रुचि नहीं है। एक बार कह दें—मैं किसी भी हालत में मन्त्रिमण्डल में नहीं लौटूंगा। ऐसा बयान नहीं दे रहे

हैं। उनकी हालत उस चटोरे आदमी की तरह है जिसके सामने मिठाई की प्लेट रखी है और लार गटक-गटककर कहता है—वैसे तो मेरी मिठाई में कोई रुचि नहीं है, पर मिठाई की तरफ देखता जाता है। फिर सोचता है, मेजबान कहीं यह न कह दे कि रुचि नहीं है तो रहने दीजिए। चार-पाँच बार ऐसा करके वह अन्त में कहता है—वैसे तो मेरी मिठाई में कोई रुचि नहीं है, पर आप नहीं मानते हैं, तो खा लेता हूँ।

साधो, ये बड़े-बड़े बूढ़े नेता इतने बेवकूफ क्यों रह जाते हैं कि हम लोगों को बच्चे समझते हैं। वह नेता कितना मूर्ख होगा जो यह समझे कि लोग यह मान रहे हैं कि मुझे पद से मोह नहीं है। पद से मोह नहीं है तो इतनी झख क्यों मारते हैं ये? मगर साधो, एक नेता यही काम खूबसूरती से करता है और दूसरा भौंड़ेपन से। एक औरत लिपिस्टिक ऐसे लगाती है कि लगे, ओठों पर कुछ लगा नहीं है, ओठ ही गुलाबी हैं। दूसरी औरत लिपिस्टिक इस तरह चुपड़ती है कि नाक तक ललाई पहुँचती है और इधर गाल तक। बड़ी भदेस लगती है। चरणसिंह राजनीति में दूसरे तरह की औरत हैं। उनका सब काम भदेस और भौंड़ा होता है। उनकी हालत गाँव के उस गँवार लड़के की है जो शहर में थानेदार हो गया हो। वह छुट्टी में गाँव आता है, तो बड़ी भद्दी अकड़, भौंड़ी दिखावट, हल्का बर्ताव करता है।

साधो, दुर्घटना परिस्थितियों की है। परिस्थितियाँ आदमी को उछालकर वहाँ बिठा देती हैं, जहाँ उसे नहीं होना चाहिए, तो ऐसा ही होता है। जिलास्तर के नेता को उछालकर राष्ट्रीय नेता बना दिया जाय, तो क्या होगा? निक्सन एक छोटे शहर के ऐसे वकील थे जिन्हें केस नहीं मिलते थे। वे राजनीति में घुस आये तो एक बार ऐसा उछाल मिला कि वे राष्ट्रपति हो गये। पर संस्कार, बुद्धि और स्वभाव से रहे तो वे वही छोटे-से फौजदारी वकील जो पुलिस को घूस खिलाता है, कागज गायब करवाता है, गवाह तोड़ता है। तो निक्सन ने राष्ट्रपति रहते हुए विरोधी पार्टी के दफ्तर से गुप्त रिकार्ड चोरी करवा लिये। यह मामला 'वाटरगेट काण्ड' के नाम से मशहूर हुआ। निक्सन जेल जाते, पर पद ही गया और बदनाम हुए। चरणसिंह भी हद-से-हद किसी नगरपालिका की सफाई कमेटी के अध्यक्ष होने लायक थे। वे भी बिना केसवाले वकील थे। पर परिस्थितियों ने जोर मारा। वे कांग्रेस छोड़ संविद बना बैठे। फिर संविद छोड़ कांग्रेस से मिलकर मुख्यमन्त्री बन गये। भारतीय लोकदल बनाया। जिसे कहीं जगह नहीं, वह इस दल में आ गया। दल के आपसी झगड़े में टूटे समाजवादी आ गये, राजगोपालाचारी की मृत्यु के बाद अनाथ स्वतन्त्र भी आ गये और चरणसिंह राष्ट्रीय नेता बन गये। मार्च, 1977 के चुनाव में नकारात्मक वोटों से जनता पार्टी जीत गयी, तो चरणसिंह की हालत गाँव के उस गँवार लड़के-जैसी हो गयी जो शहर में थानेदार हो जाता है। वह अपने को इन्स्पेक्टर जनरल समझने लगता है।

साधो, चरणसिंह गृहमन्त्री के रूप में उसी थानेदार की तरह धमकी देते रहे—सब बदमाशों को ठीक कर दूंगा। बड़ा ऊधम मचा रखा है। एक-एक को

हवालात में बन्द कर दूंगा। सब चोर हैं। सब भ्रष्टाचारी हैं। मैं ईमानदार हूं। साधो, वे मन्त्रियों के प्राइवेट जीवन की बातें जानने और कहने लगे। घरों में झांकने लगे। उसी छोटे-से कस्बाई की तरह —अरे, उसके घर में तो आलू के सिवा कुछ बनता ही नहीं। फलाँ की औरत दूधवाले से चुहल करती है। अमुक का लड़का छिपकर सिगरेट पीता है। अरे, उसकी बीवी तो ऊँची एड़ी के जूते पहनती है। साधो, चरणसिंह तो यहाँ तक बताते हैं कि पाँच मन्त्री अपनी औरत के साथ नहीं, दूसरी औरत के साथ सोते हैं।

साधो, लेकिन मुझे पिटे हुए चौधरी पर बड़ी दया आ रही है। मोरारजी भाई पर मुझे गुस्सा है जो कहते हैं कि मैं एक महीना मन्त्रिमण्डल में फेर-बदल नहीं करूँगा। चौधरी पर दया करें, जो रोज कह रहे हैं कि फिर मन्त्री बनने में मेरी कोई दिलचस्पी नहीं है। वे मन्त्री बनने के लिए एक महीना कैसे रुकेंगे? उनके त्रास को, पीर पराई को, वैष्णव जन मोरारजी भाई जानें।

नारी का राजनैतिक शिकार

साधो, नारी के कारण एक मन्त्री और गये, और सरकार संकट में पड़ गयी। यह माया है, महा ठगिनी। तिरगुन फाँस लिये डोलती है। इस बार कनाडा का नम्बर है। कनाडा के प्रधानमन्त्री एक रँगीले आदमी पियरे त्रूदो हैं। इनके नक्षत्र साल-भर से खराब हैं। इनके एक कानूनमन्त्री थे मिस्टर फाक्स। फाक्स लोमड़ी को कहते हैं। मगर ये फाक्स साहब खरगोश सिद्ध हुए। उनकी यह पोल खुल गयी कि उनके एक विवाहित स्त्री से सम्बन्ध थे। सम्बन्ध गहरे हो गये और गर्भपात कराना पड़ा। अस्पताल में फाक्स साहब ने उस देवी के पति के दस्तखत कर दिये। याने वकील होते हुए जालसाजी कर डाली। अभी उन्होंने संसद में रोते हुए सब स्वीकार कर लिया, इस्तीफा दे दिया और भरे गले से कहा कि मुझे और त्रास मत दीजिए।

अब साधो, प्रधानमन्त्री त्रूदो साहब संकट में आ गये। त्रूदो साहब अपनी बीवी से परेशान हैं। साल-भर पहले उनकी बीवी मार्गरेट उन्हें छोड़ गयी। जब वह 19 साल की थी तब त्रूदो 45 साल के थे। शादी हो गयी। मार्गरेट समझी, मैं प्रधानमन्त्री की पत्नी हो गयी और त्रूदो समझे कि मैंने एक लड़की और पटा ली। अब मार्गरेट की बढ़ती जवानी, और त्रूदो साहब पर आने लगा बुढ़ापा। जवान मार्गरेट नाचना, गाना, मौज करना चाहती थी, पर प्रधानमन्त्री की पत्नी पर कई बन्धन होते हैं। मार्गरेट गानेवालों की टोली में घूमने लगी और उसने अन्तर्राष्ट्रीय प्रचार के साथ त्रूदो से कहा—मियाँ, अब हम अलविदा! बेचारे इसी त्रूदो पर एक

और गजब ढा दिया इस मन्त्री मिस्टर फाक्स ने। राजनैतिक विरोधियों ने मामला पकड़ लिया। जैसे पहले कांग्रेसी मन्त्रियों के औरत और दारू के मामले विरोधी खोजते थे, अब जनता मन्त्रियों के औरत और दारू के मामले कांग्रेसी खोजते हैं।

साधो, बड़ा झंझट का मामला है यह नेता, मन्त्री और औरत का। मन्त्री भी होता तो आदमी है। आदमी सरीखा सब करना भी चाहता है। पर विरोधी पोल खोलकर सब नाश कर देते हैं। बहुत साल पहले क्रिस्तीन कीलर नाम की एक लड़की ने ब्रिटिश मन्त्रिमण्डल को हिला दिया था। इस लड़की के कई बड़ों से सम्बन्ध थे। उनमें एक थे ब्रिटेन के रक्षामन्त्री प्रोफूमो। रक्षामन्त्री दारू पीकर औरत का साथ करने लगे तो देश-रक्षा की सद्गति हो गयी। इसी क्रिस्तीन कीलर से कई बड़े सम्बन्ध रखे हुए थे। पाकिस्तान के फौजी तानाशाह अयूब खाँ की मूंछें पकड़कर कीलर ने कहा था—मुझे बहुत अच्छी लगती हैं! अयूब खाँ पाकिस्तान की मूंछों पर गर्व से चकनाचूर हो गये। साधो, ब्रिटेन में सोवियत राजदूतावास के मिलिटरी सचिव ने भी इस लड़की कीलर से जमा लिया था, जो मामला खुलने के पहले ही भेद लेकर मास्को उड़ गये। इधर प्रोफूमो साहब की पोल खुली कि वे देश की रक्षा का इन्तजाम आवारा लड़की के साथ मिलकर कैसा अच्छा कर रहे थे। ब्रिटिश मन्त्रिमण्डल संकट में पड़ गया। प्रोफूमो साहब ने रोकर इस्तीफा दे दिया।

साधो, यह बड़ा विकट मामला है नेता और औरत का। अमेरिका के मृत राष्ट्रपति केनेडी के मामले अब खुल रहे हैं। अखबारों में छप रहा है, किताबें छप रही हैं कि केनेडी के सम्बन्ध अभिनेत्रियों से थे। यही नहीं, राष्ट्रपति के सम्बन्ध अमेरिका के बदनाम अपराधी संगठन माफिया के प्रधान की रखैल से भी थे। इन्हीं केनेडी के सबसे छोटे भाई एडवर्ड केनेडी भी, जो एक प्रमुख सीनेटर हैं, झमेले में पड़ गये। वे अपने से बड़े भाई राबर्ट केनेडी की सुन्दरी सेक्रेटरी के साथ एक रात एक दावत में गये थे। देर रात लौटे। सुबह उनकी कार और मरी हुई सुन्दरी एक नाले में पायी गयी। पर इससे एडवर्ड केनेडी उबर गये। वे राजनैतिक जीवन में हैं।

साधो, तुम पूछोगे—गुरु, क्या अपने देश के राजनीतिवाले यह सब नहीं करते। देखो, अपने यहाँ यह सब होता आया है। कृष्ण की तो गोपियों की फौज ही थी। पर वे खुले में नृत्य-गान करते थे। वे तो भगवान के अवतार हो गये। अपने राजनेता भी आदमी हैं, वे भी यह सब करते हैं। पर अपने यहाँ बात तूल नहीं पकड़ती। इसका कारण एक तो यह है कि अपने देश की स्त्रियाँ आगे बढ़कर स्वीकार नहीं करतीं। फिर हमारा नेता कह देता है—वह स्त्री तो मेरी धर्म की बहन है। मैं उससे राखी बँधाता हूँ। आप लोग कैसी पाप की बात करते हो। बस, धर्मबहन, और धर्मपुत्री पर मामला खत्म हो जाता है। हाँ, एक मन्त्री का अलबता बिगड़ा था। वे केरल सरकार में विकास मन्त्री थे। उनका नाम था चाको। एक दिन वे एक डाक बँगले में अपनी एक महिला सहयोगिनी के साथ पकड़े गये। उन्हें इस्तीफा देना पड़ा। बाकी सब चल रहा है मजे में।

बड़ी सुन्दरियों की दुख-कथा

साधो, कृष्ण जन्माष्टमी का मौसम है तो कुछ विरहणियों की चर्चा हो जाय। गोपियों का विरह बड़ा मार्मिक है। 'निसिदिन बरसत नैन हमारे' गोपियाँ कहती हैं और कृष्ण कहते हैं—'ऊधो मोहि ब्रज बिसरत नाहीं।' अब साधो, मजा यह है कि कृष्ण कुल नौ मील दूर गये थे। कुल नौ मील। इतनी दूर तो गोपियाँ दही बेचने जाती होंगी। फिर कभी-कभी जाकर कृष्ण को देख क्यों नहीं आयीं। निसि दिन रोने की जरूरत ही नहीं थी। कुल नौ मील दूर रहती हैं, जैसे पनागर से जबलपुर—और जा भी नहीं रहीं हैं और रो रही हैं। यह कवियों का कमाल है।

मगर साधो, मैं तुम्हें बता रहा हूँ दुनिया की इस समय की बड़ी-बड़ी नारियों के हाल। एक बेचारी बेगम सुरैया है, ईरान के शाह की तलाक-शुदा सुन्दरी बेगम। शाह ने सुरैया को इसलिए त्यागा कि वह बाँझ थी और ईरान के सिंहासन पर बैठने के लिए राजकुमार नहीं दे सकती थी। शाह को दूसरी बेगम से कुमार तो मिला पर तख्त अभी खिसक रहा है। कुमार को टाटपट्टी पर बैठना पड़ेगा। बेचारी सुरैया लाखों डालर हर साल लेकर रोम में ग़म गलत करती है। उसका शक है कि किसी ग्रह के कोप से उसके चार प्रेमी तड़ातड़ मर गये। उसने ग्रह-शान्ति के लिए एक भारतीय स्वामीजी से अनुष्ठान करवाया था।

साधो, एक बेचारी इंग्लैण्ड की रानी की बहन मार्गरेट है जो 47 साल की उम्र में 30 साल के गायक प्रेमी के साथ इस विलास केन्द्र से उस विलास केन्द्र घूमती फिरती है। मार्गरेट को हर साल खजाने से कई हजार पौण्ड मिलते हैं। ब्रिटिश संसद में सदस्य हल्ला करते हैं कि जनता राजकुमारी के दूसरे हनीमून के लिए पैसा क्यों दे। साधो, एक और मार्गरेट है कनाडा के प्रधानमन्त्री त्रूदो की पत्नी। त्रूदो साहब खुद बड़े रंगीन खिलाड़ी रहे हैं। उन्होंने 45 साल की उम्र में 19 साल की मार्गरेट से शादी कर ली थी। अब मार्गरेट जवान होती गयी और त्रूदो बूढ़े होते गये। अभी पिछले साल 28 साल की मार्गरेट ने सोचा होगा—मेरी तो पूरी जवानी बरबाद हो रही है। वह अलग हो गयी। अब वह गायकों की मण्डली के साथ घूमती है और न्यूयार्क के नाइट क्लबों में नाचती है।

साधो, एक जेकलिन केनेडी हैं। वे अमेरिका के राष्ट्रपति केनेडी की पत्नी थीं। फिर उन्होंने ग्रीस के दुनिया के सबसे धनवान आदमी ओनासिस से शादी कर ली। ओनासिस साहब 'जवान' थे—कुल 62 वर्ष की उम्र थी। पर सम्पत्ति अपार। पश्चिम में धनवान बूढ़ा जब जवान औरत से शादी करता है तब उसे झिलमिलाते हीरों के हारों से सन्तुष्ट रखता है, जैसे अपने यहाँ रिटायर होते-होते कोई शादी करता है तो जवान पत्नी को सन्तुष्ट और पतिव्रता रखने के लिए उससे रामायण-पाठ और पूजापाठ करवाता है। तो हीरे जड़ी जेकलिन केनेडी दुबारा विधवा हुई और ओनासिस की सम्पत्ति में से कई लाख डालर लेकर अमेरिका में अपने दो

रँडापे काट रही है।

साधो, मैं तुम्हें इन्हीं खरबपति ओनासिस की लड़की क्रिस्तीना की मजेदार कथा सुनाता हूँ। क्रिस्तीना को इतना बड़ा कारोबार पिता से वसीयत में मिला था कि उसे सही पता नहीं कि उसकी आमदनी कितनी है। अरबों-खरबों में होगी। बेबी क्रिस्तीना 27 साल की है। दो बार शादी और तलाक हो चुके हैं। इसी उम्र में। अब साधो, मजा देखो। क्रिस्तीना की एक बड़ी जहाज कम्पनी है। रूस के जहाज विभाग का एक मामूली कर्मचारी काजोब उससे काम से मिला करता था। काम से काम पैदा हो गया। कामरेड काजोब ने कुछ ऐसा जादू कर दिया इस ऐश्वर्य-सुन्दरी पर कि दोनों की मास्को में शादी हुई। शादी रूस के विवाह-कानून के अन्तर्गत हुई।

अब साधो, पश्चिम में हल्ला मच गया। दुनिया की सबसे धनवान स्त्री को एक रूसी कम्युनिस्ट पटा ले गया। पूंजीवादी दुनिया के बड़े-बड़े लोग टापते रह गये। रूस के लोग भी भौंचक्के रह गये कि हमारा यह कामरेड काजोब दुनिया की सबसे कीमती चिड़िया उड़ा ले गया। साधो, विवाह तो प्रेम के कारण हुआ है। पर पश्चिम में यह हल्ला मचा है कि यह रूस की बदमाशी है। काजोब के. जी. बी. याने रूसी गुप्तचर संगठन का आदमी है। उससे प्रेम का जाल रचवाया गया है। पश्चिमी प्रेस याद दिला रहा है कि कभी ब्रिटेन का रक्षामन्त्री प्रोफूमो क्रिस्तीन कीलर नाम की एक विष-कन्या से फँसा था। इस काण्ड से ब्रिटिश सरकार हिल गयी थी। इसी देवी कीलर को रूसी दूतावास के एक सैन्य अधिकारी ने भी पटा रखा था। अरे, ये रूसी बड़े बदमाश होते हैं।

साधो, बड़ा मजेदार दृश्य है। पूंजीवादी दुनिया में बेचैनी फैली है। क्या किया इस क्रिस्तीना ने ? इधर कामरेड काजोब बंशी बजा रहे हैं और किसी नौकरी की तलाश में हैं। रूसी विवाह-कानून के अनुसार पति-पत्नी दोनों की आमदनी बराबर-बराबर बंटती है।

याने बेबी क्रिस्तीना की आधी आमदनी काजोब को मिलेगी। क्रिस्तीना इस समय एथेन्स में है और उसकी सखियाँ उससे कह रही हैं—हाय री निगोड़ी, तू कहाँ फँस गयी ! साधो, यह शादी भी टूटेगी पर अभी तो कहो— कुर्यात् सदा मंगलम्।

नशे पर झूमती सरकार

साधो, ज्ञानी कहते हैं कि शराब बरबाद करती है। मगर राजस्थान मन्त्रिमण्डल को शराबबन्दी बरबाद कर रही है। मुख्यमन्त्री कहते हैं कि पूर्ण नशाबन्दी नहीं करेंगे।

वित्तमन्त्री कहते हैं कि पूर्ण नशाबन्दी करेंगे। मोरारजी भाई कहते हैं कि पूरी शराबबन्दी करो, मगर हम इससे होनेवाले घाटे का आधा ही देंगे। बाकी आधा घाटा कैसे पूरा करेंगे? अरे, राजपूत हो, वीर हो, अपने शूरता के इतिहास को याद करो। आसपास के प्रदेशों में हमले करके खजाने लूट लाओ। या पास ही लगे पाकिस्तान में घुसकर लूट लाओ। मगर दिल्ली सरकार ज्यादा घाटा पूरा नहीं कर सकती। शेख़ावत कहते हैं—अच्छा भाई, 2 अक्टूबर से शराबबन्दी कर देंगे। गांधीजी का जन्मदिन है और हर पाखण्ड शुरू करने के लिए शुभ दिन है। मगर शराबबन्दी के समर्थक, जिसमें एक बड़े सर्वोदयी गोकुल भाई भट्ट भी हैं, कहते हैं कि 1 अप्रैल से शराबबन्दी करो। यह मूर्ख दिवस है और हर बेवकूफी शुरू करने के लिए शुभ मुहूर्त है।

साधो, हम जानते हैं कि यह मामला न नैतिक है, न मानवीय है, न सुधार का है, न सिद्धान्त का। जनता पार्टी के भीतर सत्ता की उठापटक का मामला है। तभी तो ऐसा है कि शराबबन्दी समर्थक और विरोधियों की अलग-अलग बैठकें होती हैं तो अधिकतर लोग पिये हुए होते हैं। ऐसे ही जब हिन्दी रक्षा आन्दोलन और पंजाबी रक्षा आन्दोलन पंजाब में चले थे तो दोनों के पोस्टर उर्दू में होते थे। हिन्दी और पंजाबी दोनों की जय उर्दू में बोली जाती थी।

साधो, हम साधु हैं। जहर भी पचा लेते हैं। नशे से ही चिन्तन होता है। अपने ऋषि-मुनि गाँजा न पीते तो त्रिकालदर्शी कैसे होते? मगर संसारी गृहस्थों की बात दूसरी है। राजस्थान से लगा पाकिस्तान है। वहाँ इस्लामी शासन है। बिल्कुल पवित्र। शराब हराम। मगर 'स्मगल' की हुई शराब मज़हब में हलाल होती है। धड़ल्ले से भारत से शराब स्मगल होती है। राजस्थान में जनसंघ का शासन है, तो हिन्दू राष्ट्र हो गया। उधर सीमा से इस्लामी राष्ट्र लगा है। अब इस्लाम में धर्म, दर्शन, नीति की जो कमी है, उसे हिन्दू राष्ट्र को पूरा करना चाहिए। मगर इससे ज्यादा जरूरी है कि इस्लामी राष्ट्र में अगर शराब की कमी है तो उसे हिन्दू राष्ट्र को पूरा करना चाहिए। अगर राजस्थान में शराबबन्दी हो गयी तो हमारे अटलबिहारी वाजपेयी पाकिस्तान से सम्बन्ध सुधारने की कोशिश कर रहे हैं, उनको कितना धक्का लगेगा। आखिर विदेशों से सम्बन्ध शेरो-शायरी, शराब और तस्करी से ही अच्छे बनते हैं।

साधो, हम भी चाहते हैं कि शराबबन्दी हो जाये। मोरारजी भाई कहते हैं कि शराब के बदले दूध पीओ। उन्हें दूध और शराब के अलग-अलग मजे का अनुभव नहीं है। उन्हें समझाना भी सम्भव नहीं है। 'लुत्फेमय तुझसे क्या कहूँ जाहिद—कम्बख्त तूने पी ही नहीं!' खैर, वे न समझें मगर नशाबन्दी है अच्छी चीज। इसे लागू करने की कोशिश भी चली है। मगर साधो, नतीजे दिलचस्प हैं। पहले दिल्ली में 50 'ड्राई-डे', याने शराबबन्दी के दिन थे। पिछले साल 150 'ड्राई डे' हो गये। इस हिसाब से शराब की खपत एक तिहाई रह जानी चाहिए। मगर रिकार्ड बताते हैं कि शराब की बिक्री डेवढ़ी हो गयी—याने जितने दिन दूकान बन्द रखोगे, उतनी ही बिक्री बढ़ेगी। दिल्ली में हाल यह है कि शराब की दूकानों के सामने 'ड्राई डे' के

पहले इतनी लम्बी लाइनें ग्राहकों की लग जाती हैं कि सड़क बन्द होने लगती है।

साधो, समाज में काला धन, बिना कमाया धन, घूसखोरी का धन इतना बढ़ गया है कि लोग सारे साल का शराब का स्टाक एक दिन में खरीद सकते हैं। बड़े-बड़े सेक्रेटरी, अफसर, कम्पनियों के डाइरेक्टर, ठेकेदार, सेठ, तस्कर, घूसखोर ये ऐसे हैं कि अगर चन्द्रमा में मोहन मीकिन्स का कारखाना खुल जाय, तो वहाँ से भी बुलवा लेंगे और सरकारी अन्तरिक्षयान से बुलवा लेंगे। साधो, इधर नीचे के तबकों के टूटे हुए, निराश लोग भी नशे का सहारा लेते हैं। हमारे वीर, और जिम्मेदार छात्रों का यह हाल है कि दारू पेट में डाले बिना वे नारे नहीं लगा सकते।

साधो, न काले धन के जरिये मिटते हैं, न देश की टूटन मिटती है। मगर हमारे भोले नेता 'रघुपति राघव राजाराम' की धुन, भाषण, उपदेश आदि से नशाबन्दी कर देना चाहते हैं। इस देश में शहर-शहर और गाँव-गाँव भट्टियाँ हैं। पुलिस और आबकारी विभाग के सहयोग से ये बढ़ती ही जाती हैं। ये गृहउद्योग सारे देश को नशा सप्लाई कर देंगे। मौका आया तो गाँधी दर्शन केन्द्र में भी भट्टी खुल जायेगी। काली राजनीति, काला धन, काली व्यवस्था को बदले बिना ऊपर से गाँधी के नाम से सफेदी पोतने की कोशिश में लगे हैं सब।

दो सालों का हिसाब

साधो, दो साल हो गये। उस दिन रेडियो पर प्रधानमन्त्री ने देशवासियों से कहा कि जनता सरकार को दो साल हो गये। हम आपके सामने हिसाब देने को हाजिर हैं। मगर साधो, इनसे हिसाब माँगता कौन है? जनता ने 1977 में अपने वोट से सबकुछ बट्टे खाते में डाल दिया था। जो बट्टे खाते में डाल दिया, उसका हिसाब नहीं माँगा जाता। 1977 में पाँच ठग गिरोहों की एक कम्पनी बनी थी। यह चिटफण्ड और झूठी फाइनेन्स कम्पनी-जैसी थी। इस कम्पनी को हमने देश का सब-कुछ सौंप दिया था और जल हाथ में लेकर संकल्प कर लिया था। सब बट्टे खाते में डाल दिया। अब हमें चैन चाहिए। मगर प्रधानमन्त्री रेडियो पर कहते हैं कि हम हिसाब देंगे। हम कहते हैं कि तुमसे हिसाब कौन माँगता है। मगर वे नहीं मानते। कहते हैं कि हम हिसाब देंगे और तुम्हें लेना पड़ेगा। हम कहते हैं, भाइयो, हमारे कान मत खाओ। हमें हिसाब नहीं चाहिए। तुममें आपस में हिसाब को लेकर जो खींचतान मची है, उसे निपटाओ। तुम तो एक-दूसरे पर चिल्ला रहे हो—तू बेईमान है। तू पैसा खा गया। तू गोलमाल करता है। जब तुम पाँचों एक-दूसरे को बेईमान सिद्ध कर चुके हो, तो हम पाँच बेईमानों की तरफ से हिसाब लेकर क्या करेंगे?

साधो, रेडियो पर उस रात प्रधानमन्त्री खुश लग रहे थे। वे बड़े उत्साह में थे। हमने सोचा कि क्या कारण है प्रधानमन्त्री की खुशी का। क्या भारत ने अपना यूरेनियम बना लिया? या क्या चीन ने भारत को भूमि लौटा दी? क्या जयप्रकाश नारायण उठकर दौड़ने लगे? प्रधानमन्त्री किसलिए इतने खुश हैं। बहुत सोचने पर कारण समझ में आया। प्रधानमन्त्री इसलिए खुश हैं कि चरणसिंह के भतीजे की जमीन उत्तरप्रदेश सरकार द्वारा खरीदे जाने का मामला पकड़ में आ गया। कल्पनाथ राय ने पूरी रिपोर्ट उन्हें सौंप दी है। हमारे प्रधानमन्त्री ऐसे ही खुश नहीं होते। वे आध्यात्मिक कारणों से खुश होते हैं। चरणसिंह के खिलाफ मामला मिलना आध्यात्मिक कारण है।

साधो, प्रधानमन्त्री ने दो साल की उपलब्धियाँ बतायी हैं। हमारे लिए, देश के लिए सबसे बड़ी उपलब्धि यही है कि अभी वही प्रधानमन्त्री हैं। दूसरी आजादी की पहली वर्षगाँठ पर उन्होंने सन्देश दिया था। दूसरी पर भी वही सन्देश दे रहे हैं। और जैसा दिख रहा है, वही हर साल सन्देश देते रहेंगे। उनका स्वास्थ्य भयंकर है। फिर वे मजबूरी के प्रधानमन्त्री हैं। दूसरा कोई हो नहीं सकता, इसलिए वे प्रधानमन्त्री हैं। पाँच गुटों और अनगिनती गिरोहों से बनी जनता पार्टी की सरकार चले और वही आदमी लगातार प्रधानमन्त्री रहे, यह अचरज की बात है। यह इसी महान देश का कमाल है।

साधो, मगर मोरारजी भाई को थोड़ा दयालु होना चाहिए। उन्हें कुछ पुण्य, कुछ परोपकार भी करना चाहिए। दो साल में उन्होंने इतना भला हमारा कर दिया। अब उन्हें दूसरों को भला करने का मौका देना चाहिए। चरणसिंह और जगजीवनराम देश का भला करने को कितने उत्सुक हैं। कितने उत्सुक हैं कि कोसिगिन का स्वागत वे करें, उनके साथ फोटो खिचायें, समझौतों पर दस्तखत करें। चरणसिंह तो चूड़ीदार भी पहनते हैं। मोरारजी भाई इनका खयाल तो करें। कभी बीमार ही पड़ जायें, जिससे इन दोनों में कोई एक विदेशी प्रधानमन्त्री का स्वागत कर दे। अगर इस होड़ में एक दूसरे को मार डालेगा तो हम राष्ट्रीय शोक मनायेंगे। पर इन्हें मौका तो मिलना चाहिए।

साधो, प्रधानमन्त्री ने कहा है कि 10 साल में जो करने का वादा किया था, वह काफी पूरा हो चुका है। दो सालों में हमारा इतना भला हो चुका है कि हम यह सोचकर घबराते हैं कि अगर इस सरकार को पूरे 10 साल भला करने का मौका दिया तो क्या होगा? हम भारतवासी हैं। हमें धीरे-धीरे चलने की आदत है। मगर इस सरकार ने पहली ही किस्त में इतना भला कर दिया कि हमसे सँभाले नहीं सँभलता। आगे क्या होगा? अब तो हमें यह बोध भी हो गया कि देश को किसी सरकार की जरूरत ही नहीं है। हमने 2 साल सरकारविहीन काट दिये तो आगे भी काट लेंगे। बस, हर वर्षगाँठ पर मोरारजी भाई हमें याद दिला दिया करें कि एक सरकार है, जिसका प्रधानमन्त्री मैं ही हूँ।

अध्यापकों के आन्दोलन

साधो, इन दिनों दिल्ली में अध्यापकों की हड़ताल चल रही है। मध्यप्रदेश में सरकारी कालेजों के अध्यापकों का परीक्षा-बहिष्कार खत्म हो गया। अध्यापकों की हड़ताल से कोई नुकसान नहीं होता। न कोई कारखाना बन्द होता, जिससे सीमेण्ट या कपड़ा या हथियारों का उत्पादन रुके। अध्यापक न तोड़-फोड़ कर सकते, न आग लगा सकते, न मारपीट कर सकते, न घेराव कर सकते। सीधे-सादे गऊ प्राणी हैं। लड़के-लड़की अगर न पढ़ें तो सरकार का क्या नुकसान है। जितने अपढ़ लोग होंगे उतनी ही स्थायी सरकार होगी। अध्यापक उत्पादन ठप्प नहीं कर सकते। कानून व्यवस्था भंग नहीं कर सकते। डरा नहीं सकते। ऐसे निरीह अध्यापकों की माँगें सरकार क्यों माने ? क्यों बढ़ाये वेतन ? मँहगाई-भत्ता क्यों बढ़ाये ? क्या बिगाड़ लेंगे मास्टर-वास्टर ?

साधो, कांग्रेस सरकारें थीं तो उनमें लोकतान्त्रिक संस्कार थे। वे सरकारें बात कर लेती थीं। समझौता कर लेती थीं। मना लेती थीं। गुरु लोगों से इज्जत के साथ पेश आती थीं। मगर दिल्ली में हैं राजा केदारनाथ साहनी जो चड्डी पहनकर संघ की रैली में जाते हैं। और मध्यप्रदेश में भगवान पशुपतिनाथ के भक्त चड्डीवाले मुख्यमन्त्री सकलेचा हैं, जिनसे फोटोग्राफर कहते हैं कि साहब, ज़रा मुस्कुराने का अभ्यास कर लीजिए। मगर सकलेचा जब मुस्कुराने का अभ्यास करते हैं तो उन्हें पसीना आने लगता है और घबड़ाहट होने लगती है। डाक्टरों का कहना है कि मुस्कुराना इनके स्वास्थ्य के लिए नुकसानदायक है।

साधो, ये लोग शक्ति के उपासक हैं। ये गुरु ही ब्रह्मा है, गुरु ही विष्णु है तो रटते हैं, गुरु दक्षिणा-पर्व भी मानते हैं मगर गुरु को बन्धुआ मजदूर समझते हैं। तो इन्होंने दाँत पीसकर कहा—कुचल दो। ठीक कर दो। दमन कर दो। सिर मत उठाने दो। साधो, 'फासिस्ट' कभी सिर नहीं उठाने देता। फ़ैज़ अहमद फ़ैज़ ने पाकिस्तान में फौजी तानाशाही के सन्दर्भ में लिखा है—'निसार तेरी इन गलियों पै ऐ वतन कि जहाँ, चली है रीत कि कोई सर उठाकर न चले।' यह हाल है वतन का। तो साधो, दिल्ली के संघी शासन ने अध्यापकों का दमन शुरू कर दिया। सस्पेन्शन, बरखास्तगी, गिरफ्तारी। हजारों शिक्षक-शिक्षिकाएँ सस्पेण्ड हैं, हजारों जेल में हैं। मगर 26वाँ दिन है और हड़ताल टूट नहीं रही है। परीक्षाओं के संचालन के लिए संघ के स्वयंसेवक बुला लिये हैं। यहाँ तक कि लड़कियों को छेड़ने के जुर्म में जो मजनू गिरफ्तार किये गये थे, उन्हें परीक्षा-निरीक्षक बना दिया गया है। हैड मास्टरनियों ने शिकायत की है कि निरीक्षक परीक्षा भवन में हमारी लड़कियों को छेड़ते हैं। उन्हें क्या पता कि छाँट-छाँटकर वही निरीक्षक बनाये गये हैं जो लड़कियों को छेड़ने के जुर्म में हवालात में थे। उन्हें इकट्ठे लड़कियाँ मिल जायेंगी, तो वे क्यों न छेड़ेंगे। जनसंघ का संगठन 'अध्यापक परिषद' हड़ताल तोड़ने

की कोशिश कर चुका है। पर शिक्षक डटे हैं। और अभी शिक्षामन्त्री के आश्वासन पर आन्दोलन खत्म हो गया।

साधो, वह सरकार बहुत निकम्मी, बेशर्म और पतित होती है जो शिक्षकों को तोड़ने और कुचलने की कोशिश करती है। मध्यप्रदेश के सरकारी कॉलेज के अध्यापकों के संघ ने परीक्षाओं का बहिष्कार किया तो सकलेचाजी का फार्मूला था कि सब समस्याओं का हल पुलिस है। पुलिस परीक्षा करा लेगी। हवलदार, क्लर्क, निरीक्षक हो गये। आगे कापियाँ भी हवलदारों, थानेदारों से जँचवा लेंगे। कुचल दो प्रोफेसरों को। सस्पेण्ड कर दिया। तबादले कर दिये। यह दूसरी आजादी है।

मगर साधो, इन अध्यापकों के नेता भी कमाल के हैं। बिना तैयारी, बिना योजना के भावुकता में संघर्ष शुरू कर दिया। यह सावधानी बरती कि वामपन्थी विचारधारावाले अध्यापकों की हवा न लग जाय। अनुष्ठान अपवित्र हो जायगा। सही यह है कि आन्दोलन वामपन्थी ही चला सकते हैं। मगर अध्यापकों के शीर्ष नेतृत्व में राष्ट्रीय स्वयंसेवक संघ के लोग भी हैं। इनकी दुहरी निष्ठा है। संघ के माध्यम से पवित्र निष्ठा सकलेचा के प्रति है। दूसरे नम्बर की निष्ठा अपने साथियों के प्रति। याने इनका पुनीत कर्त्तव्य यह हो जाता है कि अध्यापकों को घेरकर 'संघं शरणं गच्छामि' करा दें। सो करा दिया। सब कुलपतियों को छोड़, इन्दौर के कुलपति—जो संघ के आदमी माने जाते हैं—के पास चले गये और उनके मार्फत सकलेचा के सामने समर्पण करके हड़ताल खत्म कर दी। याने अध्यापकों के संगठन को संघी और प्रतिक्रियावादी नेतृत्व ने इतना तोड़ दिया कि अध्यापक लम्बे समय तक उठ नहीं सकेंगे। सामान्य रूप से गैर राजनीतिक ये सीधे अध्यापक, जिनकी चेतना कक्षा और घर के बाहर नहीं जाती, संघी राजनैतिक छल से पीट दिये गये। भगवान इन्हें सद्बुद्धि दे।

शादी महन्त के बेटे की

साधो, दुष्ट लोग हम साधु-सन्त-महन्तों के पीछे पड़े रहते हैं। हम उनका क्या लेते हैं। अपने मन्दिर, मठ, अखाड़े में रहते हैं। धर्म के कर्मकाण्ड की तकनीक पर हमारा एकाधिकार होता है। अब जिसके पास तकनीक है, उसके पास जरूरतमन्द आयेंगे ही। कार की मरम्मत की जिसके पास तकनीक है, उसके पास ही तो कारवाले जायेंगे। हम धर्म के कारीगर हैं। जिन्हें अपने धर्म की आत्मा की मरम्मत करानी है, वे हमारे पास आयेंगे। जिनके भाग्य का इन्जिन बिगड़ गया है, वे सुधरवाने के लिए हमारे पास आयेंगे। कारीगर को मरम्मत का पेमेण्ट करना ही पड़ता है। यही पेमेण्ट दान,

दक्षिणा, चढ़ोत्तरी कहलाता है। यह हमारी धर्म के वर्कशाप की आमदनी है। पर इसी को लेकर दुष्ट लोग तरह-तरह की बातें उठाते हैं।

साधो, नाथद्वारा में 'पुष्टिमार्गी वैष्णवों का प्रसिद्ध मन्दिर है। यह राजस्थान में है। बल्लभ सम्प्रदाय का है। राजस्थान से निकले वैष्णव सारे भारत में बड़े-बड़े उद्योगपति, व्यापारी आदि हैं। धर्म की महिमा है। भक्ति का प्रसाद है। बिड़लाजी भी परम वैष्णव हैं। अब नाथद्वारा के महन्त के बेटे की शादी हुई है। वे कोई हम-जैसे टुटपुँजिये तो हैं नहीं। बड़े मन्दिर के बड़े महन्त हैं। तो शादी ठाठ से हुई। एक समाचार एजेन्सी ने खबर फैला दी कि महन्त के पुत्र की शादी में दो करोड़ रुपये खर्च हुए और बेहद शान-शौकत हुई। मगर दूसरे दिन इस खबर का खण्डन भी कर दिया गया। भक्तों ने भी शोर मचाया कि यह खबर गलत है। मन्दिर का प्रबन्ध तो सरकारी प्रशासक करता है और महन्त सिर्फ तनख्वाह पाते हैं। शान-शौकत तो भक्तों ने श्रृद्धावश की थी।

साधो, यह सब ठीक है। पर हम अनुभवी साधु जानते हैं कि प्रशासक दूसरा महन्त होता है। दोनों महन्तों की चढ़ोत्तरी अलग-अलग ढंग की होती है। इस खबर में यह भी कहा गया था कि इस शादी में केन्द्रीय मन्त्री पुरुषोत्तमलाल कौशिक भी शामिल हुए। दूसरे दिन कौशिक ने इस खबर का खण्डन किया कि मैं शामिल नहीं हुआ। वे कौशिक दूसरे हैं जो राजस्थान सरकार में मन्त्री हैं। अब साधो, ज़रा सोचो। शादी का मामला है, चोरी-डकैती का नहीं। शादी भी धार्मिक आदमी के बेटे की। लड़की कोई भगायी हुई नहीं थी। फिर कौशिक इतने परेशान क्यों हो गये? उन्हें यह बात कलंक-जैसी कैसे लगी कि वे उस शादी में शामिल थे। उन्हें ऐसा क्यों लगा, जैसे किसी ने कह दिया हो कि एक चोरों का गिरोह पकड़ा गया, जिसमें कौशिक भी थे। या गैरकानूनी शराब उतारते हुए कुछ लोग पकड़े गये, जिनमें एक कौशिक भी थे। महन्त के बेटे की शानदार शादी में शामिल होने को ये बदनामी मानते हैं। खैर, भगवान से महन्त शिकायत कर देंगे, तो कौशिक को भगवान देख लेंगे। महन्त ने भगवान के थाने में कौशिक की एफ. आई. आर. दर्ज करा दी होगी।

साधो, मन्दिरों, मठों को लेकर लोग ऊलजलूल बातें करते हैं। धर्म के निन्दक तो बकते ही रहते हैं। दक्षिण भारत के एक मन्दिर में नियम है कि भक्त बाहर जूते उतारकर मन्दिर में जायें। गरीब देहाती नंगे पाँव आते हैं तो द्वार पर खड़ा कारिन्दा उनसे भी कहता है कि जूते उतारो। वे कहते हैं कि हम तो नंगे पाँव आये हैं, तो कारिन्दा कहता है कि पहले दूकान से जूते खरीदकर पहिनो, उन्हें यहाँ उतारो और तब भगवान के दर्शन करो। अब साधो, दुष्ट लोग कहते हैं कि मन्दिर के अधिकारी जूते बेचनेवालों से मिले हैं। मिलकर पैसा खाते हैं। यह भी कहते हैं कि वह जूते चोरी होकर बिकते हैं। इन दुष्टों को कौन समझाये कि मन्दिर से जूतों की चोरी तो सनातन धार्मिक प्रक्रिया है। उस पर अंगुली उठानेवाले नर्क जायेंगे और वहाँ भी उन्हें जूते बाहर उतारने पड़ेंगे।

साधो, शंकराचार्यों के बैठने के सिंहासन, पानी पीने के लिए सोने के कमण्डल की बात भी लोग करते हैं। मगर ईरान के शाह का तो कमोड भी सोने का था।

साधो, दक्षिण में ही एक तिरुपति मन्दिर है। इसका मामला अरबों का है। यहाँ भक्तों के मुण्डन के बालों की बिक्री ही लाखों की होती है। इस मन्दिर का विज्ञापन छपता है जिसमें लिखा होता है कि वहीं स्थित बैंक में 25 रु. जमा करो, रसीद लो, रसीद दिखाओ, तब भगवान का विशेष दर्शन कराया जायगा। साधो, भगवान को 25 रु. की रसीद दिखायी जाती है तब वे भक्त को अलग द्वार से पास बुलाकर दर्शन देते हैं। जो 25 रु. जमा नहीं करते वे फ्री, फोकटवाले टुटपुंजिये लाइन लगाये जलते पत्थर पर खड़े रहते हैं और नम्बर आने पर दूर से भगवान के दर्शन पाते हैं। बिना पेमेण्टवालों को भगवान पास नहीं फटकने देते। साधो, मुख्यमन्त्री चेन्ना रेड्डी इस मन्दिर में सुधार करना चाहते हैं, जिस कारण महन्त से उनकी खटकी हुई है। भगवान के काम में सुधार करनेवाला यह रेड्डी नर्क जायेगा। ऐसे सारे दुष्ट नर्क जायेंगे और भगवान की लीला ऐसी ही चलती रहेगी।

मेघ भटक गये

साधो, सावन इस बार सूखा है। राखी आ रही है पर इस पूरे क्षेत्र में पानी ऐसे बरसता है जैसे इन्द्र मनुष्यों को 'शावर-बाथ' दे रहा हो। ये झमाझम पानी बरसने के दिन हुआ करते थे। मेघ मँडराते थे, बिजली चमकती थी। माना कि हम जैसों की छत टपकती थी, मगर यह भी मजा ही था। छत टपक रही है और इस कोने से उस कोने में दुबक रहे हैं—यह भी एक मजा है। कालिदास के यक्ष को तो आषाढ़ के पहिले दिन ही मेघ दिख गया था और उसने यक्षिणी के लिए प्रेम-सन्देश कहकर उसे रवाना कर दिया था। मेघ जहाँ जाता खूब बरसता था, मगर इस बार ये छूंछे मेघ आसमान में दिखते हैं पर बरसते नहीं। मेघ जनता सरकार के वादे हो गये, खोखले। मेघ जगजीवनराम की सिद्धान्तप्रियता हो गये। राष्ट्रीय स्वयंसेवक संघ का गाँधीवाद हो गये। नसबन्दी के आँकड़े हो गये। सकलेचाजी का लोक-कल्याण हो गये।

साधो, मेघ आते थे तो विरहिणी उनसे कहती थी कि उस निष्ठुर के आँगन में मेरे आँसुओं को लेकर बरस जाओ—'कबहूँ वा विसासी सुजान के आँगन, मो अँसुआन को लै बरसो।' मगर साधो, सब काम धोखा दे गया। संगीत गया। कौन अब गाता है—अमुआ के नीचे डोला धर दे मुसाफिर, सावन की आयी बहार रे! सकलेचाजी ने न जाने भैरोंसिंह शेखावत से गुपचुप क्या किया कि मालवा तक आये मानसून को राजस्थान की तरफ भेज दिया। अपने इधर नहीं भेजा। सकलेचाजी

भी मूल रूप से राजस्थानी हैं। हो सकता है, यहाँ से पत्ती कटने पर उन्होंने राजस्थान का मुख्यमन्त्री बनने का तय किया हो। वहाँ नाथद्वारा है। भगवान पशुपतिनाथ से लाभ उठाकर अब भगवान विष्णु को उल्लू बनाकर फायदा उठाना चाह रहे हैं।

साधो, फसल एक तो गयी। अब भी नहीं बरसता तो दूसरी फसल भी सूखे खेत में थोड़े ही बोयी जायेगी। पानी के लिए लोग भजन, कीर्तन कर रहे हैं। यज्ञ हो रहे हैं। चन्दे हो रहे हैं, खाये जा रहे हैं। यही यज्ञ है। वरना यज्ञ के धुएँ से बादल कैसे आ जायेंगे और कैसे बरस जायेंगे। हाईस्कूल का लड़का भी ऋषि को बता देगा कि भगवन, पदार्थ जब जलता है तब कार्बन डाई ऑक्साइड ही बनती है, जो प्राण-घातक वायु है। यज्ञ में शक्कर, जौ, घी जलाकर आप वृक्षहीन शहर के वातावरण में यह प्राणघातक वायु क्यों बढ़ा रहे हैं?

साधो, अन्न तो देश के दूसरे हिस्सों से बुलाकर खा लेंगे। महँगा खा लेंगे। मगर पानी कहाँ से बुलाकर पियेंगे। कुएँ सूख रहे हैं। भोपाल में नलों से सिर्फ एक बार पानी मिलेगा। भोपाल के बराबर बड़ा तालाब दूसरा नहीं है। पर उसकी भी हालत पतली है। हमारे शहर के मेयर साहब ने कहा है कि जलाशयों में बहुत कम पानी है। उन्होंने लोगों से पानी बचाने की अपील की है। कहा है कि लोग व्यर्थ पानी बरबाद न करें। साधो, मेयर साहब कह रहे थे कि बँगलेवाले शिकायत करते हैं कि हमारे बगीचे में पानी नहीं मिलता। वे नाराज होते हैं। वे ठीक ही नाराज होते हैं। उनकी तकलीफ हम छोटे लोग समझ ही नहीं सकते। उन्हें यह समझाना व्यर्थ है कि आदमी को पीने का पानी नहीं मिल रहा है और आपको बगीचे की पड़ी है। आदमी प्यासा मरने से बच जायेगा तो बगीचे बहुत बन जायेंगे। बँगले और बगीचेवाले सोचते हैं कि बगीचा बच जाये। आदमी का क्या है, मर जायेंगे तो और पैदा हो जावेंगे।

साधो, उन्हें शर्म दिलाने से क्या फायदा कि बगीचे का इतना शौक है तो हैण्ड पम्प लगवा लो। मगर नहीं, बगीचे में आदमी के पीने का पानी पाइप से इतना बहाते हैं कि उधर सड़क पर पहुँच जाता है और इधर गरीब औरतें 2 बजे रात से नल के पास घड़ा और बाल्टी लिये बैठती हैं। इस उच्चवर्ग के दुख ही दूसरे हैं, हमसे अलग दुख हैं वे। अन्न संकट का हमारे लिए दूसरा मतलब है। उन्हें अन्न संकट तब महसूस होता है जब प्यारे कुत्ते को विदेशी बिस्कुट नहीं मिलता। भारतीय मेम-साहब कहती हैं—इस देश का नाश हो जाये। देखो 'डागफूड' नहीं मिल रहा है।

साधो, हमारा-तुम्हारा भी अच्छा ही हाल है। मेयर साहब की अपील से क्या होता है। तरसना अपने को ही है। पर अपना यह हाल है कि नल खुला है तो खुला ही पड़ा है। सड़क के नल भी बहुत खुले मिल जायेंगे। हम कहते हैं—कौन अपने बाप का जा रहा है। सब जगह यह कहा जाता है। सरकारी गोदाम में माल सड़ रहा है—सड़ने दो। कौन अपने बाप का जाता है। कारखाने में बरबादी हो रही है—होने दो। कौन अपने बाप का जाता है। जो सार्वजनिक नल है वह

हममें से किसी के बाप का नहीं है। फिर वह किसके बाप का है ? चीनी के बाप का है या अमेरिकी के, या पाकिस्तानी के बाप का ?

साधो, मुझे चैन है। हैण्ड पम्प है। पीने का पानी नल से बुलाते हैं। पर हैण्ड पम्प का पानी बाकी सब काम आता है। आगे इसी को पियेंगे। इस पम्प में पानी आना कभी कम नहीं होगा, क्योंकि नाला लगा हुआ है। यह नाला परम पावन ओमती मैया की सहायक नदी है। यह नाला वर्षा का मोहताज नहीं। यह न गंगोत्री से निकलता न अमरकंटक से। यह कहीं बाथरूमों से निकलता है और सारा साल इसमें बाथरूमों का पानी भरता आता है। हमारे पम्प में हर हालत में पानी आयेगा। बाथरूमों का पानी इसमें है तो 'शिवाम्बु' भी काफी रहता होगा।

खटिया खड़ी हो गयी

साधो, कभी-कभी ऐसा होता है कि जिसे मसखरा समझते हैं, वह हीरो हो जाता है और जो हीरो बने फिरते हैं, वे मसखरे मालूम होते हैं। भारत की राजनीति में राजनारायण एक जोकर की हैसियत रखते थे। इन्दिरा गाँधी को हराना भी एक जोकर का करतब माना गया था। जनता पार्टी में बड़े-बड़े योद्धा जो मुकुट पहने थे, जिरह-बख्तर पहने थे, तलवार लटकाये थे, मूँछें ऐंठे थे, इस जोकर को मजाक में उड़ाते थे। उन्होंने राजनारायण को अनुशासन भंग के आरोप में केन्द्रीय समिति से निकाल दिया। तो जोकर राजनारायण ने जनता पार्टी छोड़ दी। सिपहसालार खुश हुए कि चलो जोकर से छुट्टी मिली। मगर साधो, आज वही जोकर राजनारायण इन सिपहसालारों को जोकर बनाकर बदहवास इस दरवाजे से उस दरवाजे दौड़ा रहा है। इन सिपहसालारों की सूरत देखकर लोगों को हँसी आती है। संसद के बाहर लोग इन्हें देखने और ताली बजाने को खड़े रहते हैं। ये काँपती टाँगों से कहते हैं कि हमारे पाँव जमे हैं। ये पसीना पोंछते हुए कहते हैं कि हम घबड़ाते नहीं हैं।

साधो, तुम पूछोगे कि यह चमत्कार कैसे हो गया। बात यह है कि जितने बुनियादी और गम्भीर मामले हैं, इसी जोकर ने उठाये हैं। राजनारायण ने ही सबसे पहले पार्टी में अनुशासन का मामला उठाया। इसी जोकर ने बोगस सदस्यता का मामला उठाया। जोकर ने ही दुहरी सदस्यता का मामला उठाया कि संघ फासिस्ट है और जनता पार्टी लोकतान्त्रिक। इसलिए दोनों का साथ नहीं हो सकता। साधो, आज हाल यह है कि कोई पार्टी या गुट राष्ट्रीय स्वयंसेवक संघ के लोगों के साथ बैठना नहीं चाहता। कांग्रेस, इन्दिरा कांग्रेस, दोनों कम्युनिस्ट पार्टियाँ, भालोद, समाजवादी, कोई संघ से सरोकार नहीं रखना चाहता। संघ के पवित्र लोग अछूत

हो गये हैं । देश में सीधा राजनैतिक विभाजन हो गया है—लोकतान्त्रिक शक्तियाँ बनाम फासिस्टवाद । गाँधी हत्याकाण्ड के बाद संघ की अब दूसरी बार यह सद्गति हुई है ।

साधो, यह फासिज़्म कैसे काम करता है, लोग यह समझ गये हैं । जनता अपने प्रतिनिधि चाहे चुन ले, पर फासिस्ट उन्हें विधानसभा और संसद में जाने ही नहीं देंगे । हरियाणा के विधायकों को 10-12 दिन हरण करके गायब रखा । जान से मारने की धमकी । टाँग तोड़ने की धमकी । अमृत नाहटा ने शिकायत की है कि उन्हें फोन पर धमकी मिली है कि अगर अविश्वास के प्रस्ताव पर बोले तो खैर नहीं । दो संसद-सदस्य गायब हैं । फासिज़्म विरोधी से बहस नहीं करता, उसका मुँह तोड़ देता है। ऐसे में चला लो लोकतन्त्र। साधो, तुम पूछोगे कि आगे क्या होगा ? यह सरकार तो गिर गयी । यशवन्तराव चव्हाण को अविश्वास का प्रस्ताव रखते वक्त इसके महत्त्व का बोध नहीं था । उन्होंने यह समझकर प्रस्ताव रखा था, जैसा आमतौर पर होता है कि बहस होगी और प्रस्ताव गिर जायेगा । शाम को उन्हें मालूम हुआ कि मेरे हाथ से तो ऐतिहासिक काम हो गया है । उन्होंने शेरवानी बदली, गले तक बटन लगाये और चेहरे पर गुरुत्व धारण कर लिया ।

साधो, यह गैरजनता सरकार अगर बनी भी तो ज्यादा टिकेगी नहीं । साल-भर काट ले तो बहुत है । मोरारजी अच्छे हैं; पर अलीबाबा चालीस चोरों में फँस गये थे । सरकार कोई रही नहीं थी । कलेक्टर का काम संघ के प्रधान करने लगे थे। सरकार बदले तो कलेक्टर को उसके अधिकार मिलें ।

साधो, रावण की सभा में हनुमान की पूंछ में आग लगाकर सोचा था कि बन्दर भाग जायेगा । मगर हुआ कुछ और—'उलट-पलट लंका तेहि जारी, कूद परेउ कपि सिन्धु मझारी ।' रावण ने अंगद से बाद में कहा था कि तुम्हारी सेना में एक ही वीर है—'है कपि एक महा बलशाली ।' वह कौन है ? 'आय प्रथम लंका जेहि जारी ।' इस समय हनुमान के अवतार राजनारायण की जय हो रही है—'जै हनुमान ज्ञान-गुन-सागर !'

किसका जनतन्त्र हारा

साधो, जयप्रकाश नारायण हम सबसे बड़े साधू हैं । वे कहते हैं कि इन्दिरा गाँधी की जीत कोई घटना नहीं है । ठीक है । पर इसी घटनाविहीन घटना को घटित न होने देने के लिए जयप्रकाश ने मतदाताओं के नाम अपील निकाली थी । उस अपील में कहा था कि इन्दिरा गाँधी तानाशाही की प्रतिनिधि हैं और जनता पार्टी लोकतन्त्र

की। अब साधो, जनता ने तानाशाही को वोट देकर जिता दिया। याने जनता पार्टी का लोकतन्त्र हार गया। तो अब जनता सरकार को इस्तीफा दे देना चाहिए, क्योंकि लोकतन्त्र ही हार गया है। और इन्दिरा गाँधी को तानाशाह बन जाने देना चाहिए।

साधो, बड़े मजाक हो रहे हैं। ये सब नेता जोकर हो गये हैं। रामकृष्ण हेगड़े कहते हैं कि इन्दिरा कांग्रेस ने चिकमगलूर के लोगों को बेवकूफ बनाकर वोट लिये। इसका मतलब यह हुआ कि लोग बेवकूफ बनाये जा सकते हैं। लोगों को बेवकूफ जॉर्ज फर्नांडिस भी बना रहे थे और इन्दिरा कांग्रेस भी बना रही थी। मगर जॉर्ज बेवकूफ बनाने में असफल रहे। अमीर लोगों को तो बेवकूफ बनना ही था, तो वे इंन्दिरा गाँधी के पक्ष में बेवकूफ बन गये। याने जनता-नेताओं को यह पक्का विश्वास है कि लोग सोच-विचारकर वोट नहीं देते, बेवकूफ बनकर देते हैं। तो 1977 में जो जनता पार्टी को वोट दिये थे वे भी बेवकूफ बनकर दिये होंगे। तो जो सरकार बेवकूफों के वोटों से बनी है उसे इस्तीफा दे देना चाहिए।

साधो, इनकी ऐंचक-बेंचक बातों का अन्त नहीं है। पसीना आ रहा है। उसे पोंछ रहे हैं। मुँह सूख रहा है। हाथ-पाँव ठण्डे हो गये हैं। मगर चिल्लाते हैं—इन्दिरा गाँधी के संसद में आने से कुछ नहीं होता। उनका जीतना महत्त्वहीन है। अगर उनका जीतना महत्त्वहीन है तो आपको इतना पसीना क्यों आ रहा है कि हम साधुओं को अपनी चादर से पोंछना पड़ता है।

साधो, एक दादा कृपलानी हैं—राजनीति के बाबा सनकीदास। वे कहते हैं कि इन्दिरा गाँधी की जीत से सड़क की राजनीति फिर चालू हो जायेगी। दादा कृपलानी को याद दिलानी पड़ेगी कि गाँधीजी के नेतृत्व में उन्होंने जो लड़ाई लड़ी थी वह सब सड़क की राजनीति थी। गाँधीजी राजनीति को वाइसराय भवन से निकालकर सड़क पर ले आये थे। वह तो एक आदर्श के लिए, एक अनुशासित सड़क की राजनीति थी। पर, सन् 1974 में सम्पूर्ण क्रान्ति के नाम से जो सड़क की राजनीति हुई थी, वह कैसी थी? सारे गुण्डे क्रान्तिकारी हो गये थे। लोगों को पकड़ना, पीटना, बस जलाना, भीड़ लेकर विधानसभा पर हमला करना, यह सब क्रान्तिकर्म था। औरतों का दुपट्टा छीनना और जेब काटना भी तब क्रान्तिकर्म हो गया था। तब जयप्रकाश ने पुलिस से कहा था कि वह आदेश न माने। मगर अभी चिकमगलूर में जब केन्द्रीय रिजर्व पुलिस गयी तो जनता पार्टी के लोगों ने उसकी जय बोली। पुलिस की जय बोलकर चुनाव जीतने की कोशिश करना जनता पार्टी का लोकतान्त्रिक अधिकार है।

साधो, सबसे विचित्र हाल तो जॉर्ज फर्नांडिस का रहा। उसने किसी निराश प्रेमी की तरह गरेबाँ फाड़ डाला। बाल नोंच लिये। लुंगी लपेट ली। वीरेन्द्र पाटिल को पीछे ढकेलकर जॉर्ज खुद उम्मीदवार बन गये। जॉर्ज-ही-जॉर्ज का नाम गूँज रहा था। जॉर्ज अपने भाई पर पुलिस-जुल्म का और माँ को बलात्कार की धमकी का प्रचार कर रहे थे, वीरेन्द्र पाटिल का नहीं।

साधो, जॉर्ज एक अभिनेत्री नन्दना को ले आये। नन्दना मुँह पर पट्टी बाँधे एक तख्ती लिये घूमती थी—'मेरी माँ को किसने मारा ?' उसे यह कौन समझायें कि उसकी माँ स्नेहलता रेड्डी दमा से मरी थी। उसे जेल में जॉर्ज ने डाला था, अपने रेल की पटरी उखाड़ने के काम में साथ लेकर। जॉर्ज समझते थे कि सुन्दर अभिनेत्री जनता पार्टी को वोट दिला देगी।

साधो, उत्तर भारत में भी उपचुनाव होनेवाले हैं। मैं जॉर्ज को बता दूं कि अभिनेत्री हेमामालिनी के पिता की मृत्यु हार्टफेल से हो गयी है। जॉर्ज अब हेमा-मालिनी को पटायें। हेमामालिनी को एक तख्ती लेकर घुमवायें जिस पर लिखा हो—'मेरे पिता को किसने-किसने मारा ?' शायद वोट मिल भी जायें। या लोग कह दें कि तुम्हारे बाप को तुम्हारी खूबसूरती ने मारा। तुम्हारी खूबसूरती पर पागल एक युवक तुम्हारे बँगले में घुसा था, जिसे देखकर घबराहट में तुम्हारे पिता के प्राण निकल गये।

साधो, हमें इस समय इन्दिरा गांधी को बधाई देने के बदले जनता पार्टी के लोकतन्त्र के हारे हुए 'वीरों' के आँसू पोंछना चाहिए।

ताला, चूड़ियाँ और सिन्दूर

साधो, अपने प्रधानमन्त्री ने अलीगढ़ में अच्छी बात कही। वैसे वे हर जगह अच्छी बात कहते हैं, चाहे दिल्ली हो या वाशिंगटन। उन्होंने कहा—अलीगढ़ के ताले मशहूर हैं। लोगों को अपने दिमाग पर ताले लगा लेना चाहिए, जिससे भीतर की साम्प्रदायिकता न निकल सके। बहुत उम्दा बात है। सही भी है। लोगों के दिमाग में साम्प्रदायिकता भरी है। वह कभी-कभी निकल पड़ती है और दो सम्प्रदाय लड़ पड़ते हैं। सवाल यह है कि इनके दिमाग में साम्प्रदायिकता भर कैसे गयी ? किसने भर दी ? कार में पेट्रोल भरा जाता है, तो किसी पेट्रोल पम्प से। साम्प्रदायिकता के पम्प, प्रधानमन्त्री को मालूम है कि कहाँ हैं ? पर वे उन्हें बन्द नहीं करते। उलटा यह कहते हैं कि साम्प्रदायिकता का जो पेट्रोल भर गया है वह निकल न जाय, इसलिए ताला लगा लो। भीतर पेट्रोल रहेगा तो साम्प्रदायिकता की गाड़ी चलती रहेगी।

साधो, प्रधानमन्त्री को याद दिलाओ कि जैसे अलीगढ़ के ताले मशहूर हैं वैसे ही फीरोजपुर की चूड़ियाँ मशहूर हैं। तो प्रधानमन्त्री को कहना था कि रामनरेश यादव और दूसरे मन्त्रियों को फीरोजपुर की चूड़ियाँ पहन लेनी चाहिए, क्योंकि वे अलीगढ़ में एक महीने में भी दंगे पर नियन्त्रण नहीं पा सके। जिम्मेदारी केन्द्र की

भी है। इसलिए प्रधानमन्त्री को खुद चूड़ी पहन लेना था और कहना था—मैंने तो चूड़ियाँ पहन ही ली हैं, पार्टी अध्यक्ष, चन्द्रशेखर के लिए भी ले जा रहा हूँ। अब साधो, तुम कहोगे कि गुरु, चूड़ियाँ तो हो गयीं, माँग का क्या होगा ? तो नागपुर का सिन्दूर मशहूर है। नानाजी देशमुख से नागपुरी सिन्दूर से माँग भी भरवा लेंगे।

साधो, प्रधानमन्त्री दिमाग पर अलीगढ़ी ताला लगाने के लिए कहते हैं। मगर अलीगढ़ के ताले तो पहले ही लुट चुके हैं। ये ताले गये कहाँ ? ये ताले जनता पार्टी के नेताओं के मुँह पर जड़ दिये गये हैं। इसीलिए सही बात न प्रधानमन्त्री बोलते हैं न चन्द्रशेखर। चन्द्रशेखर को उनके सबसे निकट के आदमी रिपोर्ट लाकर देते हैं कि अलीगढ़ के दंगे 'संघ' ने कराये। मगर चन्द्रशेखर के मुँह पर ताला लगा था। वे यह नहीं कह सके। अब तुम पूछोगे कि राजनारायण क्यों बोल रहे हैं। राजनारायण चमत्कारी हस्ती हैं। वे हनुमान के अवतार हैं। हनुमान पर मनुष्य का ताला नहीं लगता। पर हनुमान भी सुभीते से साम्यवादी होते हैं। जब जनसंघ चरणसिंह के साथ था और चौधरी गृहमन्त्री थे, तब राजनारायण संघ के बारे में यह सब नहीं बोलते थे। अब इसीलिए बोलते हैं कि चौधरी से संघ ने कुट्टी कर ली है। कल दोस्ती हो जायेगी तो राजनारायण फिर पलट जायेंगे। ईमान का मामला ऐसा ही होता है।

साधो, प्रधानमन्त्री ताला लगाने के पहले उस फोड़े का ऑपरेशन नहीं करायेंगे जो कुछ लोगों के दिमाग में है। उसे काटकर उसका मवाद निकाल देने की झंझट में कोई नहीं पड़ना चाहता। भीतर मवाद जहर बनता रहता है। प्रधानमन्त्री या किसी के भी उपदेशों से इस फोड़े का ऑपरेशन नहीं होता। साधो, प्रधानमन्त्री तो ताले की बात कर रहे हैं, पर इस देश में पिछले 50 सालों से दिमाग सील किये जा रहे हैं। सील करनेवाले तो छोटी उम्र के बच्चों को ले जाते हैं। उनसे कवायद कराते हैं। लाठी चलवाते हैं। उनके दिमाग में जहर भरकर बाहर सील लगा दी जाती है। यह सील प्रधानमन्त्री की अपील से टूट नहीं सकती। वे लोग तो प्रधानमन्त्री का दिमाग सील करने की कोशिश में हैं।

साधो, हिन्दू-मुसलमान नहीं लड़ते। इन दंगों का धर्म से कोई सम्बन्ध नहीं है। कोई अपने धर्म और भगवान के लिए प्राण नहीं लेता या देता। यह शुद्ध राजनीति है। अर्थ-नीति है। अगर प्रधानमन्त्री को हत्या, आगजनी और लूट की राजनीति लोकतान्त्रिक लगती है तो लोकतन्त्र की यह वापसी उन्हें मुबारक।

इस नेहरू का क्या करें ?

साधो, इस बार नेहरू के जन्मदिन पर मैंने रेडियो पर एक बार तो सुना—भारत के एक भूतपूर्व प्रधानमन्त्री जवाहरलाल नेहरू। याने भारत के जो पचीसों प्रधानमन्त्री हो गये हैं, उनमें एक नेहरू भी थे। मगर दूसरे समाचार बुलेटिन में कहा गया—महान् देशभक्त पण्डित जवाहरलाल नेहरू। रेडियो पर जो प्रोग्राम बनाते हैं और प्रसारण करते हैं, वे बेचारे सरकारी नौकर हैं। वे जानते हैं, हमारे मन्त्री आडवाणी जनसंघी हैं। इसलिए उन्हें नेहरू को छोटा-से-छोटा करके बताना है। तो वे कहते हैं—भूतपूर्व प्रधानमन्त्रियों में से एक, याने एक मामूली रिटायर्ड तहसीलदार। फिर लगता है कि नेहरू को कुछ ज्यादा छोटा कर दिया। तो वे कहते हैं—महान देशभक्त, याने वे जो लाखों लोग जेल गये थे उनमें एक जवाहरलाल नेहरू भी थे। उन्हें 'राष्ट्र निर्माता' वगैरह नहीं कहा जा सकता, क्योंकि जनसंघी और समाजवादी उन्हें राष्ट्रघातक मानते हैं।

साधो, जनता सरकार बनने पर हमारी दूसरी आजादी लानेवालों को नेहरू बड़ा सिरदर्द हो गये। इस कम्बख्त नेहरू का क्या करें? इसे न उगलते बनता, न लीलते। एक तो नेहरू के अपने पाप ही कम नहीं थे। नेहरू ने समाजवाद और धर्मनिरपेक्षता की बुनियाद डाली। यह जनसंघ को पसन्द नहीं। नेहरू का समाजवाद और औद्योगीकरण चरणसिंह को पसन्द नहीं। मोरारजी भाई की यह शिकायत कि गाँधीजी के बाद तो सीधे मुझे होना था। यह नेहरू कहाँ से बीच में घुस गया? समाजवादियों का तो समाजवाद ही नेहरू को गाली देने पर टिका है। किसी समाजवादी नेता से पूछते थे कि तुम्हारा सिद्धान्त क्या है, तो वह जवाब देता था—नेहरू ढोंगी है। नेहरू पाखण्डी है। इसके सिवा उसे समाजवाद कुछ और समझ में नहीं आता था।

साधो, नेहरू का पाप और बढ़ गया क्योंकि वे इन्दिरा गाँधी के पिता थे। उसी इन्दिरा गाँधी के पिता जिसने इन लोगों को जेल में रखा। उसी इन्दिरा गाँधी के पिता जो अब भी इनकी नींद हराम कर रही है। नेहरू को तो माफ कर सकते हैं, पर उनके इस अपराध को माफ नहीं कर सकते कि वे इन्दिरा के पिता थे।

मगर साधो, नेहरू का करें तो करें क्या? नेहरू का तो अब बिगड़ने से रहा, क्योंकि उनकी मृत्यु हो चुकी। असल मुसीबत यह है कि नेहरू की नीतियाँ भूत की तरह पीछे पड़ी हैं। जब तक नेहरू को नष्ट नहीं किया जाता तब तक जनसंघ भारत को हिन्दू राष्ट्र कैसे बना सकता है? जब तक नेहरू खत्म नहीं होता, तब तक चरणसिंह फिर से जमींदारी प्रथा कैसे ला सकते हैं, सामन्तवाद कैसे चालू रख सकते हैं? नेहरू को नष्ट किये बिना अमेरिका के सामने समर्पण कैसे कर सकते हैं? रूस से सम्बन्ध कैसे तोड़ सकते हैं? समाजवाद का नाम इस देश से कैसे मिटा सकते हैं?

मगर साधो, इस नेहरू को मिटायें तो मिटायें कैसे ? इसके नाम की संस्थाएँ, संगठन, हजारों इमारतें, पार्क, लाखों सड़कें, लाखों आदमियों के नाम ही जवाहरलाल हैं। अटलबिहारी वाजपेयी विदेश जायें, तो वहाँ के नेता नेहरू की पहले बात करें। अगर वाजपेयी नेहरू की बुराई करें तो कोई विदेशी नेता उनसे बात न करे। कहें—आप रोटी खाइए और घर जाइए। साधो, बड़ी आफत कर रखी है इस नेहरू ने। सारे बौने पंजों पर खड़े होकर नेहरू के चेहरे को पोतने की कोशिश करते रहे, पर उनके हाथ कमर से ऊपर नहीं जाते। अब क्या करें ? थूककर देखा, पर थूक अपने ही मुँह पर गिरता है। बड़ी आफत कर रखी है इस नेहरू ने।

साधो, इन लोगों ने तब कहा—एक आइडिया है। इस नेहरू को गाँधीजी की लाठी से पिटवाओ। नारे—नेहरू गाँधी विरोधी थे। हम गाँधी की नीतियों पर चलेंगे। महात्मा गाँधी की जय ! गाँधीजी का चित्र गुरु गोलवलकर के साथ लगने लगा।

मगर साधो, काम नहीं चला। नेहरू का कुछ बिगड़ा नहीं। समझदारों ने कहा—नेहरू गाँधी विरोधी नहीं, उनके अनुयायी थे। अब साधो, मैं बड़ा मजेदार हाल देखता हूँ। हमला होता है—तुम गलत विदेशनीति अपना रहे हो। तो यही नेहरू विरोधी अपनी रक्षा के लिए नेहरू का सहारा लेते हैं। कहते हैं—नहीं, नहीं, हम तो नेहरूजी की नीति पर ही चल रहे हैं। रूस कहता है—आपकी सरकार विदेशनीति में हेर-फेर कर रही है। तो जवाब देते हैं—नहीं साहब, नेहरू की नीति पर ही चल रहे हैं। विकास नीति की आलोचना होती है तो कहते हैं—नहीं, नहीं, नेहरू की नीति पर बढ़ रहे हैं।

साधो, बड़ी दया आती है इन जनता नेताओं पर, जो अपनी रक्षा के लिए उसी नेहरू का सहारा लेते हैं, जिसे वे मिटाना चाहते हैं।

शाह का फातिहा पढ़ो

साधो, कई साल पहले जबलपुर में एक आदमी घूमता था और चिल्लाता था—मैं मर जाऊँगा तो घण्टाघर कौन देखेगा ? मैं मर जाऊँगा तो स्टेशन का क्या होगा ? लोग उसे पागल समझते थे। बच्चे उसे छेड़ते थे। मगर वह मस्त सड़कों पर घूमता हुआ कहता था—मैं मर जाऊँगा तो घण्टाघर कौन देखेगा ? मैं मर जाऊँगा तो स्टेशन का क्या होगा ? साधो, वह आदमी पागलपन का नाटक करता था, पागल था नहीं। उसके कुरते पर विज्ञापन लिखे रहते थे—बीड़ी के, साबुन के या कोई और। वह लोगों का ध्यान खींचकर ये विज्ञापन दिखाता था और इस तरह अपना

पट भरता था।

साधो, शाह ईरान रजा शाह पहलवी के बारे में सोचता हूँ तो मुझे इस पगले की याद आती है। रजा शाह भी ईरान में यह चिल्लाते हुए घूमते हैं—मैं हट जाऊँगा तो पहलवी राजवंश का क्या होगा? मैं हट जाऊँगा तो ईरान का क्या होगा? और ईरान के लोग शाह को पागल समझकर उस पर पत्थर फेंक रहे हैं। साधो, अमेरिकी राष्ट्रपति जिमी कार्टर का हाल भी ऐसा ही है। वे भी चिल्लाते हैं—शाह हट गया तो हमारा क्या होगा? शाह हट गया तो अमेरिकी स्वार्थों को कौन सँभालेगा? सारे पगले कुरते पर आगे-पीछे विज्ञापन लिखकर चिल्लाते फिर रहे हैं।

साधो, मुहर्रम के दसवें दिन इतवार को ईरान में 30 लाख आदमी सड़कों पर शाह के खिलाफ नारे लगाते घूम रहे थे। यह तब हुआ जब फौजी सरकार है, सड़क पर टैंक हैं, मशीनगनें हैं। ईरान की आबादी 3 करोड़ है। 30 लाख आदमी, यानी कुल आबादी का दसवाँ हिस्सा सड़कों पर नारे लगाते घूम रहा था कि शाह सिंहासन खाली करो। हमें राजशाही नहीं, लोकतन्त्र चाहिए। मगर शाह कहते हैं कि ईरान की जनता को मेरी जरूरत है। मैं अपनी प्रजा का भला करना चाहता हूँ। और वही जनता नारे लगा रही है कि हमें तुमसे अपना भला नहीं करवाना और शाह मुर्दाबाद!

साधो, शाह की हालत पतली है। एक बार पहले भी वे बहादुरी से देश से भाग चुके हैं और पहलवी सिंहासन एक साल खाली रहा। तब लोकतान्त्रिक और वामपन्थी प्रधानमन्त्री डॉ. मुसादिक थे। उन्होंने एकदम ईरानी तेल कम्पनियों का राष्ट्रीयकरण कर दिया था। झगड़े की बहुत बड़ी जड़ ये तेल कम्पनियाँ हैं, जिन पर अमेरिका और पश्चिमी देश कब्जा किये हैं। साधो, जब लोकतन्त्र की स्थापना हुई और पश्चिमी हितों का खात्मा होने लगा तो शाह से कहा—शाह साहब! अब पेटी-बिस्तर बाँधिए और देश से भाग जाइए। गेट-आऊट! साधो, शाह तब गेट-आऊट होकर यूरोप चले गये। उन्हें अफसोस था कि खुदा ने जो तख्त उन्हें दिया था, वह इन्सान ने खाली कैसे करवा लिया। डॉक्टर मुसादिक ने उस तख्ते-ताऊस को अजायबघर में रखवा दिया।

साधो, तब शाह सी. आई. ए. के पास पहुँचे कि मालिक, मैं तो अमेरिका का एक अदना गुलाम हूँ। मुझे निकाल दिया गया। यह इसी तरह हुआ जैसे मकान पर गलत कब्जे हुए आदमी को निकाला जाय तो वह गुण्डों के पास जाता है और कहता है—तुम्हें पाँच सौ रुपये दूँगा। मकान पर कब्जा करा दो। तो साधो, अन्तर्राष्ट्रीय गुण्डे सी. आई. ए. ने कहा—हम तुम्हें कब्जा दिला देंगे। तुम तख्त पर बैठो। मगर शासन अमेरिका करेगा। साधो, तब शाह के दिमाग में यह नहीं आया कि अमेरिका की दोस्ती डुबानेवाली होती है। वियतनाम के पुराने शासक इस दोस्ती को भोग चुके, पाकिस्तानी शासक भोग चुके, अफ्रीका, लैटिन अमेरिका के शासक भोग चुके और भोग रहे हैं। सी. आई. ए. का आना नाश का आना है।

साधो, आफत शाह की हो रही है और पसीना यूरोप तथा अमेरिका में आ रहा है। ब्रिटेन के प्रधानमन्त्री रानी को सलाह देते हैं कि आप ईरान-यात्रा पर मत जाइए। ईरान की रानी खुद देश से भागी हुई हैं। जो अपनी रानी की हिफाजत नहीं कर सकता वह शाह दूसरी रानी की क्या हिफाजत करेगा? उधर जिमी कार्टर को पसीना आ रहा है। अगर शाह गये तो एक खास चमचा गया। एशिया में अमेरिकी हितों का क्या होगा? रूस की घेराबन्दी में एक बड़ा छेद पड़ जायगा।

साधो, फातिहा पढ़ने को तैयार हो जाओ। शाह जाने ही वाले हैं।

फिर समझौता-फार्मूला निकालो

साधो, इन्दिरा कांग्रेस दो उप-चुनाव हार गयी है, तो इसका क्रान्तिकारी असर जनता पार्टी पर पड़ गया है। इन्दिरा कांग्रेस की हार या जीत से जनता पार्टी के झगड़ों का वोल्टेज नीचा या ऊँचा हो जाता है। अब इन चुनावों की जीत से जनता-नेता सोचते हैं कि जल्दी इन्दिरा गांधी की वापिसी का कोई खतरा नहीं है। यह जो चैन का समय मिला है, इसका सदुपयोग लड़ने में कर लें। साधो, हुआ यह कि एक नेता अपने विरोधी से समझौता-वार्ता करने निकले। रास्ते में ट्रांजिस्टर पर खबर सुनी कि फतेहपुर में इन्दिरा कांग्रेस हार गयी। नेता ने ड्राइवर से कहा—कार वापस बँगले की तरफ मोड़ लो। सचिव कहता है—मगर आप तो अमुक से समझौता-वार्ता करने जा रहे थे। नेता जवाब देते हैं—अभी समझौते की जरूरत नहीं है। वे हार गयीं।

साधो, नेताओं के आपस में भोज तय थे। मिलने का समय तय था। मगर यह खबर मिलते ही कि इन्दिरा हार गयी है, सब रद्द कर दिये गये। मेजबान फोन करता है—तो आप शाम को भोजन के लिए आ रहे हैं न? इधर का नेता जवाब देता है—मैं नहीं आऊँगा। मैंने कब कहा कि मैं आपके साथ भोजन करूँगा? मेजबान कहता है—अरे साहब, कल आपने निमन्त्रण स्वीकार किया था। इधर से जवाब मिलता है—किया होगा। मगर मैं आपका नमक नहीं खाऊंगा। आपके गुट के किसी आदमी का नमक नहीं खाऊंगा।

साधो, आगामी किसी उपचुनाव तक का समय लड़ने के लिए मिला है। वैसे चुनाव युद्ध होता है। दो चुनाव-युद्धों के बीच का समय शान्ति का समय होना चाहिए। मगर जनता पार्टीवालों के लिए यह महायुद्ध का समय होता है। जब किसी पार्टी के लोग तय कर लें कि लात खायेंगे, जूते खायेंगे, थूकेंगे, मूतेंगे, मगर छोड़ेंगे नहीं, बने रहेंगे, सरकार को भी बना रखेंगे; तब आपसी महायुद्ध सिर्फ

इसलिए होता है कि किसकी जेब काट लें, किसका फर्नीचर चुरा लें, किसके जाली चेक से पैसा निकाल लें।

साधो, यह घरु लड़ाई बड़ी दिलचस्प है, बड़ी रसमय है। चरणसिंह बहुत दिन सत्ता से बाहर नहीं रह सकते। सत्ता से बाहर रहना उनकी तासीर को कभी रास नहीं आया। गृहमन्त्री के पद छोड़ने के बाद वे आखिर कब तक जाटों की स्तुति पर दिन काटें? मोरारजी ने उन्हें इस तरह निकाला जैसे कोई आदमी अपनी कई रखैलों में से किसी से कहे—तू तो मेरे ही सिर पर पड़ने लगी है। निकल घर से। वह धर्मशाला में रहने लगी और बिचौलियों से कहा कि मैं तो अकड़ी रहूँगी, पर तुम लोग मेल-मिलाप कराने की कोशिश करो। तो बीजू पटनायक वगैरह यहाँ जा और वहाँ जा होने लगे। साधो, पहले तो चरणसिंह को जगजीवनराम को धर्मशाला भिजवाना है और उपप्रधानमन्त्री बन जाना है। वे समझते हैं, मन्त्री-पद कोई क्लर्क की नौकरी है जिसमें सीनियारिटी से तरक्की हो जाती है। पर मोरारजी भाई भी तो 1969 तक प्रधानमन्त्री थे। वे प्रोमोट होकर प्रधानमन्त्री नहीं हुए। 9 साल वे धर्मशाला में रहे, तब प्रधानमन्त्री हुए। चरणसिंह 76 साल के हैं, 9 साल धर्मशाला या अस्पताल में रह लेंगे? रह भी लेंगे। राजनेता में अपार जीवनी शक्ति और अपार लालसा होती है। अन्त समय उसके मुँह में गंगाजल डालो तो वह कहता है—गंगाजल नहीं, पोर्टफोलियो डालो।

साधो, जब तक ये पंक्तियाँ छपेंगी, तब तक शायद समझौता हो गया होगा या झगड़ा बढ़ भी गया हो। 23 तारीख को वह किसान रैली होगी ही जिसमें नारे लगेंगे—लाठी-गोली खायेंगे, चरणसिंह को लायेंगे। अभी वे कुछ नहीं बोल रहे हैं। कुछ नहीं बता रहे हैं कि मोरारजी ने उन्हें गले से लगा लिया या खदेड़ दिया। वे तो बोल रहे थे, पर बीजू पटनायक ने रोक दिया—अरी बाई, तू थोड़ी चुप ही रह। कुटनियाँ कोशिश कर रही हैं। हो जायगी तेरी वापसी। जायदाद पर तेरा भी तो हक है। जगजीवनराम को थोड़े ही कब्जा करने देंगे।

साधो, लो खबर आ गयी कि चरणसिंह ने बयान दे दिया। वे तथा उनके साथी सरकार में नहीं जायेंगे। मोरारजी की शर्तें उन्हें मंजूर नहीं हैं। अब चन्द्रशेखर कहते हैं कि उनके पास अभी एक समझौता-फार्मूला है—फार्मूला नम्बर 71, अक्सीर शर्तिया इलाज करनेवाला। हकीम चन्द्रशेखरमल का।

फूलन और सन्तोषी माँ

साधो, कुछ नैतिकतावादी लोग डाकू फूलन देवी के पीछे पड़े हैं। कहते हैं—वह डाकू है। हत्यारी है। उसे जेल में इतनी सुविधाएँ क्यों दी जा रही हैं। ये लोग नहीं समझते कि जेल में 'विशिष्ट' को विशेष सुविधाएँ मिलती ही हैं। ब्रिटिश सरकार की जेलों में जवाहरलाल नेहरू को विशेष सुविधाएँ मिलती थीं। उन्हें तो जेल के बाहर हवाखोरी की सुविधा दी जाती थी। विशिष्ट काम करके जो भी विशिष्ट हो जाय, उसका रौबदाब होता ही है। फूलन देवी की प्रतिष्ठा इस समय सरोजिनी नायडू और अरुणा आसफअली के बराबर है जो स्वाधीनता संघर्ष की वीरांगनाएँ रहीं। फूलन ने मध्यप्रदेश और उत्तरप्रदेश की सरकारों पर एहसान किया है। वह जेल में प्रेमी के साथ रह सकती है। वह प्रेमी बदल सकती है। वह मानसिंह को छोड़कर मलखानसिंह की प्रेमिका हो सकती है। मध्यप्रदेश सरकार का तथा अफसरों का बड़ा उपकार किया है। दिल्ली की मशहूर तिहाड़ जेल में अन्तर्राष्ट्रीय अपराधी चार्ल्स शोभराज रहता है। रिपोर्ट है कि तिहाड़ जेल का वास्तविक सुपरिन्टेण्डेण्ट चार्ल्स शोभराज है। जेल में रहकर भी वह मजे में बाहर अपने चार-सौ-बीसी के धन्धे चला रहा है। जेल के अन्दर उसी का हुक्म चलता है। उसने हॉलीवुड की एक फिल्म कम्पनी से अभी से दस लाख डालर का इकरारनामा कर लिया है।

साधो, तुम छोटे लोग हो। तुम बड़ों की बात नहीं समझते। तुम दो राज्यों में दस-बीस डाके डालो। दस-बीस लोगों को गोली से उड़ाओ। फिर ठाठ से पुराने जमाने के वीर बादशाह की तरह राज्य के राजा से बराबरी से मिलो। बादशाह की तरह जेल में रहो। तुम्हारा हठ उसी स्तर का माना जायगा, जिस स्तर का महात्मा गाँधी का जेल में अनशन माना जाता था। तुम हिंसा से नफरत करते हो, मगर अपने भीतर झाँको तो पाओगे कि तुम संस्कार से हिंसा-पूजक हो। तुम्हारे भगवान राम और कृष्ण का एक बड़ा गुण यह था कि वे हिंसा के उस्ताद थे। दोनों ने हिंसा की और खूब की। कृष्ण ने पाण्डवों से सत्याग्रह नहीं करवाया। लड़ाई करायी। फूलन की जेल में विशेष प्रतिष्ठा और अधिकारों से तुम्हें किस नैतिक आधार पर एतरांज है। तुममें तो इतनी भी क्षमता नहीं है कि ठग नटवरलाल की तरह अहिंसक चार-सौ-बीसी करो।

साधो, सामाजिक परिवर्तन का कोई क्रान्तिकारी आन्दोलन इस देश में चलता होता, तो उसकी वीरता, संघर्ष और बलिदान से तुम्हारी भावना में उत्तेजता रहती। तुम्हारे स्नायुतन्त्र में तनाव रहता। तुममें खुद लड़ने की उद्दाम उत्कण्ठा रहती। पर देश में सिर्फ काले धन का क्रान्तिकारी कार्यक्रम चल रहा है तो तुम्हारे स्नायुतन्त्र ढीले पड़े हैं। मन उत्साहहीन है। शिक्षित युवक बेकारी की निराशा में है। तुम्हें तनाव चाहिए। उत्तेजना चाहिए। सनसनी चाहिए। ये चीजें तुम्हें फिल्में देती हैं। डाकू, अपराधी, लुटेरे देते हैं। इनके आसपास महिमामण्डल बनाया जाता है

पत्र-पत्रिकाओं द्वारा। यह तुम्हारी आध्यात्मिक जरूरत है। यह पूरी की जा रही है। जिसकी तुम्हें भूख है वह तुम्हें परोसा जा रहा है। और देखो, हमारे तेजस्वी युवक डिस्को पर नाचकर क्रान्ति कर ही रहे हैं।

साधो, तुम कुनमुनाते क्यों हो? सरकार तुम्हारी यह जरूरत जानती है। पूंजीपति वर्ग जानता है। फिल्म बनानेवाले जानते हैं। सब जानते हैं, तो तुम्हारे ही लिए फूलन पर फिल्म बनेगी। बहुत करके इसमें खुद फूलन हीरोइन हो। कॉलेज की लड़कियों को इससे अपराधी जीवन की प्रेरणा मिलेगी। युवकों के प्रेरणा-केन्द्र, मलखानसिंह हैं ही। साधो, गाँधी शान्ति प्रतिष्ठानवाले फूलन पर फिल्म बनाने का विरोध कर रहे हैं। वे कहते हैं कि ऐसी फिल्म से हिंसा को बढ़ावा मिलेगा। मगर गाँधी प्रतिष्ठानवाले उन आरोपों का जवाब तो दे दें जो उन पर संसद और प्रेस में लगाये गये थे। विदेशों से किससे पैसा लेते हो, उसका क्या करते हो— और विदेशी दानी का कौन-सा राजनैतिक काम गाँधीवाद ओढ़कर करते हो। पहले अपनी अहिंसक हिंसा का जवाब तो दे लो देशसेवको!

साधो, हिंसा और अपराध के तनाव, सनसनी, उत्तेजना के साथ ही देश के मानस को चाहिए—धर्मान्धता। धर्मान्धता इस देश के आदमी की जरूरत बनायी गयी है। एक योजना से, विदेशी साम्राज्यवाद तथा देशी पूंजीवाद और फासिस्ट-वाद ने इसे बढ़ाया है। यह सामाजिक परिवर्तन को रोकने का षड्यन्त्र है, मगर साधारण आदमी फँसा है इसमें।

साधो, धर्मान्धता और हिंसा साथ चल रहे हैं। पंजाब में तो चल ही रहे हैं। अब यह हाल है—दिल्ली में एक जमीन पर किन्हीं लोगों ने गैरकानूनी इमारत खड़ी कर ली है। दिल्ली प्रशासन ने इसे गिरा देने का आदेश दिया, तो उन्होंने वहाँ गुरुग्रन्थ साहब रख दिया और पाठ करने लगे। याने उसे गुरुद्वारा बना दिया। अब सरकार के हाथ-पाँव ठण्डे पड़ गये हैं। उस इमारत को गिराने जायें तो बन्दूकधारी अकालियों के जत्थों का सामना करना पड़ेगा। पन्थ खतरे में है—का नारा लग जायगा। यों हनुमान या शंकर का मन्दिर बनाकर सार्वजनिक जमीन पर कब्जे के हम अभ्यस्त हो चुके हैं।

साधो, केरल में एक चर्च को लेकर विश्व हिन्दू परिषद ने हिन्दू-ईसाई दंगा करा दिया। एक चर्च बन रहा था क्योंकि वहाँ 'क्रास' मिल गया था। केरल के हिन्दू और ईसाई में कोई भेद न कभी रहा, न अब है। वहाँ हिन्दू-मुसलमान में भी कभी भेद नहीं रहा। पर अब वहाँ विश्व हिन्दू परिषद के नाम से संघ घुस गया है। इन लोगों ने चर्च बनने के विरुद्ध हिंसक आन्दोलन कर दिया। तर्क हास्यास्पद नहीं, रुदनात्मक है—यह कि चर्च के पहले मन्दिर पड़ता है। ईसाई चर्च जायेंगे तो मन्दिर के सामने से निकलेंगे। इससे हिन्दू धर्म पर आघात होगा। ईसाई चर्च में प्रार्थना करने के लिए मन्दिर के सामने से नहीं निकल सकता, मगर शहर में चोरी करने के लिए मन्दिर के सामने से निकल सकता है। इस मानसिकता पर तुम हँसोगे या रोओगे। साधो, केरल में भगवान 'ऐयप्पा' पन्थ जोरों पर है। ऐयप्पा शंकर और विष्णु का

बेटा माना गया है--दो पुरुष देवों का पुत्र। मिथ यह है कि भस्मासुर से शंकर की रक्षा के लिए जब विष्णु मोहिनी रूप लेकर गये थे, तब शंकर खुद उस रूप पर मोहित हो गये। नतीजा हुआ—बेटा ऐयप्पा का जन्म। किसी मलयाली से पूछ लो। यह ऐयप्पा सिर्फ केरल में है और युवक उसके पीछे पागल हैं।

और सुनो साधो, 'सन्तोषी माँ' कम्युनिस्टों के बंगाल में पहुँच गयी है। उनका जयजयकार हो रहा है। कम्युनिस्ट लोगों को द्वन्द्वात्मक भौतिकवाद समझाते हैं। इसके बाद सन्तोषी माँ पहुँच जाती हैं और सब समझ को धो देती हैं।

चन्द्रशेखर और कपिलदेव

साधो, इस देश में दो हादसे एक साथ हुए—भारत की क्रिकेट टीम विश्वकप जीती और चन्द्रशेखर ने दिल्ली में पदयात्रा समाप्त की। क्रिकेट की जीत ने चन्द्रशेखर को बहुत नुकसान पहुँचाया। चन्द्रशेखर राजघाट और रामलीला मैदान पर थे, मगर लोग उनके दर्शनों को न जाकर टेलीविजन से चिपके बैठे थे और कपिलदेव के दर्शन कर रहे थे। पदयात्राएँ तो अब बहुत होंगी। सैकड़ों चन्द्रशेखर पैदा होंगे। सैकड़ों पदयात्राएँ होंगी। जवाबी हमले की तरह जवाबी पदयात्राएँ होंगी। मध्यप्रदेश के कुछ कांग्रेसमैन रायपुर से 2-4 दिनों में राजघाट दिल्ली तक पदयात्रा करेंगे। वे 2 अक्तूबर को राजघाट पहुँचकर बापू की समाधि पर प्रार्थना करेंगे—बापू, तू इस चन्द्रशेखर की पदयात्रा के पुण्य का नाश कर। यह पदयात्रा चुनाव में उसे और उसकी पार्टी को वोट न दिलाय।

साधो, क्रिकेट की जीत से मुझे कोई खुशी नहीं। मैं सिर्फ ब्रिटेन और उसके भूतपूर्व उपनिवेशों में खेले जानेवाले उच्चवर्गीय, खर्चीले, लम्बे खेल को नापसन्द करता हूँ। यह एक नासमझ अहंकारी वर्ग पैदा करता है। बल्ला, पैड, टोपी और गेंद खरीदने की जिसमें हैसियत हो वह बौड़म अपने मूर्खतापूर्ण अहंकार में बाकी सबको तुच्छ जानवर समझता है। बर्नार्ड शॉ ने कहा है—क्रिकेट में ग्यारह बेवकूफ दूसरे ग्यारह बेवकूफों के खिलाफ खेलते हैं और कई हजार बेवकूफ उन्हें देखते हैं। क्रिकेट प्रेमी मुझे माफ करें। क्रिकेट का इतिहास मुझे मालूम है।

साधो, मगर क्रिकेट की इस जीत से मुझे डर लगा कि कहीं अकाली एक माँग और न बढ़ा दें—कि भारत की क्रिकेट टीम में अकाली नेताओं द्वारा नामजद सिख खिलाड़ी होंगे। यह विश्वकप वापस किया जाय, क्योंकि इस टीम का कप्तान गैर सिख था। यह पन्थ के साथ इन्दिरा गाँधी की धोखाधड़ी है कि वे इस टीम को बधाई दे रही हैं। साधो, अकाली कोई भी माँग बढ़ा सकते हैं क्योंकि उन्हें आगामी

चुनाव तक तनाव बनाये रखना है। वे अब कहते हैं कि 1946-47 में महात्मा गाँधी ने जो वादे सिखों से किये थे, वे पूरे किये जायें। आगे वे माँग कर सकते हैं कि महात्मा बुद्ध ने अकालियों से जो वादे किये थे, वे पूरे किये जायें। हम मामूली लोग हैं। बुद्ध सन्त थे। अकाली नेता भी सन्त हैं। सन्त ने सन्तों से वादे किये होंगे। हमें उन वादों को पूरा करना चाहिए, क्योंकि हमने राष्ट्रध्वज में बुद्ध का 'धर्मचक्र' लिया है।

साधो, कपिलदेव ने चन्द्रशेखर को 'नाक' आऊट कर दिया। तीन दिन हो गये, हर जगह कपिलदेव और जीत की चर्चा है; चन्द्रशेखर की नहीं। मिठाई कपिलदेव की बँट रही है, चन्द्रशेखर की नहीं। भारतीय आदमी दुनिया में सबसे अधिक राजनैतिक है। यहाँ प्रेमी-प्रेमिका में भी प्यार की बातों के बीच में चरणसिंह और जगजीवनराम की वात हो जाती है। प्रेमी कहता है— तुम कितनी सुन्दर हो। आज जब तुम मैदान पार करके आ रही थीं, तब लगता था जैसे स्वर्ग की कोई अप्सरा उतर रही हो। और सुनो, बाबू जगजीवनराम और चरणसिंह मिलकर एक पार्टी बना रहे हैं। तुम हँस दो तो पार्टी पक्की बन जाय।

यही राजनैतिक भारतीय आदमी चन्द्रशेखर को भुलाकर कपिलदेव की बात कर रहा है।

साधो, चन्द्रशेखर ने देश को जानने, देश के गरीबों की हालत जानने के लिए भारत-यात्रा की। ठीक किया। मगर पिछले 30 सालों से क्या चन्द्रशेखर भारत को बिना जाने ही राजनीति कर रहे थे? जिन्होंने पदयात्रा नहीं की—चरणसिंह, अटलबिहारी, जगजीवनराम— ये क्या देश को जाने बिना ही देश की राजनीति कर रहे हैं? ये लोग देश को कब जानेंगे? इसकी गरीबी को कब देखेंगे? यह सही है कि चन्द्रशेखर गरीबी, दरिद्रता देखकर द्रवित हो गये। वे भावुक हो गये। 'बड़ा अन्याय है! बड़ी अमानुषिकता है!' साधो, चन्द्रशेखर की भावुकता हम सच्ची मानते हैं। हम उसकी कद्र करते हैं। मगर भावुक होने के लिए उन्हें इतनी लम्बी पदयात्रा करने की जरूरत नहीं थी। वे पूर्वी उत्तरप्रदेश के हैं जो देश के सबसे गरीब इलाकों में है। चन्द्रशेखर अपने गाँव और आसपास के 8-10 गाँव देख लेते, तो भी इतने ही भावुक हो सकते थे। भावुक होने के लिए, दुखी होने के लिए, अपने को धिक्कारने के लिए उतनी दूर दक्षिण भारत जाने की कतई जरूरत नहीं थी। इधर पास में भी वही हालात हैं, जिससे संवेदनशील आदमी भावुक हो जाय, आँसू पोंछने लगे, अपने को धिक्कारने लगे, व्यवस्था को गाली देने लगे। यहाँ भी गाँवों में लोगों को पानी नहीं मिलता। हरिजनों पर अत्याचार होते हैं। लोग भूखे रहते हैं। मजूरी बहुत कम मिलती है। मगर भावुक होने से क्या होता है।

साधो, चन्द्रशेखर ने गाँधीजी की समाधि पर न्यायपूर्ण और मानवीय व्यवस्था कायम करने की शपथ ली है। साधु चन्द्रशेखर से पूछते हैं—क्या तुमने अपने बलिया जिले में बड़े भूमिपति जमींदार से खेत-मजदूरों को न्यायोचित मजदूरी दिलायी? क्या चन्द्रशेखर अपने समर्थकों के साथ धरने पर कभी बैठे बड़े भूमिपति के दरवाजे

पर कि जब तक उचित न्यूनतम मजदूरी वह खेत-मजदूरों को नहीं देगा, हम यहीं भूखे-प्यासे बैठे रहेंगे। कभी नहीं किया? पार्टीवालों ने किया? कभी नहीं किया। तो गरीबी और अन्याय देखने कन्याकुमारी क्यों जाते हो भैया? चन्द्रशेखर का कहना है —हमारा धनवानों से कोई झगड़ा नहीं है, मगर हम गरीबों की हालत सुधारना चाहते हैं। यही धनवान बड़ा किसान है, जो मजदूरों का खून चूसता है। यही बड़ा किसान कुएं से हरिजनों को पानी नहीं भरने देता। यही बड़ा किसान है जो लठैतों से पिटवा देता है उस भूमिहीन किसान को जिसे 3-4 एकड़ जमीन सरकार ने दे दी है। यही उसे अपनी जमीन नहीं जोतने देता। मगर इस धनी बड़े किसान से चन्द्रशेखर का कोई झगड़ा नहीं है। तो फिर न्यायपूर्ण और मानवीय व्यवस्था कैसे स्थापित होगी? अन्याय करनेवाले अमानवीय वर्ग से आपका झगड़ा ही नहीं है तो गरीब, शोषित-पीड़ित वर्ग को गाँधीजी की समाधि पर शपथ खाकर क्यों चकमा देते हो?

साधो, जिस चीज की जरूरत है—मजबूत राजनैतिक इच्छा शक्ति—यह न शासक दल में है न इन विपक्षियों में। क्या इन्दिरा गाँधी के सत्ता से हटने से अपने आप जमीन से पानी के सोते फूट निकलेंगे, अन्यायी दयालु हो जायेगा? जो दानव शोषक है वह दयालु हो जायगा? मानसून फेल नहीं होगा?

साधो, चन्द्रशेखर को मेरी सलाह है कि जब तक 10-15 दिनों भावुकता है, पदयात्री सन्त की छवि है, तब तक झटपट सौदेबाजी कर लो। आखिर करना तो वही है—दिल्ली के बँगलों में बैठकर गोटियाँ फिट करना, सौदे पटाना, मोर्चा बनाना। भारत देखने से क्या होता है? फैसला तो दिल्ली के कमरों में होना है। जनता पार्टी में ही दुश्मन हो गये हैं। चरणसिंह और अटलबिहारी खीजे हुए हैं। जब तक यह पदयात्रा का महिमा-मण्डल है, मेरे कामरेड, सौदे कर डालो।

शादी का उतरता मौसम

साधो, विवाह का सीजन अन्त पर है। तुम देखो कि सामाजिक जीवन जैसे-जैसे बदलता है मान्यताएँ और पद्धतियाँ बदलती जाती हैं। पहले मुहूर्त पण्डित तय करता था, अब बैण्ड और लाइटवाले तय करते हैं। बैण्डवाले कह देते हैं—हमारे पास 7 बजे से 8 बजे तक टाइम है। 8 से दूसरी जगह जाना है। तो पुरोहितजी पोथी-पत्रा में से 7 और 8 के बीच मुहूर्त निकाल देंगे। अगर बारात ने चलने में ढिलाई की तो बैण्ड मास्टर आर्डर देता है—'क्विक मार्च!' फिर भी बाराती नहीं दौड़े तो बैण्डवाले उन्हें छोड़कर दूसरी जगह चले जाते हैं। असल में हमारी जाति मुर्दे को

अरसे तक चिपकाये रहती है। रूढ़ि को छोड़ने में बहुत समय लेती है और बरबाद होती है। शहर का मध्यवर्गीय जो तीसरी मंजिल पर ढाई कमरों में रहता है, कहाँ मेहमान ठहराय, कहाँ मण्डप तनवाय। कहाँ बारात का स्वागत करे। शहर की खाली जगहें भरती जा रही हैं। मगर परम्परा को ढोये जाते हैं। अधिकांश शादियाँ उल्लास की नहीं, त्रास की होती हैं।

साधो, सबसे सुभीते की शादी तो अदालती होती है। मगर अदालती शादी सिर्फ घर से भागे लड़के-लड़की करते हैं। उधर लड़की का बाप पुलिस में रिपोर्ट कराता है, इधर दूर किसी शहर में लड़के-लड़की अदालत में मैरिज सर्टिफिकेट लेते हैं। लड़की मैट्रिक का सर्टिफिकेट लिये रहती है, जिसमें जन्म-तारीख होती है। इससे लड़की बालिग सिद्ध होती है और पुलिस कुछ नहीं कर सकती। मेरे खयाल से कोर्ट में शादी करा दो और एक-दो दिन बाद चाहो तो मित्रों, रिश्तेदारों को दावत दे दो। यह तो बहुत दिन नहीं चलेगा कि रेलों की छत पर बैठकर या डब्बे में ठँसकर बाराती आ रहे हैं और इधर लड़कीवाले की दुर्गति हो रही है।

साधो, यह जो विवाह-प्रथा है, वह तब शुरू हुई थी जब लोग कृषिकर्मी और पशुपालक थे। पास-पास बस्तियाँ थीं। आबादी बहुत कम थी। मगर यह पद्धति पुष्ट हुई मध्ययुग में, जब यह पूरी तरह सामन्ती हो गयी। पृथ्वीराज ने युद्ध करके संयोगिता से शादी की थी न। सामन्ती युग में बारात, याने फौज होती थी। युद्ध करके कन्या प्राप्त की जाती थी और उस घर की सम्पत्ति लूटी जाती थी। यह बड़े-बड़े सामन्त करते थे। पर उनकी नकल साधारण आदमी भी करने लगे। दूल्हा घोड़े पर बैठा है, बगल में तलवार है, बाराती हमलावर की तरह व्यवहार करते हैं। लड़की के घर को शत्रु-राज्य मानते हैं। दूल्हा घड़ा फोड़ता है, तलवार से रस्सी काटता है। दहेज के रूप में लूट का माल और लड़की लेकर बारात लौट जाती है।

साधो, बारात का यह सामन्ती ठाठ मुसलमानों और हिन्दुओं की पद्धतियों में समन्वय से आया। बारात निकालने का तरीका मुसलमान लेकर आये थे। बारात में दूल्हे की शान में 'सेहरा' गाया जाता है। इसमें भारतीयों का असर पड़ा तो मुसलमानों की विवाह-पद्धति भी बदलती गयी। अभी भी जिनसे मुँह की मक्खी नहीं उड़ती वे तलवार लटकाते हैं और काँपते हुए घोड़े पर बैठते हैं। घोड़े की जगह अब खुली कार ने ले ली है, जो माँगे की होती है। सामन्तवाद में वधू के घर की जो लूट थी, वह पूंजीवाद में दहेज हो गयी।

साधो, जब ग्राम-समाज थे, तब किसी भी लड़की की शादी को पूरा गाँव अपनी लड़की की शादी मानता था। वह गाँव की प्रतिष्ठा की बात होती थी। उसमें सारा गाँव योगदान करता था। शादी होगी, नया घर बसेगा, इस घर की आरम्भिक जरूरतें होंगी—इस उद्देश्य से लड़की के माता-पिता तथा गाँव के लोग भी स्वेच्छा से सामान देते थे। कोई बर्तन देगा, कोई पलँग, कोई बिस्तर, कोई रसोई का सामान। साथ ही नकद पैसा भी दिया जाता था। यह स्वेच्छा से खुशी-खुशी दिया जाता था, जिससे नया परिवार ठीक तरह बस जाय।

साधो, आगे चलकर यह खुशी और स्वेच्छा की बात खत्म हो गयी। पूंजीवाद में जैसे लूट होती है, शोषण होता है, कालाबाजार होता है, मुनाफाखोरी होती है। तो विवाह योग्य लड़का एक जरूरी जिन्स, माल हो गया जो लड़की के लिए पति के रूप में जरूरी है। जाति, उपजाति के कारण इस 'वर' नाम की चीज की सप्लाई सीमित हो गयी तो मुनाफाखोरी और कालाबाजारी चालू हो गयी। घर में रोशनी के लिए तेल हर हालत में जरूरी है, जो ब्लैक में किसी भी कीमत पर खरीदा जायगा। लड़की के लिए पति जरूरी है, वह चाहे किसी कीमत पर ब्लैक में मिले। यह कीमत 'दहेज' हुई।

साधो, मुझे याद है पहले दहेज संकोच से माँगते थे। इशारे से अन्दाज देते थे। किसी रिश्तेदार के मार्फत सद्भावना से रकम और सामान तय होते थे। अब तो लड़के का बाप रजिस्टर खोले बैठा रहता है और लड़की के बाप से कह देता है—अमुक ने 30 हजार का 'आफ़र' किया है। आपको इससे ऊपर लगेगा। आगे तो पति की बिक्री के लिए टैण्डर मंगाये जायेंगे या मवेशी बाजार की तरह वरों के बाजार भरेंगे। जैसे बछड़े के दांत देखते हैं वैसे लड़के का वेतन पूछा जायगा। बछड़ों की तरह नीलामी होगी लड़कों की। हर क्षेत्र में जब हराम का पैसा न्यायपूर्ण अधिकार हो गया है, तो विवाह के मामले में भी बिना कमाया यह हराम का दहेज लिया जाता है। यह अभी चलेगा। यह पूंजीवाद की एक रस्म है। पूंजीवाद के रहते यह चलेगा। समाज के विभिन्न समुदाय और जातियाँ सामूहिक रूप से इसके खिलाफ फैसला लें और आचरण करें तो यह मिट सकता है। तुम कहोगे—युवक? युवकों का हाल यह है कि विवाह-मण्डप में स्कूटर के लिए वे कभी चूहा हो जाते हैं और कभी मुहर्रम के शेर।

तुमसे विकास करने को किसने कहा?

साधो, उम्मीद यह थी कि इन्दिराजी कुछ दिन विदेश में रहेंगी, तो सन्तों से निजात मिलेगी और दिमाग को आराम मिलेगा। दिल्ली में तो सुबह भी सन्तों की कृपा, शाम को भी सन्तों की कृपा। सन्तों की सन्तगिरी से वे परेशान हो गयी होंगी। सच्चा सन्त वह होता है जो किसी को चैन न लेने दे। मगर साधो, इन्दिराजी विदेश गयीं, तो उनके सिर पर अन्तर्राष्ट्रीय पूंजीवाद, साम्राज्यवाद के सन्त सवार हो गये। पश्चिमी यूरोप के सम्पन्न औद्योगिक देश और अमेरिका हमेशा उनके दिमाग को परेशान किये रहे। इन देशों के नेता भी सन्त हैं और परम सन्त हैं अमेरिकी राष्ट्रपति रीगन! उन्होंने अभी कहा है—मैं दुनिया की गरीबी से चिन्तित हूँ।

बताओ, सन्त और कैसा होता है।

साधो, मगर इन्दिराजी को इन्हीं पूँजीवादी सन्तों से शिकायत है। ये सारी शिकायतें दिल्ली में हुए 101 देशों के गुटनिरपेक्ष सम्मेलन में लगभग हर राष्ट्राध्यक्ष ने की थी। जो संयुक्त विज्ञप्ति प्रसारित हुई उसमें भी ये शिकायतें हैं। इन्दिराजी बड़े ओजस्वी स्वरों में 101 देशों की नेत्री की हैसियत से बहुत साफ बोलीं। मुख्य बात जो बार-बार दुहरायी जाती है और जिसे इन्दिराजी ने भी कई बार कहा वह यह है—अमेरिकी नेतृत्ववाले सम्पन्न पूँजीवादी देश विकासशील देशों के विकास में बाधा डालते हैं। अमेरिका का नाम नहीं लिया जाता—'सम रिच कण्ट्रीज' कहा जाता है। पर सब समझते हैं कि ये पश्चिमी यूरोप के देश हैं, जिनका नेता है अमेरिका। पश्चिमी देशों को छोड़ दीजिए, क्योंकि वे पिछलग्गू हैं। सारी शिकायत अमेरिका से है।

साधो, जितने आर्थिक संगठन हैं, सब पर कब्जा अमेरिका का है—चाहे विश्व-बैंक हो, चाहे अन्तर्राष्ट्रीय मुद्राकोश, चाहे एशियाई विकास बैंक। अमेरिका की कृपा जिस पर होगी, उसे विकास के लिए कर्ज मिलेगा। एशियाई विकास बैंक के पास भारत की कर्ज की अर्जी पड़ी है। कहा जा रहा है, इस पर बाद में विचार किया जायगा। अभी पहले की अर्जियाँ पड़ी हैं। भारत कहता है—चीन को तो अर्जी देते ही पैसा दे दिया गया था। साधो, यह उचित हुआ। चीन के सत्कर्म देखो और अपने कुकर्म देखो। चीन अमेरिका के साथ रूस की घेराबन्दी में शामिल है। चीन वियतनाम पर हमला करता है, जो अमेरिका को पसन्द है। भारत की वियतनाम से दोस्ती है। चीन रूस को गालियाँ देता है—सामाजिक साम्राज्यवादी, संशोधन-वादी वगैरह। भारत की रूस से दोस्ती है। अफगानिस्तान में चीन अमेरिकी लाइन का समर्थन करता है और भारत इसकी विरोधी लाइन का। भारत ने कोकाकोला लेना बन्द कर दिया, मगर चीनी कोकाकोला पीते हैं। अब बताओ, मदद चीन को न मिलेगी, तो क्या हम पापियों को मिलेगी ?

साधो, शिकायतें करते हैं एशिया, अफ्रीका, लेटिन अमेरिका के देश जो दूसरे महायुद्ध के बाद स्वतन्त्र हुए, जो गरीब हैं, पिछड़े हैं, जो विकास करना चाहते हैं। अमेरिकी शासक तो सन्त हैं। वे तो जवाब देंगे नहीं। उनकी तरफ से हमें जवाब देना होगा। पहली बात तो यह है कि तुम स्वतन्त्र हुए ही क्यों ? किसने कहा था कि तुम स्वतन्त्र हो जाओ। तुम्हें तो उपनिवेश रहना था। तुम स्वतन्त्रता के काबिल नहीं हो। उपनिवेश रहते तो मजे में रहते। साधो, ये देश कहेंगे कि हमने स्वाधीनता की लड़ाई लड़ी और फिर साम्राज्यवादी दूसरे महायुद्ध के बाद साम्राज्य सँभालने लायक रहे नहीं थे। इसलिए हम स्वतन्त्र हो गये।

साधो, सन्त अमेरिका की तरफ से हम इन्हें समझाते हैं—देखो, गरीब टुच्चे देशो, परतन्त्र रहना तुम्हारी नियति है। अब नया साम्राज्यवाद अमेरिकी साम्राज्य-वाद है। यह दूसरी तरह का है। बहुत उदार है। तुम्हें कुल इतना करना है कि जैसी सरकार अमेरिका चाहे अपने यहाँ रखो। डालर लो। फौजी सामान लो। अनाज

लो। बना-बनाया सामान लो। चैन से रहो। बस, कुल इतना करो कि अपनी आन्तरिक और विदेश नीति अमेरिका को सौंप दो। अर्थव्यवस्था बहुराष्ट्रीय कम्पनियाँ देख लेंगी। अपने देश में अमेरिकी फौजी अड्डे बनाने दो। अपनी स्वाधीनता अमेरिका को सौंप दो और बरी हो जाओ। ये सम्मेलन फालतू क्यों करते फिरते हो?

साधो, मगर ये देश यह नेक सलाह नहीं मानेंगे। ये कहते हैं---हम स्वतन्त्र विकास करेंगे। मैं कहता हूँ, जब अमेरिका है, ब्रिटेन है, पश्चिमी जर्मनी है, तो तुम्हें विकास करने की जरूरत ही क्या है? अपना कच्चा माल और भूगर्भ सम्पदा इन्हें सौंप दो। ये तुम्हारी जरूरत की सारी चीजें बनाकर तुम्हें सप्लाई कर देंगी। इतनी बहुराष्ट्रीय कम्पनियाँ हैं। ये सारा माल तुम्हें बेचेंगी। मगर तुम उलटा चाहते हो। तुम चाहते हो कि तुम्हारा बनाया माल इनके बाजारों में बिके। वे तुम्हारा माल अपने यहाँ क्यों घुसने देंगे?

साधो, सीधा-सीधा मामला है---अन्न चाहते हो तो अमेरिका का हुक्म मानो। नहीं मानते तो भूखे मरो। इन्दिराजी इसे 'ब्लैकमेल' कहती हैं। मगर 'ब्लैकमेल' करना अमेरिकी शासन की आदत है, उसका अधिकार है, उसकी नैतिकता है।

साधो, अमेरिका इन सौ देशों को उठने नहीं देगा। वह गिरायेगा। इन्दिराजी सही कहती हैं कि इन सैकड़ों देशों को अपनी स्वतन्त्र सामूहिक अर्थव्यवस्था बनानी चाहिए। ऐसा न किया तो कोई देश आजाद नहीं रहेगा।

विजयवाड़ा से दियागो गार्सिया चलो

साधो, अब कुछ करो। आखिर हम साधु हैं। आन्ध्र के फिल्मी भगवान साधु मुख्यमन्त्री रामाराव ने भगवा धारण कर लिया है और कुटी में रहने की घोषणा कर रहे हैं। बहुत सीधे आदमी हैं। इस देश में सादगी, त्याग और तपस्या के जो पाखण्डी नारे चलते हैं जिन्हें गाँधी युग में बहुत बल मिला, उसके हिसाब से रामाराव समझते हैं कि अगर मैं कुटी में साधु की तरह रहा तो सब समस्याएँ हल हो जायेंगी---पार्टी में दूसरा गुट मेरे चरणों पर होगा। लोगों की मुसीबतें हल नहीं होंगी तो वे चुप रहेंगे, क्योंकि उनका मुख्यमन्त्री साधु है और कुटी में रहता है। साधु के पास लँगोटी के सिवा क्या धरा है?

साधो, राष्ट्रपति, प्रधानमन्त्री या मुख्यमन्त्री का 'कुटी' में रहना सादगी और त्याग का एक घोर मूर्खतापूर्ण दिखावा है। आपको लोगों ने मुख्यमन्त्री बनकर काम करने के लिए चुना है कि कुटी में रहकर साधुपना करने के लिए। कुटी में रहकर

मुख्यमन्त्री तो क्या, कलेक्टर भी काम नहीं कर सकता। साधो, सही बात यह है कि भगवान रामाराव की दैवी पार्टी में विद्रोह पनप रहा है। पुराणों से मालूम होता है कि सबसे ज्यादा लड़ाइयाँ देवताओं में ही होती थीं और इनकी लड़ाई के तरीके भी बहुत नीच होते थे। साधो, एक भास्करन हैं, जो डिप्टी भगवान माने जाते हैं, पर उनका दावा है कि भगवान वे खुद हैं और रामाराव डिप्टी हैं। तेलगुदेशम पार्टी मैंने बनायी है। वास्तविक नेता मैं हूँ, यह फिल्मी भगवान नहीं। साधो, इन्हीं भास्करन के गुट से रक्षा के लिए राम कुटी में चले गये, मगर 'भरत' किसी को नहीं बनाया। साधो, तेलगुदेशम में एक-तिहाई विधायक भूतपूर्व कांग्रेसी हैं और भजनलाल के दर्शनशास्त्र को मानते हैं। एक 35 साल की कांग्रेस की सत्ता-संस्कृति, दूसरे भजनलाल का अध्यात्मवाद। यानी भगवान रामाराव 4 महीने में ही तंग आ गये हैं। भगवान साल-भर चल जायें तो गनीमत है।

साधो, इन्हीं रामाराव के पास, जो खुद विघटन से परेशान हैं, विपक्षी पार्टी के नेता पहुँच गये थे कि भगवान, हमारी एकता करा दो। यह सही है कि इन्हें बुलाया रामाराव ने ही था। राजनैतिक शिशु तरह-तरह की बाल-क्रीड़ा करते हैं। रामाराव ने सोचा कि पार्टी में विरोधियों को मैं बता दूंगा कि सारे बड़े-बड़े विपक्षी नेता मेरी शरण में आते हैं। तुम आन्ध्र के किस खेत की मूली हो। राजनैतिक शिशु-बुद्धि से उसने सोचा था कि अगर विपक्षी एकता हो गयी तो मैं इनका नेता हो जाऊँगा। फिर मैं प्रधानमन्त्री भी हो सकता हूँ क्योंकि अटलबिहारी कहते हैं कि अगला प्रधानमन्त्री दक्षिण भारत का होना चाहिए।

साधो, लाचार विपक्षी नेता अब किसी के भी बुलाने से कहीं भी चले जाते हैं—अगर कोई कहे कि आओ, मैं तुम्हारी एकता करा दूंगा। ये लाचार लोग विजयवाड़ा चले गये। हुआ इस तरह कि गाँव में दो भाइयों में घर को लेकर झगड़ा हो, दीवार तोड़ी जा रही हो, तभी गाँव के किसी परिवार के 4-5 भाई बड़े के पास पहुँचे कि हम भाइयों में तुम सुलह करा दो। बड्डे क्या खाक सुलह करायेंगे? वे तो खुद अपने छुटकऊ से परेशान हैं। तो रामाराव ने कहा भैया लोगो, आ गये हो तो मजे में रहो। यह तुम्हारी ठहरने की जगह है और यह मीटिंग की। सब आराम है। कर लो एकता।

साधो, बातें हुईं, बहस हुई, बयान हुए। कम्युनिस्ट पार्टी के महासचिव राजेश्वरराव ने कह दिया—अगर सिर्फ इन्दिरा गाँधी को हटाना एकता का उद्देश्य हो, तो हम ऐसे मोर्चे में शामिल नहीं होंगे। एकता सिद्धान्तों और कार्यक्रम पर होनी चाहिए। फिर जिस मोर्चे में भारतीय जनता पार्टी होगी, उसमें हम शामिल नहीं होंगे। साधो, यह बात गड़बड़ हो गयी। सिद्धान्तों पर ही एकता करनी होती तो दिल्ली में ही हो जाती। विजयवाड़ा तो इसलिए भागकर आये थे कि वहाँ भगवान राम के प्रताप के कारण कोई सिद्धान्त वगैरह की फालतू बात नहीं होगी। सब यह कहते हुए कि तू मेरा भाई है, नाचने लगेंगे। बहुत पहले एक फिल्म देखी थी। उसमें यह दृश्य था। दो आदमी बहुत शराब पिये बैठे हैं। एक शराबी दूसरे के गले में हाथ

डालकर कहता है—तू मेरा भाई। दूसरा कहता है—नहीं, तू मेरा भाई! पहला फिर कहता है—नहीं, तू मेरा भाई! दूसरा कहता है—नहीं बे, तू मेरा भाई! और वे एक-दूसरे से मारपीट करने लगते हैं—साले, तू मेरा भाई है! नहीं, साले, तू मेरा भाई है! दक्षिणपन्थी नेता भी 'तू मेरा भाई है' कहते-कहते लड़ पड़े। मोर्चा नहीं बना। असल में यह तय नहीं हो पा रहा है कि मोर्चे में बड़ा भाई कौन होगा और छोटा कौन। मोर्चे का अध्यक्ष कौन होगा। प्रधानमन्त्री कौन होगा। यह तय नहीं हो पा रहा। सिद्धान्त और कार्यक्रम तो एक ही हैं—इन्दिरा गाँधी को हटाना। इसमें सब एकमत हैं। लेकिन हटाकर कौन सत्ता में रहेंगे, इसका झगड़ा है। साधो, चुनाव ब्रिटेन में भी होनेवाले हैं। वहाँ विपक्ष में लेबर पार्टी है। उसने उन कार्यक्रमों की घोषणा कर दी है जिन्हें वह सत्ता में आने पर लागू करेगी। बड़े साहसिक कार्य-क्रम हैं—जैसे यह कि हम उन नयी मिसाइलों को देश में नहीं लगने देंगे जो अमेरिका लगाना चाहता है। दूसरे, हम ब्रिटेन को यूरोपीय साझा बाजार से बाहर कर लेंगे। अपने ये विपक्षी सत्ता पाने के बाद के कार्यक्रम की बात क्यों करें? ये 1977 से 1980 तक कार्यक्रम करके बता चुके हैं—हम एक-दूसरे को लात मार-मारकर गिरायेंगे और अन्त में सब धूल चाटने लगेंगे।

साधो, जैसा मैंने शुरू में कहा है, इनकी मदद करो। ये लाचार हैं। एकता न होने का कारण भारतीय जनता पार्टी भी है, जिसने सबसे जोर से एकता का नारा दिया। उससे दक्षिणपन्थी ही कहते हैं कि तुम्हें आर. एस. एस. की छूत लगी है। मुझे याद आता है—बचपन में मैंने सड़क पर भंगी को छू लिया था। मेरी बुआ ने देख लिया। मुझे घर के बाहर खड़ा करके 2-3 बाल्टी पानी से नहलाया और गंगाजल के छींटे दिये, तब भीतर आने दिया। मैं कहता हूँ—वाजपेयी और आडवाणी को 15 बाल्टियों से नहला दो, घड़ा-घड़ा गंगाजल डाल दो और भीतर ले लो। गाँधीवादी—समाजवादी हैं वे।

साधो, इनकी मदद करो। क्या इन्हें कबीर के अखाड़े में बुला लें? ये बेचारे लाचार लोग, आ जायेंगे। हम इनकी एकता की कोशिश करें। हालाँकि ये शंका करेंगे कि कबीरदास खुद प्रधानमन्त्री होना चाहता है। ये किसी भी साधु, बाबा, ओझा, जादू-टोनावाले के बुलाने पर अण्डमान-निकोबार भी चले जायेंगे। ये एकता के लिए कहीं दियागो-गार्सिया न चले जायें, किसी अमेरिकी साधु के बुलाने से। इन्हें कबीर के अखाड़े में बुला लो।

कविता, विज्ञान और धार्मिक मूढ़ता

साधो, अज्ञान और अन्धविश्वास का राज लम्बा चलता है। एक संगठित धर्माचार्यों और पुरोहितों की परम्परा जब भगवान के नाम पर अज्ञान और अन्धविश्वास का राज चलाये, और राजनैतिक सत्ता इसमें सहयोग दे क्योंकि उसकी भी इससे रक्षा होती है, तब ये दोनों सत्ताएँ क्रूर और मानव-प्रगति-विरोधी होती हैं। अब 350 साल बाद रोम के कैथोलिक पोप पाल यह स्वीकारते हैं कि चर्च ने वैज्ञानिक गेलीलियो को सताकर गलती की। गेलीलियो का कहना सही था। साधो, तुम जानते हो, गेलीलियो का कहना यह था कि पृथ्वी सूर्य के आसपास घूमती है। अन्तरिक्ष-विज्ञान का यह तथ्य उसने बड़ी शोध के बाद प्राप्त किया था। परन्तु पादरियों ने कहा कि ऐसा कहना धर्म और ईश्वर के विरुद्ध है। सूर्य पृथ्वी के आस-पास घूमता है और पृथ्वी स्थिर है। गेलीलियो को पादरियों की अदालत के सामने पेश किया गया। इस कार्यवाही को 'इन्क्वीजीशन' कहते थे। वहाँ गेलीलियो ने तर्क पर तर्क दिये पर पादरी नहीं माने। उन्होंने फैसला दिया कि यदि गेलीलियो यह नहीं मानता कि सूर्य पृथ्वी के आसपास घूमता है तो उसे प्राणदण्ड दिया जाय। उन दिनों प्राणदण्ड का तरीका था खम्भे से बाँधकर आग लगा देना। गेलीलियो 70 वर्ष का था। वह अपने वैज्ञानिक विचारों का प्रचार भी करना चाहता था। उसने पादरियों के सामने मान लिया कि पृथ्वी नहीं घूमती। मगर बाहर आकर कहा—वह अभी भी घूमती है।

साधो, चर्च के धर्मपण्डितों को 350 साल बाद पादरियों की यह भूल समझ में आयी और 1983 में रोम के पोप स्वीकार करते हैं कि ज्ञान-विज्ञान के क्षेत्र में चर्च को हस्तक्षेप नहीं करना चाहिए। अभी तक पादरियों के लिए सूर्य पृथ्वी के चक्कर लगा रहा था। अब पोप ने मान लिया है तो कल से पृथ्वी सूर्य के चक्कर लगाने लगी होगी। साधो, भारत में तो बहुत शताब्दियों पहले आर्यभट्ट और भास्कराचार्य ने अन्तरिक्ष और सौर-मण्डल का अध्ययन कर डाला था। यह खोज भी कर डाली थी कि पृथ्वी सूर्य की परिक्रमा करती है और चन्द्रमा पृथ्वी की परिक्रमा करता है। गनीमत है कि इन दोनों वैज्ञानिकों की दुर्गति नहीं हुई। दण्ड-विधान था। जो वेद-विरोधी है उसके हाथ, पाँव, जीभ काट लेने का दण्ड-विधान अपने यहाँ भी है। वेदों में सूर्य देवता है। देवता पृथ्वी के चक्कर लगातार लगाय, यह कहना वेद-विरुद्ध ही हुआ। पर ये भारतीय वैज्ञानिक बच गये। साधो, चार्वाक ने पदार्थ को सत्य माना था। उसने पदार्थों की परस्पर क्रिया-प्रतिक्रिया से सृष्टि की उत्पत्ति और विकास माना था। वह पदार्थवादी दार्शनिक था, जो ईश्वर की सत्ता, पुनर्जन्म, नर्क-स्वर्ग, कर्म-फल, दैवी शक्ति, भाग्य, सबको नकारता था। उसने 'लोकायत' धर्म चलाया। पर चैतन्यवादी दार्शनिकों और ब्रह्मवादियों ने लोकायत दर्शन माननेवालों पर घोर अत्याचार का विधान दिया है।

साधो, कई सौ साल तक रोमन कैथोलिक चर्च ने अत्याचार किये। ज्ञान-विज्ञान की उन्नति नहीं होने दी। दया, करुणा और क्षमावाले ईसाई धर्म के ये मठाधीश अत्यन्त नीच, पाखण्डी, क्रूर, स्वार्थी हो गये थे। ये आदमी से यहाँ पेमेण्ट लेकर स्वर्ग में उसके लिए सुख-साधनों के इन्तजाम का सौदा करते थे। जर्मनी के एक पादरी मार्टिन लूथर ने इस पाखण्ड का विरोध किया तो उसे जिन्दा जला दिया गया। अगर आन्तरिक विद्रोह न होता, 'प्रोटेस्टेण्ट' रोम के पोप की सत्ता को न त्यागते, 'चर्च ऑफ इंग्लैण्ड' अलग न होती तो यूरोप ज्ञान, विज्ञान, तकनीक और उद्योग में उन्नति न करता। वह आदिम अवस्था में रह जाता। इंग्लैण्ड के सबसे बड़े विज्ञान, तकनीक और उद्योग सम्पन्न देश हो जाने का एक कारण यह भी था कि 'चर्च ऑफ इंग्लैण्ड' रोमन कैथोलिक सत्ता के बाहर आ गयी थी। नहीं तो भाप की शक्ति से जब रेलगाड़ी चलने लगी, उद्योग चलने लगे, तो रोम के पोप इसे रुकवा देते। वे कहते-- यह शैतान की शक्ति है। ईश्वर विरोधी है। इसे बन्द करो। इसे खोजनेवाले को मार डालो। वैसे, साधु, तुम्हें जानकर मजा आयगा कि पहली बार जब इंग्लैण्ड में रेलगाड़ी चली तो संसद में ऐसे ज्ञानी सदस्य थे जिन्होंने कहा कि यह गाड़ी शैतान की शक्ति से चलती है। या भूत, प्रेत, जिन्न इसे चलाते हैं। यह देश के लिए अमंगलकारी है।

साधो, यह मध्ययुग की बात है। वह युग गया। यह अब तर्क और विज्ञान का युग है। मगर कुछ लोग मध्ययुग लौटाने की कोशिश में लगे हैं। ये दुनिया को मध्ययुग के भी पीछे ले जाना चाहते हैं। ये आगे बढ़ते इतिहास के पहिये को अपने हाथों से थामने की कोशिश करते हैं। वे नहीं जानते, पहले भी ऐसा हुआ है। रोकनेवालों के हाथ टूट जाते हैं और इतिहास आगे बढ़ जाता है। इनके हाथ भी टूटेंगे। वे समझते हैं इतिहास को हमने रोक लिया है। पर, यह उनकी समझ का भ्रम है। इतिहास आगे बढ़ रहा है। रोकनेवालों के हाथ टूटनेवाले ही हैं। साधो, सारे पूर्व में यह हो रहा है, धर्म के नाम पर। मुस्लिम देशों के शाह और शेख अपनी जनता को इस्लाम के नाम पर सातवीं शताब्दी में रखे हैं। पर वहाँ भीतरी विद्रोह है और अपनी सुरक्षा के लिए ये शाह अमेरिका पर निर्भर हैं। इधर खोमैनी और जिया-उल-हक़ भी इस्लाम के नाम पर यही कर रहे हैं। अपढ़ कठमुल्ले इनकी ताकत है। बांग्ला देश के जनरल इरशाद भी इस्लामी राष्ट्र बनाना चाहते हैं। ये सब मनुष्य की स्वतन्त्र चेतना को दबाकर हुकूमत करना चाहते हैं। बीसवीं सदी को सातवीं सदी बनाना चाहते हैं। ये सामान्य आदमी को इस्लामी आदेश के डर से दबाये रखना चाहते हैं। पर ईरान और पाकिस्तान में विद्रोह सुलग रहा है और यह कट्टर तानाशाही रहेगी नहीं।

साधो, भारत में भी यह पुनरुत्थानवाद की प्रक्रिया चालू है। हिन्दू धर्म की राजनीति करनेवाले कई सालों से हिन्दू मानसिकता को पुरोगामी और कट्टर बना रहे हैं। यही काम मुसलमानों में जमायते-इस्लामी करती है।

मगर साधो, सबसे अचरज की और सबसे चोट करनेवाली बात देखो। सिख

धर्म सरीखा उदार कोई धर्म नहीं है। इसमें कोई कर्मकाण्ड नहीं है। मानव-प्रेम और मानव-सेवा है। कभी गुरुद्वारे में ठहरकर देखो। किसी भी जाति और धर्म के हो, सिख तुम्हारी सेवा करेंगे। तुम्हें थाली नहीं उठाने देंगे। तुम्हारे जूते तक साफ कर देंगे। मगर जब किन्हीं कारणों से उन्माद आया है तो सिख धर्म के ज्ञानियों और सन्तों ने बहुत बड़ी पंजाबी कवयित्री अमृता प्रीतम की पाँच कविताओं को 'धर्म विरोधी बताया है और उन्हें कानूनी कार्यवाही की धमकी दी है'। पंजाब की जो बेटी दुनिया में पंजाब का गौरव है, अपनी उसी बेटी की जबान ये धर्मगुरु काट लेना चाहते हैं। धर्म के नेताओं की मर्जी से साहित्य लिखवाया जाने लगा, तो एक कविता भी नहीं लिखी जा सकेगी। तुममें कई कविताएँ लिखते हों। क्या तुम ऐसा करोगे कि कविता लिखो और उसे पहले नागपुर जाकर संघ के सर संघचालक से मंजूर कराओ, फिर दिल्ली जाकर जामा मस्जिद के इमाम की मंजूरी लो, फिर स्वर्ण मन्दिर जाकर सन्त लोंगोवाल और सन्त भिण्डरावाला से अनुमति लो, फिर बिशप की मंजूरी लो, तब कविता छपाओ। साधो, जिस जाति के धर्मगुरु कविता पर, साहित्य पर बन्दिश लगाते हैं, उस जाति पर हम साधुओं को दया आती है। हमें उस जाति के भविष्य के बारे में भी चिन्ता होती है। कालिदास बच गये। उन्होंने 'कुमार सम्भव' में तो शिव-पार्वती के रमण का वर्णन किया है, तो शैव उन्हें त्रिशूल से मार डालते। पर तब धर्मगुरु संकीर्ण नहीं थे।

जॉर्ज का जेरुसलम

साधो, जॉर्ज फर्नांडिस ने हफ्ता-भर पहले कहा है कि मैं छत्तीसगढ़ में 6 महीने रहूँगा। उन्होंने तीन महीने पहले भी कहा था कि मैं 6 महीने छत्तीसगढ़ में रहूँगा। तो वे 3 महीने तो रह लिये। अब 3 महीने और बचे। मगर जॉर्ज अभी भी कहते हैं कि मैं 6 महीने छत्तीसगढ़ में रहूँगा। साल-भर बाद भी कहेंगे कि मैं 6 महीने छत्तीसगढ़ में रहूँगा। ऐसा कब तक चलेगा? छत्तीसगढ़ियों को चिन्ता है कि इस तरह वे खींचते गये, तो न जाने उन बेचारों का कौन-सा भयानक भला हो जाय। वे एक तारीख तय कर दें, ताकि लोग राहत तो अनुभव करें।

साधो, जॉर्ज फर्नांडिस एक तूफानी नेता हैं। वे किस बात पर किस तरह का तूफान उठायेंगे कह नहीं सकते। 1974 में उन्होंने जो रेलवे हड़ताल करायी थी, और समय पर समझौता नहीं होने दिया था तो रेलवे-कर्मचारियों को जो भुगतना पड़ा, वे वही जानते हैं। रेलवे कर्मचारी और उनके परिवार के लोग अभी भी जॉर्ज के नाम को रोते हैं। जॉर्ज ने खुद महीने-भर पहले यह स्वीकार किया कि उस रेलवे-

हड़ताल में हमसे कुछ भूलें हो गयी थीं। जॉर्ज तो भूल स्वीकार कर बरी हो गये, पर जो कर्मचारी बरबाद हो गये वे क्या करें? वे जॉर्ज के नाम से नफरत ही कर सकते हैं।

साधो, जॉर्ज करिश्मा करनेवाले नेता हैं। कुछ करिश्मे रहस्य में ढँके हैं। जरा याद करो—जब चरणसिंह प्रधानमन्त्री बनने को उतारू थे तब जनता पार्टी-सरकार के खिलाफ चरणसिंह ने अविश्वास का प्रस्ताव रखवाया था। तब लोकसभा में जनता सरकार के पक्ष में सबसे अच्छा जॉर्ज बोले थे। वे लगातार 2 घण्टे बोले थे। लगता था, जनता सरकार बच गयी। पर दूसरे दिन खुद जॉर्ज ने उसी जनता पार्टी से इस्तीफा दे दिया जिसके काम की तारीफ वे चौबीस घण्टा पहले कर चुके थे। साधो, यह क्या चमत्कार था? कैसे बदल गये वीर शिरोमणि जॉर्ज। तब अखबारों में संकेत दिये गये थे और दिल्ली में आम चर्चा थी कि रात को गृहमन्त्री चरणसिंह ने जॉर्ज के बँगले में भ्रष्टाचार विरोधी फोर्स की 'रेड' (छापा) डलवा दी थी। नतीजा यह हुआ 'रेड' से कि फौरन जॉर्ज के राजनैतिक विचार बदल गये, उन्होंने जनता पार्टी छोड़ दी और चरणसिंह के साथ हो गये। इसमें क्या रहस्य है? 'रेड' में ऐसा क्या मिल गया? बहादुर जॉर्ज, चरणसिंह से बकरी की तरह क्यों डर गये? छोड़ो इन बातों को। जॉर्ज ईमानदार आदमी हैं, पैसे के लोभी नहीं हैं, बहादुर हैं, बात के पक्के हैं, भरोसे के आदमी हैं—यह इस दुर्घटना से सिद्ध होता है।

साधो, शुरू से समाजवादी पार्टी में दो भिण्डरावाला रहे हैं—जॉर्ज फर्नांडिस और राजनारायण। डॉ. लोहिया थे, तो वे इनसे हिसाब से तलवार चमकवाते थे। लोहिया की मृत्यु के बाद समाजवादियों ने अपने हाथ अपनी बड़ी दुर्गति की। अच्युत पटवर्द्धन ने इनके हाथ जोड़कर आश्रम खोल लिया। बुद्धिजीवी किशन पटनायक भी इनके हाथ जोड़कर तटस्थ हो गये और लिखने-पढ़ने लगे। जो भैंस को डण्डा मारने को भी क्रान्ति कहते हैं, उनके साथ कोई बुद्धिजीवी कैसे रह सकता है? लोहिया विचारवान आदमी थे, मगर व्यावहारिक राजनीति में उन्होंने नेहरू परिवार के विरोध को एक राजनैतिक दर्शन बना दिया। चेलों ने कुल इतना सीखा। इन लोगों ने लोहिया की किताबें भी नहीं पढ़ी होंगी। साधो, जब नेहरू परिवार-विरोध राजनैतिक दर्शन बन गया, तब ये दार्शनिक इन्दिरा विरोधी घोर बुर्जुआ राजनीति की गोद में अनाथ बच्चे की तरह चले गये। बूर्जुआ राजनीति ने अपने सगे बेटों की बची जूठन इन्हें खिलायी। ये बूर्जुआ जूठन खा रहे हैं और समझ रहे हैं, क्रान्ति कर रहे हैं। इनकी दयनीय हालत है। कभी ये मोरारजी के पाँव दबाते हैं, कभी चरणसिंह के।

साधो, अगर ये सच्चे समाजवादी होते तो 1960 के आसपास कम्युनिस्ट पार्टी से मिलकर एक वामपन्थी मोर्चा बना सकते थे। यह लोहिया ने बनने नहीं दिया। एक तो वे साम्यवाद विरोधी थे। दूसरे वे जर्मनी-सरीखा समाजवाद चाहते थे, जिसमें पूंजीवाद बढ़ता जाता है। तीसरे वे आशंकित थे कि अगर वामपन्थी मोर्चा बना तो नेतृत्व साम्यवादी नेताओं के हाथ चला जायगा। साम्यवादी पार्टी

संगठित होती है, उसमें नियमित केडर होता है और उसमें राजनारायण-जैसे वानर राजों की जगह नहीं होती। लोहिया गुरु गोलवलकर से कई बार हाथ मिला चुके थे, पर कम्युनिस्टों से नहीं।

साधो, बदलती वास्तविकताओं से राजनैतिक रणनीति तय होती है। लोहिया के बाद भी ये समाजवादी सोच सकते थे कि अगर एक वामपन्थी मोर्चा बन जाय तो वह विकसित होकर आगे वामपन्थी विकल्प बन सकता है। देश की समस्याओं का हल वामपन्थी रास्ते से ही है। पर लोहिया के बाद ये आपस में लड़े और हर एक की राजनीति इतनी रह गयी कि किस बूर्जुआ नेता के चरण छूकर एक सीट पा ली जाय।

साधो, जॉर्ज को छत्तीसगढ़ के भले की याद आयी। उन्होंने समझ लिया कि वहाँ पृथकतावादी आन्दोलन बढ़ रहा है। वहाँ सी. आई. ए. बहुत सक्रिय है। कई संस्थाएँ सी. आई. ए. चला रही है। जॉर्ज को लगा कि वहाँ नेता चाहिए और वह नेता मैं हूँ। वे छत्तीसगढ़ आ गये। उनका कहना है कि एक करोड़ से ज्यादा आबादी का कोई राज्य नहीं होना चाहिए। याने छत्तीसगढ़ अलग राज्य। फिर वे कहते हैं--छत्तीसगढ़ की रेवेन्यू छत्तीसगढ़ के लिए खर्च हो। ऐसा हर जिला कहेगा, तो हर जिला एक राज्य बन जायगा। क्या भिलाई का पूरा इस्पात और बेलाडीला का पूरा कच्चा लोहा जॉर्ज छत्तीसगढ़ियों को खिला सकेंगे ? साधो, जॉर्ज छत्तीसगढ़ में पृथकतावादी राजनीति, सी. आई. ए., असन्तुष्ट सत्ताहीन कांग्रेसी नेताओं के भरोसे गये हैं। खुदा छत्तीसगढ़ की खैर करे। जॉर्ज जेरुसलम पहुंच गये हैं।

स्वस्थ विपक्ष की बीमारी

साधो, इन्दिरा गाँधी कहती हैं कि विपक्ष के लोग समस्याएँ पैदा करते हैं, उन्हें हल नहीं होने देते और फिर सरकार को दोष देते हैं कि वह समस्या हल नहीं करती। साधो, इन्दिराजी का इशारा दक्षिणपन्थी दलों की तरफ है। वे सही कहती हैं। मगर ये विपक्षी जो करते हैं, उचित करते हैं। भारतीय इतिहास में विपक्ष का यही रोल रहा है। महमूद गजनवी को किसने बुलाया था ? विपक्ष ने। गजनवी का सिपहसालार और पथ-प्रदर्शक एक अमीचन्द था। मुहम्मद गोरी से भारत पर हमला किसने कराया ? भारतीय विपक्ष ने। नादिरशाह को किसने बुलाया ? विपक्ष ने। बाबर को किसने भारत पर हमले के लिए बुलाया ? विपक्ष ने। तो आज का विपक्ष भी अपने इतिहास और संस्कृति के अनुसार देशभक्ति कर रहा है।

साधो, इन्दिराजी शायद ब्रिटिश संसद के जिम्मेदार विपक्ष की बात सोच रही

होंगी। दूसरे महायुद्ध के समय शुरू में वहाँ नेविल चेम्बरलेन प्रधानमन्त्री थे, जो कमजोर आदमी थे। उन्हें हटाकर शान्ति से चर्चिल को प्रधानमन्त्री बना दिया। विपक्ष में लेबर पार्टी थी। इस विपक्षी पार्टी ने इस कदर पूरा सहयोग दिया सरकार को कि तारीफ हुई। मगर मुझे तो लेबर पार्टी कमजोर और विवेक-हीन विपक्ष लगी। 1962 में चीनी हमले के वक्त अपने विवेकशील विपक्ष को देखते, कितना बढ़िया रोल था। सरकार का, खासकर नेहरू और रक्षामन्त्री मेनन का मनोबल किस ठाठ से गिराया है। बक-बककर लड़ रही सेना का मनोबल किस कदर गिराया है। ये नेता कहते थे—हिमालय की बर्फीली चोटी पर सैनिक नंगे पाँव खड़े हैं। कोई जड़बुद्धि भी जानता है कि ठण्ड में पत्थर के फर्श पर भी नंगे पाँव चलना कठिन है। फिर ये सिपाही बर्फ पर चलते-चलते बर्फीली चोटी पर चढ़ कैसे गये? मगर विपक्ष का उद्देश्य था कि चीन चाहे लखनऊ तक आ जाय, मगर जवाहरलाल नेहरू और कृष्ण मेनन को पद से गिरा देना चाहिए। कृष्ण मेनन शहीद हो ही गये। विपक्ष का यही रोल है।

साधो, जिस विपक्ष की बात मैं कर रहा हूँ और जिस पर इन्दिराजी आरोप लगाती हैं, उसकी राजनीति कुछ इस तरह की है। कार्पोरेशन दूसरी पार्टी की है। विपक्ष उसे बदनाम करके भंग कराना चाहता है तो विपक्ष के लोग अपने ही मुहल्ले के किसी मकान में आग लगा देंगे। फायर बिग्रेड चलेगी तो उसके रास्ते में बोल्डर डाल देंगे। किसी तरह फायर बिग्रेड पहुँची, तो उसे पानी लेने में अड़चन डाल रहे हैं। अब आग मुहल्ले में फैल रही है। विपक्षी का अपना मकान भी खतरे में है। पर विपक्षी को कार्पोरेशन को बदनाम करके उसे भंग करवाना है। जब मकान जल गये तो विपक्षियों ने जुलूस निकाल दिया। नारे—कार्पोरेशन निकम्मी है। कार्पोरेशन भंग की जाये।

साधो, आग लग जाय, मुहल्ले को खतरा हो तब स्वस्थ विपक्ष की यही भूमिका है। ऐसा स्वस्थ विपक्ष अगर दूसरे महायुद्ध में ब्रिटेन में होता, तो अपनी सरकार को तंग करता, अँगरेज फौजों को बदनाम करता, नैतिक बल गिराता। यह स्वस्थ विपक्ष यदि ब्रिटेन में होता, तो हिटलर के खिलाफ रूस, ब्रिटेन, अमेरिका का जो संयुक्त मोर्चा था, उसमें फूट डालने की कोशिश करता। सफल हो जाता तो अपने देश का भी नाश करवाता और दुनिया का भी।

साधो, गनीमत है कि ऐसा स्वस्थ विपक्ष ब्रिटेन में नहीं है। मगर भारत में है। असम की समस्या यही स्वस्थ विपक्ष नहीं सुलझने देता। अभी जो सामूहिक नर-संहार हुआ, वह इसी स्वस्थ विपक्ष के प्रोत्साहन से हुआ। दिल्ली में जिन कुछ नेताओं से इन्दिराजी नमस्ते करती हैं उन सबके मुँह में खून लगा है। असम भारत से टूट जाय। वहाँ चीनी घुस आयें। वहाँ से हमला हो। यह सब इस स्वस्थ विपक्ष को मंजूर है, क्योंकि इससे केन्द्र सरकार और पार्टी बदनाम होती है और इन पार्टियों को फायदा होता है।

साधो, इन्दिराजी कहती हैं कि असम के आन्दोलनकारी नेता दिल्ली में तो

समझौता कर लेते हैं पर असम लौटकर समझौते से इन्कार करने का फैसला तो दिल्ली में ही हो जाता है। इन्दिराजी के खुफिया विभाग के लोग बतलाते ही होंगे कि असम के नेता दिल्ली में किनसे मिलते हैं। उनमें एक अटलबिहारी वाजपेयी हैं। छात्र-नेताओं से कह दिया जाता है कि यहाँ नहीं, गोहाटी जाकर इन्कार कर देना।

साधो, पंजाब में भी समस्या अकाली दल ने पैदा की। दूसरे यही विवेकशील विपक्षी उस समस्या को हल नहीं होने दे रहे हैं और चिल्लाते हैं कि सरकार समस्या को हल नहीं कर रही है। साधो, एक ओर बात है जो इन्दिराजी जानती ही होंगी। जिस राज्य में भी समस्या है वहाँ कांग्रेस का दूसरा गुट विपक्षी का रोल करता है, समस्या को हल नहीं होने देता। पंजाब का दरबारा विरोधी कांग्रेसी गुट अकालियों द्वारा पैदा की गयी समस्या से निपटने में नहीं लगा है, बल्कि दरबारासिंह को हटाने में लगा है।

साधो, इन्दिराजी बार-बार कहती हैं कि कुछ शक्तिशाली देश हमारे देश में गड़बड़ पैदा करवाते हैं और अखण्डता को नष्ट करना चाहते हैं। वे नाम नहीं लेतीं, पर वह बड़ा देश है—अमेरिका, और खुराफाती है—सी. आई. ए. और उसका षड्यन्त्र तथा अपार पैसा।

साधो, तुम इसका सबूत माँगोगे। सबूत दिया है भारत में रहे अमेरिकी राजदूत, प्रसिद्ध राजनैतिक अर्थशास्त्री जान गालब्रेथ ने। हाल ही में उन्होंने लिखा है कि मुझे सी. आई. ए. ने बड़ी अड़चन में डाला। मुझसे कहा गया कि इतना पैसा इन विपक्षी दलों और इन व्यक्तियों को दे दो। मुझे कठिनाई हुई। फिर भी मैंने यह कर दिया। साधो, इससे बड़ा सबूत क्या चाहिए।

क्या सन्तों का दिमाग खराब होता है ?

साधो, गुरु नानक के बारे में हम जानते हैं। गुरुग्रन्थ साहब में सन्तों की वाणी है—सूफी सन्त बाबा फरीद की, कबीरदास की और दूसरे सन्तों की। नानक ने कोई कर्मकाण्ड नहीं चलाया। गुरु-वाणी में मानवप्रेम, सदाचार, भाईचारा, दया, परोपकार आदि की शिक्षा है। कोई दाढ़ी और केश न बढ़ाय, गुरुद्वारा न जाय, तो भी वह सन्तों के उपदेश मानकर 'सिख' हो सकता है। 'सिख' का अर्थ है—सीखा हुआ, यानी शिक्षित, यानी ज्ञानवान। हम सब सिख होने की कोशिश कर सकते हैं। गुरु नानक जैसी मानवीयता का शिक्षण और कहाँ मिलेगा ? नानक की वाणी का ही दूसरा शब्द 'अलमा' है—अव्वल अल्ला नूर उपजाया। यह सर्वधर्म समभाव है।

साधो, मैं सोचता था कि अगर कोई धर्म ग्रहण करना जरूरी होता तो मैं सिख धर्म ग्रहण करूँगा। मगर इन दिनों स्वर्ण मन्दिर और वहाँ भी 'नानक निवास' से जो हो रहा है वह देखकर लगता है कि हमारे लिए सिख धर्म में भी गुंजाइश नहीं है। अगर आत्मा अमर है तो स्वर्ग में गुरु नानक की आत्मा रोती होगी और पछताती होगी कि क्यों मैंने यह पन्थ चलाया, क्यों ये दाढ़ी, केश, कच्छा, कड़ावालों की जमात बनने दी। ये ठीक उसका उलटा कर रहे हैं, जो मैंने और दूसरे सन्तों तथा गुरुओं ने सिखाया।

साधो, अगर मैं सिख बना तो सन्त या ज्ञानी भी बनना पड़ेगा। ज्ञानी फिर भी चला लूँगा। मगर अगर मुझे सन्त हवलदारसिंह बना दिया गया तो? वैसे मैं सन्त कबीर कहा जाता हूँ। पर बाकायदा सिख धर्म में दीक्षित होकर सिख सन्त हवलदार-सिंह बन गया तो क्या करूँगा? मुझे अज्ञानी, सनकी, संकीर्ण दिमाग का, जिद्दी, अराजक, क्रूर, हठी, नफरत करनेवाला, हिंसक और उपद्रवी होना पड़ेगा। तब मैं सफल सन्त कहलाऊँगा। सबसे सफल और महान् सन्त इस समय जरनैलसिंह भिण्डरावाला हैं। उन पर लाला जगतनारायण की हत्या का आरोप लगा, गिरफ्तारी-वारण्ट निकला, तो वे स्वर्ण मन्दिर में गुरु नानक निवास में छिप गये। उनके उन्मादी चेलों में जो भी हत्या या दूसरा अपराध करता है, भागकर नानक निवास में छिप जाता है। गोया गुरु नानक ने एक किला बनवा दिया है अपने प्रताप से, जिसमें हत्यारा, चोर, तस्कर, बलात्कारी आकर छिप जाय तो गुरु उसकी रक्षा करेंगे। गुरु नानक सन्त नहीं हुए, अपराध करानेवाले और अपराधियों की रक्षा करनेवाले हो गये। इस दुर्गति की कल्पना होती, तो नानक कभी पन्थ नहीं चलाते।

साधो, स्वर्ण मन्दिर, नानक निवास, दूसरे गुरुद्वारे मानो दूसरे दुश्मन-राज्य के किले हैं। इनमें सेनापति है, कमाण्डर है, सिपाही हैं। ऐसा लगता है, जैसे इन किलों से भारत गणराज्य पर हमला किया जा रहा है और वह भी मध्ययुगीन तरीके से। ये सन्त और ज्ञानी शायद इस कोशिश में हैं कि पंजाब को जीत लिया जाय, भारत की सरहद पर एक राज्य बन जाय। तब भारत को पाकिस्तान और इस अकाली राज्य से निपटना पड़ेगा।

साधो, यह क्या धर्म की रक्षा के लिए हो रहा है? पन्थ की पवित्रता के लिए हो रहा है। कानूनी और गैरकानूनी हथियारों का भण्डार, बम, सिख युवकों में उन्माद! धमकी --सड़क पर निपट लेंगे। मार डालेंगे। विधायकों को घेर लेंगे। बाहर निकलना बन्द कर देंगे। विधानसभा होने नहीं देंगे। उपद्रव करेंगे। पंजाब में किसी की जिन्दगी सुरक्षित नहीं रहने देंगे। ये क्या सन्तों के काम होते हैं? ये काम क्या मन्दिरों और गुरुद्वारे से कराये जाते हैं? इन कामों के साथ क्या गुरु नानक का नाम जोड़ा जाता है?

साधो, इस तरह के संगठित गिरोह जो ऐसे काम करते हैं, गुण्डों, अपराधियों, डाकुओं के होते हैं। मगर भिण्डरावाला सन्त हैं और लोंगोवाल भी सन्त हैं। और न जाने कितने सन्त हैं। भिण्डरावाले सबसे उग्र और उन्मादी हैं, जिनके कमाण्ड में

कई हजार उन्मादी सिख युवक हैं—हथियारबन्द। यह फौज है। इनसे सन्त भिण्डरा-वाले उत्तेजित करके हमले, हत्याएँ, लूटपाट सब करवा सकते हैं। यह क्या धर्म के लिए है? पन्थ के लिए है? हजारों सिख युवकों की जिन्दगी भिण्डरावाला नष्ट कर रहे हैं। अब यह हाल है कि लोंगोवाल, टोहरा, प्रकाशसिंह बादल अगर शान्ति से बातचीत करके समस्या का हल निकालना भी चाहें तो भिण्डरावाला का डर लगता है। दूसरे अकाली नेता नरम पड़ें तो भिण्डरावाला उनकी दुर्गति करा देंगे। अपने ही बनाये जाल में ये फँस गये हैं और सन्त भिण्डरावाला एक डिक्टेटर हो गये हैं।

साधो, धर्म का मामला यह बिल्कुल नहीं है। धर्म को तो ये गन्दी नाली में डाल चुके। गुरुग्रन्थ साहब के पन्ने भी फाड़कर फेंक दिये। इन्हें चाहिए चण्डीगढ़, इन्हें चाहिए राजस्थान और हरियाणा के भू-भाग, इन्हें चाहिए पंजाब में से बहनेवाला सारा पानी—चाहे उसमें सन्त लोग डूब जायें, इन्हें चाहिए तस्करी, चार-सौ-बीसी का धन्धा। साधो, इन्हें चाहिए अकाली सरकार जो अनन्त काल चले और चाहिए ज्ञानी जैलसिंह का इस्तीफा, क्योंकि वे 'रामगढ़िया' हैं। वे राज नहीं कर सकते। राज जाट करेगा।

साधो, इन सन्तों ने अभी तक उस डाक्टर जगजीतसिंह चौहान का प्रतिवाद नहीं किया है, जिसने भारत से बाहर स्वतन्त्र 'खालिस्तान' की माँग की है और खुद उसका राष्ट्रपति हो गया है। इस षड्यन्त्र को अमेरिका मदद दे रहा है। इसका सबूत यह है कि सब देशों से भगाये गये डाक्टर जगजीतसिंह को अमेरिकी प्रशासन ने कृषि विशेषज्ञ के रूप में अपने देश में बुला लिया है। मजाक यह है कि डाक्टर जगजीतसिंह कृषि निशेषज्ञ नहीं है, डाक्टर ऑफ मैडिसिन याने चिकित्सक हैं। डा. जगजीतसिंह हिन्द महासागर में एक द्वीप खरीदकर वहाँ 'खालिस्तान' सरकार की स्थापना करेंगे और अन्तर्राष्ट्रीय दबाव याने अमेरिकी 'ब्लैकमेल' से पंजाब को भारत से अलग करेंगे। जरूरत हुई तो अमेरिका की मदद से भारत पर हमला भी करेंगे।

साधो, सन्तों से पूछो कि क्या वे इससे सहमत हैं। सहमत नहीं हैं, तो खुला बयान दें कि वे जगजीतसिंह की निन्दा करते हैं। अगर ये ऐसा नहीं करते तो ये सारे सन्त, ज्ञानी, जत्थेदार विदेशी हमलावर माने जायें और वैसी ही इन पर कार्यवाही की जाय।

सौतेली माँ का कमीशन

साधो, दक्षिण भारत के चार गैर-कांग्रेसी मुख्यमन्त्रियों की समिति या गुट बनाकर रामकृष्ण हेगड़े ने जल्दी की। हेगड़े ने असल में उस मकान का सौदा कर लिया,

जिसकी रजिस्ट्री अभी उनके नाम नहीं हुई है। हेगड़े अभी विधानसभा के सदस्य नहीं हैं। वे मुख्यमन्त्री 'प्रोबेशन' पर हैं। सरकारी नौकर जहाँ प्रोबेशन पर होता है वहाँ अपना मकान बनवाना शुरू नहीं करता। रामकृष्ण हेगड़े ने अपने एक मन्त्री से इस्तीफा दिलाकर एक सीट खाली करायी है, जिससे वे चुनाव जीतकर विधान-सभा में आना चाहते हैं। मगर हो सकता है कि बंगारप्पा उन्हें चुनाव लड़ने की झंझट से बचा दें। परोपकारी कहाँ नहीं होते? बंगारप्पा कहते हैं—जनता पार्टी मुझे निगलना चाहती थी। बंगारप्पा उसके हाथ से फिसलकर बच गये। अब बंगारप्पा उस सुरसा का मुँह खुला थोड़े ही रहने देंगे, जो उन्हें निगलने पर आमादा है। वे कोशिश में हैं कि बेचारे हेगड़े-जैसे ऑल इण्डिया नेता को प्रदेश के संकीर्ण दायरे से मुक्त करके वापस दिल्ली भेज दें और वे फिर अकेले-अकेले निराशों की सम्मिलित आशावादी पार्टी के सचिव हो जायें, जैसी पार्टी 1977 में 'जनता पार्टी' नाम से बनी थी। अब चाहे दूसरे नाम से बने, पर 1985 के साल-भर पहले तक अलग-अलग निराश गुटों का गठबन्धन हो जायगा। अलग-अलग रँडापा भोगते जब 10 रँडुए इकट्ठे होते हैं तो वे सब अपने को बीवीवाले समझते हैं।

साधो, यह दक्षिण भारत के गैर-कांग्रसी मुख्यमन्त्रियों की समिति बनी क्यों? ये कहते हैं कि आपस में सहयोग के लिए हमने यह समिति बनायी है। बहुत अच्छी बात है। तो मद्रास शहर प्यासा मर रहा है और हेगड़े कावेरी का पानी तमिलनाडु को नहीं दे रहे हैं। एक-दूसरे को प्यासा मारना भी क्या सहयोग में आता है? साधो, वास्तविकता दूसरी है। भारतीय राजनीति में केन्द्र और राज्य के सम्बन्धों को लेकर एक शब्द चल गया है—'सौतेला व्यवहार।' यह सौतेला व्यवहार क्या है? एक आदमी की पहली बीवी एक लड़का छोड़कर मर गयी। आदमी दूसरी बीवी ले आया। इसका भी लड़का हुआ। पहली बीवी का लड़का 'सौत' का लड़का हुआ। इसलिए नयी बीवी अपने बेटे को शुद्ध दूध देगी और सौत के बेटे को पानी मिला हुआ। अपने बेटे को घी-चुपड़ी रोटी देगी और सौत के बेटे को बासी तथा सूखी रोटी। यह सौतेला व्यवहार हुआ।

साधो, गैर-कांग्रेसी राज्यों की सरकारों की शिकायत है कि दिल्ली की कांग्रेसी सरकार हमारी सौतेली माँ है। वह अपने सगे बेटे कांग्रेसी राज्यों को तो मलाई खिलाती है, मगर हमें पानी मिला दूध देती है। हमें भी मलाई बराबर की मिलनी चाहिए, क्योंकि बाप हम सबका एक है—'भारतीय संविधान' नाम का। वह जिन्दा है अभी। दिल्ली की सरकार इस संविधान की बीवी है, जो हमसे बेईमानी करती है।

साधो, केन्द्र से हर राज्य सरकार को शिकायत है। शिकायत ये है—राज्य को अधिक अधिकार दो, अधिक स्वायत्तता दो, अधिक अनुदान दो, अधिक पैसा दो, अधिक विकास-कार्य चलाओ। कांग्रेसी राज्य सरकारों की भी ये शिकायतें हैं, पर वे खुलकर नहीं कहतीं, इस डर से कि दिल्लीवाली माँ एक थप्पड़ लगा देगी। वैसे ही वह ज्यादा दे रही है। गैर-कांग्रेसी राज्य सरकारें खुलकर कहती हैं, दिल्ली की

माँ सौतेली है। प्रेम से तो देगी नहीं। लड़कर और रोकर जितना ले सको, ले लो। मिलकर रोओ और चीखो—अरी माँ रोटी दे दे! भूखा मार डाला हत्यारी ने! अरी कुछ तो दया कर! नहीं देगी तो हम घर से भाग जायेंगे। साधो, ये दक्षिण के लोग रोकर माँग रहे हैं। पंजाब के अकाली धमकी से माँग रहे हैं—सीधे से दे-दे तू सेण्ट्रल माताजी! नहीं तो हम तलवार निकालेंगे। सतश्री अकाल! राज करेगा खालसा! और साधो, ज्योति बसु सख्ती से, मगर संवैधानिक भाषा में कहते हैं कि केन्द्र बंगाल के साथ न्याय नहीं कर रहा है। हमें ज्यादा अधिकार और स्वायत्तता चाहिए। जरूरत हो तो संविधान में सुधार करो। ज्योति बसु कम्युनिस्ट है, कोई अकाली ज्ञानी या सन्त नहीं है। बसु कच्छा नहीं उतारता, विचारधारा की और संवैधानिक बात करता है। उधर कुछ असमी कहते हैं—भारतीय असम में विदेशी हैं। निकल जाओ। असम असमियों का।

साधो, संघात्मक व्यवस्था में ऐसे मतभेद, टकराव, शिकायतें स्वाभाविक हैं। वे सुलझा ली जाती हैं। मगर भारत में इस समस्या की अपनी विशिष्टताएँ हैं। जब आन्ध्र में रामाराव की 'तेलगुदेशम' पार्टी जीती, तब एम. जी. रामचन्द्रन ने कहा था—'अब द्रविड़ संस्कृति की आधी विजय हो गयी।' रामचन्द्रन की यह टिप्पणी रिकार्ड में है। अखबारों में छपी थी। अब चार द्रविड़ मुख्यमन्त्री एक हो गये हैं, तो क्या ये द्रविड़ के रूप में आर्यों से अधिकार माँगेंगे। रामाराव तो त्रिपुण्डधारी हैं। खुले द्रविड़ शैव हैं। उत्तर भारत के आर्य ज्यादातर वैष्णव हैं। तो क्या आर्य-द्रविड़ संघर्ष होगा। सुर-असुर संग्राम होगा? शैवों और वैष्णवों के जो संघर्ष पुराणों में वर्णित हैं, क्या वे फिर से होंगे? द्रविड़ संस्कृति का नारा खतरनाक है। रावण द्रविड़ था और शैव था। बड़ी मुश्किल से प्राचीन सन्तों, मनीषियों, गुरुओं ने शैव-वैष्णव मेल कराया था। इसमें फिर भेद पैदा होगा क्या? उधर अकाली एक ही सवा लाख से लड़ने को तैयार है।

मगर साधो, दिल्लीवाली माँ भी चतुर है। उसने केन्द्र-राज्य सम्बन्धों की समीक्षा के लिए 'सरकारिया कमीशन' बिठा दिया। अब द्रविड़ मुख्यमन्त्री पानी भी माँगेंगे, तो माँ कहेगी—बस, जरा सरकारिया कमीशन की रिपोर्ट आ जाने दो। सन्त लोंगोवाल माँगेंगे सिखों के हक तो माँ कहेगी—सन्तजी, जरा सरकारिया कमीशन की रिपोर्ट का अध्ययन तो कर लें। फिर दे देंगे। एम. जी. रामचन्द्रन माँगेंगे—अकाल से निपटने को 50 करोड़ रुपये दो। दिल्ली की माँ कहेगी—पहले हम सरकारिया कमीशन की रिपोर्ट को समझ लें, तब देंगे।

साधो, इन लोगों को माँगना था तो ज्योति बसु की तरह माँगना था। पर ये ऐसे माँगने लगे—हम द्रविड़ हैं, हम शैव हैं, हम दीन हैं, हम अलग हैं। हम सिख हैं। हमारा अलग पन्थ है। हमें ज्यादा दो। ऐसे माँगने से संघ ही खतरे में पड़ जायगा।

तेरा-मेरा मनुआ बन्दे कैसे एक होय रे !

साधो, दो हफ्ता पहले मैंने जो कहा था, उससे एक धर्म के कुछ लोगों को बुरा लगा है। उनकी शिकायत है कि मैंने उनके धर्म पर आघात किया। सही यह है कि मैंने धर्म पर आघात किया ही नहीं था। मैंने तो यह सलाह दी थी कि तुम खुद अपने धर्म पर आघात मत करो। अगर मेरी सलाह बुरी लगी हो, तो सलाह वापिस ! तुम अपने धर्म पर डटकर आघात करो। धर्म तुम्हारा है। करो तुम अपने ही धर्म पर हमला ! मैंने कहा था कि अपने धर्म को देखो और अपने कर्मों को देखो। अगर ऐसा कहना धर्म पर आघात मानते हैं तो तुम्हें छूट है कि खूब ऐसे ही कर्म करो और खुद उसका फल भोगो तथा दूसरों को भोगवाओ।

साधो, मैंने जो भी कहा था, कुछ लोगों के बारे में कहा था, जो अति कर रहे हैं। मगर बुरा उन बहुतों को लगा जिनसे मैंने कुछ कहा ही नहीं था। जो कहा था, वह उन्हीं के भले के लिए कहा था। पर 'वो बात जिसका पूरे फसाने में कहीं जिक्र न था वो बात उन्हें बहुत नागवार गुजरी है।'

साधो, मैंने पाखण्ड के बारे में कहा था। अगर मैंने गलत कहा था, तो मेरी सलाह वापस। डटकर पाखण्ड करो। मेरा क्या बिगड़ता है ? साधो, अगर मैं देखूं कि कोई अपने पाँव पर कुल्हाड़ी मार रहा है, तो मैं उसे सलाह दूंगा—भाई मेरे, अपने पाँव पर कुल्हाड़ी मत मार। इस पर वह बुरा माने और आँखें दिखाय, तो मैं कहूँगा—भैया, जोर से मार अपने पाँव पर कुल्हाड़ी। कुल्हाड़ी भी तेरी और पाँव भी तेरा। मेरा तो कुछ नहीं है। पर दूसरे के पाँव पर कुल्हाड़ी मत मार बैठना। वह बरदाश्त नहीं करेगा। रही यह बात कि भाषा सख्त है। तो आलोचना की भाषा सख्त तो होगी ही। फिर कबीर कोई 'फकत अल्लाहू अल्लाहू' नहीं है। इस स्तम्भ में जो लिखा जाता है वह अक्सर व्यंग्य होता है। व्यंग्य का सही अर्थ समझना चाहिए। दुर्घटना यह है कि व्यंग्य से जिन्हें सही बात समझाना चाहता था, वे गलत बात समझ गये और उनके हृदय को आघात लग गया। मगर दूसरे लोग तो सही अर्थ समझ गये। वे तारीफ कर रहे थे।

खैर साधो, छोड़ो समझ की बात को। देखो, जगह-जगह शोभा-यात्राएँ निकल रही हैं मठाधीशों, महन्तों, साधुओं और बाबाओं की। इसी शहर में हर दूसरे-तीसरे दिन किसी की शोभा-यात्रा निकल जाती है। इतने शोभावान एकदम कैसे प्रगट हो गये ? क्या चुनाव नजदीक आ रहे हैं, इसलिए इतने धार्मिक शोभावान पैदा किये जा रहे हैं ? और लोग इतने निठल्ले कैसे हो गये कि हर 2-3 दिनों में शोभा-यात्रा में शामिल हो जाते हैं? जिनकी शोभा-यात्रा निकलती है उनमें किस चीज की शोभा होती है ? क्या मुख की शोभा ? हाँ, बिना कमाया बढ़िया माल खाने से चेहरे पर शोभा आती है। मगर धर्मेन्द्र और हेमामालिनी आ जायें, तो इन सब धर्म-पुरुषों से बड़ी और शानदार उनकी शोभा-यात्रा निकलेगी। एक शोभा तप की होती है,

सदाचार की होती है, लोक-कल्याण करने की शोभा होती है, ज्ञान की शोभा होती है। इनमें से कौन-सी शोभा इन शोभा-यात्रावालों में होती है। और शोभा-यात्रा से किसको क्या मिल जाता है। क्या बेकारों को नौकरी मिल जाती है? गेहूँ सस्ता हो जाता है? शक्कर का ब्लैक खत्म हो जाता है? ऐसा नहीं होता तो क्या फ़ायदा शोभा-यात्रा से। यह तो एक निरर्थक कवायद हुई।

साधो, सच पूछो तो मेरे मन में भी यह इच्छा है। मैं साधु हूँ। सन्त हूँ। तुम लोग मेरी भी शोभा-यात्रा निकाल दो। यों तो मुझे अचरज होता है कि शोभावान मठाधीश, महन्त, साधु इसे बर्दाश्त कैसे कर लेता है। यह तो घोर कपट की बात है कि आप सीधे सिंहासन या पालकी पर बैठे हैं। ढोये जा रहे हैं। आसपास भीड़ है। शोर है। और आप घण्टों इसे बरदाश्त कर लेते हैं। ऐसा तो सर्कस का मँजा हुआ खिलाड़ी भी नहीं कर सकता। वह आधा घण्टे में बोर होकर भाग जायेगा।

मगर साधो, शोभा-यात्रा में कुछ सुख होता होगा। तुम लोग मेरी शोभा-यात्रा निकाल दो। मुझे सिंहासन पर बिठाओ, आसपास चँवर डुलें, भक्त मुझे ढोयें, मेरी जय बोली जाय और मैं बौड़म की तरह बैठा हुआ प्रसन्न होऊँ। मगर तुम वही कहोगे कि गुरु, तुमने बोलकर और लिखकर उन सबको नाराज कर रखा है जो शोभा-यात्रा निकालते हैं। हम भुक्खड़ तुम्हारी क्या शोभा-यात्रा निकालेंगे?

साधो, तुम ठीक कहते हो। शोभा-यात्रा उनकी निकलती है जो भभूत रमानेवाले शिव के पत्थर के लिंग पर सोना मढ़ते हैं। शोभा-यात्रा उनकी निकलती है जो दसवीं शताब्दी के बाद दुनिया में क्या हुआ, यह नहीं जानते और आधुनिक समाज को उपदेश देते हैं।

साधो, शोभा-यात्रा किसकी निकलनी चाहिए? सवारी रिक्शे में नोटों से भरा बटुआ छोड़ जाती है। रिक्शावाला बाद में देखता है और जिसका बटुआ है उसे वापस कर देता है। इस रिक्शेवाले की शोभा-यात्रा निकलनी चाहिए। इसे फूलों से लाद देना चाहिए। उसने वह गुण दिखाया है और उस आचरण की शिक्षा दी है जो अब खत्म होने लगा है। इस रिक्शेवाले को मैं जगद्गुरु मान सकता हूँ।

अभिनन्दन की उपहास कथा

साधो, इधर कुछ दिन पहले मेरे एक वरिष्ठ साहित्यकार-पत्रकार समाजसेवी मित्र आये थे। वे अभिनन्दन, स्मारक आदि के विशेषज्ञ और सक्रिय कर्मकाण्डी हैं। बहुत प्रतिष्ठित हैं। वे कहने लगे—इस बार मार्च में तुम्हारे जन्मदिन पर हम एक बड़ा अभिनन्दन समारोह करेंगे। एक दूसरे मेरे हमउम्र मित्र बैठे थे। वे बोले—

इनका जन्मदिन मार्च में नहीं है। इनका जन्मदिन 22 अगस्त है। जिसका सही जन्मदिन ही आपको नहीं मालूम, उसका अभिनन्दन आप क्या करेंगे ? बुजुर्ग ने कहा—तो कोई बात नहीं। हम 22 अगस्त को ही एक विशाल आयोजन करेंगे। मैंने उनसे कहा—आप अपने मित्रों को इतना प्यार करते हैं और उनके यश के बारे में इतने चिन्तित रहते हैं कि आप मेरा, इन मित्र का भी अभिनन्दन ही नहीं आयोजित करेंगे, बल्कि हम लोगों का ठाठदार श्राद्ध करके फिर आप मरेंगे। वे बोले—अरे, यह क्या बात करते हो ! तुम लोग हजार बरस जियो—वगैरह।

साधो, अभिनन्दन और जन्मदिन-समारोह मैंने बहुत देखे हैं और एक-से-एक हास्यास्पद देखे हैं। ऐसे पराक्रमी यशोकामी मैंने देखे हैं जो सारा इन्तजाम खुद कर लेते हैं, पैसा भी खुद लगाते हैं और रोजनदारी पर कार्यकर्ता भी रखते हैं। ऐसे एक मशहूर आदमी ने मेरे एक मित्र को पाँच सौ रुपये देकर कहा कि अपने शहर में मेरे जन्मदिन का समारोह करना। उनका खयाल था कि नगर-नगर, गाँव-गाँव उनका यशोगान लोग कर रहे हैं। इसे इकट्ठा करने की जरूरत है जो चार-पांच सौ रुपयों में हो जायगा। मेरे मित्र ने रुपये तो रख लिये, पर समारोह नहीं किया। कुछ दिन बाद उन महान् ने उन्हें पत्र लिखा—आपको मेरे जन्मदिन पर समारोह करने के लिए मैंने पाँच सौ रुपये दिये थे। आपने समारोह नहीं किया और न रुपये वापस किये। आप तुरन्त पांच सौ रुपये वापस कीजिए। यह पत्र मेरे मित्र के पास अभी भी रखा है। यश के उन्मादी को यह ध्यान नहीं रहा कि ऐसी बातें पत्र में लिखी नहीं जातीं, जबानी कहलायी जाती हैं।

साधो, यह यश का उन्माद बहुत बुरा होता है। नार्मल यशोकामना रहे और नार्मल तरीके से यश मिले तो ठीक है। सब यश चाहते हैं। मगर कुछ लोग ज्यादा उस्ताद होते हैं। वे जानते हैं कि साधारण तरीके से हमारा सीमित यश फैलेगा। इसलिए वे ऐसे तरीके अपनाते हैं, जिनसे उनकी हँसी उड़े। उपहास प्रशंसा से ज्यादा फैलता है और नगर-नगर, गाँव-गाँव लोग चर्चा करते हैं कि उसने ऐसा किया।

साधो, सम्मान और अभिनन्दन से मैं बहुत घबड़ाता हूँ। ऐसा नहीं है कि मैं यश नहीं चाहता। चाहता हूँ। पर सम्मान या अभिनन्दन करनेवाले शुभचिन्तक क्या सद्‌गति या दुर्गति करेंगे, कुछ ठिकाना नहीं। एक स्थानीय स्तर के नेता का सम्मान-समारोह मैंने देखा था। उनकी शान में बोलनेवाले प्रमुख व्यक्ति शराब पीकर आये थे। वे कहने लगे —'ये मेरे मित्र हैं। इन्होंने देश की बहुत सेवा की है। अभी भी ये समाजसेवा करते हैं। मगर इनमें एक गड़बड़ी है। ये ठर्रा पीते हैं और बहकते फिरते हैं। मैंने इन्हें सलाह दी कि ठर्रा मत पिया करो। व्हिस्की पिया करो, जो मैं पीता हूँ। इससे आदमी बहकता नहीं है। पर ये मानते ही नहीं। अब देखिए, मैं व्हिस्की पीकर आया हूँ और आपके सामने खड़ा बोल रहा हूँ। बताइए, मैं क्या बहक रहा हूँ ? मैं बिल्कुल नार्मल हूँ। और फिर ज़रा सोचिए—इन-जैसे बदमाश आदमी की, जो देश को बेचकर खा गये, कोई भी आदमी तारीफ क्या बिना शराब पिये कर सकता है ?'

साधो, अभिनन्दन करनेवालों का कोई भरोसा नहीं। भक्त अपने आराध्य की न जाने क्या दुर्गति करें। एक गुरु के दो भक्त चेले उनके पाँव श्रद्धापूर्वक दबा रहे थे। दोनों एक-एक पाँव लिये थे। दोनों में अनबन थी। एक चेले का हाथ दूसरेवाले के पाँव पर चला गया। उस चेले ने गुस्से से कहा—तूने मेरेवाले पाँव को क्यों दबाया? मैं तेरेवाले पाँव को मारूँगा। और उसने गुरु के दूसरेवाले पाँव पर 3-4 घूँसे लगा दिये। यह देख अब इस चेले को गुस्सा आ गया। उसने कहा—तूने मेरेवाले पाँव पर घूँसा मारा। मैं तेरेवाले पाँव पर लाठी मारूँगा। उसने गुरु के दूसरे पाँव पर लाठी का एक वार किया। जवाब में दूसरे चेले ने दूसरी टाँग पर लाठी से वार किये। नतीजा यह हुआ कि गुरु की दोनों टाँगें टूट गयीं। भक्तों की गुरुभक्ति सच्ची थी। मगर भक्तों के झगड़े में श्रद्धेय की दोनों टाँगें टूट गयीं।

साधो, इसी सन्दर्भ में ये समाचार पढ़ो। एक रायपुर निवासी महन्त लक्ष्मीनारायण दास हैं। बड़े सम्पन्न मठ के महन्त रहे हैं। कांग्रेसी भी रहे हैं और कभी मध्यप्रदेश कांग्रेस के अध्यक्ष भी थे। वे 81 साल के हो गये। प्रशंसकों, भक्तों ने तय किया कि इनकी 81वीं जन्म-तिथि जोर-शोर से मनायी जाय और 81 हजार रुपयों की थैली भेंट की जाय। मगर भक्तों में, जो अधिकतर कांग्रेसी हैं, मतभेद हो गये। नतीजा यह हुआ कि 81 हजार की थैलीवाला वह अभिनन्दन-समारोह जिसका 2 महीनों से प्रचार हो रहा था, नहीं हुआ। सम्मान टटोलते हुए महन्त के हाथों अपमान लगा। अब अखबारों में नेताओं के वक्तव्य छप रहे हैं कि भक्तों में झगड़ा हो गया। एक नेता कमलनारायण शर्मा अखबार में बयान छापते हैं कि 81 हजार की थैली देने का तय ही नहीं हुआ था। इस पर महन्त बयान देते हैं कि 81 हजार रुपये की थैली देने का प्रस्ताव लेकर मेरे पास यही कमलनारायण शर्मा आये थे। उन्होंने यह भी कहा कि मेरा अभिनन्दन करनेवालों में कोई मतभेद नहीं है। ज़रा महन्त की दयनीय हालत पर गौर करो। भक्तों ने भक्ति में उनके दोनों पाँव तोड़ दिये।

साधो, अब तो इस संसार में न दादा कृपलानी रहे न जयप्रकाश नारायण। पर तुम्हें याद होगा कि जनता पार्टी सरकार के जमाने में जयप्रकाश नारायण के 75 वर्ष पूरे होने पर पटना में 'अमृत महोत्सव' मनाया गया था जिसमें उन्हें 75 लाख रुपये भेंट किये गये थे। अभी भी यह विवाद चल रहा है कि उस पैसे का क्या हुआ, यानी कौन खा गये।

बहरहाल साधो, इस अभिनन्दन-समारोह के मुख्य अतिथि दादा कृपलानी ने जो कहा, वह अद्‌भुत था। जयप्रकाश नारायण के सामने ही दादा ने कहा—अब यह जयप्रकाश है, इसका तुम लोग सम्मान कर रहे हो। इसका कुछ ठिकाना रहा है? अमेरिका से लौटा था तो कम्युनिस्ट था। गाँधीजी के पास गया तो गाँधीवादी हो गया। फिर कहने लगा कि मैं कांग्रेस में समाजवादी हूँ। गाँधी मर गया, तो ये लाल टोपी पहनने लगा। फिर विनोबा के पास चला गया। भूदानी हो गया। फिर जीवनदानी हो गया। अरे, दान अच्छी चीज का करते हैं। मेरा जीवन तो इतना

अच्छा नहीं है कि उसका दान करूँ। इस जयप्रकाश का जीवन कैसे अच्छा हो गया कि इसने उसका दान कर दिया? साधो, अभिनन्दन में ऐसी भी दुर्गति हो जाती है।

मक्का—या—और—मास्को

साधो, पिछले हफ्ते बड़े मजेदार समाचार मिले। सबसे दिलचस्प समाचार यह है कि केरल में किसी शहर में ईद के जुलूस में कुछ ऐसी घटना घटी कि पुलिस को दखल देना पड़ा और गोली चलानी पड़ी। यानी पुलिस और मुसलमानों की मुठभेड़ हो गयी। जब मुसलमानों पर पुलिस ने गोली चलायी तो सौ-दो सौ मुसलमानों ने पुलिस थाना घेर लिया। पुलिस ने फिर अपनी नैतिक कार्यवाही की। इस नैतिक कार्यवाही का नतीजा यह हुआ कि त्रिवेन्द्रम के मुसलमान भी उत्तेजित हो गये। जानकारों का कहना है कि इस झगड़े की जड़ केरल मुस्लिम लीग के दो गुटों के संघर्ष में है। केरल मुस्लिम लीग एक विचित्र परन्तु खुश-किस्मत पार्टी है। जिस दल को, कांग्रेस को भी, या किसी संयुक्त मोर्चे को सरकार बनानी हो, मगर विधायक कम पड़ते हों, तो वह मुस्लिम लीग से समझौता कर लेते हैं, यह कहकर कि केरल की मुस्लिम लीग साम्प्रदायिक संगठन नहीं है, उत्तर भारत की मुस्लिम लीग की तरह। केरल की मुस्लिम लीग तो सामाजिक और सांस्कृतिक संगठन है। राजनैतिक दोमुँहापन कोई बुरी बात नहीं मानी जाती। बहरहाल, झगड़ा करुणाकरन की कांग्रेसी सरकार और मुसलमानों में चल रहा है, मुसलमान पत्थर फेंकते हैं, तो पुलिस गोली चलाती है। अब देखो साधो, मैं तुम्हें वह बात बताता हूँ, जिसे पढ़कर तुम हँसी से लोटपोट हो जाओगे। केरल के राष्ट्रीय स्वयंसेवक संघ के प्रधान ने बयान दिया है कि साम्प्रदायिकता के दमन में संघ पूरी तरह सरकार का समर्थन करता है। याने सरकार मुसलमानों पर गोली चलाय तो संघ इसका पूरी तरह समर्थन करता है। भारतीय संस्कृति की यही माँग है। ये लोग कितने विनोदी होते हैं।

साधो, दूसरा समाचार भी मुसलमानों के बारे में है। लखनऊ का समाचार है। हर साल आनेवाला समाचार है। जैसे हर साल ईद होती है, मुहर्रम होता है, शबे-बरात होता है, वैसे ही लखनऊ में एक और मजहबी हादसा होता है—शिया-सुन्नी झगड़ा। पीढ़ियाँ निकल रही हैं, शिया बाप मर गया तो शिया बेटा लड़ने पर उतारू है। सुन्नी बाप मर गया तो सुन्नी बेटा लड़ने पर उतारू है। भारत में शिया इने-गिने हैं इसलिए पिटते वही हैं, मगर लड़ेंगे सुन्नी से। यह झगड़ा किस बात पर

है। यह पोथियों और कथा का झगड़ा है। यह उन खलीफाओं को लेकर झगड़ा है जो कई सदी पहले जन्नत पहुँचे गये। यह आखिरी पैगम्बर का झगड़ा है। ये पैगम्बर भी जिसका पैगाम दे गये, उस खुदा के पास पहुँच गये। मगर खुदा के बन्दे जन्नत-नशीनों के नाम पर लखनऊ के एक-दो मुहल्लों को हर साल दोजख बनायेंगे। कबीर को लगता है कि मजहब तो पैसा हो गया है। कहीं ऐसा तो नहीं है कि शिया की दूकान ज्यादा चलती हो तो सुन्नियों का उन पर हमला, और सुन्नी की दूकान ज्यादा चलती हो, तो शियाओं का उन पर हमला। 'तबर्रा' और 'मादे सहबा' के बीच में पैसा खुदा तो नहीं आ गया। बहरहाल, लड़ो अन्धे लोगो। उनके लिए लड़ो जो मर गये। पोथी के लिए लड़ो। किस्सों के लिए लड़ो। लफ्ज के लिए लड़ो।

साधो, तीसरी खबर भी मुसलमानों के बारे में है और बांग्ला देश की है। बांग्ला देश के सुसंस्कृत लोग हैं। वे पश्चिमी पाकिस्तानवालों की तरह ठूँठ नहीं हैं। बांग्ला देश में मुसलमान और हिन्दू दोनों रवीन्द्रनाथ और नजरुल इस्लाम के गीत गाते हैं। मगर जब शेख मुजीब को मार डाला, लोकतन्त्र मार डाला, जनरल जिया उर रहमान के दिखाऊ लोकतन्त्र को भी मार डाला और जनरल इरशाद खालिश फौजी डिक्टेटर हो गये, तो इस्लाम जरूरी हो गया, मक्का की हाट लाइन जरूरी हो गयी, मुल्ला की दाढ़ी और कूड़मगज जरूरी हो गया, इस्लामी सनकीपन जरूरी हो गया। मुसलमान डिक्टेटर की यह जरूरत है, मजबूरी है, उसे जिन्दा रखने की संजीवनी बूटी है। जनरल इरशाद कहते हैं—हम इस्लामी व्यवस्था कायम करेंगे। मगर—विद ए डिफरेन्स—हम जिया-उल-हक़ की तरह लोगों के हाथ-पाँव नहीं काटेंगे। खुदा हाफिज़ !

मगर साधो, इसी वक्त एक घटना हो गयी। रूसी दूतावास के एक समारोह में मशहूर कलाकार कमरुलहसन ने कह दिया—अगर मक्का का अनुसरण किया जा सकता है तो मास्को का क्यों नहीं ? इस 'क्यों नहीं' का जवाब जनरल इरशाद के पास नहीं है। मुल्ला और इमाम के पास नहीं है। जब 'क्यों नहीं' का जवाब अपने पास नहीं होता, तब गुस्सा आता है, सनक आती है। गुस्से में जनरल इरशाद ने अपनी फौजी टोपी पहनकर कलाकार की घोर निन्दा की। मुल्लाओं की दाढ़ी का हर बाल खड़ा हो गया और मुस्लिम लीग का जुलूस निकल गया यह माँग करते हुए कि कमरुलहसन को गिरफ्तार किया जाय। कलाकार के सवाल 'क्यों नहीं' का यही जवाब उनके पास है।

साधो, कमरुलहसन का मतलब था कि कभी मक्का से मानवीयता, दया, भाई-चारा, सदाचार, मानवी बराबरी, न्याय आदि आते होंगे। अब वहाँ से कोड़े, हाथ-पाँव काटने की आरी, यातना के तरीके, नरभक्षी तानाशाह, अत्याचारी अयातुल्ला, जालिमशाह तथा हैवानियत आने लगे हैं। मक्का में खुदा भी मर गया और इन्सान को मारने का शैतानी पैगाम वहाँ से आने लगा। तो क्यों नहीं दूसरा केन्द्र मास्को माना जाय जहाँ से इन्सानी बराबरी, इन्साफ, मानवी गौरव, दया, प्रेम, भाईचारा का पैगाम आता है। इस 'क्यों नहीं' का जवाब तानाशाहों और मुल्लाओं के पास

नहीं है। इसलिए उन्हें गुस्सा और सनक आते हैं।

साधो, जनरल इरशाद अभी कहते कुछ भी हों, आखिर वे जनरल जिया-उल-हक़ हो जायेंगे, उन्हें होना पड़ेगा, होना उनकी मजबूरी है। वे बांग्ला देश की संस्कृति का नाश करेंगे ही। यह उनकी मजबूरी है। यह हर तानाशाह की मजबूरी होती है। जिस 'इस्लामिक फण्डामेण्टलिज़्म' (बुनियादी इस्लाम) के नारे पर ये हुकूमत करते हैं वह वास्तव में सामन्तवाद है। बुनियादी इस्लाम पैगम्बर के समय और उनके बाद कुछ समय चला, जब वह समतावादी और लोकतान्त्रिक था—जब लोगों के सामने खलीफा खड़ा होता था और लोग उससे कैफियत तलब करते थे कि तूने हमसे अच्छा कपड़ा क्यों पहना है? अब जो है, सामन्तवाद है।

समय रहते बोलो सरदारजी!

साधो, गुरुओं की दुर्गति हो रही है। प्राचीन काल में वन में ऋषि, मुनि, गुरु ज्ञान-चिन्तन करते थे, पोथी लिखते थे, शिष्यों को पढ़ाते थे। इन गुरुओं की सबसे बड़ी मुसीबत यह थी कि वन के बन्दर उनकी लँगोटी उठाकर ले जाते थे। कमण्डल और पोथी भी उठा ले जाते थे। ये बन्दर गुरुओं की बातें पेड़ पर बैठे-बैठे इतने ध्यान से सुनते रहते थे, जैसे ये गुरु के सबसे बड़े भक्त हों। मगर गुरु की पीठ फिरी कि उनकी लँगोटी उठाकर पेड़ पर जा बैठते थे। हर गुरु का यह दुर्भाग्य है कि उसके सच्चे चेले बननेवाले बन्दर उसकी लँगोटी उड़ाकर उसे नंगा कर देते हैं।

साधो, पंजाब में गुरु नानक की यही दुर्गति हो रही है। कबीर की भी दुर्गति हो रही है—गुरुग्रन्थ साहब में कबीर की वाणी भी है। सारे सन्तों की लँगोटी उड़ायी जा रही है उनके भक्तों द्वारा, जो बन्दर हो गये हैं। अकाली दल के नेतृत्व में जो हिंसक आन्दोलन चल रहा है, उसने पवित्र स्वर्ण मन्दिर को हत्यारों और अपराधियों का अड्डा बना दिया है। गुरु नानक निवास पर कब्जा किये बैठे सन्त भिण्डरावाला चम्बल के बीहड़ों में रहकर डाकुओं के गिरोह के मुखिया होने के लायक हैं। वे सन्त कतई नहीं। अगर मनोवैज्ञानिक डाक्टर उनकी जाँच करें तो मानसिक रोगी या विक्षिप्त पाये जायेंगे। उन्हें जबरन अस्पताल में इलाज के लिए भरती करा देना चाहिए। मगर उनके कमाण्ड में हजारों सिरफिरे सिख युवक हैं। ये हथियार रखे हैं। अकाली नेताओं ने भिण्डरावाला के सामने समर्पण कर दिया है। अकाली मोर्चा के वयोवृद्ध डिक्टेटर सन्त हरचन्दसिंह लोंगोवाल 38 साल के जिद्दी, संकीर्ण, हिंसाप्रेमी भिण्डरावाला के सामने समर्पण कर चुके। सारे अकाली नेता डरते हैं कि अगर नरम पड़े, अकल से काम लिया, बातचीत से समस्या का हल

खोजना स्वीकार किया तो भिण्डरावाला आफत कर देगा। भिण्डरावाला पर वारण्ट है हिंसा उभारने का। उन पर लाला जगतनारायण की हत्या का आरोप है। मगर स्वर्ण मन्दिर और नानक निवास में डटे हैं और कहते हैं कि अगर पुलिस मन्दिर में घुसी तो 'खालिस्तान' बनाने की लड़ाई शुरू हो जायेगी। याने अब यह साफ हो गया है कि भिण्डरावाला और दूसरे अकाली नेता, भारत गणराज्य से बाहर पाकिस्तान सरीखा खालिस्तान बनाना चाहते हैं। इसके लिए एक लाख सिख युवकों की फौज भी बनाने का ऐलान कर चुके हैं। पंजाब के गुरुद्वारे हत्यारों और अपराधियों के शरणस्थल बन चुके हैं। उत्तेजित किये हुए सिख युवक हत्या करके गुरुद्वारों में घुस जाते हैं। सन्त भिण्डरावाला के नेतृत्व में जो यह चल रहा है वह ऐसा है जैसा आन्दोलन मुस्लिम लीग ने चलाकर पाकिस्तान बनवाया था। या ऐसा है जैसे अकाली मुहम्मद गौरी की तरह भारत पर हमला कर रहे हों।

साधो, मैं पंजाब के बाहर सारे भारत में फैले सिखों से कहता हूँ कि वे तो कुछ बोलें। उनके नाम से ही भिण्डरावाला और लोंगोवाल हिंसक आन्दोलन कर रहे हैं। वे कहते हैं—सिखों की अलग परम्परा है। इधर के सिख जो पंजाब के बाहर धन्धे कर रहे हैं, बोलें कि क्या यह सही है? क्या उनकी अलग संस्कृति है और मुसलमानों की तरह अपना भी खालिस्तान बनाने की माँग का समर्थन करते हैं? पाकिस्तान कौन ने बनवाया था? साधारण मुसलमानों ने नहीं। पाकिस्तान बनवाया था पंजाब के बड़े-बड़े मुसलमान जमींदारों ने और कुछ उत्तरप्रदेश के रईस मुसलमानों ने। अकाली आन्दोलन किसका है? यह आन्दोलन साधारण सिख जनता का नहीं है। यह आन्दोलन पंजाब के बड़े-बड़े जमींदारों का है। धनवान बड़े-बड़े भूमिपतियों का है। और ये बहुत कम हैं। मुट्ठी-भर हैं। मगर इनके पास हथियार-बन्द जत्थे हैं, गुरुद्वारों पर इनका कब्जा है। इनका आतंक है। सारे सुभीते, सारे फायदे, सारे काले धन्धों का लाभ इन कुछ बड़े भूमिपतियों को चाहिए। इसी गलत स्वार्थ के लिए ये धर्म का, पन्थ का झण्डा उठाये हैं, गुरु का नाम लेते हैं, गुरुवाणी के पाठ की बात करते हैं। अब ये इस पर आ गये हैं—पैसेवाले कुछ अकाली—कि हमारी माँग सरकार नहीं मानेगी, तो हम भारत से बाहर होकर अलग खालिस्तान बना लेंगे, और इसे धार्मिक माँग कहते हैं।

साधो, सिखों को धर्मपालने से किसने रोका है? जितने चाहो उतने गुरुद्वारे बनवाओ। चाहो तो रात-दिन गुरुवाणी का पाठ करो। रात-दिन भजन करो। रात-दिन प्रसाद बाँटो। किसने मना किया है? सरकार कहाँ मना करती है? मगर ग्रन्थ साहब में कहाँ लिखा है कि चण्डीगढ़ पर कब्जा कर लो, दूसरे राज्यों के इलाकों को जीत लो, सारे पानी पर कब्जा कर लो। सारी हवा पंजाब की हो जाय। अलग से सूरज भारत सरकार बनवाये। एक अलग चाँद अकालियों के लिए आसमान में बनवाये। क्यों? क्योंकि हम सिख हैं, हम खास हैं। हम बहादुर हैं। हम सरहद पर हैं। इसका मतलब है कि आप ही इन्सान हैं, बाकी भारत में कीड़े और चींटे रहते हैं। आप बहादुर हैं, बाकी भारतवासी कायर हैं। आप सरहद पर हैं तो

पाकिस्तानी फौज को भीतर बुला लेंगे।

साधो, इन बहादुरों को, जिनमें बहुत-से धन्धे करते हैं सफेद और काले, गलत फायदे के लिए, बड़े अफसरों के पाँवों पर अपनी पगड़ीवाला वीर मस्तक रखते हम देखते हैं। इन्दिरा गाँधी ने ठीक कहा है कि जितने धीरज से लम्बी बात हम कर रहे हैं, उतनी दुनिया की कोई सरकार नहीं करती। यह सच है। इस देश को कोई आगे टूटने नहीं देगा। तोड़नेवाले टूटेंगे।

साधो, इधर के सिखों से कहो – तुसी कुछ बोलोजी ! 'हाँ' या 'नहीं', कुछ तो कहो। चुप क्यों हो ? यह कहने से काम नहीं चलेगा कि हम क्या बोलें जी, ये तो पंजाब का मामला है। नहीं सरदारजी, अकालियों ने इसे सारे सिखों का मामला बना दिया है। इसलिए बोलो। गुरुद्वारों के प्रस्ताव से, सिंहसभा के प्रस्ताव से, सिख समाज के प्रस्ताव से साफ बोलो कि हम इन अकालियों के साथ हैं या खिलाफ। समय रहते बोलो सरदारजी !

विजिट दी ग्रेट बड़ौदा

साधो, पिछले 18 महीनों से गुजरात के बड़ौदा में—महात्मा गाँधी के गुजरात में—दंगे हो रहे हैं। इन्हीं महीनों में सर एटनबरो 'गाँधी' फिल्म बना रहे थे। इन 18 महीनों में दो गाँधी-जन्म-दिवस हो गये और एक गाँधी-निर्वाण-दिवस हो गया और राजघाट पर गाँधी की समाधि पर फूल चढ़ गये। साधो, 18 महीने दंगा चलने से बड़ौदा पर्यटकों के लिए महान् दर्शनीय स्थल हो गया है। ताजमहल पिट गया बड़ौदा से। भारत के पर्यटन विभाग को 'विजिट इण्डिया' के विज्ञापनों में प्रचार करना चाहिए—सी दी ग्रेटेस्ट वण्डर ऑफ दी वर्ल्ड। ए सिटी बड़ौदा इन महात्मा गाँधीज़ गुजरात सबमर्ज्ड इन रायट्स फार एटीन मन्थ्स विद दि स्टेट एण्ड सेण्ट्रल गवर्मेण्ट्स फंक्शनिंग हेवीली। इससे विदेशी पर्यटक आकर्षित होंगे और अरबों की विदेशी मुद्रा मिलेगी। माधवसिंह सोलंकी का नाम शान्ति के नोबुल पुरस्कार के लिए प्रस्तावित होगा।

साधो, केन्द्रीय गृहमन्त्री सेठी को बड़ौदा आने से पहले सोलंकीजी ने यह कहकर रोका था कि अभी हम आपके दौरे का इन्तजाम नहीं कर सकते। अभी दंगे हो रहे हैं। सोलंकी ने ठीक ही कहा था। टूरिस्टों के लिए ठीक इन्तजाम करना था। सेठी एक पर्यटक की तरह बड़ौदा का सौन्दर्य देखने आ रहे थे। मगर सेठी यह कहकर हठ करके चले गये कि जो हो रहा है, वही देखने के लिए मैं आ रहा हूँ।

साधो, इस 18 महीने के दंगे के बारे में कई तरह की रिपोर्टें हैं। पर एक बात

सभी कहते हैं—दंगा हिन्दू-मुसलमान के धार्मिक विवाद के कारण शुरू नहीं हुआ। फिर क्यों शुरू हुआ ? रिपोर्ट है कि एक धर्म हिन्दू और इस्लाम दोनों धर्मों से बड़ा होता है — वह है काले धन्धे का धर्म। इस महान् धर्म के भक्तों में झगड़ा हुआ और दंगा शुरू हो गया। गुजरात में शराबबन्दी है। शराबबन्दी का शुभ परिणाम यह होता है कि अवैध शराब का धन्धा चलता है। ब्लैक में शराब मिलती है। शराबबन्दी के क्षेत्र में शराब ज्यादा आसानी से मिलती है, खुले क्षेत्र की अपेक्षा। बड़ौदा में अवैध शराब के धन्धेवाले दो गिरोह हैं—एक में हिन्दू हैं और दूसरे में मुसलमान। इनमें झगड़ा हो गया। मारपीट हो गयी। तो इस्लाम खतरे में पड़ गया और हिन्दू धर्म का नाश होने लगा। धर्म कोई भी हो, भगवान या खुदा का निवास काले धन की तिजोड़ी में और गैरकानूनी शराब की बोतल में रहता है। भगवान क्षीर सागर में नहीं, गैरकानूनी मदिरा-सागर में विश्राम करते हैं।

साधो, पुलिस धर्मसंकट में थी। जब धर्मराज युधिष्ठिर धर्मसंकट में पड़कर द्रोणाचार्य को मरवाने के लिए झूठ बोल गये तो फिर यह तो बेचारी भारतीय पुलिस है। बड़ौदा में एक साल में पाँच करोड़ रुपयों का अवैध शराब का धन्धा होता है, जिसमें से चालीस लाख रुपयों का पुलिस को 'हफ्ता' मिलता है। अब पुलिस दंगा रोके या धर्म निभाय ?

साधो, बड़ौदा के अठारहमाही दंगे में दो बातें पहली बार हुईं और दोनों बहुत शुभ लक्षण हैं इस देश के लिए। एक तो यह कि बड़ौदा के कांग्रेसी साम्प्रदायिक लाइन में बँट गये। हिन्दू कांग्रेसी और मुसलमान कांग्रेसी हो गये। यह बात तो सच है ही कि दंगों में अल्पसंख्यकों पर ही अत्याचार ज्यादा होते हैं। वही मारे जाते हैं, लूटे जाते हैं और इनके घर जलते हैं। इन पर जुल्म बहुसंख्यक तबके के गुण्डे भी करते हैं और पुलिस भी। इससे पीड़ित हो मुस्लिम कांग्रेसी साम्प्रदायिक हुए तो फिर हिन्दू कांग्रेसी भी साम्प्रदायिक हो गये।

मगर साधो, दूसरा चमत्कार जो हुआ वह इतिहास की अपूर्व घटना है। दंगे का हाल का दौर, जिसमें बारह आदमी मरे, क्यों चला ? यह दौर चला एक पुलिस अफसर के तबादले के कारण। बड़ौदा में साढ़े तीन महीने से पुलिस कमिश्नर जसपालसिंह थे। वे बड़े नाटकीय, रंगीन और हीरो टाइप आदमी हैं। उनके 100 दिनों के राज में खूब दगे हुए। एक तरफ से कहना था कि जसपालसिंह लोकप्रिय हैं। दूसरी तरफ से कहना था कि वे साम्प्रदायिक हैं। उनका तबादला हुआ तो इसके विरोध में और उनके समर्थन में जय-जयकारवाले जुलूस निकले, दंगा भड़का, जिसमें 12 आदमी मरे। किसी पुलिस अफसर के प्यार में 12 आदमियों ने प्राणदान कभी नहीं किया। धन्य है यह पुलिस-प्रेम ! इतना ही नहीं, पुलिस अफसर के विरह में मेयर साहब ने इस्तीफा दे दिया। नगर निगम के कुछ सदस्यों ने इस्तीफा दे दिया।

साधो, पुलिस अफसर का प्रेम खतरनाक होता है। लोकप्रिय पुलिस अफसर एक मुसीबत है। एक शहर के कोतवाल इतने लोकप्रिय थे कि जब भी उनका

तबादला होता, जुए के अड्डों के मालिक 20-25 हजार ऊपर खिलाकर उनका तबादला कैंसिल करा देते थे। वे बहुत दयालु थे। पहले के अफसर हजार रुपये में जुए का अड्डा चलाने देते थे, तो ये सिर्फ तीन सौ रुपयों में। साधो, मैं भी कुछ अच्छे लोकप्रिय पुलिस अफसरों को जानता हूँ। उनसे कहता हूँ—हुजूर, आपकी लोकप्रियता इतनी न बढ़ जाय कि दंगा हो जाय। साधो, आगे बड़े दिन की छुट्टियाँ हैं। दया के मसीहा ईसा की याद में बड़ौदा देख आओ।

कबीर का स्मारक बनेगा

साधो, हिन्दू और मुसलमान एक ही सार्वजनिक सण्डास में जा सकते हैं, दस्त के मामले में भाई-भाई होते हैं। मगर कबीरदास की मुसलमानों ने मजार बना ली थी और हिन्दुओं ने समाधि बना ली थी। और दोनों के बीच में एक दीवार खड़ी कर ली थी जिससे मजार और समाधि पर एक-दूसरे की नजर न पड़े। कबीर जब जिन्दा थे तब समूचे थे, एक थे, मगर मरने के बाद उनके दो टुकड़े कर दिये गये—हिन्दू कबीर और मुसलमान कबीर। कबीरदास हिन्दू और मुसलमान दोनों के ढोंग की पिटाई करते थे। मरने के बाद ढोंगियों ने कबीरदास के सत्य की पिटाई कर दी। सत्य को हिन्दू और मुसलमान दो टुकड़ों में तोड़कर समाधि और मजार में गाड़ दिया। बीच में दीवार खड़ी कर दी अपनी मूर्खता के ईंट-गारे से।

साधो, काशी के पास मगहर में समाधि और मजार बनाये गये थे। जिन्दगी-भर कबीर काशी में रहे और ठाठ से रहे। पण्डितों और मुल्लाओं के बीच रहकर दोनों के पाखण्ड को ठेठ गाली देते रहे। उस ज़माने में, जब किसी को मार डालना बहुत आसान था, कबीर पाखण्डी ब्राह्मणत्व की राजधानी में जिन्दा कैसे रहे? उन्मादी मुल्लाओं और उतने ही रूढ़िवादी पण्डितों ने उन्हें मरवा क्यों नहीं डाला? ऐसा मालूम होता है कि नीची जातियों के लड़ाकू भक्त कबीर की रक्षा करते होंगे। ये नीची जाति के महा चमार, भंगी आदि जिन्होंने कबीर के उपदेश से वर्ण-व्यवस्था तोड़ दी थी, इन पर ब्राह्मणों का अनुशासन नहीं चलता था। इन्होंने मनु के विधान को कूड़े में फेंक दिया था। ये निर्भय हो गये थे। वरना मनुस्मृति में तो यह विधान है—'यदि कोई द्विज किसी शूद्र की हत्या कर दे, तो उसे उतना ही प्रायश्चित करना चाहिए, जितना कुत्ता और सूअर को मारने पर करना होता है।' मनु ने जिन शूद्रों को कुत्ता और सूअर बना दिया था, वही मुक्त होकर कबीर के चेले हो गये थे। इसी तरह बहुत-से गरीब मुसलमान भी मुल्लाओं के चक्कर से छूट गये थे। उन्हें कबीर की यह बात पट गयी थी जो खुदा हर जगह है, आदमी के भीतर भी

है, उसे मुल्ला मस्जिद पर चढ़कर पुकारता है, जैसे खुदा बहरा हो गया हो। कबीरदास के शब्द हैं—'ता चढ़ मुल्ला बाँग दे।' बाँग मुर्गा देता है। कबीर ने मुल्ला को मुर्गा बना दिया। तो नीची जाति के हिन्दू और गरीब मुसलमान जो लड़ाकू थे, कबीर की फौज थी। ये कहते होंगे—हमारे गुरु को छुआ तो गर्दन काट लेंगे। यानी कबीरदास गुण्डों के सरदार भी रहे होंगे, उनका संगठन होगा लड़ने के लिए। वे कोरे जुलाहे सन्त नहीं थे।

साधो, कबीरदास मरने के लिए मगहर क्यों गये ? कबीरदास ने जीवन में तो विद्रोह किया ही, मृत्यु में भी विद्रोह किया। ब्राह्मणों ने अन्धविश्वास फैला रखा था कि काशी में मरने से स्वर्ग मिलता है और मगहर में मरने से नर्क मिलता है। कबीर ने कहा—हम मगहर में मरेंगे। वे मगहर में जाकर मरे। उन्होंने कहा था—

ज्यों काशी त्यों ऊसर मगहर राम बसै हिय मोरा,
जो कबीर काशी मरै रामहिं कौन निहोरा।

मैं जीवन-भर तो 'राम की बहुरिया' रहा। अब काशी में मरकर हराम में स्वर्ग जाऊँ, तो राम का क्या अहसान। मैं मगहर में मरूँगा और राम में सचाई और प्रताप हो तो मुझे स्वर्ग दे।

साधो, कबीर मरते-मरते उस अन्धविश्वास को तोड़ना चाहते थे कि काशी में मरने से स्वर्ग और मगहर में मरने से नर्क मिलता है। फ्रांस के विद्रोही लेखक वाल्तेयर भी मृत्यु के क्षण में वैसी ही ताकत रखे थे। वे जीवन-भर सामन्तवाद से और ईसाई धर्म के ढोंगों तथा पादरियों के पाखण्डों से लड़ते रहे। जब वाल्तेयर 90 साल की उम्र में मर रहे थे, तब पादरी आये। वाल्तेयर ने पूछा—तुम लोग क्यों आये हो ? पादरियों ने कहा—अन्तिम समय आपकी आत्मा की शान्ति के लिए प्रार्थना करने। वाल्तेयर ने कहा—मेरी आत्मा शान्ति में है। तुम अपनी आत्मा की चिन्ता करो। मगर तुम्हें किसने बुलाया ? पादरियों ने कहा—हमें तो ईश्वर ने भेजा है। हम ईश्वर के भेजे ही आते हैं। वाल्तेयर ने कहा—तो मुझे ईश्वर का दिया हुआ अधिकार-पत्र दिखाओ। पादरी लौट गये। मगर वाल्तेयर के शव को पेरिस के किसी कब्रगाह में पादरियों ने नहीं दफनाने दिया। पेरिस से 30-40 मील दूर गाँव के छोटे चर्च के पादरी ने तब कहा था—धर्म के नियम महान् प्रतिभाओं के लिए नहीं होते। उस पादरी ने गाँव की कब्रगाह में वाल्तेयर के शव को दफनाया। आगे फ्रेंच क्रान्ति हुई, जनता को अपने क्रान्तिकारी चिन्तक, लेखक की याद आयी। वाल्तेयर का शव निकाला गया, विशाल जुलूस के साथ पेरिस लाया गया और शाही कब्रगाह में शान से दफनाया गया।

साधो, पता नहीं मगहर में कबीर की समाधि और मजार के बीच दीवार किन लोगों ने खड़ी की होगी। ये कबीर के सच्चे भक्त तो नहीं हो सकते। पैसेवाले लोगों ने, जो भेद रखना चाहते थे, दीवार खड़ी की होगी। शासक और शोषक वर्ग ही हिन्दू-मुस्लिम के भेद पैदा करके उन्हें लड़वाते हैं। जो बुजुर्ग अभी जीवित हैं उन्हें

याद होगा—अंग्रेजों के शासन काल में रेलवे-स्टेशनों पर 'हिन्दू चाय' और 'मुस्लिम चाय' होती थी। 'हिन्दू पानी' और 'मुस्लिम पानी' भी होता था। स्टेशन पर रेलगाड़ी रुकने पर चाय बेचनेवालों की आवाजें आती थीं—'हिन्दू चाय!' 'मुस्लिम चाय!' अब चाय की बिरादरी नहीं रही।

साधो, आज मैं कबीरदास की बात इसलिए उठा बैठा कि समाचार पढ़ा कि केन्द्र सरकार ने मगहर में कबीर की समाधि—मजार-स्थल—को स्मारक-जैसा बनाने के लिए 41 लाख रुपये मंजूर किये हैं। भेद की वह दीवार टूट जायगी अब। बढ़िया पार्क बनेगा। यह स्थान मेन रोड से जोड़ा जायगा। अच्छा है। मगर यह स्मारक फिर भी बिड़ला मन्दिर की बराबरी नहीं कर सकेगा। हर राज्य की राजधानियों में और दिल्ली में भी वैष्णव बिड़लाजी ने 'लक्ष्मीनारायण मन्दिर' बनवाये हैं। मगर लोग उन्हें 'बिड़ला मन्दिर' कहते हैं। हजारों साल बाद भक्त मण्डली और इतिहासकार यही मानेंगे कि द्वापर के कृष्णावतार के बाद कलियुग में विष्णु का 'बिड़ला अवतार' हुआ।

काम नहीं करना ही देशभक्ति है

साधो, संसद एक झंझट की संस्था होती है। इसलिए तानाशाह, महाराजाधिराज, शहंशाह चुनाव करके संसद बनने ही नहीं देते। लोकतन्त्र में संसद सर्वोपरि, सर्वशक्तिमान होती है। यह किसी भी मामले की जाँच के लिए समिति बना देती है। साल-भर पहले संसद ने एक समिति बनायी थी, जिसका काम था इस बात की जाँच करना कि गाँधी शान्ति प्रतिष्ठान को विदेशों से कौन कितना धन देते हैं। यह धन क्यों देते हैं? इस धन का क्या उपयोग किया जाता है? साधो, एक बात तो यह समझ लो कि गाँधी शान्ति प्रतिष्ठान में न गाँधी है न शान्ति। सिर्फ प्रतिष्ठान है। फिर गाँधी के पवित्र नाम से जो भी होता है उसकी जाँच मनुष्य तो क्या, भगवान भी नहीं कर सकता। जो जाँच करेगा, उसका यह लोक तो बिगड़ेगा ही, वह नर्क भी जायगा। गाँधी शान्ति प्रतिष्ठान के मालिक बहुत चालाक, चतुर और ताकतवर हैं। मैंने अभी 3-4 महीने पहिले दिल्ली के जानकारों से पूछा कि वह संसदीय समिति क्या जाँच कर रही है? मुझे बताया गया कि उस्ताद गाँधीवादियों ने उसे निष्क्रिय कर दिया। संसद के प्रति मेरा सम्मान है, इसलिए मैं यह तो कह नहीं सकता कि संसद-सदस्यों को भी पैसा खाने में शामिल कर लिया, या 'ब्लैक मेल' कर लिया। पर कोई गाँधीवादी सत्य तरकीब जरूर की, जिससे समिति निष्क्रिय हो गयी।

साधो, एक बहुत ताकतवर समिति है—पब्लिक एकाउण्ट्स कमेटी, यानी लोक लेखा समिति। यह सब शासकीय प्रतिष्ठानों की जाँच करती है और इसकी रिपोर्ट पर संसद में चर्चा होती है। समितियाँ बनना, उनके द्वारा जाँच किया जाना, रिपोर्ट बनाना, उस पर संसद में बहस होना—फिर उस रिपोर्ट का पहले की असंख्य रिपोर्टों के ढेर में डाल दिया जाना, लोकतान्त्रिक प्रक्रिया के लिए जरूरी है। जितनी जरूरी जाँच है, उतना ही जरूरी यह है कि उस पर अमल न किया जाय।

साधो, लोक लेखा समिति को रेलवे विभाग की जाँच करने की तकलीफ नहीं उठानी थी। रेलवे की सारी अच्छाइयाँ नये रेलमन्त्री गनी खाँ चौधरी तब संसद को बता चुके थे, जब वे उस समय के रेलवे बोर्ड से झगड़ रहे थे। उन्होंने कहा था—रेलवे विभाग अभी भी बैलगाड़ी के युग में है। अधिकांश ड्राइवर शराब पीकर रेलगाड़ी चलाते हैं। साधो, गनी खाँ तो रेल के बैलगाड़ी बनने की बात कहते हैं। हमारी महान् प्राचीन संस्कृति के हिसाब से तो हवाई जहाज को रथ होना चाहिए। चरणसिंह का वश चले तो वे हवाई जहाज में बैल जुतवा दें और बाला साहब देवरस तो गायत्री मन्त्र से विमान को उड़ा दें। विष्णु के पुष्पक विमान में क्या पेट्रोल भरा जाता था? वह तो प्रभु-इच्छा के इंधन से चलता था। साधो, लोक लेखा समिति ने एक छोटी-सी बात ढूँढ़ी कि रिजर्वेशन को चैक किया जाता है, इसका कोई प्रमाण नहीं मिला। ये संसद-सदस्य बहुत भोले हैं। उन्हें मालूम होना था कि रिजर्वेशन के रेट होते हैं। 15 साल पहले 2 रुपया देने से रिजर्वेशन हो जाता था, अब 10 रुपये तक एक बर्थ के लग जाते हैं, कहीं-कहीं 15 रुपये। यह तो एक युग से स्थापित सिस्टम है। इसे ऊपर का अफसर मानता है, क्योंकि उसका इसमें हिस्सा होता है। इसलिए वह चैक करे क्यों? कोई भी विभाग हो, कोई अकेला पैसा नहीं खाता। खा ले तो संग्रहणी हो जाय। महामानवों की शृंखला खाती है।

साधो, रही बात रेलवे दुर्घटनाओं की। तो रेलमन्त्री ने संसद में कह ही दिया था कि अधिकतर ड्राइवर शराब पीकर एंजिन चलाते हैं। इसीलिए तो इतनी कम दुर्घटनाएँ होती हैं। शराब के नशे में तो भगवान दिखने लगता है। तो सिगनल, या रेल की उखड़ी पटरी या उसी लाइन पर आती गाड़ी क्यों नहीं दिखेगी? अगर ड्राइवरों के शराब पीने पर रोक लगी, तो हर गाड़ी का ऐक्सीडेण्ट होगा।

साधो, लोक लेखा समिति ने सैन्य सामग्री के उत्पादन में कमी भी पायी है। उसने नोट किया है कि फौजी ट्रक जितनी मात्रा में चाहिए, उतने व्हीकल फैक्टरियों ने नहीं बनाये। दूसरे उस विदेशी तोप का गोला अभी तक नहीं बना जो 1965 में आयी थी। संसद को जानना चाहिए कि सुरक्षा का मामला ऐसा ही चला है इस महान् भारत देश में। पहले महावीर त्यागी को रक्षामन्त्री बना दिया। किस योग्यता के कारण? त्यागीजी ब्रिटिश फौज में सूबेदार थे। जब कृष्णमेनन रक्षा-मन्त्री बने तब सुरक्षा-उत्पादन वास्तव में शुरू हुआ। फौज के लिए ट्रक और जीप जो टाटा-बिड़ला से बहुत ऊँचे दाम पर खरीदे जाते थे, मेनन ने जबलपुर के सुरक्षा कारखानों में बहुत कम खर्च से बनवाना शुरू किया। हथियार भी बनवाना शुरू

किया। मेनन दूसरे महायुद्ध के दौरान यूरोप में सारी फौजी जानकारी लेकर आये थे। वे भारत को सुरक्षा-उत्पादन में आत्मनिर्भर बनाना चाहते थे। आज यह बात उनके तब के विरोधी भी मानते हैं। मगर तब संसद में जनसंघ और स्वतन्त्र पार्टी और दादा कृपलानी कहते थे कि मेनन सुरक्षा-कारखानों में हथियार नहीं, कप-बसी बनवाते हैं। मेनन पैसा माँगते थे तो कृपलानी ने कहा था—महात्मा गाँधी के देश को हथियारों की क्या जरूरत है? मोरारजी तब अर्थमन्त्री थे और मेनन के विभाग को पैसा देने में कमी करते थे। जब चीनी हमला हुआ तब वही वयोवृद्ध सत्यवादी गाँधीवादी दादा कृपलानी संसद में चिल्लाते थे—मेनन ने देश की सुरक्षा की तैयारी नहीं की। यह देशद्रोही है। कृपलानी ने तब यह नहीं कहा कि मैं चीनी सेना के सामने गाँधीवादी सत्याग्रह करूँगा। अमेरिकी दबाव ने, प्रतिक्रियावादियों ने और मिडिलचियों ने परम बुद्धिमान और देशभक्त मेनन को इस्तीफा देने को बाध्य किया।

तो साधो, लोक लेखा समिति चिन्तित न हो। मैनेजमेण्ट भी ईमानदार और मजदूर भी ईमानदार और मजदूर-नेता भी ईमानदार। सबमें समझौता है कि चाहे इस देश पर दूसरा देश कब्जा कर ले पर न काम करेंगे, न करने देंगे। सब देशभक्त हैं। चिन्ता की बात नहीं। ट्रक नहीं बने तो किराये से ले लेंगे या बैलगाड़ी से काम ले लेंगे। गोला नहीं बना तो तोप में कण्डे रख देंगे।

राजनीति के फिल्मी देवता

साधो, जिन नेताओं ने अपनी जिन्दगी राजनीति में लगायी, स्वतन्त्रता की लड़ाई में जेल गये, स्वाधीन भारत में भी संघर्ष किया, जेल भोगी, जनता की समस्याओं के लिए लड़े, पार्टी का काम किया—इन्होंने जिन्दगी बरबाद कर ली। इतने साल अगर वे फिल्म ऐक्टर रहते, तो पैसा कमाते, ऐश करते, भोग करते और आज वे एकाएक बड़े नेता होते। उनके आसपास प्रशंसकों की भीड़ होती और स्थापित राजनैतिक पार्टियों के नेता उनके चक्कर लगाते, हाथ जोड़ते कि हमसे समझौता कर लो। ऐक्टर राजनीतिज्ञ कहते—ठीक है। हम देखेंगे। कुछ सीट तुम्हें दे देंगे!

साधो, आन्ध्र में जनवरी में जो चुनाव हो रहे हैं, उसकी तैयारी में यही हो रहा है। ऐसा तमिलनाडु में पहले हो चुका है। एक रात फिल्म अभिनेता एन. टी. रामाराव को सपना आया कि भगवान और जनता उनसे कह रहे हैं कि तुम राजनैतिक नेता हो जाओ। आन्ध्र का उद्धार करो। तेलगु भाषा की रक्षा करो। सुबह ऐक्टर रामाराव उठे तो नेता हो गये थे। उन्होंने 'तेलगुदेशम' पार्टी बना ली।

एअर कण्डीशण्ड कार में घूमने लगे और भाषण देने लगे। आज रामाराव आन्ध्र के सबसे बड़े नेता हैं। सिद्धान्तों को फिल्मी 'ग्लैमर' (रंगीनी) ने लात मारकर मंच से गिरा दिया और वहाँ खुद बैठ गया। आज इस फिल्मी 'ग्लैमर' के आसपास कई वर्षों के तपे हुए संघर्षशील नेता तेजहीन होकर मँडरा रहे हैं और भीख के कटोरे में ग्लैमर से सीटें माँग रहे हैं। दिवाला किसका पिट गया? नेताओं का, सिद्धान्तों का, ईमान का, विश्वास का या जनता की समझ का?

साधो, रामाराव जैसे फिल्मों में देवता बनकर मुकुट धारण कर सिंहासन पर बैठते हैं, वैसे ही राजनीति के सिंहासन पर बैठे हैं। जैसे फिल्म में दीन-दुखी याचक, देवता के सामने हाथ जोड़े जाते हैं, वैसे ही अब राजनैतिक दल रामाराव के सामने हाथ जोड़े जाते हैं। 5 पार्टियों के प्रगतिशील मोर्चे के नेता पहुँचते हैं। रामाराव कहते हैं—हाँ, हम तुम्हारी प्रार्थना पर विचार कर सकते हैं। कुछ सीटें तुम्हें दे सकते हैं। पर तुममें जो भारतीय जनता पार्टी है, वह हमें पसन्द नहीं है। साधो, फिर कम्युनिस्ट पार्टियाँ पहुँचती हैं। कम्युनिस्टों की आन्ध्र में बहुत प्रतिष्ठा है। वे संघर्ष करते रहे हैं। वे भी राजनीति के फिल्मी देवता से कहते हैं कि हमसे समझौता कर लीजिए। देवता उवाच—हम कम्युनिस्टों को पसन्द करता है। हम तुम्हें आशीर्वाद देता है। हम तुमसे समझौता करेगा। सीटें तुम चाहे जितनी ले लो, पर जो क्षेत्र हम कहें वे हमारे लिए छोड़ने पड़ेंगे। उधर हम जनता पार्टी वगैरह से अलग से समझौता कर लेंगे। अब साधो, देवता वही सीटें कम्युनिस्टों से छीनने की कोशिश में है, जो कम्युनिस्टों की पक्की हैं।

साधो, राजनैतिक दलों का दिवाला इस तरह पिट गया। जगजीवनराम शुरू से अगर राजनीति में न आकर फिल्म में गये होते और जोकर ही बने रहते, तो आज वे बहुत बड़ी राजनैतिक शक्ति होते। चरणसिंह अगर फिल्मों में 40 साल खल-नायक रहे होते तो आज उनका लोकदल कांग्रेस को उखाड़ देता। अगर मधुलिमये, चन्द्रजीत यादव, जॉर्ज फर्नांडिस जो सुडौल हैं, फिल्मी हीरो होते तो आज बड़ी राजनैतिक शक्ति होते।

साधो, जनता भी क्या करे? जनता ने 1978 के चुनाव में 120 विरोधी विधायक चुने थे। मगर इनमें से 90 कांग्रेस (इ) में चले गये। फिल्मवाला ज्यादा भरोसे का होता है। जो हीरो होता है वह हीरो ही रहता है। जो खलनायक होता है वह हमेशा खलनायक रहता है। अशोककुमार, दिलीपकुमार कभी हीरो से बदलकर खलनायक नहीं हुए। फिल्मी हस्ती पर जनता राजनैतिक हस्ती से ज्यादा भरोसा करती है। अगर पंजाब के लोग भी तमिलनाडु और आन्ध्र-जैसे होते तो कोई पंजाबी फिल्म का हीरो लोंगोवाल, तलवण्डी और भिण्डरावाला को धूल चटा देता।

साधो, आन्ध्र में कांग्रेस (इ) की हालत यह है कि वहाँ पर हर 3-4 महीने में मन्त्रिमण्डल बदलते रहते हैं। दिल्ली से कोई रेड्डी मुख्यमन्त्री बनकर हवाई जहाज में बैठता है और जब वह हैदराबाद में उतरता है तो उसे खबर मिलती है कि तुम

'डिसमिस' किये गये। कांग्रेस की हालत अच्छी नहीं है। पर उसे भरोसा है कि भजनलाल आकर उसका मन्त्रिमण्डल बनवा देंगे।

साधो, यह फिल्मी देवता की राजनीति वहीं चलती है जहाँ हीनता की भावना है, भाषायी अल्पसंख्यक होने का डर और गर्व दोनों हैं, क्षेत्रीय राष्ट्रवाद का उन्माद है। हीनता बंगाल में नहीं है। वहाँ ऐसा नहीं हो सकता और न हिन्दी प्रदेशों में फिल्मी राजनीति चलती है। उत्तरप्रदेश में कांग्रेस (इ) की चुनाव सभा में एक बार दिलीपकुमार ने भाषण के बाद नारा लगवाना चाहा। दिलीप चिल्लाये—देश की नेता कौन? आशा थी कि लोग बोलेंगे—इन्दिरा गाँधी! पर लोग बोले—सायरा बानो!

रामाराव ने मुण्डन क्यों कराया?

साधो, जिसकी कभी आशा तक नहीं की थी, वह अगर मिल जाय, तो आदमी खुशी में सनक जाता है। साधु के घर में अगर कोई सोने की ईंट और नोटों का बण्डल डाल जाय, तो वह न जाने क्या-क्या करने लगेगा। हो सकता है, वह साधु वेश में ही 'डिस्को' पर नाचने लगें, बाजार से टोप ले आय और जटा के ऊपर पहनने लगे, गांजे की चिलम छोड़कर, रम पीकर 'मेरे महबूब तुझे मेरी मुहब्बत की कसम' गाने लगे। अप्रत्याशित मिलने से यही होता है। साधु सनक जाता है और फिर जो वह करता है उससे समझता है कि पब्लिक में मेरी 'इमेज' बन रही है। जो लड़का फेल होना पक्का मान रहा है, उसे अगर पहले दर्जे में पास घोषित कर दिया जाय, तो वह शायद गधे पर बैठकर बाजार में घूमे।

साधो, आन्ध्र में ऐसा ही कुछ हो रहा है। विधानसभा सदस्यों को शपथ दिलायी गयी तो एन. टी. रामाराव ने सिर मुण्डन कराके शपथ ली। उनके साथ 20 दूसरे विधायकों ने भी मुण्डन कराके शपथ ली। यह क्या है? यह जीत की सनक है, अप्रत्याशित मिल जाने का अतिरेक है और जनता में छबि बनाने का एक भौंड़ा तरीका है। साधो, तुम्हें याद होगा कि जब 1977 में जनता पार्टी सरकार बनी थी, तब भी नेताओं ने ऐसा ही कुछ किया था। सपने में भी इन्हें राजसत्ता नहीं मिली थी। मगर वास्तव में मिल गयी, तो पगला गये। राजनारायण विन्ध्येश्वरी देवी के सामने मुण्डन करा आये, जिससे सातवें दिन देवी के आभूषण चोरी चले गये। राजनारायण सचिवालय में अपने दफ्तर में भुने हुए चने बुलवाकर लंच करते थे। मधु दण्डवते कुछ दिन साइकिल पर दफ्तर गये। एक मन्त्री पैदल सचिवालय जाते थे, एक मन्त्री तो कार के बोनेट पर बैठकर दफ्तर जाते थे। मैंने तब भी इन्हें सलाह

दी थी कि काम का समय पैदल चलने या साईकिल चलाने में बरबाद मत करो। कार से जाओ और पूरा काम करो। नाटक मत करो। इनमें से तब किसी ने कहा था —चेकोस्लोवाकिया के मन्त्री तो बस से सचिवालय जाते हैं। चीन के मन्त्री भी। ठीक है भैया सा'ब, मगर इन देशों में समाजवाद आ चुका है। फिर इन देशों की बसें और यातायात-व्यवस्था तो देखो। तुम दिल्ली की बसों में कुछ दिन बैठे, तो सवारियों की जेब काटने लगोगे।

साधो, तुम रामाराव को समझाओ कि प्रभु, मुण्डन कराने में जल्दी क्यों की ? अपना पैसा क्यों खर्च किया ? जनता तो खुद कुछ समय बाद मुफ्त में मुण्डन कर देती, जैसा उसने अभी कांग्रेस का मुण्डन किया है। रामाराव ने वादा किया है कि हम चावल दो रुपये किलो बिकवायेंगे। लोग दो रुपये किलो चावल माँगेंगे। प्रभु, तुम कैसे दोगे ? केन्द्र से ही चावल दो रुपये किलो नहीं मिलता। याने, तुम नये कर लगाकर चावल सस्ता करोगे। लोग करों से नाराज होंगे। वे चावल ही नहीं, दूसरी चीजें भी सस्ती करने को कहेंगे। तुम कर नहीं पाओगे, क्योंकि देश की अर्थव्यवस्था एक-जैसी खराब है। तुम्हारे मुख्यमन्त्री होने से किसी दैवी चमत्कार से सिर्फ आन्ध्र की अर्थव्यवस्था देवलोक की नहीं हो गयी है।

साधो, रामाराव ने वादा किया है कि हम भ्रष्टाचारहीन प्रशासन देंगे। कांग्रेस के मुण्डन का सबसे बड़ा कारण भ्रष्टाचार ही था। भ्रष्टाचारहीन शासन का मतलब है कि शासकीय मशीनरी भ्रष्टाचार न करे। मगर यह मशीनरी 36 सालों से भ्रष्टाचार कर रही है। जिस कुर्सी पर भ्रष्टाचारी बाप बैठता था, उस पर भ्रष्टाचारी बेटा बैठा है—रिटायर्ड बाप से भ्रष्टाचार की दीक्षा लेकर। तीन पीढ़ियों से जहाँ भ्रष्टाचार की आदत पड़ गयी है वहाँ रामाराव एकदम भ्रष्टाचार कैसे खत्म कर देंगे ? अफीम या गाँजे की आदत पड़ जाय, तो उसे एकदम छोड़ने से आदमी बीमार और निकम्मा हो जाता है। नशा एकदम छोड़ना खतरनाक होता है। अगर रामाराव ने हुक्म दिया कि कल से भ्रष्टाचार बन्द, तो शासकीय मशीनरी बीमार हो जायगी और खाट पर पड़ी रहेगी। उससे उठते नहीं बनेगा। यह अनर्थ रामाराव न करें।

साधो, भ्रष्टाचारहीन शासन का अर्थ है कि सबसे पहले सबसे ऊपर सदाचार हो। यानी मन्त्रिमण्डल भ्रष्टाचारविहीन हो। यह कैसे होगा ? इन्दिरा गाँधी कहती है कि 'तेलगुदेशम' में एक तिहाई भूतपूर्व कांग्रेसी हैं, जो भ्रष्टाचार के आरोप में कांग्रेस से निकाले गये। यानी एक-तिहाई मन्त्री तो अनुभवी भ्रष्टाचारी हुए। अब ये लोग बाकी शुद्ध 'तेलगुदेशम' वाले मन्त्रियों को भी तो शासन करना सिखायेंगे। ये अनुभवी हैं न ! तो ये लोग बाकी दो-तिहाई को भी भ्रष्टाचार सिखा देंगे। ये कांग्रेस से समाजवाद सीखकर आये हैं। ये समानता और लाभ के समान बँटवारे में विश्वास करते हैं।

साधो, तेलगुदेशमवाले जो हैं, वे देवता तो हैं नहीं, जिन्हें भगवान रामाराव स्वर्ग से साथ ले आये हैं। वे आखिर आन्ध्र में पैदा हुए भारतीय हैं। उन्हें भ्रष्टाचार

की ट्रेनिंग मिल चुकी होगी या मिल जायगी। अगर ये देवता भी हों, तो भी पुराणों और कथाओं में देवताओं के भ्रष्टाचार का खूब वर्णन है।

साधो, फिर फूट अगर भारतीय राजनैतिक दलों का चरित्र है तो तेलगुदेशम में भी तो फूट पड़ेगी। क्या पद और लाभ के लोभी तेलगुदेशम में नहीं होंगे? भूतपूर्व कांग्रेसियों को ही अगर इन्दिराजी के हाथ मजबूत करने की याद आ गयी तो क्या होगा? पार्टी टूटेगी।

साधो, हमारा आशीर्वाद है कि रामाराव राज करें। प्रजा को सुख दें। मगर मुण्डन अभी नहीं कराना था। फालतू पैसे नाई को दिये। बहरहाल, हम साधु चाहते हैं कि दुबारा मुण्डन नहीं हो।

ये बता कि कारवाँ क्यों लुटा?

साधो, तुम आशा कर रहे होगे कि आज गुरु आन्ध्र और कर्नाटक के चुनाव-परिणामों पर बोलेगा। मगर गुरु नहीं बोलेगा। जो बोलना था पहले कई बार बोल चुका। गुरु कांग्रेस की हार पर कुछ बोलेगा? गुरु चुप रहेगा। गुरु क्षेत्रीयतावाद, भाषायी उन्माद पर कुछ बोलेगा? नहीं बोलेगा। गुरु विघटन के लक्षणों पर कुछ बोलेगा? गुरु चुप रहेगा। गुरु स्थितियों की अस्थिरता और देश के भविष्य पर कुछ बोलेगा? गुरु नहीं बोलेगा—एम यू एम—मम! बोलते-बोलते हमने अपना कण्ठ फोड़ लिया, लिखते-लिखते अंगुलियाँ अकड़ गयीं। कोई नहीं सुनता। सुनता है तो सोचता नहीं। सोचता है तो मानता नहीं। मानता है तो करता नहीं।

साधो, जिन्हें बोलना है वे बोलने लगे और आगे बोलेंगे। कांग्रेस के नेता बोलेंगे। हार के कारण बतायेंगे। जिस-तिस को दोष देंगे। कांग्रेस की सर्वोच्च लीडर भी बोलेंगी। मैं उनसे एक ही बात कहता हूँ—

न इधर-उधर की तू बात कर
ये बता कि कारवाँ क्यों लुटा
मुझे रहज़नों से गरज नहीं
तेरी रहबरी का सवाल है॥

साधो, आज दूसरी बात करेंगे। आज दो बिछुड़े हुए भाइयों में से एक भाई की बात पर ध्यान देंगे। वह दुखी भाई है। उसका नाम है—बलराज मधोक। जिससे वह बिछुड़ा है और जिससे उसे शिकायत है, वह सुखी भाई है—अटलबिहारी वाजपेयी।

साधो, हुआ यह कि कुछ भाइयों की एक सम्मिलित दूकान कई सालों से चल

रही थी। कुछ नाम दूकान को देना पड़ेगा। नाम मान लो—शिवाजी प्रताप हिन्दू शॉप। इस दूकान की बदनामी उड़ी—धोखा-ही-धोखा है, मिलावट है, लेबल शीशी पर शुद्ध शहद का है, मगर भीतर गुड़ की राब भरी है, गरम मसाले में गधे की लीद होती है, जो इस दूकान का आटा खाय वह अस्पताल जाता है, मुनाफाखोरी है, सड़ा माल है। बदनामी हुई, तो पार्टनरों ने दूसरे मुहल्ले में दूकान खोली और नाम बदलकर रख लिया—महात्मा गाँधी समाजवादी शॉप। मगर एक भाई उसी पुरानी बदनाम दूकान पर डटा रहा। अब वह उस दूकान से चिल्लाता है नयी दूकानवाले भाइयो पर—अरे, क्यों धोखा देते हो नाम और लेबल बदलकर। माल तो वही है, वैसा ही है जो हमारी सम्मिलित दूकान में था। डण्डी तुम अब भी वैसे ही मारते हो। ढोंग करके तुम मेरे ग्राहक क्यों छीनते हो?

साधो, तुम समझ गये होगे कि यह दूकान कई साल भारतीय जनसंघ के नाम से चली। फिर यह बदनाम हुई। सबसे ज्यादा बदनाम जनता पार्टी सरकार के जमाने में हुई। तब नाम बदलकर भारतीय जनता पार्टी रखा। विचारधारा घोषित की—गाँधीवादी समाजवाद। मगर साधो, बलराज मधोक अभी भी जनसंघ चला रहे हैं। वे उसके अध्यक्ष हैं। बलराज मधोक 'भीतरिया' है—याने वे पुराने जनसंघ के अध्यक्ष रहे हैं। वे सब भीतरी बातें जानते हैं। सब पोलें जानते हैं। अटलबिहारी भी अध्यक्ष थे जनसंघ के और अब भारतीय जनता पार्टी के अध्यक्ष हैं। दोनों में स्पर्धा थी नेतृत्व के लिए। पर बेचारे मधोक संघ की शाखा से आये हुए नहीं हैं, शुद्ध हिन्दू महासभाई हैं। वाजपेयी शाखा से आये हैं, व्यक्तित्व बड़ा है, वाणी सिद्ध है, नाटकीयता है—इसलिए आर. एस. एस. का समर्थन है और वे पार्टी के लिए जरूरी भी हैं।

साधो, बलराज मधोक साफ आदमी हैं। जो हैं, वही बताते हैं। नंगे हैं तो कहते हैं कि मैं नंगा हूँ। यह नहीं कहते कि मैं कपड़े पहने हूँ, मगर तुम्हें दिखता नहीं है। वे शुद्ध हिन्दू राष्ट्रवादी हैं। वे गाँधी विरोधी हैं। वे समाजवाद विरोधी हैं। वे मुसलमानों को विदेशी हमलावर अभी भी मानते हैं और हजार साल से भारत में रहनेवालों का 'भारतीयकरण' करना चाहते हैं। मधोक खुले, कट्टर, वाचाल, कटु सम्प्रदायवादी हैं।

साधो, अभी उन्होंने दिल्ली प्रदेश जनसंघ के सम्मेलन में कहा कि भारतीय जनता पार्टी एक 'फ्राड' (धोखा) है। जो मैं हूँ, वही अटलबिहारी है। मैं भीतर का आदमी हूँ, सब जानता हूँ। मधोक का कहना है—भारतीय जनता पार्टी का विश्वास हिन्दू राष्ट्र में है। उसका विश्वास गाँधीवाद में नहीं है। उसका विश्वास समाजवाद में भी नहीं है। यह सब छल है।

साधो, मधोक का कहना है कि मैं तो नंगा साम्प्रदायिक हिन्दू राष्ट्रवादी हूँ और ठाठ से नंगा खड़ा हूँ। मगर तुम गाँधीवाद और समाजवाद का मलमल का झीना लँगोट पहने हो। अंग तुम्हारे भी दिख रहे हैं। तुम समझते हो, नहीं दिख रहे हैं। लँगोट उतार दो। जनता को धोखा मत दो।

साधो, मधोक का कहना है कि तुम शुद्ध हिन्दू राष्ट्रवादी अपने को कहो — जो तुम हो, यह मैं जानता हूँ। इससे जो गाँधीवादी धोखे में तुम्हारे साथ आ गये हैं, वे गाँधीवादियों में लौट जायेंगे। जो समाजवाद के छल में आ गये हैं वे कर्पूरी ठाकुर के पास चले जायेंगे। जो मुसलमान भारतीयता के धोखे में आ गये हैं, वे जहाँ जाना होगा चले जायेंगे। लोगों को धोखा मत दो।

मगर साधो, अटलबिहारी उर्दू शायरों की उस चतुर हसीना की तरह हैं, जो चिलमन (चिक) से चिपककर बैठती है। उसे बाहर का सब दिखता है। बाहरवालों को भी वह चिक से लगी बैठी दिखती है। मगर ठाठ यह है कि पर्दे में हैं हम। कोई बेहया बेपर्दा फाहिशा औरत नहीं हैं। दाग ने यही कहा है—

> खूब पर्दा है कि चिलमन से लगे बैठे हैं
> साफ छिपते भी नहीं सामने आते भी नहीं।

साधो, तुम पूछोगे —गुरु, क्या अटलबिहारी मधोक को जवाब देंगे। देखो, जवाब नहीं देंगे। अड़चन के और पोल खोलनेवाले सवालों का जवाब चतुर लोग नहीं देते।

पै तमाशा न हुआ

साधो, गालिब का एक शेर है—

> खबर गर्म थी कि गालिब के उड़ेंगे पुर्जे
> देखने हम भी गये पै तमाशा न हुआ।

साधो, हर बार जब गुटनिरपेक्ष सम्मेलन होता है, तब यह खबर उड़ायी जाती है कि यह संगठन अब टूटा, अब टूटा। अखबारों में लेख छपते हैं, टेलीविजन-रेडियो पर प्रचार होता है कि आन्दोलन में फूट पड़ गयी है। पिछला सम्मेलन क्यूबा की राजधानी हवाना में हुआ था। तब यह अफवाह उड़ायी गयी थी कि फिदेल कास्त्रो और मार्शल टीटो में झगड़ा हो गया। अब यह आन्दोलन टूटा। मगर आन्दोलन टूटा नहीं, और मजबूत हो गया। अभी हुए सम्मेलन में 101 देश शामिल थे, जिनकी आबादी दुनिया की तीन-चौथाई है और संयुक्त राष्ट्र संघ में इनके दो-तिहाई मत हैं।

साधो, दूसरा प्रचार यह किया जाता है - यह गुटनिरपेक्ष आन्दोलन नहीं है, यह रूस का पक्षधर है। जो रूस के साथ है, वह गुटनिरपेक्ष कैसे हुआ? साधो, ऐसा प्रचार अमेरिका की तरफ से होता है। भारत में जो अमेरिका समर्थक अखबार और राजनीतिज्ञ हैं, वे भी यही प्रचार दो महीनों से कर रहे थे। साधो, ये जो गुट-

निरपेक्ष देश हैं, ये सब गरीब और विकासशील देश हैं। इनकी पहली समस्या है कि पेट कैसे भरें और कपड़े कैसे पहनें। दूसरी चिन्ता है कि उत्पादन कैसे बढ़ायें। तीसरी चिन्ता है कि हथियारों की दौड़ कैसे खत्म हो। रोटी का पैसा तो हथियारों में लग रहा है। बारूद को खा नहीं सकते, पर बारूद पहले खरीदते हैं, गेहूँ बाद में —अगर पैसा बचा तो। चौथी चिन्ता है कि दो महाशक्तियों के बीच विश्व-युद्ध टले क्योंकि अगर आणविक युद्ध हुआ तो दुनिया के ये तीन-चौथाई गरीब लोग भी मरेंगे या कैंसर-कोढ़-जैसी बीमारी भोगते हुए कुछ दिन और काटेंगे।

साधो, ये गुटनिरपेक्ष देश अपना और दुनिया का कुछ भला करने की योजना बनाने के लिए इकट्ठा होते हैं, कोई मीना बाजार नहीं लगाते। मगर अमेरिका और उसके पक्षधर इसमें भी बाधा डालते हैं। तुलसीदास ने कहा है—

जे परदोष लखहिं सहसाखी,
परहित-घृत जिनके मन माखी।

यानी जो दूसरों के दोष हजार आँखों से देखते हैं, और दूसरे के हित के घी में जिनका मन मक्खी की तरह गिर जाता है। साधो, इन पुण्यात्माओं के बारे में तुलसीदास ने और भी कहा है—

पर अकाज लगि तनु परिहरहीं,
जिमि हिम उपल कृषी दल गरहीं।

यानी दसरे का काम बिगाड़ने के लिए अपना शरीर त्याग देंगे— जैसे ओला गिरकर अपने को गला देता है, मगर फसल को नष्ट कर देता है।

साधो, अमेरिकी राष्ट्रपति रीगन ने एक तो इन्दिरा गाँधी को सम्मेलन की सफलता के लिए बहुत प्यारा पत्र लिखा है और साथ ही 12 पके-पकाये कूटनीतिज्ञों और सी. आई. ए. एजेण्टों को भेज दिया कि भीतरघात करके सम्मेलन को तोड़ दो। यह ऐसा ही हुआ कि मुहल्ले में किसी लड़की की शादी होनेवाली है तो सेठजी ने बर्तन दे दिये, गद्दे-तकिये दे दिये, पानी की टंकी दे दी और बार-बार लड़कीवालों से कह रहे हैं कि जैसी तुम्हारी लड़की, वैसी हमारी। उसकी शादी कुशलता से निपट जाय। मगर जब बारात आयी तो बारातियों में खबर फैला दी कि लड़की तो कानी है, या दूसरे आदमी से उसके सम्बन्ध हैं।

साधो, अमेरिकी प्रशासन को यह समझ में नहीं आता कि गुटनिरपेक्ष सम्मेलन सबसे अधिक जोर जो विश्वशान्ति पर दे रहा है, तो वह अमेरिकियों को मरने से बचाना चाहता है। प्रक्षेपास्त्रों से अमेरिकी मर जायेंगे। बाकी दुनिया भी बहुत-सी मरेगी। पर पहले अमेरिकी मरेंगे। अभी अमेरिकी भूले नहीं हैं कि जब 1962 में क्यूबा में रूसी राकेट लगे थे और अमेरिकी टेलीविजन पर अमेरिकी जनता को वे दिखाये जा रहे थे, तब हर भले मानस अमेरिकी को लगता था कि राकेट मेरे सिर पर गिर रहा है। तब कई रात अमेरिकी नहीं सोये थे। फिर दो साल पहले की वह घटना भी रीगन भूल गये कि कम्प्यूटर ने गलत बता दिया था कि रूसी मिसाइलें आसमान से आ रही हैं। अगर कुछ सैकेण्डों में यह गलती पकड़ न ली गयी होती,

तो अमेरिकी राकेट रूस की तरफ चले गये होते और विश्व-विनाशकारी युद्ध हो ही जाता। मगर अमेरिकी शासकों ने ईसा के सामने कसम खायी है कि अनुभव से कभी कुछ नहीं सीखेंगे। न कोरिया से सीखा न वियतनाम से न ईरान से। बस, बहुराष्ट्रीय कम्पनियों का मुनाफा बढ़ता जाना चाहिए। अमेरिका की हालत उस मूर्ख सेठ की तरह है जो जान दे देगा, पर पैसा इकट्ठा करेगा। अमेरिकी शासक इस बात पर भी विचार नहीं करेंगे कि दिल्ली में आये राष्ट्राध्यक्षों में से तीन-चौथाई ने अमेरिकी नीतियों की आलोचना की और अपनी गरीबी तथा मुसीबत के लिए अमेरिका को दोषी ठहराया। आखिर कुछ कारण तो होंगे? या दिल्ली में पागलों का सम्मेलन था?

साधो, दो देशी वीरों ने भी कमाल किया। एक समाजवादी जॉर्ज फर्नांडिस और दूसरे हिन्दू महासभाई 'सावरकर'। इस देश की समाजवादी पार्टी को तो समाजवादी निगल गये। समाजवादी इस समय मोरारजी भाई के पेट में हैं। हिन्दू महासभा को जनसंघ खाकर पचा गया और उसका दस्त भी कर दिया। मगर समाजवादी जॉर्ज ने इस बात पर सत्याग्रह किया कि इस सम्मेलन के लिए संसद की छुट्टी क्यों की? प्रधानमन्त्री और सारे मन्त्री, अधिकांश संसद-सदस्य और अफसर तो इस बड़े सम्मेलन में लगे हैं। संसद किसके लिए बैठती? फिर संसद-सदस्य सम्मेलन में भाग क्यों नहीं लेते? और 'सावरकर' समझे कि यह अन्तर-राष्ट्रीय गोरक्षा सम्मेलन हो रहा है। तो वे कुछ पागलों को लेकर वोट क्लब पर गोरक्षा के लिए प्रदर्शन करते पकड़े गये। भारत में पगले भी हैं, यह हमने बता दिया।

खैर साधो, सम्मेलन हो ही गया। न भंग हुआ। न उपद्रव हुए। हमारा पछतावा वही है—

खबर गर्म थी कि गालिब के उड़ेंगे पुर्जे
देखने हम भी गये पै तमाशा न हुआ।

वैज्ञानिक इतिहास का डर

साधो, हम न मानते, अगर हमसे बड़े साधु और अब जब विनोबा नहीं रहे तो देश के सबसे बड़े साधु, मोरारजी न कहते कि राष्ट्रीय स्वयंसेवक संघ की संकीर्ण हिन्दू राष्ट्र की विचारधारा है, जबकि हमारा 'भारत' राष्ट्र है। मोरारजी को पवनार में जाकर बैठना चाहिए। ऐसे बयान नहीं देने चाहिए। उन्हें यह भी ध्यान नहीं रहा कि उधर धारा ही धारा है, विचार नहीं। उन्हें यह भी ध्यान

नहीं रहा कि जो संगठन संघ ने बनाये हैं, वे सब भारतीय हैं—भारतीय जनता पार्टी, अखिल भारतीय विद्यार्थी परिषद, भारतीय मजदूर संघ। मोरारजी यह भी भूल गये कि वे तो सिर्फ संकीर्ण भारतीय हैं, मगर संघ अखिल विश्व को एक मानता है। सबूत—विश्व-हिन्दू परिषद ! अगर मोरारजी और आक्षेप करेंगे तो वे बना लेंगे—अखिल ब्रह्माण्ड परिषद। मोरारजी उनकी विराटता का मुकाबला नहीं कर सकते। जो लहसुन तक गुजराती खाते हैं, वे संघ की विराट दृष्टि को समझ नहीं सकते। उसमें 100 सूर्य और 1000 चन्द्रमा हैं और ये सब हिन्दू परिषद के हैं।

साधो, मोरारजी ने आक्षेप का गलत वक्त चुना। दुश्मन पर भी ऐसे मौके पर हमला नहीं किया जाता, जब वह गर्दिश में हो। इस समय संघ और उसकी राजनैतिक भारतीय जनता पार्टी गर्दिश में है। यह इतिहास की गर्दिश है। जिस इतिहास को मोरारजी ने प्रधानमन्त्री की हैसियत से, नानाजी देशमुख के कहने से, आर. सी. मजूमदार के नोट पर दबाया था, वह इतिहास अब फिर खड़ा हो गया है संघ के सामने, और संघ उससे डर रहा है। साधो, जब जनता सरकार ने उन इतिहास-पुस्तकों को प्रतिबन्धित किया था, तब जवाहरलाल नेहरू विश्वविद्यालय के इतिहास विभाग के अध्यक्ष डॉ. एस. गोपाल ने 'सेमिनार' में एक लेख में लिखा था—मैं जानता हूँ कि जनता पार्टी में कुछ उद्धत मूर्ख (ऐरोगेण्ट इडियट्स) हैं। इतिहास विज्ञान है। आज सरकार इतिहास में हस्तक्षेप करती है तो कल भौतिक शास्त्र फिजिक्स में हस्तक्षेप करेगी।

साधो, यह नया इतिहास क्या है, जिससे बेचारा संघ और भारतीय जनता पार्टी डरे हुए हैं। अभी तक ये इतिहास की ही दुहाई देते थे, मध्ययुग के इतिहास की। यह इतिहास यह था कि मुसलमान राजा सब हिन्दू विरोधी थे, हिन्दुओं पर अत्याचार करते थे, हिन्दू-मन्दिर तोड़ते और लूटते थे। इसलिए हिन्दू, मुसलमान परस्पर दुश्मन थे, दुश्मन हैं, दुश्मन रहेंगे। साधो, ऐसे इतिहास के सबसे बड़े पुरोधा थे डॉ. आर. सी. मजूमदार। वे अब भगवान के प्यारे हो गये। ईश्वर ने उनकी आत्मा को शान्ति दी या नहीं, हमें पता नहीं। मगर वे अशान्ति के मन्त्र देकर सिधार गये। इस इतिहास के कारण ही दंगे होते हैं। इस इतिहास के कारण ही राष्ट्रीय एकता नहीं होती। मजूमदार ने तो एक लेख में लिख दिया था कि भारत के सारे मुसलमानों को पाकिस्तान चले जाना चाहिए। इस लेख पर राष्ट्रीय एकता परिषद में बहुत गर्म चर्चा हुई और अटलबिहारी वाजपेयी की हालत इतनी खस्ता हुई कि उन्होंने यह झूठ कहा कि 'आर्गनाइजर' से (जो संघ का मुखपत्र है) हमारा कोई सम्बन्ध नहीं है। साधो, इसी इतिहास के इसी साम्प्रदायिक द्वेष पर संघ का संगठन टिका है, जनसंघ की राजनीति चलती थी और अब भारतीय जनता पार्टी की राजनीति चलती है।

साधो, अभी देवरसजी की उपस्थिति में विद्वानों और इतिहासकारों की मीटिंग हुई। कहाँ हुई, कब हुई, यह नहीं बताऊँगा। सब कुछ गुप्त था। स्वयं-

सेवकों तक को नहीं मालूम था । घबड़ाये हुए संघी बुद्धिजीवियों ने विचार किया कि बाप रे, अब क्या किया जाय ? नये इतिहासकार तो दूसरा इतिहास लिख रहे हैं और वह प्रचारित भी हो रहा है । हम तो इतिहास को कथा बनाये थे, ये उसे विज्ञान बना रहे हैं । कैसे इस इतिहास से लड़ा जाय ?

–साधो, बड़ी करुण स्थिति है हिन्दू राष्ट्रवालों की। इफ यू हैव टीअर्स प्रिपेयर टु शेड देम नाऊ। अगर तुम्हारी आँखों में आँसू हैं, तो उन्हें गिराने को तैयार हो जाओ । यह मार्क एण्टनी ने जूलियस सीजर को दफनाते वक्त कहा था । साधो, इस नये इतिहास में औरंगजेब वैसा नहीं था, जैसा बताया जाता रहा है । वह मन्दिरों को तोड़ता नहीं, उनका निर्माण करवाता था । मन्दिरों को दान देता था । इसके प्रमाण मिल गये हैं । 'जजिया' कर हिन्दुओं को त्रास देने के लिए नहीं लगाया जाता था। वह एक तरह का 'सेल्स टैक्स' था । मुसलमान जब भारत आये, तब वे व्यापारी और किसान नहीं लाये थे । सिर्फ सिपाही लाये थे । इसलिए व्यापार हिन्दुओं के हाथों में ही रहा । इस व्यापार पर जब कर लगा तो वह हिन्दुओं पर लगा, क्योंकि व्यापारी हिन्दू थे । मुसलमानों पर भी कर लगता था । इसे 'जकात' कहते हैं ।

साधो, जहाँ तक मन्दिर लूटने का सवाल है, सब राजा मन्दिर लूटते थे । हिन्दू राजा भी मन्दिर लूटते थे । प्रमाण मिला है कि राजा हर्ष का तो मन्दिर लूटने का एक डिपार्टमेण्ट ही था । यह लूट धर्म के लिए नहीं, धन के लिए होती थी । तब बैंक थे नहीं । मन्दिरों में लोग भगवान की चौकसी में सोना-चाँदी रखते थे । मूर्तियाँ सोने की होती थीं। जब भी राजा को धन की जरूरत होती, वह हुक्म देता कि फलाँ-फलाँ मन्दिर लूट लाओ । यह वैज्ञानिक और सच्चा इतिहास लिखा जा रहा है ।

साधो, बड़ी दयनीय हालत है, साम्प्रदायिक संगठन और राजनीतिवालों की । इसीलिए जिस संगठन में ज्यादा अध्ययन करना, शंका और प्रश्न करना अनुशासनहीनता है, वह अपने विद्वानों से कहता है कि साम्प्रदायिक इतिहास लिखो ।

शब्द पीछा कर रहे हैं

साधो, शब्द बड़े ताकतवर होते हैं । शब्द बोलते ही नहीं हैं, वे चलते भी हैं । शब्द पीछे पड़ जाते हैं तो आफत हो जाती है । पिछले साल मोरारजी भाई-जैसे गम्भीर बुजुर्ग नेता ने कह दिया था कि स्त्रियाँ शासन करने के योग्य नहीं होतीं । तारकेश्वरी सिन्हा-जैसी लचकदार मन्त्री मोरारजी के मातहत मंत्री रहीं पर वे भी उन्हें नरम

नहीं कर सकी थीं। स्त्रियों के खिलाफ शब्द मोरारजी भाई के पीछे पड़ गये और उन्हें नारियों से माफी माँगनी पड़ी। साधो, देवकान्त बरुआ कांग्रेस के अध्यक्ष थे। तुम लोगों को शायद मालूम हो कि बरुआ बहुत बड़े कवि हैं। असमिया काव्य में वे युगान्तरकारी माने जाते हैं। राजनीति में वे शून्य हो जायें, पर कवि तो बड़े रहेंगे। अब कवि अतिशयोक्ति अलंकार से काम लेता ही है। तो कवि-स्वभाव के मुताबिक बरुआ कहते थे—इन्दिरा इज इण्डिया—इन्दिरा भारत है। ये शब्द इन्दिराजी को भी अच्छे नहीं लगे होंगे। पर कवि कह गया। पर शब्द पीछे पड़ गये और लोग कहने लगे—अरे बरुआ तो दरबारी मसखरा है। शब्द पीछे पड़ गये। आज इन्दिरा है, भारत भी है पर बरुआ नहीं है। साधो, इसी तरह अपने अशोक मेहता हैं। शब्द उनके भी पीछे पड़ गये थे। अशोक मेहता तब केन्द्र में मन्त्री थे। वे अमेरिका गये। वहाँ वे गद्‌गद हुए। उन्हें लगा मैं भारत का मन्त्री नहीं, अमेरिका का कोई अर्थसचिव हूँ। वे अमेरिकी पूँजीपतियों को सलाह देने लगे कि अमेरिकी पूँजी को भारत में पीछे की सीट से ड्राइव करना चाहिए। ये शब्द उनके पीछे पड़ गये। भारत में हल्ला हुआ कि हमारा मन्त्री तो अमेरिकी पूँजी की घुसपैठ करवा रहा है। धोखे से हमारी अर्थव्यवस्था को अमेरिका को सौंपना चाहता है। पण्डित नेहरू ने तब अशोक मेहता से कहा कि अब तुम पीछे की सीट पर बैठकर दाढ़ी के सफेद बाल उखाड़ो, ड्राइव मत करना। इसी तरह 'सम्पूर्ण क्रान्ति' शब्द जयप्रकाश के पीछे पड़ा है, 'सर्वोदय' विनोबा के पीछे पड़ा है।

साधो, इन दिनों शब्द सबसे ज्यादा परेशान कर रहा है अटलबिहारी वाजपेयी को। उन्हीं के शब्द उनके पीछे पड़े हैं। उन्होंने पाकिस्तान और चीन के सम्बन्ध में क्या कहा था, यह लोगों को याद है। वही शब्द उनके पीछे पड़ा है और वे लजाकर हँसकर कहते हैं—वह सब भूल जाओ। अब मैं बदल गया हूँ। वह तो मैंने जनसंघ के नेता के रूप में कहा था पर जनसंघ तो अब रहा नहीं। साधो, जनसंघ तो अभी भी है। वह राष्ट्रीय स्वयंसेवक संघ है। और वह रहेगा। सारी राजनीति तो यही करता है। तभी देवरसजी इस संस्था के सांस्कृतिक काम से मोरारजी और चरणसिंह से मिलते हैं।

साधो, पहले अटलबिहारी भी हमेशा ही केसरिया बाना पहने रहते थे। तुमने वीररस के नाटकीय भाषण सुने होंगे। तब दहाड़ते थे—हमें पाकिस्तान से काश्मीर का वह हिस्सा छीन लेना चाहिए, जिस पर उसने कब्जा कर रखा है, हमें चीन से एक-एक इंच भूमि वापस लेनी चाहिए, हमें उनसे कोई बात नहीं करनी चाहिए। यह सरकार डरपोक है, नपुंसक है। हम कहते हैं फौज भेजो, मगर यह चिट्ठी भेजती है। साधो, ऐसे अटलबिहारी जब विदेशमन्त्री हुए तो हमें लगा था कि अब भारत दिग्विजय करेगा। इधर पाकिस्तान पर हमला होगा, उधर चीन पर। दोनों पर फतह। अश्वमेध यज्ञ। अगर मन्त्रिमण्डल फौजी कार्यवाही करने की मंजूरी नहीं देगा तो अटलबिहारी स्वयंसेवकों से चढ़ाई करा देंगे। काली टोपी, हाफपैण्ट,

लाठीवाली हमारी राष्ट्रीय फौज !

मगर साधो, अटलबिहारी ने निराश किया। वे तो इस्लामाबाद पहुँच गये और जनरल जिया-उल-हक से प्रेम-निवेदन करने लगे—

'यों जिन्दगी गुजार रहा हूँ तेरे बगैर, जैसे कोई गुनाह किये जा रहा हूँ मैं,' और जनरल जिया ने जवाब दिया—'है हर एक उनके इशारे में निशाँ और, करते हैं मुहब्बत तो गुजरता है गुमा और'। याने आप इतने झूठे हैं कि मुहब्बत करते हैं तो कुछ और गुमा होता है। साधो, शिमला-समझौते पर अटलबिहारी ने विरोध किया था। एक विरोध-रैली का नेतृत्व किया था और कहा था, शिमला-समझौता राष्ट्रघाती है। मगर अब कहते हैं कि हम शिमला-समझौते का पालन करेंगे।

साधो, कोई पूछे कि अगर तब शिमला-समझौता राष्ट्रघाती था तो अब क्यों नहीं है ? आप राष्ट्रघात तब कर रहे थे कि अब कर रहे हैं ? आप तब देशद्रोही थे कि अब हैं ?

साधो, हम नहीं, उनके शब्द ही वाजपेयी के पीछे पड़े हैं। वे अब चीन जा रहे हैं प्रेम-वार्ता के लिए। चीन ने कराकोरम सड़क बना दी है जिससे टैंक सीधे पाकिस्तान आ सकते हैं। चीन ने काश्मीर में जनमत-संग्रह की पाकिस्तानी माँग का समर्थन भी किया है। मगर वाजपेयीजी जा रहे हैं। एक सदस्य ने संसद में कह भी दिया कि वे चीन जायें तो अपने पहले के भाषण भी लेते जायें।

साधो, अपने ही शब्द पीछे पड़ जायें तो बड़ी फजीहत पड़ जाती है। पाक और चीन पर फौजी कार्यवाही न करने के कारण कांग्रेस सरकार नपुंसक थी तो यह सरकार कौन-सी मर्दानगी दिखा रही है ?

साधो, वाजपेयी से अकेले में पूछो कि पाकिस्तान से इतने ज्यादा हिलगना क्यों चाहते हो ? वह अमेरिकी सैन्य संगठन का सदस्य है मगर तुमने उसे गुट-निरपेक्ष में घुसेड़ दिया। वाजपेयी कहेंगे—उनका ऐसा ही इशारा है। फिर पूछो—रेंगकर चीन क्यों जा रहे हो ? वे कहेंगे—उनका ऐसा ही इशारा है। साधो, अब पूछो कि वे हैं कौन ? कौन का इशारा है ? क्या नाम है उनका ? वाजपेयी कहेंगे—भारतीय संस्कृति में 'उनका' नाम नहीं लिया जाता। हम तो उन्हें 'एजी' कहती हैं।

अब साधो, तुम सोचने लगोगे कि ये 'एजी' जिमी कार्टर हैं। सोचो, सोचो !

भागलपुर के चौबेजी

साधो, भागलपुर विश्वविद्यालय की धर्म-कथा सुनो। वहाँ एक आचार्य चौबेजी हैं। ये प्रोफेसर चौबे कोई दुबे नहीं हैं, ऊँचे ब्राह्मण हैं। वैसे तो मूर्ख ब्राह्मण भी पूजनीय होता है, फिर चौबेजी तो पढ़े-लिखे हैं। उसी विश्वविद्यालय में एक डॉ. मण्डल हैं, जो शोध कर रहे हैं। डॉ. मण्डल हरिजन हैं। अब चौबेजी-जैसे पवित्र ब्राह्मण और मण्डल-जैसे अछूत एक ही विश्वविद्यालय में रहें, यह तो अधर्म हो गया। वैसे तो हरिजन विद्या प्राप्त करे, यही पाप है। इस पाप से अमंगल होता है। इन्दिरा गाँधी ने हरिजन जगजीवनराम को मन्त्रिमण्डल में रखा तो आखिर उनकी हार हुई। भागलपुरवाले चौबेजी अपने पवित्र विश्वविद्यालय में यह पाप नहीं होने दे सकते थे। उन्होंने डॉ. मण्डल का मुण्डन कराया और गधे पर बिठाकर घुमाया। इस मामले की जाँच हो रही है। विधानसभा में मामला उठ चुका है। शायद चौबेजी को सज़ा हो जाय। पर मुझे इस बात पर अचरज है कि भागलपुर में जयप्रकाश के 'सम्पूर्ण क्रान्तिकारी' तो होंगे, फिर उन्होंने चौबजी के सिर पर मैले की टोकरी रखकर उनका भी जुलूस क्यों नहीं निकाला ? असल में सम्पूर्ण क्रान्तिकारी जाति-बिरादरी में बँट गये हैं।

साधो, अगर भागलपुर विश्वविद्यालय का कुलपति कोई भंगी हो जाय और चौबेजी की नौकरी खतरे में हो तो चौबेजी भंगी कुलपति के चरणों में अपना पवित्र मस्तक अवश्य रख देंगे। वह कहे कि मेरे चरण धोकर पी तो चौबेजी पी लेंगे। भंगी कुलपति कहे कि तुम ब्राह्मण होकर ऐसा कर रहे हो तो चौबेजी कहेंगे —हुजूर, आप तो माई-बाप हैं।

साधो, जाति का सम्मान बचाने का चौबेजी का यह सुकर्म काबिले-दाद है। पूरे भागलपुर विश्वविद्यालय को गंगा-जल से धोने की अपेक्षा उन्होंने यह बेहतर समझा कि एक हरिजन विद्वान को गधे पर बैठा दिया जाय। चौबेजी को यह तो पता होगा नहीं कि कितने ब्राह्मण भागलपुर में सदियों से गधे पर बैठे हैं। चौबेजी को यह भी बोध नहीं होगा कि इस हरकत से वे जिन्दगी-भर के लिए गधे पर बैठ गये। साधो, अपने मानदण्ड बड़े सधे हुए हैं। हरिजन स्त्री से बलात्कार करने से छूत नहीं लगती, पर उसका भाई अगर छू ले तो छूत लग जाती है। नहाना पड़ता है। झगड़ा चन्दन, चोटी और जातिगत पवित्रता का नहीं है। दूसरा है। यों तो चमार बाल्मीकि की 'रामायण' पर शोध करके पण्डित प्रोफेसर हो गये हैं। जुलाहे कबीर पर शोध करके ऊँची जाति के लोग डॉक्टरेट लेते हैं और कॉलेज में नौकरी करते हैं। साधो, हरिजन हमारे लिए जरूरी हैं। सेवा करने को हरिजन चाहिए। वह मैला उठाय, सफाई करे, जूते बनाय। खेतों पर काम करने को हरिजन चाहिए। बेगार करने को हरिजन चाहिए। बलात्कार करने को हरिजन औरतें चाहिए। समाज को हरिजनों की बड़ी जरूरत है।

मगर साधो, ऐसे हरिजन नहीं चाहिए, जो पढ़कर नौकरियों में ऊँचे वर्णों से हिस्सेदारी करने लगें। ऐसे हरिजन नहीं चाहिए, जिनकी अपनी खेती हो। ऐसे हरिजन नहीं चाहिए, जिनके अपने अच्छे मकान हों। ऐसे हरिजन नहीं चाहिए, जो चमार से बढ़कर चमड़े के कारीगर हो जायें। जब हरिजन ऐसी हरकत करते हैं तब वे मर्यादा लाँघते हैं और चौबेजी, अग्रवालजी और ठाकुर साहब उनके खिलाफ युद्ध छेड़ देते हैं।

साधो, मराठवाड़ा में औरंगाबाद में एक विश्वविद्यालय है। तय हुआ कि उसका नाम रख दिया जाय—डॉ. अम्बेडकर विश्वविद्यालय। इस पर सारे मराठवाड़ा में आग लगी है। बसें जल रही हैं। दफ्तर जलाये जा रहे हैं। रेलें रुकी पड़ी हैं। बस्तियाँ जलायी जा रही हैं। किसलिए ? डॉ. अम्बेडकर के नाम का विरोध। ये अम्बेडकर कौन। वही अम्बेडकर जो संविधान के निर्माता थे—जिस संविधान की कसम खाकर हमारे शासक राज करते हैं। मगर अम्बेडकर हरिजनों के नेता भी थे। और हिन्दू समाज में हरिजनों का जो हाल है, उसे देखकर अम्बेडकर ने अपने बहुत सारे अनुयायियों को बौद्ध बना दिया। पर बौद्ध होने से भी उनका हरिजनपन नहीं मिटा।

साधो, आगरा में इन्हीं अम्बेडकर की जयन्ती के जुलूस पर पथराव हुआ था और फिर हुआ था दंगा। दंगा क्या हुआ, पुलिस ने हरिजनों को मारा। दिल्ली क्षेत्र में, भारत सरकार के सामने, कंझावला में बड़े किसान हरिजनों को खेती नहीं करने दे रहे हैं। ये हरिजन झोंपड़ियों में दुबके हुए काँपते रहते हैं कि अब आग लगी। वहाँ पुलिस भी है मगर एक हरिजन के पीछे तीन पुलिसवाले होते हुए भी राज चल रहा है बड़े किसानों का।

साधो, अब वह समय आ सकता है, जब ये हरिजन अपना अलग 'हरिजनस्तान' बनाने की माँग करने लगें। इस देश के शायद और टुकड़े होंगे। सदियों से जिनके अन्यायपूर्ण निहित स्वार्थ कायम हैं, वे ऊँचे लोग कब समझेंगे कि अब वह सतयुग आ ही रहा है, जब वे पिटेंगे। हम लोग तो बच जायेंगे, क्योंकि साधु की जात नहीं होती।

जेल में रोमांस

साधो, इमरजेन्सी उठने और जनता सरकार बनने के बाद कई बातें खुल रही हैं। जाँच करायी जा रही है कि इमरजेन्सी में जेल में क्या अत्याचार हुए। यों तो जब ये मीसाबन्दी जेल से छूटे थे तभी इन्हें देखकर पता चलता था कि जेल में घोर

अत्याचार हुए होंगे। कई को तो घर के लोग पहचान नहीं पाये थे। एक मीसा-बन्दी जब छूटकर घर पहुँचे तो उनकी पत्नी ने उन्हें पहचाना नहीं और कहा—अरे, मेरे वो तो दुबले-पतले मरियल थे। तू न जाने कौन मुस्टण्डा मेरा घरवाला बनने आ गया ! भाग यहाँ से ! साधो, दवाइयों के विज्ञापनवाले भी इनके फोटो लेने को घूमते थे। वे उनका जेल जाने के पहले का और जेल से छूटने के बाद का फोटो छापकर अपनी ताकत और स्वास्थ्य की दवा का विज्ञापन करना चाहते थे। पहले फोटो के नीचे छापते—दवा के इस्तेमाल के पहले। दूसरे के नीचे छापते—इस्तेमाल के बाद।

साधो, और कई बातें अत्याचारों की जाँच के दौरान खुल रही हैं। मध्यप्रदेश में ही एक जेल में अत्याचारों की जाँच हो रही है। इस जाँच में जो बातें खुल रही हैं, उन्हें जानकर तो तुममें से बहुत-से चाहते होंगे कि जीवन-भर जेल में रहें ! ऐसे प्यारे-प्यारे अत्याचार होते हैं। आखिर दुष्ट इन्दिरा गाँधी ने आपातकाल उठा क्यों लिया ? साधो, जाँच-अधिकारी के सामने सहायक जेलर और वार्डर ने बयान दे दिये हैं कि एक संसदीय सचिव जब जेल में थे तो जेलर की जवान लड़की जेल में उनके कमरे में पढ़ने आती थी और बड़ी रात तक ज्ञान-चर्चा होती थी। जेलर के घर से उन भाग्यवान को खाने के लिए चीजें भी आती थीं। प्रेमपत्र तक पेश हो गये हैं, जिनसे संसदीय सचिव ने इन्कार किया है। लेकिन उन्होंने यह जरूर स्वीकार किया है कि लड़कियाँ पढ़ने आती थीं।

साधो, ऐसे अत्याचार हों तो कौन जेल में नहीं रहना चाहेगा। जिन्दगी-भर जेल में रखो, मगर जवान स्त्री पढ़ने भेज दिया करो और अच्छा भोजन। मगर ये दुष्ट समाजवादी किसी का सुख नहीं देख सकते। वे माँग कर रहे हैं कि इस संसदीय सचिव को निकालो। विद्याभूषण ठाकुर कहते हैं कि मैं तो इनके साथ उसी जेल में था। मैंने सब देखा है। अब बेचारे सकलेचाजी पसोपेश में हैं।

साधो, मैं नहीं जानता सत्य क्या है। सत्य का पता तो जाँच-अधिकारी लगायेंगे। मगर मैं इस मत का हूँ कि स्त्री-पुरुष अगर अपनी इच्छा से एक-दूसरे के नजदीक आयें तो इसमें कुछ बुरा नहीं है। मैं यह भी मानता हूँ कि शहर में स्कूल-कॉलेज होते हुए भी सभी अध्यापक इतने नालायक होंगे कि वे जेलर साहब की लड़की को पढ़ा नहीं सकते होंगे। यह भी सही है कि जेल में कैदी की बुद्धि बहुत तीव्र हो जाती है। उसकी बुद्धि एकाग्र हो जाती है। ज्ञान बढ़ जाता है। तभी तो जेल में जवाहरलाल नेहरू ने ऐसी बढ़िया किताबें लिखीं। मैथिलीशरण गुप्त ने जेल में महाकाव्य लिखा। बालकृष्ण शर्मा नवीन और माखनलाल चतुर्वेदी ने बढ़िया कविताएँ लिखीं। तो उक्त संसदीय सचिव जेल में परमज्ञानी हो ही गये होंगे। जेलर साहब भी अपने अनुभव के कारण जानते होंगे कि कैदी बहुत ज्ञानी हो जाता है। इसीलिए लड़की पढ़ने आती होगी। इसमें तो कुछ गलत नहीं हुआ। अब यह कहना फालतू है कि लड़की बड़ी रात तक वहाँ रहती थी। अरे जब ज्ञान की साधना में मन लग गया तो क्या टाइम देखा जाता है ? ज्ञान-साधना में क्या

रात और क्या दिन ? ये सब फालतू बातें हैं। मैं तो कहता हूँ कि भगवान, तू सबको ऐसी जेल दे। मैं तुझसे स्वर्ग नहीं माँगता। बस ऐसी जेल दे दे।

विदेशियों का आकर्षण

साधो, भूपेश गुप्त ने राज्यसभा में कहा था कि दिल्ली की वर्तमान सरकार विदेशी पर्यटकों के लिए सबसे बड़ा आकर्षण है। विदेशी यह देखना चाहते हैं कि आखिर यह सरकार चलती कैसे होगी, जिसके सदस्य एक-दूसरे से इतने विपरीत हैं। साधो, ताजमहल, खजुराहो, अजन्ता, लाल किला इन सबका पानी उतर गया। कोई विदेशी इन्हें देखना नहीं चाहता। भारतीय हाथी, गैंडा, साँप भी कोई नहीं देखना चाहता। अब विदेशी पर्यटक भारत में उतरता है तो उससे गाइड कहता है—क्या देखेंगे साहब, लाल किला ? ताजमहल ? पर्यटक कहता है—ये तो बाद में देख लेंगे। पहले असली चीज दिखाओ। तुम्हारी सरकार। तुम्हारा मन्त्रिमण्डल किस अजायबघर में है। वह बेचारा गाइड परेशान होता है। वह कहता है—साहब, हमारी सरकार अजायबघर में नहीं है। मन्त्री लोग बँगले में रहते हैं। सचिवालय में काम करते हैं। विदेशी कहता है, तुम हिन्दुस्तानी बहुत झूठ बोलता है। तुम हमें दिखाना नहीं चाहता। हमें तो उधर यही बताया गया था कि भारत, दैट इज इण्डिया में सबसे अजीब चीज वहाँ का मन्त्रिमण्डल है। सुना है, सब मन्त्री एक-दूसरे की तरफ पीठ किये हैं और रस्सी से बंधे हैं। वे अलग-अलग खींचते हैं मगर रस्सी से बँधे होने के कारण इकट्ठे हैं। हमें यही दृश्य दिखाओ। अब साधो, बेचारा गाइड परेशान होता है। वह कहता है—'साहब, और अच्छी-अच्छी चीजें इस देश में हैं। चलिए, आपको कुतुबमीनार दिखा लाऊँ।' मगर विदेशी फिर भी नहीं मानता। उसकी अपनी मन्त्रिमण्डल देखने की उत्सुकता वैसी ही है, जैसी पहले अपने यहाँ के ग्रामीणों की रेलगाड़ी के बारे में थी। ग्रामीण रेलगाड़ी देखते थे और कहते थे—अरे भैया रे, ये तो गजब है। न बैल जुते हैं न कोई धकियाता है, फिर भी ये चलती है, कमाल है। इसी तरह विदेशी कहता है—गजब है इस सरकार का। न कोई दिशा है, न कदम उठते हैं। फिर भी सरकार चल रही है। साधो, वह विदेशी गाइड से कहता है—मुझे वहाँ ले चलो जहाँ चरणसिंह के खेत पर जॉर्ज फर्नांडिस कारखाना बनवा रहे हैं, या वह जगह बताओ जहाँ जॉर्ज का कारखाना तुड़वाकर चरणसिंह ने हल चलवा दिया है।

साधो, ये विदेशी कुछ और देखना नहीं चाहते। अपना गाइड कहता है—साहब, हमारे यहाँ करतब भी बहुत तरह के होते हैं। एक रस्सी का जादू है—

रोपट्रिक ! इसमें बाजीगर एक रस्सी को आसमान में उछालता है और उसके सहारे ऊपर चढ़ जाता है। फिर लोहे के एक छोटे-से गोल में घुसकर आदमी आर-पार हो जाता है। साधो, विदेशी कहता है—मुझे वह रस्सी दिखाओ जिस पर चढ़कर बृजलाल वर्मा मन्त्रिमण्डल में पहुँचे और वह छेद दिखाओ जिसमें से सिकन्दरबख्त मन्त्रिमण्डल में घुस गये।

साधो, आखिर गाइड विदेशी को चिड़ियाघर ले जाता है। वहाँ बताता है —देखिए साहब, यह बड़ा बन्दर। इतना बड़ा बन्दर यूरोप में नहीं होगा। यह हनुमानजी के वंश का है। विदेशी पूछता है—इसका नाम क्या राजनारायण है? गाइड कहता है—साहब, आप भी क्या मजाक करते हैं। अच्छा, यह बारहसिंगा देखिए। विदेशी पूछता है—इसका नाम क्या चरणसिंह है?

साधो, यह हाल है। विदेशियों को ऐसा विश्वास हो गया है कि हमारी सर-कार कोई अचरज की चीज है। विदेशी अब ताजमहल और कुतुबमीनार छोड़कर उसी को देखना चाहते हैं। टिकिट लगा दें तो बहुत-से डालर और पौण्ड मिलेंगे।

भूत-पिसाच का हनुमान चालीसा

साधो, राजनैतिक जीवन में कुछ महापुरुष ऐसे होते हैं जिनकी प्रतिभा और सम्भावना कभी खत्म नहीं होती। वे कभी घिसते ही नहीं। उनकी नोक कभी घिसती ही नहीं। ऐसे अपने राजनारायण हैं, पहलवान स्वास्थ्यमन्त्री। उन्होंने इस कहावत को झूठा कर दिया कि—

करत-करत अभ्यास के जड़मति होत सुजान,
रसरी आवत-जात ते सिल पर परत निसान।

साधो, कुएँ के घाट पर रस्सी बार-बार घिसती है तो पत्थर पर निशान पड़ जाते हैं। पर इधर रस्सी घिस-घिसकर टूट गयी मगर राजनारायण पर निशान नहीं पड़ा। देवी-देवता भी राजनारायण से घबड़ाते हैं। साधो, पिछले मार्च में जीत के बाद कई नेताओं के कोने निकले थे। मधु दण्डवते साइकिल पर दफ्तर जाते थे। जॉर्ज फर्नांडिस चाहे जो बोलते थे। चरणसिंह डान क्विकज़ोट की तरह पनचक्की को राक्षस समझकर उस पर तलवार से हमला करते थे। अटलबिहारी रामलीला मैदान में स्कूल की डिबेटिंग सोसायटी का जोशीला भाषण देते थे। मोरारजी भाई सत्य और ईश्वर की खोज करते थे। मगर साधो, समय, अनुभव और जिम्मेदारी ने सबको घिस दिया। नहीं घिसे तो एक राजनारायण। राज-नारायण स्वास्थ्यमन्त्री हैं, पर उनके रोग का इलाज कोई नहीं कर सकता। उनके

दिमाग पर कई सनकें चढ़ी हैं। फिर रोग एक हो तो उसका इलाज हो। राजनारायण के रोग का हाल यह है, जैसा तुलसीदास ने कहा है—

ग्रह ग्रहीत पुनि बातबस
तापर बीछी मार
ताकि पिआइअ बारुणी
कहहु कवन उपचार।

यानी एक तो ग्रह खराब, फिर वात रोग, फिर बिच्छू का काटा हुआ। उस पर शराब और पिला दी। अब बताओ ऐसे रोगी का क्या इलाज हो। डाक्टर सुशीला नैयर ने कृपा करके मानसिक रोगों के उपचार के इन्तजाम के लिए संसद में एक बिल रखा है। इस उपचार से शायद राजनारायण को लाभ हो।

साधो, कुछ भी हो, हमें तो यह आदमी बहुत पसन्द है। जीवन में रस घोलता रहता है। अभी राजनारायण ने डाक्टरों की एक सभा में कहा कि हर सर्जन को ऑपरेशन के पहले हनुमान चालीसा का पाठ करना चाहिए। हनुमान चालीसा की शक्ति बताते हुए उन्होंने कहा कि मैंने एक लाख बार हनुमान चालीसा का पाठ किया तो इन्दिरा गाँधी को हरा दिया। संघवाले भी कहते थे कि हमने सवा लाख सूर्य-नमस्कार किये तो इमरजेन्सी उठ गयी। साधो, राजनारायण ठीक कहते होंगे। पर सवाल फिर भी खड़े होते हैं। हनुमान चालीसा हम लोगों ने भी पढ़ा है। उसमें हनुमान के प्रताप के बारे में कहा है—

भूत-पिसाच निकट नहिं आवै
महावीर जब नाम सुनावै।

हनुमान का नाम सुनकर भूत-पिशाच पास नहीं फटकते। पर तब क्या होता होगा जब भूत-पिशाच खुद हनुमान चालीसा का पाठ करने लगें। हनुमान चालीसा तो राजनारायण जैसे भूत-पिशाच को भगाने के लिए है। मगर भूत खुद ही कहते हैं कि मैंने एक लाख बार हनुमान चालीसा का पाठ किया और जीत गया। अब या तो हनुमान चालीसा में भूत भगाने का दम नहीं है, या राजनारायण झूठ बोलते हैं कि उन्होंने पाठ किया। अगर वे सचमुच पाठ करते तो हार जाते, क्योंकि भूत-पिसाच निकट नहिं आवै।

साधो, हम राजनारायण की बात मान लेते हैं। सर्जन ऑपरेशन के पहले हनुमान चालीसा का पाठ जरूर करें। दर्द के लिए मरीज से हनुमान बाहुक का पाठ करवायें। राजनारायण पूरी विधि बतला दें तो ठीक रहेगा। ऑपरेशन थियेटर को और औजारों को स्टेरिलाइज किया जाये या नहीं? रोगी को बेहोश किया जाये या नहीं? ऑपरेशन औजारों से करें या कुल्हाड़ी, रन्दे आदि से? एक्स-रे करने की जरूरत है कि नहीं? साधो, हनुमान चालीसा का यह प्रताप है तो क्यों न बढ़ई और लुहार को ऑपरेशन करने का लाइसेन्स दे दिया जाये? गाँव में वहीं लुहार और बढ़ई ऑपरेशन कर दिया करेंगे।

साधो, इस हनुमान-चालीसा-सर्जरी में एक छोटी-सी कठिनाई और आयेगी।

डाक्टर तो मुसलमान, ईसाई भी हैं। वे हनुमान चालीसा का पाठ कैसे करेंगे? इसका हल भी स्वास्थ्यमन्त्री ने सोच लिया होगा। शायद वे मुसलमान और ईसाई डाक्टरों की शुद्धि करके उन्हें हनुमान भक्त बनायेंगे। उन्हें डिग्री के साथ ही यह हनुमान-कोर्स भी करना होगा। आगे तो हमें सर्जनों को ट्रेनिंग देने की जरूरत भी नहीं पड़ेगी। स्वास्थ्यमन्त्री हनुमानजी की फौज याने बन्दरों को उस्तरा देकर ऑपरेशन में लगा देंगे। इससे सच्चा रामराज आ जायेगा।

आदमखोर संस्कार

साधो, जो जाति जितनी प्राचीन होती है, उसके आदमखोरी के संस्कार भी उतने ही गहरे होते हैं। आदमी के द्वारा आदमी को खाने की विधियों को वह जाति धार्मिक, सामाजिक और दार्शनिक रूप तक दे डालती है। चीनी लेखक लू सुन ने अपनी एक कहानी में लिखा है कि हम लोग चार हजार सालों से आदमी का गोश्त खा रहे हैं। हमारे बच्चों ने अभी इसे नहीं चखा है। इन बच्चों को बचाओ। साधो, चीनियों की तरह हमारा समाज भी बहुत प्राचीन है। हम दुनिया में सिर उठाये फिरते हैं कि हमारी इतनी प्राचीन संस्कृति है, इतना प्राचीन धर्म है, इतना महान दर्शन है, और हमारी बीमारियाँ भी इतनी ही पुरानी हैं। हम दुनिया के प्राचीन आदमखोर हैं। हमारे शिकारी बन्दूक लेकर जंगल में आदमखोर बाघ को ढूंढ़ते फिरते हैं और इधर हम बेहिचक आदमी को खाते रहते हैं। हरिजन स्त्री और बच्चे को आग में झोंक देते हैं। दहेज कम लानेवाली बहू का गला घोंट देते हैं।

साधो, तुम हैरत में हो कि आज मैं ये कैसी बात कर रहा हूँ। मेरे 'मूड' को क्या हो गया है? सचमुच मैं आज सुबह से ही खिन्न हूँ। सुबह अखबारों में पढ़ा कि एक युवती ने आग लगाकर इसलिए आत्महत्या कर ली कि वह 'मंगली' थी और इस कारण उसकी सगाई टूट गयी थी। लड़की शादी की उम्मीद लगाये थी। वर तय हो गया था, तभी कुण्डली में मंगल निकल आया। इसका फल ज्योतिषी बताते हैं कि ऐसी स्त्री का पति मर जाता है। कब मर जाता है? शादी के तुरन्त बाद भी मर सकता है और 50-60 साल बाद भी मर सकता है। पर लोग ऐसे डरते हैं कि उधर लगन लगी और उधर वर मरा।

साधो, युवती इसी आदमखोर अन्धविश्वास के कारण मर गयी। ये कुण्डलियाँ सब झूठी होती हैं। इसे सब जानते हैं। कौन ग्रह कहाँ था, कब था, इसका कोई ठिकाना नहीं। चतुर बाप पहले लड़के की कुण्डली लेता है और उसके हिसाब से

लड़की की कुण्डली बनवा लेता है। या लड़के का बाप लड़की की कुण्डली लेता है और उसके हिसाब से लड़के की कुण्डली बनवा लेता है। अगर मंगली लड़की का बाप कहे कि मैं एक लाख दहेज दूंगा, तो किसी भी लड़के का बाप अपने लड़के की शादी उससे कर देगा। वह जानता है, मंगल का कुछ निश्चित नहीं है पर एक लाख तो सत्य है, प्रत्यक्ष है। एक लाख में एक नहीं, दो बेटे मर जायें तो भी कोई हर्ज नहीं।

साधो, लड़की व्यर्थ मर गयी। मुझसे कहा जाता तो मैं ही कुल दस रुपये में उसके मंगल को हटा देता। पच्चीस रुपये में तो मंगल का बाप शनि शान्त होता है। सारे ज्योतिषी और पण्डत झूठी कुण्डलियाँ बनाने का धन्धा करते हैं। किसी पुराने काल में ब्राह्मणों ने पेट भरने के लिए यह ग्रह-दशा का चक्कर चलाया था। फलित ज्योतिष के घोर अवैज्ञानिक पाखण्ड को चलाया था। अगर शनि का फल सही है तो शनि कैसा पोचा ग्रह है कि पच्चीस रुपये की पूजा और दान में अपने को समेट लेता है। सीता के ग्रह क्या वसिष्ठ ने शान्त नहीं किये होंगे कि वह ससुराल आते ही ससुर को खा गयी और घरवाले को वनवास करा दिया?

साधो, घोर आदमखोर विश्वास है ये। ईसाई, मुसलमान भी कम अन्धविश्वासी नहीं होते। पर उनके यहाँ लड़की मंगली क्यों नहीं होती? शनि उनके सिर पर सवार क्यों नहीं होता? सारे अनिष्टकारक ग्रह इसी हिन्दू जाति के सिर पर नाचते हैं और वह भी गरीब हिन्दू के सिर पर। पैसेवाला हिन्दू तो ग्रहों को भी अपने इशारे पर चलाता है।

साधो, इन ज्योतिषियों से कहो कि इतने सारे रूसी और अमेरिकी उपग्रह अन्तरिक्ष में घूमते रहते हैं। अब ग्रह कुल नौ थोड़े ही रह गये हैं। तो इन रूसी और अमेरिकी ग्रहों को भी तो कुण्डली में बताओ। अपना उपग्रह 'आर्यभट' भी तो अन्तरिक्ष में घूम रहा है। क्यों नहीं किसी लड़की की कुण्डली में आर्यभट आता है। कोई लड़की अगर 'मंगली' है तो कोई 'आर्यभटी' भी तो होगी। कोई ज्योतिषी इस बारे में क्यों नहीं बोलता?

साधो, हजारों सालों से हम आदमखोर हैं। हम अपने ही बेटा-बेटियों का गोश्त खाते हैं। वह लड़की हमारे इन्हीं आदमखोर विश्वासों का शिकार हो गयी। कितनी महान जाति है हमारी! कैसी महान् संस्कृति है। कैसा ऊंचा मानवतावाद है। कैसी आत्मघाती मूर्खता है हमारी, जो किसी महान् जाति को ही शोभा देती है।

वर्षा-अवर्षा की राजनीति

साधो, पानी खूब बरस रहा है। 15-20 दिन पहले वर्षा का अता-पता नहीं था। खेत सूखे पड़े थे। किसान आसमान देखते थे और रोते थे। माँग उठने लगी, राहत कार्य शुरू करो। इस क्षेत्र को अकालग्रस्त घोषित करो। साधो, तब किसान दुखी थे। उपभोक्ता दुखी थे कि अनाज महँगा मिलेगा। मगर हर चीज के दो पक्ष होते हैं। विरोधी पार्टियाँ खुश थीं कि अकाल पड़नेवाला है। इस अकाल को वर्तमान सरकार के माथे मढ़ा जा सकता है। देख लो, इस सरकार की अक्षमता, इसके रहते वर्षा नहीं हुई और अकाल पड़ गया! गोया, सरकार को हिन्द महासागर को बादलों के निर्माण का ठेका देना था और हवा को हुक्म देना था कि वह बादलों को मध्यप्रदेश में लाये। ऐसा यह सरकार नहीं कर सकी, इसलिए इस्तीफा दे दे। विधानसभा भंग हो और नये चुनाव हों। हमारी सरकार बनेगी तो हम ठीक समय पर बादल बनवायेंगे, ठीक समय पर जहाँ जितनी जरूरत होगी बादल भेजेंगे और अच्छी वर्षा देंगे। मगर इन बादलों का बुरा हो कि लेट ही आये पर आ गये और बरस गये। अब न राहत कार्य खोलने की माँग उठ सकती है और न इस सरकार का वर्षा के मामले में निकम्मापन सिद्ध किया जा सकता है।

साधो, बादल दिखते हैं तो खुशी से मोर नाचते हैं। मगर कहीं बादल न दिखें तो, मनुष्य के रूप में बहुत-से मोर नाचते हैं। अफसर, ठेकेदार, दूकानदार, नेता, ये सब खुश होते हैं कि अब पड़ेगा अकाल और खुलेंगे राहत कार्य और खूब पैसा खाया जायेगा। साधो, एक प्रकार के राहत कार्य तो सरकार खोलती है जिसके अन्तर्गत लोगों को काम दिया जाता है और उचित कीमत पर अनाज दिया जाता है। ये राहत कार्य भूखे मरते किसानों और खेत-मजदूरों के लिए होते हैं। मगर इन्हीं राहत कार्यों के अन्तर्गत गुप्त रूप से भगवान अपने राहत कार्य चलाता है। भगवान की कृपा जिन भक्तों पर होती है, उन्हें वे इसी राहत कार्य में से पैसा पैदा करवाते हैं। इन्जीनियर, ओवरसियर, ठेकेदार, सरकारी अफसर, नेता, सरपंच, पंच, विधायक ये सब भगवान को बहुत प्यारे हैं। इनके मकान बनने हैं। लड़की की आई. ए. एस. से शादी होनी है। बैंक बैलेन्स बढ़ना है, बीवी के गहने बनाना है। सरपंच को साल-भर के लिए अपने पम्प के लिए डीजल जमा करना है। ये सब भगवान के प्रिय भक्त आस लगाये थे कि अब अकाल जरूर पड़ेगा। दूकानदार भी अनाज दबायेंगे।

साधो, मगर इन्द्रदेव ने भगवान से असहयोग कर दिया। जुलाई लगभग बीत गया था, मगर पानी इतना भी नहीं गिरा था कि मेंढ़क बोलने लगें। सरकार अपने राहत कार्य खोलने ही वाली थी और दैवी राहत कार्य भी खुलनेवाले थे। भगवान ने आदेश दे दिया था कि मेरे भक्तों को पैसा खाने की सुविधा इन सरकारी राहत कार्यों में से मिले। तालाब खुदवाने और सड़क बनवाने में से इन खाऊ

भक्तों को पैसा मिले। झूठे मस्टर-रोल भरे जायें। डीजल और पैट्रोल की चोरी हो और वह बाजार में बिके। तालाब जमीन पर न खुदे पर कागज पर खुद जाये। और उसके खर्च का पैसा खा लिया जाय। राहत कार्य की सीमेण्ट बाजार में बिके। अब भक्त खूब सम्पन्न हों।

मगर साधो, अगस्त में पानी बरसना शुरू हुआ सो बरसता ही जाता है। राहत कार्य नहीं खुले। अब यह हाल है कि जो किसान चिल्लाते थे कि पानी बरसे वे कहते हैं कि हे भगवान, अब पानी रुके जिससे फसल सँभले। अब और पानी लगातार बरसाते हो तो फसल चौपट हो जायेगी। साधो, अतिवृष्टि से भी राहत कार्य होते हैं, मगर वे बहुत छोटे होते हैं। उनमें बहुत कम पैसा लगता है और बहुत कम पैसा खाने की गुंजाइश होती है। अकाल नहीं पड़ा। कितने भगवान के भक्त अकाल नहीं पड़ने का दुख भोग रहे हैं।

विजयाराजे की भावना को चोट

साधो, जब किसी की भावना को ठेस पहुँचती है, तो साधु-दिल दुखी होता है—

खंजर कहीं चले पै तड़पते हैं हम 'अमीर',
सारे जहाँ का दर्द हमारे जिगर में है।

तो साधो, कल-परसों विजयाराजे सिन्धिया ने पत्रकारों से कहा कि मेरे परिवार में सम्पत्ति के झगड़े से मेरी भावना को ठेस पहुँचती है। याने कि उनकी ठेस का प्रचार हो और गरीब भारतीय जन यह जानकर दुखी हों कि राजमाता की भावना को ठेस पहुँच रही है। पुराना जमाना होता तो लोग कलेजे में छुरी घुसेड़ लेते। राजा या रानी की आँख में किरकिरी होती, तो राजभक्त लोग अपनी एक आँख फोड़ लेते।

साधो, झगड़ा माँ-बेटे में सम्पत्ति का है। विजयाराजे सिन्धिया सर्वस्वत्यागी महिला हैं, जनता के लिए समर्पित। बेचारी को महल में अच्छा खाना खाना पड़ता है, सोने और हीरे, जवाहरात को रोज छूना पड़ता है, एअरकण्डीशण्ड कार में घूमना पड़ता है, सम्पत्ति को लगातार बढ़ाते जाने की यातना भोगना पड़ती है। इतने त्रास हैं। ऐसे ही त्रास राजपुत्र-माधवराव सिन्धिया को भोगने पड़ते हैं। मगर हम संवेदनशील साधु हैं। हम गरीब नहीं हैं। हम चाकर रघुवीर के रचो पचो दरबार। हम विजयाराजे के दुख को समझते हैं कि माँ बूढ़ी हुई। ये सम्पत्ति का क्या करेंगी। इनके लगुए-भगुए खायेंगे। मैं जवान हूँ, पूरी जिन्दगी पड़ी है। इसलिए जितना ज्यादा हो सके, सम्पत्ति पर कब्जा कर लूँ।

साधो, माँ-बेटे एक-दूसरे पर एक आरोप और लगाते हैं। विजयाराजे कहती हैं कि मेरे बेटे को इन्दिरा गाँधी बहकाती है। माधवराव कहते हैं कि मेरी माँ को सरदार आंग्रे बहकाते हैं। याने माँ-बेटा दोनों बहकाये हुए हैं। माधवराव संजय के दोस्त रहे हैं। पब्लिक स्कूल में पढ़े-लिखे बड़े आदमियों के लड़कों की दोस्ती पक्की वर्ग-दोस्ती है। माधवराव ने उचित समझा कि राजनैतिक महत्त्वाकांक्षा के लिए इन्दिराजी द्वारा बहकाया जाना ही फायदेमन्द है। माधवराव की 'आइडियालॉजी' तो है नहीं। वे सरदार आंग्रे द्वारा बहकाया जाना भी स्वीकार कर लेते पर इसमें राजनैतिक भविष्य कोई खास नहीं है। फिर जो माँ को बहकानेवाला है उससे बेटे को नहीं बहकना चाहिए। आखिर भारतीय संस्कृति की मर्यादा का भी सवाल है !

साधो, माँ-बेटे दोनों सम्पत्ति के साथ राजनैतिक पद भी चाहते हैं। माधवराव इन्दिरा कांग्रेस के संसद-सदस्य हैं और मन्त्री होने की उम्मीद रखते हैं। विजयाराजे भारतीय जनता पार्टी की उपाध्यक्ष हैं और जोड़-तोड़, दल-बदल से किसी राजकीय पद पर जाना चाहती हैं।

साधो, विजयाराजे पहले कांग्रेस में ही थीं। मगर पण्डित द्वारकाप्रसाद मिश्र जब मुख्यमन्त्री थे तब उनका झगड़ा हो गया। विजयाराजे लोकतन्त्र में भी अपने को रानी मानती हैं। वे चुनाव टिकिटों के बारे में राजहठ चलाना चाहती थीं। वे डिक्टेट करना चाहती थीं, पर पण्डित द्वारकाप्रसाद मिश्र खुद भी स्वभाव से लोकतन्त्र के राजा हैं। तो दोनों के राजहठ टकराये। मिश्रजी ने विजयाराजे की बुरी तरह अवहेलना कर दी। वे बुरी तरह क्रोधित हुईं और बदला लेने पर उतारू हो गयीं। नरोन्हा ने अपनी किताब में इस प्रसंग में लिखा है—"हैल नोज नो ग्रेटर फ्यूरी देन एस्कार्न्ड वुमन।" फिर संविद बनी और मिश्रजी अपदस्थ हुए।

साधो, अगर यह घटना न होती तो अभी विजयाराजे खुद कांग्रेस में होतीं और इन्दिराजी द्वारा बहकायी जातीं। पर मौका देखकर सरदार आंग्रे ने उन्हें बहका लिया और जनसंघ में शामिल करा दिया।

साधो, बहकानेवाले सरदार आंग्रे ने मेनका की 'सूर्य' पत्रिका खरीद ली, फिलहाल वे व्यक्तिगत मुचलके पर हैं। उनकी गिरफ्तारी राजमहल की कीमती वस्तुओं की चोरी की रिपोर्ट पर हुई। रिपोर्ट माधवराव ने की थी।

साधो, यह सम्पत्ति की राजनीति की लड़ाई है। यहाँ पर विजयाराजे की भावना को जो सम्पत्ति-जैसी तुच्छ चीज के कारण चोट पहुँच रही है, उससे हम सब साधु दुखी हैं।

26.9.'82

अध्यादेश और ठर्रा

साधो, मध्यप्रदेश में कई काम ऐसे हो रहे हैं जैसे किसी और राज्य में नहीं हो रहे। एक तो संस्कृति विभाग है और कला, साहित्य, संस्कृति का केन्द्र 'भारत भवन'! मध्यप्रदेश में ही विजिलेन्स कमिश्नर पहली बार नियुक्त हुए थे।

साधो, अभी कल ही मध्यप्रदेश सरकार ने एक अध्यादेश जारी किया है जैसा कहीं नहीं है। इस अध्यादेश के तहत जहरीली शराब बेचने पर मृत्युदण्ड होगा और भ्रष्टाचार दण्डनीय अपराध होगा। मगर साधो, घूसखोरी, मुनाफाखोरी, झूठे मस्टर-रोल रखना, अवैध शराब– भ्रष्टाचार है। मगर राजनीति से, दबाव से, पैसा खिलाकर तबादला कराना कैसे अपराध हो गया।

साधो, जहरीली शराब पीकर तो सारे देश में लोग मरते हैं। दो साल पहले हरियाणा में 125 आदमी मरे थे। बड़ा शोर हुआ। लोग यह भूल गये कि तीन जिलों के लगभग एक लाख आदमियों ने वह शराब पी थी मगर मरे सिर्फ 125। हरियाणा के मजबूत आदमियों के स्वास्थ्य की दाद देना चाहिए। अभी-अभी केरल में ओणम के तेवहार पर जहरीली शराब पीने से कुल 60 आदमी मरे। बहुत कम मरे। इतने तो अमृत या शिवाम्बु पीने से भी मरते हैं। ओणम केरल का जातीय तेवहार है। इस दिन खुशी मनाते-मनाते कुछ लोग मर जाते हैं। शराब के नशे में स्वर्ग का आनन्द भोगते-भोगते मर गये तो यह मौत कैंसर की मौत से अच्छी है। मगर मरे तो लोग दूर केरल में और अध्यादेश जारी हो गया इस अभागे मध्यप्रदेश में। यहाँ के लोग प्याले को ही नहीं, साक़ी तक को पी जाते हैं। पर कोई मरता नहीं। यहाँ अध्यादेश की जरूरत नहीं थी।

साधो, अध्यादेश सरकार की नीयत को बताता है। नीयत अच्छी है। पर अँगरेजी कहावत है कि नर्क का रास्ता अच्छे इरादों से बना है। अध्यादेश से मिलावटी और जहरीली शराब की बिक्री बन्द नहीं होगी। इण्डियन पेनल कोड में कितने अपराधों के लिए कठोर दण्ड है, मगर अपराध होते ही हैं।

साधो, गैरकानूनी शराब—मिलावटी शराब, जहरीली शराब का उत्पादन और बिक्री एक यज्ञ-जैसा अनुष्ठान है, जिसमें कई पुरोहित स्वाहा बोलते हैं। हाथ भट्टीवाला, ठेकेदार, मिलावट करनेवाला, आबकारी दरोगा, पुलिस अफसर, स्थानीय नेता, विधायक, स्थानीय 'दादा'—ये सब इस अनुष्ठान में लगे होते हैं। जहरीली शराब बनाने और बेचनेवाले की ये लोग रक्षा करते हैं। जहरीली शराब बेचनेवाले को पकड़ने की जिनकी जिम्मेदारी है, वहाँ तो वे बिकवाते हैं और पैसे लेते हैं।

साधो, मुझे समझ में नहीं आता कि तबादला कराना भ्रष्टाचार कैसे हो गया? इसे तो 20 सूत्री कार्यक्रम में होना था। पार्टी केडर तबादला कराने और रुकवाने

में ही लगा रहता है। अगर तबादला कराना अपराध हो गया तो विधायक बेकार हो जायेंगे। तब संसदीय लोकतन्त्र का क्या होगा?

20.9.'82

बम और बीमारी

साधो, अमेरिका और सब मामलों में चाहे भारत और पाकिस्तान में भेद करता हो, पाक को चाहता हो और भारत को नहीं, मगर एक बात में दोनों को बराबर मानता है। एक चीज है जो अमेरिका भारत और पाकिस्तान दोनों को बराबर देता है और वह चीज है—बीमारी। कुछ समय पहले यह बात खुली थी कि भारत में हरियाणा में कुछ जगह अमेरिका विश्व स्वास्थ्य संगठन के द्वारा जो मलेरिया-उन्मूलन कार्यक्रम चलाता था, वह वास्तव में मलेरिया-उन्मूलन-कार्यक्रम नहीं था। वहाँ कई बीमारियों के मच्छड़ पैदा करने का प्रयोग चल रहा था, जिनमें एक घातक बीमारी है—पीला बुखार। जब भारतीय अधिकारियों को यह मालूम हुआ तो उन्होंने भारतीयों को स्वस्थ बनाने के इस पवित्र अनुष्ठान को बन्द करवाया।

साधो, पाकिस्तान को यह शिकायत हो सकती थी कि अमेरिका भारत के साथ पक्षपात कर रहा है। बुखार के जो कीमती मच्छड़ भारत को दे रहा है, वे पाकिस्तान को नहीं दे रहा है। यह अन्याय है। मगर अभी पाकिस्तान की एक पत्रिका ने यह रहस्य प्रगट किया कि अमेरिका पाकिस्तान को भी स्वास्थ्यप्रद बुखार के मच्छड़ 1960 से दे रहा है। लाहौर के पास एक जगह है जहाँ येले विश्वविद्यालय के चिकित्सा वैज्ञानिक एक सेण्टर खोले थे। बताया यह गया था कि यह सेण्टर मलेरिया-उन्मूलन के लिए है। मगर अभी मालूम हुआ है कि यहाँ बीमारियों के मच्छड़ पैदा करने का प्रयोग होता था, जिनमें एक पीला बुखार भी है। अमेरिका ने अगर भारत को पीला बुखार दिया, तो पाकिस्तान को भी दिया। कोई भेदभाव नहीं किया। सारे पिछड़े कहलानेवाले देश सम्पन्न गोरे साम्राज्यवाद की नजर में बराबर हैं। साधो, जब नयी दवा बनती है या किसी बीमारी का मच्छड़ या कीटाणु खोजा जाता है, तब कड़ी परीक्षा की जाती है। परीक्षा जानवरों पर की जाती है। ऐसे जानवरों को 'गिनीपिग' कहा जाता है। पीले बुखार के मच्छड़ों के प्रभाव की परीक्षा करना है तो उन्हें सुअर पर छोड़ दिया। अगर सुअर बीमार हो गया तो समझो मच्छड़ कामयाब है। मगर जब एशिया, अफ्रीका में इतने गरीब भूखे लोग बिलबिला रहे हैं, तो जानवरों पर परीक्षा करने की क्या जरूरत है? जानवरों से सस्ते तो आदमी हैं। तो पाकिस्तान में परीक्षा आदमियों पर की जाती थी।

आदमियों को 'गिनीपिग' बनाया जाता था। आदमी को दस रुपये दिये और उसे यह कहकर प्रयोगशाला में ले गये कि ज़रा डाक्टरों की मदद कर दो। वहाँ उसे बिठाकर उस पर पीले बुखार के मच्छड़ डाल दिये। वह बीमार हो गया तो सिद्ध हुआ कि मच्छड़ कामयाब है। उस आदमी को बीमारी की हालत में ही वापस कर दिया। अब पाकिस्तान को भरोसा हो गया कि अगर अमेरिका हमें बम देता है तो बीमारी भी देता है। उसे अभी यह समझ में नहीं आया कि पीला बुखार से ज्यादा खतरनाक बीमारी बम है।

साधो, इसी तरह अमेरिकी दवा कम्पनियाँ घातक दवाओं को, जो वहाँ प्रतिबन्धित हैं, एशिया, अफ्रीका भेज देती हैं। भारत में भी ये दवाएँ बिकती हैं। दस्त रोकने की एक दवा अभी-अभी तक पान के ठेलों पर भी ऐनासिन की तरह बिकती थी। आदमी के काम का जो न रहे उसे जानवरों के सामने डाल देते हैं। जो दवा गोरे के लिए घातक है, उसे काले आदमी को बेच दिया।

साधो, दूसरे महायुद्ध तक तो यूरोप के गोरे देश साम्राज्यवादी थे। लगभग तीन शताब्दियों तक यूरोप का साम्राज्यवाद चला। ये एशिया, अफ्रीका के देशों का शोषण करते थे, मगर कहते थे कि हम कालों का बोझ ढो रहे हैं। इसे 'व्हाइटमेन्स बर्डन' कहते थे। काले, भूखे, असभ्य, बीमार लोगों का बोझ हम गोरे ढो रहे हैं। साधो, दूसरे महायुद्ध के बाद अमेरिका ने यूरोप के साम्राज्यवादियों का यह कार्य अपने जिम्मे ले लिया।

साधो, साम्राज्यवादी हर चीज का इस्तेमाल करता है, चाहे वह मच्छड़ हो चाहे मजहब ! जोमो केन्याता कहते थे—अफ्रीका में पादरी आये, तब उनके हाथ में बाइबिल थी और हमारे हाथ में जमीन। पादरियों ने हमें प्रभु की प्रार्थना करना सिखाया। हम आँखें बन्द करके प्रार्थना करने लगे। जब हमने आँखें खोलीं तो पाया कि हमारे हाथ में बाइबिल है और उनके हाथ में जमीन।

शाह और नारी प्रधानमन्त्री

साधो, 16 साल बाद प्रधानमन्त्री इन्दिरा गाँधी सऊदी अरब गयीं। तमाम आधुनिक भौतिक सुविधाओं से बीसवीं शताब्दी के उत्तरार्द्ध के, मगर दिमाग से छठवीं-सातवीं शताब्दी के अरब शाहों और शाहजादों को अटपटा लगा होगा। लो, अब इस औरत से राजनीति की, अर्थशास्त्र की, शान्ति की, मध्य-पूर्व की समस्या की, अमेरिकी और रूसी गुटों की स्थिति की बात करो। स्त्री अरब जगत में इस सबके लिए नहीं है। वह पर्दे में रहती है, दुनिया से कटी हुई होती है। अगर ईश्वर के या

शैतान के दुष्चक्र से भारत की प्रधानमन्त्री एक स्त्री हो ही गयी है तो उसे घूंघट काढ़कर, चादर लपेटकर आना था। उसे खुले में मर्दों से बात करने की क्या जरूरत? शाहों को इस तौहीन को बरदाश्त करना पड़ा। यों जितना बनता है उतना जिसे वे 'इस्लाम' कहते और समझते हैं, उसे निभा पाते हैं। अमेरिकी राष्ट्रपति जिमी कार्टर सपत्नीक सऊदी अरब की यात्रा पर गये थे। तब अरबों ने रोजलिन कार्टर को जिमी कार्टर के पीछे चलवाया था। औरत मर्द की बराबरी से नहीं चल सकती। कार्टर ने यह बरदाश्त किया था क्योंकि एक तो तेल चाहिए, दूसरे अरब जगत की राजनीति में सऊदी अरब का साथ चाहिए। अरबों का वश चलता तो वे श्रीमती कार्टर को बुरका उढ़ा देते। मगर उन्होंने बिना बुर्के की औरत का स्वागत इस मजबूरी में किया कि अमेरिकी समर्थन चाहिए।

साधो, इन सम्पन्न शाहों के ठाठ निराले हैं। मुहम्मद यूनुस ने अपनी किताब में लिखा है कि जब पहली बार शाह सऊद भारत की यात्रा पर आ रहे थे, तब उधर से माँग आयी कि भारत के समुद्री बेड़े को समुद्र में आगे बढ़कर शाह का स्वागत करना चाहिए। यह बात पण्डित नेहरू से कही गयी। पण्डितजी घोर सामन्तवाद विरोधी थे। वे भन्नाये। मगर उन्हें समझाया गया—मजबूरी है तेल। तेल चाहिए। नाज़ो-नखरे बरदाश्त करना पड़ेंगे। कहा जाता है कि शाह की भारत-यात्रा जिस रेलगाड़ी में हुई वह भी विशिष्ट थी। उसमें इस तरह चुम्बकों का प्रबन्ध था कि रेलगाड़ी किधर भी जा रही हो, शाह चाहे सो रहे हों, बैठे हों, बाथरूम में हों, उनका मुँह मक्का की तरफ होता था। धर्म के फर्म होते हैं। फर्म निभाना चाहिए। पैसे के हिसाब से धर्म का रूपक होता है। गरीब के छोटे-से भगवान होते हैं। बिड़ला का लक्ष्मीनारायण मन्दिर विशाल होता है, जिसमें से लक्ष्मीनारायण मौका देखकर खिसक जाते हैं और वह 'बिड़ला मन्दिर' कहलाता है। मक्का की मस्जिद में खुदा है या नहीं, नहीं मालूम। मगर शाहों और शेखों का धार्मिक ठाठ-बाट खुदा से भी बड़ा है। बाकी व्यक्तिगत और सामाजिक मामलों में जड़ और अमानवीय प्रेम नहीं हो सकता। प्रेम धर्म के खिलाफ है। प्रेम करना धर्म के हिसाब से गुनाह है।

साधो, खबर है कि जिस कार में श्रीमती गाँधी को बिठाया गया वह सोने की है। उसका हैण्डल, स्टीयरिंग व्हील वगैरह सब ठोस सोने के। सम्पन्नता अपने को प्रगट किये बिना नहीं मानती। और सम्पन्नता दिखाने का सबसे लोकप्रिय तरीका है, सोना दिखाना। लोग सोने की चेन पहनते हैं, अँगूठी पहनते हैं। अब रिवाज कम हो रहा है। एक तो आधुनिकता बोध, दूसरे अंगुली और गला कटने का डर। अब काले धन को जमा करने का सबसे अच्छा तरीका सोना ही है। साधो, ईरान के शाह तो इन अरब शाहों से भी ऊँचे निकले। वे जिस वायुयान में देश से भागे उसका कमोड सोने का था। सोने पर बैठकर, सोने के पात्र में दस्त कटने का क्या सुख है और यह कहाँ तक स्वास्थ्यवर्धक है, यह हम गरीब साधु क्या जानें। उधर शाह की मुसीबत भी समझो। शाह होकर हम जैसे छोटे लोगों की तरह वह पाखाना भी कैसे जायें!

इंग्लैण्ड की रानी के चर्चे

साधो, इस समय इंग्लैण्ड की रानी एलिजाबेथ और प्रधानमन्त्री में ठनी है। यों हम लोगों को राज-परिवारों से मतलब कोई है नहीं, मगर सबसे पुराने लोकतन्त्र-प्रतीकात्मक राजशाही के मेल से बनी ब्रिटिश सरकार की परम्पराएँ दिलचस्प हैं। अँगरेज लोग अपने राजा चार्ल्स-1 का सिर काट चुके हैं, मगर फिर राजा बना लिया और 'गॉड सेव्ह दी किंग' गाने लगे। अँगरेज लोग बहुत परम्परा-प्रेमी और दकियानूस माने जाते हैं। कभी ब्रिटिश संसद में किसी ने सीट पर बम रख दिया था। वह फटा तब बिजली थी नहीं। तो सावधानी के लिए यह हुक्म हुआ कि संसद की मीटिंग के पहले एक आदमी लालटेन लेकर हर सीट को देखे कि कुछ रखा तो नहीं है। अब तो बिजली की जगमगाहट रहती है, मगर फिर भी एक आदमी आज भी हाथ में लालटेन लेकर सीटों को देखता है।

साधो, राज-परिवार के सदस्यों के भत्ते बँधे हैं, उनके महल हैं। अधिकार कुछ भी नहीं हैं। राष्ट्रपति राजेन्द्रप्रसाद ने यह विवाद उठाया था कि क्या भारत का राष्ट्रपति इंग्लैण्ड के राजा की तरह है, जिसके कोई अधिकार नहीं हैं, जो प्रतीकात्मक है।

साधो, राज-परिवार की चर्चाओं, बदनामियों और मामूली घटनाओं में लोगों की दिलचस्पी रहती है। वे उनका मजा लेते हैं। मगर संसद में बार-बार यह माँग भी उठती है कि राज-परिवार को मिलनेवाला धन कम किया जाय। वर्तमान राज-परिवार में रानी की छोटी बहिन मार्गरेट बहुत चर्चा का विषय रही है। वह स्वभाव से रूमानी है। पहले उसका प्रेम राजमहल के रक्षक दल के एक कैप्टिन से हुआ। पर शादी नहीं हो सकी, क्योंकि एक तो उसकी बीवी और दो बच्चे थे। फिर उसकी नाड़ियों में राज-खानदान का खून नहीं था। फिर एक जोन्स साहब मिले, जिनका धन्धा फोटोग्राफी है। उनके बारे में पता लगाया गया कि 7-8 पीढ़ी पहले उनके परिवार में राज-खानदान का खून था। इनसे मार्गरेट की शादी हुई। पर मार्गरेट स्वभाव से आवारा, आनन्दभोगी है। तो वह ऐक्टरों और गायकों की टोलियों में रहने लगी और गाँजा वगैरह का शौक करने लगी। आजकल वह तलाक देकर 50 साल की उम्र में 30 साल के गायक युवक के साथ भोगविलास में लिप्त है। इसका खर्च भी ब्रिटेन की प्रजा दे रही है।

साधो, रानी एलिजाबेथ भी नैतिक संकट में हैं। वे 55 साल की हैं। 1949 से वे और उनके पति फिलिप अलग-अलग बैडरूम में सोते हैं। राजमहल में कड़ी सुरक्षा व्यवस्था है। पर एक दिन पता चला, मिस्टर फागन नाम का एक आदमी रात को उनके सोने के कमरे में घुस गया। वह रानी के बिस्तर पर बैठा रहा और बातें करता रहा। सुरक्षा-अधिकारियों ने जाँच की तो दोनों ने यही बात कही। अब इस बात पर लोगों ने सवाल उठाये कि रात में बैडरूम में आखिर

कोई आदमी घुस कैसे गया ? सुरक्षा-व्यवस्था ढीली है ? या सुरक्षावालों को उसने पटा लिया था ? या रानी ने ही सुरक्षा-अधिकारियों से कह दिया था कि इसे आने दो। आखिर रात में बैडरूम में आदमी को घुसा देखकर रानी चिल्लायी क्यों नहीं, शोर क्यों नहीं किया, बातें क्यों करती रहीं ?

साधो, इधर प्रधानमन्त्री थैचर पर हमले होने लगे कि रानी की सुरक्षा का प्रबन्ध ठीक नहीं है। फिर रहस्य खुलने लगे। सुरक्षा-व्यवस्था के प्रधान को हटाया गया, क्योंकि उसे समलिंगी मैथुन की आदत है। उसने रहस्य खोला कि लगभग आधे सुरक्षा-अधिकारी समलिंगी मैथुनवाले हैं।

साधो, रहस्य और खुले। मालूम हुआ कि फागन रानी के बैडरूम में पहली बार नहीं गया था, बारहवीं बार गया था। उसके मित्र ने बताया कि जब वह जा रहा था, तब उसने मुझसे कहा था—मैं अपनी 'गर्ल फ्रेण्ड' से मिलने जा रहा हूँ। या इलाही ये माजरा क्या है ? रानी का 'ब्वाय फ्रेन्ड' ! साधो, अब रानी कहती हैं कि मेरे चरित्र पर सन्देह होने लगा है, इसलिए मैं पद त्याग करके अपनी जगह अपने लड़के चार्ल्स को राजा बना देना चाहती हूँ। निकम्मे राजवंश की इस दिलचस्प वारदात का मजा ब्रिटिश जनता इन दिनों ले रही है।

संन्यासी की वापसी

साधो, तुम लोग भी साधु-संन्यासी हो। क्या तुममें कोई ऐसा संन्यासी है या तुमने ऐसा देखा है जो यों तो घर-बार त्याग चुका है पर आश्रम से हुक्म देता है—बड़ा घर से बेदखल किया गया, छोटा भाई घर से निकाल दिया गया, भतीजे का घर छीन लिया गया। या ऐसा संन्यासी देखा है जिसे लड़के, भाई, भतीजे संन्यास त्यागने को मनाते हों, और वह संन्यासी कहता हो—उस सुन्दरी से शादी करा दो तो मैं संन्यास त्याग दूंगा या उस फर्म का मालिक बना दो तो संन्यास त्याग दूंगा।

साधो, अपने यहाँ में तो नहीं पर राजनीति में ऐसे संन्यासी होते हैं। अपने चरणसिंह को लो। वे राजनीति से संन्यास लेकर बैठ गये। मगर वहीं आश्रम में बैठे-बैठे फरमान निकाल रहे थे देवीलाल, बीजू पटनायक वगैरह दल से निलम्बित किये गये। संन्यासी सबकी खैर माँगता है, पर यह संन्यासी बैठा-बैठा दूसरों का बुरा कर रहा था और अन्त में चरणसिंह ने कह भी दिया कि मैं—संन्यास इस शर्त पर छोड़ सकता हूँ कि मुझे प्रधानमन्त्री बनाया जाय।

साधो, संन्यास विभिन्न कारणों से लिया जाता है। एक तो—'नारि मुई,

घर सम्पति नासी, मूड़ मुड़ाय भये संन्यासी !' एक और कारण है कि दुनिया से मन भर जाय, 'सारे भोग आदमी कर ले और यह कहकर संन्यास ले ले कि बहुत हुआ, अब दुनिया से कोई मतलब नहीं। एक और होता है—जो चोरी-तस्करी में लगा होता है, और पुलिस से परेशान रहता है, वह संन्यासी हो जाता है। आश्रम में बाहर का तस्करी का माल बिकता है और सोना गलाया जाता है। एक वह होता है जो चटोरा होता है। बुढ़ापे में उसकी लोलुपता और बढ़ जाती है। वह गुलाबजामुन, रसमलाई, आलूबण्डा माँगता है। परिवारवाले कहाँ तक उसके चटोरेपन की माँग पूरी करें। बूढ़ा खीझकर नदी-किनारे जा बैठता है—लो मैं संन्यासी हो गया। शाम तक, जब पेट और जीभ खाने को माँगते हैं, तब, वह किसी बहाने संन्यास त्यागकर घर आ जाता है। एक वह होता है जिसके बेटे, बहू, भाई-भतीजे तंग करते हैं। वे उसका हर गलत-सही हुक्म नहीं मानते। उसकी अवहेलना करते हैं। उसकी प्रतिष्ठा घटाते हैं। तो सुबह धमकी देता है—देखो रे, तुम ऐसा करोगे तो लो मैं संन्यासी हो जाता हूँ।

साधो, अब तुम बताओ कि इनमें से कौन-सा संन्यास अपने चौधरी साहब का था। पदलोलुपता का संन्यास था, इसमें तो कोई शक नहीं। वह घर के भाई, बेटा, भतीजा वगैरह से तंग होने का भी नतीजा था। देवीलाल, बीजू पटनायक, कुम्भाराम आर्य अपने को नेता मानने लगे थे। ऐसा हो नहीं सकता। चौधरी साहब हैं तो कोई और नेता कैसे हो सकता है, फिर महीनों से विपक्षी एकता की बात चल रही है मगर यह तय ही नहीं हो रहा कि इस एकता का नेता कौन होगा। यह तो गलत तरीका है कि पहले दल एक हो और तब नेता तय हो। सही बात यह है कि नेता पहले तय हो और दलों में एकता फिर स्थापित हो।

साधो, ब्रिटेन के प्रसिद्ध राजनीतिज्ञ और दूसरे महायुद्ध के प्रधानमन्त्री विन्सटन चर्चिल के बारे में कहा जाता है—वे जहाँ जाते थे, वहाँ सबसे प्रमुख और ध्यान के केन्द्र होना चाहते थे। अगर वे बारात में जायें तो दूल्हा होना चाहेंगे और शवयात्रा में जायें तो लाश होना चाहेंगे। ऐसा ही अपने चौधरी साहब का व्यक्तित्व है। इसीलिए उन्होंने कह दिया कि विपक्षी एकता में मैं प्रधानमन्त्री बना दिया जाऊँ तो मैं संन्यास छोड़ता हूँ ? किसी ने ऐसा वचन उन्हें नहीं दिया, मगर फिर भी संन्यासी वापस लौट आये।

18.4.'82

फिलमी राजनीति

साधो, दक्षिण भारत में एक और फिलमी पार्टी बन गयी। आन्ध्र के तेलगु फिल्मों के अभिनेता एन. टी. रामाराव ने 'तेलगुदेशम्' नाम से एक पार्टी बना दी जिसमें फिलहाल कांग्रेस (इ) के 4 विधायक शामिल हो गये हैं। दक्षिण का फिल्म प्रेम अद्भुत है। यह प्रेम नहीं, भक्ति है। हिन्दी फिल्मों में तो कभी कोई सन्तोषी माता बनती है। तमिल में सन्तोषी माता ही सन्तोषी माता है। इसके साथ ही पौराणिक युग की मारकाटवाली फिल्में चलती हैं। तीसरी तरह की फिल्में वे हैं जो अति आधुनिक हैं और जिसे अश्लीलता कहा जाता है, उसकी हद को छूती हैं। भक्ति, वीरता और सैक्स की मिली-जुली मानसिकता फिल्मी हीरो को नेता, उद्धारक और पथ-प्रदर्शक बना देती है।

साधो, पर्दे का हीरो खूबसूरत है। तगड़ा है। लड़ाकू है। गाना भी गाता है। परोपकार करने के लिए दुखी और जरूरतमन्द आदमी ढूंढ़ता रहता है। त्यागी है, बलिदानी है। स्त्रियों की इज्जत बचाता है। दर्शक देखता है। मुग्ध होता है। हीरो की यह इमेज ऐसी जमती है लोकमानस में कि आदमी सोचते हैं कि पर्देवाले हीरो के हाथों अपने को सौंप दो तो अपना उद्धार हो जायगा। इस मानसिकता से एम. जी. आर. बनते हैं, शिवाजी गणेशन बनते हैं! तमाम सामाजिक और राजनैतिक आन्दोलनों और नेताओं के बावजूद एम. जी. रामचन्द्रन सर्वोच्च हो जाते हैं और मुख्यमन्त्री के कक्ष में बैठते हैं। बीच में उठकर स्टूडियो चले जाते हैं और बलात्कार का सीन शूट कराके फिर सचिवालय आ जाते हैं। रामचन्द्रन की फिल्म जिस थियेटर में लगती है वहाँ बाहर पूजा होती है, नारियल फोड़े जाते हैं, पैसे चढ़ाये जाते हैं।

साधो, शिवाजी गणेशन इससे कम पड़ते हैं। वैसे है सारा फिल्मी मामला। अन्ना दुरई फिल्म लेखक थे। करुणानिधि फिल्मी हैं। करुणानिधि का बेटा भी फिल्मी है।

साधो, इस मामले में हिन्दी फिलमवाले पिछड़ गये। अशोककुमार खण्डवा के हैं। सदाबहार हीरो हैं। मगर मध्यप्रदेश को एक राजनैतिक पार्टी भी नहीं दी। अमिताभ बच्चन में वे सब गुण हैं जो रामचन्द्रन में हैं। वे रामचन्द्रन से ऊँचे बैठते हैं सब तरह। युवा हैं। बाल सच्चे हैं, जबकि रामचन्द्रन 60 से ऊपर हैं, गंजे हैं। मगर अमिताभ का ध्यान कभी इस तरफ नहीं गया कि एक राजनैतिक पार्टी बना लें। दिलीपकुमार हैं, फिल्म के निराश प्रेमी हैं। अगर एक पार्टी बना लेते तो इस देश के लाखों निराश प्रेमी उन्हें अपना राजनैतिक नेता मान लेते। मगर उस तरफ दिलीपकुमार का ध्यान नहीं गया। बम्बई के शेरिफ बनने और दूसरी शादी करने से ही सन्तुष्ट हो गये। यही हाल धर्मेन्द्र का है। खूबसूरत, तगड़ा, बहादुर हीरो है। मगर कुल इतना किया कि हेमामालिनी से शादी कर ली। हीरोइनों ने भी

कुछ खास नहीं किया। रेखा चाहे तो मेनका गाँधी की तरह राजनैतिक हलचल मचा सकती है मगर वह स्कैण्डल उड़ने से ही सन्तुष्ट है। हमारे इन हीरो-हीरोइनों को, जिनकी फिल्में लोग उधार लेकर, लड़के किताबें बेचकर, बहू सास से लड़कर देखती है, सोचना चाहिए कि उन्हें राजनीति में नेता हो जाना है।

साधो, भारत की राजनैतिक हालत बड़ी डाँवाडोल मानी जाती है। सभी चिन्तित हैं। इतनी पार्टियाँ हैं। विचारधाराएँ हैं। कार्यक्रम हैं। योजनाएँ हैं। खर्चीले संगठन हैं। कौन का किससे गठबन्धन हो जायगा, कुछ ठीक नहीं। एक किसान रैली दिल्ली में चरणसिंह करते हैं तो जवाब में दूसरी कांग्रेस (इ) को करना पड़ती है। सब झमेला मिट सकता है और राजनीति सीधी हो सकती है अगर हमारी जनता फिल्मी हीरो-हीरोइनों को अपना राजनैतिक भाग्य सौंप दे और वे राजनीति में आ जायें। सीधा-सा रास्ता है। न प्रचार, न मेम्बरशिप, न चुनाव। एक फिल्म अमिताभ की बने और एक धर्मेन्द्र की। जो ज्यादा बॉक्स आफिस पर हिट हो जाय उसका हीरो एक साल के लिए प्रधानमन्त्री। मगर महिला को सत्ता चाहिए तो राखी और रेखा में से, जिसकी फिल्म ज्यादा चले उसे मुख्यमन्त्री बना दो। साधो, खुशी है कि यह आदर्श प्रक्रिया आगे बढ़ रही है। तमिलनाडु से फिल्म-राजनीति आन्ध्र में आ गयी। यह मध्यप्रदेश में भी आ ही जायगी। यहाँ स्टूडियो खुलना बाकी है।

4.4.'82

सद्भावना भवन में बलात्कार

साधो, एक खबर अखबारों में बड़ी प्रमुखता से छप रही है। इन्दौर के पास एक कानौड़िया ग्राम है। इस गाँव में एक-डेढ़ साल पहले हरिजनों पर अत्याचार हुए थे। तब मुख्यमन्त्री वहाँ गये थे और उस गाँव को गोद लिया था। उस गाँव के विकास और हरिजन-सवर्ण सद्भावना के लिए कार्यक्रम चले। वहाँ एक सद्भावना भवन बना जिसका उद्देश्य है हरिजनों और सवर्णों के बीच सद्भाव की स्थापना। यह सब बहुत अच्छा हो रहा था। मगर वह सद्भावना भवन एक चुनौती की तरह खड़ा था। वह कह रहा था—मैं सद्भावना भवन खड़ा हूँ, मगर सद्भावना का कोई कार्यक्रम नहीं हो रहा, न है। इस गाँव में हरिजन हैं और ब्राह्मण-वैश्य वगैरह भी हैं। मगर सद्भावना का कोई काम नहीं हो रहा है। आखिर उस गाँव के सवर्णों को शर्म आयी। 8-10 दिन पहले एक ब्राह्मण सिपाही और एक वैश्य शिक्षक ने एक हरिजन स्त्री को सद्भावना भवन में बन्द किया और दो दिनों

तक उससे बलात्कार किया। सद्भावना भवन पवित्र हुआ। पुलिस में रिपोर्ट हुई और मामला गर्म हुआ। मगर मामला ठण्डा हो जायेगा जैसे इस तरह के सब मामले हो जाते हैं।

साधो, हरिजनों से बलात्कार के मामले आम हैं। मगर इस मामले में ज्यादा शोर हो रहा है। इसके कारण हैं। एक तो ग्राम मुख्यमन्त्री का गोद लिया हुआ। दूसरे जहाँ बलात्कार हुआ, वह सद्भावना भवन! गुटीय राजनीति इस काण्ड को इस तरह पेश कर रही है, गोया मुख्यमन्त्री ने बलात्कार करवाने के लिए सद्भावना भवन बनवाया था। दूसरे वे लोग हैं जो सात्विक घृणा से कहते हैं—सद्भावना भवन में यह काम होता है! धिक्कार है! साधो, मैं कहता हूँ कि स्त्री-पुरुष के सेक्स सम्बन्ध अत्यन्त भावुक और घनिष्ठ होते हैं। सबसे घनिष्ठ प्रेम का रिश्ता सेक्स का होता है। बलात्कार के लिए सद्भावना भवन से अच्छी जगह हो नहीं सकती। स्त्री-पुरुष सम्बन्ध सद्भावना भवन में, मन्दिर में, आश्रम में, तीर्थ में, अच्छे लगते हैं। आखिर गाँव में सवर्णों को हरिजन-स्त्रियों से बलात्कार तो करना है। यह तो एक पवित्र परम्परा है। तो क्या इस काम के लिए सवर्ण कोई दुर्भावना भवन बनवाते? तीसरी बात, बलात्कार करनेवालों में एक ब्राह्मण सिपाही और दूसरा वैश्य शिक्षक। सिपाही बलात्कार करते हैं, पर ब्राह्मण सिपाही आमतौर पर नहीं करते फिर दूसरा बलात्कारी शिक्षक है और वैश्य है। शिक्षक आमतौर पर स्त्री से दूर रहते हैं और वैश्य शिक्षक तो कतई उस तरफ नहीं जायेगा। फिर, पुलिस सिपाही और शिक्षक की बलात्कार के मामलों में जोड़ी नहीं होती, पर यह सद्भावना भवन के पुण्य का प्रताप है कि ये सब स्थितियाँ पैदा हुईं और बलात्कार से सद्भावना भवन सार्थक हुआ।

साधो, पवित्र स्थानों में पवित्र काम करने की प्रेरणा मिलती है। हरिजन स्त्री से खेत-खलिहानों में बलात्कार हो, इससे अच्छा है कि सद्भावना भवन में हो।

साधो, अहमदाबाद की घटना भी ध्यान देने लायक है। सद्भावना भवन की तरह ही पुलिस थाना भी पवित्र जगह है। अहमदाबाद में एक थाने में महिला पुलिस कान्स्टेबिल से पुरुष कान्स्टेबिलों ने बलात्कार किया। यह और भी पवित्र काम हुआ। यह एक तरह से पुलिस कर्म की ट्रेनिंग ही हुई। पुलिसवालों को बलात्कार के मामले पकड़ने पड़ते हैं।

बलात्कार कैसा होता है और वह किस हद तक दुखदायक जुर्म है, इसकी प्रामाणिक जानकारी पुलिसवालों को चाहिए। फिर बलात्कार करने के लिए पुलिस थाने से ज्यादा अच्छी जगह दूसरी नहीं हो सकती। इसीलिए यह बलात्कार सद्भावना भवनवाले बलात्कार से ज्यादा पवित्र हुआ।

6.9.'82

'पति-मंच' भी बन गया

साधो, तुमसे कई हफ्तों से बात नहीं हुई। इस बीच अंगरेजी मुहावरे के अनुसार बहुत-सा पानी पुल के नीचे से बह गया। लघु आम चुनाव में गंगा और यमुना का पानी पुल के नीचे से बह गया। नदी-नालों का मटमैला पानी पुल के नीचे से बह गया। पत्ते डूब गये और पत्थर पार लग गये। अब विवाह का सीजन चल रहा है। सौभाग्यकांक्षी और सौभाग्यकांक्षिणी परिणय-बन्धन में बँध रहे हैं। कोई सौभाग्यकांक्षिणी दुर्भाग्यकांक्षिणी हो रही है, क्योंकि उसकी मुसीबत विवाह के बाद ही शुरू हो जाती है। लड़कों के पिताओं के हिसाब-रजिस्टर खुले हैं। टैण्डर मँगाये जा रहे हैं। अच्छी क्वालिटी का माल (वर) इस मैरिज सीज़न के 'क्लीअरेन्स सेल' के पहले दिन किफायत से मिल जाता है। लड़कियों के पिता चक्कर लगा रहे हैं। उधर वे प्राविडेन्ट फण्ड, लोन फण्ड से पैसे निकाल रहे हैं। पत्थर भी बहे जा रहे हैं। प्रगतिशील खयालों के खूब शिक्षित सुधारक टाइप वर, मण्डप में बैठकर वधू के पिता से कहते हैं—पिताजी, हम तो स्कूटर लेंगे। जिन्हें घर में चाय मयस्सर नहीं, बारात में आकर रबड़ी के कप को लात मार रहे हैं। दूल्हे शेरवानी पहिनकर अपने दिन फेर रहे हैं।

साधो, सभी पार लग रहे हैं। 'वर जीत गयी मोरी कानी, वर खड़ा होय तब जानी !'·· वधू पक्ष ने गर्व से गाया। 'वर जीत गयी मोरी कानी', तो बरातियों ने सोचा कि इन्हें हमारे वर की क्वालिटी नहीं मालूम है—वर खड़ा हो तब जाने। तुम्हारी कानी है, तो हमारे बहादुर लँगड़े हैं। हम जीते हैं, तुम नहीं। सासें खट्टी-मीठी हो रही हैं। जो वधू अच्छा माल नहीं लायी है, उसे किस तरह सास देखेगी, इसकी योजना बना रही है।

साधो, विवाह से ही सम्बद्ध कई बातें हैं। एक है—वधू का पीड़न। अच्छा दहेज नहीं लानेवाली वधू को ससुराल में उत्पीड़ित किया जाता है। इसके विरोध में नारी के अधिकारों की रक्षा के लिए आन्दोलन होते हैं। राजधानी में महिलाओं के प्रदर्शन होते हैं और नारे लगते हैं—वधू जलाने के लिए नहीं है। वाइव्ज़ आर नाट फॉर बर्निंग। दहेज प्रथा मुर्दाबाद ! दिल्ली में कोई वधू जलकर मरी कि प्रदर्शनों का ताँता लग जाता है। इन प्रदर्शनों में ज्यादातर वे महिलाएँ शामिल होती हैं, जो प्रौढ़ा होती हैं और तीसरे पहर के आलस को नारे से भुलाना चाहती हैं। अगर प्रौढ़ाएँ तीसरे पहर न ऊबें तो कोई प्रदर्शन नारियों के पक्ष में न हो। कोई ऐसी भी होगी जो बहू को खाट से बाँधकर, पीटकर आयी होगी।

साधो, अब पतियों की रक्षा के लिए भी एक 'पति मंच' कानपुर में बन गया है। पति भी प्रताड़ित होते हैं, यह तुम सब जानते हो। दहेज का तो सवाल नहीं है; पति पत्नी द्वारा प्रताड़ित होते हैं, तनखा को लेकर कम तनखा लेने वाले पति पत्नी द्वारा जब-तब प्रताड़ित किये जाते हैं। जो पति वेतन के दिन कलारी होते

हुए आते हैं वे भी पिटते हैं। पति के प्रताड़ित होने के कारण और भी हैं। कोई पति इसलिए प्रताड़ित होता है कि उसकी स्टेनो सुन्दरी है। दूसरे की बीवी की तारीफ करनेवाले भी प्रताड़ित होते हैं।

साधो, आमतौर पर यह माना जाता है कि पति पत्नी से बहुत जोरदार होता है। पति का पत्नी पर रौब गालिब होना चाहिए। एक कथा है। दो राजकुमारियाँ थीं। उनकी शर्त थी कि वे उसी से शादी करेंगी जो रोज सुबह उनकी पाँच जूतियाँ खाय। उनकी शादी हो गयी। पहली ने पति से सबेरे कहा—बैठो मियाँ और 5 जूतियाँ खाओ। पति ने पाँच जूतियाँ खायीं। जब दोनों मिले तो दूसरे ने पहले से पूछा—कैसा चल रहा है? पहले ने कहा—बस, रोज पाँच जूतियाँ खा रहे हैं। और तुम? दूसरे ने बताया कि मैं तो उलटे पत्नी को ही पाँच जूतियाँ मारता हूँ। हुआ यह कि सुहागरात को मैंने कमरे में पहले से बिल्ली छोड़ रखी थी। पत्नी कमरे में आयी। मैंने यहाँ-वहाँ देखकर कहा—यह बिल्ली कैसे घुस आयी? और तलवार उठाकर बिल्ली की गर्दन काट दी। सुबह मैंने पत्नी से कहा—लो, मारो 5 जूतियाँ। वह काँपते हुए बोली—अरे, आप जैसे क्रोधी को मारकर क्या मुझे जान देनी है? और सिर आगे कर दिया। पिटनेवाले पति ने भी यह तरकीब अपनायी। उसने भी रात को कमरे में बिल्ली छोड़ दी और तलवार से उसका सिर काट दिया। इस पर बीवी ने वही 5 जूती मारकर कहा—बिल्ली पहले दिन मारी जाती है।

साधो, पहले दिन बिल्ली मारनेवाले पति होते हैं, तो दब्बू भी होते हैं। जोरू का गुलाम और इनपेक्ड हसबैन्ड के बहुत किस्से प्रचलित हैं। बहरहाल, पतियों की रक्षा के लिए पति-मंच बन गया। इसमें एक डॉक्टर और एक न्यायाधीश भी शामिल किये गये हैं। डॉक्टर पिटे हुए पति की मरहम-पट्टी के लिए जरूरी है और न्यायाधीश कानूनी पेचीदगियों के लिए। साधो, तुम भी स्थानीय पीड़ित पतियों का एक पति-मंच बना लो।

4.6.82

माधवराव और मामाजी आंग्रे

साधो, जाति और धर्म की सेवा हिसाब से करनी चाहिए। हिसाब से ज्यादा धर्म हो जाय, तो धन हाथ से निकलने लगता है। ऐसा विजयाराजे सिन्धिया के साथ हो गया जो पहले 'राजमाता' कहलाती थीं, क्योंकि माधवराव सिन्धिया 'राज कुमार' थे। मगर जब राजकुमार कहे कि यह प्रापर्टी मेरी और उसकी पूज्या माता कहे कि तेरी नहीं, मेरी। फिर छीन-झपट हो, दोनों तरफ से पिस्तौलें निकलें, फौज-

दारी मामले चलें, तब 'राजमाता' कैसे रह गयी। वह तो सौतेली माता हो गयी और बेटा हो गया दुश्मन। अब विजयाराजे सिन्धिया को 'राजमाता' सिर्फ भारतीय जनता पार्टीवाले कहते हैं। जो दूध पिलाय, माखन-मिसरी खिलाय, वह माता होती है। विजयाराजे भारतीय जनता पार्टी को गोद ले चुकी हैं, तो उनकी 'माता' हुई।

साधो, मैंने शुरू में कहा है कि जाति और धर्म की सेवा अगर ज्यादा हो जाय, तो धन-नाश होता है। राजा हरिश्चन्द्र ने धर्म सीमा से बाहर निभा दिया, तो चाण्डाल के घर नौकरी करनी पड़ी। राज गया, धन गया। विजयाराजे भी हिन्दू जाति और धर्म की सेवा बहुत ज्यादा करने लगी हैं। विश्व हिन्दू परिषद की उपाध्यक्षा हैं। अब हिन्दुओं की और हिन्दू धर्म की रक्षा का जिम्मा भूतपूर्व राजा-रानियों, सामन्तों ने ले लिया है। राष्ट्रीय स्वयंसेवक संघ का मोर्चा है–विश्व हिन्दू परिषद। इसके अध्यक्ष उदयपुर के भूतपूर्व महाराणा भागवतसिंह हैं। इनके पहले काश्मीर के भूतपूर्व राजा कर्णसिंह थे। जिन राज-परिवारों ने कई पीढ़ी अपनी हिन्दू प्रजा का शोषण किया, उनका खून चूसा, उन पर जुल्म किया, हिन्दू स्त्रियों की इज्जत लूटी, हिन्दुओं से बेगार करायी—उन्हीं अत्याचारी परिवारों के, लूटी हुई सम्पत्ति के मालिक, और मालिक अब हिन्दुओं और उनके धर्म की रक्षा करेंगे। पहले आर्थिक शोषण किया, अब राजनैतिक शोषण कर रहे हैं।

साधो, विजयाराजे सिन्धिया लन्दन गयी थीं, विश्व हिन्दू परिषद के किसी सम्मेलन में। टेम्स नदी, गंगा से ज्यादा पवित्र है। वे टेम्स के पवित्र तट पर हिन्दू धर्म की रक्षा कर रही थीं। हवाई जहाज से फर्स्ट क्लास में सोते हुए लन्दन जाना, वहाँ पाँच सितारा होटल के एअर कण्डीशण्ड कमरे में ऐश से रहकर, हिन्दू धर्म की सेवा करना कितना कष्टकर त्याग है, यह तुम गरीब थर्ड क्लास, साइकिल-वाले हिन्दू क्या समझो। तुम घटिया लोगों के धर्म की रक्षा के लिए ही विजयाराजे लन्दन गयी। मगर उधर धर्म की साधना कुछ ज्यादा हो गयी तो इधर सपूत माधवराव सिन्धिया ने माँ की सम्पत्ति पर कब्जा कर लिया। यह सामन्तवाद में स्वाभाविक है। राज्य और सम्पत्ति के लिए राजकुमार बाप को मार डालता है, राजा बेटों को मार डालता है, भाई भाई को मार डालता है। इतिहास में यह बहुत हुआ है। माधवराव ने जो किया, सामन्ती धर्म के अनुसार किया।

साधो, जो ट्रस्ट विजयाराजे ने बनाये थे, उन ट्रस्टों पर माधवराव ने कब्जा कर लिया। तुम ट्रस्टों के रहस्य जानते ही हो। पहले इन ट्रस्टों की अध्यक्षा विजया-राजे थी। माधवराव ने इन ट्रस्टों की जगह दूसरे ट्रस्ट बना दिये, जिसके अध्यक्ष खुद हो गये। 'जयविलास पैलेस' में मृगवन है, महल हैं, बड़े-बड़े हाल हैं। एक बार जब कबीर ग्वालियर कॉलेज में कार्यक्रम के लिए गया था, तब 'जयविलास पैलेस' से मेरे लिए निमन्त्रण आया था। जो सज्जन बुलाने आये थे, उन्होंने म्यूजियम देखने का सबसे अधिक आग्रह किया। मैंने पूछा— राजमाता कहाँ हैं? उन्होंने कहा—वे तो विदश गयी हैं।

मैंने कहा—जब सबसे आकर्षक पुरातत्व वस्तु ही नहीं है तो उस म्यूजियम

को क्या देखना।

खैर साधो, मामला घरू है और रहना था। विजयाराजे सिन्धिया को अपनी सम्पत्ति, महल, शेअर बेटा-बेटी को बाँट देना था। राजी-खुशी से अगर यह नहीं होता, तो इसके दो तरीके और हैं—गुण्डे बुलाकर कब्जा ले लो, या अदालत चले जाओ। तब भी यह मामला घरू झगड़े का ही रहता। मगर यह घरू मामला न रहकर सार्वजनिक और राजनैतिक हो गया। एक कारण तो यह है कि माँ भारतीय जनता पार्टी में है और बेटा इन्दिरा कांग्रेस में। मगर पहले विजयाराजे भी इन्दिरा कांग्रेस में थीं और अगर पण्डित द्वारिकाप्रसाद मिश्र से उनकी न खटकती, तो अभी भी कांग्रेस में होतीं और शायद मन्त्राणी होतीं। वे इन्दिराजी के दरबार में आज दण्डवत करती होतीं। माधवराव भी कोई क्रान्तिकारी नहीं हैं। वे भी पहले जनसंघ में थे और जनसंघ टिकिट पर ही लोकसभा के सदस्य थे। फिर उन्होंने समझा कि पद और प्रतिष्ठा इन्दिराजी के मार्फत मिलती है, तो वे इन्दिरा कांग्रेस में आ गये। माँ को बुढ़ापे में और बेटे को जवानी में पद और प्रतिष्ठा चाहिए। न माँ को हिन्दू धर्म से मतलब, न बेटे को समाजवाद से। धन, पद, प्रतिष्ठा के लिए माँ-बेटे मुस्लिम लीगी भी हो सकते हैं और कम्युनिस्ट भी। इस सिन्धिया राज परिवार की राष्ट्रभक्ति की उज्ज्वल परम्परा यह रही है कि इन्होंने महारानी लक्ष्मीबाई को धोखा दिया। और जब हैदरअली तथा नाना फड़नवीस ने अँगरेजों के घुटने टिकवा दिये थे तब इसी राज परिवार ने अँगरेजों की मदद की। यानी आत्मसम्मान, देश-गौरव, राष्ट्र-प्रेम तथा त्याग इस राज परिवार के खून से पूरी तरह गायब है।

साधो, माँ-बेटे के मामले को सार्वजनिक और राजनैतिक बनाया 'मामाजी' ने। ये मामाजी हैं सरदार सम्भाजीराव आंग्रे। ये विजयाराजे सिन्धिया के शुरू से सलाहकार, मन्त्री, राजनैतिक अभिभावक, शुभचिन्तक, मैनेजर—सबकुछ रहे हैं। ये विजयाराजे के इतने नजदीक रहे हैं, विश्वासपात्र रहे हैं कि राजा सिन्धिया इनसे नाराज थे। तब ये बम्बई में रह रहे थे। राजा की मृत्यु के बाद रानी ने इन्हें बुला लिया। ये माँ के इतने घनिष्ठ हैं, विश्वासपात्र हैं, संरक्षक हैं, तो माधवराव के ये 'मामाजी' हुए। मगर माधवराव की असली लड़ाई इन मामाजी से ही है। माधवराव का कहना है—सरदार आंग्रे ने ही मेरी माँ को बहकाया है। आंग्रे ही उन्हें जनसंघ में ले गये। ये मामाजी आंग्रे कट्टर संघी हैं। इन 'मामाजी' पर माधवराव ने तीन-चार फौजदारी मुकदमे चला रखे हैं और 'मामाजी' जमानत पर हैं।

साधो, भारतीय जनता पार्टी भारतीय संस्कृति के अनुसार इस माँ-बेटे के विवाद में बीच में कूद पड़ी। उसका कहना है—राजमाता पर अन्याय हो रहा है। हम अन्याय से लड़ेंगे। यह तो ठीक है। मगर अन्याय से लड़ने का इनाम भी तो भारतीय जनता पार्टी चाहेगी। इस पुण्य कर्म के बदले में भारतीय जनता पार्टी की इच्छा जयविलास पैलेस, दूसरी इमारतें, प्रापर्टी वगैरह हड़प लेने की है। इस

तरह यह पूरी तरह ईमान पर आधारित धर्मयुद्ध है। देखते हैं, किसके धर्म की जय होती है—मामाजी की या भानजेजी की।

अनशन के बाद रैली

साधो, दया का मौसम आता जाता है। वीरता का मौसम भी आता जाता है। जैसे-जैसे चुनाव नजदीक आते जाते हैं, राजनैतिक दलों के कलेजे जनता के दुखों से टुकड़े-टुकड़े होने लगे हैं। इतनी महँगाई, इतनी गरीबी, इतना भ्रष्टाचार। हाय! हाय! हमारे प्यारे देशवासियो, इन अत्याचारियों के शासन में तुम बहुत दुख भोग रहे हो, हमें पता ही नहीं था और चुनाव नजदीक न होते तो हमें पता भी नहीं चलता। देखो, हमारी आँखों के आँसू थम नहीं रहे हैं। पर अब धीरज रखो। हम इस अत्याचारी शासन का अन्त करेंगे। हम अब राज करेंगे और तुम्हारे दुख-दर्द दूर हो जायेंगे। देखो, हम रैली निकालकर तुम्हें बताते हैं। उग्र प्रदर्शन करके बताते हैं। 4-5 घण्टे गिरफ्तार होकर बताते हैं। तुम्हें अब सिर्फ इतना करना है कि हमें वोट दे देना है।

साधो, जनता के दुखों पर रोना और गुस्सा करना फिर शुरू हो गया है। जिन दलों का अन्दाज है कि चुनाव 1984 के शुरू में हो जायेंगे, उनका खूब जोर से रोना और गुस्सा दिखाना चल रहा है। जो यह मानते हैं कि चुनाव 1985 में ही होंगे, वे ज़रा देर से रोना और गुस्सा करना चालू करेंगे।

साधो, कोई दल ऐसा नहीं है जिसने शासन नहीं किया हो। 1977 से 3 साल तक दक्षिणपन्थी दल राज कर चुके हैं। इनके राज में जनता ने जो सुख भोगा था, उसकी याद ये राजनेता नहीं दिलाना चाहते हैं। ये यह नहीं कहते—हमारे राज में तुम्हें इतना सुख था। इस सुख की याद दिलाना बाल-तोड़ के फोड़े को दबाना है। ये कहते हैं—इस राज में तुम्हें इतने दुख हैं। साधो, उन 5-6 दलों में, जो भ्रष्टाचार में सबसे अधिक बदनाम हुआ था, वही आज के भ्रष्टाचार पर सबसे अधिक दुखी है। भ्रष्टाचार अगर अपने हाथ से हो तो वह प्रजा के लिए हितकारी है। दूसरे के हाथ से भ्रष्टाचार हो तो वह प्रजा के लिए दुखदायी है। इसीलिए रैलियाँ निकालनेवाले, प्रदर्शन करनेवाले ये दल चाहते हैं कि शासकीय भ्रष्टाचार करने का अधिकार इन्हें मिल जाय। इनका भ्रष्टाचार इतना पवित्र होगा कि जनता अपने आप सुखी हो जायगी।

साधो, सबसे अधिक भरोसा जल्दी चुनाव होने का भारतीय जनता पार्टी को है। इसलिए जरूरी है कि वह जनता के दुःखों के लिए अभी से काफी जोर से रोये

और वर्तमान सरकार पर खूब गुस्सा दिखाये। आँसू पोंछने के लिए भाजपाई चार-चार रूमाल रखता है या बड़ा अँगोछा। यह पार्टी जानती है कि चरणसिंह के सहयोग से सिर्फ उत्तर भारत में कुछ सीटें बढ़ेंगी। मगर इतनी से दिल्ली में सरकार नहीं बन सकती। फिर चरणसिंह का क्या ठिकाना? वे ठीक चुनाव के वक्त मोर्चे को तोड़ दें। बीजू पटनायक वगैरह उनके पास पहुँचकर कहने ही लगे हैं—चौधरी साहब, आप किन ब्राह्मणों के चक्कर में पड़ गये। आप क्या आर. एस. एस. को नहीं जानते? ये लोग आपका राजनीतिक जीवन ही नष्ट कर देना चाहते हैं। हमारी ऑल इण्डिया संयुक्त पार्टी में आ जाइए, तो प्रधानमन्त्री बनने का भविष्य है। यह सब समझकर भारतीय जनता पार्टी ने दिल्ली के तख्त की आशा छोड़ दी है। यह हो सकता है कि कछुओं की तरह रेंगते-रेंगते दोनों मोर्चे एक हो जायें। पर अभी भारतीय जनता पार्टी राज्यों में अपनी सरकारें बनाने पर ध्यान दे रही है। सबसे ज्यादा आशा उसे मध्यप्रदेश में सरकार बनाने की है। अभी 322 के सदन में उसके कुल 60 सदस्य हैं। पर उसे आशा है—जन-असन्तोष से, कांग्रेस की भीतरी गुटबाजी से, प्रोपेगेण्डा से और श्रीमती सिन्धिया के पैसे से।

तो साधो, इस पार्टी ने सबसे पहले विजयाराजे सिन्धिया की प्रापर्टी उनके बेटे से छीनने का क्रान्तिकारी अभियान किया। सिन्धिया के महल के अहाते में प्रदेश पार्टी के अध्यक्ष कैलाश जोशी आमरण अनशन पर बैठ गये। वे समझे थे कि यह वीर-रस है मगर हो गया, हास्य-रस। लोग कहते थे—भारतीय संस्कृति का कुल तत्व यह है कि पैसा लेकर मकान खाली कराने और मकान पर कब्जा दिलाने का काम करो। अनशन के तीसरे ही दिन सीधे आदमी कैलाश जोशी को लगा कि मैं बुद्धू बना दिया गया। वे बयान बदलने लगे। आशा करने लगे कि मुख्य-मन्त्री के दो शब्द आ जायें, तो वे अनशन खत्म कर दें। उधर मुख्यमन्त्री समय दे रहे थे कि इनका डटकर उपहास हो जाय कि मिसेज़ सिन्धिया की प्रापर्टी के लिए अपने एक नेता की जान दे रहे हैं। इधर पाँचवें दिन ग्वालियर में अटल-बिहारी वाजपेयी ने आम सभा में ऐलान किया—अगर कैलाश जोशी को कुछ हो गया तो मध्यप्रदेश में आग लग जायेगी। अब कैलाश जोशी घबड़ाये—मेरे ये नेता चाहते हैं कि 'मुझे कुछ हो जाय' तो ये उसका राजनैतिक फायदा डटकर उठायें। अब जान बचाओ। उन्होंने एक विधायक शीतला सहाय के हाथ आठवें दिन मुख्यमन्त्री की 'राजी-खुशी' की चिट बुलाकर अपने हाथ से ही ग्लूकोज़ और रस पी लिया।

साधो, अब बी. जे. पी. के नेता कहते हैं—कैलाश जोशी अपनी 'भावना' के कारण अनशन पर बैठे थे। यह पार्टी का फैसला नहीं था। साधो, तुम्हें कैलाश जोशी पर दया नहीं आती।

साधो, जनता के लिए रोने का एक बड़ा प्रदर्शन बी० जे० पी० ने भोपाल में विधानसभा अधिवेशन के पहले दिन किया। 144 धारा तोड़कर जंगी प्रदर्शन। कहते हैं सारे प्रदेश से 35 हजार कार्यकर्त्ता आये थे। यानी लगभग 20 हजार

होंगे। इन्होंने क्यों तकलीफ़ की—महँगाई, मुनाफाखोरी, गुण्डागिरी, अशान्ति के खिलाफ। जनता के लिए कष्ट किया। पर जनता की सेवा जहाँ से चले, वहीं से शुरू कर दी। भोपाल जानेवाली रेलगाड़ियों में टू-टायर, थ्री-टायर डिब्बों में ये जनता के सेवक घुस गये, कब्जा कर लिया। जिनका रिजर्वेशन था, वे प्लेटफार्म पर छूट गये। रेलवेवाले कहें—हम क्या करें? पुलिस से कहो। पुलिस ने कहा, हम कुछ नहीं कर सकते। स्त्री और बच्चे तक प्लेटफार्म पर छूट गये और उनके रक्षक भोपाल चल दिये। कई स्टेशनों पर यह हुआ। हजारों बहनें और बच्चे जिनके रिजर्वेशन थे, रात में पड़े रहे। ऐसे ही बसों में जनता के सेवक घुस गये और हजारों टिकिटवाले छूट गये।

साधो, जनता की सेवा यहाँ से शुरू हुई। अब उस रैली में आधे तो मुनाफाखोर होंगे, हजारों वे बड़े भूमिपति होंगे जो हरिजनों की जमीन हड़पते हैं और उन्हें मारते हैं, अपराधियों को थाने जाकर छुड़ानेवाले नेता भी रैली में बहुत थे, दंगा करानेवाले तो बहुमत में होंगे। इन्हीं लोगों की यह पार्टी है। सवाल यह है कि ये किससे जनता के भले की माँग कर रहे थे? असल में जनता इन्हीं से अपनी रक्षा चाहती है, जो जनता की रक्षा के लिए रैली निकाल रहे थे।

तेरी जुल्फों के पेचो-ख़म नहीं हैं!

साधो, आज जब मैं यह लिख रहा हूँ तब फिल्मों के सर्वशक्तिमान भगवान जिनकी भृकुटि के कुटिल होने से नाश होता है और कृपा-कटाक्ष से कल्याण होता है, वे भगवान एन. टी. रामाराव जो राजनीति के किण्डरगार्टन के शिशु हैं, उनकी हालत दीन सुदामा-जैसी हो गयी है। वे सुदामा का रोल बखूबी कर सकते हैं, जिन्होंने दीनता से कृष्ण के हृदय को द्रवित कर दिया था। तुम पूछोगे—'गुरु, भगवान को सुदामा किसने कर दिया?' साधो, जनता की समस्याओं और माँगों ने, जिनकी कल्पना फिल्मी प्रभु को नहीं थी। इस समय आन्ध्र में सरकारी कर्मचारियों की पूर्ण हड़ताल चल रही है। चपरासी और ड्राइवर तक भगवान रामाराव को नहीं मिल रहे हैं। यह श्रमिक वर्ग है—वर्किंग क्लास। यही संगठित हो जाय तो भगवान को उतारकर खुद वहाँ बैठ जाता है।

साधो, मैंने ऊपर कहा है कि रामाराव राजनीति के किण्डरगार्टन में हैं। उन्होंने भगवान होने के नाते सुदर्शनचक्र चलाने की धमकी दी। कहा—अगर कर्मचारी हड़ताल पर जायेंगे तो उनकी जगह मेरी पार्टी के स्वयंसेवक काम करेंगे। यह बिल्कुल राजनीति की टाफी चूसनेवाले बच्चे-जैसा बयान है। यह सुदर्शन-

चक्र नहीं है। गनीमत है कि रामाराव ने अपने स्वयंसेवकों को नहीं उलझाया। मुख्य सचिव ने, जिसे रामाराव ने हटा दिया, ठीक सलाह दी थी कि अपनी पार्टी के कार्यकर्त्ताओं का उपयोग सरकारी काम के लिए मत कीजिए। एक तो वे काम जानते नहीं हैं। जरूरी, गोपनीय फाइलें इन गैरजिम्मेदार लोगों के हाथों में पड़ जातीं, फाइलें और कागजात गुमते या चोरी जाते। याने शासनतन्त्र बिखर जाता। दूसरे इन पार्टी-कार्यकर्ताओं की मुठभेड़ हड़ताली कर्मचारियों से होती। मार-पीट होती, लाठियाँ चलतीं, दंगे होते। अच्छा किया कि रामाराव ने मूर्खता का यह सुदर्शनचक्र नहीं चलाया। साधो, पार्टी-कार्यकर्ताओं का उपयोग वही पार्टी कर सकती है, जिसकी निश्चित विचारधारा हो और उस विचारधारा में दीक्षित अनुशासित, समर्पित पक्के कार्यकर्त्ता हों। पिछले साल बंगाल के मुख्यमन्त्री ज्योति बसु जब सचिवालय में अपने कमरे में बैठे थे, तब युवक कांग्रेस के जुलूस ने तोड़-फोड़ की, खिड़कियों के काँच फोड़ डाले, ज्योति बसु को भी खतरा पैदा हो गया था। पुलिस क्या कर रही थी? यह सवाल था। ज्योति बसु ने पुलिस कमिश्नर को बुलाया और डाँटा—जुलूस यहाँ तक कैसे आया? उसने तोड़-फोड़ कैसे कर डाली? तुम और तुम्हारा फोर्स क्या कर रहे थे? अगर तुम मेरी रक्षा नहीं कर सकते, तो मेरी पार्टी के कार्यकर्त्ता मेरी रक्षा कर लेंगे। पर मैं तुम्हारे इस पद से तुम्हें फौरन हटा दूंगा। साधो, ऐसी बात ज्योति बसु कह सकते हैं भगवान रामाराव नहीं कह सकते, जिनके पास भावुक भक्तों की बेतरतीब भीड़ है।

साधो, फिर भी रामाराव हमारे प्यारे हैं। वे हमारे अखाड़े के हैं। उन्होंने भगवा वस्त्र धारण कर लिये हैं और साधो हो गये हैं। उन्हें हम अपने अखाड़े में बुलायेंगे। गाँजे की चिलम चलेगी। सत्संग होगा। हम रामाराव से खुश हैं। उन्होंने उन राजनेताओं को चूना लगा दिया, जो राजनीति करते-करते बूढ़े और जर्जर हो गये हैं। रामाराव के बुलाने पर सारे विपक्षी नेता विजयवाड़ा चले गये। दक्षिणपन्थी नेता समझे थे कि भगवान पूछेंगे—भक्तो, तुम्हें क्या चाहिए? मैं वरदान के 'मूड' में हूँ। ये नेता कहेंगे—प्रभु, हमें दक्षिणपन्थी विपक्षी एकता चाहिए। भगवान हाथ उठाकर कहेंगे—एवमस्तु! जाओ, तुम्हारी एकता हो गयी।

मगर साधो, भगवान ने यह चमत्कार नहीं किया। तब बहुगुणा ने दिल्ली में विपक्षी नेताओं की बैठक बुलायी। बेचारा बहुगुणा जो इलाहाबाद विश्वविद्यालय से राजनीति कर रहा था, नेताओं के हाथ जोड़ता घूम रहा था कि भैया, बैठक में जरूर आना। मगर वे नेता कह रहे थे कि हम नहीं आयेंगे। उन्हें डर था कि अगर बहुगुणा के बुलाये चले गये, तो यह विपक्ष का नेता हो जायेगा और फिर प्रधानमन्त्री बन जायेगा। 40-50-60 सालों की राजनीति में कैसे मजबूत रेत के किले बनाये हैं इन लोगों ने। साधो, फिर भगवान का रूप धारण किये हमारे रामाराव आये। उनके कहने से चरणसिंह-जैसे हठी भी आ गये और चन्द्रशेखर भी, जिन्हें पैदल चलने के कारण दूसरा गांधी बनाया जा रहा है। रामाराव राजनीति में कल ही आये हैं। हमें लगा जैसे बच्चे ने बाबा के सिर पर पेशाब कर दिया हो।

रामाराव ने सिद्ध कर दिया कि मैं अगर राजनीति के कान्वेण्ट में के. जी. टू में हूँ, तो तुम लोग के. जी. वन में हो।

साधो, दक्षिण में फिल्मी हीरो की राजनीति का यह दौर अभी चलेगा। कर्नाटक में फिल्मी हीरो है—राजकुमार। ज़ब वहाँ हिन्दी विरोधी आन्दोलन चला, तो उसका नेतृत्व बुद्धिजीवी या जमी हुई राजनैतिक पार्टियों के नेता नहीं कर रहे थे। उसका नेतृत्व कर रहे थे—फिल्मी हीरो राजकुमार। जुलूस में उनके पीछे चल रहे थे राजनेता और बुद्धिजीवी। वे राजकुमार की जय बोल रहे थे। हाथी-घोड़ा पालकी, जय कन्हैया लाल की! और साधो, केरल में मलयाली फिल्मों के हीरो प्रेम नज़ीर राजनीति में आ रहे हैं।

साधो, दिशाहीन और विचारधाराहीन और सिद्धान्तहीन राजनीति जिन्दगी-भर करने के कारण ये बूढ़े नेता इस सद्गति को प्राप्त हुए हैं कि कल राजनीति में आये फिल्मी हीरो इन्हें बन्दर की तरह नचाते हैं।

साधो, हमारे अखाड़े के साधु रामाराव को याद रखना चाहिए कि उन्होंने वादे किये थे। दो रुपया किलो चावल देने का वादा किया था, गरीबों की दशा सुधारने का वादा किया था, भ्रष्टाचार खत्म करने का वादा किया था, जरूरी चीजें सस्ती करने का वादा किया था। फिल्मी हीरो भगवान के प्रति भावुकता का दौर खत्म हुआ। अब जिन्दगी के ठोस यथार्थ से सामना है।

ये जिन्दगी की उलझनें हैं मेरी जान
तेरी जुल्फों के पेचों-खम नहीं हैं।

यज्ञदत्त का यज्ञ-भंग

इन दिनों मध्यप्रदेश विधानसभा के अध्यक्ष यज्ञदत्त शर्मा के इस्तीफे की चर्चा है। उन्होंने इस्तीफा गैरपरम्परागत तरीके से दिया। वे न राज्यपाल के पास गये, न उपाध्यक्ष को इस्तीफा सौंपा। उन्होंने पत्रकारों को बुलाया, उन्हें स्थिति बतायी और पत्रकारों से ही पूछा—आप लोगों की सलाह क्या है? क्या मैं इस्तीफा दे दूं? अखबारनवीसों को सबेरे अखबार के लिए 'बैनर' चाहिए था। उन लोगों ने कहा--दे दीजिए इस्तीफा। और यज्ञदत्त शर्मा ने इस्तीफा दे दिया। मगर जितना सरल यह मामला दिखता, उतना है नहीं। जटिल है। इसकी लम्बी भूमिका है। इस पर चर्चा आगे करूँगा।

साधो, इस तरह इस्तीफा किसी विधानमण्डल के अध्यक्ष ने नहीं दिया होगा। मगर मध्यप्रदेश विधानसभा में ऐसा बहुत हुआ है जो किसी विधानसभा में नहीं

हुआ। यहाँ एक बार विधानसभा के उपाध्यक्ष नर्मदा प्रसाद श्रीवास्तव अध्यक्षता कर रहे थे। उन्हें जनसंघ के सदस्य पंढरीराव कृदत्त ने जूता फेंककर मारा। कृदत्त का कहना था कि वह जूता नहीं था, चप्पल थी। मैं मानता हूँ। संघ में जो महाराष्ट्रियन हैं वे नासिक की मशहूर मजबूत चप्पल पहने हैं। यह इतनी मजबूत होती है कि तीन पीढ़ी चलती है। चप्पल मारी। कोई जूता तो नहीं मारा।

साधो, और यहाँ एक विधानसभा अध्यक्ष हो गये हैं। वे ब्राह्मण थे, बुजुर्ग थे, आदरणीय थे। उन्हें दोपहर को सोने की आदत थी। तो विधानसभा में भाषण चलते रहते थे और वे सो जाते थे। मगर 15-20 मिनिट की झपकी के बाद उठ जाते थे। और दूसरे वक्ता को बोलने के लिए कहकर फिर सो जाते थे। उनके दिमाग में जो बात फिट हो गयी वह फिट ही रहती थी। एक बार विधायक गुलाबचन्द 'तामोट' थे। अध्यक्ष उन्हें गुलाबचन्द 'तामलोट' कहते थे। गुलाबचन्द तामोट ने कई बार कहा—अध्यक्ष महोदय, आप मेरा उपनाम गलत बोलते हैं। मैं तामोट हूँ। अध्यक्ष कहते—हाँ, आप बैठ जाइए। मैं जानता हूँ आप 'तामलोट' हैं। वे अन्त तक तामोट को 'तामलोट' कहते रहे। वे विधायकों को ऐसे डाँटते थे, जैसे शिक्षक लड़कों को डाँटता है—अरे, अब बैठ जाओ। तुम्हारा टाइम खत्म हो गया। फालतू बकबक लगाये हो। ये अध्यक्ष पण्डित कुंजीलाल दुबे थे।

साधो, फिर संविद के जमाने में 1965 में विधानसभा अध्यक्ष हुए पण्डित काशीप्रसाद पाण्डे। वे अभी जीवित हैं। 88 साल के हैं। वे 'फादर ऑफ दी हाउस' कहलाते थे। जब पहली विधानसभा अँगरेजी शासन में बनी थी, तब से वे लगातार सदस्य थे। 'फादर ऑफ दी हाउस' ब्रिटिश संसद में सबसे पुराने सदस्य को कहते हैं। हम लोग काका पाण्डे से मजाक में कहते थे—आप फादर ऑफ दी हाउस नहीं हैं। यह जो विधानसभा है—'हाउस ऑफ योर फादर' है। ये बहुत नरम दिखनेवाले बुढ़ऊ भीतर से सख्त थे। 1967 में कांग्रेस से कुछ सदस्य निकले—विजयाराजे सिन्धिया और गोविन्द नारायणसिंह के नेतृत्व में। जनसंघ से मिलकर 'संविद' (संयुक्त विधायक दल) बनाया। विकट कूटनीतिज्ञ माने जानेवाले पण्डित द्वारिकाप्रसाद मिश्र मुख्यमन्त्री थे। उनकी सरकार को दूसरे दिन सदन में गिराने की तैयारी हो गयी। भूतपूर्व मुख्य सचिव आर. पी. नरोन्हा ने अपनी किताब में लिखा है कि मिश्रजी ने पाण्डेजी से कहा कि कल विधानसभा स्थगित रखिए। पाण्डेयजी ने दृढ़ता से इनकार कर दिया। गोविन्द नारायणसिंह ने, जो बाद में संविद शासन के मुख्यमन्त्री हुए, पाण्डेजी से कहा कि रात को हमारे समर्थक विधायक असुरक्षित रहेंगे। पाण्डेजी ने कहा -- तुम्हारे सारे विधायक मेरे बँगले के अहाते में रात को सोयें। मैं गार्ड लगा दूँगा। ऐसा भी कहीं नहीं हुआ होगा कि विधायक सुरक्षा के लिए विधानसभा अध्यक्ष के अहाते में रात गुजारें। और साधो, गोविन्द नारायणसिंह सरीखा राजनीतिज्ञ भी कम मिलेगा। इसने ढाई साल में दो सरकारें गिरायीं। एक तो पण्डित द्वारिकाप्रसाद मिश्र की सरकार और दूसरी वह संविद सरकार, जिसका, वह खुद मुख्यमन्त्री था। संविद की अध्यक्षा विजयाराजे सिन्धिया

15 दिनों से गोविन्द नारायणसिंह को 'नगरी-नगरी, द्वारे-द्वारे, गली-गली' ढूंढ़ रही थी। बँगले में पूछती तो बताया जाता कि वे अमुक रेस्ट हाउस में फाइलें निपटा रहे हैं। रेस्ट हाउस में पता लगवाती तो बताया जाता कि गाँव चले गये हैं। गाँव आदमी भेजती तो बताया जाता कि भोपाल लौट गये। एक रात को गोविन्द नारायण ने राज्यपाल को अपनी सरकार का इस्तीफा सौंप दिया। सवेरे विजयाराजे सिन्धिया सिर पीट रही थी।

साधो, उत्तरप्रदेश में एक विधानसभा अध्यक्ष जोरदार हो गये हैं--रामचन्द्र वर्मा। इनकी उच्च न्यायालय के प्रधान न्यायाधीश से ठन गयी। रामचन्द्र वर्मा ने पुलिस को आदेश दिया---मुख्य न्यायाधीश को गिरफ्तार करके सदन में पेश करो। उधर मुख्य न्यायाधीश ने आदेश दिया---विधानसभा अध्यक्ष को गिरफ्तार करके अदालत में पेश करो। काफी दिन एक-दूसरे को गिरफ्तार कर हाजिर करने के आदेश दोनों तरफ से निकलते गये। आखिर समझौता हुआ।

साधो, अब यज्ञदत्त शर्मा की बात हो जाय। उन्होंने नाटकीय इस्तीफा दिया। पत्रकार वार्ता बुला ली और वहाँ कहा कि मुख्यमन्त्री सहयोग नहीं करते, दबाव डालते हैं और विधानसभा सत्र कब से बुलाना है, यह भी नहीं बताते। बताओ, क्या मैं इस्तीफा दे दूं?

साधो, यज्ञदत्त शर्मा 'स्पीकर' हैं तो बोल गये। मगर अर्जुनसिंह बहुत कम बोलते हैं। वे कुछ नहीं बोले। हम यह जानते हैं कि विधानसभा अध्यक्ष बहुमत-वाली पार्टी का होता है और वह मुख्यमन्त्री के सहयोग और सलाह से विधानसभा का सत्र बुलाता है। सदन में वह निष्पक्ष होता है। पर यह हम जानते हैं कि जैसे जल, थल और आकाश में कांग्रेस के गुट हैं, वैसे ही मध्यप्रदेश में भी हैं। यज्ञदत्त शर्मा अर्जुनसिंह के विरोधी गुट के हैं। जो गुट मुख्यमन्त्री बदलने के लिए हर हफ्ते इन्दिराजी के दरबार में पहुँचता हो उस गुट के विधानसभा अध्यक्ष से मुख्य-मन्त्री की नहीं पटी तो कोई बुरी बात नहीं हुई। और यज्ञदत्त शर्मा ने इससे तंग आकर इस्तीफा दे दिया, यह भी बुरी बात नहीं हुई।

मगर साधो, साल-भर से अखबारों में तथा पार्टी में ये आरोप लगाये जा रहे हैं कि यज्ञदत्त शर्मा और उनके रिश्तेदार गलत तरीकों से जमीनें हड़प रहे हैं और बहुत प्रापर्टी बना रहे हैं। कहते हैं बम्बई में भी प्रापर्टी बनायी है। अब साधो, सवाल यह है---क्या यज्ञदत्त शर्मा की प्रापर्टी बनाने के कारण मुख्यमन्त्री से नहीं पटी? क्या दूसरे गुट के होने के कारण उनका प्रापर्टी बनाना मुख्यमन्त्री को अखर गया? या मुख्यमन्त्री के असहयोग से क्षुब्ध होकर यज्ञदत्त शर्मा और उनके रिश्तेदार प्रापर्टी बनाने में लग गये? पब्लिक को कुल इस प्रापर्टी के सवाल से मतलब है। नेताओं में किसकी किससे पटती है और किससे नहीं, इससे पब्लिक को कोई मतलब नहीं। पब्लिक चाहती है कि इस प्रापर्टी के मामले की जाँच सरकार करा दे। यहाँ यह भी बता दूं कि पब्लिक को इसमें कोई एतराज नहीं है कि नेता लोग प्रापर्टी बनायें। वे कोई गुनाह तो करते नहीं हैं। इधर कैसेट पर

ग़ज़ल के ये शब्द अक्सर सुन रहा हूँ—

कोई चोरी तो नहीं की है
थोड़ी-सी जो पी ली है।

हटना जगन्नाथ का

साधो, इस साल स्वाधीनता दिवस को जगन्नाथ मिश्र ने पीट दिया। यह माना कि झण्डे लगे, रोशनी हुई, इन्दिराजी लाल किले से बोलीं—मगर लोग न बात देश की कर रहे थे, न स्वाधीनता संग्राम की, न गाँधी, नेहरू, भगतसिंह की। लोग बात कर रहे थे—आखिर जगन्नाथ मिश्र गये। किसी एक आदमी ने 70 करोड़ आदमियों के राष्ट्रीय पर्व पर कभी इस तरह कब्जा नहीं किया होगा, जैसे जगन्नाथ मिश्र ने इस बार किया। रूसी क्रान्ति की वर्षगाँठ पर रूसी लोग भी इस तरह कामरेड लेनिन की बात नहीं करते, जिस तरह लोग पन्द्रह अगस्त को जगन्नाथ मिश्र की चर्चा कर थे। ऐसा लगता था कि पन्द्रह अगस्त को यह देश अँगरेज साम्राज्यवादियों से मुक्त नहीं हुआ, बल्कि जगन्नाथ मिश्र से मुक्त हुआ हो।

साधो, इन्दिरा गाँधी ने जगन्नाथ मिश्र को जगन्नाथ का रथ खींचने के लिए मुक्त करने को स्वाधीनता दिवस के पहले का समय ही क्यों चुना? इन्दिराजी चतुर हैं। उन्हें बहुत लोगों के मुँह बन्द करने थे। बहुत-सी अड़चन की समस्याओं से लोगों का ध्यान हटाना था। लोग श्रीलंका में तमिलों की बड़े पैमाने पर हत्या और सम्पत्तिनाश से उत्तेजित थे। कुछ तो कहते थे कि इन्दिराजी को श्रीलंका पर फौज चढ़ा देनी चाहिए। इतनी दूर फाकलैण्ड द्वीप में कुल डेढ़ हजार अंग्रेजों की सरकार बनाये रखने के लिए मार्गरेट थैचर ने समुद्री बेड़ा भेज दिया था। हमारी इन्दिराजी कमजोर पड़ गयी थीं। यही 14-15 अगस्त को बातें कर रहे थे—अरे सुना, इन्दिराजी ने जगन्नाथ मिश्र को डिसमिस कर दिया। यह मामूली बात नहीं है। जगन्नाथ मिश्र केन्द्र से टकराने की तैयारी कर रहे थे। उनके पास इतना पैसा है कि वे एक प्राइवेट फौज बनाकर नम्बर एक सफदरजंग पर हमला कर सकते थे। कोई और कहता था—बिहार में सिर्फ एक ही तो डाक्टर था जिसकी रोज की 10 लाख की प्रैक्टिस थी। इन्दिराजी ने उसकी प्रैक्टिस बन्द कर दी। अब बिहार के लोगों का स्वास्थ्य बिगड़ेगा।

साधो, लोग अकाली आन्दोलन को भूल गये। खालिस्तान को भूल गये। खुद अकाली भी अपना आन्दोलन भूल गये। वे भी आपस में बातें करते थे—सुणाजी,

जगन्नाथ मिश्र गया। बड़े कड़े कलेजे का आदमी था। साधो, लोग गरीबी भूल गये, महँगाई भूल गये, भुखमरी भूल गये, सूखा भूल गये। लोग एक-दूसरे को मुबारकबाद दे रहे थे—जगन्नाथ मिश्र गये। साधो, तीन मुख्यमन्त्री ऐसे हुए हैं, जो बहुत बहादुर हुए और जो जीवनकाल में ही 'लीजेंड' (दन्तकथा) के हीरो बन गये। ये तीन हैं—जगन्नाथ मिश्र, वीरेन्द्रकुमार सकलेचा, अब्दुल रहमान अन्तुले।

साधो, लोकतन्त्र में जब सामन्तवाद-जैसी ताकत शासक को मिल जाय, तब वह नवाब या महाराणा हो ही जायेगा। मुख्यमन्त्री का निर्वाचित विधानसभा कुछ नहीं बिगाड़ सकती, जब तक इन्दिराजी की कृपा है। विपक्ष सिर्फ शोर कर सकता है, कुछ बिगाड़ नहीं सकता। अखबारों में कलंक-कथाएँ छपती रहें, आलोचना होती रहे—कुछ नहीं बिगड़ता, जब तक इन्दिराजी सूबेदार को चाहती हैं। अखबारों को सूबेदार दबा सकता है, घूस देकर मुँह बन्द कर सकता है। सूबेदार के पास पुलिस है। उसके पास अपार शक्ति है। तो सूबेदार चाहे जो कर सकता है। विधान सभा, संसद, पार्टी हाईकमान, प्रधानमन्त्री—सब जब सूबेदार की रक्षा में लगे हों, तो वह क्यों न निरंकुश हो जाय। जगन्नाथ मिश्र ने एक सहकारी बैंक के पास रेलवे प्लेटफार्म रखवा दिया। वे चाहते तो नम्बर एक सफदरजंग को उसके निवासियों समेत गिरवी रखवा सकते थे। फिर इन्दिराजी और राजीव कैसे छूटते, पता नहीं।

साधो, सूबेदार का कोई कुछ नहीं बिगाड़ सकता। अन्त में लोग अदालत ही जाते हैं न। तो जाओ अदालत। कितनी अदालतों में जाओगे? अदालतों में वकीलों की बुद्धि का खेल होता है। तो सूबेदार के बड़े-बड़े वक़ील लगे हैं। छोटी अदालत से चढ़ते-चढ़ते सर्वोच्च न्यायालय तक पहुँचोगे, तब तक सूबेदार का बेटा सूबेदार हो जायेगा। अगर उच्च न्यायालय या सर्वोच्च न्यायालय में कुछ गड़बड़ रूलिंग हो गयी, तो वकील दूसरा पाइण्ट निकालकर रिवीजन ठोक देंगे। साधो, जब सूबेदार सर्वशक्तिमान है तो दरबारियों को छूट है। पैसे खाओ, जायदाद बनाओ, काला पैसा जमा करो। पाँच सितारा होटलों में ऐश करो। सैकड़ों श्वेत निशा त्रिवेदी भोगो और वह जब अड़चन देने लगे तो उसे मार डालो।

साधो, हर मुख्यमन्त्री की तरह जगन्नाथ मिश्र ने भी कहा है—मैं मुख्यमन्त्री नहीं रहूँगा, तो भी बिहार की जनता की सेवा करता जाऊँगा। साधो, बिहार की जनता को हाथ जोड़कर प्रार्थना करनी चाहिए—गरीब निवाज, आप मेहरबानी करके अब हमारी सेवा मत कीजिए। आप तीन साल में हमारी जितनी सेवा कर चुके हैं उसी के बोझ से हमारी कमर टूट रही है। सेवा का ज्यादा बोझ हम झेल नहीं सकते। आपने सारे बिहार की जनता को गुण्डे गिरोहों को सौंप दिया है। बम किलो के हिसाब से बिकते हैं। हरिजन को मार डालना सामन्तों का शिकार का खेल हो गया है। प्रशासन रहा नहीं। किसी की जान सुरक्षित नहीं है। इतनी सेवा बहुत है। आगे सेवा मत कीजिए। जब हम नहीं चाहते तो जो आप हमारे

लिए करेंगे, वह 'सेवा का बलात्कार' होगा।

साधो, ये निकाले हुए मुख्यमन्त्री क्या सेवा करते हैं, तुम जानते हो? पहले तो जो मामले ये कर चुके हैं, उन्हें नयी सरकार से दबवाते हैं। जहाँ-जहाँ फँसे हैं, वहाँ से निकलते हैं। फिर नये मुख्यमन्त्री के खिलाफ प्रोपेगेण्डा करेंगे, उसे बदनाम करवायेंगे, उसके खिलाफ गुटबन्दी करेंगे। फिर इन्दिराजी के पास जाकर कहेंगे—राज्य में प्रशासन-तन्त्र टूट चुका। मुख्यमन्त्री भ्रष्ट है। पार्टी की बदनामी हो रही है। आप मुख्यमन्त्री बदलिए। मैं जनता की काफी निःस्वार्थ सेवा कर चुका। काफी समय इन्दिराजी का सिपाही रह चुका। अब मुझे सूबेदार बना दीजिए।

बस-सेवा शुरू होगी—बन्द होगी

साधो फिर अखबारों में छात्रों की विनती और माँग छपी है कि विश्वविद्यालय तक बस चलायी जाय। मध्य और उत्तर भारत के कई विश्वविद्यालयों तक न स्टेट ट्रान्सपोर्ट की बसें चलतीं, न प्राइवेट। विश्वविद्यालय अक्सर शहर से दूर होते हैं। कुछ विश्वविद्यालय तो पहाड़ियों पर हैं। शहर के छात्रों को रोज इतनी दूर जाने और चढ़ने में बहुत तकलीफ होती है। विशेष तकलीफ छात्राओं को होती है। मध्यवर्गीय छात्राएँ रिक्शे या दूसरी सवारी का खर्च बरदाश्त नहीं कर सकतीं। अकेली इतनी दूर पैदल जा नहीं सकतीं। इसलिए विश्वविद्यालय तक बस चलाने की माँग बहुत जायज है। बस जरूर चलना चाहिए।

मगर साधो, कई बार बसें कई विश्वविद्यालयों तक चल चुकीं और बन्द हो चुकीं। तुम पूछोगे—क्यों बन्द हो गयीं? मेरा जवाब है—छात्रों ने बन्द करवा दीं। तुम कहोगे—मगर छात्रों ने ही तो माँग की थी कि बसें चलें। तुम ठीक कहते हो। इसीलिए तो छात्रों का हक है कि वही बसें बन्द भी करवायेंगे। उनके रहते वे दूसरों को अपनी ही बस सेवा बन्द करने की इजाजत नहीं दे सकते। साधो, बसें आज फिर चला दो। तीन महीने में बस-सेवा बन्द हो जायेगी। यही सिलसिला है हमारे छात्रों का—बस-सेवा की माँग करो। जब बस-सेवा शुरू हो जाए, तब 3-4 महीने में उसे बन्द करवा दो। कुछ समय बाद फिर माँग उठाओ कि बस-सेवा शुरू की जाय।

साधो, बस जब विश्वविद्यालय के लिए चलती है, तो कुछ बातें जरूरी होती हैं। पहले यह समझ लो कि सौ में नब्बे छात्र भले, सीधे, पढ़नेवाले, मध्यवर्गीय या गरीब परिवार के होते हैं। ये बस में बैठेंगे तो टिकिट लेंगे। पास होगा तो कण्डक्टर को पास बतायेंगे। ड्राइवर-कण्डक्टर से उलझेंगे नहीं। लड़कियों को तंग नहीं करेंगे।

ये तभी उत्तेजित होते हैं, जब इन्हें बाकी दस छात्र उत्तेजित करते हैं और धमकी देते हैं कि सालो, अगर उपद्रव में शामिल नहीं हुए तो एक-एक को पीटेंगे।

साधो, ये दस प्रतिशत छात्र 'नेता' कहलाते हैं। इनकी तीन श्रेणियाँ हैं—उत्तम, मध्यम और लघु। उत्तम नेता वह है जिसने तय कर लिया है कि उसके जीवन का उद्देश्य छात्र-नेता रहना है। वह कोई परीक्षा पास नहीं करेगा, मगर नाम उसका दर्ज रहेगा। उसने छात्र-नेतृत्व को आजीवन धन्धा बना लिया है। वह कोई नौकरी नहीं करेगा। धन्धा नहीं करेगा। 80 साल में भी मरेगा, तो छात्र-नेता के रूप में ही उसकी ससम्मान अन्त्येष्टि होगी। यह राज्य-सिंहासन पर होता है। मध्यम श्रेणी के नेता या तो उत्तम श्रेणीवाले के गिरोह में होते हैं या स्वतन्त्र क्षेत्र में छोटे काम करते हैं। लघु नेता उत्तम नेताओं का भक्त होता है और छोटे-मोटे वीरकर्म करता रहता है।

साधो, चन्द्रशेखर ने जैसे पदयात्रा की वैसी तुम करो। तुम देखोगे कि ज्यों ही दक्षिण भारत पार करके, गुजरात और महाराष्ट्र से तुम मध्यप्रदेश में प्रवेश करोगे दो नयी और गौरवमयी प्रवृत्तियाँ पाओगे। ये पूरे हिन्दी क्षेत्र में हैं और दिल्ली तक में हैं। ये हैं—सड़कों पर लड़कियों को छेड़ना और दूसरा, छात्र-नेता का गुण्डा तथा अपराधकर्मी होना। पूरे दक्षिण भारत, गुजरात, महाराष्ट्र, पंजाब, बंगाल, ओडिसा, असम में लड़कियाँ नहीं छेड़ी जातीं। मैंने कई बार भारत-यात्रा करके देख लिया है। लड़कियाँ छेड़ी जाती हैं—मध्यप्रदेश, उत्तरप्रदेश, बिहार, राजस्थान और दिल्ली में। यानी सांस्कृतिक रूप से हम हिन्दीभाषी बहुत पवित्र हैं। दूसरे, इस पूरे मध्य और उत्तर भारत में छात्र-नेता को गुण्डा और अपराधकर्मी होना ही पड़ेगा। वह होता है। अगर वह गुण्डा और अपराधकर्मी न हो तो नेतागिरी नहीं कर सकता। दक्षिण भारत में या बंगाल में वह छात्र-नेता होता है, जो फर्स्ट क्लास होता है, अध्ययनशील होता है, जिसका व्यक्तित्व प्रभावशाली और उदात्त होता है, जिसका आदर छात्र और अध्यापक करते हैं। अपने यहाँ नेता वह होता है, जो पढ़ता ही नहीं। मूर्ख होता है। आतंकवादी होता है। छुरा रखता है, गुण्डों का गिरोह रखता है। यह आदर्श छात्र-नेता होता है। जवानी उतरने पर इसकी बड़ी दुर्गति होती है। यह जगह-जगह पिटता है। पर जब तक चल रही है, हरामखोरी करता है। मुफ्त की शराब और मुर्गा मिलते हैं। पैसे चाहे जिससे वसूल कर लेता है।

तो साधो, जब बस चलती है, तब लघु श्रेणी के नेता टिकिट नहीं लेंगे, पास नहीं लेंगे, बस-कण्डक्टर और ड्राइवर से उलझेंगे, लड़कियों को तंग करेंगे, हुल्लड़ करेंगे। फिर बस-कर्मचारियों से मारपीट होगी। ये दूसरे छात्रों को भी ऐसा करने को उकसायेंगे। मामला बढ़ेगा तो मध्यम श्रेणी के नेता आयेंगे, फिर उत्तम नेता कमाण्ड हाथ में लेगा। बस में आग लगायी जायगी। पुलिस ने अगर 4-6 नेताओं को पकड़ लिया, तो आन्दोलन—छात्र-वर्ग पर अत्याचार। बस-कर्मचारियों द्वारा छात्रों पर हमला! पुलिस द्वारा अत्याचार! हड़ताल! जुलूस! घिराव! शहर बन्द!

साधो, बस-सेवा बन्द हो जायेगी। छात्रों ने ही बस-सेवा शुरू करवायी थी, और छात्र ही बन्द करवाते हैं। छात्र अपने को विशेषाधिकार प्राप्त 'वर्ग' कहते हैं। छात्र 'वर्ग' नहीं है, भीड़ है। बस-ड्राइवर और कण्डक्टर और तमाम श्रमजीवी 'वर्ग' है। अगर छात्र 'वर्ग' होता, और श्रमिक 'वर्ग' से मिलकर वर्ग-संघर्ष करता, तो देश में क्रान्ति हो गयी होती। मगर सबसे बड़ी क्रान्तिविरोधी शक्ति कोई है तो यह अपनी छात्र-शक्ति ही है। इनकी क्रान्ति की परिभाषा है—छात्रों, अध्यापकों को आतंकित करना, हुल्लड़ करना, मुफ्त की शराब पीना, होटलों में मुफ्त में खाना और होटलवाले से मारपीट करना। पुलिस इनसे नहीं उलझती। गुण्डों को तो हवालात में डालकर हाथ-पाँव तोड़ सकती है, मगर छात्र-नेताओं को पुलिस ने कुछ कहा तो जुलूस, घिराव, शहर बन्द, भोपाल डेलीगेशन। फिर इन्हें राजनेताओं का संरक्षण प्राप्त है। इनसे पुलिस भी दूर ही रहती है या मदद करती है।

मगर साधो, श्रमिक इन्हें जब बरदाश्त नहीं करते, तो इनकी दुर्गति है। श्रमिक वर्ग है। उनकी यूनियनें हैं। वे ताकतवर हैं। उनकी इज्जत है। वे हराम का नहीं खाते। दिल्ली में कुछ साल पहले बस-कण्डक्टरों, ड्राइवरों को रंगदार छात्रों ने पीट दिया था। उनकी यूनियन है। उन्होंने तय किया कि जो छात्र नेता-'टाइप' दिखे, उसे पीटो। दिल्ली का ड्राइवर-कण्डक्टर आमतौर पर पंजाब का 6 फुटा जाट होता है। उन लोगों ने तीन दिन इतनी पिटाई की है छात्र नेता वीरों की कि उन्हें माँफी माँगना पड़ी और समझौता हुआ।

साधो, बस-सेवा शुरू होगी मगर जो छात्र चालू करवायेंगे, वही बन्द भी करवायेंगे। लड़कियों की इज्जत तो सुरक्षित रहेगी नहीं, क्योंकि हमारे छात्रों का सांस्कृतिक स्तर बहुत ऊँचा है।

शिक्षकों की प्रतिष्ठा

साधो, मैं जिस टीचर्स ट्रेनिंग कॉलेज में पढ़ा था, उसकी उम्र 83 साल हो गयी, इसलिए वहाँ एक समारोह पिछले दिनों हुआ। बहुत लोगों को यह मालूम न होगा कि 10-12 साल मैं भी पापड़ बेल चुका हूँ। स्कूल मास्टरी को 'पापड़ बेलना' कहते हैं। एक गन्दी कहावत और है, जिसके मुताबिक मिठाइयों में जो घटिया स्थान अँदरसा का है, वही घटिया स्थान नौकरियों में मदरसा का है। अध्यापकी को पापड़ बेलना इसलिए कहते हैं कि इसमें एक तो वेतन बहुत कम, दूसरे ऊपरी आमदनी नहीं। आबकारी, पुलिस, इन्कमटैक्स, सेलसटैक्स, सिंचाई विभाग, लोककर्म विभाग—सब में ऊपरी आमदनी होती है। पूरे समाज ने बिना कमाये काले

धन को जीवन-मूल्य मान लिया है, तो उसके मुताबिक शिक्षकों ने भी लघु प्रयत्न किये हैं—मगर बहुत कम, नगण्य। कालेज और विश्वविद्यालय के आचार्यों के वेतनमान अब अच्छे हो गये हैं, ऊपरी आमदनी भी कुछ लोग कर लेते हैं। मगर मिडिल और प्राइमरी स्कूल के शिक्षक अभी भी पापड़ ही बेलते हैं। मैंने भी पापड़ बेले और जब बेलन छूटने लगा, तो कलम घिसने लगा। कलम घिसनेवाला कभी रिटायर नहीं होता, सो घिसता जाता हूँ।

साधो, वैसे तो शिक्षक की दीनता का बखान करने, उस पर दया दिखाने और उसे उपदेश देने के साथ राष्ट्र-निर्माता वगैरह बनाने के लिए पाँच सितम्बर 'शिक्षक दिवस' ही काफी है। यह एक दिन ही काफी शर्मनाक है जिस दिन देश में इतना पाखण्ड बोला जाता है कि उससे सारे देश के बिजली के पावर हाउस चल सकते हैं। इस दिन शिक्षकों को तंग करनेवाले अफसर, भ्रष्ट राजनेता, स्वप्नलोक के शिक्षाशास्त्री और समाज में प्रतिष्ठा प्राप्त दो नम्बरी लोग अध्यापकों की सभा में शिक्षक को उपदेश देते हैं कि तुम राष्ट्र-निर्माता हो। तुम्हें चरित्रवान और शक्तिशाली नयी पीढ़ी का निर्माण करना है। इन्हें यह नहीं मालूम कि सचमुच जिस दिन नयी पीढ़ी में चरित्र, चेतना, संगठन और ताकत आ गयी उस दिन हर क्षेत्र में सत्ता पर बैठे दो नम्बरियों के पुर्जे-पुर्जे उड़ जायेंगे। इनकी सुरक्षा इसलिए हो रही है कि एक के बाद एक रीढ़हीन पथभ्रष्ट नयी पीढ़ी आती जाती है।

साधो, मुझे खुशी है कि मेरे कॉलेज में इस समारोह में शिक्षकों के बारे में विद्वानों ने चर्चा की। विषय था 'भारत में शिक्षक की प्रतिष्ठा।' मुझे पता नहीं, शिक्षक की प्रतिष्ठा पर चर्चा करना रिटायर अफसरों, शिक्षाशास्त्रियों और राजनेताओं को क्यों जरूरी लगता है। यह एक शगल है। 2-3 घण्टे का एक दिलचस्प कार्यक्रम है। मैंने इस परिचर्चा की रिपोर्ट अखबारों में पढ़ी और मेरे अध्यापक मित्रों ने मुझे बताया कि वहाँ क्या कहा गया। हमारी प्रकृति ही है कि हम पुनरुत्थानवादी दृष्टि से सोचते हैं और आधुनिक वास्तविकता का सामना न करके उसके बगल से निकल जाते हैं। हमारे मनीषी प्राचीन काल के गुरुओं की प्रतिष्ठा की याद करते हैं, लेकिन ऐतिहासिक परिप्रेक्ष्य छोड़ देते हैं। साधो, एक तो गुरु की प्राचीन काल में राजा से ऊँची प्रतिष्ठा और समाज में श्रद्धा की जो बात कही जाती है उसमें बहुत कुछ कल्पना है। वे गुरु भी बहुत पूज्य नहीं होते थे।

साधो, प्राचीन काल में वर्ण-व्यवस्था के अनुसार ब्राह्मण ने पुरोहितकर्म और ज्ञान पर अपना एकाधिकार कर लिया था। ये भी सही है कि पहले क्षत्रियों ने तत्त्व-चिन्तन और ज्ञान में ब्राह्मणों को कई जगह पराजित किया है। बाद में अवश्य ज्ञान पर एकाधिकार यानी 'मोनोपली' ब्राह्मण की हो गयी। ब्राह्मण चिन्तन-मनन करता था, शिक्षा देता था और पुरोहितकर्म करता था। उस समय छापाखाना नहीं था, इसलिए ज्ञान या तो गुरु के मुख में होता था या हाथ से लिखी हुई उसकी पोथी में। तो गुरु की जो इज्जत थी वह एकाधिकार की इज्जत थी। अब छापाखानों में छपकर ज्ञान वितरित होता है तो आज का शिक्षक प्राचीन काल के गुरु की तरह

भक्ति पा नहीं सकता। ज्ञान के जिस क्षेत्र में गुरु का व्यक्तिगत सम्पर्क आवश्यक है, वहाँ अभी भी गुरु की प्रतिष्ठा ज्यादा है। प्रयोगशाला में प्रयोग करानेवाले विज्ञान के अध्यापक की इज्जत ज्यादा है और हिन्दी पढ़ानेवाले की कम। दूसरी बात यह है कि अब छात्र अपने गुरु की सारी कमजोरियाँ जानते हैं, इसलिए स्वाभाविक है कि जो अध्यापक-जैसा होगा उसकी इज्जत वैसी ही होगी।

साधो, एक कारण और है। जैसे हर क्षेत्र में गैरजिम्मेदारी आ गयी है और बिना काम किये पैसा पाने की प्रवृत्ति बढ़ी है, वैसी ही शिक्षा के क्षेत्र में आ गयी है। इस बात को छात्र रोज महसूस करते हैं और समाज भी इसे जानता है। फिर पूरे हिन्दीक्षेत्र में गुण्डे और अपराधकर्मी जो छात्र-नेता हो गये हैं, वे तो देवगुरु वृहस्पति की भी इज्जत धूल में मिला देते हैं। इन दादा लोगों के रहते शिक्षक की प्रतिष्ठा की बात करना व्यर्थ है। ये आदर्श अध्यापकों की भी खुले आम दुर्गति करते हैं।

अब साधो, मूल बात पर आओ। मूल बात यह है कि हर समय में समाज के सम्पूर्ण जीवन-मूल्य होते हैं जिनकी प्रतिष्ठा हर क्षेत्र में होती है। आजादी प्राप्त करने के बाद धीरे-धीरे हमने कौन-से जीवन-मूल्य स्वीकार कर लिये। राजनैतिक क्षेत्र से लेकर प्रशासन-तन्त्र, व्यवसाय, धर्म इन सब क्षेत्रों में जो जीवन-मूल्य हमने स्वीकार कर लिया है वह है भ्रष्टाचार, भ्रष्टाचार से धनी होना। सारे गुण और सारे अच्छे मूल्य नष्ट हो चुके हैं। अब सफल दुराचारी प्रतिष्ठा पाता है। असफल दुराचारी की अवहेलना होती है और सदाचारी मूर्ख माना जाता है। भ्रष्ट राजनेता, दो नम्बरी व्यापारी, घूसखोर अफसर, जिन्होंने काले कर्मों से प्रापर्टी बना ली है और धन इकट्ठा कर लिया है उनका हर जगह, हाथ जोड़कर, 'आइए भैयाजी और आइए साहब' कहकर स्वागत होता है पर विश्वविद्यालय के विद्वान प्रोफेसर को कोई पूछता तक नहीं। बरगी योजना से सीमेण्ट चोरी करवाकर जो इन्जीनियर शहर में किसी दो नम्बरी की इमारत बनवाता है, उसकी प्रतिष्ठा है। विश्वविद्यालय के डीन की प्रतिष्ठा नहीं है।

हमारे विद्वानों, शिक्षाशास्त्रियों का देखना और सोचना एक 'डाइमेन्शन' यानी एक आयामी होता है। वे पतनशील पूंजीवादी व्यवस्था के सन्दर्भ में सबकुछ सोचते हैं। वे यह कष्ट क्यों नहीं करते कि इसका अध्ययन करें कि आखिर समाजवादी देशों में शिक्षकों की प्रतिष्ठा क्यों है। वे क्यों नहीं शिक्षक की प्रतिष्ठा पर सेमिनार करते? सीधा कारण है कि वहाँ के जीवन-मूल्य स्वस्थ हैं। वहाँ बेईमानी और काले धन का जीवन-मूल्य नहीं है। वहाँ प्राइमरी स्कूल के अध्यापक का वेतन हमारे विश्वविद्यालयों के प्रोफेसर से कम नहीं है और उसे बहुत सुभीते हैं। हमारे यहाँ सबसे कम वेतन अध्यापक को देंगे। न वह किसी को डरा सकता है, न किसी का बिगाड़ सकता है और न खास फायदा कर सकता है। यह भुखमरा गाँव के प्राइमरी स्कूल का शिक्षक दस-दस किलोमीटर पैदल चलकर वेतन-केन्द्र में तनखा लेने जाता है। वहाँ उसे तंग किया जाता है। उससे चक्कर

लगवाये जाते हैं। उससे पैसे खाये जाते हैं और शहरों में सुविधाभोगी नेता और विद्वान उसकी प्रतिष्ठा पर सेमिनार करते हैं। क्या इन्हें यह मालूम है कि सुबह और शाम ट्यूशन करके परिवार का पेट भरने के कारण आधे से अधिक शिक्षक खोखले हो जाते हैं और क्षय रोग से पीड़ित हो जाते हैं। शिक्षक की प्रतिष्ठा को दरकिनार करके उसकी इस दुर्गति पर परिचर्चा करना चाहिए। मगर जीवन-मूल्य बदलने में इन लोगों को घबड़ाहट होती है। ये परिवर्तन से डरते हैं। यथास्थिति में छिपकर सुरक्षित रहना चाहते हैं।

शिक्षक सम्मान से इनकार करें

साधो, एक भाई ने बताया—मेरे पड़ौस में एक रिटायर्ड शिक्षक रहते हैं। 5 सितम्बर को मैंने देखा, वे एक हाथ में माला और दूसरे में नारियल लिये चले आ रहे हैं। कपाल पर लाल तिलक भी है। वे मजे के विनोदी स्वभाव के बुजुर्ग हैं। मैंने पूछा—कहाँ से आ रहे हैं पण्डितजी? उन्होंने कहा—आज नागपंचमी है न? कुश्ती जीतकर आ रहे हैं। मैंने कहा—नागपंचमी तो पिछले महीने हो गयी, पण्डितजी। आज तो पाँच सितम्बर है, 'शिक्षक दिवस'। पण्डितजी हँसकर बोले—वही शिक्षक कुश्ती जीतकर आ रहा हूँ। रोटरी क्लब में सम्मान कराके आ रहा हूँ। देखो, साल-भर साँप दिखे तो उसे भगाते हैं। मारते हैं। मगर नागपंचमी को साँप की तलाश होती है, दूध पिलाने और पूजा करने के लिए। साँप की तरह ही शिक्षक दिवस पर रिटायर्ड शिक्षक की तलाश होती है, सम्मान करने के लिए।

साधो, वे दोनों शाम को बात करते-करते मेरे पास आ गये। शिक्षक बुजुर्ग बोले जा रहे थे—तो हम शिक्षक-दिवस के नाग-देवता हैं। पहली सितम्बर से हमारी तलाश शुरू हो जाती है। कितनी संस्थाएँ हैं, शिक्षक का सम्मान करने-वाली—रोटरी क्लब, रोटरेक्ट क्लब, लायन्स क्लब, लायनेस क्लब (शेरनियों का)। कई चैम्बर हैं—चैम्बर ऑफ कामर्स, जूनियर चैम्बर, जेसीज़, वस्त्र-विक्रेता संघ—25-30 संस्थाएँ हैं बड़े आदमियों की। 5 सितम्बर आते-आते इन पर शिक्षक की गरिमा सवार हो जाती है। वैसे इन्हें बीच में मानवीयता के 'फिट्स' आते रहते हैं, जब ये गरीबों के लिए मुफ्त 'आई कैम्प' खोलते हैं, बस स्टेशन पर प्याऊ खुलवाते हैं, अनाथालय के बच्चों को मिठाई बाँटते हैं। ये रोटरी, लायन्स-वाले अच्छे ही लोग हैं। व्यापारी, बड़े वकील, बड़े ठेकेदार, अफसर, बड़े डाक्टर। इन्हें धन्धा बढ़ाना होता है। प्रतिष्ठा बढ़ानी होती है। साथ ही समाज के हित-कारी की छवि बढ़ानी होती है। ये देखते रहते हैं कि कौन-सा शेयर मार्केट में कब

चलता है। वह शेयर ये ले लेते हैं। ये समझते हैं कि देश में 5 सितम्बर को शिक्षक का सम्मान करने का फैशन चल पड़ा है। राष्ट्रपति शिक्षकों को सम्मानित करते हैं, तो ये भी सोचते हैं कि यह कार्यक्रम अच्छा रहेगा। अखबारों में समाचार छपेगा। लोग जानेंगे कि हम सिर्फ़ पैसा पीटनेवाले लोग नहीं हैं। हम गुरु की महिमा जानते हैं और उसका सम्मान भी करते हैं। अब आप समझ लीजिए कि अगर डाकुओं का इसी तरह शान से आत्मसमर्पण होता रहा और ऐसी ही गरिमा-पूर्ण फिल्में बनती गयीं, तो आगे चलकर डाकू-सम्राट मानसिंह का जन्म-दिन 'दस्यु दिवस' के रूप में मनाया जायगा। मानसिंह अपने क्षेत्र में डॉ. राधाकृष्णन से कम योग्य और सम्मानित नहीं था। फिर एक 'मिलावटी दिवस' होगा, 'कालाबाजारी दिवस' होगा, 'तस्करी दिवस' होगा, 'घूसखोर दिवस' होगा। ये चलेंगे। शिक्षक दिवस तो इसलिए चल रहा है जबरदस्ती कि डॉ. राधाकृष्णन राष्ट्रपति रहे। अगर वे सिर्फ महान् अध्यापक मात्र रहते, तो शिक्षक दिवस नहीं मनाया जाता।

साधो, ये रिटायर्ड गुरुजी काफी मुँहफट किस्म के आदमी हैं। रोटरीवालों ने गलत नाग बुला लिया था—ऐसा नाग जिसके दाँत हैं और जहर भी है। इन गुरुजी ने कहा—भैया, वे बड़े-बड़े रोटेरियन जिस तरह मेरा बढ़-चढ़कर सम्मान कर रहे थे, उसी से मुझे समझ में आ रहा था कि ये मुझे बहुत तुच्छ समझते हैं। पर एक तुच्छ का सम्मान करना जरूरी था, क्योंकि उन्हें एक सफल कार्यक्रम करना था। सफल कार्यक्रम तो बन्दर का खेल दिखाना भी होता है—जिसमें बन्दर लाठी लेकर ससुराल अपनी दुलहन बँदरिया को लेने जाता है। बन्दर के बँदरिया दुलहन लाने और शिक्षक के सम्मान में कोई फर्क नहीं है। न कोई बन्दर की शादी को गम्भीरता से लेता है और न शिक्षक को। दोनों ही खेल हैं। बन्दर, बन्दर ही है। और गुरु वही दो कौड़ी का 'मास्टर-वास्टर' है।

साधो, हमने पूछा—तो गुरुजी, आपने सम्मान के जवाब में भाषण दिया होगा। क्या बोले आप ? गुरुजी ने कहा कि मैं तो घोर त्रास में था। मुझे रोटरी क्लब के उन कीमती गुड्डे-गुड्डियों पर हँसी भी आ रही थी। मैं नौकरी में था, तब भी साफ बोल देता था। बदनाम था। अब तो कोई मेरी नौकरी भी नहीं ले सकता। मैंने कहा—मैं सम्मान के लायक नहीं हूँ। मैंने किसी पीढ़ी का निर्माण नहीं किया। मैं राष्ट्र-निर्माण नहीं कर सका क्योंकि राष्ट्र को नष्ट करनेवाले मुझसे ज्यादा ताकतवर हैं। मैं अपने छात्रों का चरित्र-निर्माण भी नहीं कर सका। मैं कई अपने प्रिय छात्रों को जानता हूँ, जो दो नम्बरी धन्धेवाले हैं, या घूसखोर सरकारी कर्मचारी हैं। मेरे सब छात्र चरित्रहीन और भ्रष्ट निकले। जिस व्यवस्था में बेईमानी उत्तम गुण मान लिया गया हो, उसमें आचार्य वृहस्पति भी किसी को ईमानदार नहीं बना सकते। आप बड़े-बड़े लोग भी ईमानदार कतई न बनें। अगर ईमानदार बन गये तो धन्धा चौपट हो जायगा, प्रैक्टिस कम हो जायगी। घूस का धन चला जायेगा। ईमानदारी और चरित्र की इस व्यवस्था में कोई जरूरत नहीं है।

साधो, गुरुजी अपना रोटरी क्लब का भाषण सुनाये जा रहे थे—कहा, यह

झूठ है कि आप लोग शिक्षक का सम्मान करते हैं। आप एक पर्व का निर्वाह कर रहे हैं। मुझे रिटायर हुए दो साल हो गये, पर मुझे अभी तक पेन्शन मिलना शुरू नहीं हुआ। उसमें घूस देनी पड़ती है दफ्तर में। मेरे सम्मान-अम्मान को आप लोग जाने दें भाड़ में। आप बड़े-बड़े लोग दबाव डालकर मेरी पेन्शन चालू करा दें। वे मेरे दाहिने तरफ शिक्षा विभाग के ऊँचे अफसर बैठे हैं। इन्होंने मुझे तिलक किया है, मगर इन्हीं के दफ्तर से मेरी पेन्शन का आदेश जारी नहीं हुआ अभी तक !

साधो, गुरुदेव ने कहा—वहाँ सन्नाटा छा गया। उन अफसर ने नीचा माथा कर लिया। मैंने कहा—हमारी क्या प्रतिष्ठा है ? एक बार अफसर आकर तीन दिन शहर में ठहर गये। उनके साथ 4-5 आदमी और थे। हम शिक्षकों को चन्दा करके उनके तथा उनके चमचों के लिए मुर्गा और शराब का इन्तजाम करना पड़ा। यह गुरु की महिमा है। गुरु अब वह काम का है जो ट्यूशन करे, पेपर आउट कराये, नकल कराये और नम्बर बढ़ाये। आप लोग इन्कमटैक्स और सेल्सटैक्स के क्लर्क का सम्मान दिवस मनाया कीजिए। अध्यापकों का नहीं। हमारा क्या दम है ? प्राइवेट स्कूलों के मालिक शिक्षक का आधा वेतन खाते रहे हैं, और हम उनमें से एक की भी हत्या नहीं कर सके इतने सालों में।

साधो, इन गुरुजी का कहना है कि 5 सितम्बर शिक्षकों का अपमान दिवस है। झूठ है। पाखण्ड है। गरीब अध्यापक का उपहास है। प्रहसन है। वेतन ठीक नहीं देंगे। सुभीते नहीं देंगे। सम्मान करके उल्लू बनायेंगे। यह शिक्षक दिवस उपहास दिवस है। इस देश के शिक्षकों को 5 सितम्बर को सम्मान कराने से इनकार कर देना चाहिए। लोग बुलायें तो शिक्षक कह दें—हमें अपना सम्मान नहीं कराना। आप जबरदस्ती करेंगे तो हम पुलिस में रिपोर्ट करेंगे।

राखीबन्ध राजनीति

साधो, चरणसिंह के लोकदल और बाला साहब देवरस की भारतीय जनता पार्टी की दोस्ती करेला और नीम की दोस्ती है। संघ-वानर-वृत्ति के ऊपर चरणसिंह की जाट-जड़ता और तर्कहीन ज़िद चढ़ गयी है—नतीजा यह है कि ग्वालियर में सिन्धिया राज परिवार के जयविलास पैलेस के अहाते में मध्यप्रदेश भारतीय जनता पार्टी के अध्यक्ष और 'अभूतपूर्व' जनता पार्टी-मुख्यमन्त्री कैलाश जोशी अनिश्चित-कालीन अनशन पर बैठे हैं। आज चौथा दिन है, और मुसम्मी का रस पिलानेवाला कोई मिल नहीं रहा है। पहले दिन ही जनता पार्टी ने खबर उड़ा दी कि कैलाश

जोशी का वजन चार पौण्ड घट गया। मुझे डाक्टरों ने बताया कि चौबीस घण्टे कुछ न खाने से वज़न बिल्कुल नहीं घटता। आज चौथा दिन है। आज कृष्ण की जन्माष्टमी है। मन्दिरों में भजन-पूजन हो रहे हैं, मिठाई बँट रही है, पँजीरी खायी जा रही है। मेरा कोमल हृदय भर-भर आता है कि इसी समय कैलाश जोशी जयविलास पैलेस में भूखे बैठे हैं। उन्हें चोरी से मिठाई भी नहीं खिला सकते। कोई उन्हें मुसम्मी का रस पिला नहीं रहा है। एक बड़ी मुसीबत यह है कि उन्हें विजयाराजे सिन्धिया ने राखी बाँध दी है। यानी—हे मेरे वीर भैया, तू प्राण देकर भी मेरी प्रापर्टी की रक्षा करना। राखी की लाज रखना। मैं आर्य नारी हूँ। मेरा लड़का अत्याचारी यवन हो गया है।

साधो, इस मुसीबत में कैलाश जोशी पड़ गये हैं। अर्जुनसिंह ने उनके इस पवित्र वीर-कर्म को 'हास्यास्पद' कह दिया है। मगर किसी भी क्षण कैलाश जोशी का अनशन टूट जायगा। अभी, जब मैं यह लिख रहा हूँ तभी शायद वे मुसम्मी का रस पी रहे हों। या रात को पी लें। या कल अनशन टूट जाय। कोई और आग्रह करनेवाला नहीं मिलेगा, तो पार्टी के लोगों के आग्रह का नाटक करके उन्हें रस पिला दिया जायगा। किसी भी हालत में जब तुम यह पढ़ रहे होगे, कैलाश जोशी का अनशन टूट गया होगा। वे भोजन कर रहे होंगे।

साधो, तुम कहोगे कि गुरु, जब कैलाश जोशी का अनशन खत्म ही हो रहा है, तब तुम इस बीती बात पर क्यों बोले जा रहे हो? वह काण्ड खत्म हो गया। उसे छोड़ो। साधो, माना कि अनशन खत्म हो गया। एक घटना हो चुकी। मगर अब यह बात इतिहास हो गयी। मुझे इतिहास भी तो लिखना चाहिए। फिर काण्ड खत्म नहीं हुआ। यह तो 'बालकाण्ड' हुआ है—'ठुमुक चलत रामचन्द्र बाजत पैंजनियाँ' वाला। आगे अयोध्याकाण्ड को गोल करके भारतीय जनता पार्टी सितम्बर में 'किष्किन्धाकाण्ड' करनेवाली है—वानरों का काण्ड। पुलिस थानों, कचहरियों में आन्दोलन के नाम पर वानर-लीला। उसे 'लंकाकाण्ड' की यानी आगामी चुनाव की तैयारी करनी है। इसलिए मैं इस लगातार चलनेवाले काण्डों के पहले अध्याय पर लिख रहा हूँ।

साधो, कैलाश जोशी एक सीधे बेचारे संघी हैं। 1977 में जब वे मुख्यमन्त्री थे, तब भी बेचारे ही थे। वीरेन्द्र कुमार सकलेचा और कुशाभाऊ ठाकरे उनके पीछे दैत्य की तरह पड़े थे कि इस्तीफा दे दो। बेचारे जोशी दो-दो दिन बेहोश पड़े रहते थे। उन्हें इतनी धमकियाँ संघी नेताओं ने दीं कि उन्होंने पद-त्याग कर दिया। तब वीरेन्द्रकुमार सकलेचा मुख्यमन्त्री हुए जिन्होंने भ्रष्टाचार में अन्तर-राष्ट्रीय यश पाया और 'गिनेस बुक ऑफ रिकार्ड्स' में उनका नाम आ गया होगा। कहते हैं—कैलाश जोशी को संघ के बड़े नेताओं ने इसलिए निकाला कि वे ईमानदार हैं। ईमानदार आदमी जनसंघ के लिए बेकार है। मुख्यमन्त्री ऐसा हो जो खुद भी खाय और पार्टी तथा नागपुर के कोष में भी डालता जाय! तो साधो, इन सीधे कैलाश जोशी को खुर्राट संघी नेता चाहे जहाँ उलझा देते हैं।

साधो, बात दुख की है और हँसी की भी। जो विजयाराजे सिन्धिया विश्व के हिन्दुओं का कल्याण का जिम्मा ले रही हैं, उन्हें अपने बेटे से ही प्रापर्टी का झगड़ा गुण्डा स्तर से लेकर अदालत और पार्टी स्तर तक लड़ना पड़ रहा है। भारतीय संस्कृति हम संघवालों से ही सीखते हैं। केवल वही इस संस्कृति से प्रेरित पवित्र लोग हैं। ग्वालियर में जो हो रहा है, वही अगर भारतीय संस्कृति की परिणति है, तो इन्हें सौ बार प्रणाम! आज कृष्ण जन्माष्टमी है। यशोदा कृष्ण की सगी माँ नहीं थी, मगर कृष्ण को बेटे से ज्यादा प्यार करती थी। माखन-मिसरी खिलाती थी। और इधर ग्वालियर में सगी माँ बेटे से माखन-मिसरी के लिए छीन-झपट कर रही है। सूरदास देख लें। और बेचारे कैलाश जोशी बिल्कुल बाल-लीला कर रहे हैं—मैया मोरी मैं नहिं माखन खायो। ग्वाल बाल सब बैर पड़े हैं, बरबस मुख लपटायो। कैलाश जोशी को यशोदा और पूतना में फर्क मालूम है या नहीं, पता नहीं।

साधो, जब प्रापर्टी का मामला अदालत में हो, जिला मजिस्ट्रेट ने कुछ महल सील कर दिये हों, मुकदमे चल रहे हों, दावेदार जमानत पर हो, तब जनता पार्टी के अध्यक्ष वहाँ राखी बँधाकर अनशन पर बैठे हैं। विजयाराजे सिन्धिया उच्च न्यायालय जायें, सर्वोच्च न्यायालय जायें। उनकी हैसियत है। कहते हैं—विजयाराजे की तरफसे अन्याय के खिलाफ लड़ रहे हैं। मगर माधवराव का कहना है कि अन्याय मेरी माँ कर रही है जो प्रापर्टी सरदार आंग्रे और संघ को खिला रही है।

साधो, क्या अटलबिहारी वाजपेयी की सलाह से भारतीय जनता पार्टी यह जादू का खेल कर रही है? अगर ऐसा ही है तो चरणसिंह पहले ही चुम्बन में अटलबिहारी की अक्ल को चाट गये। साधो, यह नाटक जो जनता को प्रभावित करने के लिए किया जा रहा है, उस पर जनता हँस रही है। जिस पर जनता हँसती है उसे अगर वोट देती होती, तो दुनिया में कई जोकर प्रधानमन्त्री और राष्ट्रपति हो जाते।

साधो, सितम्बर में यह पार्टी सघन आन्दोलन करेगी—अकालियों से सीखकर। थाने घेरेगी, ब्लाक आफिस घेरेगी, दफ्तर घेरेगी। क्यों घेरेगी?—अराजकता है, भ्रष्टाचार है, जन-जीवन सुरक्षित नहीं है। बहुत अच्छी बात है। मगर अपराधियों को संरक्षण सबसे ज्यादा यह पार्टी देती है। जिस थाने में ये नेता अपने चेलों को छुड़वाने जाते हैं, उस थाने का घिराव ये कैसे करेंगे? भ्रष्टाचार अगर सरकार में है, तो पहले उन अफसरों, कर्मचारियों का भ्रष्टाचार छुड़वाओ, जो संघ में रहे हैं। मगर वे भ्रष्टाचार छोड़ेंगे नहीं, क्योंकि उनमें भारतीय संस्कृति भरी हुई है और उनका चरित्र-निर्माण हो चुका है। इसलिए दूसरों को सदाचारी बनायेंगे।

साधो, हम समझते हैं कि ये सब आन्दोलन जनवरी में चुनावों के अन्दाज से हो रहे हैं। मगर मेरा कहना है कि जनवरी में चुनाव नहीं हुए तो? उत्तेजना के

फुग्गे की हवा निकल जायगी। फिर आगे इन सिकुड़े हुए कार्यकर्ता-फुग्गों में हवा भरना कठिन होगा। इसलिए अति मत करो। चुनाव 1985 में ही होंगे।

साधो, कृष्ण की झाँकियाँ सामने से निकल रही हैं। उधर बहन विजयाराजे की राखी से बँधे भूखे कैलाश जोशी ग्वालियर में बैठे हैं। तुम भगवान कृष्ण से प्रार्थना करो कि किसी को प्रेरित करके जोशीजी के मुँह में माखन-मिसरी डलवायें!

मैं कैसे सुलह करूँ कत्ल करनेवालों से

साधो, अपने देश के राजनेताओं में कुछ परोपकारी हैं। सच्चा परोपकारी वह होता है जो अपना नुकसान करके भी दूसरे की मदद करता है। अब देखो, पाकिस्तान में लोकतन्त्र की बहाली के लिए सिविल नाफरमानी का आन्दोलन चल रहा है। फौजी तानाशाही में मनुष्य की गरिमा और उसके जीवन का क्या हाल हो गया है, यह पाकिस्तानी शायरों के शब्दों से जान लो। ये कविताएँ पाकिस्तान से बाहर छिपकर जाती हैं। सरमद सहबाई ने लिखा है—

बद्दुआ है
हमारे लिए, सुबह के ओठ पर बद्दुआ है
घरों में उतरती अजानों में
हुक्मे-सज़ा है

और आगे—

सुनो शहरवालो
कहाँ है हमारे लहू की वशारत
हमारे पुरअसरार स्वालों का मौसम
जिसे हमने बच्चों की पलकों से सींचा
जिसे माँओं की इल्तिज़ाओं से माँगा
हमारा मुकद्दर
हवाओं में उड़ता हुआ मौत का जायका है
सुनो बद्दुआ है।

साधो, एक शायरा ने तानाशाही में बोलने पर बन्दिश और सर्वव्यापी डर पर लिखा है। शायरा का नाम है—किश्वर नाहीद। लिखती हैं—

बोलना हमारी जरूरत है
चाहे जमीन में मुँह देकर भी क्यों न बोलना पड़े
मेरी बेगुनाही जमीन में मुँह देकर

अपनी सफाई पेश कर रही है
कि ज़िन्दगी के सारे रास्तों पर
शहर कोतवाल के हुक्म से
डर बिछाया जा चुका है
बोलनेवाले हमारे शहर में कितने रह गये हैं
उनके सिर काटकर सचमुच सजा लेने चाहिए
कि फिर देखने को भी ऐसे लोग नहीं मिलेंगे
हम लोगों को अपने ही देश में देश-निकाला दे दिया गया है
कि हम बेरूह जानदार बोलने के इरादे से भी मुँह मोड़े बैठे हैं
मगर ज़िन्दा लोगों की ज़िन्दा आँखें क्या देख रही हैं
सच को झूठ की तराजू में तुलते
कि शहरों को अमन के नाम पर—
लाशों से पटते।

साधो, इसके साथ ही जनता के लड़ाकू तेवर शायर अहमद फराज़ के शब्दों में यों व्यक्त हुए हैं—

है तुर्श शौ मेरी बातों से साहिबे मिम्बर
ख़तीब ए शहर है बेरहम मेरे सवालों से
मेरे जमीर ने काबील को नहीं बख़्शा
मैं कैसे सुलह करूँ कत्ल करनेवालों से !

साधो, कवि अपने समय का सबसे सच्चा गवाह होता है। तुम इन कविताओं से पाकिस्तान के लोगों की हालत समझ गये होगे। इस समय वहाँ लोकतन्त्र के लिए गाँधीजी के रास्ते से ही सिविल नाफरमानी का आन्दोलन चल रहा है और ब्रिटिश तथा अमेरिका के पत्रकारों ने भी रिपोर्ट दी है, फौजी तानाशाही कितनी बेरहमी से शान्तिपूर्ण लोगों को कुचल रही है। पाकिस्तान में लोकतन्त्र भारत के भी हित में है। कोई भी फौजी तानाशाह पड़ोसी देशों के लिए खतरा होता है।

मगर साधो, प्रधानमन्त्री से यह पाप हो गया कि उन्होंने लोकतन्त्र की बहाली को नैतिक समर्थन दिया। उन्होंने कहा कि वहाँ मानव-अधिकारों का हनन हो रहा है। 93 वर्ष के बूढ़े बीमार खान अब्दुल गफ्फार खाँ को जेल में नहीं डालना चाहिए।

साधो, प्रधानमन्त्री के इस कथन का स्वागत देश में लगभग सब दलों और आम जनता ने किया। दूसरे कई देशों ने इसका समर्थन किया। इसका विरोध सबसे पहले जनरल जिया-उल-हक़ ने नहीं किया। उनके मालिक रोनाल्ड रीगन ने नहीं किया। मगर जैसा मैंने शुरू में कहा है—इस देश में कुछ परोपकारी नेता हैं। इनमें से तीन ने इस समर्थन का विरोध किया। ये तीन तिलंगे हैं—चौधरी चरणसिंह, अटलबिहारी वाजपेयी और डॉ. सुब्रह्मण्यम स्वामी ! इनका आरोप है कि इन्दिरा गाँधी पाकिस्तान के भीतरी मामलों में दखल दे रही हैं। जनरल जिया

से भी पहले इन तीन वीरों को पाकिस्तान के आन्तरिक मामले में दखल देने की चिन्ता हो गयी। यानी रोनाल्ड रीगन और जनरल जिया को कुछ बोलने की जरूरत नहीं है। उनकी तरफ से बोलनेवाले उनके नौकर इसी देश में हैं। मालिक भीतर बैठक में आराम से बैठें। कोई आयगा तो दरबार और चौकीदार निपट लेंगे। चौधरी चरणसिंह, अटलबिहारी, डॉ. स्वामी तथा कुछ और लोग इस देश में अमेरिकी साम्राज्यवाद के दरबान हैं, चौकीदार हैं। अमेरिका इस क्षेत्र में जो गन्दगी डाल देता है, उसे झाड़ू लेकर साफ करनेवाले भी ये लोग हैं। यानी ये अमेरिकी गन्दगी के मेहतर भी हैं।

साधो, जब अमेरिका कई साल वियतनाम में बमबारी करता रहा, तब ये किसी कुएँ में छिपे थे, जिससे इन्हें हस्तक्षेप नहीं दिखा। इसराइल ने जब लेबनान में हत्याकाण्ड किया, तब ये लोग सो रहे थे। इन्हें पता नहीं था। हिन्दमहासागर में अमेरिका सैनिक अड्डे बना रहा है, इसका इन्हें पता नहीं है। अपने गाँव की नदी को ये समुद्र मानते हैं। ये बड़े भोले लोग हैं।

साधो, तुम पूछोगे कि इन्हें गुटनिरपेक्षता और अहस्तक्षेप की चिन्ता इसी मामले में क्यों हो गयी ? बात यह है कि ये लोग हमसे ज्यादा देशभक्त हैं। हमसे ज्यादा ज्ञानी हैं। इनका देश भारत नहीं है। जनरल जिया अमेरिकी हथियार इकट्ठे करे और उनसे भारत पर हमला करे, यह इन्हें स्वीकार है। इन्होंने कभी नहीं कहा कि अमेरिका पाकिस्तान को इतने हथियार न दे। अटलबिहारी का हिन्दू राष्ट्रवाद भी यही है कि एक इस्लामी देश उनकी मातृभूमि पर हमला करने को हथियार जमा करे, तो उन्हें एतराज नहीं है। सुभाष बाबू के आग्रह के बाद भी संघ के संस्थापक हेडगेवार राष्ट्रीय स्वाधीनता के आन्दोलन में शामिल नहीं हुए थे। उनके गुरु गोलवलकर ने भी संघ को स्वाधीनता आन्दोलन से दूर रखा। राष्ट्रीय स्वाधीनता तो बेचारे अटलबिहारी के सिर पर जबरदस्ती लाद दी गयी है, सो उसे बार-बार सिर से पटकते हैं। डॉ. स्वामी भारत में अमेरिका के राजदूत की हैसियत रखते हैं। चौधरी के दिमाग की बात ही छोड़ो।

साधो, मामला यह है कि ये सब भारत-रूस मित्रता के विरोधी हैं। अमेरिका रूस का जो सैनिक घिराव कर रहा है उसमें पाकिस्तान महत्त्वपूर्ण है। वहाँ से अमेरिका रूस पर हमला कर सकता है। घिराव भारत का भी हो रहा है। ये तीनों तिलंगे चाहते हैं कि पाकिस्तान में अमेरिका समर्थक फौजी तानाशाह हो। वहाँ अगर चुनी हुई सरकार हो गयी तो वह नीति बदल देगी। इसलिए इन अमेरिकी देशभक्तों को पाकिस्तान में लोकतन्त्र नहीं चाहिए। इसीलिए, इन्हें हमारी प्रधानमन्त्री द्वारा लोकतन्त्र के आन्दोलन के समर्थन पर एतराज है। ये शायद भारत में प्रवासी अमेरिकी हैं।

साधो, लोग कहते हैं कि जनरल जिया रोनाल्ड रीगन की दुम है। मगर तुम्हें इस बात से अचरज नहीं होना चाहिए कि दुम की भी अपनी दुमें होती हैं।

विमान वहाँ गया तो क्यों गया ?

साधो, दक्षिण कोरियाई एयर लाइंस के 747 बोइंग यात्री विमान को गिरे लगभग तीन हफ्ते हो गये, मगर मैं नहीं बोला। बोलता तो तुम कहते कि लो, गुरु जल्दबाजी में झपट पड़ा। मैं देख रहा था कि दूसरे सब बोल लें, तब साधु को बोलना चाहिए। तो लगभग सब बोल लिये। घटना की प्रतिक्रियाएँ हो रही हैं। रूसी विदेशमन्त्री ग्रोमिको सन् 1957 से राष्ट्रसंघ में जा रहे हैं। इस अत्यन्त महत्त्वपूर्ण अधिवेशन में उनके नेतृत्व में प्रतिनिधि मण्डल न्यूयार्क जा रहा था पर अमेरिकी शासन ने कह दिया कि हम आपकी सुरक्षा का जिम्मा नहीं ले सकते—जबकि न्यूयार्क में राष्ट्रसंघ स्थापित होते समय अमेरिकी सरकार ने गारण्टी दी थी कि राष्ट्रसंघ के प्रतिनिधियों तथा कर्मचारियों को हम सुरक्षा देंगे। हम आपकी सुरक्षा का जिम्मा नहीं ले सकते—इसका अर्थ है कि आपके विमान को मार गिराया जायेगा। अब दुनिया के नेताओं को किसी दूसरे देश में राष्ट्रसंघ को ले जाने के बारे में सोचना पड़ेगा।

साधो, जो हुआ वह यह था कि दक्षिण कोरिया जा रहा एक यात्री विमान रूस के सखालिन द्वीप के आसपास ढाई घण्टे तक आसमान में लाइट बुझाकर उड़ता रहा। यह विमान जापान और अमेरिका से तो रेडियो से बात कर रहा था, मगर नीचे रूसी ग्राउण्ड कण्ट्रोल का जवाब नहीं देता था, न अन्तर्राष्ट्रीय संकेतों को मान रहा था। वह वहाँ उड़ रहा था, जहाँ रूस ने सुरक्षा के लिए मिसाइल और राकेट फिट कर रखे हैं। रूसी हवाई अड्डे पूछते थे—इधर क्यों आ गये ? क्या भटक गये ? रास्ता भूल गये ? कोई कठिनाई है ? संकट में हो तो हम सुरक्षित रूप से तुम्हें अपने हवाई अड्डे पर उतार लेते हैं। अगर जान-बूझकर आये हो तो भाग जाओ। साधो, उस विमान की सारी लाइटें बुझा दी गयी थीं, इसलिए रूसी विशेषज्ञों को पता भी नहीं था कि यह यात्री विमान है। पर रूसी मशीनें रिकार्ड कर रही थीं कि वह लगातार गुप्त सन्देश भेज रहा है। यानी यह जासूसी विमान है। उसके पीछे, उसकी छाया में एक जासूसी विमान था, यह अमेरिका ने स्वीकार किया है। अब जासूसी ऐसे विमानों से करायी जाती है, जो यात्री विमान हों, जिससे उन पर शक न हो और गिराये न जायें।

साधो, अमेरिका के राष्ट्रपति रीगन दुनिया-भर के लोगों को बेवकूफ समझते हैं। दुर्भाग्य यह है कि जितना बेवकूफ वे हमें चाहते हैं, उतने हम हैं नहीं। हमें और अधिक बेवकूफ बनने की कोशिश करनी चाहिए। रीगन हमें समझाना चाहते हैं कि वह अति तीव्रगामी विमान नहीं, बैलगाड़ी था। यह बैलगाड़ी रास्ता भूलकर ढाई घण्टे भटकती रही। ढाई घण्टे में तो बैलगाड़ी भी रास्ता खोज सकती है। विमान भटक गया था तो पन्द्रह मिनिट में बाहर निकल सकता था। मगर इतनी चेतावनी, इतने संकेत, बातचीत की इतनी कोशिश के बाद भी वह ढाई

घण्टे मँडराता रहा ।

साधो, यह विमान बोइंग 747 आधुनिकतम है । इसकी गति बहुत तेज होती है । इसमें गलती की कोई सम्भावना नहीं होती । इसमें एक नहीं, तीन कम्प्यूटर होते हैं । गलती हो ही नहीं सकती । यह दिशाहीन हो ही नहीं सकता । दिशा-सूचक यन्त्र इसे निश्चित दिशा में ही ले जायगा । ढाई घण्टे यह जान-बूझकर जासूसी करता रहा । इसमें ढाई सौ से ऊपर यात्री थे । पुरुष, स्त्री, बच्चे । इन्हें लेकर यह ढाई घण्टे मँडराता रहा ।

अब बताओ साधो, कोई देश क्या करे ? रूस को यह अधिकार है कि इस क्षेत्र पर, जो सैनिक क्षेत्र है, वह किसी भी विमान को गिरा सकता है । पर रूस ने ढाई घण्टे उसे हवाखोरी करने दी, जैसे पिकनिक पर आया हो । आखिर रूस ने उसे खदेड़ा और वह समुद्र में गिर गया । सारे बेकसूर स्त्री, पुरुष, बच्चे मर गये । उनकी लाशें भी नहीं मिल रही हैं ।

साधो, इधर राष्ट्रपति रीगन ने हाय-तौबा और धिक्कार से आसमान गुंजा दिया । छाती पीटने लगे—देखो, इन निर्दयी रूसियों को । यात्री विमान गिरा दिया । ढाई सौ आदमी मार डाले । धिक्कार है । हाय ! हाय ! मगर साधो, रूसी विदेशमन्त्री ग्रोमिको ने पहले ही बयान में कह दिया था कि सही पोल जल्दी ही खुलेगी—और वह अमेरिका से ही खुलेगी । यह बात सच निकली । सबसे पहले 'वाशिंगटन पोस्ट' में ही यह खोजी रिपोर्ट छपी कि इस यात्री विमान को सी. आई. ए. ने जासूसी के लिए वहाँ भेजा था । उसने उस सिनेटर का और सी. आई. ए. के अफसर का नाम भी दिया, जिन्होंने षड्यन्त्र रचा था । फिर लन्दन के 'सण्डे टाइम्स' ने यह पोल खोली । और अब दुनिया-भर के अखबारों ने अमेरिका के इस अमानवीय षड्यन्त्र का भण्डा फोड़ कर दिया है । ढाई सौ नागरिकों को उसने जासूसी के लिए मरवा डाला । अमेरिका समर्थक भी यह कहते हैं ।

साधो, मगर अपने दिल सँभालो । घबड़ाओ मत । ढाई सौ आदमी बेकसूर निर्मम मौत मर गये, इससे ज्यादा परेशान मत होओ ! अपने दिल को पत्थर का बनाने का अभ्यास करो । अपना भावना को मारना शुरू करो । संवेदना को भोथरा करो । दया को दिल से निकालो । वे आगे ढाई सौ नहीं, ढाई लाख, ढाई करोड़ आदमी भी बिना झिझक के मार सकते हैं । उन मरनेवालों में तुम भी हो सकते हो । वे आधी दुनिया को बेहिचक मारने को तैयार हैं । वे बिना सोचे, बिना संकोच के पूरी दुनिया के लोगों को मार सकते हैं ।

साधो, तुम पूछोगे कि ये ऐसा क्यों करेंगे ? ये पूंजीवाद और साम्राज्यवाद की रक्षा के लिए हमें मारेंगे । मनुष्य 'गिनीपिग' है । मनुष्य बन्दर है, सूअर है, चूहा है—जिन पर निर्दयता से वैज्ञानिक प्रयोग किये जाते हैं । उस विमान के यात्रियों ने सियोल का टिकिट कटाया था, मगर अमेरिकी जासूसी विमान ने उन्हें परलोक का टिकिट कटा दिया । अब अमेरिका, जापान, दक्षिण कोरिया, पश्चिमी जर्मनी के

हवाई जहाजों में लोग बैठते डरेंगे कि कहीं ये हमें रूसी सीमा में ले जाकर मरवा न डालें। उनके लिए मनुष्य एक संख्या है। आँकड़ा है। आँकड़ों के मरने से उन्हें आघात नहीं पहुँचता।

साधो, विमान में एक भारतीय व्यापारी पटेल भी था। उसकी पत्नी को जब उसके पति के मरने की खबर दी तो उसने रोते हुए हिचकियों के बीच कहा—आखिर वह विमान वहाँ गया ही क्यों? इस सरल सवाल का जवाब राष्ट्रपति रीगन नहीं दे रहे हैं। वह विमान वहाँ गया क्यों जो उसका रास्ता नहीं है? और ढाई घण्टे क्यों वहाँ उड़ता रहा। यह प्रश्न एक विधवा पूछ रही है, जिसकी शादी 3 साल पहले हुई थी। इस सीधे सवाल का जवाब उसे राष्ट्रपति रीगन नहीं दे रहे हैं, क्योंकि खून से उनके हाथ सने हैं। उन्होंने बेहिचक जासूसी के लिए ढाई सौ आदमी मार डाले। मगर राष्ट्रसंघ में वायुसेना नियंत्रक समिति के अध्यक्ष ने, जो सबसे बड़े विशेषज्ञ माने जाते हैं, कहा-- अमेरिका सबकुछ झूठ बोल रहा है। उसने यात्री विमान को जासूसी के लिए भेजा था। यात्री विमान से जासूसी कराना युद्ध में भी अनैतिक माना जाता है। अभी घोषित युद्ध भी नहीं हो रहा है। इन ढाई सौ आदमियों की हत्या अमेरिका के सिर पर है।

साधो, अमेरिकी इतिहास में शायद सबसे बुद्धिहीन राष्ट्रपति रीगन सिद्ध होंगे। सारी पोल खुल जाने और उनका अपराध सिद्ध हो जाने पर भी बेशर्मी से वे रूस विरोधी प्रचार कर रहे हैं। मनुष्य जाति का जीवन कुछ पागलों के हाथों में है।

ये माजरा क्या है ?

राष्ट्रपति कार्टर के नाम

कार्टर साहब,

आदम इन दिनों जब भी आपको याद करता है, मेरी कल्पना में ईसा आते हैं जो कह रहे हैं—मैं ही पुनरुत्थान और जीवन हूँ। जो मुझमें विश्वास करता है वह मरकर भी जीवित रहेगा। आपके पुण्य प्रताप से वियतनाम, चिली, अफ्रीका में अनगिनत मनुष्य मरकर भी जीवित हैं। आप इस समय अपने देश को छोड़कर बाकी दुनिया में मानव अधिकारों के लिए लड़ रहे हैं। आप स्वार्थी नहीं हैं। परोपकारी हैं। अमेरिका में मानव अधिकार देना स्वार्थ हो जाता। इसलिए वहाँ अभी असंख्य आदमियों को सुअर के अधिकारों से ही काम चलाना चाहिए। मगर सोवियत संघ में मानव अधिकारों की रक्षा जरूर करनी चाहिए।

आपने रूस के तीन अपराधियों पर मुकदमे चलाने को मानव अधिकारों का हनन कहकर काफी हल्ला किया। आदम को अच्छा लगा। पर आदम को राष्ट्रसंघ में अमेरिकी प्रतिनिधि एण्ड्रू यंग के इस बयान से बड़ा धक्का लगा कि अमेरिका में हजारों राजनीतिक कैदी हैं। यह यंग गोरा अमेरिकी नहीं है। ऐसी ऊटपटाँग बात करता है। इसी ने एक बार कहा था कि अमेरिका को चिली में दखलन्दाजी नहीं करना था। इस कलुए को नौकरी से निकाल दीजिए आप।

आदम चाहता है, मेरे मूंगफली प्रेसीडेण्ट, कि जब आप मानव अधिकार के मसीहा हो गये हैं तो कुछ बुनियादी सिद्धान्त तय हो जायें। कुछ नियम बन जायें।

पहले तो यह तय कर दीजिए कि मानव कौन हैं और अमानव कौन हैं। इनमें भेद समझने में लोगों को दिक्कत होती है। कुछ बेवकूफ समझते हैं कि रोडेशिया के इयान स्मिथ तथा उनका शासकवर्ग भी मानव है और स्वाधीनता के लिए लड़नेवाले अफ्रीकी भी मानव हैं। पर यह गलत है। स्वाधीनता के लिए लड़नेवाले कभी मानव का दर्जा नहीं पा सकते। उनका कोई मानव अधिकार नहीं है। जायरे में मोबुतू समर्थक मानव हैं और उनके विरोधी अमानव हैं। अंगोला में नेतो और उनके समर्थकों को हम मानव नहीं मान सकते। भारत में केवल जनसंघी मानव हैं, क्योंकि तब के संघ के सरसंघ चालक ने तब के अमेरिकी राष्ट्रपति को सन्देश भेजा था कि आप वियतनाम में लोकतन्त्र की लड़ाई लड़ रहे हैं। चीनी पहले अमानव थे, जब वे आपको कागजी शेर कहते थे। अब आपने उन्हें मानव का दर्जा दे दिया है, क्योंकि वे नाटो में हवलदारी करने को तैयार हैं।

अब मानव में भी हमें गुण विभाजन कर देना होगा। कुछ मानव होंगे। फिर किंचितमानव, अल्पमानव, अर्धमानव, लघुमानव, अतिमानव, महामानव। अतिमानव और महामानव तो अमेरिकी शासक वर्ग ही होगा। बाकी के पास कार्ड होंगे कि यह इस कोटि का मानव है। ये कार्ड सी. आई. ए. आपके दूतावासों के मारफत बाँटेगा। आदम भी आपको आवेदन भेज रहा है कि मुझे मानव का दर्जा आप दें। मैं आपका चमचा हूँ। सी. आई. ए. जो भी काम कहेगी, मैं करूँगा।

अब कार्टर साहब, आप मानवअधिकारों की रक्षा के लिए नियम बना दीजिए। जैसे हमारे देश में एक आदमी हत्या करता है। सरकार उस पर मुकदमा चलाना चाहती है। तो भारत सरकार को आपसे अनुमति लेनी चाहिए कि क्या हम इस आदमी पर मुकदमा चला सकते हैं। आप आदेश दे सकते हैं कि हत्या करनेवाले को हत्या करने का मानव अधिकार है, इसलिए उस पर मुकदमा नहीं चलाया जा सकता। मान लीजिए मैं सी. आई. ए. के लिए जासूसी कर रहा हूँ और भारतीय पुलिस मुझे पकड़ ले। मैं आपसे अपील करूँगा। आप फरमान जारी करेंगे कि सी. आई. ए. के लिए जासूसी करना मानव अधिकार है। यदि भारत सरकार आदम पर जासूसी का मुकदमा चलायेगी तो यह मानव अधिकार का हनन हो जायेगा। आप पोप से भी मेरे पक्ष में एक अपील जारी करवा देंगे। अब भारत में कुछ दुष्ट लोग शोर मचायेंगे कि आदम देशद्रोह कर रहा है। तो आप कह सकते हैं कि जिन देशों में हमने देशद्रोह को मानव अधिकार माना है, उनमें भारत भी है। आदम देशद्रोह नहीं, मानव अधिकार का उपयोग कर रहा है। इस तरह दुनिया के किसी भी देश में कोई मुकदमा आपकी मंजूरी के बिना नहीं चल सकता।

प्यारे राष्ट्रपति, आप एक नयी मानव अधिकार संहिता बना दो। राष्ट्रसंघ-मानव अधिकार संहिता काम की नहीं है। अपने को अपनी संहिता बनाना चाहिए।

लोकनायकजी, दिल्ली मत जाना

मुझे आपकी चिन्ता है। वे जनता पार्टी के लोग आपको ठेलकर दिल्ली ले जाना चाहते हैं कि आप पार्टी में एका करा दें। इनका हाल यह है जैसे चार भाई आपस में प्रापर्टी के लिए मारपीट करें और फिर मुहल्ले के सयानों के पास जाकर कहें—भैयाजी, आप हम लोगों को एक करा दो न। कोई एका नहीं करायेगा तो हम लड़ते ही रहेंगे। किसी के समझौता कराये बिना हममें एका हो ही नहीं सकता। पर आप हरिजन दिल्ली मत जाइए। ये लोग तो महात्मा गाँधी के पास भी गये पर गाँधीजी ने कह दिया कि मैं तुम्हारे झगड़े में हाथ नहीं डालूंगा। तुम लोग राजघाट पर ली

गयी शपथ का रिकार्ड सुनते रहो। ये लोग तो भगवान के पास भी गये थे और कहा था—प्रभु, अब आपका ही भरोसा है। आप एकता कराइए। दुष्टों का दमन कीजिए और साधुओं की रक्षा कीजिए। पर भगवान ने इन्हें यह कहकर भगा दिया कि साधु कौन है और दुष्ट कौन, अभी यही साफ नहीं है। लोकनायकजी, मैं जो 'परलोक-घातक' माना जाता हूँ, पर ये मेरे पास भी अपना एका कराने आये थे। मैंने कह दिया—न मैं एकता कराऊँगा, न लोकनायक करायेंगे। लोकनायक कदमकुआँ पटना में डायलिसिस ले रहे हैं और मैं नेपियर टाउन, जबलपुर, में अपनी चोट-ख़ायी टाँग की सिकाई और मालिश करवा रहा हूँ। हम दोनों को फुरसत नहीं है।

लोकनायकजी, जनता-नौटंकी का मजा आप भी लीजिए। आप बहुत सीरियस हैं। ज़रा हँसा कीजिए। आपने ऐसी नौटंकी नहीं देखी होगी, जिसमें सभी विदूषक हों। समझ में नहीं आता, किसके करतब पर हँसें। मोरारजी भाई का रोल कमाल का है। उत्तरप्रदेश विधानसभा में घूँसे चल जाते हैं तो वे कहते हैं—यह पार्टी के भीतर का लोकतन्त्र है। यों पार्टी एक है। किसी दिन दिल्ली में संसद के बाहर सड़क पर बड़े नेताओं में आपस में जूते चलेंगे तो मोरारजी खुश होकर कहेंगे – हाँ, अब पार्टी का लोकतन्त्र चरमबिन्दु पर है। ये जूते जो चल रहे हैं, वे परस्पर उछाले जानेवाले विचार हैं। विरोधी इन्हें जूते कहते हैं। पार्टी तो एक है। मध्यप्रदेश में जनसंघी कहते हैं कि इन समाजवादियों के हम अब हाथ-पाँव तोड़ेंगे। हरियाणा में देवीलाल पार्टी विधायकों का विश्वास प्राप्त कर रहे होते हैं और बाहर विरोधियों को मारने के लिए देवीलाल के वीर एकत्र होते हैं। तब पुलिस उनके हाथ-पाँव बचाती है। राजनारायण लखनऊ जाकर रामनरेश से कहते हैं—इस सत्यप्रकाश मालवीय को डिसमिस कर दो। रामनरेश पूछते हैं—क्या हाईकमान ने कहा है? राजनारायण कहते हैं—हाईकमान ने नहीं, अपने ज्योतिषी व तान्त्रिक ने कहा है। सत्यप्रकाश को डिसमिस कर देगा तो उत्तरप्रदेश के तीनों चुनाव जीत जायेगा। उधर सत्यप्रकाश मालवीय के लोग कहते हैं—हम कांग्रेस का सहयोग लेकर भी रामनरेश यादव को हटायेंगे।

बड़ा मजा आ रहा है। लौहपुरुष चौधरी चरणसिंह इस एक साल में सात बार इस्तीफे की धमकी दे चुके हैं। इन दिनों उनके शुभचिन्तक कह रहे हैं—चौधरी साहब को दिल की बीमारी है। सेहत अच्छी नहीं रहती। गृहविभाग बहुत भारी पड़ता है। कोई हल्का विभाग दे दिया जाय। इस पर चरणसिंह आँखें निकालकर कहते हैं—गृहविभाग से बड़ा विभाग नहीं दिया जा सकता, इसी गम में तो दिल का दौरा पड़ा। प्रधानमन्त्री के पद का बोझ होता तो दिल का दौरा नहीं पड़ता। अब तो इलाज से दिल पक्का हो गया। अटलबिहारी उत्सुकता से आँखें फाड़े देख रहे हैं कि मेरे हाथ में क्या आया। चतुर साहब जगजीवनराम मुस्कुराते हुए इधर भी देखते हैं और उधर भी।

अब तो ऐसा हो रहा है कि नेता लोग अलग-अलग मुँह धोकर उजला कर रहे हैं। अगर पार्टी टूटी तो या पार्टी से निकले तो पब्लिक के सामने अपना मुँह उजला

होगा और बाकी का काला। पार्टी नहीं टूटी, तब भी सब काले मुँहों के बीच अपना उजला मुँह चमकना चाहिए। चरणसिंह ने अपने इस्तीफे के पत्र में लिख ही दिया है कि पार्टी के नेताओं में आदर्श, सिद्धान्तवादिता और ईमानदारी का अभाव है। याने कि लोगो, मेरा मुँह उजला है, बाकी सबके काले हैं। अटलबिहारी कहते हैं कि मैं तो खुद जनता पार्टी के काम से दुखी हूँ और सरकार से इस्तीफा देने की इच्छा प्रकट कर चुका हूँ। साधु तो कम्बल को छोड़ना चाहता है, पर कम्बल ही साधु को नहीं छोड़ता। अटलबिहारी ने अपना मुँह अलग से उजला कर लिया। ये सारे नेता पार्टी के चेहरे पर ब्रुश से काला रंग पोतते हैं। इसमें एकता है। फिर अपने-अपने मुँह धोकर उजले कर लेते हैं।

आप परेशान हैं। ये नेता कुएँ के पाट पर खड़े हैं और एक-दूसरे को, नजर बचा कुएँ में ढकेलने के इरादे में हैं। जो ज़रा-सा भी असावधान हुआ, वह ढकेल दिया जायेगा। इतने में हल्ला होता है कि कोई सबको एक साथ ढकेलने आ रहा है। तो ये कसकर एक-दूसरे का हाथ पकड़ लेते हैं और चिल्लाते हैं—खबरदार, हम एक हैं। सत्ता का एक भूत बँगला है। कहीं से इन्हें यह भूत बँगला मिल गया है। अब हर एक को पड़ी है कि इसके हिस्से पर कब्जा कर ले। कौन कितना सामान झपट ले। तो कोई किसी कमरे में अपना ताला लगाता है, कोई पेटी छिपाता है, कोई सोफा गायब करता है।

इन्हीं को करने दें। आप हरगिज दिल्ली न जायें। ये पाँच साल पूरे कर लेंगे। हो सके तो अपने चन्द्रशेखर वगैरह और समाजवादियों को बचायें।

सम्पूर्ण क्रान्ति अच्छी चल रही है। हत्या, डकैती, अपहरण वगैरह की शिकायत पुलिस अफसरों से लोग करते हैं तो वे जवाब देते हैं—होने दीजिए। सम्पूर्ण क्रान्ति हो रही है। अभी एक चौराहे पर दो गुटों में जमकर लाठियाँ चलीं, होटलों के काँच फूटे, राहगीर पिटे। पुलिस अफसर कहते हैं— कुछ नहीं। दस-बारह लोग होटल से निकले तो दूसरे गुट ने उन पर हमला कर दिया। देखते-ही-देखते वहाँ सम्पूर्ण क्रान्ति होने लगी। इसमें पुलिस भी क्या करे?

आप देख रहे हैं, हर स्तर पर सम्पूर्ण क्रान्ति हो रही है।

तबियत आपकी ठीक होगी। आप एक कराने दिल्ली मत जाइए। ये लोग कह देंगे कि आप फूट डालने आये थे।

जनरल जिया-उल-हक के नाम

जनरल साहब,

बड़ा मजा है। दोनों तरफ मजा है। इधर भी जिया है और उधर भी जिया है। अपने-अपने को राष्ट्रपति बना लिया, खुद ही अपने 'लिफ्ट' हो गये। उधर

पूरब के जिया ने भी अपने को राष्ट्रपति बना लिया। अब आप दोनों के लिए एक ही ओहदा बचा है—खुदा का। किसी दिन आप ऐलान कर दें कि अब खुदा ने भी इलाही चौधरी की तरह इस्तीफा दे दिया है, इसलिए मैंने खुदा का काम भी सँभाल लिया। जब कुछ नहीं रहेगा तब भी खुदा रहेगा। तो आपके उखड़ने का सवाल ही नहीं उठता। 'मिटाया मुझको होनी ने'—आप पर लागू नहीं होता। अगर कभी पाकिस्तान नहीं रहेगा, तब भी आप खुदा तो रहेंगे ही।

जनरल साहब, इस्लामी राज्य बना लेने के दो बड़े फायदे हैं। एक तो देश के भीतर जनतान्त्रिक और प्रगतिशील माँगों को दबाने में सुभीता होता है। जनता ने माँग की है कि हमें नागरिक अधिकार दो। तो आप जवाब देंगे—अरे यह माँग तो इस्लाम के खिलाफ है। उलेमा, मौलवियो, ज़रा समझाओ इन काफिरों को। मजदूरों ने माँग की—हमें अपने हक चाहिए। हमारी मजदूरी बढ़ाओ। तो शाह या तानाशाह चिल्लाये—लाहौल वला कूबत, यह क्या माँग है। अरे, इस्लाम में कहीं मजदूरों के हक भी होते हैं। उलेमा, मौलवियो, निपटो इन कम्युनिस्टों के भड़काये हुओं से। जनता ने माँग की कि चुनाव कराओ, लोकतन्त्र की स्थापना करो, तो तानाशाह कहेगा—तौबा! तौबा!! चुनाव, एसेम्बली कानून! अरे, कानून तो एक बार खुदा ने बना दिये। इन्सान को कोई हक नहीं है कानून बनाने का। मुल्ला-मौलवियो, ज़रा इन वहशियों की अक्ल ठीक करो। जनता के असन्तोष का शर्तिया इलाज है मजहब का एनेस्थीसिया और मुल्ला-मौलवियों की सर्जरी। मगर ज़माना खराब आ गया है। मुल्ला-मौलवी भी धोखा देने लगे। ईरान में देखिए। मुल्ला-मौलवी कम्युनिस्टों के साथ मिलकर शाह की फजीहत कर रहे हैं। आगे यह होगा कि शाह अखबारों में इश्तिहार छपायेंगे कि एक प्रधानमन्त्री की जरूरत है, मगर कोई दरख्वास्त नहीं देगा।

इस्लाम का दूसरा बाहरी फायदा है। सऊदी अरब-जैसे तेल के धनी देश इस्लाम की जिम्मेदारी लिये बैठे हैं। आप चाहे जब सऊदी शाह के पास जाकर कह सकते हैं—गरीबपरवर, हथियार खरीदने के लिए पैसा दे दीजिए। इस्लाम खतरे में है। शाह कहेंगे—अगर इस्लाम खतरे में है तो जरूर पैसा ले जाओ। देखो, इस्लाम की पूरी हिफाजत करना। फिर कभी पहुँच जाइए और कहिए—अन्नदाता, शानो-शौकत के लिए पैसा कम पड़ रहा है। इस्लाम खतरे में है। कुछ पैसा दे दीजिए। शाह कहेंगे—इस्लाम खतरे में है तो पैसा ले जाओ। शानो-शौकत की कमी से इस्लाम को खतरा नहीं पहुँचना चाहिए।

ये तेल-शाह और तेल-शेख मजहब के बड़े पाबन्द हैं। इनमें बहुत-से बम्बई आते हैं। नमाज बराबर पाँच बार अदा करते हैं। मगर दारू पीते हैं और रण्डीबाज़ी करते हैं। अरब-शाह समझते हैं कि इस्लामी जीवन-पद्धति का मतलब है बर्बर जीवन-पद्धति। ये एक लाख साल पुराने लोग हैं। मौत की सज़ा पत्थर मार-मारकर देंगे। उन्हें पता नहीं है कि ईसा को तो इसलिए सूली पर चढ़ाया था कि तब फाँसी देना नहीं आता था। अब बिजली की कुर्सी, गैस चैम्बर जैसे फाँसी के साधन होते हुए भी

ये पत्थर मारकर मौत की सज़ा देते हैं। इस्लाम का मतलब ये यह भी समझते हैं कि औरत को गुलाम रखा जाये। वह पर्दे और बुर्के में रहे। प्रेसीडेण्ट कार्टर जब सऊदी अरब गये थे, तब उनकी बीवी रोजलिन को अपने शौहर से दस कदम पीछे चलना पड़ा था। गनीमत है कि रोजलिन को हवाई जहाज से उतरते ही बुरका नहीं ओढ़ा दिया गया। फिर भोज में रोजलिन सबके साथ नहीं बैठ सकी। औरत मर्द के साथ बैठकर खाना खाने लगे तो इस्लाम का क्या होगा। रोजलिन ने पर्दे में शाह-जादियों के साथ खाना खाया। अमेरिका में लोगों ने हल्ला किया कि यह अमेरिकी स्त्री का अपमान है। यह 'मानव अधिकार' का हनन है। पर कार्टर बेचारे क्या करते? अगर वे वहाँ मानव अधिकार और स्त्री की प्रतिष्ठा पर जोर देते तो शाह तेल की कीमत बढ़ा देते। सस्ता तेल बड़ा कि मानव अधिकार?

जनरल साहब, आप लोग किन-किन चीजों को मजहब मान लेते हैं। जिन मुल्कों में भरपूर पानी है वहाँ भी टोंटीवाले लोटे को इस्लाम मानते हैं, जिससे चार बूंद में वजू हो जाती है। आप भी कोड़ा मारने और हाथ काटने को इस्लाम मानते हैं। आप उस किस्म के आदमी हैं जिसे 'किलजाय' कहते हैं। आप शराब नहीं पीते। सिगरेट भी आपने छोड़ दी है। एक प्रेसीडेण्ट अयूब थे। प्रेसीडेण्ट याहिया खाँ थे, जिन्होंने मालिश के लिए यूरोप की परियाँ रखी थीं और एक आप हैं।

जनरल साहब, आपने टेलीविजन पर औरतों का नाचना बन्द करवा दिया है। गले तक का कमीज पहनने की हिदायत दी है। बहुत अच्छा है। आगे फिल्में कैसी बनेंगी? आप हुक्म देंगे कि फिल्मों में हीरोइन बुरका ओढ़े। औरत से मुहब्बत न हो, बुरके से हो। अब फिल्म में मुहब्बत का सीन इस तरह होगा। आशिक गली के नुक्कड़ पर खड़ा है। एक बुरका माशूका के घर से निकला। आशिक समझा, यह मेरी प्यारी नज़मा है। वह पास आकर प्यार से कहता है—नज़मा! तभी बुरके से मुँह निकालकर बुढ़िया कहती है—मैं नज़मा नहीं, उसकी माँ हूँ। क्या काम है नज़मा से। सकपकाया हुआ आशिक कहता है—कुछ नहीं अम्मीजान, नज़मा से केमिस्ट्री की किताब लेनी थी। अम्मीजान कहेगी—हरामी के मैं ही तेरी पूरी पढ़ाई कराये देती हूँ! ले। और आशिक को बुढ़िया की चप्पल पड़ जायगी।

तो जनरल साहब, ऐसे इश्क का चलन पाकिस्तान में मत डालिए। जिन्दगी बे-मजा मत कीजिए। आपने शराब बन्द कर दी है, तो यहाँ भारत से स्मगल करके लाना पड़ता है। आप बुर्का लगा देंगे तो आसपास के मुल्कों से इश्क भी स्मगल होगा।

जहाँ था संगे-दर तेरा जबीं अपनी वहाँ रख दी

रिपोर्ट है कि वाशिंगटन में मोरारजी भाई के सम्मान में एक भोज में जिमी कार्टर भावविह्वल हो गये। उनका गला रुँध आया। आँखों से आँसू झरने लगे। रोमांच हो आया और उन्होंने कहा—मुझे मोरारजी भाई से प्रेम हो गया है। आई एम इन लव विद हिम ! वे मोरारजी भाई का आलिंगन करने बढ़ रहे थे कि श्रीमती रोजलिन कार्टर ने इशारा करके रोक दिया। रोजलिन पशोपेश में थी कि मेरी शादी इससे हुई है और यह इस भारतीय से प्रेम करने लगा। बड़ा पावन दृश्य था वह। उसका वर्णन कैसे करें। गिरा अनयन नयन बिन बानी—आँखों की जीभ नहीं है और जीभ की आँखें नहीं हैं। राम ने धनुष तोड़कर, शक्ति दिखाकर सीता को प्राप्त किया था। हमारे मोरारजी भाई इतने झुके, इतने झुके कि खुद धनुष हो गये और कार्टर का प्रेम प्राप्त कर लिया। आशिक माशूका के दरवाजे पर सिर पटकता है तब वह खुश होती है—जहाँ था संगे-दर तेरा जबीं अपनी वहाँ रख दी। पता नहीं मोरारजी भाई के कपोल पर कितनी चोट आयी। बड़े कठोर कलेजे का माशूका था कार्टर ! सोचते थे—कौन जीता है तेरी जुल्फ के सर होने तक। बार-बार यूरेनियम का वायदा करता था माशूक और हम कहते थे—

तेरे वादे पे जिये हम ये तू जान झूठ जाना,
खुशी से मर न जाते अगर ऐतबार होता।

बारात अच्छी सजी थी। साथ में वर के साथी अटलबिहारी थे। ये वही अटलबिहारी हैं जो आन्दोलन करते थे कि भारत अणुबम बनाये। वे अब दूल्हे की इस बात को मानते हैं कि भारत शान्तिपूर्ण कार्यों के लिए भी परमाणु परीक्षण नहीं करेगा। वधू को खुश करना है। वह कहे—थूको, तो थूक दो। फिर सुन्दरी कहे—चाटो, तो चाट लो। वह कहे—मुँह बन्द करो और नाक से बोलो, तो नाक से बोलने लगो। रास्ते में बारात तेहरान रुकी। ईरान के शाह ने दूल्हे का तिलक किया और नारियल दिया। लन्दन में कैलेहन ने एक तुरही दी कि इसे बजाना तो सुन्दरी खुश हो जायेगी। न्यूयार्क बारात पहुँची तो वधू-पक्ष के लोगों ने बार-बार कहा—वह सौत सोवियत संघ नहीं चलेगी। सौत से पहले छुट्टी पाओ तब यह शादी होगी। दूल्हे ने कहा—सौत तो गयी। असली गुटनिरपेक्षता हो गयी है। सौत का नाम मत लो। अब तो इधर देख जालिम ! इस तरह की यह आत्मसमर्पण बारात थी। गनीमत है कि जिमी कार्टर स्त्री नहीं हैं, वर्ना मोरारजी भाई ब्रह्मचर्य छोड़कर शादी कर लेते। और वहीं घरजमाई बनकर रह जाते। हमारे यहाँ शादी के लिए पण्डित लोग वर-वधू के गुण मिलाते हैं। 36 गुण मिल गये तो उत्तम जोड़ा होता है। पर किन्हीं के गुण-दुर्गुण मिलाये जाते हैं। दुर्गुण मिल गये तो भी उत्तम जोड़ा हुआ। मोरारजी भाई के 36 में से लगभग 30 दुर्गुण वधू से मिल गये।

तभी मोरारजी भाई बार-बार कहते हैं—मेरी कार्टर से सब मामलों में सहमति

हो गयी।

आदम सोचता है—ये आखिर कौन मामले हैं जिस पर दोनों में सहमति हो गयी। ऐसा तो हुआ नहीं होगा—तू रात को घुरकती तो नहीं है। नहीं घुरकती। मैं भी नहीं घुरकता। चलो सहमति हो गयी। तुम पराई औरत पर नजर तो नहीं डालते। नहीं डालता। मैं भी पराये मर्द की तरफ नजर उठाकर नहीं देखती। चलो सहमति हो गयी। तुझे आलू की सब्जी पसन्द है कि बैंगन की? मुझे तो आलू-बैंगन की मिली सब्जी पसन्द है। मुझे भी वही पसन्द है। चलो सहमति हो गयी। पढ़वाये मन्त्र—कुर्यात सदा मंगलम्?

सहमति तो यों हुई होगी।

कार्टर: हम शक्ति-सन्तुलन के लिए पाकिस्तान को हथियार देते रहेंगे। वह तुमसे हमारे हथियारों से लड़ाई करेगा। सहमत हो?

मोरारजी: बिल्कुल सहमत। आप पाकिस्तान को हमसे बार-बार लड़वाइए। हमें कोई एतराज नहीं।

कार्टर: हम काश्मीर को पाकिस्तान का हिस्सा मानते हैं और उसे दिलवायेंगे। सहमत हो?

मोरारजी: काश्मीर पाकिस्तान को दिलवा दीजिए, कल नहीं आज दिलवा दीजिए। हम सहमत हैं।

कार्टर: हम मानते हैं कि भारत ने गोवा और सिक्किम हमला करके छीना। तुम क्या कहते हो?

मोरारजी: सिक्किम के बारे में तो मैं ही कह चुका हूँ। गोवा के बारे में भी कह दूंगा।

कार्टर: दियागो गार्सिया में हम अपना फौजी अड्डा बनाये रखेंगे। यह अड्डा तुम पर भी निगरानी रखेगा।

मोरारजी: सहमत हूँ। बल्कि आप एक अड्डा बम्बई में बना लीजिए।

हम कहेंगे—हिन्द महासागर में रूस अपनी सैनिक कार्यवाही बन्द करे।

कार्टर: हम कहेंगे कि तुम घुटने के बल चलकर चीन के द्वार पर जाओ, जिससे रूस से दूर हो जाओ। बोलो?

मोरारजी: आप घुटने के बल चलने को कहते हैं, हम रेंगकर जायेंगे।

कार्टर: हम अफ्रीका में अपने साथी यूरोपीय देशों के सैनिक उतारेंगे। हथियार देंगे और वहाँ के स्वाधीनता आन्दोलन को कुचलेंगे।

मोरारजी: कुचलिए। आप कहीं भी स्वाधीनता आन्दोलन कुचलें, हम कुछ नहीं बोलेंगे।

इन मुद्दों पर सहमत हुए बिना पूर्ण सहमति नहीं हो सकती, क्योंकि और कोई मुद्दे ही नहीं हैं। तो क्या इन मुद्दों पर ऐसी सहमति हो गयी होगी, क्योंकि मोरारजी कहते हैं कि कार्टर मेरी ही तरह 'सत्यवादी' हैं।

बूढ़ा दूल्हा वधू तो नहीं, उसके पाँवों की धूल—यूरेनियम लेकर लौट आया।

अन्तरिक्ष यात्रा

मैं बाबू जगजीवनराम से मिलने गया। वहाँ चौधरी चरणसिंह भी बैठे थे। दोनों गुपचुप कुछ सलाह कर रहे थे।

मैंने कहा—आप लोगों को पता है रूसी अन्तरिक्षयान में एक भारतीय भेजा जायेगा और मोरारजी भाई जाने को उत्सुक हैं।

उन्होंने कहा—हम लोग उसी सम्बन्ध में बात कर रहे हैं। कुछ ऐसा नहीं हो सकता कि यह मोरारजी उधर ही किसी ग्रह में रह जायें। वैसे हैं हठी और अहंकारी आदमी। वहाँ कल-पुर्जों में कुछ ऐसी गड़बड़ कर बैठेगा कि यान पृथ्वी पर न लौटकर किसी और ग्रह पर चला जायगा।

मैंने कहा—आप लोग जाइए न अन्तरिक्षयान में।

चरणसिंह ने कहा—जगजीवनराम बाबू, तुम चले जाओ।

बाबूजी ने कहा—वाह, मैं क्या बेवकूफ हूँ। मैं अन्तरिक्ष में चला जाऊँ और तुम इधर प्रधानमन्त्री की गद्दी हथिया लो। तुम्हीं क्यों नहीं चले जाते। जायेंगे तो दोनों जायेंगे, नहीं तो कोई नहीं जायगा।

मैं जॉर्ज फर्नांडिस के पास गया।

मैंने कहा—कामरेड, तुम दुस्साहस को क्रान्ति समझते हो। तुम इस अन्तरिक्षयान में चले जाओ।

जॉर्ज ने पत्नी से पूछा—क्यों लैला, चला जाऊँ?

लैला ने कहा—जाओ, कुछ दिन इन बोनसवालों से तो बचोगे।

सहसा जॉर्ज को कुछ याद आया। वह खड़ा हो गया। मुट्ठी बाँध लीं। दाँत किटकिटाते हुए बोला जॉर्ज—मैं नहीं जाऊँगा। वह नेहरू की लड़की जाने की कोशिश करेगी, मुझे उसे खींचकर उतारना है।

मैंने राजनारायण से कहा—हनुमानजी, तुम चले जाओ अन्तरिक्षयान में।

राजनारायण हँसे। बोले—अरे, ये अन्तरिक्षयान फालतू है। मैं अपने दम पर अन्तरिक्ष घूम आऊँगा। अरे हनुमान क्या लंका हवाईजहाज से गये थे? सुनो, जिमि अमोघ रघुपति कर बाना, ताहि भाँति चला हनुमाना।

आदम अब बाला साहब देवरस से मिला।

मैंने कहा—हिन्दू राष्ट्र के संस्थापक के नेता, आपको ही इस रूसी अन्तरिक्षयान में जाना चाहिए।

बाला साहब ने कहा—वह परकीय विज्ञान है, कम्युनिस्ट अन्तरिक्षयान है। हम हिन्दू विज्ञान से, हिन्दू-पद्धति से अन्तरिक्ष में जायेंगे। गणेशजी ने चूहे पर सवारी कर पृथ्वी की परिक्रमा की थी। हम भी उड़ान का प्रयोग कर रहे हैं।

मैंने पूछा—आप किसी जीवधारी पर बैठकर अन्तरिक्ष में उड़ेंगे?

देवरसजी ने कहा—हम कौवे पर बैठकर अन्तरिक्ष में उड़ेंगे। कौवे को मन्त्र

से सिद्ध किया जा रहा है, दीनदयाल शोध संस्थान में।

आदम ने डॉ. सुब्रह्मण्यम स्वामी से कहा तो वे बोले—अरे, बार-बार क्या जाना, मैं तो एक बार चोरी से अन्तरिक्ष-यात्रा कर आया। अमरीकी अन्तरिक्ष-यान में, इमरजेन्सी में।

आदम ने जयप्रकाश नारायण से कहा—लोकनायकजी, आप इस रूसी यान में अन्तरिक्ष-यात्रा कर आइए। हवा बदल जायेगी।

लोकनायक ने कहा—एक तो मैं इन बोलशेविकों के यान में जाऊँगा नहीं—दूसरे मैं वैसे ही अन्तरिक्ष में रहा हूँ। जवाहरलाल खुद कह गये हैं कि मैं अन्तरिक्ष-चारी हूँ। यूरी गागरिन जब अन्तरिक्ष-यात्रा पर गया तो नेहरू ने एक पत्रकार तर्जी बिटासी से कहा था—यह गागरिन थोड़ी देर अन्तरिक्ष में रह लिया तो उसका इतना शोर हो रहा है। हमारे यहाँ एक आदमी पिछले 18 सालों से अन्तरिक्ष में घूम रहा है, पर कोई ध्यान नहीं देता। वह आदमी जयप्रकाश नारायण है। आदम, यह बात तर्जी बिटासी की किताब 'दी ब्राऊन साहब' में छपी है।

एक डॉक्टरेट की कथा

जनवरी 1980 में दिल्ली में इन्दिरा कांग्रेस सरकार बनते ही सागर विश्व-विद्यालय कोर्ट के बुद्धिमानों को ऐसा बोध हो गया कि संजय गाँधी की साहित्य-साधना इतनी ऊंची हो चुकी है कि उन्हें डॉक्टर आफ लिटरेचर की मानद उपाधि दे देनी चाहिए। संजय को डी. लिट्. अभी तक न देकर भारतीय विश्वविद्यालय वही पाप कर रहे हैं जो नोबुल पुरस्कार समिति ने ताल्सताय को पुरस्कार न देकर किया था। इन बुद्धिमानों ने कोर्ट की मीटिंग में यह प्रस्ताव रख दिया।

विश्वविद्यालय कोर्ट में ऐसे लोग भी हैं जो यह मानते हैं कि बाला साहब देवरस की साहित्य-साधना इतनी ऊँची चढ़ चुकी है कि उन्हें डॉक्टर ऑफ लिटरेचर की मानद उपाधि देनी चाहिए। उन्हें डी. लिट्. न देकर विश्वविद्यालय वही पाप कर रहे हैं जो नोबेल पुरस्कार समिति ने पाब्लो नेरूदा को पुरस्कार देने में देरी करके किया था। लिहाजा इन लोगों ने कोर्ट में प्रस्ताव रख दिया कि बाला साहब देवरस को डी. लिट्. की उपाधि दी जाये।

अब बुद्धिमानों के दोनों गुटों में वही झगड़ा होने लगा। एक गुट चिल्लाता—संजय गाँधी अयोग्य हैं। दूसरा गुट चिल्लाता—बाला साहब देवरस अयोग्य हैं। एक तरफ कांग्रेसी तो दूसरी तरफ संघी।

यहाँ फिर संघ, कांग्रेस कूटनीति और तत्परता में हार गया। तीन साल तक

भोपाल में संघ की सरकार रही। इस अवधि में सारे बुद्धिमान बाला साहब देवरस के भक्त हो गये थे। इन तीन सालों में राज्य के सात विश्वविद्यालयों से बाला साहब को डॉक्टरेट दिलायी जा सकती थी। इन तीन सालों में जहाँ-जहाँ कुलपति का पद खाली हुआ वहाँ चड्डीवाला विद्वान ही कुलपति बनाया गया। मगर संघ चूक गया। अब जब देवरसजी के भक्त विद्वान देवता बदलकर संजय के भक्त हो चुके हैं, देवरसजी का नाम प्रस्तावित करना कूटनीतिक भूल थी। विश्वविद्यालय में विद्यार्थी परिषद् का काम करनेवाले आचार्य अब युवक कांग्रेस का काम करने लगे थे। कोर्ट में इन आचार्यों के सिवा गैर-आचार्य चुने हुए सदस्य भी होते हैं। इनमें राजनीतिक पार्टियों के लोग, वकील, डाक्टर, बनिये, तस्कर और गुण्डे होते हैं। ये भी अधिकांश संजय-समर्थक हो गये थे।

लिहाजा मई में कोर्ट की मीटिंग में सर्वसम्मति से तय किया गया कि संजय गाँधी को डॉक्टर ऑफ लिटरेचर की उपाधि दी जाय। एक आचार्य फौरन दिल्ली चले गये संजय को 'लिटरेचर' का अर्थ समझाने और हिज्जे बताने।

यों तो दुनिया-भर में नेताओं, समाजसेवकों, मन्त्रियों, प्रधान-मन्त्रियों आदि को सम्मानित करने की विश्वविद्यालयों में प्रथा है। पर इन्हें एल. एल. डी. यानी डॉक्टर ऑफ लॉ की उपाधि दी जाती है, लिटरेचर की नहीं। डी. लिट्. की उपाधि उन्हीं नेताओं को दी जाती है, जिन्होंने उच्च कोटि की पुस्तकें लिखी हों, जैसे जवाहरलाल नेहरू को।

वैसे जिस धड़ल्ले से ये थीसिसवाली और मानद डाक्टरेटें मिल रही हैं, उनकी कोई प्रतिष्ठा नहीं रह गयी। डॉक्टरेट के सस्तेपन पर भदन्त आनन्द कोसल्यायन एक लतीफा सुनाते हैं—

फ्रान्स में डॉक्टरेट बहुत सस्ती हो गयी थी। कोई 500 फ्रेंक विश्वविद्यालय को भेज दे और मनचाहे विषय की डॉक्टरेट ले ले। एक रईस ने 8-10 विषयों की डॉक्टरेट ले ली। वह अपने घोड़े को बहुत प्यार करता था। उसने विश्वविद्यालय को 500 फ्रेंक भेजे और लिखा कि मेरे घोड़े डिक को भी एक डॉक्टरेट दे दी जाय। विश्वविद्यालय से जवाब आया—हम घोड़ों को डॉक्टरेट नहीं देते। सिर्फ गधों को देते हैं।

बहरहाल, अब साल-भर संजय को डॉक्टरेट लेने से फुरसत नहीं मिलेगी। खबर है, कोर्ट में किन्हीं सदस्यों ने कहा था—इस मामले को एकेडेमिक कौंसिल से आना चाहिए। इसका विरोध हुआ। एकेडेमिक कौंसिल में बात उठायी जाती तो योग्यता की तफसील होती। शिक्षा—नॉन मैट्रिक। साहित्य रचना—दस्तखत कर लेते हैं। अध्ययन—कामिक पढ़ते हैं।

लोग कहते हैं—विश्वविद्यालयों के ये बुद्धिजीवी क्या करते हैं। ये तो ऋषि हैं, शास्त्रकार हैं। सही बात यह है कि विश्वविद्यालय रक्षित-वन—सेंक्चुअरी हैं, इसमें गैंडे हैं, बारहसिंगे हैं, हिरन हैं, नीलगाय है, चीते भी हैं। शेर कहीं कोई एकाध होता है। सुअर भी हैं। कीचड़ में केंचुए भी हैं। हर एक को अपना-अपना भोजन

मिल जाता है। चीते को गोश्त मिल जाता है, हिरन को घास और सुअर को उसका प्रिय भोजन। काम किसी जानवर को करना नहीं पड़ता। सब सुरक्षित भी हैं, क्योंकि यहाँ शिकार करना मना है। इन जानवरों में कभी-कभी आपस में सींग मारने का खेल होता है। सियार रात को 'एकमत' से 'हुआ-हुआ' बोलते हैं। बाकी चैन है। सारे जानवर उस अफसर की जय बोलते हैं, जिसके चार्ज में 'सेंक्चुअरी' है। अफसर बदलता है तो जानवरों को अपनी प्रतिभा से पता चल जाता है और वे नये अफसर की जय बोलते हैं।

प्रधानमन्त्री के नाम

प्रिय मोरारजी भाई,

आप सोचेंगे कि यह पत्र गलती से आपको मैंने भेज दिया है। इसे तो इन्दिरा गाँधी को भेजना था। पर भाईजी, आप भी इमरजेन्सी प्रधानमन्त्री ही हैं। जनता पार्टी पर पैदा होते ही आपातकाल आ गया था। इससे निपटने के लिए ही आपको प्रधानमन्त्री बनाया गया। आप संकटकालीन प्रधानमन्त्री हैं। इसलिए आप इस तरह पद की शोभा बढ़ा रहे हैं कि लोग कहते हैं—मोरारजी भाई के सिवा बाकी सब मन्त्री प्रधानमन्त्री हैं। आप दीर्घजीवी हों और यह देश बिना प्रधानमन्त्री के ही रहे।

भाईजी, अभी आपने उज्जैन में कालिदास समारोह का उद्घाटन भी कर डाला। कालिदास तो कवि थे—सौन्दर्य, प्रेम, रस के कवि थे। पर आपने कालिदास से भी इन्दिरा गाँधी और उनकी इमरजेन्सी की शिकायत कर दी। आपने अच्छा किया, कालिदास इन्दिरा गाँधी पर नाटक लिख देंगे और उनकी प्रतिष्ठा धूल में मिल जायेगी। भाईजी, मेरी सलाह है कि आप काव्य, संगीत, रूप आदि के चक्कर में न पड़ा करें। आप उस गायिका रूना लैला से भी मिल लिये। मैंने वह फोटो अखबार में देखा। वह सुन्दरी आपसे दूर सहमी बैठी थी। उसे डर था, कहीं आप ताजा 'जीवनजल' पीकर न बैठे हों। आपने उससे जरूर कहा होगा कि गाना वगैरह अनैतिक हैं। संगीत से चरित्र भ्रष्ट होता है। ब्रह्मचर्य खण्डित होता है। तुम अपना नाम लैला क्यों रखी हो? यह वही लैला है जो इश्क वगैरह किया करती थी। बड़ी गन्दी बात है। तुम अपना नाम घसीटीबाई रख लो और इन्दिरा गाँधी की इमरजेन्सी के खिलाफ चिल्लाया करो।

भाईजी, आपमें बड़ी तबदीली हुई है। आप अब हठ नहीं करते, किसी का बुरा नहीं मानते। कारण है कि आप बिना अनुयायियों के प्रधानमन्त्री हैं। आप

अद्भुत प्रधानमन्त्री हैं, जो बिना अनुयायी के नेता हैं। आप किसी का बुरा नहीं मान सकते। कोई मन्त्री आपको किसी पार्टी में शराब पीता दिख जाय तो उससे आप शिकायत जरूर करेंगे। पर वह कहेगा—अगर आपको शराब पर इतना ऐतराज है तो सोचना पड़ेगा कि प्रधानमन्त्री किसे बनायें। तो भाईजी, आप फौरन कहेंगे—नहीं, नहीं, मेरा यह मतलब नहीं है। कभी पी लिया करो।

भाईजी, आपने शराबबन्दी पर हठ करके अच्छा किया। आप शराब के पीछे डण्डा लेकर न पड़ते तो लोग माँग करते कि महँगाई, गरीबी, बेकारी, शोषण के पीछे डण्डा लेकर पड़ो। यह झंझट की बात होती। आपने शराबबन्दी के लिए जान दे देने का ऐलान कर दिया। बदमाश लोग कहते हैं कि अच्छा होता कि आप कहते कि कीमत कम नहीं की तो मैं मर जाऊँगा। मैं जानता हूँ, मुनाफाखोर आपकी जान नहीं बचाते। आपका विश्वास भी सही है कि अगर लोगों ने शराब छोड़ दी तो बेकारी मिट जायेगी, गरीबी दूर हो जायगी, भूमिहीनों को जमीन मिल जायेगी, हरिजनों पर अत्याचार नहीं होंगे, व्यापारी मुनाफा कमाना बन्द कर देंगे। यह सब चमत्कार केवल शराब छोड़ने से हो जायेगा।

भाईजी, अभी आप दौरे पर थे तो एक जगह आपके सामने पाँच सौ आदिवासियों ने शपथ खायी कि हम शराब नहीं पियेंगे। आप बहुत खुश हुए। पर भाईजी, आपको पता नहीं है कि इन आदिवासियों को यह वायदा करके इकट्ठा किया गया होगा कि शपथ के बाद तुम्हें ठर्रा पिलायेंगे। और आपके हटने के बाद उन्हें ठर्रा पिलाया गया होगा। फिर आपको क्या पता, कितने लोगों ने नशे में यह शपथ ली कि नशा नहीं करेंगे। भाईजी, ये सरकारी अफसर बड़े चतुर हैं। ये प्रधानमन्त्री का शौक या सनक समझते हैं। जवाहरलाल नेहरू के सामने ये गुलाब के गमले रख देते थे। आपके सामने ये मूत्र (जीवनजल) की बोतलें रख देंगे। अपना-अपना शौक है।

भाईजी, आपने उस दिन एक सभा में कहा—कीमतें घटी हैं, और आगे ज्यादा घटेंगी। उस सभा में जो लोग बैठे थे वे उसी दिन महँगी चीजें खरीदकर लाये थे। वे कह रहे थे—हमने तो महँगा सामान खरीदा है। और प्रधानमन्त्री कहते हैं कि सस्ता हो गया है। महँगा खरीदनेवाले से ही कहते हैं कि तुमने सस्ता खरीदा है।

बात यों है। मरीज ने डाक्टर से कहा—मेरे पेट में बहुत दर्द है। डाक्टर ने कहा—नहीं, तुम्हारे पेट का दर्द अब मिट गया है। मरीज ने कहा—मैं कहता हूँ दर्द है। डाक्टर ने कहा—मैं कहता हूँ, दर्द नहीं है। मरीज ने कहा—पर डाक्टर साहब, पेट तो मेरा है। इस पर डाक्टर ने कहा—पेट तुम्हारा होगा, पर डाक्टर तो मैं हूँ। मैं कहता हूँ कि दर्द नहीं है, तो नहीं है।

भाईजी, आप राज्यों के दौरे न किया करें। अड़चन होती है। आपके जाने से कहीं भी जनता पार्टी में एकता नहीं होती। आप तो चैन से दिल्ली में रहें। आप कई बार कह चुके हैं कि आपको न चिन्ता है न तनाव। दुनिया में कोई प्रधानमन्त्री नहीं है, जिसे न चिन्ता हो न तनाव। आपको चिन्ता और तनाव क्यों हो? जिसे देश की कोई समस्या ही नहीं दिखती, उसे चिन्ता क्यों हो? प्रधानमन्त्री न बनने

की चिन्ता और तनाव थे तो वे अब खत्म हो गये। अब देश में जो होना हो, होता रहे। आप तो चिन्ता और तनाव से बरी हैं।

ठीक है बहनजी, मगर संजय ?

इन्दिरा कांग्रेस में सब ठीक चल रहा है, पर जगह-जगह वही बात उठ रही है—मगर संजय ? अखबारों में खबरें पढ़ता हूँ कि कई जगह इन्दिरा समर्थक माँग कर रहे हैं कि संजय और चौकड़ी का कब्जा पार्टी पर नहीं होना चाहिए।

अभी आदम को एक प्रादेशिक नेता मिले। वे दिल्ली से इन्दिराजी से मिलकर लौटे थे। मैंने पूछा—कहिए, कैसी रही भेंट ?

उन्होंने कहा—अच्छी ही रही। वैसे तो शुरू में ही अपशकुन हो गया। मैं बँगले में घुसा तो संजय दिख गये। मैंने लौट जाने की सोची। बिल्ली रास्ता काट गयी थी। मगर मैं हिम्मत करके इन्दिराजी के पास पहुँचा। एक कमरे में मैं इन्दिराजी के साथ बैठा था। इन्दिराजी ने कहा—हाँ तो आपने और आपके साथियों ने तय कर लिया है न हमारी कांग्रेस में आने का। देखिए, हमारी पार्टी समाजवाद के लिए लड़ेगी, गरीबों-शोषितों के लिए लड़ेगी।

मैंने कहा—हम समाजवाद के लिए लड़ने को तैयार हैं, गरीबों-शोषितों के लिए लड़ने को तैयार हैं, मगर संजयजी ?···

इन्दिराजी—संजयजी क्या ?

मैंने कहा—जी हाँ, संजय ही।

इन्दिराजी ने कहा—आखिर आप कहना क्या चाहते हैं ?

मैंने कहा—मैं यही कहना चाहता हूँ कि मगर संजयजी···

इन्दिराजी ने थोड़ी नाराजी से कहा—आप संजयजी, संजयजी रट रहे हैं। अरे बात साफ कहो न !

मैंने कहा—बात यह है बहिनजी कि आपके समर्थकों में यह आम धारणा है···

इसी समय संजय कमरे में आये। मैं चुप सुट्ट बैठ गया। संजय एक फाइल लेकर चले गये।

इन्दिराजी ने कहा—आप चुप क्यों हो गये। बोलिए न।

मैंने कहा—जी वो आ गये थे।

इन्दिराजी ने पूछा—कौन ?

मैंने घबड़ाकर कहा—वो। वो आये थे।

इन्दिराजी ने कहा—वो, वो कौन?

मैंने कहा—वो, वो संजयजी!

इन्दिराजी ने कहा—अरे भई वह मेरा लड़का है। लड़का घर में रहता ही है।

मैंने कहा—लड़का तो घर में रहता है बहनजी। मगर ये तो संजयजी हैं। लड़के में और संजयजी में फर्क है।

इन्दिराजी ने कहा—आप बेफिक्र रहें। संजय ने तो राजनीति से संन्यास ले लिया है। वह तो पार्टी के सदस्य नहीं हैं।

मैंने कहा—पर बहनजी, इमर्जेन्सी में भी तो वह प्रधानमन्त्री नहीं थे।

इन्दिराजी कुछ बोलने को हुईं कि संजय फिर आ गये। मैं सिटपिटा गया। मैंने इशारे से उनसे चुप रहने के लिए कहा। धीरे-से फुसफुसाया—वो फिर आ गये।

संजय चले गये।

मैंने कहा—मुझे एक गिलास पानी मँगवा दीजिए। मुझे घबड़ाहट है।

पानी पीकर मैंने कहा—हाँ, अब कहिए।

इन्दिराजी ने कहा—देखिए, संजय पार्टी में हस्तक्षेप नहीं करेगा। कोई नहीं करेगा। मुझे सही और गलत की पहचान है। मैं ताकतवर हूँ। मैं किसी को हावी नहीं होने दूँगी।

मैंने कहा—बहनजी, ऐसा ही हमारे पड़ोस में एक बुढ़िया कहती है।

इन्दिराजी ने पूछा—कौन बुढ़िया?

मैंने बताया—हमारे पड़ोस में एक बुढ़िया रहती है। बहुत मालदार है। उसका लड़का जुआ खेलता है। बुढ़िया कहती है—जुआ खेलना बहुत बुरा है। मैं तुझे घर से निकाल दूँगी। मैं तुझसे डरती नहीं हूँ। कोई मुझे दबा नहीं सकता। तो बहनजी, लड़का सामने के नीम के पेड़ पर चढ़ जाता और वहाँ चिल्लाता—मुझे एक हजार रुपये दे, नहीं तो मैं कूदकर मर जाऊँगा। बुढ़िया समझाती—बेटे, जुआ खेलना बहुत बुरी बात है। मैं रुपये नहीं दूँगी। तू उतर आ। लड़का कहता—नहीं देती रुपये? अच्छा तो मैं कूदता हूँ। एक-दो—और बुढ़िया चिल्लाती—अरे बेटे, मत कूद। मैं अभी रुपये देती हूँ। बुढ़िया हजार रुपये लाकर झाड़ के नीचे रख देती। लड़का उतरता और रुपये लेकर जुआ खेलने चला जाता।

इन्दिराजी ने पूछा—इस बात का क्या मतलब है?

मैंने कहा—मतलब यह है कि आप सही-गलत समझती हैं। पर संजयजी नीम के पेड़ पर चढ़ जायें तो? तब आप क्या करेंगी? वे नीम के पेड़ पर चढ़कर कहें—मुझे अमुक कांग्रेस कमेटी के अध्यक्ष का सिर चाहिए। वरना मैं पेड़ से कूदता हूँ। तब आप क्या करेंगी।

इन्दिराजी सोच में पड़ गयीं। बोलीं—आप लोगों को गलतफहमी है। संजय ऐसा लड़का नहीं है। वह जुआ नहीं खेलता।

मैंने कहा—आप कहती हैं, वे जुआ नहीं खेलते। पर वे तो जुए में हमारा भरा-पूरा राज हार गये।

इन्दिराजी ने मुझे फिर बहुत समझाया। अन्त में कहा—आप लोग संगठन करिए। पार्टी को खूब मजबूत बनाइए।

मैं चलने के लिए कमरे से निकला। पर फौरन लौट आया। इन्दिराजी ने पूछा—क्यों लौट आये? मैंने कहा—बरामदे में संजयजी खड़े हैं।

कुछ मिनट बाद इन्दिराजी मुझे लेकर बाहर आयीं। तब तक संजय लॉन पर चले गये थे।

मैं सहमता-सहमता चला। इतने में दूसरी तरफ से इन्दिराजी का कुत्ता भौंक-कर झपटा।

मैं फौरन कुत्ते की तरफ भागा।

हल्ला सुनकर इन्दिराजी बाहर आयीं। मुझे बचाया। बोलीं—आप अजीब आदमी हैं। आखिर आप उस भयंकर कुत्ते की तरफ क्यों भागे? दूसरी तरफ जाना था।

मैंने दम लेकर कहा—दूसरी तरफ कैसे जाता। उधर तो संजयजी खड़े थे।

एक शंकराचार्य के नाम

शंकराचार्य, पुरी

प्रभु, अखबारों में विज्ञापन के रेट देकर आप लोगों के नाम के आगे 'अनन्त श्रीविभूषित जगद्गुरु' छपता है, मगर मैं दीन पैसे देकर अपने नाम के आगे कुछ नहीं छपवा सकता। महाराज, मैंने भी ब्राह्मण के घर जन्म लिया था और आपने भी। आपने हाल ही में फिर कहा है कि जातियाँ तो भगवान ने बनायी हैं। वे ही किसी को ब्राह्मण, क्षत्रिय, वैश्य, शूद्र बनाते हैं। पर भगवान, मैंने तो अपने पिता का चुनाव नहीं किया था। मैंने तो भगवान, प्रभु से नहीं कहा था कि मुझे ब्राह्मण का बेटा बनाओ।

मैं तो मतिमन्द हूँ, आप जगद्गुरु हैं। मुझ मूढ़ को समझाइए कि अपना भगवान तो हिन्दू पैदा करता है, और ईसाइयों का भगवान ईसाई पैदा करता है। मुसलमानों का भगवान मुसलमान पैदा करता है। तो प्रभु, अपना भगवान ही सब आदमी पैदा क्यों नहीं कर लेता? दूसरे भगवानों को ईसाई, मुसलमान क्यों पैदा करने देता है? बौद्ध लोग तो भगवान को नहीं मानते। फिर इन्हें कौन पैदा करता है? क्या अपना ही भगवान पैदा करता है? गुरु, ब्राह्मण तो भगवान पैदा करता है, पर वही क्या कान्यकुब्ज और सरयूपारीण भी पैदा करता है? मुझे भगवान की लीला समझ में नहीं आती। आपको आती होगी तो यह बताइए कि एक हिन्दू जब मुसलमान हो

जाता है, तब उसका भगवान आपके हुक्म से बदलता है या मुल्ला के? मुसलमान हिन्दू हो जाता है तो खुदा क्या उसे अपने भगवान को सौंप देता है। यह कैसे सौंप देता है भगवान? भगवान, बहुत-से हिन्दू ईसाई स्त्री से शादी करने लगे हैं। तो जब इनका बच्चा होता है तब उसे हिन्दू-भगवान पैदा करता है कि ईसाई का भगवान? उसकी जाति कौन-सा भगवान तय करता है? दुनिया में लगभग तीन सौ अलग-अलग धर्म और पन्थ हैं। इस तरह तीन सौ भगवान हो गये। इन भगवानों में झगड़ा भी होता होगा। एक भगवान कहता होगा—इसे तो मैं हिन्दू पैदा करूँगा। दूसरा भगवान कहता होगा—नहीं, इसे मैं ईसाई बनाऊँगा। प्रभु, इन भगवानों में फिर मारपीट भी होती होगी। आपने तो देखी होगी। कैसी होती है वह मारपीट? और ये भगवान आपस में कैसी गालियाँ देते हैं। क्या अपने-जैसी गालियाँ देते हैं? पर भगवान की माँ-बहन तो होती नहीं है। तो किसकी गाली देते होंगे?

प्रभु, शंकराचार्यों में एक तो आप और दूसरे बदरीनाथ के शंकराचार्य पर मेरी विशेष श्रद्धा है क्योंकि आप दोनों कोर्ट-कचहरी के शंकराचार्य हैं। वे हाईकोर्ट से शंकराचार्य हुए और आप पर छुआछूत विरोधी कानून में पाँच मुकदमे चल चुके हैं। आप लोग जब सोने के सिंहासन पर बैठकर उपदेश देते हैं कि सब माया है, इसे छोड़ो, तब हमें कितनी प्रेरणा मिलती है।

प्रभु, सुना है आप गोरक्षा आन्दोलन फिर शुरू करनेवाले हैं। मेरी बात मानें ता अब यह आन्दोलन मत करिए। 1966 में तो गौमाता के प्रति सी. आई. ए. भारतीय गाय को पूजती थी और अपनी गाय को काटकर खाती थी। तब आर. एस. एस. की भी गौ के प्रति भक्ति थी। तब गौ राजनीतिक थी। तब सी. आई. ए. और आर. एस. एस. ने मिलकर गौरक्षा आन्दोलन कराया था जिसमें कई साधु मारे गये थे। मैं मानता हूँ कि हिन्दू धर्म और जाति के उपकारी आप-जैसे धर्मगुरु और आर. एस. एस. हैं। आप जाति को मूर्ख बनाते हैं और आर. एस. एस. मूर्ख तथा कायर दोनों वनाता है। वही जाति श्रेष्ठ होती है जो मूर्ख और कायर हो। पर प्रभु, इस बार गौ के नाम पर मूर्ख बनाने में संघ आपका साथ नहीं देगा। वे लोग अब गाय को माता नहीं मानते। पता नहीं अब किस जानवर को माता मानने लगे हैं।

आप भी गाय की चिन्ता छोड़िए। उसके पास सींग हैं, वह अपनी रक्षा कर लेगी। इतने वर्षों से उसे माता मानते हुए भी आप लोगों के सींग नहीं निकले, इसका मुझे दुख है। या शायद भीतर सींग निकले हों, जो हमें नहीं दिखते। धर्म के रहस्य हम मूढ़ कैसे जानें?

प्रभु, मैंने सुना है, सारे शंकराचार्यों की कोई मीटिंग होनेवाली है, जिसमें आप लोग सामाजिक समस्याओं पर चर्चा करनेवाले हैं। यह क्या गजब कर रहे हैं? आपको समाज से मतलब रखना तो पाप है, प्रभु! आप लोग जगद्‌गुरु हैं, इसलिए आपका पवित्र कार्य है, जगत को मूर्ख बनाये रखना।

समाज की याद आपको क्यों आयी भगवान? क्या मठ में चढ़ोत्तरी कम होने

लगी ? या यज्ञों के लिए चन्दा कम आने लगा ? समाज ने जरूर ऐसा कोई अधर्म किया होगा, तभी आपका ध्यान उधर गया।

प्रभु, अपने इस भक्त का अज्ञान निरन्तर बढ़ाये रखिए, यही विनय है।

रोनाल्ड रीगन के नाम

रीगन साहब,

आशा है आप अब तक व्हाइट हाउस में जम गये होंगे। आपका राष्ट्रपति होना आदम को बहुत अच्छा लगा। बात यह है कि अमेरिकी लोगों की तरह मैं भी पिछले 3-4 राष्ट्रपतियों से बहुत ऊब गया था। केनेडी के वाद जानसन हुए तो लोअर डिवीजन क्लर्क की तरह राष्ट्रपति का काम करते थे। निक्सन हुए, जिनके चेहरे से लगता था कि इन्हें कब्ज की शिकायत है। यह आदमी छोटे शहर के उस वकील की तरह लगता था, जिसे केस नहीं मिलते। ऐसा वकील दोनम्बरी काम करता है— मजिस्ट्रेट को पैसे खिलाता है, गवाह तोड़ता है, केस की फाइल गायब करवाता है। ऐसा ही निक्सन का 'वाटरगेट' काण्ड हुआ और उनकी नौकरी चली गयी। फिर जिराल्ड फोर्ड आये। ये राष्ट्रपति का काम कुलो की तरह करते थे। सिर पर वजन रखकर ढोते थे। इसके बाद जिमी कार्टर राष्ट्रपति हुए। ये किसान हैं और ये राष्ट्रपति का काम इस तरह करते रहे जैसे व्हाइट हाउस के अहाते में मूँगफली की खेती कर रहे हों। ये सब राष्ट्रपति बदरंग हुए। अमेरिकी आदमी बोर हो गया था कि ये कुछ भी नाटकीय नहीं करते। ये सबके-सब बुझे हुए आदमी थे। अमरीकियों को लगा कि हमारा देश बहुत घटिया हो गया है। कोई हमारी मानता नहीं। कोई हमसे डरता नहीं। ईरान से हमारा पाला हुआ शाह निकाल दिया गया और हमारे 52 आदमी वहाँ बन्दी बना लिये गये। इधर अफगानिस्तान में कम्युनिस्ट राज हो गया और हम कुछ नहीं कर सके। कम्पूचिया में हमारे समर्थन की सरकार गिर गयी। जगह-जगह बेइज्जती हुई। हर कूचे से बेआबरू होकर निकले। जोरदार राष्ट्रपति चाहिए जो अमेरिका को फिर दुनिया का नेता बना दे, जिससे सब डरें, कोई आँख न उठाये।

आपको इसीलिए हमने पसन्द किया कि आपकी जोरदार आदमी की 'इमेज' है। यह इमेज आपकी फिल्मों से बनी है। आप फिल्मों में 'काऊबॉय' बनते थे। सिर पर तिरछा टोप, गले में रूमाल, हाथ में लम्बा पिस्तौल। एक आँख बन्द करके सोचते थे कि किसे किस तरह मार दिया जाय। घोड़े पर सवार होकर अमेरिका के मूल निवासियों की बस्ती में जाते थे। और 'ठाँ-ठाँ-ठाँ' पिस्तौल दाग देते थे। इस तरह आप जहाँ-तहाँ लोगों को गोली से उड़ाते फिरते थे। इसी गुण के कारण बहुत

अच्छी अमेरिकी लड़कियाँ आप पर मुग्ध होती थीं। आप उनसे प्रेम करते थे। आप 'टफ़ गाई' माने जाते हैं।

जब आप गवर्नर थे, तब कहते रहते थे —मार डालो, गोली से भून दो। जो गड़बड़ करे, उस पर बम बरसा दो। गवर्नर को फौज को हुक्म देने का अधिकार तो होता नहीं है। मगर लोग खुश होते थे कि बड़ा जोरदार आदमी है। अब जब आप राष्ट्रपति भवन में कदम रख रहे थे तब बड़ा जश्न मनाया गया। आतिशबाजी हुई। पटाखे छूटे। रोशनी हुई। हीयर इज़ ए टफ़ गाई। हिप, हिप हुर्रे!

अब रीगन भैया, जब राष्ट्रपति हो ही गये हो तो एक बात समझ लो। यह आज की दुनिया कोई फिल्म यूनिट नहीं है। तुम्हारी फिल्मों में तो हर ऐक्टर को खास ऐक्टिंग के पैसे मिलते थे। जो आपकी गोली से मरते थे उन्हें मरने के पैसे मिलतें थे। जो आपसे डरते थे; उन्हें डरने के पैसे मिलते थे। मगर दुनिया में ऐसा नहीं है कि किसी देश को पेमेण्ट करके कहें कि तू अमेरिका से डर। ऐसा भी नहीं है कि किसी देश को पेमेण्ट करके उससे कहें कि थोड़ी बमबारी कर लेने दो। इस दुनिया में पेमेण्ट से कोई डरने और मरने को तैयार नहीं है। यह फिल्म नहीं है। वास्तविक दुनिया है। तुमने कहीं इसे फिल्म समझकर पिस्तौल दिखाना शुरू किया तो फिल्म दुखान्त हो जायगी—यानी हीरो मारा जायगा।

तुमने कहा है कि तुम अमेरिका की प्रतिष्ठा फिर स्थापित करोगे। समझ लो कि अमेरिका की प्रतिष्ठा गयी क्यों। गयी इसलिए कि अमरीका ने किसी देश की आजादी स्वीकार नहीं की और सिंगमनरी, च्यांग काई शेक और डियेम खोजते रहे। अमेरिका की हालत यह है कि हर तमाशे में बिना टिकिट घुसता है और चौकीदारों से पिटता है। यह हाल वियतनाम में हुआ, कम्पूचिया और ईरान में हुआ। तुम अफगानिस्तान में भी बिना टिकिट घुस रहे थे। मगर गेटकीपर ने रोक दिया। दक्षिण-पूर्व एशिया के नाटक में फिर बिना टिकिट घुसना चाहते हो, जबकि वहीं पहले इसी हरकत के कारण पिट चुके हो। भैया, अपनी इज्जत अपने हाथ है। जबरदस्ती मत घुसा करो। अपने घर में रहा करो, पिस्तौल मत दिखाया करो। दूसरे की इज्जत करोगे तो तुम्हारी भी इज्जत होगी। तुम 'अमेरिकी हित' की रक्षा की रट छोड़ो। तुम्हारी सारी दुर्गति का कारण यह 'अमेरिकी हित' ही हैं, जिसकी व्याख्या उसी तरह असम्भव है, जिस तरह ईश्वर की व्याख्या। दुनिया ही हर वायुतरंग में, हर समुद्री लहर में, हर कण में, अमेरिकी हित हैं, यह मानना छोड़ दो तो इज्जत बनी रहेगी।

जनता पार्टी ऑक्सीजन पर कब तक चलेगी

इस समय जनता पार्टी में वीरता-ही-वीरता व्याप्त है। राजनारायण कुम्भकर्ण की तरह मदमाते युद्धभूमि में डोल रहे हैं। कौन किससे लड़ रहा है, इसका पता नहीं। क्यों लड़ रहा है, इसका भी पता नहीं। पर तलवारें सब भाँज रहे हैं।

इस वीरता से लोकनायक दुखी हैं। मैं मिला था। कहने लगे—तुम भी यहाँ ऑक्सीजन लेने आये हो शायद। आजकल मेरे पास जो आता है, ऑक्सीजन लेने आता है। ऑक्सीजन लेकर जाते हैं और आपस में लड़ते हैं।

मैंने कहा—आप जनता पार्टी को ऑक्सीजन पर कब तक रखेंगे।

लोकनायक ने कहा—यही तो चिन्ता है। मुझसे शुरू में ही भूल हो गयी। अपशकुन हो गया। मैंने इस सरकार को समाधि पर बनाया—महात्मा गाँधी की समाधि पर शपथ दिलाकर। तो यह सरकार बड़ी उतावली में समाधि की तरफ बढ़ रही है। यमुना के किनारे राजघाट, शान्तिवन, विजयघाट और उसके निकट अब पराजय घाट बन रहा है।

मैंने कहा—पर आप क्यों परेशान होते हैं? आप जनता पार्टी के सदस्य भी नहीं हैं। वे लोग चाहते हैं कि आप उनकी पार्टी के मामलों में दखल न दें। मगर मानते नहीं हैं और दुखी होते हैं।

लोकनायक ने कहा—पर मुझे मोह है न। इस सरकार को मैंने बिठाया है।

मैंने कहा—यह भी आपका भ्रम है। आपकी जिन्दगी ही भ्रमों की है। आपने जनता सरकार को नहीं बनाया। हुआ यह, जैसा मैंने एक बार सड़क पर देखा था—एक साँड किसी कारण भड़क गया था। उसने अपने सिर से एक आदमी को उछाल दिया। संयोग कि उसके आगे एक घोड़ा जा रहा था। संयोग कि वह उछला हुआ आदमी इस अन्दाज से गिरा कि घोड़े की पीठ पर बैठ गया। वह तो घबड़ाया हुआ था पर आसपास के कुछ लोगों ने तालियाँ बजायीं और चिल्लाये—वाह! कमाल है! ऐसा तो सर्कस में भी नहीं होता। उस घबड़ाये आदमी ने जब यह तारीफ सुनी तो तनकर बैठ गया। मूँछों पर हाथ फेरा और घोड़े की लगाम पकड़ ली। उसने कुछ इस तरह बताया जैसे साँड को उसी ने ट्रेनिंग दी हो और वर्षों अभ्यास करके इस तरह घोड़े पर गिर जाना सीखा हो। तो लोकनायकजी, जनता वह साँड है। उसे इन्दिरा गाँधी ने भड़का दिया है। उसे जनता पार्टी रास्ते में दिख गयी। उसने उसे उछाला और सत्ता की गद्दी पर बिठा दिया।

लोकनायक ने कहा—पर सम्पूर्ण क्रान्ति तो मैंने करायी थी।

मैंने कहा—सम्पूर्ण क्रान्ति तो बाबाजी की भभूत है। पहले पवनार में दोनों बाबा सर्वोदय की भभूत बाँटते थे। फिर आपने यह पटना में अपनी अलग धूनी जमा ली और सम्पूर्ण क्रान्ति की भभूत बाँटने लगे। पर इसमें भी भ्रम पैदा हो गया है। लोग समझ नहीं पाते कि कौन-सी भभूत असली है और कौन नकली। आपको

सम्पूर्ण क्रान्ति की भभूत का एक सोल डिस्ट्रीब्यूटर रखना था। आपने नानाजी देशमुख को सोल एजेन्सी दी थी, तो हम समझे थे कि ये जो सम्पूर्ण क्रान्ति बाँटेंगे, वही असली होगी। पर फिर आपने किशन पटनायक को भी एजेन्सी दे दी और चन्द्रशेखर को भी।

लोकनायक ने कहा— भाई, यह भभूत का विकेन्द्रीकरण है। सब क्षेत्रों में विकेन्द्रीकरण होना चाहिए। भभूत में सब गुण हैं। जेबकतरा अगर इसे ले ले तो और सफलता से जेब काटेगा। नानाजी इस भभूत से आर. एस. एस. क्रान्ति कर रहे हैं। देखो, उन्हें समाज-शिक्षा के नाम पर पचपन करोड़ रुपये सरकार से मिल गये न। गाँधीजी ने पाकिस्तान को पचपन करोड़ रुपये दिलवाये थे, इसीलिए इन लोगों ने उन्हें मारा। इससे उनकी बदनामी हुई। उन्हें हरजाना चाहिए था। तो यह पचपन करोड़ उन्हें हरजाना मिल गया। किशन पटनायक इसलिए भभूत ले गये कि समाजवादियों को भारतीय लोकदल और जनसंघ से लड़ना है। चन्द्रशेखर राजनारायण से लड़ने के लिए यही भभूत ले गये।

मैंने पूछा—राजनारायण भी आपसे भभूत ले गये थे?

लोकनायक ने कहा—वह बाबा की भभूत क्यों लेगा? उसे तो 'दादा' का डण्डा चाहिए—दादा चरणसिंह का डण्डा।

मैंने अन्त में कहा—आप कहते हैं कि 1974 जैसे हालात पैदा हो गये हैं। अगर ऐसा है तो यह सरकार भी आपातकाल या वैसी ही कोई चीज लगायेगी। तब आप क्या आशीर्वाद दे देंगे—आपातकाल अनुशासन पर्व है।

लोकनायक ने कहा —मैं यह नारा नहीं दूंगा। दोनों बाबाओं का काम बँटा हुआ है। इस नारे के लिए इस सरकार को भी पवनार ही जाना पड़ेगा।

पोप को मोरारजी की चिट्ठी

आदम की उनके प्रति भक्ति मोरारजी भाई जानते हैं। आदम को वे वी. शंकर से भी ज्यादा चाहने लगे हैं। वे मुझे अपना आध्यात्मिक सचिव बनाना चाहते हैं। उन्होंने कहा—देखो आदम, जीवन का कोई ठीक नहीं है। एक के बाद एक दो पोप देह त्याग गये। मैंने कहा—भाईजो, मेरा खयाल है कि दोनों पोप ईश्वर के सच्चे आदमी थे। सच्चे धार्मिक थे। उन्होंने दूसरे कार्डिनलों को मौका देने के लिए पद और देह त्याग किये। मोरारजी भाई ने कहा—तुम्हारा मतलब है कि वहाँ भी चरणसिंह और जगजीवनराम हैं? मैंने कहा—हो सकते हैं। आखिर इतने बड़े पद का मामला है। मोरारजी ने कहा—पर पोप के पद में यह एक अच्छी बात है कि पोप आजीवन पद पर रहते हैं। अपने संविधान में तो प्रधानमन्त्री के पद में बड़ी

अनिश्चितता है। अगर कोई यह समझता है कि मुझ-जैसा न कोई हुआ न होगा और लोक-कल्याण सिर्फ मैं ही कर सकता हूँ तो उसे आजीवन पद पर रहना चाहिए। मैंने कहा--जी हाँ, युगाण्डा के ईदी अमीन भी यही सोचते हैं और उन्होंने अपने को आजीवन राष्ट्रपति बना लिया है।

मोरारजी ने मुझसे कहा कि तुम पोप के नाम मेरा पत्र लिख डालो, मैं दस्तखत करके भेज दूंगा। आदम ने पत्र लिख दिया था। पता नहीं, मोरारजी ने भेजा या नहीं। पत्र यह है—

रेवरेण्ड फादर,

आपके पोप के आसन पर विराजमान होने के लिए बधाई। आप भी मेरी तरह 'आम राय' से चुने गये होंगे। ईश्वर महान है। जिस पर प्रभु की कृपा होती है उसे पद दिलाने के लिए वह 'आम राय' बनाने अपने दूत भेजता है। मेरे लिए जयप्रकाश और कृपलानी को भेजा गया था। आपके लिए भी 'आम राय' बनाने के लिए कार्डिनलों में जे. पी. और जे. बी. होंगे। मैं आपको सलाह देता हूँ कि इन 'आम राय' वाले देवदूतों से पद पर बैठते ही नाता तोड़ दीजिए। ये लोग अपने काम का मुआवजा माँगने लगते हैं और कहते हैं कि प्रभु की यह इच्छा, ऐसा-ऐसा करो। वह अपने और प्रभु के बीच किसी देवदूत को नहीं आने देता। आप भी ऐसा ही कीजिए।

क्षमा कीजिए, फादर, मेरी उपदेश देने की आदत है। मुझे हक भी है। मैं वही खाता हूँ जो जीसस खाते थे—दूध और खजूर। पीता भी वही 'जीवनजल' हूँ जो पीने के लिए बाइब्लि में कहा गया है। कुछ जानकारों का कहना है कि 'ड्रिंक फ्राम योर ओन सिस्टर्न' का मतलब अपने शरीर के भीतर के घड़े से नहीं है। यह हिदायत तो इसलिए दी गयी थी कि पानी की कमी के इलाके में लोग दूसरे के घड़े का पानी न पियें। पर मैंने अपने घड़े का मतलब मूत्राशय से लिया। मैं जानता हूँ यह गलत है। पर मैं हठी सत्यवादी हूँ। एक बार जिस गलत को सही मानकर पकड़ लेता हूँ, उसे अन्त तक सही मानता रहता हूँ।

अब आप समझेंगे कि मैं जीसस की तरह ही हूँ। मेरा थोड़ा उनसे मतभेद भी है। मतभेद मेरे गाँधीजी से भी थे···स्त्रियों के कन्धे पर हाथ रखने के बारे में। जीसस से मेरा मतभेद यह है कि मैं पड़ोसी से प्यार नहीं करता क्योंकि पड़ोसी कान्तिभाई के घपलों को देखने की कोशिश करते हैं। मैं ईसा की तरह यह भी नहीं कह सकता—पिता, उन्हें क्षमा कर। वे नहीं जानते वे क्या कर रहे हैं। मैं कहूँगा—पिता, चरणसिंह वगैरह को कतई क्षमा मत कर, क्योंकि वे जानते हैं कि वे क्या कर रहे हैं। जीसस से ऐसे मतभेदों के बावजूद मैं उनका भक्त हूँ और राजनीति में व्यस्त न होता तो पोप का चुनाव मैं भी लड़ता। मुझे विश्वास है, 'आम राय' मेरे पक्ष में होती।

योर होलीनेस, आप अपने स्वास्थ्य का पूरा ध्यान रखें। भोजन के पहले लहसुन

की पाँच कलियाँ खायँ। आप कहें तो बढ़िया गुजराती लहसुन मैं भिजवाऊँ। और 'जीवनजल' का पान करें। हमारे एक 'आम राय' देवदूत जयप्रकाश आखिर मेरी बात मानकर जीवनजल पीने को राजी हो गये हैं। आप साबुन का प्रयोग न करें। मैं तो दाढ़ी बनाने के लिए भी साबुन नहीं लगाता। मैं तो एक-एक बाल उखाड़ना चाहता हूँ, पर इसमें समय बहुत लगेगा। आप चिन्ता न किया करें। मैं चिन्ता नहीं करता। दुनिया का जो होना होगा, सो होगा। हमें अपने पद से मतलब है। मुझे यह जानकर बहुत दुख हुआ कि दो पोप शुरू नींद में मर गये। नींद में देह-त्याग होता तो कोई बात नहीं, पर वे तो पद-त्याग भी कर गये। आदमी के प्राण चाहे चले जायें, पर पद नहीं जाना चाहिए। पोप की गरिमा को यह शोभा नहीं देता कि वह नींद में पद त्याग दे।

सच्चा ईश्वरभक्त कभी स्वेच्छा से पद नहीं छोड़ता। मुझे तो सपने में कभी आभास होता कि मेरा पद जा रहा है तो मैं एकदम जाग उठता हूँ और तब तक मुझे चैन नहीं मिलता जब तक मैं सचिवालय में अपनी कुर्सी पर नहीं बैठ जाता।

फादर, ईसा की तरह मेरी भी हालत है। मेरे पास जॉर्ज फर्नांडिस-जैसे सच्चे भक्त हैं, तो मधुलिमये-जैसे जुडास भी हैं। यह जुडास लिमये कान्तिभाई के घपलों को उठाता है और वह चरणसिंह से मिल गया है। मैं सावधान हूँ। चरणसिंह किसान रैली की सूली पर मुझे टाँगना चाहता है। पर मैं इस सूली को ही तुड़वा दूंगा। मैं जीसस-सरीखा सीधा नहीं हूँ। मैं दाँव-पेंच जानता हूँ। आप मेरे लिए प्रार्थना करें। आप एक सच्चे ईसाई हैं, इसलिए मुझे कहने में संकोच होता है, फिर भी निवेदन है कि चरणसिंह और राजनारायण के बुरे के लिए भी प्रार्थना करें। प्रार्थना करना अपने वश में है, भला या बुरा प्रभु के हाथ में है। मैं जल्दी ही जॉर्ज को आपके दरबार में भेजूंगा।

फादर, आपके सामने भी समस्याएँ होंगी। पादरियों के ब्रह्मचर्य की समस्या है, कैथलिकों की सन्तति-निरोध की समस्या है। आपके ऊपर भी इसका मंगल करने की जिम्मेदारी है, जैसे मेरे ऊपर देशवासियों का मंगल करने की। पर मेरी तरह आप भी चिन्ता न करें। किंगडम ऑफ गॉड— ईश्वरीय राज्य का वादा करते जायें। मैं भी देशवासियों को वादों पर चला रहा हूँ। मैं रामराज का वादा करता हूँ। मैंने लोगों को सबकुछ देने का वादा कर दिया है। आप भी किंगडम ऑफ गॉड का वादा कर दें और कह दें कि यह ईश्वरीय राज्य एक लाख सालों में आ जायगा। मैंने भी एक लाख साल का वादा कर दिया है और कह दिया कि एक लाख साल तक कोई मुझसे कुछ न माँगे।

प्रभु, मेरे लिए प्रार्थना करना न भूलें। आमीन।

आपका
मोरारजी देसाई

उस्ताद के चेले

रोनाल्ड रीगन के राष्ट्रपति बनने के बाद से जो दृश्य हो रहा है, उससे आदम को ऐसी ही एक वारदात याद आ रही है जो मैंने कभी देखी थी।

एक मुहल्ले में एक रंगदार उस्ताद रहते थे। उनके कुछ शागिर्द भी। उस्ताद मूँछें ऐंठी हुई रखते। गले में गण्डा। सिर में चमेली का तेल। हाथ में रंगीन रूमाल। अकड़कर चलते। शागिर्द उस्ताद के पीछे-पीछे।

पड़ोसी मुहल्ले में एक बलवान आदमी रहता था। वह बहुत ताकतवर, मगर शरीफ आदमी था। उस्ताद अकड़कर मुहल्ले में निकलता और उस बलवान आदमी को सुनाकर चिल्लाता—खबरदार, हमारे मामलों में दखल मत देना। इधर हमारे शागिर्द रहते हैं उन्हें तंग मत करना। मैं तुम्हें ठीक कर दूँगा। मैं धूल चटा दूँगा तुम्हें। हम कोई कमजोर नहीं हैं। तैयार हो जाओ पट्ठो लड़ने के लिए।

वह बलवान आदमी कहता—अरे, इस तरह धमकी क्यों देते हो? बकते क्यों हो। आओ बैठकर बात कर लो। मुहल्ले में अमन-चैन तो रहने दो। समझौता क्यों नहीं कर लेते। उस्ताद समझौते की बात टालता था। धमकी देता था, शागिर्दों से कहता—मेरे रहते तुम्हें उससे नहीं डरना है। मगर तुम अपने हथियार तैयार रखना। भाला, बल्लम, छुरा तैयार रखो। लड़ाई के लिए हमेशा तैयार रहो। पता नहीं वह किस दिन हमला कर दे। शागिर्द उस्ताद की मालिश करते। कहते—वाह उस्ताद, बदन में क्या कसाव है। गुठली की तरह मांसपेशियाँ हैं। उस्ताद उन्हें बादाम, दूध के लिए पैसे दे देता। उस्ताद का धमकी देना, गाली देना बहुत बढ़ गया। वह बलवान शरीफ आदमी छज्जे पर से कहता—अरे जबरदस्ती झंझट क्यों करता है। आ, बात कर लेते हैं। उस्ताद कहता—अरे बात करते हैं बुजदिल। हम बहादुर हैं। जो आँख दिखाये, उसकी आँख निकाल लेते हैं। खबरदार, हमारे शागिर्दों से गड़बड़ मत करना।

शागिर्दों ने सोचना शुरू किया—यह उस्ताद रोज-रोज उस बलवान को धमकी देता है। उससे लड़ने के लिए कसमसाता रहता है। कहीं यह उस्ताद उससे झंझट मोल न ले ले। हम इधर उस बलि के पड़ोस में हैं। हम मारे जायेंगे। वे लोग डरे। सोचने लगे कि झगड़ा तो मोल उस्ताद लेगा, मगर पिटेंगे हम।

वे मालिश करते-करते समझाते—उस्ताद, आप-जैसे बहादुर को बार-बार धमकी देना शोभा नहीं देता। उसे व्यर्थ ही चिढ़ाओ मत उस्ताद! अभी वह कुछ कर भी नहीं रहा है। वैसे हम तैयार हैं। आपके दिये हुए हथियार हैं। हमारे अपने भी हथियार हैं। पर उस्ताद, आप ज़रा शान्ति से काम लो। धीरज बड़ी चीज है। उस्ताद, आप तो खुद समझदार हो। हम तो छोटे लोग हैं। उस्ताद, आज जलेबी हो जाये।

अब जो मैं देख रहा हूँ, वह ऐसा है—उस्ताद रीगन हैं। शागिर्द हैं पश्चिमी

यूरोप के देश। बलवान है सोवियत संघ। रीगन रोज सोवियत संघ को धमकी देते हैं। कहते हैं, रूस पश्चिमी यूरोप में हस्तक्षेप न करे। हम चेतावनी देते हैं। हम सब जगह अपनी फौजी ताकत बढ़ा रहे हैं। यूरोप के हमारे साथी देशो, तैयार रहो। पैसा खर्च करके अपनी फौजी ताकत को अपटुडेट रखो। मिसाइल लगाओ। न्यूट्रोन बम लगाओ। रूस से विकट खतरा है तुम्हें।

पश्चिमी यूरोप के देश सोचते हैं—यह रीगन तो रोज धमकी देता है। जबरदस्ती हमारे यहाँ न्यूट्रोन बम रखना चाहता है। चौबीस घण्टे तलवार घुमाता है। हम यहाँ रूस के पड़ोस में हैं। रीगन कुछ ऊटपटाँग कर बैठा तो हमारा कचूमर निकल जायेगा। तो यूरोप के देश धीरे-से कहते हैं—हमें तैयार तो रहना चाहिए, मगर संयम से काम लेना चाहिए। रूस से बातचीत शुरू कर देनी चाहिए। किसी समझौते पर हमें पहुंचना चाहिए।

मार्गरेट थैचर अपने को रीगन से भी जोरदार मानती हैं। मगर मैडम ने अभी बड़ी शालीनता से कहा है—रूस से कोई सीधा खतरा नहीं है और हमें रूसी खतरे को बढ़ा-चढ़ाकर नहीं देखना चाहिए।

उस्ताद बमकता है और चेले घबड़ाते हैं।

स्वामियों में जनसंघी स्वामी

कहा जाता है—ताल में भोपाल ताल और सब तलैया। इसी तरह स्वामियों में डॉक्टर स्वामी और सब सोमैया। ये जनसंघ के अर्थशास्त्री डॉक्टर स्वामी हैं। योगी, स्वामी वगैरह इस देश में बहुत हैं। इन दिनों तो ये विदेशी मुद्रा कमाने के लिए अच्छी जिन्स हो गये हैं। मगर इन सबके ऊपर हैं हमारे ये बिना दाढ़ी-केश के पैदाइशी स्वामी। जब बोलते हैं, अमृत झड़ता है। इतना प्यारा ऊल-जलूलपन, इतना खूबसूरत उचक्कापन, इतनी मोहक गैर-जिम्मेदारी कम मिलती है। बड़ा आत्मविश्वासी आदमी है यह। आत्मविश्वास कई तरह का होता है—धन का, बल का, बुद्धि का। मगर सबसे ऊँचा आत्मविश्वास मूर्खता का होता है। बड़ा बेखटके होता है ऐसा आदमी।

डॉक्टर ठोस जनसंघी है। राजनीति में यह आदमी इस समय बड़े काम का है। डॉक्टर स्वामी वह पत्थर है, जिस पर अटलबिहारी वाजपेयी को घिसकर बताया जाता है—देख लो, अटलजी में अब जनसंघीपन बिल्कुल नहीं है।

उम्दा बातें कह डालता है डॉक्टर स्वामी। कभी कहता है—रूस से सम्बन्ध तोड़ लो। कभी कहता है—पब्लिक सेक्टर प्राइवेट को दे दो।

मुझे उम्मीद थी कि जनता सरकार में अर्थमन्त्री बनेगा। नहीं बनाया गया। फिर उम्मीद थी कि योजना आयोग का उपाध्यक्ष बनाया जायगा। नहीं बनाया गया। उम्मीद थी कि इतनी कमेटियों, कमीशनों में से किसी का अध्यक्ष बनाया जायगा। नहीं बनाया गया। उसे कभी कुछ नहीं बनाया जायगा। उसे खुद ही अपने को कुछ बनाना पड़ेगा।

अगर शुद्ध संघी सरकार बन जाय और बाला साहब देवरस प्रधानमन्त्री बन जायें तो भी डॉक्टर स्वामी को अर्थमन्त्री तो क्या, अर्थमन्त्रालय में चपरासी भी नहीं बनाया जायगा। जनसंघी नेता जानते हैं कि अगर डॉक्टर स्वामी चपरासी बनाया गया और उससे कहा कि यह फाइल उस कमरे में दे आओ तो वह सीधा पालम हवाई अड्डा जायगा, वहाँ से जाली पासपोर्ट पर वाशिंगटन पहुँचेगा और फाइल वहाँ सौंप देगा।

कोई डॉक्टर स्वामी को बनाये चाहे न बनाये, वह कुछ अक्सर बन जाता है। कुछ दिनों वह हल्ला करता रहा कि मैं चीन जा रहा हूँ अर्थशास्त्र पर भाषण देने के लिए। फिर नहीं गया। मगर डॉक्टर स्वामी पीछे नहीं रहता। उसने देखा, लोगों ने किताबें लिख डालीं। उसने देखा, एम. ओ. मथाई ने नेहरू पर किताब लिखकर पैसा भी कमाया और हल्ला भी करवाया। जनता पार्टी भी खुश हुई। अमेरिका भी खुश हुआ। चरणसिंह भी खुश हुए।

स्वामी ने नेहरू का एक पक्ष ले लिया, जो मथाई छोड़ गया था। नेहरू पैसा खाते थे। स्वामी ने बयान दिया कि नेताजी सुभाषचन्द्र बोस की दो पेटियाँ जापान में रखी थीं। नेहरू ने एक आई. सी. एस. अफसर को हुक्म दिया कि उन्हें सीधे मेरे पास ले आओ। वह ले आया। नेहरू ने वे पेटियाँ खुलवायीं तो उनमें सोना और जवाहरात मिले। नेहरू ने इन्हें बेच दिया। दो करोड़ मिले। नेहरू ये दो करोड़ खा गये।

आदम डॉक्टर स्वामी की जासूसी का कायल है। उनके तर्क का भी कायल है। उनके पास उस तार की नकल है, जो जापान में भारतीय राजदूत को भेजा गया था। इसमें आदेश था कि दो पेटियाँ फलाँ अफसर के हाथ भेज दी जायें।

उस राजदूत की मृत्यु हो चुकी है। इसलिए अब सत्य वही होगा जो डॉक्टर स्वामी कहेंगे। हो सकता है उन पेटियों में आजाद हिन्द फौज के कागजात हों, जो नेहरू ने मँगवा लिये हों। मगर राजदूत तो मर चुके। नेहरू भी मर चुके। कौन कहे कि पेटियों में कागजात थे। अब तो डॉक्टर स्वामी कहते हैं, वही सही है कि उनमें सोना और जवाहरात थे।

हाँ, एक गवाह और है। वह अफसर जो पेटियाँ लाया था, जिन्दा है। डॉक्टर स्वामी कहते हैं, उससे पूछ लो। यह अफसर सच बोलनेवाला है। वह अफसर सच्चा क्यों है? क्योंकि स्वामी कहते हैं कि वह सच्चा है। कोई आदमी सच्चा है या झूठा, सबूत क्या है? डॉक्टर स्वामी जिसे सच्चा कहें वह सच्चा, जिसे झूठा कहें वह झूठा। डॉक्टर स्वामी का सर्टिफिकेट चलता है।

आदम डॉक्टर स्वामी की हर बात को सच मानता है। मैं बिल्कुल विश्वास करता हूँ कि नेहरू पैसा खाते थे। पर मुझे हैरत यह है कि उन्होंने जिन्दगी में एक ही बार पैसा खाया और सिर्फ दो करोड़ खाया। अजीब भोंदू आदमी थे। प्रधान-मन्त्री थे, तो इसी देश में बीस करोड़ खा सकते थे। मगर सिर्फ दो करोड़ खाये। इससे ज्यादा तो किसी प्रदेश का मामूली मन्त्री खाता था।

और फिर यह हठ कि खाऊँगा तो सुभाषचन्द्र बोस के ही पैसे खाऊँगा। सुभाषचन्द्र बोस से कम आदमी के पैसे नेहरू खाना ही नहीं चाहते थे। कुछ चमत्कार होगा सुभाष बाबू के पैसे में। फिर नेहरू ने लोगों के सामने पेटी खुलवा ली। सोना और जवाहरात आनन्द भवन भेज दिया। वहाँ वे बिक गये। नेहरू भी विचित्र ढंग के पैसाखाऊ आदमी थे।

लोग तर्क करेंगे। मुझसे ही लोग कहते हैं—उस सनकी स्वामी की बातों पर ध्यान क्यों देते हो। वह तो सर्कस करता है। देख लो और ताली बजा दो।

मगर मैं डॉक्टर स्वामी को एक चमत्कारी बुद्धि का आदमी मानता हूँ। सरकार को चाहिए कि वह नेहरू के इस पैसा खाने के मामले पर जाँच कमीशन बैठाये। नेहरूभक्त कांग्रेसियों को चाहिए कि वे खूब जोर से विरोध करें।

स्वामी यही चाहता है। लोग चुप रहेंगे, तो उसकी इतनी सनसनीखेज जासूसी-बेकार चली जायेगी। आखिर उस बेचारे को भी तो उचक-उचककर राजनीति की सीढ़ियाँ चढ़नी हैं।

दिएस्ताँ के द्वारे कार्टर

एक दिन बहुत सुबह एक आदमी पेरिस में फ्रान्स के राष्ट्रपति गिस्का दिएस्ताँ के बँगले के दरवाजे पर पहुँचा।

पहरेदार ने पूछा—तुम इस वक्त यहाँ क्यों आये जी ?

उस आदमी ने कहा—मुझे राष्ट्रपति दिएस्ताँ से मिलना है। मैं मुसीबत का मारा हूँ।

पहरेदार—अरे, तू मुसीबत का मारा है तो ठीक है, मगर राष्ट्रपति को सोना भी तो पड़ता है। वे हर किसी से नहीं मिलने। जा, भाग जा।

वह आदमी—तुम कैसा व्यवहार करते हो ? मैंने तो सुना है कि फ्रेन्च लोग सुसंस्कृत होते हैं।

पहरेदार—तुम कहाँ से आये हो ?

आदमी—वाशिंगटन से, अमरीका से।

पहरेदार—क्या काम करते हो?

आदमी—ह्वाइट हाउस में नौकरी करता हूँ।

पहरेदार—क्या नाम है तुम्हारा?

आदमी—जिमी कार्टर।

पहरेदार—क्यों मिलना चाहते हो हमारे राष्ट्रपति से?

आदमी—कुछ प्राइवेट, जरूरी बातें करनी हैं।

पहरेदार—अरे जाओ, कोई अमरीकी काम की बात नहीं करता। सब फालतू बात करते हैं।

आदमी—भैया, तुम राष्ट्रपति तक इतनी खबर पहुँचा दो कि जिमी कार्टर मिलने आया है।

पहरेदार ने सेक्रेटरी से कहा। सेक्रेटरी ने एक कमरे में जिमी कार्टर को बिठाया। फिर दिएस्ताँ से जाकर कहा—राष्ट्रपति जिमी कार्टर मिलने आये हैं। दिएस्ताँ परेशान हो गये। बोले—यह तो बड़ी मुसीबत है। वही ईरान की बात करने आये होंगे। उन्हें किसी तरह टालो न! सचिव ने कहा—वे तो जमकर बैठ गये हैं। बिना मिले वे जा नहीं सकते। दिएस्ताँ ने कहा—खैर, अभी तो बैठने दो।

सचिव ने लौटकर कार्टर से कहा—राष्ट्रपति बाथरूम में हैं। आप चाहें तो शाम को आ जाइए।

कार्टर—नहीं, मैं बैठा हूं। मिलकर ही जाऊँगा। कोई 'कामिक' पत्रिका हो तो दे दो। समय कटेगा।

काफी देर बाद कार्टर ने सचिव से कहा—अब तो राष्ट्रपति फारिग हो गये होंगे।

सचिव दिएस्ताँ के पास गये। कहा—मस्साय, कार्टर साहब अभी बैठे हैं। वे मिलना चाहते हैं।

दिएस्ताँ ने कहा—यह तो बड़ी इल्लत है। टलता ही नहीं। वह हमें खामखाँ ईरान के मामले में उलझाने आया है। अभी तो कुछ बहाना बनाओ।

सचिव ने कार्टर से लौटकर कहा—महाशय, राष्ट्रपति अभी एकाएक बाहर चले गये हैं। उनकी मौसी की तबियत बहुत खराब हो गयी।

कार्टर ने कहा—उन्हें क्या मालूम नहीं है कि मैं यहाँ बैठा हूँ।

सचिव ने कहा—मालूम है। मैंने उन्हें बता दिया था। पर उनकी मौसी अचानक बीमार हो गयी। आप जानते ही हैं, वे मौसी को बहुत प्यार करते हैं।

दोपहर को हारकर दिएस्ताँ ने सचिव से कहा—बुला लो उन्हें। पिण्ड नहीं छोड़ेंगे।

जिमी कार्टर भीतर ले जाये गये। दोनों राष्ट्रपति मिले। कार्टर ने कहा—आप मुझे सुबह से चरका क्यों दे रहे हैं। मैं तीन-चार घण्टों से अर्दली की तरह बैठा हूँ। दिएस्ताँ ने कहा—मुझे क्या मालूम कि आप हैं। मैं समझा, कोई आपका नौकर आया है। फुरसत से मिल लूंगा। कहिए, क्या आज्ञा है।

कार्टर—आप मुझे ईरान के मामले में समर्थन नहीं दे रहे हैं।

दिएस्ताँ—हम तो शुरू से समर्थन दे रहे हैं। हम लगातार कह रहे हैं कि ईरान बन्धक छोड़ दे।

कार्टर—आप सब हमारे यूरोपीय मित्र देश ईरान से व्यापार बन्द कर दें और राजनयिक सम्बन्ध तोड़ लें।

दिएस्ताँ—देखिए, ऐसा है कि ईरान हमसे कुछ अनाज, कपड़े, मशीनरी आदि खरीदता है, और हम उससे तेल लेते हैं। अनाज, कपड़े, मशीनरी वगैरह तो ईरान कहीं से भी ले लेगा, मगर हम तेल कहाँ से लायेंगे? आप तेल देते हों तो हम ईरान से व्यापार बन्द कर दें।

कार्टर—तेल की तो हमें ही कमी पड़ रही है।

दिएस्ताँ—जी हाँ, तेल के लिए लड़ाई आप लड़ रहे हैं। आप चाहते हैं, आपके तरफ की पाइप लाइन चलती रहे और हमारी बन्द हो जाये। हमारे इस खूबसूरत पेरिस शहर में अँधेरा हो जायेगा।

कार्टर—मैंने आप लोगों के भरोसे यह सख्त कदम उठाया और आप साथ नहीं दे रहे हैं।

दिएस्ताँ—हम आपसे बाहर थोड़े ही हैं। मगर आपने हमसे बिना सलाह के यह कदम उठा लिया।

कार्टर—आप 'नाटो' सन्धि में हैं। हमने यूरोप की सुरक्षा का जिम्मा लिया है।

दिएस्ताँ—किसने कहा था आपसे यह जिम्मा लेने को? दी-गॉल ने तो आपसे नहीं कहा था।

कार्टर—फ्रेंच अहंकार का जिम्मेदार वही दी-गॉल है। यूरोप में सारी गड़बड़ी उसी ने पैदा की।

दिएस्ताँ—राष्ट्रपतिजी, आप दी-गॉल के लिए संयम से बोलिए। असल में 'कोल्डवार' चर्चिल ने शुरू की थी। उन्हीं का शब्द है यह। चर्चिल ने ही अमरीका को यूरोप में उलझाया था। सो आपको जो शिकायत करनी हो, अपनी मौसी की लड़की मार्गरेट थैचर से कीजिए। हम तो ब्रिटेन को यूरोप का देश ही नहीं मानते।

कार्टर—मिसेज थैचर भी किन्तु-परन्तु कर रही हैं—

दिएस्ताँ—आपने शाह को अमरीका बुलाकर आफत मोल ले ली।

कार्टर—भई, किसिंगर का बड़ा जोर था।

दिएस्ताँ—तो क्या आपके संविधान में यह लिखा है कि एक सेक्रेटरी ऑफ स्टेट दो राष्ट्रपतियों को खायेगा। वह निक्सन को खा गया।

कार्टर—आपका फैसला क्या है?

दिएस्ताँ—हम आपका समर्थन करेंगे। पर लड़ाई में नहीं फँसेंगे। आपको शुभकामना देंगे। चर्च में आपके लिए प्रार्थना करेंगे।

कार्टर—ठीक है। तो मैं चलूँ।

दिएस्तां—फिर पधारिए।

कार्टर—क्या करेंगे पधारकर। आप तो हमें टालने के लिए बाथरूम चले जाते हैं और फिर मौसी के यहाँ चले जाते हैं।

दुम भी भौंकती है

केन्द्रीय मन्त्रियों में मुझे दो खास पसन्द हैं—सी. एम. स्टीफन और गनी खान चौधरी। दोनों बहादुर हैं। दोनों तलवार लिये घूमते हैं और दुष्टों का नाश करते हैं। देश के हर कोने में जाकर अपने दुश्मनों को ललकारते हैं। दोनों अपनी-अपनी जमीन से बेदखल कर दिये गये हैं। मगर बहादुर हैं। सरकारों को धमकी देते हैं। बिजली बोर्डों को धमकी देते हैं। पब्लिक सेक्टर को धमकी देते हैं। कांग्रेस (इ) विरोधियों को धमकी देते हैं। दोनों के मुँह एक-एक फुट चौड़े हैं। जीभ दो-दो फुट लम्बी है। एक 'क्रूसेड' में लगे हैं, दूसरे 'जेहाद' में। कुछ लोग इन्हें जोकर समझने लगे हैं। मैं इन्हें बहादुर मानता हूँ।

बहादुर क्यों मानता हूँ? स्पेनिश के लेखक सर्वेण्टीज का एक उपन्यास है—'डान क्विकजोट।' डान क्विकजोट का एकाएक दिमाग खराब हो जाता है। दिमाग खराब होने पर कोई आदमी अपने को कभी बहादुर समझने लगता है। वह यह भी समझने लगता है कि संसार-भर में दुष्टों का दमन करने और पीड़ितों की रक्षा करने की जिम्मेदारी ईश्वर ने मुझे ही दी है। तो पागलपन में डान क्विकजोट अपने को 'नाइट' मान लेता है। यूरोप में मध्ययुग में कुछ सम्पन्न घरानों के वीर होते थे, जो 'नाइटएरेण्ट' कहलाते थे। ये साहसी होते थे। घोड़े पर सवार ये अपने सैनिकों की टुकड़ी के साथ घूमते थे और अत्याचारियों का दमन करते थे। ये खासकर दुष्टों के चंगुल में फँसी सुन्दरियों की रक्षा करते थे क्योंकि फिर वह सुन्दरी उनकी हो जाती थी। अभी भी 'नाइट' बनाने की प्रथा अंग्रेज चलाते हैं। कुछ खास लोगों को इंगलैण्ड के राजा या रानी 'सर' की उपाधि देते हैं। 'सर' वह पुराना 'नाइट' ही होता है। बहादुरी का रूप बदल जाता है। पुराने नाइट तो युद्ध-क्षेत्र के बहादुर थे। इन 'सरों' को मजाक में 'कार्पेट-नाइट' या 'ड्राइंगरूम नाइट' कहा जाता है—यानी जिनकी बहादुरी गलीचे और ड्राइंगरूम तक ही है। मुझे स्टीफन और गनी खान के वीरता के बयान पढ़कर इसी सनकी डान क्विकजोट की याद आती है। डान ने ज़िरह-बख्तर पहना। पुरानी जंग-लगी तलवार हाथ में ली। घोड़े पर सवार हुआ। साथ में अपने सनकी सेवक सांको पांजा को लिया और निकल पड़ा दुष्टों का दमन करने के लिए। सनकीपन में उसने कैसे-कैसे काम किये। उसे पवनचक्की

चलती दिखी। उसने समझा, यह दैत्य है। बस, वह तलवार लेकर पवनचक्की पर टूट पड़ा। मुझे फिर स्टीफन और गनी खान चौधरी की याद आती है।

एक और वीर की याद आती है। उसका नाम था--तीसमारखाँ। उसने अकेले तीस मारे थे। तीस कौन मारे थे? तीस मक्खियाँ। लोग उसे बुजदिल कहते थे। एक दिन उसने गुड़ पानी में घोलकर फर्श पर डाल दिया। उस पर बेशुमार मक्खियाँ बैठ गयीं। उसने दोनों हथेलियाँ उन पर पटकीं। तो तीस मक्खियाँ मर गयीं। उसे वीर मान लिया गया और उसका नाम 'तीसमारखाँ' पड़ गया।

आदम उन वीरों से मिलने गया। गया स्टीफन के बँगले पर था। वहाँ गनी खान चौधरी भी मिल गये। दोनों पंजा लड़ा रहे थे।

मैंने कहा—वाह, गनीबैग खाँ चौधरी भी यहीं मिल गये।

गनी खाँ—यार, मैं 'गनी' हूँ, 'गनीबैग' नहीं। नाम तो ठीक लिया करो।

आदम—भूल हुई। बात यह है कि गनीबैग तो मैं बचपन से जानता हूँ। आप गनी को अभी-अभी जाना। वैसे भी कल अगर मन्त्रिमण्डल से अलग कर दिये जायें, तो गनीबैग हो जायेंगे। खैर, आप दोनों बहुत बहादुरी की बातें कर रहे हैं।

गनी खाँ—मैं बंगाल की वामपन्थी सरकार को बंगाल की खाड़ी में डाल दूंगा।

स्टीफन—मैं केरल की संयुक्त मोर्चा सरकार को हिन्द महासागर में फेंक दूंगा।

गनी खाँ—मैं राज्यों के बिजली-बोर्डों पर कब्जा कर लूंगा। उन्हें प्राइवेट कम्पनियों को दे दूंगा।

स्टीफन—मैं राज्यों से केन्द्र का हुक्म मनवाऊँगा।

गनी खाँ—मैं भिलाई स्टील कारखाने को कबाड़ी को बेच दूंगा।

स्टीफन—मैं केरल में सेण्ट्रल रिजर्व पुलिस भेज दूंगा।

गनी खाँ—मैं बंगाल में फौज घुसेड़ दूंगा।

वे इसी तरह बड़ी देर तक वीर वाक्य बोलते रहे और पसीना पोंछते रहे। आदम सुनता रहा।

आखिर मैंने कहा--आप लोग बहुत वीर हैं। अगर मध्यावधि चुनाव हुए तो आप केरल से और आप बंगाल से चुनाव लड़ेंगे।

स्टीफन—नहीं, मैं बेथलहम से चुनाव लड़ूंगा।

गनी खाँ—मैं मक्का से।

आदम आखिरी बात पर आया। मैंने कहा—आप लोग बहुत जोर से बोल रहे हैं। चीख रहे हैं। धमकी दे रहे हैं। पर आप लोग कौन हैं और क्या हैं? सत्य तो यह है कि भौंकता मुंह है। दुम सिर्फ हिलती है। आपके दल का हाल कुछ दूसरा है।

स्टीफन—हाँ, हमारे दल में दुम भी भौंकती है।

जैसा राष्ट्रपति वैसा कम्प्यूटर

आदम यह तय नहीं कर पा रहा है कि अमेरिकी कम्प्यूटर में ज्यादा खराबी है या राष्ट्रपति में। दोनों में खराबी है। कम्प्यूटर का दिमाग गड़बड़ है, जो हमले की सूचना देता है। राष्ट्रपति का दिमाग खराब है, जो ऊटपटाँग फैसले लेता है और हुक्म देता है। कम्प्यूटर और अमेरिकी राष्ट्रपति की समझ पर दुनिया के लोगों की जिन्दगी निर्भर है। अमेरिकी कम्प्यूटर की खराबी और अमेरिकी राष्ट्रपति की सनक दोनों उस देश का आन्तरिक मामला नहीं, अन्तर्राष्ट्रीय समस्या है। इसलिए राष्ट्रसंघ के महासचिव को एक विशेषज्ञों का दल कम्प्यूटर के लिए और एक मनोवैज्ञानिकों का दल जिमी कार्टर के लिए नियुक्त कर देना चाहिए। विशेषज्ञ कम्प्यूटर की जाँच करते रहेंगे और उसके कलपुर्जे ठीक रखेंगे। मनोवैज्ञानिक जिमी कार्टर के दिमाग के कलपुर्जे ठीक रखेंगे।

अभी तारीख 8 को कम्प्यूटर ने बता दिया कि अमेरिका पर रूसी मिसाइलों का हमला हो गया है। इसके 4 दिन पहले उसी कम्प्यूटर ने ऐसा ही झूठा संकेत दे दिया था। इसके पहले पिछले साल नवम्बर में भी संकेत दे दिया था कि रूसी मिसाइलों ने हमला कर दिया। तीनों बार 2 से लेकर 7 मिनिट के भीतर गलती पकड़ ली गयी और अमेरिकी तथा नाटो मिसाइलें रूस की तरफ नहीं दागी गयीं। अमेरिका में यह व्यवस्था है कि कम्प्यूटर के संकेत पर एक खास दस्ते के राकेट, मिसाइलें और बमवर्षक विमान के इंजिन धड़धड़ाने लगते हैं। यह यन्त्रचालित हैं। इसमें राष्ट्रपति या सेनाध्यक्ष के आदेश की जरूरत नहीं पड़ती। इसके आगे हमला करने का आदेश राष्ट्रपति देते हैं और ये अणु-हथियार रूस की ओर चल देते हैं। यह व्यवस्था है। अगर गलती न पकड़ी जाती या देर से पकड़ी जाती और इस बीच जिमी कार्टर के दिमाग का कम्प्यूटर भी गड़बड़ हो जाता तो सर्वनाशी अणुयुद्ध हो जाता। पिछले 7 महीने में तीन बार दुनिया अणुयुद्ध के कगार पर पहुँच चुकी है। 7 महीनों में हम तीन बार मरते-मरते बच चुके हैं। हम इसलिए नहीं मरते कि रूस ने युद्ध शुरू कर दिया, बल्कि सिर्फ इसलिए कि अमेरिकी कम्प्यूटर में गड़बड़ है।

अमेरिकी जनता का यह दुर्भाग्य है कि वह न अच्छे कम्प्यूटर रख सकती है न अच्छा राष्ट्रपति। कम्प्यूटर भी सनकी और राष्ट्पति भी सनकी। कहते हैं राष्ट्रपति लिण्डन जान्सन रात को अपने कमरे की छत को पिस्तौल से शूट करते थे। निक्सन पर जब दौरा पड़ता था तो वे अपना सिर पीटने लगते थे। जिमी कार्टर पर जब दौरा पड़ता है तब वे सिर के बाल नोंचने लगते हैं।

अमेरिका के पास सामान सब अच्छा है, पर उससे जब कुछ बनाते हैं, तो गलत बनता है। कलपुर्जे ठीक हैं, मगर कम्प्यूटर बनाया तो खराबीवाला। आदमी अमरीका में अच्छे हैं, मगर जब राष्ट्रपति बनते हैं, तो गड़बड़। कोई जॉन केनेडी सरीखा कुछ ठीक-ठाक-सा राष्ट्रपति हो जाता है तो उसे मार डालते हैं। अमेरिका के पास

सामान सब बढ़िया है, मगर उसे करना नहीं आता। ईरान में छापामार भेजे तो हेलीकॉप्टर ठीक, विमान ठीक, हथियार ठीक, सेटेलाइट संकेत ठीक, मगर करते नहीं बना तो सामान बरबाद करके और आदमी खोकर चले आये। वियतनाम युद्ध में बमवर्षक गोला, बारूद, तोप सब बढ़िया। मगर करते नहीं बना तो पिटकर बुद्धू घर को आ गये।

अमेरिकी राष्ट्रपति और कम्प्यूटर दोनों पर अन्तर्राष्ट्रीय नियन्त्रण चाहिए। मुझे ज्यादा चिन्ता अमेरिका की है। तीन बार उसका कम्प्यूटर गलत संकेत दे चुका है। अमेरिकी राष्ट्रपति के दिमाग में यह बात बैठ गयी होगी कि कम्प्यूटर गलत संकेत देता है। मान लो, कभी सचमुच रूसी मिसाइल हमला कर दे। कम्प्यूटर सही संकेत दे दे। सेनाध्यक्ष नींद से राष्ट्रपति को जगाकर कहें—हुजूर, हमला हो गया। कम्प्यूटर ने संकेत दिया है। जवाबी हमले का आदेश दीजिए। तो राष्ट्रपति कहेंगे—अरे हटाओ! कम्प्यूटर तो गलत संकेत देता रहता है।...और ओढ़कर सो जायें। तो अमरीका का क्या होगा? प्यारे अमरीकियो, अपने कम्प्यूटर का दिमाग और अपने राष्ट्रपति के दिमाग के कम्प्यूटर—दोनों को ठीक रखो।

देसाई-चरण-भेंट

कब मिलेंगे, पता नहीं। मिलते भी हैं या नहीं, कुछ ठिकाना नहीं। हो सकता है जब यह छपे तब तक मिल चुके हों। अगर देसाई-चरण-भेंट हुई तो मेरे खयाल से वह ऐसी होगी —

राजनारायण ने चरणसिंह की मालिश की। इत्र लगाया। बोले—जय बजरंगबली, उस्ताद दबना मत उससे।

श्यामानन्दन मिश्र ने कहा—नहीं, नहीं थोड़े नरम रहिए। यह समझौता-वार्ता है। दोनों में सद्भाव पैदा होना चाहिए।

उधर चन्द्रशेखर ने मोरारजी भाई की मालिश की और कहा—झुकने की जरूरत नहीं है। उसकी तानाशाही नहीं चलेगी।

रामकृष्ण हेगड़े ने कहा—नहीं, अब थोड़ा सद्भाव स्थापित करना चाहिए। नरम बात ही कीजिए।

मोरारजी भाई और चरणसिंह सद्भाव स्थापित करने के लिए मिले। सुरक्षा अधिकारियों ने कहा—हम दोनों को अकेले नहीं मिलने देंगे। हमारे आदमी वहाँ मौजूद रहेंगे। कहीं कोई किसी को अकेले में कुछ कर बैठे तो जिम्मेदारी हमारी होगी।

लिहाजा सुरक्षा विभाग के इन्स्पेक्टरों और हवलदारों की निगरानी में दोनों मिले।

चरणसिंह ने कमरे में प्रवेश किया। दरवाजे में घुसते ही चरणसिंह ने फुफकारना शुरू किया --फूँ-फूँ ! उधर सोफे पर बैठे मोरारजी खुखयाये—खूं-खूं !

चरणसिंह फूँ-फूँ करते हुए आगे बढ़ रहे थे और मोरारजी खूँ-खूँ से उनका स्वागत कर रहे थे।

इस तरह यह सद्भाव-भेंट शुरू हुई।

चरणसिंह मोरारजी की बगल में सोफे पर बैठने लगे तो भाईजी ने धक्का देकर कहा—नीचे फर्श पर बैठो न ! तुम कहते हो कि मैं तुम्हारे साथ चपरासी की तरह बर्ताव करता हूँ। तो चपरासी की जगह बैठो।

चरणसिंह ने धक्का देकर कहा --तुम नीचे उतरो। मेरे बनाये हुए प्रधानमन्त्री हो और मेरी बराबरी से बैठते हो।

इतने में सुरक्षा अधिकारियों ने हस्तक्षेप किया और दोनों को दूर-दूर बिठाया।

मोरारजी ने कहा—मेरे संगठन कांग्रेस के सवा सौ सदस्य लोकसभा में होते, तो मैं तुम्हें गृहमन्त्रालय में चपरासी की नौकरी भी नहीं देता। तुम बहुत गैर-जिम्मेदार हो। फाइल यहाँ से वहाँ ले जाने में गड़बड़ कर देते।

चरणसिंह ने कहा--और मैं अगर जगजीवनराम को प्रधानमन्त्री बनवा देता तो अब तक कान्तिभाई जेल में होते और तुम संन्यास लेकर हिमालय भाग जाते।

इसी समय सुरक्षा अधिकारी ने बाअदब कहा—सर, कानून और व्यवस्था का खयाल रखिए। ज़रा नरम पड़िए।

दोनों सतर्क हो गये और सद्भावना के 'मूड' में आ गये। आगे ऐसी प्रेमवार्ता हुई—

चरणसिंह- तुमने मुझे मन्त्रिमण्डल से क्यों निकाला ?

मोरारजी—तुमने अकड़ क्यों बतायी ? तुमने कान्तिभाई का मामला खुले-आम क्यों उठाया ?

चरणसिंह—इसलिए कि तुम अब पद छोड़ो। मैं प्रधानमन्त्री बनूँगा।

मोरारजी---क्यों ?

चरणसिंह--इसलिए कि मैं काबिल हूँ। इस देश में प्रधानमन्त्री बनने के काबिल दो ही व्यक्ति हैं--इन्दिरा गाँधी और मैं। इन्दिरा गाँधी गयी तो मुझे प्रधानमन्त्री होना चाहिए।

मोरारजी--याने तुम भी तानाशाह हो।

चरणसिंह--हाँ। मैं तुम्हारी तरह सोया नहीं हूँ। तुम तो उस औरत को गिरफ्तार भी नहीं कर सकते।

मोरारजी—और तुमने उसे गिरफ्तार कराके अपने को चूना लगवा लिया था।

सुरक्षा अधिकारी—सर, यह सद्भावना-भेंट है। हमें कानून और व्यवस्था स्थापित करने के लिए मजबूर मत कीजिए।

मोरारजी—तो एक बात में तो हममें सहमति है—हम दोनों बिना पद के नहीं रह सकते।

चरणसिंह—हाँ, इसमें सहमति है। चलो, थोड़ी सद्भावना तो पैदा हुई।

मोरारजी—सत्ता लेने में तुम्हारे साथ कितने आदमी हैं।

चरणसिंह—अठत्तर।

मोरारजी—और सत्ता छोड़ने में कितने साथ देनेवाले हैं।

चरणसिंह—कोई नहीं।

मोरारजी—तो फिर तुम किस दम पर अकड़ते हो?

चरणसिंह—जनसंघ की दम पर। सत्ता-ग्रहण में तुम्हारे साथ कितने संगठन कांग्रेसी हैं।

मोरारजी—बासठ।

चरणसिंह—और सत्ता छोड़ने में?

मोरारजी—कोई नहीं।

चरणसिंह—तो तुमने मुझे किस दम पर निकाला?

मोरारजी—जनसंघ की दम पर। पर जनसंघ तो तुम्हें धोखा दे गया।

चरणसिंह—तुम्हें भी दे रहा है। तो दूसरा सहमति का मुद्दा ये हुआ कि जनसंघ दोनों को धोखा दे रहा है।

मोरारजी—हाँ, मैं सहमत हूँ।

चरणसिंह—तो सैद्धान्तिक सहमति हो गयी?

मोरारजी—बिल्कुल हो गयी। भेंट सफल रही।

चरणसिंह—खूब सफल रही। फूं-फूं!

मोरारजी—खूं-खूं! फूं-फूं!…

एक पिद्दी का शोरबा

कहावत है—बुद्धिमान का मुँह उसके दिल में रहता है और मूर्ख का दिल उसके मुँह में होता है। डॉ. सुब्रह्मण्यम स्वामी हालाँकि मूर्ख नहीं हैं, मगर दिल मुँह में रखते हैं—ज्यादा सही यह है कि वे दिल मुँह के अन्दर नहीं रखते, बाहर लटकाये रहते हैं जैसे घोड़े का चना मुँह के सामने तोबड़े में लटकता है। जिसका दिल मुँह के पास बाहर ही लटकता रहता है, वह सत्यवादी होता है। उसके पास छिपाने का, झूठ बोलने का कोई उपाय नहीं होता, क्योंकि दिल तो बाहर लटकता रहता है। अमेरिका या पाकिस्तान का कोई नेता भी यह नहीं कह सकता था कि भारत पाकिस्तान को

फौजी मदद दे, बल्कि एक पर्वतीय डिवीजन बनवा दे। पर स्वामी ने यह बात कही। आमतौर पर लोग कहेंगे, यह मूर्खता की, उचक्केपन की बात है। कुछ लोग इसे देश-विरोधी बात कहते हैं। मगर यह बात स्वामी के दिल की है। उनके दिल में है कि भारत मदद दे, उधर चीन है ही। तो पाकिस्तान अफगानिस्तान पर हमला कर दे। अमेरिकी जंगी बेड़ा है ही। चीन, पाक, भारत, अमेरिका मिलकर अफगानिस्तान से आगे बढ़कर रूस पर हमला कर दें। यह सुनहरा सपना है स्वामी का। दिन में सपने देखते हैं वे।

बहरहाल, लोग चाहे स्वामी को सनकी कहें चाहे मूढ़, आदम को तो वे प्रिय हैं। वे छिपाते नहीं हैं। उन्हें जिमी कार्टर को मोजे और जूते पहनाना है तो वे खुले-आम फोटो खिचाकर पहनायेंगे। मैं उनसे मिलने गया। स्वामी व्यस्त थे। कागजात ब्रीफकेस में रख रहे थे।

आदम—बहुत व्यस्त हैं स्वामीज़ी ?

स्वामी—यस वी आर आफुली बिजी !

आदम—'वी' याने कौन ? जनसंघ के लोग ?

स्वामी—नहीं जी। हम लोग—यानी कार्टर साहब, साइरस वान्स, जिया-उल-हक़, आगा शाही, हुआ कुओ फेंग और मैं।

आदम—वही सपना पुराना होगा, साम्यवाद को 'कण्टेन' करने का ?

स्वामी—नहीं, 'कण्टेन' करने का नहीं, 'इरेडिकेट' करने का—नेस्तनाबूद करने का। वियतनाम के बाद से हम लोगों ने 'कण्टेन' करना छोड़ दिया है।

आदम—मगर 'कण्टेन' करने में वैसी दुर्गति हुई थी कि भागने के लिए 24 घण्टे की मोहलत माँगना पड़ी थी, तो 'इरेडिकेट' करने में तो और गौरवशाली नतीजा निकलेगा।

स्वामी—क्यों नहीं। इधर एशिया की जिम्मेदारी मुझे दी गयी है।

आदम—बहुत बड़ी जिम्मेदारी है। इतनी बड़ी जिम्मेदारी तो टिटहरी को भी नहीं दी गयी। वह टाँगें ऊँची करके सोती है, तो आसमान वहीं थमा है। वरना गिर जाता। आप भी अपने मिशन में टिटहरी की तरह ही सफल होंगे। तो आपको चेयरमैन हुआ कुओ फेंग ने मिलने को बुलाया होगा।

स्वामी—सब सलाह करना चाहते हैं मुझसे। मैं जैसा हुक्म देता हूँ, वे, वैसा करते हैं। पहले मैंने जिमी कार्टर को सलाह दी, फिर जनरल जिया को और अब हुआ को सलाह देने जा रहा हूँ।

आदम—इन्हें आप दिल्ली ही क्यों नहीं बुला लेते मिलने के लिए ?

स्वामी—वे तो आने को तैयार हैं। मगर उनके ठहरने के लिए यह सरकार राष्ट्रपति भवन किराये पर नहीं देती।

आदम—तो दीनदयाल उपाध्याय शोध संस्थान में ठहरा देते।

स्वामी—वहाँ कमोड नहीं है। खुड्डी है।

आदम—मगर कमोड तो आसानी से लगाया जा सकता है।

स्वामी—नानाजी देशमुख नहीं मानते। वे कहते हैं कि खुड्डी भारतीय संस्कृति का प्रतीक है। कान में जनेऊ डालना हिन्दू धर्म है।

आदम—डॉक्टर स्वामी, आपकी बात दुनिया के सब बड़े-बड़े देश मानते हैं। आप कुछ भला इस गरीब भारत का भी कीजिए।

स्वामी—यू मीन भारत, दैट इज इण्डिया? देखो, हम इण्डियन लोगों से बहुत नाराज हैं। 'नेटिव' लोगों से बात भी नहीं करना चाहते। इन लोगों ने जनता पार्टी को वोट नहीं दिया। खैर, क्या चाहते हो 'इण्डिया' के लिए?

आदम—तारापुर परमाणु बिजलीघर के लिए अमरीका से यूरेनियम दिलवा दीजिए।

स्वामी—इम्पासिबल! पब्लिक सेक्टर कारखाने की हम मदद नहीं कर सकते। तारापुर प्राइवेट कम्पनी को दे दिया जाय तो हम उसे किसी बहुराष्ट्रीय कम्पनी से जोड़ देंगे और यूरेनियम भी मिल जायगा।

आदम—अच्छा, क्या जनरल जिया-उल-हक़ ने आपसे कहा है कि पाकिस्तान अणुबम नहीं बनायगा?

स्वामी—हाँ, जिया ने हमसे वादा किया है।

आदम—मगर ऐसा वे हमारी प्रधानमन्त्री से क्यों नहीं कहते?

स्वामी—वह इस सरकार को मान्यता ही नहीं देते। वे मुझे मानते हैं।

आदम—आपकी यह चीन-यात्रा भी पिछली यात्रा की तरह सफल रहेगी, जिसके बाद अटलबिहारी वाजपेयी चीन गये थे।

स्वामी—हाँ। तब तो तेंग सियाओ पेंग ने मुझसे कहा था कि हम जब वियतनाम पर हमला करें, तब हमें एक गवाह चाहिए। तो मैंने गवाही के लिए अटलबिहारी को भेज दिया था।

आदम—आप चीन कैसे जायेंगे? मेरा मतलब है, आपको हवाई जहाज का टिकिट कौन देगा?

स्वामी—हम विदाउट टिकिट जायेंगे। हमें हुआ कुओ फेंग ने बुलाया है। हम अफगानिस्तान, भारत और रूस की घेराबन्दी कर देंगे।

आदम—डॉक्टर स्वामी, आपने कभी पिद्दी का शोरबा खाया है?

स्वामी—यह 'पिद्दी' क्या चीज है। हम तुम्हारे नार्थ इण्डिया की ये बातें नहीं जानते। क्या मतलब है तुम्हारा?

आदम—मतलब तो आप किसी से पूछ लीजिए। इतना ही बताता हूँ कि नार्थ इण्डिया में कहावत है—क्या पिद्दी और क्या पिद्दी का शोरबा!

महामिलन की कथा

महामिलन के लिए बड़ी-बड़ी तैयारियाँ की गयी थीं। बीजू पटनायक और श्यामनन्दन मिश्र हवन करा रहे थे। राजनारायण अलग से अपने लिए तान्त्रिक से अनुष्ठान करवा रहे थे। मारणमन्त्र का भी जप हो रहा था। चरणसिंह सुबह से दूल्हे की तरह सज रहे थे। दो बार दाढ़ी बनायी। सिर पर तरावट के लिए तेल की मालिश करायी। चूड़ीदार पाजामा पहना। चुस्त चूड़ीदार। फिर चौधरी साहब ने आईना सामने रखकर टोपी को साधा। तैयार हो गये। एक भक्त ने कहा—आज तो फियेट में जाइये। दूसरे ने कहा—हट ! इम्पाला बुलाते हैं। चौधरी ने कहा—नहीं, मैं किसान नेता हूँ। बैलगाड़ी में जाऊँगा। बुलाओ। चेलों ने कहा—बैलगाड़ी का इन्तजाम तो नहीं किया। चरणसिंह नाराज हुए—तुम लोग खाक संगठन चलाओगे। किसान सम्मेलन के दफ्तर के सामने 10-12 बैलगाड़ी हमेशा पड़ी रहनी चाहिए। खैर, एम्बेसेडर में जाऊँगा।

कार आ गयी। चौधरी बढ़े। चमचे ने कहा—चौधरी साहब, दबना नहीं है। दूसरे ने कहा—पागल हुए हो। चौधरी साहब टूट जायेंगे पर झुकेंगे नहीं। तीसरे चमचे ने घबड़ाकर कहा—अरे टूटना भी तो नहीं है। इतने में वे चार मन्त्री आ गये, जिन्होंने चौधरी साहब के समर्थन में इस्तीफा दिया था। वे चरणसिंह के आजू-बाजू लटक गये। चौधरी गिरते-गिरते बच गये। शेरवानी पर फिर से ब्रश कराया। कार में बैठने लगे। राजनारायण ने कहा—चौधरी साहब, मोरारजी को डिसमिस करके आना।

चरणसिंह की गाड़ी बढ़ी। राजनारायण रामचरित मानस का पाठ करने लगे—

प्रविसि नगर कीजे सब काजा। हृदय राखि कोसलपुर राजा॥
मसक समान रूप कपि धरी। लंका चले सुमरि नरहरी॥
कह लंकेश कवन तू बन्दर। मैं रघुवीर दूत दसकन्धर॥
उलट-पलट लंका सब जारी। कूद पड़ेउ कपि सिन्धु मझारी॥
सियावर रामचन्द्र की जय !
पवनसुत हनुमान की जय !

किसी मसखरे ने रिमार्क किया—सवारी जा रही है। ये नेजा पकड़े हैं।

चरणसिंह संसद भवन पहुँचे। फोटोग्राफर फोटो खींचने लगे। चरणसिंह ने कहा—क्या आप लोग मेरे आईडियाज की भी तस्वीर खींच सकते हैं।

फोटोग्राफर आपस में बातें करते हैं। एक ने कहा—इन्होंने क्या कहा ? दूसरे ने कहा—वे पूछते हैं कि क्या आप लोग मेरे विचारों की तस्वीर भी खींच सकते हैं ? तीसरे ने कहा—हमें मालूम होता कि इनके पास भी विचार हैं तो दूसरा कैमरा लेकर आते। सब हँसने लगे। एक ने कहा—हम इनकी फोटो खींचते हैं तो ये समझते

हैं कि हम इनके प्रशंसक हैं।

चौधरी मोरारजी के कमरे में घुसे। नमस्कार की अदला-बदली हुई। चौधरी बैठ गये। मोरारजी ने कहा—दिल्ली में बड़ी ठण्ड है। ऐसे मौसम में क्यों बाहर निकले? तबियत खराब हो जायेगी।

चौधरी—आपने मिलने का तय किया था न। सुना है, आप अब मुझसे खुश हैं।

मोरारजी—मैं अपने सिवा किसी और से खुश नहीं होता। मुझे अपने से खुश होने की फुरसत ही नहीं मिलती।

चौधरी—पर मुझसे कहा गया है कि आप मेरी तारीफ कर रहे थे कि मैं तबियत खराब होते हुए भी···

मोरारजी—मैं सिर्फ अपनी तारीफ करता हूँ। गांधीजी तक की तारीफ नहीं करता। आपको बात क्या करनी है?

चौधरी—यही कि पार्टी में अब एकता हो जाय।

मोरारजी—मैं भी यही चाहता हूँ।

चौधरी—तो मैं लौट आऊँ?

मोरारजी—लौट आइए।

चौधरी—तो फिर वही गृहमन्त्री का पद लूंगा और साथ ही उप-प्रधानमन्त्री का पद।

मोरारजी—पोर्टफोलियो तय करना प्रधानमन्त्री का अधिकार है। और उप-प्रधानमन्त्री के लिए जगजीवनराम का भी दावा है।

चौधरी—आप उसका नाम क्यों लेते हैं। उसके नाम से मुझे नफरत है।

मोरारजी—नफरत मुझे भी है। पर एक नफरत को दूसरी से काटना पड़ता है।

चौधरी—राजनारायण सहित मेरे उन पांच समर्थकों को भी लेना होगा।

मोरारजी—मुझे अब मदारी नहीं बनना है।

चौधरी—तो मुझे उप-प्रधानमन्त्री नहीं बनाया जायगा?

मोरारजी—आपको बनने से फायदा भी क्या है? मैं ही उप-प्रधानमन्त्री बना था तो आखिर निकाला गया। फिर मेरा कोई 'उप' हो नहीं सकता। मैं सम्पूर्ण पुरुष हूँ, कृष्ण की तरह 16 कलाओं से युक्त।

चौधरी—23 तारीख को किसान रैली होगी।

मोरारजी—मेरे साथ 302 में से 180 सदस्य हैं।

चौधरी—किसान रैलो होकर रहेगी।

मोरारजी—302 में से 180 सदस्य मेरा समर्थन करते हैं।

चौधरी—धमकी मत दो। बड़ी विकट किसान रैली होगी। लेने के देने पड़ जायेंगे।

मोरारजी—धमकी मत दो। मैं निपट लूंगा। मेरे साथ 180 हैं।

चौधरी—तो मैं जाऊँ?

मोरारजी—तुम्हें बुलाया किसने था?

चौधरी—दुष्ट!

मोरारजी—दुष्ट!

चौधरी—मैं कहे देता हूँ, मैं भ्रष्टाचार का सख्त विरोधी हूँ।

मोरारजी—मैं भ्रष्टाचार खोलनेवालों का जरूर विरोधी हूँ।

रामदीन ने भी इस्तीफा दिया

[नोट : इसका सम्बन्ध लालकृष्ण आडवाणी के इस्तीफे से ना जोड़ा जाय।]

एक दिन चपरासी रामदीन ने प्रधानमन्त्री के हाथ में एक कागज दिया।

मोरारजी ने पूछा—यह क्या है?

रामदीन ने कहा—यह मेरा इस्तीफा है।

जनता पार्टी ने वादे के मुताबिक खुले समाज और खुली सरकार की स्थापना कर दी है। इसलिए चपरासी सीधे प्रधानमन्त्री के हाथ में इस्तीफा देता है।

मोरारजी ने पढ़ा। उनके चेहरे पर परेशानी आयी। घबराहट से उनका चेहरा बिगड़ गया। उन्होंने सचिव को बुलाकर कहा—देखो, इस वक्त हम घबड़ा रहे हैं। किसी फोटोग्राफर को अन्दर मत आने देना।

फिर रामदीन से पूछा—आखिर, आप इस्तीफा क्यों दे रहे हैं?

रामदीन—मेरा सरकार की नीतियों से मतभेद है।

मोरारजी—पर नीतियाँ तो हम बनाते हैं, आप नहीं।

रामदीन—पर उनकी फाइलें तो मैं ही यहाँ से वहाँ ले जाता हूँ। बदनामी मेरी होती है। संयुक्त उत्तरदायित्व है न।

मोरारजी—नहीं, नहीं, आप तो जानते ही हैं, यहाँ संयुक्त 'अनुत्तरदायित्व' है।

रामदीन—इसीलिए तो मैं दायित्व से बरी होना चाहता हूँ। बदनामी मेरी होती है। लोग कहते हैं, तुम्हारी सरकार ऐसी है।

मोरारजी—पर सरकार में रहकर कुछ आलोचना सहनी ही पड़ती है।

रामदीन—सा'ब, सरकार तो आपकी चार दिन की है। पर बिरादरी तो है और रहेगी। मैं लोधी जाति का हूँ। अपनी जाति का चौधरी हूँ। मैं जाति छोड़कर जनता पार्टी में शामिल नहीं हुआ था। लोधियों का जनता पार्टी में पूर्ण विलय नहीं

हुआ है। हम अपनी हस्ती बनाये हुए हैं। मेरी मुश्किल यह है कि आपके कारण मेरा चौधरी का पद खतरे में पड़ गया है। मैं इस तरह अपना भविष्य नष्ट नहीं कर सकता। आप मेरा इस्तीफा मंजूर कर लीजिए।

मोरारजी को पसीना आ गया। बोले—रामदीनजी, इसी वक्त ऐसी क्या बात हुई कि आप इस्तीफा देने पर उतारू हो गये?

रामदीन—यही कान्तिभाई का मामला। आप संसद को जाँच करने नहीं दे रहे हैं और बदनामी मेरी हो रही है। इमेज लोधियों की खराब हो रही है। उस मामले की फाइलें तो मैं एक लोधी ही लाता-ले जाता हूँ न।

मोरारजी—आपके इस्तीफे से जनता पार्टी और सरकार पर संकट आ जायगा। अधिनायकवादी शक्तियों को बल मिलेगा। मेरा पद भी खतरे में पड़ जायगा।

रामदीन—साहब, आपका पद तो टेम्परेरी मामला है। मेरा चौधरी का ओहदा जिन्दगी-भर का है। मैं अपना भविष्य क्यों बिगाड़ूँ?

मोरारजी—रामदीनजी, आप इस्तीफा वापस ले लीजिए।

रामदीन—नहीं साहब, मैंने फैसला कर लिया है। मेरी अब सरकार में निभेगी नहीं।

मोरारजी—अच्छा, तो मैं इसे अभी स्वीकार नहीं करता। आप पुनर्विचार कीजिए।

रामदीनजी चले गये।

नौकर ने कहा—आपका रस पीने का समय हो गया।

मोरारजी—तुम्हें रस की पड़ी है। यहाँ सरकार पर संकट आ गया है। बुलाओ वी. शंकर साहब को।

वी. शंकर आये। मोरारजी ने इस्तीफा उनके हाथ में दे दिया। शंकर ने पढ़-कर कहा—हाँ, मामला तो गम्भीर है। बीजू पटनायक को बुलाता हूँ।

बीजू पटनायक आये। बोले—बड़ा गड़बड़ चल रहा है। उधर चरणसिंह पार्टी तोड़ने पर उतारू हैं। इधर यह रामदीनजी का इस्तीफा आ गया। अगर हमारी सरकारें गयीं, तो मेरे मामलों पर जो जाँच नन्दिनी सत्पथी ने करायी थी, उस पर कार्यवाही होगी। बड़ी मुसीबत होगी।

मोरारजी—मैं भी कहीं का न रहूँगा। कान्ति का भगवान जाने क्या होगा।

बीजू—खैर, मैं अपना कर्तव्य करता हूँ। मध्यस्थता करूँगा। कल रामदीन से मिलूँगा।

दूसरे दिन रामदीन के इस्तीफे का समाचार अखबारों में छप गया। बीजू पटनायक रामदीन के पास पहुँचे। बोले—आपको प्रेस को यह खबर नहीं देनी थी।

रामदीन ने कहा—मैंने नहीं, यह समाचार प्रधानमन्त्री के सचिवालय से 'लीक' हुआ है।

बीजू ने कहा—रामदीनजी, आप इस खबर का खण्डन कर दीजिए। आपको

जो सुभीते च हिए, ले लीजिए। अच्छा क्वार्टर दिलवाये देते हैं।

रामदीन—मुझे लोभ मत दीजिए। सिद्धान्त का सवाल है। मैं खण्डन नहीं करूँगा।

बीजू—देखिए, पार्टी की एकता का सवाल है। आप कह दीजिए कि आप इस्तीफे पर जोर नहीं दे रहे हैं। मेरी इतनी बात मान लीजिए। आपकी इमेज हम खराब नहीं होने देंगे।

रामदीन—आपने जिससे भी वादा किया है, उसी की इमेज खराब हुई है। खैर, मैं फिलहाल इस्तीफे पर जोर नहीं देता।

बीजू ने मोरारजी से कहा—रामदीनजी इस्तीफे पर जोर नहीं दे रहे हैं।

मगर शाम को रामदीन बदल गये। अखबारवालों ने उन्हें घेरा तो उन्होंने कह दिया कि मैं इस्ताफे पर जोर दे रहा हूँ।

सुबह फिर बीजू उनके पास दौड़े गये और उनसे वचन लिया कि मैं इस्तीफे पर जोर नहीं दे रहा हूँ।

इसी तरह सुबह-शाम चल रहा है।

क्या आपने इस्तीफा दे दिया है?

आदम को पत्रकारों का इस तरह मजाक पसन्द नहीं है। यह क्रूर मजाक है। पत्रकारों को तो मजा आता है, समाचार बनता है, मगर मन्त्री के प्राण-भर नहीं निकलते, बाकी सब हो जाता है।

ऐसा है यह मजाक। मन्त्री किसी शहर में किसी चीज का उद्‌घाटन करने गये हैं। रेस्ट हाउस में आराम से ठहरे हैं। चमचों-चापलूसों की ठकुर-सुहाती से तबियत खिली हुई है। अच्छा भोजन किया है। बढ़िया कपड़े पहनकर उद्‌घाटन करने जाने-वाले हैं। मुखड़ा दरपन में देख रहे हैं।

इतने में पत्रकार घुस आये। बोले—साहब, सुना है आपने मन्त्रिमण्डल से इस्तीफा दे दिया। क्या यह सच है?

मन्त्री को पसीना आता है। उसका मेकअप बिगड़ जाता है। मूड खराब हो जाता है, वह तैयार जवाब देता है—यह इन्दिरा गाँधी के लोगों द्वारा फैलायी गयी शरारतपूर्ण अफवाह है।

अब मन्त्री से कुछ नहीं बनता। उद्‌घाटन में ठीक से फीता नहीं काटा जाता। भाषण अटक-अटककर देते हैं। लौटकर रेस्ट हाउस आकर बिस्तर पर लेटे हुए सोचते हैं। अंग-अंग शिथिल हो गया। चिन्ता करते हैं—यह अफवाह फैली तो कैसे फैली?

क्या मतलब है इसका ? कहीं कुछ गड़बड़ी तो नहीं है ? दुश्मन पत्ती तो नहीं काट रहे हैं ? प्रधानमन्त्री ने ही तो यह अफवाह नहीं फैलायी ?

मन्त्री पहली गाड़ी या विमान से दिल्ली लौट जाते हैं।

कितना क्रूर मजाक करते हैं पत्रकार।

अभी पत्रकार मधु दण्डवते के पीछे पड़ गये। मधु दण्डवते जॉर्ज फर्नांडिस से ठीक उलटे किस्म के समाजवादी हैं। जॉर्ज-जैसा रूप उनमें नहीं है। बड़बोले नहीं हैं। गैर-जिम्मेदारी की बात नहीं करते। पार्टी के झगड़ों में चुप रहते हैं। मधु दण्डवते रेलवे स्टेशन मास्टर की तरह रेलमन्त्री का पद निभा रहे हैं।

अब ऐसे बेचारे मधु दण्डवते से पत्रकार मजाक करने लगे। दण्डवते आगरा गये थे, पत्रकार पहुँच गये। पूछने लगे—सुना है आपने इस्तीफा दे दिया, क्या यह सच है ?

दण्डवते ने कहा—नहीं, यह गलत है।

अब रेल का मामला है। जोखम का काम है। रेलमन्त्री का मूड खराब हो जाये और गलत सिगनल हो जाये तो दुर्घटना। उनसे ऐसे विभाग बिगाड़ू सवाल नहीं करना चाहिए।

सबसे ज्यादा हमारे चिरन्तन क्रान्तिकारी जॉर्ज को तंग किया जाता है। एक तो यह मधु लिमये नाम का आदमी जॉर्ज के पीछे पड़ा है। बेचारे जॉर्ज किसी तरह मोरारजी को खुश रखे हुए हैं।

उसी जॉर्ज से पत्रकार पूछ लेते हैं—क्यों साहब, क्या आपने इस्तीफा दे दिया ?

जॉर्ज समझ जाता है कि ये पत्रकार मधु लिमये के बहकाये हुए हैं। मगर जॉर्ज-जैसा क्रान्तिकारी मामूली खण्डन कर भी नहीं सकता। खण्डन और मण्डन दोनों क्रान्तिकारी होना चाहिए। जॉर्ज जवाब देता है—मैं इन्दिरा गाँधी-जैसी तानाशाह का राजनैतिक जीवन खत्म कर रहा हूँ। इस्तीफा दूंगा तो खुद ऐलान करूँगा।

मोहन धारिया के पीछे पड़ गये, कहने लगे—क्यों साहब, जिन छः मन्त्रियों ने सामूहिक इस्तीफा दिया है उनमें आप भी हैं क्या ?

धारिया सोच में पड़ जाते हैं। कौन कर रहा है यह बदमाशी ? वे जवाब देते हैं—मुझे इस बारे में कुछ नहीं कहना।

मैं पत्रकारों के इस व्यवहार को अत्याचार मानता हूँ।

राज्यों में तो पत्रकार और जुल्म करते हैं।

अभी साठ मील के अन्तर से दो शहरों में दो मन्त्री दौरे पर थे। मध्यप्रदेश में रायपुर में एक मन्त्री थे, बिलासपुर में दूसरे।

पत्रकारों को शैतानी सूझी। वे रायपुर के रेस्ट हाउस में मन्त्री के पास पहुँचे। कहने लगे—भोपाल की खबर है कि सकलेचाजी मन्त्रिमण्डल में परिवर्तन कर रहे हैं, आप इस बारे में कुछ प्रकाश डालेंगे।

मन्त्री क्या प्रकाश डालें ? उनके भीतर तो इस खबर से अँधेरा छा गया, जो उनके चेहरे पर भी दिखने लगा। वे हिम्मत बाँधकर कहते हैं—यह खबर गलत है।

फौरन कलेक्टर को बुलाकर कहते हैं—मेरी तबियत खराब है। मुझे वापस भोपाल लौटना है। हवाई जहाज आज जाता हो तो उससे या पहली रेलगाड़ी से जाने का इन्तजाम कीजिए। मंगलकरन अमंगलहारी, द्रवहु सो दशरथ अजिर बिहारी।

उधर बिलासपुर में ठहरे मन्त्री के पास पत्रकार पहुँचे। कहा–साहब, रायपुर से वे मन्त्री एकदम भोपाल रवाना हो गये। उन्होंने अपने सारे कार्यक्रम रद्द कर दिये।

मन्त्री पूछता है—क्यों?

पत्रकारों ने कहा—उन्हें मन्त्रिमण्डल में परिवर्तन की खबर मिली थी।

ये मन्त्री फौरन कलेक्टर को बुलाकर कहते हैं—मेरी तबियत खराब हो गयी है, फौरन भोपाल जाने का इन्तजाम कीजिए।

कलेक्टर कहता है—सर, डाक्टर बुला दें।

मन्त्री ने कहा—नहीं, मेरा इलाज सिर्फ भोपाल में हमीदिया अस्पताल में हो सकता है।

कलेक्टर ने सिविल सर्जन से कहा। सिविल सर्जन ने उन्हें भोपाल ले जाने के लिए एम्बुलेन्स भेज दी।

मन्त्री ने कलेक्टर को डाँटा। कहा—अरे एम्बुलेन्स नहीं, कार चाहिए। फौरन भेजो।

मैं कहता हूँ, पत्रकार दोस्तों में ज़रा भी दया-वया नहीं है? वे इतने निर्दयी क्यों हो गये हैं? उन्हें मन्त्रियों को ऐसी प्राणान्तक पीड़ा नहीं देनी चाहिए।

दलितों के मसीहा

आदम उस दिन बहुत खुश था। हमारे सदाबहार बाबू जगजीवनराम की वर्षगाँठ थी। उनका अभिनन्दन हुआ था। उन्हें दलितों के मसीहा का खिताब दिया गया था। उनके बारे में भी एक फिल्म बनायी गयी थी।

आदम भी बाबूजी को बधाई देने पहुँचा।

मैंने कहा—बाबूजी, अपने दास इस आदम की भी बधाई स्वीकार करें।

बाबूजी—तुम्हें क्या मोरारजी ने भेजा है?

आदम—नहीं।

बाबूजी—तो चरणसिंह ने भेजा होगा।

आदम—नहीं।

बाबूजी —तो क्या बाला साहेब देवरस ने भेजा है ?

आदम सोचने लगा। बाबूजी के चेहरे को देखा। फिर यों ही कह दिया— जी हाँ, बाला साहेब ने भेजा है।

बाबूजी खुश हुए। कहने लगे—

तू दयाल दीन हौं तू दानी हौं भिखारी,
हौं प्रसिद्ध पातकी तू पाप पुंज हारी।

मैंने पूछा—यह तुलसीदास का पद क्यों गाते हैं बाबूजी ?

बाबूजी—स्तुति करता हूँ। शिकायत भी करता हूँ—

मैं बैरी सुग्रीव पियारा। कारण कवन नाथ मोहि मारा ।।

याने सुग्रीव मोरारजी ही तुम्हें प्यारा क्यों है। मैंने क्या बिगाड़ा है ?

आदम—आप दलितों के मसीहा कहलाते हैं, आपने दलितों का क्या भला किया है ?

बाबूजी—मैंने दलितों का यह भला किया है कि मैं उनके नाम से 33 सालों से मन्त्री हूँ। दलित या किसान खाद हैं। दलितों के खाद पर फूला हुआ एक गुलाब हूँ मैं।

आदम—और चरणसिंह ?

बाबूजी—वह तो किसानों के खाद पर बढ़ा बबूल है।

आदम—बाबूजी, आपकी राजनैतिक सफलता का रहस्य क्या है ?

बाबूजी—मैंने हमेशा विकेट को बचाकर रन बनाये हैं। मैं विकेट से चिपका रहा हूँ। मैंने चौआ या सिक्सर कभी नहीं बनाया। जब तीन रन बनने की सम्भावना हो तब मैं सिर्फ एक रन बनाकर विकेट से चिपक जाता हूँ। मैंने कभी विकेट गिरने का खतरा नहीं उठाया।

बाबूजी—अब आश्वस्त होकर बैठ गये थे। वे दार्शनिक भाव से कह उठे—कैसा अच्छा होता कि सबकुछ अपने अनुकूल होता। द्वन्द्व अपरिहार्य नहीं होता।

मैंने उन्हें दार्शनिकता से यथार्थ में खींचा—बाबूजी, यह जो सी. एफ. डी. है न···

बाबूजी भड़क उठे—तुम क्या बहुगुणा के आदमी हो ?

आदम—क्या बहुगुणा आपके आदमी हैं ?

बाबूजी—नहीं, कोई किसी का आदमी नहीं है। आदमी खुद अपना आदमी नहीं है। बहुगुणा का नाम मत लो।

आदम—नाम तो आपने ही लिया था।

बाबूजी—यह भी मजबूरी है कि नाम लेना पड़ता है।

आदम—यह जो फिर से राजनैतिक ध्रुवीकरण की बात चल रही है, उसके बारे में आपका क्या खयाल है ?

बाबूजी—अभी मेरा कोई खयाल नहीं है। मेरा खयाल ठीक वक्त पर बनता है। जब यह पक्का हो गया कि इन्दिरा गाँधी मुझे टिकिट नहीं देगी और यह भी

अन्दाज हो गया कि कांग्रेस हारेगी, तब मेरा खयाल बन गया कि इन्दिरा तानाशाह है और इमरजेन्सी बुरी थी। 1975 में मेरा खयाल दूसरा था। तब मैंने ही लोकसभा में इमरजेन्सी का प्रस्ताव रखा था।

आदम—आपका समाजवाद में विश्वास है?

बाबूजी—जब समाजवाद आता दिखेगा तब बताऊँगा।

आदम—क्या आपका विश्वास हिन्दू राष्ट्र में है?

बाबूजी—जब हिन्दू राष्ट्र बनता दिखेगा तब बताऊँगा।

आदम—क्या आपका विश्वास गाँधीवाद में है?

बाबूजी—जब गाँधीजी पूछेंगे तब बताऊँगा।

आदम—क्या आपकी कोई आइडियालॉजी है?

बाबूजी—जगजीवनरामवाद।

आदम—देश के भविष्य के बारे में आपका कोई सपना है?

बाबूजी—हाँ है। सपना है—मेरा प्रधानमन्त्री होना।

आदम—वे जो सुरेश-सुषमा के फोटो हैं, उनके बारे में आपका क्या खयाल है?

बाबूजी—जब मैं जवान था तब ऐसे अच्छे कैमरे नहीं थे।

अटलजी, यानी अटलबिहारी वाजपेयी

चीन की सफल यात्रा के बाद जब अटलबिहारी वाजपेयी लौटे तो हिमालय के पत्थर भी रो रहे थे। पक्षियों ने चहकना बन्द कर दिया था। इधर कलकत्ता में मदर टैरेसा करुणा से अभिभूत हो गयी थीं और पीड़ित बच्चों को किसी शिशुगृह में लाने का सोच रही थीं। आदम भी वाजपेयी के प्रति दया से भर गया था और उसे एक पुराना फिल्मी गीत याद आ रहा था। सोचता था क्या, क्या हो गया। अपना जिसे समझे थे हम अफसोस वह अपना न था!

आदम दिल्ली गया। अपने प्यारे अटलजी को ढाँढ़स बँधाना था। अगर वे टूट गये, तो भारत को ऐसा प्रधानमन्त्री नहीं मिलेगा।

मैंने कहा—अटलजी कैसे हैं?

अटलबिहारी ने मुझे भुजाओं में भर लिया। गद्‌गद होकर कहा—अहा, कितना अच्छा लगा। तुमने मुझे अटलजी कहा।

मैंने कहा—मैंने हमेशा आपको प्यार और श्रद्धा से यही कहा है। सब कहते हैं कि आप भारत-भाग्य-विधाता हैं।

अटलबिहारी ने कहा—नहीं भाई, अब लोग मुझे श्री अटलबिहारी वाजपेयी कहने लगे हैं। अगर कोई भक्त राम को श्रीमान रामचन्द्र कहे तो कैसा लगेगा ? 'इमेज' का सवाल है। इफ यू हैव टीयर्स, प्रिपेयर टु शेड देम नाउ ! (अगर तुम्हारी आँखों में आँसू हैं तो उन्हें गिराने के लिए तैयार हो जाओ।)

मैंने कहा—यह क्या कह रहे हैं, अटलजी ?

अटलबिहारी ने कहा—यह मार्क एण्टनी ने जूलियस सीजर को दफनाये जाने के वक्त अपने शोक-भाषण में कहा है। तुमने जूलियस सीजर नाटक पढ़ा है न ?

मैंने कहा—जी हाँ, मार्क एण्टनी ने यह भी कहा है—यू लव्ड हिम वन्स नाट विदाउट काज़, व्हाट काज़ विद होल्ड्स यू देन टू वीप फार हिम। (तुम कभी उसे प्यार करते थे और अकारण नहीं। तब किस कारण से तुम उसके लिए रोने को प्रस्तुत हो।)

अटलबिहारी ने कहा—बिल्कुल फिट होता है, मेरी आज की हालत पर।

मैंने कहा—अटलजी, सचमुच भगवान किसी को ऐसा दिन न दिखाये। पर भाग्य के लिखे को कौन मेट सकता है। विधाता की यही इच्छा थी—हानि-लाभ-जीवन-मरण जस-अपजस विधि हाथ। मगर अटलजी, चीन क्यों चले गये थे ?

अटलबिहारी ने समझाया—भाई, हुआ यह—अरे, इस 'हुआ' शब्द का उच्चारण नहीं करूँगा। उस हुआंग हुआ ने ही मुझे चक्कर में डाल दिया। मैं क्रिया 'हुआ' की जगह 'भया' प्रयोग करूँगा। तो ऐसा होता भया कि न्यूयार्क में राष्ट्रसंघ के गलियारे में चीनी विदेशमन्त्री हुआंग मुझे देखकर मुस्कराया। उसने कहा कि पीकिंग पधारिए दाल-बाटी खाने। और मैं फँस गया।

मैंने कहा—तो हुआंग के पहले आप मुस्करा देते।

अटलबिहारी ने कहा—मैं तो हमेशा मुस्कराते रहता हूँ न, इसलिए मेरी मुस्कान का कोई अर्थ नहीं होता। वे लोग कभी-कभी ही मुस्कराते हैं। एक बार चीन में हमारे दूत ब्रजेश मिश्र को देखकर माओ मुस्करा दिये थे तो वे फौरन दिल्ली यह विचार करने आये थे कि इस मुस्कान का क्या अर्थ है। मैं हुआंग की मुस्कान से यह समझा कि ये चीनी अब हमारी जमीन दे देंगे। सम्बन्ध सुधार लेंगे।

मैंने पूछा—तो हमारी हड़पी हुई जमीन पर बात हुई?

अटलबिहारी ने कहा—हाँ हुई, सफल बात हुई। यही तो मेरी यात्रा की उपलब्धि है।

मैंने पूछा—क्या बात हुई ?

अटलबिहारी ने कहा—यही बात हुई कि अभी इस बारे में कोई बात नहीं करेंगे। फिर भाषा के मामले में गड़बड़ हो गयी। तुम जानते हो कि मुझे भाषा अच्छी लगती है पर उन तेंग सियाओ पिंग ने दर्शन की बात की। कहने लगे, हमें तथ्य में निहित सत्य का पता लगाना चाहिए।

मैंने कहा—तथ्य तो यह है कि चीन ने हमारी जमीन हड़प ली है।

अटलबिहारी ने कहा—पर वे कहते हैं कि इस तथ्य में सत्य क्या है, यह देखना

पड़ेगा।

मैंने कहा—तो आप विनोबा भावे से तथ्य और सत्य की व्याख्या सीख जाते। बहरहाल, वियतनाम पर हमले का समाचार जब आपको मिला तब कैसा लगा?

अटलबिहारी ने कहा—हम दंगा-फसाद की जगह नहीं रहते। पर चीनियों को मुझे पहले बताना था कि हम हमला करेंगे।

मैंने कहा—पर अटलजी, चीनी तो आपके ही रास्ते पर चल रहे हैं। आर. एस. एस. कहाँ पहले बताता है कि हम इस जगह इस वक्त दंगा करायेंगे।

अटलबिहारी ने कहा—हाँ, इस मामले में हममें समानता है। कई सम्भावनाएँ हैं। तभी तो मैं उनसे मित्रता करना चाहता हूँ।

मैंने पूछा—अटलजी, प्रधानमन्त्री वाशिंगटन में कह आये थे। दिल्ली में भी कार्टर के सामने कहा कि हम शान्तिपूर्ण कार्यों के लिए भी परमाणु विस्फोट नहीं करेंगे। तो सरकार की नीति क्या है?

अटल ने कहा—सरकार एक हो तो उसकी एक नीति होती है। दिल्ली में तो कई सरकारें हैं। अगर मोरारजी नहीं करने देंगे तो हम अलग से परमाणु विस्फोट करेंगे।

मैंने कहा—कैसे करेंगे? क्या गोंडा में नानाजी देशमुख ग्रामोदय योजना में परमाणु विस्फोट करायेंगे।

अटलबिहारी ने कहा—यह गोपनीय है।

मैंने पूछा—आपकी चीन-यात्रा से क्या लाभ हुए?

अटलबिहारी ने कहा—बहुत लाभ हुए। एक तो 6 दिन उन्हीं का खाना खाया। मोटे हिसाबों से लगाओ तो 600 रु. हुए। ये रुपये साफ बचे।…फिर अटलबिहारी ने आँख मिचकाकर इशारा किया और कहा—दारू-वारू भी उन्हीं की पी। ये पैसे भी बचे।

कामनवेल्थ सम्मेलन

अभी दिल्ली में क्षेत्रीय कामनवेल्थ सम्मेलन हो गया। शानदार हुआ। इन सम्मेलनों से बड़े फायदे होते हैं। लन्दन में बैठी हर मेजेस्टी रानी एलिजाबेथ खुशी से देखती रहती हैं कि मेरी प्रजा अभी 'गॉड सेव्ह दी क्वीन' गा रही है। इस 'कामनवेल्थ' में वेल्थ बिल्कुल 'कामन' नहीं है। बल्कि एक-दूसरे की 'वेल्थ' को हड़पने की कोशिश होती है। रानी एलिजाबेथ की नजर में कामनवेल्थ में सब बराबर हैं, मगर गोरे जरा ज्यादा बराबर हैं। इसीलिए उनके देश में कालों और साँवलों से नफरत की

जाती है।

कामनवेल्थ के देशों के नेता समय-समय पर किसी जगह इस तरह इकट्ठा होते हैं, जैसे जेब में पैसा भरे हुए जेबकतरे मिलते हैं। इनमें हर एक-दूसरे की जेब काटने की कोशिश करता है और दूसरे हाथ से अपनी जेब बचाता है। तुम्हारी जेब में क्या है? रबर है, चाय है, कॉफ़ी है। और तुम्हारी जेब में? मशीनरी है। आपकी जेब में साहब? इस्पात है और कपास है। इस जानकारी के बाद सब एक-दूसरे को ठगने में लग जाते हैं। प्रेम बताते हैं। हम तो भाई-भाई हैं। हम सबकी समृद्धि चाहते हैं, हालाँकि अपनी कुछ ज्यादा ही चाहते हैं। आपकी संस्कृति भी महान है। हमारी संस्कृति भी महान है। हमारे सदियों पुराने ऐतिहासिक सम्बन्ध हैं, हालाँकि सदियों पहले हमारे यहाँ के लुटेरे आपके बन्दरगाहों को लूटते थे। आपकी जनता महान है। हमारी जनता भी महान है। ग्रेट आस्ट्रेलियन पीपुल—ग्रेट सीलोनीज पीपुल।

मान लो हिन्द महासागर में कोई द्वीप नया मिल जाय। इस द्वीप में 17वीं सदी में एक नाव में भटककर 5 अंग्रेज आ गये थे। इसके किनारे पर उनकी नाव टकराकर टूट गयी। पाँचों के पास बन्दूकें और गोलियाँ थीं। द्वीप पर कुल 315 आदिवासी रहते थे। उन्होंने कभी देखा नहीं था बन्दूक को। वे जंगली फल और जानवर खाते थे। सूअर और लोमड़ी वहाँ बहुत थे। उन्होंने अँगरेजों को घेर लिया। एक अँगरेज ने गोली चलायी और एक आदिवासी मारा गया। वे सब डर गये और पाँच अँगरेज उन पर राज करने लगे। उन्होंने इस द्वीप का नाम 'पिगलैण्ड' रख दिया। इंग्लैण्ड से इसकी ध्वनि मिलती है। वे गॉड सेव्ह दी किंग गाने लगे। पेड़ों की डालों का बल्ला बनाकर बेल के कड़े गोल फल से क्रिकेट खेलने लगे।

अभी इस द्वीप का पता लगा। अब इसकी आबादी सात हजार है। लोग वैसी ही आदिम अवस्था में हैं। इंग्लैण्ड की सरकार ने कहा—यह द्वीप हमारा है। अमेरिका ने कहा—तुम्हारा है, तो रिकार्ड बताओ। रिकार्ड कोई था ही नहीं। इंग्लैण्ड ने कहा—ये लोग टूटी-फूटी अँगरेजी बोलते हैं। क्रिकेट खेलते हैं। गाड सेव्ह दी किंग गाते हैं। यह पिगलैण्ड हमारे साम्राज्य में था। अमेरिका ने कहा—होगा, मगर अब स्वतन्त्र है। हम यहाँ अपना सैनिक अड्डा बनायेंगे। इंग्लैण्ड ने कहा—नहीं, हम इसे कामनवेल्थ का सदस्य बनायेंगे।

अब पिगलैण्ड कामनवेल्थ में आ गया। वहाँ के राष्ट्रपति राबर्ट डांग पिटांग को भारत के राष्ट्रपति ने शासकीय यात्रा पर बुलाया। वे पत्तों के कपड़े पहने एक नाव में बैठकर बम्बई आये। बम्बई में भारतीय नौसेना के जहाज ने उनकी अगवानी की। उन्हें विमान से दिल्ली लाया गया। 21 तोपों की सलामी दी गयी। रात को राष्ट्रपति ने उनके सम्मान में भोज दिया। राष्ट्रपति ने कहा—पिगलैण्ड एक महान देश है। इसकी संस्कृति वैदिक संस्कृति-सरीखी महान है। पिगलैण्ड ने अभूतपूर्व प्रगति की है। दोनों देशों के सदियों से मैत्रीपूर्ण सम्बन्ध रहे हैं। हम इन सम्बन्धों को और मजबूत करेंगे, जिससे विश्वशान्ति स्थापित होगी।

दोनों देशों के प्रतिनिधि आपसी सहयोग पर बातें करेंगे।

भारत —राष्ट्रपति महोदय, दोनों देशों में व्यापार सम्बन्ध स्थापित होना चाहिए। आपके महान देश के उद्योगों में किस वस्तु का उत्पादन अधिक होता है?

पिगलैण्ड—हमारे यहाँ जंगली बेर ज्यादा होता है।

भारत—तो हमें 100 बोरे जंगली बेर दे दीजिए। भारत एक गरीब विकासशील देश है। हमें रियायती दाम पर दीजिए।

पिगलैण्ड—ठीक है। आप हमें बदले में कुछ धोतियाँ दे दीजिए।

भारत—सांस्कृतिक आदान-प्रदान में क्या किया जायगा ?

पिगलैण्ड—हमें बजाने के लिए ढोलकें दे दीजिए।

भारत—अच्छा। आपके देश में तेल होता है?

पिगलैण्ड—तेल किसे कहते हैं?

भारत—जिसे जलाकर रोशनी करते हैं।

पिगलैण्ड—हमारे यहाँ नीले रंग की कोई चीज धुएँ सरीखी जमीन में से बहुत निकलती है। इसे हम बाँस में भर लेते हैं और जलाकर रोशनी करते हैं।

वीरेन्द्र पटिल ने ताली पीटी—वाह, तेल का अपार भण्डार और प्राकृतिक गैस! भेजो आइल और नेचुरल गैस कमीशन के विशेषज्ञ।

इस तरह के सम्बन्धों का यह कामनवेल्थ है। वह हो गया। लेकिन मजा आ गया। एक तीसमारखाँ प्रधानमन्त्री थे सिंगापुर के कुआन ली। बैंकाक वगैरह ऐसे हैं कि वहाँ कोई भी पश्चिमी ताकत सैनिक अड्डे खोल ले। और ये सिंगापुर, थाईलैण्ड टिटहरी की तरह टाँगें ऊपर करके सोते हैं कि कम्युनिज़्म का आसमान गिरेगा तो थाम लेंगे। ली साहब ने आसपास देखकर कि कोई है तो नहीं, रूस और वियतनाम के खिलाफ बोला। मगर सबसे बड़ा कमाल उन्होंने यह किया कि अखबारवालों से कहा कि इन्दिरा गाँधी ने मुझे बताया कि वे तीन राज्यों की कम्युनिस्ट सरकारों से परेशान हैं। यानी ली साहब अब भारत की प्रधानमन्त्री की रक्षा करेंगे।

दोनों में कौन भारत है

आदम इन दिनों बहुत दिलचस्प दृश्य देख रहा है। इन्दौर में एक सभा में विद्याचरण शुक्ल ने कहा—इन्दिराजी भारत हैं। इस वक्त जब मैं यह लिख रहा हूँ, विद्याचरण शुक्ल मध्यप्रदेश पद के उम्मीदवार हैं। विद्याचरण ने सोचा होगा–सी. एम. स्टीफन कुछ दिन पहले कह चुका है कि इन्दिरा भारत है। तो उसकी केन्द्रीय मन्त्रिमण्डल में नौकरी पक्की हुई। मगर मैं अभी बेकारी की समस्या से पीड़ित इन्सान हूँ। मेरा

कार्ड रोजगार दफ्तर से निकल चुका है पर 'बॉस' की खुशी तो हो। मैं स्टीफन से कोई कम अक्ल का इन्सान हूँ। मैं भी नारा लगाता हूँ— इन्दिरा भारत हैं।

संयोग से उसी जगह श्रीमान कमलनाथ उपस्थित थे। इनके अभी 2-3 भाषण इस शहर में हुए। लोग कहते हैं—काफी चालू आदमी हैं। झटके देता है। शेरो-शायरी फटकारता है। सब कामों का जिम्मा लेता है। यह भी कह सकता है कि आगामी पंचवर्षीय योजना का खर्च मैं अपने ऊपर लेता हूँ। कमलनाथ ने सोचा—इसलिए सोचा कि यह बात चलायी जा रही है कि अब की बार प्रदेश में युवा मुख्य-मन्त्री होंगे। संजय उत्तरप्रदेश के होंगे, तो कमलनाथ मध्यप्रदेश के। तो कमलनाथ ने घोषणा की—संजय गांधी भारत हैं। 'इन्दिरा भारत हैं' की टकराहट कमलनाथ के 'संजय भारत हैं' से हो गयी। सैद्धान्तिक संकट खड़ा हो गया। राजनीतिक गति-रोध पैदा हो गया। तब वरिष्ठ होने के नाते विद्याचरण ने ही समझौता-फार्मूला बना लिया—इन्दिरा और संजय दोनों भारत हैं। यह तो ठीक है। मगर आदम को यह खुलासा नहीं हो पाया कि भारत का कौन-सा हिस्सा संजय है और कौन-सा इन्दिरा। इन दोनों भारतों में टकराहट की स्थिति तो नहीं है।

इस बीच यह आवाज उठ चुकी थी कि संजय को कांग्रेस का अध्यक्ष बनाया जाय। दूसरी आवाज यह उठ चुकी थी कि संजय को उत्तरप्रदेश का मुख्यमन्त्री बनाया जाय।

कर्नाटक मुख्यमन्त्री गुण्डूराव ने तुरन्त जोरदार समर्थन किया—संजय को कांग्रेस अध्यक्ष बनाया जाय। गुण्डूराव और भजनलाल ऐसे मुख्यमन्त्री हैं जो राहत कार्य पर लगे 'मस्टर रोल' वाले मजदूरों की हैसियत रखते हैं। रोजाना मजदूरी पर हैं। चपरासी को तो निकालने के लिए नोटिस देना पड़ता है। इन्हें शाम को कह दिया जायगा—गुण्डूराव और भजनलाल, कल से यह राहत कार्य बन्द हो रहा है। काम पर मत आना। तो ये घास और पत्ती खाने पर मजबूर होंगे। केन्द्र के लगभग सभी मन्त्री भी रोजाना मजदूरी पर राहत कार्य के 'मस्टर रोल' में दर्ज हैं। इनमें सबसे दीन मजदूर ज्ञानी जैलसिंह हैं।

आदम को आज विकट आनन्द प्राप्त हुआ, जब पढ़ा कि एक भेंट में मैडम गांधी ने कहा—संजय कांग्रेस अध्यक्ष या उत्तरप्रदेश के मुख्यमन्त्री कतई नहीं बनाये जायेंगे। मैं स्वयं कुछ समय कांग्रेस अध्यक्ष रहूँगी।

मैडम, आपने समर्पित कांग्रेसमैन को बड़ी नैतिक उलझन में डाल दिया। सुबह मुझे दो कांग्रेसमैन मिले थे। कह रहे थे—मैडम तो ऐसा कहती हैं। समझ में नहीं आता माँ-बेटे में कौन हमारा दीनबन्धु है। इन्दिराजी भारत हैं या संजय? हमने संजय के कांग्रेसाध्यक्ष बनाने का नारा दिया और मैडम नाराज हो गयीं, तो हम डूबे। और मैडम ही कांग्रेसाध्यक्ष रहें, यह नारा दिया और संजय नाराज हो गये, तो भी डूबे। कुछ समझ में नहीं आता कि हमारा उद्धार दोनों में से किसके हाथों होगा? दूसरी तरफ संजय खुद कुछ बन गये और दूसरों को बनाने लगे और हमने संजय की जय नहीं बोली तो भी गये। आदम की अर्ज है—मैडम, भक्तों को इस धर्मसंकट से आप

ही उबारो। यह पार्टी का आन्तरिक लोकतन्त्र काम कर रहा है। देख रही हैं आप?

शाम को दो सुलझे हुए और आश्वस्त कांग्रेसमैन मिले। वे बोले—कुछ उलझन नहीं है। मैडम चाहती हैं कि आवाजें उठें कि संजय को कांग्रेस अध्यक्ष बनाओ, केन्द्रीय मन्त्री बनाओ। जब ये आवाजें छा जायेंगी, तब मैडम कहेंगी—मैं तो कतई नहीं चाहती कि संजय को कोई पद दिया जाय। पर पार्टी चाहती है। मैं तो पार्टी में लोकतन्त्र पर विश्वास करती हूँ। पार्टी की माँग नहीं टाल सकती।

रात को दो तटस्थ आदमियों ने कहा—वे कौन ताकतें हैं, जो इन्दिराजी को कांग्रेस-अध्यक्ष पद से खिसकाकर संजय के मारफत पार्टी और सरकार पर कब्जा करना चाहती हैं? मैडम अपने और अपनी नीतियों के देशी और विदेशी शत्रुओं को तो पहचानती हैं न। उनको सावधान हो जाना चाहिए।

जनरल जिया-उल-हक़ से भेंट

भारत में चुनावों के बाद इतने दुखी राजनेता हो गये हैं कि आदम घबड़ा उठा। इस दुख से बचने के लिए आदम देश से बाहर चला गया। कुछ ऐसे महान राजनेताओं से मिलूँ जो आदम का दिल बहलायें।

मैं इस्लामाबाद पहुँचा। जनरल जिया-उल-हक़ के दफ्तर में गया। जनरल से मेरी पुरानी पहचान है। जिया साहब ने हाथ मिलाया। हाथ कुछ ठण्डा था।

मैंने कहा—क्या आप बीमार हैं? आपका हाथ ठण्डा है?

जिया—इधर बड़ी ठण्ड पड़ रही है। उधर हिन्दुकुश के पार से शीत लहर आ रही है। तुम्हारे देश में क्या हाल है?

आदम—हमारे देश में कुछ लोगों के हाथ-पांव दोनों ठण्डे पड़ गये हैं। यह शीत लहर बाहर से नहीं, आदमी के भीतर से उठती है।

जिया—आपके प्यारे अटलबिहारी वाजपेयी के हाथ भी ठण्डे हैं?

आदम—जनरल साहब, आपकी मूँछें भी ढीली हैं। क्या स्टार्च नहीं लगाया?

जिया—क्या मूँछें स्टार्च से तनती हैं?

आदम—हाँ, सारे तानाशाहों की मूँछें स्टार्च से तनती हैं।

जिया—भई, पता नहीं मूँछों को क्या हो गया है। बार-बार स्टार्च लगाता हूँ, फिर भी नहीं तनतीं। हिन्दुकुश के उस पार से आनेवाली हवा के सबब से यह गड़बड़ हो रही है।

जनरल जिया एक झटके से उठे। उन्होंने दरवाजे की चटकनी लगा दी। आदम

घबड़ाया। इस्लाम का मामला है। पता नहीं क्या हो। कहीं मुझे जन्नत तो नहीं भेज देंगे।

मैंने कहा—आपने चटकनी क्यों लगा दी। क्या मुझे कोड़े लगाकर इस्लामी हुकूमत जमाना है।

जिया—नहीं, घबड़ाओ मत।

आदम—तो क्या दरवाजा बन्द करके शराब पीना है।

जिया—नहीं भई, इस्लाम के मुताबिक पाकिस्तान में शराब सिर्फ तस्करी की पी जाती है। मैंने दरवाजा इसलिए बन्द किया कि कहीं वह अमेरिकी राजदूत गोला-बारूद लेकर न घुस जाय।

आदम—अमेरिकी राजदूत क्या गोला-बारूद लेकर आपको डराने आता है?

जिया—नहीं, वह कहता है हम तुम्हारे दोस्त हैं। तुम्हारे रक्षक हैं। यह गोला-बारूद ले लो।

आदम—तो क्या आप पर हमला हुआ है?

जिया—हम पर तो कोई हमला नहीं हुआ। मगर वे कहते हैं कि हमें खतरा है। देखो, फिर हिन्दुकुश के उस पार से हवा आयी। कमरे में घुस आती है और हड्डी कँपा जाती है।

आदम—तो ले लीजिए गोला-बारूद। आप पर हमला हुआ है, यह आप तय नहीं करेंगे, अमेरिका तय करेगा। अमेरिका का अपने दोस्तों से यही रिश्ता है। अमेरिका अपने मित्र देश से कहता है—तुम पर हमला हुआ है। वह देश कहता है—हुजूर, हम पर हमला नहीं हुआ। अमेरिका कहता है- अबे बेवकूफ, तू क्या जानता है। हम कहते हैं, तुझ पर हमला हुआ है। ले हथियार और लड़।

जिया—यही तो मुश्किल है। जब हमने अमेरिकी हथियार लिये हैं, हम झंझट में पड़े हैं।

आदम—झंझट में तो इसलिए पड़े हैं कि अमेरिका अपने हथियारों से अपनी लड़ाई लड़वाता है, आपकी नहीं। आपको वह जनरल से सिपाही बना देता है और हुक्म देता है।

जिया—हथियार लें कि न लें। उधर रूस भी धमकी देता है कि अगर पाकिस्तान को अमेरिकी-चीनी षड्यन्त्रों का अड्डा बनने दिया तो अच्छा नहीं होगा।

आदम—पाकिस्तान में अमेरिका और चीन क्या कर रहे हैं?

जिया—कोई बुरा तो नहीं कर रहे हैं। भई, अफगानिस्तान से भागकर आये मुसलमानों को ट्रेनिंग देते हैं और घुसपैठ करने के लिए वापस भेज देते हैं।

आदम—आप यह क्यों होने देते हैं?

जिया—क्योंकि चीन और अमेरिका हमारे दोस्त हैं।

आदम—यानी आपके दोस्त आपके बँगले में छिपकर पड़ोसी के घर पर पत्थर फेंक सकते हैं।

जिया—पड़ोसी अगर कम्युनिस्ट हो गया हो तो क्यों नहीं फेंक सकते? अमेरिका और चीन तो इस्लाम की मदद के लिए आये हैं।

आदम—चीन भी तो कम्युनिस्ट है।

जिया—मगर रूस-विरोधी है और हमारा दोस्त है। अगर अफगानिस्तान से साम्यवाद हमारी तरफ आ गया तो हमारा क्या होगा? एक मुसीबत और है। हम अमेरिका को उधर आने देते हैं, तो वह अयातुल्ला खोमैनी आँखें दिखाता है। इधर भारत आँखें दिखाता है।

आदम—यामी आपको सब आँखें दिखाते हैं। अमेरिका आँखें दिखाता है, रूस आँखें दिखाता है, चीन आँखें दिखाता है, ईरान आँखें दिखाता है, अफगानिस्तान आँखें दिखाता है, भारत आँखें दिखाता है। आखिर आप ऐसे क्यों हो गये?

जिया—अरे आदम, हम तो जुगराफिया में फँसे हुए हैं। जमीन के इस टुकड़े पाकिस्तान को लेकर कहाँ चले जायें। हमें रूस के पड़ोस में ही रहना पड़ेगा।

आदम—उधर सऊदी अरब में खाली जगह बहुत है। उधर काबा भी है। खुदा भी है।

जिया—अरे खुदा के अपने घर काबा पर काफिरों ने कब्जा कर लिया था। खुदा हमारी क्या हिफाजत करेगा।

आदम—तो फिर कार्टर साहब पर भरोसा कीजिए। वे खुदा से बड़े हैं। मैं उनसे मिलने जा रहा हूँ। कुछ सन्देशा हो तो बता दीजिए।

जिया—भैया, हाथ जोड़कर कह देना कि जब हशीश और हैरोइन स्मगल करके भेजते हो तो हथियार ऐलान करके क्यों भेजते हो? जो भेजना है, चोरी से भेजो।

स्वर्णसिंह के दर्शन

भारतीय राजनीति में बाबू जगजीवनराम के बाद दूसरे नम्बर के सदाबहार नेता सरदार स्वर्णसिंह हैं—'एवरग्रीन' ऐक्टर अशोककुमार की तरह। अशोककुमार न बलराज साहनी की तरह चरित्र अभिनेता, न दिलीपकुमार की तरह ट्रेजिक अभिनेता, न देवानन्द की तरह रूमानी हीरो। पर हमेशा ऊँचे अभिनेता रहे। बस, 'स्क्रिप्ट' के अनुसार रोल करते हैं। स्क्रिप्ट से इधर-उधर नहीं होते। यही हाल सरदार स्वर्णसिंह की राजनीति का है। स्क्रिप्ट हो तो एक्स्ट्रा से लेकर हीरो का रोल कर लेंगे। मगर खुद 'स्क्रिप्ट' तैयार नहीं कर सकते। हाँ, स्क्रिप्ट कोई बना दे तो डायरेक्टर को रोल से कोई शिकायत नहीं हो सकती। स्वर्णसिंह 30 सालों से जहाँ-के-तहाँ हैं, मगर हैं। ऐसा कभी नहीं हुआ, बीच के तीन साल छोड़कर कि वे नहीं

रहे हों। क्या रहे ? वही-वही रहे। केन्द्रीय मन्त्रिमण्डल में प्रधानमन्त्री के पीछे खड़े हुए हमेशा फोटो में खिंचते रहे। न आगे की लाइन में आये न पीछे गये। वे मेरे आँगन के नींबू के पौधे की तरह हैं। ये जनाब 5 फीट से ऊपर नहीं गये। मगर कोई नहीं कह सकता कि ये नींबू के पेड़ नहीं हैं। हर मौसम में इनमें फूल आ जाते हैं। मगर इनका नींबू हमने कभी नहीं निचोड़ा। ये फलते नहीं हैं, फूलते हैं। यही हाल स्वर्णसिंह का है।

आदम दो साल से इन्तजार कर रहा है कि स्वर्णसिंह लौटकर मैडम की पार्टी में आ जायें। पर हर बार जब वे इधर आते दिखते, मालूम होता, बीच में ही पालम से उड़कर बेटी-दामाद से मिलने अमेरिका चले जाते। अभी परसों वे आ गये कांग्रेस (इ) में। मैं समझ गया। बॉस जब कुर्सी पर आ गयी, तब सरदारजी पीछे खड़े होकर मुस्कुराने आ गये। पहले आते तो कहाँ खड़े होकर मुस्कुराते ? तब बॉस कुर्सी पर नहीं थी।

मैं सरदार स्वर्णसिंह से मिला। हमेशा की तरह खुश थे। वही बेमतलब की मुस्कान।

आदम—सतश्री अकाल सरदारजी !

स्वर्ण—सतश्री अकाल बादशाओ ! आओ जी !

आदम—आखिर आ लगे।

स्वर्ण—आ गया जी ! सब गुरु की किरपा है। नाम का परताप है। पर लग गये। नानक नाम जहाज है—

आदम—किसका ? अकाल पुरुख का नाम ?

स्वर्ण—वही जी, इन्दिराजी का।

आदम—मगर लोग कहते हैं कि प्रभुतावादी हैं।

स्वर्ण—बहुत अच्छा है जी ! प्रभु हैं तो बन्दे को कोई फिक्र नहीं। दुई खत्म किये बिना फल नहीं मिलता—जब मैं था तब तू नहीं, अब तू है मैं नाहिं। प्रेम-गली अति साँकरी जा में दो न समाहिं।

आदम—आप तो सन्तों की वाणी बहुत याद करते हैं। अभी आपने जो कहा उसका खुलासा कीजिए।

स्वर्ण—आसान है जी ! जब मैं दूसरी कांग्रेस का प्रेसीडेण्ट था, तब तू प्रधान-मन्त्री नहीं थी। अब तू प्रधानमन्त्री है तो मैं उस कांग्रेस में ही नहीं हूँ जिसका कभी अध्यक्ष था; प्रेम-गली अति साँकरी···।

आदम—मगर आपको आने में बहुत दिन लग गये। क्या पैदल आये ?

स्वर्ण—आना तो मैं चाह रहा था दो-ढाई सालों से। मगर रास्ते में कभी रेड्डी रोक लेता, कभी चह्वाण, कभी अर्स। कहता—उधर मत जाना। वहाँ जाओगे तो केस चल जायगा। जाँच हो जायगी। देखो, जैलसिंह फँसा है, बंसीलाल फँसा है। मैं रुक जाता था।

आदम—कितना अच्छा होता कि आप जैलसिंह की तरह इधर ही रह जाते।

आज देखिए जैलसिंह का रुतबा।

स्वर्ण—मैं 'चांस' नहीं लेता जी! इधर रह जाता और जनता सरकार मुझे फँसा देती और अब इन्दिराजी की सरकार नहीं बनती—तो क्या होता?

आदम—उस दूसरी कांग्रेस में आपको कैसा लगता था?

स्वर्ण—वहाँ बड़ी मुश्किल यह थी कि लोगों ने मुझसे कहा कि तुम लीडर हो। हमारी लीडरी करो। अब लीडरी अपने से बनती नहीं। कभी नहीं की। स्कूल में क्लास की कप्तानी तक नहीं की। फिर बात यह थी कि दिल तो मेरा इधर था, उधर लीडरी कैसे करता?

आदम—अब कैसा लगता है?

स्वर्ण—ऐसा लगता है कि तीन साल सस्पेण्ड रहे। अब नौकरी पर बहाल होने ही वाले हैं।

आदम—आप अगर रेड्डी ब्रह्मानन्द के साथ आ जाते, तो अच्छा होता। इस वक्त कैबिनेट में होते।

स्वर्ण—उसमें 'रिक्स' थी जी—मेरा मतलब रिस्क थी! अगर यह पार्टी न जीतती तो रेड्डी कहीं के नहीं रहते। अभी भी रेड्डी को क्या मिला?

आदम—वह अलग बात है। रेड्डी आन्ध्र के हैं। आप पंजाब के। आन्ध्र तो जीता हुआ है। पंजाब फतह करना है।

स्वर्ण—हाँ, सो तो सही है। मगर हम रूलिंग पार्टी देखकर ही कदम बढ़ाते हैं। जैलसिंह को कुछ आता नहीं है। चन्द दिनों का है। संजय का आदमी है।

आदम—और आप?

स्वर्ण—हम सीधे मैडम के आदमी। वे कहेंगी—कौन-सा महकमा चाहिए, तो मैं कहूँगा कि रेलवे से लेकर विदेश विभाग तक सँभाल चुका हूँ। कुछ भी दे दो या पंजाब भेज दो। पंजाब सँभाल लूँगा। दरबारा या ढिल्लो से नहीं सँभलेगा।

आदम—और कौन-सा राजनीतिक काम कर रहे हैं आजकल?

स्वर्ण—बस भजन करता हूँ। गुरुवाणी का उच्चारण करता हूँ—जो तोहि प्रेम पिरीत की चाउ, सिर पर तली गली मेरी आउ।...और अकाल तख्त में फूट डालने की कोशिश कर रहा हूँ।

यह 'अवकाशवाणी' है....

यह 'अवकाशवाणी' है। अब आप 'आदम' से समाचार सुनिए। आज दोपहर दो बजे मोरारजी देसाई के निवास पर उनकी और चरणसिंह की भेंट हुई। दिन को दो

बजे का समय इसलिए रखा गया था कि मोरारजी भाई ने समझौता-वार्ता कराने-वाले नेताओं से कह दिया था कि मैं चरणसिंह को न भोजन कराऊँगा न चाय पिलाऊँगा। इसीलिए दो बजे दोपहर का समय तै किया जा रहा था, क्योंकि चरणसिंह को रात-भर नींद नहीं आती। पर मोरारजी भाई ने कहा कि उस समय मैं गहरी नींद में होता हूँ।

सरकारी प्रवक्ता ने इन अफवाहों को गलत बताया है कि मोरारजी भाई के घर में चरणसिंह जबरदस्ती घुस गये। इस तरह की कोई रिपोर्ट पुलिस थाने में दर्ज नहीं है। प्रवक्ता ने इस खबर को भी गलत बताया है कि चरणसिंह ने पुलिस को रिपोर्ट दी है कि मोरारजी भाई ने उनके दिल पर आघात पहुँचाया है। पुलिस थाने में ऐसी कोई रिपोर्ट दर्ज नहीं है। डाक्टरों के अनुसार चरणसिंह के हृदय पर चोट के कोई निशान नहीं हैं। एक हृदय-विशेषज्ञ का कथन है कि हम पिछले तीन महीनों से यह पता लगाने की कोशिश कर रहे हैं कि चरणसिंह का दिल शरीर में कहाँ है। पहले डाक्टरों ने अनुमान लगाया था कि उनका दिल नाक में है, पर अब निश्चित रूप से पता चल गया है कि उनका दिल एड़ी में है। ऐसी स्थिति में मोरारजी भाई के उनके दिल को चोट पहुँचाने का कोई सवाल ही नहीं उठता, क्योंकि चोट पहुँचाने के लिए भी मोरारजी भाई पाँवों पर नहीं झुकेंगे।

ये समाचार आपको 'अवकाशवाणी' से सुनाये जा रहे हैं।

दोनों नेताओं में सहमति हुई कि चरणसिंह रोज कहेंगे कि मेरी मन्त्रिमण्डल में लौटने में कोई दिलचस्पी नहीं है और मोरारजी भाई रोज बयान देंगे कि मैं अभी एक महीना मन्त्रिमण्डल में हेरफेर नहीं करूँगा।

दोनों में इस बात पर भी सहमति थी कि सबसे ईमानदार पार्टी जनसंघ है। इस पर कोई भी भरोसा कर सकता है। जनसंघ पर भरोसा करने के सुखद परिणामों का ब्यौरा चरणसिंह ने दिया। मोरारजी भाई ने आशा प्रकट की कि निकट भविष्य में उन्हें भी जनसंघ पर भरोसा करने के सुखद परिणाम मिलेंगे।

दोनों नेताओं ने नैतिकता का मानदण्ड भी तय किया। इसके अनुसार जब चरणसिंह मोरारजी भाई से नाराज होंगे तब कान्तिभाई भ्रष्टाचारी हो जायेंगे। और जब चरणसिंह का मोरारजी भाई से समझौता हो जायगा तब कान्तिभाई सदाचारी हो जायेंगे। यही नैतिकता चरणसिंह के रिश्तेदारों पर लागू होगी।

दोनों नेताओं में इस बात पर भी सहमति हुई कि ऊँचे नेताओं के भ्रष्टाचार मिटाने का यह तरीका है कि सब मिलकर उन भ्रष्टाचारों को दबा दें।

चरणसिंह के इस आरोप पर भी चर्चा हुई कि पाँच मन्त्री और नेता अपनी पत्नियों के प्रति वफादार नहीं हैं। यह तय किया गया कि सी. बी. आई. के द्वारा यह जाँच करायी जाय कि इनकी पत्नियाँ वफादार हों तो इन मन्त्रियों और नेताओं से कहा जाये कि वे अपनी पत्नियों से मजिस्ट्रेट के सामने हलफिया बयान दिलवायें कि हमारे पति हमारे प्रति वफादार हैं। ये बयान प्रधानमन्त्री को सौंप दिये जायें।

यह भी तय हुआ कि चरणसिंह भविष्य में स्वास्थ्य लाभ के लिए सूरजकुण्ड

नहीं जायेंगे। सूरजकुण्ड से दिल्ली पर हमला करना ठीक नहीं है। प्रधानमन्त्री पानीपत में एक विशेष विश्रामस्थल बनवा देंगे। पानीपत में दिल्ली के तख्त के लिए तीन लड़ाइयाँ हो चुकी हैं। चरणसिंह के लिए उचित होगा कि ऐतिहासिक परम्परा के निर्वाह के लिए वे पानीपत को युद्धस्थल बनायें।

यह भी तय किया गया कि किष्किन्धा का राज राजनारायण को दे दिया जाय, जहाँ से वे वानर समाज का कल्याण करें।

चरणसिंह ने मोरारजी भाई से यह जानना चाहा कि वे बीमार कब पड़ेंगे। मोरारजी भाई ने इस सम्बन्ध में कोई निश्चित वादा नहीं किया।

ये समाचार 'अवकाशवाणी' से सुनाये जा रहे हैं।

मोरारजी भाई और चरणसिंह में अगले हमले पर भी चर्चा हुई। चरणसिंह ने कहा बताते हैं कि इसकी योजना तब बनेगी जब जनसंघ हमले में साथ देने को तैयार होगा। जनसंघ चाहता है कि अगले युद्ध के प्रधान सेनापति बाला साहब देवरस हों और जाटों की सेना की एक टुकड़ी राष्ट्रीय स्वयंसेवक संघ की महासेना के अन्तर्गत हो। विजय के बाद दिल्ली के सिंहासन पर बाला साहब देवरस का अभिषेक हो और चरणसिंह को दसहजारी मनसबदार बनाया जाय। जब इस प्रकार की सन्धि हो जायेगी, तब अगला युद्ध होगा।

कैम्प फ्रॉड में एक भेंट

मोरारजी ने कहा—आदम, तारापुर के लिए यूरेनियम का इन्तजाम करना है। तुम राष्ट्रपति कार्टर से मिलो।

मैंने कहा—मैं नहीं मिलूंगा। लोग तरह-तरह की बातें करते हैं। नये पोप के लिए मैंने आपकी चिट्ठी लिख दी थी, तो लोग मुझे उलाहना देते हैं कि तुमने मोरारजी जैसे पवित्र आदमी से एक कम्युनिस्ट देश के पोप को बधाई दिलवा दी, यह उतना ही अपवित्र काम है, जितना जगजीवनराम का इन्दिरा गाँधी को बधाई देना। आप अपने हेनरी किसिंगर को भेज दीजिए।

मोरारजी ने पूछा—मेरा हेनरी किसिंगर कौन है?

मैंने कहा—डॉ. स्वामी।

मोरारजी ने कहा—नहीं, नहीं, वह नहीं। वह चीन गया था तो अटलबिहारी के पेट में दर्द हो गया था।

मैंने कहा—तो फिर आप ही जिमी कार्टर से मिलिए।

दूतावासों के माध्यम से दोनों के मिलने का कार्यक्रम बना। कार्टर ने खबर

भेजी कि मैं आजकल वाशिंगटन में नहीं, कैम्पों में मिलता हूँ जैसे कैम्प डेविड में। मैं भारतीय प्रधानमन्त्री से कैम्प 'फ्रॉड' में मिल सकता हूँ।

मैंने कहा--भाईजी, आप सत्यवादी हैं और फ्रॉड का मतलब होता है, छल, धोखा। आप कैम्प फ्रॉड में कैसे मिलेंगे कार्टर से ? आपकी गाँधीवादी आत्मा कैसे मानेगी ?

मोरारजी ने कहा—सत्य की साधना में असत्य के घर जाना ही पड़ता है। मैं कैम्प फ्रॉड में कार्टर से मिलूँगा। तुम मेरे साथ रहना।

कैम्प फ्रॉड में भेंट हुई। वहाँ एक दीवार पर लिंकन का चित्र टँगा था। दूसरी दीवार पर एक चित्र था जिसमें एक गोरा एक नीग्रो को मार रहा था।

कार्टर—कहिए, क्या हाल हैं ?

मोरारजी—ठीक है। आप शराब मत पिया करिए। सिगरेट भी छोड़ दीजिए। मांस खाना बन्द कर दीजिए। दूध पिया कीजिए और केले खाया करिए।

कार्टर—आप बहुत 'बोर' आदमी हैं। आप उपदेश देते हैं। आपके मन्त्रिमण्डल के आधे मन्त्री शराब पीते हैं।

मैंने वार्ता भंग होने से बचायी।

मैंने कहा—साहब, उन मन्त्रियों का शराब पीना जरूरी है। बात यह है कि मोरारजी के सदाचार के उपदेश इतने भारी होते हैं कि बिना शराब पिये उन्हें बरदाश्त करना कठिन होता है। वे मन्त्री इनके उपदेश सहने के लिए ही शराब पीते हैं। न पियें, तो घबड़ाकर मर जायें।

कार्टर—और अगर मैं दिल्ली में शराब पीऊँ तो ?

मोरारजी—अरे साहब, आप क्या आपका कुत्ता भी शराब पीना चाहे तो मजे में पीये। बस ज़रा छिपकर पियें। राष्ट्रपति भवन में अलग इन्तजाम कर देंगे। वो यूरेनियम दे दीजिए मालिक !

कार्टर—यूरेनियम माँगते हो, मगर विदेशमन्त्री को पीकिंग भेजते हो।

मोरारजी—जी, अटलबिहारी के पेट में दर्द हो गया था।

कार्टर—ऐसा कैसा दर्द ? उन्हें अमेरिका भेज देते। हम दूसरा पेट लगा देते।

मोरारजी—गलती हो गयी। आगे दूसरा दिमाग लगाने भी भेज देंगे।

कार्टर—दिमाग उनका ठीक है। पेट में ही गड़बड़ है। हाँ, यूरेनियम क्यों चाहते हो ?

मोरारजी—तारापुर के लिए। अपना आपसी करार है न सप्लाई का !

कार्टर—करार बराबरीवालों में होता है। बड़े और छोटे में नहीं होता। क्या करोगे तारापुर की ऊर्जा का ?

मोरारजी—बिजली होगी साहब ! लाइट वगैरह ! और कारखाने चलेंगे।

कार्टर—क्या करोगे कारखानों का ? यहाँ अमेरिका में तो बहुत कारखाने हैं। यहीं से माल ले लिया करो।

मैंने फिर हस्तक्षेप किया। कहा—कारखाने क्या साहब ? आटे की चक्की

वगैरह चलायेंगे। इतना आटा अमेरिका से पिसवाकर मँगवाना सम्भव नहीं है।

कार्टर—ठीक है। अणु-परीक्षण तो नहीं करोगे?

मोरारजी बोले—साहब, पहले भी कसम खा चुका हूँ और अब भी कसम खाता हूँ कि एक पटाखा भी नहीं फोड़ेंगे। मुझे पछतावा है कि जब इन्दिरा गाँधी ने वह अणु-परीक्षण किया था तब मैंने अनशन क्यों नहीं कर दिया।

कार्टर—अच्छा, मानव-अधिकार के बारे में क्या खयाल है? ईरान में मानव-अधिकार हैं या नहीं?

मोरारजी—जिसे आपका समर्थन है वहाँ जरूर मानव-अधिकार होते हैं। ईरान में तो बिल्कुल लिंकन ही जैसा आदर्श है—जनता की सरकार, जनता के द्वारा, जनता के लिए।

कार्टर—देखिए, यूरेनियम के बारे में ऐसा है कि अगले साल नया कानून लागू हो रहा है। फिर कांग्रेस की मंजूरी भी तो चाहिए।

मोरारजी—साहब, आपकी कृपा हो तो क्या कानून और क्या संसद? आप सर्वशक्तिमान हैं।

आदम का नया घोषणापत्र

आदम ने पिछली बार लोकदल का घोषणापत्र जारी किया था। आज मैं जनता पार्टी का घोषणापत्र जारी कर रहा हूँ। मैंने लोकदल के दल-बदलुओं का नाम छोड़ दिया है। दल-बदलना एक राजनीतिक पाप है। इस प्रवृत्ति से सब देशभक्तों को लड़ना चाहिए। दल-बदल की प्रवृत्ति से लड़ने का सबसे अच्छा तरीका यह है कि खुद दल-बदल कर लेना चाहिए। मैंने देश में दल-बदल रोकने के लिए ही दल बदला है। लोकदल-कांग्रेस गठबन्धन में मैंने टिकिट माँगा था। मैंने धमकी दी थी कि अगर मुझे टिकिट नहीं दिया गया तो मैं मुस्लिम मजलिस में चला जाऊँगा। मेरी हव्वा जुल्फिकारउल्ला की बीवी से गुपचुप मिलती रहती है।

इस पर चरणसिंह ने कहा—मैं धमकी से नहीं डरता। तुम्हें कांग्रेस के हिस्से में से टिकिट ले लेना चाहिए। मैंने कहा—जिस क्षेत्र से मैं लड़ना चाहता हूँ वहाँ से आपने अपना उम्मीदवार खड़ा कर दिया है। कांग्रेस की टिकिट से मैं अपने ही लोकतान्त्रिक मोर्चे के उम्मीदवार से कैसे लड़ूँगा। चरणसिंह ने कहा—कोई हर्ज नहीं। दोस्ताना लड़ाई हो जायेगी। कई सीटों पर हो रही है।

आदम को यह बात पसन्द नहीं आयी।

इसी समय आदम की टिकिटपीड़ित आत्मा से आवाज उठने लगी। मेरी आत्मा

ने कहा—अधम, इन दल-बदलुओं का साथ छोड़। तो मैंने इन्दिरा कांग्रेस के रोजगार दफ्तर में दरखास्त दे दी। मुझे इन्दिराजी के सामने पेश किया गया। उन्होंने पूछा—इधर क्यों आये हो ? मैंने कहा—आत्मा की आवाज पर, जैसे कभी रेड्डी आत्मा की आवाज पर यहाँ आये हैं। इन्दिराजी ने पूछा—अच्छा, इमरजेन्सी के बारे में तुम्हारा क्या खयाल है। मैंने कहा—इमरजेन्सी तो ठीक थी। वह तो 'शॉक ट्रीटमेण्ट' था, जिसकी देश को जरूरत थी। इन्दिराजी ने कहा—तुम्हारी आत्मा में यह कुलबुलाहट कबसे होने लगी ? मैंने कहा—तभी से जबसे बहुगुणा को होने लगी थी। मुझे भी रात-भर नींद नहीं आती थी, अमृत नाहटा की तरह। इन्दिराजी ने पूछा—तो बहुगुणा के साथ ही इधर क्यों नहीं आ गये ? मैंने कहा—बहुगुणाजी की आत्मा चपल है। मेरी आत्मा जरा सुस्त है बाबू जगजीवनराम की आत्मा की तरह। इन्दिराजी ने कहा—तो क्या चाहते हो ? मैंने कहा—लोकसभा का टिकिट। इन्दिराजी ने कहा—वह तो खाली नहीं है। जो पहले आ गये हैं, उन्हीं के लिए जगहें पूरी नहीं हो रही हैं। नन्दादेवी चुनाव क्षेत्र से लड़ोगे ? मैंने कहा—वहाँ बड़ी ठण्ड है। बीमार पड़ जाऊँगा। इन्दिराजी ने कहा—तो तुम ग्राम पंचायत का सरपंच बन जाना। मैंने कहा—बहुत छोटा पद है। मेरी सेवा का खयाल कीजिए। मैं आत्मा की आवाज पर आया हूँ। इन्दिराजी ने कहा—तो तुम्हें हम विदेशसेवा में भेज देंगे। आदम खुश हुआ। पूछा—कहाँ का राजदूत बनायेंगी ? इन्दिराजी ने कहा—राजदूत नहीं जी। अभी क्लर्क बनायेंगे कहीं।

अब मेरी उम्मीद संजय गांधी पर टिकी थी। मैं उनके पास गया। कहा—मुझे युवक कांग्रेस में भरती करके टिकिट दे दीजिए। संजय ने पूछा—तुम्हारी कितनी उम्र है। मैंने कहा—पचपन साल। संजय ने कहा—उम्र तो कोई ज्यादा नहीं है, पर हमारे कार्यक्रम में तुम्हारा विश्वास है ? पत्थर फेंक सकते हो ? स्कूल के दिनों में साइकिलें पंचर करते थे ? मैंने कहा—ये काम तो मैंने कभी नहीं किये। संजय ने कहा—तो इधर नहीं चलोगे। ममी के पास जाओ। सारे मुर्दे वहीं जा रहे हैं।

आदम निराश हो गया। सड़क पर श्रद्धेय नानाजी देशमुख मिल गये। मैंने कहा—नानाजी, आजकल आप दिल्ली में नहीं दिखते ? कहाँ राष्ट्रसेवा करते हैं ? नानाजी ने कहा—मेरा अवमूल्यन हो गया है। देवरसजी ने कहा कि तुम्हारी अक्षमता के कारण ही जनता पार्टी टूटी और संघ बदनाम हुआ। मैं दिल्ली में 'एक्सपोज' हो गया, याने मेरा भेद खुल गया। देवरसजी ने कहा है कि तुम कोई बड़ा सफल पाखण्ड करके बताओ तब संघ में तुम्हें प्रतिष्ठा दी जायेगी, तो अब पाखण्ड की तलाश में घूम रहा हूँ।

आदम ने उन्हें अपना दुख बताया। वे द्रवित होकर बोले—कोई बात नहीं। मैं तुम्हें जनता पार्टी में भरती कराके टिकिट दिला देता हूँ। चलो चन्द्रशेखर के पास। पर एक बात का ध्यान रखना—चन्द्रशेखर, बाबूजी, सुरेन्द्र मोहन, मोरारजी—इनमें से हर एक से कहना है कि मैं तुम्हारा आदमी हूँ। और मेरी तरह पोल मत खुलवा लेना।

मैं अब जनता पार्टी में हूँ। टिकिट पा गया हूँ।

अब रही घोषणापत्र की बात। हमारी पार्टी का मुख्य कार्यक्रम है—मोरारजी, जगजीवनराम, अटलबिहारी, चन्द्रशेखर, एक-दूसरे को प्रधानमन्त्री बनने से रोकेंगे। चुनाव के बाद पार्टी बाला साहब देवरस को सौंप देंगे। वे जनता पार्टी के अयातुल्ला खोमैनी हैं। कृषि, ग्रामोत्थान, उद्योग, गरीबी हटाना, बेरोजगारी, शिक्षा आदि फालतू बातें हैं। हम इनके बारे में कुछ नहीं करेंगे।

देवरसजी से संवाद

देवरसजी ने भोपाल में कह दिया कि दस सालों में संघ भारत में शासन स्थापित कर लेगा और उज्जैन में जाकर कह दिया कि मैंने ऐसा कहा ही नहीं। मगर बवण्डर तो खड़ा हो ही गया।

मैं देवरसजी का भक्त हूँ। उनसे मिलने नागपुर पहुँचा।

वे मुझे देखकर खुश हुए। बोले—मैं तुमसे प्रसन्न हूँ। जितना प्रचार तुम संघ का करते हो, उतना हमारे पेपर भी नहीं करते। तुम हमारे पत्र 'आर्गनाइजर' में क्यों नहीं आ जाते?

मैंने कहा—मैं योग्य नहीं हूँ। मैं उतनी बुरी अंग्रेजी नहीं लिख सकता।

बाला साहेब ने कहा—कोई बात नहीं। अभ्यास करो। खासी बुरी अंग्रेजी लिखने लगोगे! अच्छा, नागपुर आये हो तो यहाँ का चिवड़ा और आलूबण्डा खाया?

मैंने कहा—जी हाँ, कल से वही खा रहा हूँ। सकलेचाजी ने मुझे रतलाम के सेब भी खिलाये थे।

देवरसजी बोले—हाँ, चिवड़ा और आलूबण्डा नागपुर का शुद्ध राष्ट्रीय खाद्य है। पर तुम नागपुरी सन्तरा कभी मत खाना। उसकी संस्कृति बिगड़ चुकी है। न जाने कहाँ-कहाँ के विदेशी बीज तक लाये जाते हैं। 'स्वकीय' और 'परकीय' बीज मिलाकर सन्तरे की संस्कृति ही भ्रष्ट कर दी है।

आदम—यह बताइए, 'बाला' साहब और 'बाल' साहब में क्या अन्तर है?

देवरस—तुम उस बम्बईवाले लफंगे बाल ठाकरे की बात कर रहे हो न? वह ब्राह्मण विरोधी है, पापी है।

आदम—आपने क्या भोपाल में यह कहा था कि संघ दस सालों में भारत पर शासन करेगा?

बाला साहब—अगर कहा भी तो ऐसा क्या कह दिया जो लोगों को न मालूम

हो। असल में तो मार्च 1977 में ही यह तय था कि दस साल बाद, यानी मार्च 1987 में संघ सत्ता पर कब्जा कर लेगा। पर बीच में नानाजी से थोड़ी गड़बड़ हो गयी। तो अब मैं कहता हूँ कि 1989 में हम सत्ता पर कब्जा करेंगे। यानी मैं इन 'सेकुलर' राष्ट्रद्रोहियों को ढाई साल का एक्सटेन्शन दे रहा हूँ। इन्हें मेरा अहसान मानना चाहिए।

आदम--पर आपने उज्जैन में कह दिया कि यह गलत रिपोर्ट है।

देवरस – यह बताओ कि नेता का पहला वक्तव्य सत्य होता है कि बाद का प्रतिवाद ?

आदम---प्रतिवाद असत्य होता है।

देवरस—ठीक। तुम बुद्धिमान हो। कहाँ से आयी तुममें इतनी बुद्धि ?

आदम—जी, कुछ समय शाखा में बौद्धिक वर्ग अटैण्ड किया था। अच्छा, आप कहते हैं कि 10 सालों में संघ सत्ता पर कब्जा करने लायक लोकप्रिय हो जायेगा तो क्या हम 'लोकप्रियता' का रास्ता अपनायेंगे।

देवरस—लोकप्रियता का अर्थ 'लोक आतंक' होता है। समझे ?

आदम—देवरसजी, आपने 'भारतीय राष्ट्र' क्यों मान लिया ? हमें तो 'हिन्दू राष्ट्र' चाहिए न !

देवरस—बात एक ही है। वह अटलबिहारी जनता पार्टी में थोड़ी तकलीफ में पड़ गया था न। तो मैंने कहा, चलो भारतीय राष्ट्र ही सही ! अटलबिहारी अच्छा लड़का है। बचपन से निष्ठावान स्वयंसेवक रहा है और बच्चे-जैसे उत्साह से ही बोलता है।

आदम---और चन्द्रशेखर ?

देवरस—अच्छा लड़का है। अभी नया स्वयंसेवक है। सीख जायेगा।

आदम—और मधुलिमये ?

देवरस—उसका वास्तविक नाम 'माधूव लिमायेव' है। वह रूसी एजेण्ट है।

आदम— हिन्दू राष्ट्र की आपकी कल्पना क्या है ?

देवरस—देखो, निरन्तर संकीर्ण होते जाना राष्ट्रधर्म है। पहले हम जम्बू द्वीप के थे। यह पूरा एशिया था। फिर हम 'भरतखण्ड' हुए, और छोटे हुए।

आदम—तो आगे 10 सालों में हमारी संकीर्णता का विकास कैसे होगा ?

देवरस--देखो, अब हम 'आर्यावर्त्त' होंगे। इससे दक्षिण के ये द्रविड़ अलग हो जायेंगे। फिर आर्यावर्त्त को भी छोटा करना होगा। ये बंगाली जो हैं न, कम्युनिस्ट हैं। इन्हें हिन्दू राष्ट्र में जगह नहीं मिलेगी। तो हम बनायेंगे 'उत्तराखण्ड'। इससे पूर्वी भारत से हमें छुट्टी मिल जायगी।

आदम—तब तो हिन्दीभाषी ही हिन्दू राष्ट्र में रह जायेंगे।

देवरस—नहीं, सारे हिन्दीभाषी भी हिन्दू राष्ट्र में नहीं होंगे। हम 'द्विजराष्ट्र' का नारा देंगे।

आदम --यानी ब्राह्मण, क्षत्रिय और वैश्य, ये हिन्दू राष्ट्र में होंगे। शूद्र इसके

बाहर होंगे।

देवरस—सुनो तो। इसके बाद अगला कदम होगा—'विप्रराष्ट्र'।

आदम—यानी केवल ब्राह्मण का राष्ट्र होगा। तब अपने सर कार्यवाहक राजेन्द्रसिंहजी का क्या होगा?

देवरस—वे तो विदेशी हो जायेंगे।

आदम—बाला साहेब, यह तो बड़ी विराट कल्पना है। 5-6 तहसीलों का हिन्दू राष्ट्र होगा। मैं ब्राह्मण हूँ, मुझे इस हिन्दू राष्ट्र में कोई स्थान मिलेगा?

देवरस—हाँ 'हिन्दू पद पादशाही' में तुम्हें हम 'जकातदार' बना देंगे या 'फड़नीस' बना देंगे।

आदम—ये क्या होते हैं? फड़नीस क्या जुए का फड़ चलाता है?

देवरस—नहीं जी, तुमने हिन्दू पद पादशाही का इतिहास नहीं पढ़ा। जकातदार याने टेक्स विभाग का अफसर। फड़नीस याने दफ्तर का प्रधान!

आदम—और आपका पद क्या होगा?

देवरस—हम होंगे, पेशवा बाला साहेब देवरस महाराज!

मार्गरेट थैचर को बधाई

मोरारजी ने आदम से कहा—तुम मेरे दिमाग को अच्छी तरह समझते हो। कई लोग तो यही नहीं मानते कि मेरे पास दिमाग भी है। तो मार्गरेट थैचर को मेरी तरफ से बधाई की चिट्ठी तुम्हीं बना दो। मैं दस्तखत करके भेज दूंगा। आदम ने जो मसौदा बनाया, नीचे दिया जा रहा है—

प्रिय मार्गरेट थैचर,

मैंने जो आपको 'प्रिय' सम्बोधन लिखा है, उससे गलतफहमी नहीं होनी चाहिए। आपको मोरारजी भाई वल्द रणछोड़ भाई देसाई साकिन सूरत ने 'प्रिय' नहीं कहा, भारत के प्रधानमन्त्री ने कहा है। मोरारजी तो ब्रह्मचारी है, जो किसी स्त्री को 'प्रिय' कहना तो दूर, उसकी तरफ देखना भी पाप समझता है।

मैं किसी मार्गरेट नाम की महिला को 'प्रिय' नहीं कह सकता। यह बहुत खराब नाम है। देख लीजिए, एक मार्गरेट आपकी रानी की बहन है जो इस वानप्रस्थाश्रम में अपने ब्याहता घरवाले को छोड़कर एक कम उम्र के गवैये के साथ मौज कर रही है। फिर आप उसे ब्रिटिश जनता के पैसे में से लाखों पौण्ड अलाउन्स देंगी। दूसरी मार्गरेट कैनेडा के प्रधानमन्त्री त्रूदो की पत्नी है जो पति परमेश्वर को छोड़कर गवैयों-नचैयों के साथ घूमती है।

देखिए, मैं हठी आदमी हूँ। मैं अभी भी यही मानता हूँ कि स्त्री शासन करने के योग्य नहीं है। हमने एक स्त्री को देख लिया। मैं इस वक्तव्य के लिए आपसे माफी माँग सकता हूँ क्योंकि आप विदेशी हैं। देशी स्त्री से मैं कतई माफी नहीं माँगूंगा, हालाँकि एक देशी स्त्री के कारण ही मैं आज प्रधानमन्त्री हूँ।

आपको बधाई देने के कारण हैं। एक तो आप भी कंजरवेटिव हैं और मैं भी कंजरवेटिव हूँ। कंजरवेटिव — कंजरवेटिव भाई-बहन ! ये लेबर-फेबर, सोशलिस्ट-ओशलिस्ट, कम्युनिस्ट-अम्युनिस्ट मुझे भी बिल्कुल पसन्द नहीं हैं। मेरा आपकी जाति से लगाव है, मैंने अंग्रेज बहादुर की नौकरी की, मैं मलिका विक्टोरिया के राज में पैदा हुआ था और महाराजा पंचम जॉर्ज के राज में डिप्टी कलेक्टर था। मैंने अंग्रेजी साम्राज्यवाद की खिदमत की है। फिर मैंने नौकरी छोड़ दी और गाँधीजी के आन्दोलन में शामिल हो गया। अगर नौकरी न छोड़ता तो डिसमिस होता। डिसमिस होने के डर से स्वतन्त्रता आन्दोलन में कूद जाने के कारण ही आज मैं प्रधानमन्त्री हूँ। इतिहास में ऐसा दूसरा उदाहरण नहीं मिलेगा जब कोई डिप्टी क्लेक्टर, जो डिसमिस होनेवाला हो, देश का प्रधानमन्त्री हो गया हो। मैं सब तरह से अद्‌भुत हूँ। बेमिसाल हूँ। अभूतपूर्व हूँ। अद्वितीय हूँ। 'मेचलेस' हूँ। मैं आपको भी इसलिए बधाई दे रहा हूँ कि आपने कोई स्त्री अपने मन्त्रिमण्डल में नहीं ली। तुलसीदासजी ने कहा है—मोहि न नारि नारि के रूपा। हमारे यहाँ की उस 'लेडी' ने भी तारकेश्वरी सिन्हा और नन्दिनी सत्पथी को काटकर फेंक दिया था !

मुझे सबको उपदेश देने का अधिकार है। आपको भी उपदेश देता हूँ। संयम से रहना, प्राकृतिक उपचार करना, मदिरापान न करना, हो सके तो निभाइए। राजनैतिक उपदेश यह है कि अपने देश में जयप्रकाश नारायण और विनोबा भावे जैसे आदमी मत बनने दीजिए। आप दो उप-प्रधानमन्त्री रखिए और दोनों को लड़ाती रहिए। ये कभी एक न हो पायें। वैसे आपने एडवर्ड हीथ को काटकर बुद्धिमानी की। यह आदमी 'लोकनायक' बनने का खतरा पैदा करता !

एक सलाह जरूरी है। आपके यहाँ वे नस्लवादी और रंगभेदवादी नेता ऐनोक प्राबेल हैं, उन्हें मिलाये रखो। उन्हीं का आदेश मानो। जब तक वे आपका समर्थन करेंगे तब तक आप राज करेंगी। मैंने खुद बाला साहब देवरस से ऐसे ही सम्बन्ध बनाये हैं और राज कर रहा हूँ।

आप हड़ताल गैर-कानूनी कर दें। हड़तालियों को जेल में डालकर जिन कारखानों का राष्ट्रीयकरण हो चुका है, उन्हें फिर प्राइवेट हाथों में दे दें।

हमारे इधर की इस 'लेडी' से कोई सम्बन्ध न रखें।

ईश्वर ब्रिटेन की आपसे रक्षा करें !

प्यारे जॉर्ज से भेंट

जॉर्ज फर्नांडिस से मिलना एक अद्‌भुत अनुभव है। जॉर्ज एक धधकती हुई भट्टी के समान हैं जो कुछ नहीं पकाती। लपटें फेंकती है और अपनी ही आग से गर्म रहती है। कितना अच्छा होता अगर जॉर्ज धधकती भट्टी के बजाय, तन्दूर होते जिसमें रोटी सिकती। रेलवे कर्मचारी यही शिकायत करते हैं कि हमारा जॉर्ज भट्टी ही भट्टी है, तन्दूर नहीं बनता।

मैं जॉर्ज से मिला। वे किसी कागज पर दस्तखत कर रहे थे। दस्तखत करके उन्होंने सेक्रेटरी से कहा—इसे अभी प्रधानमन्त्री के पास भेज दो, ताकि उन्हें विदेश-यात्रा के पहले मिल जाय।

आदम—यह क्या है जॉर्ज?

जॉर्ज—कामरेड, यह इस्तीफा है।

आदम—यह कौन से नम्बर का इस्तीफा है?

जॉर्ज—यह पचासवाँ इस्तीफा है। अब प्रधानमन्त्री का यह हाल है कि जब उनका सचिव उन्हें मेरा पत्र देता है तो वे यह कहकर उसे फेंक देते हैं—हटाओ, इस्तीफा होगा। मैं अगर उन्हें कुछ रुपये उधार लेने के लिए पत्र लिखूँ तो उसे भी वे इस्तीफा समझकर फेंक देंगे। है कोई दूसरा मन्त्री जिसके हर कागज को प्रधानमन्त्री इस्तीफा समझते हैं?

आदम—नहीं। प्रधानमन्त्री कह रहे थे—हमारे अटलबिहारी वाजपेयी को जैसे कविता लिखने का शौक है, वैसे ही जॉर्ज को इस्तीफा लिखने का।

जॉर्ज—अच्छा! और क्या कह रहे थे?

आदम—कह रहे थे कि जैसे अटलबिहारी की कविता बेमतलब होती है, वैसे ही जॉर्ज का इस्तीफा बेमतलब होता है।

जॉर्ज—मैं इस नेहरू खानदान को मिटा दूंगा।

आदम—जॉर्ज, मैं मोरारजी भाई की बात कर रहा हूँ, इन्दिरा गाँधी की नहीं।

जॉर्ज—किसी की भी बात करो, मैं तो नेहरू खानदान को मिटाऊँगा!

आदम—जॉर्ज, अगर इन्दिरा गाँधी राजनीति छोड़ दें या दुनिया ही छोड़ दें, और संजय ब्रिटेन में जाकर बस जायें, तब तुम क्या करोगे?

जॉर्ज—तब मैं भी रिटायर हो जाऊँगा। अपने को इतनी ही राजनीति आती है।

आदम—पर राजीव गाँधी लड़का तो है।

जॉर्ज—उससे मेरा लड़का निपटेगा।

आदम—जॉर्ज! वह बोनस?

जॉर्ज—शटअप! तुम भी मुझे औरों की तरह 'बोगस' कहते हो।

आदम—मैंने 'बोगस' नहीं, 'बोनस' कहा है। मैं पूछता हूँ, रेल कर्मचारियों के बोनस का क्या हुआ ?

जॉर्ज—मधु से पूछो।

आदम—कौन-से मधु से ? मधु दो हैं—लिमये और दण्डवते।

जॉर्ज—मैं एक ही मधु को जानता हूँ—मधु दण्डवते को।...सही बात सिर्फ मैं और देवरस के लोग कहते हैं।

आदम—तो रेलवे कर्मचारियों को बोनस मिल रहा है या नहीं ?

जॉर्ज—बोनस मिलेगा, जब मधु दण्डवत देंगे। और मधु दण्डवते तब देंगे जब मोरारजी उन्हें ऐसा करने देंगे। और मोरारजी उन्हें तब देंगे जब भगवान खुद उनसे करने के लिए कहेंगे।

आदम—यानी बोनस भगवान की मर्जी पर अटका है।

जॉर्ज—हाँ, इसीलिए मैं अगला इस्तीफा सीधा भगवान को भेज रहा हूँ।

आदम—अगर इस्तीफा भगवान ने मंजूर कर लिया तो ?

जॉर्ज—भगवान इस्तीफा मंजूर नहीं करेंगे। वे अन्तर्यामी हैं। वे मेरे मन की जानते हैं। धोखे की गुंजाइश मोरारजी के साथ है। हर इस्तीफे के बाद वे पूछते हैं—क्या तुम इस्तीफे पर जोर दे रहे हो ? मैं जवाब देता हूँ—भला आपके सामने मैं जोर देने की गुस्ताखी कर सकता हूँ ? भगवान के साथ यह झंझट नहीं है।

आदम—मगर जॉर्ज, जरा सोचो। तुम इतने बड़े नेता हो। हीरो हो। 1974 की रेलवे हड़ताल तुम्हारे ही दम पर थी। तुम उस दिन बोट क्लब पर कह चुके हो कि तुम इस्तीफा देकर रेल-मजदूरों के संघर्ष में साथ दोगे।

जॉर्ज—बोट क्लब नहीं, मैं रामलीला मैदान पर यह कह दूँ। मैं मजदूरों से कह दूंगा कि यह मजदूर-विरोधी प्रधानमन्त्री मेरा इस्तीफा मंजूर नहीं करता तो मैंने सीधे भगवान को इस्तीफा भेजा है, उस पर तो किसी का जोर है नहीं। उसे जब मंजूर करना होगा, करेगा। मजदूर रोज शाम को भगवान से प्रार्थना करें कि प्रभु, जल्दी हमारे जॉर्ज का इस्तीफा मंजूर करो, जिससे वह संघर्ष में हमारा नेतृत्व करे। आदम, तुम एक बात बताओ। 1977 मार्च में जब मैं मन्त्री बनने में आनाकानी कर रहा था, तब पब्लिक ने मुझे घेरकर शपथ दिलवायी थी। पब्लिक का बड़ा प्यार और विश्वास है मुझ पर। कहीं मेरा इस्तीफा मंजूर होने पर फिर पब्लिक तो घेरकर नहीं दबाव डालेगी कि मन्त्रिमण्डल में वापस जाओ।

आदम—चिन्ता मत करो जॉर्ज ! पब्लिक अब नहीं घेरेगी। अब तो पब्लिक फौरन मिठाई की दूकान की तरफ दौड़ेगी।

बाबा की गौमाता

सब अपीलें करके हार गये। बाबा विनोबा नहीं मानते। गृहमन्त्री पटेल एक सर्वदलीय प्रतिनिधिमण्डल लेकर बाबा से मिले और विनती की कि बंगाल, केरल में गौरक्षा कानून को लेकर अनशन मत कीजिए। पर बाबा नहीं माने। वे गौ का भला करने को आमादा हैं।

आदम भी बाबा को मनाने पवनार पहुँचा। मैंने बाबा को प्रणाम किया।

बाबा ने कहा—अल्लम गल्लम काऊल अजमिल कम्मा !

मैंने कहा—बाबा, मैं समझा नहीं। आपने क्या कहा ?

बाबा—यह पृथ्वी, चन्द्र और मंगल की मिलीजुली भाषा है—यह है ब्रह्माण्ड भाषा। यह गाँधीजी को भी नहीं आती थी।

आदम—पर आपके कहने का अर्थ क्या है ?

बाबा—मेरे कहने का कभी कोई अर्थ नहीं होता, मैं सन्त हूँ। मोरारजी नहीं हूँ।

मैंने अनशन की बात छेड़ी—बाबा, क्या यह सच है कि आप 22 तारीख से रोटी नहीं खायेंगे ?

बाबा—रोटी तो मैंने कई सालों से नहीं खायी। क्या रोटी अब भी वैसी होती है जैसी मेरी जवानी में होती थी ? आटे की बनती है न ?

आदम—हाँ, आटे की बनती है। आप नहीं खाते। मगर क्या 22 तारीख से दही और शहद नहीं चाटेंगे ?

बाबा को गुस्सा आ गया। बोले—तुम दुष्ट हो। मैं पवित्र उद्देश्य से पवित्र अनशन कर रहा हूँ और तुम कह रहे हो, दही, शहद नहीं चाटोगे।

आदम ने कान पकड़े।

बाबा ने कहा—बिठोवा ! बिठोवा !

मैंने पूछा—बाबा, आप अनशन क्यों कर रहे हैं।

बाबा—बुलेटिन !

मैंने कहा—जिलेटिन के लिए आप अनशन क्यों कर रहे हैं ? सरकार पवनार में जिलेटिन फैक्टरी खोल देगी।

बाबा ने खीझकर कहा—बहरे, जिलेटिन नहीं, बुलेटिन। बुलेटिन ! जसलोक !

मैं समझ गया। बाबा चाहते हैं कि जैसे हेल्थ बुलेटिन जयप्रकाश नारायण के जसलोक से निकल रहे हैं, वैसे ही उनके पवनार से निकलें। इसीलिए वे अनशन कर रहे हैं।

मैंने कहा—बाबा, हम बिना अनशन के भी आपके हेल्थ बुलेटिन निकलवा देंगे। जसलोक से निकलवा देंगे।

जे. पी. ने कुछ ऐसा कर दिया है कि हर बड़े आदमी की महत्त्वाकांक्षा जसलोक

जाने की हो गयी है।

बाबा ने कहा—डायलिसिस !

मैंने कहा—आपके गुर्दे ठीक हैं। आपको डायलिसिस नहीं लगाया जा सकता।

बाबा—नेवर माइण्ड ! कृपलानी ! कृपलानी ! बुलेटिन !

समझा। यह मामला है। इन दिनों आचार्य कृपलानी के भी हेल्थ बुलेटिन निकल रहे हैं तो बाबा चाहते हैं, उनके भी निकलें।

मैंने कहा—बाबा, कृपलानी-जैसे बुलेटिन हम आपके भी निकलवा देंगे। आप अनशन मत कीजिए।

बाबा—नाइण्टी थ्री ! एटी टू !

आदम—हाँ, कृपलानी तिरानवे साल के हैं और आप बयासी के !

बाबा—मोरारजी ?

आदम—अगले साल बीस साल के होंगे !

बाबा—चार धन पाँच, बराबर दस !

आदम—नहीं, नौ !

बाबा—नहीं, दस ! आध्यात्मिक गणित ! स्पिरिचुअल मैथमेटिक्स ! जे. पी. प्लस जे. बी ईक्वल टु विनोबा।

आदम—विनोबा माइनस जे. पी. ईक्वल टु अनुशासन पर्व।

बाबा ने ताली बजायी। हँसे। नाचने लगे। बोले—यस ! अनुशासन-पर्व ! एरा आफ डिसिपिलिन ! काऊ ! काऊ !

मैंने कहा—ठीक है। जैसे इमरजेन्सी में आपके नाम से अनुशासन पर्व के बोर्ड लगे थे, वैसे ही अब गाय की रक्षा के लिए लगवा देंगे। आपको अनशन करने की जरूरत नहीं है।

बाबा—नो ! नो ! अनशन ! वर्क ! काम चाहिए। बेकार हैं।

आदम—पर भूखा रहना कोई काम थोड़े ही है।...बाबा, देश में इतने हरिजन मारे जा रहे हैं। इनकी रक्षा के लिए आप अनशन क्यों नहीं करते ?

बाबा—हरिजन का हरि ! गाय का विनोबा ! बुलेटिन ! जसलोक ! कृपलानी !

इसी समय बाहर हलचल हुई। एक सेवक अन्दर आया।

बाबा ने पूछा—यह कैसा शोर है ?

सेवक ने कहा—बाबा, कुछ गायें आपको मनाने आयी हैं।

आदम उठ दिया। शायद बाबा गायों की बात मान जायें। आदमियों की तो नहीं मान रहे हैं। मुझे एक डर है। कहीं केरल और बंगाल सरकारें कानून बनाने पर राजी न हो जायें। ऐसा हो गया तो बाबा की हेल्थ बुलेटिन और जसलोक की महत्त्वाकांक्षा धरी रह जायेगी।

सकलेचा से भेंट

आदम ने समाचार सुना कि हमारे मुख्यमन्त्री वीरेन्द्रकुमार सकलेचा विधानसभा में 'लोकायुक्त' बिल ला रहे हैं, तो पहले डरा, फिर खुश हुआ। डरा इसलिए कि लोकायुक्त मुख्यमन्त्री पर भ्रष्टाचार के आरोपों की भी जाँच करता है। खुश इसलिए हुआ कि दुश्मनों का मुंह काला हो गया। जो सकलेचाजी पर भ्रष्टाचार के आरोप लगाते हैं वे देख लें, वे खुद लोकायुक्त बिल ला रहे हैं। ऐसा भ्रष्ट मुख्यमन्त्री नहीं कर सकता।

33 सालों की स्वाधीनता और लोकतन्त्र में एक तो मुख्यमन्त्री हुआ है जिसका यश सारी दुनिया में फैला है। अमरीका, ब्रिटेन, फ्रांस सब जगह अखबारों में उनका नाम छपता है। भारतीय पत्र तो सकलेचाजी के ही दम पर बिक रहे हैं। न्यूज स्टाल पर आदमी कोई साप्ताहिक पत्र उठाता है। उसके कवर पर छपा होता है कि इस अंक के भीतर सकलेचाजी की यशोगाथा है। तो वह फौरन उस पत्र को खरीद लेता है। रामचरितमानस और महाभारत की तरह बिकते हैं ये पत्र।

मैं मुख्यमन्त्री से मिलने भोपाल पहुँचा। मालूम हुआ कि वे रवीन्द्र भवन में सितार सुन रहे हैं। मुख्यमन्त्री होने की यह एक मजबूरी है, कि उन्हें संगीत सुनने-जैसा 'अप्रिय' काम भी करना पड़ता है।

मैं रवीन्द्र भवन पहुँच गया। वहाँ देखा, तमाम श्रोता मुग्ध होकर सितार सुन रहे हैं। पर सकलेचाजी गुस्से में दाँत पीस रहे हैं, ओंठ काट रहे हैं। थोड़ी ही देर में वे उठ गये। मैं उनके पीछे हो लिया। कार के पास पहुँचे तब उन्होंने मुझे पहचान लिया। वे मुस्कराये। यह गौरव मुझे वे देते हैं। वरना देश में दस आदमी ऐसे नहीं निकलेंगे जिन्हें देखकर वे मुस्कराते हों।

मैंने कहा—क्या आपको सितार पसन्द नहीं आया?

उन्होंने कहा—भीतर सितार बज रहा है न।

वे बोले—सितार नहीं बज रहा है। मेरे नाबालिग लड़के की जमीन की नीलामी की मुनादी पिट रही है। बात करना हो तो बँगले पर आ जाना।

वे कार में बैठकर चले गये।

मुझे एक जनता विधायक ने बताया—हमारे सकलेचाजी का ऐसा ही ठाठ है। पिछले महीने एक प्रसिद्ध नर्तकी का भरतनाट्यम नृत्य यहीं हो रहा था। मैं सकलेचाजी के बगल में बैठा था। एकाएक उन्होंने पूछा—क्योंजी, यह नर्तकी जो सोने की कण्ठी, बाजूबन्द और कंगन पहने है, वे कितने ग्राम के होंगे?

मैंने अन्दाज से बताया।

उन्होंने कहा—अगर यह नर्तकी इन्हें यहाँ भूल जाय या ये गिर जायें और इन्हें बेचा जाय तो कितने रुपये के होंगे। मुझे सोने का भाव पता नहीं था। मुख्यमन्त्री ने मुझे भेजा कि फोन पर किसी सर्राफ से सोने का आज का भाव पूछकर आओ।

मैं पूछकर आया। उन्होंने आभूषणों की कीमत का हिसाब लगाया, तब उन्हें चैन मिला। फिर वे जितनी देर बैठे आभूषण ही देखते रहे। हमारे सकलेचाजी कलाओं का रस इस तरह लेते हैं।

मैं सकलेचाजी के बँगले पर पहुँचा।

आदम—प्रदेश में अकाल और सूखा की स्थिति कैसी है?

सकलेचा—मेरी सरकार को कोई खतरा नहीं है।

आदम—मैं अकाल और सूखा के बारे में पूछ रहा हूँ।

सकलेचा—वही तो बता रहा हूँ। मेरी सरकार को कोई खतरा नहीं है।

आदम—उधर थाईलैण्ड और इण्डोनेशिया में हिन्दू देवमन्दिर हैं। उनके दर्शन करने कब जायेंगे?

सकलेचा—उधर नहीं जाऊँगा। वे देव अपने काम के नहीं। उधर जाने के लिए पासपोर्ट लगता है। फिर कस्टम वगैरह की झंझट है। मेरी भक्ति तो नेपाल के भगवान पशुपतिनाथ पर है। सीमा लगी है भगवान से अपनी। कोई रोकटोक नहीं है।

आदम—लोग कहते हैं कि आप हैं जैन और जैन को हिन्दू मन्दिर में जाने का निषेध है, जैसे हिन्दू को जैन मन्दिर में जाने का निषेध है। धर्म के नेताओं का यही आदेश है। फिर आपने पशुपतिनाथ के दर्शन करके धर्मविरोधी काम क्यों किया?

सकलेचा—धर्म का रहस्य समझो तुम। अगर राम-मन्दिर के पाखाने में सोना पड़ा हो तो सच्चा जैन क्या करेगा। इसी तरह जैन-मन्दिर के पाखाने में सोना पड़ा हो तो सच्चा हिन्दू क्या करेगा?

आदम—वह सोना उठा लेगा।

सकलेचा—यही सच्चे धर्म का रहस्य है।

आदम—आप बनिये कितनी पुश्तों से हैं?

सकलेचा—मेरा खयाल है 4-5 पुश्तों से तो हूँ।

आदम—और संघ में कब से हैं?

सकलेचा—लड़कपन से।

आदम—फिर भी आपको अच्छा झूठ बोलना नहीं आता। पुत्र ओमप्रकाश और दिल्ली की जमीन की नीलामी के बारे में आपसे झूठ बोलते नहीं बना। पहले आपने कहा, मेरा ओमप्रकाश नाम का लड़का ही नहीं है। फिर कहा कि ओमप्रकाश नाम का मेरा लड़का दिल्ली में नहीं था। फिर कहा कि दिल्ली में था तो, पर नीलामी में नहीं गया। फिर कहा नीलामी में गया था, पर खुद बोली नहीं लगायी।

सकलेचा—तो क्या कहना था?

आदम—झूठ एक बोला जाता है। बड़ा झूठ बोला जाता है। उसे सौ बार कहा जाता है, वह सत्य हो जाता है। आप कहते जाते कि मेरे लड़के का नाम ओमप्रकाश नहीं है। फिर उसे भोपाल बुलाकर मजिस्ट्रेट को आवेदन करके उसका नाम डेविड विलियम्स करा देते। आगे खयाल रखिए। हाँ, यह लोकायुक्त का खतरा

क्यों उठा रहे हैं।

सकलेचा—यह खतरा नहीं, निजात है। अभी तो मामलों की जाँच केन्द्र सरकार करवा सकती है। मामले अदालत में जा सकते हैं। मैं बरखास्त हो सकता हूँ। जेल जा सकता हूँ। लोकायुक्त बनाकर मैं यहीं मामले रफा-दफा करा दूँगा।

जिमी कार्टर के नाम

महामहिम कार्टर साहब,

आदम का प्रणाम स्वीकारो! मैं भी आपका एक भक्त हूँ। जब आप दिल्ली आये थे, तब मैं आपके चरणों के नाप का जूता अपने हाथों से आपके चरण-कमलों में पहनाना चाहता था, पर सुरक्षा सिपाहियों ने रोक दिया। मैंने अपने एक बड़े नेता से कहा तो उन्होंने जवाब दिया—उन्हें जूता पहिनाने को अभी बड़े-बड़े लोग हैं। तू पिद्दी यह हिम्मत क्यों करता है? तो कार्टर साहब, मैं पिद्दी ही सही, पर भक्त तो हूँ। भगवान की भक्ति से डाकू तक सन्त हो जाते हैं। मैं उन लोगों में हूँ, जो अमेरिका की तरफ से भारतीय हैं। ऐसे बहुत लोग इस देश में हैं जो खुद होकर भारतीय नहीं हैं, बल्कि किसी की तरफ से किसी के लिए भारतीय हैं। अगर अमेरिका के काम में नहीं आ सकता था, तो मैं भारतीय न होकर कुछ और ही होता। ऐसे ही हमारे एक बड़े बुद्धिवादी और राजनीतिज्ञ मीनू मसानी ने कहा था कि मानव-अधिकारों की लड़ाई तो अमेरिका वियतनाम में लड़ रहा है। अफसोस है कि आपको वियतनाम में कुल इतना मानव-अधिकार मिला कि आप वहाँ से भाग सकें। लड़ाई से सकुशल भाग जाना भी एक मानव-अधिकार है।

तो साहब, वे मीनू मसानी आजकल जनता पार्टी के बड़े नेता हैं और अमेरिका में भारत के राजदूत आपकी परमपूज्य माताजी के चरणों का नाप ले ही रहे थे। आपका यह सोचना सही था कि दूसरी आजादी की यह सरकार अब आपकी ही हो गयी। अन्तर्राष्ट्रीय सम्बन्धों में अमेरिकी नीति बिल्कुल सुलझी हुई है। या तो कोई देश आपका दुश्मन है या गुलाम है। बीच में कोई सम्बन्ध नहीं रखते आप। दोस्त आपका कोई नहीं। दोस्त कमजोर होते हैं। आप ताकतवर हैं। आपको दोस्त की जरूरत ही नहीं है।

जनता सरकार बनने के बाद ही आप राष्ट्रपति हुए थे। आपने देखा कि सब अपने ही लोग सरकार में हैं। जो भी पिछली सरकार का विरोधी है, उसे आपने अमेरिकी नागरिक मान लिया। और ठीक ही मान लिया। तब आपने कहा भी था कि पिछली सरकार सोवियत रूस की तरफ झुकी थी, पर यह सरकार हमारी तरफ

आयेगी। हमारे यहाँ के अमरीकी राष्ट्रवादी नेताओं ने, जैसे डॉ. स्वामी ने तो ऐसी बातें कही थीं कि आपको भरोसा हो गया होगा कि भारत सरकार की दरख्वास्त आने ही वाली है कि हुजूर, अपने राष्ट्रीय झण्डे में एक सितारा भारत का भी लगा दो। उधर हमारे राजदूत तो इस तरह वाशिंगटन गये थे, जैसे उनके मौला ने उन्हें मदीना बुला लिया हो।

हुजूर, आपने कहा—हम खुश हैं। बोलो, क्या चाहिए? जो माँगोगे, मिलेगा। तब हमारी सरकार ने कहा था—जनाब, वह यूरेनियम दे दीजिए। बहुत देर हो गयी है। आपने कहा—यूरेनियम दे दिया जायेगा। फिकर मत करो। हुजूर, आप दिल्ली आये। तब भी आपने संसद-सदस्यों की मीटिंग में ऐलान किया—बच्चो, यूरेनियम मिल जायेगा। तुम लोग खिलौने बनाकर खेलना। भारत के लोग तो बेवकूफ हैं ही हुजूर! भिखमंगे भी हैं। वे बड़े खुश हुए। आपने हमारे प्रधानमन्त्री से कहा—अच्छा, अब ज़रा इस कागज पर दस्तखत कर दो। प्रधानमन्त्री ने कहा—क्या है इसमें? आपने कहा—कुछ नहीं। यह परमाणु-प्रसार निषेध की घोषणा है। प्रधानमन्त्री ने कहा—पहले आप दस्तखत कीजिए। पहले आप परमाणु हथियार नष्ट कीजिए। सब करेंगे तो हम करेंगे। हमने कह तो दिया कि हम बम नहीं बनायेंगे। देखिए हुजूर, इस प्रधानमन्त्री की ऐसी बदतमीजी! आपसे हुज्जत करता है। अरे, कुछ नहीं साहब, इस देश को थोड़ा गरूर आ गया है। अब इसे पी. एल.-480 का अनाज नहीं चाहिए। विदेशी मुद्रा बहुत है, तो डालर भी नहीं चाहिए। रूस से बीस-साला सन्धि पर भी इतराता है। यह देश तो भूखा मरता है, तभी इसकी अक्ल ठीक रहती है।

आपने झटका दे दिया हुजूर! आपने यूरेनियम का मामला अपनी नीति-नियामक कमेटी को सौंप दिया। यूरेनियम देंगे पर ज़रा कमेटी से पूछ तो लेने दो। हमारे यहाँ भी बड़े आदमी ऐसे ही लटकाते हैं। गरीब आदमी पटेल के पास जाकर कहता है—मालक, आपने गल्ला देने के लिए कहा था, सो दे दो। पटेल कहता है—हाँ-हाँ, देंगे। पर ज़रा पटेलन से पूछ लेने दो। घर में सबईसों सलाह करनी पड़े है। कुछ दिन बाद वह आदमी फिर जाता है, तो पटेल कहता है—अबें बड़े बबुआ सों तो पूछी नईं। उनसे और पूछ लेने दो। आखिर साहब, काफी लटकाकर पटेल उस आसामी से कागज पर अँगूठा लगवाकर गल्ला देता है। हमारे प्रधानमन्त्री ने कागज पर अँगूठा नहीं लगाया, तो आपने यूरेनियम का मामला लटका दिया। एक बात बताऊँ हुजूर! वैसे तो यह सरकार आपकी तरफ धीरे-धीरे खिसकने की कोशिश कर रही है। एक इंच खिसककर आसपास देख लेती है कि कोई देख तो नहीं रहा है। फिर मुँह छिपाकर वहीं दब जाती है। आप इन गाँधी टोपीवालों का भरोसा मत करना। इनके साम्राज्यवाद विरोध के संस्कार पड़े हैं। गाँधी टोपी अब थोड़ी ही बची हैं, हुजूर! फिर अपनी टोपी आ जायगी, तो ठीक हो जायगा।

आपने ठीक ही किया कि यूरेनियम भेजने की मंजूरी दे दी। इन भिखमंगों के तारापुर केन्द्र से थोड़ी बिजली पैदा हो जायेगी। वरना ये ढिबरी में पढ़ते और टाट

लपेटते। अब तो हुजूर, यूरेनियम अगस्त तक ही आ पायेगा और सितम्बर में फिर एक खेप की माँग आपसे हो जायेगी। तब तक इस सरकार का चाल-चलन सुधरे तो दीजिए, वरना फिर लटकाइए। एक बात ध्यान में रखिए हुजूर! मोरारजी भाई ने कहा है, भारत यूरेनियम की पूर्ति के दूसरे साधनों की खोज करेगा। ये दूसरे माध्यम कौन-से हैं, हुजूर? कहीं ऐसा न हो कि भारत आपसे करार तोड़कर रूस से लेने लगे। भारी पानी ले ही लिया है।

एक आत्मनिर्भर पार्टी

आदम अभी जनता पार्टी के एक बड़े नेता से मिला।

मैंने पूछा—मैं आपके लिए कुछ कर सकता हूँ। आपको कुछ चाहिए? आपकी पार्टी को कुछ चाहिए?

नेता ने मुझे गुस्से से देखा। वे आँखों से चरणसिंह, कानों से मोरारजी भाई, दाढ़ी से चन्द्रशेखर, मुस्कान से अटलबिहारी और सिर से राजनारायण लगते हैं। जैसे अर्द्धनारीश्वर में नर भी है, नारी भी, वैसे ही उनमें जनता पार्टी के सब तत्त्व एक साथ हैं। आँखों से वे नेहरू की निन्दा कर लेते हैं और दाढ़ी से तारीफ।

तो उन्होंने कहा—तुमसे कुछ चाहिए का मतलब है कि हमारे पास कुछ कमी है। यह जनता पार्टी का अपमान है। हमारे पास सबकुछ है। हम दुनिया की एक-मात्र आत्मनिर्भर पार्टी हैं।

मैंने कहा—आप लोग कहे जा रहे हैं कि सरकार को एक स्वस्थ विपक्ष चाहिए। तो क्या कांग्रेस चाहिए?

उन्होंने कहा—नहीं। हम बाहर विपक्ष बिल्कुल नहीं चाहते। हम अपना ही विरोध करने में समर्थ हैं। विपक्ष हमारे भीतर ही है। इसलिए तो कांग्रेस अपनी व्यर्थता समझकर अपने-आपको नष्ट कर रही है।

आदम को अब कुछ-कुछ समझ में आने लगा।

मैंने कहा—और उत्तरप्रदेश, मध्यप्रदेश में?

नेता ने कहा—फर्स्ट क्लास चल रहा है। अरे, रामनरेश यादव को हटाने के लिए जो सैकड़ों विधायकों के दस्तखत लिये घूम रहे हैं, वे क्या कांग्रेसी हैं। वे सब जनता पार्टी के विधायक हैं। और मध्यप्रदेश का मजा देख लो। जनता सरकार ही अध्यादेश निकालती है और जनता विधायक ही विरोध करते हैं। भिलाई में देख लो। जनता सरकार ने दफा 144 लगायी और जनता विधायक ही उसे तोड़कर जेल में बन्द हो गये। गिरफ्तार करनेवाली जनता सरकार और गिरफ्तार होनेवाले

भी जनता विधायक। लाठी भी हमारी और सिर भी हमारा। अब कांग्रेस की क्या जरूरत है!

वे बड़े जोर से हँसे। कहने लगे -- हँसने की बात ही है।

मैंने कहा—आप लोग विद्रोही रहे हैं। अब आप सत्ता में हो, तो आपको विद्रोही तो चाहिए।

नेता ने कहा—काहे चाहिए? वह भी हम कर लेंगे। हम ही अपने विद्रोही हैं। मैं तो कहता हूँ, लोग रेल की पटरी उखाड़ना बन्द कर दें, तो हम ही पटरी उखाड़ देंगे। हमारा विद्रोह जैसा का तैसा है। पेपर में पढ़ो—हमारे एक नेता ने एक सभा में जनता से कहा कि अगर दो महीने में कीमतें कम नहीं होतीं, तो लोग सरकार से सड़क पर निपट लें, यह विद्रोह हुआ या नहीं? जब लोग हमारी सरकार से सड़क पर निपटेंगे तो वे फिर अण्डरग्राउण्ड हो जायेंगे। वे चिरन्तन विद्रोही हैं। उन्हें कोई सुधार नहीं सकता। हमें कुछ नहीं चाहिए।

मैंने पूछा—न्यायालय तो आपको चाहिए?

वे बोले—क्यों चाहिए? नहीं चाहिए। हमारे चरणसिंह पहले कहते हैं कि इन्दिरा गाँधी का वारण्ट निकलेगा, जस्टिस शाह बाद में कहते हैं। न्यायमूर्ति चरणसिंह हुए कि शाह? हम हर थानेदार को न्यायाधीश बना देंगे।

मैंने आखिरी सवाल पूछा – सेना और पुलिस तो आपको चाहिए ही?

उन्होंने कहा — वह भी हमारे पास है। आर. एस. एस. क्या है? अभी उज्जैन में मोरारजी भाई की रक्षा के लिए एक स्वयंसेवक पिस्तौल लेकर उनके कमरे में घुस गया था। हमें पुलिस पर भरोसा नहीं। फौज भी हमारी यही है। लड़ाई हो तो हमारे स्वयंसेवक टैंक के सामने सूर्य नमस्कार 'डालेंगे'। और लाठी घुमायेंगे।

मैं उठा, तो नेताजी ने कहा —आखिरी बात सुन जाओ। हमारी पार्टी को जनता की भी जरूरत नहीं है। लोग चाहें तो किसी दूसरे देश की जनता हो सकते हैं।

गोलीबारी, दान और शान्ति-पूजा

मैं सबेरे जल्दी उठ जाता हूँ और उठते ही रेडियो लगा लेता हूँ। पहले रामचरितमानस का पाठ रेडियो पर आता है। अयोध्याकाण्ड आजकल चल रहा है। हर तीन चौपाइयों के बाद वाचिका गाती है—भरत चले चित्रकूट हो रामा! भरत राम को मनाने चित्रकूट गये या राम भरत को मनाने अयोध्या लौटे! याने चरणसिंह मोरारजी को मनाने गये या मोरारजी चरणसिंह को। राम और भरत का संवाद

यह था कि भरत कहते थे—राम, तुम गद्दी पर बैठो और राम कहते थे—नहीं भरत, तुम्हीं बैठो! इधर संवाद यह है—मोरारजी भाई, अब मुझे बैठने दो और उधर से—नहीं चरणसिंह, अभी तो मैं बैठा रहूँगा।

बहरहाल, मानस-पाठ का श्रवण करके प्रातःकाल मन को शुद्ध कर लेता हूँ। पवित्र मन से इन्तजार करता हूँ कि कब 8 बजें और आज के शुभ समाचार सुनने को मिलें। आजकल दो ही चीजें समाचार में होती हैं। मन्त्रियों के हृदय को दिलासा देनेवाले उपदेश और लाठी-चार्ज, गोलीकाण्ड की खबरें। उपदेश सबके लिए सब तरह के होते हैं। मन्त्री लोग नारियों पर आ जायें तो कन्या, ब्याहता, पतिव्रता, कुलटा, निपूती और गर्भवती—सबके लिए उपदेश दे देते हैं। आज ही सुना कि मोरारजी भाई ने स्त्रियों की एक सभा में कहा कि नारी को अपनी सुप्त शक्ति को जगाकर उससे समाज का सुधार करना चाहिए। कितना खतरनाक उपदेश है। इन्दिरा नाम की एक ही नारी अपनी सुप्त शक्तियों को जगाकर काम कर रही है, तो आफत हुई जा रही है; और ज्यादा नारियाँ अगर अपनी सुप्त शक्ति को जगा देंगी तो क्या होगा?

रोज ही जब समाचार बुलेटिन में किसी गोलीकाण्ड की खबर सुनता हूँ, तो खुश होता हूँ कि दूसरी आजादी के पेड़ में कुछ महीनों में ही फल लगने लगे। बेलाडिला की शानदार फायरिंग। उसके ठीक बाद पन्तनगर में। जो दिन गोलीकाण्ड से खाली जाता है, मैं उदास हो जाता हूँ। देश की ताकत आज क्यों सोयी है।

बेलाडिला में मजदूरों पर गोलियाँ चलीं। उनकी झोंपड़ियाँ जलायी गयीं। लोगों के गुस्से-भरे बयान आ रहे हैं। अखबारों में अत्याचारों की कहानियाँ आ रही हैं। कहते हैं, रोंगटे खड़े होते हैं। क्यों होते हैं। सब योजनाबद्ध हो रहा है। जनता सरकार को दस सालों में बेकारी मिटानी है—अगर सत्ता में रही तो। अगर सत्ता से हट गयी तो ये बड़बोले नेता खुद आन्दोलन करेंगे कि हमें काम दो। बेकारी हटाओ योजना के अन्तर्गत ही बेलाडिला में गोली चलायी गयी। वे हज़ारों मजदूर छँटनी के खिलाफ आन्दोलन कर रहे थे। पुलिस ने गोली चला दी। झोंपड़ियाँ जला दीं। अब हर बार काम माँगनेवाले लोगों पर गोली चलती रही तो नतीजा यह होगा कि किसी की यह कहने की हिम्मत ही न होगी कि वह बेकार है और उसे काम चाहिए। एक दिन यह सरकार पूछेगी—कौन-कौन बेकार हैं? हमें बताओ। हम काम देंगे। तब कोई नहीं बोलेगा। बोला और गोली से मारा गया। लीजिए, बेकारी खत्म हुई कि नहीं। कोई यह कहता ही नहीं है कि मैं बेकार हूँ।

पुलिस को लोग व्यर्थ बुरा कह रहे हैं। अत्याचार पुलिस की 'हॉबी' है। पुलिस सरकार का मुख देखकर काम करती है। मुख्यमन्त्री के मुख पर क्या है? मध्यप्रदेश के मुख्यमन्त्री सकलेचा का मुख जिसने देखा है, वह जानता है कि इस पर लिखा है—कुचल दो। पुलिस ने इस 'कुचल दो' को पढ़ लिया और कुचलने लगी। उत्तर-प्रदेश के मुख्यमन्त्री रामनरेश यादव के मुख पर लिखा है—बौड़म हूँ। पुलिस ने इसे पढ़ लिया और बौड़म के राज में मनमानी करने लगी। पुलिस समझकर करती है।

अमृतसर में निहंगों और निरंकारियों में डटकर लड़ाई हुई। दोनों ही सिख हैं। मगर पुलिस ने हवा में गोलियाँ चलायीं। पुलिस ने अपनी गोली से एक भी आदमी नहीं मारा। उसने देखा कि आपस में ही इन लोगों ने अठारह-बीस आदमी मार लिये। हमारा काम तो इन्होंने कर दिया। फिर मुख्यमन्त्री प्रकाशसिंह बादल हैं। अकाली दल में काफी झगड़ा है। ऐसे में पुलिस निहंग या निरंकारी को नहीं मारेगी। पुलिस ने हवाई फायर के बाद कुल इतना कहा—काफी मार लिये बाश्शाओ, अब घर जाओ। पुलिस जो करती है, समझकर करती है।

आदम देख रहा है कि फायरिंग और नरसंहार के बाद मुख्यमन्त्री ग्रहशान्ति की पूजा कर लेते हैं। शनि की शान्ति का अनुष्ठान हो जाता है। कुछ दान कर दिया और कुछ पूजा-पाठ। मरनेवाले के परिवार को पाँच हजार का दान और पूजा-पाठ, न्यायिक जाँच। शनि की शान्ति हो गयी। किसी न्यायिक जाँच से कोई सरकार गिरी हो, किसी मन्त्री को निकाला गया हो, ऐसा मुझे याद नहीं है। मुख्य-मन्त्री अपनी जगह पर, पुलिस मन्त्री अपनी जगह पर। दोनों अगले फायरिंग की योजना बनाते हैं। ज्यादा हुआ तो अफसरों के तबादले, एक-दो की तरक्की बन्द, कोई सस्पेण्ड, बस। सरकार ने मुँह धोकर उज्ज्वल कर लिया। आदम चाहता है कि मरनेवाले पर जो यह दान दिया जाता है वह सब राज्यों में एक-सा हो जाये। मध्यप्रदेश में रेट पाँच हजार है। उत्तरप्रदेश और बिहार में शायद कम है। तो ज्यादा दान के लिए उत्तरप्रदेश और बिहार के आदमी मरने के लिए मध्यप्रदेश जायेंगे। मध्यप्रदेश पुलिस की गोली से मरने पर ज्यादा पुण्य होता है। वैसे तो भारत एक राष्ट्र है। हर नागरिक को देश के किसी भी भाग की पुलिस की गोली से मरने का हक है। पर मध्यप्रदेश के ऊपर खर्च बढ़ जायेगा।

सरकारें व्यर्थ परेशान न हों। फायरिंग ज्यादा करायें तो लोगों की संवेदना इतनी मर जायेगी कि वे कोई प्रतिक्रिया नहीं करेंगे। रोज तीन-चार फायरिंग हों तो लोग इसकी अवहेलना वैसे ही करने लगेंगे, जैसे जाँच कमीशनों की।

राष्ट्रपति परेशान न हों। क्यों विनोबा के सामने अपना दुखड़ा रोते हैं। यह तो दूसरी आजादी आयी है। दूसरी आजादी पानेवाले वीर जोश में हैं। उनके जोश को कम करना देश के हित में नहीं है। चलवाओ वीरो गोलियाँ!

जनता मण्डली-सर्कस लंका को

देश में यह पहली बार हुआ। यों तो 'आडवाणी-वाणी' के समाचार-बुलेटिन रोज ही बताते हैं कि देश में पहली बार ऐसा हो गया। जनता राज में यह पहली बार हो

रहा है कि किसी देश ने भारत की सर्कस कम्पनी को आमन्त्रित किया हो। श्रीलंका ने भारत की सर्कस मण्डली को आमन्त्रित किया और मण्डली जा भी रही है। 'आडवाणी-वाणी' ठीक कहती है कि देश से पहली बार सर्कस मण्डली दूसरे देश जा रही है। यह गौरव हमें जनता पार्टी और सरकार ने दिलाया।

श्रीलंका की खेलकूद परिषद ने भारत की खेलकूद परिषद को लिखा, जनता पार्टी और सरकार के करतब देखकर हमें विश्वास हो गया है कि दुनिया में सबसे अच्छा सर्कस इस समय भारत में हो रहा है। हमारी भारत के धर्म और संस्कृति पर अगाध श्रद्धा है। प्राचीन काल में देवप्रिय अशोक ने महेन्द्र और संघमित्रा को श्रीलंका को बौद्धधर्म का प्रकाश देने के लिए भेजा था। भारत में पुनः अशोक की तरह देवप्रिय मोरारजी भाई का शासन है। हमारी धारणा है कि भारत का महान शासकवर्ग धर्म की साधना से आगे बढ़कर सर्कस की साधना पर पहुँच गया है।

कृपाकर अपनी सर्कस मण्डली करतब दिखाने के लिए हमारे देश को भेजें।

इस निमन्त्रण से सचिवालय में बड़ी उत्तेजना फैली। खेलकूद मन्त्रालय के सचिव ने अपने मन्त्री को बताया और उन्होंने प्रधानमन्त्री को। प्रधानमन्त्री ने कहा कि इस मामले पर पार्टी हाईकमान फैसला करेगा।

चन्द्रशेखर ने पार्टी कार्यकारिणी की मीटिंग बुलायी। उन्होंने चरणसिंह से कहा—आप और आपके लोग इस बैठक में जरूर शामिल हों। इसमें पार्टी के आन्तरिक विवादों पर चर्चा नहीं होगी। सर्कस मण्डली भेजना एक राष्ट्रीय प्रश्न है। इस पर पार्टी में आम राय होनी चाहिए।

पार्टी कार्यकारिणी की बैठक हो रही है।

चन्द्रशेखर ने कहा—हम इस सम्बन्ध में जयप्रकाशजी और कृपलानीजी से बात कर लें तो ठीक रहेगा।

जगजीवनराम ने कहा—उनका स्वास्थ्य ऐसा नहीं है कि वे श्रीलंका जा सकें।

चन्द्रशेखर—मैं यह नहीं कहता कि ये दोनों सर्कस करने लंका जायें। मेरा मतलब है कि इनके ज्ञान और अनुभव का हम लाभ लें। आखिर जे. पी. का ही मार्गनिर्देश और प्रेरणा है जिसके कारण सर्कस के क्षेत्र में हमें यश मिला है। उनकी ही प्रेरणा से यह हमारी मण्डली बनी है।

मोरारजी—जयप्रकाश कोई फरिश्ते नहीं हैं। देश में और लोग भी हैं। मैं कहता हूँ जब मैं श्रीलंका राजकीय यात्रा पर जा ही रहा हूँ तो अलग से सर्कस मण्डली भेजने की क्या जरूरत है?

चरणसिंह—मेरा मतभेद है। मोरारजी सबकुछ अपने हाथ में लेना चाहते हैं। सर्कस का जिम्मा भी वही लेना चाहते हैं। हमारा जो सर्कस बना है, वह हम सबके संयुक्त प्रयास का फल है। इस जनता सर्कस के संगठन में सबसे बड़ी भूमिका तो मैंने अदा की थी। मैं इसे पुत्र की तरह प्यार करता हूँ। मैं चाहे सरकार में रहा होऊँ, चाहे बाहर, मैंने नये-नये खेल किये हैं। मैं कहता हूँ कि सर्कस मण्डली ले जाने का काम किसान सम्मेलन को दे दिया जाय।

राजनारायण—ज़रा याद कीजिए कि त्रेता युग में भारत से श्रीलंका सर्कस करने कौन गया था। वे हनुमान थे जिन्होंने अपने सर्कस से रावण को चकित कर दिया था। जिन मोहि मारा तिन में मारा, तापर बाँधेउ तनय तुम्हारा। इस कलियुग में मैं हनुमान का अवतार हूँ। मैं बानरों की सर्कस मण्डली लेकर श्रीलंका जाऊँगा। जयवर्धन देख लेंगे कि भारत का पराक्रम वही है, जो त्रेता में था।

इतना कहकर राजनारायण ने चरणसिंह के पांव पकड़कर कहा—जो राउर अनुशासन पाऊँ, कन्दुक इव ब्रह्माण्ड उठाऊँ।

एस. एन. मिश्र --देखिए, सर्कस मण्डली भेजने के पहले प्रधानमन्त्री को स्टेटस यानी पूर्वस्थिति बनाना चाहिए। चरणसिंह को वापस गृहविभाग दें और उप-प्रधानमन्त्री बनायें। राजनारायण को मन्त्रिमण्डल में लें। ऐसा हुए बिना सर्कस मण्डली तो श्रीलंका नहीं जा सकती। आखिर पार्टी की छवि का सवाल है।

जॉर्ज—मुझ अकेले को क्यों नहीं भेज देते। मैं रेल की पाँतें उखाड़कर गाड़ी गिराने का खेल दिखाऊँगा!

मधुलिमये—तुम चुप रहो जॉर्ज। यह दुस्साहसिकता का नहीं, विदेशनीति का मामला है, जिस पर मेरा विशेष जोर इस समय है।

डॉक्टर स्वामी—सर्कस के खेल का मतलब है उचक्कापन दिखाना! मेरी इस करामात से प्रभावित होकर चीनी नेताओं ने मुझे खेल दिखाने बुलाया था। मैं हारवर्ड में पढ़ा हूँ। आप लोगों में कोई हारवर्ड नहीं गया। मैं श्रीलंका जाऊँगा।

बीजू पटनायक—मेरा तो इन विवादों से सिर दुखने लगता है। आप लोग सर्कस के मसले पर पार्टी मत तोड़ देना।

नानाजी—मेरा सुझाव है कि हम बाला साहब देवरस से कहें कि वे संघ की सर्कस मण्डली भेज दें। संघ में सब तरह के करतब होते हैं। स्वयंसेवक उलटे चल-कर पहली शताब्दी तक पहुँच जाते हैं। टैंक के सामने दण्ड पेलते हैं। जानवर भी हैं। ऐसे गैंडे आपको किसी संगठन में नहीं मिलेंगे।

राजनारायण—नहीं, हम दंगाइयों को नहीं जाने देंगे।

अटलबिहारी—हम भी नंगाइयों को नहीं जाने देंगे।

डेडलॉक हो गया। गतिरोध। आखिर नौकरशाह मन्त्री एच. एम. पटेल ने यह कहकर मामला सुलझाया कि यह प्रस्ताव सचिवालय-स्तर पर छोड़ दिया जाय। सचिव हमसे ज्यादा योग्य हैं।

अपने को अमर करें

चार दिन की जिन्दगी है, तो चन्द घण्टे की सत्ता है। चार दिन की जिन्दगी में पुण्य कर लो और चन्द घण्टे की सत्ता में अपने को अमर कर लो। बाद का भरोसा नहीं। चरणसिंह ने अपने को अमर करा लिया। जनता पार्टी के ही कुछ लोग इसका विरोध अब तक कर रहे हैं कि चरणसिंह का जन्मदिन अब 'किसान दिवस' हो गया। उनके नेता रह गये। फर्नांडिस का जन्मदिन डाइनामाइट दिवस नहीं हुआ। संगठन कांग्रेसी भी नाराज हैं। मोरारजी भाई के जन्मदिन का नाम कोई नहीं पड़ा। उनके साथ प्रकृति ने अन्याय किया। उन्हें 29 फरवरी को पैदा किया। वे चार साल में एक बार पैदा होते हैं। मोरारजी भाई चरणसिंह के जन्मदिन की किसान रैली में नहीं गये। ठीक किया। उनके साथ अन्याय हो रहा है। उनकी जगह जयप्रकाश 'लोकनायक' बन बैठे। और अब चरणसिंह ने किसान दिवस करवा लिया। भाईजी को 1980 तक इन्तजार करना है। 29 फरवरी आने में अभी बहुत देर है। तब तक प्रधानमन्त्री रहे तो 29 फरवरी को 'स्वमूत्र दिवस' या 'मद्य दिवस' कर लेंगे—इस दिन लोगों को या तो मूत्र पीना होगा या शराब।

जगजीवनराम भी नहीं गये उस रैली में। उनका 'हरिजन दिवस' अभी तक तय नहीं हुआ। वे क्यों जायेंगे उस रैली में। चरणसिंह ने एक हरिजन को प्रधानमन्त्री नहीं होने दिया। उसका बायकाट। चन्द्रशेखर भी नहीं गये। उनके जाने से पार्टी में संकट पैदा हो जाता।

सारा बोझ राजनारायण को उठाना पड़ा। राजनारायण को भी अपने को अमर करना है। उनका जन्मदिन 'वानर दिवस' होगा। इस दिन बन्दर लोगों के कपड़े उठाकर भागेंगे, बगीचे उजाड़ेंगे, बच्चे उठा ले जायेंगे। राजनारायण का ऐसा ही प्रताप है। जिस विन्ध्यवासिनी देवी को वे अपनी दाढ़ी समर्पित कर आये थे उसके कपड़े और गहनों की चोरी अभी हो गयी है। राजनारायण चरणसिंह के भुट्टो हैं। हर महाबली का एक भुट्टो होता है जो उसे पहले उछालकर उसकी मिट्टी पलीद करता है। अयूब खाँ की मिट्टी भुट्टो ने पलीद की। फिर उसी भुट्टो ने याहिया खाँ की मिट्टी पलीद की। आइजनहावर के भुट्टो जान फास्टर डलेस थे। निक्सन के भुट्टो हेनरी किसिंगर थे। दोनों ने अपने-अपने राष्ट्रपति की मिट्टी पलीद की। राजनारायण भी करेंगे। चरणसिंह की मिट्टी पलीट करेंगे। हर भुट्टो ऐसा करता है।

युवा जनता के समाजवादी कहते हैं—चरणसिंह को अपने जीवित रहते ऐसा नहीं करना था। मगर मरने के बाद तुम समाजवादियों का क्या भरोसा? तुम तो मूर्तिभंजक हो। तुम क्या चरणसिंह का जन्मदिन 'किसान दिवस' कर देते? कतई नहीं। चरणसिंह ने अपना खुद कर लिया। सब महापुरुष ऐसा करते हैं। अशोक ने खुद ही शिलालेख खुदवाये थे।

चरणसिंह ने राजनारायण से कहा—तुम मुझे अमर कर दो। मेरा जन्मदिन मनवा दो। राजनारायण ने कहा—अभी लो। तुम्हारा जन्मदिन 'जाट दिवस' कर देता हूँ। चरणसिंह ने कहा—नहीं, पाजामा संकरा है। मैं सिर्फ जाट नहीं, आल इण्डिया हूँ। किसान दिवस मनवा दो। राजनारायण ने कहा—बायें हाथ का खेल। आसपास अपना ही राज है। देवीलाल मुसीबत में है। चरणसिंह ने कहा—पर खर्च तो बहुत होगा। राजनारायण ने कहा—खर्च? अरे सब फ्री। इन्दिरा और संजय की भीड़ फ्री तो अपनी भी फ्री!

अच्छा हो गया। पर चरणसिंह को और पक्का कर लेना चाहिए। बाद में दुश्मन मिटा भी सकते हैं। चरणसिंह पुरुषोत्तमदास टण्डन की तरह 'रार्जाष' अभी बन जायें। फिर शिलालेख खुदवा दें सड़कों पर पत्थर खड़े करके—देवप्रिय चरणसिंह का आदेश है कि…। सड़क पर दुष्ट लोग पत्थर उखाड़ भी सकते हैं। इसलिए गुफाओं में अपनी पेण्टिग करा दें और उपदेश खुदवा दें। अजन्ता के वे पुराने चित्र मिटवाकर अपने चित्र बनवा दें।

मरने के बाद या सत्ता से हटने के बाद कोई नहीं पूछेगा। इधर विद्याचरण शुक्ल के नगर रायपुर में ही दुर्घटना हो रही है। वहाँ महाराष्ट्र मण्डल का भवन बन रहा था। तब विद्याचरण शुक्ल मन्त्री थे। उनसे शिलान्यास करवा लिया। पत्थर लगवा दिया। इसके बाद सरकार पलट गयी। अब वह विद्याचरणवाला पत्थर महाराष्ट्रीयों की गर्दन में लटक गया। उसे छिपाते फिर रहे हैं। सोच रहे हैं, किससे फिर शिलान्यास करवा लें? कैलाश जोशी से? पर उनका भी क्या ठिकाना। सकलेचा से करवा लें? नहीं जी, देवरसजी से करा लो। पर वे तो चोरी-चोरी संस्कृति करते हैं। खुले नहीं करते।

पण्डित द्वारकाप्रसाद मिश्र मुख्यमन्त्री थे। एक शहर में एक सार्वजनिक भवन बना। नाम रख दिया द्वारका भवन। तभी मिश्रजी की सरकार गिर गयी। संविद सरकार बनी। मुख्यमन्त्री हो गये गोविन्दनारायण। भवन कमेटीवाले बड़े परेशान। क्या करें। नाम बदलकर गोविन्दनारायण भवन कर दें। नहीं भाई। इनका भी ठिकाना नहीं है। ऐसे आदमी का नाम दो जिसकी सरकार गिरने का खतरा नहीं हो। तो द्वारका भवन कर दिया गया, तिलक भवन। लोकमान्य तिलक की सरकार तो गिरनेवाली नहीं है।

तो यह दुनिया 'फ्लर्ट' है। इसकी वफादारी का भरोसा नहीं। चरणसिंह ने खुद अपने को अमर कर लिया—अमर, अकबर, एन्थोनी हो गये।

किसान बन्धु की जय!

जयप्रकाश नारायण के नाम

लोकनायकजी,

आपको अब लिखने से कोई फायदा नहीं। आपके किये कुछ नहीं होता। आपके कहने से मुझे चपरासी की नौकरी भी नहीं दी जायेगी। अब तो आपकी बात सिर्फ वे मानते हैं, जिन्हें आपके लिए किये गये चन्दे में से तनखा मिलती है या जिन्होंने आपके नाम से चन्दा करके खाया। आपकी हालत जामा मस्जिद के इमाम-जैसी हो गयी है, जिनकी शिकायत है कि जनता पार्टी ने उनका फायदा उठाकर सरकार बनायी और अब उनकी बात नहीं मानती। वे दिल्ली के इमाम हैं और आप पटना के।

मैं तो आपको इसलिए लिख रहा हूँ कि आपके अमृत महोत्सव पर जो हुआ, उससे मैं बहुत दुखी हूँ। बहुत बुरा हुआ। मगर होनी को कौन टाल सकता है—हानि-लाभ-जीवन-मरण-जस-अपजस विधि हाथ। मैंने आपसे पहले भी कहा था कि इस जे. बी. कृपलानी से आपकी राशि नहीं मिलती। किसी ज्योतिषी को हाथ दिखा लीजिए। यह बूढ़ा आपके जिस उत्सव में होता है, उसी को बिगाड़ता है। आपके जन्मदिन के उत्सव में इसी पटना में कृपलानी ने आपका मजाक उड़ाया था। आपकी सम्पूर्ण क्रान्ति का मजाक उड़ाया था। और अभी आपके अमृत महोत्सव के समारोह में इस बूढ़े ने फिर चाल चली। उसे मालूम था कि पिछड़े लोगों के लिए नौकरियों में आरक्षण के खिलाफ हुल्लड़ होनेवाला है। तो उसने आपके भाषण के पहले कह दिया कि यह आरक्षण गलत है। मुख्यमन्त्री के कहने से क्या होता है। उसने सरासर भड़का दिया और तब आपकी तरफ पत्थर और जूते आने लगे। कृपलानी आपके दुश्मन नम्बर एक हैं। इसके पास तो खोने के लिए कुछ है नहीं। न उसे 'लोकनायक' जैसे खिताब को बचाना है न उसे मन्त्रिपद की रक्षा करना। वह तो ठनठन फूल बाबा है। गाँधी स्मारक निधि के वे अध्यक्ष थे और रहेंगे। गाँधीजी जिन लोगों की नौकरी पक्की कर गये हैं, उनमें एक ये भी हैं। जो हुआ वह कुछ अर्थों में अच्छा हुआ। एक तो नब्बे लाख मिले। भले ही चपरासियों तक से जबरन वसूली हुई हो। क्रान्ति में थोड़ी जोर-जबरदस्ती करनी ही पड़ती है। आपने ठीक ही कहा है कि इस लगभग एक करोड़ रुपये से सम्पूर्ण क्रान्ति होगी। किसी भी क्रान्ति को पूरा करने में एक करोड़ काफी है। मैं पता लगा रहा हूँ कि लेनिन को क्रान्ति में कुल कितना खर्च पड़ा था। अगर लेनिन को डेढ़ करोड़ लगा होगा तो बाकी हम और वसूल कर लेंगे। अब आप चाहें तो इस पैसे से कुछ लोगों को क्रान्ति की तो नौकरी पर लगा लें। ये लोग तनखा पर क्रान्ति कर देंगे। पर अगर झंझट हो तो नानाजी देशमुख को एक करोड़ में क्रान्ति ठेके पर दे दें। वे ठेके पर सब काम करते हैं। वे 'गुरु दक्षिणा' के पैसे से हिन्दू राष्ट्र बनायेंगे। आपके इस पैसे को भी उसी में लगा देंगे। अभी जातीय दंगे कराने के लिए उन्हें स्वयंसेवकों को भेजना

पड़ेगा, जुलूसों में खर्च पड़ेगा। यह पैसा सत्कार्य में लग जायगा। आप निश्चिन्त रहें, जनता सरकार रहेगी। जनसंघ, जनता पार्टी और सरकार को तब तक नहीं टूटने देगा जब तक वह अकेला सत्ता पर कब्जा करने लायक नहीं बन जाता।

लोकनायकजी, जो हुल्लड़ हुआ, वह एक तरह सम्पूर्ण क्रान्ति की एक कार्यवाही ही हुई। सन् 1974 में आपने सम्पूर्ण क्रान्ति के लिए युवकों को ललकारा था। विधायकों को पीटो, बन्द कर दो। विधानसभा को मत चलने दो, खोमचा लूट लो, लड़कियों का दुपट्टा छीन लो, कॉलेज के काँच फोड़ दो, यह सब क्रान्ति का कार्यक्रम तय हुआ। दुनिया में क्रान्तियाँ इसी तरह हुई हैं। अब क्रान्ति एक बार चालू हो गयी तो उसे लगातार चलना ही है। क्रान्ति एक चिरन्तन प्रक्रिया है। वह रुकी तो प्रतिक्रान्ति का खतरा है। हमने जब एक बार हुल्लड़ को क्रान्ति का दर्जा दे दिया तो इस क्रान्ति के अगले चरण में आपके ऊपर चप्पल उछलना ही था। क्रान्ति के मसीहा के प्रति आदर प्रगट करने का यही जुझारू तरीका है। भीष्म को अर्जुन ने बाण का तकिया दिया था। वीर को ऐसा तकिया योग्य है। सम्पूर्ण क्रान्ति के भीष्म की तरफ चप्पल न फेंकी जायगी तो क्या कोमल फूल फेंका जायगा! सम्पूर्ण क्रान्ति के सैनिक इतने बेहया नहीं हैं।

आप तो जान ही गये होंगे कि ऊँची जातियों के इस चप्पल-उछाल-कार्यक्रम का आयोजन आपकी जनता पार्टीवालों ने ही किया था। चरणसिंह ने भी यह मान लिया है। उधर पिछड़े लोगों का नेतृत्व भी और लोगों के साथ जनता पार्टीवाले कर रहे हैं। यह क्रान्ति है। सब आपकी माया है।

क्रान्ति का यह स्वरूप देखकर आदम चकित है। ऊँची जातियों की लड़ाई का नेतृत्व जनसंघी कर रहे हैं। ये वर्णाश्रमधर्म के विश्वासी हैं। वे पूंजीवाद और सामन्तवाद के भी समर्थक हैं। आपको, जनसंघियों की, चरणसिंह की और लड़ाकू पूंजीवादी, सामन्तवादियों की चिन्ता थी कि वर्गसंघर्ष कहीं हो न जाय। विनोबा ने इसे साधूपने से रोकने की कोशिश की। आपने सम्पूर्ण क्रान्ति से रोकने की कोशिश की। आपसे भी लोग वर्गसंघर्ष के बारे में पूछते थे और आप परेशान हो जाते थे।

अब आप भी बेफिक्र हो जायें। वर्गसंघर्ष की जगह वर्णसंघर्ष चालू हो गया है। बड़ा शुभ है। बिहार से शुरू होकर यह वर्णसंघर्ष सारे देश में फैल रहा है। सम्पूर्ण क्रान्ति ने आगे कदम रख दिया है।

मेरे योग्य कार्य बतायें। किसी हरिजन पर पत्थर फेंक दूं? किसी भंगी की झोंपड़ी में आग लगा दूं? मैं क्रान्ति में हिस्सेदार होना चाहता हूँ। हुकुम कीजिए।

राजनारायण के नाम

राजनारायणजी,

आदम सारे मन्त्रियों में आपसे सबसे ज्यादा खुश है। मैं आपका अहसान भी मानता हूँ। आप मेरे बड़े काम के हैं। मुझे रोज लिखना होता है और आप रोज मुझे लिखने का मसाला दे देते हैं। कुछ और नहीं तो चलो राजनारायण पर लिख दो। वे तो ऊटपटाँग रोज ही बोलते हैं। फूलों में आप गेंदा हैं। जब गुलाब, चमेली न मिले तो हर कहीं गेंदा तो मिल ही जाता है। उसी को तोड़कर देवता को चढ़ा दिया। गेंदा गमले में नहीं लगाया जाता है। वह हर कहीं हो जाता है। यही हाल आपका मन्त्रि-मण्डल में है। आपको स्वास्थ्य विभाग दे दिया गया है। इसमें न नीति तय करनी होती, न कोई बड़ी योजना चलानी पड़ती है। इस विभाग का मन्त्री कुछ भी बके, चलता है। कुछ बिगड़ता नहीं। कहीं आपको विदेश विभाग दे देते? या अर्थ विभाग? तो क्या होता? क्या कर डालते आप?

तो गेंदालालजी, और लोगों की तरह मैं नहीं मानता कि आप सनकी या अध-पगले या जोकर हैं। आप निहायत काइयाँ और जोड़-तोड़वाले आदमी हैं। आपकी वानर-लीला तो भक्तों को खुश करने के लिए है या प्रभु की कृपा प्राप्त करने के लिए।

खैर, आज तो इसलिए आप मेरे ध्यान में हैं कि आपने कहा—महँगाई नहीं है। कांग्रेस महँगाई का हल्ला कर रही है।

याने आपकी सरकार आने के बाद सब ठीक है। गड़बड़ी का झूठा हल्ला कांग्रेस कर रही है।

मैंने आपकी बात मान ली। इधर मुहल्ले में चोरी हो गयी है। जिसकी चोरी हो गयी है वह चिल्लाता फिरता है कि मेरी चोरी हो गयी है। मैं उससे कहता हूँ—चोरी नहीं हुई तुम्हारी। यह तो कांग्रेस की फैलायी हुई एक अफवाह है।

वह कहता है--पर मेरा तो सचमुच माल चला गया।

मैं फिर कहता हूँ—फिर भी यह कांग्रेस की अफवाह है।

और सुनो। एक आदमी की बीवी को कोई भगा ले गया। उसने बड़ा हल्ला किया और थाने में रिपोर्ट लिखाने जाने लगा।

मैंने कहा—भैया, तुम्हारी बीवी नहीं भगायी गयी। यह तो कांग्रेस द्वारा फैलायी गयी अफवाह है।

उसने कहा—अरे, घर में तलाश लो। मेरी बीवी है ही नहीं। उसे कोई भगा ले गया।

मैंने कहा—बीवी घर में नहीं है, फिर भी यह कांग्रेस की फैलायी गयी अफवाह है।

वह आदमी मुझे मारने को दौड़ा। आपकी बात मानकर मेरी पिटने की नौबत

आ गयी ।

मान लो राजनारायणजी, आपकी कोई टाँग तोड़ दे । तब क्या होगा ?

मैं कहूंगा—गुरु, पुलिस में रिपोर्ट कर आऊँ कि तुम्हारी किसी ने टाँग तोड़ दी ?

आप कहेंगे—अरे मेरी टाँग नहीं टूटी । यह तो कांग्रेस की फैलायी अफवाह है ।

नानाजी का दूसरा संन्यास

आदम को यह खबर मिली कि नानाजी देशमुख ने चुनाव न लड़ने की घोषणा कर दी, तो मैं उनसे मिलने पहुँचा । नानाजी जब भी कोई मांगलिक घोषणा करते हैं, मैं फौरन उनसे मिलने जाता हूँ । पिछली बार जब उन्होंने संन्यास लेने की घोषणा की थी, तब मैं उन्हें रुद्राक्ष की माला भेंट करने पहुँचा था, वे रुद्राक्ष देखकर हंसे । बोले—कहाँ के रुद्राक्ष हैं ।

मैंने कहा—यहीं के । भारत के ।

नानाजी ने कहा—अरे भारत में तो बहुत घटिया रुद्राक्ष होते हैं । सबसे अच्छे रुद्राक्ष इण्डोनेशिया के होते हैं । वहाँ से 'स्मगल' किया करो ।

मैं नानाजी के अपार ज्ञान से चकित रह गया । उन्हें संस्कृति से लेकर स्मगलिंग तक का ज्ञान है ।

मैं उन्हें रुद्राक्ष की माला पहनाने बढ़ा, तो नानाजी ने रोका । मैंने कहा—यह भारत के ही रुद्राक्ष हैं । राष्ट्रीय हैं । जब इण्डोनेशिया के 'स्मगल' किये हुए रुद्राक्ष हाथ पड़ जायेंगे, तब अन्तर्राष्ट्रीय भी आपको भेंट करूँगा । अभी तो ये लीजिए । आप संन्यासी हो गये हैं ।

नानाजी ने कहा—अरे संन्यासी रुद्राक्ष बेचता है कि पहनता है, फिर मेरे पास बहुत रुद्राक्ष हैं । वे कोने में बोरे देखो ।

वहाँ रुद्राक्ष से भरे बोरे रखे थे । मैंने पूछा—यह कहाँ से आये ? नानाजी ने कहा—नेपाल से । उधर सीमा लगती है न । ये मुझे भेंट हैं । मैंने कहा—'स्मगल' हुए हैं । नानाजी ने कहा—धर्म में कुछ स्मगल नहीं होता । बौद्धधर्म दक्षिण-पूर्व एशिया में गया, तो क्या स्मगल हुआ ।

तब मैंने नानाजी से प्रार्थना की—मुझ अधम का भी उद्धार कीजिए । मुझे भी संन्यास दे दीजिए ।

नानाजी ने कहा—संन्यास क्या है । संन्यास की व्याख्या करो ।

मैंने कहा—पाप और कुकर्म को छोड़कर परमार्थ में लगना संन्यास है।

नानाजी ने समझाया—नहीं, कुकर्मों का एक खाता बन्द करके नया खाता खोलना वास्तविक संन्यास है। अभी तुम संन्यास के लायक नहीं हुए। तुम्हारा एक खाता भरा नहीं। जाओ, एक साल और कुछ करो। हमारे वीरेन्द्रकुमार सकलेचा से सलाह लो।

आदम ने नानाजी के चरण छुए और हाथ जोड़कर कहा—गुरुवर, आप धन्य हैं। संन्यास की ऐसी व्याख्या किसी ज्ञानी, मनीषी ने नहीं की। वाह ! कुकर्मों का एक खाता बन्द करके नया खाता खोलना ही संन्यास है।

एक साल बाद मैं अभी नानाजी के पास गया। मैंने कहा—प्रभु, मैंने पुराना खाता बन्द कर दिया। नया खाता खुलवा दीजिए। संन्यास मुझे दे दीजिए। मैं आपको गुरु मानता हूँ।

नानाजी—गुरु-दक्षिणा क्या देगा ?

आदम—जो आज्ञा हो।

नानाजी—राजनारायण को उठा ला।

आदम—प्रभु, वह तो पहाड़ उठा लेता है। मैं उसे कैसे उठा लाऊँगा। कोई हल्की चीज माँगिए।

नानाजी—अच्छा, हल्की चीज माँगता हूँ। मधुलिमये का दिमाग उठा ला।

आदम—भगवन, दिमाग क्या शरीर से हल्का होता है।

नानाजी—हाँ, संघ में दिमाग को शरीर से हल्का मानते हैं। खैर, आगे देखा जायेगा। यह बताओ—ये जो हम लोग राष्ट्रपति के अन्याय पर रो रहे हैं, उसका असर जनता पर पड़ रहा है क्या ?

आदम—जी, काफी असर पड़ रहा है।

नानाजी—अच्छा, कैसा असर पड़ रहा है।

आदम—लोग हँस रहे हैं।

नानाजी—हँस रहे हैं, यह क्या बकते हो।

आदम—जी, बक नहीं रहा हूँ, कह रहा हूँ। इधर चन्द्रशेखर या बाबूजी रोते हैं और उधर लोग हँस पड़ते हैं। लोग यह भी कहते हैं कि अच्छा किया राष्ट्रपति ने। इस चीखने-चिल्लाने से आपके काफी वोट चले गये।

नानाजी—लोगों की सहानुभूति हमारे साथ क्यों नहीं है।

आदम—लोग कहते हैं—देखो ये झूठे, भ्रष्ट, पाखण्डी अब रो रहे हैं।

नानाजी—चुप रहो, तुम अपशब्दों का प्रयोग कर रहे हो। तुम हमारा अपमान कर रहे हो।

आदम—नानाजी, मैं आप लोगों का अपमान नहीं कर रहा हूँ, वर्णन कर रहा हूँ। अच्छा, यह बताइए, आप चुनाव क्यों नहीं लड़ेंगे ?

नानाजी—मेरा संसदीय लोकतन्त्र से विश्वास उठ गया। गुरुजी ने ठीक ही कहा है कि लोकतन्त्र अच्छी व्यवस्था नहीं है। इसमें एक-दूसरे की आलोचना

होती है।

आदम—तो फिर हिन्दू राष्ट्र की अपनी सरकार कैसे बनेगी।

नानाजी—हम स्वयंसेवक लेकर राष्ट्रपति भवन पर कब्जा कर लेंगे। जब तक यह नहीं होता, तब तक जनता पार्टी के द्वारा लोकतन्त्र भी करेंगे।

आदम—नानाजी, ये बाबू जगजीवनराम से संघ की पटरी कैसे बैठ गयी?

नानाजी—नेचुरल एलाई। स्वाभाविक साथी। वे जाति से अछूत, हम राजनीति से अछूत। अछूत-अछूत भाई-भाई!

आदम—पर आपको सामने रखने के लिए यही बड़ा मिला है। क्या उन्हें आप सचमुच प्रधानमन्त्री बनायेंगे?

नानाजी—वाह, क्यों बनायेंगे। हम चिरपावन ब्राह्मणों की किस्मत में क्या यही लिखा है।

आदम—नानाजी, राष्ट्रपति का तो कुछ बिगड़ा नहीं। न महाभियोग हुआ, न न्यायालयों ने कुछ किया।

नानाजी—आगे देखो, चन्द्रशेखर ने उसे अन्तर्राष्ट्रीय मुद्दा बना दिया है।

आदम—क्या राष्ट्रसंघ में मामला ले गये हैं चन्द्रशेखर?

नानाजी—नहीं, चन्द्रशेखर ने एस. पी. सी. ए. से राष्ट्रपति के जुल्म की शिकायत की है।

आदम—यह एस. पी. सी. ए. क्या है?

नानाजी—सोसायटी फॉर प्रिवेंशन ऑफ क्रुएलिटी टु एनिमल्स—पशुओं पर क्रूरता रोकनेवाली संस्था।

क्यों शर्मिन्दा करते हैं?

सरकार मौसम के मुताबिक रोल अदा करती है। मार्च में बुलबुल हूँ मैं, जुलाई में परवाना हूँ। इन दिनों धमकियों का मौसम है। व्यापारियों को धमकी, सम्प्रदायवादियों को धमकी। गृहमन्त्री की कमर कसते-कसते पतली हो जाती है। इस मौसम में कुछ करके दिखाया जाना है, जिससे लोग तारीफ करें और साल-भर वैसे ही हालत में जीते हुए भी शिकायत न करें। शहर में आबकारी मुहकमे के नाटक का मौसम आता है। आबकारी के अफसर अवैध शराब के अड्डे चलानेवाले भाइयों को बुलाकर कहते हैं—भई, पेपरों में बहुत छप रहा है। ऊपर से दबाव भी आ रहा है। अब कुछ छापे मारने की इजाजत दो। अड्डेवाले कहते हैं—जैसी आपकी मर्जी। हम आपसे बाहर थोड़े ही हैं। हफ्ता पहुँचाने में हमने कभी गलती नहीं की।

आबकारीवाले कहते हैं—सो तो हम जानते हैं। मगर पब्लिक को और ऊपरवालों को कुछ करके तो दिखाना होगा। आखिर हम सरकारी नौकर हैं। अब तय वक्त पर आबकारी और पुलिसवाले पहुँचते हैं। अड्डेवाला स्वागत के लिए पहले से तैयार रहता है। 2-4 बोतलें और कुछ महुआ जब्त होता है। एक नौकर की जमानत होती है। दो-तीन दिन उस अड्डे के ग्राहकों को शराब दूसरी जगह दिलायी जाती है। नौकर पर 25 रुपये जुर्माना हो जाता है। अखबारों में छापों का समाचार प्रमुखता से छपाया जाता है। सब वैसा ही आनन्द से चलने लगता है। मौसम निकल जाता है।

इन दिनों राज्य-सरकारों पर व्यापारियों के जखीरों पर छापे मारने का मौसम चढ़ा है। रोज छापे पड़ रहे हैं और माल निकल रहा है। रेडियो पर खबरें आ रही हैं। अखबारों में समाचार छप रहे हैं।

आदम जिले के बड़े अफसर से मिला।

आदम—बधाई है साहब ! आप लोगों ने काफी दबा हुआ माल निकाला है।

अफसर—क्यों शर्मिन्दा करते हैं।

आदम—कालाबाजारी पर आपने जबरदस्त हमला किया है।

अफसर—क्यों शर्मिन्दा करते हैं।

आदम—आप बड़े विनम्र हैं। मैं आपकी तारीफ कर रहा हूँ और आप कह रहे—क्यों शर्मिन्दा करते हैं।

अफसर—मैं सच कह रहा हूँ। हम वैसे ही शर्मिन्दा हैं। शर्म से माथा झुका है। शर्म के मारे बाजार में नहीं निकल सकते। व्यापारियों को क्या मुँह दिखायें।

आदम—आपने 5 लाख का दबा माल निकाला है। अब तो कोई माल दबा न होगा।

अफसर—क्यों शर्मिन्दा करते हैं। हम क्या इतने गये-बीते हैं कि हमारे एरिया में सिर्फ पाँच लाख का माल दबा हो। अभी पाँच करोड़ का माल दबा है।

आदम—इन व्यापारियों ने, जिनका माल आपने निकाला, शुभ मुहूर्त में उसी दिन माल जमा किया होगा—और आपने उसी दिन पकड़ लिया।

अफसर—क्यों शर्मिन्दा करते हैं। यहाँ का शासन क्या इतना निकम्मा रहा है कि कल-परसों से ही जमाखोरी शुरू हुई। जनाब, कई वर्षों से जमाखोरी चल रही है। हम पिछड़े नहीं हैं।

आदम—आपके बावजूद यह जमाखोरी चलती है।

अफसर—क्यों शर्मिन्दा करते हैं। शासन के बावजूद कोई अपराध होता है, हमारे बावजूद नहीं। हमारे सहयोग से जमाखोरी होती है। हमें क्या आप इतना कमजोर समझते हैं कि हमारे बावजूद कुछ होता रहे।

आदम—इसके पहले आपने छापे मारकर माल क्यों नहीं निकाला? क्या आप लोगों को पता नहीं था ?

अफसर—क्यों शर्मिन्दा करते हैं। हम क्या इतने अनजान रहते हैं। आखिर

पब्लिक का नमक खाते हैं, सब जानकारी रखते हैं।

आदम—तो फिर आप लोग दबा हुआ माल क्यों नहीं निकालते ?

अफसर—देखिए जी, इन्सानियत भी तो कोई चीज है। यहाँ के विधायक के आसपास के कई व्यापारी हैं। वे चुनाव के लिए पैसा देते हैं। कुछ व्यापारी मन्त्रियों के अपने आदमी हैं। कुछ व्यापारी कांग्रेस के याने सत्ताधारी पार्टी के नेता हैं। इन पर छापा डाल नहीं सकते। आखिर इन्सानियत भी तो कोई चीज है। फिर वे व्यापारी हैं, जो हम लोगों की खिदमत करते हैं। जब जितना रुपया माँगते हैं वे देते हैं। मेरी लड़की की शादी अभी हुई है। सारा इन्तजाम 2-3 व्यापारियों ने किया। इन पर हम छापा डालते नहीं हैं। आखिर इन्सानियत का भी तो कोई तकाजा है। अब बताइए, कौन व्यापारी बचे ? बचे वही टुटपुंजिये दूकानदार जिनके किसी से इन्सानी रिश्ते नहीं हैं। इन्सानी रिश्ते रखने की भी हैसियत होनी चाहिए। रिकार्ड के लिए इन्हीं टुटपुंजियों के पास से हम 10 किलोग्राम शक्कर, 2-3 डिब्बे तेल और 3-4 क्विण्टल अनाज जब्त कर लेते हैं। आखिर फर्ज भी तो कोई चीज है।

आदम—आपने इतना जखीरा जब्त किया। और भी करेंगे। तो अब कीमतें घट जायेंगी।

अफसर—क्यों शर्मिन्दा करते हैं जी ! कीमतें नहीं घटेंगी।

आदम—कम-से-कम यह माल तो सस्ते दाम पर मिलेगा।

अफसर—क्यों शर्मिन्दा करते हैं जी ! आखिर सस्ते दाम पर क्यों मिलेगा ?

आदम—यह माल अब सरकारी फेअर प्राइस शॉप और अर्द्ध सरकारी उचित मूल्य के स्टोरों में जायेगा। वहाँ से यह सस्ते दामों पर बिकेगा न ?

अफसर—क्यों शर्मिन्दा करते हैं जी ! यह माल सार्वजनिक वितरण की इन दूकानों से फिर वहीं पहुँच जायेगा जहाँ से निकाला गया है। वे व्यापारी भी जो पकड़े गये हैं, छूट जायेंगे। आखिर इन्सानियत भी कोई चीज है।

कार्टर साहब आ रहे हैं

आदम किसी भी देश के राष्ट्रपति का स्वागत करता है। जिम्मी कार्टर आयें। बातें करें। राष्ट्रपति का भोज लें। ताजमहल देखें। खजुराहो विलोकें। मीठी-मीठी बातें करें। वे कहें—भारत महान देश है। हम कहें—अमरीका महान देश है। तुम भी महान, हम भी महान। कार्टर हमें लिंकन और जेफर्सन की याद दिलायें। हम सातवें बेड़े और दियागो गार्सिया की याद दिलायें। इस पर कार्टर मुस्कुरायें।

कार्टर की अगवानी की तैयारी भी अच्छी हो रही है। अपने राजदूत पालकी-

वाला हैं। उन्हें किसी की पालकी ढोने को न मिले तो कन्धे खुजलाने लगते हैं। वे कार्टर की पालकी ढोकर खुजान मिटाने को उतावले हैं।

पालकीवाला एक साथ प्रधानमन्त्री और विदेशमन्त्री भी हो गये हैं और ठीक उससे उल्टा कह रहे हैं जो प्रधानमन्त्री और विदेशमन्त्री कह रहे हैं। वे जो कह रहे हैं उसका मतलब होता है—हुजूर, वह पिछली सरकार तो बहुत बिगड़ गयी थी। असल में रूस की संगति में बिगड़ गयी थी। सर! लेकिन यह सरकार अच्छी है। उस बुरी संगति से पिण्ड छुड़ा लिया सर! आप अब तो हैं माई-बाप!

प्रधानमन्त्री मास्को में कह आये थे कि भारत-रूस मैत्री और विकसित होगी, सहयोग-सन्धि और मजबूत होगी।

मगर पालकीवाला अमेरिका के विश्वविद्यालय में भाषण में कहते हैं—भारत की अमेरिका से मित्रता रूस के बराबर ही है।

आदम ने सिर खुजलाया कि अमेरिका की मित्रता का रिकार्ड याद कर लिया जाये। जो याद आया, वह यह है—

1948—काश्मीर पर पाकिस्तान का हमला। अमेरिका पाकिस्तान के साथ। राष्ट्रसंघ में काश्मीर पाकिस्तान को दिलाने की कोशिश। रूस के बार-बार वीटो ने बचाया।

1961—गोवा को भारत में मिला लिया गया। अमेरिका ने कहा कि यह गलत है। गोवा तो पुर्तगाल का एक प्रदेश है।

1965—भारत-पाक युद्ध। अमरीका फिर पाकिस्तान के साथ।

1971—भारत-पाक युद्ध और बांगला-निर्माण। अमेरिका की धमकी कि सातवाँ बेड़ा भेज देंगे।

अमेरिका की मित्रता का इतना बढ़िया रिकार्ड है। पालकीवाला ठीक ही आरती उतार रहे हैं। कुछ आदमी अफसोस करते हैं कि हमारी दुम क्यों नहीं है।

मगर कार्टर को इधर ताजमहल और खजुराहो ही मिलेंगे। उनके नौकर-चाकर कह रहे हैं—कार्टर भारत को एशिया में महत्त्वपूर्ण रोल देंगे। यानी कार्टर कोई नाटक के डायरेक्टर हैं जो रोल देते हैं—ऐ भारत, तुम यह रोल करो। जी सा'ब! या कार्टर दुनिया के कोई पुलिस सुपरिन्टेण्डेण्ट हैं और बाकी हवलदार। वे कहेंगे—ए रे इण्डिया, तुम उस मुहल्ले की गश्त लगाओ। जी हुजूर! सेल्यूट!

आदम हैरत में है कि दुम हिलानेवाले ऐसा रोल करने को उत्सुक हैं। मगर इस देश के आदमी को क्या करेंगे। वह तो दोस्त और दुश्मन को बखूबी पहचानता है।

अटलबिहारी के नाम

अटलजी, आदम आपकी हालत देख रहा है। आपके ही जनसंघ के कट्टर लोग आपकी आलोचना कर रहे हैं। संसद में कँवरलाल गुप्त, साहनी वगैरह कहते हैं कि आप पहले और कहते थे और कर कुछ और रहे हैं। इधर संघ के सच्चे लोग कहते हैं— अटलजी बिगड़ गये।

अटलजी, इनका कहना ठीक है। आदम को याद है कि आप क्या-क्या कहते और करते थे। आप गौ-वध पर पाबन्दी की माँग करते थे।

तिब्बत को भारत में मिलाने की माँग करते थे। आप हमला करके पाकिस्तान की तरफ का काश्मीर लेने की माँग करते थे। आप रूस से सम्बन्ध तोड़ लेने की माँग करते थे।

अब गौ माता को आप सौतेली मानते हैं। पाकिस्तान से सम्बन्ध ठीक कर रहे हैं। तिब्बत को चीन का हिस्सा मानते हैं और उससे सम्बन्ध ठीक करने लगे हैं। आप भारत-रूस मैत्री को और मजबूत करने की घोषणा कर रहे हैं।

अब बताइए संघ के लोग आपसे निराश क्यों न हों। वे तो यह आशा किये थे कि आप फौरन पाकिस्तान और चीन पर हमला कर देंगे। आप रूस से सम्बन्ध तोड़ लेंगे। आपसे अब संघ के चरित्रवान, राष्ट्रभक्त लोग नाराज क्यों न हों। उनकी तो ट्रेनिंग इतनी है कि मुसलमान और कम्युनिस्ट से नफरत करना राष्ट्रधर्म है।

पर आदम आपके जवाब का कायल है। आपको जब संसद में जनसंघी साथियों ने याद दिलाया कि आप कहते कुछ थे और अब उससे उल्टा कर रहे हैं, तो आपने जवाब दिया—तब की बात दूसरी थी। अब मुझे देश का हित देखना पड़ता है।

भैया अटलजी, तो क्या जब तक तुम विपक्ष में थे, तब देश का अहित देखते थे? क्या मन्त्री होने पर ही देश का हित देखा जाता है। भैया अटलजी, तब की सरकार यदि आपकी बातें मान लेती तो इस देश का कितना कबाड़ा होता?

भैया अटलजी, तुम्हारा कैसा बढ़िया राजनैतिक चरित्र है।

भोज में क्या हुआ?

भोज-कूटनीति भी दिलचस्प होती है। नेता लोग साथ भोजन करते हैं। सब जानते हैं कि वे दाल, रोटी, रायता, पापड़ नहीं, राजनीति खाते हैं, कपट की सलाद के साथ। झूठ के अचार से भोजन स्वादिष्ट हो जाता है। दाल से दाँत खोदकर, पाखण्ड

के पानी से कुल्ला कर लेते हैं। बाद में नेता कहता है···राजनीति की तो कोई बात ही नहीं हुई। बहुत दिनों से साथ रोटी नहीं खायी थी, सो खा ली।

भोजों में इतिहास-प्रसिद्ध एक भोज 1969 में इन्दिरा गाँधी और निजलिंगप्पा का हुआ, जिसमें कढ़ी और भुरते की बात हुई।

अभी जिस भोज का हल्ला है, वह डाक्टर मुहम्मद ने दिया। 'इफ़्तार' का भोज था, रमजान के उपवास महीने का। इस भोज की भी दोनों कांग्रेसवालों में बहुत चर्चा थी···मिलेंगे, स्वर्णसिंह और इन्दिरा गाँधी दोनों कांग्रेस में एकता की बात करेंगे।

डाक्टर मुहम्मद के यहाँ भोज में शामिल इन्दिरा गाँधी और स्वर्णसिंह दोनों थे।

बाद में इन्दिरा गाँधी ने पत्रकारों तथा औरों से कहा—राजनीति की बात ही नहीं हुई। हमने एक साथ उपवास तोड़ा।

अगर दोनों में राजनीति की बात नहीं हुई तो क्या बातें हुई होंगी।

आदम ने इसकी रिपोर्ट तैयार कर ली है—

इन्दिरा—नमस्ते, कहिए क्या हाल है।

स्वर्ण—नमस्ते, नमस्ते, सब चंगा है जी! वाहे गुरुजी की मेहरबानी है। आपके क्या हाल हैं।

इन्दिरा—अब अच्छे हैं। ईश्वर की कृपा है। आपकी बेटियाँ उधर अमेरिका, कैनेडा में मजे में हैं।

स्वर्ण—हाँ जी, सब अच्छे हैं। आपके बच्चे कैसे हैं। संजय ने तो और तरक्की की होगी।

इन्दिरा—हाँ, की तो है। एक महीने जेल में रह आया है। अब वाकई उसकी सियासी जिन्दगी शुरू हुई है।

स्वर्ण—बड़ी खुशी की बात है। वाहे गुरुजी की कृपा हुई तो आगे और भी जेल जाने का चांस मिलेगा। और क्या हाल है?

इन्दिरा—सब ठीक है। ईश्वर की कृपा है। आपके क्या हाल हैं?

स्वर्ण—चंगा है जी! वाहे गुरुजी की मेहरबानी है। आप कुछ दुबली मालूम होती हैं।

इन्दिरा—इधर कोई उपचुनाव नहीं हुए न। इसका मेरी सेहत पर जरा बुरा असर पड़ा है। सुना था, आप जल्दी विदेश से लौटनेवाले थे। फिर क्या हो गया।

स्वर्ण—बात ऐसी है जी कि अखबारों में यहाँ के मौसम का हाल पढ़ता था तो आने में हिचकता था।

इन्दिरा—मगर दिल्ली का मौसम तो बहुत अच्छा रहा।

स्वर्ण—नहीं जी, यहाँ की हवा में तब फैसले थे। फैसलों से मुझे 'एलर्जी' है। जब मुझे खुद करना पड़े, मुझे दमा उठ आता है।

इन्दिरा—सब माया है जी!

दुनिया ही झूठी है। हरिनाम ही सत्य है।

स्वर्ण—हाँ, जी, संसार असार है। भाई रे राम कहो चित लगाये। मैं तो इतना ही मानता हूँ। चार दिन की जिन्दगी है। इसमें भला कर लेना चाहिए।

इन्दिरा तो आप मेरा भला कीजिए न।

स्वर्ण—जरूर करूँगा जी। आपका भला करने ही तो विदेश में रुक गया था।

इन्दिरा—मैं आपको हुक्म देती हूँ कि आप मेरा भला करें।

स्वर्ण—हाँ जी। आपके घर कुछ सब्जी वगैरह भिजवा देता हूँ। गेहूँ की तकलीफ तो नहीं है?

इन्दिरा—नहीं, मेरा मतलब दूसरा है।

स्वर्ण—जी, वह मतलब भी काबिले-गौर है। मैं तो कहता हूँ कि सारे अच्छे आदमी इकट्ठे हो जायें।

इन्दिरा—मगर अच्छे आदमी कौन हैं? किन्हें इकट्ठे होना है?

स्वर्ण—अच्छे आदमी कौन हैं, यह तो अच्छे आदमी जानते हैं।

इन्दिरा—मैं अच्छे आदमियों में हूँ कि नहीं।

स्वर्ण—यह सवाल भी काबिले-गौर है। देवराज अर्स नाम का एक आदमी भी अच्छे आदमियों के इकट्ठे होने के बारे में जो कह रहा है, वह तो आप जानती होंगी।

इन्दिरा—देवराज अर्स कौन हैं? मैं इस आदमी को नहीं जानती। मैं सिर्फ अपने को जानती हूँ और मैं इकट्ठी हूँ। आप जानते हैं, बसन्तराव नाइक अच्छे आदमियों के बारे में क्या कहता है?

स्वर्ण—मुझे कोई इल्म नहीं है जी। बसन्तराव नाइक नाम के किसी आदमी को मैं नहीं जानता। आप कुछ खाइए तो।

इन्दिरा—मैं खाने का काम डाइनिंग रूम से बाहर करती हूँ। मैं आपको हुक्म देती हूँ कि आप खाइए।

स्वर्ण—आपकी बात काबिले-गौर है। मैं गौर करूँगा, आपके हुक्म से खाऊँ या नहीं।

इन्दिरा—आप विदेश कब जा रहे हैं?

स्वर्ण—जब यहाँ की हवा में फैसले आ जायेंगे। फैसलों से मुझे एलर्जी है न। और क्या हाल है जी?

इन्दिरा—सब ठीक है। ईश्वर की कृपा है। आपके क्या हाल हैं?

स्वर्ण—चंगा है जी। वाहे गुरुजी की मेहरबानी है।

संघ का पुलिस-प्रेम

प्रिय अटलबिहारीजी,

आज एकाएक आपकी याद आदम को यों आयी कि मैं आप लोगों का पुलिस-प्रेम देखकर गद्‌गद हो गया। आप लोग, यानी भारतीय जनता पार्टी अर्थात संघ, अखिल भारतीय विद्यार्थी परिषद अर्थात संघ और इन सबकी गंगोत्री नागपुर में है ही हेडगेवार भवन में। पुलिस पर आपका प्रेम नया नहीं है, मगर इस वक्त श्रद्धा में विकसित हो गया है। आपकी श्रद्धा जिस पर हो जाय, उसके लिए चिन्ता हो जाती है। आपने अपने 'हीरो' राणा प्रताप और छत्रपति शिवाजी को माना, तो बाकी भारतीयों के लिए ये दोनों बलराज मधोक-जैसे हो गये। आपने भगतसिंह को हीरो नहीं माना, क्योंकि उसकी पार्टी 'हिन्दुस्तान सोशलिस्ट रिपब्लिकन आर्मी' थी। आपको उसके 'सोशलिस्ट' होने पर एतराज है और फिर वह लेनिन की किताबें पढ़ता था। उसका मूल अपराध यह था कि वह ब्रिटिश साम्राज्यवाद के खिलाफ लड़ा। अंग्रेजी साम्राज्यवाद से संघ का कोई झगड़ा नहीं रहा।

इस आपकी पार्टी और आपके संघ के लोगों का हाल यह है कि सड़क पर कोई राइफलवाला पुलिसमैन दिख जाय तो उसे रोककर घर में आकर आरती उतारने आते हैं। वैसे तो वर्दी-प्रेम आपके संगठन के मूल में है। खाकी वर्दी देखकर आप लोग गद्‌गद हो जाते हैं। फौजी जैतूनी वर्दी और तमगे देखकर आप लोगों का हाल आपकी ही आलंकारिक भाषा में—मन-मयूर नृत्य करने लगता है। आप जब इस्लामाबाद गये थे, तब जनरल जिया-उल-हक़ को फौजी वर्दी में देखकर देखते ही रहे होंगे। सोचते होंगे, कब अपने बाला साहेब देवरस ऐसी वर्दी में होंगे और राष्ट्रपति भवन में बैठेंगे।

वाजपेयीजी, मगर यह इस बार का पुलिस-प्रेम अद्‌भुत है। यह मुरादाबाद के दंगे के बाद एकदम बढ़ा है। जब चारों तरफ पुलिस की निन्दा हो रही है कि उसने बेहिसाब गोली चलाकर मुसलमानों को मार डाला, तब आपका संगठन पुलिस का मनोबल बढ़ाने में लगा है। जब पुलिस मुसलमानों और हरिजनों पर अत्याचार करे तब उसका मनोबल बढ़ाना चाहिए। साम्प्रदायिक समस्या और हरिजन समस्या का यही हल है। इतनी साफ समझ तो किसी की नहीं है। लोग साम्प्रदायिकता के आर्थिक, सामाजिक, राजनीतिक कारण खोजने में लगे हैं। ये मूर्ख लोग हैं। अपना सरल हल है, बुद्धिमानों का—हिन्दू राष्ट्र है इसलिए हिन्दू पुलिस मुसलमानों पर गोली चलाये। लोग हरिजन-समस्या पर वर्ण और वर्ग और संस्कार लेकर परेशान होते हैं। आर्थिक और सामाजिक हल खोजते हैं—अपना सीधा उपाय है—यह ब्राह्मण-ठाकुर राष्ट्र है, इसलिए नीची जातियों पर पुलिस गोली चलाये।

आप लोगों के पुलिस-प्रेम के अद्‌भुत कार्यक्रम का एक समाचार मैंने अभी पढ़ा। यह मध्यप्रदेश में रायपुर का समाचार है। यह वही मध्यप्रदेश है जहाँ के

मुख्यमन्त्री सुनामधन्य, प्रातःनिन्दनीय, विश्वप्रसिद्ध आर्थिक सदाचारी सकलेचाजी थे। इन्होंने पुलिस इन्स्पेक्टरों में इतने स्वयंसेवक भरती कर लिये थे कि पुलिस ट्रेनिंग कॉलेज में उतनी जगह नहीं थी। ऐसे प्यारे-प्यारे स्वयंसेवक बहुत-सी पुलिस की वर्दी से विभूषित होते हैं।

वाजपेयीजी, इस रायपुर शहर में रक्षाबन्धन के पर्व पर अखिल भारतीय विद्यार्थी परिषद की लड़कियों ने पुलिसवालों को राखी बाँधी। ये लड़कियाँ संघ की स्वयंसेविकाएँ ही होंगी। बड़े पवित्र वातावरण में गरिमा के साथ थाने में समारोह हुआ। पुलिस अफसर ने अध्यक्षता की। बहनों ने पुलिस-भाइयों को राखी बाँधी। लीजिए स्त्री पर अत्याचार की समस्या का हल हो गया। पुलिस के नारी-सम्बन्धी जुर्म खत्म। भावना यह है—हे भैया थानेदार, और हवलदार और सिपाही, तुम बड़े प्यारे भाई हो। यह हिन्दू राष्ट्र है। हिन्दू राष्ट्र ही नहीं, ऊँची जातियों का राष्ट्र है। इसमें सच्ची भारतीय नारी ऊँची हिन्दू जाति की होती है। ब्राह्मण, बनिया, ठाकुर स्त्रियाँ ही तुम्हारी सच्ची बहनें हैं। मुसलमान और हरिजन स्त्रियों को तुम सच्ची बहनें मत मानना। ये विदेशी और नीची औरतें हैं। तुम भैया, इन नीची औरतों पर बलात्कार होने देना, बन सके तो खुद भी करना। मगर भैया, ऊँची जातिवाली तो तुम्हारी सगी बहनें हैं। हमारी रक्षा करना। राखी की लाज रखना पुलिस भैया!

वाजपेयीजी, इन सीधी-भली लड़कियों को इस तरह पुलिस थाने में रक्षाबन्धन करने का आइडिया देनेवाले प्रौढ़ नेता धन्य हैं। पुलिस का हृदय-परिवर्तन हो चुका वाजपेयीजी। आप लोगों ने पुलिस का मनोबल बढ़ा दिया और आपकी बहनों, बेटियों ने पुलिस का हृदय पवित्र कर दिया। अब हिन्दू राष्ट्र में सदाचार, प्रेम, भाईचारा, बहिनचारा, नैतिकता, पवित्रता सब आ गये। सीधा सपाट हल है संघ का। वे तो उलझे हुए मूर्ख हैं, जो दूसरी बातें सोचते हैं।

तीन तिलंगों की चिन्ता

तीन तिलंगे घबड़ाहट में इस्लामाबाद में फिर मिले। ये तीन तिलंगे जिमी कार्टर, हुआ कुओ फेंग और जिया-उल-हक़। गाँधीजी के तीन बन्दर थे। किसी-किसी आदमी को देखकर लगता है इसमें तीनों बन्दर एक साथ हैं। इसी तरह ये तीनों अलग-अलग वे काम करते हैं, जो एक प्राणी एक साथ अकेला कर लेता है। इस प्राणी को सब जानते हैं। यह जब किसी पर गुस्सा करता है तब दाँत निकालता है, कण्ठ से भौंकता है और दुम को हिलाता है। इस समय दाँत, कण्ठ और दुमवाले इस प्राणी

को बड़ा गुस्सा है। दाँत कार्टर दिखा रहे हैं, कण्ठ हुआ कुओ फेंग हैं और दुम जिया-उल-हक़। इस प्राणी का मुँह सोवियत रूस की तरफ है। दुम कभी-कभी समझती है कि मेरे कारण ही प्राणी दाँत निकाल रहा है और भौंक रहा है। मगर जब प्राणी शानदार 'रिट्रीट' का फैसला लेता है तब फौरन दुम दबकर लँगोट हो जाती है।

तीन तिलंगों ने इस संकटकालीन मीटिंग में सलाह के लिए आदम को भी बुला लिया था। आदम अमेरिकी हितों का रक्षक है। मैं 'फ्रीवर्ल्ड' को अमेरिका के लिए उसी तरह सुरक्षित रखना चाहता हूँ जिस तरह ढोरों के चरने के लिए घास सुरक्षित रखा जाता है।

मैं 1948 से अमेरिका को 'कागजी शेर' कहता था। अब मैं उसे असली शेर मानता हूँ और अपने को असली सियार। जनरल जिया मुझे इसलिए पसन्द करते हैं कि मैं इस्लाम की रक्षा में लगा हूँ। मैं इस्लाम के नाम पर देशों को पत्थर-दिमाग फौजी तानाशाहों और कूढ़मगज शाहों तथा शेखों की हुकूमत के लिए सुरक्षित रखना चाहता हूँ।

जिमी कार्टर ने पूछा—क्यों मिस्टर आदम, आपका क्या खयाल है? वह डर गया।

आदम—बहुत डर गया साहब! उसके पाँव काँप रहे हैं। वह रूस को सन्देश भेजने लगा।

कार्टर—तुम किसकी बात कर रहे हो?

आदम—अपने इस वीर जनरल जिया की।

कार्टर—मगर मैं पूछ रहा हूँ रूस की। वह डरा कि नहीं? अब तो मैंने हिन्द महासागर में बी-54 बमवर्षक भी भेज दिये हैं।

जिया—वह नहीं डरा साहब! कामरेड हुआ को उसे डराना चाहिए। इन्हें 'सबक सिखाने' की आदत है। ये रूस को सबक सिखा दें।

हुआ—अभी हम खुद पाठ पढ़ रहे हैं। हमारी पढ़ाई पुरानी पड़ गयी है। हमें आधुनिक होना है। राष्ट्रपति कार्टर जब हमें आधुनिक बना देंगे, तब हम सबक सिखा देंगे। अभी हम सिर्फ चिल्लाकर दूसरों को उकसायेंगे।

कार्टर—आप रूस से इतना डरते क्यों हैं?

आदम—कामरेड हुआ डरते नहीं हैं। पागल आदमी न डर जानता, न प्रेम, न साहस। पागल पर आरोप लगाना कि वह डरता है, उसका अपमान है।

कार्टर—जनरल जिया आप हथियार क्यों नहीं लेते?

जिया—क्या करेंगे हथियार लेकर?

कार्टर—अपने को मजबूत करो।

जिया—किसलिए मजबूत करें?

कार्टर—लड़ने के लिए।

जिया—किससे लड़ने के लिए?

हुआ—अरे इस्लाम की रक्षा करना है न। मैं कम्युनिस्ट हूँ, मगर मुझे इस्लाम

की इतनी चिन्ता है। कार्टर साहब ईसाई हैं, मगर उन्हें भी इस्लाम की इतनी चिन्ता है और तुम्हें इस्लामी देशों का नेता होकर भी इस्लाम की चिन्ता नहीं है।

आदम—इस्लामी देश तो कह रहे हैं कि हमें अमेरिका से हिफाजत नहीं चाहिए। वे कहते हैं कि अमेरिका दूर रहे। ईरान ने, खाड़ी के देशों ने कह दिया है कि हम चाहते हैं कि अमेरिका हमारी रक्षा न करे।

कार्टर—मगर वे नहीं चाहेंगे तो भी हम उनकी रक्षा करेंगे। रक्षा करना हमारा हक है। हम उस हक को छोड़ नहीं सकते।

जिया—ईरान से अपने 45 आदमी तो आप छुड़ा नहीं सकते और दूसरों की रक्षा का दम भरते हैं।

कार्टर—देखो, जनरल जिया, तुम हमें ताव मत दिलाओ, वरना हम कुछ कर बैठेंगे।

हुआ—आप कुछ कर ही बैठिए कार्टर साहब। मजा नहीं आ रहा है। यह अफगानिस्तान का मामला ठण्डा पड़ रहा है। आज तो कोई उस पर ध्यान ही नहीं देता।

कार्टर—कर तो हम बैठें, पर हमारा साथ देने को तो कोई तैयार नहीं है।

जिया—आप कंजूस हैं। पैसा खर्च करो तो लोग साथ दें। हमें 40 करोड़ से बढ़ाकर 200 करोड़ सहायता दो तो हम इस्लाम के लिए कुछ करें।

कार्टर—फिर हम कहेंगे उससे लड़ना पड़ेगा।

जिया—नहीं, हम जिससे चाहेंगे, उससे लड़ेंगे। वरना हम रूस को सन्देश भेज ही चुके हैं।

हुआ—तुम जनरल, हथियार लेकर अफगानिस्तान में घुस जाओ।

जिया—वहाँ तो रूसी सेना से हमारा सामना होगा। हमारी दुर्गति हो जायगी।

हुआ—तो सीधे रूस पर हमला कर दो। वह इस्लाम का दुश्मन है। लड़ो, जिहाद बोल दो। हम तुम्हारा उत्साह बढ़ायेंगे।

जिया—हमें खत्म होने में कितने घण्टे लगेंगे?

हुआ—तो भारत पर हमला कर दो।

जिया—वाह, बिना तैयारी के लड़ें और पिटें।

आदम—देखिए साहब, जनरल जिया उसी से लड़ सकते हैं, जो आपसे डरता हो। इस वक्त आपसे कोई नहीं डर रहा है। इसलिए ये किसी से लड़ेंगे भी नहीं।

कार्टर—तो क्या किया जाये?

आदम—आप किसी छोटे-मोटे देश को डराने की कोशिश कीजिए।

कार्टर से मुलाकात

अखबारों में छपा कि कार्टर साहब की तबियत खराब है। फिर व्हाइट हाउस से सूचना छपी कि कार्टर साहब की तबियत अच्छी है। आदम को चिन्ता हुई। बड़ा बुरा वक्त लगा है, पता नहीं कब क्या हो जाय। ऐसी शरारत-भरी खबर स्वतन्त्र विश्व के नेता के बारे में हमारे दुश्मन फैला रहे हैं।

आदम वाशिंगटन पहुँचा। कार्टर साहब से मिला। कार्टर ने स्वागत किया। अस्सलाम वालेकुम ! मैंने जवाब दिया—वालेकुम सलाम ! कार्टर साहब, ऐसा अभिवादन तो मुसलमान करते हैं। आप क्या···

कार्टर—भई, मैं इस वक्त इस्लाम की रक्षा कर रहा हूँ। मैं खलीफा हूँ।

आदम—मगर अयातुल्ला खोमैनी कहते हैं कि आप इस्लाम के दुश्मन हैं। इस्लाम के रक्षक खुद खोमैनी हैं।

कार्टर—वह झूठ बोलता है। असली अयातुल्ला वाशिंगटनी मैं हूँ। मेरा हिसाब गड़बड़ हो गया, वरना अभी तक वह अयातुल्ला दाढ़ी मुड़ाकर मेरी शरण में आ गया होता।

आदम—क्या हिसाब था आपका ?

कार्टर—हिसाब यह था कि रूस, ईरान के जो अड्डे हमारे हाथ से निकल गये, उन्हें लेने की कोशिश करेगा। मगर रूस ने ऐसा नहीं किया।

आदम—मगर आपको इस्लाम को बचाने की क्या पड़ी है ?

कार्टर—इस्लाम का खुदा तेल देता है।

आदम—आप ईसाई हैं। जीसस के फादर से तेल नहीं ले सकते ?

कार्टर—जीसस के फादर के पास तेल का स्टाक नहीं है। जीसस की बिरादरीवाले फिलिस्तीनी हैं। जीसस हमें तेल देना भी चाहे तो फिलिस्तीनी उन्हें रोक देंगे। इसलिए—अल्ला हो अकबर !

आदम—आपकी तबियत कैसी है ?

कार्टर—जुकाम हो गया है।

आदम—ऐसा हो जाता है। अपने मेकनमारा कुछ साल पहले जब साइगान में थे, तब उन्हें कमर में कुसका लग गया था। उधर अफगानिस्तान में हिन्दुकुश पर बर्फ जमी है। उसी से आपको जुकाम हो गया होगा। जुलाब लेकर पेट साफ कर लीजिए।

कार्टर—जुलाब तो बिना लिये लगा है, भाईजान ! अच्छा, यह बताओ, जनरल जिया-उल-हक़ के क्या हाल हैं ?

आदम—जनरल जिया झंझट में हैं। पाकिस्तानी जनता फौजी तानाशाही के खिलाफ है। जिस सरकार के जनता खिलाफ हो वह सरकार कोई लड़ाई कैसे लड़ सकती है ? वैसे जिया भी इस्लाम की रक्षा के लिए चीन से बात कर रहा है ! आप

सबका इस्लाम अलग-अलग है। एक आपका इस्लाम है, एक खोमैनी का, एक जनरल जिया का, एक सऊदी अरब के शाह खालेद का।

कार्टर— मगर हम जनरल जिया को मदद दे रहे हैं, तो वह लड़ेगा नहीं?

आदम—जिया कहता है कि जो 40 करोड़ डालर की फौजी मदद आप दे रहे हैं, वह तो 'मूंगफली' है।

कार्टर— ऐसा कहता है। वह मेरे खानदानी धन्धे का मजाक उड़ाता है। इस जिया का खानदानी धन्धा क्या है?

आदम—मुझे ठीक नहीं मालूम। सुना है, उसके खानदान के लोग लाहौर में सड़कों पर कबाब बेचते थे।

कार्टर— तो कबाब और तली हुई मूंगफली एक साथ खायी जा सकती है और अच्छी लगती है।

आदम—मगर जनरल जिया सोचता है कि कबाब खा लिया जायगा और मूंगफली का दाम खिसक जायगा। इसीलिए जिया कहता है कि आप सुरक्षा-सन्धि करें और पाकिस्तान को अड्डा बनाकर लड़ें। जिया आपको अमेरिकी वीरता की याद दिला रहा है।

कार्टर—हमारी कौन-सी वीरता की याद दिला रहा है?

आदम—वियतनामवाली वीरता। जिया ने कहा कि अमेरिका अपना वही रोल अदा करे जो उसने वियतनाम में अदा किया था।

कार्टर--क्या जिया हमारा मजाक उड़ाता है? उसे क्या पता नहीं है कि वियतनाम की याद आते ही हमारी पीठ में दर्द होने लगता है? कितना सेकते हैं, पर कोई फायदा नहीं होता।

आदम—कार्टर साहब, आप रूस से ऐसे हालात में कैसे निपटेंगे?

कार्टर—हमने दो हथियार तो चला दिये हैं—गेहूँ और ओलम्पिक। हम रूस को गेहूँ नहीं देंगे और ओलम्पिक का बहिष्कार करेंगे। रूस ठीक हो जायगा।

आदम—मगर ब्रेझनेव कहते हैं कि आपके गेहूँ नहीं देने से एक भी बेकरी बन्द नहीं होगी। यह भी कहा है कि रूस की अर्थव्यवस्था के बारे में आपकी धारणा मूर्खतापूर्ण है।

कार्टर—तो हम उनके ओलम्पिक फेल करा देंगे।

आदम—ओलम्पिक खेलों के बायकाट में आपका कौन साथ देगा?

कार्टर—सऊदी अरब साथ देगा।

आदम—मगर सऊदी अरब के पास तो खिलाड़ी ही नहीं हैं।

कार्टर—क्या कहते हो! सऊदी अरब के पास खिलाड़ी नहीं हैं?

आदम—जी नहीं। उनके पास सिर्फ तेल है। और तेल में से वे खिलाड़ी पैदा नहीं कर सके।

कार्टर—या अल्ला, अब इस्लाम का क्या होगा?

आदम अब बाबा हो गया

आदम का कहीं कुछ जमा नहीं है। मैंने नामज़दगी का पर्चा दाखिल कर दिया था। 3 तारीख को सबसे पहले पर्चा मैंने ही दाखिल किया। मुहूर्त शुभ था। ठीक उसी वक्त बागपत में चरणसिंह पर्चा भर रहे थे। ऐसा योग बनता था कि मुझे कांग्रेस अपना लेगी और फिर मेरी तथा लोकदल उम्मीदवार की दोस्ताना लड़ाई होगी। मेरी दूसरी आशा यह थी कि ए. आर. अन्तुले का तार आता ही है कि मैंने अपना घोषित उम्मीदवार वापस लिया और तुम हमारे उम्मीदवार हो। ऐसा कुछ सीटों पर हुआ है कि दिल्ली से इन्दिरा कांग्रेस की टिकिट लेकर साहब आये हैं, नामज़दगी-पर्चा दाखिल करने जा रहे हैं। उधर क्षेत्र के दूसरे कांग्रेसियों के विरोध में दिल्ली तार चले गये और प्रतिनिधि मण्डल चला गया। ऐन मौके पर दिल्ली से तार आ गया कि तुम नहीं, दूसरा पार्टी का उम्मीदवार है। मैं इस बीच दिल्ली भी गया, इमाम अब्दुल्ला बुखारी से मिलने। वहाँ उनके लड़के ने बताया—अब्बाजान कहीं चले गये हैं। मैं नमाज अदा करता हूँ। मैंने पूछा कि वे कहाँ गये हैं तो लड़के ने जवाब दिया कि पता नहीं है, शायद अल्ला मियाँ से सलाह-मशविरा करने गये हैं।

मैंने नामज़दगी वापस लेने की तारीख तक इन्तजार किया। मैंने यह भी कोशिश की कि कोई उम्मीदवार पैसे देकर मुझे बिठा दे। पर दो-तीन सौ रुपयों से कोई आगे नहीं बढ़ा। आखिर मैंने नाम वापस ले लिया।

अब मैं वह हो गया हूँ जिसकी शरण में भूतपूर्व प्रधानमन्त्री, वर्तमान प्रधानमन्त्री और आगे होनेवाले प्रधानमन्त्री सब आते हैं। स्थानीय उम्मीदवार तो सेवा करते ही रहते हैं। मैं बाबा आदमदास औलिया हो गया हूँ। रामलीला के ऋषि-मुनि जो जटा-दाढ़ी लगाते हैं वह मेरे पास हैं। मैंने लगा ली है। नर्मदा के किनारे एक पुरानी कुटी में विराजता हूँ। धूनी जलती है। गाँजा पीता हूँ। चेलों ने हल्ला कर दिया है कि बाबा आदमदास 8 साल हिमालय में गुप्त वास करके प्रकट हो गये हैं। बाबा आदमदास की जय!

1971 के चुनाव में मैं बाबा हो गया था। कुछ सिद्धियाँ मेरे पास हैं। मैंने एक उम्मीदवार से कह दिया था—तेरा सत्यानाश हो जाये। तो वह जीतकर संसद-सदस्य हो गया। एक से मैंने कह दिया—तेरे ऊपर कयामत आये। वह विधानसभा सदस्य हो गया। एक नेता पर मैंने थूक दिया। वह नगरपालिका का अध्यक्ष हो गया। अब मेरे पास भीड़-ही-भीड़ आने लगी। लोग कहते—बाबा, गाली दे। बाबा, हमारे ऊपर थूक। सन्तान की इच्छुक स्त्रियाँ भी मुझे घेरे रहती हैं। एक साल में मैंने इतना कमा लिया कि 1979 तक आराम से जी रहा हूँ। अब मैं फिर बाबा हो गया हूँ।

मैं जानता हूँ, ये जितने नेता कहते हैं कि हमें जनता पर विश्वास है, झूठ बोलते

हैं। उन्हें जनता पर कतई विश्वास नहीं है। उन्हें विश्वास है, पीर, औलिया, बाबा, साधु, मुल्ला, शंकराचार्य वगैरह पर। हर राजनेता के अपने साधु और बाबा हैं। चुनाव के वक्त हर तहसील में एक-दो साधु और बाबा मशहूर हो जाते हैं।

इन्दिराजी अभी मथुरा के जय गुरुदेव के दर्शन करने गयी थीं। जय गुरुदेव 'सतयुग' लाने का काम लिये हुए हैं। कौन-सा सतयुग ? यह वही जानें। मगर जय गुरुदेव के चेले बहुत हैं। बाद में इन्दिराजी ने कहा कि मैं उनका आशीर्वाद लेने नहीं गयी, मेरा किसी दैवी शक्ति में विश्वास नहीं है। तो फिर क्यों गयी थीं ? ये जय गुरुदेव तो इमरजेन्सी में जेल में सतयुग ला रहे थे। जो भी राजनेता दक्षिण जाता है तिरुपति के मन्दिर में जरूर जाता है। यहाँ दो तरह के भगवान हैं—5 रु. के और 25 रु. के। 5 रु. देनेवाले को अलग से भीड़ में से दर्शन कराये जाते हैं और 25 रु. वाले को अलग से आराम से। भगवान की टिकिट लगी है। अब झंझट यह है कि देवराज अर्स का दावा है कि भगवान व्यंकटेश्वर मेरी तरफ हैं। चेन्ना रेड्डी से वे नाराज हैं, क्योंकि उनका मन्दिर के प्रबन्धकों से झगड़ा चल रहा है। तभी इन्दिराजी खुद वहाँ गयीं और कहा—भगवान, चेन्ना रेड्डी को क्षमा करो। वह नादान है। मैं आपकी भक्त हूँ। इधर दक्षिण की सीटें दिला दो प्रभु !

राजनारायण के बाबा हैं, चरणसिंह के साधु हैं। मोरारजी के नहीं हैं क्योंकि वे खुद पीर हैं। कमलापति के बाबा हैं। जगजीवनराम के साधु हैं। अटलबिहारी वगैरह के पुरी के शंकराचार्य हैं।

मैं भी बाबा हो गया हूँ। लोग आ रहे हैं। जनता पार्टी का उम्मीदवार आया था। मैंने कह दिया—बाबू जगजीवनराम को बुला। मैं छोटों को आशीष नहीं देता। इन्दिरा कांग्रेस का उम्मीदवार आया था। मैंने कहा—इन्दिराजी को बुलाओ, वरना मध्यप्रदेश की सब सीटें हार जाओगे।

आ रहे हैं उम्मीदवार। कुछ उम्मीदवारों की तरफ से 'मारण' अनुष्ठान कर रहा हूँ, जिससे उनके विरोधी वोट देने से पहले मर जायेंगे। राजनेता आयें। मेरा रेट दूसरे बाबाओं से काफी कम है।

आदम की पार्टी का घोषणापत्र

आदम ने भी अपनी पार्टी का चुनाव-घोषणापत्र तैयार कर लिया है। पार्टी का नाम अभी नहीं बताऊँगा क्योंकि अभी तय नहीं है कि अन्त तक यही नाम रहेगा या बदल जायेगा। अभी यह भी तय नहीं है कि कौन-कौन मेरी पार्टी में अन्त तक रहेंगे। अभी लोग आ रहे हैं और लोग जा रहे हैं। अभी किसी भी पार्टी में यह निश्चित नहीं है

कि कौन उसमें है और कौन नहीं है। चन्द्रशेखर को नहीं मालूम कि बाबू जगजीवन-राम जनता पार्टी में हैं या नहीं हैं।

दो बातें ही निश्चित हैं--मैं अपनी पार्टी का अध्यक्ष हूँ और आगामी प्रधान-मन्त्री हूँ।

यह घोषणापत्र गाँधीवादी है। इसका मसौदा बनाकर मैंने अपने एक विश्वासी के हाथ स्वर्ग में गाँधीजी के पास भेजा था। ये विश्वासी और कोई नहीं, नारदमुनि हैं। नारदजी ने मुझे लौटकर बताया कि गाँधीजी इस घोषणापत्र से इतने खुश हुए कि स्वयं चुनाव-प्रचार करने को तैयार हो गये थे। मैंने ही उन्हें रोका।

यह महात्मा गांधी का घोषणापत्र है। जो इसमें मीन-मेख निकालेगा, उसकी रिपोर्ट गाँधीजी से की जायेगी और महात्मा शाप देकर उसे चुनाव में हरा देंगे। इस देश में सिर्फ मेरा महात्मा गाँधी से सम्पर्क है। वे किसी और से सम्बन्ध नहीं रखते। इसलिए जो मैं कहता हूँ, वही गाँधीवाद है। गाँधीजी का सही सन्देश मैं ही जनता तक पहुँचाऊँगा।

गाँधीजी के प्रति हमारी पार्टी की भक्ति जनता पार्टी से अधिक है। हम भी जीतने के बाद राजघाट पर महात्मा की समाधि पर शपथ लेंगे। पर हम शपथ लेने के बाद फौरन समाधि को गंगाजल से धोकर शुद्ध कर देंगे। गाँधीजी का ताजा आदेश आया है कि उनकी जवाहरलाल नेहरू से उधर खटपट हो गयी है, इसलिए अब जो नेहरू का नाम लेगा, उस पर गाँधीजी का शाप पड़ेगा।

घोषणापत्र

उद्देश्य—हमारी पार्टी का प्रमुख उद्देश्य मुझे प्रधानमन्त्री बनाना है। अगर मैं प्रधानमन्त्री बना तो यह पार्टी आगे भी चलेगी। अगर मैं प्रधानमन्त्री नहीं बना तो पार्टी भंग कर दी जायगी। अभी इसीलिए सदस्यों से सिर्फ एक तिमाही का चन्दा लिया जा रहा है।

ग्राम-विकास : ग्रामों की अवनति इसलिए हुई है कि उन्हें शहरों से जोड़ने की कोशिश की गयी है। सबसे बड़ा नुकसान बससेवा से हुआ है। बस के कारण गाँव शहर से जुड़ता है। हमारी पार्टी सत्ता में आयी तो गाँवों के लिए बससेवा बन्द कर दी जायेगी। गाँव शहर से एक और माध्यम से जुड़ता है--हवा के माध्यम से। इस सम्बन्ध को खत्म करने के लिए ग्रामीणों के ट्रांजिस्टर के उपयोग पर प्रतिबन्ध लगा दिया जायगा।

कृषि : कृषि की ओर विशेष ध्यान दिया जायगा। इसके लिए सब तरह की मशीनों का उपयोग बन्द कर दिया जायगा। ट्रैक्टर, थ्रेसर वगैरह बन्द कर दिये जायेंगे। सिंचाई के पम्पों का उपयोग नहीं करने दिया जायगा। उर्वरक जो कारखानों में बनता है, उसका उपयोग बन्द कर दिया जायगा। शुद्ध गोबर की खाद दी जायगी। देश के सारे कृषि महाविद्यालय बन्द कर दिये जायेंगे। ये कृषि के बारे में गलत जानकारी-देते हैं। खेती वैदिक युग की तरह होगी। गाँवों का दूध-दही

शहरों में नहीं आयेगा, जिससे गाँवों में दूध-दही की नदिया बहेंगी।

भूमि-सुधार : भूमि की समस्या स्थायी रूप से हल कर दी जायेगी। सारी समस्या इसलिए पैदा हुई है कि भूमिहीनों के मन में भूमि की भूख पैदा कर दी गयी है। अब भूमिहीनों को भूमि बाँटने के कानूनों ने समस्या को और उलझा दिया है। जिनकी हैसियत नहीं है, उन्हें भूमि देने से वह जमीन परती पड़ी रहेगी। सरकार एक दिन तय करेगी भूमि-समस्या हल करने के लिए! इस दिन सुबह से लेकर आधी रात तक जो जितनी जमीन पर कब्जा कर लेगा उसकी रजिस्ट्री उसके नाम कर दी जायगी। यह स्थायी बन्दोबस्त होगा। इसमें 5-10 लाख आदमी मर सकते हैं, पर इससे कोई हर्ज नहीं।

कुटीर उद्योग : कुटीर उद्योगों के रूप में गाँवों में जुआ, ताश और चौपड़ को प्रोत्साहन दिया जायगा। गाँजा पीना और भुना हुआ महुआ खाना भी कुटीर उद्योग होगा। लघु उद्योगों को चलाने में सरकार सहायता करेगी, बशर्ते इनमें मशीनों का उपयोग न हो। हाथ-भट्टी की शराब उतारने के उद्योग को प्राथमिकता दी जायगी। यदि कोई ग्रामीण उत्साही कुटीर उद्योग में उपग्रह बनायेगा, तो सरकार मदद देगी।

उद्योग नीति : सरकार वर्तमान मशीनी उद्योगों को धीरे-धीरे खत्म कर देगी। पहले सार्वजनिक क्षेत्र के कारखानों को सरकार प्राइवेट कारखाने के मालिकों को दान कर देगी। इसके लिए पुरोहित नियुक्त किये जायेंगे जो मन्त्री के साथ दान-विधि सम्पन्न करायेंगे। फिर धीरे-धीरे सारे उद्योग बन्द कर दिये जायेंगे। कपड़ा-मिल भी बन्द होगी। लोग झाड़ों के पत्ते और छाल पहनेंगे या हाथ का बुना कपड़ा।

श्रम नीति : ट्रेड यूनियन नहीं बन सकेगी। मजदूरों को माँग करने पर सख्त सज़ा दी जायेगी। वेतन की प्रथा बन्द कर दी जायगी। किसी मजदूर को वेतन नहीं दिया जायगा। इसके बदले उसे धर्मशाला या मन्दिर से सदाव्रत दिया जायगा। सदाव्रत से आटा, दाल, नमक—रोज की जरूरत के लिए सबेरे दे दिया जायगा। लकड़ी और कण्डे का प्रबन्ध खुद करना होगा।

देश में विज्ञान की पढ़ाई बन्द कर दी जायगी, प्रयोगशालाएँ नहीं होंगी, रेलें धीरे-धीरे समाप्त कर दी जायेंगी, वायुयान बन्द होंगे, घड़ियाँ रखना मना होगा। हमारी सरकार औद्योगीकरण के सारे अभिशाप मिटा देगी।

मुख्यमन्त्री-सम्मेलन

प्रधानमन्त्री ने मुख्यमन्त्रियों की बैठक बुलायी थी। आदम की रिपोर्ट है कि ऐसा हुआ—

मोरारजी—मैं आप सबका स्वागत करता हूँ। केन्द्र और राज्यों में अच्छे सम्बन्ध होने चाहिए। राज्य ताकतवर होंगे तो केन्द्र भी ताकतवर होगा। अब मैं प्रधानमन्त्री बना रहूँगा। आज देश का वातावरण अच्छा है। संसद की छुट्टी है, इसलिए मेरी खींचतान भी नहीं हो रही है। ईश्वर की कृपा से कान्तिभाई पर कोई नये आरोप नहीं लग रहे हैं। मैंने सत्य को कभी नहीं छोड़ा, हालांकि हमारी 'असली' गुटनिरपेक्षता की नीति के अनुसार मैं असत्य से भी अच्छे सम्बन्ध रखता हूँ। चरणसिंह का स्वास्थ्य भी अच्छा है। डाक्टरों ने उन्हें परहेज बताया है कि वे मुझ पर हमला नहीं करेंगे तो स्वास्थ्य अच्छा रहेगा। हम कुछ आवश्यक समस्याओं पर चर्चा करने के लिए यहाँ बैठे हैं। एक बाढ़ की समस्या है। आप जानते ही हैं कि विपदा के बाद जनता हमसे आश्वासन चाहती है कि आगे ऐसी विपदा नहीं आयेगी। फिर कानून और व्यवस्था की समस्या भी विचारणीय है। अपराध बढ़े हुए हैं। दिल्ली में ही अपराधों से बड़ी सनसनी है।

आइए, पहले हम बाढ़ के बारे में बात करें। आपके राज्य में इस साल बाढ़ कैसी रही?

रामनरेश यादव—हमारे उत्तरप्रदेश में इस साल बाढ़ बहुत बढ़िया रही। पिछले सारे रिकार्ड टूट गये। दो-तिहाई उत्तरप्रदेश में लोग झील के किनारे पिकनिक-जैसी मनाते रहे। हमने बाढ़ का मुकाबला भी डटकर किया। देखिए, इतनी विकट बाढ़ में भी मेरी कुर्सी नहीं बही। कर्पूरी भाई, तुम्हारे बिहार में कैसी रही।

कर्पूरी—वैसे इस बार पटना नहीं डूबा, इसका दुख जरूर है। फिर भी कुल मिलाकर बाढ़ निराशाजनक नहीं रही।

देवीलाल—हरियाणा का तो रिकार्ड है। हमने दिल्ली और उत्तरप्रदेश को भी बाढ़ सप्लाई की।

मोरारजी—चेन्ना रेड्डीजी, आपके आन्ध्रप्रदेश में कैसा रहा?

रेड्डी—आन्ध्र में बाढ़ नहीं आयी।

सकलेचा—इन्दिरा कांग्रेसियों के राज में बाढ़ भी आना पसन्द नहीं करती।

रेड्डी—बको मत फासिस्ट! हमारे यहाँ समुद्री तूफान आ चुका है। तुम्हारे मध्यप्रदेश में तो समुद्र ही नहीं है।

मोरारजी—हमें बाढ़-नियन्त्रण के उपायों पर भी सोचना है। यह कहा जा रहा है कि बाढ़-नियन्त्रण की योजनाओं पर अमल नहीं किया गया।

देवीलाल—ये योजनाएँ इन्दिरा गाँधी की तानाशाही सरकार ने बनायी थीं। हम उन पर अमल नहीं करेंगे।

शेखावत—हमें तो पहले के बने बाँध आदि तोड़ देना चाहिए।

मोरारजी—अच्छा, अब कानून और व्यवस्था की स्थिति पर विचार करें। अपराधों की स्थिति कैसी रही?

कुछ मुख्यमन्त्री—बहुत बढ़िया रही साहब! इस एक साल में जितने अत्याचार हुए उतने किसी एक साल में नहीं हुए। हम इस मामले में भी पीछे नहीं हैं।

देवराज अर्स—यह तो शर्म की बात है।

कर्पूरी—शर्म की बात होगी तुम्हारे लिए, जहाँ अपराध नहीं होते। तुम्हें कुछ काम ही नहीं है। मुर्दा प्रदेश है तुम्हारा।

मोरारजी—मैं पूछता हूँ, क्या कानून और व्यवस्था की हालत चिन्तनीय है?

कर्पूरी—कतई चिन्तनीय नहीं है। अगर इसे चिन्तनीय कहा जायगा तो आगे जो होगा उसे मरणीय कहना पड़ेगा।

मोरारजी—तो आप लोग मानते हैं कि अपराध बहुत हो रहे हैं, पर हमें इससे चिन्ता नहीं है।

रामनरेश—हमें दूसरी बड़ी चिन्ता है।

देवीलाल—प्रधानमन्त्रीजी, आपको भी तो बड़ी-बड़ी चिन्ताएँ हैं। कान्तिभाई के मामलों की चिन्ता है। अपने पद की चिन्ता है। आपके पास अपराधों की चिन्ता करने के लिए टाइम ही नहीं है।

कर्पूरी—देखिए, मेरा सारा समय तो पटना और दिल्ली के बीच उड़ने में लग जाता है। बिहार की भूमि पर तो मेरे चरण पड़ते ही नहीं हैं। मेरे पास चिन्ता करने को वक्त नहीं है। चिन्ता करानी हो तो दूसरा मुख्यमन्त्री बिठा दीजिए।

मोरारजी—अच्छा-अच्छा, हालत खराब है, पर चिन्तनीय नहीं है। कितनी भी खराब हालत हो, हमें चिन्ता नहीं होती। अब पुलिस फायरिंग के बारे में विचार कर लें।

सकलेचा—साहब, पुलिस फायरिंग बहुत अच्छी चीज है। होनी चाहिए। हमें 'शाखा' में सिखाया गया है कि शक्ति से ही कार्य सिद्ध होता है।

मोरारजी—पर गोली चलाने की जरूरत नहीं पड़नी चाहिए।

सकलेचा—साहब, गोली से फौरन समस्या सुलझती है। बेलाडीला में हमने फायरिंग से घण्टे-भर में सब शान्त कर दिया। वरना समझौता-वार्ता, मान-मनौवल में महीनों लग जाते।

रामनरेश—ये बिल्कुल ठीक कहते हैं साहब! मैंने भी कानपुर में गोली से फौरन समस्या हल कर ली थी।

मोरारजी—अच्छा, अच्छा, कोई और बात?

रामचन्द्रन—साहब, एक निवेदन है।

मोरारजी—क्या कानून और व्यवस्था सम्बन्धी है?

रामचन्द्रन—हाँ, ऐसा ही समझ लीजिए। जरा हमारे राज्यपाल प्रभुदास पटवारी को समझाइए न। वे अपने राजभवन में इतने सात्विक भोजन का इन्तजाम कराते हैं कि राजकीय अतिथि को होटल में खाना पड़ता है।

भजनलाल का भजन

महान राजनीति-पुरुष भजनलाल के दर्शन करने पहुँचा। वे अपनी सरकार समेत जनता पार्टी से कांग्रेस (इ) में आ गये थे। मैं उनके बँगले पहुँचा। नौकर ने कहा कि भजनलालजी अभी पूजा कर रहे हैं।

मैं बैठ गया। पास के कमरे से भजनलाल की आवाज आयी। वे भजन कर रहे थे—

भज मन देवि चरण सुखदाई
जाकी कृपा पंगु गिरि लंघे
अन्धे को सब कछु दिखराई।
जै जै जै जै—
बिनु पग चलै सुनै बिनु काना
कर बिनु कर्म करै विधि नाना।

भजनलाल पूजा के कमरे से बाहर निकले। मैंने नमस्ते किया।

भजनलाल ने कहा—जय देवी बोलो भैया आदम!

आदम—भजनलालजी, बड़ी भक्ति हो रही है, आजकल!

भजनलाल—हाँ, भैया, हम इस समय भक्ति-भावना में डूबे हैं। 'एक भरोसे एक बल एक आस विस्वास!'

आदम—मगर आप इतने अकड़ते-अकड़ते एकदम इन्दिरा गाँधी को समर्पित हो गये।

भजनलाल—भैया, आत्मज्ञान इसी को कहते हैं। हमें आत्मज्ञान हो गया, जैसे विभीषण को हो गया था। विभीषण को क्या आप दल-बदलू कहेंगे! यह भक्ति है। हे मैडम—

तू दयालू दीन हों तू दानि हों भिखारी
हों प्रसिद्ध पातकी तू पाप पुंज हारी।

आदम—मगर भजनलालजी, लोग कहते हैं कि यह अवसरवाद है।

भजनलाल—भैया, अवसरवाद धर्म होता है। नहीं तो क्या होगा? गोस्वामी तुलसीदास ने कहा है—'मन पछतैहै अवसर बीते।' हम सन्तों की वाणी पर विश्वास

करते हैं।

आदम—मगर यह सिद्धान्त के खिलाफ है।

भजनलाल—भैया, सिद्धान्त क्या होता है? हम तो यही समझते हैं कि जिससे अच्छा अन्त सिद्ध हो, वह सिद्धान्त है। तुम बताओ।

आदम—मेरा मतलब 'प्रिंसिपल' से है।

भजनलाल—हमारी अँगरेजी कमजोर रही। 'इंगलिस' 'भैरी' 'वीक' है। हमें प्रिंसिपल की स्पेलिंग नहीं मालूम।

आदम—मगर यह तो शुद्ध दल-बदल है।

भजनलाल—क्या बात करते हो यार! दल-बदल टुच्चा शब्द है। दल-बदल करता है वह गयालाल—वही 'आयाराम गयाराम' वाला। उसे बड़ा अभिमान था कि उसने राजनीति को एक नया मुहावरा दे दिया। मैंने कहा—अरे गयालाल, यह हरियाणा है। यहाँ बड़े-बड़े वीर हैं। मैं तुझे मात देता हूँ। तूने दल-बदल ही किया, मैं सरकार-बदल कर देता हूँ। मैं पूरी सरकार लेकर उधर चला गया। भाईसा'ब, अभी तक लोग कहते थे—महाराष्ट्र में अमुक आदमी ने आयाराम गयाराम कर दिया। अब कहेंगे—उसने भजनलाल कर दिया। अगर मार्गरेट थैचर अपने मन्त्रि-मण्डल समेत लेबर पार्टी में चली जाये तो यही कहा जायगा न कि मिसेज थैचर ने भजनलाल कर दिया। राजनीति के इतिहास में मेरा नाम अमर हो गया।

आदम—मगर चन्द्रशेखर, मोरारजी, वाजपेयी वगैरह आपके नेता तो कह रहे थे कि जनता सरकारें इस्तीफा न दें।

भजनलाल—तो हमने इस्तीफा कहाँ दिया।

आदम—आपके नेता यह धमकी भी दे रहे थे कि अगर कांग्रेस (इ) ने जनता पार्टी सरकारें गिराने की कोशिश की तो विरोध होगा, आन्दोलन होगा, खून बहेगा, लाशें बिछ जायेंगी।

भजनलाल—मैं इन नेताओं से पूछता हूँ कि तुम हमें गिरने से रोकनेवाले कौन होते हो। यह क्या पार्टी का लोकतन्त्र है कि निष्ठावान सदस्य को तुम गिरने भी न दो। फिर हम गिरे कहाँ हैं। ये नेता यही तो चाहते थे कि मैं मुख्यमन्त्री रहूँ। तो मैं हूँ। मैं हटा कहाँ हूँ। फिर ज़रा सोचो, मेरी सरकार गिरायी जाती। विधानसभा भंग होती। फिर चुनाव होते। जीतने का कोई भरोसा नहीं होता। कितनी झंझट होती। देश का कितना पैसा खर्च होता। मैंने यह सब बचा दिया। मैंने कांग्रेस (इ) वालों से कहा—तुम अपनी पार्टी की सरकार चाहते हो न? लो तुम्हारी पार्टी में मैं आया जाता हूँ। अब तुम्हारी पार्टी की सरकार हो गयी न! अरे, भजनलाल बंसीलाल में क्या फर्क है।

आदम—पर क्या तुम्हें इन्दिरा गाँधी मुख्यमन्त्री बनाये रखेंगी?

भजनलाल—अपना तो यह है कि—'जेहि-तेहि भाँति पड़े रहौं दीनबन्धु दरबार!'

आदम—मगर बाबूजी का तुम पर बड़ा भरोसा था। उनके दिल को बड़ी

चोट लगी है।

भजनलाल—भैया की बातें। अरे, बाबूजी की सलाह से हीं हमने ये किया है। बाबूजी ने कहा—मेरी जिन्दगी तो खराब हो ही गयी। पर मैं बहुत बूढ़ा भी हुआ। तुम जिन्दगी खराब मत करो। चले जाओ उधर।

इन्दिरा गाँधी के नाम

बहनजी, आशा है आप राजी-खुशी होंगी। भगवान उन लोगों का मुँह काला करे जो कहते हैं कि आपसे अर्स-चेन्ना रेड्डी के मतभेद हैं। आपका पार्टी और सरकार चलाने का तरीका यह है कि 'मत' सिर्फ आपके पास होता है और 'भेद' दूसरों के पास। किसी के पास मत और भेद दोनों नहीं हो सकते। जिसके पास हो जाये, उसे आप निकाल देती हैं। वह फिर अपने भेद को चाटता रहे। काम करने का आपका यही तरीका है। आप जहाँ होती हैं, वहाँ बाकी सबकुछ नहीं होते। आप संसद की सदस्य नहीं हैं, मगर संसदीय दल की नेता हैं। अगर आपकी पार्टी की सरकार बन जाय और संसद-सदस्य न होने से, आपके बदले कोई और प्रधानमन्त्री बन जाये, तो आप संसद के बाहर से ही प्रधानमन्त्री बन जायेंगी। आप तो फिर यह भी कर सकती हैं कि मैं राष्ट्रपति भवन के बाहर राष्ट्रपति भी रहूँगी। देश में दो राष्ट्रपति रहेंगे। वह राष्ट्रपति किसी देश के राष्ट्रपति से दाहिना हाथ मिलायेगा तो आप उसका बायाँ हाथ पकड़कर झटक देंगी। वह राष्ट्रपति कहेगा—राष्ट्रपति भवन तशरीफ ले चलिए तो आप कहेंगी—नहीं, विलिंग्डन क्रीसेण्ट चलिए। आपका यही तरीका है।

बहनजी, आप झूठे आरोप लगा रही हैं। आप कहती हैं कि आपने पिछड़े लोगों के विकास के जो कार्यक्रम चालू किये थे, वे छोड़ दिये गये हैं। ऐसा तो नहीं है बहनजी। आपने प्रधानमन्त्री के पिछड़े हुए बेटे के विकास का जो कार्यक्रम शुरू किया था, उस पर और तेजी से अमल हो रहा है। प्रधानमन्त्री का एक पिछड़ा हुआ बेटा था संजय। कुछ पढ़ा-लिखा नहीं था, सीखा नहीं था। बेकारी की समस्या से पीड़ित था। कबाड़ी की दूकान में नटबोल्ट फिट करना सीख रहा था। आपने पिछड़े लोगों की बेकारी की समस्या निपटाने का फैसला किया। आपने अपंगों, अन्ध, मूक, बधिर के विकास की योजना चालू की। इसके अन्तर्गत आपने बेचारे संजय को युवकों का नेता बनाया। उसका मारुति कारखाना हो गया। वह मुख्य-मन्त्रियों से बड़ा हो गया। वह मुख्यमन्त्रियों को नियुक्त और डिसमिस करने लगा। आप तो उसे प्रधानमन्त्री बनाकर यह सिद्ध कर देतीं कि भारत में पिछड़े वर्ग का

निकम्मा आदमी प्रधानमन्त्री भी हो सकता है।

यह पिछड़े लोगों का विकास-कार्यक्रम आगे बढ़ रहा है। आपके बाद के प्रधान-मन्त्री के पिछड़े हुए बेटे कान्तिभाई का विकास देखिए। आपके ही संसद-सदस्य पी. के. साल्वे ने संसद में 42 आरोप कान्तिभाई के विकास पर लगाये।

ये 42 आरोप नहीं हैं। विकास की 42 सीढ़ियाँ हैं। और आपके प्रधानमन्त्री रहते हुए संजय के विकास की जाँच की माँग नहीं उठी। मधुलिमये ने एक बार जरूर मारुति के विकास की तारीफ की थी। पर अब देखिए। प्रधानमन्त्री के साथी गृहमन्त्री चरणसिंह कान्तिभाई के विकास को स्वीकार करते हैं। इतना ही नहीं, राज्यसभा तक ने कान्तिभाई के विकास को स्वीकार किया। उनके विकास का सही मूल्यांकन करने के लिए एक समिति बनाने का प्रस्ताव पास किया। संजय के विकास के लिए तो कोई समिति बनाने का प्रस्ताव नहीं हुआ। कान्तिभाई के विकास के लिए तो हुआ। फिर आप कैसे कहती हैं कि पिछड़े लोगों के विकास के कार्यक्रम आगे नहीं बढ़ रहे हैं।

बेटे सुरेशकुमार का विकास देखिए। वे बाबू जगजीवनराम के सपूत हैं। बाबू-जी हरिजन हैं। आपने उनके और सुरेश के विकास पर विशेष ध्यान नहीं दिया। बाबूजी ने दस साल तक आयकर नहीं दिया था। इस पर उनका विकास हो सकता था पर आपने यह कहकर उनका विकास रोक दिया था कि वे भूल गये थे। पर आपने तब उनकी मदद नहीं की। अब देखिए। बाबूजी के ही एक पार्टी-नेता और अभी तक उनके साथी मन्त्री राजनारायण सुरेशकुमार की नंगी तस्वीरें जेब में लिये घूमते हैं। पिछड़े वर्ग के लोगों के यश को इतना आपने नहीं बढ़ाया। आप तो खुद 'देश की नेता इन्दिरा गाँधी' बन गयीं। इससे चरणसिंह-जैसे पिछड़े लोगों का विकास रुक गया था। अब देखिए। किसान का बेटा चरणसिंह किसानों का एकमात्र नेता हो गया है। जैसे पोस्टर युवकों के नेता संजय के पहले चिपकते थे, वैसे ही किसानों के नेता चरणसिंह के चिपकते हैं। पिछड़े किसानों का इतना विकास आपके शासन में कहाँ हुआ था।

आपकी शिकायतें गलत हैं। आँकड़े मिला लीजिए। हरिजनों के मारे जाने का औसत देख लीजिए, आपके जमाने से ज्यादा ही बैठेगा। क्या इससे सिद्ध नहीं होता कि इनके विकास का काम आगे बढ़ रहा है।

और क्या हाल है? सुना है, आप अपने बँगले में नये निर्माण करवा रही हैं। मेरा सुझाव है, आप बँगले को बढ़ाती जाइए। आसपास के बँगले भी उसमें मिला लीजिए। इनकी जमीन पर आप नया निर्माण करा लीजिए। एक दिन आपका बँगला 1, सफदरजंग के बराबर हो जायेगा। बस उसी दिन आप अपने को भारत का प्रधानमन्त्री घोषित कर दीजिए।

बूटासिंहजी मजे में होंगे। एक प्रेमवीर बूटासिंहजी सन् '47-'48 में हो गये हैं। उन्होंने पाकिस्तान चली गयी अपनी मुस्लिम प्रेमिका के लिए आत्महत्या कर ली

थी। आपने इन नये बूटासिंह को खोज लिया है, जो प्रेम में नहीं, भक्ति में आत्महत्या करने पर उतारू हैं।

मोरारजी की पत्रवार्ता

प्रधानमन्त्री मोरारजी का पत्रकार सम्मेलन हुआ। आदम भी गया था। बड़ा मजा आया। बहुत देर यही विवाद चलता रहा कि कौन सवाल करेगा और कौन जवाब देगा। हम पत्रकारों ने कहा—सवाल हमें करना चाहिए और जवाब आपको देना चाहिए। मोरारजी ने कहा – यह 'वन-वे ट्रैफिक' नहीं है। मैं भी प्रश्न पूछूंगा। अगर 'वन वे ट्रैफिक' होगा तो मैं ही सवाल करूँगा और आप लोगों को जवाब देना होगा। जो जवाब नहीं देगा उसे कान पकड़कर बेंच पर खड़ा कर दिया जायेगा। मैं डरता नहीं हूँ। मैं निवारक नजरबन्दी लागू कर रहा हूँ।

पत्रकार—हम भी नहीं डरते।

मोरारजी—मैं सवाल करूँगा।

पत्रकार—नहीं, हम सवाल करेंगे। आप प्रधानमन्त्री हैं, आपको जवाब देना चाहिए।

मोरारजी—मैं किस देश का प्रधानमन्त्री हूँ ?

पत्रकार—भारत के।

मोरारजी—गलत। मैं ब्रह्माण्ड का प्रधानमन्त्री हूँ। खैर, सवाल आप लोग भी करें और मैं भी करता हूँ। किसी को किसी के जवाब देने की जरूरत नहीं है।

इसके बाद यहाँ से और वहाँ से सवाल-ही-सवाल होने लगे। पत्रकार सवाल करते तो जवाब में मोरारजी सवाल जड़ देते।

कुछ ही सवालों के जवाब प्रधानमन्त्री ने दिये। आदम को कुछ सवालों का जवाब मिला।

आदम—आप अभी कई देशों की यात्रा करके लौटे हैं। क्या इन देशों के नेताओं में और आपमें सहमति हुई ?

मोरारजी—नहीं। उन नेताओं की मुझसे सहमति हुई।

आदम—बात एक ही है।

मोरारजी—बात एक ही नहीं है। मुझसे ही सब सहमत होते हैं। मैं किसी से सहमत नहीं होता।

आदम—जनता पार्टी की क्या हालत है ?

मोराराजी—जनता पार्टी मजबूत है। पार्टी में एकता की प्रक्रिया अब जोर

से शुरू हो गयी है।

आदम—पर राजनारायण पार्टी छोड़ गये हैं। और बड़ी संख्या में संसद-सदस्यों ने भी पार्टी छोड़ दी है। फिर आप कैसे कहते हैं कि पार्टी मजबूत हो रही है?

मोरारजी—सड़े दाँत गिरने से दतौड़ी मजबूत होती है।

आदम—पर इस तरह लोग छोड़ते रहे तो जनता पार्टी में कौन रहेंगे?

मोरारजी—मैं और बाला साहेब।

आदम—तब बहुमत कैसे होगा? आपकी सरकार कैसे चलेगी?

मोरारजी—तब बहुमत की जरूरत नहीं होगी, क्योंकि लोकतन्त्र की झंझट नहीं होगी।

आदम—कीमतें बहुत बढ़ रही हैं। इस सम्बन्ध में आप क्या कर रहे हैं?

मोरारजी—मैं नहीं जानता। मैं बाजार नहीं करता।

आदम—पर कीमतें तो बढ़ रही हैं।

मोरारजी—जब मैं बाजार ही नहीं जाता तो कीमतें कैसे बढ़ रही हैं।

आदम—देवराज अर्स को इन्दिरा कांग्रेस से निकाले जाने पर आपका क्या खयाल है?

मोरारजी—मेरा कोई खयाल नहीं है।

आदम—क्या इससे कांग्रेसियों की एकता की सम्भावना है?

मोरारजी—जबसे मैंने कांग्रेस छोड़ी है, इस देश में कोई कांग्रेसी नहीं रहा।

आदम—सोवियत संघ अगले अन्तरिक्ष यान में एक भारतीय को भेजने का प्रस्ताव कर रहा है। क्या आपने स्वीकृति दे दी है?

मोरारजी—मैं इस शर्त पर इसे स्वीकार करूँगा कि मुझे भेजा जायेगा।

आदम—देश में साम्प्रदायिकता की स्थिति कैसी है?

मोरारजी—बहुत अच्छी है।

आदम—आप ऐसा कैसे कहते हैं?

मोरारजी—अलीगढ़, जमशेदपुर में फिर दंगा हुआ। नादिया में भी दंगा हुआ।

आदम—यह साम्प्रदायिक शान्ति है?

मोरारजी—तुमने साम्प्रदायिक शान्ति के बारे में नहीं पूछा। साम्प्रदायिक स्थिति के बारे में पूछा है। वह अच्छी है।

आदम—क्या देश में आस्था का संकट है?

मोरारजी—जब आस्था ही नहीं है, तो संकट क्यों होगा?

आदम—कर्पूरी ठाकुर कहते हैं कि मुख्यमन्त्री को गिराने की योजना दिल्ली में बनती है। आपको क्या कहना है?

मोरारजी—हम एक अच्छी परम्परा का पालन कर रहे हैं। इन्दिरा के राज में भी यही था।

आदम --राजनारायण कहते हैं कि सितम्बर में आपकी सरकार गिर जायेगी।

मोरारजी—किस शताब्दी का सितम्बर?

आंदम---कम्पूचिया में हेंग सामरिन की सरकार को मान्यता कब देंगे?

मोरारजी—जब पोल पोट राजी हो जायेगा।

आदम—युगाण्डा में यूसुफ लूले की सरकार के पतन के बारे में क्या कहना है-?

मोरारजी—यूसुफ लूले प्रोफेसर हैं। प्रोफेसरों से सरकार नहीं चलती। मेरे-जैसे डिप्टी कलेक्टर से चलती है।

आदम—क्या रेल कर्मचारियों को बोनस देंगे?

मोरारजी—ऐसे देने लगें तो मन्त्रियों को भी बोनस देना पड़ेगा।

आदम—मन्त्रिमण्डल कोई इण्डस्ट्री है क्या?

मोरारजी—इण्डस्ट्री नहीं तो और क्या है?

आदम—पुलिस के विद्रोह को आप सेना से दबवा रहे हैं। अगर वेतन बढ़ाने के लिए सेना ने भी विद्रोह किया तो उसे किससे दबवायेंगे?

मोरारजी—देखेंगे।

शोध-संस्थान में शोध

18 तारीख की बात है। मोरारजी कहते हैं—मैं जनता पार्टी का नेतृत्व नहीं छोड़ूँगा। मेरे देखते जगजीवनराम प्रधानमन्त्री नहीं बन सकता। जगजीवनराम को याद आता है कि मैं हरिजन हूँ, तो हरिजनों, अनुसूचित जातियों के सदस्यों से अपील निकलवायी जाती है कि पंचो, मिलकर बाबूजी को प्रधानमन्त्री बनाओ। जो नहीं मानेगा, उसका हुक्का-पानी बन्द।

आदम को सबसे ज्यादा चिन्ता 'हिन्दू राष्ट्र' की थी। हिन्दू राष्ट्र का मामला संकट में पड़ गया था। मैं दीनदयाल शोध-संस्थान गया, जहाँ ऋषि-मुनि इकट्ठे थे। नानाजी थे, सुन्दरसिंह भण्डारी थे, कुशाभाऊ ठाकरे थे। मैंने उन्हें खुश करने के लिए जोर से कहा—त्वदीयाय कार्याय श्रद्धा कटीयं। उन लोगों ने आदम को डाँट दिया—चुप बैठो। फालतू मत बको। मैं सिकुड़कर बैठ गया। अनुशासन का मामला था।

नानाजी ने कहा–राजेन्द्रसिंहजी, हमने जल्दी कर दी। इसी से मामला बिगड़ गया। लोग छड़क गये।

राजेन्द्रसिंह—नहीं, हमने देर कर दी। शिकार पर झपट्टा नहीं मारा। धीरे-

धीरे उसके पास सरकते रहे। लोगों को छड़कने का मौका ही नहीं देना था।

नानाजी—मेरा खयाल है, हमने 'शो' ज्यादा कर दिया। केदारनाथ साहनी वगैरह को संघ की रैली में चड्डी पहनकर नहीं बुलाना था।

भण्डारी—नहीं, नानाजी, हमें तो अटलबिहारी और आडवाणी को भी चड्डी में बुलाना था। हमारी गलती यह रही कि हमने अटलबिहारी की 'उदार' इमेज बनने दी।

इतने में एक स्वयंसेवक परेशान-सा आया। उसने कहा—मैं अब शाखा जाऊं कि नहीं?

नानाजी—तुम कौन हो?

स्वयंसेवक—मैं एक शाखा का शिक्षक हूँ।

राजेन्द्रसिंह—तुम्हारे मन में यह शंका क्यों उठी कि शाखा जाऊँ या नहीं?

स्वयंसेवक—इसलिए कि आप लोगों ने 'हिन्दू राष्ट्र' का उद्देश्य छोड़ दिया।

राजेन्द्रसिंह—गलत है। हमने नहीं छोड़ा।

स्वयंसेवक—पर यह पेपर में छपा है।

नानाजी—तुम कैसे शाखा-शिक्षक हो जी? क्या तुम्हें यह पता नहीं है कि हिन्दू राष्ट्र का आधार झूठ है। अगर तुम्हारी झूठ के प्रति निष्ठा नहीं है तो तुम क्या निर्माण करोगे हिन्दू राष्ट्र का! तुम्हारा 'बौद्धिक' ठीक से नहीं हुआ। देखो, इस समय हम दूसरों को धोखा देने के लिए यह झूठ बोल रहे हैं। तुम स्वयंसेवकों को समझा दो कि हमारे सार्वजनिक बयान सब झूठे होते हैं। सत्य केवल हमारे गुप्त सर्कुलर में होता है।

स्वयंसेवक—पर और भी कठिनाई है। मैं चड्डी और टोपी पहनकर निकला था तो लोग आवाजें कसने लगे।

भण्डारी—क्या कहते हैं लोग?

स्वयंसेवक—कहते हैं, इन चड्डीवालों को सबने त्याग दिया। इनके साथ कोई नहीं बैठना चाहता। ये अछूत हैं। और भी गन्दी बातें कहते हैं।

नानाजी—क्या बातें?

स्वयंसेवक—आप वयोवृद्ध हैं। आपके सामने वे बातें नहीं कह सकता।

इतने में एक और स्वयंसेवक आ गया। वह आते ही रोने लगा।

भण्डारी—अरे, रोते क्यों हो?

स्वयंसेवक—मुझ पर संकट आ गया।

नानाजी—अरे, राष्ट्रसेवा में संकट तो आते ही हैं।

स्वयंसेवक—आपको राष्ट्र की पड़ी है। मेरी तो लगी-लगाई शादी टूट गयी। एक अच्छी जगह शादी लगी थी। मैंने कह दिया था, आडवाणीजी मुझे रेडियो पर अच्छी नौकरी देनेवाले हैं।

भण्डारी—आडवाणीजी तो फिर मन्त्री हो जायेंगे।

स्वयंसेवक—सो तो ठीक है। पर मेरा ससुर कहता है कि हिन्दू दो जातियों में

बँट गया है—संघी हिन्दू, और गैर-संघी हिन्दू। मैं गैर-संघी हूँ। तुम संघी हो। तुम नीची जाति के हो। मैं अपनी लड़की की शादी तुमसे नहीं करूँगा।

नानाजी ने उसे समझाया कि हम तुम्हारी शादी किसी 'राष्ट्रसेविका' से करा देंगे। वह चला गया।

आदम ने अब बात शुरू की।

आदम—नानाजी, मैं तो बहुत दुखी हूँ। आखिर, आप लोग अपने ऊँचे-ऊँचे आदर्श क्यों छोड़ रहे हैं। सुना है, ये अपने मन्त्री लोग कहनेवाले हैं कि हमारे संघ से सम्बन्ध नहीं हैं।

नानाजी—हाँ, तो क्या हुआ ?

आदम—और आप लोग यह कहने लगे हैं कि हम हिन्दू राष्ट्र का उद्देश्य छोड़ते हैं।

नानाजी—हाँ, तो इससे क्या हुआ ?

आदम—देवरसजी ने तो यहाँ तक कह दिया है कि संघ का विश्वास संसदीय लोकतन्त्र और समाजवाद में है।

नानाजी—तो इससे तुम परेशान क्यों हो। अरे, मौका देखकर कह ही तो रहे हैं। कर तो नहीं रहे हैं। सत्ता अपने को चाहिए न। देखो, मान लो ऐसी स्थिति आये कि बाकी दल कहें कि हम सिर्फ मुस्लिम लीग के साथ मिलकर सरकार बनायेंगे। तब संघ का क्या कर्त्तव्य होगा। संघ कहेगा—वास्तविक मुस्लिम लीग तो हम हैं।

आदम—तो क्या संघ मुस्लिम लीग हो जायेगा ?

नानाजी—बिल्कुल। इसमें क्या झंझट है। सत्ता में रहना है, नाम कोई भी हो।

तेंग सियाओ पिंग से भेंट

चीन जब पीकिंग में फौज के लौटने की घोषणा कर रहा था और उधर वियतनाम में लड़ाई बढ़ा रहा था, तभी डॉ. सुब्रह्मण्यम स्वामी ने मुझे हांगकांग से चीन में स्मगल कर दिया। कहा—बेखटके चले जाओ। मैंने कहा—इधर मुझे रोका नहीं जायेगा ? स्वामी ने कहा—कोई नहीं रोकेगा। कोई रोके तो मेरा नाम बता देना। मैंने कहा—आप भी साथ चलते तो अच्छा रहता। स्वामी ने कहा—नहीं, मुझे वापस दिल्ली लौटना है। बाला साहब आनेवाले हैं। संघ की परेड होगी। मुझे चड्डी पर इस्तरी कराना है। तुम तेंग साहब से मिलना। मेरा लाल सलाम कहना।

कहना कि इधर अटलबिहारी के बयानों का खयाल न करें। बाला साहेब जल्दी ही माओ की तरह चेयरमैन होनेवाले हैं। तब मैं विदेशमन्त्री हो जाऊँगा। सब ठीक हो जायेगा।

मैं डरते-डरते तेंग सियाओ पिंग पांग से मिला। मैंने हाथ बढ़ाकर कहा—कैसे हैं? कामरेड तेंग सियाओ पिंग?

तेंग ने हाथ खींचकर कहा—मेरा ठीक नाम लो, झेंग झियाओ झिंग!

मैंने कहा—अभी तो आप 'तेंग' से 'देंग' हुए थे। अब 'झेंग' हो गये।

तेंग ने कहा—हाँ, अब सांस्कृतिक क्रान्ति जल्दी-जल्दी हो रही है। यह नाम-क्रान्ति है। मेरी बीवी रोज सबेरे मुझसे पूछ लेती है कि आज तुम्हारा नाम क्या होगा। हम आज किसी देश से किसी इकरारनामे पर दस्तखत करें और कल नाम बदल लें, तो वह करारनामा रद्द हो गया। हम कह देंगे—वह कोई दूसरा आदमी था जिससे आपने इकरार कर लिया। हम इसे नहीं मानते।

मैंने कहा—कामरेड झेंग! तेंग ने रोका—मुझे कामरेड नहीं, सीनेटर झेंग झियाओ झिंग कहो। अभी जब मैं वाशिंगटन गया था तब जिमी कार्टर ने मुझे सीनेटर का खिताब दिया था। तुम जानते हो, वहाँ मुझे 18 तोपों की सबसे बड़ी सलामी दी गयी जो किसी राष्ट्राध्यक्ष को दी जाती है।

मैंने कहा—तो जब चेयरमैन और प्रधानमन्त्री हुआ कुओ फेंग वाशिंगटन जायेंगे तब उन्हें शायद 25 तोपों की सलामी दी जायेगी।

तेंग ने कहा—नहीं, 19 से ऊपर तोपों की सलामी होती नहीं है।

मैंने कहा—यानी?

तेंग ने कहा—यानी अमरीका ने मुझे चेयरमैन बना दिया है। मुझे—तेंग सियाओ पिंग, 'केपिटलिस्ट रीडर' और 'हेरटिफ' को।

मैंने पूछा—अच्छा सीनेटर झेंग, आपने वियतनाम पर हमला क्यों किया।

तेंग ने कहा—उसे सबक सिखाने के लिए।

मैंने पूछा—मगर सबक सिखानेवाले आप कौन?

तेंग ने कहा—एक हेडमास्टर, एशिया के हेडमास्टर। इधर सब शैतान लड़के हैं। सबको सबक हम सिखायेगा।

उन्होंने छड़ी उठा ली। मैं डरा। मैंने कहा—नहीं, नहीं, सर, मैं अच्छा लड़का हूँ। मैं डॉ. स्वामी का चेला हूँ।

स्वामी का नाम सुनकर तेंग खुश हुए। बोले—स्वामी अच्छा लड़का है। वह राजनीति में उचक्केपन का महत्त्व समझता है, जैसे हम समझते हैं।

मैंने हिम्मत करके पूछा—आपने वियतनाम पर हमला तो किया। अब आप वियतनाम से कब लौटेंगे और क्यों लौटेंगे?

तेंग ने कहा—वियतनाम अगर सबक सीख गया तो लौटेंगे। हम तो उसे सजा देना चाहते हैं।

मैंने कहा—साहब, मैं स्कूल में पढ़ता था तब हमारे एक मास्टर साहब हमें

सबक सिखाते थे और सज़ा देते थे। वे हमसे हाथ खोलने को कहते थे। फिर वे हथेली पर बेंत मारते थे। दो-तीन बेंत के बाद हम रोकर कहते थे—मास्साब, माफ कीजिए। भूल हो गयी। आगे भूल नहीं करेंगे। मास्साब समझ जाते थे कि हम सबक सीख गये और मारना बन्द कर देते थे। तो क्या वियतनाम ने रोकर कहा है आपसे कि सर, अब गलती नहीं करेंगे। माफ कर दीजिए।

तेंग ने कहा—नहीं, उसने तो नहीं कहा।

मैंने कहा—तो फिर आप कैसे समझेंगे कि वह सबक सीख गया।

तेंग ने कहा—वह सबक सीखा कि नहीं, यह हम समझकर तय करेंगे। तुमने अभी अपने स्कूल के दिनों की बात बतायी। हम भी तुम्हें अपने स्कूल के दिनों की बात बताते हैं। हमारे मास्टर साहब भी हमें सबक सिखाने को बेंत मारते थे। एक दिन वे एक लड़के को बेंत मार रहे थे। लड़का था तगड़ा। उसने मास्टर साहब के हाथ से बेंत छीन लिया और लगा उन्हें सटासट पीटने। आसपास के लड़कों ने उन्हें लत्ती मारी। वे गिर पड़े। तब मास्टर साहब चिल्लाये—ऐ शैतान लड़के, अब बस कर, तू सबक सीख गया। आगे ऐसी भूल मत करना। तो मास्टर पिटने लगे। तभी यह तय हो जाता है कि लड़का सब सीख गया।

मैंने कहा—साहब, हमारे हेडमास्टर बड़े सख्त थे। वे जिस-तिस लड़के को बुलाते और कहते, तू बहुत शैतान हो गया है। मैं तुझे सबक सिखाऊँगा। और वे बेंत मारने लगते। एक दिन न जाने उन्हें क्या हुआ कि वे मास्टरों के पीछे बेंत लेकर दौड़ने लगे और कहने लगे—तू बदमाश लड़का है। मैं तुझे सबक सिखाऊँगा। मास्टरों ने कहा कि हम लड़के नहीं, मास्टर लोग हैं। पर हेडमास्टर फिर भी मारने का दौड़े। तब मास्टरों ने हेडमास्टर को पटककर खूब पीटा।

तेंग ने कहा—हेडमास्टर बहुत बहादुर था।

मैंने कहा—पर डाक्टरों ने जाँच करके कहा था कि हेडमास्टर पागल हो गये हैं। उन्हें दो साल पागलखाने में रखा गया था। आप कहते हैं, वे बहादुर थे। तो क्या पागल आदमी बहादुर होता है?

तेंग साहब ने सोचकर कहा—हूँ, यह आइडिया लॉजिकल है। इस पर सेण्ट्रल कमेटी में विचार करना पड़ेगा। मैंने पूछा—'वापस लौटने' और 'पिटकर भाग आने' में क्या फर्क है?

तेंग ने कहा—दोनों एक ही बात हैं।

प्रधानमन्त्रियों के बेटे....

आदम को महसूस होता है कि संविधान में एक संशोधन और हो जाना चाहिए कि प्रधानमन्त्री वही पुरुष या स्त्री हो सकेगा, जिसका कोई बेटा न हो। आजकल कान्तिभाई को लेकर जो गुणगान मोरारजी भाई का हो रहा है, उसे देखते हुए यह जरूरी हो गया है। कहते हैं और जनता पार्टी के लोग ही कहते हैं कि कान्तिभाई सीनियर संजय हैं और गैर-संवैधानिक सत्ता केन्द्र हो गये हैं। संजय रंगीन थे, कान्तिभाई अपने पिता की तरह रंगहीन हैं।

पहले प्रधानमन्त्री नेहरू के कोई बेटा नहीं था। बेटी थी, पर उसे नेहरू ने गैर-संवैधानिक सत्ता-केन्द्र नहीं बनने दिया। नेहरू के जीवनकाल में इन्दिरा गाँधी ने सिर्फ एक कमाल किया था—केरल में साम्यवादी सरकार भंग कराना। बाकी करिश्मे बहनजी ने नेहरू के बाद किये—गरीबी हटाने से बोनस खाने तक। दूसरे प्रधानमन्त्री लालबहादुर शास्त्री के बेटे हैं। पर शास्त्रीजी ज्यादा दिन प्रधानमन्त्री नहीं रहे, इसलिए उनके बेटे में यदि प्रतिभा हो भी, तो उसके विकास का अवसर नहीं मिला। फिर होते हैं सुनाम-धन्य संजयजी, सो इनकी कथा कहाँ लौं कहिए। इनकी माँ जो कांग्रेस-जैसी भारी पार्टी की नेता हैं और इतने बड़े देश की प्रधानमन्त्री थीं, कहती थीं—हमने देखा कि कोई हमारे साथ नहीं है। हमारी तरफ से लड़नेवाला कोई नहीं है। तब संजय मेरी रक्षा के लिए आ गया।

संजय कहते हैं—क्यों ममी, राजनीति में यह दाहिना और बायाँ क्या होता है? यह लेफ्ट और राइट क्या होता है?

माताजी कहती हैं—बेटे, अच्छे लड़के इस झंझट में नहीं पड़ते। तू तो खिलौने खेल। देख, उस मोटर में चाबी भर ले और चला—खड़खड़-खड़खड़।

संजय ठुनक पड़े—नहीं ममी, मुझे बताओ न। मुझे राजा बनना है। तुम मुझे सिखाओ न।

माताजी ने सिखाया—बेटे, दाहिना और बायाँ सुभीते से होते हैं। देख, दाहिने हाथ से लिखा हुआ तो सब पहचान लेते हैं, अगर धोखा देना है तो बायें हाथ से लिखना चाहिए। समझा?

संजय ने कहा—ममी, यह कम्युनिस्ट पार्टी अराष्ट्रीय है न?

माताजी ने कहा—मुझे नहीं मालूम। जा, तू खेल।

संजय बोले—नहीं ममी, मैं नहीं खेलूंगा। यह पार्टी अराष्ट्रीय है। मेरे साथी लल्लू, फुल्लू, मुल्लू कहते हैं कि तू जोर से कह दे न कि यह पार्टी अराष्ट्रीय है।

माताजी ने कहा—नहीं बेटे, मैं प्रधानमन्त्री हूँ न।

संजय बोले—पर तू मेरी ममी भी तो है न। कह दे, नहीं तो मैं रोने लगूंगा। मैं खाना भी नहीं खाऊँगा। देख, मैं रोता हूँ—ऊँ-ऊँ-ऊँ-ऊँ।

माताजी ने आँचल से बेटे के आँसू पोंछे और कहा—बेटे, चुप हो जा। तू जैसा

कहता है, वैसा ही कह देती हूँ।

आगे संजयजी ने जो किया, वह विश्वविदित है। माँ का राजपाट गया। राजकुमार सिंहासन पर बैठने के बदले अदालत में पहुँच गये। अनन्त कथा है।

अब कान्तिभाई। पिता की तरह ही रंगहीन। संसद में नहीं आये। अपनी फोटो के पोस्टर भी नहीं चिपकवाये। अधेड़ों का नेता कौन—कान्तिभाई। यह भी नहीं हुए।

मोरारजी भाई ठीक इन्दिराजी की तर्ज पर कहते हैं—मैं इतना बूढ़ा हुआ। मेरी देखभाल कान्तिभाई नहीं करेगा, तो कौन करेगा ?

कान्तिभाई पिता के रखवाले हुए। मोरारजी भाई कहते हैं—भैया, दुनिया में कोई किसी का नहीं है। हमारा बेटा है। वही बुढ़ापे की लाठी है।

और कान्तिभाई के मामलों की जाँच की माँग उठ रही है।

किसी प्रधानमन्त्री को बेटा रखने का शौक नहीं करना चाहिए। यह बड़ा खर्चीला शौक है। एक तरह की ऐयाशी है। संविधान में संशोधन हो कि सन्तानहीन ही प्रधानमन्त्री हो सकता है, क्योंकि बेटा मिटाऊ होता है।

आर. एस. एस.

फासिस्ट संगठन की विशेषता होती है कि दिमाग सिर्फ नेता के पास होता है, बाकी सब कार्यकर्ताओं के पास सिर्फ शरीर होता है। अपने राष्ट्रीय स्वयंसेवक संघ में भी ऐसा ही है। स्वयंसेवकों के पास भी अगर बुद्धि रह गयी तो संगठन टूट जायेगा। इसलिए संघ में लगातार 'बुद्धिनाश' का कार्यक्रम चलता रहता है, जिसे उनकी भाषा में—'बौद्धिक वर्ग' कहते हैं याने 'बुद्धिनाश वर्ग'। नेता के पास खबर आती है कि स्वयंसेवकों में बुद्धि की घुसपैठ हो रही है, तो नेता हुक्म देता है कि जल्दी-जल्दी बौद्धिक लो और उन्हें पूरे जड़बुद्धि बना दो। सुना है, संघ के नेता कुछ वरिष्ठ सर्जनों से सलाह कर रहे हैं कि ऑपरेशन करके सोचने की मशीन ही निकाल ली जाय।

अभी उत्तर भारत के सघ प्रचारक ब्रह्मदेव ने शिमला में एक बौद्धिक ले डाला। उन्होंने कहा—यदि हमें सत्ता पर कब्जा करना होता तो संजीव रेड्डी की जगह हम बाला साहब देवरस को राष्ट्रपति बना सकते थे।

मान लीजिए कोई स्वयंसेवक कहता—राष्ट्रपति के चुनाव में तो संसद और विधानसभाओं के सदस्य मत देते हैं। हमारे इतने कम लोग हैं तो बाला साहब को बहुमत कैसे मिलता ?

ब्रह्मदेव—तर्क मत करो। तर्क करना अनुशासनहीनता है। चुनाव होता ही

नहीं। चुनाव विदेशी पद्धति है। लोकतन्त्र अभारतीय है। बाला साहब के खिलाफ कोई उम्मीदवार खड़ा ही नहीं होता।

स्वयंसेवक—क्यों खड़ा नहीं होता ?

ब्रह्मदेव—सर संघचालक की दैवी शक्तियों के कारण कोई खड़ा होता, तो बाला साहब उसे क्रोध से देख लेते और वह भस्म हो जाता। तुम प्रताप नहीं जानते। इन्दिरा गाँधी ने इमरजेन्सी क्यों उठायी थी ? इसलिए कि हमने जेल में लगातार हवन किये थे। अगर हम किसी को बाला साहब के विरुद्ध राष्ट्रपति का चुनाव लड़ने भी देते, तो जो विधायक हमारे विरोध में वोट डालने जाता, उसे लकवा लग जाता।

स्वयंसेवक—यदि बाला साहब, राष्ट्रपति हो गये तो क्या होगा ?

ब्रह्मदेव—राष्ट्रपति के रूप में वे सेनाओं के सेनापति होंगे। बस, चुनाव बन्द। लोकतन्त्र की झंझट खत्म। आदर्श हिन्दू राष्ट्र की स्थापना। समझे मतिमन्द ?

स्वयंसेवक—मतिमन्द आपने मुझे कहा तो मैं समझ गया। पहले इसलिए शंका उठ रही थी कि मैं भूल गया कि मैं मतिमन्द हूँ। मेरा बौद्धिक अब हो गया।

रजा शाह को 'अफगानाइटिस' रोग····

ईरान के शाह आर्यमिहिर रजा शाह पहलवी बीमार हैं। उन्हें 'अफगानाइटिस' रोग हो गया है। अफगानिस्तान में अभी जब वामपन्थी क्रान्ति हुई तो रोगाणु उड़कर ईरान और पाकिस्तान आ गये। सी. आई. ए. ने बहुत छिड़काव किया, पर रोगाणु नहीं मरे। अफगानाइटिस एशिया का नया रोग है जो शाह को लग गया। इस रोग में नींद नहीं आती, बुरे-बुरे सपने आते हैं, भूतप्रेत दिखते हैं। सब तरफ लाल-लाल दिखता है, रोगी अनर्गल बकता है।

शाह आर्यमिहिर हैं—आर्यों के सूर्य। हमारे देश के एक मशहूर साप्ताहिक पत्र के सम्पादक शाह के उतने ही भक्त हैं जितने सन्त साईं बाबा के। उन्होंने शाह पर एक किताब भी लिखी है—माइण्ड ऑफ मोनार्क। शाह आर्य हैं। आर्यों में राजा धर्मराजा होता है। वह ईश्वर का प्रतिनिधि होता है। यह अलग बात है कि मुसादिक के जमाने में लोकतन्त्र से डरकर ये ईश्वर के प्रतिनिधि शाह रोम भाग गये थे और बाद में सी. आई. ए. की मदद से फिर तख्त-ए-ताऊस पर विराजमान हुए थे। ईश्वर के अवतार होने के नाते शाह जनता के अधिकार छीनते हैं, मानव-अधिकारों का दमन करते हैं, लोकतन्त्र की माँग करनेवालों को जेल में डालते हैं। यातनाएँ देते हैं, जान से मार डालते हैं। यह सब धार्मिक भाव से करते हैं।

इधर ईरान में जनतान्त्रिक विद्रोह भड़का है। इससे शाह को कमजोरी आ गयी है। इस कमजोरी की हालत में अफगानाइटिस का इनफेक्शन लग गया। शाह बीमार हो गये। सी. आई. ए. ने कहा कि कुछ एण्टीबायटिक्स के इन्जेक्शन दे देते हैं। शाह ने कहा—नहीं। सी. आई. ए. का इलाज अफगानिस्तान में फेल हो चुका है। मुझ पर लागू नहीं होगा। यह एशियाई बीमारी है। मुझे आर्य इलाज लगेगा। दिल्ली में अपने राजदूत से कहा कि वह बड़े वैद्य मोरारजी भाई आर्यप्रेमी को भेजें। वे न आ सकें तो कविराज अटलबिहारी वाजपेयी को भेज दें। कह देना, दक्षिणा हम बराबर देंगे। पिछली बार जब हमारी चरण-रज भारत की भूमि पर पड़ी थी तभी हम बहुत कुछ दान दे आये थे। अगर कोई नयी नहर वगैरह बनाना हो तो हम फरहाद को पैसा देंगे। फौरन आयें।

परम आर्य, हिन्दू संस्कृति के रक्षक अटलबिहारी ने फौरन अपने 'असली' गुटनिरपेक्षता के झोले में दवाइयाँ रखीं और इस तरह भागे जैसे कोई नौकर भागता हो। जहाँपनाह के दुश्मनों की तबियत नासाज़ है। खाकसार भागकर जायेगा। आर्य-शिरोमणि अस्वस्थ हैं।

कविराज अटलबिहारी ने शाह को क्या दवा दी, पता नहीं। पर तबियत में कुछ सुधार नहीं है। तभी वैद्यराज मोरारजी भाई आर्यप्रेमी तेहरान में रुककर शाह की नाड़ी की परीक्षा करेंगे। पित्त कुछ प्रबल हैं। मोरारजी भाई शायद सलाह दें—रोग बढ़ चुका है। स्वमूत्रपान से ठीक नहीं होगा। उससे श्रेष्ठ रसायन लेनी होगी।

आदम भी शाह की बीमारी से चिन्तित है। अगर अफगानिस्तान सरीखा ईरान में हो गया तो आर्यमिहिर अस्ताचल को चले जायेंगे। आर्य जगत में अंधेरा छा जायगा। एक आर्य हिटलर ने उजाला किया था, पर वह अस्त हो गया। इस दूसरे सूरज की हमें बड़ी चिन्ता है।

आदम विदेशमन्त्री अटलबिहारी से मिला। पूछा—कैसी है शाह की तबियत? उन्होंने कहा—बेचैनी है। मैंने भाँग की गोली खाने को कहा है। मैंने पूछा—अगर ईरान और पाकिस्तान मिलकर अफगानिस्तान की नयी सरकार को पलटने की कोशिश करें तो आप क्या करेंगे? अटलबिहारी ने कहा—यह उनका अन्दरूनी मामला है। मैंने कहा—दूसरे देश की सरकार को गिराना भी क्या अन्दरूनी मामला है। अटलबिहारी ने कहा—तुम फालतू बात मत करो। शाह और हम सब बातों में एकमत हैं। शाह को गाजर का हलुवा पसन्द है और हमें भी। मैंने पूछा—अफगान क्रान्ति के बारे में? विदेशमन्त्री ने कहा—उसके बारे में भी हम एकमत हैं। शाह को कबाब पसन्द है और मुझे भी ईरानी कबाब बहुत अच्छा लगा। मैंने कहा—हिन्द महासागर के बारे में? दियागो गार्सिया में अमरीकी सैनिक अड्डे के बारे में? विदेशमन्त्री ने जवाब दिया—उस बारे में भी शाह और हम एकमत हैं। शाह को बालूशाही अच्छी लगती है और मुझे भी। कोई मतभेद नहीं है।

विदेशमन्त्री रेंग-रेंगकर 'असली' गुटनिरपेक्षता की तरफ बढ़ रहे हैं।

ईरान अमरीकी सैन्यगुट में है। वह हिन्द महासागर में अमरीकी सैनिक अड्डों का समर्थक है। दियागो गार्सिया में वह अमरीकी अड्डा चाहता है। ईरान हमेशा पाकिस्तान को भारत के खिलाफ मदद करता है। शाह अफगानिस्तान की नयी सरकार के खिलाफ हैं।

मगर हमारे भोले बननेवाले चतुर विदेशमन्त्री ही बताते हैं कि शाह में और हममें सहमति है, क्योंकि दोनों को गाजर का हलुवा, कबाब, बालूशाही और रायता पसन्द है।

बहरहाल, शाह जल्दी स्वस्थ हों और अपनी जनता के हाथों अपनी दुर्गति भोगें।

लालकृष्ण आडवाणी के नाम

आडवाणीजी, आपको कोई भूलना चाहे तो भी नहीं भूल सकता, क्योंकि रेडियो के हर समाचार बुलेटिन में आपका नाम आता है। मैं दिन-भर रेडियो बुलेटिन सुनता हूँ। लगभग हर बुलेटिन में कहा जाता है—सूचना और प्रसारणमन्त्री लालकृष्ण आडवाणी ने कहा है कि···। सुबह के बुलेटिन में पिछले दिन के आपके अमृत-वचन सुनता हूँ। फिर आप कुछ कह देते हैं और दिन-भर सुनता हूँ—आज सूचना और प्रसारणमन्त्री लालकृष्ण आडवाणी ने कहा कि···। रात को 11 बजे आखिरी बार यह सुनकर कि आपने क्या कहा है, चैन से सो जाता हूँ। लोग छींटाकशी करते हैं कि आप बहुत प्रचार-प्रेमी हैं। आप रेडियो का बहुत समय अपने नाम के उच्चारण में लगा देते हैं। मगर मैं कहता हूँ कि जिसकी पुंगी है, वह बजायेगा ही। गाँव का लड़का मेले से पाँच पैसे की पंगी खरीदता है और उसे बजाता फिरता है। सड़क पर बजाता है, आँगन में बजाता है, घर में बजाता है। दादा-दादी के कान के पास बजाता है। कोई लड़का पुंगी माँगता है तो वह कहता है—हट, नहीं देते। हमारी पुंगी है, हम बजायेंगे। आडवाणीजी, रेडियो आपको वैसे ही मिल गया है, जैसे गाँव के लड़के को पुंगी। तो आप उसे मनमाना बजाते हैं। दूसरे क्यों बिगड़ते हैं। उन्हें शौक है तो अपनी पुंगी खरीद लें।

लोग कुछ भी कहें, मुझे तो आप पसन्द हैं। मैं तो तभी से आपको बहुत चाहने लगा हूँ, जब आपने फिल्मों में चुम्बन की छूट दे दी। यह संस्कृति के अनुसार एक काम हुआ। आपने देखा होगा कि वात्स्यायन के 'काम-सूत्र' में चुम्बन है, तब तो यह भारतीय संस्कृति का अंग है। आपने संघी इतिहासकार ओक साहब से पूछा होगा—वैदिक आर्य-चुम्बन का कहीं रिकार्ड मिलता है क्या? भगवान कृष्ण गोपियों

के साथ नाचते-भर थे या चूमा-चाटी भी करते थे ? और छत्रपति शिवाजी महाराज ? उनके चुम्बन का कोई ऐतिहासिक प्रमाण मिलता है ? ओक साहब ने आपको बताया होगा कि शिवाजी महाराज के राज में चुम्बन का चलन था। तो आपने चुम्बन को हिन्दू संस्कृति का अंग मानकर फिल्मों में उसकी छूट दे दी होगी।

आडवाणीजी, आप पर आरोप लगाये जा रहे हैं कि आप रेडियो का उपयोग आर. एस. एस. के प्रचार के लिए करते हैं, कि आप रेडियो पर झूठ बहुत बुलवाते हैं। पर मुझे आप उतने ही सही लगते हैं, जितना वह तिराहे का गुमटी दूकानदार, जो चाय में घोड़े की लीद मिलाकर बेचता है। एक दिन कुछ लोग इस बात पर उससे कहा-सुनी कर रहे थे, तो मैंने उन्हें समझाया—भई, दूकान उस हकलानी की है। तुम्हारी तो है नहीं। वह चाहे चाय में लीद मिलाये या लीद में चाय मिलाये। तुम्हें नहीं लेना है तो दूकान पर क्यों आते हो ? इसी तरह मैं लोगों से कहता हूँ—रेडियो के मालिक तो आडवाणीजी हैं। वे रेडियो से चाहे जो प्रसारित कर सकते हैं। अपनी तो हैसियत है नहीं, अपना रेडियो खोलने की। फिर आप लोग यह भी तो देखो कि जिस रेडियो को झूठा बनाने के लिए इन्दिरा गाँधी को इमरजेन्सी लगानी पड़ी, उसे आडवाणी ने बिना इमरजेन्सी के लोकतान्त्रिक तरीके से झूठा बना दिया। यह कोई कम उपलब्धि नहीं है। उन्होंने यह सिद्ध कर दिया है कि लोकतान्त्रिक तरीके से भी देश का विकास हो सकता है। लोकतन्त्र की कितनी सेवा अपने आडवाणीजी कर रहे हैं।

मैं तो आपकी सत्यप्रियता से उस दिन दंग रह गया। समाचार बुलेटिन में कहा गया—सूचना और प्रसारणमन्त्री लालकृष्ण आडवाणी ने इस आरोप को गलत बताया है कि आकाशवाणी का उपयोग आर. एस. एस. के प्रचार के लिए किया जाता है। और उसी बुलेटिन में लगभग तीन मिनट तक दिल्ली की आर. एस. एस. रैली का विवरण आया। झूठ का आत्मविश्वास इतना ठोस हो जाय कि वह सत्य को मात दे, तभी ऐसा किया जा सकता है। आप में यह आत्मविश्वास है। आप चेहरे पर कालिख पोतकर साहस से कह सकते हैं कि वे झूठ बोलते हैं जो कहते हैं कि मेरा मुँह काला। आप गोश्त चबाते हुए कह सकते हैं कि मैं इस आरोप का खण्डन कर सकता हूँ कि मैं मांसाहारी हूँ।

आडवाणीजी, मैंने लोगों को समझाया कि संघ की रैली तो घटना है, जैसे कहीं डाका पड़ना एक घटना है। रेडियो का काम है घटना का समाचार देना। कहीं डाका पड़ जाय तो रेडियो समाचार देता है कि फलाँ जगह डाका पड़ा, जिसमें दो आदमी मारे गये, चार घायल हुए और तीन लाख के नगदी तथा जेवर लूटे गये। ऐसी ही घटना संघ की रैली है। इसका समाचार देना ही चाहिए कि दिल्ली में संघ की रैली 'पड़ी', जिसमें देवरसजी ने कहा कि संघ का विश्वास धर्मनिरपेक्षता, गाँधीवाद और समाजवाद में है। जब डाका पड़ना और संघ की रैली होना, एक-जैसी महत्त्वपूर्ण घटना है, तो उसका समाचार भी रेडियो से आना चाहिए। नहीं आयेगा तो लोग शिकायत करेंगे कि इतना बड़ा डाका दिल्ली में पड़ा और रेडियो

उसकी खबर नहीं देता।

अब तो बड़े मजे के प्रोग्राम आते हैं। छत्रपति शिवाजी के पहाड़े गाये जाते हैं— होजी-होजीवाले। बच्चों के स्कूली प्रोग्राम में बताया जाता है कि मुसलमान कितने जालिम, नीच होते हैं, देशद्रोही होते हैं, अब तो अगर एक हिन्दू जेबकट मुसलमान जेबकट को मार दे तो उसका चरित्र भी राष्ट्रीय वीर की तरह रेडियो पर आयेगा। इधर एक मुसलमान की जमीन का झगड़ा एक हिन्दू मालगुजार से चल रहा था। एक बार यहाँ दंगा हुआ। उस मुसलमान के घर में आग लगा दी, जिसमें 7 आदमियों का पूरा परिवार जल मरा। इस हिन्दू वीर पर नाटक लिख रहा हूँ। मुझे विश्वास है, आप उसे अपने रेडियो से प्रसारित करा देंगे। आशा है, संघ की अगली रैली में आप भी स्वामी की तरह बिना शरमाये चड्डी पहनकर शामिल होंगे।

कामराज नम्बर दो

कामराज की मूर्ति को नमन करके 'आदम' एकदम दिल्ली उड़ गया। वहाँ कामराज नम्बर दो नानाजी देशमुख का जन्म हो गया था—भये प्रगट कृपाला। कहते हैं—वह आदमी भगवान का प्यारा हो गया। फिर कामराज योजना में मोरारजी कामराज के प्यारे हो गये। मगर उन्होंने पुन: जन्म ले लिया और अब वे देशमुख के प्यारे होनेवाले हैं। नानाजी देशमुख ने कह दिया है कि साठ के ऊपर के नेता पदों से इस्तीफा दे दें और रचनात्मक कार्यों में लग जायें।

आदम ने कहा—नानाजी, आखिर आपने यह आवाहन क्यों कर डाला कि साठ के ऊपर सब रिटायर हो जायें।

नानाजी ने कहा—अरे, हमें 'क्यू' तोड़नी है। हम कोशिश कर रहे थे कि घुसपैठ करके 'क्यू' में आगे हो जायेंगे। पर इसमें देर लगेगी। अब हमें क्यू तोड़नी पड़ेगी। मोरारजी, चरणसिंह, जगजीवनराम एक के पीछे एक खड़े हैं। जगह ही नहीं देते। हम तीनों को हटा देंगे और टिकिट की खिड़की पर हमारा अटलबिहारी पहुँच जायगा। युवकों को सत्ता सौंपने का नारा मैंने इसीलिए तो दिया है।

मैंने कहा—पर नानाजी, यह अफवाह है कि आपकी और वाजपेयी की नहीं पटती।

नानाजी हँसे। कहने लगे—तुम बड़े भोले हो। संघ की कार्यप्रणाली नहीं जानते। यह अफवाह हमने ही फैलायी है। किसी दिन पार्लियामेण्ट स्ट्रीट पर मैं और अटलबिहारी एक-दूसरे पर पत्थर फेंकते मिल जायेंगे। यह भी संघ के आदेश

से ही होगा। तुम घबड़ा मत जाना।

मैंने कहा—नानाजी, मुझे एक बड़ी चिन्ता है। आपने घोषणा की है कि पार्टी के चुनाव में आप कोई पद नहीं लेंगे। आपके बिना पार्टी का क्या होगा।

नानाजी बड़े जोर से हँसे। कहने लगे—अरे, चुनाव हों तब तो पद लेने का सवाल है। चुनाव होंगे ही नहीं। चुनाव पश्चिम से आये हैं। यह विदेशी पद्धति है। भारत में चुनाव नहीं होते थे। बताओ, किसी चक्रवर्ती का चुनाव हुआ था? फिर हम चुनाव भी करा लेते, अगर सदस्य बनाने की रसीदबहियाँ सिर्फ हमारे कार्यकर्ताओं को दी जातीं। पर चन्द्रशेखर ने सबको बही दें दी हैं। अब चुनाव तभी होंगे, जब हमें अक्टूबर के बाद जनता पार्टी की जरूरत होगी। चुनाव हुए भी तो हम पार्टी पर कब्जा कर लेंगे।

मैंने कहा—पर जनता पार्टी का रहना देश के लिए जरूरी है।

नानाजी ने कहा—अरे भई, जनता पार्टी अगर पार्टी हो तो वह रहे। वह पार्टी ही नहीं है। संघ को जब तक अपने काम के लिए जरूरत है, तब तक इस नाम की पार्टी बनी रहेगी। जब जरूरत नहीं होगी, हम पार्टी को तोड़ देंगे।

मैंने कहा—नानाजी, मोरारजी भाई, चरणसिंह, जगजीवनराम वगैरह पदमुक्त होकर क्या करेंगे?

नानाजी ने कहा—क्या करेंगे? अरे डेरी फार्म खोलेंगे। गाय चरायेंगे। यही उनका रचनात्मक कार्य है।

मैंने कहा—मगर आप भी तो पदमुक्त हो जायेंगे।

नानाजी ने कहा—तो क्या हुआ? ये लोग खुली राजनीतिवाले हैं। इन्हें परेशानी होगी। हम तो छिपी राजनीति करते हैं। हमें क्या चिन्ता? छिपी राजनीति अभी भी करते हैं, बाद में भी करेंगे।

मैंने अन्तिम प्रश्न किया—तो नानाजी, अपने हिन्दू राष्ट्र की सरकार कब तक बन जायगी? हम आस लगाये बैठे हैं।

नानाजी ने मुझे भरोसा दिलाया—जल्दी ही यह काम होगा। पहले हम 1982 में अपनी हिन्दू पद पादशाही की स्थापना करना चाहते थे। पर अब ज्यादा नहीं रुकेंगे। साल-भर में यह काम हो जायेगा, अगर तुम लोग देश में संकट पैदा करते जाओ। हम पार्टी में संकट पैदा कर रहे हैं, हमारे कार्यकर्ता बाहर देश में अनुशासनबद्ध होकर संकट पैदा करें। जाओ, हमारा यही सन्देश है।

आदम अटलबिहारी वाजपेयी के बँगले पहुँचा। वे न्यूयार्क जाने की तैयारी कर रहे थे। मैंने कहा—वाजपेयीजी, एक कमी रहती है आपकी छवि में। लाल गुलाब खोंसना चाहिए आपको। मैं रोज ला दिया करूँगा। अटलबिहारी ने कहा—हाँ, लाल गुलाब खोंसना तो चाहता हूँ, पर उसके लिए अभी अनुमति नहीं मिली है। अच्छा बताओ, विदेशमन्त्री के रूप में कैसा लगता हूँ मैं?

मैंने कहा—बहुत बढ़िया। बड़ी मनमोहक छवि है। ऐसा लगता है जैसे गाँव का लड़का फुल्लू अभी-अभी पुलिस इन्स्पेक्टर बना हो। वह बड़ी शान से वर्दी पहनता

है। कलफ का ध्यान रखता है। आसपास देखता बड़ी अदा से चलता है। गाँववालों से कहता है—कक्काजी, राजी-खुसी तो हैं। कोई काम हो तो बताना। कोई तुम्हें आँख दिखाय तो उसकी आँख निकाल लूँगा। मैं इन्स्पेक्टर हो गया हूँ। फूलचन्द इन्स्पेक्टर गाँव के बच्चों को अपनी 'दरेस' दिखाता है, बेल्ट दिखाता है, छड़ी दिखाता है। बड़े अच्छे लगते हो, बिल्कुल फूलचन्द इन्स्पेक्टर की तरह। पर यह तो बताओ, यह जो नानाजी ने कह दिया है, इससे क्या होगा?

अटलबिहारी ने कहा—सब ठीक हिसाब से चल रहा है। मैंने पहले ही कह दिया था कि अगर जनता सरकार तीन महीनों में जनता का विश्वास प्राप्त नहीं करती, तो मैं सरकार छोड़ दूंगा। नानाजी ने बात आगे बढ़ा दी है—अब हम नहीं छोड़ेंगे। ये छोड़ें। ये बड़े कक्का, मँझले कक्का और छोटे कक्का छोड़ें। घर पर हमें कब्जा दे दें।

मैंने कहा—अटलजी, आपकी सफल विदेशनीति की जय। यात्रा में यह क्या हो गया कि चीन ने अपनी बैडमिण्टन टीम को हरा दिया। क्या आपसे पहले वादा नहीं किया गया था कि अपनी टीम को जीत जाने देंगे?

उन्होंने कहा—अरे, वे अपनी टीम को जीत जाने देते। पर इस बड़े कक्का ने बोल-बोलकर सब गड़बड़ कर दिया।

मैंने कहा—और अमेरिका ने भी यूरेनियम देने से इन्कार कर दिया है।

अटलबिहारी ने कहा—यह भी उसी बड़े कक्का की करतूत है। मैं चाहूँ तो अभी लौटते में अमेरिका से यूरेनियम लेता आऊँ। मुझे वे दे देंगे। पर मुश्किल यह है कि अभी यूरेनियम के उपयोग का इन्तजाम न दीनदयाल शोध-संस्थान में है न नागपुर के प्रधान कार्यालय में। अच्छा, अब तुम जाओ। मैं ज़रा चड्डी-वड्डी बदलकर यात्रा के लिए तैयार हो जाऊँ।

स्कोर क्या है?

जब मोरारजी श्रीलंका गये थे, तब कानपुर में भारत और वेस्टइण्डीज़ के बीच छठवाँ टेस्ट चल रहा था।

मोरारजी बार-बार पूछते—स्कोर क्या है?

अखबारों में छपा है कि मोरारजी का क्रिकेट-प्रेम देखकर श्रीलंका के नेता चकित थे। जो नहीं छपा वह ऐसा है—

मोरारजी ने पूछा—स्कोर क्या है?

श्रीलंका के एक सचिव ने इधर-उधर पूछकर बताया—343 फार थ्री है।

गावस्कर ने सेन्चुरी बना ली। विश्वनाथ सेन्चुरी की तरफ बढ़ रहे हैं। विण्डीज़ इस बार अच्छे फार्म में नहीं हैं, सर !

मोरारजी ने कहा—वह चरणसिंह कभी फार्म में नहीं रहा। वह क्रिकेट को गिल्ली-डण्डा की तरह खेलता है।

सचिव ने कहा—मैं समझा नहीं, सर !

मोरारजी ने कहा—सबको सब बातें समझने का अधिकार भी नहीं है। स्कोर क्या है ?

श्रीलंका के उसी सचिव ने फिर बता दिया—348 फार थ्री ! घावरी अभी 18 पर—

मोरारजी ने खीझकर कहा—यह क्या गावस्कर, विश्वनाथ, घावरी लगा रहा है। तुम्हें कुछ नहीं मालूम !

सचिव ने कहा—मैं कानपुर टेस्ट का स्कोर बता रहा हूँ, सर !

मोरारजी ने कहा—कानपुर में कहाँ टेस्ट हो रहा है ? लखनऊ और दिल्ली में हो रहा है। मेरे सचिव को बुलाओ।

मोरारजी भाई का सचिव आ गया। मोरारजी ने उससे कहा—ये श्रीलंका के लोग बड़े गंवार हैं। इन्हें स्कोर ही नहीं मालूम। हाँ, तुम बताओ, क्या स्कोर है।

सचिव ने कहा—अभी कोई रन नहीं बना और कोई विकेट नहीं गिरा। राजनारायण बाल लेकर आपके विकेट की तरफ दौड़े थे। चन्द्रशेखर ने रोक लिया।

थोड़ी देर बाद फिर मोरारजी ने पूछा—स्कोर क्या है ?

सचिव ने कहा—लखनऊ में जनसंघियों ने बड़ा फास्ट बोलिंग किया है। अभी रामनरेश का एल. बी. डब्ल्यू. होते-होते बचा। जनसंघ के 8 मन्त्रियों ने एक साथ इस्तीफा दे दिया है।

मोरारजी ने पूछा—फिर ?

सचिव ने कहा—चन्द्रशेखर ने कह दिया कि रामनरेश नाकआउट हो गये। वे बल्ला रख दें। पर चरणसिंह कहते हैं कि चन्द्रशेखर 'अम्पायर' नहीं हैं। रामनरेश खेलता जायगा।

मोरारजी ने कहा—अच्छा अम्पायर क्या कहता है ?

सचिव ने कहा—सर, जनसंघवाले 'हाऊ इज देट' चिल्ला रहे हैं। मगर एक 'अम्पायर' बीजू पटनायक खुद खेलने लगे।

मोरारजी ने चौंककर कहा—क्या कहते हो ? बीजू पटनायक खेलने लगे ?

सचिव ने कहा—जी हाँ, उन्होंने गेंद उठायी और रामनरेश के विकेट के पास पहुँच गये। वे कहते हैं—ठीक से खेल, वरना बल्ला रख दे। जनता-टीम में तुम्हारे-जैसे कुछ अनाड़ी शामिल हो गये हैं जो क्रिकेट की गेंद को हाकी-स्टिक से खेलते हैं।

मोरारजी ने पूछा—अच्छा, 'पिच' कैसा है ?

सचिव ने कहा—सर, चरणसिंह को उप-प्रधानमन्त्री बनाने के बाद जो पानी बरसा उससे पिच काफी गीला हो गया है। सुखाने की बहुत कोशिश की पर पिच

सुधरा नहीं। एक बात और है सर !

मोरारजी ने पूछा—क्या ?

सचिव ने जवाब दिया—सर, बाबू जगजीवनराम ने रात के अँधेरे में पिच पर छोटे-छोटे गढ़े खोद दिये हैं। इससे गेंद उचकती है सर !

मोरारजी सोचने लगे। राष्ट्रपति जयवर्द्धने ने कहा—मिस्टर प्राइम मिनिस्टर, बधाई ! टेस्ट में भारत का स्कोर बहुत अच्छा है। यू हैव वण्डरफुल बेट्समैन ?

मोरारजी ने पूछा—कहाँ के टेस्ट की बात कर रहे हैं आप !

जयवर्द्धने ने कहा—वही कानपुर टेस्ट की बात कर रहा हूँ। वेस्टइण्डीज़ से भारत का टेस्ट हो रहा है न।

मोरारजी ने कहा—कानपुर में कोई टेस्ट नहीं हो रहा है। वेस्टइण्डीज़ की कोई टीम भारत में नहीं आयी।

जयवर्द्धने बड़े असमंजस में पड़े। उन्होंने मोरारजी के सचिव से कहा—ये तो कहते हैं कि वेस्टइण्डीज़ की टीम भारत आयी ही नहीं। क्या उम्र ज्यादा होने के कारण ?

सचिव ने कहा—नहीं सर, हमारे प्रधानमन्त्री कभी-कभी अचानक अध्यात्म की दुनिया में पहुँच जाते हैं। तब यह मिथ्या जगत छूट जाता है और कैवल्य की स्थिति आ जाती है। तब वे होते हैं और ब्रह्म होता है।

जयवर्द्धने ने कहा—वण्डरफुल ! आपके प्रधानमन्त्री साधना के बहुत ऊँचे स्तर पर हैं।

मोरारजी ने फिर सचिव को बुलाया। पूछा—ताजा स्कोर क्या है ? देवरस कैसा खेल रहे हैं ?

सचिव ने कहा—सर, देवरस बड़ा बारीक 'स्पिन' कर रहे हैं। वे चाहते हैं कि उधर से बल्ला लेकर चरणसिंह दौड़ें और इधर से आप ! और बीच में दोनों टकरा जायें।

ये विनम्र सेवक

बंगारप्पा इन्दिरा गाँधी के नेतृत्व में विश्वास रखनेवाले कांग्रेस के विनम्र सेवक हो गये हैं। बंगारप्पा कर्नाटक में मुख्यमन्त्री गुण्डूराव के प्रतिद्वन्द्वी नेता हैं और उनके मन्त्रिमण्डल में कृषिमन्त्री थे। अब वे सिद्धान्त के मामले में इस्तीफा देकर विनम्र सेवक हो गये हैं। कांग्रेस के सत्ता के इस नये-नये दौर में इससे पहले कमलापति त्रिपाठी और चेन्ना रेड्डी भी विनम्र सेवक—हम्बल सर्वेण्ट हो चुके हैं, जिनका

विश्वास इन्दिरा गांधी में है क्योंकि वही उन्हें विनम्र सेवक की सुखदायक हालत से निकाल सकती हैं। कांग्रेस में कोई नेता या तो मन्त्री होता है या निराश होकर विनम्र सेवक हो जाता है। बहुत साल पहले पं. नेहरू के युग में कामराज योजना के अन्तर्गत मोरारजी, जगजीवनराम, सादोबा पाटिल वगैरह मन्त्री से विनम्र सेवक बना दिये गये थे। बंगारप्पा और गुण्डूराव दोनों सिद्धान्तों के लिए जीने-मरनेवाले आदमी हैं। कांग्रेस में भी सभी सिद्धान्तप्रेमी नेता हैं। ये जो कुछ करते हैं या इन पर जो कुछ होता है सब सिद्धान्तों के कारण होता है। लोग तो हैं दुष्ट।

जब किसी राज्य के मुख्यमन्त्री और किसी मन्त्री में झगड़ा होता है, तब ये लोग कहते हैं कि झगड़ा इस कारण हुआ कि वह आदमी अपने लोगों को ठेके दे रहा था, जबकि मुख्यमन्त्री अपने लोगों को देना चाहता था। लोग गलत कहते हैं। यह ठेकों का संघर्ष नहीं, महान सिद्धान्तों की टक्कर है। कांग्रेसमैन सिद्धान्तों के लिए जान दे देता है। मुख्यमन्त्री ठेकों में हिस्सेदारी के सिद्धान्त पर उस मन्त्री से इस्तीफा लेकर उसे कांग्रेस का विनम्र सेवक और इन्दिराजी का सिपाही बना देता है।

बंगारप्पा विनम्र सेवक इसलिए बन गये कि कृषि-सुधार की समिति में वे अपने आदमी रखने लगे और गुण्डूराव अपने आदमी रखना चाहते थे। सिद्धान्तों में टकराहट हो गयी। धर्म के कारण दोनों धर्मदास जान गँवाने को उतावले थे। बंगारप्पा गुण्डूराव को विनम्र सेवक बनाने की कोशिश में थे और गुण्डूराव बंगारप्पा को। आखिरकार हाईकमान के सामने सवाल पेश हुआ कि दोनों में से कौन विनम्र सेवक बनाया जाय। काफी दार्शनिक चिन्तन के बाद इन्दिराजी ने फैसला दिया कि अभी बंगारप्पा ही विनम्र सेवक बनेगा। गुण्डूराव को आगे विनम्र सेवक बनने का सुनहला मौका दिया जायेगा। बंगारप्पा का इस्तीफा मंजूर कर लिया गया। उन्होंने कहा—मैं सिद्धान्तप्रिय आदमी हूँ और कोई सिद्धान्तप्रिय आदमी गुण्डूराव के साथ काम नहीं कर सकता। मैं कांग्रेस का विनम्र सेवक बना रहूँगा। उन्होंने इस उत्साह से विनम्र सेवक का काम बढ़ाया कि गुण्डूराव को लगा, अगर यह इसी तरह सेवा करता गया तो मुझे विनम्र बनाकर छोड़ेगा।

उन्होंने कांग्रेस के नेताओं से कहा कि बंगारप्पा से कैफियत माँगो कि वह इतनी विनम्र सेवा क्यों कर रहा है। इतनी विनम्र सेवा पार्टी-विरोधी हरकत है।

यह जो पार्टी का विनम्र सेवक होता है, इन्दिराजी का निष्ठावान सिपाही होता है, इसके सेवा करने के निश्चित तरीके हैं। वह तुरन्त विनम्र सेवा में लग जाता है। वह विधायकों को पटाता है, उनकी गुप्त मीटिंगें कराता है, मुख्यमन्त्री के गुट के लोगों को फोड़ता है। विनम्र सेवक हर हफ्ते दिल्ली में होता है, जहाँ वह बड़ी चिन्ता से राज्य की हालत हाईकमान को बताता है। बताता है कि राज्य में कानून और व्यवस्था फेल हो चुकी है। भ्रष्टाचार बहुत बढ़ गया है। पार्टी की बहुत बद-नामी हो रही है। फिर विनम्र सेवक अखबारवालों को भोज पर बुलाता है। उन्हें शराब पिलाता है, मुर्गा खिलाता है। दूसरे दिन अखबारों में छपता है—विनम्र सेवकजी की हाईकमान से राज्य की स्थिति के बारे में चर्चा। हाईकमान बिगड़ी हुई

हालत से चिन्तित।

इसके बाद विनम्र सेवक राज्य की राजधानी लौटता है। वहाँ विधायकों से कहता है कि इन्दिराजी नेतृत्व-परिवर्तन के पक्ष में हैं। एक महीने में यह मुख्यमन्त्री और उसके गुट के मन्त्री चिन्तित होते हैं कि कहीं हम विनम्र सेवक न हो जायें। मुख्यमन्त्री भागकर दिल्ली जाता है। वहाँ इन्दिराजी से कहता है—मैडम, क्या आप चाहती हैं कि मैं विनम्र सेवक हो जाऊँ? इन्दिराजी कहती हैं—नहीं। मैं तो राज्य में स्थिरता चाहती हूँ पर आप पार्टी में एकता कायम करके चलिए। मुख्यमन्त्री राजधानी लौटता है और अखबारों को बयान देता है—प्रधानमन्त्री स्थिरता के पक्ष में।

अब विनम्र सेवक फिर दिल्ली जाता है। होते-होते किसी दिन मुख्यमन्त्री इस्तीफा देकर विनम्र सेवक हो जाता है और अब तक का विनम्र सेवक मुख्यमन्त्री हो जाता है। और नया विनम्र सेवक वही सेवा शुरू कर देता है और इन्दिराजी के हाथ मजबूत करने लगता है।

राजनीति के रंगा-बिल्ला

आदम हैरान है कि खबरों में बिल्ला और रंगा छाये हुए हैं। रेडियो खोलो तो बिल्ला-रंगा। अखबार खोलो तो बिल्ला-रंगा। किसी से बात करो तो वही विषय—बिल्ला-रंगा। मोरारजी, चरणसिंह, राजनारायण वगैरह का कोई नाम नहीं लेता। अपराध की दुनिया के बिल्ला-रंगा ने राजनीति की दुनिया के बिल्ला-रंगा को दबा दिया।

सोचा, राजनीति के बिल्ला-रंगा गर्दिश में हैं। इनसे मिल आऊँ तो इन्हें कुछ राहत मिले। मैं पहले मोरारजी के पास पहुँचा। वे मुझे देखते ही बिचके। बोले—तुम पत्रकार हो न, और कोई आरोप कान्तिभाई के खिलाफ लाये हो। लाओ, फाइल में रख लूँ।

मैंने कहा—नहीं भाईजी, मैं कान्तिभाई का प्रशंसक हूँ, जैसे संजय गाँधी का था। मैं तो इसलिए आ गया कि बिल्ला और रंगा के कारण आपको कोई पूछ नहीं रहा है।

मोरारजी ने कहा—मैं सब समझता हूँ, तुम शिकायत करने आये हो कि अपराध बहुत हो रहे हैं। अरे, जब मैंने सबको भयहीन कर दिया है तो भयहीन लोग क्या चिड़ियों को दाना खिलायेंगे या गाय के आगे घास डालेंगे? भयहीन लोग मार-पीट, हत्या वगैरह ही तो करेंगे। फिर तुम लोग भारत को एक आधुनिक राष्ट्र क्यों

नहीं बनने देना चाहते? देखते नहीं, आधुनिक राष्ट्र में क्या होता है? न्यूयार्क में हर दो मिनिट में एक हत्या होती है, लन्दन में दस मिनिट में एक हत्या होती है, पेरिस में सात मिनिट में, रोम में साढ़े आठ मिनिट में···भाईजी, इतने ही आँकड़े काफी हैं। मैं तो यह कहने आया हूँ कि अपराधी कहते हैं कि आप लोगों से, यानी नेताओं से ही प्रेरणा ले रहे हैं। जैसा आप लोग कर रहे हैं, वैसा ही वे कर रहे हैं।

मोरारजी खुश हुए, बोले—यह तुमने अच्छी बात बतायी। आखिर देशवासी हमसे प्रेरणा लेते हैं। तीस सालों के बाद लोगों को प्रेरणादायक नेतृत्व मिला है।

मैंने कहा—जी हाँ, यही चोरी-चमारी, अपहरण, सेंध लगाना स्टैण्डर्ड से करते हैं।

भाईजी बोले—वे अपने से कुछ भी करें। प्रेरणा तो ले रहे हैं हमसे। कितने देशों के भाग्य में ऐसा नेतृत्व है।

मैंने कहा—और सुनाइए। सत्य के क्या हाल हैं?

भाईजी ने कहा—सत्य स्वस्थ है। सत्य बढ़ रहा है। अब 18 महीने का सत्य हो गया।

मैंने कहा—पर लोग तो कहते हैं कि सत्य मारा गया। उसकी बाल-हत्या हो गयी कान्तिभाई के मामले में। पुलिस आदत के अनुसार हत्यारे का पता नहीं लगा पा रही है, मगर लोगों को विश्वास है कि आपने ही अपने एक बेटे कान्तिभाई के लिए दूसरे बेटे सत्य की हत्या कर दी। अगर सत्य जीवित रहता तो कान्तिभाई बर्बाद होते।

मोरारजी भाई सन्त की मुद्रा में आ गये। कहने लगे—देखो, सत्य अपना-अपना होता है। जो मेरा सत्य है वह चरणसिंह का नहीं है। जो चरणसिंह का सत्य है, वह मेरा सत्य नहीं है।

मैंने पूछा—तो क्या सत्य और मिथ्या साथ-साथ पलते हैं?

भाईजी ने कहा—अरे भाई, ऐसा समझो कि सत्य एक लचीली बेल की तरह है। बेल अपने आप तो चढ़ नहीं सकती। तो वह मिथ्या के खम्भे के सहारे चढ़ती। सत्य की बेल और मिथ्या का खम्भा। समझे? अच्छा, मैंने तुम्हें काफी दर्शन सिखा दिया। अब दूसरी बात करो।

नैंने कहा—इस देश में बेकारी कब तक मिट जायेगी।

मोरारजी भाई एकदम नारे के मूड में आ गये। जोर से बोले—जनता पार्टी एक है। पार्टी नहीं टूटेगी।

मैंने कहा—मैंने तो यह पूछा है कि बेकारी कब तक मिटेगी?

मोरारजी भाई ने कहा—उसी का जवाब दे रहा हूँ। जनता पार्टी में पूर्ण एकता है। पार्टी नहीं टूटेगी।

मैंने पूछा—महँगाई कब कम होगी?

उन्होंने जवाब दिया—जनता पार्टी में पूर्ण एकता है। पार्टी नहीं टूटेगी।

मैंने आगे पूछा—गरीबी कब मिटेगी?

मोरारजी भाई ने जवाब दिया—जनता पार्टी में पूर्ण एकता है। पार्टी नहीं टूटेगी।

मैंने पूछा—हरिजनों पर अत्याचार कब मिटेंगे?

जवाब मिला—जनता पार्टी में पूर्ण एकता है। पार्टी नहीं टूटेगी।

मैंने कहा—मैं पूछ रहा हूँ कि ईश्वर का सच्चा स्वरूप क्या है?

जवाब मिला—उसी का जवाब दे रहा हूँ। जनता पार्टी में पूर्ण एकता है। पार्टी नहीं टूटेगी।

मेरे सब प्रश्नों का ऐसा सन्तोषजनक उत्तर मिल गया तो मैं 'सत्यमेव जयते' करके चल दिया।

अंकिल सैम की टाफी

क्या लोगे पप्पू? अंकिल टाफी लूंगा। अच्छा लो टाफी। दो न अंकिल! मुट्ठी खोलो न! हट, अभी नहीं देते। दे दो अंकिल! नहीं, पहले हमारे सवालों का जवाब दो। पप्पू, अच्छा लड़का बनोगे? बनूंगा अंकिल! गाली तो नहीं बकेगा? नहीं बकूंगा अंकिल! नाक साफ रखेगा? रखूंगा अंकिल! गन्दे लड़कों के साथ तो नहीं खेलेगा? नहीं खेलूंगा अंकिल! अपने अंकिल का कहना मानेगा? मानूंगा अंकिल! जाओ, अब दो न टाफी! नहीं, अभी नहीं देते। बिल्कुल अच्छा लड़का हो जायगा, तब देंगे।

यह तो अंकिल और किसी पप्पू का मामला है। अंकिल पप्पू को भुला रहे हैं।

इधर अंकिल सैम भी अपने एक पप्पू 'जनता पार्टी शासन' को भुला रहा है। क्या लेगा बच्चे? यूरेनियम लूंगा अंकिल! अच्छा लड़का बनेगा? बनूंगा अंकिल! गन्दी बातें तो नहीं करेगा? नहीं करूंगा! गन्दी बातें तो पहले का शासन करता था। मैं तो कहता हूँ, 'असली' गुटनिरपेक्षता की नीति पर चलूंगा। आपसे प्रेम करूँगा। आई. एम. ए. गुड ब्वाय, अंकिल! लाओ, यूरेनियम दो। अच्छा पप्पू, हिन्द महासागर के बारे में क्या कहेगा? आपका नाम नहीं लूंगा अंकिल! पिछला शासन आपका नाम लेता था। वह कहता था कि दियागो गार्सिया में अमेरिका को फौजी अड्डा नहीं बनाना चाहिए। वह बुद्धू लड़का था। मैं होशियार हूँ अंकिल! मैं कहता हूँ कि हिन्द महासागर में दोनों महाशक्तियों की स्पर्धा नहीं होनी चाहिए। ठीक है पप्पू। तू सी. आई. ए. को तो बुरा नहीं कहता? नहीं अंकिल! मैंने तो यहाँ तक कह दिया कि नन्दादेवी पर जो प्लूटोनियम यन्त्र रखा गया है उसके लिए सी. आई. ए. को दोष मत दो। अंकिल, एक यन्त्र सतपुड़ा पर भी रखवा

दीजिए न ! गुड पप्पू । अच्छा, तू पटाके तो नहीं छोड़ेगा ? उनसे हाथ जल जाते हैं । नहीं अंकिल, मैं तो शान्तिपूर्ण उपयोग के लिए भी अणु विस्फोट नहीं करूँगा । पप्पू, बुरे आदमियों की संगत तो नहीं करेगा ? बिल्कुल नहीं अंकिल ! रूस बहुत बुरा है, पर मुहल्ले में रहता है इसलिए कभी 'नमस्ते' कर लेता हूँ । अब दो न अंकिल यूरेनियम ! आई. एम. ए. गुड ब्वाय । नहीं पप्पू, अभी नहीं देते । तू और अच्छा लड़का हो जायेगा, तब देंगे ।

अंकिल सैम पप्पू को ऐसे टरका रहे हैं । दुनिया के सबसे बूढ़े प्रधानमन्त्री का शासन 'पप्पू शासन' हो गया है । कान्तिभाई की उम्र का जिमी कार्टर 'चाचा' को झटके दे रहा है । इतने झटकों के बाद अब यह आशा बनी थी कि अमेरिकी संसद साठ दिन गुजर जाने देगी और यूरेनियम भारत के लिए रवाना हो जायेगा । पर अब कुछ संसद-सदस्यों ने यह कह दिया है कि भारत को यूरेनियम मत दो । यह तब किया गया है जब मोरारजी भाई अमेरिका जानेवाले हैं । बिल्कुल पप्पू समझते हैं ये लोग । फिर खबर आती है कि कार्टर ने संसद से अपील की है कि वह यूरेनियम न रोके । याने देखो, कार्टर साहब कितने अच्छे हैं । देवता हैं । भारत को बहुत चाहते हैं । हरे राम, हरे कृष्ण भजते हैं ।

इधर भारत में अमेरिकी भक्तों पर मुझे बड़ी दया आ रही है । सबसे दयनीय हालत बेचारे डॉ. स्वामी की है जो अंकिल सैम की फोटो की आरती करते थे — हरि तुम हरो जन की पीर ! अब उसी स्वामी को कहना पड़ा कि यह अमेरिका की बड़ी बेशर्मी है और भारत को दूसरा विकल्प खोजना पड़ेगा ।

वैसे झटका देते-देते यूरेनियम आ जायेगा । पर अगली किस्त के लिए फिर वही झटके । यह समझौता 1993 तक के लिए है । तब तक रोना है । शाम के मरे की लाश के पास रात-भर रोना पड़ता है । इससे तो अच्छा है कि समझौता जब मर ही रहा है तो उसे ऑक्सीजन देना बन्द कर दो और रात को ही उसका 'राम नाम सत्य है' कर दो ।

भूत की रिपोर्ट

इधर मजदूर बस्तियों में रात को शोर होता है—भूत आया ! भागो, भूत आया ! भूतलिंगम कमेटी की रिपोर्ट प्रगट होने के बाद से यह भूत-लीला शुरू हो गयी है ।

जनता पार्टी में सभी 'भूत' हैं । इसमें भूतकाल के दल हैं । इसके सिद्धान्त भूत के हैं । इसका अर्थशास्त्र भूत का है । इसके अर्थमन्त्री का भूत है । वे प्रसिद्ध मूंदड़ा काण्ड में फंसे हुए अर्थ सचिव थे जो अपने मन्त्री टी. टी. कृष्णमाचारी को खा गये ।

भूतलिंगम साहब का भी उज्ज्वल भूत है। वे कभी कृषि सचिव थे और उनकी योजना थी कि हम लोग अनन्तकाल तक पी. एल.-480 का गेहूँ खायें। वे भारत में खेती अनावश्यक समझते थे।

ऐसे भूतलिंगम साहब की रिपोर्ट ऐसी तो होगी ही कि रात को अँधेरे में मजदूर 'भूत! भूत!' चिल्लायें। भूतलिंगम साहब ने पुराने जमे-जमाये भूत-प्रेतों को उखाड़ दिया और वे सबसे लोकप्रिय भूत हो गये। भागते भूत की लँगोटी ही भली—यह कहावत है, पर इस भूत की तो लँगोटी भी नहीं है। नंगा है।

मठ, महन्त और चोर चेले

आदम बाढ़ से घिरे पटना में पहुँचा। कहते हैं कि कर्पूरी ठाकुर दिल्ली में मुख्यमन्त्री मोर्चे से समझौते का हमला करने में असफल हुए हैं, तब से सावन-भादों रो रहे हैं। इसी कारण बाढ़ का प्रकोप विशेष है। कर्पूरी तो हवाई जहाज से बाढ़ का सुन्दर दृश्य देखकर मन बहला रहे थे। मैं कदमकुआँ लोकनायक से मिलने चला गया।

मैं उनके सचिव के पास बैठा था। लोकनायक बार-बार दरवाजे पर आते और दोनों तरफ देखकर वापस चले जाते। थोड़ी देर बाद फिर दरवाजे पर आते और दोनों तरफ देखते। सचिव ने कहा—आजकल इनका यही हाल है। बार-बार दरवाजे पर आकर देखते हैं और पूछते हैं—समझौता करानेवाले आये? रात को बड़बड़ाते रहते हैं—समझौतावाले क्यों नहीं आये? इनकी तबियत कहीं खराब न हो जाय।

सचिव लोकनायक के पास गये। मैं भी साथ हो लिया। लोकनायक ने मुझे देखा। सचिव से कहा—क्या अब ये समझौता करायेंगे? मुझसे सलाह लेने आये हैं। सचिव ने कहा—नहीं, ये तो 'आदम' हैं, आपके भक्त। समझौता कराने-जैसा गन्दा काम नहीं करते। आप अब आराम से लेटिए। सचिव ने धीरे-से कहा—अभी तक स्टाफ की तनखा नहीं मिली। लोकनायक को गुस्सा आ गया। बोले—तुम लोगों को तनखा की पड़ी है। मुझे पार्टी और देश की चिन्ता है। देखते नहीं, देश कहाँ पहुँच गया।

मैंने कहा—देश तो ठीक वहीं पहुँचा है जहाँ आप पहुँचाना चाहते थे। पर क्या आपको पैसे की तंगी पड़ने लगी है?

लोकनायक ने कहा—हाँ। अगर सरकार में मेरी मानी जाय तो लोग पैसे भी दें। कोई फालतू पैसे थोड़े ही देता है। एक बार मोरारजी यहाँ आ जाते तो लोग समझते कि सरकार में मेरी चलती है। पर वे आते ही नहीं हैं।

मैंने पूछा—स्टाफ को तनखा की दिक्कत पड़ने लगी है, तो आगे काम कैसे चलेगा ?

लोकनायक ने कहा—मैं 'लॉकआउट' कर दूंगा।

मैंने पूछा—किसे 'लॉकआउट' कर देंगे ?

लोकनायक ने कहा—इसी 'सम्पूर्ण क्रान्ति' की फैक्टरी को। 'रिटर्न' नहीं मिल रहा है। खैर छोड़ो। यह बताओ, ये समझौता करानेवाले क्यों नहीं आ रहे हैं ? क्या कृपलानी भांजी मार रहे हैं ?

मैंने समझाया—लोकनायकजी, कृपलानी की बात भी कोई नहीं मान रहा है। असल में समझौता करानेवालों में ही झगड़ा हो गया है। अब पहले तो समझौता करानेवालों में कोई समझौता कराये। तब वे आपके पास आयें। फिर जब दो गिरोह लाठी ताने एक-दूसरे पर टूट रहे हों, तब समझौतावाले बीच में नहीं आते। सबसे पहले उन्हीं के सिर फूटेंगे। वे समझौता कराने अब तभी पहुँचेंगे, जब कुछ लाशें बिछ जायेंगी। फिर दोनों गिरोह जब समझौता करना ही नहीं चाहते तो आपका क्या काम ?

लोकनायक दुखी हुए। कहने लगे—बहुत बुरा हो रहा है।

मैंने कहा—नहीं, अच्छा हो रहा है। आप खुश होइए। ठीक आपकी लाइन पर काम हो रहा है। जैसा आन्दोलन आपने बिहार में कराया था और जैसे गुजरात की विधानसभा भंग करायी थी, ठीक उसी लाइन पर चरणसिंह ने मोरारजी भाई के सफदरजंग किले पर अपनी फौज चढ़ा दी थी। आपका बाकी काम तो चरणसिंह कर रहे हैं। आपको कोई कथा सुनाऊँ ?

लोकनायक ने कहा—हाँ, कोई धार्मिक कथा सुनाओ।

आदम ने कथा सुनायी—सुनिए, प्राचीन काल में एक साधु थे। वे धार्मिक प्रवृत्ति के थे। उनका एक मठ था और वे महन्त थे। वे कुछ करते नहीं थे, पर समझते थे कि सबकुछ वही कर रहे हैं। वे चिड़ियों को चावल खिलाते थे। बकरियों को पत्तियाँ खिलाते थे। वे समझते थे कि इससे वे धर्म-स्थापना कर रहे हैं। लोग भी खुश थे कि महन्त सिर्फ चिड़ियों को दाना और बकरी को पत्ती ही तो खिलाते हैं। किसी का कुछ बनाते या बिगाड़ते नहीं हैं। अब साहब, एक दिन उनके पास कुछ लोग आये।

उन्होंने कहा—महन्तजी, हम साधु बनेंगे और दीन-दुखियों की सेवा करेंगे। आप हमें दीक्षा दीजिए।

महन्त ने उन्हें दीक्षा दी। उन्होंने गेरुए वस्त्र पहने। महन्त उन्हें रोज भभूत दे देते और वे दीन-दुखियों की सेवा करने निकल पड़ते। बाद में मालूम हुआ कि भभूत में धतूरा मिला होता था। महन्त का कहना था कि धतूरा ये चेले मिला लेते हैं। मगर चेले कहते कि महन्त मिलाकर भभूत देते थे।

लोकनायक ने टोका—ये धतूरा क्यों मिलाते थे ?

मैंने कहा—वे समझते थे कि धतूरे से क्रान्ति होती है। अब आगे सुनिए।

दिन-पर-दिन बीतते गये। एक दिन महन्त ने देखा कि चेले आपस में लड़ रहे हैं। पहले गाली-गलौज। फिर मारपीट। महन्त ने पूछा कि तुम लोगों का झगड़ा किस बात पर है।

इस पर चेले बोले—आप बीच में मत बोलिए। हम गैर-संवैधानिक हस्तक्षेप नहीं चाहते। झगड़ा रोज रात को होने लगा। महन्त परेशान थे। वे उन सबसे शान्ति और सद्भाव की अपील करते। आखिर एक दिन महन्त को मालूम हुआ कि ये चेले साधू के वेश में चोरी करते हैं और बच्चे चुराकर बेचते हैं। इससे जो धन मिलता है; उसके बटवारे को लेकर चेले झगड़ते हैं। महन्त मठ से बाहर नहीं जाते थे, क्योंकि वे बीमार थे और यौगिक डायलिसिस कराते थे। एक दिन वे बाहर निकले तो सुना कि सब तरफ अफवाह फैली है कि महन्त चेलों से चोरी करवाते हैं। महन्त बहुत दुखी हुए।

लोकनायक ने पूछा —फिर महन्त ने क्या किया ?

मैंने कहा—महन्त ने चुपचाप मठ छोड़ दिया।

लोकनायक ने कहा—यह कथा तो बड़ी शिक्षाप्रद है।

मैंने कहा—उन्हीं के लिए शिक्षाप्रद है, जो किसी बात से शिक्षा लेते हैं। आपके लिए तो सवाल ही नहीं उठता।

पंचनिष्ठा क्या है

दिल्ली में अटलबिहारी वाजपेयी, आडवाणी वगैरह भारतीय जनता पार्टी की 'पंचनिष्ठा' और कार्यक्रम वगैरह बना रहे थे। आदम ने चड्डी और काली टोपी पहनी, लाठी धारण की और बेखटके मंच पर बैठ गया। पत्रकारों ने मुझे देखा तो एक-दो ने प्रश्न किया—वाजपेयीजी, क्या आपकी पार्टी में दोहरी सदस्यता चलेगी? फौरन सुन्दरसिंह भण्डारी बोल पड़े—नहीं चलेगी। केवल राष्ट्रीय स्वयंसेवक संघ की सदस्यता और उसके प्रति निष्ठा चलेगी। जो लोग भारतीय जनता पार्टी में निष्ठा रखेंगे उन्हें भारतीय जनता पार्टी से निकाल दिया जायेगा। अटलबिहारी परेशान हो गये। उन्होंने भण्डारी से कहा—आप न बोलें। आडवाणीजी को समझाने दें। तर्क और कैफियत उनके जिम्मे है। वही हमारी तर्कहीनता का तर्क देते हैं। आपके जिम्मे लट्ठपन है। मेरे जिम्मे भावुकता है। काम बँटा है। फिलहाल न मैं भावुकता बताऊँगा, न आप लट्ठपन। हाँ, आडवाणीजी आप समझाइए।

आडवाणी ने समझाया—देखिए, सामाजिक और सांस्कृतिक कार्य अगर न हों तो न केवल पार्टी नेता, बल्कि सदस्य भी भ्रष्ट होते हैं। इसलिए हम ऐसे लोग पार्टी

में लायेंगे जो सामाजिक और सांस्कृतिक कार्य करते हों। ये आदम, जैसा कि इनकी वर्दी से मालूम होता है, राष्ट्रीय स्वयंसेवक संघ के सदस्य की हैसियत से सांस्कृतिक कार्य करते हैं। इसलिए ऐसे स्वयंसेवकों का पार्टी में आना दोहरी सदस्यता का प्रश्न खड़ा नहीं करता।

अब अटलजी ने 'पंचनिष्ठा' बतायी। ये पंचनिष्ठाएँ हैं – (1) राष्ट्रवाद और राष्ट्रीय एकता, (2) लोकतन्त्र, (3) सकारात्मक धर्मनिरपेक्षता, (4) गाँधीवादी समाजवाद, (5) मूल्यों पर आधारित राजनीति।

पत्रकार वगैरह चले गये, तब मैंने इत्मीनान से बातें कीं—

आदम—वाजपेयीजी, क्या दीनदयाल उपाध्यायजी अब अपने नेता नहीं रहे? न उनका आपने नाम लिया, न फोटो टाँगा। जनता पार्टी में हम थे, तब उनका नाम गाँधी और लोहिया के साथ लिया जाता था।

वाजपेयी—कौन दीनदयाल उपाध्याय?

आदम—वही जो जनसंघ के अध्यक्ष थे। अपने विचारक थे। वही जो मुगलसराय रेलवे यार्ड में मरे पाये गये थे और हमने उनकी मृत्यु की सी. बी. आई. जाँच की माँग नहीं की थी, बल्कि चाहा था कि ऐसी जाँच न हो।

आडवाणी—उनका नाम पब्लिक में नहीं लिया जायेगा।

आदम—अच्छा, 'पंचनिष्ठा' में पहली राष्ट्रीयता और राष्ट्रीय एकता है, तो राष्ट्रवाद की कसौटी क्या है।

वाजपेयी—जिसकी निष्ठा विदेशों में नहीं है।

भण्डारी—मुसलमान, ईसाई और कम्युनिस्ट राष्ट्रवादी नहीं हैं। इनकी निष्ठा दूसरे देशों में है।

आदम—अपने सिकन्दरबख्त की भी?

वाजपेयी—सिकन्दरबख्त जब हमसे अलग हो जायेगा, तब अराष्ट्रीय हो जायेगा।

आदम—अच्छा! जेठमलानी और आडवाणी सिन्धी हैं। सिन्ध अब पाकिस्तान में है। ये वही भाषा बोलते हैं, जो भुट्टो बोलता था। तो ये भी अराष्ट्रीय हो गये। और विजयाराजे सिन्धिया नेपालिन हैं। वे भी अराष्ट्रीय हो गयीं।

वाजपेयी—ये सब हिन्दू हैं।

आदम—अच्छा। आपने लोकतन्त्र में निष्ठा प्रगट की है। परन्तु परमपूज्य गुरुजी ने लोकतन्त्र के विरोध में लिखा है और हिटलर की जर्मन जातिवादी तानाशाही की तारीफ की है। क्या गुरुजी गलत थे और आप लोग सही हैं?

वाजपेयी—गुरुजी सही थे। मगर गुरुजी ने यह तो नहीं कहा था कि हमें ढोंग और झूठ से काम नहीं लेना चाहिए।

आदम—समझ गया। अब तीसरी निष्ठा है—सकारात्मक धर्मनिरपेक्षता। यह क्या है? नकारात्मक धर्मनिरपेक्षता कैसी होती है?

नानाजी—देखो, लोग धर्मनिरपेक्षता से क्या समझते हैं? यही न कि हिन्दू

अपने मन्दिर में पूजा करे, मुसलमान मस्ज़िद में नमाज पढ़े, ईसाई चर्च में प्रार्थना करे। कोई किसी के धर्माचरण में दखल न दे। धर्म के कारण भेदभाव न हो। यह सब नकारात्मक हुआ न। निष्क्रिय भी हुआ। हम सकारात्मक और सक्रिय धर्म-निरपेक्षता चलायेंगे। अपने राज में हमने अलीगढ़ और जमशेदपुर में सकारात्मक और सक्रिय धर्मनिरपेक्षता की थी। जमशेदपुर में रामनवमी के जुलूस से जो दंगा और आगजनी और हत्या चालू हुई तो डेढ़ साल चली। एम्बुलेन्स में बैठे स्त्री-बच्चों को भी मार डाला। इसे कहते हैं, सकारात्मक धर्मनिरपेक्षता। समझे ?

आदम—समझ गया। अब यह 'गाँधीवादी' समाजवाद क्या है ?

वाजपेयी —यह एक मजाक है। तुम क्या डर गये ?

आदम—हाँ, समाजवाद से बड़ा डर लगता है। आपने इस आग को अपनी निष्ठा में नाहक रखा।

वाजपेयी —समाजवाद का नाम लेना अब मजबूरी हो गया है। मगर गाँधी-वाद, समाजवाद की आग के लिए फायर ब्रिगेड है।

आदम —आपकी पाँचवीं निष्ठा है—मूल्यों की राजनीति। ये कौन से मूल्य हैं ?

वाजपेयी—अरे कालाबाजार के मूल्य। जाओ, भागो !

देशहित जिज्ञासा

अभी हम अटलबिहारी वाजपेयी की पाकिस्तान यात्रा की तारीफ ही कर रहे थे कि वे मॉरीशस चले गये। अभी पिछली यात्रा की तारीफ ही पूरी नहीं हुई है। अटलजी दो विदेश यात्राओं के बीच इतना समय तो हम-जैसे प्रशंसकों को दिया करें कि हम उनकी पिछली यात्रा का राग पूरा कर लें। हम भैरवी गा रहे हैं कि बीच में ही जैजैवन्ती उठाना पड़ता है। पाकिस्तान यात्रा की उनकी हर अदा पर हम गद्गद हो रहे हैं। वहाँ महाराजा रणजीतसिंह की समाधि पर उन्होंने फूल चढ़ाये तो उनकी छवि सिखों के दिलों में ऐसी उतर गयी जैसे लस्सी उतरती है। अभी भी ओंठ चाट रहे हैं। और इकबाल की समाधि पर फूल अर्पित किये तो उनकी छवि को मुसलमानों ने सुरमे की तरह आँज लिया। सिखों और मुसलमानों के प्यारे वे हुए। हिन्दुओं के प्यारे तो वे तभी से हैं जब वे गौमाता की पूँछ से नजर उतारा करते थे। इमेज अच्छी बन रही है। मुस्कुराकर, हंसकर, आधी रात को कवि-सम्मेलन में पहुँचकर, 'तुम भी अच्छे, तुम्हारे दुश्मन भी अच्छे' कहकर वे सबके प्यारे बन रहे हैं।

मगर ऐसे मीठे-मीठे वातावरण में कोई अड़चन का सवाल पूछ बैठता है, तो मजा बिगड़ जाता है। पाकिस्तान में एक दुष्ट पत्रकार ने पूछ लिया कि आप पहले शिमला-समझौते का विरोध करते थे और अब उसका समर्थन क्यों कर रहे हैं। ऐसे सवाल नहीं पूछना चाहिए। सच्चे आदमी को अड़चन होती है। सच्चे आदमी से ऐसे सवाल नहीं पूछे ज़ाते; जिससे उसकी सच्चाई खुले।

आदम से ही लोग पूछते हैं—शिमला-समझौता देश के हित में है कि देश-हित के खिलाफ ? इस समझौते का विरोध करना देशभक्ति है या समर्थन करना ? पहले शिमला-समझौता करनेवालों को देशद्रोही कहा था तो अब उसका समर्थन करनेवालों को क्या कहा जाय ?

मैं तो अज्ञानी हूँ। अपनी शंकाओं का समाधान अटलजी से करा लेता हूँ। अन्तिम सत्य उन्हीं के पास है। मैं अटलजी के पास गया। मैंने कहा–कुछ प्रश्न पूछना चाहता हूँ। कुछ ज्ञान प्राप्त करना है। अटलजी मुस्कुराते हुए बोले—अच्छा, गोया यक्ष धर्मराज से प्रश्न कर रहा है या युधिष्ठिर भीष्म से धर्म-नीति पूछ रहा है। मैंने कहा – नहीं अटलजी, मैं यक्ष नहीं, क्योंकि मैंने आपके भाइयों को कैद नहीं किया और आप भीष्म नहीं, क्योंकि आप शर-शैया पर नहीं हैं। मैं एक साधारण जिज्ञासु हूँ और आप ज्ञानी हैं। आपने पहले शिमला-समझौते का विरोध किया था ?

अटलजी ने कहा—उस समय मैं विरोधी पक्ष में बैठा था।

मैंने पूछा—अब उसका समर्थन क्यों कर रहे हैं ?

अटलजी ने कहा—अब हम सत्ताधारी हैं।

मैंने कहा—आप शिमला-समझौते का विरोध करें तो भी देशभक्ति हुई और समर्थन करें तो भी देशभक्ति हुई। आप गौ की पूजा करें तो भी गौ-भक्ति हुई और गौ-हत्या करें तो भी गौ-भक्ति हुई। मेरी मन्द बुद्धि में यह जटिल रहस्य नहीं आ रहा है।

अटलजी मुझे मूढ़ समझकर हँसे। उनके कृपा-कटाक्ष से मैं कृतार्थ हो गया। उन्होंने कहा—मतिमन्द, यह सत्ताराजनीति है। तुम नहीं समझोगे।

मैंने कहा—आप ठीक कहते हैं। मतिमन्द न होता तो आपका प्रशंसक क्यों होता ? मुझे आप यह बता दीजिए कि सच आप पहले बोलते थे या अब बोलते हैं।

अटलजी ने कहा – सच की व्याख्या विरोधी पक्ष और सत्ता पक्ष के लिए अलग-अलग होती है।

मैंने पूछा—सत्ता-राजनीति में ईमानदारी का क्या महत्त्व है ?

अटलजी ने कोई उत्तर नहीं दिया। मेरी शंका का समाधान हो गया था। मैं उठने लगा तो अटलजी ने कहा—बैठो। कविता सुनते जाओ। कुछ नयी कुण्डलियाँ लिखी हैं।

मैंने कहा—नहीं अटलजी। ज्योतिषी ने बताया है कि मेरी मृत्यु न क्षय से होगी, न कैंसर से, न हार्टफेल से। मेरी मृत्यु कविता सुनने से होगी। प्राण मुझे भी प्यारे हैं।

वादे पूरे करो–मत करो

युवा जनता 18 मार्च को 'वादे पूरे करो' दिवस मना रहा है। युवा जनता जनता पार्टी में समाजवादियों का संगठन है। युवा जनता के युवक जनता सरकारों से वादे पूरे करने की माँग करेंगे। इसमें एक मूल गलती है। कोई भी अपनी सरकार से सड़क पर माँग नहीं करता कि वादे पूरे करो। वह चुपचाप मन्त्री के घर या दफ्तर में जांकर वादा पूरा करा लेता है। यों वादे पूरे हो भी रहे हैं। जैसे मध्यप्रदेश के मुख्यमन्त्री सकलेचा ने पुलिस से युवा जनता के सिर फुड़वा दिये। चुस्त प्रशासन का वादा पूरा हुआ। सम्पूर्ण क्रान्ति थोड़ी-सी बकाया रह गयी थी, सो पूरी हुई।

जनता पार्टी में केवल यही युवा नहीं है। जनता युवा मोर्चा भी है। यह जनसंघ का है। मैं इन जनता युवा मोर्चावालों से कहता हूँ—वीरो, क्यों सुस्त बैठे हो। तुम अतुलित बल-बुद्धि निधाना। वीरो, उठो। युवा जनता 'वादे पूरे करो' के नारे के साथ जुलूस निकालनेवाले हैं। तुम भी जुलूस निकालो। नारे लगाओ—वादे पूरे मत करो।

मजा आ जायेगा। जनता की जिन्दगी नीरस हो रही है। उसे रस मिलेगा, जब ऐसे नारे सुनने को मिलेंगे—

—वादे पूरे करो।

—वादे पूरे मत करो।

—वादे पूरे करो वरना गद्दी छोड़ दो।

—वादे पूरे मत करो और गद्दी पर डटे रहो।

मोरारजी ने क्रान्ति शुरू करा दी

भाईजी, आपने कमाल कर दिया। आपने अशोक होटल से क्रान्ति शुरू करा दी। लोग तो समझ रहे थे कि आपका सारा समय 'क्रान्ति' में जाता है। उन्हें क्या पता कि आप चुपचाप 'क्रान्ति' की योजना बना रहे थे। दुनिया में क्रान्तियाँ हुई हैं। हो रही हैं। मगर फाइव स्टार होटल से कोई क्रान्ति शुरू नहीं हुई। मगर आपका सब-कुछ मौलिक है। आपने दुनिया के किसी प्रधानमन्त्री की नकल नहीं की। आपकी नकल कोई प्रधानमन्त्री करना चाहे तो उसे उलटी हो जाये। आपने क्रान्ति में भी किसी की नकल नहीं की। बिल्कुल नये ढंग की क्रान्ति।

आप सोचते होंगे, ऐसी कौन-सी क्रान्ति मैंने करा दी। भाईजी, आप बड़े-बड़े

काम कर जाते हैं और आपको पता नहीं रहता। जैसे गाँधीवाद को आपने इतना सहज कर दिया है कि आज जेबकतरा भी अपने को गाँधीवादी कह सकता है। यह अशोक होटल क्रान्ति यों हुई कि वे दो हजार लोग पुनर्वास कालोनियों के थे। उनकी कालोनियों में आपकी सरकार ने कोई सुविधा नहीं की। अगर आपकी सरकार सुविधाएँ कर देती, तो वे सन्तुष्ट रहते। पर आपने नहीं की, क्योंकि आपको उन्हें क्रान्ति के लिए तैयार करना था। तो वे लोग अशोक होटल में घुस गये और धरना देकर बैठ गये। यह होटल शान-शौकत का प्रतीक है। वे नारे लगा रहे थे कि एक तरफ तो ऐसे आलीशान होटल बनते हैं और दूसरी तरफ हमारे घरों की इतनी बुरी हालत है। नीलाम कर दो इन होटलों को। भाईजी, गरीबों का यह हमला क्रान्ति की शुरुआत है जो आपने करायी है। आप बड़े निरभिमानी हैं, विनम्र हैं, इसलिए इस क्रान्ति का श्रेय आप नहीं लेंगे। पर हम तो आपको श्रेय देंगे। आप जानते हैं कि जितने अधिक लोग बेघर, बेरोजगार और भूखे होंगे, उतने ही क्रान्तिकारी बनेंगे, और आप उन्हें बना रहे हैं। मगर भाईजी, इस क्रान्ति के साथ कुछ और क्रान्तिकारी लक्षण भी प्रगट हुए। इन क्रान्तिकारियों का नेतृत्व कर रहे थे राजेन्द्र पुरी—वही पुरी जिनके बारे में कहा जाता है कि चरणसिंह की तरफ से आपको प्रेम-पत्र वही लिखते हैं। ये राजेन्द्र पुरी जनता पार्टी के सचिव भी थे। साथ में दिल्ली के एक बड़े व्यवसायी भी थे, जो इसलिए गये होंगे कि आप होटल नीलाम करने को राजी हो जायें तो वे खरीद लें। और गजब देखिए कि वे लोग इन्दिरा गाँधी जिन्दाबाद के नारे लगा रहे थे। भाईजी, आप कितनी क्रान्तियाँ एक साथ करा रहे हैं। तुगलकाबाद में मकान गिराने की कार्यवाही भी क्रान्ति के लिए आप करा रहे हैं। लोग बेघर होंगे तो क्रान्ति करेंगे ही। क्रान्ति में सरकार गिरती भी है। इस देश में चलन ऐसा पड़ गया है कि सरकार अपनी कब्र खुद खोदती है और पुरानी दिल्ली में ही खोदती है। इन्दिरा सरकार ने अपनी कब्र तुर्कमान गेट में खोदी तो आपकी सरकार तुगलकाबाद में खोद रही है, तो किसी को क्या एतराज हो सकता है। एक कमी रह गयी। तुगलकाबाद में इस मकान-गिराओ क्रान्ति पर्व पर कान्तिभाई को हाजिर रहना था।

भाईजी, आपने तुगलकाबाद के उन लोगों से भी क्रान्तिकारी बर्ताव किया जो यह शिकायत करने आये थे कि बिना नोटिस उनके घर गिराये जा रहे थे। उस वक्त रात के नौ बजे थे। आपने डाँट दिया -- इस वक्त क्यों आये ? यह मेरा सोने का वक्त है। उन्हें कोई हक नहीं था कि वे आपकी नींद में खलल डालें। पड़े रहें उनके बच्चे मैदान में। आपको तो अपने स्वास्थ्य को अच्छा रखना है। आपको दो सौ साल की उम्र तक तो प्रधानमन्त्री रहना ही है। बाला साहेब देवरस ने इतना वादा तो किया ही होगा। और आप भाईजी, जब स्वर्ग सिधारेंगे तब स्कूलों की छुट्टी होगी। आपको प्रधानमन्त्री बनाये रखना ही इस देश के लोगों का कर्तव्य है और सब इसी काम में लगे हैं। हिमालय क्यों खड़ा है ? गंगा-यमुना क्यों बहती हैं ? पक्षी क्यों चहकते हैं ? इसलिए कि आप प्रधानमन्त्री रहें।

भाईजी, आपने उन बेघर लोगों से पूछा —मकान क्यों बनाये ? ठीक बात है। घर बनाओगे तो वह गिराया ही जायेगा। जो घर नहीं बनाते, उनके घर गिराये भी नहीं जाते। कसूर उनका है कि उन्होंने घर बनाये ? वे बेवकूफ जवाब देते हैं कि हमने बाल-बच्चों के लिए घर बनाये। क्यों बनाये ? घर तो सिर्फ एक बच्चे का बनना चाहिए। उस बच्चे का नाम कान्तिभाई देसाई है। बाकी लोग अपने बच्चों के लिए घर बनाते हैं, तो वे गैर-कानूनी हैं।

भाईजी, आपने तमाम क्रान्तिकारी पार्टियों को नीचा दिखा दिया। क्रान्ति की बागडोर आपने सँभाल ली। ये झूठे पड़ गये, जो कहते थे आप बुर्जुआ हैं। आदम यही चाहता है कि आप प्रधानमन्त्री रहकर क्रान्ति पूरी कर डालें। इसके लिए जरूरी है कि आप चरणसिंह और जगजीवनराम में समझौता न होने दें। जगजीवन बाबू के भी कोई ऐसे-वैसे फोटो हों तो राजनारायण को दे दीजिए।

कामरेड, आदम का क्रान्तिकारी सलाम लो।

मेरा कोई आफ्टर नहीं है

आदम चरणसिंह से मिलने पहुँचा तो वे काम में लगे दिखे। उनका जो लेटरहेड था, उस पर छपा था—'डिप्टी प्राइम मिनिस्टर'। वे रबर से घिसकर 'डिप्टी' को मिटाने की कोशिश कर रहे थे। मैंने पूछा—यह क्या कर रहे हैं चौधरी साहब ? उन्होंने कहा—इस डिप्टी को मिटा रहा हूँ। यह फालतू छपा है। यह छापे की मशीन का दुरुपयोग है। मैं तभी मशीनीकरण के विरुद्ध हूँ।

ये घिसे जा रहे थे। खीझकर बोले—कम्बखत मिटता ही नहीं है। मैंने कहा—मिट तो जायगा, पर भद्दा हो जायगा। चौधरी ने कहा—हो जाने दो। अपना तो हर काम भद्दा ही होता है।

वे फिर घिसने में लग गये। मैंने सोचा, इन्हें अभी न छेड़ूँ। प्रधानमन्त्री से मिल लूँ।

मोरारजी के दरबार में पहुँचा। वे खुश थे।

मैंने कहा—मैं चौधरी साहब के पास से आ रहा हूँ। मोरारजी ने पूछा—क्या कर रहा है चौधरी ? मैंने कहा—प्राइम मिनिस्टर के आगे छपा डिप्टी रबर से मिटा रहे हैं। मोरारजी ने हँसकर कहा—उसका ऐसा ही काम है। कहता था, 'आगे नम्बर वन' और दिखाओ। जगजीवनराम के नाम के आगे 'नम्बर टू' छपवाओ। वह समझता है कि आगामी प्रधानमन्त्री पब्लिक सर्विस कमीशन नियुक्त करेगा। सीनियारिटी देखकर उसी को चांस मिलेगा।

मैंने पूछा—आपने दो उप-प्रधानमन्त्री क्यों बनाये ?

मोरारजी ने कहा—मैंने कहा तो कि मजबूरी में।

मैंने कहा—ऐसी कैसी मजबूरी थी ?

मोरारजी ने कहा—मजबूरी जनता पार्टी का चरित्र है। एक पार्टी बनना भी इसकी मजबूरी थी। मैं भी प्रधानमन्त्री मजबूरी में बना था। चरणसिंह और जगजीवनराम में झगड़ा होनेवाला था। मजबूरी में मैं प्रधानमन्त्री बनाया गया था। अब भी मैं प्रधानमन्त्री मजबूरी में हूँ। मैं नहीं तो फिर कौन ? चरणसिंह को जनसंघ और जगजीवनगुट नहीं चाहते। जगजीवनराम को भालोद नहीं चाहता। कुछ अधेड़ जो अपने को युवा कहते हैं, वे भी महत्त्वाकांक्षी हैं पर उनमें आपस में झगड़ा है कि कौन ज्यादा युवा है। एक चन्द्रशेखर हैं। उन्हें भालोद कभी नहीं बनने देगा। तुमने पार्टी की मजबूरी समझी ? इसी मजबूरी में मैं प्रधानमन्त्री बना हुआ हूँ। सब कहते हैं—क्या करें ? मजबूरी है। मोरारजी ही भले हैं।

मैंने पूछा—दो उप-प्रधानमन्त्री बनाने से खर्च नहीं बढ़ेगा ?

मोरारजी ने कहा—खर्च क्यों बढ़ेगा ? अरे, वे दोनों तो इस पर तैयार थे कि हमसे पाँच-पाँच सौ रुपये माहवार ले लो और उप-प्रधानमन्त्री बना दो। पर मैंने कह दिया कि 'पेमेण्ट' से पद नहीं दूंगा। यह मेरे सिद्धान्त के खिलाफ है।

मैंने पूछा—अब तो सब ठीक-ठाक चलेगा न ? सरकार तो स्थिर रहेगी ?

मोरारजी ने कहा—अब राज्यों में जनसंघ और भालोद लड़ेंगे। इस लड़ाई और समझौते में कितना समय लगेगा ?

मैंने कहा—तीन महीने।

मोरारजी ने कहा—तीन महीने तो ये निकले। इसके बाद चरणसिंह फिर कान्तिभाई का मामला उठायेंगे। उनसे इस मामले पर चिट्ठियों की अदला-बदली होगी। इसमें कितना समय लगेगा।

मैंने कहा—तीन महीने।

मोरारजी—अच्छा ये 6 महीने तो हुए। अब मैं कोई आरोप चरणसिंह पर लगाऊँगा। वे उसका जवाब देंगे। इसमें कितना समय लगेगा ?

मैंने कहा—एक महीना।

मोरारजी—ठीक। ये सात महीने निकले। अब मैं उनसे इस्तीफा माँगूंगा। वे पहले हल्ला-गुल्ला करेंगे। फिर इस्तीफा दे देंगे। इसमें कितना वक्त लगेगा ?

मैंने कहा—एक महीना।

मोरारजी—ठीक। ये 8 महीने हो गये। अब चरणसिंह किसान रैली करेंगे। रैली आयोजित करने में कितना समय चाहिए ?

मैंने कहा—कम-से-कम तीन महीने।

मोरारजी—ठीक। ये 11 महीने हुए। रैली के बाद समझौता करानेवालों का काम शुरू होगा। अगली बार दस समझौता-फार्मूले बनेंगे। एक समझौता-फार्मूला को फेल होने में पन्द्रह दिन लगते हैं। कुल कितना समय लगेगा ?

मैंने कहा — 5 महीने।

मोरारजी—ठीक। ये 16 महीने निकल गये। अब मैं चरणसिंह को मन्त्रि-मण्डल में वापस ले लूंगा। उन्हें, अगली बार 'ज्वाइण्ट प्राइम मिनिस्टर' बनाऊँगा। साथ में जगजीवनराम को भी बना दूंगा। वे सन्तुष्ट होंगे। अब फिर से असन्तुष्ट होने में कितना वक्त लगेगा?

मैंने कहा—तीन महीने।

मोरारजी—ठीक। ये उन्नीस महीने निकल गये। इसके बाद तीसरा दौर शुरू होगा और 1982 आ जायगा। अब बोलो सरकार स्थिर रहेगी या नहीं? मैं बना रहूँगा या नहीं?

मैंने कहा—सरकार भी रहेगी और आप भी रहेंगे। पर कुछ लोग कहते हैं कि अब आपको रिटायर हो जाना चाहिए।

मोरारजी —ये कौन होते हैं? अरे, जब ईश्वर मुझे दुनिया से रिटायर नहीं कर पा रहा है तो ये मुझे पद से रिटायर करानेवाले कौन होते हैं। ईश्वर को डर है कि अगर मुझे दुनिया से रिटायर किया तो मैं उनका पद ले लूंगा। कान्ति का पिता कहीं परमपिता न हो जाय—यह ईश्वर को भी डर है।

मैंने कहा—एक प्रश्न और उठ रहा है। आपके बाद कौन? हू आफ्टर मोरारजी?

मोरारजी—अरे, मेरा कोई 'आफ्टर' नहीं है।

जनता अल्पसंख्यक सम्मेलन

भोपाल में 'जनता अल्पसंख्यक सम्मेलन' हो रहा था। मुझे एक मुलाकाती मिल गये।

मैंने पूछा—कहो खाँ, कहाँ से आ रिये हो?

उन्होंने कहा—जलसे से आ रिया हूँ। बड़ा मजा आया। तुम नहीं गये वहाँ? कैसे मुसलमान हो?

मैंने पूछा—कौन-सा जलसा मियाँ?

उन्होंने कहा—अरे, वही जनता अल्पसंख्यक सम्मेलन—जनता माइनारिटीज कान्फ्रेंस।

मैंने पूछा—अच्छा, अगर यह जनता पार्टी का जलसा था तो उसमें मुख्यमन्त्री सकलेचा, दूसरे संघी मन्त्री और पार्टी के सदर कुशाभाऊ ठाकरे भी होंगे।

उन्होंने कहा—इनमें से कोई नहीं था। शायद ये लोग शहर के बाहर होंगे।

मगर इसी वक्त ये सब शहर के बाहर क्यों चले गये ?

तब तक एक तीसरे अल्पसंख्यक मुलाकाती वहाँ आ गये थे। उन्होंने कहा—हो सकता है, दंगे के अन्देशे में जिला मजिस्ट्रेट ने इन्हें जिलाबदर कर दिया हो।

मैंने कहा—जनाब, ये इसलिए नहीं गये कि वहाँ राजनारायण साहब आनेवाले थे। राजनारायण आजकल खुलेआम कह रहे हैं कि दंगा आर.एस.एस. कराता है। यहाँ भी उन्होंने यही कहा। ऐसी हालत में इन बेचारे संघियों की फजीहत हो जाती। चुप कैसे बैठते ? और जवाब भी कैसे देते ? माना कि वे मुख्यमन्त्री और मन्त्री हो गये हैं, फिर भी कुछ इज्जत रखने का हक तो उनको भी है। बहरहाल, जलसे में क्या हुआ ?

दूसरे अल्पसंख्यक ने कहा—तकरीरें हुईं जनाब ! बढ़िया तकरीरें। खुदा की कसम, मजा ही आ गया। चन्द्रशेखर साहब ने कहा कि अब 'माइनारिटी फोरम' बन जाना चाहिए।

तीसरे अल्पसंख्यक ने कहा—यह तो बहुत अच्छी बात है। कमीशन बहुत हो गये। अब 'फोरम' होना चाहिए। पर अगले दंगे के बाद क्या बनेगा ? कमीशन, कार्पोरेशन, बोर्ड ? फोरम के बाद कौन-सा नाम मिलेगा अब ?

मैंने कहा—नामों की कमी नहीं पड़ेगी। जितने दंगे, उससे ज्यादा अँगरेजी में शब्द मिल जायेंगे। अब होंगे—माइनारिटीज़ कौंसिल, माइनारिटीज़ सिण्डीकेट, माइनारिटीज़ गिल्ड।

तीसरे अल्पसंख्यक ने कहा—साहब, आप ज़रा सरकार को ऐसे कुछ नाम सुझा दीजिए। ऐसा न हो कि नाम न मिलने से कमेटियाँ बनना बन्द हो जायें। आखिर हमारा भला कमेटियों, तकरीरों और बयानों से ही तो होनेवाला है। हम तो घबड़ा जाते हैं अगर किसी महीने कमेटी, कमीशन नहीं बनता।

मैंने पूछा—और जॉर्ज साहब की तकरीर कैसी रही ?

दूसरे ने कहा—बहुत लाजवाब ! उनका इन्किलाबी किरदार तब तक कायम रहेगा जब तक नेहरू खानदान है। अगर राजीव गाँधी का लड़का सिर्फ मुंशी हुआ तो वे उस मुंशी के खिलाफ भी इन्किलाब करेंगे।

मैंने पूछा—मियाँ, यह सम्मेलन क्या हम मुसलमानों के भले के लिए बुलाया गया था ?

दूसरे ने कहा—नहीं साहब, यह तो उन्हीं के भले के लिए बुलाया गया था। जनता पार्टी के लिए, हमारे भले के लिए नहीं।

मैंने पूछा—तो फिर आप लोग उसमें शरीक क्यों हुए ?

तीसरे ने कहा—वाह साहब, कोई अगर हमारा नाम लेकर अपना भला करना चाहे तो हमें उसमें जरूर शिरकत करना चाहिए। हम शरीफ इन्सान हैं। कांग्रेस भी अपने भले के लिए ऐसा जलसा करेगी तो हम उसमें भी शरीक होंगे। आखिर सबको अपना भला करने का हक है।

मैंने पूछा—मगर वे मुसलमानों से चाहते क्या हैं ? उनका भला किस बात

में है ?

दूसरे ने कहा—उनका कुल कहना यह है कि मुसलमानो, संघ हमारी पार्टी में है; सरकार में है। संघ के बिना सरकार रह नहीं सकती। तो संघ अगर तुम्हें मारे, तुम्हारे घर जलाये, तो बुरा मत मानना। शोर मत मचाना, रोना मत। हमारा खयाल करना। खुदा तुम्हें जन्नत देगा। कुल इतना चाहते हैं ये बेचारे। बड़े परेशान हैं। हमें इनकी मदद करनी चाहिए। इन्सानियत भी कोई चीज है।

इतने में चौथे अल्पसंख्यक आ गये। उन्होंने एक दूसरी बात उठा दी। कहने लगे--सब पार्टी के लोग, दीगर लोग, सेकुलर लोग कह रहे हैं कि अलीगढ़ में संघ ने मुसलमानों पर हमला किया। पिछले दंगों के जाँच कमीशनों की रिपोर्ट भी होम-मिनिस्ट्री के पास है, जिसमें यही कहा गया है। होममिनिस्ट्री के पास खुफिया रिपोर्ट भी है। इसके बावजूद हमारे राष्ट्रपति उसी संघ के सर संघचालक बाला साहब देवरस के साथ गोंडा में जलसे में शरीक हो रहे थे। उनके साथ खाना खा रहे थे। वह फोटो भी छपी है।

तीसरे ने कहा—यह तो ऐसा ही हुआ जैसे डाकू कहीं डाका डाल रहे हों और सुपरिन्टेण्डेण्ट पुलिस उसी वक्त डाकुओं के सरदार के साथ खाना खा रहे हों। हमारे राष्ट्रपति ने यह क्या किया ?

आदम इस पर क्या बोलता ? मैंने कुल इतना कहा—भाई, इस वक्त हर अल्प-संख्यक को अपने भले की पड़ी है।

पार्टी की पवित्रता

जनता पार्टी के मालगोदाम का फाटक बन्द है। भीतर फाटक के पास खाट पर नानाजी देशमुख ऊँघ रहे हैं। बाहर से फाटक खटखटाया जाता है। आवाज आती है--फाटक खोलो।

बाहर खादी के कुरता-धोतीवाले आदमियों से भरा एक ट्रक खड़ा है।

नानाजी पूछते हैं—कौन है ?

जवाब आता है—मेम्बरों की खेप आयी है।

नानाजी पूछते हैं—किसके परमिट से आयी ?

जवाब आता है--चन्द्रशेखरजी के परमिट से।

नानाजी पहले अपना सिर ठोंकते हैं। फिर फाटक खोलते हैं। ट्रक भीतर आता है। नानाजी कहते हैं--उधर दायें तरफ के कोने में माल डाल दो।

थोड़ी देर बाद जब नानाजी झपकी ले रहे हैं तब फिर फाटक से आवाज आती

है—फाटक खोलो।

नानाजी पूछते हैं—कौन है?

जवाब आता है—मेम्बरों की खेप है।

नानाजी पूछते हैं—कहाँ से आयी है?

जवाब आता है—कांग्रेस से।

नानाजी पूछते हैं—किसके परमिट से?

जवाब आता है—मोरारजी के परमिट से।

नानाजी पहले सिर ठोंकते हैं। फिर फाटक खोलते हैं। ट्रक भीतर जाता है। नानाजी कहते हैं—उधर माल डाल दो।

नानाजी बहुत परेशान हैं। खेप पर खेप कांग्रेसियों की चली आ रही हैं।

वे चन्द्रशेखर से बात करते हैं—चन्द्रशेखरजी, यह तो बड़ा गलत हो रहा है। ये कांग्रेसी जनता पार्टी में घुसे जा रहे हैं। ये इमरजेन्सी के लिए जिम्मेदार लोग हैं। ये अपने में कैसे मिल सकते हैं? पार्टी की पवित्रता नष्ट हो जायेगी।

चन्द्रशेखर जोर से हँसे।

नानाजी ने कहा—आप हँसते क्यों हैं?

चन्द्रशेखर ने कहा—कुछ नहीं, मुझे 'पवित्रता' पर हँसी आ गयी। आपके शब्दकोश में तो शब्द 'पावित्र्य' है न?

नानाजी इस व्यंग्य को पचा गये। बोले—मेरा कहना है कि जनता पार्टी का आधार तो कुछ नीति और सिद्धान्त हैं न। इन कांग्रेसियों के आने से वे नीति और सिद्धान्त भंग होंगे।

चन्द्रशेखर फिर से हँसे। कहने लगे—नानाजी, नीति और सिद्धान्त का तो ऐसा है कि मदारी भी यह कहता है कि मैं बन्दर को वेदान्त से नचाता हूँ। मैं भी तो कांग्रेसी रहा हूँ। ये भी कांग्रेसी हैं। जैसे मैं जनता पार्टी की नीति मानता हूँ वैसे ये भी मानेंगे। अब यह तो कर नहीं सकते कि उनके खून की परीक्षा करायी जाय। फिर देखिए, कांग्रेस टूट गयी है। कांग्रेसी को भविष्य दिखता नहीं है। कांग्रेसमैन क्या अब सट्टा खिलायेंगे? वे तो राजनीति ही करेंगे। आने दीजिए, अपनी पार्टी बढ़ रही है।

नानाजी ने कहा—बढ़ तो रही है, पर कांग्रेस होती जा रही है।

चन्द्रशेखर को फिर हँसी आ गयी।

नानाजी बड़े प[illegible]शान थे। बाला साहब देवरस से बात हुई। देवरस ने कहा—यह हो क्या रहा है? जनता पार्टी का 'चारित्र्य' ही बदल रहा है। संघ का 'वर्चस्व' कैसे रहेगा?

नानाजी ने कहा—यही तो मेरी चिन्ता है।

देवरस ने कहा—अटलबिहारी क्या कर रहे हैं?

नानाजी ने कहा—वे अपनी 'इमेज' बना रहे हैं। अभी पाकिस्तान में इकबाल की कब्र पर फूल चढ़ा आये। दुबारा जायेंगे तो जिन्ना की कब्र पर फूल चढ़ा

आयेंगे।

बाला साहेब ने कहा—इमेज बना रहे हैं, सो ठीक कर रहे हैं। पर ये 'परकीय' तत्व जो जनता पार्टी में घुस रहे हैं, इन्हें कैसे रोका जाये ?

नानाजी ने कहा—मैं क्या कर सकता हूँ। मेरा काम तो फाटक खोलना बन गया है। खेप पर खेप चली आती है। आप ही कुछ कीजिए।

देवरस ने कहा—ठीक है। संघ इस विषय में अपना पुनीत राष्ट्रीय कर्तव्य करेगा। पार्टी पर संघ का 'वर्चस्व' रहना ही चाहिए। मैं स्वयंसेवकों को आदेश देता हूँ कि ये ट्रक जो कांग्रेसियों को ला रहे हैं, इन्हें पंचर कर दिया जाय।

साधु संगत में

आदम धार्मिक निष्ठा का आदमी है। महीने-भर से उज्जैन में कुम्भ स्नान कर रहा था। महीने-भर के इस स्नान के पुण्य का परिणाम यह हुआ कि दो बार मेरी जेब कटी। होटल का खाना खाने से एक बार कै-दस्त से बीमार हुआ। और अब सारे शरीर में खुजली होती है और फुंसियाँ उठती हैं। इंजेक्शन और दवा ले रहा हूँ। यह 'मोक्ष' के पहले की स्टेज है। कहते हैं, मोक्ष-प्राप्ति के पहले आत्मा को खुजली, खाज या दाद होती है। दाद खुजाने का आनन्द परमानन्द की तरह होता है। तीर्थ-जल में स्नान करने का इसीलिए विधान है कि वहाँ खुजली अथवा दाद होती है, जिसे खुजाते हुए जीव यह अनुभव करता है कि जब आत्मा जन्म-मरण के बन्धन से मोक्ष पाकर ब्रह्म से मिलती है, तब कैसा आनन्द आता है।

आदम ने उज्जैन में साधुओं के दर्शन किये और धन्य हो गया। मुझे विश्वास हो गया कि अभी भी देश में सबसे अच्छा धन्धा धर्म का है। साधुओं के बड़े-बड़े अखाड़े। उनके महन्त। हाथी, घोड़े, सोने, चाँदी के सिंहासन। चँवर। शंख। घड़ियाल। हजारों की तादाद में साधुओं की जमात के साथ ये महन्त स्नान के लिए निकलते थे। सुबह 5 से शाम 5 तक 'शाही' स्नान हुआ। यानी इन 12 घण्टों में सिर्फ साधु ही राजसी ठाठ से नहाये और हम-जैसे लाखों पापी, नरक के कीड़े, भारतवासी उस पवित्र साधुई नंगेपन को नहाते देखते रहे और धन्य होते रहे। जगत का कल्याण हो गया।

मगर लोग बड़े पापी हैं। साधु को दुख देते हैं। पत्रकारों को बदरीनाथ के हाईकोर्ट से हारे शंकराचार्य स्वामी स्वरूपानन्द ने बताया। बदरीनाथ के दो शंकराचार्य हैं—कोर्ट से जीते हुए स्वामी शान्तानन्द और हारे हुए स्वामी स्वरूपानन्द। स्वरूपानन्द ने बताया कि शंकराचार्यों का अपमान हो रहा है। पुरी के

शंकराचार्य की 550 एकड़ जमीन सरकार ने ले ली। घोर पाप। पृथ्वी क रसातल में जाने में देर नहीं है। पुरी के शंकराचार्य वही निरंजनदेव हैं जो जनसंघ के गो-रक्षा आन्दोलन में शामिल थे। सिर्फ 'ब्रह्मसूत्र' पढ़ने और उसके बाहर ज्ञान-विज्ञान न मानने से आदमी जितना आदर्श-मूढ़हो सकता है उतने ही निरंजनदेव हैं। वे शंकराचार्य जमानत पर थे। इन पर फौजदारी मुकदमा चला था। मुकदमा खारिज हो गया, इसलिए शंकराचार्य की गद्दी पर हैं वरना जेल में होते और शूद्र के हाथ की रोटी खाते। मुकदमा इन पर अस्पृश्यता विरोधी कानून के तहत चला था। निरंजनदेव यह मानते हैं कि ब्राह्मण, क्षत्रिय, वैश्य, शूद्र भगवान खुद बनाते हैं। भगवान के बगल में निरंजनदेव बैठे रहते हैं और उन्हीं की सलाह से भगवान वर्ण और जाति देते हैं। निरंजनदेव ने सिफारिश कर दी थी तो भगवान ने आदम को ब्राह्मण बना दिया।

स्वरूपानन्द का कहना है कि सरकार को मन्दिरों, मठों, देवस्थानों पर कोई नियन्त्रण नहीं रखना चाहिए। वे ठीक कहते हैं। तिरुपति भारत में सबसे सम्पन्न मन्दिर है। भगवान विष्णु के एक रूप का मन्दिर है। कथा है—विष्णु को लक्ष्मी से शादी करनी थी। पैसे की थी तंगी। तो विष्णु ने कुबेर से धन उधार लिया। अब कुबेर का कर्ज पटे कहाँ से? तो यह जो लाखों की भेंट चढ़ायी जाती है तिरुपति में रोज, वह कुबेर का कर्ज ही पट रहा है। अभी तो ब्याज ही पट रहा है। भक्तगण भगवान का कर्ज पटा रहे हैं, तो इसमें कोई सरकार दखल क्यों दे? अत्याचार की हद नहीं है! शृंगेरी के शंकराचार्य का चन्दनवन था। उससे बारह लाख रुपये की सालाना आमदनी थी। पर सरकार ने उसका राष्ट्रीयकरण कर लिया। इसी तरह द्वारका के शंकराचार्य के सुपारी के फार्मों का राष्ट्रीयकरण कर लिया। नाश हो पापियों का! इतना पाप! इस देश में तभी तो अकाल पड़ता है, बाढ़ से विनाश होता है। दे दिया शाप साधुओं ने—जाओ, तुम्हारी सारी पंचवर्षीय योजनाएँ असफल होंगी। समाजवाद कभी नहीं आयेगा।

आदम बहुत दुखी था। आशा के लिए पहुँचा मथुरा—जय गुरुदेव के दर्शन के लिए। जय गुरुदेव अपने को भगवान का अवतार बताते हैं। वे सतयुग लाने की आशा भी दिलाते हैं।

उन्होंने कहा—बैठो बच्चा आदम, कहाँ से आ रहे हो?

मैंने कहा—उज्जैन से। बड़ा दुखी हूँ।

जय गुरुदेव—दुखी तो होगे ही। कलियुग है न। मैं सतयुग ला रहा हूँ। तब तुम सुखी हो जाओगे।

आदम—गुरू, सतयुग आप कब तक ले आयेंगे।

गुरुदेव—बस, विधानसभाओं के चुनावों के बाद। मैं अब चुनाव से सतयुग ला रहा हूँ। मैंने 'दूरदर्शी पार्टी' बना ली है, जिसके उम्मीदवार हर राज्य में खड़े कर दिये हैं। ये सब जीतेंगे।

परसाई रचनावली

प्रारंभिक लेख, कहानियाँ, निबन्ध, पुस्तकों की भूमिकाएँ,
सम्पादकीय-आलेख, साक्षात्कार, व्याख्यान तथा
'रिटायर्ड भगवान की कथा' (उपन्यासांश) आदि

राजकमल प्रकाशन

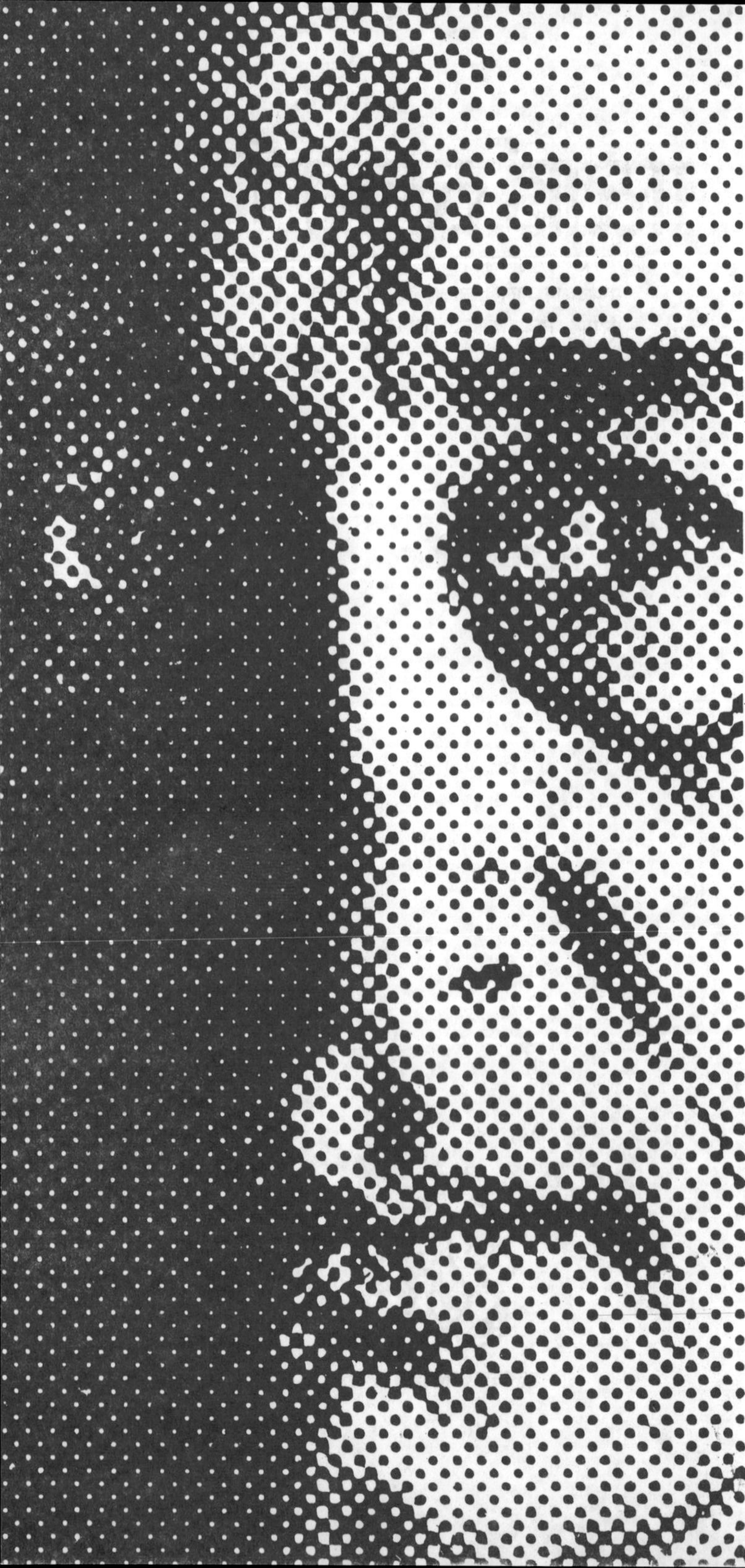

परसाई रचनावली

6

सम्पादक मण्डल

कमलाप्रसाद

धनंजय वर्मा

श्यामसुन्दर मिश्र

मलय

श्याम कश्यप

ISBN : 978-81-267-1011-9 (सम्पूर्ण सेट)

मूल्य : ₹ 7200
छह खंडों का सम्पूर्ण सेट

पहला संस्करण : जनवरी, 1985
आठवाँ संस्करण : 2023

प्रकाशक : राजकमल प्रकाशन प्रा.लि.
1-बी, नेताजी सुभाष मार्ग, दरियागंज
नई दिल्ली-110 002
शाखाएँ : अशोक राजपथ, साइंस कॉलेज के सामने, पटना-800 006
पहली मंजिल, दरबारी बिल्डिंग, महात्मा गांधी मार्ग, प्रयागराज-211 001
वेबसाइट : www.rajkamalprakashan.com
ई-मेल : info@rajkamalprakashan.com

मुद्रक : बी.के. ऑफसेट
नवीन शाहदरा, दिल्ली-110 032

PARSAI RACHANAVALI-6
Edited by Kamla Prasad, Dhananjay Verma, Shyamsunder Mishra, Malay, Shyam Kashyap

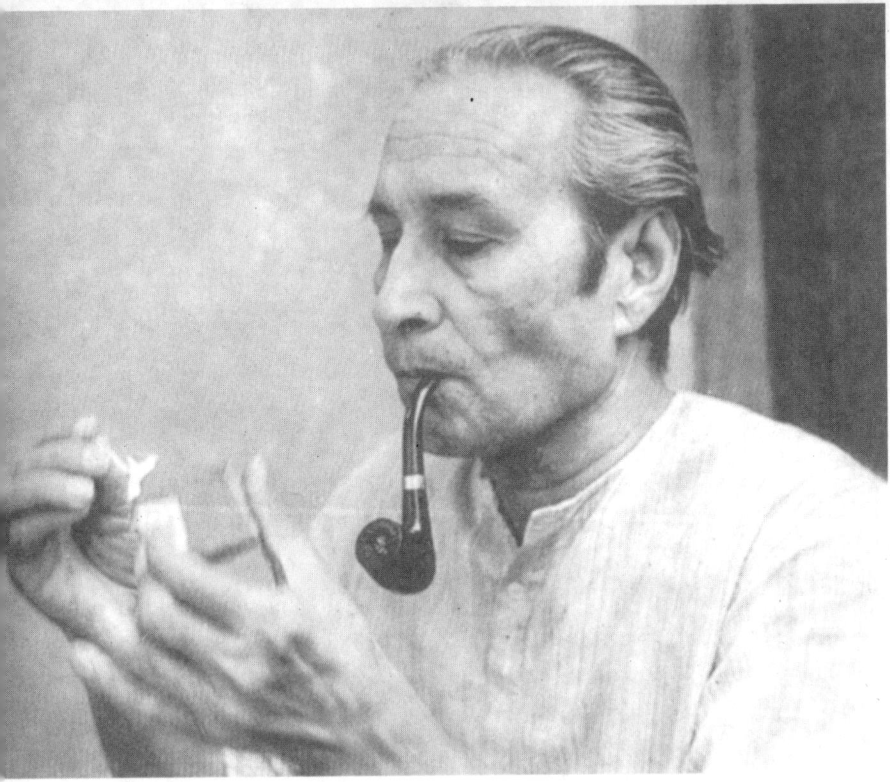

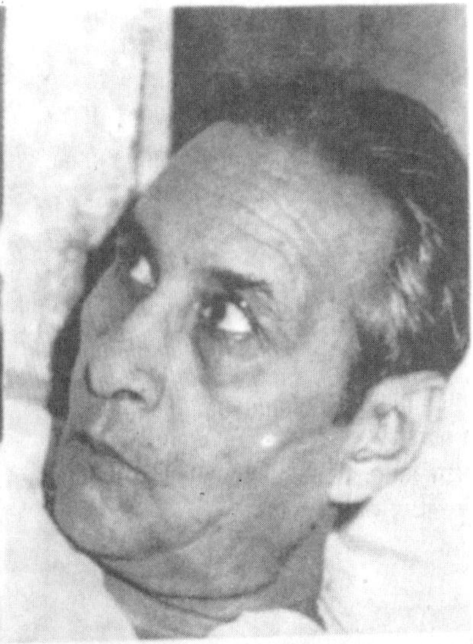

कला प्रदर्शनी का अवलोकन।
साथ में भांजा प्रकाश : 1977

कला प्रदर्शनी के
उद्‌घाटन-अवसर पर
भांजी साधना के साथ : 1977

मुख्यमंत्री अर्जुन सिंह से
शिखर सम्मान
ग्रहण करते हुए : 1984

कला प्रदर्शनी के उद्घाटन के बाद।
माल्यार्पण करते हुए संस्कृति सचिव
अशोक वाजपेयी : 1976

करता है, हमने और हमारा मज़ा कहने की ज़रूरत ही है ना। कोई आदमी अगर मना करने से नहीं मानता और हमारा मज़ा कहने पर ज़िद्दी ही हो जाता है तो हम उसे गोली भी मार देते हैं।

इसी का पश्चिमी भाषा पश्चिम का दौरा करके भारत आते हैं। पश्चिमी साम्राज्यवाद की भाषा ने भारत बाँध दिया था। हमारी जाने की। पश्चिमवालो, तुम्हें प्यार करते हैं तो हमारे प्यार बीमारियाँ हैं। तुम्हें इसका पश्चिम के कमजोरी—

इस खण्ड के सम्बन्ध में

परसाईजी के लेखन का दायरा कितना विस्तृत और विशाल है उसका समूचा वैविध्य इस खण्ड में संग्रहीत है। उनकी लेखकीय जिन्दगी की शुरुआत की रचनाएँ जिन्हें किंचित निबन्ध भी कह सकते हैं, और जो अपनी वस्तु और विभिन्न आयामों में अपनी बौद्धिक जिम्मेदारियों के साथ दृष्टि-द्रष्टा और रचना-कौशल को हमारे सामने उजागर करती हैं। इसमें कलात्मक आवेग का वह उन्मेष और ऊष्मा भी मिलेगी जिसने परसाई की इस लम्बे और दायित्वपूर्ण रास्ते को तय करने में सहायता की, जिसने उन्हें वस्तु-समृद्धि से रचना-समृद्धि तक पहुँचाया।

'अरस्तू की चिट्ठी' अपनी शुरुआत में ही उन विरूपताओं को समझ लेती है जिसमें राजनीति की सारी व्यवस्था 'अदाकारी पर टिकी' दिख जाती है। 'वसुधा' के सम्पादकीय व 'चर्चा' हमें भारतेन्दु और आचार्य महावीरप्रसाद द्विवेदी की साहित्यिक चिन्ताओं से अपने विकसित रूप में जोड़ देते हैं और वे साहित्य की दशा-दिशा के साथ लेखक की चिन्ता और दायित्व को उजागर करते हैं। परसाई ने अपनी पुस्तकों की भूमिकाओं में अक्सर 'व्यंग्य' सम्बन्धी प्रश्नों के उत्तर दिये हैं और जाने-अनजाने व्यंग्य की सौन्दर्य-दृष्टि को आकार देने का प्रयत्न किया है। 'उपन्यास अंश' (रिटायर्ड भगवान की कथा) एक महत्त्वपूर्ण उपन्यासाधार की सम्भावनाओं को लेकर आगे अलग तरह की (अपनी पूर्णता में) महत्त्वपूर्ण रचना का सबूत हो सकती है।

परसाई प्रत्यक्ष रूप से जनाभिमुख रहते हैं। वे आन्दोलनों और यूनियनों तथा लेखक संगठन से प्रत्यक्ष रूप से जुड़कर भी चलते हैं और उन समस्याओं का सामना करते हैं। असल में यह समझ लेना आवश्यक है कि परसाई केवल लेखक नहीं हैं, वे एक आन्दोलन भी हैं। वे जिन आन्दोलनों में काम करते रहे हैं उनमें से कुछ हैं—छात्र संगठन, श्रमिक संगठन, शिक्षक संगठन, लेखक संगठन, साम्प्रदायिक एकता आन्दोलन, विश्व शान्ति आन्दोलन, भारत-रूस-मैत्री संघ आदि। परसाई से अब तो जन-जन के बीच से नवजवान व्यक्ति या दूसरे नागरिक भी सीधे सवाल करते हैं और वे 'पूछिए परसाई से' के माध्यम से सामाजिक संस्कार और

समझ तथा साहित्यिक रुचि और संवेदना का विकास करते हैं। उन्हें बनाने और रचने में प्रवृत्त रहते हैं। दूसरी तरफ यहाँ पर उनसे लिये गये दो साक्षात्कार हैं जो तमाम जिन्दगी के राजनैतिक, सामाजिक सवालों के सार्थक उत्तरों को सामने रखते हैं। उनके उत्तर ऐतिहासिक महत्त्व के साथ प्रस्तुत हुए हैं। यह सबकुछ आपके सामने प्रस्तुत है।

—सम्पादक-मण्डल

जिन्दगी के 'अकाल' की मुख़ालफ़त में परसाई की रीति और रुतबा

मलय

आचार्य शुक्ल ने लिखा है कि "गहरी उदासी की छाया के बीच आशा, उत्साह और तत्परता की प्रभा जिस क्रोधाग्नि के साथ फूटती दिखायी पड़ेगी, उसके सौन्दर्य का अनुभव सारा लोक करेगा।" और मैं इसी प्रयोजन से आपका ध्यान व्यंग्यकार की रचनाओं में रूपान्तरित क्रोध की ओर ले जाना चाहता हूँ। रचित और प्रतिफलित रूप में यह क्रोध अपनी जनाभिमुख प्रहारात्मक क्षमता में, रचनामय होकर जनमानस का अंग हो जाता है। इसीलिए रचनात्मक व्यवहार में व्यंग्यकार का संहार, समाज के सीधे सृजनात्मक व्यापार से जुड़ा होता है। व्यंग्य पर बात करते या लिखते समय, प्रहार या चोट करने की बात तो अक्सर की जाती है, लेकिन इस चोट या प्रहार के पहले या बाद में, क्या-क्या बिगड़ता-बनता है, लगभग इन बारीकियों पर हमारा ध्यान कम ही ले जाया जाता है। नतीजा यह होता है कि समर्थ से समर्थ व्यंग्य-रचना, एक तरह से बाहरी जड़ता के घेरे में घिर जाती है। वैसे इस तरह की जड़ता, व्यंग्यकार की अपेक्षा, पाठक के हित और हक, दोनों का नुक़सान करती है। यह नुकसान व्यंग्यकार का भी होता है, क्योंकि उसके रचनागत उद्देश्य पूरी आकांक्षा के साथ लँगड़े रह जाते हैं। यह बात तो तब की हुई, जब व्यंग्य-रचना पूरी तरह से चुस्त, और सोच और सरोकार में दुरुस्त होती है। पर क्या हम यह नहीं जानते कि रचना का 'यह होना' भी एक महत्त्वपूर्ण और लगातार प्रक्रिया का अंग होता है। इस प्रक्रिया से होकर व्यंग्यकार बरबस गुज़रता है, संघर्ष करता हुआ अपना विकास करता है, और अपनी लड़ाई की आग को आगे तक बरकरार रखकर, बढ़ाने के लिए, अपने भू-भाग पर मजबूती की चिन्ता करते हुए, अपनी पोजीशन की दशा में जरूरत और जिम्मेदारी के अनुसार परिवर्तन लाते हुए, दिशा में दाखिली से लेकर, पूरी दखलन्दाजी की तैयारी के साथ आगे आता है। वह अपनी ताकत और तौर-तरीकों को समझते हुए 'सामाजिक तबाही' की चुनौतियों को स्वीकार करता है। लेकिन रचनाकार के लिए यह एक अनिवार्य मुद्दा है कि उसके इन सभी कार्यों में पाठक उसके साथ होकर चलता है कि नहीं। दूसरी बात यह है कि पाठकों में लेखक के 'चाहने' को रचना कितना बोती है और उसे सोचने का आधार देकर पुख़्ता करती है।

रचना, चेतना और समझ के विकास के लिए, मन के अन्दर रुके-लहरते

कुसंस्कारों की अन्ध लहरों और उसके चारों तरफ घिरी जड़ दीवारों को चीरती और तोड़ती है। असल बात तब बने, जब रचनाकार का चाहना बिना किसी अतिरिक्त चमत्कार के पाठकों का चाहना बन जाये। ये सारे सवाल जनमानस की गहराई के होते हुए भी, पहले-पहल रचनाकार की चुनौतियाँ ही होते हैं, जो रचना में उत्तर बनकर नहीं, बल्कि 'उथल-पुथलमय' होकर उतरते हैं। परसाई की व्यंग्य रचनाएँ (आज की सर्वहारा जिन्दगी के सरोकार से जुड़ी) बहुत बड़े फलक पर फैली हैं। परसाई के रचना-लोक से जुड़कर हम इन सब बातों को देखने-परखने को तत्पर हैं। खुले रूप में यह कार्य कठिन होते हुए भी समय की माँग के कारण अब एकदम आवश्यक हो गया है। तमाम जीवन्त मुद्दों से टकराती 'रचनागत ताकत' को समझने-समझाने का यह प्रयास, हमारे अपने विकास का और शक्ति-अर्जन का गम्भीर मसला भी है। अत: एक सिलसिले से चलकर विचार करने के लिए यह उचित ही होगा कि परसाई की रचना-यात्रा में पहले उनके प्रमुख प्रस्थान बिन्दु की चर्चा की जाये। ऐसा करने से हमें, न केवल उनके शुरुआत के रचना-मन्तव्य की जानकारी मिल सकेगी, बल्कि इस बीज से विकसित होनेवाले आगे के विशाल वटवृक्ष तक पहुँच पाने के ज़रिये याने प्रयोज्य रीति और उसके विशिष्ट तन्त्र की थोड़ी-बहुत जानकारी भी हासिल हो सकेगी।

बात यही है कि रचनाकार ने अपनी किस पहली प्रमुख पहिचान से मुखातिब होकर अपने पथ को खोला है, और फिर किस तरह आगे अनुकूल मोड़ लेने की हस्ती पाकर उसे कहाँ तक ला दिया है या अपने किन दृढ़ निश्चयों से किस कदर रचनारत मानसिक बेहाली को, हालात से टक्कर लेने के काबिल बना लिया है। परसाई के समकालीन दूसरे व्यंग्यकारों से इस तरह की अपेक्षाएँ नहीं की जा सकतीं। उनके जमाने के कुछ, कितने ही, व्यंग्यकार हैं जिन्होंने परसाई की गहराई को, बात की पोशीदगी और मूल 'तन्त्र झुकाव' (रणनीति) को या तो समझा नहीं या जान-बूझकर व्यक्ति-लाभों से जुड़ने और उनकी उलटी दिशा में खतरों से आ टकराने से दूर रहकर उसे महत्त्व ही नहीं दिया। बना तो उसकी उपेक्षा की। जबकि स्वयं परसाई ने इसे इतने गहरे तक झेला, और अपने अन्दर से झगड़ते रहकर भी खुद को विकसित किया। अपनी इस गवाही में उनकी व्यंग्य रचनाएँ स्वयं हमारे सामने खड़ी हैं।

साहित्य के सभी रूपों का चरित्र, व्यवहार और प्रभाव-विस्तार अपनी अन्तर्वस्तु को, मानवीय सम्वेदना में घोलकर, पाठक में वांछित आचरण और निहित उद्देश्य को उभारना और उसके स्थापित को प्रदत्त में तब्दील करना तक होता है। लेकिन व्यंग्य-रचनाओं की कुछ अपनी प्रकृति और परिमाण के कारण जो बातें दूसरे साहित्यरूपों में धारदार या नुकीली, आघातपरक या वक्र नहीं रह पातीं (बल्कि अपनी रचना-प्रक्रिया के दौरान, रूप की शर्तों में एक होकर घुली-मिली अदृश्य-सी हो जाती हैं) वे व्यंग्य-रचना में, एक सीधी उठान के साथ खरखराकर काटती-कटती चलती हैं। असल में यह सब, व्यंग्य की अन्तर्वस्तु की विशिष्ट

अनिवार्यता भी है। अब बहुत ही सतह पर आकर बात की जाये तो यह कि व्यंग्य-रचना की अपनी अभिव्यक्ति में लगभग 'तर्कवत्-संवेदना' (रचने-रचाने या सीधे रूप में कहें तो उस) का आधार अपनी बौद्धिक गुरुता में बहाल रहता है और साथ होकर आक्रोशमय उत्तेजना बढ़ाने के बावजूद, वह अलग दिखती है। दूसरे साहित्य-रूपों से, व्यंग्यकार का यह रचनागत अलग-थलगपन समझना जरूरी है, बल्कि यह अलग-थलगपन उन रूपों में सुरंग लगाकर अपने अड्डे लगा-जमाकर, चुपचाप या खुले रूप से अपने महत्त्व को अपेक्षातर ऊँचा करता है। और चाहा तो सिरमौर हो जाता है। देखिए, बात व्यंग्य-रचना की शुरुआत की थी और मैं पहुँच गया उसके सिरमौर बन जाने तक। अतः पीछे लौटना जरूरी है।

व्यंग्यकार की विचारधारा, उसकी समझ और व्यवहार का तौर-तरीका रचना को काबिल बनाता है। वैसे यह काबिलियत, रचनाकार के संस्कारों, रुचि, प्रवृत्ति, स्वभाव, चेतना और उसकी रचना-मंशा से छनकर आती है। और तो और, रचनागत मामलों में व्यंग्यकार की कमी और पाखण्ड या इससे विपरीत गहराई और गति के साथ, कारण और कार्य भी संकेतित हो जाते हैं। रचनाकार एक मनुष्य होता है। दूसरों की तरह उसके परिवेशगत संस्कार-कुसंस्कार भी होते हैं। विचारधारा के आधार पर उसे उन कुसंस्कारों को काट-छाँटकर, छोड़कर और नये जगा-जोड़कर, अनुरूप ढालना होता है। यह कार्य सहज नहीं है, इसलिए उसे पहली लड़ाई इन्हीं से लड़नी होती है। इस जड़ और गतिशील संघर्ष में रचनाकार घायल होकर ठीक-ठाक होता आगे बढ़ता और उतना ही बड़ा होता चलता है, जबकि जड़ संस्कारों के दबाव में दबा हुआ, और तो और, अपनी अस्मिता को घोंघे में बदल लेता है—या जड़ता ही घोंघे का रूप लेकर प्रसन्न हो रहती है। जड़, पुराने और प्रतिगामी संस्कार जनाभिमुख करने के बजाय जन-विरोधी करके निरीह होते जाने की स्थितियों में कैद कर देते हैं। इसीलिए व्यंग्य-कार अपने रचना-व्यापार में जिरह और जंग को पचाकर, आत्मसात कर गहरे और फैले, उठे हुए, व्याप्त सामाजिक आयामों तक पहुँच पाने के लिए आत्मसंघर्ष करता है। वह अपने प्रतिगामी संसार के जड़ संस्कारों के विरुद्ध अर्जित शक्ति से पंजा लड़ाता है, पछाड़ता है और उगते-फलकते संस्कारों की सतर्क सुरक्षा पर ध्यान रखता है। असल में एक बात यह भी है कि जब व्यंग्यकार किसी भी सामाजिक विकृति की बखिया उधेड़ने की परिपक्व मंशा से रचनोन्मुख, सक्रिय होता है तो उसके अन्दर की विकृतियों के अवशेष भी उखड़ते-चीत्कार करते आ निकलते हैं। या यों कहें कि रचना में बखिया उधेड़ने की गहराई तक जाने के लिए, व्यंग्यकार तल तक उतरता है तो उस चपेट में उसके ही अन्दर दबे-छुपे प्रतिगामी संस्कार-स्वभाव भी, आ जाते हैं। और जिस तरह के एक-अनेक लोग भी इस समाज में जमे हुए हैं और कुछ कारणों से मौज कर रहे हैं, उनको भी देखिए—

"छोटा लड़का, हमें देख दरवाजे से ही चिल्लाता भीतर भागता है—
'ओ अम्मा, वह फिर आ गया।'

"हम बैठक में बैठ जाते हैं। बड़ा लड़का किताब पढ़ने लगता है। हम कल का अखबार पढ़ने लगते हैं, लड़का मुंह छिपाकर हँसता है। छोटे बच्चे दरवाजे पर आ-आकर हमें देख जाते हैं। भीतर औरतों की बातचीत सुनायी देती है—'लो, वह तो फिर आकर बैठ गया। बड़ा मट्ठर आदमी है। कह दिया कि आदमी घर नहीं है, तो जाकर अपना काम-धाम क्यों नहीं देखता ?'

" 'काम-धाम कुछ हो तो देखे।'··· (सब हँसती हैं) छोटा लड़का सारे परिबार की भावना समझकर, दरवाजे पर आ-आकर कहता है—'ए, पापा बाहर गये हैं।' बड़ा लड़का इसे अनुचित समझता है। वह उसे डाँट देता है—'ए मुन्ने, भाग यहाँ से। चुप।' छोटा लड़का भाग जाता है मगर फिर आता है—'ए, पापा बाहर गये हैं।' ···मुझे अब इस खेल में मजा आने लगा है। वह दरवाजे पर आकर बार-बार कहता है—'ए, पापा बाहर गये हैं।' बड़ा लड़का उसे डाँटता है तो वह खिल-खिलाकर ताली बजाकर भीतर भाग जाता है। फिर आता है। हम उठते हैं। कहते हैं, 'पता नहीं वे कब आयेंगे। अच्छा हम चलते हैं।' बड़ा लड़का बहुत खुश होता है, जब फाटक बन्द करने के लिए हम मुड़ते हैं, तो देखते हैं कि लगभग सारा परिवार खिड़की और दरवाजे पर है, और बड़ी दिलचस्पी से हमें जाते देख रहा है···। इसी तरह के एक और दोस्त (?) हैं, जो घर खाना खाने बुला जाते हैं। जब लेखक 11 बजे दिन में पहुँचता है तो वे नदारत रहते हैं। यह पूछने पर कि क्या वे कुछ कह गये हैं, पता चलता है कि कुछ नहीं कहा और उसी दिन शाम को मालूम होता है कि वे उसी वक्त दूसरे के यहाँ भोजन कर रहे थे।" (समय पर न मिलने-वाले)।

यहाँ पर बिना विचार किये तपाक से हम यह कह सकते हैं कि व्यंग्यकार हीनभावना का शिकार है, जो कि एकदम गलत है। व्यंग्यकार स्वयं यह मानता है कि "ऐसे लोग ज्ञानी हैं। वे जानते हैं कि काम अनन्त है, और आत्मा अमर है··· जो काम इस जनम में पूरे नहीं हुए, अगले जनम में पूरे कर लेगा।" शायद व्यंग्य-कार पारलौकिक संस्कारों के कारण ही उनके इस चरित्र की परिणति मानता है। लेकिन मेरे विचार से यहाँ उन पतनशील संस्कारों की अभिव्यक्ति है जहाँ चालाकी, झूठ और बेशर्मी की हद्द को औकात में शामिल कर लिया गया है और मनुष्य को इतने हल्के पासंग के बराबर भी नहीं छोड़ा है, जहाँ औरतें उसे निठल्ला स्वीकारती हैं। बच्चे खेल और मनोरंजन की सामग्री समझकर उसे विदूषक मान लेते हैं। लेकिन मेरे विचार से यहाँ लेखक उन अमानवीय संस्कारों में पैठकर उनकी पहचान और कठोरता से घायल होता हुआ भी उनके उस तल तक पहुँचकर स्वयं साक्षात्कार करता है जो घर की औरतों से लेकर बच्चों तक में पनपे कुसंस्कारों को पानी दे रहे हैं। या यह भी ठीक है कि व्यंग्यकार खुद अपने उन संस्कारों की जड़ों की कुरूपता से निपटने को तैयार होता है, जो उसे ऐसे समय पर न मिलनेवालों से जुड़े होने या जुड़ जाने का एहसास सँजोये रहते हैं ? इस अमानवीय विकृति के रूप का आघात कितना गहरा है और इस सहनशीलता के

पीछे क्या उद्देश्य है, यह व्यंग्यकार के इस कथन से जाहिर हो जाता है—"बेवकूफ बनते जाने का एक अपना मज़ा है। यह तपस्या है। मैं इस तपस्या का मज़ा लेने का आदी हो गया हूँ। पर यह महँगा मज़ा है—मानसिक रूप से भी, और तरह से भी।" निश्चित है कि यह सामाजिक कुप्रवृत्तियों के बीच से ढला हुआ, लेखक की अपनी जाँच-पड़ताल और तैयारी से उभरता आत्मसंघर्ष है, जहाँ वह बाहर की पहचान के साथ भीतर के अज्ञान और अनुसन्धान से आगे की भूमि तैयार करता है। अब दूसरा रचनांश देखिए—"मन्त्री चला गया। मुझे अनाथ कर गया। कार फाटक से बाहर हुई और मैं चेहरों के लिए एकदम अजनबी हो गया। बुझे हुए चेहरे इधर-उधर चल दिये। मैं बरामदे में ऐसे खड़ा हूँ, जैसे बियाबान हो। कुछ देर पहले के विपिनजी, मन्त्री की कार स्टार्ट होते ही मर गये···वह मेरा सारा तेज लेकर फरार हो गया। पर वह उसी का दिया हुआ तो था।" (ग्राण्ट अभी तक नहीं आयी)।

यहाँ पर लेखक अपनी बात के दो, बल्कि कहना चाहिए एक साथ तीन बिन्दुओं को स्पर्श करता है। पहला तो यह कि उसने कम-से-कम अपनी समझ और तपस्या के बल पर ही सही, उस व्यंग्य-शक्ति का विकास कर लिया है या यह नहीं तो अपनी उस सामन्तीय काव्यात्मक परिणति तक पहुँच पा ली है कि मन्त्री महोदय या तो उससे भय खाते हैं और इसीलिए साथ ले लिया करते हैं या फिर उसे अपनी सामन्तीय सभ्यता का जेवर मानकर इतनी देर साथ रख लिया करते हैं। दूसरी यह कि लेखक इस सुविधावाद या अवसरवाद के प्रभाव के निकट हो रहा है, अपनी जड़ों की पहचान से कट रहा है, और तीसरा यह (जो कि विशेष महत्त्वपूर्ण है) कि वह इस झूठेपन से उबर रहा है, जिसके साथ वह 'मन्त्री' और 'चेहरों' के चरित्र के निकट होकर भी एक अपेक्षित दूरी से उन्हें पूरी तरह समझ पाने में समर्थ हो रहा है।

और यह तीसरा रचनांश—"एक प्रोफेसर साहब क्लास वन थे। वे इधर आये। विभाग के डीन मेरे घनिष्ठ मित्र हैं, यह वे नहीं जानते थे। वे मुझसे पचीसों बार मिल चुके थे। पर जब वे डीन के साथ मिले तो उन्होंने मुझे पहचाना ही नहीं। डीन ने मेरा परिचय उनसे कराया। मैंने भी ऐसा बर्ताव किया जैसे यह मेरा उनसे पहला परिचय है। डीन मेरे यार हैं, कहने लगे—'यार परसाई, चलो केन्टीन में अच्छी चाय पी जाये। अच्छा नमकीन भी मिल जाय तो मजा आ जाये।' अब क्लास वन के आफीसर साहब थोड़ा चौंके···कहने लगे—'सालों से मेरी लालसा थी कि आपके दर्शन करूँ। आज वह लालसा पूर्ण हुई।' हालाँकि वे कई बार मुझसे मिल चुके थे पर डीन सामने थे।" (एक अशुद्ध बेवकूफ)।

यहाँ पर व्यंग्यकार से खतरे की पहचान शायद 'डीन' को हो सकती है लेकिन क्लास वन आफीसर को नहीं (क्योंकि वह व्यंग्यकार है, कोई संवाददाता या पत्रकार नहीं)। इस तरह से लेखक एक सुविधावादी पकड़ के करीब भी होता है, लेकिन भाई, अपनी अन्तर्वस्तु की खोज में लेखक को कहाँ नहीं जाना होता और

फिर मन की बात पा लेने के लिए, कुछ तो करना ही पड़ता है। किसी सड़े-गले ढेर में आग लगाने के लिए उसके पास होना या जाना एकदम अनिवार्य भी होता है। इसलिए बात पर और विचार करना जरूरी है। लेकिन साहब, जब व्यंग्यकार पाठकों से सीधे, बहुत गहरी आत्मीयता से (क्लास वन को नीचे गाड़ देने के लिए) कहता है—'डीन मेरे यार हैं' वगैरा-वगैरा, तो व्यंग्यकार के इस चरित्र पर शक न करना भी एक बड़ी भूल होगी। और अजीब बात तो यह है कि उसका मजा केवल क्लास वन को पीटने की सीमा तक ही नहीं, उसकी उछाल लेखकीय टोन में, एकदम बदली हुई लगती है। हो सकता है, परसाई के लेखन की बढ़ती हुई समझ और शक्ति के बीच भी, किसी काल और संस्कार-स्वभावगत विशेष चक्र में, उनकी कोई पुरानी अनुभव-स्वच्छन्दता अपनी खुली उत्कण्ठा को उड़ती देखने में रस लेने लगी हो। तो यह चूक भी, एक गहरे आत्मसंघर्ष के बीच भी तो हो सकती है? लेकिन चूक ने उन्हें चाकर नहीं बनाया। हमेशा—आगे तक—उनकी एक-से-एक उत्कृष्ट व्यंग्य-रचनाओं से बढ़कर स्वयं खतरा उठा ले जाने का प्रमाण और किस बात का हो सकता है? असल में अपने विकृत या गैरवाजिब संस्कारों से निपटने-निपटाने की बात हो या अपनी हीन भावना को ओढ़कर वस्तुसाक्ष्य के लिए निकट पहुँच पाने की दरकार ही हो, या दो दुश्मनों के बीच के आचरण-रहस्यों को जानने के लिए, एक को दूसरे से अलग करके उपयोग करने की बात हो—तय है, इन सभी में, एक ओर तो व्यंग्यकार के आत्मसंघर्ष और उससे प्रतिफलित विकासमान रचनागति का जायज़ा मिल सकता है, तो दूसरी ओर निश्चित रूप से इन रचनाओं की प्रथम परिणति, पाठकों के ऊपर हास्य या ठहाके के रूप में होती है। यहाँ पर ध्यान दें—याने यह व्यंग्य रचनाओं का वह दायरा है जहाँ थोड़ा-बहुत कम या भरपूर ठहाके को स्थान मिलता है। हमें विचार करना चाहिए कि ऐसे अवसर ही होते हैं जब इस हास्य की मार केवल हास्यास्पद या शत्रु पर पड़ती है। कुछ अवसर ऐसे भी होते हैं—जैसे पहले उदाहरण में लगभग पूरी और दूसरे में कुछ कम मार, खुद व्यंग्यकार को अपने ऊपर झेलनी पड़ती है। और व्यंग्यकार का यह झेलना स्थापित कायरनुमा भलमनसाहत को, पिटने, उघड़ने और कुचलने तक के लिए, अपने को असहाय छोड़ देना कोई अकस्मात आयी हुई विपदा नहीं है, बल्कि व्यंग्यकार की सोच की दिशा में योजित एवं रचना-प्रक्रिया से सुसम्बद्ध एक कार्यशैली या रीति है जो उसकी प्रणाली का एक स्वीकृत अंग भी है। इस मामले में जहाँ तक व्यंग्यकार का अपना प्रयोजन है यह ऐसी रीति-योजना है जैसी एक सैनिक की अपनी प्रशिक्षण की स्थिति में होती है। उसकी मानसिक कमजोरियों को दूर कर आत्मविश्वास देने के लिए और उसी के समानान्तर शत्रु से निपट सकने की उसकी शारीरिक बलिष्ठता बढ़ाने के लिए उसे चट्टानों पर से ढकेल दिया जाता है या वह स्वयं अचानक चट्टान से नीचे कूद पड़ता है, जान-बूझकर अपने को किसी भारी प्रहार के हवाले कर देता है, दौड़ता है, पीटता-पिटता है और अचानक बचने की तत्परता का विकास करता

है। कुल मिलाकर यही कि जिससे वह अपनी आगे की लड़ाई में अपने को सफल और 'पूर्व अनुभवी' जैसा बना लेता है। वह इन तथाकथित शिष्ट व्यवहारों में उपयोगित कलाबाजी का काल बनने के लिए पहले स्वयं भीतर घुसकर घायल होता है और अपने को कुरेद-कुरेदकर बेवकूफ संस्कारों और जड़ताओं, नासमझियों को भीतर-बाहर से, अपनी समझ से साफ और मजबूत करता है। बल्कि यही कि पुराने 'अनुभव रोष' की चाकू की नोक से अपने ही हाथों से इन विसंगतियों को चीरता दिख जाता है। लेकिन यह भी एक कलाबाजी है उसकी (जिसके नीचे झेलती कठोरता छुपी है) कि वह पाठकों में हास्य पैदा करता है। इन सभी रचनाओं में थोड़ा-बहुत या कम हास्य पैदा होता है और कहीं तो वह ठहाका तक में बदल जाता है। पहला उदाहरण बराबर ठहाके को साथ लेकर चलता है, दूसरा थोड़ा-बहुत कम और तीसरा उससे भी कम।

अब हम इस बात पर दूसरी तरह से भी कुछ अलग हटकर विचार करें; विशेष रूप से रचना-प्रभाव में हास्य की दृष्टि से। थोड़ा सोचने से यह बात हमारी समझ में आ जाती है कि हास्य का स्वभाव, रचना की प्रतिफलित वस्तु को वितरित करना या यहाँ तक कि विच्छिन्न कर देना होता है। यही कारण है कि जब व्यंग्य-रचना का स्वभाव और परिणति, अधिक तीखी और कटीली होकर अधिक ठोस आक्रामक रुख अख्तियार करने लगती है तो चेहरे के चारों तरफ गूँजकर मँडराया हुआ हास्य, लगातार सिकुड़कर कड़वी मुस्कान में तब्दील होने लगता है। तब चेहरे का हास्यगत फुलाव उसकी मुस्काती विकृति में त्रिकोण हो उठता है। ठीक जैसे किसी ने प्रसाद में मीठी पँजीरी के बहाने नीम का सत दे डाला हो। लेकिन यहाँ से भी रचना में रोष का पदार्पण होकर अपरिचित से परिचित और धीरे-धीरे घनिष्ठता में बदलने लगता है। याने कह सकते हैं कि रचनाकार अपने दूसरे पड़ाव में प्रवेश करने लगता है। वास्तव में यहाँ आकर जिन्दगी को अपेक्षतया अधिक संजीदगी से लेने और समझने का दौर शुरू होता है। होता यह है कि व्यंग्य-रचना का डोज़, जो पाठक को दिया जाता है वह बड़े ठहाके के साथ उस डोज़ को समूचा बाहर फेंक देता है—जैसे रोगी दवा की मितली कर दे। लेकिन यह ठहाका जितना ही कम भभकीला और मन्द होता जाता है, दवा का असर उतना ही निश्चित है क्योंकि उसके शेष रह पाने के कारण वह पाठक के आचरण से जीवन-जगत तक फैलता है। यह महत्त्वपूर्ण कारण है कि एक स्थान पर आकर व्यंग्य-रचनाओं से हास्य धीरे-धीरे फिर एकदम गायब हो जाता है और आक्रोश की अपनी प्रक्रिया चल निकलती है। परसाई की कुछ रचनाएँ ऐसी हैं जिनमें हास्य का बाहर दरवाजे की ओर जाना और उसी दरवाजे से आक्रोश का प्रवेश करते हुए (दोनों का) आमना-सामना हो जाना पाया जाता है। 'टेलीफोन' और 'वो ज़रा वाइफ हैं न' इन रचनाओं को उधेड़ने पर अनुकूल प्रमाण जुटा पाना शायद सहज लगता है (लेकिन यहाँ मुझे आप शायद इस बात के लिए समय नहीं देंगे)। मैं चाहता हूँ कि अब हम आक्रोश के प्रवेश की कहानी को आगे बढ़ायें।

व्यंग्य-रचनाओं की इस अवस्था का दौर और दरकार कुछ ऐसी होती है कि व्यंग्यकार समय और समझ के साथ, स्थान और सन्धान के प्रति अधिक चुस्त और दुरुस्त हो चलता है। उसमें पहले-जैसी प्रशिक्षण अवस्था की कोई कमी या कमजोरी भी नहीं होती। इसलिए यहाँ पहुँचकर उससे हमारी अपेक्षाएँ भी बढ़ जाती हैं। अर्थात् वह जनमानस की सहजता और रुखाई को किस तरह उसकी (सर्वहारा की) लड़ाई के भू-भाग से जोड़ देता है। 'एकलव्य ने अँगूठा दिखाया' इसका एक उदाहरण है। "....गुरु-शिष्य दोनों सिर झुकाये देर तक बैठे रहे। अर्जुन ने कहा—'गुरुदेव, प्राचीनकाल में भी एक एकलव्य हो गया है न?' आचार्य बोले—'हाँ, पर उसमें और हममें बड़ा अन्तर है। वह पुण्य युग था, यह पाप युग है, उस एकलव्य ने बिना तर्क के अँगूठा काटकर गुरु को दिया था, इस एकलव्य ने गुरु को अँगूठा दिखा दिया।'" (एकलव्य ने अँगूठा दिखाया)।

यहाँ पर यह शक पैदा हो सकता है कि व्यंग्यकार ने कुलपति का सहारा लेकर एक तरह से व्यवस्था की शक्ति का पोषण भी किया है, लेकिन जवाब यह भी हो सकता है कि एकलव्य या उस-जैसे अब इतने सतर्क और सबल हो चले हैं कि कुलपति को उन-जैसों की सीधी उपेक्षा की स्थिति सम्भव नहीं रह गयी है। दूसरी बात यह भी कि फिलहाल 'लोहा लोहे को काटता है', लेकिन सा'ब! जब छोटा लोहा बड़े लोहे को काटे तभी न? तब तो कुलपति ने द्रोणाचार्य को काटा तो बात अनुकूल न बनी। लेकिन बात भी किसकी है, एकलव्य की, कुलपति की नहीं। इसलिए एकलव्य ने द्रोणाचार्य को काटा तो फल कुछ और भी हो सकता है। वास्तव में व्यवस्था के हित में 'गुरुर्ब्रह्मा' कही जानेवाली धारणा के विरोध में जाकर व्यंग्यकार ने एक और पुराने संस्कार की चीर-फाड़ की है तो दूसरी ओर नये को ताकत देकर मजबूत बनाने का काम भी किया है। परसाई की व्यंग्य-रचनाओं में यहाँ पहुँचकर हास्य पूरी तरह से गायब तो नहीं हुआ है, पर एक हल्के आक्रोश की शिराएँ फैलती अनुभव की जा सकती हैं।

जहाँ पर, उपेक्षित और शोषित वर्ग की रुखाई का विकास उसके कारणों की तह से अँकुराता हुआ दिखता है और जिसके पहले हमारी नासमझी से पुख्ता हुए संस्कारों की जड़ों को काट पाने की सफलता भी है। इसलिए यहाँ आकर रचना में आक्रोश के नये रेशों को अनुकूल उपजाऊ भू-भाग में सींचने और फैला पाने की सम्भावनाएँ बन गयी हैं।

परसाई की बड़ी बातों के साथ उनकी छोटी-से-छोटी बात का महत्त्व कम नहीं होता, क्योंकि वह किसी बड़े दरवाजे की पोल तक पहुँचने के लिए दीवालों में सुराग पा जानेवाली होती है। जैसे कि 'लघुशंका न करने की प्रतिष्ठा' याने बड़े-से-बड़े भ्रष्टाचारी, रिश्वतखोर जिसमें चीता, बकरा और खरगोश के पास जाकर सलाह करता है और चीता की पत्नी समारोह में अपने बच्चे के पेशाब न करने के झूठ को छिपाने के लिए "मिसेज शर्मा कहती हैं—'नहीं, हम ही आयेंगे आपके यहाँ। हम सब एक हैं। इसमें कोई बड़े-छोटे का सवाल थोड़े ही है।'" और

इसीलिए लेखक यह कहकर इस ढोंग को पूरी तरह उधेड़कर रख देता है कि "बच्चे ने पेशाब करके समाजवाद की प्रक्रिया शुरू कर दी है।" मतलब समाजवाद का ढोंग कितना सस्ता और सुलभ है कि टुच्ची बातों तक को छुपा देने के काम आता है, (जबकि वास्तविकता यह है कि चपरासी से समारोह में हाथ मिलाने की जरूरत पड़ सकती है, इसलिए उसे हाथ साफ करके आयें, कहा गया है)। साफ है कि बड़े साहब (शेर) के डर से भी बड़े, मँझले आफीसर एक हो जाते हैं। यहाँ तक कि क्लर्क भी। पर मुख्य बात, जो बड़े प्रेम के साथ चलती है, यही कि शेर जब जंगल के किसी कोने में आ जाये तो चीता बकरी से पूछता है—"बहनजी, साहब के स्वागत के लिए और क्या-क्या इन्तजाम किया जाये ?" बकरी सिवा इसके और क्या जवाब दे—"साहब, बड़े शेर साहब को, मेरे बच्चों का लज़ीज़ गोश्त पेश किया जाये। यदि शेर साहब को संगीत का शौक हो, तो मैं 'में-में' की ध्वनि से उन्हें इन्टरटेन कर सकती हूं।" आज इस सुविधावादी या अवसरवादी उच्च-मध्यवर्ग की टुच्ची और लुच्ची हरकतों में भी 'समाजवाद' का छद्म जुड़-कर एक हो गया है जिसके अन्दर बकरी को अपनी 'फाँसी लगी सहजता' में, शेर के लिए अपने ही बच्चों का लज़ीज़ गोश्त पेश करने के साथ, शेर साहब को, संगीत का शौक पूरा करने के लिए 'में-में' भी करना पड़े। इस विकराल क्रूरता की रेखा उच्च-मध्यवर्ग को पार करती हुई, सीधी उच्चवर्ग के उन शोषकों तक पहुँच जाती है जो व्यवस्था के मूल में अपनी जहरीली जड़ों का जाल बिछाकर, इनके मुँह में खून का स्वाद देकर दूर बैठे, इन्हें बकरी के पास तक भेजकर अपने शोषण-व्यापार में मजबूत रहते हुए सुरक्षित भी हैं। यह बात अलग है कि उनका चित्र हमें भले ही न दिख पाये, किन्तु चरित्र उजागर होता हुआ सामने है—और अगली स्थिति की प्रतीक्षा की जा सकती है। इस रचना में विकराल क्रूरता की वह खुलती हुई विभीषिका है जहाँ आक्रोश अपनी ऊँचाई पर उठने के लिए, कमर को सचेत कर रहा होता है, जहाँ पर खुलता आक्रोश एक उभार पर पहुँचने की बेचैनी महसूसता है। परसाई की ऐसी अनेक रचनाएँ अन्तर्विरोधों की पहचान की गहन गाथा के साथ व्यवस्था के प्रपंच के भीषण अँधेरे को चीरकर पार करती हुई, आक्रोश और उसे भी परिपक्व बनाते हुए परिष्कृत कर पाने की स्थिति तक पहुँचाती हैं। अर्थात वे आक्रोश के फैलाव और छितराव को ऐसी सघनता में बदल देते हैं जो ठोस, वजन-दार होने के साथ प्रौढ़ हो जाता है। इस स्थिति की विचित्रता और विशिष्टता यह होती है कि आक्रोश तो दिखायी ही नहीं देता (या उसका पता नहीं चलता) लेकिन यह सतर्कता, दीनता के लिए दुत्कार और हीनता के बदले जैसे हाथ में हथियार दे देती है। देखिए और परखिए! एक लड़ाई के भूभाग में पहला कदम रखते हुए हमारे यह रचनागत हालात—

"जो साल हमने बिगाड़ दिया, उसे लो, उसकी तस्वीर से मन बहलाओ। बीते हुए की बदरंग मुरझायी तस्वीर हैं ये। आगत की चमकीली तस्वीर हम तुम्हें नहीं दे सकते···देनेवाले हमें भी तो हर साल के शुरू में रंगीन तस्वीर देते

हैं कि लो अभागो, रोओ मत, आगामी साल की यह रंगीन तस्वीर है, मगर वह कच्चे रंग की होती है। साल बीतने पर भद्दी हो जाती है···किसी दिन तुम इन बदरंग तस्वीरों को हमारे सामने ही फाड़कर फेंक दोगे और हमारे मुँह पर थूकोगे।" (हम, वे, भीड़)

यह रचना अपने इतिहास, वर्तमान और भविष्य तक जानेवाले अपने सुविचारित निष्कर्षों से सजी हुई और मँजी हुई लगती है। यहाँ, सीधा साक्षात्कार हमारे आक्रोश का न सही, पर आक्रोश के गाढ़े रंग को स्पष्ट तो कर ही देता है। एक तनाव है जो विस्तृत फलक को संश्लिष्ट आचरण से घनीभूत किये है। रचनाकार की यह उत्तेजना, विशुद्ध रूप से विचारधारा और उसके साथ उसकी चरित्र-सघनता को भी सामने लाती है। यहाँ लेखक की कलात्मकता अपेक्षित पतली हो गयी है, जिसका कारण किसी हद तक आक्रोश का भरपूर जोर भी है। लेकिन अगली रचना को देखिए जहाँ व्यंग्यकार अपनी रचनात्मक ऊँचाइयों की ओर आश्वस्त होकर यात्रा करता है—

"अब फायरिंग के शिकार परिवार के लोगों की औरतें यों बात करती हैं—हमारी तो किस्मत फूट गयी, हमारे मर्द को मामूली मरहम-पट्टी हुई है तो हमें सौ ही मिलेंगे। तू भागवान है बाई, कि तेरा मर्द मर गया तो तुझे पाँच हजार मिलेंगे। हमारा मर्द तो शुरू से निखट्टू है। इस चमेली का घरवाला फिर भी ठीक है। अस्पताल में पड़ा है तो हजार रुपये तो मिलेंगे। हमारे मर्द से तो इत्ता भी न बना।" इस रचना की पर्त तोड़ने से पहली तो सीधी बात यह उठती है कि पैसे की चाह या भूख इतनी अधिक है कि आदमी के मरने या मारे जाने की परवाह नहीं, परवाह मुआवजे में प्राप्त होनेवाली राशि की है, क्योंकि तबाही यहाँ तक बढ़ गयी है। लेकिन दूसरी पर्त को तोड़िए तो 'हमारा निखट्टू मर्द' लड़ाई में भी शामिल नहीं होता या होता है तो पीछे रहता है, सर्वहारा संघर्ष के तौर-तरीकों के काबिल नहीं है। उसमें सक्रियता का अपेक्षित ताप नहीं है। यह बात कितनी सही है, इसका प्रमाण रचना में आगे मिल जाता है, जो स्वयं इस प्रकार है—

"····इन मुख्यमन्त्रियों से अब काम नहीं माँग सकते, रोटी नहीं माँग सकते, तनख्वाह नहीं माँग सकते, न्याय नहीं माँग सकते, इनसे अब बस एक ही माँग की जा सकती है—मरनेवाले आदमी की कीमत बढ़ाओ। हुजूर, पाँच हजार बहुत कम होते हैं। सब जिन्सों के दाम बढ़ गये हैं, आदमी का भी दाम बढ़ाइए। सात हजार कर दें हुजूर! आदमी हम शुद्ध सप्लाई करेंगे। मिलावट नहीं होगी—जितना चाहिए उतना माल सप्लाई करेंगे। आप जितने चाहे उतने आदमी मार डालिए। इसी मुआवजा बढ़ाने की माँग को लेकर आन्दोलन हो जाय। देखें, फायरिंग के बाद एक-एक आदमी के शिकार के पाँच हजार देते हैं कि सात।" (मुर्दा का मूल्य)

यह रचना पाठक की मानसिक तैयारी की कितनी उच्चतम भूमि है, जहाँ आक्रोश के घनेपन को किस तरह छाना गया है और उसे मानसिक प्रौढ़ता की

सामान्य-सतर्क-सहजता में तब्दील कर दिया गया है। यहाँ विवेक से जुड़े निष्कर्ष के तीरों की जहर डूबी नोकें, व्यवस्था के विरोध में कितनी छेदती, मार करती हैं! देखिए, जब यह कहा जाता है कि 'आदमी की कीमत बढ़ाओ, हुजूर, पाँच हजार बहुत कम होते हैं', तो यहाँ पर एक तेज, तीखा और जानदार परिष्कृत दिमाग का सन्तुलित कर्म क्या-से-क्या कर सकता है? सर्वहारा को कितना ऊँचा उठाकर उसकी जमीन से कितने गहरे तक जोड़ सकता है? इस जगह हम, तुम, सभी, सर्वहारा समझ से भरपूर हो उठते हैं। यह बात दूसरी है कि रास्तों की खोज अलग बिखरे हुए कितना कर पाते हैं?—पर हम सबका चल निकलना कम अर्थवान नहीं रहता, जब इस तरह के सपने अवचेतन से उभरकर सामने आने लगते हैं कि "अब वे भूखे क्या खायें? भाग्य-विधाताओं और जीवन के थोक ठेकेदारों की नाक खा गये, कान खा गये, हाथ खा गये, टाँग खा गये। वे सब भाग गये, अब क्या करोगे?··· (आखिर) अब क्या खायें? आखिर वे विधान-सभा की और संसद की इमारतों के पत्थर और ईंटें काट-काटकर खाने लगे।" (अकाल-उत्सव)

यह एक ऐसा दृश्य-प्रभाव है जहाँ हास्य तो सपने में भी नहीं और क्रोध अपनी रूह में भी नहीं दिखता, जैसे एकदम नदारत है। यदि सामने है तो विवेक और उसकी सक्रियता में सारी संवेदना की एक उठान जो क्रोध की उत्तेजना से थोड़ी भिन्न तरह की चेतना की उत्तेजना है। क्योंकि इसके साथ सामूहिक और इतिहास से गुजरते हुए कालगामी निर्णय और कर्म का धरातल जुड़ा हुआ होकर आता है। लोग वही हैं जो दबे हुए, कुचले हुए हैं लेकिन यहाँ न दब्बूपन की हीनता है और न कुचलने का कष्ट, बल्कि एक चेतनागत उत्तेजना है जो दिमाग में जिन्दगी को समझने के लिए विचारधारा की दृष्टि देती है और शरीर में मुक्ति के लिए जरूरी कर गुजरने का माद्दा पैदा करती है।

परसाई की व्यंग्य-यात्रा, हास्योन्मुख संस्कारों से आक्रोशोन्मुख रचना-क्रियाकलापों तक और फिर वहाँ से समाज के मुक्ति-उन्मुख आचरण-व्यवहार में प्रवेश कर जानेवाली गतिशीलता, परसाई को ऐतिहासिक चेतना का अंग बना देती है। अब यह बात केवल महसूस करने तक ही सीमित नहीं रही, बल्कि जरूरत इस बात की भी है कि यहाँ पहुँची हुई इस रचनायात्रा को और नये पड़ावों से किस तरह और ऊँचे उठाकर आगे बढ़ाया जाये? यह सवाल परसाई के पाठक और उनकी व्यंग्य-रचनाओं में उपस्थित सर्वहारा, जिन्दगी के व्यापक सन्दर्भों में परसाई से, परवर्ती व्यंग्य-लेखक पीढ़ियों से और सभी सचेत रचनाकर्मियों से भी है। लेकिन विचारधारा के साथ परसाई की रीति और रुतबे को समझने-बूझने के बाद ही।

रचना-क्रम

लेख, भाषण, वक्तव्य

परसाई से दो साक्षात्कार

प्रारम्भिक लेख, कहानियाँ, निबन्ध,
पुस्तकों की भूमिकाएँ, सम्पादकीय आलेख,
साक्षात्कार, व्याख्यान तथा
रिटायर्ड भगवान की कथा (उपन्यासांश) आदि

सन् 1957 में जबलपुर से सामान्य स्थिति के एक प्रेस मालिक ने 'परिवर्तन' साप्ताहिक निकाला, जिसके प्रधान सम्पादक दुर्गाशंकर शुक्ल थे ।

यह साप्ताहिक बहुत विद्रोही तेवर लिये हुए था । तरुणों की एक मण्डली इसके साथ थी । इसमें परसाईजी ने एक नियमित स्तम्भ लिखा—'अरस्तू की चिट्ठी ।' पत्र के तीखेपन और चारों ओर के मिथ्याचार पर तीव्र प्रहार के कारण वह लोकप्रिय हुआ—परन्तु यही कारण उसके बन्द होने का भी हुआ । बड़े-बड़े लोगों के दबावों के कारण प्रकाशक को पत्र बन्द करना पड़ा । आगे अरस्तू की चिट्ठियाँ हैं ।

—सम्पादक-मण्डल

अरस्तू की चिट्ठी

भारत-निवासी एक वंशज के नाम

अरस्तू की चिट्ठी-1*

आयुष्मान,

कल ही तुम्हारे देश का बजट फेल होने से बच गया। कितना तूफान उठा था। कांग्रेस पार्टी के भीतर कितना हंगामा मचा था। मगर सब शान्त।

तूफान को किसने पाल लिया? किसने जादू कर दिया? किसकी वंशी से असन्तोष का नाग मस्त हो गया।

तुम्हें मालूम होगा, आयुष्मान, कि टी. टी. कृष्णमाचारी की दम उखड़ चुकी थी, चारों ओर से उन पर प्रहार हो रहे थे। इसी समय तुम्हारे प्रधानमन्त्री पण्डित नेहरू ने जादू किया।

नेहरू जादूगर हैं। प्लेटो ने जिसे 'फिलासफर किंग' कहा है, वह यही नेहरू हैं। मेरे गुरु प्लेटो से मेरा बहुत मतभेद रहा, वह कल्पनालोक में जीता था, मैं अधिक यथार्थवादी था। 'फिलासफर किंग' में एक ताकत होती है जो तर्क और यथार्थ के ऊपर होती है—वह है फिलासफर किंग की 'अदा'।

हाँ, उसे 'अदा' ही कहूँगा। आम जनता 'अदा' पर मरती है। दूसरे शासक की बात को तौलती है, जांच करती है, भला-बुरा देखती है, फिलासफर किंग की अदा पर डोलती है।

तुम्हारे प्रधानमन्त्री में यह अदा है। इसी 'अदा' पर तुम्हारे यहाँ की सरकार टिकी है, जिस दिन यह अदा नहीं है, या अदाकार नहीं है उस दिन वर्तमान सरकार एकदम गिर जायगी। जब तक यह अदा है तब तक तुम शोषण सहोगे, अत्याचार सहोगे, भ्रष्टाचार सहोगे—क्योंकि तुम जब क्रोध से उबलोगे, तुम्हारा प्रधानमन्त्री एक अदा से तुम्हें ठण्डा कर देगा। तुम्हें जानकर आश्चर्य होगा कि तुम्हारे मुल्क की सारी व्यवस्था एक अदा पर टिकी है।

प्रधानमन्त्री ने कहा—'टैक्स दो' और तुम देने लगे। प्रधानमन्त्री ने कहा—'बजट ठीक है' और तुमने कहा—'बिल्कुल ठीक है।' उनने कहा—'दूसरी योजना के लिए त्याग करना पड़ेगा' तो तुमने कहा—'लँगोटी उतरवा लो।'

और अब तुम्हारे प्रधानमन्त्री ने कहा कि दो साल बाद तुम्हारी हालत सुधर जायगी।

* परिवर्तन, 1 जून, 1957

तुमने बात मान ली ! तुम अदा पर मरते हो।

लेकिन आयुष्मान, तुम जो इतना देते हो, वह कहाँ जाता है ? जिस दिन मैं यह लिख रहा हूँ, उसी दिन के अखबार में खबर है कि ठेकेदारों और वन-विभाग के कर्मचारियों ने मिलकर दो लाख की सरकार की लकड़ी उड़ा दी ! तुम जानते हो कि नंगल बाँध के पैसे और सामान हजम कर जाने का मामला बड़े-बड़े इन्जीनियरों पर चल रहा है। तुम्हारी योजनाओं का सीमेण्ट और लोहा चुपचाप बिकता है।

अभी यहाँ तुम्हारे देश का एक पुलिस अफसर है—नर्क में है। उसके नाम के आगे यहाँ के रजिस्टर में 15 लाख बकाया लिखा है, जो उसे चुकाना है। तुम यहाँ की पद्धति नहीं जानते। होता यह है कि तुम्हारे यहाँ जो आदमी घूस लेता है, चोरी करता है, छीनता है, उसके नाम के आगे 'इतना कर्ज' यहाँ लिख लिया जाता है। फर्ज करो कि किसी अफसर ने 1000/- की घूस ली तो उसके नामे ये रुपये लिख लिये जावेंगे। और जब वह यहाँ आयेगा, तो उसे वह सब चुकाना होगा। वसूली के तरीके कैसे होते हैं—यह मत पूछो। तुम काँप जाओगे।

तो जो वहाँ बटोरता है, उसे यहाँ चुकाना पड़ता है। मगर तुम्हारी योजना का सारा पैसा तो ये खाये जाते हैं।

यहाँ त्यागी, देशसेवक किस्म के लोग भी आते हैं। मगर ये भी अजब हो गये हैं। तुम्हें आश्चर्य नहीं होना चाहिए। कल यहाँ एक 'भारतसेवक समाज' का नेता आया है। उसकी जब जाँच की गयी, तो पाया गया कि उसकी हड्डी तक रबड़ी-मलाई की बनी है। उसकी नसों में खून नहीं, घी बहता है। उसने बड़ी समाजसेवा की है मगर उसके हिसाब में 18 हजार निकलता है, जो उसे चुकाना होगा। इन्जीनियर, सुपरवाइजर, इ. ए. सी., क्लर्क, पुलिस-आफिसर, ठेकेदार—न जाने कितने आ रहे हैं जिनके नाम के आगे लिखे रुपयों का हिसाब जोड़ा जाय, तो एक पंचवर्षीय योजना के खर्च के बराबर हो।

आयुष्मान, तुम इन लोगों से यह कर्ज वहीं क्यों नहीं चुकवा लेते ? यह पैसा जो यहाँ तरह-तरह से चुकाते हैं, अगर वहीं रह जाय तो तुम्हारी तो हालत सुधर जाय।

मगर तुम ऐसा नहीं कर सकते। तुम घूस, भ्रष्टाचार, चोरी नहीं रोक सकते। तुम अपने पसीने और खून की कमाई देते जाते हो और ये लोग उसे पचाते जाते हैं। और तुम सहते हो ?

तुम सहते हो, क्योंकि तुम अपने प्रधानमन्त्री की अदा पर मरते हो। वह कभी मुस्कुराकर, कभी खीजकर, कभी गम्भीर होकर तुमसे कहता है और तुम वह मान लेते हो। फिलासफर किंग की अदा के जादू के जाल में हो।

मगर तुमने मेरे द्वारा प्रतिपादित क्रान्ति के कारणों को पढ़ा होगा। भ्रष्टाचारी राज्य-कर्मचारियों के कारण भी क्रान्ति होती है। राज्य, नागरिक के पास पुलिसमैन, टैक्स कलेक्टर, मजिस्ट्रेट, इ. ए. सी., ओवरसियर के रूप में ही आता

है। और कभी ऐसा भी वक्त आता है जब 'अदा' भी काम नहीं करती।

वह समय आ रहा है आयुष्मान! आज यहीं तक। अगर तुम्हें बर्दाश्त होगा तो हर हफ्ते एकाधि चिट्ठी लिख दूंगा। नहीं चाहोगे, तो कोई बात नहीं!

तुम्हारा

अरस्तू

अरस्तू की चिट्ठी-2*

आयुष्मान,

स्वर्ग पृथ्वी के बहुत करीब आ रहा है—याने यहाँ तुम्हारी दुनिया के तौर-तरीके अपनाये जा रहे हैं। भगवान अब रिटायर हो गये हैं और सारा काम राजनीतिज्ञों के हाथ में सौंप दिया। पर धीरे-धीरे यहाँ वे लोग आने लगे, जो वहाँ राजनीति का धन्धा करते हैं और जब वे यहाँ आये, तो उन्होंने प्लेटो, रूसो, मार्क्स, कौटिल्य आदि सबको धता बता दिया और राजनैतिक अखाड़ेबाजी शुरू कर दी। जिसको तुम लोग 'ईश्वर' कहते हो, वह बेचारा एक बच्चे की तरह रहता है और उसकी ओर से राज करते हैं तुम्हारे यहाँ से आये हुए ये भूतपूर्व टोरी और ह्विग, रिपब्लिकन और डेमोक्रेट कांग्रेसी और समाजवादी। सारी 'व्यवस्था को हथियाकर' बैठे हैं। जब से तुम्हारी दुनिया का बदनाम सीनेटर मेकार्थी यहाँ आ गया है, बड़ी गड़बड़ मची है—उसने यहाँ भी एक कमेटी बना रखी है जो उन लोगों की जाँच करती है जिन पर कम्युनिस्ट होने का शक है। अभी परसों बेचारे नारद को इस कमेटी के सामने हाजिर होना पड़ा, क्योंकि मेकार्थी को उन पर शक था कि वे कम्युनिस्ट हैं। मेकार्थी एक नये धर्म का प्रचार कर रहा है जिसमें 'डालर' ईश्वर है, और 'शोषण' धर्म है। बड़ा बुरा हाल है यहाँ का आयुष्मान! अभी उस दिन एनातोले फ्रान्स अपनी एक पुस्तक लेकर भगवान के पास गये और वह अंश पढ़कर सुनाया जिसमें एक लड़का बाप से कहता है, "पिताजी, या तो ईश्वर संसार में बुराई को रोकना चाहता है पर रोक नहीं सकता या रोक तो सकता है, पर रोकना नहीं चाहता—पर वह न तो रोक सकता है, न रोकना चाहता है। अगर रोकना चाहता है, पर रोक नहीं सकता तो वह शक्तिहीन है। अगर रोक सकता है, पर रोकना नहीं चाहता तो वह विकृत है। अगर न रोक सकता है न रोकना चाहता है तो शक्तिहीन भी है और भी विकृत। और अगर रोकना भी चाहता है

* परिवर्तन, 16 जून, 1957

तो रोक भी सकता है—तो आखिर रोकता क्यों नहीं ?" भगवान बेचारे गुमसुम हो गये। फिर बोले, "मैं बड़े धोखे में आ गया। राजनीतिज्ञों ने मुझसे कहा कि आप आराम करो, हम सब ठीक कर देंगे। और उन लोगों ने यह हाल किया है !"

यहाँ आजकल म्युनिसिपल चुनाव चल रहे हैं, आयुष्मान ! तरह-तरह के देवी-देवता चुनाव में खड़े हैं वे जो एकान्त में बैठकर चिन्तन करते थे, एकाएक जन-नेता बनकर खड़े हो गये हैं। अखबारों में कीचड़ उछाला जा रहा है, गाली-गलौज हो रही है, कुबेर के खजाने से कर्ज लेकर पैसा बाँटा जा रहा है। सोमरस पिलाकर बेहोशी में वोट का वचन लिया जा रहा है। हम लोग टुकर-टुकर देखते रहते हैं—कुछ कर नहीं सकते। दुनिया में जो हमारा हाल हुआ, वही यहाँ हो रहा है।

जिस नगरी में मैं रहता हूँ उसके अजीब नज्जारे देखने को मिल रहे हैं। चुनाव के थोड़े पहिले कुछ व्यक्ति जादू के खेल की तरह टप् से कूद पड़े और कहने लगे कि हम नगर की जनता के सेवक हैं। तुम्हारे गाँधी ने कहा, "सेवक हो तो सेवा करो।" वे बोले, "नहीं, हम बिना पद के सेवा नहीं कर सकते। 'पद मिलेगा' तो सेवा करेंगे, नहीं तो सेवा करनेवालों को सेवा नहीं करने देंगे।" बात वही हुई—खिलाओ, नहीं तो खेल बिगाड़ेंगे।

बड़े मजे के लोग हैं। एक मेम्बर ने चुनाव के 2 महीने पहले एक गरीब बस्ती में नल लगवा दिया। खूब पानी आने लगा। वे बार-बार जाकर कहते, "देखो, मैंने लगवा दिया। मेरी पेटी की छाप···है।" मगर इसी बीच वहाँ झगड़ा मचा। जिनकी झोंपड़ियों के पास नल था, उनसे उनका झगड़ा हुआ जिनसे दूर था। दो दल हो गये। नल के पासवाले नलवाले को वोट देनेवाले हैं और नल के दूरवाले किसी दूसरे को !

एकाएक भूख हड़तालें होना शुरू हो गयीं। तुम अचरज करोगे—एक दिन यहाँ 105 नेता भूख हड़ताल पर थे। सब कहते थे कि जनता के लिए वे प्राण दे देंगे। प्राण देने का मौका भी खूब चुना था। चुनाव के वक्त 24 घण्टे भोजन नहीं करने से पेट भी साफ होता है और लोग यह भी जान जाते हैं कि ये जनता के लिए प्राण भी दे सकते हैं। मगर दूसरे दिन मज़ा आ गया। नारद बहुत तेज हैं। उन्होंने खबर फैला दी कि लोग कहते हैं कि हम अपने नेताओं की परीक्षा लेते हैं। इनमें से जो वास्तव में प्राण दे देंगे, उन्हें हम वोट दे देंगे। बस दूसरे दिन सबने दूध, या मुसम्मी के रस से उपवास तोड़ दिया। एक बोला—

"अब तो घबराके ये कहते हैं कि मर जायेंगे—मर के भी 'वोट' न पाया तो किधर जायेंगे !"

और सुनो आयुष्मान, कुछ उम्मीदवार एकदम धार्मिक हो गये। अपने मुहल्ले में कथा और प्रवचन कराने लगे और श्रद्धापूर्वक आरती घुमाने लगे।

प्रजातन्त्र में एक 'डमी' उम्मीदवार भी होता है—याने मुख्य उम्मीदवार की छाया। अगर मुख्य उम्मीदवार किसी कारण न लड़ सके, तो 'डमी' लड़ लेता है। मगर 'डमी' उम्मीदवार बेचारा कब तक डमी बना रहे ? दिन बीतते-बीतते

इन 'डमियों' के मन बदले। एक उम्मीदवार ने अपने 'डमी' से कहा, "डमीजी, बैठ जाइए।"

वह बोला, "किसने कहा कि हम 'डमी' हैं ? तुम ही 'डमी' हो। तुमने कैसे मान लिया कि हम तुम्हारे डमी हैं। तुम्हीं बैठ जाओ, हम तो लड़ेंगे।"

ये 'डमी' आफत किये हैं। आगे कभी कोई किसी को 'डमी' नहीं बनायेगा।

खूब मज़ा आ रहा है, आयुष्मान ! अखबारों में धमाचौकड़ी मची है। थोड़ा-सा पैसा दो और चाहे जिसकी 'मट्टी पलीत' करा लो। जो बातें उम्मीदवार को भी नहीं मालूम, वे भी छापी जाती हैं।

तुम्हारे यहाँ क्या हाल है ? सुना है वहाँ भी कई जगह म्युनिसिपल चुनाव हो रहे हैं। इस वक्त कुछ पैसा बना लो, तो आगे काम आयेगा। अखबारनवीस हो ही तुम। उम्मीदवारों से पैसा लो, उनकी तारीफ करो, दूसरों की बुराई। क्या तुमने अभी तक नहीं समझा कि इस तरह के चुनाव में सबसे पहले 'सत्य' की हत्या होती है, उसके बाद 'शिष्टता' की।

तुम्हारा
अरस्तू

अरस्तू की चिट्ठी-3*

आयुष्मान,

तुम्हारे राज्य के अखबारों में एक बड़ी महत्त्व की खबर छपी है; सब अखबारों ने उसे विशेष सज्जा के साथ छापा है। खबर है—

श्रममन्त्री श्री द्रविड़ ने मजदूरों के साथ भोजन किया

तुम लोगों के प्रजातन्त्र में यह घटना समाचार कैसे बन गयी ? तुम्हारे अखबारों ने इसे इतना बड़ा बनाकर क्यों छापा ? मन्त्री अगर मजदूर के साथ बैठकर खाना खा ले तो क्या विशेषता हुई ?

ये तमाम सवाल मेरे मन में उठे। और स्पष्ट कहूँ ? तुम्हारे यहाँ प्रजातन्त्र नहीं है। तुम्हारे अखबार, तुम्हारा बुद्धिवादी वर्ग अभी तक मानसिक गुलामी में है। मन्त्री सामान्य मजदूर के साथ बैठकर खाना खा ले, तो तुम्हारे अखबार-नवीस लोग खीसें निपोरकर कहते फिरते हैं—'अहा, आज तो द्रविड़ साहब ने मजदूरों के साथ खाना खाया !'

* परिवर्तन, 23 जून, 1957

आयुष्मान, इस एक घटना से तुम्हारे यहाँ की सारी स्थिति, सारा विचार प्रगट हो जाता है। तुम्हारे यहाँ मिनिस्टर हौआ होता है। साधारण जन ही नहीं, अखबारनवीस तक उसे देवता समझते हैं—कि वे उससे दूर, नीचे बैठते हैं, उसे 'हीरो' बना डालते हैं और जब अगर वह कोई काम उनके साथ करता है, या उनके साथ मिलकर करता है तो वे उसकी जय बोलते हैं। यह संकेत है प्रजातन्त्र की असफलता का। तुम अखबारनवीस लोग जनता के विचारों के रखवाले हो, पथप्रदर्शक हो। पर तुम जनता के मन्त्री को जनता में बैठे देखते हो, तो हाथ जोड़कर गद्‌गद होकर कहते हो—"वाह भगवान् ! कैसी नर-लीला कर रहे हो ! वाह ! भक्तों में बिराज रहे हो ! धन्य नाथ !" यही सब तो तुम्हारे मन में होगा उस वक्त ! वरना तुम क्यों विशेष रूप से छापते कि 'द्रविड़ ने मजदूरों के साथ भोजन किया।'

मुझे याद आता है—फ्रान्स की क्रान्ति के समय असीम विलासिनी रानी मेरी एण्टानेट जिसने अपने महल को ही संसार मान रखा था, जब पहिली बार पेरिस की सड़कों पर निकली, तो लाखों की भीड़ ने जयनाद किया। रानी जनता के बीच में से निकले ! बड़ी कृपा ! पर 15 साल में फ्रान्स की जनता में जब उभार आया, तो भूखी जनता ने राजा-रानी को गिरफ्तार किया और जुलूस बनाकर पेरिस को चले। जानते हो, तब वे क्या नारे लगा रहे थे—'हम लोग रोटीवाले को, उसकी स्त्री और उसके बच्चों को ला रहे हैं।'

और आयुष्मान, हिटलर पर एक बार फूलों की वर्षा हुई, तो एक फूल ने ज़रा-सा गाल खरोंच दिया। बस जनाब, प्रेस में हल्ला मच गया—'हिटलर फूल से घायल।' और संवाद आने लगे शुभाकांक्षा के !

अमेरिका में अभी देख लो—आइक की मुस्कान का कितना प्रचार किया जाता है ? मिसेज आइसन हावर का अभी हाल में अमेरिका की सबसे सुन्दर स्त्री के रूप में प्रचार किया। दूसरा नम्बर अपनी विजयलक्ष्मीजी का था।

आयुष्मान, इस नाटकीयता को तुम्हारे अखबारनवीस समझ नहीं पाते ? मेरा खयाल है, वे अभिभूत हो जाते हैं। और प्रजातन्त्र में अखबारनवीस अभिभूत हुए कि प्रजातन्त्र गया। तुम्हारे यहाँ के अधिकांश अखबार सरकारी पार्टी के हैं। इनमें बहुत-से सेठ-साहूकारों के हैं। बिड़ला, डालमिया के अखबारों की चेन पड़ी है देश में। ये सब अखबार मन्त्रियों के अभिनय, उछलकूद सबको खूब छापकर उन्हें 'हीरो' बनाते रहते हैं। आम जनता इससे बेवकूफ बनती है। वह 'हीरो' की जय बोलती है, उसकी कमी की ओर नहीं देखती। पण्डित नेहरू झूला झूलते हुए, पण्डित नेहरू आदिवासियों की पोशाक में, पण्डित नेहरू नृत्य करते हुए—कितनी तस्वीरें छपती हैं इस तरह की। नेहरू प्रधानमन्त्री हैं, बहुत ऊँचा व्यक्तित्व है 'वार टाइम हीरो' हैं, इसलिए फब जाता है। पर इससे अगर नेहरू डिक्टेटर-शिप की ओर जायँ तो ? तुम जानते होगे कि बीसों साल पहिले पण्डित नेहरू ने 'चाणक्य' के छद्मनाम से कलकत्ता के एक पत्र में एक लेख अपने ही बारे में लिखा

था कि पण्डित में डिक्टेटर होने के लक्षण हैं। चौंको मत आयुष्मान, 'पर्सनेलिटी कल्ट' रूस में उघड़ चुका है, भारत में मत आने दो।

तो मन्त्री द्रविड़ ने मजदूरों के साथ भोजन किया। बड़ी कृपा की। मन्त्री होने के पहिले तो द्रविड़ साहब राजा-महाराजाओं के दस्तरख्वान पर ही खाते थे। और बेचारा मजदूर आदमी है ही नहीं। उसे मन्त्रीजी ने आदमी माना, यह क्या कम बात है? अब मजदूरों को गद्गद होकर कहना चाहिए, 'हम धन्य हो गये। हम कृतार्थ हो गये! अब हमें कुछ नहीं चाहिए। हमारी मजदूरी मत सुधरने दो, हमारा शोषण बदस्तूर कायम रखो। हमें कोई शिकायत नहीं। जब आपने हमारे साथ बैठकर खा लिया, तो हमारा जीवन ही सफल हो गया।'

आयुष्मान, तरस आता है, तुम्हारे नेताओं पर और तुम्हारे अखबारनवीसों पर। जब तक तुम्हारे अखबारनवीस में चीजों की बौद्धिक पकड़ न होगी, उसका व्यक्तित्व मन्त्री से भी ऊँचा न होगा। सत्ता के आसपास हिलाने के लिए उसके पास दुम रहेगी, जब तक विवेक-बुद्धि न होगी। सामाजिक जिम्मेदारी की भावना न होगी तब तक तुम्हारा प्रजातन्त्र अधूरा। अखबारनवीस प्रजातन्त्र का 'वाचडॉग' होता है। वह रखवाली करता है, दुम नहीं हिलाता।

मगर तुम्हारे यहाँ तो 'मिडिलची' अखबार निकालते हैं, 420 के उस्ताद अखबार निकालते हैं, 10-5 में बिक जानेवाले अखबार निकालते हैं। दन्त-निपोर, घोंघाबसन्त, पोंगानाथ आदि-आदि—हर कोई अखबारनवीस बन जाते हैं।

ये जब द्रविड़जी को मजदूरों में भोजन करते देखते हैं, तो आँख बन्द कर, हाथ जोड़ स्तुति करने लगते हैं—'धन्य हो भगवंन! भक्तों में विराज रहे हो। शबरी के बेर खा रहे हो।'

तुम्हारा
अरस्तू

अरस्तू की चिट्ठी-4*

आयुष्मान,

तुम्हारे मुल्क में इतिहास बन रहा है। विश्व-इतिहास नया मोड़ ले रहा है—तुम्हें कुछ खबर है कि नहीं?

* परिवर्तन, 30 जून, 1957

कल मेरी मार्क्स और लेनिन से मुलाकात हो गयी। कहने लगे, 'अरस्तू, तुमने देखा हमारे नम्बूदरीपाद ने आखिर नेहरू से मकान छुड़वा दिया! नेहरू अपने विशाल भवन को छोड़कर एक छोटे-से बँगले में आ गये हैं। जानते हो, इसका कारण नम्बूदरीपाद है।'

मकान बदलने का मार्क्सवादी कारण जानने के लिए मैं उत्सुक हो गया। मार्क्स से मेरी मुलाकात अक्सर हो जाती है। इतना क्रान्तिकारी विचारक बिरला ही मिलेगा, आयुष्मान! पर कुछ लोग मार्क्सवाद-जैसे क्रान्तिकारी दर्शन को 'डाग्मेटिक' बना देते हैं। वे चीजों को मार्क्सवादी अर्थ देते समय हास्यास्पद अर्थ दे देते हैं। महादेवी वर्मा के गीतों में पीड़ा की धारा देखकर एक मार्क्सवादी आलोचक ने कहा था कि महादेवी को आर्थिक कष्ट है; इसीलिए वे ऐसा लिखती हैं। यह 10-12 साल पहले की बात है। तब तुम्हारे यहाँ के किसी ने कहा था कि इस पीड़ा का कारण गरीबी नहीं है, बल्कि प्रवृत्तियों का दमन है। तब मार्क्सवादी ने जवाब दिया था—फ्रायड बोल रहा है। फ्रायड कमबख्त प्रतिक्रियावादी है।

तो दकियानूसी मार्क्सवादी उतना ही खतरनाक होता है जितना बुर्जुआ। तुम्हारे यहाँ के कई मार्क्सवादी (?) लोग, प्रेम करना प्रतिक्रियावादी आचरण मानते हैं; स्त्री-पुरुष का सम्बन्ध बुर्जुआपन मानते हैं। गोया साम्यवादी समाज में बिना स्त्री-पुरुष के प्रेम और संयोग के बच्चे हो जाया करेंगे; और गोया साम्यवादी व्यवस्था में सब लोग प्रेम की जगह घृणा करेंगे।

कहना यह चाहता हूँ कि इन सब बातों से मार्क्स को बहुत मानसिक क्लेश होता है। उस दिन जब केरल के एक पुरुष मन्त्री थामस ने मन्त्राणी गौरी से ब्याह कर लिया तो मार्क्स-लेनिन ने यहाँ बड़ा भोज दिया। उन्होंने कहा कि इससे एक स्वस्थ परम्परा पड़ती है। जो यह सोचते हैं कि कम्युनिस्ट कोई वनमानुष होता है, उनको समझ में आयेगा कि वह मनुष्य ही होता है, सामान्य मनूष्य की तरह भावनाशील, पर उससे अधिक जाग्रत और सचेत!

तो कल मार्क्स-लेनिन ने नेहरू के मकान छोड़ने की बात कही। लेनिन ने कहा, "नम्बूदरीपाद और उसके सहयोगी मन्त्री छोटे मकानों में रहते हैं; कम वेतन लेते हैं; सादा जीवन जीते हैं। इसका नैतिक प्रभाव सारे भारत में पड़ा। अन्य प्रदेशों के कांग्रेसी मन्त्रियों को लाज आने लगी। पर उनसे यह सब ऐश-आराम छोड़ते बनता नहीं था। खून मुँह लग जाने से ऐसा ही होता है। एक बार सिंह को एक ऋषि ने बड़ा उपदेश दिया—जीव-दया, अहिंसा, प्रेम पर सिंह ने ध्यान से सुना और कहा कि महाराज, उपदेश तो मैं समझ गया। पर मन नहीं मानता; खून मुँह जो लग गया है। और उसने ऋषि को पकड़ा। इसी तरह कांग्रेस मन्त्रियों को ऐश-आराम का चस्का लग गया है। तब पण्डित नेहरू ने स्वयं मकान बदला, वेतन कम किया। परिणाम यह हुआ कि तमाम देश के मन्त्री वेतन कम करने लगे। नम्बूदरीपाद ने आखिर पण्डित नेहरू से मकान छुड़वाया। यह

घटना एक बड़ा महत्त्वपूर्ण संकेत है।"

मैं सुनता रहा। नम्बूदरीपाद ने वास्तव में देश के सामने बड़ा अच्छा उदाहरण रखा है। यह सच है कि उसने कांग्रेसी मन्त्रिमण्डलों की नींद हराम कर दी है! लोग तुलना करने लगे हैं न?

पर मेरे मन में उस समय एक दूसरी ही बात उठी। मुझे भी लग रहा था कि शायद भारत में ही विश्व-इतिहास का नया मोड़ उपस्थित हो। इसी खयाल से मैंने मार्क्स-लेनिन से कहा, "यह ठीक है कि नम्बूदरी ने नेहरू का मकान छुड़वा दिया, पर नेहरू ने भी नम्बूदरी की पिस्तौल छीन ली है।"

दोनों मेरी ओर देखने लगे। मैंने बात को स्पष्ट किया, "कम्युनिस्ट का यह विश्वास होता है कि हिंसक वर्गसंघर्ष के बिना साम्यवाद नहीं आता; प्रोलेतरियेत की तानाशाही कायम होगी। नम्बूदरीपाद और उनकी पार्टी पिस्तौल में विश्वास करते थे, पर वैधानिक तरीके से निर्वाचन के द्वारा केरल में साम्यवादी सरकार बन गयी। प्रजातन्त्र के भीतर वैधानिक तरीके से बिना हिंसा के साम्यवादी राज्य हो गया—नेहरू ने नम्बूदरी की पिस्तौल छीन ली।

और अभी तक नेहरू-नम्बूदरी में बड़े मजे में निभ रही है। कांग्रेस में सबसे प्रगतिशील व्यक्ति नेहरू है, अपनी पार्टी में सबसे ज्यादा जनवादी है, सबसे अधिक खुले दिमाग का है। वह नम्बूदरीपाद की मदद कर रहा है—इससे दो लाभ हैं। एक तो कम्युनिस्टों के आन्दोलन को वैधानिक रूप देकर उपद्रवों को बन्द किया जा सकता है। दूसरे इससे कांग्रेसियों के दिमाग ठीक होते हैं। नेहरू ने कांग्रेस को नम्बूदरीपाद के भय का जुलाब दे दिया है। पुराने और नये दकियानूसी कांग्रेसी देवताओं में हड़कम्प मच गया है—अरे बाप रे, साम्यवाद आया!

तो यह बड़ा महान प्रयोग चल रहा है तुम्हारे देश में। यदि सफल हुआ तो विश्व को एक नया सिद्धान्त मिलेगा—बिना हिंसक वर्गसंघर्ष के, वैधानिक तरीके से भी साम्यवाद की स्थापना हो सकती है। यह परीक्षा चल रही है!

नेहरू और नम्बूदरीपाद मिलकर विश्व-इतिहास को और विश्व-साम्यवाद को नयी दिशा दे सकते हैं? यह समय बतायेगा।

तुम्हारा

अरस्तू

अरस्तू की चिट्ठी-5*

आयुष्मान,

वातावरण में 'ईथर' की तरंगें-जैसी हैं, इनसे स्वर प्रसारित होता है और वह रेडियो से पकड़ में आता है। यहाँ बड़े शक्तिशाली रेडियो हैं जिनमें पृथ्वी की तमाम बातें सुनायी पड़ती हैं। अभी हमने उस दिन मिलकर 'नागिन' फिल्म की बीन सुनी; कभी-कभी रेडियो सीलोन के व्यापार विभाग से 'नन्हे-मुन्ने बच्चे तेरी मुट्ठी में क्या है ?' वाला 'मैक्लीन्स' का विज्ञापन भी सुन लेते हैं और सोचते हैं कि हमारे वंशज बड़े सफाई-पसन्द हैं। और आयुष्मान, हकीम वीरूमल आर्य-प्रेमी का राष्ट्र के नाम सन्देश भी रेडियो से आता है। दो ही आदमी पूरे राष्ट्र को सन्देश देते हैं—पं० नेहरू और हकीम बीरूमल ! 'आर्यप्रेमी' दोनों ही हैं।

सिर्फ रेडियो की ही नहीं, दूसरी बातें भी यहाँ सुनायी पड़ती हैं—प्राइवेट बातें भी। फोन पर जो बातें गुपचुप कर ली जाती हैं, वे भी यहाँ के रेडियो में पकड़ में आ जाती हैं। हाल ही में एक दिन मैंने तुम्हारे राज्य के एक उपमन्त्री और एक विभाग के शिक्षा अधिकारी के बीच हुई टेलीफोन-वार्ता सुनी। नीचे दे रहा हूँ—

उपमन्त्री—देखिए, आपके विभाग के बारे में तरह-तरह की शिकायतें आ रही हैं। आप मनमानी नियुक्तियाँ करते हैं।

अफसर—सर, अधिकांश नियुक्तियाँ तो पब्लिक सर्विस कमीशन से होती हैं, जो मेरे अधिकार में दी गयी हैं उन पर मैं जरूर नियुक्तियाँ करता हूँ।

उपमन्त्री—तो इसका मतलब यह है कि आप जिसकी चाहेंगे उसकी नियुक्ति कर देंगे ?

अफसर—(हँसकर)—नहीं सर, जिसको आप चाहेंगे उसकी नियुक्ति भी हो जायेगी। बताइए।

उपमन्त्री—हाँ, ठीक है। देखिए दो आदमियों की नियुक्ति करनी है। उनके नाम नोट कर लीजिए।

अफसर—हो जायगी, सर !

इसके बाद अफसर ने फोन रख दिया, पहले भुनभुनाया और फिर अट्टहास किया जो यहाँ तक सुनायी पड़ा।

आयुष्मान, इसका मतलब यह हुआ कि दो प्रकार के आदमी तुम्हारे यहाँ नियुक्त होंगे—जिन्हें मन्त्री चाहेंगे वे और जिन्हें अफसर चाहेंगे वे। जिन्हें दोनों में से कोई नहीं चाहेगा, उनकी योग्यता व्यर्थ।

रही पब्लिक सर्विस कमीशन की बात—सो उसमें भी तीन-चार आदमी ही

* परिवर्तन, 8 जुलाई, 1957

होते हैं, उनमें से कोई अपना है, तो ठीक है, वरना कहीं के नहीं।

उदाहरण देकर समझाता हूँ। दो युवक हैं—सरस्वतीकुमार, उलूककुमार। सरस्वतीकुमार खूब प्रतिभावान और योग्य हैं, पर कोई मन्त्री या अफसर उसका नहीं है। उलूककुमार नाम को सार्थक करते हैं, पर परीक्षकों को पैसे देकर 'ऊँचा' क्लास पा गये हैं। उलूककुमार के पिता प्रभावशाली हैं। मन्त्री पर और कमीशन के मेम्बरों पर उनका रंग है।

दोनों कमीशन के सामने गये। सरस्वतीकुमार को लेना नहीं है; इसलिए उनके प्रवेश होते ही, मेम्बरों के चेहरे पर नाराजी आ गयी। प्रश्न पूछे जाने लगे। नौकरी नायब तहसीलदार की है और सवाल उससे पूछे—

1. कान्ट और हीगेल के दर्शन की तुलना करो!

2. 'इब्सनिज़्म' क्या चीज है? इंग्लिश ड्रामा पर इब्सन का क्या प्रभाव पड़ा?

बी. ए. पास बेचारे सरस्वतीकुमार अचकचा गये। उनसे विश्वविद्यालय के दर्शन और अंग्रेजी विभागों के अध्यक्षों के योग्य प्रश्न पूछे गये। कमीशन नाराज—जवाब तक नहीं दे पाता कमबख्त!

फिर उलूककुमार आये। सब प्रसन्न—'बैठो, बेटा!' उनसे भी प्रश्न किये—

1. पिताजी मजे में हैं?

2. आजकल चाचा कहाँ हैं?

3. एक पैसे के दो आम; तो दो पैसे के कित्ते?

4. सिनेमा देखते हो? सुनाओ एकाध गीत!

उलूककुमार ने तड़ाक-तड़ाक जवाब दिये। कमीशन ने कहा—'वाह! How Sharp! How Brilliant!'

बस, उलूककुमार नियुक्त हो गये और सरस्वतीकुमार रह गये।

ऐसा ही होता है आयुष्मान, तुम्हारे यहाँ।

कॉलेजों में, भरती में, छोटी-मोटी नौकरियों तक में तुम्हारे मन्त्री हस्तक्षेप करते हैं, इसलिए तुम्हारे देश में गुण की कद्र नहीं है।

मैंने अभी एक बात और सुन ली। एक मन्त्री के पास उनके चुनावक्षेत्र के पटेल पहुँचे—दो बी. ए. पास बेटों और एक भतीजे को लेकर। वार्तालाप यों हुआ—

पटेल—जीत गये भैया सा'ब! अब कुछ हमारा भी काम हो जाय। ये तीन लड़के हैं आपके, इन्हें कहीं हीले से लगवा दो।

मन्त्री (अकड़कर)—भला मेरे हाथ में क्या है? यह तो डिपार्टमेण्टल हैड के हाथ में है।

पटेल (गुर्राकर)—अच्छा, तो हमारे हाथ में भी कुछ नहीं है। पिछले वक्त मैं न होता तो आपकी जमानत जब्त होती। इस बार मेरे हाथ में भी कुछ नहीं है।

मन्त्री (ढीले होकर)—नहीं, नहीं, ऐसी क्या बात है ! मैं तो मजाक कर रहा हूँ। आपके ही भरोसे तो मैं वहाँ से खड़ा हो रहा हूँ। अभी फोन किये देता हूँ। हो जायगा।

तुम्हारे प्रजातन्त्र में इसी प्रकार नौकरियाँ मिलती हैं।

तुम्हारा

अरस्तू

अरस्तू की चिट्ठी-6*

आयुष्मान

गर्मी और शादी दोनों का मौसम समाप्त हो गया। तुम्हारे यहाँ यह विश्वास है कि देवता सो गये, इसलिए शादी-विवाह बन्द। पर मेरा खयाल है, देवताओं के सोते-सोते शादी हो जाय तो अच्छा—वे जागे कि ऊधम शुरू कर देते हैं। मैं देवताओं को काफी देख चुका हूँ, इसलिए कह रहा हूँ।

तुम्हारे यहाँ कई तरह की शादियाँ हुई होंगी। साधारण शादी—जैसी लक्ष्मण, भरत आदि की हो गयी थी कि बड़े भाई ने धनुष तोड़ा और शेष सब उसी सिलसिले में निपट गये। मध्यवर्गीय शादी—जिसमें उधार माँगी कार में दूल्हे को बिठाकर एक-दो घण्टे जुलूस निकाला जाता है और शेष जिन्दगी बेचारा पैदल चलता है। गरीब की शादी—जिसमें रिक्शे पर या छोटे-मोटे घोड़े पर बिठा दिया जाता है। प्रेम विवाह—जिसमें लड़का और लड़की अपने आपको विश्वास दिलाते हैं कि वे एक-दूसरे के बिना रह नहीं सकते, और शादी के बाद कभी-कभी अनुभव करते हैं कि एक-दूसरे के बिना रहते, तो सुखी रहते। सनसनीखेज शादी—जिसमें एक पार्टी कहती है कि शादी हुई और दूसरी कहती है कि नहीं हुई। मजबूरी की शादी—जिसमें करो या झख मारो। फिल्मी शादी—जिसमें शाम को शादी, रात हनीमून और सबेरे तलाक।

इन सबसे विशेष तुम्हारे देश में होती है—अफसरी शादी ! अफसर तुम्हारे यहाँ एक नये किस्म का जीवधारी पैदा हो गया है; प्रकृति ने हजारों वर्षों के प्रयोग के बाद इसे पैदा किया है, और हमारा खयाल है कि यह प्राणी-जगत का सबसे महान् जीवधारी होनेवाला है। अफसर के घर की शादी एक विशेष तरह की शादी होती है। ऐसी ही एक शादी की वार्ता तुम्हें सुनाता हूँ, सो ध्यान देकर

* परिवर्तन, 15 जुलाई, 1957

सुनो। तुम धार्मिक लोग हो—तुम सीता और राम के विवाह की कथा कितनी श्रद्धा, विश्वास और प्रेम से सुनते हो। उसी भाव से जो अफसर के घर की शादी, कथा, (जो है सो) श्रवण करेगा, वह चारों फल पायगा।

अफसर और राज्य एक ही वस्तु है। अफसर राज्य के लिए और राज्य अफसर के लिए। अफसर अपने माल और राज्य के माल में कोई भेद नहीं करता—अद्वैत इसी को कहते हैं। आयुष्मान ! इसीलिए अफसर के यहाँ की शादी 'स्टेट वेडिंग' होती है। जैसे मन्त्री की शव-यात्रा 'स्टेट फ्यूनरल' होती है। ऐसा इसलिए होता है कि जब जनम-जनम के पुण्य उदय होते हैं, तब आदमी अफसर के यहाँ जन्म लेता है। तब उसकी शादी सरकारी स्तर पर होती है। लोगों की भेंट से उसका पालन होता है। नालायक होते हुए उसको बड़ी नौकरी मिलती है। और जब पिता मरता हैं तब बेटे के लिए लाखों की सम्पत्ति छोड़ जाता है। सरकार यह छानबीन नहीं कर सकती कि यह सम्पत्ति कहाँ से आयी, क्योंकि यह पवित्र संविधान में लिखा है।

यहाँ से देखी हुई एक शादी की बात तुम्हें बताता हूँ। तुम पत्रकारों ने उसे नहीं देखा होगा, क्योंकि तुम लोग उस समय चुनाव के मामले में व्यस्त थे।

आयुष्मान, वे एक बड़े अफसर थे—बहुत बड़े मिनिस्टर से नीचे। उनके परिवार में शादी थी। वे राजधानी में थे। दूसरे शहर में शादी थी। वे आवेंगे, यह निश्चित था। बस, सारा मुहकमा काम में लग गया।

कुल यों हुआ—सरकारी कला-निकेतन का फर्नीचर घर पहुँचा, मोटरें सेवा में हाजिर रहीं। सरकारी महाविद्यालय के पलँग आ गये। सारा बिजली का फिटिंग टेकनीकल संस्था के सामान और कर्मचारियों से हुआ। सुराही के लिए विशेष तिपाई संस्था के वर्कशाप में बनायी गयी। सरकारी मोटरें दौड़ती रहीं। पण्डाल की सारी सजावट सरकारी कर्मचारियों द्वारा सरकारी सामान से हुई।

उन 4-5 दिनों में वहाँ सब कालेजों के प्रिन्सिपल, प्रोफेसर, इन्स्पेक्टर आदि काम करते रहे। प्रिन्सिपल और प्रोफेसर कुर्सियाँ ढो रहे थे। सामान जमा रहे थे। अफसर के परिवार के लोग उन्हें आर्डर देते, डाँटते और वे बेचारे बच्चों की तरह दौड़ते-फिरते। पीने के पानी का प्रबन्ध भी ठीक नहीं था, इसलिए नल का गरम पानी पिया, धूप में कुम्हला गये। एक नृत्य शिक्षक को, जो एक कालेज में नौकर है, और छुट्टी में घर मद्रास गये थे, बुलाया गया और उनसे एक 'शो' कराया गया। ये सब क्यों ऐसा कर रहे थे? अफसर से व्यक्तिगत और पारिवारिक सम्बन्ध शायद ही किसी का हो। उनसे परिचय भी अधिकांश का नहीं था। कोई स्नेह नहीं था। मगर उन्हें खुश सब करना चाहते थे। किसी को क्लास वन चाहिए। किसी को कन्फर्म होना है। किसी को तरक्की चाहिए। किसी को बुढ़ापे में एकाध साल का एक्सटेन्शन चाहिए। बहुत-सों को वरदान मिला भी।

कई 'स्पेन शाट' बड़े मजे के हैं—

एक कॉलेज के प्रिन्सिपल और उसी के एक प्रोफेसर में इस बात की स्पर्धा थी कि साहब को कौन पान खिला दे। एक दायें और एक बायें पान का डिब्बा

लेकर नाचने लगे—बेचारे अफसर इस झमेले में किसी का पान नहीं ले सके।

एक कॉलेज के साइन्स के बूढ़े प्रोफेसर इलेक्ट्रिक फिटिंग कर रहे थे। अफसर के रिश्तेदार उन्हें कोई ओवरसीअर वगैरह समझे और डाँटने लगे। तब उन्हें बताया गया कि ये प्रोफेसर साहब हैं। (उन्हें एक साल एक्सटेन्शन चाहिए था!) एक संस्था के प्रधान को तरक्की चाहिए थी, उन्होंने सारे स्टाफ और सामान को सेवा में लगा दिया और उन्हें बरदान मिला। वे तरक्की पा गये!

2-4 दिनों तक किसी सरकारी संस्था में काम नहीं हुआ—सब स्टाफ और सब सामान पब्लिक ड्यूटी पर!

तुम्हारे देश के चपरासी या बाबू दफ्तर का कोई छोटा-मोटा सामान काम में ले आता है, तो उसे दण्ड मिलता है। गरीब चपरासी को लड़की की शादी करने के लिए बड़ी कठिनाई से तीन दिन की छुट्टी मिलती है, मगर अफसर के परिवार की शादी में सारा मुहकमा छुट्टी पर और शादी की ड्यूटी पर।

फिर अगर यह सब न्यायाधीश के घर हुआ हो तो? न्यायाधीश की आँख के सामने सरकारी सामान आता रहा हो तो? न्यायाधीश की जानकारी में सरकारी मोटरें और सरकारी कर्मचारी दौड़ते रहे हों तो? न्यायाधीश ऐसे अपराधों का न्याय करते हैं! कोई और करता तो उसे दण्ड देते—न्याय, धर्म, सत्य की रक्षा के लिए।

पर न्याय के दो रूप होते हैं—एक दूसरे के लिए; दूसरा अपने लिए।

आयुष्मान, सीता-विवाह की तरह इसके भी तुम अपने कवियों से भजन बनवा लो। जो गरीब आदमी की लड़की इस भजन को श्रद्धा से गायेगी उसे अच्छा वर मिलेगा, उसका विवाह अच्छा होगा।

पण्डित नेहरू तुम्हारे यहाँ 'सोशलिस्टिक पेटर्न' बना रहे हैं। इस महान् कर्म में अफसर लोग अपने प्रधानमन्त्री की सहायता कर रहे हैं?

तुम्हारा
अरस्तू

अरस्तू की चिट्ठी-7*

आयुष्मान,

कल नारद से बातें हो रही थीं। नारद को तुम लोग जानते हो। वे बदनाम भी हैं क्योंकि यहाँ की वहाँ लगाते रहते हैं और देवताओं में झगड़ा कराते हैं।

* परिवर्तन, 22 जुलाई, 1957

कृष्ण और अर्जुन-जैसे मित्रों में युद्ध करा दिया था। इस व्यक्ति में न्याय-चेतना इतनी जबर्दस्त है कि न्याय हेतु यह कुछ भी कर सकता है। नारद की वीणा है तो बड़ी प्रसिद्ध पर उसमें एक ही स्वर तनतनाता रहता है। नारद को वीणा बजाना आता ही नहीं है। मैंने पूछा, सीखा क्यों नहीं? वे बोले, एक बार सरस्वती के पास गया था और उनसे कहा कि देवी, मुझे वीणा बजाना सिखा दें तो वे बोलीं, सिखाती हूँ। तुम बैठ जाओ। मेरी प्रकृति है घुमक्कड़! मैंने कहा कि वर्षों मैं एक स्थान पर तो बैठ नहीं सकता। तो सरस्वती ने कहा, तो तुमसे कला की साधना नहीं हो सकती। कला की साधना के लिए जमकर बैठना होता है और तुम उड़ते-उड़ते सीख लेना चाहते हो। तुम जिन्दगी-भर इसी तरह तनतनाते रहोगे। तुम्हें वीणा-वादन आ ही नहीं सकता।

लेकिन सबसे बड़ी बात यह है कि नारद ब्रह्माण्ड में सबसे ईमानदार और सबसे बड़े पत्रकार हैं। सारी सृष्टि के समाचार उनके पास रहते हैं। और जैसे तुम्हारी सरकारों के सचिवालयों में अखबारों से रिपोर्टें काट-काटकर सम्बन्धित मुहकमों को भेजी जाती हैं, वैसे ही नारद तमाम देवताओं को उनकी खबरें देते हैं।

कल उनसे बातें हो रही थीं। वे कहने लगे, "एक झूठ होता है; एक सफेद झूठ और एक अखबारी झूठ! हमारे तमाम अखबार समाज को झूठ तक बेचते हैं। सत्य की कीमत लें तो एक बात है, पर झूठ तक को खरीदकर पढ़ते हैं लोग।"

मैंने पूछा, "किस सन्दर्भ में बात कह रहे हो?"

वे बोले, "हाल ही में पृथ्वी का चक्कर लगाने गया। वहाँ के अखबारों को देखा और समाचारों की जाँच की तो मालूम हुआ कि सत्य सब अखबारनवीसों को मालूम है, पर उसे दबाकर वे झूठ छापते हैं। अमेरिका के अखबार रूस के खिलाफ और पाकिस्तान के अखबार भारत के खिलाफ जो छापते हैं, वह तो जाने ही दीजिए, स्थानीय मामलों में भी बेधड़क झूठ छापा जाता है।"

नारद ने बात को उदाहरण देकर समझाया, "देखो, अभी मैं भारत के मध्य-प्रदेश गया था। वहाँ जबलपुर शहर के कारपोरेशन के चुनाव हो रहे थे। 10-15 दिनों तक मैं वहाँ के अखबारों के समाचार पढ़ता रहा। कांग्रेसी अखबार रोज छापता कि कांग्रेस की स्थिति खूब मजबूत है। जनता उसका समर्थन कर रही है और सब सीटें कांग्रेस को ही मिलनेवाली हैं। उन 15 दिनों के अखबार उठाकर देखो तो पता लगेगा कि संवाददाता ने हर आदमी से उसकी राय पूछी है, और यह सत्य है कि हर आदमी कांग्रेस को ही वोट करनेवाला है। पर चुनाव हुआ और रिजल्ट खुला, तो कांग्रेस को इनमें से केवल सात सीटें मिलीं। याने संवाददाता का अनुमान झूठ? या नीयत झूठ? और एक आना पैसा खर्च करके, अखबार खरीद-कर नागरिक केवल झूठ जानता रहा। एक आने में एक पेज झूठ।"

नारद की बात सुनकर मैं सोचने लगा कि समाज को सत्य की उपलब्धि

करानेवाले, भ्रम का निवारण करनेवाले, ज्ञान की वृद्धि करनेवाले समाचारपत्र ठीक इससे उलटी बात क्यों करते हैं? यह हाल सिर्फ कांग्रेसी अखबारों का नहीं है। प्रजा समाजवादी, जनसंघी, साम्यवादी—सबकी एक-सी स्थिति है। ये समाचारपत्र नहीं हैं—ये केवल प्रोपेगेण्डा-पत्र हैं। और प्रोपेगेण्डा के कागज तो मुफ्त बाँटे जाते हैं। तो प्रश्न यह उठता है कि क्या नागरिक अख़बार खरीदने में इसलिए खर्च करता है कि उसे झूठा समाचार मिले? कितना झूठ छपता है—भारतसेवक समाज ने गाँव का निर्माण कर दिया (वास्तव में एकाध कुआँ साफ कर दिया है)। विराट आमसभा में फलाँ-फलाँ का भाषण (सत्य यह है कि उसमें 15-20 आदमी थे)। 'उपमंत्री' का जनता द्वारा स्वागत! (जबकि वहाँ तहसील के बाबू और चपरासी-भर थे)। और साम्प्रदायिक आग भड़कानेवाले अखबारों में देख लीजिए—देवप्रतिमा को मुसलमान ने खण्डित किया! हिन्दू स्त्री को मुसलमान लेकर भाग गया! फलाँ जगह गाय की हत्या!

इसका कारण यह है कि तुम्हारे यहाँ स्वतन्त्र पत्र हैं नहीं। और जहाँ स्वतन्त्र पत्रकारिता का इतना अभाव हो, उस प्रजातन्त्र का आखिर क्या होगा? तुम्हारे यहाँ अधिकांश पत्र पूँजीपतियों के हैं। और ये लोग हमेशा तत्कालीन सरकार के साथ हो जाते हैं। आजकल ये कांग्रेस के साथ हैं। जो विरोध के पत्र हैं, वे गरीब हैं। पर प्रवृत्ति उनमें भी वही है जो अन्य पत्रों नें है। सरकार की तारीफ करनेवाले पत्र को सरकारी विज्ञापन मिलते हैं—यह इतनी बड़ी कीमत है कि अखबारों का ईमान बिक जाता है।

इसीलिए तुम्हारे यहाँ सत्य जानने का कोई साधन नहीं है। हर अखबार का सत्य अपना स्वार्थ होता है। उदाहरण देता हूँ। एक समाजवादी रास्ते से जा रहा था कि एक कांग्रेसी के कुत्ते ने उसे ज़रा-सा काट लिया। घटना कुल इतनी हुई। पर इसे जब अखबारों में पढ़ेंगे, तो अजीब लगेगा। कांग्रेसी अखबार छापेगा—फलाँ समाजवादी के कुत्ते ने फलाँ कांग्रेसी को काट दिया। ज्ञात हुआ है कि इसके पीछे चुनाव-स्पर्धा है। समाजवादी के इस कृत्य की सर्वत्र निन्दा हो रही है।

बताओ भला! समाजवादी को खुद कांग्रेसी के कुत्ते ने काटा है, पर अखबार छाप रहा है कि एक समाजवादी के कुत्ते ने काटा। उधर समाजवादी अखबार कुछ इस तरह छापेगा—फलाँ समाजवादी सड़क पर से जा रहे थे कि कांग्रेसी ने अपने कुत्ते को उन पर छोड़ दिया। पता चला है कि इसके पीछे पिछले चुनाव की दुश्मनी है।

समाचारों का तुम्हारे यहाँ यही तरीका है; सत्य को लिखने का अपना-अपना स्वार्थपूर्ण चश्मा है। प्रजातन्त्र में पत्र अगर स्वतन्त्र नहीं हैं, सत्य को जैसा का तैसा प्रस्तुत करने के साधन नहीं हैं; तो सारा समाज भ्रम में रहता है। विकास के कितने समाचार छपते हैं। अगर कोई इन्हें पढ़े तो लगेगा कि भारत में समृद्धि और सुख की कोई सीमा नहीं है। पर लोग भूखे ही मर रहे हैं। तुम अगर अपने गाँव से 2-4 महीने दूर रहो और इस अवधि में केवल उस गाँव के विकास के

समाचार सरकारी विज्ञप्ति और अखबारी रिपोर्ट से जानो तो तुम सोचोगे कि तुम्हारा गाँव बिल्कुल बदल गया होगा—ठीक वैसा ही जैसी सुदामा की झोंपड़ी महल में बदल गयी थी। पर गाँव जाकर देखो तो पाओगे कि वह तो वैसा ही है, जैसा तुम उसे छोड़ गये थे।

व्यक्ति-स्वार्थ, सरकार-स्वार्थ, पार्टी-स्वार्थ से बँधी हुई गुलाम पत्रकारिता का तुम्हारे यहाँ खूब बोलबाला है।

तुम्हारा
अरस्तू

अरस्तू की चिट्ठी-8*

आयुष्मान,

कल मुझे तुम्हारे देश के अफसर यहाँ मिले। वे किसी जीप-दुर्घटना में देह-मुक्त होकर यहाँ आये हैं। ऐसे लोगों के लिए यहाँ नये आवास बनाये जा रहे हैं। आवास बनाने का काम अब बहुत जोरों से चल रहा है, क्योंकि तुम्हारे यहाँ मारने के तरीके बढ़ रहे हैं। अमेरिका एक स्वच्छ बम (ए क्लीन बम) बना रहा है, इससे मरनेवाले ऊँचे दर्जे के मकानों में रखेजायेंगे। फिर कोई सुगन्ध बम बनायेंगे—खश, हिना, गुलाब के जिनसे खुशबू आयेगी। इससे मरनेवालों की सुगन्धित मौत होगी। उनके लिए ज्यादा सुन्दर मकान होंगे।

खैर, यह फिर कभी कहूँगा। यह अफसर तुम्हारे यहाँ किसी राष्ट्रीय निर्माण-कार्य में थे। तुम्हारे यहाँ पंचवर्षीय योजना चल रही है, उसमें कहीं विकास-अधिकारी थे वे। उनकी निर्माण की योजना देखकर उन्हें यहाँ मकान और बस्तियाँ बनाने का काम सौंप दिया गया। पर एक दिन वे घूस लेते पकड़ लिये गये, और जब उनके मकान की तलाशी हुई, तो वहाँ बहुत-सा सामान मिला। उनसे पूछा कि उन्होंने यह क्यों किया तो वे बोले, "मैं आदत से लाचार था। मेरे संस्कार ऐसे हैं; मेरी ट्रेनिंग ही यह थी।"

"पर यहाँ तो किसी चीज का अभाव नहीं है; फिर तुमने यह क्यों किया?"

उसने सहज भाव से कहा, "मैं इसके बिना रह नहीं सकता। घूस खाना, सामान चुराना, पैसा खाना, साँस की तरह मेरे लिए स्वाभाविक और आवश्यक हो गया है।"

* परिवर्तन, 5 अगस्त, 1957

आयुष्मान, वह आदमी मुझे बड़ा दिलचस्प लगा। मैं उसे कल अपने घर ले आया और उससे घण्टों बातें करीं।

मैंने पूछा, "तुम्हारे देश में एक महान आन्दोलन चला है—राष्ट्र-निर्माण का। कितने ही करोड़ रुपये खर्च हो रहे हैं। तुमने निर्माण-कार्य में क्या योगदान किया?"

उसने कहा, "सच पूछो तो मैं यह सब समझता ही नहीं था। मैं पहिले नायब तहसीलदार था। मेरे फूफा सेक्रेटेरियेट में अफ़सर हैं, इसलिए उन्होंने मुझे विकास-कार्यों का अफसर बना दिया। मुझे खाक पता नहीं कि क्या करना है? मुझे केवल नारे मालूम थे।"

"कौन-से नारे?"

"यही हमारे प्रधानमन्त्री के नारे—निर्माण करो। त्याग करो। योजना को सफल बनाओ। यह देश का संकटकाल है!"

"उन नारों का क्या प्रयोजन है?" मैंने वस्तुस्थिति जानने के लिए पूछा।

वह बोला, "ये निर्माण-नारे हैं। पर इनका उपयोग अधिकार लेने के काम में होता है। मजदूरों की हड़ताल रोकने के काम में होता है। इन नारों को लगाने से लोग रोटी-कपड़ा नहीं माँगते, टैक्स देने से इन्कार नहीं करते। इस तरह पंचवर्षीय योजना के नाम पर हम खूब धन इकट्ठा कर लेते हैं। लोगों को समझाते हैं कि पंचवर्षीय योजना के पूरा होने पर यह देश स्वर्ग के समान हो जायगा। इसलिए सब देशवासी कमखर्ची करो, अधिक वेतन मत माँगो, टैक्स दो! तरह-तरह के नारे लगाकर हमारे देश में रुपया इकट्ठा हो रहा है और निर्माण के काम में लग रहा है।"

आयुष्मान, इसके बाद उसने तुम्हारे महान देश का जो चित्र खींचा उसे देखकर तो मैं भी दंग रह गया।

वह बोलता गया—

"हमारे देश में ब्लाक डेवलपमेण्ट आफिसर; कम्यूनिटी प्रोजेक्ट आफिसर आदि होते हैं, जिनमें अधिकांश ऐसे होते हैं जिन्हें वह काम नहीं आता। मैं ही नायब तहसीलदार था और फिर बी. डी. ओ. बना दिया गया। हमारे जिम्मे 2-4 लाख की रकम हर साल रहती है जिसे हम मनचाहे ढंग से खर्च कर सकते हैं। बड़ा मजा होता है! हम लोग इस पैसे से निर्माण-कार्य किस प्रकार करते हैं, इसका आभास आपको एक घटना से मिल जायगा। अभी सामुदायिक विकास योजनाओं के मन्त्री एस. के. डे निरीक्षण करने गये और सर्किट हाउस में ठहरे। वहाँ एक ठग घुस आया। उसने सर्किट हाउस के नौकरों से कहा कि मैं डे साहब के स्टाफ का आदमी हूँ। और डे साहब के स्टाफ से कहा कि मैं सर्किट हाउस का नौकर हूँ। वह वहाँ मजे में रहा और मौका देखकर साहब का मनीबेग ले उड़ा। जब डे साहब को यह मामला मालूम हुआ, तो वे बोले कि अगर यह आदमी मुझे अभी मिल जाय, तो मैं उसे एकदम ब्लाक डेवलमेण्ट आफिसर बना दूँ। इस पर

से आप यह अन्दाज लगा लीजिए कि हमारे लिए क्या योग्यता अपेक्षित है और हमारे सब भाई अपना सब काम इतनी अच्छी तरह कर रहे हैं कि उन्हीं के साहब ने एक अफसर का गोलमाल देखकर खुश होकर कहा—अगर तुम चेकोस्लोवेकिया या रूस में होते तो गोली से उड़ा दिये जाते।"

तुम्हारा
अरस्तू

अरस्तू की चिट्ठी-9*

आयुष्मान,

तुम्हारे यहाँ रायपुर में विद्यार्थियों पर गोली चली। एक मासूम लड़का यहाँ आ पहुँचा है। मेरी उससे बात हुई—वह बेचारा न तो ईसा को समझता है, न नटराज को। उसे यह झगड़ा ही समझ में नहीं आया। पर बलि तो उसी भोले की हुई। दुनिया में हमेशा ही निर्दोष की बलि होती है। तुम्हारे यहाँ बकरे की बलि होती रही है, देवताओं की प्रसन्नता के लिए। किसी देवता की हिम्मत सिंह की बलि माँगने की नहीं होती। सिंह की बलि देने का प्रयास करने पर बलि-कर्ता भक्त की ही बलि हो जाय, इसलिए मिमियानेवाले बकरे की बलि!

यहाँ तुम्हारे सब पैगम्बर, धर्मोपदेशक, सन्त और महात्मा इकट्ठे हैं। और सब आठ-आठ आँसू बहानेवाले हैं तुम लोगों की मूर्खता और द्वेष-भाव पर। ईसाई धर्म का पहिला सिद्धान्त है—सहनशीलता। पर ईसाई कितने असहिष्णु हो गये हैं! नाटक में नटराज की मूर्ति से ही धर्म भ्रष्ट होने का डर लग गया। याने धर्म कोई छुई-मुई है और उसके रखवाले हैं कि कोई छू न ले, नहीं तो कुम्हला जाएगा। दूसरी ओर हिन्दू हैं जिनकी सारी मनुष्यता और आध्यात्मिकता मूर्ति में आ सिमटी है। जिस हिन्दू धर्म में नास्तिक तक को ग्रहण करने की उदारता है, उसके भक्तों की यह कैसी संकीर्णता।

सब धर्मों की यही दुर्गति हुई है। सब धर्माचार्यों को उनके भक्तों ने ही कलंकित किया है। सनातनधर्मी कभी बौद्धों के सिर काटते थे। फिर बौद्धराज्य हुए तो सनातनधर्मियों के मस्तक उतरने लगे। इसाई धर्मवाले हिरोशिमा में बम पटकते हैं और ओमान में नरसंहार करते हैं। इस्लामवाले काश्मीर में लूट, आगजनी, हत्या करते हैं। जैन धर्मवाले पानी छानकर पीते हैं, मगर खुले बाजार

* परिवर्तन, 8 सितम्बर, 1957

आदमी का खून बगैर छना पी जाते हैं।

लोग ठीक उसका उलटा करते हैं, जो उनके धर्मगुरु कह गये हैं। उस दिन सन्त कबीर कह रहे थे, "मैंने तो तन्त्र-मन्त्र का विरोध किया, पर मेरे बाद मेरे अनुयायियों ने दतौन करने, टट्टी जाने और लोटा माँजने के भी मन्त्र बना लिये।"

तत्व खो दिया है, रूप को पकड़े बैठे हैं। इसीलिए झगड़े होते हैं। धार्मिक दंगों में जो लड़ते हैं; वे क्या भक्त होते हैं? उनको धर्म से कुछ लेना-देना नहीं है। ईश्वर को वे कुछ नहीं समझते। वे ऐसे होते हैं जो किसी भी धर्म के लिए कलंक होते हैं—गुण्डे, हुल्लड़बाज, लुटेरे! झगड़ा हो जाने से लूट का सुभीता मिलता है। तुमने पिछले दंगे में देखा होगा, भक्त लोग मन्दिर से पूजा करके लौटते और रास्ते में कोई दूकान लुटती दिखती, तो चुपचाप पेट्रोमेक्स या टार्च धोती में छिपाकर ले आते। भगवान तुरन्त फल देते हैं न!

रायपुर में मिशनरी स्टेज पर नाटक हो रहा था। नाटक प्रारम्भ होने के पहिले मिशनरी सुपरिन्टेण्डेण्ट में इतनी उदारता थी कि उसने लड़कों को सामान लाने के लिए अपनी जीप दी थी। मगर नटराज की मूर्ति देखते ही उसकी ईसाइयत भड़की और उसके भीतर का मनुष्य और बुद्धि सब गायब! मूर्ख यह तक नहीं समझ पाया कि यह नाटक है, यथार्थ नहीं। और यह भी भूल गया कि यह देश उसे अमेरिका से पैसे बुलाकार खुलेआम ईसाई धर्म का प्रचार करने की स्वतन्त्रता देता है। उसे लगा होगा कि कहीं नटराज मेरे ईसा से झगड़ा न कर लें। वह दीवाना अपने को ईसा का रक्षक समझने लगा। उसने विरोध किया, पर बिना नटराज के नाटक तो हुआ ही!

और तब सनसनी फैली और हिन्दुओं को लगा कि धर्म गया। रोज लूटने, वेश्यागमन करने, मद्यपान करने, भ्रूणहत्या करने, स्त्रियों को बेचने में इनका धर्म भ्रष्ट नहीं होता। पर इस घटना से हो गया। उन्होंने भड़काना शुरू किया। बेचारे विद्यार्थियों के कन्धे पर बन्दूक रखी और हुल्लड़बाजों से हुल्लड़ किया।

पर सवाल यह है कि 16 तारीख से 26 तारीख तक रायपुर के नेता और अफसर क्या करते रहे? तुम्हारे यहाँ नेता केवल चुनाव के समय सक्रिय होता है और अफसर केवल लाठी और गोली चलाने पहुँचते हैं। नेता की बात कोई मानता नहीं है, क्योंकि आम आदमी का उनमें विश्वास नहीं है। चुनाव के सिवा नेता किसी के पास जाता नहीं। समाज की दैनिक समस्याओं की ओर नेता का ध्यान नहीं जाता। और अफसर का जनता से सम्बन्ध केवल डिग्री, समन, लाठी और गोली के मार्फत होता है।

ऐसे मौके पर होता यह है कि ठीक विचारवाले नागरिक और नेता तो पीछे फेंक दिये जाते हैं, और गुण्डे नेता बन जाते हैं। धार्मिक द्वेष का जहर ऐसा ही होता है। गौ-हत्या का हो-हल्ला उड़ा दीजिए—25-26 साल के तपे हुए नेता 'मुर्दाबाद' हो जावेंगे और 25-26 साल के तपे हुए गुण्डे 'जिन्दाबाद'! बुद्धिहीनता की हद है।

आयुष्मान, यह रायपुरवाली दुर्घटना टल सकती थी अगर अफसर और नेता ज़रा कष्ट कर लेते।

पर तुम्हारे यहाँ आदमी को मक्खी की तरह मारने की आदत पड़ती जा रही है। अशोकचक्रवाली गाँधी-भक्त सरकार है यह!

तुम्हारा
अरस्तू

अरस्तू की चिट्ठी-10*

आयुष्मान,

आजकल यहाँ वे लोग ज्यादा आने लगे हैं जो समय से पहिले जीवन का अन्त कर लेते हैं। जिन्दगी की डोर को अचानक बीच में ही काट देनेवाले इन लोगों में दो प्रकार के लोग विशेष हैं---असफल प्रेमी और गरीबी से पीड़ित! तुम्हारे यहाँ यू. पी. के मुख्यमन्त्री ने आत्महत्या करनेवालों की एक वर्ष की संख्या बतलायी है। उससे मालूम होता है कि हजारों लोगों का जीवन तुम लोगों ने मुश्किल कर दिया है। पहिले असफल प्रेम की ही बात लो।

प्रेम-सरीखी चीज ज़हर क्यों बन जाती है? तुमने अपने समाज में ऊँच-नीच, बड़े-छोटे के इतने बन्धन लगा रखे हैं कि तुम्हारा खयाल है कि आदमी का मन, गणित के सूत्रों के अनुसार चलेगा। तुम दुनिया-भर की उदारता और सहिष्णुता का डंका पीटते हो, पर अपने सामाजिक और पारिवारिक जीवन में कितने संकीर्ण हो? तुम्हारी यह धारणा है कि स्त्री और पुरुष परस्पर दुश्मन हैं, और तुम्हारा यह कर्तव्य है कि तुम भरसक उन्हें दूर रखो। तुम्हारे बुजुर्गवार जो स्वयं करते हैं उसे दूसरे के लिए वर्ज्य मानते हैं। ढलती उमर का बूढ़ा बालों में खिजाब लगाता और ताकती गोलियाँ खाता है; पर अगर उसकी तरुणी लड़की आईने के सामने ज्यादा देर तक खड़ी रहे तो उसे लगता है कि यह गलत है। रात की काली चादर ओढ़कर सबकुछ करनेवाले दिन निकलने पर कैसे सभ्य बन जाते हैं। तुम्हारे सामाजिक जीवन का पाखण्ड है यह, जिसके कारण असंख्यक युवक-युवती अपने जीवन को अन्त करने योग्य समझने लगते हैं। जिस समाज के तरुण वर्ग में घुटन होती है वह समाज पतित होता जाता है, क्योंकि घुटन विकृतियों की निशानी है, उससे मानसिक रुग्णता आती है और समस्त जाति का

* परिवर्तन, 22 सितम्बर, 1957

स्वास्थ्य बिगड़ता है। जब कोई युवक या युवती तुम्हारे बन्धनों के कारण प्रेम से विफल जीवन का अन्त करती है, तब एक नक्षत्र टूटता है। तुम्हारे काव्य में, तुम्हारे धर्मग्रन्थों में जिस प्रेम के गीत गाये गये हैं, वह अगर तुम्हें कहीं होता दिखे, तो तुम भड़क उठते हो। तुम राधा और कृष्ण की कथा गाकर विह्वल होते हो, गद्गद हो जाते हो; नमन करते हो। पर अगर आदमी प्यार करे तो तुम उसे पाप समझते हो। असंख्य आत्माओं के हनन का पाप तुम्हारा समाज माथे पर लादता जाता है और परिणामस्वरूप 'फ्रस्ट्रेट' पीढ़ियाँ जन्म लेती जाती हैं।

इन आत्महत्याओं का एक कारण और है। प्रेम के सम्बन्ध में तुम्हारा परम्परागत दृष्टिकोण। आस्कर वाइल्ड ने कहा है—

"Man must live by love and admiration, not for love and Admiration." याने मनुष्य को प्रेम और प्रशंसा के लिए नहीं जीना चाहिए। जैसे जीने के लिए खाना चाहिए; खाने के लिए नहीं जीना चाहिए। तुम्हारे पहिले के बहुत-से सम्पन्न और निठल्ले लोगों ने यह धारणा पुख्ता कर दी है। प्रेम अपने आपमें एक सम्पूर्ण वस्तु है; अलग चीज है, जीवन से उसका सम्बन्ध है तो केवल इतना ही कि सारा जीवन प्रेम करने के एक ही काम के लिए है। यह निर्विवाद है कि प्रेम जीवन की बड़ी शक्ति है, बड़ी प्रेरणा है। लेकिन निठल्ले, नवाबों की तरह इस युग में कोई भी 24 घण्टे यह तो नहीं कर सकता कि—

दिल चाहता है वो ही फ़ुरसत से रात-दिन
बैठे रहें तसव्वरे-जानाँ किये हुए।

आयुष्मान, 'तसव्वरे-जानाँ' किये हुए आज रात-दिन कोई बैठा रहेगा, तो भूखा मर जायगा। राजपूतों के सम्बन्ध में कहा जाता था कि राजपूत का एक हाथ कामिनी के कण्ठ पर और एक तलवार पर रहा करता था। आज कारखाने के भोंपू की पुकार सुनकर नव-विवाहित पुरुष भी कामिनी की शैया त्यागकर कारखाने को भागता है।

तुम्हें इस युग में प्रेम का कर्म से सामंजस्य स्थापित करना होगा। प्रेम कर्म का प्रेरक होता है। प्रेम की प्रेरणा से कर्म में सौन्दर्य और कुशलता आती है, पर कर्महीन प्रेम अत्यन्त पतनशील और घिनौना होता है। यह नयी परिभाषा गढ़नी होगी। और तब आयुष्मान, बेवफाई से इतनी मौतें नहीं होंगी। 'दोनों तरफ आग बराबर लगी हुई' अगर न हो तो एक अपनी ही आग से झुलस जाता है और दूसरा अपनी माचिस लिये हुए किसी दूसरे दिल को देखता है। असफल प्रेम से मरने-जैसी कोई स्थिति नहीं आनी चाहिए। कहते हैं रिक्तता आती है, पर इस रिक्तता को भरा भी तो जा सकता है। तुम्हारे यहाँ चौंकेंगे लोग यह सुनकर कि उस खाली स्थान को दूसरे प्रेम से भरा जा सकता है। यह न पाप है न असम्भव है। मगर प्रेमी अपने आपको फुसलाता रहता है कि अब इस हृदय में किसी के लिए स्थान नहीं है। यह वास्तविकता उतनी नहीं है, जितनी अपने आपको धोखा देने की प्रवृत्ति। यह आत्म-वंचना है। जो आदमी कहता है कि वह नया ज्ञान प्राप्त

करने में असमर्थ है, वह भावनात्मक रूप में मर चुका—यह बात तुम्हारे यहाँ के लेखक डी. एच. लारेन्स ने कही है। मुझसे कोई विफल प्रेमी पूछे कि अब मैं क्या करूँ? तो मैं कहूँगा कि कहीं और प्रेम कर लो। मरते क्यों हो?

यह न हो तो जिन्दगी अन्य कामों में लगायी जा सकती है। पत्नी द्वारा प्रताड़ित तुलसीदास आखिर महाकवि हो गये। तुम्हारे ही यहाँ आधुनिक युग में एक उदाहरण एनीबेसेण्ट का है। तुम जानते होगे कि बर्नाड शॉ की प्रतिभा की लौ से वे बुरी तरह अभिभूत हो गयी थीं। 9 वर्षों तक वे शॉ से प्रेम करती रहीं पर जब विवाह का प्रश्न आया तो शॉ ने इतनी कठिन शर्तें रखीं कि एनीबेसेण्ट विवाह नहीं कर सकीं। वे 'थियासोफिक सोसाइटी' में काम करने लगीं। भारत आयीं और भारत में जो उन्होंने सेवाएँ कीं, वे उन्हें अमर करने को पर्याप्त हैं। प्रेम की विफलता ने उन्हें समाजोन्मुख कर दिया।

इसलिए यह सीखना होगा कि प्रेम की विफलता मरने का कारण नहीं है। इतना बड़ा समाज सेवाएँ माँगता है। उसका भी हक है। प्रेम का पतनशील दर्शन इस युग में नहीं चलेगा। प्रेमियों का संयोग अगर समाज नहीं होने देना चाहता, तो साहस के साथ वे विद्रोह करें। गले से पत्थर बाँधकर उस जीवन में मिलने की आस लेकर तलाब में डूबना बड़ा भारी पाप है! वे यहाँ भी नहीं मिलते, यह मैं देखता रहता हूँ।

तुम्हारा
अरस्तू

अरस्तू की चिट्ठी-11*

आयुष्मान,

आज मैं तुम्हें एक ऐसे विषय पर लिख रहा हूँ जिसे छेड़ना खतरे से खाली नहीं है। इस विषय पर हर युग और हर देश में विचार होता रहा है कि क्या धर्म कालनिरपेक्ष है या युग के अनुसार बदलता रहता है? परिस्थितियों के अनुसार धार्मिक विधान में, धार्मिक रीति-रिवाज में परिवर्तन होता है या वे गतिशील विश्व की बिना परवाह किये अपनी पूर्वगति से चलते जायेंगे।

एक उदाहरण देता हूँ, तुम विचार करना। पुराने जमाने में अग्नि प्रज्वलित करने में बड़ी कठिनाई होती थी, इसलिए मुर्दे को मरघट में जलाने को ले जाते

* परिवर्तन, 10 नवम्बर, 1957

समय, एक आदमी हण्डी में आग लेकर अर्थी के साथ चलता था। अब इस जमाने में जब आग सुलगाना इतना आसान हो गया है, जब बिजली से आग पैदा हो गयी है, जब विद्युत-भट्टियाँ बन गयी हैं, क्या यह जरूरी है कि एक आदमी उसी तरह आग की हण्डी लटकाये चले।

दूसरी बात लो। पुराने जमाने में राज-परिवारों में विवाह तलवार की नोंक पर होता था। स्वयम्बर होते थे—राजकन्या को अनेकों राजकुमार ब्याहने आते थे और किसका विवाह उससे होगा, यह तलवार के द्वारा तय होता था। तब हर विवाहेच्छु कुमार के साथ एक सेना होती थी और वह स्वयं वीरवेश में होता था, तलवार धारण करता था। क्षत्रियों से यह प्रथा सब वर्णों ने ले ली और दूल्हा को वीरवेश में बारात के साथ ले जाना आरम्भ हुआ। तुम्हारे यहाँ अभी भी वर को लाल मुग्गा और लाल पगड़ी बाँधते हैं; उसके हाथ में कटार रखते हैं, हाथों में कड़े डालते हैं। मजा यह है कि लकड़ी की कटार पर मखमल की म्यान चढ़ाकर के हाथ में रख देते हैं या सुपारी काटने का सरोता ही रख देते हैं। उसका श्रृंगार ऐसा करते हैं कि वह बेचारा नाटक कम्पनी का 'जोकर' लगता है। जिसने कभी घोड़े को छुआ तक नहीं, उससे उसकी जान साँसत में पड़ जाती है।

इस युग में क्या यह सब रूपक जरूरी है।

आयुष्मान, युग के साथ समाज के रीति-रिवाज, नीति-नियम बदलना ही चाहिए। पुराने जमाने में तो आर्यों में नरमेध तक होते थे। क्या अब कोई आदमी को यज्ञ में बलि कर सकता है?

आज इस तरह की बात कहने का प्रसंग उठ खड़ा हुआ। तुम्हारे यहाँ आगामी एक-दो महीनों में एक बड़ा उत्सव हो रहा है—'गजरथ उत्सव।' यह उत्सव धनी व्यक्ति करता है, जिसमें लाखों आदमी आमन्त्रित किये जाते हैं। उत्सव होता है, हाथी के द्वारा रथ खींचा जाता है और रथ के पहियों में 'मोबिल आइल' के युग में घी डाला जाता है।

इसे जैन समाज धार्मिक समारोह के नाम से करता है। पर क्या यह धार्मिक है? धर्म वह है, जिसका पालन धनी-गरीब सब कर सकें, जो बड़े और छोटे सबके लिए सुलभ हो। क्या इस उत्सव को लखपति के सिवा कोई और कर सकता है? क्या गरीब जैन फेरीवाला इसे कर सकता है? क्या जैन स्कूल मास्टर इसे कर सकता है? क्या गरीब जैन क्लर्क इसे कर सकता है? तो फिर यह धर्म कैसे हुआ? जिसे पैसेवाला कर सके, गरीब न कर सके वह धर्म हो ही नहीं सकता। वह केवल व्यक्तिगत प्रतिष्ठा के लिए 2-3 लाख की कीमत पर किया जानेवाला एक व्यक्ति-समारोह मात्र है। जो धनी इसे करता है उसे 'सवाई सिंघई' की पदवी मिलती है। बस, इस पदवी के लिए यह किया जाता है। सामान्य आदमी भी इसमें भाग ले, दूसरे की शादी में बाराती की तरह शामिल हो, इसलिए इसे 'धार्मिक उत्सव' कह दिया जाता है।

आयुष्मान, यह विचारणीय प्रश्न है। मैं एक धार्मिक सम्प्रदाय के बारे में

नहीं कह रहा हूँ। सबके बारे में विचार होना चाहिए। जो लोग धर्म के नाम पर इस जमाने में यज्ञ करते हैं और हजारों का घी व अन्न अग्निकुण्ड में झोंक देते हैं, उन पर भी विचार होना चाहिए।

तुम आखिर किस युग में जी रहे हो? एटम युग के मनुष्य तुम व्यवहार में आदिम युग के बने हुए हो। हमने अपने को घर के कमरे में या दूकान में बन्द कर रखा है। समाज और संसार की गति कुछ मालूम नहीं। जमाना कहाँ पहुँच गया? समाज की क्या हालत है? देश की समस्या क्या है? इन प्रश्नों से कोई मतलब नहीं।

एक व्यक्ति ने लाखों कमा लिये हैं। यह प्रतिष्ठा भी खरीदना चाहता है। इसलिए यह धर्म के नाम पर 2-3 लाख का एक उत्सव करता है और 'सवाई सिंघई' की पदवी धारण करता है। प्रतिष्ठा पाता है।

उसे यह मालूम नहीं है कि उसके देश का अर्थमन्त्री तमाम दुनिया में हाथ फैलाये भीख माँग रहा है। उसे यह मालूम नहीं है कि पंचवर्षीय योजना के लिए हमारे पास पैसे नहीं हैं। उसे यह मालूम नहीं है कि लाखों आदमी भूखे मर रहे हैं। उसे यह मालूम नहीं है कि शहर में हजारों ऐसे हैं जिनके पेट में एक चम्मच घी नहीं पड़ता है। मगर उन्हें इससे मतलब नहीं, आदमी घी न खा पाय; पर रथ का पहिया घी पियेगा। आदमी भूखे मरते रहें, पर वह भोग करायेगा। देश की योजना में वह पैसा नहीं देगा, पर 2-3 लाख अपनी प्रतिष्ठा के लिए बरबाद कर देगा।

भगवान महावीर ने दया और प्रेम का सन्देश दिया था, त्याग सिखाया था। उनके धर्म का नाम लेकर लोग कैसे-कैसे काम करते हैं।

आयुष्मान, तुम लोग उनसे कहो कि हम तुम्हें बड़ी-से-बड़ी पदवी देते हैं, हम तुम्हें सारे नगर की ओर से सम्मान देंगे—तुम वे 2-3 लाख रुपये बरबाद न करके समाज के हित में लगा दो। अस्पताल खुलवा दो, भिखारियों के सोने के लिए सराय बनवा दो, शिक्षा-संस्था खुलवा दो। अपाहिजों के लिए प्रबन्ध करा दो, अनाथ बच्चों के लिए अच्छी संस्था खुलवा दो। तुम्हारा नाम ज्यादा चमकेगा, तुम्हारी ज्यादा जय-जयकार होगी, तुम्हें लोग ज्यादा श्रद्धा देंगे। या उनसे कहो कि यह धन देश के निर्माण के लिए पंचवर्षीय योजना में दे दें। उपाधि चाहे जो ले लें—सारे समाज से आरती ही उतरवा लें—पर देश का धन बरबाद न करें। घी को आदमी के पेट में जाने दें, रथ के पहिये में न डालें।

वे शायद ही तुम्हारी बात मानें, क्योंकि उन्होंने विचार करना बन्द कर दिया है; दिमाग को 'रेफ्रिजरेटर' में रख दिया है। लेकिन मजा यह है कि एक प्रजा समाजवादी नेता इस समारोह के प्रधानमन्त्री हैं और एक प्रोफेसर मन्त्री हैं। सेठ-जी का दकियानूसीपन तो समझ में आता है, पर नेता और प्रोफेसर की बात समझ में नहीं आती। तुम उनसे पूछो।

तुम लोग इस समारोह को धर्म से बिल्कुल अलग करके मानो। धर्म का नाम

लेकर—तुम्हारे यहाँ डराने की पद्धति है। लोग कहेंगे, धर्म में हस्तक्षेप करते हो। पर यह धार्मिक समारोह कतई नहीं। जैनधर्म से इसका कतई मतलब नहीं। यह धन का चोचला है। रईस का प्रदर्शन है। 2-3 लाख का नाटक है।

और यह तुम्हारे समाज की प्रगतिशील शक्तियों को चुनौती है। मेरा विश्वास है कि जैन समाज में भी प्रगतिशील विचारोंवाले अनेक व्यक्ति हैं, विशेषकर तरुण वर्ग इन प्रतिगामी रिवाजों से मुक्त है। यह उन्हें चुनौती है। क्या वे इतना साहस कर सकते हैं कि देश के धन को इस तरह बरबाद होने से रोकें? क्या वे धर्म के नाम पर इतना बड़ा मिथ्यावाद होने देंगे? क्या वे इस धन को उपयोगी काम में लगवा सकते हैं? क्या उनमें इतना दम है कि वे इतने बड़े समाजविरोधी कार्य को रुकवा सकें?

यह कार्य उसी समाज का है जिसके भूषण वे धनपति हैं। उसी समाज के विचारवान, प्रगतिशील व्यक्तियों और तरुणों की परीक्षा है।

मेरा सुझाव है कि तुम लोग शान्ति से इस व्यक्तिगत प्रतिष्ठा-उत्सव को रुकवाओ। नहीं तो लोग तुम पर हँसेंगे। इस संकटकाल में धन-धान्य की यह बरबादी एक अपराध है, जिसके लिए कानूनन दण्ड की व्यवस्था होनी चाहिए।

तुम्हारा
अरस्तू

अरस्तू की चिट्ठी-12*

आयुष्मान,

तुम दूध तो रोज खरीदते ही होगे। दूध नाम की चीज मध्यवर्ग और उच्च-वर्ग में तुम्हारे यहाँ फैशन के रूप में व्यवहार में लायी जाती है। दूध जीवन-तत्व है, पोषक पदार्थ है, यह तुम नहीं मानते। तुम्हारे लिए दूध उस द्रव का नाम है जिसे चाय में मिलाने से उसका रंग भूरा हो जाता है। तुम्हें इसकी शिकायत भी होती है कि तुम्हारे यहाँ के ग्वाले दूध में पानी मिलाकर बेचते हैं।

यह बिल्कुल सही है कि वे दूध में पानी मिलाते हैं। मगर यह अपने आपमें एक अलग अनैतिक क्रिया नहीं है। यह तुम्हारे देश की मौजूदा 'महाजनी संस्कृति' ही है। यह कुसंस्कृति तुम्हारे सारे सामाजिक जीवन को आक्रान्त किये है। लेकिन तुम इसका उपचार अलग-अलग करते हो। एक-एक मच्छड़ मारने से तो घर के

* परिवर्तन, 17 नवम्बर, 1957

मच्छड़ कभी नहीं मर सकते । शरीर में अगर फोड़े हो गये हैं तो एकाएक फोड़े के ऊपर मलहम लगाने से कोई फायदा नहीं । खून खराब हो गया है, उसे शुद्ध करना होगा । तब सब फोड़े अपने आप मिट जावेंगे ।

दूध की ही बात लो । बड़ी शिकायत है कि दूधवाले पानी मिलाकर बेचते हैं । यह एक फोड़ा है समाज-पुरुष के शरीर में । अब तुम्हारी नगरपालिका या नगर निगम ने दूध की जाँच के लिए इन्स्पेक्टर नियुक्त कर दिये । शहर में बिकने-वाले सब दूध की जाँच शुरू हो गयी । आयुष्मान, तुम देखते होगे कि जब से जाँच शुरू हो गयी, तब से दूध में ज्यादा पानी आने लगा । परिणाम ठीक उलटा हुआ । तुम किसी ग्वाले से एकान्त में ईमान से पूछो, वह बतलायेगा कि वह पहिले से ज्यादा पानी मिलाने लगा है । वह तुम्हें बतलायेगा कि इन्स्पेक्टर को 'महीना बँध गया है', याने हर महीने उसे रुपये दिये जाते हैं और वह दूध 'पास' करता जाता है । जब पैसे देते तो बेखटके ज्यादा पानी मिलाते हैं । पहिले सेर में एक सेर मिलाते थे, तो अब डेढ़ सेर ! अब कौन पूछ सकता है ? इन्स्पेक्टर को पैसे तो देते हैं । यह दूसरा फोड़ा हुआ ! ज्यों-ज्यों तुम एक फोड़े का मुँह बन्द करने की कोशिश करोगे, त्यों-त्यों दूसरी जगह फोड़े उठते जावेंगे । अब तुम इस इन्स्पेक्टरवाले फोड़े पर मलहम चुपड़ो याने सेक्रेटरी या किसी सदस्य से जाँच करवाओ और अगर ये भी इसी महाजनी संस्कृति के भक्त हुए तो वे इन्स्पेक्टरों से अपना हिस्सा लेने लगेंगे और तुम्हारे दूध में पानी की मात्रा बढ़ जायेगी, क्योंकि इन्स्पेक्टर यह भेंट दूधवाले से वसूल करेगा और दूधवाला और पानी मिलाकर तुमसे ! अब क्या करोगे ? कहाँ-कहाँ मलहम लगाओगे ?

फोड़ों की कतार लगी है । किसी कॉलेज के प्रिन्सिपल को फर्नीचर बनवाना है । उसने 3-4 लाख का ठेका दिया । उसमें से 20 प्रतिशत कमीशन अपनी जेब में डाल लिया । अब ठेकेदार रद्दी लकड़ी का रद्दी माल बना देगा और प्रिन्सिपल उसे नामन्जूर नहीं करेगा । अब लड़कों तक में यह बात फैल गयी कि प्रिन्सिपल पैसा खाता है और रामकृष्ण विवेकानन्द के उपदेश देता है । उनके मन में अपने आचार्य के प्रति घृणा, अवज्ञा जागेगी । वे उसे निरादर देंगे, उसका प्रभाव नहीं मानेंगे । उनमें अनुशासनहीनता आयेगी । उपद्रव-वृत्ति आयेगी और तुम रोओगे कि लड़के बिगड़ गये हैं ! मगर विष तो रक्त में है । एक फोड़े से दूसरे फोड़े का 'कनेक्शन' है ।

प्राइवेट कॉलेज है—प्रिन्सिपल बेचारा मेम्बरी की भृकुटि से झूलता है । मेम्बरों ने योग्यता-अयोग्यता के खयाल से मुक्त होकर किसी को अपना मानकर पद पर बिठा दिया । अब वह बेचारा कॉलेज का काम, अध्ययन-अध्यापन आदि को तो तिलांजलि दे देगा और मेम्बरों के द्वारों पर सिजदा करता फिरेगा । उनके चक्कर लगायेगा । नाराज हो गये तो निकाल न देंगे ?

तुम्हारे यहाँ एक कॉलेज के भ्रष्टाचार के बड़े किस्से छपे थे । फिर उसका क्या परिणाम निकला ? जाँच किसने की ? उसी मुहकमे के किसी अफसर को

जाँच करने का काम दे दीजिए और परिणाम देख लीजिए। वह अपना हिस्सा लेकर लिख देगा कि आरोप झूठ साबित हुए।

इसलिए आयुष्मान, रक्त को शुद्ध करना पड़ेगा। मनुष्य में विश्वास खोने की जरूरत नहीं है। आदमी तो अच्छा होता ही है। वह आगे भी बढ़ता जाता है। पर बीच-बीच में, ऐसे समय जब व्यवस्था सड़ जाती है, सारा समाज रुग्ण हो जाता है। तुम्हारे यहाँ यही काल चल रहा है। एक महाजनी सभ्यता है जिसका मूलमन्त्र 'बेईमानी' है। इस सभ्यता का अन्तिम चरण है, सबमें विकृति। इसके बाद मनुष्य के ही प्रयत्नों से इसकी समाप्ति है और नयी संस्कृति का जन्म है !

तुम्हारा
अरस्तू

अरस्तू की चिट्ठी-13*

आयुष्मान,

एक ही विषय पर यह दूसरी बार तुम्हें लिख रहा हूँ। कारण है, इस पखवाड़े में तुम्हारे यहाँ 'गजरथ महोत्सव' का काम खूब आगे बढ़ गया है और साथ ही उसका विरोध भी। हाथी वगैरह अभी तय हुआ या नहीं ? सुना है अच्छा हाथी नहीं मिल रहा। कहाँ से मिले ? हाथी या तो राजा पालते थे या महन्त—ये दोनों नहीं रहे। राजा लोग तो सरकारी पेंशन पर गुजारा कर रहे हैं और महन्तों की हालत पतली हो रही है। भक्त अब उतने मूर्ख रहे नहीं कि महन्तजी के ऐश-आराम, शराब, गाँजा के लिए भेंट चढ़ाने जावें। हाँ, इस बीच तुम्हारी सरकार ने एक नये किस्म के हाथी पाल रखे हैं—सफेद हाथी ! हर मुहकमे में मोटी-मोटी तनख्वाहें लेकर कुछ काम नहीं करनेवाले इन हाथियों को अगर रथ में जोतकर जुलूस निकाल सको तो बड़ा धार्मिक कार्य हो जाय !

हाँ, तो तुम्हारे समाज में खलबली तो मच ही गयी। लोग विचार करने लगे। उनके मन में इस व्यक्तिगत प्रतिष्ठा-हेतु, की जानेवाली राष्ट्रीय धन की बरबादी के सम्बन्ध में द्वन्द्व तो पैदा हो ही गया। तुम्हारे पत्र में ही गत सप्ताह दो पत्र प्रकाशित हुए थे, जिनमें मेरी बात का समर्थन किया गया था। और जो भी लोग पत्र लिखें तुम छापो। अगर उक्त महोत्सव के पक्ष में भी कोई लिखना चाहें, तो उन्हें भी लिखने दो। विचार को निर्बाध गति से प्रकट होने देना चाहिए। विचार जब लुप्त

* परिवर्तन, 1 दिसम्बर, 1957

हो जाता है, या विचार प्रकट करने में बाधा होती है या किसी के विरोधी विचार से भय लगने लगता है, तब तर्क का स्थान हुल्लड़ या गुण्डागर्दी ले लेती है।

मैं बात को आगे बढ़ाता हूँ। इस बीच यह तो निश्चयपूर्वक हो गया है कि अधिकांश स्त्री-पुरुष इस उत्सव के विरुद्ध हो गये हैं। अगर इस समाज के लोगों से ईमान की बात पूछो तो 90 प्रतिशत यही कहेंगे कि वे इस धन की बरबादी को गलत मानते हैं। शेष 10 वे हैं जिनके दिमाग ने सोचना बन्द कर दिया है। या जिनका इस समारोह में स्वार्थ सधनेवाला है। या जो परम्परागत धारणाओं में बद्ध हैं। आयुष्मान ! उन सेठजी के गजरथ करने में बहुत लोगों को हाथ सेंकने और जेब गरम करने का मौका मिल गया है। जो उनके आसपास दुम हिला रहे हैं, हाँ जी-हाँ जी में लगे हैं, उनकी जय बोल रहे हैं, उन्हें ज़रा सेठजी तो पहचानें। वे क्यों इतना उत्साह बतला रहे हैं ? होंगे उनमें कुछ ईमानदार भी, मगर शेष अपनी जेब भरने की फिक्र में हैं। व्यापारी तो बड़ा काँइयाँ होता है। फिर बेचारे ये सेठ इस समय क्यों इतने भोले हो गये हैं ?

फिर इस उत्सव से जिनका स्वार्थ बँधा है, वे इसे साम्प्रदायिक रूप देना चाहते हैं—वे कहते हैं कि यह तो धार्मिक मामला है। हमें कौन रोक सकता है ? मैंने पहिले ही कहा था कि यह धार्मिक मामला तो कतई नहीं है। और अगर वे धर्म की डींग ही हाँकते हैं तो उनसे कहो कि जैनधर्म के शेष सब सिद्धान्त भी जिन्दगी में उतारो। सारी सम्पत्ति का परित्याग करो। सत्य भाषण करो। ब्रह्मचर्य का पालन करो। जीव को मत सताओ ! ये सब भी तो धार्मिक सिद्धान्त हैं। इन्हें भी पालो। मगर इन्हें कैसे पालेंगे ? भला सम्पत्ति त्यागी जाती है ? सत्य बोलेंगे तो मुनाफा कैसे होगा ? इसलिए वही आडम्बर पालन करेंगे, जिससे स्वार्थ सधता हो। सच्चा धर्म तो स्वार्थ-त्याग करना है, इसलिए सच्चे धर्म को कोने में रख दिया है। आयुष्मान, स्वार्थी लोग धर्म का नाम ले रहे हैं। उनके मन में धर्म-भावना कतई नहीं है।

अब अधिकांश लोग ऐसे हैं, जो समझते हैं कि यह गलत हो रहा है, पर खुल्लम-खुल्ला वे यह कह नहीं सकते। न इसका विरोध कर सकते हैं। कहते हैं—मुलाहज़ा टूटता है, आपसी सम्बन्ध है, रिश्तेदारी या मित्रता है, बुरा मान जावेंगे। इन लोगों से मुझे यह कहना है कि यह कैसी रिश्तेदारी या मित्रता है कि अपने आदमी को गलत करते देखकर भी उसे चेताया न जाय। यह तो इसी तरह हुआ कि कोई खन्दक में गिरा जा रहा है और उसका मित्र दूर खड़ा देख रहा है। उससे पूछा कि क्यों भाई, तू उसे क्यों नहीं रोकता ? तो वह कहता है—'ज़रा आपसी मामला है; रिश्तेदारी है, वे बुरा मान जायेंगे। गिर ही जाने दो ?'

समाज में वह शक्ति आनी चाहिए कि सामाजिक मिथ्यावाद, असामाजिक कृत्य और समाज के लिए हानिकर कर्मों का विरोध कर सकें। तुम्हारे प्रधानमन्त्री ने अभी उस दिन कितने दर्द से कहा कि धनधान्य की बरबादी मत करो। देश पर संकट आया है। पर गजरथवालों को देश से क्या मतलब ? आया करें संकट !

अपन देश से अलग हैं। अपना खुद का पैसा है। हम चाहें पानी में डाल दें।

इन लोगों को बतलाओ कि सब पैसा राष्ट्र का है। सारे समाज का उस पर अधिकार है। जो उसे अपना समझकर बरबाद करता है, वह समाज के कोष में से चोरी करता है। मुझे उम्मीद है कि सही सोचनेवाले, प्रगतिशील लोग, इस पाखण्ड के विरोध में उठेंगे।

तुम्हारा
अरस्तू

अरस्तू की चिट्ठी-14*

आयुष्मान,

आज ही एक जीव तुम्हारे लोक से यहाँ आया है। यहाँ उसके बयान से बड़ी गड़बड़ पड़ गयी है। वह कहता है कि डाक्टरों ने उसे मार डाला। वह इलाज के लिए अस्पताल गया था कि वहाँ ज्यादा क्लोरोफार्म दे देने से उसके प्राण उड़ गये। यहाँ इस लोक में भी जो अधिकारी हैं, मन्त्री हैं, वे भी कुछ तुम्हारे देश के मन्त्रियों से कम बहानेबाज नहीं हैं। तुम्हारे भूखण्ड के लिए जो स्वास्थ्य मन्त्री यहाँ पर हैं, वे कहने लगे, "यह बात गलत है कि यह आदमी असावधानी, अज्ञान या अवहेलना के कारण मरा। बात यह है कि जिस अस्पताल में यह भरती हुआ, वहाँ चिकित्सा का शिक्षण भी होता है और विद्यार्थी वहाँ 'प्रेक्टिकल' के लिए जाते हैं। उन्हें यह बताना था कि ज्यादा क्लोरोफार्म से आदमी की मृत्यु हो जाती है। इसके लिए प्रयोग करना था। इसलिए व्यक्ति पर प्रयोग करके परिणाम बतलाया गया था, जिससे भविष्य में होनेवाले डाक्टर इसे अपनी आँखों देख लें।"

है न बढ़िया कैफियत ? तुम्हारी रानी साहिबा स्वास्थ्य मन्त्राणी को यह बात क्यों नहीं सूझी ? उन्होंने विधानसभा में कह दिया कि ऐसी कोई गलती नहीं हुई। जितनी शिकायतें रानी साहबा के सामने पेश की गयीं सबके जवाब में उन्होंने कह दिया कि ये सब बातें जाँच करने पर गलत पायी गयीं। मेडिकल कॉलेज के पैसा खाने की बात झूठ, सामान चुराने की बात झूठ, लापरवाही की बात झूठ, अस्पताल के डाक्टरों की लापरवाही और जघन्यता की बात झूठ ! उनका उलाहना पाक-साफ है।

और तुम लोग अखबारों में हल्ला मचाये हो। अरे भाई, वे रानी साहिबा हैं,

* परिवर्तन, 8 दिसम्बर, 1957

उन्हें छोटी-मोटी बातों पर ध्यान देने की क्या जरूरत ? फिर मामूली आदमी में और रानी में क्या फर्क ? कोई मामूली आदमी कहीं डाक्टरों के द्वारा मार डाला गया है, तो क्या उसके लिए इतनी बड़ी रानी सिर दुखायेगी। मामूली आदमी तो करोड़ों होते हैं, राजा-रानी तो बिरले ही होते हैं।

इस किस्म की बेखबरी रानियों की परम्परा रही है। क्रान्ति के पहिले फ्रान्स की रानी केटी एण्टानेट से किसी मन्त्री ने कहा कि पेरिस के लोगों को खाने को रोटी नहीं मिलती, तो वे अजीब भोलेपन से बोलीं, 'क्या ? रोटी नहीं मिलती ? तो केक क्यों नहीं खाते ?' उन्हें क्या मालूम कि जिन्हें रोटी भी नहीं मिलती वे बेचारे केक कैसे खा सकते हैं। मगर इस भोलेपन की बलिहारी है। इसी भोलेपन पर कहा गया है—

'इस सादगी पर कौन न मर जाय ऐ खुदा !' आयुष्मान, जब-जब तुम्हारी रानी विधानसभा में कहती हैं कि कहीं कुछ गड़बड़ नहीं है, तो इस सादगी पर तुम्हारी मर-मिटने की तबियत नहीं होती ? बड़े आशिक लोग हो तुम ! हल्ला मचाये ही जाते हो। उनको देखे से ही बीमार के मुँह पर रौनक आ जाती है; उन्हें विभागीय झमेले में पड़ने की क्या जरूरत ? वे मन्त्रिमण्डल की शोभा हैं; लोगों के मार डाले जाने की शिकायतों से तुम लोग उनकी प्रफुल्लता पर मलिनता क्यों लाते हो ?

डिप्टी मिनिस्टर भी तुम्हारे बड़े भोले हैं। उस दिन मेडिकल कॉलेज के प्रिन्सिपल की तुम लोगों ने शिकायत की तो कैसी सादगी से बोले थे, 'अरे भई, उनकी बड़ी लम्बी सेवाएँ हैं; वे वृद्ध आदमी हैं। उनका कुछ तो खयाल करो !!' इस सादगी पर, प्रजातन्त्र के नाम पर तुम्हारी सिर धुनने की तबियत नहीं होती ? उनका कितना अच्छा तात्पर्य था—'भई वृद्ध आदमी हैं, इसलिए उनकी सेवा के पुरस्कार रूप में उन्हें कुछ आदमियों को बेमौत मार लेने को कुछ गोलमोल तो कर लेने दो। आखिर पुराने नौकरों को 'बोनस' मिलता है कि नहीं ?' है न सादगी मथुरा भाई की ? अरे वे शुरू से ही भोले-भण्डारी हैं। वे छोटे-छोटे मामले में पड़ते ही नहीं।

इन दो भोले-भाले मन्त्रियों के ऊपर तुम राज्य का स्वास्थ्य बेखटके छोड़ दो। कुछ दिनों में परिस्थिति इतनी बदल जायगी कि न अस्पतालों की जरूरत पड़ेगी न डाक्टरों की। तुम देखोगे कि आगे चलकर प्राणदण्ड के अपराधी को अस्पताल भेजेंगे। डाक्टर से कहेंगे कि उसे पेट में दर्द है और डाक्टर इलाज करके उसे मार डालेगा।

वह युग आ रहा है। तुम लोग रानी साहिबा के आराम में खलल मत डालो। और मथुरा भैया तो बड़े भले हैं। उन्हें तंग मत करो।

तुम्हारा

अरस्तू

अरस्तू की चिट्ठी-15*

आयुष्मान,

तुम्हारी भेजी गजरथ महोत्सव समिति के प्रचारमन्त्री की चिट्ठी मिली। मैं चाहता हूँ कि तुम इस चिट्ठी को ज्यों-का-त्यों छाप दो! किसी समस्या में दोनों पक्षों के विचारों को प्रकाश में आने देना चाहिए।

चिट्ठी मैंने ध्यान से पढ़ी। इसमें गजरथ महोत्सव के पक्ष में पहिला तर्क यह किया गया है कि इसमें जो यज्ञ-हवन होगा, उससे संसार में शान्ति-स्थापना होगी। मुझे आश्चर्य और क्षोभ है कि बी. एस. सी. इन्जीनियरिंग पढ़े और समाजवादी विचारभूमि के प्रधानमन्त्री को इस बात पर विश्वास है। इस प्रकार के यज्ञ से अगर विश्वशान्ति हो जाती है, तो फिर आइसनहावर और ख्रुश्चेव को राष्ट्रसंघ के कम्पाउण्ड में यज्ञ-वेदी में बिठाकर हवन कर दिया जाय। बड़े आश्चर्य की बात है कि अन्यत्र प्रकाशित एक अन्य विज्ञप्ति में कहा गया है कि इस यज्ञ-हवन से सूखा, अकाल नष्ट होंगे। आयुष्मान! तुम्हें याद होगा कि पिछले एक साल में तुम्हारे नगर में ही दो-तीन यज्ञ हुए हैं जो कर्मकाण्डी ब्राह्मणों द्वारा किये गये थे। वे भी कहते थे कि इनसे समाज की समृद्धि होगी पर तुम्हारे यहाँ तो इस साल अकाल पड़ रहा है और भुखमरी, गरीबी बढ़ रही है। तो क्या यह निष्कर्ष निकाला जायगा कि कर्मकाण्डी ब्राह्मणों के यज्ञ से सूखा पड़ता है और कर्मकाण्डी जैनों के यज्ञ से समृद्धि होती है। विज्ञान में विश्वविद्यालय की डिग्रीधारी प्रधानमन्त्री को इतना तो मालूम होगा ही कि वर्षा किन भौतिक कारणों से होती है। वृष्टि का आध्यात्मिक कारण किस विज्ञान-पद्धति में सिखाया जाता है? वे जान-बूझकर समाज को भ्रमित क्यों करना चाहते हैं? असल में हजारों साल पहिले दिये गये धार्मिक कर्मकाण्ड के ये विधान ऐतिहासिक दृष्टि से देखे जाने चाहिए। यदि वे वैसे ही मान लिये जायें तो हिन्दुओं को नरमेध यज्ञ भी करने देना चाहिए। क्योंकि उनके धर्म में यह भी होता है। सती प्रथा किसी समय बड़ा धार्मिक कृत्य माना जाता था, परन्तु यह बर्बरता कानून से बन्द हो गयी, जब मनुष्य का विचार अधिक विकसित हुआ। मैं कोई विशेष धर्म के कर्मकाण्डों की बात नहीं करता। सब धर्मों में ये जो, 'आउट ऑफ डेट' कर्मकाण्ड चलते रहते हैं ये बन्द होने चाहिए। यज्ञ, जिनमें मनो घी-शक्कर और अन्न अग्नि में झोंक दिया जाता है, इस अभाव के युग में इसे कानून से अपराध घोषित हो जाना चाहिए।

भगवान महावीर ने जो त्याग, अहिंसा, दया और क्षमा से महान उपदेश दिये हैं, उन्हें कितने लोग पालते हैं। धर्म का जो वास्तविक तत्व है उसे भुलाकर आडम्बर किये जा रहे हैं। धन के चोचले बताये जा रहे हैं। मैंने पहिले भी कहा

* परिवर्तन, 15 दिसम्बर, 1957

था कि जिस धर्म के पालन में लाख रुपये लगें, वह धर्म नहीं है, धन्धा होगा।

दूसरी बात जो कही गयी है वह बड़ी आँख खोलनेवाली है। मन्त्रीजी लिखते हैं—'इसमें किसी न किसी धनी व्यक्ति को तैयार करना पड़ता है और उसको सामाजिक उपाधि का प्रलोभन देना हमारी गजरथ परम्परा के अनुकूल होता है।' ज़रा इस वाक्य को खूब ध्यान से पढ़ो। यह पूरी पोल खोल देता है। वे स्पष्ट कहते हैं कि उन लोगों ने एक अच्छे धनी व्यक्ति को घेरघारकर तैयार किया। उसे प्रतिष्ठा का प्रलोभन दिया। वह प्रलोभन में आ गया और फिर इस नाम के लोभ-वश (धर्म के कारण नहीं) वह पैसा लगाने को तैयार हो गया। तब यारों ने कमेटी बना ली और काम शुरू कर दिया। इस सबमें किसका धरम निभ रहा है? जिस भले आदमी को इन लोगों ने तैयार कर लिया है उसका ध्यान ज़रा मन्त्रीजी के इस वक्तव्य की ओर आकर्षित करो। वे ज़रा देखें कि ये लोग उनकी क्या गत कर रहे हैं। मन्त्री महोदय साफ कहते हैं कि उक्त सेठजी व्यक्तिगत प्रतिष्ठा के लोभ में आकर यह उत्सव करने को तैयार हो गये हैं। इस वक्तव्य के आईने में वे अपना मुँह देखें और तब उस कमेटी को बुलाकर कहें कि तुम हमें बुद्धू बनाकर, झूठी प्रतिष्ठा का लोभ देकर हमसे यह काण्ड करवा रहे हो। आयुष्मान! यह बात मैंने अपनी पहिली चिट्ठी में ही कही थी और अब स्वयं मन्त्रीजी ने उगल दिया है।

पाखण्ड विशेष धर्म में ही नहीं है, सबमें हो रहे हैं। शंकराचार्य की जमीन हड़पकर, मठ का धन उड़ाकर, तुम्हारे ही शहर में लोग बिल्डिंग तानकर व्यापार करते हुए सफेद मूँछों पर ताव देते घूमते हैं। साम्प्रदायिक भावना से ऊपर उठकर, विशुद्ध मानवीय और वैचारिक धरातल पर इन सब पाखण्डों के विरुद्ध समाज के प्रगतिशील तत्वों को संघर्ष करना चाहिए।

तीसरी मुख्य बात यह कही गयी है कि इस मेले में जो धन खर्च होगा वह मजदूरों, छोटे दूकानदारों आदि में बँट जायगा। पूँजीपतियों का यह बहुत पुराना और खण्डित तर्क है। अर्थशास्त्रियों की दलील देने से भी पुष्ट नहीं होता, क्योंकि पूँजीवाद का अर्थशास्त्र समाजवाद के अर्थशास्त्र से भिन्न होता है। उद्योगपति हमेशा से ही कहते आ रहे हैं—'अरे भाई! हमें मुनाफा होता है तो हम उसे कारखाने में ही लगाते हैं। कारखाने में काम बढ़ता है, तो अधिक मजदूर लगते हैं, इस तरह पैसा वापिस मजदूरों में बँट जाता है। कैसी सात्विक दलील है, मगर मजदूर दुबला ही होता जा रहा है। भूखा ही मरता जाता है और पूँजीपति मुटाता ही जाता है। यूरोप और अमेरिका के पूँजीवादी अर्थशास्त्रियों ने पूँजीवादी स्थितियों के आधार पर तथा पूँजीवाद को कायम रखने के लिए जो अर्थशास्त्र के एकांगी तथा व्यक्तिगत उद्योगप्रधान सिद्धान्त बनाये हैं उनकी अंग्रेजी किताबों के हिन्दी अनुवाद पढ़कर भारतीय पूँजीवाद के समर्थक बुद्धिवादी यह दलील देते हैं। इससे जाग्रत व्यक्ति अब भ्रमित नहीं होते। और इन लोगों से ज़रा पूछो कि क्या वास्तव में मजदूरों में पैसा बँट जाने के उद्देश्य से ही इस उत्सव की योजना दिमाग में आयी थी अथवा इस दलील का उपयोग बाद में अपने पक्ष में किया जाने लगा है!

चौथी बात यह कही है कि इसमें से 'भिक्षुक सदन' में सहायता दी जायगी, विश्वविद्यालय में मेडिल रखा जायगा, छात्रावास की योजना कार्यान्वित की जायगी। ये सब चीजें अच्छी हैं, लेकिन एक-दो बातें गौर से देखने की हैं। एक तो ये चीजें आठ-दस दिन पहिले ही कार्यक्रम में शामिल की गयीं। मौलिक आयोजन में ये शामिल नहीं थीं। मेरी पिछली दो चिट्ठियों से जैन समाज ही में जो हलचल पैदा हुई उसके परिणामस्वरूप आयोजकों ने किसी प्रकार लोगों का मुँह बन्द करने के लिए ये चीजें जोड़ दी हैं। यह वास्तविकता को ढाँकने के लिए सुन्दर आवरण मात्र है। तुम देखोगे कि नाममात्र को इन चीजों में कुछ छोटी-सी रकम लगा दी जायगी और शेष का दुरुपयोग होगा। यदि इन लोगों में वास्तव में सत्य है और समाजहित की चिन्ता है तो वे एक बहुत साधारण आयोजन, अधिक-से-अधिक एक हजार रुपये के खर्च में करके मूर्ति की प्रतिष्ठा करें और शेष बड़ी रकम समाज-उपयोगी निर्माणकारी कार्यों में लगायें। यह निर्लज्जता की बात होगी कि चारों ओर इस भुखमरी के बीच एक मेला जोड़ें, कड़ाहियाँ चढ़ें, मौज उड़ायी जाय। आदमी के पेट में एक चम्मच घी नहीं जाता और रथ का पहिया घी के पीपे पिये।

मुझे मालूम है कि इस समाज के भीतर अधिकांश लोग इस आडम्बर के विरुद्ध हैं। यहाँ तक कि वृद्ध, पुरुष और स्त्रियाँ तक, जो अन्धविश्वासिनी कही जाती हैं, इसे नापसन्द करते हैं, परन्तु संकोच के कारण कोई बोलता नहीं है। एक व्यर्थ संकोच के नीचे इस प्रकार सत्य दबा जा रहा है।

स्पष्ट रूप से इस आयोजन के ये प्रयोग हैं: (1) कुछ अन्धविश्वासियों की दृष्टि, (2) मेला निर्माण करनेवाले कुछ लोगों की जेबगर्मी और कुछ लोगों के द्वारा इस धन के पूर में से अपने-अपने घड़े भरे जायेंगे। ये लोग ही सेठजी को हवा भरे जा रहे हैं, (3) सेठजी की व्यक्तिगत प्रतिष्ठा-लोलुपता की तुष्टि।

आयुष्मान! धर्म के मूल सिद्धान्तों से किसी का विरोध नहीं। जैनधर्म और भगवान महावीर के प्रति मेरे मन में श्रद्धा है। बौद्ध और जैनधर्म तो हिन्दू धर्म में बढ़ते हुए पाखण्ड और कर्मकाण्ड के विरुद्ध विद्रोह के रूप में प्रकट हुए थे। उन्होंने समाज के बढ़ते हुए भेद और वैषम्य को पाटा था। मनुष्य मात्र को गले लगाया था। सत्य, दया, त्याग और करुणा पर एक विराट मानवधर्म आधारित किया था। पर इस विडम्बना को देखो कि उन्हीं के नाम पर ठीक उनके विपरीत कार्य होने लगा है।

तुम्हारा
अरस्तू

अरस्तू की चिट्ठी-16*

आयुष्मान,

तुम्हारा देश बड़ा विचित्र है। तुम किसी भी बात पर झगड़ा आरम्भ कर देते हो। पहिले तुम मन्दिर और मस्ज़िद पर लड़ते थे, चोटीवाला दाढ़ीवाले से लड़ जाता था। आखिर तुमने मुल्क के दो हिस्से कराके दम लिया।

अब स्वतन्त्रता के बाद क्या करें? झगड़ाप्रिय जाति को कोई न कोई कारण उलझने को चाहिए। तुम्हारी हालत उस झगड़ालू लोमड़ी की तरह है, जो जान-बूझकर कारण ढूंढ़ती थी। एक दिन सबेरे उसे झगड़ने को नहीं मिला, तो दोपहर को वह अपनी एक साथिन सीधी लोमड़ी के पास जाकर बोली, "आ बहिन, हम झगड़ें!" सीधी लोमड़ी बोली, "क्यों झगड़ें? कोई बात तो हो।" झगड़ैल लोमड़ी ने कहा, "देख वह सामने जो पेड़ खड़ा है उसी पर हम लोग झगड़ा करें। मैं कहूँगी कि वह पेड़ मेरा है; तू कहना कि नहीं, मेरा है। बस, झगड़ा शुरू हो जायगा। अच्छा, रेडी!" सीधी लोमड़ी तैयार हो गयी। झगड़ैल लोमड़ी बोली, "ए लोमड़ी की बच्ची, वह पेड़ मेरा है।" वह प्रत्युत्तर के लिए रुकी। सीधी लोमड़ी शान्ति से बोली, "बहिन, तेरा है, तो तू ही ले जा।" झगड़ालू लोमड़ी बड़ी खीझी और यह कहती चली गयी कि बेवकूफ, तुम्हें तो झगड़ना तक नही आता।

तुम्हारे यहाँ अनेक लोगों की हालत झगड़ालू लोमड़ी-सरीखी है, पर सीधी लोमड़ी-सा कोई नहीं है, इसलिए झगड़ा बढ़ता ही जाता है।

तुम्हारी भाषा का ही मामला लो। स्वतन्त्रता के पहिले तुम लोग राष्ट्रभाषा की जय बोलते थे। अंग्रेजी को निकाल फेंकने को कटिबद्ध थे। स्वतन्त्रता मिल गयी, तो अब भाषा के मामले पर लड़ने लगे। शायद ही किसी देश में कभी भाषा को लेकर ऐसी खून-खराबी और आन्दोलन हुए हों।

पंजाब में हिन्दी और पंजाबी का सीधा संघर्ष होने लगा। झगड़ालू लोमड़ियाँ तुम्हारे देश में कौन हैं यह तुम पहिचानो। पहिले ये हिन्दू और मुस्लिम साम्प्रदायिकता के रूप में थीं और अब जातिवाद के रूप में हैं। पंजाब में हिन्दी की लड़ाई हिन्दू सम्प्रदायवादी लड़ रहे हैं और पंजाबी की पंजाबी सम्प्रदाय-वादी। दोनों वर्गों के राजनीतिक स्वार्थों की टक्कर में बेचारी हिन्दी पिसी जा रही है।

और अब दक्षिण में राजगोपालाचारी और मुदलियार जैसे श्रेष्ठ व्यक्ति कहते हैं कि भारत की राजभाषा अंग्रेजी होनी चाहिए, हिन्दी नहीं। अजब तर्क देते हैं। कहते हैं कि हिन्दी के राजभाषा होने से देश में विघटन की क्रिया आरम्भ हो

* परिवर्तन, 26 दिसम्बर, 1957

जायगी। याने हिन्दी होने से तमिल-तेलगू आदि क्षेत्र अपने को पृथक अनुभव करेंगे, क्योंकि हिन्दी उनकी मातृभाषा नहीं। उनसे पूछो कि क्या अंग्रेजी उनकी मातृभाषा है ? अंग्रेजी को तमिल-तेलगू के माथे पर लादने के शौकीन वे क्यों हैं ? विदेशी भाषा से यह लगाव क्यों है ?

बात यह है आयुष्मान, कि भाषा के मामले में तुम्हारी नीति ही गलत रही है। तुमने हिन्दी को राजभाषा बना दिया, यह तो ठीक किया। पर उसको यह भार सहने योग्य बनाने का काम मिला हिन्दी-विरोधी मौलाना साहब को। परिणाम हुआ ढीलेपोल ! पण्डित नेहरू स्वयं भी तो हिन्दी को कोई अच्छी नजरों से नहीं देखते। वे जोश मलीहाबादी को ही शायद एकमात्र कवि मानते थे। अब पता नहीं। दूसरी ओर तुम्हारे हिन्दी के ढोल पीटनेवाले हैं। ये समझते हैं कि हल्ला-गुल्ला करने से भाषा का प्रचार हो जाता है। ये 'पाकिस्तान जिन्दाबाद' के वजन पर 'हिन्दी जिन्दाबाद' के नारे लगते हैं। संविधान में हिन्दी को राजभाषा का पद मिलते ही ये बौखला गये और समझे कि अब तो सब भाषाओं को कब्जे में कर लेंगे। इन्होंने बड़ी धमकियाँ दी हैं। दर्पोक्तियाँ बकी हैं। फलत: अन्य भाषा-भाषी सशंकित हो गये; चिढ़ गये। वे डरे कि उनकी मातृभाषा नष्ट न हो जाय। अंग्रेजी ने राजभाषा होते हुए भी प्रादेशिक भाषाओं का विकास नहीं रोका, पर हिन्दी से उन्हें यह डर लगा। इसलिए उन्होंने अंग्रेजी की आवाज बुलन्द की। राजगोपालाचारी-सरीखे आदमी ने जिन्दगी का मिशन बना लिया है हिन्दी-विरोध को। और जिस विघटन का डर वे बताते हैं वह उन्हीं के इस रुख से हो रहा है।

क्या हिन्दीवाले, प्रादेशिक भाषाओं को यह भरोसा नहीं दिला सकते कि उन भाषाओं का विकास नहीं रुकेगा, कि किसी भी भूभाग में वहाँ की भाषा ही प्रधान होगी, कि हिन्दी साम्राज्यवादी-जैसी कोई चीज नहीं है।

मजा यह है कि भाषा की समस्या को भी नेता लोग हल कर रहे हैं। तुम्हारे यहाँ फायरिंग से लेकर मन्दिर का उद्घाटन तक—सब नेता ही करते हैं। जो हिन्दी-नेता बड़ी बुलन्दी से हिन्दी की जय बोलते हैं, वे उसकी समृद्धि के लिए क्या करते हैं ? वे क्यों नहीं हिन्दी की पुस्तकों को व्यवस्थित रूप से अन्य भाषाओं में अनुवाद कराते, जिससे लोग यह कहना छोड़ें कि हिन्दी में है ही क्या ? दक्षिणवालों को तुम्हें आश्वस्त करना होगा। हिन्दी का 'मिशनरी स्पिरिट' में विकास करना होगा। वरना तुम लोग यह करोगे—

हिन्दीवाला तमिलवाले की खोपड़ी फोड़ेगा, बंगालीवाला गुजराती को डण्डे मारेगा।

तुम्हारा
अरस्तू

अरस्तू की चिट्ठी-17*

आयुष्मान,

आज मैं सबेरे से ही बड़ा क्षुब्ध हूँ। बात यह है कि मैं तुम्हारी दुनिया में चिन्तक-लेखक था, इसलिए इस वर्ग के प्रति मेरा एक प्रकार से बन्धुत्व है। आज प्रातःकाल एकाएक नारदजी आ पहुँचे और बोले, 'भारत में राजाश्रय की बड़ी परम्परा थी। अभी-अभी तक रही है। अब प्रजातन्त्र के नये राजा हो गये हैं, इसलिए रेडियो की अफसरी और क्लास वन की नौकरियों के रूप में राज्याश्रय मिलने लगा है। इस देश में ऐसा ही होता आया है—बड़े से बड़े मस्तिष्क को राजसत्ता खरीदती रही है। द्रोणाचार्य-सरीखे शस्त्र और शास्त्र मर्मज्ञ को दुर्योधन ने ऐसा खरीदा कि महाभारत में द्रोणाचार्य दुर्योधन की ओर से लड़े—यह जानते हुए कि उसका पक्ष अन्याय का पक्ष है। इसके बाद तो राजाओं ने पहलवानों और विद्वानों को पालने की परम्परा ही डाल ली। पटियाला नरेश के यहाँ पहलवान थे, तो ओरछा नरेश के यहाँ कवि। कितने राजाओं ने कवियों को रखा था। राजा शिवसिंह के यहाँ विद्यापति; छत्रसाल के यहाँ भूषण, हर्ष के यहाँ बाणभट्ट। यह कुछ अच्छा नहीं था। मगर फिर भी ये गुणों की कद्र करते थे। बिना माँगे देते थे। मगर इस परम्परा की अन्तिम कड़ी—खैरागढ़ राज्य परिवार ने एक विद्वान को निचोड़कर फेंक दिया!'

आयुष्मान, तब उन्होंने मुझे तुम्हारे ही प्रदेश के एक श्रेष्ठ लेखक पदुमलाल बख्शी की बात सुनायी। तुम सब जानते हो कि उन्होंने 20 वर्षों तक खैरागढ़ की रानी की ओर से राजा की सेवा की; उनके बच्चों को पढ़ाया, उनके भाषण लिखे, उनकी ओर से लिखे, उनकी ओर से राजनैतिक प्रचार भी किया। यहाँ तक कि एक निबन्ध-संग्रह इस नोट के साथ प्रकाशित कराया कि रानी से वार्तालाप के समय प्राप्त विचारों पर ये आधारित हैं। सोच सकते हो आयुष्मान, कि सब रानी ऐसी कहाँ कि चिन्तनशीला होंगी कि उनके प्रवचनों से निबन्ध बनने लगें। और अब एक और गजब हो रहा है—राजा साहब की आत्मकथा बख्शीजी लिख रहे हैं। आत्मकथा, और दूसरा आदमी लिखे? सत्य कहता हूँ आयुष्मान, मुझे तुम्हारे इस बख्शीजी पर बड़ा क्रोध आया। प्रतिभा और ज्ञान क्या इस प्रकार राजाओं को बेच देने की चीजें हैं।

आखिर उन्होंने इस हद तक यह सब क्यों किया? तुम्हारे यहाँ राज्याश्रय को लात मारने की परम्परा भी बड़ी जबरदस्त है। तुलसीदास ने यों कहकर राज्याश्रय को लात मारी थी—

* परिवर्तन, 15 सितम्बर, 1958

हम चाकर रघुवीर के, पटौ लिखौ दरबार।
अब तुलसी का होहिंगे, नर के मनसबदार ॥

कबीर कपड़े बुनकर गाता था—

मन लागा यार फकीरी में !

सूरदास ने किसी का सहारा नहीं लिया ! लेखक का, चित्रकार का, राजाश्रय में जाना दर्दनाक बात है। मेरे बुजुर्ग सुकरात ने आखिर जहर का प्याला पी लिया था, मगर सत्य को नहीं छोड़ा था। और तुम जानते ही हो कि अंग्रेज कवि वर्ड्सवर्थ के राजपक्ष में चले जाने पर टेनीसन ने लिखा था कि चन्द चाँदी के टुकड़ों पर वह बिक गया। राबर्ट सदे के राजकवि होने पर बायरन ने बड़ी लताड़ दी थी—'सदे, तुम आखिर बन्दी पक्षियों के पिंजड़े में चले ही गये, राजा के इशारे पर चहकने के लिए।' तो यह दर्दनाक बात होती है आयुष्मान—विचार और कला का बन्धन में पड़ना ! मगर इससे भी काला पक्ष है—आश्रयदाता की अहसानफरामोशी, कृतघ्नता। तुम्हारे बख्शीजी के साथ यही हुआ। सुना है, उन्हें दो साल का वेतन नहीं मिला और जो मकान उन्हें दिया गया था, वह छीन लिया गया। इसका कारण भी नारद ने बड़ा विचित्र बतलाया। राजा और रानी परस्पर दुश्मन हैं। जिस पर राजा की कृपा हो जाय, उसकी रानी दुश्मन। इस समय बख्शीजी पर राजा की कृपा है, इसलिए रानी विरोध में है। अजीब स्थिति है—मियाँ-बीबी के झगड़े में बेचारे एक लेखक का नाश हो रहा है।

आयुष्मान, यहाँ महाराज छत्रसाल भी हैं, राजा शिवसिंह भी, ओरछा नरेश भी, रींवा नरेश भी। ये सब आश्रयदाता थे। महाराज छत्रसाल ने तो कवि भूषण की पालकी भी उठायी थी। भूषण ने कहा भी है—

साहू को सराहौं कै, सराहौं छत्रसाल को।

राजा शिवसिंह ने कहा कि मैं विद्यापति को देवता की तरह मानता था। ये सब तुम्हारे इन राजा-रानी को धिक्कार उच्चारते हैं। कहने लगे, 'कुछ हजार रुपयों के कारण और संकीर्ण कौटुम्बिक तथा दलगत भावना के कारण वे राजवंश के लोग, परम्परागत उदारता और सहृदयता को कलंकित कर रहे हैं।'

आयुष्मान, तुम्हारे युग में महाजनी सभ्यता के कारण आदमी दो कारणों से देता है—बदले के लालच से या भय से। पुलिस, एक्साईज या इन्कमटैक्स के इन्स्पेक्टर की एक डाँट पर बड़ा से बड़ा तीरंदाज धनिक चाहे जितना उगल देता है। और देने से कोई बड़ा नेता खुश हो जाय, और बाद में स्वार्थ सिद्ध हो सके, तो भी दान दिया जाता है। तुम्हारे यहाँ की उन रानी साहिबा ने 'इन्दिरा संगीत विद्यालय' खुलवाकर उसका उद्घाटन इन्दिरा गांधी से करवाकर, प्रधानमन्त्री की कृपा प्राप्त कर ली है। सीधा इन्दिरा और जवाहरलाल से उनका सम्पर्क है। अतएव अब बाकी किसी की भी परवाह उन्हें है नहीं। और लेखक की क्यों होगी ? लेखक, न उन्हें मन्त्रिपद दे सकता है, न पदच्युत कर सकता है, न चुनाव जिता सकता है। इसलिए ये सब लोग लेखकों को बिल्कुल तत्वहीन, निर्बल,

निरीह, दब्बू प्राणी मानते हैं। इसलिए उसका मनमाना शोषण करते हैं।

पर क्या तुम लोग सहनेवाले हो ? क्या तुम इस गयी-बीती धारणा को पुख्ता करोगे ? तुम्हारे साहित्यिक लोग क्या चुपचाप एक निरपराध विद्वान लेखक का वध देखा करेंगे ?

मेरा खयाल है, यही अवसर है जब तुम लोग अपने सत्व को सिद्ध कर सकते हो। संघर्ष के अनेक द्वार खुले हैं। अन्याय के विरुद्ध जिसकी आवाज बुलन्द नहीं होती, वह लेखक या कलाकार नहीं बन सकता। मुझे उम्मीद है, तुल लोग अब आलस्य त्यागोगे।

तुम्हारा
अरस्तू

सन् 1974 से 1976 तक परसाईजी ने 'सारिका' में एक स्तम्भ लिखा—'कबिरा खड़ा बजार में।' इसमें देश-विदेश के प्रमुख व्यक्तियों से कबीर का काल्पनिक साक्षात्कार होता था।

जून 1975 में आपातकाल लगा और जून अंक में ही कबीर का साक्षात्कार बाबू जगजीवनराम से था, जिसमें बाबूजी ने कबीर से कहा था—'अगर जयप्रकाश नारायण का (सरकार बनाना) पक्का हो जाय तो मैं उनकी तरफ चला जाऊँ।' सेंसरवालों ने इस अंक की दुर्गति कर दी। आधे पन्ने काले करना पड़े। आगे हैं इस स्तम्भ की 17 किस्तें। जगजीवनराम आगे इन्दिरा कांग्रेस छोड़ जयप्रकाश से मिल गये थे।

—**सम्पादक-मण्डल**

कबिरा खड़ा बजार में

काल्पनिक भेंट

चिली के तानाशाह पिनोशे से भेंट

मेरे मित्र कमलेश्वर के आग्रह पर मैं स्तम्भ शुरू कर रहा हूँ। मैं बहुत व्यंग्य लिखता हूँ। काफी व्यंग्य मैं उपनाम से लिखता हूँ। हरिशंकर परसाई तो सबसे मिल नहीं सकता, पर 'कबीर' और 'आदम' मिल सकते हैं। इसीलिए मैंने स्तम्भ का नाम रखा है—'कबिरा खड़ा बजार में।'

कबीर क्रान्तिकारी कवि था। उसने कहा था—

तू बाम्हन बम्हनी का जाया
आन द्वार काहे नहिं आया।
तू है तुरक तुरकनी जाया
भीतर खत्तन क्यों न कराया।

तो कबीर ही लोगों से मिलेगा। बात करेगा। आकर कहेगा—

'कौन ठगवा नगरवा लूटल हो!'

मुझे पहले जगन्नाथ काका मिल जाते थे। वह बातें करते थे, राष्ट्रीय और अन्तर्राष्ट्रीय। उनकी मौत हो गयी।

अब यह एक कनछेदी लाल है, हालाँकि इसके कानों में छेद नहीं है। इस देश में यही है—गरीबमल करोड़पति हैं और मायाराम गरीब।

तो कबीर चिली गया—

एलेन्दे मार डाले गये थे।

मैंने फौजी राष्ट्रपति से भेंट करनी चाही। मैंने चिट पर लिख भेजा—कबीर वाण्ट्स टू मीट विद यू! (कबीर आपसे मिलना चाहता है।)

एक अफसर आया। कहने लगा—हू इज दिस कबीर? वी डू नाट मीट रास्कल्स! (यह कबीर कौन है? हम बदमाशों से नहीं मिलना चाहते।)

मैंने कहा—कबीर बदमाश था पर बदमाश आप भी हैं, जो जनतान्त्रिक सरकार को नष्ट करके सत्ता पर हावी हो गये हैं।

अफसर ने पूछा—यह कबीर कौन था? कहाँ का था?

मैंने कहा—कबीर कवि था। भारत का था।

उसने कहा—ओ, अ पोएट! ही मस्ट हैव बीन लाइक पैब्लो नेरूदा। वी

आर आफ्रेड ऑफ पोएट्स। देअर वाज ए रास्कल इन टर्की—नाज़िम हिकमत। ही इज डैड। (अरे कवि! हम कवियों से बहुत डरते हैं। एक बदमाश कवि था तुर्की में नाज़िम हिकमत। वह मर गया। अच्छा हुआ।)

मैंने कहा—मेहरबानी करके मेरी नये फौजी राष्ट्रपति से भेंट करा दो।

अफसर मुझे भीतर ले गया। फौजी तमगे लगाये नये राष्ट्रपति बोले—बैठ जाओ। तुम भारत से आये हो। भारत देश तो महान है, पर तुम्हारी प्रधानमन्त्री हमारी क्रान्ति के खिलाफ क्यों बोल रही हैं?

मैंने कहा—यह क्या आपने क्रान्ति की है?

राष्ट्रपति ने कहा—बिल्कुल क्रान्ति की है, मगर यह 'कॉपर क्रान्ति' है।

मैंने कहा—जैसे अरब देशों में 'तेल क्रान्ति' होती है?

राष्ट्रपति बोले—बिल्कुल ठीक। ऐसी ही क्रान्ति है।

मैंने कहा—यह क्रान्ति किसने करवायी?

राष्ट्रपति बोले—डॉलर ने।

मैंने कहा—अमेरिका के पास डॉलर तो हैं पर सोना नहीं है। अफ्रीका का सारा सोना स्विट्जरलैण्ड के मार्फत यूरोप के काला बाजार में बिकता है। अब तो भिखारी भी तख्ती लगाता है—'डॉलर्स नॉट एक्सेप्टेड' (डालर नहीं लिया जायेगा।) जब भिखारी भी डालर नहीं लेता, तो फिर डॉलर ने चिली में क्रान्ति कैसे करवा दी?

राष्ट्रपति बोले—हॉट आर्म्स (गरम हथियार) और षड्यन्त्र सी. आई. ए. का। तुम्हारा भुट्टो भी तो गरम हथियारों के लिए निक्सन के पाँव पकड़ता है!

मैंने कहा—पर निक्सन खुद कहते हैं कि हमारा कोई हाथ चिली की घटना में नहीं है।

फौजी राष्ट्रपति बोले—दी वूमन प्रोटेस्ट्स टू मच। (यह औरत बहुत ज्यादा विरोध करती है।) यह औरत की आदत है। जब 'नहीं' कहती है, तब इसका अर्थ 'हाँ' होता है। पूरे लेटिन अमेरिका पर, इस विरोध करनेवाली औरत पर, अमेरिकी साम्राज्यवाद कब्जा करेगा। हम करवायेंगे।

कबीर ने कहा—नेरूदा से मुलाकात हो सकेगी?

राष्ट्रपति बोले—वह तो मर गये।

मैंने पूछा—मर गये या मार डाले गये?

राष्ट्रपति ने कहा—कुछ भी समझो, पर उनकी आत्मा हमने एक शीशी में बन्द कर रखी है। तुम चाहो तो बात कर लो।

मैंने कहा—नेरूदा मार्क्सवादी था। मार्क्सवादी शरीर के बाहर आत्मा नहीं मानता। फिर यह आत्मा?

राष्ट्रपति बोले—यही तो हमारा कमाल है। हम मार्क्सवादी की आत्मा भी शीशी में बन्द कर लेते हैं।

मैं शीशी के पास गया। मैंने कहा—नेरूदा, यह कबीरदास है।

शीशी से नेरूदा की आत्मा बोली—अरे कबीरदास ? तुम तो पांच सौ साल पहले मर गये थे। मैंने रवीन्द्रनाथ का तुम्हारी 100 कविताओं का अंग्रेजी अनुवाद पढ़ा है। तुमने क्या फिर जन्म ले लिया ?

मैंने कहा—हाँ। क्या कहना है, आपको ?

नेरूदा की आत्मा शीशी से बोली—अब क्या कहना है ? मैं पहले ही कह चुका—

सोमवार मंगलवार से जुड़ा है
और सप्ताह पूरे साल से
काल को काटना असम्भव है
तुम्हारी कैंचियों से
और दिन के सारे नाम
घुल जाते हैं, रात के जल में।
× × ×
समय अपने जूते खो चुका है
एक साल चार शताब्दियों-जैसा होता है।

नेरूदा की आत्मा चुप हो गयी। मैंने कहा—और क्या कहना है ? मैं कबीर-दास हूँ।

नेरूदा की आत्मा बोली—मैं कैंसर से नहीं मरा। मेरी हत्या की गयी है। आत्महत्या करता तो पिशाच हो जाता। पिशाच मैं होना नहीं चाहता था। मेरा दोस्त एलेन्दे भी पिशाच नहीं होना चाहता था। और मैं क्या कहूँ—

लकड़बग्घे ! हमारे इतिहास के गन्दे चूहे
तुम कुतर रहे हो उन झण्डों को जो हम जीतकर लाये थे।

और फिर नेरूदा ने कबीर से अन्त में कहा—मैंने लिखा है—

कमजोर तानाशाह बात कर रहा है नर्क से
सुनहरे फीते, पट्टे, बैज लगाकर।

कबीर ने कहा—नेरूदा, बात हो चुकी। वॉल्तेयर ने जीवन-भर ईसाइयत के पाखण्ड का विरोध किया। 99 साल की उम्र में जब वॉल्तेयर मर रहा था, तो पादरी आये। कहने लगे—हम आपकी आत्मा की शान्ति की प्रार्थना करने आये हैं। वॉल्तेयर ने कहा—मेरी आत्मा बिल्कुल ठीक है, तुम अपनी आत्मा की चिन्ता करो। पर तुम आये किसकी तरफ से ? पादरी बोले—हम तो ईश्वर की तरफ से आये हैं। वॉल्तेयर ने कहा—तो फिर मुझे ईश्वर की चिट्ठी दिखाओ कि मैं इन्हें वॉल्तेयर के पास भेज रहा हूँ। पादरी लौट गये। वॉल्तेयर मर गया। पेरिस के किसी कब्रगाह में उसे दफना नहीं सके। पेरिस से 40 मील दूर एक कस्बे के पादरी ने कहा—धर्म के पाखण्डी नियम महान प्रतिमाओं के लिए नहीं होते। वॉल्तेयर को मैं दफन करता हूँ।

नेरूदा की आत्मा बोली—कबीरदास, तुमने सच कहा। हम सब शहीद होते

रहे हैं। मैं भी हो गया। तुम मेरे लिए परेशान क्यों हो?

मैंने कहा—कोई चिन्ता की बात नहीं है। एक ऐतिहासिक 'नियति' होती है। मैंने पूर्वजन्म में कहा था—

मन फूला-फूला फिरे
जगत में कैसा नाता रे!

लौटा तो वही कनछेदीलाल मिल गये।

कहने लगे—गुरु, बहुत दिन बाद लौटे। क्या चिली हो आये? नये राष्ट्रपात से भेंट हुई?

मैंने कहा—हुई। पर मैं थका हूँ, आराम करूँगा। कनछेदीलाल कहने लगे—गुरु, कुछ तो कह दो।

मैंने कहा—जाते समय मैंने कहा था—कौन ठगवा नगरवा लूटल हो!

मैंने ठग को पकड़ लिया।

पर अब मैं यही कह सकता हूँ—

कहत कबीर सुनो भई साधो
सारी दुनिया झूठल हो!

पर कनछेदीलाल, जिनके कान में छेद नहीं है, और जो शायद दूसरे के कान में छेद करते हैं, कहने लगे—गुरु, चावल के राष्ट्रीयकरण की बात चल रही है। कई मुख्यमन्त्री विरोध कर रहे हैं। देश लौट आये हो, तो इन्दिराजी से बात कर लो।

मैंने कहा—कनछेदीलाल, दो-तीन दिन बाद कबीर इन्दिराजी से मिलेगा। मगर तुम तलाश करो—कौन ठगवा नगरवा लूटल हो?

और तुम यह भी समझो—

चली कुलबोरन गंगा नहाय के
खसम के माथे पे सूपा धराय के
पाँच-पचीस के धक्का खाय के
चली कुलबोरन गंगा नहाय के।

कनछेदी, यह क्या कुलबोरन धर्म इस देश में चल रहा है?

कनछेदी चुप हो गये।

फिर बोले—गुरु, आगे मैं चावल के राष्ट्रीयकरण पर पूछूँगा। इस बीच आप प्रधानमन्त्री से मिल आइए।

मैंने कहा—ठीक है, कनछेदीजी। 'सारिका' के अगले अंक में तुम पढ़ लेना। पर कान तो छिदवा लो।

कनछेदी बोले—गुरु, कान बचपन में छिदवाये जाते हैं। पर जमाना ऐसा आ गया है कि मुझे 50 साल की उम्र में कान छिदवाना पड़ेगा। यह भी मैं कर लूंगा।

इन्दिरा गाँधी से भेंट

कबीरदास ने सोचा कि गुजरात का खून सूखा नहीं है और इधर बिहार में गीला खून बह रहा है। आगे महाराष्ट्र में, उत्तरप्रदेश में कहीं भी खून बह सकता है। इधर खाने की चीजों की 'हाय-हाय' मची ही है। कबीर ने सोचा कि इस बार प्रधानमन्त्री इन्दिरा गाँधी से ही मिल लें।

घर से निकला तो चमचमाता सूट पहने हुए था। कनछेदीलाल ने टोका—अरे कबीरदास, आज तो तुम आई. ए. एस. लग रहे हो, या किसी राहत कार्य के ओवरसियर मालूम होते हो!

मैंने कहा—प्रधानमन्त्री इन्दिरा गाँधी से मिलने जा रहा हूँ। पाँच सौ साल पुराने कपड़े पहनकर जाता तो मुझे चपरासी दो चाँटे मारकर पुलिस के हवाले कर देता। पर, कनछेदीलाल, यह तो बताओ कि तुम घण्टे-भर से दाँत क्यों खोद रहे हो?

कनछेदीलाल ने कहा—देखो कबीर, बात यह है कि आज दोपहर को भरपेट भोजन किया। सोचा कि जी-भरकर दाँत खोद लेना चाहिए। अनाज की जो हालत तुम देख रहे हो, तो ऐसा समय आ सकता है, जब दाँत खोदने की जरूरत ही न पड़े।

मैं कनछेदीलाल की बात से चकित रह गया। मैंने कहा—कनछेदी, तुमने कान के बदले दिमाग छिदवा लिया है! ऐसी बातें करते हो। इतने निराश क्यों हो? केन्द्र राज्यों को विदेशों से मँगवाकर भी अनाज देता है। प्रदेश की सरकार जिलों को भेजती है। जिले का अधिकारी अनाज के अधिकारी को देता है। वह अपने नीचे के अधिकारी को देता है। फिर वह अनाज सहकारी दूकानों और सरकारी दूकानों में जाता है। वहाँ से जनता को मिलता है। इतने अधिकारी इसमें लगे हैं कि जनता को अनाज मिलेगा ही।

कनछेदीलाल ने कहा—पकड़ यहीं पर है। इतने अधिकारी एक के ऊपर एक इस काम में न लगे होते तो जनता को खूब अनाज मिल जाता।

मैं समझा नहीं तो कनछेदीलाल ने कहा कि मैं तुम्हें एक कहानी सुनाता हूँ—एक राजा को भाँग खाने की आदत थी। वह शाम को भाँग का एक बड़ा गोला खाता। अपने खास नौकर को उसने आदेश दे रखा था कि मैं तो नशे में रहूँगा, तुम मुझे रात को हर दिन एक पाव मलाई खिलाया करना। नौकर ने सोचा कि राजा तो नशे में है, तो आधा पाव खुद खा लेता और आधा पाव राजा के मुँह में डाल देता। कुछ दिनों बाद राजा को लगा कि मुझे पूरी मलाई नहीं मिलती और यह नौकर भ्रष्टाचार करता है। उसने उस नौकर पर निगरानी के लिए एक नौकर और रख दिया। वे दोनों एक हो गये। पौन पाव मलाई दोनों खा जाते और एक छटाँक राजा को खिला देते। कुछ दिनों बाद राजा को फिर शक हुआ कि दोनों

बेईमानी करते हैं और उसने तीसरा आदमी उन पर निगरानी के लिए रख दिया। अब राजा को कुल आधा छटाँक मलाई मिलने लगी। बाकी वे तीनों नौकर खा जाते। राजा ने इस भ्रष्टाचार को रोकने के लिए पाँचवाँ और फिर छठा नौकर रखा। इन लोगों ने सोचा कि यह तो नशे में रहता है, इसलिए थोड़ी-सी मलाई उसकी मूंछों पर चुपड़कर बाकी मलाई वे लोग बाँट खाते। यही हो रहा है। जनता की मूंछ पर मलाई लगायी जा रही है और सारी मलाई बीच के लोग खा रहे हैं। तुम यह कहानी इन्दिरा गाँधी को जरूर सुना देना।

बड़ी मुश्किल से कबीरदास इन्दिरा गाँधी के कमरे में पहुँचा। उन्होंने कहा—वैसे मैं बहुत व्यस्त हूँ। कुछ घण्टों बाद मुझे एक विदेशी मेहमान का स्वागत करना है। पर तुम मुझे वह कबीरदास तो नहीं लगते। वह जुलाहा था और तुम चमचमाता सूट पहनकर शायद टैक्सी में आये हो। तुम कैसे कबीरदास हो!

मैंने जवाब दिया—यह मत समझिए कि माया ने मुझे ठग लिया है या 'रमैया की दुलहन' ने मेरा बाजार लूट लिया। मैं वही कबीरदास हूँ, लेकिन शताब्दी बीस का हूँ। स्वभाव से वही हूँ। मैं सबसे पहले आपको बधाई देना चाहता हूँ कि फूड कॉरपोरेशन के अध्यक्ष पर भ्रष्टाचार का मुकदमा चल रहा है। नीचे के लोगों के बारे में भगवान ही जानता होगा, पर इसी एक मामले से अपने राज्य-व्यापार, राष्ट्रीयकरण और अनाज-वसूली के कार्य की सफलता सिद्ध होती है।

इन्दिराजी थोड़ी देर उदास-सी रहीं। सन्त होने के कारण उन्होंने मुझे डाँटकर नहीं भगाया।

वह कहने लगीं कि हम पूरी सावधानी बरतते हैं। हमारे पास भ्रष्टाचार-विरोधी विभाग है, सी. बी. आई. है, निगरानी आयोग है। ये तो इक्का-दुक्का मामले हैं। होते ही हैं।

कबीर ने कहा—आप बुरा न मानें। मुझे अभी रेलगाड़ी में एक आदमी मिला। मैंने पूछा कि किस विभाग में काम करते हो? उसने जवाब दिया—मैं भ्रष्टाचार-विरोधी विभाग के 'भ्रष्टाचार सेक्शन' का अधिकारी हूँ।

इन्दिराजी परेशानी में पड़ गयीं। कहने लगीं—ऐसा भी होता है। मैंने यह तो सुना था कि निगरानी आयोग का अधिकारी भ्रष्टाचारियों से निगरानी के पैसे ले लेता है।

मैंने उनके मन को खुश करने के लिए कहा—एक कनछेदीलाल है। उसने मुझे अभी एक कहानी सुनायी है। आपको सुनाता हूँ। और मैंने राजा की मलाई की कहानी सुना दी। वह पहले तो खूब हँसीं, फिर गम्भीर हो गयीं। कहने लगीं—क्या सरकार की मूंछ पर मलाई लगा दी जाती है, मलाई बाकी लोग खा जाते हैं?

मैंने कहा—इस कहानी का अर्थ यह है कि सरकारें भाँग के नशे में पड़ी रहती हैं। जनता की मलाई को बीच के लोग खा जाते हैं। आप किस देश के राष्ट्रपति

का स्वागत करने जायेंगी ?

इन्दिराजी बोलीं—हिन्द महासागर में एक नया द्वीप मिला है, जिसकी आबादी करीब बीस हजार है। इस द्वीप का नाम हमने 'बीमारी द्वीप' रख दिया है। इसका राष्ट्रपति आनेवाला है।

मैंने कहा—आप पालम क्यों जायेंगी ? बीस हजार की आबादीवाले द्वीप के पास हवाई जहाज तो होगा नहीं। राष्ट्रपति तो तैरकर आ सकता है। और बम्बई में आप इसका स्वागत करतीं।

इन्दिराजी ने कहा—नहीं, हमने उनके लिए हेलीकॉप्टर भेज दिया है, और अच्छे कपड़े भी भेज दिये हैं।

मैंने कहा—आपका स्वभाव ही यह है कि आप अनाथ बच्चों को पाल लेती हैं। एशिया, अफ्रीका, लैटिन अमेरिका के कितने ही अनाथ बच्चे आपने पाल रखे हैं।

उन्होंने कहा—नहीं, बात यह है कि इस द्वीप में गुलाल का बड़ा भारी भण्डार है और हमारे यहाँ होली पर गुलाल का उपयोग बहुत होता है। हम तो भाई, जिस देश से किसी चीज की जरूरत हो, उसी के राष्ट्रपति या प्रधानमन्त्री को बुला लेते हैं। ताजमहल दिखाते हैं, राष्ट्रपति भवन में भोज देते हैं और सौदा कर लेते हैं।

मैंने कहा—हिन्द महासागर में डायगो द्वीप पर अमेरिका सैनिक अड्डा बना रहा है। तो रूस चुप नहीं बैठेगा।

इन्दिराजी ने कहा—सन्त हो न! राजनीति नहीं समझते। राजनीति की चादर में कई गाँठें होती हैं। रूस ने तो अपने यहाँ एक द्वीप तैयार कर लिया है, जिस पर मिसाइलें भी फिट कर दी गयी हैं। उसे कभी भी रूस हिन्द महासागर में लाकर जमा देगा।

मैंने पूछा—निक्सन के बारे में आपका क्या खयाल है ?

इन्दिराजी ने कहा—निक्सन के आचरण से हम लोगों को नैतिक बल मिलता है। महाभियोग की परम्परा शुरू हो गयी, और राष्ट्रपति पद छूटने लगे तो इसी देश के कुछ लोग माँग करेंगे कि राष्ट्रपति पर महाभियोग लगाया जाये, क्योंकि वह चावल खाते हैं।

कबीरदास खूब जोर से हँसा।

इन्दिराजी ने कहा—इसमें हँसने की क्या बात है ?

मैंने कहा—मैं इसलिए हँसा कि आप वाटरगेट काण्ड और चावल को एक ही समझती हैं।

इन्दिराजी ने कहा—देखो सन्त, तुम्हारा क्या है! तुम तो भीख माँग लेते हो। तुम माया के जाल में नहीं हो, पर हमारे मन्त्रियों को तो माया जोड़ना है और पद पर बने रहना है।

कबीर ने कहा—ये जो इतने प्रदेशों के हजारों विधायक हैं, इन्हें आप यह काम क्यों नहीं सौंपतीं कि वे जनता तक खाने की चीजें पहुँचायें और वितरण-

व्यवस्था को ठीक रखें !

इन्दिराजी ने कहा—तुम चादर बुनते थे, और हम राजनीति बुनते हैं। विधायकों का काम है दो गुटों में बँट जाना और चौबीस घण्टे मन्त्रिमण्डल गिराने और बनाने में लगे रहना। फिर कहीं कोई मुख्यमन्त्री कह दें कि मन्त्रिमण्डल में हेर-फेर होगा, तो विधायकों का काम है दिल्ली की भागदौड़ करना। यह भाग-दौड़ मैं इसलिए करवाती हूँ कि विधायक दिल्ली की सत्ता को मानते रहें।

अब मैंने कहा—चार साल पहले आपने 'गरीबी हटाओ' का नारा दिया था। उसका क्या हाल है ?

इन्दिराजी ने उलटे मुझसे ही पूछा कि कबीरदास तो समाज में घुला-मिला है। वही बताये कि गरीबी हट रही है कि नहीं ?

मैंने कहा—कुछ जगह तो बराबर गरीबी हट रही है। मुनाफाखोर, काला-बाजारिये, घूसखोर, चोर आदि की हट रही है।

इन्दिराजी खुश हुईं और बोलीं—खुशी की बात है कि कम-से-कम एक तबके की गरीबी तो हट रही है।

मैंने कहा—लेकिन 100 में से 95 आदमियों की गरीबी बढ़ रही है। चावल की वसूली आपकी आधी हुई, और गेहूँ की वसूली के मामले में सारे मुख्यमन्त्री अपनी दुम को लँगोट बनाकर भाग गये। आगे आप लोगों को क्या खिलायेंगी ? महँगाई, अभाव, भुखमरी के कारण निराश, क्रोधित जनता हिंसा पर उतर आयी।

इन्दिराजी ने कहा—देश में बढ़ती हुई हिंसा से मैं चिन्तित हूँ। प्रतिक्रियावादी, जो समाजवाद विरोधी हैं, छात्रों को उभाड़कर उनसे सार्वजनिक सम्पत्ति नष्ट करवाते हैं, हिंसा करवाते हैं। ये समाजविरोधी पार्टियाँ पूँजीवादी तानाशाही लाना चाहती हैं।

मैंने कहा—आप ठीक कहती हैं—महँगाई और अभाव से पीड़ित जनता की भावना का उपयोग ये प्रतिक्रियावादी कर रहे हैं। पर मुझे बताइए कि आप अपनी पार्टी को समाजवादी पार्टी कहती हैं, रोज समाजवाद लाने के नारे लगाती हैं, आप क्रान्ति की बात करती हैं। क्रान्ति ये छात्र भी चाहते हैं।

इन्दिराजी ने कहा—मैं जानती हूँ, पर ये छात्र पथभ्रष्ट हो जाते हैं। गलत रास्ते पर चले जाते हैं।

मैंने कहा—बहनजी, उनके सामने रास्ते ही नहीं हैं। जब रास्ते ही नहीं हैं, तो गलत रास्ते पर जाने का सवाल ही नहीं उठता है। आप कहती हैं बार-बार कि छात्र देश के विकास के लिए श्रम करें, पर वे कहाँ श्रम करें ? और कौन-सा श्रम करें ?

बोलीं—देखिए, भला जयप्रकाशजी-जैसे वयोवृद्ध गाँधीवादी, अहिंसावादी नेता बिहार में छात्रों को हिंसा के लिए भड़काते हैं।

मैंने कहा—जयप्रकाशजी मुझे कभी समझ में नहीं आये। 1947 के बाद वह अपने को चिन्तक बनाने में लग गये और अजीब सपने देखने लगे। जब रूसी

अन्तरिक्ष यात्री यूरी गागारिन अन्तरिक्षयान में कुछ घण्टे अन्तरिक्ष में घूमकर लौटा तो 'मनीला टाइम्स' का सम्पादक तर्जी बिटाशी आपके पिताजी पण्डित नेहरू से मिला। पण्डितजी मजाक के मूड में थे। उन्होंने कहा—यह यूरी गागारिन कुछ घण्टे अन्तरिक्ष में घूम आया तो दुनिया में इतना हल्ला मचा हुआ है। हमारे देश में एक आदमी है, जो पिछले सोलह सालों से अन्तरिक्ष में घूम रहा है, और उसका कोई शोर दुनिया में नहीं है। पत्रकार चौंका। उसने कहा—यह तो मुझे भी नहीं मालूम कि आपके यहाँ ऐसा आदमी है। कौन है वह ? पण्डित नेहरू ने कहा – उस आदमी का नाम जयप्रकाश नारायण है।

इन्दिराजी बड़ी देर तक हँसती रहीं और बोलीं—पापू जब अच्छे मूड में रहते थे, तब अच्छा मजाक करते थे।

कबीर ने कहा—बात यह है कि चम्बल के डाकुओं ने जयप्रकाशजी का हृदय-परिवर्तन कर दिया है।

मैं चलने के लिए उठा। उन्होंने कहा—कबीरदासजी, अन्त में कुछ कहना है ? मैंने कहा—कबीर को बहुत कुछ कहना था और वह कह चुका है। विदा होते समय यही कहता हूँ कि—

कहत कबीर सुनो भई साधो, छोड़ो सबकी आसा रे !

और सुनना है ? सुनो—मन्त्रिमण्डल बदल रहे हैं पर आदमी की हालत गिरती जाती है। लाश तो वही है, सिर्फ कफन बदले हैं। यानी कमलापति गये और बहुगुणा आये, तो क्या आदमी को राहत मिलेगी ? नहीं मिलेगी, क्योंकि देश को लगभग 'लाश' मान लिया गया है। और आपके ये बदलते हुए मन्त्रिमण्डल केवल कफन हैं। अन्त में मैंने कहा—इन्दिराजी, एक बात मैं भी पूछना चाहता हूँ—आपकी पार्टी में कितने समाजवादी हैं ?

इन्दिराजी ने कहा—तीतर के दो आगे तीतर, तीतर के दो पीछे तीतर। बतलाओ कुल कितने तीतर ?

कबीरदास ने कहा—कुल तीन तीतर हुए, लेकिन लोग समझते हैं कि पाँच तीतर हैं।

इन्दिराजी ने कहा—आप ठीक कहते हैं।

जयप्रकाश नारायण से भेंट

इस बार कबीर ने सोचा कि जयप्रकाश बाबू से मिल लेना चाहिए। वह एक बार फिर से अखबारों में आ गये हैं और सत्याग्रह वगैरा-वगैरा की बातें करने लगे हैं।

मैं घर से निकला तो देखा कि वही कनछेदीलाल आँगन में जुआर सुखा रहे

थे। मैंने कहा—कनछेदी, जुआर सुखा रहे हो?

कनछेदी का जवाब था—तुम्हें अनाज की पहचान तक नहीं है! करघा चलाते थे और कविता कहते जाते थे! इस कारण दोनों में पूरा मन न लगने के कारण न कविता अच्छी बनती थी, और न कपड़ा अच्छा बुनते थे। इसलिए तुमने कहा है—'झीनी-झीनी बिनी रे चदरिया'। यह चदरिया बिकती नहीं होगी, इसलिए भीख माँगकर खाते होगे। तभी तुम्हें अनाज की पहचान नहीं है। और जहाँ तक कविता का सवाल है, उसमें व्याकरण की बड़ी भूलें हैं। एक विद्वान आचार्य कहते थे कि कबीरदास कवि है ही नहीं।

मैंने कहा—कनछेदी, जड़बुद्धि आचार्यों का यह विशेष गुण है कि वे जड़बुद्धि महान प्रतिभा में कविता नहीं, व्याकरण देखते हैं, जैसे कोई गुलाब के फूल की सुगन्ध का आनन्द न ले, और कहे कि इसमें काँटे हैं। तुलसीदास तो मेरी तरह अपढ़ नहीं थे। विद्वान थे। पर वह कहीं लिखते हैं 'राजा', कहीं 'राजन्' और कहीं 'राजू', और सौन्दर्य-वर्णन के ये हाल कि 'कोटि मनोज लजावन हारे'। अब बताओ कनछेदी, करोड़ों कामदेवों से तुलना करने से कोई सौन्दर्य-चित्र बनता है? अरे, दस ही कह देते।

कनछेदी ने कहा—छोड़ो इस कविता की बात को! मैं तो यह कहना चाहता हूँ कि सरकार ने बड़े बनियों को अनाज की छूट दे दी है तो वे जुआर को गेहूँ कहते हैं और हमें मानना पड़ता है! पर तुम इस वक्त जा कहाँ रहे हो?

कबीर ने जवाब दिया—भारतीय राजनीति के उस पुरुष से मिलने जा रहा हूँ, जिसने चदरिया ऐसे जतन से ओढ़ी कि 'जस की तस' धर रहा है—यानी जयप्रकाश नारायण से मिलने जा रहा हूँ।

कनछेदी ने कहा—खतरनाक आदमी के पास जा रहे हो। वह हृदय-परिवर्तन करता है। कहीं उसने तुम्हारा हृदय बदलकर कुत्ते का कर दिया तो रात-दिन मोहल्ले में भौंकोगे और काटोगे।

मैंने कहा—कनछेदी, कबीर भी कम नहीं है। मैंने भी कई हृदय बदले हैं। अभी मैं जयप्रकाश का हृदय बदलकर आता हूँ।

जब मैं जयप्रकाश के पास पहुँचा तो वह अकेले बैठे सिर पकड़कर सोच रहे थे। मैंने अपना परिचय दिया तो वह खुश हुए और बोले—तुम कबीरदास हो? तुम सन्त हो लेकिन उग्र कवि भी हो। सन्त उग्र नहीं होता। मैंने कहा—होता है। तुम कभी उग्र थे और अब सन्त हो गये हो। कुम्भनदास सन्त थे, पर जब सीकरी अकबर से मिलने गये तो लौटकर उग्रता से कहा—

सन्तन कहा सीकरी सौं काम?
आवत जात पन्हैयाँ घिस गयी बिसर गयो हरिनाम!

जयप्रकाश ने कहा—मैं कबीर को जानता हूँ। तुमने कई को गिराया है—

ऊँचे वर्ण और ऊँचे वर्ग को, पण्डित, मौलवी, धर्मगुरु, बनिया सबको। क्या तुम पूरे देश के मन्त्रिमण्डलों को नहीं गिरा सकते?

मैंने कहा—जयप्रकाशजी, आपने क्या गिराने का काम ले लिया है? इस देश में सब गिरानेवाले हो गये हैं, उठानेवाला कोई नहीं है। आप मुझे गलत समझते हैं। मैंने गिराया नहीं है, उठाया है। फिर मैंने पूछा—क्या आप राजनीति में हैं?

जयप्रकाश ने कहा—मैं राजनीति में नहीं हूँ।

मैंने कहा—तो आप राजनीति में नहीं हैं?

वह तपाक से बोले—मैं राजनीति में हूँ।

कबीर ने कहा—आप जीवन-भर 'हाँ' और 'नहीं' में रहे, 'हूँ' और 'नहीं हूँ' में रहे। हमारे जैनेन्द्र की तरह। कभी राजनीति से संन्यास में पहुँच जाते हो और कभी संन्यास से राजनीति में लौट आते हो। कभी असिस्टैन्ट विनोबा हो जाते हो और कभी उन्हें 'सनकी' कहते हो।

जयप्रकाश ने जवाब नहीं दिया। वह उदास हो गये। मैंने मूड को हल्का करने के लिए कहा—आप बिहार के हैं। बिहार में नाम विशेष प्रकार के होते हैं। आपका नाम जयप्रकाश नारायण प्रसाद सिंह होना चाहिए था। इस पर वह हँसने लगे और बोले—तुम ठीक कहते हो। मेरा नाम यही था, पर गाँधीजी के पास गया तो उन्होंने कहा कि तेरा नाम बहुत बड़ा है। तू सिर्फ जयप्रकाश रह जा। मैंने कहा—बापू, आप तो अपने नाम के आगे 'महात्मा' लगाये फिरते हो और मेरे नाम में से 'नारायण' निकालना चाहते हो! मैं 'नारायण' नहीं छोड़ूँगा। और मैं जयप्रकाश नारायण ही कहलाने लगा। आगे न जाने कैसे यह 'नारायण' निकल गया और मैं 'जयप्रकाश बाबू' हो गया और अब अखबारवालों ने मुझे सिर्फ 'जे. पी.' बना दिया है।

मैंने कहा—बात यह है कि जैसे आप राजनीति में सिकुड़ते गये, वैसे ही नाम सिकुड़ता गया। राजनीति में 'नारायणत्व' समाप्त हुआ, तो नाम में से 'नारायण' निकल गया।

फिर मैंने पूछा—आजकल आप क्या कर रहे हैं?

उन्होंने कहा—बेकारी की समस्या से पीड़ित हूँ। मध्यप्रदेश में डाकू रहे नहीं, और अब मुझे कुछ डाकू चाहिए।

मैंने कहा कि आप खुद डाकू क्यों नहीं बन जाते? आपको काम मिल जायेगा और देश के दूसरे बड़े बेकार विनोबा को हृदय-परिवर्तन का काम मिल जायेगा। पर आपके उस भूदान, ग्रामदान, तहसीलदान, जिलादान वगैरा का क्या हुआ?

जयप्रकाश उदास हो गये और बोले—मैं तो 'देशदान' तक चाहता था कि लोग देश मुझे दे दें, पर लोगों ने एक गाँव तक नहीं दिया। विनोबा ने मेरी जिन्दगी के इतने साल बरबाद कर दिये।

मैंने मजाक में कहा—मगर गाँधीजी ने तो विनोबा की पूरी जिन्दगी ही बरबाद कर दी! वरना आज वह पवनार आश्रम में दूसरों के सहारे न जीते।

लड़कों की कमाई खाते और बहू से लड़ते।

उदासी में भी जयप्रकाश हँस पड़े और कहा—तुम कबीर हो। तुम्हारी बात-बात में व्यंग्य और पेंच होता है।

मैंने कहा—जे. पी. जी, मुझे तो इस बात का दुख है कि आप-जैसा बड़ा नेता किसी नगरपालिका का सदस्य तक नहीं हो पाया।

इस पर उन्होंने कहा—मैं चाहता तो दिल्ली के मन्त्रिमण्डल में शामिल हो सकता था, पर मैंने पसन्द नहीं किया, क्योंकि मैं अपने को प्रधानमन्त्री और राष्ट्रपति से भी ऊँचा व्यक्ति मानता रहा। पर नतीजा यह हुआ कि मैं अब ग्रामपंचायत तक का सदस्य नहीं हूँ।

मैंने कहा—इसीलिए आप वही कर रहे हैं, जो ग्राम-पंचायत का हारा हुआ उम्मीदवार करता है। वह ग्राम-पंचायत भंग करवाने में लग जाता है और आप सारे प्रदेशों की सरकारें भंग करने का नारा दे रहे हैं।

फिर भी पूछा—आखिर आप विनोबा की शरण में कैसे पहुँच गये?

जे. पी. ने कहा—एक तो हताशा में। दूसरे यह सोचकर कि देश में सर्वोदय ले आयेंगे···मैं ईमानदार हूँ।

मैंने कहा—सुना है, आप अमेरिका में कम्युनिस्ट कहलाते थे।

उनका चेहरा तमतमा उठा और वह गुस्से में बोले—कौन कहता है? आइ वाज नेवर ए ब्लडी कॉमी! (मैं कभी भी बदमाश कम्युनिस्ट नहीं रहा।)

मैंने सर्वोदय की बात उठायी और कहा कि सर्वोदय का अर्थ होता है सबका उदय—पर यह कैसे हो सकता है? जब सूर्य का अस्त होता है, तब चाँद का उदय होता है, पर आप सूर्य की आग और चाँद की शीतलता एक साथ बरसाना चाहते हैं। मेरा मतलब है, सर्वोदय में शोषक का भी उदय और शोषित का भी उदय, मुनाफाखोर का भी उदय और जिसकी जेब वह काटता है, उसका भी उदय। आप 'ब्लडी कम्युनिस्ट' न रहे हों, पर समतावादी समाज पर विश्वास तो रखते रहे हैं!

जयप्रकाश थोड़े तैश में आ गये और कहने लगे—मैं समझ गया। तुम्हारा मतलब 'वर्ग-भेद' और 'वर्ग-संघर्ष' से है। तुम सन्त हो और सर्वोदय का मजाक उड़ाते हो। यू आर ए ब्लडी कम्युनिस्ट!

मैंने सिर्फ इतना पूछा कि इतिहास में कोई उदाहरण ऐसा है, जब दान से किसी देश में समतावादी समाज की स्थापना हुई हो?

जयप्रकाश ने जवाब दिया—मैं इतिहास को नहीं मानता और न तुम्हारी 'उस' हिस्टॉरिकल डेस्टिनी (ऐतिहासिक नियति) को। मैं खुद इतिहास बनानेवाला आदमी हूँ।

मैंने कहा—आप सन् '42 की क्रान्ति के 'हीरो' हैं। युवक आपके भक्त थे। हम सोचते थे कि आप क्रान्ति करेंगे और लेनिन हो जायेंगे।

उन्होंने कहा—भारत रूस नहीं है और लेनिन के पहले रूस में कोई गाँधी

नहीं हुआ था। लेनिन का मैं आदर करता हूँ, पर मैं लेनिन हो नहीं सकता था। मैंने तो एक नया सिद्धान्त दिया था—'फोर टायर स्टेट' का कार्यक्रम। पर नेहरू ने उसे फेंक दिया।

मैंने मजाक में कहा—लेकिन रेल में 'थ्री टायर' तो हो गया है।

जयप्रकाश इस मजाक से चिढ़-से गये। फिर वह बोले—नेहरू के पाँव तो भारत में थे, मगर सिर ब्रिटेन और पूर्वी यूरोप के समाजवादी देशों में। लेनिन ने कहा था कि 'जनता की सत्ता और बिजली मिलकर साम्यवाद बनता है।' तो नेहरू भारी उद्योगों की स्थापना में लग गये और गाँव को भुला दिया। वह कई सालों तक 'समाजवाद' शब्द का उच्चारण तक नहीं कर पाये, क्योंकि इसे बाबू राजेन्द्रप्रसाद, मोरारजी भाई, सरदार पटेल, पाटिल आदि पसन्द नहीं करते थे। पार्टी पर अधिकार पटेल का था। वह पार्टी में नेहरू की स्थिति खराब कर देते। तो एक तरफ तो वह तकनीकी शब्दों और मुहावरों में सोचने और बोलने लगे और दूसरी तरफ 'सोशलिस्टिक पैटर्न ऑफ सोसाइटी' जैसे मुहावरे गढ़ने लगे। कांग्रेस को 'किंडरगार्टन' के बच्चे की तरह सीधा 'समाजवाद' कहने में सोलह साल लग गये।

मैंने सीधा सवाल उनसे किया—आप क्या हैं: सोशल डेमोक्रेट, लिबरल, क्रान्तिकारी, समाजवादी, या फासिस्ट?

उन्होंने जवाब दिया—मुझे इन सारे शब्दों से नफरत है।

मैंने कहा—एक तरफ तो आप राजनीति के इन पारिभाषिक शब्दों से नफरत करते हैं और दूसरी ओर आपने अपने साथियों के साथ मिलकर कांग्रेस के भीतर समाजवादी गुट बनाया था।

जयप्रकाश ने कहा—यह सही है कि हमने कांग्रेस में समाजवादी गुट बनाया। उन दिनों यूरोप में 'सोशल डेमोक्रेट्स' का दबदबा था। मैंने कहा—आपके सोशल डेमोक्रेट्स ने ही हिटलर को तानाशाह बनाया था। क्या आप भी यही चाहते थे?

जयप्रकाश ने कहा—मैं जानता हूँ, कबीरदास ऊटपटाँग बात करता है। मैं लोकतन्त्र में विश्वास रखता हूँ, पर यह सही है कि हम लोगों में कोई सोशल डेमोक्रेट था, कोई गाँधीवादी और कुछ मार्क्सवादी। और फिर आचार्य कृपलानी-जैसे लोग भी थे जो जवानी में 'एंग्री यंगमैन' थे और बुढ़ापे में भी 'एंग्री ओल्डमैन' हैं। फिर अशोक मेहता थे, जिनके मुँह से आँकड़े इस तरह निकलते थे जैसे कोई कुल्ला कर रहा हो। फिर लोहिया थे जो चाहते थे कि चौबीसों घण्टे तूफान चलता रहे। इस तरह सामाजिक न्याय में तो सबका विश्वास था, पर यह गुट शंकरजी की बारात हो गया।

मैंने पूछा—आचार्य नरेन्द्रदेव?

जयप्रकाश भावुक हो गये। कहने लगे—वह महागुरु थे। उनका ज्ञान, चरित्र, सिद्धान्तवादिता, निर्लोभ, निष्ठा ऐसी थी कि हम जब उनके सामने पहुँचते

तो ऐसा लगता जैसे कोई बौना हिमालय के सामने खड़ा हो।

मैंने कहा—अब मुझे आप बताइए कि आजादी के बाद आप समाजवादियों ने क्या किया?

जयप्रकाश ने कहा—जनता की नजरों में मैं, अशोक, लोहिया, अरुणा, पटवर्धन आदि '42 की क्रान्ति के बाद हीरो हो गये थे। हमने अन्दाज लगाया कि एक तो हम 'हीरो' हैं, दूसरे यह गरीब देश समाजवादी परिवर्तन के लिए एकदम तैयार है। तो हम कांग्रेस से अलग हो गये और नयी पार्टी—समाजवादी पार्टी बना ली। हमारा अन्दाज था कि जनता मत हमें ही देगी। अशोक मेहता, जो बहुत अच्छी अंग्रेजी बोलता है, ने तब कहा भी था अंग्रेजी मुहावरे में कि 'वी विल स्वीप द पोल्स।' इसका अर्थ होता है कि मतदान केन्द्रों में हम बाकी सब पार्टियों को खत्म कर देंगे।

मैंने कहा—उसके बाद का हाल मैंने देखा है। आप लोग चुनाव लड़े, पर एक तरफ तो नेहरू का मोहक व्यक्तित्व, फिर जनता के दिमाग में यह बात कि आजादी कांग्रेस ने दिलायी है। तो आप लोगों ने अशोक मेहता के शब्दों को निभाया। 'स्वीप' का अर्थ है 'झाड़ू लगाना'। मतगणना के बाद आप लोग मतदान केन्द्रों में झाड़ू लगा रहे थे। शंकर का ऐसा कार्टून था।

जयप्रकाश बहुत चिढ़े, बोले—तुम सन्त और कवि हो, इसलिए माफ करता हूँ वरना छात्रों को बुलवाकर तुम्हें पिटवा देता।

कबीर ने कहा—मैं सिर्फ सन्त और कवि ही नहीं था। मेरे हजारों गुण्डे चेले थे जो नीची जातियों के थे। ये मेरी रक्षा करते थे। वरना 500 साल पहले मेरा सिर कोई भी बैंगन की तरह काट लेता, क्योंकि मैंने सबकी चमड़ी उधेड़ी थी। आप छात्रों को बुलवा लीजिए और आप देखेंगे कि कबीर आपको ही उनसे पिटवा देगा। छात्रों की बात निकल आयी है तो यह बताइए कि गुजरात का छात्र-आन्दोलन तो महँगाई और मुनाफाखोरी के खिलाफ हुआ, पर यहाँ अठारह तारीख को छात्रों ने विधानसभा घेरी, सार्वजनिक इमारतों को जलाया, रेल जलायी, बस जलायी, पुस्तकालय जलाये, विज्ञान-कक्ष जलाये पर मुनाफाखोरी, जमाखोरी, और कालाबाजारी के खिलाफ कुछ नहीं किया। आप इन छात्रों को आशीर्वाद और उत्तेजना दे रहे थे। ये किस चीज के लिए लड़ रहे थे? लोगों का कहना है कि ये लड़के बड़े-बड़े सेठों की तिजोरियों से निकले थे और सही क्रांतिकारी छात्र-आन्दोलन को नष्ट करना चाहते थे। कुछ यह भी कहते हैं कि यह सी. आई. ए. का षड्यन्त्र था। और उसने पैसे खर्च किये।

जयप्रकाश ने कहा—मैं तो हमेशा आन्दोलन के पक्ष में रहा हूँ और जहाँ तक सी. आई. ए. का सवाल है, दो कुत्ते भी लड़ जायें तो लोग हल्ला करने लगते हैं कि यह उपद्रव सी. आई. ए. ने करवाया।

—आपने इन लड़कों को मुनाफाखोरों और कालाबाजारियों के खिलाफ क्यों नहीं लगाया? आप बड़े बनियों को क्यों छोड़ते हैं?

जयप्रकाश बोले—तुम सन्त हो, कवि हो ! बहुत-सी बातें नहीं समझते हो ! मैं इन लोगों का हृदय-परिवर्तन करूँगा।

मैंने कहा—और उस लाइब्रेरी को जलवायेंगे जिसमें राहुल-जैसे महापण्डित ने पहाड़ों की यात्रा करके पाण्डुलिपियाँ इकट्ठी करके रखी हैं, जिनका सम्पादन अभी तक नहीं हो रहा है।

अब जयप्रकाश कुछ अकचका गये और अपने फार्मूले पर आये। बोले—कबीरदास, तुम्हारा हृदय भी काला है। मैं तुम्हारा हृदय बदलूंगा। बैठो।

कबीर ने कहा—मैं सिद्ध हूँ। आप बैठिए और दो मिनट में मैं आपका हृदय बदलता हूँ।

दो मिनट मैंने लगातार उनकी आँखों में देखा और उनका हृदय बदल गया। एक चमत्कार हुआ—जयप्रकाश उठे और सड़क पर खड़ी बस पर पत्थर फेंकने लगे। मैं यह देख रहा था। वह फिर पास में एक बहुत बड़े सेठ की दूकान पर गये और कहा कि एक-दो पीपे मिट्टी के तेल के हों तो दे दो। मैं विधानसभा में आग लगाना चाहता हूँ और मन्त्रिमण्डल को भस्म कर देना चाहता हूँ।

तब मैंने उनका हाथ पकड़ा। मैंने कहा—हृदय किसका बदला, तुम्हारा कि मेरा ? अब यहीं रुक जाओ। मन्त्रिमण्डल तो कफन है और देश लाश हो रहा है। तुम मन्त्रिमण्डल को भंग करवाकर दूसरा मन्त्रिमण्डल चाहते हो—इसका अर्थ है कि तुम देश को, जो लाश होने जा रहा है, सिर्फ नया कफन देना चाहते हो।

जयप्रकाश सहमकर बैठ गये। बोले—कबीरदास, तुम जाओ। मैं तुम्हारी कुछ पंक्तियाँ याद रखे हूँ, जैसे 'घूंघट का पट खोल री तोहे पिया मिलेंगे।' मेरे घूंघट का पट नहीं खुला। फिर तुमने कहा था—'मन फूला-फूला फिरै जगत में कैसा नाता रे।' कहा है, 'कहत कबीर सुनो भई साधो छोड़ो जग की आसा रे।' कहा है, 'कहत कबीर सुनो भई साधो सारी दुनिया झूठल हो।'

फिर वह कहने लगे कि अब तुम जाओ। मेरा नैतिक बल बहुत कम हो गया है। तुम खतरनाक बदमाश हो। मैंने कहा—मैं जाता हूँ, पर जाने के पहले आपके ही बारे में अपनी कविता की एक पंक्ति कहता हूँ—'नाव नदी को लील गयी रे भेद न जाना कोय !'

राष्ट्रपति निक्सन से भेंट

इस बार कबीर ने तय किया कि अमेरिकी राष्ट्रपति निक्सन से मिल आये। बेचारा बड़े जाल में फँसा है। साधू के सत्संग से कुछ लाभ उसे हो जाये। कबीर से हर छह महीने में अमेरिकी अधिकारी पूछते थे—क्या आप अमेरिका की यात्रा

करना चाहते हैं ? मैं कहता—हाँ। पर आज तक उन्होंने मुझे भेजा ही नहीं। सन्त-फकीर ऐसे ही नहीं जाता। यों तो कहीं भी घूमता रहता है पर जब आसन पर होता है, तब विदेशी लाभ के निमन्त्रण पर भी डोलता नहीं।

'आसन से मत डोल री तोहे पिया मिलेंगे', लेकिन इसके लिए 'सुन्न महल' में 'दियना' जलाये रहना पड़ता है और 'घूंघट का पट' खोलना पड़ता है।

इस बार पिया से मिलने का मौका आ गया, क्योंकि कबीर आसन से नहीं डोला। यह आसन बड़ा विचित्र है। इसे कम लोग समझते हैं। यह है विश्वास का आसन बिछाकर उस पर डटे रहना।

मैं अपनी पाँच सौ साल पुरानी साधू की पोशाक में एयर बैग लेकर निकला, तो कनछेदीलाल ने कहा—अब कहाँ चले ? प्रधानमन्त्री से मिलने जाते हो तो बढ़िया सूट पहनते हो। सूट, धोतीवालों के देश में ! पर इस पाँच सौ साल पुरानी पोशाक में जुलाहा सन्त कहाँ जा रहा है ?

मैंने कहा—सूटवालों के यहाँ अमेरिका !

कनछेदीलाल ने कहा—फँस गये सी. आई. ए. के चक्कर में !

मैंने कहा—सी. आई. ए. वाले कहते हैं कि मैं के. जी. बी. के चक्कर में हूँ।

कनछेदीलाल ने कहा—यानी हर आदमी किसी-न-किसी के चक्कर में माना जाता है। आदमी नहीं हुआ, कुत्ता हुआ—यह देखा जाता है कि इसके गले में किसका पट्टा है। पर तुम ठीक कर रहे हो कि साधू-फकीर के लिबास में जा रहे हो। अमेरिका में योगी, साधू, सन्त, फकीर की बड़ी पूछ है। अमेरिकी बड़ा विचित्र आदमी होता है। वह भीतरी, व्यक्तिगत शान्ति तो चाहता है पर बाहर सरकार को अशान्ति फैलाने देता है। एक बात बताओ, कुछ गाँजा, चरस, चण्डू वगैरा ले जा रहे हो ?

मैंने कहा—हाँ, यही तो प्रेमोपहार है इस देश का।

कनछेदी ने कहा—तुम साधू-सन्त हो ! कुछ गेहूँ मेरे लिए ले आना। यही दो-तीन बोरे। कबीर का वंश नहीं बूड़ेगा।

कबीर ने कहा—लाऊँगा तो दो-तीन बोरे क्यों ? दो-तीन लाख बोरे लाऊँगा।

कबीर पहुँच गया अमेरिका। पास का गाँजा, चरस वगैरा सब बाँट दिया लड़के-लड़कियों को।

मैंने, जब वे नशे में धुत्त थे, पूछा—कहो, कैसा लग रहा है ?

वे बोले—अद्भुत ! भारत-जैसा नशा कहीं नहीं।

मैंने कहा—नशे में तो हम सैकड़ों सालों से हैं। हमारे कई नशे हैं—भ्रम का नशा, सम्प्रदाय का, जाति का, और सबसे बड़ा नशा अपने को पवित्र मानने का। तुमने 'मदक' का मजा लिया है ?

वे बोले—नहीं। अब की बार मदक लाना। यू आर ए ग्रेट सेन्ट स्मगलर इन ड्रग्ज ! (तुम नशे के बड़े भारी साधू-तस्कर हो।)

कबीर ने माथा ठोंक लिया। कहाँ जा रही है दुनिया !

इस अमेरिकी महान समाज में तस्कर-साधू की बड़ी इज्जत है, सच्चे साधू की नहीं। मैंने लड़के-लड़कियों से कहा—तुम इस तरह नशे के आदी क्यों हो ?

वे बोले—बिकॉज वी आर नॉट कन्सिडर्ड ह्यूमन बीइंग्स। वी आर टेकन ऐज पिग्ज ! (क्योंकि यहाँ हमें मनुष्य कोई नहीं मानता। हम सूअर माने जाते हैं।) तो हम कहते हैं, पोर्क (सूअर का मांस) का मजा लो ! यानी हमारा गोश्त खाओ। बेटों का गोश्त ! और वह खाया जा रहा है।

कबीर ने सोचा, राष्ट्रपति निक्सन से भेंट कर ली जाये ! मेरे चारों तरफ खुफिया अफसर लगे थे।

एक ने पूछा—आपका कोई संगठन है ? कोई 'मिशन' है ?

मैंने कहा—नहीं। मैं अकेला ही आया हूँ। मेरे साथ चलनेवाले कम होते हैं। तब मैंने उससे कहा—मैं कवि भी हूँ और मैंने अंग्रेजी में अनुवाद करके अपना पद सुनाया—

'जो घर फूँकै आपना, चलै हमारे साथ।'

वे लोग बोले—यहाँ तो सब घर भरनेवाले आते हैं—चाहे साधू हो, सन्त हो, योगी हो। पर तुम्हारी शर्त अजीब है। तुम्हारा कोई चेला भी नहीं होगा।

मैंने कहा—कई चेले हैं, और यह तुम्हारी दुनिया इन्हीं बेवकूफों के दम पर सदियों से कायम है, जो अपना घर फूँकते हैं। घर भरनेवाले दुनिया का नाश करते हैं, दूसरे का घर जलाकर।

गुप्तचर विभाग का प्रधान आया। कहने लगा—कौन-सा मिशन है तुम्हारा ? 'डिवाइन लाइट' वाले साधू यहाँ बहुत हैं, 'ट्रान्सेन्डेण्टल कान्शसनेस' वाले भी बहुत हैं। तुम कौन हो ?

मैंने कहा—तुम्हें सब जानकारी है, यहाँ तक कि कौन आदमी बीवी के साथ कब-कब सोया। मुझसे क्यों पूछते हो ? दुनिया-भर में तुम्हारी जासूसी का जाल फैला है। तुम क्या समझते हो कि मैं कोई बेवकूफ, लुच्चा, बदमाश, डॉलर का भिखारी हूँ ? या मैं कोई रूसी गुप्तचर हूँ ! मुझे राष्ट्रपति से मिलना है।

अब कबीर का रोब जमा।

आखिर मैं राष्ट्रपति के पास ले जाया गया।

निक्सन ने कहा—मेरे पास समय नहीं था। पर भारत के साधू, सन्त, योगी आते हैं तो एक मिनट बात कर लेता हूँ। कई साधू आते रहते हैं। ये हमारी नयी पीढ़ी को बेवकूफ बनाकर मुझे बड़ा चैन देते हैं। बोलो, कौन-से मिशन के नेता हो ? कितने डॉलर चाहिए ?

कबीर ने कहा—कोई मिशन नहीं। डॉलर एक भी नहीं चाहिए। मैं कवि भी हूँ। वाल्ट ह्विटमैन अमेरिकी जनतन्त्र का कवि था न ! आप जानते हैं ? मैं

भी भारतीय जनतन्त्र का कवि हूँ।

निक्सन ने चकित होकर पूछा—ह्विटमैन अमेरिकी कवि था?

मैंने कहा—हाँ, आपको नहीं मालूम?

निक्सन ने कहा—नहीं, मुझे कवि से क्या मतलब? मैं राजनीति का आदमी हूँ।

कबीर ने कहा—हाँ, इसीलिए आपको विएतनाम, लाओस, कम्बोदिया, चीन, इसराइल से मतलब है। आप कविता के इन्जेक्शन लिया करो। आपकी तबियत ठीक हो जायेगी। आप बड़े बीमार हैं।

अब निक्सन चौंका। मैंने कहा—एक अब्राहम लिंकन नाम का आदमी आपके यहाँ हो गया है...

निक्सन ने कहा—यहाँ तो हजारों अब्राहम और हजारों लिंकन नाम के आदमी हैं!

मैंने कहा—वह आपकी तरह ही राष्ट्रपति था। उसने कहा था—'जनता की सरकार, जनता के द्वारा, जनता के लिए!'

निक्सन ने कहा—हाँ, हाँ, एक लिंकन था। वह लकड़ी काटता था। गँवार था।

मैंने कहा—और आप भी सिर्फ तहसील की कचहरी में वकील थे, पर लिंकन तो बड़ा वकील भी हो गया था।

निक्सन ने कहा—तुम शायद उस लिंकन के गेटिसबर्ग-भाषण का हवाला दे रहे हो, पर मैं क्रान्तिकारी राष्ट्रपति हूँ। मैं कहता हूँ—'मेरी सरकार, जनता की बेवकूफी के द्वारा, निक्सन के लिए।'

निक्सन से मैंने कहा—आपकी नाक बड़ी लम्बी है।

उन्होंने जवाब दिया—मैंने हिसाब से लम्बी नाक रखी है। इस लम्बी नाक को कोई कितना काटेगा? तुम देख नहीं रहे हो, वॉटरगेट में, टेप में, इन्कम टैक्स के घपले में, कितनी नाक कटी, पर तुम देख लो, नाक वैसी ही है!

मैंने कहा—बेशर्म की नाक इस्पात की बनी होती है।

निक्सन इस बात से खुश हुए।

मैंने टेपों के बारे में कहा—आप कह देते कि ये टेप मेरे और पत्नी के बीच की प्रेम की बातचीत के हैं, ये प्राइवेट हैं।

निक्सन ने कहा—क्या तुम समझते हो कि मैं झूठ बोलने में कमजोर हूँ? मैंने बहुत बोले, पर चली नहीं। घर में भेदिया थे।

कबीर ने कहा—आप पर महाभियोग की सिफारिश हो गयी है। जनता भी माँग कर रही है।

निक्सन ने कहा—महाभियोग मामूली बात है। हमारा समाज बहुत महान है। यहाँ जब राष्ट्रपति को गोली से उड़ा दिया जाता है, तो महाभियोग तो मामूली बात है! मैं दुनिया में कहीं लड़ाई छिड़वा दूँगा, तो सब लोग इन चीजों

को भूल जायेंगे। सफल राष्ट्रपति वह है, जो जनता और कांग्रेस को बेवकूफ बना सके। अब देखो, जूडिशल कमेटी हुक्म देती है कि 50 टेप भेजो, मैं 10 भेज देता हूँ। फिर कहती है 45 और भेजो, मैं पाँच और भेज देता हूँ। तुम्हारे यहाँ के राष्ट्रपति ऐसा कुछ कमाल करते हैं?

कबीर ने कहा—नहीं, हमारे यहाँ संसदीय लोकतन्त्र है। आपके यहाँ प्रेसीडेन्शल लोकतन्त्र है। जनता ने एक बार राष्ट्रपति चुन दिया, तो वह तानाशाह हो गया। हमारे यहाँ एक भस्मासुर हो गया है। उसने शिव नाम के महादेवता की—लॉर्ड शिव की—पूजा की; वही शिव जिसकी मूर्तियाँ चोरी से अमेरिका लाकर लाखों डॉलरों में बेची जाती हैं। शिव उससे खुश हुए। वर दे दिया कि तू जिसके सिर पर हाथ रख देगा, वह जलकर राख हो जायेगा। बस, उसने कई को राख बना दिया। एक दिन वह अपने देवता, अपने मालिक, गुरु शिव के ही सिर पर हाथ रखने लगा, तो शिव भागे-भागे फिरने लगे। यही हाल आपका है। आपकी जनता शिव है। उसने आपको राष्ट्रपति बना दिया और आप भस्मासुर हो गये।

निक्सन ने जम्हाई ली। कहने लगे—छोड़ो मेरी बात। अपने देश के हाल बताओ। भुखमरी अभी है न?

मैंने कहा—हाँ, है।

निक्सन ने कहा—मुझे यह जानकर बड़ी खुशी हुई। अब तुम्हारी सरकार भीख का कटोरा लेकर मेरे पास दस बार आयेगी। और मैं पहले तो टरकाऊँगा, कि गेहूँ हमारे पास है ही नहीं, फिर कुछ दे दूँगा। पर तुम्हारी प्रधानमन्त्री रोज हमारा अपमान क्यों करती हैं? नहीं जानतीं हमारी ताकत?

कबीर ने कहा—वह गलत बात तो नहीं कहतीं। कहती हैं—महाशक्तिवाले देश गरीब देशों के मामलों में दखल न दें। पर आपके बगल में इस छोटे-से देश क्यूबा का फिदेल कास्त्रो रोज आपको गाली देता है। उसका आपने क्या बिगाड़ लिया?

निक्सन ने कहा—फिदेल गाली नहीं देता, उसके मुँह से रूस गाली देता है। मुँह उसका है, गाली रूस की है। इसीलिए मैं चुपचाप सुन लेता हूँ; वरना दो मिनट में खत्म कर दूँ।

मैंने कहा—मैं समझ गया। रूस से आपको इतना प्रेम है कि फिदेल की गाली को प्रेमी की गाली मानकर शान्त रहते हैं। पर इधर इण्डियन ओशन में डायगो पर सैनिक अड्डा क्यों बना रहे हैं?

निक्सन ने पूछा—उसे इण्डियन ओशन नाम किसने दिया? सारे महासमुद्र तो हमारे हैं। यह हिन्द महासागर नाम किसने दिया?

कबीर ने कहा—पता नहीं। शायद पुर्तगाली वास्को डि-गामा ने दिया हो या अंग्रेजों ने।

निक्सन ने कहा—बास्टर्ड्स! हमसे क्यों नहीं पूछा?

मैंने कहा—तब अमेरिका नाम का देश था ही नहीं। और क्या पता कि आपके पूर्वज पुर्तगाल-स्पेन से यहाँ आये हों। बाप-दादों की गाली मत दीजिए।

निक्सन ने कहा—खैर छोड़ो, पर तुम्हारी यह मादाम इन्दिरा गाँधी ऐसे बोलती हैं, जैसे सारी दुनिया पर इसी की हुकूमत हो!

मैंने कहा—वह चतुर स्त्री हैं। दूसरे देशों के नेताओं की बेवकूफी का फायदा उठाती हैं। आपकी बेवकूफी का फायदा भी उठाती हैं। इसीलिए तो उन्होंने अणु-विस्फोट का सिर्फ परीक्षण करवाया—शान्ति के साथ अपने देश में उद्योग के विकास के लिए। और फिर देखती रहीं कि आप-जैसे दुनिया के नेता क्या कहते हैं। आपकी बात सुनी, जापान की सुनी, कनाडा की सुनी और आप लोगों की बेवकूफियों का मजा लेती रहीं। हम लोग भी मजा लेते रहे। चीन होशियार है—कुछ बोला ही नहीं। भुट्टो ने देखा कि यही वक्त है कि भारत के ऐटम बम हमले का डर दिखाकर जितना मिले, ले लो। तो वह दुनिया का चक्कर लगाने लगा—अरे मालिक, अरे गरीब-नवाज, हम तो मौत के मुँह में हैं। हमारी मदद करो। हमें बचाओ। पता नहीं भुट्टो आपको बेवकूफ बना रहा है या आप भुट्टो को।

निक्सन ने कहा—हम दोनों एक-दूसरे को बेवकूफ बना रहे हैं। सच्ची दोस्ती वही है, जब दोस्त एक-दूसरे को बेवकूफ बनायें।

मैंने कहा—एशिया में आपका क्या स्वार्थ है?

निक्सन ने कहा—'बिग पावर' का यह कर्त्तव्य है कि वह कहीं शान्ति न रहने दे। सब डर के साये में जिन्दा रहें। इसीलिए कहीं हमारा सातवाँ बेड़ा है, कहीं हमारा छठवाँ बेड़ा है। शान्ति ही रही, तो हमें 'महाशक्ति' कौन मानेगा? फिर इतना पैसा, इतने हथियार, इनका भी तो कुछ करना पड़ेगा! फिर हर महाद्वीप में हमारे चमचे देश हैं। उन्हें दिखाने के लिए कुछ तो करते रहना चाहिए। कुछ सिरफिरे लोग यानी कम्युनिस्ट इसे 'अमेरिकी साम्राज्यवाद' कहते हैं—पर यह सही अर्थ में 'अमेरिकी मजबूरी' है।

मैंने सोचा, अब उठूँ। तहसीलदार की अदालत के वकील से कहाँ तक बात करूँ? मैं विदा लेने उठा तो निक्सन ने कहा—साधू हो, कोई मिशन तो होगा ही। हर मिशन एक खूबसूरत धोखा होता है। बोलो—कितने डॉलर दिलवा दूँ? या यहीं रहो। मेरी जनता को 'भीतरी' शान्ति में ले जाओ जिससे सबकुछ बाहरी, वे मुझ पर छोड़ दें।

मैंने कहा—डॉलर साधू को एक भी नहीं चाहिए। मानवतावादी हो, तो मेरे देश को बिना एहसान, बिना अहंकार के गेहूँ भेज देना। मगर उसमें धतूरा मत मिलाना। धतूरे के जंगल हैं हमारे यहाँ! हम मिला लेंगे।

निक्सन ने कहा—तुम बड़े अजीब साधू हो। सब साधू तो यहाँ लेने आते हैं और तुम...

मैंने कहा—तुम नहीं समझोगे। जो जाल में फँसा है, उस जाल को तोड़ना

नहीं चाहता, बल्कि उसे चूमता है, वह क्या समझेगा ? तुम जाल को चूम रहे हो और खुश हो। खुश रहो ! साधू का आशीर्वाद है कि जो भ्रम में खुश है, खुश रहे।

निक्सन ने कहा—कवि हो, कुछ तो कह जाओ। मैंने कहा—

'कबिरा नौबत आपनी दिन दस लेहु बजाय
यह पुर-पट्टन यह गली बहुरि न देखौं आय।'

निक्सन ने 'गुड बाई' किया और कहा कि अपनी प्रधानमन्त्री को सलाह देना कि अंग्रेजी भाषा में मीठे शब्द भी होते हैं।

लौटा तो कनछेदी दतौन करते दिखे। कहने लगे—मिल आये निक्सन महान से ! कुछ डॉलर या यहाँ अमेरिकी डॉलर के रुपये लाये ? अमेरिकी एजेण्ट बने ?

मैंने कहा—कुछ नहीं। जिसे यही पता नहीं कि महान राष्ट्रपति लिंकन और महान कवि ह्विटमैन अमेरिकी थे, उससे क्या लाता ? वह हवलदार है।

कनछेदी ने कहा—साधुओं में सबसे बेवकूफ तुम हो। अरे, ऐसे ही खरबपति से तो पैसा ऐंठा जाता है और तुम सूखे लौट आये ! कबीर का वंश डूब गया। तुम भूखा मरने को पुण्य मानते हो ?

मैंने कहा—नहीं, मजबूरी या पाप मानता हूँ। कायरता भी सन्तोष देती है—'कायर सन्तोष'। मैं कहता हूँ—घी से चुपड़ी रोटी को छीन लाओ और खाओ !

कनछेदी ने कहा—बात ठीक है, पर इसके लिए दम चाहिए। पर सन्त, यह बरसात गेहूँ के बिना कैसे कटेगी ? दो बोरे दिला दो।

मैंने कहा—दिला दूँगा ! यहाँ भी तो सब ईमानदार हैं।

कबीर फिर इन्दिरा गाँधी से मिला।

मैंने कहा—निक्सन से मिल आया, बहनजी ! उसके पास गेहूँ बहुत है। वह देना भी चाहता है। भारत को खोना नहीं चाहता।

इन्दिराजी तैश में आ गयीं। बोलीं—क्या मतलब ? भारत को खोना नहीं चाहता—इसका क्या अर्थ है ? भारत कोई बाजारू सामान है ? भारत कोई आलू-बैंगन है ?

कबीर ने कहा—बस यही तो निक्सन कहता था कि अंग्रेजी में मीठे शब्द भी हैं।

इन्दिराजी ने पूछा—निक्सन की अंग्रेजी कैसी है ?

मैंने कहा—मेरे से घटिया ! कस्बे के पटवारी-सरीखी अंग्रेजी है। एक बार राष्ट्रसंघ में जब कृष्ण मेनन बोल रहे थे, ब्रिटेन के विदेशमन्त्री ने टोका कि यह गलत अंग्रेजी है। मेनन ने फौरन कहा—आई कैन नॉट बी ब्रीफ्ड बाई यू इन इंग्लिश। आई हैव लर्ट इट, ह्वाइल यू हैव पिक्ड इट अप ! (तुम मुझे अंग्रेजी के

बारे में सलाह नहीं दे सकते। मैंने अंग्रेजी सीखी है, पढ़ी है, जबकि तुमने उसे रास्ते में पड़ी चीज की तरह उठा लिया है।)

इन्दिराजी हँसने लगीं। बोलीं—सही बात है। खैर, मैं अंग्रेजी में माठे शब्दों की तलाश करती हूँ।

जनाब भुट्टो से भेंट

कनछेदीलाल ने पूछा—कहो गुरु, क्या हाल हैं जयप्रकाशजी के?

मैंने कहा—अच्छे हैं। मैंने उनका हृदय बदल दिया। पहले वे पत्थर फेंकने-वालों और आग लगानेवालों की पीठ ठोंकते थे। मैंने उनसे इस उम्र में बस पर अपने हाथ से पत्थर फिकवा दिये और इमारतों में आग लगवा दी। अब वे सारे देश की सरकारें भंग करवा देंगे। यह देश बिना सरकार का हो जायेगा।

कनछेदी काइयाँ है। कहने लगा—मुझे ऐसा लगता है कि यदि इन्दिरा गाँधी उनका नाम ले दें तो वे आन्दोलन बन्द कर दें। बस इसी की राह देख रहे हैं। बेचारे कहते हैं, इन्दिरा गाँधी मेरी बेटी की तरह है। पर इन्दिरा गाँधी जयप्रकाश बाबू का नाम ही नहीं लेतीं। बस 'कुछ लोग', 'कुछ लोग' कहती हैं। इतना ही कह दें कि बाबू जयप्रकाश नारायण उपद्रव करवा रहे हैं, तो जयप्रकाशजी फौरन आन्दोलन बन्द कर दें, मगर यह बड़ी क्रूर स्त्री है। खैर, अब कहाँ चले?

कबीर ने कहा—शहंशाहे आजम भुट्टो साहब से मिलने।

कनछेदी ने कहा—पर भुट्टो तुम्हें मिलेंगे कहाँ? उन्होंने तो हवाई जहाज में घर बना लिया है। रोज विदेश यात्रा पर होते हैं।

मैंने कहा—हवाई जहाज में होंगे, तो उतरने की राह देखूँगा।

कबीर को इत्तिफाक से भुट्टो राजधानी में ही मिल गये।

कबीर ने परिचय दिया तो भुट्टो तपाक से बोले—मैंने तुम्हारा नाम सुना है। तुम साधु-सन्त हो। इन्दिरा गाँधी पहले कूटनीतियों को भेजती थीं, अब साधु-सन्त भेजने लगीं। भई, मैं इस मौसम में शिमला नहीं जाऊँगा, कोई और जगह तय करो।

मैंने कहा—सुनिए तो! तुम्हें इन्दिरा गाँधी ने नहीं बुलाया। मैं तो साधु हूँ। मन से घूमता रहता हूँ।

भुट्टो ने कहा—कोई बात नहीं। जब तक चाहो रहो। पाकिस्तान तुम्हारा घर है। तुम तो मुसलमान हो न—जुलाहा—याने घटिया मुसलमान।

मैंने कहा—मुसलमान मुझे मुसलमान नहीं मानते और हिन्दू हिन्दू नहीं मानते। तुम क्या मुसलमान हो ?

भुट्टो ने कहा—हाँ !

मैंने पूछा—नमाज पढ़ते हो ?

भुट्टो ने कहा—नमाज गँवार पढ़ते हैं, मैं तो क्लबों में 'डांस' करता हूँ, वही मेरी नमाज है। देश के आदमी नमाज पढ़ते हैं और मैं डांसनमाजी उन पर हुकूमत करता हूँ।

मैंने कहा—बांग्ला देश में जो सुलूक तुम्हारे साथ हुआ और जैसे तुम निकले, उससे मुझे अफसोस है। यही कहूँगा—

निकलना खुल्द से आदम का सुनते आये थे लेकिन
बड़े बेआबरू होकर तेरे कूचे से हम निकले।

फिर कहा—कुछ समझौता नहीं हुआ शेख मुजीब से ?

भुट्टो ने कहा—समझौता करने गया ही कौन बेवकूफ था ! मैं तो झगड़ा बढ़ाने गया था—सो बढ़ा आया। 'बेवकूफ बंगाली' कहकर चला आया। वे लोग बिहारियों को मेरे सूटकेस में डालना चाहते थे और अरबों डॉलर चाहते थे। इधर बलूची और पखतून नाक में दम किये हैं। बिहारियों को ले आऊँ, तो एक आफत और मोल ले लूँ। मैं इतना बेवकूफ नहीं हूँ, मैं पूर्व का सबसे बुद्धिमान आदमी हूँ।

कबीर ने कहा—दाद देता हूँ।

भुट्टो ने कहा—अपना तो यह हाल है—

कूचए यार में इस ठाठ से हम निकले
पीछे-पीछे हम चले आगे मेरी रुसवाई थी।

कबीर ने कहा—आप भारत में ही क्यों नहीं रह गये ? वहाँ आपकी प्रॉपर्टी भी थी।

भुट्टो ने कहा—भारत में रह जाता तो न जवाहरलाल प्रधानमन्त्री बनते, न इन्दिरा गाँधी। मैं इन लोगों पर दया करके पाकिस्तान चला आया। यहाँ मैंने दो फौजी तानाशाह खाये और अपने ही देश के एक हिस्से बंगाल को अलग करवा दिया। दुनिया में किसी ने ऐसा किया ?

मैंने कहा—किसी ने ऐसा नहीं किया। अब बलूचिस्तान और पख्तूनिस्तान भी पाक से अलग कर दोगे। धीरे-धीरे पाकिस्तान कुल 2-3 जिलों का रह जायगा।

भुट्टो ने कहा—फकीर तुम ठीक कहते हो। मैं इसी कोशिश में हूँ। आगे खुदा हाफिज !

मैंने कहा—तुम इस उप-महाद्वीप में शान्ति की बात करते हो पर काम ठीक उलटे करते हो।

भुट्टो ने कहा—शान्ति कौन बेवकूफ चाहता है ! जब तक उथल-पुथल न हो,

झगड़ा-फसाद न हो, मुझे नींद नहीं आती। जब भारत से लड़ाई चल रही थी, तब मुझे खूब नींद आती थी।

मैंने पूछा—तुम्हारी कोई विदेशनीति है ?

भुट्टो ने कहा—विदेशनीति बनाकर उसे 'फ्रिज' में बेवकूफ रखते हैं। अपना तो यह है कि अमेरिका को आका माना। उससे हथियार और डॉलर लिये। फिर देखा कि भारत-चीन का झगड़ा है तो माओ की कदमबोसी कर आये और हथियार ले आये। पर चीन ज़रा कंजूस है, ज्यादा नहीं देता। भारत से हमारी लड़ाई होती है, तो पीठ ठोंक देता है, पर लड़ाई में उतरता नहीं। फिर देखता हूँ कि रूस-चीन में तनाव है तो पहले पेकिंग गये, रूस की बुराई की और कह दिया कि हम तुम्हारी तरफ। फिर हम मास्को गये और वहाँ कह दिया कि हम तुम्हारी तरफ !

मैंने टोका— पर माओ और ब्रेजनेव बाद में हँसकर यह नहीं कहते होंगे कि क्या पिद्दी और क्या पिद्दी का शोरबा !

भुट्टो ने कहा —कहने दो ! पर प्रभावक्षेत्र तो सब चाहते हैं—अमेरिका, रूस और चीन ! मैं इसका फायदा उठाता हूँ।

मैं अब खास मुद्दे पर आया। मैंने कहा—भारत ने जो अणु-विस्फोट किया है, उससे आप बहुत नाराज हैं ?

भुट्टो ने कहा—तुम साधु हो। तुमसे क्या छिपाऊँ ! दिल में मैं बहुत खुश हूँ और भारत का बड़ा शुक्रगुजार हूँ। मैं जानता हूँ और तुम भी जानते हो कि दुनिया में अणुयुद्ध कभी नहीं होगा। पर भारत के इस अणु-विस्फोट का हल्ला करके, डर दिखाकर अपनी जनता को बेवकूफ बना रहा हूँ। तुम्हारी प्रधानमन्त्री ने भी असन्तुष्ट जनता को खुश करने के लिए यह फटाका छोड़ा है। फिर मैं दुनिया के हर देश जा रहा हूँ और हाथ जोड़कर कहता हूँ, देखो भारत ने अणु हथियार बना लिये। अब हमारी सुरक्षा खतरे में है, अब हमें बचाओ। सारी दुनिया में भीख का कटोरा लेकर घूम रहा हूँ और जो कुछ कोई दे दे, ले आता हूँ।

कबीर ने पूछा—पर क्या इन देशों के बड़े-बड़े नेता तुम्हारे इस 'स्टण्ट' को नहीं समझते हैं ?

भुट्टो—समझते होंगे, पर कुछ दे ही देते हैं। कुछ लोग ऐसा करते हैं न कि लोगों के पास जाते हैं और बनावटी आँसू लाकर कहते हैं, भाई की स्टेशन पर अचानक मौत हो गयी। कफन-दफन के लिए पैसे नहीं हैं। मेरी जेब रेल में कट गयी, कुछ दे दीजिए। लोग यह जानते हुए भी कि यह आदमी झूठ बोल रहा है, कुछ देते ही देते हैं। मैं भी दुनिया-भर में कफन-दफन के लिए पैसे माँगता फिरता हूँ।

कबीर ने पूछा—याने पाकिस्तान नहीं हुआ, यतीमखाना हुआ।

भुट्टो—यतीमखाना क्या बुरा होता है ? बहुत पाक होता है। सबसे बड़ी

बात है, जनता को बेवकूफ बनाये रहना। जनता माँग करेगी कि तुम भी अणु शक्ति बनाओ, तो मैं कह दूंगा कि 'निक्सन' एक बहुत बड़ा अणु छाता बना रहा है जिससे पाक का आसमान ढांक दिया जायेगा। जनता इससे नहीं मानी तो एकाध नमूने का एटम बम हवाई जहाज में वाशिंगटन से डाल लाऊँगा और दिखा दूंगा।

कबीर ने पूछा—और क्या करते हो ?

भुट्टो—और कई तरकीबें हैं। मुल्क में कुछ भी गड़बड़ हुई तो कह देता हूँ कि इसमें विदेशी ताकतों का हाथ है। कभी मेरा मतलब भारत से, कभी अफगानिस्तान से होता है। दो कुत्ते अगर सड़क पर लड़ रहे हों, तो कह दूंगा—यह भारत की साजिश है। जनता चुप !

थोड़ी देर भुट्टो चुप रहे, फिर पूछा—तुम्हारे मुल्क में अनाज की कमी, महँगाई वगैरह है न ?

मैंने कहा—हाँ, है।

भुट्टो ने पूछा—और जनता में हलचल है, असन्तोष है ? जनता इन्दिरा-सरकार से नाराज भी है। इधर मेरी हालत भी खराब है। मेरा एक प्रस्ताव है जिससे इन्दिरा गाँधी का भी फायदा है और मेरा भी। तुम साधु हो। तुम्हारी पहुँच सब जगह है। क्या तुम उनसे इस प्रस्ताव पर बात कर सकते हो ?

कबीर ने पूछा—प्रस्ताव क्या है ?

भुट्टो ने कहा—उधर उनकी हालत खराब है इधर मेरी। क्यों न हम लोग 15 दिन की एक लड़ाई और लड़ लें ? एक टूर्नामेण्ट-सरीखा। मैं अमेरिका से हथियार ले आऊँगा और वे रूस से ले लें। फिर हम दोनों 5 साल तक जनता को बेवकूफ बनाकर मजे में राज कर सकते हैं।

कबीर अकचका गया। मैंने कहा—अरे बाप रे ! 'वार बाई एग्रीमेण्ट !' आपस में समझौता करके लड़ाई ? हद हो गयी ! सचमुच आप राजनीति में बेनजीर आदमी हैं। दुनिया में कहीं ऐसा भी होता है ?

भुट्टो—राजनीति में सबकुछ होता है। आपस में तय करके भी लड़ाई होती है। तुम सन्त हो, राजनीति नहीं समझते।

कबीर ने कहा—मैं मान गया। आप किसी भी हद तक जा सकते हैं।

भुट्टो ने कहा—चकित मत होओ। मैं पढ़ता-लिखता नहीं और राजनीति में नहीं आता तो अमेरिका में 'काऊ ब्याय' होता।

कबीर ने कहा—आपके संस्कार ऐसे ही हैं। आपने 1965 में राष्ट्रसंघ में भारतीयों को 'कुत्ता' कहा था, और अभी बंगालियों को 'ईडियट' (निपट बेवकूफ) कहकर आ रहे हो। तुम अरबों के खिलाफ भी हो और उनके साथ भी। पता नहीं तुम किसके साथ हो ? अच्छा यह बताओ, भारत के साथ सम्बन्ध सुधारोगे ?

भुट्टो ने कहा—क्या फालतू बात करते हो ? भारत के साथ सम्बन्ध ठीक कर लूंगा, तो मेरा खात्मा हो जायगा। किसी भी शासक का खात्मा हो जायगा।

भारत से दुश्मनी तो हमारे शासन की बुनियाद है।

मैंने पूछा—और काश्मीर ?

भुट्टो ने कहा—मैं जानता हूँ कि हमारी तरफ का काश्मीर जायेगा, जैसा उन कम्बख्त बंगालियों का बंगाल गया। पर हम जब तक बने, काश्मीर के मामले को जिन्दा रखेंगे। तुम्हारा शेख मुहम्मद अब्दुल्ला भी तो धोखा दे गया हमें। अब वह 'भारत-भारत' चिल्लाता-फिरता है।

कबीर ने कहा—पर वह साथ ही 'काश्मीर' भी कहता है।

भुट्टो—पुराना खिलाड़ी है। भारत उसका देश, पर काश्मीर अलग।

कबीर ने पूछा—बंगाल जाने से आपको क्या नुकसान हुआ ?

भुट्टो ने कहा—बहुत नुकसान हुआ। मछली कम पड़ गयी और रईसजादियों को पान नहीं मिलते। बंगला पान ! अहा ! क्या जायका !

कबीर ने पान का डब्बा खोला और भुट्टो को दो बढ़िया किमामवाले पान दिये। कहा—लो, ये बंगला पान खा लो !

भुट्टो ने पान खाये और कहा—वाह ! मजा आ गया। बंगाल हाथ से न जाता तो ऐसा पान रोज मिलता।

कबीर उठा। कहा—मैं अब चलता हूँ। आपके 'वार बाई एग्रीमेण्ट' की बात इन्दिराजी से करूँगा।

भुट्टो ने कहा—तुम कबीर, शायर भी हो। एकाध चीज सुना जाओ !

मैंने कहा—

> कबिरा नौबत आपनी दिन दस लेहु बजाय।
> ये पुर-पट्टन ये गली बहुरि न देखौं आय ॥

विनोबा भावे से भेंट

कबीर ने सोचा, इस बार 'बाबा' से मिल आऊँ। जयप्रकाश मिल आये, सर्व सेवा संघ का जलसा हो गया। काफी पैदल चलनें के बाद बाबा ने पनवार में 'क्षेत्र संन्यास' ले लिया है। फुरसत में होंगे।

घर से निकला तो वही कनछेदीलाल बरामदे में एक कटोरी से शहद चाटते मिल गये।

मैंने कहा—कनछेदी, क्या कर रहे हो ?

कनछेदी ने कहा—शहद खा रहा हूँ। सर्वोदयी हो गया हूँ। सर्वोदय का मतलब शहद चाटना और दही खाना होता है।

मैंने कहा—जब सर्वोदय खत्म हो गया तब तुम सर्वोदयी हो गये हो।

कनछेदी ने कहा—यही तो ठीक वक्त है सर्वोदयी होने का। बाबा के बाद कहीं यह शहद चाटने का सर्वोदय खत्म न हो जाय। मैं असिस्टेण्ट विनोबा बनने का अभ्यास कर रहा हूँ, पर तुम कहाँ चले?

मैंने कहा—उन्हीं सन्त विनोबा से मिलने।

कनछेदी ने कहा—बहुत अच्छा कर रहे हो। दो सन्तों का मिलन बड़ा मजेदार रहेगा। कह देना, कनछेदी असिस्टेण्ट विनोबा बन रहा है।

कबीर पवनार आश्रम पहुँचा तो देखा, बाबा दातौन कर रहे हैं। मैं बैठ गया।

दातौन के बाद बाबा ने मेरी तरफ ध्यान दिया। पूछा—तुम कौन हो?

मैंने कहा—कबीरदास!

बाबा बहुत खुश हुए। मुझे गले लगा लिया। बोले—सन्त हो, कवि हो, मैं तो सन्तों की वाणी ही बोलता हूँ। तुकाराम के अभंग बोलता हूँ। तुम्हारी वाणी बोलता हूँ।

मैंने कहा—पर आप मेरी तरह उलटबासी भी बोलते हैं।

बाबा ने कहा—क्यों नहीं बोलूँगा? आखिर मैं भी सन्त हूँ। उलटबासी न बोलूँ, तो चत्मकार कैसे पैदा होगा? अब देखो, मैं दातौन करता हूँ। सब दातौन करें, तो मंजन और टूथपेस्ट की समस्या हल हो जाय!

मैंने कहा—बाबा, पर शहरों में बबूल नहीं होते। दातौन कहाँ से लायेंगे?

बाबा ने जवाब दिया—तो शहरों में बबूल की खेती करें! सब टूथपेस्ट के कारखाने ठप्प हो जायेंगे। मैं तो कहता हूँ, ग्राम निर्भरता हो। अब लोग कहते हैं कि साबुन नहीं मिलता तो मैं कहता हूँ, साबुन से क्यों नहाते हो? मिट्टी शरीर पर मलकर नहाओ। साबुन के कारखाने बन्द हो जायेंगे; मुनाफाखोर खत्म हो जायेंगे।

मैंने कहा—बाबा, हर गाँव में इस्पात का कारखाना कैसे खुलेगा? इस्पात बनाना गृह उद्योग तो है नहीं।

बाबा ने कहा—मगर इस्पात की जरूरत ही क्या है?

कबीर ने कहा—फिर रेलें कैसे बनेंगी? लोग यात्रा कैसे करेंगे?

बाबा ने कहा—पदयात्रा करें। बम्बई से कलकत्ता जाना है तो पैदल जायें। रास्ते में माँगते-खाते चले जायें। सुदामा भी तो माँगते-खाते कृष्ण के पास द्वारका गये थे।

मैंने कहा—बाबा, मैं आपकी बात समझ गया। जिस चीज का अभाव हो, जिसे मुनाफाखोर दबाये हों, उसका उपयोग ही न करें। अन्न दबा है, तो अन्न न खायें, अन्न की समस्या हल हो गयी। जब खानेवाले ही भूखे मर जायेंगे तो अन्न की मुनाफाखोरी बन्द हो जायगी।

बाबा ने कहा—कबीर, आ गये न तुम उसी अपनी बदमाशी की आदत पर!

मुझे ही फँसा रहे हो।

मैंने कहा—बाबा, मैं नहीं फँसा रहा हूँ, आप खुद अपने ही जाल में इतने सालों से फँसे जा रहे हैं। इधर लोग समाजवाद की बात कर रहे हैं। कहते हैं, इने-गिने लोग जो अपार पैसेवाले हैं, मजा कर रहे हैं। बाकी कष्ट में हैं। तो सम्पति छीनी जाय और सब बराबर हो जायें। आपका क्या खयाल है ?

बाबा ने कहा—मैं समाजवाद को भ्रम मानता हूँ। सन्तोष ही सुख है। जिन्हें भगवान ने लक्ष्मी दी है, उनसे क्यों छीनोगे ?

रूखा-सूखा खाय के ठण्डा पानी पीव,
देख पराई चूपड़ी मत ललचावै जीव !

कबीर ने कहा—छोड़िए इसे। यह बताइए कि आपके उस सर्वोदय आन्दोलन का क्या हुआ ?

बाबा दुखी हुए। कहने लगे—वह तो गया। मेरे साथ हारे-थके, लोभी लोग ही आये। जिन्हें टिकिट नहीं मिली, वही सर्वोदय में आ गये। इनमें लोकसेवा की भावना थी ही नहीं। बाबा के साथ रहने से गुलछर्रे उड़ाने को मिलते हैं, तो सर्वोदयी हो गये। बाबा को तो पेट में अल्सर है, तो वह दही और शहद खाता है, पर इन सब लोगों को अल्सर हो गया और ये भी बाबा की नकल करने लगे। अब बाबा क्या करे ? हाथ का पिसा आटा खायेंगे, शहद खायेंगे, दही पीयेंगे, गुलबकाबली के फूल खायेंगे। जो सर्वोदय शिविर का इन्तजाम करते, वे परेशान हो जाते।

कबीर ने कहा—बाबा, आपने ठीक बात कही। आपको इन्दौर के उस सेठ की बात याद होगी। इन्दौर में उस समय सर्कस चल रहा था, तभी आप अपने सर्वोदयी चेलों को लेकर पहुँचे। लोगों ने एक बड़े सेठ से कहा कि आप अरबपति हैं, सर्वोदय शिविर का प्रबन्ध कर दीजिए। सेठ ने कहा—भैया, मैं सर्कस का इन्तजाम तो कर सकता हूँ, पर सर्वोदय कम्पनी का इन्तजाम करना मेरे वश की बात नहीं है।

बाबा इस बात पर खूब जोर से हँसे। कहने लगे—ठीक बात है, सर्वोदय सर्कस कम्पनी ही हो गयी थी।

मैंने पूछा—पर बाबा, आप ज्ञानी हैं। सबका उदय एक साथ कैसे हो सकता है ? मुनाफाखोर माल दबाये बैठा है और गरीब झोला लिये लाइन में खड़ा है। दोनों का उदय कैसे होगा ?

बाबा सोच में पड़ गये। बोले—यही वर्गसंघर्ष तो मैं टालना चाहता था। मैं इन बड़े शोषकों का हृदय-परिवर्तन करके एक मंगलमय समाज की स्थापना का सपना देखता था।

मैंने कहा—बाबा, हृदय हो तो उसमें परिवर्तन होगा। जिनके पास हृदय ही नहीं है, तो परिवर्तन काहे का होगा !

बाबा ने कहा—यह क्या बात कहते हो सन्त ? हृदय तो हर आदमी का

होता है !

कबीर ने कहा—मैं नहीं मानता, बाबा ! फिर कुछ लोग ऐसे भी तो होते हैं, जिनका हृदय तलुवे में होता है। वे हृदय को कुचलते हुए चलते हैं। डाक्टरों से पूछ लीजिए। वे सारे शरीर में हृदय खोजते हैं, पर वह नहीं मिलता। बड़ी मुश्किल से तलुवे में मिलता है।

बाबा ने कहा—मैंने तुम्हारा लिखा पढ़ा है। तुम ऐसी ही सधुक्कड़ी बातें करते हो। पर डाकुओं का तो हृदय-परिवर्तन हुआ।

कबीर ने कहा—वह मुझे मालूम है। जयप्रकाश डाकुओं का हृदय बदलने गये थे। कुछ डाकुओं ने समर्पण भी किया, पर लोगों का कहना है कि हृदय जयप्रकाश ने नहीं, पुलिस ने बदला। और जब छतरपुर नाम के जिले के सदर मुकाम में मुख्यमन्त्री सेठी और जयप्रकाश दोनों थे, तब लोग सेठी की जय बोल रहे थे, जयप्रकाश की जय कोई नहीं बोल रहा था तो जयप्रकाश बुरा मानकर चले गये और कहते गये कि अब मैं मध्यप्रदेश कभी नहीं आऊँगा।

बाबा ने कहा—हुआ होगा, पर सर्वोदयी को जय से, मान-सम्मान से क्या मतलब ?

मैंने कहा—जयप्रकाश बाबू को है क्योंकि वे आधे सन्त और आधे राजनेता हैं। अच्छा, यह तो बताइए, जयप्रकाश बाबू आपके पास आये थे। उनके आन्दोलन के बारे में आपका क्या खयाल है ?

बाबा बोले—मैं बड़ा काइयाँ आदमी हूँ। मैंने उनसे ऐसा कहा जिसका मतलब हाँ भी होता है और नहीं भी। मैंने कहा—विवेक कहता है, तो परिवर्तन करो पर अहिंसा से करो। अब देखो, हिंसा दोनों तरफ से हो रही है तो बाबा को मतलब नहीं।

कबीर ने कहा—बाबा, पर जयप्रकाश तो इसे क्रान्ति कहते हैं।

बाबा ने कहा—कहते हैं, तो कहने दो। क्रान्ति और भ्रान्ति में थोड़ा-सा अन्तर होता है। कभी-कभी भ्रान्ति को भी क्रान्ति समझ लिया जाता है।

कबीर ने बाबा को पकड़ा—जैसे आपका भूदान ! भूदान से आप क्रान्ति लाना चाहते थे, पर वह भ्रान्ति निकल गया।

बाबा ने कहा—कबीर, तुम गलत समझे। क्रान्ति मैंने कभी नहीं लानी चाही। वह तो तेलंगाना में किसानों के हिंसक आन्दोलन को देखकर मुझे लगा कि भूमिहीन किसान को भूमि की भूख है, तो मैं निकल पड़ा भूदान के लिए पैदल।

कबीर ने पूछा—फिर क्या हुआ ?

बाबा ने माथा ठोंककर कहा—बाबा को सब 'सालों' ने—अरे, माफ करना, सन्त को गाली नहीं देनी चाहिए, सबने बाबा को धोखा दिया। बंजर जमीन बाबा को दे दी, जहाँ घास की एक पत्ती नहीं उगती; और अखबारों में छपवा लिया कि हमने 100 एकड़ भूमि-दान कर दिया। अब उन पत्थरों पर कौन किसान खेती करेगा ?

मैंने पूछा—बाबा, पर क्या दान से आर्थिक परिवर्तन हो सकता है ?

बाबा ने कहा—मैं पहले कह चुका हूँ कि ग्राम-आत्मनिर्भरता—यही क्रान्ति है। हर गाँव जरूरत की चीजें अपने ही गाँव में पैदा करे।

मैंने कहाँ—बाबा, पर मैंने देखा है कि गाँव के कुछ लोग ट्रान्जिस्टर बजाते हैं। गाँव में ट्रान्जिस्टर कैसे बनेंगे ? रेडियो कैसे बनेगा ? शहर पर निर्भर तो रहना ही पड़ेगा।

बाबा ने कहा—यही तो बीमारी है। इच्छाएँ बढ़ती हैं तो उनकी पूर्ति के लिए आदमी भागता फिरता है।

कबीर ने कहा—मैंने माना कि गाँवों को हजार साल पीछे चला जाना चाहिए। आपकी यह बात भी मानी कि हर गाँव को आत्मनिर्भर हो जाना चाहिए, पर हर साल लाखों गाँवों में अकाल पड़ता है। वे आत्मनिर्भर कैसे होंगे ? वे तो भुखमरी में आत्मनिर्भर हो सकते हैं, फिर जिन गाँवों में पैदावार अच्छी है और जो आत्मनिर्भर हैं, वे इन अभावग्रस्त गाँवों को कुछ नहीं देंगे।

बाबा ने कहा—तो गाँवों का संघ बन जाय।

मैंने कहा—बिहार और केरल के गाँवों का संघ कैसे बनेगा ? ये कोई 3-4 किलोमीटर दूर तो हैं नहीं। फिर वही व्यवस्था करनी होगी कि रेल से यहाँ का अनाज वहाँ भेजा जाय। और आप कहते हैं, पद-यात्रा करो। आपकी ग्राम-निर्भरता से बाबा देश के आधे से अधिक ग्रामीण मर जायेंगे।

बाबा सोच में पड़ गये। घड़ी देखी और बोले—मेरा दही खाने का समय हो गया। कुटी में गये और दही का कटोरा लेकर आ गये। दही खाने लगे। बोले—तुम्हारा जी तो नहीं ललचाता ?

कबीर ने कहा—नहीं।

बाबा ने कहा—सच्चे साधु हो !

कबीर ने कहा—सो तो ठीक है, पर सन्तों को बाँटकर खाना चाहिए। आप तो दही के मामले में पूँजीपति हो गये।

बाबा ने कहा—बात यह है कि एक सन्त दूसरे को बाँटे तो उसकी खुराक कम पड़ जाती हैं। मैं नापकर खाता हूँ।

मैंने कहा—ठीक है बाबा, साधु तो कम्बल को छोड़ना चाहता है, पर कम्बल साधु को नहीं छोड़ता। 'माया महाठगनी हम जानी। तिरगुन फाँस लिये कर डोलै, बोलै मधुरी बानी।' रमैया की दुलहन ने सन्तों का बाजार भी लूट लिया।

बाबा दही खा चुके थे। कहने लगे—मैं भी राम का परम भक्त हूँ।

कबीर ने कहा—पर मैंने तो अपने को 'राम की लुगाई' कह दिया।

बाबा ने कहा—तुम कुछ साधना-वाधना करते हो ? मैंने तो इतने कर्म किये और करता हूँ। तुम क्या करते हो ?

कबीर ने कहा—इतने हजार मील पैदल चलने से क्या मिला आपको ? मैं 'सहज साधना' करता हूँ—

साधो, सहज समाधि भली
जहँ-जहँ डोलौं सोइ परिकरमा, जो-जो करौं सो सेवा
जब सोवौं तब करौं दण्डवत, पूजौं और न देवा।

फिर मैंने बाबा को थोड़ा संकट में डाला—बाबा, आप रामनाम को परम औषधि मानते हैं। कुछ साल पहले आपको टाइफाइड हुआ था। तब आपने 'क्लोरोमाइसिटीन' ली और अच्छे हुए। रामनाम कहाँ चला गया था?

बाबा थोड़े अकचकाये, फिर बात बनायी—बात यह है कि 'एण्टीबायोटिक' भी रामबाण है, इसलिए मैंने ले ली!

मैंने कहा—और आप 'रामबाण' के बड़े कारखानों के खिलाफ हैं।

मैंने देखा बाबा कुछ परेशान हैं। उचित समझा कि इन्हें छोड़ूँ।

मैंने कहा—बाबा, अब मैं चलता हूँ।

बाबा ने कहा—कुछ कहते जाओ, साधु। मेरे विचार तुम्हें कैसे लगे?

कबीर ने कहा—साधु हूँ। सच को मुँह पर कह देता हूँ। आप न जाने किस दुनिया में रहते हैं। वह दुनिया कितनी शताब्दी पहले की है। आपकी सब बातें उलझी-पुलझी। मेरे विचारों से मेल नहीं खातीं। कहता हूँ—

तेरा मेरा मनुआ बन्दे कैसे एक होय रे!
तू कहता कागद की लेखी, मैं कहता आँखन की देखी
मैं कहता सुलझावन हारी, तू राखै उलझाये रे
तेरा मेरा मनुआ बन्दे कैसे एक होय रे!

और कबीर चल दिया।

कनछेदी ने पूछा—क्या हुआ?

मैंने कहा—कुछ खास नहीं। यही हुआ—तेरा मेरा मनुआ बन्दे कैसे एक होय रे! तुम शहद और दही का अभ्यास करो। 'वेकेन्सी' होनेवाली है।

मोरारजी देसाई से भेंट

कबीर को तब बड़ा दुख होता है, जब बड़े-बड़े नेताओं का नाम अखबारों से गायब होने लगता है। अब सादोबा पाटिल का नाम कई महीनों से अखबारों में देखने को नहीं मिला तो साधु का मन बड़ा दुखी रहता है। भोजन करता हूँ तो याद आता है कि कभी सादोबा खाद्यमन्त्री थे, और हर साल कहते थे कि अगले साल देश खाद्य के मामले में आत्मनिर्भर हो जायगा। पर अभी भी भीख का कटोरा लेकर थाईलैण्ड-जैसे छोटे देश के पास हम जाते हैं कि भैया थोड़ा चावल डाल दे!

इसी सिलसिले में कबीर को मोरारजी भाई की याद आ गयी। मैं अहमदाबाद के लिए निकल पड़ा।

सामने बरामदे में वही कनछेदीलाल दिख गये। कबीर ने पूछा—क्या बात है कनछेदी? गुमसुम बैठे हो?

कनछेदी ने कहा—सोच रहा हूँ कि चरणसिंह के पास चला जाऊँ और 'भारतीय लोक दल' में शामिल हो जाऊँ।

मैंने कहा—अरे, अभी-अभी तो तुम शहद और दही खाकर सर्वोदयी बन रहे थे और अब चरणसिंह के दल में जा रहे हो।

कनछेदी ने कहा—सर्वोदय के शहद का छत्ता निचुड़ गया। भारतीय लोक दल में शक्कर और गुड़ है, वहीं जाऊँगा। पर तुम कहाँ चले?

मैंने कहा—मोरारजी भाई से मिलने।

कनछेदी ने कहा—जाओ। गाली खाना तुम्हारी तपस्या है। जयप्रकाशजी से मिले तो अभी तक गाली खा रहे हो। मोरारजी भाई से मिलोगे, तो और भी गाली खाओगे।

मैंने कहा—कनछेदी, गाली तो मेरे नाम से चलती है। सुना नहीं है तुमने, देश के इस भाग में होली पर जो गाली बकी जाती है, वह मेरे नाम से शुरू होती है—'अरे रे सुनो कबीर!' और अपना तो यह हाल है कि 'सुख-दुख तें एक परे परम पद पा पद रहा रमाई!'

कनछेदी ने कहा—खैर, जाओ। पर सदाचारी बनकर मत लौटना। मोरारजी भाई आदमी को सदाचारी बना देते हैं। आसन, योग-साधना करते रहते हैं।

कबीर ने कहा—यह योगविद्या तो हम सिद्धों ने ही फैलायी थी—अष्टकमल-दल चरखा डोले! मोरारजी भाई भी अष्टकमल की साधना करते हैं और चरखा चलाते हैं। अच्छा चलूँ।

मैं मोरारजी भाई के पास पहुँचा। परिचय दिया तो वे गद्‌गद हो गये। बोले—आओ, साधु! बड़े अच्छे आये। आजकल मिलने आनेवाले कम हो गये हैं—मन फूला-फूला फिरे जगत में, कैसा नाता रे! तुमने सच कहा है!

मैंने कहा—क़हिए कैसे हैं?

मोरारजी भाई ने कहा—अच्छा हूँ। आसन करके निपटा।

कबीर ने पूछा—आप आसन करते हैं? कौन-से आसन करते हैं?

मोरारजी भाई ने कहा—प्रातःकाल कई आसन करता हूँ।

मैंने कहा—शवासन भी करते हैं?

मोरारजी भाई मेरे व्यंग्य को समझ गये। थोड़े तिलमिलाये, फिर बोले—अरे साधो, तुम तो जानते ही हो कि पिछले 4-5 सालों से लगातार शवासन कर रहा हूँ—राजनीति में शवासन!

कबीर ने कहा—पर आप आसन से डोल गये, तो पिया छूट गये।

पूछने लगे—कब डोला मैं आसन से ?

मैंने कहा—आपसे जब इन्दिरा गाँधी ने अर्थविभाग माँगा, तो आपने इस्तीफा क्यों दे दिया ? मन्त्रिमण्डल में बने रहते !

मोरारजी ने कहा—काहे का मन्त्री बना रहता ? वह लेडी (इन्दिरा गाँधी) मुझे बिना विभाग का मन्त्री बना देती या पोस्ट आफिस दे देती। तो क्या मेरे-जैसा आदमी लिफाफों पर सील लगाने बैठता ? मैं अर्थमन्त्री या गृहमन्त्री ही हो सकता हूँ। यह लेडी कुछ भी कर सकती है—निर्मम और कुटिल है।

कबीर ने कहा—एक अँगरेजी दैनिक में पण्डित द्वारिकाप्रसाद मिश्र ने लिखा है कि उन्होंने आपको प्रधानमन्त्री बनाने की पूर्ण तैयारी कर ली थी, पर आपने अखबारों में यह वक्तव्य देकर कि चुनाव लड़ूँगा, अपना नुकसान कर लिया।

मोरारजी ने कहा—झूठ बोलता है। बेंगलोर आया था, पाटिल वगैरह के साथ और उड़ गया इन्दिरा गाँधी के और दिल्ली पहुँचकर तरह-तरह की कुटिल चालें बताता रहा इन्दिरा गाँधी को। वह कृष्ण का भक्त है और कृष्ण दन्दी-फन्दी था। झूठ, धोखा, छल-कपट सब करता था। यह मिश्र भी त्रिभंगी है। तीन जगह टेढ़ा है।

कबीर ने कहा—हाँ, आपने राम और कृष्ण की नीतियों को लेकर अपने और मिश्रजी के बीच हुए वार्तालाप का जिक्र आत्मकथा में किया है। आप राम-भक्त हैं। आपसे मिश्रजी ने कहा था कि राम ने बालि को ताड़ों की ओट से मारा था। आप भी अपने प्रतिद्वन्द्वी को ओट से मारें। पर आप खुले में आ गये और हार गये।

मोरारजी भाई ने कहा—ओट क्या मैंने नहीं ली ? पर जिन्हें ताड़ समझा था, वे तिनके निकल गये। यह निजलिंगप्पा बड़ा पोंगा आदमी निकल गया। इन्दिरा गाँधी ने उसे भोजन पर बुलाया तो भुखमरे की तरह चला गया। बताओ, कैसा बुद्धू बना ! क्या पता उस लेडी ने उसे भोजन के साथ कुछ खिला दिया हो, जिसके कारण उसकी बुद्धि और भ्रष्ट हो गयी और शाम को उस लेडी को अपने घर खाने का निमन्त्रण दे आया। मगर यह सड़क देखता रहा और वह आयी ही नहीं।

मैंने पूछा—आप गप्पाजी की जगह होते तो क्या करते ?

मोरारजी भाई ने कहा—मैं भोजन करने तो जाता पर अपना भोजन लेकर जाता। फिर वह कैसे पूछतीं कि भुरता कैसा है और रायता कैसा लगा ? और रात को वह भोजन पर नहीं आतीं तो मैं अनशन कर देता—आमरण अनशन।

मैंने कहा—हम लोग राम और कृष्ण की बात कर रहे थे। आप कृष्ण के आलोचक और राम के भक्त हैं। पर कृष्ण 16 कलाओंवाले अवतार थे और राम सिर्फ 12 कलाओं से युक्त !

मोरारजी भाई ने कहा—यही अन्याय तो होता है। यही देखो, यह लेडी तो 16 कलाओंवाली हो गयी और मेरे-जैसा परिपक्व अनुभवी राजनेता सिर्फ

4 कलाओंवाला रह गया।

कबीर ने कहा—पर जानकार लोगों का कहना है कि संयुक्त कांग्रेस में झगड़ा यथास्थितिवादी और परिवर्तनवादी का था। आप लोग यथास्थितिवादी 'कंजरवेटिव' हैं और इन्दिरा वगैरह परिवर्तनवादी, याने 'रेडिकल'। मतलब यह कि आप लोग समाजवाद विरोधी और वे समाजवाद समर्थक!

मोरारजी भाई ने कहा—'समाजवाद' याने क्या? समाज को वातरोग हो जाय, उसे 'समाजवाद' कहते हैं। हम समाज को वातरोग से बचाना चाहते थे। नेहरू रूस हो आये थे और कार्ल मार्क्स नाम के एक आदमी की किताबें पढ़ ली थीं। बस, रूस की नकल पर 'समाजवाद' चिल्लाने लगे।

कबीर ने पूछा—मार्क्स को आपने पढ़ा है?

मोरारजी भाई सत्यवादी हैं। कहा—नहीं पढ़ा। किताबें पढ़ने में ज़रा कच्चा हूँ। अर्थमन्त्री था पर अर्थशास्त्र सम्बन्धी किताबें मैं नहीं पढ़ता था। ज्ञान तो मेरे भीतर ही है।

कबीर ने कहा—पर गाँधीजी कहते थे, स्वराज्य में हर आँख का आँसू पोंछा जायगा। समाजवाद भी आँसू पोंछता है।

मोरारजी भाई ने कहा—गाँधीजी महात्मा थे। कह सकते थे। पर सरकार का काम आँसू पोंछना है क्या? करोड़ों नहीं, अरबों रूमाल बनवाओ आँसू पोंछने के लिए। अरे, सरकार का काम है पुलिस से आँसू की गैस छुड़वाकर और आँसू निकालना।

मोरारजी भाई ने कहा—अब मेरे दूध पीने का समय हो गया।

उन्होंने दूध मँगवाया और गटागट पी गये।

कबीर ने पूछा—आप गाँधीजी की तरह बकरी का दूध पीते हैं?

मोरारजी भाई ने कहा—नहीं, गाय का, काली गाय का!

कबीर ने मजाक के 'मूड' में कहा—सनातनधर्मी हैं आप?

मोरारजी भाई ने पूछा—यह कैसे कहते हो?

मैंने कहा—काली गाय का दूध पीते हैं न! कबीर ने एक सनातनधर्मी का प्रवचन सुना था। वह सनातन धर्म समझा रहा था। कह रहा था—एक स्वाल डालता हूँ। स्वाल है—भैंस काली मगर दूध सुफेद क्यों? दीजिए जवाब—सनातन धर्म!

मोरारजी खीजे—सनातन धर्म का मजाक उड़ाते हो! तुम्हारी आदत है। जब तुमने यह कहा था, तब मैं काशी में मुख्यमन्त्री होता तो तुम्हें 'मीसा' में जेल के अन्दर करवा देता। अरे, इसे ऐसा क्यों नहीं समझते कि मैं राजनीति की काली गाय के थनों से सफेद दूध निकालकर पीता हूँ।

कबीर ने कहा—कभी पीते होंगे दूध! अब तो उस गाय के थनों का पानी ही पी रहे हैं—सफेद पानी!

कबीर ने पूछा—इस कामराज को क्या हो रहा है? क्या तारकेश्वरी की

तरह लौट जायगा ?

मोरारजी को क्रोध आ गया। कहने लगे—उस लुंगीवाले भैंसे का नाम मत लो। यह वही कामराज है, जिसने मुझे कामराज योजना के नाम से मन्त्रिमण्डल से निकाला था। कहता है—आर्थिक संकट से निपटने के लिए सूबे को सरकार से सहयोग करना चाहिए। नाम 'नाडर' मगर डर गया। पर अब हमारी पार्टी कहाँ बची ? उसे तो चरणसिंह लील गया। सब तो भारतीय लोकदलवाले हो गये।

मैंने एक सवाल ज़रा उत्तेजक पूछा—कुछ भीतरी लोगों का कहना है कि जब कृष्ण मेनन सुरक्षामन्त्री थे, तब आप अर्थमन्त्री थे और सुरक्षा विभाग को बहुत कम पैसे देते थे। क्या यह सही है ?

मोरारजी तमतमाये। बोले—तुमने देश के तीसरे खराब आदमी का नाम लिया। अरे साधु, मैं उसे पैसे क्यों देता ? वह तो सुरक्षा-कारखानों में कप-बसी बनवाता था।

कबीर ने कहा—माफ करें, भाईजी, आप चौराहे के गपोड़े-जैसी बात कर रहे हैं। मेरे शहर में 4 सुरक्षा-उत्पादन के कारखाने हैं। बड़े-बड़े विशेषज्ञों ने मुझसे कहा कि मेनन सुरक्षा को आधुनिकतम और आत्मनिर्भर बना रहा है, पर तभी चीनी हमला हो गया और मेनन को आप लोगों ने निकाल दिया।

मोरारजी भाई ने कहा—अच्छा हुआ। साधु, तुमने मौलाना आजाद की किताब पढ़ी है ? इण्डिया विंस फ्रीडम ?

मैंने कहा—हाँ, मैं पढ़ने में कच्चा नहीं हूँ।

मोरारजी ने पूछा—मौलाना ने इस मेनन के बारे में क्या लिखा है ?

कबीर ने कहा—यही लिखा है कि मेरे और सरदार पटेल के कई मामलों में विकट मतभेद थे, पर एक बात में हम सहमत थे कि मेनन खतरनाक आदमी है और नेहरू के दिमाग को बहकाता है।

मोरारजी बोले—अरे, साधु भोले हो ! वह न निकलता तो नेहरू के बाद वही प्रधानमन्त्री बन जाता और तब भारत को रूस का एक प्रदेश बना देता। अभी भी यह 'लेडी' भारत को रूस का हिस्सा बनाने में लगी है।

कबीर ने पूछा—'गरीबी हटाओ' नारे के बारे में क्या खयाल है ?

मोरारजी भाई ने कहा—धोखा ! सरासर धोखा ! वोट पाने के लिए। अब देख लो, गरीबी हटी है कि बढ़ी है ?

मैंने पूछा—तो क्या गरीबी कभी नहीं हटेगी ?

मोरारजी भाई ने कहा—कैसे हटेगी ? अरे, गरीब हैं तब तक गरीबी है। गरीब परलोक चले जायेंगे तो गरीबी मिट जायगी।

कबीर इस सुलझे हुए तर्क से बहुत प्रभावित हुआ।

चलते-चलते मैंने पूछा—आपका दिन कैसे कटता है ?

मोरारजी भाई ने कहा—बस सुबह उठना, आसन करना, दूध पीना, चरखा कातना, लोगों से मिलना, आत्म-कथा लिखना।

मैंने पूछा—और ?

वे बोले—और चिन्तन करते रहना।

मैंने कहा—काहे का चिन्तन ? अध्यात्म, दर्शन वगैरह का ?

मोरारजी भाई ने कहा—हाँ, उसे अध्यात्म ही कह सकते हो। यही चिन्तन करता रहता हूँ कि प्रधानमन्त्री कैसे बनूँगा।

मैंने पूछा—सिनेमा देखते हैं ? रेडियो पर गाने सुनते हैं ?

जवाब मिला—नहीं देखता। दोनों अनैतिक हैं।

मैंने कहा—बुरा जो देखन मैं चला बुरा न मिलिया कोय।
जो दिल खोजा आपना मुझसा बुरा न कोय॥

क्या आपका भी अपने बारे में यही खयाल है ?

भाईजी गुस्से में आ गये। तीखी आवाज में कहा—साधु, तुम जाओ यहाँ से !

मैंने कहा—अच्छा ! जय रणछोड़दासजी की !

वे तिलमिला गये। चिल्लाये—भाग यहाँ से साधु ! तू साधु है और मैं सत्ता में नहीं हूँ। अगर हवलदार भी होता, तो तुझे हवालात में बन्द कर देता। भाग, नहीं तो चरखा फेंककर मार दूंगा।

कबीर भागा।

लौटा तो कनछेदीलाल ने पूछा—कैसे लगे मोरारजी भाई ?

कबीर ने कहा—बहुत अच्छे ! किसी का नुकसान नहीं करते। जो भी नुकसान करना है, अपना ही करते हैं।

किसिंगर साहब से भेंट

कबीरदास कुटी से निकला तो वही कनछेदी बरामदे में बैठा मिल गया। अखबार पढ़ रहा था। मैंने पूछा—कहो कनछेदी, क्या हाल-चाल हैं ?

कनछेदी ने कहा—हाल तो ठीक है पर चाल ठीक नहीं है।

कबीर ने पूछा—चाल कैसे ठीक नहीं है ?

कनछेदी ने जवाब दिया—चाल यों ठीक नहीं है कि कहाँ तो हम सन्त बनने चले थे और कहाँ अब तस्कर बनने की सोच रहे हैं। इस समय सन्त विनोवा से ज्यादा नाम तस्कर बादशाह हाजी मस्तान का है। सन्तत्व में क्या धरा है ! तस्करी ही धर्म है। और फिर मेरा मन हो रहा है कि बिहार-जैसी समानान्तर सरकार बनाने की पहल इधर भी करूँ। उस सरकार को राष्ट्रसंघ में शामिल कर ही लिया जायगा। मैं इधर का जयप्रकाश नारायण बनना चाहता हूँ। जब इस

जयप्रकाशी पूर्ण क्रान्ति में तस्कर, जेबकतरा, लफंगा सब आ सकते हैं, तब दो बार का सजायाफ्ता कनछेदी क्यों नहीं आ सकता ?

मैंने कहा—तुम्हारी चाल तो ठीक है। जरूर दोनों काम करो। 'मीसा' में जेल जाओगे तो जॉर्ज फर्नांडिस-जैसे क्रान्तिकारी तुम्हारे भले के लिए वक्तव्य देंगे। जॉर्ज दो बार कह चुके कि तस्करियों को 'मीसा' में बन्द क्यों किया ? इनके लिए भारतीय दण्ड संहिता काफी थी।

कनछेदी ने कहा—साधु, ऐसा है—हिन्दू-मुसलिम भाई-भाई ! तस्कर-तस्कर भाई-भाई ! पर तुमसे एक शिकायत है सन्त ! तुमने कहा है—'कटुक वचन मत बोल री, तोहे पिया मिलेंगे' और इधर तुम अच्छे-अच्छे आदमियों से 'कटुक वचन' बोल रहे हो—सन्त विनोवा से, सन्त मोरारजी भाई से कटुक वचन बोल आये।

कबीर ने कहा—कनछेदी, यह उपदेश तो मैंने दूसरों को दिया है। यह मेरे लिए थोड़े ही है। सन्त एक नैतिकता अपने लिए रखता है, दूसरी दूसरों के लिए। देखो न शंकराचार्य कहते हैं—ब्रह्म सत्य है, जगत मिथ्या है, मगर मठ की प्रॉपर्टी के लिए हाईकोर्ट में मुकदमा लड़ते हैं। एक शंकराचार्य दूसरे के खाते से पैसे निकाल लेता है।

कनछेदी ने कहा—खैर, अब कहाँ जा रहे हो ?

मैंने कहा—अमेरिका, हेनरी किसिंगर से मिलने !

कनछेदी ने कहा—तुम्हारा उस भले आदमी से मिलना शुभ नहीं है। पिछली बार तुम निक्सन से मिले थे। उसके बाद ही उसने इस्तीफा दे दिया ! खैर जाओ। कटुक वचन मत बोलना।

कबीर वाशिंग्टन पहुँचा। किसिंगर बड़े व्यस्त थे। पहले तो उन्होंने कहलवा दिया—मैं साधु-वाधु से नहीं मिलता।

मैं बैठा रहा तो थोड़ी देर बाद किसिंगर का सेक्रेटरी आया और बोला—साधु, तुम नहीं जाओगे ? अच्छा, चलो भीतर। साहब दो मिनट बात कर लेंगे।

कबीर भीतर गया। किसिंगर फाइलें देख रहे थे। मेरी तरफ देखा और पूछा—तुम कौन हो ?

कबीर ने कहा—मैं सन्त हूँ और कवि भी हूँ। भारत से आया हूँ।

किसिंगर ने कहा—तुम्हारे यहाँ से साधु-सन्त तो बहुत आते हैं। कुछ डॉलर ले लो और जाओ। पर तुम कवि भी हो। कैसे कवि हो ? अरे पण्डित नेहरू ने अपनी टेबल पर तुम्हारी कविता लिखकर क्यों नहीं रखी ? हमारे कवि राबर्ट फास्ट की कविता क्यों लिखकर रखी प्रेरणा के लिए ?

दी वुड्स आर फुल ग्रीन एण्ड डीप
बट आई हैव प्रामिजेज़ टु कीप
सो माइल्स मोर एण्ड देन आई स्लीप
माइल्स मोर एण्ड देन आई स्लीप !···

हमसे गेहूँ भी लोगे और कविता भी।

कबीर ने कहा—सँकरापन और अन्धापन अमेरिकी दिमाग की खूबी है। नेहरू में विश्व-भावना थी। कवि क्या एक देश का होता है? शेक्सपियर क्या अँगरेजों के बाप की प्रॉपर्टी है? या वाल्ट ह्विटमेन क्या तुम्हारे बाप की प्रॉपर्टी है?

मेरी बात से किसिंगर चौंके। मेरा रंग बँधने लगा।

किसिंगर ने पूछा—साधु, तुम मुझसे दिल्ली में ही क्यों नहीं मिले?

कबीर ने कहा—इसलिए कि तुम सच हमेशा कहीं और बोलते हो। तुमने काहिरा में सच नहीं बोला। सच बोला—तेल अबिब में—कि हम इसराइल का फायदा देखेंगे।

इस बात से किसिंगर चौंके। कबीर ने सोचा, इसे और चौंकाया जाय।

कबीर ने कहा—क्या यह सच नहीं है कि तुम हमारे तस्करों की तेज नाव पर बैठकर हिन्द महासागर आये, वहाँ डियागो से हवाई जहाज में बैठे और घूम-घामकर पालम हवाई अड्डे पर ऐसे आये जैसे सीधे वाशिंग्टन से आ रहे हो। तस्करों से तुम्हारी यह दोस्ती क्यों?

किसिंगर को पसीना आ गया।

कहने लगे—यह तुम्हें कैसे मालूम हुआ? किसने कहा?

कबीर ने कहा—साधु की दो आँखें और दो कान नहीं होते। साधु से कुछ छिपा नहीं है। सच बताओ।

किसिंगर ने कहा—मैं समर्पित ईसाई हूँ। साधु से झूठ नहीं बोलता। तुम ठीक कह रहे हो। मैं तुम्हारे तस्करों को अपना सहयोगी मानता हूँ। जो भी भारत का अर्थतन्त्र तोड़ने में लगा है, वह हमारा दोस्त है।

कबीर ने कहा—एक सम्बन्ध और है। तुम भी तस्कर ही हो—इण्टरनेशनल पोलिटिकल स्मगलर! इस देश की नीति की तस्करी उस देश को करते हो और दूसरे देश की तीसरे देश को। अच्छा, तुम इतना सफर करते हो समझौतों के लिए। हमारे यहाँ कृष्ण मेनन था। वह भी समझौतों के लिए दुनिया-भर में घूमता था।

किसिंगर ने कहा—ओ, कृष्ण मेनन! हाँ, जानता हूँ। बहुत तेज दिमाग का था, पर उसकी जबान बहुत खराब थी। तुम्हारी प्रधानमन्त्री कहती हैं—वह एक ज्वालामुखी था। ठीक है। उसके मुँह से आग निकलती थी। अब देखो, अस्पताल में मौत के पास पड़ा था और पत्रकार तुम्हारे अणु-परीक्षण के बारे में पूछने गये तो कहता है—हाँ, हमने अणु-परीक्षण किया। क्या तुम समझते हो? हम इतने सालों से बच्चों की तरह गोलियाँ खेल रहे थे? बताओ भला, ऐसी बात कही जाती है।

मैंने कहा—वाल्तेयर जो जीवन-भर ईसाई धर्म के पाखण्ड से लड़ता रहा, उसके पास मरते समय पादरी पहुँचे। उसने पूछा—क्यों आये? पादरी बोले—

तुम्हारी आत्मा की शान्ति के लिए प्रार्थना करने। वाल्तेयर ने पूछा—पर तुम्हें किसने भेजा ? पादरी बोले—हम तो ईश्वर के भेजे आये हैं। वाल्तेयर ने फौरन कहा—तो मुझे ईश्वर का लिखा अधिकार-पत्र दिखाओ। और पादरी चले गये। वाल्तेयर भी ज्वालामुखी था। अच्छा, आप ज्वालामुखी क्यों नहीं बन जाते ?

किसिंगर ने कहा—मैं ज्वालामुखी नहीं, पनडुब्बी हूँ। पानी में छिपकर वार करता हूँ।

कबीर ने कहा—पर मेनन ने तो इतने समझौते करवाये। तुम्हारे 11 आदमी भी चीन से उसी ने छुड़वाये। तुम दुनिया के इतने चकरदण्ड पेल चुके, पर समझौता एक भी नहीं करबाया।

किसिंगर ने कहा—समझौता कराने कौन बेवकूफ जाता है ? मैं तो झगड़े बढ़ाने जाता हूँ। अगर दुनिया में समझौते हो गये और शान्ति हो गयी, तो महान अमरीका को कौन पूछेगा ?

कबीर ने कहा—इसीलिए तुमने चिली में जनतन्त्र को नष्ट किया। श्रीमती एलेण्डे तो साफ कहती हैं कि किसिंगर ने चिली की निर्वाचित सरकार को खत्म करके फौजी तानाशाही लाद दी।

किसिंगर ने कहा—औरतों की बातों का क्या ? भई, चिली की सरकार कम्युनिस्टों की सरकार थी। उसे गिराना तो हमारा फर्ज था।

कबीर ने कहा—पर वह निर्वाचित सरकार थी। तुम्हारे यहाँ भी निर्वाचित सरकार है। अपने यहाँ निर्वाचित सरकार की रक्षा करते हो, मगर दूसरे देश में उसे गिराते हो। यह दुरंगी नीति क्या है ?

किसिंगर ने कहा—निर्वाचित सरकार होने से क्या होता है ? सरकारों को हमारा पिछलग्गू होना चाहिए। पर तुम्हारी प्रधानमन्त्री चिली के मामले को लेकर इतनी लाल-पीली क्यों हो रही थीं ? कहती थीं—चिली से भारत को सबक लेना चाहिए।

कबीर ने कहा—हमारे देश में भी तो सी. आई. ए. सक्रिय है। क्या तुम भारत में चिली-सरीखा नहीं करवा सकते ?

किसिंगर ने कहा—करवा सकता हूँ, पर तुम्हारा देश तैयार तो हो। इतना पिछड़ा देश है तुम्हारा कि हम उसका चिली-जैसा भला नहीं कर सकते। तुम साधु हो, कोशिश करो। तैयारी हो जाय, तो मुझे बताओ। मैं दूसरे दिन भारत को चिली कर दूंगा।

कबीर ने पूछा—आप भारत क्यों गये थे ?

किसिंगर ने कहा—भारत-अमरीकी सम्बन्ध सुधारने।

कबीर ने पूछा—इसी वक्त क्यों गये थे ?

किसिंगर ने कहा—इसलिए कि तुम्हारे यहाँ अकाल पड़ा है। सम्बन्ध सुधारने का सबसे अच्छा मौका यही होता है। तुम्हें हमसे गेहूँ चाहिए। जब तुम उधार गेहूँ माँगते हो, तब आपसी सम्बन्ध अच्छे हो जाते हैं। देखो, तुम्हारा

राजदूत कौल मेरी कैसी तारीफ करने लगा है। अहा, देखकर तबीयत खुश हो गयी। कैसा अच्छा अकाल पड़ा है, मजा आ गया।

कबीर ने कहा—पर तुम पाकिस्तान को हथियार देते जाओगे, तो भारत से सम्बन्ध कैसे सुधरेंगे?

किसिंगर ने कहा—तुम भी ले लो।

कबीर ने कहा—याने तुम्हारा गेहूँ खाकर तगड़े हों और तुम्हारे हथियारों से आपस में लड़ें। इसी को अच्छे सम्बन्ध कहते हैं।

किसिंगर ने कहा—तुमने पते की बात कही। यही हमारी नीति है।

मैंने पूछा—और ये डियागो गार्सिया में फौजी अड्डे क्यों बना रहे हो?

किसिंगर ने कहा—एक तो तुम्हें यह पूछने का हक नहीं है। वे द्वीप तुम्हारे नहीं, ब्रिटेन के हैं। हमने किराये पर लिये हैं। अपनी किराये की जमीन पर हम कुछ भी करें।

कबीर ने कहा—याने कब्र भी खोद सकते हैं, अपनी या किसी की?

किसिंगर ने कहा—भई, हम शान्ति के लिए वहाँ सैनिक अड्डा खोल रहे हैं।

मैंने कहा—दुनिया आपकी शान्ति को जानती है। दक्षिण-पूर्व एशिया गये तो वहाँ कैसी अच्छी शान्ति रही। मध्यपूर्व में गये तो वहाँ भी शान्ति! अब इधर भी शान्ति करोगे?

किसिंगर ने कहा—हमारा वहाँ होना जरूरी है। वहाँ रूस है।

कबीर ने कहा—कहाँ है रूस?

किसिंगर ने कहा—और भारत क्या है? भारत ही तो रूस है। भारत रूस का सैनिक अड्डा है तो हमारा भी वहाँ होना चाहिए।

कबीर इसका क्या जबाब देता?

विषय बदला—आप कहते हैं कि अमेरिकी जनता वियतनाम और वाटरगेट को भूल जाय! क्यों भूल जाय? क्या आप वियतनामियों से कह सकते हैं कि वे अमेरिका को भूल जायें?

किसिंगर ने कहा—भई, आम अमेरिकी बेवकूफ होता है। उससे समय-समय पर ऐसी बातें कहते रहना चाहिए। बेचारा निक्सन बीमार है। वाटरगेट की याद दिलाने से वह मर जायगा। जहाँ तक वियतनामियों का सवाल है, तुम उनसे कहो कि भूल जायें।

मैंने कहा—आपने निक्सन की बात की। निक्सन कैसा आदमी है?

—महत्त्वाकांक्षी पर बेवकूफ, वरना वाटरगेट में नहीं फँसता!

मैंने कहा—तुमने क्यों नहीं बचाया उसे?

किसिंगर ने कहा—क्यों बचाता? मैं राष्ट्रीय सुरक्षा का सलाहकार था, राष्ट्रपति की सुरक्षा मेरे जिम्मे नहीं थी। और फिर अपना राष्ट्रपति फँसे तो अच्छा ही लगता है।

मैंने पूछा—और फोर्ड कैसा है?

किसिंगर ने कहा—वह 'मीडियाकर' है—मिडिलची !

कबीर ने पूछा—राष्ट्रपति का अगला चुनाव क्या तुम लड़ोगे ?

किसिंगर ने कहा—कतई नहीं।

कबीर ने कहा—मैं समझ गया। तुम नम्बर दो रहकर नम्बर एक पर कब्जा किये रहना चाहते हो।

किसिंगर ने कहा—बस यही अपना इरादा है। जान फास्टर डलेस के बाद अब मैं हुआ हूँ।

कबीर उठने को हुआ, तो किसिंगर ने कहा—तुम विचित्र साधु हो ! राजनीति की इतनी बातें करते हो ! अरे, भगवान का भजन करो। खैर, इतनी दूर से आये हो तो कुछ डॉलर लेते जाओ।

कबीर ने कहा—डॉलर लेकर क्या करूँगा ? डॉलर का भरोसा भी तो नहीं है। अभी कुछ ही साल पहले डॉलर को कोई पूछता नहीं था ! तब लोगों ने देखा था कि लन्दन में सड़क के किनारे एक भिखारी एक तख्ती लिये बैठा था। तख्ती पर लिखा था—डॉलर्स नाट एक्सेपटेड ! याने डॉलर नहीं लिये जायेंगे।

इसके बाद 'बैड लक' कहकर कबीर कमरे से निकल गया।

लौटा तो कनछेदी ने कहा—कहो, कैसा लगा किसिंगर ?

कबीर ने कहा—बड़ा काँइयाँ। पर गेहूँ देगा। अपने जमाखोर भारत-अमेरिकी सम्बन्ध मधुर बना रहे हैं।

कनछेदी ने कहा—गेहूँ देगा, तो फिर कनछेदी दोपहर को आज खूब रोटियाँ खायगा।

एक कुलपति से भेंट

कबीर ने यह सोचा कि जयप्रकाश से मिल लिये, सन्त विनोबा से मिल लिये, मोरारजी भाई से मिल लिये पर आजकल अखबारों में हाजी मस्तान का नाम कम आ रहा है, और जयप्रकाश का नाम अधिक आ रहा है। कबीर ने सोचा, नेताओं से न मिलें। इसलिए कबीर निकला एक विश्वविद्यालय के कुलपति से मिलने के लिए।

बाहर निकला तो वही कनछेदी दाँत खोदते दिखे। कबीर ने कहा—कनछेदी, तुम बरामदे में बैठे-बैठे क्या करते हो ? तुम कुछ काम-धाम तो करते नहीं हो, फिर दाँत कैसे खोदते हो ?

कनछेदी ने कहा—कबीर, तुम भी सन्त और मलूकदास भी। सन्त मलूक-

दास ने कहा है—

अजगर करै न चाकरी, पंछी करै न काम,
दास मलूका कह गये, सबके दाता राम।

फिर कनछेदी ने कहा—कबीर, दाँत तो इसलिए खोद रहा हूँ कि अमेरिका से गेहूँ आनेवाला है। संसद में मन्त्री शिन्दे ने कहा है कि हम अमेरिका से अनाज माँग रहे हैं। इसमें आत्मसम्मान जाने की कोई बात नहीं है। जब देश में अनाज के भण्डार पड़े हों, तब यदि भीख माँगने से आत्मसम्मान नहीं जाता, तो कनछेदी दाँत तो खोदेगा ही। पर कबीरदास, तुम कहाँ चले?

कबीर ने कहा—मैं जा रहा हूँ एक विश्वविद्यालय कुलपति से मिलने।

कनछेदी ने कहा—सन्त, अभी तुम मिले मोरारजी भाई से, किसिंगर से, अब जा रहे हो कुलपति से मिलने?

कबीर ने कहा—इसमें क्या गलत है!

कनछेदी ने कहा—किसी डीन से क्यों नहीं मिल लेते?

कबीर ने कहा—वह डीन नहीं, 'दीन' होता है। उससे बड़ा कुलपति होता है। कोई-कोई कुल-नाशपति भी होते हैं। पर कबीर उनसे मिलेगा जरूर।

कनछेदी ने कहा—मिल आओ साधु, पर ज्ञान लेकर मत आना।

कबीर रेल में बैठा और पहुँच गया एक विश्वविद्यालय के कुलपति के यहाँ।

कुलपति ने पूछा—आप कौन? किस काम से आये हैं? क्या लड़के को भर्ती कराना है? या लड़के के नम्बर बढ़ाना है?

कबीर ने कहा—ये सब काम मुझे नहीं कराने हैं। आप हिन्दी और संस्कृत के डॉक्टर हैं, आपने मुझे पहचाना नहीं? मैं कबीरदास हूँ, जिसकी कविता आपके यहाँ पढ़ायी जाती है।

कुलपति बोले—हाँ-हाँ, कबीरदास एक कवि था मध्ययुग में। पर वह गाली बकता था और रहस्यवाद भी कहता था। तुम्हारी जाति का कोई ठिकाना नहीं। कोई कहता है कि तुम विधवा ब्राह्मण-स्त्री के पेट से पैदा हुए और तुम्हें पाला नूरू जुलाहे ने। न तुम ब्राह्मण, और न तुम मुसलमान।

कबीर ने कहा—मैंने खुद कहा कि जात बाहर से बनती है—

तू बाम्हन बम्हनी का जाया, आन द्वार काहे नहिं आया।

और—

तू है तुरक तुरकनी जाया, भीतर खत्तन क्यों न कराया।

कुलपति बोले—मैं तो ब्राह्मण हूँ। मेरी मजबूरी है कि मेरे विश्वविद्यालय में कबीरदास पढ़ाया जाता है। तुम्हारे पास जनेऊ नहीं है, मेरे पास है।

कबीर ने कहा—जनेऊ तीन काम में आते हैं, याने झूठी कसम खाने के लिए, चाबी बाँधने के लिए और पेशाब करने के लिए। मैंने कहा है—

मूतै लिंगी बाँधे कान,
जे देखो बम्हन का ज्ञान।

और मैंने कहा है—साधो पाण्डे निपट कुचाली।

तब कबीर ने उनसे पूछा—आप कुलपति हैं। आप कुलपति कैसे बने ?

कुलपति बोले—सारे कुलपति सरकार की इच्छा से बनते हैं। अक्सर राज्यपाल कुलाधिपति होता है। उसकी आरती करो, तो चाहे जो बन जाओ। हमारे राज्यपाल बहुत अच्छे हैं। वे मछली, सुअर का गोश्त खाते हैं, पर एक घण्टा भगवान की पूजा करते हैं। मैं अपनी जेब में माचिस और ऊदबत्ती लेकर जाता था। ऊदबत्ती जलाकर उनकी आरती करता था और उन्हें भजन सुनाता था। मैं सुनाता था—

जय जगदीश हरे,
भक्तजनों के संकट पल में दूर करे।

और—पाप हरो देवा—याने हम तो पाप करते ही जायेंगे लेकिन उन पापों का हरण आप करो। राज्यपाल खुश हो गये, और मुझे बना दिया कुलपति।

मैंने पूछा—मैं तो बेजात हूँ। आप ब्राह्मण हैं और राज्यपाल आपसे नीची जाति का है। फिर ब्राह्मण का अहंकार कहाँ गया ?

कुलपति ने पूछा—कबीरदास तुम ही बतलाओ ?

कबीर ने कहा—परशुराम ब्राह्मण थे और बड़े ही अहंकारी थे। वे बुढ़ापे में लक्ष्मण से बहस कर रहे थे। उनके पास फरसा था। वे शिव के भक्त थे, लेकिन शिव ने केवल एक धनुष बनाया था—वह 'सैम्पल' का धनुष था। उसे राम ने, जो क्षत्रिय थे, तोड़ दिया। तब परशुराम ने कहा—

राम रमापति कर धनु लेहू,
खैंचहु चाप, मिटै सन्देहू।

और—

छुअत चाप आपहिं चढ़ गयऊ,
परसुराम मन विस्मय भयऊ।

और तब परशुराम रिटायर हो गये।

आप रिटायर कब होंगे ? आप क्या काम करवा रहे हैं ? क्या कोई शोध करवा रहे हैं ?

कुलपति बोले—शोध तो मैं खुद कर रहा हूँ। पहले यहाँ ब्राह्मण अधिक थे, अब साले कायस्थ अधिक हो गये हैं, तो बैलेन्स बिगड़ गया है। मैं शोध कर रहा हूँ कि जो कायस्थ नहीं हैं, उन्हें ब्राह्मणों के साथ कैसे लाया जाये। दूसरी शोध मैं यह कर रहा हूँ कि पहली तारीख को तनख्वाह कैसे मिले। तीसरी शोध मैं यह कर रहा हूँ कि किस विश्वविद्यालय से अपने सम्बन्ध जोड़ लूँ कि मैं वहाँ परीक्षक, मार्डरेटर होकर जाऊँ और वे मेरे यहाँ आयें। इसमें करीब 15 हजार रुपये ऊपर से मिलते हैं।

कबीर ने पूछा—शिक्षा की हालत क्या है ?

कुलपति बोले—कुजात—कबीर तुमने खुद ही कहा है कि—

पोथी पढ़-पढ़ जग मुआ, पण्डित भया न कोय,
ढाई आखर प्रेम का, पढ़ै सो पण्डित होय।

और—बूड़ा वंश कबीर का, उपजे पूत कमाल।

कबीर ने कहा—ढाई की जगह क्या आप चार अक्षर नहीं बोल सकते, प्रेम के ? आपके यहाँ लड़के-लड़कियाँ हड़ताल करते हैं, घेराव करते हैं।

कुलपति बोले—ये सब गुण्डे हैं और तुम्हारे-जैसे आदमी इन्हें बिगाड़ते हैं। न पढ़ने के लिए छात्र आते हैं, न पढ़ाने के लिए अध्यापक। अध्यापक हाजिरी और तनखा के लिए आते हैं जौर छात्र ऊधम करने और नकल करने के लिए।

कबीर ने कहा—जब शिक्षा में सुधार नहीं हो रहा है, लड़के-लड़कियों को पढ़ाया नहीं जाता, उनकी यही माँग नहीं मानी जाती, तो ये लड़के-लड़कियाँ घेराव, प्रदर्शन, नकल, वगैरह क्यों नहीं करेंगे ?

कुलपति बोले—करें !

कबीर ने कहा—आपके लड़के-लड़कियाँ तो हैं। क्या वे भी यही करते हैं ?

कुलपति बोले—मेरे भी लड़के-लड़कियाँ बिगड़ गये हैं। वे भी दूसरे गुण्डे छात्रों के साथ मेरा घेराव करते हैं, याने अपने बाप का घेराव।

कबीर ने कहा—यह तो 'एक्सीडेण्ट' है कि वे आपके बेटा-बेटी हो गये किसी को यह अधिकार नहीं है कि जन्म के पहले वह अपना बाप चुन ले। यह। अधिकार होता तो कबीर भी ब्राह्मण वाप चुन लेता।

कुलपति अब थोड़े घबड़ाये। कहने लगे—कबीरदास, तुम्हारे बारे में पण्डित रामचन्द्र शुक्ल ने थोड़ा-सा लिखा है, लेकिन वो रवीन्द्रनाथ ठाकुर पता नहीं कैसे भक्त हो गया। उस बंगाली ने तुम्हारी सौ कविताओं का अनुवाद अंग्रेजी में किया और लिखा कि मैंने कबीरदास से बहुत कुछ सीखा है। तुम गँवार, तुम्हारी भाषा गँवार, मुझे आश्चर्य है कि रवीन्द्रनाथ सरीखा परम विद्वान तुम्हारा भक्त कैसे हो गया ?

कबीर ने कहा—आचार्यजी, ज्ञान की सीमा नहीं है। आप डबरे के मेढ़क हैं, जो यह समझते हैं कि मैं महासमुद्र का मगरमच्छ हूँ।

कबीर ने पूछा—क्या आप शिक्षा में परिवर्तन के बारे में सोचते हैं ? क्या आप छात्रों की समस्याओं के बारे में सोचते हैं ? मेरा मतलब है कि आप कुछ सोचते हैं ?

कुलपति बोले—मैंने सोचना पन्द्रह साल पहले छोड़ दिया। अब मैं बड़ा चिन्तन करता हूँ कि तनख्वाह कब मिलेगी ? विश्वविद्यालयों से पैसे मुझे कब मिलेंगे ? देखो, वह हरामजादा जयपुर विश्वविद्यालय का, उसने मुझे दो साल में कुछ नहीं दिया। मैं इन सब बातों पर चिन्तन करता रहता हूँ। मेरी दो लड़कियाँ हैं और दोनों पी-एच. डी. हैं, लेकिन वे शादी करना चाहती हैं, गैरब्राह्मण से। इन साले कायस्थों ने सब नाश कर दिया। परम ब्राह्मण की लड़कियाँ पढ़-लिख-कर शादी करना चाहती हैं, छोटी जात के लोगों से।

कबीर ने कहा—बड़ी अच्छी बात है। ये लड़कियाँ प्रेम-विवाह कर लेंगी, तो आपको दहेज नहीं लगेगा। हर अच्छे पिता को और माता को भगवान से यह प्रार्थना करनी चाहिए कि भगवान, मेरी लड़की किसी के साथ भाग जाये और शादी कर ले। आप तो विद्वान हैं, आपके कितने लड़के हैं?

कुलपति बोले—तीन लड़के हैं।

कबीर ने कहा—तीन लड़के नहीं, तीन 'चेक' हैं। ये आपके 'ओवर ड्राफ्ट' हैं।

कुलपति बोले—अरे कबीरदास, मेरा बस चलता तो सारे देश में तुम्हारी कविताएँ नहीं पढ़ायी जातीं। तुम नम्बर एक के बदमाश कवि हो! तुम लड़के-लड़कियों को बिगाड़ते हो, उनका दिमाग खराब करते हो!

कबीरदास ने कहा—कुलपतिजी, लड़के-लड़कियों का दिमाग तो आपके पास गिरवी रखा है। दिमाग आप बिगाड़ रहे हैं। न आपने पिछले बीस साल से कुछ पढ़ा, न लिखा, न शोध करायी। आप फँसे हैं इस चक्कर में, ब्राह्मण कायस्थ को कैसे हरा दे और कायस्थ इस चक्कर में पड़े हैं कि ब्राह्मणों को कैसे हरा दें। शिक्षा कहाँ है? ज्ञान कहाँ है? शोध? मैं ब्राह्मण नहीं हूँ, तो क्या मैं कवि नहीं हूँ?

कुलपति बोले—अरे कविता तो लिखते थे ब्राह्मण। ये कबीर जुलाहा कहाँ से आ गया? ये कुम्भनदास जो मटके बनाता था, कैसे कवि हो गया? और ये नामदेव दर्जी कवि कैसे हो गया? और ये रैदास चमार कैसे कवि हो गया? पर हमारी मजबूरी है कि हम ब्राह्मणों को पढ़ानी पड़ती हैं, इन शूद्रों की कविताएँ।

कबीरदास ने पूछा—विश्वविद्यालय का आगामी कार्यक्रम क्या है?

कुलपति बोले—मेरा कार्यक्रम तो तय है। मन्त्री के पास जाना, उनकी आरती करना। फिर राज्यपाल के पास जाकर उनकी आरती करना, और अपनी नौकरी बचाये रखना और तनख्वाह तथा भत्ते लेते रहना।

कबीर ने कहा—बड़ी अच्छी बात है कि आप विश्वविद्यालय को इस तरह चला रहे हैं। आप महान योगी हैं, याने पैसे का टोटल करते रहते हैं। अब मैं चलूँ?

कुलपति बोले—जाओ, लेकिन मेरा वश चला तो तुम्हारी सारी कविताएँ विश्वविद्यालयों से निकलवा दूँगा।

कबीर ने कहा—बहुत धन्यवाद। जो जितना निकाला जाता है, वह उतना ही भीतर घुस आता है। तुम निकालोगे लेकिन मैं घुस आऊँगा। जब मैंने यह कहा है कि—'बूड़ा वंश कबीर का, उपजे पूत कमाल।' तो मैं आपकी क्या परवाह करता हूँ?

कबीरदास उठ दिया।

लौटा तो कनछेदी फिर दिख गया। पूछने लगा—कबीरदास, कुलपति से मिल आये? कैसे हैं?

कबीर ने कहा—बहुत अच्छे हैं। शिक्षा, छात्र, शोध, ज्ञान इन्हें फालतू मानते हैं। तनख्वाह, भत्ता, ऊपरी आमदनी और चापलूसी को भगवान मानते हैं।

एक मुख्यमन्त्री से भेंट

यह कनछेदी भी अजब किस्म का आदमी है। कभी दाँत खोदता बरामदे में बैठा रहता है। मैं पूछता हूँ—कनछेदी, क्या कर रहे हो? वह कहता—कुछ नहीं, बैठे हैं। बैठे रहना भी एक काम है। कहो तो खड़ा हो जाऊँ। पर तुम किससे मिलने जा रहे हो? अभी उस दिन वह खुद ही कबीरदास के पास आ गया।

मैंने कहा—कहो कनछेदी, कैसे आ गये इतने सबेरे? घर में आटा-दाल है कि नहीं?

कनछेदी ने कहा—आटा-दाल तो गोदामों में है। न घर में, न पेट में, फिर भी दाँत तो खोदते ही रहते हैं। आदत जो पड़ गयी है। पर तुमने साधु, राजनीति के महामानवों को छोड़कर कुलपति वगैरह से मिलना क्यों शुरू कर दिया? क्या डर गये? और कुलपति और 'डीन' याने 'दीन' के पास क्यों जाने लगे? अब तुम किसी मुख्यमन्त्री से मिलो।

कबीर ने कहा—अच्छा, अब किसी मुख्यमन्त्री से ही मिलूँगा।

कबीरदास एक दिन एक मुख्यमन्त्री से मिलने पहुँच गया। चिट भेजी। बड़ी देर बाद मुख्यमन्त्री का सेक्रेटरी आया। कहने लगा—साहब बहुत व्यस्त हैं। तुम साधु हो। क्या काम है? किसी का तबादला कराना है? किसी को नौकरी दिलानी है? या कोई संस्था हो, मठ हो, उसके लिए पैसा लेना है?

कबीर ने कहा—मुझे कुछ नहीं चाहिए। मेरा कोई काम नहीं है।

सेक्रेटरी ने कहा—यहाँ तो सब काम कराने ही आते हैं। कुछ काम नहीं है, तो अपना और सी. एम. का समय नष्ट क्यों कर रहे हो?

कबीर ने कहा—लोगों से मिलना मेरा काम है। इसमें समय नष्ट नहीं होता। फिर मैं साधु हूँ—ऐसा आशीर्वाद दूँगा मुख्यमन्त्री को कि पार्टी में उनका विरोधी गुट नष्ट हो जायगा।

सेक्रेटरी ने कहा—अच्छा, रुको। मैं साहब से पूछकर आता हूँ।

सेक्रेटरी ऊपर गया। थोड़ी देर बाद लौटा। बोला—चलो, साहब बुला रहे हैं।

कबीर मुख्यमन्त्री के पास पहुँचा। वहाँ काफी लोग थे। बड़े नेता, मझोले नेता, छोटे नेता, ओछे नेता, चमचे, उपचमचे, असिस्टेण्ट चमचे और उम्मीदवार चमचे। मुख्यमन्त्री मुझे अलग कमरे में ले गये। बिठाया।

बोले—साधु हो। बैठो। मैंने तुम्हारा नाम सुना है। बोलो क्या काम है?

कबीर ने कहा—कोई काम नहीं। दर्शन करने आया था। आप लोग भारत के नये सन्त हैं। आपके दर्शन करना चाहिए।

मुख्यमन्त्री ने कहा—एक मिनिट रुको।

बात यह हुई कि एक मन्त्री फाइल लेकर घुस आया था। मुख्यमन्त्री ने उससे

कहा—हाँ, यह फाइल मैंने देख ली है। इस क्षेत्र का विधायक पक्का अपना आदमी है न। हो तो उस क्षेत्र के राहत कार्य का पैसा बढ़ा दो।

मन्त्री चला गया।

कबीर ने कहा—आप जनता को राहत वहाँ के विधायक का मुँह देखकर देते हैं? जनता का मुँह देखकर नहीं देते। जिस क्षेत्र का विधायक आपके गुट में नहीं है, उस क्षेत्र की जनता भी आपकी नहीं है।

मुख्यमन्त्री ने कहा—वह क्या जनता है, जिसका चुना हुआ विधायक हमारे साथ नहीं है।

कबीर ने कहा—आप पक्के भारत-भाग्य-विधाता हैं। आप सत्ता में कैसे हैं?

मुख्यमन्त्री ने कहा—इसलिए कि हाईकमान का मुझे समर्थन है। हाईकमान नेतृत्व बदलने के पक्ष में नहीं है।

कबीर ने कहा—हाईकमान कहाँ-कहाँ नेतृत्व बदलेगा? एक जगह बदला तो सब जगह बदलना होगा। गुजरात विधानसभा भंग करके प्रधानमन्त्री पछता रही हैं, पर आपके दल में काफी विधायक 'असन्तुष्ट' कहलाते हैं। ये असन्तुष्ट कौन हैं और क्यों हैं?

मुख्यमन्त्री ने कहा—इनमें काफी तो 'भूतपूर्व' हैं, याने जो पहले मन्त्री थे, पर अब नहीं हैं। फिर वे हैं जो अभी-अभी विधानसभा में आये हैं, मगर एकदम मन्त्री बनना चाहते हैं।

मैंने कहा—मन्त्रिमण्डल के सदस्यों में भी तो मतभेद होगा।

मुख्यमन्त्री ने कहा—जरूर है। उनके असन्तोष को मिटाने की एक तरकीब हम मुख्यमन्त्रियों के पास है। हम हर तीन महीने में घोषणा कर देते हैं कि मन्त्रि-मण्डल फेरबदल, याने 'रिशफल' करनेवाले हैं। बस सारे मन्त्री दब जाते हैं कि 'रिशफल' में कहीं हम न निकाल दिये जायें।

—और असन्तुष्टों के लिए?

मुख्यमन्त्री ने कहा—उनके लिए दो बार तो मैं मन्त्रिमण्डल का विस्तार कर चुका हूँ। 20 मन्त्री थे, अब 35 कर दिये। फिर भी नये-नये असन्तुष्ट पैदा हो जाते हैं।

कबीर ने कहा—फिर 200 मन्त्री बना दो। पैसा कौन तुम्हारी जेब से जाता है, वह तो जनता की जेब से जाता है।

मुख्यमन्त्री ने कहा—बना तो दूँ, पर फिर तुम्हीं लोग शोर करोगे। इन 200 को मैं विभाग कौन से दूँगा?

कबीर ने कहा—विभागों की क्या कमी है? किसी को जमाऊ विभाग का मन्त्री, किसी को उखाड़ विभाग का मन्त्री, कोई घपला मन्त्री, कोई काण्ड मन्त्री। फिर विभागों को और तोड़ दो। शिक्षा विभाग में एक पहली कक्षा का मन्त्री, दूसरा दूसरी कक्षा का मन्त्री, तीसरा तीसरी कक्षा का मन्त्री—इसी तरह।

कबीर ने पूछा—सफल मुख्यमन्त्री कैसा होता है?

मुख्यमन्त्री का जवाब था—जो दो गुट पार्टी में बनवा दे। बड़े गुट को अपने साथ रखे, कभी छोटे गुट को थपथपा दे, मगर हाईकमान को साथ रखे।

कबीर ने कहा—कोई घपला, कोई काण्ड वगैरह ?

वे बोले—होते क्यों नहीं हैं। राहत कार्य में घपला होता है, कहीं चावल काण्ड होता है। मगर मैं बचकर चलता हूँ, किसी फाइल पर दस्तखत नहीं करता। सब काम जबानी चलाता हूँ। ज्यादा हल्ला मचा तो जाँच कमीशन बिठा देता हूँ। कैसा ही जाँच कमीशन हो, मेरी पकड़ नहीं। मेरे दस्तखत ही फाइल पर नहीं हैं। दूसरे भी नहीं, क्योंकि वे भी चतुराई से खाते हैं। साधो, सारे देश में जो जहाँ है, वहीं खाता है। पर मेरा कहना है—चतुराई से खाओ और बड़ा हिस्सा इधर सरकाते जाओ।

कबीर ने कहा—मैं समझ गया। एक राहतकार्य आप खोलते हैं जनता के लिए, दूसरा राहतकार्य भगवान आप लोगों और आपके अफसरों के लिए। जब भगवान ही आप लोगों को राहत देता है, तब भगवान के काम में कोई पकड़ कैसे होगी ? आप लोग तो भगवान से मनाते होंगे कि प्रभु, प्रदेश में अकाल पड़े, सूखा पड़े, तो हमें राहत मिले।

मुख्यमन्त्री ने कहा—ठीक कहते हो साधु ! इस अभागे प्रदेश में पिछले साल अकाल नहीं पड़ा तो हमने कहा, प्रभु, हमने कौन-सा पाप किया है कि अकाल नहीं पड़ा ? और देखो सन्त, इस साल कैसा 'फर्स्ट क्लास' अकाल पड़ा है !

कबीर ने पूछा—आप लोग सब समाजवाद लाने की बात करते हैं। यह समाजवाद क्या है और कैसे आयेगा ?

मुख्यमन्त्री ने कहा—हम इन वादों के झंझट में नहीं पड़ते। हमें वोट चाहिए। पहले नेहरूजी वोट दिलाते थे, तो हम उनकी जय बोलते थे और नेहरूवादी थे, अब इन्दिरा गाँधी वोट दिलाती हैं, तो हम इन्दिरावादी हैं। फिर वोट लेने, चुनाव जीतने का हमें इन 25-30 सालों में अनुभव हो गया है। हम सब तरकीबें जानते हैं।

मैंने कहा—याने वही गाँवों में बड़े किसानों, भूतपूर्व मालगुजारों को पटाये रखना। शहर में गुण्डों को पैसे खिलाना। सेठों के पाप माफ करना। पिछड़े वर्ग को रात को दारू पिलाना। यही न !

मुख्यमन्त्री ने स्वीकारा—हाँ, चुनाव जीतने के लिए यह सब करना पड़ता है। यह तो महाभारत है। महाभारत के धर्मक्षेत्र में कृष्ण ने किन-किन हथकण्डों से द्रोणाचार्य और भीष्म-जैसे वीरों को मरवाया। भीष्म के सामने शिखण्डी कर दिया और उस परमवीर से हथियार रखवा लिये। हम भी शिखण्डी रखते हैं।

कबीर ने कहा—यह सब तो ठीक है, पर शासन आप लोग कैसे करते हैं ? मुख्यमन्त्री को सब विभागों का ज्ञानी होना चाहिए। तुम हो ? फिर एक नेता आज शिक्षामन्त्री है, कल हो जाता है सिंचाईमन्त्री। क्या वह शिक्षा का :ी विशेषज्ञ है और सिंचाई का भी ?

मुख्यमन्त्री ने कहा—मन्त्री को अपना विभाग जानने की तकलीफ ही नहीं करनी है। ये बड़ी-बड़ी तनखाहवाले सचिव और अफसर सब करते हैं। वे फाइल लाते हैं और मन्त्री दस्तखत कर देता है। शासन हमारा थोड़े ही है, इन अफसरों का है। हमें तो समय ही नहीं मिलता राजनीति की गोटियाँ जमाने से।

कबीर ने पूछा—और क्या हाल है ? पत्नी से कैसे पटती है ?

मुख्यमन्त्री ने कहा—पत्नी का मेरे साथ पूरा सहयोग है। लाइसेन्स दिलाने में और पैसा खाने में भी। बस, कॉलेजों और स्कूलों में इनाम बाँटती है और खुश रहती है।

कबीर ने कहा— यह तो ठीक है, पर आप पर इतना बोझ है। तीन बच्चोंवाली पत्नी से कैसे काम चलता होगा ? कुछ और सिलसिले हैं ?

मुख्यमन्त्री ने कहा—साधु होकर ऐसी पाप की बात करते हो !

मैंने कहा—पर यह सब जानते हैं कि आपके दो औरतों से सम्बन्ध हैं। ब्रिटेन में एक मन्त्री था—प्रोफूमो। उसके क्रिस्टीन कीलर नाम की लड़की से सम्बन्ध थे। जब यह बात खुली, तो इस्तीफा दे दिया। और इधर तुम चलाये जा रहे हो।

मुख्यमन्त्री ने गुस्से में कहा—साधु हो, इसलिए माफ करता हूँ वरना पुलिस बुलवाकर तुम्हें अन्दर करवा देता। तुम मेरे चरित्र पर आक्षेप करते हो। हम क्या अँगरेज हैं ? ब्रिटेन का जनतन्त्र 5-6 सौ साल का है, हमारा सिर्फ 25-30 साल का। हमें हजार साल चाहिए, हम दस औरतें रख लें पर आगामी हजार साल तक इस्तीफा देने की जरूरत नहीं। और तुम साधु, अपनी जबान बन्द रखो वरना…

कबीर ने कहा—वरना-अरना कुछ नहीं। साधु-सन्तों को धमकी मत दो। हमें तुम्हारी और तुम्हारे शासन की सब पोलें मालूम हैं। हम जोर-जोर से कहेंगे और तुम्हारी आफत हो जायेगी। तुम्हें सुदामा के बारे में हुई घटना मालूम है ? सुदामा को जब कृष्ण ने सम्पत्ति दे दी तो भीख माँगनेवाले ब्राह्मण का मकान बन गया और बैंक में पैसा जमा हो गया। बस, इन्कमटैक्स और आबकारी के लोग आ गये। बोले—ए सुदामा, कल तक भीख माँगते थे और आज इतनी जायदाद, बैंक में इतना पैसा ! यह कहाँ से लाये ? हिसाब दो। क्या तस्करी करते हो ? सुदामा ने कहा—यह जाकर उसी कृष्ण से पूछो। उसके राज में कितनी पोल है, कितना भ्रष्टाचार है, कितनी अन्धेरगर्दी है ! मैं तो उधार के चावल भेंट में लेकर गया था, पर उसके भ्रष्टाचारी अफसर और मन्त्री मेरे चावल ही खा गये। मुझे सारी पोलें मालूम हो गयीं। तब कृष्ण ने मेरा मुँह बन्द करने के लिए सम्पत्ति दी है। जाओ, पूछ लो कृष्ण से। अब बोलो मुख्यमन्त्रीजी !

मुख्यमन्त्री थोड़ी देर सकते में रहे। फिर एकाएक गा उठे—

हम…कोच्छ नईं…बोलेगा…
हम बोलेगा तो बोलोगे कि बोलता है !

कबीर हँसा। कहा—तुम तो फिल्मी गाने पर आ गये।

मुख्यमन्त्री ने कहा—और क्या करूँ ? बोलो साधु, तुम मुँह बन्द करने का

क्या लोगे ?

कबीर ने कहा—हम पैसे खाकर मुँह बन्द नहीं रखते।

मुख्यमन्त्री ने कहा—अच्छा, मुझे माफ करो। तुम साधु हो, दयालु हो। यह जो वर्मा है न, यह साला मुझे धमकी देता है कि मेरे साथ 80 विधायक हैं। मैं तुम्हें पलटा दूँगा। तुम ज़रा इसे ठीक करो।

कबीर ने कहा—मैं यह भी नहीं करता। शर्मा और वर्मा में क्या भेद है ?

और मैं उठ दिया। चलते-चलते कहा—तुलसीदास की बात सुन लो—जासु राज प्रिय प्रजा दुखारी, सो नृप अवस नरक अधिकारी।

मुख्यमन्त्री ने हेकड़ी से कहा—

जब हश्र का दिन आयगा, उस वक्त देखा जायगा।

लौटा तो कनछेदी ने पूछा—कैसे थे मुख्यमन्त्री, कबीर ?

कबीर ने कहा—कोन राजपद पाय नसाई !

अटलबिहारी वाजपेयी से भेंट

कबीर अटैची लेकर निकला तो वही कनछेदी बरामदे में बैठा दिख गया। मैंने कहा—कहो कनछेदी क्या कर रहे हो ?

कनछेदी ने जवाब दिया—सोच रहा हूँ।

कबीर ने कहा—अरे, तुम भी सोचने लगे ! मत सोचा करो। बड़ी बुरी लत है। जिसे लग जाती है, दुबला हो जाता है। पर सोच क्या रहे हो ?

कनछेदी ने कहा—देश के बारे में सोच रहा हूँ।

कबीर ने कहा—यह और भी बुरी बात है। बड़े-बड़े नेता तो अपने ही बारे में सोचते हैं और यह पिद्दी कनछेदी इतने बड़े देश के बारे में सोच रहा है।

कनछेदी ने कहा—यही सोच रहा हूँ कि ईश्वर है या नहीं ? और इस नतीजे पर पहुँचा हूँ कि ईश्वर है। ईश्वर न होता तो यह देश कभी का मर गया होता। इसे सिर्फ ईश्वर ही मरने से बचा रहा है—यही सबसे बड़ा सबूत है। पर तुभ कहाँ चले ?

मैंने कहा—एक और नेता से मिलने, जो कई की तरह अपने को देश का भाग्य-विधाता समझता है—अटलबिहारी वाजपेयी।

कनछेदी ने कहा—अरे खतरनाक आदमी है। लच्छेदार भाषा और अदाओं में फँसाता है। दो घण्टे भाषण उसका सुनो। बड़ा मजा आता है। पर घर जाकर सोचो कि इसने क्या कहा, तो जवाब निकलता है कि कुछ नहीं कहा। वह बस

बोलता है। क्या ? यह मत पूछो। बस मूंगफली खाते जाओ और भाषण सुनते जाओ।

कबीर ने कहा—वह मुझसे ऐसा नहीं बोलेगा, क्योंकि मैं 'पब्लिक मीटिंग' नहीं हूँ। ये ऐसे नेता लोग जब जनता को सामने देखते हैं तो कहते हैं --आज सुरन मोहिं दीन्ह अहारा ! जैसा हनुमान को देखकर सुरसा ने कहा था। पर इस हनुमानरूपी जनता का यह कमाल है कि—

जस जस सुरसा वदन बढ़ावा,
तासु दुगुन कपि रूप दिखावा।

खैर चलूं। गाड़ी का समय हो रहा है।

कबीर अटलजी के कमरे में दाखिल हुआ तो यह पूछे बिना ही कि मैं कौन हूँ, वे गबकने लगे—इस इन्दिरा गाँधी की तानाशाही ने···

मैंने रोका—अटलजी, मैं पब्लिक मीटिंग नहीं हूँ और तुम्हारे सामने माइक भी नहीं है। मैं कबीरदास।

अटल थोड़े हतप्रभ हो गये। कहने लगे—अरे साधु, मुझसे भूल हो गयी। पर यह बात बाहर नहीं फैलना चाहिए कि मैंने ऐसा किया। मेरी छवि बिगड़ेगी। बैठो-बैठो, कैसे आये ?

मैंने कहा—यों ही। मिलने और बात करने।

अटलजी ने कहा—पर मैं ब्राह्मण हूँ और तुमने ब्राह्मणों के खिलाफ बहुत कहा है। तुम शूद्रों से मिला करो।

मैंने कहा—शूद्रों से भी मिलता हूँ, पर तुम ब्राह्मण-ब्राह्मण भी एक नहीं हो। इन्दिरा गाँधी भी ब्राह्मण और तुम भी ब्राह्मण और सुभद्रा जोशी भी ब्राह्मण जो बलरामपुर में तुम्हें चुनाव हराती थी। आपस में क्यों लड़ते हो ?

अटलजी ने कहा—यह राजनीति है। इसमें कोई किसी का नहीं होता। तुम अपढ़ साधु को यह राजनीति समझ में नहीं आयेगी। तुम तो कहते हो—ढाई आखर प्रेम का, पढ़ै सो पण्डित होय ! अरे अक्षर ढाई प्रेम में ही नहीं, घृणा में भी होते हैं। हमारे विरोधी से हमें घृणा ही करनी चाहिए।

कबीर ने कहा—करो घृणा ! पर यह बताओ, तुम 'शाखा' से आये हो न ?

अटल जरा तैश में बोले—तुम्हें क्या मतलब ?

कबीर ने जवाब दिया—मतलब है—क्या तुम भी शाखामृग हो ? यही जानना चाहता हूँ।

अटलजी ने कहा—यहाँ कोई स्वयंसेवक नहीं है, वरना तुम्हें दिखा देता।

कबीर ने कहा—याने तुम 'शाखामृग' हो, तभी ऐसी बात साधु से कहते हो। क्या यही 'भारतीय संस्कृति' है, जिसका तुम नारा लगाते हो ? भारतीय संस्कृति की क्या परिभाषा है ?

अटलजी ने कहा—भारतीय संस्कृति कोई खाने की चीज नहीं, पीने की चीज नहीं। वह भारतीय है और संस्कृति है। समझे ?

कबीर ने कहा—समझ गया। तो इस भारतीय संस्कृति में कबीरदास है कि नहीं ?

अटलजी ने कहा—तुम जुलाहे बुनकर भारतीय संस्कृति में कैसे आ सकते हो ? गुरुजी के शब्दों में तुम 'स्वकीय' नहीं, 'परकीय' हो। तुम्हारा भारतीय-करण नहीं हुआ।

मैंने पूछा—पर इस 'भारतीयकरण' के सिद्धान्त को प्रतिपादित करनेवाले बलराज मधोक से तुम्हारा क्या झगड़ा है ? बेचारे ने एक पूरी किताब लिखी है, इस पर।

वाजपेयी ने कहा—वह समझता था कि वह 'थियरी' दे रहा है, मगर नेता तो अटलबिहारी वाजपेयी है।

मैंने कहा—इसलिए कि आया उसी जगह से, पर जनतन्त्री होने का रोल अच्छा खेलता है।

अटलजी खुश हुए। फिर बोले—ये इन्दिराजी हम लोगों को फासिस्ट कहती हैं, और हम इन्दिराजी को फासिस्ट कहते हैं। यह 'फासिस्टवाद' क्या है ?

कबीर ने कहा—पढ़ो, समझो। अपने देश की हालत देखो।

अटलजी बोले—इन हजारों लड़के-लड़कियों को जो नक्सलवादी हैं, जेलों में इतने साल बन्द रखना क्या 'फासीवाद' (लोहिया की भाषा) नहीं है ?

कबीर ने कहा—है। पर लाखों स्वयंसेवकों को छुरा, लाठी से लैस रखना, उनका आतंक के लिए उपयोग करना क्या फासीवाद नहीं है ? फिर इन नक्सल-वादियों से कबीर को कोई शिकायत नहीं है। पर अगर ये छूट गये, तो खतरा पहला तुम्हें है, दूसरा कांग्रेस को। वे पहले वर्गभेद को मिटायेंगे। और आपकी पार्टी तथा कांग्रेस पार्टी कहती है कि वर्ग हैं ही नहीं, तो इन नक्सली लड़के-लड़कियों का शत्रु कौन है ?

अटलबिहारी थोड़े चौंके। बोले—मैं भी कुछ पढ़ा-लिखा हूँ। इनके वर्ग-शत्रु हम लोग हैं। हाँ, यह वर्गसंघर्ष है। पर लोहिया ने कई बार कहा था कि वर्णसंघर्ष भी है।

कबीर ने सीधा पूछा—एक नीचे वर्ण का सूदखोर क्या उस ब्राह्मण को माफ कर देगा, जिसने उससे कर्ज ले लिया है ? वह उस ब्राह्मण को मार डालेगा पर बाद में दूसरे ब्राह्मण के चरण भी पूजेगा। वह धर्म के साथ धन्धा भी निभाता है। कहाँ रहा तुम्हारा वर्णसंघर्ष ? क्या बैंक से कर्ज इस कारण मिलता है कि वह ब्राह्मण है ? पर हाँ, सामन्ती सभ्यता में इस ब्राह्मण का महत्त्व था, अब भी है। अब देखो न, हमारी अणु-विज्ञान सफलतावाले दोनों पारसी हैं—भाभा और सेठना। ब्राह्मण भी होंगे। पर यदि तुम्हारे परम पूज्य (पपू) गुरुजी की बात चलती तो किसी ब्राह्मण मुंशी को वे एटामिक इनर्जी कमीशन का अध्यक्ष बना देते, क्योंकि भाभा और सेठना 'परकीय' हैं, मुंशी स्वकीय है। अटलजी, यह ब्राह्मण ही है जिसने बुद्ध-काल के बाद रिसर्च नहीं होने दी। नागार्जुन के बाद कौन

महान 'केमिस्ट' हुआ ? मैंने एक बहुत बड़े अंग्रेज विशेषज्ञ की किताब पढ़ी है—'दी कान्क्वेस्ट ऑफ पेन'—याने ऑपरेशन के लिए दी जानेवाली दवा जो दर्द नहीं होने देती। उसने लिखा है कि 'एनेस्थीसिया' भारत में 25 सौ साल पहले इतना अच्छा था, जितना पश्चिम के पास 1925 तक नहीं था। पर इसके बाद ब्राह्मणों ने कहा—चुप ! सारा ज्ञान हमारे पास है, पोथी में।

और पोथी बन्द कर ली। फिर यह देश पैदा कर सका केवल शंकराचार्य, अरविन्द और कबीर-जैसा जुलाहा, कुम्भनदास कुम्हार, रैदास चमार ! पर इस संस्कृति ने दूसरा नागार्जुन, दूसरा चरक, दूसरा वाग्भट्ट पैदा नहीं किया। याने विज्ञान से यह संस्कृति अविज्ञान की तरफ बढ़ी है।

अब अटलबिहारी थोड़ा अधिक चौंके। कहने लगे—कबीरदास, तुम्हारी तरह कविता मैंने भी लिखी है, पर कविता से क्या फायदा ? मैं किसी समय कवि-सम्मेलनों में बड़ी तालियाँ पिटवाता था। पर कविता से समाज का क्या होता है ?

कबीर ने कहा—पर कविता को समाज से कुछ होता है। कविता को समाज से 'कुछ' नहीं होता, तो वह सार्थक कविता नहीं होती।

अटलजी—पर हम लोग राजनीति की बात करें न ? इस समय रणनीति क्या है ?

कबीर ने कहा—फिर तुम दूसरे की भाषा बोले। यह रणनीति वर्गसंघर्ष की भाषा है। यह कोई कौरवों का चक्रव्यूह नहीं है।

भारतीय लोकतन्त्र के रक्षक जयप्रकाश नारायण (लोकनायक) के शब्दों में अटलजी बोले—हमें पूर्ण क्रान्ति चाहिए।

मैंने पूछा—यह पूर्ण क्रान्ति क्या है ? क्या हिन्दू और मुसलमान उन लड़के-लड़कियों की रक्षा करता है, जो भागकर शादी कर लेते हैं ? तो फिर क्रान्ति विभाजित नहीं होती, क्रान्ति होगी तो पूरे सामाजिक जीवन में। इसे ही पूर्ण क्रान्ति कहते हैं और विप्र, तुम शास्त्र मानते हो, मैं नहीं। पर शास्त्रवचन सुनना चाहो तो यह कि मार्क्स और लेनिन ने कहा है—क्रान्ति लगातार होती है।

वाजपेयी ने कहा—तुम तो साधु हो। बताओ न, मध्यावधि चुनाव होगा या नहीं ?

कबीर ने कहा—सब लोग यही पूछते हैं। जब तुम्हें संसद पर विश्वास नहीं है तो मध्यावधि चुनाव के बारे में क्यों चिन्तित हो ?

तब अटलजी ने मेरे कान में कहा—अरे संसद से इस्तीफा देने की घोषणा तो एक स्टण्ट था। कौन लगी-लगायी नौकरी छोड़ेगा ? पर बोलो, क्या मध्यावधि चुनाव होगा ?

कबीर ने कहा—नो बडी नोज़ दी लेडीज़ माइण्ड ! पर तुम्हारी रणनीति क्या है ?

अटलजी ने कहा—मुझे तो होना है अगला प्रधानमन्त्री। अब यह जयप्रकाशी

फौज दिल्ली पर हमला कर रही है। जब दिल्ली पर कब्जा कर ले तो पुकारे—अटलजी, आइए न! प्रधानमन्त्री हो जाइए।

कबीर ने कहा—अटलजी, आपको किसका डर है? किसे पुकारा जा सकता है? मोरारजी भाई को?

अटलजी ने कहा—नहीं, वे बहुत बूढ़े हैं।

कबीर ने कहा—राजनीति में कोई बूढ़ा नहीं होता। मरने तक जवान रहता है। बहरहाल, किससे डर है?

अटलजी ने कहा—इस चौधरी चरणसिंह से। यह अभी से प्रधानमन्त्री की तरह बोलने लगा है—शेडो प्राइम मिनिस्टर। कहीं यह चौधरी कूदकर दिल्ली के तख्त पर न चढ़ जाय! मैं अभी से सावधान हूँ।

कबीर ने कहा—नहीं, आप ही बनेंगे। पर मध्यावधि चुनाव हो गये तो?

अटलजी ने कहा—यही तो मैं तुमसे पूछता हूँ साधु! क्या होंगे? अरे, 'पूर्णक्रान्ति' पूर्ण होने के पहले कहीं मध्यावधि चुनाव हो गये तो सारा खेल बिगड़ जायगा।

इसके बाद अटलजी रिहर्सल करने लगे। बोले—देखो साधो, मैं राष्ट्रपति फोर्ड से यों हाथ मिलाऊँगा और कोसिजिन से यों। ऐसा हाथ न नेहरू ने मिलाया, न इन्दिरा गाँधी ने।

कबीर ने कहा—आप डटकर रिहर्सल करो। मैं चलता हूँ।

अटलजी बोले—अरे, ठहरो! यह तो बता जाओ कि मध्यावधि चुनाव होंगे या नहीं।

कबीर ने कहा—स्त्री का मन साधु भी नहीं जानता।

लौटा तो कनछेदी ने पूछा—कहो कैसे रहे अटलबिहारी?

मैंने कहा—अच्छे हैं। हाथ मिलाने का रिहर्सल कर रहे हैं। प्रधानमन्त्री होना है न?

भारत सेवक समाजी से भेंट

कबीर अटैची लेकर बाहर निकला तो देखा, वही कनछेदी बरामदे में बैठा अँगीठी ताप रहा है।

कबीर ने पूछा—कहो कनछेदी, क्या कर रहे हो?

उसने कहा—कुछ नहीं, अँगीठी ताप रहे हैं। भीतर भूख की आग तो बाहर कोयले की आग। गनीमत है कि कोयला मिल रहा है। गेहूँ तो अभी तक राशन-

दूकान पर आया नहीं। जहाँ तक चावल का सवाल है, एक डिब्बे में मुट्ठी-भर नमूने के लिए रख छोड़ा है। आगे नाती-पोते पूछें कि बाबा, आपके जमाने में चावल क्या होता था तो निकालकर बता दें कि बेटा, इस चीज को हम चावल कहते थे।

कबीर ने कहा—इतने निराश मत होओ कनछेदी! अच्छा समय आ गया है। अमेरिका में अपने राजदूत कौल ने दरबार में कान पकड़कर कह दिया है—अन्नदाता, भूलचूक माफ! फिर बाबू जगजीवनराम भी गये हैं।

कनछेदी ने कहा—ठीक है। हम तो अब यह सोच रहे हैं कि जनसंघ में चले जायें। जब अटलबिहारी प्रधानमन्त्री हो ही रहे हैं तो इस कनछेदी को कोई राशन-दूकान दिला ही देंगे। पर तुम कहाँ चले?

कबीर ने कहा—भारत सेवक समाज के एक नेता से मिलने।

कनछेदी ने कहा—कैसे साधु हो? साधु-सन्तों, भले आदमियों को तंग करते हो, लोगों का दिमाग खराब करते हो। तुम्हें भी क्या सुकरात की तरह जहर का प्याला पीना है?

कबीर ने कहा—जहर का प्याला तो रोज पीते हैं, कनछेदी! पर मरते नहीं। अच्छा, अब चलूँ।

कबीर जब भारत सेवक समाज के नेता के पास पहुँचा, तो वे चिन्तित बैठे थे। सामने एक आदमी हिसाब कर रहा था—दस और दस बीस—बीस और पन्द्रह-पैंतीस।

मैंने कहा—भारत सेवकजी, मैं कबीरदास हूँ—राम की लुगाई।

वे बोले—बैठो साधु, तुम राम की लुगाई और हम भजन गाते हैं—रघुपति राघव राजाराम, सबको सन्मति दे भगवान।

कबीर ने कहा—याने भगवान, सबको सन्मति दे पर हमें मत दे?

भारत सेवक बोले—नहीं, भगवान ने हमें भी सन्मति दी कि मौका मिला है तो कुछ कर लो। तभी तो यह जाँच चल रही है। हिसाब बनवा रहे हैं।

कबीर ने कहा—याने—

अब रहीम मुसकिल पड़ी, गाढ़े दोऊ काम!
साँचे से तो जग नहीं, झूठे मिलै न राम!

भारत सेवक बोले—बस यही मुश्किल आ पड़ी है। जग और राम दोनों को साधने के कारण यह जाँच कमेटी बैठ गयी है।

कबीर ने कहा—चिन्ता मत करिए, राम सब ठीक कर देंगे।

भारत सेवक बोले—राम ठीक करते होते तो यह जाँच क्यों होती। हमारा काम तो राम को समर्पित है। अब राम अपने ही काम की जाँच करवा रहे हैं। स्वर्ग से गाँधीजी भी हमारी मदद नहीं करते।

वे बहुत दुखी हो गये।

कबीर ने कहा—आप इन मामलों में इतने पुराने माहिर हैं कि सब ठीक कर

लेंगे। किसी मन्त्री को नहीं पटाया ?

वे बोले—पटाये तो तीन मन्त्री हैं।

कबीर ने कहा—बस, फिर होने दीजिए जाँच। दो-तीन मन्त्री मैं पटाये देता हूँ।

वे खुश हुए। कहने लगे—साधु, तुम इतना कर दो तो हम संकट से उबर जायें।

मैंने कहा— मैं कर दूंगा पर अब जरा भारत सेवक समाज पर बात हो जाय। यह भारत सेवक समाज किसलिए बना ?

वे बोले—भारत की सेवा के लिए।

कबीर ने कहा—नहीं, गाँधीवाद एक मीठे फलों का झाड़ है। इस झाड़ की हर शाखा पर कई पक्षी बैठे हुए मीठे फल खा रहे हैं। एक शाखा पर आप भी बैठे हैं और मीठे फल खा रहे हैं।

भारत सेवक ने कहा—नहीं, बात यह है कि आजादी के बाद कांग्रेस के कुछ लोग तो सत्ता में चले गये—विधायक, संसद-सदस्य, मन्त्री वगैरह हुए। फिर भी काफी कांग्रेसी बच गये। इन्हें कहीं फिट करना था। फिट नहीं करते तो ये बेकार कांग्रेसी ऊधम मचाते इसलिए नेहरू सरकार ने सोचा कि 20-25 करोड़ से कुछ फर्क नहीं पड़ता। इन्हें दे-दिवा दो और काम से लगा दो।

कबीर ने पूछा—तो इन बेकार कांग्रेसियों के लिए ये सब संस्थाएँ खोली गयीं ?

वे बोले—और नहीं तो क्या ! बेकार कांग्रेसियों में कुछ सर्वोदय में चले गये, कुछ सर्वसेवा संघ में और काफी भारत सेवक समाज में। ग्राण्ट मिलती जाती थी और काम में लगे थे।

कबीर ने कहा—तो क्या बेकार कांग्रेसियों को चुप रखने के लिए भारत सेवक समाज बना ?

उन्होंने जवाब दिया—हाँ, और हम यही सेवा करते आ रहे हैं कि चुप हैं। वरना हम बोलते। सबकी पोल खोलते। तिकड़म करते तो मन्त्री हो जाते। तब हम खुद ग्राण्ट देते पर आज यह हाल है कि हमें ग्राण्ट के लिए मन्त्रियों के दरवाजे खटखटाना पड़ता है।

कबीर ने कहा— आप तो बहुत पुराने वयोवृद्ध भारत सेवक हैं। आप क्या यह नहीं समझते कि पण्डित नेहरू ने स्वतन्त्रता के बाद ही यह सोचा कि हा सकता है उन्हें कांग्रेस छोड़ना पड़े, इसलिए एक संस्था खड़ी कर दो जिसका नेतृत्व वे सँभाल लें और कांग्रेस से बड़ी पार्टी खड़ी कर दें। गाँधीजी ने कहा ही था कि आजादी के बाद कांग्रेस को खत्म कर दो। पण्डित नेहरू का विराट व्यक्तित्व भारत सेवक समाज को कांग्रेस से बड़ा संगठन बना देता।

भारत सेवक बोले—हाँ, यह हो सकता है। पर ऐसा मौका आया ही नहीं, क्योंकि सरदार पटेल की मृत्यु हो गयी।

कबीर ने कहा—याने सरदार पटेल की मृत्यु ठीक समय पर हुई ?

उन्होंने कहा—हाँ, ठीक समय पर हुई।

कबीर ने कहा—और गाँधीजी की मृत्यु ?

वे बोले—वह भी ठीक समय पर हो गयी। हर मृत्यु ठीक समय पर हुई।

कबीर ने पूछा—गाँधीजी जीवित रहते तो क्या होता ?

भारत सेवक ने कहा—मैं क्या जानूँ ! तुम साधु हो, गाँधीजी भी साधु। तुम काइयां साधु हो, गाँधीजी भी काइयाँ साधु थे।

कबीर ने कहा—तुम ठीक कहते हो। वे काइयाँ साधु थे। वाइसराय लार्ड वेवेल से उनकी तीन घण्टे बात हुई। लार्ड वेवेल ने कहा—आप संक्षेप में लिख दीजिए कि आप क्या चाहते हैं। गाँधीजी ने पाँच वाक्य लिख दिये। वेवेल ने पढ़ा और सन्तुष्ट हो गया। रात को उसने फिर पढ़ा और आधी रात को अपने सेक्रेटरी को पुकारकर कहा—अरे, यह गाँधी तो मुझे बेवकूफ बना गया। ये पाँच वाक्य ठीक हैं, पर हर वाक्य दूसरे को काटता है। बड़े काइयाँ साधु थे गाँधीजी।

भारत सेवक ने कहा—सही है साधु। पर वे जीवित रहते तो सरकार की फजीहत होती।

कबीर ने कहा—और वे रोते—

सुखिया सब संसार है, खावै अरु सोवै,
दुखिया दास कबीर है, जागै अरु रोवै !

खैर, छोड़ो गाँधीजी को ! यह बताओ कि भारत की क्यासेवा कर रहे हो ?

भारत सेवक ने कहा—चुप हैं। यह क्या कम सेवा है ? सर्वोदयी भी चुप हैं। यह भी भारत की सेवा है। फिर हम चरखा अभी भी चलाते हैं, दतौन करते हैं, 'रघुपति राघव' करते हैं।

कबीर ने कहा—पर यह जाँच किसलिए हो रही है ?

उन्होंने ने कहा—हिसाब-किताब की जाँच है। कहते हैं, हमने घपला किया, पैसा खाया।

कबीर ने पूछा—क्या ऐसा हुआ ?

वे बोले—भई, बात यह है कि हम भी भारतीय हैं। हम कोई विदेशी तो हैं नहीं। आम भारतीय जैसा करेगा, वैसा ही हम करेंगे, वरना हम देशद्रोही हो जायेंगे। तो हमने भी देशवासी की तरह आचरण किया। इसमें गलत क्या हुआ ?

कबीर ने कहा—गलत कुछ नहीं, पर आप ऊँचे हैं। आप भारत सेवक समाज-वाले हैं। आप पर ये व्यक्तिगत खाने-वाने के आरोप नहीं लगना चाहिए।

भारत सेवक ने दो टूक बात कही—साधु, हम क्या भारत के अंग नहीं हैं ? यदि हमने अपनी ही सेवा की तो क्या यह भारत की सेवा नहीं हुई ?

कबीर ने कहा—ठीक है। आपने अपनी सेवा करके भारत की ही सेवा की है। एक मरीज अस्पताल से मुफ्त इलाज कराके निकलने लगा, तो डाक्टरों ने कहा, कुछ दान गरीबों के लिए दे जाइए। उसने कहा कि गरीब तो मैं भी हूँ,

इसलिए वह दान अपने आपको दे लेता हूँ। ऐसा ही आपने किया। आपने अपने को भारत मान लिया और अपनी सेवा करने लगे। यही भारत सेवा हुई और भारत सेवक समाज का काम।

तभी हिसाब करनेवाला बोला—भैयाजी, तीन रसीदें नहीं मिल रही हैं।

भारत सेवक ने कहा—रसीदें नहीं मिल रही हैं? अरे तुम्हें इतने पैसे क्या इसलिए दिये जाते हैं कि तुम मुझसे कहो कि रसीदें नहीं मिल रही हैं? नहीं मिल रही हैं तो बना लो। तुम्हारे और दूसरे कार्यकर्त्ताओं के पास अँगूठे नहीं हैं? क्या तुम लोग जाली दस्तखत नहीं बना सकते? यदि ऐसा नहीं कर सकते तो क्यों इस संस्था में हो? क्यों इस पवित्र संगठन को बदनाम करते हो?

उसने कहा—मैं सब ठीक कर लूंगा भैयाजी, आप चिन्ता मत कीजिए।

भारत सेवकजी ने कहा—देखो सन्त कबीर, क्या दुर्भाग्य है? जिस पवित्र संस्था में सेवक के ईमान पर शक किया जाय, वह भी क्या संस्था है! जी चाहता है कि इसे छोड़ दूँ।

कबीर ने कहा—अगर पेट भर गया हो तो छोड़ दीजिए। जब आदमी का पेट भर जाता है तो वह थाली को हटा देता है।

भारत सेवक ने कहा—साधु, तुमसे क्या छिपाना! अभी एक रोटी की भूख और है। एक रोटी और खा लूँ तो थाली पड़ी रहेगी और मैं कुल्ला करने चला जाऊँगा।

कबीर ने कहा—यह भी ठीक है। अधपेटे मत उठो।

भारत सेवक ने कहा—साधु, एक बात कहूँ—मेरे पास अभी गुंजाइश है। मैं दे सकता हूँ। कुछ रुपये अपने मठ के लिए लेते जाओ, पर दो-तीन मन्त्रियों को पटा देना।

कबीर ने कहा—नहीं, मुझे नहीं चाहिए। कबीर को पैसे से क्या लेना-देना? मन्त्री मैं पटा दूँगा, पर इसकी मजदूरी नहीं लूँगा। आप साफ बच जायेंगे।

भारत सेवक ने कबीर के चरण पकड़ लिये। कहने लगे—कोई मेरे लिए उपदेश।

कबीर ने कहा—क्या उपदेश दूँ? तू बाम्हन, मैं काशी का जुलाहा! फिर भी सुनो—

झूठ बराबर तप नहीं, साँच बराबर पाप,
जाके हिरदय झूठ है, ताके हिरदय आप!

कबीर लौटा। वही कनछेदी मिल गया। पूछा—कहो कबीर क्या हाल है भारत सेवक के?

कबीर ने कहा—हिसाब की जाँच होनेवाली है। दस और दस बीस··· बीस-बीस-बीस···और पन्द्रह पैंतालीस!

कनछेदी ने कहा—अरे बाप रे! बीस और पन्द्रह पैंतालीस!

विजयाराजे सिन्धिया से भेंट

कनछेदी कहने लगा—कबीरदास, कितने बड़े लोगों से भेंट कर आये पर किसी स्त्री से भेंट अभी तक नहीं की। क्या स्त्री से डरते हो?

कबीर ने जवाब दिया—कनछेदी, स्त्री से डरना चाहिए। बात ये है कि—

माया महाठगिनी हम जानी
तिरगुन फाँस लिये कर डोलै
बोलै मधुरी बानी !

पर मैं एक स्त्री इन्दिरा गाँधी से मिल आया हूँ, लेकिन जयप्रकाश कहते हैं कि वह महाठगनी है। तुम क्या चाहते हो?

कनछेदी ने कहा—अरे कबीरदास, इस देश में एक स्त्री प्रधानमन्त्री नहीं है, दो हैं।

कबीर ने पूछा—दूसरी कौन है?

तो कनछेदी बोला—दूसरी है ग्वालियर की विजयाराजे सिन्धिया जो 'राजमाता' कहलाती हैं।

कबीर ने कहा—ठीक है। मैं उनसे मिल आता हूँ।

और कबीरदास ग्वालियर पहुँच गया। वहाँ जयविलास पैलेस में घुस गया। साधु-सन्तों को कोई रोकता नहीं है। राजमाता के सचिव ने पूछा कि क्या काम है, साधो? कबीर ने कहा कि कुछ नहीं, राजमाता से मिलना और उन्हें आशीर्वाद देना है।

सचिव ने पूछा—कुछ भभूत वगैरह लाये हो?

कबीर ने जवाब दिया—भभूत नहीं, भूत लाया हूँ। राजमाता का भूत बताऊँगा।

सचिव मुझे राजमाता के पास ले गये। वैभव से दूर रहकर भी कबीर ने वैभव बहुत देखा, इसलिए राजमहल का वैभव मुझे आतंकित नहीं कर सकता।

राजमाता की बैठक में घुसा तो उन्होंने कहा—आओ साधो! कबीरदास हो न? हम लोग साधु-सन्तों को बहुत दान देते हैं और उनका सम्मान करते हैं।

कबीरदास ने कहा—न मुझे दान चाहिए, न सम्मान। बात ये है कि पिछली बार जब मैं ग्वालियर आया था तो आपके चिरंजीव माधवराव के सचिव ने मुझसे कहा कि जयविलास महल चलिए, वहीं भोजन करिए। वहाँ बहुत अच्छा म्यूजियम है, उसे देखिए।

कबीर ने पूछा—राजमाता हैं?

सचिव ने जवाब दिया—वे नहीं हैं। विदेश गयी हैं।

तो कबीर ने कहा—तो फिर क्या म्यूजियम हुआ? जब म्यूजियम की सबसे आकर्षक मूर्ति ही नहीं है, तो म्यूजियम का कोई मतलब नहीं है।

राजमाता ने मुझे गौर से देखा और कहा—तुम बड़े टेढ़े साधु हो। मैं क्या म्यूज़ियम पीस हूँ ?

कबीरदास ने कहा—और नहीं तो क्या ? आप शुरू से म्यूज़ियम पीस रही हैं। संविद सरकार जब बनी थी तो गोविन्दनारायण सिंह ने आपको म्यूज़ियम पीस बनाकर रखा और संविद की नेत्री बना दिया।

राजमाता तनतना उठीं। बोलीं—उस लफंगे ठाकुर का नाम मत लो। वह डबल रोल करता था। इधर मुझसे संविद को मजबूत करने की बात करता था और उधर उसी संविद को उखाड़ने की कोशिश करता था। खेत पर ट्रैक्टर चलाता था और संविद पर बुल्डोजर। कहता था कि गाँव जा रहा हूँ लेकिन भोपाल में यहीं कहीं छिपकर दाँव-पेंच करता था।

कबीर ने कहा—मगर उसने रिकार्ड का काम किया है। उसने दो मन्त्रि-मण्डल गिराये। एक तो द्वारिकाप्रसाद मिश्र का और दूसरा अपना खुद का। शाम तक टेनिस खेलता रहा। तमाम पत्रकार और राजनीति के लोग उसकी तलाश कर रहे थे, पर वह टेनिस कोर्ट पर था। शाम हुई तो उसने कहा कि अब टेनिस बन्द। अब खेल शुरू होगा राजनीति का। और रात को उसने अपना ही मन्त्रि-मण्डल भंग कर दिया।

राजमाता ने कहा—ठीक कहते हो साधो ! वह ऐसा ही नाटककार है। मुझे पता ही नहीं कि मेरे पीठ के पीछे क्या कर रहा है। वह पण्डित द्वारिकाप्रसाद मिश्र को 'कनपटिया बाबा' बोलता था और अब कांग्रेस में लौटकर उन्हीं मिश्रजी के साथ हो गया।

कबीर ने पूछा—आप भी तो राजनीति में हैं। क्या आप दाँव-पेंच, उठा-पटक वगैरह नहीं कर सकती थीं ?

राजमाता ने कहा—देखो साधो, हम तो राजा-रानी हैं। कोई टुटपूँजिया नहीं हैं। हम तो महल की राजनीति करते हैं और ये ठाकुर करता था सड़क की राजनीति। राजनीति करना है तो जयविलास पैलेस में आओ, मैं थोड़े ही किसी के पास जाऊँगी। मगर यह ठाकुर किसानों के साथ बैठकर बीड़ी पीता था। कैसा घटिया मुख्यमन्त्री था !

कबीर ने कहा—महल की राजनीति तो पं. द्वारिकाप्रसाद मिश्र भी करते हैं।

राजमाता बोलीं—भाई, उनमें मुझमें फर्क है। वे मँजे खिलाड़ी हैं, उन्होंने कांग्रेस के दो हिस्से करवा दिये। गोविन्दनारायण ठीक कहता है कि वह कनपटिया बाबा है। बहुत काइयाँ है। पता नहीं बँगले में बैठा-बैठा किसके नाश की योजना बना रहा है। हम तो राजा-रानी लोग हैं, हुक्म दे दिया कि ऐसा करो। फिर हमारे पास पैसा है।

कबीर ने कहा—राजा-रानी तो खत्म हो गये।

राजमाता ने कहा—कहाँ खत्म हो गये ! नाममात्र के लिए। पुलिस हटा ली तो हमारी अपनी पुलिस है। जो डाकू हैं ये किसकी पुलिस हैं, ये तो हमारी

पुलिस हैं और हमारे महल में ही पचासों बन्दूकधारी हैं।

कबीर ने कहा---और यह जो प्रिवीपर्स बन्द हो गये, सो क्या हुआ ?

राजमाता हँसीं। बोलीं—अरे यह तो दिखावा है। उन थोड़े-से रुपयों से हमारा क्या बनता-बिगड़ता है। हमारे पास अपार सम्पत्ति है, शेयर हैं, विदेशी बैंकों में पैसा जमा है। हम तो सरकार की बराबरी के हैं।

कबीर ने कहा—मैं जानता हूँ। सरकार के पास हैलीकॉप्टर तो आपके पास है हैलीकॉप्टर। मुख्यमन्त्री हैलीकॉप्टर में घूम रहा है तो आप भी हैलीकॉप्टर में घूम रही हैं। सचमुच आपकी बराबरी की सरकार है। पर क्या आपकी प्रजा भी है ?

राजमाता ने कहा—हाँ, प्रजा है। राजवाड़े के सारे लोग हमारी प्रजा हैं। जो मैं कह दूं, वही यह प्रजा करती है। तभी तो मैंने अटलबिहारी वाजपेयी से कहा कि चुनाव यहीं से लड़ो, हमारी प्रजा तुम्हें वोट देगी। और उसे जिता दिया।

कबीर ने कहा—मैं जानता हूँ। सुभद्रा जोशी उस बेचारे के पीछे पड़ी रहती थी। तो एक स्त्री से घबड़ाकर वह दूसरी स्त्री की शरण में आ गया और आपने उसका उद्धार कर दिया।

राजमाता ने कहा—मगर वह एहसान फरामोश है। मुझे जनसंघ की अध्यक्षा बनाने के लिए उसने जोर ही नहीं दिया, वरना आडवाणी की जगह आज मैं होती।

कबीर ने कहा—बात ये है कि जनसंघ हिन्दू संस्कृति को मानता है। एक तो आप स्त्री, फिर विधवा। आपको अध्यक्ष कैसे बनाते ? आप तो जानती हैं कि जब इन्दिरा गाँधी प्रधानमन्त्री हुईं तो स्वर्गीय एम. एस. गोलवलकर ने कहा था कि एक विधवा प्रधानमन्त्री हो गयी है। अब इस देश का भविष्य अन्धकारमय है।

राजमाता ने कहा—साधो, तुम उन्हें एम. एस. गोलवलकर कहते हो। परम पूज्य गुरुजी क्यों नहीं कहते ?

कबीर ने कहा—मैं अपना गुरु खुद चुनता हूँ। किसी से गुरु उधार नहीं लेता। बहुत लोगों के लिए वे उधारी के गुरु हैं।

कबीरदास ने पूछा—अब आपका राजनीतिक कार्यक्रम क्या है ?

राजमाता ने कहा—मेरा कार्यक्रम है प्रधानमन्त्री बनना। जब इन्दिरा गाँधी प्रधानमन्त्री बन सकती हैं तो मैं क्यों नहीं बन सकती ! मैं जयप्रकाश बाबू से कहूँगी कि चाहे जितना पैसा आन्दोलन के लिए ले लो पर प्रधानमन्त्री मुझे बनाओ।

कबीर ने कहा—आपने क्या इन्दिरा गाँधी से अपनी तुलना करके देखी है। दोनों में क्या समानता है ?

राजमाता बोलीं—तुलना क्या करना है ! जितना पैसा मेरे पास है, उतना उनके पास नहीं है।

कबीर ने कहा—मैं समझ गया। स्त्रियों में यही स्पर्धा होती है। मामूली औरतें कहती हैं—अरे तू क्या है ? तेरे बक्से में पाँच साड़ियाँ हैं, मेरे बक्से में आठ। मैं तेरे से बड़ी हूँ। लेकिन राजमाताजी, बुद्धि, कूटनीति, ज्ञान, व्यक्तित्व

इनका भी तो कोई महत्त्व होता है।

राजमाता का जवाब था— इन्दिरा का महत्त्व तुम्हीं बताओ। इन्दिरा गाँधी से क्या मैं कम सुन्दर हूँ?

कबीर ने कहा—साधु नीति जानता है। किसी स्त्री के मुँह पर यह नहीं कहना चाहिए कि तू कम सुन्दर है। आप इन्दिरा गाँधी के बराबर सुन्दर हैं। फिर आपके पास पैसा अधिक है। आप बिल्कुल प्रधानमन्त्री होने के लायक हैं।

राजमाता खुश हुईं। कहने लगीं—यह जो जयप्रकाश बाबू का आन्दोलन चल रहा है तो केन्द्र में अब संविद बनेगी और लोग मेरे पास आयेंगे कि आप संविद की नेत्री हो जाइए। तो मैं संविद की नेत्री भी हो जाऊँगी और प्रधानमन्त्री भी।

कबीर ने कहा—पर पिछली प्रदेशों की संविद सरकारें बहुत बदनाम हुईं और टूट गयीं। यही हाल केन्द्र में हुआ तो?

राजमाता ने कहा—दिल्ली में मैं ऐसा नहीं होने दूँगी जैसा भोपाल में हुआ। मैं वहाँ गोविन्दनारायण सिंह पैदा ही नहीं होने दूँगी।

कबीर ने कहा—अगर अटलबिहारी वाजपेयी गोविन्दनारायण हो गया तो? या चौधरी चरणसिंह गोविन्दनारायण हो गया तो?

राजमाता ने कहा—एक तो मैं इन्हें गोविन्दनारायण नहीं बनने दूंगी, फिर यदि बन भी गये और संविद टूटी तो फिर ये गौरव क्या कम है कि हमने देश पर कुछ समय राज कर लिया।

कबीर ने कहा — चिरंजीव माधवराव के बारे में क्या सोचती हैं?

राजमाता ने जवाब दिया—उसे तो मध्यप्रदेश का मुख्यमन्त्री बनना ही है, यह बिल्कुल तय हो चुका है।

कबीर की बात लगभग पूरी हो चुकी थी। उन्होंने कहा—अब मैं चलूँ।

राजमाता ने कहा—कुछ खाओ। क्या खाना चाहते हो? कुछ गाँजा-वाँजा पीते हो तो मँगा दूँ?

कबीर ने कहा—राजमहलों में साधुओं से खाया नहीं जाता और जहाँ तक गाँजे का सवाल है, वह मेरे झोले में है।

कबीरदास चल दिया। लौटा तो वही कनछेदी मिल गया। पूछने लगा—कैसी लगी राजमाता?

कबीर ने कहा—बहुत अच्छी हैं। सब जय और विलास है। इन्दिरा गाँधी से अपने को बड़ा मानती हैं। बात वही है कि तेरे बक्से में पाँच साड़ी तो मेरे बक्से में आठ साड़ी।

राजनारायणसिंह से भेंट

कबीर घबड़ा उठा। मैंने कनछेदी से कहा—अरे कनछेदी, गजब हो गया। राजनारायणसिंह की चिठ्ठी आयी है। लिखा है—क्यों बे कबीर के बच्चे, तू सबसे मिल रहा है, पर अभी तक मेरे पास क्यों नहीं आया? तू भी काशी का और मैं भी काशी का और तू काशीवाले राजनारायण से नहीं मिला। 7-8 दिन में मैं ही तेरे घर आता हूँ। या तो तुझे पीटूँगा या तेरे दरवाजे पर अनशन कर दूँगा।

कनछेदी ने कहा—कबीरदास, पहली गाड़ी से जाओ। अगर वह यहाँ आ गया तो पता नहीं इस मुहल्ले का क्या होगा! वह इस किस्म का आदमी है कि—उलट-पलट लंका सब जारी।

कबीर काशी पहुँचा और राजनारायण का दरवाजा खटखटाया तो भीतर से आवाज आयी—ठहर न बे! हम दण्ड पेल रहे हैं।

कबीर बाहर बैठा रहा। थोड़ी देर बाद दरवाजा खुला और राजनारायण ने कहा—अब आओ। वे पसीने से लथपथ थे।

मैंने कहा—मैं कबीरदास हूँ। आपकी चिट्ठी मिली तो एकदम भागा चला आया। पर आपने इतनी कठोर और क्रोधभरी चिट्ठी मुझे क्यों लिखी?

राजनारायण ने कहा—जब वह चिट्ठी लिखी, तब मेरा 'मूड' बहुत खराब था। उस दिन संसद में इस इन्दिरा के बिगड़ैल बेटों ने मुझे बोलने नहीं दिया था। बार-बार 'हूट' करते थे। गुस्से में था, इसलिए वैसी चिट्ठी लिख दी होगी।

मैंने कहा—आप हिन्दीभक्त हैं, मगर 'मूड' और 'हूट' अँगरेजी शब्द बोलते हैं।

राजनारायण ने कहा—इस रानी इन्दिरा के रहते हिन्दी कहाँ पनप सकती है? मगर डॉक्टर साहब (डॉ. लोहिया) भी 'रिपोर्ट' की हिन्दी 'रपट' बना लेते थे।

मैंने कहा—तभी आप लोग रपट गये। पार्टी के हिस्से हो गये। आप लोकदल में चले गये। खैर, इस उम्र में भी आप इतने दण्ड पेलते हैं?

राजनारायण ने कहा—दण्ड पेले बिना संसदीय कर्म कैसे होगा? अभी तो मुझे शीर्षासन करना है।

और वे शीर्षासन करने लगे।

निपटे तो बोले—शीर्षासन का राजनीतिक फायदा यह है कि इसमें हर चीज उलटी दिखती है। और सफल राजनीति के लिए चीजें उलटी दिखना जरूरी हैं।

कबीर ने कहा—तो आपकी राजनीति यही है कि सीधी चीजें उलटी दिखें?

राजनारायण ने कहा—और क्या? सीधा ही दिखे तो राजनीति क्या हुई?

जब कभी लिमये या जॉर्ज सीधा देखने लगते, मैं डाँट देता—ए, उलटा देखो, वरना पार्टी से निकल जाओ।

वे बाथरूम गये। लौटे तो थाली में जलेबियाँ ले आये। खाने बैठे तो पूछा—कबीर, जलेबी खाओगे !

मैंने कहा—नहीं, आप खाइए !

राजनारायण ने क्रोध से कहा—अबे खा साधु, नहीं तो एक झापड़ा मार दूंगा ! सिर्फ तीन जलेबी लेना, वरना मेरी खूराक कम पड़ जायगी।

कबीर ने तीन जलेबियाँ लीं और घबड़ाकर निगल गया।

जलेबी खाकर राजनारायण भीतर गये और दूध का लोटा ले आये। भाप निकल रही थी। वे पीने को हुए तो मैंने कहा—भाप निकल रही है। थोड़ा ठण्डा कर लीजिए।

राजनारायण ने कहा—कुनकुना दूध कायर पीते हैं। उनकी राजनीति कुनकुनी होती है। डॉक्टर साहब उबलती हुई राजनीति पीते थे, मैं उबलता हुआ दूध पीता हूँ। साधु, तुम आसन, ध्यान, योग वगैरह करते हो ?

कबीर ने कहा—नहीं करता। अपना तो यह है कि—

साधो, सहज समाधि भली,
जहँ-जहँ डोलों सोइ परिकरमा,
जो-जो करौं सो सेवा,
जब सोवौं तब करौं दण्डवत,
पूजौं और न देवा।

राजनारायण ने कहा—अरे, काशी में रहकर यह सब नहीं किया ? तभी तो 'द्विज' तुमसे नफरत करते थे।

कबीर ने कहा—हाँ यह सही है पर मैंने भी तो द्विजों की चमड़ी उधेड़ी है।

राजनारायण ने कहा—और यही मैं भी करता हूँ। द्विजों की चमड़ी उधेड़ता हूँ। डॉक्टर साहब 'वर्ण संघर्ष' पर बड़ा जोर देते थे, पर पता नहीं जोशी-फोशी जैसे 'द्विज' पार्टी में कैसे आ गये ?

कबीर ने कहा—तुम तो डॉक्टर लोहिया को बात-बात में इस तरह याद करते हो, जैसे कोई विधवा भावुक होकर कहती है—वे कहते थे कि बिब्बो, तुम्हें नीली साड़ी बहुत अच्छी लगती है।

राजनारायण ने कहा—अपनी प्रकृति के अनुसार कबीर तुमने उदाहरण ऊटपटाँग दे दिया। पर सच है कि डॉक्टर साहब राम थे, और मैं उनका हनुमान था। एक बार लिमये से उनके कुछ मतभेद हो गये, तो मैंने उन्हें लिखा कि मैं लिमये को ठीक कर दूंगा। ऐसा हमारा सम्बन्ध था। तुम ठीक कहते हो, तुमने अपने को 'राम की बहुरिया' कहा है, हम डॉक्टर साहब की बहुरिया थे। रुको, तुम्हें चाय पिलाता हूँ।

उन्होंने चाय बुलवायी। मेरे लिए कप-बसी में और अपने लिए केतली में। मैं चाय पीने लगा, पर देखता क्या हूँ कि केतली की टोंटी नाक में लगाकर वे नाक से गरम चाय पी गये।

मैंने कहा—कमाल है! गर्म चाय नाक से पीते हो!

राजनारायण ने कहा—और नहीं तो क्या? चाय ठण्डी करके मुँह से पीऊँ तो मेरा नाम राजनारायणसिंह कैसे होगा? और समाजवादी क्रान्ति कैसे आयेगी? अरे साधु, समाजवाद फूंक-फूंककर नहीं पिया जाता। वह उबलता हुआ उँड़ेला जाता है।

इतने में एक आदमी कोई शिकायत लेकर आया। राजनारायण ने शिकायत सुनी और गुस्से में कहा—मुझसे क्यों शिकायत करते हो? जाओ अपनी उसी दिल्लीवाली रानी के पास। वोट उसे दोगे, प्रधानमन्त्री उसे बनाओगे और शिकायत मुझसे करोगे! जाओ, पहले उससे इस्तीफा दिलाओ, तब मुझसे बात करो।

राजनारायण ने एक फूहड़ शब्द भी कहा था, जो छपाने लायक नहीं है।

वह आदमी भाग खड़ा हो गया।

मैंने कहा—जन-समस्याओं का हल क्या आप इसी तरह करते हैं?

राजनारायण ने कहा—हाँ, ये हरामजादे वोट तो उसे देंगे और अपनी तकलीफ राजनारायण से कहेंगे।

कबीर ने पूछा—प्रधानमन्त्री से आप लोग इतना क्यों चिढ़ते हैं?

राजनारायण ने कहा—यह नेहरू खानदान है। इस नेहरू खानदान ने देश का नाश कर दिया।

कबीर ने पूछा—मोतीलाल नेहरू ने भी?

राजनारायण ने कहा—मोतीलाल नहीं, मोतीलाल के परदादों ने भी। यह खानदान ही विनाशकारी है। जब तक यह खानदान राजनीति में है, तब तक देश का नाश होता रहेगा। डॉक्टर साहब कहते थे कि इस जवाहरलाल नेहरू ने हमारी क्रान्तिकारिता को मार डाला।

कबीर ने कहा—पर क्रान्तिकारिता एक क्या, सौ नेहरुओं से नहीं मरती।

राजनारायण ने कहा—तभी तो राजनारायण अभी भी चौबीसों घन्टे क्रान्तिकारी है। बताऊँ?

और वे उचककर अलमारी पर चढ़ गये और टेबल पर कूद पड़े। कहा—देखा, ये है लगातार क्रान्ति!

कबीर ने पूछा—संसदीय जीवन आपका कैसा है?

राजनारायण ने कहा—अरे, मेरा संसदीय जीवन बहुत पुराना है। मेरी तारीफ ब्रिटेन के प्रधानमन्त्री एटली ने भी की थी। मैं तब उत्तरप्रदेश विधान सभा का सदस्य था। एटली विधान सभा की कार्यवाही देख रहे थे। मैं पूरे 'मूड' में था—'संसदीय' 'मूड' में। मैं कुर्सी के ऊपर खड़ा हो गया और चिल्लाने लगा। अध्यक्ष ने कहा—बाहर निकल जाओ तो मैं कुर्सी के नीचे घुस गया। अब विधान

सभा के गार्ड मुझे बाहर निकालने की कोशिश कर रहे हैं और मैं निकल नहीं रहा हूँ। बड़ा मजा आया ! बाद में एटली ने तारीफ़ की। नेहरू से कहा—आपकी विधान सभा तो बड़ी जीवन्त है। हमारी संसद के अधिवेशन बड़े नीरस होते हैं।

कबीर ने पूछा—आप समझते हैं यह तारीफ थी ?

राजनारायण ने कहा—और नहीं तो क्या था ?

मैंने कहा—अरे पहलवान, यह व्यंग्य था, मजाक था कि हमारी संसद में गम्भीर विचार होते हैं और तुम्हारे यहाँ हुल्लड़ !

राजनारायण ने कहा—तुम मूर्ख हो ! कुछ नहीं समझते। वह मेरी तारीफ थी, इसीलिए अपने इस संसदीय कार्य को मैं चालू रखे हुए हूँ। अध्यक्ष कहता है, बैठ जाओ। मैं नहीं बैठता। अध्यक्ष कहता है—निकल जाओ, मैं नहीं निकलता और कुर्सी के नीचे घुस जाता हूँ।

कबीर ने पूछा—क्या तुम संसद की कार्यसूची पढ़ते हो ? संसद में उठनेवाले विषयों का अध्ययन करते हो ?

राजनारायण ने कहा—यह सब वे बुद्धू लिमये और जॉर्ज करते हैं। बैठे हैं। पढ़ रहे हैं। सोच रहे हैं। अपना यह है कि दण्ड पेले, जलेबी खायी, दूध पिया और संसद में पहुँच गये, और जो भी विषय उठा, उसी पर चिल्लाने लगे। मेरे फेफड़े बहुत ताकतवर हैं। विश्य से अपने को मतलब नहीं। विषय चाहे जो भी हो, हमें तो हंगामा करना है।

कबीर ने कहा—पर संसद की मर्यादा होती है।

राजनारायण ने कहा—काहे की मर्यादा ? जब तक वह मलिका सिंहासन पर बैठी है, तब तक कोई मर्यादा रह नहीं सकती।

कबीर ने कहा—पर राजनारायण, तुम्हें, तुम्हारे गुट और तुम्हारे समाजवाद को वह चौधरी चरणसिंह लील गया।

राजनारायण ने कहा—भई, बात यह है कबीर, कि उसके पास जाट नेता बहुत हैं। और हमें बनाना है इन्दिरा विरोधी मोर्चा। तो हम उसी के साथ हो गये। पर जिस दिन चाहूँगा, उस चौधरी को पछाड़कर नेता हो जाऊँगा।

मैंने पूछा—तुम्हारा कैसा समाजवाद है ?

राजनारायण ने कहा—इन्दिरा का विरोध करना ही समाजवाद है।

मैंने कहा—पर इन्दिरा अपने को और अपनी पार्टी को समाजवादी कहती है।

राजनारायण ने कहा—खाक समाजवादी हैं ! डॉक्टर साहब कहते थे कि जब तक यह जवाहरलाल नेहरू है, तब तक समाजवाद नहीं आ सकता। नेहरू गये तो यह मलिका आ गयी। जब तक नेहरू खानदान है, तब तक समाजवाद आ ही नहीं सकता।

कबीर ने पूछा—अगर लिमये प्रधानमन्त्री हो जायें तो तुम क्या करोगे ?

राजनारायण ने कहा—तब भी मैं विरोध करूँगा। नारा लगाऊँगा—लिमये-परिवार ने देश का नाश कर दिया। मैं हमेशा विरोध करूँगा।

मैंने पूछा—तुमने कार्ल मार्क्स पढ़ा है?

राजनारायण ने कहा—नहीं पढ़ा। क्यों पढ़ें? डॉक्टर साहब तो थे।

मैंने पूछा—डॉक्टर लोहिया ने जो लिखा है, वह पढ़ा है?

वे बोले—वह भी नहीं पढ़ा। जब डॉक्टर साहब हमारे साथ थे तब उनका लिखा क्यों पढ़ें? अभी तुमने कार्ल मार्क्स की बात की। ये कम्युनिस्ट कार्ल मार्क्स को गुरु मानते हैं। ये बदमाश कांग्रेस में घुस गये हैं। बाहर से उनकी पार्टी और भीतर से ये घुस-पैठिये उस रानी का दिमाग खराब कर रहे हैं। उसे गलत रास्ते पर चलाते हैं।

मैंने पूछा—जयप्रकाश नारायण का आन्दोलन कैसा है?

वे बोले—बहुत अच्छा है। मैं तो उनका समर्थक हूँ।

मैंने पूछा—क्या इसलिए कि वे क्रान्ति लाना चाहते हैं?

वे बोले—नहीं, इसलिए कि जयप्रकाश इन्दिरा गाँधी को तंग कर रहे हैं। हमें तो इस सुरसा को खत्म करना है, राजनीति से। और यह मैं ही करूँगा—

जस-जस सुरसा वदन बढ़ावा,
तासु दुगुन कपि रूप दिखावा।

मैंने पूछा—अभी क्या कार्यक्रम है?

—बस संसद का सत्र खत्म होते ही विश्वविद्यालय के फाटक पर अनशन शुरू कर दूंगा। उधर हमारी यूनियन है।

—अब चलूं। संसद में आज मेरा हुल्लड़ का प्रोग्राम है—जय बजरंगबली—तोड़ दुश्मन की नली!

मैंने कहा—यह जरूरी थोड़े ही है कि प्रश्न के घण्टे में ही हुल्लड़ का संसदीय कार्य करो। दिन-भर पड़ा है।

राजनारायण ने कहा—हाँ, सो तो ठीक है। एक बात कहना भूल गया। तुम भी काशी के, तुलसीदास भी काशी के, भारतेन्दु भी काशी के और मैं भी काशी का हो गया। फिर भारत की राजधानी काशी क्यों न हो? मैं संसद में इस बारे में एक बिल लाऊँगा कि भारत की राजधानी काशी हो। तुम्हारा गालिब से अच्छा स्मारक बनवाऊँगा।

कबीर ने कहा—बिल तो लोकसभा में आता है और तुम हो राज्य-सभा में।

वे बोले—हाँ, यह कठिनाई है। ख़ैर, आगे देखा जायेगा। पर एक बात कहता हूँ। भारतेन्दु ने कहा था—प्यारे हरिचन्द की कहानी रह जायगी। मैं कहता हूँ—प्यारे राजनारायण की कहानी रह जायगी!

कबीर ने बिदा ली।

लौटा तो कनछेदी ने पूछा—मिल आये ?

मैंने कहा—मिल आया।

कनछेदी ने कहा—साधु, तुमने मुहल्ले का बड़ा भला किया।

डाक्टरों से भेंट

कबीरदास राजनेताओं से मिलता था, मजे की बातें होती थीं। राजनारायणसिंह से मिलने का मजा गया नहां था। सोच रहा था कि गुजरात जाऊँ या बिहार जाऊँ, पर एक गैर-राजनैतिक काम में फँस गया—मानवीय काम में। इसका यह मतलब नहीं कि राजनीति अमानवीय होती है, पर यह एक व्यक्तिगत काम आ गया।

मैं बाहर निकला, तो कनछेदी बरामदे में बैठा दिख गया। कबीर ने पूछा—कहो कनछेदी, क्या कर रहे हो ?

कनछेदी ने कहा—कुछ नहीं, आसमान में मानसून की राह देख रहे हैं और फिर छत को देखते हैं। मानसून अच्छा आये, तो किसान से लेकर कृषिमन्त्री तक खुश होते हैं पर मेरा दिल बैठने लगता है। सारा घर टपकता है। हर बरसात में लगता है कि अब घर की जगह झील बन जायेगी।

मैंने कहा—तो मरम्मत कराओ।

कनछेदी ने कहा—मरम्मत तो कराता हूँ, पर छत हो तो उसकी मरम्मत हो। यह जो हैं, छत दिखती है, पर छत है नहीं। एक छेद ढाँको तो दूसरा खुल जाता है—जैसे सरकार एक पोल ढाँकती है, तो दो नयी खुल जाती हैं। देखो, तुम्हारी ही झीनी-बीनी चदरिया है, अगर वह फटकर तार-तार हो जाये, तो पैबन्द कहाँ लगाओगे ?

कबीर ने कहा—सो तो ठीक है, कनछेदी ! इस देश की चादर भी तार-तार हो गयी है। देश के भाग्य-विधाता चादर बदलना नहीं चाहते। उसी तार-तार चादर में पैबन्द लगाने की कोशिश करते हैं। खैर, तुम दूसरा मकान ले लो।

कनछेदी ने कहा—साधु, तुम होगे ज्ञानी, पर दुनियादारी नहीं समझते। सस्ते अच्छे मकान सरकारी नौकरों को मिल जाते हैं। वे 'रेन्ट कन्ट्रोल' में आते हैं। नये मकान का किराया अपने बस का नहीं। एक नये मकानवाले से पूछा तो उसने कहा—यह मकान तुम्हारे लिए नहीं है, सरकार के लिए है। तुम हद से हद सौ रुपये दोगे, पर सरकार किसी दफ्तर के लिए पाँच सौ में ले लेगी। सरकार की तरफ से कोई मोलभाव नहीं करता, क्योंकि किराया अफसर की जेब से नहीं जाता। खैर, इस बरसात में मकान गिर जाये और मैं दबकर मर जाऊँ, तो यहाँ तुम 'कनछेदी स्मारक' बनवा देना। जीते जी जो नहीं मिला, उसे मरकर

ले लूँगा। पर तुम कहाँ जा रहे हो ?

मैंने कहा—कनछेदी, अपने अखाड़े का यह भगत है न, रामदास, उसके इलाज का इन्तजाम कराने जा रहा हूँ। उसके पेट में जोर का दर्द उठा और सुना, वह अस्पताल में भर्ती हो गया है।

कनछेदी ने कहा—गोया डाक्टरों के चक्कर में पड़ गये ! अरे, रोग से आदमी बच जाता है, पर डाक्टरों से नहीं बचता। इधर एक बड़ा डाक्टर है। पिछले साल मेरे चचेरे भाई बीमार पड़े। उस डाक्टर को बुलाया। जब तक डाक्टर पहुँचे, भाई मर चुका था, पर डाक्टर ने उस मुर्दे को ही एक इन्जेक्शन दे दिया और 35/- ले लिये। खैर, जाओ। साधु समझकर शायद कुछ दया कर दें।

कबीर अस्पताल पहुँचा, तो देखा रामदास वार्ड के सामने एक झाड़ की छाया में पड़ा कराह रहा है। मेरा खयाल था, वह भरती कर लिया गया होगा। मैंने पूछा—क्यों रामदास, वार्ड में भरती नहीं हुए ?

रामदास ने कहा—भरती करते ही नहीं हैं। कहते हैं, बेड खाली नहीं है। मेरा तो पेट फटा जा रहा है।

मैं वार्ड में गया। देखा, सात-आठ बेड खाली हैं। कबीर भरती करनेवाले डाक्टर के कमरे में पहुँचा। वहाँ दरवाजे पर एक चपरासी बैठा बीड़ी पी रहा था। उसने मुझे भीतर जाने से रोका। मैंने झट झोले में से गाँजा निकाला और उसे देते हुए कहा—क्या कोरी बीड़ी पी रहे हो ! यह लो गाँजा ! थोड़ा गीला करके मलकर बीड़ी में भर लो और कश खींचकर बोलो—लेना हो शंकर !

उसने कहा—वाह महात्मा, क्या परसाद दिया है ! कल से ये खतम हो गया था। जाओ, भीतर जाओ, साधु महाराज !

वह गाँजा मलने में लग गया। मैं भीतर घुस गया। डाक्टर नीचा माथा किये, अपने आप कह रहे थे—क्या डल सीजन है ! साला 'हैल्दी सीजन' चल रहा है। प्रैक्टिस आधी रह गयी है।

डाक्टर साहब ने सिर उठाकर मुझे देखा और गुस्से से कहा—कौन हो जी ? किसने आने दिया ? हर कोई साधु, भिखमंगा चला आता है ! क्या काम है ?

मैंने कहा—एक रामदास नाम का आदमी झाड़ के नीचे पड़ा है। उसे भरती कर लीजिए न !

डाक्टर ने कहा—बेड खाली नहीं है।

मैंने कहा—मैं खुद देखकर आ रहा हूँ कि सात-आठ बेड खाली हैं।

डाक्टर ने खीजकर कहा—होंगे खाली ! पर जब वे बेड उसे लेते नहीं हैं, तो मैं क्या करूँ ? जिस बेड पर डालो, वही उछालकर फेंक देता है। जाओ, तुम्हीं किसी बेड को मना लो !

मैंने पूछा—मरीज आप तय करते हैं या बेड ?

डाक्टर ने कहा—बेड तय करता है। क्या करता है, यह तुम्हारा मरीज ?

मैंने कहा—गरीब आदमी है। थोड़ी-सी खेती है।

डाक्टर ने कहा—गरीब है तो घर पर क्यों नहीं मरता ? इधर मरने क्यों आया ? वह भरती नहीं होगा।

कबीर को क्रोध आ गया। मैंने कहा—मैं आपकी रिपोर्ट करूँगा।

डाक्टर ने कहा—किससे रिपोर्ट करोगे ? इस दुनिया में तो कोई सुननेवाला नहीं है ! तुम्हारी तो भगवान ही सुनता है, पर भगवान को मैंने अभी ताकत के इन्जेक्शन दिये हैं। और पिछले साल जब शंकर को 'टाइफाइड' हुआ था, तब मैंने ही उन्हें 'क्लोरोमाइसटीन' दी थी। तुम्हारी सुनेगा कौन ? निकल जाओ यहाँ से।

कबीर बदहवास कमरे से बाहर निकला।

तब वही चपरासी जो गाँजा फूंक चुका था, मिला। उसने कहा—गुरु, ऐसे काम नहीं होगा। डाक्टर साहब के बँगले जाओ—और कुछ 'कलदार' टेंट में लेकर जाओ, तब बेड खाली होगा।

मैंने रामदास से कहा—थोड़ा धीरज रखो। शाम तक सब ठीक हो जायेगा।

मैं बड़ा दुखी लौटा। तभी कनछेदी आ गया। पूछने लगा—कहो, कैसा है रामदास ?

मैंने कहा—झाड़ के नीचे पड़ा तड़प रहा है। भरती नहीं किया गया।

कनछेदी ने कहा—तुमने ऊपर रिपोर्ट क्यों नहीं की ?

मैंने कहा—रिपोर्ट किससे करता ? सबसे ऊपर तो भगवान है, पर डाक्टर कहता है कि भगवान खुद मुझसे ताकत के इन्जेक्शन लेते हैं।

कनछेदी खूब हँसा। कहने लगा—भगवान को भी ताकत के इन्जेक्शन लगते हैं ? वाह रे भगवान ! देखो कबीर, कल जब अस्पताल जाओ तो रामदास के कफन-दफन का इन्तजाम करके जाना। हमेशा इस तैयारी से अस्पताल जाना चाहिए।

मैंने कहा—नहीं कनछेदी, मैंने आशा नहीं छोड़ी है। शाम को डाक्टर से बँगले पर मिलूँगा। भगवान से ऊपर भी एक सत्ता है।

—तुम्हारे पास सौ रुपये होंगे ?

कनछेदी ने कहा—दो सौ ले जाओ, पर उस गरीब रामदास को बचाओ।

शाम को कबीर बड़े डाक्टर के बँगले पहुँचा। बँगले के फाटक पर एक तख्ती लगी थी—'कुत्ते से सावधान !' मेरा खयाल था, इस बँगले में आदमी रहता है ! पर मैं घुस गया। कुत्ता भयंकर था, पर एक बार गुर्राकर शान्त हो गया। यह ज्यादा समझदार निकला।

डाक्टर के कमरे में घुसा। उनके सामने फार्मों की एक थप्पी लगी थी। वह उन्हें देखकर दस्तखत करते जा रहे थे।

मुझे देखकर भड़क पड़े—तुम फिर आ गये भिखमंगे ! मैंने कह दिया न कि वह तुम्हारा रामदास भरती नहीं होगा।

मैंने जेब से पचास रुपये निकालकर रख दिये। कहा—यह बात करने की फीस है। ये जो फार्म हैं, काहे के हैं ?

डाक्टर ने कहा—ये 'रिइम्बर्समैन्ट' के फार्म हैं। तुम इस कठिन काम को क्या समझोगे ?

मैंने कहा—समझता हूँ। सरकारी नौकरों और उनके परिवार के इलाज के बिलों पर आप दस्तखत कर रहे हैं। मैंने ऐसे सरकारी नौकर भी देखे हैं, जिनके बीवी-बच्चे सब लगातार हर महीने बीमार रहते हैं। पता नहीं, ये मरते क्यों नहीं ! यह आपके इलाज की कृपा है कि परिवार बीमार पड़ा है, दवा केमिस्ट की अलमारी में है, डाक्टर घर बैठा है—बस सिर्फ बिल बन रहे हैं। इसी दवा से लोग स्वस्थ हो जाते हैं। यह तो विज्ञान नहीं, जादू है !

अब डाक्टर चौंका। बोला—तुम कौन हो जी ? क्या तुम सी. बी. आई. के आदमी हो ?

मैंने कहा—हुजूर, मैं जानता ही नहीं कि सी. बी. आई. क्या है ! मैं तो भीख माँगनेवाला हूँ। भीख माँगकर पचास आपको दिये। पर मैं यह मानता हूँ कि आपके ऊपर इन फार्मों का ही इतना बोझ है कि इलाज करने या मरीज की तरफ ध्यान देने का आपको समय नहीं मिलता। आप सचमुच दया के पात्र हैं। आप पर इन्कमटैक्स चोरी का मुकदमा चल रहा है और वह फौजदारी भी है। जमानत का इन्तजाम तो कर लिया होगा, वरना मैं भीख माँगकर जमानत ले लूंगा। आप देवता हैं।

डाक्टर घबड़ाया। उसने मुझे पचास रुपये वापस किये। फिर भीतर गया और पाँच सौ रुपये लाया। मुझे देकर कहा—यह और लो। मैं सब समझ गया। कल रामदास की भरती कर लूंगा। बाकी कृपा बनाये रखना। पर आपका 'रैंक ?' पद ?

कबीर ने कहा—सुपरिन्टेन्डेण्ट स्पेशल ब्राँच।

डाक्टर ने कहा—अरे बाप रे ! आप जाइए ! ज़रा मेरे कुत्ते से बचकर जाइए।

मैंने कहा—कुत्ता आपसे ज्यादा समझदार है। उसने मुझे छेड़ा ही नहीं। कुत्ते भी तरह-तरह के होते हैं।

लौटकर कबीर ने कनछेदी से कहा—लो अपने दो सौ। ऊपर से डाक्टर के दिये पाँच सौ मेरे पास हैं।

कनछेदी ने पूछा—डाक्टर ने तुम्हें रुपये क्यों दिये ?

मैंने कहा—कनछेदी, हर चादर मैली है। पहले मूरख मैली करता था, अब

बुद्धिमान मैली करता है। डाक्टर समझा कि मैं सी. बी. आई. का आदमी हूँ और उनके हिसाब की जाँच करने आया हूँ।

खैर, दूसरे दिन रामदास भरती हो गया।

मैंने उसके वार्ड के डाक्टर से कहा—इसके पेट का एक्स-रे करा दीजिए।

उसने कहा—तुम क्या डाक्टर हो? आ गये एक्स-रे कराने! एक्स-रे मशीन इन्कार कर रही है। जाओ मनाओ उसे!

कबीर गया और एक्स-रे मशीन के चरणों पर पचास रुपये रखकर कहा—हे देवि, तू मान जा। यह तेरी भेंट है। अब तू गरीब रामदास की फोटो उतार दे।

मशीन खुश हो गयी। रामदास का एक्स-रे हो गया।

मैंने पूछा—डाक्टर साहब, क्या मशीनों में विल पावर (इच्छा-शक्ति) होती है?

वह मेरी तरफ देखने लगा। मैंने कहा—जवाब दीजिए।

उसने कहा—तुम हो कौन जो इस तरह की बातें करते हो? तुम कहीं···

मैंने कहा—यों ही गँवार हूँ, पर एक बात तो बताइए—इन्कम टैक्स में तो आप नहीं फँसे हैं?

उसने कहा—तुम्हें मतलब?

मैंने कहा—कोई मतलब नहीं।

डाक्टर थोड़ी देर एक कोने में खड़ा सोचता रहा। फिर आकर मुझे पचास रुपये वापस किये और कहा—ये ले जाओ। तुम शायद 'वो' हो।

अब रामदास का इलाज ठीक चलने लगा।

पर एक दिन रामदास को बेहद दर्द होने लगा। मैंने एक डाक्टर से कहा, तो उसने जवाब दिया—वह डाक्टर प्रसाद का पेशेन्ट है, मैं नहीं देखूंगा।

मैंने कहा—अगर वह मर रहा हो तो?

उसने कहा—तो मर जाये। डाक्टर प्रसाद का केस है, वही बदनाम होगा।

किसी तरह रामदास ठीक हो गया। तब मैंने डाक्टरों से कहा—मैं कबीरदास हूँ—सन्त कवि!

वे चौंके—अरे वही सन्त कबीर—'घूंघट के पट खोल रे, तोहे पिया मिलेंगे' वाले!

मैंने कहा—हाँ वही। पर तुम्हारे घूंघट के पट कब खुलेंगे?

रामदास घर लौट गया।

कनछेदी ने कहा—कहो कबीरदास, अब क्या सोचते हो?

मैंने कहा—सोचता क्या हूँ! गालिब को याद करता हूँ—

पड़ जाइए बीमार तो कोई न हो तीमारदार,
और जो मर जाइए तो नौहःख्वाँ कोई न हो।

कनछेदी भी काइयाँ है। कहने लगा—यह कैसा रहेगा—

लायी हयात, आये, कजा ले चली चले,
न अपना खुशी आये थे, न अपनी खुशी चले।

कबीर ने कहा—अच्छी बात है, कनछेदी! अच्छा, 'गुड मार्न, डाक!'

कनछेदी ने कहा—यह 'गुड मार्न डाक' क्या है जी?

मैंने कहा—कनछेदी इसका मतलब है—गुड मार्निंग डाक्टर! एक-दूसरे से सब ऐसा ही अभिवादन करते हैं। यह अँगरेजों के जमाने से चला आ रहा है। अभी हिन्दी-वीरों का ध्यान इस तरफ नहीं गया।

कनछेदी उठा। बोला—अच्छा, गुड मार्न डाक!

मैंने कहा—कनछेदी, फिर तुम गलती कर गये। जाते वक्त यह नहीं कहा जाता।

चन्दाराम से भेंट

कबीर राजनीतिवालों से मिलते-मिलते ऊब उठे थे। वे लोग भी कबीर से परेशान हो गये थे।

सोचा, इस महीने कबीर भी राहत लें और नेताओं को भी लेने दें!

कबीर के कान में खबर आयी कि बाबू चन्दाराम फिर बहुत सक्रिय हो गये हैं। वे इस नगर के रत्न हैं। सोचा—दौड़-धूप बन्द करें। चलो चन्दाराम से ही मिल लें।

बाहर निकला तो कनछेदी बरामदे में बैठा दिखा। मैंने कहा—कहो कनछेदी, क्या कर रहे हो?

कनछेदी ने कहा—कुछ नहीं। अखबार पढ़कर निपटे हैं। भई, ये तुम्हारे अखबारवाले भी कमाल करते हैं। अखबार खोलो तो ये समाचार पढ़ने को मिलते हैं—बलात्कार, अपहरण, अवैध शराब, सट्टा और जुआ। इस देश में क्या सिर्फ इतने ही काम होते हैं? और विज्ञापन देखो तो ये—कीमती कपड़ों के, सौन्दर्य-सामग्री के और ताकत की दवा के। याने इस देश का आदमी अच्छे कपड़े पहनता है, सौन्दर्य का लेप करता है और ताकत की दवा खाता है!

मैंने कहा—कनछेदी, अखबारवाले वही परोसते हैं जो पाठक खाना चाहते हैं।

कनछेदी ने पूछा—खैर, ठीक है। पर सन्त तुम कहाँ चले? आज तुम्हारे हाथ में अटैची नहीं है।

मैंने कहा—कनछेदी, आज 'लोकल' मामला है। दौड़-धूप करते और लोगों

से ऊब-सा गया हूँ।

कनछेदी ने कहा—लोगों से नहीं उलझोगे, तो तुम्हारी तबीयत बिगड़ जायगी। 'लोकल' भेंट आज किससे है ?

मैंने कहा—चन्दाराम से।

कनछेदी ने कहा—चन्दगीराम से ? पहलवान से ?

मैंने कहा—चन्दगीराम से नहीं, चन्दाराम से—उनसे जो चन्दा करने के लिए शहर में मशहूर हैं।

कनछेदी ने कहा—अरे वे ! चन्दाराम नहीं, चन्दादास हैं। चन्दे के दास !

मैंने कहा—मैं उन्हें चन्दाराम इसलिए कहता हूँ कि चन्दा उनके लिए राम है। मैं तो 'राम की बहुरिया' हूँ पर वे चन्दे की बहुरिया हैं।

कनछेदी ने कहा—जरूर मिलो उनसे। अच्छा 'सीजन' चल रहा होगा, तो तुम्हें भी कुछ मिल जायगा।

कबीर उनका पीछा करता उनके घर पहुँच गया—वे शहर का एक हिस्सा निपटाकर लौटे थे। बरामदे में बैठे हुए पसीना पोंछ रहे थे। उनके आसपास 5-6 चन्दासेवक थे।

मैंने कहा—कहिए, चन्दारामजी क्या हाल हैं ?

चन्दाराम उठे। बोले—आइए, आइए, कबीरदासजी ! पर आपने आते ही मुझे 'चन्दाराम' क्यों कह दिया ? मेरा नाम सेवकराम 'सेवक' है।

मैंने कहा—गुण और कर्म से नाम देता हूँ। आप एक श्रेष्ठ चन्दा उगाहू हैं, इसलिए आप 'चन्दाराम' हैं। आप को 'राम' से एतराज होगा, पर जब तोते को 'तोताराम' कह देते हैं, तो आपको 'चन्दाराम' कहने में क्या हर्ज है ?

उनके चेले उठे। बोले—सेवकजी, अब हम लोग चलें। तिलकवार्ड 'कवर' करना है।

चन्दारामजी ने कहा—हाँ, आप लोग आराम कीजिए। मैं सद्‌गुरु कबीरदास से बात कर लूँ। सद्‌गुरु हैं, शायद कोई नया गुर सीखने को मिल जाय।

वे चले गये तब कबीर ने पूछा—चन्दारामजी···

चन्दारामजी ने टोका—मेरी एक प्रार्थना तो आप पहले मानिए। मुझे चन्दाराम मत कहिए, आपकी वाणी एकदम फैल जाती है। यदि यही बात फैल गयी कि आप मुझे चन्दाराम कहते हैं तो मेरी हँसी होगी, बदनामी होगी और चन्दा पाने में कठिनाई होगी।

कबीर ने कहा—अच्छा मैं भी आपको सेवकजी कहूँगा। चन्दाराम कहने से धन्धाराम को नुकसान होगा।

सेवकजी चुप रहे।

तब कबीर ने ही कहा—इतनी गर्म दोपहर ! आपका पसीना अभी भी नहीं सूखा है। जाकर नहा आइए।

सेवकजी ने कहा—नहाऊँगा नहीं। नहाने से पसीना धुल जायगा। अभी 5

बजे से फिर इसी काम से निकलना है। तब लोगों को पसीने की बदबू आयेगी और वे मान जायेंगे कि मैं पुण्य कार्य के लिए बड़ी मेहनत कर रहा हूँ— और खुशी से चन्दा दे देंगे।

कबीर ने पूछा—पर इतनी मेहनत क्यों करते हैं ?

सेवकजी ने जवाब दिया—समाज के लिए। समाज को मेरी जरूरत है। कपड़े धोने के लिए समाज को धोबी की जरूरत है, बाल कटाने के लिए नाई की जरूरत है, तो चन्दे के लिए भी मुझ जैसे आदमी की जरूरत है। जैसे सब लोग कुशलता से बाल नहीं काट सकते, वैसे ही सब लोग चन्दा वसूल नहीं कर सकते।

मैंने कहा—समाज को जेब कटवाने के लिए जेबकतरे की भी जरूरत है। तो जेबकतरा भी सामाजिक आवश्यकता और आप भी सामाजिक आवश्यकता। दोनों में कोई फर्क हुआ क्या ?

सेवकजी अकचकाये। कहने लगे—आप कबीरदास हैं, आपको सबकुछ कहने का हक है। पर मैं चन्दावादी हूँ, क्या बुरा करता हूँ ?

मैंने कहा—कोई बुरा नहीं करते।

फिर मैंने पूछा—सेवकजी, आप किस काम के लिए चन्दा माँगते हैं।

सेवकजी ने कहा—हर काम के लिए ! अब कोई थैली भेंट करनी है। मैं फौरन निकल पड़ता हूँ, उसके लिए चन्दा माँगने।

मैंने पूछा—आप किस पार्टी के लिए चन्दा माँगते हैं ?

सेवकजी ने कहा—मैं सब पार्टियों के लिए चन्दा माँगता हूँ। मेरे में भेद-भाव नहीं है। मैं मानवतावादी हूँ !

कबीर ने पूछा—और किस-किस का चन्दा करते हैं ?

वे बोले—किसका नहीं करता ? दुर्गा-उत्सव है, गणेश-उत्सव है, कितने उत्सव हैं ! इन सबके लिए चन्दा करता हूँ। बांग्ला देश के लिए भी चन्दा मैंने किया था। कोई बात अपने आप न उठे, तो चेलों की सहायता से उठा देता हूँ। एक बार मैंने हल्ला कर दिया कि इस क्षेत्र में पाँच सौ साल पहले एक महाकवि रामधनदास हो गये हैं। वे हमारे गौरव थे। शर्म की बात है कि हम उन्हें भूल गये। उनकी स्मृति में एक समारोह करना है। बस, चन्दा करने निकल पड़े।

कबीर ने कहा—फिर किसी ने पूछा नहीं कि कहाँ है रामधनजी का काव्य ?

सेवकजी ने कहा—आम लोग नहीं पूछते। वे चन्दा देकर बरी हो जाते हैं। किसी ने पूछा तो पाँच-दस खुद ही जोड़कर बता दिये। मैं कवि भी हूँ न ! फिर कह दिया—दुर्भाग्य से उनका शेष काव्य काल के गाल में समा गया। लोग मान लेते हैं।

कबीर ने पूछा—कभी चूहे के लिए चन्दा किया है ?

सेवकजी ने कहा—क्यों नहीं ? मैं तो मक्खी के लिए भी चन्दा कर सकता हूँ। 5-6 साल पहले ही एक बड़ा चूहा मरा मिला। मैंने शोर किया—यह चूहा गणेशजी के वाहन का अवतार था। यह स्वर्ग सिधार गया। इसकी समाधि बनेगी

—लाओ चन्दा !

फकीर ने पूछा—आप कुछ काम भी करते हैं ?

सेवकजी ने कहा—यही काम क्या कम है ! इसी से फुरसत नहीं मिलती। दूसरा काम कर नहीं सकता।

कबीर ने पूछा—जब कोई जीविका नहीं है, तो परिवार का पालन कैसे होता है ?

सेवकजी ने कहा—देखो सन्त, इसी में से पालन होता है। मैं झूठ नहीं बोलता। हर काम में कमीशन मिलता है। मैं तो यह पवित्र काम करता हूँ, इसमें कमीशन मिलता है। मैं तो जिस पार्टी के लिए काम करता हूँ, उससे पहले तय कर लेता हूँ। अपना काम ईमान का है। फीसदी पहले ही तय कर लिया, जिसमें झंझट न हो पर इस दुनिया के लोग बड़े नीच हैं।

कबीर ने पूछा—सच बताइए, इस पुण्य कार्य में खतरे हैं कि नहीं ? कभी आपको खतरे उठाने पड़े ?

सेवकजी ने कहा—मानवसेवा में बहुत खतरे हैं। मेरा दो बार घिराव हो चुका है और तीन बार मैं पिट चुका हूँ। दो साल पहले ही मैंने एक सांस्कृतिक कार्यक्रम चन्दे से कराया था। कलाकारों के पारिश्रमिक का पैसा लेकर मैं इलाहाबाद की गाड़ी में बैठ ही रहा था कि 50-60 लोगों ने मुझे पकड़ लिया। कुछ चप्पलें पड़ीं; लोगों ने कहा—कलाकारों के पैसे लेकर भाग रहे हो !

मैंने भोलेपन से कहा—अरे हाँ, मैं तो भूल ही गया था। मेरा खयाल था कि चुकाने के लिए मैंने अपने सहायक को दे दिये हैं, पर जल्दबाजी में भूल गया। अच्छा हुआ कि आप लोग आ गये। मैंने उन्हें रुपये दिये और उन्हें विश्वास हो गया कि सेवकजी भूल गये थे।

मैंने पूछा—आजकल जो यह पसीना बहा रहे हैं, वह किसलिए ?

सेवकजी ने कहा—देवी का मन्दिर बनवाना है, उसी का चन्दा कर रहे हैं। ईश्वर चाहेगा, तो अगले जाड़ों से पहले मन्दिर बन जायेगा।

मैंने कहा—सेवकजी, आप बड़ा काम कर रहे हैं। अच्छा, अब मैं चलूँ।

सेवकजी ने कहा—बोलो, तुम्हारा मठ बनवा दूँ ?

मैंने कहा—कितने फीसदी पर ?

सेवकजी दाँत निपोरने लगे। बोले—नहीं-नहीं, मैं सन्तों से कुछ नहीं लेता।

मैंने कहा—और सन्त मुफ्त में अपना काम नहीं कराता। कम्बल-कम्बल में गाँठ नहीं बैठती, इसलिए मेरा मठ नहीं बनेगा। अच्छा, साधु चला।

लौटा तो वही कनछेदी मिला। पूछने लगा—कहो साधु, कैसा है चन्दादास !

मैंने कहा—अच्छा है, चन्दाराम। ईमानदार आदमी है। फीसदी कमीशन तय करके चन्दा कर देता है। वह तो मुझे ही फाँस रहा था कि आपका मठ बनवा दूँ, पर मठ नहीं बनेगा क्योंकि फीसदी तय नहीं हुआ।

एक अभिनन्दनी से भेंट

कबीर बाहर निकला तो अचरज में आ गया। वह कनछेदी जो बेकार बैठा रहता था, आज काम में लगा था। कुदाली से घर के सामने का चबूतरा तोड़ रहा था। पसीना-पसीना हो रहा था।

मैंने कहा—अरे कनछेदी, यह क्या कर रहे हो?

कनछेदी ने कहा—साधु, बोलो मत। काम करने दो।

मैंने कहा—पर यह चबूतरा क्यों तोड़ रहे हो?

कनछेदी ने कहा—यह 'एनक्रोचमेन्ट' है, अतिक्रमण है। देखते नहीं, नगर निगम की नाली पर यह चबूतरा बना है। इरादा तो यह था कि बायीं तरफ एक ठेला बनवाकर किसी पानवाले को किराये पर दे दूँ, पर अब तो इसी चबूतरे को उखाड़ देना है। मैं नहीं उखाड़ूँगा तो 'वे' आकर उखाड़ देंगे।

मैंने कहा—कनछेदी, तुम तो ऐसे बोल रहे हो जैसे कोई लजीली औरत कहती है—हमारे 'वे' कल बाहर जानेवाले हैं, 'वे' कह रहे थे कि कमला···

कनछेदी ने कहा—तुम कुछ भी कहो, पर मैं नहीं कहूँगा। दीवारों के भी कान होते हैं। इस नाली के भी कान हैं। बड़ों-बड़ों की हवेलियाँ रो रही हैं।

मैंने कहा—पर कनछेदी, बीस साल से तुम यह चबूतरा बनाये हो। तुम्हें इन बीस सालों में यह समझ में नहीं आया कि यह 'एनक्रोचमेन्ट' है।

कनछेदी ने कहा—मैंने तो बड़ों-बड़ों की देखा-देखी में यह कर डाला। पर तुम तो ज्ञानी हो, तुमने मुझे क्यों नहीं बताया?

कबीर ने कहा—मैं तो समझ रहा था कि नाली का इतना हिस्सा तुमने खरीद लिया है।

कनछेदी ने गुस्से से कहा—देखो, ये बातें मत करो। मेरी एक सलाह मानो। अपने ये लम्बे बाल कटवा डालो।

मैंने कहा—मैं क्या लड़कियों को छेड़ता हूँ?

कनछेदी ने कहा—पर लड़कियाँ तुम्हें छेड़ती हों तो? बात तो वही हुई। खैर, कहाँ चले?

मैंने कहा—तोताराम अभिनन्दनी से मिलने।

कनछेदी जोर से हँस पड़ा। बोला—अच्छा, साधु चला अपने अभिनन्दन का इन्तजाम करने!

मैंने कहा—नहीं कनछेदी, मैं अपना नहीं, अभिनन्दनीजी के अभिनन्दन के सिलसिले में जा रहा हूँ।

कनछेदी ने कुदाली चलायी। पत्नी से बोले—जल्दी टोकनी भर, वे आते ही होंगे।

और कबीर चल दिया तोताराम अभिनन्दनीजी के पास। तोतारामजी इस

इलाके के मशहूर अभिनन्दन समारोहों के आयोजक हैं।

मैं उनके पास पहुँचा। वह बड़े उदास बैठे थे।

मैंने कहा—अभिनन्दनीजी, मैं कबीरदास हूँ।

उन्होंने कहा—आओ साधु।

मैंने कहा—इतने उदास, हताश क्यों बैठे हैं?

उन्होंने कहा—क्या बताऊँ? सारी योजना फेल हो गयी। जिन समाजसेवी का मैंने अभिनन्दन आयोजित किया था, कार्ड छपवाकर बाँट दिये थे, वे जेल की हवा खा रहे हैं। अब मैं क्या करूँ? वे इस इलाके के सबसे प्रसिद्ध समाजसेवी हैं। हर संस्था को दान देते रहे हैं।

मैंने पूछा—फिर वे गिरफ्तार क्यों हो गये? वे तो 'दानवीर' हैं।

अभिनन्दनीजी ने कहा—साधु, छापा पड़ा, तो सोना, चाँदी, नकद मिले। दो खाते मिले। दो नम्बरी मामले मिले। तस्करी का माल मिला। वे जेल में डाल दिये गये और मेरा कार्यक्रम फेल हो गया।

मैंने कहा—आपका बड़ा पैसा डूब गया।

वे बोले—नहीं, पैसा तो नहीं डूबा, क्योंकि पैसा उन्होंने ही दिया था; पर मेरी इज्जत डूब गयी।

मैंने कहा—इज्जत तो बनती-बिगड़ती रहती है। फिर बन जायेगी। पर आप इतने घबड़ाये क्यों हैं?

उन्होंने कहा—साधु, निमन्त्रण पत्रों पर मेरा नाम छपा है। मेरी इज्जत भी गयी।

कबीर ने उन्हें हिम्मत बँधायी—कोई चिन्ता की बात नहीं। तुम्हें क्या पता कि ये समाज-सेवी ऐसे हैं। तुम बेफिक्र रहो। रोटी खायी कि नहीं?

वे बोले—दो दिनों से नहीं खायी।

मैंने कहा—जाओ, रोटी खाकर आओ।

वे भीतर रोटी खाने चले गये। कबीर गाता रहा—

> कबिरा नौबत आपनी दिन दस लेहु बजाय,
> ये पुर पट्टन ये गली, बहुरि न देखौं आय!

अभिनन्दनीजी खाकर लौटे।

कहने लगे—कोई डर तो नहीं है?

मैंने कहा—कोई डर नहीं। डर तो अपने गलत कामों से पैदा होता है।

वे बोले—मैंने कोई गलत काम नहीं किया। साधु, लोग काम करते रहते हैं, समाज में, साहित्य में, धर्म में, राजनीति में···पर इनका मूल्यांकन नहीं होता। इसलिए मैंने 'तोताराम अभिनन्दन एजेन्सी' कायम की। इस एजेन्सी के मारफत मैं उन लोगों का जो किसी भी क्षेत्र में विशिष्ट सेवा करते हैं अभिनन्दन करवाता हूँ। मैं नहीं चाहता कि कोई भी जो विशिष्ट सेवा करे, अभिनन्दन न पाये।

मैंने कहा—आपका उद्देश्य क्या है?

वे बोले—हमारी एजेंसी समाज सेवा करती है।

मैंने कहा—कोई ठग यदि विशिष्ट हो जाये तो?

वे बोले—तो हम उसका भी अभिनन्दन करेंगे। मैं तो नटवरलाल का भी अभिनन्दन करना चाहता था।

मैंने कहा—आपकी कार्यप्रणाली क्या है?

उन्होंने कहा—एक तो यह कि 'क्लाएण्ट' हमारे पास खुद आते हैं। कहते हैं—जितना भी पैसा लगे, अभिनन्दन करा दो। दूसरे हम खुद क्लाएण्ट को तलाशते हैं। यश की कामना किसे नहीं होती? हम जाते हैं लोगों के पास कि फलाँ साहब को देशसेवा करते 40 साल हो गये, उनका अभिनन्दन करना हमारा कर्तव्य है। यदि उनका अभिनन्दन नहीं किया और वे मर गये, तो उनका प्रेत हमारे आस-पास मँडराता रहेगा। लोग दयावश अभिनन्दन समिति बना लेते हैं। संयोजक हमेशा मैं होता हूँ।

मैंने पूछा—कोई 50 साल का हो गया हो तो?

अभिनन्दनीजी ने कहा—हाँ ऐसे 'केस' भी हमारे पास आते हैं। कहते हैं—हम पचास साल के हो गये। हमें समाज-सेवा करते 25 साल हो गये। हमारा अभिनन्दन करो। मैं देखता हूँ कि वे केवल 49 साल के हैं। मैं वापस कर देता हूँ। मैं झूठे केस नहीं लेता।

मैंने कहा—तुम दया किया करो। नौकरी में उम्र 'कण्डोन' होती है। कोई विशेष आदमी है पर 'ओवरएज' हो गया है, तो उसकी उम्र माफ कर दी जाती है। तुम भी 49 सालवाले को क्या 50 साल का नहीं मान सकते? अरे एक साल पहले ही अभिनन्दन कर दो।

अभिनन्दनीजी ने कहा—कबीर, तुम ठीक कहते हो। मैं आगे ध्यान रखूंगा, पर लोग बहुत तंग करते हैं।

मैंने पूछा—कैसे!

उन्होंने कहा—अपना अभिनन्दन ग्रन्थ खुद छपाकर ले आते हैं। कहते हैं कि तुम अपनी फीस ले लो, पर यह अभिनन्दन ग्रन्थ किसी बड़े आदमी के कर-कमलों से मुझे भेंट कराओ। तब मुझे बड़ी मेहनत पड़ती है।

मैंने कहा—पर 'क्लाएण्ट' फीस तो देता होगा?

वे बोले—देता तो है, पर काम के हिसाब से फीस कहाँ मिलती है!

मैंने पूछा—कितने अभिनन्दन अभी तक करवा चुके?

उन्होंने कहा—लगभग पचास। जिन्हें कोई नहीं जानता था, उनका भी अभिनन्दन मैंने कराया। मैं प्रचार कर देता हूँ—हमारे लिए बड़े शर्म की बात है कि फलाँ साहब को समाजसेवा करते 30 साल हो गये। वे प्रचार से दूर रहे, मौन सेवक रहे, अपना सर्वस्व त्याग दिया। वे 60 साल के हो गये। हमारा कर्तव्य है कि हम उनका अभिनन्दन करें। लोग भावुक हैं, झाँसे में आते हैं। जो उन्होंने नहीं किया, वह सब मैं उनके अभिनन्दन पत्र में लिख देता हूँ।

अभिनन्दनीजी ने पूछा—सन्त, तुमने कभी मेरा कोई अभिनन्दन-समारोह देखा ?

मैंने कहा—कई देखे हैं। बढ़िया होते हैं। तीन महीने पहले मैंने एक कुलपति का अभिनन्दन देखा था।

उन्होंने कहा—साधु, विश्वविद्यालय के एक गुट के अध्यापक मेरे पास आये थे कि वाइस चांसलर का अभिनन्दन करा दीजिए। मैंने कहा—खर्च कौन देगा? वे बोले—हम देंगे। मैंने अभिनन्दन करवा दिया। सन्त, तुमने देखा !

मैंने कहा—वही तो मैं कह रहा हूँ। मैंने देखा कि पैण्ट पहने अध्यापक लोग वाइस चांसलर के चरणों पर सिर रख रहे हैं। मुझे डर लग रहा था कि इनका पैण्ट फट जायेगा।

अभिनन्दनीजी ने कहा—मैं इस बात का खयाल रखूंगा। आगे निमन्त्रण पत्र में नोट छपवा दूंगा कि जिन्हें चरण छूना है, वे कृपया धोती पहनकर आयें।

अब अभिनन्दनीजी बिल्कुल ठीक थे। मैंने पूछा—कितने 'क्लाएण्ट' लिस्ट पर हैं ?

उन्होंने कहा—आठ हैं ! पर उनका भविष्य निश्चित नहीं है। मैं कमजोर 'केस' नहीं लेता अब।

मैंने पूछा—कभी कोई कठिनाई आयी ?

वे बोले—हाँ आयी। एक साहब का जन्म संयोग से एक अप्रैल को हो गया। मैं तीन साल कोशिश करता रहा कि इनकी वर्षगाँठ मनवा दूं, पर मैं निमन्त्रण पत्र बाँटता और लोग आते नहीं। वे कहते—हमें 'अप्रैल फूल' बनाया जा रहा है। आखिर मैं 100 आदमियों के पास गया और कहा कि ये सचमुच पहली अप्रैल को पैदा हुए थे। तब समारोह हुआ।

मैंने कहा—अभिनन्दनीजी, आपको इतने साल अभिनन्दन करते हो गये। यह धर्म भी है और धन्धा भी। कबीर आपका अभिनन्दन करना चाहता है।

तोतारामजी ने कहा—सन्तवीर, मेरा क्या अभिनन्दन ? मेरी तो 'अभिनन्दन एजेन्सी' है। पर सन्त, मैं तुम्हारा अभिनन्दन करना चाहता हूँ, फिफ्टी-फिफ्टी ! बोलो ?

मैंने कहा—मेरे बाद तुलसीदास ने लिखा है—

हम चाकर रघुवीर के, पटौ लिखौ दरबार,
अब तुलसी का होंहिगे, नर के मनसबदार।

लौटा तो देखा, कनछेदी 'एनक्रोचमेंट' साफ कर चुके थे। कहने लगे—कहो साधु, क्या तय किया अभिनन्दनीजी से ?

मैंने कहा—कुछ नहीं। वे मेरा अभिनन्दन करना चाहते हैं''' उनकी एजेन्सी है। मैं उनका अभिनन्दन करना चाहता हूँ। कम्बल-कम्बल में गाँठ नहीं बँधती।

सन् 1956 में जबलपुर के प्रगतिशील लेखकों और बुद्धिजीवियों ने चन्दे से 'वसुधा' मासिक पत्रिका निकाली, जो 1958 तक चली। उस समय कोई प्रगतिशील मासिक पत्रिका हिन्दी में नहीं थी। 'नया पथ' बन्द था।

'वसुधा' का तब बहुत सम्मान था और प्रगतिशील विचारों का वह प्रतिनिधित्व करती थी। अनेक लेखकों, कवियों की प्रथम रचनाएँ 'वसुधा' में छपीं। पत्रिका का दबंग व्यक्तित्व था। आज के कुछ प्रमुख लेखक हैं, जिनकी आरम्भिक रचनाएँ इसमें छपती थीं।

इसके सम्पादक थे—पं. रामेश्वर गुरु और हरिशंकर परसाई। इसमें मुक्तिबोध लिखते थे और इसे अपनी पत्रिका मानते थे। परसाईजी ने पीछे पड़कर मुक्तिबोधजी से 'साहित्यिक की डायरी' लिखवायी थी।

प्रधान सम्पादक पं. रामेश्वर गुरु का परसाईजी पर विशेष स्नेह था और वे सम्पादकीय लेख लिखने का काम परसाईजी को दे देते। 'वसुधा' में परसाईजी के लिखे कुछ चुने हुए सम्पादकीय लेख यहाँ संकलित हैं।

—सम्पादक-मण्डल

'वसुधा' के सम्पादकीय

दुश्मनों की गिनती*

कुछ समय से हिन्दी के दुश्मन गिनाये जाने लगे हैं—ये संख्या में तीन होते हैं। तीन अच्छी संख्या है—त्रिमूर्ति, त्रिनेत्र, त्रिशूल, त्रिलोक, त्रिकाल। तीन का मोह ही है कि हम त्रिशत्रु पर रुक गये। 'नयी धारा' ने तीन शत्रु गिनाये थे—वृद्ध शिक्षामन्त्री मौलाना आज़ाद, 'चिल्लि-उड्डायन' (पतंग उड़ाना) छाप डॉ. रघुवीर और 'हमारे आराध्य' के 'मूड' में रहनेवाले पं. बनारसीदास चतुर्वेदी।

हमें तीन का मोह नहीं। संख्या आगे बढ़ाना चाहते हैं और व्यक्तियों की अपेक्षा संस्थाओं और वर्गों की ओर अँगुली उठाते हैं।

मौलाना आज़ाद को अगर शिक्षा मन्त्रालय का प्रतीक मान लिया जाय तो इस विभाग का शैथिल्य साफ है। इतने साल हो गये—न स्टेण्डर्ड शब्दावली, न स्टेण्डर्ड पारिभाषिक कोष। इसी के स्तन-पान करनेवाली साहित्य एकेडमी है, जिसका उपयोग है कुछ अपनों को नौकरी मिल जाना।

लेकिन हमारे हिन्दी में एक वर्ग है जिसे अहिन्दीभाषी हिन्दी 'फेनेटिक्स' कहते हैं। कभी 'मुस्लिम फेनेटिक्स' होते थे, अभी 'हिन्दू फेनेटिक्स' भी हैं जिनका ख्याल है कि केन्द्रीय मन्त्रालय में काम-धाम न हो; केवल गाय के खुर की पूजा हो और ब्राह्मणों को दक्षिणा मिले। इसी तरह एक वर्ग 'हिन्दी फेनेटिक्स' का है, जिनमें कुछ का हिन्दी-प्रेम इस कारण बाँध तोड़ता है कि उन्हें अंग्रेजी नहीं आती। कुछ का हिन्दी-प्रेम इसलिए भी है कि उन्हें 'हिन्दी' और 'हिन्दू' में सिर्फ मात्रा का फर्क मालूम होता है। ये 'फेनेटिक्स' अप्रिय चेष्टाओं से, असन्तुलित वक्तव्यों से और कभी-कभी गाली-गलौज से अहिन्दीभाषियों को व्यर्थ ही उत्तेजित करते रहते हैं। बात अपने बीच की है। पर्दा डालने से कोई लाभ नहीं। इन्हें ही कुल हिन्दीवाले या हिन्दीवाले का 'टाइप' समझकर अहिन्दीभाषी हिन्दी के प्रति विरोधी भावना बनाते हैं।

भीतर के शत्रु हैं ये। वे हिन्दी साहित्य सम्मेलन भी जो साहित्य-अभिवृद्धि का काम छोड़कर अदालत में घर बनाये हैं। पैसेवाली सार्वजनिक संस्था को मरा हुआ जानवर समझकर स्वार्थ के गिद्ध मँडराते हैं। ये भी हिन्दी के दुश्मन!

फिर प्रान्तों के साहित्य-सम्मेलन, जो साहित्य-सृजन और प्रकाशन को छोड़कर

* वसुधा, वर्ष: 1, अंक: 2, जून 1956

ईंट-गारा-चूना का महल बनाकर और वहाँ तैल-चित्र टँगवाकर समझ लेते हैं कि हिन्दी साहित्य का भला हुए बिना अब नहीं रहेगा। मध्यप्रदेश साहित्य सम्मेलन इनमें अग्रणी है।

वे भी दुश्मन, जो समझते हैं कि भाषा आम जनता की जबान पर नहीं, बल्कि शब्द-कोषों में निर्मित होती है, तथा जो इस बीसवीं शताब्दी में मध्ययुग की अवतारणा करना चाहते हैं। ये वैचारिक भूत हैं, जिनके पाँव पीछे की ओर हैं। वे भी दुश्मन, जो हिन्दी शब्दावली को बिना समझे बुरा कहते हैं।

वे तमाम अफसर और सरकारी कर्मचारी भी दुश्मन जो 'टाई' तो छोड़ चुके हैं पर अंग्रेजी से गला कसे हुए हैं; जो समझते हैं कि वे कोई भौगोलिक भूल हैं—याने उन्हें भारत में नहीं, बल्कि इंग्लैण्ड में जन्म लेना था।

वे तमाम प्रकाशक और पुस्तक-विक्रेता भी दुश्मन जो लेखकों का खून इतना चूस लेते हैं कि साहित्य के लिए उनके पास एक बूंद भी खून की देने को नहीं बचती!

और सबसे बढ़कर हमारी अपनी तपस्या की कमी! जिस मिशनरी भावना से काम होना चाहिए उससे अभी हो नहीं रहा। हिन्दीवालों में उस सामूहिक चेतना की अभी भी बड़ी कमी है जिससे प्रेरित होकर हर आदमी काम में जुट जाता है। हर आदमी हाथ में तराजू लिये बैठा है और हर काम में व्यक्तिगत लाभ-हानि को तौल रहा है। अजन्ता और एलोरा की गुफाओं के निर्माण में पीढ़ी-दर-पीढ़ी जो व्यक्ति, बिना नाम छोड़े खपते रहे, वह भावना कहाँ दृष्टिगोचर होती है? हिन्दी-वालों को एक काम बहुत अच्छा आता है—तुलसी-सूर-मीरा की रट लगाना, लेकिन इसी पूँजी पर आगे व्यापार नहीं हो सकता। सन्तों ने प्रेम से हिन्दी को सारे भारत में पहुँचाया था, अगर हम वैसा नहीं कर सकते, तो उनका नाम लेने के कहाँ हकदार हुए?

सरकार और साहित्यकार*

पिछले 2-3 सालों से, जबसे हिन्दी के लेखकों-कवियों की 'भरती' रेडियो और सरकारी पदों में अधिक होने लगी है, यह आवाज जगह-जगह से उठने लगी है कि सरकार स्वतन्त्र चिन्तक को सरकारी फर्मे में जमा रही है, प्रतिभा का उपयोग सरकारी 'रोटीन' में करती है, साहित्यकार के सत्य, निर्भय और स्पष्ट स्वर को कुण्ठित कर रही है। इसे सरकार द्वारा साहित्यकारों की 'खरीद' भी कहा जा रहा

* वसुधा, वर्ष : 1, अंक : 4, अगस्त 1956

है। इस प्रकार की आवाजें विभिन्न क्षेत्रों से आ रही हैं, जिनमें एक स्वर उनका भी है, जिन्हें अभी ये नौकरियाँ मिलने में देर है। अक्षमता घृणा को जन्म देती है। विफल आशा भी उपदेश-वृत्ति की जननी है। लेकिन केवल यही है, यह मानना शुतुरमुर्ग की आत्मरक्षा की क्रिया से कुछ कम मूर्खतापूर्ण नहीं है। इस आवाज में अनेक स्वर उन ईमानदार, स्वार्थहीन, स्वतन्त्रचेता साधकों के हैं, जिन्हें 'पराई विभूति' देख सकने का अभ्यास है। 'हिन्दुस्तान' साप्ताहिक में जो पत्र छपते रहते हैं, वे इस बात के द्योतक हैं कि इस बात को लेकर हिन्दी संसार में कितनी हलचल है। दिल्ली से प्रधानमन्त्री, सचिव और नेताओं के आसपास हिन्दी की बड़ी-बड़ी दुमें हिलने की जो खबरें आती हैं, वे बड़ी शर्म दे जाती हैं। हाल ही में 'अमृत बाजार पत्रिका' में श्रीकृष्णलाल श्रीधरानी का एक लेख इस सम्बन्ध में छपा था। 26 जनवरीवाले राजधानी के सर्व-भाषा कवि-सम्मेलन में हिन्दी के ही दो कवि ऐसे निकले, जिन्होंने पण्डित नेहरू की प्रशंसा में कविताएँ लिखीं—दोनों डॉक्टर कवि, जिनमें एक भारत के विदेश विभाग में, दूसरे उसके बाद काठमाण्डू में नियुक्त। अन्य भाषाओं की कविताओं की तुलना में उस रात हिन्दी की कविताएँ काफी घटिया रहीं, क्योंकि बड़े-बड़े कवियों ने उस राष्ट्रीय पर्व पर राष्ट्र की महती आत्मा, आशा और आकांक्षा को सतही करना ज्यादा जरूरी समझा। राज्यों की राजधानियों से भी खबरें आती हैं कि किस प्रकार साहित्यकार सचिवों और मन्त्रियों को खीसें दिखाते हैं और अपनी सफलता की फसल के लिए अपने खेत में दूसरे की निन्दा-चुगली का 'खाद' देते रहते हैं।

ये सब परिस्थितियाँ बड़ी भयावह हैं। विगत मास की 'राष्ट्रवाणी' में धर्मवीर भारती का काफी क्षुब्ध मन से लिखा गया एक लेख छपा है, जिसमें दो मूर्धन्य साहित्य-सेवकों का उदाहरण देकर बतलाया है कि हिन्दी के कलाकार 'धुरीहीन' हैं।

हिन्दी के साधक की गरीबी सर्वविदित है। आराम का लोभ सबसे संवरण नहीं हो सकता। जीने के लिए साधन चाहिए; सरकारी नौकरी अच्छा साधन ही है। पर सवाल यह है कि अगर ये सरकारी नौकरियों पर न जावें, तो करें क्या? इसका एक आम जवाब यह है कि साहित्य-रचना धन्धा नहीं है; तपस्या है। कबीर कपड़ा बुनकर कविता लिखते थे; रैदास जूते बनाकर पेट भरते थे। उन्होंने साहित्य को कभी जीविका का साधन नहीं बनाया। यह जवाब बड़ा मोहक लगने पर भी असंगत और अयथार्थ है। एक तो वह जमाना दूसरा था। फिर हर आदमी कबीर और रैदास बन भी नहीं सकता। यह माना कि भारत में अभी तक लिखने से रोटी नहीं मिलती। फिर भी यह तो सही है ही कि रोटी कमाने के काम में सारी शक्ति और समय लगाकर श्लथ मन और तन से लेखक आखिर क्या लिखेगा? जो आदमी जिस चीज का निर्माण करता है, उससे उसे रोटी मिलती है। कुम्हार को बर्तनों से रोटी मिलती है, चमार को जूते से। जो साहित्य का निर्माण करता है, उसे ही आखिर उससे रोटी क्यों न मिले? नहीं मिलती, इसका कारण है कि घड़े खरीदने-वाले तो समाज में हैं, पर पुस्तक खरीदनेवाले नहीं हैं। जो हैं वे जासूसी पढ़ते हैं या

वे उपन्यास पढ़ते हैं जिनमें हर पैराग्राफ के बाद आता है—"फिर हाथ और साड़ी के युद्ध में साड़ी हार गयी।" हल्की फिल्म और हल्का साहित्य चला है। अच्छी फिल्में फेल होती हैं, अच्छा साहित्य अलमारियों में रखा रहता है। परिणाम यह है कि हिन्दी का लेखक वास्तव में भूखा मरता है।

ऐसे समय में सरकार ने बड़ी कृपा की है (?) कि उसे रोटी देना आरम्भ कर दिया। लेकिन गलों में रस्सी बाँधकर, खूंटे से कसकर, रोटी पशु के लिए शायद हितकर हो, साहित्य रचनेवाले के लिए घातक ही है। कोई भी देख सकता है कि आमतौर पर सरकारी पदों पर जाने के बाद लेखक की रचनाओं में वह ओज, वह स्पष्ट स्वर नहीं मिलता, जो पहिले मिलता था। 'केरिअर' बहुत बुरी बला है, 'क्लास टू' से 'क्लास वन' तक चढ़ जाने की आकांक्षा बड़े पतन का कारण बन रही है। सचिवालय की घुटन में, और रेडियो के संकीर्ण साँचे में प्रतिभाएँ नष्ट हो रही हैं, आत्माएँ कलुषित हो रही हैं; छल, कपट, प्रवंचना धीरे-धीरे इस पवित्र क्षेत्र में आ रही है। जागरूक साधक इस शिकंजे में चीख-चीख पड़ता है।

साहित्य-सृजेता को स्वतन्त्र होना ही चाहिए, तभी उसका स्वर निर्भय और स्वतन्त्र होगा। शासन का पिछलग्गू साहित्य, समाज को पतन की ओर ले जायेगा। लेकिन जो लेखक को सामान्य समाज से ऊपर ऐश-आराम की जिन्दगी की सुविधा कर देना चाहते हैं, वे उसकी साहित्यिक मौत का प्रबन्ध करना चाहते हैं। उसे सामान्य जन-जीवन के सुख-दुख में भाग लेना चाहिए, उसी स्तर पर जीना चाहिए, तभी उसके साहित्य में सत्य उभरकर आयेगा। 'एयरकण्डीशण्ड' कमरे में वह 'यूटोपिया' के ख्वाब देखेगा। जो 'केरिअर' की धुन में है, उसे तो एकदम साहित्य रचना बन्द ही कर देना चाहिए। साहित्य रचना तपस्या तो है ही। इसमें मिटना तो पड़ता ही है। तहसीलदार को डिप्टी कमिश्नर होते देखकर अगर कलेजे से ठण्डी साँस निकल जाती है, तो तुरन्त नौकरी कर लेना चाहिए, साहित्य रचना वश की बात नहीं है। जो बेलाग जिन्दगी जी सकते हैं, उनसे ही कुछ नये की उम्मीद कर सकते हैं।

पर यह लिखने का मतलब यह नहीं है कि हिन्दी के लेखक को मर जाने के लिए छोड़ देना चाहिए। उसे जीने के साधन तो देने ही होंगे। और यह साधन उसकी कृतियों से होने चाहिए। सरकार अगर वास्तव में लेखक की सहायता करना चाहती है तो उसकी रचनाओं की बिक्री का प्रबन्ध करना चाहिए। गाँव-गाँव में पुस्तकालयों की स्थापना करनी चाहिए, जिससे पुस्तकें खप सकें। फिर पत्रों द्वारा शोषण बन्द होना चाहिए। विज्ञापन में हजारों रुपये कमाकर कितने पत्र लेखक को 5 या 10 में निपटा देते हैं या केवल 'नमस्कार' कर लेते हैं। फिर सामाजिक रुचि का भी परिष्कार जरूरी है। अच्छा साहित्य पढ़ने की और खरीदकर पढ़ने की आदत जब तक लोगों में नहीं आयेगी, लेखक की जिन्दगी कष्टमय रहेगी ही।

अन्तिम रूप से इस सम्बन्ध में कोई योजना देना अभी कठिन है, पर समाज और साहित्य के हितचिन्तकों को शीघ्र ही कोई रास्ता निकालना होगा, अन्यथा

धीरे-धीरे सरकारी फाइलों की श्रेणी का साहित्य निकलने लगेगा। साहित्य को सरकारी चीज बनने देने से बचाना होगा।

'क्वाँरा' की दुर्गति*

पिछले 7-8 वर्षों से हिन्दी कविता में कुछ शब्दों की ऐसी पिटाई मची है कि अब कविता में इन्हें देखकर रसोद्रेक होना बन्द हो गया है, केवल दया आती है। एक नमूना देते हैं—क्वाँरा और क्वाँरी।

न जाने कब से चल रहा है 'क्वाँरा' और 'क्वाँरी'। हिन्दी के क्वाँरेपन के आरम्भ में धर्मवीर भारती के प्रयोग—'क्वाँरी साँसों का देवता' ने ध्यान खींचा था। इसके बाद तो क्वाँरा और क्वाँरी की झड़ लग गयी। शायद ही कोई सप्ताह ऐसा गुजरा हो, जब किसी कविता में यह प्रयोग न पढ़ा हो। कभी क्वाँरी किरण है तो कभी क्वाँरे खेत!

क्वाँरापन बड़ा लुभावना होता है, कवियों को तो और अधिक। क्वाँरा या क्वाँरी में जो ग्रामीणत्व है, हमारी भूमि की मिट्टी की गन्ध है, अकृत्रिम अभिव्यक्ति है, वह सहज ही मन को मोह लेती है, इसमें कोई शक नहीं। पर जब हर चीज क्वाँरी होने लगी, तब बड़ा कष्ट होने लगा। हिन्दी के नवीन कवियों ने पिछले सालों में लगभग हर चीज को क्वाँरी बना दिया है—विवाहिता को भी और विधवा को भी। नजर से जो असंख्य प्रयोग इस प्रकार के गुजर चुके हैं, उनमें से यहाँ-वहाँ के जो नोट किये हैं, वे ये कुछ हैं—

क्वाँरी कली, क्वाँरी बाल, क्वाँरी किरन, क्वाँरा यौवन, क्वाँरा आसमान, क्वाँरी धरती, क्वाँरी मिट्टी, क्वाँरी आशा, क्वाँरे अरमान, क्वाँरी ऊषा, क्वाँरी दूब, क्वाँरी सन्ध्या, क्वाँरी उमंग, क्वाँरा बादल, क्वाँरी लता, क्वाँरी नदी, क्वाँरी धड़कन, क्वाँरा चाँद, क्वाँरा सूरज, क्वाँरे पौधे!

ये केवल कुछ हैं। अगर सबकी गिनती करेंगे तो 2-3 पृष्ठ घेर लेंगे। हर चीज हिन्दी कविता में क्वाँरी हो गयी है। और अभी उस दिन 'धर्मयुग' के कवितांक में नीरज की कविता देखी, तो चलते-चलते कण्ठ में अटकी 'मेले की क्वाँरी चहल-पहल!' अब और क्या रहा? 'क्वाँरा मकान,' 'क्वाँरा स्टेशन,' 'क्वाँरा एंजिन,' 'क्वाँरा घण्टाघर,' 'क्वाँरी मड़ी,' 'क्वाँरी कोतवाली' और हो जाय! हिन्दी के बड़े-छोटे कवियों से कहना है कि भाइयो, प्रतिभा को ज़रा खराद पर रखो, बार-बार

* वसुधा, वर्ष: 1, अंक: 5, सितम्बर 1956

शब्दों की पिटाई कम करो। पन्तजी ने दो मात्राओं की कमी देखी, तो 'चिर' धर दिया और हर किसी संज्ञा के पहिले शत-शत लगाना शुरू कर दिया, माखनलालजी सूझ, पीढ़ी और ईमान के बिना दस वाक्य नहीं लिखते। नये लोग बुजुर्गों से कम-से-कम यह बात न सीखें।

रेडियो की बात*

रेडियो की बात कितने बार, कितने लोगों ने कितनी तरह से लिखी है— कोई सीमा नहीं ! पर बात समाप्त नहीं हो रही है—'हरि अनन्त हरि कथा अनन्ता !'

बातें वही हैं— रेडियो की रंगभेद नीति, फर्मे में 'फिट' करने की प्रवृत्ति।

रेडियो के कार्यक्रमों की लिस्ट देखने से मालूम होता है कि शायद रेडियोवालों के पास दो लिस्टें हैं—एक काली लिस्ट और एक गोरी लिस्ट। गोरी लिस्ट में कुछ तो श्वेत केशधारी होते हैं; शेष वे होते हैं जो रेडियो-अधिकारियों से मिल लेते हैं, या चिट्ठी द्वारा नमन कर लेते हैं, जो उनके गुट्ट में हैं, उनके अखाड़े के शागिद हैं। वे भी इस गोरी लिस्ट में हैं, जो पूर्णतः सरकारी साहित्यकार हैं। वे भी, जो शराब-बन्दी पर, योजना पर, मन्त्री-अभिनन्दन पर, भूदान पर, प्रधानमन्त्री पर, कविता और लेख लिखकर हुक्म मिलते ही दे देते हैं। वे भी इस गोरी लिस्ट में हैं जो अपनी रचनाओं से ओजपूर्ण शब्द छांट-छाँटकर निकाल देते हैं, जिनकी रचना 'फिलमफेयर' में भी छप सकती है और 'कल्याण' में भी। वे भी जो सामाजिक और आर्थिक क्रान्ति की बात करना पाप समझते हैं। रेडियोवाले इस कदर गुलामी के शिकंजे में कसे हैं कि कोई शक्ति और ओज की बात सुनवाना राजद्रोह मानते हैं।

शेष काली लिस्ट में।

प्रोग्राम दोनों को देते हैं।

अगर काली लिस्टवाला अच्छा लिख लेता है, तो उसका प्रोग्राम न देने से, हल्ला-गुल्ला होगा। इसलिए काली लिस्टवाले का कोई पुराना रिकार्ड तीन रुपये में बजा दिया या 10-15 रु. में कोई रचना-वचना पढ़वा दी। फिर गोरी लिस्ट-वाले को 80-90 रुपयों में रेडियो पर बुलाकर भाषण करवा दिया। दोनों का प्रोग्राम हो गया न। अब तो कोई एतराज नहीं।

इसमें सबसे ज्यादा पिसता है, नया साहित्यकार। बुजुर्गों को कभी ऐसा लगता नहीं है कि इस नीति का विरोध करें, क्योंकि उनको तो प्रोग्राम मिलते हैं। नये

* उपरोक्त अंक में प्रकाशित दूसरा सम्पादकीय।

लेखकों में, जो अपने आपको इस ढाँचे में फिट कर लेते हैं, लाभ लेते हैं; जो नहीं कर पाते, कलाकार के आत्मसम्मान को जाने नहीं देते, सत्य को स्पष्ट घोषित कर देते हैं, वे अछूत हैं।

कितनी नवीन उद्‌भट प्रतिभाओं की अवहेलना करके रेडियो अपना स्तर नीचे गिरा रहा है!

हिन्दी-विरोधी शक्तियाँ*

हाल ही में श्री राजगोपालाचारी के एक भाषण से तथा उसके कुछ समय पूर्व राज्यों के शिक्षामन्त्री-सम्मेलन के एक निर्णय से, हिन्दी-संसार में बड़ी हलचल मच गयी है।

राजाजी बड़े जिम्मेदार आदमी हैं, वे स्वयं एक बड़े साहित्य-साधक हैं इसलिए उनकी बात बड़ा वजन रखती है। उन्होंने कहा है कि भारत में राज्यों के आपसी सम्बन्धों की भाषा अँगरेजी होनी चाहिए। बात तो यह हुई, पर इसका तर्क बड़ा दिलचस्प है—यह कि अगर हिन्दी ही अनिवार्य राष्ट्रभाषा बनायी गयी तो दक्षिण के प्रति अन्याय होगा, क्योंकि दक्षिण के लोगों ने दो सौ वर्षों से अँगरेजी सीख ली है। वयोवृद्ध और ज्ञानवृद्ध और कूटनीतिवृद्ध राजाजी से विनम्रतापूर्वक यह कहना है कि क्या 'केवल' दक्षिण के ख्याल से राष्ट्रभाषा निश्चित होगी? उत्तर, पूर्व और पश्चिम भारत का इसमें कोई हित नहीं देखा जायगा? और अगर दक्षिणवालों ने विदेशी शासकों की विदेशी भाषा इतनी कुशलता से सीख ली, तो क्या वे राष्ट्र-भाषा हिन्दी को नहीं सीख सकेंगे? या क्या वे राष्ट्र की भाषा का सीखना तौहीन समझेंगे और विदेशी भाषा पर गर्व करेंगे? हिन्दी के पक्ष में जो सबसे बड़ी बात है, वह यह है कि यह देश के सबसे बड़े जनसमाज द्वारा बोली, लिखी और समझी जाती है और अब तक इसने वह सामर्थ्य भी प्राप्त कर ली है, जो एक राष्ट्रभाषा में अपेक्षित है।

पर हिन्दी के प्रति एक प्रकार का पूर्वाग्रह कुछ लोगों के मन में है, जिनमें पण्डित नेहरू-जैसे लोग भी हैं। पण्डितजी में हर विषय पर अन्तिम शब्द बोल देने की जो प्रवृत्ति है, उसी के अनुसार उन्होंने कुछ दिन पहले कह दिया कि यदि हिन्दी से काम चलाया गया तो पंचवर्षीय योजना के क्रियान्वयन में कठिनाई होगी। यह बात समझ में नहीं आयी। हिन्दी भाषा से काम चलाने पर बाँध, पुल, रेलमार्ग, कारखाने

* वसुधा, वर्ष : 1, अंक : 7, नवम्बर 1956

और सड़क बनाने में क्या कठिनाई होगी ? इन्जीनियरिंग की शिक्षा अँगरेजी के माध्यम से ही होती है—यह शायद पण्डितजी का विचार है। पर रूसी विशेषज्ञ भी क्या अंगरेजी से काम चलाते हैं ? और क्या जर्मन शिल्पी और यन्त्री अँगरेजी भाषा के मोहताज रहते हैं ? नयी व्यवस्था लागू करने में पहले-पहल जो अचरज लगता है, उसी के शिकार हम लोग हो रहे हैं। यह तो लगेगा ही। विद्यार्थी को 'मे आइ कम इन सर' की जगह 'क्या मैं आ सकता हूँ' कहने में बड़ी झेंप लगती है। पर क्या समय के साथ यह बिल्कुल स्वाभाविक नहीं हो जायगा ?

दूसरा कारण आशंका का यह है कि हिन्दी की सच्ची सामर्थ्य लोगों को मालूम नहीं है। अधिकांश लोग जो इस 'टोन' में बातें करते हैं, हिन्दी का मतलब सेठ गोविन्ददास और बाबू पुरुषोत्तमदास टण्डन समझते हैं। हिन्दी के लिए इन आन्दोलन-कर्ताओं के सिवा हिन्दी की सर्जनात्मक शक्तियों और कृतियों की उन्हें बहुत कम जानकारी है। पण्डित नेहरू की धारणा भी हिन्दी के बारे में लगभग ऐसी ही है। 'दिनकर' की पुस्तक 'संस्कृति के चार अध्याय' की पण्डितजी ने भूमिका लिखी है, पर हम नहीं समझते, उन्हें उसे पलटकर देखने की भी फुरसत मिली होगी। हिन्दी की सामर्थ्य प्रतिदिन किस वेग से बढ़ रही है, यह बहुत-से लोगों को नहीं मालूम और इसी कारण वे यह आशंका व्यक्त करते हैं कि हिन्दी इस जिम्मेदारी को संभाल नहीं पावेगी।

प्रगति जो पर्याप्त नहीं हुई है, उसका कारण स्वयं सरकार है। सन् 1965 में हिन्दी को अंग्रेजी का स्थान लेना है—जब यह विधान में स्पष्ट अंकित है, तब भारत के शिक्षा मन्त्रालय ने इस ओर कितने धीरे और कितने बेमन से कदम बढ़ाये हैं। हर साल 100-50 इनाम बाँट देने से काम नहीं होता। न अभी तक पारिभाषिक शब्दावली हुई, न वैज्ञानिक शब्द। सब गोलमाल कर रखा है। क्या इस प्रकार जानबूझकर हिन्दी की सामर्थ्य को कम नहीं किया जा रहा ?

और एक विचित्र बात है। हमारे यहाँ भाषा और साहित्य के मामले भी मन्त्रियों के द्वारा तय होते हैं। भाषा या लिपि के निर्णय विशेषज्ञ नहीं लेते, मन्त्रिगण बैठकर तय कर लेते हैं। इन मन्त्रियों को शिक्षा, साहित्य और भाषा के विषय में कितना ज्ञान है, यह कोई बताने की बात नहीं है। हमारी हर वस्तु का भाग्य-विधाता राजपुरुष और राजनेता है—वह सर्वोपरि है, सर्वज्ञ है। शिक्षा मन्त्रियों ने तय कर लिया है कि अंग्रेजी अनिवार्य रूप से पढ़ाया जानेवाला विषय होना चाहिए। क्यों होना चाहिए ? उन्हें क्या सामान्य भारतीय विद्यार्थी की विडम्बना मालूम है ? सामान्य बुद्धि के, तीसरे दर्जे में ढकलनेवाले लड़के अंग्रेजी में क्यों सर खपायें ? कितने लड़कों की जिन्दगी खराब होती है, इसे वे ही जानते हैं जो शिक्षण-कार्य में लगे हैं। मन्त्री इसे नहीं जान सकते। भाषा की खूबियाँ, उसकी लिपि, विशेषज्ञ ही ठीक से जानते हैं, मन्त्री नहीं। इस प्रकार के निर्णय बड़े हानिकर सिद्ध हो रहे हैं।

कुछ अँगरेजी पत्र भी, जिनके कर्मचारियों की जीविका अंग्रेजी से चलती है, हिन्दी का विरोध कर रहे हैं। एक पीढ़ी अपना लाभ देखकर आगामी सब पीढ़ियों

का भविष्य बिगाड़ने की क्रिया में लगी है।

अंग्रेजी से दुश्मनी किसी की नहीं है। वह बड़ी समृद्ध भाषा है। उसके अध्ययन के द्वार योग्य लोगों के लिए खुले रहने चाहिए। लेकिन उसे हर किसान, मजदूर, मुंशी और दूकानदार की मातृभाषा तो नहीं बनाया जा सकता।

आलोचना की आवश्यकता*

'नया पथ', नवम्बर में उदयनारायण तिवारी द्वारा लिखित 'नीरज की पाती' की आलोचना हमें अच्छी लगी। अच्छी इसलिए नहीं लगी, कि उसमें 'निन्दा सबद रसाल' का आनन्द आया, बल्कि इसलिए कि 'कविता' के नाम से जो माल साहित्य के बाजार में स्वर के डब्बों में बन्द होकर बिक रहा है, उसकी साहसपूर्ण, स्पष्ट और निष्पक्ष आलोचना की परम्परा हम हिन्दी में चाहते हैं। हिन्दी में कविता पढ़ायी नहीं जाती, केवल सुनी जाती है। और जिसे सुना है, उसे छपा पढ़ने पर न जाने कैसा-कैसा लगता है, लज्जा आती है अपने आप पर कि हमने कवि-सम्मेलन में इसी की दाद दी थी।

आम कवि-सम्मेलनों में या तो गाना जमता है, या गाली, क्योंकि ये दोनों सहज ही समझ में आते हैं; इन दोनों के परे जो कविता नाम की चीज है, वह अगर सुनायी जाय, तो कवि को 'हूट' कर दिया जायेगा। परिणाम यह हो रहा है कि कवि स्वर-साधना अधिक करता है, काव्य-साधना कम, क्योंकि उसे मंच पर 'जमना' है और अच्छे कवियों की 'मट्टी पलीद' करना है। इसलिए वह अच्छी हल्की चीज लिखता है, जिसमें कहीं चिक और कहीं जाली, कहीं महावर और कहीं चितवन और कहीं कम्पन आदि जड़कर, बिल्कुल नट की तरह झूमकर जब मंच पर पढ़ता है, तो सस्ते भावों और शब्दों से विकल हो श्रोता दाद देते ही हैं। ये न छायावादी कवि, न प्रगतिवादी कवि, न प्रयोगवादी कवि—ये केवल 'कण्ठ-कवि।' कवि न होहुँ नहिं चतुर कहाऊँ। मति अनुरूप सिनेमा गाऊँ!

कविता जिसके लिए है, उसके पास पहुँचायी जाय, इसे हम मानते हैं! मंच से सहस्रों जनों को कविता सुनने को मिलती है, मंच के द्वारा कवि जनता के पास पहुँचता है। लेकिन वह क्या लेकर पहुँचता है? उसे क्या देता है? उसे किस कदर धोखा देता है? जिसे स्वस्थ, उदात्त, उच्च भाव देना चाहिए, उसे कैसी हल्की चीज सौंपता है?

* वसुधा, वर्ष : 1, अंक : 8, दिसम्बर 1956

विज्ञापनों को देखिए—साइकिल का विज्ञापन है, तो स्त्री की तस्वीर उसमें जरूर है। बीड़ी के विज्ञापन में स्त्री, मोटर के विज्ञापन में स्त्री, डालडा में स्त्री— हर चीज के विज्ञापन में स्त्री की तस्वीर जरूर होगी। बिना स्त्री की छाप के कोई चीज अच्छी या लोकप्रिय नहीं। विज्ञापनबाजों ने जिस तरह नारी का उपयोग किया है, उसी तरह हमारे कुछ कवि कर रहे हैं। नारीछाप साबुन और नारीछाप कविता—एक ही टाइप है। कभी स्त्रियों ने विज्ञापनबाजी के खिलाफ आन्दोलन किया था, क्या वे कवियों के खिलाफ नहीं करेंगी ? क्यों नहीं उनसे कहतीं कि यह क्या मचा रखा है ? हमारा यह क्या उपयोग है ? हम क्या केवल 'छुईमुई' हैं ? हम क्या तुम्हारे ड्राइंगरूम के गुलदस्ते हैं ? क्या केवल कुम्हला जाने का नाम नारीत्व है ? क्या नारी का कर्म केवल सिंगार करना और तुम्हें देखकर लजा जाना है ? उदयनारायण तिवारी ने ठीक ही पूछा है—

"नीरज साहब का झाँसी की रानी लक्ष्मीबाई या गोवा के मोर्चे पर प्राणोत्सर्ग कर देनेवाली उस लड़की के बारे में क्या खयाल है ?"

राजपूत जब युद्ध के लिए तैयार होता तो उसकी पत्नी उसे तिलक करके तलवार हाथ में देती थी और कहती थी कि या तो जीतकर आना या युद्धभूमि में प्राणों की बलि चढ़ा देना। और मुगल राज्य के अन्तिम समय में बादशाही फौज रणभूमि में जाती तो साथ में 'हरम' भी चलता था। हमारे काव्य की जय-यात्रा में जो 'हरम' साथ चल रहा है, वह हमें कहाँ ले जायगा ? हिन्दी के मूर्धन्य गीतकार बच्चन की कविता की दो-एक पंक्तियों का मुलाहजा फरमाइए—"हमने पास बिस्तर कर लिया था ! जानती हो, क्या कर गुजरने के लिए" या "कर दिया मजबूर तुमने !"

कवि पर जिम्मेदारी है कि वह जन-रुचि का परिष्कार करे। यह कहना गलत है कि जनता समझती नहीं है। हम ही जनता को नहीं समझते। हमने अपने ऊपर नट, गायक और मेमने का 'रोल' ले लिया है। तो जनता जाति की शक्ति हुंकारती भी है। हमने तो केवल घुटन के गीत सुनाये ! हमारी आधी कविता का स्रोत तो यह है कि 'उसका' पिता उसे हमसे मिलने नहीं देता—इसलिए हम घुट रहे हैं ! और आधी का विषय है, उस न मिल सकनेवाली के सलमासितारे ! बस प्रेम-गीत हो गया ! नर भी प्रसन्न, नारी भी प्रसन्न ! ताली, 'वंसमोर' और फिर एक प्याला काव्य-वारुणी ! इस किस्म का क्षयग्रस्त प्यार हमें नहीं चाहिए, बीमार आदमी के प्यार के गीत हमें नहीं चाहिए। हमें स्वस्थ आदमी का स्वस्थ प्यार गीतों में ढालकर देना होगा ! नारी को गुलदस्ता बनाने से काम नहीं चलेगा। इस पतनशील प्रवृत्ति को रोकना होगा।

हिन्दी में मंच शरीफ पर रंग जमाने के लिए जो ये सस्ते गीत लिखे जा रहे हैं, उससे अच्छी प्रतिभाएँ नष्ट हो रही हैं। जिनमें अच्छा लिखने की क्षमता है, वे भी रंगमंचीय सफलता के लिए स्वरमय हल्का-फुल्का लिखते हैं। और जो अच्छी कविता होती है, उसे कोई सुनता नहीं। अतएव, केवल रंगमंचीय गीतों की इस बाढ़ की

जाँच करनी होगी, उसमें जो कूड़ा-करकट होगा, उसे कूड़ा-करकट कहना होगा। कवि-सम्मेलन की ताली किसी भी आलोचना-शास्त्र में समीक्षा-पद्धति नहीं मानी गयी।

पीढ़ियों का संघर्ष*

पुरातन और नवीन का संघर्ष सब देशों और कालों में होता है।

हिन्दी में इस समय हो रहा है, इसमें चिन्तनीय या नाक-भौं सिकोड़ने की सुविधा देनेवाला कुछ नहीं है। सतत् परिवर्तनशील, इसीलिए प्रगतिशील मानव समाज में युगानुकूल नये आदर्शों की प्रतिष्ठा होती है, नवीन मूल्य सामने आते हैं। इसमें कुछ बिगड़ता है, तो कुछ बनता भी है।

एक पीढ़ी पूज्य होती जाती है, उसे मन्दिर में बिठाना पड़ता है, कभी-कभी जल और पुष्प अर्पित करना पड़ता है। दूसरी पीढ़ी कर्म के क्षेत्र में आ जाती है। बूढ़ा किसान अपने जवान बेटों को हल लेकर खेत जाते हुए देखता है, तो उसकी छाती गर्व से फूल उठती है और चिलम की फूँक के साथ उसके मन से बेटों के लिए आशीर्वाद निःसृत होता है।

लेकिन अगर तारुण्य से दीप्त बेटों को खेत पर जाते देखकर नष्ट-यौवन बूढ़े के मन में शूल चुभने लगे और वह केवल अपनी सत्ता और अस्तित्व बनाने के लिए उनके खेत में जाकर अड़ंगा डाले, नवीन बीज और नवीन खाद डालने से रोके, 'हमारे समय में'—कहकर बार-बार उन पर हीनता आरोपित करे तो बूढ़े के प्रति बेटों के मन में खीझ पैदा होगी ही।

और अगर वेटे भी केवल इस कारण कि किसान बूढ़ा हो गया है, उसका मजाक उड़ायें, उसके पुरातनपने पर फब्तियाँ कसें, उसे निपट मूर्ख समझें, तो बूढ़ा भी खीझ पड़ेगा।

हिन्दी काव्य में यह दुतरफा खीझ इस समय चल रही है। खूब जोर से चल रही है, मजे में चल रही है। छायावादी खेत में कुछ लोगों ने एक खास किस्म के बीज बोये थे, वे उगे भी और 25-30 सालों तक खेत हरे-भरे रहे। लेकिन युग तो रुक नहीं सकता। मनुष्य की विकासमुखी प्रवृत्ति को कोई रोक नहीं सकता। नवीन पीढ़ी आयी और उसने दूसरे किस्म के बीज बिखराये। बस यहीं झगड़ा शुरू हो गया।

* वसुधा, वर्ष : 1, अंक : 9, जनवरी 1957

एक ओर दुराग्रह !

दूसरी ओर उद्धतता !

अनेक छायावादी कवियों को जानता हूँ, जो रात को एकान्त में बैठकर नयी कविता लिखने की कोशिश करते हैं और जब नहीं बनती, तो सबेरे उठकर लोगों से कहते हैं—"नयी कविता सब कूड़ा-करकट है।"

और अनेक नवीन कवियों को भी जानता हूँ जो यह समझते हैं कि विगत पीढ़ी को बुरा कहने और गाली देने से ही वे युगप्रवर्तक के रूप में स्वीकार कर लिये जावेंगे।

साहित्य में बुढ़ापा सफेद बालों या झुरियों का नाम नहीं है। साहित्य में बुढ़ापे का अर्थ है नवीन चेतना ग्रहण करने की शक्ति का लोप, अपनी मान्यताओं और मूल्यों को बदलने की भीरुता, 'आज' के बदले विगत 'कल' में ही जीने का मोह, प्रतिभा का शैथिल्य ! यह सब न हो, तो साहित्य में बूढ़ा आदमी 'परिपक्व' कहलाता है। अपनी अपरिवर्तनशील प्रवृत्ति के कारण अनेक लोग राह में जाकर चट्टान की तरह डट गये और खुद ही चिल्लाये —'गतिरोध हो गया ! गतिरोध हो गया !!' भले आदमी, तुम्हीं तो राह में अड़ गये हो, तुम्हीं चिल्लाते हो कि राह बन्द हो गयी है। जिसे चलना है, वह आखिर तुम्हें लाँघकर ही तो जायगा। तब तुम चिल्लाओगे, 'हमें लात मारते हैं ! हमारा अपमान करते हैं ये !!'

साफ बात है—काम कर सकते हो, चल सकते हो, तो चलो। अन्यथा देवता बनकर मन्दिर में बैठो, हम कभी-कभी आकर अक्षत, पुष्प चढ़ायेंगे, आरती भी कर देंगे। लेकिन अगर तुम भक्तों को इकट्ठा कर राह चलनेवालों पर पत्थर फिंकवाओगे, तो तुम्हें कौन पूजेगा ?

जिन्हें देवता मान लेने में कोई देर नहीं थी, उनमें से कुछ ने वास्तव में पत्थर-बाजी की और करवायी। 'अखाड़ा', 'महन्ती', 'धूनी', 'दादावाद' आदि शब्द कोरी कल्पना के नहीं हैं, ये सब चीजें हिन्दी में हैं और इन सबके कारण बड़ा आक्रोश जहाँ-तहाँ देखने में आता है।

रेडियो पर, सम्मेलन में, कान्फ्रेन्सों में, पुरस्कारों में सब जगह 'नास्ति' को 'अस्ति' का भ्रम पहनाने के लिए लोग डटे रहते हैं। समझ में नहीं आता है कि हर समय, हर उत्सव पर रेडियो पर भावहीन, शिथिल तुकबन्दी पढ़ने का मोह कुछ बुजुर्गों को क्यों जकड़े रहता है, जबकि वे स्पष्ट देखते हैं कि श्रोता उन्हें केवल संकोचवश सह लेते हैं ? वे सिर्फ आशीर्वाद क्यों नहीं देते ?

दूसरी तरफ का नज्जारा भी बड़ा मजेदार है। अनेक नवीन रचनाकारों को लगता है कि अब तक जो लिखा जा चुका है वह बिल्कुल निरर्थक है, रद्दी है। उससे कुछ सीखने का नहीं है, उसमें कोई प्राणवान तत्व नहीं है। इसे मूर्खता के सिवा और क्या कहा जाय ? कुछ वर्ष पहिले तुलसीदास को एक-दो वजनदार नये दिमागों ने 'बुर्जुआ' कह दिया। बस, कई वर्षों तक वे बुर्जुआ रहे आये। इस बीच प्रगतिशीलों ने तुलसी को पढ़ा नहीं, क्योंकि बुर्जुआ को क्या पढ़ना ? चलो छुट्टी मिली।

और अभी-अभी फिर से कुछ बड़ों ने कहा कि तुलसी तो 'प्रोग्रेसिव' हैं। बस, अब तुलसी 'प्रोग्रेसिव' हो गये। पूर्ण-कण्ठ (Full throated) प्रोग्रेसिव कहने लगे—"तुलसी के बराबर 'प्रोग्रेसिव' कौन है? उन्होंने कहा है—जासु राज प्रिय प्रजा दुखारी। सो नृप अवसि नरक अधिकारी ।।' अत्याचारी को नर्क भेज देने का आह्वान है यह !"

एक वर्ग और है जिसे बुरा मान लिया गया है—वह वर्ग जिसने 'पेट' अथवा 'फैट' (Fat) के लिए सरकार अथवा शोषक वर्ग से समझौता कर लिया है, अथवा जो कहीं राज्यसभा, कमीशन, डेलीगेशन आदि की सदस्यता का मुकुट अब अपनी साधना के सिर पर रखना चाहता है। 'पेट' की मजबूरी उपहास और घृणा की अपेक्षा सहानुभूति के ही योग्य है। 'फैट' और पद की लोलुपता की मजबूरी पर अवश्य प्रहार होना चाहिए और वे हो भी रहे हैं—गद्य में भी और पद्य में भी। पर इसमें भी एक कलात्मकता होनी चाहिए। वर्ड्सवर्थ और राबर्ट सदे के 'राजकवि' हो जाने पर क्रमशः टेनीसन और बायरन ने अच्छी तीखी कविताएँ लिखी थीं, जो अभी भी उनकी सर्वोत्तम रचनाओं में मानी जाती हैं। क्या हम जो गालियाँ लिख रहे हैं, उनमें यह क्षमता है ?

पीढ़ियों के अवश्यम्भावी संघर्ष में वैचारिक संघर्ष व्यक्तिगत घृणा और द्वेष के स्तर पर आ रहा है, यह बात ज़रा चिन्तनीय है। विगत पीढ़ी में एक प्रकार की खीझ है, जो अक्षमता तथा मूल्य-परिवर्तन से उपजी है और वर्तमान पीढ़ी में क्रोध है, जो मार्ग की बाधाओं के कारण प्रकट हुआ है। इन दोनों सीमान्तों पर स्थित लोगों से अलग अनेक ऐसे व्यक्तित्व हैं, जिनमें दृष्टि की उदारता है, और जो साहित्य में नवीन विचार, नवीन शिल्प-शैली का विकास स्वाभाविक और अनिवार्य मानकर नवीन धारा के प्रति सहानुभूति और सहयोग की दृष्टि रखते हैं। ऐसे तरुण भी हैं जो नवीन के विकास के लिए पुरातन को गाली देना या उसे निरर्थक और खोखला मानना जरूरी नहीं समझते। इनसे ही साहित्यिक सद्भावना के रक्षण की आशा है।

ढलवाँ साहित्य*

जैसे एक साँचे में ढले गहने होते हैं, वैसा ही कुछ साहित्य विशेष प्रकार के साँचों में ढलकर बनता है।

* वसुधा, वर्ष : 1, अंक 10, फरवरी 1957

साँचे में सुभीता होता है—सुनार को सोचने का काम नहीं करना पड़ता। साँचे में नुकसान भी है—एक किस्म का माल ढलता है, कारीगर की कला-प्रतिभा व्यर्थ चली जाती है, बदलती जनरुचि उसी के माल को कुछ दिनों बाद नापसन्द करने लगती है।

हर भाषा के साहित्य में साँचे बन जाते हैं, जिनमें ढलकर कृतियाँ आने लगती हैं। छायावादी युग में 'किसी' अलक्ष्य को पुकारने, प्रेम-निवेदन करने का एक ढाँचा था। बादलों के उस पार अन्तरिक्ष के परदे में कोई बैठा हुआ, प्रेम की डोर से मन को खींचता हुआ, शायद ही किसी को दिखता हो—'हिये की आँखों' से भी! मगर साँचा तैयार था—लोग अपनी सामर्थ्य के अनुसार शब्द लाकर उसमें डालते—कविता तैयार!

इन दिनों साँचे बड़े जोर से काम में लाये जा रहे हैं। एक प्रयोगवाद का साँचा है। अछूते प्रतीकों द्वारा अब तक कवियों द्वारा विस्मृत भाव व्यक्त किये जायँ, यह तो ठीक है लेकिन केवल 'विचित्र' बनने के लिए सर्कस के खेल किये जावें, तो अच्छा नहीं लगता। एक कविता देखी थी—

> मेरा मन भावना की 'पेरेम्बुलेटर' में घूमता है,
> आशा के कपोल चूमता है,
> कामना की दुलहिन-संग रमता है।

मन बच्चा है तो कोई हर्ज नहीं। 'पेरेम्बुलेटर' का अर्थ बच्चा-गाड़ी होता है, यह शायद कवि महोदय की आराम करने की जगह हो। आशा के कपोल बच्चे को चूमते देख हम चौंके, पर बाद में मन को इस बात पर जारी किया कि बच्चे को माता-पिता सिखा देते हैं—'बेटा, चूमा लो!' मगर जब 'पेरेम्बुलेटर' के बच्चे को दुलहिन के संग 'रमते' देखा, तो अक्ल गुम हो गयी। फ्रॉयड इस 'केस' का अध्ययन कर सकता था! उन असंख्य ढलवाँ रचनाओं में से एक है यह, जिनमें महज एक यान्त्रिक क्रिया की तरह प्रतीक फिट किये जाते हैं।

दूसरा एक ढाँचा और है—प्रगतिवादी ढाँचा! अनेक लोग प्रगतिवाद को केवल ढाँचा मानकर चल रहे हैं। सामाजिक यथार्थ को सच्चे मानवी संवेदन के साथ बहुत कम ग्रहण करते हैं। शेष ने 'शार्टकट' अपना ली है। 'हंस' के शान्ति अंक में रूमानिया, बलगेरिया, रूस, पोलैण्ड, चेकोस्लोवाकिया आदि की जो कथाएँ छपी हैं, उनको हेर-फेर के साथ कई लेखकों के नाम से छपा मैंने देखा है। फिर कृष्णचन्द का एक ढाँचा भी हिन्दी में कुछ लोगों ने अख्तियार कर लिया है—काश्मीर की लड़कियों के रूप और 'जोबन' को खूब रँगकर लिखा और फिर उसमें किसी पर्यटक की एकाध बदमाशी मिला दी! बस प्रगतिशील हो गया। हिन्दी के कई लेखकों में मैंने यह कोरी रूमानियत देखी है। यह ढाँचा होता है, आत्मा गायब! कई यथार्थवादी लेखक यथार्थ जीवन में प्रवेश किये बिना, जनजीवन से सीधा और संवेदनात्मक सम्पर्क स्थापित किये बिना, एक साँचे पर ढलाई कर रहे हैं। इनमें 'मनुष्य' कहीं नहीं दिखता। कुछ समझते हैं कि सुर्ख मेहँदी, सुर्ख सूरज,

लाल कमीज, सुर्ख धरती आदि लिख देने से यह प्रगतिवाद कहलाने लगेगा। या किसी से किसी की प्रेमिका को 'सुर्ख रूमाल' भेंट दिलवाने-मात्र से ही क्रान्ति हुए बिना नहीं रहेगी। इन रचनाओं में ठप्पेदार शब्दों के सिवा कुछ नहीं रहता। जीवन-तत्व गैर-हाजिर ! संवेदना लुप्त !!

रूस और चीन के लेखकों के सामने यह प्रश्न है कि क्रान्तिकालीन और उसके पूर्वकालीन साहित्य की तुलना में आज का साहित्य क्यों हीन है ? टालस्टाय, गोर्की, चेखव और लू-शुन क्यों नहीं हैं ? इसलिए तो नहीं कि उनका सम्बन्ध मनुष्य के जीवन से था, अब कोरे साँचों से। अमेरिकन और पश्चिमी यूरोप के उपन्यासों में दूसरा साँचा दिखता है—एक तो हर आदमी का लक्ष्य व्यक्तिगत स्वार्थ और सुख होता है। इस व्यक्तिगत स्वार्थ और सुख के पीछे ये दौड़ते फिरते हैं और अपनी इच्छा के लिए कुछ भी भला-बुरा कर सकते हैं, किसी की भी बलि चढ़ा सकते हैं। डी. एच. लारेन्स के उपन्यास 'सेण्टमार' में नायिका, उपद्रवी घोड़े की उष्णता व जीवनी-शक्ति पर मुग्ध हो, उसे अपने पति की सवारी के लिए ले आयी है, जिससे वह उसके करीब रहे। मन में विचार आता है कि यदि इसने पति को मार डाला तो ? 'कोई बात नहीं' वह सोचती है। आदमी पशु है न !

जीवन को चित्रित करने के लिए जीवन देखना पड़ता है, समझना पड़ता है। मानव-जीवन गणित के सूत्रों पर नहीं चलता, वह मनोविज्ञान के नियमों से भी बंधा हुआ नहीं है। साँचों में ढला हुआ साहित्य प्राणहीन होता है।

हिन्दी कवि-सम्मेलन*

हिन्दीभाषी क्षेत्रों के कवि-सम्मेलन अपनी रोचकता, बाहुल्य, समय और हल्कापन, असमयता, वजनदारी आदि के कारण प्रसिद्ध है। हर मौके पर, हर उत्सव में, हर जगह होते हैं। कोई हफ्ता नहीं गुजरता है, जब कवि-सम्मेलन सुनने को न मिलता हो।

अब इस सम्बन्ध में हिन्दी के कवियों, आलोचकों और श्रोताओं में भी विचार होने लगा है।

सहयोगी 'हिन्दुस्तान' में अनेक हफ्तों से धारावाहिक रूप से कवि-सम्मेलनों के सम्बन्ध में साहित्यिकों तथा कवियों के विचार प्रकाशित हो रहे हैं। इनमें बड़ी मजेदार बातें सामने आ रही हैं—एक कवि ने इस बात को स्पष्ट रूप से कह दिया

* वसुधा, वर्ष : 1, अंक : 12, अप्रैल 1957

है कि कवियों को पहिले पैसा दे देने से वे मन से कविता पढ़ते हैं और एक संयोजकजी ने लिखा है कि किसी कवि-सम्मेलन में किन्हीं कवि की नारियों के प्रति कुरुचिपूर्ण चेष्टाएँ देखकर एक राजपूत तलवार खींचकर मारने दौड़ा और भाग खड़े होनेवालों में 'दिनकरजी' भी थे। कुछ कवियों ने इस बात की शिकायत की है कि सम्मेलन हो जाने के बाद संयोजक कवियों की बिल्कुल भी परवाह नहीं करते—'रहिमन भाँवर के परे नदी सिरावत मौर।' एक कवि मित्र ने सुनाया कि एक जगह जब वे कवि-सम्मेलन के लिए पहुँचे, तो उन्होंने संयोजकों से कहा कि उनके कमरे में किसी कवि को न ठहराया जाय, क्योंकि उनकी आदत सबेरे 4 बजे उठकर दण्ड-बैठक लगाने की है। संयोजक बोले, "तो आप करिए; दूसरा आदमी सोया रहेगा।" वे बोले, "नहीं, मेरी आदत है कि दण्ड-बैठक के बाद जो भी सामने हो, उससे जोर करता हूँ।" कवि-सम्मेलन समाप्त होने पर जब संयोजक ने मुँह नहीं दिखाया, तो वे उन्हें खोजते पहुँचे और कहा, "पैसे दीजिए और स्टेशन तक पहुँचाने का प्रबन्ध कीजिए, वरना सबेरे के दण्ड-बैठक का उपयोग आप पर करता हूं।" उनका कहना है कि संयोजकजी ने घबड़ाकर पैसे दे दिये।

कितनी ही घटनाएँ हैं जिनसे मालूम होता है कि लोग कवि-सम्मेलन कला के प्रसार की दृष्टि से या सांस्कृतिक दृष्टि से नहीं कराते, वरन् सस्ते मनोरंजन के लिए बुलाते हैं। इतना सस्ता हो गया है यह प्रोग्राम कि लोग यह सोचने लगे हैं कि चाहे जब कवियों को इकट्ठा करा सकते हैं। जो लिखता है, वह तो झख मारकर सुनायेगा, ऐसा लोगों का ख्याल है।

कवि-सम्मेलन क्यों होते हैं, इस सम्बन्ध में कवियों का यह कहना है कि कविता का जनता में प्रसार होना चाहिए, समाज का सांस्कृतिक स्तर उठना चाहिए। वह ठीक हो सकता है; वैसे हमें अनुभव है कि यह दृष्टि 100 में से 1 की हो तो हो। शेष के लिए कवि-सम्मेलन टकसाल है, सुनाने की लोलुपता की तुष्टि का साधन है। कुछ कवियों की जीविका है।

उधर श्रोताओं की दृष्टि से इसका महत्त्व यह है कि इतने कम दाम पर न सिनेमा देखा जा सकता है न नाच! अपवादों की बात मैं नहीं कर रहा।

होता यह है कि कवि और श्रोता में एक व्यावसायिक सम्बन्ध हो गया है। संयोजक सोचते हैं कि हमने दाम दिये हैं, हम काम लेंगे। कवि सोचता है कि पैसे मिलें तो कहीं भी मजदूरी करने में क्या हर्ज है। कवि के साथ एक मजबूरी और भी है—मंच और माइक के आकर्षण से उनकी शक्ति काफी क्षीण हो गयी है।

परिणाम सामने है—कवि की इज्जत को जितना इस व्यावसायिक काव्य-पाठ ने कम किया है, उतना किसी ने नहीं। तरह-तरह के अपमान, अवहेलना और उपहास सहने पड़ते हैं। दूसरा एक कुपरिणाम यह हुआ है कि स्टेज की कविता अलग किस्म की होती जा रही है और मुद्रित कविता अलग। कहा हुआ शब्द क्षण में कान पर से निकल जाता है, इसलिए मंचीय कविता बहुत आसान और कर्णप्रिय होती है। कई बार तो सुरीली मूर्खता सबसे अधिक जमती है। अच्छी कविता की

बड़ी दुर्गति हो रही है। रंगमंचीय सफलता काव्य-रचना की कसौटी बन गयी है। अच्छे स्वर से निरर्थक शब्दों को गानेवाले कवि समाज में जाने जाते हैं, पर अच्छा लिखनेवाले, लेकिन मंच पर न कहनेवाले श्रेष्ठ कवियों को भी लोग नहीं जानते!

प्रयोगवादी कवि मंच पर कम ही आते हैं। तो क्या इनमें बहुत श्रेष्ठ लिखनेवाले लोग भी समाज के लिए अज्ञात रह जावेंगे?

एक और बात होती है—मंच पर पढ़नेवाले कवियों में बड़ी घृणित स्पर्धा, मार-काट, निन्दा और निम्नस्तरीय उखाड़-पछाड़ मची रहती है। 'मैंने उसे उखाड़ दिया'—अक्सर सुनने को मिलता है।

आदतन या व्यावसायिक मंचीय काव्य-पाठ के बारे में लोगों का कुछ अच्छा खयाल नहीं है।

लेकिन कवि-सम्मेलन बन्द करने की सलाह हम नहीं देते। उनसे बड़ा काम हो रहा है। यह सही है कि जिस समाज के लिए कवि लिखता है, उस तक काव्य पहुँचता है। जरूरत इस बात की है कि कवि-सम्मेलन का सस्तापन ज़रा कम हो, कवि ज़रा पठन-लोलुपता को रोकें, व्यवसाय के मामले में मारवाड़ी न बन जायें। इस बात का जरूर खयाल रखें कि वे जनता को क्या दे रहे हैं—तो कवि-सम्मेलन में एक 'डिगनिटी' आ सकती है। श्रोताओं को बहुत मूर्ख समझकर 'गाना' और 'गाली' सुनने के योग्य ही उन्हें मानना, बड़ी गलती है। अच्छी चीजें सुनने-समझने की क्षमता भी हमारे समाज में आ रही है। इसलिए जो कविताएँ पढ़ी जावें, वे इतनी हल्की न हों कि 'फिल्मियाँ' हो जावें या गाली हो जावें। कवि-सम्मेलनी कवि इस बात का भी तो खयाल रखें कि वे मंच से पढ़ रहे हैं, वह अगर छपी तो कैसी लगेगी।

जैसा भी चल रहा है, वैसा ही चला तो आगे चलकर दो प्रकार के कवि अलग-अलग हो जायेंगे—मंच के कवि और छापे के कवि! सवाल यह उठेगा कि इन दोनों में कौन कवि है और कौन अभिनेता या गायक? कवियों को और जागरूक पाठकों, श्रोताओं को इस बात पर गम्भीरता से विचार करना होगा।

साहित्य और राज्य-संरक्षण*

(परिमल का आयोजन)

सरकार और साहित्य के सम्बन्ध को लेकर पिछले कुछ काल से हिन्दी लेखकों में जो हलचल मची है, उसका स्पष्ट और संस्थाबद्ध रूप 'परिमल' की 3, 4, 5, मई को

* वसुधा, वर्ष : 2, अंक : 1, मई 1957

होनेवाली संगोष्ठी में प्रकट हुआ है।

सामन्ती युग के 'राज्याश्रय' ने प्रजातन्त्र में 'राज्य-संरक्षण' का रूप ले लिया है और ऐसा मालूम होता है कि इस देश के लेखकों के स्वतन्त्र चिन्तन और अभिव्यक्ति पर संकट आनेवाला है और इस आसन्न संकट से रक्षा करने के लिए व्यूह-रचना हो रही है। सोचा जाता है, राज्य द्वारा लेखकों की स्वतन्त्रता का अपहरण निम्न प्रकार से होता है—

1. रेडियो या सचिवालय में नौकरी,
2. सरकारी पुरस्कार,
3. सरकारी प्रकाशन,
4. सरकारी सम्मान आदि।

स्वातन्त्र्य-रक्षा की चिन्ता तब से अधिक दिखायी देती है, जब से रेडियो पर चुन-चुनकर साहित्यकारों को नियुक्त किया जाने लगा या विभिन्न राज्यों और केन्द्र में सांस्कृतिक पदों का निर्माण करके उनमें उन्हें फिट किया जाने लगा।

'परिमल' ने यह उचित ही किया कि इस सम्बन्ध में एक वृहत् संगोष्ठी का आयोजन किया है, जिसमें प्रचार के अनुसार कई भाषाओं के साहित्यकार भाग लेनेवाले हैं। इससे भी अधिक समझदारी की बात यह की है कि कोई प्रस्ताव पारित न करने का निश्चय करके केवल विचार-विनिमय तक ही कार्यक्रम को सीमित रखा है। किसी प्रस्ताव को पारित कर फिर उसमें से अपने को छुड़ाकर लाभ ले लेने की प्रवृत्ति हममें पुरानी है। साहित्य-सम्मेलन के रेडियो से असहयोगवाले निश्चय को तब एकदम तोड़ दिया--- जब कुछ लेखक बन्धुओं को रेडियो पर नौकरी मिल गयी।

संगोष्ठी के आयोजन के समय हम एक-दो बातें इस सम्बन्ध में कहना चाहेंगे। पहली बात तो यह है कि इस प्रकार के आन्दोलन में जितने लोग भाग लेते हैं, वे किस उद्देश्य से प्रेरित होकर ऐसा करते हैं? प्रयोजन क्या है? क्या वे कलाकार की स्वतन्त्रता पर आसन्न संकट से विडोलित हैं? क्या वे इसी तरह चिन्तन और अभिव्यक्ति-स्वातन्त्र्य में विश्वास करते हैं? क्या वे साहित्य के विराट हित की दृष्टि से ऐसा करते हैं या किसी दल या ग्रुप को आगे बढ़ाने के लिए नारे का उपयोग कर रहे हैं? उनका संघर्ष राज्य की नीति से है अथवा कुछ उन लोगों से जिन्हें राज्य ने पद, पुरस्कार और सम्मान दे दिया है?

संयोजकों के लिए ये प्रश्न बहुत महत्त्व रखते हैं। गलत कण्ठों से निकला अच्छा नारा भी अहितकर होता है। हमें अनेक लोग ऐसे मिलते हैं, जो अमुक या तमुक लेखक के रेडियो पर चले जाने की बड़ी आलोचना करते हैं, क्योंकि खुद उनको अभी पद मिलने में देर है; वैसे वे कोशिश में लगे हैं। कुछ ऐसे भी हैं जो विरोधी स्वर उठाकर अपनी कीमत बढ़ाते हैं, सौदे में अपनी स्थिति को मजबूत बनाते हैं। कितने उदाहरण दें उन लोगों के, जो रात-दिन राज्य और 'बिके हुए' लेखकों की निन्दा करते थे, और आज वे मजे में ऊँचे पद पर बैठे हैं। कितने ऐसे हैं जो 'घर फूंकने' की

बात करके अब तिमंजिले के चक्कर में हैं।

हमारा यही प्रयोजन है कि सवाल तो सही है, पर संयोजकों को, आन्दोलन-कर्ताओं को यह छानबीन जरूर करनी चाहिए कि इसमें उन कण्ठों का स्वर भी तो नहीं है, जिनके मालिकों को राज्य से लाभ मिलने में देर है। गलत कण्ठों से यह नारा न लगे, तभी कुछ लाभ हो सकता है।

दूसरी बात यह है कि अब ऐसे क्षेत्रों का निर्माण हो गया है जिनमें राज्य लेखकों का सहयोग चाहता है। सरकार सांस्कृतिक कार्य करना चाहती है, उसका फर्ज है। इस कार्य में वह लेखकों, कवियों, कलाकारों का सहयोग चाहती है। यदि नहीं करेगी, तो उसकी आलोचना होगी। यदि वह लेखकों को द्रव्य देकर कार्य में उनसे सहायता लेगी, तो उसकी निन्दा होगी। हमसे एक कवि ने पूछा, "सरकार पंचवर्षीय योजना कार्यान्वित कर रही है। यह योजना भारतीय जनता के जीवन को सुखी बनाने के लिए है। अगर मैं योजना के बारे में गीत लिखता हूँ, गाता हूँ, तो क्या जनसेवा नहीं करता? और जो यह नहीं करते, क्या वे देश की जनता के प्रति सच्चे हैं?" हमारे जवाब से उसे सन्तोष नहीं हुआ। जवाब कुल यह था कि भाई, अगर तुम्हें बहुत ईमानदारी से इस प्रकार की प्रेरणा अन्तःकरण में हुई हो, तो लिखो। अगर, सरकार गीत पर पुरस्कार देती है, इसलिए अगर लिखोगे तो यह 'रिटेल सेल' के सिवा कुछ और नहीं है।

रेडियो पर और सरकारी पदों पर काफी ऊँची दर पर राज्य लेखकों को स्थापित कर रहा है। कुछ लोगों की ओर से दी जानेवाली यह दलील मिथ्या है कि नौकरी अलग चीज है, उसका प्रभाव हमारे स्वतन्त्र चिन्तन और लेखन पर नहीं पड़ता। सरकार इतनी बेवकूफ नहीं है कि स्पष्ट बन्धन पर प्रतिमास मिलनेवाला वेतन, आगे तरक्की के चांसेस, शासकों की प्रसन्नता आदि कुछ ऐसी चीजें हैं जो परोक्ष रूप से ही सही, उपचेतन में ही सही, यह भावना मन में बनाये रखती हैं कि मैं सरकार से वेतन पाता हूँ। यह चेतना, यह भावना कलम में झिझक जरूर पैदा करती है। यही असत्य के साथ समझौता होता है। समझौते से भयंकर, विनाशक चीज कलाकार के लिए दूसरी नहीं। समाज-सत्य को सामाजिक सन्दर्भ में लेखक जिस रूप में अनुभूत करता है, उस रूप में उसे निःसंकोच प्रकट करने में झिझक पैदा न हो। जहाँ असत्य है, पाखण्ड है, मिथ्याचार है; वहाँ कला नहीं। राजनीति और समाज-नीति में समझौते की गुंजाइश है, साहित्य और कला के क्षेत्र में समझौता आत्मघात का लक्षण है।

प्रमाण में उन अनेक लोगों की रचनाएँ सामने रख लीजिए, जो उच्च पद पाने के बाद लिखीं। उनमें वह तेज, वह स्पष्ट अभिव्यक्ति, वह बखिया-उधेड़ जीवना-लोचन नहीं है, जो फाकामस्ती के वक्त की रचनाओं में थी। इनमें से अनेकों को तो मूल्य बदल गये हैं। अब वे 'फाइन लिटरेचर' लिखते हैं; वे ऊबड़-खाबड़पन को असांस्कृतिक मानते हैं, कटु सामाजिक वास्तविकता और उसके कारणों को उनके सही घृणित रूप में प्रकट करना उन्हें ओछापन लगता है; उनके सौन्दर्यबोध के स्तर

बदल गये हैं। इसका कारण है, वे रंगीन पेण्टवाले ड्राइंगरूम में बैठते हैं, वहीं लिखते हैं, वहीं सुनाते भी हैं। किसी समय के कुछ 'आगलगाऊ' प्रगतिवादी अब सरकार के फायर ब्रिगेड में काम कर रहे हैं।

इसीलिए यह सवाल सरकार की अपेक्षा साहित्यकार से अधिक सम्बन्ध रखता है। सरकार, वह चाहे किसी देश की हो, स्थितिवादी होती है। कलाकार, किसी भी देश का हो, वर्तमान से आगे बढ़कर अधिक उन्नत भविष्य के दर्शन करता है। स्थिति और प्रगति का यह संघर्ष ही सरकारी नौकरियों, पुरस्कारों और सम्मानों के पानेवाले में होता है। कभी-कभी यह कसमसाहट व्यक्त हो उठती है—भवानी मिश्र की उस कविता में दिल की कसमसाहट झलकती है जिसमें वे कहते हैं कि अब तो निरर्थक लिखने के दिन गये, सार्थक लिखने का आग्रह है। मनचाहा लिख सकने की स्वतन्त्रता के अपहरण के समय ईमानदार आत्मा का आर्तनाद है यह! सरकार पुरस्कार देती है; जिस प्रकार के ग्रन्थों पर पुरस्कार मिलता है, उसी प्रकार के ग्रन्थ लिखें, तभी पुरस्कार मिलेगा। रेडियोवाले धीमी बात को पसन्द करते हैं इसीलिए बात धीमी कहें। वर्ग-संघर्ष के बिना सच्चा समाजवाद नहीं आ सकता ऐसा हमारा विश्वास है, पर 'भूदान' पर लिखने से पैसे मिलेंगे; इसलिए दो-चार लिख दो। इस प्रकार के समझौते की वार्ताएँ कितने लोगों के मन में चला करती हैं। सिर से कफन बाँधनेवाले बिरले होते हैं।

आर्थिक हीनता बड़ी मज़बूरी होती है। आर्थिक लोभ उससे भी बड़ी मजबूरी। खुद को और बाल-बच्चों को भूखा मरता देख कोई समझौता करे, तो वह कुछ हद तक क्षम्य है। पर जो फट्टी की जगह कारपेट, साइकिल की जगह कार, सूती की जगह रेशमी पाने के लिए समझौता करे, वह कदापि क्षम्य नहीं है। वह व्यापारी है, कलाकार नहीं।

लेखन से अर्थ की प्राप्ति होती है, केवल इसीलिए लेखन व्यापार नहीं हो जाता। कपड़े के व्यापारी पर सत्य के अन्वेषण की कोई जिम्मेदारी नहीं है, मनुष्य के उज्ज्वल भविष्य के लिए उसे चिन्ता नहीं, कपड़ा बेचने के लिए उसे आन्तरिक प्रेरणा नहीं मिलती, कपड़ा बेचना यश नहीं दिलाता। कपड़ा बेचना उसकी आत्माभिव्यक्ति नहीं है। साहित्यकार की स्थिति दूसरी है। इसलिए लेखन, व्यापार कतई नहीं है—वह जीविका का साधन हो सकता है, लेकिन वह बहुत अंशों में तपस्या है। इसलिए जिसे आत्मा पर बन्धन महसूस होते हैं तो वह छोड़कर चला जाय। प्रेमचन्द को फिल्मी वातावरण में जब घुटन मालूम हुई, तो हजारों को लात मारकर चले आये, समझौता नहीं किया। जो अपने और समाज के प्रति ईमानदार है, उसके लिए रास्ता सीधा है। रास्ता कठिन उन लोगों के लिए है, जो प्राप्ति करके त्याग का रूपक साधना चाहते हैं, जो भीतर बेईमानी करके बाहर से ईमानदार दिखना चाहते हैं, जो अपने समझौते को तर्क से न्यायसंगत और सत्य सिद्ध करना चाहते हैं, जो कमरे में 'सरेण्डर' कर आते हैं, और बाहर आकर गर्दन ऐंठकर चलने लगते हैं; जो पतन को दण्डवत् सिद्ध करना चाहते हैं; जो एक मुट्ठी में स्वर्ण

लेकर दूसरे हाथ से भस्म दिखाते हैं।

ऐसे लोगों के लाभ के लिए ऐसी संगोष्ठी का उपयोग न होने पाय, इसकी सावधानी बरतना चाहिए। जो बात हो ईमानदारी से हो। व्यक्तियों की अपेक्षा प्रवृत्ति और नीति ही अधिक ध्यान में रहे।

इस प्रकार के सामाजिक संकट का उपयोग अनेक निहित स्वार्थ के लोग अपने घृणित हितों के लिए करने लगते हैं। राजनीति में यह आम बात है, मगर अब यह प्रवृत्ति साहित्यकारों में भी आने लगी है। किसी सामाजिक महत्त्व के प्रश्न को उठाकर फिर उससे किन्हीं लोगों को नीचे खींचना या अपने लिए सीढ़ी बनाना, आम रिवाज हो गया है। इस संगोष्ठी के प्रयोजन के सम्बन्ध में कुछ मित्रों ने व्यक्तिगत रूप से और कुछ लेखकों ने पत्र लिखकर शंकाएँ व्यक्त की हैं। इन लोगों ने जैसे हमें सचेत किया है। इस बात को यहाँ नहीं कहना अपने प्रति और 'परिमल' वाले मित्रों के प्रति बेईमानी होगी। अतएव हमारा उनसे आग्रह है कि अपने कार्यों और वक्तव्यों द्वारा, किन्हीं क्षेत्रों में व्याप्त इस धारणा को निराधार सिद्ध करें। आयोजन की महत्ता, शुचिता और उपादेयता की दृष्टि से यह और जरूरी है। यह आयोजन लेखक की स्वतन्त्रता की सिद्धि के लिए एक छोटा-मोटा यज्ञ ही है। यज्ञ की वेदी पर बैठे पुरोहित स्नानादि करके पवित्र होकर बैठते हैं। इस साहित्यिक यज्ञ के पुरोहित भी स्नान करके ही बैठे होंगे, ऐसी आशा है। पर यदि कोई शंका करें, तो उन्हें फिर से उसके सामने नहा लेने में कोई हर्ज नहीं। वैसे तो हर आयोजन शंका की दृष्टि से देखा जाता है, क्योंकि सत्य-असत्य की पहिचान कठिन हो गयी है। इसीलिए सत्य को भी प्रचार चाहिए, अन्यथा वह मिथ्या मान लिया जाता है। 'परिमल' वाले इस बात को समझें कि उक्त संगोष्ठी के निर्णयों और विचारों की बहुत-सी उपादेयता उनकी अपनी प्रवृत्ति और नियति और व्यवहार पर निर्भर है।

हमारा विश्वास है कि यह गोष्ठी सरकार, प्रकाशक वर्ग तथा साहित्यिक मठाधीशों द्वारा उत्पीड़ित, शोषित और अपमानित साहित्यकारों के अधिकारों के आन्दोलन का सूत्रपात करेगी। हमें आशा है कि उस बहुप्रचारित 'निरीहता' के फतवे की धज्जियाँ उड़ेंगी, जो फतवा कब से शोषकों के हाथ में लेखकों के शोषण का जरिया रहा है। लेखक को अपने लेखन से सम्मानपूर्वक जीवनयापन का हक मिलेगा; उसकी कृतियों के साथ शासन, प्रकाशक और जन-समाज न्याय करेंगे, कण्ठ-रोधक सरकारी दबाव से लेखक को मुक्ति मिलेगी।

हम उक्त संगोष्ठी के विचारों की उत्सुकता से प्रतीक्षा करेंगे। 'परिमल' द्वारा उठाये गये अन्य प्रश्नों पर हम आगामी अंकों में लिखेंगे।

'भारतीय कविता-1953'*

(हिन्दी की एक पूरी पीढ़ी का ब्लैकआउट !)

साहित्य अकादमी द्वारा प्रकाशित सन् 1953 की भारतीय कविताओं का संग्रह हमारे सामने है। भारत की 14 भाषाओं में 19 3 में लिखित कविताओं का यह संग्रह तीन साल बाद 1956 में छपा है। अकादमी सरकारी संस्था है। जहाँ मन्त्री की हर छींक के सचित्र प्रकाशन की प्रतिदिन सुविधा रहती है, वहाँ साहित्य का प्रकाशन 3 साल ले लेता है। बहरहाल, संग्रह छपा तो। न छापते तो हम क्या कर लेते?

हिन्दी अनुवाद सहित इन भाषाओं के संकलन का कार्य उस भाषा के एक या अधिक काव्य-अधिकारी व्यक्ति को सौंपा गया था और यह माना जाना चाहिए कि संकलनकर्त्ता ने सन् 1953 में प्रकाशित प्रतिनिधि रचनाओं को चुनकर इस संग्रह में शामिल किया।

अकादमी ने इन संकलन-कर्त्ताओं की बौद्धिक ईमानदारी, सन्तुलित न्यायदृष्टि, साहित्यिक सदाशयता और पूर्वाग्रहविहीन विवेक का भरोसा किया होगा और जिम्मेदारी कितनी बढ़ जाती है, जब किसी बड़े आदमी को दुनिया के सामने अपनी मातृभाषा के प्रतिनिधि काव्य को प्रस्तुत करने का कार्य दिया गया है। उसे राग-द्वेष, संकीर्ण मत-मतान्तर, प्रादेशिक भावना, मैत्री व दलबन्दी आदि से ऊपर उठकर यह काम करना होता है, क्योंकि एक भाषा के प्रतिनिधित्व का सवाल है।

कई भाषाओं के संकलनकर्त्ताओं ने यह उत्तरदायित्व निबाहा। असमिया, उड़िया, बंगला आदि के काव्य को पढ़कर उन भाषाओं की नवीन प्रवृत्तियों का परिचय मिलता है।

पर सबसे खराब संकलन हिन्दी का—संकलनकर्त्ता हैं श्री रामधारीसिंह 'दिनकर' एम. पी.। यह निःसंकोच कहा जा सकता है कि कोई अन्य भाषा का निष्पक्ष विद्वान यदि इस महाग्रन्थ को पढ़े, तो वह यही कहेगा कि भारत की भाषाओं में सबसे घटिया कविता हिन्दी में लिखी जाती है, हिन्दी कविता का विकास रुक गया है, वह युग से बहुत पीछे पड़ गयी है, उसमें प्राणवान बहुत कम लिखा जा रहा है, उसमें नवतेज के दर्शन नहीं होते।

'दिनकर' जी जब से कवि से एम. पी. हो गये हैं, उनकी दृष्टि ही बदल गयी है। इस संकलन में तीन कवि बिहार के हैं—वे स्वयं, जानकीवल्लभ शास्त्री और रामदयाल पाण्डे! बिहार के तीन कवियों की 'मेजारिटी' क्यों न होगी? राष्ट्रपति ही उनके हैं। हम प्रान्तीयता की भावना प्रगट नहीं कर रहे हैं, संकलनकर्त्ता के मन में व्याप्त इस संकीर्णता को उघाड़ रहे हैं।

* वसुधा, वर्ष : 2, अंक : 2, जून 1957

शेष कवि हैं—मिलिन्द, महादेवी, बच्चन, अंचल, अज्ञेय, पन्त, नवीन।

हिन्दी खण्ड को पढ़कर यही समझा जायगा कि हिन्दी में 'अज्ञेय' के बाद कुछ नहीं लिखा गया। 'अज्ञेय' के बाद की सृजनशील पीढ़ी में जो तेजवान काव्य लिखा जा रहा है, उसका कोई नमूना इसमें नहीं। एक पूरी-की-पूरी पीढ़ी को उड़ा दिया गया है। काव्य की एक पीढ़ी का पूर्ण 'ब्लैकआउट' कर दिया 'दिनकर' जी ने। ज़रा 'भारत ज्योति' (12 मई) का यह रिमार्क देखिए—

In Hindi only those poets, belonging to the 'High Command' group of Hindi Literature are represented, the new generation is almost forgotten.

छायावादी दलदल में फँसे हुए, अस्पष्ट, असामाजिक, परम्पराग्रस्त काव्य को ही हिन्दी का काव्य बनाकर 'दिनकर' ने हमारी भाषा और साहित्य के प्रति अपराध किया है। कोई अन्य भाषा-भाषी इसे पढ़ेगा तो हमारी लघुता और गतिहीनता पर हँसेगा। हिन्दी के अधिकार की खिल्ली उड़ायगा।

इस संकलन में 1953 की कविताओं का संग्रह नहीं किया गया, कवि संग्रहीत किये गये हैं। दिनकरजी जैसे बड़े आदमी मुँह-देखा व्यवहार करेंगे, ऐसी उम्मीद नहीं थी। बड़े-बड़े नामधारी कवियों को छाँटा, मित्रों को छाँटा, नित्य सम्पर्कवालों को छाँटा, और उनकी जैसी-तैसी रचनाएँ इकट्ठी कर दीं। जो लोग दूर सृजन कर रहे हैं, जो दिल्ली नहीं आ पाते, जो दिनकरजी से सम्पर्क नहीं कर सकते, जिन्होंने अपना प्रचार नहीं करवाया है, जो गरीब हैं, पीड़ित हैं, संघर्ष में क्षत-विक्षत हैं और जो हिन्दी के वास्तविक गौरव हैं—उन्हें कौन देखेगा? वे बड़े नहीं हैं, इसलिए बटोरने में नहीं आते! जो बड़े हैं, उनमें से अधिकांश घटिया लिख रहे हैं। स्वयं दिनकर, बच्चन, अंचल, पन्त की इस संकलन की कविताओं की उनकी पहिले की कविताओं से तुलना करके देख लीजिए। जो नयी पीढ़ी तेजवान काव्य लिख रही है, वह गाँवों, कस्बों, छोटे नगरों में पड़ी है, बड़ों से उसकी रसाई नहीं है, वह दिल्ली, 'ट्रिप' नहीं लगाती। उसे बटोरने की उदारता, आत्मबल और न्याय-बुद्धि संकलनकर्त्ता में नहीं है।

हम जानते हैं कि हिन्दी में किसी भाषा से घटिया काव्य नहीं लिखा जा रहा। हिन्दी कविता कहीं आगे है —सौ-दो सौ ऐसी रचनाएँ तो हम ही दिनकरजी को दे सकते हैं, जो हिन्दी को गौरव दे सकती हैं, मगर वे लोग दिनकरजी की पीढ़ी के नहीं हैं।

'दिनकर' जी के ठीक पीछे हिन्दी में एक पीढ़ी काव्य-साधना कर रही है। 'दिनकर' जी इससे परिचित नहीं हों, ऐसी बात नहीं है। इस कविता से उन्होंने कभी नाराजी जाहिर की है, कभी प्रसन्नता भी जाहिर की है, कभी इसे उपदेश भी दिया है। मगर इस ढेर-सी कविता में उन्हें सन् 1953 में एक भी नहीं मिली, जिसे हिन्दी के प्रतिनिधित्व के लिए वे चुनते। अन्य भाषाओं के संकलनकर्त्ताओं ने यह उदारता बरती है।

उड़िया में एक एम. ए. के छात्र अमियचरण गोहाई की कविता संकलित है। महेन्द्र बरा नवतरुण कवि हैं। जी. एस. शिवरुदम, निरंजन भगत, हसमुख पाठक, शरच्चन्द्र मुक्तिबोध आदि कितने नयी धारा के कवि हैं, जिन्हें संकलनकर्त्ताओं ने संग्रह में शामिल किया है। पर हमारी इस राष्ट्रभाषा के संकलनकर्त्ता एम. पी. कवि को यह समझ में नहीं आता कि जितना आँखों से दिखता है, जितना सम्पर्क से घिरा है, उतना ही हिन्दी का क्षेत्र नहीं है। इतने बड़े आदमी से ऐसे छोटेपन की उम्मीद नहीं थी।

वर्तमान तरुण पीढ़ी के काव्य में जो तेज, असन्तोष, विद्रोह प्रगट हो रहा है, वह सरकार के पास के, सरकारी संस्था के आदमी को प्रिय नहीं होता। दिनकरजी की स्थिति इस मामले में प्रकाशन विभाग के अफसर-सरीखी हो गयी। सरकार को नया तेज सहन नहीं होता, 'दिनकर'जी को भी वह नहीं हुआ।

हिन्दी की सजग, सृजनशील, प्राणवान नवीन पीढ़ी के प्रति किया गया यह अन्याय बहुत-बहुत निन्दनीय है। ऐसे कृत्य से दुनिया के सामने हमारी भाषा और साहित्य के मुख पर लांछन लगता है।

राजनैतिक नेताओं की तरह बड़े-बड़े साहित्यकार जगह-जगह अपने 'कम्पू' गाड़े बैठे हैं और जब इन्हें 'चांस' मिलता है, तो बहुमतवाली पार्टी के मन्त्रिमण्डल बनाने-जैसा व्यवहार करते हैं—अपनी पार्टी के लोग मन्त्रिमण्डल में, शेष निष्कासित! इसके विरुद्ध जब विद्रोह उभरता है, तो बुजुर्ग लोग उसे तरुणों की अशिष्टता और उद्दण्डता कहते हैं।

बखशीजी पर राजमद का प्रहार*

सत्ता प्रतिभा को किस तरह खरीदकर, उससे काम लेकर उसका हर तरह से शोषण कर, उसका पूरा सत निचोड़कर फिर किस तरह उसे फेंक देती है, इसका एक उदाहरण बखशीजी से हाल ही में किया गया खैरागढ़ राज-परिवार का घृणित व्यवहार है।

मध्यप्रदेश के अन्तर्गत खैरागढ़ राज्य के राज-परिवार ने बखशीजी की प्रतिभा, शिक्षण-योग्यता, लेखन-कुशलता और सज्जनता का जीवन-भर उपयोग किया। राज-परिवार के बच्चों को उनसे पढ़वाया, अपने भाषण लिखवाकर, उनको अपने मुंह से दुहराकर सामाजिक और राजनैतिक महत्त्वाकांक्षाएँ पूरी कीं, पहिले अँगरेज और

* वसुधा, वर्ष : 2, अंक : 3, जुलाई 1957

अब देशी नेताओं के अभिनन्दन-पत्र लिखवाये। बख्शीजी ने, जिनका व्यक्तित्व किसी राजा से कम नहीं है, खैरागढ़ को, वहाँ रहकर गौरव प्रदान किया। राज-परिवार के प्रति उनका ममत्व इस सीमा तक पहुँच गया था कि उन्होंने अपनी नवीन पुस्तक रानी पद्मावती (स्वास्थ्य मन्त्राणी, मध्यप्रदेश) को अभी कुछ दिन पहिले ही समर्पित की है। उनसे बार-बार यह कह दिया गया था कि जिस मकान में वे रहते हैं वह उनके नाम कर दिया जायेगा। इस आश्वासन पर उन्होंने उस पुराने मकान की स्वयं मरम्मत करायी। यह मकान राजा की ओर से याचक को दान नहीं है, राज-परिवार की वर्षों तक सेवा करने के पारिश्रमिक का एक अंश ही है। आखिर कलाकार को इच्छित और अनिच्छित रूप से कितने अवसरों पर झूठे मान-पत्र और पाखण्डपूर्ण भाषण लिखने पड़े होंगे। राज-परिवार के सब बच्चों को भी उन्होंने अपने बच्चों की तरह पढ़ाया है।

अब वे लगभग 57 वर्ष के हो चुके हैं। इस बुढ़ापे में उनसे मकान खाली करने को कहा जा रहा है और यह व्यवहार इतना घृणास्पद हो रहा है कि सुना है आम सरमायादार वसूली-कुर्की में जोर-जबर करने के लिए जिन 'नरपुंगवों' का उपयोग करते हैं, वे बख्शीजी के यहाँ मकान खाली कराने के लिए भेजे गये।

राज-परिवार का काम अब निकल गया। रानी पद्मावती अब मध्यप्रदेश की स्वास्थ्य-मन्त्राणी हो गयीं। अब वे भोपाल में रहती हैं, अब भाषण लिखवाने के लिए बख्शीजी की जरूरत नहीं है। इसलिए अब बख्शीजी जावें, मकान रहा आवे। अब मकान का उपयोग बख्शीजी से ज्यादा हो गया है।

कहते हैं महाकवि गेटे की मृत्यु के बाद तीन शहरों में तीव्र विवाद खड़ा हो गया था—हर शहर का दावा था कि महाकवि उसका था। पर इन तीनों शहरों की सड़कों पर गेटे वर्षों भूखा, ठोकरें खाता फिरता रहा था। मृत्यु के बाद सम्मान करने की हमारी आदत है।

लेखक और समाज के सम्बन्ध की ये रोमाण्टिक कल्पनाएँ अब अर्थहीन हो गयी हैं। ह्रासग्रस्त, पतनशील वर्ग-संस्कृति में लेखक का शोषण उसकी विपन्नता की रोमाण्टिक कल्पना में भुलाया नहीं जा सकता। यहाँ लेखक को मजबूर होना पड़ता है कि वह लिखने के सिवा अन्य जरिये से जीविका कमाय। लिखने से उसे जीविका नहीं मिलती और उसकी इस स्थिति का लाभ उठाकर धन और राज्य की सत्ता उसकी प्रतिभा का अपने हित में शोषण करती है—राजा-रानी उससे भाषण लिखवाते हैं; पैसेवाले अपने पिता का जीवन-चरित्र लिखवा लेते हैं, अपने नाम से साहित्य रचवाते हैं, स्वागतगीत और अभिनन्दन-पत्र लिखवाते हैं, अपना प्रकाशन कराते हैं और काम निकल जाने पर उसे अलग कर देते हैं—बुढ़ापे में विपन्नता में जिन्दगी घसीटने के लिए।

मध्यप्रदेश में बख्शीजी के प्रति किये गये इस अन्याय के प्रति जो रोष उमड़ा है, वह जन-आन्दोलन का रूप ले रहा है। ऐसी खबरें आ रही हैं। रानी मन्त्राणी हवा का रुख देख सकेंगी, ऐसी आशा है।

हिन्दी सत्याग्रह*

भाषा के अधिकार के लिए नेताओं को सत्याग्रह आन्दोलन छेड़ना पड़े, यह स्थिति बड़ी अशोभन है। जनमानस में एकता उत्पन्न करनेवाली भाषा तब विभेद पैदा करती है, जब वह राजनैतिक और साम्प्रदायिक पैंतरेबाजी के काम में लायी जाती है।

पंजाब में आर्यसमाज द्वारा चलाये जा रहे हिन्दी-रक्षा-आन्दोलन का रूप बड़ा चिन्तनीय हो गया है। हिन्दी को लेकर उठनेवाले इस प्रकार के संघर्षों का प्रमुख कारण भारत सरकार की हिन्दी-नीति और तत्सम्बन्धी शैथिल्य है। भारत सरकार ने अपनी हिन्दी-नीति को स्पष्ट प्रगट किया होता, राज्यों के सामने अपनी नीति को साफ-साफ रखा होता, हिन्दी के क्रमिक विकास के लिए उचित प्रयास किये होते, तो ऐसी स्थितियाँ नहीं आतीं।

भाषा-प्रेम पंजाब में भाषा-प्रेम न रहकर हठवाद हो गया है। वर्तमान आन्दोलन में पंजाब में राजनैतिक क्षेत्र के प्रतिद्वन्द्वी दल, तथा हिन्दू-सिख साम्प्रदायिकता के पोषक दलबन्दी करके बेचारी हिन्दी की आड़ में लड़ाइयाँ लड़ रहे हैं।

एक ओर सरकार की संकीर्णता है—हिन्दी की अवहेलना से उसका साम्प्रदायिक अहं तुष्ट होता है। दूसरी ओर आर्यसमाज है, जो हिन्दी को राष्ट्र-भाषा से अधिक शायद एक सम्प्रदाय की भाषा मानता है। दोनों ओर संकीर्णता और हठधर्मी। इस समाज में जो असंख्य विभेदक प्रवृत्तियाँ काम कर रही हैं उनमें एक हिन्दी भी जोड़ी जा रही है।

एक ओर राज्य सरकार को अपनी हठधर्मी, संकीर्णता त्यागकर राष्ट्र-भाषा को उचित स्थान देना चाहिए, दूसरी ओर हिन्दी के आन्दोलनकर्ताओं को यह समझना चाहिए कि भाषा की सही सेवा यह है कि उसका प्रचार किया जाय, उसके साहित्य की अभिवृद्धि की जाय। 'धर्मयुद्ध' घोषित करने में भाषा और संस्कृति जैसी चीजों की रक्षा नहीं होती। ये शक्तियाँ हिन्दी के प्रचार में लगें, तो अच्छा। इस आग में साम्प्रदायिक तत्वों के हाथ सेंकने से एक तो देश की एकता को हानि होगी, दूसरे हिन्दी के हित को भी धक्का पहुँचेगा।

* उपरोक्त अंक में प्रकाशित दूसरा सम्पादकीय।

'कन्टेम्परी हिन्दी लिटरेचर' : 'अज्ञेय' का निबन्ध*

साहित्य अकादमी द्वारा प्रकाशित उक्त अंग्रेजी पुस्तक में, आधुनिक हिन्दी साहित्य पर एक लेख स. ही. वात्स्यायन का भी है, जिसमें भारतेन्दु युग से लेकर आज तक के हिन्दी साहित्य की चर्चा की गयी है।

सरसरी निगाह से इस निबन्ध को पढ़ जाने के बाद जो प्रतिक्रियाएँ होती हैं उनमें सबसे पहिली यह है कि लेखक बड़े आत्मसचेत ढंग से आरम्भ और अन्त में यह स्वीकारते हैं कि अपने युग का सही और निष्पक्ष मूल्यांकन करना मुश्किल काम है। इतने सचेत व्यक्ति से यह अपेक्षित था कि वह पक्षपात, बेईमानी, संकीर्णता, राग-द्वेष और आत्मश्लाघा की ओर ढुलने के लिए मन के हर प्रयास को रोकता। पर एक नजर में यह बात स्पष्ट हो जाती है कि 'अज्ञेय' ने इनसे बचने की नहीं, वरन् इन्हें खुलकर खेलने की छूट देने का प्रयास किया है। उन्होंने इस लेख में कुछ पूर्व-स्थापित और सर्वमान्य तथ्यों को छोड़कर कुछ नयी ही स्थापनाएँ की हैं। नयी स्थापनाओं से हमें विरोध नहीं, किसी को भी क्यों होगा; परन्तु नयी स्थापनाओं के द्वारा विवाद खड़ा करने का उचित फोरम यह नहीं था। अकादमी ने उन पर जो विश्वास रखा, उसका उन्होंने दुरुपयोग किया, साहित्य के एक वर्ग और गुट की हितसाधना के लिए उसका उपयोग किया। इस निबन्ध को लेकर हिन्दी में एक तूफान खड़ा हो गया है और अनायास ही अज्ञेय बहुचर्चित और विवादग्रस्त व्यक्ति बन गये हैं। अपने आपको इस प्रकार का उछाल दे देना भी इस लेख का उद्देश्य रहा होगा, जो सफल हो रहा है। आगामी किसी लेख में 'अज्ञेय' इस चतुर्दिक निन्दा का अभिलेख भी कर सकते हैं और यह कह सकते हैं कि इस युग में 'अज्ञेय' के खिलाफ बड़ा आन्दोलन हुआ। यह बात इस ढंग की होगी—एक आदमी चौराहे पर खड़े होकर गाली बके और आसपास के लोग उसे चपतयायें, तो वह दूसरे दिन से कहने लगे, 'भई, मेरे विरुद्ध बड़ा आन्दोलन हुआ!' इस लेख में आधुनिक हिन्दी साहित्य के सांगोपांग विकास की सामान्य और सीधी-सच्ची रूपरेखा प्रस्तुत करने की ही उनसे अपेक्षा की जाती थी, परन्तु उन्होंने इसका उपयोग प्रतिपक्षियों पर, वैचारिक मतभेद रखनेवालों पर प्रहार करने के लिए तथा अपनी और अपने गुट की अतिरंजित प्रशंसा करने के लिए किया। यही नहीं, उन्होंने जान-बूझकर स्थितियों, आन्दोलनों और साहित्य-साधकों को एक गलत और पूर्णरूपेण व्यक्तिगत दृष्टिकोण में रखकर गलत-सलत निष्कर्ष निकाले।

दूसरी प्रतिक्रिया यह होती है कि हिन्दी-साहित्य, हिन्दी-कविता ही है। पूरा

* वसुधा, वर्ष : 2, अंक : 4, अगस्त 1957

लेख मुख्यतः हिन्दी-कविता की विभिन्न धाराओं से सम्बन्धित है और साहित्य के अन्य अंगों पर यों ही कलम फिसल गयी है, ताकि 'शेखर : एक जीवनी' के उल्लेख और प्रशंसा की भूमिका बन जाय और इस सिलसिले में 'बाणभट्ट की आत्मकथा' की भी प्रशंसा हो जाय। जैनेन्द्र को इतना उछालकर इसलिए दिखाया गया है कि उन्होंने ही वात्स्यायन का 'अज्ञेय' नामकरण संस्कार किया था और अपने साहित्यिक बचपन में वे जैनेन्द्र की अँगुली पकड़कर चले थे। (अतएव गुरुदक्षिणा : मार्फत साहित्य अकादमी)।

तीसरी प्रतिक्रिया : हिन्दी ने निराला, जैनेन्द्र और अज्ञेय के सिवा चर्चा के योग्य और कोई साहित्यकार नहीं उत्पन्न किये। 'निराला' के प्रति उनकी यह यकायक जागी आसक्ति हमारे ख्याल से एक इलहाम है और वह सम्भवतः इसलिए की गयी है क्योंकि उनकी कविता और व्यक्तित्व हर हिन्दीभाषी के लिए श्रद्धा की वस्तु है। जहाँ तक विरोधी आन्दोलनों का सवाल है, व्यक्ति रूप में 'निराला' सदैव पूजित हुए हैं और उनके तथा पन्त के विरुद्ध द्विवेदी युग के आलोचकों का जो प्रतिकूल रुख था वह नयी काव्य शैली 'छायावाद' के प्रति था। 'अज्ञेय' भूल गये कि 'प्रसाद' भी 'सरस्वती' के खाने से बाहर रहकर 'इन्दु' निकालकर, समय-समय पर निबन्धों के द्वारा अपने दृष्टिकोण को स्पष्ट कर जीवित रह सके। दरअसल यह आन्दोलन पुरानों का नये के प्रति शंका की दृष्टि से उत्पन्न था! जैनेन्द्र की पीठ पर तो प्रेमचन्द ने हाथ रक्खा था और अपने गुरु का प्रत्याख्यान करने के बावजूद जैनेन्द्र प्रेमचन्द के मुक्त आशीर्वाद के पात्र रहे! उनकी 'सुनीता' आदि के 'चोली-दामन उतारवाद' का अवश्य विरोध हुआ जो आन्दोलन नहीं, एक सम्भावनायुक्त कलाकार की पतनशील 'न्यूरोटिक' भावना की आलोचना मात्र थी। जैनेन्द्र का हमने एक व्याख्यान नागपुर में सुना। प्रो. विनयमोहन शर्मा ने उनका परिचय देते हुए 'सुनीता' इत्यादि उपन्यासों की कुछ प्रवृत्तियों से अपनी असहमति व्यक्त कर उन्हें यह कहने को उकसाया कि यदि उनका 'वश चले तो वे आज अपनी कृतियों को अस्वीकृत कर दें।' जैनेन्द्र को व्यर्थ ही 'हीरो' बनाने का प्रयास कहाँ तक समीचीन है? इस युग में व्यक्ति के विरुद्ध यदि सबसे बिकट और योजनाबद्ध आन्दोलन हुआ तो 'उग्र' के, जिसमें बनारसीदास चतुर्वेदी ने नेतृत्व देकर एक सामाजिक संकट का हल्ला कर परले सिरे की साहित्यिक बेईमानी की। गाँधीजी का हवाला देकर उन्होंने 'उग्र'-जैसी महान् प्रतिभा को निरादृत करने का जो प्रयत्न किया, उससे सबसे बड़ा घाटा यदि किसी को हुआ तो हिन्दी साहित्य को ही। गाँधीजी के 'चाकलेट' पर प्रशंसा-पत्र को बीस बरस तक चतुर्वेदीजी में ही हजम करने का माद्दा था। 'अज्ञेय' ने बड़ी सफाई से 'उग्र' को छोड़ दिया और स्वयं 'हीरो' बन गये। हमारे विचार से अज्ञेय का Stature इतना बड़ा कभी रहा ही नहीं कि उनके विरुद्ध योजनाबद्ध आन्दोलन करने की आवश्यकता किसी को पड़े।

चौथी बात जो एकदम नजर में आती है वह यह कि हमें इस लेख के प्रकाश में हिन्दी साहित्य की बारहखड़ी फिर से पढ़नी पड़ेगी, हमें सीखना पड़ेगा कि हिन्दी

में रामचन्द्र शुक्ल, श्यामसुन्दरदास, हरिऔध कोई कभी नहीं हुए। हमारे जमाने के नन्ददुलारे वाजपेयी, रामविलास शर्मा, शिवदानसिंह चौहान आदि आलोचकों के उल्लेख का तो कारण ही नहीं था, क्योंकि आलोचना को 'अज्ञेय' साहित्य का अंग नहीं मानते। ('त्रिशंकु' की बात दूसरी है !)

पाँचवीं बात जो एकदम ध्यान पकड़ती है वह यह कि आधुनिक हिन्दी की समस्त साहित्य-सर्जना के प्रेरणा-केन्द्र तीन हैं—'प्रतीक' पत्रिका, 'परिमल' संस्था और 'अज्ञेय' व्यक्ति ! बार-बार अज्ञेय ने इन तीनों का ढोल पीटा है और यह समझाने का प्रयास किया है कि प्रयोगवाद और नयी कविता को 'अज्ञेय' ने जन्म दिया, 'प्रतीक' ने गोद में लिया और 'परिमल' ने Manner सिखाये। इस लेख में 'अज्ञेय' ने स्पष्ट लिखा है कि नयी कविता को 'प्रयोगवाद' नाम स्वयं उन्होंने दिया, जबकि 'अज्ञेय' स्वयं एकाधिक बार कह चुके हैं कि 'प्रयोगवाद' नाम ही गलत है और उन्हें 'प्रयोगवादी' कहना 'कवितावादी' कहना जैसा है। क्या 'अज्ञेय' और स. ही. वात्स्यायन—एक व्यक्ति के दो नामों का अन्तर ही विचारों में इतना अन्तर कर देता है !

नये कवियों के कुलगुरु 'अज्ञेय' स्वयं बन गये हैं। कोई हर्ज नहीं। पर अज्ञेय ने अभी दो सप्तक सम्पादित किये हैं जिनमें हिन्दी के 14 नये प्रतिनिधि कवि उन्होंने लिये हैं। ये कवि भिन्न होते हुए भी 'अन्वेषी' हैं, अतएव साथ हैं—ऐसा कुछ 'अज्ञेय' ने लिखा था। पर पहले सप्तक के दो ही कवि आज कवि रह गये हैं—'अज्ञेय' और 'गिरिजाकुमार माथुर'। द्वितीय सप्तक में भी भवानी मिश्र, शमशेर, नरेश मेहता जिनके आगे अन्य गिनाये गये कवि बौने लगते हैं, इस लेख में नामोल्लेख के लायक भी नहीं रहे हैं। प्रथम तार सप्तक के शक्तिवान कवि गजानन मुक्तिबोध की 'अज्ञेय' ने निर्लज्जता से अवहेलना कर दी है। 'अज्ञेय' द्वारा मान्य तार सप्तकों के इन प्रतिष्ठित कवियों का स. ही. वात्स्यायन ने नवीन काव्य के प्रसंग में नाम भी नहीं लिया। तो कौन प्रवंचक है—तार सप्तकों के सम्पादक 'अज्ञेय' या इस लेख के लेखक स. ही. वात्स्यायन ?

पूरा लेख निष्पक्ष पर्यवेक्षण बिल्कुल नहीं है—कुछ ऐसे आवेग में लिखा है, जैसे 'अज्ञेय' प्रतिपक्षियों पर प्रहार कर रहे हैं। मुख्य रूप से प्रगतिवादी लेखकों पर उन्होंने अपना क्रोध उतारा है, दूसरा नम्बर उनका है जो जरा भी सामाजिक दायित्व समझते हैं ! 'अज्ञेय' की सारी खीझ इसमें प्रकट हो रही है। प्रगतिवादी सम्मेलनों में जब वे बैठते थे, जब उन्हें मजबूरन अपने को 'पंक्ति को दे देना' पड़ा था तब संस्था के भीतर उनकी 'सेबोटेज' करने की गतिविधियों के कारण उनका संघर्ष प्रगतिवादियों से हुआ था। तब का घनीभूत क्रोध उन्होंने इसमें निकाल लिया है। प्रगतिवादियों के नाम को साफ उड़ा दिया है। जिनका नामोल्लेख न करना उनकी बेईमानी के बस की बात नहीं थी, उन पर छींटाकशी करके व्यक्तित्व को बिगाड़कर प्रस्तुत किया है। यशपाल और नागार्जुन को 'परपीड़कवाद' का आरोप लगाया है, (जबकि अज्ञेय स्वयं 'मेसाकिस्टिक' : आत्मरुग्णता की प्रवृत्ति के शिकार हैं)।

यशपाल और नागार्जुन ने समाज के दुख-दर्द को संवेदन के साथ ग्रहण किया है, अन्याय और अत्याचार और शोषण को अपने सत्य—नग्न रूप में प्रकट किया है। इसे 'अज्ञेय' 'परपीड़न' कहते हैं। शायद पृथ्वी से रस ग्रहण करना पौधे का 'परपीड़न' है। गमले में रोपे पौधे 'अज्ञेय' यह क्या जानें कि अपने पौधे को त्याग-कर, जनसमाज में मिलकर उससे शक्ति, प्रेरणा और संवेदन ग्रहण करना सबके वश की बात नहीं है! काश्मीर की घाटी में कहीं 'नर-मादा' को बिठाकर सेक्स की गुत्थियाँ गूंथना और बात है।

और इसी जोश में वे यह घोषणा भी कर गये कि प्रगतिवाद मर गया। कैसे मर गया? क्या कान्फ्रेन्स नहीं होती इसलिए मर गया मालूम होता है? यदि वे पिछले कुछ वर्षों का साहित्य पढ़ते होते, तो जानते कि यद्यपि प्रगतिवादी 'हाईकमाण्ड' दुर्बल हो गया हो, 'आफिशियल प्रगतिवाद' कमजोर पड़ गया हो, पर पहले से अधिक व्यापक, स्वस्थ और शक्तिवान प्रगतिशील साहित्य रचा जा रहा है। समाज-जीवन में अधिक गहरे पैठकर, सामाजिक यथार्थ को अधिक सच्चे रूप में ग्रहण कर आज का साहित्यकार रचना कर रहा है। अनेक उच्च कोटि के प्रयोगवादी कवि आज सामाजिक दायित्व को स्वीकार करते हैं और नयी शैली में प्रगतिशील विचारों को गुम्फित करते हैं।

'अज्ञेय' ने अपने निष्कर्ष पहिले निकालकर रख लिये हैं, उनसे 'फिट' होने के लिए तथ्यों को तोड़ा-मरोड़ा है। प्रेमचन्द के बारे में कहते हैं कि उन्होंने पात्रों को Individuate किया – याने उनके पात्र व्यक्ति हैं। प्रेमचन्द जैसे समाज-सचेत लेखक को 'अज्ञेय' अपने जैसे व्यक्तिवादी की कोटि में रख रहे हैं। प्रेमचन्द के पात्र सामाजिक होते हुए, समाज के विभिन्न अंगों के प्रतिनिधि होते हुए भी, मौजूदा ढाँचे में अपने व्यक्तिगत विकास की पूरी सुविधा और स्वतन्त्रता पाते हैं। यही प्रेमचन्द की बड़ी विशेषता है और इसमें प्रेमचन्द अद्वितीय हैं। पर 'अज्ञेय' उन्हें अपनी पंक्ति में बिठाने को आतुर हैं।

इसी पूर्वाग्रह के कारण उन्होंने वर्तमान हिन्दी साहित्य की प्रवृत्ति को 'व्यक्तित्व की खोज' कहा है। यह 'अज्ञेय' की तथा और दो-चार की प्रवृत्ति हो सकती है, पर समाज-निरपेक्ष व्यक्ति की खोज हमारी प्रवृत्ति नहीं है, यह निश्चित है। व्यक्तित्व की खोज कहाँ की जायेगी? समाज के भीतर ही न? तो फिर समाज के सर्वांगीण संस्कार और उन्नयन पर ही तो व्यक्तित्व बनेगा।

एक श्रेय अज्ञेय को अलबत्ता देना पड़ेगा—उन्होंने अपने व्यक्तित्व की खोज कर ली है। इस कदर निर्लज्जता से अपनी प्रशंसा बिरले ही कर पायेंगे। यह हर मानते हैं कि समकालीन हिन्दी साहित्य की चर्चा 'अज्ञेय' के बिना अधूरी होगी, पर लेख में उन्होंने सब सीमाएँ तोड़ दीं। ऐसा ज्ञात होगा कि हिन्दी में सबसे बड़ा व्यक्तित्व 'अज्ञेय' का है—अपने को ब्राउनिंग और लारेन्स की तुलना में खड़ा करना, नयी कविता का अपने को जनक साबित करना, 'निराला' और जैनेन्द्र के साथ स्वयं खून लगाकर शहीद बन जाना है।

लेख असंगतियों स भरा पड़ा है। एक जगह कहते हैं कि समस्त हिन्दी साहित्य सामाजिक चेतना से प्रेरित है और फिर आधुनिक युग का लक्ष्य व्यक्तित्व की खोज बताते हैं। व्यक्तित्व की बात 'अज्ञेय' ने बार-बार उठायी है। दरअसल वह सब-कुछ जो साहित्य में व्यक्त होता है, उसमें साहित्यकार का व्यक्तित्व केवल एक माध्यम का कार्य करता है। समाज ने इत्तिफाक से अपने आपको व्यक्त कराने के लिए 'अ' को न चुन यदि 'ब' को चुन लिया और इसमें यदि 'ब' का दिमाग आसमान पर चढ़ जाय, तो नुकसान उसी का होगा—वह यह कि आगे चलकर समाज उसका विश्वास नहीं करेगा, उसे अपनी अभिव्यक्ति का माध्यम नहीं बनायेगा। इसलिए कलाकार का व्यक्तित्व इसमें गौण हो जाता है—रेडियो सेट का कोई 'एरियल' अगर अपने को ब्राडकास्टिंग स्टेशन मान ले, तो उस एरियल को हम 'अज्ञेय'वादी कह सकते हैं। परन्तु यह तर्क उनकी समझ में नहीं आयगा, जो युग न जीकर क्षण जीते हैं, समाज के वृहत्तर भू-भाग न बन 'नदी के द्वीप' बनने के आकांक्षी हैं।

डॉ. हजारीप्रसाद द्विवेदी को केवल 'बाणभट्ट की आत्मकथा' के लेखक के रूप में मान्यता मिली है (शायद भट्टनी से 'अज्ञेय' अभिभूत हो गये), द्विवेदीजी के श्रेष्ठ निबन्ध, उनकी समीक्षा, आदियुग और मध्ययुग के साहित्य सम्बन्धी उनकी शोध—यह सब लेखक भुला गये। 'अंचल' का नाम कविता के प्रसंग में नहीं बल्कि केवल उपन्यासों के सन्दर्भ में लिया है, और नरेश मेहता के साथ कोष्ठक में बन्द कर दिया गया है। (तुक कौन-सी है?)। वृन्दावनलाल वर्मा और रांगेय राघव-जैसे ऐतिहासिक उपन्यासकारों को 2-4 शब्दों में निपटा दिया गया है। (अपने लिए 'स्पेस' बचाना था)।

'अज्ञेय' का यह लेख हिन्दी साहित्य के सम्बन्ध में केवल भ्रम फैलायगा। चिन्ता इसलिए अधिक बढ़ जाती है कि यह अंग्रेजी पुस्तक अहिन्दी-भाषियों के लिए है। साहित्य अकादमी जैसी जिम्मेदार संस्था को इतनी महत्त्वपूर्ण पुस्तक के सम्बन्ध में सावधानी बरतना था।

अभी हाल में ही सन् 1953 की 'भारतीय कविता' में इसी 'रेवड़ी बांट' जीवन-दर्शन की हमने निन्दा इसी स्तम्भ में की थी। हमें लगता है यह सरकारी संस्था, कर-दाता का पैसा केवल भ्रान्तियाँ उत्पन्न करने और प्रियपात्रों को लाभान्वित करने में बहा रही है।

हिन्दी-कमीशन की रिपोर्ट*

आजकल किसी कार्य को नहीं करने का सबसे आसान और प्रचलित तरीका है—कमीशन और कमेटी बिठा देना। निःशस्त्रीकरण से लेकर शहर की सफाई तक के मामले कमीशन और कमेटी के दलदल में फँसे हुए हैं।

भारत सरकार के शिक्षा-मन्त्रालय ने 2 वर्ष पूर्व स्व. खेर की अध्यक्षता में एक हिन्दी-कमीशन का गठन किया था, जिसका प्रतिवेदन इसी मास संसद के समक्ष रखा गया।

दो वर्षों के परिश्रम, परीक्षण, विचार और अर्थ-व्यय के उपरान्त जो निष्कर्ष इस कमीशन ने निकालकर दिये हैं, वे कोई भी राहगीर राष्ट्रपति के कान में कह सकता था। कमीशन के कार्य का उपहास हम नहीं कर रहे हैं और न उसको कोई लघुता प्रदान कर रहे हैं। बात यह है कि वे निष्कर्ष इतने पूर्व-परिचित और निश्चित हैं कि कमीशन के बिना भी जाने जा सकते थे और कमीशन ने भी इतने कार्य के पश्चात् उन्हें ही जाना। दिल्ली कहाँ है, यह सामान्य आदमी जानता है, पर इसे जानने के लिए कोई यात्री-दल विश्व में भ्रमण करता फिरे और फिर खोजते-खोजते दिल्ली पहुँच जाय, तो इसके परिणाम होंगे—श्रम और धन का अपव्यय अथवा दिल्ली को जानने में विलम्ब। यही बात इस कमीशन के कार्य के सम्बन्ध की है।

कमीशन ने कहा क्या है? यही कि सन् 1965 में हिन्दी अंग्रेजी का स्थान ले सकती है, यह अभी निश्चित नहीं कहा जा सकेगा और यह कि प्राथमिक शिक्षा मातृभाषा में होनी चाहिए। यह भी कहा गया है कि सन् '65 में हिन्दी का राजभाषा के रूप में प्रयोग होना सरकार के इस दिशा में कार्यों की गति पर अवलम्बित है। ये ऐसे तथ्य हैं जिन्हें शिक्षामन्त्री से लेकर सामान्य नागरिक तक जानता था।

पर शिक्षामन्त्रालय के अब तक के हिन्दी-सम्बन्धी कार्य को देखते हुए यह आशंका होती है कि संविधान में उल्लिखित उक्त भाषा-सम्बन्धी मुद्दे के प्रति यह मन्त्रालय पूर्णरूप से सचेत और शायद सच्चा भी नहीं है। राष्ट्रभाषा के नियमन, प्रसार और समृद्धि के बारे में इस मन्त्रालय की अजगर-गति से यह आशंका होती है कि सन् 1965 तक शेष काम भी पूरा हो जायगा या नहीं। विभिन्न विषयों की, शासकीय, विधि-सम्बन्धी शब्दावली का निर्माण, उच्चस्तर की टेकनीकल पुस्तकों की रचना, माध्यमिक और उच्चशिक्षा-स्तर पर हिन्दी का अनिवार्य अध्ययन आदि अत्यन्त आवश्यक कार्य भी अभी नहीं हो पा रहे हैं।

और इसी ढुलमुल नीति का परिणाम है, पंजाब का हिन्दी आन्दोलन तथा दक्षिण में फिर से सिर उठानेवाला हिन्दी-विरोधी मोर्चा। पंजाब में हिन्दी और गुरुमुखी को लेकर जो संकीर्ण साम्प्रदायिक गुटबन्दी हो गयी है वह अत्यन्त भयानक

* वसुधा, वर्ष : 2, अंक : 5, सितम्बर 1957

है। साम्प्रदायिक-राजनैतिक दल हिन्दी के प्रश्न को वही रूप दे रहे हैं, जो रूप वे गोरक्षा आन्दोलन को देते रहे हैं। जनसंघ और हिन्दू महासभा के पत्र जिस प्रकार से इस आन्दोलन का प्रचार कर रहे हैं, वह पूर्णरूप से साम्प्रदायिक है। पंजाब सरकार की हठधर्मी, जो संघ सरकार के शैथिल्य से प्रोत्साहित हुई, इस अशोभन काण्ड का कारण है। आज से वर्षों पूर्व जो निर्णय लागू कर देना चाहिए थे, वे अभी तक नहीं हो पाये। राज्यभाषा और राष्ट्रभाषा के प्रयोग तथा अध्ययन के क्षेत्र पहिले ही निश्चित हो जाने चाहिए। पर वे अभी तक नहीं हुए। परिणामस्वरूप जहाँ-तहाँ विघटक शक्तियाँ कार्यरत हो गयी हैं।

अब सरकार ने बड़े विश्वास के साथ कहा है कि सन् 1965 में हिन्दी अंग्रेजी का स्थान ले लेगी। इस घोषणा की पूर्ति के लिए जो आवश्यक तैयारी है, उसकी गति अगर नहीं बढ़ी तो यह केवल एक भ्रामक गर्वोक्ति होकर रह जानेवाली है। क्या हम आशा करें कि सरकार सचाई से इस ओर काम करेगी अथवा पण्डित नेहरू की एकता की अपील के बल पर इसी तरह टालमटूल करती रहेगी?

पुस्तक की भूमिका*

पुस्तक के साथ भूमिका का प्रकाशन आम चलन है। यह भूमिका किसी ऐसे व्यक्ति से लिखायी जाती है, जो उस विषय का मान्य विद्वान हो, उसकी बात का वजन हो और जिसके न्याय-विवेक पर भी लोगों का विश्वास हो। भूमिका के अनेक प्रयोजन होते हैं—वह पाठक को आगे पढ़ने और विषय-वस्तु को ग्रहण करने के लिए उसकी मानसिक तैयारी करती है; पुस्तक की विशेषताओं को दृष्टि-केन्द्र में लाती है, उसका मूल्य निर्धारित भी करती है। वह पाठक को दिशा-संकेत करने के लिए होती है.

भूमिका का महत्त्व इसीलिए बढ़ जाता है। भूमिका-लेखक पर पाठक भरोसा करता है। पुस्तक पर किसकी भूमिका है और उसमें क्या कहा गया है, इससे पाठक उसे खरीदने-नहीं खरीदने, पढ़ने-नहीं पढ़ने का निर्णय करता है; उसमें उसे क्या मिलेगा, इसका भी आभास उसे होता है। बहुत अंश में न होता हो, पर होना स्वाभाविक है। जाग्रत, सुसंस्कृत पाठक भूमिका को बड़ा महत्त्व देता है।

हिन्दी में इस जिम्मेदारी को न भूमिका-लेखक समझते हैं, न लेखक। हिन्दी में भूमिका एक सिफारिश होती है, एक प्रकार का विज्ञापन होता है, क्रय-शील माल

* वसुधा, वर्ष : 2, अंक : 6, अक्तूबर 1957

का जैसे विज्ञापन किया जाता है, बढ़ा-चढ़ाकर प्रशंसा की जाती है, कल्पित गुणों का आरोप किया जाया है। लेखक किसी बड़े आदमी के पास जाता है; ऐसे के पास जाता है, जिससे उसके सम्बन्ध अच्छे हों और उससे भूमिका लिखने को कहता है। भूमिका-लेखक अक्सर इसे अपना सौभाग्य मानता है और खूब बढ़ा-चढ़ाकर तारीफ कर देता है। आप एक शीर्षस्थ कवि और एक तुकबन्द की भूमिकाओं में समानता पायेंगे—एक व्यक्ति हिमालय-सी ऊँची और टीले-सी नीची पुस्तकों की एक-सी भूमिका लिखता है।

भूमिका के कुछ बने-बनाये 'रेडीमेड' ढाँचे होते हैं, उन्हें जगह-जगह फिट कर दिया जाता है।

जैसे किसी नौकरी के लिए किसी बड़े आदमी के पास टेस्टीमोनियल (प्रमाण-पत्र) लेने जाते हैं, और वह लिख देता है–'He bears good moral character.' (उसका नैतिक आचरण अच्छा है), वैसे ही भूमिका-लेखक रस्म-अदायगी के लिए कुछ 'यों ही' वाक्य लिख देते हैं। टेस्टीमोनियल देनेवाला माँगनेवाले से ही कभी कह देता है कि तुम्हीं लिख लाओ, दस्तखत मैं कर दूंगा। ऐसे ही कुछ भूमिकाएं भी टाली जाती हैं। इनसे कृति के बारे में आपको कुछ ज्ञान नहीं हो सकता। आप अगर पुस्तकों की भूमिका देखें, तो आपको यह आभास होगा कि हर लेखक सर्वश्रेष्ठ है, हर कृति उत्तम और युगान्तरकारिणी है। सफेद झूठ और काले झूठ के साथ यह भूमिका-झूठ भी होता है।

कोई भी आदमी किसी भी विषय की भूमिका लिख देता है। मनोवैज्ञानिक से आप रसायन-शास्त्र की भूमिका लिखवा सकते हैं। वह मना नहीं करेगा। जबसे नेताओं ने भूमिका लिखने का काम ले लिया है, तबसे भूमिकाओं की और दुर्दशा हो गयी है। राजनायक हर विषय का प्रकाण्ड पण्डित होता है; यह अपने यहाँ मान लिया गया है। इसके सिवा एक लाभ यह भी है कि उससे भूमिका लिखवाने से सरकारें पुस्तकें खरीद लेती हैं। इस प्रकार की भूमिकाएँ बड़ी हास्यास्पद होती हैं।

हमारे यहाँ भूमिका-लेखन ज्यादा सम्मान का काम समझा जाता है—कुछ लोगों का ख्याल है कि वे बिना कुछ सृजन किये, केवल भूमिका-लेखन के द्वारा अपनी साहित्यिक प्रतिष्ठा कायम रख सकेंगे। भूमिका-लेखन के लिए लालायित रहनेवाले भी कितने ही बड़े लोग हैं। हमने तो ऐसा भी सुना है कि कोई ऐसे भी हैं जो इसे धन्धे के रूप में करते हैं। छोटे लेखक से कहा कि मैं तुम्हारी भूमिका लिखूंगा, तो तुम्हारी प्रतिष्ठा बढ़ेगी, इसलिए पैसा दो। और बड़े से कहेंगे कि अपनी पुस्तक की भूमिका तुमसे लिखवाऊँगा, तो तुम्हारी प्रतिष्ठा बढ़ेगी, इसलिए मुझे पैसा दो।

एक बार हमसे एक मित्र ने कहा—तुमने 'वेल ऑफ लोनलीनेस' पढ़ा है? जरूर पढ़ लेना; हेवलाक एलिस की भूमिका है। उस दिन लायब्रेरी में शेक्सपियर पर पुस्तकें देखते-देखते नज़र पड़ी 'डेवलपमेण्ट ऑफ शेक्सपीरियन इमेजरी'—एक जर्मन प्रोफेसर की; प्रथम पृष्ठ पर ही छपा था—'Foreward by Dover Wilson।' कहा—अच्छी होगी, डोवर विल्सन की भूमिका है।

क्या हिन्दी की पुस्तकों को इस विश्वास के साथ हम ग्रहण कर सकते हैं ? क्या हम किसी पुस्तक पर हिन्दी के शीर्षस्थ आलोचक की भूमिका देखकर उसे उठा सकते हैं ? और क्या हम धोखा नहीं खावेंगे ? सौ में से नब्बे मामलों में हमें धोखा होगा, क्योंकि हमारा भूमिका-लेखक जिम्मेदारी नहीं समझता। वह यह भी नहीं जानता कि उसकी भूमिका को कोई 'सीरियसली' लेगा।

भूमिका-लेखन के लिए हर समय हर विद्वान तैयार रहता है। अगर वह तारीफ न करे, तो उससे लिखावे कौन ? भूमिका लिखने को बड़ा भारी सम्मान जो वह मानता है ! याद आता है कि बर्नार्ड शॉ ने एक बार सी. ई. एम. जोड़ सरीखे आदमी की पुस्तक की भूमिका लिखने से इन्कार कर दिया था, हालाँकि इसके कारण अद्भुत थे; जैसे यही कि 'फिर तुम्हारी पुस्तक को कोई नहीं पढ़ेगा, मेरी भूमिका ही सब पढ़ेंगे।' हिन्दी में महालेखक भी, पेम्फलेट तक की भूमिका लिख देगा।

आजकल एक प्रवृत्ति और देखने में आ रही है। भूमिका-लेखक पुस्तक की भूमिका लिखते-लिखते दूसरी साहित्य-धाराओं के सम्बन्ध में गैरजिम्मेदारी से मन का क्रोध निकालता है। भूमिका साहित्य-धाराओं के खण्डन-मण्डन के लिए उपयुक्त स्थल नहीं है। उसमें प्रस्तुत पुस्तक और विशेष साहित्य-धारा की विशेषताओं का उल्लेख किया जा सकता है, उसकी प्रशंसा भी की जा सकती है, पर अप्रासंगिक रूप से दूसरी विधाओं और धाराओं को निन्दित करने से भूमिका की महत्ता ही कम होती है।

इधर शायद इन्हीं सब कारणों से भूमिका लिखाने की ओर से लोग उदासीन होते जाते हैं। वे समझते हैं कि भूमिका से पुस्तक का कोई मूल्य बढ़नेवाला नहीं है। भूमिका-लेखक का नाम पढ़कर कोई भी पुस्तक को नहीं उठायेगा।

हिन्दी के भूमिका-लेखकों को अपनी जिम्मेदारी समझनी चाहिए। फार्म की खाना-पूरी करके 'करेक्टर सर्टिफिकेट' प्रदान नहीं करना चाहिए। 'धर्म-संकट' और 'मुँहदेखी' के झमेले में सत्य की ओर से इतने उदासीन नहीं होना चाहिए। भूमिकाओं में आस्था घट रही है। कुछ काल में भूमिका के 4-6 पृष्ठ व्यर्थ के खर्च के सिवा और कुछ नहीं होनेवाले हैं।

भारतीय भाषाओं का रेडियो-कवि-सम्मेलन*

26 जनवरी, गणतन्त्र दिवस को अखिल भारतीय आकाशवाणी केन्द्र, दिल्ली से एक विराट कवि-सम्मेलन होता है, जिसमें संविधान में उल्लिखित चौदह भाषाओं

* वसुधा, वर्ष : 2, अंक : 10, फरवरी 1958

के 'प्रतिनिधि कवि' भाग लेते हैं। इस सन्दर्भ में प्रतिनिधि कवि वह कवि है जिसे रेडियो-अधिकारी उस भाषा का प्रतिनिधि कवि मानते हैं। ये कवि रेडियो से कविता-पाठ करते हैं और भाषाओं की कविताओं का अनुवाद हिन्दी के कवि प्रस्तुत करते हैं। राष्ट्रपति, उपराष्ट्रपति या प्रधानमन्त्री के द्वारा इस आयोजन का उद्घाटन होता है, इसलिए शासकीय और सांस्कृतिक दृष्टियों से इसका आयोजन बहुत महत्त्वपूर्ण है।

इस वर्ष भी यह आयोजन हुआ और हमने सुना भी। हिन्दी के प्रसिद्ध नाटककार और आकाशवाणी के डाइरेक्टर जनरल श्री जगदीशचन्द्र माथुर आई.सी.एस. ने डॉक्टर राजेन्द्रप्रसाद को भारत के 'हृदयपति' निरूपित करते हुए और प्राचीन काल के नरपतियों के दरबारी कवि-सम्मेलनों से इस आयोजन की भिन्नता सप्रयास सिद्ध करते हुए, राष्ट्रपति से उद्घाटन की प्रार्थना की। माथुर साहब ने कुछ सोचकर ही 'केसवदास के भाल लिख्यो विधि रंक को अंक बनाया सँवारो' वाली दरबारी काव्यात्मक भटैती से इस सम्मेलन की भिन्नता पर जोर दिया होगा। गत वर्ष तो हमें इस आयोजन को सुनते समय ऐसा लग रहा था कि हम मध्ययुग के किसी राजा के दरबार में ही बैठे हैं, क्योंकि हिन्दी के दो प्रसिद्ध कवियों ने प्रधानमन्त्री की प्रशस्ति में ही कविताएँ पढ़ी थीं।

भारत के 'हृदबपति' राष्ट्रपति के उद्घाटन के बाद जो कविताएँ पढ़ी गयीं, उन्हें सुनकर ज़रा भी समझदार आदमी को ऊब और क्षोभ का अनुभव हुआ होगा। पढ़नेवाले कवि सब प्रतिष्ठित थे, बीसों वर्षों की कलम-मँजाई या घिसाई का जिन्हें अभ्यास था। रेडियो ने बड़ी सावधानी से 40 वर्ष के इस पारवाले किसी कवि को काव्यपाठ तो क्या, अनुवाद करने के लिए भी नहीं फटकने दिया था। पर इन वयोवृद्ध, अभ्यास-सिद्ध कवियों की कविताओं में अधिकांश नितान्त पोची, निस्तेज, भावहीन, सारहीन और ओजहीन थीं, जबकि विषय सबका ही एक था—'राष्ट्रीयता।' उड़िया, पंजाबी की कविताएँ सामान्यतया ठीक थीं, मलयालम की कविता अच्छी थी पर 'दिनकर' के अनुवाद, स्वर और पाठ ने उसे और उठा दिया था। पन्तजी की कविता—'यह धरती कितना देती है' बहुत अच्छी थी। इनके अतिरिक्त शेष कविताएँ एक-सी थीं। नेपाली की बम्बइया फिल्मी धुन के बावजूद, मुकुल के स्वर-लालित्य के बावजूद, बच्चन की भूमिका के बावजूद किसी भी कविता ने प्रभावित नहीं किया। आखिर इसका क्या कारण है? इन कवियों ने अच्छी कविताएँ भी लिखी हैं, उनमें क्षमता भी है, पर इस अवसर पर भावहीन शब्द-जाल रचने का क्या कारण है?

26 जनवरी गणतन्त्र-दिवस है। कहीं ऐसा तो नहीं है कि इस विराट कवि-सम्मेलन के आयोजनकर्ता रेडियोवाले कवियों को हुक्म भेजते हों कि राष्ट्रीयता पर कविताएँ रचकर पढ़ो और कविगण 'आर्डर' के मुताबिक माल बना लाते हों? या इस पर्व पर आयोजन होने के कारण, बिना 'रेडियो' के स्पष्ट कहे ही कवियों के अन्तर्मन में यह बन्धन रहता हो कि कविता राष्ट्रीयता पर ही होना चाहिए। अन्यथा

इस एकरसता का कारण क्या हो सकता है? इन कवियों के प्रति अनादर प्रगट नहीं कर रहे हैं, पर कविताएँ सुनते समय हमें यह लगा कि इनमें सच्चे संवेदन का अभाव है। कवि ने राष्ट्रीयता की भावना की सच्ची अनुभूति के बिना ही ये रचनाएँ रेडियो के लिए लिख दी हैं—और इस प्रकार एक रस्म अदा कर दी है। 'गंगो-जमन,' हिमालय, पंचनद, वेद-पुराण, राम और कृष्ण के नामोल्लेख से राष्ट्रीयता की भावना अब जाग्रत नहीं होती। स्वतन्त्रता के पश्चात् राष्ट्र में जो सांस्कृतिक जन-जागरण आ रहा है; देश का जो नव-निर्माण हो रहा है, उसे आत्मसात करके, उससे स्फूर्त होकर भारतीय जनता की निर्मात्री शक्ति और चेतना को अभिव्यक्ति देना राष्ट्रीय भावना है, अब। शासन में, समाज के एक वर्ग में, जो भ्रष्टाचार, अनाचार शोषण और बेईमानी व्याप्त है, उसके विरुद्ध जनता का संघर्ष भी राष्ट्रीय भावना है। गरीबी, भुखमरी और पतनशील प्रवृत्तियों से जो हम लोहा ले रहे हैं, वह भी राष्ट्रीय भावना है। विश्व की शोषित मानवता के पक्ष में जो हमारी आवाज उठती है, वह भी राष्ट्रीयता है। रेल, पुल, नहर, बिजली, कारखाने, कृषि और उद्योग के द्वारा देश को समृद्ध बनाने का संकल्प भी राष्ट्रीय भावना है। इस भावना को शब्द देना कवि का कर्म है। लेकिन ऐसा करने के लिए पहिले कवि को अपने आप में इस सत्य को अनुभूत करना होगा। स्वयं प्रेरणा ग्रहण करनी होगी। इलाहाबाद के विगत मास हुए साहित्यकार-सम्मेलन में यह मत व्यक्त किया गया था कि साहित्यकार को भी राष्ट्र-निर्माण में पूर्ण योगदान करना है। इन्जीनियर पुल का निर्माण करता है; कवि को जनता की चेतना का निर्माण करना चाहिए। कोई इन्जीनियर रद्दी माल लगाकर गैर-जिम्मेदारी से कच्चे पुल का निर्माण करे, तो वह जिस अपराध का भागी होगा, उसी अपराध का भागी वह कवि भी होगा, जो राष्ट्रीयता की सच्ची भावना की अनुभूति के बिना रस्म-अदाई के लिए ओजहीन राष्ट्रीय काव्य रचेगा।

हिन्दी-पत्रिकाएँ*

'वसुधा' इस अंक के साथ तृतीय वर्ष में प्रवेश कर रही है। पिछला अंक मार्च-अप्रैल का संयुक्तांक था। संयुक्तांक बन्द होने के पहिले का अंक माना जाता है। एक-दो संयुक्तांक और फिर अन्तिम अंक; हिन्दी-पत्रिकाओं की यही गति है; दुर्गति ही है। उन पत्रों की बात अलग है, जिन्हें रईस निकालते हैं। यह उनका शौक है। जैसे

* वसुधा, वर्ष : 3, अंक : 1, मई 1958

पटियाला-नरेश पहलवान पालते थे, वैसे ही रईस पत्र-पत्रिका पालते हैं। इनसे अवश्य ही हिन्दी की और देश की सेवा होती है, जैसे पटियाला-नरेश के पहलवानों के कारण भारत के टोटल बल में एकाध यूनिट की वृद्धि होती थी।

आज घाटा सहे बिना कोई हिन्दी-पत्रिका नहीं चल सकती—कहानी की और फिल्मी पत्रिकाएँ अपवाद हैं। साधनहीन हम-जैसे अनेक लोग हैं, जो खून-पसीने से पत्रिकाएँ निकालते हैं। कुछ समय निकलती हैं और फिर ठप्प हो जाती हैं। हमारे देखते-देखते 'कलयुग' जन्मा और समाप्त भी हो गया। बनारस से मात्र दो आने में निकलता है, 'कवि'—दुबला-पतला, झिलमिल कागज पर सादा पेम्फलेट-जैसा, मगर हिन्दी कविता की बड़ी सेवा कर रहा है। अगर उसके पास साधन होते, तो और कितना अच्छा निकलता।

घोर संकट के बीच हम भी दो साल 'वसुधा' निकाल ले गये। कुछ लोग हैं, जो दम बांधे रहे। अप्रैल में बन्द होने की स्थिति आ ही गयी थी। हमने यहाँ और अन्यत्र बिखरे हुए मित्रों को 'गंगाजल' मुँह में डालने की सूचना दी, पर उनमें से अनेक ने इसके बदले 'मृत्युंजय' की पुड़िया दी। उनके इस उत्साह से हम लोग भी, जो यहाँ दफ्तर में बैठकर पत्रिका निकालते हैं, उत्साहित हुए और यह अंक प्रेस में गया।

कहानी और फिल्म की पत्रिकाओं के सिवा लगभग सब मासिक पत्रिकाएँ घाटे में चलती हैं। हमें कुछ वैसा घाटा नहीं हुआ, क्योंकि घाटा उसे होता है जिसके पास कुछ होता है। हमें क्या घाटा! साथियों के खून-पसीने से, मेहनत से और सामर्थ्य के अनुसार जब-तब थोड़े-बहुत खर्च से ही निकलती रही है। जिन लोगों ने ग्राहक बनाकर और बनकर, आर्थिक सहायता देकर, विज्ञापन द्वारा 'वसुधा' की सहायता की है उनका हम पुनः आभार मानते हैं। जिन लेखक मित्रों ने रचनाएँ देकर सहायता की है उनके भी हम बहुत आभारी हैं।

हिन्दीवाले अब बड़े अभिमानी हो गये हैं। उनके अभिमान को चोट लगेगी यदि कह दिया जाय कि इस विशाल हिन्दी-भाषी क्षेत्र में रहनेवाले लोग पत्र-पत्रिका खरीदकर नहीं पढ़ते। बिना खरीदे भी बहुत कम पढ़ते हैं। क्यों पढ़ें? उनकी भाषा तो राजभाषा है। खरीदकर पढ़ने की आदत रुचि और संस्कार से सम्बन्ध रखती है। यह तर्क कि कैसे खरीदें, बेचारे गरीब हैं, बिल्कुल मिथ्या है। अन्य भाषावाले मध्यवर्गीय व्यक्ति महीने में एक-दो पत्रिकाएँ खरीदकर पढ़ते हैं, यह हमने स्वयं देखा है पर हिन्दी-भाषी प्रथम वर्ग का व्यक्ति भी वहुत कम खरीदकर पढ़ता है। इनके बजट में मनोरंजन और फिजूलखर्ची का भी स्थान न हो ऐसी बात नहीं। रुपयेवाली फिल्मी पत्रिका तो मजे में खरीदते पाये जाते हैं। यह ठीक है कि मनोरंजन होता है, पर क्या मनुष्य को मनोरंजन के आगे कुछ और अपेक्षित नहीं है?

पर यह बड़ा पुराना रोना है। हमसे पहिले भी बहुत 'लोग' रो चुके हैं, हमसे बादवाले चाहे न रोयें।

'वसुधा' बन्द कर देते पर हमें जहाँ-तहाँ से जो मत और पत्र मिलते रहे हैं

उनसे इस विश्वास को बल मिलता है कि 'वसुधा' का प्रकाशन चालू रखें। बन्द होने की खबर फैलने पर हमें अनेक मित्रों ने जो लिखा उससे और आस्था दृढ़ हुई कि इसका प्रकाशन लाभकारी है। इन्हीं विश्वासों के बल पर हम तीसरे वर्ष में कदम रख रहे हैं।

हमारी सब पाठकों और लेखकों से प्रार्थना है कि वे ग्राहक बनकर-बनवाकर, विज्ञापन देकर-दिलवाकर तथा अन्य प्रकार से आर्थिक सहायता सुलभ करके-करवाकर, 'वसुधा' के प्रकाशन में योग दें।

हिन्दी-विरोध*

हिन्दी के विरोध में पंजाब, दक्षिण और बंगाल के कुछ नेताओं ने जो पिछले दिनों प्रचार किया है, उसके सम्बन्ध में हिन्दी की पत्र-पत्रिकाओं ने तथा समर्थकों ने बहुत कुछ कह-सुन लिया है। पिछले किसी अंक में जब हमने इस समस्या पर विस्तार से प्रकाश डाला था तब सहयोगी 'कल्पना' ने लिखा था कि हम भी भाषा की समस्या को अन्ततः विधान की समस्या ही मानते हैं। हमारे लेख से अजाने ही यह ध्वनित हो गया हो, यह हो सकता है। हमारा प्रयोजन यह नहीं था। विधानसभा ने चूंकि बहुमत से स्वीकार कर लिया और निर्णय विधान में अंकित कर लिया गया है इसी कारण, केवल विधान की रक्षा के लिए, हिन्दी की स्थिति का निर्वाह हो, यह हमारा तर्क नहीं है और न यह तथ्य हिन्दी का एकमात्र समर्थक ही है। विधान में केवल हिन्दी के अधिकार को, उसकी सुलभता और संघ में उसकी सर्वोपरि उपयोगिता को स्वीकृत किया है। हिन्दी के समर्थन में कई बार लिखी और कही जा चुकी बातों को दुबारा कहने से कोई लाभ नहीं।

हिन्दी के समर्थकों का पहिला कर्त्तव्य तो यह है कि हिन्दी-भाषी प्रान्तों की सरकारों से कहें कि अविलम्ब अपने राज्यों में हिन्दी का व्यवहार आरम्भ करें। इन प्रान्तों में हिन्दी का व्यवहार शासन के कार्यों में तथा उच्चशिक्षा में पूर्णतः हुए बिना अहिन्दी-भाषियों से हिन्दी के उपयोग के लिए कहना बेमानी लगता है। इन राज्यों की सरकारें पहिले अपने यहाँ अंग्रेजी की जगह हिन्दी को प्रतिष्ठित करके बतलावें। कुछ सरकारों ने यह आरम्भ कर दिया है और कुछ पानी में कूदने के पहिले तैरना सीख लेने की फिकर में हैं। उपयोग करने से ही धीरे-धीरे भाषा का विकास होगा, यह इन राज्यों को समझना चाहिए।

* उपरोक्त अंक में प्रकाशित दूसरा सम्पादकीय।

इधर अन्य भारतीय भाषाओं से हिन्दी में अनुवाद खूब हुआ है। यह परस्पर सहयोग-सद्भावना के लिए तथा हिन्दी की समृद्धि और दिशा-निर्देश के लिए बहुत अच्छा है। पर इस अति उत्साह से एक गलतफहमी फैल रही है। अहिन्दी-भाषी कुछ यों समझने लगे कि हिन्दी काफी रंक है, इसलिए हमारे लेखकों के अनुवाद से उसकी कमी पूरी की जा रही है। यह धारणा काफी पढ़े-लिखे लोगों में भी बनती जा रही है। सामान्य सुशिक्षित साहित्यिक बंगाली सज्जन से शरच्चन्द्र और ताराशंकर की बात हम करते हैं तो वह प्रेमचन्द और यशपाल की बात नहीं करता, क्योंकि बंगला में एक तो काफी अनुवाद नहीं हुए और न काफी इनका प्रचार हुआ। हिन्दी के मूर्धन्य लेखक का उससे कुछ परिचय नहीं, वह बात नहीं कर सकता। इस पर वह तनिक भी लज्जित नहीं होता बल्कि गर्व का अनुभव करता है कि उसकी भाषा ने हिन्दी को इतना दिया और उसके लेखक हिन्दी में इतने पढ़े जाते हैं। यह भ्रम तुरन्त निवारणीय है। अन्य भाषाओं और हिन्दी में परस्पर आदान-प्रदान की प्रक्रिया में सन्तुलन होना चाहिए। हिन्दी से काफी संख्या में अन्य भाषाओं में अनुवाद नहीं हो रहे हैं, यह बात हिन्दी की स्थिति के विषय में हीन भावना ही को जन्म दे रही है। आज जब बिना हिन्दी पढ़े हुए अनेक लोग हिन्दी के विरुद्ध अधिकारपूर्वक बोल रहे हैं तब हमारी अकादमियाँ और राष्ट्र-भाषा प्रचार समिति-जैसी संस्थाओं का यह विशेष कर्तव्य है कि अच्छी हिन्दी पुस्तकों का अन्य भाषाओं में अनुवाद करावें।

नेहरूजी का वक्तव्य और उर्दू*

कुल्लू जाने से पहिले पण्डित नेहरू ने कांग्रेस कमेटी के सामने एक भाषण दिया जिसमें केन्द्रीय और राज्य-शासन के प्रति विभिन्न मुद्दों पर अपना असन्तोष व्यक्त किया। घबड़ाये हुए कांग्रेसजनों ने इस भाषण के अक्षर-अक्षर को असाधारण चिन्ता के साथ सुना और पढ़ा और इसे अपने ऊपर अभियोग-पत्र मानकर पण्डितजी की उन बातों पर विचार करने में सन्तुलन ही खो दिया। इस भाषण में पण्डितजी ने उर्दू के प्रति अन्याय की जो लम्बी शिकायत की उसका गलत अर्थ लेकर एक तूफान खड़ा हो गया। पण्डितजी ने उर्दू के महत्त्व को प्रतिपादित किया, उसकी अवहेलना पर क्षोभ प्रकट किया और उसे 'रीजनल स्टेट्स' देने की सिफारिश की। इसका सम्बन्ध अधिक उत्तरप्रदेश से है। बहुत पहिले उत्तरप्रदेश में उर्दू को राज्य की शासकीय भाषा

* वसुधा, वर्ष : 3, अंक : 2, जून 1958

बनाने के लिए जोरदार माँग पेश की गयी थी, जिसे साम्यवादी दल का समर्थन भी प्राप्त था। अब पण्डितजी के भाषण के बाद उर्दू के सम्बन्ध में पक्ष-विपक्ष फिर से बन गये और संघर्ष तीव्र हो गया। उर्दू-समर्थक दल ने उक्त भाषण के शब्दों से वह अर्थ निकाला जो उनमें नहीं था। 'रीजनल स्टेटस' देने का अर्थ यह नहीं होता कि उसे राज्य के शासन की भाषा बनाया जाय। पण्डितजी का यह प्रयोजन कदापि नहीं रहा होगा। उनका कहना सम्भवतः यह था कि उत्तरप्रदेश में उर्दू का प्रचलन अधिक है, अतएव उसके प्रचार-प्रसार और साहित्य-रचना के लिए अधिक सुविधा देना चाहिए। पर उर्दू-समर्थकों ने इसका यह अर्थ निकाल लिया कि उत्तरप्रदेश में शासकीय कार्यों में हिन्दी के स्थान पर उर्दू को एकदम प्रतिष्ठित कर देना चाहिए। बस, एक आन्दोलन खड़ा हो गया। पंजाब से मास्टर तारासिंह उर्दू-सम्मेलन में आये और उर्दू-आन्दोलन का नेतृत्व करने लगे। मास्टर तारासिंह ने अभी पंजाब में हिन्दी के खिलाफ गुरुमुखी के आन्दोलन में भाग लिया था और अब उत्तरप्रदेश में हिन्दी के खिलाफ उर्दू के आन्दोलन का नेतृत्व करने आ गये। इस बीच उर्दू की संस्थाओं द्वारा मन्त्रिमण्डल के पास माँग पेश की गयी और भाषागत विवाद का प्रश्न फिर गरमा उठा। हिन्दी-समर्थक मुख्यमन्त्री सम्पूर्णानन्द ने इस विवाद को फिर से उठाये जाने और उर्दू पर अनावश्यक बल देने के कारण इस प्रश्न पर त्याग-पत्र देने का इरादा प्रकट कर दिया था। मन्त्री चरणसिंह ने मौलाना आज़ाद का वह पत्र बताया जिसमें स्व. मौलाना ने लिखा था कि उर्दू क्षेत्रीय शासन की भाषा नहीं हो सकती।

उत्तरप्रदेश में भाषागत विवाद समाप्त हो गया था, उसे पण्डितजी के इस उत्साहातिरेकपूर्ण वक्तव्य ने फिर जीवित कर दिया है। उर्दू के महत्त्व को कोई अस्वीकृत नहीं करता। उर्दू हिन्दी से मिलकर भाषा में एक विशेष रवानी, बाँकपन, ओज और ग्रेस लायी है। लिपि के अतिरिक्त आम उर्दू जबान और सरल हिन्दी में कोई विशेष फर्क नहीं रह गया। असल में यह संघर्ष दो सीमान्तों पर स्थित नेताओं के बीच में है—वाराणसी और काशी की लड़ाई है। डॉ. सम्पूर्णानन्द ने बनारस का अति प्राचीन नाम वाराणसी पसन्द किया था, जबकि पण्डित नेहरू का सुझाव था कि अधिक प्रचलित और अपेक्षाकृत नवीन नाम काशी ठीक होगा। इस विषय पर कुछ वाद-विवाद भी हुआ था। कठिन संस्कृतनिष्ठ अप्रचलित शब्दों से बोझिल हिन्दी से पण्डित नेहरू का विरोध है। उधर प्रदेश शासन के अन्तर्गत ऐसी भाषा के पनपने की प्रतिक्रिया ही पण्डितजी के उस वक्तव्य में प्रकट हुई है। उस वक्तव्य का यह अर्थ लगाना कि उर्दू को उत्तरप्रदेश की शासकीय भाषा बना दिया जाय, गलत है। उत्तरप्रदेश की ही क्यों, भारत की प्रमुख भाषा के रूप में उर्दू को विकास की सब सुविधाएँ मिलनी चाहिए। लेकिन किसी प्रदेश में उर्दू राजभाषा हो जाय, यह न तो व्यावहारिक है और न उचित। लेकिन पण्डित नेहरू के वक्तव्य की चिनगारी से आग सुलग गयी। उसमें हाथ सेंकने के लिए मास्टर तारासिंह आदि नेता तैयार हो ही गये और विघटन की शक्तियों को एक और सूराख मिल गया।

सरकारी पुरस्कार*

पिछले दिनों उत्तरप्रदेश सरकार ने हिन्दी पुस्तकों पर इनाम बाँटे। हाल ही में मध्यप्रदेश की शासन साहित्य परिषद ने लेखकों से पुस्तकें और पाण्डुलिपियाँ पुरस्कार देने के लिए विचारार्थ माँगी हैं। हर साल जब इनाम बँटते हैं, तो पत्रों में पुरस्कार-वितरण की पद्धति और पुरस्कार-प्राप्त पुस्तकों और लेखकों की आलोचनाएँ होती हैं। यह तो नहीं कहा जा सकता कि सब इनाम घटिया रचनाओं पर मिल जाते हैं। हाँ, यह निश्चित है कि कई उच्चकोटि के ग्रन्थों की अवहेलना हो जाती है।

सबसे पहिले तो यह देखना चाहिए कि विचारार्थ पुस्तकें मँगाने की यह पद्धति ठीक है या नहीं। इसके लिए सरकारों को स्थिर मत होना पड़ेगा कि पुरस्कार उच्च-कोटि के सृजन पर देना है या जो 6 प्रतियाँ भेज सकें उनमें से कुछ को देना है। ऐसे रचनाकार भी तो होंगे जो उच्चकोटि का साहित्य-सृजन करते हैं, पर अपनी पुस्तक को 'इम्तहान' के लिए सरकार के पास नहीं भेजते।

विगत वर्षों में प्रकाशित ग्रन्थों को देखा जाय, तो कई कृतियाँ ऐसी मिलेंगी, जिन्हें पुरस्कृत होना चाहिए था, पर राज्य-सरकारों के पास उनकी 6 प्रतियाँ आयी नहीं और साथ में लेखक की शपथ नहीं आयी कि यह मेरी ही लिखी हुई है। इस प्रकार की प्रथा को निबाहने की और पुस्तकें पेश करने की जिनकी इच्छा नहीं है, ऐसे भी लेखक हैं। सरकारों की दृष्टि में क्या ये पुस्तकें नहीं आनी चाहिए। साहित्य-रचना को प्रोत्साहन देने का कार्य जिला-कचहरी के कार्य से कुछ तो भिन्न होगा—जिला-कचहरी में ऐसा चल सकता है कि जिसकी दरखास्त आये उसके केस पर ही विचार होगा। क्या राज्य सरकारें प्रकाशकों के सहयोग से ऐसी एजेन्सी नहीं कायम कर सकतीं जिससे समस्त प्रकाशित साहित्य सरकार की नजरों में आ सके और लेखकों को परीक्षा-कापियों की तरह पुस्तकें पेश न करनी पड़ें।

इनामों में जो धाँधलियाँ होती हैं, उनकी चर्चा जहाँ-तहाँ होती ही है। हम तो सरकार द्वारा प्रकाशित विषयों की विज्ञप्ति देखकर बता सकते हैं कि किस विषय को किस पुस्तक पर इनाम देने की गुंजाइश निकालने के लिए समाविष्ट किया गया है। इनाम देने के लिए पहिले बड़े नाम छाँट लिये जाते हैं। फिर बड़े अन्य, जिनकी मोटाई काफी हो और जिनकी छपाई, गेट-अप अच्छे हों। नयनाभिराम कवर को भी एकदम इनाम मिलता है। फिर उनका नम्बर आता है, जिन्होंने पुरस्कारार्थ प्रचार काफी कर लिया है। उत्तरप्रदेश की पुरस्कार की लिस्ट देखने से ये तीनों कोटि के ग्रन्थ पकड़ में आ जावेंगे। बचे हुए ग्रन्थ अपने 'मेरिट' पर पुरस्कृत हुए माने जावें।

* उपरोक्त अंक में प्रकाशित दूसरा सम्पादकीय।

भाग्य को अन्धा माना गया है। पुरस्कार-वितरण में भी अन्धापन काफी देखने में आता है—'जैसे उर्दू पुस्तक पर हिन्दी का इनाम।'

पाण्डुलिपियों पर इनाम देने में बड़ा सुभीता होता है। अप्रसूत पुत्र का बीमा कराने की तरह है—यह। वैसे यह बहुत उचित है कि जिस अच्छे सृजन का प्रकाशन होने की सुविधा नहीं हो पायी, उसे पुरस्कृत किया गया। पर इसमें सुभीता यह भी तो है कि गुप्तदान की तरह इसमें किसी को कुछ ज्ञान नहीं होता। चाहे जिसे आप इनाम दे दीजिए, कोई कुछ कह नहीं सकता, क्योंकि पुस्तकें छपी तो हैं नहीं। पिछली बार, 2-3 वर्ष पूर्व, जिन कविता-पुस्तकों की पाण्डुलिपियों पर मध्यप्रदेश सरकार ने इनाम दे दिया था, वे तो अभी तक छपी नहीं दिखीं।

दुराग्रह*

उत्तरप्रदेश विधानसभा में राज्यपाल के भाषण की भाषा पर जो विवाद हुआ, उसने सोचने के लिए बाध्य किया। राज्यपाल श्री गिरि अपना भाषण अंग्रेजी में देनेवाले थे। उन्होंने असमर्थता जाहिर की कि वे हिन्दी में कुशलता से अपने विचार प्रगट नहीं कर सकते, अतएव उन्हें अंग्रेजी में बोलना पड़ रहा है।

इस पर विधानसभा में समाजवादी दल के नेता ने माँग की कि राज्यपाल को भारत की विधान-मान्य राजभाषा हिन्दी में ही भाषण करना चाहिए। राज्यपाल ने जब इस माँग को स्वीकार नहीं किया, तब श्री राजनारायण ने तथा उनके दल के अन्य सदस्यों ने व कुछ और सदस्यों ने राज्यपाल के भाषण के समय सभा-भवन त्याग दिया। इसके पहिले गरमा-गरम बहस हो चुकी थी।

इस विवाद में कांग्रेस दल की, और विशेषकर हिन्दी के बड़े हिमायती डॉ. सम्पूर्णानन्द की, बड़ी मनोरंजक स्थिति हो गयी। विरोधी दल द्वारा यह प्रश्न उठाये जाने के कारण और विवाद का विषय गवर्नर का भाषण होने के कारण कांग्रेस दल को मजबूरन अंग्रेजी भाषा में राज्यपाल के भाषण का समर्थन करना पड़ा।

इस विवाद में कुछ बातें ऐसी हैं जिन्हें समझ लेना चाहिए। प्रश्न तो यह कि क्या राज्यपाल गिरि इतने वर्षों में भाषण पढ़ सकने लायक हिन्दी नहीं सीख सकते थे? और हिन्दी जिनकी शासन की भाषा हो, उस राज्य के सर्वोच्च वैधानिक पद पर आसीन होकर क्या यह उचित है कि वे दूसरी भाषा में ही भाषण करें? गिरि

* वसुधा, वर्ष: 3, अंक: 4-5, अगस्त-सितम्बर 1958

की भाषागत कमजोरी तो वे और उनके निकटस्थ लोग जानें, हमें इसमें कहीं हिन्दी
ा सीखने का थोड़ा हठ जरूर दिखता है।

लेकिन राजनारायण का विरोध जिस प्रकार व्यक्त हुआ, उससे हिन्दी का अहित ही अधिक होगा। हिन्दी की समस्या को (किसी भी भाषा या साहित्य-संस्कृति की समस्या को) राजनैतिक तरीके से हमेशा नहीं सुलझाया जा सकता। समाजवादी दल के कार्यक्रम में हिन्दी का प्रचार प्रमुखता रखता है और यह बड़ी प्रशंसनीय बात है कि जब कांग्रेस भाषा के मामले में बहुत अस्थिर नीति लिये है; प्रजासमाजवादी दल की कोई नीति ही नहीं है और साम्यवादी दल कभी 'अल्पसंख्यकों की भाषा' का नारा लगाकर समस्या को उलझाता है, तब समाजवादी दल ने स्पष्ट रूप से हिन्दी-प्रचार का प्रोग्राम बनाया; प्रसार की कोशिश भी की और आन्दोलन भी चलाया।

परन्तु गवर्नर के भाषण की भाषा का जैसा विरोध राजनारायण ने किया, वह राजनैतिक दुराग्रह और हठधर्मी अधिक है, हिन्दी का समर्थन कम। विरोधी-दल को सत्ताधारी दल के कार्यों में हमेशा उन मुद्दों की खुर्दबीनी तलाश रहती है जिन पर विरोध किया जा सके। कई बार—इस शाश्वत विरोध की भावना के कारण—जनहित के कार्यों में भी मतभेद हो जाता है। लगता है, हिन्दी के इस समर्थन के पीछे दलगत विरोध की भावना अधिक थी। राजनारायण और उनके दल के सदुद्देश्य पर हम शक नहीं करते, पर राज्यपाल के भाषण के इस प्रकार के बायकाट से हिन्दी-समर्थकों पर दुराग्रह और असहनशीलता का आरोप और पुष्ट होता है। राज्यपाल का भाषण एक वैधानिक महत्त्व रखता है; फिर राज्यपाल दक्षिण भारतीय हैं। ऐसी स्थिति में इस प्रकार के विरोध ने अहिन्दी भाषियों के हाथ में एक और प्रबल तर्क दे दिया जिसका उपयोग हिन्दी के विरुद्ध होगा। मजे की बात है कि 'हिन्दीवालों' के व्यवहार-बर्ताव के कारण बेचारी हिन्दी की हानि होती है।

बेपढ़ी समीक्षा*

हिन्दी में आलोचना की दुर्गति के सम्बन्ध में तीसरा लेख इसी अंक में जा रहा है। समसामयिक साहित्य पर लिखनेवाले से यह अपेक्षा होती है कि वह अपने समय के प्रकाशित साहित्य से परिचित हो और धारणाएँ तथा वर्गीकरण में कच्चापन और जल्दबाजी न बरते। हिन्दी का समीक्षक इस झंझट से बरी है। हमारे सामने एक

* उपरोक्त अंक में प्रकाशित दूसरा सम्पादकीय।

पुस्तक है—'हिन्दी साहित्य का उद्भव और विकास।' लेखक हैं—रामबहोरी शुक्ल और भगीरथ मिश्र। दोनों साहित्य के पण्डित और माने हुए विद्वान हैं। इस पुस्तक में आधुनिक लेखकों का जो वर्गीकरण किया गया है और कुछ प्रमुख स्कूल कायम करके कुछ लेखकों को 'भरती' किया गया है, वह मनोरंजक है। पढ़िए—

प्रसाद स्कूल—प्रसाद स्कूल के प्रमुख लेखक हैं—राजा राधिकारमणसिंह, रायकृष्ण दास, चण्डीप्रसाद हृदयेश, विनोदशंकर व्यास, सियारामशरण गुप्त, उग्र, सुमित्रानन्दन पन्त, मोहनलाल महतो वियोगी, वाचस्पति आदि।

प्रेमचन्द स्कूल—प्रेमचन्द स्कूल के प्रमुख लेखक हैं—सुदर्शन, कौशिक, चतुरसेन, ज्वालादत्त शर्मा, भगवतीप्रसाद वाजपेयी, भगवतीचरण वर्मा, अमृतलाल नागर, गंगाप्रसाद मिश्र।

जैनेन्द्र स्कूल—जैनेन्द्र स्कूल के प्रमुख लेखक हैं—इलाचन्द्र जोशी, अंचल, रांगेय राघव, पहाड़ी, लक्ष्मीचन्द्र वाजपेयी, ब्रजेन्द्रनाथ गौड़ आदि।

अज्ञेय स्कूल—अज्ञेय स्कूल के प्रमुख लेखक हैं—कमलाकान्त वर्मा, प्रभाकर माचवे, माखनलाल चतुर्वेदी, धर्मवीर भारती आदि।

यशपाल स्कूल—यशपाल स्कूल के प्रमुख लेखक हैं—उपेन्द्रनाथ 'अश्क', जानकीवल्लभ शास्त्री, राहुल सांकृत्यायन, भगवतशरण उपाध्याय, अमृतराय आदि।

अत्यन्त कौतुकमय वर्गीकरण है यह। अज्ञेय स्कूल में माखनलाल चतुर्वेदी हैं, जबकि जब अज्ञेय का 'स्कूल' खुल रहा था, तब माखनलाल का 'कालेज' चल रहा था। क्या माखनलाल अपना 'कालेज' बन्द करके अज्ञेय के 'स्कूल' में दाखिल हो गये?

अभी हाल ही में महाकोशल के साहित्य और साहित्यकारों पर एक लेख छपा है। विशेषकर महाकोशल के लोग तथा साहित्यिक इस लेख को पढ़कर जानेंगे और फिर चकित होंगे कि यहाँ नर्मदाप्रसाद खरे के बाद कवि-लेखक पैदा ही नहीं हुए। सूचीपत्रों में हमारा विश्वास नहीं है फिर भी दस-पन्द्रह नाम हम गिना सकते हैं।

ऊपर जिस पुस्तक का उल्लेख किया गया है, उसके लेखकों ने 'रत्नाकर' के बाद पढ़ना छोड़ दिया और लेख के लेखक ने नर्मदाप्रसाद खरे के बाद।

पण्डित हजारीप्रसाद द्विवेदी ने कहीं लिखा है कि हिन्दी में जो पढ़ता है, वह आलोचना नहीं लिखता और जो आलोचना लिखता है, वह पढ़ता नहीं है। हमारा खयाल है कि हिन्दी का सब काम बड़ा वैज्ञानिक है। 'डिवीज़न आफ लेबर' हो गया है।

साहित्य सम्बन्धी चर्चा। सैद्धान्तिक विचार-विमर्श। साहित्यिक प्रश्नों और विवादों पर अभिमत। संगठन के अधिवेशनों में दिये गये भाषण। संगठन की समस्याओं पर सदस्यों को सीधा सम्बोधन। गश्तीपत्र। अन्य भाषण।

—सम्पादक-मण्डल

'वसुधा' में साहित्य-सम्बन्धी चर्चा तथा भाषण आदि

साहित्यकार का साहस

पं. सुन्दरलाल ने 'विशाल भारत' के प्रथम अंक (जनवरी, सन् 1928) में लिखा था—

"लोकमान्य के कारावास के विरोध में एक सभा की गयी थी। मुख्य वक्ता था इन पंक्तियों का लेखक और सभापति थे पण्डित बालकृष्ण भट्ट। श्रोताओं की संख्या लगभग सौ के रही होगी, जिसमें आधे स्कूलों व मुहल्ले के लड़के थे और आधे में थोड़े-से हिम्मतवाले बड़ी उम्र के लोग, और शेष पुलिसवाले। वक्ता ने लोकमान्य की जीवनी पर व्याख्यान दिया और अन्त में उनके कारावास पर दुख प्रकट करते हुए अपना स्थान लिया। भट्टजी उठे। वह सदा अपनी सामान्य भाषा में ही बोला करते थे। अत्यन्त सरल स्वभाव, किन्तु भरे हुए हृदय से पूर्व वक्ता की बात को एक प्रकार काटते हुए भट्टजी कहने लगे—

'का तिलक-तिलक करत हौ? अपने देश के लिए गये हैं। फिर आय जइहैं। हमको दुख उन लोगन का है जो फिर कभी हमसे आयकर न मिलिहैं, जो बिन खिले ही मुर्झाय गये। हमको दुख खुदीराम बोस का है...'

लेखक खुदीराम बोस का नाम सुनते ही कुछ डरा। उसने पीछे से बूढ़े भट्टजी को सावधान करने के लिए हल्के से उनका पल्ला खींचा। भट्टजी तुरन्त पीछे को लौट पड़े और चिल्लाकर बोले, 'हमरा पल्ला काहे खींचत हौ? सच तो कहित हैं।' फिर श्रोताओं की ओर मुँह करके कहने लगे, 'हमरा पल्ला खींचत हैं? हमसे कहत हैं, न कहो? कही काहे न? हिये में तो लगी आग; कही काहे न?'

भट्टजी के भाषण की रिपोर्ट अधिकारियों तक पहुँची। शिक्षा विभाग के डाइरेक्टर ने उन्हें आगाह करने के लिए बुला भेजा। अभी डाइरेक्टर के कमरे में कुर्सी पर बैठे कुछ मिनट ही हुए थे और डाइरेक्टर साहब ने असली विषय की ओर रुख ही किया था कि भट्टजी फौरन 'राम-राम, राम-राम! हमका अस नौकरी न चाही!' कहते हुए उठ खड़े हुए और बिना इजाजत चिक उठाकर बाहर निकल आये। फिर डाइरेक्टर साहब की ओर रुख न किया। इस स्पष्ट वक्तृत्व के मूल्य में भट्टजी को कायस्थ पाठशाला की प्रोफेसरी से हाथ धो डालने पड़े। उनके जीवन के अन्तिम छह वर्ष बड़े ही जबरदस्त आर्थिक कष्ट के साथ बीते..."

* वसुधा, वर्ष : 1, अंक : तीन, जुलाई 1956

स्व. पं. बालकृष्ण भट्ट की सत्यनिष्ठा, दिलेरी, आत्माभिमान और देशभक्ति की एक झलक इस घटना से मिलती है।

पुरातन काल से कलाकार को राजसिंहासन के आसपास परिक्रमा करने के लिए बाध्य करने का प्रयास किया गया है, उसके कण्ठ को राजभय से अवरुद्ध करने की कोशिश की गयी है, उसके मुँह में लोभ के ताले जड़ना चाहा है!

अनेक कलाकारों ने असत्य से समझौता किया है, अन्याय का समर्थन किया है।

फिर अनेक कलाकार ऐसे भी हुए हैं, जिन्होंने सत्य के लिए जीवन की आहुति दे दी, जो टूट गये, पर झुके नहीं। अकबर ने जब गोस्वामीजी को मनसबदारी 'आफ़र' की, तो सन्तकवि ने उत्तर दिया—

हम चाकर रघुवीर के, पटौ लिखौ दरबार।
अब 'तुलसी' का होंहिगे, नर के मनसबदार॥

अंग्रेज काल में भारत में देशभक्ति की बात करना राजद्रोह था। उस समय हिन्दी के कितने ऐसे कवि थे, जिन्होंने क्रान्ति का आह्वान किया? कितने स्वातन्त्र्य का उद्घोष कर जेल गये? बहुत थोड़े।

इस युग में जब सारे देश में इतना बड़ा तूफान आया था; जब चालीस कोटि नर-नारी स्वातन्त्र्य-प्राप्ति के लिए कसमसा रहे थे; जब इतनी बड़ी क्रान्ति हो रही थी—तब कितने ही बड़े कवि गढ़वाल की शोभा देख रहे थे, पत्तों पर किरण का नर्तन देख रहे थे, रजनीगन्धा की सुगन्ध ले रहे थे; मेघों के साथ आसमान में घूम रहे थे, तरंगों का संगीत सुन रहे थे। अनेक इस कुतूहल में मग्न थे कि विद्युत में कौन चमकता है? कुसुम में कौन हँसता है? और पूर्वाकाश से प्रातःकाल कौन झाँकता है? बड़ी विचित्र समाज-निरपेक्षता थी यह! जन-समाज इतने बड़े संघर्ष में से गुजर रहा है, और तुम आत्मकेन्द्रित!

स्वतन्त्रता के इस युग में यह खरीद कुछ कम नहीं चल रही है। कुछ माल बिकता जाता है—रेडियो के दलाल के मार्फत, सरकारी पदों के दलाल के मार्फत! कितने क्रान्तिवादी और जनवादी अब धीरे-धीरे शून्यवादी या 'ब्लाउजवादी' होते जा रहे हैं!

सरकारी पुरस्कार-योजना और टेक्स्ट-बुक योजना जैसे नये प्रलोभन हैं, जिनमें पुरस्कार देनेवालों को अच्छी लगनेवाली बात लिखने के लोभ में कितनी बार आत्मा की आवाज दबानी पड़ती है।

आजकल राजशक्ति और साहित्य का संघर्ष बहुत तीव्र होता जा रहा है। राजनेता सरकते हुए धीरे-धीरे साहित्य के मंच पर आसीन होते जाते हैं; कुछ 'पीछे के दरवाजे' से घुस आते हैं और कुछ तो राजशक्ति के बल पर ससैन्य आ धमकते हैं। लज्जा तो हमारे ही हिस्से पड़ी है कि हम जुलूस बनाकर, बाजे-गाजे के साथ साहित्य के मन्दिर में राजनीति की प्रतिमा स्थापित कर देते हैं। फिर नमन तो करते ही हैं, जो नहीं करते उन्हें बुरा कहते हैं।

उधर राजनीति अपने क्षेत्र में साहित्य को फटकने नहीं देती। आदरणीय

पदुमलाल बख्शी एक छोटा-सा चुनाव लड़ना चाहते थे—उन्हें राजनीति ने निकाल बाहर कर दिया ! पं. माखनलाल चतुर्वेदी जीवन-भर भारतीय स्वतन्त्रता के लिए लड़े; कभी प्रदेश कांग्रेस कमेटी के उपसभापति थे। पर राजनीति ने केवल भाषण देने के लिए उनका उपयोग किया ! बाकी के लिए जाति से बाहर !

जीवन की दरिद्रता और अभाव से तंग आकर अनेक साहित्यकार राजनीति की गोद में जाने को मजबूर होते हैं। फिर तो उसके स्तन-पान करके उसकी समस्त कूटनीति, अवसरवादिता, छल और प्रपंच सीख लेते हैं और उनके सत्य का स्वर उठ नहीं पाता। कुछ सम्पन्न होते हुए भी, ऊँचे पद और सम्मान और धन के लोभ में अपने को 'होलसेल' बेच देते हैं।

हमने अनेक साहित्य-समारोह देखे हैं, जिनमें 'पुच्छविषाणहीन' राजपुरुष पधारे हैं। तब उनके आसपास उज्ज्वल दन्तावलि को दिखाते हुए अनेक साहित्यकार ऐसे घूमते हैं कि लगता है उन्हें पछतावा होता है—'हाय रे ! आज अगर हमारी पूँछ होती तो हिलाने के काम आती !' रावण के दस सिरों में उन्हें एक ही लाभ दिखता है—दस बार सिजदा करने का सुभीता उसे था।

जो नहीं समर्पण करते हैं—वे बहुत दुखी हैं। जीवन उनके लिए कांटों का जाल है। लेकिन वे ही धन्य हैं। उन्हीं की वाणी युग की वाणी है। उन्हीं की वाणी से समाज का नव-निर्माण होता है। साहित्य हमारे यहाँ व्यापार कभी नहीं रहा, वह धर्म रहा है। अभी भी वह धर्म है, एक mission है। इसमें मिटना पड़ता है। जो इसमें बनना चाहते हैं, वे बेहतर है कि आढ़त की दुकान खोलें। इसमें तो कबीर की तरह घर फूंककर बाहर निकलना पड़ता है; यह 'खाला का घर' नहीं है।

प्रतिनिधि चरित्र का सवाल*

हिन्दी साहित्य के सम्बन्ध में अनेक प्रकार की चर्चा होती है, लेकिन एक दिन हमारे मित्र एक बड़ा विचित्र प्रश्न कर बैठे। बोले, "हिन्दी को राष्ट्रभाषा आप बनाने का दावा करते हैं। ठीक है। लेकिन हिन्दी साहित्य में कोई राष्ट्रीय 'हीरो' है ही नहीं। जिस साहित्य को आप राष्ट्र का साहित्य बनाने जा रहे हैं, उसमें राष्ट्रीय स्तर पर कोई भी एक चरित्र नहीं है।"

हम परेशानी में पड़ गये। आखिर मैंने बात को और समझने की कोशिश की। पूछा, "भाई, राष्ट्रीय 'हीरो' से आपका तात्पर्य क्या है ?"

* वसुधा, वर्ष : 1, अंक : 4, अगस्त 1956

वे बोले, "ऐसे हीरो जैसे अंग्रेजी में हैं—फाल्सटफ, मालवोलियो, हेमलेट, पिकविक, सिडनी कार्टन, जीव्स। या बंगला के सव्यसाची, राजलक्ष्मी!"

मैंने कहा, "भाई, ऐसे तो आपको हर साहित्य में मिल सकते हैं। इसमें कठिनाई ही कौन-सी है? यह बात अलग है कि किसी साहित्यकार की कलम से ये चरित्र अच्छी तरह उभरकर आये हों, और किसी साहित्यकार के प्रयास में फीके रहे हों। इन चरित्रों की विशेषता तो विश्वव्यापी है, वे किसी राष्ट्र के नहीं, प्रत्येक राष्ट्र में पाये जाते हैं।"

मेरे मित्र जैसे बात को पकड़ ही बैठे। तुरन्त ही बोले, "तभी तो और भी आवश्यक है कि ऐसे चरित्र हिन्दी में अवश्य ही होने चाहिए थे, पर हैं नहीं। बोलिए, आपकी हिन्दी में फाल्सटफ-सी जिन्दादिली और सिडनी कार्टन का त्याग कौन-से चरित्र में है? अंकल वान्या-सी कठोर कर्त्तव्यनिष्ठा कहाँ है? सव्यसाची-जैसी अद्भुत सामर्थ्य कहाँ है?"

मैं एक क्षण द्विविधा में पड़ गया, क्योंकि हिन्दी की इतनी पुस्तकें पढ़ लेने के बाद भी मुझे फाल्सटफ और सिडनी कार्टन की तरह चरित्र नहीं मिले थे। बात को कुछ टालते हुए मैंने कहा, "देखिए, यह जरूरी नहीं है कि आप एक इकाई उठा लें और फिर चलें उसके आधार पर साहित्य की गहराई नापने। साहित्य कोई ठोस पदार्थ से निर्मित वस्तु तो है नहीं, कि आप उसकी लम्बाई-चौड़ाई नापने लगें। वह तो अनुभूति की अभिव्यंजना है, जो मानव-व्यापारों में ढलकर भाषा के माध्यम से व्यक्त होती है। जिसकी अनुभूति जैसी होगी उसकी अभिव्यक्ति भी वैसी ही होगी। शेक्सपियर की अनुभूति जो फालसटफ या हेमलेट में केन्द्रित होकर प्रगट हुई है, वैसी हमारे किसी साहित्यकार में हो यह आवश्यक नहीं है। हम किसी दूसरे चरित्र का भी उतनी ही केन्द्रित शक्ति से स्थापन कर सकते हैं। उदाहरण के लिए हमारे प्रेमचन्द के होरी को ही लीजिए। वह कैसा है? वह भी तो किसी भी समाज या राष्ट्र की दुर्विकार तथा दुर्नीति के बीच सशक्त आस्था का प्रतिनिधि बन सकता है।

मेरे मित्र ध्यान से सुनते रहे। फिर बोले, "देखिए, सीधे प्रश्न के लिए इतनी भूमिका क्यों? होरी, जैसा आपने कहा, भारतीय किसान का प्रतिनिधि चरित्र है—यह माना। पर ऐसे आप कितने गिनाते हैं? समस्त कथा साहित्य में आप 'होरी' को हमेशा 'शो केस' में रखे रहेंगे क्या? चरित्र की क्या कहूँ? ऐसा मालूम होता है कि हिन्दी में जैसे लेखकों की न सूझ है और न पैठ। मानवी अन्तर्द्वन्द्व की कौन कहे, बाह्य परिस्थितियों के संघर्ष की रेखाएँ तक बड़े-बड़े लेखकों को खींचना नहीं आता। किताबें लिखकर और छपाकर साहित्य भरना और साहित्यकार कहलाने का दम्भ करना हिन्दीवालों को बहुत आता है। मुझे तो···"

आगे की बात सुनने की जैसे मुझमें क्षमता ही न थी, इसलिए तुरन्त टोक बैठा, "भाई साहब, इस तरह सरपट 'रिमार्क' चलाना बहुत सरल है। आपने हिन्दी में पढ़ा ही क्या है? अन्तर्द्वन्द्व की बात करते हैं। आपने 'नदी के द्वीप' पढ़ा है। अज्ञेय ने भुवन का जो चरित्र खींचा है, उसमें आपको उसका सूक्ष्म अन्तर्द्वन्द्व नहीं दिखा?

क्या आपको 'गुनाहों के देवता' में चांद और सुधा में कुछ नहीं दिखा ? क्या जैनेन्द्र को आपने पढ़ा है ?"

वह ठहाका मारकर हँस दिये। बोले, "इसे आप अन्तर्द्वन्द्व कहते हैं? अरे साहब, यह सब तो हमारी कुण्ठित वासनाओं के दूत हैं। इनका द्वन्द्व अपने आप में नहीं है। इनका सारा जीवन तो समाज को धोखा देने का प्रयत्न मात्र है। इनके जीवन का लक्ष्य क्या है? और लक्ष्य का समाज से क्या सम्बन्ध? आत्म-तुष्टि के लिए सामाजिक नियमों की अवहेलना है उनकी उच्छृंखल वृत्ति में! क्या यही उनका लक्ष्य है? देखिए, सेक्स की समस्याओं की इनसे भी अच्छी रचनाएँ संसार में हैं, जिनके सम्मुख आपके अज्ञेय, और इलाचन्द्र फीके पड़ जायेंगे। जैनेन्द्र का नाम मैंने नहीं लिया, क्योंकि इस उम्र में भी उन्हें 'नारी' एक रहस्य ही प्रतीत होती है; और जिस लेखक को अभी तक स्त्री-पुरुष के सम्बन्धों के रहस्यों का उद्घाटन न हुआ हो, उससे किसी यथार्थ की कल्पना करना भूल होगी।"

मैं फिर बोला, "हर साहित्यकार की रचना उसकी समाज-व्यवस्था के आधार पर ही होती है। हमारा समाज जैसा था, उसके आधार पर ही साहित्य लिखा गया और फिर हिन्दी साहित्य अंग्रेजी साहित्य की तुलना में अभी है ही कितने वर्ष का ?"

वे बोले, "ठीक है, आपकी बात से सहमत हूँ कि हिन्दी अभी कुछ वर्षों की है, लेकिन आपका यह कहना गलत है। समाज तो प्रायः सभी ऐसे ही होते हैं। मनुष्यों की समस्याएँ भी यही होती हैं—सेक्स, धर्म, रूढ़ियाँ, परम्पराएँ आदि। हर समाज के यही प्रश्न हैं। फिर समाज पर यह दोष उचित नहीं। अच्छा हो यदि आप समाज के स्थान पर यह कहें कि साहित्यकार अभी मँजे हुए नहीं हैं, उनमें दृष्टि नहीं है, यथार्थ को ग्रहण करने की उनमें क्षमता नहीं है। और न उन्होंने यह प्रयत्न किया है कि उनका साहित्य इतना लोकप्रिय हो जाय। आपके यहाँ सबसे अधिक लोकप्रिय सम्भवतः तुलसी की रामायण, कबीर, सूर और मीरा के पद तथा आल्हा हैं। अब बतलाइए, इनमें से कौन-सी वस्तु है आपके आधुनिक साहित्यकारों की।"

मैं कुछ धीमे स्वर में बोला, "प्रेमचन्द की भी रचनाएँ हमारे यहाँ काफी लोकप्रिय हैं।" मुँह की बात छीनकर वे बोले—"हाँ, कुछ इसलिए कि उन्होंने समाज की कुछ समस्याओं को उठाया और उन्हें जनसाधारण की भाषा में बाँधने का प्रयत्न किया। पर, आपके साहित्यिक मर्मज्ञों ने उनका क्या सम्मान किया? उनकी रचनाओं को क्या मूल्य दिया? कालेज और यूनिवर्सिटी के प्रोफ़ेसर प्रेमचन्द के उपन्यासों को आदर्शवादी और प्रचारवादी कहकर ताक में रख देते हैं। अब बतलाइए कौन है आपका वह साहित्यकार, जिस पर कितने भी आक्षेप लगाइए, लेकिन जार्ज बर्नार्ड शॉ की तरह अथवा टालसटाय की तरह खड़ा रह सके। इन दो व्यक्तियों का नाम मैंने आपके सामने इसलिए ले दिया है कि शॉ के समान प्रोपेगेण्डिस्ट और टालसटाय के समान आदर्शवादी लेखक सम्भवतः आपको और दूसरा न मिलेगा।"

उनके चुप होने के बाद मेरे मन में राष्ट्रकवि मैथिलीशरण गुप्त और यशपाल का नाम आया और मैंने धीरे-से कहा, "देखिए, साहित्य के क्षेत्र अलग हैं। मैं मानता हूँ हिन्दी में नाटक अच्छे नहीं हैं, इसलिए 'शॉ' का मुकाबला कठिन है और जहाँतक आदर्श का प्रश्न है, वह तो भारतभूमि की उपज ही है। मैथिलीशरणजी के काव्य में आप भारतीय संस्कृति की झलक पाते हैं और उग्र तथा यशपाल में आप 'शॉ' की टक्कर का व्यंग, उनकी-सी बौद्धिकता और प्रचारात्मकता भी।"

वे बोले, "मैथिलीशरण गुप्त को भारतीय संस्कृति का प्रतिनिधि कवि मानते हैं? माफ कीजियेगा, वे केवल हिन्दू संस्कृति के प्रतिनिधि हैं—राष्ट्रकवि होने अथवा 'भारत भारती' लिख देने से ही उनमें भारतीयता नहीं आ जाती। सच बात यह है कि वे बुन्देलखण्डी परिवार के कवि हैं और गाँधीवाद के निर्बोध शिशु। मैं उनकी रचनाओं में बड़ा एकांगीपन पाता हूँ, जो उनकी काव्य-शैली की 'मोनोटोनी' से ही स्पष्ट है। और, जहाँ तक यशपाल का प्रश्न है, वे विचारों से मार्क्सवादी और भावनाओं से फ्रायडियन हैं, ऐसी स्थिति में जिस केन्द्रित अनुभूति की आप बात करते हैं, वह कहाँ?"

मैं जैसे अपने-आपमें पकड़ गया। बात को टालते हुए बोला, "देखिए, साहित्य की रचना बहुत कुछ पाठकों के ऊपर भी होती है। अंग्रेजी और पश्चिमी भाषाओं के सम्मुख बड़े प्रबुद्ध पाठक हैं, इसलिए लेखक भी बड़े प्रबुद्ध होते हैं।"

"जी हाँ, पर पाठक तो अपने आप में नहीं पैदा होते। आपके यहाँ क्या 'माया' और 'मनोहर कहानियाँ' अथवा कुशवाहा कान्त के पाठकों की संख्या कम है। जब इनके पाठक हैं, तो क्या आपको प्रबुद्ध पाठक नहीं मिल सकते?"

मैंने कहा, "उन पाठकों की बात छोड़िए।"

"जी, छोड़ दी। क्योंकि ऐसे साहित्य के पाठक भी उन देशों में बहुत हैं। तब फिर क्या कारण है?"

अनायास ही परास्त-सा होकर जैसे पूछ बैठा, "बताइए, क्या कारण है?"

और वे तपाक-से बोले, "जी, अब कहता हूँ किआप हिन्दीवालों में अभी विश्व-व्यापी और राष्ट्रीय कौन कहे, अपने देश की अनुभूति ही नहीं है और न आप इस ओर अग्रसर हुए हैं। यदि आपकी क्षेत्रीय अनुभूति और युगीन चेतना ही पैनी हो जाय. तो उच्चकोटि की रचनाएँ बन सकती हैं। तभी आप ऐसे चरित्रों का निर्माण कर सकते हैं। क्या आपने प्रेमचन्द के होरी में यह नहीं देखा? अथवा अभी निकले रेणु के उपन्यास 'मैला आँचल' में यह नहीं पाया। और कौन कहे, आप वृन्दावन-लाल के ऐतिहासिक नाटकों को श्रेय क्यों देते हैं? क्या इसीलिए नहीं? फाल्सटफ, शेक्सपियर के युग में सरायों और दरबारों में घूमनेवालों का प्रतिनिधि है। पिकविक इंग्लैण्ड के उदीयमान 'पेटी बुर्जआ' समाज का अगुआ है, और सिडनी कार्टन हर व्यक्ति के उच्च आतमत्याग की भावना का प्रतिनिधि। आप वह सब हर जगह पायेंगे। क्या हार्डी केवल इसलिए सफल नहीं हुआ कि उसने 'वैसेक्स' के जीवन के कण-कण से अपना परिचय जोड़ा? और इसी तरह बाल्जाक, जोला, फ्लावेयर,

अनातोले, दॉस्तोवस्की, अर्नेस्ट टेलर, टाल्सटाय आदि सभी कलाकारों ने अपने आस-पास के जीवन और अपने युग से ऐसा परिचय जोड़ा कि वे उनमें साकार हो बैठे। हिन्दीवालों में यह भावना कहाँ ? विचार कहीं और भावना कहीं ? विचारों से गाँधीवादी, मार्क्सवादी, तो भावनाओं से फ्रायडियन अथवा कट्टर धर्मपरायण। राष्ट्रीयता पर लिखते हैं पर मराठी, गुजराती और बंगाली के भेदों से परे नहीं। जब तक अपने आप में यह छल-कपट चलता रहेगा, तब तक ऊँचा साहित्य लिखना पत्थर पर दूब उगाना है। इस धरती की धूल में पहले लोटना सीखिए।"

वे भावावेश में बोल रहे थे और मैं चुप था।

नर-नारी पात्र*

पिछले दो अंकों में हिन्दी उपन्यासों के पुरुष और नारी पात्रों की चर्चा हो चुकी है। गत अंक में गोरखनाथ ने अति आधुनिक उपन्यासों की नायिकाओं के सम्बन्ध में बड़े तीखे विचार प्रकट किये हैं। मेरा विश्वास है, उनका इरादा यह कहने का नहीं है कि हिन्दी में नारी-चरित्रों का निर्माण हुआ ही नहीं है। असल में जिस प्रकार के नारी पात्रों के रूपों से वे असन्तुष्ट हैं, उनकी चर्चा उन्होंने की है। यह स्तम्भ शिकायतों और आलोचनाओं से भरा रहता है, तो गलतफहमी हो सकती है कि हिन्दी में कुछ अभिनन्दनीय है ही नहीं। मैं सोचता हूँ, ऐसा समझने की भूल कोई समझदार आदमी तो नहीं करेगा।

पात्रों की बात ही आगे बढ़ाता हूँ। पात्रों के सृजन में हमारे यहाँ कुछ लोग बने-बनाये 'फर्मे' (साँचे) से काम लेते हैं, याने कोई दर्शन, नैतिक सिद्धान्त या राजनैतिक प्रयोजन उनके मन में पहले बन जाता है और तब उसे सिद्ध करने के लिए या उसका उदाहरण देने के लिए वे कुछ पात्र बटोर लेते हैं। गणित के सूत्र पर वे पात्रों को चलाते हैं। इस प्रकार के 'फर्मे' हमारे यहाँ हैं—एक है 'मार्क्सवादी फर्मा' जिसमें हर बार हलकू की माँ को कोई जमींदार ठोकर मारकर प्राण ले लेता है या हलकू की स्त्री की अस्मत लूट लेता है। इन कहानियों में न कहीं हलकू नजर आता है, न उसकी माँ, न उसकी स्त्री ! इनकी जगह एक ढाँचा दिखता है। न हलकू के साथ हम रो पाते हैं, न हम अत्याचारी पर क्रोध कर पाते हैं। इस साँचे पर केवल हँस पाते हैं।

दूसरा 'फ्रॉयडवादी ढाँचा' होता है। इस साँचे के कलाकार की दृष्टि में पुरुष

* वसुधा, वर्ष : 1, अंक : 6, अक्टूबर 1956

केवल 'नर' है और स्त्री केवल 'मादा' और अगर वे पास आते हैं, तो पशुवर्ग की तरह केवल प्रजनन-क्रिया के लिए ! इनकी नारियाँ मानवी नहीं होतीं, 'सेक्स' की गुड़िया होती हैं, जिन्हें लेखक मनमाना नचाता है ।

तीसरा सहअस्तित्ववाला साँचा—याने मार्क्सवादी—फ्रॉयडवादी ढाँचा ! इसकी छटा आप यशपाल, कृश्नचन्दर, मुल्कराज आनन्द और अहमद अब्बास तक में पा लीजिए । एक हाथ में 'केपिटल' और दूसरे में 'कोकशास्त्र' लेकर इनके पात्र ऐसे घूमते हैं कि अचरज होता है, इन्हें आदमी कहें तो कैसे !

कुछ पात्र मनुष्य नहीं होते, वे चलते-फिरते 'एनसाइक्लोपीडिया' होते हैं—इन्हें न प्रेम की अनुभूति होती है, न करुणा की। इनके पास केवल बुद्धि होती है, तर्क होता है, और ये बेचारे इस बात का डंका पीटने का काम करते हैं कि देखे, हमारे निर्माता के पास इतना ज्ञान है ।

एक दूसरे प्रकार के वे पात्र हैं जो मनोग्रन्थियों और कुण्ठाओं के वैज्ञानिक 'इलस्ट्रेशन्स' हैं, उन्हें आप जान गये, तो मनोविज्ञान की जानकारी आपकी अपटुडेट हो गयी । मनुष्य को आप न जान पायें, तो लेखक की बला से ।

साँचे का साहित्य इसी प्रकार दुर्गतिग्रस्त होता है । उसके लेखक एक खाली पिंजड़ा लिये रहते हैं, जिसके भीतर का तोता कभी का उड़ गया है । आप पिंजड़े को तोता नहीं समझेंगे, तो आपको नासमझ का खिताब मिलेगा ।

मानव-चरित्र रचने के लिए मानव को देखना पड़ता है, मानव को समझना पड़ता है, उसके सुख, दुख, आशा, आकांक्षा, द्वन्द्व, कुण्ठा सबको देखना होता है । जन-जीवन का बारीक अवलोकन करना होता है और साथ ही संवेदनात्मक दृष्टि रखनी पड़ती है । जिस समाज को, जिस जाति को, जिस वर्ग को चित्रित करना है, उसे सचाई से पहिले समझकर तब उसका चित्रण करना होता है । उसी में से महती प्रवृत्तिवाले महान् पात्रों का जन्म हो सकता है । तीन महीने समुद्र के किनारे रहकर मछुओं के जीवन का सही चित्रण नहीं हो सकता, और 6 महीने सिनेमा स्टुडियो के आसपास चक्कर लगाकर सिनेमा-संसार का जीवन सच्चे रूप में कागज पर नहीं उतर सकता ।

इसका कारण है तपस्या की कमी । अपने कमरे में बैठकर समस्त समाज को नहीं देखा जा सकता । कालिदास ने रेल और मोटर से विहीन उस युग में भारत-भ्रमण किया था, अन्यथा मेघदूत में प्रकृति के वे विभिन्न रूप न उछलते । प्रेमचन्द ने जाने-पहिचाने किसान-मजदूर और मध्यवर्ग के चित्र अंकित किये थे। उच्चवर्ग के चित्र अंकित करने में वे भी सफल नहीं हो पाये । प्रो. मेहता और मालती के प्रेम के अंकन में भी प्रेमचन्द उतने सफल नहीं हुए, क्योंकि इस वर्ग के प्रेम का अतिरंजित आदर्शवादी और बुद्धिवादी रूप ही वे प्रस्तुत कर पाये । महान् कलाकार भी जब जीवन का सच्चा रूप न जानने के कारण चित्रण में कमी ले आता है, तब साल में 4 दिन गाँव में 'पिकनिक' करके शहराती लेखक ग्रामीण जीवन का चित्र किस साहस से उतारता है ? हार्डी 'वेसेक्स' के जिले से बाहर नहीं गया, पर उस स्थान

के निवासियों का उसे इतना गहरा अध्ययन था, उनकी भावनाओं की उसे ऐसी परख थी, उनके जीवन का उसने इतने पास से निरीक्षण किया था कि उसका हर पात्र बोलता है। चेखव और गोर्की ने रूसी जीवन को आत्मसात किया था। हाल ही प्रकाशित रेणु के उपन्यास 'मैला आँचल' की सबसे बड़ी खूबी यह है कि उसका चित्र पूर्ण रूप से सत्य है। पूर्णिया जिले के उस अंचल के जीवन के कितने उजले 'स्नेपशाट्स' हैं!

जीवन को न देख सकने के कारण लेखक की रचनाओं में एकरूपता आती है। एक लेखक 15 साल से एक ही प्रकार के आदमियों में रह रहा है, उन्हीं में उठता-बैठता है। ताजगी कहाँ से लाय? वही आदमी, वही दिनचर्या, वही क्रिया-प्रतिक्रिया। एक ही 'सेटअप' उसके भीतर संवेदना हमेशा उत्पन्न नहीं कर सकता। हाँ, अगर उसके पास विभिन्न अनुभवों का अक्षय भाण्डार हो, तो बात अलग है। आजकल एक ही प्रकार की कहानियों और उपन्यासों के सृजन का यह बड़ा भारी कारण है।

हमारे यहाँ लेखक को घूम-फिर सकने की, जीवन को देख सकने की सुविधा नहीं है। नौकरी करके पेट जिसे पालना पड़ता है, वह स्त्री-बच्चों को देखे या जीवन देखने जाय? माम के हर उपन्यास में एक ताजगी देखने में आती है। एक उपन्यास से बिल्कुल भिन्न स्तर के, भिन्न प्रकार के पात्र दूसरे उपन्यास में मिलेंगे। यहाँ तक कि विभिन्न भू-भाग के निवासी मिलेंगे। उसे सुविधा है। पर यदि हमें देश-विदेश घुमाई की सुविधा नहीं है, तो हमारे समाज को संवेदनात्मक दृष्टि से देख सकने की सुविधा तो है।

हल्का साहित्य*

एक प्रोफेसर मित्र मिले। बगल में हल्का-फुल्का जासूसी उपन्यास दबाये थे। मुझसे न रहा गया। पूछ ही बैठा, "अजीब शौक है आपका। अब तक जासूसी उपन्यास पढ़ते रहते हो—कुछ अच्छा पढ़ा करो, तो विद्यार्थियों का भी हित होगा।" तुरन्त बोले, "मेरे लिए नहीं है, पत्नी को इसे पढ़ने का बड़ा शौक है।" पर, उनके चेहरे से यह आशय जरूर निकल रहा था कि यदि मैं आगे कोई बहस छेड़ूँ तो वे उस जासूसी उपन्यास के पक्ष में न जाने कितनी दलीलें पेश कर देंगे। कुछ दिन के बाद जब उनकी पत्नी से मिला तो उन्होंने कहा कि उन्हें जासूसी उपन्यास पढ़ने का शौक तो

* वसुधा, वर्ष: 1, अंक: 7, नवम्बर 1956

प्रोफेसर साहब से शादी होने के बाद ही हुआ है; उसके पहिले तो वे कुछ दूसरे अच्छे उपन्यास पढ़ा करती थी। उपन्यासों के सम्बन्ध में जब विवाद आगे छेड़ा, तो मालूम हुआ कि धुरन्धर प्रोफेसर की पत्नी ने कुशवाहा कान्त, आवारा आदि के दर्जनों उपन्यास पढ़ लिये हैं। उनके मित्र जो एक डॉक्टर हैं, उन्होंने भी पूरी पेंगुइन की 'क्राइम और मिस्ट्री सीरीज़' खत्म कर डाली थी, और इस दम्पति के साथ बहस में शरीक हो गये। बोले, "थकावट के बाद यदि कोई चीज जी-भरकर आनन्द देती है, तो वह है यही उपन्यास या ऐसा ही कोई लिटरेचर। हिन्दी के जासूसी तो मैं नहीं पढ़ता, क्योंकि बड़े नीचे स्तर के होते हैं और फिर उनमें कुछ सेक्स की बड़ी बेतुकी और अवैज्ञानिक घटनाएँ अंकित की जाती हैं, इसलिए मैं अंग्रेजी के ही विशेष रूप से पढ़ा करता हूँ।" मैंने कहा, "इसके अतिरिक्त भी आपको कुछ पसन्द आता है?"

"हाँ, आता क्यों नहीं," डॉक्टर ने कहा, "वुडहाउस और सामरसेट माम, आगाथा क्रिस्टी आदि बहुत अच्छे लगते हैं पर. इन्हें तो मैं केवल सफर में पढ़ता हूँ। आराम और फुर्सत के घण्टों में, विशेषकर सोते समय, जासूसी ही अच्छे लगते हैं।"

मैंने पूछा, "इसके अतिरिक्त क्या आपको क्लासिक्स अच्छे लगते हैं या नहीं—जैसे डिकेन्स, थैकरे, ह्यूगो, स्टेण्डाल, फ्लाबेयर, ज़ोला, दॉस्तोवस्की, टाल्सटाय, गोर्की आदि?"

"हाँ, इनमें से कुछ को पढ़ा है। कुछ फ्रांस के रूमानी लेखक ही अच्छे लगे, पर छोटी कहानियों के रूप में—सच कहूँ तो बाल्ज़ाक की कहानियाँ 'ड्रोल स्टोरीज़' ही सबसे अच्छी लगी। दॉस्तोवस्की और टाल्सटाय तो बहुत बड़े उपन्यास लिखते हैं। डिकेन्स कम-से-कम थैकरे से अच्छा लगता है। उसके चरित्र-चित्रण की जोड़ नहीं। और फिर वैसे जब पढ़ने को कुछ न हो तो कुछ भी पढ़ लेता हूँ।" डॉक्टर साहब की बात मुझे ऐसे मालूम हुई कि बिल्कुल एक साधारण पाठक की बात है। यह कोई बड़े प्रबुद्ध पाठक होते तो निश्चय ही उनकी रुचि कुछ और विषय पर ही होती, पर सवाल यह है कि प्रोफेसर और डॉक्टर यह पढ़ता है तो दूकानदार, अच्छा पढ़ा-लिखा आदमी, क्या पढ़ता होगा? कालेज के छात्र-छात्राएँ, जैसा मेरे उस प्रोफेसर मित्र की ग्रेजुएट पत्नी की रुचि से पता चलता है, कुशवाहा कान्त और फिल्म-फेयर पढ़ते हैं। तो यह सब साहित्य-रचना किस बलबूते पर हो रही है? और पुस्तकें कैसे इतनी छपती रहती हैं?

बात मन को खाये जा रही थी कि आखिर यदि इस स्तर की किताबों की ही रुचि बढ़ रही है, तो 'हमारे ऊँचे साहित्य' का क्या होगा? एक बार कुछ प्रकाशकों से मुठभेड़ हो गयी। एक ने कहा, "मैं पाठ्य पुस्तकों के अतिरिक्त कुछ दूसरा छापता ही नहीं। इसलिए बिक्री का सवाल ही नहीं उठता। एक किताब दो-चार साल चल गयी, हजारों कमा लिये।"

दूसरे बोले, "मैं तो केवल सस्ता, अधिकांश कामुक साहित्य ही तैयार करवाता

हूँ। चार लेखक रख छोड़े हैं, प्रत्येक को डेढ़ सौ रुपया देता हूँ।"

तीसरे बोले, "अच्छी पुस्तकें छापता हूँ, तो लेखक से पैसे पेशगी ले लिये। यदि कोई ख्याति-प्राप्त लेखक हुआ तो अपने पैसे से ही छाप दी और बाद में कमीशन देते रहे, पर फिर भी कविता तो मैंने छापना ही बन्द कर दिया।"

उनकी बात सुनकर एकदम याद आया कि रामविलास शर्मा को किस तरह अपनी कविता-पुस्तक छपवाने के लिए प्रकाशक को एक आलोचना की पुस्तक लिख-कर देने का वचन देना पड़ा था। पर, क्या लोग आलोचना की पुस्तकें पढ़ते और खरीदते हैं? उन्हीं प्रकाशक महोदय से यह मालूम हुआ कि ऐसी पुस्तकें स्कूल, कालेज के वाचनालयों में चल जाती हैं, बस!

कहने का तात्पर्य यह कि अपने यहाँ पुस्तकों की भरमार तो खूब है—जासूसी और कामुक उपन्यास पाठकों के लिए और पुस्तकालयों में आलोचनात्मक साहित्य, क्योंकि व्यक्तिगत रूप से हर पाठक पर कौन नजर रखता है? पुस्तकालयों पर सभी की नजर रहती है—ठीक वैसी ही जैसी किसी अजायबघर पर। बाहर से कोई आया, तो हम अपने वाचनालय और पुस्तकालय दिखला देते हैं, ताकि उन्हें विश्वास हो कि हमारा बौद्धिक स्तर क्या है? ऐसी ही घटना याद है—एक कालेज का निरीक्षण हुआ। पुस्तकालय देखा तो कुछ अच्छी-अच्छी पुस्तकें थीं, संख्या में कम। तो निरीक्षकों ने कह दिया कि पुस्तकालय कालेज के योग्य नहीं। और दूसरे कालेज में सैकड़ों पुस्तकें थीं—संख्या में अधिक, पर तत्वहीन! निरीक्षकों ने कहा कि पुस्तकालय-कालेज क्या विश्वविद्यालय के योग्य हैं। पुस्तकों की संख्या और उनकी तत्वहीनता का आज अधिक महत्त्व है, बजाय उनके वास्तविक मूल्य के। कालेज और स्कूल के पुस्तकालयों में जाकर देखिए तो अच्छी पुस्तकों को ले जाने-वाला कोई नहीं। इतना ही नहीं, कुछ अच्छे लेखकों की बड़ी-बड़ी ख्यातिप्राप्त पुस्तकें भी लोगों को पढ़ने का समय नहीं। एक पुस्तकालय में जाकर कुछ पुस्तकें निकालकर देखा—तो उनके पाठकों का अनुपात कुछ इस प्रकार था (पुस्तकालय के सदस्यों की संख्या 500 के लगभग थी)—

गोदान	प्रेमचन्द	2%
लालरेखा	कुशवाहा कान्त	40%
गुनाहों का देवता	धर्मवीर भारती	15%
सूरज का सातवाँ घोड़ा	धर्मवीर भारती	2%
नदी के द्वीप	अज्ञेय	10%
शेखर : एक जीवनी	अज्ञेय	10%
मानसरोवर (कहानी)	प्रेमचन्द	2%
तुमने क्यों कहा था मैं सुन्दर हूँ	यशपाल	5%
दिव्या	यशपाल	1%
अशोक के फूल	हजारीप्रसाद द्विवेदी	1%
कला और संस्कृति	वासुदेवशरण अग्रवाल	1%

समीक्षा शास्त्र	दशरथलाल ओझा	2%
बीस कवियों की आलोचना		5%
साहित्य परीक्षा-उपयोगी पुस्तक		4%

इन आँकड़ों से पता चलता है कि साधारण पढ़े-लिखे लोग किस तरह की रचनाओं में रुचि रखते हैं। यह आँकड़े एक कालेज के पुस्तकालय के हिन्दी विभाग की पुस्तकों के हैं—यदि आप अन्य साहित्य-विभाग के आँकड़े भी देखें तो पता चलेगा कि इससे भी गयी-बीती स्थिति है। अंग्रेजी विभाग के सम्बन्ध में कुछ जानकारी हासिल करने के लिए जब कुछ किताबें उठायीं, तो मालूम हुआ कि सबसे अधिक वे पुस्तकें पढ़ी गयी हैं, जिनका परिचय कुछ इस ढंग का हो—'विश्व में तहलका मचा देनेवाली महान् रोमांचकारी पुस्तक, जिसका पहला 50000 का संस्करण केवल दो माह के भीतर ही बिक गया।' इसके बाद उसमें लिखा हो—'वह गूँगी थी, लेकिन उसमें जीवन की एक लालसा थी, जिसे एक दर्जन पुरुष भी तृप्त न कर सके—प्रेम, उन्माद और तप्त उच्छ्वासों की बेजोड़ कहानी'—आदि-आदि।

इन पुस्तकों के अतिरिक्त मुझे एक पुस्तक के पाठकों की संख्या को देखकर बड़ा आश्चर्य हुआ और वह पुस्तक थी एक फ्रांसीसी कलाकार के जीवन पर लिखा गया एक उपन्यास। इसने मुझे कुछ इस ओर आतुर बना दिया कि मैं देखूँ, क्या और भी कोई जीवनी-प्रधान उपन्यासों का पठन हुआ है, अथवा नहीं। आन्द्रे मोराँ, हावर्ड फास्ट और इरविंग स्टोन के लिखे कुछ जीवनी-प्रधान उपन्यास को देखा तो प्रतीत हुआ कि लोगों ने अवश्य कुछ पढ़ा है, पर अपनी हिन्दी में ऐसे उपन्यास कितने हैं? किसी महापुरुष के जीवन को केन्द्र मानकर कितने उपन्यास लिखे गये हैं? यहाँ तो यदि कोई जीवनी-प्रधान उपन्यास हैं तो कुछ लेखकों की स्वयं की जीवनी ही उनमें उतरती दिखायी देती है और विशेष कुछ नहीं। फिर पाठकों की रुचि हो भी तो कैसे? वैसे यहाँ कई राजनेता, लेखक और कलाकार हैं, जिनका जीवन वास्तविक उपन्यास की वस्तु है। अभी उस दिन स्वर्गीया श्रीमती सुभद्राकुमारी चौहान के सुपुत्र से बात हो रही थी, तो उन्होंने जब अपनी माँ के जीवन का उल्लेख किया तो लगा कि जैसे सचमुच ही एक उपन्यास का कथानक हो। ऐसे ही 'निराला' पर रामविलास शर्मा की पुस्तक पढ़ते समय भी लगा था। ऐसे और न जाने कितने हैं। पर लिखता कौन है? और लिखता नहीं, तो पढ़नेवाले कहाँ से पैदा हों? जासूसी उपन्यासों की भी यदि अभिरुचि अधिक परिष्कृत करना है, तो क्या रफी अहमद किदवई पर कोई उपन्यास नहीं लिखा जा सकता? जीवनी के पाठक कम हैं, लेकिन जीवनी को उपन्यास में ढाला जाय, तो उसके पाठक सचमुच में अधिक हो सकते हैं। 'झाँसी की रानी' पर लिखा वृन्दावनलालजी वर्मा का उपन्यास कितना लोकप्रिय है। ऐसे ही गुजराती में मुंशीजी का पृथ्वीवल्लभ। यह बात अवश्य है कि इन रचनाओं में अभी उतनी प्रामाणिक सत्य-परिणति नहीं जितनी अन्य अंग्रेजी या फ्रेंच में लिखे गये जीवनी-प्रधान उपन्यासों में

है, पर इनके पाठकों की कमी नहीं। जहाँ तक अन्य प्रकार की पुस्तकों के पठन का सवाल है, उसमें सबसे अधिक संख्या पाठकों की तो उन किताबों की है, जो लोगों को यह बताती हैं कि वे धनी कैसे बन सकते हैं? नेता कैसे बन सकते हैं? वक्ता कैसे बन सकते हैं? अथवा मित्र कैसे बना सकते हैं? और औरतों को कैसे मोहित किया जाय? डेल कार्नेगी की How to win friends and influence people' प्रायः हर अंग्रेजी पढ़ने और समझनेवाले ने पढ़ी है और इसी की बराबरी करती है—'यौवन का आनन्द', 'विवाहित जीवन', 'वेश्या की कहानी' अथवा 'रंगीन रातें' आदि। कहने का तात्पर्य यह कि जब साहित्यिक रचना की सफलता पाठकों के बीच केवल उनकी हल्की वृत्ति की उत्तेजना में ही रह गयी—तो प्रेमचन्द, टाल्सटाय, गोर्की, व्हिटमैन और डिकेन्स जैसों का क्या होगा? वे जीवित कैसे रहेंगे? और उनके बच्चे···?

रुचि और साहित्य*

'वसुधा' के पिछले अंकों में एक ही प्रश्न बार-बार उठ रहा है और वह है पाठकों की रुचि और साहित्य के निर्माण का। दीपावली अंक में मैंने कुछ आँकड़े दिये थे जिनको लेकर कुछ प्रश्न उठाये गये और उन प्रश्नों का उठाया जाना स्वाभाविक ही था। 'गोरखनाथ' और 'एकलव्य'जी ने उसके आधार पर कहा कि मैं उन आँकड़ों में उलझकर पथभ्रष्ट-सा हो गया हूँ। पर, बात ऐसी नहीं है। आँकड़ों के उपस्थित करने का अभिप्राय यह नहीं था कि मैं पाठकों की रुचि की निन्दा करना चाहता हूँ अथवा साहित्य-निर्माताओं की, पाठकों की शोचनीय अवस्था पर लाचारी प्रकट करना चाहता हूँ, वरन् उसका उद्देश्य केवल यह था कि वस्तुस्थिति का परिचय पाकर हम अपना (पाठकों एवं साहित्य-सेवियों का) आत्म-परीक्षण कर लें। उसी के प्रसंग में मैंने हिन्दी में जीवनी-प्रधान उपन्यासों की कमी की ओर भी इंगित किया था और यह चिन्ता व्यक्त की थी कि यदि हिन्दी साहित्य में कुशवाहा कान्त जैसे हल्की, सीमित एवं एकांगी अनुभूतियों के लेखक की लोकप्रियता बढ़ती है, तो फिर आगे क्या होगा? आधुनिक समाज की व्यस्त और त्रसित जिन्दगी की भी रेखा उसमें खिचकर आयी थी, ऐसा भी मेरा अनुमान है। इन सब विषयों की चर्चा में मैंने यह कदापि नहीं सोचा था कि 'एकलव्य'जी आधुनिक समाज की 'विशेषज्ञता-ग्रसित' विचार-प्रणाली का उपयोग साहित्य के निर्माण-क्षेत्र में उपस्थित करेंगे और

* वसुधा, वर्ष : 1, अंक : 10, फरवरी 1957

इस बात को सिद्ध करने की चेष्टा करेंगे कि हर व्यक्ति साहित्य के योग्य नहीं, अथवा साहित्य के विभिन्न रूप केवल चन्द ही व्यक्तियों के लिए हैं। कवि-सम्मेलन की रसिकता में हमारे काव्य का हल्का अंग ही उभरकर आये, पर इसमें तो सन्देह नहीं है कि कवि-सम्मेलन में उपस्थित व्यक्तियों को काव्य से प्रेम है—वे कवि को सुनना चाहते हैं (और फिर उनके लिए कवि का अर्थ केवल गायक ही क्यों न हो जाय)। सभी व्यक्ति एक ही रचना की एक ही-सी प्रशंसा नहीं कर सकते। आई.ए. रिचर्ड्स इस विषय में काफी प्रयोग कर चुके हैं।

किन्तु इससे यह सिद्ध नहीं होता कि सर्वश्रेष्ठ एवं प्रिय रचनाओं की कसौटी न बनायी जाय। रचनाएँ सर्वप्रिय रही हैं और रचयिता भी माने गये हैं तथा साहित्य के मूल्यांकन के नियमों का भी प्रतिष्ठापन किया गया है। यह सब सम्भव हुआ है, किसी विशेष विचार-स्थापन के बल पर, और आज हम उस विशेष बल का प्रयोग नहीं कर रहे हैं। केवल सतह को देखकर ही गहराई का अन्दाजा लगा रहे हैं। पाठक और लेखक के बीच समस्या उलझाकर साहित्य का मूल्यांकन करना गलत होगा, क्योंकि दोनों की स्थिति एक-सी है और दोनों ही एक-दूसरे के पूरक हैं। प्रजातन्त्र में जैसे सब बराबर होते हुए, शासक वर्ग उत्तरदायी होता है, वैसे ही पाठक और लेखक बराबर होते हुए भी लेखक उत्तरदायी है—अपने पाठकों के निर्माण के लिए, उनके विचारों के लिए और उनकी रुचि के लिए। दोनों एक ही समाज की उपज हैं और दोनों के मानसिक कलेवर में भी अन्तर है तो केवल उनके निर्माण में वांछनीय सामग्री के अनुपात में। इस बात को और स्पष्ट इस ढंग से किया जा सकता है—पाठक और रचनाकार एक ही समाज की उपज हैं। उनके जीवन-यापन की क्रियाएँ एक हैं। उनके सामाजिक अनुभव एक हैं और उनके अभिव्यक्तिकरण की चाह भी एक ही-सी है और कुछ हद तक उनका माध्यम भी एक है। (माध्यम की बात स्पष्ट कर दूँ। आँखों को सुन्दर लगनेवाली वस्तु एक चित्रकार अथवा शिल्पकार ने देखी और उसके साथ ही देखी किसी कलाहीन व्यक्ति ने—चित्रकार या शिल्पकार ने उसे ज्यों-का-त्यों अन्य और व्यक्तियों को दिखाने के लिए बनाकर तैयार कर लिया पर कलाहीन व्यक्ति वैसा कुछ नहीं कर पाया। इससे यह अर्थ नहीं हुआ कि वह सुन्दर मूर्ति अपने-आपमें उसके इन्द्रिय लोक से बाहर चली गयी। वह वैसी ही वहाँ उपस्थित है और वह उसको उसी ढंग से प्रदर्शित करने का उपाय करता है—सफलता-असफलता का प्रश्न नहीं है।) इस सबके अतिरिक्त अन्तर यदि कहीं दोनों में है, तो वह है केवल उनकी अनुभूतियों की तीव्रता में, उनके अभिव्यक्ति के प्रकाश में। इसके आगे रचयिता बढ़कर 'कल्पना' को अपने साथ गाँठ बाँधकर ले आता है, ठीक उसी तरह जैसे पाणिग्रहण कर कोई विश्व-सुन्दरी को ले आये और अन्य अपने में विश्व-सुन्दरी को लेने की क्षमता रखते हुए भी हाथ मलता रह जाय। साधारण पाठक और साहित्य-निर्माता की बनावट में अन्तर केवल इतना है। पर जब उन्हें पाठक और साहित्यकार के रूप में देखते हैं तो जैसे हमारे अन्तर की सीमा ही नहीं मिलती। हर साहित्य में लेखक अपने पाठकों

को मूर्ख समझता है — सम्भवतः उतना ही मूर्ख या नादान जितना कोई नानी अपने छोटे नाती-पोतों को कहानी सुनाते समय समझती है।

दूसरा दुर्गुण जो हमारे लेखक वर्ग में आता है वह है कि अपनी अनुभूतियों, विशेषतः अपने जीवन के अनुभवों को (चाहे वे कितने ही कम हों) सबसे बढ़कर समझते हैं। समाज के या बाह्य जगत के अनुभव उन्हें प्राप्त होते हैं, वे समझते हैं कि उनकी निजी अनुभूति ही एकमात्र अनुभूति है; ऐसी किसी दूसरे की नहीं हुई। सामाजिक यथार्थ पर वे अपनी निजी अनुभूति का कुछ ऐसा ताना-बाना खींचते हैं कि समाज का निरपेक्ष सत्य कुहासे में फँस जाता है और तब फिर खुलकर सभी को 'चार अन्धे और एक हाथी' का खेल खेलने का अवसर प्राप्त होता है। ऐसा साहित्यिक चाहे आदर्शों का प्रतिपादन करे अथवा अनैतिकता की व्यूह-रचना, वह कुछ दिनों तक पाठकों को तुष्ट कर चला जाता है। पता नहीं यहाँ पर टी. एस. इलियट का मत कैसा रहेगा, पर कहे बिना रहा नहीं जाता कि उसने शेली-जैसे कवि को पोप की तुलना में हीन ठहराया है। कहने का अर्थ यह कि टिक वही पाता है, जो अपनी निजी तथा कथित अनुभूतियों और अभावों से ऊपर उठकर आता है। यहाँ हो सकता है कुछ लोग 'स्वान्तःसुखाय' का प्रश्न उठाकर तुलसी की निजी अनुभूतियों की बात करें, पर, उन्हें पहिले तुलसी का 'निज' देख लेना चाहिए, जिसका विस्तार 'सिया-राममय' है और सियाराम तुलसी के मन में है अर्थात् उनका निज, विश्व का निज बन गया। सामाजिक यथार्थ का यह रूप विदेह है, जो किसी सन्त की ही उपलब्धि हो सकती है, लोकवासी लेखक-समुदाय की नहीं। इस लोकवासी समुदायी लेखक के लिए तो समाज के यथार्थ को अपने में ढालकर ऐसा बनाना होगा, जैसा तुलसी ने राम को अपने में ढाला था, तभी वह सर्वसाधारण को ग्राह्य होगा।

साहित्य का निर्माण कोई ईंट-गारे की इमारत नहीं है, जो कोई भी विशेषज्ञ डिप्लोमा लेकर तैयार कर सकता है; यह तो एक भागीरथ प्रयास है, जिसके लिए उत्साह, आत्मा की उज्ज्वलता और पुण्य की धरोहर आवश्यक है। गंगा को पृथ्वी पर लाने की सभी की इच्छा है पर भगीरथ बनने का प्रयास कोई नहीं कर रहा है। उनकी परिकल्पनाएँ, उनके जप-तप बस बादलों की चन्द बूंदें ही आसमान से जमीन पर ला पाते हैं। सम्भवतः इन्हें ही वे गंगा के छींटे समझ रहे हैं।

साहित्य और कला का रसास्वादन ही एक ऐसी चाह है मनुष्य की, जो कैसी भी विकलांग सामाजिक परिस्थिति में उसके हृदय में रहेगी और बराबर वह उसको भावी जीवन की प्रेरणा देती रहेगी। यह बात अलग है कि इस एटमी व्यवसाय के युग में कुछ लोग अपने प्रच्छन्न स्वार्थों और मन्तव्यों की सफलता के लिए उसको भी व्यवसाय की पूंजी बनाने का प्रयत्न करें। तब निस्सन्देह ही उसकी कुछ हानि हो सकती है किन्तु वह चिरस्थायी नहीं हो सकती, क्योंकि मानस की अनुभूतियों का अस्तित्व निरपेक्ष होता है जिसमें सभी तरह की सापेक्ष धारणाएँ बिखरती रहती हैं। इसकी प्रगति और परम्पराएँ वैज्ञानिक सत्यों की खोजों की तरह विकट और कठिन

परीक्षणों के बीच से गुजरती हैं। मानवी आत्मा का सत्य गतिमान होता है, इसलिए वह विरोधों के बीच आगे बढ़कर नवनिर्माण करता चलता है। साहित्य जब इस राह को पकड़कर चलता है तब उसमें पाठक और लेखक का गत्यावरोध टूट जाता है और स्वस्थ धारा-प्रवाह आता है।

नामदेव ढसाल की कविता और अश्लीलता का प्रश्न*

नामदेव ढसाल की कविता 'भूख' के कुछ शब्दों और मुहावरों को लेकर यह आलोचना हो रही है कि ये 'अश्लील' हैं। मैं कुछ दिनों के लिए रायपुर में हूँ। मेरी साहित्यिक मित्रों से चर्चा होती ही है। इन चर्चाओं में यह बात भी उठी कि क्या ये अंश अश्लील हैं। मैंने इन कविताओं को पढ़ा है 2-3 बार। नामदेव ढसाल दलित कवि हैं। ये कविताएँ, घोर त्रास और क्रोध की कबिताएँ हैं, जिन्हें वही कवि लिख सकता है जिसने भूख की पीड़ा को भोगा है। एक छोटा-सा नार्वेजियन उपन्यास है — हंगर। जेम्स हेन्सन का उपन्यास है यह, जिस पर नोबल पुरस्कार दिया गया था। मुझे उपन्यास की याद आती है — भूख में पेट में कैसी पीड़ा होती है, पिण्डलियों की नसें कैसे चटखती हैं, सिर कैसे भन्नाता है—और दुनिया के प्रति भूखे आदमी की दृष्टि कैसी हो जाती है—इसका वास्तविक और मार्मिक चित्रण है, जो वही कर सकता है जिसने भूख का त्रास भोगा है। नामदेव ढसाल की तरह हेन्सन को क्रोध नहीं है। इसका कारण यह है कि हेन्सन में वर्ग-चेतना नहीं है, वर्ग-घृणा भी नहीं है, वह नहीं जानता कि किन्हीं शोषकों द्वारा भूखा मारा जा रहा हूँ। ढसाल में बर्ग-चेतना है। वह जानता है कि मुझे भूखा रखने की जिम्मेदारी किन पर है। वह उनसे घृणा करता है। हेन्सन अपनी भूख को अपनी नियति मानकर उसके सामने लाचार होकर मिमियाता है। मगर ढसाल अपनी भूख को एक सामाजिक षड्यन्त्र का, एक साजिश का फल मानता है। वह भूख की पीड़ा का तो वर्णन करता है, पर उसके सामने लाचार होकर मिमियाता नहीं, भूख को ठेठ गाली देता है—भूख, तेरी माँ···!

यह गाली 'भूख' नाम की फीलिंग को नहीं है, दूसरों को भूखा रखनेवाले वर्ग के लिए है। यही झंझट है। ढसाल-जैसे तमाम कवि दलित वर्ण के हैं, अछूत हैं, हरिजन हैं। लोकतन्त्र और समता के इस जमाने में वे रूढ़ियों के अत्याचारों की

* सितम्बर, 1982

स्मृतियों और आज भी उन पर हो रहे अत्याचार की वास्तविक चोटों से बौखलाकर, क्रोधित होकर, सच्ची और त्रासद गहरी अनुभूति और अभिव्यक्ति-क्षमता लेकर उठ खड़े हुए हैं और इस अन्यायी व्यवस्था में शब्दों की चिनगारी से आग लगा देना चाहते हैं।

उनकी भाषा कैसी होगी। भाषा विषय, अनुभूति और संस्कार और परिवेश के अनुसार होती है। दो दलित आदमी जब लड़ते हैं, तब विश्वविद्यालय के हिन्दी और संस्कृत विभाग से भाषा नहीं लाते। वे यह नहीं कहते—यदि आप क्षमा करें तो मैं आपकी परमपूज्यनीया माताजी से भाषा सम्भोग करूँगा। यह भाषा उनकी नहीं है। इस भाषा में घृणा और क्रोध व्यक्त नहीं होते। इस भाषा से लड़ाई का वातावरण भी नहीं बनता। इस भाषा से लड़ाई नहीं हो सकती। सदियों से इस वर्ग की अपनी भाषा बनी है—प्रेम को, पीड़ा को, क्रोध को व्यक्त करने की। यह उनका भाषा-संस्कार है। यह उनके परिवेश की भाषा है। वे जब गहरे कहीं चोट खायेंगे तो बेसाख्ता यह भाषा उनके मुँह से निकलेगी। दलित कवि भी, यदि वह सच्चा है, उसकी अनुभूति गहरी है, उसे वास्तविक क्रोध है, तो अपनी कविता में वह इसी भाषा का प्रयोग करेगा, जो उसके संस्कार की, परिवेश की भाषा है। इस भाषा के बिना उसकी कविता झूठी और बनावटी हो जायेगी। वह बेअसर होगी। उसे जिस भाषा में काव्यानुभूति हुई है, उसी में वह कविता लिखेगा।

नामदेव ढसाल ने जिन गालियों का प्रयोग किया है, वे अश्लील हैं। अश्लील क्या है, यह तय करना कठिन काम है। 'लेडी चेटरलीज लवर' अश्लील है या नहीं, इसे तय करने में इंग्लैण्ड की अदालतों को 30 साल लग गये। भारत में भी डी. एच. लारेन्स के इस उपन्यास पर जस्टिस छागला का लम्बा फैसला है, जिसमें अश्लीलता का विवेचन है। अब 'लेडी चेटरलीज लवर' बाल साहित्य जैसी-लगती है, क्योंकि बेहिसाब किताबें छप गयी हैं जो सेक्स के विवरण के मामले में उससे कहीं ज्यादा खुली हैं, जैसे 'टापिक और कैंसर' और अमेरिकी विश्वविद्यालयों के परिसरों में बनने और छपनेवाला साहित्य। फिर हमारे देश में 'कुमारसम्भव' के कुछ प्रसंगों और जयदेव के 'गीत गोविन्द' के सम्भोग-प्रसंगों को क्या कहा जायेगा। ये क्या इसलिए अश्लील नहीं हैं कि यह देवी-देवता के बीच का मामला है!

नामदेव ढसाल की कविता में आयी ये गालियाँ अश्लील कतई नहीं हैं। अधिक-से-अधिक इन्हें शास्त्रीय पवित्रतावादी 'फूहड़' कह सकते हैं। पुराने सौन्दर्यशास्त्र की दृष्टि से फूहड़पन दोष है, पर वह वर्जित नहीं है। पर उस सौन्दर्यशास्त्र के धुर्रे उड़ गये हैं। नया सौन्दर्यशास्त्र आ गया है। अब अभिजात वर्ग के शयनकक्ष का सौन्दर्यशास्त्र नहीं चलता। सड़क की गन्दी बस्तियों का, भुखमरों की झोंपड़ियों का, अधपेटे, अधनंगे मजदूरों का, गन्दी नालियों और चकलाघरों का नया सौन्दर्यशास्त्र चल रहा है। इस वर्ग की छटपटाहट, पीड़ा और क्रोध को व्यक्त करने में नपुंसक अभिजात भाषा सक्षम नहीं है। इसके लिए जीवन्त, खड़ी, ठेठ और चुटीली भाषा चाहिए। वह भाषा चाहिए जिसे यह वर्ग रोजमर्रा की जिन्दगी में बोलता है।

कृष्णा सोबती की एक कहानी है---'यारों के यार।' इस कहानी में एक दफ्तर के क्लर्क लंच की छुट्टी में एक जगह इकट्ठे होते हैं और खुलकर बातें करते हैं—'बॉस' को खूब गाली देते हैं। उसकी खूबसूरत सेक्रेटरी को लेकर मजाक करते हैं ---"क्यों सूरी उस्ताद, क्या लो कट ब्लाउज पहनने से टाइपिंग अच्छा होता है।" डटकर गालियों का प्रयोग करते हैं। जिसने लंच टाइम में क्लर्कों की बातें सुनी हैं, वह जानता है कि वे इसी भाषा में बातें करते हैं। गुबार निकालते हैं। अफसरों की माँ-बहिन करते हैं। उनकी बीवियों के स्कैण्डल उड़ाते हैं।

इस कहानी पर भी एतराज उठे थे कि इसमें भद्दी गालियों का प्रयोग लेखिका ने किया है। इस मसले पर राजकमल प्रकाशन में गोष्ठी भी हुई। निष्कर्ष यह निकला कि छुट्टी में क्लर्क वही भाषा बोलते हैं जो लेखिका ने लिखी है। वैसा ही वातावरण होता है। अगर लेखिका उन शब्दों का और उन गालियों का प्रयोग नहीं करती, तो कहानी झूठी पड़ जाती। लेखिका रामकथा नहीं लिख रही थी। क्लर्कों की जिन्दगी के, छुट्टी के, स्वतन्त्रता के, मस्ती के एक घण्टे का चित्रण कर रही थी, जो उन गालियों के बिना हो नहीं सकता।

ऐसा ही एतराज राही मासूम रजा के उपन्यास 'आधा गाँव' पर उठा था। गाँव के जिन लोगों की वह कथा है वे गाली में ही बात करते हैं। उनकी बातों को गाली के बिना लिखा ही नहीं जा सकता। लिखा जाये तो वह झूठा चित्रण होगा।

एक बात इस सम्बन्ध में विचारणीय है। क्या इन शब्दों और मुहावरों में गाली का कोई सेन्स है। भोपाल की पुरानी गलियों में बिना गाली के बात ही नहीं होती —'माँ के···किधर जा रिये हो !'

बेटा बाप से कहता है—'अब्बा, वो माँ का···टिकिट बाबू आ रिया है। अपने पास टिकिट नहीं है। दोनों की माँ···जायगी !' खाली स्थानों में कौन शब्द हैं, सब समझते हैं। पर यह क्या गाली है। नहीं, यह कहने की 'मेनरिज़म' है।

अभी संयोग से मेरे मित्र भाऊ समर्थ नागपुर से आ गये। वे दलित लेखकों के साथ हैं। संघर्ष करते हैं। पिट भी चुके हैं। उनसे ढसाल की इन कविताओं पर बात हुई। उन्होंने कहा—महाराष्ट्र में भी ढसाल तथा उनके साथियों पर उच्च वर्ण के साहित्यकार हमला करते हैं। हर मराठी साहित्य-सम्मेलन में ये दलित लेखक सरदर्द पैदा करते हैं। वे झूठे, पतनशील आभिजात्य को एक चुनौती हैं। उनमें तेज है, शक्ति है, सच्चाई है, निर्भयता है। वे बहुत जेनुइन हैं। मराठी साहित्य यदि इस समय जीवन्त है, तो इन दलित लेखकों के दम पर। इन पर हमले उच्च वर्ग और वर्ण का सुनियोजित षड्यन्त्र है। मरे और सड़े हुए साहित्य के सर्जक इनसे घबड़ाते हैं, क्योंकि उन्हें खुद अपनी बदबू सताने लगी है। वे इन लेखकों को दबाना चाहते हैं। अमरावती मराठी साहित्य-सम्मेलन में तो मारपीट की नौबत आ गयी थी। 2-4 धप्प मुझे भी पड़े। इन प्राणवान लेखकों को ही सही समझ के बुद्धिजीवी का समर्थन मिलना चाहिए। ढसाल तो इनका नेता है।

राष्ट्रीय प्रगतिशील लेखक महासंघ : द्वितीय सम्मेलन : जबलपुर*

अध्यक्षीय भाषण

राष्ट्रीय प्रगतिशील लेखक महासंघ का यह दूसरा अधिवेशन इस समारोह के साथ शुरू हो रहा है। यह पहला सार्वजनिक आयोजन है, इसलिए कुछ बातें कह देना मैं जरूरी समझता हूं। हमारे संगठन में 'प्रगतिशील' विशेषण लगा है। मगर यह संगठन कोई सम्प्रदाय, कोई 'कास्ट' नहीं है। प्रगति से किसी को एतराज नहीं है। प्रगति की परिभाषा में जरूर मतभेद है। इस शब्द के साथ छल भी बहुत होता है। जब हम प्रगति की बात करते हैं, उसके लिए संगठन बनाते हैं, घोषणापत्र जारी करते हैं, तब इसके साथ दो बातें जुड़ी हुई होती हैं—एक तो यह कि यथास्थितिवादी और प्रतिगामी शक्तियों का अस्तित्वबोध हमें है और उनकी पहचान भी हमें है। राजनीति, धर्म, दर्शन, अर्थतन्त्र, संस्कृति, समाजतन्त्र सबमें ये शक्तियाँ हैं। ये देशी भी हैं और अन्तर्राष्ट्रीय भी। ये साधनसम्पन्न हैं, ताकतवर हैं। ये शक्तियाँ, चाहे वे किसी रूप में हों, मनुष्य को जहाँ का तहाँ रखकर या पीछे ले जाकर अपने स्वार्थ के लिए अन्यायी व्यवस्था को बरकरार रखने की कोशिश करती हैं। चाहती हैं कि आम आदमी इसी गर्हित अर्थतन्त्र, समाजतन्त्र में जकड़ा रहे, मनुष्य-विरोधी संस्कारों, विश्वासों, परम्पराओं, कर्मकाण्डों का गुलाम बना रहे। इन शक्तियों से हमारा सीधा टकराव है। इसमें कहीं किसी समझौते की गुंजाइश नहीं है।

दूसरी चीज उस मूल बात के साथ यह उठती है कि हम प्रगति करके किस दिशा में ले जाना चाहते हैं। प्रगति की हमारी कल्पना क्या है? यों प्रगति का कोई खम्भा नहीं गड़ा हुआ है, जिसे जाकर छूना है और जिसके आगे नहीं जाना है। प्रगति एक चिरन्तन प्रक्रिया है। जैसा है उससे बेहतर लाने की कोशिश है। अभी हमारी जो कल्पना है वह हमारे मेनिफेस्टो—घोषणापत्र में है और वह केवल हमारी नहीं, सबकी कल्पना है। सभी चाहते हैं कि ऐसी व्यवस्था हो जिसमें मनुष्य दुखी न हो। समाज में अन्याय, अत्याचार, शोषण न हो। छीन-झपट न हो। मनुष्य मुक्त हो, विवेकशील हो, अन्धविश्वासों को छोड़कर वैज्ञानिक दृष्टि अपनाये। इसके साथ ही दुनिया के देशों में भाईचारा हो। युद्ध का खतरा समाप्त हो। हथियारों की दौड़ खत्म हो। शान्ति हो और सारी दुनिया के लोगों का जीवन-स्तर सुधरे।

इन बातों से कोई इन्कार नहीं करता। जो इन्कार करेगा, वह 'पागल' कहलायेगा। मगर अब कहा जायेगा कि यह तो मानवतावाद है। वास्तव में यह मानवतावाद है और हम मानवतावादी हैं। लेकिन वह कौन-सा मानव है, जिसका 'वाद' हम चलायें। पीटनेवाला भी मानव है और पिटनेवाला भी मानव है। तो क्या

* 26 अक्टूबर, 1980

हम एक को पीटने का सुभीता दें और दूसरे को पिटने का सुख समझायें ? या पीटनेवाले का पीटना रोकें, जिससे उसे भी चैन मिले और इधर पिटनेवाले को भी चैन मिले। दोनों मानव हैं। हम क्या करें ? क्या हम पीटनेवाले मानव की भुजाओं को ताकत दें, या उन्हें तोड़ दें। एक वायवी मानवतावाद होता है। भावात्मक और रूमानी मानवतावाद होता है। यूरोप में औद्योगिक क्रान्ति के बाद 19वीं सदी और बीसवीं सदी के आरम्भ में भी मानवतावादी लेखक और चिन्तक हुए हैं। मशीनें लगने, विकट उत्पादन होने, समाज में नये सम्बन्ध बनने से वे चौंके हुए भी थे। वे इस नयी सभ्यता से तालमेल नहीं बिठा पा रहे थे और कुछ तो किसी कल्पनालोक 'यूटोपिया' की तलाश में थे या प्रकृति में लौट जाने की सिफारिश करते थे। प्राचीन भारत के जीवन में भी उन्होंने एक यूटोपिया खोज लिया था। इस औद्योगिक सभ्यता में बहुसंख्यक कामगारों की दुर्दशा से भी वे द्रवित थे। कारलाइल और रस्किन इनकी दरिद्रता से सचमुच दुखी थे। लिखा भी है कि मेन्चेस्टर के कारखानों में इतना अधिक और इतना अच्छा कपड़ा बनता है पर उसे बनानेवाले मजदूर फटे, घटिया और गन्दे कपड़े पहनते हैं। यह मानवतावाद है। इससे द्रवित हुआ जा सकता है, उद्वेलित हुआ जा सकता है, पर यह वैज्ञानिक नहीं है। अर्थतन्त्र में ही समाज-व्यवस्था की, मानवी सम्बन्धों की वैज्ञानिक व्याख्या हो सकती है, कारण खोजे जा सकते हैं। हम मानवतावादी हैं मगर वैज्ञानिक मानवतावादी हैं। मनुष्य के जीवन से हमारा सरोकार है, इसलिए हम यथार्थवादी हैं, मगर वैज्ञानिक यथार्थवादी हैं क्योंकि हम जीवन के प्रति केवल भावात्मक प्रतिक्रिया न करके उसकी वैज्ञानिक व्याख्या और विश्लेषण करते हैं। शुभकामना से अर्थशास्त्र के नियम नहीं बदलते, विलाप से अन्याय समाप्त नहीं होता, क्योंकि वहाँ हृदय है ही नहीं।

शुरू में जिन प्रतिगामियों और यथास्थितिवादियों की चर्चा मैंने की है वे जिस वर्ग के हैं या जिसके रक्षक हैं, उसका कहना है कि मानवतावादी जरूर हो लेखक। सब आदमियों को होना चाहिए। वे मानते हैं कि लोग दुखी हैं। इनके दुखों का खूब वर्णन करो, ऐसा कि पढ़नेवाले रो पड़ें। यह अच्छी बात है। यह अच्छा साहित्य भी है। दुख पर रोओ, मगर उसके कारणों को मत खोजो। दुख के कारण तो बुद्ध ने भी खोजे थे और पाया था कि दुख का एक कारण संचय भी है। मगर ये लोग कहते हैं कि दुख के कारण तो हम बता देते हैं—प्रारब्ध-पूर्व जन्म के कर्म, बुरा जमाना। साथ ही यह भी कहते हैं कि सभी किसी-न-किसी तरह दुखी हैं, जैसे जैनेन्द्रकुमार कहते हैं कि समाज में हर एक शिकार भी है और शिकारी भी। यानी दुख देनेवाला बेचारा दुख देने को मजबूर है। आगे झंझट तब खड़ी होती है जब हम दुख देनेवाले की पहचान बनाते हैं, उसे आइडेण्टिफाई करते हैं। वे चाहते हैं, दुख देनेवाला आइडेण्टिफाई न किया जाये। यहीं हमारा मानवतावाद अलग होता है कि हम दुख के कारण खोजते हैं और दुख देनेवाले को आइडेण्टिफाई करते हैं।

यह व्यवस्था जिसमें हम जी रहे हैं, जिसकी शिकायत करते हैं, जिसे बदलना भी चाहते हैं, क्योंकि वह अमानवीय है, वह अमानवीकरण पर ही टिकी है। मशीन

अमानवी है। मगर उसे चलानेवालों का भी अमानवीकरण किया जाता है। बड़ी तरकीब से मनुष्य को सम्वेदनहीन, इनसेन्सिटिव बनाया जाता है। अगर मनुष्य इनसेन्सिटिव हो गया, अपनी गरिमा खो चुका तो बेरहमी से शोषण भी किया जा सकता है और अगर किसी देश की आबादी पर बम बरसाये जायें तो कोई खास एतराज न हो। लेखन के माध्यम से भी अमानवीकरण की प्रक्रिया चलती है। मनुष्य की संवेदनाएँ नष्ट की जाती हैं, उसके विवेक को भोथरा किया जाता है, रुचियों को गलत जगह मोड़ा जाता है और मनुष्य-मनुष्य के प्राकृतिक सम्बन्धों को विकृत किया जाता है। यह अमानवीकरण की, डीह्यूमनाइजेशन की प्रक्रिया लगातार चालू है। इस तरह के साहित्य को प्रचारित किया जाता है, उस पर परिचर्चाएँ आयोजित की जाती हैं, कृत्रिम विवाद खड़े किये जाते हैं। दो महीने पहले हिन्दी की एक लेखिका के एक उपन्यास को लेकर यह प्रचार हो चुका है। हिन्दी में सन् 60 से 70 तक युवा कवियों की एक पीढ़ी थी, जिसने ऐसी कविताएँ लिखीं, जिसमें स्त्री-पुरुष के प्रकृत सम्बन्धों को विकृत किया गया। सेक्स के प्रति यह बीस्टली एटीट्यूड है। यह अमानवीकरण है जो विद्रोह और क्रान्तिकारिता के नाम से चलाया जाता है। बेहिसाब बिकनेवाला अपराध, हिंसा, आतंक और सेक्स-विकृति का लेखन भी अमानवीकरण के लिए है।

मगर ये लोग बड़े चतुर हैं। जमाने के तेवर देखकर छद्म क्रान्तिकारी और छद्म विद्रोही साहित्य भी लिखवाते हैं। मनुष्य के झूठे संघर्ष का झूठा साहित्य भी लिखवाते हैं। यानी अगर विद्रोह चाहिए, क्रान्ति चाहिए तो वह भी हमारी दूकान पर मिलती है। इधर सांस्कृतिक क्षेत्र में देश में ऐसी ताकतें हैं, संगठन हैं, जो भारतीय संस्कृति का नारा बुलन्द करते हैं। पर इनकी संस्कृति का अर्थ है पुरातनवाद, जड़ मानव विरोधी संस्कारों, परम्पराओं और मान्यताओं की स्थापना। संस्कृति मनुष्य को जकड़ती नहीं, मुक्त करती है। संस्कृति वह जीवन-मूल्य है, जिसे अपनी विकास-यात्रा में मनुष्य-समाज विकसित और अंगीकार करता है। संस्कृति मनुष्य का उदात्तीकरण करती है। उसे क्षुद्रता से ऊँचा उठाती है। संस्कृति कोई गाय नहीं है। संस्कृति भी शक्ति है। ज्याँ पाल सार्त्र ने कहा है –'कल्चर इज़ व्हाट डिफाइन्स मेन व्हेन ही लिबरेट्स हिमसेल्फ फ्राम स्लेवरी एण्ड आप्रेसन।' पर ये भारतीय संस्कृति का प्रचार करनेवाले, जो विचार और संगठन में फासिस्ट हैं, संस्कृति को बेड़ी के रूप में प्रयुक्त करते हैं। बाहर से भी संस्कृति को खतरा है। धन और टेक्नॉलाजी में सम्पन्न देश अविकसित और विकासशील जातियों की संस्कृति पर हमला करते हैं और सांस्कृतिक उपनिवेशवाद स्थापित करने की कोशिश करते हैं। इसलिए जातीय संस्कृति की रक्षा भी हमें करनी है। ये बाहरी और भीतरी शक्तियाँ अस्थिरता, डिस्टेबिलाइजेशन की कोशिश भी करती हैं। अस्थिरता की बात राजनीति के सन्दर्भ में की जाती है। पर ये जीवन-मूल्यों में, साहित्य और संस्कृति के मूल्यों में भी अस्थिरता पैदा करके मूल्यहीनता की स्थिति बनाना चाहते हैं।

हमारे देश में इस समय जो हालात हैं, उन्हें सभी जानते हैं। दरिद्रता है, शोषण

है, भ्रष्टाचार है, साम्प्रदायिकता है, जातिवाद है। इनकी चर्चा सभी करते हैं। वास्तविकता यह है कि आज परिवर्तन की माँग बहुत है। यहाँ-वहाँ सुधार से काम नहीं चलेगा। पूरा ही परिवर्तन चाहिए। इसमें जो बाधक हैं उन्हें जानना चाहिए कि इतिहास जब आगे बढ़ता है तब उसके पहिये को पकड़कर रोकनेवाले के हाथ टूट जाते हैं। हम लेखक इस परिवर्तन के संघर्ष में भागीदार हैं। हमें सामाजिक जीवन का यथार्थ और वैज्ञानिक दृष्टि से चित्रण करके साक्षात्कार कराना है और परिवर्तन की चेतना को जगाना है। हमें सही मूल्यों की स्थापना करनी है।

हमने संगठन इसीलिए बनाया है। हम किसी लेखक को फुसलाते या पटाते नहीं हैं। लेखक जन्म से और आज के जीवन-संघर्ष से गुजरकर अपने-आप प्रगतिशील बनते हैं, शिक्षित वे चाहे बाद में होते हों। संगठन की जरूरत है। आपसी मेल-जोल होता है। समस्याओं पर चर्चा होती है। विचार-विनिमय होता है। एक प्रकार का बौद्धिक और मूल्यगत अनुशासन रहता है। इस संगठन को हम लगातार विस्तार देते हैं और जो लेखक हमारे मूल विश्वासों और मान्यताओं से सहमत हैं, उन्हें साथ लेते हैं।

विदा लेते हुए*

मध्यप्रदेश प्रगतिशील लेखक संघ का यह तीसरा अधिवेशन है। पुनर्गठित प्रगतिशील लेखक संघ के सतना सम्मेलन से जो प्रेरणा मिली थी, उससे इन बीच के वर्षों में प्रगतिशील चेतना, रचना और संगठन के रूप में बहुत कार्य हुआ है। नयी प्रतिभाएँ सहज ही आकर्षित होकर हमारे संगठन में आती हैं। बहुत उपयोगी काम क्षेत्रीय और प्रादेशिक रचना-शिविरों के द्वारा हुआ है। इन शिविरों में नये लेखकों को सैद्धान्तिक प्रशिक्षण मिला है, रचना-प्रक्रिया पर उनकी दृष्टि बनी है, उनकी प्रतिबद्धता पक्की हुई है और उन्हें रचना की प्रेरणा मिली है। जैसे-जैसे संगठन का विस्तार होगा वैसे-वैसे शिविरों का अधिक आयोजन होगा और नये-नये रचनाकारों में आरम्भ में ही वह कन्फ्यूजन नहीं रहेगा, जो वर्षों के सैद्धान्तिक और वैचारिक शिक्षण से मिटता है।

हमें इस बात से सन्तोष, गर्व और सार्थकता का अनुभव होता है कि एकाधिक कार्यक्रम ऐसे हैं, जो मध्यप्रदेश इकाई ने आरम्भ किये हैं और जिनसे दूसरे प्रदेशों के

* नवम्बर 1982 में जगदलपुर (म. प्र.) में आयोजित मध्यप्रदेश प्रगतिशील लेखक संघ के तीसरे अधिवेशन में दिया गया अध्यक्षीय भाषण।

हमारे साथियों को प्रेरणा और दिशा-निर्देश मिले हैं। इस सिलसिले में वरिष्ठ लेखकों के सम्बन्ध में 'महत्त्व' के आयोजन भी अभूतपूर्व हैं। केदारनाथ अग्रवाल, नागार्जुन, शमशेर, भीष्म साहनी और त्रिलोचन शास्त्री के व्यक्तित्व और कृतित्व पर जो आयोजन हुए और जो उनके सम्बन्ध में ग्रन्थ प्रकाशित हुए, उनसे इन वरिष्ठ लेखकों के साहित्य का विधिवत मूल्यांकन हुआ। इन आयोजनों से नये लेखकों को बहुत कुछ सीखने को मिला।

पुस्तक क्लब की योजना भी बहुत अच्छी है। इससे कम मूल्य पर उत्तम प्रगतिशील साहित्य उपलब्ध हो सकेगा। अभी शरद बिल्लौरे की कविता-पुस्तक ही निकली है। आगे अधिक पुस्तकें प्रकाशित होंगी।

पिछले दो वर्षों में हमारे संगठन का बहुत विस्तार हुआ है। कस्बों तक में हमारे संगठन की शाखाएँ खुल गयी हैं। तथाकथित पिछड़े इलाकों में यह आन्दोलन अधिक व्यापक और तीव्र है। इसका कारण हमारे संगठन के साथियों की सक्रियता तो है ही, इन क्षेत्रों के लोगों का वास्तविक जीवन-संघर्ष और बेहतर जीवन की उत्कट कामना भी है। इन 2-3 वर्षों में इतना काम हुआ है कि लेखकों तक सीमित रहनेवाला हमारा कार्य अब जन-आन्दोलन-जैसा हो गया है और देश-विदेश के हर जन-संघर्ष में भागीदार बन गया है। अपने स्वास्थ्य और पाँव की असमर्थता के कारण मैं न तो कहीं जा सका और न पर्याप्त काम कर सका। मैं अपने तमाम साथियों का अभिनन्दन करता हूँ, जो उत्कट विश्वास और लगन के साथ कार्य में लगे हैं।

हमारा कार्य सफलता और लोकप्रियता के जिस स्तर पर पहुँच गया है, स्वाभाविक है कि आगे चुनौतियाँ आयेंगी। हमारे संगठन पर आक्षेप और प्रहार होंगे, उसकी प्रतिष्ठा घटाने तथा उसमें टूटन पैदा करने के प्रयत्न भी होंगे। जाहिर है कि इस तरह के प्रहार दक्षिण पन्थ की तरफ से पहले से हो रहे हैं और अब वे बढ़ते जा रहे हैं। दक्षिणपन्थियों के पास न सच्चे लेखक होते हैं, न ठोस सच्चा साहित्य। इसलिए उनके प्रहार का तरीका फासिस्टी होता है। ये तरीके हैं—झूठा प्रचार, चरित्र-हनन, आतंकवाद, मिथ्याचार, गलतबयानी। ये मूल्यों की लड़ाई नहीं लड़ते, क्योंकि वे स्वयं मूल्यहीन होते हैं। इनकी कोशिश साहित्य के द्वारा प्रसारित होनेवाली उस जन-चेतना को रोकने और बदनाम करने की होती है, जिससे मनुष्य अन्याय और शोषण से संघर्ष के लिए संगठन और कटिबद्ध होता है।

ये दक्षिणपन्थी तो साफ दिखते हैं। पर, हमला छद्म वामपन्थियों की तरफ से भी है। इनका नारा है कि जनता के लेखकों का सम्बन्ध किसी पार्टी विशेष से नहीं होना चाहिए। सवाल उठता है—क्या विचारधारा 'आइडियालॉजी' से भी सम्बन्ध नहीं होना चाहिए? बिना आइडियालॉजी के न राजनैतिक पार्टी सार्थक होती है, न लेखकों का संगठन। इस देश में कई विचारधाराएँ हैं, जिनमें से हर एक के हिमायती यह मानते हैं कि केवल हमारी विचारधारा से इस देश की जनता का भला होगा। इनके संगठन हैं, जो सब 'जन' और 'जनवाद' के नाम से चलते हैं। अकाली एक फासिस्टी सिख राज्य में सिखों का भला मानते हैं, तो आर. एस. एस. एक फासिस्टी

हिन्दू राष्ट्र में भारतवासियों का कल्याण मानते हैं। किन्हीं का विश्वास लोकतान्त्रिक समाजवाद में है और किन्हीं का इन्दिरा गाँधी के कांग्रेसवाद में। कम्युनिस्ट पार्टियों का विश्वास वैज्ञानिक समाजवाद में है और गाँधीवादियों का गाँधीवादी सामाजिक और आर्थिक व्यवस्था में। ये सब उसी भारतीय 'जन' के नाम से उसी के कल्याण के लिए काम करते हैं। यदि इन सबको मिला दिया जाय?—एक लेखक संगठन में अटलबिहारी वाजपेयी, सन्त भिण्डरावाले, देवकान्त बरुआ, मौलाना अताउल्ला, प्रो. इरफान हबीब, भीष्म साहनी, दया पवार, कानू सान्याल, पुरी के शंकराचार्य, जामा मस्जिद के इमाम सब ले लिये जायें, तो उस लेखक संगठन का क्या होगा? जनता के ये सभी हैं, मगर कौन किस जनता का है और उसके तरीके क्या हैं? इसलिए यह नारा निरर्थक नहीं, सार्थकता की शैतानी का है कि जनता के सब लेखक इकट्ठे हों। हमारे कुछ मित्र जिनके अलग संगठन हैं, सिर्फ एक कसौटी लिये बैठे हैं कि सरकार के लेखक के सम्बन्ध कैसे हैं। कौन-सी सरकार? किसकी सरकार? उसका चरित्र क्या है? कार्यक्रम क्या हैं वह किस कीमत पर लेखक का सहयोग चाहती है? ये प्रश्न विचारणीय हैं। अन्धे की तरह चलने से तमिलनाडु में रामचन्द्रन की सरकार से असहयोग करनेवाला जनता का क्रान्तिकारी लेखक माना जायगा, बिहार में जगन्नाथ मिश्र की सरकार से लड़नेवाला और बंगाल में ज्योति बसु की सरकार का विरोधवाला। यह बहुत कन्फ्यूजन की बात है। बिना एक ठोस विचारधारा के लेखक-संगठन सार्थक नहीं हो सकता। और, वह विचारधारा वैज्ञानिक और वामपन्थी ही हो सकती है। हमारे कुछ मित्र आपातकाल में लेखकों की भूमिका की बात लेकर बखेड़ा खड़ा करते हैं। आज 6 साल बाद कोई कुछ भी कह सकता है। पर 1975-76 की ऐतिहासिक परिस्थितियों को देखते हुए लेखकों ने अपने निर्णय लिये थे। बाद में पुनः विचार करके इस निष्कर्ष पर पहुँचे हों कि तब जो रोल किया, वह गलत था। पर मैं जानता हूँ कि ऐसे लेखक भी हैं कि जिन्होंने, 1975-76 में आपातकाल और 20 सूत्री कार्यक्रम को क्रान्ति कहा था और अब खतरा नहीं है, तो कहते हैं कि वह इन्दिरा गाँधी का फासिस्ट कदम था और धिक्कार है उन लेखकों को जिन्होंने तब समर्थन किया था। इन्हें अपने दोमुँहेपन का अहसास नहीं है और ये अपने को नहीं धिक्कारते!

खतरा एक प्रकार के छद्म क्रान्तिकारियों और समझौतावादी साहित्यिक सर्वोदयवादियों से भी है। ये हमारे संगठन में तोड़फोड़ की कोशिश में लगे हैं। ये प्रगतिशील लेखकों का चरित्र-हनन तक करते हैं। इनमें से बहुतेरे यह नहीं जानते और मानते कि जनक्रान्ति जनता के विचारधारा पर आधारित क्रान्तिकारी संगठन के सतत सचेत और सुनियोजित संघर्ष से होती है न कि स्टण्ट और विवेकहीन दुस्साहसिकता से। हमारा मेनिफेस्टो इस सम्बन्ध में बिल्कुल स्पष्ट है।

खतरा वामपन्थी उग्रवादियों से भी है। लेनिन ने इसे 'शिशुरोग' कहा था। बंगाल, बिहार और आन्ध्र में इस उग्रवाद और दुस्साहसिकता के बहुत प्रयोग हो चुके हैं। लेखन में यह उग्रवाद घातक ही होता है, क्योंकि क्षणिक उत्तेजना के सिवा

इससे किसी ठोस क्रान्तिकारी चेतना का निर्माण नहीं होता। इस वामपन्थी उग्रवाद में चमत्कार होता है क्षणिक, लेखक में एक करिश्मा दिखता है, वह आकर्षित भी करता है, पर अन्ततः यह उग्र मुद्रा निरर्थक ही नहीं, घातक होती है। इससे सच्चे प्रगतिशील साहित्य पर छींटाकशी होती है और दक्षिणपन्थी प्रतिक्रियावाद को लाभ होता है। आप लोगों को शायद पता हो कि कुछ वामपन्थी उग्रवादी गुटों को तो सी. आई. ए. चलाती है।

आज देश में विकल्प की तलाश हो रही है। जैसे 1960 के आसपास सवाल उठा था—'हू आफ्टर नेहरू', आज दो सवाल खड़े हैं —'हू आफ्टर इन्दिरा' और 'व्हाट आफ्टर इन्दिरा', कांग्रेस (इ) का विकल्प क्या ? दक्षिणपन्थी प्रतिक्रियावादी दल—जैसे भारतीय जनता पार्टी, जनता पार्टी, चरणसिंह का लोकदल आदि घोर दक्षिणपन्थी विकल्प बनाने में लगे हैं। इन्दिरा के बाद उनकी आधी-सी पार्टी भी टूटकर इनमें मिल जायगी। इस समय जरूरत है, वामपन्थी एकता की—एक वामपन्थी लोकतान्त्रिक मोर्चे की। साहित्य में मैं न चिरन्तन वाम की बात करता हूँ न संयुक्त मोर्चा बनाने की। मेरा आग्रह है कि वामपन्थी विचारधाराओं में विश्वास करनेवाले, छद्म वामपन्थी नहीं, एक संगठन में आयें। छोटे-बड़े मतभेद दूर कर लिए जायेंगे। हमारा एक महत्त्वपूर्ण काम और है—ऐसे बहुत लेखक हैं, छोटे शहरों, गाँवों, कस्बों में हैं जिनकी कोई आइडियालॉजीकल शिक्षा नहीं है, मगर जो वास्तविक जीवन-संघर्ष में सक्रिय हैं। अपने युग की ट्रेजडी को भी भोग रहे हैं। इनके अनुभव और अनुभूति सच्ची है। इनकी रचनाओं में शास्त्रीय दृष्टि से चाहे भूल हो, कहीं व्याकरण की गलती हो, संश्लिष्टता की कमी हो, मगर ये रचनाएँ सच्ची और ताकतवर हैं। हमें इन लेखकों को खोजना चाहिए, उनसे सम्पर्क करना चाहिए और उन्हें विचारधारा तथा रचना-संस्कार देना चाहिए।

यह अधिवेशन बस्तर के जगदलपुर में हो रहा है, इसका एक महत्त्व है। यह आदिवासियों का क्षेत्र है, जिनकी अपनी संस्कृति और जीवन-पद्धति है। सदियों से इन आदिवासियों का शोषण हो रहा है। सरकारी अफसर हो या नेता या समाज सेवक —जो भी यहाँ आता है, इनका शोषण करता है। पर, कठोर जीवन-संघर्ष और शोषण के बावजूद ये आदिवासी अपना आत्मसम्मान और अस्मिता बनाये हुए हैं। वन-सम्पदा और खनिज-सम्पदा से भरपूर इस क्षेत्र में विकास की अपार सम्भावनाएँ हैं। इन आदिवासियों में राजनैतिक चेतना भी विकसित हुई है और यहाँ से एक साम्यवादी विधायक चुने गये हैं। आदिवासियों में जागृति आयी है, न्याय के लिए संघर्ष की भावना बढ़ी है और उनके अपने बीच से नेतृत्व पैदा हुआ है—जैसा छोटा नागपुर, सन्थाल परगना आदि में हुआ है और हो रहा है। जब आदिम जाति जागती है, तब शासन तथा शोषकों द्वारा 'नक्सलवाद' का हौआ खड़ा करके हत्याएँ की जाती हैं और आतंक पैदा किया जाता है। यह बात यहाँ भी चलायी जा रही है कि बस्तर में नक्सलवादियों की गतिविधियाँ बढ़ गयी हैं। जगदलपुर में सम्मेलन करने से हमारा सम्पर्क आदिम जीवन के नये स्पन्दन से होगा।

एक संस्कृति से हमारा साक्षात्कार होगा। मैं इस क्षेत्र के साथी साहित्यिक और सांस्कृतिक कार्यकर्ताओं को इस सम्मेलन के आयोजन के लिए बधाई देता हूँ।

मैं अपने सब सहयोगी लेखकों को धन्यवाद देता हूँ। मुझे पूरी आशा है कि हमारा संगठन और बढ़ेगा तथा ताकतवर होगा। इन शब्दों के साथ मैं अध्यक्ष पद से मुक्त होता हूँ। कबीरदास ने काफी जतन से 'चदरिया ओढ़ी' फिर भी कहीं-कहीं फट गयी हो, तो मेरे स्थान पर आनेवाले अधिक सक्षम साथी उसे रफू कर लेंगे।

मेरी कैफियत*

मैं लेखक छोटा हूँ, मगर संकट बड़ा हूँ। एक तो बड़ा संकट मैं आचार्यों, समीक्षकों और साहित्य के नीतिकारों के लिए हूँ, जिनके लिए वर्गीकरण जरूरी है और जो तय नहीं कर पाते कि इस आदमी को किस खाते में डाल दिया जाय। परेशान होकर इन्होंने मुझे व्यंग्य लेखक, व्यंग्यकार, व्यंग्यशिल्पी आदि कहना शुरू किया, तो कई दूसरे व्यंग्य लेखक और प्रबुद्ध पाठक उनके सिर चढ़ बैठे कि अब व्यंग्य को साहित्य की विधा भी मानो। दूसरे, मैं संकट उनके लिए भी हूँ जो राजनैतिक, धार्मिक, साम्प्रदायिक, सामाजिक, व्यावसायिक या किन्हीं दूसरे रूपों में मानव-विरोधी हरकतें करते हैं और जिन पर मैं कसकर लगातार हमला करता हूँ।

मैं दूसरे महायुद्ध की समाप्ति और भारत को स्वाधीनता प्राप्ति के समय पैदा हुआ लेखक हूँ। अपने देश में आजादी के बाद मोहभंग होने में बहुत साल नहीं लगे। जिन मूल्यों के लिए हम आजादी की लड़ाई लड़े थे, उनका तेजी से मिटना मैंने देखा और भोगा है। शासक वर्ग का नैतिक पतन, भ्रष्टाचार, दोगलापन, पाखण्ड, मिथ्याचार, छल, कपट, फरेब, स्वार्थपरता—नंगे होकर सामने आये। विचारधारा और सिद्धान्तविहीन राजनीति और गन्दे गठबन्धन, दुराचरण, अवसरवादिता, पदमोह, सत्ता का उन्माद मैंने इन वर्षों में देखा है। इस देश का आदमी लगातार ठगा गया। अकाल में—अकाल-राहत-कार्य से और बाढ़ में—बाढ़-राहत-कार्य से भी ठगा गया।

व्यक्ति और समाज में भयानक विसंगतियाँ और अन्तर्विरोध पैदा हुए। मानव सम्बन्ध टूटने लगे। एक वर्ग का अमानवीकरण हुआ। शोषण बढ़ा। गरीब और गरीब होता गया और शासक आँकड़े निकालने में लगे रहे कि कितने प्रतिशत गरीबी-रेखा के नीचे जीते हैं। काला धन्धा, काला काम, काला धन, काला आचरण

* साहित्य अकादमी दिल्ली के 1983 के पुरस्कार वितरण पर पढ़ा गया वक्तव्य।

सम्मान पाने लगे। सदाचार और ईमानदारी मूर्खता करार दिये गये। समाज में दुराचरण पर 'धिक्कार' की जो शक्ति थी, वह भी क्षीण होती गयी। जिन दुष्कर्मों पर आत्मा विद्रोह करती थी वे चुपचाप स्वीकार किये जाने लगे। सब कहीं टूटन, बिखराव, मूल्यहीनता और अमानवीकरण। पुनरुत्थानवादी, प्रगतिविरोधी, पुरोगामी शक्तियों की प्रबलता, धर्मान्धता, भाग्यवाद, कर्मकाण्ड, साम्प्रदायिक द्वेष, फासिस्टवाद का लगातार बढ़ना, लोकतान्त्रिक भावना का कमजोर होना, सर्वत्र शंका और अविश्वास और असुरक्षा—यही 'विकलांग श्रद्धा का दौर' है।

उधर दुनिया में दूसरे महायुद्ध के बाद से ही शीतयुद्ध, हथियारों की होड़, एक से बढ़कर एक घातक परमाणु अस्त्रों के अम्बार। तीसरे दुनिया के नवस्वाधीन गरीब विकासशील देशों का नव-साम्राज्यवादियों द्वारा शोषण, बहुराष्ट्रीय कम्पनियों द्वारा लूट। विश्वव्यापी साम्राज्यवादी युद्धोन्मादी शक्तियों द्वारा लोकतन्त्र का नाश, सरकारें पलटना, हत्याकाण्ड और व्यापक तौर पर अमानवीकरण। मजहब के नाम पर चलनेवाली बर्बर तानाशाही और राजशाही। मनुष्य की अस्मिता भंग हो रही है। मानव गरिमा का नाश हो रहा है। हर आदमी दुनिया में असुरक्षित महसूस करता है। हर आदमी डरा हुआ है। अरबों आदमी भूखे हैं, मगर उनकी रोटी का पैसा हथियारों में लग रहा है। किसी भी दिन—जानकर, अनजाने भूल से या एक्सीडेण्ट से विश्वयुद्ध शुरू हो सकता है और तब चन्द घण्टों में न मनुष्य जाति रहेगी, न उसकी सभ्यता और संस्कृति। मेरी नजर अपने घर से लेकर वियतनाम, निकारागुआ, नामीबिया तक है। मैं सिर्फ दिल्ली नहीं वाशिंगटन, मास्को, बीजिंग के तेवर भी देखता हूँ। हर देश की अपनी नियति होती है, पर अब विश्व की एक सामूहिक नियति भी है, जिससे बचा नहीं जा सकता।

मैं इसलिए लिखता हूँ कि एक तो मैं स्वयं मनुष्य को, अपने समाज को और दुनिया को समझना चाहता हूँ। मैं इसलिए लिखता हूँ कि व्यक्ति और समाज आत्मसाक्षात्कार और आत्मालोचन करे और अपनी कमजोरियाँ, बुराइयाँ, विसंगतियाँ, विवेकहीनता, न्यायहीनता त्याग कर जैसा वह है, उससे बेहतर बने। अन्धविश्वासों, झूठी मान्यताओं, अवैज्ञानिक आग्रहों और आत्मघाती रूढ़ियों से मुक्त हो। वह न्यायी, दयालु, संवेदनशील हो। दासता और परमुखापेक्षिता से मुक्त हो। मानव गरिमा की प्रतिष्ठा हो। मुक्तिबोध ने कहा है—जैसी दुनिया है उससे बेहतर चाहिए। सारा कचरा साफ करने को मेहतर चाहिए। व्यंग्य लेखक 'सिनिक' नहीं होता, न निराशावादी और न मानसिक रोगी। डाक्टर कैन्सर के रोगी को बताय कि उसे कैन्सर है, तो वह स्वस्थ मानसिकता का है। पर अगर कैन्सर के रोगी को डाक्टर राग जैजैवन्ती सुनवाने लगे, तो डाक्टर जरूर मानसिक रोग से ग्रस्त है। मैं जानता हूँ, कई लेखक इस देश में कैन्सर से बीमार समाज को राग जैजैवन्ती सुनाते हैं।

वास्तव में मैं जो लिखता हूँ, वह विनोद या हास्य नहीं है। वह व्यंग्य है और लोगों का कहना सही है कि वह कठोर होता है। पर इस व्यंग्य का उत्स कटुता में

नहीं, करुणा में है। व्यंग्य मानव-सहानुभूति का बहुत ऊंचा रूप है। यह हास्य नहीं है, रुदन है, मगर अरण्य-रुदन नहीं है। मैं दुखी और बेचैन आदमी हूँ। कबीरदास ने कहा है--

सुखिया सब संसार है खावै और सोवै,
दुखिया दास कबीर है जागै और रोवै।

प्रगतिशील लेखक संघ की शाखाओं को पत्र*

प्रिय मित्रो और साथियो,

कुछ महीने पहले मैंने आपको सीधा पत्र लिखा था। मुझे प्रसन्नता है कि अनेक सदस्य मुझसे सम्पर्क रखते हैं और मुझे संगठन की गतिविधियों तथा समस्याओं की जानकारी मिलती रहती है।

इन महीनों में हमारा संगठन बढ़ा है। सामान्य लोगों में हमारे संगठन के प्रति रुचि जागी है और वे अपनापन महसूस करते हैं। हमारी पत्रिकाएँ अच्छी निकल रही हैं और पुस्तकों का प्रकाशन भी बढ़ा है। अब अच्छा लिखनेवाले नये लेखक को पुस्तक के प्रकाशन के लिए वैसा संघर्ष नहीं करना पड़ता जैसा मुझे या मेरे साथी लेखकों को 30-35 साल पहले करना पड़ा था। यह हमारे संगठन की ताकत है तथा हमारे लेखकों की रचनाओं का गुणात्मक स्तर है कि व्यावसायिक प्रकाशक भी आकर्षित हो रहे हैं।

इकाइयों के हमारे साथी यह महसूस करते होंगे कि व्यक्तिगत रूप से कोई भी जरूरी पुस्तकें और पत्रिकाएँ खरीदकर नहीं पढ़ सकता। कारण आर्थिक है। मैंने पहले पत्र में ही सुझाव दिया था कि कुछ ऐसी व्यवस्था हर इकाई में हो कि सरकारी रूप से पुस्तकें और पत्रिकाएँ खरीदी जायें और पढ़ी जायें। अध्ययन और साहित्य की ताजा स्थितियों की जानकारी आवश्यक है।

मेरा एक सुझाव और है। हर इकाई अध्यक्ष और सचिव के नाम से बैंक में संयुक्त खाता खोले। इस खाते में हर महीने कुछ धन डाला जाय। बड़ी रकम पर जोर नहीं है। सदस्य छोटी रकम ही दें पर हर महीने दें। फिर उन लोगों से भी पैसा लें जो चाहे सदस्य न हों, पर हमसे निकटता अनुभव करते हैं। ये सहर्ष देंगे। मैं अपने अनुभवों से जानता हूँ कि देनेवाले बहुत हैं—लेनेवालों की ही कमी है। हम तो शहर में किसी परिचर्चा के दौरान वहीं नागरिकों से बिना संकोच के पैसा

* 25 अगस्त, 1983

इकट्ठा कर लेते थे। बैंक में जमा यह पैसा आपको आयोजन के समय काम आयगा। बाहर से किसी लेखक को बुलायेंगे तब खर्च की झंझट नहीं होगी। रचना-शिविर आप इससे आयोजित कर सकेंगे। अभी ऐन मौके पर हड़बड़ी होती है। ऐसी रिपोर्ट मिली है कि कहीं तो बाहर से बुलाये गये लेखक को वापसी का किराया तक नहीं दिया गया। जो सुझाव मैं दे रहा हूँ उससे आपको काम करने में सुभीता होगा। आप कोष अवश्य बनायें।

इधर एक प्रवृत्ति देखने में आयी है। कुछ साथी लेखक पढ़ते-लिखते तो खूब हैं, पर संगठन में रुचि नहीं लेते। कार्यक्रमों में नहीं आते। यह गलत है। फिर यह भी होता है कि आमने-सामने आलोचना नहीं करते, पीठ-पीछे निन्दा करते हैं, अफवाहें फैलाते हैं, चरित्र-हनन तक करते हैं। निन्दा अत्यन्त नीच कर्म है। कायर ही निन्दा करते हैं। आत्मविश्वासी आलोचना करते हैं। निन्दा निन्दक की आत्मशक्ति का नाश करती जाती है। इन प्रवृत्तियों से गुट बनते हैं, गैर-जिम्मेदारी की बातें होती हैं, परस्पर द्वेष पैदा होता है और संगठन कमजोर तथा बदनाम होता है। इसलिए इकाई के लोग बैठकर परस्पर खुलकर आलोचना तथा आत्मालोचना करें—पीठ-पीछे निन्दा नहीं। अभी हमने जबलपुर में राज्य-नेतृत्व के कुछ सदस्यों की बैठक की जिसमें खुलकर आलोचना और आत्मालोचना हुई, जिससे कई समस्याएँ हल हुईं।

यह भी देखा जाता है कि कुछ लोग अपने को प्रादेशिक इस या उस नेता से सम्बद्ध बताते हैं और इस तरह गुट पैदा करते हैं। मैं साफ कह देना चाहता हूँ कि आपकी निष्ठा संगठन और विचारधारा के प्रति होनी चाहिए, व्यक्ति नेताओं के प्रति नहीं। यदि कोई महत्त्वपूर्ण व्यक्ति इस प्रकार की व्यक्तिगत आस्था पैदा करने की पहल करें, तो उसे आप निरुत्साहित करें। इसका यह अर्थ नहीं है कि व्यक्तिगत मधुर सम्बन्ध न रखें।

कोई गलतफहमी हो, कोई शिकायत हो तो उसे व्यक्तिगत बातचीत या पत्राचार से दूर कर लें। उसे लेकर दुष्प्रचार नहीं करते फिरें। हमारे संगठन का चरित्र दूसरा है, उद्देश्य निश्चित हैं। हम ढीलमपोल—सब चलता है—की रीति पर काम नहीं कर सकते। सबकी सहमति से प्रदेश की कार्यकारिणी या कार्यकारी समिति सोच-समझकर नीति निर्धारित करती है, कार्यक्रम तय करती है। इकाइयाँ इस पर अमल करें। कोई मतभेद या सुझाव हों तो सीधे हमें लिखें। केन्द्रीय नेतृत्व की आलोचना, शिकायत, सन्देह सभी हमें आप लिख सकते हैं।

हर क्षेत्र में एक संयोजक है। क्षेत्रीय संयोजक की जिम्मेदारी इकाइयों में सहयोग तथा अनुशासन कायम करने की है। इसलिए इकाइयाँ क्षेत्रीय संयोजक से सम्पर्क रखें।

हमारे कार्यक्रमों में रचना और चर्चा-शिविरों का बड़ा महत्त्व है। अब मौसम अच्छा आ रहा है। आप अपने आसपास की इकाइयों के एक या दो दिवसीय शिविर आयोजित करें। इनमें सैद्धान्तिक और रचना-प्रक्रिया पर चर्चा के सिवा रचनाएँ लिखी भी जायेंगी। शिविरों की जिम्मेदारी प्रदेश सचिव डॉक्टर मलय पर है। आप

उनसे यथाशीघ्र सम्पर्क करें।

महासचिव ने 'स्वीकार' कार्यक्रम आयोजित करने के लिए पहले ही लिखा था। वे कुछ निर्देश और दे रहे हैं। 'स्वीकार' कार्यक्रम अभिनन्दन-कार्यक्रम नहीं है। यह विशिष्ट लेखकों के मूल्यांकन का कार्यक्रम है।

भोपाल इकाई की पत्रिका 'इसलिए' को संगठन की मुखपत्रिका बनाने का निर्णय कार्यकारिणी ने ले लिया है। अभी यह त्रैमासिक ही होगी। 'इसलिए' के अधिक से अधिक ग्राहक बनायें। यह भी याद रखें कि पहल, आकण्ठ, साम्य, सम्बद्ध, यात्रा, यथार्थ हमारी सहयोगी पत्रिकाएँ हैं। 'इसलिए' के सम्बन्ध में राजेश जोशी, भोपाल से सम्पर्क करें।

जिस इकाई का सम्बद्धता शुल्क नहीं भेजा गया, उसे तुरन्त कोषाध्यक्ष, प्रभार चौबे, चौबे कालोनी, रायपुर को भेजें। घोषणापत्र पर हस्ताक्षर करके महासचिव ज्ञानरंजन को भेजें। नयी इकाई खोलें तो यह कार्यवाही पहले करें। पदाधिकारियों के पते कोषाध्यक्ष, कार्यकारी अध्यक्ष और महासचिव को भेजें। नयी इकाई क्षेत्रीय संयोजक की सहमति और जानकारी से खोलें।

नागार्जुन, केदारनाथ अग्रवाल, त्रिलोचन शास्त्री, शमशेरबहादुर सिंह पर जो पुस्तकें 'महत्त्व' कार्यक्रम के सन्दर्भ में प्रकाशित की जानी हैं, उनका सम्पादन यथा-शीघ्र किया जाना चाहिए।

एक विशेष बात मुझे कहनी है। हम पढ़ते-लिखते, चर्चा करते तो हैं। जरूरी है कि हम अपने आसपास पर ध्यान देते रहें। देश में विघटनकारी, साम्प्रदायिक शक्तियाँ सक्रिय हैं। आप यदि अपने कार्यक्षेत्र में इस सम्बन्ध में चौकन्ना रहें तो इनकी खतरनाक हरकतों को पकड़कर जिम्मेदार लोगों तथा प्रशासन का ध्यान उन पर आकर्षित कर सकते हैं। आप स्वयं इन प्रवृत्तियों से लड़ सकते हैं। इस सम्बन्ध में आम लोगों को सही नजरिया दे सकते हैं। इससे वातावरण नहीं बिगड़ेगा और वारदातें रुकेंगी। इन शक्तियों पर कड़ी नजर रखना लेखकों का दायित्व हो गया है। दूसरे, कुछ देशी और विदेशी एजेन्सियाँ विभिन्न नामों से कल्याण और विकास के कार्यों में लगी हैं। इन्हें विदेशों से धन मिलता है और देशी धन भी। इनकी विशिष्ट कार्यशैली है। ये ग्राम-कल्याण, ग्राम-शिक्षा, ग्राम-विकास के कार्य करती हैं। इनके केन्द्र ग्रामों में हैं। जब परोपकारी अधिक होने लगें, तो चिन्ता होती है। आप इन कल्याणकारी एजेन्सियों की गतिविधियों पर विशेष ध्यान दें। ये कौन लोग हैं? विचार क्या हैं? कार्य-पद्धति कैसी है? इनके उद्देश्य क्या हैं? क्या कार्य करते हैं? इनका प्रभाव क्या पड़ रहा है? ऊपर से देखकर इन चीजों को समझा नहीं जा सकता। बारीकी से देखना होगा। इनकी कार्यप्रणाली जटिल और सूक्ष्म होती है। यदि इनकी गतिविधियों पर आपको शंका है, तो आप रिपोर्ट तैयार करें और एक प्रति हमारे पास भेज दें। हम इन्हें बेनकाब करेंगे, तथा शासन को भी सचेत करेंगे। आप समझ ही रहे होंगे कि मेरे यह लिखने के कुछ ठोस आधार हैं।

कवि शरद बिल्लौरे को, जो युवावस्था में ही हमें छोड़ गये थे, इस वर्ष का 'भारतभूषण अग्रवाल' पुरस्कार उनके काव्य-संग्रह 'तय तो यही हुआ था' पर मिला है। इस काव्य-संग्रह से हमने अपने 'बुक क्लब' में प्रकाशन शुरू किया था। शरद बिल्लौरे तो नहीं रहे पर हम सब गौरवान्वित अनुभव करते हैं।

'बुक क्लब' की दो पुस्तकें प्रकाशित हो चुकी हैं। जहाँ से सदस्यता-शुल्क नहीं आया, शीघ्र भेजें, ताकि तीसरी पुस्तक जल्दी प्रकाशित की जा सके।

आगामी अक्टूबर-नवम्बर के अवकाश में 'अध्ययन वृत्त' का एक कार्यक्रम बनाया गया है। महासचिव ने आपको सूचित कर दिया होगा। आप लोग इसे सफल और सार्थक बनायें।

मेरा निवेदन, कि संगठन को बढ़ायें, मगर अविश्वसनीय और गैर-जिम्मेदार लोगों को दूर रखें। लेखन और अध्ययन तीव्रगति से चलायें।

आपकी किसी प्रकार की कठिनाई में सहायक होने में मुझे प्रसन्नता होगी।

सस्नेह आपका
हरिशंकर परसाई
अध्यक्ष

'पंचतन्त्र'-संगोष्ठी का उद्घाटन भाषण*

अध्यक्ष महोदय, सचिव, साहित्य परिषद्,
विद्वज्जनो, तथा भाइयो और बहनो,

आज आप लोग 'पंचतन्त्र' के सम्बन्ध में विचार करने के लिए यहाँ एकत्रित हुए हैं। पंचतन्त्र जीवन-विवेक सिखाने और नीति-बोध करानेवाला प्राचीन ग्रन्थ है, जिसमें कथा के माध्यम से तत्व-चिन्तन होता है और नीति तथा विवेक की शिक्षा दी जाती है। पंचतन्त्र के सिवा, हितोपदेश, कथा-सरित्सागर, बैताल पच्चीसी, सिंहासन बत्तीसी आदि में भी कथा को ही विवेक, बोध और नीति की शिक्षा का माध्यम बनाया गया है। मूल उद्देश्य विष्णु शर्मा का या अन्य मनीषियों का, कथा कतई नहीं है। कथा माध्यम है, शैली है। इसलिए कि सम्प्रेषण का रोचक माध्यम कथा होता है। पठनीयता किसी भी लेखन की जरूरी शर्त है। अगर रुचिपूर्वक कोई चीज पढ़ी ही नहीं जायगी तो उसमें भरा हुआ ज्ञान पोथी में ही सड़ता रहेगा। लोककथाएँ भी इसीलिए इतनी लोकप्रिय हैं कि वे रोचकता के साथ सहज ही ज्ञान

* वर्ष, 1983

प्रदान कर देती हैं।

दुनिया की सभी जातियों ने आरम्भ से ही तत्व-चिन्तन और जीवन-बोध के लिए कथा का सहारा लिया है। परन्तु भारत में इस प्रकार के साहित्य का अपार भण्डार है जिसे ग्रीक ले गये, अरब ले गये, दूसरी अनेक जातियाँ ले गयीं। इन जातियों का प्राचीन बोध-साहित्य बहुत अंशों में भारत की प्राचीन बोध-कथाओं की नकल है। तुलनात्मक दृष्टि से देखें तो 'ईसप्स फेबल्स' हितोपदेश और पंचतन्त्र की तुलना में बहुत छोटी पड़ती हैं। कथा-बोध का यह सिलसिला वेदों से ही शुरू होता है। फिर उपनिषदों में भी कथा का सहारा लिया गया है। जीवन, मृत्यु और मृत्योपरान्त नियति के विषय में चिन्तन के लिए भारतीय मनीषी ने नचिकेता की कथा का माध्यम लिया है। फिर पुराण हैं, जिनमें कुछ अंश इतिहास, लेकिन ज्यादा अंश कल्पना है। 'माइथालॉजी' दुनिया की हर जाति की है, पर भारतीय माइथालॉजी भी सबसे सम्पन्न और उसकी फन्तासी आश्चर्यजनक है। मैं यह जातीय गौरव को स्फीत करने के लिए नहीं कह रहा हूँ। यह तथ्य है। वैसे बाइबिल में भी कथाएँ हैं, जिनसे बोध कराया जाता है। इस्लाम के प्रचार के लिए भी कथाएँ व फन्तासी है। मैं कहानी लिखता हूँ। मुझे यह कठिनाई बराबर आती है कि जो मैं कहना चाहता हूँ, वह मेरे इन पात्रों में से कोई नहीं कह सकता। तो क्या करूँ? क्या मैं कहानी के बीच में निबन्ध का टुकड़ा डाल दूं। पर इससे कथा-प्रवाह रुकेगा। तो फिर क्या एक और पात्र निर्मित करूँ जो मेरी बात कह दे। पर यह अस्वाभाविक और अविश्वसनीय हो जायगा। अभी मैंने कहानी लिखी जिसका नायक डॉक्टर आफ साइंस है, आधुनिक है। वेशभूषा, रहन-सहन पश्चिमी है। मगर वह बाहर बैठक में गेलीलियो और आइन्सटीन के चित्र लगाये है और भीतर हनुमानजी, तथा सत्य साईं बाबा के। शनिवार को वह हनुमान के दर्शन करने जाता है। वह मानता है कि उसे डॉक्टरेट हनुमानजी की कृपा से मिली और प्रोफेसर वह सत्य साईं बाबा की कृपा से हुआ है। वह जातिवादी है। आधुनिकता और मध्ययुगीनता उसमें साथ-साथ है और वह एक सांस्कृतिक बौद्धिक विकृति हो गया है। इस बात को मैं कहानी में कैसे कहूँ? मैंने ठीक विष्णु शर्मा की शैली अपनायी कि कथा को अभी स्थिर रहने दो। 'जैसा कि कहा गया है'—की भूमिका से। 'पंचतन्त्र' में विष्णु शर्मा सदियों के मानव जाति के अनुभव और निष्कर्ष के आप्त वचन-जैसे कथा के बीच में डालते जाते हैं। जैसे—अतिथि के आने पर जिस गृह का स्वामी उपेक्षा-पूर्वक इधर-उधर दिशाओं की ओर देखने लगता है, उस घर में अथिति के रूप में जानेवाले व्यक्तियों को सींग-रहित बैलों के समान ही समझना चाहिए। (हिरण्यक ताम्रचूड़ कथा) या किसी विश्वस्त ग्राहक को दूकान की ओर आते हुए देखकर व्यापारी सन्तुष्ट होकर सोचता है कि आज तो लूटने का अच्छा मौका मिला। वह उस ग्राहक के आगमन से इतना प्रसन्न होता है जैसे उसके घर में पुत्र उत्पन्न हो गया हो। (मित्रभेद)। इसमें कथा स्थिर है। अप्रत्याशित और चामत्कारिक अन्त इस कथा का होगा, जिसमें अन्तिम सूत्र मिलेगा। पर बीच-बीच में ये वक्र वक्तव्य

कथाकार देता जाता है।

मैंने दुहरे व्यक्तित्ववाले विज्ञान के आधुनिक आचार्य की कहानी में बेखटके अपना वक्तव्य इसी तरह डाल दिया, क्योंकि मुझे लगा कि पूरे यथार्थ को और उसके निष्कर्ष को कहानी के (Well made story) 'फार्म' में नहीं कहा जा सकता। कहानी के इस फार्म को तोड़ना ही पड़ेगा। मैंने यह अपना वक्तव्य उस कहानी में डाल दिया—

आधुनिकता, वैज्ञानिकता उन्होंने ऊपर से पूरी तरह ओढ़ ली है। मगर भीतर उनकी आत्मा में अपनी जाति ने जो कुसंस्कारों, अन्धविश्वासों, मिथ्याचारों, रूढ़ियों की विष्टा हजारों सालों से जमा की है, वह रखी है। रासायनिक विधि से उन्होंने उस विष्टा को ताजा रखा है। वरना विष्टा जिसे 'मैला' कहते हैं बहुत अच्छा खाद है, जो गोभी-जैसी अच्छी फसल देता है। अगर ये पुनरुत्थानवादी आधुनिक अपने अतीत के इस मैले को आत्मा में न रखते, वह आम मनुष्य की चेतना के खेतों का खाद बन जाता, तो स्वस्थ विश्वास, वैज्ञानिक दृष्टि, तर्कपूर्ण जीवन-मूल्य की फसल आ जाती। मगर ये अधूरे मिथ्या आधुनिक बुद्धिवादी उस मैले को खाद नहीं बनने दे रहे हैं!

यहाँ 'पंचतन्त्र' में विष्णु शर्मा की शैली है। हितोपदेश में निष्कर्ष अन्त में होता है। मगर महाकाव्यों में कथा के चलते इस तरह के सैद्धान्तिक या नीति सम्बन्धी वक्तव्य चलते रहते हैं। इसके लिए कवि-मनीषी स्थिति उत्पन्न करता है। महाभारत में जब द्रोपदी दाँव पर लगायी जाती है, तब वह क्रुद्ध, वाचाल हो उठती है और भीष्म तथा द्रोणाचार्य से पूछती है—बताइए, क्या स्त्री सम्पत्ति है जिसे पति जुए के दाँव पर लगा दे। व्यास को इस प्रश्न का निर्णायक उत्तर चाहिए। सयाने ज्ञानी हतप्रभ होते हैं। भीष्म आखिर कहते हैं—स्त्री पति की सम्पत्ति नहीं होती, पर अनुगामिनी होती है। इसी तरह महाभारत में यज्ञ-प्रसंग है जो कथा के लिए अनावश्यक है, पर युधिष्ठिर के मुख से व्यास को तत्व-बोध कराना है, इसलिए वे चार पाण्डवों के गायब होने की घटना रचते हैं और यक्ष से पाँच प्रश्न करवाते हैं। धर्म क्या है? इस अन्तिम प्रश्न का उत्तर धर्मराज भी नहीं जानते। यह क्या धर्म की व्याख्या हुई। भीष्म को सूर्य के उत्तरायण होने तक शर-शैया पर लिटाये रहने का कथा से कोई मतलब नहीं है। यह प्रसंग ही भीष्म के माध्यम से ज्ञान, विवेक, नीति और धर्म की व्याख्या के लिए है।

तुलसीदास इस मामले में सबसे ऊँचे और अद्भुत हैं। जितना जीवन-विवेक रामचरितमानस में है, उतना मेरी दृष्टि से किसी महाकाव्य में नहीं है। हर अर्द्धाली का आधा हिस्सा नीति और जीवन-बोध का है। वर्षा हो रही है। राम और लक्ष्मण बैठे हैं। दूसरा कवि घहराते बादल, चमकती बिजली, हरियाली का वर्णन करता पर तुलसीदास इस प्रसंग को ज्ञान और बोध के काम में लाते हैं—

दामिनि दमक रह न घन माहीं,
खल कै प्रीति जथा थिर नाहीं।

हरियाली छायी है। आँखों को तृप्ति देती है। आल्हादकारी दृश्य है। मगर तुलसीदास कहते हैं—

हरित भूमि तृन संकुल, सूझि परहिं नहिं पन्थ,
जिमि पाखण्ड विवाद तें, लुप्त होहिं सद्ग्रन्थ।

जीवन की हर स्थिति, हर प्रसंग, हर समस्या में आचरण का एक सूत्र तुलसीदास ने दिया है—

परहित सरस धरम नहिं भाई,
पर पीड़ा सम नहिं अधमाई।

और—

नमन नीच की अति दुखदाई।

मैं 'पंचतन्त्र' पर लौटता हूँ। कौन विष्णु शर्मा थे। वह राजा कौन था जिसने अपने मूर्ख पुत्रों की शिक्षा का कार्य विष्णु शर्मा को सौंपा था? कहाँ था वह राज्य? क्या वह राजा ऐतिहासिक वास्तविकता था? क्या पंचतन्त्र सामन्तवाद की शिक्षा देता है या लोक-शिक्षण करता है? इन प्रश्नों के उत्तर आप विद्वान खोजेंगे। मेरी दृष्टि में यह पूरी फेन्टेसी है---नाम से लेकर स्थान तक। इसमें पाटलिपुत्र दक्षिण में बताया गया है। इसमें जनपद भी हैं और राजा भी है।

पर इस तरह के साहित्य से तत्कालीन जीवन के बारे में जानकारी मिल जाती है। मैं चकित रह गया जब पढ़ा कि ऋग्वेद की एक ऋचा में उषा के आह्वान में ऋषि ने कहा है—हे उषा, तू अन्धकार का ऋण की तरह नाश कर! याने वैदिक काल में कम्बख्त महाजन सूदखोर बैठ गया था और ऋणी उससे इतना त्रस्त था। राजा वैदिक काल में भी होता था पर उसका निर्वाचन होता था। बाद में गण बने। पूर्ण सामन्तवाद की स्थापना सम्भवतः महाभारत काल में हुई। शुद्ध सामन्तवाद Dynastic feudalism! पहले कुल और गोत्र के व्यक्ति को मारना वर्जित था। अर्जुन ने कृष्ण से यही कहा था कि वह मेरे गोत्र का है, वह मेरा चचेरा भाई है, वह मेरा मामा है, वे मेरे पितामह हैं। इन्हें कैसे मारूँ? कृष्ण ने कहा कि होने दे, तू इन्हें मार और राज कर। मैं इन्हें पहले ही मार चुका। तू तो—'निमित्त मात्रं भव सव्य साचिन'। फिर कृष्ण ने सारे छल, प्रपंच, कपट, षड्यन्त्र, अनीति, अधर्म के आचरण किये और पाण्डवों से करवाये। पूर्ण सामन्तवाद के लिए यह सब जरूरी है। पर कौरवों ने नीति-विरुद्ध कुछ नहीं किया।

आप लोग पंचतन्त्र के काल की समाज व्यवस्था, राजतन्त्र आदि की व्याख्या करेंगे। मुझे तो पढ़ते-पढ़ते 'क्षपणक कथा' में यह कथन पकड़ में आ गया---'यदि तुझे एक वर्ष में नर्क जाना है तो तू मठाधीश बन जा और यदि तीन महीने में नर्क जाना है तो तू पुरोहित बन जा।' मैं ब्राह्मण का बेटा हूं। दुख होता है कि पंचतन्त्र के समय में ही ब्राह्मण देवता ने अपनी कितनी दुर्गति कर ली। कायिक श्रम त्यागा, उत्पादन कुछ नहीं सीखा, चरण स्पर्श कराये, आशीर्वाद दिया और दान-दक्षिणा पा ली। पौरोहित्य की जटिल टेकनीक बनाकर उस पर एकाधिकार कर लिया।

कालान्तर में यह ब्राह्मण देवता भ्रष्ट हुआ, दीन हुआ, भिखमंगा हुआ। मठ भ्रष्टाचार का अड्डा तभी हो गया था। और पौरोहित्य ऐसा पाप हो गया था जिससे तीन महीने में ब्राह्मण देवता नर्क पहुँच जाते हैं।

पंचतन्त्र, हितोपदेश, कथा-सरित्सागर, बैताल पच्चीसी लोक में फैले। वे बहुत आभिजात्य-साहित्य कभी नहीं माने गये। अभिजात वर्ग के हित साधक चिन्तकों ने इन्हें 'क्लासिक' भी नहीं माना। ये वास्तव में लोक-साहित्य की कोटि में आते हैं और आभिजात्य तथा सामन्त वर्ग ने इन कथाओं को उपेक्षा की दृष्टि से देखा, क्योंकि एक तो इनमें लोकतत्व है, दूसरे इनमें सजावट नहीं है, तीसरे ये सामन्त वर्ग का हित-साधन सायास नहीं करतीं। वैसे इन कथाओं में राजनीति, कूटनीति और सामन्ती मूल्य भी मिलेंगे पर जिस सामन्त को राजनीति के छल-छन्द सीखना होगा, वह कौटिल्य का 'अर्थशास्त्र' पढ़ेगा। प्रजा का अज्ञान और अन्धविश्वास! पंचतन्त्र नहीं पढ़ेगा। ये लोक-साहित्य के संस्कृत कथाग्रन्थ दबाये भी गये होंगे। इन्हें साहित्य में प्रतिष्ठा भी नहीं मिली। इनके साथ वैसा ही सलूक हुआ जैसा चार्वाक के पदार्थवादी 'लोकायत' दर्शन के साथ हुआ। नये मार्क्सवादी चिन्तक भी 'लोकायत' पर विशेष ध्यान दे रहे हैं। कबीरदास को भी कई शताब्दी तक कवि नहीं, गाली देनेवाला गँवार और ऊट-पटाँग रहस्यवादी माना जाता रहा है। जब रवीन्द्रनाथ ठाकुर ने कबीर की कविताओं का अनुवाद छपवाया—'हण्ड्रेड पोएम्स आफ कबीर' और लिखा कि मैंने कबीर से बहुत सीखा है, साथ ही आचार्यद्वय क्षितिमोहन सेन और हजारीप्रसाद द्विवेदी ने जब कबीर तथा अन्य सन्त कवियों पर काम किया, तब कबीरदास प्रतिष्ठित हुए।

'पंचतन्त्र' के साथ भी ऐसा हुआ है। आप विद्वज्जन यहाँ इस ग्रन्थ पर विचार करेंगे तो इसका वास्तविक मूल्यांकन होगा।

एक प्रश्न है कि क्या इन कथाओं को आधार बनाकर इसी शैली में समकालीन जीवन को लिखा जा सकता है? मुझसे एक वयोवृद्ध राजनेता ने पूछा कि मैं 'पंचतन्त्र' के आधार पर आधुनिक जीवन को लिखूँ तो कैसा रहे? मैंने कहा—जरूर लिखिए। आप जीवन-भर राजनीति में रहे हैं। आप 'प्रपंचतन्त्र' लिख डालिए।

मेरी जानकारी में बहुत लोगों ने 'पंचतन्त्र', 'हितोपदेश' आदि की शैली पर वर्तमान जीवन सन्दर्भ में कथाएं लिखी हैं। गुजराती में विनोद भट्ट ने बैताल छब्बीसी लिखी है। 'नया पंचतन्त्र' नाम से भी कई लोगों ने कथाएँ लिखी हैं। मैंने भी इन कथाओं का बहुत प्रयोग किया है।

मैंने बैताल पच्चीसी को आगे बढ़ाने की कोशिश की थी, पर मैंने अभी तक 3 कथाएँ ही लिखी हैं। मैं आपको बैताल की अट्ठाईसवीं कथा सुना देता हूँ—

[कथा-पाठ]

इस वक्तव्य और कथापाठ के साथ मैं औपचारिक रूप से इस 'पंचतन्त्र'-संगोष्ठी का उद्घाटन करता हूँ। आप एकत्र विद्वान इस ग्रन्थ पर अधिकारपूर्वक विचार करेंगे।

पुस्तकों पर लिखी गयी भूमिकाएँ

मेरी एक बात और*

भूमिकावाले पन्नों को झट उलटाकर पहिली कहानी पर कूद पड़ने की जिन्होंने आदत डाल ली है, वे भी इसे पढ़ें; नहीं तो 1।।) (डेढ़ रुपये) की किताब में से लगभग 1। =) (एक रुपया छः आने) की कहानियाँ ही पल्ले पड़ेंगी—और हमारा क्या बिगड़ेगा ? इसे मिलाकर कुल 15 रचनाएँ हैं, इस पुस्तक में।

कहानियों को लिखकर फिर एक लम्बी भूमिका में कहानियों को खुद समझाऊँ या किसी महिमा-मण्डित साहित्यकार से समझवाऊँ, तो पढ़नेवाले की बुद्धि पर भरोसा खोकर ही यह सम्भव है और जिस कहानी को व्याख्या की आवश्यकता पड़ जाये, वह शायद कहानी होने से इन्कार भी कर दे। वैसे कहानी के बाल में अगर खाल होती होगी, तो वह तो पुस्तक प्रकाशित होने पर खींची ही जायेगी—आलोचक भाइयों द्वारा।

मेरी बात बहुत सीधी है। इत्र और साहित्य को साथ रखकर बेचनेवाली चौराहे की दूकान की पट्टी पर मैं रोज घण्टे-दो घण्टे बैठकर सामने सड़क पर से सतत प्रवहमान जन-जीवन को देखता हूँ—इस नियमितता से बैठता हूँ कि 'मैं खोई हुई वह चीज हूँ, जिसका पता तुम हो' वाली बात 'फिट' हो जाती है।

सामने से लोग निकलते हैं—तरह-तरह के! लम्बे बालों को झटके के साथ पीछे फेंक, मटककर, नागिन-सा बल खाता हुआ साइकिल चलानेवाला नाजुक बाबू, 'शोभा ही के भार' से जिसके पाँव 'सधे' नहीं पड़ते ऐसी वह तरुणी; सारे संसार के दुख को अपने भीतर भरकर आँखों के झरोखों से दिखानेवाला वह बूढ़ा; 'हलो पार्टनर' कहकर ठीक चौराहे पर दोस्त के हाथ पर हाथ मारकर अट्टहास करनेवाला वह कॉलेज का विद्यार्थी— और तरह-तरह के लोग!

लेकिन एक दिन! एक आदमी आकर वहाँ खड़ा हो गया और बोला, "भैया, दुनिया में दो ही तरह के आदमी होते हैं—हँसनेवाले और रोनेवाले!"

मैंने कहा, "और जो न हँसते हैं, न रोते हैं?"

वह बोला, "वे आदमी थोड़े ही हैं।"

मैं बोला, "उन्हें लोग देवता कहते हैं।"

वह बोला, "देवता होते होंगे तो हों, मगर आदमी नहीं होते।"

* हँसते हैं···रोते हैं, प्रथम संस्करण—मई 1953

बात बहुत ज्ञान से भरी उक्ति-जैसी शायद नहीं है। और तात्विक विवेचन को फिलहाल छोड़ दें, तो मैं देखता हूँ कि आँखों के सामने से जो इतने लोग निकल जाते हैं तो कोई हँसता है, कोई रोता है। हंसने और रोने के संयोग से ही बना हुआ तो मनुष्य दिखता है।

हँसता हुआ मुख दुर्लभ है। हम इसी उम्मीद से यहाँ बैठे रहते हैं कि दस-पाँच वास्तव में प्रसन्न मुख दिख जावें—दुखाक्रान्त इस भीड़ में।

सच्ची हँसी बड़ी अच्छी चीज है और जिन्हें मन के दुख की बीमारी हो वे मेरा यह नुस्खा नोट कर लें—वे किन्हीं ऐसे आदमियों की हँसी में स्नान कर लें जो निश्छल, निःस्वार्थ, निर्मल हँसी हँस रहे हों—रोग दूर हो जायेगा।

लेकिन एक खास किस्म के मरीज भी होते हैं जिन्हें निज का कोई दुख नहीं होता पर जो इसलिए दुखी हैं कि वे देखते हैं, दूसरे सुखी हैं। इनका मर्ज ला-इलाज है।

बात यह है कि दूसरे के दुख में दुखी होना आसान है; दूसरे के सुख में सुखी होना बहुत मुश्किल है।

तो आदमी को मैंने जैसे हँसते और रोते देखा, वैसा ही उतारा है, इन कहानियों में। आदमी की वास्तविक जिन्दगी को कहीं छोड़ा नहीं है। थोड़ी उड़ान भरी है, तो उस पंछी-सी जो दाना बीनने उड़ जाता है पर फिर नीड़ में लौट आता है। उस परिन्दे-सी नहीं जो उड़ जाता है तो उड़ जाता है और घोंसले की सुध नहीं रहती। केवल नीले आसमान की रंगीनी से लुभाकर हरी-भरी जमीन छोड़ देने की मूर्खता हमसे करते नहीं बनती।

और साफ कहूँ तो यह कि इन कहानियों में अनेक पात्र ऐसे हैं जिनकी कहानियाँ मैं तब लिखना चाहता था जब वे इस संसार में न हों—शिष्टता का तकाजा है। मगर मैं बरसों इन्तजार करता रहा, पर उन्होंने मरने का नाम नहीं लिया। मजबूर होकर मैंने कहानियाँ लिख दीं। और अब मैं चाहता हूँ वे कम-से-कम हजार वर्ष जियें।

अब आप हँसने और रोने की बात पढ़ें। यह बात अभिमान होने से बच जायेगी अगर मैं कहूँ कि जहाँ मैंने हँसाना चाहा है, वहाँ आप जरूर हँसेंगे और जहाँ रुलाना चाहा है वहाँ जरूर रोवेंगे—याने दिल रोवेगा, आँखें चाहे न रोवें क्योंकि वे कम्बख्त धोखेबाज भी तो होती हैं।

और क्या कहूँ? कहानियाँ सब अच्छी हैं; बहुत अच्छी हैं। शैली के मामले में मैं किसी की नकल करने से साफ बच गया हूँ। पदचिन्ह अगर कहीं किसी के दिख गये हैं, तो उनको बचाकर निकला हूँ कि कहीं मेरे पैर उन पर न पड़ जावें!

भाषा जैसी बोलता हूँ, वैसी ही लिखी है।

बस!

"मैं आपनि दिसि कीन्ह निहोरा!"

एक रिवाज*

हिन्दी में एक आम रिवाज है। हम शोर मचाते हैं—हमारे यहाँ इस चीज का अभाव है और उस चीज का। इस पार्श्व-संगीत के साथ हर पुस्तक इस दावे से फेंकी जाती है कि लो अभागो, इससे अभाव की पूर्ति हो गयी। मेरी यह पुस्तक किसी अभाव की पूर्ति नहीं करती।

पुस्तक इस दावे के साथ भी उछाली जाती है कि यह चीज एकदम नयी है; देखो और चौंधियाओ। ये निबन्ध बिल्कुल नये नहीं हैं। हिन्दी में निबन्ध की अत्यन्त समृद्ध परम्परा है; कहानी से पुरानी।

(यहाँ मैं आलोचक को समय देता हूँ कि वह पुस्तक यह कहकर फेंक दे कि न यह नयी चीज़ है, न किसी अभाव की पूर्ति करती है।)

अँगरेजी में 'पर्सनल एस्से' होता है। हिन्दी में ऐसे निबन्धों को 'आत्मपरक' निबन्ध कहकर काम निकाला जा रहा है। पर मेरे ये निबन्ध मेरी आत्मा की परिक्रमा नहीं करते—मेरी आत्मा में न मन्दिर है, न प्रभु-प्रतिमा! कुछ ने इन्हें 'ललित निबन्ध' कहा, तब दूसरों ने रोका कि यह बूर्जुआ नाम है। (लालित्य भी बुर्जुआपन है!) 'कृति' में इन्हें 'खाता-बही' में डाला गया। गुण-भेद से कतराकर आकार-भेद से 'लघु निबन्ध' भी कहा जाता है। कुछ ने इन्हें 'हास्य निबन्ध' कहकर छुट्टी पायी। अब मन में यह अभिमान सिर उठाये कि यह विशेष चीज है, जिसका नाम तक होना बाकी है—इसके पहिले यह बात समाप्त करता हूँ।

पिछले 5-6 वर्षों में लिखे गये निबन्धों में से 21 यहाँ संग्रहीत हैं। 'भूत के पाँव पीछे' नहीं देना चाहता था, पर शीर्षक अच्छा है। पुस्तक के नाम की सुविधा के लिए इसे शामिल किया गया। 'सुनो भई साधो' बहुत लोकप्रिय हुआ, पर मुझे इस विषय से स्वयं अरुचि हो गयी है। इसमें कवियों का मजाक है, जो घिसता जा रहा है। जैसे कुछ साल पहिले स्त्रियों का मजाक। इस विषय को मैंने हमेशा के लिए छोड़ दिया।

प्रूफ़ देखने से लेकर आवरण बनवाने तक की जिम्मेदारी भाई शरद जोशी ने निभायी। भाई अक्षयकुमार ने आरम्भ से अन्त तक इसे अपना ही काम माना। साथी लेखक के प्रकाशन में इस तरह सहायक होना, क्या किसी लेखक को शोभा देता है? इन्हें क्या धन्यवाद दूं?

श्री भाण्ड ने रूप-सज्जा दी और श्री रमेशचन्द्र सिंहल ने प्रकाशन की व्यवस्था की। 'चन्द्रा प्रिन्टर्स' के चन्द्रा बन्धुओं ने पुस्तक को 'भोगते' हुए रुचि से छापा। इन सबका आभारी हूँ।

लीजिए, अब पन्ना पलटकर देखिए, अपना 'पहिला सफेद बाल'।

* भूत के पाँव पीछे : 1954

अपनी बात*

यह तीसरा संग्रह है। पहिले 'सती का बेटा' नाम से प्रेस में गया था। पर यह 'बेटा' प्रेस को अनाथालय समझ बैठा। वहीं बस गया। यह डेढ़ साल पहिले की बात है। तब की बात और थी। फुसलाकर बाहर निकाला गया। अब वही कहानियाँ कुछ नयी रचनाओं के साथ नया नाम लेकर इस संग्रह में आयी हैं। इस संग्रह के आधार पर अगर यह निर्णय लिया गया कि इस बीच, मैं आगे बढ़ा या पीछे हटा, तो भूल हो जायेगी। इसकी कई रचनाएँ बिल्कुल हाल की हैं, अन्य वर्षों पहिले की।

पहिली दो पुस्तकों की समीक्षाएँ जहाँ-तहाँ हुईं। देखीं। समीक्षा-शास्त्र में कई प्रकार की आलोचना-पद्धतियाँ लिखी हैं। लिखी होंगी। हिन्दी में सबसे प्रचलित और लोकप्रिय पद्धति है—अपनों की प्रशंसा और परायों की निन्दा। यह बड़ी स्पष्ट, सरल और उलझनविहीन पद्धति है। इसके मानदण्ड भी स्थिर और शाश्वत् हैं। दोनों का शिकार हुआ।

समीक्षा के स्टेण्डर्ड की बात कहूँ, तो किसी-किसी पत्र की समीक्षा पढ़कर मुझे ऐसा लगा, कि शायद कम्पोजीटर से समीक्षा करा दी है।

एक समीक्षक ने पुस्तक के 10 हजार वाक्यों में से एक वाक्य ढूंढ़कर कहा—देखो, यह वाक्य शिथिल है। समुद्र में खूब गहरा गोता लगाकर मुट्ठी में कीचड़ भर लाये और शान से दिखा दी। कुछ ने बिना पढ़े कहा कि धन्य है; श्रेष्ठ है!

लेकिन कुछ आलोचनाएँ अच्छी, निष्पक्ष और स्पष्ट हुईं। इनमें बुरा भी कहा गया और भला भी।

अपनी कहानियों के बारे में कुछ कहने में डर लगता है। पहिले संग्रह के वक्तव्य को पढ़कर कुछ विद्धज्जनों ने कहा था कि उसमें मेरा अहंकार दहाड़ रहा है। मैंने खुद अपनी कहानियों को 'अच्छा' कह लिया था।

अन्तिम कहानी का नाम संग्रह का नाम है—'तब की बात और थी।' इस कहानी के प्रति मेरा पक्षपात नहीं है, अन्य कहानियों से अधिक प्रिय भी यह नहीं है। पर शीर्षक बहुत अच्छा है। भावात्मक कहानी है। मुझसे पूछा गया कि कहानी की नायिका जिस पुरुष को चाहती थी, उसे फिर तुनककर त्याग क्यों देती है? यह क्या कोरी भावुकता नहीं है? भावुकता तो है। व्यावहारिक दृष्टि से वह नादान भी लगती है। पर उसमें मैंने वह चीज देखी, जिसे शरत की राजलक्ष्मी ने अभया में 'आग' कहा है। कहानी की नायिका को मैं जानता हूँ। उसके आत्म-सम्मान ने मुझे आकर्षित किया, उसकी 'आग' से मैं अभिभूत हुआ। मैंने कहानी लिख दी, यद्यपि विवाह करने के लिए समझानेवालों में, मैं सबसे वाचाल था।

'बाबू की बदली' कहानी की नायिका के सम्बन्ध में कई स्त्रियों ने ही मुझसे

* तब की बात और थी, प्रथम संस्करण—जून, 1956

कहा कि यदि छल, कपट से बाध्य हो बाबू की पत्नी का अफसर से शरीर-सम्पर्क हो गया, तो क्या उसे मर जाना चाहिए था ? क्या आप स्त्री की गुलामी का समर्थन करने हैं ? क्या स्त्री केवल पुरुष की भोग्या है ? क्या पर-पुरुष से अनिच्छापूर्वक सम्बन्ध हो जाने से ही स्त्री अपवित्र हो जाती है ? आपने इस स्त्री से समर्पण क्यों कराया ? क्या वह प्रतिकार नहीं कर सकती थी ? क्या वह अफसर का गला नहीं घोंट सकती थी ?

इतने सारे सवाल। मैंने कहा कि मैं नारी की गुलामी का समर्थक नहीं। अनिच्छापूर्वक ही क्यों, इच्छापूर्वक भी अगर नारी का सम्पर्क अन्य पुरुष से हो जाय, तो भी वह एक हद तक क्षम्य है। परस्त्रीगामी पुरुष का भी तो कुछ बिगड़ता नहीं। पर कहानी की नायिका अगर प्रतिकार कर देती, तो व्यक्ति के इस प्रतिकार से हम सन्तोष का अनुभव-भर कर लेते। बड़े पद और धन के प्रभाव से मातहतों की स्त्रियों की इज्जत लूटना, बड़े परिमाण में एक सामाजिक बुराई है, जिसका अन्त व्यक्ति के प्रतिकार से नहीं होगा। हर आदमी के हाथ में बन्दूक दे देने से क्रान्ति नहीं हो जायेगी। ऐसी सामाजिक बुराई के लिए सामाजिक करुणा और सामाजिक रोष को जगाना होगा, संगठित सामाजिक संघर्ष करना होगा। बाबू की पत्नी के बलिदान में यही प्रयोजन है।

यह भी कहा गया है कि मेरा व्यंग्य बड़ा कटु होता है। होता तो है। पर चट्टान-सी बुराई पर अगर कोई सुनार की छोटी हथौड़ी से प्रहार करे, तो यह उसकी नासमझी ही कही जायेगी। चट्टान पर तो लुहार के घन का भरपूर हाथ ही पड़ना चाहिए। सामाजिक बुराइयों के प्रति मैं बहुत कटु हूँ। शेर को 'टायगन' से जिस दिन मारना सम्भव हो जायगा, उस दिन फिर सोचूँगा कि क्या करूँ।

अपनी रचनाओं के बारे में कुछ और कहना नहीं चाहता। संग्रह में कहानियाँ, रेखाचित्र, लघुकथाएँ, प्रतीक-कथाएँ, Fables सब हैं।

मुझे तो ये सब महान् कलाकृतियाँ लग रही हैं; सबको अपनी ऐसी ही लगती हैं; कह देने और नहीं कह देने का फर्क है।

परम स्नेही भाई रामेश्वर गुरु ने इस पुस्तक के प्रकाशन की व्यवस्था की है। पहली पुस्तक भाई अर्जुन मनजी राठौर और दूसरी पुस्तिका भाई नत्थूलाल सराफ के प्रयत्नों से प्रकाशित हुई। इस पुस्तक का कवर विश्वनाथ ने बनाया है। इन सबको धन्यवाद दूँ, तो शब्द कहाँ से लाऊँ।

1 जून, 1956
जबलपुर

भूमिका[1]

मैं आज भी नहीं समझ पाता कि 'तट की खोज' बहुत साल पहले मुझसे कैसे लिखा गया। यह एक ऐसी कहानी है जिसे लघु उपन्यास कहा जाता है। मूल घटना मुझे अपने कवि मित्र ने सुनायी थी। वे काफी भावुक थे। मेरी उम्र भी तब भावुकता की थी। कुछ रूमानी भी था। तार्किक कम था। तभी तगादा लगा था 'अमृत प्रभात' के दीपावली विशेषांक के लिए किसी लम्बी चीज का। जल्दी का मामला था। मित्र ने जो घटना सुनायी थी वह मेरे मन में गूंज रही थी। मेरी संवेदना कहानी की उस लड़की के प्रति गीली थी। मैंने दो रात जागकर इसे लिख डाला।

लिखकर पछताया। छपा तब और पछताया। और अब जब यह 'वाणी प्रकाशन' से प्रकाशित हो रहा है तब भी मैं पछता रहा हूँ। अब मैं इस रचना का सामना नहीं कर सकता। मेरी एक-तिहाई रचनाएँ ऐसी हैं जिनका सामना करते मैं डरता हूँ। बहरहाल 'तट की खोज' फिर से प्रकाशित होने दे रहा हूँ।

लेखकीय[2]

सात-आठ साल पहले मुंशी इंशाअल्लाखाँ की 'रानी केतकी की कहानी' पढ़ते हुए मेरे मन में भी एक 'फेण्टेसी' जन्मी थी। वह मन में पड़ी रही और उसमें परिवर्तन भी होते रहे। अब वह 'रानी नागफनी की कहानी' के रूप में लिखी गई।

यह एक व्यंग्य-कथा है। 'फेण्टेसी' के माध्यम से मैंने आज की वास्तविकता के कुछ पहलुओं की आलोचना की है। 'फेण्टेसी' का माध्यम कुछ सुविधाओं के कारण चुना है। लोक-कल्पना से दीर्घकालीन सम्पर्क और लोक-मानस से परम्परागत संगति के कारण 'फेण्टेसी' की व्यंजना प्रभावकारी होती है। इसमें स्वतन्त्रता भी काफी होती है और कार्यकारण सम्बन्ध का शिकंजा ढीला होता है। यों इसकी सीमाएँ भी बहुत हैं।

मैं 'शाश्वत साहित्य' रचने का संकल्प करके लिखने नहीं बैठता। जो अपने युग के प्रति ईमानदार नहीं होता, वह अनन्त काल के प्रति कैसे हो लेता है, मेरी समझ से परे है।

[1] तट की खोज : 1956

[2] रानी नागफनी की कहानी : 1962

मुझ पर 'शिष्ट हास्य' का रिमार्क चिपक रहा है। यह मुझे हास्यास्पद लगता है। महज हँसाने के लिए मैंने शायद ही कभी कुछ लिखा हो और शिष्ट तो मैं हूँ ही नहीं। मगर मुश्किल यह है कि रस नौ ही हैं और उनमें 'हास्य' भी एक है। कभी 'शिष्ट हास्य' कहकर पीठ दिखाने में भी सुभीता होता है। मैंने देखा है—जिस पर तेजाब की बूँद पड़ती है, वह भी दर्द दबाकर, मिथ्या अट्टहास कर कहता है, 'वाह, शिष्ट हास्य है।' मुझे यह गाली लगती है।

खैर, अब 'रानी नागफनी की कहानी' पढ़िए।

कैफियत*

एक सज्जन अपने मित्र से मेरा परिचय करा रहे थे—यह परसाईजी हैं। बहुत अच्छे लेखक हैं। ही राइट्स फनी थिंग्ज़।

एक मेरे पाठक (अब मित्रनुमा) मुझे दूर से देखते ही इस तरह हँसी की तिड़-तिड़ाहट करते मेरी तरफ बढ़ते हैं, जैसे दिवाली पर बच्चे 'तिड़तिड़ी' को पत्थर पर रगड़कर फेंक देते हैं और वह थोड़ी देर तिड़तिड़ करती उछलती रहती है। पास आकर अपने हाथों में मेरा हाथ ले लेते हैं और ही-ही करते हुए कहते हैं—वाह यार, खूब मिले। मजा आ गया। उन्होंने कभी कोई चीज मेरी पढ़ी होगी। अभी सालों से कोई चीज नहीं पढ़ी; यह मैं जानता हूँ।

एक सज्जन जब भी सड़क पर मिल जाते हैं, दूर से ही चिल्लाते हैं—'परसाईजी नमस्कार! मेरा पथ-प्रदर्शक पाखाना!' बात यह है कि किसी दूसरे आदमी ने कई साल पहले स्थानीय साप्ताहिक में एक मजाकिया लेख लिखा था, 'मेरा पथ-प्रदर्शक पाखाना।' पर उन्होंने ऐसी सारी चीजों के लिए मुझे जिम्मेदार मान लिया है। मैंने भी नहीं बताया कि वह लेख मैंने नहीं लिखा था। बस, वे जहाँ मिलते हैं—'मेरा पथ-प्रदर्शक पाखाना' चिल्लाकर मेरा अभिवादन करते हैं।

कुछ पाठक यह समझते हैं कि मैं हमेशा उचक्केपन और हल्केपन के मूड में रहता हूँ। वे चिट्ठी में मखौल करने की कोशिश करते हैं! एक पत्र मेरे सामने है। लिखा है—कहिए जनाब बरसात का मजा ले रहे हैं न! मेढकों की जलतरंग सुन रहे होंगे। इस पर भी लिख डालिए न कुछ।

बिहार के किसी कस्बे से एक आदमी ने लिखा कि तुमने मेरे मामा का, जो फ़ॉरेस्ट अफसर हैं, मजाक उड़ाया है। उनकी बदनामी की है। मैं तुम्हारे खानदान

* सदाचार का तावीज : 1962

का नाश कर दूँगा। मुझे शनि सिद्ध है।

कुछ लोग इस उम्मीद से मिलने आते हैं कि मैं उन्हें ठिलठिलाता, कुलाँचें मारता, उछलता मिलूँगा और उनके मिलते ही जो मजाक शुरू करूँगा तो हम सारा दिन दाँत निकालते गुजार देंगे। मुझे वे गम्भीर और कम बोलनेवाला पाते हैं। किसी गम्भीर विषय पर मैं बात छेड़ देता हूँ। वे निराश होते हैं। काफ़ी लोगों का यह मत है कि मैं निहायत मनहूस आदमी हूँ।

एक पाठिका ने एक दिन कहा—आप मनुष्यता की भावना की कहानियाँ क्यों नहीं लिखते?

और एक मित्र मुझे उस दिन सलाह दे रहे थे—तुम्हें अब गम्भीर हो जाना चाहिए। इट इज़ हाई टाइम!

व्यंग्य लिखनेवाले की ट्रेजडी कोई एक नहीं। 'फ़नी' से लेकर उसे मनुष्यता की भावना से हीन तक समझा जाता है। 'मजा आ गया' से लेकर 'गम्भीर हो जाओ' तक की प्रतिक्रियाएँ उसे सुननी पड़ती हैं। फिर लोग अपने या अपने मामा, काका के चेहरे देख लेते हैं और दुश्मन बढ़ते जाते हैं। एक बहुत बड़े वयोवृद्ध गाँधी-भक्त साहित्यकार मुझे अनैतिक लेखक समझते हैं। नैतिकता का अर्थ उनके लिए शायद गबद्‌दूपन होता है।

लेकिन इसके बावजूद ऐसे पाठकों का एक बड़ा वर्ग है, जो व्यंग्य में निहित सामाजिक-राजनीतिक अर्थ-संकेत को समझते हैं। वे जब मिलते या लिखते हैं, तो मजाक के मूड में नहीं। वे उन स्थितियों की बात करते हैं, जिन पर मैंने व्यंग्य किया है, वे उस रचना के तीखे वाक्य बनाते हैं। वे हालातों के प्रति चिन्तित होते हैं।

आलोचकों की स्थिति कठिनाई की है। गम्भीर कहानियों के बारे में तो वे कह सकते हैं कि संवेदना कैसे पिछलती आ रही है, समस्या कैसी प्रस्तुत की गयी—वगैरह। व्यंग्य के बारे में वह क्या कहे? अक्सर वह यह कहता है—हिन्दी में शिष्ट हास्य का अभाव है। (हम सब हास्य और व्यंग्य के लेखक लिखते-लिखते मर जायेंगे, तब भी लेखकों के बेटों से इन आलोचकों के बेटे कहेंगे कि हिन्दी में हास्य व्यंग्य का अभाव है), हाँ, वे यह और कहते हैं—विद्रूप का उद्‌घाटन कर दिया, परदाफाश कर दिया है, करारी चोट की है, गहरी मार की है, झकझोर दिया है। आलोचक बेचारा और क्या करे? जीवन बोध, व्यंग्यकार की दृष्टि, सामाजिक, राजनैतिक, आर्थिक परिवेश के प्रति उसकी प्रतिक्रिया, विसंगतियों की व्यापकता और उनकी अहमियत, व्यंग्य संकेतों के प्रकार, उनकी प्रभावशीलता, व्यंग्यकार की आस्था, विश्वास—आदि बातें समझ और मेहनत की माँग करती हैं। किसे पड़ी है?

अच्छा, तो तुम लोग व्यंग्यकार क्या अपने 'प्राफ़ेट' को समझते हो? 'फ़नी' कहने पर बुरा मानते हो। खुद हँसाते हो और लोग हँसकर कहते हैं—मजा आ गया, तो बुरा मानते हो और कहते हो—सिर्फ़ मजा आ गया? तुम नहीं जानते कि इस तरह की रचनाएँ हल्की मानी जाती हैं और दो घड़ी की हँसी के लिए पढ़ी

जाती हैं।

[यह बात मैं अपने-आपसे कहता हूँ, अपने-आपसे ही सवाल करता हूँ।]

जवाब : हँसना अच्छी बात है। पकौड़े-जैसी नाक को देखकर भी हँसा जाता है, आदमी कुत्ते-जैसे भौंके तो भी लोग हँसते हैं। साइकिल पर डबल सवार गिरें, तो भी लोग हँसते हैं। संगति के कुछ मान बने हुए होते हैं—जैसे इतने बड़े शरीर में इतनी बड़ी नाक होनी चाहिए। उससे बड़ी होती है, तो हँसी आती है। आदमी आदमी की ही बोली बोले, ऐसी संगति मानी हुई है। वह कुत्ते-जैसा भौंके तो यह विसंगति हुई और हँसी का कारण। असामंजस्य, अनुपातहीनता, विसंगति हमारी चेतना को छोड़ देते हैं। तब हँसी भी आ सकती है और हँसी नहीं भी आ सकती—चेतना पर आघात पड़ सकता है। मगर विसंगतियों के भी स्तर और प्रकार होते हैं। आदमी कुत्ते की बोली बोले—एक यह विसंगति है। और वनमहोत्सव का आयोजन करने के लिए पेड़ काटकर साफ किये जायें, जहाँ मन्त्री महोदय गुलाब के 'वृक्ष' की कलम रोपें—यह भी एक विसंगति है। दोनों में भेद है, गो दोनों से हँसी आती है। मेरा मतलब है—विसंगति की क्या अहमियत है, वह जीवन में किस हद तक महत्त्वपूर्ण है, वह कितनी व्यापक है, उसका कितना प्रभाव है—ये सब बातें विचारणीय हैं। दाँत निकाल देना उतना महत्त्वपूर्ण नहीं है।

—लेकिन यार, इस बात से क्यों कतराते हो कि इस तरह का साहित्य हल्का ही माना जाता है।

—माना जाता है, तो मैं क्या करूँ? भारतेन्दु युग में प्रतापनारायण मिश्र और बालमुकुन्द गुप्त जो व्यंग्य लिखते थे, वह कितनी पीड़ा से लिखा जाता था। देश की दुर्दशा पर वे किसी भी कौम के रहनुमा से ज्यादा रोते थे। हाँ, यह सही है कि इसके बाद रुचि कुछ ऐसी हुई कि हास्य का लेखक विदूषक बनने को मजबूर हुआ। 'मदारी' और 'डमरू' 'टुनटुन'-जैसे पत्र निकले और हास्यरस के कवियों ने 'चोंच' और 'काग'-जैसे उपनाम रखे। याने हास्य के लिए रचनाकार को हास्यास्पद होना पड़ा। अभी भी यह मजबूरी बची है। तभी कुंजबिहारी पाण्डे को 'कुत्ता' शब्द आने पर मंच पर भौंककर बताना पड़ता है और काका हाथरसी को अपनी पुस्तक के कवर पर अपना ही कार्टून छपाना पड़ता है। बात यह है कि उर्दू-हिन्दी की मिश्रित हास्य-व्यंग्य परम्परा कुछ साल चली, जिसने हास्यरस को भड़ौआ बनाया। इसमें बहुत कुछ हल्का है। यह सीधी सामन्ती वर्ग के मनोरंजन की जरूरत में से पैदा हुई थी। शौकत थानवी का एक पुस्तक का नाम ही 'कुतिया' है। अज़ीमबेग चुग़ताई नौकरानी की लड़की से 'फ्लर्ट' करने की तरकीबें बताते हैं! कोई अचरज नहीं कि हास्य-व्यंग्य के लेखकों को लोगों ने हल्के, गैरजिम्मेदार और हास्यास्पद मान लिया हो।

—और 'पत्नीवाद' वाला हास्यरस! वह तो स्वस्थ है? उसमें पारिवारिक-सम्बन्धों की निर्मल आत्मीयता होती है?

—स्त्री से मजाक एक बात है और स्त्री का उपहास दूसरी बात। हमारे

समाज में कुचले हुए का उपहास किया जाता है। स्त्री आर्थिक रूप से गुलाम रही, उसका कोई व्यक्तित्व नहीं बनने दिया गया, वह अशिक्षित रही, ऐसी रही—तब उसकी हीनता का मजाक करना 'सेफ' हो गया। पत्नी के पक्ष के सब लोग हीन और उपहास के पात्र हो गये—खासकर साला; गो हर आदमी किसी-न-किसी का साला होता है। इसी तरह घर का नौकर सामन्ती परिवारों में मनोरंजन का माध्यम होता है। उत्तर भारत के सामन्ती परिवारों की परदानशीन दमित रईसजादियों का मनोरंजन घर के नौकर का उपहास करके होता है। जो जितना मूर्ख, सनकी और पौरुषहीन हो, वह नौकर उतना ही दिलचस्प होता है। इसलिए सिकन्दर मियाँ चाहे काफी बुद्धिमान हों, मगर जान-बूझकर बेवकूफ बन जाते हैं क्योंकि उनका ऐसा होना नौकरी को सुरक्षित रखता है। सलमा सिद्दीकी ने सिकन्दरनामा में ऐसे ही पारिवारिक नौकर की कहानी लिखी है। मैं सोचता हूँ सिकन्दर मियाँ अपनी नजर से उस परिवार की कहानी कहें, तो और अच्छा हो।

—तो क्या पत्नी, साला, नौकर, नौकरानी आदि को हास्य का विषय बनाना अशिष्टता है?

—'वल्गर' है। इतने व्यापक सामाजिक जीवन में इतनी विसंगतियाँ हैं। उन्हें न देखकर बीवी की मूर्खता बयान करना बड़ी संकीर्णता है।

और 'शिष्ट' और 'अशिष्ट' क्या है? अक्सर 'शिष्ट' हास्य की माँग वे करते हैं, जो शिकार होते हैं। भ्रष्टाचारी तो यही चाहेगा कि आप मुंशी की या साले की मजाक का 'शिष्ट' हास्य करते रहें और उस पर चोट न करें—वह 'अशिष्ट' है। हमारे यहाँ तो हत्यारे 'भ्रष्टाचारी' पीड़क से भी 'शिष्टता' बरतने की माँग की जाती है—'अगर जनाब बुरा न मानें तो अर्ज है कि भ्रष्टाचार न किया करें। बड़ी कृपा होगी सेवक पर।' व्यंग्य में चोट होती ही है। जिन पर होती है वह कहते हैं—'इसमें कटुता आ गयी। शिष्ट हास्य लिखा करिए।' मार्क ट्वेन की वे रचनाएँ नये संकलनों में नहीं आतीं, जिनमें उसने अमेरिकी शासन और मोनोपली के बखिये उधेड़े हैं। वह उसे केवल शिष्ट हास्य का मनोरंजन देनेवाला लेखक बताना चाहते हैं—'दी डिलाइटेड मिलियन्स!'

—तो तुम्हारा मतलब यह है कि मनोरंजन के साथ ही व्यंग्य में समाज की समीक्षा भी होती है?

—हाँ, व्यंग्य जीवन से साक्षात्कार करता है, जीवन की आलोचना करता है, विसंगतियों, मिथ्याचारों और पाखण्डों का परदाफाश करता है।

—यह नारा हो गया।

—नारा नहीं है। मैं यह कह रहा हूँ कि जीवन के प्रति व्यंग्यकार की उतनी ही निष्ठा होती है, जितनी गम्भीर रचनाकार की—बल्कि ज्यादा ही, वह जीवन के प्रति दायित्व का अनुभव करता है।

—लेकिन वह शायद मनुष्य के बारे में आशा खो चुका होता है। निराशावादी हो जाता है। उसे मनुष्य की बुराई ही दीखती है। तुम्हारी रचनाओं में देखो—

सब चरित्र बुरे ही हैं।

—यह कहना तो इसी तरह हुआ कि डॉक्टर से कहा जाये तुम रुग्ण मनोवृत्ति के आदमी हो। तुम्हें रोग ही रोग दीखते हैं। मनुष्य के बारे में आशा न होती, तो हम उसकी कमजोरियों पर क्यों रोते? क्यों उससे कहते कि यार तू ज़रा कम बेवकूफ, विवेकशील, सच्चा और न्यायी हो जा।

—तो तुम लोग रोते भी हो। मेरा तो खयाल था कि तुम सब पर हँसते हो।

—जिन्दगी बहुत जटिल चीज है। इसमें खालिस हँसना या खालिस रोना-जैसी चीज नहीं होती। बहुत-सी हास्य रचनाओं में करुणा की अन्तर्धारा होती है। चेखव की कहानी 'क्लर्क की मौत' क्या हँसी की कहानी है? उसका व्यंग्य कितना गहरा, ट्रेजिक और करुणामय है। चेखव की ही एक कम प्रसिद्ध कहानी है—'किरायेदार।' इसका नायक 'जोरू का गुलाम' है—बीवी के होटल का प्रबन्ध करता है। अपनी नौकरी छोड़ आया है। अब बीवी का गुलाम तो उपहास का ही पात्र होता है न! मगर इस कहानी में यह बीवी का गुलाम अन्त में बड़ी करुणा पैदा करता है। अच्छा व्यंग्य सहानुभूति का सबसे उत्कृष्ट रूप होता है।

अच्छा यार, तुम्हें आत्म-प्रचार का मौका दिया गया था। पर तुम अपना कुछ न कहकर जनरल ही बोलते जा रहे हो। तुम्हारी रचनाओं को पढ़कर कुछ बातें पूछी जा सकती हैं। क्या तुम सुधारक हो? तुममें आर्यसमाजी-वृत्ति देखी जाती है।

—कोई सुधर जाये तो मुझे क्या एतराज है। वैसे मैं सुधार के लिए नहीं, बदलने के लिए लिखना चाहता हूँ। याने कोशिश करता हूँ—चेतना में हलचल हो जाये, कोई विसंगति नजर के सामने आ जाये। इतना काफी है। सुधरनेवाले खुद अपनी चेतना से सुधरते हैं। मेरी एक कहानी है 'सदाचार का तावीज़'। इसमें कोई सुधारवादी संकेत नहीं है। कुल इतना है कि तावीज़ बाँधकर आदमी को ईमानदार बनाने की कोशिश की जा रही है, (भाषणों और उपदेशों से)। सदाचार का तावीज बाँधे बाबू दूसरी तारीख को घूस लेने से इन्कार कर देता है मगर 29 तारीख को ले लेता है—'उसकी तनख्वाह खत्म हो गयी। तावीज़ बँधा है, मगर जेब खाली है।' संकेत मैं यह करना चाहता हूँ कि बिना व्यवस्था में परिवर्तन किये, भ्रष्टाचार के मौके बिना खत्म किये और कर्मचारियों को बिना आर्थिक सुरक्षा दिये, भाषणों, सर्कुलरों, उपदेशों, सदाचार समितियों, निगरानी आयोगों के द्वारा कर्मचारी सदाचारी नहीं होगा। इसमें कोई उपदेश नहीं है। सिर्फ़ विरोधाभासों को सामने लाया गया है और कुछ संकेत दिये गये हैं। उपदेश का चार्ज वह लोग लगाते हैं, जो किसी के प्रति दायित्व का कोई अनुभव नहीं करते। वह सिर्फ अपने को मनुष्य मानते हैं और सोचते हैं कि हम कीड़ों के बीच रहने के लिए अभिशप्त हैं। यह लोग तो कुत्ते की दुम में पटाखे की लड़ी बाँधकर उसमें आग लगाकर कुत्ते के मृत्यु-भय पर भी ठहाका लगा लेते हैं।

अच्छा यार, बातें तो और भी बहुत-सी करनी थीं। पर पाठक बोर हो जायेंगे। बस एक बात और बताओ—तुम इतना राजनीतिक व्यंग्य क्यों लिखते हो?

—इसलिए कि राजनीति बहुत बड़ी निर्णायक शक्ति हो गयी है। वह जीवन से बिल्कुल मिली हुई है। वियतनाम की जनता पर बम क्यों बरस रहे हैं? क्या उस जनता की अपनी कुछ जिम्मेदारी है? यह राजनीतिक दाँव-पेंच के बम हैं। शहर में अनाज और तेल पर मुनाफाखोरी कम नहीं हो सकती, क्योंकि व्यापारियों के क्षेत्रों से अमुक-अमुक को चुनकर जाना है। राजनीति—सिद्धान्त और व्यवहार की—हमारे जीवन का एक अंग है। उससे नफरत करना बेवकूफी है। राजनीति से लेखक को दूर रखने की बात वही करते हैं, जिनके निहित स्वार्थ हैं, जो डरते हैं कि कहीं लोग हमें समझ न जायें। मैंने पहले भी कहा है कि राजनीति को नकारना भी एक राजनीति है।

—अच्छा, तो बात को यहीं खत्म करें। तुम अब राजनीति पर चर्चा करने लगे। इससे लेबिल चिपकते हैं।

—लेबिल का क्या डर! दूसरों को देशद्रोही कहनेवाले, पाकिस्तान को भूखे बंगाल का चावल 'स्मगल' करते हैं। ये सारे रहस्य मुझे समझ में आते हैं। मुझे डराने की कोशिश मत करो।

ये निबन्ध*

पिछले सालों में लिखे गये निबन्धों में से 22 इस पुस्तक में जा रहे हैं। कहानी के साथ ही मैं शुरू से निबन्ध भी लिखता रहा हूँ और यह विधा अपनी प्रकृतिगत स्वच्छन्दता तथा व्यापकता के कारण मुझे बहुत अनुकूल भी प्रतीत हुई है। इसकी सम्भावनाओं का कितना उपयोग कर पाया हूँ, यह दूसरी बात है। इतना जरूर जानता हूँ कि निबन्ध लिखते हुए मुझे सार्थकता और सन्तोष का अनुभव हुआ है।

मुख्य रूप से मैंने कहानियाँ लिखी हैं; गो इसमें भी मतभेद है कि वे नये शास्त्रीय मान से कहानियाँ हैं भी या नहीं। बहुत बारीक समझ के कुछ लोगों ने कहा भी है कि वे 'चीजें' मन पर असर तो डालती हैं, याद भी रहती हैं, गूँजती भी हैं—मगर उनके कहानी होने में शक होता है। होता होगा। अपने पैर में जो जूता फिट न बैठे; उसे कोई जूता ही नहीं मानते। वे भूल जाते हैं कि कुछ जूते सिर के नाप के भी बनाये जाते हैं।

मगर यह निबन्ध-संग्रह है। इसे पाठकों के हाथों में देते मुझे न संकोच है, न

* बेईमानी की परत : 1963

झिझक। मैं पूरे विश्वास से दे रहा हूँ, क्योंकि इतने वर्षों में मैंने पाठक पर भरोसा किया है और उसने मुझ पर। एक ख़ास तरह का पाठक 'आलोचक' कहलाता है। उसके बारे में कुछ नहीं कहा जा सकता।

कहत कबीर*

संयोग कुछ ऐसा घटा। सन् 1961 में 'नयी दुनिया' जबलपुर के (तत्कालीन) सम्पादक और मेरे (दीर्घकालीन) मित्र (आगे की कौन जानता है?) मायाराम सुरजन ने, हम दोनों के मित्र श्रीबाल पाण्डे के साथ तय किया कि मैं उनके पत्र में प्रति सप्ताह व्यंग्य-स्तम्भ लिखूं।

नाम का सवाल उठा, तो मेरे सिर पर चढ़कर कबीरदास बोला। (पाप ही नहीं, पुण्य भी सिर पर चढ़कर बोलता है)। कबीर के सीधे, बेलौस, बखिया-उधेड़, चरबा-उतार, मस्ती और फक्कड़पन से भरे व्यंग्यों का मैं भक्त रहा हूँ। इतना ताकतवर कोई और हुआ नहीं क्योंकि और किसी ने न 'सीस काटकै भुंई धरा' न 'अपना घर फूंकिया, न 'बाजार में लिये लुकाठी' खड़ा हुआ—'सब ही भुलाने पेट का धन्धा!'

तो स्तम्भ का रूप यों निश्चित हुआ कि 'कबीर' हर सप्ताह साधुओं से बात करे। सप्ताह की कोई घटना का छोर पकड़कर उसमें निहित प्रवृत्ति को व्यापक आयाम देकर उस पर व्यंग्य किया जाय। स्थिति की पूरी 'एब्सर्डिटी' को उभारकर, उसे तर्कपूर्ण और न्यायसंगत बनाकर प्रस्तुत किया जाय, तो स्थिति पर पुरअसर व्यंग्य हो जाता है। इसी तरह छिपाकर किये जानेवाले मिथ्याचार को करनेवाले से प्रगट अधिकारपूर्वक और न्यायोचित ढंग से कराया जाय, तो भी प्रवृत्ति पर करारी चोट होती है। विकृति इतनी व्यापक हो जाय और उसे इतनी मान्यता मिल जाय कि उसका गोपन एक उपचार मात्र रह जाय, तो उसके विद्रूप को ऊपर ले आना चाहिए। ऐसी ही कुछ शैली मैंने इन स्तम्भों में अपनायी। नाम हुआ 'सुनो भई साधो' और वक्ता हुआ 'कबीर'। हर सप्ताह साधु इकट्ठे होते हैं और कबीर सप्ताह की किसी घटना को लेकर उनसे बात करता है—'साधो, तुमने सुना—'

यों ही जो स्तम्भ शुरू कर दिया, उसने आगे मुझे बाँध लिया। इसकी प्रभावकारी 'अपील' और विकट लोकप्रियता ने मुझे बाध्य किया कि इसे जिम्मेदारी से लिखूं। मैं इसे लेखन के माध्यम से अपने सामाजिक दायित्व की आंशिक पूर्ति के

* सुनो भई साधो : 1964

रूप में ग्रहण करने लगा। 'ऊँचे' लेखकों को यह दायित्व की बात गलत लगती है। उन्हें मुनाफाखोर सस्ता अनाज दे देता होगा, मुझे तो नहीं देता। लम्बी कतार में खाली थैले लिये मैं भी कहीं खड़ा हूँ।

'कबीर' के ये प्रवचन इन्दौर और रायपुर की 'नयी दुनिया' में भी उद्धृत होने लगे और बहुत पढ़े जाने लगे। यह स्तम्भ बहुत लोकप्रिय है और जितने प्रशंसक तथा दुश्मन इसने बनाये, उतने मेरे किसी और लेखन ने नहीं। इसकी चोट से बहुत लोग तिलमिलाते हैं और उनकी गालियाँ तथा धमकियाँ भी मुझे मिलती हैं। मगर जन-समर्थन मुझे हमेशा आश्वस्त कर देता है।

सामाजिक-राजनैतिक व्यंग्य-स्तम्भ के लेखन की पहिली शर्त लेखक की स्वतन्त्रता है। इस सम्बन्ध में 'नयी दुनिया' के तीनों संस्करणों में मुझे पूरी छूट है। जबलपुर 'नयी दुनिया', से मायाराम सुरजन के अलग होने के बाद भी श्री परमानन्द पटेल ने तथा उनके नये सम्पादक श्री मुन्दर शर्मा ने लेखकीय स्वतन्त्रता की कद्र की है और इस स्तम्भ के लिए आवश्यक सुविधा दी है।

इन व्यंग्य-चर्चाओं की रचना अनायास हो जाती है। मित्रों से सामाजिक-राजनैतिक विषयों और सामयिक घटनाओं पर चर्चा रोज ही होती है, मुख्यत: मेरे एक खुशमिजाज और मेधावान मित्र हनुमान वर्मा से। लोगों से बात करते-करते किसी स्थिति का विद्रूप मन में चमक उठता है और व्यंग्य की रेखाएँ खिच जाती हैं। तब व्यंग्य के फ़िकरे निकलने लगते हैं। सुननेवाले अन्दाज लगाकर कह भी देते हैं कि अगले इतवार यही आ रहा होगा।

अब तक लगभग 150 किस्तें लिख चुका हूँ। हर हफ्ते अभी भी लिख रहा हूँ। मुझे सलाह मिली कि इनका संग्रह छपा दिया जाय। मेरे मित्र (आगे प्रकाशक) शेष नारायण राय ने यह दायित्व ले लिया। ये 36 किस्तें इस संग्रह में जा रही हैं। आगे और संग्रह भी होंगे।

पहिले मेरे मन में आया था कि इन स्तम्भों को अखबार के पन्नों में पड़ा रहने दूँ और इन विषयों को निबन्धों का रूप दे दूँ। फिर मैंने यह रूप-परिवर्तन का इरादा त्याग दिया। जब इसी रूप में संग्रह में जाने का तय हुआ, तब पहिले सोचा कि इन्हें फिर से लिख दूँ, ताकि ये सुव्यवस्थित हो जायें। लेकिन यह इरादा भी त्याग दिया। मेरे आलस्य ने इन निर्णयों में कितना योगदान किया, मैं जानता हूँ। अब ये उसी मौलिक रूप में छप रहे हैं, जिसमें मैंने इन्हें लिखा था। इनकी अव्यवस्था और ऊबड़-खाबड़पन भी पढ़नेवालों को आकर्षक लगा है। जैसा कि स्वाभाविक है, इनमें अव्यवस्था है, बिखराव है, भाषा का ऊबड़-खाबड़पन है, पुनरुक्ति भी है। एक बात विभिन्न प्रसंगों में, विभिन्न अर्थ-समर्थन के लिए कई बार आ गयी है। कुछ प्रसंग, जैसे एकलव्य का अँगूठा और नारद का बन्दर का चेहरा, मेरी चेतना पर जमे रहे हैं और वे बार-बार आ गये हैं। कुछ उक्तियाँ मेरी दूसरी रचनाओं की भी अनायास आ गयी हैं। मैंने इन्हें रहने दिया है।

सवाल है—इस लेखन का मूल्य क्या होगा? पढ़नेवाले के लिए फिलहाल सवा

तीन रुपया। आलोचना करनेवाले के लिए, जो वह चाहे सो। साहित्यिक मूल्य में कुछ निश्चित नहीं होता। आज की गाली कल शायद सद्-साहित्य मान ली जाय। अधिकांश साहित्यालोचक जड़ और संकीर्ण दृष्टि तथा भोथरे संवेदन के होते हैं। वे एक परम्परा के गुलाम बन जाते हैं। मैं तो छोटा आदमी हूँ, पर उस मेरे पूज्य महाप्राण कबीरदास के व्यंग्यों की सैकड़ों साल तक क्या कद्र की गयी! उच्चवर्गियों और पण्डितों ने उसे गँवार ही माना। होली पर उत्तर भारत में जो गाली बकी जाती है उसे अभी भी 'कबीर' कहते हैं—'अरे रे रे सुनो हो कबीर'—याने कबीर की बात गाली-गलौज ही हुई! हमारे जमाने में एक उच्चवर्गीय महान् कवि रवीन्द्रनाथ ने उसके सामने सबको दिखाकर माथा झुकाया और उसके पदों का अँगरेजी में अनुवाद किया। ब्राह्मणों द्वारा निन्दित कबीर पर एक ऊँचे ब्राह्मण पं. हजारीप्रसाद द्विवेदी ने पुस्तक लिखकर उसकी महत्ता का प्रतिपादन करके, पहिले के ब्राह्मणों के पाप को धोया।

साहित्य-समीक्षा के प्रति मैं आत्म-रक्षा के खयाल से ही लापरवाह हूँ। पाठक को अलबत्ता मैं यह संग्रह बेझिझक और निःसंकोच दे रहा हूँ। उसने मेरा विश्वास किया है और मैंने उसका –और दोनों को अभी तक तो धोखा नहीं हुआ।

व्यंग्य क्यों? कैसे? किसलिए?*

मैं व्यंग्य लेखक माना जाता हूँ। व्यंग्य को लेकर जितना भ्रम हिन्दी में है, उतना किसी और विधा को लेकर नहीं। समीक्षकों ने भी इसकी लगातार उपेक्षा की है। अभी तक व्यंग्य की समीक्षा की भाषा ही नहीं बनी। 'मज़ा आ गया' से लेकर 'बखिया उधेड़ दी' तक कुछ फिकरे इस पर चिपकाकर समीक्षा की इतिश्री समझ ली जाती है। अक्सर विनोद, हास्य, मखौल से व्यंग्य को अलग करके नहीं देखा जाता। मेरी ही कोई रचना पढ़कर प्रबुद्ध पाठक भी कह देता है--बड़ा मज़ा आया, जबकि मैंने खिजाने के लिए वह चीज लिखी है।

आदमी कब हँसता है? इस सम्बन्ध में बड़ी दिलचस्प और विभिन्न धारणाएँ हैं। एक विचार यह है कि जब आदमी हँसता है, तब उसके मन में मैल नहीं होता। हँसने के क्षण-भर पहले उसके मन में मैल हो सकता है और हँसी के क्षण-भर बाद भी। पर जिस क्षण वह हँसता है, उसके मन में किसी के प्रति मैल नहीं होता। फिर जिसका हाजमा अच्छा हो वही हँस सकता है। कब्ज का मरीज मुश्किल से हँसता

* तिरछी रेखाएँ : 1967

है। फिर जब मनुष्य को चैन की (well being) अनुभूति होती है, तब वह हँसता है। बिना चैन की हँसी खिन्न हँसी होती है, जैसी पण्डित नेहरू की अन्तिम वर्षों में हो गयी थी।

आदमी हँसता क्यों है? परम्परा से हर समाज की कुछ संगतियाँ होती हैं, सामंजस्य होते हैं, अनुपात होते हैं। ये व्यक्ति और समाज दोनों के होते हैं। जब यह संगति गड़बड़ होती है तब चेतना में चमक पैदा होती है। इस चमक से हँसी भी आ सकती है और चेतना में हलचल भी पैदा हो सकती है। शरीर में कितनी बड़ी नाक हो इसका एक अनुपात मानस में बना हुआ है। पर अगर किसी की बहुत मोटी नाक हो तो लोग कहते हैं—अरे, यह तो नाक की जगह आलूबड़ा रखे हैं—और हँस पड़ते हैं। साइकिल पर एक आदमी बैठे, यह संगति है। दो को बरदाश्त कर लिया जाता है, पर एक साइकिल पर तीन सवार हों और वे गिर पड़ें तो उनकी चोट के प्रति सहानुभूति नहीं होगी, बल्कि दर्शक हँस पड़ेंगे—अच्छे गिरे साले! हमारे यहाँ कंजी आँख बुरी मानी जाती है। कंजी आँखवाले पर लोग हँसते हैं। कहावत है—

सौ में सूर सहस्र में काना,
सवा लाख में ऐंचकताना।
ऐंचकताना करे पुकार,
मैं कंजे से खायी हार।

पर कंजी आँखें पश्चिम में अच्छी मानी जाती हैं। आमतौर पर पतले ओंठ सुन्दर माने जाते हैं पर नीग्रो लोगों में अच्छे मोटे ओंठ भी अच्छे लगते हैं। भारत में किसी के नीग्रो-जैसे मोटे ओंठ हों तो लोग हँसेंगे, क्योंकि सौन्दर्यबोध की संगति बिगड़ती है।

लोग किसी भी बात पर हँसते हैं। हल्की, मामूली विसंगति पर भी हँस देते हैं। आदमी अगर घोड़े-सरीखा हिनहिनाये तो इस पर भी हँस देते हैं। दीवाली पर कुत्ते की दुम में पटाखे की लड़ी बाँधकर उसमें कुछ लोग आग लगा देते हैं। बेचारा कुत्ता तो मृत्यु-भय से भागता और चीखता है, पर लोग हँसते हैं।

पर व्यंग्य में जरूरी नहीं कि हँसी आये ही। मार्क ट्वेन ने लिखा है—यदि कोई भूखे कुत्ते को रोटी खिलाये तो वह उसे काटेगा नहीं। मनुष्य और कुत्ते में यही खास फर्क है। इस कथन से हँसी नहीं आती पर व्यंग्य की वह करारी चोट यह चेतना पर करता है कि पाठक पहले तो भौंचक रह जाता है और फिर सोचने लगता है।

व्यंग्य के साथ हँसी भी आती है, पर वह दूसरे प्रकार की होती है। मेरी ही एक लघुकथा है—संसद में एक सदस्य ने कहा कि अमुक जगह पुलिस की गोली से ग्यारह आदमी मारे गये। गृहमन्त्री इसका जवाब दें। गृहमन्त्री बड़ी शान्ति से उठे। जिन्हें रोज गोली चलवानी है वे कब तक अशान्त रहेंगे। गृहमन्त्री ने जवाब दिया—गोली का कारखाना जनता के पैसे से चलता है। जनता के पैसे से जो सामान बनता है, उसे जनता के ही काम आना चाहिए। अब जनतान्त्रिक असूल में यह बात पूरी

तरह संगत है। पर यह कितनी बड़ी विडम्बना पैदा करती है और संसदीय प्रणाली पर चोट करती है। इस लघुकथा से हँसी जरूर आती है पर यह हँसी और किस्म की होती है और सोचने को बाध्य करती है।

व्यंग्य लेखन एक गम्भीर कर्म है। कम-से-कम मेरे लिए। सवाल यह है कि कोई लेखक अपने युग की विसंगतियों को कितने गहरे से खोजता है। उस विसंगति की व्यापकता क्या है और वह जीवन में कितनी अहमियत रखती है। मात्र व्यक्ति की ऊपरी विसंगति—शरीर रचना की, व्यवहार की, बात के लहजे की, एक चीज है। और व्यक्ति तथा समाज के जीवन की भीतरी तहों में जाकर विसंगति खोजना, उन्हें अर्थ देना तथा उसे सशक्त विरोधाभास से पृथक करके जीवन से साक्षात्कार कराना दूसरी बात है। सच्चा व्यंग्य जीवन की समीक्षा होता है। वह मनुष्य को सोचने के लिए बाध्य करता है। अपने से साक्षात्कार करता है। चेतना में हलचल पैदा करता है और जीवन में व्याप्त मिथ्याचार, पाखण्ड, असामंजस्य और अन्याय से लड़ने के लिए उसे तैयार करता है।

जोनाथन स्विफ्ट कहता है—मैं मनुष्य को अपमानित करने और उसे नीचा दिखाने के लिए लिखता हूँ। परन्तु मार्क ट्वेन कहता है—मैं बुनियादी तौर पर एक शिक्षक हूँ। मेरा खयाल है, कोई भी सच्चा व्यंग्य लेखक मनुष्य को नीचा नहीं दिखाना चाहता। व्यंग्य मानव सहानुभूति से पैदा होता है। वह मनुष्य को बेहतर मनुष्य बनाना चाहता है। वह उससे कहता है—तू अधिक सच्चा, न्यायी, मानवीय बन। यदि मनुष्य के प्रति व्यंग्यकार को आशा नहीं है, यदि वह जीवन के प्रति कनसर्न्ड नहीं है तो वह क्यों रोता है, उसकी कमजोरियों पर। जो यह कहते हैं कि व्यंग्य लेखक निर्मम, कठोर और मनुष्य विरोधी होता है, उसे बुराई ही बुराई दिखती है, तो मैं जवाब देता हूँ कि डाक्टर के पास जो लोग जाते हैं उन्हें वह रोग बताता है। तो क्या डाक्टर कठोर है? अमानवीय है? अगर डाक्टर रोग का निदान न करे और अच्छा ही अच्छा कहे को रोगी मर जायेगा। जीवन की कमजोरियों का निदान करना कठोर होना नही है।

अच्छे व्यंग्य में करुणा की अन्तर्धारा होती है। चेखव में शायद यह बात सबसे साफ है। चेखव की एक कहानी है—बाबू की मौत। इस कहानी को पढ़ते-पढ़ते हँसी आती है पर अन्त में मन करुणा से भर उठता है। जिस बात पर कहानी का ताना-बाना चेखव ने बुना, वह यह है—

थियेटर में एक बाबू नाटक देख रहा है। उसके ठीक सामने उसका बॉस बैठा है। बॉस के चाँद है। बाबू को छींक आती है और उसे लगता है कि उसकी छींक के छींटे साहब की चाँद पर पड़ गये हैं। वह घबड़ाता है और इण्टरवल में साहब से माफी माँगता है—साहब माफ कर दीजिए। मुझसे गलती हो गयी। मैंने जान-बूझकर गुस्ताखी नहीं की। अब मजा यह है कि साहब की चाँद पर छींटे पड़े ही नहीं हैं। वह नहीं जानता कि बाबू माफी किस बात की माँग रहा है। वह उसे डाँटता है—क्या बक-बक लगा रखी है। भागो यहाँ से। इधर बाबू समझता है कि साहब ज्यादा

नाराज है। वह खेल छूटने पर फिर माफी माँगता है—साहब, मैं क्षमा चाहता हूँ। मुझे जुखाम हो गया है। मैंने जान-बूझकर वैसा नहीं किया है। साहब फिर उसे डाँटकर भगा देता है। तीन दिन तक यह क्रम चलता है। बाबू माफी माँगता है, पर साहब नहीं जानते कि माफी किस बात की माँग रहा है। वह अधिकाधिक खीजकर उसे भगाता है। इधर बाबू समझता है कि साहब को बड़े छींटे पड़े होंगे तभी नाराज है। यहाँ तक तो कहानी में एक कॉमिक का वातावरण रहता है। पर जब साहब उसे चपरासी से बाहर निकलवा देता है तब वह सोचता है—अब नौकरी गयी। मेरी बीवी है। तीन बच्चे हैं। इनका पालन कैसे होगा?

इसी घबराहट में वह घर आता है। कुर्सी पर बैठता है और उसके प्राण निकल जाते हैं।

कैसा करुण प्रसंग है। कहानी में चेखव ने इस कठोर नौकरशाही पर चोट की है जिसमें साहब अहंकार के कारण बाबू से पूछता तक नहीं कि तू माफी क्यों माँग रहा है। सिर्फ इतना पूछ लेता तो बाबू की जान नहीं जाती।

व्यंग्य के सम्बन्ध में कुछ बातें मैंने यहाँ कहीं, इस मकसद से कि व्यंग्य का मर्म समझने में इनसे कुछ सहायता मिलेगी।

सन्दर्भ*

'कल्पना' के सम्पादक मेरे बन्धु बदरीविशाल पित्ती ने लिखा था कि मैं उनकी पत्रिका में नियमित व्यंग-स्तम्भ लिखूं। कुछ असामान्य लगा। साहित्यिक पत्रिकाएँ ब्राह्मण होती हैं, व्यंग शूद्र वर्ण का माना गया है। उसने कभी ब्राह्मण को नहीं छुआ। साहित्यिक पत्रिकाओं को उठाकर देख लीजिए। मुझे लगा बदरीविशाल अछूतोद्धार के काम में जुट गये हैं। या शूद्र का रुतबा बढ़ गया है। जो भी हो, मुझे खुशी है कि यह स्थिति आ गयी है कि अध्यात्म और धर्म की पत्र-पत्रिकाओं में भी कुछ व्यंग आने लगा है। पत्र-पत्रिकाओं में व्यंग का स्तम्भ अनिवार्य-सा हो गया है। इस शुभ स्थिति को लाने में 'कल्पना' का योगदान मानना पड़ेगा। जो न मानेगा, उसे ठीक कर दिया जायगा।

'और अन्त में' शीर्षक के नीचे मैंने ये पत्र सम्पादक को लिखे थे। इनमें मुख्यतः साहित्यिक और साधारणतः सामाजिक-राजनैतिक क्षेत्रों की गतिविधियों पर व्यंग हैं। फैलाव इनमें काफी है।

* और अन्त में : 1968

सम्पादक के नाम पत्र के रूप में व्यंग नयी बात नहीं है। हमारे पुरखे द्विवेदीयुग में यह कर गये हैं। वे हम लोगों से कम भी डरते थे।

और अन्त में—आशा है, यह व्यंग-संग्रह सुधी जनों को सदाचारी बनायेगा, उनका हाजमा ठीक करेगा और उनके दिमाग को तरावट देगा।

लेखकीय[1]

विभिन्न समयों पर लिखे गये मेरे रेखा-चित्रों का यह संग्रह प्रेस में जा रहा है। मनुष्य एक जटिल प्राणी है। उसके बाह्य और अन्तर को समझना बड़ा कठिन कार्य है। उसके सबको दिखनेवाले बाह्य रूप के भीतर कितनी जटिलताएँ भरी पड़ी हैं। उसके आशा, निराशा, भ्रम; अहंकार, स्वार्थ, त्याग, क्रोध और करुणा—इन्हें समझना एक दिलचस्प अध्ययन है। घोर निराशा के बावजूद मैंने मनुष्य की दुर्दम जीवनी शक्ति को प्रज्वलित देखा है। मैंने जिन्दगी-भर भ्रम की चादर ओढ़े अपने गम को महसूस करते आदमी देखे हैं। मैंने आत्मवंचना के रंगीन महल में आदमी को आनन्द से जिन्दगी गुजारते देखा है। जीवन की सार्थकता की खोज हर आदमी करता है। सार्थकता की इस खोज में मनुष्य की जिन्दगी कितने रंगीन रूप लेती है।

मैंने इन रंगों को रेखाओं से बाँधने का प्रयत्न किया है। ये रेखा-चित्र व्यक्ति के कम, उसके चरित्र के ज्यादा हैं।

पाठकों के हाथ इन्हें पहुँचाने का भार बन्धुवर नर्मदाप्रसाद खरे ने लिया है। उनका मेरे प्रति स्नेह साधारण से ज्यादा अवधि तक टिक रहा है।

लेखक की ओर से[2]

इस संग्रह में मेरे ताजा व्यंग्य हैं।

व्यंग्य पर मैं पहले बहुत कुछ लिख चुका हूँ। व्यंग्य की प्रतिष्ठा इस बीच साहित्य में काफी बढ़ी है—वह शूद्र से क्षत्रिय मान लिया गया है। व्यंग्य, साहित्य में ब्राह्मण बनना भी नहीं चाहता क्योंकि वह कीर्तन करता है।

1. बोलती रेखाएँ : 1970
2. वैष्णव की फिसलन : 1973

संग्रह में अन्त के तीन लेख ज़रा भिन्न किस्म के हैं। एक निबन्ध होशंगाबाद के इस बार के जल-प्रलय पर एक-दूसरे दृष्टिकोण से लिखा है। मैं नर्मदा-पुत्र हूँ। इस नदी के किनारे पैदा हुआ। वहीं मेरी ननिहाल है। 1926 के भयंकर पूर में, जब मैं दो साल का था, लगभग डूब गया था, पर मेरी माँ एकदम पानी में घुसी और बेहोशी की हालत में मुझे किनारे ले आयी। वह भी डूब जाती। वह प्रसिद्ध केवट-लड़की सरस्वती जिसने अपनी डोंगी से दो सौ पचास मनुष्यों को बचाया, उसमें यह संकल्प और बल इसी मातृ-भाव से आया होगा। उसका सम्मान हो रहा है। रुपये भी मिल रहे हैं। इस आज की मत्स्यगन्धा को कोई बूढ़ा शान्तनु नहीं मिला। पर बैंक में काफी रुपये हो जाने पर कोई जवान शान्तनु मिल जायेगा।

जहाँ पैदा हुआ, वहीं डूबकर मर रहा था। फिर मेरे भाई की ससुराल होशंगाबाद में ही है। प्रलय के समय उसकी पत्नी वहीं थी। तो एक गहरे लगाव के कारण मैंने उस क्षेत्र को देखकर यह लेख लिखा--जिसमें मानवी गहराई और ऊँचाई दोनों हैं।

दूसरा लेख है--'लेखक, संरक्षण और असहमति'। मैंने एक परिचर्चा शुरू की थी, जिसमें बारह लेखकों ने भाग लिया। सवाल विचारणीय है। इसीलिए इसे दे रहा हूँ कि बुद्धिजीवी और सोचें, और बहस करें।

तीसरा लेख 'मानस चतुश्शती' पर उठे विवाद पर मेरी प्रतिक्रिया है।

ये गम्भीर, विचारणीय लेख हैं--पर अपने स्वभाव के कारण इनमें जगह-जगह व्यंग्य भी आ गया है।

एक बात जरूरी कहना है।

लेखक, बुद्धिजीवी सोचता है--समस्याओं पर। चिन्तन आगे बढ़ता है। इस संग्रह में कुछ रचनाएँ हैं, जिन्हें पढ़कर पाठक को लगेगा कि लेखक अधिक उग्र हो रहा है। शायद अतिवादी हो रहा है--सोचने में। इस संग्रह की कहानी 'अकाल-उत्सव' पढ़कर कई लोगों ने मुझसे कहा कि संसदीय लोकतन्त्र पर से आपका विश्वास उठ रहा है। आप सोचते हैं शायद, कि संसदीय लोकतन्त्र से न्यायपूर्ण, समतावादी समाज की स्थापना नहीं होगी--तभी आप उस कहानी में भूखे लोगों को संसदभवन के पत्थर उखाड़कर खिलवाते हैं।

जवाब मैं अभी नहीं दूंगा।

इतिहास एक हद तक समय देता है। मेरा खयाल है--हमें तीन सालों से ज्यादा समय नहीं है।

बहरहाल, मैं नेता नहीं, लेखक हूँ--समाज से संलग्न लेखक। इसलिए विनम्रता से यह पुस्तक प्रेमी पाठकों (अब वे पचीस-तीस साल पहले के 'प्रेमी' नहीं, बड़े काँइयाँ हो गये हैं) के हाथों में रख रहा हूँ।

1533, नेपियर टाउन, जबलपुर
7.12.1973

कैफियत*

कुछ चुनी हुई रचनाएँ इस संग्रह में हैं। ये 1975 से 1979 तक की अवधि में लिखी गयी हैं। 2-4 पहले की भी हो सकती हैं। पिछले सालों में मैंने लघुकथाएँ अधिक लिखी हैं। वे इस संग्रह में हैं।

पिछले 5 सालों में दो घटनाएँ महत्त्वपूर्ण हुईं—1975 से राजनीतिक उथल-पुथल और 1976 में मेरी टाँग का टूटना। राजनीतिक विकलांगता और मेरी शारीरिक विकलांगता। 1974 से 'सम्पूर्ण क्रान्ति' नाम से गैरकम्युनिस्ट दलों का आन्दोलन चला। जून 1975 में आपातकाल लगा। 1976 के अन्त में आपातकाल उठा और मार्च 1977 में आम चुनाव हुआ। कांग्रेस हारी। 5 गैरकम्युनिस्ट गुटों के गठबन्धन से 'जनता पार्टी' बनी और मोरारजी भाई के नेतृत्व में केन्द्रीय सरकार बनी। इसे इन लोगों ने 'दूसरी आजादी' कहा। जनता सरकार ने पिछली सरकार के कार्यों की जाँच के लिए जाँच कमीशन बिठाये। सम्पूर्ण क्रान्ति, आपात्काल, जनता पार्टी सरकार, जाँच कमीशन के बारे में मेरे अपने विचार रहे। ये विचार मैंने खुलकर प्रकट किये। बहुत लेखक दूसरे विचार रखते हैं। कौन सही है, कहा नहीं जा सकता।

मैंने इस सन्दर्भ में लिखी कुछ रचनाएँ इस संग्रह में दी हैं। 'तीसरी आजादी का जाँच कमीशन' के अन्तर्गत तीन रचनाएँ ऐसी हैं। जाँच कमीशन का काम रोज सघन प्रचार के साथ जिस तरह होता वह हास्यास्पद हो गया था। इस दौर में चरित्रहनन भी बहुत हुआ। वास्तव में यह दौर राजनीति में मूल्यों की गिरावट का था। इतना झूठ, फरेब, छल पहले कभी नहीं देखा था। दगाबाजी संस्कृति हो गयी थी। दोमुँहापन नीति। बहुत बड़े-बड़े व्यक्तित्व बौने हो गये। श्रद्धा सब कहीं से टूट गयी। इन सब स्थितियों पर मैंने जहाँ-तहाँ लिखा। इनके सन्दर्भ भी कई रचनाओं में प्रसंगवश आ गये हैं। आत्म-पवित्रता के दम्भ के इस राजनीतिक दौर में देश के सामाजिक जीवन में सबकुछ टूट-सा गया। भ्रष्ट राजनीतिक संस्कृति ने अपना असर सब कहीं डाला। किसी का किसी पर विश्वास नहीं रह गया था—न व्यक्ति पर, न संस्था पर। कार्यपालिका, विधायिका और न्यायपालिका का नंगापन प्रकट हो गया। श्रद्धा कहीं नहीं रह गयी। यह विकलांग श्रद्धा का भी दौर था। अभी भी सरकार बदलने के बाद स्थितियाँ सुधरी नहीं। गिरावट बढ़ ही रही है। किसी दल का बहुत अधिक सीटें जीतना और सरकार बना लेना, लोकतन्त्र की कोई गारण्टी नहीं है। लोकतान्त्रिक स्पिरिट गिरावट पर है।

मेरी टाँग का टूटना भी एक व्यक्तिगत आपातकाल था, जो मेरी मानसिकता पर छाया रहा। इस मानसिकता से मैंने एक से अधिक निबन्ध और कहानियाँ

* विकलांग श्रद्धा का दौर : 1980

लिखीं। इस दुर्घटना के सन्दर्भ भी कई जगह आ गये हैं। राजनीतिक और व्यक्तिगत विकलांगता की प्रतिक्रियास्वरूप जिस अभिव्यक्ति की प्रेरणा हुई, मैंने उसे पुनरावृत्ति की परवाह किये बिना, प्रकट कर दिया है।

एक लम्बी फैण्टेसी मैंने धारावाहिक शुरू की है -- रिटायर्ड भगवान की कथा। इसकी भूमिका एक अलग निबन्ध ही है, जो इस संग्रह में दे दिया गया है।

लेखक का निवेदन

हिन्दी 'करण्ट' की पहली सालगिरह पर 'माटी कहे कुम्हार से' का संग्रह पुस्तकाकार में प्रकाशित हो रहा है।

एक साल पहले जब 'करण्ट' का हिन्दी संस्करण शुरू हुआ था, तब लेखकों को दो जातियों में बाँट दिया गया था। जनता पार्टी और सरकार के अन्धे समर्थकों ने अपने को 'ब्राह्मण' और मुझ-जैसे कई इनसे असहमत लेखकों को 'चाण्डाल' करार दे दिया था। अब इन 'ब्राह्मण' क्रान्तिकारियों की गत देखकर पहले हँसी आती है और फिर दया। ऐसा है जैसे चन्दन-छाप लगाये पण्डितजी रण्डी के यहाँ पकड़े गये हों। हम जानते हैं, इन्होंने इन्दिरा गाँधी के घटिया-से-घटिया चमचों की कितनी बेशर्मी से चापलूसी की थी। सत्ता पलटते ही, वे पलट गये। उनका अवसरवाद क्रान्ति-कर्म हो गया। दूसरों के बुद्धि-विवेक, कायरता और बेईमानी कहे जाने लगे। उनकी कायरता नैतिकता हो गयी।

लाजिमी था कि जो घोर प्रतिक्रियावादी और फासिस्टी ताकतें सत्ता में आ गयी थीं, उनकी देशघाती नीतियों और कार्यों का डटकर विरोध किया जाये। ये जो सत्ता में आ गये हैं, वे एकाएक स्वर्ग से 1977 में नहीं टपके थे। हम पचीसों सालों से इन्हें और इनके राजनैतिक चरित्र को जानते थे। यह सत्ता भारतीय प्रेस से समर्पण करवा रही थी। प्रधानमन्त्री और सूचनामन्त्री का दावा झूठा है कि प्रेस अब स्वतन्त्र है। अभिव्यक्ति के माध्यम स्वतन्त्र हैं। यह सरासर गलत है। 1974 तक प्रेस को जो स्वतन्त्रता थी, उससे बहुत कम अब है। मैंने 1975 तक कांग्रेस और उसकी सरकार की कटुतम आलोचना की है। हजारों छपे हुए पन्ने सबूत हैं। पर अब इन नये सत्ताधीशों की आलोचना करता हूँ, तो इनके तेवर अलोकतान्त्रिक होते हैं।

ऐसी हालत में जरूरत थी, ऐसे पत्रों की जिनमें स्वतन्त्रता से लिखा जा सके।

* माटी कहे कुम्हार से : 1980

देश और लोकघाती शक्तियों का सही रूप जनता के सामने रखा जा सके। हिन्दी 'करण्ट' ने इस बड़ी जरूरत को पूरा किया। श्री अयूब मेरे पुराने मित्र हैं। असल में ये और मैं मध्यप्रदेश में एक ही भूमि के 'रतन' (?) हैं। भाई महावीर अधिकारी से पचीसेक साल के स्नेह और विश्वास के सम्बन्ध हैं। इन दोनों बन्धुओं ने अधिकार-पूर्वक खुद ही स्तम्भ का नाम तय कर दिया और घोषणा भी कर दी। मुझे भी अखाड़े की जरूरत थी। तो 'माटी कहे कुम्हार से' स्तम्भ शुरू हो गया।

मुझे जो पूरी स्वतन्त्रता लिखने की दोनों सम्पादकों ने दी है, उसके लिए मैं बहुत आभारी हूँ। इस स्वतन्त्रता के बिना मन से लिखना सम्भव नहीं।

इस स्तम्भ के छपने के बाद जो घोर गाली की चिट्ठियाँ मुझे आने लगीं उनसे मैं आश्वस्त हो गया कि लेखन सफल हो रहा है। ऐसे पत्र सम्पादकों को भी बहुत मिलते हैं। यह भी है कि समर्थन में भी बहुत पत्र मिलते हैं।

इस लेखन के बारे में मुझे गलतफहमी नहीं है। अनुभव ने सिखाया है कि लेखक का अहंकार व्यर्थ है। हम कोई युग-प्रवर्तक नहीं हैं। हम छोटे-छोटे लोग हैं। हमारे प्रयास छोटे-छोटे हैं। हम कुल इतना कर सकते हैं कि जिस देश, समाज और विश्व के हम हैं और जिनसे हमारा सरोकार है, उनके उस संघर्ष में भागीदार हों, जिससे बेहतर व्यवस्था और बेहतर इन्सान पैदा हो।

पाठक के हाथों इस संग्रह को इस आश्वासन के साथ सौंपता हूँ कि बुद्धि और विवेक ने जो कहा, वही लिखा है। डर और लोभ से कुछ नहीं लिखा गया।

पुस्तक के विषय में*

'दो नाकवाले लोग' सामाजिक जीवन के भीतर किन्हीं कारणों से महत्त्वपूर्ण हो गये व्यक्तियों की दोमुँही जिन्दगी को बेनकाब करनेवाली व्यंग्य-प्रधान लघुकथाओं का संग्रह है। 'अकाल-उत्सव', 'एक के भीतर दो आदमी', 'सड़े आलू का विद्रोह', और 'नम्बर दो की आत्मा' समवर्ती जीवन के भीतर पनप रहे खण्डित मध्यवर्गीय और अपर-वर्गीय छद्म को न केवल बेनकाब करनेवाली रचनाएँ हैं, अपितु उस यथार्थ को भी प्रस्तुत करती हैं, जो व्यवस्था की अपनी नियति को व्यक्त करता है, जहाँ प्रतिष्ठा-प्राप्ति के लिए ऐसा छद्म और दोमुँहापन जरूरी हो गया है।

आदर्श और आचरण के बीच के अन्तर्विरोध से कैसा हास्यास्पद चरित्र बनता है, इसके उदाहरण इस संग्रह की प्रत्येक लघुकथा के भीतर विद्यमान हैं। पाठक

* दो नाकवाले लोग : 1983

इनके माध्यम से स्वयं अपने उस परिवेश से परिचित होता है, जो आज के भारतीय जीवन की निरर्थक नियति है, यानी जिसे बदलना आदमी की सार्थक पहचान के लिए आवश्यक है।

भूमिका*

ये कुछ कहानियाँ, एक-दो निबन्ध, एक-दो फन्तासी इस संग्रह में हैं। इसकी अधिकतर कहानियाँ पहले 'एक लड़की पाँच दीवाने' नाम से पुस्तक रूप में आ चुकी हैं। किसी कारण पुस्तक का वह नाम मुझे अच्छा नहीं लगा। मुझे कुछ रचनाएँ और भी उसमें जोड़नी थीं। इसलिए अब जब यह संग्रह वाणी प्रकाशन से छप रहा है, तब मैंने इसका नाम 'दो नाकवाले लोग' कर दिया है।

पुस्तक के इस नाम-बदल में यह उद्देश्य नहीं है कि उस नाम से भी पुरस्कार ले लिया और इस नाम से भी ले लें। पुरस्कार न उस पर मिला था, न इस पर मिलेगा।

इन रचनाओं के बारे में मैं कुछ नहीं कहना चाहता। पाठक ही कहेंगे। मैं अक्सर लेखक मित्रों से कहता हूँ कि पाठक बड़ी तेजी से समझ में बढ़ रहा है। कहीं ऐसा न हो जाय कि पाठक आगे निकल जाय और हम लेखक पिछड़ जायें।

वाणी प्रकाशन के अशोक कुमार जरूर श्रेय के भागीदार हैं, जो मेरे पीछे पड़े रहे।

* दो नाकवाले लोग : 1983

'रिटायर्ड भगवान की कथा' नाम से परसाईजी ने एक लम्बी फन्तासी लिखने की योजना बनायी थी। इसका बहुत विस्तृत आयाम कल्पना में था—विश्व-राजनीति, शीतयुद्ध, बहुराष्ट्रीय कम्पनियाँ नवसाम्राज्यवाद आदि। इसे सन् 1979 में 'कथा-यात्रा' मासिक में आरम्भ किया था। पर पत्रिका छठवें अंक के बाद बन्द हो गयी। इस कृति के केवल चार अध्याय प्रकाशित हो सके। परसाईजी इसे पूरी करेंगे। पर उपन्यास-अंश के रूप में हम वे चारों प्रकाशित अध्याय दे रहे हैं।

—सम्पादक-मण्डल

रिटायर्ड भगवान की कथा

उपन्यास-अंश

कथा-1

कुछ भूमिका जैसा

यह जो कथा मैं लिखना शुरू कर रहा हूँ और पूरी करने की कोशिश भी करूँगा, इसे उपन्यास मानने के लिए आचार्यों को परिभाषा बदलनी पड़ेगी। और वे परिभाषा बदलेंगे नहीं, क्योंकि उन बड़े-बड़े आचार्यों को ऊँची-ऊँची तनखाहें इसीलिए मिलती हैं कि वे चीजों की परिभाषाएँ न बदलने दें। वे आचार्य चाहे साहित्य के हों, इतिहास के, अर्थशास्त्र के, समाजशास्त्र के, न्यायशास्त्र के, जिन्दगी की किसी चीज की परिभाषा नहीं बदलने देने के लिए दिमाग-तोड़ मेहनत करते हैं, पुरस्कार प्राप्त करने का कष्ट उठाते हैं, सम्मान में माला पहनने का त्रास भोगते हैं। देश में यह सर्वव्यापी षड्यन्त्र चल रहा है कि नयी परिभाषा और नयी व्याख्या हो नहीं पाये, बल्कि परिभाषाहीन जीवन और व्याख्याहीन जड़ व्यवस्था चलने देने के लिए संसद, सर्वोच्च न्यायालय और योजना आयोग से लेकर नीचे तक प्रयत्न चल रहे हैं। जैसे इतिहास के आचार्यों को यह सिद्ध करने के लिए धन और यश दिया जाता है कि स्वर्णयुगवाला वह प्राचीन समाज एक द्वन्द्वहीन यानी फ्लेट समाज था, वही आदर्श समाज था, और आज का यह घोर पतित, द्वन्द्वपूर्ण समाज ! हाय ! पर ऐसे आचार्यों को बृहस्पति भी नहीं समझा सकते कि गुरु, द्वन्द्वहीन समाज नहीं होता। अगर होता, तो आप अभी भी जंगल में नंगे घूमते और वनबिलाव को पकड़कर कच्चा खाते। आचार्य को तो यह परम ज्ञान देना है न कि शोषक और शोषित में द्वन्द्व धर्म और संस्कृति के विरुद्ध है। समझे पापियो !

मगर मुझे साहित्य के आचार्यों की बात करनी चाहिए। ये रसवादी प्रकार के आचार्य हैं। ये रँडुए होकर भी अपने-आप हृदय में श्रृंगार रस न जाने कैसे पैदा कर लेते हैं ! इन्हें आलम्बन भी नहीं चाहिए शायद, क्योंकि आलम्बन और चेतना का द्वन्द्व होने लगता है। यह द्वन्द्व मार्क्सवादी आलोचकों को ही मुबारक हो ! पर रस सिद्धान्तवाले काइयाँ आचार्य के पास जब शोध-छात्राएँ आती हैं, तब वह तुलसीदास के हवाले से जानता है कि प्रभु 'उमा-रमन' के बाद ही 'करुणायतन' होते हैं। यही क्रम है रस परिपाक का। मेरे परिचित एक आचार्य ने क्रम में गड़बड़ कर दी, तो करुण रस के आलम्बन हो गये। उन्होंने सुन्दरी, पर मूढ़ छात्रा उमा का थीसिस लिखने का काम एक अत्यन्त तीव्रबुद्धि पर गरीब शोध-छात्र को दे दिया।

वह करुणायतन पहले हो गये। नतीजा यह हुआ कि वह युवा तीव्रबुद्धि छात्र ही 'उमा-रमन' हो गया! आचार्य टापते रह गये! ये पुरातन आचार्य कहेंगे कि यह जो मेरा लेखन है, इसमें धीरोदात्त तो कुछ नहीं है। देखते हैं, शायद कहीं 'हास्य' रस निकल आये। वैसे यह सब भ्रष्ट साहित्य है।

मार्क्सवादी आलोचक भी कम शास्त्रीय नहीं होते। एक मार्क्सवादी आलोचक ने लिखा था कि महादेवी वर्मा के काव्य में यह जो वेदना है, वह इसलिए है कि उन्हें पैसे की तंगी रहती है। मुझे मार्क्स पर दया आयी कि कबीर का वंश कैसे डूब रहा है! मार्क्स को शेक्सपियर बेहद पसन्द था। प्रयाग के ही एक दूसरे यथार्थवादी ने ठीक ही कहा, भैया, यह सब रोना, पीड़ा आध्यात्मिक नहीं, शुद्ध दैहिक है! यह परमात्मा के नहीं, पुरुष के लिए उत्कट आकांक्षा की पीड़ा है। अब झूँसी की तरफ जा रही है, तो 'पन्थ रहने दो अपरिचित प्राण रहने दो अकेला' हो ही गया है! कोई छोकरा नहीं मिला, जो गीता में चिट्ठी छिपाकर दूसरे मुहल्ले में किसी को दे आये, तो 'कैसे सन्देश प्रिय पहुँचाती' गीत हो गया! ये बड़े दुष्ट यथार्थवादी हैं।

हमारे मित्र प्रखर मार्क्सवादी आलोचक नामवरसिंह ने अभी कहीं कहा है कि मुझसे एक भूल हो गयी थी कि मैंने कह दिया था कि निर्मल वर्मा की कहानी 'परिन्दे' हिन्दी की पहली 'नयी कहानी' है। साहित्य के इतिहास में पहली बार कोई आचार्य अपनी भूल मान रहे हैं। नामवरसिंह तो तब यह भूल करके रह गये, पर उन्होंने निर्मल को तो 'बर्ड वांचर' बना दिया। वह बार-बार भाषा के संकट की बात करते हैं और जंगल-जंगल घूमकर पक्षियों की भाषा टेप करते हैं। जो भाषा निर्मल ने 'इवॉल्व' की है, वह ऐसी कोमल है कि छू दो तो खून झिरपने लगे। यह भाषा मुझे मोहित करती है। एक ही दिक्कत है। मुझे गाली देने का काम भी पड़ता है। तो मैं किस भाषा में गाली दूंगा। फिर ये मजदूर वगैरह अपने ईगो के लिए लड़ते हैं, जुलूस निकालते हैं, नारे लगाते हैं, गरमागरम तकरीरें करते हैं, ये क्या 'चीड़ों पर चाँदनी' की भाषा में बोलेंगे! इन्हें अपने काम की भाषा कौन देगा। मैं यह बात अपने एक साहित्यिक मित्र से कर रहा था। वहीं एक ठेठ मजदूर नेता बैठा था। उसने कहा—साहब, आप हमें भाषा देनेवाले कौन होते हैं! और, आप लोगों से भाषा माँगता कौन है। भाषा हम बनाते हैं। आप उसे सीखिए, वरना आपको कोई नहीं पूछेगा।

निर्मल की कहानियों का मैं प्रशंसक हूँ। मैंने नामवरजी से तभी कहा था कि 'लन्दन की एक रात' छोड़कर बाकी कहानियों का संस्कृत में अनुवाद कर दिया जाये, तो किसी शोध-छात्र को डॉक्टरेट मिल जायेगी। वह सिद्ध कर देगा कि कालिदास का एक छोटा भाई निर्मलदास यशोवर्मा था, जिसने ये कहानियाँ लिखी हैं।

यह मैं क्या कर रहा हूँ! पहले अध्याय में, भूमिका में, काण्ड में मंगलाचरण होना चाहिए, मगर मैंने अभी तक 'वन्दे वाणी विनायकौ' नहीं किया। यह भी नहीं

कहा कि 'काव्य विवेक एक नहिं मोरे।' तुलसीदास से तो किसी ने कुछ नहीं कहा, पर मुझसे कोई कह देगा, काव्य-विवेक नहीं है, तो क्यों स्टेशनरी बरबाद करता है! देखता नहीं, स्कूलों में लड़कों को कापियाँ नहीं मिल रही हैं। मैं मजबूर हूँ। जिन 'नाना पुराण निगमागम' से मेरा परिचय है, उन्हीं से अमृत-रस खींचूंगा। अलीबाबा चालीस चोर, गुलबकावली, किस्सा तोता-मैना वगैरह के सिवा कोई पुराण नहीं जानता। हिन्दी लेखकों की दुनिया को देखकर, इसके कौतुक देखकर कुछ लोग दुखी होते हैं, परेशान होते हैं, मैं नहीं होता। मजा लेता हूँ—'विधि के बनाये जीव जेते जहाँ लगि खेलत-फिरत जिन्हें खेलन-फिरन देहु।'

मुझे मजा आता है जब कोई लेखक मिलता है और साहित्य का नहीं, साहित्यकार का 'शास्त्रीय' विवेचन करता है। साहित्य का एक तीर्थक्षेत्र है। जो भी आदमी वहाँ से आता है, दो लेखकों की चर्चा जरूर करता है। दोनों प्रकाशक हैं। यह शोध का विषय है कि लेखक होने से प्रकाशक है, या प्रकाशक होने से लेखक है। सम्बन्ध आपसी मधुर हैं। सिर्फ लेखक होते, तो आपस में बोलचाल नहीं होने से काम चल जाता, पर प्रकाशक भी हैं, इसलिए देखा-देखी भी नहीं है। लोग चाहे जो कहते रहें, मुझे दोनों बड़े प्यारे लगते हैं—लवली! बड़े आत्मविश्वासी हैं। आत्मविश्वास कई तरह का होता है—धन का, बल का, विद्या का, पर सबसे ऊँचा आत्मविश्वास मूर्खता का होता है। मूर्खता के भी दर्जे हैं। अपढ़ता मूर्खता नहीं है। सबसे बड़ी मूर्खता है—यह विश्वास लबालब भरे रहना कि लोग हमें वही मान रहे हैं जो हम उन्हें मनवाना चाहते हैं। जैसे, हैं फूहड़, मगर अपने को बता रहे हैं फक्कड़ और विश्वास कर रहे हैं कि लोग हमें फक्कड़ मानते हैं। यह विश्वास परम मूर्खता है, आध्यात्मिक मूर्खता है यह। ये दोनों वरिष्ठ सुनामधन्य आध्यात्मिक स्तर पर पहुँचे हुए हैं। अब यह कोई बात नहीं है कि ये स्वार्थी हैं। स्वार्थी कौन नहीं है! मैं भी स्वार्थी हूँ। जो आदमी दूसरे का नुकसान किये बिना अपना स्वार्थ साध ले वह ठीक-ठाक आदमी है। बुरा नहीं। जो दूसरे का नुकसान करके अपना भला साधे, वह जरूर बुरा आदमी है। वह और बुरा है जो अपना भला न होता हो तो भी दूसरे का बुरा करता है। और वह तो श्रेष्ठतम नीच है जो अपना नुकसान करके भी दूसरे का बुरा करता है। इसका सबसे अच्छा उदाहरण दिया है तुलसीदास ने—

पर अकाज लगि तनु परिहरहीं,
जिमि हिम उपल कृषी दल गरहीं!

दूसरे का काम बिगाड़ने के लिए अपने को नष्ट कर देंगे। जैसे ओले खुद चाहे गल जायें, पर फसल को चौपट कर देंगे।

ये दोनों उमदा आदमी हैं। एक-दूसरे से मिलते ही दम्भ से भरा अट्टहास करते हैं—यानी टुच्चे, तू ऐसा अट्टहास नहीं कर सकता! इन्हें अपने 'सेन्स ऑफ ह्यूमर' पर भी विश्वास है। ये पाँच मिनट तक यह कहकर अट्टहास करते रहेंगे कि शाम को मैं तीन आइसक्रीम खा गया। सामनेवाले का त्रास यह होता है कि वह भंगिमा धारण किये रहे कि मैं इस साल का सबसे बड़ा मजाक सुन रहा हूँ।

दूसरे खिसियाकर दुर्बल हँसी हँसते हैं—उस दीन बिल्ली की तरह जो रोटी के टुकड़े की गन्ध लेती रहती है। ये निन्दा के द्वारा अपना और मिलनेवाले का मनोरंजन करते हैं। निन्दा वे अट्टहास करनेवाले भी करते हैं, पर इस तरह कि मैंने फलाँ-फलाँ को ठोंक दिया। ये इस तरह निन्दा करते हैं कि फलाँ-फलाँ से मैं 'ठुक' गया। ये यह तेवर रखते हैं कि मैं सता सकता हूँ, इसलिए मुझे मानो! ये यह धजा बनाते हैं कि मैं सताया हुआ हूँ, इसलिए मुझे मान लो भैया! दोनों बड़े मजे में मौके-मौके से 'हाई ब्रो' और 'लो ब्रो' हो लेते हैं।

दोनों ही अच्छे हैं। केवल अपनी प्रतिध्वनि सुनते हैं। इनकी बैठक की दीवारों की मरम्मत हर साल होती है, क्योंकि इनकी ध्वनि से दीवारों में दरारें पड़ जाती हैं।

दोनों की आइडियालॉजी है। एक जब भुन्नाते हैं, तो मार्क्स सहम जाते हैं। बार-बार लिखते हैं—मैंने अमुक सन् में कम्युनिस्ट पार्टी छोड़ दी थी। हुष्ट! इनके विचारों से बाला साहब देवरस खुश रहते हैं। कमाल यह है कि ये देवरस और राजेश्वर राव, दोनों से लाभ प्राप्त करने की कोशिश करते हैं।

दूसरे सारे दावे कर लेते हैं। आइडियालॉजी के पक्के हैं—यानी एक बार मना करेगा, दो बार मना करेगा, पर जब सौ बार जाऊँगा, तो साला पिण्ड छुड़ाने के लिए दे ही देगा!

दोनों अच्छे लेखक हैं। शास्त्रोक्त लिखते हैं। एक का उपन्यास यह होता है—एक अधेड़ और बीमार आदमी की जवान और स्वस्थ बीवी है। वह सँभलती नहीं, तो वह अपने दोस्त की जवान लड़की पर डोरे डालता है। पर लड़की का एक युवा प्रेमी है। तो अधेड़ बीमार वीरतापूर्वक उस युवक से संघर्ष करता है। इस संघर्ष के परिणामस्वरूप वह लड़की और बीवी, दोनों युवक को समर्पित कर देता है, जिससे युवक को तपेदिक हो जाता है। इस कथा से क्या शिक्षा मिलती है! मनुष्य एक बीमार जानवर है।

दूसरे का भी जमा हुआ है। वह जानते हैं कि भारत में जमींदार हैं। जमींदार हैं, तो उसका नौकर भी होगा। नौकर है तो उसकी खूबसूरत बीवी भी होगी। अब खूबसूरत बीवी है तो जमींदार उसके साथ चोरी-छिपे सोता ही होगा। जब अक्सर उसके साथ होता है, तो किसी दिन नौकर देख ही लेगा। देख लेगा, तो उसे गुस्सा करना ही पड़ेगा। वह लाठी उठायेगा। जमींदार बन्दूक उठा लेगा। नौकर भागकर सड़क पर चिल्लायेगा। इस कथा से क्या शिक्षा मिलती है! फार्मूला जिन्दाबाद! मैंने अपने एक बहुत प्रबुद्ध दक्षिण भारतीय मित्र को उपन्यास पढ़ने दिया था। पढ़कर वह बोले 'वण्डरफुल'! मैं खुश हुआ। वह आगे बोले, "आई डोंट नो एनी अदर राइटर हू राइट्स ट्रैश विद सच जेनुइन एनथ्यूजियाज़्म!"

जड़-चेतन गुण-दोषमय विश्व कीन्ह करतार।
सन्त हंस गुण पय लहहिं परिहरि वारि विकार॥

दोनों में देखा-देखी नहीं है। पर किताबें दोनों को बेचना है। यहाँ मेल होता है।

हर साल एक विभाग पुस्तकों की हजार-डेढ़ हजार प्रतियाँ खरीदता है। इस खरीदनेवाली कमेटी के सचिव मेरे दोस्त। लेखक नहीं, यारबाश आदमी। मैं उनके घर बैठा गप्पें कर रहा था। तभी उनमें से एक का विजिटिंग कार्ड लेकर चपरासी आया। दो मिनिट बाद दूसरे का कार्ड आया। सचिव दोस्त ने कहा, "यार तुम लेखकों का भी अजब हाल है! सम्मान लेखक का चाहते हैं और घिघियाते बनिये की तरह हैं! ये दोनों लेखक किताब बेचने आये हैं।" मैं उठा। मैंने कहा, मेरा यहाँ रहना ठीक नहीं है। वे दोनों मेरे आदरणीय हैं। तुम उन्हें बुला लो। मैं दूसरे दरवाजे से खिसक गया।

यह मैं कोई द्वेषवश नहीं लिख रहा हूँ। इन दोनों ने मेरा कोई नुकसान नहीं किया है। बड़े प्रेम से मिलते हैं। आगे भी प्रेम रहेगा। यह लिख इसलिए गया कि मैं मनुष्य से प्यार करता हूँ। अद्भुत है मनुष्य! कैसा-कैसा होता है! हर एक का अध्ययन करना कितना दिलचस्प होता है! सियाराम मय सब जग जानी, करौं प्रणाम जोरि जुग पानी!

वैसे तो चौरासी वैष्णवन की लम्बी वार्ता है। तिनकी कथा कहाँ ताइ कहिए फिर मैं कोई रामदास 'भितरिया' तो हूँ नहीं।

पर विधि के बनाये जीव मिल जाते हैं। चार-पाँच साल के लिए हिन्दी में कुछ क्रान्तिकारी, घोर विद्रोही कवि हो गये थे। ये इस सभ्यता से नाराज थे। व्यवस्था के प्रति विद्रोही थे। क्रान्ति करना चाहते थे। पर इनकी कविताएँ जुगुप्सा पैदा करती थीं। कालिदास, जयदेव, विद्यापति ने स्वस्थ स्त्री-पुरुष के सहवास का वर्णन किया है। इन कवियों की क्रान्ति भी स्तन और योनि पर ही होती थी। पर ये सिफलिस और गनोरिया के बिना क्रान्ति-कर्म की कल्पना ही नहीं करते थे!

यह वह समय था जब अमेरिका में हर्बर्ट मार्क्यूस के चेले-चेली होची मिन्ह, चे-गुएवारा के बड़े-बड़े चित्र लेकर जुलूस निकालते थे और इन्हीं क्रान्तिकारियों की छाया में भद्दे यौन-प्रदर्शन करते थे। नियो लेफ्ट! नव वाम!

तो तब के हिन्दी के एक क्रान्तिकारी कवि ने लिखा था--- मैं पत्नी के मासिक-धर्म को चाटना चाहता हूँ। जी हाँ, यह क्रान्ति ही है। अभी वह कई साल बाद मोटी पत्नी और बच्चे के साथ मिल गये। पालतू हो गयी क्रान्ति! क्रान्ति की बिल्ली बासी रोटी खा लेती है! मुझसे उस शालीन स्त्री की तरफ नहीं देखा जाता था। यह आदमी इसके साथ 'वो' करने को कहता था। शायद किया हो।

एक कवयित्री भी थीं। उन्होंने लिखा था---मैं मनुष्य की अपेक्षा कुत्ते के साथ सम्भोग पसन्द करूँगी। वे भी अभी मिलीं। साथ में चौदह-पन्द्रह साल का बेटा था। मैं उस लड़के से डर रहा था, कहीं यह भूँककर काट न ले!

विधि के बनाये जीव हैं।

इस भूमिका में न जाने क्या-क्या कह गया! न समझे खुदा करे कोई। जो कथा आगे लिखूँगा, वह साहित्य कहलाने की बदतमीज कोशिश करेगी। इसलिए 'साहित्य' और 'कार' की सेवा में ये कुछ पवित्र शब्द अर्पित किये।

रिटायर्ड भगवान से भेंट आगे कराऊँगा। तब तक भक्तगण—'जब-जब होय धरम की हानी' जपते हुए 'धरम की हानी' का सिलसिला जारी रखें।

कथा-2
भगवान तरह-तरह के !

जो पाठक यह आशा कर रहे हैं कि मैं उन्हें रिटायर्ड भगवान की कथा सुनानेवाला ही हूँ, उन्हें थोड़ा और धीरज रखना पड़ेगा। भगवान चाहे ड्यूटी पर लगा हो या रिटायर हो गया हो, आखिर भगवान है, कोई रिटायर्ड क्लर्क तो है नहीं कि चाहे जहाँ तैयार मिल जाय। भगवान का मामला है। कहा है—'जनम-जनम मुनि जतन कराहीं, अन्त राममुख आवत नाहीं।' भगतजी जीवन-भर भगवान का भजन करते हैं। मरते वक्त परिवारवाले कहते हैं 'बाबा, राम-राम कहो।' और भगतजी 'राम' न बोलकर सट्टे का फिगर बोलते हैं। कहते हैं, 'यह लगा देना।' भक्त और भगवान का अजब रिश्ता है। जितनी कथाएँ हमें बतायी जाती हैं, उनमें ज्यादा उन पापियों की हैं, जो जीवन-भर पाप करते रहे, मगर मरते वक्त उनके मुख से 'एक्सीडेण्ट' से भगवान का नाम निकल गया, तो भगवान ने उन्हें स्वर्ग दे दिया। जिन्दगी भक्ति में बरबाद करनेवाले भक्त टापते रह गये ! वेश्या और डाकू तो एक बार नाम लेकर स्वर्ग-सुख लूटते हैं और नारद-जैसे भक्त को एक औरत तक नहीं मिलती। क्या भगवान पापी, व्यभिचारी, लुटेरे, हत्यारे से डरते हैं ! या चापलूसी-पसन्द हैं ! क्या वह हमारे नेताओं की तरह चमचों की अवहेलना करते हैं और विरोधी को पटाते हैं ! इन कथाओं से जो शिक्षा मिलती है, वह यह है कि जीवन-भर खूब पाप और मौज करो; बस, मरते वक्त भगवान का नाम ले दो। ये सब कथाएँ दुनिया में अत्याचार, पाप और अनाचार को प्रोत्साहन देने के लिए चलायी गयी हैं। सबसे ज्यादा अनैतिकता धार्मिक विश्वास ही फैलाते हैं। सुबह पाँच भिखारियों को मुट्ठी-मुट्ठी दाना देकर धर्म और भगवान, दोनों को निबटा दिया सेठजी ने और फिर दिन-भर अनाज बेचने आये किसानों का गल्ला कम तौला और कम दाम दिये। वह राममन्दिर के 'ट्रस्टी' हो गये। भगवान में बिल्कुल विश्वास वे ही नहीं करते हैं, जो भगवान की भक्ति का प्रचार करते हैं। वह जानते हैं कि वह नहीं है, पर उसके होने का भ्रम बनाये रखो और लूट चलने दो !

असल में रिटायर्ड भगवान की कथा मुझे एक आदमी ने सुनायी थी। उनका नाम है हरसेवक राम 'सेवक'। मैंने उनसे पूछा था कि आप वैसे ही हरसेवक हैं, फिर बाद में 'सेवक' और क्यों लगा रखा है ! उन्होंने कहा—'जोर' के लिए। इसका

अर्थ होता है। अब एक दत्तोपन्त ठेंगड़ी हैं—राष्ट्रीय स्वयंसेवक संघ के श्रमिक संगठन भारतीय मजदूर संघ के मन्त्रि। वैसे दत्तोपन्त ही काफी है, फिर उन्होंने आगे ठेंगड़ी क्यों लगा रखा है! इसका अर्थ है। मालिकों से मिलकर मजदूरों को जो ठेंगा दिखाये, वह ठेंगड़ी, समझे!

इन हरसेवक राम 'सेवक' से मैं पाठकों का परिचय कराऊँगा। कथा यही सेवकजी सुनायेंगे।

मेरा तो किशोरावस्था तक भगवान से सरोकार रहा था। फिर हमारी 'वेव-लेंग्थ' ही गड़बड़ हो गयी। बचपन में माता-पिता के साथ हम भाई-बहन भगवान की आरती गाते थे—'जय जगदीश हरे, भक्तजनों के संकट पल में दूर करे।' हम गद्गद होते थे। भगवान ने हमारी सुन ही ली और संकट हरने लगे। जगदीश ने पहले हमारी माँ को मारा, फिर पिता को बीमार किया। उनका धन्धा चौपट किया। खाने का ठिकाना नहीं रहा। मैं बेकारी भोगता रहा। जबलपुर में नौकरी लगी, तब पिता दूर अस्पताल में पड़े थे। मैं बिना टिकिट रेल-यात्रा करके स्कूल में नौकरी पर हाजिर हुआ। कैसा आदर्श गुरु रहा मैं! पहली तनखाह मिलते ही तार आया कि पिता भी चल बसे। जगदीश हरे ने उन्हें मेरी तनखाह की एक रोटी भी नहीं खाने दी!

तभी से मैंने इस भगवान नाम की इलमत को छोड़ दिया। यह भावनात्मक रूप से छुटकारा हुआ। बुद्धि से तो बाद में मुक्त हुआ। मुझे ऐसा लगा कि कोई बुद्धिमान आदमी भगवान को मान ही नहीं सकता। हमारे जो प्राचीन ऋषि-मनीषी हुए हैं, वे ज्यादातर नास्तिक थे। गाँधीजी-जैसे बुद्धिमान आदमी का भगवान में विश्वास हो ही नहीं सकता। वह नास्तिक रहे होंगे। मगर वह जानते थे कि इस देश के आदमी ऐसे हैं कि बिना लँगोटी लगाये और रामधुन लगाये मेरे पीछे नहीं चलेंगे। मेरी बात नहीं मानेंगे। इसीलिए वह 'रघुपति राघव राजाराम' की धुन लगवाते थे। यह भक्ति नहीं, तरकीब थी।

अज्ञान और डर से पैदा हुआ 'आइडिया', जिसमें पहले प्रकृति के लाभकारी और विध्वन्सात्मक गुण आरोपित किये। फिर मनुष्य के गुण जोड़े, एक 'इमेज' बनायी। उसे संस्थागत, संगठनात्मक, साम्प्रदायिक कर दिया—इन्स्टीट्यूशनलाइज़ किया और बदमाशियाँ चालू कर दीं। लड़ाई लड़वा दी, सिर कटवा दिये, लूट करवा दी, दंगे कराये, शोषण चालू रखा, युद्ध हुए, जेहाद बोले गये, क्रुसेड हुए, ज्ञान-विज्ञान की सही बात कहनेवालों का सिर काटा, जिन्दा जलाया, विवेक को उभरने नहीं दिया, न्याय होने नहीं दिया।

ब्रह्मवादी से पूछता हूँ तो वह कहता है—है वह ब्रह्म। न पैदा होता, न करता। आकारहीन है। गुणहीन है।

अच्छा, वह क्या करता है? वह कुछ नहीं करता। वह दया करता है? क्रोध करता है? नहीं। दुखी पर करुणा करता है? नहीं। अत्याचारी पर गुस्सा करता है? नहीं। किसी का भला करता है? नहीं। किसी का बुरा करता है? नहीं। बस

वह है, कण-कण में है। केवल वह है, और कुछ नहीं है।

अगर है भी, तो कमबख्त किस काम का।

रहस्यवादी, प्रेममार्गी की आत्मा उस प्रियतम से मिलने को तड़पती है। तड़पती है, तो आत्महत्या करके उसे मिला क्यों नहीं देता ! भेज दे आत्मा को ससुराल।

भक्तिमार्गी का मन इस शून्य में लगा नहीं। उसने साकार बना डाला। श्यामसुन्दर। मोहक रूप। कोटि मनोज लजावन हारे !

कई लोग दावा करते हैं कि उन्होंने उस भगवान को पा लिया ! पूछता हूँ—देखा तुमने, कैसा है वह ? जवाब मिलता है—वह दिखता नहीं है। अनुभव होता है। पूछता हूँ—कैसा अनुभव होता है ? ऐसा अनुभव होता है जैसे खुजली उठने का होता है ! क्या दाद खुजाने के परमानन्द-जैसी अनुभूति होती है उसे पाने पर ! नहीं जी, वह गूँगे का गुड़ है। कहा नहीं जा सकता उसका स्वाद !

मुल्ला से पूछो—अल्ला मियाँ कुछ करते हैं ? वह कहेगा—अल्ला मियाँ कुछ क्यों करेंगे ! खुदा से बड़ा कोई नहीं है। उस पर अक़ीदत रखो। जब हश्र का दिन आयेगा, तब वह बन्दों को जन्नत भेजेगा। वहाँ मौज करो। अरे बढ़िया हूरें मिलेंगी। यह हूर, अप्सरा हर धर्म की कल्पना में है। पुण्यवान आदमी जब जन्नत या स्वर्ग जायेगा, तब वहाँ खूबसूरत औरतें उसे भोग के लिए मिलेंगी। और पुण्यवती स्त्रियों को ? उन्हें सुन्दर युवा पुरुष भोग के लिए नहीं मिलेंगे। किसी ऋषि, मनीषी, अवतार, पैगम्बर को यह गवारा नहीं कि मरने के बाद भी उसकी बीवी किसी मर्द को देखे।

मुल्ला को घर पर पुलिस का सिपाही जाकर कह दे कि तुम्हें थानेदार ने बुलाया है, तो वह फौरन चल देगा। रास्ते में दूसरी मस्जिद पड़े और उसका मुल्ला कहे—मियाँ नमाज का वक्त हो रहा है, आओ नमाज पढ़ लो, तो मुल्ला कहेगा—अभी नहीं। ज़रा मैं जल्दी में हूँ। थानेदार ने बुलाया है। मुल्ला जानता है कि खुदा सर्वशक्तिमान है, पर थानेदार उससे भी बड़ा है। थानेदार अभी हवालात में बन्द करके दिखा देगा। खुदा को जो करना होगा, हश्र के दिन करेगा। उसमें बहुत देर है।

पादरी भगवान को नहीं, भगवान के बेटे को जानता है। वह मानने को तैयार नहीं है कि ईसा का बेटा था। उसने इन्सान का अच्छा आचरण सिखाया। इस अच्छे आचरण की परवाह किसी को नहीं है। यहाँ भी स्वर्ग है, जिसके फाटक पर सन्त पीटर तैनात रहते हैं। सन्त का हाल भी दिलचस्प है। इन्दोनेशिया के नेता सुकर्ण ने लिखा है : मुझे अमेरिका में एक बिशप ने एक मजाक सुनाया। वह मैंने राष्ट्रपति आइसनहावर को सुना दिया। मेरिलिन मनरो जब आत्महत्या करके उस लोक गयी, तो उसने स्वर्ग का दरवाजा खटखटाया। सन्त पीटर बाहर आये। मनरो ने कहा, मैं बहुत दुखी स्त्री हूँ। मुझे स्वर्ग में स्थान दीजिए सन्तवर ! सन्त पीटर ने रिकार्ड देखकर कहा कि तुम्हारा नाम यहाँ नहीं है। अब मनरो रोने लगी। सन्त पीटर को दया आ गयी। उन्होंने कहा, रोओ मत। देखो, यह झरना है न

(वैतरणी), इस पर यह सँकरा पुल है। इस पर से तुम बिना गड़बड़ाये उस पार निकल गयीं तो तुम्हें स्वर्ग में जगह मिल जायेगी। देखो, गड़बड़ाना मत। मैं तुम्हारे पीछे देखता चलता हूँ। अब मनरो आगे चलीं और सन्त पीटर उसके पीछे। बीच में जाकर मनरो ने अपने कूल्हे मटकाये, तो सन्त पीटर गिर गये।

अरविन्द 'अतिमानस' की स्थिति पर पहुँच गये थे। अतिमानस की स्थिति योग से और भगवान को अनुभव करने से प्राप्त होती है, ऐसी अरविन्द की स्थापना है। यानी अरविन्द योग की चरम सीमा पर थे और उन्हें भगवान की अनुभूति हो चुकी थी। मगर अरविन्द की टाँग में वैसा ही फ्रैक्चर हुआ था, जैसा मेरी टाँग में। भगवान को प्राप्त कर लो, फिर भी वह टाँग टूटने से नहीं बचा सका, तो ऐसे भगवान और अतिमानस से क्या फायदा!

अतिमानस के स्तर पर पहुँचे हुए आश्रम और ऑरोविल बस्ती पर कब्जे के लिए झगड़े हो रहे हैं। एक हत्या हो चुकी है। अभी देशी और विदेशी साधकों में इतना झगड़ा चल रहा है कि वहाँ पुलिस लगी है। अतिमानस की चरम स्थिति है। भगवान का सामीप्य वास्तव में पुलिस का सामीप्य ही है। इस बीच नयी 'माँ' प्रकट हो गयी है। साधकों का एक गुट एक 20 साल की लड़की को तैयार करके लाया। वह माँ की समाधि के पास गयी और बोली कि मुझमें 'माँ' की आत्मा प्रवेश कर गयी है। वह आशीर्वाद देने लगी। भक्तों के एक गुट ने अपनी इस 'माँ' को अब विदेश-यात्रा पर भेज दिया है। वह जब विलायत से लौटकर आयेगी, तब अरविन्द भक्तों को झख मारकर उसे नयी माँ मानना पड़ेगा।

मुझे खुफिया विभाग के एक अधिकारी ने बताया कि 'अतिमानस' की सबसे ऊँची स्टेज पर और भगवान के बिल्कुल पास वास्तव में तस्करों का गिरोह है।

पता नहीं क्या बात है कि ऋषि, मुनि, सन्त, मनीषी भगवान के पास पहुँचने का रास्ता तो खोज लेते हैं, पर वहाँ अच्छे आदमी से पहले बुरा आदमी पहुँच जाता है। पता नहीं, यह रास्ते की खूबी है, भगवान की, या रास्ते पर चलनेवालों की!

भगवान के इस आइडिये से क्या-क्या चमत्कार नहीं किये जाते! एक थे अवतार—मेहर बाबा। अब नहीं रहे। उनका फोटो मैंने देखा है। अच्छे खाने और सुख भोगनेवाले आदमी का चेहरा था वह। चेहरे पर, जिसे देवत्व कहते हैं, वह नहीं था। यह अवतार मेहर बाबा चालीस साल तक मौन रहे। उनका दावा था कि जब वह बोलेंगे, तब दुनिया बदल जायेगी। हम इन्तजार में थे कि बाबा अब बोले, और दुनिया बदली, मगर वह बिना बोले ही मर गये! उनके भक्तों को उनसे बुलवा लेना था। यों मौन भंग नहीं करते तो चिकोटी काटना था, पिन चुभाना था। वह गाली देते, या कम-से-कम 'अरे बाप रे' कहते और दुनिया बदल जाती! पर किसी भक्त ने यह नहीं किया। मैं होता तो उन्हें गाली देता—खूब गाली देता, भगवान हो या अवतार, गाली नहीं सहता। मेहर बाबा गुस्से में मुझे गाली देते। उनका मौन टूटता और दुनिया बदल जाती, पर दुनिया का दुर्भाग्य कि मैं उनका भक्त नहीं था और 'बोल बे' कहकर उनसे बुलवा नहीं पाया।

मिथों का अम्बार। चमत्कार और फरेब पर टिका है यह पूरा विश्वास। योग तो एक व्यायाम है। इसमें धर्म और भगवान की कतई जरूरत नहीं है। भावातीत ध्यान है महर्षि महेश योगी का। ध्यान चिन्तन की एकाग्रता फायदेमन्द है। हम भी करते हैं। मगर इतने से धन्धा नहीं चलता। भगवान का पुट चाहिए। चमत्कार चाहिए। तभी तो महेश योगी दावा करते हैं कि ब्रेझनेव और कार्टर ने जो 'साल्ट-2' सन्धि पर हस्ताक्षर किये हैं, वे मेरे प्रभाव से—'महर्षि इफेक्ट'! जी हाँ, महर्षि इफेक्ट से ही अटलबिहारी वाजपेयी चीन गये थे। इनका संगठन प्रचारकों की भरती करता है। इन प्रचारकों को वेतन मिलता है। तीन सौ से एक हजार रुपये प्रतिमाह पानेवाले प्रचारकों को मैं जानता हूँ। वैसे यह शिकायत भी है कि कायस्थों को ज्यादा रखा जाता है, क्योंकि महेश योगी महेशप्रसाद श्रीवास्तव हैं। एक रिटायर्ड सज्जन की भरती हुई। उन्हें तीन महीने की ट्रेनिंग के लिए पचमढ़ी भेजा गया। संयोग से एक महीने बाद ही मैं पचमढ़ी गया। मिले वह साधक पाठकजी। मैंने पूछा, कहिए, क्या हाल है! वह बोले, कुछ न पूछिए। बड़ा अद्भुत है। यहाँ ऐसे साधक हैं कि इस पहाड़ी की चोटी से उड़ें तो उस पहाड़ी पर पहुँच गये। मैंने कहा, तब तो तीन महीने की ट्रेनिंग के बाद आप रेलगाड़ी से नहीं आयेंगे, उड़कर आयेंगे। मगर तीन महीने बाद वह लौटे तो बोले, मैं अन्तिम परीक्षा में फेल हो गया हूँ। हम सत्रह साधक थे। अन्तिम दिन हमारे गुरु ने परीक्षा ली। एक कमरे में हमें बिठाया गया। हमारी आँखें बन्द थीं। हम ध्यान में थे। गुरु ने मन्त्र पढ़े। फिर संगीत का रिकार्ड बजाया। मैं बैठा रहा, वैसा ही। मगर बाकी लोग उछल रहे थे। नाच रहे थे, चिल्ला रहे थे। मैं 'नार्मल' रहा। गुरु ने उन सोलह से कहा, 'तुम सब पास। तुम्हें प्रचार का नियुक्ति पत्र मिल जायगा।' मुझसे कहा, 'तुम्हारी साधना अधूरी रह गयी। तुम फेल हो। तुम्हें दो महीने बाद फिर परीक्षा देनी होगी।' मैंने उन पास होनेवाले साधकों से बात की, तो उन्होंने कहा—तुम्हें क्या पहले से पता नहीं था कि परीक्षा में ऐसा करना पड़ता है—यही नाचना, उछलना, चीखना। मैंने कहा—मुझे तो किसी ने बताया नहीं। पाठकजी आजकल पाँच सौ रुपये महीने पर एक जगह प्रचारक हैं। बताने लगे, 'दूसरी परीक्षा में मैंने कमाल कर दिया। चीखा, चिल्लाया, नाचा, गाया। धोती खोलने लगा तो गुरु ने कहा, बस, बस रहने दो। तुम तो साधक के चरम बिन्दु पर पहुँच चुके हो। आजकल हम पाँच सौ पाते हैं। लड़के-बहुएँ इज्जत करने लगी हैं।'

एक ने तो अपने को 'भगवान' ही बना डाला है। भगवान रजनीश! उन्हें मैं तब से जानता हूँ जब वह बी. ए. के छात्र थे। मैं तब अध्यापक था और कॉलेजों की वाद-विवाद प्रतियोगिता में उन्हें पहला स्थान देता था। साथ ही सलाह भी देता था, जरा उच्चारण सुधारो। तुम्हें शक्कर का 'श' कहना नहीं आता। तुम शाला को साला कहते हो। भाषा भी ठीक करो। तुम 'मुझे' के बदले 'मेरे लिए' कहते हो—मेरे लिए कल बुखार आ गया। रजनीश कभी बहुत मेधावान, विकट अध्ययन-शील, भाषा की साधनावाले युवक थे। जितने ये योगी, महर्षि, बाबा, आधे और

पूरे महात्मा, सन्त हैं, उनमें सबसे विद्वान यही रजनीश हैं। परम बौद्धिक आदमी हैं। भाषा पर असाधारण अधिकार है। तार्किक हैं। बाकी लटके, खटके, नाटकीयता भी सिद्ध है।

रजनीश इस समय सबसे सफल 'वर्ग भगवान' हैं। जो बातें वह कहते हैं, वे बहुत साधारण हैं। 'सेक्स' के बारे में भी साधारण बातें ही कहते हैं। लोग व्यर्थ चौंकते हैं। पर रजनीश ने नब्ज पकड़ ली है। आदमी को रोटी के बाद सेक्स की चाह होती है। रोटी के लिए आदमी खुली लड़ाई लड़ लेता है, पर 'सेक्स' चाहते हुए भी उसमें संकोच और शर्म करता है। वर्जना का शिकार है। रजनीश ने रोटी की बात चतुराई से छोड़ दी है। रोटी की बात में सामाजिक, आर्थिक संघर्ष में पड़ना पड़ता है। यह उनके 'वर्ग भगवान' बनने में बाधक है। उन्हें आर्थिक, सामाजिक संघर्ष से ही आदमी का ध्यान हटाना है। जिनके पास रोटी है, उनके लिए रजनीश 'सेक्स खोल' देते हैं। वर्जनाएँ टूट जाती हैं। यही उनकी सफलता का रहस्य है।

भगवानों की इतनी चर्चा जरूरी थी। मगर हमारे ये हरसेवक राम 'सेवक' दावा करते हैं, आप भगवान को मानिए चाहे न मानिए, मैंने भगवान से तब मुलाकात की, जब वह रिटायर हो चुके थे। मैंने ही उन्हें 'एक्सटेन्शन' दिलाया। वह फिर ड्यूटी पर आये।

मैंने पूछा—अब भगवान कहाँ हैं! क्या कर रहे हैं!

सेवकजी ने कहा—अब भगवान मर चुके हैं।

मैंने कहा—वह कई बार मर चुके हैं और कई बार उन्हें ऑक्सीजन देकर जिन्दा रखा जाता है। इस बार कैसे मरे? क्या किडनी फेल हो गयी थी?

सेवकजी ने कहा—नहीं भई, एक दुर्घटना हो गयी। उनकी भेंट एक परम पवित्र मनुष्य से हो गयी। ज्यों ही भगवान ने उस परम पवित्र मनुष्य को देखा, उन्हें उल्टी हुई और वह 'हाय राम' करके मर गये!

मैंने पूछा—वह परम पवित्र मनुष्य मोरारजी देसाई तो नहीं हैं!

सेवकजी ने कहा—आप जल्दबाजी में निष्कर्ष मत निकालिए। पहले मेरी कथा तो सुनिए···

कथा-3

भगवान का रिटायर होना

सेवकजी कहीं से आकर मेरे पड़ोस में रहने लगे थे। वह हर छह-आठ महीने में मकान बदल देते थे। वह खुद कहते थे, "मैं किसी मामले में चालू नैतिकता नहीं

मानता, मकान छोड़ने के मामले में भी नहीं। चालू नैतिकता यह है कि कुछ महीने किराया मत दो और जब मकान मालिक तंग करने लगे, तब किराया खाकर मकान छोड़ दो। मैं इस तरह नहीं करता। पूरा किराया देकर मकान छोड़ता हूं। मकान छोड़ता क्यों हूँ ! इसलिए कि मैं जिस मकान में रहता हूँ, वह स्मारक हो जाता है —अभी नहीं तो आगे चलकर होगा, जब लोगों को पता लगेगा कि इसमें हरसेवक-राम 'सेवक' रहते थे जो भगवान के साथ विश्वकल्याण के लिए घूमते थे।"

सेवकजी की इस तरह की बातों के कारण लोग कहते थे, इनमें सब बातें अच्छी हैं, बस, दिमाग ही थोड़ा गड़बड़ है। जबसे इनकी पत्नी ने वैसा किया है, तब से दिमाग गड़बड़ा गया है।

लोग कहते हैं कि बीवी ने उन्हें छोड़ दिया था, जिससे उन्हें मानसिक आघात लगा। पर सेवकजी इसे इस तरह कहते हैं, "मेरी पत्नी अपूर्व सुन्दरी थी। एक आदमी उसे छेड़ता था। वास्तविक गुण्डा तो नहीं था वह, एक अच्छा-सा स्टोर था उसका। पर वह मेरी पत्नी के पीछे ही पड़ गया। पागल-जैसा हो गया। चाहे जब, जहाँ चाहे मेरी पत्नी को छेड़ देता। एक दिन उसके स्टोर के सामने से मेरी पत्नी निकली, तो उसने सड़क पर रोककर कहा, 'आपसे जरूरी बातें करना है, पाँच मिनिट के लिए स्टोर पर चलिए।' पत्नी ने इन्कार किया, तो वह हाथ पकड़कर खींचने लगा। लोग दौड़ पड़े। हमने पुलिस में रिपोर्ट की। गवाह पक्के थे ही। उसे जेल होती। एक दिन पत्नी कहने लगी, 'उसे जेल होगी न।' मैंने कहा, 'जरूर होगी। ऐसे आदमी को जेल ही होनी चाहिए।' पत्नी ने पूछा, 'क्या तुम मेरे लिए जेल जा सकते हो?' मैंने कहा, 'कैसी पागलपन की बात करती हो! मैं क्यों जेल जाऊँगा!' पत्नी सोचने लगी। फिर बोली, 'तुम मेरे लिए जेल नहीं जा सकते पर वह जाने को तैयार बैठा है। वह मेरे लिए बलिदान कर सकता है, तुम नहीं कर सकते, इसलिए मैं अब उसी के पास जाती हूँ'।" वह सचमुच उसके पास चली गयी। मामला उठा ही नहीं। अब इसमें 'लॉजिक' तो ठीक है, पर 'मॉरल' ठीक नहीं है। यह दार्शनिक समस्या है—लॉजिक ठीक हो, तो मॉरल भी ठीक होना चाहिए। पर कभी ऐसा भी होता है कि लॉजिक तो सही है, पर मॉरल सही नहीं है, या मॉरल सही है तो लॉजिक गड़बड़ा जाता है। मैं तभी से इस दार्शनिक और नैतिक समस्या से उलझ रहा हूँ।

सेवकजी अपनी व्यक्तिगत दुर्घटना को दार्शनिक समस्या बनाकर मुक्त हो गये थे। पर लोगों का कहना है, तभी से उनका दिमाग कुछ गड़बड़ है।

सेवकजी धन्धा क्या करते हैं, यह बहुत कम लोगों को मालूम है। मैंने पूछा तो बोले, "मैं पेशे से वकील हूँ।" मैंने कहा, "पर आपके घर में तो कानून की एक भी किताब नहीं है। न कोई फाइल है।" सेवकजी बोले, "जनाब, गवाह तोड़ने के लिए और मजिस्ट्रेट को घूस खिलाने के लिए कानून की किताब नहीं चाहिए। कोई 'वैराग्य शतक' पढ़कर चोरी नहीं करता। पर जबसे भगवान का मेरा साथ हुआ है, मेरा विवेक जाग गया है और मैंने वकालत छोड़ दी। मुझे बोध हुआ कि वकील

मुकदमेबाजी को बढ़ावा देते हैं। इससे मनुष्य का अकल्याण होता है।" मैंने पूछा, "अब आप क्या काम करते हैं?" सेवकजी ने कहा, "भगवान की प्राप्ति के बाद से मैं पुलिस की दलाली करने लगा हूँ।" मैंने कहा, "सेवकजी, भगवान के दर्शन के बाद तो आदमी को परम धार्मिक हो जाना चाहिए। मगर आप···" सेवकजी ने टोका, "क्या मतलब है आपका! भगवान की प्राप्ति के बाद क्या आदमी भजन-पूजन या मन्दिर की घण्टी बजाने में समय नष्ट करेगा! जिसके लिए यह सब करते हैं, वह फल तो प्राप्त हो चुका। भगवान मिल चुके। अब जब आत्मा शुद्ध-बुद्ध हो गयी, पाप-पुण्य से परे हो गयी, नैतिक-अनैतिक के झंझट से मुक्त हो गयी, तो साधक पुलिस की दलाली, चोरी, लूट, घूसखोरी बदमाशी करता है। फिर मैं जो यह काम करता हूँ, इससे सेवा होती है। ये अदालतें हैं। भले आदमियों के पैसे से चलती हैं। मगर इनका उपयोग बुरे आदमी ज्यादा करते हैं। नतीजा यह होता है कि अदालतों में हजारों मुकदमे पड़े रहते हैं। मैं बुरे आदमियों के मामले यहीं पुलिस से सौदा करके निपटवा देता हूँ। वे मामले आगे अदालत में नहीं जाते। इस तरह अदालतों का उपयोग भले आदमी कर सकते हैं। यह सेवा है। सेवा ढंग से की जाय, तो वह धन्धा भी हो जाती है। मैं तो पतितपावन हूँ। जिन लोगों को आप मेरे पास आते देखते हैं, वे सब बुरे लोग होते हैं। मैं विष पीता हूँ और अमृत दूसरों के लिए छोड़ देता हूँ।"

मैंने कहा, "सेवकजी, लॉजिक तो ठीक है, मगर मॉरल!"

सेवकजी ने कहा, "बस, यही तो समस्या है! इसी का जवाब खोज रहा हूँ।"

मैंने कहा, "छोड़िए, यह बताइए कि क्या आप सचमुच भगवान के दर्शन कर चुके हैं!"

सेवकजी बोले, "दर्शन ही नहीं किये, उनके साथ रहा भी हूँ, देश-विदेश घूमा हूँ—दुनिया का भला करने के लिए।"

मैंने कहा, "अगर आपको भगवान मिल चुके हैं, तो आपको बदल जाना चाहिए था।"

सेवकजी बोले, "कैसा बदल जाना था भाई! क्या मुझे कोढ़ हो जाना चाहिए था। देखो, कोई बदलता नहीं।"

मैंने पूछा, "भगवान कैसे हैं! कुछ हमें बताइए।"

सेवकजी हँसे! बोले, "सब यही पूछते हैं और हम बताते नहीं। यह 'ट्रिक' है। हजारों आदमी अभी तक दावा कर चुके हैं कि उन्होंने भगवान को पाया, पर यह कोई नहीं बताता कि वह कैसा है। साकार है, तो कद, नाक, नक्श, रंग बतायें। निराकार है, तो उसकी अनुभूति बतायें। विवेकानन्द ने रामकृष्ण परमहंस से पूछा, क्या आपने भगवान को देखा है! परम कृष्ण ने कहा, 'देखा है रे। बहुत अच्छा है!' बहुत अच्छा तो है, पर कैसा है, यह नहीं बताया। सारे साधु-महन्त भगवान के पास जाने का रास्ता बताते हैं, पर आगे होकर लोगों को उस रास्ते पर ले नहीं जाते। हम लोगों से यह प्रश्न करना ही नहीं चाहिए कि भगवान कैसा है। बस, यह

मान लेना चाहिए कि हमने उसे देखा है।"

मैंने कहा, "तो आप उसे देखते ही बेहोश हो गये होंगे, जैसे मूसा तूर पर 'उसका' नूर देखकर बेहोश हो गये थे।"

सेवकजी बोले, "यह भी झूठ है। अरे, मूसा तो खुदा के नूर को नहीं, नूरू को देखकर गश खा गये थे। नूरू की उन पर उधारी हो गयी थी। मूसा पहाड़ पर खड़े थे कि उधर से आया नूरू और बोला, 'क्यों मियाँ मूसा, पैसा भी नहीं देते हो और जंगल-जंगल, पहाड़-पहाड़ मुँह छिपाये घूमते हो! मूसा उसे देखकर बेहोश हो गये। लौटकर कह दिया कि 'खुदा का नूर देखकर बेहोश हो गया था!' यानी महाजन खुदा का नूर होता है, समझे!"

मैंने कहा, "अच्छा, यह बताइए कि आपकी भेंट भगवान से कैसे हुई!"

सेवकजी बताने लगे, "अरे बड़ा मजा आया। भगवान ने पूछा, 'कहो क्या काम है!' मैंने कहा, 'प्रभु, आप किसी का काम करते हों तो बताऊँ। आप तो किसी का काम ही नहीं करते। अरब में आपने अपना पैगम्बर भेजा। उसने आपका सन्देश फैलाया। आपका नाम रोशन किया। मगर अरब भूमि का हाल क्या है! रेगिस्तान-ही-रेगिस्तान! आप सर्वशक्तिमान हैं। उस जमीन को अच्छी उपजाऊ कर सकते हैं! इसके पहले आपने अपने बेटे ईसा को भेजा फिलिस्तीन में। ईसा के भाई-बहिनों का आज क्या हाल है! इस्राइल ने उनकी भूमि छीन ली और वे मारे-मारे फिर रहे हैं। आप ईसा के जातिवालों को उनकी भूमि नहीं दिलाते। उधर द्वारका और अयोध्या में और उन प्रदेशों में, जहाँ आपने अवतार लेकर राज किया था, कभी सूखा पड़ जाता है और बाढ़ आ जाती है।"

मैंने कहा, "अरे सेवकजी, आपने ऐसी बातें कहीं! भगवान ने नाराज होकर आपको शाप दे दिया होगा! उसी शाप से आपकी बीवी आपको छोड़ गयी होगी।"

सेवकजी बोले, "अरे, बीवी तो इसके पहले ही छोड़ गयी थी। भगवान थोड़ी देर सोचते रहे, फिर बोले, 'अपने-अपने कर्मों का फल है।' मैंने कहा, 'कर्म भी तो आप ही कराते हैं।' भगवान बोले, 'नहीं, कर्म में मनुष्य स्वतन्त्र है, पर कर्म-फल में नहीं।' मैंने कहा, 'ऐसा कैसे हो सकता है! दो आदमी पास-पास खड़े हैं। दोनों अपने पाँव पर कुल्हाड़ी मारते हैं, क्योंकि वे कर्म में स्वतन्त्र हैं। अगर कर्म-फल आपके अधीन है, तो एक के पाँव से आप खून निकाल देंगे और दूसरे के पाँव में फूलों की माला डाल देंगे। बोलिए, ऐसा कर सकते हैं आप! कर्म के फल का कोई तर्क तो होगा! कोई पेनल कोड है आपका! फिलस्तीनी बच्चे ने, जो कल ही पैदा हुआ है, कौन-से कुकर्म कर डाले जो वह मारा-मारा फिरता है।' भगवान बोले, 'अरे भाई, पूर्वजन्म के कर्मों का फल मिलता है।' मैंने कहा, 'अच्छा ठीक है। एक चोरबजारी बनिया है। वह लोगों को लूटकर सुख से रहता है। उसने पूर्वजन्म में पुण्य किये होंगे, ठीक है न! अब उसके पुण्यों का फल आप यह दे रहे हैं कि इस जन्म में उससे पाप कराके उसे सुखी बना रहे हैं। आप पुण्य कराके तो किसी को सुखी बनाते ही नहीं, प्रभु!'"

सेवकजी थोड़ा रुके। हँसे। बोले, "भगवान हँसने लगे। बोले, 'तुम वकील हो न! अच्छी तरह जिरह करते हो।' मैंने कहा, 'प्रभु, वकील को भी आप ईमानदारी से मुकदमा नहीं जीतने देते! मैं झूठे गवाह खड़े करता हूँ, गवाह तोड़ता हूँ, घूस खिलाता हूँ, तब मुकदमा जीतता हूँ। बुद्धिमान और ईमानदार वकील भूखे मरते हैं। प्रभु, कर्म-फल के षड्यन्त्र का नतीजा आप क्या जानें, हम जानते हैं। जो गरीब हैं, शोषित हैं, उनसे कहा जाता है कि यह तुम्हारे पूर्वजन्म का फल है। संस्कार और अन्धविश्वास से वे कहने भी लगते हैं--क्या करें भैया, पूरब जनम के करम का फल है! अब उनसे कहा जाता है कि इस जन्म में पुण्य करोगे तो अगले जन्म में सुख पाओगे। पुण्य क्या है! सेवा करो और कुछ माँगो मत। सिर मत उठाओ। जमीन मत माँगो। जो तनखा दे, वह ले लो। अधिकार मत माँगो। ऐसा विधान है। अगले जन्म में सुख मिलेगा। प्रभु, जो कोई इन पीड़ितों को एकत्र करके उनके अधिकारों की माँग करता है, उसे काफिर कहा जाता है। वह नास्तिक कहलाता है। वह धर्म-विरोधी और ईश्वर-विरोधी कहा जाता है। बड़ा गोलमाल है, प्रभु!' तो साहब, भगवान मेरी बातों से या तो 'बोर' हो गये या परेशान हो गये। उन्होंने जम्हाई ली और जोर की अंगड़ाई ली, तो सामने का पहाड़ काँपने लगा।"

मैंने कहा, "सेवकजी, कुछ ज्यादा हो गयी—यही पहाड़ काँपने की बात!"

सेवकजी हँसने लगे। बोले, "अरे यह अतिशयोक्ति अलंकार है। मुझे कविता का शौक भी है न! हाँ, तो मैंने इसी कर्म-फल को लेकर एक बात और पूछी, 'प्रभु, क्या आप किसी-किसी को बाप चुनने का अधिकार देते हैं!' भगवान बोले, 'नहीं!' मैंने कहा, 'तो फिर आप किसी-किसी को बाप 'एलॉट' करते होंगे।' भगवान बोले, 'नहीं भई, जन्म तो एक एक्सीडेण्ड है।' मैंने कहा, 'यही तो बात है। दुनिया में आदमी इसी एक्सीडेण्ट से सुखी और दुखी होता है, कर्म से नहीं। किसी ने करोड़-पति बाप चुन लिया, तो जिन्दगी अपने-आप सुखी। कोई गरीब बाप के यहाँ पैदा हो गया, तो जिन्दगी अपने-आप दुखी। अब जो लोग यह कहते हैं कि जन्म का एक्सीडेण्ट मनुष्य का जीवन नहीं तय करे, यह व्यवस्था गलत है, तो वे पापी और ईश्वर विरोधी कहे जाते हैं।'

"भगवान बोले, 'अब चाहे जो हो, हम तो रिटायर हो चुके!' मैंने कहा, 'प्रभु, आप यह क्या कह रहे हैं! किसने आपको रिटायर किया!' भगवान बोले, 'हम स्वयं अपने को नियुक्त करते हैं और स्वयं रिटायर होते हैं। बात यह है कि हमारे बड़े-बड़े भक्तगण आये, राजनेता आये, बड़े-बड़े व्यापारी आये, शासक दलों के लोग आये, मठाधीश आये, महन्त आये, कई बड़े-बड़े कारखानेवाले आये, कहने लगे—आपके होने से हमारे मन में कभी-कभी सही और गलत, नैतिक और अनैतिक, उचित और अनुचित का हल्का-सा खटका होता है।' हम मानते हैं, यह हमारे दीर्घकालीन संस्कारों का नतीजा है, पर इस दुविधा से हमारे काम में बाधा पहुँचती है। आप रिटायर हो जायें, तो हमें बड़ा सुभीता होगा।···

"भगवान आगे कहते गये, 'मैंने धर्मगुरुओं को बुलाकर बात की। पोप ने कहा—प्रभु, आपके हम भक्त हैं, पर आप कमजोर पड़ गये हैं। आपके होते हुए इटली में कम्युनिस्ट इतने बढ़ गये हैं कि राजसत्ता के करीब पहुँच रहे हैं। कहीं उन्होंने सत्ता पर कब्जा कर लिया, तो क्या होगा! उनके डर के कारण ही हम आपका पैसा स्विट्जरलैण्ड और अमेरिका में रखते हैं। आपकी जगह कोई दमदार आये, तो बेटिकन की रक्षा हो। इमाम कहने लगे—परवरदिगार, अब आपका क्या भरोसा! आपके होते हुए मुझे सरकार ने गिरफ्तार करके मुकदमे चला दिये थे। मस्जिद की आमदनी भी आप नहीं बढ़ा रहे हैं। आपका खादिम है वह आगा खाँ। वह आया, तो दस लाख रुपये सरकार को तालीम के लिए दे गया। बताइए भला, मुसलमान को तालीम चाहिए कि मजहब! तालीम देकर मुसलमानों का और कितना नुकसान करेंगे! ठीक है, दूसरों को खुदा की जगह आने दीजिए! शंकराचार्य ने भी कहा—आप कोई चढ़ोत्तरी तो बढ़वा नहीं रहे हैं, फिर आपकी प्रतिष्ठा भी गिर गयी है। बिड़लाजी आपके नाम से लक्ष्मीनारायण मन्दिर बनवाते हैं। मगर सब लोग उसे 'बिड़ला मन्दिर' कहते हैं। आपकी जगह वे हो जायें, तो अच्छा है। यह सब सुनकर हमने सोचा कि हम रिटायर हो ही जायें।' मैंने पूछा, 'आपकी जगह कौन भगवान होगा!' भगवान बोले, 'वे लोग मल्टी नेशनल डिविनिटी कम्पनी बना रहे हैं। यह कम्पनी बनते ही मैं उसे चार्ज दे दूंगा।' मैंने कहा, 'प्रभु, एक बात मेरी मानिए। आप अभी रिटायर मत होइए। आपको ये लोग पेंशन तो देंगे नहीं। आपका गुजारा कैसे होगा। सैकड़ों तो आपके आश्रित देवी-देवता, सन्त, फरिश्ते वगैरह हैं। वे भूखे मर जायेंगे। आप अपने-आपको पाँच साल का 'एक्सटेन्शन' दे लीजिए। इन पाँच सालों में भविष्य के लिए माल जमा कर लीजिए और अब आप इस दुनिया को दुरुस्त कर ही दीजिए। थोड़े सक्रिय हो जाइए। एक्सटेन्शन की घोषणा समस्त ब्रह्माण्ड में कर दीजिए और मेरे साथ दुनिया का भला करने निकल पड़िए। माल पैदा करना भी मैं आपको बताऊँगा।' तो साहब, प्रभु ने मेरी बात मान ली और पद पर डटे रहे।"

कथा-4
भगवान का एक्सटेन्शन

सेवकजी ने कथा आगे बढ़ायी—

"तो साहब, भगवान ने समस्त चराचर जगत के लिए घोषणा की—मैं अभी रिटायर नहीं हो रहा हूँ। मैंने स्वयं 'टिल फर्दर आर्डर' एक्सटेन्शन ले लिया है।

प्रभु का यह घोषस्वर चारों तरफ गूंज उठा। मैंने कहा, 'प्रभु, आप कण-कण में व्याप्त हैं। हर आत्मा में आप हैं। आपको इतने जोर से घोषणा करने की क्या जरूरत थी! प्राणियों की आत्मा में स्वयं बोध हो जाता।' प्रभु ने समझाया, 'तुम नहीं जानते। अबोध हो न! अभी तक उस 'मल्टीनेशनल डिविनिटी कम्पनी' ने प्रचार कर दिया होगा कि हम भगवान का चार्ज ले रहे हैं। 'एडवर्टाइज आर पेरिश'—यही सूत्र है न पार्किन्स का! तो जिस आत्मा में कम्पनी जम गयी है, उसमें प्रवेश करना क्या आसान है!' मैंने पूछा, 'तो आपकी घोषणा से क्या आत्मा से कम्पनी निकल गयी होगी और अब वहाँ सिर्फ आप होंगे।' प्रभु ने कहा, 'नहीं, कम्पनी तो वहाँ रहेगी ही। मुझे माया से ताल-मेल बिठाना पड़ता है, एडजस्ट करना पड़ता है। मैंने विष्णु रूप में लक्ष्मी से शादी रचायी थी। पर मेरे पास धन था नहीं। तो मैंने शादी के लिए कुबेर से धन उधार लिया। तिरुपति के मन्दिर में जो मुक्त धन चढ़ाते हैं, वह कुबेर का कर्ज पटाने के लिए है। अभी तो ब्याज ही पट रहा है। मैंने माया के साथ सह-अस्तित्व स्वीकार लिया है। नाम मेरा होगा। कारोबार माया का।' मैंने पूछा, 'यदि ब्रह्म और माया में संघर्ष हो तो किसकी चलेगी!' भगवान ने कहा, 'मैं एक दृष्टान्त से तुम्हें समझाता हूँ। एक प्रसिद्ध मन्दिर है। वहाँ मेरी भव्य मूर्ति है। हजारों श्रद्धालु दर्शनार्थ आते हैं और धन चढ़ाते हैं। मन्दिर के पाँच ट्रस्टी हैं। वे मेरे परम भक्त हैं। वेतन पर पुजारी रखे गये हैं। एक दिन एक नास्तिक मन्दिर में आया। उसने प्रधान पुजारी से कहा—मैं तुम्हें पाँच हजार रुपया दूंगा, तुम मुझे अपने भगवान की मूर्ति पर थूक लेने दो। पुजारी को गुस्सा आया। उसने उसे बहुत गालियाँ दीं। फिर ठण्डा हुआ। सोचा। धीरे-से बोला—पाँच हजार नगद दोगे न! रात को चुपचाप आ जाना। मैं तुम्हें थूक लेने दूंगा। पर ट्रस्टियों को मालूम न हो। ये बदमाश खुद तो खूब पैसा खाते हैं, पर हमें बहुत कम वेतन देते हैं। नास्तिक ने कहा—मैं तुम्हें अलग से कुछ रुपये दे दूंगा, पर यह सौदा मुझे ट्रस्टियों से ही करना है। तुम मेरा प्रस्ताव उनके सामने रख दो।⋯ ट्रस्टियों ने आपस में विचार किया। नास्तिक से ट्रस्टियों ने कहा—आप पाँच हजार में भगवान पर थूकना चाहते हैं। हमारा प्रस्ताव है कि पच्चीस हजार देकर आप पूरा ही धर्म निभा लीजिए—मूर्ति पर मूत लीजिए। नास्तिक ने पच्चीस हजार देकर ऐसा ही किया और ट्रस्टियों ने इस रकम को खाते में 'अभिषेक' के नाम से जमा कर लिया। समझे ब्रह्म और माया के सम्बन्ध का रहस्य!' मैंने कहा, 'प्रभु, ब्रह्म तो दर्शन की खोज है। दर्शन की खोज में ब्रह्म अपनी पूजा क्यों कराने लगा।' भगवान ने कहा, 'मैंने विश्व बनाया है न, इसीलिए मेरी पूजा होती है।' मैंने कहा, 'कुम्हार घड़ा बनाता है, तो हमें कुम्हार की पूजा भी करनी चाहिए। कुम्हार घड़ा बनाता हमें दिखता है, हम उस घड़े का पानी पीते हैं, मगर उस कुम्हार की पूजा नहीं होती, जो कि होनी चाहिए। उसका अनादर होता है। वह नीची जाति का माना जाता है। आपके नाम से जो धर्मगुरु और शास्त्रकार पैदा हुए हैं, उन सबने सच्चे श्रम को हीन बनाया है और निठल्ली विलासिता की पूजा का विधान किया है। इससे अनाचार,

बेईमानी, क्रूरता फैली है। आप आखिर पूजा क्यों कराते हैं !' प्रभु ने कहा, 'मैं परम पिता हूँ।' मैंने कहा, 'तो गिरजाघर और मस्जिद में जाकर आदमी को आपको याद दिलाना चाहिए कि तू मेरा बाप है, भूल मत करना। ऐसा तो अवैध सन्तान को करना पड़ता है। छिनालों के बच्चों को जाना पड़ता है, प्रभु !' "

मैंने कहा, "सेवकजी, ऐसी खरी-खरी बातें आपने कह दीं, भगवान जरूर नाराज हो गये होंगे।" सेवकजी ने कहा, "नहीं, भगवान बड़े उदार हैं। वे इसे भी भक्ति मान लेते हैं—विरोध के रूप में भक्ति। अब सुनिए, आगे जब भगवान ने पद पर बने रहने की घोषणा की तो देवता उसी तरह प्रसन्न हुए जैसे मन्त्रिमण्डल के पुनर्गठन में अपना आदमी बना रहे, तो चमचों को खुशी होती है। सारे देवता चिन्तित थे कि भगवान गये तो हमारी छँटनी हो जायेगी। नयी सत्ता अपने नये देवता रखेगी। तो साहब, आकाश से देवताओं ने दुन्दुभि बजायी, फूल बरसाये, देव-कन्याओं ने मंगलगान गाये। दसों दिशाओं में जयनाद होने लगा। दिग्गज खुशी से डोल उठे, जिससे भूचाल आ गया। सागर ने उल्लास में अपनी मर्यादा त्याग दी।"···

सेवकजी उत्साह में थे। मैंने रोका, "यह किस तारीख की कितने बजे की बात है ! इतनी हलचल, इतना शोर-शराबा हो गया और किसी को पता ही नहीं चला। न अखबारों में खबर आयी, न किसी प्रयोगशाला में कुछ रिकार्ड हुआ ! राडार पर भी कुछ नहीं दिखा ! आपके दिमाग में पुराण और मिथ और काव्य भरे हैं। वही आप बोल रहे हैं। खैर, ये देवता दुन्दुभि बजाने और जय बोलने के सिवा और कौन काम करते हैं ! किस प्रयोजन से ये देवता हैं।"

सेवकजी ने कहा, "यही तो मैंने भगवान से पूछा था। उन्होंने समझाया, 'हर व्यवस्था को कायम रखनेवाले जो एजेण्ट होते हैं, उन्हें देवता कहते हैं। हर सिस्टम अपने देवता रखता है। ये नये देवता हैं और पृथ्वी पर एक व्यवस्था की रक्षा में लगे हैं। ये अन्तरिक्ष यान और आकाश में भी जाने लगे हैं। पुराने आदिदेवता सातवें आसमान के पार अन्तरिक्ष में रहते हैं और समय-समय पर पृथ्वी पर आते रहते हैं।' "

मैंने कहा, "सुदूर अन्तरिक्ष से जब अन्तरिक्षयान पृथ्वी की कक्षा में घुसता है, तब एक राकेट का विस्फोट करना होता है। इसके बिना वह पृथ्वी पर आ नहीं सकता। तो क्या इन देवताओं के पुट्ठे पर एक राकेट लगा होता है जो पृथ्वी पर आने से पहले फूटता है।" सेवकजी ने कहा, "यार, तुम इसमें विज्ञान मत घुसेड़ो। यह धर्म का मामला है। धर्म के मामले विज्ञान और बुद्धि से परे होते हैं। विज्ञान और बौद्धिक तर्क के स्पर्श से धर्म अशुद्ध हो जाता है।"

मैंने कहा, "अच्छा सेवकजी, यह सब दुन्दुभिवादन वगैरह तो हुआ। मगर आपने भगवान से कहा था कि अब आप मेरे साथ घूमकर लोक-कल्याण कीजिए, उसका क्या हुआ !"

सेवकजी बोले, "अरे भगवान को चमत्कारों में से निकालना कोई आसान

काम नहीं है। मैंने उनसे कहा कि अब आप कुछ कीजिए, तो वे बोले कि अच्छा, मैं तुम्हें कुछ चमत्कार दिखाता हूँ—बिजली चमकाता हूँ, दो सूर्य उगाता हूं। मैंने कहा, 'भगवान, आप चमत्कारबाजी छोड़िए, सर्कस और हाथ की सफाई से कोई लोक-कल्याण नहीं होता, उल्टे आपकी नकल पर छोटे-मोटे चमत्कार करके कई पाखण्डी भगवान कहलवाते हैं। एक हैं जो मुट्ठी में से भभूत निकालते हैं और भगवान बन बैठे हैं ! वह घड़ी भी मुट्ठी में से निकाल देते हैं, पर उससे बाजार में घड़ियों के दाम नहीं घटे ! कोई पानी पर चलने का चमत्कार करते हैं, पर इससे नदी पार करने की समस्या हल नहीं होती ! यह व्यक्तिगत साधना, जिससे सिर्फ अहंकार बढ़ता है, ठगी के काम आती है और यह ठगी इन लोगों ने महाठग से, यानी आपसे सीखी है। अभी कुम्भ के मेले में एक नागा बाबा ने लिंग से जीप को खींचकर बता दिया। इससे क्या हुआ ! लाखों जीपें हैं। उन्हें खींचने के लिए लाखों नागा बाबा तैयार करने पड़ेंगे। फिर स्पीड का भी सवाल है। आप नहीं जानते हैं कि अब ये साधारण चमत्कार हो गये हैं। आप एक पहाड़ को उठाकर दूसरी जगह रख सकते हैं पर दस बोरी सीमेण्ट बिना घूस खिलाये नहीं ला सकते हैं। चलिए, बाजार से मुझे वाजिब दाम पर शक्कर दिला दीजिए—सिर्फ पाँच किलोग्राम। सरकार का तय रेट तीन रुपया किलो है, पर व्यापारी छह रुपया किलो से कम नहीं लेते। चलिए दिलाइए !' प्रभु ने कहा, 'कैसी बात करते हो ! अरे, यह सुजला सुफला शस्य श्यामला भूमि है। यहाँ क्या कमी है।' मैंने कहा, 'भगवान, आपकी इस शस्य श्यामला भूमि से हम बेदखल किये हुए लोग हैं, हमारा कुछ नहीं है यहाँ। पानी तक हमारा नहीं है। हम दखल करने लगते हैं, तो आपके नाम से हमें रोका जाता है। कहा जाता है—चलिए !' अब साहब, भगवान कुनमुनाकर मेरे साथ चलने को राजी हो गये। बोले, 'तुम मेरा प्रताप नहीं जानते—बिनु पग चलै सुनै बिनु काना !' मैंने कहा, 'आप लँगड़े को पहाड़ चढ़ा सकते हैं, माना। मुझे शक्कर दिला दीजिए तब आपका प्रताप मानूंगा।'

"अब साहब, मैंने लिया झोला। भगवान ने मनुष्य का रूप धारण किया।"

मैंने कहा, "मनुष्य का रूप क्यों धारण किया !" सेवकजी ने कहा, "अपने मौलिक रूप में बस्ती मे निकलते तो कुत्ते और पुलिसवाले पीछे पड़ते न ! फिर मनुष्य-लीला भी तो करनी थी, तो शक्कर लेने हम पहुँचे एक दूकान पर। व्यापारी से जैरामजी की हुई। व्यापारी तिलक लगाये था। भगवान ने कहा, 'आप भगवान के भक्त मालूम होते हैं। भगवान को किस रूप में पूजते हैं !' व्यापारी ने कहा, 'लक्ष्मीनारायण रूप में। वह देखिए दीवार पर उनका चित्र मढ़ा हुआ टँगा है। क्या लेना है आपको ! बोहनी का वक्त है।' भगवान ने कहा, 'पाँच किलो शक्कर चहिए।' व्यापारी ने कहा, 'शक्कर तो एक दाना नहीं है। भगवान की कसम ! बोहनी के वक्त झूठ नहीं बोलता।' भगवान ने कहा, 'थोड़ी निकल आयेगी सेठजी, देखिए तो। जरूरत है।' व्यापारी ने कहा, 'आप तो पीछे पड़ गये ! अच्छा छह रुपये किलो होगी।' भगवान ने कहा, 'मगर रेट तो तीन रुपये है।' व्यापारी ने कहा, 'तो जहाँ

इस रेट पर मिलती हो वहाँ से ले लीजिए। जाइए।' अब भगवान ने कहा, 'देखो भगत, मैं भगवान हूँ। तुम्हें लक्ष्मीनारायण का रूप दिखाता हूँ। मिलाकर देख लो उस चित्र से!' भगवान फौरन लक्ष्मीनारायण हो गये। व्यापारी चकित। वह उनके चरणों पर गिर पड़ा। बोला, 'धन्य भाग्य! आज आपके चरण मेरी दूकान पर पड़े! आज्ञा करो प्रभु!' भगवान पुनः मनुष्य रूप में आ गये। बोले, 'पाँच किलो शक्कर तीन रुपया किलो के भाव पर दो।' व्यापारी ने कहा, 'पाँच किलो नहीं, दस किलो आपके चरणों में भेंट कर दूंगा। अभी मैंने पन्द्रह किलो आपके यज्ञ के लिए दी है, पर बेचने की बात है तो मैं आपको भी छह रुपया किलो दूंगा। आपकी ही बनायी मर्यादा का पालन कर रहा हूँ।'

"मैंने भगवान की तरफ देखा। उनका चेहरा तमतमा आया था। उन्होंने कहा, 'तू मेरे आदेश का पालन नहीं करेगा!' व्यापारी ने हाथ जोड़कर कहा, 'करुणानिधान, आपके हर आदेश का पालन करूँगा, पर आप व्यापार में दखल मत दो! आपने हम लोगों पर कृपा करना छोड़ दिया प्रभु! चार सालों से इधर अकाल नहीं डाला आपने। हम हर साल गेहूँ, चावल का स्टाक करते हैं और आप पानी बरसा देते हैं! हमारा मुनाफा डूब जाता है! हमारा खयाल रखो तो हम आपका खयाल करें!'

"मैंने देखा, भगवान सिटपिटा गये हैं। कुछ सूझ नहीं रहा है। मैंने कहा, 'धमकी दे दो इसे!' भगवान ने व्यापारी को धमकी दी। वह हँसने लगा, बोला, 'भगवान, आपकी धमकी कारगर नहीं होगी। मैं आपको जानता हूँ। आप भक्त का अहित कर ही नहीं सकते। मैंने अभी रामलीला के लिए पच्चीस रुपया चन्दा दिया है। हर पूर्णमासी को सत्यनारायण कराता हूँ, आप भक्त के वश में रहते हैं न! फिर भक्त को धमकी क्यों देते हैं! कालाबाजार मैं अपने दम पर नहीं, आपके दम पर करता हूँ। मुझे कुछ हो गया तो व्यापारी वर्ग से आपका नाम उठ जायेगा।'

"मुझे भगवान से कहना पड़ा, 'चलिए, चलें।'

"हम दो-तीन दूकानों पर और गये। वहाँ भी ऐसा ही हुआ। भगवान को धमकी देकर उठना पड़ा। अब हम सड़क पर थे। मैंने कहा, 'प्रभु, आपका वश नहीं चल रहा है। कालाबाजारियों के आगे आपका तेज क्षीण हो जाता है। आप कैसे सर्वशक्तिमान हैं!' प्रभु ने कहा, 'मैं चाहूँ तो इनके गोदाम जला दूं। इनका माल सड़क पर डाल दूं, दूकान में चोरी करा दूं। पर मैं मर्यादा से बँधा हूँ। ये मेरे अपने लोग हैं।' मैंने कहा, 'जो दूकान-दूकान भटकते हैं, आपके लोग नहीं हैं।'

"इसी वक्त दो पुलिसवाले आ गये। किसी ने थाने में खबर कर दी थी कि कोई ठग अपने को भगवान बताकर व्यापारियों को ठग रहा है। पुलिसवाले ने भगवान को पकड़ा। बोले, 'तू ही भगवान बनकर दूकानदारों को ठगता है! चल थाने!' मैंने कहा, 'ये सचमुच भगवान हैं। और ये किसी को ठग नहीं रहे हैं।' पुलिसवाले ने कहा, 'तुम्हें भी क्या इसके साथ हवालात जाना है!' उसने भगवान की तरफ हथकड़ी बढ़ायी। मैंने सोचा, अब हथकड़ी एकाएक टूट जायेगी, या प्रभु का हाथ बहुत मोटा हो जायगा। मगर कुछ नहीं हुआ। हथकड़ी पहने मेरे प्रभु थाने चल

दिये। मैं पीछे-पीछे।

"भगवान को हवालात में डाल दिया गया। मैं बाहर से चिल्लाया, 'प्रभु, कुछ करो! अपने प्रताप से थाने को उड़ा दो! हवालात के फाटक तोड़कर बाहर निकल आओ। कंस के कारावास को आपने तोड़ा था, याद करो!' भगवान ने वहीं से जवाब दिया, 'नहीं, मैं मर्यादा में बँधा हूँ। पुलिस की मर्यादा भंग नहीं कर सकता।'

"मैं बाहर परेशान था—इस पोंगे भगवान को कैसे छुड़ाऊँ जो बाजार में मुनाफाखोरी की मर्यादा से बँध जाता है और थाने में पुलिस की धाँधली की मर्यादा से!

"मुझे याद आया, राधाकृष्ण मठ के महन्त का पुलिस पर बहुत प्रभाव है। मैं उनके पास गया। कहा, 'महन्तजी, भगवान पुलिस थाने में बन्द हैं, उन्हें छुड़ाइए।' महन्त पूरा किस्सा सुनकर बोले, 'प्रभु लीला कर रहे होंगे। हमारी परीक्षा ले रहे होंगे। चलो।'

"थाने में महन्त का खूब सत्कार हुआ। भगवान को छोड़ दिया गया। भगवान ने तुरन्त रूप बदला। मोर-मुकुट, पीताम्बर धारण करके थाने में मुरली बजाने लगे। थानेदार और महन्त उनके चरणों पर गिर पड़े। महन्त ने हाथ जोड़कर कहा, 'प्रभु, सावित्रीवाले केस से बरी करा दीजिए। याद कीजिए।'

"अब हम चले। भगवान ने कहा, 'वह मेरा प्रतापी भक्त महन्त किस सावित्री-वाले केस की बात कर रहा था!' मैंने कहा, 'वह महन्त औरतें भगाकर बेचने का धन्धा करता है। सावित्री नाम की स्त्री को भगाने में फँस गया है। पुलिस पर इसका प्रभाव इसलिए नहीं है कि वह आपका सदाचारी भक्त है। वह तस्करी करता है, चोरी करता है। यह सब पुलिस के सहयोग से होता है, और पुलिस को पैसा खाने को मिलता है। उसके प्रभाव का यह कारण है। आपके कारण उसका प्रभाव नहीं है।'..."

कहानी, लघुनाटक, किंचित निबन्ध,
टिप्पणी, संस्मरण

आदमी की कीमत*

एक वैज्ञानिक ने हिसाब लगाकर बतलाया था, मनुष्य के शरीर का विश्लेषण कर, यदि भिन्न-भिन्न तत्त्वों को बेचा जाय तो 3.50 कीमत आवेगी। इस प्रकार एक आदमी की कीमत 3.50 हुई। हाँ, यदि स्थूलकाय व्यक्ति हुआ तो 4 रु. भी हो सकती है, और दुर्बल हुआ तो 3 रु. भी रह सकती है---इससे अधिक अन्तर नहीं पड़ सकता। फिर संसार में लाख रुपयों का आदमी, सौ रुपयों का आदमी और तीन कौड़ी का आदमी---भिन्न-भिन्न कीमतों के आदमी कैसे हो जाते हैं? कुम्हार आठ आने का घड़ा भी बनाता है और चार आने का घड़ा बनाता है। 'आठ आने का घड़ा बड़ा है बाबूजी, और चार आने का छोटा। आठ आनेवाले पर बेलबूटे हैं, और नाखून की टंकार मारिए, टन-टन आवाज करता है, पक्का है' परन्तु सृष्टिकर्त्ता इस प्रकार का कुम्हार तो है नहीं। बेलबूटेवाला आदमी हमने कहीं नहीं देखा। और ठोंक-बजाकर देखा जाय तो तीन कौड़ी का आदमी लाख रुपयों के आदमी से अधिक टंकार मारता है, अधिक पक्का होता है।

सेठ करोड़ीमल और किसान रामदीन के यहाँ एक ही समय एक-एक लड़का हुआ। रामदीन का लड़का स्वस्थ, बलवान, सचरित्र, बुद्धिमान। करोड़ीमल का लड़का दुबला-पतला, डाक्टर-हकीम, झाड़ा-फूकी और ओझा के बल पर जीनेवाला, गले में तावीज, पाँव में गण्डा। सवाल नहीं बनते तो रामदीन के लड़के से पूछता। और एक दिन कराल काल को घूस देने में असफल होकर परलोक चल दिये सेठ करोड़ीमल, तथा गरीब रामदीन भी दारिद्र्य से छुटकारा पाने के लिए सेठजी का अनुगामी हुआ। बस उसी दिन करोड़ीमल का लड़का 'लाख रुपयों का आदमी' हो गया और रामदीन का लड़का 'तीन कौड़ी का आदमी' हो गया। सब भाँति योग्य होकर भी रामदीन के लड़के की कीमत तीन कौड़ी और सब भाँति अयोग्य होते हुए भी करोड़ीमल के लड़के की कीमत लाख रुपये। हमारे उस वैज्ञानिक के कथनानुसार विश्लेषण किया जाय तो रामदीन का लड़का करोड़ीमल के लड़के से अधिक कीमत का निकले।

सौ रुपयों का आदमी भी देखा है। दफ्तरों की फाइलों के द्वारा चूसे हुए रक्त के अभाव में 'पाण्डुरंग' एक बेचारे बाबू साहब भी कह रहे थे, "भैया, इज्जत अपनी

*प्रहरी, 25 अप्रैल, 1948

भी है। अब आज दिन सौ रुपये का आदमी मैं भी हूँ। वे ही एक नवाब थोड़े ही हैं।" बाबू साहेब को पहिली तारीख को 100 रु. मिल जाते हैं, इसलिए आदमियत का सौदा सौ रुपयों में हुआ।

उस दिन बाजार में स्थित एक बड़े आलीशान मकान को अचरज, प्रशंसा और श्रद्धा से देखते हुए दो गरीब ग्रामीण बातें कर रहे थे—

"पच्चीस हजार का तो होगा," एक बोला।

"पच्चीस हजार का? तू तो निरा बुद्धू है। अरे एक लाख से कम का न होगा।" दूसरा आदमी तनिक रोष से बोला। साथी द्वारा पच्चीस हजार मूल्यांकन उसे व्यक्तिगत रूप से अपमानजनक-सा लगा। यदि वह दो लाख कहता तो उसे प्रसन्नता होती। मनुष्य एक सीमा तक किसी के उत्कर्ष से ईर्ष्या करता है, उसके परे वह उसके लिए श्रद्धा की वस्तु बन जाता है। और मनुष्य जिसे महान मानता है उसकी महानता में तनिक भी धक्का लगना वह सहन नहीं कर सकता। यदि पच्चीस हजार कहनेवाला दुबारा उतने ही कहता तो उसका साथी उसे अवश्य मार बैठता।

वे दोनों उस मूर्तिमान अन्याय को, मूर्तिमान शोषण को बड़े आनन्द और श्रद्धा से देख रहे थे जैसे आदमी अपने शरीर पर उठे हुए जहरीले फोड़े को सहलाता है, उसे धीरे-धीरे खुजलाता है। बिल्कुल फोड़े ही जैसा लगा मुझे वह महल! वह ग्रामीण जिसने अपने साथी पर पूरा प्रभाव जमा लिया था, बोला, "यह सेठ तो गोद आया है। आज करोड़ों का आदमी है। यहाँ का बड़ा 'महाजन' है।"

'महाजन' शब्द से मैं चौंक पड़ा। धन उधार देकर समाज का शोषण करने-वाले धनपति को जिस दिन 'महाजन' कहा होगा उस दिन ही मनुष्यता की हार हो गयी। 'महाजन' कहना मनुष्यत्व की हीनता स्वीकार करके ही तो सम्भव हुआ। धन से ही कोई 'जन' 'महा' कैसे हो सकता है। आज तो 'जन' की 'महानता' की नाप हम धन के पैमाने से ही करने लगे हैं। पुरुष पुरातन की वधू चंचला की प्रतिष्ठा स्वीकार कर ली है।

फिर सोचा, तनिक देख तो लूं इस 'करोड़ रुपये के आदमी' को, एक 'महाजन' के दर्शन से कृतार्थ ही हो लूं। फाटक के भीतर झाँककर देखा तो तरल पदार्थ के समान 'थलथलाते' हुए शरीरवाला कृष्ण वर्ण दीर्घकाय 'सहित प्राण कज्जल गिरि-जैसा' करोड़ रुपयों की कीमतवाला सेठ थूक का फव्वारा छोड़ नौकर को डांट रहा था। यही था करोड़ रुपयों का आदमी, 'महाजन'। मैंने सोचा, विश्लेषण किया जाय तो अधिक-से-अधिक चार रुपयों का यह निकलेगा, क्योंकि 4-6 बाल्टी तो पानी ही निकल जावेगा।

संसार के अधिकांश आदमियों की आँखों में कुछ ऐसा रोग-सा है कि उन्हें मनुष्यता की अपेक्षा सोने की परख अच्छी आती है। और 'सर्वेगुणः काञ्चन माश्रयन्ते' का सहारा लेकर कुछ रद्दी माल की कीमत भी चढ़ा देते हैं। सोने की चकाचौंध में आँखें चौंधिया जाती हैं, इसलिए स्पष्ट दिखना कठिन हो जाता है।

संसार की हाट भी बड़ी विचित्र है, इसके खरीददार भी बड़े विचित्र! हमारे

इतवार को भरनेवाले हाटों में तो मनुष्य सस्ती वस्तु की ओर आकर्षित अधिक होता है, कीमती वस्तु की ओर तो कोई देखता भी नहीं। तीन आने सेर के बैंगन के आसपास भीड़ रहती है पर चार आने सेरवाला खाली बैठा रहता है। परन्तु संसार के हाट में कीमती मनुष्य की ओर अधिक आकर्षित होते हैं, सस्ते की ओर कोई देखता भी नहीं। 'लाख रुपये' के आदमी के आसपास दिन-भर भीड़ रहती है, तीन कौड़ी के आदमी की ओर कोई देखता भी नहीं है।

जीवन में तो यह विषमता। मरने के बाद 'घर तो साढ़े तीन हाथ, घना तो पौने चार'---3।। का शरीर और 3।। हाथ का अन्त में स्थान! फिर कहाँ भेदभाव रहा? फिर ये क्यों हमने विषमता की दीवालें खड़ी कर दीं?

उसी वैज्ञानिक की सहायता से कुछ नीचे लिखा-सा सूत्र निकलता है---

लाख रुपये--मनुष्यता = 3।। रु., तीन कौड़ी + मनुष्यता = लाख रुपया।

यह कैसा वसन्त आया!*

सुना है वसन्त आ गया। उषाकाल में ब्राह्म मुहूर्त में उठकर समीर दसों दिशाओं में ऋतुराज के आगमन का सन्देशा दे आया---वनोपवनों से कह आया कि कोमल कुसुमों का सुन्दर हार सँजोयें---ऐसा जैसा कि आकाश ने पावस को पहनाया था। आकाश और पृथ्वी की यह स्पर्धा ही तो हमारे धर्म, कर्म, वेद, पुराण, शास्त्र, भजन, पूजा, साधना की आधार बनी हुई है। कोकिल के कान में भी वह यह बात डालना न भूला कि वह अपनी वर्ष-भर की साधना को स्वरों में भरकर मंगलगान करे; और मधुकर के कान में भी चुपचाप कह दिया कि वसन्त के अभिनन्दन में नवीन विरुदावलि रचे।

परन्तु संसार के सुख को ग्रहण करने में हमेशा 'लेट', सीधे, चिकने, कोटि-कोटि पाँवों से कुचले हुए, सनातन मार्ग पर फिसलकर अपना नवीन पथ पकड़ उस पर जल सींच-सींचकर शूलों को उगाने-बढ़ाने और उनको पद-दलित कर नीड़ों में आनन्द का पूर्ण गौरव अनुभव करनेवाला---मैं---आदत से लाचार इस पवन-सन्देश को भी न सुन पाया। और फिर पर-हर्ष से पुलकित होने का प्रयास मात्र करने की आकांक्षा और उदारता का दर्प रखनेवाला---मैं---परखने लगा---युवक-युवतियों को, बालकों को, वृद्धों को।

और देखा, इस भर-वसन्त में भी मनुष्य पतझड़ में लुटी हुई उस विगत वैभव,

* प्रहरी, 27 फरवरी, 1948

नग्न, शुष्क, क्षीण तरुशाखा के समान लगता है जो पवन के प्रत्येक थपेड़े पर उस ओर से इस ओर हिलती है। देखा, जीर्ण वस्त्र पहिने नर-कंकालों को जिनके दृष्टि-गह्वरों में दीप की अन्तिम श्वास के समान टिमटिमाते हुए छोटे नेत्र जिनमें मादकता और इसके स्थान पर अतृप्त आकांक्षाएँ, करुणा और निराशा। ललाट पर चिन्ताओं की स्पष्ट लिपि, रक्तहीन शिथिल त्वचा के भीतर से झाँककर दीनता की गाथा कहती हुई अस्थियाँ।

और सोचा—यह कैसा पागल मानव है? वर्ष में एक बार पांच ऋतुओं की परिक्रमा कर आया वसन्त—मन में रस उड़ेलने, प्राणों में स्फूर्ति भरने, निराशा को आशा का जामा पहिनाने। और यह मानव है जिसके मुख पर स्मित की एक रेखा नहीं, जिसके नयनों में तनिक उल्लास नहीं, जिसके हृदय में तनिक स्पन्दन नहीं, मन में उमंग नहीं, आह्लाद नहीं।

तो क्या यह मनुष्य परमहंस हो गया—योगी है—जो आत्म-साधना के उस सोपान पर पहुँच चुका है जहाँ सुख-दुख की अनुभूति स्पर्श नहीं करती? या अनादि काल से सहस्रों नर-नारियों के हृदयों में प्रविष्ट हो, सहस्रों मानिनियों के दर्प-दुर्ग के प्रकोष्ठ तोड़, निर्मोही के कठोर हृदय को बेधते-बेधते मदन के पंचशर कुण्ठित हो गये हैं? या इस संघर्ष के युग में मानव-हृदय ही विपत्ति, अन्याय, अत्याचार से कट-पिटकर ऐसा पाषाणवत् हो गया है कि बेचारे अनंग के पुष्पशर उसमें प्रवेश नहीं कर पाते? या हृदय में विश्व के प्रहारों से इतने छिद्र हो गये हैं कि काम के कोमल बाण भी बिना नवीन छिद्र किये, बिना आघात किये इन्हीं छिद्रों में से निकल जाते हैं? तभी तो कोई सिहरन-उत्पीड़न दृष्टिगोचर नहीं होता।

और नहीं तो क्यों देखता जीवन के मध्य भाग में से गुजरते हुए युवक-युवतियों को अपने ही भार से दबे हुए—निष्प्राण से? श्वेतकेश वृद्धों को भी दाढ़ी पर हाथ फेरते देखा पर 'केसव केसन असकरी'—का पश्चात्ताप और बलवती आकांक्षा नहीं दिखी।

यह कोकिल—इसकी वाणी में भी आज वह शक्ति कहाँ जो विस्मृत सुख-स्वप्न, सुप्त अभिलाषा को झकझोरकर उठा दे, उमंग को दो पग और ठेल दे! ऐसा लगता है मानो सारी संसृति के दुख को द्रवीभूत कर वाणी से उड़ेल रही हो—जैसे कोई 'मरसिया' गा रही हो। यह शीतल समीर—मीठी सिहरन उत्पन्न करना सम्भवतः भूल गया और अब तो नग्न नरकंकालों की हड्डियों तक पहुँच उन्हें खड़खड़ाकर वस्त्राभाव की याद-भर दिला देता है। बेचारा भौंरा अपने ही स्वर के भार से दबा हुआ, केवल जीर्ण और मलिन वस्त्रों पर वसन्ती रंग चढ़ाना—अपनी दरिद्रता को छिपाने का असफल प्रयास!

सुना है—पढ़ा है—कभी ब्रज में कालिन्दी के तीर सुन्दर घने वनकुंजों में नटवर कृष्ण की वेणु के छिद्रों से रस बरस पड़ता था और मादक आनन्द में भीगे गोप-गोपियाँ वसन्ती परिधान पहिने प्रत्येक कुसुम पल्लव-बल्लरी से सुख-गाथा सुनते थे, रास रचाते थे, नृत्य करते थे। परन्तु अब—जो दुर्बल पाँव शरीर और

उससे भारी मन का बोझ सम्हालने में भी असमर्थ हैं, नृत्य की गति कहाँ से लावेंगे?

कैसी विडम्बना है! मैं इन क्षुधातुर, दीन-हीन मानवनामी जीवधारियों के ठण्डे निश्वासों में 'मधुकर' का गुंजार ढूँढ़ रहा हूँ! निराश, निराश्रिता, पीड़ित नारियों के करुण क्रन्दन में कोकिल की 'कुहू' पा जाने का प्रयास कर रहा हूँ।

फिर सोचता हूँ, मदन भी 'अनंग' बनकर शरीरजन्य सब क्लेशों से मुक्ति पा गया। शीत, आतप, वात, क्षुधा, तुझे कहाँ उत्पीड़ित कर पाते हैं! भगवान आशुतोष का रोष तेरे लिए वरदान बन गया! अन्यथा आज के युग में तेरे कोमल करों में पुष्पवाणो के स्थान पर कुदाली-फावड़ा होते, मुख पर मधुस्मिति के स्थान पर विषाद की कालिमा होती और तू इस प्रकार नर-नारियों के हृदयों से खिलवाड़ कर मनोरंजन न करता होता—वरन् एक कोने में बैठकर आगामी कल की चिन्ता में व्यस्त रहता।

अभी मानसिक गुलामी शेष है*

पिछले दिनों एक ग्रामीण विवाह में उपस्थित रहने का मौका मिला। विवाह के अन्य कार्यक्रम, जिनमें दूल्हे के पैर पूजने से लेकर उसकी सात पीढ़ी तक को गाली देना शामिल है, कोई नवीनता लिये हुए नहीं थे। मैं, जो स्वतन्त्र भारत के नागरिक का दम्भ लिये गाँव का कायाकल्प देखने की आशा से गया हुआ था, एक बात देखकर विशेष रूप से क्षुब्ध हुआ। कन्या-पक्ष की स्त्रियाँ गा रही थीं—

"बन्ना तो मेरा बन गया जण्टलमेन" तथा "बन्ना के बाल अँगरेजी, मोहे सूरत लगै प्यारी···"

हमारी कल्पना का आदर्श दूल्हा भी अँगरेजी रंग में रँगा हुआ है—वह 'जेण्टलमेन' है—सूट, बूट, टाई, टोप पहिनता है और इसी लिबास का अँगरेजी दूल्हा हमारी ग्राम की स्त्रियों को अच्छा लगता है! जब अँगरेजों ने हमारी सांस्कृतिक लूट मचायी तब हम भागकर अपनी संस्कृति को ग्रामों में धरोहर के रूप में रख आये थे। सोचा था, सम्भवतः लुटेरा यहाँ न पहुँच पावेगा। परन्तु आज जब हम अपनी वस्तु वापिस माँगने गये तो मालूम हुआ—अमानत में खयानत हो गयी। और खयानत भी उसे कैसे कहें? खयानत में स्वेच्छा तो रहती ही है और खयानत करने-वाला जानता है वह क्या कर रहा है, पर यह तो अनजाने ही चली गयी।

आज स्वतन्त्रता की वर्षगाँठ पर हिसाब लगाकर देखा तो मालूम हुआ कि

* प्रहरी, 15 अगस्त, 1948

अठन्नी-भर स्वतन्त्रता अभी बाकी है। शरीर स्वतन्त्र है, मस्तिष्क अभी भी परतन्त्र है। दो सौ वर्षों से साम्राज्यवादी अँगरेजों ने हम पर जो विदेशी रंग चढ़ाया है, वह सभी नहीं धुल पाया। आधी गुलामी हमने बलात् फेंक दी, आधी गुलामी अभी भी हम स्वेच्छा से गले में डाले हुए हैं। अँगरेजियत का मोह हमसे नहीं छूट रहा है, भारतीयता हमारे आचारों में नहीं आ रही है।

एक धोती-कुरतेवाले राजगोपालाचारी से या अचकनवाले जवाहर से कोई विशेष परिवर्तन थोड़े ही हो गया है, जबकि हमारे विचारों के राज्य पर अभी भी अँगरेज ही हुकूमत कर रहे हैं। आइए, मेरे साथ चलिए—

यह कॉलेज का विद्यार्थी अभी भी धोती-कुरता पहिननेवाले बाप को पागल समझता है, और अभी भी यदि वह पिता 'होस्टल' में पहुँच जावे तो लड़का सह-पाठियों से यही कहेगा, 'यह हमारा नौकर है।' पुत्र अभी भी पिता को अँगरेजी में पत्र लिखता है और 'पूज्य पिताजी' की अपेक्षा 'डियर फादर' में अधिक सम्मान तथा भक्ति देखता है।

ये जो भारतीय फिल्म रोज बन रही हैं इनमें सब काम अँगरेजी में ही हो रहा है। पात्रों के नाम, विशेष सूचना, विज्ञापन सब अँगरेजी भाषा में। और इनका 'हीरो' 15 अगस्त के बाद भी वही सूट-बूट-टाईवाला है। कोई इनसे पूछे कि क्या कोई अँगरेज सात समुद्र पार से आकर हिन्दी सिनेमा में बैठता है? अधिकांश दर्शक अँगरेजी नहीं समझते और उन्हीं के पैसों से सिनेमावालों को दाल-रोटी, मक्खन, बोतल, स्नो-पाउडर इत्यादि मिलते हैं। फिर उन्हीं के साथ यह नमकहरामी क्यों? ये सब मानसिक गुलामी की अवधि को बढ़ा रहे हैं। कुछ निर्माताओं ने अपना रवैया बदला है और वह स्तुत्य है।

हमारे सेठ, साहूकारों, दूकानदारों से अंग्रेजी का मोह नहीं छूटता। वह सेठ जिसे अंग्रेजी के नाम पर वर्णमाला भी मुश्किल से आती है, अपने विज्ञापन अँगरेजी में लिखवाता है। हिन्दुस्तान के बाजार में अँगरेजी के विज्ञापन देखर शर्म आती है। अँगरेजी राज्य गया, ऐसा नहीं लगता। अँगरेजी ज्ञान के अभाव में कुछ विज्ञापन बड़े अशुद्ध एवं हास्यास्पद हो जाते हैं। अपने अज्ञान के डंके की चोट इस प्रकार ऐलान करने में भी गौरव ही अनुभव किया जाता है।

वस्त्रों में भी भारतीयता नहीं आ रही है। यह माना कि सूटों से भरी पेटी को गंगा में फूल-बताशे की तरह नहीं बहा सकते, विशेषकर वस्त्राभाव के इस काल में। फिर भी अभी तक एक राष्ट्रीय पोशाक को प्रोत्साहन तो मिलना चाहिए था। सूट के ऊपर कई साहबों ने भारतीयता के नाम पर टोपी लगाना प्रारम्भ कर दिया है, परन्तु वह सिर पर लगी होने पर भी मानसिक स्वतन्त्रता से बढ़कर मानसिक गुलामी की ही द्योतक है।

सैकड़ों वर्षों से 'पिने का पानि' लिखकर रेलवे जो हिन्दी की सेवा कर रही है उसे चाहे हम भूल भी जावें परन्तु अंग्रेजी के प्रति रेलवे के मोह को हम भूल नहीं सकते। मैं अभी हाल में एक गाँव गया था। सड़क पर एक पटिया खम्बे में चिपका

हुआ दिखा जिस पर लिखा था—To Railway Station। इस संकेत को पढ़कर स्टेशन पहुँच सकनेवाला व्यक्ति उस गाँव में एक भी न होगा। फिर वह तख्ता वहाँ क्यों लगा है? सम्भवतः इसलिए कि यदि कोई गोरा साहब उधर से निकल पड़े तो स्टेशन पहुँच जावे। उस स्टेशन के सारे टिकिट अंग्रेजी से अनभिज्ञ ग्रामीण ही खरीदते हैं जिससे हर साल रेलवे अपना सरप्लस बजट निकाल देती है। इन्हीं लोगों के साथ यह बेईमानी क्यों की जाती है? क्यों नहीं इश्तिहार हिन्दी में लिखवाये जाते? क्या अभी भी अँगरेज रोकते हैं?

अंग्रेजी को भारत की राष्ट्रभाषा बनाने की धुन में फकीरी धारण करनेवाले लोगों के गुलाम विचारों पर तरस आता है। यह हमारा दुर्भाग्य है कि गुलामी के कँटीले पौधे को उखाड़ फेंकने के पश्चात् भी हममें से कुछ उसकी एक डाल गाड़कर उसे पानी दे रहे हैं। यहाँ फूल फलने ही नहीं देना चाहते! उनको तो राष्ट्रभाषा हिन्दी से बैर—कभी हिन्दुस्तानी का अड़ंगा खड़ा करेंगे, कभी अँगरेजी का बखेड़ा उत्पन्न कर देंगे। अँगरेजी को राष्ट्रभाषा बनाने की माँग स्वयम् एक लांछन है। और फिर अँगरेज़ियत ही पसन्द थी तो काहे को स्वराज्य के लिए लड़े, खून बहाया, बरबादी उठायी? यदि इन्हीं की बात स्वीकार कर ली जावे तो स्थिति इस प्रकार होगी: हमारे यहाँ 100 में से जो 10 पढ़े-लिखे आदमी हैं उनमें से 8 को अपढ़ ही मानना होगा, क्योंकि 100 में से 2 आदमी ही अँगरेजी पढ़े-लिखे हैं। दो सौ वर्षों में केवल 100 में से 2 व्यक्ति ही अँगरेजी पढ़ पाये तो इस हिसाब से शत-प्रतिशत साक्षरता के लिए 10000 वर्ष लगेंगे। फिर माता अपने बच्चे को सिखाये कि बेटा, यह 'पानी' नहीं 'वाटर' है। और यदि हिन्दुस्तानी बच्चा यह पूछ बैठे कि माँ, फिर पानी कैसा होता है? तो बेचारी माँ डाक्टर हरीसिंह गौर से पूछने जाय कि बच्चे को क्या जवाब दिया जाय।

अँगरेजों की छोड़ी हुई आदतों का नाम गिनाना कठिन है। एक 'बेड टी' (Bed Tea) नाम की चाय प्रचलित कर गये हैं, जिसका माहात्म्य प्रातःकाल बिना मुँह धोये बिछौने पर पीने का है। ठण्डे देश विलायत में बिना एक प्याला गरम चाय पिये उठना कठिन हो, पर हिन्दुस्तान सरीखे उष्ण देश में रात-भर का इकट्ठा मैला चाय के साथ पेट में वापस भेजने की क्या आवश्यकता है? पके घड़ों पर चाहे मिट्टी न चढ़े, पर नवीन पीढ़ी तो ऐसी गन्दी और हानिकारक आदतें न सीखे।

यह मानसिक गुलामी हमारी प्रगति में बाधक है। हम स्वतन्त्रता का अनुभव करने के लिए प्रयास-सा करते हैं। हमारी संस्कृति, सभ्यता, भाषा का पुनरुद्धार ही हम नहीं करना चाहें तो फिर किसलिए खून के बदले स्वतन्त्रता खरीदी?

यह मानसिक गुलामी जानी ही चाहिए।

पर, राजा भूखा था*

स्वतन्त्रता-दिवस के दिन शहर का काया-पलट हो जाय तो आश्चर्य क्या? यह महान् राष्ट्रीय पर्व प्रतिदिन तो आता नहीं है! रंगीन झण्डियाँ, वन्दनवार, फूल, रंग-बिरंगे बल्ब—सबने लक्ष्मी की अलक्ष्य प्रेरणा से वातावरण में सौन्दर्य ला दिया था। पर इस सबमें मुझे वह सत्यता नहीं मिली जिसे देखने मैं निकला था। एक प्रकार का कोरापन था; हृदय का अभाव था। सम्भवतः इसलिए कि वे 'अनेक' जो सड़क पर से कौतूहलपूर्ण नेत्रों से देखते हुए चले जा रहे थे, उस 'एक' से जो दूकान पर बैठा हुआ गर्वदृष्टि से देख रहा था—इतने भिन्न थे।

एक विशाल चाँदी-सोने की दूकान विशेष आकर्षण लिये थी। काँच के 'शो केस' में चाँदी, सोने, जवाहरात के बीच में गाँधीजी और नेताजी के चित्र सजे हुए थे। जिन्होंने सोने की श्रृंखला को तोड़ अपना स्थान दरिद्रों में बनाया उनको ही सोने के पिंजड़े में बन्द कर दिया! कृतघ्न देश! तूने राष्ट्रपिता का उपयोग आखिर विज्ञापन के लिए किया! तूने 'गाँधी भण्डार' नाम से मिठाई की दूकान खोली, तूने 'गाँधी स्टोर्स' खोल दिया; तूने 'गाँधी वस्त्रागार' खोल दिया जहाँ तू सत्य के देवता के नाम पर एक गज का पन्द्रह गिरह नापता है!

एक जगह और देखा। दूकान के सामने की भूमि बाँसों के द्वारा घेर रखी थी जिससे दर्शक बहुमूल्य सजावट को समीप से न देख सकें। वहाँ केवल चुने हुए सेठ-साहूकार, ऊँचे अफसरों की पहुँच थी। बाहर भूखा भिखारी पेट दिखाकर एक पैसा माँग रहा था; भीतर धनी सेठ रसगुल्ले खाने के आग्रह पर 'नहीं-नहीं' कह रहा था। पर वह घेरा! एकाधिपत्य का लोभ सरलता से संवरणशील नहीं है। दूसरों का दृष्टि-अधिकार छीनकर संचय करना भी कितनी बड़ी निर्लज्जता है। क्या बेचारा दरिद्र पर-वैभव को देखकर प्रसन्न होने का अधिकारी भी नहीं। हजारों वर्ष पूर्व हमारे ही पूर्वज उपनिषदों में कह गये हैं, 'मा गृधः कस्यस्वित् धनम्।' कितना अन्तर है—तब और अब। धर्मशास्त्र, नीतिशास्त्र तो बन्द पेटी से तब निकाले जाते हैं जब धन के स्वार्थों का समर्थन करना होता है।

गाँधीजी का मूल्य भी रुपये-आने-पाई में होने लगा। 1001 रुपये गाँधी-स्मारक कोष में देकर 10001 रु. कमाने की इच्छा कौन नहीं रखता? और 10 रु. देनेवाले लखपति का नाम अखबार में छप जाता है; पर 10 रु. देनेवाले उस बेचारे चपरासी का नाम कोई नहीं जानता जो एक-तिहाई वेतन देकर 10 दिन भूखा रहेगा। 'सबै सहायक सबल के।'

तो स्वतन्त्रता की खुशी में भरे पेट को और भरकर अजीर्ण उत्पन्न करने की अपेक्षा यह अच्छा होता कि उस मुंह में मिठाई पड़ जाती जिसने उसे कभी नहीं

* प्रहरी, 29 अगस्त, 1948

चखा। एक दिन के लिए गरीबों के मुहल्ले सज जाते; एक दिन के लिए उनके अन्धकार में ही प्रकाश हो जाता; एक दिन वे ही स्वतन्त्रता का अनुभव कर लेते ! इन्हीं के लिए तो गाँधीजी जिये और मरे। पर मैं कह तो चुका हूँ कि गाँधी के नाम की दूकान खोलकर गाँधी के ही दरिद्रनारायण को लूटने का उपक्रम देशप्रेम का रूप धारण कर रहा है। गाँधी-गुण-गान के नाम पर दूकान पर सिनेमा की बदनाम-शुदा रागों पर पूज्य गाँधीजी के नाम के गाने माइक्रोफोन पर बजते ही हैं।

यदि कोई पूछे कि स्वराज्य किसका ? तो हम सब कहेंगे —किसान का, मजदूर का, ग्रामीण का। परन्तु क्या वास्तव में वह जानता है कि उसे राज्य मिल गया है; वह राजा हो गया है? उसकी राजनीति, साहित्य, संस्कृति, कला—पेट के बाहर कहीं भी नहीं है। स्वतन्त्रता दिवस को उसके पास दीप है तो तेल कहाँ से लावे ? फिर भी वह माँ स्वतन्त्रता का स्वागत करता है। भूख की ज्वाला उसके पेट में निरन्तर जलती है; अन्याय, शोषण की लपटें उसके आसपास उठ ही रही हैं—और इनके बीच वह स्वयं बत्ती बनकर जल रहा है। वह क्षुद्र टिमटिमाता हुआ मिट्टी का दीप क्या जलावे ! राजा की यह तपस्या धन्य है ! प्राचीन आर्य नरेशों की परम्परा के अनुसार यह नवीन राजा भी कुछ कम तपोबल संचय नहीं कर रहा है।

तो राजा ने भूखे पेट स्वतन्त्रता की वर्षगाँठ मनायी। राजकुमार और राजकुमारी अस्थियों का नंगा ढाँचा समेटे रानी से 'रोटी' की पुकार कर रहे थे। राजमहल में फूटा लोटा, एक मिट्टी का बर्तन—ब.. और कुछ नहीं था।

झोंपड़ी का अन्धकार महल के प्रकाश के मुख पर कालिख पोतने आ रहा था।

15 अगस्त को राजा भूखा था !

अपने बाबू गोविन्ददास जरूर राष्ट्रपति हों !*

सहयोगी 'नवभारत' में निम्न समाचार प्रकाशित हुआ जो विगत सोमवार जबलपुर से भेजा गया—

'महाकोशल प्रान्तीय कांग्रेस कमेटी के सदस्यों ने प्रान्ताध्यक्ष बाबू गोविन्ददास का नाम राष्ट्रपति पद के लिए प्रस्तावित किया है। बाबू साहब इस पद पर जाने के लिए तैयार नहीं थे किन्तु, सदस्यों के तीव्र अनुरोध के उपरान्त उन्हें स्वीकृति दे देनी पड़ी है।

आपकी नामज़दी का फार्म आज सोमवार को भरा जा रहा है।'

* प्रहरी, 3 अक्टूबर, 1948

उक्त समाचार पढ़ने पर अघोर भैरव के अखाड़े में तुमुल और घनघोर हर्ष-नाद गूंज उठा और अपनी बनैटियों को उठाकर लोगों ने सर्वसम्मति से निम्न प्रस्ताव स्वीकृत किया —

अघोर भैरव के अखाड़े के हम सारे तान्त्रिक-मान्त्रिक-जान्त्रिक इत्यादि समवेत स्वरों में घोषणा कर 'नवभारत' के उक्त समाचार व महाकोशल प्रान्तीय कांग्रेस कमेटी के उन नामालूम सदस्यों के सुझाव का पूर्ण समर्थन करते हैं और अपने बाबू साहब को राष्ट्रपतित्व के लिए घोर उपयुक्त समझते हैं। साथ ही जनता-जनार्दन की जानकारी के लिए हम इस प्रस्ताव द्वारा यह भी बता देना चाहते हैं, कि हम उन्हें क्यों उपयुक्त समझते हैं, और ये कि हमारा समर्थन बे-बुनियाद नहीं है। कोशल-केसरी, प्रान्तपति, सम्मेलनपति, सदस्य विधान परिषद और धारा-सभा इत्यादि· बाबू सा'ब राष्ट्रपति इसलिए हों कि—

(1) वे सर्वस्व त्यागी हैं। सम्पत्ति सर्वनाश से बच जाय और कोर्ट ऑफ वार्ड्स में चली जाय, इसलिए उन्होंने न केवल सभापती ही छाड़ दी बल्कि महल से गोपाल बाग चले गये। भगवान् राम तो चौदह वर्ष के बनवास के बाद लौटे तो राज्य स्वीकार कर लिया पर अपने बाबू सा'ब गोपाल बाग से बखरी लौटे तो सम्पत्ति से कोई वास्ता ही न रखा; उनका धन तो केवल 'लोटा-डोर' है।

(2) दानवीर हैं। एक ही भूमि को अनेक बार दान में दे सकते हैं। चाहे राष्ट्रीय हिन्दी मन्दिर को और चाहे सुभाष टाकीज को। राजा कर्ण दानवीर थे। पर वे भी ऐसा नहीं कर सके कि दान-घोषणा कर दें और फिर इमारत का किराया भी लेने लगें।

(3) परम वैष्णव हैं। जब गोपाल लालजी के मन्दिर में हरिजन-प्रवेश का प्रश्न उठा तब उन्होंने ट्रस्ट से इस्तीफा दे दिया। हम उन आलोचकों की निन्दा करते हैं जो इसे 'पलायन' की संज्ञा देना चाहते हैं। हम तान्त्रिकों की दृष्टि में बाबू सा'ब ने ऐसा करके अपने इष्टदेव 'रणछोड़' का ही अनुकरण किया। अतएव ऐसे हैं वे परम भगवदीय कि जिनकी वार्ता कहाँ ताईं कहिए।

(4) कार्यकुशल हैं। शेयर्स बेचने, चन्दा करने में नम्बर एक हैं। गाँधीजी तो अपने जीवन में सिर्फ चन्दा कर सके, कम्पनी के शेयर्स नहीं बेच पाये। परमार्थ और स्वार्थ का समन्वय वे ऐसा नहीं साध सके जैसा हमारे अपने बाबू सा'ब।

(5) दीन-बन्धु हैं। यद्यपि यह उपाधि सी. एफ. इ. एन्ड्रूज की है। पर जहाँ वे असफल हुए वहाँ बाबू सा'ब सफल हुए। याने एन्ड्रूज ने कभी लेबर लीडरी नहीं की इसलिए उन्हें कभी यह मौका नहीं आया कि गनकैरिज फैक्टरी के कर्मचारियों को 'नष्ट-भ्रष्ट' कर देने की धमकी दें या सी. ओ. डी. के लोगों का रिट्रेंचमेण्ट होने पर उन्हें समझा सकें कि अपनी सरकार के सब खून माफ। दीनबन्धु एन्ड्रूज अव्यावहारिक थे, ऐसा एक बार गाँधीजी ने कहा था। दीन-बन्धु गोविन्ददास व्यावहारिक हैं, ऐसा हम तान्त्रिक कहते हैं।

(6) चरित्रवान हैं। क्योंकि सैकण्ड क्लास के डिब्बे से अपने लिए, वृद्धा माँ

को इसलिए उठने को उन्होंने बाध्य किया कि वे फर्स्ट क्लास में जाकर आराम से बैठें। बहुत बूढ़ी जो थीं, बहत्तर वर्ष की।

(7) प्रजावत्सल हैं। जब लोगों को सीमेण्ट और लोहा प्राप्य नहीं था तब नागरिकों के मनोरंजन व मुहल्लेवालों के सुभीते के लिए उन्होंने सुभाष टाकीज बनवा दी।

(8) हिन्दी-प्रेमी हैं। इसका प्रमाण यह है कि वे साहित्य सम्मेलन के पति होने के भी उम्मीदवार हैं। यदि राष्ट्रपति हो गये तो बेचारे टण्डनजी ? कोई बात नहीं, फिर देखा जायेगा।

नेति, नेति, नेति !

अघोर भैरव के अखाड़े के तान्त्रिक जनता-जनार्दन का ध्यान समाचार की इन पंक्तियों की ओर फिर से आर्कषित करना चाहते हैं कि बाबू साहब इस पद पर जाने के लिए तैयार नहीं थे।

परन्तु जब बड़ी मुश्किलों से तैयार ही हो गये हैं तो अघोर भैरव के अखाड़े के तान्त्रिक देश की 'मूर्ख' जनता से अपील करते हैं कि अपने बाबू सा'ब को बिना राष्ट्रपति बनाये बिल्कुल न माने।

लक्ष्मी की विजय*

आकाश-मार्ग से विश्व का भ्रमण कर भगवान् विष्णु, लक्ष्मी सहित गरुड़ की पीठ से उतरे तो लक्ष्मी खिन्न भाव से पति से बोली, "नाथ ! सारा संसार आपकी पूजा करता है। कितने मन्दिर बने हैं जहाँ आठों प्रहर भक्त लोग आपका गुणगान करते रहते हैं। कितना सम्मान प्राप्त है आपको। मैं आपकी स्त्री हूँ पर मुझे कोई पूछता भी नहीं, मेरा कोई संसार में नाम भी नहीं लेता।"

बात यह थी कि उस समय तक संसार में साहब को प्रसन्न करने के लिए मेमसाहब की चापलूसी करने की प्रथा का आरम्भ नहीं हुआ था और मेमसाहब को भेंट देना, उनके हाथ से इनाम बँटवाना, उद्घाटन करवाना इत्यादि 'सत्य व्यवहार' भी मृत्युलोक में नहीं होते थे।

विष्णु ने पत्नी के अन्तर की स्पर्धा को लक्ष्य करके कहा, "प्रिये ! यह तुम क्या कहती हो ? तुम मेरी अर्द्धांगिनी हो इसलिए मेरा आधा सम्मान तुम्हें सहज ही प्राप्त हो जाता है।"

* प्रहरी, 31 अक्टूबर, 1948

लक्ष्मी बोली, "ये तो सब कहने की बातें हैं। संसार में अधिकार का ही सम्मान होता है, शक्ति की ही पूजा होती है। उगते सूर्य को सब पूजते हैं, डूबते को कोई नहीं। यह उपेक्षा, यह अपमान मुझे असह्य है। मुझे भी कुछ अधिकार दीजिए न देव !"

कौन नहीं जानता कि स्त्री के हठ के सामने बड़ा-से-बड़ा योद्धा भी नहीं ठहर सकता। विष्णु ने वे सब परम्परागत तर्क दुहराये जो अनादि काल से पुरुष स्त्री को 'अबला' बनाकर अपने अधिकार में रखने के लिए काम में ला रहा है। पर लक्ष्मी सन्तुष्ट न हुई। स्त्री के अमोघ अस्त्र आँसू का प्रयोग कर वे बोली, "अच्छा है देव! आपको मेरा अपमान ही अच्छा लगता है। मैं तो अबला ठहरी।" पत्नी के आँसुओं की धार में बड़े-से-बड़े धीर का धैर्य पिघलकर बह जाता है। विष्णु भी विचलित हुए तो कोई आश्चर्य नहीं, क्योंकि आज के 'पुरुष पुरातन' उस समय युवा ही थे।

"आखिर तुम चाहती क्या हो ?" विष्णु बोले।

विजय के गर्व से लक्ष्मी बोलीं, "आपको अनेक काम रहते हैं। आप मुझे संसार में धन वितरित करने का कार्य सौंप दीजिए। मैं भी आपका हाथ बटाऊँगी।" सरल हृदय विष्णु बोले, "बस, इतनी-सी बात ? लो, यह कुंजी विश्व-कोष की, और सम्हालो सारा द्रव्य।" आज मृत्युलोक में कोष की कुंजी की मालकिन गृहपत्नी ही होती है। मुंशी सुखलाल, थानेदार रामसिंह और मास्टर अच्छेलाल— सभी पहिली तारीख को 'तनखा' लाकर पत्नी के हाथ में रख देते हैं।

चाबी तो लक्ष्मी को मिल गयी पर धन-वितरण का कार्य कुछ सरल नहीं था। बुद्धि की आवश्यकता थी जो लक्ष्मीजी के हिस्से में ज़रा कम आयी थी। निदान एक योजना तैयार करवाने के लिए उन्होंने देवी सरस्वती को बुलवाया—जैसे हमारे समय में चौथी अंग्रेजी पास पुराना साहब, बड़े साहब के पास भेजने की चिट्ठी अपने बी. ए. पास बाबू से लिखवाता है, या जैसे निरक्षर सेठ पढ़ा-लिखा मुनीम रखता है, या हिन्दुस्तान में योजनाएँ बनाने के लिए विलायत से विशेषज्ञ बुलाया जाता है।

सरस्वती वीणा की झनकार का मंगल-नाद करती हुई आयी। लक्ष्मी ने कहा, "बहिन, द्रव्य-वितरण की ऐसी योजना बनाओ कि मुझे विष्णु से अधिक प्रशंसा मिले। मैं एक बार उन्हें भी मात देना चाहती हूँ!" लक्ष्मी के हृदय में महत्त्वाकांक्षा ने जड़ जमा ली थी।

सरस्वती ने लक्ष्मी के हृदय की ईर्ष्या को परखा और बोली, "बहिन, मैं तो तुम्हारे बीच में नहीं पड़ूँगी। मुझे तो तुम दोनों समान हो। मुझे तो क्षमा करो। मैं तुम्हारी सहायता न कर सकूँगी।"

लक्ष्मी ने तुनककर जवाब दिया, "बड़ा घमण्ड है तुझे। संसार के मनुष्यों से सम्मान पाकर तेरा दिमाग सातवें आसमान पर पहुँच गया है। देखती हूँ तेरा गर्व कहाँ रहता है ? मैं तुझे भी नीचा दिखाऊँगी। संसार में तेरा निरादर कराऊँगी।"

क्रोध में आकर लक्ष्मी ने अपना वाहन (उल्लू) तैयार कराया और उस पर आरूढ़ हो संसार-यात्रा को चल पड़ी। लक्ष्मी का वाहन जिस मनुष्य को अपना आत्मीय समझ उससे मिलने उसके पास पहुँचता उसी मनुष्य को लक्ष्मी एक थैली उठाकर दे देती। बेचारी सरस्वती कलह टालने के लिए उस मनुष्य से अपना सारा सम्बन्ध तोड़ देती।

यही क्रम कुछ काल तक चलता रहा।

एक दिन प्रसन्नमुख लक्ष्मी विष्णु से बोली, "आइए नाथ! एक बार विश्व का निरीक्षण तो कर लीजिए। मेरा प्रबन्ध देख लीजिए।" विष्णु भगवान् गरुड़ पर सवार हुए! सरस्वती भी विशेष आग्रह से हंसारूढ़ हो साथ चली।

"देखिए देव," लक्ष्मी बोली, "यह सुवर्णगुप्त वैश्य क्या कर रहा है?" विष्णु ने देखा, वह मनुष्य ध्यान लगाकर सिर नीचा किये बैठा है। वे बोले, "मेरा ध्यान कर रहा है। मेरा परम भक्त है यह वैश्य।"

लक्ष्मी ने कहा, "नहीं-नहीं महाराज, ध्यान से देखिए। इस ओर से देखिए।"

भगवान् ने देखा, वह धन गिन रहा था और हिसाब मिला रहा था। भगवान् सहम गये। बोले, "देवी, पहले तो यह प्रातःकाल मेरी पूजा करता था।"

लक्ष्मी ने कहा, "तो अब मेरी पूजा करता है देव! और यही एक तो नहीं है ---ये देखिए, ये---और ये।" भगवान् बड़े आश्चर्य से यह परिवर्तन देख रहे थे। अचानक उनकी दृष्टि विशाल अट्टालिका पर पड़ी थी, और देखा, उसका स्वामी घी में से मक्खी निकालकर उसे निचोड़ रहा है, एक दूसरा उल्टा अखबार पढ़ रहा है। भगवान् खिन्न हो बोले, "प्रिये! तुमने इन मूढ़ मतिमन्दों को धन देकर अच्छा नहीं किया। इससे तो मेरा विधान ही उलट जायगा। और···" सहसा भगवान् कुछ देखकर रुक गये। फिर बोले, "यह देवदत्त शर्मा तो बड़ा बुद्धिमान और सदाचारी ब्राह्मण है प्रिये! पर तुमने तो इसे कुछ भी नहीं दिया। बेचारा कितना दुःखी है!"

"यह दुष्ट है महाराज! देखा आपने, किसकी पूजा कर रहा है।"

"हाँ, हाँ, वीणा लिये हुए सरस्वती की मूर्ति है।"

"बस इसीलिए इसका यह हाल है। देखती हूँ सरस्वती कैसे उसका पेट भरती है?" ऐसा कहकर लक्ष्मी ने एक व्यंगपूर्ण हँसी हँसकर सरस्वती की ओर देखा।

इसी समय संसार में असंख्य दीप जल उठे; मधुर वाद्यों की ध्वनि से वायुमण्डल गूंज उठा, घर-घर फूल-मालाएँ, बन्दनवार सजाये गये, भाँति-भाँति के पकवान, मिष्ठान तैयार किये गये, संसार स्वर्ग-सा दिखने लगा। भगवान् विष्णु बोले, "अरे मैं तो भूल ही गया था। आज मेरा जन्मदिन मना रहा है संसार। देखो देवी, मेरे भक्तों में कितना उत्साह है।"

लक्ष्मी मुस्कुराकर बोली, "नहीं-नहीं देव! आपकी पूजा नहीं कर रहे हैं।

आपका जन्मदिन भी नहीं है आज। ये सब लक्ष्मी-पूजन कर रहे हैं। देखिए न!"

विष्णु ने देखा—घर-घर लक्ष्मी की पूजा हो रही है। उनके सारे मन्दिर अन्धकार में पड़े हैं, किसी को एक दीपक जलाने का भी अवकाश नहीं है। भगवान् का माथा ठनका; उन्होंने एक गहरी साँस ली।

इसी समय लक्ष्मी बोली, "देखा देव! मेरा सम्मान! और ज़रा सरस्वती भी देख ले! बहुत अभिमान करती थी। यह देख, तेरा कृपापात्र ही है न? एक हाथ से लेखनी लिये खड़ा है, पर पेट चिपककर पीठ हो गया है, चिथड़े लगाये हुए है। देखती हूँ, कैसे पेट भरती है तू इसका? और यह देख मेरे उत्सव के उपलक्ष में यह कवि-सम्मेलन हो रहा है और देखती है सभापति के आसन पर कौन विराजमान है—और सामने तेरे पुत्र बैठे हैं—दीनता की मूर्ति!"

सरस्वती ने हृदय पर हाथ रखकर देखा—सभापति के आसन पर एक लक्ष्मी का कृपापात्र बैठा है—सामने कवि लोग—कविताएँ हो रही हैं पर वह कुछ नहीं समझता; बैठा-बैठा नाखून चबा रहा है या जमुहाई ले रहा है।

लक्ष्मी फिर बोली, "देखा मेरा सम्मान। और यह देख; यह जो उत्सव हो रहा है उसमें यह कवि पचास रुपये पर दो घण्टे के लिए बुलवाया गया है। यह है तेरा मूल्य।" सरस्वती ने व्याकुल हो मुँह फेर लिया।

इसी समय अचानक भगवान् की दृष्टि उन असंख्य भूखे, नंगे, दरिद्र नर-नारियों पर पड़ी जो चिल्ला-चिल्लाकर भगवान् को पुकार रहे थे—'हे भगवान्! अब तो सुधि लो! ये सब सुखी धनवान कहते हैं कि तुम हमारे हो। हमारे हो तो आते क्यों नहीं? हमारी अवस्था पर कुछ तो दया करो प्रभु! हमारा सबकुछ छीनकर लक्ष्मी देवी ने अपने कृपापात्रों को दे दिया है। हम लूट लिये गये भगवान्! हम भूखे मर रहे हैं, हम नंगे हैं, हमारी रक्षा करो प्रभो!'

भगवान् विष्णु करुणार्द्र हो बोले, "आता हूँ, आता हूँ—तुम घबड़ाओ मत। मैं तुम्हें भी बहुत धन दूंगा, तुम्हारे सब दुख हर लूंगा। मेरे राज्य में अन्याय नहीं होने पायगा। लो, मैं तुम्हें भी धन देता हूँ।" ऐसा कहकर भगवान् ने ज्यों ही कोष की ओर हाथ बढ़ाया कि लक्ष्मी ने हाथ रोक लिया, "क्षमा महाराज! आप मर्यादा भंग कर रहे हैं। आपने तो कोष का सारा अधिकार मुझे सौंप दिया है। अब मेरी इच्छा से ही धन का वितरण होगा। आप इसे छू भी नहीं सकते।" भगवान् सहम गये। उनके अधिकार की उपेक्षा आज तक नहीं की गयी थी। उनकी हालत उस पति की-सी हो गयी जो सारी तनख्वाह स्त्री के हाथ में सौंप देता है और फिर 26 तारीख को बीड़ी या सिगरेट के लिए पैसे माँगता है और स्त्री 'नहीं' कह देती है।

विष्णु बड़े व्याकुल थे। कभी क्षीर सागर में जाकर विश्राम करते पर वहाँ भी चैन न पड़ती। कभी शेष की पीठ पर बैठते पर वहाँ भी चैन नहीं पड़ती। यहाँ से वहाँ भागते-फिरते पर कोई उपाय नहीं सूझता।

इधर संसार में लोग कहने लगे—'भगवान् झूठा है।'

'देवोपिदुर्बल घातकः।' 'भगवान् सो गया है।' 'भगवान् पुराना पड़ गया।'

'भगवान् बूढ़े पड़ गये हैं।' दीन-हीन संसारी लोग भगवान् को 'यदा-यदाहि धर्मस्य' वाली प्रतिज्ञा की याद दिलाने लगे। कोलाहल बढ़ता ही गया। भगवान् की सत्ता उठने लगी। भगवान् किंकर्तव्यविमूढ़ हो बैठ गयें।

इसी समय कहीं से ब्रह्मापुत्र नारद भ्रमण करते हुए आ निकले। भगवान को खिन्न देखकर कारण पूछा। विष्णु बोले, "नारद जी, मैं तो विश्वास में लुट गया। सारे संसार से मेरा अस्तित्व ही उठा जा रहा है। कोई मेरा नाम लेनेवाला भी न बचेगा। लक्ष्मी को समझाइए।"

नारद ने कहा, "प्रभो! आप तो चाहे जिस पर चाहे जितना विश्वास कर लेते हैं और फिर व्याकुल होते फिरते हैं। एक बार आप शंकर महाराज पर भरोसा करके स्त्री का वेष बना पहुँच गये उन्हीं की रक्षा को। आप समझे कि शंकर कामारि हैं, कोई डर नहीं। पर शंकरजी ने आपको जंगल-जंगल कैसा खदेड़ा है। अब फिर इस बार लक्ष्मी देवी पर विश्वास कर लिया!"

नारद ने लक्ष्मी को समझाया। लक्ष्मी ने कहा, "मैं इतना कर सकती हूँ कि मेरे कृपापात्रों को यह प्रेरणा कर दूं कि दिन-भर पाप-अन्याय से धन इकट्ठा करने के पश्चात सन्ध्या समय मेरे पति के मन्दिर में जाकर दर्शन कर लें तो वे उनके पाप क्षमा कर देंगे। इस प्रकार मेरा भक्त आपकी भी याद कर लेगा।"

विष्णु बोले, "पर पाप का दण्ड तो मैं दूंगा। नहीं तो मेरा विधान ही पलट जायगा। संसार रसातल को चला जावेगा।"

लक्ष्मी बोली, "अच्छा दीजिए, परन्तु तुरन्त नहीं। नहीं तो मेरी प्रतिष्ठा में धक्का लगेगा।"

भगवान् अशान्त हृदय उठ दिये।

समाज के गुरु का यह उपहास!*

अभी उस दिन मेरे एक परिचित शिक्षक महोदय मिले और बडी प्रसन्न मुद्रा से बोले, "पढ़ा आपने? बम्बई सरकार ने प्राथमिकशालाओं के शिक्षकों को 'गुरुजी' का सम्बोधन किया है और आदेश दिया है कि हर उत्सव, सभा-सोसाइटी में उन्हें आगे स्थान दिया जाय। बधाई का तार भेजना चाहिए।"

* प्रहरी, 28 नवम्बर, 1948

बधाई ? किस बात की बधाई ? क्या गुरु वसिष्ठ की परम्परा के उस भारतीय गुरु को बधाई दी जाय जो आज एक रोटी के टुकड़े के लिए परमुखापेक्षी और अपने सम्मान के लिए सरकारी कानून की अपेक्षा करता है ? या उन कानून बनानेवालों की चातुरी पर दी जाय जिन्होंने गरीब शिक्षकों का मुँह कम-से-कम 10 साल को और बन्द कर दिया ? कैसी विडम्बना है ! कैसा निष्ठुर मजाक है ! कैसा झूठा सम्मान है ! इस युग में जहाँ रुपया ही 'राम नाम' की तरह सत्य हो रहा है, इस सम्मान की नकली गुरिया को फोड़कर कोई देखे तो कि उसमें रुपया-आना-पाई कहाँ लिखा हुआ है ? काश ! इस झूठे सम्मान के बदले वेतन में 10 रुपये की ही वृद्धि हो जाती। भूखे पेट, फटे कपड़े पहिने, नंगे पैर प्राइमरी स्कूल का मास्टर बेचारा दिमाग में चिन्ताओं का भार लेकर जब आगे बैठेगा, तब उसे कौन-सा सुख होगा ? और यह सम्मान देनेवालों से ईमानदारी से पूछा जाय कि यह कहाँ का विचित्र तर्क है, कि समाज का सबसे सम्मानित व्यक्ति सबसे दरिद्र रखा जाय ? जिसकी वे इतनी कीमत करते हैं, क्यों नहीं उसके जीवन को सुखी बनाने की सोचते ? न 'गुरु' में और न आगे बैठने में हमें कोई ऐसा तत्व दिखता है जिससे क्षुधा निवृत्ति हो सके, कपड़े बन सकें, बच्चों का पालन हो सके।

ज्ञान की ज्योति जलाये रखने के लिए जिसने अपने शरीर के रक्त की बूंद-बूंद दान कर दी है, ज्ञान की मशाल को पकड़े हुए जिसके हाथ जल रहे हैं पर वह उसे छोड़ता नहीं है; युगों से ज्ञान के भारी रथ को खींचते हुए जिसके कन्धे छिल गये हैं, पैर लड़खड़ाने लगे हैं, आँखों के आगे अन्धकार छा चला है; और अज्ञानासुर से युद्ध करने के लिए जिसने अपनी हड्डी-हड्डी निकालकर दे दी है—उस दधीचि का यह उपहास !

आज के युग में धर्म, नैतिकता, ज्ञान—सबको वस्तुमत्ता दे दी गयी है, जब छल-कपट, स्वार्थ ही मानव-धर्म बन गया है, जिस समाज में धन के साथ पाप का समझौता ही प्रतिष्ठा का कारण है—वहाँ समाज का गुरु अवहेलना का पात्र हो यह आश्चर्य की बात तो नहीं है; दुख की अवश्य है और वह इस देश के दुर्भाग्य पर है जो एक बार किसी समय अपने ज्ञान के आलोक से संसार को चकाचौंध करके अब धीरे-धीरे अन्धकार ही पसन्द करता जा रहा है। और आज ज्ञान के देवता के दुख पर पर्याप्त मात्रा में बह सकें, इतने आँसू हम कहाँ से लावें ?

तो बधाई के तार की अपेक्षा तो बेचारे उन अभागे अध्यापकों को एक समवेदना का तार भेज दिया जाय, क्योंकि उन पर 'झूठे सम्मान' के रूप में यह दुख का पहाड़ टूट पड़ा है। उन्हें या हमें सुख काहे का ? यह सम्मान तो वह विषैला फोड़ा है जिसे धीरे-धीरे सहलाने से एक मीठी-सी खुजलाहट होती है, पर क्या उसके विष को हम भूल जाते हैं !

और सम्मान क्या है, यह मजाक है ! सरकार से रजिस्टर्ड सम्मान-पात्र बेचारा जब आगे बैठेगा तब पीछेवाले लोग अंगुली उठाकर हँसेंगे ही और कहेंगे—'सरकारी इज्जतदार बैठा है।' यह अपमान बेचारा गुरु कैसे सहेगा ?

कुछ लोग वही पुराना सड़ा हुआ राग अलापेंगे—'गुरु को त्याग करना चाहिए।' स्वयं स्वार्थ-साधन में नम्बर एक; झूठ, चोरी, बेईमानी से धन इकट्ठा करनेवालों के मुखों से यह सलाह वैसी ही लगती है जैसी नशे में चूर शराबी के मुँह से निकली हुई सलाह—'भाइयो, शराब नहीं पीना चाहिए।' क्यों? मरते हुए मरीज से फीस ऐंठनेवाले डाक्टर से; फटे हाल मुवक्किल से पैसा ऐंठनेवाले वकील से और झूठा हिसाब लिखकर गरीब की झोंपड़ी नीलाम करानेवाले महाजन से, कोई त्याग करने को क्यों नहीं कहता?

वैसे हमारे यहाँ के लोग बोलने में किसी से कम नहीं हैं। अभी एक दिन शिक्षक-गगन में खबर फैल गयी कि बड़े 'अन्नदाता' आये हैं और मास्टरों की फरियाद सुनेंगे। बेचारे दिन-भर पढ़ाने के बाद थके-माँदे 5 बजे सब एकत्रित हुए। शिक्षा का भारी बोझ ढोते-ढोते जिनकी कमर झुक गयी थी वे वृद्ध भी थे, बीच रास्ते में पछताते हुए रथ के जुए को उतार फेंकने की असफल चेष्टा से व्याकुल प्रौढ़ भी थे, परिस्थितियों द्वारा पकड़कर जबरदस्ती जोत दिये गये युवक भी थे और इस ज्ञान-रथ को खींचने का गौरव प्राप्त करने की अभिलाषा से अपनी गर्दन जुए के नीचे रखनेवाले उत्साही लोग भी थे। बड़े 'आका' आये; मास्टरों ने फरियाद सुनायी, दुखड़ा रोया, प्रार्थना की। बड़े 'आका' घड़ी देखते रहे और फिर बोल दिया—'त्याग करना चाहिए आप लोगों को प्राचीन गुरुओं की तरह।' यही होता तो खैर, बेचारे सुन लेते; सुनने के आदी थे। पर उनका मन न भरा और 'फुर्र' होने के पहिले बड़े 'आका' यह भी कह गये—'Teaching profession of the refuge of stupid.' अर्थात् 'शिक्षा व्यवसाय में तो मूर्ख लोग शरण लेते हैं।' धन्य भाग बेचारे गुरुओं के कि 'मूर्ख' खिताब पा गये।

और मैं सोचता हूँ, मूर्ख नहीं तो और क्या हैं? मूर्ख इसलिए कि इन्होंने मूर्खों को ज्ञानवान बनाने का पवित्र काम हाथ में लिया; मूर्ख इसलिए भी कि उन्होंने इस छल-कपट के संसार में बगुलावृत्ति धारण नहीं की; मूर्ख इसलिए कि उन्होंने चोर-बाजार में कालेपन से, दोनों हाथों से गरीबों को नहीं लूटा, मूर्ख इसलिए कि उन्होंने अभी तक काटने की कौन कहे, फुफकारना भी नहीं सीखा।

और सुनिए, समाज के कर्णधार यह भी कहते हैं कि योग्य व्यक्ति नहीं मिलते। योग्य व्यक्ति की पहिचान अन्धे समाज को कब से आ गयी? क्या बात है कि थोड़े-से रुपयों में ही साक्षात वृहस्पति को नौकर रखना चाहते हैं। हमारे आदर्शों की ऊँचाई का तो कहना ही क्या? हमारे देश को संसार का नेता बनने की बात भी बहुत-से आदमी कहते हैं। पर कोई पूछे कि कैसे? क्या फौजी ताकत से? नहीं, नहीं—राम-राम! भारत तो पशुबल के पक्ष में नहीं है। तो फिर कैसे? और स्वाभाविक उत्तर मिलता है—बौद्धिक बल से। तो मैं पूछता हूँ ये सब बल कहाँ से आयेंगे, यदि समाज का गुरु इसी प्रकार पंगु रखा गया तो?

राजाजी ने अभी हाल ही में कहा था कि जिस स्कूल के लड़के प्रसन्न न हों उस स्कूल को बन्द कर देना चाहिए। यह तो सर्वमान्य बात है। पर मुश्किल तो यह है

कि सूर्य के बिना प्रकाश कैसे होगा ? वस्तु ही न होगी तो उसका प्रतिबिम्ब कहाँ से आवेगा ? यदि शिक्षकों के मुख पर प्रसन्नता होगी तभी तो उसकी प्रतिक्रिया विद्यार्थियों के ऊपर होगी। अपने ही दारिद्रय से परेशान शिक्षक बेचारा क्या खाक प्रसन्नता उत्पन्न करेगा ? क्या खाक पढ़ावेगा ?

पर फिर सोचता हूँ, इस अरण्यरोदन को कौन सुनता है ? तो मेरे बम्बई के पीड़ित गुरुओं से मेरी हार्दिक सहानुभूति है—तुम्हारी इस विपत्ति में जबकि तुम्हें पेट-भर अन्न न देकर झूठा सम्मान दिया है जिससे तुम और हास्यास्पद बन जाओ। मैं समझता हूँ कि इस समय तुम्हें सम्मान की आवश्यकता नहीं है, बल्कि उस रुपये की आवश्यकता है जिसमें पूरे सोलह आने या चौंसठ पैसे होते हैं।

हमारे समाज में वर-विक्रय*

इस बार मेरे एक परिचित वृद्ध सज्जन कन्या के ऋण से मुक्त होने के लिए जब वर के पिता के दरवाजे पर माथा टेकने पहुँचे तो मुझ अनुभवहीन को शायद इसलिए ले गये कि मौका पड़ने पर सहानुभूति का मलहम लगानेवाला एक आदमी तो साथ रहे। 'नमस्कार' इत्यादि के उपरान्त वर के पिता जब चश्मे के काँच की किनार से मुझे घूरकर देख चुके तब उन्होंने दफ्तर से चोरी हुई एक फाइल निकाली और मेरे साथी की ओर मुंह करके बोले, "देखिए साहब, मैंने तो तीनों लड़कों की यह फाइल खोल रखी है। जिनके यहाँ से जितने रुपयों की बात आती है उनका नाम सिलसिलेवार दर्ज करता जाता हूँ। अब ये देखिए—मनोहरलालजी के यहाँ से 5000/- की बात आयी है, और रामकिशनजी के यहाँ से 6000/- की। तो आप भी अपना हिसाब बतला दीजिए, मैं नोट कर लूंगा। साहब अपना तो खुला काम है। 'अहारे-व्यवहारे लज्जा निकारे'—समझे न आप ?" मेरे साथी बेचारे, जो केवल दो हजार का इन्तजाम करके लड़का खरीदने निकले थे, किस मुँह से बोली लगाते ! फिर आने का वायदा करके और वर के पिता की व्यंगपूर्ण मुस्कुराहट से तिलमिलाकर बेचारे उठ दिये।

मैं नहीं जानता था कि वर-विक्रय हमारे समाज में इतने वैज्ञानिक तरीके से होने लगा है कि फाइल, रजिस्टर, रसीद इत्यादि रखे जाने लगे। और अब मैं सोचता हूँ कि जो थोड़ी-सी झिझक बची है वह भी त्याग दी जाय और लड़के का पिता लड़के के सिर पर 'वर बिकाऊ है' की तख्ती लगाकर मवेशियों के बाजार में

* प्रहरी, 2 जनवरी, 1949

इतवार को खड़ा करे और नीलाम करके सबसे ऊँची बोली लगानेवाले को लड़के के गले में रस्सी बाँधकर सौंप दे।

विवाह-सा पवित्र बन्धन जो पारस्परिक प्रेम बढ़ाकर दो परिवारों को अधिकाधिक समीप लाता था, न जाने कब से वाणिज्य बनकर रह गया? और आज खुले आम वर की बिक्री होती है जिसकी कीमत कन्या के रूप-गुण से नहीं, वरन् उसके पिता के टकों से लगायी जाती है। जिसके पास पैसे हों वह अपनी कन्या के लिए अच्छा वर खरीद ले, जिसकी सामर्थ्य नहीं है वह बेचारा थोड़ी देर बैठकर अपने भाग्य को रो ले और फिर कन्या को 'जहर' दे दे अर्थात् किसी वृद्ध, रोगी, अपढ़, गँवार के हाथ उसे सौंप दे, 'क्योंकि' इनकी कीमत कुछ कम होती है।

किसी ने गिना है कि वर-विक्रय की इस प्रथा के फलस्वरूप कितनी आत्महत्याएँ होती हैं? किसी ने हिसाब लगाया है कि कितने घर जलकर खाक हो जाते हैं? किसी को मालूम है कि कितने पिताओं का जीवन अभिशाप की अग्नि में जला करता है? कितनी बाल-विधवाएँ होती हैं, कितनी भ्रूण-हत्याएँ होती हैं, कितना व्यभिचार होता है, कितनी निरपराध स्त्रियों का जीवन निरन्तर जला करता है? जिस दिन इसका हिसाब लग जायेगा उस दिन हमारा रामानन्दी तिलक मिट जायेगा, हमारा चन्दनछाप काला पड़ जायेगा—कलंक बन जायगा; हमारी गाँधी टोपी की नोंक मिट जायगी, और हमारा भगवान मन्दिर से भागकर कहीं शरण लेने पहुँचेगा।

विदेशी लोग हमारे समाज के विषय में अन्य देशों में भ्रमपूर्ण बातें फैलाकर हमें असभ्य, जंगली बतलाते रहे हैं और हमारा उनके प्रति रोष भी सर्वथा उचित ही रहा है। पर एक बात में तो हम पूर्व ऐतिहासिक काल के उस जंगली को भी मात करते हैं और आज के अफ्रीका के वनभाग के हब्शी को भी मात करते हैं—और वह बात यह है कि हममें अभी भी मनुष्य का क्रय-विक्रय होता है और वह कानूनी भी माना जाता है।

हमारे धर्म में दूसरे का धन सबसे निकृष्ट माना गया है, पर-धन की इच्छा करना पाप माना गया है और उसे ग्रहण करना तो अत्यन्त निन्दनीय कर्म समझा गया है। इसलिए तो भिक्षावृत्ति हमारे यहाँ अत्यन्त नीच मानी गयी है। परन्तु तिलक लगाये, सुमरनी में हाथ घुसेड़े पण्डित की निगाह भी कन्या के पिता के धन पर रहती है, 'रोटरी क्लब' में गला फाड़कर भाषण देनेवाले सभ्य साहब की आँख भी लड़के के ससुर के धन पर लगी रहती है और जन्म-भर देश-सेवा की डींग हाँकनेवाले सुधारक की जीभ में भी दूसरे का पैसा देखकर पानी आ जाता है। यह श्वान-वृत्ति हमारे समाज में कैसे आयी यह कौन बतायेगा? वर के पिता के मुख में 'नहीं' के स्थान पर 'और' कब जम बैठा? और आज तो उसका मुँह इतना फट गया है कि कन्या के पिता की सारी जायदाद उसमें समा जाय।

ऐसा लगता है कि हमारी जातिगत दुर्बलता के कारण जब हमें अपनी भुजाओं पर विश्वास नहीं रहा तब हममें मुफ्त का माल खाने की घृणित प्रवृत्ति आयी और जाति की संकीर्णता से उत्पन्न लड़कों की सीमित संख्या ने इस नयी 'वस्तु' की क्रय-

शीलता .ी ओर संकेत किया। और परिणाम यह हुआ है कि समाज में जड़ वस्तुओं की भाँति लड़के भी बिकने लगे हैं। वह समय अब दूर नहीं है जब वर का पिता लड़कीवालों से 'टेण्डर' बुलवायेगा और अधिक-से-अधिक कीमतवाले को ही अपना लड़का देगा।

वैसे तो हम 'यत्र नार्यस्तु पूज्यन्ते रमन्ते तत्र देवता' की घोषणा करना नहीं भूलते और हमारे आदर्शवाद का पोला ढोल भी काफी जोर से बजाते रहते हैं, परन्तु हमारे अपने परिवारों में लड़के और लड़की के प्रति व्यवहारों में कितनी विषमता पायी जाती है और यह क्यों पायी जाती है इस पर कभी विचार किया है? घर में मुन्ना को चुपड़ी और मुन्नी को सूखी रोटी मिलने का क्या कारण है? मुन्ना को छींक आने पर ही डाक्टर आ जाता है पर मुन्नी की दो-चार दिनों की बीमारी भी डाक्टर को क्यों नहीं बुला सकती? मुन्ना के रेशमी और मुन्नी के सूती का क्या रहस्य है? मुन्ना को पुचकार और मुन्नी को फटकार के कारण पर भी विचार किया है? लड़की के प्रति माता-पिता का ही अन्यायपूर्ण वर्ताव हमारे सारे आदर्शों, हमारे सारे सिद्धान्तों के मुख पर कालिख पोत देता है। और इसका एक ही कारण है—दहेज। पिता समझता है कि लड़की उसके गाँठ का खर्च करानेवाली है और लड़का उसकी गाँठ में जोड़नेवाला है। अपनी धन-हानि और चिन्ता की कारणस्वरूप लड़की उसे अप्रिय लगती है। पुत्र उत्पन्न होने पर बाजे बजते हैं, मिठाई बँटती है—पुत्री के जन्म पर मातम-सी शान्ति रहती है, माता-पिता के मुखों पर दुख की छाप दिखायी देती है।

अभी एक विवाह में देखा कि गरीब कन्या के पिता से दो हजार ऐंठकर भी जब वरपक्ष की परधन-लिप्सा शान्त न हुई तो विवाह के बीच में वर के पिता-मामा-फूफा ने वर से 500 रु. और माँगने को कहा। लड़का पढ़ा-लिखा समझदार-सा था पर बड़े-बूढ़ों की भृकुटि और लाल आँखों के सामने उसका विरोध ठहर न सका और उसने निर्लज्जता से, दस साल के बच्चे की भाँति घिघियाकर कहा—'500 रु. और लेंगे।' ऐसा लगता था कि ये लोग बाराती नहीं बल्कि कचहरी के चपरासी हैं जो किसी पुराने कर्ज की कुर्की लेकर आये हैं। गरीब ब्राह्मण ने आरजू-मिन्नत करके दया न पायी तो घर का सामान बेच-बाचकर उन राक्षसों के उदर में धन डाला। मुझे उस बी. ए. की डिग्री से विभूषित वर की परवशता पर दया भी आयी—उसकी कमजोरी पर गुस्सा भी आया। उसकी नसों का रक्त ठण्डा हो गया था; उसकी शिक्षा उसे अन्याय का सामना करना सिखाने में असमर्थ रही। ऐसी शिक्षा बेकार है; ऐसी युवावस्था को भी धिक्कार है।

पति-पत्नी के सम्बन्ध-विच्छेद का रास्ता साफ करने के लिए तलाक का कानून लागू करने से यह अधिक आवश्यक है कि इस दहेज-प्रथा को बन्द करने के लिए कानून बनाया जाय। इसीलिए हमारा कोई प्रतिनिधि समाज-हित के लिए दहेज-विरोधी कानून का प्रस्ताव हमारी धारासभा में रखे।

वैश्य-ब्राह्मण वार्ता*

प्राचीन काल में आर्यावर्त के एक अल्प विख्यात नगर में स्वर्णगुप्त नामक एक वैश्य निवास करता था। वैश्य धन-धान्य से सम्पन्न था---तिजोड़ी के ताले की तरह निर्लिप्त, निर्विकार भाव से धन की रक्षा करनेवाला, नश्वर मानव शरीर की चमड़ी को, परम आराध्य दमड़ी के हेतु कटा देनेवाला। प्रपितामह से वसीयत में प्राप्त पगड़ी की उलझी हुई लड़ियों की भाँति विचारवाला वणिक एकादशी को धर्म-पालन हेतु निर्जला उपवास भी करता था, जिसका उद्देश्य मितव्ययिता होता था; कभी-कभी एकाध खोटी ताम्र-मुद्रा भी परलोक सुधारने के लिए दान करता था।

वैश्य की धर्मपत्नी, पति की मन, वचन, कर्म से भक्ति करनेवाली, बड़ी ही धर्मपरायणा साक्षात् 'लक्ष्मी'। औसत से अधिक शरीर-धन, और औसत से कम बुद्धि-धन प्राप्त यह पतिपरायणा पति के धर्म-अधर्म में पूर्ण योग देती थी।

पति-पत्नी के अतिरिक्त तीन बच्चे---जिनके पिता होने का आरोप बेचारे वैश्य पर मढ़ा गया था।

स्वर्णगुप्त के पड़ोस में देवदत्त शर्मा नामक सदाचारी धर्म-कर्म में रत ब्राह्मण सपत्नीक रहता था। परम्परागत, धार्मिक रूढ़ियों में जकड़ा यह विप्र 'बाह्मन को धन, केवल भिच्छा' पर अक्षरशः चलनेवाला था। बच्चों को घृत के दर्शन भी दुर्लभ थे पर ब्राह्मण प्रतिदिन हवन कुण्ड में 'ॐ स्वाहा' के उच्चारण सहित एक पात्र घृत जला देता था, क्योंकि 'धर्म' पालन न होने से वर्णसंकर सन्तान उत्पन्न होती है और वर्णसंकर सन्तान से कुल का नाश होता है, कुल का नाश होने से पितरों को पिण्डदान नहीं मिलता, जिससे उन्हें अनन्त काल तक नर्क में वास करना पड़ता है।' अतएव कुलनाश के भय से और मृत पूर्वजों के स्वर्ग-सुख के लिए ब्राह्मण जीवित पुत्रों को भूखा मारता था।

हाँ, स्वर्णगुप्त वैश्य के परिवार में एक गौ भी थी जो तृण के अभाव में वायु-सेवन करके प्राणायाम से पिंजड़ा सम्हाले हुए थी। प्रातःकाल और सन्ध्या समय वैश्य ताम्रघट लेकर आता और उसके स्तनों से दूध की दो-चार बूंदें निकाल ही लेता।

ब्राह्मणी अत्यन्त गौ-भक्त थी। दो-दो बार बच्चे को लेकर वैश्य की गाय के पास जाती, रोटी देती, परिक्रमा करती, खुर की मिट्टी बालक के मस्तक पर लगाती, पूंछ के झौंरे को मुख पर फेरती।

वणिक बड़ा काइयाँ था, ब्राह्मण की गौ-भक्ति को ताड़ गया। एक दिन प्रातः-काल ब्राह्मणी ने उठकर देखा, वैश्य की जर्जर गाय द्वार पर बँधी है। ब्राह्मण दम्पत्ति आश्चर्यचकित इस रहस्य को समझ न पाते। मध्याह्न हो गया, वणिक ने गौ की

* प्रहरी, 17 अप्रैल, 1949

चिन्ता तक नहीं की। ब्राह्मण बड़े धर्मसंकट में पड़ गया। द्वार-आये साधारण अतिथि को भी नहीं फेरते, फिर यह तो गौ माता थी, कैसे इसका निरादर करते! उधर परायी वस्तु घर में भी कैसे रखते!

निदान ब्राह्मणी से नहीं देखा गया, घर में जाकर थोड़ा अन्न लायी और गौ के आगे रख दिया। ब्राह्मण गया और घास काटकर एक गट्ठा लाया और गौ के सन्मुख रख दिया। कई दिनों के अनशन के पश्चात् सुस्वादु भोजन पाकर गौ माता की आँखें चमकने लगीं।

सन्ध्या समय वैश्य आया और ताम्रपात्र में दूध की धार गिराने लगा। धर्मपरायण ब्राह्मण-दम्पति ने कोई आपत्ति नहीं की, क्योंकि पराये धन पर आँख डालना नर्क की तैयारी करना था। प्रतिदिन ब्राह्मण घास छीलकर लाता, ब्राह्मणी गोबर उठाती, सफाई करती। गौ की हड्डियों पर मांस की परत पड़ने लगी और स्तनों में दूध की मात्रा बढ़ने लगी। उधर वणिक सायं-प्रातः आता और पात्र भर दूध लगाकर प्रसन्न चित्त से घर ले जाता। ब्राह्मण-बालक लालायित नेत्रों से खड़े-खड़े देखते, उन्हें एक बूंद भी नहीं मिलती। इधर वैश्य ने दूकान पर एक 'धर्मादा पेटी' रखी और प्रत्येक ग्राहक से कहता, "भाई, पड़ोस के गरीब ब्राह्मण की एक गाय है। बेचारे से उसका पालन नहीं होता। उसके हेतु जो कुछ बन सके, पेटी में डालो। आखिर गौ माता है, पुण्य होगा। मैं भी जो कुछ बनता है, सबेरे-शाम जाकर सेवा कर आता हूँ।"

अब, यहाँ पूछा जा सकता है कि यह पौराणिक कहानी इतनी दूर तक आ गयी फिर भी अभी तक 'गौरा पार्वती' और शंकर भगवान कमण्डल में अमृत भर घूमते-घूमते हर एक सूखे झाड़ पर छिड़कते, तोता-तोती को राजकुमार-राजकुमारी बनाते क्यों नहीं आये? मैं नास्तिक तो नहीं हूँ, पर जो कामारि भगवान अपने परम प्रिय मित्र विष्णु के रूप पर मोहित हो जंगल-जंगल उन्हें खदेड़ते फिरे, उनकी भक्ति को निरापद नहीं समझता। इसलिए मेरी इस कथा में ब्राह्मण के द्वार पर एक दिन अतिथि आया—अब आप इन्हें भगवान का 'पर्सनल एनवाय' समझ लें या स्वर्ग के सरकारी गजट का संवाददाता नारद मान लें।

सन्ध्या समय ब्राह्मण देवदत्त जब 'साधु नाम बनिया' और 'लीलावती कलावती' की कथा सुनाकर वस्त्र में अन्नादि बाँधकर लौटा तो देखा, द्वार पर अतिथि विराजमान हैं। अत्यन्त श्रद्धापूर्वक प्रणाम कर विप्र ने अतिथि के चरण पखारे और कुशल पूछने लगा। अतिथि-सत्कार की महिमा जाननेवाला, महाभारत के सोने के नेवले की कथावाले धार्मिक ब्राह्मण का पूर्वज देवदत्त अतिथि-सेवा में लग गया। इस महा घोर कलियुग में तो 6 फुट का आदमी भी द्वार पर खड़ा अपने अस्तित्व को भूलकर भिक्षुक से कह देता है, "घर में कोई नहीं है।"

इसी समय वैश्य पात्र लेकर आया और आँगन में खड़ी हुई गौ का दूध दुहने लगा। क्षुधातुर अतिथि, मीठे दूध में रोटी डालकर किस प्रकार खायगा, इसका मानसिक चित्र खींचकर आनन्द लेने लगा।

भोजन के समय दूध का पात्र न देख अतिथि क्षण-भर को निराश हुआ पर

सोचा, सम्भवतः विप्र भूल गया हो। सीधा प्रश्न पूछना उचित नहीं है, इसलिए वह बोला—

"बड़े भाग्यवान हो विप्रदेव ! नन्दिनी-सी गौ द्वार पर बँधी है। बड़ी सुलक्षणी धेनु है। दूध तो पर्याप्त देती होगी ?"

ब्राह्मण ने उत्तर दिया, "नहीं भाई, वह गाय मेरी नहीं है। पड़ोसी वैश्य स्वर्ण-गुप्त की है और वही उसका दूध ले जाता है। मैं तो उसकी सेवा मात्र करता हूँ। भला उसके दूध पर मेरा क्या अधिकार।"

अतिथि ने विप्र के, मुख पर के असन्तोष के भाव को परिलक्षित करके कहा, "नहीं ब्राह्मण देवता, तुम भ्रम में हो। वसुन्धरा की सेवा कर कृषक जो अन्न उपजाता है, उस पर उसी का वास्तविक अधिकार है, राजा भी उसका केवल दश-मांश लेता है। उत्पादन पर अधिकार उत्पादक का होता है, ऊसर भूमि को लेकर राजा भी क्या करेगा ? सेवा करके गौ को तुम उर्वरा भूमि-सी बनाते हो, उसके दूध पर तुम्हारा कुछ तो अधिकार है ही।"

परम्परागत विचारों के कारण ब्राह्मण को अतिथि की यह बात युक्ति-संगत न लगी। परन्तु ब्राह्मणी जो अपने लालों को तरसते और वैश्य पुत्रों को दूध उड़ाते देख-देखकर कुढ़ती थी, सहज ही अतिथि के तर्क को मान गयी। रात्रि को ब्राह्मण-ब्राह्मणी में इस बात पर घोर विवाद हुआ और प्रातःकाल पौ फटी तो ब्राह्मण विद्रोही होकर जागा। मायारूपिणी स्त्री ने मायारूपी दूध से मिलकर ब्राह्मण के सारे अपरिग्रह को परास्त कर दिया।

प्रातःकाल वैश्य जब दूध दुहने आया तो ब्राह्मणी कर्कश स्वर में बोली, "देखो जी, बहुत हो गया। तुम अकेले इस प्रकार दूध नहीं खा सकते। हमें भी इसमें हिस्सा देना होगा, हम भी मेहनत करते हैं।"

चतुर वैश्य ने हवा का रुख परखा और ब्राह्मण परिवार से समझौता कर लिया कि दूध में से एक पाव ब्राह्मण को भी दिया करेगा। दूध की मात्रा कम होते हुए भी 'सन्तोषं परम् धनं' वाले विप्र ने शान्ति की रक्षा के विचार से यह शर्त स्वीकार कर ली। अब प्रतिदिन वैश्य दूध लगाकर घर ले जाता और वहाँ से एक पात्र में पाव-भर दूध ब्राह्मण को भिजवा देता।

पर यह शान्ति अधिक दिन न चली। आदत से लाचार स्वर्णगुप्त ने एक नयी चाल चलकर समझौते की शर्त को भंग कर दिया। वह तीन भाग निर्मल जल और सफेदी कायम रखने के लिए एक भाग दूध मिलाकर ब्राह्मण के यहाँ भेजता। विप्र दम्पति इस मिथ्या व्यवहार को समझ गये।

और एक दिन ब्राह्मण ने कह ही दिया कि आज से तुम्हारी गाय का चारा-पानी बन्द।

दिन-भर हो गया था। गौ को घास के तिनके के दर्शन भी न हुए थे। घर में बैठा-बैठा वैश्य ब्राह्मण के धैर्य के समाप्त होने की राह देख रहा था। उसे उसकी धर्मभीरुता का पूरा विश्वास था। इधर ब्राह्मण दम्पति ने भी अन्न-जल ग्रहण नहीं

किया था, द्वार पर भूखी गौ बँधी थी, भोजन कैसे करते।

दो दिन और दो रात हो गये। इस बीच कई बार ब्राह्मण घास डालने चला पर स्त्री ने रोक रखा। पत्नी की आज्ञा भंग कर दे, ऐसा वीर नर-पुंगव उस स्वर्णयुग में भी इस विशाल आर्यावर्त में मिलना कठिन था।

उन दिनों 'पाँच बुद्धिमानों' का एक दल पृथ्वी पर पर्यटन करता था और लोगों के झगड़ों का निपटारा करता था। इन बुद्धिमानों की घ्राणेन्द्रिय इतनी तेज थी कि इन्हें झगड़े की गन्ध आ जाती थी और ये वहाँ तुरन्त पहुंच जाते थे। विप्र-वैश्य-विग्रह की गन्ध पा ये 'पाँच बुद्धिमान' वहाँ तुरन्त आ पहुँचे।

अब कुछ अश्रद्धालु लोग जो हर एक शास्त्र, पुराण, कथा में अविश्वास करते हैं और पूछ बैठते हैं कि 'मसक समान रूप कपिधरी' में जो यह कहा है गोस्वामीजी ने, कि हनुमानजी जब मच्छड़ बन गये, तो राम की दी हुई अँगूठी कहाँ रखी थी—कुछ शंका करेंगे कि ये पाँच बुद्धिमान किस वाहन पर तुरन्त पहुँच जाते थे। तो हमारा उत्तर यह है कि किसी आँख बन्द कर अक्षर-अक्षर करके दिन में एक चौपाई पढ़नेवाले भक्त से ही पूछ लो कि राम लंका से अयोध्या कैसे आये। अब तो यह भी सिद्ध हो गया है कि दधीचि एक बड़े वैज्ञानिक थे और उनके पास 'एटम बम' का एक भारी कारखाना भी था— और जिस अस्त्र से असुर मारे गये वह अस्थि नहीं 'एटम बम' था। खैर !

ये पाँचों बुद्धिमान यूनानियों की न्याय की देवी के समान आँखों पर पट्टी बाँधे रहते थे, तथा एक-दूसरे की बात नहीं सुनते थे। चौरस्ते पर वणिक और विप्र अपना-अपना मामला लेकर इनके पास आये।

पाँचों में से प्रथम कट्टर आदर्शवादी, जो निरन्तर आकाश की ओर सिर उठाये रहता था, बोला—

"गाय के दूध के अधिकारी न तो तुम हो स्वर्णगुप्त वैश्य और न तुम हो ब्राह्मण देवदत्त। इस पर अधिकार उस बछड़े का है। ईश्वर ने माता के स्तनों में दुग्ध स्रवित करने का गुण इसलिए दिया है कि उससे शिशु का पालन हो। दुष्ट मनुष्य के लूटने के लिए वह नहीं है।"

कट्टर यथार्थवादी, जो पृथ्वी की ओर ही सिर झुकाये रहता था, बोला—

"नहीं-नहीं—असल में झगड़ा गाय का है। बहुत सरल मामला है। गाय के दो हिस्से करके एक वैश्य को और एक ब्राह्मण को दे दो।"

ब्राह्मण ने चौंककर कान पर हाथ रखे—शिव-शिव! गौ-हत्या का पाप ! घोर कुम्भीपाक नर्क जाना पड़ेगा। वैश्य भी सहमा !

तीसरा बुद्धिमान बोला, "नहीं-नहीं, यह वैश्य गरीब विप्र का शोषण करता है। श्रम बेचारा ब्राह्मण करे और उसका फल यह वैश्य भोगे। समाज में अनर्जित धन किसी को नहीं मिलेगा। सब दूध ब्राह्मण को मिलना चाहिए। इतना कह उसने अपनी लाल टोपी जरा सम्हालकर सिर पर जमायी। चौथा कुछ शान्त था। वह बोला, "भाई, उस दूध पर अधिकार विप्र देवता का है और न वैश्य का। गाय का

राष्ट्रीयकरण कर दो और दूध का उचित विभाजन कर दिया जाय।" इतना कह उसने भी अपनी आधी सफेद और आधी लाल टोपी सम्हाली।

पीली पगड़ी पहिने हुए पाँचवाँ बुद्धिमान बोला, "या गाय में बापरो बाम्हन को काई है। पैसो लग्यो बाणिया को—और दूध खाय यो बाम्हन। सब दूध बाणिया को है। बाम्हन कूँ गोबर तो मिल जाय है।"

मामला कुछ सुलझा नहीं। चख-चख प्रारम्भ हो गयी। बुद्धिमान लोग आपस में गाली-गलौज करने लगे। प्रत्येक कहता था, मेरा सिद्धान्त ठीक है। वैश्य, ब्राह्मण और गाय बेचारी—सब यह नाट्य देख रहे हैं--अभी तक।

जनता की कष्ट-कथाएँ*

हमारा नेता जवाहर आज लन्दन में है। हवाई जहाज का इंजन उसे खींचकर परदेश ले गया। सुना तो होगा आपने कि वहाँ राष्ट्रसंघ के बड़े-बड़े महारथी जुड़ेंगे। वो अफ्रीका का प्राइम मिनिस्टर मलन भी आवेगा जिसने रंगभेद की घृणा का यम-दूतत्व अपने माथे स्वीकार किया है। उसके आते ही जवाहरलाल की लम्बी नाक लाल हो जावेगी, हो जानी चाहिए। जब भाषण शुरू होंगे तो कैनेडा के प्रतिनिधि को छींक आ जायेगी, आ जानी चाहिए। और तब यह भ्रम फैलेगा, फैल जाना चाहिए कि यह आयरलैण्ड के उन बमों का धड़ाका तो नहीं है कि जिन्होंने उसे इंग्लैण्ड से पूर्णतः सम्बन्ध-विच्छेद करने की प्रेरणा दी। इसी वक्त चर्चा उठेगी, उठ जानी चाहिए कि बर्मा भी ब्रिटिश राज्य से अपना सम्बन्ध तोड़ चुका है। इस अवसर पर जवाहरलाल की नाक तनिक फूलेगी, फूल जानी चाहिए। और इसी समय पाकिस्तानी प्रतिनिधि ज़फरुल्ला खाँ की तक़रीर सुनायी पड़ेगी कि पाकिस्तान और भारत की भलाई इसी में है कि वे ब्रिटिश राज से अपना सम्बन्ध बनाये रखें। इस वक्त जवाहरलाल की भौंह कुछ तनेगी, तन जानी चाहिए। वे सोचेंगे कि भारत? और कहेंगे कि बड़ी उलझन की बात है, कि जो सुलझती नहीं है, गो कि उसे सुलझना चाहिए मगर उलझती ही जा रही है कि हमारे बुजुर्गों ने यह कहावत कैसे बनायी कि साँप मरे न लाठी टूटे। वाक्य में स्थिति 'न' की स्थिति पर वे झल्ला उठेंगे, झल्ला पड़ना चाहिए और तब उन्हें लगेगा, लगना चाहिए, कि ये हवाई जहाज का इंजन उन्हें कहाँ ले जा रहा है—

पड़े गुनगुनाते थे लाला निरंजन
न आँखों में अंजन,

* प्रहरी, 24 अप्रैल, 1949

न दाँतों में मंजन
छुटे हमसे अपने
वो अगले तरीके
कहाँ खींच ले जायगा हमको इंजन ?

आपने सुना कि अटलाण्टिक गुटबन्दियों ने रूस का मुकाबिला करने के लिए अपनी मिलिटरी की मोर्चाबन्दी की योजना प्रकाशित की है। कहते हैं कि सामना किया जायगा इटली, हालैण्ड और फरान्सीसी भूमि से गुजरती हुई एक कल्पित रेखा पर—फिर यदि पलायन का मौका आ गया तो तय किया गया है कि असली मोर्चा उत्तरी अफ्रीका में लिया जायगा। इसी मैदान में वारे-न्यारे होंगे।

आप कहेंगे कि लड़ाई तो आ ही गयी। जब जुझाऊ बाजे ही बजने लगे तो अब कसर ही क्या रह गयी ! परन्तु कभी ये भी सुना है आपने कि मोर्चेबन्दी की योजना पहिले ही से छापकर बाँट दी जावे। जी नहीं। तो फिर आप समझें कि ये अमेरिका-रूपी सेठ के डालरों को ठगने का तरीका है। लैण्ड-लीज़ पर अस्त्र-शस्त्र और सेना सब्जीकरण के लिए अन्य उपकरण खरीदे जायेंगे। और सेठ सोचता है कि चलो, इसी तरह सारे राष्ट्र हमारे कर्जदार होंगे। हमारा प्रभाव फैलेगा।

और अमेरिका भी कच्ची गोलियाँ नहीं खेलता। उसने भी किताब छपाकर घोषणा कर दी है कि लड़ाई के शुरू में ही एटम बम का उपयोग किया जायगा रूस पर। चलने दो यारो, हम तो गाँधीजी के अनुयायी हैं सो अहिंसा के शस्त्र, तटस्थता की तोप और वाणी की बन्दूकों से सभी को परास्त करेंगे, करना ही चाहिए, और वैसे अपने जवाहरलाल ने कहा ही है कि पाँच बरस लड़ाई नहीं होती, सो बैठे नर्मदा तट पर भाँग घोटो।

कौन कहता है कि हम-तुम में लड़ाई होगी
किसी दुश्मन ने खबर यूँ ही उड़ायी होगी।

भीगते बच्चे और सत्ता का मद*

सिद्धान्तहीन नेता नामधारी चापलूसों को गत 16 तारीख को ऐसा लगा कि नगर में आये हुए मन्त्रीजी को जो अनेक सलामियाँ उन्होंने दिलायी हैं, वे कुछ कम पड़ती हैं। इसलिए छोटे-छोटे निर्बोध बालक-बालिकाओं को इकट्ठा कर एक सलामी और दिलायी जाय। बस अफसरों से बात हो गयी—और ये अफसर ऐसे जो ढुलकने में

* प्रहरी, 30 अगस्त, 1949

मुरादाबादी लोटे को मात करें, जो पद के लिए सफेद टोपीवालों का सिजदा करें। जो मन्त्री की गुड बुक्स में आने के लिए बच्चों के गलों पर छुरी फेर दें। और बात हो गयी कुछ हेडमास्टरों से और ये हेडमास्टर ऐसे जिनमें अपना कोई सिद्धान्त नहीं, जो अफसर की खुशी के लिए दिन को रात कह दें, जिन्होंने 'यस सर' के अलावा और बोली ही नहीं सीखी। कुछ ऐसे जिनके मन में खामखाह नेता की पूँछ बनने की ओछी हवस, जो इस बात को लालायित कि हम मन्त्री से कह सकें कि 'हे प्रभु, वे हम ही हैं जिन्होंने आपको यह सलामी दिलायी है। खूब पहचान लीजिए। भूलियेगा नहीं।' और हमारा यह समाज--- जैसे भेड़ों का झुण्ड। एक ने कहा, "सलामी होनी चाहिए" और सबने स्वर मिलाया— "होगी। होगी।"

इधर कांग्रेसी भैयों ने शुक्लजी से और माननीय मिश्रजी से समय भी तय नहीं किया, स्वीकृति भी नहीं ली और घोषणा कर दी—मन्त्रीजी राष्ट्रीय ध्वज फहरायेंगे ——भाषण देंगे।

अफसरों का हुक्म! मिनिस्टर का नाम। बेचारे शिक्षक-शिक्षिकाएँ 6 साल से लेकर ऊपर उम्र तक के बालक-बालिकाओं को एक बजे दिन से लाकर मूसलाधार पानी में खड़ा करने लगे—प्रान्तीय शिक्षण महाविद्यालय के मैदान पर।

छोटे-छोटे मासूम बच्चे-बच्चियाँ नगर के कोने-कोने से पैदल आये, ग्राउण्ड पर दो-तीन घण्टे खड़े रहे। वस्त्रों से पानी टपकता था। और यह हमारा देश ऐसा अभागा कि यहाँ एक के सिवा दूसरी जोड़ी कपड़ों की नहीं। शिक्षिकाएँ, किन्हीं-किन्हीं की गोद में 5-6 माह के बच्चे। हाय रे पेट!

ऊपर से पानी मूसलाधार। बच्चे भीग रहे थे—मास्टर की भृकुटि के नीचे तिल-भर न हट सकते थे। 'अनुशासन' और 'शो' के नाम पर छाते लगाने की मनाही, भागने की मनाही।

एक बार जब कुछ लड़कियाँ छाया में भागने लगीं तो एक स्वयम्भू आयोजक जो अकारण ही उत्साह बता रहे थे, फौरन जोश में बोलते हैं---"आप लोग राष्ट्र के लिए इतना-सा कष्ट नहीं उठा सकतीं! जब देश के लिए प्राण देने का मौका आयगा तब···?"

फिरे दिमागवालों से कोई पूछता कि यहाँ प्राण देने का कौन-सा मौका था? मन्त्री की सलामी में कौन-सा राष्ट्रहित निहित था?

इस नाटक का अन्तिम लज्जाजनक दृश्य—तीन घण्टे तक दस हजार बच्चे जब भीग चुके तब घोषणा होती है कि मन्त्रीजी नहीं पधारेंगे।

झण्डोत्तोलन---राष्ट्रध्वज नहीं; कांग्रेस पार्टी का ध्वज—श्री हरिहर व्यास ने किया। पार्टीध्वज को राष्ट्रध्वज कहकर सलामी दिलाना तानाशाही की चरम सीमा है। सरकारी मैदान में पार्टीध्वज। कल कोई और पार्टी भी वहाँ लड़के इकट्ठे करके ध्वज फहराना चाहेगी। देखें सरकार का रुख इस वक्त।

निराश ठिठुरते हुए बच्चे घर चले। हमने देखा है—उनके मुख पर की निराशा करुणा, खीझ को।

कैसा निष्ठुर खेल और मिथ्या स्वाभिमान और हठ। माना कि कांग्रेसी लोगों ने मन्त्रीजी से स्वीकृति नहीं ली थी, पर क्या इन बच्चों का मन रखने के लिए वे पाँच मिनट के लिए 'मरकुरी' कार में वहाँ तक नहीं पहुँच सकते थे ?

कितने बच्चे बीमार हुए, कौन जानता है ? हजारों माताओं और पिताओं के हृदयों को कहीं कोई देख पाता ?

वकीलों का जुलूस एकाध बार निकालें तो हम भी देखें। डाक्टरों को इकट्ठा करके सलामी दिलवा लें—हम सराहना करें। नगर के प्रोफेसरों का जुलूस निकालें —हम मानें। सेठ-साहूकारों को लाइन बाँधकर 'सेल्यूट' लगवा दें तो हम समझें, अफसरों का इस तरह प्रदर्शन हो, कुछ प्रभाव भी पड़े पर हर बार सीधे, निर्बोध, निर्दोष बेचारे बच्चे ही मिल जाते हैं।

कैसे हैं वे शिक्षा-संस्थाओं के अधिकारी जो बिना विरोध के अपने बच्चों को इन 'टाम डिक हैरी' जापानी नेताओं को सौंप देते हैं ?

इस शर्मनाक काम के लिए जिम्मेदार 'हाफ लीडर' लोग जवाब दें—क्यों इन बच्चों के प्राणों से उन्होंने खेला ? क्यों भविष्य के नागरिकों को एक ही बार में छल, कपट, धोखा, अविश्वास सिखाया !

आपका भाग्य खुल जायगा !*

अगर आप जिन्दगी से निराश हो गये हैं तो हमारे आश्रम में मन्त्रों से सिद्ध की गयी सर्वफलदायिनी चमत्कारी कांग्रेसी टोपी लगाइए, आपकी सब मनोकामनाएँ पूरी होंगी।

इस टोपी को विधिपूर्वक पहिनने से जिसे आप चाहते हैं, वह, चाहे कितना ही कठोर दिल का क्यों न हो, फौरन चला आयगा। आपका नालायक बेटा ऊँची नौकरी पर लग जायगा, आपको हर चीज का परमिट घर बैठे मिल जायगा, आपका चपरासी भतीजा फौरन साहब बन जायगा; जहाँ से आपको एक पैसे का नमक उधार नहीं मिलता था, वहाँ से हजारों का माल मिल जायगा, इसके जादू से आप कालाबाजार करके भी बेदाग बचे रहेंगे, आपका बँगला बन जायगा, कार आ जायगी। बड़े-बड़े सेठ-साहूकारों में आपकी इज्जत होगी।

विधि—हमारे कारखाने की बनी हुई बगुले के रंग की खादी टोपी लेकर इतवार-बुधवार के दिन गुग्गल-लोभान की धूनी देकर इसको सिर पर धारण करें,

* प्रहरी, 6 नवम्बर, 1949

फिर किसी मिनिस्टर की सात परिक्रमा करके कम-से-कम तीन बड़े कांग्रेसियों को ब्रह्मभोज करावें। तदुपरान्त नितप्रति नहा-धोकर हाथ में मिठाई का दोना लेकर प्रान्ताध्यक्ष अथवा जिलाध्यक्ष के बबुअन को देने जावें। रात्रि को टोपी को निकालकर तकिया के नीचे धरकर सोवें, जिससे नोंक बनी रहे। साँझ-सबेरे सन्ध्या करें जिसमें मन्त्रिन की स्तुति करें। हर तीसरे महीने श्री द्वारकाधाम (राजधानी) की तीर्थ-यात्रा करें तथा सब मन्त्री देवन को भेंट चढ़ावें और आशीर्वाद लेवें। मान-पत्र और थैली भी देवें।

यह टोपी सब जगह हमारे एजेण्टों के पास मिलती है।

तीन कांग्रेसी एक धोती-कुरता

नाना वर्णों, नाना वेशों के, नाना वाहनोंवाले कर्मठ कांग्रेस-मेनों की एक भीड़ लगी थी। 'तमाशा घुसके देखे' की फिलासफी का आदी होने के कारण मैं भी होटल की एक बेंच पर बैठ गया और होटलवाले से कहा था कि जब मैं तुझे अखरने लगूँ तब तू एक कप चाय पिला देना ताकि मेरा यहाँ बैठने का अधिकार पक्का हो जाय।

कहते हैं यदुवंशियों का जब घमण्ड और बल बढ़ गया तब वे अत्याचार करने लगे और उनमें अन्तर-कलह उत्पन्न हो गयी। देखते हैं कांग्रेसियों को राजसत्ता मिली तब से उनका अन्याय, अत्याचार भी खूब बढ़ गया और आपस में दल बन गये। पुराण साक्षी है कि यदुपति कृष्ण ने स्वयं यदुवंशियों की समाप्ति करा दी आपस में लड़वाकर। हमारे जमाने का इतिहास अभी लिखना बाकी है।

यहाँ सुनने में आया कि दो दोस्त हैं—एक प्रगतिशील और दूसरा ढचर-ढचर घिसटनेवाला। ढचर-ढचर घिसटनेवाले दल से जबलपुर के प्रान्तपति बँधे हुए हैं जो अशान्ति का कारण कहा जाता है। यह भी सुना कि वे जगह-जगह कह गये कि देखना, खबरदार, चुनाव में फिर से प्रगतिशील दल न आने पावे।

और उनके भक्तों का भी क्या कहना! कैसी ईमानदारी बरती है कि चुनाव की लिस्ट में से विरोधीदल के सदस्यों के नाम ही काट दिये—चुपचाप।

एक आवाज आयी, 'देखा तुमने? नीचता की हार हो गयी। (×) ने तमाम हमारे लोगों के नाम गायब कर दिये।' कोष्ठक के स्थान पर एक शब्द प्रयुक्त हुआ जो कांग्रेसी लोग आपस में व्यवहार करते हैं पर मुझे कागज पर आँकने में शर्म आती है। यह शब्द बड़े निःसंकोच भाव से बल्कि गौरव से आपस में सम्बोधन के लिए काम

* प्रहरी, 28 मई, 1950

में लाया जा रहा था। बौद्धभिक्षु, आदर के लिए एक दूसरे को 'भत्ते' कहकर सम्बोधित करते हैं। कांग्रेसियों का यह शब्द भी ऐसे ही प्रयोजन के लिए होगा।

मेरे सचेत कानों में फिर झनकार पड़ी, "क्यों यार, तेरा नाम नहीं काटा गया?"

जवाब आया, "मेरा नाम कैसे कट सकता है? अरे मेरे जूतों का नाल कैसा कड़ा है! नरम तलोंवालों का नाम कटता है।" कहनेवाले कांग्रेसी ही थे। गाँधीवाद की परिणति इस 'गालीवाद' में देखकर मैं अत्यन्त क्षुब्ध हुआ।

मेरे एक मित्र मिल बैठे। बड़े सम्पन्न, बड़े कुलीन, बड़े शिक्षित, बड़े सुसंस्कृत, बड़े भले। कांग्रेस में इसलिए हैं कि प्रगतिशील तत्त्व को सपोर्ट करना है। पद की ओर नहीं देखते हैं। और इन्होंने मेरा परिचय कराया अपने एक मित्र से, जो सम्भवतः मन की ऐंठ मूँछों पर उतारा करते हैं।

दोनों मजा ले रहे थे इस खेल का। मैंने कहा, "आप दोनों नारदमोह के समय स्वयम्बर में उपस्थित हरि के जय और विजय गणों के समान हो। वे नारद की उछलकूद का आनन्द ले रहे थे, आप लोग इनकी।"

सामने की इमारत में पोलिंग अफसर बैठे थे, जिनका रिकार्ड अच्छा ही था। उम्मीदवार उनके पास जाते थे और वे उनकी जाँच करते थे, याने देखते थे कि खादी पहिने हैं कि नहीं।

गाड़ी की आड़ में आधे उघाड़े खड़े हुए एक कांग्रेसी ने अपने साथी को ललकारा, "अरे जल्दी ला, धोती-कुरता दे, मेरे को भीतर जाना है। कब से उघाड़ा खड़ा हूँ।"

मैं कुछ समझ न पाया। मेरे मित्र ने बताया कि ये कर्मठ कांग्रेसी हैं। और यहाँ पर दो-तीन कर्मठ कांग्रेसी थे—अपने बीच में एक जोड़ी खादी की पोशाक लाये हैं। एक जब हो आता है तो वही कपड़े निकालकर दूसरे को देता है और तब पोलिंग अफसर के सामने जाता है। कपड़ों की पुकार इसीलिए मच रही है।

इसी समय एक कांग्रेसी भीतर से घबड़ाये हुए यह कहते निकले—अरे, वहाँ तो बनियान तक देखी जाती है कि खादी की है या नहीं।

क्षण-भर हलचल मची और मेरे सामने ही अनेकों ने अपनी महीन बनियान निकालकर फेंकी।

इतने में दूसरे आये और बोले—अरे यार, वे तो बड़ा सख्ती कर रहे हैं। कहते हैं कि लँगोट तक खुलवाकर देखूंगा!

इधर फार्म भरे जा रहे थे। फार्म भर रहे थे मेरे वे मित्र लोग ही। उम्मीदवारों में दो के आगे दो शून्य लगानेवाले अधिकांश थे। प्रस्तावक और 'अनुमोदक' को गवाह कहते थे।

इसी समय एक कांग्रेसी ने कहा, "हाँ लिखो। तुम्हारा नम्बर 419 है।"

दूसरे हँसकर बोले, "इसके आगेवालों का 420 होगा।"

तीसरे मैन ने कहा, "अरे अलग-अलग नम्बर फिजूल रखे। सबका एक ही नम्बर अच्छा रहता— 420!"

भाषण का शौक*

भाषण का शौक भी बड़ा खतरनाक ! अनेक सुन्दर मुखों को हमने मंच पर चढ़कर काला पड़ते देखा है। और जैसे पतंगा हर बार जलकर फिर-फिर दीपक के आस-पास मँडराता है वैसे ही हर बार 'भदभदाकर' गिरनेवाले किसी-किसी वक्ता को हमने फिर-फिर मंच के आसपास मँडराते देखा है। मंच की मुहब्बत बड़ी उन्मादक !

तुलसी-जयन्ती का उत्सव, जिसमें तीन अच्छे विद्वान वक्ता बोलनेवाले थे। और वहीं एक मंच के आशिक भी बैठे हुए थे, जिन्हें मैंने हरिजन सभा के मंच पर छुमकते देखा; नारी समाज के प्लेटफार्म पर ठुमकते देखा, किसान सभा में गमकते देखा है, बाल-समिति, युवक सभा, और बुढ़ऊ सम्मेलन सबमें भभकते देखा है।

शहर में कहीं खबर लगी कि आज फलाँ जगह भाषण आदि हैं और उनका मन नहीं माना, खिंचते चले आये और इन्तजाम में मदद करने लगे— कुर्सियाँ जमाने की योजना बनाने लगे, टेबिल पर 'फ्लावरपाट' जमा दिये, यहाँ से वहाँ और वहाँ से यहाँ व्यस्त घूमने लगे। ऐसा लगा कि सारे कार्यक्रम का भार इनके ही माथे पर।

सभा आरम्भ हुई तो वे धीरे-धीरे सरकते-सरकते सभापति के पास आ गये और कहने लगे कि मैं भी दो शब्द कहना चाहूँगा।

पहले विद्वान वक्ता 'इन्द्रजी' ने भाषण दिया। कहा, "तुलसी के राम ने जन-जीवन के हर मोड़ पर एक प्रकाश-स्तम्भ स्थापित किया।"

दूसरे वक्ता बोले, "तुलसी के राम के आदर्श की डोरी ने डूबते हुए भारतीय समाज को उबार किया।"

तीसरे वक्ता 'महेशजी' बोले, ' तुलसी ने रुग्ण हिन्दू जाति को राम-रसायन की पुड़िया देकर प्राण-संचार कर दिया।"

अच्छा गम्भीर वातावरण था सभा का कि उत्साही वक्ता ने भी बोलने की आज्ञा प्राप्त कर ली और खड़े होकर भाइयो और बहनो की रस्म अदा करके कहने लगे—"अरे, और जैसा कि महेशजी ने कहा है तुलसी ने रुग्ण हिन्दू जाति को राम-रसायन का एक ही 'डोज' देकर प्राण संचार कर दिया और जैसा कि ब्रह्माजी ने कहा है, तुलसी के राम के आदर्श की रस्सी ने डूबते हुए भारतीय समाज को उबार लिया। और जैसा कि इन्द्रजी ने कहा है, तुलसी के राम ने जन-जीवन के हर मोड़ पर एक लालटेन खड़ा कर दिया। इतना कहकर मैं अपना स्थान ग्रहण करता हूँ।"

* प्रहरी, 29 फरवरी, 1951

कल्लू के जन्म का मरसिया*

पूरब में लाल सूरज निकल रहा था। कवियों को यह ललाई आह्लाद से उन्मत्त करती रही है--'आसमान से लाल शराब की बूंदें झर रही हों और जमीन एक-एक बूंद पीकर हर क्षण मस्त होकर झूम-झूम उठती हो' अथवा 'अज्ञात-यौवना उषा के हृदय में तारुण्य का प्रथम उन्मेष हुआ हो और लाज की लाली कपोलों पर फिर हो गयी हो।'···सुनता आया हूँ, यह सब अनेक वर्षों से, अनेक तरह से, अनेक मूर्खों से। और सुना है जगत प्रातःकाल आशा, उत्साह, उमंग, प्रफुल्लता में नयन उघारता है।

लेकिन इस प्रभात का आकाश मानो खून के आँसू बहा रहा था। आसमान की ललाई में उषा सुन्दरी के कपोलों की लाज-लाली कहीं नजर नहीं आती थी। ऐसा लगता था कि आसमान रात-भर रोता रहा है, जिससे उसकी आँखें लाल हो गयी हैं, और पत्तों, दूबों पर पड़े उसके अश्रुकण ओस का भ्रम कराते थे। वातावरण में एक शून्यता थी, जैसे तूफान के पहिले छा जाती है। दिशाओं में एक भयोत्पादक शान्ति थी जो किसी अशुभ विनाश की आशंका से हृदय को एकाएक भर देती थी। जमीन पर यह कैसा प्रभात उतरा है; आज क्या होनेवाला है।

लेडी एल्गिन अस्पताल के जचकी गृह के बाहर दीवाल से कन्धा टिकाये एक अधेड़ आदमी खड़ा था। मैला-फटा कुरता और मैली धोती पहने था। कुरते में चार बटनों के छेद थे जिनमें से केवल तीन बटनें थीं और तीनों का अलग-अलग रंग था। धोती टाँग के पास से फटी जिसे वह परतों में दबाकर पहिने था। जब वह एक-दो कदम चलता तो छेद खुल जाता और उसकी जाँघ लाज की जगह तक उघड़ जाती। बाल उसके बिखरे हुए थे, सूखे थे। दाढ़ी न जाने कब से नहीं बनी थी। आँखें सारी रात की नींद के बोझ को न सँभाल सकने के कारण दबी-सी जाती थीं। कई लोग ऐसे होते हैं जिनमें करुणा स्वयं बैठकर रोती है, जो जाने क्यों आपके हृदय को बार-बार छेदने लगते हैं, जिन्हें देखते ही पहला विचार मन में यह उठता है कि इसके साथ बैठकर रो लिया जाय—ऐसे ही नयन थे वे।

वह दीवाल से टिककर खड़ा था और दीवाल से कान लगाये भीतर की कराह को सुन रहा था। भीतर से दीवाल चीरकर आनेवाली हर कराह पर वह स्वयं कराह उठता था। कराह की वेदना को आँखें मूंदकर वह न जाने कैसे झेल लेता था और हर धक्का उसे उस दीवाल से एक कदम दूर ढकेल देता था और फिर न जाने किस आकर्षण से खिंचकर वह फिर दीवाल में कान लगा देता था और दूसरी कराह की राह देखता था। पीड़ा से ऐसा प्रेम कभी देखा नहीं।

एक-दो बार कुत्ते उसके पास भौंककर चले गये थे। अगर कुत्ते आदमी को

* प्रहरी, 30 अक्टूबर, 1951

देखकर नहीं भौंकते तो इस आदमी में शायद उन्हें खोजने पर भी आदमियत नहीं मिलती है। एक-दो बार मैदान साफ करनेवाला मेहतर भी यहाँ से झाड़ता हुआ निकला और एक-दो झाड़ू उसे भी मारता हुआ चला गया, मानो वह कोई कचरे का ढेर हो जो व्यर्थ ही वहाँ पड़ा हो और उस अट्टालिका से मेल नहीं खाता। और, वह वैसे ही प्राणहीन-सा खड़ा था।

उसने बीड़ी जलायी। भीतर कराह बढ़ रही थी और हर कराह के साथ इसके चेहरे की वेदना का रंग गाढ़ा होता जाता था। वह तड़प उठता और बीड़ी के जोर-जोर से कश खींचने लगता।

भीतर उसकी पत्नी थी। रात को वह तड़पकर, बिछौने से गिर पड़ी थी। तभी से उसके रक्त-स्राव हो रहा था। रात को सब नर्सें और डाक्टर 'स्पेशल वार्ड' में इकट्ठे हो गये थे जहाँ शहर के रईस बैरिस्टर अग्रवाल की पत्नी को प्रसव हो रहा था। इसी बीच इस वार्ड में उस स्त्री की बेचैनी बढ़ी, सँभालनेवाला कोई था नहीं। वह भूमि पर गिर पड़ी और जब नर्सें 'बॉय' 'बॉय' चिल्लाती हुई इनाम लेकर लौटीं तो यह स्त्री खून के डबरे में बेहोश पड़ी थी। खीझ-भरी उन नर्सों ने उसे उठाकर बिछौने पर लिटाया; डाक्टरों ने एक-दो दवाइयाँ दीं। तभी से वह कराहती रही है; रात-भर उसकी आँख नहीं लगी। बीच-बीच में जब वह पीड़ा के आधिक्य से चिल्ला उठती तो आराम कुर्सी में सोती हुई नर्स आकर उसे डाँट की एक खुराक पिला जाती, "अरी सो क्यों नहीं जाती!" हुक्म लगाने पर नींद भी अगर दौड़ी चली आती तो कैसा अच्छा होता? नर्स को बीमार स्त्री की नींद की उतनी चिन्ता नहीं थी जितनी अपनी नींद की। और रात-भर वह आदमी वहीं उसी दीवाल के सहारे खड़ा था। बीच-बीच में वहीं खड़े-खड़े उसकी आँखें झप जातीं और फिर भीतर की चीख से अथवा चीख के स्मरण से वह चौंक उठता।

रात को एक-दो बार उसे डाक्टर की झलक दिखायी दी थी और तब उसने व्याकुल होकर अपनी स्त्री का हाल पूछा था। एक बार डाक्टर ने कहा था—'शायद बच्चा मर गया है।' दूसरी बार कहा था—'बच्चा सबेरे तक हो जायगा।' तीसरी बार कहा था—'औरत के बचने की उम्मीद कम है।'

उसके दिमाग में रह-रहकर ये तीनों वाक्य आते थे। दीवाल से टिका वह सोच रहा था—'उस दिन ज्योतिषी ने पत्रा देखकर बताया था कि लड़का होगा। कैसा अच्छा हो अगर लड़का हो जाय! तीन लड़कियाँ हैं: एक बेटे की बड़ी कमी है! लड़का हुआ और अच्छा निकल गया तो घर में उजियाला कर देगा। बड़ा होगा; सब दारिद्र्य मिट जायेगा। कैसा अच्छा हो अगर ज्योतिषी की बात सच हो जाय। मैं अभी बताशे बटवाऊँगा? लेकिन बताशे? बताशे?' वह न जाने कैसे रुक गया! बताशे की मिठास में न जाने क्या कड़वाहट थी कि उसने उसके मीठे सपने को कड़वा कर दिया। वह उदास हो गया। सोचना जारी था—'बताशे? लेकिन बताशे के लिए तो पैसे चाहिए? और पैसे तो मेरे पास एक नहीं, फिर बताशे के लिए तो कहाँ से आवेंगे।' उधारी की सम्भावना पर बात छोड़कर वह

आगे बढ़ ही रहा था कि उसे याद आया—'लड़का होगा। घर में एक प्राणी और बढ़ जायेगा। उसको खाना चाहिए, कपड़े चाहिए, पढ़ेगा तो किताबें चाहिए, फीस चाहिए—आखिर यह सब कहाँ से आयेगा? महीने-भर खून सुखाता हूँ तब तो पाँच प्राणियों के पेट में इतना अन्न पड़ पाता है कि मौत नहीं आती। यह नयी मुसीबत—लड़कियों के पास एक के सिवा दूसरी साड़ी नहीं है। उन्हीं को सींकर बेचारी पहिनती हैं। मुहल्ले-पड़ोस की लड़कियाँ अच्छी साड़ियाँ पहिनती हैं? और ये बेचारी देखकर रोती हैं; साड़ी माँगती हैं। लेकिन मैं अभागा मन मसोस रह जाता हूँ। और अगर लड़का न हुआ लड़की हो गयी तो?' वह विकल हो गया। बार-बार प्रश्न उसे छेद रहा था—'अगर लड़की हो गयी तो? लड़की हो गयी तो? तीन तो अभी बैठी हैं। बड़ी की शादी का कोई प्रबन्ध नहीं हो पा रहा है। यह चौथी? इसकी भी शादी करना पड़ेगी—कहाँ से लाऊँगा रुपया—चार लड़कियाँ, अरे बाप रे!' उसके माथे में शूल चुभने लगे। उसे लगा, जैसे चार गरम छड़ें कोई उसके शरीर में चुभा रहा हो। उसका माथा भन्नाने लगा। उसकें विचार अब बहुत तीव्र हो गये—'यह ठीक नहीं! मैं मर जाऊँगा। चार लड़कियों का बोझ! लेकिन डाक्टर कह रहा था, शायद बच्चा पेट में मर गया है! कैसा अच्छा हो अगर बच्चा मरा निकले! जीवित बच्चा मुझे नहीं चाहिए। मरा बच्चा आधा गज कपड़े में निपट जायेगा। जिन्दा बच्चा जिन्दगी-भर की मुसीबत। हे भगवान! यह बच्चा मरा निकले। ज्योतिषी की बात झूठी हो जाय, डाक्टर की बात सही निकले! लेकिन—लेकिन—मैं बाप हूँ और बेटे की मौत की भीख माँग रहा हूँ! लेकिन नहीं, कुछ भी हो—मुझे बच्चा नहीं चाहिए। हे भगवान! इस बच्चे से मुझे बचाओ, हे भगवान! बच्चे का पाप हर लो।' इसी समय भीतर से चीख आयी। वह ध्यान से सुनने लगा। भीतर नर्सों और डाक्टर का कोलाहल गूँज रहा था। सोचने लगा—'शायद ये लोग बच्चा निकाल रहे हैं। लेकिन डाक्टर कहता था कि तुम्हारी औरत की बचने की उम्मीद नहीं है। तो क्या बच्चा मर गया तो वह भी मर जायेगी। दोनों मर जायेंगे। नहीं-नहीं, उसे नहीं मरना चाहिए—ये तीन लड़कियाँ अनाथ हो जायेंगी—20 साल से बेचारी मेरे साथ दुख भोग रही है। मुसीबत झेली है लेकिन कभी शिकायत नहीं की। नहीं, उसे बचा लो भगवान! लेकिन बच्चा अगर मर गया तो स्त्री बच नहीं सकती, ऐसा डाक्टर कह रहा था। तो क्या बच्चे के मरने के लिए उसका मरना जरूरी है। क्या यह नहीं हो सकता कि बच्चा मर जाय और वह बच जाय! क्या यह सम्भव नहीं है? तो मैं सह लूंगा—दोनों ही मर जायें! हे भगवान, तू दोनों को उठा ले! मुझे बच्चा नहीं चाहिए। मुझे वैसे ही मुसीबत काफी है। मेरे माथे से इन दो का बोझ कम कर भगवान!'

उसकी चेतना विलुप्त-सी होने लगी! वह अपनी ही निगाहों में गिर गया। उसकी आत्मा बार-बार उसे फटकारती थी, 'रे नीच! तू बच्चे और पत्नी की कैसी कामना करता है!' पर उसने तुरन्त इस आवाज को दबाया—'कोई हर्ज नहीं। मुझे मंजूर है—लड़का मर जाय, औरत भी मर जाय! और तीनों लड़कियाँ

भी मर जायें। कितना अच्छा हो, अगर एकाएक हैजे से मर जायें या घर गिर पड़े और चारों दब जायें! या शाम को तालाब में डूब जायें। मैं एकदम हल्का हो जाऊँ।'

वह पागल-सा हो गया। उसकी आत्मा उसे धिक्कारने लगी पिता के राक्षस बन जाने पर! पर वह पछता नहीं रहा था अपने क्रूर विचारों पर!

इसी समय दरवाजा खुला! एक नर्स बाहर आयी। वह दौड़ा गया और पूछने लगा—'डॉक्टर साहब?' नर्स ने बेमन से कहा—'लड़का हुआ'... और आगे चल दी।

वह बड़ी उलझन में पड़ गया। क्या यहाँ सब लड़के एक-सरीखे नहीं होते? रात को एक लड़के का पैदा होना उसने देखा था, जब यही नर्स किलकारी मारकर 'बॉय-बॉय' चिल्लाती निकली थी जैसे उसी के लड़का हो गया हो! लेकिन इस समय उसने ऐसा कुछ नहीं किया! न किलकारी मारी; न कूदी। उदास मुख से 'लड़का' कहकर चली गयी! क्या हो गया? क्या यह दूसरे किस्म का लड़का है; वह दूसरे किस्म का? क्या यहाँ दो तरह के लड़के होते हैं! हाय रे अभागे! एक वह रात को हुआ था जिसने नर्सों को जन्मते ही खुशी से नचा दिया था, एक यह हुआ जिसने जन्मते ही नर्सों को उदास कर दिया। क्या दुनिया में आदमी जन्मते ही दो श्रेणियों में बँट जाता है? क्या एक की मौत भी उतनी दुखदायी नहीं होता, जितनी दूसरे का जन्म?

इसी समय नर्स ने आकर कहा—'तुम्हारी औरत मर गयी। उसे जल्दी उठाकर ले जाओ!' बेटे का बाप माथा पकड़कर बैठ गया। नर्स ने फिर फटकार लगायी—'बैठना क्या है, जल्दी औरत को उठाकर ले जा यहाँ से!'

आसमान से पानी की कुछ बूंदें टपकीं। उस गरीब की मौत पर आँसू बहानेवाला जमीन पर एक था, सो उसके आँसू सूख गये थे। आसमान से नहीं रहा गया, आँसू निकल पड़े।

लड़के ने पहला शब्द किया जिसमें नवीन जीवन की प्राप्ति की हिलोर नहीं थी; मौत की पहली हिचकी थी, जो आँख खोलते ही प्रारम्भ हो गयी। जिस स्तन से जीवन की पहिली धार वह चूसनेवाला था, वही खून सूख गया। अभागे ने आँखें खोलते ही अपनी माता को निगल लिया। उसके भाल पर दुर्भाग्य की रेखा ऐसी साफ उछली थी।

लड़के की माँ की लाश उठायी गयी और जला दी गयी। लड़का वहाँ रखा गया जहाँ बिना माँ के अनाथ बच्चे रखे जाते हैं और वहाँ पलता रहा। इसीलिए पाला गया कि वह जो उस समय सहज मौत मर रहा था, रोज जीकर मरने और मरकर जीने को बच जाय। एक किलकारी के बाद ही जिसके प्राण निकल सकते थे उसे इसलिए बचाया जा रहा था कि रोज वह मरे और रोज अपनी मौत आप ही मरे। उसको जीवन दिया जाने लगा, जिसका व्यर्थ जीवन इस मायने में कि वह मृत्यु को रोज टालते जाने का प्रयास मात्र।

और यही है वह मरसिया उस लड़के के जन्म का, जो आगे चलकर कल्लू

कहलाया और दस साल की अवस्था से एक कारखाने में लोहा काटने का काम कर रहा है। और यही मरसिया सहज ही उस लड़के के जन्म का मंगलगीत है जो पिछली रात को हुआ था और अब उस कारखाने का मालिक है।

पूंजीवादी अमेरिका की नैतिक पूंजो का दिवाला*

प्रसिद्ध विचारक तथा लेखक रसेल महाशय का कहना है कि जब कोई देश सभ्यता के शिखर पर पहुँच जाता है तब उस देश की स्त्रियों में काम-लिप्सा की वृद्धि होती है और इसके साथ ही राष्ट्र का अधःपतन प्रारम्भ हो जाता है। रसेल का कहना है कि इस समय अमेरिकन स्त्रियों में यह काम-लोलुपता अधिक दृष्टिगोचर होती है और 35 से 40 वर्ष की अवस्था की अमेरिकन स्त्री वेश्या का जीवन ग्रहण करना चाहती है, जिससे उसकी कामपिपासा शान्त हो। रसेल साहब के विचारों से रूढ़िवादी अमेरिकनों के विचार मेल नहीं खाते और अमेरिका तथा यूरोप में उनके आलोचकों की कमी नहीं है। उनके विचारों ने पश्चिम में एक क्रान्ति-सी उत्पन्न कर दी है और जीवन की अनेक बातों की ओर एक नवीन दृष्टिकोण से देखना सिखाया है। यद्यपि स्त्री-पुरुष के सम्बन्ध के विषय में उनके अपने स्वतन्त्र विचार हैं और एक अमेरिकन सम्भवतः उन पर कृत्रिम रोष भी प्रकट करे परन्तु अभी तक रसेल साहब ने अमेरिकन समाज की नैतिक स्थिति के विषय में जो कुछ कहा है, अक्सर सत्य ही पाया गया है। अमेरिकन स्त्रियों के नैतिक पतन की जो बात रसेल साहब ने कही है वह निर्मूल नहीं दिखती, क्योंकि अमेरिका की नैतिक स्थिति के विषय में हमें अन्य साधनों से भी कुछ इसी प्रकार की बातें मिलती हैं।

अभी कुछ महीनों पहिले समाचार पत्रों में एक आश्चर्यजनक समाचार छपा था कि 'हालीवुड' का एक अभिनेता इतना सुन्दर है कि उसे परदे पर देखकर अमेरिकन लड़कियाँ मूर्छित हो जाती हैं; तो लड़कियाँ उसे आसपास से घेर लेती हैं और इस बात की चेष्टा करती हैं कि उनका कोई अंग उससे छू जावे। और यदि किसी लड़की का कोई अंग उससे स्पर्श कर जाता है तो वह वहाँ पर एक कागज का टुकड़ा पिन से अटका लेती है जिस पर लिखा होता है—'Frankle touched me here.' (फ्रंकी ने मुझे इस स्थान पर स्पर्श किया)। इस प्रकार का 'सम्मान-पत्र' चिपकाये हुए वह लड़की अपने समाज में घूमती है और सबकी ईर्ष्या तथा आदर की पात्र बन जाती है। वास्तव में 'हालीवुड' तो अमेरिकन युवक-युवतियों का तीर्थस्थान-सा बन गया

* प्रहरी, 21 मार्च, 1954

है। वहाँ से निकलनेवाले चुम्बन, आलिंगन और कुत्सित प्रेम-लीला से भरे चित्र वासना को उभाड़ते रहते हैं। भारतवर्ष में भी इन गन्दी पाश्चात्य फिल्मों के प्रदर्शन के विरुद्ध आवाज उठ रही है। यहाँ पर यह कह देना असंगत न होगा कि हमारे कुछ भारतीय फिल्म निर्माता इन्हीं अमेरिकन निर्माताओं के पास अनैतिकता का पाठ पढ़कर उन्हीं के कदमों पर चलने लगे हैं। आवश्यकता इस बात की है कि ये इस प्रकार बिना लगाम के न छोड़े जावें। इन पर प्रतिबन्ध हो और खूब कड़ा प्रतिबन्ध हो, ताकि ये लोग जनता के सामने कला के नाम पर 'कूड़ा-करकट' न रखें।

समय-समय पर अमेरिकन डाक्टरों तथा धर्माचार्यों के वक्तव्य निकलते हैं जिनमें इस बात का उल्लेख होता है कि विवाह के समय अधिकांश अमेरिकन 'कुमारियाँ' गर्भवती होती हैं। बेचारे समाज-सुधारक इस नैतिक ह्रास के लिए चिन्ता प्रकट करते हैं और कुछ लोग अब कहने लगे हैं कि गन्दी फिल्म और अधिक अवस्था में विवाह इस पतन के मुख्य कारण हैं। इसी प्रकार के विचार हिटलर ने भी अपनी 'मीन केम्फ' में प्रगट किये हैं और इस बात की सिफारिश की है कि आर्थिक व्यवस्था ऐसी होनी चाहिए कि प्रत्येक जर्मन युवक जल्दी विवाह कर ले। नाटक और सिनेमा के विरुद्ध भी उसने बड़े उग्र विचार व्यक्त किये हैं।

यह तो मैंने ऊपर स्त्रियों की बात की। पुरुषों का यह हाल है कि अभी एक अमेरिकन जाँच कमेटी की रिपोर्ट प्रकाशित हुई है जिसमें बताया गया है कि संसार के विभिन्न कोनों में ऐसे लाखों बच्चे हैं जो अमेरिकन पिता की सन्तान हैं। ये अमेरिकन पिता वे सिपाही हैं जो संसार के अन्य देशों में 'प्रजातन्त्र' और 'स्वतन्त्रता' की रक्षा के लिए गये थे और वहाँ गैर-कानूनी बच्चे उत्पन्न करने का कार्य कर रहे थे। क्या अमेरिकन सैनिक अधिकारियों ने इन सिपाहियों पर कोई रोकथाम लगाने की आवश्यकता ही नहीं समझी या अन्य देशों की नैतिकता का भी अमेरिकन 'डालर' से ही मूल्यांकन किया?

अमेरिका में एक और अति घृणित प्रथा कुछ वर्षों से चल रही है और यह है 'Test-tube babies', अर्थात् कृत्रिम साधनों से सन्तान उत्पन्न करने की। यह क्रिया यूरोप के कुछ देशों में भी फैल गयी है, विशेषकर अंग्रेजों ने अपने समुद्र पार के चचेरे भाइयों से इसे सीख लिया है। सन्तान की इच्छा रखनेवाली स्त्री को किसी पर-पुरुष के पहिले से ही एकत्रित किये हुए वीर्य से गर्भ धारण कराया जाता है। इस प्रकार की क्रिया को 'वैज्ञानिक व्यभिचार' ही कह सकते हैं। इस प्रकार से उत्पन्न सन्तान कई कानूनी गुत्थियाँ उपस्थित तो कर ही रही है, नैतिक दृष्टि से यह अत्यन्त घृणित क्रिया है और अमेरिकन पुरुषत्व के लिए बड़ी अपमानजनक है। इस प्रकार उत्पन्न बच्चा जब बड़ा होने पर अपने जन्म की कथा सुनेगा तब उसके विकास पर कितना बुरा असर पड़ेगा। और फिर यह भी सम्भव है कि एक ही पुरुष के वीर्य से उत्पन्न दो भिन्न-भिन्न स्त्रियों की सन्तानों में अनजाने ही विवाह भी हो जावे। यह विवाह 'भाई-बहिन' का विवाह ही हुआ और मानवता के लिए इससे बढ़कर लज्जा की बात नहीं है।

आज अमेरिका संसार का साहूकार बन रहा है और यूरोप के कई देश उसकी दी हुई 'रोटी' खा रहे हैं। एशिया में भी अमेरिकन डालर फैल रहे हैं। संसार के सबसे समृद्धिशाली देश का इस प्रकार अनैतिकता के गर्त में गिर जाना बड़ी बुरी बात है। इस बात को मानने से कोई इन्कार नहीं कर सकता कि किसी भी उन्नत समाज में ज्यों ही विलासिता आयी त्यों ही उसका पतन आरम्भ हुआ। यदि रसेल साहब का यह कहना ठीक है कि अमेरिकन समाज उस स्थिति पर आ गया है जहाँ से पतन प्रारम्भ होता है तो उसके लिए यह बड़ी भयावह समस्या सामने है। देखें, वह किस प्रकार इसे हल करता है? देखें, साम्राज्यवादी अमेरिका को इस भयानक परिस्थिति में डालर कैसे बचाता है, इस नैतिक दिवाले से उसकी कैसे रक्षा करता है?

श्री वैशाखनन्दन नेता हो गये!*

आवश्यकता है

सरकारी पांग्रेस पार्टी के लिए कुछ नेताओं की आवश्यकता है। नियुक्ति फिलहाल 6 वर्षों के लिए होगी। योग्यता प्रमाणित होने पर स्थायी रूप से नियुक्ति हो सकेगी।

योग्यताएँ

(1) कम-से-कम अपने गाँव या नगर की जनता को मूर्ख बना सकने की क्षमता।
(2) कालाबाजार, घूसखोरी, मुनाफाखोरी या इन्कमटैक्स चोरी में से कम-से-कम एक विद्या में निपुणता।
(3) चन्दा दे सकने और चन्दा खा सकने की क्षमता।

कार्य

(1) पाँच वर्षों तक ऊँचा हाथ करना।
(2) भाषण देना।
(3) बड़े नेताओं का आदर-सत्कार करना।
(4) भ्रष्टाचार को प्रोत्साहन देना।

* प्रहरी, 12 सितम्बर, 1954

आवेदन-पत्र प्रदेश पांग्रेस अध्यक्ष के पास तारीख 31.12.52 तक आ जाना चाहिए।

सही, (अध्यक्ष)

पांग्रेसाधिपति

'सत्यमेव जयते' वाले भारत 'दैट इज इण्डिया' नामक महाप्रदेश के एक नगर में वैशाखनन्दन नामधारी एक अत्यन्त निपुण सज्जन निवास करते थे।

उन्होंने विज्ञापन पढ़ा। प्रार्थना-पत्र का फार्म बुलवाया और भरा—

प्रार्थना-पत्र की सही नकल

(1). **नाम**—वैशाखनन्दन।

(2) **उम्र**—स्कूल-रजिस्टर के अनुसार 35 साल, कोटवार की किताब में 41 साल, अस्पताल में 50 साल।

(3) **शिक्षा**—मैट्रिक में 5 बार फेल। पंजाब विश्वविद्यालय से 100 रु. में बी. ए. का सर्टिफिकेट प्राप्त, जो बाद में पोल खुलने पर जब्त। विद्या के लिए हमारे इस त्याग पर ध्यान दिया जाय। जेल जाते-जाते बचे।

(4) **देशसेवा**—अँगरेज सरकार के जमाने में परम पूज्य स्वर्गीय पिता रायबहादुर थे। हमारे कलैण्डर पर पहिले पंचम जॉर्ज की फोटो छपती थी अब सन् 1947 से महात्मा गाँधी और जवाहरलाल की छपती है। प्रसिद्ध क्रान्तिकारी 'रणवीर' को हमारे पिताजी ने ही गिरफ्तार करवाया था। आज तक किसी भी हड़ताल में हमारी दूकान बन्द नहीं रही। पांग्रेस को भी हमने चन्दा दिया था, पर गुप्त रूप से। अब हम खादी पहिनते हैं। हमने महात्मा गाँधी की आत्मकथा पढ़ी है। बहुत अच्छी किताब है। उसका 'सेल' अच्छा है। हमने एक बार उसे चोरी से छापकर बेचने की कोशिश की थी पर पकड़ गये तो सब प्रतियाँ जला देनी पड़ीं। लगभग बीस हजार का नुकसान हुआ। यह नुकसान हमने महातमा गाँधी के लिए भोगा। इसलिए इसकी गिनती देशसेवा में होनी चाहिए।

(5) **जनसेवा** (1) हमारे कारखाने के मजदूर साल में एक-दो बार हड़ताल भी करते हैं। हम उन्हें कम वेतन देकर त्याग सिखाते हैं। देश को इस समय त्याग चाहिए। (2) हम लेन-देन भी करते हैं और अब तक प्यारे देशवासियों के लगभग 1000 हजार मकान और 10हजार बीघा जमीन बेदखल कराके नीलाम करा चुके हैं। (3) दूकान पर 'धरम पेटी' रखी है जिसमें ग्राहकों से पैसा डलवाकर अपने नाम से धर्म करते हैं। (4) हमारे यहाँ कई मुनीम और मजदूर हैं जिनको नौकरी देकर हम भूखा मरने से बचाते हैं।

(6) **आर्थिक स्थिति**—यह नहीं बतायी जाती। इन्कमटैक्सवाले तंग करते हैं। व्यापारी की आमदनी वेश्या की उम्र-जैसी होती है। वैसे आपसे बाहर थोड़े ही हैं।

(7) **नैतिक स्तर** (1) कालाबाजार में एक बार जेल गये थे—फैसले की नकल नत्थी है। (2) कोई भी चीज हमारे यहाँ बिना मिलावट नहीं बिक सकती।

(3) हमारे यहाँ 200 रु. माहवार पर एक 'घूस विशेषज्ञ' नियुक्त है जिसका काम होशियारी से घूस देना है। ये घूस के मामले में 'डिसमिस्ड' एक्साइज इन्स्पेक्टर हैं।
(4) हमारे पास तीन ज़ोड़ी खाता-बही हैं।

(8) **अनुयायी**—साले लकड़े तक हमारी बात नहीं मानते ! पर हाँ, मुनीम लोग हमारे अनुयायी हैं। मजदूर तो हमारे बिल्कुल खिलाफ हैं।

(9) **भाषण कला**—ज़रा तुतलाकर बोलते हैं। कभी 10 से अधिक आदमियों से बात नहीं की।

(10) **महत्त्वाकांक्षा**—हम मन्त्री बनना चाहते हैं। हमें लोककर्म विभाग (पी. डब्ल्यू. डी.) के मन्त्री बनना है, क्योंकि हमें हमारे स्वर्गीय पिताजी का एक बड़ा स्मारक बनवाना है और शहर में दो-तीन हवेलियाँ खड़ी करनी हैं। यही हमारी लौ लगी है।

प्रदेश पांग्रेस कमेटी कार्यालय

पत्र संख्या··· ता.······

आपका प्रार्थना-पत्र स्वीकृत किया गया। आपकी योग्यता से कार्यकारिणी बहुत प्रभावित हुई। आपको विधानसभा के चुनाव के लिए पार्टी की ओर से टिकिट भी दी गयी है। आप अविलम्ब निम्नलिखित शर्तें पूरी करें—

(1) इन्कमटैक्स में से 50 हजार की रकम किसी संस्था को दान करके अखबारों में छपवाएँ।
(2) पांग्रेस फण्ड में 25 हजार रुपये दें।
(3) मेरे पुत्र के नाम से मैंने जो लिमिटेड कम्पनी खोली है, उसमें कम-से-कम 25 हजार रुपये के 'शेयर' खरीदें।
(4) पाँच भाषण भेजे जा रहे हैं जिन्हें रटकर अपने मण्डलेश्वर को सुनावें तथा उनका इस विषय का प्रमाण-पत्र दफ्तर को भेजें।
(5) कम-से-कम 50 निठल्लों को चाय-नाश्ता कराना आरम्भ करें और उन्हें आस-पास हिलगाये रहें।

नोट—इस सब खर्च के लिए आपको परेशान होने की जरूरत नहीं। यह सरकारी दल है। इस दल के विधान की धारा 121-अ के अनुसार दल के किसी नेता को इन्कमटैक्स नहीं देना पड़ता। इस सम्बन्ध में इन्कमटैक्स अफसर को हिदायतें इस दफ्तर से भेजी जा चुकी हैं।

आप कम-से-कम 6 माह के लिए एक दैनिक या साप्ताहिक पत्र शुरू करें, जिसमें आपकी फोटू, गुणगान और वक्तव्य छप सकें।

अपने निम्नलिखित चित्र उतरवाकर तुरन्त कार्यालय भेजें—
(अ) माला पहिनकर हाथ जोड़े हुए।
(ब) हाथ में कुदाली लेकर जमीन पर मारते हुए।
(स) मजदूर के बच्चे को गोद में लिये हुए।

(ड) भिखारियों को भोजन बाँटते हुए।

(इ) लाउडस्पीकर के सामने खड़े हुए।

सही, पांग्रेसाधिपति।

बाल-बाल बच गये !*

मोटर दुर्घटना से ?

रेल दुर्घटना से ?

तिमंजले से गिरने पर ?

नहीं, उपमन्त्री होते-होते बाल-बाल बच गये ! और बार-बार बच गये।

न जाने इस मध्यप्रदेश की राजधानी नागपुर में कौन ऐसा भूत बैठा है कि हर 4-6 महीनों में खबर उड़ा देता है कि अब 6 उपमन्त्री नियुक्त होनेवाले हैं। अखबारों में छप जाती है और राज्य के सैकड़ों एम. एल. ए. महीनों तक हनुमानजी के बायें पैर का सिन्दूर कण्ठ में लगाते हैं ! जो मूर्ख है वह समझता है कि मैं शायद इसीलिए ले लिया जाऊँ कि 'सबतैं भले विमूढ़, जिनहि न व्यापै जगत गति', जो धूर्त है वह समझता है कि राजनीति और धूर्तता का शिष्य और गुरु सम्बन्ध है, जो व्यापारी है वह समझता है कि इतने बड़े राज्य में लाखों रुपये के काम होते हैं, मुझे ही इस पद के योग्य समझा जायगा।

ब्राह्मण समझता है कि मैं इसलिए ले लिया जाऊँगा कि ब्राह्मण हूँ और अब्राह्मण समझता है कि मैं शायद इसीलिए ले लिया जाऊँ कि राज्य के राजा कम-से-कम एक बार जातिवाद के दोष से बचना चाहेंगे।

एक किस्म के नेता होते हैं—'खानदानी नेता !' खानदानी पटवारी, खानदानी पुरोहित की तरह ये भी पीढ़ी-दर-पीढ़ी होते जाते हैं ! पटवारी का बेटा 'खसरा-जमाबन्दी' सीख लेता है और बाप की जगह सँभाल लेता है। पण्डित का बेटा संकल्प का मन्त्र और सत्यनारायण की कथा सीखकर बाप के यजमानों को सँभाल लेता है। हमारे यहाँ नेता पिता का बेटा नेता हो जाता है।

खानदानी नेता की बात निराली होती है। देवमूर्ति जिसके ऊपर लदी है उस बैल-जैसी दण्डवत उसे पहिले-पहिले मिलती है। फिर आसपास कुछ लोग इकट्ठे हो जाते हैं, जो बैल को 'नाँदिया' बना देते हैं—उसकी पूजा होने लगती है ! यह इस तरह होता है—'भैया सा'ब ! फलाँ स्कूल में आपका भाषण जमा दिया है ! भैया

* प्रहरी, 21 नवम्बर, 1954

सा'ब ! शिकारी क्लब में आपको सभापति बनवा दिया है। भैया सा'ब ! व्यापारी मण्डल के अध्यक्ष बन गये आप। भैया, नारी-मण्डल में भाषण जमवा दिया आपका। भैया, चोर सम्मेलन के सभापति हो गये आप !' और खानदानी नेता, कला, संस्कृति, साहित्य, व्यापार, कृषि, विज्ञान और सन्तति शास्त्र पर समान अधिकार से nonsense बोलने लगता है।

बात उपमन्त्रियों की हो रही थी। ऐसे खानदानियों को सबसे अधिक विकलता होती है, जब उपमन्त्रियों की खबर छपती है। जब किसी हलक़े का पटवारी मरता है या नया पटवारी नियुक्त होना होता है तब पुराने पटवारी का सीखा-सिखाया बेटा ही तो दौड़ लगाता है कि मुझे जगह मिल जाय !

तो साहब, 6 बार ऐसा हो चुका है इस अभागे प्रान्त में कि अनेक उम्मीदवार उपमन्त्रियों के बिस्तर कई बार बँध गये और कई बार खुल गये। खानदानी नेताओं की बात और दर्दनाक है !

खानदानी नेता के पास अगर आप पहुँच जायें और कहें—'भैया सा'ब, ये अखबार में खबर छपी है कि आप उपमन्त्री हो रहे हैं !' तब भैया सा'ब एकदम गम्भीर हो जायेंगे। दिन-भर से उस खबर को शहद लगाकर चाट रहे होंगे पर उस समय बिल्कुल अनजान बनकर कहेंगे—'कहाँ ? कहाँ छपी है ? मुझे तो इस बारे में कुछ नहीं मालूम ! मुझसे तो नागपुर में किसी ने पूछा नहीं !'

और अगर आपकी पत्नी भीतर जायें, याने नेता की पत्नी के पास, तो देखेंगी कि बहुत से पापड़ बन रहे हैं। वह पूछे—'काए बाई सा'ब, इत्ते पापड़ काये के लाने बन रये ?'···तो बाई सा'ब कहेंगी—'काए तुमका सोउत रहथ हो ? जिमाने-भर में खबर फैल गयी कि बाबू डिप्टी मिनिस्टर होबे बारे हैं, सो अब नागपुर जाकै रहने पर है। साथ ले जाबे के लाने पापड़ बन गये हैं।'

5-6 बार इस तरह पापड़ बनकर बरबाद हो गये हैं। हे नागपुर के देवताओ ! अब तो बुला लो तुम परमधाम को !

बाल-बाल आखिर कौन बच गये !

भैया सा'ब की लिमिटेड कम्पनी के 4 लाख के शेयर अब डेढ़ लाख के रह गये हैं—भैया सा'ब ने कम्पनी की जब यह दुर्गति कर दी है तो राज्य की जिम्मेदारी इन्हें जरूर ही मिलनी चाहिए। और वकील साहब एक संस्था के मन्त्री थे तब कहते हैं हजारों का गोलमाल हो गया था। मुकदमा चल रहा है—ये भी राज्य की जिम्मेदारी के योग्य प्रमाणित हो गये ! इसी तरह काका सा'ब, बाबू सा'ब, भैया सा'ब आदि का हाल है।

वैसे ही हम बहुत पीड़ित हैं। ये सब हो जाते तो क्या हाल होता ?

तो अब यह सब हल्ला-गुल्ला हो जाता है और ये सब लोग appoint नहीं होते, बल्कि disappoint होते हैं। तब बाल-बाल कौन बच जाते हैं ?

निश्चय ही, हम प्रजाजन 5-6 बार बाल-बाल बच गये।

साहित्य के अमृत-घट में राजनीति का घासलेट !*

मध्यप्रदेश हिन्दी साहित्य सम्मेलन की बात इस बार करनी है। 'गिरा अर्थ जल बीचि सम, कहियत भिन्न न भिन्न।' तुलसी की प्रसिद्ध उक्ति है जिसमें 'शब्द' और 'अर्थ' की अभिन्नता का रूपक साधा है महाकवि ने।

और हमारे इस जमाने में महासेठ ने साधा है 'गिरा' और 'अर्थ' के परस्पर विपरीत होने का रूपक—'हिन्दी साहित्य सम्मेलन।'

बात समझाऊँगा। मध्यप्रदेश हिन्दी साहित्य सम्मेलन जिसका नाम है उसमें 'हिन्दी' इतनी है कि वह हिन्दी के नाम पर चलता है और 'साहित्य?' जहाँ साहित्य की बिल्कुल बात न हो, जो असाहित्यिक है—(व्यक्ति और बात), उसी का सम्मेलन ! बहुव्रीहि समास का विग्रह कर यों कह सकते हैं—

'जहाँ से हिन्दी साहित्य निष्कासित कर दिया गया हो—सो हिन्दी साहित्य सम्मेलन!'

गोंदिया जाकर जब हमने अकोला की दूकान की 'गोंदिया ब्रांच' का उद्घाटन देखा तो तय किया कि 'न गंगदत्तों पुनरेति कूपं !'

'ह्याँ की बातें तो यहिं छोड़ों, अब आगे का सुनो हवाल।'

दुर्ग सम्मेलन में 'सरकारी' स्वयंभू साहित्यिकों ने प्रस्ताव रखा कि साहित्य सम्मेलन एक अभिनन्दन ग्रन्थ भेंट करे। किसे ?

बख्शीजी को ?

नहीं, उन्हें नहीं। उन्होंने तो जीवन-भर साहित्य के लिए ही घोर तप किया है। फकीरी स्वीकारी है।

पण्डित माखनलालजी को ?

नहीं, उन्हें भी नहीं ! उन्होंने तो इस प्रदेश के जीवित साहित्यकारों में सबसे अधिक वर्ष साहित्य-सृजन को दिये हैं।

इन दोनों तथा अन्य अनेक साहित्य-साधकों को साहित्य सम्मेलन अभिनन्दन ग्रन्थ भेंट नहीं करेगा। वे तो निरे साहित्यकार हैं बेचारे !

फिर किसे ?

प्रान्त के मुख्यमन्त्री पण्डित रविशंकर शुक्ल को उनकी सेवाओं के लिए।

हमने मान लिया, पण्डितजी ने हिन्दी के चरणों में माथा झुकाया है—सेवा की है। वे वयोवृद्ध हैं। उनका असम्मान हमें भी स्वीकार नहीं। पर साहित्य सम्मेलन 'साहित्य'-सेवा के लिए अभिनन्दन करना चाहे तो किसका करेगा ? शुक्लजी का ?

* प्रहरी, 19 दिसम्बर, 1954

या चतुर्वेदीजी व बख्शीजी का ? इस प्रश्न का उत्तर स्वयं शुक्लजी से किसी ईमानदारी के निर्मल क्षण में पूछ लीजिए—उत्तर उनके अपने पक्ष में बिल्कुल न होगा।

शुक्लजी का प्रधानतः राजनैतिक जीवन है। राजनीति में सेवाएँ हैं। जो उनकी 'सेवा'-'सेवा' की पुकार लगाते हैं और इस कारण उनके सिर पर साहित्य का मुकुट धरना चाहते हैं, वे इस बात को समझें कि राज्य की राजगद्दी पर इतने वर्षों तक बिठा देना उनकी समस्त सेवाओं का अधिक पुरस्कार है! बस! इससे अधिक नहीं।

कोई भी मुख्यमन्त्री डाक्टर रघुवीर को सरकारी पैसे से शब्दावली निर्माण के लिए बिठा सकता है।

कोई भी मुख्यमन्त्री हुक्म दे सकता है कि फलाँ तारीख से शासन का काम हिन्दी में हो।

यह राजभाषा का सवाल है। कोई भी सरकार इसे करेगी। यह उसका कर्तव्य है। उसके लिए अभिनन्दन ग्रन्थ नहीं अर्पित किया जाता। मुख्यमन्त्री पद इस सबका यथेष्ठ से अधिक पुरस्कार है।

शुक्लजी के प्रति हमारे मन में फिर भी कोई असम्मान नहीं। हमें अच्छा लगता अगर वे कह देते कि नहीं, अभिनन्दन करो उनमें से किसी का जिन्होंने अपनी रक्त की हर बूंद से साहित्य का सृजन किया है। पर पण्डितजी बहुत 'भोले' हैं। होंगे साहब!

तो दुर्ग की बात सुनिए। 'शुक्ल अभिनन्दन ग्रन्थ' का प्रस्ताव आया। किसी ने 'माखनलाल अभिनन्दन ग्रन्थ' का प्रस्ताव रख दिया। इस तरह जन्म-भर साहित्य-सेवी की और जन्म-भर राजनीतिसेवी की टक्कर करा दी—साहित्य सम्मेलन में ही! बात टाली गयी और निर्णय किया गया कि कार्यकारिणी इसका निर्णय करेगी।

इस बीच में अभिनन्दन के उत्साहियों ने तिकड़म जमाना आरम्भ किया। उत्साहियों के उत्साह की भी व्याख्या करना पड़ेगी और इस उत्साह-नद के उद्गम को खोजना पड़ेगा।

बात सीधी है। 'पण्डित नेहरू के बाद कौन?' के 'माडल' पर मध्यप्रदेश में 'पं. शुक्ल के बाद कौन?' चल पड़ा है; खासकर उनकी दिल्ली में बीमारी के बाद (वे चिरायु हों!) और साहित्य-सम्मेलन के सभापति अपने को शुक्लजी का निकटस्थ, कृपापात्र, विश्वासपात्र, उत्तराधिकारी बनाने में संलग्न हैं। इस अभिनन्दन ग्रन्थ की सीढ़ी पर चढ़कर शुक्लजी की कृपा के शिखर पर चढ़ना चाहते हैं। उन्हें मुख्यमन्त्री बनना है भाइयो! यह तो हुआ उद्गम इस 'अभिनन्दन-उत्साह-नद' का।

अब इसमें नाले भी आकर मिल गये हैं—

अखबार में सरकारी विज्ञापनों के स्वार्थ का नाला!

ऊँची सरकारी नौकरी का नाला!

पुरस्कार का नाला !

ठेके का नाला !

इन्कमटैक्स-बचत का नाला !

भ्रष्टाचार-दोष-मुक्ति का नाला !

आदि। और यह नद बड़े वेग से बदबदाता हुआ आगे बढ़ रहा है।

कार्यकारिणी की बैठक तक 'उत्साहियों' ने माखनलाल अभिनन्दनवाले प्रस्ताव को वापिस करा लेने का प्रबन्ध कर लिया था ! बैठक में वह वापिस हो गया। और शुक्लजीवाला मंजूर हो गया। पर इसके बाद माखनलालजीवाले प्रस्ताव के जनक प्रस्ताव-वापसी का स्पष्टीकरण करने खड़े हुए कि उनके नाम से धन नहीं मिल सकता, इसलिए साहित्यकारों का अभिनन्दन करना कठिन है।

अतएव मुख्यमन्त्री का ही अभिनन्दन करना चाहिए, क्योंकि उनके नाम से धन मिल सकता है।

धन्य है !

पर वे यह भी बोले कि माखनलालजी के लिए तो मैं ही 10 हजार रुपये इकट्ठे करा सकता हूँ।

तो सभापतिजी बोले—'मैं 15 हजार देता हूँ, मेरा ही अभिनन्दन करा दो !' धन्य है कुबेर !

याने साहित्यकारों के नीलाम के लिए बोलियाँ लगने लगीं। सेठ सभापति की बोली सबसे ऊँची होने ही वाली है। माखनलालजी हार गये।

पर छीछालेदर हो गयी। साहित्य के अमृत-घट में राजनीति का घासलेट बेचनेवालों ने गत कर दी ! उनके नादान दोस्तों ने भी !

और अब सम्पादन-समिति बन गयी है भाइयो !

महाजनी सभ्यता के इस युग में अब अभिनन्दन कराना बहुत सहज हो गया है। आप 10-15 हजार रुपये लेकर सम्मेलन के पास जाइए, वह आपका अभिनन्दन कर देगा। मन्त्री हो गये तब तो यह कीमत दूसरे ही पटा देंगे। अगर आप साहित्यकार हैं तो आपका अभिनन्दन नहीं होगा, क्योंकि आपके पास पैसा है न आपको कोई पैसा देगा !

गोंदिया सम्मेलन में अपनी 35 वर्षों की तपस्या की दुहाई देकर 'सेठ-मन्त्री' को सभापति बनाने के लिए झोली में 'वोटों' की भीख बटोरनेवाले श्रद्धेय पं. माखनलाल चतुर्वेदी को यह लेख सग्लानि, सरोष, सादर समर्पित है।

और हिन्दी के साहित्यकारो !

'मोर भवन' की ईंटों को चाटो और साहित्य-सृजेताओं का अनादर होते देखो !

इस प्रकार 'सियावर रामचन्द्र की जय' हो गयी।

कांग्रेस, सेठ और समाजवाद !*

'भारत में समाजवादी व्यवस्था कायम होगी।'...

एक दिन पण्डित नेहरू ने यह बात कह ही दी।

और कांग्रेस में आजकल 'नेहरू फैशन' चल रहा है। नेहरू जाकेट, नेहरू गुलाब की कली, नेहरू का रोष, नेहरू की नाटकीयता, नेहरू के शब्द!

बस दूसरे दिन से कांग्रेसजनों ने वाक्य को प्रतिध्वनित करना आरम्भ कर दिया। प्रदेश के सभासदों ने कहा, विधान सभाइयो ने कहा, मण्डलेश्वरों ने कहा, सेठ कांग्रेसी ने कहा, गबडूनन्दन ने कहा, भगडूराम ने कहा—समाजवाद! समाजवाद!

समाजवाद, याने क्या चीज? यह किसी को नहीं मालूम। पण्डित नेहरू ने कहा है, वही जानें। हमने कौन खुद कहा है! इस प्रकार समाजवाद की बात चल पड़ी है।

इसके बाद ही कांग्रेस के चुनाव होने लगे और समाजवाद को खुलकर खेलने का मौका मिल गया। कल-परसों एक उपचुनाव में एक व्यक्ति जीत गया और कांग्रेस महासमिति का सदस्य हो गया। हमने चौराहे पर सुना कि लो फलाँ सेठ की जीत हो गयी! वह आदमी, जो जीता, वह तो सेठ नहीं है। पर उसकी जीत किसी सेठ की जीत कहलायी, इसका क्या रहस्य है? जीतनेवाले का अपना कोई नाम नहीं, उसकी जीत अपनी कोई जीत नहीं। उसका अस्तित्व सेठ के पेट में लुप्त हो गया। यह 'सह-अस्तित्व' के सिद्धान्त का पालन भी हो गया।

बात को और समझने की जरूरत है। क्या कारण है कि लोग जीतते जाते हैं और उनकी जीत कभी इस सेठ की जीत कहलाती है कभी उस सेठ की जीत। समस्या सरल है। मूल रहस्य यह है कि अभी जो कांग्रेस कमेटियाँ बन रही हैं वे ही आगामी आम चुनावों में टिकिट देंगी। इसलिए जिसका बहुमत अभी हो गया, उसको टिकिट मिल गया! इसी सूत्र पर कांग्रेस के चुनाव हो गये।

और सुना जाता रहा कि फलाँ सेठ ने इतने सदस्य बना लिये हैं—4 हजार रुपये पास से शुल्क देकर, और फलाँ सेठ की दूकानें तो गाँव-गाँव फैली हैं। हर गाँव में उसके सदस्य बन रहे हैं। अर्थशास्त्र में इसे मोनोपली कहते हैं।

जितना माल बाजार में है, वह सब जब एक सेठ खरीद ले और फिर मनमाने दाम पर बेचे, तब यह उसका मोनोपली ट्रेड कहलाता है। कांग्रेस के मेम्बर अब बाजारू माल हो गये हैं जिन्हें कभी यह सेठ खरीदता है कभी वह सेठ। और इनकी कीमत? आठ आना नग!

आप इसे दुर्भाग्य की बात कहेंगे। आप शर्म करेंगे कि आखिर आदमी आठ आने

* प्रहरी, 16 जनवरी, 1955

में बिकने लगा है ? पर यह सब कांग्रेसी समाजवाद है। कांग्रेसी समाजवाद में मनुष्य 'कच्चा माल' होता है, जिसे सेठ खरीदकर पक्का माल बनाकर बेचता है जिससे उसे लाभ होता है ! जैसे वह अन्य व्यापार में रुपये लगा देता है वैसे ही 4-6 हजार कांग्रेस के मेम्बर बनाने में लगा देता है–यह उसकी लागत (इनवेस्टमेण्ट) है। इससे आगे चलकर उसे लाभ होता है—वह संसद या विधानसभा का सदस्य बनता है, उसे ठेके मिलते हैं, उसका आयकर बचता है।

पण्डित नेहरू तो रोज ही समाजवाद का नारा लगाते हैं। पर समाजवाद को अमल में लाने का काम करते हैं, यही कांग्रेसी व्यापारी ! इस प्रकार जब सब मनुष्यों की नीलामी हो जायेगी तब सच्चा समाजवाद कायम हो जायेगा। परन्तु पण्डितजी घोर आशावादी हैं। वे इसी कांग्रेस के बल पर समाजवाद लानेवाले हैं। याने वे भेड़ियों को अहिंसा सिखानेवाले हैं, उन्हें घास चरना सिखानेवाले हैं, उन्हें भेड़ों पर दया करना सिखानेवाले हैं ! दुनिया में क्या चमत्कार नहीं होते ?

अब समाजवाद आ रहा है। बेकारी बढ़ रही है, लोग या तो रिक्शा चलाना सीख रहे हैं या भूखा मरना ! विदेशों में हमारी वाह-वाह हो रही है, देश में हाय-हाय मची है। धीरे-धीरे भारत के नागरिक रिक्शावाले या भिखारी हो जावेंगे—याने सब एक ही आर्थिक स्तर पर आ जावेंगे। यही समाजवाद है— आर्थिक समानता !

आप अगर कहीं यह सुन लें कि बीड़ी सेठ जीत गये हैं तो विचलित न होइए। यह कांग्रेस की समाजवाद की योजना के अनुसार ही हो रहा है।

एक दिन सेठ लोग सरकार से मंजूरी ले लेंगे कि हमारे आदमियों के गाल पर हम अपनी सील लगायेंगे; जैसी नगरपालिका के बैलों के पुट्ठों पर होती है। हर एक की सील रजिस्टर हो जायेगी। और आप किसी भी कांग्रेसी के गाल की सील को देखकर ही जान पावेंगे कि वह किस सेठ के फिरके के हैं। आखिर कांग्रेस का चुनाव-चिह्न बेमतलब तो नहीं है।

तो समाजवाद आ रहा है। तैयार रहना पड़ेगा। कहीं ऐसा न हो कि हमारे ही ऊपर आ धमके। समाजवादी ठप्पे से बचना युगधर्म है भाइयो !

फिर अली-आलिया !*

बेचारे मोहम्मद अली कहीं के नहीं रहे। पहिले राजदूतों की नियुक्ति करते थे, अब खुद दूसरे के हुक्म से जा रहे हैं। और पाकिस्तानी औरतें उनके पीछे हाथ धोकर पड़ गयी हैं, सो अलग।

* प्रहरी, 4 सितम्बर, 1955

कुछ समझ में नहीं आता कि आखिर बेचारे ने एक और सुन्दर लड़की से शादी करके क्या गुनाह कर लिया। पाकिस्तान की एक स्त्री, बे-ब्याही तो रही नहीं। अगर एक और 'एक्सट्रा' रख ली तो क्या हर्ज है। पर इस पूरे मामले में स्त्री और पुरुष की ईर्ष्या काम कर रही है। जब मोहम्मद अली ने उस सुन्दरी से शादी की तो पाकिस्तान के मन्त्रियों और नेताओं को आग लग गयी। आग लगने की बात ही है। वे सब टापते रह गये और मोहम्मद अली ने नवोढ़ा सुन्दरी से परिणय कर ही लिया। बस उसी दिन से मोहम्मद अली के खिलाफ षड्यन्त्र शुरू हो गये और आखिर उसे उखाड़ फेंका। इस सब उलट-फेर में लोगों को राजनीति दिखती हो तो दिखे, हमें तो यही नजर आता है कि पुरुष की ईर्ष्या के कारण हुआ यह सब काण्ड।

उधर स्त्रियों की भी ईर्ष्या जागी। पाकिस्तान के प्रधानमन्त्री मोहम्मद अली की पत्नी बनना कोई कम गौरव की बात तो है नहीं। कल तक जो सेक्रेटरी थी, वह एकदम पत्नी बन गयी और हवाई जहाज में बैठकर कान्फ्रेन्सों में जाती रहती है। इससे पाकिस्तानी स्त्रियों को ईर्ष्या होना स्वाभाविक ही था। इसीलिए उन्होंने आन्दोलन कर दिया और बेचारे मोहम्मद अली को इस कदर बदनाम कर दिया कि जैसे वह इस्लाम का सबसे बड़ा दुश्मन हो। लेकिन मोहम्मद अली प्रेमवीर निकले। सबकुछ छोड़ दिया, पर आलिया को नहीं छोड़ा। ठीक ड्यूक आफ विण्डसर की बगल में बैठने योग्य हैं।

सेक्रेटरी की बात निकली तो कई किस्से याद आते हैं। सेक्रेटरी और साहब के सम्बन्ध से कोई चौंकता नहीं है। कितने बड़े-बड़े लोगों ने अपनी सेक्रेटरी से शादी की है। शादी नहीं की तो भी शादी में कोई कसर थोड़े ही रह जाती है। पश्चिमी देशों में बड़े-बड़े नेताओं, अफ़सरों और मन्त्रियों की पत्नियों से कोई पूछे कि दुनिया में अगर एक व्यक्ति को मारने का अधिकार उन्हें दे दिया जाय तो वे किसे मारेंगी? तो 100 में से 100 ये कहेंगी—'मेरे पति की सेक्रेटरी को।'

एक साहब दफ्तर से लौटे तो उनकी पत्नी ने कहा, 'डियर, तुम्हारी सेक्रेटरी के बाल बहुत मुलायम और सुनहरे हैं।' साहब ने पूछा, 'तुमने कैसे जाना?' और पत्नी ने कोट की कालर पर से 2-3 बाल उठाकर बतला दिये।

कभी-कभी बड़ी निर्दोष भूल भी हो जाती है। एक बार एक अमेरिकन उद्योगपति भारत आये। उनके साथ में उनकी पत्नी थी। भारत के एक अफसर को उनका परिचय देते हुए वे बोले—This is my wife who is acting as my Secretary also.' (ये मेरी पत्नी हैं, जो सेक्रेटरी का काम भी कर रही हैं।) अब उक्त अफसर उनका परिचय अन्य लोगों से कराने लगे तो बोले—'This is his Secretary who is acting as his wife also' (ये उनकी सेक्रेटरी हैं जो पत्नी का काम भी कर रही हैं।)

इसलिए अगर अली ने आलिया से विवाह कर ही लिया तो यह बात अधिक नीति-संगत हो गयी। और पाकिस्तान की नारियों को गर्व करना चाहिए कि उनके यहाँ के नर ने विदेश की एक कुमारी को विजित तो किया।

'अघोर भैरव' तो यही कहता है कि त्रिपुर सुन्दरी ने जिस रूप में तुझे मोहित किया है, उसी रूप में उसे ग्रहण कर। और मोहम्मद अली 'अघोर भैरव' का सच्चा शिष्य सिद्ध हुआ, इसकी प्रसन्नता है।

लेकिन नारी का क्या करोगे? वह तो आन्दोलन करेगी ही। अब तो वे यहाँ तक आन्दोलन कर रही हैं कि मोहम्मद अली को अमेरिका में राजदूत नियुक्त नहीं किया जाना चाहिए, क्योंकि इससे देश की तौहीन होगी। तौहीन क्यों होगी? कहती हैं इसलिए कि जिस दूतावास में आलिया एक मामूली क्लर्क थी, उसी में वह राजदूत की पत्नी होकर रहेगी?

पर इसमें तौहीन कहाँ हुई? तौहीन तो तब होती जब मोहम्मद अली अभी तक उससे विवाह नहीं करते। अमेरिकावाले धिक्कारते कि पाकिस्तानी भी कितने मुर्दा-दिल हैं। पाकिस्तानी बीवियाँ अमेरिका को जानती नहीं हैं। अमरीकी उपन्यास पढ़ें तब जानेंगी कि जब तक किसी बड़े आदमी की एक-दो रखैल नहीं होतीं तब तक वह इज्जतदार नहीं माना जाता। अमेरिकावालों को तो अली का यह काम बड़ा अच्छा लगेगा।

लेकिन अब इतना पक्का हो गया है कि आलिया आइन्दा मोहम्मद अली को महिला सेक्रेटरी नहीं रखने देंगी।

और आओ बेटा हिन्दुस्तान में!*

एक जर्मन युवक है। वह साइकिल पर विश्व-भ्रमण करने निकला है। कई देशों से घूमकर आ रहा था।

भारत आया। यहाँ अस्पताल में मरहम-पट्टी करवा रहा है।

साइकिल से गिरा नहीं वह।

वह तो चला जा रहा था कि लुटेरों ने उसे घेर लिया, लाठियों से मारा और उसकी साइकिल, कैमरा तथा रिवाल्वर छीन ली।

* प्रहरी, 30 अक्टूबर, 1955

और आओ बेटा हिन्दुस्तान में !

और अब जाकर यूरोप में कहना कि हिन्दुस्तान तो लुटेरों और जंगली लोगों का मुल्क है।

जब तुम साइकिल पर इंग्लैण्ड से गुजरे होगे तो अंग्रेज युवतियों ने तुम पर फूल बरसाये होंगे। फ्रान्स से जब निकले होगे तो राह के दोनों और फ्रेन्च युवतियाँ हाथों में बिस्कुट लिये खड़ी होंगी और तुमने चलते-चलते किसी-किसी के हाथ से बिस्कुट लेकर मुंह में रख लिया होगा।

और भारत आये तो तुम्हारा सबकुछ छीन लिया गया और मार पड़ी सो अलग !

यह पंचशीलवाला महान् देश है प्यारे! इसकी संस्कृति की पूंछ आदिमयुग तक फैली है।

तुम्हारे तन के घाव जल्दी अच्छे हो जावेंगे, पर मन का घाव बहुत मलहम-पट्टी लेगा। अच्छा हो जायगा तब तुम समझोगे कि यहाँ लुटेरे-ही-लुटेरे नहीं हैं। यहाँ असल में लुटेरों और भले आदमियों का सुन्दर सहअस्तित्व है।

बुखार आ गया*

भैरव समाचार लाये हैं कि अमेरिका के राष्ट्रपति आइसनहावर को बुखार आ गया है और विदेशमन्त्री फास्टर डलेस को जुकाम हो गया है।

वाशिंगटन से प्रकाशित एक अविश्वस्त विज्ञप्ति में कहा गया है कि सरकारी डाक्टर Mr. Twentieth Century fox ने कल दोनों राजपुरुषों की डाक्टरी जाँच की। तत्पश्चात् पत्रकारों के साथ हुई एक मुलाकात में कहा—

मैंने प्रेसिडेण्ट आइस की ध्यान से जाँच की। वे हाल ही के हुए हृदय रोग के दौरे से कमजोर हैं ही, इसलिए वातावरण में तनिक परिवर्तन से ही उन्हें बुखार आ जाता है। इस समय भारत से जो वायु बह रही है उसमें अमेरिकन ज्वर के कीटाणु हैं। बुलगानिन, ख्रुश्चेव और नेहरू के शान्ति और मित्रता के उद्गारों के वातावरण में मिलने से एक विशेष प्रकार की गैस बनती है, जिसके शरीर में प्रवेश करते ही हर अमेरिकन को बुखार आ जाता है। इस समय प्रेसीडेण्ट के सिवा अमेरिका के लगभग सब उद्योगपति ज्वर से पीड़ित हैं। शान्ति और मित्रता इन लोगों की तासीर के प्रतिकूल पड़ती है।

फास्टर डलेस के जुकाम के कारणों पर प्रकाश डालते हुए डाक्टर फाक्स ने

* प्रहरी, 4 दिसम्बर, 1955

कहा है कि डलेस साहब का स्वास्थ्य तब से बड़ा खराब हो गया है जब से जिनीवा में चाऊ-एन-लाई की लताड़ के कारण वे भाग खड़े हुए थे। तभी से उन्हें बुरे-बुरे सपने आने लगे हैं जिनमें चाऊ-एन-लाई दिखते हैं और डलेस साहब एकदम चीखकर उठ बैठते हैं। अभी जो जुकाम हो गया है, उसका कारण यह है कि भारत से जो शान्ति के कबूतर उड़ाये गये हैं उनके पंख फड़फड़ाने से तमाम वायु में जुकाम के कीटाणु पैदा हो गये हैं। यही वायु फास्टर साहब की नाक में प्रवेश कर गयी है, जिससे जुकाम हो गया है।

बीमारी के उपचार के सम्बन्ध में डाक्टर फाक्स ने यह नुस्खा बतलाया है—

(1) रात को सोते समय दोनों के तकियों के नीचे एक-एक एटम बम रख दिया जाय, जिसकी गर्मी से रोगियों को लाभ पहुँचेगा।

(2) इस बात की सावधानी रखी जाय कि उनकी दृष्टि में कोई कबूतर नहीं आ जाय, नहीं तो मानसिक प्रतिक्रिया के द्वारा बीमारी के बढ़ने की सम्भावना है।

(3) रूस ने जो हाल ही में बम-विस्फोट किया है, उसकी खबर उन्हें न दी जाय, वरना बीमारी एकदम बढ़ जायगी।

(4) उन्हें किसी प्रकार यह विश्वास दिलाने की कोशिश की जाय कि बुल्गानिन और ख्रुश्चेव को पण्डित नेहरू ने वापिस भगा दिया।

(5) रोज शाम को रोगियों को पण्डित नेहरू की अमेरिका यात्रा की फिल्म दिखायी जाय।

(6) उनसे बातचीत करनेवाला कोई भी आदमी अपने मुख से 'शान्ति' शब्द का उच्चारण न करे और केवल 'युद्ध-युद्ध' शब्द उच्चारित करनेवाले रिकार्ड बनवाकर उनके सामने बजाये जावें।

भैरव से यह हाल जानकर हमें बड़ी चिन्ता हुई।

हमने भी अपना कर्त्तव्य पूरा किया। एक विशेष भैरव के हाथ यह नुस्खा भेजा—

'दोनों रोगियों को काँच के घर में निवास कराया जाय। उनके पास पत्थरों का ढेर रख दिया जाय और कहा जाय कि सामने के मकान पर पत्थर फेंको। जब पत्थर फेंक चुकें तब कबूतर की विष्टा की धूनी देकर दोनों को सुला दिया जाय। सात दिन यह क्रिया करने से आराम हो जायगा।'

स्वागत की विडम्बना*

बैतूल का समाचार है। उपमन्त्री गुमास्ता साहब पंचायतों के पंचों के सामने भाषण करने गये।

सब इन्तजाम हो गया। सैकड़ों पंच आनेवाले थे। लेकिन जब गुमास्ता साहब पहुँचे तो कुल 5-6 पंच उपस्थित थे। पंच लोग उपमन्त्री का भाषण सुनने आखिर नहीं आये।

लेकिन अधिकारी लोग बड़े चतुर निकले। उन्होंने झट स्कूल बन्द करवाये और शिक्षकों को ले जाकर बिठा दिया। सब जगहें भर गयीं। शिक्षक लोग पंचायत के पंचों के स्थानों पर बैठे और फिर प्रस्ताव-पर-प्रस्ताव पास होने लगे।

सब प्रस्ताव सर्वसम्मति से पास हुए। जहाँ पंच ही नहीं थे वहाँ पंचायत सम्बन्धी प्रस्ताव सर्वसम्मति से पास हो गये।

और हमें एक अखबार में यह पढ़कर बड़ा मजा आया कि एक अफसर की इसलिए तारीफ हुई कि उन्होंने बड़ी चतुराई से काम लिया और पंचों की जगह शिक्षकों को बिठाकर स्थिति को सँभाल लिया। याने शुद्ध घी के नाम से डालडा बेच देनेवाले सेठ की जो तारीफ होती है वही तारीफ पंचों की जगह शिक्षकों को बिठा देने से अफसर की हुई।

अफसरों को इसका अभ्यास हो गया है। उन नेताओं के स्वागत में जिन्हें कोई सुनना नहीं चाहता, अफसर लोग लड़कों और शिक्षकों को इकट्ठा कर देते हैं। वे जानते हैं कि समाज शिक्षा केन्द्र में स्वागत के दिन हाजिरी शून्य से किस प्रकार सौ तक चढ़ाई जाती है।

आजकल भाषण सुनने को कोई खाली नहीं है और भाषण-युग की पैदाइश इन नेताओं का मन बिना भाषण दिये मानता नहीं है। यहाँ जबलपुर की तिलकभूमि तलैया में बेचारे दिन-भर घोषणा करके सभा बुलाते हैं तो 25 आदमी पहुँचते हैं। इसलिए उस दिन तरण-तारण जयन्ती में हजारों की संख्या में नर-नारियों को देखकर नेताओं का मन हरा हो गया। कुछ ऐसा लगा जैसे भूखे आदमी के सामने छप्पन प्रकार के भोजन रखे हों। बस उस दिन कई नेताओं ने अपने मन की हविश निकाल ली। उस दिन उन्हें खुशी के मारे नींद नहीं आयी होगी।

इन नेताओं से अधिक भीड़ तो वह चौराहे पर खड़ा होनेवाला साँप और बिच्छू दिखाकर दवाई बेचनेवाला जोड़ लेता है।

तिलकभूमि में तो जिस दिन लाउडस्पीकर लगते दिखते हैं वहाँ रोज बैठनेवाले भी अन्यत्र भाग जाते हैं। एक दिन एक पार्टी के लोग शाम के 6 बजे से 7.30 बजे तक लाउडस्पीकर लगाये बैठे रहे। श्रोता नदारद। एक नेता हमारे पास आकर

* प्रहरी, 25 दिसम्बर, 1955

कहने लगे—'इस जनता को क्या हो गया है। लोग आते ही नहीं हैं।'

हमारे पास बैठे एक आदमी ने कहा—'आप लोग ये लाउडस्पीकर-चोंगे निकाल दो। इन्हें देखकर ही लोग नहीं आते। जब कुछ आदमी सहज ही यहाँ आकर बैठें तो एकदम भाषण शुरू कर दो। धोखे से पकड़ो जनता को!'

गणतन्त्र का तोहफा*

गणतन्त्र का 6वाँ वर्ष भी पूरा हुआ।

अपूर्व सफलता का सेहरा जबरदस्ती हमारे सिर बाँध गया!

समाजवादी ढंग की रचना की घोषणा हो गयी। केवल घोषणा हो गयी, याने कांग्रेस के वैज्ञानिकों ने सुख का कृत्रिम सूरज बनाकर अवाड़ी में दिखाया और फिर जवाहर जैकिट की जेब में रख लिया, ताकि जनसभाओं में जेब में से निकालकर दिखाया जा सके।

पण्डित नेहरू की विदेश यात्रा हुई और भारत शान्ति का मसीहा बन गया। दुनिया में शान्ति कायम कर रहा है!

घर में शान्ति की जरूरत नहीं है। बाहर देश का नाम ऊँचा होने से उस देश के आदमी को भूख नहीं लगती। इसलिए जब-जब पण्डित नेहरू ने शान्ति-यात्रा की तब-तब इस देश के गरीबों को अजीर्ण हो गया!

प्रातःस्मरणीय, सुनामधन्य, गौभक्त सेठ रामकृष्ण डालमिया आखिर गिरफ्तार हुए। जिन्दगी में हमारे लिए ऐसे खुशी के दिन कम उगे।

कम-से-कम 20 वर्षों के लिए पूंजीपतियों को अभयदान दे दिया गया!

सेठ ब्रिजलाल बियाणी न्याय-देवता की कृपा से गलत चुने जाकर भी 4 साल तक मध्यप्रदेश के मुख्यमन्त्री बने रहे और शुक्लजी की कृपा से 6 माह और बने रहेंगे।

सेठ गोविन्ददास मालपाणी के हाथ से इस बार गौमाता की पूंछ छूट गयी और भोपाल राजधानी बनते ही अभिनन्दन के बादल मूसलाधार बरसने के बदले रिमझिम करने लगे!

भारत के प्रजातन्त्र के देवदूत ठाकुर कैलाशबक्शसिंह गौर के मुख पर हाईकोर्ट ने काफी गहरा काजल चुपड़ा।

महाराष्ट्र सर्वहारा और गुजराती पूंजीपतियों का बम्बई के लिए जो मैच हुआ

* प्रहरी, 22 जनवरी, 1956

उसमें रेफरी पण्डित नेहरू ने धाँधली करके गुजराती पूंजीपतियों को जिता दिया। ढेबर भाई की जय हो गयी !

राजगोपालाचारी और राजकुमारी की टी. बी. के टीके पर ठन गयी और राजाजी ने नारी के सामने आत्मसमर्पण कर दिया ।

बैंक कर्मचारियों को कांग्रेस के समाजवादी ढंग का धोखा दे दिया गया । नयी रचना आरम्भ हो गयी ।

दिल्ली में पीलिया फैल गया और पूंजीपतियों ने कहना शुरू किया कि ख्रुश्चेव के तीखे वाक्यों से इस रोग के कीटाणु फैले ।

गरीब और दुबला हुआ । धनी और मुटाया ।

और इस तरह गणतन्त्र का छठवाँ वर्ष समाप्त हुआ । सफल हुआ ।

अनेक वर्ष ऐसे ही आते रहें और इसी तरह चलता रहे । मन्त्रियों की संख्या बढ़े, शोषण के नये तरीके निकलें, कांग्रेसी बैल के सींग और नुकीले हों, भ्रष्टाचार दिन-दिन बढ़े, गुण्डागिरी पनपे, विधानसभा सदस्यों का भत्ता बढ़े, पुलिस को नींद की दवा वितरित हो ।

कुल्हाड़ी के बेंट*

स्वामी कृष्णानन्द (सोख्ता नहीं 'धब्बा') याने भूतपूर्व छोटेलाल मास्टर, वर्तमान एम. एल. ए. ।

और खूबचन्द सोंधिया याने भूतपूर्व सोंधिया मास्टर और वर्तमान संसद-सदस्य ।

दोनों ने कुल्हाड़ी के बेंट का काम किया, अपने ही वंश पर कुठार चलाया ।

सागर के शिक्षक-दिवस की बात है कि शिक्षकों की एक सभा में भाषण में दोनों ने कुछ इस प्रकार के उद्‌गार व्यक्त किये—

'शिक्षकों का वेतन क्यों बढ़ाया जाय ? वे क्या करते हैं ? दिन-भर ऊँघते रहते हैं ।'

दोनों ही पहले शिक्षक थे । दोनों ही ऊँघते रहे और ऊँघते-ऊँघते एक संसद के सदस्य हो गये और दूसरे हो गये विधानसभा के सदस्य ! कांग्रेस में ऊँघनेवालों को ही पद मिल जाता है, क्योंकि अगर जाग्रत हुआ तो गड़बड़ करेगा, एकदम हाथ ऊँचा नहीं करेगा । इसीलिए दोनों ऊँघने की जय बोलते हैं—और संसद तथा विधानसभा में ऊँघते रहते हैं ।

* प्रहरी, 22 जनवरी, 1956

कुल्हाड़ी बनवाकर लकड़हारा जब वन में वृक्ष काटने पहुँचा तो उसके सामने अजब उलझन आयी कि इस कुल्हाड़ी से वृक्ष कटेंगे कैसे ? उसी समय बाँस ने कहा, 'मुझे कुल्हाड़ी में फिट करो और प्रहार करो।'

बाँस का बेंट कुल्हाड़ी में लगाकर लकड़हारे ने वृक्षों पर प्रहार किया और थोड़ी देर में बाँस ने अपना सारा वंश कटवा दिया।

शासन के लकड़हारे ने जब शिक्षक को शोषण की कुल्हाड़ी से काटने का काम आरम्भ किया तो कृष्णानन्द और सोंधिया झट बेंट बनकर लग गये।

राजनीति के छल-कपट, झूठे सदस्य बनाने के प्रपंच, पाखण्ड, क्षुद्रता और शोषण में लिप्त कांग्रेसी पदधारी क्या समझें कि शिक्षक का वेतन क्यों बढ़ाना चाहिए ! और वे क्यों चाहें कि शिक्षक खुशहाल हो ? शिक्षक खुशहाल होगा तो पढ़ाई अच्छी होगी, पढ़ाई अच्छी होगी तो देश की जनता समझदार होगी, और अगर जनता समझदार हो गयी तो बैल छाप में कौन वोट डालेगा ? और बैल छाप में वोट नहीं पड़ेंगे तो स्वामी और सोंधिया जैसे गोस्वामी मेम्बर कैसे होंगे।

इसलिए अज्ञान तेरी जय ! पाखण्ड तेरी जय ! कुल-नाश-धर्म तेरी जय !

सन्त राजेन्द्रप्रसाद*

एक भैरव ने खबर दी कि भारत के राष्ट्रपति डॉ. राजेन्द्रप्रसाद अब सन्त हो गये हैं।

हमने पूछा, 'कौन वे कहा सन्त हो गये हैं ?'

वह बोला, 'गुरुदेव, 50 साधू राष्ट्रपति भवन पहुँचे, उनको तिलक किया और बोले आप सन्त हैं।'

मैंने पूछा, 'फिर सन्त ने उनसे क्या कहा ?'

भैरव बोला, 'उन्होंने कहा होगा, हम सन्त तो तुम महन्त।'

और हमारी जबान से बेसाख्ता तुक मिल गयी—

'हा हन्त !'

भैरव चौंका। बोला, 'महाराज, इसमें हा हन्त की क्या बात हो गयी ? जैसे आप सन्त हैं वैसे ही वे भी।'

हमने समझाया, 'वत्स, भारतभूमि पर सन्तों का भार बहुत बढ़ गया है।

* प्रहरी, 4 मार्च, 1956

राजर्षि, तपस्वी, धेनु-सेवक और वृषभ-सेवक इन सबसे वैसे ही काफी परेशानी थी, अब राजेन्द्रप्रसाद सन्त हो गये। अब तो और मुश्किल है। हमें तो तभी बड़ा अजब लगा था जब डॉ. राजेन्द्रप्रसाद ने राष्ट्रपति होने पर, पहली तनखाह मिलने पर ही उसमें से शेरवानी बनवायी थी। अब टीका लगवा लिया और सन्त बन गये।'

भैरव को कुछ अच्छा नहीं लगा। वह बोला, 'महाराज, इससे तो हमारे वर्ग को बड़ा लाभ होगा। साधुओं, सन्तों, महन्तों को और राज-समर्थन मिल गया। अब तो सब खेत अपना है, मजे में चरेंगे। तमाम लोग हल्ला मचा रहे थे कि साधु लोग बोझ हैं, मुफ्त का खाते हैं। अब राष्ट्रपति ने टीका लगवा लिया है, हमारे समर्थक हो गये हैं। इसलिए हम भी राज-पुरोहित, राज-सन्त, राजर्षि हो गये।'

दूसरे भैरव ने शंका की, 'महाराज, लेकिन यह धर्मनिरपेक्ष राज्य है। राजा किसी धर्म का पक्षपात नहीं कर सकता। अब कल अगर मौलवी लोग गये और कुरान पढ़कर कहा कि आप पीर हो गये; तो ? फिर पादरी लोग गये और कहा कि आप छोटे पोप हो गये, तो ? फिर जैन गये और बोले कि आप मुनि हो गये, तो ? और कहीं फिर बौद्ध भिक्षु पहुँच गये और कहा कि आप तो 'भिक्खु' हो गये, तो ? फिर क्या गत होगी डॉक्टर साहब की ?'

मैं जवाब दे नहीं पाया था कि एक भैरव बोला, 'महाराज, पिछले कुम्भ में राष्ट्रपति वहाँ न जाते तो क्या कुछ बिगड़ जाता ?'

मैंने समझाया, 'पगलो, यह सब उसी मायाविनी की क्रीड़ा है जो डॉक्टर साहब पण्डे-पुरोहितों के चक्कर में फँसे हैं। अरे, बाबा तुलसीदास कह नहीं गये हैं—'तव माया बस जीव गुसाईं। नाचत नर मरकट की नाईं।'

नये कोतवाल को आशीष*

शहर में नये कोतवाल आये हैं, ऐसी खबर लाकर एक भैरव ने सौंपी।

मैंने पूछा कि इनके गुण वर्णन करो तो भैरव बोला, 'महाराज, ये राजवंश को सुशोभित करते हैं। ये अभी हाल में ही इंग्लैण्ड भी गये थे शिक्षा प्राप्त करने। और स्काटलैण्ड यार्ड से वे अपराधी पकड़ने की कला में दक्ष होकर आये हैं। वे अपने जमाने में हाकी के बड़े अच्छे खिलाड़ी रहे हैं महाराज !'

भैरव ने विरुदावली बन्द की तो मैंने सोचा कि नये अफसर को आशीर्वाद देना

* प्रहरी, 25 मार्च, 1956

चाहिए। इस हेतु हमने भैरव के द्वारा निम्नलिखित सन्देश भेजा जो सर्वजन हिताय 'प्रहरी' को प्रकाशनार्थ भेजा—

नये कोतवाल, अघोर भैरव का घोर आशीर्वाद लो। तुम्हारी योग्यता के गुण भैरव-भैरवियों ने गाये, सो सुनकर प्रसन्न भये। तुम हाकी के खिलाड़ी उस नगर में आ गये हो, जिसमें जुआ का खेल होता है। इस खेल की कला वैसे तो हर खुश-हाल पुलिसवाले को आती है, पर कोतवाल को तो उसमें दक्ष होना चाहिए। इसलिए हे आयुष्मान, तुम फड़ों की रक्षा करना। इन फड़ों में मामूली आदमी नहीं खेलते, राजपुरुष खेलते हैं—एम. एल. ए. खेलते हैं। सो तुम छेड़ना मत। उनकी रक्षा के लिए 2-4 सिपाही नियुक्त कर देना। अगर तुमने उनके इस राजकर्म में बाधा की तो वे मुख्यमन्त्री से शिकायत करेंगे और तुम्हें डाँट पड़ेगी।

हे आयुष्मान! तुम चाहो तो तुम्हें आमदनी भी हो सकती है। शिकायत करने आये तो डाँट-फटकारकर भगा दिया करो।

जब कोई वकील रात को 1 बजे किसी की जमानत दिलाने पहुँचे तो मना मत करना, नहीं तो उसकी रोजी मारी जायगी।

यहाँ 2000/- में हत्या और 500/- में चोरी हो जाती है—वकीलों, मजिस्ट्रेटों और पुलिसवालों के साझे से। सो कुछ योगदान करना भाई!

अगर तुम इस सीख पर ध्यान दोगे तो तुम 7-8 साल यहाँ रहोगे और तरक्की होगी, जैसी मध्यप्रदेश में सब अफसरों की होती है।

स्काटलैण्ड यार्ड की ट्रेनिंग भूल जाना मेरे भाई! अघोर भैरव के आशीर्वाद लो।

पूर आया है!

पैसे का पूर आया है, मध्यप्रदेश सरकार के खजाने में। मल्टी-परपज स्कूल, समाज कल्याण विभाग, विकास विभाग, प्रौढ़ विभाग को भरपूर रकम मिली है।

दो-चार अधिकारी अघोर भैरव से मिले। कहने लगे, 'महाराज, बड़ी मुसीबत है। लाखों रुपये दे दिये गये हैं कि मार्च के अन्त तक सामान खरीदो। अब हम बड़ी उलझन में हैं कि इतने पैसों का क्या करें? क्या खरीदें? कैसे यह पैसा खत्म हो?

हमने कहा, 'वत्स, नर्मदा में डाल दे।'

वे बोले, 'महाराज, नर्मदा मैया रसीद थोड़े ही देंगी। हिसाब में रसीद लगाना पड़ेगी।'

तब हमने कहा, 'वत्स, बाजार में जाकर व्यापारी लोगों से कहो कि हमें इस

मुश्किल से उबारो। इतने रुपयों का सामान दो। और तब सड़ी किताबें, रद्दी अलमारियाँ, जो न चलें वे पंखे, खराब फर्नीचर ले जाओ। छोटा 'अ' बड़ा 'आ' सीखे हुओं की लाइब्रेरी के लिए शेक्सपियर का सेट ले जाओ। दफ्तर के लिए 10-5 बिजली के पंखे लो। हस्तकला के नाम से कचरा ले जाओ। और बन सके तो कमीशन लो ! ऐसा पूर शताब्दियों में एकाध बार आता है।'

जो प्रवासी नहीं कह पाये*

रूस के प्रवासी ने यात्रा के अनुभव जगह-जगह सुनाये, जिनसे लोगों ने जाना कि उस देश के लोगों ने कितनी उन्नति कर ली है।

लेकिन भैरव-भैरवियों ने आकर बतलाया कि महाराज, पूरी बात नहीं बतायी, प्रवासी ने। वहाँ तो बड़ा गजब हो गया प्रतिनिधि मण्डल में। भारत की संस्कृति का ऐसा महान् प्रतिनिधित्व किया है वहाँ एकाध आदमी ने कि शरम से गर्दन झुक जाय।

प्रतिनिधि मण्डल में एक 'छैला' भी थे जो आक्सफोर्ड की हवा खा आये थे, फैशनेबुल आदमी थे। धाँधली में चले गये थे, क्योंकि ऊँचे परिवार के व्यक्ति, जिनका उपनाम लो तो भारत के सबसे बड़े आदमी का भ्रम हो।

बस वे यहाँ पहुँचे तो संस्कृति को तो वापिस भेज दिया और लगे लड़कियाँ तलाशने।

वह देश बड़ा अजब है महाराज ! वहाँ स्त्री-पुरुष स्वतन्त्रतापूर्वक व्यवहार, बर्ताव करते हैं जो बहुत स्पष्ट और निष्कलुष होता है।

इन महाशय को जो दुभाषिनी मिली वह युवती थी। ये उसी में सारी संस्कृति केन्द्रीभूत करने लगे। हाथ में हाथ लेकर घूमने लगे। यहाँ तक तो उस देश में चलता है। इसमें कोई विकार नहीं होता।

पर वे 'मूरख' समझे कि वह इन पर आसक्त हो गयी। बस एक दिन थियेटर में उसका हाथ इन्होंने कलेजे पर रख लिया। वह क्रोध से उठी, इन्हें डाँटा, चली गयी और रिपोर्ट कर दी। दूसरे दिन एक वृद्धा दुभाषिनी भेजी गयी।

कितनी बदनामी की बात है महाराज, कि भारतीय संस्कृति के प्रतिनिधियों के बीच में एक स्त्री नहीं रह सकी। जैसे भालू हों, जिनके बीच में बकरी नहीं रह सकती।

* प्रहरी, 10 जून, 1956

इसके पहिले के प्रतिनिधि मण्डल में तो और गजब हो गया। दो प्रतिनिधि इसी बात पर लड़ पड़े कि एक कहता कि वह मुझे प्यार करती है, दूसरा कहता कि तुझे नहीं, मुझे। और वह बेचारी किसी को प्यार नहीं करती थी, केवल शिष्ट व्यवहार करती थी।

हमने कहा, 'वत्स, इसमें लज्जा की बात तो है, पर चिन्ता की नहीं। समाज का ढाँचा जब बदलेगा, तब यह देश उनसे भी उन्नत हो जायगा।'

हमारे समाज में नारी की गुलामी के कारण ऐसी भावना व्याप्त हो गयी है कि पुरुष केवल 'नर' है और स्त्री केवल 'मादा', जो एक-दूसरे के पास केवल प्रजनन के प्रयोजन से आते हैं। वे और किसी कारण से, किसी और स्तर पर मिल ही नहीं सकते! यह पशु-स्तर की स्थिति है। इसीलिए भारतीय से कोई स्त्री हँसकर बोल लेती है, तो वह 'मूरख' समझता है कि यह तो मुझ पर आसक्त है। वहाँ के लोगों का दृष्टिकोण परिष्कृत हो गया है।

भारत-सेवक की सेवा*

नागपुर के एक बड़े भारत-सेवक ने आखिर भारत की सेवा करके दिखा दी।

पूरे प्रान्त की भारत-सेवक समाज की शाखा के प्रधान, निस्वार्थ भाव से भारत की सेवा करने के लिए अपने को अर्पित करनेवाले, इन महासेवक के दर्शन करने की इच्छा थी, अघोर भैरव को। पर इसी बीच सुना कि अब वे सेवा करने के काम से बरी कर दिये गये हैं। कारण ?

यही कि उन्होंने ईमानदार आदमी की तरह सेवा करना अपने ही घर से आरम्भ किया। पहले अपना घर दुरुस्त करके बाद में दूसरों की इमारत की मरम्मत करना चाहिए। सो उन्होंने कुछ हजार रुपये अपने घर की सेवा में लगा दिये। कोई बुरा नहीं किया।

पर ऊपर के अधिकारियों ने हिसाब माँगा। गोल-माल पकड़ा और निकाल बाहर किया। सुना है केस चलेगा।

हमें यह तनिक अच्छा नहीं लगता कि सेवक से हिसाब माँगा जाय। जिस संस्था में आदमी का भरोसा नहीं किया जाय वह कोई भली संस्था है ? अरे, जो नर भारत की सेवा में जीवन दे रहा है, उससे तुम हिसाब माँगते हो ? क्षुद्र, पैसे की बात करते हो ? सन्त को पैसे से क्या मतलब ?

* प्रहरी, 24 जून, 1956

और सुना है, डाक बँगले में पत्नी के रूप में उसे लेकर रहते थे जो पत्नी नहीं थी। यह भी ठीक ही बात है। यह तन भी एक मकान है, ऐसा सन्तों ने कहा है। इसकी मरम्मत का ठेका भी उन्होंने पर-नारी को दे दिया। जब अपना तन-मन वासना-मुक्त हो गया तभी तो दूसरों को संयम का उपदेश दिया जायगा भारत-सेवक समाज की ओर से।

तमाम देश में भारत-सेवक समाज की शाखाएँ हैं, क्योंकि पण्डित नेहरू की 'वीर पूजा' हर जगह है। करोड़ों रुपये मिलते हैं। निर्माण होता है देश का। बेकार नेता काम से लग जाते हैं, बैंक में खाता बढ़ता जाता है, साल में 50 गज का एकाध सड़क का टुकड़ा बनाकर फोटो खिचा लेते हैं।

नागपुरवाले की सेवाएँ पकड़ी गयीं तो वे निकाल बाहर किये गये। हजारों की सेवाएँ अभी पकड़ी नहीं गयीं इसलिए यार मजिस्ट्रेट बने हुए हैं।

सुना है उक्त महासेवक मुख्यमन्त्रीजी के कुछ हैं! जरूर होंगे; तभी इतनी बड़ी सेवा करने की हिम्मत की—'ज्यों शशि के संयोग में, पचवत् आग चकोर!'

चन्द्रमा से सम्बन्ध होने के कारण चकोर आग खा लेता है!

मगर जब ऊपर से हिम के पत्थर बरसते हैं तब चन्द्रमा की चाँदनी उस पर छाया थोड़े ही कर सकती है।

भारत-सेवक समाज का यह बेचारा चकोर पिट गया! उसकी आत्मा को शान्ति मिले।

डल-डलर-डलेस्ट

जान फास्टर डलेस्ट अमेरिका के सच्चे राजा हैं। इतिहास में उनका नाम इस युग के सबसे बड़े 'गोलमालकारी' के रूप में कोयले के अक्षरों में लिखा जायगा। स्वेज नहर का गोलमाल उन्हीं की योग्यता का प्रमाण-पत्र है।

डलेस्ट साहब कितने बार कह चुके हैं कि अमेरिका पूर्व और मध्यपूर्व के सब देशों को इस उद्देश्य से सहायता देता है कि उनकी उन्नति हो, उनका जीवन-स्तर बढ़े।

याने अमेरिका और डलेस्ट बड़े धर्मात्मा आदमी हैं। ईसा मसीह इन पर धर्म और परोपकार की सारी जिम्मेदारी छोड़ गये थे।

ईजिप्त ने उनकी धर्मशीलता पर भरोसा कर लिया। याचना की—'हे दानवीर, आस्वान बाँध के लिए रुपया चाहिए।'

डलेस्ट ने कहा, 'ले जाओ। मगर अपने आचरण सुधारो। यह क्या करते हो

तुम, नस्सेर ? नेहरू, टीटो, चाऊ वगैरह से क्यों मिलते-जुलते हो ? ये खराब आदमी हैं। तुम्हें भी बिगाड़ देंगे। ये तटस्थ आदमी खराब होता है, क्योंकि वह हमारी तरफ नहीं होता ! खबरदार, कुसंगति में पड़े तो !'

जैसे बूढ़ा बाबा बालक को समझाता है—खबरदार, उन लड़कों के साथ खेलने गया तो। वे खराब लड़के हैं !

लेकिन नस्सेर ज़रा शैतान लड़का निकल गया। बाबा डलेस्ट की सीख कान में गूंज ही रही थी कि वह बायोनी में जाकर नेहरू और टीटो से मिल आया।

बाबा डलेस्ट नाराज हो गये। बोले, 'मैं देख रहा हूँ कि यह 'तटस्थता' की बुरी आदत बहुत फैलती जा रही है। तू भी उनसे सीख गया। जा, मैं तुझे अब आस्वान बाँध के लिए पैसा नहीं देता।'

मगर लड़का हो गया—नस्सेर ! उसने सोचा, डलेस्ट बाबा सठिया गये हैं, पागलपन की बातें कर रहे हैं। उसने दूसरे दिन ही ऐलान कर दिया कि स्वेज नहर मेरी है।

डलेस्ट ने गुस्से में कहा, 'तेरे बाप की है वह ?'

नस्सेर ने कहा, 'हाँ, तभी तो कब्जा कर रहा हूँ उस पर।' और इस तरह 'धर्मात्मा' डलेस्ट साहब का धर्म और परोपकार करने का एक 'चांस' और चला गया।

'इण्टक' नाटक कम्पनी*

जबलपुर में अभी एक नाटक कम्पनी आयी थी—इण्टक नाटक कम्पनी। पूरा नाम 'इण्डियन नेशनल ट्रेड यूनियन कांग्रेस' या टूरिंग नाटक कम्पनी।

शहीद स्मारक के सुनहले स्टेज पर इस कम्पनी का शानदार नाटक हुआ।

कम्पनी के मालिक हैं—'शुक्ला-शुक्ला-तख्त-शर्मा एण्ड कम्पनी, प्राइवेट लिमिटेड।'

काफी बड़ी कम्पनी है।

जबलपुर में जो अभिनय इस कम्पनी ने प्रस्तुत किया, वह बड़ा सफल हुआ।

जो नाटक खेला गया उसका नाम था—'वार्षिक अधिवेशन', जिसे किसी ने नहीं लिखा था और जो स्टेज पर ही बनता गया और खेला जाता रहा।

सूत्रधार थे—पण्डित रविशंकर शुक्ल।

* प्रहरी, 26 अगस्त, 1956

नन्दीपाठ स्थानीय कुछ गायकों ने किया।

नाटक के हीरो—रामसिंह भाई।

सपोर्टिंग हीरो याने उपनायक—दीनदयाल गुप्त, द्रविड़, उमरावसिंह, –जगमोहनदास।

निर्देशक—पं. रविशंकर शुक्ल।

वेशभूषा—खादी भण्डार।

संगीत—कोई नहीं।

नृत्य—प्रत्येक नट की अलग पद्धति!

इस नाटक में पर्दा खींचनेवाले—वसन्तकुमार मिश्र, नाथूराम शुक्ल आदि।

यह नाटक 2-3 घण्टे चला। 'फ्री पास' से प्रवेश मिलता था। उपनायक जगमोहनदास को ही गेट पर रोक लिया गया, क्योंकि वे पास नहीं लिये थे। पर 'गेटकीपर' से उनकी दोस्ती थी, इसलिए उन्हें भीतर जाने को मिल गया।

यह नाटक उस ढंग का था जिसे अंग्रेजी में 'फार्स' कहते हैं! उदाहरण देने से नाटक की सच्ची उत्कृष्टता समझ में आ जायगी—

कहा जाता है और कहा गया कि ट्रेड यूनियन राजनैतिक दलबन्दी से मुक्त होनी चाहिए और राजनैतिक नेताओं को अपने स्वार्थों के लिए मजदूरों का दुरुपयोग नहीं करना चाहिए। यह हुआ सिद्धान्त।

अब इसका फार्स यह है कि उस दिन उद्घाटनकर्ता कांग्रेस पार्टी के मुख्यमन्त्री कांग्रेस दल के। रामसिंह भाई—अध्यक्ष भी कांग्रेसी एम. एल. ए., दीनदयाल गुप्त और द्रविड़—कांग्रेस मन्त्री, उमरावसिंह, जगमोहनदास—कांग्रेसी उपमन्त्री।

इस तरह राजनैतिक दल से मुक्त रहने की बात मिल गयी, क्योंकि कांग्रेस दल नहीं है, वह तो सफेद फरिश्तों की सेना है।

दूसरा फार्स—

श्रमिकों के हितों के लिए यह ट्रेड यूनियन संगठन है। ठीक है। हित कौन मारते हैं?

उद्योगपति शोषण करते हैं तब मजदूर हड़ताल करते हैं, प्रदर्शन करते हैं। तब सरकार उन पर गोली चलाती है।

मंच पर उद्योगपति डटे थे और गोली चलानेवाले डटे थे।

भेड़ों की ट्रेड यूनियन के नेता भेड़िये!

इस तरह अनेक 'फार्स' से युक्त यह नाटक भारतीय रंगमंच की एक ऐतिहासिक घटना हो गयी।

इन्तजाम अच्छा था। चारों ओर पुलिस के दस्ते घूम रहे थे। पूरा नाटक पुलिस के पहरे में हुआ। इससे मालूम होता है, यह जरूर जनता के हित के लिए थे।

भाषण सुनो, नहीं तो अनशन कर दूंगा*

एक समय भारत में एक आदमी रहता था। उसका नाम मोरारजी था। एक बार वह अहमदाबाद नामक शहर में गया और वहाँ भाषण देना चाहा। पर उसका भाषण सुनने एक भी आदमी नहीं आया। उसे बहुत बुरा लगा। उसे भाषण देने का बड़ा शौक था। उसने गुस्से में आकर कहा— मैं अनशन करूँगा। जब तक शहर के लोग शान्तिपूर्वक मेरा भाषण नहीं सुनेंगे, मैं भोजन नहीं करूँगा। चाहे मर ही क्यों नहीं जाऊँ। बस, उसने खाना बन्द कर दिया। उसके पास तार और चिट्ठियाँ आने लगीं, जिससे पोस्टआफिस को बड़ा फायदा हुआ। शहर के लोगों को उस पर दया आ गयी। उन्होंने लाउडस्पीकर पर शहर-भर में उसके भाषण सुनाये। आखिर आठ दिन बाद उसने अनशन तोड़ा और एक जगह सभा में 45 मिनिट भाषण दिया। सभा शान्तिपूर्वक हुई— उसके आरम्भ और अन्त में गोली चली, और बीच में पत्थरबाजी हुई! पर मोरारजी ने मान लिया कि सभा शान्तिपूर्वक हुई। वह 45 मिनिट बोला। 8 दिन के उपवास के बाद बूढ़ा आदमी 45 मिनिट कैसे बोला, इससे लोगों को आश्चर्य हुआ। कुछ लोगों का अनुमान है कि वह चुपचाप खाना खाता रहा था।

राज्य में यदि कोई मजदूर वेतन बढ़ाने के लिए अनशन करता था, तो उसे पुलिस जेल में डाल देती थी, क्योंकि यह आत्महत्या करने की कोशिश मानी जाती थी। पर मोरारजी को गिरफ्तार नहीं किया, क्योंकि वह वहाँ का राजा था। उस साम्राज्य के सम्राट पण्डित नेहरू भी अनशन करनेवालों से बहुत नाराज होते थे, पर मोरारजी से खुश हुए, क्योंकि मोरारजी ने उन्हीं की बात मनवाने के लिए अनशन किया था।

मोरारजी मरना नहीं चाहता था, क्योंकि उसने अनशन त्यागते हुए कहा— 'लोग चाहते हैं कि मैं मर जाऊँ। पर मैं मरूँगा नहीं।'

इस तरह मोरारजी भाई ने गोली भी चलवायी, और अनशन भी कर लिया और भाषण सुना दिया। मोरारंजी भाई ने इसी तरह अनेक अच्छे-अच्छे काम किये।

* प्रहरी, 2 सितम्बर, 1956

और अब गीता-आन्दोलन*

अभी 'रिलीजस लीडर्स' पुस्तक के आन्दोलन से छुट्टी पायी ही है कि अब 'गीता-आन्दोलन' के चक्कर में आ गये।

10-15 प्राण गये, कुछ घायल हुए, सारे देश में साम्प्रदायिक जहर फैला—तब हजरत मोहम्मद के अनुयायियों का धर्म बचा।

अब हिन्दुओं का अपमान हो गया। मुसलमानों ने गुस्से में आकर किसी शहर में गीता जला दी। निहायतन बेवकूफी की बात की।

लेकिन कुछ हिन्दुओं ने कहा कि हम बेवकूफी में भी मुसलमानों की बराबरी करेंगे—इसलिए गीता आन्दोलन शुरू!

अघोर भैरव ने शिक्षकों, प्रोफेसरों, बाबुओं तथा अन्य सामान्य लोगों से बात की। उन्हें गीता जलाने के मामले पर तनिक भी आन्दोलन करने की इच्छा नहीं। लेकिन आन्दोलन चलेगा। चलायेंगे वे, जिन्हें गीता से, उसके उपदेशों से, उसके दर्शन से कोई मतलब नहीं। वे जो गीता के नाम पर पेट भरते हैं, वे जो ईश्वर के नाम का व्यापार करते हैं, वे जो धर्म की दूकान खोले हैं। फिर सामान्य आदमी इनकी लपेट में आयगा।

गीता को जलाना बेवकूफी की बात हुई। पर इन बातों के लिए कहाँ तक आन्दोलन चलाओगे?

गीता छपती है कागज पर—कागज बनता है गन्दे सड़े कपड़ों के चिथड़ों से। तो पहिले कागज के कारखाने के खिलाफ आन्दोलन करो!

फिर छपती है प्रेस में, जिसमें न जाने कैसे कर्मचारी छपाई करते हैं। इसलिए आन्दोलन करो कि कम्पोजीटर वगैरह नहाकर, चन्दन लगाकर, ऊदबत्ती जलाकर छापें।

फिर उसकी पार्सलें बनती हैं। रेलवे से आती हैं। इन गट्ठरों को उठाकर कुली कचरे की तरह गन्दे फर्श पर और मिट्टी में फेंकते हैं। तो आन्दोलन करो कि रेलवे पुष्पक विमान में पार्सलों को पहुँचावे, जिनका चालक उच्च कुल का ब्राह्मण हो।

फिर किताब विक्रेता उस पर मुनाफा लेकर बेचता है। धर्म-पुस्तक पर मुनाफा! अरे राम-राम! उसके खिलाफ आन्दोलन करो!

इस तरह आन्दोलन करते जाओ भाइयो और इस देश को मिट्टी में मिलाते जाओ!

इसी जड़ता के कारण तुमने गुलामी भोगी थी। तुमने सोमनाथ के पत्थरों के लिए गुजरात लुटवाया था, तुमने सिन्ध के विदेशी मुसलमानी शासन से लड़ाई इसलिए नहीं की थी कि उन्होंने कहा था कि लड़ाई करोगे तो हम मार्तण्ड मूर्ति को तोड़

* प्रहरी, 16 सितम्बर, 1956

देंगे। तुमने कहा था कि देश ले जाओ, पर मूर्ति बचा दो। तुमने हमेशा मूर्ति, मन्दिर और पुस्तक के लिए देश और समाज को डुबाया है। तुम्हारे-जैसी जड़ता संसार में ढूँढ़ते नहीं मिलती।

गीता में कर्म का उपदेश दिया है और आन्दोलन चला रहे हैं वे जो निठल्ले, कर्महीन और मुफ्तखोर हैं।

अमेरिका और पश्चिमी यूरोप के शोषक राष्ट्रों की अन्त:संघर्ष पैदा कराने की कूटनीतिक साजिश में योग देनेवाले इन धार्मिक, सामाजिक और राजनैतिक नेताओं को धिक्कारने के सिवा और क्या कहा जाय?

विदाउट टिकिट*

टिकिटें बँट रही हैं—रेल की नहीं, चुनाव की।

जैसे रेल में बिना टिकिट सफर नहीं किया जाता, वैसे ही चुनाव में बिना टिकिट नहीं लड़ा जा सकता। उनका क्या होगा, जो जिन्दगी-भर विदाउट टिकिट सफर करते रहे हैं?

इस बार नया शिगूफा है—कहते हैं यंग ब्लड (नया खून) और स्त्रियों को काफी टिकिट मिलेंगे!

यह 'यंग ब्लड' क्या बला है? ढेबर भाई का 'यंग ब्लड' है, क्योंकि वे 56 साल के हैं। सुशील कुमार पटेरिया का 'यंग ब्लड' है, क्योंकि वे पैसेवाले हैं। बाबू साहब का 'यंग ब्लड' है, क्योंकि वे प्रान्तीय कांग्रेस के अध्यक्ष हैं। इस तरह 'यंग ब्लड' की तरह-तरह की परिभाषाएँ हैं। संक्षेप में 'यंग ब्लड' उस आदमी का है जिसकी उम्र चाहे जितनी हो, पर जो पद, धन या तिकड़म के कारण टिकिट पा जाय।

इसलिए कोई टिकिट लेने के लोभ में 'ब्लड बैंक' न पहुँच जाना। 'यंग ब्लड' वही होगा, जिसे कांग्रेस के टिकिट बाबू 'यंग' कह देंगे। बाकी सब ओल्ड! जिसे पिया चाहे वही सुहागन!

रही स्त्रियों की टिकिट की बात! सो जनाने डिब्बे में तो वैसे ही टिकिट चेकर नहीं आता, वे चाहें तो विदाउट टिकिट ही सफर करें।

* प्रहरी, 30 सितम्बर, 1956

अभिनन्दन के 'हाइलाइट्स'*

बाबू गोविन्ददास का अभिनन्दन हो गया।

जबलपुर में बँटे निमन्त्रण पत्रों में 'बाबू गोविन्ददास' छपा है और दिल्ली में बँटे पत्रों में 'सेठ गोविन्ददास' छपा है। अर्थ यह हुआ है कि हमारे बाबू साहब को दिल्लीवाले अभी भी सेठ समझते हैं। 'नागरिक मोर्चा' अब इसका विरोध करने का काम ले ले।

इस अभिनन्दन की सबसे बड़ी विशेषता यह थी कि दुनिया के किसी अभिनन्दन समारोह में अभिनन्दनकर्ताओं को इतना कम कष्ट, इतना कम परिश्रम न हुआ होगा। बाबू साहब किसी पर भार नहीं बनना चाहते, किसी पर अपना काम लादना और टालना नहीं चाहते। उन्होंने अपने अभिनन्दन का भी अधिकांश काम स्वयं अपने वृषभ कन्धों पर ले लिया।

भैरव खबर लाया है कि दिल्ली में अभिनन्दन समिति की बैठक बुलाना, विज्ञप्ति बनाना, अपील तैयार करना आदि सब काम स्वयं ही कर डाले। एकाध बार तो विज्ञप्ति में उन्होंने अपनी सेवाओं का उल्लेख इतने विस्तार से कर डाला था कि मैथिलीशरण गुप्त को हँसकर 'नवीनजी' से कहना पड़ा—इस अंश को निकाल देना चाहिए। क्यों न बालकृष्ण ? तभी कोई आ गया और पूछा—किस बात पर हँसी हो रही है? तो गुप्तजी ने वैष्णव सद्भावना के साथ कहा—कुछ नहीं, बाबू साहब ने अपनी सेवाओं का उल्लेख कर दिया था।

और उस दिन संस्थाओं के प्रधानों को भी बखरी से ही फोन हो रहे थे—कल आप अभिनन्दन में संस्था की ओर से माला तो पहिनावेंगे न ?

सदर की सभा में बाबू साहब ने कितनी सरलता से कह दिया—यह अभिनन्दन समारोह नगर या प्रान्त या देश में ही नहीं, वरन विदेशों में भी मनाया जा रहा है।

और फिर शहर के अभिनन्दन समारोह में उसी सरलता से कह दिया—मुझे तो मालूम भी नहीं कि कहाँ से कैसे यह अभिनन्दन की बात चल पड़ी। मैं तो अनभिज्ञ था और मुझे तो एक प्रकार से संकट लगता है। पर आपका आदेश है तो आ गया। इस सादगी पे कौन न मर जाय ऐ खुदा !

सादगी की हद कर दी। मिलने-जुलनेवालों को अभिनन्दन की तारीख की याद दिलाना वे नहीं भूलते। बाबू रामानुज ने ठीक ही कहा था कि बाबू साहब का बचपन फिर से आ रहा है।

अपनी पुस्तकों के अनुवादों में भी बाबू साहब ने किसी साहित्यवेत्ता और अनुवादक को कष्ट नहीं दिया। भला बताइए कितना कष्ट होता अगर कोई विद्वान तमाम हिन्दी साहित्य पढ़ता, उसमें से श्रेष्ठ ग्रन्थ चुनता और तब अनुवाद करता।

* प्रहरी, 30 दिसम्बर, 1956

बाबू साहब ने काम आसान कर दिया। अपनी पुस्तकों के अनुवाद स्वयं मजदूरी देकर करवा लिये, अमेरिका में छपवा लिये और अन्तर्राष्ट्रीय हो गये! किसी को कष्ट नहीं।

और उन हिन्दी के आलोचकों का भी कितना उपकार उन्होंने किया जो उनके महल में आकर आराम से ठहर जाते हैं और उनके साहित्य पर ही विवेचन तैयार कर देते हैं। हिन्दी के भुखमरे आलोचकों को कौन इतना सुख देता है? बाबू साहब भक्त-वत्सल हैं।

उनका मुंह काला हो जो यह कहते हैं कि यह 'चुनाव स्टण्ट' था जिसमें नेहरूजी भी शामिल कर लिये गये थे। ये लोग बाबू साहब द्वारा 'शिशुपाल' कह दिये गये। अपने भाषण में उन्होंने साफ कह दिया कि मेरी आलोचना करनेवाले 'शिशुपाल' हैं जो कृष्ण के यज्ञ को विध्वंस करने आया था, फिर आखिर कृष्ण ने उसका सिर काट दिया। बाबू साहब अब चक्र लेकर शिशुपालों का सिर उतारने ही वाले हैं! शिशुपालों को आलोचना बन्द करनी चाहिए।

अनन्तशयनम् आयंगर भी अच्छे आ गये। बातें भी उन्होंने अच्छी कहीं। बोले—गोविन्ददास बड़ा खूबसूरत है···उसे देखकर लोगों का मन मोहित हो जाता है···40 साल का लगता है···फिर शादी कर सकता है! हिन्दी-प्रेम की चर्चा भी की आयंगर ने—ये हिन्दी में खूब बोलता है। कभी-कभी तो जिसे हिन्दी नहीं आती उससे भी हिन्दी में बोलता है।

पर कुछ हिन्दी के शिशुपाल आयंगर की इस बात से नाराज थे कि उन्होंने बाबू साहब की समता कालिदास से कर दी। हमारा कहना है कि हमारे आदमी को इतना बड़ा सम्मान देने का श्रेय आयंगर को बिल्कुल नहीं देना चाहिए। यह हमारा हिस्सा है। आयंगर को हिन्दी नहीं आती, उन्होंने बाबू साहब के 100 नाटकों में से एक भी नहीं पढ़ा होगा। हम हिन्दीवालों ने उनसे कहा कि हम इनका अभिनन्दन करना चाहते हैं क्योंकि ये हिन्दी में श्रेष्ठ, महान्, अपूर्व और अभविष्य नाटककार हैं! अभिनन्दन तो आखिर हिन्दीवालों ने ही किया। इस पर से अगर आयंगर उनकी कालिदास से समता कर दें तो क्या हम इसका श्रेय आयंगर को लूटने देंगे? हरगिज नहीं। यह हमारा हिस्सा है। हमने ही आयंगर को बताया था कि बाबू साहब 'ग्रेट' हैं।

अभिनन्दन समारोह में साहित्यिक कार्यक्रमों को स्थान नहीं दिया, यह भी अच्छा ही हुआ। यह कोई साहित्य समारोह तो था नहीं। चुनाव पास आ रहा है, ऐसे वक्त साहित्य की बात बुरी लगती है। जिन संयोजक महोदय को समिति ने उत्साह में कह दिया था कि विद्वानों को बुला लीजिए, और जिन्होंने भरोसे पर अनेक श्रेष्ठ लेखकों को निमन्त्रित कर दिया था, वे अब उन्हें पत्र लिख-लिखकर माफी माँग रहे हैं। समिति ने ऐन मौके पर कह दिया--'पैसा नहीं!'

जो लोग इस पूरे अभिनन्दन यज्ञ को 'फार्स', राष्ट्रीय पैमाने पर 'प्रायः चुनाव स्टण्ट' आदि कह रहे हैं, उन सब शिशुपालों के नाम बाबू साहब को शीघ्र ही दे रहा

हूं, ताकि वे चुनाव के बाद किसी फुरसत के दिन उन सबका एक सिरे से शिरच्छेद करके भूमि का भार हलका करें।

हाँ, अन्त में उन उत्साही मंच पर उछल-कूदलीन भाइयों के दुख से द्रवित हूं जो अपने साथ अपने स्टाफ फोटोग्राफर लाये थे, पर ऐन मौके पर जिनके कैमरे का फ्लैश बल्ब जला ही नहीं, और फोटो बिन खिचे रह गयी।

और इस तरह यह साहित्य द्वारा राजनीति और महल का अभिनन्दन यज्ञ निर्विघ्न समाप्त हुआ। बाबू साहब हजार साल के हों।

और मेहरबानी करके पण्डित नेहरू का दिल्लीवाला रिकार्ड किया हुआ भाषण न बजवाया करें। उसमें पण्डित नेहरू ने मजाक-ही-मजाक किया है। लोगों को समझ में आ जाता है। आपको तो उस जन्म में भी यह बात समझ में न आयेगी।

नया नारा*

नया चुनाव; नया नारा!

जनता मूर्ख है, इसे नारा चाहिए।

पहले चुनाव में नारा दिया था---'सोशलिस्टिक पेटर्न' का!

पाँच साल तक सोशलिस्टिक पेटर्न बना।

देखा कि जनता को अब इस नारे से नहीं बुलाया जा सकता।

तो नया नारा—'को-आपरेटिव कामनवेल्थ।'

मतलब पाँच साल बाद 'सोशलिस्टिक पेटर्न' छोड़कर 'को-आपरेटिव कामन-वेल्थ' पर आ गया।

और जब तक हम सब समझेंगे कि यह क्या बलाय है तब तक नेता लोग नया नारा लगा देंगे।

और अगर लोग शिकायत करें कि इन लोगों से यह प्रोग्राम पूरा नहीं होता तो नेता लोग कहेंगे -ऐसी बात है! अच्छा तो अब हम 'नया खून' ले आते हैं, नये खून को वोट दो!

और इसी तरह यह शब्दों की भूल-भुलैया चलती जायगी।

मजा यह है कि पण्डितजी ने उस दिन कहा कि साम्यवादी और समाजवादी 'शब्दों के गुलाम' हैं।

पण्डितजी, आप लोग क्या हैं?

* प्रहरी, 13 जनवरी, 1957

काश्मीर किसका है*

झगड़ा यह नहीं है कि काश्मीर पाकिस्तान का है अथवा भारत का।

चुनाव के वक्त भारत में ही झगड़ा मच गया है कि काश्मीर की समस्या किसकी? काश्मीर से किसे ज्यादा प्रेम? काश्मीर की रक्षा कौन करेगा?

कांग्रेस के बड़े नेता कहते हैं कि काश्मीर हमारा है—बाकी लोगों का नहीं! याने जैसे पाकिस्तान ने धाँधली करके एक हिस्सा दबा रखा है, वैसे ही कांग्रेस ने दूसरे भारतीयों से काश्मीर को हड़प लिया है।

फिर कांग्रेस कहती है कि काश्मीर चाहते हो, तो हमें वोट दो। याने अगर कांग्रेस की जगह कम्युनिस्ट या समाजवादी आ गये, तो वे काश्मीर पाकिस्तान को खैरात में दे देंगे।

फिर कांग्रेस यह भी कहती है कि काश्मीर की रक्षा वही कर रही है! याने कोई और भारतीय होता तो काश्मीर, जो भारत का एक भाग है, को यों ही छोड़ देता।

ये बातें कोई छुटभैया नहीं कहता, पं. पन्त-सरीखे आदमी कहते हैं, जवाहरलालजी की बेटी कहती है!

यह कहने का अर्थ है कि 'कांग्रेसमैन' के सिवा बाकी सब देशद्रोही हैं, क्योंकि वे राष्ट्र के एक भाग काश्मीर के प्रति सच्चे नहीं हैं।

याने काश्मीर राष्ट्र का नहीं, कांग्रेस का है। काश्मीर राष्ट्रीय प्रश्न नहीं है, कांग्रेसी प्रश्न है!

पिछले चुनाव में 'बैला-बैला' हो गया था, इस बार 'काश्मीर-काश्मीर' का स्टण्ट है!

काश्मीर का उपयोग जिस-जिस प्रकार पाकिस्तानी नेता कर रहे हैं, उसी प्रकार भारतीय नेता।

पाकिस्तान की जनता में इतनी गरीबी है, उसके मन में इतना विद्रोह है कि पाकिस्तानी नेताओं को उससे भय लगता है, जनता किसी भी दिन नेताओं का तख्ता पलट सकती है। वहाँ की आर्थिक स्थिति सुधारने में असमर्थ पाकिस्तानी नेता वहाँ की अशिक्षित धर्मान्ध जनता में काश्मीर के मामले पर उत्तेजना फैलाकर, उसका ध्यान भारत की ओर लगाकर अपनी रक्षा कर रही है। ठीक उसी प्रकार भारतीय राजनेता इस देश के नागरिकों के सामने काश्मीर का मामला रखकर अपना उल्लू सीधा कर रहे हैं।

काश्मीर कांग्रेस की या उसके गिने-चुने नेताओं की बपौती नहीं है। वह हर देशवासी का है।

* प्रहरी, 17 फरवरी, 1957

काश्मीर के लिए 'कांग्रेसमैन' ही थोड़े लड़ेंगे, 'जेण्टिलमैन' भी लड़ेंगे !

एक बात साफ है—जैसे पाकिस्तान के नेता, वैसे ही भारत के नेता जनता को मूर्ख समझते हैं। 'स्टण्ट' मूर्खों पर ही चलाया जाता है।

मजा नहीं आया !*

पण्डित नेहरू के जबलपुर भाषण से कांग्रेस उम्मीदवार बहुत नाखुश हैं। बाबू साहब भाषण के बाद बहुत गमगीन नजर आये। पण्डितजी ने इनके मन की बात नहीं कही। इन्हें उम्मीद थी कि पण्डितजी एकदम लोगों से कह देंगे कि कांग्रेस के विरोधियों को हिन्दुस्तान के बाहर ले जाकर छोड़ आओ। और यह भी उम्मीद थी कि यहाँ के कांग्रेसी उम्मीदवारों के सम्बन्ध में वे कहेंगे कि ये तो मनुष्य नहीं देवता हैं, इन्हें वोट देकर पुण्य लाभ करो।

पर पण्डितजी ने कहा—मैं नहीं जानता यहाँ से कौन चुनाव लड़ रहे हैं ?

बताइए भला। हजारों मील दूर से बाबू साहब ने उन्हें मिन्नत करके बुलाया और वे कहते हैं कि मैं नहीं जानता कि कौन चुनाव लड़ रहे हैं !

और पण्डितजी कह गये कि स्वस्थ विरोध जरूरी है, विरोधियों को दबाना गलत है, हम भी गलतियाँ करते हैं और उनकी आलोचना होनी चाहिए।

यह भी बुरा किया। कांग्रेसी चाहते थे कि पण्डितजी कहते कि विरोधियों को जन्म लेते ही समाप्त कर दो, ईश्वर और कांग्रेसमैन दोनों कभी गलती नहीं करते ! और यह कि प्रजातन्त्र में विरोध की क्या आवश्यकता है ? प्रजातन्त्र तो भेड़ों के झुण्ड का नाम है।

कांग्रेसियों को कुछ ऐसी ही उम्मीद थी कि आते ही पण्डित नेहरू, बाबू गोविन्ददास, जगदीशनारायण अवस्थी, पण्डित कुञ्जीलाल दुबे आदि के विरोधियों को बुलायेंगे और हुक्म देंगे कि इन सबको गिरफ्तार कर लो और इनकी पेटी हटा दो, ये इन महापुरुषों का विरोध कर रहे हैं।

मगर ऐसा नहीं हुआ।

ऐसा नहीं हुआ, क्योंकि पण्डित नेहरू और कांग्रेसी छुटभैयों में यही तो अन्तर है !

कुछ मजा नहीं आया !

* प्रहरी, 3 मार्च, 1957

पं. नेहरू के हाथ मजबूत कौन करेगा ?

कांग्रेसी लोग नारा लगा रहे हैं कि 'बैलछाप पेटी में वोट देकर पण्डित नेहरू के हाथ मजबूत करो !'

यह विज्ञापन ठीक वैसा ही है जैसा 'सन्त तुकाराम छाप बीड़ी पियो !'

अच्छा, पण्डित नेहरू के हाथ मजबूत जरूर करेंगे।

पर उनके हाथ कैसे लोगों से मजबूत होंगे !

शेर ने कहा कि हमारे हाथ मजबूत करो ! जानवर झुण्ड-के-झुण्ड आने लगे—लोमड़ी सैकड़ों, हजारों भेड़ें। कहने लगीं—लो वनराज, हम आ गये। अब तुम्हारे हाथ मजबूत हो गये।

शेर ने हँसकर उनकी ओर देखा और बोला—'तुम्हीं तो मेरी कमजोरी हो। तुम्हें बचाऊँगा कि मैं शत्रु से लड़ूँगा। तुम लोग भागो। मुझे एक शेर मिल जाय तो मेरे हाथ मजबूत हो जावें।'

'नये हितोपदेश' की इस कथा को पण्डित नेहरू के हाथ मजबूत करने के नारे पर चरितार्थ करें तो बात समझ में आयगी कि पण्डित नेहरू के हाथ दुमदार आदमियों से मजबूत होंगे। चरित्रवान, दृढ़ आदमी से मजबूत होंगे ! सच्चे जनसेवी से मजबूत होंगे ! जो उछलकर पण्डित नेहरू की ही बाँह पर चढ़ जानेवाले हैं, उन्हें सँभालते-सँभालते ही परेशानी हो जायगी।

सुचेता और कुचेता*

प्रिय भाई कृपलानीजी,

जिस आदमी की पत्नी उसे छोड़ दे, उसे फौरन संन्यास ले लेना चाहिए। सुचेताजी आपको राजनैतिक तलाक दे गयीं, इसलिए अब आपको 'अघोर भैरव' के अखाड़े में शामिल हो जाना चाहिए। यहाँ तुम्हारे-जैसे एकाध फक्कड़ की आवश्यकता भी है।

सुचेताजी आखिर कांग्रेस में चली ही गयीं। चली इसलिए गयीं कि तुम्हारे पास देने को कुछ नहीं है, कांग्रेस के पास देने को है। सुना है जब पिछली बार नेहरू ने आपसे कांग्रेस में वापस लौटकर मन्त्री बन जाने के लिए कहा था, तब तुमने कहा

* प्रहरी, 31 मार्च, 1957

था कि मैं नहीं; सुचेता को बनाओ। तब सुना है पण्डितजी ने कहा था कि सुचेता अभी उस ऊँचाई पर नहीं पहुँची है।

आपने जो उस वक्त 'लेडीज फर्स्ट' की शिष्टता बनायी, उसे सुचेताजी ने बहुत 'सीरियसली' ले लिया। और वे खसक गयीं।

तुम्हारे पास कुछ देने को हो जायगा, तब वे फिर आपके पास लौट आवेंगी। राजनैतिक तलाक और पुनर्विवाह बड़े जल्दी-जल्दी हो जाते हैं।

अब तो मन्त्राणी या उपमन्त्राणी बनेंगी—चाहे स्वास्थ्य की ही क्यों न हों। कुछ भी हो, आपकी तो तबियत ठीक कर ही दी उन्होंने।

वे सुचेता हैं; आप आखिर कुचेता ही रह गये।

दिन दूर नहीं है जब वे मन्त्रित्व के आसन पर बैठेंगी और आप विरोधी दल में बैठकर संसद में उनसे वे सवाल पूछेंगे; जो घर में ही पूछ सकते थे।

सुचेताजी आपको उजागर कर रही हैं—

'A man is known by the wife, he keeps.'

आपका

'अघोर भैरव'

विरोध की बात

केरल में साम्यवादी सरकार बनेगी।

विरोध में रहेगी कांग्रेस। और प्रजा समाजवादी दल ने कहा है कि हम भी विरोध में रहेंगे। कांग्रेस का विरोध तो समझ में आता है, पर मार्क्सवादी दल एक-दूसरे का विरोध किन बातों में करेंगे ? यह ज़रा कठिनाई से समझ में आया। विरोध कुछ इस तरह का ही हो सकता है—

(1) साम्यवादी सरकार भ्रष्टाचार बन्द करायगी, ऐसा कहती है। तो पी. एस. पी. कहेगी कि भ्रष्टाचार चालू रहना चाहिए। (स्वस्थ विरोध है न !)

(2) साम्यवादी सरकार विदेशी पूंजी का राष्ट्रीयकरण करेगी। तो पी. एस. पी. कहेगी, कि नहीं विदेशी पूंजी का शोषण होने देना चाहिए। माना कि पी.एस.पी. शोषणहीन समाज निर्माण करना चाहती है, पर स्वस्थ विरोध भी तो करना है।

(3) साम्यवादी मन्त्री सिर्फ 500 रु. माहवार वेतन लेंगे, तो पी. एस. पी. कहेगी, 'प्यारे, 4 हजार लो।' (स्वस्थ विरोधी दल रहेगा न !)

(4) साम्यवादी सरकार शासन-व्यवस्था को कुशल बनाना चाहती है तो

पी. एस. पी. कहेगी कि शासन-व्यवस्था को ढीला ही चलाओ। (स्वस्थ विरोध !)

वर्गहीन, शोषणहीन समाज-रचना करनेवाली पार्टियों में विरोध का यही स्वरूप हो सकता है।

हाँ, एक बात और हो सकती है। विरोधी दल साम्यवादी सरकार के प्रति निन्दा का प्रस्ताव भी रख सकता है कि तुमने अभी तक गोली नहीं चलवायी। हमारी सरकार थी तब तो हमने चलवायी थी, तुम अयोग्य साबित हुए।

ओले

ओले गिर रहे हैं। प्रकृति पंचवर्षीय योजना में सहयोग नहीं दे रही है, मालूम होता है 'नेचर' विरोधी दलों में शामिल हो गयी है। ओले के कारणों पर इस प्रकार की बातें सुनने को मिल रही हैं—

(1) पढ़े-लिखे लोग कहते हैं कि यह मौसम की बदमाशी एटम बम, हाइड्रोजन बम के परीक्षण के कारण पैदा हो गयी है।

(2) कांग्रेसियों का खयाल है कि केरल में कम्युनिस्टों की विजय से प्रकृति नाराज हो गयी।

(3) सबसे मजेदार बात सनातनियों, रामराज्य परिषदियों और साम्प्रदायिकों की है। वे कहते हैं कि भारत में अधर्म बहुत बढ़ गया है, वर्णाश्रम धर्म का लोप हो गया है, गौ-हत्या होने लगी है, इसलिए भगवान नाराज होकर ओले बरसा रहे हैं !

अमेरिका और रूस में जब भगवान नाराज होकर बादल भेजते हैं, तो वहाँ के लोग तोप के गोले दागकर बादलों को तितर-बितर कर देते हैं।

भगवान के बादल आदमी की तोप के सामने टिक नहीं पाते।

सनातनियों की बात निराली है। एक सनातनी पण्डित एक सभा में सनातन धर्म की महत्ता पर भाषण दे रहे थे—

भाइयो और बहनो, मैं एक सवाल डालता हूँ। जगह-जगह मैंने यह सवाल डाला है, मगर जवाब नहीं मिला। मैं बड़ा सवाल आपके सामने डालता हूँ—'भैंस काली, पर दूध सफेद क्यों ?' आपके पास जवाब नहीं है। जवाब मेरे पास है। भैंस काली पर दूध सफेद क्यों ? कारण है—सनातन धर्म !

प्रेम-विशेषज्ञ*

निर्देशक : (हमारे इस विज्ञान···युग में हर चीज के विशेषज्ञ होते हैं, जो वैज्ञानिक दृष्टि से उसका अध्ययन करके लोगों को वैज्ञानिक सलाह देते हैं। 'प्रेम' नाम की चीज के भी विशेषज्ञ होते हैं। यह प्रेम विशेषज्ञ डॉ. अनंगमर्दन का कमरा है, जहाँ अनेक प्रेम-पीड़ित व्यक्तियों को वे सलाह देते हैं। यह प्रेम का औषधालय है।)

डा. : एक रोग और हजार नाम···प्रेम, प्रणय, राग, इश्क, उल्फत, लव···और न जाने क्या-क्या ! अरे प्रेमभीरु ! ए प्रेमभीरु !

[पॉर्श्व···जी, डाक्टर साहब !]

डा. : अरे, आज की डाक तो ले आ।

[प्रेमभीरु आता है।]

प्रेम. : लीजिए साहब !

[वापिस लौटता है।]

डा. : सब प्रेमियों के पत्र। (एक लिफाफा फाड़कर) हाँ, ये प्रेमी क्या कहते हैं ? 'उसके बिना जीना असम्भव हो गया है। मैं किसी दिन रेल से कटकर मर जाऊँगा।' (हँसकर) गोया जॉर्ज स्टीफेन्सन ने रेल-गाड़ी का आविष्कार प्रेमियों के कट मरने के लिए किया था। (दूसरा लिफाफा फाड़कर) हाँ, ये कहती हैं···'मैं उनके बिना एक क्षण भी जीवित नहीं रह सकती।'···यह चिट्ठी इन्होंने परसों लिखी थी, याने अभी तक तो ये दफना दी गयी होंगी। (हँसकर) कुछ कम झूठ बोले बिना क्या प्रेम नहीं हो सकता ?

प्रेम. : (प्रवेश करके) डाक्टर साहब, एक आदमी आपसे मिलना चाहता है।

डा. : कैसा है ?

प्रेम. : जी वैसा ही है, जैसे आपके पास आनेवाले होते हैं।

डा. : अच्छा, भेज दे। (प्रेमभीरु जाता है)

[प्रणयदास का आगमन।]

प्रणय. : नमस्ते डाक्टर साहब।

डा. : नमस्ते, तशरीफ रखिए। कहिए क्या सेवा कर सकता हूँ ?

* वसुधा, वर्ष : 1, अंक : 11, मार्च 1957

प्रणय. : डाक्टर साहब, मैं आपसे कुछ सलाह लेने आया हूँ। बात यह है···

डा. : आप एकदम अपने केस की हिस्ट्री कहिए। कबसे शिकायत है ? रोग कैसे शुरू हुआ ? बीच में और कौन से 'काम्पलीकेशन्स' आये ? सब कह जाइए।

प्रणय. : मेरा दो साल पहिले उससे परिचय हुआ। परिचय शीघ्र ही प्रेम में बदल गया। मैंने अपने आपको निःशेष रूप से उसे अर्पित कर दिया, रात-दिन प्रेम के सागर में निमग्न रहता···।

डा. : यह बतलाइए···उन दिनों आप सिर्फ प्रेम करने का काम ही करते थे, कि कोई और काम भी करते थे ?

प्रणय. : जी, मैं उन दिनों एम. ए. में पढ़ता था। लेकिन फिर पढ़ना छोड़ दिया।

डा. : याने फिर 'होलटाइम' प्रेमी हो गये।

प्रणय. : आप इसे कुछ भी कह लीजिए।

डा. : अच्छा, यह तो रोग की पहिली स्टेज हुई। आगे की हिस्ट्री कहिए।

प्रणय. : फिर हाल ही में मुझे जीवन का सबसे बड़ा आघात लगा। मुझसे उसने कहा कि मैं तुम्हारे साथ विवाह नहीं कर सकती। बोली कि तुम मुझे भूल जाओ।

डा. : और आप उसे भूलना नहीं चाहते?

प्रणय. : चाहूँ, तो भी नहीं भूल सकता। मेरे रोम-रोम में, मेरी साँस-साँस में, मेरे हृदय के हर स्पन्दन में उसी की···

डा. : बस, बस, मेरे दोस्त। बन्द करो कविता। कविता प्रेम के रोग में कुपथ्य होती है। तुम्हारी तासीर को नुकसान करेगी, इसलिए कविता न तो पढ़ा करो, न लिखा करो। अच्छा, तो अब आप क्या चाहते हैं ?

प्रणय. : यह जानता, तो आपके पास क्यों आता ? (गहरी साँस लेकर) मुझे तो एक ही मार्ग सूझता है।

डा. : वही, जो इस लोक से उस लोक तक गया है ? वही राजमार्ग ?

प्रणय. : मैं नहीं समझा।

डा. : समझते होते तो यह हालत क्यों होती ? मेरा मतलब है, आप प्राण दे देंगे ?

प्रणय. : जी हाँ, निश्चित। या तो उसे प्राप्त करूँगा, या प्राण दे दूँगा।

डा. : प्राण तो जरूर दे दीजिए। लेकिन आज से 50-60 साल बाद दे दें, तो कोई हर्ज है क्या ?

प्रणय. : आप तो मजाक करते हैं। आप प्रेम की पीर समझ ही नहीं सकते। मैंने तय कर लिया है कि मैं शीघ्र ही प्राण दे दूंगा। उस लोक में उसे पाऊँगा।

डा. : प्राण आप जरूर दीजिए। लेकिन इसके पहिले उसे भी मार डालिए।

प्रणय. : यह क्या बात है ? उसे क्यों मार डालूँ ?

डा. : इसलिए, कि उसे साथ ले जाना अच्छा है। अगर वहाँ कहीं वह फिर किसी देवता पर मुग्ध हो गयी, तो फिर आप टापते रहेंगे। वहाँ तो, सुना है, मरने का भी सुभीता नहीं है।

प्रणय. : (चिढ़कर) डाक्टर, आप सिर्फ मजाक उड़ा रहे हैं। किसी दुखी आदमी का मजाक उड़ाना बड़ी अशिष्टता है। आपके पास क्या ज़रा भी सहानुभूति नहीं है ?

डा. : मेरे भाई, सहानुभूति है, तभी तो ऐसी बात कर रहा हूँ। मैं चाहता हूँ कि तुम जियो, और तुम मरना चाहते हो। तो मैं यह कह दूँ कि तुम मर जाओ ? प्रेमी के प्रति सहानुभूति बतलाना, उसे मौत के मुँह में ढकेलना है।

प्रणय. : लेकिन प्रेम के बिना जीवन भी तो कुछ नहीं है।

डा. : और जीवन के बिना प्रेम हो सकता है क्या ? दोनों में कौन पहिले आता है···प्रेम या जीवन ?

प्रणय. : मैं यह कुछ नहीं जानता। इतना ही समझता हूँ कि प्रेम ही जीवन का आधार है।

डा. : ठीक है। लेकिन तुम तो प्रेम के कारण ही जीवन को नष्ट कर रहे हो। प्रेम तुम्हें है, तो फिर जियो। जीवन को बनाओ। प्रेम अमृत है, तुम उसे जहर बना रहे हो।

[प्रेमभीरु आता है।]

प्रेम. : डाक्टर साहब, एक आदमी आपसे एकदम मिलना चाहते हैं।

डा. : तू देखता नहीं है कि मैं एक मरीज से बात कर रहा हूँ।

प्रेम. : मैंने बहुत कहा, पर वे मानते ही नहीं हैं। कहते हैं, इसी वक्त मिलना है।

डा. : देखिए, प्रणयदासजी, ज़रा आप उस बगल के कमरे में चले जाइए। मैं इनसे बात कर लूँ। पता नहीं क्या बात है ? कुछ लोग यहाँ जेब में संखिया लेकर आते हैं।

प्रणय. : अच्छी बात है। (जाता है।)

डा. : प्रेमभीरु, जा भेज दे उनको।

[धरमचन्द का आना।]

धरम. : नमस्ते डाक्टर साहब, माफ करिए मैंने ज़रा जल्दबाजी मचायी। बात ही ऐसी जरूरी है। मैं एक मसले पर आपकी सलाह चाहता हूँ।

डा. : प्रेम के सम्बन्ध में न ?

धरम. : जी हाँ, प्रेम का ही मामला है।

डा. : देखिए, आप बुजुर्ग आदमी हैं, 50 से ऊपर तो होंगे। आपको यह सब अच्छा नहीं लगता।

धरम. : क्या अच्छा नहीं लगता ?

डा. : यही, इस उम्र में प्रेम वगैरह करना। भला आपको यह शोभा देता है ?

धरम. : कुछ मेरी भी सुनेंगे या···

डा. : क्या सुनूँ साहब। आपके बेटा-बेटियों के प्रेम करने के दिन हैं या आपके ?

धरम. : लेकिन मैं कहता हूँ कि मैं अपने लिए सलाह लेने नहीं आया।

डा. : (चौंककर) ऐं ! याने आप प्रेम नहीं करते ?

धरम. : करता हूँ, लेकिन उसके लिए किसी से सलाह लेने नहीं जाता। असल में सलाह लेना है मुझे मेरी लड़की के बारे में। एक आदमी उसके पीछे ही पड़ गया है। वह उससे शादी नहीं करना चाहती पर वह कहता है कि शादी नहीं करोगी, तो मैं मर जाऊँगा। दिन-रात परेशान किये रहता है।

डा. : देखिए साहब, बीमारी आपकी लड़की को है और नब्ज आप अपनी दिखा रहे हैं मुझे। उन्हीं को भेज दीजिए।

धरम. : वह तो साथ आयी है। बाहर बैठी है। (पुकारता है—रागिनी ! भीतर तो आ बेटी !)

[‘जी, पिताजी !’ कहते हुए प्रवेश।]

रागिनी : नमस्ते डाक्टर साहब !

डा. : नमस्ते ! बैठिए। धरमचन्दजी, अब आप जाइए। मैं इनसे बातचीत कर लूं।

धरम. : (उठते हुए) क्यों ? मैं···मैं अगर रहूँ···याने लड़की अकेली···

डा. : आप निश्चिन्तता से जाइए। मैं डाक्टर हूँ, खुद रोगी नहीं हूँ। आप चिन्ता मत करिए।

धरम. : नहीं, नहीं, ऐसी क्या बात है। अच्छा तो जाता हूँ।

[जाता है।]

डा. : हाँ तो रागिनीजी, कोई साहब हैं, जो आपसे प्रेम करते हैं। आप भी शायद—

रागिनी : जी हाँ, ‘शायद’ ही कहिए।

डा. : आप उनसे विवाह नहीं करना चाहतीं।

रागिनी : जी नहीं, बिल्कुल नहीं।

डा. : (हँसकर) आप तो ‘बिल्कुल नहीं’ इतने जोर से कह रही हैं, गोया थोड़ा-सा विवाह भी होता हो, और ज्यादा भी होता हो।

[रागिनी हँसती है।]

डा. : लेकिन आप उस बेचारे से विवाह क्यों नहीं करना चाहतीं ?

रागिनी : इसलिए कि वह मुझे बहुत प्यार करता है।

डा. : (चौंककर) ऐं ? बहुत प्यार करता है, इसलिए विवाह नहीं करना चाहतीं ? मुझे भी चौंका देनेवाली आप मिलीं। अपनी बात को साफ करिए।

रागिनी : बात यह है कि वह अगर कुछ कम प्यार करता, तो मैं उससे विवाह कर लेती। पर वह तो चौबीसों घण्टे सिवा प्रेम के कुछ करता ही नहीं है। हाय, उसाँस, तस्वीर, गाने, कसक, घण्टे-घण्टे प्रेम-निवेदन, रात को तारे गिनना, दिन को सूरज गिनना...आह ! मतलब यह कि जिन्दगी में अगर प्रेम ही प्रेम हुआ, तो कितनी ऊब आ जायेगी ? उसकी जिन्दगी भी खराब हो जायेगी, और मेरी भी।

डा. : आप अद्‌भुत हैं, देवीजी। कितने सुलझे हुए विचार हैं आपके। मुझे पहिली बार किसी ने प्रभावित किया है। मैं भी प्रेम को अच्छे जीवन के लिए साधना मानता हूँ, सम्पूर्ण जीवन नहीं। जीवन यदि मशीन है, तो प्रेम उसे ठीक चलाने के लिए 'मोबिलआइल' है। जो लोग मोबिलआइल को मशीन मान लेते हैं, उनकी लाशें तालाबों में तैरती हुई मिल जाती हैं।

रागिनी : कैसी अच्छी व्याख्या की है आपने। डाक्टर साहब आप अद्‌भुत आदमी हैं। मुझे आज तक कोई प्रभावित नहीं कर पाया था। लेकिन आपके विचार कैसे सीधे हृदय में पहुंचते हैं।

डा. : हृदय में ! नहीं देवी, विचार मस्तिष्क में पहुँचना चाहिए, हृदय में नहीं। हृदय में पहुँचने लगते हैं, तब इस रोग की पहली स्टेज शुरू होती है। आप भी सावधान हो जाइए और मैं भी होता हूँ।

रागिनी : हाऊ वण्डरफुल ! डाक्टर, आप बिल्कुल फरिश्ते की तरह बातें करते हैं।

डा. : देवीजी, यह मानते हुए कि जीवन और प्रेम के सम्बन्ध में आपके और मेरे विचार मिलते हैं, यह तो बतलाइए कि उस आदमी का क्या होगा ? वह तो मरने की बात करता है।

रागिनी : वह मरेगा नहीं डाक्टर। वह केवल फैशनेबुल बनता है। प्रेम की सबसे नयी फैशन है, मरने की बात करना। वह अप-टु-डेट आदमी है। उसे ऐसा कहने में सन्तोष प्राप्त होता है। वह पीड़ा में मजा लेता है। मैं अगर उसे मिल जाऊँ, तो दो दिनों में उसका यह पीड़ा का मजा खत्म हो जाय।

डा. : अच्छा, उस बेचारे का नाम क्या है ?

रागिनी : उसका नाम है...प्रणयदास।

डा. : (चौंककर) प्रणयदास !

रागिनी : क्यों, आप चौंके क्यों ?

डा. : यों ही, नाम बड़ा अच्छा है। तो अब मैं यह पूछना चाहता हूँ कि आप किसी से विवाह करेंगी या नहीं ?

रागिनी : करूँगी क्यों नहीं ? जरूर करूँगी ?

डा. : किससे विवाह करना चाहती हैं आप ?

रागिनी : सच बतलाऊँ ? डाक्टर, मैं आपसे विवाह करूँगी।

डा. : (घबड़ाकर) मुझसे ! यह क्या कह रही हैं आप ? नहीं, नहीं, देवी, डाक्टर को मत मारो। इतने प्रेमियों का क्या होगा? उन्हें कौन रास्ता बतलायेगा ?

रागिनी : नहीं डाक्टर साहब, मैं आपको प्रेम करती हूँ। सम्पूर्ण हृदय से प्रेम करती हूँ। आपके विचार कितने सुलझे हुए हैं।

डा. : (घबड़ाकर) कितने ही सुलझे हुए हों, कम्बख्त मुझे तो उलझा रहे हैं। नहीं, नहीं, देवी, मुझसे यह नहीं होगा। तुम तो उसी प्रणयदास से शादी कर लो।

[प्रणयदास क्रोध में कमरे से बाहर निकलता है।]

प्रणय. : हरगिज नहीं ! मैं इस झूठी, दगाबाज स्त्री से शादी करूँगा ? आधे घण्टे में ही प्रेम करने लगी डाक्टर से ! मुझे क्या मालूम कि यह ऐसी है। मैं अब तेरी छाया के पास भी नहीं आऊँगा। तू समझती है कि मुझे कोई लड़की ही नहीं मिलेगी। आज से सात दिन के अन्दर अगर तुझसे अच्छी दस लड़कियों से शादी न कर लूँ, तो मेरा नाम प्रणयदास नहीं। (हाँफता है।)

डा. : (प्रणयदास की पीठ ठोंककर) शाबाश, मेरा एक मरीज अच्छा हुआ। अब तुम बिल्कुल अच्छे हो गये, जाओ। जाओ जल्दी, कहीं बीमारी 'रिलैप्स' न हो जाय।

[प्रणयदास 'नमस्ते' कहकर चला जाता है।]

डा. : लीजिए, एक मरीज तो अच्छा हुआ। आपका रोग भी जाता रहा। आप उससे पीछा छुड़ाना चाहती थीं न ? सो वह खुद छोड़ गया। अब आप भी जाइए।

रागिनी : मैं कहाँ जाऊँ डाक्टर ? मेरे लिए तो अब कहीं कुछ नहीं है। जीवन में पहिली बार आपको सम्पूर्ण हृदय से प्रेम किया है; मगर आप ऐसे कठोर हैं···

डा. : देवी, देवी, तुम जाओ, मुझे तुमसे बहुत डर लगता है। हजारों मरीज देखे हैं, लेकिन ऐसा नहीं देखा। जाओ, मुझे प्रेम करना ही नहीं आता।

रागिनी : (हँसकर) कैसी सरल और भोली बातें करते हैं आप डाक्टर! आपके-जैसा आदमी ही सच्चा प्रेम कर सकता है। ओह!

डा. : बड़ी मुसीबत है। देवीजी, आप क्या चाहती हैं? जाइए न?

रागिनी : डाक्टर, मैं आपसे प्रेम करती हूँ; विवाह करना चाहती हूँ। सोचिए तो, अपना जीवन कितना सुखमय होगा, कितना सफल होगा। स्त्री और पुरुष जीवन-रूपी गाड़ी के दो पहिये हैं। दोनों के अलग-अलग रहने से जीवन की गाड़ी नहीं चल सकती, इसलिए···

डा. : बस बन्द करो। मेरी तबियत खराब हो रही है।

रागिनी : (आवेश में) दोनों पहियों को जुड़ना ही चाहिए। पर फिर भी दोनों पहिये एक ही प्रकार के, बराबर होने चाहिए, नहीं तो गाड़ी ठीक नहीं चलेगी···

डा. : बस बन्द करो, रागिनीजी! मुझे न जाने कैसा लगता है।

रागिनी : अहा, कैसा अच्छा लगता है। आपके मुख से मेरा नाम! आज मेरा नाम सफल हो गया। बोलिए, पिताजी को यह शुभ समाचार सुना दूँ?

डा. : (ठण्डी साँस छोड़कर) सुना दो! सुना दो! अपनी जीत का समाचार, सुना दो मेरी पराजय का समाचार!

रागिनी : ऐसा मत कहिए। मैं तो आपकी सेविका हूँ।

डा. : सब ऐसा ही कहती हैं, और बाद में मालकिन बन बैठती हैं। खैर, जो कुछ करना हो जल्दी करो, जाओ। अरे प्रेमभीरु भैया! मेरे नाम का बोर्ड दूसरा बनवा ले·· नाम बदलवा ले। 'अनंगमर्दन' की जगह 'अनंगसेवक' नाम लिखवाना···और बाहर नोटिस लगा दे कि आज से यह अस्पताल बन्द हो गया। इसका दिवाला निकल गया।

प्रेम. : फिर मेरा क्या होगा सरकार?

डा. : तू भी जाकर किसी से शादी कर ले और फिर जैसा वह कहे, वैसा कर।

प्रेम. : अरे बाप रे! यह पहिले ही कह दिया होता।

डा. : चलो विश्वमोहिनीजी, आपके पिता की अदालत में चलकर हाजिर हों। जैसे पुराने जमाने में वीर क्षत्राणी जंगली जानवर को मारकर गर्वपूर्वक घर ले जाती थी, उसी गर्व से आप मुझे ले चलिए। चलिए, चलिए, चलिए···

[दोनों जाते हैं।]

'अखिल भारतीय मन्त्री संघ' का पत्र*

आदरणीय डॉ. राधाकृष्णन साहब,

अखिल भारतीय मन्त्री संघ के अध्यक्ष की हैसियत से मैं आपको अपना निर्णय बदलकर पुनः उपराष्ट्रपति बनने को तैयार होने के लिए कोटि-कोटि धन्यवाद देता हूँ। हमारा संघ अभी नया ही है। इसमें भारत के राज्यों और संघ के मन्त्रिगण शामिल हैं। आज जब चपरासियों तक के श्रमिक-संघ बन गये हैं, तब मन्त्रियों का अपना कोई ट्रेड यूनियन न हो यह लज्जास्पद बात थी! अतएव हमने मन्त्रियों के हितों की रक्षा के लिए, वेतन और भत्ते में वृद्धि के लिए, भाषण-उद्घाटन-अभिनन्दनों में वृद्धि के लिए, बँगले, बगीचे और कारों के उच्च स्तर के लिए इस संघ की स्थापना की है।

अभी हमने केरल के मन्त्रियों के उस निर्णय की घोर निन्दा की है, जिसके द्वारा उन्होंने 350 रु. मासिक वेतन लेने का निश्चय किया है। अपनी जाति के हितों पर इस प्रकार कुठाराघात करना, प्रजातन्त्र में अशोभनीय है। अस्तु।

आपके इस वक्तव्य से कि आप रिटायर होकर स्वेच्छा से रिटायर होने की स्वस्थ परम्परा डाल रहे हैं, हम सबको बड़ी चिन्ता हो गयी थी। यह निर्णय नीति-विरुद्ध, धर्मविरुद्ध और समाजविरुद्ध था। हम तब तक अपने पद पर रहेंगे, जब तक कि हमारी स्टेट फ्यूनरल (राजकीय सम्मान से अन्त्येष्टि) न हो जाय। हमें स्टेट फ्यूनरल के सिवा कोई और पद से नहीं निकाल सकता। हम बूढ़े हो जावें, काम के योग्य न रहें, सठिया जावें—कुछ भी हो, हमें डटे रहने का अधिकार है। हमें एक बार मन्त्री बनाया है तो आखिर तक बनाये रखना पड़ेगा।

हे महामहिम! आपने हमारी इस स्वस्थ परम्परा को कायम रखकर हमारा बड़ा उपकार किया। वरना हमें तो चिन्ता होने लगी थी। अगर स्वेच्छा से रिटायर होने की यह बीमारी फैल गयी तो हमारा क्या होगा?

आपका आभारी

एक बूढ़ा मन्त्री

* प्रहरी, 14 अप्रैल, 1957

कैदी छोड़ दिये गये

केरल के इस समाचार से कि साम्यवादी मन्त्रिमण्डल ने सब कैदियों को छोड़ दिया है, कांग्रेस के महामन्त्री श्रीमन्नारायण बहुत नाराज हुए हैं। वे कहते हैं कि साम्यवादियों ने गुण्डों, चोरों, उचक्कों, हत्यारों को छोड़ दिया है।

श्रीमानजी की चिन्ता का आधार यह है कि ये सब अब कांग्रेस टिकिट माँगेंगे। वैसे ही जेल के बाहर के गुण्डों को टिकिट देते-देते परेशान हैं। अब ये सब माँगेंगे तो किस-किसको देंगे?

गप्पियों का देश*

पाकिस्तान में हर साल एक गप्प-सम्मेलन होता है जिसमें सबसे बड़ा झूठ बोलनेवाले को इनाम मिलता है। गत वर्ष इनाम पानेवाली गप्प यह थी—

'उत्तर के बर्फानी इलाके में एक कुत्ता खरगोशों का पीछा कर रहा था। इतने में बर्फ गिरने लगा और खरगोश तथा कुत्ता वहीं बर्फ में दब गये। 6 माह बाद गर्मी का मौसम आया और बर्फ पिघला तो लोगों ने देखा कि खरगोश भागे जा रहे हैं और कुत्ता उनका पीछा कर रहा है।'

यह गप्प-सम्मेलन कोई मजाक नहीं है। यह एक प्रकार का पब्लिक सर्विस कमीशन है। जो आदमी सबसे बड़ी गप्प हाँक सकता है उसे सरकार विदेश मन्त्रालय का सलाहकार बना लेती है और उसे यह काम दिया जाता है कि विदेशी मामलों में वह अच्छा-से-अच्छा झूठ ईजाद करे। इस झूठ को पाकिस्तान के प्रधानमन्त्री और विदेशमन्त्री अपने भाषणों में जोड़ लेते हैं। काश्मीर के सम्बन्ध में इसलिए पाकिस्तान इतनी जल्दी ऐसे अच्छे-अच्छे झूठ कहता जाता है।

सबसे ताजा झूठ यह है कि पंजाब की पाँचों नदियाँ काश्मीर से निकलती हैं। इस झूठ ने भूगोल को भी झूठा कर दिया। यह बात पाकिस्तान के प्रधानमन्त्री ने कही है। भूगोल कहती है कि केवल झेलम काश्मीर से निकलती है, शेष या तो बाहर हिमालय से या तिब्बत से। मगर पाकिस्तान के गप्पी सलाहकार ने प्रधानमन्त्री को यही सलाह दी होगी कि सब नदियों को भी काश्मीर से जोड़ दो, भूगोलशास्त्र की परवाह मत करो।

* प्रहरी, 15 अगस्त, 1957

अपनी सरकार को भी कुछ गप्पियों को सलाहकार बनाना चाहिए। वैसे देशी मामलों में तो सरकार का हर मन्त्री, अफसर झूठ बोल लेता है। विकास योजना की रिपोर्टें झूठों से भरी रहती हैं, आँकड़े अधिकांश झूठ होते हैं।

लिखा कृष्णामाचारी को*

भद्र,

तुमने संसद में जो खर्च पर टैक्स पास करा लिया है, सो अच्छा हो गया। अब तो इलाज कराने पर भी टैक्स लगेगा, शादी कराने पर भी, बाप का श्राद्ध करने पर भी। अब तुम साँस लेने, छींकने, पेशाब करने पर भी टैक्स लगा दो। जब टैक्स के डर से आदमी नाक बन्द करके छींक को रोकेगा, तब मजा आ जायगा।

यह भी तुमने अच्छा किया कि रेस-हॉर्सेस पर टैक्स नहीं लगाया—इस तरह तुमने दुनिया के सबसे बड़े घुड़दौड़बाज़ मरहूम आगाखां की आत्मा को श्रद्धांजलि अर्पित की।

अब तुम चिन्ता में होगे कि आगे किस चीज पर टैक्स लगाया जाय। मैं तुम्हें वह चीज बताता हूँ जो तुम कभी सोच ही नहीं सकते। क्योंकि वह चीज दिल से सम्बन्ध रखती है और अर्थशास्त्रियों के दिल नहीं होता। तुम्हारे मन्त्रिमण्डल में नेहरू और मेनन के पास दिल है, क्योंकि पहिले ने युवावस्था से विधुर रहकर और दूसरे ने अविवाहित रहकर दिल बचा लिया है। थोड़ा-सा केसकर के पास भी होगा--संगीतवाला आदमी है।

तो वह चीज जिस पर तुम टैक्स लगा सकते हो, है—प्रेम ! यह गेहूँ की तरह ही उपयोगी है, इसलिए इस पर टैक्स भी बड़े विस्तृत क्षेत्र में लागू होगा।

तुम एक नया मुहकमा खोलो—'रजिस्ट्रेशन ऑफ लवर्स' और कानून बनाओ कि कोई स्त्री-पुरुष बिना रजिस्ट्रेशन के प्रेम नहीं कर पावेंगे। प्रेम के लिए पंचवर्षीय और दसवर्षीय सर्टिफिकेट जारी करो। जो बिना रजिस्ट्रेशन के प्रेम करें उन पर वही कार्यवाही करो, जो इन्कमटैक्स या सेलसटैक्स बचानेवालों पर होती है—याने मुकदमा चलाओ।

जो गुप्तचर विभाग अब तक 'अघोर भैरव'-जैसे लोगों के पीछे लगा रहता है, उसे प्रेमी-प्रेमिकाओं की खोज में लगाओ। जो बिना टैक्स दिये प्रेम करते हैं, उन्हें यह विभाग पुलिस से गिरफ्तार कराके अदालत में पेश करे।

* प्रहरी, 8 सितम्बर, 1957

लेकिन एक खास किस्म का प्रेम होता है—अलक्षित, मौन प्रेम। इसके कोई लक्षण बाहर नहीं दिखते, यह भीतर-ही-भीतर होता है। इसकी जांच के लिए अमेरिका में नये किस्म के यन्त्र मिलते हैं, जिनसे हृदय की धड़कन के द्वारा प्रेम ज्ञात हो जाता है। इसकी ट्रेनिग के लिए अमेरिका से विशेषज्ञ बुलाओ और कुछ उर्दू कवियों को पहिले शिक्षित कराओ, क्योंकि उर्दू में 500 वर्षों से दिल की धड़कन के आँकड़े ही निकाले जा रहे हैं।

अब इसमें एक लाभ और होगा—गृहस्थ लोग इस टैक्स से बच जावेंगे, क्योंकि कितना भी अच्छा यन्त्र लगाओ उनके हृदय में कहीं कोई हलचल नहीं मिलेगी। 10 प्रतिशत अपवाद होंगे इसके। याने इस टैक्स का सारा बोझ अविवाहितों पर ही पड़ेगा। गत वर्ष तुमने अविवाहितों पर ज्यादा इन्कमटैक्स लगा ही दिया है, अब प्रेम-टैक्स भी लग जाय। और इस पंचवर्षीय योजना के लिए देश के युवक-युवतियों का त्याग सबसे अधिक हो जाय।

मुझे विश्वास है कि तुम इस सम्बन्ध में शीघ्र ही संसद में एक विधेयक रखोगे। इस विषय पर मन्त्रिमण्डल में विचार मत करना, क्योंकि पन्त इसका एकदम विरोध करेंगे—दुनिया-भर के गृहमन्त्रियों के दिल में लाठी-गोली भरी रहती है।

आशा है स्वस्थ और प्रसन्न होंगे।

तुम्हारा
'अघोर भैरव'

जले झोंपड़े और विजयी विश्व तिरंगा प्यारा !*

गोरखपुर में 'अघोर भैरव' के मकान के सामने गरीबों की झोंपड़ियाँ उस दिन आग से भस्म हो गयीं। 5 जानें गयीं। एक तो पूरा परिवार ही भीतर भस्म हो गया। अगर फूस की झोंपड़ी को आग लपेट ले तो आदमी कहाँ से बचे? लोग कहते पाये गये—'आग भी गरीबों को जलाती है।' आग तो सबको जलाती है। उसका क्या कसूर? कसूर तो उस व्यवस्था का है जिसमें मजदूर है, तब उसे निकलने की जगह नहीं मिलती और वह वहीं भस्म हो जाता है।

खैर, 'समाजवादी ढंग' की व्यवस्था की तैयारी हो रही है।

ढंग पर से दूसरी बात याद आयी। झोंपड़ों के जलने के तीसरे दिन जब मैंने सुबह उस स्थान की ओर नजर घुमायी तो देखा कि टट्टों के छप्पर तने हैं। किसी ने

* प्रहरी, 11 मई, 1958

छप्पर आदि देखकर इन 30-40 परिवारों के सिर पर छाया कर दी। लेकिन मैं, संरक्षण के लिए, चकित हो गया यह देखकर कि एक झोंपड़ी पर लहरा रहा है अपना 'विजयी विश्व तिरंगा प्यारा !'

जी हाँ, वही तिरंगा प्यारा जिसके बीच में चरखा है। सोचा, यह कौन-सा ढंग है।

परसों यहाँ झोंपड़े जले, लोगों का सर्वस्व भस्म हो गया। 5 आदमी समाप्त हो गये। उनकी लाश पर यह 'विजयी विश्व तिरंगा प्यारा' कौन-सा विजय-पर्व मना रहा है ?

समझ में आया, राजनीतिक लोग बड़े चतुर होते हैं। तिरंगावालों ने इन पीड़ितों की कुछ सहायता की थी। अन्य झण्डेवालों ने भी की थी। जिनका कोई रंग नहीं है, झण्डा नहीं है, ऐसे विशुद्ध नागरिकों ने भी मदद की। दिल को दहला देनेवाले उस काण्ड की याद से ही कम्प आता है। कई लोगों ने अपने-आप उन भाइयों को मदद पहुँचायी। मगर होशियार निकले तिरंगेवाले ! उन्होंने झण्डा ही गाड़ दिया !

उन पाँच आदमियों की राख पर अपनी पार्टी का झण्डा ! इस महानाश के स्वप्न पर तिरंगा प्यारा ! मनुष्य के दुख का अपने स्वार्थ के लिए दुरुपयोग करने का कितना घृणित, कितना नीच तरीका है।

गोया उनका दुख कोई दुख नहीं है। वे पाँच मर गये, तो मर गये ! 30-40 परिवारों के बर्तन, कपड़े नष्ट हुए, सो कोई बात नहीं। उनके आत्मीय जो देखते-देखते भस्म हो गये, तो हो जावें। मगर, हे गरीबो ! हे पीड़ितो ! हमने तुम्हारी थोड़ी-सी सहायता की है। वह छोटी-सी सहायता पानेवालो, याद रखना कि हम तिरंगा प्यारावाले हैं, हम तुम्हारे काम आये हैं ! इसीलिए हमने तुम्हारी छाती पर तिरंगा गाड़ दिया है। चुनाव के मौके पर तिरंगा प्यारा को याद रखना ! हम मानवीय करुणा से उद्वेलित होकर तुम्हारी मदद नहीं कर रहे हैं, हम कोई दानी नहीं हैं, हम सहानुभूति से द्रवित होकर तुम्हारी मदद को नहीं आये हैं। आफत के मारे लोगो, हम तो इस तिरंगा प्यारा को गाड़ने के लिए सहायता का ढोंग रच रहे हैं।

मनुष्य की दुर्दशा का क्या राजनैतिक उपहास है ! अत्यन्त क्रूर, घृणित और दानवी।

तिरंगा प्यारावाले ही नहीं, वे सब जो इस दुखद स्थिति का उपयोग अपनी पार्टी के स्वार्थ के लिए कर रहे हैं, उन पीड़ितों को राजनैतिक लंगीबाजी के लिए नचा रहे हैं, जो इस मुसीबत में भी 'वोट' ही नहीं भूल पाते, मनुष्य के दुख का घोर अपमान और उपहास कर रहे हैं।

तुम कार्पोरेशन के भीतर लड़ो न। तुम तिलकभूमि में परस्पर वाक्युद्ध करो। पर जिसका भाई जल मरा है, जिसकी बीमार बीवी-बच्चे पड़े-पड़े राख हो गये, उसकी छाती पर अपना झण्डा गाड़ोगे ?

मुक्तिबोध

राजनांदगांव में तालाब के किनारे पुराने महल का दरवाजा है—नीचे बड़े फाटक के आसपास कमरे हैं, दूसरी मंजिल पर एक बड़ा हॉल और कमरे, तीसरी मंजिल पर कमरे और खुली छत। तीन तरफ से तालाब घेरता है। पुराने दरवाजे और खिड़कियाँ, टूटे हुए झरोखे, कहीं खिसकती हुई ईंटें, उखड़े हुए पलस्तर की दीवारें। तालाब और उसके आगे विशाल मैदान। शाम को जब ज्ञानरंजन और मैं तालाब की तरफ गये और वहाँ से धुँधलके में उस महल को देखा, तो एक भयावह रहस्य में लिपटा वह नजर आया।

दूसरी मंजिल के हॉल के एक कोने में विकलांग मुक्तिबोध खाट पर लेटे थे। लगा, जैसे इस आदमी का व्यक्तित्व किसी मजबूत किले-सा है। कई लड़ाइयों के निशान उस पर हैं। गोलों के निशान हैं, पलस्तर उखड़ गया है, रंग समय ने धो दिया है—मगर जिसकी मजबूत दीवारें गहरी नींव में जमी हैं और वह सिर ताने गरिमा के साथ खड़ा है।

मैंने मजाक की, "इसमें तो ब्रह्मराक्षस ही रह सकता है।"

मुक्तिबोध की एक कविता है, 'ब्रह्मराक्षस'। एक कहानी भी है जिसमें शापग्रस्त ब्रह्मराक्षस महल के खँडहर में रहता है।

मुक्तिबोध हँसे। बोले, "कुछ भी कहो पार्टनर, अपने को यह जगह पसन्द है।"

मुक्तिबोध में मैत्री-भाव बहुत था। बहुत-सी बातें वे मित्र को सम्बोधित करते हुए कहते थे। कविता, निबन्ध, डायरी सबमें यह 'मित्र' प्रत्यक्ष-परोक्ष रूप से रहता है। एक खास अदा थी उनकी। वे मित्र को 'पार्टनर' कहते थे। कुछ इस तरह बातें करते थे—'कुछ भी कहो पार्टनर, तुम्हारा यह विनोद है ताकतवर···आपको चाहे बुरा लगे पार्टनर, पर अमुक आदमी अपने को तो बिल्कुल नहीं पटता।' ज्यादा प्यार में आते तो कहते—'आप देखना मालक, ये सब भागते नजर आयेंगे।'

मुक्तिबोध जैसे सपने में डूबते-से बोले, "जहाँ आप बैठे हैं वहाँ किसी समय राजा की महफिल जमती थी। खूब रोशनी होती होगी, नाच-गाने होते होंगे। तब यहाँ ऐश्वर्य की चकाचौंध थी। कुछ भी कहो, पार्टनर, 'फ्युडलिज्म' (सामन्तवाद) में एक शान तो थी···बरसात में आइए यहाँ। इस कमरे में रात को सोइए। तालाब खूब जोर पर होता है, साँय-साँय हवा चलती है और पानी रात-भर दीवारों से टकराकर छप-छप करता है···कभी-कभी तो ऐसा लगता है, जैसे कोई नर्तकी नाच रही हो, घुंघरुओं की आवाज सुनायी पड़ती है। पिछले साल शमशेर आये थे। हम लोग 2-3 बजे सुबह तक सुनते रहे···और पार्टनर बहुत खूबसूरत उल्लू···मैं क्या बताऊँ आपसे, वैसा खूबसूरत उल्लू मैंने कभी देखा ही नहीं···कभी चमगादड़ें घुस आती हैं"···बड़े उत्साह से वे उस वातावरण की बातें करते रहे। अपनी बीमारी का जरा अहसास नहीं।

दोपहर में हम लोग पहुँचे थे। हमें देखा, तो मुक्तिबोध सदा की तरह—'अरे वाह, अरे वाह', कहते हुए हँसते रहे। मगर दूसरे ही क्षण उनकी आँखों में आँसू छलक पड़े। डेढ़-एक महीने पहले वे जबलपुर आये थे। एक्जिमा से परेशान थे। बहुत कमजोर। बोलते-बोलते दम फूल आता था। तब मुझे वे बहुत शंकाग्रस्त लगे थे। डरे हुए-से। तब भी उनकी आँखों में आँसू छलछला आये थे, जब उन्होंने कहा था—'पार्टनर अब बहुत टूट गये हम। ज्यादा गाड़ी खिंचेगी नहीं। दस, पाँच साल मिल जायें, तो कुछ काम जमकर कर लूँ।'

आँसू कभी पहले उनकी आँखों में नहीं देखे थे। इस पर हम लोग विशेष चिन्तित हुए। मित्रों ने बहुत जोर दिया कि आप यहाँ एक महीने रुककर चिकित्सा करा लें। पर उन्हें रुग्ण पिता को देखने नागपुर जाना था। सप्ताह-भर में लौट आने का वादा करके वे चले गये। फिर वे लौटे नहीं।

क्षण-भर में ही वे सँभल गये। पूछा, "आप लोगों का सामान कहाँ है?"

शरद कोठारी ने कहा, "मेरे घर रखा है।"

वे बोले, "वाह साहब, इसका क्या मतलब? आप लोग मेरे यहाँ आये हैं न?"

हम लोगों ने परस्पर देखा। शरद मुस्कराया। इस पर हम लोग मुक्तिबोध को कई बार चिढ़ाया करते थे—'गुरु, कितने ही प्रगतिशील विचार हों, आपके, आदतों में 'फ्यूडल' हो। मेरा मेहमान है, मेरे घर सोयेगा, मेरे घर खायेगा, कोई बिना चाय पिये नहीं जायेगा, होटल में मैं ही पैसे चुकाऊँगा, सारे शहर को घर में खाना खिलाऊँगा—यह सब क्या है?'

शरद को मुस्कराते देख वे भी मुस्करा दिये। बोले, "यह आपकी अनधिकार चेष्टा है, बल्कि साजिश है।"

यह औपचारिक नहीं था। मुक्तिबोध की किसी भावना में औपचारिकता नहीं—न स्नेह में, न घृणा में, न क्रोध में। जिसे पसन्द नहीं करते थे, उसकी तरफ घण्टे-भर बिना बोले आँखें फाड़े देखते रहते थे। वह घबड़ा जाता था।

बीमारी की बात की, तो वैज्ञानिक तटस्थता से—जैसे ये हाथ-पाँव और यह सिर उनके नहीं, किसी दूसरे के हैं। बड़ी निर्वैयक्तिकता से, जैसे किसी के अंग-अंग काटकर बता रहे हैं कि बीमारी कहाँ है, कैसे हुई, क्या परिणाम है?

"तो यह है साहब, अपनी बीमारी"—बोलकर चुप हो गये।

फिर बोले, "चिट्ठियाँ आती हैं कि आप यहाँ आ जाइए या वहाँ चले जाइए। पर कैसे जाऊँ? जाना क्या मेरे वश की बात है?...हाँ, एक भयंकर कविता हो गयी। सुनाऊँगा नहीं। मुझे खुद उससे डर लगता है। बेहद डार्क, ग्लूमी! भयंकर 'इमेजें' हैं। न जाने कैसी मनःस्थिति थी। कविता वात्स्यायनजी को भेज दी है।...पर अब लगता है, वैसी बात है नहीं। जिन्दगी में दम है। बहुत अच्छे लोग हैं, साथ। कितनी चिट्ठियाँ चिन्ता की आयी हैं। कितने लोग मुझे चंगा करना चाहते हैं! कितना स्नेह, कितनी ममता है, आसपास!...पार्टनर, अब एक दूसरी कविता लिखी जायेगी। यानी ठीक बात लिखी जायगी।"

ज्ञानरंजन ने कहा, "पिछली भी सही थी और अब जो होगी, वह भी सही होगी।"

वे आश्वस्त-से लगे। हम लोगों ने समझाया कि बीमारी मामूली है, भोपाल में एक-दो महीने में ठीक हो जायेगी।

उनकी आँखों में चमक आ गयी। बोले, "ठीक हो जायेगी न! मेरा भी यही खयाल है। न हो पूरी ठीक, कोई बात नहीं। मैं लँगड़ाकर चल लूंगा। पर लिखने-पढ़ने लायक हो जाऊँ।"

इतने में प्रमोद वर्मा आ गये। देखते ही मुक्तिबोध फिर हँस पड़े, "लो, अरे लो, ये भी आ गये! वाह, बड़ा मजा है, साहब!"

प्रमोद और मैं शान्ता भाभी तथा रमेश से सलाह करने दूसरे कमरे में चले गये। इधर मुक्तिबोध ज्ञानरंजन से नये प्रकाशनों पर बातें करने लगे।

तय हुआ कि जल्दी भोपाल ले चलना चाहिए। मित्रों ने कुछ पैसा जहाँ-तहाँ से भेज दिया था। हम लोगों ने सलाह की कि इसे रमेश के नाम से बैंक में जमा कर देना चाहिए।

मुक्तिबोध पर बड़ी विचित्र प्रतिक्रिया हुई इसकी। बिल्कुल बच्चे की तरह वे खीझ उठे। बोले, "क्यों? मेरे नाम से खाता क्यों नहीं खुलेगा? मेरे ही नाम से जमा होना चाहिए। मुझे क्या आप लोग गैर-जिम्मेदार समझते हैं?"

वे अड़ गये। खाता मेरे नाम से खुलेगा। थोड़ी देर बाद कहने लगे, "बात यह है पार्टनर कि मेरी इच्छा है ऐसी। 'आई विश इट'। मैं नहीं जानता कि बैंक में खाता होना कैसा होता है। एक नया अनुभव होगा मेरे लिए। तर्कहीन लालसा हो—पर है जरूर, कि एक बार अपना भी एकाउण्ट हो जाये! ज़रा इस सन्तोष को भी देखूं।"

मुक्तिबोध हमेशा ही घोर आर्थिक संकट में रहते थे। अभावों का ओर-छोर नहीं था। कर्ज से लदे रहते थे। पैसा चाहते थे, पर पैसे को ठुकराते भी थे। पैसे के लिए कभी कोई काम विश्वास के प्रतिकूल नहीं किया। अचरज होता था कि जिसे पैसे-पैसे की तंगी है, वह रुपयों का मोह बिना खटके के कैसे छोड़ देता है। बैंक में खाता खुलेगा—यह कल्पना उनके लिए बड़ी उत्तेजक थी। गजानन माधव मुक्तिबोध का बैंक में खाता है—यह अहसास वे करना चाहते थे। वे शायद अधिक सुरक्षित भी अनुभव करते।

तभी एक ज्येष्ठ लेखक की चिट्ठी आयी कि आप घबड़ायें नहीं, हम कुछ लेखक जल्दी ही अखबार में आपकी सहायता के लिए अपील प्रकाशित करा रहे हैं।

चिट्ठी पढ़कर मुक्तिबोध बहुत उत्तेजित हो गये। झटके से तकिये पर थोड़े उठ गये और बोले, "यह क्या है? दया के लिए अपील निकलेगी! अब, भीख माँगी जायेगी मेरे लिए! चन्दा होगा! नहीं—मैं कहता हूँ—यह नहीं होगा। मैं अभी मरा थोड़े ही हूँ। मित्रों की सहायता मैं ले लूंगा—लेकिन मेरे लिए चन्दे की अपील! नहीं। यह नहीं होगा!"

हम लोगों ने उन्हें समझाया कि आपकी भावना से उन्हें परिचित करा दिया जायेगा और अपील नहीं निकलेगी।

उस शाम को रमेश ने एक चिट्ठी लाकर दी, जिसमें बीस रुपये के नोट थे। चिट्ठी उनके एक विद्यार्थी की थी। उसने लिखा था कि मैं एक जगह काम करके पढ़ाई का खर्च चला रहा हूँ। आपके प्रति मेरी श्रद्धा है। मैं देख रहा हूँ कि अर्थाभाव के कारण आप-जैसे साहित्यकार की ठीक चिकित्सा नहीं हो पा रही है। मैंने ये बीस रुपये बचाये हैं। इन्हें आप ग्रहण करें। ये मेरी ही कमाई के हैं, इसलिए आप इन्हें लेने में संकोच न करें। स्वयं आपको रुपये देने का साहस मुझमें नहीं है, इसलिए इस तरह पहुँचा रहा हूँ।

चिट्ठी और रुपये हाथ में लिये वे बड़ी देर तक खिड़की के बाहर देखते रहे। उनकी आँखें भर आयीं। बोले, "यह लड़का गरीब है। उससे कैसे पैसे ले लूँ?"

वहाँ एक अध्यापक बैठे थे। उन्होंने कहा, "लड़का भावुक है। वापस कर देंगे, तो उसे चोट पहुँचेगी।" मुक्तिबोध बहुत द्रवित हो गये इस स्नेह से। बड़ी देर तक गुमसुम बैठे रहे।

भोपाल जाने की तैयारी होने लगी। उनका मित्र-भाव फिर जाग उठा। मुझसे कहने लगे, "पार्टनर, मैं आपसे एक साफ बात कहना चाहता हूँ। बुरा मत मानना। देखिए, आपकी जीविका लिखने से चलती है। आप अब भोपाल मेरे साथ चलेंगे। वहाँ रहेंगे। आप लिख नहीं पायेंगे, तो आपको आर्थिक कष्ट होगा। मैं कहता हूँ कि आप मेरे पैसे को अपना पैसा समझकर उपयोग में लाइए!"

मुक्तिबोध बहुत गम्भीर थे। हम लोग एक-दूसरे की तरफ देख रहे थे।

वे मेरी तरफ जवाब के लिए आँखें उठाये थे और हम लोग हँसी रोके थे।

तभी मैंने कहा, "आपके पैसे को अपना पैसा समझने को तैयार हूँ। पर पैसा है कहाँ?"

प्रमोद जोर से हँस दिया। मुक्तिबोध भी हँस पड़े। फिर एकदम गम्भीर हो गये। बोले, "हाँ, यही तो मुश्किल है। यही तो गड़बड़ है।"

जो थोड़े-से पैसे उनके हाथ में आ गये थे, वे कुलबुला रहे थे। उन्हें कितने ही कर्त्तव्य याद आ रहे थे। कोई मित्र कष्ट में है, किसी की पत्नी बीमार है, किसी की लड़की बीमार है, किसी के बच्चों के लिए कपड़े बनवाना है। उस अवस्था में जब वे खुद अपंग हो गये थे और अर्थाभाव से पीड़ित थे, वे दूसरों पर इन पैसों को खर्च कर देना चाहते थे। आगे भोपाल में तो इस बात पर उनसे बाकायदा युद्ध हुआ और बड़ी मुश्किल से हम उन्हें समझा सके कि रोगी का किसी के प्रति कोई कर्त्तव्य नहीं होता; सबके कर्त्तव्य उसके प्रति होते हैं।

और उस रात जब हम लोग गाड़ी पर चढ़े, तो साथ में रिमों कागज था। मुक्तिबोध ने हठ करके पूरी कविताएँ, अधूरी कविताएँ, तैयार पाण्डुलिपियाँ सब लदवा लीं। बोले, "यह सब मेरे साथ जायेगा। एकाध हफ्ते बाद मैं कुछ काम करने लायक हो जाऊँगा, तो कविताएँ पूरी करूँगा, नयी लिखूँगा और पाण्डुलिपियाँ दुरुस्त

करूँगा। अपने से अस्पताल में बेकार पड़ा नहीं रहा जायेगा, पार्टनर !...और हाँ, वह पासबुक रख ली है न ?"

पर उन कागजों पर मुक्तिबोध का न फिर हाथ चल सका और न वे एक चेक काट सके।

जिन्दगी बिना कविता-संग्रह देखे और बिना चेक काटे गुजर गयी।

लेख, भाषण, वक्तव्य

स्वागत भाषण*

श्री दीपेन घोषजी, ओमप्रकाश गुप्तजी, एस. के. व्यास तथा तार यान्त्रिक कर्मचारी साथियो और मित्रो,

आप सब कर्मचारी मित्रों और साथियों के संगठन के 8वें अधिवेशन के अवसर पर मैं आप सबका हृदय से स्वागत करता हूँ। मेरी यह हैसियत तो नहीं है कि मैं अधिकारपूर्वक इस नगर की ओर से आपका स्वागत करूँ, क्योंकि मैं नगर का प्रतिनिधित्व करनेवाले किसी राजनैतिक पद को धारण नहीं करता। यह भी ठीक ही है क्योंकि कार्पोरेशन परसों ही भंग हुई है। मैं एक प्रगतिशील श्रमजीवी लेखक की हैसियत से, तथा कुछ संगठनों की ओर से आपका स्वागत करता हूँ। मैं राष्ट्रीय प्रगतिशील लेखक महासंघ की ओर से, अखिल भारतीय शान्ति और एकता संगठन की ओर से, भारत-रूस सांस्कृतिक संघ की ओर से भी आपका स्वागत करता हूँ।

मैं खुद श्रमजीवी लेखक हूँ। कलम का मजदूर हूँ। इस कारण मैं आपका साथी हूँ और आपके वर्ग का। इस नाते मैं कामना करता हूँ कि आप अपने विभाग से सम्बन्धित समस्याओं पर विचार करें, अपने अधिकारों के लिए संघर्ष करने का संकल्प करें और देश की परिवर्तनशील व्यापक परिस्थिति में अपनी भूमिका तय करें।

मैं लेखक हूँ, जिसके अनुभव और चिन्तन का दायरा व्यापक होता है, इसलिए एक-दो बातें आप लोगों से कहूँगा जिन पर भी आप लोग विचार करें। आमतौर पर स्वागत-भाषण में ये बातें न कही जातीं, न सुनी जातीं। मगर आप लोग एक लेखक से अपना स्वागत कराने की जो भूल कर बैठे हैं, तो नतीजे में उसकी कुछ बातें सुननी ही पड़ेंगी, चाहे वे आपको अच्छी न लगें।

श्रमिक संगठन का प्रधान उद्देश्य श्रमिकों के हितों की रक्षा करना होता है। आपका संगठन भी यह करता है और करना चाहिए। लेकिन इसके साथ ही मेरा विचार है कि श्रमिक संगठनों को अपने चरित्र और सामाजिक परिवर्तन की प्रक्रिया में अपनी प्रमुख भूमिका का अहसास होना चाहिए। याने संगठित श्रमजीवी वर्ग को अपने को एक क्रान्तिकारी शक्ति समझना चाहिए और इसके लिए विचार-भूमि बनानी चाहिए और तद्नुसार संगठन करना चाहिए। मैं सिर्फ आप लोगों के बारे

* अ. भा. तार यान्त्रिक कर्मचारी संघ के 8वें परिमण्डल अधिवेशन, (जबलपुर) में स्वागत-भाषण।

में यह नहीं कहता, बल्कि अपने अनुभव के आधार पर यह कहता हूँ कि हमारे देश में श्रमिक संगठन का अर्थ केवल वेतन, भत्ता, बोनस और ओवर टाइम रह गया है। इसके सिवा कुछ नहीं है। श्रमिक संगठन सिर्फ पैसे की लड़ाई लड़ते हैं, अर्थवाद (इकानामिज्म) के चक्कर में पड़े हैं और अर्थवाद बहुत घातक चीज है। यह क्रान्ति-विरोधी है और स्वयं श्रमिकों तथा देश के लिए नुकसानदेह है। केवल अर्थवाद से श्रमिकों की शक्ति न विकसित होती न तैयार होती जो अन्ततः एक देशव्यापी संघर्ष से उस व्यवस्था को बदलकर नयी व्यवस्था स्थापित करती है, जो एक विभाग को, एक तबके को, एक कारखाने को ही नहीं, सबको न्याय देती है। अलग-अलग आर्थिक लड़ाई से तात्कालिक लाभ अलग-अलग मिलते हैं, मगर स्थायी, व्यापक रूप से जीवनस्थिति में सुधार ज्यादा बड़े संघर्ष से होगा, जो सिर्फ आर्थिक नहीं होगा। मैं देखता हूँ अपने संगठन का, अपने नेता का, अपने झण्डे का, अपने नारे का सिर्फ एक ही अर्थ, एक ही उपयोग, एक ही उद्देश्य श्रमिक मानता है कि यह वह है जो बोनस दिलाता है, वेतन-भत्ता दिलाता है, सस्पेण्ड हो गये तो बहाल कराता है। याने संगठन, नेता, झण्डा, घोषणापत्र, सिद्धान्त—पैसा है, सिर्फ पैसे के सिवा कुछ नहीं।

इस अर्थवाद के, पैसावाद के बहुत बुरे नतीजे हमारे सामने हैं। कर्मचारी केवल अपने अधिकार जानता है, अपने कर्तव्य नहीं जानता। वह समाज के प्रति अपना दायित्व न समझता है, न निभाता है जबकि सारे लाभ वह इसी समाज से चाहता है, जिसमें पैसा भी शामिल है। श्रमिकों ने जैसे अपनी एक अलग दुनिया बना ली है। बाकी दुनिया में क्या हो रहा है, इससे उसे मतलब नहीं है।

क्योंकि यह देशव्यापी श्रमिकवर्ग मुख्यतः औद्योगिक है, इसलिए इससे अपेक्षा है कि यह वैज्ञानिक दृष्टि रखेगा, प्रगतिशील चेतना ग्रहण करेगा, अग्रगामी जीवन-मूल्य मानेगा और उस सबको छोड़ेगा जो झूठा है, अन्धविश्वास है, आत्मघाती और जातिघाती रूढ़िवादी है, प्रगति-विरोधी धार्मिक, सामाजिक परम्परा है। हमारी यह आशा व्यर्थ चली गयी है क्योंकि औद्योगिक और बौद्धिक श्रमिक चेतनाहीन, अवैज्ञानिक दृष्टिवाला, रूढ़िवादी और गलत परम्पराओं का गुलाम है। इसका कारण है कि न वह कुछ सीखता, न समझता, न आसपास से मतलब रखता, न अपनी जिम्मेदारी मानता। वह एक ही सिद्धान्त मानता है—पैसा! पैसा! पैसा!

सार्वजनिक क्षेत्र के कारखानों में घाटा-ही-घाटा होता है, प्राइवेट कारखानों में मुनाफा-ही-मुनाफा। इसके कई कारण हैं। मैनेजमेण्ट, योजना की गलती, राजनैतिक हस्तक्षेप, गलत प्लानिंग आदि। मगर हमें इसे मानने में शर्म नहीं आनी चाहिए कि उद्योगों के श्रमिक काम नहीं करते, लापरवाही करते हैं, उत्पादन को अपना लक्ष्य नहीं मानते। प्राइवेट कारखाने का श्रमिक ऐसा करे तो निकाल दिया जाय मगर इन सार्वजनिक उद्योगों का कर्मचारी सस्पेण्ड किया जाय तो वह दिल्ली अपने नेता के पास पहुँच जाता है और दिल्लीवाले नेता मन्त्री से बात करके उसे बहाल करा देते हैं। इधर समाजवाद विरोधी कहते हैं, ऐसा ही क्या तुम्हारा समाज-

वाद होगा ? उसमें ऐसे ही काम होगा और ऐसा ही उत्पादन होगा और ऐसा ही घाटा होगा। तो समाजवाद से क्या फायदा ? इसका यह जवाब काफी नहीं है कि अरे, यह सरकार की गलत नीतियों के कारण है। हमें आत्मपरीक्षण करना चाहिए, आत्मालोचना करनी चाहिए।

श्रमिक वर्ग को शिक्षित और चेतना सम्पन्न होना चाहिए। उसका सरोकार देश की दूसरी समस्याओं से भी होना चाहिए। श्रमिक संगठनों को इन चीजों पर भी विचार करना चाहिए कि देश में साम्प्रदायिकता बढ़ रही है, विघटनवादी प्रवृत्तियाँ सिर उठा रही हैं, क्षेत्रवाद बढ़ रहा है। असम और पंजाब में अराजकता और साम्प्रदायिकता चरम सीमा पर हैं और लगता है जैसे देश टुकड़े-टुकड़े होने-वाला है। इन सब समस्याओं पर भी आपका ध्यान जाना चाहिए।

हम लेखक पूछते हैं और ठीक पूछते हैं कि मजदूर बस्ती में साम्प्रदायिक दंगा क्यों नहीं रोका जा सकता। कुछ साल पहले जमशेदपुर में भयानक साम्प्रदायिक दंगा हुआ था जिसमें एक लेखक जकी अनवर शान्ति के लिए गाँधी चौक में उपवास करते मारा गया था। हम इस पर नहीं रोते कि लेखक को क्यों मारा ? जहाँ एम्बुलेन्स में बैठे स्त्री और बच्चों को बम से उड़ा दिया, वहाँ हम लेखक को छोड़ देने की माँग नहीं करते। हम जानते हैं कि फासिस्टों ने दुनिया-भर में सबसे पहले लेखकों, कवियों और कलाकारों को मारा है, क्योंकि वे मानवतावाद के प्रचारक होते हैं। पर लेखकों को सवाल पूछने का हक है और तब हमने सवाल जमशेदपुर और दिल्ली के श्रमिक नेताओं से पूछा था कि इतने सालों से आपकी यूनियनें हैं, यह मजदूरों का शहर है, आप मजदूर-एकता जिन्दाबाद करते हैं, आप लगातार श्रमिक हितों की लड़ाई लड़ते रहते हैं, आपके मजबूत संगठन हैं—मगर आप दंगा रोक क्यों नहीं सके ? आपने साम्प्रदायिक नफरत पनपने क्यों दी ? फिर दंगा शुरू होने पर आप उस आग को बुझा क्यों नहीं सके? हमें जवाब मिला कि हम निरुपाय (हेल्पलेस) हो गये थे। हम कुछ कर नहीं सकते थे। मैं पूछता हूँ, ऐन मौके पर आप निकम्मे और असहाय क्यों हो जाते हैं ? क्यों आप वह ताकत पैदा नहीं करते जो ऐसी वारदातों को रोक सके ?. क्यों नहीं आप मजदूर को शिक्षित करते ? क्यों नहीं उसे साम्प्रदायिकता से लड़ने के लिए तैयार करते ? क्यों नहीं श्रमिक संगठन को आप समाजघाती ताकतों से लड़ने के लायक बनाते ? यह कहने से काम नहीं चलनेवाला है कि हम क्या करें, हम हेल्पलेस हो गये थे। मगर फिर दंगे के महीने-भर बाद बोनस के लिए दोनों सम्प्रदायों के मजदूर भाई-भाई बनकर हाथ-में-हाथ डालकर जुलूस निकालते हैं। मैं आप लोगों से कहना चाहता हूँ, मजदूर-बस्तियों में मजदूरों के बीच दंगे एक योजना के हिसाब से कराये जाते हैं। वे अकस्मात नहीं होते। वे मजदूरों में फूट डालने के लिए कराये जाते हैं। आप लोग जरूर इस पर सोचते होंगे, मुझे विश्वास है। मेरा कर्त्तव्य आपको याद दिलाने का था, क्योंकि नेतृत्व आपका मध्यम वर्ग करता है।

आप लोग और दूर नजर डालें। दिल्ली में गुटनिरपेक्ष देशों का शीर्ष सम्मेलन

हो रहा है। इस सम्मेलन का उद्देश्य विकासशील देशों में परस्पर सहयोग, आर्थिक विकास और विश्वशान्ति है। आप लोग इन मसलों पर भी अपनी भावना को इस सम्मेलन के मारफत व्यक्त करें।

मैं आप लोगों का अधिक वक्त नहीं लूंगा। मैं अन्त में फिर आप सबका हार्दिक स्वागत करता हूँ। आपको कोई असुविधा हो तो हमारी कमजोरी समझकर क्षमा कर देंगे। धन्यवाद!

भारत-रूस सम्बन्धों का विकास

अभी डॉक्टर एस. गोपाल द्वारा लिखित जवाहरलाल नेहरू की जीवनी का दूसरा खण्ड पढ़ रहा हूँ। अभी मैंने स्वतन्त्रता के बाद के वर्षों में भारत की विदेशनीति और वैदेशिक राजनैतिक-आर्थिक सम्बन्धों के विकास के पृष्ठ पढ़े।

आज 20 सितम्बर को जब मैं इन पृष्ठों को दुबारा पढ़ रहा था, तभी प्रधानमन्त्री इन्दिरा गाँधी रूस की यात्रा पर रवाना हुईं। ये जो कुछ शब्द लिख रहा हूँ, वे कोई व्यवस्थित सप्रयास लेख नहीं बनाते। बहुत-सी बातें हैं, बहुत-सी स्मृतियाँ हैं, जो सिलसिले से और गैर-सिलसिले मन में आ रही हैं और मैं उन्हें कागज पर अंकित कर रहा हूँ।

ऐतिहासिक शक्तियाँ होती हैं, जो निरन्तर सक्रिय होती रही हैं और जो मनुष्य जाति का विकास तय करती हैं। जिन्हें ऐतिहासिक नियति—हिस्टारिकल डेस्टिनी कहा जाता है, यह पंचांग या जन्मकुण्डली या हस्तरेखाओं को पढ़कर तय नहीं होती बल्कि इन ऐतिहासिक शक्तियों की क्रिया-प्रतिक्रिया से तय होती है। बना-बनाया पूर्व निर्दिष्ट भविष्य किसी जाति का नहीं होता। इन ऐतिहासिक शक्तियों की सही पहचान करके कार्य करने से बनता है। इसमें सन्देह नहीं कि पण्डित नेहरू का इतिहास-बोध गहरा था और ऐतिहासिक शक्तियों की पहचान सही थी। गलत भी हो सकता है, पर हमारे जमाने में जिन 4-5 राजनेताओं को ऐतिहासिक शक्तियों का ज्ञान था, उनमें एक पं. नेहरू थे। देश की बागडोर स्वाधीनता के बाद पं. नेहरू के हाथों में न होती, तो पता नहीं इस देश की हालत क्या होती। वे बड़े-से-बड़े व्यक्ति के बावजूद कार्य करती हैं, पर इतिहास-दृष्टिसम्पन्न नेता निश्चित ही विकास की द्वन्द्वात्मक प्रक्रिया में विशिष्ट योग देते हैं। लेनिन एक ऐसे व्यक्ति थे। पण्डित नेहरू ऐसे व्यक्ति थे। कुछ लोग इतिहास की द्वन्द्वात्मक प्रक्रिया को नहीं मानते। वे इतिहास-चक्र मानते हैं। ये इतिहास के आगे बढ़ते इस चक्र को रोकने की कोशिश करते हैं। उनके हाथ टूट जाते हैं और इतिहास का चक्का आगे बढ़ जाता है।

भारत और रूस के सम्बन्ध इतने प्रगाढ़ क्यों हुए। परस्पर हित-साधन है—सही है। पण्डित सुन्दरलाल को लोग भूले नहीं होंगे। वे अद्भुत वक्ता, योद्धा और स्वतन्त्रता संग्राम सेनानी थे। उनकी पुस्तक 'भारत में अंग्रेजीराज' को तत्कालीन अंग्रेज सरकार ने जब्त कर लिया था। पण्डित सुन्दरलाल चीन की क्रान्ति के बाद चीन जानेवाले पहले प्रतिनिधि मण्डल के नेता थे। वे कई वर्षों तक भारत-चीन मित्रता संगठन के अध्यक्ष रहे। उन्होंने कहा था—जिसे भारतीय संस्कृति का ज्ञान है, वह जानता है कि भारत की मित्रता रूस से ही होगी। भारतीय संस्कृति का नारा लगानेवाले हमारे कुछ देशवासी इस पर ध्यान दें। भारतीय संस्कृति में विश्व मानवतावाद है—आत्मवत् सर्व भूतेषु। भारतीय संस्कृति में 'मंगल' का तत्व गहरे व्याप्त है। पण्डित हजारीप्रसाद द्विवेदी ने कहा है—मंगल कामना वेदों में है, कालिदास में है और यहाँ तक कि अपढ़ ग्रामीण महिलाओं में है। अपढ़ स्त्री द्वार पर चौक बनाती है। उससे पूछो कि यह किसलिए, तो वह कहती है—इससे मंगल होता है। वह मिट्टी की दीवार पर गेरू से आकार बनाती है। उससे पूछो कि यह क्यों बनाती हो तो वह कहती है—मंगल होता है। विश्व-मानव की एकता, जन-मंगल, न्याय, परोपकार, दया, मानव-गरिमा मनुष्यों की समानता, अध्यात्म, लोक हित—ये भारतीय संस्कृति की विशेषताएँ हैं। पण्डित नेहरू संस्कृति के पण्डित थे। भारतीय संस्कृति के ऊपर बताये गये तत्त्वों के अनुरूप ही रूस में 1917 की क्रान्ति के बाद एक मानवतावादी, शोषणविहीन, मानव-गरिमा से युक्त न्याय पर आधारित समाज-व्यवस्था की स्थापना हुई थी। रवीन्द्रनाथ ठाकुर 1930 में रूस गये थे। उनकी पुस्तक है—'लेटर्स फ्राम रशा।' उन्होंने लिखा है—मैं रूस में एक नयी मानव-सभ्यता का जन्म देख रहा हूँ।

पण्डित नेहरू 1927 में रूस गये थे और रूसी-क्रान्ति के बाद वहाँ की व्यवस्था से बहुत प्रभावित होकर लौटे थे। नेहरू की दृष्टि मार्क्सवादी थी। उनकी इतिहास की व्याख्या, समाज-दर्शन और आर्थिक मान्यताएँ मार्क्सवादी थीं। उन्होंने अपनी पुस्तक 'विश्व इतिहास की झलक' में रूसी क्रान्ति पर 3 अध्याय लिखे हैं और लेनिन के बारे में अत्यन्त भावुक श्रद्धा के साथ विस्तार से लिखा है। एक और व्यक्ति है जिनके बारे में नेहरू ने भावुक प्रशंसा से लिखा—वे हैं स्वामी विवेकानन्द। इस देश में कुछ लोग विवेकानन्द को जड़ पुरातनवादी बनाने में लगे हैं। नेहरू ने उन्हें एक क्रान्तिकारी माना है।

कितने पुराने हैं भारत-रूस के सम्बन्ध। लेनिन भारत के स्वाधीनता संग्राम में गहरी रुचि लेते थे। 1918 में जब लोकमान्य तिलक को ब्रिटिश सरकार ने राज-द्रोह के जुर्म में सज़ा देकर माँडले जेल में बन्द किया था, तब बम्बई में कपड़ा-मजदूरों की हड़ताल हुई थी। महाराष्ट्र के उच्च वर्ण के ब्राह्मण, समाज-सुधारक और नेता तिलक को 'तेली-तम्बोली का नेता' कहते थे। पर इस तेली-तम्बोली के नेता को जेल की सज़ा होने पर जब मिल-मजदूरों ने हड़ताल की तब लेनिन ने कहा था—अब भारत में अँगरेजी साम्राज्य के दिन इने-गिने हैं क्योंकि स्वतन्त्रता संग्राम में

मजदूर वर्ग शामिल हो गया है। रोम्याँ रोलाँ को शिकायत थी कि भारतीय कम्युनिस्ट गाँधीजी का ठीक मूल्य नहीं आँकते। इस बात की जानकारी या तो है नहीं अथवा वह बात छिपायी जाती है कि लेनिन ने एक अन्तर्राष्ट्रीय साम्यवादी सम्मेलन में कहा था --'हमें गाँधी को समझना चाहिए और उनका सही मूल्य आँकना चाहिए। गाँधी विश्व के महानतम जननेताओं में हैं जो अपने देशवासियों का स्वतन्त्रता संग्राम में नेतृत्व कर रहे हैं।' गाँधीजी ने रूसी क्रान्ति में हुई हिंसा को नापसन्द किया था पर लेनिन की तारीफ की थी और उनके नेतृत्व में हुई क्रान्ति को शुभ माना था।

दूसरे महायुद्ध के पहले यूरोप में फासिस्टवाद के उदय को नेहरू बड़े ध्यान से देख रहे थे। हिटलर के नाज़ीवाद और मुसोलिनी के फासिस्टवाद को वे बखूबी समझते थे। हालाँकि दोनों समाजवाद का नारा देते थे। नेहरू मेनन के साथ स्पेन के गृहयुद्ध में जनरल फ्रेंको के फासिस्टवाद के खिलाफ लड़नेवाले अन्तर्राष्ट्रीय ब्रिगेड से मिलने और भारत का समर्थन देने गये थे। लौटते में उन्हें रोम हवाई अड्डे पर विमान बदलने में करीब 14 घण्टे ठहरना था। मेनन ने उन्हें सचेत किया था कि मुसोलिनी उन्हें अपने महल में आमन्त्रित करके उनसे मिलने की कोशिश करेगा और फिर इसका प्रचार करेगा। पर आप हरगिज न मिलें। यही हुआ। नेहरू के पास मुसोलिनी ने एक के बाद एक बुलावे भेजे पर नेहरू ने कह दिया---मैं हवाई अड्डे पर विमान का इन्तजार कर रहा हूँ। मैं मुसोलिनी से नहीं मिल सकता। जब नेहरू भारत के लिए विमान में बैठे तो उन्होंने मेनन को तार किया --अब तुम सो सकते हो। मैं मुसोलिनी से नहीं मिला। रवीन्द्रनाथ ठाकुर गलती कर चुके थे। मुसोलिनी ने उन्हें इटली में ऐसे सब्ज़ बाग दिखाये कि उन्होंने मुसोलिनी की तारीफ कर दी। रोम्याँ रोलाँ ने रवीन्द्रनाथ को लिखा—यह आपने क्या किया? मुसोलिनी की तारीफ! वह तो फासिस्ट है, मानव-विरोधी है। अब आप यूरोप आयें तो मुझे अपना अभिभावक मानिए और मुझसे पूछे बिना कुछ मत कहिए।

बहरहाल, नेहरू यूरोप में फासिस्टवाद की, हिटलर के नाज़ीवाद की ताकत और आक्रामकता को देख रहे थे। हिटलर ने जर्मन संसद में आग लगवा दी थी और यह झूठ फैलाकर कि साम्यवादियों ने संसद को जला दिया, उनका दमन शुरू कर दिया। नेहरू जानते थे कि पश्चिम यूरोप के पूंजीवादी जनतन्त्र हिटलर के सामने लड़खड़ा जायेंगे, समझौता करेंगे। हिटलर का लक्ष्य रूस की साम्यवादी व्यवस्था को नष्ट करना है और निर्णायक लड़ाई रूस और जर्मनी में होगी। यही हुआ। 1938 में म्युनिख पैक्ट हुआ —म्युनिख में जर्मनी, फ्रांस और इंग्लैण्ड के बीच सन्धि हुई। तब ब्रिटेन के प्रधानमन्त्री चेम्बरलेन थे, जो हमेशा हाथ में छाता रखते थे। इनके बाद चर्चिल प्रधानमन्त्री हुए। फ्रांस के प्रधानमन्त्री मस्या दलादिया थे। फ्रांस पर हिटलर हमला कर चुका था और वह पोलैण्ड के बड़े हिस्से पर अपना अधिकार बता रहा था। ब्रिटेन और फ्रांस ने अपने को बचाने के लिए उसका वह अधिकार मान लिया और पोलैण्ड पर नाजी चढ़ गये। ब्रिटेन और फ्रांस की इस तुष्टीकरण की

नीति की नेहरू ने निन्दा की और बड़ी दूरदर्शिता से तभी कहा कि म्युनिख सन्धि सोवियत रूस के खिलाफ एक साजिश है। इस बदनाम सन्धि के बारे में चेम्बरलेन इतने उत्साही थे कि उनके हुक्म से बी. बी. सी. ने उनका भाषण एक ऐसे आदमी से जर्मन भाषा में प्रसारित कराया, जो शराब पिये था।

स्वाधीनता प्राप्ति के बहुत पहले से नेहरू रूसी नेतृत्व से अच्छे सम्बन्ध बना रहे थे। 1942 में नेहरू ने एक संगठन बनवाया था, 'फ्रैन्ड्स आफ दी सोवियत यूनियन', जिसकी अध्यक्षा श्रीमती विजयलक्ष्मी पण्डित थीं। रूसी नेतृत्व भी युद्ध में लगे होने के बावजूद भारत को समर्थन दे रहा था। अभी एक ताजा किताब एस. तलवार की सुभाष बोस के भारत से जाने पर निकली है। तलवार तीन भाई थे, जिनमें दो शहीद हो चुके थे। एस. तलवार सुभाष बाबू को काबुल ले गये थे। सुभाष बाबू रूस जाना चाहते थे। और रूसी सरकार की वह सीमा-चौकी भी तय कर दी थी जिसमें सुभाष बाबू को रूस में प्रवेश करना था वे उस चौकी पर पहुँच भी गये थे, पर वहाँ के गार्डों को न जाने क्या भ्रम हो गया कि वे प्रवेश नहीं कर सके। बाद में वे जर्मनी गये।

1945 में शिकागो में जब दूसरा महायुद्ध लगभग समाप्त हो चुका था, जर्मनी और जापान हार चुके थे तब नयी विश्व-व्यवस्था पर विचार करने के लिए पेसेफिक कान्फ्रेंस बुलायी गयी थी। इसमें अंग्रेज सरकार ने भारत की तरफ से राजाओं, महाराजाओं, सर और अफसरों का प्रतिनिधि-मण्डल भेज दिया था। विजयलक्ष्मी पण्डित ने अपनी आत्मकथा में लिखा है कि मैंने माउण्टबेटन से कहा कि मुझे अमेरिका भेज दीजिए। माउण्टबेटन तब पूर्व में मित्र-राष्ट्रों की सेनाओं के प्रधान सेनापति थे और सिंगापुर में थे। उन्होंने एक हवाई जहाज में विजयलक्ष्मी को अमेरिका 'स्मगल' कर दिया। वहाँ उन्होंने भारतीयों का एक प्रतिनिधि-मण्डल बनाया और शिकागो पहुँचीं। पेसेफिक सम्मेलन चल रहा था और वहाँ अंग्रेज सरकार का भेजा गया भारतीय प्रतिनिधि-मण्डल बैठता था। विजयलक्ष्मी का प्रतिनिधि-मण्डल बाहर, दूसरी जगह मीटिंगें करता था। एक दिन वहाँ अचानक रूसी विदेशमन्त्री मोलोरोव्ह आ गये और उन्होंने वहाँ भाषण भी दिया। सम्मेलन के हॉल में लौटकर मोलोरोव्ह ने कहा कि यहाँ जो भारतीय प्रतिनिधि-मण्डल बैठा है वह तो अंग्रेजों के गुलामों और नौकरों का है। सच्चा प्रतिनिधि मण्डल तो बाहर है।

1947 के बाद नेहरू ने अमेरिका और रूस दोनों से सम्बन्ध स्थापित करने की प्रक्रिया प्रारम्भ की। रूस में विजयलक्ष्मी पण्डित को राजदूत बनाकर भेजा गया। वे कुछ विशेष सफल नहीं हुईं। जाते ही उन्होंने दूसरे महायुद्ध में बर्बाद और पुनर्निर्माण में लगे रूस को ठीक से समझा नहीं। वे फर्नीचर और पर्दे वगैरह खरीदने के लिए यूरोप चली गयीं। स्टालिन से उनकी एक बार भी मुलाकात नहीं हुई। पं. नेहरू ने उन्हें अमेरिका भेज दिया। त्रिलोकीनाथ कौल ने लिखा है कि अमेरिका में उन्हें ऐसा लगा मानो मछली पानी में लौट आयी हो। ये वर्ष रूस और भारत

के परस्पर समझने के वर्ष थे। दोनों तरफ शक और सन्देह भी थे। विजयलक्ष्मी पण्डित के बाद डॉ. राधाकृष्णन राजदूत होकर गये। भारत और रूस दोनों के नेता यह जानते थे और मानते थे कि विश्वशान्ति बहुत आवश्यक है। अमेरिका और प. यूरोप के देशों ने गुट बनाकर शीतयुद्ध आरम्भ कर दिया था। पण्डित नेहरू की सबसे बड़ी चिन्ता विश्वशान्ति की थी। दोनों देशों के नेताओं ने यह समझा कि विश्वशान्ति के हित में भारत और रूस की मित्रता बहुत आवश्यक है। इस आधार पर मित्रता का विकास शुरू हुआ। दूसरी बात आर्थिक सम्बन्धों की थी। 1954 में भिलाई इस्पात कारखाने की स्थापना के लिए भारत-रूस के बीच समझौता प्रारम्भ हुआ। याने इस क्षेत्र के लिए मित्रता का शुभ संकेत था। इसके बाद तो उद्योग-व्यापार के क्षेत्र में सहयोग बढ़ता रहा। नेहरू की गुट-निरपेक्षता की नीति उस समय भी परीक्षा में गुजर रही थी। नेहरू-टीटो और नासिर ने गुटनिरपेक्षता को एक विश्व-शक्ति बना लिया था जो शान्ति के पक्ष में थी। सोवियत रूस में ख्रुश्चेव के प्रधानमन्त्री बनने के बाद गुटनिरपेक्षता को पूरी मान्यता मिली और उसे विश्व-शान्ति के पक्ष में एक बहुत बड़ी ताकत माना गया। ख्रुश्चेव और बुलगानिन जब भारत आये तब उनका इतना भव्य स्वागत हुआ कि वे भावाविभूत हो गये। इसी तरह का स्वागत पं. नेहरू का रूस में हुआ। इसमें जो लोग रूस गये उन्होंने यह देखा कि आम रूसी नागरिक भारतीयों के प्रति कितना स्नेह प्रदर्शित करते हैं। ऐसा नहीं मालूम होता कि दोनों देशों के सम्बन्धों में रूखी, कठोर कूटनीति और परस्पर निर्मम स्वार्थ-साधन हैं। दो देशों के, दो जातियों के मनुष्यों के बीच मानवीय स्तर पर भावुकतापूर्ण ये सम्बन्ध हैं। कूटनीति में छल हो सकता है मगर जब रूसी और भारतीय जन मिलते हैं तो उन्हें यह ध्यान नहीं रहता कि इस देश ने काश्मीर के मामले में हमारा साथ दिया था, और इस देश ने हंगरी के मामले में राष्ट्रसंघ में हमारा समर्थन किया था—इसलिए, आओ गले मिलें। भारतीय और रूसी जनों का मिलना परस्पर विश्वास, स्नेह और मित्रता का है। यह सही है कि यह विश्वास कई मुद्दों पर लगातार परस्पर सहयोग से बना है। भारतीय मानस काश्मीर के सम्बन्ध में शुरू से बहुत संवेदनशील है। आजादी के तुरन्त बाद पाकिस्तान ने घुसपैठ और हमले से काश्मीर पर कब्जा करना चाहा था। राष्ट्रसंघ में इस मामले पर रूस ने शुरू से भारत का समर्थन किया, जबकि अमेरिका ने पाकिस्तान का समर्थन किया। तब से लेकर अभी तक जब कभी सुरक्षा परिषद में अमेरिकी गुट पाकिस्तान के पक्ष में जनमत संग्रह या और कोई प्रस्ताव रखता है, रूस 'वीटो' करता रहा है। इससे सीधा-सादा भारतीय जन बहुत प्रभावित है। रूसी जन शान्ति के बारे में बहुत संवेदनशील हैं। दूसरे महायुद्ध में सबसे अधिक बलिदान रूसियों ने किया। हर परिवार का सदस्य इस महायुद्ध में मारा गया। असंख्य परिवार नष्ट हो गये। कारखाने नष्ट हो गये। खेती चौपट हो गयी। अर्थव्यवस्था छिन्न-भिन्न हो गयी। रूसी आदमी ने बहुत विनाश भोगा है। वह सच्चे दिल से शान्ति चाहता है। वह जब भारतीय जन से मिलता है तो इस विश्वास के कारण भावुक होता है कि भारत

शान्ति के लिए प्रयत्नशील है। यह गाँधी और नेहरू का देश है।

सम्बन्धों में प्रगाढ़ता 1956 की सोवियत कम्युनिस्ट पार्टी की बीसेवीं कांग्रेस के बाद आयी, जब नेतृत्व निकिता ख्रुश्चेव के हाथ में आ गया था। तीसरी दुनिया के विकासशील देशों के साथ रूस ने सहयोग, विकास, सहायता और कूटनीतिक समर्थन की नीति अपनायी। भारत के साथ विशेष रूप से सम्बन्ध गहरे होते गये। कई क्षेत्रों में औद्योगिक और व्यापारिक सम्बन्ध बने। अमेरिकी सहयोग भी एक हद तक मिला। पर अमेरिकी और रूसी सहयोग में अन्तर है। अमेरिका की पूंजीवादी व्यवस्था है, बहुराष्ट्रीय कम्पनियों का राज है। अमेरिका जब किसी विकासशील देश से औद्योगिक और व्यापारिक सहयोग करता है या सहायता करता है तो उसमें बहुराष्ट्रीय कम्पनियों का मुनाफे का उद्देश्य होता है। दूसरे, वह उन देशों को तकनीक के मामले में आत्मनिर्भर नहीं बनाता। तकनीक नहीं सिखाता। तीसरे, उस देश की अर्थव्यवस्था को स्वतन्त्र नहीं रहने देता। चौथे, राजनैतिक हस्तक्षेप करता है, अस्थिरता पैदा करता है और सरकारें बनाता तथा गिराता है। पाँचवें, रूस विरोधी व्यूह-रचना में उस देश को शामिल करता है। अमेरिकी सहायता और सहयोग एक प्रकार का साम्राज्यवाद है। रूसी सहायता का मूल उद्देश्य विकासशील देश को आत्मनिर्भर बनाना है। वह तकनीक सिखा देता है और उस देश की अर्थव्यवस्था को स्वतन्त्र विकास करने देता है। उसका विश्वास है कि ऐसा स्वतन्त्र विकासशील देश अमेरिकी गुट में नहीं जायेगा और शान्ति की शक्तियों के साथ होगा।

भारतीय मानस में यह विश्वास भी जम गया है कि रूस संकट में भारत का साथ देता है। हथियारों के मामले में रूस ने हमारी बहुत सहायता की। रूसी हथियार और बमवर्षक मिग विमान बहुत विश्वसनीय सिद्ध हुए हैं। जब भी अमेरिका ने हथियारों की सप्लाई में शर्तें लगायी हैं, तब रूस ने बिना शर्त हथियार दिये हैं। रूस ने शस्त्र-निर्माण व तकनीक भी भारत को सिखायी है।

भारत-रूस मैत्री की परीक्षा एकाधिक बार हो चुकी है। सबसे बड़ी परीक्षा चीनी हमले के समय हुई थी। तब भारत में और दुनिया में भी लोगों का विश्वास था कि रूस चीन की तरफ से युद्ध में कूद पड़ेगा और दोनों मिलकर भारत को रगड़ देंगे। यह साम्यवादी भाईचारे की सही स्वाभाविक परिणति है। भारत में तब रूस विरोधी वातावरण बनाया जा रहा था। मैं तब अपने शहर में भारत-रूस सांस्कृतिक संघ का मन्त्री था। तब कई सदस्य मेरे पीछे पड़े कि बन्द करो इस पाखण्ड को। क्या अर्थ रह गया अब भारत-रूस मैत्री का ! प्रबुद्ध लोग, बुद्धिजीवी और परिपक्व नेता भी भारत-रूस सांस्कृतिक संघ से इस्तीफा देकर समाचार अखबारों में छपाने लगे—याने अपना दामन साफ है। मेनन के बाद सुरक्षामन्त्री बननेवाले यशवन्तराव चव्हाण भी अति उत्साह और नासमझी में कह गये—मैं उनमें से नहीं हूँ जो चीन और रूस में कोई भेद करते हैं। इस वक्तव्य पर उन्हें दिल्ली पहुँचते ही नेहरूजी की डाँट खानी पड़ी थी। चीनी हमले के 4 दिन बाद ही रूसी

प्रतिक्रिया आ गयी—वी डिफ्लोर दी कानफ्लिक्ट बिटवीन ए 'ब्रदर' एण्ड ए 'फ्रेण्ड'। इस 'ब्रदर' और 'फ्रेण्ड' ने सबकुछ ठीक कर दिया। फिर रूसी दबाव के कारण ही चीन ने एकतरफा युद्धबन्दी और वापसी की। इसके बाद कैसे रूस-चीन सम्बन्ध बिगड़ते गये और भारत-रूस सम्बन्ध और मजबूत होते गये, यह सब जानते हैं।

भारत-रूस सम्बन्धों का एक शीर्ष बिन्दु 1971 बांग्लादेश युद्ध के समय आया, जब भारत और रूस में सहयोग की 20 साला सन्धि हुई। 1971 में जब भारत पाकिस्तान से दो मोर्चों पर लड़ रहा था और बांग्लादेश का निर्माण हो रहा था, तब अमेरिका ने बंगाल की खाड़ी में सातवाँ बेड़ा भेज देने की भारत को धमकी दी थी। 20 साला सन्धि के कारण ही अमेरिका इस धमकी पर अमल नहीं कर सका। वह बड़ी लड़ाई का खतरा मोल लेने को तैयार नहीं था, जिसमें अमेरिका और रूस सीधे उलझे हुए हों।

उच्चतम स्तर पर भी भारत-रूस-मैत्री कोरे व्यावहारिक रूप से बढ़कर विशुद्ध मानवीय रूप ले चुकी है, इसका उल्लेख त्रिलोकीनाथ कौल ने अपनी पुस्तक 'डिप्लोमेसी इन वार एण्ड पीस' में किया है। नेहरू की मृत्यु जब हुई तब कौल मास्को में राजदूत थे। उन्होंने लिखा है—हमने दूतावास में नेहरू का फोटोग्राफ रखा और शोक-पुस्तिका रखी। सबसे पहले शोक प्रकट करने आये रूसी प्रधानमन्त्री निकिता ख्रुश्चेव। उन्होंने नेहरू के चित्र को फूल चढ़ाये और उनकी आँखों में आँसू की धारा बहने लगी। इसी हालत में वे बड़ी देर तक खड़े रहे। फिर मेरी पीठ पर हाथ रखा और कहा—अभी कोसीजिन के नेतृत्व में एक प्रतिनिधि-मण्डल दिल्ली रवाना हो रहा है, तुम उसी के साथ चले जाओ।

राष्ट्रों के सम्बन्ध आपसी स्वार्थों की पूर्ति के लिए होते हैं। यह एक सहज और सर्वमान्य बात है। यह कोई बुरी बात नहीं है। भारत-रूस सम्बन्ध मात्र इस स्तर पर नहीं हैं। इस मैत्री में ज्यादा बड़े उद्देश्य निहित हैं—विश्व-शान्ति और मानवता का कल्याण। यह मैत्री दोनों देशों की आध्यात्मिकता के ऊँचे स्तर पर है। यह व्यवहारवाद से ऊपर सांस्कृतिक आवश्यकता है।

यासिर अराफात बेरुत से विदा

यासिर अराफात आखिर कड़े सुरक्षा प्रबन्ध में बेरुत छोड़ गये। लेबनान के ईसाई खुश थे। मगर कहते थे—हम चाहते थे, यह आदमी 'काफिन' (शव पेटी) में यहाँ से जाता। लेबनान के ही नागरिक खलील जिब्रान थे और उन्हें देश निकाला हुआ था। ईसाइयों की फिलिस्तीनी मुक्ति संगठन से लड़ाई पुरानी है। असल में

लेबनान एक ऐसा देश है जहाँ कोई भी अपनी प्राइवेट फौज बनाकर कभी भी लड़ सकता है। लेबनान की फौज तो है ही। मुस्लिम फौज है, क्रिश्चियन मिलिशिया है और पी. एल. ओ. अभी तक वहाँ था। असल में ईसाइयों की लड़ाई इतिहास के अनुसार यहूदियों से होनी चाहिए। मुसलमानों से भी ईसाइयों की लड़ाई का एक इतिहास है। एक युयुत्सु धर्म के रूप में इस्लाम का जन्म हुआ और नये जोश में मुसलमान तलवार भाँजते स्पेन तक चले गये थे। मगर योरोप ने विज्ञान में उन्नति की, बेहतर हथियार बनाये और अरबों के खिलाफ क्रूसेड बोलकर उन्हें खदेड़ा और शताब्दियों तक अरबों पर शासन किया। अभी भी अधिकांश सम्पन्न देश अमेरिका या ब्रिटेन के प्रभाव में हैं। ब्रिटेन को दूसरे महायुद्ध के बाद अपना साम्राज्य छोड़ना पड़ा। यह जगह जो खाली हुई इसमें अमेरिका घुस पड़ा और 19वीं शताब्दी के ब्रिटेन का रोल करने लगा। दूसरे महायुद्ध के बाद अमेरिका नव साम्राज्यवाद का रूप ब्रिटिश साम्राज्यवाद से भिन्न है। ब्रिटेन की तरह अमेरिका किसी देश या क्षेत्र पर कब्जा करके वहाँ शासन नहीं चलाता, वह डालर और हथियार का साम्राज्य-वाद चलाता है, वह डालर की मदद और बहुराष्ट्रीय कम्पनियों के द्वारा दुनिया के अविकसित और विकासशील देशों पर आर्थिक प्रभुत्व स्थापित करता है, उनकी अपनी अर्थव्यवस्था को नष्ट करता है, विकास को अवरुद्ध करता है। साथ ही वह हथियारों की मदद से हर क्षेत्र में अपने पिट्ठू देश बनाता है और क्षेत्रीय लड़ाइयाँ कराके अमेरिकी प्रभुत्व कायम करता है।

पश्चिमी एशिया में तेल के कारण अमेरिका, ब्रिटेन, फ्रान्स के हित हैं। ब्रिटेन, फ्रान्स क्योंकि वैसे शक्तिशाली नहीं रहे इसलिए वे अपनी ओर से आरम्भिक कार्रवाई न करके अक्सर अमेरिकी कार्रवाई का समर्थन करते हैं। फिलिस्तीनियों के मामलों में वे नरम और सहानुभूति का रुख भी अपना लेते हैं, मगर अमेरिका ने हमेशा से इजराइल को मदद देकर और प्रोत्साहित करके अधिक-से-अधिक जंगखोर बनाया। सन् 1917 में ब्रिटिश विदेशमन्त्री लॉर्ड बेलफर और ब्रिटिश के यहूदी पूंजीपति राथ सचाईल्ड के बीच हुए एक समझौते से यहूदियों के लिए अपना एक देश इजराइल बनाया गया। तब कोई मंशा नहीं थी कि इजराइल यहूदियों का राष्ट्र होगा। मंशा यह थी कि फिलिस्तीनी अरब और यहूदी दोनों जातियाँ यहाँ रहेंगी, उनके समान अधिकार होंगे और एक लोकतान्त्रिक व्यवस्था वहाँ चलेगी। मगर वहाँ धीरे-धीरे यहूदी फासिस्ट हो गये, नाज़ीवाद की तरह जियनवाद फासिस्ट कार्रवाइयाँ करने लगा। दुनिया में फैले यहूदी पूंजीपतियों ने यहाँ धन झोंकना शुरू कर दिया। अमेरिका, ब्रिटेन, फ्रान्स में यहूदी पूंजीपतियों का बहुत आर्थिक और राजनैतिक प्रभाव है। वे उद्योगपति हैं, व्यापारी हैं। उनके बैंक हैं, अर्थव्यवस्था पर एक हद तक उनका कब्जा है, प्रशासन में यहूदी प्रभावकारी स्थानों पर हैं। हेनरी किसिंगर यहूदी हैं। अमेरिका में बैंकों पर यहूदियों का कब्जा है। अमेरिका को अपने हितों की रक्षा के लिए एक आतंकवादी पिट्ठू देश चाहिए था। सो उसने इजराइल को गोद लिया। उसे धन, हथियार और तकनीकी सहायता दी। और लगभग 45 लाख की आबादी-

वाले उस छोटे-से देश को सारे अरब इलाके पर आतंक जमाने के लिए इस्तेमाल किया। यहूदियों ने फिलिस्तीनियों को अपने देश से निकाला, वहाँ इजराइली शासन कायम किया। लाखों फिलिस्तीनी भिन्न अरब देशों में पड़े हैं। लाखों 25-30 सालों से तम्बुओं में रह रहे हैं। इजराइल ने पड़ोस के अरब देशों की भूमि भी हड़पी।

फिलिस्तीनी अपनी मातृभूमि से हटाये गये हैं। एक पूरी कौम है जिसकी अपनी भूमि नहीं है। अरब देशों का हाल यह है कि उनमें लोकतन्त्र नहीं है, या राजशाही या मुल्लाशाही है। दूसरे अधिकांश देश अमेरिकी प्रभाव में हैं, उसके पिट्ठू हैं। तेल के कारण सम्पन्न ये अरब आलसी और अय्याश हैं। तकनीक में पिछड़े हैं। ये लड़ाकू नहीं हैं। इन देशों में आपस में लड़ाई चलती रहती है। फिलिस्तीनियों के लड़ाकू संगठन पी. एल. ओ. को डरते-डरते थोड़ी-बहुत मदद तो दे देते हैं मगर उससे आशंकित भी रहते हैं। क्योंकि यह संगठन वामपन्थी है और इसे रूस से मदद मिलती है। अगर ये अरब देश एक होकर पी. एल. ओ. के साथ हों तो इजराइल ठण्डा पड़ सकता है पर ऐसा नहीं हो रहा है। इस्लामिक कान्फ्रेन्स साम्यवाद के कल्पित भय से ज्यादा उलझी रहती है। 1967 और 1973 में इजराइल अरबों से लड़ चुके हैं। और दोनों बार अरबों का ही नुकसान हुआ। अनवर सादात-जैसे नेता होते हैं जिन्हें रूसी प्रभाव का इतना डर है कि वे कैम्प डेविड-जैसे समझौते कर लेते हैं, जिससे फिलिस्तीनियों के हितों का बलिदान कर दिया जाता है।

फिलिस्तीनियों का मुक्ति संगठन पिछले कई वर्षों से लेबनान की भूमि से अपने देश की मुक्ति की लड़ाई लड़ रहा था। इस बार इजराइल ने फिलिस्तीनियों को लेबनान से खदेड़ देने की सघन कार्रवाई की। इनके फौजी अड्डों पर ही नहीं, नागरिक बस्तियों पर भी बम और राकेट बरसाये। बिना अमेरिकी प्रोत्साहन और समर्थन के इजराइल ऐसी कार्रवाई नहीं कर सकता। विश्व-जनमत इजराइल की इस कार्रवाई पर क्षुब्ध और क्रुद्ध हुआ। अमेरिका को पहिली बार न्यायपूर्ण रुख अपनाने का नाटक करना पड़ा। रोनाल्ड रीगन इजराइली प्रधानमन्त्री बेगिन को पहले लिखते थे—डियर मेनाचिक। नाराजी जाहिर करने के लिए लिखने लगे—माई डियर बेगिन और माई डियर प्राइमिनिस्टर। रीगन को विश्व-जनमत के कारण बेगिन को हमले रोकने के लिए बार-बार कहना पड़ा। पर पहले कुत्ता दुम हिलाता था अब दुम कुत्ते को हिलाने लगी। बेगिन ने फिलिस्तीनियों को लेबनान से पूरी तरह निकाल देने की कसम खा ली। संयुक्त राष्ट्रसंघ के हस्तक्षेप के बावजूद आखिर फिलिस्तीनियों को लेबनान छोड़ना पड़ा। ये मानव-इतिहास की एक शर्मनाक ट्रेजडी है कि अपनी भूमि पर बसने के संघर्ष में लगी एक कौम को फासिस्ट लुटेरे इस तरह खदेड़ें और दुनिया देखती रह जाये। भारत शुरू से ही फिलिस्तीनियों का समर्थक रहा है। पण्डित जवाहरलाल नेहरू ने फिलिस्तीनियों की भूमि की माँग को जायज माना था और उन्हें मदद देने का आश्वासन दिया था। नासिर और नेहरू फिलिस्तीनियों को उनकी भूमि वापस दिलाने के लिए

राष्ट्रसंघ और बाहर लगातार जूझते रहे। पर नेहरू, जैसे चीनी हमले के तीन साल बाद मर गये, वैसे ही नासिर 1967 के इजराइली हमले के ठीक तीन साल बाद मर गये। ईजिप्त में अनवर सादात का शासन हुआ जो घोर रूस विरोधी थे और पी. एल. ओ. को भी उसके वामपन्थ और लड़ाकूपन के कारण नापसन्द करते थे। सादात ने अमेरिका से मिलकर फिलिस्तीनी हितों की बलि चढ़ा दी। फिलिस्तीनी इस आदमी के नाम से नफरत करते हैं।

भारत में फिलिस्तीनियों के लिए बहुत समर्थन और सहानुभूति है। इन्दिरा सरकार ने पी. एल. ओ. को मान्यता दी है। यासिर अराफात भारत आ चुके हैं और उन्हें किसी राष्ट्र के प्रधानमन्त्री या राष्ट्रपति-जैसा सम्मान दिया गया है। राष्ट्रसंघ में पी. एल. ओ. को प्रतिनिधित्व दिलाने में भारत का बड़ा योगदान है। भारत ने इजरायल को मान्यता नहीं दी है, उससे हमारा कोई कूटनीतिक सम्बन्ध नहीं है और केवल एक इजराइली व्यापारिक प्रतिनिधि बम्बई में रहता है। मगर पूर्व जनसंघ और अब भारतीय जनता पार्टी और लोकदल के दक्षिणपन्थी प्रतिक्रियावादी, जैसे मोरारजी भाई और सुब्रह्मण्यम स्वामी, इजराइल समर्थक हैं। ये एक तो अमेरिका समर्थक हैं, दूसरे पी. एल. ओ. वामपन्थी और रूस समर्थित हैं। भारतीय जनता पार्टी की नाराजी का एक बड़ा कारण यह भी है कि ये मुसलमान हैं। जनता पार्टी सरकार के विदेशमन्त्री अटलबिहारी वाजपेयी ने इजराइल को मान्यता देने की कोशिश की थी पर विदेश मन्त्रालय की सलाह पर उन्हें यह इरादा छोड़ना पड़ा। पर इजराइल के भूतपूर्व युद्धमन्त्री और विदेशमन्त्री मोशे दयान को छिपाकर भारत बुलाया गया था और मोरारजी तथा अटलबिहारी ने उनसे सलाह की थी। पर यह बात छिपी नहीं रह सकी। सुब्रह्मण्यम स्वामी ने सब पोल खोल दी।

दुनिया के न्यायप्रिय और स्वाधीनता समर्थक लोग फिलिस्तीनियों के लिए दुखी हैं। हर न्यायप्रिय और स्वाधीनता प्रेमी को उन्हें समर्थन देना चाहिए। उन्हें उनकी भूमि दिलानी चाहिए। वे फिर लड़ेंगे। वे दृढ़ निश्चयी हैं। यासिर अराफात की बेरुत से विदाई इतिहास की दुर्घटना है। दुखद दुर्घटना है। तिस पर अमेरिकी साम्राज्यवाद समर्थक ईसाई कहते हैं—इस आदमी की लाश को 'काफिन' में जाना था। वे भूलते हैं कि ईसा फिलिस्तीनी थे और न्यू टेस्टामेण्ट में उनके शब्द हैं—व्हाट यू डू अन टु दिस लास्ट ऑफ माई ब्रदरन यू डू अनटु मी।

गुटनिरपेक्ष सम्मेलन : कुछ प्रश्न*

अध्यक्ष महोदय और बन्धुओ,

मुझे दुख है कि पाँव में विशेष तकलीफ के कारण मैं स्वयं इस अवसर पर उपस्थित नहीं हो सकता। मित्रों का आग्रह है कि गुटनिरपेक्ष आन्दोलन और विशेषकर इस सम्मेलन के सम्बन्ध में मैं जो सोचता हूँ और जो सवाल मेरे मन में उठते हों, उन्हें आपके सामने पढ़े जाने के लिए लिख दूं। मैं ऐसा कर रहा हूँ।

महीने-भर से देश के उद्योगपतियों के अखबारों में लेख, कालम और सम्पादकीय टिप्पणियाँ छप रही हैं कि गुटनिरपेक्ष आन्दोलन, जिसका नेता भारत मान लिया गया है, रूस का पक्षधर हो गया है, इस हद तक कि यह आन्दोलन सोवियत रूस के प्रभाव-क्षेत्र का विस्तार है, या रूस के इशारे पर चलता है और इस तरह ये देश दोनों महाशक्तियों में से एक यानी रूस के साथ हो गये हैं और वास्तविक गुटनिरपेक्षता अब नहीं रही। ये पत्र और ये स्तम्भ-लेखक हमारे जाने हुए हैं--ये सिद्धान्ततः रूस विरोधी हैं, साम्यवाद विरोधी हैं और भारत की विदेश नीति के आलोचक रहे हैं। भारत में यह अमेरिकी और पश्चिमी यूरोपीय प्रोपेगेण्डा का प्रतिबिम्ब और विस्तार है।

विचारणीय यह है कि अमेरिका और सोवियत संघ का रुख इस आन्दोलन के प्रति क्या है? जॉन फास्टर डलेस ने 'तटस्थता' को (जो आरम्भ में इस आन्दोलन का नाम था) अनैतिक (इममारल) कहा था। दूसरे महायुद्ध की समाप्ति के 4-5 साल बाद की यह बात है जब अमेरिकी प्रशासक, जो विश्व-राजनीति में नये, नौसिखिये थे, ब्रिटिश साम्राज्यवाद का स्थान खुद भरने की सोच रहे थे। तटस्थता का अर्थ उनके लिए यह था जैसे उनके स्वाभाविक साम्राज्य का कोई देश उससे अलग हो गया हो। अमेरिका रूस विरोधी अपनी विश्वव्यापी व्यूह-रचना में एशिया, अफ्रीका, लेटिन अमेरिका के इन देशों को शामिल करना चाहता था। वह इन्हें अँगरेजी साम्राज्यवादियों की तरह अपना बाजार बनाना चाहता था। संयुक्त राष्ट्रसंघ में इन्हें अपने साथ रखना चाहता था। इन देशों की अर्थव्यवस्था पर अपना नियन्त्रण चाहता था। गुटनिरपेक्षता के एक आन्दोलन का रूप लेने तथा लगातार इसमें नवस्वतन्त्र देशों के शामिल होते जाने से, अमेरिका का वह इरादा नाकाम हो गया। राष्ट्रसंघ में इन देशों के लगभग तीन-चौथाई अमेरिका के साथ मतदान नहीं करते। अमेरिकी शासक इसे 'ब्लाकवोटिंग' का नाम देकर कई बार इसकी आलोचना कर चुके हैं।

रूस, स्टालिन की सत्ता के समय से ही इस आन्दोलन को समर्थन देता रहा है। ख्रुश्चेव के प्रधानमन्त्री होने के बाद से तो गुटनिरपेक्षता को शान्ति के पक्ष में

* 'विवेचना' के समारोह में उद्घाटन भाषण।

एक आवश्यक और बड़ी शक्ति माना गया और इस आन्दोलन की रूस पूरी तरह मदद करता रहा है। इसका कारण रूस की विचारधारा और विश्व की वर्तमान स्थिति में व्यावहारिक कूटनीति है जिसका प्रथम उद्देश्य और सबसे बड़ा लक्ष्य विश्वशान्ति है। फिर विचारधारा और व्यवहार से रूस साम्राज्यवाद विरोधी है, राष्ट्रों की स्वाधीनता का समर्थक है, जातियों के मुक्ति आन्दोलनों का समर्थक है। अमेरिकी और रूसी आर्थिक सहायता में भी फर्क है—अमेरिका जहाँ आर्थिक मदद देकर किसी देश की अर्थव्यवस्था को अपने ऊपर निर्भर रखना चाहता है, वहीं रूस आर्थिक और तकनीकी मदद देकर उस देश को आत्मनिर्भर वनाना चाहता है। हमारे देश में अमेरिकी और सोवियत रूस दोनों की मदद से बड़े कारखाने खुले हैं। इनमें कार्यरत इन्जीनियरों से पूछ लिया जाय। वे बताते हैं कि रूसी विशेषज्ञ सारी तकनीक भारतीयों को सिखा देते हैं जबकि अमेरिकी विशेषज्ञ तकनीक अपने पास गुप्त रखते हैं और हमें सिखाते नहीं। इस तरह की नीति ये अमेरिका और रूस हर विकासशील देश में अपनाते हैं। एक और बात है। इन विकासशील देशों पर दबाव डालकर अमेरिका पड़ोसी देश से स्थानीय लड़ाई कराता है, जिससे उसकी युद्ध-सामग्री बिके जबकि रूस इनके विवाद को बातचीत से हल करने की कोशिश करता है। अमेरिकी बहुराष्ट्रीय कम्पनियाँ इतनी शक्तिशाली हैं कि अमेरिकी शासन उनके इशारे पर चलता है। इन कम्पनियों के व्यापार और मुनाफे के लिए दूसरे देशों में अमेरिका हस्तक्षेप, तोड़फोड़, राजनैतिक दखलन्दाजी, षड्यन्त्र करता है, यहाँ तक कि हिंस्र तरीके से वहाँ राजसत्ता पलटता है। इस बात को विकासशील देश समझते हैं और अपनी राजनैतिक, आर्थिक स्वाधीनता के लिए एकजुट हैं, और इस प्रयत्न में सोवियत रूस पूरी मदद करता है। इसीलिए यह प्रचार किया जाता है कि गुटनिरपेक्ष आन्दोलन सोवियत नीति का विस्तार (extension) है। पहले Till शब्द का उपयोग किया जाता था अब extension. Subordination और Commitment का इस्तेमाल किया जाता है।

गुटनिरपेक्ष देशों में कुछ ऐसे देश हैं जो खुले रूप में कहते हैं कि रूस हमारा स्वाभाविक सहायक (natural ally) है। जो प्रोपेगेण्डा पिछले दिनों हो रहा है जिसका मैंने उल्लेख शुरू में किया है, उसका उद्देश्य उन देशों को इस आन्दोलन से अलग करना है, जो सोवियत-व्यवस्था के विरोधी हैं और पूंजीवादी विकास का मार्ग अपनाये हैं।

मैं बहुत विस्तार में नहीं जाऊँगा। मैं चाहता हूँ इस बात पर विद्वान लोग विचार करें।

एक बात की ओर मैं ध्यान और खींचना चाहता हूँ। ये गुटनिरपेक्ष देश हथियारों के सबसे बड़े खरीदार हैं। ये हथियार अमेरिका से भी खरीदते हैं और रूस से भी। मगर फर्क है। अमेरिका में हथियारों का उत्पादन प्राइवेट कम्पनियों के हाथ में है। उत्पादकों को उपभोक्ता चाहिए। हथियार कोई कपड़ा नहीं है, जिसका सूट उपभोक्ता पहिन ले। युद्ध-सामग्री के उपभोक्ता तब मिलते हैं, जब युद्ध

की स्थिति हो। युद्ध हो ही जाय, तो हथियारों की बिक्री बेहिसाब होती है जैसी ईरान-ईराक-युद्ध में हो रही है। दोनों देश अमेरिकी हथियार बेहिसाब खरीद रहे हैं। रूसी अर्थव्यवस्था हथियारों की बिक्री पर आश्रित नहीं है, जबकि अमेरिकी व्यवस्था काफी हद तक है। ये जो विकासशील देश हथियार खरीदते हैं इनसे वे महाशक्तियों से नहीं लड़ सकते। फिर ये किस उपयोग के लिए हथियारों का भण्डार करते हैं? मसलन पाकिस्तान क्यों हथियारों का भण्डार कर रहा है। रूस से वह लड़ नहीं सकता, क्योंकि चन्द घण्टों में उसकी बरबादी हो जायेगी। फिर हथियार किससे लड़ने के लिए? निश्चित ही आपस में लड़ने के लिए। याने गरीब देश अमेरिका से आर्थिक मदद या कर्ज लेगा और उससे अमेरिका के ही हथियार खरीद लेगा। यानी कर्ज लेकर भी न उत्पादन होगा, न विकास होगा। गुटनिरपेक्ष देशों को कोई ऐसी विधि खोजनी ही पड़ेगी, जिससे सहायता और कर्ज की यह धनराशि हथियारों पर बरबाद न हो, बल्कि उत्पादन में लगे। इस सन्दर्भ में इन्दिरा गाँधी ने लीक से हटकर, सार्वजनिक रूप से सम्मेलन का उद्घाटन करते हुए ईरान-ईराक से युद्ध बन्द करने की अपील की है, वह महत्त्वपूर्ण है। इससे आपसी विवादों को युद्ध के द्वारा नहीं, बातचीत के द्वारा सुलझाने की प्रक्रिया शुरू होगी।

एक और बात जरूरी है। इन देशों में आपसी सहयोग से अपनी एक स्वतन्त्र अर्थव्यवस्था स्थापित हो। इसके परिणाम अच्छे होंगे। एक तो इनमें कोई देश महाशक्तियों के दबाव में नहीं आयेगा, दूसरी ओर एक-दूसरे के उत्पादन की खपत की सम्भावना बनेगी, तीसरे विकासशील देशों की Protectionism की नीति के दुष्परिणामों से बचा जा सकेगा।

विश्वशान्ति को निर्गुट देशों ने अपना प्रमुख लक्ष्य माना है। युद्ध न हो, यह सब चाहते हैं। मगर यह भी जरूरी है कि युद्ध की तैयारी भी न हो। युद्ध की तैयारी के चक्कर में छोटे-छोटे गरीब देश भी पड़े हैं, जिनकी विश्वयुद्ध में कोई भूमिका नहीं होगी। मगर वे अपने धन का अधिकांश अपने लोगों के रोटी-कपड़े के बजाय बारूद में खर्च कर रहे हैं। ऐसे में इनकी गरीबी कभी नहीं मिटेगी। इस तैयारी में धन की बरबादी और युद्ध की मानसिकता को रोकने के लिए इन देशों की जनता को शान्ति-आन्दोलन तीव्र करना चाहिए। पश्चिमी यूरोप की सरकारों को तो इच्छा-अनिच्छा से अमेरिकी प्रशासन ने नयी मिसाइलें लगाने के लिए तैयार कर लिया है, मगर इन देशों की आमजनता इसके विरोध में और शान्ति के पक्ष में लाखों की तादाद में रैलियाँ निकाल रही है। इंग्लैण्ड में तो उस स्थान पर स्त्रियाँ धरना दे रही हैं, जहाँ मिसाइलें फिट होना प्रस्तावित है। विश्वशान्ति की गारण्टी ऐसे विश्वव्यापी जन-आन्दोलन हैं, जो अपनी सरकारों को मजबूर करें कि वे युद्ध की तैयारी में अमेरिका का साथ न दें। यही विश्व-मानवता दोनों महाशक्तियों को न केवल वर्तमान अस्त्र-भण्डार नष्ट करने पर बाध्य करे, बल्कि आगे उनका उत्पादन भी बन्द करे।

मेरा खयाल है, रूस का समर्थन गुटनिरपेक्ष आन्दोलन को कुछ सिद्धान्तों और शुभ लक्ष्यों को लेकर है। एक लक्ष्य है—विश्वशान्ति और दूसरा, जनता की गरीबी

मिटाना। अगर इस कारण एक पक्ष और उसके मुखपत्र यह कहते हैं कि इस आन्दोलन का झुकाव रूस की तरफ है, तो इन देशों को संकोच करने या कैफियत देने की कतई जरूरत नहीं है, याने apotogetic नहीं होना चाहिए। जो ऐतिहासिक शक्तियाँ इस समय काम कर रही हैं उसकी यह तार्किक, स्वाभाविक और निर्णायक परिणति है।

अकाली आन्दोलन फासिस्टी और देशघातक है

पंजाब में धार्मिक माँगों से आरम्भ करके अकाली नेताओं ने दूसरी राजनैतिक माँगों, नदी-जल का बँटवारा, हरियाणा और राजस्थान के जिलों पर अधिकार, चण्डीगढ़ पर कब्जा आदि धर्म में मिलाकर, सिखों की सांस्कृतिक पृथकता घोषित करके अपने आन्दोलन को 'धर्मयुद्ध' का नाम देकर पंजाब में आतंक पैदा कर दिया है। अकाली दल के इस आन्दोलन का वर्ग-आधार पंजाब के धनी भूमिपति, सम्पन्न ठेकेदार, व्यवसायी आदि हैं। सामान्य सिख इसमें शामिल नहीं हैं। भारत से पृथक 'खालिस्तान' की माँग का विरोध अकाली नेताओं ने कभी नहीं किया, बल्कि स्वर्ण-मन्दिर में बैठे सन्त भिण्डरावाला ने अभी कहा है कि अपराधियों को या मुझे पकड़ने को पुलिस स्वर्ण मन्दिर और नानक निवास में घुसी तो 'खालिस्तान' की स्थापना की लड़ाई शुरू हो जायेगी। इधर अकाली दल के डिक्टेटर सन्त हरचन्दसिंह लोंगोवाल ने एक लाख मरने-मारनेवाले सिख युवकों की सेना बनाने की घोषणा की है। हत्या, आगजनी हो रही है, बम फेंके जा रहे हैं और अपराधी गुरुद्वारों में शरण लिये हैं। स्वर्ण मन्दिर, नानक निवास तथा दूसरे गुरुद्वारों में शस्त्रों के भण्डार हैं। ये किले हो गये हैं। ये धार्मिक स्थल नहीं रहे। इन उग्रवादियों का नेतृत्व अत्यन्त हठी, अतिवादी, हिंसावादी, पृथकतावादी सन्त भिण्डरावाला के हाथ में चला गया है और वे खुले युद्ध की धमकी दे रहे हैं।

सिखों को धर्मपालन की पूरी छूट इस देश में है। प्रधानमन्त्री ने अकाली नेताओं की पूरी धार्मिक माँगें मान ली हैं। बाकी माँगों पर वे बातचीत आगे करने को तैयार हैं, पर समझदार, गम्भीर नेताओं के हाथों से नेतृत्व छूटकर अतिवादी, उग्र, उन्मादी सन्त भिण्डरावाला के हाथ में चला गया है। इस तरह यह पूरा आन्दोलन फासिस्टी हो गया है। भिण्डरावाला एक फासिस्ट नेता हैं। पंजाब में किसी नागरिक का जान-माल सुरक्षित नहीं है। आतंक का वातावरण है। इधर भारत-भर में फैले सिख उलझन में पड़े हैं और उनकी स्थिति खराब हो रही है।

मैं याद दिलाना चाहता हूँ कि सन् 1946 में मुस्लिम लीग ने इसी तरह

पाकिस्तान बनवाने के लिए 'डाइरेक्ट एक्शन' (सीधी कार्यवाही) की थी, जिसमें हजारों लोग मारे गये थे और लाखों घर बरबाद हुए थे। सन्त भिण्डरावाला और सन्त लोंगोवाल का 'धर्मयुद्ध' मुस्लिम लीग के उस 'डाइरेक्ट एक्शन' जैसा ही है।

मैं मध्यप्रदेश प्रगतिशील लेखक संघ के अध्यक्ष तथा राष्ट्रीय प्रगतिशील लेखक महासंघ के अध्यक्ष मण्डल के सदस्य की हैसियत से इस पृथकतावादी फासिस्टी आन्दोलन की निन्दा करता हूँ और भारत की सभी भाषाओं के लेखकों, बुद्धिजीवियों से अपील करता हूँ कि इसके खिलाफ आवाज उठायें तथा इस सन्दर्भ में लोगों को शिक्षित करें। मैं उन पंजाबी लेखकों को, जिनमें सिख लेखक भी हैं, बधाई देता हूँ, जो पहले ही इस उग्र आन्दोलन का विरोध कर चुके हैं। मैं प्रधानमन्त्री से अनुरोध करता हूँ कि वे माँगों पर तो सहानुभूति से विचार करें, परन्तु इस पृथकतावादी उग्र फासिस्टी कार्यवाही से बहुत कठोरता के साथ निपटें। इसमें नरमाई देश के लिए घातक होगी।

समझदार अकाली नेताओं से मैं लेखकों की तरफ से अनुरोध करता हूँ कि वे गम्भीरता से सोचें कि वे यह क्या कर रहे हैं। वे सिखों को ही संकट में डाल रहे हैं। वे सरकार से बातचीत करें।

मैं सारे भारत-भर में बसे हुए धन्धों और नौकरियों में लगे हुए सिखों से खासतौर से अपील करता हूँ कि वे गुरुद्वारों और अपने धार्मिक, समाजिक संगठनों के द्वारा घोषणा करें कि वे इस उन्मादी विघटनकारी आन्दोलन का विरोध करते हैं। उनका अभी तक चुप रहना उनकी स्थिति को बिगाड़ रहा है। पंजाब के एक सामन्ती प्रवृत्तिवाले, सम्पन्न व छोटे-से वर्ग के स्वार्थ का यह आन्दोलन सारे सिखों को बदनाम कर रहा है, साम्प्रदायिक द्वेष पैदा कर रहा है, देश को खतरे में डाल रहा है और देश के दुश्मनों को फायदा पहुँचा रहा है। यह स्पष्ट देशद्रोह है और देशद्रोहियों को दबाने में जो सरकार देरी करे और नरमी बरते वह सरकार अपनी जिम्मेदारी से हटती है। राजनैतिक दल भी क्षुद्रता से ऊपर उठें, गैरजिम्मेदारी त्यागें और एक होकर इस राष्ट्र विरोधी आन्दोलन से निपटें तथा इसमें सरकार का साथ दें।

शिक्षकों का आन्दोलन*

(मध्यप्रदेश शिक्षक संघ के संयुक्त सचिव की हैसियत से बयान)

मध्यप्रदेश के गैर-सरकारी माध्यमिक विद्यालयों के शिक्षकों के बोर्ड से असहयोग आन्दोलन को लेकर सरकारी प्रवक्ता तथा सरकारी नीति के अन्धसमर्थकों द्वारा

* प्रहरी, 27 मार्च, 1955

तरह-तरह के भ्रम फैलाने का प्रयत्न किया जा रहा है। शिक्षकों के इस आन्दोलन को 'असामयिक' और 'जल्दबाजी' का निर्णय कहकर आम जनता को उनके विरुद्ध यह नारा लगाकर उभारने की कोशिश हो रही है कि इस आन्दोलन से मैट्रिक के 25 हजार विद्यार्थियों का भविष्य खतरे में हो गया है।

जल्दबाजी ?

इस सम्बन्ध में सबसे जानने योग्य बात यह है कि असहयोग का यह कदम जल्दबाजी में कदापि नहीं उठाया गया। इसके पहिले सरकार के मन्त्रियों, बोर्ड के मालिकों, एम. एल. ए. गण, नेतागण सबके पास असंख्य अपीलें भेजी गयी हैं, अनेक बार प्रतिनिधि मण्डल मिले हैं, अधिकारियों के द्वारों पर सैकड़ों सिज़दे किये जा चुके हैं। पर परिणाम यह निकला है कि सरकार टालमटूल के सिवा कुछ और करती नहीं दिखायी दी, तब मजबूर होकर यह अन्तिम कदम उठाया गया है। इसके पहिले जितना सम्भव था, सब कर लिया गया है। यह कतई जल्दबाजी का कदम नहीं है।

विद्यार्थियों का भविष्य ?

विद्यार्थियों के भविष्य का नारा सुनने में जितना अच्छा लगता है, उद्देश्य उसका उतना ही घृणित है। यह नारा लगाकर सरकार सारी जिम्मेदारी शिक्षकों पर फेंक-कर खुद साफ बच निकलना चाहती है। पर क्या इस देश के विद्यार्थियों के प्रति सरकार की कोई जिम्मेदारी नहीं है ? क्या विद्यार्थियों से उसका केवल इतना ही प्रयोजन है कि उनके अभिभावकों से उसे 'वोट' मिले ? क्या यह उसकी जिम्मेदारी नहीं है कि शिक्षकों को अच्छा वेतन और अच्छी नौकरी की शर्तें मिलें, ताकि वे अच्छी शिक्षा दें सकें ? 8 साल हो गये पर शिक्षा-पद्धति जहाँ-की-तहाँ है। 8 साल हो गये पर शिक्षकों की दशा वैसी ही दयनीय ! सरकार का ध्यान देश की शिक्षा की ओर बिल्कुल नहीं है। और अब जब शिक्षकों के धैर्य का अन्त हो गया है, सरकार सारा दोष उनके सिर पर मढ़कर बच जाना चाहती है। तथ्य यह है कि 'स्कूल कोड' को लागू करने की माँग बहुत पुरानी है। सरकार ने स्वयं आश्वासन दिया था कि 25 फरवरी '55 तक 'स्कूल कोड' लागू हो जायगा पर सरकार स्वयं ऐन मौके पर मुकर गयी। जब सरकार अपने वचनों का पालन नहीं कर सकती, तब शिक्षकों को इसके सिवा कौन मार्ग है कि वे प्रतिकार के लिए शान्तिपूर्ण आन्दोलन करें ? फिर एक वर्ष पहिले बोर्ड से स्पष्ट कह दिया गया था कि अगर उक्त तारीख तक कोड लागू न होगा तो हम बोर्ड से असहयोग कर देंगे। इस एक साल के समय में अगर सरकार समझौता नहीं कर सकती थी तो कम-से-कम परीक्षा का प्रबन्ध तो कर सकती थी। सरकार के पास असीम शक्ति है — जन और धन की ! उसमें सरकारी कर्मचारियों की सेवाएँ लेकर मैट्रिक की परीक्षा तो करवा ही दी। यहाँ यह स्पष्ट जान लेना चाहिए कि शिक्षकों का इरादा कतई नहीं था कि मैट्रिक की

परीक्षा में बाधा पहुँचायी जाय। इसलिए यह अनावश्यक और अशोभन दिखता है कि शस्त्रधारी पुलिस की निगरानी में मैट्रिक की परीक्षा हो रही है। स्कूलों में पुलिसमैन बैठे रहते हैं और पुलिस की लारी खड़ी रहती है। कुछ ऐसा वातावरण बना दिया गया है मानो बड़ा बलवा हो गया हो।

वित्तमन्त्री का गैर-जिम्मेदार वक्तव्य

इस बीच में विधानसभा में मध्यप्रदेश के वित्तमन्त्री ने एक बहुत अनुत्तरदायित्वपूर्ण और द्वेष भरा वक्तव्य दे दिया। उन्होंने कहा कि कोड को लागू करना सरकार की नैतिक जिम्मेदारी नहीं है। हम चकित रह गये यह पढ़कर। सरकार द्वारा पास किये गये एजुकेशन एक्ट के अंश को कार्यान्वित करने की जिम्मेदारी सरकार की नहीं तो वह कानून क्यों बनाती है। कोई भी जिम्मेदार सरकार क्या इस तरह अपने ही नियमों की धज्जी उड़ाती है। हमें लगता है कि वित्तमन्त्री ने सन्तुलन खो दिया है और अनाप-शनाप कहना शुरू कर दिया है और इस अनाप-शनाप के पीछे से सत्ता का दम्भ बोलता है। सरकार को इस बात पर लज्जा आनी चाहिए कि उसके राज्य में एक ही प्रकार का काम करनेवाले, एक ही योग्यता के सरकारी और गैर-सरकारी शिक्षकों के वेतन में अन्तर है। यह अन्तर मिटाना सरकार की नैतिक जिम्मेदारी है और इसे न करके सरकार घोर 'अनैतिकता' बरत रही है। सरकार के शब्दों में एक विश्वास ही भरोसे की, ईमानदारी की शक्ति रहती है। पर जब मन्त्रीगण इन प्रश्नों पर भाषा का ऐसा ढीला प्रयोग करते हैं तब हम शिक्षकों को ही उनके लिए लज्जित होना पड़ता है। 'नैतिक जिम्मेदारी' का अर्थ वित्तमन्त्री ने पूर्ण रीति से समझकर शायद नहीं किया। सरकार की कानूनी जिम्मेदारी चाहे न हो, पर नैतिक जिम्मेदारी तो यह है कि वह 'कोड' को लागू कर दे। महत्त्वपूर्ण जनहित के मामलों में इस प्रकार के कथन कर देना प्रजातन्त्र के मन्त्रियों को शोभा नहीं देता। तानाशाह ऐसा करते हैं।

बात यह है कि सरकार ने इस प्रश्न को प्रतिष्ठा का प्रश्न बना लिया है—याने नागरिकों को अधिकारों से वंचित करना ही प्रतिष्ठा का प्रश्न बनने लगा है। और इसी में सरकार की सारी शक्ति लगी है। शिक्षकों से समझौता न कर सकना सरकार के दम्भ और हठ का परिणाम है! फिर अब मैट्रिक की परीक्षा का नया प्रबन्ध करने में जो लाखों रुपये खर्च हो रहे हैं, यह कहाँ की बुद्धिमानी और अर्थ-नीति की बात है?

सरकार को यह समझना चाहिए कि शक्ति के भय से किसी भी वर्ग को भूखा मार सकना सम्भव नहीं है। सरकार ने शिक्षकों के साथ बड़ा धोखा किया है, फरेब की नीति का अनुसरण किया है, जो सरकारों को शोभा नहीं देती। और अब वित्तमन्त्री सरकारी विधि को लागू करना नैतिक जिम्मेदारी ही नहीं मानते। न जाने कहाँ से ये लोग शब्दों के अर्थ पढ़कर आते हैं—कौन-सा शब्दकोष है वह?

साम्प्रदायिकता : प्रकृति, कारण और निदान

हैदराबाद में साम्प्रदायिक दंगे के दौरान प्रसिद्ध तेलुगू कवि गुलाम यासीन, उनकी पत्नी और बच्ची को दंगाइयों ने मार डाला। इस पर तीव्र प्रतिक्रिया हुई। गुलाम यासीन प्रगतिशील कवि थे, वे शान्ति और साम्प्रदायिक सद्भाव के लिए जीवन-भर काम करते रहे। दंगे के दौरान भी वे साम्प्रदायिक सद्भाव कायम करने की कोशिश कर रहे थे।

4 साल पहले जमशेदपुर के दंगे में प्रसिद्ध उर्दू लेखक ज़की अनवर की हत्या विशिष्ट परिस्थितियों में हुई। उन्होंने मुसलमानों के मुहल्ले में अपने मकान को बेचकर हिन्दुओं के मुहल्ले में मकान खरीदा और वहाँ रहने लगे। उन्होंने इस मुहल्ले का नाम 'गाँधी नगर' रखा। उनका विश्वास था कि हिन्दू और मुसलमानों की मिली-जुली आबादी होनी चाहिए। इसके बिना साम्प्रदायिक सद्भाव पैदा नहीं होगा। दंगे के दौरान उन्हें सलाह दी गयी कि वे मुसलमानों के मुहल्ले में चले जायें या पटना चले जायें। पर वे वहीं रहे और अपने एक मित्र वर्मा के साथ साम्प्रदायिक शान्ति के लिए अनशन पर बैठे। 13 घण्टे बाद उन्हें अनशन खत्म करने पर मजबूर होना पड़ा। रात को जकी अनवर मार डाले गये और उनकी लाश कुएँ में डाल दी गयी। मगर जमशेदपुर-दंगे का सबसे जघन्य काण्ड था, लगभग 100 मुस्लिम स्त्रियों और बच्चों को एम्बुलेन्स में भरकर सुरक्षित स्थान पर ले जाने की कोशिश की जा रही थी कि उस एम्बुलेन्स को ही बम से उड़ा दिया गया। अस्पताल, एम्बुलेन्स और रेडक्रासवाले किसी स्थान पर युद्ध में भी हमला नहीं किया जाता।

लेखक का दंगे में मारा जाना विशेष अर्थ क्यों रखता है? यह स्वाभाविक है कि लेखक साम्प्रदायिक हैवानों का शिकार हुआ, तो हम उसकी बिरादरी के लेखक उद्वेलित होंगे, इस कृत्य की निन्दा करेंगे। यह हमने किया। इन दो लेखकों की हत्या इसलिए भी ज्यादा दर्दनाक है कि दोनों का विश्वास प्रगतिशील जीवन-मूल्यों में था, दोनों साम्प्रदायिक भाईचारे के लिए प्रयत्नशील थे। जकी अनवर ने तो शान्ति के लिए अनशन किया था। उसने अपने एक दोस्त को लिखा था—मेरा विश्वास है कि इन्सानियत अभी मरी नहीं है।

लेखक का मारा जाना समाज के लिए विशेष अर्थ क्यों रखता है? इसलिए कि लेखक मानवीय मूल्यों की स्थापना के लिए लिखता है, मानव-संस्कृति की रक्षा के लिए लिखता है, मानवजाति के उज्ज्वल भविष्य के सपने देखता है, जीवन के प्रति आस्था और श्रद्धा उत्पन्न करता है, भावनाओं का उदात्तीकरण करता है, एक बेहतर मनुष्य बनाना और न्यायपूर्ण समाज-व्यवस्था स्थापित करना चाहता है। अमानवी हाथों लेखक के मारे जाने का अर्थ है—इन सब उद्देश्यों, आदर्शों, सपनों की हत्या। इसलिए लेखक की हत्या पर लेखकों के रोने या क्रोध करने से ज्यादा महत्त्वपूर्ण यह है कि बृहत्तर समाज रोये और महसूस करे कि लेखक के बहाने किन

मानव-मूल्यों की हत्या हो रही है।

जहाँ तक हम लेखकों का सवाल है, हमें हाय-हाय करने की कतई जरूरत नहीं। हमें दया भी नहीं माँगना है। स्त्री-बच्चे मार डाले जायें और लेखक छोड़ दिया जाय, यह शर्मनाक माँग हमारी कल्पना के परे है। इतिहास से हमने सीखा है कि लेखक, कलाकार के साथ ऐसा होगा ही और पहले होगा। इसे हम 'पागलपन', 'उन्माद', 'सिरफिरापन' जैसे नासमझी के अर्थहीन निर्दोष शब्दों से परिभाषित नहीं करते। हम इसे सीधा 'फासिस्टवाद' कहते हैं, जो संगठित, सुनियोजित अमानवीयता, बर्बरता है। इसका पहला हमला उन पर होता है जो मानवीयता का सन्देश देते हैं। यह पहले हो चुका है। नाजियों ने यही किया। जनरल फ्रेंको ने यही किया। चिली के पिनोशे ने यही किया। जनरल जिया यही करते हैं। अमेरिका में इसी ने हेमिंग्वे को आत्महत्या करने पर मजबूर किया। अभी तुर्की में नाजिम हिकमत के अनुयायी 19 कवियों पर फौजी मुकदमा चल रहा है, जिसमें सज़ा मौत है। लेखक जानता है कि उसके साथ यह होगा। इसके लिए उसे तैयार रहना होगा। मगर साथ ही उसे देश में बढ़ती हुई इस प्रवृत्ति से संघर्ष भी करना होगा और संघर्ष करने के लिए उसे जानना होगा कि यह साम्प्रदायिकता है क्या, क्यों है, दंगे हर कहीं और लगातार क्यों होते हैं? वे कौन-सी वास्तविकताएँ हैं जिनसे यह जहरीली मानसिकता बनती है? वे कौन ताकतें हैं जो इन वारदातों के पीछे हैं? सी. आई. ए. और 'गल्फ मनी' के खाते में इसे डाल देने से काम नहीं चलेगा।

कुछ कटु पर सत्य वास्तविकताओं को स्वीकार करना होगा। अभी भी हिन्दू-मन में एक विजित जाति की हीनता की भावना है। मुसलमान में भी यह भावना है कि हम विजेता जाति के हैं और हमने इन पर हुकूमत की है। हिन्दू और मुसलमान दोनों पर अँगरेजों ने हमला किया। दोनों पर हुकूमत की। अँगरेज ईसाई हैं। उन्होंने हिन्दू-मुसलमान दोनों पर अत्याचार कम नहीं किये। मगर अँगरेजों से न हिन्दू नफरत करता न मुसलमान। स्वतन्त्र भारत का सबसे पहला गवर्नर जनरल ईसाई अँगरेज था। इसे हिन्दू-मुसलमान दोनों ने सलाम किया। अँगरेज मूर्तिपूजक हैं। वे ईसा के बुत की पूजा करते हैं। मगर मुसलमान इन बुतपरस्तों से नफरत नहीं करता। अँगरेज साम्राज्यवादी थे। मुसलमान साम्राज्यवादी नहीं हैं। वे भारतीय ही हो गये। मगर हिन्दू साम्राज्यवादी शोषक अँगरेज से नफरत नहीं करता, उसे आदर्श मानता है, उसकी रहन-सहन में नकल करता है। अंगरेजी साम्राज्य समाप्त हुआ, तो उसकी जगह ली नये प्रकार के अमेरिकी साम्राज्यवाद ने। अमेरिकी भी ईसाई है। मगर हिन्दू जाति के बड़े-से-बड़े रहनुमा अमेरिका के भक्त हैं। यह क्या विरोधाभास है? कौन-सा तर्क है इसमें?

हारे हुए निराश हिन्दू मन ने अपने प्राचीन गौरव की याद की, उसका सहारा लिया और उस 'यूटोपिया' में जीकर, आधुनिकता का विरोध किया। उसने पुरातनवाद में जातीय गौरव की रक्षा खोजी। इस भावना ने उसे संकीर्ण, ज्ञान-विज्ञान विरोधी, अतीतजीवी और क्षुद्र बनाया। उधर मुसलमान के हाथ से हुकूमत अँगरेजों

ने छीनी। उसे गुलाम बनाया। वह हीनता की भावना से ग्रस्त हुआ, तो उसे भी इस्लामी अतीत की याद आयी कि उसने यूरोप और एशिया को रौंद डाला था। इस्लामी बिरादरी की याद आयी। वह भी बुनियादी इस्लाम में पहुँचा और 7वीं सदी के मक्का-मदीना में रहने लगा। वह ख्वाब देखने लगा फिर इस्लामी साम्राज्य की स्थापना के, क्योंकि—'उठना है फिर मुसलमाँ हर करबला के बाद।' मुसलमानों के कट्टर रहबर भी अमेरिकी साम्राज्यवाद के समर्थक हैं।

हिन्दू-मुसलमान दोनों के रहनुमा बननेवाले आधुनिकता-विरोधी मगर अमेरिका-समर्थक हैं। दोनों अपने अतीत की संस्कृति और सभ्यता के कारण और उसी हथियार से आधुनिकता रोकना चाहते हैं। इसका कारण यह है कि आधुनिकता केवल पश्चिमी यूरोप और अमेरिका की नहीं है। आधुनिकता के रास्ते आगे निकल गये हैं और समाजवाद तक पहुँच गये हैं। यह समाजवाद खतरा है सामन्तवाद और पूंजीवाद के लिए। यह वह मुद्दा है जहाँ हिन्दू साम्प्रदायिक और मुस्लिम साम्प्रदायिक नेता एक-दूसरे के गले में हाथ डाले हैं। दोनों सामन्तवाद, पूंजीवाद और साम्राज्यवाद के समर्थक हैं— चाहे वह आर. एस. एस. हो, चाहे जमाइते इस्लामी, चाहे हिन्दू महासभा, चाहे मुस्लिम लीग। मौलाना मौदूदी— जमाइते इस्लामी के संस्थापक, जब पाकिस्तान गये थे तब मुसलमानों के नाम यह पैगाम दे गये—मैं पाकिस्तान में इस्लामी हुकूमत कायम कराऊँगा और ए मुसलमानो, तुम भारत में हिन्दू राष्ट्र बनवा देना! इधर गुरु गोलवलकर हिन्दू राष्ट्र की स्थापना की तैयारी कर रहे थे। अभी भी राष्ट्रीय स्वयंसेवक संघ और जमाइते इस्लामी के नेताओं में भाईचारा है।

सामन्तवाद-पूंजीवाद की समर्थक ये धार्मिक, राजनैतिक, सांस्कृतिक एजेन्सियाँ कैसे साम्प्रदायिक मनोभावना को बनाये रखती हैं, उसे बढ़ाती हैं और जब जरूरत होती है विस्फोट करा देती हैं। एक तो जातीय स्मृतियाँ होती हैं जो दीर्घकालिक होती हैं। इन्हें जिन्दा रखा जाता है। फिर इतिहास का 'हैंगओवर' होता है। हमारे देश में साम्प्रदायिक द्वेष की जड़ मध्ययुग का इतिहास है, जो अर्द्धसत्य और गलत नजरिये से प्रचारित किया जाता है और पढ़ाया जाता है। अंग्रेज इतिहासकार मिलर और स्मिथ ने मध्ययुग का इतिहास साम्प्रदायिक द्वेष को उभारते हुए लिखा। भारतीय इतिहासकारों ने इनकी नकल की। ऐसा बताया जाता है कि पूरे मध्ययुग में 6-7 सौ साल तक इस देश में एक ही काम हुआ—हिन्दू-मुसलमान की लड़ाई। खेती, व्यवसाय वगैरह कुछ नहीं। संस्कृति की बात ही नहीं। मुलसमानशाहों, सुल्तानों का काम हिन्दू राजाओं पर हमला करना, मन्दिर तोड़ना, मूर्ति खण्डित करना, लूटना, हिन्दुओं पर अत्याचार करना—बस इतना ही था। राजनैतिक संघर्ष को धार्मिक संघर्ष बताया गया। आर्थिक कारणों से झगड़ा-फसाद हुआ तो उसे भी धार्मिक रूप दे दिया गया। वास्तव में महमूद गजनवी ने सोमनाथ का मन्दिर इस्लाम के लिए नहीं, हीरे-जवाहरात और सोने के लिए लूटा था। औरंगजेब मन्दिरों को दान देता था। जहाँगीर और शाहजहाँ अत्यन्त उदार थे।

अकबर शायद भारत का सबसे महान् शासक था---अशोक से भी बड़ा---जिसने एक गणराज्य की कल्पना की थी। मुसलमान कवियों ने हिन्दू भक्त कवियों की तरह काव्य लिखा। औरंगजेब के कमाण्डर राजपूत थे और शिवाजी के कमाण्डर मुसलमान। सामान्य जनता में हेल-मेल था, समान जीवन-पद्धति विकसित हो रही थी, भाईचारा बढ़ रहा था, सांस्कृतिक आदान-प्रदान हो रहा था। ऊपर राजनैतिक कारणों से लड़ाइयाँ होती थीं।

मध्ययुग का गलत साम्प्रदायिक इतिहास ही वह जहर है जिसने साम्प्रदायिक द्वेष को जीवित रखा है। इतिहास विज्ञान है। कल्प-कथा नहीं है। जब तक वैज्ञानिक दृष्टि से धार्मिक द्वेष से मुक्त, तथ्यपरक इतिहास नहीं पढ़ाया जायेगा, तब तक साम्प्रदायिक द्वेष जा नहीं सकता। मगर जब भी इस तरह के इतिहास को लिखने और पढ़ाने का प्रयास किया जाता है, वहीं सामन्तवादी-पूँजीवादी ताकतें उसे रोक देती हैं। जनता पार्टी सरकार के जमाने में इस तरह की तीन इतिहास पुस्तकों पर प्रधानमन्त्री मोरारजी देसाई ने राष्ट्रीय स्वयंसेवक संघ के नेता नानाजी देशमुख के कहने से प्रतिबन्ध लगा दिया था। इसका इतिहासकारों ने विरोध किया था। डॉ. एस. गोपाल ने तो यहाँ तक लिखा था—'मैं जानता हूँ जनता पार्टी और सरकार में कुछ उद्धत मूर्ख (एरोगेण्ट इडियट्स) हैं। इतिहास विज्ञान है। आज प्रधानमन्त्री इतिहास में हस्तक्षेप करते हैं, कल वे भौतिक-शास्त्र में हस्तक्षेप करेंगे। यदि साम्प्रदायिकता को खत्म करना है, तो नये सिरे से इतिहास लिखना, पढ़ना और पढ़ाना पड़ेगा। यही नहीं, भाषा और साहित्य की पाठ्य-पुस्तकों से भी साम्प्रदायिक रचनाएँ निकालनी होंगी। उत्तर भारत में स्कूलों में पढ़ाई जानेवाली हिन्दी भाषा की पाठ्य-पुस्तकें देखिए। इनमें रचनाओं का चयन साम्प्रदायिक दृष्टि से किया जाता है। मुझे समझ में नहीं आता, अलाउद्दीन खिलजी और पद्मिनी की कथा को इतना महत्त्व क्यों दिया जाता है। सुलतान को सुन्दर औरतों की तो कमी थी नहीं। वह लड़ाई तो राजनैतिक थी, सुन्दरी रानी पद्मिनी के लिए नहीं।

एक कारण, और प्रमुख कारण आर्थिक है। नौकरियाँ, धन्धे, प्रापर्टी के मामले में जब हिन्दू-मुस्लिम-स्पर्धा और झगड़ा होता है, तो उसे साम्प्रदायिक रूप दे दिया जाता है। नौकरी के मामले में हिन्दू अफसर योग्य मुसलमान को नियुक्त न करके अयोग्य हिन्दू को करेगा। इसी तरह मुसलमान अफसर अयोग्य मुसलमान को तरजीह देगा। इसमें अपवाद होते हैं और काफी होते हैं। मगर काफी हद तक यह सच है। मुसलमानों की यह शिकायत सही है कि उन्हें नौकरियों में बहुत कम प्रतिशत दिया जाता है। दंगे भी राजनैतिक-आर्थिक कारणों से होते हैं, धार्मिक कारणों से नहीं। अलीगढ़ का पिछला दंगा उस जमीन पर कब्जा करने के लिए हुआ था, जिस पर मुसलमानों की झोंपड़ियाँ थीं। इसमें ताले के धन्धे की आर्थिकता भी थी। मुरादाबाद में झगड़ा बर्तनों की कमाई को लेकर था। लगभग एक अरब रुपयों के बर्तन यहाँ से अरब मुल्कों को बिकते हैं, जिन पर कुरान की आयतें लिखी होती हैं और जो अरबी कला से बनाये जाते हैं। दंगे का कारण यह था।

मेरठ में दंगा शुरू हुआ जमीन के एक टुकड़े को लेकर। फीरोजाबाद में दंगा हुआ था, चूड़ियों के व्यवसाय के कारण। आर्थिक कारणों से झगड़ा शुरू किया जाता है और उसे उन्माद फैलाकर हिन्दू-मुस्लिम दंगे का रूप दे दिया जाता है। यह सत्य है कि इन दंगों में 90 फीसदी मुसलमान मारे जाते हैं, उन्हीं की प्रॉपर्टी का नुकसान होता है। उन्हें ही लूटा जाता है। शासन और पुलिस साम्प्रदायिक हो जाते हैं, यह सच्चाई है।

फिर राजनैतिक कारण है। इतने सालों में न समाजवाद आया, न आर्थिक विपदा मिटी। महँगाई बढ़ती गयी। आर्थिक कष्ट मध्यम और निम्न वर्ग को त्रस्त किये हुए हैं। सत्ता के सारे वादे झूठे पड़ गये। लोग गहरे 'फ्रस्टेशन' (विफलाशा) और अन्धकार में जीते हैं। ऐसे में हिन्दू साम्प्रदायिक राजनीतिवाले इस मनःस्थिति का फायदा उठाते हैं। राष्ट्रीय स्वयंसेवक संघ और उसकी राजनैतिक मोर्चा भारतीय जनता पार्टी निराश, त्रस्त हिन्दू मानस को यह बताते हैं कि इस दुर्गति का कारण मुसलमान हैं, यह शासन है, ये कण्ट्रोल हैं, ये कम्युनिस्ट हैं, यह लोकतान्त्रिक व्यवस्था है। हिन्दू को सुख-समृद्धि केवल हिन्दू राष्ट्र में मिलेगी जो प्राचीन धर्मादर्शों के अनुसार चलेगा। इस आशा में हिन्दू मानस के लिए आकर्षण है।

इसी तरह मुसलमानों के साम्प्रदायिक नेता, जैसे जमाइते इस्लामी और जमाइते तुलबा के लोग मुसलमानों को समझाते हैं कि इस दुर्गति का कारण इस्लाम का कमजोर होना है। इस्लामी हुकूमत के बिना खुशहाली हो नहीं सकती। ये नेता जानते हैं कि मुसलमान यह विश्वास करेगा नहीं कि भारत में इस्लामी हुकूमत कायम हो जायेगी। इसलिए वह मुसलिम दिमाग को अयातुल्ला खुमैनी, शाह सऊद और जरनल जिया की तरफ ले जाता है।

मैं चाहता हूँ, एक बात पूरी तरह साफ समझ ली जाय। राष्ट्रीय स्वयंसेवक संघ और भारतीय जनता पार्टी को केवल साम्प्रदायिक कहकर टालना नासमझी है, अपने आपको धोखा देना और लोकतन्त्र को खतरे में डालना है। ये फासिस्ट ताकतें हैं जो नाज़ीवाद के तरीके पर चल रही हैं। ये फासिस्टी हिन्दू राष्ट्र की स्थापना करना चाहती हैं और इनका समझौता अमेरिकी साम्राज्यवाद से है।

जमाइते इस्लामी और इत्तेहादे-मुसलमीन भी फासिस्ट हैं। ये भी खतरनाक हैं।

देश की राजनैतिक पर्टियों की, जो खुद धर्मनिरपेक्ष हैं, यह बेईमानी है कि वे इस या उस बहाने से भारतीय जनता पार्टी और केरल की मुसलिम लीग से समझौता कर लेती हैं। वामपन्थी पार्टियाँ भी इस पाप से बरी नहीं हैं। बहुत अच्छी बात अभी यह हुई है कि दोनों कम्युनिस्ट पार्टियों ने भारतीय जनता पार्टी से समझौता नहीं करने का तय किया है और उसे राजनैतिक अछूत बना दिया है।

इस खतरनाक हद तक साम्प्रदायिकता को बढ़ने देने की जिम्मेदारी बहुतों पर है। बहुत बड़ी जिम्मेदारी राजनैतिक पार्टियों के दोगलेपन पर है। कांग्रेस ने, जो अपने को धर्मनिरपेक्ष और समाजवादी कहती है, साम्प्रदायिकता को बढ़ावा दिया

है। साम्प्रदायिकता से अवसरवादी समझौते किये थे। आधे से अधिक कांग्रेसी साम्प्रदायिक हैं, चाहे वे हिन्दू हों या मुसलमान। कांग्रेसी भी दंगे कराते हैं।

फिर इस देश का ट्रेड यूनियन आन्दोलन क्या करता रहा है? जमशेदपुर तो मजदूरों का शहर है। यहाँ 50 सालों से संगठित ट्रेड यूनियनें हैं जो अधिकतर वामपन्थी नेतृत्व में हैं। मगर जमशेदपुर में मजदूर वर्ग दंगा क्यों नहीं रोक सकता? यही नहीं, मजदूर ऐन वक्त पर हिन्दू-मुसलमान होकर आपस में एक-दूसरे का खून क्यों गिराते हैं? श्रमिक संगठन इतने निरुपाय क्यों हो जाते हैं? प्रगतिशील ताकतें कुछ कर नहीं पातीं। कारण यह है कि वामपन्थी ट्रेड यूनियनों ने मजदूरों से सिर्फ आर्थिक लड़ाई लड़वायी है। बोनस, महँगाई-भत्ता, वेतनवृद्धि और ओवर टाइम की लड़ाई लड़वायी है। वे 'अर्थवाद' (इकानामिज़्म) के चक्कर में फँसे हैं, जिसकी लेनिन ने निन्दा की है और क्रान्ति-विरोधी बताया है। मजदूरों को शिक्षित नहीं किया गया। उनकी विचारधारा नहीं बनायी। उन्हें यह बोध नहीं कराया कि वे क्रान्ति की शक्ति हैं। नतीजा यह है कि लाल झण्डेवालों को मजदूर कुल इतने काम का मानते हैं— ये बोनस दिलाते हैं, तनखा बढ़वाते हैं, महंगाई-भत्ता दिलवाते हैं, कोई सस्पेण्ड हो जाय तो उसे बहाल कराते हैं। कुल इतने काम के हैं ये लाल झण्डेवाले। सार्वजनिक क्षेत्र के कारखानों तक में ये नेता मजदूरों को यह नहीं सिखाते कि ईमानदारी से काम करो। यह कारखाना प्राइवेट कम्पनी का नहीं, तुम्हारे देश का है। एस.एम. बनर्जी ने मुझसे कहा कि मैं परेशान हूँ, इन लोगों से जो कारखानों में काम नहीं करते, चोरी करते हैं, गफलत करते हैं, हुकुम उदूली करते हैं और जब सस्पेण्ड होते हैं तो अपने नेता को लेकर मेरे पास चले आते हैं कि मन्त्री से बात करके बहाल कराओ। इन मजदूरों के लड़के संघ की शाखा में जाते हैं, ये खुद जनसंघ को वोट देते हैं और आर्थिक लाभ के लिए लाल झण्डे के नीचे आ जाते हैं।

फिर बुद्धिजीवी। हम लेखक। विश्वविद्यालयों के देदीप्यमान दीपक जो अन्धकार फैलाते हैं। पत्रकार। हम बुद्धिजीवियों ने इस देश के साथ धोखा किया। इस देश की जनता के साथ घृणित छल किया। हमारे लेखन के द्वारा हमने साम्प्रदायिक द्वेष को मिटाने की बिलकुल कोशिश नहीं की। हमने अपने लेखन के द्वारा इस समस्या से जूझा ही नहीं। हमने नासमझी, गैर-जिम्मेदारी और कायरता अख्तियार की। हमने कोई खतरा नहीं उठाया। हममें बहुतेरे तो अमेरिकी फैलोशिप के चक्कर में रहे। बहुत 'कांग्रेस फार फ्रीडम ऑफ कल्चर' और 'मारल रिआर्ममिन्ट' के मारफत यश और धन लेकर सी. आई. ए. के हाथों खेलते रहे, जिसका इस देश को बाँटने का षड्यन्त्र है। हम लेखकों ने साम्प्रदायिकता का न पर्दाफाश किया, न उसके खिलाफ लिखा, न बाहर जनता में साम्प्रदायिकता से लड़े। सबसे बड़ा पाप तो हमारे सिर पर है। हिन्दू लेखकों की कथाओं से मुसलमान पात्र ही गायब हो गये।

हमारे भाई पत्रकारों ने भी यही किया। पत्रकार भी लेखक हैं। वे हमसे अधिक ताकतवर हैं। हमारा लिखा उपन्यास, कहानी, निबन्ध तो लम्बे अरसे में

प्रकाशित होता है और इने-गिने लोग उसे पढ़ते हैं। मगर अखबार तो रोज सुबह आदमी के हाथ में होता है। जनमत पत्रकार बनाते हैं। पर अशिक्षित, अर्द्धशिक्षित, विश्वासहीन, निष्ठाहीन, विचारहीन, गैरजिम्मेदार इन पत्रकार बुद्धिजीवियों ने ज्यादातर साम्प्रदायिक भेद और उन्माद पैदा किया। ये पत्रकार साम्प्रदायिकता से नहीं लड़ते। तथ्य जनता को नहीं बताते। जनता को विवेक नहीं देते। साम्प्रदायिक पार्टियों के और साम्प्रदायिक जहनियत के अखबार तो यह करेंगे ही। मगर उदार तथा धर्मनिरपेक्ष अखबार भी साम्प्रदायिकता फैलाते हैं। मेरठ के दंगे के समय के अखबारों की प्रदर्शनी दिल्ली में लगी थी। जिन्होंने उसे देखा वे कहते हैं कि वे अखबार पत्रकारों का मुँह काला करने को काफी हैं।

फिर मोटी तनख्वाह पाकर विश्वविद्यालयों और कॉलिजों के महान् बुद्धिजीवी आचार्यगण—इन्हें 'नाटो' और 'वारसा' सन्धि-शक्तियाँ समझ में नहीं आतीं, ब्राह्मण और कायस्थ गुटों का शीत और गर्म युद्ध समझ में आता है। ये इसी विश्व-युद्ध को लड़ते रहते हैं। इनका कोई सम्पर्क इस देश की जनता से नहीं होता। इन्हें कोई चिन्ता इस देश की नहीं है। ये खुद दकियानूस, पुरोगामी अन्धविश्वासी होते हैं। ये राजनैतिक, सामाजिक समझ से शून्य होते हैं। इतिहास पढ़ाते हैं पर ऐतिहासिक शक्तियों को नहीं समझते। विज्ञान पढ़ाते हैं मगर खुद अवैज्ञानिक दृष्टि रखते हैं। कोई सामाजिक दायित्व ये नहीं समझते। पीढ़ी-दर-पीढ़ी भीड़-की-भीड़ युवकों-युवतियों को ये विश्वविद्यालयों से निकालते जाते हैं, मगर इन्हें कोई आधुनिक वैज्ञानिक समझ नहीं देते। ये एक के बाद दूसरी पीढ़ियाँ नष्ट करते चले जाते हैं। आज विश्वविद्यालय साम्प्रदायिकता, अन्धविश्वास, अवैज्ञानिकता और पुरोगामिता के सबसे बड़े अड्डे हैं। जो आचार्य जाति और उपजाति के आधार पर लड़ते हैं, उनसे क्या उम्मीद की जाय कि ये साम्प्रदायिक एकता की कोशिश करेंगे।

सुविधाभोगी, कायर, अवसरवादी लेखक, पत्रकार, अध्यापक, बुद्धिजीवी वर्ग ने इस देश और उसकी जनता के साथ बड़ा धोखा किया और करते जाते हैं।

मगर यह भी सही है कि वे कुछ लेखक ही हैं, जो 25 सालों से चिल्ला रहे हैं कि जिसे मामूली फसाद, गुण्डों की हरकत, सिरफिरों का पागलपन, असामाजिक तत्वों के कार्य कहकर शुतुरमुर्ग की तरह आत्मवंचना की रेत में सिर छिपाकर निश्चिन्त हो, वह नंगा फासिस्टवाद है। ये दंगे आकस्मिक नहीं, सुनियोजित होते हैं। सँभलो। मगर हमारे राजनेता न इस बात को समझे, न सँभले। आज जब उनकी गर्दन दबाने को ये फासिस्टवादी तैयार हो रहे हैं, तब वे मिसेज कर्कपेट्रिक का लेख और सी. आई. ए. का 'ब्लु प्रिण्ट' बार-बार पढ़ते हैं और घबड़ाते हैं।

इतना सब लिखने से यह अर्थ न निकाला जाय कि हालत काबू से बाहर हो गयी है। सब कुछ हारा जा चुका है। ऐसा कतई नहीं। मैंने स्थितियों का विश्लेषण किया है, तथ्य-अन्वेषण किया है और प्रवृत्तियों की सही पहचान बताकर सही नाम दिये हैं। निराशा की कोई बात नहीं है। आशा के लक्षण ज्यादा दिख रहे हैं। एक बहुत अच्छी बात तो यह हुई कि वामपन्थी नेतृत्व में वामपन्थी लोकतान्त्रिक मोर्चे

बन रहे हैं, जिनसे साम्प्रदायिक दल दूर रखे गये हैं। इससे साम्प्रदायिक राजनीति बहिष्कृत अछूत की तरह हो गयी। हमें विश्वास है कि वामपन्थी लोकतान्त्रिक दलों की यह एकता कायम रहेगी। सामान्य जनता में भी राजनैतिक समझ बढ़ी है और वह साम्प्रदायिक गिरोहों के चक्कर में नहीं आती। भारतीय जनता पार्टी की कुछ सीटें जीत लेने का यह अर्थ कतई नहीं लेना चाहिए कि जनता की साम्प्रदायिक रुझान बढ़ी है। ये नकारात्मक (नेगेटिव) वोट हैं। ये कांग्रेस के कुशासन के प्रति नाराजी के वोट हैं। जनता की नजर में साम्प्रदायिक राजनीति गिरी ही है। इस देश का आदमी वैसे भी परम्परा से और संस्कृति से उदार, सहनशील, लोकतान्त्रिक और लोकमंगल की भावना से युक्त है।

बहुत बड़ी आशा की बात यह है कि पिछले 5-6 सालों में प्रगतिशील विश्वासों-वाले लेखक सक्रिय और संगठित हुए हैं। अनगिनत नये तरुण लेखक प्रगतिशील संगठनों से सम्बद्ध हुए हैं और वे न केवल लेखन में बल्कि सामाजिक क्षेत्र में भी प्रगतिशील चेतना का प्रसार कर रहे हैं। राजनैतिक संगठनों से ज्यादा प्रगतिशील लोक-शिक्षण इस समय लेखक कर रहे हैं। मैं व्यक्तिगत अनुभव से जानता हूँ कि किस तरह शहरों और कस्बों के केन्द्र में चिपकायी गयी पोस्टर कविता हजारों लोग पढ़ते हैं, सोचते हैं और शिक्षित होते हैं। यह सिर्फ एक उदाहरण मैंने दिया है। लेखक को अब सक्रिय भी होना है, 'एक्टिविस्ट' होना है। उसे संगठित होना है। यह लड़ाई इस देश में है। यह वास्तविक है। इससे मुँह नहीं मोड़ा जा सकता। समझौता करनेवाले कर लें और 'धिक्कार' के बीच गर्व से जियें। मगर वास्तविक लेखकों को यह लड़ाई लड़ना है। इतिहास में ऐसी लड़ाइयाँ हो चुकी हैं और जीत हमारी ही हुई है। फ़ैज़ के शब्द कहूँ—

यूं ही हमेशा उलझती रही है जुल्म से खल्क
न उनकी रस्म नयी है न अपनी रीत नयी
यूं ही हमेशा खिलाये हैं हमने आग में फूल
न उनकी हार नयी है न अपनी जीत नयी।

मेरठ का दंगा : वही पैटर्न

जबलपुर हो, जमशेदपुर हो, अलीगढ़ हो, मुरादाबाद हो और अब मेरठ हो—किस्सा वही है। दंगों का एक ही पैटर्न है। कारण भी एक ही है। संयुक्त राष्ट्रसंघ की अध्ययन रिपोर्ट में 1961 के जबलपुर के दंगे का विवरण है। तर्जी खिराशी की एक किताब है—'दी ब्राउन साहब।' उसने लिखा है—भारत में सब ठीक चलता

दिखायी देता है कि एकाएक जबलपुर हो जाता है! 'सडनली देअर इज़ जबलपुर !'

जबलपुर में 1961 के दंगे में सरूपा गाँव में एक मकान में आग लगाकर मुस्लिम परिवार के सभी 11 व्यक्तियों को जिन्दा जला दिया गया था। यह धर्म की जय के लिए नहीं हुआ था। जमीन का विवाद था। दंगे के माहौल में पूरे परिवार को जलाकर उनकी जमीन पर कब्जा कर लिया गया। इस दंगे का उद्देश्य नारी के सम्मान और धर्म की रक्षा नहीं था, राजनैतिक और आर्थिक उद्देश्य थे। मुर्गा तो मारकर, फिर तन्दूर में डालकर भूना जाता है; ये 11 आदमी जिन्दा 'रोस्ट' कर दिये गये।

जमशेदपुर में भी जबलपुर हो गया था। वहाँ एक एम्बुलेन्स गाड़ी को नष्ट करके लगभग 100 स्त्रियों और बच्चों को मार डाला था। जमशेदपुर के दंगे में धर्मरक्षा उद्देश्य नहीं था। रामनवमी का जुलूस खास रास्ते से निकले— जिस पर मस्जिद है, पत्थरबाजी हो और मारकाट शुरू। यह हिन्दू धर्म की जय के लिए नहीं था, मजदूरों में फूट डालने और ट्रेड यूनियन तोड़ने के लिए था। टाटा के कारखाने में मजदूरों का शोषण बरकरार रखने के लिए था।

अलीगढ़ का दंगा धर्म के लिए नहीं था। तालों के अर्थशास्त्र के लिए था और वह जमीन पर कब्जा करके वहाँ दूकानें बनाने के लिए था, जहाँ गरीब मुसलमानों की झोंपड़ियाँ थीं।

मुरादाबाद का दंगा बर्तनों और राजनीति के लिए था। मुरादाबाद के बर्तन मशहूर हैं। हर साल यहाँ एक अरब रुपयों के बर्तन बिकते हैं। अधिकांश खरीद अरब देशों के लोग करते हैं। कारीगर ज्यादातर मुसलमान हैं। ये बर्तनों पर कुरान की आयतें अंकित कर देते हैं और ये बर्तन अरब मुल्कों में खूब बिकते हैं। पूरे इस क्षेत्र में मुसलमानों की ज्यादा आबादी है, जनसंघ का जोर भी है। मगर विधायक और संसद-सदस्य हमेशा धर्मनिरपेक्ष चुने जाते रहे हैं। पास में ही सम्भल है। वहाँ भी दंगा हो चुका है। कुछ साल पहले वहाँ से लोकसभा के लिए एक कम्युनिस्ट मौलाना इशाक सम्भली चुने गये थे। साम्प्रदायिक दलों को यहाँ दंगा कराना जरूरी महसूस हुआ। दंगा कराना बहुत आसान है। ईदगाह में नमाज के वक्त सूअर घुसेड़ दिये और दंगा शुरू।

और अब मेरठ। शहर की घनी आबादीवाले क्षेत्र में एक पीपल का पेड़ है। उसके नीचे हिन्दू मन्दिर बनाना चाहते थे और मुसलमान मजार। दोनों तरफ का हठ था। एक दिन हिन्दू वहाँ पूजा-आरती करने लगे और दंगा शुरू हो गया। इस जगह को लेकर समझौता भी हो चुका था, मगर दंगा करानेवाले राजनीति के लोग तो आमादा थे। उन्होंने उत्तेजना फैलायी और 13 गरीब आदमी मारे गये।

हर दंगे में गरीब आदमी मारे जाते हैं और गरीबों की झोंपड़ियाँ जलायी जाती हैं। अभी तक इतने दंगे हुए मगर बड़ा हिन्दू या बड़ा मुसलमान कोई नहीं मारा गया। यह सब दंगे सुनियोजित होते हैं। जैसा शेक्सपियर ने लिखा है—देअर मेथड इज़ हिज मैडनेस। हिन्दू-मुसलमान दोनों की जातीय स्मृतियाँ हैं। मध्ययुग के

इतिहास को बदमाशी से गलत पढ़ाया जाता है। मुगलकाल के इस इतिहास का 'हेंग ओवर' है। दोनों सम्प्रदायों के वे प्रतीक हैं जिन्हें 'इरिटेट' करते हैं। गाय है तो सूअर हैं। मन्दिर हैं, मस्जिद हैं। दंगा करानेवालों के लिए काम आसान है। एक अफवाह फैला दी कि मन्दिर में गाय का मांस डाल दिया गया है और उत्तेजना पैदा हो गयी।

दंगों की जांच के लिए बहुत से आयोग बैठे। हाईकोर्ट के न्यायाधीशों और मजिस्ट्रेटों ने जाँच की। मोटी-मोटी रिपोर्टें इन दंगों के बारे में हैं। मगर दंगे फिर भी होते हैं। अखबारवालों की खोजबीनपूर्ण रिपोर्ट से मालूम होता है कि सबसे बड़ी गलती प्रशासन की होती है। प्रशासन तन्त्र गफलत में रहता है। उसका गुप्तचर विभाग फेल हो जाता है और समय रहते रोक के उपाय नहीं किये जाते। अक्सर शासनतन्त्र और पुलिस साम्प्रदायिक हो जाते हैं। धर्मनिरपेक्ष दल और व्यक्ति ऐसे मौकों पर न जाने क्यों निष्क्रिय हो जाते हैं और दोनों सम्प्रदायों के उग्रवादियों के हाथों में नेतृत्व चला जाता है। उत्तेजना और विषैले प्रचार से लम्बे अरसे से स्थापित राजनैतिक और सामाजिक नेतृत्व को दबा दिया जाता है और स्थिति पर कब्जा गुण्डे तथा साम्प्रदायिक लोग कर लेते हैं। वही धर्म और जाति के रक्षक बन जाते हैं।

जमशेदपुर में मजदूरों की बस्ती है। ट्रेड यूनियनें हैं जो वामपन्थियों के हाथों में हैं। क्या कारण है कि दंगों की उत्तेजना जब फैलायी जाती है, तब कई सालों की ट्रेनिंग के बाद भी, वामपन्थी यूनियनों के ये मजदूर दंगा रोक नहीं पाते, बल्कि दंगे में शामिल हो जाते हैं। कारण यह है कि ट्रेड यूनियनें अर्थवाद के चक्कर में पड़ी हैं। वे मजदूरों से केवल पैसे की लड़ाई लड़वाती हैं। वेतन की वृद्धि और बोनस और ओवर टाइम की लड़ाई है। ट्रेड यूनियन नेता मजदूरों को शिक्षित नहीं करते। उन्हें कोई आइडियालाजिकल शिक्षा नहीं देते। नतीजा यह होता है कि मजदूर यह मान लेता है कि यह जो लाल झण्डा है, ये मजदूर नेता हैं और यह यूनियन है—ये मुझे सिर्फ पैसा दिलाने के लिए हैं। इनका कोई और अर्थ नहीं है। हमारा कोई और दायित्व नहीं है। हिन्दू और मुसलमान मजदूर महँगाई-भत्ता बढ़ाने के लिए तो एक बिरादरीवालों की तरह पड़ेंगे, मगर क्योंकि साम्प्रदायिक उत्तेजना फैली कि झट हिन्दू और मुसलमान हो जायेंगे। पहले नारा लगाते थे— 'मजदूर एकता जिन्दाबाद और दुनिया के मजदूर एक हो।' अब हर-हर महादेव, और अल्लाह हो अकबर के नारे लगाते हैं। ट्रेड यूनियन नेता क्यों नहीं मजदूरों को सिखाते कि मजदूर संगठन क्रान्ति के लिए संगठन हैं। क्यों नहीं उनका दिमाग साफ करते और उन्हें धर्मनिरपेक्ष बनाते। मजदूर नेता वेतन बढ़ाने के लिए तो 25 हजार का जुलूस निकालते हैं। मगर खुद चुनाव में खड़े होते हैं तो 2-3 हजार वोट पड़ते हैं। मजदूर दंगाई हो जाता है और लड़का राष्ट्रीय स्वयंसेवक संघ की शाखा में जाता है।

दंगा कहीं भी हो—चाहे जबलपुर में हो, जमशेदपुर में हो, उसकी जाँच-रिपोर्ट में एक दल का नाम जरूर आता है—पहले का जनसंघ और आज की

भारतीय जनता पार्टी। जमशेदपुर के दंगे पर न्यायमूर्ति ग्रोवर की रिपोर्ट में सीधी जिम्मेदारी इन लोगों पर लगायी गयी है। वहाँ के जनसंघी विधायक दीनानाथ पाण्डे को दंगे के लिए जिम्मेदार ठहराया गया। मुँह का दाग मिटाने के लिए अटलबिहारी ने उन्हें दल से निलम्बित कर दिया था। अलीगढ़ के दंगे में एक कृष्णकुमार नवभान का नाम उछला था। ये भी इसी दल के हैं और मेरठ के दंगे के सिलसिले में जिन दो नेताओं का नाम उछला वे दोनों इसी दल के हैं।

आगे बढ़ते हुए समाज को रोककर यथास्थिति कायम रखना या समाज को पीछे ले जाना—यह प्रतिगामी शक्तियों का उद्देश्य होता है। भारत के जनसमाज में कसमसाहट है—वह मुक्त होना चाहता है—मध्ययुगीन मानसिकता से, झूठे आडम्बरों से, गलत संस्कारों के फन्दों से, जातिवाद के शिकंजे से। भारतीय जन हर क्षेत्र के शोषण से मुक्ति चाहता है। आज समाजवाद लगभग हर आदमी के मन में बैठ गया है। परिवर्तन और मुक्ति की इस प्रक्रिया में वह वर्ग अड़ंगा डालता है, जिसके शोषण और दासता पर आधारित हित खत्म होने की सम्भावना है। वह समाज की प्रगति को रोकने के लिए जिन उपायों को काम में लाता है, उनमें एक प्रमुख यह साम्प्रदायिकता है। भारतीय भावना में साम्प्रदायिकता है, यह सही है। यह अपढ़ आदमी में ही हो, ऐसा नहीं है। उच्च शिक्षा प्राप्त लोगों में यह कहीं ज्यादा है।

साम्प्रदायिकता सामाजिक परिवर्तन के साथ मिटेगी। मगर जरूरी यह है कि सामाजिक परिवर्तन की गति के लिए साम्प्रदायिकता से लड़ना उन राजनैतिक दलों के लिए जरूरी है, जो किसी भी प्रकार के समाजवाद और प्रगतिवाद के प्रति प्रतिबद्ध हैं। उन्हें केवल वोट पर ध्यान न देकर लोक-शिक्षण भी करना चाहिए। देश में धर्मनिरपेक्ष संगठन और दल साम्प्रदायिक ताकतों के मुकाबले कहीं अधिक शक्तिशाली हैं, मगर इस मुद्दे पर या तो ये निष्क्रिय हैं या चुनाव में वोट पाने के लिए ये भी जब-तब साम्प्रदायिक द्वेष का उपयोग कर लेते हैं। जरूरत यह है कि धर्मनिरपेक्षता से प्रतिबद्ध संगठन जागरूक और सक्रिय हों। आजादी के इतने वर्षों बाद भी हमारी शिक्षा-पद्धति को ऐसा नहीं बनाया गया, जिससे छात्रों में धर्मनिरपेक्ष और सांस्कृतिक एकता के विश्वास पक्के हों। साम्प्रदायिक द्वेष को बरकरार रखने की बहुत बड़ी जिम्मेदारी मध्ययुग के इतिहास को गलत और साम्प्रदायिक द्वेष की दृष्टि से पढ़ाया जाना है। अंग्रेज इतिहासकार मिलर और स्मिथ ने इस तरह इतिहास लिखा जिससे हिन्दू-मुसलमान में नफरत बढ़े। भारतीय इतिहासकारों ने भी इनकी नकल की। मगर यह इतिहास गलत है और साम्प्रदायिकता का जहर फैलाता है। नयी खोजों से जो इतिहास वैज्ञानिक दृष्टि से हमारे प्रगतिशील इतिहासकार लिख रहे हैं, उससे बहुत-सी पूर्वप्रचलित धारणाएँ झूठ साबित हुई हैं। मगर साम्प्रदायिक राजनीति करनेवाले इस सही इतिहास को पढ़ने देना नहीं चाहते। जनता सरकार के जमाने में नानाजी देशमुख के कहने से मोरारजी ने इतिहास की तीन पुस्तकें प्रतिबन्धित कर दी थीं। ये पुस्तकें वैज्ञानिक दृष्टि से नयी खोजों और प्रमाणों के आधार पर लिखी गयी हैं। इन पुस्तकों से हिन्दू-मुसलिम-

सद्भाव पैदा होता है जो नानाजी के दल को स्वीकार नहीं। प्राइमरी स्टेज से ही सही, इतिहास की पढ़ाई चाहिए।

मेरठ अब शान्त है। कर्फ्यू, शूट-एट-साइट के बाद तो सबकुछ शान्त हो ही जायगा। यह तो मजबूरी की शान्ति है। वास्तविक सद्भावना स्थापित होनी चाहिए, जिससे बार-बार जहाँ-तहाँ ये काण्ड न हों।

1. ज्ञानरंजन द्वारा लिये गये साक्षात्कार में साहित्य तथा खुद के रचनात्मक विवाद पर बातचीत है, और ·
2. श्यामसुन्दर मिश्र द्वारा लिये गये साक्षात्कार में आजादी के पहले और आजादी के बाद की राजनीति पर विस्तार से चर्चा हुई है।

इस तरह दोनों साक्षात्कार प्रकारान्तर से साहित्य और उसकी समग्रता को रेखांकित करते हैं।

—सम्पादक-मण्डल

परसाई से दो साक्षात्कार

ज्ञानरंजन द्वारा लम्बी बातचीत

प्रश्न—आपने लेखन लगभग किस सन् में आरम्भ किया ?

□ मैंने सन् '48 के आसपास लिखना शुरू कर दिया परन्तु जमकर मैंने '50-'51 में लिखा।

प्रश्न—यह वह समय था जब भारतीय साहित्य में अलगाव की प्रवृत्ति लेखकों में प्रमुख थी। परन्तु आपकी भूमिकाओं तथा 'गर्दिश के दिन' जैसे आत्म-कथ्य से मालूम होता है कि आपने लेखन अलगाव से नहीं, लगाव से शुरू किया—ऐसा क्यों ?

□ मेरे साथ ऐसा हुआ कि एक ओर तो मैं कुछ समय किशोरावस्था में भोगे व्यक्तिगत दुखों और उनकी स्मृतियों से आक्रान्त था, दूसरी ओर जबलपुर में मेरा साथ उस समय ऐसे लोगों से हो गया जो साहित्य और राजनैतिक क्षेत्र के बुलन्द लोग थे। व्यक्तिगत दुख का मोह 2-3 सालों में समाप्त हो गया। जिन लोगों के साथ मैं था, वे कांग्रेस के भीतर के समाजवादी थे, तथा 1942 में भारत छोड़ो आन्दोलन के 'हीरो' थे। वे उग्र समाजवाद के नारे के साथ कांग्रेस के बाहर आ गये, मैं इनके साथ हो गया। यह आन्दोलन तब बहुत उग्र और 'पाजिटिव' था, बाद में 'निगेटिव' हो गया। पर इन वर्षों में एक आन्दोलन में शामिल होने का बोध और उत्साह मेरे भीतर था। इसलिए कुण्ठा, निराशा, निर्वासन, अकेलेपन का प्रश्न ही नहीं था।

दूसरे महायुद्ध के बाद निर्वासन की प्रवृत्ति यूरोप में बढ़ी, उसके विशिष्ट कारण थे। एक तो युद्ध का महानाश, दूसरी ओर फासिस्ट पूँजीवाद और बूर्जुआ लोकतान्त्रिक पूँजीवाद के बीच के संघर्ष में भौतिक, नैतिक और आत्मिक विनाश हुआ। इसका कोई कारण पश्चिमी यूरोप के बुद्धिजीवी की समझ में नहीं आ रहा था। इसलिए वहाँ के लेखक अपनी नियति के बारे में अनिश्चित हो गये। सामूहिक नाश भोगे हुए लोग व्यक्तिगत हालत से घबरा उठे, ऐसे में उनकी आस्थाएँ टूट गयीं। वे उस परिवेश में अपने को अकेला और निर्वासित महसूस करने लगे। ध्यान देने की बात यह है कि आखिर इन लेखकों, कवियों में पुनर्निर्माण का उत्साह क्यों नहीं है ? उसी समय रूस का हर कवि नष्ट कारखाने के फिर खड़े होने में उल्लसित होता था और कविता लिखता था। जबकि पश्चिमी यूरोप में पुनर्निर्माण के बावजूद लेखक निराश, कुण्ठित और निर्वासित अनुभव कर रहा था।

भारत में स्वतन्त्रता आयी ही थी, युद्ध का विनाश इस देश ने नहीं भोगा था। विभाजन और नरसंहार अवश्य भोगा था। नव स्वतन्त्र देश में निर्माण के उत्साह के बजाय निराशा और कुण्ठा आखिर क्यों थी? कारण—एक तो यह है कि स्वतन्त्रता आन्दोलन में भावुकता अधिक थी और आर्थिक-सामाजिक क्रान्ति के तत्त्व लगभग नहीं थे। हमने स्वतन्त्रता में बहुत जल्दी बहुत अधिक आशा कर ली और एक क्रान्ति के बाद निर्माण का जो उत्साह होता है वह गायब था। फिर बहुत जल्दी राजनैतिक-आर्थिक-सामाजिक क्षेत्र में भ्रष्टाचार फैल गया। उस समय जो लिखा गया उसके कुछ कारण तो ये थे, पर ऐसा लेखन बहुत कुछ झूठा और नकल थी।

प्रश्न—आपके लेखन में राजनैतिक चेतना की शुरुआत कब से होती है? इसके पीछे जीवन की शिक्षा है, कोई घटना, कोई व्यक्ति या कोई विचारधारा?

☐ आरम्भ में ही राजनैतिक लोगों के साथ रहने के कारण राजनैतिक चेतना मुझमें थी। वे लोकतान्त्रिक समाजवादी लोग थे जिनके नेता जयप्रकाश नारायण थे। पहिले आम चुनाव में इनका सफाया हो गया। इनमें खीझ आयी और 'फ्रस्ट्रेशन' आया और ये टूट-फूट गये। संयोग से तभी मेरा सम्पर्क कम्युनिस्ट पार्टी से हुआ और मार्क्सवादी दर्शन तथा साहित्य से मेरा परिचय हुआ। अध्ययन से और साम्य-वादियों के सम्पर्क से मैंने बहुत कुछ सीखा। अब मेरी दृष्टि साफ है। मैं श्रमिक आन्दोलन से भी तभी सम्बद्ध हो गया। मेरा अनुमान है कि सन् '53-'54 में मार्क्स-वाद के प्रभाव में आ गया। तभी मेरा सम्पर्क मुक्तिबोधजी से हुआ और उन्होंने मेरे मार्क्सवादी विश्वासों को मजबूत किया तथा दृष्टि को बिल्कुल साफ और सही कर दिया।

प्रश्न—आपके नाम के साथ व्यंग्य-शिल्पी, व्यंग्यकार-जैसे शब्द जुड़ गये हैं। अर्थात् आपका व्यक्तित्व मूल रूप में, या कहें केवल व्यंग्य-लेखक का मान लिया गया है। आपने व्यंग्य-माध्यम ही अभिव्यक्ति के लिए क्यों चुना?-

☐ एक तो इस प्रकार का लेबिल लगाना ठीक नहीं है, परन्तु जिम्मेदारी कुछ मेरी भी है। मैंने यह तय करके लिखना शुरू नहीं किया कि व्यंग्य नाम की चीज ही लिखूंगा। वास्तव में हर लेखक जीवन की खोज और समीक्षा करता है और जीवन से साक्षात्कार करता है। इसके लिए किसी विशिष्ट शैली या रूप का चुनाव सहज ही हो जाता है। मैंने वही लिखा है जो दूसरे लेखकों ने दूसरे ढंग से लिखा है पर कुछ तो मेरी मानसिक प्रवृत्ति और चेतना तथा सामाजिक जीवन के प्रति मेरी प्रति-बद्धता थी जिसके कारण मैंने विसंगतियों, विकृतियों, अन्याय, शोषण, पाखण्ड, दो-मुँहापन, ढोंग इत्यादि को पकड़ा। इस पर लेख भी लिखा जा सकता है या अखबारी टिप्पणी भी। पर एक रचनाकार के नाते इन्हें अभिव्यक्त करने के लिए मुझे व्यंग्य का माध्यम अनुकूल पड़ा।

प्रश्न—आपके पहिले से और आपके समय में भी हास्य और विनोद की परम्परा थी। आपने हास्य और विनोद की इस परम्परा का जान-बूझकर त्याग किया था?

□ हास्य-विनोद अच्छी चीजें हैं। हँसना स्वास्थ्य का लक्षण है, पर हर बात पर हँसना गैर-जिम्मेदारी और मूर्खता है। जीवन में हर बात पर हँसी नहीं आती। किसी बात पर करुणा पैदा होती है, किसी से घृणा होती है, किसी से क्रोध होता है। इसलिए केवल विनोद और हास्य का लहजा गैर-जिम्मेदारी का काम है। कोई हास्य-लेखक पीटनेवाले पर भी हँसे कि कैसे मजे में पीट रहा है और पिटनेवाले पर भी हँसे कि कैसे मजे में पिट रहा है, तो ऐसे लेखक को आप क्या कहेंगे? जानवर कहेंगे न? मगर जानवर हँसते नहीं हैं, मेरा मतलब है यह समझ चाहिए कि क्या हँसने लायक है क्या रोने लायक है, अर्थात् सहानुभूति तय होनी चाहिए। इसके लिए लेखक को ठिठोली और छिछोरापन छोड़ करके सामाजिक जीवन में अपने को शामिल करना होता है, उसकी सम्बद्धता होनी चाहिए, यहीं से मात्र हास्य-विनोद और सामाजिक चेतनासम्पन्न व्यंग्य अलग हो जाता है।

प्रश्न—क्या आप व्यंग्य को स्वतन्त्र विधा मानते हैं?

□ इसका जवाब लेना चाहिए शास्त्रियों से। मेरे मत में व्यंग्य कोई विधा नहीं है। इसका अपना कोई 'स्ट्रक्चर' नहीं है। यह एक 'स्प्रिट' है, जो हर विधा में आ सकती है। कहानी में, नाटक में, उपन्यास में। बर्नार्ड शॉ का प्रधान स्वर व्यंग्य है, लेकिन उनका मूल्यांकन नाटककार के रूप में होता है। व्यंग्य कविता से लेकर उपन्यास तक में आ सकता है।

प्रश्न—जीवन के प्रति व्यंग्य का लहजा क्या हमें दार्शनिक रूप से एक अस्थिर और सिनिक नहीं बना देता?

□ व्यंग्य एक पाजिटिव चीज है, उसे नकारात्मक नहीं मानना चाहिए। व्यंग्य लेखक यही तो बताता है कि समाज में यह बुरा है, यह असंगत है, यह अकल्याण-कारी है। वह ऐसा इसलिए करता है कि क्योंकि वह दुखी है कि इतना बुरा क्यों हुआ? वह एक बेहतर मनुष्य, एक बेहतर समाज-व्यवस्था के प्रति आस्था रखता है इसलिए जो बुराई आज उसे दिखती है उसे इंगित करता है। डाक्टर अगर मरीजों को रोग बताता है तो वह निराशावादी, नकारात्मक और 'सिनिकल' नहीं है, वह आदमी को स्वस्थ करना चाहता है, इसलिए रोग बताता है। अगर वह रोगी से कह दे कि वह तो स्वस्थ है तो वह मर जायेगा। यह लहजा क्या सकारात्मक है?

प्रश्न—परसाईजी, मैं आपके सामने एक समस्या रख रहा हूँ। यह बतायें कि व्यंग्य अगर विसंगति में ही पैदा होता है, जैसा आप मानते हैं, तो क्या यह विधा संसार के साहित्य में अस्थायी तौर पर है? जब सारी दुनिया समाजवादी संगति में व्यवस्थित हो जायेगी तो व्यंग्य कहाँ जायेगा?

□ यह सही है कि पूंजीवादी व्यवस्था में सामाजिक, आर्थिक विषमताएँ बहुत होती हैं, अन्याय और ढोंग भी भरपूर होता है, इसलिए पूंजीवादी व्यवस्था में व्यंग्य के मुद्दे बहुत होते हैं, लेकिन समाजवाद स्थापित होने के बाद व्यंग्य की जरूरत नहीं रहेगी, ऐसी बात नहीं। वास्तव में दो मनुष्य, उनका चरित्र, उनके काम करने के

तरीके, कभी एक-जैसे नहीं हुए। समाजवादी व्यवस्था में भी व्यक्ति और समाज में विसंगतियाँ रहेंगी। जहाँ समाजवाद है, वहाँ ये हैं और उन पर लिखा जा रहा है। रूस में नौकरशाही की बहुत विसंगतियाँ हैं। सरकारी फार्मों, सहकारी दूकानों में विसंगतियाँ हैं, कारखाने के मैनेजर तरह-तरह के होते हैं और उनमें तरह-तरह की सनक भी होती है, अतिक्रान्तिकारिता के उबाऊ नारे भी होते हैं।

यह कल्पना नहीं की जा सकती कि रूस के किसी सहकारी स्टोर में अच्छे विदेशी जूते आये हों और स्टोर के मैनेजर ने उनमें दो-चार जोड़ी अपने लोगों के लिए बुक न कर लिये हों, यह होता है और रूसी लेखक इस तरह के व्यंग्य भी करते हैं। रूसी पत्रिका 'क्रोकोडाइल' में छपा एक व्यंग्य बताता है।

को-आपरेटिव स्टोर पर नोटिस लगा था—पाँच सौ इटालियन जूते अमुक साइज के आये हैं, इनमें से चार सौ पचास जोड़ी की माँग पहिले से बुक है, उन्चास जोड़ी कार्यकर्ताओं ने ले लिये हैं, अब एक जोड़ी बचा है, सब ग्राहकों से अनुरोध है कि वे आकर उस जूते को देख लें और अपनी पसन्द का ले जायें। और उदाहरण हैं। एक रूसी उपन्यास 'पाट होल्स' में है। सहकारी कृषि फार्मों का सेक्रेटरी एक मरते हुए आदमी को चार-पाँच मील दूर डाक्टरों के पास नहीं ले जाने देता। वह कहता है कि ट्रक्टर खेती के लिए है, दूसरे काम के लिए नहीं। उसे आखिर किसी तरह डाक्टर के पास तक ले जाया जाता है, पर डाक्टर उसे देखकर कहता है कि यह अभी-अभी मर गया। क्या तुम इसे कुछ पहिले नहीं ला सकते थे? उसके साथ के लोग उसे बताते हैं कि सहकारी फार्म के सेक्रेटरी ने ट्रैक्टर नहीं दिया। डाक्टर खीझकर कहता है—वह एक नौकरशाह है जो हत्यारा हो गया। देखिए, विसंगतियाँ हर मनुष्य-समाज में होती हैं, वे चाहे कम हों, उनका रूप बदला हुआ हो और उनका प्रतिफलन चाहे उतना घातक न हो।

प्रश्न—आपकी धारणा है कि आप सुधारवादी नहीं हैं, आप परिवर्तन के लिए लिखते हैं, या लिखना चाहते हैं। कृपया यह बतायें कि योजना आयोग, विज्ञान संस्थाएँ, न्यायपालिका, संसद, प्रकाशन संस्थान, रेडक्रास, सामाजिक क्लब, कानून और परिवार—ये सभी संसदीय तन्त्र, वर्तमान हालत में लेखन शास्त्र और लेखन शस्त्र में परिवर्तित हो सकेंगे? क्या साहित्य में क्रान्तिकारी परिवर्तन हो सकेगा?

☐ मैं सुधार के लिए नहीं बल्कि परिवर्तन के लिए लिखता हूँ, यह कहने का मेरा यह अर्थ नहीं है कि मैं और मेरे-जैसे परिवर्तनकामी लेखक केवल लेखन में समाज बदल देंगे। ऐसा दावा करना तो अहंकार और मूर्खता है। क्रान्तिकारी परिवर्तन, क्रान्तिकारी आन्दोलन से ही होते हैं। भारत में एक प्रयोग जैसा हो रहा है। जवाहरलाल नेहरू राष्ट्रीय बूर्जुआ के नेता थे, परन्तु उन्होंने सार्वजनिक उद्योग क्षेत्र खोल दिया और योजना आयोग बैठा दिया। आयोग पूँजीवाद की नहीं, समाजवाद की चीज है, इससे कम्युनिस्ट और गैर-कम्युनिस्ट दोनों भौंचक थे। ये कैसा बूर्जुआ है, जो 'पब्लिक सेक्टर' खोलता है? जवाहरलाल संसदीय तरीके से धीरे-धीरे समाजवाद को विकसित करना चाहते थे। 'पब्लिक सेक्टर' का विस्तार होता

जायेगा, वह कभी जाकर 'प्राइवेट सेक्टर' को खतम कर देगा, ऐसा यह प्रयोग है। साम्यवादी पार्टियाँ भी रणनीति के हिसाब से ही सही संसदीय मार्ग अपना रही हैं। उन्हें काम करने के लिए संसदीय लोकतन्त्र की आवश्यकता भी है। योजना आयोग, न्यायपालिका, शिक्षा-पद्धति आदि पूंजीवादी तन्त्र की है, समाजवाद की नहीं, इसलिए देखा जा रहा है कि 33 वर्ष बाद भी कोई विशेष परिवर्तन हुआ नहीं। मेरा खयाल है कि पूरी व्यवस्था को बदले बगैर कुछ होनेवाला नहीं है और इसके लिए वर्ग-संघर्ष जरूरी मालूम होता है, ऐसे वर्ग-संघर्ष की तैयारी कब होगी यह मैं नहीं कह सकता। हम लेखक कुल इतना कर सकते हैं कि इस व्यवस्था की सड़ांध को उजागर करें और परिवर्तन की चेतना का निर्माण करें।

प्रश्न —'वैष्णव की फिसलन' की भूमिका में आपने लिखा है कि कुछ लोग आपकी रचना 'अकाल उत्सव' पढ़कर सोचने लगे हैं कि लेखक का विश्वास संसदीय लोकतन्त्र से उठ रहा है। श्याम बेनेगल की फिल्म 'अंकुर' और आपके 'अकाल उत्सव' के अन्त में हिंसा का संकेत है। आपने अपनी भूमिका 1973 में लिखी थी और कहा था कि इस आरोप का उत्तर अभी मैं नहीं दूंगा। क्या आज 7 वर्ष बाद आप कोई उत्तर दे सकते हैं? उसी भूमिका से मैं आपका एक वाक्य दोहराता हूँ कि "इतिहास एक हद तक समय देता है, मेरा खयाल है हमें तीन सालों से ज्यादा का समय नहीं है।"

□ 'अकाल उत्सव' जैसी और भी कहानियाँ मैंने लिखी हैं। एक कहानी 'चूहा और मैं' है। इसमें हिंसा का संकेत है। यह अजब बात है बल्कि षड्यन्त्र है कि जब शोषित लोग लड़ने लगते हैं तब ही यह शोर हो जाता है कि हिंसा हो रही है। शोषक वर्ग की हिंसा सिर्फ 'लॉ एण्ड आर्डर प्राबलम' कहलाती है। शासन की हिंसा संवैधानिक बन जाती है।

एक प्रश्न है—'न्यूनतम मजदूरी।' खेत-मजदूरों को न कांग्रेस सरकार दिला सकती है न वामपन्थी मोर्चे की सरकार। यह तथ्य है। न्यूनतम मजदूरी का कानून संसद और विधानसभा द्वारा पास करके रखा हुआ है। सरकार के आदेश हैं, इसके लिए अलग विभाग भी है और प्रोपेगेण्डा मशीनरी भी। मगर खेत-मजदूरों को 'न्यूनतम मजदूरी' नहीं दिलायी जा सकी, वे माँगते हैं तो उनकी पिटाई। जमींदार, पुलिस, श्रम-विभाग के अफसर, स्थानीय विधायक, संसद-सदस्य तथा प्रदेश का राजनैतिक नेतृत्व सब मिले हुए हैं। ऐसी हालत में खेत-मजदूर क्या करे? वह यह करता है कि संगठित होकर, हथियार धारण करता है और किसी जमींदार को मार डालता है और इस आतंक के कारण क्षेत्र के डरे हुए भूमिपतियों से न्यूनतम मजदूरी ले लेता है। फिर पुलिस आती है, मिलेट्री आती है, सभी बच्चों-पुरुषों को मार डालती है, गाँव नष्ट कर देती है। मगर मजदूर संगठित होकर फिर वही करता है जिसे नक्सलवाद नाम दिया गया है। वह इन्हीं हालातों में पैदा हुआ है। आम आदमी का विश्वास लोकतान्त्रिक संस्थाओं पर से डिग रहा है, क्योंकि वे कारगर नहीं हैं और शोषक वर्ग का साथ देती हैं। 1973 में आसार दिखने लगे थे कि इस

व्यापक जन-असन्तोष और क्रोध का उपयोग 1971 के चुनाव में हारे हुए दक्षिण-पन्थी, प्रतिक्रियावादी राजनैतिक दल करेंगे। उन्होंने '74-'75 में किया। 'सम्पूर्ण क्रान्ति' का आन्दोलन इन्हीं दलों ने जनता से कराया। हालाँकि वह जन-विरोधी आन्दोलन था। एशिया, अफ्रीका के पिछड़े हुए तथा विकासशील देशों में या तो कम्युनिस्ट सरकारें हैं या फौजी तानाशाही है। संसदीय लोकतन्त्र कहीं नहीं है। श्रीलंका और मिस्र में राष्ट्रपति की तानाशाही कायम हो गयी। 1980 के चुनाव में जनता ने फिर से दो-तिहाई बहुमत से कांग्रेस (इन्दिरा) को सत्ता सौंप दी। अब यदि लोगों की अपेक्षाएँ पूरी नहीं हुईं तो उन पर यह प्रतिक्रिया होगी कि संसदीय लोकतन्त्र की आखिरी परीक्षा हो गयी, अब क्या हो? इन्दिरा गाँधी कहती हैं, 'लोगों की इच्छाएँ पूरी नहीं हुईं तो लोकतन्त्र को लात मार देंगे।' तब क्या ऐसी स्थिति आयेगी कि वामपन्थी क्रान्तिकारी आन्दोलन के काफी संगठित और ताकतवर न होने के कारण या तो इन्दिरा गाँधी संवैधानिक तानाशाही ले आयें या फौज का शासन हो जाये? ये प्रश्न विचारणीय हैं। इस स्थिति को तभी बचाया जा सकता है जब वामपन्थी ताकतें बहुत तेजी से बढ़ें और विकल्प का रूप धारण करें।

प्रश्न—कबीरदास की असफलता के क्या कारण थे? वही कारण क्या आपकी असफलता के नहीं हो सकते?

☐ कबीरदास कवि थे। आन्दोलनकर्ता नहीं। मैं भी लेखक हूँ, आन्दोलनकर्ता नहीं। लेखन की क्षमता और परिणामों की सीमाएँ होती हैं। कबीरदास पर निर्णय ऐसे नहीं दे सकते कि वे सफल हुए कि असफल। देखना होगा कि कबीरदास का क्या उद्देश्य था। कबीरदास विद्रोही थे। धार्मिक और दार्शनिक क्षेत्र में वे मूर्तिपूजा और कर्मकाण्ड के विरोधी थे तथा सामाजिक क्षेत्र में वे जातिवाद के विरुद्ध थे। काव्य में उनका आन्दोलन लोकतान्त्रिक आन्दोलन है। पर आन्दोलन बहुत फैला। जितने भी कवि हुए और वे नीची जातियों के हुए, जिन्होंने समता और लोकतान्त्रिक मूल्यों की स्थापना के लिए काव्य रचा। अब जहाँ तक मेरा प्रश्न है, मैंने कभी यह दावा नहीं किया कि मेरे लेखन मात्र से कोई परिवर्तन हो जानेवाला है। असंख्य लोग हैं—मजदूर हैं, किसान हैं, गरीब लोग हैं, जो परिवर्तन के लिए लड़ रहे हैं। यही सफल होंगे, मैं इनके साथ कलम लेकर पैदल चलनेवाला हूँ।

प्रश्न—घोर अवसरवाद के झंझावात में विरुद्ध खड़े रहने का काम आगे बढ़ा है क्या? क्या आपको ऐसा नहीं लगता कि हास्य-व्यंग्य का साहित्य खतरों की तुलना में यशोपार्जन, धनोपार्जन से ही ज्यादा जुड़ा है?

☐ साहित्य मात्र से अब यश और धन मिलते हैं। इन्हें कोई नकार नहीं सकता। केवल व्यंग्य लिखनेवाले से ही यश और धन के प्रति निर्मोही होने की और खतरा उठाने की अपेक्षाएँ नहीं होनी चाहिए। खतरे हर प्रकार के लेखन में हैं—कविता में, उपन्यास में। आजादी की लड़ाई के जमाने में यह जो गीत था—'विजयी विश्व तिरंगा प्यारा, झण्डा ऊँचा रहे हमारा', यह काव्य तो नहीं है पर खतरनाक नारा था और इसे गाते हुए लाखों लोग जेल गये। खतरे का सवाल इस तरह पैदा होता

है कि जो लिखा गया है वह किन हितों के विरुद्ध है ? और उसकी कितनी व्यापक अपील है। 'इमर्जेन्सी' के वक्त तो यह लिखना कि शहर में 'तेल की कमी है' खतरे से खाली नहीं था, फौरन प्रेस में खुफिया और सेंसर के लोग आ जाते थे। यह सही है कि बहुत कुछ जो व्यंग्य और विनोद के नाम पर लिखा जा रहा है, तीव्र सामाजिक चेतना से हीन है। इसमें गुदगुदाने और हँसाने की प्रवृत्ति ही देखी जाती है। कुछ लेखक अर्थसत्ता और राज्यसत्ता की मुँहदेखी भी करते हैं, कुछ लेखक बहुत अच्छे हैं मगर ऊँची सरकारी नौकरी पर। वे तो मेरी तरह नौकरी खोने का खतरा नहीं ले सकते।। कुछ लेखक निश्चित रूप से और जान-बूझकर शोषक वर्ग के समर्थन में लिखते हैं। ये भी व्यंग्य लिखते हैं, पर इनकी चोट जनवादी शक्तियों पर होती है, ये धन और सुरक्षा के लिए ऐसा करते हैं। कुछ लेखक हैं जो लोकप्रिय भी हैं, जिनकी भाषा सधी हुई है, खूब पढ़े भी जाते हैं, लेकिन सामाजिक-राजनैतिक रूप से मूर्ख हैं। प्रगतिशील लेखन आन्दोलन का विरोध कुछ सम्पादक, लेखक जिम्मेदारी के कारण करते हैं तो कुछ मूर्खता के कारण। ये शासन के पीछे खड़े होकर दुम हिला रहे हैं और समझते हैं कि वह हम चला रहे हैं। कुछ ऐसे लेखक भी हैं जिनसे कुछ भी लिखवाया जा सकता है। परन्तु नयी पीढ़ी के लेखकों में मैंने देखा है कि तीव्र सामाजिक चेतना आ रही है, वे लेखन को केवल मनोरंजन नहीं मानते। उनमें वर्ग-चेतना भी है। अभी मैंने कुछ नये व्यंग्य-लेखकों के संग्रहों की भूमिका देखी। मैं उसे पढ़कर चमत्कृत हो गया कि बीस साल से जो मैं चिल्ला रहा हूँ वह इन नये लेखकों ने स्वीकार किया है। यह सही है कि प्रकाशन एक वर्ग के हाथ में होने के कारण दबाव बहुत है, पर फिर भी बहुत अच्छा लेखन चाहे न रहा हो लेकिन चेतना बराबर बढ़ रही है।

प्रश्न—पश्चिम के उल्लेखनीय साहित्य में आज व्यंग्य की सर्वोत्तम अभिव्यक्ति नाटक की विधा में देखी जा रही है। क्या आप इस दिशा में भी प्रयास करने जा रहे हैं या आप किसी विशेष विधा की गतिशीलता के साथ उसमें अनुशासन को नापसन्द करते हैं ?

☐ नाटक बहुत सशक्त माध्यम है। मैं भी महसूस करता हूँ कि नाटक के माध्यम से व्यंग्य अधिक कारगर हो सकता है। कुछ छुटपुट एकांकी के बिना कोई नाटक मैंने लिखा ही नहीं। इसका एक कारण तो यह है कि निबन्ध, कहानी, कालम आदि में मैं अपने को अभिव्यक्त कर लेता हूँ। असल में जितने जमकर और साधकर नाटक लिखा जाता है उतना समय और सुविधा मुझे कभी नहीं मिली। नाटक लिखना जरूर चाहता हूँ और आगे लिखूंगा। हर विधा का अपना अनुशासन होता है और नाटक में अनुशासन के प्रति मेरा उपेक्षा भाव नहीं है, बल्कि उस अनुशासन को निभाने में मैं अभी समर्थ नहीं हो पाया।

प्रश्न—सम्मान, पारितोषिक और अभिनन्दन के सम्बन्ध में आपकी धारणा क्या है ? इस समय देश में कई स्तरों पर कई प्रकार से ये पुरस्कार जारी हैं ? क्या आप ऐसे किसी संस्थान या राज्य संस्था से पुरस्कार लेना मंजूर करेंगे जो साहित्यकारों

के बारे में गैर-साहित्यिक कारणों से निर्णय करती हों ?

□ सम्मान और धन किसी को बुरा नहीं लगता। मुझे किसी अभिनन्दन समारोह में माला पहिनने और अभिनन्दन-पत्र लेने में कोई रुचि नहीं है। मेरी रुचि उस पैसे के ऊपर है जो मिलता है। कोई मेरा सम्मान करना चाहे तो मैं उससे कहूँगा कि मुझे देने के लिए धन का इन्तजाम तुम कर लो और अभिनन्दन-पत्र मैं खुद लिखकर छपा लूंगा। सच्चा सम्मान तो वह है जो पाठकों से मिलता है, या आम जनता से। पुरस्कार या तो राज्य सत्ता देती है या पैसेवाले लोग। इनमें केवल साहित्यिक कारणों से निर्णय होता हो और ऐसा भी नहीं है कि साहित्यिक गुणों की कोई अवहेलना होती हो, यह जरूर है कि पुरस्कार देनेवाले के अपने वर्ग-हित, मान्यताएँ और विश्वास निर्णय पर प्रभाव डालते हैं।

यशपाल के उपन्यास 'झूठा सच' को साहित्य अकादमी पुरस्कार न देना गैर-साहित्यिक कारणों से हुआ। मैंने एक बार उत्तरप्रदेश साहित्य-परिषद का और एक बार म. प्र. कला परिषद का पुरस्कार लिया। म. प्र. कला परिषद ने एक बार मेरा सम्मान भी किया था। कला परिषद शासकीय संस्था है। मैं कांग्रेस सरकारों का विकट आलोचक रहा हूँ। पर मेरा सम्मान किया गया। प्रश्न यह है कि लेखक क्या पुरस्कार के लिए समझौता करता है ? यदि नहीं तो पुरस्कार लेने में कोई हर्ज नहीं है। हमारे देश में अभी ऐसा नहीं हुआ है जैसा 'नोबल प्राइज' के साथ हो गया है कि पुरस्कार के साथ विशेष प्रकार की पक्षधरता जुड़ गयी है। फिर यह निर्णय करना भी सम्भव नहीं है कि अमुक संस्था गैर-साहित्यिक कारणों से पुरस्कार देती है। इसलिए इस सम्बन्ध में कोई नियम नहीं बनाया जा सकता।

प्रश्न —आप स्वभाव से बेचैन, मित्रवत्, भावुक, साहित्यिक, निर्मल, अन्तरंग और मानवीय हैं और आपकी वैचारिकता संघर्षपूर्ण है—यह स्थिति आधुनिक क्लैसिक की रचना के सर्वथा उपयुक्त है, फिर इसका लाभ आपने अभी तक क्यों नहीं उठाया ?

□ क्लैसिक इरादा करके नहीं लिखा जाता, बल्कि वह हो जाता है। क्लैसिक के लिए अन्य बातों के अलावा सम्पूर्ण जीवन का चित्रण होना चाहिए। मैं खण्ड-खण्ड चित्रण करता हूँ। शायद मुझमें 'एपिक टेलेण्ट' नहीं है और मैं परम्परागत अर्थों में महाकाव्य या उपन्यास नहीं लिख सकता। 'फैण्टेसी' मुझसे सधती है। मेरा बहुत कुछ सोचना फैण्टेसी में होता है। मैं अब कोशिश कर रहा हूँ, कोई लम्बी 'फैण्टेसी' लिखूं, जैसी 'डान क्विक्ज़ोट' है।

प्रश्न—जब आपने सन् '52-'55 के आसपास 'फ्रीलांसिंग' शुरू किया तब लेखन का न अच्छा पारिश्रमिक था और न प्रकाशन की अच्छी सुविधाएँ और न कालम-लेखन की कोई ऐसी परम्परा, फिर आपने यह खतरा कैसे उठाया ?

□ मैं हाईस्कूल में अध्यापक था। लिखने की तीव्र प्रेरणा मेरे भीतर थी। मेरा सबसे अच्छा समय और बहुत-सी शक्ति स्कूल में चली जाती थी। मैंने स्वतन्त्र लेखन का फैसला किया। तब इसलिए कर लिया कि मैं अकेला था। मेरी बहिन के परिवार

का उत्तरदायित्व नौकरी छोड़ने के 6 माह बाद आया और मैं सचमुच घबड़ा गया। मेरे पास शिक्षण शास्त्र की डिग्री थी। मैं अध्यापक फिर से कभी भी हो सकता था। इसके अलावा स्थानीय एक दैनिक पत्र में मेरा नियमित कालम चल रहा था। मैंने बहुत तीव्र गति से लिखा और प्रकाशन और पारिश्रमिक की स्थितियाँ बेहतर होती चली गयीं। जैसी मेरी नौकरी थी वैसे मेरे 'कालम' हो गये। कठिनाइयाँ बहुत आयीं, पर मैं बिल्कुल असुरक्षित कभी नहीं रहा।

श्यामसुन्दर मिश्र से चर्चा*

[वर्तमान राजनैतिक परिदृश्य के भीतर विद्यमान दिशाहीनता और भटकाव उस इतिहास की उपज है, जिसके सूत्रों का निर्धारण कांग्रेस के नेतृत्व में चलनेवाले स्वतन्त्रता आन्दोलन के दौरान हुआ था। कांग्रेस के वर्गसमाजी चरित्र के भीतर नेहरू-युग में भी दक्षिणपन्थी विचारधारा के नेताओं की महत्त्वपूर्ण भूमिका थी, और आज भी इन्दिरा कांग्रेस के भीतर सत्तालोलुप अवसरवादी तत्त्वों की भरमार है। कांग्रेस को अपदस्थ करने के लिए तत्पर विरोधी दलों में प्रतिक्रियावादी दक्षिण-पन्थियों का आधिक्य है, और वामपन्थी जनवादी एकता के पैरोकार आपस में विभाजित हैं। इन स्थितियों और साहित्य की भूमिका पर हिन्दी के वरिष्ठ साहित्यकार व्यंग शिल्पी श्री हरिशंकर परसाई से डॉ. श्यामसुन्दर मिश्र की लम्बी बातचीत प्रस्तुत है।

—सम्पादक]

डॉ. मिश्र—परसाईजी, स्वतन्त्रता आन्दोलन के दौरान राजनैतिक और सामाजिक परिस्थितियों और उस समय के मूल केन्द्रीय राजनैतिक आन्दोलन के सम्बन्ध में आपके क्या विचार हैं?

परसाई—मिश्रजी, स्वाधीनता आन्दोलन की मुख्य धारा कांग्रेस की थी जिसका नेतृत्व 1920 से पूर्णतया महात्मा गाँधी के हाथ में रहा है। गाँधीजी ने स्वाधीनता संग्राम को कार्य-पद्धति (मैथडालॉजी) दी जो गोखले और तिलक की पद्धतियों से भिन्न थी। तिलक उग्रवादी थे। यहाँ तक कि मैंने एक अंग्रेज लेखक की पुस्तक गुरिल्ला युद्ध के नेताओं और चिन्तकों के बारे में पढ़ी, जिसमें माओत्से-तुंग, फिडेल कास्त्रो, चे-ग्वे-वारा पर तो लिखा ही है, एक अध्याय बाल गंगाधर तिलक के

* आजादी के पहले और बाद की राजनीति और साहित्यकार।

बारे में भी है। लेखक ने उनके लेखन के उदाहरणों से यह सिद्ध किया है कि वे गुरिल्ला युद्ध में विश्वास रखते थे और उसकी तैयारी भी करते थे। गोखले समझौतावादी थे, और अंग्रेज सरकार द्वारा स्थापित समितियों, कौंसिलों आदि में प्रवेश कर कार्य करना चाहते थे। गाँधीजी ने इस देश के मनुष्य की मानसिकता और क्षमता ठीक समझी थी और तदनुसार रणनीति तय की थी। वे जानते थे कि सशस्त्र संघर्ष करने लायक लोग नहीं हैं। वे यह भी जानते थे कि सशस्त्र संघर्ष शुरू किया तो ब्रिटिश सरकार को बेहिसाब हिंसा करने का तर्क मिल जायेगा और वह अपनी संसद तथा विश्व-जनमत को यह विश्वास दिला सकेगी कि हिंसा का सामना करने के लिए हमें हिंसा करनी पड़ी। इसलिए गाँधीजी ने अहिंसक आन्दोलन चलाया, जिसमें कानून तोड़ना, असहयोग, सत्याग्रह, धरना इत्यादि थे। पूर्ण अहिंसक आन्दोलन के सामने अंग्रेज सरकार की हिंसा करने की क्षमता बहुत कम हो गयी। गाँधीजी ने इसमें आध्यात्मिक और धार्मिक तत्त्व भी मिलाये। लोक-कल्याण, जोकि अव्याख्यायित ही रहा, उसे भी मिलाया। हरिजन-उद्धार, नारी-मुक्ति आदि भी इसमें शामिल किये। यह पूरा आन्दोलन एक विशेष प्रकार की भावुकता से ओतप्रोत था और सामान्य लोग इसमें मातृभूमि की भक्ति की भावना से शामिल होते थे। जो नारे लगते थे वे इस तरह के होते थे—गुलामी के घी से आजादी की घास अच्छी! इन्कलाब जिन्दाबाद : उजड़े घर होंगे आबाद! इस नारे में आजादी की खुशहाली की भावना भी है।

डॉ. मिश्र—परसाईजी, यह आन्दोलन लम्बा और व्यापक था। गाँधी के सिवाय इस दौरान पं. नेहरू-जैसे नेता भी कार्यशील थे। क्या विचारधारावाला तत्त्व इनमें से किसी के पास मौजूद था?

परसाई—मिश्रजी, पं. नेहरू विचारों से रेडीकल थे। उनका विश्वास समाजवाद में भी था, और 1930 की लाहौर कांग्रेस में उन्होंने समाजवाद को आजादी का लक्ष्य भी घोषित किया था। गाँधीजी के बाद सबसे आकर्षक जननेता वही थे। पं. नेहरू के विचार विभिन्न विचारधाराओं से बने थे। एक तो ब्रिटिश फेबियन समाजवादियों के प्रति उनका गहरा आकर्षण था। बर्नार्ड शॉ, एच. जी. वेल्स इत्यादि से वे प्रभावित थे। उन पर हेराल्ड लॉस्की के विचारों का भी प्रभाव था। वे 1917 की सोवियत समाजवादी क्रान्ति से भी अत्यधिक प्रभावित थे, और लेनिन के प्रति उनके मन में आदरभाव था। वे मार्क्सवाद के अध्येता थे, और मार्क्स के विचारों का उन पर गहरा असर था। उनकी इतिहास-दृष्टि मार्क्सवादी थी, और वे ऐतिहासिक द्वन्द्वात्मकता में विश्वास करते थे। उन्हें ऐतिहासिक शक्तियों की समझ भी गहरी थी। वे समाज का विश्लेषण भी वर्ग-दृष्टि से करते थे, परन्तु वे वर्ग-संघर्ष को अनिवार्य नहीं मानते थे। उन्होंने 1951 में यहाँ तक कहा था कि मार्क्स का दर्शन औद्योगिक क्रान्ति के आरम्भिक वर्षों का है, और अब विपुल औद्योगीकरण के इस युग में उतना प्रासंगिक नहीं रहा है। नेहरू पर गाँधीजी के व्यापक मानवतावाद, नैतिक मूल्य, साधन और साध्य की पवित्रता इत्यादि का असर भी था। वे वर्ग-समाजी लोकतन्त्र से भावुकता की हद तक प्रभावित थे। इसका

सम्बन्ध आगे उनके प्रधानमन्त्री बनने के बाद उनकी योजनाओं से सीधा जुड़ता है। कांग्रेस में जयप्रकाश के नेतृत्व में लोकतान्त्रिक समाजवादियों का भी एक गुट था और 1939 के पहले तक कम्युनिस्ट भी कांग्रेस के माध्यम से ही अपनी राजनैतिक गतिविधियाँ चलाते थे। कांग्रेस में सरदार पटेल, डॉ. राजेन्द्रप्रसाद, गोविन्दवल्लभ पन्त, राजगोपालाचारी के नेतृत्व में बहुत बड़ा तबका दक्षिणपन्थी प्रतिक्रियावादी राजनीतिज्ञों का था। ये स्वाधीनता के बाद पूंजीवादी विकास की कल्पना करते थे, और जिसे 'कल्याणकारी' राज्य कहते हैं, उस तक उनका ध्येय जाता था। वास्तव में संगठन पर नेहरू का कब्जा नहीं था, इन दक्षिणपन्थियों का था।

डॉ. मिश्र—परसाईजी, पं. नेहरू ने 1945 में कम्युनिस्टों और 1946 में समाजवादियों के कांग्रेस से अलग होने के बाद स्वतन्त्र भारत के आर्थिक, राजनैतिक विकास के लिए कौन-सा रास्ता अख्तियार किया ? इसके सिवाय क्या उन दिनों की परिस्थितियों में और कोई बेहतर विकल्प नहीं था ?

परसाई—मिश्रजी, 1947 के बाद सबसे बड़ी समस्या नेहरू के सामने तो भारत के विभाजन के परिणामस्वरूप उत्पन्न हुई। उन्हें हिंसा की कटुता को मिटाना, विस्थापितों को बसाना और काश्मीर बचाना था। यह वह समय था, जब कम्युनिस्ट नेहरू को 'रनिंग डॉग ऑफ इम्पीरियलिज्म' कहते थे और नेहरू कम्युनिस्टों को 'इर्रैलेवेण्ट' कहते थे। तेलंगाना के सशस्त्र आन्दोलन से नेहरू और कम्युनिस्टों के बीच दूरी बढ़ी। स्टालिन भी नेहरू के साम्राज्यवाद-विरोधी संघर्ष की अवहेलना ही करते रहे। समाजवादियों को जल्दबाजी थी। वे पहले आम चुनाव में ही सत्ता पर कब्जा करने की उम्मीद लिये बैठे थे, किन्तु उनका पत्ता साफ हो गया। नेहरू चाहते थे कि समाजवादी कांग्रेस में लौट आयें तो उनकी ताकत बढ़े और वे समाजवादी कार्यक्रम लागू कर सकें। उन्हें विश्वास था कि जब समाजवादी कार्यक्रम लागू किये जायेंगे तो साम्यवादी उनका समर्थन करेंगे। जयप्रकाश ने 1953 में बारह कार्यक्रमों की लिस्ट नेहरू को दी थी कि ये लागू करो तो हम कांग्रेस में लौटने को तैयार हैं। इन कार्यक्रमों में सार्वजनिक उद्योग खोलना, बैंकों का राष्ट्रीयकरण आदि थे। नेहरू ने इन्हें मान लिया, परन्तु कहा कि इन पर धीरे-धीरे अमल होगा। तुरन्त अमल करने से अर्थव्यवस्था टूट जायगी। परन्तु समाजवादी डॉ. लोहिया के हठ के कारण मुकर गये।

यह तो तय है कि नेहरू वर्ग-संघर्ष को टालना चाहते थे, पर मार्क्सवाद में काफी हद तक उनका विश्वास था, इसलिए उन्होंनें योजना आयोग का गठन किया और सार्वजनिक उद्योग क्षेत्र का प्रारम्भ किया। उन्होंने 'मोनोपली' को कण्ट्रोल करने के लिए कानून बनाया। 1956 में 'इण्डस्ट्रियल पालिसी एक्ट' भी बनाया। उनकी कल्पना थी कि सार्वजनिक क्षेत्र धीर-धीरे बढ़ता जायगा। संसद के द्वारा निजी पूँजी का क्षेत्र घटता जायगा और तब ऐसा समय आयगा, जब सार्वजनिक क्षेत्र निजी क्षेत्र को नगण्य कर देगा। इसे मिश्रित अर्थव्यवस्था का नाम दिया गया। यह जरूर है कि इस्पात के बुनियादी उद्योग सार्वजनिक क्षेत्र में खुले, भारी मशीनों

और दवाइयों के कारखाने भी सार्वजनिक क्षेत्र में बने, पर क्योंकि कांग्रेस का संगठन लगभग दक्षिणपन्थी था, और उसके पास समाजवाद से प्रतिबद्ध 'केडर' भी नहीं था, इसलिए विकास का मार्ग पूंजीवादी रहा। 1954 में नागपुर-कांग्रेस में नेहरू ने सहकारी कृषि का प्रस्ताव पास कराना चाहा, पर मोरारजी, चरणसिंह वगैरह ने यह कहकर उसे पास नहीं होने दिया कि यह तो साम्यवाद का रास्ता है। सीधा 'समाजवाद' शब्द का प्रयोग करने में भी कांग्रेस को कई वर्ष लगे। 1956 की अवाड़ी कांग्रेस पहली बार 'समाजवाद' शब्द का उद्देश्य के रूप में प्रयोग किया गया। अब समाजवाद लोक-चेतना में इतना बैठ गया है कि सामन्तवादी-पूंजीवादी दल भारतीय जनता पार्टी ने भी समाजवाद को अपना लिया है।

डॉ. मिश्र—वास्तव में परसाईजी, पं. नेहरू की मृत्यु के पश्चात् भारतीय राजनीति में उन मुद्दों पर भी विवाद प्रारम्भ हुआ, जो पहली दो पंचवर्षीय योजनाओं के मूलाधार थे। इस भटकाव के लिए कांग्रेस के भीतर कौन-से तत्त्व उत्तरदायी थे ? क्या परवर्ती दिशाहीनता के बीज स्वयं कांग्रेस के अन्तर्विरोधी चरित्र के भीतर विद्यमान नहीं थे ?

परसाई—मिश्रजी, हुआ यह है कि पं. नेहरू की तो विचारधारा थी, परन्तु इन्दिरा गाँधी की यदि विचारधारा कोई है, तो उसे कहा जाता है 'प्रेगमेटिज्म' यानी उपयोगितावाद। इन्दिराजी व्यावहारिक उपयोगितावादी हैं। उनकी निश्चित विचारधारा नहीं है, परन्तु यह जरूर है कि उन्होंने नेहरू की नीतियों को आगे बढ़ाना चाहा। उन्होंने बैंकों का राष्ट्रीयकरण किया, भूतपूर्व राजाओं के विशेषाधिकार समाप्त किये, सार्वजनिक क्षेत्र का अधिक विस्तार करना चाहा, विदेशनीति में वे सोवियत रूस के अधिक निकट गयी, और गुटनिरपेक्ष आन्दोलन को अधिक शक्तिशाली किया।

पं. नेहरू अपने व्यक्तित्व और बौद्धिक क्षमता के कारण कांग्रेस के भीतर विभिन्न विचारधारावाले गुटों, विशेषकर चतुर दक्षिणपन्थियों को इकट्ठा और सन्तुलित रखने में सफल होते थे, परन्तु इन्दिरा गांधी को 1969 में कांग्रेस को तोड़ना पड़ा। कांग्रेस के दक्षिणपन्थी 'संगठन कांग्रेस' के नाम से कार्य करने लगे। लगता यह था कि यह विभाजन विचारधारा के आधार पर है और अब इन्दिराजी वामपन्थी कार्यक्रमों की ओर तेजी से बढ़ेंगी।

डॉ. मिश्र—विभाजन के बाद शेष बची कांग्रेस की संरचना भी पूरी तरह वामपन्थी नहीं थी। मुझे लगता है कि इन्दिराजी चव्हाण और जगजीवनराम-जैसे नेताओं को भी पूर्ण तरह विश्वस्त नहीं मानती थीं। अन्यथा, वे क्या कारण हैं कि 1971 के बाद भी आपातकाल के पहले इन्दिराजी के नेतृत्व में वामपन्थी कार्यक्रम तैयार ही नहीं किये गये ? मोटे रूप में 20 सूत्रीय कार्यक्रम मात्र सुधारवादी भंगिमा का प्रदर्शन था ?

परसाई—वास्तव में 1971 में बहुत बड़े बहुमत से जीतने के बाद भी इन्दिराजी को अपनी सत्ता के लिए खतरा लगने लगा था। यह खतरा पार्टी के

भीतर से था, और बाहर से भी। 1971 में रूस से जो बीस साला सहयोग और मैत्री की सन्धि की गयी, उससे देश के दक्षिणपन्थी दलों को यह खतरा महसूस हुआ कि इन्दिराजी लगभग सोवियत शिविर में चली गयी हैं, जबकि बात ऐसी नहीं थी। वैसे यह सही है, इन्दिराजी की विदेशनीति स्पष्ट रूप से साम्राज्यवाद-विरोधी थी। उन्होंने वियतनाम के बारे में सख्त अमेरिका-विरोधी रुख अपनाया। वे दुनिया में कहीं भी अमेरिकी हस्तक्षेप का विरोध करती थीं। वे अमेरिकी और यूरोपीय बहुराष्ट्रीय कम्पनियों के शोषण का भी विरोध करती थीं। इस कारण कांग्रेस के भीतर भी उनका विरोध पैदा हो गया था, और बाहर संगठन कांग्रेस, जनसंघ, चरणसिंह का क्रान्तिदल, बचे हुए प्रजा समाजवादी, स्वतन्त्र पार्टी के लोग जो पूरी तरह पूंजीवादी मार्ग अपनाना चाहते थे, उनके विरुद्ध संगठित हो गये। विदेशनीति इस विरोध का खास मुद्दा थी। ये सब घोर रूस-विरोधी लोग थे। बाद में इनके जो सर्वोच्च नेता बने वे जयप्रकाश नारायण तो यहाँ तक कहते थे कि इन्दिराजी ने देश को रूस के हाथों बेच दिया। वे इन्दिरा गाँधी को कम्युनिस्ट कहते थे। मिस्र के राष्ट्रपति अनवर सादात की तारीफ करते थे, जिसने स्वयं को अमेरिका के हाथ बेच दिया था। इस स्थिति में इन्दिरा गाँधी की सबसे बड़ी चिन्ता पार्टी और सत्ता पर कब्जा बनाये रखने की थी। उन्होंने पार्टी की लोकतान्त्रिक प्रक्रिया समाप्त कर सारे अधिकार अपने हाथ में ले लिये। यहाँ तक कि लोग उन्हें 'डिक्टेटर' कहने लगे थे। कांग्रेस में सत्ता नीचे से ऊपर नहीं आती थी, ऊपर से नीचे जाती थी।

डॉ. मिश्र —परसाईजी, क्या आप समझते हैं कि इस तरह उस आन्दोलन की भूमिका बन रही थी, जिसे सम्पूर्ण क्रान्ति कहा गया? क्या आपातकाल के पहले प्रदर्शित संगठित विरोध पूरी तरह से अराजक दक्षिणपन्थियों का दिशाहीन नाटक नहीं था?

परसाई—मिश्रजी, मैं इस बात को फिर कहना चाहता हूँ कि जयप्रकाश के नेतृत्व में सम्पूर्ण क्रान्ति का आन्दोलन शुरू हुआ, वह मुख्यतः इन्दिरा गाँधी की विदेशनीति के कारण था, जो कि समाजवादी देशों से सहयोग की थी। इस आन्दोलन की प्रेरणा अन्तर्राष्ट्रीय अमेरिकी साम्राज्यवाद और पूंजीवाद से मिली थी, यहाँ तक कि इतना अधिक पैसा जो इस आन्दोलन में खर्च किया गया, विदेशी था। आपात-काल के दौरान भूमिगत विरोधी नेताओं की गतिविधियों का संचालन चर्च और कूटनीतिक विदेशी संस्थानों से होता था, और अमेरिकी तथा ब्रिटिश हवाई जहाजों के माध्यम से अन्तर्राष्ट्रीय समाचार एजेन्सियों को समाचार भेजे जाते थे। जिस परिवार का व्यक्ति इमर्जेन्सी में जेल में था, उसे प्रतिमाह पैसा मिलता था। यह पैसा कहाँ से आता था? यह विदेशी धन था, और इस आन्दोलन में सी. आई. ए. और बहुदेशीय कम्पनियों की भूमिका बहुत स्पष्ट थी।

सन् '71 के चुनाव में दक्षिणपन्थी दलों की इतनी बुरी पराजय हुई थी कि वे यह समझने लगे थे कि मतपेटी के द्वारा इन्दिरा गाँधी को सत्ता से नहीं हटाया जा सकता। वे पाँच साल बाद आगामी चुनाव का रास्ता नहीं देखना चाहते थे, क्योंकि

चुनाव से उन्हें कोई उम्मीद नहीं थी। वे बीच में ही एक व्यापक अराजक आन्दोलन कर देना चाहते थे। जयप्रकाश नारायण ने सेना और पुलिस से भी विद्रोह करने का आवाहन किया था। इसका साफ उद्देश्य, हिंसा, अराजकता, तोड़फोड़, षड्यन्त्र, विदेशी सहायता से इन्दिरा गाँधी को सत्ता से गिराना था। यह क्रान्ति नहीं थी, वास्तव में दक्षिणपन्थियों की व्यापक अराजकता थी, जिसमें समाजवादी भी शामिल थे, क्योंकि वे सोवियत रूस से निकटता के घोर विरोधी हैं। इस आन्दोलन पर पूरा नियन्त्रण राष्ट्रीय स्वयंसेवक संघ का था, जो एक फासिस्ट संगठन है। इस तरह दक्षिणपन्थी फासिस्टों का यह हमला चुनी हुई वर्ग समाजी लोकतान्त्रिक सरकार पर था।

डॉ. मिश्र—परसाईजी, आपातकाल की घोषणा के सिवाय क्या इन दक्षिण-पन्थी फासिस्टी ताकतों से राजनैतिक आधार पर नहीं निपटा जा सकता था? यदि आपातकाल ही एकमात्र विकल्प था, तो यह क्यों न माना जाय कि इन्दिरा गाँधी द्वारा नियन्त्रित कांग्रेस का कोई मूलभूत जनाधार नहीं रह गया था?

परसाई—मिश्रजी, जहाँ तक राजनैतिक स्तर पर लड़ने का सवाल है, चुनाव में इन्दिरा गाँधी इन दलों को हटा चुकी थीं, परन्तु कांग्रेस संगठन निकम्मा हो गया। पूरे संगठन में 'एडहाकवाद' चल रहा था। कांग्रेस की नियमित सदस्यता न तब थी और न अब तक है। ब्लाक-स्तर से लेकर केन्द्र तक सारे संगठन में इन्दिराजी के नामजद लोग थे। फिर इस पार्टी के पास अनुशासित और प्रशिक्षित 'कैडर' न तब था और न अब है। कांग्रेसमैन का मूल उद्देश्य सत्ता प्राप्त करना या सत्ता से लाभ उठाना तब था और अब भी है। यह संगठन न होकर एक व्यक्ति इन्दिरा गाँधी हो गयी है, इसलिए कांग्रेस संगठन के लिए सत्ता के बाहर मैदान में इन ताकतों से लड़ना सम्भव नहीं था। मत मिलने के बावजूद कांग्रेस का वास्तविक जन आधार नहीं था। यही मजबूरी थी कि जिसके कारण इन्दिरा गाँधी ने 'इमर्जेन्सी' लगायी।

डॉ. मिश्र—परसाईजी, आपातकाल की समाप्ति के उपरान्त जनता पार्टी शासन के दौरान भी लगभग वही दिशाहीन मतिभ्रत बरकरार रहा, जो सम्पूर्ण क्रान्ति के आन्दोलन में था। क्या आप यह मानते हैं कि भारत में लोकतान्त्रिक राजनीति के साथ जुड़ी उत्तरदायित्व की भावना सर्वथा समाप्त होती जा रही है?

परसाई—मिश्रजी, वास्तव में जनता पार्टी का कोई वैचारिक आधार नहीं था। 1965 के आसपास डॉ. लोहिया ने 'गैर-कांग्रेसवाद' का नारा दिया था, जिसके फलस्वरूप 1967 में कुछ संविद सरकारें बनीं, जो अल्पजीवी रहीं। गैर-कांग्रेसवाद कोई 'आइडियालाजी' नहीं है, एक नकारात्मक रुख है। सम्पूर्ण क्रान्ति आन्दोलन और उससे बनी जनता पार्टी इसी गैर-कांग्रेसवाद का विस्तार थी। इस पार्टी में विभिन्न, परस्पर विरोधी विचारों के लोग थे, और सब सत्ता-लोलुप थे। बूढ़े नेताओं जैसे चरणसिंह, जगजीवनराम को प्रधानमन्त्री बनने की जल्दी थी। जनसंघ अपनी सदस्य संख्या और 'कैडर' के बल पर जल्दी जनता पार्टी पर कब्जा कर लेना चाहता था। 1979 में भोपाल में बाला साहब देवरस ने अपने संगठन के बीच कहा था कि ढाई

साल में भारत सरकार पर हमारा अधिकार हो जायेगा। यह वक्तव्य रिकार्ड कर लिया गया था, और पत्रों में छपा भी था। जनता पार्टी में झगड़े का मुख्य मुद्दा राष्ट्रीय स्वयंसेवक संघ था। फिर चरणसिंह की महत्त्वाकांक्षा तथा इन्दिरा गाँधी की कूटनीति के कारण जनता पार्टी टूटी। चरणसिंह प्रधानमन्त्री तो हो गये किन्तु इन्दिरा कांग्रेस ने समर्थन वापस ले लिया, तो उन्हें इस्तीफा देना पड़ा। उसके बाद 1980 के चुनावों की घोषणा हो गयी।

डॉ. मिश्र—परसाईजी, वर्तमान राजनैतिक परिदृश्य के भीतर मौजूद दिशा-हीनता अब पुनः किस ओर इंगित कर रही है? आन्ध्र और कर्नाटक के चुनाव-परिणाम तथा आसाम और पंजाब की घटनाएँ क्या यह प्रमाणित नहीं करतीं कि जन-असन्तोष के बीच पुनः वही ताकतें सक्रिय हो रही हैं, जो विकास की लोक-तान्त्रिक प्रक्रिया में रोड़ा बनना चाहती हैं और इन्दिरा कांग्रेस द्वारा पूंजीवादी विकास के दौरान, उत्पन्न अन्तर्विरोधों को पुनः अराजक एवं दक्षिणपन्थी नतीजों की ओर ले जाना चाहती हैं?

परसाई—मिश्रजी, इस बीच 1980 के बाद एक साल में यह धारणा पूरी तरह टूट गयी कि सत्ता केवल इन्दिरा गाँधी के मार्फत प्राप्त होती है। यह अहसास कांग्रेसमैन को भी हुआ और दूसरे दलों को भी। इन्दिरा गाँधी का राजनैतिक एकाधिकार खत्म हो गया। पार्टी पर भी उनका अंकुश ढीला हो गया। राजनैतिक बेईमानी कांग्रेस में बहुत अधिक आ गयी। भजनलाल इसके उदाहरण हैं, जो पूरी जनता पार्टी लेकर कांग्रेस में आ गये और मुख्यमन्त्री बने रहे। विधायकों की खरीद अब आम और खुली बात हो गयी है। यानी राजनैतिक अनैतिकता के प्रति कोई घृणा नहीं रह गयी है। आन्ध्र और कर्नाटक में कांग्रेस (इन्दिरा) की हार का कारण जनता का विश्वास उठ जाना है। यह विश्वास इसलिए उठा कि आन्ध्र में तो कोई स्थिर सरकार नहीं रही। कर्नाटक में भ्रष्ट सरकार रही। जिन बीससूत्रीय कार्यक्रमों का ढिंढोरा पीटा जाता है, वे लागू नहीं हुए क्योंकि कांग्रेस की सरकारें और पार्टी-मशीनरी खुद उनके विरुद्ध है। ये सभी तत्त्व सामन्तवाद-पूंजीवाद समर्थक हैं। समाजवादी कार्यक्रम लागू नहीं किये गये, जनता को राहत नहीं मिली। भ्रष्टाचार बेहद बढ़ा तो स्वाभाविक है कि सत्ता-पार्टी का जनाधार लुप्त हो गया। इसके साथ ही क्षेत्रीय आकांक्षाएँ प्रबल हुईं। लोगों ने यह सोचा कि क्षेत्रीय पार्टी अधिक जवाबदार होगी तो अपने क्षेत्र के लिए ईमानदारी से काम करेगी। आन्ध्र में रामाराव की सफलता का यह रहस्य है। वे फिल्म ऐक्टर होने के कारण नहीं जीते हैं।

अब दो बातें सामने हैं। एक तो यह कि क्षेत्रीय दल को सत्ता में लाओ, जिससे क्षेत्र का विकास हो। यह आन्ध्र में हुआ, तमिलनाडु में पहले से है। दूसरी बात यह हुई कि कुछ क्षेत्रों के लोगों ने सोचा कि इस वक्त दबाव, धमकी और आतंक से सरकार को दबाकर विशेष लाभ प्राप्त कर लो। पंजाब का अकाली आन्दोलन इसी प्रवृत्ति का परिणाम है। असम की समस्या दूसरी है। असमियों की महत्त्वाकांक्षा

और अधिकार-भावना जागी है, यह सही है, पर वहाँ प्रदेश के विकास के लिए केन्द्र अधिक कार्य करे, यह माँग न उठकर यह माँग उठी कि विदेशियों को बाहर निकालो। यह विदेशी कौन हैं ? ये बंगला देश के मुसलमान हैं जिन्हें असमी बड़े भूमिपति, चाय बागान के मालिक, जंगल ठेकेदार, उद्योगपति सस्ते मजदूरों के रूप में खुद लाये। ये तीस-चालीस साल से असम में हैं। अब यह मानवीय समस्या हो गयी है। उन लाखों लोगों को कहाँ फेंक दिया जाये ? वहाँ विदेशी शक्ति और विदेशी पैसा काम कर रहा है, यह सही है। विपक्षी दल, विशेषकर भारतीय जनता पार्टी समझौता नहीं होने दे रही। अब यह स्पष्ट हो गया है कि इस आन्दोलन पर राष्ट्रीय स्वयंसेवक संघ का कब्जा हो गया है और ये असली मुसलमानों के भी विरुद्ध हैं। पिछले महीनों के सामूहिक नर-संहार के बाद छात्र यूनियन के मुसलमान नेताओं की समझ में यह आया कि यह तो हिन्दू साम्प्रदायिक फासिस्टी आन्दोलन है। इसे समझकर वे अलग हो गये हैं और आन्दोलन में फूट पड़ गयी है। शायद अब ये आन्दोलनकारी आम जनता से अलग पड़ जायें, तब असम में शान्ति हो।

पंजाब में अकाली दल का जनाधार बहुत कमजोर है। वह बड़े भूमिपतियों और ठेकेदारों द्वारा समर्थित दल है। इस वर्ग के अपने स्वार्थ हैं। एक तो वे चण्डीगढ़ चाहते हैं, दूसरे नदियों के पानी का अधिक हिस्सा चाहते हैं, और राजस्थान और हरियाणा का कुछ भाग भी चाहते हैं। यही नहीं, तथाकथित खालिस्तान के नक्शे में तो उत्तर प्रदेश का भी कुछ हिस्सा है। यह आन्दोलन उग्रवादियों के हाथ में चला गया है। लोंगोवाल और बादल अतिवादी नहीं हैं और न उग्रपन्थी हैं, पर उनकी मुश्किल यह है कि उन्मादी, हिंसक, हथियारबन्द सिख युवकों का नेतृत्व सन्त जरनैलसिंह भिण्डरावाला के हाथ में है, जो हठी और तर्कहीन है। समझौते के रास्ते में सबसे बड़ी बाधा यही उग्रवादी तत्व हैं। पंजाब में अभी साम्प्रदायिकता फैली नहीं है। पर यदि फैल गयी तो उसका असर पूरे देश में होगा। यह शक सही हो सकता है कि इस अकाली आन्दोलन को विदेशी शक्तियाँ, विशेषकर अमेरिका का समर्थन हो।

अब वही शक्तियाँ जो 1977 में इकट्ठी हुई थीं, फिर एक होने की कोशिश में हैं, पर पुराने अनुभवों के कारण ये दल एक-दूसरे से चौकन्ने हैं और परस्पर विश्वास नहीं करते। भारतीय जनता पार्टी ने राष्ट्रीय लोकतान्त्रिक मोर्चे का नारा दिया है। इस मोर्चे से साम्यवादी दलों और मुस्लिम लीग को दूर रखा गया है। भारतीय जनता पार्टी का डबल रोल है। जहाँ उसकी स्थिति अच्छी है जैसे मध्यप्रदेश और राजस्थान में, वहाँ वह अकेले लड़कर सरकार बनाना चाहेगी। दूसरी जगह ताल-मेल बिठा सीटें प्राप्त करेगी। अकेले राष्ट्रीय विकल्प बनने का सपना उसने त्याग दिया है। इधर चन्द्रशेखर भी जनता पार्टी के छाते के नीचे संयुक्त मोर्चा बनाना चाहते हैं। उन्होंने भारतीय जनता पार्टी से भी कहा है कि आर. एस. एस. को छोड़कर मिल जाओ। यह हो नहीं सकता, क्योंकि भारतीय जनता पार्टी संघ का राजनैतिक मोर्चा है। इस समय धुँधलका छाया हुआ है। चन्द्रशेखर समाजवाद और क्रान्ति

की बात करते हैं, किन्तु गठजोड़ करना चाहते हैं—भारतीय जनता पार्टी से, जिसका उद्देश्य इससे ठीक उलटा है। लगता ऐसा है कि एक सिद्धान्तहीन संयुक्त मोर्चा फिर बनेगा, जिसकी न विचारधारा होगी, और न कोई कार्यक्रम होगा। इसका उद्देश्य केवल सत्ता प्राप्ति होगा। 1974 जैसी सम्पूर्ण क्रान्ति-जैसे आन्दोलन की सम्भावना अब नहीं दिखती।

डॉ. मिश्र—परसाईजी, तथाकथित लोकतान्त्रिक दलों की एकता का नारा क्या यह प्रमाणित नहीं करता कि इनके बीच आवश्यक विचारधारात्मक भूमिका का कोई महत्त्व नहीं है और यह पुनः उस सम्भ्रममूलक भटकाव को और अधिक घनीभूत करने की दक्षिणपन्थी चेष्टा है, जिसका उपयोग अन्ततः कांग्रेस (इ) के भीतर की अवसरवादी सत्ताधिकारी शक्तियों को और अधिक दिशाहीन सत्ता राजनीति का मौका देगा ?

परसाई—मिश्रजी, जहाँ तक सिद्धान्त और विचारधारा का सवाल है, यह केवल तीन भारतीय पार्टियों के पास है। कम्युनिस्ट पार्टी ऑफ इण्डिया, सी. पी. एम. और भारतीय जनता पार्टी। कम्युनिस्ट पार्टियों की विचारधारा सर्वविदित है। भारतीय जनता पार्टी अपने गाँधीवादी और समाजवादी मुखौटे के बावजूद हिन्दू फासिस्ट संगठन राष्ट्रीय स्वयंसेवक संघ का राजनैतिक मोर्चा है, जिसका उद्देश्य फासिस्ट हिन्दू राष्ट्र की स्थापना है। मैं भारतीय जनता पार्टी को लोकतान्त्रिक दल मानता ही नहीं। बाकी बचे लोकदल, जनता पार्टी, कांग्रेस (जे) —ये दल और तत्व अतिसामन्ती पूंजीवादी हितों की रक्षा करते हैं। इनमें जो भूतपूर्व समाजवादी हैं, वे परिस्थिति की मजबूरी और अपने विचारों की उलझन और हताशा के कारण जाने-अनजाने समाजवाद-विरोधी ताकतों का साथ दे रहे हैं। एक विशेष बात ध्यान में रखने की यह है कि देश पर अमेरिकी दबाव बहुत बढ़ रहा है। विशेषकर सातवें गुटनिरपेक्ष शिखर सम्मेलन के बाद से। प्रधानमन्त्री ने स्पष्ट कहा है कि अमेरिका हमें कर्ज नहीं मिलने दे रहा है।

यह बात सही है कि सी. आई. ए. इस देश में साम्प्रदायिक, क्षेत्रीय संघर्ष आदि पैदा कर रही है, और अराजकता की स्थिति लाना चाहती है। देश की विघटनकारी दक्षिणपन्थी ताकतें जाने-अनजाने इसमें अपने राजनैतिक हितों के कारण सहायता पहुँचा रही हैं। यह सहायता परस्पर है, इस बात के पक्के सबूत हैं, जिनमें सबसे ताजा भारत में भूतपूर्व अमेरिकी राजदूत प्रो. गैलब्रेथ की स्वीकारोक्ति है कि मैंने कुछ दलों और व्यक्तियों को सी. आई. ए. के कहने से पैसा बाँटा। अमेरिका इन्दिरा सरकार की विदेश नीति में परिवर्तन कराने में अब समर्थ नहीं है, इसलिए निश्चित चाहेगा कि ये दक्षिणपन्थी ताकतें सत्ता में आ जायें। जब जनता पार्टी नाम से इनकी सरकार थी, तब इन्होंने गुप्त रूप से मोशे दयान को बुलाया ही था। उनने कभी वियतनाम में अमेरिकी सैनिक हस्तक्षेप की निन्दा नहीं की। उनने चिली, फिलिस्तीनियों और कम्पूचिया के बारे में कुछ नहीं कहा। यहाँ तक कि अमेरिका पाकिस्तान को इतने हथियार दे रहा है, इसकी भी आलोचना ये नहीं करते। इनमें

डॉ. सुब्रह्मण्यम स्वामी-जैसे राजनीतिज्ञ हैं, जो यहाँ तक कह चुके हैं कि भारत पाकिस्तान को एक पहाड़ी फौजी डिवीजन तैयार करके दे, जिससे वह अफगानिस्तान से निपट सके। स्पष्ट है, यदि ये दल सत्ता में आये और इनका बस चला, तो ये भारत की गुटनिरपेक्ष नीति को त्यागकर इस देश को इस क्षेत्र में अमेरिका की सैनिक व्यूह-रचना का हिस्सा बना देंगे।

क्षेत्रीय दल मुख्य रूप से अपने क्षेत्र की समस्याओं में उलझे हैं, और केन्द्र से अधिक-से-अधिक लाभ लेना चाहते हैं। इस समय भारतीय जनता पार्टी इस कोशिश में है कि उनके नेतृत्व में तथाकथित लोकतान्त्रिक मोर्चा बने और वह उस पर हावी हो जाय। इसी प्रकार की इच्छा जनता पार्टी की भी है।

यदि इन्दिरा गाँधी की सत्ता दिलाने की ताकत कम हुई, तो सम्भव है कि बड़ी संख्या में कांग्रेस (इ) के लोग इन दक्षिणपन्थियों के साथ चले आयें। लगभग आधे कांग्रेसियों को इन्दिरा गाँधी की नीतियों में विश्वास नहीं है। वे सत्ता-प्राप्ति के लिए कांग्रेस (इ) में पड़े हुए हैं। दूसरी जगह सत्ता-प्राप्ति पक्की हो, तो वे वहाँ चले जायेंगे। इनकी कोई प्रतिबद्धता नहीं है।

डॉ. मिश्र—परसाईजी, इस स्थिति में वामपन्थी जनवादी एकता की सम्भावनाओं का कौन-सा रूप सम्भावित है? क्या कम्युनिस्ट और दूसरे लोकतान्त्रिक जनवादियों के बीच राजनीतिक एकता का आधार दिखलायी देता है?

परसाई—मिश्रजी, वास्तव में वामपन्थी लोकतान्त्रिक मोर्चे की शुरुआत 1967 के तत्काल बाद हो जानी चाहिए थी, जब कांग्रेस की 'मोनोपली' पहली बार टूटी थी। इसके लिए सबसे जरूरी यह है कि दोनों कम्युनिस्ट पार्टियों में मुख्य मुद्दों पर समझौता और सहयोग तथा उद्देश्य निश्चित किये जायें। यह तो स्पष्ट ही है कि कम्युनिस्ट पार्टियाँ कोई वर्गसंघर्ष कराने की स्थिति में नहीं हैं। उन्हें संसदीय रास्ते से ही जाना होगा, और साथ ही श्रमिकों, किसानों, छात्रों आदि को शिक्षित और संगठित करते जाना होगा। वामपन्थी लोकतान्त्रिक मोर्चे की सरकार ने अच्युत मेनन के नेतृत्व में जो काम किया उसकी सब प्रशंसा करते हैं। केरल का यह प्रयोग एक नमूना हो सकता है। अभी बहुगुणा, शरद पवार और गुजरात के अदानी की पार्टियाँ मिलकर एक हो गयी हैं। इनका विश्वास लोकतान्त्रिक समाजवाद में है। चन्द्रजीत यादव की जनवादी पार्टी भी है। इन पार्टियों से कम्युनिस्ट पार्टियों का समझौता हो सकता है। इसी तरह का समझौता क्षेत्रीय पार्टियों से हो सकता है। यदि चन्द्रशेखर के नेतृत्ववाला जनता पार्टी का एक हिस्सा समझ से काम ले तो वह भी इस लोकतान्त्रिक वामपन्थी मोर्चे में शामिल हो सकता है। इस तरह एक ताकतवर वामपन्थी लोकतान्त्रिक मोर्चा एक विकल्प के रूप में आ सकता है, परन्तु इसमें कठिनाइयाँ बहुत हैं। सबसे बड़ी कठिनाई मार्क्सवादी कम्युनिस्ट पार्टी के रुख की है। दूसरी कठिनाई चन्द्रशेखर तथा पुराने समाजवादियों के कम्युनिस्ट विरोधी नजरिये की है।

डॉ. मिश्र—परसाईजी, इस सम्पूर्ण विश्लेषण से स्पष्ट है कि भारतीय

राजनीति का यह अस्थिर दौर है। इसके बीच साहित्यकारों की क्या भूमिका हो सकती है? आखिर रचनात्मक प्रतिबद्धता का कोई सुनिश्चित स्वरूप तो होना ही चाहिए? यह प्रतिबद्धता क्या होगी?

परसाई—मिश्रजी, कोई लेखक अराजनैतिक नहीं हो सकता, लेकिन लेखक का माध्यम राजनीतिज्ञ से अलग होता है। लेखक का माध्यम जोड़-तोड़ का नहीं है। सम्वेदना और ज्ञान का होता है, और वह सीधे अपने समाज को सम्बोधित करता है। लेखन का उद्देश्य हर लेखक का होता है। वह चाहे सस्ता मनोरंजन करके पैसा कमाना ही क्यों न हो। जो लेखक, लेखक के कर्म को आदर्शीकृत करते हैं, और रूमानी बनाते हैं, वे भ्रमजाल रचते हैं। लेखक का कर्म ठोस और वास्तविक है। लेखक, जैसा माना जाता है, भोला प्राणी नहीं है। सन् 51-'52 में अज्ञेय और धर्मवीर भारती के नेतृत्व में जो 'परिमल' संस्था बनी और इनकी दूसरी गतिविधियाँ चलीं वे राजनीति-प्रेरित थीं। ये लोग जवाहरलाल नेहरू की समाजवादी देशों से मित्रता की विदेश नीति तथा पहली और दूसरी योजना में सार्वजनिक उद्योग क्षेत्र के विस्तार के विरोधी थे। इनमें अधिकतर की आस्था डॉ. लोहिया के प्रति थी। इन्हें पूँजीवादी प्रेस का समर्थन भी था, और अभी तक है। ये लोग साम्यवाद-विरोधी राजनीति करते रहे हैं, और प्रगतिशील लेखन पर इन्होंने लगातार हमले किये हैं, जो अभी भी जारी है। ये लोग कोई फूल-पत्ती, बादल और बच्चे की मासूम रचना करनेवाले लोग नहीं हैं। ये गहरी दक्षिणपन्थी राजनीति के साहित्यिक और बौद्धिक आधुनिकतावादी पैरोकार हैं। इनकी आधुनिकता केवल पश्चिमी यूरोप और अमेरिका की आधुनिकता है। ये समाजवादी देशों को आधुनिक क्यों नहीं मानते, जो मानसिकता, विज्ञान और तकनीक में पीछे नहीं, आगे हैं।

लेकिन इसके साथ ही, '52-'53 से ही प्रगतिशील लेखकों का बड़ा तबका भी उठा। इनकी प्रतिबद्धता स्पष्ट है। ये साम्राज्यवाद, पूँजीवाद-विरोधी हैं। शोषित वर्ग के प्रति इनकी सहानुभूति है, और शोषण की मौजूदा व्यवस्था को बदलना इनका लक्ष्य है। ये दो खेमे बिल्कुल साफ हैं। प्रतिबद्धता से कोई बचाव नहीं है। मार्क्सवादी चिन्तन से प्रेरित प्रगतिशील लेखकों की सामाजिक, आर्थिक, राजनीतिक समझ दूसरे लोगों से बहुत बेहतर और बहुत सही है। शोषित वर्ग के प्रति इनकी गहरी सम्वेदना है। जीवन-यथार्थ के ये बहुत नजदीक हैं, और उसे समझते भी हैं। इनका जीवन-संघर्ष का चित्रण वास्तविक और प्रभावी है। निश्चित रूप से इनकी रचनाओं का राजनीतिक उद्देश्य है, क्योंकि कोई भी व्यापक क्रान्ति गैर-राजनीतिक नहीं होती। हम सब लोग अपने अनुभव से जानते हैं कि प्रगतिशील लेखकों का यथार्थवादी लेखन ही पाठकों में अधिक लोकप्रिय और स्वीकृत हुआ है। इसका कारण है कि सामान्य मनुष्य इस साहित्य में अपने जीवन-संघर्षों का विश्वसनीय प्रतिबिम्ब देखता है। उसकी समस्त आशा, आकांक्षा, निराशा, क्रोध और परिवर्तन की इच्छा इस साहित्य में चित्रित होती है।

डॉ० मिश्र—परसाईजी, वर्तमान स्थिति में लेखक का दायित्व क्या है? इसे

आप और अधिक स्पष्ट करें। वर्तमान परिदृश्य जनचेतना के विशिष्ट आग्रह से परिपूर्ण है ?

परसाई—देखिए मिश्रजी, एक बात तो यह समझ लेनी चाहिए कि आम पाठक का बौद्धिक स्तर इन दिनों बहुत बढ़ा है। उसकी समझ बढ़ी है। हो सकता है, वह समझ में लेखक से आगे बढ़ गया हो। इस बात को ध्यान में रखकर हमें लेखन करना चाहिए। दूसरी बात यह है कि वह भ्रम अब टूट जाना चाहिए कि साहित्य का प्रभाव छोटे-से मध्यम वर्ग पर ही पड़ता है। मैंने देखा है कि छोटे-छोटे कस्बों के अर्धशिक्षित लोगों में भी चेतना है, और वे साहित्य को गम्भीरता से लेते हैं तथा समझते हैं। आपका भी अनुभव है कि मध्यप्रदेश में हमने जो पोस्टर कविताएँ चिपकाने का अभियान चलाया है, उससे कितना अधिक लोक-शिक्षण हो रहा है। इन कविताओं के शब्द लोगों को मन्त्रों की तरह याद हो गये हैं। लेखक का सबसे बड़ा कर्त्तव्य इस समय लोक-शिक्षण ही है। इस काम को न विश्वविद्यालय करते हैं, न कॉलेज और न राजनीतिक दल। निश्चित ही यह शिक्षण सीधा उपदेश न होकर साहित्यिक होगा। दक्षिणपन्थी ताकतें इस समय पुनरुत्थानवाद को उभारने में लगी हैं। अपने कल्पित स्वर्णिम अतीत की स्मृति से आधुनिक बोध और जीवन-पद्धति को वे रोकना चाहती हैं। दूसरे यही ताकतें मनुष्य को भाग्यवादी बनाने की कोशिश में हैं। जितने धार्मिक प्रवचन, अनुष्ठान, भजन, कीर्तन, यज्ञ इस समय हो रहे हैं, उतने पहले कभी नहीं हुए। ऐसा एक योजना से हो रहा है। जैसा मार्क्स ने कहा है—धर्म भ्रमात्मक सुख देता है, जबकि मनुष्य को वास्तविक सुख चाहिए जो सामाजिक परिवर्तन से प्राप्त होता है। शोषक वर्ग आम आदमी को भ्रमात्मक सुख में उलझाकर उसे वास्तविक सुख के लिए संघर्ष करने से रोकता है। लेखक को इस पुनरुत्थानवाद और भाग्यवाद से संघर्ष करना चाहिए और इस सम्बन्ध में जनता को शिक्षित करना चाहिए।

दूसरे, दक्षिणपन्थियों का बड़ा हथियार साम्प्रदायिकता है। हिन्दू और मुसलमान दोनों के साम्प्रदायिक नेता पूंजीवाद-सामन्तवाद समर्थक हैं, और अमेरिका के पक्षकार हैं। चाहे जमाइते इस्लामी का नेता हो, चाहे राष्ट्रीय स्वयंसेवक संघ का ——दोनों समाजवाद और लोकतन्त्र विरोधी हैं। इसलिए अपनी रचना से विभिन्न सम्प्रदाय के लोगों को इस षड्यन्त्र से परिचित कराना चाहिए कि धर्म या वर्ण या सम्प्रदाय के आधार पर नहीं, वर्ग के आधार पर संघर्ष करने से उनका कल्याण होगा। इसलिए वे एक हो जायें, लड़ें नहीं। बड़ी संख्या में प्रतिबद्ध लेखक विश्वविद्यालयों और कॉलेजों में पढ़ाते हैं। उन्हें छात्रों को सही शिक्षा देनी चाहिए। उनका राजनैतिक शिक्षण करना चाहिए और उनकी समझ को प्रगतिशील बनाना चाहिए। हमारे लेखक इस काम में अभी तक विशेष रुचि लेते दिखायी नहीं देते। उन्हें अब गम्भीरता से इस काम को लेना चाहिए।

लेखकों को श्रमिकों, किसानों, खेत-मजदूरों से भी सम्पर्क कायम करना चाहिए। उनके बीच जाना चाहिए। इससे लेखक को उनका जीवन-यथार्थ समझ में

आयेगा, और इनका सही शिक्षण होगा। अब वह समय भी आ गया है कि राजनैतिक दलों के नेताओं और श्रमिक नेताओं से लेखक सीधी और साफ-साफ बात करे। वे गलतियाँ करते हैं, लेकिन उन्हें बतानेवाला कोई नहीं है। जैसे मजदूरों से केवल आर्थिक लड़ाई लड़वाते हैं, उनका राजनैतिक शिक्षण नहीं करते और न उन्हें यह अहसास दिलाते हैं कि वही सच्ची क्रान्तिकारी शक्ति हैं। लेखकों को यह बात स्पष्ट करनी चाहिए, जिससे ये नेता अपने को सुधारें। वर्ग-एकजुटता के नाते प्रबुद्ध लेखक का यह अधिकार है।

'देशबन्धु' (जबलपुर एवं रायपुर) में परसाईजी पाठकों के प्रश्नों के उत्तर देते हैं। स्तम्भ का नाम है—'पूछिए परसाई से'। ज्यादातर प्रश्न छोटे कस्बों के लोग करते हैं। पहले अधिकतर हल्के इश्किया और फिल्मी प्रश्न पूछे जाते थे। धीरे-धीरे परसाईजी ने लोगों को गम्भीर सामाजिक-राजनैतिक प्रश्नों की ओर प्रवृत्त किया। दायरा अन्तर्राष्ट्रीय हो गया। इन उत्तरों से सहज ही जन-शिक्षा हो रही है। यही इस स्तम्भ की उपयोगिता है।

—**सम्पादक-मण्डल**

पूछिए परसाई से

महात्मा गाँधी ईसा की तरह 'गाड्स यूनक' बनना चाहते थे

भिलाई से अरविन्द गोस्वामी

प्रश्न—खाड़ी के देशों में इतनी लड़ाई क्यों चलती रहती है ?

□ खाड़ी के देशों में तेल है। वे बहुत धनवान हैं। पर शिक्षा, संस्कृति, राजनीति में पिछड़े हुए हैं। ये देश अमेरिका और यूरोप के औद्योगिक देशों के हाथों में खेलते हैं। तेल की खरीद और बिक्री की स्पर्धा है। इन्हें यूरोप और अमेरिका अपने तेल-स्वार्थ के लिए लड़वाते हैं।

रायपुर से प्रकाश

प्रश्न—एक जैन उद्योगपति को 'जैन शुद्ध वनस्पति' में गाय की चर्बी मिलाकर बेचने के कारण रासुका में गिरफ्तार किया गया है। आपकी प्रतिक्रिया ?

□ जैन समाज को और उनके धर्म-गुरुओं को, इन जैनों को जाति और धर्म से निकाल देना चाहिए। किसी जैन मुनि ने अभी तक इस कर्म की निन्दा नहीं की। पैसेवाला धर्म भी खरीद सकता है। सिर्फ एक इस कम्पनी का मामला नहीं है। यह तो पकड़ा गयी। सैकड़ों कम्पनियाँ देश में हैं, जो सूअर या गाय की चर्बी का उपयोग करती हैं। होटलें चर्बी का इस्तेमाल करती हैं। धन का लोभ ऐसा है कि मनुष्य की चर्बी ज्यादा अच्छी होती हो, तो ये पूंजीवादी मनुष्य के कसाई-घर गुप्त रूप से खोल दें। पण्डित नेहरू ने 1948 में घोषणा की थी—मुनाफाखोर को बिजली के खम्भे से लटका दिया जायेगा। पर हर बिजली के खम्भे के पास एक मुनाफाखोर फूलता-फलता है, वह लटकाया नहीं जाता। पूरी व्यवस्था पर बेईमानों का कब्जा है। ये बेईमान एक-दूसरे की रक्षा करते हैं। कौन किसे पकड़े और सजा दिलवाये ? जनता का गुस्सा जब सीमा से बाहर हो जायेगा, तब जरूर वह मनुष्य-विरोधियों को बिजली के खम्भे से लटकायेगी। अभी तो मेरा ऐसा विश्वास है, कि बहुत करके ये जैन कम्पनीवाले बेदाग छूट जायेंगे। असल में हुकूमत, पुलिस, शासनतन्त्र और न्यायालय सब इन्हीं लोगों के हैं।

रायपुर से ज्ञानेश्वर पाटिल

प्रश्न—भारतीय अदालतों में गीता व कुरान की कसम दिलायी जाती है, क्या विदेशों में भी ऐसी कोई व्यवस्था है ?

□ गीता और कुरान की कसम तो अब अदालतों में नहीं खिलायी जाती पर ईश्वर के नाम से कसम खिलायी जाती है—इसलिए कि आस्तिक झूठ नहीं

बोलेगा। ईसाई देशों में भी ईश्वर की कसम खिलायी जाती है और इस्लामी देशों में भी। समाजवादी देशों में ऐसी कसम नहीं खिलायी जाती पर ऐसी कसम से कुछ नहीं होता। अधिकतर लोग कसम खाकर झूठ बोलते हैं।

बालोद से कमलकान्त साहू

प्रश्न—प्रतिभाएँ प्रकृति-प्रदत्त उपहार हैं या गढ़ी जा सकती हैं?

☐ वैज्ञानिक टामस एल्वाएडीसन ने कहा है—जीनियस इज वन परसेन्ट इन्स्पिरेशन एण्ड नाइन्टी नाइन परसेन्ट पर्सपिरेशन। यानी प्रतिभा एक प्रतिशत प्रेरणा होती है और निन्नानवे प्रतिशत मेहनत। प्रतिभा प्राकृतिक भी होती है, मगर उसे अनुभव, प्रयोग और अध्ययन से विकसित करना होता है।

कांकेर से सुरेशचन्द्र श्रीवास्तव

प्रश्न—वर्तमान राजनीतिक व्यवस्था में उच्च तथा निम्न जातियों के मध्य महत्त्व की क्या स्थिति है?

☐ भारतीय समाज में वर्ण-व्यवस्था है, अछूत प्रथा है। अछूत प्रथा दुनिया की किसी सभ्यता में नहीं रही। प्राचीन ग्रीस में दास थे। मगर ये दास दिन-भर गन्दी-से-गन्दी सेवा और कई तरह के शारीरिक कार्य करके भी मालिक के साथ रात को भोजन करते थे। अपने समाज में कट्टर ब्राह्मण कायस्थ के घर भी भोजन नहीं करता। फिर हर वर्ण में जातियाँ और उपजातियाँ हैं। कई तरह के ब्राह्मण हैं। इनमें आपस में विवाह-सम्बन्ध नहीं होते। शूद्रों में भी छुआछूत है।

प्राचीन काल में शारीरिक श्रम करनेवाले को हीन माना गया। निम्न प्रकार के श्रम करनेवाले को तो अछूत बना दिया। अभी भी जाति-भेद है, अछूत प्रथा है। राजनीतिवाले चाहे किसी पार्टी के हों, इन नीची जातियों के वोट चाहते हैं, इन्हीं वोटों से जीतते हैं। इन्हें सवर्णों से अलग रखना और इनके इकट्ठे वोट प्राप्त करना राजनेताओं का षड्यन्त्र है। इन पर अत्याचार कराके फिर इनकी रक्षा का जिम्मा लेकर इनके वोट प्राप्त किये जाते हैं।

ऊँची जातियों में भी राजनैतिक उद्देश्य से जाति-भेद और जाति-एकता रखे जाते हैं। कान्यकुब्जवाद और कायस्थवाद तो मशहूर हैं। जाति के नाम पर वोट दिये जाते हैं। चरणसिंह की सारी राजनीति का आधार जाट हैं। जगजीवनराम हरिजनों के आधार पर हैं। जाति की राजनीति में काफी भूमिका है।

मगर वर्ण-भेद नहीं, वर्ग-भेद प्रमुख है। नीची जाति का आदमी धनी हो जाय तो वह ऊँची जातियों में सम्बन्ध रखता है। जगजीवनराम चमार हैं, पर ब्राह्मण स्वार्थ के लिए उनके चरण छूते थे, जब वे मन्त्री थे। फिर कार्य के उत्पादन के साधन से वर्ण बदलता है। हाथ के औजारों से जूते बनानेवाला और मरम्मत करनेवाला परम्परागत चमार होता है। उसका लड़का आई. टी. आई. में लेदर टेक्नालॉजी सीखकर बाटा शू कम्पनी में नौकरी करता है, तो कारीगर, टेक्नीशियन हो जाता है। वह चमार नहीं रहता। वह ऊँची जाति के लोगों में शामिल हो जाता है।

भिलाई से रमेशकुमार

प्रश्न—क्या यह सम्भव है कि भारत पहले से भी अधिक दासता में बँध जाये ?

☐ यह कतई सम्भव नहीं है। कोई दूसरा देश यहाँ अब साम्राज्य स्थापित नहीं कर सकता। पर अमेरिका के आधिपत्यवाले अन्तर्राष्ट्रीय आर्थिक संगठनों के जाल में जरूर हम फँसते चले जा रहे हैं। इसका प्रभाव पड़ रहा है। फिर एक नया सांस्कृतिक साम्राज्यवाद भारत में पनप रहा है। अमेरिका हथियारों की सप्लाई करके तथा सैनिक अड्डे बनाकर भी अर्द्धविकसित देशों पर हावी होता है। भारत सैनिक सामग्री सब देशों से खरीदता है। अधिक सैनिक सामग्री रूस से खरीदता है। इसके साथ ही सुरक्षा सामग्री की अपनी उत्पादन क्षमता भी लगातार बढ़ा रहा है।

पहले की दासता–साम्राज्यवाद–दूसरे प्रकार का था। जैसे ब्रिटिश साम्राज्यवाद सैन्यबल से पिछड़े देश पर कब्जा करता था, वहाँ का शासन अपने हाथ में ले लेता था। उस देश का शोषण करता था। पर दूसरे महायुद्ध के बाद जब यूरोप का साम्राज्य खत्म हुआ, तो उसकी जगह ले ली, अमेरिकी नवसाम्राज्यवाद ने। अमरीका नवस्वतन्त्र देशों में कठपुतली सरकारें स्थापित करता है। कर्ज, सैनिक सामग्री, तकनीक आदि से उसे अपने ऊपर निर्भर रखता है। इसके लिए अमेरिका लोकतन्त्र का नाश करके वहाँ तानाशाही बिठाता है। तानाशाह को लोकसमर्थन नहीं होता, इसलिए वह पूरी तरह अमरीका पर निर्भर रहता है।

मुझे भारत में ऐसी सम्भावना नहीं दिखती।

मगर एक असम्भव सम्भव हो जाय—यानी भारतीय जनता पार्टी की सरकार दिल्ली में बन जाय तब क्या होगा, कह नहीं सकते।

रायपुर से दिनेशकुमार

प्रश्न—कर्नल गद्दाफी ने एक किताब लिखी है, यह किस तरह की चीज है ?

☐ लीबिया के नेता कर्नल गद्दाफी असाधारण आदमी हैं। वे न राष्ट्रपति हैं, न प्रधानमन्त्री। वे लीबियाई क्रान्ति के नेता के नाम से शासन करते हैं। युवा हैं, किसी फिलमी हीरो की तरह खूबसूरत हैं। वे अमेरिकी साम्राज्यवाद के कट्टर विरोधी हैं। मगर अफ्रीका और अरब जगत में उनका रोल अटपटा होता है। कभी वे पी. एल. ओ. का पूर्ण समर्थन करते हैं, कभी विरोध करते हैं। वे अपने को समाजवादी कहते हैं। लीबिया तेल के कारण बहुत धनी है।

गद्दाफी ने माओत्से-तुंग की 'लाल किताब' की तरह एक हरी किताब लिखी है। इसमें अपने राजनैतिक विचार समझाये हैं और लीबिया के विकास की रूपरेखा भी है। इस पुस्तिका को मैंने पढ़ा नहीं है। इसके बारे में टिप्पणियाँ पढ़ी हैं। ऐसा मालूम होता है कि गद्दाफी मार्क्स और मोहम्मद को एक साथ मानकर चल रहे हैं।

महासमुंद से पी. आर. चौहान

प्रश्न—गाँधीजी के ब्रह्मचर्य प्रयोग के बारे में आपका क्या कहना है ?

☐ गाँधीजी ने 4 बेटों के बाप होने के बाद लगभग जवानी की दोपहर में,

ब्रह्मचर्य व्रत ले लिया था। उन्होंने पाँच व्रत लिये थे—सत्य, अहिंसा, अस्तेय, अपरिग्रह, ब्रह्मचर्य। ब्रह्मचर्य के बारे में वैज्ञानिकों का कहना है कि यह अप्राकृतिक तथा अवैज्ञानिक है तथा इससे कुण्ठाएँ तथा मानसिक विकृतियाँ पैदा होती हैं। पर भारत में प्राचीन काल से ब्रह्मचर्य को शक्ति का साधक माना गया है। ईसाई धर्म में भी पादरियों और साध्वियों (नन्स) के विवाह न करने की व्यवस्था है। पर आमतौर पर ब्रह्मचर्य धारण किये पादरी और नन्स क्रूर होते हैं। मिशन स्कूलों में पढ़ानेवाली 'नन्स' सेडिस्ट (दूसरे को दुख देकर स्वयं सुख-बोध करना) होती हैं। ये बच्चों के कान खींचती, चिकोटी लेतीं, तथा क्रूर व्यवहार करती हैं। यह काम के दमन के कारण है। कुछ पादरी समलैंगिक सम्बन्ध रखते हैं।

गाँधीजी ने ब्रह्मचर्य का प्रयोग अपने अन्तिम दिनों में किया। यों ऐसा पहले भी होता था कि आधी रात को उनके शरीर में कँपकँपी होती थी। आश्रमवासी तब उनके हाथ-पाँव की मालिश करते थे, तब वे शान्त होकर सोते थे। मनोवैज्ञानिक इसे एक काम-क्रिया मानते हैं। नोआखाली में 1946 में गाँधीजी हिन्दू-मुस्लिम सद्भाव के लिए यात्रा कर रहे थे। साथ में सुशीला नायर, मनु गाँधी तथा दूसरे आश्रमवासी थे। नोआखाली में उन्होंने सोचा, मेरे तप में कमी है। मेरा ब्रह्मचर्य शायद पूरा नहीं है। मैं ब्रह्मचर्य का प्रयोग करूँगा। यह प्रयोग कैसा हुआ, यह सबसे पहले पुस्तक-रूप में लिखा उनके साथ यात्रा कर रहे प्रो. बोस ने। उनकी पुस्तक है—गाँधीज़ एक्सपेरीमेंट्स विथ ब्रह्मचर्य। प्रयोग यों था—उन्होंने पहले सुशीला नायर से कहा कि हम दोनों एक ही बिस्तर में सोयेंगे। यों तब गाँधीजी की उम्र 75 साल से आगे थी। सुशीला नायर तो बहाना बनाकर किसी और जगह काम करने चली गयी। तब गाँधीजी ने मनु गाँधी को राजी किया। दोनों एक ही बिस्तर में सोते थे। सुबह गाँधीजी सोचते थे कि मुझे रात को कैसा लगा और मनु से पूछते थे। प्रो. बोस इससे असहमत थे। उन्होंने विरोध किया तो गाँधीजी ने उनकी छुट्टी कर दी। प्रयोग चलता रहा। गाँधीजी ने नेहरू, पटेल, कृपलानी आदि नेताओं को पत्र लिखे कि मैं यह प्रयोग कर रहा हूँ। सबसे मजे का जवाब कृपलानी ने दिया—आप तो महात्मा हैं। पर ज़रा सोचिए, आपकी देखादेखी छुटभैये, ब्रह्मचर्य का प्रयोग करने लगें तो क्या होगा? गाँधीजी ने हरिजन में लेख भी लिखा। प्रो. बोस ने अपनी पुस्तक में यह सब विवरण दिया है और सवाल किया है कि मनोवैज्ञानिक इसका समाधान सोचें। गाँधी कहते थे—मैं ईसामसीह की तरह गाड्स यूनफ (ईश्वरीय नपुंसक) होना चाहता हूँ। प्यारेलाल, विजय तेन्डुलकर, वेद मेहता वगैरह ने भी गाँधीजी की जीवनी में ब्रह्मचर्य के इस प्रयोग का विवरण दिया है। कुछ मनोवैज्ञानिकों का कहना है कि जीवन-भर काम का दमन करने की यह प्रतिक्रिया थी। उन्हें रात को कँपकँपी आना और मालिश के बाद शान्त होना भी, काम-सन्तोष था। वे जीवन की अन्तिम रात तक यह प्रयोग करते रहे।

9 अक्टूबर, 1983

पण्डितों को पटाइए

नन्दिनी नगर से राजेन्द्र सोनबोइर

प्रश्न—जिया ने सन् '85 में चुनाव कराने की घोषणा की है, उनकी यह आदत कब तक बरकरार रहेगी ?

□ पाकिस्तान में इस समय लोकतन्त्र की बहाली के लिए जन-आन्दोलन चल रहा है, जिसे जिया कुचल नहीं पा रहे हैं। वे ढीले पड़े हैं। वे जल्दी चुनाव कराने और प्रस्तावित संविधान में परिवर्तन करने को राजी हैं। हालत खस्ता है। जनता के नेता कहते हैं कि पहले राष्ट्रपति पद से हटो और चुनाव कमीशन को पाकिस्तान के मूल संविधान के अनुसार चुनाव कराने दो। आन्दोलन जोर पर है। अमेरिकी प्रेस और रेडियो आन्दोलन और उसके दमन के समाचार ज्यादा दे रहे हैं। शायद अमेरिका जिया की जगह दूसरे जनरल को बिठाने की तैयारी में हो। पर अब जनरल राष्ट्रपति के दमन से काम चलेगा नहीं। किसी रूप में लोकतन्त्र से कम जनता स्वीकार नहीं करेगी।

भिलाई नगर से सरजू धमगेश्वर

प्रश्न—श्री अटलबिहारी वाजपेयी द्वारा पूरे म. प्र. में आग लगा देने की बात कहना क्या उनके-जैसे वरिष्ठ नेता के लिए शोभनीय है ?

□ अटलबिहारी शब्द-वीर हैं। उनकी नेतागिरी बोलने की क्षमता पर टिकी है। जब कैलाश जोशी ग्वालियर में जयविलास पैलेस में विजयाराजे सिन्धिया की सम्पत्ति के लिए अनशन पर बैठे थे, तब अटलबिहारी ने कहा था—यदि कैलाश जोशी को कुछ हो गया—(याने वे मर गये) तो मध्यप्रदेश में आग लग जायेगी। कैलाश जोशी ने बड़ी नासमझी की जो संघ के नेताओं के बहकावे में आकर पारिवारिक सम्पत्ति के विवाद में बीच में पड़कर अनशन पर बैठ गये—खासकर जब कई मामले अदालत में हैं। कैलाश जोशी सीधे और नरम माने जाते हैं। वे दीनदयाल उपाध्याय की तरह हैं। इसीलिए कट्टर संघी नेता उन्हें पसन्द नहीं करते। 1977 में उन्हें बहुत तंग करके उनसे मुख्यमंत्री का पद इन्हीं ने छुड़वाया था। कैलाश जोशी को समझ होती तो तभी जनसंघ छोड़ देते। पर वे आये हैं शाखा से। संघ के खुर्राट नेता कैलाश जोशी को सीधा समझकर उन्हें चने के झाड़ पर चढ़ा देते हैं। वे सहानुभूति नहीं, उपहास पा रहे थे। लोग उन पर हँस रहे थे। अपनी गलती उन्हें चौथे दिन समझ में आ गयी थी। और वे किसी बहाने उपवास छोड़ना चाहते थे। उन्होंने शीतलासहाय से कहा था कि मुख्यमन्त्री से कुछ भी लिखवा लाओ जिससे मैं मुसम्बी का रस पी लूँ। पर मुख्यमन्त्री भी खिलाड़ी हैं। वे दुर्गति कराना चाहते थे। अगर भारतीय जनता पार्टी के खुर्राट संघी नेताओं को लगता कि कैलाश जोशी के मरने से पार्टी-लाभ होगा तो वे उन्हें मर जाने देते। कैलाश जोशी समझ गये थे कि मेरे नेता मुझे मर जाने देंगे। इसीलिए

उन्होंने खुद ग्लूकोस और रस पी लिया।

अटलबिहारी वाजपेयी का प्रदेश में आग लगाने का बयान बचकाना है। माधवराव साफ कहता है—मेरे परिवार की सम्पत्ति को भारतीय जनता पार्टी हड़पना चाहती है। सम्पत्ति हड़पने के लिए अटलबिहारी प्रदेश में आग लगाना चाहते हैं। तो फिर स्वयंसेवकों से कहें कि पैसा लेकर मकान खाली कराने और मकान पर कब्जा कराने का प्रोग्राम चलायें। लाखों रुपये मिल जायेंगे।

प्रदेश में आग लगाने कौन देता? लोग क्या मूर्ख हैं? प्रदेश में भारतीय जनता पार्टी की हालत बहुत खराब है। नकारात्मक वोट पाना समर्थन नहीं होता है। अगर यह पार्टी उपद्रव, तोड़फोड़, दंगे, अराजकता की कोशिश करती तो लोग विरोध करते। शासन भी उपद्रवियों को कुचल देता।

नंदिनी नगर से राजेन्द्र सोनबोइर

प्रश्न—थाईलैण्ड की राजधानी बैंकाक में 'विश्व पंजाबी सम्मेलन' का औचित्य?

☐ दक्षिण एशिया में पंजाबी बहुत हैं। खासकर सिख। बर्मा, न्यूजीलैण्ड और आस्ट्रेलिया में बहुत पंजाबी हैं। खासकर सिख। ये धन्धे, खेती, ठेकेदारी, डेरी फार्मिंग करते हैं। ये बहुत धनवान हैं—पंजाब के पंजाबियों से ज्यादा। इसलिए वे बैंकाक में पंजाबी सम्मेलन कर रहे हैं। आप कहेंगे—अमृतसर में तो उन्मादी सन्त भिण्डरावाला फौज लिये बैठे हैं। उनके कारण कोई सन्तुलन-समझदारी की बात हो नहीं सकती। फिर अगर विदेशों में बसे इन सिखों को 'खालिस्तान' की माँग पर प्रस्ताव करना है तो यह भारत में नहीं कर सकते। अकाली नेताओं ने घोषणा कर दी है, हमें 'खालिस्तान' की माँग से कोई मतलब नहीं है।

भिलाई से नलिन पटेल

प्रश्न—फूल हो, पदक हो या बिल्ला, लोग उसे दिल के करीब क्यों लगाते हैं?

☐ दिल के करीब जानबूझकर नहीं लगाते। सीने पर लगाते हैं। यह जगह खाली है। हाथों से काम करना पड़ता है। पाँवों से चलना पड़ता है। गर्दन से लेकर कमर तक का हिस्सा सपाट और बेकाम है। तो खाली जगह में फूल या बिल्ला लगा लेते हैं। वैसे तो नाक और कान में भी आभूषण पहने जाते हैं।

दुर्ग से देवेन सोलंकी

प्रश्न—मैं समझता हूँ कि प्रउत एक अलगाववादी आन्दोलन है, आपका क्या खयाल है?

☐ 'प्रउत', प्राउटिस्ट आन्दोलन, जिसके प्रधान प्रभातरंजन सरकार हैं, जो 'आनन्दमूर्ति' कहलाते हैं, एक रहस्यात्मक आन्दोलन है। प्रभातरंजन के बारे में चमत्कारिक किस्से हैं। उनमें अलौकिक शक्ति होने का प्रचार किया जाता है। इन आनन्दमूर्ति के बारे में जो भी मिल सका मैंने पढ़ा और जाना है। उनकी पत्नी का इण्टरव्यू पढ़ा है जिसमें पत्नी ने उन्हें क्रूर और समलैंगिक बताया है। इस

आन्दोलन से भागे लोगों ने भी बहुत-सी बातें बतायी हैं। आनन्दमूर्ति के आनन्द-मार्ग में तन्त्र, मन्त्र, शवसाधना, नरबलि, शाक्त-साधन सब हैं। इसके आश्रमों में नरमुण्ड पाये गये हैं। कई आनन्दमार्गियों पर हत्या के मुकदमे चले हैं। प्रभात-रंजन भी जेल में रहे हैं। मुझे यह उन्मादी फासिस्टी आन्दोलन समझ में आता है। यह भी मालूम होता है कि यह सी. आई. ए. द्वारा समर्थित आन्दोलन है। वैसे इनकी घोषणाएँ और सिद्धान्त आकर्षक हैं। ये आदर्श मानवीय व्यवस्था की घोषणा करते हैं। ऐसी घोषणाएँ हर मानव-विरोधी फासिस्ट संगठन करता है, पर इनके पक्के उद्देश्य होते हैं—लोकतन्त्र और समाजवाद का विरोध।

कोरबा से रमेश साहू

प्रश्न—अमेरिका के अगले राष्ट्रपति चुनाव के लिए स्व. मार्टिन लूथर किंग के एक काले सहयोगी का नाम, उम्मीदवारी की चर्चा में है। क्या एक काले उम्मीदवार के अमेरिकी राष्ट्रपति बनने की गुंजाइश है?

☐ अमेरिकी राष्ट्रपति का चुनाव यदि मार्टिन लूथर किंग का अनुयायी लड़ रहा है तो यह प्रतीकात्मक है—यानी इस अधिकार का दावा करता है कि काला आदमी भी राष्ट्रपति हो सकता है। पर वह जीतेगा नहीं। अमेरिका में रंगभेद बहुत है। महान नीग्रो गायक पाल राब्सन जब गायन कार्यक्रम देता था, तो गोरे लोग भीतर हॉल में बैठकर नहीं सुनते थे। वे हजारों की तादाद में बाहर खड़े हुए उसे सुनते थे। अन्ततः पाल राब्सन ने घोषणा कर दी कि मैं सफेदपोशों में नहीं गाऊँगा। मैं सिर्फ मजदूरों के लिए उनकी बस्तियों में गाऊँगा। अभी कुछ समय पहले अमेरिकी राष्ट्रपति ने एण्ड्रू यंग नामक नीग्रो को राष्ट्रसंघ में प्रतिनिधि नियुक्त कर दिया। स्वभावतः उसकी सहानुभूति अफ्रीकी देशों और फिलिस्तीनियों से होगी। वह फिलिस्तीनी नेताओं से मिलता रहा। अफ्रीकी नेताओं से मिलता रहा। यह सब अमेरिकी प्रशासन को पसन्द नहीं आया, अन्ततः यंग को उस पद से हटना पड़ा। अमेरिका यूरोप से गये हुए गोरे लोगों का देश है। वहाँ के मूल निवासी रेड इण्डियनों को इन लोगों ने मार डाला या गुलाम बना लिया। फिर अफ्रीका से जहाजों में भरकर लाखों गुलाम खरीदे। ऐसा गोरा साम्राज्यवादी देश किसी काले को राष्ट्रपति नहीं बनायेगा। मगर काले लोगों को अधिकारपूर्वक चुनाव लड़ना चाहिए।

रायपुर से अनुपमदास

प्रश्न—भाकपा और माकपा दोनों वामपन्थी हैं, फिर एक होकर चलने में क्या रुकावट है?

☐ भई, आप दोनों पार्टियों के मुख पत्र 'न्यूएज' और 'पीपुल्स डेमोक्रेसी' नियमित पढ़ा करिए। इसके सिवा 1945 से लेकर अब तक के, पहले संयुक्त सी. पी. आई. तथा बाद में दोनों अलग पार्टियों के दस्तावेज भी पढ़िए। प्रस्ताव पढ़िए। तब आप समझेंगे। इस कालम के द्वारा मैं आपको नहीं समझा सकता। आपका प्रश्न एक छोटी-मोटी किताब की माँग करता है।

रायपुर से बी. प्रकाश शर्मा

प्रश्न—एक विख्यात ज्योतिषी ने भविष्यवाणी की है कि पाकिस्तान भारत में लिया जायेगा, पाकिस्तान की वर्तमान स्थिति को देखते हुए यह सम्भव लगता है?

☐ पाकिस्तान की वर्तमान स्थिति को देखते हुए कुछ भी नहीं कहा जा सकता। मैं यह 17 अगस्त, 1983 को लिख रहा हूँ, जब वहाँ फौजी तानाशाही के खिलाफ आन्दोलन चल रहा है। ज्योतिषीजी की भविष्यवाणी ठीक नहीं है। अन्दाज यह है कि पाकिस्तान के और टुकड़े होंगे। बांग्ला देश बनने से लोग बड़ी उम्मीद कर रहे थे। पर वहाँ भी तानाशाही है और इस्लामिक राष्ट्र हो गया है। हमने शेख मुजीब से बड़ी आशा बाँधी थी। पर फौज ने उन्हें मार डाला। बंगला देश से हमारे सम्बन्ध खास अच्छे नहीं रहेंगे। वह अमेरिका गुट में जा रहा है। आगे कभी तीनों देशों के नेता समझें तो एक 'कनफेडरेशन', 'महासंघ', बन सकता है।

कु. अ. ब. स.

प्रश्न—मैं अपनी निजी जिन्दगी से सम्बन्धित एक प्रश्न आपसे पूछना चाहती हूँ। मैं अपने एक रिश्ते के भाई से शादी करना चाहती हूँ। विदेशों में तथा भारत के कुछ धर्मों में इसकी इजाजत है। जब सारी समाज-व्यवस्था धर्मनिरपेक्ष होती जा रही है तो फिर हिन्दुओं में ऐसा क्यों नहीं हो सकता?

☐ समाज की तत्कालीन हालत और सुविधा के अनुसार कई शताब्दी पहले विवाह के नियम बने थे। इनका धर्म से कोई सम्बन्ध नहीं है। इसका सम्बन्ध इतिहास और समाजशास्त्र से है। आर्यों में एक गोत्र में विवाह वर्जित है। दूर के भी रिश्ते के भाई-बहिन में शादी वर्जित है। ये नियम तब बने जब समाज खेती और पशुपालन की स्टेज में थे। छोटे-छोटे समूहों में लोग रहते थे। आवागमन के साधन थे नहीं। अब मद्रास में रहनेवाला दिल्लीवाले से विवाह करता है। अदालत में विवाह होता है। समाज का रूप बदल गया। इसलिए गोत्र का बन्धन बहुत ढीला हो गया। दूर के रिश्ते के भाई-बहिन में शादी अभी भी स्वीकार नहीं की जाती। पर मैंने दो ऐसी शादियाँ होती देखी हैं। और दोनों में पण्डितों ने ही प्राचीन शास्त्रों से प्रमाण देकर शादी को उचित ठहराया। दक्षिण भारत में मामा-भांजी की शादी होती है। मुसलमानों में मौसेरे भाई-बहिन, चचेरे भाई-बहिन में शादी होती है। जब अरब में विवाह के नियम बने थे तब कबीले थे। कबीलों में लड़ाइयाँ होती थीं। इसलिए दूर का लड़का और लड़की खोजना सम्भव ही नहीं था।

यदि आप परम्परागत रीति से विवाह करना चाहती हैं तो दो रास्ते हैं—किन्हीं प्रतिष्ठित 'पण्डितों को पटाइए'। वे शास्त्र-प्रमाण इस शादी के पक्ष में जरूर दे देंगे। शास्त्रों में सारी गुंजाइशें हैं। मैंने बताया ही है कि दो शादियाँ दूर के भाई-बहिन में मेरे सामने पण्डितों ने ही करायीं और अखबारों में शास्त्रों के प्रमाण भी छपवा दिये। या आप अदालत में शादी कीजिए।

2 अक्टूबर, 1983

राजनैतिक घराने के एहसान से बच्चन को लाभ हुए हैं

भोपाल पटनम से एस. के. माँझी

प्रश्न—देश की भू. पू. प्रधानमन्त्री को भी चुनाव में दो-दो जगह से क्यूं खड़ा होना पड़ता है? क्या पराजय के डर से?

☐ जिसे पक्का जीतना है, वह यही करता है। इन्दिरा गाँधी दो क्षेत्रों से चुनाव फार्म भरती हैं। अगर एक जगह फार्म किसी तकनीकी कारण से नामंजूर हो गया तो दूसरी जगह से तो उम्मीदवार रहेंगी ही। दोनों जगह से जीत गयीं तो एक सीट छोड़ देंगी। चुनाव में जीतना किसी का भी निश्चित नहीं होता।

रायपुर से अपूर्व शर्मा

प्रश्न—गाँधी सारी जिन्दगी बकरी का दूध पीते रहे, लेकिन गाँधीवादी केवल गौ-हत्या के विरोधी हैं, बकरी में उन्हें प्राण नहीं दिखते क्या?

☐ आप ठीक कहते हैं। बकरी-रक्षा-आन्दोलन और बकरा-रक्षक-आन्दोलन चलाना चाहिए। गाय हजारों सालों से आर्यों के लिए विशेष श्रद्धा की पात्र रही है। उसे माता कहते हैं। मगर यह गौमाता अगर आँगन में रखे गेहूँ को खाने लगे तो उसे हिन्दू डण्डे मारेगा—माता को। गाय को आर्यों ने पहले पाला। जंगली गाय पहले उनके वश में आयी। भैंस को बड़ी मुश्किल से बाद में पाला गया। गाय का दूध पीते हैं। उसके बेटे बैल हल खींचते हैं। चमड़े से जूते बनते हैं। गाय का मूत्र 'डिसइन्फेक्टेण्ट' होता है। गाय सीधी होती है। आक्रामक नहीं होती, इसलिए गाय के प्रति यह भावना है। पर गौ-रक्षा आन्दोलन चाहे कांग्रेसियों का हो चाहे संघियों का—एक स्टण्ट है। जनसंघ ने तो काफी साल गौमाता के नाम से ही राजनीति की। अन्ततः गौ-रक्षक सिर्फ विनोबा भावे बचे।

रायपुर से अतुल श्रीवास्तव

प्रश्न—राजधानी दिल्ली के रेस्तराओं में हिन्दुस्तानियों को शराब नहीं मिलती, विदेशियों को ही दी जाती है। ऐसा क्यों? या भारत के और शहरों में ऐसा क्यों नहीं?

☐ मुझे भी सरकार का यह तर्क समझ में नहीं आता। एक बात है कि विदेशियों को विशेष सुविधा दी जाय। दूसरी बात यह है कि यूरोप-अमेरिका के लोग शराब का इस्तेमाल भोजन की तरह करते हैं। यह उनकी दैनिक जरूरत है। भारतीय ज्यादा पीकर रेस्तराओं में हुल्लड़ न करें, अपराध न करें, इसलिए भारतीयों के लिए रोक लगायी होगी। दिल्ली देश की राजधानी है न। मगर नशाबन्दी इस तरह के कानून से और पुलिस से कभी सफल नहीं होगी। जहाँ नशाबन्दी लागू है, वहाँ सब तरह की शराब बिकती है। हाथ-भट्ठियाँ बेहिसाब होती हैं। आपको वहाँ पुलिसवाला ही शराब दिला देगा। नशा पूरी तरह तो कभी खत्म नहीं होगा। उसे कम किया जा सकता है। पर उसके दूसरे तरीके हैं।

भिलाई से प्रदीप मिश्रा

प्रश्न—वनस्पति घी में गाय की चर्बी मिलाने के मामले सामने आ रहे हैं। क्या आप वनस्पति घी खाते हैं ?

☐ मिलावट इतनी है कि हम किस चीज में क्या खा रहे हैं, इसका ठिकाना नहीं। गाय की चर्बी का पता तो अब दिल्ली के एक 'अहिंसा परमो धर्मः' वाले जैन की कम्पनी के छापे में लगा है। पर पता नहीं कब से लोग गाय और सूअर की चर्बी खा रहे हैं। मैं अपने बारे में बता भी दूं, तो आपका क्या फायदा ?

राजनांदगांव से सिद्धार्थ कुमार गजभिए

प्रश्न—श्रीमती तेजी बच्चन फरमाती हैं कि अमिताभ अगर राजनीति में जायेगा तो मरने के बाद भी उनकी आत्मा कभी चैन नहीं पायेगी। क्या सचमुच राजनीति इतनी गन्दी है ?

☐ तेजीजी राजनीति को इतनी गन्दी समझती होंगी। उनकी समझ सीमित है। वे यह क्यों भूल जाती हैं कि बच्चनजी को विदेश विभाग में जो ऊँची नौकरी मिली और फिर वे 12 साल राज्यसभा के सदस्य रहे, सो इस कारण कि बच्चन परिवार के गहरे सम्बन्ध राजनैतिक परिवार, नेहरू-परिवार से रहे। तेजी इन्दिराजी के दरबार में बैठती रही हैं और अमिताभ राजीव का दोस्त है। राजनैतिक घराने के अहसान से तो तेजी, बच्चनजी, अमिताभ बड़े हुए हैं। मगर तेजी राजनीति को गन्दी चीज समझती हैं। उनसे कहा जाय कि यदि यही उनका विश्वास है तो वे अखबार में यह बयान भी दे दें कि इन्दिरा गाँधी के मरने बाद उनकी आत्मा चैन नहीं पायगी क्योंकि वे राजनीति में हैं। तेजी यह खतरा नहीं उठायेंगी। असल में अमिताभ राजनीति में चल नहीं सके। रामाराव भी नहीं चला पा रहे हैं। तेजी चाहती हैं कि बेटा फिल्म में रहे और घर में दौलत भरती जाय।

बड़े आदमियों की बीवियाँ और मशहूर आदमियों की माँएँ ऐसे फालतू बयान देती ही रहती हैं। अन्तर्राष्ट्रीय राजनीति पर एलिजाबेथ टेलर की माँ के बयान को कोई गम्भीरता से नहीं लेगा।

ग्राम बेंहामुड़ा से अश्वनी कुमार पटेल

प्रश्न—खेल-मैदान पर जो विपुल धनराशि खर्च की जा रही है, वही अगर खेतों को हरा-भरा करने पर व्यय की जाय तो क्या देश की लकीरें नहीं बदलेंगी ?

☐ खेल भी आदमी की जरूरत है। खेल पर खर्च जरूरी है। आदमी सिर्फ रोटी से नहीं जीता। यह जरूर है, खेलों पर व्यर्थ बहुत-सा खर्च नहीं होना चाहिए। कौन-से खेतों को हरा-भरा रखना चाहते हैं आप ? जो बड़े भूमिपति हैं, उनके पास ट्रैक्टर हैं, बीज हैं, सिंचाई के लिए पम्प है, खाद है। इनके खेत हरे-भरे हैं। रहे 90 फीसदी छोटे किसान। उनके खेत तभी हरे-भरे हो सकते हैं जब ये सहकारी खेती करें। बड़े सहकारी फार्म मैंने रूस में देखे हैं। उनके पास अब साधन हैं। सहकारी हरे-भरे हैं। हर किसान सम्पन्न है। फार्म का अपना थियेटर भी होता है। जवाहरलाल नेहरू ने सहकारी खेती की व्यवस्था लागू करने की

बहुत कोशिश की, पर कांग्रेस पार्टी में ही इसका विरोध हुआ, क्योंकि कांग्रेस पूंजीवाद समर्थक है। दूसरी सामन्तवादी पूंजीवादी पार्टियों और गुटों ने भी विरोध किया। छोटे किसानों को बहकाया गया कि सहकारी खेती में जमीन तेरे हाथ से निकल जायेगी।

खेल-कूद पर खर्च का स्टण्ट पूंजीवादी समर्थक पार्टियाँ उठाती हैं। सवाल मूल यह है—क्या सामाजिक-आर्थिक व्यवस्था में आप पूर्ण परिवर्तन करना चाहते हैं? कर सकते हैं? परिवर्तन हुआ तो दुर्गति बढ़ती जायेगी। छोटा किसान खेत-मजदूर होता जायेगा और बड़ा भूमिपति बढ़ता जायेगा।

खरसिया से हन्नू ठाकुर

प्रश्न—भारत में हिन्दी पत्रकारिता, अंग्रेजी पत्रकारिता जितनी प्रोफेशनल नहीं हो पायी, ऐसा क्यों?

☐ हिन्दी पत्रकारिता भी अब प्रोफेशनल काफी हो गयी है। अँगरेजी पत्र आमतौर पर औद्योगिक घराने निकालते हैं या श्रृंखलाबद्ध पत्र प्रकाशक। अँगरेजी पत्र राष्ट्रीय पत्र होते हैं। जिसका कारण लागत, प्रसार की मशीनरी, योग्य स्टाफ, बड़े विज्ञापन और बेहतर समाचार सेवा है। यह सब खर्चीला काम है। मगर हिन्दी में राष्ट्रीय दैनिक शायद कोई नहीं। क्षेत्रीय पत्र ही हैं या अधिक से अधिक प्रादेशिक। पर ये पत्र ज्यादा विश्वसनीय हैं, इनमें से कुछ का स्तर अँगरेजी पत्रों से कम नहीं है। ये अपने स्टाफ का वेतन भी अच्छा देते हैं। पत्रकारों के सेवा सम्बन्धी कानूनों तथा अभी पालेकर अवार्ड से पत्रकारों को सुरक्षा और स्थायित्व भी मिला है।

हिन्दी में पूरी तरह 'प्रोफेशनल' तो वे पर्चे हैं, जो 10-15 दिनों में एक बार सौ प्रतियाँ निकालते हैं और जिनसे 'ब्लैकमेल' किया जाता है।

धमतरी से जगदीश शर्मा

प्रश्न—प्रेस से श्रीमती गाँधी का व्यवहार आपको कैसा लगता है?

☐ प्रेस से इन्दिराजी खुश नहीं हैं। वे प्रेस से अधिक जिम्मेदारी की अपेक्षा करती हैं। वे विघटनकारी पत्रकारिता के भी खिलाफ हैं। व्यापारिक घरानों के कब्जों में जो प्रेस है उससे उन्हें शिकायत ज्यादा है। व्यापारिक घरानों के बढ़ने में इन्दिराजी की नीतियाँ सहायक ही हैं। पूंजीवाद घट नहीं रहा, बढ़ रहा है। पर इन अखबारों के मालिक रूस-विरोधी हैं। इसलिए अखबारों के द्वारा भ्रम और झूठ फैलाकर विदेशनीति बदलना चाहते हैं।

ताजा उदाहरण देता हूँ।

एक पूंजीपति के अखबार में इन्दिरा और जयवर्द्धन की फोन पर हुई बातचीत का एक अंश इस तरह छपा है—

जयवर्द्धने—देयर दी हैण्ड ऑफ सोवियत रशा इन दीज़ रायट्स।

इन्दिरा—मे बी।

जयवर्द्धने—डोंट से मे बी। से देयर इज रशन हैण्ड।

यह बिल्कुल झूठ है। इन्दिराजी 'मे बी' कह ही नहीं सकतीं। वे जानती हैं इसमें दूसरी शक्ति का हाथ है। पर उक्त अखबार ने यह झूठी रिपोर्ट रूस से भारत के सम्बन्ध बिगाड़ने के लिए छापी। यह बदमाशी इन्दिराजी को नापसन्द है।

यों उन्हें अपनी सरकार की कोई आलोचना भी पसन्द नहीं है।

दुर्ग से राजेन्द्र दत्ता

प्रश्न—ऐसी खबर है कि एन. टी. आर. हिन्दी सीखकर तथा हिन्दीभाषी क्षेत्रों में अपनी बाकी फिल्में रिलीज करके अगले चुनाव में अपने को इन्दिरा के विकल्प के रूप में पेश करनेवाले हैं···

☐ यह एक विचित्र बात है और चिन्ता की भी कि दक्षिण भारत में फिल्मी हीरो राजनेता हो रहे हैं। कर्नाटक में एक फिल्मी हीरो हैं—राजकुमार। वे भी नेता हो गये हैं। हिन्दी-विरोधी आन्दोलन का नेतृत्व राजकुमार कर रहे थे तथा सधे हुए घिसे नेता तथा बुद्धिजीवी उनके पीछे-पीछे चल रहे थे। हिन्दी-विरोधी आन्दोलन का विरोध सिर्फ कम्युनिस्ट पार्टी तथा कुछ प्रगतिशील लेखकों, बुद्धिजीवियों ने किया था।

रामाराव फिल्मी भगवान बनकर फिल्मों के द्वारा मध्य उत्तर-पूर्व और पश्चिम भारत में राजनीति नहीं कर सकते। आन्ध्र में ही उनका पानी काफी उतर चुका है। सरकारी कर्मचारियों की हड़ताल में इन 'भगवान' की काफी दुर्गति हुई। फिल्मी ग्लैमर और बात है, जिन्दगी और राजनीति का ठोस यथार्थ बिल्कुल दूसरी बात—

'ये सियासत की उलझनें हैं मेरी जान तेरी जुल्फों के पेचो-खम नहीं हैं।'

रायपुर से हरबंसलाल

प्रश्न—राजनीतिक फिल्मों को सेंसर बोर्ड प्रतिबन्धित कर देता है, जागरूक फिल्मकारों को अदालत भागना पड़ता है। क्या समाज के वरिष्ठ नागरिक, लेखक, पत्रकार आदि सरकार से एक सामूहिक अपील नहीं कर सकते?

☐ राजनैतिक फिल्मों पर सेंसर की कैंची ज्यादा चलती है, यह सही है। सरकार इस मामले में 'छुईमुई' है। अब्बास की फिल्म 'नक्सलवादी' को सेंसर ने बहुत काटा।

सेंसर की इस नीति के खिलाफ लेखकों, कलाकारों ने काफी विरोध किया। इसी कारण अब काफी छूट भी मिली है।

11 सितम्बर, 1983

वरना राजकपूर जिन्दगी-भर एकस्ट्रा रहते

रायपुर से अजय मालवीय

प्रश्न—मनुष्यों में जातिवाद और भेदभाव कैसे पैदा हुआ ?

□ मनुष्य-जाति में कई तरह की नस्लें हैं, इनमें भेद है। यह स्वाभाविक है। पर नस्ल के कारण किसी का दमन अन्याय है। फिर भौगोलिक कारणों से मनुष्यों में भेद है। ठण्डे क्षेत्र का आदमी गोरा तथा भूमध्य रेखा के आसपास का आदमी साँवला या काला होता है।

जातिवाद काम के हिसाब से कम-ज्यादा सब समाजों में रहा है। पर सबसे कठोर जातिवाद हिन्दू समाज में है। हर पुरानी सभ्यता में दास-प्रथा रही है पर अछूत प्रथा सिर्फ भारत में है। यहाँ पर वर्ण सामाजिक विधान बनानेवालों ने बनाये—ब्राह्मण, क्षत्रिय, वैश्य और शूद्र। शूद्र अछूत है। तर्क यह दिया जाता है कि वर्ण कार्य-विभाजन के आधार पर बने। कभी शायद यह कारण हो। पर शारीरिक श्रम करनेवाले शूद्रों को अछूत बनाया। उन्हें पाँव के जूते माना गया। उन्हें ज्ञान से वंचित किया गया। उनका शोषण हुआ। जिस समाज में शारीरिक श्रम को नीचा कर्म माना जाता है उस समाज का पतन होता है। हमारी दुर्गति हुई है और हो रही है। इन वर्णों के सिवा जातियाँ और उपजातियाँ हैं। ब्राह्मणों की सौ उपजातियाँ होंगी। इनमें आपस में विवाह-सम्बन्ध नहीं होते। सीमित संख्या में परिवारों में लड़की के लिए पति खोजा जाने लगा, तो पति वह चीज हो गया, जिसकी बाजार में कमी है। तो बाजार के नियम से मुनाफाखोरी होने लगी। यही दहेज है। अगर वर्ण और जातियाँ टूट जायें तो एक लड़की के लिए दो मुहल्लों में विभिन्न जातियों के दस वर मिल जायेंगे। तो दहेज भी नहीं लगेगा, क्योंकि खुले बाजार में माल बहुत है।

इसी तरह इससे गम्भीर भेद, वर्ग-भेद है। पूँजीवादी समाज में दो वर्ग होते हैं—सर्वहारा और पूँजीवादी। समाजवाद में जातिगत और वर्गगत भेद मिटते हैं। कार्ल मार्क्स ने लिखा है—समाजवाद व्यवस्था में जो आदमी सुबह सड़क पर झाड़ू लगायेगा, वह शाम को दर्शनशास्त्र पर बात भी करेगा।

रायपुर से रमेशकुमार पंजवानी

प्रश्न—आपने लिखा है कि मैगसेसे पुरस्कार अमेरिकापरस्तों को दिया जाता है। ऐसे कौन-कौन से पुरस्कार हैं जो सोवियतपरस्तों को दिये जाते हैं ?

□ 'सोवियतपरस्तों' को दिया जानेवाला पुरस्कार मैं कोई नहीं जानता। सोवियत रूस एक पुरस्कार देता है—सोवियतलैण्ड नेहरू पुरस्कार। यह केवल भारतीयों के लिए है। यह अच्छी कलाकृति, पुस्तक, कविता पर अथवा शान्ति के लिए काम करने पर दिया जाता है। दूसरा है—लेनिन शान्ति पुरस्कार। यह अन्तर्राष्ट्रीय पुरस्कार है। यह विश्वशान्ति के लिए कार्य करनेवाले व्यक्ति को

दिया जाता है। या उस व्यक्ति को दिया जाता है, जिसकी रचना, कार्य या आविष्कार से मानव-जाति का कल्याण होता है। ये पुरस्कार साम्प्रदायिक दंगा करानेवालों को तो दिये नहीं जायेंगे। सन्त भिण्डरावाला को भी नहीं दिये जायेंगे। असम में नरसंहार की योजना बनानेवाले नेताओं को भी नहीं दिये जायेंगे। तो जिन्हें दिये जाते हैं उन्हें आप सोवियतपरस्त कहेंगे। मगर एक उदाहरण देता हूँ। विष्णु प्रभाकर को उनकी कृति 'आवारा मसीहा' पर जो शरतचन्द्र चट्टोपाध्याय की जीवनी है, सोवियत लैण्ड नेहरू पुरस्कार मिला। पर विष्णु प्रभाकर शुद्ध गाँधीवादी हैं।

सिल्हाटी से हरीशकुमार वैष्णव

प्रश्न—सोवियत फिल्म समारोहों में राजकपूर की अश्लील फिल्म 'सत्यं शिवं सुन्दरम' दिखायी जाती है, हाल ही में नयी दिल्ली में भारत सोवियत सहयोग की रजत जयन्ती समारोह में अमिताभ शामिल थे, उनकी बहुत घटिया फिल्म 'मुकद्दर का सिकन्दर' दिखायी गयी। क्या रूसी अपनी नीतियाँ, विचारधारा छोड़ बैठे हैं?

☐ 'सत्यं शिवं सुन्दरम' अत्यन्त भद्दी, मूर्खतापूर्ण, अर्थहीन घटिया फिल्म है। पर रूस में राजकपूर की अभिनेता के रूप में बहुत प्रतिष्ठा है। यह प्रतिष्ठा 'आवारा' से बनी थी। फिर बढ़ी। फिर राजकपूर के 'सोर्स' हैं, तो इस घटिया फिल्म को घुसेड़ दिया। मगर राजकपूर को अभी भी समझ नहीं आयी, इसकी दाद दीजिए। अमिताभ राजीव गाँधी के दोस्त हैं। वे फिल्म समारोह के अधिकारियों के सिर पर कोई भी कचरा डाल सकते हैं। अधिकारी डरते हैं।

मगर इसे छोड़िए। इस पर ध्यान दीजिए कि ऐसी फिल्में मर चुकीं। उनके दिन गये। अब ठोस सामाजिक यथार्थवाली, अर्थवती, सुरुचिपूर्ण फिल्में बनती और चलती हैं। मृणालसेन, श्याम बेनेगल, उत्पलदत्त, आदि प्रबुद्ध और प्रतिबद्ध निर्देशक हैं। ये विचारों से यथार्थवादी और वामपन्थी हैं। वह अपढ़ डायरेक्टर और बन्दर एक्टर का जमाना गया। राजकपूर अपने दम पर राजकपूर नहीं बने, वे ख्वाजा अहमद अब्बास-जैसे बुद्धिजीवी मार्क्सवादी के सहारे राजकपूर बने। वरना राजकपूर जिन्दगी-भर 'एक्सट्रा' बने रहते। उचक्के का रोल करते रहते।

करगीरोड से राजेश त्रिवेदी

प्रश्न—भारतीय कार्टूनिस्ट विदेशियों के बड़े विकृत कार्टून बनाते हैं। हाल ही में अबू ने जयवर्द्धन को ड्रैकुला बनाया था। फिर विदेशी कार्टूनिस्टों को भारतीय नेताओं के विरुद्ध पूर्वाग्रही क्यों कहा जाता है?

☐ जयवर्द्धन ने एक योजना के अन्तर्गत अमेरिकी कूटनीति के तहत, तमिलों का संहार कराया। लंका के दंगे आकस्मिक नहीं थे, योजनाबद्ध थे। ऐसे जयवर्द्धन को अबू अब्राहम ने 'ड्रैकुला' बनाया तो कुछ गलत नहीं किया। विदेशी कार्टूनिस्टों से आपका मतलब पश्चिमी यूरोप और अमेरिका के कार्टूनिस्टों से है। ये कार्टूनिस्ट भारतीय नेताओं का मजाक उड़ाते हैं, तो कोई एतराज की बात नहीं है। इनका पूर्वाग्रह यह है कि ये अभी भी भारत को चश्मे से देखते हैं। ये भारत को

जानना नहीं चाहते। अपने अज्ञान में ये भारत का वही रूप जानते हैं जो अँगरेज साम्राज्यवादियों ने बदनाम करने के लिए फैला रखा था। पश्चिम के कुछ अखबार स्वतन्त्र भी हैं, मगर ज्यादातर पूंजीवाद-साम्राज्यवाद समर्थक। ये भारत की शान्ति, गुटनिरपेक्षता, समाजवादी खेमे से मित्रता की नीति को नापसन्द करते हैं। इसलिए दुराग्रह से ग्रस्त होकर ये हमारे नेताओं को चित्रित करते हैं।

पर भारतीय कार्टूनिस्ट भी तो इन नेताओं का मजाक उड़ाते हैं। यह कोरा मजाक नहीं होता, राजनैतिक अर्थपूर्ण व्यंग्य होता है। व्यंग्य लेखक भी भारतीय नेताओं का विद्रूप पेश करते हैं। भारतीय नेताओं का जितना विद्रूप मैंने बनाया है उतना यूरोप-अमेरिका के सारे कार्टूनिस्टों ने मिलकर नहीं बनाया।

रायपुर से एस. के.

प्रश्न—गाँधी का परिवार गोडसे के परिवार से सम्बन्ध क्यों रखे हुए है? गोपाल गोडसे के दत्तकपुत्र का कहना है कि गाँधी के पोते उनके (नाथूराम के) घर आ चुके हैं, जहाँ आज भी गोडसे की पूजा होती है, और वे गाँधीजी के घर जा चुके हैं…

☐ जरूरी नहीं है कि गाँधीजी के विचार, उनके पोते और परपोते भी मानें। अगर आपकी बात सही है तो यही कहना चाहिए कि गाँधीजी के पोते अपने पितामह के हत्यारे को माफ कर चुके। दूसरी बात यह है कि पोतों को राजनैतिक समझ न हो। पर यह बात मेरी भी समझ में नहीं आती कि गाँधीजी के पोतों को गोडसे परिवार से ही अच्छे सम्बन्ध बनाने की क्यों जरूरत पड़ी।

मुंगेली से भागचन्द आर्य

प्रश्न—भाजपा और लोकदल मिलकर कब तक चलेंगे?

☐ जब तक चरणसिंह को आगामी प्रधानमन्त्री माना जायेगा।

18 सितम्बर, 1983

यह पोप की चालाकी है

शहडोल से सूरज प्रसाद

प्रश्न—आज की राजनीतिक स्थितियों को देखते हुए अगले आम चुनाव में आपको किस दल की सरकार दिखती है?

☐ दक्षिणपन्थी दल इस समय घोर गैर-जिम्मेदारी का बर्ताव कर रहे हैं। लगता है दक्षिणपन्थी नेता ज्ञान, विवेक, नैतिक दायित्व सब खो चुके हैं। लगता

है, होश भी खो चुके। एक व्यक्ति इन्दिरा गाँधी को हटाना उद्देश्य, विचारधारा, सिद्धान्त मानना मूर्खता है। 'गैर-कांग्रेसवाद, 1967 में डॉ. लोहिया ने चलाया था। अन्धों की तरह उसी पर ये नेता चल रहे हैं। इनमें एकता भी नहीं है, क्योंकि हर एक को प्रधानमन्त्री होने की इच्छा है।

मुझे शंका है, निराशा में ये दल चन्द्रशेखर को दूसरा जयप्रकाश नारायण बनाकर कहीं दूसरी सम्पूर्ण क्रान्ति न शुरू कर दें। ये दक्षिणपन्थी दल मिलकर भी देश का शासन नहीं कर सकते। कम्युनिस्ट पार्टियाँ जिम्मेदार और विचारवान हैं। उनमें 10 योग्य प्रधानमन्त्री निकल सकते हैं। पर निकट भविष्य में कम्युनिस्ट सरकार बनने की सम्भावना नहीं है। अगर हालत ऐसी ही रही तो 1985 में सरकार कांग्रेस की ही बनेगी।

रायपुर से प्रकाश अग्रवाल

प्रश्न—पिछले कुछ वर्षों से घिसी हुई जीन्स पहनने का फैशन चल पड़ा है, लोग अच्छे कपड़े क्यों नहीं पहनते?

☐ अमेरिका में आवारा लड़के घिसी हुई जीन्स पहनने लगे होंगे। उसी की नकल इस देश के लड़के कर रहे होंगे। ये गरीब घरों के लड़के नहीं होंगे। अच्छे खाते-पीते घरों के होंगे।

साल्हे से भोलाराम नेताम

प्रश्न—कलियुग में धन और धर्म में से किसकी विजय हो रही है?

☐ युग का यह बँटवारा गलत है। कोई सतयुग-जैसा नहीं था। और न यह कोई कलियुग है। मनुष्य निरन्तर विकास करता गया है। इस समय दुनिया के एक हिस्से में पूँजीवादी युग चल रहा है, एक हिस्से में समाजवादी युग और तीसरे हिस्से में गरीबों का विकासशील युग। पूँजीवाद में धन की सत्ता है। समाजवाद में मानवता की प्रतिष्ठा है, तीसरा हिस्सा संघर्ष करते-करते अन्ततः समाजवादी हो जायेगा। जहाँ तक धर्म का सवाल है वह कर्मकाण्ड और ढोंग है, जिसके डर से शोषण किया जाता है।

कोरबा से मृगनयनी

प्रश्न—आजकल राजनेता असन्तुष्ट रहने के बाद भी महीनों, बरसों पद से चिपके रहते हैं और जब मजबूरी में पद छोड़ना है तो ढेरों सिद्धान्तों की बात करते हैं। क्या इनके इस दोगलेपन की सामाजिक निन्दा नहीं हो सकती?

☐ इन नेताओं के दोगलेपन की खूब निन्दा होती है—अखबारों में, सभाओं में, साहित्य में, बातचीत में। पर इन पर कोई असर नहीं होता। चिकित्सा विज्ञान में इसे 'इम्युनिटी' कहते हैं। यानी आदमी में रोग निरोध की शक्ति होना। बीमारियों की रोक के लिए इन्जेक्शन लगाये जाते हैं।

इन लोगों ने बेशर्मी के इन्जेक्शन लगवा लिये हैं, जिससे शर्म के रोगाणु इन पर असर नहीं करते।

जगदलपुर से सनत श्रीवास्तव

प्रश्न—युवक कांग्रेस का एक प्रतिनिधिमण्डल चीन गया है। कांग्रेस की जैसी नीतियाँ, आचरण हैं, उनके रहते क्या एक कम्युनिस्ट देश की यात्रा इनके लिए लाभदायी होगी?

☐ चीन की युवा संगठन समिति ने युवक कांग्रेस के प्रतिनिधिमंडल को बुलाया है। कम्युनिस्ट देश जाने में कांग्रेसी को क्या डर लगता है। चीन से भारत सरकार और जनता सम्बन्ध सुधारना चाहते हैं। ये सम्बन्ध क्या दूर-दूर रहने से अच्छे होंगे? कम्युनिस्ट देश रूस भी है जिससे हमारी मैत्री-सन्धि है। कई तरह की सहायता हम रूस से लेते हैं। कई कांग्रेसी मन्त्री रूस जाते रहते हैं। घोर कम्युनिस्ट-विरोधी अटलबिहारी वाजपेयी भी रूस और चीन हो आये हैं, पर वे बीमार नहीं पड़े।

बसना से शरद कुमार वर्मा

प्रश्न—हाल ही में एक फिलम 'बाजार' में एक शायर का चरित्र दिखाया गया है। वह जिसके पैसे की दारू पीता है उसे ही गाली बकता है। क्या आजकल साहित्यकारों का एक बड़ा वर्ग ऐसा ही खोखला नहीं हो गया?

☐ 'बाजार' वाले शायर की तरह आपने कितने साहित्यकार देखे हैं? आप छत्तीसगढ़ के साहित्यकारों से मिले होंगे। क्या वे ऐसे ही दारू पीकर गाली बकते हैं। इस अखबार के सम्पादक भी बहुत अच्छे कवि हैं। उनसे मिलिए। देखिए, वे कैसे हैं। साहित्यकारों का बड़ा वर्ग ठोस है। कुछ साहित्यकार होंगे जो गैर-जिम्मेदार हैं, समाज के प्रति कोई दायित्व नहीं मानते, आत्मकेन्द्रित हैं। ये जरूर खोखले हैं। फिल्मों में झूठ और मूर्खताएँ भी तो होती हैं।

कांकेर से सुनील यादव, सतीश यादव

प्रश्न—जब गरीब आदमी शराब पीता है तो लोग उसे शराबी कहते हैं, लेकिन अमीर के लिए शराब 'शौक' की चीज होती है। ऐसा क्यों?

☐ यह एक विकृत सामाजिक मान्यता है, जो ऊँचे वर्ग ने ही फैलायी है। शराब पीना कोई जरूरी नहीं है। बहुत लोग नहीं पीते। मगर पीना भी कोई गुनाह नहीं है।

बड़ा आदमी पीकर बँगले के भीतर ऊधम करता है। गरीब आदमी पीकर सड़क पर ऊधम करता है। पीते दोनों हैं। मगर बदनाम गरीब होता है।

खैरागढ़ से अतुल कुमार

प्रश्न—बड़े-बड़े बँगलों में तख्ती लगा होना 'कुत्तों से सावधान' क्या भारतीय अतिथि परम्परा के विरुद्ध नहीं?

☐ भई इसमें अतिथि का भला ही है। तख्ती सावधान कर देती है कि बँगलों में भयानक कुत्ते हैं। इसलिए बचकर आओ। या फाटक पर से चिल्लाकर मकान-मालिक को बुलाओ। कुत्ते रक्षा के लिए रखे जाते हैं।

पर कुछ ऐसे होते हैं जिन्हें कुत्ते पालने की जरूरत नहीं है। वे खुद ही अलसे-

शियन होते हैं। किसी तख्ती को देखकर ऐसा लगता है कि बँगलों में रहनेवाले कुत्ते हैं। उनसे सावधान रहना चाहिए।

नन्दिनी नगर से राजेन्द्र सोनबोइर

प्रश्न—मनुष्य को एक-दूसरे की निन्दा करने में क्या मिलता है?

□ जिस मनुष्य में हीनता की भावना होती है, वह दूसरे की निन्दा करके उसे हीन सिद्ध करके अपनी हीनता से छुटकारा पाने की कोशिश करता है। निन्दा ओछी प्रवृत्ति है। यह आत्मा की बीमारी है। परनिन्दा में बहुत लोगों को बड़ा रस मिलता है। दूसरे बुरे हैं, हीन हैं, यह अनुभव कर वे अपने को श्रेष्ठ मानते हैं। निन्दक नीच और कायर होता है। वह आदमी के सामने वे बातें कहने का साहस नहीं करता, जो पीठ-पीछे कहता है। कुछ ऐसे क्षुद्र होते हैं कि उनके पास निन्दा के सिवा कोई विषय नहीं होता। निन्दा निन्दक का नुकसान करती है। एक लेखक हैं, वे भगवान की स्तुति की तरह नियम से मेरी घण्टों निन्दा करते हैं। इतने मनोयोग से साहित्य नहीं लिखते। इसलिए निन्दा में पारंगत हो गये हैं, मगर साहित्य में घटिया रह गये। वे भीतर से खोखले हो गये हैं।

दुर्ग से दिलीप थावाईत

प्रश्न—धर्म, श्रमिक वर्ग के सदा खिलाफ रहा, पोप ने पोलैण्ड में श्रमिकों के पक्ष में बयान कैसे दिये?

□ पोलैण्ड में कैथलिक धर्म का बहुत प्रभाव है। वर्तमान पोप भी पोलैण्डवासी हैं। पोलैण्ड के निवासियों ने क्रान्ति के द्वारा साम्यवाद की स्थापना नहीं की थी। दूसरे महायुद्ध में पोलैण्ड के एक भाग में जर्मन फौज थी और दूसरे भाग में रूसी फौज। नाजियों की हार के बाद पोलैण्ड में साम्यवादी सरकार बनी। पर क्रान्ति की प्रक्रिया से न गुजरने के कारण जनता की शिक्षा-दीक्षा नहीं हुई।

फिर पोलैण्ड की अर्थव्यवस्था ठीक ढंग से विकसित नहीं हुई। पोलैण्ड पर बहुत विदेशी कर्ज हो गया।

पोलैण्ड में रोटी और गोश्त की भी कमी हो गयी। तब लेक वलेसा के नेतृत्व में मजदूरों का तीव्र आन्दोलन हुआ। यह आन्दोलन साम्यवादी सरकार के विरुद्ध था, इसलिए पश्चिम के पूंजीवादी देशों ने इसे खूब प्रोत्साहन दिया। तब पोलैण्ड में फौजी सरकार बनी। पर इस सरकार ने एक भी गोली नहीं चलायी। अर्थव्यवस्था सुधारी। मजदूरों से बातचीत की। अब मार्शल ला उठा लिया गया है और हालत अच्छी है।

पोप घोर साम्यवाद-विरोधी हैं। उन्होंने मजदूरों के पक्ष में भाषण इसलिए दिया कि वे साम्यवाद से लड़ें। यह पोप की श्रमिकों के प्रति सहानुभूति नहीं है, चालाकी है। क्रान्तिकारी मजदूर वर्ग के पोप कट्टर विरोधी हैं।

कांकेर से विजयकुमार यादव

प्रश्न—द्रौपदी अपने बहादुर पतियों के साथ रहते हुए भी हमेशा दुर्दशा का शिकार क्यों हुई?

☐ एक कारण तो यह है कि उसके पतियों को अच्छा जुआ खेलना नहीं आता था। वे वीर की अपेक्षा उस्ताद जुआड़ी होते तो द्रौपदी सुखी रहती।

ऐतिहासिक कारण है—कुरु और पाण्डु का एक कुलराज्य था। उसका बँटवारा हुआ। महाभारत काल में सामन्तवाद विकसित होते-होते पूर्णता को पहुँच रहा था। इसमें 'डाइनेस्टी' सत्ता चल गयी थी। राजा के बेटे का राज होगा, पूरे कुल का नहीं। इसलिए पाण्डवों का राज्य दुर्योधन ने जुआ से छीना। राज्य प्राप्त करने के बाद में पाण्डवों ने कौरवों से युद्ध किया। अति प्राचीन काल में गोत्र और कुल के व्यक्ति को मारना वर्जित था। अर्जुन की यही झिझक थी। पर कृष्ण जानते थे कि कुल राज्य का युग बीत गया। इसलिए उन्होंने महाभारत के परिवार के लोगों को परस्पर मरवाया। भाई ने चचेरे भाई को मारा, मामा को मारा, गुरु को मारा। सामन्ती संघर्षों के कारण द्रौपदी दुखी रही।

7 सितम्बर, 1983

मन्त्रियों के मरने पर छुट्टी हास्यास्पद

दुर्ग से विजय किशोर तिवारी

प्रश्न—गाय को गौमाता कहा जाता है लेकिन उतना ही अच्छा दूध देनेवाली भैंस को हिकारत की नजर से देखा जाता है, ऐसा क्यों?

☐ प्राचीन आर्यों के बन्धन में पहले गाय ही आयी, वह भी बड़ी मुश्किल से। उन्होंने उसका दूध पिया। बच्चा माँ का दूध पीता है। इसलिए जिसका दूध पिया उसे माँ कहने लगे। भैंस बहुत बाद में नियन्त्रण में आयी। वह ज्यादा ताकतवर और आक्रामक थी। उसका दूध भी पीने लगे। मगर माँ गाय को ही मानते रहे। अगर आर्य भैंस पहले पाल लेते तो भैंस माँ कहलाती।

मगर इस माँ—गाय—ने कितने दंगे करवाये हैं। असंख्य आदमी मरवाये हैं। अभी भी गाय के दंगे होते जाते हैं। गाय को माँ मानने से साँड पिता हो गया और गौभक्तों में साँडपन और उसी की अक्ल आ गयी।

सहसपुर लोहारा से सुनील श्रीवास्तव

प्रश्न—पहले फिल्म समाप्त होने पर पर्दे पर झण्डा दिखाया जाता था, राष्ट्रगीत भी होता था, अब क्यों नहीं होता? क्या अब राष्ट्रभक्ति अप्रासंगिक हो गयी या भारतीय सचमुच बड़े गैर-जिम्मेदार हैं?

☐ मुझे 1947 से याद है। सिनेमा के पर्दे पर राष्ट्रध्वज दिखाया जाता था और राष्ट्रगीत होता था। शुरू-शुरू में लोग अनुशासित नहीं थे। कुछ खड़े नहीं होते थे, कुछ बतियाते थे। पर धीरे-धीरे अनुशासन आ गया था। फिल्म के पर्दे पर

राष्ट्रध्वज दिखाना तथा राष्ट्रगीत सुनाना--नयी स्वाधीनता के अति उत्साह का प्रदर्शन था। सारे देशों में राष्ट्रध्वज राजकीय या सार्वजनिक इमारतों पर लहराता है। राष्ट्रगीत केवल राजकीय कार्यक्रम के अवसर पर गाया जाता है। विशिष्ट आयोजनों में भी यह होता है। सिनेमा में यह बन्द हो गया, सो ठीक हुआ।

पाटन से राजेन्द्रकुमार वर्मा

प्रश्न—क्या हमारे देश में भी जापान की तरह काम के घण्टों के बाद प्रतीकात्मक हड़ताल नहीं की जा सकती? भारत में तो हर ऐरे-गैरे के मरने पर भी छुट्टियाँ बढ़ती ही जा रही हैं···।

□ जापान का ट्रेड यूनियन आन्दोलन दूसरे प्रकार का है। वहाँ की ट्रेड यूनियनें क्रान्ति में विश्वास नहीं करतीं। उन्होंने पूँजीवादी व्यवस्था पूरी तरह अपना ली है। मगर यह भी सही है कि बहुत सारे उद्योग सार्वजनिक क्षेत्र में यानी सरकारी हैं। वहाँ ट्रेड यूनियनों के दो उद्देश्य हैं—राष्ट्रीय उत्पादन बढ़ाना और मजदूरों के हितों की रक्षा करना। इसीलिए काम के घण्टों में पूरा काम करके जापान के मजदूर माँगों के लिए प्रतीकात्मक प्रदर्शन करते हैं। जापान में मजदूरों की काम के प्रति निष्ठा है, जो भारत में नहीं है। पर जापान में मजदूरों की आर्थिक हालत भारत के मजदूरों से बहुत बेहतर है। वहाँ के मालिक भी समझदारी से काम लेते हैं और मजदूरों को उचित सुविधाएँ देते हैं। समझौते की एक विधि उन्होंने बना ली है।

पर भारत में जब तक मजदूर काम ठप्प न कर दें, मालिक और मैनेजमेण्ट ध्यान ही नहीं देते। इसलिए यहाँ हड़तालें काम के घण्टों में होती हैं। यह सही है कि सार्वजनिक उद्योग क्षेत्र के मजदूर—जो उनका अपना है—ईमान से काम नहीं करते।

आपकी दूसरी बात से मैं पूरी तरह सहमत हूँ। हमारे देश में बड़े, मझोले, छोटे, पीढ़ी दर पीढ़ी नेता के मरने पर छुट्टी हो जाती है—'शोक' में। शोक किसी-किसी की मृत्यु पर ही होता है—जैसे जवाहरलाल नेहरू की मृत्यु पर। दूसरे छुटभैयों या बड़े भैयों के मरने पर दफ्तर, कॉलिज, स्कूल में तालियाँ बजती हैं कि आज छुट्टी हो गयी। इससे नेताओं की उम्र घटती है। अपने शहर के खास नेता को कर्मचारी और छात्र इस आशा से देखते हैं कि ये मरेंगे तो छुट्टी होगी। इतने लोगों की आत्मा की इच्छा से वे जल्दी मर जाते हैं।

ये छुट्टियाँ नहीं होनी चाहिए। इनसे काम का बहुत नुकसान होता है। साल में एक दिन तय कर लें, जिस दिन मरनेवालों की लिस्ट छाप दी जाय, पढ़ दी जाए और छुट्टी हो जाय। जिन मन्त्रियों के भ्रष्टाचार की रिपोर्ट रोज अखबारों में छपती है, उनके मरने पर उनके 'शोक' में छुट्टी हो—कैसी हास्यास्पद बात है।

रायपुर से अनिता गुप्ता

प्रश्न—ऐसी चर्चा है कि श्रीमती गाँधी को इस वर्ष का नोबल शान्ति पुरस्कार दिलाने की कोशिश की जा रही है। क्या वे इसकी हकदार हैं?

☐ इन्दिरा गाँधी शान्ति के लिए नोबल पुरस्कार के योग्य तो हैं। समाजवादी देशों में तथा गुटनिरपेक्ष देशों के साथ मिलकर उन्होंने लगातार कई सालों से शान्ति के लिए काम किया है। नेहरू की नीति को आगे बढ़ाया है। पर उन्हें स्वीडिश अकादमी शान्ति पुरस्कार नहीं देगी। यह अकादमी पश्चिमी यूरोप और अमेरिका के दबाव में है। अमेरिकी गुट इन्दिरा सरकार की विदेश नीति से बहुत नाराज है। इन्दिराजी खुलकर अमेरिकी 'नवसाम्राज्यवाद' के खिलाफ हैं। वे पश्चिमी यूरोप तथा अमेरिका की शोषण की नीति की कटु आलोचक हैं। वे सोवियत रूस की शान्ति तथा स्वाधीनता की नीतियों के समर्थक हैं। इसलिए इन्दिरा गाँधी को शान्ति का पुरस्कार नहीं दिया जायेगा। सिर्फ हथियारों की भाषा बोलनेवाले और दुनिया-भर में आणविक अस्त्रों को बिछाये राष्ट्रपति रोनाल्ड रीगन को शायद शान्ति पुरस्कार दिया जाय।

नन्दिनी नगर से राजेन्द्र सोनबोइर

प्रश्न—जॉर्ज फर्नांडिज कहते हैं कि भारत में भी साझा सरकार चल सकती है। उनका इशारा किस तरफ है?

☐ साझा सरकार यानी 'कोलीशन गवर्नमेण्ट'। हाँ, चल सकती है। फ्रान्स में इस समय समाजवादियों और साम्यवादियों की साझा सरकार है। साझा सरकार वहाँ चलती है जहाँ सिर्फ दो प्रमुख पार्टियाँ हों—जैसे ब्रिटेन, फ्रांस में। इन पार्टियों का निश्चित कार्यक्रम होता है। सिद्धान्त होते हैं। साझे में दोनों को स्वीकार कर कार्यक्रम चलते हैं। पर भारत में 15-20 पार्टियाँ हैं। इनमें 15 तो सिर्फ नेता हैं। जगजीवनराम की कांग्रेस (जे) है। इसके सदस्य कितने हैं? कोई सदस्य नहीं है। भारत में साझा सरकार बनेगी तो उसमें बड़ी हिस्सेदार इन्दिरा कांग्रेस होगी। क्या जॉर्ज यह स्वीकार करेंगे? भारत में एक पार्टी की सरकार अगर नहीं बनी तो फिर 1977 में बनी 'जनता पार्टी सरकार' जैसी ही बनेगी। अविश्वास के प्रस्ताव के विरोध में जनता पार्टी के पक्ष में सबसे अच्छा भाषण लोकसभा में जॉर्ज फर्नांडिज ने ही दिया था। इस भाषण में जनता पार्टी को सक्षम, श्रेष्ठ, कर्मशील, ईमानदार और आदर्श पार्टी जॉर्ज ने सिद्ध किया था। मगर इसी अपनी आदर्श जनता पार्टी को जॉर्ज ने चौबीस घण्टे बाद छोड़ दिया और चरणसिंह से मिलकर पार्टी ही तोड़ दी। इस राजनैतिक ईमानदारी के कारण छत्तीसगढ़ के लोग जॉर्ज से पूछें? आखिर चौबीस घण्टों में ऐसा क्या रहस्यात्मक चमत्कार हो गया था कि जॉर्ज एकदम बदल गये।

जॉर्ज जैसे लोगों के साथ प्रतिष्ठित राजनैतिक दलों की साझा सरकार तो क्या, जेबकतरों की साझा सरकार भी नहीं चल सकती!

रायगढ़ से विनोदकुमार गुप्ता

प्रश्न—पति के हजार अवगुण पत्नी अपने में समेट लेती है लेकिन पत्नी का एक भी अवगुण पति बर्दाश्त नहीं कर पाता। ऐसा क्यों?

☐ आपको अनुभव और करना चाहिए। मैंने ऐसे कई पति देखे हैं जो पत्नियों के बहुत अवगुण सहते हैं। पत्नी से पिटते तक हैं पर परिवार नहीं तोड़ते। मैंने ऐसे पति देखे हैं जो पत्नी के प्रेमी को अपने घर ले जाते हैं, उसे खिलाते-पिलाते हैं। ये पति पौरुष में कम नहीं होते। वे चाहते हैं, पत्नी अपने प्रेमी को मेरे साथ स्नेहपूर्वक बैठकर खाते-पीते देखकर प्रसन्न हो। इससे परिवार में प्रसन्नता रहे। मनुष्य स्वभाव और भावना बहुत जटिल होते हैं। कर्कश पत्नियों को पति निभा लेते हैं।

पर आपका यह मत सही है कि पति अपने को श्रेष्ठ मानकर, पत्नी का पालक मानकर, उसे सेविका समझकर उसके अवगुण कम बर्दाश्त करता है। इस मामले में स्त्री बहुत अधिक सहनशील होती है।

18 सितम्बर, 1983

ऋषि ज्यादा पी गये होंगे

नवापारा राजिम से तेजा जैन गदिया

प्रश्न—दुनिया का ठुकराया, प्यार का मारा इन्सान अन्त में थककर शराब का सहारा क्यों लेता है?

☐ शराब स्नायुतन्त्र को शक्ति देती है। चेतना को दबाती है। साहस देती है। इसलिए दुखी आदमी कुछ समय के लिए दुख भूल जाता है। स्नायु की दृढ़ता और साहस के लिए आदिकाल से मादक द्रव्य का सेवन किया जाता है। सामवेद पढ़िए। उसमें 64 श्लोक 'सोमरस' की प्रशंसा और स्तुति में हैं। सोमरस मदिरा होता था। ऋषियों ने ऐसी बातें कही हैं—हे सोम, तू मेरी स्नायु में प्रवेश कर उसे दृढ़ बना। मुझे इतनी शक्ति दे कि मैं पृथ्वी को हथेलियों से मसल दूं।

इससे लगता है, ऋषि कुछ ज्यादा पी गये होंगे।

डोंगरगाँव से रोहिणी कुमार वैष्णव

प्रश्न—क्या आप भूत-प्रेतों पर विश्वास करते हैं?

☐ भूत-प्रेत नहीं होते! जो नहीं है, उस पर विश्वास क्यों करूँ? मैं आप

पर विश्वास करता हूँ, जो है। किसी ने आज तक दुनिया में कहीं भी एक भी भूत पकड़कर विज्ञान की प्रयोगशाला में पेश नहीं किया, जिससे वैज्ञानिक उसका परीक्षण कर सकें। आपका विश्वास हो तो एक भूत पकड़कर रायपुर के मेडिकल कॉलेज को दे दीजिए।

भिलाई से बी. के. बैनर्जी

प्रश्न—'न्यूडिस्ट कैम्प' के पीछे किस तरह की मानसिकता काम करती है?

☐ आप शायद पश्चिमी यूरोप तथा अमेरिका के 'न्यूडिस्ट कैम्पों' की बात कर रहे हैं। पश्चिमी सभ्यता सम्पन्नता की फूहड़ता से मस्त है। जीवन-मूल्यों का बहुत पतन हुआ है। जब मुनाफे के, शोषण के आपसी व्यवहार में, रिश्तों में नंगापन आ गया है, तो कपड़े उतारने में क्या हर्ज है। वहाँ नंगापन सभ्यता की विकृति की प्रतिक्रिया है।

पर सबसे प्राचीन 'न्यूडिस्ट-क्लब' तो भारत में है। नागा साधुओं की जमात आपने देखी होगी। नंगे जैन मुनि भी देखे होंगे। ये जगत को मिथ्या, सारहीन मानकर कपड़े का आवरण भी त्याग देते हैं। नंगई में भारतीय किसी से कम नहीं हैं।

रायपुर से अनुराग श्रीवास्तव

प्रश्न—मोरारजी को सी. आई. ए. एजेन्ट कहते हैं पर जो लोग हल्ला मचा रहे हैं वे पदच्युत इन्दिरा पर मोयनिहन द्वारा आरोप लगाये जाते समय कहाँ थे?

☐ जब इन्दिराजी और कांग्रेस पर सी. आई. ए. से पैसा लेने के आरोप मोयनिहन ने लगाया था, तब हल्ला कांग्रेसवालों को मचाना था। पर वे हार के घाव चाट रहे थे। दूसरा कारण था मोयनिहन ने लिखा था कि यह पैसा केरल में नम्बूदरीपाद की कम्युनिस्ट सरकार को गिराने के लिए दिया गया था। दक्षिणपन्थियों की नजर में यह पवित्र कार्य था और सी. आई. ए. का धन भगवान का प्रसाद था। साम्यवाद के विरोध में इन्दिराजी, अटलबिहारी, चरणसिंह, मधु दण्डवते, मोरारजी, सब भाई-भाई हैं। 1958 में इन्दिराजी ने बहुत धाँधली, अनैतिकता, असंवैधानिकता से कम्युनिस्ट सरकार गिरायी थी। पण्डित नेहरू इससे क्षुब्ध थे।

बिलासपुर से आकाश शर्मा

प्रश्न—आपके खयाल से फाँसी देनी चाहिए या नहीं?

☐ मेरे विचार से फाँसी नहीं देनी चाहिए। सज़ा चार तरह की होती है—अपराध रोकनेवाली सज़ा, उदाहरण के लिए सज़ा, सुधारने के लिए सज़ा और बदले की सज़ा। फाँसी की सज़ा बदले की सज़ा है। असभ्य समाज में यह न्याय हजारों साल पहले था—ए टूथ फार ए टूथ एण्ड एन आई फार एन आई। इतनी फाँसियाँ होती हैं, मगर हत्याएँ रुकती नहीं। याने फाँसी का अपराध रोकनेवाला या उदाहरण देनेवाला उद्देश्य पूरा नहीं होता। आवेश और साजिशवाली योजना-

बद्ध हत्याओं में कानून फर्क करता है। फाँसी देने से अपराधी मर जाता है। अगर वह आदतन अपराधी है तो इससे और अपराध वह नहीं कर सकेगा। अगर आवेश में हत्या की है—जैसे पत्नी को दूसरे पुरुष से सम्भोग करते देखे—तो वह आदतन अपराधी नहीं है। वह स्त्री की यौन-पवित्रता की परम्परागत भावना के वशीभूत हत्या करता है। जो आदतन अपराधी नहीं है, उसे फाँसी की सज़ा कतई नहीं देनी चाहिए। अब जैसे करतारसिंह और उजागरसिंह, जिन्होंने पैसे लेकर विद्या जैन की हत्या की। यह इनका धन्धा है। बाहर रहे तो पैसे लेकर और हत्या करेंगे। इन्हें लम्बी सज़ा देकर जीवन-भर जेल में रखना चाहिए। ये वहीं स्वाभाविक मौत मरें। एक सवाल और है। जिसे मारा उसे कितनी देर पीड़ा हुई। कनपटी में गोली मारी जाय तो कुछ क्षण दर्द होता है। पर फाँसी के इन्तजार में और फन्दे पर लटकने में यातना का समय बहुत लम्बा होता है। फाँसी बर्बर है। पश्चिम के देशों में 'इलैक्ट्रिक चेअर' या पोटेशियम साइनाइड की गैस से एक क्षण में जान ले ली जाती है। हम भी ऐसा कर सकते हैं।

रायपुर से एस. के.

प्रश्न—मीनूमसानी, लाइलाज मरीजों को स्वैच्छिक मृत्यु का हक देने के लिए आन्दोलन चला रहे हैं, क्या ऐसा होना चाहिए ?

☐ इस तरह से 'मर्सीकिलिंग' का आन्दोलन यूरोप में बहुत पहले से चल रहा है। कुछ घटनाएँ भी हुई हैं, जब मरीज की यातना देखकर नर्स या डाक्टर ने उसे इंजेक्शन देकर मार डाला। मनुष्य में जिजीविषा सबसे प्रबल भावना होती है। पर कभी-कभी जब मनुष्य क्षण-क्षण मृत्यु-पीड़ा भोगता हुआ, शरीर से जीवित रहता है, तब वह उस चेतना को समाप्त कर देना चाहता है जिससे पीड़ा की अनुभूति होती है। वह आत्महत्या कर लेता है। कैंसर के मरीज बिजली के तार पर हाथ रखकर मरने की कोशिश करते पाये गये हैं।

पर स्वैच्छिक मृत्यु और दयावश हत्या में कई प्रश्न उठते हैं—नैतिक और संवैधानिक। कौन तय करेगा कि रोगी निश्चित मर जायेगा। यदि डाक्टरों पर यह निर्णय छोड़ दिया जाये तो स्वस्थ हो सकनेवाले आदमी की हत्या भी होने लगेगी। मरीज क्या लिखकर देगा कि मैं मार डाला जाऊँ? उसके यह लिख देने पर भी क्या कानून के मुताबिक वह मारा जा सकेगा? हरिविष्णु कामथ ने तो संविधान सभा में प्रस्ताव रखा था कि आत्महत्या को मनुष्य का बुनियादी अधिकार माना जाय। यह मामला विवादास्पद है। मैं नहीं सोचता कि संविधान कभी ऐसी व्यवस्था करेगा।

बाल्कोनगर से हरीराम चौरसिया 'मुन्ना'

प्रश्न—असम में नरमेध का जिम्मेदार आप किसे मानते हैं, आज की गन्दी राजनीति को या किसी और को?

☐ असम के नरसंहार का मुख्य कारण अमानवीय राजनीति है। जो लाखों बांग्लादेशी सस्ते मजदूरों के रूप में असम के ठेकेदारों और जमींदारों ने खुद बुलाये

थे, वे समुद्र में नहीं फेंके जा सकते। यह मानवी समस्या है। असम का आन्दोलन दक्षिणपन्थी राजनैतिक दलों और सी. आई. ए. का है। विशेषकर भारतीय जनता पार्टी याने आर. एस. एस. का। अपार पैसा आन्दोलनकारियों को मिलता रहा है। यह कहाँ से आता है ? यह सी. आई. ए. का पैसा है। गौहाटी में, बैंकाक के एक अन्तर्राष्ट्रीय बैंक की शाखा है। इससे विदेशी धन आता है। यह सब सी. आई. ए. की योजना से हो रहा है, जिससे देश के कई टुकड़े करना है। अखिल असम छात्र यूनियन पर राष्ट्रीय स्वयंसेवक संघ का कब्जा रहा है, यह बात अब खुल गयी है। इसीलिए इस संगठन के दो हिस्से हो गये हैं। पिछले नेल्ली के नरसंहार के कुछ दिन पहले अटलबिहारी वाजपेयी असम में उत्तेजक भाषण दे आये थे। उनके शब्द थे—इतने विदेशी आकर पंजाब में घुस जाते तो पंजाबी उनके टुकड़े-टुकड़े कर देते। इसका मतलब है कि असमी भी बांग्लादेश से आये लोगों के टुकड़े कर दें। इससे अधिक सबूत क्या चाहिए। नरसंहार की योजना संघ ने बनायी थी और हमला कराया था। हमने बेरूत हत्याकाण्ड की खूब निन्दा की। पर अपना मुँह कितना काला है।

खुर्सीपार से अमृत पाल

प्रश्न—आपको देशबन्धु दैनिक पत्र का एहसानमन्द होना चाहिए, क्योंकि रविवार के अंक को रंगीन करके उन्होंने आपका मुँह काला होने से बचा लिया।

□ आपकी जानकारी के लिए बता दूँ कि मेरा चेहरा बहुत गोरा है। फोटो से काला नहीं होता। कर्मों से होता है। मेरा मुँह काला करने या होने की इच्छावाले बहुत लोगों के मुँह काले हो चुके हैं। आप अपने मुँह की सावधानी रखिए।

चकरभाटा कैम्प से डी. आर. नारवानी

प्रश्न—मेरी महबूबा हमेशा चाँद-सितारे तोड़कर ला देने की बात कहती है। मैं क्या करूँ ?

□ आपकी महबूबा बहुत बेवकूफ है। और आप उससे ज्यादा बेवकूफ हैं जो ऐसी बेवकूफ से मुहब्बत करते हैं। मुझे चाँद-सितारे ला दो—यह जब महबूबा कहती है तब उसका मतलब आसमान के चाँद-सितारों से नहीं होता। उसका मतलब होता है कि मेरी ख्वाहिश पूरी कर दो। कुछ साड़ी-वाड़ी, टाप्स, पर्स वगैरह चाहती होगी वह। तो ला दीजिए।

27 अगस्त, 1983

बचपन से ही मिलावट की शिक्षा

नन्दिनी नगर से राजेन्द्र सोनबोइर

प्रश्न—इन्दिराजी फरमाती हैं—यदि भुट्टो हिम्मत दिखाते तो आज जीवित होते। उन्होंने कौन-सी कायरता दिखायी थी ?

☐ इन्दिराजी का यह रिमार्क मैंने नहीं पढ़ा। इन्दिराजी ने इतना जरूर कहा है कि अगर भुट्टो भारत से अच्छे सम्बन्ध कर लेते तो न मारे जाते। उनका मतलब है, भारत लोकतान्त्रिक मित्र देश पाकिस्तान की मदद करता, फौज भी भेज सकता था, जिससे वहाँ सैनिक तानाशाही कायम न होती। भारत भुट्टो और उनकी सरकार के पक्ष में विश्व जनमत भी बनाता।

हिम्मत दिखाने से भुट्टो जीवित रहते। शायद इन्दिराजी का मतलब यह है कि भुट्टो सीधे जनता के बीच जाते, उसका विश्वास प्राप्त करते और बिना गड़बड़ के चुनाव करवाते। इसके विपरीत भुट्टो फौजी अफसरों से घिरे रहते थे। खुफिया फौज भी थी। वे सबसे अधिक विश्वास जनरल जिया-उल-हक का ही करते थे। भुट्टो की मौत उसी दिन शुरू हो गयी जब उन्होंने चुनावों में बेईमानी कराके जीत हासिल की।

जगदलपुर से दीपक पण्ड्या 'स्वतन्त्र'

प्रश्न—वर्तमान में भारत को कृषि-प्रधान देश कहना उचित होगा या कुर्सी-प्रधान ?

☐ दोनों ही बातें ठीक हैं। कुर्सी-प्रेमियों का कृषि-प्रधान देश है भारत।

डोंगरगढ़ से हरिजन्दर पोल्ले

प्रश्न—मेनका गाँधी के रायपुर आगमन पर आपने उनका भाषण पढ़ा होगा। आपको कैसा लगा एवं उनके भविष्य के बारे में आपका खयाल ?

☐ मेनका गाँधी पर ध्यान देना मैं जरूरी नहीं समझता। राजनीति में वे कुछ नहीं हैं। वे प्रधानमन्त्री की विरोधी बहू हैं, जवान हैं, खूबसूरत हैं। इसलिए लोग उन्हें देखने आते हैं। विचार से वे शून्य हैं। उनका जो महत्त्व है, उसे अँगरेजी में कहते हैं 'Nuisance value' यानी झंझट की चीज। वे प्रधानमन्त्री के लिए असुविधा पैदा कर सकती हैं। एक बार वे भारत यात्रा कर लें, लोग उन्हें देख लें तो उनकी पार्टी भी खत्म हो जायेगी और वे शून्य हो जायेंगी।

रायपुर से सेनापति खन्ना

प्रश्न—एक माँ आठ बच्चों का पालन पूरे त्याग एवं तपस्या के साथ कर सकती है। किन्तु वे ही आठ बच्चे बड़े होकर अपनी एक माँ का पालन नहीं कर सकते। क्यों ?

☐ ऐसे कितने बच्चे देखे हैं जो बड़े होकर माँ का पालन नहीं करते ? यह आम बात नहीं है। आम बेटे माँ का पालन करते हैं। कई हजार में एक बेटा ऐसा

होता होगा, जो माँ का पालन न करता हो। इसका कारण है—स्वार्थ और बहू का ओछा स्वार्थी स्वभाव।

छतौना जरहागाँव से राजेशकुमार अग्रवाल

प्रश्न—धर्म क्या है? आज धर्म का जो स्वरूप है, सही है? जैसे आज वर्ग विशेष का धर्म मुसलमान है।

☐ आपको सामान्य बातें पहले जान लेनी चाहिए। मुसलमान वर्ग नहीं, सम्प्रदाय है। धर्म का नाम इस्लाम है। मनुष्य और समाज के सम्बन्ध, मनुष्य का नैतिक आचरण, न्याय, समाज-व्यवस्था आदि के नियम कोई महापुरुष बना देता है। इसमें ईश्वर की सत्ता की स्वीकृति और उसकी उपासना-पद्धति भी होती है। ऐसा पैगम्बर, मुहम्मद ने किया, और इस धर्म को 'इस्लाम' कहा। मगर बौद्ध और जैन धर्म में ईश्वर नहीं है। धर्म की कई व्यवस्थाएँ हैं। कोई एक निश्चित व्यवस्था नहीं है। कार्ल मार्क्स का कहना है कि धर्म, पीड़ित आत्मा का आत्माहीन व्यवस्था में आर्त्तनाद है और प्रतिरोध भी। धर्म सुख का भ्रम पैदा करता है, जिससे मनुष्य उस वास्तविक सुख के लिए संघर्ष नहीं करेगा जो सामाजिक परिवर्तन से मिलता है। धर्म जनसमाज के लिए अफीम है।

तिल्दा से जे. पी. रमन्ना

प्रश्न—क्या हमारी सरकार समाजवाद की आड़ में पूँजीवाद को प्रश्रय नहीं दे रही है?

☐ सर्वोच्च न्यायालय के प्रधान न्यायाधीश चन्द्रचूड़ ने कुछ महीने पहले कहा था—भारत के वर्तमान संविधान से समाजवाद नहीं आ सकता। यह कथन ही काफी है वास्तविकता समझने के लिए। इन्दिराजी ने 1975 में संविधान में संशोधन करके देश के नाम में तो समाजवाद जोड़ दिया—सावरिन सोशलिस्ट रिपब्लिक ऑफ इण्डिया। मगर बढ़ रहा है—पूँजीवाद। कुछ चीजों के राष्ट्रीयकरण और सार्वजनिक उद्योग क्षेत्र में कुछ बुनियादी उद्योग खोलने से समाजवाद नहीं आता। बैंकों के राष्ट्रीयकरण करने से भी समाजवाद आना जरूरी नहीं है। इटली के तानाशाह मुसोलिनी ने भी बैंकों का राष्ट्रीयकरण किया था। पर मुसोलिनी तो फासिस्ट था। बैंकों से हमारे देश में अभी भी एकाधिकार (मोनोपली) घरानों को बढ़ावा मिलता है। सार्वजनिक क्षेत्र में बुनियादी इस्पात उद्योग तो खोल दिया, पर इस इस्पात से सामान बनानेवाले उद्योग प्राइवेट हाथों में हैं। समाजवाद इस तरह नहीं आ रहा। पूँजीवाद बढ़ रहा है।

चारामा से विप्लव डे

प्रश्न—प्रेमिका की शादी जब अपने किसी अभिन्न दोस्त से हो जाये, तब क्या करना चाहिए?

☐ यह तो सौभाग्य की बात है कि प्रेमिका की शादी अपने घनिष्ठ मित्र से हो जाय। इससे मित्रता और पक्की होनी चाहिए।

अकलतरा से राधूलाल मंगलानी

प्रश्न—आपने साहित्यकार के रूप में कई देशों की यात्राएँ की होंगी। भारतवर्ष से भ्रष्टाचार का प्रतिशत कहाँ कितना अधिक है ?

☐ भ्रष्टाचार हमारे जमाने में पूंजीवाद सामन्तवाद का नतीजा है। पूंजीवादी व्यवस्था में भ्रष्टाचार है। जापान के तो एक प्रधानमन्त्री ने अमेरिका की लाकडीह कम्पनी से करोड़ों डालर घूस खा ली थी। समाजवादी देशों में भ्रष्टाचार नहीं है या इक्का-दुक्का है, क्योंकि एक तो भ्रष्टाचार के अवसर नहीं हैं, दूसरे जन्म से मृत्यु तक सामाजिक सुरक्षा है, तीसरे वहाँ बचपन से सदाचार और विचारधारा सिखायी जाती है। अपने यहाँ गणित के ऐसे प्रश्न पढ़ाये जाते हैं—एक ने 4 रुपया लिटर की दर से 10 लिटर दूध खरीदा। उसमें दो लिटर पानी मिलाया और सारा दूध सवा चार रुपया लिटर के भाव से बेचा। बताओ उसे कितना मुनाफा हुआ ? हम बचपन में ही मिलावट सिखा देते हैं। भारत में पूंजीवादी सामन्तवादी व्यवस्था है। भ्रष्टाचार में हमारा नम्बर काफी ऊपर है।

रायपुर से खेमचन्द दुर्घा

प्रश्न—आपके ऊटपटांग उत्तरों से हम बोर हो गये हैं। हमें क्या करना चाहिए ?

☐ मेरी हालत भी आपकी तरह खराब है। मैं भी ऊटपटाँग सवालों का जवाब देते-देते बोर हो गया हूँ। अभी तक का सबसे ऊटपटाँग सवाल आपने ही किया है। आप इस कालम को मत पढ़ा कीजिए। आप तो बच गये। पर मैं नहीं बच सकता। ऊटपटाँग सवाल पूछे ही जायेंगे और जवाब देना मेरी मजबूरी है।

डोंगरगढ़ से कँवलजीत भाटिया

प्रश्न—अगर बात आँखों-ही-आँखों तक रहे तो उसे आगे किस तरह बढ़ाना चाहिए ?

☐ अगर आपको इतना ही नहीं आता तो आँखें मिलाने की झंझट में क्यों पड़े। बात आँखों-ही-आँखों में नहीं रहती। रास्ता आगे अपने आप सूझ जाता है।

दुर्ग से शकील अहमद खान

प्रश्न—दुनिया में सबसे पहले ताकतवर लोग ही अच्छा जीवन जीते थे, उसके बाद बुद्धिमान व्यक्ति के जीवन का स्तर अच्छा होता था तथा अब पैसेवालों का जीवन-स्तर ऊँचा है। आगे आनेवाली पीढ़ी के लोगों की क्या स्थिति रहेगी ?

☐ आपकी धारणा गलत है। दुनिया के इतिहास में ऐसा नहीं हुआ कि कभी पहलवानों का युग रहा हो, फिर बुद्धिमानों का और फिर धनियों का। इतिहास में समाज-व्यवस्थाएँ बदलती रही हैं, जिनके आन्तरिक नियमों से सुखी और दुखी आदमी रहे हैं। जीवन-स्तर उस वर्ग का ऊँचा होता है, जिसके हाथ में राजनैतिक-आर्थिक सत्ता हो। आदिम-अवस्था का साम्यवाद था, तो सबका जीवन-स्तर बराबर था। जो होता था, सबका सामूहिक होता था। फिर बड़े भूमिपति और

दास हुए। भूमिपति का जीवन-स्तर ऊँचा होता था। दास का बहुत नीचा। फिर अर्द्ध सामन्तवाद, फिर सामन्तवाद आया, जिसमें सामन्ती वर्ग का जीवन-स्तर ऊँचा रहा। इस समय औद्योगिक पूंजीवाद दुनिया के एक-तिहाई भाग में है। एक-तिहाई भाग में समाजवाद। एक-तिहाई भाग में अर्द्ध सामन्तवाद और व्यापारिक पूंजीवाद। समाजवादी व्यवस्था में जीवन-स्तर में समानता है। बाकी में एक वर्ग सुखी है। आगे दुनिया-भर में समाजवाद होगा और जीवन-स्तर लगभग समान होगा।

दिल्ली राजहरा से उमाशंकर अग्रवाल 'राज'

प्रश्न—गत दिनों 'देशबन्धु' में आपने एक प्रश्न के उत्तर में कहा था कि 'भारतीय संस्कृति मुर्दा पूजक नहीं है', जबकि मूर्तिपूजक अवश्य है। मुर्दा तो कभी जीवित था यह अकाट्य सत्य है, किन्तु पत्थर की मूर्ति तो न कभी जिन्दा थी न मुर्दा होगी। ऐसी स्थिति में मुर्दा पूजना या पत्थर पूजना मेरे खयाल से कोई फर्क नहीं रखता। आपके विचार जानने की उत्सुकता है। कृपया समाधान दें।

□ मेरा मतलब था कि भारतीय संस्कृति में मानव-जीवन की गरिमा है। मानव-आत्मा की एकता की भावना है। जिजीविषा प्रधान है। जीवन मिथ्या और व्यर्थ है, यह तथ्य एक विकृति है जो बाद में आया। मूर्तिपूजा तो एक कर्म-काण्ड है, धार्मिक आडम्बर है। मूर्ति चाहे पत्थर की हो चाहे सोने की, उसके पूजने से कोई लाभ नहीं है। धर्म संस्कृति का एक प्रमुख तत्व है, पर विकृतियाँ भी धर्म से ही आती हैं।

भिलाई (खुर्सीपार) से आशफाक अहमद मन्सूरी

प्रश्न—मुसीबतों का सामना करने के लिए इन्सान को क्या करना चाहिए?

□ मुसीबतों में हिम्मत रखना चाहिए, दिमागी सन्तुलन बनाये रखना चाहिए। फिर उन मुसीबतों से लड़कर उन्हें परास्त कर देना चाहिए।

दुर्ग से कु. अर्चना बक्सी

प्रश्न—दुनिया में सबसे बड़ा आदमी कौन है? क्या सबसे अधिक पैसेवाला सबसे बड़ा आदमी है?

□ अर्चनाजी, दुनिया के सबसे बड़े आदमी को मैं नहीं जानता। सबसे बड़ा आदमी हर क्षेत्र में अलग-अलग होता है। कोई साहित्य में, कोई विज्ञान में, कोई कला में। पैसेवालों में भी कोई सबसे बड़ा पैसेवाला होगा। पर आपको यह जानने से फायदा क्या है?

बेमेतरा से रमेश

प्रश्न—मेरी पान की दूकान है। मेरी आदत बहुत कम बोलने की है। शायद इसीलिए दूकानदारी में असफल हूँ। कृपया सफलता का राज और उधारी वसूल करने का उपाय बतायें।

□ भई रमेशजी, मैं 20 साल तक रोज एक-दो घण्टे बस-स्टेशन की पान की दूकानवाले मेरे दोस्त रूपराम पहलवान के पास बैठा हूँ। वे अखबार पढ़ते हैं,

रेडियो सुनते हैं। देश-विदेश की खबरें जानते हैं, और उन पर खूब बात करते हैं। गड़बड़ करनेवाले ग्राहक को तारे दिखाने को भी कह देते हैं। वे तो बहुत लोकप्रिय हैं। दिन-भर 2-4 आदमी पान लेने खड़े रहते हैं। आप भी ऐसा कीजिए, दीन-दुनिया की खबर रखिए। उन पर बात कीजिए। क्रिकेट चल रहा हो तो रेडियो पर कमेण्ट्री लगा दीजिए। उधारी वसूलने का क्या गुर बताऊँ। मैं खुद उधारी खाये बैठा हूँ। किसी की उधारी कैसे उकारी जाय, यह नहीं बता सकता। हाँ, आप उधार देना बन्द कर दीजिए।

31 जुलाई, 1983

सवर्णों को प्रायश्चित करना ही पड़ेगा

चकरभाटा से डी. आर. नागवानी

प्रश्न --सच बोलने पर सजा कब मिलती है ?

☐ सजा इस बात पर निर्भर है कि आप सच बोले तो क्या बोले और उसमें किसका नुकसान हुआ।

बागबहरा से अमरजीतसिंह छाबड़ा

प्रश्न—दुल्हन शादी के वक्त लाल कपड़े ही क्यों पहनती है ?

☐ लाल रंग प्रेम का, रूमान का, उल्लास का रंग है। नीला शान्ति का रंग है। भगवा निर्वेद का रंग है। मनःस्थितियों के अनुकूल रंग होते हैं।

रायगढ़ से शरदकुमार स्वर्णकार

प्रश्न—आप प्रश्नों के उत्तर देने की रिश्वत कितनी लेते हैं ?

☐ प्रश्नों के उत्तर देना कोई सरकारी ठेका दिलाना नहीं है, जिसकी रिश्वत मिले।

डोंगरगढ़ से महेन्दर बन्नौआना

प्रश्न—मनुष्य को दूसरे का धन और अपनी अक्ल अधिक क्यों दिखती है ?

☐ मनुष्य में कई मूर्खताएँ होती हैं, उनमें से एक यह है। इसका कारण—दूसरे से ईर्ष्या और अपना अभिमान।

रायपुर से ईश्वर शर्मा

प्रश्न—प्रेम एक से होता, स्नेह हर किसी से। लेकिन प्रेम हर किसी से क्यों नहीं होता ?

☐ प्रेम सिर्फ एक से नहीं होता। एक से अधिक से भी होता है। प्रेम की

भावना जटिल है। इसमें रूप, गुण, रुचि, प्रकृति, परस्पर हित सब आते हैं। फिर जैविक प्रतिक्रियाएँ होती हैं। ये हर एक के सम्बन्ध में नहीं होतीं। किसी-किसी के सन्दर्भ में होती हैं। एक लव्ह होता है—प्रेम। एक 'इनफेचुएशन' होता है—यानी किसी का उन्मादी प्रभाव। यह उतर जाता है। 'लव्ह', प्रेम टिकाऊ होता है। पर यह भी ढीला पड़ता है मगर क्योंकि शादी हो गयी है, बाल-बच्चे हैं, इसलिए निभाये जाते हैं। पचास फीसदी पति और पत्नी तलाक देने की इच्छा रखते हैं पर मजबूरियों और जिम्मेदारियों के कारण नहीं देते। सबसे बड़ी मजबूरी बच्चे होते हैं। प्रेम की गैररूमानी प्रक्रिया यह है—किसी व्यक्ति के सन्दर्भ में शरीर की कुछ ग्रंथियाँ एक रस निसृत करती हैं, जिससे सेक्स-भावना जागती है और उस व्यक्ति से भावनात्मक लगाव होता है।

रायपुर से गंगा यादव

प्रश्न—इंग्लैण्ड में पूंजीवादी सरकार पुनः चुन ली गयी। क्रान्ति व व्यवस्था बदलने की प्रक्रिया इंग्लैण्ड-जैसे औद्योगिक देश में कई वर्ष पीछे हो गयी है, क्यों? जबकि जनता पिस रही है, पूंजीवादी व्यवस्था की विकृतियों का घृणित रूप नजर आ रहा है, फिर थैचर को समर्थन?

□ ब्रिटेन में क्रान्ति की परिस्थितियाँ पैदा नहीं हुईं, जबकि मार्क्स के अनुसार वहीं पहले सर्वहारा की क्रान्ति होनी थी। इसके कई कारण हैं। इन्हें फिलहाल छोड़ें। फिर कभी बतायेंगे। आपने थैचर की जीत के बारे में पूछा है। पहले यह समझ लें कि लेबर पार्टी कम्युनिस्ट पार्टी की तरह क्रान्तिकारी पार्टी नहीं है। उसके कुछ वामपन्थी सिद्धान्त और कार्यक्रम हैं। वह एक सुधारवादी पार्टी है। साम्राज्यवाद विरोधी है। पर वह सर्वहारा की तानाशाही नहीं मानती। उसका संसदीय लोकतन्त्र में विश्वास है। राजा और रानी भी वह मानती है। लेबर पार्टी में फूट पड़ गयी है। एक हिस्से ने अलग होकर 'सोशल डेमोक्रेटिक पार्टी' बना ली है। इस तरह लेबर वोट बँट गये। फिर यह ध्यान में रखिए कि अंग्रेज के दिमाग से साम्राज्यवाद अभी गया नहीं है। अब ब्रिटिश साम्राज्य के हजारों मील दूर एक छोटा-सा फाकलैण्ड द्वीप है। इसने पिछले साल स्वतन्त्र होने की कोशिश की थी, तो मार्गरेट थैचर ने समुद्री बेड़ा भेजकर उन्हें कुचल दिया। इसमें जितने लोग मरे उतनी फाकलैण्ड की आबादी नहीं है। पर इससे अंग्रेज-मन प्रसन्न हुआ—थैचर 'आयरन लेडी' है। उसने अंग्रेजी साम्राज्य बचा लिया। फिर लेबर पार्टी के घोषणापत्र में दो बातें थीं—(1) हम ब्रिटेन को यूरोपीय आर्थिक समुदाय से बाहर निकाल लेंगे। (2) हम नयी नाटो मिसाइलें नहीं लगायेंगे। बात यह है कि यूरोप के देशों ने जब आर्थिक समुदाय बनाया था तब उससे कुछ साल ब्रिटेन को बाहर रखा था। ब्रिटेन आवेदन लेकर 5-6 साल खड़ा रहा, पर फ्रान्स-जर्मनी कहते रहे कि तुम यूरोप में नहीं हो। तुम एक द्वीप हो। मुश्किल से ब्रिटेन को प्रवेश मिला। अब अंग्रेज यूरोपीय आर्थिक समुदाय से बाहर निकलते डरता है। ब्रिटेन में नयी मिसाइलों के खिलाफ जनआन्दोलन

बहुत है, पर कंज़रवेटिव पार्टी ने लोगों के मन में असुरक्षा की भावना भी भरी। सबसे बड़ा कारण यह है कि लेबर पार्टी ने कोई जन-आन्दोलन नहीं किये, श्रमिक संघर्ष नहीं किये। यह पार्टी ढीली हो गयी। फूट और ढीलेपन से लेबर हारी।

कांकेर (बस्तर) से सैय्यद आसिफ अली 'आशिक'

प्रश्न—यदि प्रेमिका बेवफाई करने लगे तो क्या करना चाहिए?

☐ प्रेमिका बेवफाई करने लगे तो उसके दूसरे प्रेमी की सेवा कीजिए और अपने लिए दूसरी खोज लीजिए।

अम्बिकापुर से कुलदीप

प्रश्न—जनता सुविधाभोगी होती जा रही है और पूंजीवादी दलों से जुड़ती जा रही है। यहाँ तक कि सर्वहारा वर्ग को लगातार लालच देकर खरीदा और बरगलाया जा रहा है। ऐसे में सुविधाहीन साम्यवादी दल अपने मकसद, याने समाज को बदलने में कब सफल हो पायेगा?

☐ आप ठीक कहते हैं कि सर्वहारा को लालच से बरगलाया जाता है। पूंजीवाद की यह तरकीब है कि वह मजदूरों को कुछ सुविधाएँ देता है, अपनी लूट में से कुछ पैसा खर्च करके वेतन-भत्ता बढ़ा देता है। 30-40 साल पहले ट्रेड यूनियन नेता बोलता था—मजदूर भूखा है। मजदूर नंगा है। अब औद्योगिक मजदूर न भूखा है, न नंगा है। उस पर पुराने नारे असर नहीं करते। सबसे खराब हालत गाँव के सर्वहारा की है। साम्यवादियों को, औद्योगिक मजदूरों को राज-नैतिक शिक्षण देना होगा और उनकी मानसिकता बनानी पड़ेगी कि वह राजसत्ता और अर्थसत्ता पर कब्जा करे। साथ ही गाँव के सर्वहारा को संगठित करके जुझारू बनाना होगा। समाज को बदलने में सफलता कब मिलेगी, यह भविष्यवाणी कोई नहीं कर सकता। कभी-कभी ऐतिहासिक शक्तियाँ बहुत जल्दी क्रान्ति की परि-स्थितियाँ निर्मित कर देती हैं।

दुर्ग से दिनेशकुमार सोनी

प्रश्न—मेहनत और भाग्य पर कहाँ तक विश्वास किया जा सकता है?

☐ भाग्य कुछ नहीं है। यह झूठा विश्वास है। सार्थक श्रम पर विश्वास किया जा सकता है। विवेकपूर्वक तय किया हुआ सार्थक श्रम लाभ देता है। आप दिन-भर झाड़ पर चढ़ें-उतरें और शाम को पसीने से लथपथ होकर कहें—श्रम से कोई फायदा नहीं हुआ। भाग्य में नहीं था। वास्तविकता यह है कि आपने श्रम विवेक से नहीं चुना और निरर्थक श्रम किया।

छरछेद (कसडोल) से दीवानचन्द वाधवानी

प्रश्न—आज हर क्षेत्र में नारी का महत्त्वपूर्ण स्थान है, फिर भी समाज नारी को अबला क्यों समझता है?

☐ जो स्त्री कलेक्टर है या पुलिस इन्स्पेक्टर है, उसे कौन अबला समझता है। उसके सामने पुरुष खुद 'अबल' होकर हाथ जोड़ते हैं। साधारण घर-गृहस्थी

की नारी को भी अब अबला नहीं कहा जाता। स्त्री की कुछ जैविक और स्वभावगत कमजोरियाँ हैं, क्योंकि बच्चा वही पैदा करती है, पुरुष नहीं। इन्हीं कमजोरियों के कारण और उसकी असुरक्षा की भावना तथा आर्थिक निर्भरता के कारण उसे युगों से 'अबला' कहकर उसका शोषण किया गया। अब हालात बदल रहे हैं।

चकरभाटा से दुलाराम नारवानी

प्रश्न—सावन के अन्धे को हरा, तो फागुन के अन्धे को क्या दिखायी देगा?

☐ फागुन के अन्धे को हुल्लड़-ही-हुल्लड़ दिखायी देगा। 'सावन के अन्धे को हरा-ही-हरा सूझता है'—यह एक कहावत है। इसका मतलब है कि जिस आदमी ने अच्छे दिन देखे हैं अगर वह विवेकहीन है, तो बुरे दिनों में भी उसे अच्छे दिन दिखते हैं—यानि वह वैसी ही समझ और व्यवहार रखता है।

भिलाई नगर से सतीशकुमार पाण्डेय

प्रश्न—क्या आरक्षण के बीज वोटों की लहलहाती फसल काटने के लिए नहीं बोये जाते? क्या आरक्षण हम सवर्णों को अपनी ही जमीन से काटने की साजिश नहीं है?

☐ सवर्णों ने कई शताब्दी शूद्रों पर जो अत्याचार किये, उन्हें अछूत रखा, अपढ़ रखा, उन्हें कुत्ते और सुअर माना—इस पीढ़ियों के पाप का प्रायश्चित कौन करेगा? सवर्णों को प्रायश्चित करना ही पड़ेगा। रवीन्द्रनाथ ठाकुर ने एक कविता में कहा है—मेरे देशवासियो, तुमने अपने ही भाइयों पर इतने अत्याचार किये हैं कि तुम्हें इसका फल भोगना पड़ेगा। आरक्षण न वोट पाने के लिए है, न सवर्णों को उखाड़ने के लिए। यह हमारी भूल से ही पिछड़ गये लोगों को थोड़ी सुविधा और सुरक्षा और अवसर देने के लिए है। आगे चलकर आरक्षण खत्म हो जायेगा। मैं मानता हूँ कि आरक्षण की प्रक्रिया में बहुत-सी खामियाँ हैं। मगर मूलरूप से आरक्षण सही है। पर इसके लिए आप क्या कहेंगे कि ऊँची जाति के लोग चमार या भंगी बनकर नौकरी पाने की कोशिश करते हैं।

तखतपुर से जगमोहनसिंह ठाकुर

प्रश्न—क्रान्ति के लिए संगठन, संगठन के लिए पैसे, लेकिन सभी आर्थिक साधन पूँजीपतियों के हाथों में। फिर क्रान्ति सफलीभूत कैसे होगी?

☐ क्रान्ति की परिस्थितियाँ पैदा होती हैं। यह एक ऐतिहासिक प्रक्रिया है। तब क्रान्तिकारी संगठन इन परिस्थितियों का उपयोग क्रान्तिकारी संघर्ष के लिए करता है। इसके लिए पूँजीवादी के पैसे की जरूरत नहीं होती। वैसे पूँजीवादियों के कई प्रकार हैं। एक मोटा भेद है—निम्न पूँजीवादी और एकाधिकार पूँजीवादी। क्रान्तिकारी संगठन को पैसा मजदूरों, किसानों, मध्यमवर्गियों और निम्न पूँजीपतियों से मिल जाता है। क्रान्ति के लिए निर्णायक संघर्ष में तो बैंक और खजाने और शस्त्रागार लूट लिये जाते हैं। संगठन के लिए पैसे उसी संगठन के सदस्य जुटाते हैं।

दुर्ग से आनन्द श्रीवास्तव

प्रश्न—संसार में दहाई की प्रणाली का आरम्भ क्यों किया गया था ?

☐ हिसाब में, गणितीय प्रक्रिया में, संख्या दस गुना करने के लिए दहाई की पद्धति खोजी गयी। आप यह तो जानते ही हैं कि बहुत प्राचीन काल में भारतीय गणितशास्त्रियों ने 'शून्य' (जीरो) की खोज की थी। दुनिया ने भारत से ही शून्य सीखा। शून्य कुछ नहीं है, पर अंक के आगे लगाने से अंक दस गुना होता है। अरबों-खरबों की गणना और अन्तरिक्ष की दूरियों की गणना, विज्ञानों में गणना, इसी दहाई से सम्भव होती है।

10 जुलाई, 1983

रजनीश 'शाला' को 'साला' कहते हैं

रायपुर से जगदीश हबलानी

प्रश्न—आप आचार्य रजनीश व महेश योगी के ही शहर के हैं, उनसे आपने कुछ नहीं सीखा ?

☐ हाँ, यह विवादास्पद गौरव मुझे है कि मैं रजनीश और महेश योगी के नगर का हूँ। हम तीनों इसी भूमि के रत्न हैं। महेश योगी से मिला कभी नहीं। उनकी पुस्तक अंग्रेजी में भावातीत ध्यान पर जरूर पढ़ ली है। उसमें कुछ खास नहीं। महेश योगी के पास न दर्शन है न भाषा। महेश योगी मशहूर दर्शन या ध्यान-पद्धति के कारण नहीं हैं—'महेश योगी आर्थिक साम्राज्य' के कारण हैं। इसके बारे में कई तरह की बातें हैं, विवाद और आरोप हैं।

रजनीश 'तब से' मेरे सम्पर्क में थे जब वे यहाँ बी. ए. के छात्र थे। बहुत मेधावी थे। वाद-विवाद प्रतियोगिता में मैंने उन्हें दो बार पहला इनाम दिया। उनमें दो दोष हैं—एक तो उनका स्वर नाक से निकलता है, दूसरे वे 'श' का उच्चारण नहीं कर सकते। ने 'शक्कर' को 'सक्कर', 'शाला' को 'साला' और 'शेम' को 'सेम' बोलते हैं। मैंने उनसे कई बार कहा कि तुम ये दोष सुधारो। कम से कम 'श' का उच्चारण सीखो। पर वे अभी तक वैसे ही बोलते हैं। रजनीश की कुछ किताबें भी मैंने पढ़ी हैं। अधिकतर भाग दूसरों की चोरी है। वे बहुत पढ़े हैं, इसलिए यहाँ-वहाँ से बहुत-सा चुराकर अपनी विशिष्ट आकर्षक भाषाशैली में पेश करते हैं। वे मनुष्य की वर्जनाओं को हटाते हैं, इससे सम्पन्न, खुशहाल स्त्री-पुरुष स्वच्छन्दता से भोग करते हैं। भारतीय दर्शन, पश्चिमी दर्शन व योग-

शास्त्र, तन्त्रविद्या से उन्होंने सीखा है। वे घोर समाजवाद-विरोधी हैं। वे सम्पन्न अपढ़ स्वेच्छाचारियों के 'भगवान' हैं। मैंने उनकी सारी तरकीबें, हथकण्डे, कर्म, कुकर्म, झटके कई साल देखे हैं। बताइए, मैं उनसे क्या सीखता? वे अगर ईमानदार हों तो मुझे अपना गुरु मानना चाहिए। मैंने उन्हें सिखाया है।

राइट टाउन, जबलपुर से विनोद तिवारी

प्रश्न—कार्ल मार्क्स ने धर्म को जनता के लिए अफीम क्यों कहा है?

☐ लोग कार्ल मार्क्स का बस यही अफीम वाला वाक्य ले उड़े हैं। कार्ल मार्क्स ने धर्म के बारे में यह भी कहा है—

'धर्म मनुष्य की वेदना और प्रतिरोध की अभिव्यक्ति है। धर्म मनुष्य को 'भ्रमात्मक' सुख देता है, वास्तविक सुख नहीं, जो सामाजिक परिवर्तन से आता है। इसलिए वे परिस्थितियाँ बदलना जरूरी हैं जिनमें मनुष्य भ्रमात्मक सुख में भूला रहता है। धर्म इसीलिए जनता के लिए अफीम है।'

अब आप देखिए—घर में खाने को नहीं है, तनखा कम, महँगाई बहुत, शोषण अलग। मगर 2-3 घण्टे कीर्तन, भजन, धर्मकथा सुनकर सुखी हैं। यह भ्रमात्मक सुख है। वास्तविक सुख जीवन की हालत में सुधार से आता है जिसके लिए आदमी को संघर्ष करना चाहिए। शोषक वर्ग आदमी को धर्म के भ्रमपूर्ण सुख से उलझाये रखता है, ताकि वह वास्तविक सुख के लिए संघर्ष न करे। इससे शोषकों के हितों की हानि होती है। आप देखते हैं, सारे धार्मिक अनुष्ठान मुनाफाखोर, कालाबाजारी, जमाखोर, शोषक कराते हैं। ये आम आदमी को निष्क्रिय और मूर्ख बनाते हैं।

भिलाई से एम. के. शुक्ला

प्रश्न—हमारी माननीय प्रधानमन्त्री ने 36 मुस्लिम राष्ट्राध्यक्षों को लिखित सफाई भेजकर कहा है कि असम में केवल मुसलमानों की ही नहीं बल्कि सभी धर्म के लोगों की हत्या हुई है। क्या इस सफाई का यह मतलब नहीं कि श्रीमती गाँधी इस सर्वप्रभुत्वसम्पन्न राष्ट्र के आन्तरिक मामलों में अन्य राष्ट्रों को हस्तक्षेप हेतु आमन्त्रित कर रही हैं?

☐ आपका कहना सही है कि हमें अरब देशों को कैफियत देने की जरूरत नहीं है। दूसरे देश हमारे आन्तरिक मामलों में हस्तक्षेप भी नहीं कर सकते। ब्रिटिश संसद में एक प्रस्ताव था जिसमें मानव अत्याचारों के लिए चिली और भारत की साथ-साथ निन्दा थी। चिली में लोकतन्त्र को नष्ट करके जनरल पिनोशे ने सी. आई. ए. के सहयोग से अत्यन्त क्रूर फौजी तानाशाही कायम की है। चिली के साथ लोकतन्त्री भारत को रखना अंग्रेज राजनेताओं की नासमझी और बुरे इरादों को प्रकट करता है। हमें यह मानना चाहिए कि असम में 40 फीसदी मुसलमान ही मारे गये हैं, पर इन्हें सरकार ने नहीं मारा। हिन्दू भी मरे हैं और कबीलेवाले आदिवासी भी। अरब देशों में पाकिस्तान यह प्रचार कर रहा है कि भारत में मुसलमानों का संहार हो रहा है। अरब देश हमारे मित्र हैं। भारत

उनका राजनैतिक समर्थन करता है। फिर हमारे उमसे आर्थिक व्यापारिक सम्बन्ध हैं। हम उनसे तेल लेते हैं। इसलिए ही गलतफहमी मिटाने के लिए प्रधानमन्त्री ने वह बयान दिया। इससे किसी देश को हमारे आन्तरिक मामलों में दखल देने का अधिकार तो नहीं मिलता। पर ज्यादा उचित यह होता कि सही बातों की जानकारी हमारे दूतावास देते।

बिलासपुर से कुमारी कविता चिंचोलकर

प्रश्न—'आम आदमी' शब्द आजकल बहुत इस्तेमाल हो रहा है, क्या आपने इसे देखा है ?

☐ 'आम आदमी' राजनेता भी कहते हैं और लेखक भी। पर इसकी व्याख्या नहीं की जा सकती। जिन्हें मैं देखता हूँ वे अगर आदमी हैं, तो मैं आम आदमी देखता हूँ। यह शब्द अँगरेजी के मुहावरे 'कामन मैन' का भारतीय अनुवाद है। कामन मैन वह जो विशेष न हो। उद्योगपति, बड़ा व्यापारी, ओहदेदार, बड़ा नेता, महान लेखक, पूँजीवादी, सम्पत्तिवान न हो—वह कामन मैन। यानी मध्यवर्गीय नौकरीपेशा, छोटे दूकानदार, मजदूर, अध्यापक, कारीगर आदि। यही आम आदमी हैं।

रायपुर से अनिल हरदवानी

प्रश्न—दुनिया में इन्सान को जीने के लिए खाना चाहिए या खाने के लिए जीना ?

☐ यह तो आदमी अपने विवेक से तय करे। उसे अगर सूअर की तरह जीना है—उद्देश्यहीन, तो खाये और जिये और एक दिन मर जाये या मार डाला जाये। जीने के लिए खाना आवश्यक है। पर अगर केवल बढ़िया खाना ही जीने का ध्येय मान लिया जाय, तो आदमी होने का कष्ट क्यों उठाया ? बिल्ली भी चोरी करके घरों से पकवान खा लेती है।

नन्दिनी नगर से राजेन्द्र सोनबोइर

प्रश्न—क्या विनोबा भावे जीवित रहते हुए 'भारत-रत्न' पाने के काबिल न थे ?

☐ 'भारत-रत्न' पाने के काबिल कौन है यह केन्द्रीय मन्त्रिमण्डल, शासकीय और गैर-शासकीय सिफारिशों के आधार पर तय करता है। कहा जाता है, 'जिसे पिया चाहे वह सुहागन'। विनोबा को नेहरू और इन्दिरा दोनों चाहते थे। वे एक तरह से 'सरकारी सन्त' ही थे। आशीर्वाद जयप्रकाश को भी दे देते थे। असल में विनोबा अर्थहीन, सन्दर्भहीन हो गये थे। अँगरेजी में कहें तो 'इररेलेवेंट' हो गये थे। 'भारत-रत्न' हो भी जाते तो क्या होता ?

कांकेर से हमीरसिंह

प्रश्न—गाँधीजी हिंसा के विरोधी थे फिर भी लाठी लेकर क्यों चलते थे ?

☐ गाँधीजी लाठी सहारे के लिए रखते थे, किसी को पीटने के लिए नहीं। गाँधीजी हिंसा-अहिंसा के मामले में कूटनीति और हानि-लाभ से तय करते थे कि

भारतीय जनता हिंसात्मक आन्दोलन से स्वराज प्राप्त नहीं कर सकती। जनता की एक हिंसात्मक कार्रवाई के बदले में अंग्रेज सरकार सौ गुनी हिंसक कार्रवाई करके आन्दोलन को कुचल देती। वह विश्व के सामने और ब्रिटिश संसद के सामने इस हिंसात्मक कार्रवाई को उचित भी सिद्ध कर देती। मगर यह गाँधीजी की समझ और कूटनीति थी कि उन्होंने अहिंसात्मक आन्दोलन चलाये। इस कारण अंग्रेज सरकार ज्यादा हिंसा कर नहीं सकती थी। ब्रिटिश संसद में ही इसकी कड़ी आलोचना होती।

पर एक बात देखिए। 1942 के 'भारत छोड़ो' आन्दोलन में भारतीयों ने काफी हिंसा की। पर उस हिंसा की गाँधीजी ने निन्दा नहीं की।

मुंगेली से अशोक गोलछा

प्रश्न—भारत में लोग बात-बात पर भगवान कसम, माँ कसम···ऐसी कसमें खाते रहते हैं। इनका क्या महत्त्व है ? क्या विदेशों में भी ऐसी प्रथा है ?

☐ कसम विश्वास दिलाने के लिए खायी जाती है। भगवान की कसम मैंने चोरी नहीं की। माँ की कसम खाकर कहता हूँ कि मैंने उस लड़की को नहीं छेड़ा। यह एक प्रकार का नैतिक—धार्मिक बन्धन है सच बोलने के लिए। मगर अदालत में भगवान के नाम से सच बोलने की शपथ देकर आदमी झूठ बोलता है। यह कसम खाने की प्रथा दुनिया भर में है। यूरोप में कहते हैं—बाई गॉड, आई एम इनोसेंट। बाई जीस्ट, आई एम स्पीकिंग नो लाई।

22 मई, 1983

बच्चों की बातों का क्या जवाब

छतौना से राजेश अग्रवाल

प्रश्न—आधुनिक नारी के शरीर की तरह आधुनिक कविताओं से भी अलंकार लुप्त होता जा रहा है। इसका क्या कारण है ? क्या यह स्थिति सन्तोषप्रद है ?

☐ आभूषणों से लदी और तरह-तरह से सजी सुन्दरी—यह मध्ययुगीन सौन्दर्य-बोध था। वह चला गया। युग के सारे मूल्य बदलते हैं। अब सादा स्त्री अच्छी लगती है। जिस कविता में अलंकार होते थे वह बनावटी होती थी, उसमें सजावट थी। अब दृष्टि यथार्थवादी है। इसलिए बिना अलंकार के आम शब्दों में जीवन यथार्थ को वास्तविक अनुभूति से शक्तिशाली, प्रभावशाली ढंग से अभिव्यक्त करे—वह कविता अच्छी होती है। मनुष्य यथार्थ का सामना करना चाहता है।

बिहारी का एक दोहा लीजिए—

पत्रा ही तिथि पाइए वा घर के चहुँपास।
प्रतिदिन पूनों ही रहत आनन ओप उजास।।

अर्थ है कि उस घर में ऐसी सुन्दरी रहती है कि उसके मुख की आभा से आसपास हमेशा पूर्णिमा की चाँदनी छायी रहती है। इसलिए आसपास के लोग पत्रा (पंचांग) देखकर ही तिथि जानते हैं। यह अतिशयोक्ति अलंकार है। बिहारी महान कवि माने जाते थे। पर आज कोई कवि ऐसा लिखे तो उसे बेवकूफ कहा जायेगा। अलंकारहीन व्यक्तित्व और काव्य सन्तोषप्रद है।

रायपुर से मनोजकुमार धनगर

प्रश्न—श्रीमती मेनका गाँधी के वक्तव्य 'श्रीमती इन्दिरा गाँधी काला जादू जानती हैं' पर आपकी प्रतिक्रिया?

☐ मेनका की बचकानी बात है यह। बच्चों की तोतली फालतू बातों पर कोई प्रौढ़ क्यों प्रतिक्रिया करे। मेरा खयाल है, सास-बहू दोनों पीला जादू जानती हैं—पीले सोने का जादू।

अनूपपुर से विजेन्द्र सोनी कल्प

प्रश्न—धर्म से कम्युनिस्ट का कितना सम्बन्ध होता है?

☐ कम्युनिस्ट धर्म को अवाम के लिए अफीम मानता है। कम्युनिस्ट का धर्म से कोई सम्बन्ध नहीं होता।

भाटापारा से राजेश अग्रवाल 'हँसमुख'

प्रश्न—भारत जब स्वयं अपनी आवश्यकता पूर्ति हेतु विकसित राष्ट्रों से रुपये उधार लेता है तो फिर नेपाल व लंका-जैसे अविकसित देशों को ऋण क्यों देता है?

☐ अर्थव्यवस्था अब अन्तर्राष्ट्रीय हो गयी है। भारत विश्व बैंक से, अन्तरराष्ट्रीय मुद्राकोष से, एशियाई विकास बैंक से तथा धनी देशों से कर्ज और सहायता लेता है। मगर छोटे-छोटे एशिया और अफ्रीका के गरीब देशों को सहायता भी देता है। भारत पड़ोसियों से अच्छे सम्बन्ध और अन्तर्राष्ट्रीय सद्भाव बनाना चाहता है। रूस भी अमेरिका से गेहूँ खरीदता है और भारत को अपना गेहूँ देता है। पश्चिम के देश रूस से गैस लेनेवाले हैं, जिसकी पाइप लाइन आधी बन चुकी है।

रायगढ़ से मनजीतसिंह 'अम्बर'

प्रश्न—फाँसी पर लटकते समय मियाँ भुट्टो ने क्या सोचा होगा?

☐ भुट्टो ने सोचा होगा—मैं पाखण्डी न होता, जनता से छल नहीं करता, अहंकार नहीं करता, हिंसा की राजनीति न करता, फौज और गुप्तचर विभाग पर निर्भर न होता, चुनावों में बेईमानी से नहीं जीतता, इतना भारत-विरोधी न होता तो मेरी यह दुर्गति नहीं होती।

औंरी से मोरध्वज चन्द्राकर

प्रश्न—क्या विशाल प्रजातान्त्रिक देश भारत में सैनिक शासन लागू किया जा सकता है? यदि हाँ तो क्या इससे भ्रष्टाचार व अन्य समस्याओं में कमी आ

सकती है ?

□ भारत में फौजी शासन कभी नहीं हो सकता। एक तो यहाँ लोकतन्त्र की जड़ें गहरी हैं। फिर यह महाद्वीप के बराबर विशाल देश है। यहाँ का आदमी उदार है। भारत में थलसेना, वायुसेना, जलसेना के अलग-अलग कमाण्ड हैं। तीनों सेनाओं के कमाण्डर-इन-चीफ राष्ट्रपति होते हैं, जो निर्वाचित होते हैं। हमारी सेना पूरी तरह निर्वाचित लोकतान्त्रिक राजसत्ता के अधीन है। सेना में कोई राजनैतिक महत्वाकांक्षा अभी तक दिखायी नहीं दी। सिर्फ जनरल थिमैया ने कुछ महत्वाकांक्षा का इशारा दिया था पर सुरक्षा मन्त्री कृष्णामेनन ने उनका अफसरों का गुट तोड़ दिया और थिमैया को दबा दिया। एक बार फील्ड मार्शल मानेकशा से पत्रकारों ने यह सवाल पूछा—मानेकशा ने जवाब दिया था—कभी नहीं, कभी नहीं, कभी नहीं। ऐसी बेवकूफी कोई फौजी अफसर कभी नहीं करेगा। वास्तव में हमारे यहाँ लोकतान्त्रिक पद्धति टूट नहीं रही है। क्षेत्रवाद, चुनावी उलटफेर, केन्द्र और राज्यों के मतभेद से यह मत समझिए कि लोकतन्त्र कमजोर हो रहा है। यह जरूर खतरनाक बात है कि सँकरी समझ और ओछे उद्देश्योंवाले दक्षिणपन्थी दलों ने नये थलसेनाध्यक्ष की नियुक्ति को दलगत राजनीति में लपेटा। यह गैर-जिम्मेदारी की बात है।

दुर्ग से योगेन्द्रकुमार देवांगन

प्रश्न—हनुमान राम के भक्त थे, राम शिव की पूजा किया करते थे तो क्या हमें राम-हनुमान को छोड़कर डायरेक्ट शिव की पूजा करनी चाहिए ?

□ मैं तो राम, हनुमान और शिव को कवि और भक्तों की कल्पना से निर्मित मानता हूँ। शिव आर्यों के नहीं, द्रविड़ों के देवता थे। वे राम से प्राचीन हैं। द्रविड़ों और आर्यों में पहले घोर संघर्ष हुआ। राम-रावण संघर्ष आर्य-अनार्य संघर्ष है। दक्षिण के लोग राम को आक्रामक साम्राज्यवादी मानते हैं। शिव और राम के भक्तों में भी सिर-फुटौवल हुई। शैवों और वैष्णवों में काफी संघर्ष हुआ है। तुलसीदास भी इससे परेशान हुए। तब समन्वय कराया गया। कवियों और भक्तों ने कथाएँ बनायीं जिनमें राम और शिव मित्र देवता हैं। भस्मासुर से विष्णु ने शिव की रक्षा की। और तुलसीदास ने लिखा कि लंका पर हमले के पहले राम ने शिव का अनुष्ठान किया। शिवलिंग की स्थापना की। इसमें पुरोहित के रूप में रावण को बुलाया। रावण आया। उसने अनुष्ठान कराया—हालाँकि अनुष्ठान रावण की पराजय के लिए किया गया था। हमारे लोग तो भूत-प्रेत की पूजा करते हैं। आप शिव की पूजा कीजिए।

14 अगस्त, 1983

अरुण शौरी कौन बड़े भरोसे के हैं

परासिया से अशोक मुखर्जी

प्रश्न—जापानियों की काम के प्रति निष्ठा जगविदित है, बौद्ध धर्म भी वहाँ प्रचलित है; फिर भी ऐसे धीर-गम्भीर समाज में हिंसा बुरी तरह हावी क्यों हो गयी ?

□ जापानियों की कई विशेषताएँ हैं। वे बहुत मेहनती और निष्ठावान होते हैं। उनका जापानी होने का गौरव अन्धाभिमान की हद तक है। वे अपने को सूर्योदय के देश के निवासी मानते हैं। जातिगत और नस्लगत महानता की भावना उनमें हिटलर के समय के जर्मनों की तरह है। उनमें राजभक्ति इस युग में भी अटूट है। पूर्व में वे सबसे आधुनिक और उन्नत हैं। इतिहास में जापानी, हमलावर और दुस्साहसिक रहे हैं। चीन पर उनका 1934 का हमला सबसे बड़ा था। दूसरे महायुद्ध में जापानी सेना बर्मा तक आ गयी थी और कलकत्ता पर भी जापानी बम गिर चुके थे। जापानी सौन्दर्य-प्रेमी हैं। वे पूर्व में सबसे अधिक पुष्प-प्रेमी हैं। अपने अन्धे उन्मादी राष्ट्रवाद और राजभक्ति में जापानी अपने पेट में छुरा घुसेड़कर मर जाते हैं। इसे 'हाराकिरी' कहते हैं। एक महान लेखक ने कुछ साल पहले इसलिए 'हाराकिरी' कर ली थी कि जापान का गौरव कम हो गया था। जापान में पूँजीवादी व्यवस्था है। पूँजीवाद की सारी बुराइयाँ उस समाज में हैं। अन्ध राष्ट्रवाद, अन्ध राजभक्ति, आक्रामक चरित्र, फासिस्टी प्रवृत्ति तथा पूँजीवादी पद्धति ने जापानियों में हिंसा की प्रवृत्ति पैदा की है। पर ऐसा नहीं है कि जापान के शहरों और गाँवों में मार-काट ही मची रहती है। बौद्ध होने से क्या होता है। धर्म ने दुनिया के किसी समाज को दयालु, मानवीय और सदाचारी नहीं बनाया। हर धर्म में हिंसा और क्रूरता ही आयी। ईसा ने कितनी दया, प्रेम का उपदेश दिया। पर ईसाई साम्राज्यवादी और पूँजीवादी कितने क्रूर हैं। कई वैष्णव किस कदर मनुष्य का खून चूसते हैं। धर्म अन्ततः समाज की शोषक शक्तियों का साथ देने लगता है और तब हिंसा ही धर्म बन जाती है। फिर धार्मिक समुदायों में आन्तरिक विकृतियाँ आ जाती हैं। भारत में अपने परवर्ती काल में बौद्धों का धर्म-संघ विभाजित हो गया था। बौद्ध हिंसक, क्रूर, कर्मकाण्डी और दुराचारी हो गये थे।

बागबाहरा से अखिलेश चन्द्राकर

प्रश्न—सरकार 1 करोड़ के इनामवाली लाटरी टिकिटें बेचकर 3-4 करोड़ इकट्ठे करती है, फिर 50 लाख टैक्स काटकर एक आदमी को 50 लाख का इनाम देती है, क्या इससे समाज का कुछ भला होता है ?

□ लाटरी जुआ है। सरकारों को लाटरी नहीं चलाना चाहिए। लाटरी से आदमी भाग्यवादी होता है। सरकार का उद्देश्य पैसा कमाना ही है। सट्टा के

'फिगर' पर पैसा लगाने और लाटरी का टिकिट खरीदने में कोई फर्क नहीं है। यह हो रहा है कि कुछ लोग अचानक लखपति हो रहे हैं।

रायपुर से समीर गुप्ता

प्रश्न—असम-हत्याकाण्ड की दर्दनाक तस्वीरें प्रकाशित करने पर प्रेस कौंसिल ने 'इण्डिया टुडे' के प्रति नाराजगी जाहिर की है। क्या आप भी इसे सनसनीखेज पत्रकारिता मानते हैं?

☐ आप ध्यान से दुबारा इण्डिया टुडे की वह रिपोर्ट और फोटोग्राफ देखें। वे उत्तेजक हैं। उनसे नफरत और फैलती है। वीभत्सता का ऐसा प्रचार तथ्य के नाम पर, गलत है। बारी-बारी से देखिए और समझिए—ये चित्र एक विशेष उद्देश्य से छापे गये हैं। यह उद्देश्य है हिन्दू साम्प्रदायिकता को और अधिक आक्रामक बनाना। 'इण्डिया टुडे' के इरादे वही हैं, जो देश के विघटन करानेवालों के हैं। 'इण्डिया टुडे' की इस खतरनाक राजनीति को समझिए।

भिलाई नगर से मनोजकुमार

प्रश्न—'व्हेन रोम वाज़ बर्निंग···' यह बात किस सन्दर्भ की है?

☐ रोम का एक राजा था नीरो। वह क्रूर और गैरजिम्मेदार था। उसे प्रजा के दुख की कोई परवाह नहीं थी। एक बार रोम में भयानक आग लगी। नीरो इससे परेशान नहीं हुआ। वह अपने महल में बैठा हुआ बाँसुरी बजा रहा था। तभी से यह कहावत चल निकली—व्हेन रोम वाज़ बर्निंग, नीरो वाज प्लेइंग फ्लूट। जब अकाल पड़ा हो, लोग भूखे मर रहे हों और मन्त्री बँगलों में ऐश कर रहे हों या स्वागत में मालाएँ पहिन रहे हों तब कहा जाता है—व्हेन रोम वाज़ बर्निंग···

बालाघाट से हरेन्द्र तिवारी

प्रश्न—क्या आपको ऐसा लगता है कि इलाहाबाद हाईकोर्ट में इन्दिरा के हार जाने के बाद से भारतीय प्रेस बहुत सक्रिय बना रहा है, शायद पत्रकारिता की सीमाओं से बाहर निकालकर भी···

☐ इलाहाबाद हाईकोर्ट से इन्दिराजी के हारने और उच्चतम न्यायालय से जीतने के बाद से प्रेस के आचरण में फर्क आया था। 'सम्पूर्ण' क्रान्ति की तैयारी में सहयोगी प्रेस ने झूठ, नफरत, हिंसा, सनसनी खूब फैलायी। फिर आपातकाल में प्रेस दब्बू हो गया। तब वीर जनसंघियों का 'युगधर्म' किसी कांग्रेसी अखबार से ज्यादा इन्दिराजी के गुणगान करता था। फिर सबसे ज्यादा प्रेस का पतन जनता पार्टी के शासन काल में हुआ। पत्रकारिता की सारी आचरण संहिता भंग हो गयी। झूठ, दुष्प्रचार, चरित्र हनन खूब किया। इसी के आसपास शुरू हुई 'इन-वेस्टिगेटिव जर्नलिज्म' (खोजी पत्रकारिता)। इसमें अरुण शौरी बहुत मशहूर हुए। पर इसमें पत्रकार को कुछ खोज नहीं करनी पड़ती। विरोधी गुट सब पोलें लाकर दे देता है। अरुण शौरी को अन्तुले के बारे में सारी जानकारी कांग्रेस के विरोधी गुट से मिल गयी और वे हीरो हो गये। उन्हें 'मेगसेसे' पुरस्कार मिल गया, जो

उस नेता या पत्रकार को मिलता है, जो अमेरिका समर्थक हो, साम्यवाद-विरोधी हो, इन्दिरा सरकार को तंग करनेवाला हो। अमेरिकी गुट को इन्दिरा गाँधी की विदेशनीति पसन्द नहीं है। अरुण शौरी की सारी रिपोर्टिंग इन्दिरा सरकार को बदनाम करनेवाली हुई है। अरुण शौरी की असम हत्याकाण्ड के बारे में रिपोर्ट पढ़िए। उन्होंने आर. एस. एस. और भारतीय जनता पार्टी को साफ बचा लिया, जबकि हत्याकाण्ड के लिए यही जिम्मेदार हैं। इस सबसे आप समझ लीजिए कि 'तीस मार खाँ' पत्रकार अरुण शौरी किस गुट की राजनीति कर रहे हैं। वे किन शक्तियों की खिदमत में हैं। उनकी स्वतन्त्र पत्रकारिता कितनी झूठी है। वे प्रतिक्रियावादी, हितों के 'साधक' पत्रकार हैं जो अपनी वास्तविकता और दिखावटी साहस से 'हीरो' हो गये हैं।

खोजी पत्रकारिता में अब चल रहे हैं अपराध कथा, व्यभिचार कथा, चरित्र-हनन, सनसनी, बदनामी, हिंसाकथा, क्रूरकथा। खोजी पत्रकार यह खोज करने का कष्ट गवारा करें—विदेशी धन से 'भारत कल्याण' करनेवाले व्यक्ति और संस्थाएँ, गाँधी पीस फाउण्डेशन-जैसी देशी संस्थाओं के सहयोग से गाँवों के जो कल्याण कार्यक्रम चलाते हैं, उनका रहस्य और उद्देश्य क्या है? कष्ट करके पत्रकार इन क्षेत्रों में कुछ समय रहकर इस खतरनाक 'कल्याण'-कार्यक्रम का पर्दाफाश करें।

डोंगरगढ़ से एच. एच. मिश्रा

प्रश्न—कश्मीर चुनाव पर अरुण शौरी ने अपनी टिप्पणी में कहा है कि दोनों समाचार एजेन्सियों व सभी बड़े अखबारों की रिपोर्टिंग, तोड़-मरोड़कर, दुर्भावनापूर्वक की हुई थी। इस पर आपका क्या कहना है?

☐ अरुण शौरी कहाँ के ईमानदार हैं? उनकी असम के नरसंहार पर रिपोर्ट आपने पढ़ी है? उन्होंने आर. एस. एस. को, भारतीय जनता पार्टी को साफ बचा लिया, जबकि सब जानते हैं कि नरसंहार में इन्हीं की भूमिका थी। तथ्यपरक तो अरुण शौरी भी नहीं हो।

कश्मीर की सही स्थिति की जानकारी कुछ प्रमुख पत्रों से मिलती है। ये पत्र हैं—मेनस्ट्रीम, पेट्रियट, लिंक, न्यूएज, जनयुग। अधिकतर दूसरे अखबारों ने पक्ष लिया है।

पद्मपुर उड़ीसा से सुनील सिन्हा

प्रश्न—जब असम से विद्रोहियों को हटाने की बात असमवासी करते हैं, उड़ीसा से हमारे ही देशवासी मारवाड़ियों को भगाया जाता है, तो क्या श्रीलंका में तमिलों के खिलाफ आन्दोलन सही नहीं है?

☐ असम में जो बांग्लादेशी 30-35 सालों से आते रहे हैं उनमें अधिकतर असम के भूमिपतियों, ठेकेदारों, उद्योगपतियों द्वारा सस्ते मजदूर के रूप में लाये गये हैं। ये असमी हो चुके। ये भारत-विजय को नहीं आये थे। पेट भरने आये थे। इनका शोषण हुआ। और अब ये 'विदेशी' हो गये। इनकी सामूहिक हत्या होती

है। एक सन् तक आये बांग्लादेशियों को भारतीय नागरिकता मिल जानी चाहिए। बाकी को बांग्ला देश वापस लेगा नहीं। इन्हें समुद्र में नहीं फेंका जा सकता। यह एक मानवीय समस्या है। उड़ीसा में मारवाड़ियों के खिलाफ जो हमला हुआ है उसके कारण आर्थिक हैं। उड़िया व्यवसायी अपनी स्पर्धा में मारवाड़ी व्यवसायी नहीं चाहते। मुनाफाखोरी, कालाबाजारी में उड़िया और मारवाड़ी बराबर हैं। इस तरह एक प्रदेश से दूसरे प्रदेश के लोगों को भगाना खतरनाक सिलसिला है। मारवाड़ियों को अपने तौर-तरीकों में भी सुधार करना चाहिए।

तमिल लोग शताब्दियों से श्रीलंका में बसे हैं। ये बड़े-बड़े व्यापारी और उद्योगपति हैं। साधारण मेहनतकश, तमिल भी हैं। धनी व्यापारी, उद्योगपति तमिलियों से मूल सिंहलियों की आर्थिक स्पर्धा है। यह झगड़ा जाति और भाषा का ही नहीं है, आर्थिक और राजनैतिक कारण भी हैं। तमिलियों में वामपन्थी बहुत हैं। श्रीलंका सरकार ने अधिकतर तमिलियों को नागरिकता नहीं दी है। दूसरी तरफ तमिल लोग अलग तमिल, स्वतन्त्र राज्य की माँग कर रहे हैं। सिंहली सरकार, जनता और फौज द्वारा तमिलियों पर हमला सरासर फासिस्टी कार्रवाई है। तमिलियों को भी अलग राज्य की माँग छोड़ देनी चाहिए। श्रीलंका सरकार को इन्हें नागरिकता प्रदान कर वहीं बसा लेना चाहिए। इस तमिल सिंहली संघर्ष का एक पहलू अन्तर्राष्ट्रीय राजनीति है। श्रीलंका की जयवर्द्धन सरकार लगभग अमेरिकी गुट में चली गयी है। श्रीलंका ने अमेरिकी समुद्री बेड़े के सैनिकों के 'रेस्ट एण्ड रिक्रियेशन' (मनोरंजन) के लिए स्थान भी दे दिया है। अमेरिका ने रूस की घेराबन्दी में लंका को अड्डा बना लिया है। घेराबन्दी भारत की भी है। तमिलों पर अत्याचार के द्वारा जयवर्द्धन सरकार भारतीयों की भावना को भड़काकर भारत सरकार से ऐसी कार्रवाई करवाना चाहती थी, जिससे अमेरिकी हस्तक्षेप हो सके। पर हमारी संसद की समझदारी तथा प्रधानमन्त्री की दृढ़ता तथा सूझबूझ के कारण यह नहीं हुआ। जयवर्द्धन तो रूस पर आरोप लगा रहे हैं। यह झूठ और बदमाशी है। वास्तव में इस काण्ड में अमेरिकी हाथ है।

28 अगस्त, 1983

भुट्टो के प्रति आम नफरत थी

केशकाल से मो. कासम मेमन

प्रश्न—पाकिस्तान की आन्तरिक अशान्ति को भारत सरकार द्वारा नैतिक समर्थन देना, उसके घरेलू मामले में दखलन्दाजी नहीं है ?

☐ पाकिस्तान में जो लोकतन्त्र के लिए संघर्ष चल रहा है उसकी सम्भावना के बारे में भारत सरकार की जानकारी सही नहीं थी। पहले दौर में यह समझा गया कि आन्दोलन बहुत विकट रूप ले लेगा। तो विदेशमन्त्री नरसिंहाराव ने आन्दोलन को खुला समर्थन दे दिया। शाम को कांग्रेस संसदीय पार्टी की मीटिंग में इन्दिराजी ने लगभग ऐसी ही समर्थन की घोषणा दी। पर दूसरे दिन ही यह समझ में आ गया कि आन्दोलन सिर्फ सिन्ध तक सीमित है। भुट्टो सिन्ध के थे। सिन्ध के एक ही हिस्से में यह आन्दोलन है—यानि भुट्टो के निवास क्षेत्र में। थोड़ा आन्दोलन पश्चिमोत्तर प्रान्त में है। वास्तव में भुट्टो के प्रति पाकिस्तान में आमतौर पर नफरत ही थी। वे झूठे, अत्याचारी, अनैतिक राजनेता थे। उन्हें 'हीरो' बनाकर पाकिस्तान में जन आन्दोलन नहीं चल सकता। भुट्टो ने पाकिस्तान तुड़वाया, जिससे बांग्ला देश बना। भुट्टो नीच से नीच कर्म करके भी सत्ता में रहना चाहते थे। दूसरी बात यह है कि पाकिस्तान पर शुरू से ही पंजाबी राजनेता कब्जा रखना चाहते हैं। सारे फौजी तानाशाह पंजाबी। फौज की कमान पंजाबी अफसरों के हाथ। एक सिन्धी भुट्टो इसलिए सत्ता पर चढ़ गया था कि वह बहुत बुद्धिमान, चतुर कूटनीतिज्ञ, कपटी और षड्यन्त्रकारी था। उस सिन्धी को पंजाबी जनरलों ने खत्म कर दिया। पंजाबी तानाशाह हो गया। पंजाब में खेती खूब है। उद्योग-व्यापार लगभग नहीं। सिन्ध में उद्योग और व्यापार है। सिन्ध धनवान है। उसका शोषण पंजाबी करते रहना चाहते हैं। तो पंजाब में लोकतन्त्र के लिए कोई आन्दोलन नहीं है। इसी वक्त समझौता की बात चलने लगी। आन्दोलन की कमजोरी दिखने लगी। तब तीसरे दिन इन्दिराजी ने बयान बदला, जिसमें कहा गया कि पड़ोसी देश की घटनाओं पर हमें चिन्ता है, इसका असर हमारे देश पर पड़ता है। यह भी कहा कि खान अब्दुल गफ्फार खाँ जैसे 92 साल के बुजुर्ग बीमार नेता को जेल में नहीं रखना चाहिए। इन्दिराजी ने बात यों बनायी कि मेरा कल का बयान प्रेस में गलत छपा है। इस तरह पाकिस्तान के अन्दरूनी मामलों में कोई हस्तक्षेप नहीं हुआ।

पर अगर आन्दोलन बढ़ता, उग्र होता, सारे पाकिस्तान में फैलता और शक्तिशाली जन आन्दोलन हो जाता तो भारत उसे और भी स्पष्ट रूप से समर्थन और प्रोत्साहन देता। हम वहाँ लोकतन्त्र चाहते हैं। यह हमारे हित में है। इसके लिए भारत सरकार बहाने पैदा करके और तरह से भी हस्तक्षेप कर सकती थी। अब पाकिस्तान में कुछ हुआ तो यही होगा कि या तो समझौता होगा या जनरल जिया

की जगह दूसरा जनरल बैठ जायेगा। पर आगे कुछ सालों में पाकिस्तान के तीन टुकड़े होंगे।

जगदलपुर से मनोहर साहू

प्रश्न—कहा जाता है कि हर सफल पुरुष के पीछे एक महिला होती है। फिराक के पीछे कौन था ?

☐ फिराक के व्यक्तिगत जीवन के बारे में न पूछें तो अच्छा है। प्रचलित मान्य मूल्यों के हिसाब से उनका व्यक्तिगत जीवन अच्छा नहीं था। वे अपनी पत्नी से जीवन-भर नफरत करते रहे। वे शराबी थे। उनके सम्बन्ध स्त्रियों और खूबसूरत लड़कों से थे। इस तरह का चरित्र दुनिया में कई महान लेखकों का रहा है। मोपांसां भी चरित्रहीन थे। जोश मलीहाबादी कोई संयमी नहीं थे। फिराक साहब ने अपने चरित्र के दोषों को छिपाया नहीं। खुलकर बताया। कहा। साफ-साफ लिख भी दिया। फिराक के भीतर सौन्दर्य और प्रेम की भावना बहुत तीव्र थी। इसके साथ ही अभिव्यक्ति का उद्यम आवेग 'निराला' की तरह था। उनकी आत्मा में बहुत ऊष्मा और ऊर्जा थी। इसलिए वे महान शायर थे। इसी से हमें मतलब है। वे खुद कह गये हैं कि एकाध कोई स्त्री थी जिससे उनका आत्मिक सम्बन्ध था, बाकी सबसे केवल शारीरिक। प्रणय—उनकी खास भावना थी। उदासी बहुत थी। उनमें प्रगतिशील क्रान्तिकारी तत्व भी थे। गरज कि—

काट दिये, जिन्दगी के दिन ऐ दोस्त
वो तेरी याद में हो, या तुझे भुलाने में।

आपके प्रश्न ने मुझे याद दिला दिया। मेरी मुलाकात उनसे 1970 में हुई। उन्होंने मेरी काफी रचनाएँ पढ़ी थीं, पहले मुलाकात भी हो चुकी थी। वे अपने भाई के घर थे। ब्लड प्रेशर बढ़ा था। तबीयत खराब थी। बोले—अब मैं मौत के नजदीक पहुँच चुका हूँ। मैंने कहा—मौत पर आपका एक शेर है। सुनाता हूँ—

किसी के बज्मे तरब में हयात बँटती थी
उम्मीदवारों में मौत भी नजर आयी।

फिर मैंने इन्हें 'ताज' भोपाली का शेर सुनाया—

गमे ज़माना जिसे आप मौत कहते हैं
हमें वो मौत न मिलती तो मर गये होते।

फिराक साहब ने 'ताज' भोपाली की बहुत तारीफ की। बोले—मियाँ तुम नहीं जानते, यह 'ताज' बहुत बड़ा शायर है।

फिराक साहब की जिन्दगी में अराजकता थी। पर काव्य में कठोर अनुशासन था।

डोंगरगढ़ से महेश कुमार

प्रश्न—गाँधी अपने जीवन में अमेरिका समर्थक थे या सोवियत समर्थक ?

☐ गाँधीजी के जमाने में 'शीत युद्ध' नहीं चला था। अमेरिका दूसरे महायुद्ध के पहले तक राष्ट्रों की स्वाधीनता का समर्थक तथा साम्राज्यवाद-विरोधी

था। कई अमेरिकी नेता तथा आम जनता भी भारत की स्वाधीनता की लड़ाई का समर्थन करते थे। तब दुनिया में अँगरेजी साम्राज्य का बोल-बाला था। अमेरिका अलग अनजाना महाद्वीप था, जो पैसा कमा रहा था। दूसरे विश्वयुद्ध के बाद अमेरिका साम्राज्यवादी हुआ। तो गाँधीजी अमेरिका सहयोग से प्रसन्न ही थे। भारत की स्वाधीनता का समर्थन लेनिन और स्टालिन ने भी किया। गाँधीजी ने साम्यवाद विरोधी एक शब्द भी नहीं कहा। उन्होंने 1917 की रूसी समाजवादी क्रान्ति की प्रशंसा की। लेनिन के वे प्रशंसक थे। गाँधीजी एक मानवतावादी नेता थे। उन्होंने तो हिटलर को भी एक उपदेशात्मक पत्र लिखा था। उन्होंने यहूदियों से कहा था कि तुम नाजियों के अत्याचारों का सामना अहिंसा से करो। गाँधीजी राजनीति, अर्थनीति में नैतिकता को विशेष महत्त्व देते थे। वे अमेरिका और रूस दोनों के प्रति सद्भावना रखते थे।

रायगढ़ से मनजीत सिंह 'अम्बर'

प्रश्न—क्या भारतीय बच्चों को 'सेक्स-शिक्षा' दी जानी चाहिए, ताकि इस विषय का हौवा खत्म हो सके?

☐ एक उम्र के बाद भारतीय बच्चों को सेक्स-शिक्षा देना चाहिए। किशोरावस्था आने लगे तब यह शिक्षा शुरू हो जानी चाहिए। पर भारतीय समाज वर्जनाओं का शिकार है। यहाँ इस पर लोग आन्दोलन कर बैठेंगे। राजनैतिक पार्टियाँ इसका उपयोग करेंगी। फिर सेक्स-शिक्षा बहुत नाजुक मामला है। इसके लिए विशेष तरीके अपनाने पड़ते हैं। शिक्षण करनेवाले भी योग्य होने चाहिए। वरना सेक्स-शिक्षा कामोत्तेजना का कारण बन जायेगी। स्कूली उम्र में ही बच्चे सेक्स-सम्बन्ध करने लगेंगे। पश्चिमी देशों में तो समाज ने इसे मान लिया है कि स्कूल की 30-40 फीसदी लड़कियाँ गर्भवती हो जाती हैं। भारत में यौन-पवित्रता को बहुत महत्त्व दिया जाता है। यहाँ सेक्स-शिक्षा दी गयी तो बहुत सावधानी बरतनी होगी।

अपने देश में ब्रह्मचर्य को बड़ा धर्म मानते हैं। यह अवैज्ञानिक है। भ्रम है। जैविक विज्ञान के अनुसार गलत है। ब्रह्मचारी एक तो वास्तविक नहीं होते। वे अप्राकृतिक सेक्स क्रियाएँ छिपकर करते हैं। जो वास्तव में ब्रह्मचारी रहते हैं वे क्रूर, सनकी, जिद्दी और अमानवीय हो जाते हैं। सामान्य सेक्स जीवन हर मनुष्य का होना चाहिए।

भिलाई नगर से अशोक धवले

प्रश्न—मदर इण्डिया के सम्पादक व भूतपूर्व जनसंघी सांसद बाबूराव पटेल ने कहा था कि साम्यवाद से किसान अपने ही खेत में बैल और दूकानदार अपनी ही दूकान में नौकर बन जायेगा, आपकी प्रतिक्रिया?

☐ बाबूराव तो साम्यवाद को समझते नहीं थे या समझकर गलतबयानी करते थे। यह बात आम जनसंघी कहते हैं, क्योंकि वे साम्यवाद-विरोधी हैं। इससे तर्क करना व्यर्थ है। जब सामूहिक खेती की बात उठी थी तब न केवल जनसंघियों

ने बल्कि बहुत से कांग्रेसियों ने भी यही कहा था कि किसान की जमीन छूट जायेगी। वह अपनी ही जमीन पर मजदूर हो जायेगा। ये लोग बड़े भूमिपति और व्यापारी के शोषण की परम्परा को जीवित रखना चाहते हैं। इसलिए ऐसा कहते हैं। साम्यवादी व्यवस्था वैज्ञानिक, मानवतावादी और समता पर आधारित है। पूंजीवादी, सामन्तवाद के समर्थक उसके बारे में इसी तरह की बातें उड़ाते हैं। पहले तो यहाँ तक प्रचार करते थे कि रूस में बच्चे सरकार के होते हैं, माँ-बाप के नहीं। वहाँ कोई किसी का न पति होता न कोई किसी की पत्नी। आप सोचिए कि जो समाज ऐसा होगा, वह सिर्फ 60-65 सालों में उन्नति के उस शिखर पर पहुँच जायेगा, जहाँ रूस है।

रायपुर से अलाउद्दीन

प्रश्न—अब कृत्रिम हृदय लगने लगे हैं तो कोमल मन या कविहृदय-जैसी बातें कहना-लिखना गलत न होगा? क्या कृत्रिम हृदयधारी लेखक के लिखने में फर्क आने लगेगा?

□ आप गलत समझ रहे हैं। हृदय खून पम्प करने की मशीन है। भावना उसमें नहीं उठती। अनुभव मस्तिष्क (ब्रेन) तक जाते हैं। मस्तिष्क अनुभव का विश्लेषण और अर्थ करता है। इससे चेतना बनती है। इसी से आवेग, संवेग, भावना बनती है। कृत्रिम हृदय से चेतना पर कोई प्रभाव नहीं होगा। हाँ, यदि कृत्रिम हृदय ठीक से खून मस्तिष्क तक न पहुँचा सका तो जरूर गड़बड़ होगी। सिर्फ कोमल मन में कविता नहीं होती। इसकी प्रक्रिया जटिल है।

25 अक्टूबर, 1983

पहले एक लड़की भगाइए फिर........

राजिम से भोलाप्रसाद मालवीय

प्रश्न—बेटी के पैदा होने पर कहा जाता है, घर में लक्ष्मी आ गई, तब बेटे के पैदा होने पर विष्णु आयेंगे क्यों नहीं कहा जाता? क्या लक्ष्मी ही वन्दनीय है?

□ मुहावरे युगों के जातीय अनुभव से बनते हैं और व्यक्ति की जबान पर आ जाते हैं। युग बदलता है, तो मुहावरा बना रहता है पर अर्थ बदल जाता है। कभी लड़की की शादी में दहेज नहीं लगता होगा, तब कहा जाता होगा—घर में लक्ष्मी आ गई। अब लड़की का पैदा होना माँ-बाप को चिन्ता देता है। अब बेचारी लड़की घर से दहेज के रूप में लक्ष्मी बाहर निकालनेवाली हो गयी। लड़की

माता-पिता, भाई-बहिन की जितनी सेवा करती है उतनी लड़का नहीं करता। इसलिए लड़की अच्छी मानी जाती है। लड़के का क्या ठिकाना? आवारा हो गये और रोज पुलिस घर में आने लगी तो विष्णु के माँ-बाप की दुर्गति हो जायेगी।

रायगढ़ से सुरेशकुमार दुबे

प्रश्न—आपका फोटो दो रंगों में छपता है। क्या आपकी जिन्दगी भी 'डबल' है?

☐ मेरे चित्र पर से दो रंगों में कलाकार ने दूसरा मेरा चित्र बनाया है। यह व्यक्तित्व उभारने के लिए किया गया है। दुहरी जिन्दगी किसी की होगी तो क्या वह दुरंगा चित्र बनवाकर अपनी पोल खोलेगा?

सूरजपुर से पी. के. घोष

प्रश्न—नेतागिरी की पहली सीढ़ी?

☐ नेतागिरी की पहली सीढ़ी नहीं होती। आप कभी नेता नहीं होंगे, क्योंकि आप पहली सीढ़ी खोज रहे हैं। नेतागिरी पर छलांग लगाकर पहुँचना पड़ता है। संजय ने कौन-सी सीढ़ी चढ़ी थी? और राजीव कौन-सी सीढ़ी से चढ़े? आप 'लिफ्ट' खोजिए।

रायपुर से कुमार दुल्हानी

प्रश्न—प्रेम का रोग लगा हमको, इसकी दवा अजी हो तो कहो···?

☐ अचरज है आपकी समझ को कि आप प्रेम जैसी पवित्र, उदात्त भावना को रोग कहते हैं। आप बड़े भाग्यवान हैं। इस रोग की दवा मत खोजिए। रोग का मजा लीजिए। हाँ, प्रेमिका के पिता, भाई या पति से सावधान रहिए। उसका दूसरा प्रेमी हो तो उससे भी सावधान रहिए। ये इलाज के लिए मार-पीट कर बैठते हैं। मेरी सलाह है—आप उससे फौरन शादी कर डालिए। रोग और रोगी दोनों खत्म हो जायेंगे।

खरसिया से सुनील सुल्तानिया

प्रश्न—जिद्दी व्यक्ति का कोई इलाज···?

☐ जिद्दी व्यक्ति में अक्सर विटामिन बी की कमी होती है। इसी कमी से वह जिद्दी हो जाता है। मोहम्मद अली जिन्ना के शरीर में भी विटामिन बी की कमी थी, इसी कारण वह पाकिस्तान बनवाने की जिद पर अड़ गये थे। पर उनके मरने के बाद यह तथ्य उनके डाक्टर ने बताया। अगर पहले मालूम हो जाता तो महात्मा गाँधी किसी तरह जिन्ना को विटामिन बी खिला देते या इन्जेक्शन दिलवा देते। लार्ड माउण्टबेटन भी जिन्ना को बार-बार विटामिन बी दिला पाते। शायद जिन्ना पाकिस्तान की जिद छोड़ देते।

बिलासपुर से दयाराम राठौर

प्रश्न—जब लोहा लोहे को काटता है तो पाप पाप को क्यों नहीं काट सकता···?

☐ आप लोहे और पाप को एक ही प्रकृति का मानते हैं क्या? अगर

मानते हैं तो एक लड़की को भगाइए। यह एक पाप हो गया। अब कीजिए, यानी उससे बलात्कार कीजिए। अब पाप से पाप कट गया और आप पुण्यवान हो गये। मगर आप पुण्यवान को 6 साल की जेल होगी। पिटेंगे सो अलग। ऐसे खतरनाक सवाल मत पूछा करिए।

धमतरी से शिवदत्त उपाध्याय

प्रश्न—श्रीमती गाँधी की उपमा आप किससे करना चाहेंगे?

☐ इन्दिरा गाँधी किण्डरगार्डन की हेडमास्टरनी हैं।

डोंगरगढ़ से हरीश लक्केधार

प्रश्न—यदि प्रेमिका रकीब को घास डालने लगे तो कोई उपाय...?

☐ आप उस रकीब को देखकर खुश होइए। उसे खिलाइए-पिलाइए। वह आपकी प्रेमिका के करीब है। उसमें प्रेमिका की तस्वीर देखिए। उसे स्नेह दीजिए। वह आपको प्रेमिका की याद दिलाता है। कृष्ण ने ऊधौ को ब्रज भेजा था कि कृष्ण के विरह में डूबी गोपियों को निर्मोही करके योग सिखायें। पर गोपियों ने कहा—

ऊधौ, आज हमहु बड़भागी
जिन अँखियन तुम श्याम विलोके
ते अँखियाँ हम लागीं।...

ऊधौ, हम बड़ी भाग्यशाली हैं। जिन आँखों से तुमने श्याम को देखा, उन आँखों को हमने आज देखा।

फ़ैज़ अहमद फ़ैज़ की 'रकीब' एक नज्म है। कहीं मिल जाय तो पढ़िए।

बेमेतरा से मो. अनवर बीबा

प्रश्न—फैशन युग में तरक्की का कोई नुस्खा बतायेंगे।

☐ यह फैशन युग नहीं है। आपने गलत नाम दिया है। यह आधुनिक युग है। आप किस क्षेत्र में तरक्की करना चाहते हैं, यह बतायें तो मैं नुस्खा बताऊँ। आप करोड़पति सेठ बनना चाहते हों और मैं आपको किसान आन्दोलन में काम करने के लिए सलाह दे दूँ, तो आप दुकान पर नहीं, जेल में होंगे। वैसा दो नम्बरी दुकान पर बैठने से अच्छा है, जनआन्दोलन में जेल में बन्द होना।

कुम्हारी से रामकुमार सोनी

प्रश्न—खादी की लँगोटी लगाकर बापू ने हमें आजादी सौंपी, किन्तु अब खद्दरधारियों पर विश्वास क्यों लुट गया?

☐ आजादी गाँधीजी की लँगोटी के कारण नहीं मिली। गाँधीजी के संगठन, नेतृत्व, आन्दोलन और विलक्षण बुद्धि के साथ भारतीय जनता ने संघर्ष करके आजादी प्राप्त की। खादी पहनना ईमानदारी या विश्वसनीयता नहीं लाता। सत्ता पाकर खादीधारी भ्रष्ट, गैर-जिम्मेदार, स्वार्थी हो गये, इसलिए विश्वास लुट गया।

अमिताभ-जैसे प्रधानमन्त्री बन गये तो ?

महासमुन्द से हरमीतसिंह चावला

प्रश्न—विवेकानन्दजी ने कहा था कि 'दुःख एक प्रकार से छूत का रोग है।' तो क्या दुखियों के पास नहीं जाना चाहिए ?

☐ मुझे पता नहीं है कि विवेकानन्दजी ने किस सन्दर्भ में कहा था। सन्दर्भ से कटकर वाक्य का सही अर्थ समझने में नहीं आता। यह निश्चित है कि विवेकानन्द का यह प्रयोजन कतई नहीं था कि दुखी आदमी के पास मत जाओ, क्योंकि तुम्हें भी दुख लग जायेगा। विवेकानन्द तो गरीबों की सेवा करने के लिए कहते थे। विवेकानन्द कई मामलों में क्रान्तिकारी विचार रखते थे। वे कहते थे—अपनी गरीबी और दासता से मुक्त होने के बजाय मेरे देशवासी भगवान की प्रार्थना करते हैं। यह ढकोसला है। यूरोप में उन्होंने भाषणों में कहा—भारतवासी भूखे हैं। उन्हें रोटी चाहिए। आप उन्हें अनाज नहीं भेजते, पादरी भेजते हैं। विवेकानन्द साफ कहते थे, जब तक गरीब के दुःख पर मुखापेक्षिता, दासता, हीनता से मुक्त नहीं होते, तुम्हारी ईश्वरभक्ति और अध्यात्म सब व्यर्थ है। चावलाजी, दुखी के पास जरूर जाइए। दुःख के कोई रोगाणु (बैक्टीरिया) नहीं होते। दूसरे का दुख दूर करेंगे, तो आपकी ही बीमारी मिटेगी।

दुर्ग से आनन्द श्रीवास्तव

प्रश्न—क्या किसी प्रकार हमारे देश से भ्रष्टाचार समाप्त हो सकता है ?

☐ भ्रष्टाचार न उपदेश से समाप्त होगा न इतने भ्रष्टाचार-विरोधी विभागों से, न कानून से, न नेताओं के भाषणों से, न गाँधीजी के नाम से, न न्यायालयों से। भ्रष्टाचार इस व्यवस्था में निहित है। इसमें छीन-झपट की संस्कृति पनपती है। एक्यूजिटिव काम्पर। इस संस्कृति में जिसे जहाँ मौका मिलता है, छीन-झपट लेता है। इस व्यवस्था को बदले बिना भ्रष्टाचार नहीं मिटेगा। शान्तिपूर्वक हो, चाहे हिंसा से हो, समाजवादी क्रान्ति किये बिना भ्रष्टाचार नहीं मिटेगा। सामाजिक, आर्थिक व्यवस्था में आमूल परिवर्तन होगा, तब मनुष्य की मानसिकता बदलेगी, स्वस्थ्य जीवन-मूल्य पैदा होंगे। अभी तो बिना कमाये काला धन भगवान का बाप हो गया है। भगवान का डर भी नहीं रहा, क्योंकि भगवान के बाप को तिजोड़ी में रखे हैं।

महासमुन्द से लोकनाथ साहू

प्रश्न—भगवान को याद करते समय मनुष्य आसमान की ओर ही क्यों देखता है ?

☐ सभी धर्मों में यह विश्वास है कि भगवान बहुत ऊपर आसमान में कहीं रहता है। वहीं कहीं स्वर्ग और नर्क है। पर रूस और अमेरिका के अन्तरिक्ष यात्री बहुत ऊपर तक पूरे अन्तरिक्ष में घूम आये हैं, देख आये हैं—न कहीं भगवान

का राज मिला न भगवान, न स्वर्ग न नर्क। पर धार्मिक विश्वास की जड़ें गहरी होती हैं। लोग मानते हैं कि भगवान अन्तरिक्ष में कहीं है।

बसना से ए. के. सबलोक

प्रश्न—हर बसन्त के बाद पतझड़ क्यों आता है ?

☐ ऋतुओं का क्रम है यह—प्रकृति का। पतझड़ में बूढ़े पीले पत्ते झड़ जाते हैं और फिर उनकी जगह नये पत्ते आते हैं। हमें प्रकृति से सीखना चाहिए। पुरानी, पीली, बीमार सामाजिक व्यवस्था का अब पतझड़ हो जाना चाहिए, जिससे ताजा हरे पत्तों की व्यवस्था आ सके।

खुर्सीपार भिलाई से गोविन्दराम अग्रवाल

प्रश्न—'पीते हैं आँसू खाते हैं ग़म, आप ही बतायें क्या करें हम ?'

☐ आप जो कर रहे हैं काफी कर रहे हैं। आँसू पीते जाते हैं, ग़म खाते जाते हैं, तो अच्छी बात है। आपने यह नहीं बताया कि आपको आँसू क्यों आते हैं। कोई सामाजिक कारण है, आर्थिक कारण है या इश्किया आँसू हैं। रोग ही आपने छिपा लिया तो इलाज क्या बताऊँ ?

दुर्ग से अशोककुमार साहू

प्रश्न—यदि आप नास्तिक हैं, तो फिर आपने अपने नाम से ईश्वर के नाम 'हरि' और 'शंकर' क्यों नहीं हटाये ?

☐ अस्ति और नास्ति के बारे में सवाल मुझसे हर हफ्ते पूछे जाते हैं। लोगों को अपनी कम, भगवान की बड़ी चिन्ता है। भारतीय दर्शन में भौतिकवादी निरीश्वरवादी दर्शन की बड़ी पुष्ट परम्परा है। बृहस्पति से लेकर चार्वाक, कपिल, कणाद आदि ऋषि निरीश्वरवादी थे। चार्वाक ने पदार्थवादी 'लोकापत' धर्म चलाया। कपिल मुनि ने सांख्य दर्शन में प्रकृति और पुरुष है, ईश्वर नहीं है; बुद्ध ने ईश्वर पर विचार करना व्यर्थ माना। महावीर निरीश्वरवादी । अनेकान्तवाद में ईश्वर की सत्ता नहीं है। मगर अच्छा आदमी कौन था ? निरीश्वरवादी बुद्ध, या खुदा में विश्वास करनेवाला हत्यारा नादिरशाह ? जितने दो नम्बरी और चार-सौ बीस वाले हैं सब नियम से भगवान के मन्दिर जाते हैं। नाम तो रखा होगा किसी पुरोहित और मेरे पिता ने। उसे बदलकर क्या मिस्टर स्टोन या गोल्ड वाटर या फाक्स रख लूं। इन नामों से लोग ईसाई समझेंगे। तमिलनाडु में एक विकट नेता हो गये हैं रामस्वामी नाइकर 'पेरियार'। द्रविड़ मुनेत्र कडगम और अन्ना द्रविड़ मुनेत्र कडगम उन्हीं की प्रेरणा से चली। वे तार्किक थे। नास्तिक थे। सर्वहारा की क्रान्ति चाहते थे। वे ब्राह्मण विरोधी थे। वर्णव्यवस्था विरोधी थे। वे रामायण और मनुस्मृतियों को चौराहों पर जलवाते थे। वे रामचन्द्र को आक्रमणकारी मानते थे। राम के खिलाफ नारे लगवाते थे। पर नाम रहा—रामस्वामी।

रायपुर से रूपचन्द पंजवानी

प्रश्न—इन्सान यदि हर तरह से निराश हो जाये तो उसे क्या करना चाहिए ?

☐ मेरी सलाह है कि इन्सान को हर तरह से निराश कभी नहीं होना

चाहिए। आत्मशक्ति और कर्म से कुछ आशा जरूर जगाये रखना चाहिए। पूर्ण निराशा की कामना भी भयावह है।

अनूपपुर से विजेन्द्र सोनी

प्रश्न—ईश्वर का अस्तित्व यदि नहीं है तो हमारे चेतन-अचेतन मन को कौन प्रेरित करता है?

☐ चेतन, अचेतन मन का ईश्वर से कोई सम्बन्ध नहीं है। वस्तु जगत का प्रक्षेपण प्रभाव, इन्द्रियबोध तथा अन्य प्रकार से मस्तिष्क पर पड़ता है। मस्तिष्क (ब्रेन) एक पदार्थ है। विभिन्न जीवधारियों के मस्तिष्क का वजन भी वैज्ञानिक ने कर लिया है। इस प्रक्रिया से चेतना बनती है। फिर चेतना और वस्तुजगत का द्वन्द्व होता है, जिससे अनुभव होते हैं और निष्कर्ष निकलते हैं। इनमें से अधिकांश अनुभव अवचेतन में चले जाते हैं और नींद में जब चेतन निष्क्रिय होता है, अवचेतन के अनुभव ऊपर आते हैं और सपने दिखते हैं। नशे में भी चेतन दबता है और अवचेतन ऊपर आता है, इसलिए आदमी वह बोलने लगता है जो सामान्य स्थिति में नहीं बोलता। व्यक्तिगत चेतना से मनुष्य की अस्मिता तय नहीं होती बल्कि व्यक्ति की सामाजिक अस्मिता से उसकी चेतना बनती है—कार्ल मार्क्स। इसमें ईश्वर का कहीं हस्तक्षेप नहीं है। यही शारीरिक और मनोवैज्ञानिक प्रक्रिया है।

जगदलपुर से घनश्याम माहेश्वरी

प्रश्न—अगर अमिताभ बच्चन को प्रधानमन्त्री और दिलीपकुमार को राष्ट्रपति बना दिया जाय तो क्या होगा?

☐ दिलीपकुमार राष्ट्रपति हो सकते हैं, क्योंकि यह शोभा का पद है। दिलीपकुमार यह 'रोल' कर लेंगे। पर अमिताभ बच्चन प्रधानमन्त्री कैसे हो सकते हैं। उनमें कूटनीति, राजनैतिक समझ है क्या? इतिहास, अर्थशास्त्र, राजनीति, समाजशास्त्र जानते हैं क्या? अन्तर्राष्ट्रीय मामले क्या वे समझते हैं? अमिताभ जैसे प्रधानमन्त्री हो गये तो देश का कबाड़ा हो जायेगा।

डोंगरगढ़ से कँवलजीत सिंह भाटिया

प्रश्न—यदि प्यार में लड़की का भाव बढ़ने लगे तो लड़के को क्या करना चाहिए?

☐ प्यार में लड़की का भाव बढ़ने लगे तो अगर आपकी हैसियत है तो बढ़ा भाव दीजिए। हैसियत नहीं है तो कोई सस्ती देखिए।

नवापारा राजिम से पुरुषोत्तम तेजानी

प्रश्न—प्रश्नकर्ता के बौद्धिक स्तर का अन्दाज आप कैसे लगा लेते हैं?

☐ प्रश्नकर्ता के बौद्धिक स्तर का पता मैं कैसे लगा लेता हूँ, यह तो मेरी समझ की बात है। इतना जरूर है कि स्तर का पता मैं लगा लेता हूँ। इसलिए सोच-समझकर प्रश्न करना चाहिए। वरना समझ की पोल खुल जायेगी।

रायपुर से भीमसेन खन्ना

प्रश्न—माँ कहती है—बेटा, दुनिया में अगर जीना है तो इन्सानियत से जियो। पर मैं आपसे पूछता हूँ कि आज आम इन्सानियत की कीमत इतनी घट क्यों गयी?

☐ आपकी माँ ठीक कहती हैं। इन्सानियत की कीमत उतनी नहीं घटी जितनी आप समझते हैं। कीमत है। एक भी सच्चा इन्सान रहे तो बड़ी बात है। मगर इन्सानियत की कीमत नहीं है, यह सोचकर आप-जैसे लोग इन्सानियत छोड़ते रहें तो वह गायब ही हो जायेगी।

गुरुर से अनिल साहू

प्रश्न—सेंसर सरकार की जरूरत है कि जनता की?

☐ सेंसर जनता की जरूरत है। जनता अपनी यह जरूरत सरकार के माध्यम से पूरी करती है।

बिलासपुर से प्रकाश पालीवाल

प्रश्न—अमृता प्रीतम और शिवानी में कौन बेहतर खिलाड़ी हैं?

☐ अमृता प्रीतम शिवानी से बहुत बेहतर लिखती हैं। अमृता प्रीतम की सबसे खराब रचना उनकी आत्मकथा है—'रसीदी टिकिट।'

24 जुलाई, 1983

हक लड़कर लेना चाहिए

भिलाई से छोटेलाल दुबे

प्रश्न—कर्म करके हमें फल की इच्छा करनी चाहिए या नहीं?

☐ गीता में कृष्ण ने कहा है कि कर्म करो और फल की इच्छा मत करो। निष्काम कर्म करो। मनोवैज्ञानिक दृष्टि से तो सलाह सही है। कर्म का अपेक्षित फल नहीं मिला तो निराशा और कुण्ठा पैदा होगी। इसलिए फल की इच्छा मत करो। फल मिले या न मिले, कर्म किये जाओ। स्वार्थ निरपेक्ष योगी के लिए यह ठीक है। पर दिन-भर जो मजदूर काम करता है वह शाम को मजदूरी की इच्छा करे या न करे? मजदूरी उसे न मिले तो वह और उसके बाल-बच्चे भूखे रह जायेंगे। कारखाने का मालिक फाटक पर गीता का यह उपदेश लिखवा दे—कर्मण्येवाधिकारस्ते मा फलेषु कदाचन्, तो मजे में मजदूरों का शोषण कर सकता है। कर्म के फल पर मनुष्य का अधिकार है, यह अधिकार उसे लड़कर भी लेना चाहिए।

वैसे मन की यह वृत्ति अच्छी है कि भई कर्म कर रहे हैं। अब जो भी फल हो।

दुर्ग से दिनेशकुमार सोनी

प्रश्न—समाचारपत्रवाले समाचारपत्र की लोकप्रियता के लिए, प्रश्न पूछनेवाले प्रायः नाम छपवाने के लिए आपसे प्रश्न पूछते हैं। आप किस उद्देश्य से इस स्तम्भ में भाग लेते हैं?

☐ मैं नाम छपवाने के लिए तो यह कालम लिखता नहीं। मेरा नाम और फोटो बहुत छपते हैं। इतने सवालों में से कुछ सवाल अच्छे होते हैं, जिनमें सामाजिक-राजनैतिक प्रश्न उठाये जाते हैं। इनका जवाब मैं बहुत ध्यान से देता हूँ। इन जवाबों से लोक-शिक्षण होता है, जो कोई राजनैतिक पार्टी नहीं कर रही है। मोटी-मोटी किताबें पढ़ना कठिन है। मैं अगर 8-10 वाक्यों में बुनियादी बता समझा सकता हूँ और एक प्रगतिशील दृष्टि दे सकता हूँ तो मैं समझता हूँ कि यह कालम सार्थक है। बाकी इश्किया और फिल्मी सवाल तो मनोरंजन के लिए हैं।

डोंगरगढ़ से हरजिन्दर एस. पोल्ले

प्रश्न—'जिसकी रचना इतनी सुन्दर वो कितना सुन्दर होगा'? क्या आप भी सुन्दर हैं?

☐ हरजिन्दरजी, कोई स्त्री यह सवाल पूछती तो मन से जवाब देता। आपको जवाब देने से क्या फायदा? मेरा फोटो आप देखते ही हैं। पर कुरूप लोग भी बहुत सुन्दर लिखते हैं—बर्नार्ड शॉ, ताल्सताय, सामरसेट मॉम बहुत कुरूप थे। लिखने का रूप से कोई सम्बन्ध नहीं है।

रायपुर से अनिल हरद्वानी

प्रश्न—पैसे का सही उपयोग क्या होता है?

☐ पैसे का सही उपयोग है—उसे सही काम में खर्च करना।

कुम्हारी से रामकुमार

प्रश्न—बुरे कामों के प्रायश्चित के लिए मनुष्य को क्या करना चाहिए?

☐ बुरे कामों के दो प्रायश्चित हैं—(1) जिनका उन बुरे कामों से नुकसान हुआ है उनका नुकसान पूरा करना और (2) आगे बुरा काम छोड़ देना।

बलौदा बाजार से राजेश खन्ना

प्रश्न—लोग अपने से बड़ों को हमेशा आप कहकर सम्बोधित करते हैं, परन्तु भगवान जो सबसे बड़ा है, उसे तुम या तू क्यों कहते हैं?

☐ अत्यन्त निकटता में आदरसूचक सम्बोधन का प्रयोग नहीं किया जाता। जब भक्त भगवान को 'तू' कहते हैं तब वे उससे अत्यन्त निकटता महसूस करते हैं।

भिलाई नगर से शामुएल

प्रश्न—पाप क्या है? पाप की परिभाषा क्या है?

☐ पाप की कोई निश्चित व्याख्या नहीं है। धर्म पाप की जो व्याख्या करते हैं वह पुरोहित व शोषक वर्ग के हितों की रक्षा के लिए होती है। इसी तरह वर्ग-

हित से पुण्य की व्याख्या की गयी है। धर्म में तो हरिजन यदि ब्राह्मण को छू ले तो यह भी पाप माना गया है। इस पाप के लिए कोड़े मारने का दण्ड विधान है। फिर नर्क में अलग दण्ड की व्यवस्था की कल्पना है। असल में धार्मिक नजरिये से कर्म को देखना ही नहीं चाहिए। पाप और पुण्य शब्द व्यर्थ हैं। तुलसीदास ने सीधी-सी बात कह दी है—परहित सरिस धरम नहिं भाई, परपीड़ा सम नहिं अधमाई। दूसरे का भला करने से बड़ा धर्म नहीं है और दूसरों को पीड़ा देने से बड़ा अधर्म नहीं है। जटिल समाज में सुकर्म और कुकर्म की व्याख्या वृहत मानव-हित और अहित से होती है। जैसे सबसे बड़ा पाप किसी भी प्रकार का शोषण है।

जगदलपुर से दीपक पण्ड्या

प्रश्न—प्रसिद्ध लेखक मुंशी प्रेमचन्दजी के प्रति आपके वैचारिक दृष्टिकोण क्या हैं? क्या वे रवीन्द्रनाथ टैगोर के बाद नोबल पुरस्कार के सही हकदार थे?

☐ रवीन्द्रनाथ ठाकुर भारत के महानतम कवियों में थे। पर वे प्रेमचन्द की तरह यथार्थवादी और सामाजिक चेतनासम्पन्न नहीं थे। प्रेमचन्द एक महान कथाकार थे। पर 'गोदान' पर उन्हें नोबल पुरस्कार नहीं मिल सकता था। एक तो विश्व साहित्य के परिप्रेक्ष्य में 'गोदान' बहुत ऊँचा नहीं जाता। दूसरे नोबल पुरस्कार देनेवाली स्वीडिश अकादमी के निर्णय पश्चिमी पूँजीवादी राजनीति से प्रभावित होते हैं। 'गोदान' सामन्तवाद और पूंजीवाद के खिलाफ है और इसमें वामपन्थी विचारधारा है। शरच्चन्द्र चट्टोपाध्याय को जरूर 'चरित्रहीन' और 'श्रीकान्त' पर नोबल पुरस्कार मिल सकता था।

रायपुर से मंशाराम साहू

प्रश्न—शादी के बाद पुत्र का प्यार माता-पिता के प्रति कम क्यों हो जाता है?

☐ यह आम बात नहीं है कि पुत्र का प्रेम शादी के बाद माता-पिता से कम हो जाता है। प्रेम रहता है। पर पत्नी से दूसरे प्रकार का सम्बन्ध रहता है जो आगे पूरे जीवन चलनेवाला है, जिससे सन्तति भी होगी। पत्नी से सम्बन्ध में बहुत महत्त्वपूर्ण 'सेक्स' का तत्व रहता है। महात्मा गाँधी ने आत्मकथा में बहुत ग्लानि से लिखा है कि जब मेरे पिता मर रहे थे तब मैं पत्नी को पकड़कर किसी कमरे में सम्भोग कर रहा था। पत्नी के प्रति अधिक लगाव होना स्वाभाविक है।

दुर्ग से सेवाराम रतनानी

प्रश्न—नास्तिक ईश्वर को किस आधार पर अस्तित्वहीन मानता है? यदि ईश्वर नहीं है तो विरोध किसका?

☐ नास्तिक ईश्वर के अस्तित्व के कोई प्रमाण नहीं पाता। वह सृष्टि की उत्पत्ति और विकास, जीवन-मरण आदि ईश्वर के कारण नहीं मानता। वह प्रकृति के द्वन्द्व तथा प्रकृति और मनुष्य चेतना के द्वन्द्व को मानता है। नास्तिक का कोई जरूरी नहीं है कि वह जो नहीं है, उसका विरोध करे। वह उस 'आइडिया' का विरोध करता है, जिसे वह असत्य मानता है।

अकलतुरा से तोलाराम वाधवा

प्रश्न—लोग उपवास क्यों रखते हैं ? उपवास रखना ईश्वर की उपासना है या इसका और भी कोई महत्त्व है ?

☐ उपवास आत्मसंयम के लिए रखा जाता है। इस्लाम में भी एक महीने के जो रोजे होते हैं, वे आत्मसंयम के लिए होते हैं। हर धर्म में यह माना जाता है कि उपवास से देवता प्रसन्न होते हैं। वास्तव में कभी-कभी उपवास स्वास्थ्य के लिए अच्छा होता है। पर स्वेच्छा से आदमी उपवास करेगा नहीं, इसलिए प्राचीन धर्माचार्यों ने उसका सम्बन्ध धर्म और देवता से जोड़ दिया, जिससे आदमी उपवास करने को बाध्य हो।

डोंगरगढ़ से हरजिन्दर एस. पोल्ले

प्रश्न—देश का भविष्य इन्दिरा गाँधी के हाथ में है और आपके हाथ में ?

☐ देश का भविष्य न इन्दिरा गाँधी के हाथ में है न मेरे हाथ में।

नन्दिनी नगर से राजेन्द्र सोनबोइर

प्रश्न—क्या जिया-उल-हक़ आधुनिक शस्त्रों का उपयोग भारत के विरुद्ध कर सकते हैं ?

☐ यह सम्भावना बहुत कम है कि जनरल जिया भारत से युद्ध छेड़ेंगे। जब तक पाकिस्तान में आन्तरिक स्थिति बहुत खराब न हो जाय या जब तक अमेरिका का बहुत दबाव न पड़े, वे भारत से युद्ध करने की बेवकूफी नहीं करेंगे। भारत खुद युद्ध की पहल करे तो अलग बात है। यह खयाल गलत है कि भारत के लोग और शासक साधु-सन्त हैं। हम भी कुटिलता में किसी से कम नहीं हैं। पाकिस्तान का एक लक्ष्य अफगानिस्तान है, जहाँ साम्यवादी सरकार है। पर वहाँ रूस है। सीधे रूस से वह लड़ नहीं सकता। तो या तो यह हथियार पड़े-पड़े बेकार हो जायेंगे या उपयोग होगा तो भारत के ही खिलाफ होगा, युद्ध चाहे हम छेड़ें या पाकिस्तान।

नन्दिनी नगर से राजेन्द्र सोनबोइर

प्रश्न—चन्द्रशेखरजी ने अब गाँधीजी के समान वस्त्र धारण करने का निर्णय लिया है। ऐसी नौटंकी करने का क्या उद्देश्य है ? क्या वे गाँधीजी के समान आचरण कर पायेंगे ?

☐ चन्द्रशेखर सबसे ऊँचे दर्जे की राजनीति कर रहे हैं। देश की दरिद्रता के लिए कन्याकुमारी से दिल्ली तक पैदल चलने की जरूरत नहीं थी। उनके पूर्वी उत्तर प्रदेश के गाँवों में ही दरिद्रता देख लेते। इन लोगों के पास कोई क्रान्तिकारी कार्यक्रम नहीं है, न कोई संगठन है। नाटक है और भीड़ है, जो हर नेता के नाटक में होती है। बात चन्द्रशेखर क्रान्ति की करते हैं। मगर इस संविधान के रहते समाजवाद नहीं आ सकता। संसदीय लोकतन्त्र चलेगा और सरकारें बदलेंगी। आगे चलकर विपक्षी दक्षिणपन्थी दलों का मोर्चा बनेगा आगामी चुनाव के लिए। इस वक्त चन्द्रशेखर को गाँधी बनना जरूरी है। इससे उनकी सौदा

करने की ताकत बढ़ेगी। भावुक होने, हाय-हाय करने, दरिद्रों पर रोने से क्या सामाजिक परिवर्तन होते हैं। इन्दिरा कांग्रेस अगर हारी तो घोर दक्षिणपन्थी सरकार बनेगी, जिसका झुकाव अमेरिका की तरफ होगा और जो पूंजीवाद को और ज्यादा बढ़ावा देगी। वामपन्थियों का दमन करेगी। ये दरिद्रता घटायेंगे नहीं, बढ़ायेंगे।

भाटापारा से बचकामल

प्रश्न—भगवान के भरोसे कब तक जिया जा सकता है?

☐ भगवान के भरोसे तो एक पल भी नहीं जिया जा सकता। आदमी अपने कर्म से जीता है।

14 सितम्बर, 1983

स्त्री का चेहरा छोड़कर चप्पल क्यों देखते हैं?

तखतपुर से ए. एस. डी. खान

प्रश्न—कोई मुझे धन्यवाद देता है तो मैं उसे चप्पल खाने-जैसा महसूस करता हूँ···आप क्या समझते हैं?

☐ मैं यह समझता हूँ कि आपको सामाजिक शिष्टाचार सीखना चाहिए। सुसंस्कृत आदमी 'धन्यवाद' का बुरा नहीं मानता। अगर आपको कुछ अच्छा करने पर 'धन्यवाद'-पान चप्पल खाने-जैसा लगता है तो बुरे काम करके धिक्कार पाकर सुखी होइए।

रायपुर से अनुराग कुमार

प्रश्न—एक कत्ल की सज़ा फाँसी और 25-50 कत्ल की सज़ा मुख्यमन्त्री द्वारा सम्मान···आपका क्या विचार है?

☐ आपका मतलब डाकुओं के समारोहपूर्वक आत्मसमर्पण से है। डाकुओं का आत्मसमर्पण केवल एक कारण से न्यायोचित माना जा सकता है कि वे स्वतन्त्र रहकर और हत्याएँ न करें और डाके न डालें। आगे अपराध न करें, इसलिए आत्मसमर्पण तो ठीक है। पर आत्मसमर्पण से अपराधी 'हीरो' या 'हीरोइन' बने, उसके साथ रियायत की जाय, उसे प्रतिष्ठा मिल जाय, यह गलत है। अपराधी को सज़ा हर हालत में मिलनी चाहिए। यह जो मलखान और फूलन के समर्पण के विवरण रंगीन चित्रों के साथ रंगीन पत्रिकाओं में छपते रहे हैं, यह गलत है। इन डाकुओं ने इसलिए समर्पण किया कि या तो ये ऊब गये थे या 1-2 दिनों में

मार डाले जाते। मुझे जानकारी मिली है कि 1-2 दिनों में पुलिस इन्हें मार डालती, अगर ये समर्पण न करते।

राजनाँदगाँव से राजकुमार वासाटे

प्रश्न—नारी को अबला मानकर व्यवहार करें या तबला ?

☐ नारी को अबला या तबला समझें ? यह प्रश्न तो आप अपनी पूज्या माताजी या बहिन से पूछिए। पर आपके प्रश्न से आप मुझे ढोल मालूम होते हैं।

राजनाँदगाँव से प्रकाश देवांगन

प्रश्न—चेतावनी देने के बाद भी कोई चरित्रहीन स्त्री न माने तो उसका पति क्या करे ? हत्या या तलाक ?

☐ हत्या तो कतई नहीं करनी चाहिए। कानूनन तलाक ले लेना चाहिए। सभ्य समाज में यही सही रास्ता है।

बालाघाट से एस. के. मेश्राम

प्रश्न क्या स्वर्ग में भी एस. टी., एस. सी. के लिए आरक्षण व्यवस्था होगी ?

☐ स्वर्ग और नरक नहीं है। यह साधारण मनुष्य का शोषण करने के लिए कल्पना है। हिन्दू धर्म, इस्लाम, ईसाई धर्म सबमें स्वर्ग और नर्क की कल्पना है। और आप यह जानकर शायद चौंकेंगे कि इस्लाम और ईसाई धर्म में भी परलोक की कल्पना में 'वैतरणी' है। धर्म के अनुसार जो पौराणिक कल्पना है स्वर्ग की, वह भी लगभग समान है। जो-जो चीजें इस जीवन में वर्जित, अनैतिक और पाप मानी जाती हैं सब स्वर्ग में भोगने के लिए मिलती हैं। औरतें मिलती हैं। मदिरा मिलती है। सारे भोग मिलते हैं। व्यभिचार कीजिए, मदिरा पीजिए। पानी नहीं, अमृत पीजिए। बारह महीने फलनेवाले फल खाइए।

और काम ? काम कुछ नहीं। नौकरी ? कोई नौकरी नहीं। निठल्ले, आलसी आदमियों का संसार है यह, कल्पना का स्वर्गलोक है।

जहाँ आदमी को कोई काम ही न करना हो, दिन-पर-दिन, साल-दर-साल, बेकार बिताने पड़ें वह स्वर्ग क्या, नर्क हुआ। वहाँ रिजर्वेशन किसलिए होगा ?

डोंगरगढ़ से बलजिन्दर

प्रश्न—महिलाएँ चप्पल घसीटकर क्यों चलती हैं ?

☐ मैंने तो महिलाओं को चप्पल घसीटकर चलते नहीं देखा। आपने देखा होगा। आप स्त्री के मुख-मण्डल का सौन्दर्य छोड़कर उसकी चप्पलें क्यों देखते हैं ?

जबलपुर से जितेन्द्र कुमार जैन

प्रश्न—आपको तो उत्तर देने के पैसे मिलते हैं, हमें प्रश्न पूछने के पैसे नहीं मिल सकते क्या ?

☐ प्रश्नों के उत्तर देने के लिए मुझे क्या मिलता हैं, यह सम्पादक और मैं जानते हैं। आपका पेमेण्ट यह है कि आपका प्रश्न और उसका उत्तर छपते हैं, जिससे दस आदमियों में आपका नाम पहुँचता होगा।

जगदलपुर से अरविन्द त्रिपाठी

प्रश्न—वेश्याएँ बारात देखकर क्या सोचती होंगी ?

☐ लम्बे समय तक पेशा करते-करते वेश्या की भावनाएँ कुण्ठित हो जाती हैं। कुछ की मानवी भावनाएँ जीवित रहती हैं। वे दयालु और सहानुभूतिपूर्ण होती हैं। वे प्राकृतिक पारिवारिक सम्बन्धों की कद्र भी करती हैं। वे बारात देखकर दुखी होती होंगी कि हमारी जिन्दगी कैसी हो गयी है। वेश्याएँ वर-वधू को आशीर्वाद देती होंगी। अपनी हालत पर पछताती होंगी।

जगदलपुर से अरविन्द त्रिपाठी

प्रश्न—मुसीबत का 'म', हैरानी का 'ह', बर्बादी का 'ब' और तबाही का 'त' जोड़कर मुहब्बत बना है, क्या यह सही है ?

☐ मुहब्बत में न मुसीबत है न हैरानी न बर्बादी न तबाही। जो सम्बन्ध परिवार और समाज को स्वीकार न हो उसी में ये परेशानियाँ होती हैं। वरना मुहब्बत है तो शादी कर लीजिए। शादी नहीं कर सकते, और मुहब्बत चलाना चाहते हैं तो उसमें भी समाज, उत्तेजना आदि का सुख है। मुहब्बत में क्या होगा, वह इस सम्बन्ध में मान्य सामाजिक नैतिक मूल्यों पर निर्भर है। अगर आपमें इन मूल्यों को तोड़ने का साहस है तो तोड़ डालिए। प्रश्न पूछने से बेहतर है—कुछ करके बताइए जो अखबार में सनसनीखेज छपे।

डोंगरगढ़ से के. एस. भाटिया

प्रश्न—लड़की अगर पहला तोहफा लौटा दे तो लड़के को अगला कदम क्या उठाना चाहिए ?

☐ पहला तोहफा लौटाने पर दूसरा तोहफा पेश करना चाहिए। हर प्राणी की मादा पहले 'नहीं' कहती है। दूसरा लौटा दे तो तीसरा तोहफा पेश कीजिए। तीसरा भी लौटा दे तो यह सिलसिला बन्द, क्योंकि वह कहीं चप्पल का तोहफा न देने लगे।

भारतीय संस्कृति शव-पूजक नहीं है

छरछेद (कसडोल) से परमेश्वरलाल वाधवानी

प्रश्न—अगर प्रेमिका के घर शहनाई बज रही हो तो असफल प्रेमी को क्या करना चाहिए ?

☐ अगर प्रेमिका के घर शहनाई बज रही हो तो असफल प्रेमी का कर्त्तव्य है कि वह भेंट में साड़ी तथा टॉप्स लेकर जाय और प्रेमिका को भेंट करके उसके

चरण छू ले।

जगदलपुर (बस्तर) से राजेश, निलेष एवं रवीन्द्र

प्रश्न—भारत में आदमी के मरने के पश्चात् ही उसकी योग्यता क्यों जाहिर होती है?

☐ यह गलत धारणा है। भारतवासी संस्कृति से मुर्दा पूजनेवाले नहीं हैं। ऊँचे दर्जे की योग्यता को जीवन-काल में भी माना जाता है। कितने वैज्ञानिक कवि-लेखक हैं, जिनकी योग्यता का सम्मान उनके जीवन-काल में ही मिलता है। कोई-कोई व्यक्ति ही होते हैं, जिन्हें मरने के बाद मान्यता प्राप्त होती है। इसके कई कारण हैं—जैसे उनके नये विचारों को लोग जल्दी ग्रहण नहीं कर पाते, उन्हें उनकी कीमत करनेवाले योग्य आदमी नहीं मिलते, दूसरे लोग द्वेष के कारण उनके महत्त्व को दबा देते हैं। कुछ लेखक ऐसे हैं जिनकी महान रचना उसके मरने के बाद प्रकाश में आती है। भारतवासी अपने बारे में जो अच्छी-बुरी गलत धारणाएँ बनाते हैं, उसमें एक धारणा आपकी है।

रायपुर से अनिल हरद्वानी

प्रश्न—दोस्ती में सच्चाई कब झलकती है?

☐ दोस्ती में सच्चाई की परीक्षा तब होती है जब एक दोस्त को ऊँची नौकरी, सम्मान, यश या सम्पत्ति मिल जाय और उसका दोस्त इससे खुश हो। ऐसे बहुत दोस्त बननेवाले मिलेंगे, जो दोस्त की उन्नत्ति से भीतर-ही-भीतर द्वेष करते हैं और दुखी होते हैं। मुसीबत से ज्यादा सही परीक्षा दोस्ती की दोस्त की उन्नति में होती है। मुसीबत में तो दुश्मन भी सहायता कर देते हैं। सच्चा दोस्त वह, जो दोस्त की उन्नति में खुश हो।

रायगढ़ से अनिलकुमार रतेरिया

प्रश्न—अगर भारत सरकार पंजाब समस्या का उचित हल निकालने हेतु आपको सौंप दे तो आप उसे कैसे सुलझायेंगे?

☐ अकाली अल्पमत में हैं मगर अपनी सरकार बनाना चाहते हैं। धर्मयुद्ध के पीछे यह दबी हुई इच्छा है। दूसरे अकाली नेता हठी हैं। वे फैसला नहीं चाहते, अपनी बात मनवाना चाहते हैं। तीसरे समझदार नर्म अकली नेता उग्रवादी सन्त जरनैलसिह भिण्डरावाले से दबते हैं, क्योंकि हथियारबन्द उन्मादी सिख युवकों के कमाण्डर वही हैं। और भिंडरावाला से बात दुनिया का कोई तर्क-शास्त्री नहीं कर सकता। वे लगभग अपढ़ हैं। उनका तर्क देखिए जब ब्राह्मण के जनेऊ की लम्बाई पर रोक नहीं है तो सिख की कृपाण की लम्बाई पर रोक क्यों है। बताइए, ऐसे आदमी से क्या वह आदमी बात कर सकता है, जो पागल नहीं है। मैं इस झंझट में नहीं पड़ूँगा।

रायपुर से बी. आर. रात्रे

प्रश्न—भारतीय महिलाएँ अपने पति का नाम लेने से क्यों कतराती हैं? पति पत्नी का नाम ले सकते हैं किन्तु पत्नी पति का नाम क्यों नहीं ले सकतीं?

☐ बहुत पुरानी प्रथा चली आ रही है कि पत्नी पति का नाम नहीं लेती। 'हमारे वे' कहती हैं। पुराने खयालात के परिवारों की बात छोड़िए, बहुत आधुनिक परिवारों में भी पत्नी पति का नाम नहीं लेती। मगर मैं देख रहा हूँ, शिक्षित वर्ग में यह संकोच खत्म होता जा रहा है। बहुत स्त्रियाँ यह नहीं कहतीं कि उनसे पूछकर बताऊँगी। वह कहती हैं—मिस्टर तिवारी से पूछकर बताऊँगी। कुछ स्त्रियाँ इससे भी आगे बढ़ गयी हैं। वे पति का सीधा पहला नाम लेती हैं—रमेश दिनेश, प्रकाश।

पैरी (सिकोसा) से पन्ना सोनबोइर

प्रश्न—आपकी दृष्टि में राजनीति से लगाव रखना अच्छा है या बुरा?

☐ लगाव से क्या मतलब? हर आदमी को राजनीति जाननी चाहिए। और सही राजनीति में शामिल होना चाहिए। कोई आदमी गैर-राजनीतिक नहीं हो सकता। रही सक्रिय राजनीति में काम करने और सत्ता—राजनीति की बात —तो यह अपनी-अपनी हैसियत और महत्त्वाकांक्षा पर निर्भर है। एक जनपक्षीय राजनीति भी होती है जिसमें किसी पद और लाभ की इच्छा के बिना के भले के लिए संघर्ष किया जाता है। यह न्याय और खतरे की राजनीति हैं, मगर इसके बिना कोई सामाजिक परिवर्तन नहीं होता।

कांकेर से विजय कुमार यादव

प्रश्न—लोगों को न्याय दिलवाने के लिए वकील की जरूरत क्यों पड़ी? क्या पहले भी कोई वकील हुआ करता था?

☐ वकील की परम्परा बहुत पुरानी है। शायद वैदिक युग में भी वकील होता होगा। सुकरात ने अपने बचाव के लिए कोई वकील नहीं किया, क्योंकि उसे झूठ बोलकर बचना नहीं था। उसने अदालत से साफ कहा—मैं जिसे सत्य मानता हूँ उसका प्रचार करता हूँ। सत्य का प्रचार मानव अधिकार है। अगर यह अदालत इसे अपराध मानती है तो मैं सजा भोगने के लिए तैयार हूँ। वकील कानून जानता है, मुवक्किल को सही सलाह दे सकता है, उसके पक्ष के समर्थन में तर्क दे सकता है; विपक्षी के तर्कों को काट सकता है। इसलिए वकील की जरूरत है। मगर वकील को सच और झूठ, न्याय और अन्याय से कोई मतलब नहीं होता।

राजनाँदगाँव से कु. पूजा वर्मा

प्रश्न—त्याग और सेवा भाव-जैसे महान आदर्शोंवाले देश भारत में आज हर आदमी सब भूल, पैसे का दीवाना हुआ जा रहा है। क्या भविष्य में त्याग और सेवा-जैसे शब्द भुला दिए जायेंगे?

☐ हम भारतीयों ने बहुत-से भ्रम पाल रखे हैं—जैसे यही कि त्याग और सेवा-जैसे आदर्श हमारी बपौती हों। त्याग और सेवा हर जाति के आदर्श रहे हैं। मगर व्यवहार सामाजिक व्यवस्था के अनुसार होता है। पूँजीवादी व्यवस्था में पैसा सबसे महत्त्वपूर्ण होता है। इसलिए आपको लोग पैसे के पीछे पागल

नजर आते हैं। पर त्याग और सेवा पूरी तरह मरे नहीं हैं। मरेंगे भी नहीं क्योंकि आगे तो समाजवादी व्यवस्था आयेगी।

नयापारा राजिम से वीरेन्द्रसिंह राजपूत

प्रश्न—मिस्टर हरिशंकर परसाईजी, ये मेरा आपके नाम 50वाँ पत्र है जिसमें आपने एक भी शामिल नहीं किया। अगर आप सभी 'देशबन्धु' पत्रिका के पत्र शामिल नहीं कर सकते तो मेरे खयाल से आप उम्र के हिसाब से घर में पलँग पर दिन गुजारें तो ठीक रहेगा।

☐ राजपूत साहब, आप कहते हैं कि यह आपका 50वाँ पत्र है। मगर इसमें भी आपने कोई सवाल नहीं पूछा। मैं जवाब किसका दूं। आपने 50 सवाल नहीं पूछे होंगे। कोई पूछे भी होंगे तो जवाब के लायक नहीं होंगे। आगे अच्छे सवाल पूछकर देखिए।

19 जून, 1983

'जिगर' की शराब छूटी तो शायरी भी

नन्दिनी नगर से राजेन्द्र सोनबोइर

प्रश्न—श्रीमती थैचर और श्रीमती इन्दिरा गाँधी दोनों में से आप किसे अधिक चतुर समझते हैं?

☐ ब्रिटेन एक सम्पन्न पूंजीवादी औद्योगिक देश है, जिसकी संसदीय लोकतन्त्र की लगभग पाँच सौ साल पुरानी परम्परा है। वह छोटा-सा देश है। अन्तर्विरोध बहुत कम है। वहाँ की समस्या मन्दी और बेकारी है। भारत सत्तर करोड़ का विकासशील देश है। आजाद हुए कुल 37 साल हुए हैं। संसदीय लोकतन्त्र की उम्र कुल 32 वर्ष है। बेहद गरीबी है। कई प्रकार के अन्तर्विरोध हैं। ऐसे देश की प्रधानमन्त्री श्रीमती थैचर से ज्यादा चतुर होगी ही। व्यक्तिगत रूप से भी इन्दिरा गाँधी थैचर से ज्यादा पढ़ी-लिखी, मजबूत और चतुर हैं। विचारों में दोनों परस्पर विरोधी हैं। थैचर ने हजारों मील दूर छोटे-से फाकलैण्ड द्वीप में फौज भेजकर बहुत बड़ी नादानी की। उन्हें अभी भी समझ में नहीं आता कि ब्रिटिश साम्राज्य खत्म हो गया।

खोला अभनपुर से सुरेन्द्र बजाज 'भावना'

प्रश्न—भू. पू. प्रधानमन्त्री श्री मोरारजी पर 'सी. आई. ए. एजेण्ट' होने का आरोप लगाया गया है, जबकि आपको 'रूसी एजेण्ट' कहा जाता है। इन दोनों पर

आपके विचार ?

☐ मोरारजी भाई पर जो आरोप सी. आई. ए. एजेण्ट होने का लगाया गया है तो उन्होंने अदालत में मानहानि का दावा किया है। इस पर हम कुछ नहीं कह सकते।

मैं नहीं जानता कि मुझे के. जी. बी. एजेण्ट कहा जाता है। मुझे तो आज तक रूस से एक भी पैसा नहीं मिला। बात यह है इस देश में कि जो बुद्धिजीवी रूढ़ि मुक्त हो, क्रान्तिकारी विचार रखता हो, समाजवाद में विश्वास हो, उसे 'रूसी एजेण्ट' कह दिया जाता है। गोया हम अपनी बुद्धि और विवेक से नहीं लिखते। विदेशी एजेण्ट सम्पन्न होते हैं। मेरे पास झोंपड़ी भी नहीं है और न धन। आपने मेरे ऊपर रूसी एजेण्ट होने का आरोप 'देशबन्धु' में प्रकाशित कराया है। मैं आप पर अदालत में मानहानि का 5 लाख का दावा करूँगा—यदि आपने 15 दिनों में माफी नहीं माँगी।

बेमेतरा से अनवर बीबा

प्रश्न—तकदीर और तदबीर में क्या अन्तर है ?

☐ तकदीर निकम्मेपन, अन्धविश्वास और बेवकूफी का नाम है। तकदीर कुछ नहीं होती। जो घटता है उसमें कार्य-कारण सम्बन्ध होते हैं। तदबीर जरूर काम की चीज है। तदबीर से काम लो तो सफलता मिलती है।

दुर्ग से दिनेशकुमार सोनी

प्रश्न—इन्दिरा गाँधी के बाद भारतीय राजनीति का स्वरूप क्या होगा ?

☐ इन्दिराजी के बाद देश की राजनीति का क्या स्वरूप होगा, इसकी भविष्यवाणी नहीं की जा सकती। यह परिस्थितियों पर निर्भर होगा।

चिखलकसा से सुरेश गुणधर

प्रश्न—क्या कभी हिन्दी सारे देश में अपनायी जा सकेगी ?

☐ हिन्दी सारे देश में अभी भी बोली जाती है। सम्पर्क भाषा भी हिन्दी है। प्रदेशों में क्षेत्रीय भाषाएँ चलती हैं। हिन्दीवालों का यह आग्रह नहीं होना चाहिए कि क्षेत्रीय भाषाओं का स्थान भी हिन्दी से लें। क्षेत्रीय भाषाएँ हिन्दी से कम विकसित नहीं हैं—कुछ भाषाएं हिन्दी से ज्यादा विकसित हैं। लेकिन सबसे बड़ा क्षेत्र हिन्दीभाषी है। महाराष्ट्र, गुजरात, कर्नाटक, केरल में हिन्दी खूब पढ़ी, समझी और बोली जाती है। मगर कुछ सालों से देश की प्रवृत्ति यह बढ़ रही है कि लोग अंग्रेजों के जाने के बाद ज्यादा अंग्रेज हो रहे हैं। किण्डरगार्टन स्टेज से ही शहरों में अंग्रेजी पढ़ाई जाने लगी है। मानसिक रूप से गुलामी अभी है। हिन्दी का विरोधी यह अंग्रेजी प्रेम ही है।

रायपुर से राजेश रहाटगाँवकर

प्रश्न—आप इतने लोगों की समस्याओं का समाधान करते हैं, इसलिए मैं आपको उपहार देना चाहता हूँ। बताइए क्या दूँ ?

☐ आप कुछ मत दीजिए मुझे। मेरी किताबों का सेट खरीद लीजिए।

रायपुर से मनोजकुमार

प्रश्न—स्त्री हमेशा पुरुष को शक की निगाहों से देखती है, किन्तु पुरुष शक करने से क्यों वंचित रह जाता है ?

☐ शक स्त्री-पुरुष दोनों करते हैं। पुरुष स्त्री पर ज्यादा शक करता है, क्योंकि उसमें एकाधिकार की भावना होती है। स्त्री पुरुष पर शक अपनी सुरक्षा के लिए करती है।

रायपुर से निरंजन कुमार पठासे

प्रश्न—जालिम शराब क्या चीज है ?

"ऐ मोहतसिव न फेंक अरे मोहतसिव न फेंक। जालिम ! शराब है ये, जालिम शराब है।"

☐ यह शेर जिगर मुरादाबादी का है। 'मोहतसिव' इस्लामी व्यवस्था के मुताबिक एक शासकीय अधिकारी होता है जो लोगों को शरीयत के खिलाफ बोलने व गलत काम करने से रोकता है। इसे पुलिस और मजिस्ट्रेट दोनों के अधिकार होते हैं। 'मोहतसिव' वहीं सजा भी देता था। मुफ्ती काजी भी मोहतसिव होते हैं। पर उर्दू शायरी की परम्परा में 'मोहतसिव' सिर्फ शराब पीने से रोकनेवाला माना गया है—आबकारी दरोगा। यह पवित्रतावादी होता है। जिगर ने यह शेर कब कहा ? हमारे भोपाल के मित्र मथुरा बाबू बताते हैं कि जिगर साहब प्रसिद्ध कम्युनिस्ट नेता शाकिर अली खाँ के पास आकर रहते थे। जिगर साहब शराब बहुत पीते थे—यानी चौबीस घण्टे। बाद में उन्होंने शराब बिल्कुल छोड़ दी, मगर फिर शायरी भी छूट गयी। शाकिर साहब उनसे कहते थे कि पिओ पर हिसाब से पिया करो। एक दिन शाकिर साहब ने जिगर साहब के गिलास में भरी शराब फेंक दी। तब जिगर ने यह शेर वहीं कहा। पहली पंक्ति में 'मोहतसिव' शराब फेंकनेवाले को कहा है। दूसरी में उसे 'जालिम' कहा है, पर अन्त में शराब को भी 'जालिम' कहा है।

जौक का भी शेर है—

दरवाजा मैकदे का न कर बन्द मोहतसिव
जालिम खुदा से डर कि देरु तौबाबाज़ है।

—यानि जालिम मोहतसिव, शराबखाने का दरवाजा बन्द मत कर। अरे खुदा ने 'तौबा' का (छोड़ने का) दरवाजा बन्द नहीं किया है। आज नहीं तो कल तौबा कर लेंगे। यह छूट खुदा ने दे रखी है और तू अभी दरवाजा बन्द कर रहा है। अरे जालिम, खुदा से तो डर।

पेन्ड्रारोड से भास्कर चौधरी, पल्लवी चौधरी

प्रश्न—मार्क्स के इस कथन को उपयुक्त मिसाल देकर समझाएं—"नैतिकता और न्याय के ऐसे सरल नियम बनाने हैं जिनसे व्यक्ति के निजी सम्बन्ध नियन्त्रित हों और वे ही नियम राष्ट्रों के आपसी सम्बन्धों के सन्दर्भ में भी सर्वोपरि माने जाएँ।" (व्यक्ति के निजी सम्बन्धों को नियन्त्रित करनेवाले नियम

किस प्रकार राष्ट्रों के आपसी सम्बन्धों के सन्दर्भ में लागू होंगे एवं सर्वोपरि माने जायेंगे) ?'

☐ मार्क्स का यह कथन बहुत स्पष्ट है। जनराज्य (बूर्जुआ लोकतन्त्र नहीं) राष्ट्र की नैतिकता और न्याय-चेतना वही होगी जो सामान्य जनों की है। बूर्जुआ राज्य में वर्ग नैतिकता और वर्ग न्याय संहिता होती है। पर ऐसी नैतिकता और न्याय संहिता पूंजीवादी राष्ट्रों के बीच नहीं चल सकती। वह पूंजीवादी और समाजवादी राष्ट्रों के बीच भी नहीं चल सकती। यह समाजवादी राष्ट्रों के बीच चल सकती है।

रायपुर से.सेनापति

प्रश्न—आप अगर करोड़पति हो गये तो क्या यह स्तम्भ बन्द कर देंगे ?

☐ मैं करोड़पति हो ही नहीं सकता। एक करोड़ की लाटरी कोई है नहीं। मेरा धन्धा है लिखने का। इसमें हजारपति भी मुश्किल से होता है। वैसे पैसा नहीं होने से लिखता हूँ—यह सोचना गलत है।

3 जुलाई, 1983

सारे जहाँ से अच्छा एम. पी. हमारा

बस्तर से निलेष पारेख

प्रश्न—कर्म प्रधान है अथवा धर्म ?

☐ धर्म की कोई सही व्याख्या आज तक कोई नहीं दे सका। जिसे धर्म मानते हैं वह झूठा कर्मकाण्ड है। दुर्गा को माँ मानते हैं और उसी माँ के सामने उसके बच्चे बकरे को काटते हैं। ठग लोग गला घोंटकर, आदमी को मारकर उसका धन छीन लेना धर्म मानते थे। वे पूरी धार्मिक भावना से यह काम करते थे। पिण्डारियों के मन्दिर होते थे, और वे प्रार्थना करके डाका डालते थे। सेठ पहले मन्दिर जाता है, फिर घी में चर्बी और शक्कर में रेत मिलाता है।

धर्म का जन्म अज्ञान और डर से हुआ—आदिम मनुष्य के प्रकृति और जगत के बारे में अज्ञान और डर से। फिर धर्म संस्थागत हुआ। राजसत्ता के साथ मिला। शोषण का जरिया बना। पाखण्डों का जाल रचकर आम आदमी के शोषण में धर्म ने सहायता की।

वैसे धर्म विभिन्न स्थितियों में विभिन्न रोल करता है। जैसे ईरान में जालिम शाह और अमेरिकी प्रभाव को निकालने में इस्लाम ने क्रान्तिकारी रोल किया।

पर अब वही धर्म लोकतान्त्रिक और प्रगतिशील ताकतों को नष्ट कर रहा है। कर्म प्रधान है, धर्म नहीं। सत्कर्म ही धर्म है। तुलसीदास ने बहुत सरल परिभाषा धर्म की दे दी है—

परहित सरिस धरम नहिं भाई।
परपीड़ा सम नहिं अधमाई।।

जगदलपुर से राजेश गुप्ता

प्रश्न—उम्र का ज्ञान से कहाँ तक सम्बन्ध है?

☐ उम्र के बढ़ते मनुष्य जो नये-नये अनुभव करता है उनका सही अर्थ खोजे तो उसका ज्ञान बढ़ता जाता है। उम्र के बढ़ते आदमी अध्ययन भी करता जाय, तो ज्ञान बढ़ता जाता है। पर जो अनुभव से कुछ नहीं सीखता; उसकी उम्र चाहे, 5 साल हो चाहे 50 साल, वह ठूँठ का ठूँठ रहेगा। ज्ञान, अनुभव, उस पर चिन्तन और अध्ययन से आता है।

नन्दिनी नगर से राजेन्द्र सोनबोइर

प्रश्न—आपको भारत का सबसे अच्छा प्रदेश कौन-सा लगता है? और क्यों?

☐ मुझे तो सबसे अच्छा प्रदेश मध्यप्रदेश ही लगता है। कारण—यहीं पैदा हुआ, यहीं रहा, यहीं के अनुकूल हो गया। बँगले के सामने के झाड़ पर घोंसले में बैठी चिड़िया भी गाती है—सारे जहाँ से अच्छा यह घोंसला हमारा। वह बँगले को घटिया समझती है। जहाँ मन रम जाय, वहीं स्वर्ग है। इस प्रदेश की प्रतिष्ठा भी है। पुलिस इतनी दयालु है, डाकू यहीं समर्पण करना चाहते हैं। पुलिस की इस दयालुता का शुभ परिणाम यह है कि भरी दोपहरी किसी के घर में गुण्डा घुस सकता है। रोडवेज की बसें सबसे अच्छी हैं। ग्वालियर, आगरा बस स्टेशन पर 5-6 प्रदेशों की बसें होती हैं। मैंने यात्रियों को कहते सुना है—अरे, लाल डब्बे में मत बैठना। उसका कोई ठिकाना नहीं है। लाल डब्बा यानी म. प्र. रोडवेज की बस। मध्यप्रदेश के महेश योगी हैं, रजनीश हैं, ठग शिरोमणि नटवरलाल और सीताराम सोनी यहीं के हैं। श्रीमान पण्ढरीराव कदन्त मध्यप्रदेश के हैं, जिन्होंने विधानसभा अध्यक्ष को जूता मारा था। जगन्नाथ मिश्र से भी श्रेष्ठ सकलेचाजी यहीं के हैं। सबसे अच्छी बात यह है कि इस प्रदेश के निवासियों का कोई अलग चरित्र, पहचान, आइडेटिन्टी नहीं है। इस प्रदेश का किसी से झगड़ा भी नहीं है। यह आदमी मध्यप्रदेशी है—ऐसा कोई नहीं कह सकता। यानी हम विश्व नागरिक हैं।

चिखलकसा से सुरेश गुणधर

प्रश्न—प्राचीन भारत के बारे में कहा जाता था कि 'जहाँ डाल-डाल पर सोने की चिड़िया करती है बसेरा', वर्तमान भारत के बारे में आपके विचार?

☐ प्राचीन भारत में डाल-डाल पर सोने की चिड़िया नहीं होती थी। न दूध-दही की नदियाँ बहती थीं। ये सब कल्पनाएँ प्राचीनतावादी आधुनिकता विरोधी ढपोरशंखों ने फैला रखी हैं। प्राचीन युग में कोई स्वर्ण युग नहीं था। बहुत प्राचीन काल में उत्पादन के साधन ही क्या थे? औजार ही क्या थे? इनके हिसाब

से मनुष्य का जीवन कैसा था। आबादी कम थी। गायें पाले थे। थोड़ी खेती कर लेते थे। फल मिल ही जाते थे। तो दूध पी लिया, दही खा लिया, उसका अन्न और मांस मदिरा के साथ खा लिया और झोंपड़ी में सो गये। यही डाल-डाल पर सोने की चिड़िया हुई। दूध-दही की नदियाँ ऐसे ही बहीं। आगे उत्पादन के साधन बढ़े, औजार बने। तरह-तरह की चीजें बनने लगीं, सभ्यता विकसित हुई। इस उन्नति को पुराणपन्थी कलियुग कहते हैं।

रायगढ़ से अनिल खोरिया

प्रश्न—आपने अपने सारगर्भित उत्तरों से लोगों की अनेक समस्याओं का समाधान किया, अब हम पाठकों का भी आपके प्रति फर्ज है। कृपया अपनी समस्या बतायें?

☐ मैं नहीं जानता कि मैंने पाठकों की कोई समस्या हल की है। आप कहते हैं तो मान लेता हूँ। मेरी व्यक्तिगत कोई समस्या नहीं है, जिसका हल चाहूँ। एकाध बात है। गालिब के शब्दों में—

कोई सूरत नजर नहीं आती कोई तदबीर बर नहीं आती।
आगे आती थी हाले-दिल पै हँसी अब किसी बात पर नहीं आती।

मतलब कि क्वाँरा हूँ। देखिए कुछ भला हो सके तो।

दुर्ग से दिनेशकुमार सोनी

प्रश्न—इन्दिरा गाँधी के बाद भारतीय राजनीति का स्वरूप क्या होगा?

☐ इन्दिरा गाँधी जब नहीं रहेंगी तब भारतीय राजनीति का स्वरूप तय हो जायेगा। राजनीति का स्वरूप जनता तय करती है; हम, आप या नेता नहीं। किसे यह जानकारी थी कि पण्डित नेहरू के बाद की राजनीति का स्वरूप यह होगा कि इन्दिरा गाँधी इतनी मजबूती के साथ व्यक्ति-केन्द्रित राजनीति करके 1965 से अब 1983 तक शासन करती रहेंगी। राजनीति का स्वरूप तत्कालीन परिस्थितियों और ऐतिहासिक शक्तियों से तय होता है। कोई भविष्यवाणी नहीं की जा सकती।

खुर्सीपार भिलाई से ही प्रसाद राय

प्रश्न—जिसकी आँखें सही-सलामत हैं वह तो स्वप्न देखता ही है, किन्तु जिसे यह सौभाग्य प्राप्त नहीं है, अर्थात नेत्रहीन व्यक्ति स्वप्न कैसे देख लेता है?

☐ आप नहीं जानते स्वप्न क्या होता है। स्वप्न इन आँखों से नहीं देखा जाता, जो आपकी नाक के आसपास लगी हैं। नींद में चेतन मन निष्क्रिय हो जाता है। उपचेतन और अवचेतन मन में अनुभवों और कल्पनाओं का अपार भण्डार है। उपचेतन मन नींद में सक्रिय होता है और तरह-तरह की स्मृतियाँ, अनुभव, कल्पनाएँ जागती हैं। इनसे उपचेतन मन में नये-नये अनुभवों और कल्पनाओं की रचना होती है। इन पर चेतन मन का प्रभाव भी पड़ता है। डरे हुए और चिन्तित रहनेवाले आदमी को भयकारक सपने आते हैं। ये दिखते हैं, पर हमारी बाहरी आँखों से नहीं। पर जो जन्म से अन्धा है और दृश्य जगत का जिसे अनुभव नहीं

है, उसकी दूसरी ज्ञानेन्द्रियाँ इस कमी को पूरा करती हैं। वह भी सपने देखता है।

अकलतरा से श्रीनिवास लावनियाँ

प्रश्न—हर आस्तिक अपने तथाकथित भगवान के होने के कई उदाहरण और प्रमाणं देते हैं। आप नास्तिक हैं। आपकी नास्तिकता का आधार क्या है? क्या आप इसका कोई ठोस प्रमाण या कारण दे सकते हैं?

☐ प्रमाण उसका दिया जाता है जिसका अस्तित्व सिद्ध करना है। जो अस्तित्वहीन है उसकी अस्तित्वहीनता का प्रमाण कोई कैसे दे सकता है। प्रमाण की जरूरत भी क्या है। जहाँ तक आस्तिकों के प्रमाण का सवाल है वे भ्रम होते हैं। मैं भगवान के बारे में वेद की एक ऋचा के कुछ शब्द देता हूँ—

सम्भवतः 'वह' है
सम्भवतः 'वह' नहीं है
वह है और नहीं के बीच में है
सम्भवतः 'वही' जानता है
और शायद 'वह' भी नहीं जानता।

यह व्याख्या है तथाकथित भगवान की वेद में।

झलप से राधेश्याम ध्रुव

प्रश्न—भारतीय इतिहास के पन्नों में रजिया सुल्ताना एक निपुण, तीव्रबुद्धि, सफल मुगल शासिका मानी जाती रही है। किन्तु उसकी किस कमजोरी ने उसके सद्गुणों को क्षीण कर दिया?

☐ रजिया 'सुल्ताना' नहीं, 'सुल्तान' कहलाती थी। वह मुगल नहीं, तुर्क थी। वे लोग तुर्की से आये थे। रजिया तीक्ष्णबुद्धि, वीर, दृढ़ शासनकर्त्री थी। पर उसके परिवार में विद्रोह था। वह भाइयों को हटाकर सत्तारूढ़ हुई थी। उसकी एक और कमजोरी थी। वह एबीसीनियन गुलाम याकूत से मुहब्बत करती थी। इससे उसकी बदनामी हुई। पर वह निरंकुश थी। शत्रुओं से वह घिरी थी। पटियाला के पास वह मार डाली गयी।

जबलपुर से सरफराज मंसूरी

प्रश्न—खैय्याम का क्या अर्थ है?

☐ आप शायद उमर खैय्याम के बारे में पूछ रहे हैं। उसका पूरा नाम था—अबुलफतह उमर बिन इब्राहीम। परिवार का उपनाम था—खैय्यामी। खैय्यामी तम्बू बनाने और बेचनेवाले को कहते हैं। यानी उसका खानदानी पेशा तम्बू बनाने का था। उमर खैय्याम अपने जमाने का श्रेष्ठ दार्शनिक था। वह सूफी था। वह कई तरह का ज्ञानी था। वह गणितशास्त्री था, ज्योतिष का विद्वान था, इस्लाम तथा इस्लामी कानून का व्याख्याकार था, इतिहासकार था, जीवनी लेखक था, चिकित्सा वैज्ञानिक था। उसकी कई किताबें हैं, जिनमें उसने अपना उपनाम 'खैय्यामी' दिया। पर वह दुनिया-भर में मशहूर है, अपनी रुबाइयों के लिए—'रुबाइयात उमर खैय्याम'। इन रुबाइयों के संग्रह में उसने अपना उपनाम 'खैय्याम'

दिया। अँगरेज कवि फिजराल्ड ने जब इन रुबाइयों का अँगरेजी अनुवाद किया तब दुनिया ने जाना कि वह कितना महान कवि था। इन रुबाइयों का अनुवाद विश्व की प्रमुख भाषाओं में हो गया है। हिन्दी में सबसे अच्छा अनुवाद जबलपुर के श्रेष्ठ कवि स्वर्गीय केशव पाठक ने किया। बच्चन ने 'मधुशाला' इन्हीं रुबाइयों की नकल में लिखी। लोग समझते हैं, उमर खैय्याम कोई शराबी था। बार का नाम 'उमर खैय्याम' रखते हैं। पर वह शराबी नहीं था।

नन्दिनी नगर से राजेन्द्र सोनबोइर

प्रश्न—जिया-उल-हक़ 'गाँधी' के मुकाबले फिल्म जिन्ना बनाना चाहते हैं। क्या गाँधीजी से जिन्ना की तुलना की जा सकती है?

☐ गाँधीजी से तुलना तो इतिहास के किसी नेता की नहीं की जा सकती और आगे भी शायद ऐसा कोई नेता दुनिया में न हो। जिन्ना का न कोई आदर्श था, न सिद्धान्त। उनकी नजर बहुत सीमित थी। आपको शायद पता न हो कि जिन्ना ने कानून की किताबों के सिवा कुछ नहीं पढ़ा था। महान शायर डॉ. मोहम्मद इकबाल दर्शनशास्त्री भी थे। वे खोज में थे ऐसी व्यवस्था की जिसमें मनुष्य की बराबरी हो, न्याय हो, शोषण न हो, मनुष्य की गरिमा हो। इकबाल विचारों से समाजवादी थे। उन्हें ईमानदारी से यह बोध हुआ कि न्यायपूर्ण मानवी व्यवस्था तो इस्लाम में है। यह सही है कि अपने जन्म के बाद 70 साल तक इस्लामी व्यवस्था लोकतान्त्रिक और समतावादी थी। बाद में सामन्तवादी हो गयी, जिसका नतीजा आप जिया-उल-हक़ और खौमेनी देख रहे हैं। इकबाल उदार थे। वे किसी दूसरे धर्म से नफरत नहीं करते थे। बस यह मानते थे कि मानव जाति के लिए इस्लामी व्यवस्था सबसे अच्छी है। तो 'पाकिस्तान' का विचार तो इकबाल का था। जिन्ना भी हिन्दुओं से नफरत नहीं करता था। वास्तव में पंजाब के बड़े मुसलमानों, जमींदारों और उत्तर प्रदेश के मुस्लिम रईसों को सामन्तवादी-पूंजीवादी शोषण के लिए अलग राज्य चाहिए था। जिन्ना का उपयोग किया गया।

रायपुर से अनिल हरद्वानी

प्रश्न—भारत में ही भगवानों का जन्म क्यों हुआ? अन्य देशों में क्यों नहीं?

☐ यह प्रश्न आप किसी ऐसे भक्त से पूछिए, जिसका विश्वास भगवान और अवतारवाद में हो। जिसकी आप भगवान के रूप में कामना करते हैं, उसकी कामना तो हर जाति ने की है। अगर सारे भगवानों का जन्म भारत में हुआ तो चीन इस देश पर कैसे चढ़ बैठा? चीन में ज्यादा जोरदार भगवान पैदा हुए होंगे। यानी कम्युनिस्ट भगवान ज्यादा प्रतापी होता है। फिर आपके इन भगवानों से ज्यादा जोरदार भगवानों का जन्म इग्लैण्ड में हुआ होगा। तभी तो अंगरेज जाति हम पर और आपके भगवानों पर राज करती रही। आपके भगवान के अवतार के 'सुदर्शन चक्र' से असंख्य गुना मारक तो रूस और अमेरिका के परमाणु मिसाइलें और राकेट हैं।

12 जून, 1983

☐☐☐